Andreas Slizyk

Schmerzensgeld 2027

Schmerzensgeld 2027

Handbuch und Tabellen

Basisdaten von mehr als
5.000 Schmerzensgeld-Entscheidungen
mit Handbuch zum Schmerzensgeldrecht

von

Andreas Slizyk
Rechtsanwalt

23., überarbeitete und aktualisierte Auflage

2027

C.H.BECK

Zitiervorschlag:
Slizyk Schmerzensgeld 2027 Rn. 25

beck.de

ISBN PRINT 978 3 406 85176 6

Wilhelmstraße 9, 80801 München
info@beck.de
Druck und Bindung: CPI Clausen & Bosse GmbH
Birkstraße 10, 25917 Leck

Satz: Meta Systems Publishing & Printservices GmbH, Wustermark
Umschlag: Martina Busch, Grafikdesign, Homburg Saar

chbeck.de/nachhaltig
produktsicherheit.beck.de

Gedruckt auf säurefreiem, alterungsbeständigem Papier
(hergestellt aus chlorfrei gebleichtem Zellstoff)

Vorwort

Im Jahr 2025 und im ersten Halbjahr 2026 gab es im Bereich des Schmerzensgeldes und insbesondere des immateriellen Schadensersatzes, der in den Bereichen des Datenschutzes (DS-GVO) und der Diskriminierung (AGG) in immer stärkerem Maße die Justiz beschäftigt, erneut sehr viel Bewegung, die Eingang in die praxisorientierte Kommentierung **(Teil 1 des Buches)** fand und dort – gelegentlich auch mit dem Blick zu unseren Nachbarn in Österreich – behandelt wird.
An erster Stelle ist hier das Urteil des **LG Göttingen** vom 14.8.2025 hervorzuheben, das in einem Arzthaftungsfall, bei dem sowohl der Hebamme als auch dem Arzt bei der Geburt des Klägers gravierende Fehler unterlaufen waren, diesem **1.000.000 EUR Schmerzensgeld** zugesprochen hatte. Der Neugeborene erlitt dadurch irreversible Gehirnschäden, die ihm schon im Zeitpunkt seiner Geburt jede Chance auf ein mit einer gewissen Lebensqualität und Eigenständigkeit verbundenes Leben zunichtegemacht hatten. Das Urteil ist jedoch noch nicht rechtkräftig und kann damit – ebenso wie das bereits 2021 ergangene Millionen-Urteil des LG Limburg – in der Berufung noch scheitern. Ungeachtet dessen bilden beide Entscheidungen Meilensteine auf dem Weg der Anhebung des Schmerzensgeldniveaus bei schweren cerebralen Gehirnschäden oder anderen, hinsichtlich der extrem gravierenden Lebensbeeinträchtigung, vergleichbaren Fällen.
Große Aufmerksamkeit kam auch dem Urteil des **EuGH** (C-526/24) vom 19.3.2026 zu, mit dem dieser klar Position zu „exzessiven" Auskunftsanträgen iSd Art. 12 Abs. 5 S. 2 DS-GVO bezog, wobei aufgrund der hohen Beweisanforderungen an den damit verbundenen Rechtsmissbrauch abzuwarten bleibt, ob das Urteil den sog. „DS-GVO-Hoppern" und deren – nur auf immateriellen Schadensersatz zielendes – Geschäftsmodell in der Praxis tatsächlich ein Ende bereiten wird.
Auch dem **BGH** wurde in 2026 erneut eine Vielzahl von Entscheidungen zur Revision vorgelegt:
So nutzte der BGH mit Urt. v. 23.3.2026 trotz Zurückweisung der Revision die Gelegenheit, erneut sehr konkret das allgemeine zivilrechtliche Persönlichkeitsrecht, seine Grundlagen und seine Aufgaben zu definieren. In einem gänzlich anderen Bereich, im Nachgang zur Corona-Pandemie, fällte der BGH gleich zwei wegweisende Urteile: Zum einen betonte er mit Urt. v. 9.3.2026, dass im Zusammenhang mit § 84a Abs. 1 S. 1 AMG die Anforderungen an den klägerischen Vortrag nicht zu hoch angesetzt werden dürfen. Zum anderen stellte er mit Urteil vom 15.1.2026 klar, dass Corona-Impfärzte für etwaige Impfschäden nicht persönlich haften, sondern sich die Haftung ausschließlich gegen den Staat gemäß Art. 34 Satz 1 GG iVm § 839 BGB richtet.
Darüber hinaus traf der BGH in den letzten zwölf Monaten noch weitere – für das Thema dieses Buches relevante – Entscheidungen. Zu nennen sind hier das Urt. v. 29.1.2026 zur Haftung eines Maklers wegen Diskriminierung bzgl. ethnischer Herkunft bei Auswahl von Mietinteressenten; das Urt. v. 18.12.2025 zur Speicherdauer von Negativdaten bei Wirtschaftsauskunfteien und insofern zu den Voraussetzungen eines immateriellen Schadensersatzanspruchs; der Beschl. v. 27.8.2025 ua zum Grundsatz der Einheitlichkeit des Schmerzensgeld; das Urt. v. 6.8.2025 zur Räum- und Streupflicht des vermietenden Wohnungseigentümers; das Urt. v. 29.7.2025 zur politischen Vereinnahmung: Kein immaterieller Schadensersatz bei mehrdeutigen Demonstrationsaufrufen sowie das Urt. v. 1.7.2025 zu den Voraussetzungen eines – die Haftung des Verkehrssicherungspflichtigen ausschließenden – weit überwiegenden Verursachungsbeitrags des Geschädigten.
Abschließend – bzgl. der höchstrichterlichen Entscheidungen – sei noch auf den Beschluss des **OGH Österreich** vom 20.5.2026 hingewiesen, der dem EuGH die Frage vorgelegt hatte, ob der produktfehlerhafte Bruch einer Verhütungsspirale und die daraus folgende ungewollte Schwangerschaft sowie deren Abbruch jeweils eine „Körperverletzung" iSv Artikel 9 lit. a RL 85/374/EWG darstellt und Schmerzensgeldansprüche begründen kann.
Auch die **Instanzgerichte** hatten sich in den letzten zwölf Monaten mit einer Vielzahl von schmerzensgeldrelevanten oder auf eine immaterielle Entschädigung gerichteten Klagen zu befassen; eine umfassende Übersicht über die gesamte Spannbreite dieser – im **Teil 1** behandelten – ca. 200 Entscheidungen finden Sie auf den Seiten 1 und 2 dieses Buches.

Die vier Tabellenteile **(Teil 2 des Buches)** wurden auch diesmal wieder um mehr als 200 aktuelle Urteile erweitert und auf den Stand Juli 2026 gebracht. Die Urteilssammlung umfasst damit in der – mit dem Erwerb dieses Handbuchs für ein Jahr zugänglichen – online-Version über 7.900 Gerichtsentscheidungen, von denen in die Printversion mehr als 5.000 aufgenommen wurden.

Wie immer bin ich für Anregungen und Kritik ebenso dankbar wie für die Übersendung aktueller noch unveröffentlichter Entscheidungen, wobei es insofern genügt, wenn Sie mir lediglich *Gericht, Datum und Aktenzeichen* per Mail mitteilen, so dass „Ihr" Urteil bei Gericht angefordert werden kann.

Dies erspart Ihnen die aufwendige Anonymisierungsarbeit und ist zudem bei einer Übermittlung nur dieser Daten per E-Mail datenschutzrechtlich unproblematisch. Meine (neue) Mailadresse lautet:

Schmerzensgeld@Slizyk.de

Mein besonderer Dank gilt auch diesmal wieder an erster Stelle meiner lieben Frau Karin für ihre nunmehr seit 40 Jahren unermüdliche große Unterstützung. Erneut danke ich zudem meinem Kollegen und langjährigen Lektor Dr. Frank Lang (Programmbereichsleiter, Juristisches Lektorat, Verlag C.H.BECK) für seine kontinuierliche und stets sehr engagierte Begleitung sowie meinem Sohn, RiAG Moritz J. Kleine-König, für seine wie immer sehr hilfreiche Unterstützung und wiederum allen Kolleginnen und Kollegen, die mir erneut „ihre" Entscheidungen überlassen haben.

Westerstede, im Juli 2026 *Andreas Slizyk*

Inhalt

Abkürzungen

aA	anderer Ansicht
Abs.	Absatz
abw	abweichend
AcP	Archiv für die civilistische Praxis
ACE	Automobilclub Europa
aF	alte Fassung
AG	Amtsgericht
AGG	Allgemeines Gleichbehandlungsgesetz
AH	Allgemeine Haftpflichtversicherung
AH-Schaden	Allgemeine Haftpflicht-Schaden
AHB	Allgemeine Haftpflichtversicherungs-Bedingungen
AKB	Allgemeine Kraftfahrtversicherungs-Bedingungen
allg.	allgemein
AMG	Arzneimittelgesetz
API Schnittstelle	Schnittstelle, die es zwei unabhängigen Software-Komponenten ermöglicht, Informationen auszutauschen
ArbRAktuell	Arbeitsrecht Aktuell (Fachzeitschrift)
ARP	Arbeitsschutz in Recht und Praxis (Fachzeitschrift)
AsylbLG	Asylbewerber-Leistungsgesetz
AtomG	Atomgesetz
Az.	Aktenzeichen
BAG	Bundesarbeitsgericht
bay.	bayerisch
BayBG	Bayerisches Beamtengesetz
BayObLG	Bayerisches Oberstes Landesgericht
BayObLGZ	Sammlung der Entscheidungen des BayObLG in Zivilsachen
BB	Betriebsberater (Fachzeitschrift für den Bereich Recht, Wirtschaft und Steuern)
BBG	BundesbeamtenG
Bd.	Band
BeamtStG	Beamtenstatusgesetz
BeckRS	Entscheidungsdatenbank in beck-online
bes.	besonders
beids.	beidseitig(e)
Beil.	Beilage
Bekl.	Beklagte(r)
BFH	Bundesfinanzhof (München)
BG	Bezirksgericht (Österreich) vgl. mit den Amtsgerichten in Deutschland
BGB	Bürgerliches Gesetzbuch
BGBl.	Bundesgesetzblatt
BGH	Bundesgerichtshof (Karlsruhe)
BGHZ	Sammlung der Entscheidungen des BGH in Zivilsachen
BGSG	Bundesgrenzschutzgesetz
BMJV	Bundesministerium der Justiz und für Verbraucherschutz
BremBG	Bremisches Beamtengesetz
BT	Bundestag
BT-Drs.	Bundestags-Drucksache
BtR	Betreuungsrecht aktuell (Fachzeitschrift)
BVerfG	Bundesverfassungsgericht
BVerfGE	Sammlung der Entscheidungen des BVerfG
BVG	Bundesversorgungsgesetz
C C	Code Civile
ContStifG	Conterganstiftungsgesetz
DAR	Deutsches Autorecht (Fachzeitschrift)
dh	das heißt
DRiZ	Deutsche Richterzeitung (Fachzeitschrift)

Drs.	Drucksache
DS-GVO	Datenschutz-Grundverordnung
DStR	Deutsches Steuerrecht (Fachzeitschrift)
dt.	deutsch
ebd.	ebenda
EG	Einführungsgesetz
EGMR	Europäische Gerichtshof für Menschenrechte (Straßburg)
EuG	Gericht der Europäischen Gemeinschaften
EuGH	Europäischer Gerichtshof (Luxemburg)
EU	Europäische Union (Brüssel)
Einf	Einführung
Einl	Einleitung
EMA	Europäischen Arzneimittelbehörde
Entsch.	Entscheidung
entspr.	entsprechend
etc	et cetera (und so weiter)
f.	folgende Seite
FamR	Familienrecht
FamRZ	Zeitschrift für das gesamte Familienrecht
FD-StrVR	Fachdienst Straßenverkehrsrecht
ff.	folgende Seiten
Fn.	Fußnote
G	Gesetz
GDV	Gesamtverband der Deutschen Versicherungswirtschaft
gem.	gemäß
GesEntw	Gesetzentwurf
GG	Grundgesetz
ggf.	gegebenenfalls
grds.	grundsätzlich
GRUR-Prax	Praxis im Immaterialgüter- und Wettbewerbsrecht (Fachzeitschrift)
GRUR-RS	digitale Rechtsprechungssammlung (Fachzeitschrift)
GSZ	Großer Senat in Zivilsachen
GWR	Gesellschafts- und Wirtschaftsrecht (Fachzeitschrift)
hA	herrschende Ansicht
HaftpflG	Haftpflichtgesetz
Hs.	Halbsatz
HBG	Hessisches Beamtengesetz
hL	herrschende Lehre
hM	herrschende Meinung
HmbBG	Hamburgisches Beamtengesetz
HSB	Hohe Schmerzensgeldbeträge (Fachinfo-Magazin)
HWS	Halswirbelsäule
IASP	International Association for the Study of Pain
IBRRS	Urteilsvolltexte aus den Schwerpunkten Immobilien- & Baurecht
ICD	(International Statistical Classification of Diseases and Related Health Problems) ist eine international geltende Klassifizierung von Krankheiten und Gesundheitsproblemen
ICD 10 F	ist eine international geltende Klassifizierung von psychischen Erkrankungen, posttraumatischen Belastungsstörungen und Verhaltensstörungen
idF	in der Fassung
ieS	im engeren Sinne
IfSG	Infektionsschutzgesetz
iHv	in Höhe von
insbes.	insbesondere
iSd	im Sinne des
iSv	im Sinne von
IT	Informationstechnologie/Informationstechnik
iV	immaterieller Vorbehalt
iVm	in Verbindung mit
iZm	im Zusammenhang mit

JR .... Juristische Rundschau
JuS .... Juristische Schulung
JZ .... Juristenzeitung

Kfz .... Kraftfahrzeug
KG .... Kammergericht
KH .... Kfz-Haftpflichtversicherung
KH-Schaden ..... KFZ-Haftpflichtschaden
Kl. .... Kläger

LBG .... Landesbeamtengesetz
LG .... Landgericht
lit. .... Buchstabe
Lit .... Literatur
LM .... Lindenmaier-Möhring, Nachschlagewerk des BGH
LMK .... Lindenmaier-Möhring – Kommentierte BGH-Rechtsprechung (elektronisch publizierte juristische Fachzeitschrift, die rezensierte Entscheidungen des Bundesgerichtshofes enthält)
LSG .... Landessozialgericht
LuftVG .... Luftverkehrsgesetz

MdE .... Minderung der Erwerbsfähigkeit
mE .... meines Erachtens
MDR .... Monatsschrift für Deutsches Recht (Fachzeitschrift)
Mot. .... Motive zum Entwurf eines BGB
MPR .... Medizin Produkte Recht (Fachzeitschrift)
MRE .... Multiresistente Erreger bzw. Keime („Krankenhauskeime")
MRSA .... Methicillinresistenter Staphylococcus aureus (= Keim tritt häufig in Altersheimen und Krankenhäusern auf und ist weitgehend resistent gegen Antibiotika)
MRT .... Magnet-Resonanz-Tomografie oder auch Kernspintomografie genannt
mwH .... mit weiteren Hinweisen
mVa .... mit Verweis auf

NBG .... Niedersächsisches Beamtengesetz
NJ .... Neue Justiz (Fachzeitschrift)
NJW .... Neue Juristische Wochenschrift (Fachzeitschrift)
NJW-RR .... NJW-Rechtsprechungs-Report Zivilrecht (Fachzeitschrift)
NK-GVR .... Nomos Kommentar Gesamtes Verkehrsrecht
NVwZ .... Neue Zeitschrift für Verwaltungsrecht (Fachzeitschrift)
NZG .... Neue Zeitschrift für Gesellschaftsrecht (Fachzeitschrift)
NZS .... Neue Zeitschrift für Sozialrecht (Fachzeitschrift)
NZV .... Neue Zeitschrift für Verkehrsrecht (Fachzeitschrift)

o .... offen/offener/offene
oa .... oben angegeben(e/es/er)
öAT .... Zeitschrift für das öffentliche Arbeits- und Tarifrecht (Fachzeitschrift)
OGH .... Oberster Gerichtshof (Österreich/Wien)
OLG .... Oberlandesgericht
OLGZ .... Entscheidungen der Oberlandesgerichte in Zivilsachen
öAT .... Zeitschrift fürs öffentliche Arbeits- & Tarifrecht

PAG .... Gesetz über die Aufgaben und Befugnisse der Bayerischen Polizei (Polizeiaufgabengesetz)
PEI .... Paul-Ehrlich-Institut
PflVG .... Pflichtversicherungsgesetz
pr. .... preußisch
PresseG .... Pressegesetz
PTBS .... Posttraumatische Belastungsstörungen bzw. Posttraumatisches Belastungssyndrom

r+s/R+S .... Recht und Schaden (Fachzeitschrift)
RA .... Rechtsanwalt
RdA. .... Recht der Arbeit (Fachzeitschrift)
RDG .... Rechtsdepeche für das Gesundheitswesen
RDi .... Recht Digital (Fachzeitschrift)

rechtskr.	rechtskräftig
RG	Reichsgericht
RiAG	Richter am Amtsgericht
RiLG	Richter am Landgericht
RiOLG	Richter am OLG
Rn.	Randnummer
Rspr	Rechtsprechung
s.	s.
S.	Seite/Satz
SBG	Saarländisches Beamtengesetz
SchlHA	Schleswig-Holsteinische Anzeigen
Slg.	Sammlung von Entscheidungen
SchRModG	Gesetz zur Modernisierung des Schuldrechts (Schuldrechtsmodernisierungsgesetz)
sog.	sogenannte(r)
SP	Schadenpraxis (Fachzeitschrift)
Spam	unerwünschte digital übertragene massenhafte Nachrichten an eine Vielzahl von Personen
Spine	europeen spine magazine (= med. Fachzeitschrift)
SpuRt	Zeitschrift für Sport und Recht (Fachzeitschrift)
SRa	SozialRecht aktuell (Fachzeitschrift)
SSV	Selbstverletzendes Verhalten als Folge psychischer Belastung oder Erkrankung
st.	ständig
str	streitig
StVG	Straßenverkehrsgesetz
StVO	Straßenverkehrsordnung
SVR	Straßenverkehrsrecht/Zeitschrift für die Praxis des Verkehrsjuristen
teilw.	teilweise
TOM	technisch organisatorische Maßnahmen – dh Maßnahmen zur IT-Sicherheit und zum Datenschutz in der Arbeitsorganisation eines Unternehmens
ThürBG	Thüringer Beamtengesetz
Tz.	Textziffer
u.	unten
ua	unter anderen(m)
UFITA	Archiv für Urheber-, Film-, Funk- und Theaterrecht
UKA	„Unabhängige Kommission für Anerkennungsleistungen" der katholischen Kirche
umstr.	umstritten
unstr.	unstreitig
UrhG	Urheberrechtsgesetz
uU	unter Umständen
v.	vom
VersR	Zeitschrift für Versicherungsrecht (Fachzeitschrift)
vgl.	vergleiche (analog „s.")
VGS	Vereinigte Große Senate
VN	Versicherungsnehmer
Vorb.	Vorbemerkung
Vorl	vorliegend
VRS	Verkehrsrechtssammlung
VuR	Verbraucher und Recht (Fachzeitschrift)
VwGH	Österreichischer Verwaltungsgerichtshof
WPg	Die Wirtschaftsprüfung (Fachzeitschrift)
zB	zum Beispiel
ZD	Zeitschrift für Datenschutz (Fachzeitschrift)
ZEuP	Zeitschrift für Europäisches Privatrecht (Fachzeitschrift)
ZfS	Zeitschrift für Schadensrecht
ZIIR	Zeitschrift für Informationsrecht (Fachzeitschrift)
ZPO	Zivilprozessordnung
ZS	Zivilsenat
zT	zum Teil
ZUM	Zeitschrift für Urheber- und Medienrecht (Fachzeitschrift)

Medizinische Begriffe

Abdomen Bauch; Bauchregion
Abduktion Abziehen; seitliches Wegführen eines Körperteils von der Medianebene
Abduzenparese Gehirnnervlähmung/Augenmuskelnervlähmung
Abszess Ansammlung von Eiter in einem nicht vorgebildeten Gewebehohlraum, der durch Gewebeeinschmelzung entstanden ist
Acetabulum Gelenkpfanne des Hüftgelenks
Adduktion Heranführen eines Körperteils an die Medianebene
Adipös fettreich
Aids erworbenes Immundefekt-Syndrom
Akromion Schulterhöhe
Akupunktur aus der chinesischen Medizin stammende Therapiemethode gegen funktionelle Störungen und Schmerzzustände
Alteration Veränderungen: a) starke Gemütserregung; b) Zell- bzw. Gewebsveränderung
Alveolarfortsatz Knochenbogen am Ober- und Unterkiefer, der die Zahnfächer trägt
Amnesie Erinnerungslücke nach Bewusstseinsstörungen infolge von Hirntraumen, epileptischen Anfällen oder Vergiftungen
Amputation operative Abtrennung eines Körperteils
Anathrie Unmöglichkeit in der Lautsprache
Anämie sog. Blutarmut, Verminderung der roten Blutkörperchen und der Hämoglobinkonzentration (= roter Blutfarbstoff) unter den altersentsprechenden bzw. geschlechtsspezifischen Normwert
Angiographie röntgenologische Gefäßdarstellung nach Injektion von Kontrastmittel
Anisokorie seitendifferente Pupillenweite
Ankylose knöcherne oder kapsuläre Gelenkversteifung
Anosmie völlige Aufhebung des Geruchvermögens
Aorta Hauptschlagader
Apallisches Syndrom Enthirnungsstarre, Funktionsausfall der Großhirnrinde
Aphasie zentrale Sprachstörung nach abgeschlossener Sprachentwicklung
Apraxie zentrale Störung zuvor erlernter Bewegungsabläufe
Apnoe Atemstillstand
Appendix vermiformis Wurmfortsatz am Blinddarm
Armplexus s. Plexus
Arteria Schlagader
Arthrographie Röntgenkontrastdarstellung einer Gelenkhöhle
Arthrose degenerative Gelenkerkrankung aufgrund von Abnutzung, Überbeanspruchung, Gelenkdeformierung ua
Arthroskopie endoskopische Untersuchung eines Gelenkinnenraumes
Arthrotomie operative Eröffnung eines Gelenks
Asphyxie Pulslosigkeit infolge eines Herz-Kreislauf-Versagens
Atlas oberster Halswirbel
Atrophie Rückbildung eines Gewebes oder Organs durch Zellschwund
Axilla Achselhöhle
Axis zweiter Halswirbel
Aveolarfortsatz Teil des Ober- oder Unterkiefers, in dem die Zähne sitzen
Bechterew, Morbus – chronisch entzündliche und rheumatische Erkrankung der Wirbelsäule, Iliosacralgelenke, kleinen Wirbelgelenke, Extremitätengelenke und Sehnenansätze
Beckenring-Schmetterlingsfraktur doppelter vorderer Beckenringbruch durch beide Schambeinteile
Blasenkatheter Kunststoffschlauch zur künstlichen Harnableitung
Blasenruptur Riss der Harnblase
Blinddarmperforation hochakute Verlaufsform der Appendizitis mit Durchbruch des Wurmfortsatzes
Blow-out-Fraktur Augenhöhlenbodenbruch, meist durch massiven Schlag auf das Auge hervorgerufen
Bluttransfusion Blutübertragung
Bobble-head-doll-Syndrom Kopf-Rumpf-Wackelbewegungen, meist bei chronischem Hydrocephalus (= Wasserkopf)
Bone Bruise Knochenprellung mit Mikrofrakturen des betroffenen Knochens nach Unfall oder Sportverletzung; Heilung dauert stets sehr lange

Bottoming-Out-Effekt Komplikation, die nach einer Brustvergrößerung auftreten kann und zu einem stufigen Brustansatz führt
Brachium Arm, Oberarm
brachial zum Oberarm gehörend
Brillenhämatom symmetrischer Bluterguss an Ober- und Unterlidern
Brown-Sequard-Syndrom bei halbseitiger Querschnittlähmung auftretende spastische Lähmung und Sensibilitätsstörung auf der Seite der Lähmung und Beeinträchtigung des Schmerz- und Temperaturempfindens auf der Gegenseite
Bülau-Drainage Wassersaugvorrichtung zur Entleerung des Brustraums bei Luft-, Blut- oder Sekretansammlung im Thorax
Bursa Beutel; Tasche; Schleimbeutel
Bursitis Schleimbeutelentzündung, häufig im Kniegelenk vorkommend
Bursopathie Schleimbeutelreizung
BWK Brustwirbelkörper
Caecum Blinddarm
Calcaneus Fersenbein
Caput Kopf, Gelenkkopf
Carpalia Handwurzelknochen (ossa carpi)
Cephalgie Kopfschmerz
Cerebrum Großhirn
Cervicalsyndrom entzündliches Halswirbelsäulen-Syndrom
CFS Chronisches Fatigue-Syndrom bzw. Chronisches Erschöpfungssyndrom, das häufig als Impffolgeschaden geltend gemacht wird
Chondropathia degenerative Knorpelveränderungen (zB an der Kniescheibe)
Clavicula Schlüsselbein
collateral gleichseitig, umgebend (meist bei Gefäßen)
Collum Hals
Commotio cerebri Gehirnerschütterung, reversible Funktionsstörung nach einem Trauma
Condylus Gelenkkopf, Knochenende, Gelenkrolle; condylus femoris: Oberschenkelrolle zum Kniegelenk gehörend; condylus humeri: Oberarmrolle zum Ellenbogengelenk gehörend
Contusio Quetschung, Prellung als stumpfe Organverletzung
Contusio cerebri Hirnquetschung, Hirnprellung, jeweils mit Gewebe- oder Gefäßschäden
Corona/COVID-19 Schweres akutes Atemwegssyndrom verursacht durch den Coronavirus Typ 2
Coxa Hüfte
Coxarthrose ahnutzungsbedingte Hüftgelenkserkrankung (s. auch unter Arthrose)
Cubitus Ellenbogen
Darmbein Teil des Hüftknochens
Darmbeinfugensprengung Sprengung der knöchernen Verbindungsnähte zwischen den angrenzenden Hüftknochen
Dauerkatheter Verweilkatheter zur Harnableitung bei Operationen
Deafferentierungsschmerz durch operativen Eingriff bedingte Ausschaltung der sensiblen Impulse
Defekt Fehlen oder Verlust eines Gewebeanteils, Organes oder einer Funktion
Defektwunde Wunde mit Gewebeverlust
Defloration Entjungferung
Denervierung Funktionsausfall nach Durchtrennung der nervalen Verbindung
Depression anatomisch: Eindrückung von Gewebe oder Knochen (s. Impression); psychiatrisch: Verstimmung, unspezifische Störung der Grundstimmung
Dermatitis entzündliche Hautreaktion
Deus axis zahnförmiger Fortsatz des 2. Halswirbels
Deviation Abweichung
Dezeleration Verlangsamung
Diabetes mellitus Zuckererkrankung
Diplegie doppelseitige Lähmung
Discus intervertebralis Bandscheibe
Diskopathie Bandscheibenschaden, Bandscheibenerkrankung
Dislokation Verschiebung von Bruchenden, Lageveränderung von Organen
distal weiter vom Rumpf entfernt
Distorsion Verdrehung, Verrenkung, Verstauchung, Zerrung der Gelenkkapselbänder
dorsal rückseitig
Drainierung Ableitung von Flüssigkeitsansammlungen oder Gasen über Kunststoffschlauchsysteme aus Körperhöhlen
Duodenum Zwölffingerdarm

Durchgangssyndrom akuter exogener Reaktionstyp; Bezeichnung für körperlich begründbare Psychosen mit verschiedenen Schweregraden (Antriebsstörung, Gefühlsverarmung, Gedächtnisstörung) mit guter Rückbildungstendenz
Dystrophie Ernährungsstörung des gesamten Körpers (Unter- bzw. Mangelernährung) oder eines Gewebebereiches (zB Knochen, Knorpel, Muskeln)
Dys ... Störung einer Tätigkeit oder eines Zustandes
Embolie Verschluss eines Blutgefäßes, meist durch einen nichtlöslichen Blutpfropf (Emholus, Thrombus oder Bakterien) hervorgerufen
Encephalitis Entzündung des Gehirns
endogen im Körper selbst entstanden, aus besonderer Anlage des Körpers hervorgegangen (Veranlagung)
Enophthalmus tiefes Zurücksinken des Augapfels in die Augenhöhle
Epidermis Oberhaut; gefäßlose äußerste Schicht der Haut
epidural auf der harten Hirnhaut gelegen
Epikondylus knöcherner Fortsatz eines Gelenkkopfes; Ansatzstelle von Sehnen und Muskeln (zB im Ellenbogengelenk)
Epilepsie Anfallsleiden, anfallartige Störung der Empfindung, Motorik, des subjektiven Befindens und des Verhaltens durch abnorme Aktivitäten des zentralen Nervensystems
Epiphyse a) Zirbeldrüse an der Gehirnbasis; b) gelenknahes Ende der langen Röhrenknochen
Epiphysenfraktur Bruch eines langen Röhrenknochens am gelenknahen Ende
Exartikulation Abtrennung einer Gliedmaße am Gelenk durch Auslösung im Gelenk (zB Armexartikulation)
exogen außerhalb des Körpers entstanden; von außen stammend
Extension Dehnung durch Zug oder Streckung
Extirpation operative Entfernung eines Gewebes, Tumors oder Organs
Extraktion Herausziehen
facial zum Gesicht gehörend
Facialis-Läsion a) zentrale Facialis-Läsion: Störung der mimischen Muskulatur; b) periphere Facialis-Läsion: einseitig unvollständiger Augenschluss, hängendes Unterlid, Stirnrunzeln nicht moglich
Fatigue-Syndrom (CFS) Chronisches Erschöpfungssyndrom, das häufig als Impffolgeschaden geltend gemacht wird
Felsenbein Teil des Schläfenknochens/Schläfenbein
Femur Oberschenkelknochen
Femuropatellargelenk Gelenkverbindung zwischen Oberschenkelknochen und Knie
Fertilität Fruchtbarkeit
Fibula Wadenbein, äußerer Unterschenkelknochen
Fissur Knochenriss; feinste Spaltbildung
Fistel röhrenförmiger Verbindungsgang zwischen Körperhöhlen untereinander oder zur Körperoberfläche (meist pathologisch, erworben oder operativ bedingt)
Fixateur Festhaltesystem zur Stabilisierung eines Knochenbruches
Flexion Beugung
Fragment Bruchstück von Knochen
Fraktur Knochenbruch, geschlossen oder offen
Frontal stirnwärts; stirnseits
Fundus Boden, Grund (auch Abkürzung für Augenhintergrund)
Galea Sehne auf dem Schädeldach
Ganglion bedeutet sowohl „Überbein" als auch Nervenknoten im Bindegewebe
Ganglioneurom Geschwulst aus Nervenfasern oder auch Bindegewebe oÄ
Gastrektomie vollständige Entfernung des Magens
Gastritis Entzündung der Magenschleimhaut
Gehörknöchelchen Hammer, Amboss und Steigbügel (dienen der Schallverstärkung im Mittelohr)
Gehörsturz Gehörverlust infolge einer Mangeldurchblutung des Höranteils des Ohrs
Gelbsucht s. Ikterus
Gewebeschwund s. Atrophie
Glaskörper (corpus vitreum) Augapfel ohne Linse
Glaukom Sammelbegriff für Krankheiten des Auges mit erhöhtem Innendruck (zB sog. „Grüner Star")
Glissonschlinge Aufhängevorrichtung zur Entlastung der Wirbelsäule
Gonarthritis Kniegelenksentzündung
Gonarthrose degenerative Kniegelenkserkrankung
Grand mal epileptische Anfälle mit tonisch-klonischen Krämpfen
Grüner Star s. Glaukom
Grünholzfraktur knöcherner Bruch der langen Röhrenknochen ohne Durchtrennung der Knochenhaut (meist bei Kindern vorkommend)
Gurthämatom Bluterguss in Bereich der Sicherheitsgurtbänder nach starkem, plötzlichem Aufprall

HWS-Syndrom Halswirbelsäulensyndrom bzw. Schleudertrauma, Verrenkung der HWS, führt zu – teilweise andauernden – Schmerzen und Empfindungsstörungen im Schulter-Arm-Bereich
Hämarthrose Bluterguss in einem Gelenk
Hämatom Bluterguss in Weichteilen und Zwischengewebsräumen
Hämatopneumothorax Blut- und Luftansammlung im Pleuraraum
Hämatothorax Blutansammlung im Pleuraraum
Hämatotympanon Bluterguss in der Paukenhöhle (Tympanon) hinter dem Trommelfell im Mittelohr
Hämaturie pathologische Ausscheidung von roten Blutkörperchen im Harn
Halbseitenlähmung s. Hemiplegie
Halbseiten-Syndrom s. Brown-Sequard-Syndrom
Halo-Fixateur abnehmbare, externe Schiene
Halsmarksegment Rückenmarksabschnitt mit den jeweiligen Spinalnerven der Halsregion, die im gesamten Areal Haut, Muskeln und Eingeweide versorgen
Harninkontinenz unwillkürlicher Harnabgang
Hauttransplantationen Hautplastik, Deckung eines Hautdefektes durch Umsetzung von Haut
Hemiataxie einseitige Ataxie, Symptom einer Kleinhirnstörung
Hemiparese leichte (unvollständige) Lähmung einer Körperhälfte im Sinne einer Erschlaffung
Hemiplegie vollständige Lähmung einer Körperhälfte
Hepatitis Entzündung des Leberzellgewebes durch akute Virusinfektion
Herzinfarkt Nekrose eines Herzmuskelbezirkes aufgrund kritischer Mangeldurchblutung der Herzkranzgefäße
Hinterhorn (columna dorsalis) die graue Substanz des Rückenmarks ist schmetterlingsförmig
Hirnödem vermehrte Einlagerung von Wasser in den Gewebsspalten des Gehirns (Hirndrucksteigerung)
HIV human immunodeficiency virus, s. Aids
Hypästhesie herabgesetzte Berührungsempfindlichkeit (Gegenteil von Hyperästhesie)
Hyperreflexie Steigerung und Verbreiterung der Reflexe bzw. Reflexzonen (Ausfall der Hemmung)
Hypertonie Bluthochdruck, dauernde Erhöhung des Blutdrucks von systolisch über 140 und diastolisch 90
Hyperventilationstetanie psychogen bedingte, abnorme Steigerung der Lungenbelüftung mit daraus folgender Abnahme des ionisierten Kalziums im Blutserum und hierdurch hervorgerufenen Spasmen insbes. im Bereich der Finger und Füße
Hypochondrie sog. eingebildetes Kranksein ohne organische Veränderung
Hyposmie herabgesetztes Geruchsvermögen
Ikterus sog. Gelbsucht; Gelbfärbung der Haut durch Übertritt von Gallenbestandteilen ins Blut und in die Haut
Ileus Störung der Darmpassage durch Darmverschluss oder Darmlähmung
Iliosacralgelenk Gelenk zwischen Darmbein und Kreuzbein (durch Kapsel und Bänder straff verbunden und daher sehr unbeweglich)
Implantation Einpflanzung von Fremdteilen in den Körper
Impotenz Sammelbegriff für Störungen des sexuellen Reaktionszyklus; Zeugungsschwäche
Impressionsfraktur unvollständiger Biegungsbruch durch Druck von außen, Eindrücken (zB des Schädeldaches)
Inaktivitätsosteoporose s. auch Osteoporose; sekundäre Form des Knochengewebschwunds durch fehlende Bewegung
Inappetenz fehlendes Verlangen, zB nach Nahrung; Appetitlosigkeit
Infektion Übertragung und Eindringen von Mikroorganismen (zB Viren, Bakterien, Pilze)
Infraktion Knickungsbruch; unvollständiger Bruch
Injektion Einspritzen von gelösten Arzneimitteln
Inkontinenz Unvermögen, Harn (Harninkontinenz) oder Stuhlgang (Stuhlinkontinenz) willkürlich zurückzuhalten
Insuffiziens Schwäche bzw. ungenügende Leistung eines Organs
Interkostalnerv Zwischenrippennerv
Intima innerste Schicht der Gefäßwand der Arterien
Inzision chirurgischer Einschnitt
Iris Regenbogenhaut des Auges
Irismuskel Augenmuskel zur Regulierung der Pupillenweite
Irritation Reizung
Ischämie Unterbrechung der Blutzufuhr
Ischiadicus zum Sitzbein gehörend
Jejunum Leerdarm; an den Zwölffingerdarm anschließender Teil des Dünndarms
Jochbein (os zygomaticum) Wangenbein
Jochbogen Brücke zwischen Gesichtsschädel und seitlicher Schädelwand
Kahnbein Handwurzelknochen (os scaphoideum); Fußwurzelknochen (os naviculare)
Kallus an einer Bruchstelle neu gebildeter Knochen

Kalotte Schädeldach
Kalottenfraktur Schädeldachfraktur
Kapselbänder Verstärkungs- und Führungsbänder, die die Kapsel an den Gelenken umgeben
Karotis große zum Kopf führende Halsschlagader
Karotisangiographie Röntgenkontrastdarstellung der großen Halsarterie
Kataplexien emotional ausgelöste kurz andauernde Attacken von plötzlicher Muskelschwäche
Katheter röhrenförmiges Instrument zum Einführen in Gefäße und Hohlorgane
Keloid Wulstnarbe; derbe, bindegewebige, manchmal juckende strangförmige Hautwülste
Kernikterus Schädigung der Ganglienzellen des Stammhirns bei Neugeborenen; überlebt das Neugeborene, so entwickeln sich folgenschwere Schäden bis hin zur Zerebralparese
Kiefersperre Bisssperre; Auseinandersperren der Zahnreihen (meist durch Verrenkung des Kiefergelenks)
Kieferwinkelfraktur Unterkieferbruch im seitlichen Bereich, meist durch Verkehrsunfalleinwirkung hervorgerufen
Kirschner-Drahtosteosynthese Drahtnaht zur Verbindung von Knochenbruchstücken und Sehnen
Kniegelenkluxation Verrenkung des Kniegelenks bei starker Gewalteinwirkung
Kniegelenkspalt spaltartige Höhle im Inneren des Kniegelenks, in der ein Unterdruck herrscht, der die einzelnen Gelenkanteile fest aneinanderdrückt
Kniepunktion Entleerung verletzungs- oder krankheitsbedingter Flüssigkeitsansammlungen aus dem Kniegelenk mittels einer Hohlnadel
Kniescheibenluxation seitliche Verrenkung bzw. Verschiebung der Kniescheibe über die Gelenkrolle des Oberschenkelknochens
Kniescheibenpolabriss knöcherner Abriss am Rand der Kniescheibe durch Gewalteinwirkung auf die Sehne des Oberschenkelstreckmuskels
Knochentransplantation Übertragung von Knochenmaterial zur Auffüllung von Knochendefekten
Kohlenmonoxidvergiftung Vergiftung nach Inhalation von CO, hervorgerufen durch eine Bindung des Gases an die roten Blutkörperchen und nachfolgender Sauerstoffverarmung im Körper, die ggf. bis zum Tode führen kann
Kolostomie Anlegen eines künstlichen Ausgangs vom Dickdarm (Colon) nach außen
Koma Bewußtlosigkeit, durch äußere Reize nicht erweckbar
Kompartement-Syndrom schmerzhafte muskuläre Bewegungseinschränkung als Komplikation eines Bruches
Kompression Quetschung, Zusammendrückung
Kontusion Prellung durch kurze stumpfe Gewalteinwirkung
Kopfschwartenhämatom Bluterguss im Bereich der Kopfschwarte
Krebs allgemeine Bezeichnung für bösartige Zell-Neubildungen
Kreuzband man unterscheidet vorderes und hinteres Kreuzband im Kniegelenk
Kreuzbandhöckerausriss Kreuzbandverletzung, häufig mit knöchernem Abriss der Ansatzstelle am Unterschenkelschienbeinknochen
Kyphose sog. Buckel, abnorme nach hinten ausgewölbte Krümmung der Wirbelsäule
Labilität (vegetative) Schwankung, Unsicherheit; polysymptomatisches Beschwerdebild ohne nachweisbare Ursachen
Läsion Verletzung
Laparotomie operative Eröffnung der Bauchhöhle
lateral seitlich
Leberruptur Zerreißung der Leber bei stumpfem Bauchtrauma
Leitungsanästhesie Form der Lokalanästhesie
Le-Fort-Fraktur Abrissfraktur des Oberkiefers; Kieferfraktur mit drei Ausprägungsstufen: Le-Fort bzw. Le-Fort-I, Le-Fort-II und Le-Fort-III
Le-Fort-II-Fraktur Abrissfraktur des Oberkiefers mit einer Bruchlinie durch das Jochbein
Le-Fort-III-Fraktur vollständiger Abriss des Mittelgesichtsknochens von der Schädelbasis
Leukomalazie durch Sauerstoffmangel verursachtes Absterben von Hirnzellen im dorsalen und lateralen Bereich mit starken Ausfällen der motorischen Funktionen
Libidoverlust fehlender Drang zu körperlichem Kontakt und Beziehungsaufnahme sowie zur Vereinigung und sexuellen Befriedigung
Ligamentum Band
Liquor Gehirn- und Rückenmarkflüssigkeit
Liquorfistel pathologische Verbindung der Liquorräume nach außen
Liquorrhoe Abfluss von Liquor über eine Liquorfistel
Lumbago sog. „Hexenschuss"; Kreuz- und Lendenschmerzen
Lungenembolie Form des Verschlusses der arteriellen Lungenstrombahn durch einen Thrombus, häufig nach Operationen im Oberschenkel- und Beckenbereich
Luxation Verrenkung, starke Verschiebung (oft mit Kapselbandriss)

Lymphe Gewebsflüssigkeit, die durch ausgetretenes Blutplasma entsteht
Lymphödem Schwellung durch Behinderung des Lymphabflusses
Macula Fleck, Hautfleck
Magersucht Fettschwund mit Untergewicht; neben exogenen Faktoren (Unterernährung etc) auch häufig durch endogene und psychogene Faktoren (Asthenie, psychogene Essstörungen) hervorgerufen
Makula punktförmiger Bereich im hinteren Bereich des Auges
Makrohämaturie s. Hämaturie
Makuladegeneration Erkrankung, welche die Netzhaut im hinteren Bereich des Auges – an der Makula – angreift
Malleolus Knöchel
Mammareduktionsplastik operatives Verfahren zur Wiederherstellung einer natürlichen Brustform nach Mastektomie ohne künstliche Implantate
Mastektomie operative Entfernung der weiblichen Brust
Maxilla Oberkiefer
ME/CFS (im Zusammenhang mit Coronaimpfungen) Myalgische Enzephalomyelitis/Chronisches Fatigue-Syndrom
Medianusläsion Schädigung des Nervus Medianus durch Verletzungen oder Kompressionen im Schulter- oder Handgelenkbereich, wodurch es zur sog. „Schwurhand" kommen kann
Mediastinum mittlerer Bereich des Brustraumes
Mehrfragmentfraktur Knochenbruch aus mehr als zwei Einzelteilen bestehend
Meningitis Entzündung der Hirn- und Rückenmarkshäute (meldepflichtige Erkrankung)
Meniskus sichelförmiger Faserknorpel im Kniegelenk
Mentum Kinn
Mesenterial-Wurzel Anheftungsstelle des Darmgekröse(l)s an der hinteren Bauchwand
Mesenterium Darmgekröse(l)
Metastase Tochtergeschwulst durch Absiedlung von Gewebszellen vom primären Tumor
Metastasierung Ausstreuung von Zellen über Blut oder Lymphe, die zur Erkrankung von Körperregionen führen, die nicht in der Umgebung des Primärtumors liegen (Tochtergeschwulst)
Metatarsus Mittelfuß
Mikrohämaturie pathologische Ausscheidung von geringen Mengen roter Blutkörperchen im Urin bei unveränderter Harnfarbe
Mikrozephalie bleibende Entwicklungsstörung mit kleinem Kopf und geistiger behinderung
Milzruptur Zerreißung der Milz bei stumpfem Bauchtrauma
Monokelhämatom s. Brillenhämatom, aber nur ein Auge betreffend
multipel mehrfach
Morbus (lat.) Erkrankung/Krankheit
MPFL-Ruptur Knieverletzung mit Riss des sog. *medialen patellofemoralen Ligament,* einem wichtigen und kräftigen Weichteilstabilisator der Kniescheibe
MRSA Methicillin-resistenter Staphylococcus besser bekannt als „Krankenhauskeim"
Mundwinkelragaden Einrisse der Haut infolge Überdehnung an den Mundwinkeln (verheilt narbenlos)
Myelopathie Erkrankung des Rückenmarks; Erkrankung des Knochenmarks
Myom gutartige Geschwulst aus Muskelgewebe
Myositis Muskelentzündung
Narkolepsie Schlafstörung
Nasendach das Nasendach wird durch Nasenbein, Stirnbein und einen Teil des Siebbeins gebildet, die auch das knöcherne Gerüst der Nase bilden
Nasenseptumfraktur Nasenscheidewandbruch
Nasentamponade symptomatische Therapie bei starkem Nasenbluten mittels vielschichtigem Gaze
Nasenwurzel Ansatz des knöchernen Nasengerüsts an den Mittelgesichtsknochen
Nekrose morphologische Veränderungen eines Organs oder Gewebes, die als Folge von irreversiblem Zellfunktionsausfall (sog. „Zelltod") auftreten
Nekrosefistel Gangbildung durch Auflösung oder Einbruch des abgestorbenen Gewebes
Nervus accessorius XI. Hirnnerv; beeinflusst die Bewegungen im Hals- und Schulterbereich
Nervus facialis VII. Hirnnerv, der bestimmte Gesichtsmuskeln beeinflusst
Nervus medianus Armhaupnervenast, von denen es drei gibt
Nervus opticus II. Hirnnerv, Sehnerv
Nervus peronaeus Wadenbeinnerv; versorgt sensibel die Haut im mittleren Bereich des Fußrückens und Unterschenkels sowie motorisch die Streckergruppe des Unterschenkels und die Muskeln des Fußrückens
Nervus radialis Nerv im Armgeflecht; versorgt sensibel und motorisch die Ober- und Unterarmstreckermuskeln sowie die Streckseite der Hand

Nervus tibialis Schienbeinnerv; versorgt motorisch die Beuger des Oberschenkels, Unterschenkels und der Fußsohle sowie sensibel Wade und Fußsohle
Nervus trigeminus V. Hirnnerv; versorgt sensibel die Gesichtshaut und motorisch die Kieferschließmuskulatur
Neuralgie Schmerzsyndrome, die sich auf das Gebiet eines Nerven beschränken
Neuropathie Oberbegriff für Erkrankungen des peripheren Nervensystems oder einzelner Nerven
Neurose psychische Störung mit chronischem Verlauf, die aufgrund eines infantil ungelösten Konfliktes entstehen
Nicolau-Syndrom medikamentös bedingter Verschluss einer Arterie nach Gabe von injizierten Medikamenten (zB Penizillin), die statt intravenös versehentlich intraarteriell gegeben wurden
Obliteration Verödung, Verwachsung, Verlegung
Obstruktion Verschluss, Verstopfung, Verlegung – jeweils eines Gefäßes, einer Ader
Oberschenkelrolle s. Condylus
Oberschenkelschaft Knochenschaft nennt man das Mittelstück der langen Röhrenknochen, zu denen auch der Oberschenkelknochen gehört
Ödem schmerzlose, teigige Schwellung infolge von Flüssigkeitsansammlungen in den Zwischengewebsräumen
Okklusion Verschluss
Olekranon Ellenbogen
Oligophrenie Schwachsinn in den Erscheinungsformen: Debilität, Imbezillität, Idiotie
Orbita Augenhöhle
Orbitabodenfraktur s. Blow-Out-Fraktur
Orbitarahmen knöcherne Begrenzung der Augenhöhle, gebildet vom Stirnbein, Oberkieferknochen und Jochbein
Orthese Stütze
Ösophagitis Speiseröhrenentzündung
Os (lat.) Knochen
Os coccygis Steißbein
Os coxae Hüftbein
Os cuboideum ein Fußwurzelknochen
Os cuneiforme ein Fußwurzelknochen
Os ethmoidale s. Siebbein
Os ilium Darmbein (im Bereich der Hüfte)
Os ischii s. Sitzbein (im Bereich der Hüfte)
Os lunatum Mondbein (ein Handwurzelknochen)
Os pisiforme Erbsenbein (ein Hand- oder Fußwurzelknochen)
Os pubis Schambein (im Bereich der Hüfte)
Os nasale Nasenbein
Os naviculare Knochen im Bereich des Fußes (ein Fußwurzelknochen)
Os sacrum Kreuzbein (zwischen Lendenwirbelsäule und Steißbein)
Os scapoid Knochen im Bereich der Hand (ein Handwurzelknochen)
Os zygomaticum s. Jochbein
Ossa carpi s. Handwurzelknochen
Ossa cranii Schädelknochen
Ossifikation Knochenbildung, Knochenwachstum
Osteochondrose Knochen- und Knorpeldegeneration
Osteogenesis imperfekta angeborene, generalisierte Bindegewebserkrankung mit Störung der Knochenbildung; die Folge sind hochgradige Knochenbrüchigkeit (sog. „Glasknochen“) und Deformierungen des gesamten Körpers
Osteomyelitis Knochenmarkentzündung
Osteoporose quantitative Abnahme des Knochengewebes (gesteigerter Knochenabbau) bei erhaltener Knochenstruktur
Osteosynthese operative Zusammensetzung und Vereinigung der Knochenfragmente bei Knochenbrüchen unter Mithilfe von synthetischen Materialien (zB Nägel, Platten, Drähte etc)
Osteotomie Durchtrennung von Knochen zur Korrektur von Fehlstellungen oder Entfernung von Knochenstücken
Ostitis Knochenentzündung
Palma manus Handfläche/Handteller
Pankreas Bauchspeicheldrüse
Parästhesie Kribbeln oder taube, schmerzhaft brennende Missempfindung; Sensibilitätsstörung
Paralyse komplette Lähmung

Paraplegie vollständige Lähmung zweier symmetrischer Extremitäten (zB beider Arme)
Parese inkomplette Lähmung; Erschlaffung
Patella Kniescheibe
pathogen kranheitserregend
pathologisch krankhaft
Perforation Durchbruch; Durchbohren
Peritonäum Bauchfell
Peritonitis Bauchfellentzündung
Peronaeus zum Wadenbein gehörend
Peronaeusparese Lähmung des Nervus Peroneus; es kommt zu Spitzfußstellung und sog. „Steppergang" durch Ausfall der Fuß- und Zehenstrecker
Petit mal epileptische Anfälle ohne tonisch-klonische Krämpfe
Pfeilnahtsprengung Nahtsprengung an der Mittellinie der beiden Scheitelbeine
Phimose Verengung der Vorhaut (Präputium) des Penis
Pilon-Tibialfraktur intraartikuläre Stauchungsfraktur der Tibia mit Spongiosodefekt, meist Trümmerfraktur mit Gelenkzerstörung des oberen Sprunggelenks
Plattenosteosynthese s. Osteosynthese
Pleura Brustfell mit Rippen- und Lungenfell
Plexus Geflecht von Nerven, Venen und Lymphgefäßen
Pneumonie Lungenentzündung
Pneumothorax Luftansammlung im Raum zwischen den beiden Brustfellblättern
Polytrauma gleichzeitig entstandene Verletzung mehrerer Körperregionen oder Organsysteme, wobei entweder eine der Verletzungen oder die Kombination mehrerer für den Betroffenen lebensbedrohlich ist
Polyarthritis über viele Gelenke sich erstreckende Entzündungen
posttraumatisch nach dem Unfall oder der Verletzung
Post-Covid-Syndrom (kurz PCS/ICD10-Code: U09.9), Langzeitschäden bzw. Spätfolgen der Infektionskrankheit COVID-19
Post-Vac-Syndrom Oberbegriff für Impfkomplikationen nach COVID-Impfung zusammen, die, ohne zuvor an Corona erkrankt zu sein, eine Long-/Post-COVID-ähnliche Symptomatik aufweisen
PTBS Posttraumatisches Belastungssyndrom
Posttraumat. Durchgangssyndrom s. Durchgangssyndrom
Prostata Vorsteherdrüse; umgibt die Harnröhrenwurzel
Prothese künstlicher Ersatz von Körperteilen
Protrusio Vortreibung, Vorwölbung (besonders des Augapfels, aber auch des Hüftkopfes)
Pseudoarthrose falsche Gelenkbildung; Ausbleiben der vollständigen Knochenheilung nach einer Fraktur
Psychose sog. Geisteskrankheit; psychische Störung mit Erlebnisveränderung; man unterscheidet hier die exogene Psychose mit organischer Begründbarkeit und die endogene Psychose ohne organische Ursache
Psychosyndrom lokale oder diffuse Gehirnschädigung mit Antriebs-, Denk- und Gedächtnisstörungen, Affektlabilität, Unruhe ua
Ptosis Herabhängen des Oberlids durch Lähmung des Lidhebermuskels
Punktion Einstich einer Hohlnadel in Gefäße, physiologische oder pathologische Körperhohlräume oder Organe zur Entnahme von Flüssigkeiten oder Gewebe
Pyramidenlängsfraktur Felsenbeinfraktur bei querverlaufender Schädelbasisfraktur
Querschnittsyndrom teilweise oder völlige Schädigung des Rückenmarks mit nachfolgender Lähmung der distalen Muskeln durch Zertrennung der Nervenstränge
Radialislähmung Lähmung des Nervus Radialis mit der Folge der Unfähigkeit, die Hand zu strecken (sog. „Fallhand")
Radius Speiche; der auf der Daumenseite liegende Unterarmknochen
Refertilisierung Operation zur Wiederherstellung der Eileiterdurchgängigkeit nach vorangegangener Sterilisierung (Durchtrennung der Eileiter)
Refraktur Wiederbrechen eines schlecht geheilten Knochenbruches
Regenbogenhaut Iris; Scheibe mit zentraler, kreisrunder Öffnung (Pupille), die der Regulierung des Lichteinfalles dient
Rektum Mastdarm
Rektum-Scheidenfistel Fistelgang zwischen Rektum und Vagina (Scheide); s. Fistel
Resektion Ausschneiden eines Organes oder teilweise Entfernung kranken Organgewebes
Retinaculumruptur Riss des sog. Kniebands und damit eines wichtigen Teils des Halteapparats der Kniescheibe
Röntgendermatitis entzündliche Reaktion der Haut nach Röntgenbestrahlung
Rucksackverband Watte-Trikotschlauchverband zur Behandlung von Schlüsselbeinfrakturen: zieht die Schulter zurück, um die Bruchflächen des Schlüsselbeines anzunähern
Ruptur Zerreißung; Durchbruch

Salmonellenvergiftung durch Salmonellen (Bakterien) ausgelöste Infektion des Darmes; meist hervorgerufen durch verunreinigte Lebensmittel (Eier, Geflügel, Milchprodukte)
SARS-CoV-2 (Abkürzung für „severe acute respiratory syndrome coronavirus type 2" – Schweres akutes Atemwegssyndrom verursacht durch den Coronavirus Typ 2)
Scapula Schulterblatt
Schädelhirntrauma Oberbegriff für gedeckte oder offene Schädelverletzungen mit Gehirnbeteiligung; drei Gradstufungen (Schädelprellung ohne Bewusstlosigkeit, Gehirnerschütterung mit Bewusstlosigkeit und contusio cerebri)
Schädelimpressionsfraktur s. Impressionsfraktur
Schädelkalotte Schädeldach
Schanzsche Krawatte zirkulärer Watteverband am Hals zur Ruhigstellung der Halswirbelsäule
Schenkelkopf oberes Ende des Oberschenkelknochens; bildet das Hüftgelenk (durch Abriss der knochenversorgenden Blutgefäße bei Schenkelhalsfrakturen kommt es zur Nekrose des Oberschenkelkopfes)
Schlagaderruptur Schlagaderriss
Schockzustand akutes bis subakutes fortschreitendes Herzkreislaufversagen (Lebensgefahr!), verminderte Zirkulation und Gewebsdurchblutung, Sauerstoffmangel des Gewebes und der Organe
Schulterdystokie gestörter Geburtsverlauf, bei welchem nach der Geburt des kindlichen Kopfes die vordere Schulter an der Symphyse hängen bleibt
Sepsis sog. Blutvergiftung
Siebbein (os ethmoidale) Knochen über/hinter der Nasenwurzel
Sigma s-förmig gekrümmter Dickdarmabschnitt
Sitzbein (os ischii) Teil des Beckens
Sklerose krankhafte Verhärtung eines Organes
Skoliose seitliche Verbiegung der Wirbelsäule
Spastik Vermehrung der Muskelanspannung
Sphinkter Schließmuskel
Spiralfraktur Bruch am langen Röhrenknochen mit spiralförmiger Bruchlinie
Spondylodese Operation zur Versteifung bestimmter Wirbelsäulensegmente durch Verödung der kleinen Wirbelgelenke
Spondylose degenerative Erkrankung der Wirbelkörper und der Bandscheiben
Spondylosis deformans degenerative Erkrankung der Wirbelkörper und Bandscheiben mit ausstrahlenden Schmerzen und Bewegungsschmerzen
Spongiosa schwammartiges Gerüst feiner Knochenbälkchen
Spritzenabszess s. Abszess
Steppergang s. Peronaeuslähmung
Sterno-Claviculargelenk Gelenk zwischen Schlüsselbein und Brustbein
Sternum Brustbein
Stiefelrandfraktur Bruchlinie im mittleren Bereich des Waden- und Schienbeins unterhalb des Kniegelenks
Strabismus Schielen; Augachsenabweichung von der Normalstellung
Subarachnoidalblutung akute Blutung unter der weichen Hirnhaut
subdural unter der harten Hirnhaut gelegen
subkapital unterhalb des Kopfes eines langen Röhrenknochens (typische Bruchlinie einer Fraktur)
subkutan unter der Haut
Subluxation unvollständige Verrenkung, Gelenkflächen bleiben in Verbindung
Sympathikus Teil des vegetativen Nervensystems; sorgt für Schmerzempfinden der Eingeweideorgane; hat Wirkung auf Blutdruck-, Herz- und Atemregulation, Schweißbildung, Pupillenweite ua
Symphyse Schambeinfuge; Knochenverbindung durch Faserknorpel der beiden Schambeine
Syndesmose Knochenverbindung durch Bindegewebe
Syndrom Symptomenkomplex; Gruppe von gleichzeitig zusammen auftretenden Krankheitszeichen
Talus Sprungbein (Fußwurzelknochen)
Tarsus a) Bindegewebsplatte des Augenlids; b) Fußwurzel
Tetraparese inkomplette Lähmung aller vier Extremitäten
Tetraplegie komplette Lähmung der vier Extremitäten
TFC-Verletzung des sog. *triangulären fibrokartilaginären Komplexes* des Handgelenks, dh Verletzung im Bänderkomplex, in dessen Zentrum eine knorpelige Platte wie eine Art Puffer zwischen dem Kopf der Elle (Ulna) und den Handwurzelknochen liegt
Thorax Brustkorb; Brust
Thoraxtrauma Mehrfachverletzung der Brustorgane (Lunge, Herz, Gefäße), kann lebensgefährlich sein
Thrombose Blutpfropfbildung; in den Gefäßen – meist Venen – beginnende Blutgerinnung; man unterscheidet die oberflächliche Thrombophlebitis und die tiefe Phlebothrombose
Thrombozytopenie, Mangel an Blutplättchen, sog. Thrombozyten im Blut

Tibia Schienbein
Torsion Drehung; Achsendrehung
Totaloperation Totalexstirpation (= operative Entfernung) eines ganzen Organs oder Organsystems; meist bei Uterus-Korpuscarcinom, dabei operative Entfernung von Gebärmutter und Eileitern
Transfusionshepatitis durch verunreinigtes Spenderblut übertragene Hepatitis
Transplantation Übertragung von Zellen, Gewebe oder Organen auf ein anderes Individuum oder an eine andere Stelle des gleichen Individuums
Trauma Verletzung nach Gewalteinwirkung in körperlicher oder psychischer Hinsicht
Triangelnarbe Dreiecksnarbe
Trochlea Rolle; Gelenkwalze
Trommelfellperforation Durchbruch des Trommelfells nach massiver Mittelohrentzündung oder Verletzung
Trümmerfraktur Mehrfachbruch mit Zersplitterung und Zerstörung der Bruchfragmente (schwer rekonstruierbar)
Tubus angepasstes relativ starres Rohr zur oralen oder nasalen Beatmung
Tumor Geschwulst; örtlich umschriebene Zunahme des Gewebevolumens; gewebliche Neubildung durch irreversibles Überschusswachstum
Ulcus Geschwür durch Entzündung mit örtlichem Substanzverlust
Ulna Elle; der an der Kleinfingerseite gelegene Unterarmknochen
Ureter Harnleiter; muskulöser Schlauch zwischen Nierenbecken und Harnblase
Urethra Harnröhre
Usur Abnutzung; geringe Konturunebenheit an den gelenknahen Knochen
Uterus Gebärmutter
Vagina Scheide
valgus nach innen gewölbt
Varizen Krampfadern
Vakuumextraction Form der operativen Entbindung mittels einer Saugglocke
Valgus krumme, nach innen gewölbte sog. „X-Stellung“ zB im Hüft- oder Kniegelenk
Varus gestreckte, nach außen gewölbte sog. „O-Stellung“
Vastus Muskel des Oberschenkels
Venenthrombose s. Thrombose
Ventrikel Herzkammer
Verbrennungen 1. Grades thermisch bedingte Gewebsschäden mit lokaler Rötung und Schwellung
Verbrennungen 2. Grades s. Verbrennung 1. Grades, jedoch zusätzlich mit Blasenbildung
Verbrennungen 3. Grades thermisch bedingte Zerstörung der Haut, Unterhaut mit Gefäßen und Nervenendigungen (daher insofern schmerzfreie Wunde)
Verschattung Begriff aus der Radiologie; bezeichnet im Röntgenbild schattengebende Strukturen in der Lunge, die u.U. durch Tumore hervorgerufen werden können
Vertebra Wirbel
Visus Sehen; Sehschärfe; Sehleistung
Volkmann-Dreieck im Zusammenhang mit Knöchelfrakturen vorkommende dreieckige Absprengung der hinteren unteren Schienbeinkante bei Erhaltung der Bandverbindung zwischen den beiden Unterschenkelknochen
Vulnerabilität (lat.) Verletzbarkeit
Whiplash-Injury-Syndrom Schleudertrauma
Weichteilirritation Bindegewebsreizung
Wirbelsäulendistorsion Verrenkung von Wirbelsäulenabschnitten nach zB Schleudertrauma
Wurzelirritation Reizung der Wurzeln der Rückenmarksnerven hei Bandscheibenvorfall oder Tumoren mit schmerzhaften Missempfindungen und Sensibilitätsausfällen in den jeweiligen Nervengebieten
Zäkum (richtiger Weise „Caecum“) Blinddarm
Zahnfach Vertiefungen im Alveolarfortsatz
Zentropilvergiftung Bild einer Schlafmittelvergiftung mit „großer“ Atmung, starkem Blutdruckabfall etc
zerebral das Gehirn betreffend
Zerebralparese (infantile) Kinderlähmung
Zerebrospinalflüssigkeit Flüssigkeit, die den Hirn- und Rückenmarksbereich umspült
Zervikalsyndrom allgemeine Bezeichnung für Beschwerden, die von der Halswirbelsäule (HWS) ausgehen bzw. den Halswirbelsäulenbereich betreffen
Ziliargefäße Blutgefäße, die den Ziliarkörper im Auge versorgen
Zirrhose Wucherung im Bindegewebe eines Organs
Zyste ein- oder mehrkammerige, durch eine Kapsel abgeschlossene Geschwulst mit flüssigem Sekretinhalt
Zystoskopie Blasenspiegelung mit Hilfe eines speziellen endoskopischen Instruments

Literatur

Abram/Wessel, Einsatz Künstlicher Intelligenz bei der Schmerzensgeldbemessung – Chancen und Risiken, r+s 2025, 1016
Akademie für Verkehrswissenschaften e.V., 15. Deutscher Verkehrsgerichtstag 1977, Entschließung des Arbeitskreises III. Reform des Schmerzensgeldrechts
Akademie für Verkehrswissenschaften e. V., 29. Deutscher Verkehrsgerichtstag 1991, Der Kinderunfall – Eine Herausforderung für Gesetzgebung und Rechtsprechung
Aligbe, Das neue Impfschadenrecht 2024, NJW 2023, 3457
Almeroth, Kopf- und Nackenschmerzen als unfallbedingte Körperverletzung und Beweislast, NJW 2020, 3176
Almeroth, Anmerkung zu BGH Urt. v. 8.10.2024 – VI ZR 250/22, NJW 2025, 294
Almeroth, Neues zum Werkstattrisiko, NZV 2024, 153
Almeroth, Schadensersatz bei Verkehrsunfällen, 1. Aufl. 2023
Ante, Schadensbegründender Kontrollverlust nur bei Weitergabe von personenbezogenen Daten an Dritte, GWR 2025, 399
Arntz, Das Schmerzensgeld im Lichte der empirischen Glücksforschung NJW 2017, 3329
Auer/Krumbholz, Das HWS-Trauma: Kausalzusammenhang aus biomechanischer und juristischer Sicht, NZV 2007, 273
Auf der Heiden, Haftung und Entschädigung bei Corona-Impfungen, NJW 2022, 3737
Bähring/Burmann/Jahnke, Der psychische Schaden im Schadensersatzrecht, r+s 2025, 641
Balke/Frese/Koehl, Aktuelle Entwicklungen im Verkehrsrecht 2025 – 2026, NJ 2026, 233
Balke/Frese/Koehl, Aktuelle Entwicklungen im Verkehrsrecht 2024 – 2025, NJ 2025, 241
Balke, Das Hinterbliebenengeld, SVR 2024, 451
Balke, LG Potsdam: Sog. „Schockschaden", SVR 2023, 461
Balke, Schleswig-Holsteinisches OLG: Hinterbliebenengeld, SVR 2021, 416
Balke, Schockschaden/Hinterbliebenengeld, SVR 2020, 346
Balke, Entschädigung von Opfern nach terroristischen Anschlägen, SVR 2020, 16
Balke, Der Anspruch auf Hinterbliebenengeld im Verkehrsunfallrecht, SVR 2018, 207
Balke, Das Auto als Terrorwaffe, SVR 2018, 44
Balke, LG Erfurt: Minderjähriger Fußgänger; Betriebsgefahr, SVR 2013, 223
Balke, Anspruch aus Entschädigungsfonds, SVR 2011, 423
Balke, Das Hinterbliebenengeld, SVR 2021, 211
Balke, Posttraumatische Belastungsstörung (PTBS) und Verkehrsunfall, SVR 2022, 361
Barrein/Fuhlrott, Erfüllungsfrist und Schadensersatz bei datenschutzrechtlichen Auskunftsersuchen, NZA 2024, 443
Bauer, Kopftuchverbot – Benachteiligung wegen der Religion ArbRAktuell 2020, 496
Bärnreuther/Yagmur, Schmerzensgeldbemessung bei Verkehrsunfall: Berücksichtigung des Regulierungsverhaltens des in Anspruch genommenen Versicherers, NZV 2021, 366
Besprechung von BAG Urt. v. 27.8.2020 – 8 AZR 62/19
Becke/Castro/Hein/Schimmelpfennig, HWS-Schleudertrauma 2000-Standortbestimmung und Vorausblick, NZV 2000, 225
Becker, Das Hinterbliebenengeld in der Fallbearbeitung, JA 2020, 96
Becker, Rechtsfragen der Satire, GUR 2004, 908
BeckOK BeamtenR Bund/Badenhausen-Fähnle, 41. Edition
Benecke, „Mobbing" im Arbeitsrecht – in der NZA-RR 2003, 225
Benedikt, Anm. zu LG Leipzig Urt. v. 4.7.2025 – 05 O 2351/23: Unterlassungs- und Schadensersatzansprüche gegen Meta wegen Business Tools auf Websites und Apps, EuDIR 2025, 351
Benedikt, Verstoß gegen DS-GVO durch zwingende binäre Anrede bei Online-Ticketkauf NJW 2025, 788
Benkert, Anforderungen an Schadensersatz nach Art. 82 DS-GVO, NJW-Spezial 2024, 307
Benkert, Umfang des datenschutzrechtlichen Auskunftsanspruchs, NJW-Spezial 2023, 530
Benkert, Schadensersatz bei Verarbeitung von Gesundheitsdaten, NJW-Spezial 2022, 20
Bensalah/Hassel, Kritische Aspekte zur taggenauen Schmerzensgeldbemessung, NJW 2019, 403
Berg, Teilschmerzensgeldklagen NZV 2
Bergmann, Das Hinterbliebenengeld im Wandel – ein Überblick, DAR 2025, 8
Bergmann, Umfang des Feststellungsantrages sowie des zugehörigen Tenors hinsichtlich zukünftiger Forderungsübergänge nach eingetretenem Sach- und Personenschaden, GuP 2022, 38

Bernhard, Anwaltshaftung in der Klausurbesprechung, JuS 2014, 205
Berz/Burmann, Handbuch des Straßenverkehrsrechts, Werkstand: 48. EL, September 2023
Bettinghausen, Mobbing am Arbeitsplatz – Die Rechte der Betroffenen unter Berücksichtigung der Rechtsprechung, NJOZ 2023, 65
Bettinghausen, Rechtswidrige SCHUFA-Einträge und die Rechte der Betroffenen, BB 2023, 328
Biesz/Sadtler, Mobbing und Stalking: Phänomene der modernen (Arbeits)Welt und ihre Gegenüberstellung, NJW 2007, 3382
Biller-Bomhardt/Steinbock, Hinterbliebenengeld und Schockschaden, NJW 2025, 113
Bischoff, Das „neue" Hinterbliebenengeld – Grundlagen der Entschädigung für seelisches Leid von Nahestehenden, MDE 2017, 739
Blank, Vermieter muss Trinkwasser auf Legionellen untersuchen!, IMR 2015, 265
Bomsdorf/Finkelmeier, BGH: Keine Produkthaftung für Bruch eines Keramikinlays in Hüftendoprothese, NJW 2023, 3159
Böhm, „Das leidige Problem der HWS-Verletzung nach einem Verkehrsunfall und die Entwicklung der Rechtsprechung nach den Urteilen des BGH im Jahr 2008" (Teil-1) ZfS 2011, 423 und (Teil-2) ZfS 2011, 483
Böhme/Biela/Tomson, Kraftverkehrs-Haftpflicht-Schäden, 26. Aufl. 2018
Bönker, Lärmschutz auf Baustellen, NZBau 2026, 80
Bock, Missbräuchlichkeit von Auskunftsanträgen, GRUR-Prax 2026, 251
Bock, Zulässigkeit eines nur geringen Schadensersatzes bei DS-GVO-Bagatellverstößen, GRUR-Prax 2024, 550
Borchert, Stalking – Ein rechtliches Phänomen, FPR 2004, 239
Born, Die Ermittlung des psychischen Folgeschadens – BoRuBeck-Faktor, NZV 2008, 1
Born, Frankenstein oder Pretty Woman: gleiches Recht für alle? – Die Auswirkungen von Geschlecht und Alter auf die Höhe des Schmerzensgeldes NZV 2016, 545
Böhm/Brams, Aktuelle Entscheidungen der Arbeitsgerichte zum Beschäftigtendatenschutz, NZA-RR 2021, 521
Brams, EuGH: Negative Gefühle nach unbefugter Datenübermittlung als immaterieller Schaden – Anm. zu EuGH Urt. v. 4.9.2025 – C-655/23, NJW 2025, 3137
Brahms, Anm. zu EuGH Urt. v. 25.1.2024 – C-687/21 EuZW 2024, 278
Brand/Becker, Deliktische Haftung bei einer Ansteckung mit SARS-CoV-2, NJW 2020, 2665
Brand, Die Behandlung von psychischen Folgeschäden im Schadensersatzrecht, VersR 2005, 616
Bredemeyer, Kein Anspruch auf Hinterbliebenengeld nach tödlichem Arbeitsunfall wegen sozialrechtlicher Haftungsbeschränkung Anm. zu BGH Urt. v. 8.2.2022 – VI ZR 3/21, ZEV 2022, 476
Bredemeyer, Hinterbliebenengeld und Schockschadensersatz: Lösungen für die Praxis, ZEV 2017, 690
Beuthien, Statt Genugtuung für das Opfer Frohlocken des Täters? Zur rechtwidrigen Verwertung der Kohl-Protokolle, GRUR 2018, 1021
Brodtrück, Entschädigung wegen Verletzung des allgemeinen Persönlichkeitsrechts bei Krankenkontrolle durch verdeckte Videoüberwachung, ArbRAktuell 2014, 114
Buchner/Wessels, Art. 82 DS-GVO – scharfes Schwert oder zahnloser Tiger? ZD 2022, 251
Buck/Krumbholz, Sachverständigenbeweis im Verkehrs- und Strafrecht, 2. Aufl. 2013
Budzikiewicz, Verwirkung des Schmerzensgeldanspruchs eines Ehegatten bei Versöhnungsversuch, Entscheidungsbesprechung OLG Nürnberg, Beschl. v. 25.1.2022, NZFam 2022, 475
Büchting, Beck'sches Rechtsanwalts-Handbuch, 12. Aufl. 2022
Buller, Unfälle von Kindern im Straßenverkehr, NJW-Spezial 2016, 137
Burghart, Anwaltshaftung beim Abschluss eines Abfindungsvergleich, NZV 2005, 441
Burmann/Heß/Hühnermann/Jahnke, Straßenverkehrsrecht, 29. Auflage 2026
Burmann, Keine „taggenaue Berechnung" des Schmerzensgeldes, r+s 2022, 285
Burmann, Hinterbliebenengeldanspruch eines Nasciturus; Ersatzfähigkeit der Kosten einer Nachlasspflegschaft Anm. zu OLG München Urt. v. 5.8.2021 – 24 U 5354/20, r+s 2021, 598
Burmann, Mitverantwortung der Eltern bei einem Kinderunfall im Verkehr, NJW-Spezial 2014, 9
Burmann, Grundlagen des Abfindungsvergleichs bei Personenschäden, NJW-Spezial 2013, 713
Burmann, Die Entwicklung des Straßenverkehrsrechts im Jahr 2010 – NJW 2011, 1124
Burmann, Das Schmerzensgeld bei schweren Verletzungen, NJW-Spezial 2005, 207
Burmann/Heß, Ersatzfähigkeit psychischer (Folge)schäden nach einem Verkehrsunfall, ZfS 2004, 348 f.
Burmann/Heß, Das Kreuz mit der (Hals-)Wirbelsäule, NZV 2008, 481
Burmann/Jahnke, Das Fahrrad im Recht und im Unrecht, NZV 2024, 464
Burmann/Jahnke, Die Neufassung des Angehörigenprivilegs des § 116 Abs. 6 SGB X zum 1.1.2021, NZV 2020, 621
Burmann/Jahnke, Hinterbliebenengeld – viele Fragen und etliche Antworten, NZV 2017, 401
Burmann/Jahnke, Junge Menschen – Gesetzlicher Unfallversicherungsschutz und Haftungsprivilegierung, NZV 2017, 63

Burmann/Jahnke, Psychische Schäden im Haftpflichtprozess, NZV 2012, 505
Burmann/Jahnke, Vorsätzliche Schädigung im Straßenverkehr, DAR 2020, 128
Burmann/Quaisser, Posttraumatische Belastungsstörung nach einem Verkehrsunfall, NJW-Spezial 2017, 329
Castro, Hein, Lepsien, Mazzotti, Die interdisziplinäre Begutachtung am Beispiel „HWS-Schleudertrauma", NZV 2013, 525
Castro/Becke/Nugel, Personenschäden im Straßenverkehr – Unfallanalyse, Medizin, Recht, 2016
Ceffinato, Ausdehnung des Verkehrsstrafrechts auf illegale Kraftfahrzeugrennen, ZRP 2016, 201
Chakrabarti, BAG: Anspruch auf immateriellen Schadensersatz nach DS-GVO, FD-ArbR 2022, 451284
Cherkeh/Momsen/Orth, Sportstrafrecht, 1. Aufl. 2021
Ciupka, Gedanken zum Problem der Schmerzensgeldrente, VersR 1976, 226
Cremer, Verbreitung rassistischer Positionen – Meinungsfreiheit hat Grenzen, ZRP 2017, 151
Czech, Anm. zu OGH: Amtshaftung des Landes Wien wegen jahrelanger Unterlassung der Schaffung stationärer Einrichtungen für schwer pflegebedürftige Kinder, NLMR 2026, 88
Czychowski/Nordemann, Gesetzgebung und höchstrichterliche Rechtsprechung im Urheberrecht 2016 NJW 2017, 780
Dahl/Taras, Abtretbarkeit und Pfändbarkeit eines Entschädigungsanspruchs, NJW-Spezial 2020, 565
Dahm, Die Behandlung von Schockschäden in der höchstrichterlichen Rechtsprechung, NZV 2008, 187
Dahns, Schmerzensgeldanspruch wegen verspäteter Datenauskunft, NJW-Spezial 2022, 511
Dallmeyer, Das Adhäsionsverfahren nach der Opferrechtsreform, JuS 2005, 327
Damm/Rehbock, Widerruf, Unterlassung und Schadensersatz in Presse und Rundfunk, 2. Aufl. 2001
Dannert, Erneute Entschädigung einer bereits vorgeschädigten Halswirbelsäule, NZV 2000, 9
Dannert, Rechtsprobleme bei der Feststellung und Beurteilung unfallbedingter Verletzungen der Halswirbelsäule, NZV 1999, 453
Danzl, Bemerkenswerte schadenersatzrechtliche Entscheidungen des OGH aus dem Jahr 2025, ZVR 2026, 187
Danzl, Handbuch Schmerzensgeld, 1. Aufl. 2021 – Update 1/2026
Danzl, Österr. OGH: Schmerzensgeld für trauernde Angehörige, NZV 2002, 26
Danzl, Die Bemessung des Schmerzen(s)geldes in Österreich, DAR 2004, 181
Danzl/Gutiérrez-Lobos/Müller, Das Schmerzensgeld in medizinischer und juristischer Sicht, 10. Aufl. 2015
Danzl, Schmerzensgeldansprüche für Angehörige der Opfer des Unglücks von Kaprun?, ZVR 2000, 398
Danzl, Anm. zum Urt. des OGH v. 18.3.2021 – 5 Ob 202/20x, ZVR 2021, 213 (214 ff.)
Daßbach, Anm. zum Urt. des EuGH v. 19.12.2019 – C-523/18 (GN/ZU), NJW 2020, 381
Daßbach, Praxisfragen des Ersatzanspruchs wegen nutzlos aufgewendeter Urlaubszeit, NJ 2019, 6
Dauner-Lieb/Langen, BGB Schuldrecht, 5. Aufl. 2026
de Vries, Schmerzensgeld nach polnischem Recht WiRO 2022, 101
Delventhal, US-Autohersteller Tesla sorgt für Datenschutz-Kritik, D-Aktuell 2020, 07360
Deutsch, Keine Reduzierung des Schmerzensgeldes auf symbolhafte Entschädigung, NJW 1993, 781
Deutsch, Das allgemeine Lebensrisiko als negativer Zurechnungsgrund, VersR 1993, 1041
Diederichsen, Neues Schadensersatzrecht: Fragen der Bemessung des Schmerzensgeldes und seiner prozessualen Durchsetzung, VersR 2005, 433
Diederichsen „Ansprüche naher Angehöriger von Unfallopfern", NJW 2013, 641
Diehl, Amtshaftungsanspruch bei Verletzung der Verkehrssicherungspflicht einer Gemeinde bei Unfall wegen einem wassergefüllten Schlagloch, ZfS 2012, 685
Dierks, Das medizinische Gutachten im Prozess – Kommunikationsprobleme zwischen Ärzten und Juristen, VersMed 2005, 20
Dienst/Stegemann, BGH zum immateriellen Schadensersatz der DS-GVO bei Kontrollverlust, GRUR-Prax 2025, 153
Dochow/Dörfer/Halbe, Datenschutz in der ärztlichen Praxis, 1. Aufl. 2019
Döll, Schutz vor Sexting – Aber wie?, FamRZ 2017, 1728
Dördelmann, Die Voraussetzungen der Haftung bei einer Sportverletzung durch den Schiedsrichter, SpuRt 2025, 135
Dörr, Die Erstattungsfähigkeit von Schockschäden, MDR 2015, 1209
Dötsch, Öffentlich-rechtliche Schmerzensgeldansprüche?, NVwZ 2003, 185
Doerbeck, Cybermobbing, 1. Aufl. 2019 (eBook)
Domes, Das HWS-Schleudertrauma, kritische Würdigung weiterer Meinungen 2009, NZV 2009, 166
Donaldson, Zum Problem der sicheren Bemessung des Schmerzensgeldes, AcP 166, 463
Donath, Anmerkung zu BAG Urt. v. 5.6.2025 – 8 AZR 117/24, Arbeitsrechtliche Praxis GG
Drasdo, Anm. zu OLG Oldenburg: Inventarbruch – Ferienwohnungsvermieters Haftung für Verbrühung? NJW-Spezial 2025, 98
Drasdo, Datenschutz im Wohnungseigentum: Der Legionellen-GAU, NJW-Spezial 2021, 99

Echterhoff/Kranig, Zur Entschädigung der Opfer sexuellen Kindesmissbrauchs im System der sozialen Sicherung, NZS 2023, 561
DSK (Datenschutzkonferenz), Orientierungshilfe der Aufsichtsbehörden für Anbieter von digitalen Diensten, Version 1.2, November 2024 (abrufbar unter: datenschutzkonferenz-online.de) [Stand: 7.5.2026]
Eckardt, Die Verkehrsopferhilfe gem. § 12 Pflichtversicherungsgesetz, VersR 1970, 1090
Eichelberger, Anwendung sozialrechtlicher Haftungsbeschränkungen auf Hinterbliebenengeld, Anm. zu BGH Urt. v. 8.2.2022 – VI ZR 3/21, NJW 2022, 1526
Eickhoff, Die Bemessung des Schmerzensgeldanspruchs als Sonderform des Anspruchs auf Wiedergutmachung, Hamburg 1957
Elzer, Unbezifferter Schmerzensgeldantrag und Beschwer, FD-ZVR 2016, 378061
Engel, Auslistungsbegehren – „Recht auf Vergessenwerden", RDi 2021, 49
Engelke, Der Schutz des Unfallopfers durch Leistungen des Entschädigungsfonds gem. §§ 12–14 PflVersG, DAR 2022, 193
Ernst, Kinder als Unfallgeschädigte", Verkehrsrecht Aktuell 2013, 6
Eschelbach/Geipel, Beweis- und Zurechnungsfragen bei der Verletzung des Körpers oder der Gesundheit durch Verkehrsunfälle mit Blick auf HWS-Distorsionen, NZV 2010, 481
Esser/Wolmerath, Mobbing und psychische Gewalt. Leitfaden für den Umgang mit Konflikten am Arbeitsplatz, 10. Auflage 2020
Eufinger, Zum Schadensersatzanspruch einer Krankenschwester aufgrund einer Corona-Erkrankung, ARP 2022, 381
Exter, Schmerzensgeldbemessung nach den gesamten Umständen des Einzelfalls, NZV 2023, 369
Fahl, Zu den Substantiierungsanforderungen beim Haushaltsführungs- und Mehrbedarfsschaden, NZV 2026, 236
Faßbender, Was darf die Satire?, NJW 2019, 705
Faußner, Der datenschutzrechtliche Schadensersatzanspruch nach Art. 82 DS-GVO, Analyse der Forschung und Rechtsprechung in der BRD und Republik Österreich, 2025
Felix, Anm. zu OLG Karlsruhe Beschl. v. 15.7.2024 – 2 WF 54/24 Kein Einsatz von Schmerzensgeld für die Vergütung des Vormunds, FamRZ 2024, 1729
Felz, Zur Abgrenzung von Wege- und Betriebswegeunfall, NZV 2017, 439
Fenyves/Kerschner/Vonkilch, ABGB: Großkommentar zum ABGB §§ 1328–1329 ABGB, Schadenersatz 3. Aufl. 2023
Figgener/Quaisser, In der Regel kein Hinterbliebenengeld für Enkelkinder, NJW-Spezial 2026, 202
Figgener/Quaisser, Beweis einer unfallkausalen Verletzung, NJW-Spezial 2026, 106
Figgener/Quaisser, Prüffrist des Kfz-Haftpflichtversicherers, NJW-Spezial 2026, 107
Figgener/Quaisser, Nachweis einer HWS-Verletzung nach einem Verkehrsunfall, NJW-Spezial 2026, 233
Figgener/Quaisser, Psychischer Schaden und Substanziierung, NJW-Spezial 2025, 203
Figgener/Quaisser, Anm. zu OLG Brandenburg BeckRS 2025, 23985/Regulierungsverhalten und Schmerzensgeldhöhe, NJW-Spezial 2025, 650
Figgener/Quaisser, Erhöhte Voraussetzungen an eine Posttraumatische Belastungsstörung, NJW-Spezial 2025, 170 Figgener/Quaisser, Geringe kollisionsbedingte Geschwindigkeitsänderung, NJW-Spezial 2025, 42
Figgener/Quaisser, Unfall eines jugendlichen Radfahrers, NJW-Spezial 2025, 10
Figgener/Quaisser, Tödlicher Unfall bei Pannenhilfe, NJW-Spezial 2024, 490
Figgener, Entscheidungsbesprechung von Dirk Figgener zum Hinweisbeschluss v. 8.3.2024 – 7 U 128/23, NJW-Spezial 2024, 459
Figgener/Quaisser, Besonderheiten bei Bemessung der Höhe des Hinterbliebenengeldes, NJW-Spezial 2023, 522
Figgener/Quaisser, Voraussetzungen einer posttraumatischen Belastungsstörung, NJW-Spezial 2022, 682
Figgener/Quaisser, Arbeitsunfall und Hinterbliebenengeld, NJW-Spezial 2022, 202
Figgener/Quaisser, Kein Hinterbliebenengeldanspruch des Nasciturus, NJW-Spezial 2021, 586
Figgener/Quaisser, Verkehrsunfall eines E-Scooters mit einem Pkw, NJW-Spezial 2020, 203
Figgener/Quaisser, Interdisziplinäres Gutachten bei streitiger HWS-Verletzung, NJW-Spezial 2020, 234
Figgener, Entscheidungsbesprechung von Dirk Figgener zum Hinweisbeschluss v. 8.3.2024 – 7 U 128/23, NJW-Spezial 2024, 459
Filthaut, Haftpflichtgesetz, 10. Aufl. 2019
Finn, Arzthaftung bei lebensverlängernden Maßnahmen: unwanted life und „Eltern als Schaden?", MedR 2019, 695
Finger, Besonderheiten des ehelichen Güterrechts – Veränderungen zum 1.9.2009, FamRZ 2011, 145
Fischer, Anm. zu LG München Urt. v. 20.1.2022 – 3 O 17493/20 Automatische Weitergabe einer IP-Adresse an Google, ZD 2022, 290
Flechsig, Keine dauerhafte Deaktivierung eines sozialen Nutzerkontos ohne vorherige Abmahnung GRUR-Prax 2022, 239

Foerste, Schmerzensgeldbemessung bei brutalen Verbrechen, NJW 1999, 2951
Frank, Das neue Hinterbliebenengeld, FamRZ 2017, 1640
Frenz, „Konkretisierte Abwägung zwischen Pressefreiheit und Persönlichkeitsschutz" – NJW 2012, 1039
Frings/Großbölting/Kracht/Powroznik/Rüschenschmidt, Macht und sexueller Missbrauch in der katholischen Kirche – Betroffene, Beschuldigte und Vertuscher im Bistum Münster seit 1945, Verlag Herder, Redaktionsstand 20.6.2022
Frommeyer, Persönlichkeitsschutz nach dem Tode und Schadensersatz – BGH 143, 214 (Marlene Dietrich) und BGH, NJW 2000, 2201 f (Der blaue Engel), JuS 2002, 13
Frömming, Die Einwilligung im Medienrecht, NJW 1996, 958
Fuchs/Sänger-Männel, HWS-Distorsion bei Heckkollisionen – Technische Entwicklungen, NJW-Spezial 2025, 393
Fuhlrott/Moskalew, Rechtsmissbräuchliches Auskunftsverlangen bei Verfolgen sachfremder Zwecke, NZA-RR 2026, 281
Fuhlrott, Anm. zu BGH Urt. v. 28.1.2025 – VI ZR 109/23: Der Kontrollverlust als Schaden, EuDIR 2025, 165
Fuhlrott, Schadensersatz für verspätete und unvollständige Beantwortung des datenschutzrechtlichen Auskunftsanspruchs, ArbRAktuell 2020, 367
Fuhlrott, Schadensersatz iHv 1.000 Euro für verspätete Beantwortung des Auskunftsanspruchs, NZA-RR 2021, 517
Fuhlrott, Schadensersatzhöhe bei Verletzung des datenschutzrechtlichen Auskunftsanspruchs, ArbRAktuell 2022, 457
Fuhlrott: Generalanwalt beim EuGH: Kein Schadensersatz nach DS-GVO für „bloßen Ärger", ArbRAktuell 2022, 538
Fuhlrott/Oltmanns, Arbeitnehmerüberwachung und interne Ermittlungen im Lichte der Datenschutz-Grundverordnung, NZA 2019, 1105
Fuhlrott, Verfassungskonforme Auslegung des Berliner Neutralitätsgesetzes, NZA-RR 2021, 167
Fuhlrott/Fischer, Begrenzung des immateriellen Schadensersatzes bei Verletzung des Auskunftsanspruchs?, NZA 2023, 60
Funkel, Schutz der Persönlichkeit durch Ersatz immaterieller Schäden in Geld, 2001, Münchener Universitätsschriften Band 161
Fuhrmann, Haftungsfallen und Stolpersteine im Umgang mit schwerbehinderten Menschen bei Stellenbesetzungen, ZAT 2023, 188
GDV, Forschungsbericht Nr. 68 „Optimierte Schutzkleidung für Motorradfahrer", 2020
Geigel, Haftpflichtprozess, 29. Aufl. 2024
Geipel/Nill, Erkenntnisse der Wirtschaftswissenschaften als Taktik der Vergleichverhandlung, ZfS 2007, 6
Geißler, Mobbing nur bei systematischer Anfeindung, ArbRAktuell 2016, 195
Gerdemann, Anmerkung zu KG Beschl. vom 31.10.2022 – 10 W 13/20 – Beleidigende Äußerungen über bekannte Politikerin in sozialem Netzwerk, NJW 2023, 161
Gerhartl, Immaterieller Schadenersatz bei Datenschutzverletzungen, ZIIR 2024, 275
Gerlach, Die Rechtsprechung des BGH zum Haftpflichtrecht, DAR 1996, 205; 1995, 221; 1994, 231 und 1993, 202
Gerlach, Die prozessuale Behandlung von Schmerzensgeldansprüchen, VersR 2000, 525
Gerlach, Die neuere Entwicklung des Persönlichkeitsrechts, VersR 2012, 278
Gerecke/Roßmüller, Schadensersatzhaftung der katholischen Kirche in Missbrauchsfällen, NJW 2022, 1911
Gerstenberg, Der unbezifferte Klageantrag und der Dornröschenschlaf des § 92 Abs. 2 ZPO, NJW 1988, 1352
Giebel, Zivilrechtlicher Rechtsschutz gegen Cybermobbing in sozialen Netzwerken, NJW 2017, 977
Gietl, Anm. zu OLG Karlsruhe Beschl. v. 15.7.2024 – 2 WF 54/24 Kein Einsatz von Schmerzensgeld für die Vergütung des Vormunds, BtR 2024, 129
Gola/Klug, Die Entwicklung des Datenschutzrechts, NJW 2022, 2597
Gola/Klug, Die Entwicklung des Datenschutzrechts, NJW 2023, 658
Gomille, Postmortaler Persönlichkeitsschutz nach den „Kohl-Protokollen", ZUM 2022, 241
Gounalakis, Verdachtsberichterstattung durch den Staatsanwalt, NJW 2012, 1473
Gounalakis, Geldentschädigung bei vorverurteilenden Äußerungen durch Medien oder Justiz, NJOZ, 2016, 361
Götze, Durchbrechung der ärztlichen und psychotherapeutischen Schweigepflicht bei in sicherheitsrelevanten Berufen tätigen Patienten, 1. Aufl. 2019
Gülpen, Schmerzensgeld bei verzögerter Schadensregulierung, SVR 2008, 134
Günter, Wichtige Entscheidungen zum Abfindungsvergleich mit der gegnerischen
Günter, Die ersatzweise Schmerzensgeldzahlung durch Dienstherren am Beispiel von NRW, NVwZ 2022, 690

Gräfenstein/Scholz, Der Abfindungsvergleich des Personenschadens im Zeichen der Corona-Pandemie, ZfS 220, 313
Grobys/Panzer, StichwortKommentar Arbeitsrecht, 4. Auflage 2025
Großkopf, Haftungsrisiko „Dekubitus" – Vermeidung der Inanspruchnahme durch strategische Intervention, RDG 2011, 116
Greger, Kamera on board – Zur Zulässigkeit des Video-Beweises im Verkehrsunfallprozess NZV 2015, 114
Grisse, Die wichtigste Rechtsprechung von BGH, BVerfG, EGMR zum Äußerungsrecht im Jahr 2025, GRUR 2026, 681
Grisse, Die wichtigste Rechtsprechung von BGH, BVerfG, EuGH und EGMR zum Äußerungs- und privaten Medienrecht im Jahr 2024, GRUR 2025, 611
Grisse, Die wichtigste Rechtsprechung von BGH, BVerfG, EuGH und EGMR zum Äußerungs- und privaten Medienrecht im Jahr 2023, GRUR 2024, 489
Grisse, Aus der Rechtsprechung des BGH, BVerfG, EuGH und EGMR zum privaten Medien- und Datenschutzrecht im Jahr 2022, GRUR 2023, 521
Grüneberg (vormals Palandt), BGB, 85. Aufl. 2026
Grüneberg, Haftungsquoten bei Verkehrsunfällen, 18. Aufl. 2025
Grüneberg, Die (Mit)Haftung von Kindern und Jugendlichen bei Verkehrsunfällen, NJW 2013, 2705
Grützner, Polytrauma überlebt – was kommt dann? Ansprüche Schwerverletzter – medizinische Aspekte, Fachvortrag zum Arbeitskreis VII des 56. Dt. Verkehrsgerichtstag
Habermeyer, Rechtsprechung zu Schockschäden – Eine Übersicht, NZV 2024, 601
v. Hadeln/Zuleger, Die HWS-Verletzung im Niedriggeschwindigkeitsbereich, insbesondere im Hinblick auf die Entscheidung des BGH vom 28.1.2003, NZV 2004, 273
Hager, Gesundheitsverletzung, Schockschaden, JA 2023, 424
Hager, Persönlichkeitsrecht, JA 2018, 865
Händel, 33. Deutscher Verkehrsgerichtstag, NJW 1995, 1602
Haller, Das kränkelnde Adhäsionsverfahren – Indikator struktureller Probleme der Strafjustiz, NJW 2011, 970
Halm/Staab, Posttraumatische Belastungsstörungen nach einem Unfallereignis, DAR 2009, 677
Halm/Scheffler, Schmerzensgeldrente und Abänderungsklage nach § 323 ZPO, DAR 2004, 71
Hamann, Münchener Anwaltshandbuch (MAH) Straßenverkehrsrecht, 6. Auflage 2025
Hammen, „Zur geplanten Streichung von§ 847 Abs. 1 S. 2 BGB", VersR 1989, 1121
Hart, Haftung bei SARS-CoV-2-Impfschäden, MedR 2023, 515
Hartmann, Kopftuchverbote zwischen Antidiskriminierungs- und Arbeitsvertragsrecht EuZA 2022, 393
Hau/Poseck, Beck'scher Online-Kommentar zum BGB, 77. Edition 2026
Haus/Krumm/Quarch, Gesamtes Verkehrsrecht, 3. Aufl. 2022
Hausleiter/Schramm, Aufsichtspflichtverletzung – Haftungsumfang der Eltern, NJW-Spezial 2021, 164
Haußmann, Schadensersatz nicht bei jedem Verstoß gegen die DS-GVO, ArbRAktuell 2023, 262
Heberlein, Datenschutz und Meinungsfreiheit. Der Regelungsauftrag der Datenschutz-Grundverordnung für den nationalen Gesetzgeber Hecker, Verbot des Kopftuchs von Schülerinnen, NVwZ 2021, 286
Heger, Baustellen des Strafrechts – Reform des Exhibitionismustatbestands, ZRP 2018, 118
Hecker, Verbot des Kopftuchs von Schülerinnen, NVwZ 2021, 286
Heger, Baustellen des Strafrechts – Reform des Exhibitionismustatbestands, ZRP 2018, 118
Heiden, Die Haftung des Impfenden bei Impfungen gegen COVID-19, r+s 2023, 433
Hellgardt, Die Schadensersatzhaftung für Datenschutzverstöße im System des unionalen Haftungsrechts, ZEuP 2022, 7
Hellwig, Der Schaden, Loseblattsammlung, Stand 2004
Henne, Gedruckt gelogen ist teurer als tatsächlich getan – und andere aktuelle Probleme beim Schmerzensgeldanspruch nach Sexualtaten, JURA 2002, 335
Hentschel, Änderungen im Haftungsrecht des Straßenverkehrs durch das Zweite Gesetz zur Änderung schadensersatzrechtlicher Vorschriften vom 19.7.2002, NZV 2002, 433
Hentschel/König, Straßenverkehrsrecht, 48. Aufl. 2025
Henke, Anm. zu OLG Hamm Beschl.uss v. 19.5.2022 – 6 U 137/21 Unternehmenskommunikation eines kostenfrei nutzbaren Online-Portals für Reitsport-Informationen – Reitsport-Plattform, GRUR-RR 2023, 274
Hepp, Die interdisziplinäre Begutachtung nach Verkehrsunfällen – ein Auslaufmodell?, SVR 2025, 87
Hepp, Medizinische Beurteilung eines unfallbedingten Körperschadens, NZV 2012, 257
Herber, Aktuelle Rechtsprechung zur Straßenverkehrssicherungspflicht, NZV 2024, 522
Herbrich, Anmerkungen zu EuG Urt. v. 8.1.2025 – T-354/22 zum Schadensersatz für unzulässige Drittlanddatenübermittlung der EU-Kommission, ZD 2025, 277
Hergenröder, Kirchliche Entschädigungszahlungen für sexuellen Missbrauch als Massebestandteil?, VuR 2015, 301

Herr, Das Schmerzensgeld im Zugewinnausgleich, NJW 2008, 262
Hermes, Anforderungen an die Darlegung eines immateriellen Schadens nach Art. 82 I DS-GVO, GRUR-Prax 2025, 291
Hertel, Reform des Schmerzensgeldanspruchs, in: Akademie für Verkehrswissenschaften e.V. (Hrsg.), Hamburg 1977 Heßeler, Anm. zu BGH Beschl. v. 28.5.2019 – VI ZR 328/18: Anforderungen an die Substantiierung bei Verletzungen durch Verkehrsunfall, NJW 2019, 3236
Hesse, Anm. zu EuGH C-667/21: Zum Schadenersatz nach rechtswidriger Gesundheitsdaten-Verarbeitung, GRUR-Prax 2024, 275
Heß/Burmann, Die aktuellen Entwicklungen im Straßenverkehrsrecht, NJW 2023, 3060
Heß/Burmann, Der Abfindungsvergleich, NJW-Spezial 2004, 207
Heß/Burmann, Die Schmerzensgeldrente, NJW-Spezial 2012, 265
Heß/Burmann, Handbuch des Straßenverkehrsrechts, 44. Ergänzungslieferung 2021
Heß, Das Schmerzensgeld, ZfS 2001, 532
Heß/Jahnke, Das neue Schadensrecht, 2002
Heß, Neuregelung des Verjährungsrechts: Auswirkungen auf das Zivilrecht, NZV 2002, 65
Heß/Buller, Der Kinderunfall und das Schmerzensgeld nach der Änderung des Schadensrechtes, zfs 2003, 218
Herz, Der Anscheinsbeweis im Verkehrsrecht NJW-Spezial 2018, 201
Heuermann, Beck'sche Online-Formulare Verkehrsrecht (in BeckOF Spezial), 38. Edition 2026 Hilgenstock, Konkurrenztätigkeit eines angestellten Rechtsanwalts, ArbRAktuell 2023, 74
Himmelreich/Halm, Handbuch Verkehrsrecht, 7. Aufl. 2022
Hirsch, Gefährdungshaftung und Fahrzeuggebrauch, NZV 2011, 16
Hirte/Otte/Willamowski, Die Rechtsentwicklung im Haftungsrecht in den Vereinigten Staaten von Amerika von 1996 bis 2000 Teil 1 und Teil 2 = VersR 2002, 678 und 806
Höch, Beleidigende Äußerungen über bekannte Politikerin in sozialen Netzwerken NJW 2022, 680
Höke, Die Schmerzensgelddiskussion in Deutschland: Bestandsaufnahme und Europäischer Vergleich, NZV 2014, 1
Höke, Münchener Anwaltshandbuch Straßenverkehrsrecht, 6. Auflage 2025
Höra/Schubach, Münchener Anwaltshandbuch Versicherungsrecht, 5. Aufl. 2022
Hofmann, Ausländerrecht, 3. Aufl. 2023
Hoffmann, Wie die Kostenentwicklung bei Personenschäden in den Griff bekommen? – Versicherungswirtschaft 2008, 1298
Hohlbein, Missbrauch Minderjähriger – Verjährungsdilemma und unionsrechtliche Reformperspektiven, NJOZ 2026, 289
Hohm, Gleichheitswidrige Anrechnung von Schmerzensgeld auf Leistungen nach dem Asylbewerberleistungsgesetz NVwZ 2007, 419
Hohmann, Verdachtsberichterstattung und Strafverteidigung – Anwaltsstrategien im Umgang mit den Medien, NJW 2009, 881
Holzner, Datenschutz, Dokumentations- und Organisationspflichten in der ärztlichen Praxis, 1. Aufl. 2020
Höke, Die Schmerzensgelddiskussion in Deutschland: Bestandsaufnahme und Europäischer Vergleich, NZV 2014, 1
Hoppe, „Junges, hochmotiviertes Team" als Benachteiligungsindiz in Stellenanzeige, ArbRAktuell 2020, 424
Hoppenstedt/Stern, Einführung eines Anspruchs auf Angehörigenschmerzensgeld, ZRP 2015, 18
Horn, Schadensersatz für Daten-Scraping auf Facebook, Anmerkung zu BGH Urt. v. 18.11.2024 – VI ZR 10/24, ZD 2025, 162
Hörtz, Entscheidungsbesprechung zu LAG Hamm Urt. v. 28.5.2025 – 18 SLa 959/24, Newsdienst Compliance 2025, 320041
Huber/Kadner/Graziano/Luckey, Hinterbliebenengeld – Anspruchsgrundlagen/Durchsetzung/Muster mit Länderteil: Österreich/Schweiz/Italien/England, 1. Aufl. 2018
Huber, Hinterbliebenengeld – wer kann wieviel verlangen, VersR 2020, 385
Huber, Das Lebensalter des Verletzten – eine Bemessungsdeterminante beim Schmerzensgeld?, VersR 2016, 78
Huber, Höhe des Schmerzensgeldes und ausländischer Wohnsitz des Verletzten, NZV 2006, 169
Huber, „Kein Angehörigenschmerzensgeld de lege lata – Deutschland auch künftig der letzte Mohikaner in Europa oder ein Befreiungsschlag aus der Isolation", NZV 2012, 5
Huber, Das „neue" Hinterbliebenengeld und sein Verhältnis zum Schockschaden – Konkretisierung durch Rechtsprechung und Literatur, SVR 2025, 4
Huber, Anmerkungen zu BGH Urt. v. 23.5.2023 – VI ZR 161/22 zur Bemessung der Höhe der Hinterbliebenenentschädigung
Huber, Das Hinterbliebenengeld nach § 844 Abs. 3 BGB, JuS 2018, 744
Huber/Kadner/Graziano/Luckey, Hinterbliebenengeld, 2018

Huber, „Kinderschutz versus Opferschutz im Straßenverkehr“, NZV 2013, 6 ff.
Huber, Psychische Unfallfolgen, SVR 2008, 1
Huber, Schmerzensgeld ohne Schmerzen bei nur kurzzeitigem Überleben der Verletzung im Koma – eine sachlich gerechtfertigte Transferierung von Vermögenswerten an die Erben, NZV 1998, 345
Huber/Faust, Schuldrechtsmodernisierung 1. Aufl. 2002
Hugemann, Der Tinnitus als Unfallfolge: Physischer oder psychischer Schaden? – Parallelen zur HWS-Rechtsprechung, NZV 2003, 406
Human, Verjährungsregelungen im Verkehrszivilrecht, NJW-Spezial 2005, 399
Husmann, Der unbezifferte Klageantrag als Abwehrrecht gegen unbillige Kostenlast und die Kostenvorschrift des § 92 Abs. 2 ZPO, NJW 1989, 3126
Hüttenbrink, Sozialhilfe und Arbeitslosengeld II, 13. Aufl. 2018
Jäckel, Sturz auf Gehweg, JA 2025, 583
Jaeger/Luckey, Schmerzensgeld, 13. Aufl. 2026 Jaeger, Vergewaltigung – Die Bemessung von Schmerzensgeld und Geldentschädigung im Zivilprozess MDR 2024, 818
Jaeger, Sexueller Missbrauch und Gewalt – Wege zu hohen Anerkennungsleistungen und Entschädigungen, 1. Aufl. 2024
Jaeger, Einheitliches Schmerzensgeld – Fluch oder Segen, VersR 2022, 282
Jaeger, Die taggenaue Berechnung des Schmerzensgeldes – Versuche des 22. Zivilsenats des OLG Frankfurt neue Wege bei der Bemessung des Schmerzensgeldes zu beschreiten, VersR 2021, 84
Jaeger, Sexueller Missbrauch durch katholische Kleriker – Anerkennung und Entschädigung, VersR 2022, 1129
Jaeger, Bewertung von Dauerschäden bei der Bemessung des Schmerzensgeldes, VersR 2022, 921
Jaeger, Schwerst hirngeschädigte Kinder – Schmerzensgeld mindestens 500.000 EUR, VersR 2021, 557
Jaeger, Schmerzensgeldbemessung nach Amputationen – Tendenz der Rechtsprechung zu höherem Schmerzensgeld, DAR 2020, 710
Jaeger, Einfluss der Niedrigzinsphase auf die Bemessung des Schmerzensgeldes, VersR 2019, 577
Jaeger, Die Schmerzensgeldklage im Adhäsionsverfahren – ist schnelles Recht auch gutes Recht?, VersR 2017, 449
Jaeger, Gesetz zur Einführung eines Anspruchs auf Hinterbliebenengeld, VersR 2017, 1041
Jaeger, Entwicklung der Rechtsprechung zu hohen Schmerzensgeldern, VersR 2013, 134
Jaeger, Höchstes Schmerzensgeld – ist der Gipfel erreicht?, VersR 2009, 159
Jaeger/Luckey, Das neue Schadensersatzrecht, 2002
Jaeger, Höhe des Schmerzensgeldes bei tödlichen Verletzungen im Lichte der neueren Rechtsprechung des BGH, VersR 1996, 1177
Jahnke, Verdienstausfallschaden ohne objektiv verletzungsbedingte Arbeitsunfähigkeit bei berechtigtem Vertrauen auf die ärztliche Bescheinigung, r+s 2025, 44
Jahnke/Burmann, Handbuch Personenschadensrecht, 2. Auflage 2022
Jahnke, Anm. zum Urt. des BGH v. 8.12.2020 – VI ZR 19/20
Jahnke, Schadenrechtliche Aspekte der Schmerzensgeldrente – Anm. zum Urt. des OLG Brandenburg v. 9.2.2006 – 12 U 116/05, r + s 2006, 228
Jahnke, Die vergleichsweise Regulierung von Schadensfällen, VersR 1995, 1145
Jahnke, Steuern und Schadensersatz, r+s 1996, 205
Jahnke, Haftungsprivileg bei Schulunfall: Begriff des Personenschadens, der vorsätzlichen Herbeiführung des Versicherungsfalls und Verfassungsmäßigkeit der Haftungsbeschränkung, jurisPR-VerkR 9/2012
Jahnke/Thinesse-Wiehofsky, Unfälle mit Kindern, 1. Aufl. 2013
Jahnke, Kindergeld und Personenschaden, NJW-Spezial 2021, 521
Jahnke, Zweiräder und ähnliche Objekte im Straßenverkehr: Deckung, Haftung, Mitverantwortung, NZV 2019, 601
Janiszewski/Jagow/Burmann, Straßenverkehrsrecht, 22. Aufl. 2012
Janker, 54. Deutscher Verkehrsgerichtstag 2016 – Empfehlungen der Arbeitskreise SVR 2016, 78
Jauernig, Bürgerliches Gesetzbuch, 19. Aufl. 2023
Jorzig, Vermeidung von Konflikten bei Spätschäden, NJW 2022, 2234
Jorzig, Verjährungsverzicht bei behauptetem Behandlungsfehler, NJW 2021, 461
Jülicher, Cybermobbing in der Schule, NJW 2019, 2801
Kääb, Vorsicht bei der Vorbeifahrt am Müllwagen, FD-StrVR 2024, 803093
Kääb, Zweifel an Vorliegen einer HWS-Distorsion bei geringer Unfallintensität, FD-StrVR 2024, 826937
Kääb, Verdienstausfallschaden durch Vertrauen auf falsche AU-Bescheinigung, FD-StrVR 2024, 823337
Kääb, Bestimmung des besonderen Näheverhältnisses zwischen Hinterbliebenen und getöteter Person, FD-StrVR 2023, 460341
Kainer/Halkenhäuser, Altersgrenzen für Schiedsrichter – Der DFB und das AGG, NJW 2021, 3223
Kaiser, Typische Fehler in zivilprozessualen Anträgen NJW 2017, 1223
Karczewski, Die Totenfürsorge: ein unbekanntes Rechtsinstitut? ZEV 2017, 129

Katzenmeier, Hinterbliebenengeld, JZ 2017, 869
Keiser, Schadensersatz und Schmerzensgeld bei Stalking?, NJW 2007, 3387
Kellner, Entschädigung wegen überlangen Gerichtsverfahrens kein Einkommen bei ALG II – Anm. zu BSG Urt. v. 11.11.2021 – B 14 AS 15/20 R, NJW 2022, 1124
Kemperdiek, Der Feststellungsantrag im Personenschaden – Update, ZfS 2022, 543
Kerbein, Pröbsting, Stalking, ZRP 2002, 76
Kinggreen, Die Entwicklung des Gesundheitsrechts 2007/2008, NJW 2008, 3393
Klass, Sinnvolles Vervollständigungsinstrument oder manipulative Gerüchteküche? Die Autocomplete-Funktion der Suchmaschine Google und ihre Bewertung durch die Gerichte – Anm. zu BGH Urt. v. 14.5.2013 – BGH 2013-05-14 Aktenzeichen VI ZR 269/12, ZUM 2013, 553
Klass, FILTER(N) oder nicht? Der Einsatz von Filtertechnologien im Urheber- und Medienrecht, ZUM 2020, 353
Kleine-König, Kollision mit wildem Fasan – typische Betriebsgefahr und keine höhere Gewalt, NZV 2026, 237
Kleine-König, Unfallverursacher haftet auch für Verletzungen einer Ersthelferin, NZV 2026, 91
Kleine-König, Immer noch keine erhöhte Mithaftung aufgrund des Nichttragens eines Fahrradhelms! NZV 2025, 324
Kleine-König, Fahrlehrerhaftung für Unfall wegen Überlassung eines ungeeigneten Ausbildungsfahrzeugs, NZV 2023, 278
Kleine-König, Der „berührungslose Verkehrsunfall" und seine Besonderheiten, NZV 2022, 576
Kleine-König, Erhöhte Betriebsgefahr eines Rechtslenkerfahrzeugs im Kurvenbereich, NZV 2022, 488
Kleine-König, Zu den Voraussetzungen einer Schmerzensgeldnachforderung, NZV 2021, 534
Kleine-König, Haftungsverteilung bei einer Kollision eines Helfers, der ein Warndreieck wieder aufstellt, mit einem herannahenden Pkw, NZV 2021, 323
Kleine-König, Die erste sich nach längerer Zeit bietende Überholmöglichkeit kann eine unklare Verkehrslage darstellen, insbesondere, wenn damit gerechnet werden muss, dass auch andere Fahrzeuge diese Möglichkeit nutzen würden, NZV 2021, 216
Kleine-König, Betriebsgefahr beim Be- und Entladen mittels sog. Elektroameisen, NZV 2019, 208
Kleine-König, Bevor ein Motorradfahrer vom Krad gestreift wird, sind Äste zu streifen! NZV 2018, 239
Kleinmann/Lordt, Datenverarbeitung in Betriebsvereinbarungen – ein Paradigmenwechsel durch den EuGH? NJW 2025, 1092
Klobusch, Zulässigkeit und Grenzen der politischen Satire am Beispiel der Bezeichnung einer Politikerin als „Nazi-Schlampe" – Anmerkung zu LG Hamburg, ZUM-RD 2017, 630
Klose, Anwendung der Grundsätze zum Schockschaden auf fehlerhafte ärztliche Behandlung, NJW 2019, 2387
Klinger, Schmerzensgeld für Hinterbliebene von Verkehrsopfern? Verfassungsrechtliche Überlegungen unter Berücksichtigung der Rspr. des BGH, NZV 2005, 290
Koch, Opferschutzlücke bei E-Scooter- und E-Bike-Unfällen? NJW 2020, 183
Koreng, Urteilsbesprechung zu BGH NJW 2021, 2721, 2726 zur Reichweite des datenschutzrechtlichen Auskunftsanspruchs, NJW 2021, 2692
Koziol in Festschrift für Hausheer 2002, 597
Köck, Der Abfindungsvergleich beim Personenschaden, DAR 2015, 557
Köhler, Die Fahrgemeinschaft im Lichte des Haftungs-, Steuer- und Unfallversicherungsrechts, NZV 2011, 105
Köhler, Sexuelle Belästigung am Arbeitsplatz – Einmal grapschen erlaubt?, BB 2015, 2807
Köhne, „Das auch noch! – Schmerzensgeld für ehemalige Sicherungsverwahrte", ZRP 2012, 181
Kohn/Schleper, Die (zufällige) Erhebung sensibler Daten – Ein Lösungsvorschlag auf Grundlage der ergangenen EuGH-Urteile, ZD 2023, 723
Korch, Schadensersatz für Datenschutzverstöße, NJW 2021, 978
Kowalczyk, „Terror in Deutschland – Hinterbliebenengeld für Täterangehörige beim finalen Rettungsschuss", JA 2020, 125
Knoop, Korrektur unbilliger Ergebnisse beim Zugewinnausgleich, NZFam 2016, 54
Kräger, eScooter sollten die Mobilität verändern, verändern sie nun aber das Haftungsrecht – hier § 8 Nr. 1 StVG?, DAR 2022, 16.
Krämer/Burghoff, Praxisgerechter Umgang mit Auskunftsersuchen nach Art. 15 DS-GVO, ZD 2022, 428
Kranig, Subsidiarität der Inanspruchnahme des Entschädigungsfonds gegenüber Versorgungsbezügen nach dem Opferentschädigungsrecht – Anm. zu BGH Urt. v. 12.12.2023 – VI ZR 297/22, NZV 2024, 387
Kranig, Entschädigung von Opfern nach terroristischen Anschlägen – Wer verantwortet den Opferschutz? NZV 2020, 21
Kratz, Anm. zu EuGH Urt. v. 7.12.2023 – C-634/21: Schufa-Scoring und Datenschutzaufsicht vor dem Aus? NJW 2024, 392
Kreuter-Lange, Das Kind im Straßenverkehr – ein Update, SVR 2016, 167

Krieger/Rudnik/Povedano Peramato, Homeoffice und Mobile Office in der Corona-Krise, NZA 2020, 473, 480
Krug, Voraussetzungen der Strafbarkeit des sog. AGG-Hopping – zugl. Eine Besprechung zu BGH, BeckRS 2022, 24830, ArbRAktuell 2023, 93
Krumm, Berücksichtigung der wirtschaftlichen Verhältnisse bei Schmerzensgeldzumessung, NZFam 2017, 85
Krücker, Entschädigung der durch Kraftfahrzeugbetrieb geschädigten Terroropfer – aktuelles und beabsichtigtes zukünftiges Recht, DAR 2020, 18
Krüger, SCHUFA-Scoring ist eine von der DSGVO grundsätzlich verbotene „automatisierte Entscheidung im Einzelfall", sofern dem Score eine maßgebliche Rolle im Rahmen der Kreditgewährung beigemessen wird, VuR 2024, 150
Kudlich, Der Tod war noch schneller – strafrechtliche Verantwortung bei „privaten Autorennen", JA 2009, 389
Kuhn, Angehörigenschmerzensgeld – eine Schadensposition auch in Deutschland?, SVR 2012, 288
Kuhn, Minderjährigenschutz versus Schutz der anderen Unfallbeteiligten, SVR 2013, 321
Kumkar, Klarnamenpflicht in sozialen Netzwerken unter der Datenschutz-Grundverordnung und § 19 TTDSG, zugleich Besprechung von BGH, Urt. v. 27.1.2022 – III ZR 3/21, ZUM 2022, 489
Kühling/Buchner, DS-GVO BDSG, 4. Aufl. 2024
Künast/Winkelmeier-Becker, Härtere Strafen für Beleidigungen im Internet?, DRiZ 2019, 296
Küppersbusch; Aktuelle Fragen beim Regress des Sozialversicherungsträgers nach § 110 SGB VI, NZV 2005, 393
Küppersbusch/Höher, Ersatzansprüche bei Personenschaden, 14. Aufl. 2024
Kürschner, Schmerzensgeld bei Gefährdungshaftung?, NZV 1995, 6
Kraft, Mitverschulden des Beifahrers bei Alkoholisierung des Fahrzeugführers, NZV 2014, 245
Lachner, Regulierung von Personenschäden – Zu Risiken und Nebenwirkungen von Rehabilitationsdiensten NJW 2015, 679
Lackner/Kühl/Heger, Strafgesetzbuch, 31. Aufl. 2025
Ladeur, Die Anpassung des privaten Medienrechts an die „Unterhaltungsöffentlichkeit", NJW 2004, 393
Lambertz, „Allez Opi Omi" – Wenn Zuschauer in das Wettkampfgeschehen eingreifen, SpuRt 2022, 167
Lang/Bucka, Das neue Hinterbliebenengeld – Erste Praxiserfahrungen und gerichtliche Entscheidungen, DAR 2020, 445
Lang, Beteiligung von Kindern an Verkehrsunfällen, r+s 2011, 409
Lang, „Minderjährigenschutz" versus Schutz der anderen Unfallbeteiligten – zwei sich ausschließende Prinzipien?, NZV 2013, 161 ff.
Laufs/Kern/Rehborn, Handbuch des Arztrechts, 5. Aufl. 2019
Layer-Nicolaou/Strommenger/Cuny/Werner, Eigenschaften, Häufigkeit und Verbreitung von MRSA in Deutschland – Zur Situation 2021/2022, Robert Koch-Institut – Epidemiologisches Bulletin 2023, Nr. 44, 3–14 (DOI: 10.25646/11743)
Lehmacher, Die Berücksichtigung des fiktiven Schmerzensgeldanspruchs der Geschädigten beim Regress des Sozialversicherungsträgers nach § 110 SGB VII, NZV 2006, 83
Lauber-Rönsberg/Hartlaub, Personenbildnisse im Spannungsfeld zwischen Äußerungs- und Datenschutzrecht, NJW 2017, 1057
Lehr, Anm. zu EGMR Urt. v. 7.2.2012 – 40660/08
Leibold, Übersicht über die Höhe des (zugesprochenen) Schadensersatzes nach Art. 82 DS-GVO, ZD-Aktuell 2025, 01153
Leibold, Übersicht über den Schadensersatzanspruch nach Art. 82 DS-GVO ab dem Jahr 2024, ZD-Aktuell 2025, 01360
Leibold, Übersicht über den Schadensersatzanspruch nach Art. 82 DS-GVO im Zeitraum 2018 – 2022 – Update, ZD-Aktuell 2025, 01148
Leibold, Übersicht über den Schadensersatzanspruch nach Art. 82 DS-GVO ab dem Jahr 2023, ZD-Aktuell 2025, 01147
Leibold, Übersicht über den Schadensersatzanspruch nach Art. 82 DS-GVO ab dem Jahr 2024, ZD-Aktuell 2025, 01146
Leibold, Übersicht über die Streitwerte beim Auskunftsanspruch nach Art. 15 DS-GVO, ZD-Aktuell 2025, 01144
Leibold, Übersicht über den Schadensersatzanspruch nach Art. 82 DS-GVO, ZD-Aktuell 2023, 01376
Leibold, Schadensersatz nach Art. 82 DS-GVO wegen fehlerhafter bzw. verspäteter Auskunft – Überblick über die aktuelle Rechtsprechung, ZD-Aktuell 2022, 01092
Leibold, Schadensersatzansprüche sowie Inhalt und Streitwerte des Auskunftsanspruchs nach der DS-GVO, ZD 2022, 18
Leibold, Gerichtliche Entscheidungen zum Schadensersatz nach Art. 82 Abs. 1 DS-GVO – ein Fall für den EuGH?, ZD-Aktuell 2021, 05146

Leibold/Wybitul, LG Essen: Schadensersatz bei Versendung eines USB-Sticks mittels einfacher Post – Abtretbarkeit des Art. 82 DS-GVO?, ZD-Aktuell 2021, 05520
Lembke, Der datenschutzrechtliche Auskunftsanspruch im Anstellungsverhältnis, NJW 2020, 1841
Lemcke, Unfallbedingte HWS-Beschwerden und Haftung, r+s 2003, 177
Lemcke/Hensen, Aktuelles zum Regress des Sozialversicherungsträgers, NJW 2019, 2655
Lemor, Regulierung von Schäden durch die Verkehrsopferhilfe, DAR 2014, 248
Lenz, Das Verhältnis des Hinterbliebenengeldes zum Schockschadensschmerzensgeld – eine Einordnung unter Einbeziehung der aktuellen Rechtsprechung und Literatur, r+s 2025, 1122
Liborius, Die Geltendmachung von Hinterbliebenengeld, NJW-Spezial 2020, 713
Liborius, Näheverhältnis und angemessenen Höhe beim Hinterbliebenengeld, NJW-Spezial 2021, 9
Lipp/Hohenhövel, Ärztliche Schweigepflicht und Patientendatenschutz in der ethischen Fallberatung, MedR 2021, 330
Lindner/Hampel, Rechtliche Grenzen und Sanktionen bei manipulativen Cookie-Bannern, MMR 2025, 940
Lingemann, Vorsätzliche Herbeiführung eines Versicherungsfalls iSd § 104 Abs. 1 SGB VII erfordert „doppelten Vorsatz" des Arbeitgebers, ArbRAktuell 2019, 612
LMK, Lindenmaier-Möhring, Kommentierte BGH-Rechtsprechung, 2009
Lohse, Alles auf Aufnahme? – Dashcam im Fokus, VersR 2016, 953
Lorenz, Grundwissen – Zivilrecht: Grundlagen der Gefährdungshaftung, JuS 2021, 307
Löhle, Verletzung der Halswirbelsäule (HWS) neuester Stand, zfs 2000, 9
Lühmann/Schumacher/Stegemann, Gegenwart und Zukunft kollektiver Rechtsdurchsetzung im Datenschutzrecht, ZD 2023, 131
Luckey, Handbuch Personenschaden, 4. Aufl. 2025
Luckey, He blew his mind out in a car … Ansprüche naher Angehöriger beim Unfalltod, SVR 2012, 1
Luckey, Schmerzensgeld für HWS-Verletzungen – Dauerbrenner im Verkehrsunfallrecht, SVR 2010, 174
Luckey, Haftungsrisiken beim Abfindunsgvergleich, DAR-Extra 2013, 772
Luckey, Schmerzensgeldtabellen – Sinnhaftigkeit und Grenzen, SVR 2014, 125
Luckey, Verdamp lang her, verdamp lang? Haftungsfalle Verjährung im Personenschaden, SVR 2015, 41
Luckey, Bemessung des Schmerzensgeldes – Umgang mit Präjudizien, SVR 2013, 410
Luckey, Änderung der Rechtsprechung zu sogenannten Schockschäden, Anm. zu BGH Urt. v. 6.12.2022 VI ZR 168/21 und BGH Urt. v. 6.12.2022 VI ZR 73/21, DAR 2023, 202
Ludolf, Die Bedeutung ärztlicher Atteste, SP 2010, 142
Ludolph, Das Schmerzgutachten im Haftpflichtrecht, SP 2006, 92
Ludovisy/Eggert/Burhoff, Praxis des Straßenverkehrsrechts, 6. Aufl. 2015
Ludyga, Kein Anspruch des Kindes bei Aufsichtspflichtverletzung der Eltern, NZFam 2021, 328
Lugani, Einwilligung in Schwangerschaftsabbruch durch Minderjährige, NJW 2020, 1330
Lutz, Datenschutzrechtliche Herausforderungen auf dem Weg zum automatisierten Fahren, ZD 2020, 450
Ludyga, Die Schweigepflicht von Ärzten bei der Behandlung Minderjähriger, NZFam 2017, 1121
Mäsch, Maßgeblichkeit von gesetzlichen Sicherheitsstandards am ausländischen Urlaubsort, JuS 2020, 176
Maier, Aktuelle Schufa-Rechtsprechung, VuR 2025, 403
Maier, Löschungsfrist bei erledigten Zahlungsstörungen – Anm. zu BGH Urt. v. 18.12.2025 – I ZR 97/25, VuR 2026, 140
Marburger, Haftung des Arbeitgebers oder eines Arbeitskollegen bei einem Verkehrsunfall eines Arbeitnehmers, NZV 2013, 475
Marburger, Verjährung und Verwirkung von Schadensersatzansprüchen bei Verkehrsunfällen, NZV 2015, 218
Marsch/Kratz, Anm. zu EuGH: Schufa-Scoring und Datenschutzaufsicht vor dem Aus?, NJW 2024, 392
Matz/Baumann, Die Reichweite der Haftungsprivilegien nach dem SGB VII außerhalb des klassischen Arbeitsunfalls, NJW 2016, 673
Maier/Schindler/Kühn, Unfallgefährdung von Motorradfahrern, 1. Aufl. 2009
Mehmel/Timmann, Vererblichkeit des Geldentschädigungsanspruchs bei Persönlichkeitsrechtsverletzung, ZRP 2022, 208
Mertins, Der unbezifferte Klagantrag – und kein Ende, VersR 2006, 47
Mes, Beck'sches Prozessformularbuch, 16. Aufl. 2026
Meyer, Rechtsweg und Klagegegner bei Schadensersatzklagen nach Art. 82 DS-GVO, ZD 2025, 200
Meyer, Schadensersatz in Scraping-Fällen – Bemerkungen zur Facebook-Entscheidung des BGH –, r+s 2025, 193
Meyer-Mews, Der Weg eines Strafverfahrens zum EGMR, NJW 2018, 213
Mörsdorf/Momtazi, Schadensbestimmung und Schadensbemessung bei Datenschutzverstößen – Weiterentwicklung der Rechtsprechung des EuGH zu Art. 82 DS-GVO, NJW 2024, 1074
Mörsdorf-Schulte, Schutzumfang des Behandlungsvertrags bei versäumter Abtreibung, NJW 2006, 3105
Molitoris, Die Entwicklung im Produkthaftungs- und Produktsicherheitsrecht, NJW 2014, 1567

Musielak/Voit, ZPO, 23. Aufl. 2026
Musielak, Zur gerichtlichen Praxis bei der Bemessung des Schmerzensgeldes Ergebnisse einer Befragung von Richtern, VersR 1982, 613
Müller (Elke-Luise), Aufsatz zu Social Media-Äußerungen vs. Meinungsfreiheit – Belästigungen und Diskriminierungen im Arbeitsverhältnis in öAT 2025, 29
Müller, Der Anspruch auf Hinterbliebenengeld, VersR 2017, 321
Müller, Persönlichkeitsrecht und Medienrecht auf der „europäischen Waagschale" – Haftung auf den Mittelweg, ZRP 2011, 93
Müller, Der HWS-Schaden – Bestandsaufnahme und Perspektiven, VersR 2003, 137
Müller, Zum Ausgleich des immateriellen Schadens nach § 847 BGB, VersR 1993, 909
Müller, Privilegierung von Kindern nach der Schadensersatzrechtsreform 2002, ZfS 2003, 433
Müller, Probleme der Gerichtsberichterstattung, NJW 2007, 1617
Münchener Kommentar zum BGB, 9. Aufl. 2023
Münchener Kommentar zur ZPO, 7. Aufl. 2025
Nawroth, LG Freiburg (Urt. v. 2.8.2019 – 1 O 223/12), Schadensersatz für fehlerhafte Hüftprothesen, MPR 2019, 150
Nabulsi, „Dauerbrenner" beim EuGH: Der Ersatz immaterieller Schäden nach Art. 82 DS-GVO, ZEuP, 2024, 912
Nägele, Hochladen von Falschparkerfoto mit erkennbarem Beifahrer rechtswidrig, GRUR-Prax 2026, 61
Nebe, Schmerzensgeld bei psychischen Belastungen wegen fehlerhafter Gesundheitsleistungen, VuR 2009, 459
Neuhaus, Der Kinderunfall – eine Herausforderung für Gesetzgebung und Rechtsprechung, Arbeitskreis II. des 29. Deutschen Verkehrsgerichtstages.
Neuner, Das Schmerzensgeld, JuS 2013, 577
Niekrenz, Anm. zu LG Lübeck Urt. v. 10.1.2025, ZD 2025, 228
Niekrenz, Unterlassung der Datenerhebung mittels Meta-Business-Tools, ZD 2025, 228
Nixdorf, Mysterium Schmerzensgeld, NZV 1996, 89
Notthoff, Voraussetzungen der Schmerzensgeldzahlung in Form einer Geldrente, VersR 2003, 966
Notzon, Der Mobbingprozess im Jahr 2022, öAT 2022, 89
Nugel, Der Abfindungsvergleich in der außergerichtlichen Schadenregulierung, ZfS 2006, 190
Odersky, Schmerzensgeld bei Tötung naher Angehöriger, München 1989
Oechsler, Die Satire – Rechtliche Grenzen eines Kulturinstituts, NJW 2017, 757
Offenloch, Die Rechtsprechung des BGH zum Haftpflichtrecht im Straßenverkehr, DAR 2021, 302
Oglakcioglu/Rückert, Anklage ohne Grund – Ehrschutz contra Kunstfreiheit am Beispiel des sogenannten Gangsta-Rap = ZUM 2015, 876
Oppermann, Das persönliches Näheverhältnis beim Hinterbliebenengeld nach § 844 Abs. 3 BGB, NZV 2023, 180
Otto, Ablösung der §§ 636 bis 642 RVO durch das neue Unfallversicherungsrecht, NZV 1996, 473
Paal/Faußner, Der datenschutzrechtliche Schadenersatzanspruch nach Art. 82 DS-GVO, ZD-Aktuell 2026, 01110
Paal, Immaterieller Schadensersatz beim Kontrollverlust über personenbezogene Daten, NJW 2025, 261
Paal, Data Scraping und Art. 82 DS-GVO, ZfDR 2023, 325
Paal, Höhe des Ersatzes immaterieller Schäden nach Art. 82 DS-GVO, NJW 2022, 3673
Paal/Aliprandi, Immaterieller Schadensersatz bei Datenschutzverstößen, ZD 2021, 241
Pallasch, Schmerzensgeld und Schadensersatz im Berufsausbildungsverhältnis RdA 2016, 118
Pardey/Balke/Link, StichwortKommentar Schadenrecht, 1. Aufl. 2022
Pardey, BGH: Haftungsprivileg der Eltern, SVR 2021, 310
Pauken, Anmerkungen zum LAG Düsseldorf: Angespanntes Arbeitsklima rechtfertigt noch keinen Mobbing-Vorwurf, ArbRAktuell 2013, 214
Payandeh, BGH: Benachteiligung einer Mietinteressentin durch Makler aus ethnischen Gründen, NJW 2026, 1075
Payandeh, Verbot der Altersdiskriminierung im Grundgesetz? ZRP 2023, 59
Payandeh, Verfassungsgerichtliche Konturierung des Verbots rassistischer Diskriminierung, NVwZ 2021, 1830
Peck, Probleme bei der Auslegung und kein Ende?, SP 2005, 123
Peifer, Beseitigungsansprüche im digitalen Äußerungsrecht, NJW 2016, 23
Pfeifer, Anm. zu BGH Urt. v. 13.12.2022 – VI ZR 54/21 „Ärztebewertung VII", GRUR 2023, 433
Pflüger, Schmerzensgeld für Angehörige in Schriften zum deutschen, Europäischen und vergleichenden Zivil-, Handels- und Prozessrecht, Band 228, Verlag Ernst und Werner Cieseking
Pieper, Altersdiskriminierung in Stellenausschreibungen, RdA 2018, 337
Plagemann, Haftungsausschluss beim Arbeitsunfall, FD-Sozialversicherungsrecht 2017, 393604
Prechtel, Das Adhäsionsverfahren, ZAP 2005, 197

Prinz, Der Schutz der Persönlichkeitsrechte vor Verletzungen durch die Medien, NJW 1995, 817
Prölss/Martin, Versicherungsvertragsgesetz, 31. Aufl. 2021
Prütting, Ersthelfer im Fokus des Haftungsrechts, NJW 2022, 3465
Pschyrembel, Klinisches Wörterbuch, 269. Aufl. 2023
Putzke, Aufarbeitung sexualisierter Gewalt an Kindern und Jugendlichen in der Kirche, SRa 2024, 137
Quaisser, Hinterbliebenengeld und Schockschaden, NZV 2025, 8
Quaisser, Die Zukunft des „Schockschadens" nach den Urteilen BGH vom 27.1.2015, Az.VI ZR 548/12 und BGH vom 10.2.2015, Az. VI ZR 8/14 = NZV 2015, 465
Quirmbach, Strunk, Das Reha-Management für Schwerverletzte, DAR 2022, 13
Quirmbach, Schmerzensgelderhöhung bei inadäquatem Regulierungsverhalten – aktuelle Rechtsprechung, ZFS 2017, 667
Radtke, Anm. zu BGH: Speicherdauer von Daten bei bereinigten Zahlungsstörungen, NJW 2026, 805
Radtke, Scoring-Wert der SCHUFA als automatisierte Entscheidung nach Art. 22 DS-GVO, MMR 2024, 153
Rahn, Schadensersatzansprüche bei Corona-Impfschäden – Update 2023, GuP 2023, 208
Rapp, Bemessungsfaktoren des Hinterbliebenengeldes, LMK 2024, 811459
Rebler, Verzicht auf Motorradschutzkleidung – Versicherungsrechtliche Auswirkungen, MDR, 2014, 1187
Rebler, Rennen und Veranstaltungen im Straßenverkehr – die Vorschrift des § 29 StVO, SVR 2017, 365
Redeker, IT-Recht, 7. Aufl. 2020
Rehm/Häcker, Der anwaltliche Vortrag bei der Bemessung des Schmerzensgeldes sowie des Hinterbliebenengeldes – ein Überblick, DAR 2022, 529
Reinhard, Entschädigung für Altersdiskriminierung ohne schuldhaftes Verhalten des Arbeitgebers – Anm. zu BAG-Urteil v. 22.1.2009 – 8 AZR 906/07, NJW 2009, 3533
Reinhart, „Wrongful life" – gibt es ein Recht auf Nichtexistenz?, VersR 2001, 1081
Reis, Das Lebensrecht des ungeborenen Kindes als Verfassungsproblem, 1. Aufl. 1984
Remé, Die Aufgaben des Schmerzensgeldes im Persönlichkeitsschutz, Frankfurt a. M., 1962
Reuters, Anm. zu EuGH, Urt. v. 12.1.2023 – C-154/21, IWRZ 2023, 122
Rodegra, Kreuzfahrt mit Mängeln, NJW 2011, 1766
Roland/Richter, Attestkosten bei Personenschäden, SVR 2025, 173
Richter, Dashcams, Foto und Videos: Rechtsprechungsübersicht zur Beweisverwertbarkeit, SVR 2018, 134
Ricke, Unfallversicherungsrechtliche Fragestellungen rund um die Pannenhilfe NZV 2024, 581
Ricke, Haftungsprivileg eines Pannenhelfers, NZV 2024, 599
Riemer, Anm. zu OLG Köln Urt. v. 10.8.2023 – 15 U 184/22 Datenschutzrechtlicher Auskunftsanspruch und Überlassung von Datenkopien, NZA-RR 2023, 515
Riemer, Reichweite des Auskunftsanspruchs gegenüber Krankenversicherung, ZD 2024, 100
Riemer, Der Datenauskunftsanspruch gem. Art. 15 DS-GVO als Tool zur Informationsgewinnung, DAR 2022, 127
Rütten, Unterlassener Selbstschutz als Mitverschulden am Beispiel des Radhelms, SVR 2014, 441
Sänger-Männel, Verkehrsunfälle mit Beteiligung von älteren Menschen, NJW-Spezial 2023, 585
Sadek/De Bie Kreusch, Behandlungsfehler und Schmerzensgeld: Zur Auswirkung einer strafrechtlichen Verurteilung des Arztes auf die Höhe des Schmerzensgeldanspruchs im Zivilverfahren, NJOZ 2026, 1
Saenger, Zivilprozessordnung, 10. Aufl. 2023
Saenger/Möller, „Das unbestechlichste Beweismittel" – Dashcam-Videos, JA 2015, 12
Sajuntz, Die aktuelle Entwicklung des Presse- und Äußerungsrechts, NJW 2018, 1567
Sajuntz, Die Entwicklung des Presse- und Äußerungsrechts im Jahr 2016, NJW 2017, 698
Sajuntz, Die Entwicklung des Presse- und Äußerungsrechts im Jahr 2017, NJW 2018, 589
Sajuntz, Die Entwicklungen des Presse- und Äußerungsrechts im Jahr 2018, NJW 2019, 1567
Sakowski, Anm. zu BGH: Speicherfrist von Zahlungsstörungsdaten bei Wirtschaftsauskunfteien, GRUR-Prax 2026, 96
Schah Sedi, Reha-Management Schwerstverletzter nach Verkehrsunfällen, NZV 2022, 367
Schaub, Haftung des Betreibers eines Bewertungsportals, GRUR 2020, 494
Schaub/Koch, Arbeitsrecht von A–Z, 27. Aufl. 2023
Scheffen, Schadensersatzansprüche bei Beteiligung von Kindern und Jugendlichen an Verkehrsunfällen, VersR 1987, 116
Scheffen, Aktuelle Fragen zur Höhe des Schmerzensgeldes, NZV 1994, 417
Scheffen, Tendenzen bei der Bemessung des Schmerzensgeldes für Verletzungen aus Verkehrsunfällen, ärztlichen Kunstfehlern und Produkthaftung, ZRP 1999, 189
Scheffen/Pardey, Schadensersatz bei Unfällen mit Kindern und Jugendlichen, NJW-Schriftenreihe, Band 59, 2. Aufl. 2003
Scheffen/Pardey, Schadensersatz bei Unfällen mit Minderjährigen, 2. Aufl. 2003

Scheidler, „Haftung der Gemeinde als Straßenbaulastträger für Schlaglochschäden aus der Verkehrssicherungspflicht“, LKRZ 2013, 273
Schellenberg, Regulierungsverhalten als Schmerzensgeldfaktor, VersR 2006, 878
Schertz, Persönlichkeitsrechte von Politikern, ZUM 2022, 857
Schiemann, Schmerzensgeld für fehlgeschlagene Sterilisation, JuS 1980, 709
Schild, Scorewert der SCHUFA als automatisierte Entscheidung nach Art. 22 DS-GVO, ZD 2024, 157
Schilling, Geschäftsschädigende Äußerungen auf Bewertungsportalen im Internet: Wer haftet noch?, GRUR-Prax 2015
Schimikowsky, Privathaftpflichtversicherung – aktuelle Themen der Rechtsprechung, r+s 2006, 7
Schimmel, Der doppelte Schadensersatz bei Urheberrechtsverletzungen, ZUM 2008, 384
Scholten, Merkpunkte bei der Abfindung von Personenschäden, NJW 2018, 1302
Schönfeld, Vom Glück und dem Recht – zur Relevanz der modernen Glücksforschung für das Schmerzensgeldrecht, r+s 2018, 639
Schucht, Produktrecht im Pandemiemodus – Schutzmasken als Compliance- und Haftungsrisiko? NJW 2020, 1551
Schulz/Greve, Videoüberwachung – Mitbestimmung des Betriebsrates und Schmerzensgeld, ArbR Aktuell 2014, 245
Schulze/Grziwotz/Lauda, BGB, Vertrags- und Prozessformularbuch, 2. Aufl. 2014
Schlanstein, Datenschutz vor Opferschutz?, SVR 2023, 1
Schlüter, Persönlichkeitsrechtsverletzung durch Googles „Auto-Complete-Funktion“, GRUR-Prax 2013, 249
Schmid, Amerikanisierung des Anspruchsdenkens – am Beispiel der Luftfahrt-Großschäden, Anwaltsblatt des Deutschen Anwaltsverein 2003, 672
Schmidt, Von Grund- und grundfalschen Urteilen, JA 2019, 947
Schmitz, Sexueller Missbrauch in der Katholischen Kirche: Hilfestellung für Betroffene – Forderungen an Politik und Gesellschaft, SRa 2024, 156
Schneider/Schneider, Berücksichtigung von Zinsschwankungen bei der Kapitalisierung von Schadensersatzrenten, NZV 2005, 497
Schneider/Nugel, Psychische Folgen nach einem Verkehrsunfall und ihre rechtlichen Folgen, NJW 2014, 2977
Schnell, OLG Frankfurt a. M. Urt. v. 30.12.2021 – 2 U 28/21: Unwirksamer Haftungsausschluss in AGB eines gewerblichen Kfz-Vermieters
Scholten, Merkpunkte bei der Abfindung von Personenschäden, NJW 2018, 1302
Scholten, „Mithaftung ohne Fahrradhelm“, SVR 2012, 161
Scholz/Gräfenstein – Keine verbindlichen Regeln für Versicherer – Reha-Management erfordert Vertrauen und Kooperationswillen, Versicherungswirtschaft 14/2013, 56–58
Schrader, Bemessung der Hinterbliebenenentschädigung (BGH Urt. v. 23.5.2023 – VI ZR 161-22), JA 2023, 1042
Schreier, Zögerliches Regulierungsverhalten von Versicherern – Eine Bestandsaufnahme der Schadensregulierung nach geltendem Recht, VersR 2013, 1232
Schröder, Verein Verkehrsopferhilfe e.V. als Entschädigungsfond bei Nichtermittlung oder fehlender Versicherung des Schädigers, SVR 2008, 196
Schürgers/Hirschberger, Immaterieller Schadensersatz nach Art. 82 DS-GVO – Fokus auf die Darlegungs- und Beweislast, NZA 2025, 216
Schucht, Produktrecht im Pandemiemodus – Schutzmasken als Compliance- und Haftungsrisiko? NJW 2020, 1551
Schulze/Grziwotz/Lauda, Bürgerliches Gesetzbuch, Vertrags- und Prozessformularbuch, 3. Aufl. 2017
Schürgers, Immaterieller Schadensersatz nach Art. 82 DS-GVO – Fokus auf die Darlegungs- und Beweislast, NZA 2025, 216
Schwab, Das versicherungsrechtliche Problem beim Hinterbliebenengeld, DAR 2018, 284
Schwab, Terrorfahrt auf dem Weihnachtsmarkt in Berlin – Chancen auf Entschädigungsleistungen, DAR 2017, 168–170
Schwab, Die Haftung des Leiharbeitnehmers, NZA-RR 2017, 517
Schwarz, Anm. zu OLG Stuttgart: Die Bezeichnung einer Politikerin als „dämliches Stück Hirn-Vakuum“ ist keine Machtkritik, GRUR-Prax 2024, 244
Schweizer, Urteilen zwischen Intuition und Reflexion, Betrifft Justiz 2010, 239
Schwintowski/Schah-Sedi, „Angehörigenschmerzensgeld – Überwindung eines zivilrechtlichen Dogmas“, ZfS 2012, 6
Schwintowski/C.Schah Sedi/M.Schah Sedi, Handbuch Schmerzensgeld, 2. Aufl. 2020
Schwintowski, Anm. zum Urt. des OLG Frankfurt v. 4.6.2020 – 22 U 244/19, VuR 2021, 64
Schwintowski, Angehörigenschmerzensgeld – Zeit zum Umdenken! VuR 2016, 18
Schwintowski, Haftung des Staates für (rechtmäßige) hoheitliche Corona-Eingriffe, NJOZ 2020, 1473

Seegers/Håsges, HWS oder nicht?, VersWi 1998, 113
Semrau/Staub, Leichte HWS-Verletzung, ein Update – oder auch nicht?!, DAR 2016, 691
Skauradzun, Schadenfälle mit nicht pflichtversicherten Kfz – praktische Hinweise zur effektiven Schadensregulierung, VersR 2009, 330
Skupin, Dynamische Einbindung von Google Fonts in Webseite ohne Einwilligung unzulässig, GRUR-Prax 2022, 264
Slizyk, Anm. zu OLG Dresden: Das Beweisfoto als Haftungsfalle – übertriebener Datenschutz als Abschreckung?!, NZV 2026, 179 (182–183)
Slizyk, Verjährung von Ansprüchen bei unfallbedingten Spätfolgen, Anm. zu OLG Schleswig NJW 2023, 530
Slizyk, Anm. zu BGH Urt. v. 6.12.2022 – VI ZR 299, 17, r+s 2023, 134
Slizyk, Anm. zum Urt. des LG Köln v. 26.10.2021 – 5 O 117/21, COVuR 2022, 89
Slizyk, Konkretisierung der Schmerzensgeldbemessung, NJW 2021, 3757
Slizyk, Schmerzensgeld, 2027
Slizyk, Anm. zum Urt. des OLG Frankfurt v. 18.10.2018 – 22 U97/16, NZV 2019, 351
Slizyk, Judex non calculat – oder doch? Die Bemessung des Schmerzensgeldes – taggenaue Kalkulation versus Einzelfallentscheidung, SVR 2014, 10
Siegel, „Gehörige Aufsichtsführung" über Radfahrende Kinder – Ein Update, SVR 2022, 290
Skupin, Dynamische Einbindung von Google Fonts in Webseite ohne Einwilligung unzulässig, GRUR-Prax 2022, 264
Söbbing, Anm. zum Urt. des OLG Köln v. 10.4.2025 – 15 U 249/24 zu immateriellen Schadensersatz wegen nicht erfolgter Löschung von Negativdaten durch Auskunftei nach Forderungserledigung, ZD 2025, 402
Spickhoff, Die Entwicklung des Arztrechts 2018/2019, NJW 2019, 1718
Spickhoff, Die Entwicklung des Arztrechts 2016/2017, NJW 2017, 1790
Spindler, Weltweite Löschungspflichten bei Persönlichkeitsrechtsverletzungen im Internet, NJW 2019, 3274
Spittka, BGH zu DS-GVO-Massenklagen – Alle Klarheiten beseitigt, DSB 2024, 311
Spittka, Zum Begriff der „personenbezogenen Daten" im Rahmen des DS-GVO-Auskunftsanspruchs GRUR-Prax 2021, 537
Spittka, IT and more: Schadenersatzforderungen im Zusammenhang mit Datenschutzverstößen und Cyber-Vorfällen, WPg 2023, 266
Staab, Die Entwicklung der BGH-Rechtsprechung zum HWS-Schleudertrauma seit 1996 – Zugleich eine Würdigung der juristischen Weitsicht von Hermann Lemcke, r+s Beil. 2011, 107
Staab, Psychisch vermittelte und überlagerte Schäden – Zugleich Besprechung des HWS-Urteils des BGH v. 28.1.2003 VI ZR139/02 VersR 2003, 1216
Stadler/Franz, Keine Klarnamenpflicht bei Facebook, NJW 2022, 1282
Stamenov, Beweislast für Schadensersatzansprüche nach Art. 82 DS-GVO, RDi 2021, 410
Stamer, Reisemängel auf Kreuzfahrten, DAR 2024, 70975
Staudinger,öOGH: Unterlassen des Tragens eines Fahrradhelms als Mitverschulden, r+s 2026, 219
Staudinger/Busse, Die Entwicklung des Reiserechts im ersten Halbjahr 2021, NJW 2021, 2860
Steenbuck, Das Hinterbliebenengeld, r+s 2017, 449
Steffen, Zur Haftung von Kindern im Straßenverkehr, VersR 1998, 1449
Steffen, Schmerzensgeld bei Persönlichkeitsverletzungen durch die Medien, NJW 1997, 10
Stegemann Der immaterielle Schadensersatz bei Datenschutzverstößen, ZD-Aktuell 2024, 04508
Steinert, Anm. zu OLG Dresden: Datenschutzverstoß; immaterieller Schadensersatz, SVR 2026, 60
Steinert/Theede/Knop, Zivilprozess, 2. Aufl. 2010
Stender-Vorwachs, Vererblichkeit eines Geldentschädigungsanspruchs wegen Persönlichkeitsrechtsverletzung, NJW 2014, 2831
Stern-Krieger/Arnau, Neuregelung der gesetzlichen Unfallversicherung im SGB VII unter Berücksichtigung des zivilrechtlichen Haftungsrechts, VersR 1997, 408
Stevens, Begutachtung von psychischen Schäden, NZV 2008, 383
Stief, Orientierungshilfe des Bayerischen Landesbeauftragten für den Datenschutz unter https://www.datenschutz-bayern.de und dort in der Rubrik *Datenschutzreform* 2018
Stöber, Haftungsausschluss nach § 104 SGB VII in den Fällen der Pannen- oder Unfallhilf, NZV 2007, 57
Stögmüller, Immaterieller Schadensersatz bei Datenschutzverstoß, RDi 2025, 200
Stöhr, Psychische Gesundheitsschäden und Regress, NZV 2009, 161
Stolz, Kein Löschungsanspruch bei negativer Bewertung des Verhaltens namentlich genannter Servicekraft, GRUR-Prax 2021, 32
Strian, Schmerz – Ursachen, Syptome, Therapien, München 1996
Strunz, Bayerisches Beamtengesetz Loseblatt-Kommentar, Stand: Februar 2024
Stümper, Aktuelle Fragen der Altersdiskriminierung, öAT 2015, 72–76

Sura, Kein Schadensersatz nach Art. 82 DS-GVO bei rein hypothetischem Missbrauchsrisiko, NZA-RR 2024, 280
Teichner, Das Mandat im Arzthaftungsrecht
Ternig, Kinder im Straßenverkehr und das Schadensersatzrecht, SVR 2008, 250
Throm, Neues Gesetz zur Speicherung von IP-Adressen, Deutsche Richterzeitung 2025, 190
Thüsing/Zhou, Ersatz immaterieller Schäden wegen Datenschutzverstößen nach Art. 82 DS-GVO – Wer trägt die Darlegungs- und Beweislast?, ZD 2024, 3
Tomerius, Polizeibeamtinnen mit Kopftuch, Polizeibeamte mit Kippa und Dastar, NVwZ 2022, 212
Tomson/Wieland, E-Scooter: Die Fahrt ist frei, aber wer haftet? NZV 2019, 446
Tomson/Wieland, Schadensersatzansprüche von Fahrzeuginsassen, NZV 2021, 180
Toussaint, BVerfG: Verletzung der unionsrechtlichen Vorlagepflicht, FD-ZVR 2021, 437282
Toussaint, BGH: Bewertung nach Klageerhebung fällig gewordener Beträge bei Klage auf wiederkehrende Leistungen, FD-ZVR 2015, 372341
Tribess, Beweislastverteilung für Schadensersatzansprüche unter der DS-GVO, GWR 2020, 140
Vasel, Das Karlsruher Schweigen zur satirischen Schmähkritik, NJW 2022, 740
Veeck/Stepanova, Abtretbarkeit des immateriellen Schadensersatzanspruchs aus Art. 82 Abs. 1 DS-GVO, ZD 2023, 317
Venetis/Oberwetter, Videoüberwachung von Arbeitnehmern, NJW 2016, 1051
Veith/Gräfe/Lange/Rogler, Der Versicherungsprozess, 5. Aufl. 2023
Veröffentlichungen der auf verschiedenen Deutschen Verkehrsgerichtstagen in Goslar gehaltenen Referate, herausgegeben von der Akademie für Verkehrswissenschaft, Hamburg, Agnesstr. 53, 22301 Hamburg
Vogel, Zivilrechtlicher Gewaltschutz, FPR 2005, 49
von Pentz, Aktuelle Rechtsprechung des BGH zum Arzthaftungsrecht, MedR 2019, 351
Vraetz, Zum Vorrang der Sozialgerichte bei Haftungsfragen, NZS 2018, 35
Vrzal, Zur Beurteilung vorgerichtlicher Erklärungen des Haftpflichtversicherers im Rahmen der Schadenregulierung, VersR 2012, 694
Vrzal, Die Entwicklung des Schmerzensgeldanspruchs anhand der neueren Rechtsprechung, VersR 2015, 284
Wagner, EuGH: Höflichkeit ist keine Verarbeitungsgrundlage – das Ende der geschlechtsspezifischen Ansprache, DSB 2025, 47
Wagner, Hinterbliebenengeld – Eine Bilanz nach sieben Jahren, r+s 2025, 241
Wagner, Wieviel ist die Trauer wert? – Sieben Jahre Hinterbliebenengeld, FD-StrVR 2025, 801764
Wagner, Sieben Jahre Hinterbliebenengeld: Wieviel ist die Trauer wert? Becklink 2033235
Wagner, Anm. zu BGH BeckRS 2022, 40243, NJW 2023, 1438
Wagner, Anm. zu BGH Urt. v. 6.12.2022 – VI ZR 73/21 (Hinterbliebenengeld), NJW 2023, 1441
Wagner, BGH: Verhältnis von Hinterbliebenengeld zu Schmerzensgeld bei Schockschäden, NJW 2023, 1438
Wagner, Deliktshaftung für berufstypische Risiken, NJW 2021, 897
Wagner, Haftung von Plattformen für Rechtsverletzungen (Teil 1), GRUR 2020, 329
Wagner, Schadensersatz in Todesfällen – Das neue Hinterbliebenengeld, NJW 2017, 2641
Wagner, Das Zweite Schadensersatzrechtsänderungsgesetz, NJW 2002, 2049
Wagner, Ersatz immaterieller Schäden – Bestandsaufnahme und Europäische Perspektiven, JZ 2004, 319
Walter, Gerät da etwas außer Kontrolle? Zum Begriff des Kontrollverlustes, DSB 2025, 86
Walter, Der Anspruch auf Hinterbliebenengeld, MedR 2018, 213
Waltermann, Haftungsfreistellung bei Personenschaden – Grenzfälle und neue Rechtsprechung, NJW 2004, 901
Walker, Haftungsprivilegierungen, JuS 2015, 865
Weiß, Anm. zu OLG Hamm: DS-GVO gilt nicht für Krankenhäuser der Evangelischen Kirche in privatrechtlicher Trägerschaft, GRUR-Prax 2023, 141
Wellenhofer, Schuldrecht und Familienrecht: Haftung der Eltern gegenüber dem Kind, JuS 2021, 556
Wellmann, Zu BGH, Urt. v. 28.1.2025 – VI ZR 109/23: Kontrollverlust nur bei Datenweitergabe an Dritte, ZD 2025, 331
Wellner, Problematische Personenschäden im Prozess, r+s Beil. 2011, 127
Wenker, Transparenz und Akzeptanz des Schmerzensgeldanspruchs, NZV 2014, 241
Wenzel, Das Recht der Wort- und Bildberichterstattung, 5. Aufl. 2003
Wern/Lenzen, Verzögerte Schadensregulierung und Schmerzensgeld, NJW-Spezial 2025, 265
Werner, Der Personenschaden im Licht der aktuellen Rechtsprechung des Bundesgerichtshofes, DAR 2025, 530
Wessel, Stillschweigende Haftungsbeschränkung im Straßenverkehr – insbesondere bei Gefälligkeits- und Probefahrten sowie Auslandsunfällen und im Sport, VersR 2011, 569
Wever, Vermögensauseinandersetzung der Ehegatten außerhalb des Güterrechts, 8. Auflage 2023
Wiebke, Rechtsprechung zu Schockschäden – Eine Übersicht, NZV 2024, 601

Wienbracke, Haftung von Luftfahrtunternehmen für psychische Beeinträchtigung, GWR 2022, 376
Windhorst, Formularbibliothek Zivilprozess – Verkehr/Schaden/Versicherung
Winzer/Baeck/Schaaf, Neuere Entwicklungen im Arbeitsrecht, Auswirkungen der EuGH-Rechtsprechung zum datenschutzrechtlichen Auskunftsanspruch auf das Arbeitsrecht, NZG 2023, 408
Wittke/Kühn, Härtere Strafen für Raser?, DRiZ 2016, 334
Woitkewitsch, Auswirkungen der Covid-19-Pandemie auf zivilrechtliche Rechtsverhältnisse, NJW 2022, 1134
Wolf, Zivilprozess versus außergerichtliche Konfliktlösung – Wandel der Streitkultur in Zahlen, NJW 2015, 1656
Wolmerath, Mobbing. Rechtshandbuch für die Praxis, 5. Auflage 2019
Wukoschitz, Auf hoher See vor dem EuGH, RRa 2026, 2
Wybitul/Leibold, Risiken für Unternehmen durch neue Rechtsprechung zum DS-GVO-Schadensersatz, ZD 2022, 207
Wybitul/Wuermeling/Ganz, Schmerzensgeld für rechtswidrige SCHUFA-Einmeldung, Anm. zu LG Lüneburg BeckRS 2020, 36932, ZD 2021, 277
Wybitul/Brams, Immaterieller Schadensersatz wegen Datenschutzverstößen, Datenschutz-Berater 2020, 249
Ziegert, Die medizinische Begutachtung von Verkehrsunfallformen in Fällen eines HWS-Schleudertraumas und bei Unfallneurosen, DAR 1994, 257
Ziegler/Oynar, Der Beginn der Verjährung im Arzthaftungsrecht, NJW 2017, 2438
Ziegler/Ehl, Bein ab – arm dran, JR 2009, 1
Ziegler/Rektorschek, Impotenz durch Behandlungsfehler – geht der Partner leer aus?, VersR 2009, 181
Zöller, Zivilprozessordnung, 36. Aufl. 2026
Zoll, Entwicklung im Personenschaden, r+s 2011, 133
Zopfs, Aggressivität im Straßenverkehr – Teilbereich Illegale Autorennen/Alleinraser, DAR 2020, 9
Zwickel, Schockschaden und Angehörigenschmerzensgeld: Neues vom BGH und Gesetzgeber, NZV 2015

Handbuch

I. Einleitung

Die erste Auflage dieses Buches erschien 1993 unter dem Titel *Beck'sche Schmerzensgeldtabelle* und trägt seit der Vorauflage den erweiterten Titel ***Schmerzensgeld und immaterieller Schadensersatz einschließlich DS-GVO und AGG,*** womit der praxisorientierten Kommentierung (Teil 1) gegenüber den vier unterschiedlich aufbereiteten Schmerzensgeldtabellen (Teil 2) mehr Aufmerksamkeit zukommt.

Anstelle der bis zur 21. Auflage üblichen Erwähnung im Vorwort wird seit der Vorauflage nun stets an dieser Stelle ein umfassender **Auszug der aktuellen Gerichtsentscheidungen** – wie inzwischen üblich auch stets mit dem Blick zu unseren Nachbarn in Österreich – aufgeführt, die mit **der nun vorliegenden 23. Auflage** erstmalig im Handbuch behandelt werden:

EuGH Urt. v. 19.3.2026 – C-526/24 keinen immateriellen Schadensersatz für sog. DS-GVO-Hopper, EuGH Urt. v. 4.9.2025 – C-655/23 negative Gefühle nach unbefugter Datenübermittlung als immaterieller Schaden; EuGH Urt. v. 11.4.2024 – C-741/24 Anforderung an Schadensersatzanspruch nach DS-GVO; EuG Urteil v. 8.1.2025 Europäische Kommission muss wegen Datenschutzverstoß 400 EUR immateriellen Schadensersatz an einen Unionsbürger leisten; BVerfG Beschl. v. 29.9.2025 Verletzung des kirchlichen Selbstbestimmungsrechts und Aufhebung des Urteils des BAG v. 25.10.2018 – 8 AZR 501/14;

BGH Urt. v. 23.3.2026 zur grundsätzlichen Eröffnung des Schutzbereichs des zivilrechtlichen allgemeinen Persönlichkeitsrechts, jedoch Zurückweisung der Revision wegen fehlender individueller Beeinträchtigung der Klägerin; BGH Urt. v. 9.3.2026 zu den Auskunfts- und Schadensersatzansprüche bei Impfschäden; überwiegende Wahrscheinlichkeit nicht erforderlich, Plausibilität genügt; BGH Urt. v. 29.1.2026 zur Haftung eines Maklers wegen Diskriminierung bzgl. ethnischer Herkunft bei Auswahl von Mietinteressenten; BGH Urt. v. 15.1.2026 Corona-Impfärzte haften nicht für Impfschäden; BGH Urt. v. 18.12.2025 zur Speicherdauer von Zahlungsstörungsdaten bei Wirtschaftsauskunfteien nach SCHUFA II – Löschungsfrist bei Zahlungsstörungen und zu den Voraussetzungen eines immateriellen Schadensersatzanspruchs; BGH Beschl. v. 14.10.2025 zu den (oft zu hohen) Anforderungen an Substantiierungspflichten bei Personenschäden und dem daraus resultierenden Verstoß gegen Art. 103 I GG; BGH Urt. v. 14.10.2025 zur Zulässigkeit der Übermittlung von Positivdaten an SCHUFA; BGH Beschl. v. 27.8.2025 Zu den Anforderungen des Tatgerichts an die Beweiswürdigung und dem Anspruch des Angeklagten auf Gewährung rechtlichen Gehörs sowie zum Grundsatz der Einheitlichkeit des Schmerzensgelds; BGH Beschl. v. 26.8.2025 keine Hinweispflicht des Gerichts auf Unzulänglichkeit von Bemühungen um Täter-Opfer-Ausgleich; BGH Urt. v. 6.8.2025 zur Räum- und Streupflicht des vermietenden Wohnungseigentümers; BGH Urt. v. 29.7.2025 zur politischen Vereinnahmung: Kein immaterieller Schadensersatz bei mehrdeutigen Demonstrationsaufrufen; BGH Beschl. v. 1.7.2025 zu den Voraussetzungen eines die Haftung des Schädigers völlig ausschließenden, weit überwiegenden Mitverschuldens; BGH Urt. v. 1.7.2025 zur Räum- und Streupflicht sowie zu den Voraussetzungen eines – die Haftung des Verkehrssicherungspflichtigen ausschließenden – weit überwiegenden Verursachungsbeitrags des Geschädigten;

OGH Österreich Beschl. v. 20.5.2026 – Vorlagebeschluss gemäß Art. 267 AEUV zu den Fragen, ob der produktfehlerhafte Bruch einer Verhütungsspirale und die daraus resultierende ungewollte Schwangerschaft sowie deren Abbruch als „Körperverletzung" zu qualifizieren sind und ob diesbezügliche physische und psychische Schäden ersatzfähig auch in Bezug auf einen Schmerzensgeldanspruch sind; OGH Österreich Urt. v. 27.1.2026 – Amtshaftung; 43.200 EUR Schmerzensgeld für unzureichender Bereitstellung stationärer Pflegeplätze für schwerstbehinderte Kinder; OGH Österreich Beschl. v. 20.1.2026 zur Beurteilung des Mitverschuldens (Fußgängerin ggü. LKW-Fahrer) und zum Grundsatz der Einheitlichkeit des Schmerzensgelds; OGH Österreich Beschl. v. 16.12.2025 zur Aufsicht über auch gutmütige Hunde bei Spaziergängen im freien Gelände – 40.000 EUR für Brustwirbelfraktur bei 81j. Frau; OGH Österreich, Beschl. v. 30.10.2025 Eisläuferunfall – wer quer zum Pulk saust, ist selbst schuld; OGH Österreich Beschl. v. 22.7.2025 keine Haftung für die Betreiberin einer Rodelbahn – Zaun im Auslaufbereich stellt keine atypische Gefahr dar; OGH Österreich Urt. v. 25.9.2025 zur Begründung eines Mitverschuldens durch Provokationen des Geschädigten; OGH Österreich, Beschl. v. 22.4.2025 Verneinung der Tierhalterhaftung bei Verletzung eines Wanderers durch Kühe auf der Alm; OGH Österreich Urt. v. 25.3.2025 Unterlassen des Tragens eines Fahrradhelms als zur Kürzung des Schmerzensgeldanspruchs führenden Mitverschuldens; OGH Österreich, Beschl. vom 22.1.2025 – 3 Ob 237/24k zur Teilnahme auf eigene Gefahr an einer gefährlichen sportlichen Veranstaltung;

BAG Urt. v. 5.6.2025 Mehrfachverstöße sind kein relevantes Kriterium für die Bemessung des nach Art. 82 DS-GVO zu gewährenden immateriellen Schadenersatzes;

OLG Brandenburg Urt. v. 15.4.2026 7.000 EUR wegen überlanger Dauer eines familiengerichtlichen Umgangsverfahrens; OLG Köln Urt. v. 9.3.2026 zu Aufklärungspflicht und Schmerzensgeldbemessung bei Geburtsschäden sowie zur Zulässigkeit und Bemessung eines Teilschmerzensgeldes; OLG Schleswig Urt. v. 9.3.2026 zum Nachweis einer unfallbedingten HWS bei ΔV von 12,5 – 15,5 km/h und einer biomechanischen Belastung von 3,5 bis 4,4 g; OLG Celle Beschl. v. 3.3.2026 Haftungsfreistellung bei einer Prügelei unter Schülern mit der Folge eines Kieferbruchs; OLG Hamm Urt. v. 27.2.2026 zur Haftung des Betreibers eines Mountainbike-Trails und dem Mitverschulden des Nutzers nach einem Sturz; OLG Karlsruhe Beschl. v. 11.2.2026 zu unzumutbaren Belästigungen durch Nachstellen; OLG Dresden Beschl. v. 11.2.2026 Das auf der Leistung eines Schmerzensgeldes beruhende Vermögen wird grundsätzlich nicht als einsetzbares Vermögen im Sinne von § 115 Abs. 3 ZPO angesehen; OLG Schleswig Beschl. v. 10.2.2026 Hinterbliebenengeld für Enkelkinder gibt es nur im Ausnahmefall einer besonderen Nähebeziehung; OLG Dresden Urt. v. 3.2.2026 1.500 EUR für ein allgemeines Unsicherheitsgefühl der kontinuierlichen Überwachung der Privatsphäre wegen nicht gerechtfertigter Verarbeitung von offsite-Daten durch einen Netzwerkbetreiber sowie zur Frage der Verjährung des Anspruchs auf Löschung gemäß Art. 17 DS-GVO; OLG München Urt. v. 30.1.2026 – 500 EUR Schmerzensgeld für „Verunsicherung und Unbehagen sowie Frustration" – des Käufers eines vom sog. Dieselskandal betroffenen PKW – über die ungewisse Nutzbarkeit und Verkehrsfähigkeit seines Fahrzeugs; OLG Frankfurt a. M. Urt. v. 22.1.2026 – 14 U 88/24 zum Nachweis besonders gefährlicher und daher eine Verkehrssicherungspflicht begründenden Stelle auf einer Landesstraße; OLG Schleswig Urt. v. 20.1.2026 zur Anhebung des Schmerzensgeldes wegen besonderer Rücksichtslosigkeit beim Überholvorgang; KG Urt. v. 19.1.2026 kein immaterieller Schadensersatz aufgrund von automatisierter Scorewert-Ermittlung durch eine Wirtschaftsauskunftei; OLG Brandenburg Urt. v. 15.1.2026 100.000 EUR für schwerwiegende Oberarmverletzung unter Berücksichtigung des grob verkehrswidrigen Verhaltens des alkoholisierten Unfallgegners; OLG Schleswig Beschl. v. 15.1.2026 zur Prüffrist des KFZ-Haftpflichtversicherers; OLG Celle Beschl. v. 14.1.2026 Zur rechtlichen Unterscheidung zwischen einem „Schmerzensgeld" einerseits und einer „Geldentschädigung" andererseits; OLG Stuttgart zur (verneinten) Frage, ob ein Schmerzensgeldanspruch auf Basis des nachbarrechtlichen Ausgleichsanspruchs gemäß § 906 Abs. 2 S. 2 BGB analog begründet werden kann; OLG München Urt. v. 18.12.2025 für einen Kotrollverlust durch die Nutzung von Drittanbieter-Tools ist eine Entschädigung in Höhe von 250 EUR angemessen; OLG München Urt. v. 18.12.2025 Löschungs- und immaterieller Schadensersatzanspruche (500 EUR) bei Verarbeitung personenbezogener Daten durch Plattformen und Drittanbieter-Tools nach der DS-GVO; OLG Brandenburg Urt. v. 1.12.2025 zur Amtspflichtverletzung durch Abbruch von Jugendhilfeleistungen; OLG Frankfurt a. M. Urt. v. 11.12.2025 zur Haftung von Cookie-Drittanbietern bei Fehlender Einwilligung zur Speicherung von Cookies; OLG Zweibrücken Endurteil vom 9.12.2025 – 5 U 82/24 – (Nr. 7901) Kein immaterieller Schadensersatz wegen des Gefühls „demaskiert" worden zu sein, indem Fotos der Mietwohnung zur Fertigung eines Verkaufsexposés sowie in deren Veröffentlichung im Internet auf Plattformen veröffentlicht worden waren; OLG Hamm Urt. v. 14.11.2025 zur Abgrenzung von Primär- und Sekundärschäden sowie zu den Anforderungen an die Beweisführung bei behaupteten unfallbedingten Körper- und Gesundheitsschäden nach einer Streifkollision; OLG Stuttgart Urt. v. 13.11.2025 zur Darlegungs- und Beweislast des Klägers im Impfschadenprozess; OLG Frankfurt Urt. v. 12.11.2025 zur Verletzung des allgemeinen Persönlichkeitsrechts und der Kombination aus schlichtungspflichtigem (§ 1 Abs. 1 Nr. 2 des Hessischen Schlichtungsgesetzes) und nicht schlichtungspflichtigem Antrag; OLG Brandenburg Urt. v. 5.11.2025 zum Umfangs der Streupflicht bei Dauerschneefall; OLG Zweibrücken Beschl. v. 4.11.2025, kein Schmerzensgeld für den Unterlegenen nach verabredeter Prügelei; OLG Frankfurt a. M. Beschl. v. 28.10.2025 zum Maßstab der Erforderlichkeit und die Grenzen der Datenminimierung bei der Übermittlung von Positivdaten; OLG Hamm Beschl. v. 30.9.2025 kein immaterieller Schadensersatz und keine Datenschutzrechtsverletzung durch bloße Score-Erstellung ohne Entscheidungswirkung; OLG Oldenburg Urt. v. 24.9.2025 zur Kollision eines Motorrad-Beifahrers mit einem wildem Fasan – noch Betriebsgefahr und keine höhere Gewalt und insofern 17.000 EUR Schmerzensgeld; OLG Dresden Beschl. v. 16.9.2025 Überwachungsdruck als eigenständiger Eingriff in das Persönlichkeitsrecht; OLG Dresden Urt. v. 9.9.2025 Datenschutz als Täterschutz oder Beweisfoto als Bumerang – 100 EUR immaterieller Schadensersatz wegen „Kontrollverlust"; OLG Bamberg Urt. v. 14.8.2025 zur Verwertung eines im Strafverfahren abgegebenen Geständnisses im Schadensersatzprozess; OLG Brandenburg Urt. v. 12.8.2025 zur Amtshaftung wegen fehlerhafter notärztlicher Behandlung; OLG Hamm Urt. v. 3.7.2025 zur Schmerzensgeldbemessung bei erheblichen physischen und psychischen Verletzungsfolgen nach Faustschlag; OLG Celle Urt. v. 11.6.2025 Haftung gemäß § 2 Abs. 1 iVm § 6 HaftPflG der Gemeinde nach Sturz wegen eines nicht erkennbar beschädigten Gullydeckels – 12.500 EUR Schmerzensgeld; KG Urt. v. 2.6.2025 – kein immaterieller Schadensersatz für den Vorwurf ein „Plagiator" zu sein; OLG Jena Urt. v. 21.5.2025 – 2 U 583/23 bei mehreren Datenschutzverstößen, die aus einem einheitlichen Lebenssachverhalt resultieren, besteht nur ein einheitlicher immaterieller Schadensersatzanspruch nach Art. 82 Abs. 1 DS-GVO; OLG Hamm Beschl. v. 5.5.2025 Unfallverursacher haftet auch für Verletzung einer Ersthelferin; OLG Celle Urt. v. 10.4.2025 kein Schmerzensgeld wegen weitergeleiteter Videoaufnahmen aus dem Bereich der privaten Sphäre (Videoüberwachung der Küche);

LG Koblenz Urt. v. 28.5.2026 40.000 EUR (geerbtes) Schmerzensgeld für Qualen und Todeskampf eines 12-jährigen Mädchens, das von Mitschülerinnen ermordet worden war; LG Lübeck Urt. v. 23.1.2026 400 EUR für rechtswidrige Einmeldung von Positivdaten bei der SCHUFA (Mindermeinung); LG Ellwangen Urt. v. 8.1.2026 zur Bemessung eines Anspruchs auf Zahlung von Hinterbliebenengeld im Fall der Ermordung eines Ehegatten und Familienvaters; LG Lübeck Urt. v. 16.12.2025 zur Frage einer ehrverletzenden Äußerung in wissenschaftlicher Publikation; LG Feldkirch (Österreich) Urt. v. 16.12.2025 11.00 EUR Schmerzengeld für insbesondere psychische Verletzungen nach Schwangerschaftsabbruch – aber auch während der (ungewollten) Schwangerschaft nach produktfehlerhaftem Bruch einer Verhütungsspirale; LG Ellwangen Urt. v. 5.12.2025 kein immaterieller Schadensersatz wegen rechtswidriger Datenverarbeitung durch den Meta-Konzern im Zusammenhang mit den sog. Business Tools und dadurch erlittenem Kontrollverlust; LG Lübeck Urt. v. 27.11.2025 5.000 EUR wegen Kontrollverlust und individueller Betroffenheit bei intransparenten Datenverarbeitungen bzgl. sog. Business-Tools; LG Würzburg Urt. v. 16.9.2025 zum tatbestandlichen Vorliegen der rechtswirksamen Zulassung des Impfstoffs Comirnaty durch die Europäische Kommission und der Bindungswirkung für die Zivilgerichte; LG Koblenz Urt. v. 3.9.2025 kein Schmerzensgeld für abgeschlagene Hand wegen Putativnotwehr; LG Göttingen Urt. v. 14.8.2025 1.000.000 EUR Schmerzensgeld für schwerste, irreversible Gehirnschäden, die schon im Zeitpunkt der Geburt jede Chance auf ein mit einer gewissen Lebensqualität und Eigenständigkeit verbundenes Leben zunichtemachen; LG Nürnberg-Fürth, Beschl. v. 14.4.2025, kein Schmerzensgeld für Zahnfraktur im Rahmen eines Ballspiels unter Freunden am Pool einer Ferienanlage; LG Ellwangen Urt. v. 16.10.2025 kein immat. Schadensersatz wg. der bloßen „Besorgnis", dass infolge der Datenweitergabe in die USA und an Dritte materielle Schäden drohen/Keine Haftung bei rechtmäßiger Drittlandübermittlung und fehlendem Schadensnachweis; LG Ansbach Urt. v. 15.10.2026 zur Zulässigkeit der Übermittlung personenbezogener Daten in ein Drittland nach Art. 45 Abs. 1 DS-GVO; LG Leipzig Urt. v. 4.7.2025 immaterieller Schadensersatz iHv 5.000 EUR wegen rechtswidriger Datenverarbeitung durch den Meta-Konzern im Zusammenhang mit den sog. Business Tools und dadurch erlittenem Kontrollverlust; AG Wesel Urt. v. 23.7.2025 500 EUR für Kontrollverlust wegen Fehladressierung von Steuerunterlagen; LSG Sachsen Urt. v. 18.9.2025 – Opferentschädigung nach SGB XIV sieht keine Zahlung eines Schmerzensgeldes vor; LAG Köln Urt. v. 30.1.2026 9.000 EUR für Diskriminierung nach dem AGG. Hinweis auf Schwerbehinderung muss nicht im Bewerbungsanschreiben oder einem gesondertem Hinweis stehen; es genügt vielmehr, wenn dies im Lebenslauf als einer von mehreren Unterpunkten erwähnt wird.

OVG Münster Beschl. v. 28.7.2025 keine Erfüllungsübernahme für Ruhestandsbeamte; VG Düsseldorf Urt. v. 25.9.2025 zur Übernahme einer Schmerzensgeldzahlung nach LBG NRW § 82a Abs. 1 S. 1 und der Unbeachtlichkeit einer späteren Entlassung des Beamten;

LAG Nürnberg Urt. v. 23.1.2026 Geschlechtsspezifische Stellenausschreibung als „Sekretärin" – Vermutung der Benachteiligung; LAG Rheinland-Pfalz Urt. v. 8.1.2026 kein immaterieller Schadensersatz wegen (vermeintlichem) Mobbing bzw. behinderungsbedingter Benachteiligung; LAG Rheinland-Pfalz Urt. v. 16.12.2025 kein Schmerzensgeldanspruch für Berufsunfall wegen jugendlichem Vandalismus; LAG Thüringen Urt. v. 18.2.2026 kein Schmerzensgeld aus übergegangenem Recht bei gemeinsamer Betriebsstätte gemäß § 106 Abs. 3 SGB VII sowie zu den (hohen) Anforderungen für die Annahme eines Vorsatzes bei einem Arbeitsunfall;

ArbG Berlin Urt. v. 28.5.2026 die (versehentliche) Anrede als "Herr" reicht nicht für eine AGG-Entschädigung einer nicht-binären Person, zumal wenn diese als sog. AGG-Hopper entlarvt wird.

1. Zur Systematik dieses Buches

Teil 1: Handbuch zum Schmerzensgeldrecht:[1] In diesem Teil des Ihnen vorliegenden Buches erhalten 1
Sie einen fundierten Überblick und Einblick in das aktuelle Schmerzensgeldrecht sowie in das Recht des

[1] Hierin werden in einer praxisorientierten Gliederung sowohl die Literaturmeinungen als auch vorrangig die umfassende Rechtsprechung zu den wichtigsten Fragen und Themenkreisen innerhalb des Schmerzensgeldrechts dargelegt und erörtert und dabei auch Rechtsgebiete „gestreift", die nur am Rande mit diesem Thema zu tun haben. Für das österreichische Recht s. Danzl Handbuch Schmerzensgeld, 1. Auflage 2021.

immateriellen Schadensersatzes einschließlich der inzwischen umfassenden Rechtsprechung zu Verstößen gegen die Datenschutzgrundverordnung (kurz: DS-GVO) sowie das Allgemeine Gleichbehandlungsgesetz (kurz: AGG). Vorgestellt werden dabei die jeweiligen Grundlagen, die Bemessungskriterien und -formen sowie Praxishinweise zur außergerichtlichen und gerichtlichen Durchsetzung bis hin zu Antworten auf Fragen der steuerrechtlichen Betrachtung und Anrechnung der Entschädigungsleistungen auf Sozialhilfe/Bürgergeld, Wohngeld und Asylleistungen. Dabei werden zum Teil auch Rechtsgebiete (wie zB Arbeitsrecht: Stichwort *Mobbing,* Sozialrecht: Stichwort *Haftungsprivileg gem. der §§ 104ff. SGB VII,* Steuerrecht: Stichwort *Anrechnung einer Schmerzensgeldrente auf das Kindergeld* oder Verwaltungsrecht: Stichwort *auf Amtshaftung gestützter Schmerzensgeldanspruch*) mit einbezogen, sofern dies für das Verständnis der schmerzensgeldrechtlichen Zusammenhänge erforderlich erschien oder in diesem Kontext gestellte Fragen zu beantworten waren.

Hin und wieder fällt der Blick dabei auch sozusagen – wenn auch stets nur kurz mit Hinweisen zu weiterführender Rechtsprechung und Literatur – über den Tellerrand auf außerhalb der schmerzensgeldrechtlich liegenden Bereiche wie beispielsweise die unfallversicherungsrechtliche Problematik bei Mitgliedern der freiwilligen Feuerwehr im Zusammenhang mit posttraumatischen Belastungsstörungen als Unfallfolge oder der Bestimmung des inneren Zusammenhangs zwischen der Ausübung des Ehrenamtes und der Unfallfahrt im Zusammenhang mit hieraus resultierenden Schadensersatzansprüchen eines ehrenamtlichen Mitarbeiters (→ **Rn. 151** und → **Rn. 289**) oder zum Anspruch aus dem Opferschutzgesetz für ein aus gewaltsamer Inzestbeziehung stammendes schwer behindertes Kind (→ Rn. 317) oder zum Geltungsbereich einer Forderungsausfallversicherung innerhalb der Privathaftpflichtversicherung und zur vom BGH bejahten Frage, ob. insofern eine Eintragung in die Insolvenztabelle einem rechtskräftigen Vollstreckungstitel nach Nr. 10.1.4 BBR PHV gleichgestellt ist (→ **Rn. 475**), um nur einige dieser Beispiele zu benennen. Bedingt durch die immer stärkere **Bedeutung des Datenschutzes** und der heute extremen Fokussierung sowohl von Unternehmen als auch von Privatpersonen auf die Beachtung der Vorgaben der seit dem 25.5.2018 geltenden **Datenschutz-Grundverordnung (DS-GVO)** wird auch die Forderung nach Schmerzensgeld bzw. immateriellem Schadensersatz – so die korrekte Bezeichnung in diesem Kontext – bei Missachtung des Datenschutzes immer häufiger vor Gericht ausgetragen. Zu vielen Fragen, die die Instanzgerichte dazu dem EuGH vorgelegt haben, hat dieser inzwischen und besonders in den Jahren 2023 und 2024 Antworten gegeben. Ebenso schuf der **BGH** mit seiner ersten **Leitentscheidung** zu vielen Themen im Zusammenhang mit den Scraping- und Datenleck-Vorfällen der Jahre 2019 bis 2021 Klarheit und Rechtssicherheit, auch wenn weiterhin noch einige Fragen offen sind.

Das **Kapitel V. 1. g) „Immaterieller Schadensersatz nach Verstoß gegen die DS-GVO"(→ Rn. 244 – 249)** wurde daher mit der 22. Auflage erneut umfassend aktualisiert und erweitert. Zur einfacheren Handhabung entspricht dabei die, erstmals mit der 22. Auflage neu eingefügte Untergliederung aa) bis ll) nun der Gliederung im Tabellenteil (→ Rn. 7).

Dies gilt ebenso für das **Kapitel V. 1. h) „Beleidigung, Ehrverletzung, Diskriminierung (AGG), Telefonterror und Stalking sowie sonstige Persönlichkeitsrechtsverletzungen",** das sich in besonderem Maße mit der Thematik zu Grund und Höhe des immateriellen Schadensersatzes in Fällen von Diskriminierung und Verstößen gegen das **Allgemeine Gleichbehandlungsgesetz (AGG)** befasst sowie Praxishinweise für Betroffene und Arbeitgeber zu einer diskriminierungsfreien Kommunikation, insbesondere bei Stellenanzeigen sowie einer geschlechterspezifischen Ansprache im Geschäftsleben gibt.

Bereits mit der 21. Auflage neu eingefügt wurde das Unterkapitel II. 1. i) „Sonstige Bemessungskriterien" mit den Themen „Zugehörigkeit zu einem bestimmten Kulturkreis" und „Andersartigkeit" als schmerzensgelderhöhende Argumente (→ Rn. 73).

Zudem wurde in der Vorauflage das Kapitel X. „Prozessuales" um die drei Unterkapitel X. 1. g) „Leistungsklage bzgl. eines beamtenrechtlichen Schadensersatz- bzw. Schmerzensgeldanspruchs" (→ Rn. 407b), X. 1. h) „Schlichtungsobliegenheit bei Streitigkeiten über Ansprüche wegen der Verletzung der persönlichen Ehre unter Nachbarn im Bundesland Bayern" (→ Rn. 407c) und X. 1. i) „Internationale Zuständigkeit nach Art. 7 Nr. 1, 7 Nr. 2 EuGVVO" (→ Rn. 407d) ergänzt.

Vor dem Hintergrund der massiven Zunahme tätlicher Angriffe auf Polizisten, Lehrer und andere Amtsträger wurde dabei auch dem Thema „Erfüllungsübernahme bei Schmerzensgeldansprüchen" ein eigenes Kapitel XIII. (→ Rn. 488) gewidmet. Das Kapitel zum Adhäsionsverfahren und Täter-Opfer-Ausgleich trägt somit die Kapitelziffer XIV.

2 **Teil 2: Schmerzensgeldtabellen:** Die im zweiten Teil des Buches enthaltenen Schmerzensgeldtabellen umfassen eine umfangreiche **Urteilssammlung,** die sich in **vier praxisbezogene Hauptkapitel** unterteilt:

Diese ersten drei Kapitel vermitteln eine Zusammenstellung der bundesdeutschen Schmerzensgeldrechtsprechung, wobei hin und wieder auch grenzüberschreitend Entscheidungen des OGH Österreich zitiert oder in die Datenbank eingestellt werden. Dabei werden in diese Urteilssammlung grundsätzlich nur solche Urteile aufgenommen, in denen eine Aussage zur Höhe des Schmerzensgeldes getroffen wurde, aber auch klagabweisende oder zur weiteren Sachverhaltsaufklärung an die Vorinstanz zurückweisende Entscheidung, sofern diese hinsichtlich ihres Sachverhalts oder ihrer Begründung hinreichend interessant sind.

Das vierte Kapitel stellt Gerichtsentscheidungen zum **Hinterbliebenengeld** vor und präsentiert sich mit der hier vorliegenden Neuauflage erstmals in einer praxisgerechten Untergliederung (→ Rn. 7).

Da Schmerzensgeldentscheidungen altern bzw. einem Zeitablauf[2] unterliegen und somit auch trotz „Hochrechnung“[3] mithilfe des jeweils zutreffenden Lebenshaltungskostenindex[4] als Vergleichsmaßstab unbrauchbar werden, aber auch, um dieses Buch nicht zu umfangreich werden zu lassen, wurden – wie bereits in allen Vorauflagen – auch für diese Auflage erneut veraltete Entscheidungen aussortiert, die jedoch im Modul beck-online.SCHMERZENSGELD, das nun mehr als 7.700 Datensätze umfasst – für Rechtshistoriker oder um ggf. einen besonderen Einzelfall trotz dessen ggf. schon lange zurückliegenden Verkündungsdatums nachschlagen zu können – weiterhin zu finden sind. 3

Bereits vor einigen Jahren eingeführt wurde eine **Hervorhebung** der **Arzthaftungsfälle,** – dh solcher Schmerzensgeldentscheidungen, bei welchen auf der Beklagtenseite ein Arzt (m/w) und/oder ein Krankenhausträger steht. 780 Fälle rechtfertigten damals diese Maßnahme. Inzwischen stieg die Anzahl auf über 1.300 derartige Fälle, denen ein besonderer Stellenwert innerhalb des Haftungsrechts zukommt, da *„im ärztlichen Berufsbereich das Ethische mit dem Rechtlichen zusammen fließt“*.[5] Die große Menge dieser Urteile in einem eigenen Kapitel zusammenzufassen, hätte dieses Buch stark aufgebläht und zudem die Suche im Einzelnen erschwert. Deshalb habe ich mich dafür entschieden, die Arzthaftungsfälle in ihrem jeweiligen Kapitel innerhalb der nachfolgenden Untergliederung zu belassen und dort – durch ein graues Raster hinterlegt – optisch hervorzuheben. 4

Urteilssammlung – Hauptkapitel A „von Kopf bis Fuß“: In der Urteilssammlung des zweiten Teils werden im Hauptkapitel A – dem Kernstück des „Tabellenteils“ – die Schmerzensgeldentscheidungen „von Kopf bis Fuß“ in eine **anatomische Reihenfolge** gebracht. Dies geschieht vor dem Hintergrund, dass in den meisten Fällen eine Verletzung als „Hauptverletzung“ anzusehen ist. Bei der Zuordnung in die einzelnen Unterkapitel (zB Gehirnschädigung) wurde, sofern möglich, diese „Hauptverletzung“ als erstes Zuordnungskriterium verwandt. Nur in Einzelfällen kommt daneben ein weiteres Kriterium hinzu: die Verletzungsfolge. So lassen sich mit großer „Treffsicherheit“ die Fälle herausfinden, in welchen beispielsweise aus dem Bereich der Gehirnschädigungen, der Geschädigte motorische Störungen oder eine Wesensveränderung zurückbehielt. Selbstverständlich soll nicht verhohlen werden, dass eine völlig exakte Gewichtung im Einzelfall nicht immer möglich ist. Insofern bietet jedoch das beck-online-Modul beck-online.SCHMERZENSGELD (ehemals IMM-DAT plus) mit seiner Vielzahl an Suchbegriff-Verknüpfungsmöglichkeiten eine sinnvolle Ergänzung zu diesem Buch. 5

Wichtiger Hinweis: HWS-Verletzungen finden sich nicht unter Halsverletzungen im Hauptkapitel A, sondern im nachfolgend → Rn. 6 beschriebenen Hauptkapitel B.

Urteilssammlung – Hauptkapitel B „Alltägliche Verletzungen“: Im Hauptkapitel B finden sich ergänzend alltägliche Verletzungen, dh häufig vorkommende und in der Regel eher einfachere Blessuren, bei welchen eine Darstellung nach anatomischen Gesichtspunkten nicht sinnvoll erschien. Neben Blutergüssen, Platz-, Schnitt- und Schürfwunden zählen hierzu ua auch die „HWS-Verletzungen“. 6

Bedingt durch die große Anzahl von **HWS-Schmerzensgeldurteilen** wurden diese in Abweichung von der oben dargestellten Sortierung zunächst in fünf Gruppen (0 bis 250 EUR; 251 bis 500 EUR; 501 bis 1.000 EUR; 1.001 bis 2.000 EUR und über 2.000 EUR Schmerzensgeld) aufgeteilt. Innerhalb derselben erfolgt die Darstellung der Höhe nach aufsteigend. Da selbst zu einer Betragskategorie (zB bis 250 EUR) immer noch viele Entscheidungen vorliegen, wurden diese nach den Gerichtsorten alphabetisch sortiert (im Beispiel: Von Ansbach bis Zweibrücken). Auf diese Weise lassen sich auch regional sehr schnell vergleichbare Entscheidungen finden.

---

[2] OLG Hamburg BeckRS 2024, 22768 Rn. 116.
[3] Vgl. hierzu kritisch Abram/Wessel r+s 2025, 1016 sowie nachfolgend unter Rn. 23.
[4] Vgl. Grüneberg BGB/Brudermüller § 1376 Rn. 31 sowie sehr anschaulich Scheffen/Pardey Schadensersatz Rn. 3 ff.
[5] BVerfG NJW 1979, 1930 mit Verweis auf Eberhard Schmidt.

7 **Urteilssammlung – Hauptkapitel C „Besondere Verletzungen und Verletzungsfolgen“:** Das Hauptkapitel C beleuchtet gewissermaßen „Spezialbereiche“, zu denen die Rechtsprechung Stellung nehmen musste oder die sie zum Teil selbst geschaffen hat. Hierunter fallen besondere Verletzungsarten (wie zB Aids, Schockzustände, Persönlichkeitsrechtsverletzungen, Schussverletzungen, Verbrennungen, Strahlungsschäden, Dekubitus, Tätowierungsverletzungen oder Behandlungs- und Heilungsverzögerungen) und seltenere Verletzungsfolgen (wie zB Epilepsie, Apallisches Syndrom, Entstellung, ua) ebenso wie bemerkenswerte Verletzungsursachen (wie zB Tierbisse, Waffeneinsatz und vorsätzliche Körperverletzung), aber auch Urteile, die sich mit Behandlungsverzögerungen oder Heilungsverzögerungen befasst haben. Die Auswahl der „Spezialbereiche“ erfolgte aus der praktischen Erfahrung heraus und mit Rücksicht darauf, dass eine Einordnung derselben in die vorgenannten Hauptkapitel (A und B) ein rasches Auffinden dieser Entscheidungen oftmals unmöglich gemacht oder zumindest erheblich erschwert hätte.

Da es bei einer so umfangreichen Menge an Urteilen und Rubriken stets eine Restmenge gibt, die sich trotz bestem Bemühen nicht eindeutig katalogisieren lässt, finden sich im abschließenden Kapitel C. 24. durchaus interessante Entscheidungen, deren Zuordnung mir jedoch nicht sinnvoll erschien; insofern ist etwas „Stöbern“ angesagt oder – über den Zugriff auf das Online-Modul – mit einzelnen gezielten Suchbegriffen eine Entscheidungsfindung durchzuführen.

Bereits mit der 19. Auflage aufgenommen wurde aufgrund der SARS-CoV-2 bzw. Corona-Pandemie das Kapitel C. 2. Corona/SARS-CoV-2, in der inzwischen über 100 Entscheidungen zu finden sind, von denen sich die jüngeren (2023 bis heute insgesamt mehr als 80 Urteile) mit der Thematik der Impfschäden befassen.

In Verbindung mit dem Handbuch (Kapitel V. 1. g)) erheblich überarbeitet wurde im Tabellenteil auch das Kapitel C. 10. a) „Persönlichkeitsrechtsverletzung Datenschutz“, das gegenüber der Vorauflage um die doppelte Anzahl an Entscheidungen gewachsen ist und nun mehr als 260 Urteile umfasst. Um bei dieser großen Anzahl eine bessere Übersicht zu gewinnen, werden diese Entscheidungen in folgende, der Untergliederung im Handbuch entsprechende, Gliederungen eingruppiert: Datenerhebung (C. 10. a)–aa)), Datenverarbeitung (C. 10. a)–bb)), Datenweiterleitung und Datenverbreitung (C. 10. a-cc), Datenzugriff/Datenleck und Scraping (C. 10. a)–dd)), Datenlöschung und Recht auf Vergessenwerden (C. 10. a)–ee)), Datenauskunft (C. 10. a)–ff)), Datenschutzverstoß iVm Schufa ua Auskunfteien (C. 10. a)–gg)), Datenschutzverstoß iVm Sozial Media-Nutzerkonten (C. 10. a)–hh), Datenschutzverstoß iVm SPAM-/Werbemails und Cold Calls (C. 10. a)–ii)), Datenschutzverstoß iVm beruflicher Schweigepflicht (C. 10. a)–jj)), Datenschutzverstoß durch heimliche Überwachung/Videoaufnahmen (C. 10. a)–kk)) und sonstige Datenschutzverstöße (C. 10. a)–ll)).

Das Hauptkapitel **D. „Hinterbliebenengeld“ mit seiner nun praxisgerechten Untergliederung schließt den Tabellenteil ab.** Hier werden Entscheidungen eingefügt, bei denen auf der Basis des am 22.7.2017 in Kraft getretenen Gesetzes zum Hinterbliebenengeld (vergleiche dazu im Handbuch Kapitel VI Hinterbliebenengeld unter → Rn. 340 ff.) den insofern berechtigten Personen eine entsprechende Entschädigung als Ersatzanspruch für die Tötung eines in einem persönlichen Näheverhältnis stehenden Menschen zuerkannt wurde. Auch hier bedurfte es aufgrund der inzwischen mehr als 65 Urteile umfassenden Menge einer weiteren Untergliederung. Mit der hier vorliegenden Neuauflage erfolgte nun die Untergliederung zunächst in **D. 1. privilegierte Hinterbliebene** und **D. 2. nicht privilegierte Hinterbliebene.** Das Unterkapitel D. 1. wurde dabei nochmals in die Rubriken D. 1. a) Ehegatte, Lebenspartner, D. 1. b) Elternteil sowie D. 3. c) Kind unterteilt und das Unterkapitel D. 2. in die Rubriken D. 2. a) Schwester/Bruder, D. 2. b) Stiefschwester/Stiefbruder, D. 3. c) Schwiegervater/Schwiegermutter, D. 4. d) Oma/Opa, D. 2. e) Enkelkind, D. 2. f) Freundin, Freund und D. 2. g) sonstige Personen. Auf diese Weise lassen sich bereits derzeit und künftig noch schneller die zum jeweils eigenen Sachverhalt passenden Entscheidungen finden.

8 Innerhalb der jeweiligen **Unterkapitel** werden die Urteile stets nach der Höhe des Schmerzensgeldes aufsteigend und bei gleicher Höhe dem Datum nach aufsteigend sortiert.

Die einzelnen Urteile werden als Kurz(zusammen)fassung der schmerzensgeldrelevanten Ausführungen dargestellt. Dabei werden die Informationen in solche zu den **Verletzungen** und solche zu den weiteren **Einzelheiten,** wie beispielsweise Angaben zur Person, Dauer des stationären Aufenthaltes und der Heilbehandlung, Dauer der Minderung der Erwerbsfähigkeit, eventueller Dauerschaden, aufgeteilt. Gewissermaßen seine „natürlichen“ Grenzen findet dabei der Umfang der Informationen durch die oftmals bereits zusammengefasste Aufbereitung in den jeweiligen Fachzeitschriften.

Um hier jedoch eine möglichst „originalgetreue“ Wiedergabe zu gewährleisten, wurden Querverweise innerhalb einer Veröffentlichung stets verfolgt. Vor diesem Hintergrund rechtfertigt sich auch die Angabe nur einer Fundstelle: die zitierte Fundstelle ist grundsätzlich diejenige, in welcher die Gerichtsentscheidung am ausführlichsten präsentiert wurde.

Die Bemerkung „unveröffentlicht" – dies sei betont – bedeutet nicht, dass sich die so bezeichnete Entscheidung nirgendwo findet, sondern nur, dass sie zum Zeitpunkt ihrer Erfassung für dieses Buch bzw. die Datenbank beck-online.SCHMERZENSGELD (vormals IMM-DAT plus) in keiner Fachzeitschrift abgedruckt worden war.

Die in der Urteilssammlung neben jeder Gerichtsentscheidung abgedruckte **Nummer** dient der Zitierbarkeit anhand dieses Buches. Sie bleibt **stets** auflageunabhängig **gleich** bzw. (für die österreichischen Leserinnen und Leser) **ident** und ist zudem stets mit der Randnummer der Datenbank beck-online.SCHMERZENSGELD (vormals IMM-DAT-Nummer) identisch. Dies erleichtert den Dialog zwischen Buch- und Datenbankbenutzern.

2. Geschichtliche Entwicklung des Schmerzensgeldanspruchs

Das Schmerzensgeld entwickelte sich aus der **Buße** des **germanischen Rechts.** Im germanischen Recht 9
gab es zunächst noch keine Aufspaltung in Straf- und Zivilrecht, so dass der Buße eine Doppelfunktion zukam. Im Sachsenspiegel,[6] der bereits ein öffentliches Strafsystem kannte, wurde neben der „bute" (=Buße), einer Art Genugtuungszahlung für zB Beleidigungen oder Körperverletzungen, auch eine Schadensersatzleistung in Form des sogenannten „Wergelt" oder auch Manngeldes beschrieben. Dessen Höhe bestimmte sich nach dem Stand des Geschädigten; ursprünglich als an die Sippe eines Getöteten zu zahlendes Sühnegeld entwickelte es sich zu einer Art Schadensersatz, welches dann in Bruchteilen auch für Körperverletzungen fällig wurde.

Mit **Einführung** des **staatlichen Strafmonopols** trat der Strafgedanke der Buße zurück und der Ausgleichs- 10
charakter in den Vordergrund. Entscheidenden Einfluss auf die Entwicklung der Schmerzensgeldklage nahm Art. 20 der Peinlichen Gerichtsordnung Karl des Fünften, nachdem unschuldig Gefolterte für die erlittene „schmach, schmertzen, costen und schaden" eine Entschädigung verlangen konnten.[7] Von dort – anno 1532 – bis zur Aufnahme des Schmerzensgeldes in den Anspruchskatalog des BGB im Januar 1900 war es ein weiter Weg, der durch die Verabschiedung des Einführungsgesetzes zum Strafgesetzbuch im Jahre 1870 begleitet wurde, bei welcher – wegen der Trennung des Strafanspruchs des Staates und Entschädigungsanspruchs eines Geschädigten – die herrschende Meinung für einen reinen Entschädigungscharakter des Schmerzensgeldes eintrat.[8]

So ist auch aus den **Motiven** zum Entwurf des **Bürgerlichen Gesetzbuches** zu entnehmen, dass damals 11
lediglich die Ausgleichsfunktion des Schmerzensgeldes gesehen wurde. So sollte dem Geschädigten auch bei Verletzung der ideellen Rechte nach Postulaten der Gerechtigkeit eine Schadloshaltung gewährt werden.[9]

Die Aufnahme des Schmerzensgeldes in den Anspruchskatalog wurde ua damit begründet, dass Entstellungen des Menschen das persönliche wie berufliche Fortkommen erschwerten, aber dieser Schaden möglicherweise vom Richter nicht abschließend beurteilt werden könne. Im Übrigen heben die Motive ausschließlich auf die Entschädigung wegen erlittener Schmerzen ab.[10] In Konsequenz hierzu wurde die „Ehrverletzung" nicht in den Kreis der Rechte, deren Verletzung (wegen immaterieller Schäden) einen Schmerzensgeldanspruch auslösen soll, aufgenommen. Zur Begründung wurde ausgeführt, dass prinzipiell ein Anspruch auf Geldentschädigung wegen nichtvermögensrechtlichen Schadens nicht anerkannt werden könne, weil dies sachlich die Wiedereinführung der *actio in juriam aestimatoria* bedeuten würde.[11] Der Entwurf verwarf ausdrücklich die in mehreren Kodifikationen, so auch im Preußischen Landrecht, aufgestellte Abstufung des Umgangs mit der Schadensersatzpflicht je nach der Art oder dem Grad des Verschuldens. Die Heranziehung moralisierender oder strafrechtlicher Gesichtspunkte sollte bei Bestimmung der zivilrechtlichen Folgen unerlaubten Handelns ferngehalten werden.[12]

Auf diesen grundsätzlichen Erwägungen aufbauend, war bis zur Entscheidung des Großen Senats vom 12
6.7.1955 die herrschende Meinung in Lehre und Rechtsprechung auch der Auffassung, dass der Schmerzensgeldanspruch ausschließlich Ausgleichsfunktion habe.

---

6 Der Sachsenspiegel, Eike v. Repgow, II, 14.
7 Zitiert nach Remé, 33.
8 Eickhoff, 36.
9 Motive zu dem Entwurf eines Bürgerlichen Gesetzbuches für das Deutsche Reich, Band II (Recht der Schuldverhältnisse), 22.
10 Motive, Band II, 801.
11 Motive, Band II, 751 (752).
12 Motive, Band II, 17 (18).

Mit dem Inkrafttreten des zweiten Schadenrechtsänderungsgesetzes (Zweites Gesetz zur Änderung schadensersatzrechtlicher Vorschriften vom 19.7.2002, BGBl I, 2674) zum 1.8.2002 erfuhr der Anspruch auf immateriellen Schadensersatz durch den Gesetzgeber eine bedeutsame Erweiterung und zugleich seine grundlegende Verankerung im Allgemeinen Schuldrecht (§ 253 BGB). Dadurch verlor er seinen Charakter als vormals spezifisch deliktrechtlicher Anspruch und der – Generationen von Juristen bis dahin als „Schmerzensgeldparagraph" bekannte – § 847 BGB wurde aufgehoben. Da diese Rechtsänderung nun schon lange zurückliegt, wird im Weiteren auf den Zusatz *nF* für *neue Fassung* verzichtet.

Dass die Rechtsentwicklung ein stetig fortlaufender Prozess ist, der niemals abgeschlossen sein wird, verdeutlicht die zu Beginn des Jahres 2014 geführte Beratung des Arbeitskreises II des 52. Deutschen Verkehrsgerichtstages über Sinnhaftigkeit und Grenzen von Urteilssammlungen bzw. Schmerzensgeldtabellen und den Möglichkeiten alternativer „Berechnungen",[13] die im Versuch einer taggenauen Berechnungsmethode mündeten, der jedoch mit den Entscheidungen des BGH vom 22.3.2022 und vom 15.2.2022 als gescheitert bzw. beendet anzusehen ist; hierauf wird nachfolgend → **Rn. 30** noch näher eingegangen.[14]

3. Die Funktion des Schmerzensgeldes

13 **a) Das Schadenrechtsänderungsgesetz und seine Ausgestaltung des Schmerzensgeldanspruchs.** Das „Zweite Gesetz zur Änderung schadensersatzrechtlicher Vorschriften" (zum Teil verkürzt auch „Schadenrechtsänderungsgesetz" genannt) vom 19.7.2002 enthielt neben zahlreichen Änderungen, auf die an dieser Stelle nicht näher einzugehen ist, vor allem Änderungen schadensersatzrechtlicher Normen des BGB und insofern mit dem **§ 253 BGB** die Einführung eines allgemeinen Schmerzensgeldanspruchs bei Verletzung des Körpers, der Gesundheit, der Freiheit oder der sexuellen Selbstbestimmung. Der zwei Absätze umfassende § 253 BGB lautet:

(1) Wegen eines Schadens, der nicht Vermögensschaden ist, kann Entschädigung in Geld nur in den durch das Gesetz bestimmten Fällen gefordert werden.

(2) Ist wegen einer Verletzung des Körpers, der Gesundheit, der Freiheit oder der sexuellen Selbstbestimmung Schadensersatz zu leisten, kann auch wegen des Schadens, der nicht Vermögensschaden ist, eine billige Entschädigung in Geld gefordert werden.

Dazu, was insofern mit dem **Begriff „billig"** zu verstehen ist, hatte der **BGH** in seiner nachfolgend noch mehrmals erwähnten **Grundsatzentscheidung vom 16.9.2016 – VGS 1/16**[15] darauf hingewiesen, dass die Worte „billig" oder „Billigkeit" im allgemeinen Sprachgebrauch das Angemessene, Passende, Rechte bezeichnen, jedoch in der Rechtslehre das Wort Billigkeit einen eigenen spezifischen Sinngehalt hat, den der BGH sodann wie folgt beschreibt: *„Billigkeit bezeichnet danach die Lösung für das Problem, dass allgemeine Gesetze, gerade weil sie eine allgemeine Regelung treffen, dem Einzelfall nicht ohne weiteres gerecht werden können. Funktion der Billigkeit ist die Auflösung des Spannungsverhältnisses zwischen den abstraktgenerellen Regelungen des Gesetzes und den Besonderheiten des Einzelfalls, mithin die Herstellung von Einzelfallgerechtigkeit."*[16]

14 Die gesetzestechnische Besonderheit an dieser Novellierung war die Installierung eines **allgemeinen Anspruchs** auf **immateriellen Schadensersatz** im Allgemeinen Schuldrecht durch den in der Neufassung des § 253 BGB eingefügten Abs. 2, dessen Aufzählung abschließend ist und somit keine darüberhinausgehende Analogie[17] zulässt. Der Gesetzgeber[18] schuf damit eine einheitliche und nicht mehr nur deliktrechtliche Anspruchsgrundlage – die jedoch keine eigenständige Rechtsgrundlage darstellt – sowohl für Fälle der vertraglichen Haftung als auch der Gefährdungshaftung. Zur Begründung wurde angeführt, es sei die bei der vertraglichen Haftung und der Gefährdungshaftung durch den grundsätzlichen Ausschluss eines Schmerzensgeldanspruchs vorhandene – vormals bestehende – Haftungslücke nicht mehr akzeptabel und passe auch nicht mehr in die Europäische Rechtslage. Denn anders als im Europäischen Ausland war nach altem, bis Juli 2002 geltendem Recht ein Schmerzensgeldanspruch bei Gefährdungshaftung nur auf Randbereiche, wie beispielsweise die Haftung des „Luxustierhalters" oder auf den Betrieb von Militärflugzeugen, beschränkt. Ein weiteres ebenso berechtigtes Motiv für die Neuordnung des Schmerzensgeldrechtes im Jahr 2002 war die Tatsache, dass in Ermangelung eines grundsätzlichen Schmerzensgeldanspruches für alle Gefährdungshaf-

---

[13] Vgl. Slizyk SVR 2014, 10; Luckey SVR 2014, 125 sowie OLG München NZV 2014, 578.
[14] BGH BeckRS 2022, 6623; BGH BeckRS 2022, 8564.
[15] BGH 16.9.2016 – VGS 1/16, BeckRS 2016, 21466.
[16] BGH BeckRS 2016, 21466.
[17] BAG NJW 2013, 2699 (2700), vgl. → Rn. 234.
[18] BT-Drs. 14/7752, 14.

tungstatbestände mehr und mehr Verkehrs- und Verkehrssicherungspflichten[19] „entwickelt" wurden, um somit das nach altem Recht notwendige Element des Verschuldens zu konstruieren und dadurch den Opfern derartiger Schadensfälle doch zu einem begründeten Schmerzensgeldanspruch zu verhelfen.

Zahlreiche ebenfalls vorgenommene Regelungen gefährdungshaftungsrelevanter Sondernormen[20] unterstreichen diese inzwischen etablierte Rechtslage, indem dort stets der ausdrückliche Anspruch auf eine „billige Entschädigung in Geld", auch wegen des Schadens, „der nicht Vermögensschaden ist", implementiert wurde.

Zur insofern häufig übersehenen **Gefährdungshaftungsnorm des § 2 Abs. 1 Haftpflichtgesetz** bzw. für den Anspruch auf Schmerzensgeld § 2 Abs. 1 iVm § 6 HaftPflG) s. → **Rn. 360.**

Insgesamt versprach sich der Gesetzgeber durch die Gesetzesnovelle des Jahres 2002 neben der Angleichung 15
an die Europäische Rechtslage vorrangig eine Verbesserung des **Opferschutzes,**[21] eine Vereinfachung der Schadensabwicklung sowie eine Entlastung der Gerichte.[22]

Für die Masse der typischen deliktrechtlichen Schadensereignisse (zB Verkehrsunfälle) hat die Neuregelung jedoch – von einzelnen, nachfolgend näher zu behandelnden Einzelaspekten abgesehen – kaum eine praxisrelevante Änderung gebracht, da sich in diesen Fällen der Schmerzensgeldanspruch nach den gleichen Grundsätzen wie zuvor begründet.[23] Als nicht zutreffend erwiesen hat sich insofern auch die teilweise geradezu überschwängliche Euphorie einzelner Autoren, die die ehemalige „Neuregelung" des § 253 BGB als „Quantensprung"[24] bezeichnet oder gar aus dem geänderten Wortlaut und der Stellung des § 253 BGB Auswirkungen auf die Funktion des Schmerzensgeldes herausgelesen hatten.[25]

Daneben gab es auch zahlreiche Enttäuschungen. Diese resultierten ua daraus, dass die damals erhoffte 16
Einrichtung einer Schmerzensgeldanspruchsgrundlage für Hinterbliebene (zu deren später Einführung am 22.7.2017 s. → **Rn. 340** ff.) durch die Reform ebenso wenig erfolgt war, wie die ursprünglich geplante Einführung einer Bagatellschwelle. Durch eine solche Schwelle sollte es keinen Schmerzensgeldanspruch mehr für Schadensfälle geben, die nach der bisherigen Rechtsprechung mit Schmerzensgeldern unter 500 EUR abgegolten wurden.[26] Ebenso blieb auch die – von vielen erhoffte – explizite Regelung des allgemeinen Persönlichkeitsrechts (mit Ausnahme von **Verletzungen** der **sexuellen Selbstbestimmung,** bei der jedoch leider noch immer geradezu peinlich geringe und völlig inakzeptable Schmerzensgeldbeträge[27] zuerkannt werden) aus.[28] Insofern bleibt es in diesen beiden – nachfolgend ebenfalls noch kommentierten – Bereichen sowie insgesamt hinsichtlich der Umsetzung des inzwischen etablierten und somit gar nicht mehr „neuen" Rechts bei der bisherigen Ausprägung durch die Rechtsprechung.[29]

Dass das Zweite Gesetz zur Änderung schadensersatzrechtlicher Vorschriften „keine rückwirkende **Geltung für Altfälle** vorsieht und somit alle Schäden, die sich **vor dem 1.8.2002** ereigneten noch nach altem Recht zu beurteilen und zu entscheiden sind, hat bereits im Juni 2005 der BGH[30] nochmals klar herausgestellt; dies ist jedoch mit der voranschreitenden Zeit inzwischen kaum noch relevant.

b) Nicht nur historischer Rückblick auf die Grundsätze des Großen Zivilsenats (BGH Beschl. vom 6.7.1955 – GSZ 1/55[31]) und deren Bestätigung durch die Entscheidung der Vereinigten Großen Senate mit Beschl. des BGH vom 16.9.2016 – VGS 1/16. So grundlegend die Reform des Schadensersatzrechtes im Jahr 2002 und ihre bereits dargelegten Auswirkungen auf das Recht des immateriellen Schadensersatzes auch sein mochten, so bilden die vom Großen Zivilsenat[32] vor mehr als 60 Jahren 17

[19] Zu den Voraussetzungen einer Verkehrssicherungspflicht vgl. die umfassende Urt.sbegründung des BGH VersR 2011, 546 sowie auch das Urt. des OLG Saarbrücken NJW-RR 2013, 28.
[20] So § 11 S. 2 StVG; § 36 S. 2 LuftVG; § 13 S. 2 UmwHG; § 29 II 2 AtomG; § 32 V 2 GenTG; § 6 S. 2 HaftpflG; vgl. dazu grundlegend Lorenz JuS 2021, 307, aber auch dort wurde § 2 HaftPflG nicht erwähnt.
[21] Zur – bejahten – Frage, ob § 323c StGB ein Schutzgesetz iSd § 823 Abs. 2 ist: BGH BeckRS 2013, 11098.
[22] Begründung des GesEntw der Bundesregierung, BT-Drs. 14/7752, 15.
[23] KG NJOZ 2004, 3136; OLG Celle NJW 2004, 1185 sowie ansatzweise auch Diederichsen VersR 2005, 433 (prognostiziert, dass „die Rationalisierungsabsichten des Gesetzgebers im Sande verlaufen werden.").
[24] Eggert ZAP 2002, 647 (652).
[25] Jaeger/Luckey Das neue Schadensersatzrecht, 2000, Rn. 74.
[26] Begründung des Gesetzentwurfes der Bundesregierung, BT-Drs. 14/7752, 26.
[27] S. nachfolgend ausführlich und kritisch → Rn. 309 (Kapitel V. 8.) sowie die unbedingt lesenswerte Begründung des Urt. des LG Wuppertal BeckRS 2014, 09470 sowie nachfolgend → Nr. 4500.
[28] Vgl. Diederichsen VersR 2005, 433.
[29] Vgl. zur Thematik des Schadenrechtsänderungsgesetzes ua Wagner NJW 2002, 2049; Hentschel NZV 2002, 433; Heß ZfS 2001, 532 sowie Bamberger/Roth BGB § 253 Rn. 7.
[30] BGH NZV 2005, 460.
[31] BGH BeckRS 1955, 30402368.
[32] BGH BeckRS 1955, 30402368.

herausgearbeiteten Grundsätze der Bemessung des Schmerzensgeldes auch heute noch einen wesentlichen Bestandteil im Fundament des Schmerzensgeldrechts und haben insofern im Wesentlichen auch weiterhin Gültigkeit.[33] Darauf wies der BGH mit der Entscheidung der Großen Senate vom 16.9.2016[34] (vgl. → Rn. 20 und → Rn. 139) erneut deutlich hin, weshalb nachfolgend zumindest kurz auf die Grundinhalte dieser historischen Entscheidung eingegangen werden soll:

18 Bis zur Entscheidung des BGH[35] war weitgehend umstritten, welchen Charakter der damalige § 847 BGB haben sollte. So hatte der BGH noch 1952 entschieden, dass alleinige Bemessungsgrundlage für die Höhe des Schmerzensgeldes der immaterielle Schaden sei, mithin weder der Grad des Verschuldens noch die Vermögensverhältnisse Einfluss auf die Schmerzensgeldhöhe haben dürften.[36]

Im Jahr 1955 hatte sodann der Große Senat vordergründig im Wesentlichen zu beurteilen, ob die oben genannten Kriterien nicht doch Berücksichtigung bei der Schmerzensgeldbemessung finden dürfen und nutzte diese Möglichkeit, um die bis heute – auch über die durch das „Zweite Schadenrechtsänderungsgesetz" hinaus – gültigen allgemeinen Maßstäbe für die Bemessung des Schmerzensgeldes festzulegen. Durch die vom BGH damals in den Leitsätzen seines Beschlusses normierten Bestimmungen wurde die Rechtsnatur des alten, bis zum 31.7.2002 anzuwendenden § 847 BGB neu definiert. Der Anspruch sei – so der BGH – gerade kein gewöhnlicher Schadensersatzanspruch, sondern ein Anspruch ganz eigener Art mit **Doppelfunktion** und „solle dem Geschädigten einen angemessenen **Ausgleich** für diejenigen Schäden bieten, die nicht vermögensrechtlicher Art sind und zugleich dem Gedanken Rechnung tragen, dass der Schädiger dem Geschädigten **Genugtuung** schuldet für das, was er ihm getan hat".[37]

Dies bedeutete in Abkehr zur zuvor ergangenen BGH-Rechtsprechung, dass es kein allgemein gültiges Schmerzensgeld bei einer bestimmten Verletzung geben konnte. Vielmehr musste das „billige" Schmerzensgeld in jedem Fall unter Berücksichtigung aller Begleitumstände auf Seiten von Schädiger und Geschädigtem neu ermittelt werden.

So hielt der BGH zwar fest, dass weiterhin die Höhe und der Grad der Beeinträchtigung bzw. Verletzung (wie Größe, Heftigkeit und Dauer der Schmerzen, Leiden und Entstellungen) im Vordergrund stünden, die weiteren Kriterien wie Maß des Verschuldens, wirtschaftliche Verhältnisse der beiden Teile etc aber ebenfalls Berücksichtigung finden müssten.

Der Große Senat begründet diese – bis heute gültige – Doppelfunktion des Schmerzensgeldes als Ausgleichs- und Genugtuungsfunktion mit dem rechtlichen Sinn des Schmerzensgeldes, da immaterielle Schäden an sich keine in Geld messbaren Güter seien.[38] So solle vor allem der Schädiger, der dem Geschädigten über den Vermögensschaden hinaus das Leben schwergemacht habe, nun durch seine Leistung helfen, es ihm im Rahmen des Möglichen wieder leichter zu machen. Daher hänge der zu leistende Betrag in erster Linie von der erlittenen Verletzung und den Auswirkungen auf das zukünftige Leben des Geschädigten ab. Aus der Unmöglichkeit der geldlichen Kompensation der immateriellen Schäden ergebe sich auch, dass ein Schmerzensgeldanspruch gerade kein gewöhnlicher Schadensersatzanspruch sei, mithin auch alle dem Fall das Gepräge gebenden Umstände zu berücksichtigen seien, wie insbesondere Verschulden und wirtschaftliche Verhältnisse. Mit Hinweis darauf, dass das Schmerzensgeld sich aus dem Strafrecht entwickelt habe, führt er weiter aus: Den Schmerzensgeldansprüchen wohne zwar kein unmittelbarer Strafcharakter mehr inne, dennoch schwinge in ihnen der Ausgleichscharakter der Buße oder Genugtuung mit.[39] Aus diesem Grunde müsse es allein dem Richter zustehen, den Grad des Verschuldens zugunsten oder zu Lasten des Schädigers zu bestimmen. Auch werde durch den Schadenfall eine persönliche Beziehung zwischen Schädiger und Geschädigtem hervorgerufen, die im Rahmen der „Billigkeit" Berücksichtigung finden müsste.

So könne sich der Umstand, dass der Schaden durch ein grob fahrlässiges oder gar vorsätzliches Verhalten des Schädigers hervorgerufen wurde, auf den Verletzten verbitternd auswirken, wohingegen er bei einem durch geringe Fahrlässigkeit hervorgerufenen Schaden eher geneigt sei, dies als sein „Schicksal" hinzunehmen.[40]

19 Wenn der Große Senat auch den Primat der Ausgleichsfunktion des Schmerzensgeldes beteuerte, so machte er doch deutlich, dass gerade in Fällen, in denen eine Ausgleichsfunktion wegen nahezu **vollständiger**

33 Ebenso Küppersbusch/Höher Ersatzansprüche Personenschaden Rn. 272; KG NJOZ 2004, 3136.
34 BGH (VGS) BeckRS 2016, 21466.
35 BGH NJW 1955, 1675.
36 BGH NJW 1953, 99.
37 BGH BeckRS 1955, 30402368.
38 BGH BeckRS 1955, 30402368.
39 BGH BeckRS 1955, 30402368.
40 BGH BeckRS 1955, 30402368.

Zerstörung der **physischen** oder **psychischen Persönlichkeit** des Geschädigten kaum oder keine Wirkung entfalten kann, die Genugtuungsfunktion in den Vordergrund tritt.[41] Im Rahmen der Rechtsprechung zur Frage von Schmerzensgeld bei Verletzten mit kurzer Überlebenszeit oder Persönlichkeitszerstörung hatte dieser Grundsatz bis heute große Bedeutung und wird dies weiterhin haben, denn auch der inzwischen etablierte § 253 BGB gewährt grundsätzlich kein Schmerzensgeld (zum Hinterbliebenengeld s. nachfolgend → **Rn. 342 ff.**) für die Tötung eines Menschen.[42]

Zudem findet im Rahmen der **Genugtuungsfunktion** des Schmerzensgeldes auch der Anlass des Unfalls Berücksichtigung. So soll schmerzensgeldmindernd berücksichtigt werden, wenn der Geschädigte anlässlich einer Gefälligkeitsfahrt oder einer anderen Tätigkeit, die zunächst ein Entgegenkommen des Schädigers darstellte, verletzt wird.[43] Auf diesem Grundsatz aufbauend, geht die herrschende Meinung in der Rechtsprechung davon aus, dass freundschaftliche Beziehungen oder familiäre Bande berücksichtigt werden können.[44]

Auch bei der Bemessung des Schmerzensgeldes in Arzthaftungssachen kann der Gesichtspunkt der Genugtuung nicht grundsätzlich außer Betracht bleiben; darauf wies der BGH[45] 2022 hin und führte dazu aus, dass grob fahrlässiges Verhalten eines Arztes die Entschädigungssumme erhöhen könne, denn selbst wenn der Arzt normalerweise dem Patienten helfen wolle, könne durchaus das Maß seines Fehlverhaltens bei besonders schwerem Verschulden die Höhe des Schmerzensgeldes beeinflussen.

Der damalige Hinweis des Große Senats, wonach im Rahmen der Gesamtschau auch die **wirtschaftlichen** 20
Verhältnisse der Beteiligten (und hierbei insbesondere das Fehlen einer Haftpflichtversicherung) zu berücksichtigen sind, fand – nach 61-jähriger Gültigkeit – eine kleine Erschütterung, der er jedoch standhielt. Hintergrund dessen war die Tatsache, dass zwar die Zivilsenate diesem Hinweis stets gefolgt waren, jedoch bei den Strafsenaten in jüngerer Zeit Uneinigkeit aufkam. Insbesondere der 2. Strafsenat war insofern nämlich der Ansicht, dass bei der Schmerzensgeldbemessung weder die wirtschaftlichen Verhältnisse der Geschädigten noch die der Schädiger zu berücksichtigen wären.[46] Das sahen die 23 Richter der Vereinigten Großen Senate, die in der Geschichte der Bundesrepublik hiermit erst zum vierten Mal entschieden hatten, anders:

„Bei der Bemessung einer billigen Entschädigung in Geld nach § 253 Abs. 2 BGB (vormals § 847 BGB aF) können alle Umstände des Falles berücksichtigt werden. Die wirtschaftlichen Verhältnisse des Schädigers und des Geschädigten können dabei nicht von vornherein ausgeschlossen werden",

so der amtliche Leitsatz des BGH[47] vom 16.9.2016. Explizit betonten die Richter der VGS, dass die Erwägungen des Großen Senats für Zivilsachen in seinem Beschl.[48] zu dieser Frage nach wie vor Gültigkeit hätten. Durch die Funktion der Billigkeit werde ein Spannungsverhältnis zwischen den abstrakt-generellen Regelungen des Gesetzes (§ 253 Abs. 2 BGB) und den Besonderheiten des Einzelfalls aufgelöst und hierdurch Einzelfallgerechtigkeit hergestellt. Zu dieser Einzelfallgerechtigkeit gehörten – so die Richter des VGS weiter – entschädigungsrechtlich eben auch die wirtschaftlichen Verhältnisse des Gläubigers und des Schuldners eines Schmerzensgeldanspruchs. Zutreffend weist Krumm[49] darauf hin, dass diese Entscheidung eine erfreuliche Klarstellung bedeute und betont zutreffend, es sei „aus Anwaltssicht … also dringend darauf zu achten, derartige Besonderheiten oder eben auch den so genannten Normalfall ausführlich vorzutragen und möglichst auch zu belegen", was sowohl für Vertreter des Schädigers als auch des Geschädigten gelte.

Abschließend sei bei diesem Rückblick auf die BGH Entscheidung[50] und deren Bestätigung vom 16.9.2016 durch die Vereinigten Großen Senate[51] auch erwähnt, dass der BGH (ebenfalls bis heute gültig) bereits damals die Zubilligung einer Schmerzensgeldrente für zulässig erachtet hatte. Der BGH stellte dabei nicht auf Dauer und Schwere der Beeinträchtigung für den Geschädigten ab (wie heute allgemein üblich), sondern sah in der Rentenzahlung ein Mittel, um auch bei ungünstigen wirtschaftlichen Verhältnissen des Schädigers dem Geschädigten ein dem Ausgleichszweck der Entschädigung weitgehend gerechtes Schmerzensgeld zukommen zu lassen, ohne hierdurch den Schädiger über Gebühr zu belasten. Es wurde zudem damals deutlich gemacht, dass eine Schmerzensgeldrente bei einer wesentlichen Änderung der wirtschaftlichen Verhältnisse im Rahmen einer Abänderungsklage nach § 323 ZPO festgesetzt werden kann.[52]

41 BGH BeckRS 1955, 30402368.
42 Klinger NZV 2005, 290.
43 BGH BeckRS 1955, 30402368; vgl. hierzu auch BGH NJW 2015, 2880.
44 OLG Schleswig VersR 1992, 462 sowie Küppersbusch/Höher Ersatzansprüche Personenschaden Rn. 278.
45 BGH BeckRS 2022, 5498.
46 Zur Ansicht des 2. Strafsenats: BGH NJW-Spezial 2015, 74.
47 BGH BeckRS 2016, 21466.
48 Vgl. GSZ 1/55, BGH NJW 1955, 1675.
49 Krumm NZFam 2017, 85.
50 BGH BeckRS 1955, 30402368.
51 BGH BeckRS 2016, 21466.
52 BGH BeckRS 1955, 30402368.

Da zu allen – in dieser maßgeblichen Grundsatzentscheidung – angesprochenen Aspekten nachfolgend noch im Einzelnen einzugehen sein wird, sei an dieser Stelle der Rückblick hierauf beendet.

II. Die Bemessungskriterien des Schmerzensgeldes

1. Die Ausgleichsfunktion des Schmerzensgeldes

21 **Vorbemerkung zu den wichtigsten Bemessungskriterien:** Bereits der Große Senat[53] hat festgehalten, dass Größe, Heftigkeit und **Dauer**[54] der Schmerzen, Leiden und Entstellungen die wesentlichen Kriterien bei der Bemessung des Schmerzensgeldes sind. Dies wurde bis heute durch eine Vielzahl von Gerichtsentscheidungen[55] weiterentwickelt, wobei immer häufiger auch die psychischen Beeinträchtigungen und Leiden in den Blick der Schmerzensgeldrechtsprechung geraten sind.[56] Sehr zutreffend betonte hierzu das OLG Frankfurt a. M. 2025, dass bei der Schmerzensgeldbemessung stets die **Höhe und das Maß der Lebensbeeinträchtigung ganz im Vordergrund** stünden (vgl. dazu unter → Rn. 272) wozu auch die Beeinträchtigung der Lebensführung bzw. die **Reduzierung von Entfaltungsmöglichkeiten** als solche gehören, unabhängig von einem damit einhergehenden Verlust an Lebensfreude.[57]

Vgl. dazu im Weiteren unter → **Rn. 27**, → **Rn. 73** und → **Rn. 269b.**

Im Sinne einer Objektivierung der Leiden sind insbesondere die Art der Verletzungen, die Zahl der Operationen, die Dauer stationärer und ambulanter Behandlung, die Dauer der Arbeitsunfähigkeit und das Ausmaß des Dauerschadens – insbesondere in Bezug auf die unser Leben weitgehend bestimmenden Bereiche Kommunikation, Mobilität, die fünf klassischen Sinne des Menschen in Form von Hören, Sehen, Riechen, Tasten und Schmecken, Psyche und kognitive Fähigkeiten sowie schließlich auch das eigene Aussehen und die Aussicht auf eine Partnerschaft – zu berücksichtigen.[58] Trotz dieser auf den ersten Blick notwendigen Objektivierung (auch im Interesse einer Vergleichbarkeit und Rechtssicherheit) ist im Rahmen der Gesamtschau stets die spezielle individuelle Auswirkung auf den jeweils Betroffenen des konkreten Falles[59] entscheidend. Hierbei ist immer dessen spezielle Lebenssituation zu betrachten. So stellt beispielsweise der Verlust eines Fingers für eine Pianistin/einen Pianisten oder eine Chirurgin/einen Chirurgen, eine Entstellung für einen jugendlichen Menschen, eine Stewardess/einen Steward/Purser oder eine Schauspielerin/einen Schauspieler oder eine Bewegungseinschränkung für eine Leistungssportlerin/ein Leistungssportler jeweils eine besonders harte Beeinträchtigung dar, die dann auch schmerzensgelderhöhend zu berücksichtigen ist.

Inwieweit die empirische Glücksforschung[60] Aussagen zu der Frage liefern kann, wie sich bestimmte Ereignisse auf das subjektive Wohlbefinden auswirken, ist heute noch offen. Es erscheint daher verfrüht, auf Grundlage der Glücksforschung weitreichende dogmatische Folgerungen zu ziehen, die ggf. in die Aspekte der Schmerzensgeldbemessung mit einbezogen werden könnten. Einen insofern gelungenen Ansatz und Überblick dazu gibt **Arntz** in seinem Aufsatz **„Das Schmerzensgeld im Lichte der empirischen Glücksforschung"** und liefert wertvolle Erkenntnisse darüber, wie sich negative Ereignisse etwa in Form von Verletzungen der körperlichen Integrität auf das subjektive Wohlbefinden auswirken und dass sich diese Erkenntnisse für die Schmerzensgeldbemessung nutzbar machen lassen, *„da das Schmerzensgeld auch und insbesondere dem Ausgleich von „Unlustgefühlen" aufgrund des schädigenden Ereignisses dient."*[61]

22 Immer wieder wurde und wird jedoch gefordert, dass anhand der objektivierbaren Größen eine Art „Grobraster" entworfen werden solle, durch das eine relativ enge Bindung des Richters an vorgegebene Schmerzensgeldrahmen erreicht werden könne.[62] Dem ist der BGH aus gutem Grunde bis heute stets entgegengetreten

---

[53] BGH BeckRS 1955, 30402368.

[54] Vgl. dazu Jaeger VersR 2022, 921 sowie Slizyk NJW 2021, 3757.

[55] OLG Frankfurt a. M. BeckRS 2025, 2439, → Nr. 7645; OLG Hamm BeckRS 2023, 7638; OLG Düsseldorf BeckRS 2023, 30021; OLG Frankfurt a. M. BeckRS 2022, 42808; OLG München BeckRS 2014, 10204; LG Wuppertal BeckRS 2013, 03421; BGH NJW 2006, 1068; BGH NJW 1993, 781; insofern auch heute noch lesenswert Diederichsen VersR 2005, 433.

[56] OLG Hamm BeckRS 2014, 10404; OLG Koblenz NJW-RR 2013, 1433; OLG Saarbrücken BeckRS 2013, 04132; OLG München NVZ 2003, 474; OLG Bamberg VersR 2004, 198.

[57] Vgl. dazu auch Arntz NJW 2017, 3329 (3332).

[58] Vgl. OLG Oldenburg BeckRS 2020, 5200; Bensalah/Hassel NJW 2019, 403; Jaeger/Luckey Schmerzensgeld Rn. 1601.

[59] So auch OLG Oldenburg BeckRS 2020, 5200; OLG München BeckRS 2020, 901; KG BeckRS 2019, 30230.

[60] Vgl. hierzu Arntz NJW 2017, 3329 und Schönfeld r + s 2018, 639.

[61] Vgl. dazu Arntz NJW 2017, 3329.

[62] Statt vieler Donaldson AcP 166, 463; Scheffen ZRP 1999, 189 (191) sowie bereits in NZV 1994, 417 (420).

und führte aus, es gebe kein „richtiges" Schmerzensgeld für bestimmte Verletzungen; in jedem Einzelfalle sei die Höhe des Schmerzensgeldes aus der Vielzahl der Bemessungskriterien zu entwickeln. Dementsprechend führte das OLG Celle[63] aus, dem Senat sei bewusst, *„dass es eine absolut angemessene Entschädigung für nichtvermögensrechtliche Nachteile nicht gibt, da diese nicht in Geld messbar sind"*.[64] Ähnlich positionierte sich das OLG Düsseldorf[65] 2023 und betonte, die Schmerzensgeldhöhe habe sich in einer wertenden Gesamtschau aller Bemessungskriterien des konkreten Falles, an den von der Rechtsprechung sonst bei der Bemessung des Schmerzensgeldes angewandten Maßstäben zu orientieren. Diese Orientierung an den in anderen Fällen von der Rechtsprechung zugebilligten Beträgen sei, so das OLG, nicht nur zulässig, sondern als Ausgangspunkt auch erforderlich. *„Inwieweit alsdann der Tatrichter die früheren Maßstäbe einhält oder – sei es unter Berücksichtigung der wirtschaftlichen Entwicklung, sei es im Zuge einer behutsamen Fortentwicklung der Rechtsprechung – überschreitet, liegt wiederum in seinem pflichtgemäßen Ermessen"*, so das OLG.[66]

Allerdings entschied der BGH bereits 1976 im Rahmen der Festlegung der Grenzen tatrichterlichen Ermessens, dass der Tatrichter das Schmerzensgeld zu Art und Dauer der Verletzungen in angemessene Beziehung setzen müsse und bei Abweichungen des gewählten Betrages von in vergleichbaren Fällen zugesprochenen Entschädigungen eine sorgfältige Begründung geben müsse.[67]

Unterlässt das Gericht eine sorgfältige Auseinandersetzung mit den Verletzungen und Verletzungsfolgen und bemisst das Schmerzensgeld *„ohne jegliche Auseinandersetzung mit dem Vortrag der Parteien zu vergleichbaren Entscheidungen"*, kann dies eine Verletzung des Anspruchs der Parteien auf Gewährung rechtlichen Gehörs iSv Art. 103 Abs. 1 GG darstellen, worauf jüngst das OLG Brandenburg hingewiesen hat.[68]

Zum **Sinn** und **Zweck** von sog. **Schmerzensgeldtabellen** (besser: **Entscheidungssammlungen**) und zum Umgang mit Vergleichsfällen besteht in Rechtsprechung und Literatur Einigkeit, dass derartige Entscheidungssammlungen zur Orientierung unverzichtbar und zudem vor dem Hintergrund des Gleichheitsgrundsatzes als Orientierungsrahmen zu berücksichtigen sind[69] jedoch der **Umgang mit Vergleichsfällen** stets eine umfassende Herausarbeitung der Fallähnlichkeit mit all ihren Besonderheiten bedarf und auch dann lediglich *„Ausgangspunkt für die tatrichterlichen Erwägungen zur Schmerzensgeldbemessung"*[70] oder „Orientierungsrahmen"[71] ist. Bei der Verwertung von Vergleichsentscheidungen, die älter als 10 Jahre sind, ist – worauf das KG zutreffend hingewiesen hatte – stets die allgemeine Geldentwertung zu berücksichtigen".[72] Dabei darf die notwendige Berücksichtigung der Geldentwertung nicht mit einer „Bemessungsautomatik" verwechselt werden. Die Indizierung mittels des Verbraucherindex (VPI) dient lediglich der Herstellung der Vergleichbarkeit der Kaufkraft; sie ersetzt jedoch nicht die originäre Schmerzensgeldbemessung durch das Gericht. Während der VPI den rein nominellen Kaufkraftverlust neutralisiert, obliegt es stets der sorgfältigen anwaltlichen Arbeit und ggf. nachfolgenden tatrichterlichen Würdigung, ob frühere Entschädigungssummen auch unter Berücksichtigung gewandelter Erwartungen oder Entwicklungen – zB auch hinsichtlich des medizinischen Fortschritts – sowie veränderter Anschauungen über das Maß des immateriellen Ausgleichs und der Genugtuung heute noch als angemessen erscheinen. Schmerzensgeldbeträge älterer oder sehr alter (mehr als 20 Jahre zurückliegender) Entscheidungen können somit nicht einfach durch „Hochrechnungen" mithilfe des VIP für aktuelle Fälle verwendbar gemacht werden, sondern lediglich im Vergleich zu anderen Entscheidungen ihrer Zeit interpretiert und ggf. auf diese Weise auch bei der Bemessung aktueller Entscheidungen noch herangezogen werden.[73] Solche Entscheidungen in Datenbanken vorzuhalten ist dennoch gerechtfertigt; denn beispielsweise bei ungewöhnlichen Verletzungen, Verletzungskombinationen oder Verletzungsfolgen können sie, wenn auch eher in seltenen Einzelfällen, – sozusagen als historische Orientierungspunkte – ggf. eine Hilfestellung bieten, den im jeweils aktuellen Fall angemessenen Schmerzensgeldrahmen zu finden. 23

Doch gerade bezüglich der Orientierung an den von der Rechtsprechung bei der Bemessung des Schmerzensgeldes angewandten Maßstäben besteht offensichtlich ein **großes Missverständnis vieler Anwender** – seien diese auf anwaltlicher, versicherungsseitiger oder gerichtlicher Ebene mit der Bemessung des jeweils

[63] OLG Celle BeckRS 2020, 1808.
[64] OLG Celle BeckRS 2020, 1808.
[65] OLG Düsseldorf BeckRS 2023, 30021 mit Verweis auf BGH BeckRS 1969, 30376151.
[66] OLG Düsseldorf BeckRS 2023, 30021; vgl. auch BGH BeckRS 1992, 30397490 und OGH BeckRS 2021, 22871.
[67] BGH VersR 1976, 967; VersR 1986, 59.
[68] OLG Brandenburg BeckRS 2024, 1568 → Nr. 7368; vgl. dazu bereits BGH BeckRS 1992, 30397490.
[69] OLG Nürnberg BeckRS 2020, 2838; OLG München BeckRS 2017, 132413; OLG Celle BeckRS 2020, 15576; Luckey SVR 2013, 410; Laux jurisPR-VersR 2/2016 Anm. 4 zu LG Düsseldorf BeckRS 2017, 122287; aA OLG Frankfurt a. M. BeckRS 2018, 27125.
[70] OLG München BeckRS 2021, 13097 mwN.
[71] OLG Hamm BeckRS 2020, 40238; KG BeckRS 2020, 10302; Born NZV 2016, 545.
[72] KG BeckRS 2006, 8455.
[73] Vgl. hierzu ebenso kritisch Abram/Wessel r+s 2025, 1016 (1020).

individuell „angemessenen" Schmerzensgeldes befasst – **von Schmerzensgeldtabellen bzw. Urteilsdatenbanken** (vgl. dazu auch nachfolgend → **Rn. 269b**):

Wer sich – wie dies nicht selten geschieht – bei den Überlegungen für die Findung eines wirklich fallangemessenen Schmerzensgeldbetrags lediglich einige (vermeintlich passende) Entscheidungen aus solchen Sammlungen herausgreift und dann – ohne weitere Reflektion und so vermeintlich „munitioniert" – einen Betrag einfordert, liegt grundlegend falsch[74] und verkennt die Dimension der Bemessungskriterien, die – um abermals den Entscheid des Vereinigten Großen Senate[75] zu zitieren – „alle Umstände des Falls" umfasst und nicht lediglich eine Wiedergabe der medizinischen Kernsätze aus einem Arztgutachten in Verbindung mit einigen wenigen vermeintlich dazu passenden Entscheidungen.

Der Blick in die Entscheidungssammlungen darf daher **nicht schematisch**[76] erfolgen und nur in der jeweiligen Verletzungsrubrik (wie etwa Becken- und Hüftverletzungen) verharren, sondern – da für ein wirklich angemessenes Schmerzensgeld stets die sich aus den Verletzungen resultierende **Lebensbeeinträchtigung wesentlich** ist – auch übergreifend auf Entscheidungen gerichtet werden, bei denen (unabhängig von den ursprünglichen Verletzungen) die **Auswirkungen der Verletzungsfolgen** auf das weitere private und berufliche Leben der Betroffenen sowohl mit Blick auf deren Dauer als auch auf die individuell wahrgenommene Intensität vergleichbar sind.[77] Dies betonte 2025 in klaren Worten das OLG Frankfurt a. M.[78] *„Dabei stehen die **Höhe und das Maß der Lebensbeeinträchtigung ganz im Vordergrund.** Bei den unter dem Gesichtspunkt der Billigkeit zu berücksichtigenden Umständen hat die Rücksicht auf Größe, Heftigkeit und Dauer der Schmerzen, Leiden und Entstellungen stets das ausschlaggebende Moment zu bilden; der von dem Schädiger zu verantwortende immaterielle Schaden, die Lebensbeeinträchtigung, hat im Verhältnis zu den anderen zu berücksichtigenden Umständen stets Priorität. Daneben können aber auch alle anderen Umstände berücksichtigt werden, die dem einzelnen Schadensfall sein besonderes Gepräge geben, wie der Grad des Verschuldens des Schädigers, im Einzelfall aber auch die wirtschaftlichen Verhältnisse des Geschädigten oder diejenigen des Schädigers."*[79]

Das OLG München[80] sah dies zuletzt 2021 im Kern ähnlich und betonte dabei sehr zutreffend: *„Verweise auf … Vergleichsfälle ohne umfassende Herausarbeitung der Fallähnlichkeit, die neben den Verletzungen weitere 11 Variablen, nämlich Geschlecht, Alter, Beruf, Vorschädigung, Empfindlichkeit, Einkommen und Vermögensverhältnisse des Geschädigten, sowie Verschulden, Einkommen, Vermögensverhältnisse*[81] *und Versicherung des Schädigers zu berücksichtigen hat … sind also nicht weiterführend"*.[82]

Ebenso äußerte sich *Kääb,*[83] der in einer bereits 2011 veröffentlichten Urteilsanmerkung zutreffend ausführt, dass *„der reine Hinweis auf Schmerzensgeldtabellen … natürlich nicht aussagekräftig"* sei und betonte, es komme vielmehr stets auf die Details und die Würdigung der Kernbemessungskriterien des Einzelfalles an.[84]

Allgemein zur „Zulässigkeit" der Anwendung solcher Urteilssammlungen/Schmerzensgeldtabellen führt *Laux* (Anmerkung zu LG Düsseldorf[85]) aus: *„Auch wenn Präzedenzfälle im Sinne des common law der deutschen Rechtsordnung fremd sind, sind sie aus verfassungsrechtlicher Sicht bei der Schmerzensgeldbemessung von großer Bedeutung"* … und *„die Orientierung an anderer Rechtsprechung sei nicht nur zulässig, sondern vielmehr geboten"*. Aus der jüngeren Rechtsprechung seien zudem folgende Entscheidungen zu dieser Thematik benannt:

- 2025 betonte das OLG Brandenburg[86] in einer „lesenswerten"[87] Entscheidung, in der die Grundsätze der Schmerzensgeldbemessung anschaulich umrissen wurden: *„Weiterhin hat sich das Schmerzensgeld an Urteilen für vergleichbare Fälle zu orientieren…"*.
- 2024 führte das OLG Hamburg[88] dazu aus, der Senat habe *„in die Bemessung des Schmerzensgeldes auch eingestellt, dass bei dem Heranziehen von Präjudizien neben einer Prüfung der Vergleichbarkeit der jeweiligen Sachverhalte und Berücksichtigung der jeweiligen Differenzen insoweit auch der Zeitablauf seit den jeweiligen Entscheidungen,*

---

[74] OLG München BeckRS 2021, 13097; Kääb FD-StrVR 2011, 324603.
[75] BGH BeckRS 2016, 21466.
[76] OLG Celle BeckRS 2024, 960 Rn. 16; OLG Celle BeckRS 2022, BeckRS 2022, 13590 Rn. 55.
[77] Slizyk NJW 2021, 3757.
[78] OLG Frankfurt a. M. BeckRS 2025, 2439 Rn. 84.
[79] OLG Frankfurt a. M. BeckRS 2025, 2439 Rn. 84 – Hervorhebungen durch den Autor.
[80] OLG München BeckRS 2021, 13097; OLG München BeckRS 2015, 13775; OLG München BeckRS 2014, 10204 mAnm Kääb FD-StrVR 2014, 359148.
[81] Vgl. hierzu jedoch die abweichende Ansicht des 2. Strafsenats des BGH NJW-Spezial 2015, 74 (Schmerzensgeldbemessung bei sexuellem Missbrauch).
[82] OLG München BeckRS 2021, 13097.
[83] Kääb FD-StrVR 2011, 324603.
[84] Kääb FD-StrVR 2011, 324603.
[85] Laux jurisPR-VersR 2/2016 Anm. 4 zu LG Düsseldorf BeckRS 2017, 122287.
[86] OLG Brandenburg BeckRS 2025, 23985.
[87] So Figgener/Quaisser NJW-Spezial 2025, 650.
[88] OLG Hamburg BeckRS 2024, 22768 Rn. 116.

die zwischenzeitliche Geldentwertung sowie der Umstand zu berücksichtigen sind, dass die Rechtsprechung bei der Bemessung von Schmerzensgeld nach gravierendsten Verletzungen inzwischen großzügiger verfährt als früher."

- Das OLG Celle,[89] wies, nachdem es einleitend betont hatte, *„dass es eine absolut angemessene Entschädigung für nichtvermögensrechtliche Nachteile nicht gibt"*, darauf hin, dass das nach Würdigung und Wägung aller den Einzelfall prägenden Umstande gefundene Ergebnis *„anschließend im Hinblick auf den Gleichheitsgrundsatz anhand von in so genannten Schmerzensgeldtabellen erfassten Vergleichsfällen zu überprüfen"* ist.
- Nahezu wortgleich äußerte sich auch das OLG Nürnberg und hob hervor, dass immaterielle Schäden *„durch Übereinkunft der Rechtsprechung bisher gewonnenen Maßstäbe in der Regel den Ausgangspunkt für die tatrichterlichen Erwägungen zur Schmerzensgeldbemessung bilden und daher die „in Schmerzensgeldtabellen erfassten „Vergleichsfälle" ... im Rahmen des zu beachtenden Gleichheitsgrundsatzes als Orientierungsrahmen zu berücksichtigen" sind, „ohne dabei verbindliche Präjudizien*[90] *zu sein"*; Letzteres versteht sich von selbst.
- Fast noch deutlicher bezog das KG[91] hierzu Stellung und führte aus: *„Nach der Rechtsprechung des BGH ist die Orientierung an in anderen Fällen von der Rechtsprechung zugebilligten Beträgen nicht nur zulässig, sondern wenigstens als Anhaltspunkt auch erforderlich, weil sich eine unmittelbare Relation zwischen einer Geldentschädigung und nur im seelischen Bereich liegenden Beeinträchtigungen nicht gewinnen lässt"* und ergänzte, dass es dann im Ermessen des Tatrichters liege, *„ob er die früheren Maßstäbe einhält oder überschreitet"*. Allerdings könnten – so das KG 2019[92] – Entscheidungen in vergleichbaren Fällen, wie sie insbesondere in Form von Schmerzensgeldtabellen veröffentlicht werden, im Vorfeld der Entscheidungsfindung lediglich als grobe Orientierungshilfe herangezogen werden, dienten jedoch nicht als (bindende) Grundlage der Schmerzensgeldbemessung.

Aus dem oben Gesagten folgt, dass die objektivierbaren Kriterien – insbesondere **Höhe und Maß der individuellen Lebensbeeinträchtigung, Dauerschäden und/oder Spätfolgen** – im Regelfall als **„Kern-Bemessungskriterien"** für die Höhe des Schmerzensgeldes eine Vergleichbarkeit unter den verschiedenen Entscheidungen herstellen und so eine ungefähre Bezifferung des angemessenen Schmerzensgeldes erlauben. Dies ergibt sich auch daraus, dass alle weiteren Kriterien, die für die Höhe des Schmerzensgeldes von Bedeutung sein können, nur dann erwähnt und geprüft werden müssen, wenn die Umstände des Falles dazu Anlass geben, wohingegen jede Schmerzensgeldentscheidung zu den „Kernbemessungskriterien" stets Stellung nehmen und die „tatsächlichen Gegebenheiten den (Einzel-)Fällen unter diese Grundsätze" subsumieren muss.[93] 24

Aus dem oben Gesagten folgt jedoch nicht – dies sei an dieser Stelle und im Weiteren nachfolgend auch unter → **Rn. 268 ff.** einmal sehr deutlich betont –, dass es Obergrenzen oder *„Schallgrenzen"*[94] gibt, die darauf basieren, dass eine Reihe von Gerichten sich in vermeintlich vergleichbaren Fällen stets auf einen Schmerzensgeldbetrag festgelegt haben. Derartige **Obergrenzen kennt die Schmerzensgeldbemessung nicht.** Wenn also das OLG München[95] *„der Auffassung zuneigt, dass das Schmerzensgeld in Fällen der Arzthaftung aufgrund von Behandlungsfehlern auch bei dadurch verursachten allerschwersten Beeinträchtigungen eine „Schallgrenze" von (derzeit) 600.000 EUR nicht überschreiten sollte"*, so entbehrt dies sowohl vor dem Hintergrund der Gesetzeslage als auch der Rechtsprechung jeder Grundlage.

Zwischen diesen wichtigen **Kernbemessungskriterien,** die der BGH[96] definiert hat, kommt den **Dauerschäden insofern eine überragende Bedeutung** zu; daneben der Schwere der Verletzung, insbesondere bei lebensbedrohenden Verletzungen sowie auch einem komplizierten Heilungsverlauf, wobei die konkrete Beschwernis für das gesamte weitere Leben des Betroffenen in allen oben → Rn. 21 benannten Bereichen ganz entscheidend ist.[97]

a) Schmerzen. Unter „Schmerzen" versteht man allgemein die Beschreibung der – auf einem objektiven Befund basierenden – unangenehmen oder gar unerträglichen subjektiven Wahrnehmung bzw. Sinnesempfindung. Insgesamt wird dem Schmerz und seiner Ausprägung und Dauer im Zusammenhang mit dem – namentlich hiervon abgeleiteten – Schmerzensgeld eine viel zu geringe Bedeutung beigemessen. Der Schmerz, der als „komplexe Sinneswahrnehmung mit unterschiedlicher Qualität, die idR durch Störung des Wohlbefindens als lebenswichtiges Symptom von Bedeutung ist und in chronischer Form ein eigenständigen 25

[89] OLG Celle BeckRS 2020, 407 sowie anschließend erneut OLG Celle BeckRS 2020, 15576; ebenso OLG Düsseldorf BeckRS 2023, 30021; vgl. auch Küppersbusch/Höher Ersatzansprüche Personenschaden Rn. 281.
[90] OLG Nürnberg BeckRS 2020, 2838; vgl. dazu auch Luckey SVR 2013, 410.
[91] KG BeckRS 2011, 3908.
[92] KG BeckRS 2019, 30230.
[93] BGH VersR 1993, 1410.
[94] So wörtlich OLG München BeckRS 2020, 901 → Nr. 6330.
[95] OLG München BeckRS 2020, 901 → Nr. 6330.
[96] BGH BeckRS 2016, 21466 und bereits BGH NJW 1955, 1675.
[97] Vgl. Jaeger VersR 2022, 921; Slizyk NJW 2021, 3757.

Krankheitswert erlangt" zu definieren ist,[98] wird häufig von allen am Verfahren bzw. Prozess Beteiligten zu gering in die Bewertung eingebracht. Gerade weil Schmerzen stets subjektiv[99] und meist komplex sind, fällt es oft schwer bzw. wird teilweise sogar übersehen, diese bereits in der außergerichtlichen Fallaufbereitung so zu analysieren und so zu beschreiben, dass die Gegenseite sich bei der Lektüre unschwer in die **Lage** des **Opfers** und dessen Empfindungen versetzen kann. Zutreffend weist *Höke*[100] hierzu darauf hin, dass pauschale Angaben wie „Armbruch mit 10-tägigem Krankenhausaufenthalt, sechs Wochen Arbeitsunfähigkeit mit vorübergehenden Bewegungseinschränkungen" nicht ausreichen, um das tatsächliche Leid und die Auswirkungen der Verletzungsfolgen auf den Alltag darzustellen.

„Wenn man aber liest, dass bereits der Schlaf durch Schmerzen und die Notwendigkeit, nicht auf der Seite des verletzten Armes zu ruhen, gestört war, gegen die Schmerzen starke Medikamente genommen werden mussten, die wiederum schwächen, das An- und Ausziehen über Wochen stark beeinträchtigt war, die täglichen Verrichtungen vom Zähneputzen bis zum Autofahren gar nicht/kaum möglich waren oder viel länger dauerten, weil der Haupt-Gebrauchsarm betroffen war, wird die Auswirkung plastisch und nachvollziehbar",[101]

so *Höke* absolut zutreffend.

26 Dies gilt umso mehr, sofern es sich bei den Verletzten um **Kinder, alte Menschen** oder solche Personen handelt, die verletzungsbedingt selbst nicht (mehr) in der Lage sind, ihre körperliche und seelische Empfindung zu beschreiben. Insofern darf weder der Rechtsanwalt/die Rechtsanwältin (gerade bei Mandatserteilung durch Angehörige) noch das Gericht die Mühe scheuen, ggf. den Verletzten selbst in Augenschein zu nehmen und nach Möglichkeit mit ihm in Kontakt zu treten. Die oftmals insofern unzureichende Übernahme von bloßen Auflistungen medizinischer Fachbegriffe aus entsprechenden Gutachten genügt nicht und wird – aus anwaltlicher Sicht betrachtet – dem Mandanten und/oder dessen Angehörigen nicht gerecht. Damit soll nicht die in den meisten Fällen sinnvolle, ja notwendige Zuhilfenahme von ärztlichem Sachverstand auch zur Beschreibung der Verletzungsintensität in Abrede gestellt werden.

26a Dennoch erscheint es oftmals – gerade bei der soeben genannten „Zielgruppe" – auch wünschenswert und unbedingt hilfreich, wenn zur Beschreibung des Leids und seiner täglichen Konsequenzen für den Verletzten dessen **Angehörige** (Eltern, Kinder; Verwandte) **als Zeugen** benannt und gehört werden. Die Vernehmung eines derartigen Zeugen kann grundsätzlich nicht als ungeeignetes Beweismittel abgelehnt werden. Dies hatte bereits im Jahr 1985 der BGH[102] in einer sehr anschaulichen Entscheidung klar festgestellt und ausgeführt:

„Er (ergänze: der Ehemann der Verletzten) war nämlich kein ungeeignetes Beweismittel. Nach der Behauptung der Klägerin sollte er Auskunft darüber geben, ob ihre Schmerzen sich nach der Operation durch den Beklagten auf Dauer verschlimmert hatten. Sicher konnte der Ehemann der Kl. insoweit nur Zeuge vom Hörensagen sein, als er nur darüber berichten konnte, wie sich die Klägerin ihm gegenüber geäußert hat. Indessen konnte ein solcher Bericht über Schmerzäußerungen der Kl. verbaler und nonverbaler Art sehr wohl ein gewichtiges Indiz für die Richtigkeit der Behauptung der Kl. sein",

so der BGH, der abschließend betont:

„Der Prozesspartei, die … über nicht durch naturwissenschaftliche Methoden objektivierbare Beschwerden, wie Schmerzzustände sein können, klagt, würde andernfalls jede Möglichkeit genommen werden, ihren Vortrag zu beweisen".[103]

26b Ebenfalls empfehlenswert ist es, gerade bei schweren Verletzungen mit längerem Heilungsverlauf ein **„Schadentagebuch/Schmerztagebuch"** zu führen, in welchem regelmäßig die Schmerzen, Leiden, Beeinträchtigungen, aber auch deren Heilungserfolge protokolliert und ggf. auch mittels Bilddokumentation festgehalten werden.[104] Da dies gegebenenfalls die – sinnvoller Weise auf die Heilungserfolge und nicht auf die Protokollierung des Vergangenen gerichtete – Psyche des Verletzten unnötig belastet, sollte diese Aufgabe soweit möglich vom nächsten, auch mit der unmittelbaren Pflege betrauten Verwandten oder dem Lebenspartner/der Lebenspartnerin durchgeführt werden.

---

98 Zur Definition von Schmerz: Pschyrembel klinisches Wörterbuch, 269. Aufl. 2023; vgl. auch Ludolph SP 2006, 92 wonach lt. IASP „Der Schmerz … ein unangenehmes Sinnes- und Gefühlserlebnis (ist), das mit aktueller oder potentieller Gewebsschädigung verknüpft ist oder mit den Begriffen einer solchen Schädigung beschrieben wird".
99 Zur medizinischen Analyse subjektiver Beschwerden vgl. Hepp NZV 2012, 257.
100 Höke NZV 2014, 1.
101 Höke NZV 2014, 1 (3).
102 BGH NJW 1986, 1541 (1542).
103 BGH NJW 1986, 1541 (1542).
104 Ähnlich Heß ZfS 2001, 532.

Zum Einstieg in die fachlich-medizinische Vertiefung der Schmerzproblematik sei auf das trotz seines Alters lesenswerte Buch von *Strian*[105] und zum erforderlichen Sachvortrag sowie einer unter **Berücksichtigung von Dauerschäden und Spätfolgen** sachgerechten Schmerzensgeldbemessung auf die aktuellen **Aufsätze von Jaeger und Slizyk.**[106]

b) Dauer, die zeitliche Komponente bei der Schmerzensgeldbemessung. Bei der Schmerzensgeldbemessung, bei der – so der Große Senat[107] – Größe, Heftigkeit und Dauer der Schmerzen, Leiden und Entstellungen stets entscheidende Momente bilden,[108] kommt **der Höhe und dem Maß der verletzungsbedingten individuellen Lebensbeeinträchtigung** gegenüber den anderen zu berücksichtigenden Umständen stets die höchste Priorität zu, insbesondere wenn es sich dabei um irreversible Dauerschäden handelt.[109] Worin der Große Senat den genauen Unterschied zwischen „Größe und Heftigkeit" sah, soll – angesichts der Praxisorientierung dieses Buches – hier nicht vertieft werden. Jedoch muss der zeitlichen Komponente „Dauer" in jedem Falle höchste Aufmerksamkeit geschenkt werden, kommt doch der Dauer in zahlreichen Ausprägungen **(Dauerschäden, Dauerfolgen, Spätschäden)** bei der Bewertung der Schmerzensgeldhöhe eine **besondere Bedeutung** zu.[110] 27

Zur grundlegenden **Wichtigkeit der Berücksichtigung von Dauerschäden und Spätfolgen** bei der Schmerzensgeldbemessung sowie insofern zur richtigen Anwendung von Schmerzensgeldtabellen bzw. Urteilssammlungen sei auf die nachfolgenden Ausführungen unter → **Rn. 73** und → **Rn. 269b** verwiesen.

Die vom Großen Senat mit „Dauer" umschriebene Zeitschiene bezieht sich auf
1. das unmittelbare Schmerzempfinden,
2. die Dauer der – ärztlichen oder therapeutischen – Heilbehandlung,
3. die Gesamtzeit des Heilungsprozesses sowie
4. die Frage, ob und in welchem Umfange ggf. Dauerfolgen zurückgeblieben sind, die das weitere Leben des Geschädigten beeinträchtigen.[111]

Das Schwergewicht liegt hierbei auf dem Umfang der Dauerfolgen bzw. auf der Höhe und dem Maß der Lebensbeeinträchtigung; Doch kann der Umfang des individuellen Leidens, dem ein Geschädigter in Folge von Dauerschäden ausgesetzt ist, nicht durch die isolierte Betrachtung der körperlichen und/oder psychischen Defizite ermittelt werden, sondern hängt ganz wesentlich von den individuellen Lebensumständen des Geschädigten ab.[112] Dabei sind stets alle Umstände zu berücksichtigen, die dem einzelnen Schadensfall sein besonderes Gepräge geben.[113] Hierzu gehören auch und in besonderem Maße die **Beeinträchtigung der individuellen Lebensführung** bzw. die **Reduzierung von Entfaltungsmöglichkeiten** als solche, unabhängig von einem damit einhergehenden Verlust an Lebensfreude. So sollte bzw. muss beispielsweise bei der unfallbedingten Amputation einer Hand vor dem Hintergrund der Ausgleichsfunktion daher in die Schmerzensgeldbemessung auch einfließen, dass dem Geschädigten aufgrund der Amputation für den Rest seines Lebens – unabhängig von der Berücksichtigung moderner medizinischer Heilmethoden und prothetischer Optionen – bestimmte **Fähigkeiten und Chancen genommen** wurden und er Vieles nicht mehr tun kann.[114] 28

Zu allen vier Punkten sowie zu dem nach Ziff. 4 Ausgeführten muss der Rechtsanwalt des Geschädigten fundiert und überzeugend vortragen, worauf **Jaeger** unter Hinweis auf den im Zivilprozess geltenden Grundsatz „Quod non est in actis, non est in mundo"[115] in seinem sehr lesenswerten Aufsatz zur *Bewertung von Dauerschäden bei der Bemessung des Schmerzensgeldes*[116] hinweist.[117] Das Gericht hat in seiner Entscheidung sodann darauf einzugehen und muss für jeden einzelnen Fall durch Würdigung und Wägung aller ihn prägenden Umstände unter Berücksichtigung der Ausgleichs- und Genugtuungsfunktion seine Schmerzens-

[105] Strian Schmerz: Ursachen – Symptome – Therapien, 1996.
[106] Jaeger VersR 2022, 921; Slizyk NJW 2021, 3757.
[107] BGH BeckRS 1955, 30402368.
[108] StRspr vgl. BGH BeckRS 1955, 30402368 sowie aktuell OLG Frankfurt a. M. BeckRS 2025, 2439.
[109] OLG Frankfurt a. M. BeckRS 2025, 2439 Rn. 84 → Nr. 7645 sowie Jaeger VersR 2023, 209 (220).
[110] BGH BeckRS 2022, 6623; OLG Jena BeckRS 2022, 9455; LG Limburg BeckRS 2022, 8681 sowie Jaeger VersR 2022, 921; Slizyk NJW 2021, 3757 (3759).
[111] Vgl. Jaeger VersR 2022, 921.
[112] BGH BeckRS 2022, 6623; Jaeger VersR 2021, 84 (88).
[113] OLG München BeckRS 2022, 44868; BGH BeckRS 2016, 21466.
[114] Arntz NJW 2017, 3329 (3332); Slizyk NJW 2021, 3757 (3760 Rn. 17); BGH BeckRS 2022, 6623 Rn. 21 und 21.
[115] Frei übersetzt: Was nicht vorgetragen bzw. zur Akte gelangt ist, wird bei der richterlichen Entscheidung nicht berücksichtigt.
[116] Jaeger VersR 2022, 921 (924 und 928); ebenso Slizyk NJW 2021, 3757.
[117] Vgl. dazu auch Slizyk NJW 2021, 3757 (3760 Rn. 17).

geldbemessung vornehmen und begründen.[118] Dies ist eigentlich selbstverständlich, soll jedoch an dieser Stelle nochmals betont werden, angesichts von Klagschriften und Urteilsbegründungen, die sich hin und wieder nur auf einige wenige – häufig wörtlich aus den nüchternen Arztberichten übernommenen – Sätze beschränken, zu welchen eine nicht selten nahezu unkommentierte Hinzufügung von Zeiteinheiten bezüglich der sog. MdE oder des stationären Aufenthaltes erfolgt.

Sehr deutlich hat das LG Saarbrücken bereits vor mehr als 40 Jahren die Dauer von Verletzungen berücksichtigt und dazu ausgeführt:

„Wenn bei vergleichsweise geringen Verletzungen, die nach ein bis zwei Monaten geheilt seien, ein Schmerzensgeld von umgerechnet 1.000 bis 2.000 EUR zugesprochen werde, so sei nicht einzusehen, dass bei lebenslanger Beeinträchtigung eine degressive Berechnung vorgenommen werden solle".[119]

29 *Koziol*[120] trat dieser Auffassung mit der Argumentation eines „Dämpfungsfaktors" entgegen, wonach die subjektive Wahrnehmung der Belastung infolge einer Verletzung oder Behinderung mit der Zeit infolge einer relativen Gewöhnung geringer werde.[121] Diese Argumentation *Koziols,* die zutreffend als zynisch[122] missverstanden werden kann und dies bei fehlerhafter Interpretation auch ist, kann – wenn überhaupt – lediglich in ganz besonderen Ausnahmefällen und dort auch nicht in Form eines mathematischen Faktors, sondern allenfalls als eines von zahlreichen Bemessungskriterien Berücksichtigung finden und dies auch nur dann, sofern der Verletzte trotz einer dauernden Beeinträchtigung wieder vollständig in sein zuvor geführtes Leben zurückgefunden hat,[123] was bei schweren Verletzungen und ebensolchen Dauerfolgen aus der Perspektive eines Außenstehenden (Sachbearbeiter, Rechtsanwalt, Richter) nur sehr schwer vorstellbar und noch weniger beurteilbar ist. Eine Generalisierung oder gar Verallgemeinerung einer solchen Argumentation verbietet sich aus diesem Grund, denn einen **Dämpfungsfaktor gibt es bei der Schmerzensgeldbemessung nicht.** Die beiden nachfolgend kurz beschriebenen Urteile sind hierfür gute Beispiele:

So betonte auch das LG Kiel,[124] das damals (2003) mit 614.306 EUR (kapitalisierter Betrag) die bis dahin höchste Schmerzensgeldsumme in Deutschland zugesprochen hatte: *„Mag die lebenslängliche Beeinträchtigung des geschädigten Kl. auch im Laufe der Zeit durch eine gewisse seelische Gewöhnung geringfügig gemildert werden, so wird sie doch von ihm immer wieder neu und immer wieder schmerzlich empfunden werden."*

Ebenso äußerte sich bereits 1997 das OLG Stuttgart im Fall einer schweren Funktionsbeeinträchtigung des rechten Arms bei einem Baby: *„Mag auch der Umstand, daß die Klägerin mit der Gebrauchsbehinderung des rechten Arms von Geburt an zurechtkommen mußte, ein hohes Maß an Gewöhnung als „Linkshänder" bewirkt haben, so wird doch die Klägerin bei ihren künftigen Lebensentscheidungen, insbesondere auch bei der Berufswahl immer wieder mit den Folgen der Behinderung konfrontiert werden. Die damit verbundenen Beeinträchtigungen sind bei der Zuerkennung des Schmerzensgeldes berücksichtigt."*

Interessant sind die Ausführungen von Arntz,[125] der insofern vom **Phänomen der „hedonistischen Anpassung"** spricht und damit die Fähigkeit der Menschen beschreibt, sich an die Folgen positiver wie negativer Ereignisse zu gewöhnen bzw. anzupassen. Zahlreiche Studien, so Arntz, deuten darauf hin, dass auch nach einschneidenden Ereignissen das subjektive Wohlbefinden nach einer gewissen Zeit wieder auf den Stand vor dem Ereignis zurückkehrt oder sich diesem zumindest stark annähert. Arntz versäumt es dabei jedoch zutreffend nicht, darauf hinzuweisen, dass eine Anpassung keineswegs bei allen Ereignissen stattfindet und dass insbesondere wiederkehrende Belastungen wie chronische Schmerzen und degenerative Krankheiten – ergänzend wären hier auch psychische Folgeschäden, wie sie insbesondere bei Missbrauchsopfern oder anderen schwer traumatisierten Personen bestehen, zu erwähnen – vielfach mit einem dauerhaften Verlust an subjektivem Wohlbefinden verbunden sind. Auch dort, wo eine Anpassung festgestellt werden kann, sei diese oft unvollständig. Dies gelte etwa bei Verlust des Arbeitsplatzes oder des Lebens- oder Ehepartners. Daneben weisen Menschen unterschiedliche Anpassungsfähigkeiten auf. Schließlich scheint es Unterschiede in der Anpassung zu geben, je nachdem, welchen Aspekt des subjektiven Wohlbefindens man betrachtet. So führen Heirat und Nachwuchs zwar zu einem Zuwachs an Lebenszufriedenheit, nicht jedoch an positivem Affekt, also positiven Emotionen oder Stimmungen. Dementsprechend sei bei der „hedonistische Anpassung"

[118] OLG München BeckRS 2022, 44868; BGH BeckRS 2016, 21466; zur Überprüfung durch das Revisionsgericht → Rn. 420.
[119] LG Saarbrücken DAR 1984, 323.
[120] Koziol Festschrift für Hausheer, 2002, 597.
[121] Vgl. hierzu LG Verden BeckRS 2003, 154392 → Nr. 3307 und OLG Karlsruhe BeckRS 1995, 122689 → Nr. 2638.
[122] So Jaeger/Luckey Schmerzensgeld, „Schmerz – Ursachen, Symptome, Therapien", 1. Aufl. 1996, Rn. 1100.
[123] So Koziol Festschrift für Hausheer, 2002, 597.
[124] LG Kiel BeckRS 2007, 6739; VersR 2006, 279 mAnm Lothar Jaeger.
[125] Arntz NJW 2017, 3329 (3330).

stets eine differenzierte Perspektive erforderlich.[126] Abschließend weist Arntz darauf hin, dass bei dieser Betrachtung nur die Einbuße an subjektivem Wohlbefinden fokussiert werde und andere im Rahmen der Schmerzensgeldbemessung relevante Aspekte außer Acht gelassen würden und es jedoch stets noch zu klären wäre, welcher Stellenwert dem Verlust von Lebens- und Entwicklungschancen sowie Genugtuungs- und gegebenenfalls auch Präventionsgesichtspunkten zukommt und wie die verschiedenen Aspekte zu gewichten sind. „*Daneben müsste man sich entscheiden, welches Konzept bzw. welcher Aspekt des subjektiven Wohlbefindens maßgeblich sein soll. Berücksichtigt man dann noch die Tatsache, dass es noch keinen allgemeinen Konsens gibt, bei welchen Ereignissen eine hedonistische Anpassung stattfindet, wie stark diese ist und nach welcher Zeit sie auftritt, wird schnell klar, dass für eine hedonistische Messung des immateriellen Schadens in der Praxis noch erhebliche Vorarbeit zu leisten wäre.*“, so Arntz.

Ungeachtet dieser Meinung und dem dabei für das Phänomen der „hedonistischen Anpassung“ geöffneten Blick erfolgt die hedonistische Anpassung – sofern sie im Einzelfall überhaupt besteht – nicht unmittelbar, sondern bedarf eines stets individuell geprägten Zeitraums. Wenn Arntz am Ende seiner Ausführungen selbst betont, dass noch viel „Vorarbeit zu leisten“ sei, bevor die Erkenntnisse zum subjektiven Wohlbefinden für die Bemessung des Schmerzensgeldes systematisch nutzbar gemacht werden können, darf dies sowie die Quintessenz seiner Ausführungen keineswegs dahingehend missverstanden werden, als wolle Arntz damit dem Gedanken eines Dämpfungsfaktors Vorschub leisten.

Immer wieder wurden in der Vergangenheit teils zaghafte, teils massive Versuche unternommen, die Schmer- **30**
zensgeldbemessung kalkulatorischen Regelaufstellungen oder gar **mathematischen Formeln** zu unterwerfen. Dies ist zutreffend jedoch nicht gelungen. Insofern abzulehnen[127] ist die „MdE-Formel“ des KG sowie einem ihm folgenden Amtsgericht, wonach „in Fällen einer HWS-Distorsion 1. Grades ... regelmäßig ein Schmerzensgeld im Bereich von 1.000 EUR pro Monat der Erwerbsunfähigkeit angemessen (ist), solange letztere mindestens 50 % betragen hat“[128] sowie – sozusagen erst recht – eine explizit als mathematische Formel aufgestellte **„taggenaue Schmerzensgeldbemessung“,** wie sie von *Schwintowski*[129] 2012 propagiert wurde und anschließend wiederholt vom 22. Zivilsenat des OLG Frankfurt a. M.[130] zur Anwendung gebracht wurde, bis der **BGH** mit seinen beiden Entscheidungen **vom 22.3.2022 und 15.2.2022** dieser kalkulatorischen Methode eine klare Absage erteilt hatte, da die sogenannte „taggenaue Berechnung“ des Schmerzensgeldes den Grundsätzen der Schmerzensgeldbemessung nicht gerecht wird.[131] Zuvor hatten nahezu einmütig bereits eine Vielzahl von Oberlandesgerichten[132] und Autoren[133] diese Methode abgelehnt.

Ebenso lehnte nahezu zeitgleich auch der **Oberste Gerichtshof (OGH)** in Österreich mit seiner Entscheidung vom 13.3.2021[134] diese Methode ab (vgl. dazu auch nachfolgend → Rn. 273a).

Zur „Hochrechnung“ mithilfe des Verbraucherpreisindex (VIP) s. oben → **Rn. 23** sowie insofern **zum Einsatz von Künstlicher Intelligenz** (KI) den sehr lesenswerten Aufsatz von *Abram* und *Wessel,* Einsatz Künstlicher Intelligenz bei der Schmerzensgeldbemessung Chancen und Risiken, r+s 2025, 1016: Zutreffend weisen die Autoren als Chance darauf hin, dass „*KI-Systeme ...die Sammlung und Auswertung von Vergleichsfällen effizienter und präziser gestalten, systematische Muster sichtbar machen und damit die Vergleichbarkeit verbessern*“ können. Zugleich richten sie den Fingerzeig auch auf die Risiken des **Einsatzes von KI-Systemen im Zusammenhang mit der Schmerzensgeldbemessung** und benennen insofern zum einen die „Black-Box“-Problematik infolge derer die Gefahr besteht, dass Entscheidungen nicht mehr auf einer individuellen Abwägung, sondern auf „*faktisch intransparenten Systemlogiken*“ basieren. Zum anderen auf die – zumindest derzeit noch sehr häufig auftretende – Wiedergabe von Falschinformationen wie beispielsweise „*das Erfinden von Quellen oder Gerichtsentscheidungen.*“ Vor diesem Hintergrund böten Urteilssammlungen bzw. „Tabellen“ weiterhin „*gegenüber einem entscheidungsersetzenden KI-System eine bewährte und zudem transparentere Orientie-*

---

126 Arntz NJW 2017, 3329 (3330).
127 So ausdrücklich OLG Brandenburg NZV 2011, 253.
128 So KG NZV 2009, 507 sowie AG Rinteln 21.8.2008 – 2 C 213/07.
129 Schwintowski/Schah Sedi/Schah Sedi Schmerzensgeld-HdB, 2013.
130 OLG Frankfurt a. M. (22. Zivilsenat) BeckRS 2018, 27125; OLG Frankfurt a. M. BeckRS 2020, 21948; OLG Frankfurt a. M. BeckRS 2020, 18515; aA jedoch OLG Frankfurt a. M. (15. Zivilsenat) SVR 2021, 65; vgl. hierzu auch Slizyk NZV 2019, 351 sowie NJW 2020, 3325 und NJW 2021, 3757.
131 BGH BeckRS 2022, 6623; BGH BeckRS 2022, 8564; Burmann r+s 2022, 285.
132 OLG Hamm BeckRS 2021, 5414; OLG Frankfurt a. M. (15. Zivilsenat) BeckRS 2020, 10658; OLG Oldenburg BeckRS 2020, 5200; OLG Düsseldorf BeckRS 2019, 7136; KG BeckRS 2019, 30230; OLG Brandenburg BeckRS 2020, 3351; OLG Brandenburg BeckRS 2019, 9077; OLG Celle BeckRS 2019, 13370; LG Aurich BeckRS 2018, 40197.
133 Jaeger VersR 2021, 84; BeckOK BGB/Spindler, 53. Ed. 1.2.2020, § 253 Rn. 53a-53c; Küppersbusch/Höher Ersatzansprüche Personenschäden Rn. 281; Luckey NJW 2019, 3361; Slizyk Schmerzensgeld 2020 Rn. 30 sowie Slizyk NZV 2019, 351 (357 ff.) und NJW 2021, 3757; aA Bensalah/Hassel NJW 2019, 403.
134 OGH 18.3.2021 – 5 Ob 202/20x ZVR 2021, 213 mAnm von Danzl.

rung". Zudem seien auch die Ergebnisse, welche mit der KI erzielt werden können, *„nur eingeschränkt flexibel, sodass die richterliche Kontrolle und Nachvollziehbarkeit weiterhin unverzichtbar bleibt"*.[135]

Der Einsatz von KI-Systemen ist somit gleichzeitig Chance und Herausforderung; er ersetzt jedoch nicht den Prozess der Schmerzensgeldbemessung. Dafür braucht es weiterhin Fachwissen, praktische Erfahrung und eine stets wertende menschlich Einzelfallbetrachtung.

31 **c) Alter des Geschädigten.** Auch wenn das Alter des Geschädigten auf die bloße **Schmerzempfindung** eines Verletzten grundsätzlich keinen Einfluss hat, so kann es dennoch in mehrfacher Weise Berücksichtigung bei der Bemessung des Schmerzensgeldes finden, worauf 2023 das LG Lübeck[136] hingewiesen hatte.[137] Denn – so auch das OLG Saarbrücken – *„ein und dieselbe Beeinträchtigung wird nicht in jedem Lebensalter gleich gravierend empfunden"*.[138] Allerdings ist, angesichts der oben bereits erwähnten Subjektivität und Komplexität der Schmerzempfindung und Beeinträchtigungsbelastung, stets mit – auch verbal – äußerster Vorsicht an die positive oder negative Berücksichtigung des Alters des Geschädigten heranzugehen. Bei bleibenden Folgen bzw. einem **Dauerschaden** kommt dem Lebensalter des Geschädigten durchaus eine besondere Bedeutung zu – worauf 2020 das OLG Oldenburg[139] sowie 2022 auch das OLG Zweibrücken[140] Gelegenheit hatte, hinzuweisen.

S. dazu sowie zum oben erwähnten Urteil des LG Lübeck nachfolgend unter → Rn. 37.

32 **aa) Schmerzensgeld bei Kindern und Jugendlichen.** Bei Kindern, Jugendlichen und jungen Menschen ist – unter Berücksichtigung des soeben unter → Rn. 27 letzter Absatz Ausgeführten – aufgrund der zu erwartenden längeren Dauer der Leidenszeit bei bleibenden Schäden bzw. Verletzungsfolgen ein zum Teil *deutlich höheres Schmerzensgeld*[141] angemessen.[142] Insofern ist auch Jaeger zuzustimmen, der darauf hinweist, dass bei jüngeren Opfern das Vorliegen von Dauerschäden und/oder Spätfolgeschäden „ohne weiteres zu einer Steigerung des Schmerzensgeldes um 100 % und mehr führen" kann.[143] Ähnlich, wenn auch ohne prozentuale Hervorhebungen äußerte sich zuvor bereits das OLG Celle[144] sowie 2016 auch *Huber,* der in seinem Aufsatz „Das Lebensalter des Verletzten – eine Bemessungsdeterminante beim Schmerzensgeld?" betonte, dass im Falle einer stärkeren Berücksichtigung der Zeitkomponente *„das Schmerzensgeld wie der Personenvermögensschaden ein Stück weit genauer berechenbar"* werden würde.[145] Das OLG Celle[146] führte dazu aus, ein junger Mensch, der einen schweren Schaden erlitten hat, müsse wegen seines Alters im Verhältnis mehr Schmerzensgeld bekommen, weil er noch lange an den Verletzungsfolgen zu tragen hat und betonte, Dauerschäden rechtfertigten bei jungen Menschen, die ihr Leben weitgehend noch vor sich haben, ein **deutlich höheres Schmerzensgeld** als bei älteren Menschen mit einem kürzeren Leidensweg. Zudem müssten insbesondere schwere Schäden in den Entwicklungsjahren eines Kindes bzw. Jugendlichen schmerzensgelderhöhend berücksichtigt werden, weil sich die entgangene Lebensfreude prägend auf die gesamte weitere Entwicklung auswirkt; *es wird mehr zerstört, als bei bereits etablierten Menschen,* so das OLG Celle.[147] Ähnlich argumentierte auch das LG Limburg[148] und das LG Bochum[149] berücksichtigte, dass die schweren Verletzungsfolgen mit der Klägerin eine *„junge Frau, die sich in der Blüte ihres Lebens befand"*, trafen.

Insbesondere wird auch eine lange Krankenhausbehandlung – gerade von Kleinkindern,[150] Schülerinnen und Schülern und jungen Erwachsenen – als besonders gravierend empfunden, da alleine die Trennung aus

---

135 Abram/Wessel r+s 2025, 1016.

136 LG Lübeck BeckRS 2023, 28827; vgl. dazu nachfolgend unter → Rn. 37.

137 So auch Küppersbusch/Höher Ersatzansprüche Personenschaden Rn. 293. Vgl. auch LG Kleve, Urt. v. 29.8.2023 – 4 O 227/20 → Nr. 7422; OLG Zweibrücken BeckRS 2022, 1117; OLG Celle BeckRS 2021, 11763; OLG Oldenburg BeckRS 2020, 5200; OLG Hamm BeckRS 2008, 16228; KG VersR 2012, 766; LG Hannover BeckRS 2018, 26758; LG Leipzig BeckRS 2012, 14343; LG Konstanz BeckRS 2005, 155178 sowie bereits BGH BeckRS 1977, 30404001.

138 OLG Saarbrücken BeckRS 2022, 36761 → Nr. 7317.

139 OLG Oldenburg BeckRS 2020, 5200 sowie ebenso OLG Düsseldorf BeckRS 2019, 7136.

140 OLG Zweibrücken BeckRS 2022, 1117.

141 OLG Celle BeckRS 2021, 11763.

142 OLG Schleswig BeckRS 2024, 9365; OLG Oldenburg BeckRS 2020, 5200; OLG München BeckRS 2020, 901; Wagner JZ 2004, 319; OLG Naumburg BeckRS 2014, 09207; LG Augsburg 25.7.2012 – 011 O 314/11; OLG Hamm NJW 2001, 3417; KG 13.4.1995 – 11 U 663/95.

143 Jaeger VersR 2022, 973 (928).

144 OLG Celle BeckRS 2021, 11763.

145 Huber VersR 2016, 73; ähnlich ua auch Wagner JZ 2004, 319 ff.; OLG Köln NJW-RR 2007, 174; OLG Hamm OLGR 2001, 142 sowie OLG Hamm OLGR 2002, 286 sowie bereits KG KGR 1995, 148.

146 OLG Celle BeckRS 2021, 11763.

147 OLG Celle BeckRS 2021, 11763.

148 LG Limburg BeckRS 2021, 16550; vgl. nachfolgend Rn. 268 und 271.

149 LG Bochum BeckRS 2012, 16390.

150 LG Bielefeld BeckRS 2022, 8681; Born NZV 2016, 545 (547).

der gewohnten und vertrauten Umgebung bzw. von Familie, Schule und Freunden eine erhebliche psychische Beeinträchtigung darstellen kann (s. hierzu auch nachfolgend → Rn. 35).[151]

Gleiches gilt bei längerfristigen Einschränkungen der Bewegungsfreiheit im Stadium des Erwachsenwerdens[152] oder einer längeren Schonphase,[153] die der Jugendliche oder das Kind in Folge seiner Verletzung einzuhalten hat.

Darüber hinaus gibt es Verletzungen, die sich je nach Alter unterschiedlich schwer auf die **Psyche** des **Betroffenen** auswirken. Insoweit zutreffend sind die Ausführung des oben bereits mehrfach hervorgehobenen Urteils des OLG Celle[154] zu den psychischen Dauerfolgen bei schweren Verletzungen in den Entwicklungsjahren eines Kindes sowie auch die des OLG Schleswig[155] zur Bemessung des Schmerzensgeldes eines auf Dauer schwer beeinträchtigten Neugeborenen, dem zum Zeitpunkt der Urteilsverkündung – Jahre nach dem ärztlichen Behandlungsfehler – seine Situation vollständig bewusst war, wozu das OLG Schleswig ausgeführt hatte:

„Ein derartiger Kontrast zwischen der schweren motorischen und sprachlichen Behinderung einerseits und der emotionalen, psychointellektuellen Auffassungsgabe andererseits wird erfahrungsgemäß von Kindern mit dem Eintritt in das Jugend- und Erwachsenenalter als besonders schwerwiegend und bedrückend und manchmal als ein kaum noch zu ertragendes Schicksal empfunden."

Ähnlich argumentierte zutreffend das KG[156] und betonte, dass das Alter (hier: viereinhalb Jahre) sehr wohl schmerzensgelderhöhend herangezogen werden müsse, was vorinstanzlich nicht ausreichend gewürdigt worden sei.

Entstellungen, unansehnliche Narben oder ähnliche Verletzungsfolgen werden in einer immer stärker auf Äußerlichkeiten fixierten Gesellschaft als außerordentlich schwerwiegende Beeinträchtigungen empfunden, wie ua zutreffend das LG Hannover,[157] OLG Koblenz,[158] das AG Büdingen[159] sowie das OLG Hamm[160] ausführte; eine Tatsache, die sicherlich heute gerade bei Jugendlichen und jungen Erwachsenen auch beeinflusst durch Social Media noch gravierender zu werten sein wird. So führte das LG Hannover im Falle eines brutalen Säureangriffs auf eine 27-jährige Kosmetikerin, der der Beklagte vorsätzlich 96 %ige Schwefelsäure in das Gesicht geschüttet hatte (s. hierzu nachfolgend Urteilssammlung Kapitel C. 14. a) → Rn. 5556), sehr zutreffend aus:

„Gerade in unserer heutigen sehr extrovertierten Gesellschaft, in der das Aussehen zunehmend von größerer Bedeutung ist, sind neben dem Verlust von Sinnesorganen und dem Grad der Behinderung auch die irreversiblen Entstellungen bei der Bemessung des Schmerzensgeldes von besonderem Gewicht".

Das LG Konstanz[161] hob im Falle einer – als Sozia auf einem Motorrad schwer verletzten – Schülerin ebenso zutreffend hervor, es müsse schmerzendgelderhöhend berücksichtigt werden,

„dass es sich bei der Klägerin um eine junge Frau handelt, die seit dem Alter von 17 Jahren … daran gehindert ist, sich einschränkungslos so zu verhalten wie andere Menschen dieses Alters, und dies, ohne dass ein Ende abzusehen wäre".

Ebenso betonte 2011 zutreffend das LG Leipzig[162] in einem infolge eines Motorradunfalls dauerhaft in seiner Bewegung- und Belastungsfähigkeit eingeschränkten 25-jährigen zuvor sportlichen Mannes, dass insofern das Alter bei der Schmerzensgeldbemessung „erhöhend zu berücksichtigen" sei. Dieser Argumentation schloss sich auch das OLG Naumburg[163] an.

---

[151] So zutreffend Scheffen/Pardey Schadensersatz Rn. 937; ebenso Born NZV 2016, 545.
[152] OLG Oldenburg BeckRS 2020, 5200; OLG Hamm NZV 2002, 571 – grober Behandlungsfehler eines Bandscheibenvorfalles bei einer 17-jährigen Frau; OLG Hamm VersR 2001, 1244 – arzthaftungsbedingte Oberkieferzahnprothese bei einem 16-jährigen Schüler.
[153] Vgl. hierzu AG Mayen 29.7.2008 – 2 C 492/07.
[154] OLG Celle BeckRS 2021, 11763.
[155] OLG Schleswig NJOZ 2003, 3539.
[156] KG BeckRS 2012, 6990.
[157] LG Hannover BeckRS 2018, 26758; LG Hannover BeckRS 1994, 10962; OLG Nürnberg BeckRS 1993, 1269.
[158] OLG Koblenz BeckRS 2013, 12962 – 18.000 EUR Schmerzensgeld bei Haarverlust nach Blondierung.
[159] AG Büdingen BeckRS 2004, 153089, → Nr. 5714.
[160] OLG Hamm VersR 2001, 1244 – Zahnextraktion (acht Zähne) bei einem 16-jährigen Schüler.
[161] LG Konstanz BeckRS 2005, 155178; vgl. auch LG Düsseldorf BeckRS 2008, 07731.
[162] LG Leipzig BeckRS 2012, 14343.
[163] OLG Naumburg BeckRS 2014, 09207.

33 Durch eventuelle **Dauerfolgen** kann ein jüngerer Verletzter auch in einer Reihe von Lebensbereichen betroffen sein, die in höherem Alter bereits erlebt wurden, wie Heiratschancen, Familienplanung oder beruflicher Aufstieg.[164] Zur ersteren urteilte das LG Frankfurt a. M.[165] in einem Fall, bei welchem eine 44-jährige verheiratete Frau erhebliche Gesichtsverletzungen erlitt: „Es macht nämlich schon einen Unterschied, ob es sich um eine 20-jährige unverheiratete Geschädigte oder eine verheiratete Hausfrau handelt". Die Wertung – insbesondere der Vergleich der unverheirateten Frau mit der verheirateten *Hausfrau* – dieser nunmehr bereits über 30 Jahre zurückliegenden Entscheidung mag damals noch vortragbar gewesen sein, wenn auch selbst 1992 sicher nicht modern; heute erscheint sie jedoch völlig veraltet und kann sicherlich so nicht mehr als Bemessungskriterium herangezogen werden.[166]

Insofern berücksichtigte das OLG Oldenburg[167] im Falle eines Fünfjährigen, dem beide Unterschenkel amputiert worden waren, dass *„der Geschädigte … sein gesamtes Leben noch vor sich"* habe und das LG Augsburg,[168] dass es *„bei der Bemessung der Schmerzensgeldhöhe … für das Gericht ein ganz wichtiger Faktor [sei], dass der noch junge Kläger Zeit seines Lebens eine erhebliche körperliche Beeinträchtigung haben wird"*.

Sehr klar äußerte sich dazu auch das OLG Düsseldorf im Falle der Unfallverletzung mit Todesfolge einer 84-jährigen Frau zu dieser Thematik und führte mit dem Blick auf jüngere Geschädigte aus:

„Grundsätzlich ist das Lebensalter des Verletzten bei der Bemessung des Schmerzensgeldes zu berücksichtigen. Ein jüngerer Mensch – dies versteht sich von selbst – leidet unter Dauerschäden mehr als ein älterer".[169] Genau betrachtet müsste das ungenaue Wort „mehr", welches ebenso für „stärker" wie auch für „länger" stehen kann, auf den zeitlichen Aspekt konkretisiert werden.

34 Für berechtigte Kritik[170] sorgte im Zusammenhang mit der Berücksichtigung des Alters des Verletzten bereits vor gut 25 Jahren ein Urteil des AG Bochum,[171] welches zum Schmerzensgeldanspruch eines Kleinkindes ausführte: „Auf Personen dieses Alters finden die Vorschriften über das Schmerzensgeld nach ihrem Sinn und Zweck nur eingeschränkte Anwendung. Die der Gewährung von Schmerzensgeld beigemessenen Funktionen sind bei Kleinkindern nicht erfüllt. Ihnen fehlt die Schmerzensgeldfähigkeit."

Wenn *Diehl*[172] diese Entscheidung „im Hinblick auf die … Ausgleichsfunktion" als „zweifelhaft" bezeichnete, so blieb er hier mit seiner Kritik in vornehmer Zurückhaltung, lässt sich doch die generelle Verneinung der **Schmerzensgeldfähigkeit** nicht nur mit dem geltenden Schmerzensgeldrecht und der bislang hierzu ergangenen Rechtsprechung, sondern auch mit dem Gleichheitsgrundsatz des Art. 3 I Grundgesetz in keiner Weise vereinbaren. Denn das Alter eines Menschen kann zwar – wie oben dargelegt – eines von vielen Bemessungskriterien in Bezug auf die Bestimmung der Schmerzensgeldhöhe sein, keinesfalls jedoch als Differenzierungskriterium (iSd Art. 3 I GG) für die Bestimmung der „Schmerzensgeldfähigkeit" herangezogen werden. Insofern ist es bedauerlich, dass an dieser Stelle nochmals betont werden muss, dass unzweifelhaft jedem Menschen gleich welchen Alters – stets „Schmerzensgeldfähigkeit" zukommt. Wenn auch „nur" in Bezug auf die *Entschädigung wegen einer Verletzung des allgemeinen Persönlichkeitsrechts* – s. dazu oben → Rn. 218 – weist darauf auch sehr deutlich das LG Karlsruhe[173] hin, indem es betont, die Zubilligung einer Geldentschädigung setze nicht voraus, dass die Klägerin (ein sechs Monate altes Baby) hinsichtlich der beleidigenden Äußerungen bzw. Berichterstattung eine eigene Wahrnehmung aufweise.

35 Fehlentscheidungen, wie die des LG Lüneburg sind jedoch insofern selten. Das LG Lüneburg hatte damals – in einer vom OLG Celle[174] im Jahr 2004 juristisch vornehm als „ermessensfehlerhaft" bezeichneten Urteilsbegründung – ausgeführt, es müsse schmerzensgeldmindernd berücksichtigt werden, wenn ein zum Zeitpunkt des Unfalles dreijähriger Junge den Ursachenzusammenhang zwischen Unfall und Krankenhausaufenthalt *„noch nicht in derselben Form wie ein Erwachsener begreifen"* könne und ihm andererseits aber durch seine Eltern die Zeit im Krankenhaus „erträglich" gemacht worden sei. Zutreffend wies insofern das OLG Celle darauf hin, dass es weder auf das *Verständnis* der Kausalzusammenhänge ankomme, noch auf die (völlig normale) Unterstützung des Kindes durch seine Eltern, sondern vielmehr darauf, dass ein solcher Krankenhausaufent-

164 Vgl. hierzu LG Köln VersR 1990, 1130 mit eingehender Begründung.
165 LG Frankfurt a. M. BeckRS 1992, 121512.
166 Vgl. dazu auch Slizyk NJW 2021, 3757.
167 OLG Oldenburg BeckRS 2020, 5200.
168 LG Augsburg 25.7.2012 – 011 O 314/11.
169 OLG Düsseldorf BeckRS 2010, 3031 ebenso – zumindest bzgl. der Folgen einer Beinamputation – OLG Naumburg BeckRS 2014, 09207.
170 Diehl ZfS 1994, 165.
171 AG Bochum BeckRS 1993, 31163658.
172 Diehl ZfS 1994, 165.
173 LG Karlsruhe BeckRS 2018, 43947 sowie Strauß GRUR-Prax 2019, 364.
174 OLG Celle BeckRS 2004, 2437.

halt für ein dreijähriges Kind regelmäßig als „Tortur"[175] anzusehen sei. Dies und die – oben bereits erwähnte – von Kindern besonders belastende Trennung von Familie und Freunden sowie der gewohnten Umgebung stellen eine schmerzensgelderhöhende besondere Verletzungsfolge bzw. Beeinträchtigung dar,[176] auf die der Klägervertreter üblicherweise deutlich hinweisen sollte!

Ebenso zu kritisieren ist die Argumentation des OLG Oldenburg[177] sowie des OLG Düsseldorf.[178] Das OLG Oldenburg wertete es als schmerzensgeldmindernd, dass dem – infolge eines Geburtshilfeschadens geistig und motorisch stark retardiert und auf dem Niveau eines zwei bis dreijährigen Kleinkindes verbliebenen – Kläger aufgrund seiner Behinderung *„kein anders Leben bekannt sei"* und lässt derartige Gedanken auch in seinem aktuellen Urt. v. 18.3.2020[179] erneut erkennen, wenn es ausführt, das zum Zeitpunkt seiner beidseitigen Beinamputation erst fünfjährige Kind habe *„in diesem Alter … gerade die notwendige Reife erlangt, den Verlust in seiner Gesamtheit zu begreifen und unter ihm zu leiden"*, so als ob ein jüngeres Kind nicht unter einer solchen Verletzung leiden könnte und leiden würde. **36**

Das OLG Düsseldorf setzte das Schmerzensgeld mit dem gleichen – fehlerhaften – Argument herab und argumentierte: *„Da dieser Zustand von Geburt an besteht, fehlt es dagegen an einem besonderen persönlichen Leidensdruck, der bei der Höhe der Entschädigung ebenfalls zu berücksichtigen ist"*.

Bei konsequenter Betrachtung dieser Fehlleistung würde einem geburtshilfefehlerbedingt seit Geburt völlig erblindeten Menschen gar kein Schmerzensgeld zustehen, denn er hat ja in seinem Leben noch nie etwas gesehen; darüber, dass dies zynisch ist und nicht richtig sein kann, bestehen sicher keine Zweifel. Dies sah das KG[180] ebenso und wies die Argumentation der Beklagten, die Klägerin habe keine Erinnerung an ihr Leben vor den streitgegenständlichen Geschehnissen, als „nicht stichhaltig" zurück und sprach der jungen Klägerin 500.000 EUR zu.

Sehr zu begrüßen sind daher auch die klaren Worte, die das **OLG Hamburg 2024** zum Einwand der Beklagten, dass der aufgrund eines groben Behandlungsfehlers schwerstbehinderte Kläger ja keine gewöhnliche Kindheit erleben konnte und sozusagen nichts anderes als das immense Leid seiner Situation gekannt habe, erwiderte: *„Dass der Kläger keine gewöhnliche Kindheit erleben konnte, aus der er dann aufgrund eines Behandlungsfehlers herausgerissen wurde, rechtfertigt keine Reduktion des Schmerzensgeldes im Vergleich mit Fällen schwerer Hirnschädigungen, die erst im Kleinkindalter oder zu einem späteren Zeitpunkt auftreten. Denn bei der hier erlittenen Beeinträchtigung handelt es sich sogar um die denkbar längste Beeinträchtigung in zeitlicher Hinsicht. Der Kläger hat nicht einen gesunden Tag erleben dürfen, nimmt aber solche bei anderen Menschen bewusst wahr."*[181]

bb) Ältere Menschen. Neben der Jugend kann auch das Alter im Einzelfalle durchaus als schmerzensgelderhöhendes Bemessungskriterium herangezogen werden.[182] So erleiden gerade ältere Menschen oft Knochenbrüche (typisch bei Stürzen alter Menschen: Oberschenkelhalsfrakturen), durch die eine zum Teil dauerhafte Benutzung von Hilfsmitteln (zB Rollatoren) notwendig wird und werden hierdurch besonders hart getroffen, da hiermit zum einen oftmals Gewöhnungs- und Anpassungsschwierigkeiten verbunden sind[183] und es zum anderen durch die Folgen der Dauerbeeinträchtigungen sehr häufig zu einem Schritt in die Unselbständigkeit (Betreutes Wohnen oder Altenheim) kommt.[184] So führte das OLG Schleswig[185] 2024 bei einer 85-jährigen – unfallbedingt unterschenkelamputierten – Frau aus: *„Andererseits fällt es älteren Menschen typischerweise schwerer, sich körperlich auf eine Veränderung wie den Verlust eines Beins einzustellen. Eine Versorgung mit einer Unterschenkelprothese oder ein Erhalt der Gehfähigkeit unter Nutzung von Gehhilfen kommt häufig altersbedingt nicht mehr infrage"* und das LG Kleve betonte 2023 im Falle einer 79-Jährigen, die unfallbedingt eine Beckenfraktur erlitten hatte, dass bei der Schmerzensgeldbemessung zu berücksichtigen sei „dass die Klägerin aufgrund ihres Alters nicht mehr so schnell wie ein junger Mensch regeneriert und die Folgen (auch von kurzfristiger) Pflegebedürftigkeit sie besonders treffen."[186] Sehr ähnlich argumentierte zeitgleich das LG Lübeck: *„Zwar wird die Klägerin nicht so lange mit den Dauerfolgen leben müssen wie ein Mensch im Alter von beispielsweise 20 Jahren. Auf Grund ihres Alters ist jedoch von größeren Anpassungsschwierigkeiten auszugehen. Vor allem fällt aber schwer ins Gewicht, dass* **37**

175 So das OLG Celle NJW-RR 2004, 827 wörtlich.
176 LG Bielefeld BeckRS 2020, 8681; Scheffen/Pardey Schadensersatz Rn. 937.
177 OLG Oldenburg 28.11.2012 – 5 U 182/11.
178 OLG Düsseldorf BeckRS 2014, 17075.
179 OLG Oldenburg BeckRS 2020, 5200.
180 KG BeckRS 2017, 137499.
181 OLG Hamburg BeckRS 2024, 22768 Rn. 116.
182 OLG Düsseldorf BeckRS 2010, 3031.
183 OLG Köln VersR 1993, 53 zur Gehbehinderung einer 64-jährigen Person.
184 So auch Luckey SVR 2013, 410 (412).
185 OLG Schleswig BeckRS 2024, 9365 und dazu Figgener/Quaisser NJW-Spezial 2024, 459.
186 LG Kleve, Urt. v. 29.8.2023 – 4 O 227/20 → Nr. 7422; vgl. auch OLG Zweibrücken BeckRS 2022, 1117.

die Klägerin vor dem Unfall selbständig in einer 3-Zimmer-Wohnung lebte und nunmehr auf einen Rollstuhl und ein Pflegeheim angewiesen ist. Ihr ist somit eine erhebliche Lebensqualität genommen worden.“[187]

2022 führte das OLG Zweibrücken dazu aus: „Besondere Bedeutung kommt bei der Bemessung eines Schmerzensgeldes insbesondere bei einer dauerhaften Beeinträchtigung dem Lebensalter des Verletzten zu, da dies entscheidend dafür ist, wie konkret und lange sich die erlittene Beeinträchtigung auf das Leben des Geschädigten auswirkt. Das gilt umso mehr, als es sich nach dem Grundsatz der Einheitlichkeit des Schmerzensgeldes verbietet, absehbare künftige Verletzungsfolgen zur Grundlage eines Anspruchs auf weiteres Schmerzensgeld zu machen.“[188]

Wenn *Berger*[189] bereits 1977 hierzu ausführte, die Begründung, ein alter Mensch brauche bleibende Schäden nicht mehr lange zu ertragen, sei makaber, so ist dies zutreffend, wird jedoch auch heute noch – wie beispielsweise erst 2020 vom OLG Frankfurt a. M.[190] – angeführt.

Das OLG Frankfurt argumentierte insofern (Amtlicher Leitsatz): „*Die erlittene Lebensbeeinträchtigung ist bei einer 70 Jahre alten Person typischerweise unterdurchschnittlich, da man in diesem Alter die zentralen erfüllenden Momente des Lebens wie etwa Jugend, Liebe, Hochzeit, Mutterschaft und beruflichen Erfolg noch erleben konnte*“.[191]

Auch wenn dem in dieser Form nicht gefolgt werden kann, darf dennoch nicht außer Acht gelassen werden, dass die Dauer der unfallbedingten Lebensbeeinträchtigung ein ganz wesentlicher Bemessungsfaktor[192] und nicht etwa Ausdruck der Wertigkeit von jungem oder altem Leben ist. Allerdings verbietet es sich – gerade bei schweren Verletzungsfolgen insbesondere im Bereich der Mobilität und des Sehvermögens – das Schmerzensgeld für alte (wobei sich gerade heute hierzu die Frage stellt, ob und ggf. ab welchem Alter ein Mensch überhaupt als „alt“ bezeichnet werden kann) Menschen herabzusetzen.[193] Vielmehr sollte im Einzelfalle – bei schwersten Verletzungen mit irreparablen Dauerfolgen – bei ansonsten identischer Sachverhaltslage eher das Schmerzensgeld bei jüngeren Geschädigten heraufgesetzt werden. In jedem Falle ist jedoch die Frage, ob und inwiefern das Alter des jeweils Geschädigten für die Bemessung relevant ist, stets genauestens und unter ausführlicher **Beachtung** der **individuellen Besonderheiten**[194] des Geschädigten zu beantworten. Kann die Frage nicht hinreichend beantwortet werden, sollte auf das Alter als Bemessungskriterium verzichtet werden.

Sofern es – gerade bei längerem stationärem Aufenthalt älterer Menschen infolge nicht ausreichend[195] betreuter Bettlägerigkeit – zu einem **Dekubitus**[196] kommt, ist diese sehr schmerzhafte posttraumatische Verletzungsfolge deutlich schmerzensgelderhöhend zu berücksichtigen.[197] Dass es für die „mindestens rund 300.000 Dekubitus-Verletzten in Deutschland“[198] jedoch oft nicht einfach ist, im Falle eines Dekubitus ihre Schadensersatz- und Schmerzensgeldansprüche durchzusetzen,[199] zeigen – die jeweils die Klage abweisenden – Urteile des OLG Hamm[200] und des OLG München.[201] In den Fällen, in denen dies jedoch gelingt, werden jedoch den Geschädigten teilweise bis zu 20.000 EUR Schmerzensgeld zugesprochen[202] (vgl. hierzu auch nachfolgend → Urteilssammlung Kapitel C. 20.).

38 **d) Berufsaufgabe, berufliche Schwierigkeiten, Berufswunschvereitelung.** Es ist unbestritten, dass bei **unfallbedingter Berufsaufgabe** nicht nur der entstehende materielle Schaden im Rahmen der Eintrittspflicht auszugleichen ist, sondern im Rahmen der Schmerzensgeldbemessung auch die psychischen Belastungen, die aus der Berufsaufgabe resultieren.[203]

[187] LG Lübeck BeckRS 2023, 28827.
[188] BGH BeckRS 2024, 10092; OLG Zweibrücken BeckRS 2022, 1117.
[189] Berger VersR 1977, 877 (880).
[190] OLG Frankfurt a. M. BeckRS 2020, 42609 und ebenso bereits OLG Naumburg BeckRS 2014, 16163.
[191] OLG Frankfurt a. M. BeckRS 2020, 42609.
[192] Vgl. Slizyk NJW 2021, 3757; Jaeger/Luckey Schmerzensgeld Rn. 1292; Jaeger VersR 2022, 282.
[193] Vgl. hierzu jedoch BGH NZV 1991, 150, der darauf hinweist, dass ein älterer Mensch keinen „so langen Leidensweg“ mehr vor sich habe wie ein jüngerer; ebenso OLG Koblenz NJW-RR 2004, 106.
[194] Vgl. dazu auch Slizyk NJW 2021, 3757.
[195] Man kann beim Auftreten von Druckgeschwüren (Dekubitus) mit Jaeger/Luckey zutreffend von erfahrungsgemäß „groben Pflege- und Lagerungsmängeln“ sprechen (vgl. Jaeger/Luckey Schmerzensgeld).
[196] Mehr zum Thema Dekubitus finden Sie im Internet, wobei viele Internetseiten leider nicht aktualisiert werden. Zu empfehlen (weil aktuell und informativ) ist insofern jedoch: www.gesundheitsinformation.de (https://www.gesundheitsinformation.de/druckgeschwuer-dekubitus.2409.de.html).
[197] Zu Dekubitus-Verletzungen: → Kapitel C. 20.; LG Bonn BeckRS 2012, 01646.
[198] So Großkopf RDG 2011, 116.
[199] Anders dagegen und schmerzensgeldzusprechend OLG Hamm 20.11.2015 – I-26 U 27/15.
[200] OLG Hamm BeckRS 2015, 20038 und OLG Hamm BeckRS 2015, 20699.
[201] OLG München BeckRS 2009, 12017.
[202] Vgl. hierzu auch nachfolgend → Kapitel C. 20.; LG Bonn BeckRS 2012, 01646.
[203] So auch Geigel Haftpflichtprozess Rn. 37.

Besonders gravierend ist die unfallbedingte **Beendigung** des **Berufslebens,** da hierdurch sehr häufig eine Beeinträchtigung der Lebensfreude, des Selbstwertgefühls und ein allgemeines Gefühl der Nutzlosigkeit entsteht.[204] 39

Aber auch die unfallbedingte Aufgabe des zunächst gewählten Berufes und die damit ggf. verbundene Durchführung einer **Umschulung** oder Fortbildungsmaßnahme, ist wegen der hiermit verbundenen Mühen und Unwägbarkeiten bei der Bemessung des Schmerzensgeldes zu berücksichtigen.[205] Insofern kann dem OLG Brandenburg[206] nicht zugestimmt werden, welches eine Umschulung nur dann für schmerzensgelderhöhend wertete, wenn „der Geschädigte sie als Verschlechterung begreift", denn auch eine fehlende Verschlechterung oder gar Verbesserung führt dennoch zu Mühen und Unwägbarkeiten, die als solche erhöhend zu bewerten sind. Nach OLG Köln[207] ist, wenn der Geschädigte sich noch in Ausbildung befindet, bei der unfallbedingten Aufgabe des Ausbildungsberufes (hier: Hubschrauberpilot) dann auch die Wahrscheinlichkeit der erfolgreichen Ausbildungsbeendigung zu ermitteln. Je nach dem Wahrscheinlichkeitsgrad der Ausbildungsbeendigung ist das Schmerzensgeld dann zu erhöhen.

Daneben wirken unfallbedingte Behinderungen bei der Berufsausübung oder **Verlängerung** der **Ausbildungszeiten** wegen der hiermit verbundenen seelischen Beeinträchtigungen ebenfalls schmerzensgelderhöhend.[208] 40

Auch die **Einschränkung „beruflicher Perspektiven" und der „beruflichen Tätigkeit"** sind bei der Schmerzensgeldbemessung erhöhend zu berücksichtigen:

Zu den beruflichen Perspektiven sei insofern auf die Entscheidungen des LG Leipzig[209] des OLG München[210] zu verweisen, bei denen es um die in Aussicht gestellte Übernahme des Familienbetriebes durch die noch jungen Opfer ging.

Zu den Einschränkungen der beruflichen Möglichkeiten und der **beruflichen Zukunftsplanung** äußerte sich 2019 das OLG Karlsruhe[211] im Falle einer jungen Ärztin, die sich zum Zeitpunkt des Unfalls in ihrer Facharztausbildung zur Fachärztin für Gynäkologie befand und insofern geplant hatte, später als Brustchirurgin tätig zu werden. Durch den Unfall wurde sie nun auf Tätigkeiten beschränkt, bei denen sie weniger Kraft ausüben muss, so dass neben der chirurgischen Tätigkeit etwa auch die Tätigkeit im Kreißsaal nicht mehr in Betracht kommt. *„Eine solche Einschränkung der beruflichen Tätigkeit stellt auch dann, wenn sie nicht zu einer materiellen Einschränkung führt, einen gravierenden Eingriff in die persönliche Lebensplanung dar und ist bei der Schmerzensgeldbemessung maßgeblich zu berücksichtigen"*, betonte das OLG Karlsruhe zutreffend.[212] und fasste dies nochmals im amtlichen Leitsatz zusammen: *„Eine durch den Unfall verursachte Einschränkung in der beruflichen Zukunftsplanung – hier: als Fachärztin für Gynäkologie nicht mehr chirurgisch und im Kreißsaal tätig sein zu können – ist bei der Bemessung des Schmerzensgeldes maßgeblich zu berücksichtigen".*[213]

Gleiches gilt auch für die verletzungsbedingte **Verringerung** von **Karrierechancen** im bereits ausgeübten Beruf,[214] ebenso wie die **Berufswunschvereitelung.**[215] Zu letzterer führte das OLG Frankfurt a. M. zutreffend aus,

„jeder Mensch verbring(e) so viel Zeit in der Ausübung seines Berufes, dass eine ungeliebte, wenn auch besser bezahlte … Tätigkeit die eigene Lebensfreude erheblich beeinträchtigen kann".[216]

Der **Berufswunsch** (hier Polizeibeamter, Feuerwehrmann oder Soldat) muss jedoch nachweislich konkret manifestiert sein. Auch schlicht die behinderungsbedingte Einschränkung des Verletzten „in seinen tägli-

---

204 OLG Hamm BeckRS 2019, 33169; OLG Stuttgart NJOZ 2003, 3064; OLG Brandenburg BeckRS 2003, 30307657; LG Berlin VersR 2002, 1029; OLG Köln DAR 2002, 353 sowie bereits OLG Düsseldorf VersR 1985, 169.
205 OLG Frankfurt a. M. VersR 1987, 1140 (1141).
206 OLG Brandenburg BeckRS 2008, 9681.
207 OLG Köln r+s 1991, 416; OLG Frankfurt a. M. DAR 1992, 62.
208 OLG Nürnberg 14.12.2000 – 8 U 1072/00, LG Braunschweig DAR 1992, 65; OLG Stuttgart VersR 1978, 1123; LG Köln DAR 1984, 30.
209 LG Leipzig NZV 2012, 329 (333).
210 OLG München BeckRS 2010, 23467.
211 OLG Karlsruhe BeckRS 2019, 15562.
212 OLG Karlsruhe BeckRS 2019, 15562 → **Rn. 51.**
213 OLG Karlsruhe BeckRS 2019, 15562.
214 LG Leipzig NZV 2012, 329 (333); LG Koblenz ZfS 1985, 294.
215 LG Wiesbaden BeckRS 2019, 35888; OLG Frankfurt a. M. BeckRS 1991, 5676; OLG Nürnberg DAR 2000, 69 sowie bereits BGH BeckRS 2009, 20627.
216 OLG Frankfurt a. M. a. M. BeckRS 1991, 5676.

chen … beruflichen … Aktivitäten" (hier: bei einem Polizeibeamten mit „endgradiger Bewegungseinschränkung der Halswirbelsäule") wird zutreffend bei der Bemessung der Schmerzensgeldhöhe mitberücksichtigt.[217]

41 **e) Verlust oder Einschränkung von Sportmöglichkeiten, Hobbys und Freizeitgestaltung sowie bei der elterlichen Zuwendung zu ihren Kindern.** Da bei der Bemessung des Schmerzensgeldes alle im konkreten Fall aus der Verletzung resultierenden Beeinträchtigungen herangezogen werden müssen, sind auch unfallbedingte Einschränkungen im Freizeitbereich zu berücksichtigen, wie das **OLG Koblenz**[218] betont hatte:

„*Diese Freiheit* [ergänze: in gleicher Weise wie vor dem Unfall persönlichen Neigungen bei der Freizeitgestaltung uneingeschränkt nachgehen zu können] *kann bei einer irreversiblen körperlichen Schädigung in tatsächlicher Hinsicht nicht wiederhergestellt werden. Insoweit liegt eine immaterielle Beeinträchtigung der Lebensfreude vor, deren Ausgleich unter dem Gesichtspunkt der Bemessung eines Schmerzensgeldes zu erfolgen hat*".[219]

Dies gilt heute mehr denn je, da die Freizeit und ihre Ausgestaltung inzwischen einen so hohen Stellenwert in der Gesellschaft hat, dass in den Medien der Begriff der Freizeitgesellschaft bereits seit Jahren fest etabliert wurde.

Der Verlust von **Sportmöglichkeiten** findet in der Schmerzensgeldbemessung große Bedeutung. Schmerzensgelderhöhend wirken somit Verletzungen, die sportlich aktiven Geschädigten die Ausübung des Sportes ganz oder teilweise unmöglich machen.[220] So wurde zutreffend schmerzensgelderhöhend berücksichtigt, dass ein 30-jähriger „aktiver Familienvater"[221] oder eine 40-jährige Sportlehrerin infolge schwerer Verletzungen in ihren sportlichen Aktivitäten eingeschränkt bzw. diese gänzlich unmöglich gemacht wurden.[222] Welche Art von Sport dabei im Einzelfall betroffen ist, kann insofern grundsätzlich keine Rolle spielen. So wurde zutreffend auch einem passionierten Reiter, der über längere Zeit nicht reiten konnte, ein deshalb erhöhtes Schmerzensgeld zuerkannt.[223] Insbesondere die unfallbedingte Aufgabe von zuvor als Hochleistungssport betriebenen Hobbys (zB 50 km Gehen oder Rudern[224]) trifft den Geschädigten in der Regel sehr stark, bedingt es doch nicht selten eine gravierende Umstellung des persönlichen Lebensstils und den Verlust eines „wesentlichen Teils der persönlichen Selbstverwirklichung"[225] und wird dementsprechend bei den persönlichen Bemessungsgrundlagen schmerzensgelderhöhend berücksichtigt. Ebenfalls schmerzensgelderhöhend zu berücksichtigen ist an dieser Stelle beispielsweise auch der Verlust der Möglichkeit, dem Hobby des Motorradfahrens nachzukommen und die damit „entgangene Freude am Motorradfahren", worauf der BGH[226] ausdrücklich hingewiesen hatte. Der Kläger bzw. dessen Anwalt hatte dies möglicherweise versäumt vorzutragen und beantragte daher nun – jedoch ohne Erfolg – den behindertengerechten Umbau seines Motorrades. Der BGH lehnte dies ua mit dem Hinweis ab, dass dieser Aspekt als Bemessungskriterium hätte vorgetragen bzw. im Rahmen der Schmerzensgeldbemessung hätte berücksichtigt werden müssen.

42 Dass insofern auch die Dauer derartiger **Freizeit-, Hobby-** oder **Sporteinschränkungen** (zur Aufgabe des Schießsports vgl. OLG München[227] und des Fahrradfahrens OLG Hamm[228]) bei der Bemessung eine Rolle spielen kann, hat bereits vor mehr als 26 Jahren – im Ergebnis zutreffend – das AG Viersen herausgestellt und angeführt, dass jedenfalls bei nur relativ kurzer Krankheitszeit (zwei Monate) die Unmöglichkeit der Ausübung des Reitsports nicht schmerzensgelderhöhend zu berücksichtigen sei. Verfehlt erscheint jedoch die weitere Begründung des AG, welches hierzu ausführte, dass „ansonsten der sportlich Aktivere gegenüber dem Passiveren bevorzugt" werde.[229] Dabei verkannte das AG allerdings, dass es insofern nicht darauf ankommt, ob der Geschädigte durch die Verletzungsfolgen in einer „aktiven Sportart" (zB als Läufer oder Reiter) oder beispielsweise in einem eher als weniger „aktiv" geltenden Hobby (zB als Briefmarkensammler oder Flötenspieler) dauerhaft und nicht nur kurzzeitig beeinträchtigt wurde. Neben den Beeinträchtigungen

[217] OLG Hamm 31.5.1995 – 3 U 201/94.
[218] OLG Koblenz BeckRS 2011, 26254; vgl. auch OLG Hamm BeckRS 2019, 33169.
[219] OLG Koblenz BeckRS 2011, 26254 vgl. auch OLG Hamm BeckRS 2019, 33169.
[220] OGH Österreich18.3.2021 – 5 Ob 202/20x, ZVR 2021, 213; OLG Düsseldorf BeckRS 2019, 7136; OLG Schleswig BeckRS 2016, 9127 und OLG München BeckRS 2010, 2787; LG Leipzig NZV 2012, 329 (333); OLG München BeckRS 2010, 27878; OLG Nürnberg BeckRS 2001, 30177882; OLG Hamm BeckRS 1995, 122682; BGH BeckRS 2008, 16927; OLG Stuttgart ZfS 1985, 294.
[221] OLG Nürnberg BeckRS 2001, 30177882.
[222] LG Oldenburg ZfS 1989, 120 ebenso LG Konstanz BeckRS 2005, 155178 sowie bereits OLG Hamm BeckRS 1995, 122682.
[223] LG Augsburg ZfS 1988, 310.
[224] OLG Jena NJW-RR 2000, 103; OLG Karlsruhe NJW 1990, 2319.
[225] OLG Jena NJW-RR 2000, 103.
[226] BGH NJW-RR 2004, 671 (672).
[227] OLG München BeckRS 2013, 11248.
[228] OLG Hamm BeckRS 2019, 33169.
[229] AG Viersen MDR 1999, 360.

bei sportlichen Hobbys werden nämlich auch Einschränkungen bei anderen Freizeitaktivitäten (hier: Flöte spielen) schmerzensgelderhöhend berücksichtigt, wie das OLG Karlsruhe zutreffend hervorhob.[230] Entscheidend ist insoweit stets, dass der Geschädigte verletzungsbedingt in seiner von ihm gewählten individuellen Lebensführung hinsichtlich der Intensität und Dauer nicht nur unwesentlich beeinträchtigt wurde. Dabei muss die Wahl eines Hobbys oder einer Sportart noch nicht zwingend vorliegen, denn für die Bemessung des Schmerzensgeldes werden – zumindest bei jungen Menschen – bereits potentielle Beeinträchtigungen bei der Ausübung gängiger Sportarten von der Rechtsprechung berücksichtigt, selbst *„wenn der Geschädigte bisher keinen Sport ausgeübt hat"*.[231] So entschied beispielsweise auch das OLG Hamm, dass das Schmerzensgeld eines jungen Mannes wegen des „weitgehenden Verlustes der Möglichkeit, Laufsport zu betreiben" zu erhöhen sei, *„weil diese Einschränkung dem Kläger im Vergleich zu ungeschädigten Gleichaltrigen ein beachtliches Opfer in der Lebensführung abverlangt"* und zwar *„auch ohne nähere Darlegung zum früheren Sporttreiben"*.[232]

Ebenfalls – im weitesten Sinne als Freizeiteinschränkung anzusehen – ist die Hilfe und Unterstützung der Tochter (Klägerin) bei der Haushaltsführung ihrer zum Unfallzeitpunkt 98 Jahre alten Mutter. Zwar könne ein solcher Anspruch – so das urteilte das OLG Schleswig[233] – nicht als eigener Haushaltsführungsanspruch der Klägerin, wohl aber „im Rahmen des Schmerzensgeldes berücksichtigt werden". Dabei liegt es auf der Hand, dass es für Verletzte sehr belastend sei, wenn sie die eigenen pflegebedürftigen Eltern nicht durch Hilfe im Haushalt und Alltag unterstützen können, so das OLG Schleswig.

Eine Verletzung kommt immer zur Unzeit und bedeutet für die Betroffenen nahezu immer eine Einschrän- 43
kung hinsichtlich der gewohnten Fähigkeiten und Handlungsmöglichkeiten für einen gewissen Zeitraum und im schlimmsten Falle auf Dauer. Dabei kann auch unabhängig von der Verletzung und deren Folgen als solche auch die besondere zeitliche Situation oder Lebensphase, während der die Einschränkungen vorlagen, bei der Schmerzensgeldbemessung besonders (erhöhend) bedacht werden.

So berücksichtigte das LG Karlsruhe[234] bei der **Schmerzensgeldbemessung der Mutter eines Kleinkindes** deren Einschränkungen infolge einer schweren Sprunggelenksfraktur und insofern die Tatsache, dass sich diese für die Klägerin als Mutter einer erst acht Monate alten Tochter *„in bedeutsamer Weise"* in dieser Lebensphase auswirken. *„Bis ins Grundschulalter hinein begeben sich Eltern in ihrer* ***Zuwendung und Aufmerksamkeit für die Kinder*** *nicht nur beim Aufheben als Kleinkinder, sondern auch zum gemeinsamen Spiel am Boden, in der Wohnung und Freien oder auch bei der sonstigen Kommunikation typischerweise „auf Augenhöhe" zu den Kindern, um ihre Kinder nicht „von oben herab" zu behandeln"* [amtlicher Leitsatz].[235]

Auch der Umstand, dass die **Verletzung** zu einer **besonderen Zeit** erfolgte, ist unter Umständen zu berücksichtigen. So wird teilweise eine Erhöhung des Schmerzensgeldes vorgenommen bei einer Beeinträchtigung des **Weihnachtsfest,**[236] der **Hochzeit**[237] sowie bei **Prüfungsvorbereitungen**[238] – namentlich während des Abiturs –[239] oder bei der bevorstehenden und verletzungsbedingt vereitelten aktiven Teilnahme an einer **Sportveranstaltung** (Eiskunstlauf).[240]

Allein der **Abbruch einer Festveranstaltung** begründet jedoch – ohne das Hinzukommen physischer oder psychischer haftungsrelevanter Körper- oder Gesundheitsverletzungen – keinen Schmerzensgeldanspruch. Wird beispielsweise eine Hochzeitsfeier wegen eines außer Kontrolle geratenen Feuerwerks abgebrochen, so steht dem Brautpaar deshalb kein Schmerzensgeld zu.[241]

Etwas zu weit gehend erscheint mir die Ansicht des OLG Frankfurt a. M., welches die Thematik der Freizeiteinschränkung auch auf die Einbuße an Freizeit der Eltern gegenüber dem Schmerzensgeldanspruch des Kindes erstreckt und insofern erhöhend berücksichtigt. Zur Begründung führte das OLG an, dass dieser Verlust der Eltern an körperlicher und nervlicher Kraft sich auf das Kind negativ auswirke und als „Störung des Familienlebens" anzusehen sei, ja sogar von einem „Verlust an sinnvoller elterlicher Zuwendung" gesprochen werden müsse.[242] Auch wenn das OLG im Ergebnis seiner Schmerzensgeldbemessung sicher nicht

230 OLG Karlsruhe NJW-RR 2009, 453, OLG Hamm ZfS 1989, 46.
231 OLG Köln BeckRS 9998, 38688, r + s 1992, 273, VersR 1992, 975.
232 OLG Hamm NJW-RR 1998, 1179.
233 OLG Schleswig BeckRS 2018, 8381.
234 OLG Karlsruhe BeckRS 2023, 14102.
235 OLG Karlsruhe BeckRS 2023, 14102 (Hervorhebung des Verfassers).
236 LG Itzehoe ZfS 1983, 261; aA AG Offenburg 26.9.1990 – 1 C 510/90.
237 LG Görlitz 25.10.2000 – 4 O 116/00.
238 OLG Stuttgart VersR 1978, 1123.
239 LG Wiesbaden BeckRS 2019, 35888.
240 AG Halle-Saalkreis 24.1.2013.
241 OLG Brandenburg NJW-RR 2005, 253.
242 OLG Frankfurt a. M. VersR 2000, 607.

angreifbar ist, so hätte dieses Ergebnis jedoch auch ohne ein derartiges Strapazieren der – unbestrittener Maßen vorhandenen – Freizeitrelevanz des Geschädigten erzielt werden können.

44 **f) Urlaubsbeeinträchtigungen und entgangener Urlaub.** Grundsätzlich sind insoweit drei Fallkonstellationen zu unterscheiden:

Zum einen die Fälle der vor dem Urlaub entstandenen Verletzungsfolgen, die sich auf den dennoch durchgeführten Urlaub beeinträchtigend auswirken oder infolge derer der geplante/gebuchte Urlaub doch nicht mehr angetreten werden kann und zum anderen solche Fälle, bei denen sich der Geschädigte während seines Urlaubes verletzte und dadurch sein Urlaub beeinträchtigt oder abgebrochen wurde und schließlich reisevertragsrechtliche Schmerzensgeldansprüche.

45 **aa) Verletzung vor dem Urlaub.** Kann ein bereits gebuchter Urlaub nicht angetreten werden oder müssen, wegen einer bereits vor dem Urlaubsantritt entstandenen Verletzung, erhebliche Beeinträchtigungen im dennoch angetretenen Urlaub hingenommen werden, die jedoch den Urlaubsgenuss deutlich schmälern, so kann dies ebenfalls zu einer Erhöhung des Schmerzensgeldes führen:[243] Entscheidungen dazu s. → Kapitel C. 14. (Urlaub, Festtage und Prüfungen).

Dies gilt beispielsweise, wenn ein Geschädigter wegen seiner erheblichen Verletzungen *„die Urlaubsfreuden in den USA … nicht ausreichend genießen konnte“*.[244]

Dagegen bleibt die durch ein einfaches HWS-Syndrom hervorgerufene Beeinträchtigung eines „Kurzurlaubs über Neujahr …, für den keine besonderen Aufwendungen getätigt wurden“, ebenso unberücksichtigt[245] wie ein „einfacher Hundebiss in den rechten Mittelfinger“. Denn es muss eindeutig eine **„messbare Urlaubsbeeinträchtigung“** vorliegen,[246] wofür der Verletzte beweispflichtig ist.

Aus diesen beiden Fällen jedoch die Regel ableiten zu wollen, bei Kurzurlauben gäbe es grundsätzlich keine Berücksichtigung, wäre verfehlt. Jeder Einzelfall bedarf im Bereich der Schmerzensgeldbemessung stets einer sehr individuellen Wertung; so berücksichtigte zutreffend das AG Oberhausen[247] die Tatsache, dass eine 16-jährige Schülerin verletzungsbedingt nicht an einer viertägigen Klassenfahrt teilnehmen konnte als „besondere Beeinträchtigung“ und schmerzensgelderhöhend.

46 **bb) Verletzung im Urlaub.** Verletzt sich der Geschädigte in seinem Urlaub, so ist stets auch zu prüfen, inwieweit die Urlaubsbeeinträchtigung oder gar die vorgezogene Rückreise sich schmerzensgelderhöhend auswirken; darauf wies zuletzt 2023 das OLG Hamm hin.[248] Insoweit gelten grundsätzlich die oben zu aa) getroffenen Ausführungen.

Nur der Vollständigkeit halber sei insofern erwähnt, dass daneben auch der entgangene materielle Schaden im Zusammenhang mit der nutzlos aufgewendeten Urlaubszeit – seit 1.7.2018 gesetzlich geregelt in § 651n Abs. 2 BGB – zu entschädigen ist, worauf zuvor bereits das LG Frankfurt a. M.[249] sowie auch der BGH[250] (drei Tage im *falschen* Hotel) hingewiesen hatte. Zum unbezifferten Klagantrag insofern vgl. → Rn. 397.[251]

„Rechtfertigen Mängel der Reise [ergänze: und seien diese auch nur gering] *die Annahme, dass die Beeinträchtigungen an einzelnen Tagen so erheblich waren, dass der Vertragszweck verfehlt und die Urlaubszeit insoweit „nutzlos aufgewendet“ worden ist, kann regelmäßig auch eine erhebliche Beeinträchtigung der Reise nicht verneint werden“*, so der BGH.[252]

In ihrer Anmerkung zu dieser BGH-Entscheidung weist Bergmann darauf hin, dass mit dem seit 1.7.2018 eingeführten § 651 n II BGB nF dieser Anspruch von Reisenden häufig geltend gemacht werde, *„unter anderem im Rahmen von Schadensersatzklagen bei Vereitelung der Reise, etwa durch Reiseabsage wegen Überbuchung eines Hotels (BGH, NJW 2005, 1047 – Malediven). Da der Anspruch eine erhebliche Beeinträchtigung der Reise*

243 LG Bremen BeckRS 2013, 8669; LG Köln SP 2013, 253; OLG Celle 7.10.1999 – 14 U 271/98 → Nr. 3066; AG Bad Segeberg ZfS 1986, 135; OLG München BeckRS 1985, 420; BGH NJW 1983, 1107 (1108).
244 LG Frankfurt a. M. 31.1.1992 – 2/10 O 236/91.
245 AG Alzey 23.1.1989 – C 782/88.
246 AG Schlüchtern 14.3.95 – C 640/94.
247 AG Oberhausen 24.6.1997 – 35 C 155/97.
248 OLG Hamm BeckRS 2023, 9882 mit Verweis auf BGH NJW 1983, 1107; AG Rostock 14.5.2014 – 47 C 135/12; AG Hannover 20.3.1998 – 508 C 7828/97; AG Bad Segeberg ZfS 1986, 135.
249 S. hierzu LG Frankfurt a. M. BeckRS 2011, 08666; vgl. auch NK-GVR/Slizyk BGB § 253 Rn. 29 ff.
250 BGH NJW 2018, 789.
251 Vgl. auch Daßbach NJ 2019, 6.
252 BGH NJW 2018, 789.

voraussetzt, die erst ab Erreichen einer Minderungsquote für Reisemängel von 50 % erreicht wird (hM; LG Frankfurt a. M., NJOZ 2007, 4680 = RRa 2007, 69), wird er bei geringen Mängelquoten eher selten angenommen."[253]

cc) Reisevertragsrechtliche Schmerzensgeldansprüche. Gemäß § 253 BGB wird Schmerzensgeld einheitlich für Delikt und aus Vertrag gewährt und somit kann bei Verletzung der in § 253 Abs. 2 BGB abschließend aufgezählten Rechtsgüter auch dann Schmerzensgeld beansprucht werden, wenn den Schädiger eine vertragliche Haftung trifft. **47**

Im Fall der **Anmietung einer Ferienwohnung** sind dabei jedoch die Besonderheiten des Mietrechts zu beachten. Der Vermieter einer Ferienwohnung hafte gemäß **§ 536a BGB (vgl. dazu auch → Rn. 359)** sogar ohne jedes eigene Verschulden, womit das Mietrecht zunächst eine viel strengere Haftung vorsieht als bei anderen Vertragsformen wie etwa beim Kauf- oder beim Werkvertrag. Allerdings gilt dies nur für Mängel, die bereits bei Vertragsschluss vorlagen oder später wegen eines Umstands, den der Vermieter zu vertreten hatte, entstanden sind oder bei Verzug des Vermieters mit der Mängelbeseitigung. Die Beweislast dafür, dass ein **Mangel der Ferienwohnung,** infolgedessen die Geschädigte schwer verletzt worden war, sich bereits in die Zeit vor Vertragsschluss zurückverfolgen lässt, obliegt jedoch dem Mieter bzw. dem Geschädigten. In dem vom OLG Oldenburg[254] hierzu entschiedenen Fall erlitt das Kind der Feriengäste wegen einer defekten Kaffeekanne, deren Griff nach dem Herausnehmen aus der Kaffeemaschine abgebrochen war, schwere Verbrennungen, doch sowohl das LG Oldenburg als auch das OLG Oldenburg hatten die Haftung der Ferienwohnungsvermieterin abgelehnt, da die Klägerin nicht beweisen konnte, dass die Kaffeekanne bereits bei Vertragsschluss beschädigt war. Das OLG konkretisierte dies: „*Anfänglich ist ein Mangel dann, wenn sich die Schadensursache in die Zeit vor Vertragsschluss zurückverfolgen lässt, auch wenn er den Mietgebrauch erst später konkret beeinträchtigt oder für einen Schaden des Mieters ursächlich wird. Ausreichend ist mithin, wenn bei Vertragsschluss die Gefahrenquelle vorhanden war oder die Schadensursache vorlag. Wenn der Mieter bei Kenntnis des Zustands der Mietsache von dem Vermieter Abhilfe verlangen könnte, liegt bereits in diesem Zeitpunkt ein Mangel vor (BGH, NJW 2010, 3152 Rn. 15). Wird ein Bestandteil der Mietsache erst später funktionsuntüchtig, kommt es darauf an, ob dieser aufgrund seiner fehlerhaften Beschaffenheit bereits bei Vertragsschluss für die Gebrauchstauglichkeit der Mietsache ungeeignet war (BGH, aaO, Rn. 14). Hielt sich der Verschleiß im Zeitpunkt des Vertragsschlusses dagegen noch im normalen Rahmen, kann nicht von einem anfänglichen Mangel gesprochen werden (BGHZ 49, 350).*"[255]

Gerade vor dem Hintergrund der Tatsache, dass Ferienwohnungen oft bereits mehrere Monate im Voraus gebucht werden, bleibt von der auf den ersten Blick verbraucherfreundlichen Regelung des § 536a BGB – zumindest für die Mieter von Ferienwohnungen – in der Praxis nichts übrig, denn die Ursache für einen Mangel, wie beispielsweise die Brüchigkeit eines Kaffeekannengriffs, für den Zeitpunkt vor dem Abschluss des Ferienwohnungsmietvertrages zu beweisen, wird den Mietern in kaum einem Fall gelingen. Im konkreten Fall des OLG Oldenburg erhielt das durch den kochend heißen Kaffee schwer verletzte sechsjährige Mädchen der Gastfamilie weder materiellen Schadensersatz noch Schmerzensgeld.

Dies bedeutet im Reisevertragsrecht[256] eine erhebliche Erleichterung für im Urlaub infolge Reisevertragsverletzung geschädigte Personen. Allerdings ist der Reiseveranstalter – worauf das LG Köln[257] 2022 zutreffend hingewiesen hatte – nicht verpflichtet, Reisende vor jeder Gefahr zu schützen, der sie während der Reisezeit ausgesetzt sind. Abzugrenzen ist diese Pflicht von der grundsätzlichen Pflicht des Reisenden, für die eigene Sicherheit selbst zu sorgen. Dem Reiseveranstalter und seinen vertraglichen Erfüllungsgehilfen ist nicht zuzumuten, den Reisenden vor allen möglichen Gefahren zu schützen, wenn davon auszugehen ist, dass der Reisende die Gefahren selbst erkennen und sein Verhalten darauf einstellen kann. **48**

Jeder **Reiseveranstalter**[258] hat jedoch die Pflicht zur Überwachung der von ihm angebotenen Leistungen, zur Auswahl geeigneter und zuverlässiger Personen und zur Kontrolle und Sicherung von (potenziellen) Gefahrenquellen und muss sich im Zweifelsfalle bei seinem örtlichen Leistungsträger erkundigen, ob vor Ort alle maßgeblichen örtlichen Sicherheits- und Bauvorschriften eingehalten werden.[259] Verstößt ein Reiseveranstalter hiergegen, so haftet er auch auf Schmerzensgeld, wenn er hierdurch selbst oder – wie meist gegeben – sein vor Ort eingesetztes Personal (Reiseleiter, Hotelier etc) im Rahmen reisevertraglich geschuldeter Handlungen den Gast verletzt. Dabei spielt es keine Rolle – und darin liegt eine erhebliche Erleichterung

[253] Bergmann – Anm. zu BGH NJW 2018, 789.
[254] OLG Oldenburg BeckRS 2024, 32749 mAnm Drasdo NJW-Spezial 2025, 98.
[255] OLG Oldenburg BeckRS 2024, 32749.
[256] S. dazu Daßbach NJ 2019, 6 und zum neuen Pauschalreisevertragsrecht Paulus JuS 2018, 647; speziell zu Kreuzfahrten vgl. Stamer DAR 2024, 709 mit einer umfassenden Rechtsprechungsübersicht sowie Rodegra NJW 2011, 1766 (1772), vgl. auch bereits EuGH BeckRS 2004, 74619.
[257] LG Köln BeckRS 2022, 5865.
[258] Der Schuldner der vertragstypischen Leistungen wird beim Pauschalreisevertrag als „Reiseveranstalter", § 651a I. BGB bezeichnet.
[259] BGH BeckRS 2020, 5834; BGH BeckRS 2019, 20832, Mäsch JuS 2020, 176; OLG Köln NJW 2005, 3074.

für den Anspruchsteller – ob den Reiseveranstalter ein Auswahl- oder Überwachungsverschulden trifft. Die Einhaltung einer Sicherheitsvorschrift für ein Hotelzimmer, den Pool oder sonstige Anlagen durch den örtlichen Leistungsträger des Reiseveranstalters richtet sich dabei – so der BGH in einer Entscheidung vom 14.1.2020[260] – stets nach dem am Ort der (Hotel)Anlage geltenden Recht, auch wenn das Rechtsverhältnis zwischen Reisendem und Reiseveranstalter deutschem Recht als Vertrags- oder Deliktsstatut unterliegt, wobei das angerufene Gericht die insoweit relevanten ausländischen Sicherheitsvorschriften nur dann von Amts wegen zu ermitteln hat (§ 293 ZPO), wenn der Reisende konkrete Handlungen oder Zustände darlegt, durch die eine solche Vorschrift verletzt worden sein soll.

Ob somit die **Rollstuhlrampe** des Urlaubshotels rutschig ist,[261] **Bettwanzen** den Gast attackieren,[262] der **Fährtransfer** zum Seenotrettungsfall wird,[263] der **Bademeister** eines Schwimmbades[264] seine Aufsicht vernachlässigt, der **Koch** eines Kreuzfahrtschiffs[265] die Speisen fehlerhaft zubereitet oder der Gast eines solchen Schiffs zwei Fingerkuppen[266] verliert, weil er sich diese in einer schweren **Außentüre** eingeklemmt hatte oder auf einer **nassen Fliese** ausrutscht,[267] der **Hotelier** den Badestrand[268] oder Pool nicht in Ordnung hält oder es im Rahmen eines mitgebuchten **Ausfluges** (Bootsfahrt; Busfahrt; Kutschfahrt etc) zu einer Verletzung des Gastes oder gar dessen Tod[269] kommt, stets haftet auch der Reiseveranstalter und damit meist ein potenterer Schuldner als sein – den Gast unmittelbar bedienender und dabei verletzender – Erfüllungsgehilfe. Insofern sprach beispielsweise das LG Köln[270] dem Kläger, der sich während eines Badeurlaubs in der Türkei – wegen eines durch **Fäkalien** verunreinigten Badestrands – eine Darminfektion zugezogen hatte, 1.000 EUR zu. Das OLG Köln[271] erkannte für die Teilnehmerin einer **Safari-Reise** für deren sturzbedingt erlittene Schulterverletzung auf ein Schmerzensgeld von 6.000 EUR, nicht jedoch ohne ihr ein Mitverschulden von einem Drittel anzulasten, da sie auf einem unbeleuchteten und ihr unbekannten Weg nicht mit der größtmöglichen Aufmerksamkeit gegangen und somit zu Fall gekommen war.[272] Das OLG Karlsruhe[273] sah 10.000 EUR Schmerzensgeld als angemessen an, da das Hochbett[274] in einer **Berghütte** in der Schweiz nicht mit einer Absturzsicherung versehen war, weshalb die Klägerin von dort kopfüber auf den gefliesten Boden stürzte und sich erheblich verletzte; der Reiseveranstalter musste insofern zahlen. Zur Verkehrssicherungspflichtverletzung durch **Lautsprecherboxen,** die von einer Bühne fielen und eine Konzertbesucherin verletzten, s. die Entscheidung des OLG Braunschweig.[275]

Auch wenn dogmatisch nicht ganz passend, sei hier eine Entscheidung des BGH[276] erwähnt, bei der sich der BGH mit der Frage der Vermieterhaftung für eine Legionellen-Infektion **(Legionellen im Trinkwasser)** zu befassen und entschieden hatte, dass der Vermieter unter dem Gesichtspunkt der Verkehrssicherungspflichtverletzung auch für eine Legionellen-Kontamination haften könne, sofern er die ihm obliegende Kontrollpflicht verletzt habe. Derartige Sachverhalte (Legionellen im Trinkwasser) können nach allgemeiner Lebenserfahrung gerade auf Reisen bzw. während der Unterbringung in Hotels oder auf Kreuzfahrschiffen auftreten, weshalb diese Entscheidung gerade an dieser Stelle erwähnt wird.

Der Reiseveranstalter haftet auch für Körperschäden, die ein Reisender nach einem „Upgrade" (hier: Präsidentensuite statt der gebuchten Zimmer) vor Ort erlitten hat, so entschied das OLG Frankfurt a. M. und sprach der Klägerin – neben ihrem materiellen Schaden – auch ein Schmerzensgeld zu. Die Klägerin hatte sich erst vor Ort dazu entschieden, das ihr vom Hotelpersonal angebotene – vom Reiseveranstalter jedoch nicht vorgesehene – „Upgrade" (Suite) anzunehmen, wo ihr sodann eine Granitplatte, die sich im Bad gelöst hatte, auf den Fuß gefallen war und zu einer Großzehenfraktur geführt hatte. Das OLG sah den Umzug in die Präsidentensuite als eine Annahme an Erfüllungsstatt gem. § 364 BGB an und führte aus:

---

260 BGH BeckRS 2020, 5834 (Rollstuhlrampe) sowie zuvor bereits BGH BeckRS 2019, 20832 (Balkonglastüre).

261 BGH BeckRS 2020, 5834. vgl. auch BGH, NJW 2018, 861 (Fluggastbrücke) mAnm Schmid NJW 2018, 863; OLG Köln, NJW-RR 2008, 1448 – Safarireise).

262 OLG Celle BeckRS 2020, 3516.

263 LG Köln BeckRS 2019, 632.

264 BGH BeckRS 2017, 135004; OLG Nürnberg 18.6.2018 – 4 U 1455/17; LG Köln BeckRS 2019, 4036.

265 Stamer DAR 2024, 709 und Rodegra NJW 2011, 1766 (1171).

266 LG München I Vergleich v. 19.6.2019 – 22 O 318/19 (6.000 EUR Schmerzensgeld).

267 OLG Frankfurt a. M. BeckRS 2014, 11110.

268 LG Köln BeckRS 2015, 16663; zur Haftung bei einer nahezu nicht erkennbaren Glastüre (Glastüre in gläserner Wand) vgl. OLG Schleswig BeckRS 2017, 117438.

269 BGH BeckRS 2006, 10716 (Tod eines Kindes im Ansaugrohr einer ungenehmigten Wasserrutsche).

270 LG Köln BeckRS 2015, 16663.

271 OLG Köln BeckRS 2008, 16975.

272 Vgl. auch LG Hannover BeckRS 2009, 04210; AG Offenbach BeckRS 2009, 06700.

273 OLG Karlsruhe BeckRS 2016, 21197.

274 Vgl. auch OLG Saarbrücken BeckRS 2017, 128623 zur (hier abgelehnten) zivilrechtlichen Haftung infolge des Abbrechens eines Stuhlbeins von einem Plastikstuhl in einer Cafeteria.

275 OLG Braunschweig 28.2.2019 – 8 U 45/18 – die Entscheidung wird hier erwähnt, obwohl sie nicht im Zusammenhang mit dem Reisevertragsrecht steht.

276 BGH FD-Mietrecht 2015, 368865.

„Indem der Leistungsträger der Klägerin anbot, den mit der Beklagten geschlossenen Reisevertrag, statt mit der Unterbringung in den Wasservillen mit der Unterbringung in der Präsidentensuite zu erfüllen, und die Klägerin dieses Angebot annahm, haben sie eine Vereinbarung über die Erfüllung der ursprünglichen Schuld geschlossen, wobei unerheblich ist, dass die Leistung an Erfüllungsstatt von dem Leistungsträger als Dritten bewirkt wurde".

Kreuzfahrten und **Flugreisen** gehören für Millionen Menschen zum Urlaubsalltag, wobei die Kreuzfahrtbranche mit inzwischen jährlich mehr als 37 Millionen Gästen zunehmend eine bedeutende Rolle im globalen Tourismus spielt. Vor diesem Hintergrund sei an dieser Stelle in der gebotenen Kürze auf die Besonderheiten bei See- und Luftbeförderungen eingegangen. 49

Sowohl im Seerecht **(Athener Übereinkommen)**[277] als auch im Luftverkehrsrecht **(Montrealer Übereinkommen)**[278] wird die allgemeine Deliktshaftung teilweise durch spezialgesetzliche Gefährdungshaftungen überlagert. Während im Flugverkehr das Vorliegen eines „Unfallereignisses" die Haftung bestimmt, differenziert das Seerecht grundsätzlich zwischen schifffahrtstypischen Ereignissen und allgemeinen Vorfällen an Bord.

Im Bereich der Kreuzfahrten gelten insofern das Athener Übereinkommen (AÜ) iVm mit der VO (EG) 392/2009,[279] durch welche seit dem 31.12.2012 die Haftungsregeln für Reisende, ihr Gepäck und ihre Fahrzeuge konkretisiert und zwischen sog. Schifffahrtsereignissen und „anderen Unfällen" differenziert wird.

- Bei spezifischen **„Schifffahrtsereignissen"**, zu denen Schiffbruch, Kentern, Zusammenstoß oder Strandung des Schiffes, Explosion oder Feuer im Schiff oder ein Mangel des Schiffes gezählt werden, gilt zu Gunsten des Reisenden eine verschuldensunabhängige Haftung des Beförderers. Ist der Tod oder die Körperverletzung eines Reisenden durch ein Schifffahrtsereignis entstanden, so haftet der Beförderer absolut und verschuldensunabhängig bis zu zu sog. 250.000 Rechnungseinheiten (s. dazu auch unter → **Rn. 339b**).[280]
- **Bei allen anderen Unfällen** bzw. Vorfällen, insbesondere bei Stürzen an Bord oder Infektionen (zB Noroviren), trifft den Reisenden die volle Beweislast für ein Verschulden des Beförderers. Da Passagiere an Bord eine hohe Eigenverantwortung tragen, scheitern Schmerzensgeldansprüche oft am fehlenden Nachweis von Hygienemängeln oder Bodenunzulänglichkeiten.

Diese Einschränkung bzw. die Beweislastregel hinsichtlich der nicht auf Schifffahrtsereignissen beruhenden Vorfällen wird damit begründet, dass Passagiere an Bord eines Schiffes – insbesondere während einer Kreuzfahrt – aufgrund ihrer Bewegungsfreiheit grundsätzlich Verantwortung für sich selbst und ihre Entscheidungen tragen. Vor diesem Hintergrund scheiterten bislang zahlreiche Klagen auf Schmerzensgeld infolge von Sturzereignissen während einer Kreuzfahrt am Verschuldensnachweis.[281]

Während der Wortlaut des AÜ alle anderen Rechtsgrundlagen verdrängt, gilt dies für Pauschalreisen in Bezug auf die Haftung des Pauschalreiseveranstalters nicht. Insofern gilt die Regelungen des § 651n BGB und für Österreich des § 12 Abs. 2 ff. PRG, wonach der Reisende unabhängig von der Schadensursache nicht mit einem Verschuldensnachweis belastet wird, sondern lediglich den Nachweis einer Vertragswidrigkeit bzw. eines Mangels und dessen Kausalität für seinen Schaden führen muss.

Wukoschitz führt hierzu in seinem sehr lesenswerten Aufsatz „Auf hoher See vor dem EuGH"[282] aus: *„Nach der geltenden Pauschalreise-RL 2015 ist die Haftung des Reiseveranstalters nunmehr zwar grundsätzlich ebenfalls verschuldensunabhängig; anders als nach Art. 3 Abs. 1 AÜ kann sich der Reiseveranstalter aber durch den Beweis entlasten, dass ein infolge einer Vertragswidrigkeit eingetretener Schaden dem Reisenden selbst oder einem nicht an der Erbringung der Reiseleistungen beteiligten Dritten zuzurechnen oder auf unvermeidbare und außergewöhnliche Umstände zurückzuführen ist."*

Mit der Problematik bzw. der Frage der Parallelität etwaiger Ansprüche des verletzten Reisenden zum einen (gemäß AÜ) gegen den Beförderer und zum anderen (gemäß der Pauschalreise-RL) gegen den Reiseveranstalter befasst sich derzeit der EuGH[283] vor dem Hintergrund von zwei Anlassverfahren, denen jeweils Verletzun-

[277] Athener Übereinkommen von 1974 über die Beförderung von Reisenden und ihrem Gepäck auf See idF des Protokolls von 2002.
[278] Übereinkommen von Montreal vom 28.5.1999 in Montreal zur Vereinheitlichung von Vorschriften über die Beförderung im internationalen Luftverkehr.
[279] Verordnung (EG) Nr. 392/2009 des europäischen Parlaments und des Rates vom 23.4.2009 über die Unfallhaftung von Beförderern von Reisenden auf See.
[280] Rechnungseinheit ist gem. Art. 9 Abs. 1 AÜ das Sonderziehungsrecht des Internationalen Währungsfonds Stand 14.12.2025: 1 wobei eine Rechnungseinheit derzeit – Stand 14.12.2025 – 1,2316 EUR entspricht.
[281] Vgl. dazu Wukoschitz RRa 2026, 2 Rn. 8 bis Rn. 15.
[282] Wukoschitz RRa 2026, 2.
[283] GA Norkus SA v. 4.9.2025 – C-629/24 Rn. 46 – Costa Crociere; vgl. dazu Wukoschitz RRa 2026, 2.

gen durch Sturzereignisse auf Kreuzfahrtschiffen zugrunde lagen. Sofern, wie derzeit vom Generalanwalt in seinen Schlussanträgen ausgeführt wird, beide Anspruchsgrundlagen nebeneinander bestehen sollten, würde dies – worauf Wukoschitz zutreffend hinweist – *„eine Fragmentierung des AÜ"* bedeuten, da die oben angeführten Fälle von Hygienemängeln oder Bodenunzulänglichkeiten bzw. von Infektionen oder Sturzereignissen sodann nach Pauschalreiserecht zu beurteilen währen.

Im Bereich der **Haftungsfälle der Luftfahrtunternehmen**[284] regelt **Art. 17 I des Montrealer Übereinkommens** (kurz: MÜ) den Schutz der Fluggäste vor den spezifischen Gefahren für ihr Leben oder ihre körperliche Integrität, die aus den technischen Einrichtungen und sonstigen sachlichen Gegebenheiten der Luftbeförderung einschließlich des Ein- und Ausstiegs resultieren, wobei es sich dabei nicht notwendig um Risiken oder Gefahren handeln muss, die nur bei der Luftbeförderung auftreten können. *„Vielmehr reicht es aus, wenn sich ein Risiko verwirklicht, das sich aus der typischen Beschaffenheit oder dem Zustand eines Luftfahrzeugs oder einer beim Ein- oder Ausstieg verwendeten luftfahrttechnischen Einrichtung … ergibt"*.[285] Die Haftung eines Luftfahrtunternehmens nach dem MÜ beginnt insofern – so der BGH[286] – ab dem Zeitpunkt, ab welchem die Reisenden die letzte Identitätskontrolle hinter sich gebracht haben und sich somit in einem der Öffentlichkeit nicht mehr zugänglichen Bereich befinden, welchen man gewöhnlich nur noch in Richtung des Flugzeuges verlässt. Der BGH hat daher bereits den Sturz auf einer Fluggastbrücke dem Geltungsbereich des MÜ unterworfen und somit die auf Schmerzensgeld gerichtete Klage an das Berufungsgericht zurückverwiesen.

2022 hatte sich auch der EuGH[287] mit der Haftungsfrage beim Ein- und Aussteigen aus Flugzeugen/Linienflugzeugen zu befassen und dazu ausgeführt, die Haftungsregelung des Art. 20 MÜ sei dahin auszulegen, dass ein Verschulden des Luftbeförderers an einem Unfall des Passagiers auf einer mobilen Treppe vermutet wird, wenn er nicht ein Ver- oder Mitverschulden des Passagiers nachweisen kann. Nach der Entscheidung des EuGH[288] kommt eine Haftungsbefreiung einer Fluggesellschaft für einen Unfall von Passagieren beim Ein- und Aussteigen nur dann in Betracht, wenn die Fluggesellschaft den Nachweis einer Mitverursachung seitens des Passagiers erbringen kann.

Im Ausgangsverfahren hatte eine Frau die Austrian Airlines AG auf 4.700 EUR Schmerzensgeld verklagt, weil sie auf einer mobilen Treppe mit ihrem Kleinkind auf dem Arm gestürzt war. In der anderen Hand hatte sie ihre Handtasche gehalten, weshalb sie sich an dem Handlauf der Treppe nicht festhielt.

Das streitentscheidende Gericht in Österreich hatte dem EuGH folgende Rechtsfragen vorgelegt:
- Liegt hier überhaupt ein Unfallereignis iSd Art. 17 des Montrealer-Übereinkommens (MÜ) vor?
- Greift die Haftungsbefreiung des Art. 20 MÜ, mit der Folge, dass die beklagte Fluggesellschaft hier bereits aus diesem Grund nicht zahlen muss?

Der EuGH bejahte die erste Frage. Bezüglich der zweiten Frage hat der EuGH den Rechtsstreit an das österreichische Ausgangsgericht [= Landesgericht Korneuburg (Österreich)] zurückverwiesen; nach Ansicht des EuGH sei zwar zu berücksichtigen, dass die Frau eine Sorgfaltspflicht gegenüber ihrem Kleinkind habe wahrnehmen müssen. Vor dem LG Korneuburg müsse nun jedoch geklärt werden, ob der Klägerin ein Mitverschulden an dem Unfall zur Last fällt.

Eine **„luftfahrttypische Gefahr" iSv Art. 17 I MÜ** verwirklicht sich somit auch, wenn anlässlich eines Fluges die Stewardess den von ihr durch den Gang geschobenen Service-Wagen gegen das Knie des Flugreisenden rammt.[289]

Ebenso haftet die **Fluggesellschaft,**[290] deren Crewmitglieder (hier: Cockpit und Purser) von der Klägerin darauf aufmerksam gemacht worden waren, dass sie auf die von den regelmäßig im Flugzeug verteilten Saunatüchern ausgehenden Dämpfe allergisch reagiere und deshalb bat, diese Tücher diesmal nicht auszugeben, was jedoch versehentlich ignoriert wurde. Darin sah das OLG Frankfurt a. M.[291] *„eine Pflichtverletzung der Bekl. …, die auch in einem Großraumflugzeug die Fürsorge gegenüber einzelnen Passagieren* [habe], *auf deren besondere Situation sie aufmerksam gemacht wurde, nicht vernachlässigen darf"*. Das OLG sprach der Klägerin 1.500 EUR Schmerzensgeld zu.

---

[284] EuGH BeckRS 2022, 12112.
[285] BGH BeckRS 2017, 138880.
[286] BGH BeckRS 2017, 138880.
[287] EuGH BeckRS 2022, 12112.
[288] EuGH BeckRS 2022, 12112.
[289] OLG Celle BeckRS 3230.
[290] Zur Haftung gem. Art. 17 MÜ (Übereinkommen zur Vereinheitlichung bestimmter Vorschriften über die Beförderung im internationalen Luftverkehr, kurz: Montrealer Übereinkommen) vgl. Geigel Haftpflichtprozess Rn. 76 ff.
[291] OLG Frankfurt a. M. NJW-RR 2014, 824.

Über die Frage der **Haftung eines Luftfahrtunternehmens für einen „Unfall“ durch heißen Kaffee** im Flugzeug hatte 2019 der **EuGH**[292] zu entscheiden. Während eines Fluges von Mallorca nach Wien wurde heißer Kaffees serviert, der von dem vor der Klägerin befindlichen Abstellbrett, auf dem er abgestellt war, über den rechten Oberschenkel sowie über die Brust kippte, wodurch diese Verbrühungen[293] zweiten Grades erlitten hatte. Das LG Korneuburg (Österreich) gab der Klage statt, das OLG Wien hob das erstinstanzliche Urteil auf, da nach seiner Ansicht Art. 17 MÜ[294] nur Unfälle betreffe, die auf ein für die Luftfahrt typisches Risiko zurückgingen. Die Kl. des Ausgangsverfahrens erhob daraufhin Revision zum **OGH,**[295] mit der sie die Feststellung der Haftung des Luftfrachtführers sowie der Begründetheit ihrer Schadenersatzklage begehrte. Der OGH legte die Sache dem EuGH mit der Bitte um Klärung der Frage vor, ob Art. 17 Abs. I MÜ dahin auszulegen ist, dass der Begriff „Unfall“ im Sinne dieser Bestimmung einen Sachverhalt erfasst, in dem ein bei der Fluggastbetreuung eingesetzter Gegenstand eine körperliche Verletzung eines Reisenden verursacht hat, ohne dass ermittelt werden müsste, ob dieser Unfall auf ein luftfahrtspezifisches Risiko zurückgeht. Der EuGH entschied, dass Art. 17 Abs. I MÜ dahin auszulegen sei, dass der Begriff „Unfall“ im Sinne dieser Bestimmung jeden an Bord eines Luftfahrzeugs vorfallenden Sachverhalt erfasst, in dem ein bei der Fluggastbetreuung eingesetzter Gegenstand eine körperliche Verletzung eines Reisenden verursacht hat, ohne dass ermittelt werden müsste, ob der Sachverhalt auf ein luftfahrtspezifisches Risiko zurückgeht. Die grundsätzliche Haftungsfrage bei solchen Unfällen im Rahmen des Bordservices und insbesondere in Bezug auf „Getränkeunfälle“ wurde somit durch den EuGH zugunsten der Fluggäste beantwortet.

Zur Vorlageanfrage des Obersten Gerichtshofs (Österreich) an den **EuGH** zur Frage des **Begriffs „körperlich verletzt“ in Art. 17. Abs. 1 MÜ** entschied der EuGH 2022.[296] Die Klägerin des Ausgangsverfahrens erhob eine Schadenersatzklage wegen einer posttraumatischen Belastungsstörung, die nach einem – beim Aussteigen aus dem Flugzeug eines Luftfahrtunternehmens erfolgten – Unfall bei ihr diagnostiziert worden war. Im Rahmen des vorliegenden Rechtsstreits äußert der EuGH Zweifel hinsichtlich der Tragweite von Art. 17 Abs. 1 des Übereinkommens von Montreal. Dazu entschied der EuGH,[297] dass Art. 17 Abs. 1 MÜ dahin auszulegen [sei], dass für eine psychische Beeinträchtigung, die ein Fluggast durch einen „Unfall“ im Sinne dieser Bestimmung erlitten hat und die keinen Zusammenhang mit einer „Körperverletzung“ im Sinne dieser Bestimmung aufweist, in gleicher Weise Schadenersatz zu leisten ist wie für eine solche Körperverletzung, sofern der Fluggast eine Beeinträchtigung seiner psychischen Integrität nachweist, die von solcher Schwere oder Intensität ist, dass sie sich auf seinen allgemeinen Gesundheitszustand auswirkt und nicht ohne ärztliche Behandlung abklingen kann.[298]

Erneut musste sich 2021 ein Gericht, diesmal das **LG Köln,**[299] mit der Haftungsfrage eines Luftfahrtunternehmens bzw. dem Schmerzensgeldbegehren eines Fluggastes befassen; diesmal ging es um Brandverletzungen, die sich eine Passagierin beim Verzehr einer **heißen Suppe** zugezogen hatte, die ihr beim Essen in den Ausschnitt geschwappt war.[300] Das LG wies den Anspruch zurück; die Frau hätte die Temperatur der Suppe selbst prüfen und vorsichtiger Essen müssen; das Verhalten der Klägerin sei daher als ein „Verschulden gegen sich selbst“, mithin als (grob) fahrlässig, zu werten.[301]

Ebenfalls abgewiesen – vom **LG Frankfurt a. M.** –[302] wurde 2022 die Klage eines Ehepaars und deren Kleinkind, die als Passagiere der beklagten Fluggesellschaft wegen zu großer Hitze in der Kabine Schmerzensgeld begehrt hatten (zu den Einzelheiten des Falles s. → Nr. 7394). Das LG begründete dies damit, dass die Kläger durch die **Hitze im Flugzeug** zwar unstreitig erheblich beeinträchtigt waren; dies reiche jedoch für einen Schmerzensgeldanspruch nicht aus.[303]

In einem ähnlichen Fall, bei dem die Klägerin viereinhalb Stunden in der **Warteschlange am Flughafen** bei Temperaturen über 38 Grad an den Gepäckbändern, an denen keine Möglichkeit der Getränkeversorgung gegeben war, warten musste, sah jedoch das LG Landshut[304] einen Anspruch auf Schmerzensgeld iHv

[292] EuGH 19.12.2019 – C-532/18 (GN/ZU), NJW 2020, 381 mAnm Daßbach NJW 2020, 381.
[293] Vgl. dazu (Verbrennung bzw. Verbrühung durch Kaffee im Flugzeug) auch LG Frankfurt a. M. BeckRS 2005, 14653, → Nr. 3518.
[294] Übereinkommen von Montreal vom 28.5.1999 in Montreal zur Vereinheitlichung von Vorschriften über die Beförderung im internationalen Luftverkehr (Beschl. 2001/539/EG des Rates vom 5.4.2001).
[295] Oberster Gerichtshof in Österreich.
[296] EuGH NJW 2022, 3701.
[297] EuGH NJW 2022, 3701; vgl. auch Generalanwalt beim EuGH Schlussantrag BeckRS 2022, 5371.
[298] EuGH NJW 2022, 3701.
[299] LG Köln BeckRS 2021, 12031.
[300] Vgl. zur Haftung im Rahmen der Anmietung einer Ferienwohnung OLG Oldenburg BeckRS 2024, 32749 und oben → Rn. 359.
[301] Staudinger/Busse NJW 2021, 2860 (2864).
[302] LG Frankfurt a. M. BeckRS 2022, 53985.
[303] LG Frankfurt a. M. BeckRS 2022, 53985.
[304] LG Landshut BeckRS 2023, 49466, → Nr. 7627.

100 EUR gegen das Luftfahrtunternehmen als gerechtfertigt an. Dass die Klägerin zuvor sich mit Getränken versorgen konnte, sei, so das LG, unerheblich, da die Klägerin nicht wissen konnte, dass die Beklagte sie und ihre Mitreisenden so lange warten lassen würde.

Vor dem Hintergrund der Corona-Pandemie hatte sich das AG Hannover[305] mit der Frage zu befassen, ob einer 73-jährigen unter Asthma leidenden Frau, die infolge des vorgeschriebenen Tragens einer **Corona-Schutzmaske** im Flugzeug kollabiert war, Schmerzensgeld ua wegen entgangener Urlaubsfreuden zusteht. Das AG wies die Klage ab, da zum einen kein „Unfall" iSd Art. 17 Abs. 1 MÜ vorliege und deshalb auch kein Anspruch auf Grundlage von § 33 LuftVG oder § 45 LuftVG gegeben sei. Zum anderen fehle es für einen Anspruch gem. der §§ 823, 831 BGB an der Rechtswidrigkeit. *„Was den gem. § 651n Abs. 2 BGB möglichen Entschädigungsanspruch des Reisenden wegen entgangener Urlaubsfreuden betrifft, so ist insofern der Pauschalreiseveranstalter iSv § 651a Abs. 1 BGB passivlegitimiert. Diese Eigenschaft kommt der beklagten Fluggesellschaft, die nur Erfüllungsgehilfe des Pauschalreiseveranstalters der Klägerin war, unstreitig nicht zu"*, so das AG.

Zur Haftung bei Gastflügen mit Privatpiloten und Flugvereinen s. unter → Rn. 339b.

50 Nicht jeder Mangel führt zwangsläufig zur Haftung des Reiseveranstalters und zum Erhalt eines Schmerzensgeldes. So wies das LG Koblenz[306] die auf 25.000 EUR Schmerzensgeld gerichtete Klage wegen vermeintlicher Freiheitsberaubung infolge coronabedingt unterbliebener Landgänge ab. Ebenso entschied das OLG Koblenz,[307] dass der Reiseveranstalter nicht verpflichtet sei, sämtliche **Plastikstühle** zu überprüfen, sofern hierfür keine Mängelanzeichen vorliegen. Gleiches gilt im Übrigen auch für **Wirtshausstühle,** worauf das OLG Hamm[308] hingewiesen hatte. Mit dem Sturz eines Gastes auf einer bewusst mediterran gehaltenen Außenterrasse mit diversen Unebenheiten und Vertiefungen hatte sich das OLG Frankfurt a. M.[309] befasst und das die Klage abweisende Urteil der Vorinstanz bestätigt. Ebenso lehnte das AG München[310] den Schmerzensgeldanspruch eines Urlaubers ab, dem das **Waschbecken** im Bad seines Hotelzimmers auf den Fuß gefallen war. Die Beklagte, ein Münchener Reiseveranstalter, habe das Hotel zuvor durch geschultes Personal überprüft und keinen Mangel festgestellt. Zudem seien **Stichproben ausreichend,** zumal wenn es sich um „Leistungsträger innerhalb der EU" handele. Zudem dürften die Anforderungen an Verkehrssicherungspflichten „nicht überspannt" werden. Es könne nicht vom Reiseveranstalter verlangt werden, dass er sich nach der Art der Befestigung von Waschbecken erkundigen müsse oder durch regelmäßige Belastungstests deren Standfestigkeit zu kontrollieren habe.

51 Vor dem Hintergrund der global um sich greifenden **Terroranschläge** stellt sich immer wieder die Frage nach der Haftung der Reiseveranstalter für die Auswirkungen derartiger Terrorakte im Zusammenhang mit einer gebuchten Reise. Das verheerende Attentat von Djerba am 11.4.2002 warf erstmals diese Frage – insbesondere im Zusammenhang mit einer möglichen Verantwortung des Reiseveranstalters für unterbliebene **Warnungen** – auf. Das OLG Celle,[311] welches hierüber zu entscheiden hatte, sah jedoch keine Umstände, die die Reiseveranstalterin zu einer konkreten Warnung vor dem Besuch der Synagoge „La Ghriba" hätten veranlassen müssen und lehnte somit den Anspruch auf materiellen Schadensersatz und Schmerzensgeld eines bei diesem Attentat schwer verletzten Touristen ab. Der Senat ließ die Revision nicht zu. Bezüglich des Terroranschlags von Port El-Kantaoui (Nähe der Stadt Sousse in Tunesien), bei dem am 26.6.2015 insgesamt 38 Feriengäste des Hotels „Imperial Marhaba" am Strand erschossen wurden, kann – nach bisherigen Informationen – ebenfalls von einer Haftung der Reiseveranstalter wohl nicht ausgegangen werden.

Zur Entschädigung von Opfern nach terroristischen Anschlägen und speziell der durch Kraftfahrzeugbetrieb geschädigten Terroropfer sei an dieser Stelle auf den gleichnamigen – wenn auch nicht mehr ganz aktuellen – Aufsatz von Krücker[312] sowie auf die Ergebnisse des Arbeitskreises VII des 58. Deutschen Verkehrsgerichtstags im Januar 2020 verwiesen, mit denen sich Kranig[313] befasst.

52 Über die Frage der Entschädigung wegen **nutzlos aufgewandter Urlaubszeit** (§ 651f Abs. 2 BGB) hatte der BGH[314] im Jahr 2005 sowie später erneut 2017[315] zu entscheiden. Eine Entschädigung (diese als „Schmer-

---

305 AG Hannover BeckRS 2021, 25056.
306 LG Koblenz BeckRS 2021, 33429.
307 OLG Koblenz BeckRS 2012, 08262.
308 OLG Hamm 20.10.2015 – 9 U 142/14, BeckRS 2015, 19768.
309 OLG Frankfurt a. M. BeckRS 2023, 17703; zum Sturz mit dem Stuhl von der Außenterrasse eines Gasthauses s. LG Köln BeckRS 2024, 698.
310 AG München 3.12.2013 274 C 14644/13 NJW 2013, 3760.
311 OLG Celle BeckRS 2005, 11239.
312 Krücker DAR 2020, 18.
313 Kranig NZV 2020, 21.
314 BGH NJW 2005, 1047 (sog. Malledivenurteil).
315 BGH BeckRS 2017, 138616.

zensgeld" zu bezeichnen, ginge zu weit) von 75 EUR/Tag/Person sei angemessen. Urlaubszeit gilt als nutzlos aufgewandt, wenn die Hotelzimmer als „ekelerregend" und „schlichtweg unzumutbar" qualifiziert[316] oder beispielsweise aufgrund der hygienischen Zustände jeglicher Erholungszweck verfehlt wurde,[317] welches dabei betonte, ein solcher Anspruch stehe „auch Schülern und Kindern … zu".

Im Fall einer vereitelten Karibik-Kreuzfahrt betonte der BGH[318] hierzu, eine Vereitelung der Reise könne allerdings einer durch Reisemängel vollständig entwerteten Reise nicht ohne weiteres gleichstehen. Es könne deshalb nicht stets davon ausgegangen werden, dass eine Entschädigung in Höhe des vollen Reisepreises angemessen sei.

Mit der Vereitelung der Reise steht fest, dass der Reisende den von ihm geplanten konkreten Nutzen seiner Urlaubszeit, nämlich den Erfolg der von ihm beim Reiseveranstalter gebuchten Reise, nicht erreichen kann. Umstände einer Vorteilsausgleichung, wie eine verbleibende Urlaubsverbringung in den eigenen vier Wänden oder einer Ersatzreise für die verbleibende Urlaubszeit, reduzieren den Anspruch gem. § 651f Abs. 2 dabei nicht.[319]

Mit der Frage, ob beim Ausfall der gebuchten Reise (hier: Djerba) eine vom Reiseveranstalter angebotene **Ersatzreise** (hier: an die Costa Brava) **schmerzensgeldmindernd** sei, befasste sich das AG Köln[320] und bejahte dies, denn dadurch habe der Kläger – wozu er nicht verpflichtet gewesen sei – seinen Reisezweck nach Erholung und Urlaubsfreuden doch noch erreicht. Dies sei vergleichbar mit einer Körperverletzung, deren Heilung positiv verlaufe, was ebenfalls schmerzensgeldmindernd zu berücksichtigen sei. 53

Abschließend sei noch – wenn auch dogmatisch nicht exakt an diese Stelle passend – eine Entscheidung des LG München I[321] zum Schmerzensgeldanspruch eines Mannes erwähnt, der während einer USA-Reise erkrankt war. Sein Reisekrankenrücktransportversicherer hatte sich geweigert, ihn zu transportieren, weshalb er besondere Strapazen im Rahmen des alternativen **Rücktransports** auf sich nehmen musste. Das Gericht gab der Klage statt.

g) Vorschädigung und vorhandene Schadensbereitschaft. Sachverhalte zu diesem Problemkreis[322] sind ausgesprochen häufig Gegenstand von Gerichtsentscheidungen; – s. aus jüngerer Zeit dazu das Urteil und den Hinweisbeschluss des OLG Schleswig[323] oder das Urteil des OLG Hamm.[324] 54

Zu differenzieren sind hierbei zwei Problembereiche:

- Zum einen die Frage, ob die Schadendisposition Einfluss auf die Höhe des Schmerzensgeldes haben kann und muss[325] und
- zum anderen die (Beweis-)Frage – vornehmlich im Bereich der HWS-Verletzungen[326] – ob die behaupteten (Folge)Verletzungen überhaupt eingetreten sein können.

aa) Vorschädigung, Erst- und Zweitschädigung und Höhe des Schmerzensgeldes. Der BGH vertritt in ständiger Rechtsprechung[327] die Auffassung, dass der Schädiger keinen Anspruch darauf habe, auf einen „Gesunden" zu treffen, sondern den Geschädigten so hinnehmen müsse, wie er ist. Dies bedeutet auch, dass die besondere Schadendisposition des Verletzten in den Risikobereich des Schädigers fällt.[328] Darauf, dass insofern auch *„berufliche und private Stressfaktoren wie auch eine anlagebedingte Vulnerabilität ebenfalls mitauslösende und/oder aufrechterhaltende Faktoren"* seien, hindere – so das OLG München[329] sowie auch das LG Köln[330] – den Zurechnungszusammenhang nicht. Ebenso entschied im Falle einer unfallbedingten **posttraumatischen** 55

316 So im Fall, den der BGH BeckRS 2017, 138616 zu entscheiden hatte.
317 LG Köln 24.8.2015 – 2 O 56/15 mit Verweis auf BGHZ 85, 168, BeckRS 2015, 16663.
318 BGH NJW 2018, 3173.
319 Führich Anm. zu BGH NJW 2018, 3173.
320 AG Köln Urt. BeckRS 2013, 2213.
321 LG München I BeckRS 2008, 13561.
322 Vgl. auch Burmann/Heß/Hühnermann/Jahnke/Jahnke BGB § 253 Rn. 22–25; Küppersbusch/Höher Rn. 22.
323 OLG Schleswig 19.3.2024, BeckRS 2024, 5395; OLG Schleswig, 21.2.2024 BeckRS 2024, 9767 – den beiden Entscheidungen lagen unterschiedliche Sachverhalte zu Grunde.
324 OLG Hamm BeckRS 2018, 7534; OLG Hamm BeckRS 2014, 22299; LG Frankfurt a. M. BeckRS 2018, 1877; LG Bonn BeckRS 2016, 116629; vgl. auch Jahnke/Burmann PersSchadensR-HdB/Jahnke Rn. 369 ff.
325 S. hierzu OLG Hamm 13.6.2014 – 9 U 201/13 und OLG Celle BeckRS 2011, 03335.
326 Vgl. hierzu Eschelbach NZV 2010, 481 sowie Müller VersR 2003, 137.
327 BGH BeckRS 2022, 38714; BGH BeckRS 2018, 18775; BGH BeckRS 1997, 9122.
328 BGH NZV 2005, 461; BGH NJW 2002, 504 sowie BGH VersR 1996, 990 (991); OLG Hamm BeckRS 2016, 113206; KG NZV 1999, 329 (330).
329 OLG München BeckRS 2013, 08875; vgl. dazu jedoch OLG Schleswig BeckRS 2024, 5395.
330 LG Köln BeckRS 2019, 632.

Belastungsstörung (PTBS[331]) und einer damit verbundenen jedoch im Grundsatz unfallunabhängig vorliegenden Depression das OLG Hamm,[332] und führte hierzu aus, es hätten sich insofern jedoch „… endogene Neigungen, das heißt in der Persönlichkeit des Klägers und dessen Charakter angelegte Umstände, ausgewirkt. Eine endogene Persönlichkeitsstruktur begründet eine erhöhte Vulnerabilität für eine Depression".[333]

Somit ist es auch – worauf das LG München I[334] zu Recht explizit hingewiesen hatte – bei der Schmerzensgeldbemessung (hier: wegen schwerer Gehirnschädigung infolge eines ärztlichen Behandlungsfehlers) völlig „irrelevant",[335] ob beim Anspruchsteller/Kläger bereits eine **angeborene Körperbehinderung** vorliegt, denn *„Das Leben einer Körperbehinderten ist nicht weniger lebenswert, als das eines im Wesentlichen Gesunden"*, so das LG München.

Der Schädiger kann auch nicht damit gehört werden, dass die Primärverletzung lediglich den Stellenwert eines einzelnen Faktors – im Zusammenwirken mehrerer Faktoren in einem typischen Ursachenbündel – hat, ohne dass ihr die gegenüber anderen Faktoren überwiegende Bedeutung zukommt.[336] Entscheidend ist, dass die konkrete Verletzungshandlung (mit-)schadenauslösend war, mit anderen Worten, eine Haftung wird immer bejaht, wenn ohne das Unfallereignis (jedenfalls zum konkreten Zeitpunkt) keine Beschwerden aufgetreten wären oder – wie es das VG Ansbach[337] ausgedrückt hat – wenn *„das schädigende Ereignis einen zwar nicht gesunden, jedoch … beschwerdefreien Menschen betroffen"* hat.

In Fortschreibung zu BGH, Urt. v. 26.3.2019 – VI ZR 236/18[338] wies das OLG Hamm 2022 darauf hin, dass der haftungsausfüllende Zurechnungszusammenhang zwischen Unfallereignis [hier: Fahrradsturz] sowie Primärschaden [hier: Schulterverletzung] einerseits und Sekundärschäden andererseits nicht allein durch einen groben Behandlungsfehler des behandelnden Zweitschädigers ausgeschlossen werde. Vielmehr bedürfe es hierbei *„eines vom Erstschädiger zu beweisenden besonderes groben Behandlungsfehlers"*.[339]

56 Ob und gegebenenfalls in welchem Maße eine **Vorschädigung** den Schmerzensgeldanspruch mindert, ist eine Frage des Einzelfalls. S. dazu nachfolgend unter → **Rn. 61a.**

57 Nicht selten wird ein Geschädigter – gerade im Straßenverkehr – durch einen sich anschließenden zweiten Unfall weitergehend geschädigt bzw. verletzt. Ob der Verursacher des **Erstunfalls** auch für die Folgen des **Zweitunfalls** haftet, bestimmt sich danach, ob der Schutzzweck der Norm, welche die Zurechnung der Folgen des Erstunfalls regelt, auch noch die durch den Zweitunfall verursachte Schädigung umfasst oder anders formuliert, ob sich der Erstunfall auf das endgültige Schadenbild in relevanter Weise ausgewirkt hat.[340] Ein wesentliches Indiz hierfür ist, dass sich beide Unfälle in einem engen räumlichen und zeitlichen Zusammenhang ereignet haben und die durch den Erstunfall begründete Gefahrenlage noch bestand.[341] Dagegen fehle grundsätzlich ein derartiger Zurechnungszusammenhang – so entschied 2019 der BGH[342] – wenn ein Schaden zwar bei rein naturwissenschaftlicher Betrachtung mit der Handlung des Schädigers in einem kausalen Zusammenhang steht, dieser Schaden jedoch entscheidend durch ein völlig ungewöhnliches und unsachgemäßes Verhalten einer anderen Person ausgelöst worden ist und sich aus dieser Sicht im Zweiteingriff nicht mehr das Schadensrisiko des Ersteingriffs verwirklicht sondern zwischen beiden Eingriffen bei wertender Betrachtung nur ein „äußerlicher", gleichsam „zufälliger" Zusammenhang besteht. In diesem Falle könne, so der BGH, „vom Erstschädiger billigerweise nicht verlangt werden, dem Geschädigten auch für die Folgen des Zweiteingriffs einstehen zu müssen". Ebenso entschied bereits 2004 der BGH[343] und führte damals, fast noch präziser aus, dass eine Haftung des Erstunfallverursachers dann nicht mehr gerechtfertigt sei, wenn *„ein eigenständiges Verhalten eines Dritten dem Geschehen eine Wendung gibt, die die Wertung erlaubt, das mit dem Erstunfall gesetzte Risiko sei für den Zweitunfall von völlig untergeordneter Bedeutung"*.[344] Dies, so der

[331] Vgl. hierzu ua OLG Frankfurt a. M. BeckRS 2017, 135880; OLG Hamm BeckRS 2016, 113265 mAnm Slizyk NZV 2017, 284; Eschelbach/Geipel NZV 2010, 481 (486).
[332] OLG Hamm BeckRS 2016, 113265.
[333] OLG Hamm BeckRS 2016, 113265.
[334] LG München I 27.7.2011 – 9 O 24797/07, VersR 2011, 1576.
[335] LG München I 27.7.2011 – 9 O 24797/07, VersR 2011, 1576.
[336] BGH NJW 2000, 862.
[337] VG Ansbach BeckRS 2020, 7115.
[338] BGH BeckRS 2019, 9268.
[339] OLG Hamm BeckRS 2022, 38552 → Nr. 7107.
[340] BGH BeckRS 2019, 9268; BGH BeckRS 2012, 16258; BGH BeckRS 2004, 2959 sowie OLG Hamm BeckRS 2022, 38552.
[341] Vgl. dazu beispielhaft OGH 28.6.20212 – 2 Ob 85/11f BeckRS 2012, 221187.
[342] BGH BeckRS 2004, 2959 sowie mit Verweis hierauf OLG Hamm BeckRS 2022, 38552.
[343] BGH BeckRS 2004, 2959.
[344] BGH BeckRS 2019, 9268; BGH BeckRS 2012, 16258; BGH BeckRS 2004, 2959 sowie OLG Hamm BeckRS 2022, 38552.

BGH, ist bei einem vorsätzlichen Verhalten stets der Fall,[345] jedoch *„kann auch ein nicht vorsätzliches Verhalten des Zweitunfallverursachers zur Schaffung eines neuen Risikos führen, das mit dem durch den ersten Unfall geschaffenen Risiko nur noch „äußerlich" zusammenhängt".*[346] Allerdings – so betonte der BGH[347] – gäbe es keine „allgemein verbindlichen Grundsätze, in welchen Fällen ein haftungsrechtlicher Zurechnungszusammenhang bejaht oder verneint werden muss"; so bejahte der BGH den Schmerzensgeldanspruch für die sturzbedingten Verletzungen (auf eisglatter Fahrbahn), die sich ein Unfallbeteiligter zugezogen hatte, nachdem er – wegen eines Auffahrunfalles – sein Fahrzeug verlassen hatte. Hierdurch, so der BGH, „eröffnet er … nicht selbst einen eigenständigen Gefahrenkreis".

Ist dagegen der Schaden als **Verwirklichung** des **allgemeinen Lebensrisikos** zu bewerten und nicht mehr dem Schutzbereich der jeweiligen Norm[348] zuzurechnen, so haftet der Schädiger nicht, worauf das LG Nürnberg-Fürth[349] sowie das OLG Stuttgart[350] unter Verweis auf die diesbezügliche Rechtsprechung des BGH[351] hingewiesen hatte.

Ein außergewöhnlicher Sachverhalt lag einer Entscheidung des OLG Hamm[352] zugrunde. Der Kläger, Gast **58** eines Hotels des Beklagten in der Türkei, konnte nachts nicht in das Hotel gelangen, da sich die Eingangstür wegen eines von einer Reinigungskraft von innen eingestecktem Schlüssel nicht öffnen ließ. Die Reinigungskraft wusste jedoch wegen fehlender Informationen durch den Beklagten und wegen der Sprachschwierigkeiten nicht, dass der Kläger und sein Begleiter Hotelgäste waren. Die beiden Gäste wussten beim Verlassen nichts von den Schwierigkeiten des Nachts wieder in das Hotel zu gelangen. Als sie dies gegen vier Uhr versuchten, kam es zu einem Missverständnis, in deren Folge die Reinigungskraft den Begleiter des Klägers erstach und den Kläger verletzte. Dieser verlangte daraufhin vom Beklagten Schmerzensgeld auf der Basis des Beherbergungsvertrages; mit Erfolg. Ein Schadensersatz- und Schmerzensgeldanspruch – so das OLG Hamm – bestehe auch dann, wenn kein unmittelbarer zeitlicher und räumlicher Zusammenhang zwischen dem Zutrittsversuch und der Verletzungshandlung bestanden habe und trotz der Besonderheit, dass die erste pflichtverletzende Handlung des Beklagten – die fehlende Information und Anweisung der Reinigungskraft – nicht unmittelbar zum Schaden geführt habe, sondern erst durch die (zweite) vorsätzliche Handlung der Reinigungskraft selbst. Denn auch das **vorsätzliche Handeln** des **Zweitschädigers** sei dem Erstschädiger zuzuordnen, wenn sich durch die „erste Tat" die spezifische Gelegenheit zum vorsätzlichen Handeln des Zweitschädigers ergeben habe. So läge der Fall jedoch hier, wie das OLG im Weiteren detailliert ausführte.

Zur **Haftung** des **Erst- und Zweitschädigers** zweier voneinander zeitlich und räumlich völlig unabhängiger **59** Unfälle führte der BGH[353] aus:

„Entsteht nach zwei zeitlich einander folgenden selbständigen Unfällen ein Dauerschaden des Verletzten, haftet der Erstschädiger mangels abgrenzbarer Schadenteile grundsätzlich auch dann für den Dauerschaden, wenn die Folgen des Erstunfalles erst durch den Zweitunfall zum Dauerschaden verstärkt worden sind. Der Zweitschädiger haftet für den Dauerschaden mangels abgrenzbarer Schadensteile schon dann, wenn der Zweitunfall lediglich mitursächlich für den Schaden ist."[354]

In einer Entscheidung hierzu aus dem Jahr 2005 führte der BGH hierzu sehr deutlich aus: „Haftungsrechtlich … kann auch die Mitverursachung einer Verschlechterung im Befinden ausreichen, um die volle Haftung auszulösen"[355] und betonte, „dass nach den dargelegten Grundsätzen die bloße Mitverursachung … für eine Haftung des Schädigers grundsätzlich auch dann ausreichen kann, wenn eine psychische Fehlverarbeitung des Geschädigten hinzutritt".[356]

Mit Fragen zur Mithaftung des Erstschädigers (Verkehrsunfallverursacher) für **ärztliche Versäumnisse** hatten **60** sich in den letzten Jahren immer wieder die Gerichte zu befassen. Zu nennen sind insoweit ua die Entschei-

[345] VG Ansbach BeckRS 2020, 7115; OLG Hamm BeckRS 2012, 24375; NJW-Spezial 2004, 65.
[346] BGH BeckRS 2004, 2959.
[347] BGH BeckRS 2013, 5154; ZfSch 2013, 315 mAnm Diehl NJW 2013, 1679.
[348] Vgl. zur – bejahten – Frage, ob § 323c StGB ein Schutzgesetz iSd § 823 Abs. 2 ist, BGH BeckRS 2013, 11098 sowie BGH NJW 2013, 1679.
[349] LG Nürnberg-Fürth BeckRS 2025, 22596 → Nr. 7775.
[350] OLG Stuttgart BeckRS 2012, 17634.
[351] BGH NJW 1989, 2616 vgl. auch Deutsch VersR 1993, 1041.
[352] OLG Hamm BeckRS 2012, 24375.
[353] BGH BeckRS 2002, 49.
[354] BGH BeckRS 2002, 49.
[355] BGH BeckRS 2005, 6269.
[356] BGH BeckRS 2005, 6269; vgl. Küppersbusch/Höher Ersatzansprüche Personenschaden Rn. 11 sowie zur Problematik psychischer Folgeschäden auch Brandt VersR 2005, 616.

dungen des OLG Hamm aus den Jahren 2022[357] und 2013,[358] des OLG Oldenburg (2015)[359] oder des OLG Koblenz (2008).[360]

Das OLG Hamm[361] betonte dabei 2022, dass – entgegen der Auffassung des Beklagten – dessen Verantwortlichkeit für den Schadensverlauf nicht durch ein dazwischentretendes Fehlverhalten der die Klägerin behandelnden Ärzte entfalle und stellte sodann erneut die Grenze dar, bis zu welcher der Erstschädiger dem Verletzten für die Folgen einer späteren fehlerhaften ärztlichen Behandlung hafte.

Bereits 14 Jahre zuvor hatte das OLG Koblenz[362] im Zusammenhang mit der Fehldeutung eines Röntgenbildes durch den Radiologen das in solchen Fällen geltende Regel-Ausnahmeverhältnis sehr anschaulich dargestellt und dazu ausgeführt:

Regel: *„Ein in den Kausalverlauf eingreifendes Fehlverhalten Dritter bei der Schadensbeseitigung unterbricht den Zurechnungszusammenhang regelmäßig nicht".*

Ausnahme: *„Etwas anderes gilt nur dann, wenn der weitere Schaden durch ein so völlig ungewöhnliches und unsachgemäßes Verhalten des Dritten ausgelöst worden ist, dass bei wertender Betrachtung zwischen den beiden Schadensbeiträgen nur noch ein äußerlicher, gleichsam zufälliger Zusammenhang besteht und dem Erstschädiger ein Einstehenmüssen auch für diese Folgen deshalb billigerweise nicht mehr zugemutet werden kann. Der die Zweitschädigung herbeiführende Arzt muss in so außergewöhnlich hohem Maße die an ein gewissenhaftes ärztliches Verhalten zu stellenden Anforderungen außer Acht gelassen und derart gegen alle ärztlichen Regeln und Erfahrungen verstoßen haben, dass der eingetretene Schaden seinem Handeln haftungsrechtlich wertend allein zugeordnet werden muss".*[363]

Im konkreten Falle verneinte das OLG Koblenz jedoch eine solche Ausnahme, da es sich vorliegend nur um eine *„Fehldeutung, die auch einem erfahrenen Radiologen vereinzelt unterläuft"* gehandelt habe und demnach der Unfallverursacher und der Radiologe nebeneinander im Sinne des § 840 Abs. 1 BGB[364] verantwortlich seien. Zur Frage des Anspruchsübergangs gem. § 426 Abs. 2 Art. 2 BGB führt das OLG Koblenz aus:

„Erbringt jedoch derjenige von mehreren Gesamtschuldnern, der seinerseits dem Gläubiger über die Gesamtschuld hinaus noch weitreichend alleine haftet, eine Leistung, die – bezogen auf den gesamten Anspruch des Gläubigers – nur als Teilleistung anzusehen ist, kommt § 426 II 2 BGB nur zur Anwendung, wenn bei der Zahlung die Bestimmung getroffen wurde, dass diese konkrete Teilleistung auf die Gesamtschuld erfolgt oder wenn sich eine derartige Tilgungswirkung Kraft Gesetz ergibt. Entgegen der Auffassung der Beklagen (hier: Krankenhausträger und Ärzte) *komme es nicht darauf an, welchem Teil des Anspruchs sie die Schmerzensgeldzahlung des Erstschädigers* (hier: Unfallverursacher) *… zuordnen. Das Leistungsbestimmungsrecht habe alleine derjenige, der die konkrete Zahlung erbringt."*

Mit einem ähnlichen Fall (Erstschädiger: Verkehrsunfallverursacher und Zweitschädiger: Oberarzt, der den Geschädigten grob fehlerhaft behandelte) hatte sich auch das OLG Oldenburg[365] zu befassen. Ebenso wie zuvor bereits das OLG Koblenz[366] konkretisierte es dabei die Regel (keine Haftungsfreistellung des Erstschädigers für Folgeschäden) und die Ausnahme noch weitergehender und führte hierzu aus: Der Zurechnungszusammenhang werde nur bei gröbster Verletzung ärztlicher Standards unterbrochen: Dies sei jedoch nicht mit einem groben Behandlungsfehler gleichzusetzen. Obwohl demnach der **Zurechnungszusammenhang** weiterhin bestand, sei der Schaden im Innenverhältnis (in entsprechender Anwendung des § 254 Abs. 1 BGB) vom Zweitschädiger alleine zu tragen, denn gleichwohl könne

„… bei der Abwägung der Schädigerbeiträge im Zuge des Gesamtschuldnerausgleichs der Beitrag des Verkehrsunfallverursachers (hier: Verursachung einer Lungenkontusion und einer Rippenserienfraktur durch Fahrzeugkollision) vollständig hinter den Beitrag des Krankenhauses (hier: hypoxischer Hirnschaden wegen fehlerhafter Reaktion auf Tubusblockade) zurücktreten, wenn der Beitrag des Zweitschädigers wesentlich eher geeignet ist, Schäden der konkreten Art herbeizuführen".[367]

[357] OLG Hamm BeckRS 2022, 38551 mit Verweis auf BGH BeckRS 2021, 1883.
[358] OLG Hamm BeckRS 2013, 22611.
[359] OLG Oldenburg BeckRS 2015, 16474 mAnm Kääb FD-StrVR 2015, 373103.
[360] OLG Koblenz BeckRS 2008, 8275.
[361] OLG Hamm BeckRS 2022, 38551.
[362] OLG Koblenz BeckRS 2008, 8275; vgl. dazu auch OLG Hamm BeckRS 2022, 38551; BGH BeckRS 2018, 33919; OLG München BeckRS 2009, 09399.
[363] OLG Koblenz BeckRS 2008, 8275.
[364] OLG Koblenz BeckRS 2018, 33919.
[365] OLG Oldenburg BeckRS 2015, 16474 mAnm Kääb FD-StrVR 2015, 373103.
[366] OLG Koblenz BeckRS 2018, 33919.
[367] OLG Oldenburg BeckRS 2015, 16474.

Über einen ebenfalls vergleichbaren – wenn auch nicht dem Straßenverkehr zuzuordnenden – Sachverhalt hatte zwei Jahre zuvor bereits das OLG Hamm[368] zu entscheiden. Dort ging es um die nicht indizierte Entscheidung eines Arztes zur Entfernung eines – nach vorangegangenem Fußtritt des Schädigers in den Genitalbereich des Geschädigten – verletzten Hodens. Das OLG sah hier zutreffend einen bestehenden Zurechnungszusammenhang zwischen der Körperverletzung (Tritt in den Genitalbereich) und der **Fehlentscheidung** des **behandelnden Arztes** (Entfernung des Hodens). Diese Zurechnung werde auch nicht dadurch ausgeschlossen, dass außer dem zum Schadensersatz verpflichtenden Ereignis auch andere Ursachen zur Entstehung des Schadens beigetragen haben.

„Der Zurechnungszusammenhang entfällt erst dann, wenn der behandelnde Arzt … derart gegen alle ärztlichen Regeln und Erfahrungen verstoßen hat, dass der eingetretene Schaden haftungsrechtlich-wertend seinem Handeln allein und nicht mehr dem Handeln des Schädigers zuzurechnen ist".[369]

Ebenfalls dem Arzthaftungsrecht zuzuordnen ist der Fall, den das OLG Koblenz[370] zu entscheiden hatte. Dabei ging es um einen groben Behandlungsfehler des nachbehandelnden Arztes im Zusammenhang mit der unterlassenen Auswertung von Laborwerten durch den erstbehandelnden Arzt. Hierzu führte das OLG aus:

„Allein ein möglicherweise vorliegender grober Behandlungsfehler des nachbehandelnden Arztes beeinträchtigt die Zurechnung der kausalen Schadensfolgen gegenüber dem erstbehandelnden Arzt nicht. Die wertende Zuordnung der Schadensfolgen zum Verhalten des nachbehandelnden Arztes kommt nicht in Betracht, wenn die Behandlung durch dessen mutmaßliches Fehlverhalten nicht in eine völlig neue Richtung gelenkt wurde, dass durch die Fehlbehandlung des erstbehandelnden Arztes gesetzte Risiko nicht abgeklungen war und beide Fehlverhalten zumindest gleichwertig nebeneinander stehen."

Der BGH[371] grenzt – unmittelbar an seine Entscheidung vom 20.11.2001[372] (→ Rn. 59) anknüpfend – hiervon solche Fälle ab, bei denen der Erstunfall die Schadenanfälligkeit des Geschädigten nicht „erst geschaffen, sondern nur die allgemeine Anfälligkeit für **neurotische Fehlentwicklungen verstärkt,** für die der Schädiger grundsätzlich nicht einzustehen hat". Dies, so führte der BGH weiter aus, … 61

„… reiche nicht aus, um den erforderlichen haftungsrechtlichen Zurechnungszusammenhang zwischen dem Erstunfall und den Folgen des Zweitunfalles zu begründen. Ein derart geringfügiger Beitrag zum endgültigen Schadenbild kann es bei der für die Beurteilung des Zurechnungszusammenhangs gebotenen wertenden Betrachtungsweise nicht rechtfertigen, den Erstschädiger auch für die Folgen des Zweitunfalles haften zu lassen."[373]

Zur Berücksichtigung von **Vorschädigungen,** einer bereits bestehenden **Schadensbereitschaft** oder einer speziellen **Schadensanfälligkeit** bei der **Schmerzensgeldbemessung:** 61a

In diesem Zusammenhang stellt sich auch die Frage, ob und gegebenenfalls in welchem Maße eine Vorschädigung oder eine bereits bestehende Schadensbereitschaft oder eine spezielle Schadensanfälligkeit den Schmerzensgeldanspruch mindert. Dies ist jedoch – wie bei allen Bemessungskriterien – stets eine Frage des Einzelfalls und keine Regel, zumal bei der Bemessung der Schmerzensgeldhöhe auch Billigkeitsgesichtspunkte maßgebend sind. Insofern kann dem OLG Schleswig[374] nicht gefolgt werden. Das OLG Schleswig stellte dazu 2024 als amtl. Leitsatz seines Urteils fest: *„Bei der Schmerzensgeldbemessung wirkt sich eine spezielle Schadensanfälligkeit oder eine unangemessene Erlebnisverarbeitung des Geschädigten in der Regel anspruchskürzend aus. Diese beschränkende Wirkung gilt auch im Fall einer psychischen Fehlverarbeitung des Unfallgeschehens durch den Geschädigten."* Anders als vom OLG Schleswig und diesem folgend von Halm/Fitz[375] dargestellt, kann dies **nicht „in der Regel"**, sondern allenfalls **in begründeten Ausnahmefällen** gelten.

Wenn das OLG Schleswig in diesem Urteil zur Festigung seiner Argumentation auf die Entscheidung des BGH, Urt. v. 30.4.1996 – VI ZR 55/95[376] verweist, so ließ es dabei außer Acht, dass der BGH mit dieser Entscheidung keineswegs eine Regel für die Schmerzensgeldbemessung aufgestellt, sondern noch im selben Jahr (BGH, Urt. v. 5.11.1996 – VI ZR 275/95)[377] ausdrücklich betont hatte, dass die Schadenbereitschaft

368 OLG Hamm BeckRS 2013, 22611.
369 OLG Hamm BeckRS 2013, 22611.
370 OLG Koblenz Hinweisbeschluss BeckRS 2017, 127879.
371 BGH BeckRS 2004, 4451; vgl. AG Betzdorf SP 2009, 401 mVa OLG Nürnberg BeckRS 1998, 30832385.
372 BGH BeckRS 2002, 49.
373 BGH BeckRS 2004, 4451; KG NZV 2005, 311 u. Burmann/Heß ZfS 2004, 348 u. Brand VersR 2005, 616.
374 OLG Schleswig BeckRS 2024, 5395; vgl. auch OLG Celle BeckRS 2011, 03335 und OLG Hamm BeckRS 2000, 5081 sowie bereits früher BGH NJW 1997, 455; OLG Braunschweig BeckRS 1997, 12637.
375 Halm/Fitz DAR 2025, 301 (306).
376 BGH BeckRS 1996, 04031 Rn. 28 und Rn. 30.
377 BGH BeckRS 1996, 7801, NJW 1997, 455 (456).

bei der Bemessung des Schmerzensgeldes berücksichtigt werden **„kann"**, dass dies jedoch „nicht ohne weiteres" bedeute, dass ein Geschädigter *„nicht das einem vor dem Unfall gesunden Menschen zustehende Schmerzensgeld verlangen"* könne.[378] Sehr deutlich stellte das OLG Hamm[379] dies im Jahr 2000 – und erneut zudem 2018[380] – nochmals fest und führte dazu aus: *„Für die Bemessung ist u. a. auf die Art und die Dauer der Verletzung abzustellen. Im Rahmen der vorzunehmenden Billigkeitserwägung **kann** eine Vorschädigung anspruchsmindernd zu berücksichtigen sein (BGH, VersR 1970, 281). **Sie führt aber nicht in jedem Fall zur Kürzung des Schmerzensgeldanspruchs.** Ob und gegebenenfalls in welchem Maße eine Vorschädigung den Anspruch mindert, ist eine **Frage des Einzelfalls.** Dabei darf nicht allein im Wege einer Zukunftsprognose darauf abgestellt werden, ob sich der Gesundheitszustand zu einem späteren Zeitpunkt auch ohne den Unfall verschlechtert hätte. Von wesentlicher Bedeutung ist, ob der Verletzte vor dem Unfall trotz der Vorschädigung beschwerdefrei war (BGH, NJW 1997, 455, 456)."*[381]

War der Geschädigte aber direkt vor dem Unfallereignis beschwerdefrei und „traf der Unfall zwar nicht auf einen gesunden, aber doch beschwerdefreien Menschen" – so der BGH[382] in der vom OLG Hamm zitierten Entscheidung – so kann sich auch bei Realisierung einer Schadendisposition die Höhe des Schmerzensgeldes an dem Schmerzensgeld für Gesunde orientieren. Dem Schädiger obliegt insofern der Beweis, dass auch ohne das Unfallereignis der Schaden – ggf. später – eingetreten wäre.

In seinem Hinweisbeschluss – ebenfalls im Jahr 2024 – wies das OLG Schleswig[383] allerdings darauf hin, dass es *„den Schädiger nicht [entlastet], wenn sich die Schädigung aufgrund einer besonderen Disposition, einer Vorschädigung oder anderer Umstände bei dem konkreten Geschädigten gravierender auswirkt als dies bei einem durchschnittlichen Geschädigten zu erwarten wäre. Unter Berücksichtigung aller Umstände, insbesondere der anfänglich sehr starken Schmerzen und des langen und beschwerlichen Heilungsverlaufs, bewegt sich das Schmerzensgeld eher am unteren Rand dessen, was der Senat als angemessen erachtet."* und bestätigte insofern die bereits vom LG getroffene Entscheidung zu dem es noch ergänzend anmerkte, dass sich „richtigerweise … die Vorschädigung des rechten Fußes durch Teil-Amputation im Jahr 2009 nicht schmerzensgeldmindernd aus"wirken könne. Dem Kläger war der Reisebus der Beklagten im Herbst 2019 über beide Füße gefahren, woraufhin dieser über acht Monate arbeitsunfähig wurde und eine langwierige und schmerzhafte Heilungsphase erdulden musste.

61b Gerade bei HWS-Verletzungen wird Gutachtern häufig die Frage gestellt, wie lange die Heilung ohne die Vorschädigung gedauert hätte; dieser Zeitraum wird als unfallbedingte (zusätzliche) Beschwerdesequenz angesehen. Weitergehende Beschwerden werden dann häufig als ein „Rückfall" in den ursprünglich bereits vorhandenen Beschwerdezustand betrachtet.[384]

62 Gegen diese *„Billigung der … Gutachterpraxis durch die Rechtsprechung"* wandte sich bereits *Dannert,*[385] und führt aus:

„Ursache eines bestimmten Erfolges ist … jede Bedingung, deren Hinwegdenken den Erfolg entfallen lässt. Um die Unfallbedingtheit des vom Anspruchsteller geltend gemachten Verletzungs- und Beschwerdebildes zu ermitteln, ist mithin der medizinische Befund so, wie er sich unmittelbar vor dem Unfall darstellte, zu rekonstruieren und mit demjenigen zu vergleichen, der nach dem Unfall gegeben war (unter Berücksichtigung der Latenzzeiten). Ergibt der Vergleich, dass nachher ein Mehr an Verletzungen oder Beschwerden vorlag, so ist diese Verschlimmerung gegenüber vorher eine Folge des Unfalles … War der vorherige Zustand … überhaupt nicht mit Beschwerden verbunden …, so sind sogar alle vom Anspruchsteller vorgebrachten (und bewiesenen) Beeinträchtigungen … auf den … Unfall zurückzuführen".

In jedem Falle könne, so *Dannert* weiter, der einmal festgestellte Kausalzusammenhang zwischen dem Unfall und bestimmten Beschwerden nicht durch bloßen Zeitablauf wieder entfallen, sondern nur dann, wenn der Schädiger nachweist, dass ab einer bestimmten Zeit tatsächlich eine überholende Kausalität eingetreten ist.[386] Die Beweislast für das Vorliegen einer Reserveursache obliegt dem Schädiger, allerdings kommt auch ihm insoweit die Beweiserleichterung des § 287 ZPO zugute.[387] Unsicherheiten hierbei gehen zu Lasten des beweispflichtigen Schädigers. In vielen Fällen, insbesondere solchen mit „klinisch stummen" Verschleißerscheinungen, seien den Anspruchstellern durch medizinische Gutachten, die *„aus juristischer Sicht falsch"* seien

[378] BGH BeckRS 1996, 7801, NJW 1997, 455 (456); ebenso Jaeger/Luckey Schmerzensgeld Rn. 732.
[379] OLG Hamm BeckRS 2000, 5081; ebenso auch KG BeckRS 2015, 9940 Rn. 16; OLG Hamm BeckRS 2018, 13327; OLG Hamm BeckRS 2014, 22299; vgl. auch VG Ansbach BeckRS 2020, 7115 mit Verweis auf BGH NJW 1997, 455 und OLG Hamm BeckRS 2014, 22299.
[380] OLG Hamm BeckRS 2018, 13327 Rn. 17.
[381] OLG Hamm BeckRS 2000, 5081 – Hervorhebungen durch den Autor.
[382] BGH BeckRS 1996, 7801, NJW 1997, 455, 456.
[383] OLG Schleswig BeckRS 2024, 9767 → Nr. 7718.
[384] OLG Frankfurt a. M. VersR 1994, 610; OLG Hamm r+s 1994, 379.
[385] Dannert NZV 2000, 9.
[386] Dannert NZV 2000, 13.
[387] OLG Schleswig BeckRS 2024, 5395.

(so *Dannert* wörtlich; besser erscheint mir hier jedoch von einer juristisch unzutreffenden Würdigung derselben zu sprechen) berechtigte Ansprüche entzogen worden.[388]

In seiner oben bereits erwähnten Entscheidung hierzu befasste sich der BGH bereits 2005 intensiv mit der Frage, inwieweit ein bereits querschnittgelähmter Student, der infolge eines späteren Verkehrsunfalles eine HWS-Distorsion erlitten hatte, Schadensersatz und Schmerzensgeld für die geltend gemachten Folgeschäden (ua Kräfteverlust in den Armen, Kopfschmerzen und hierdurch bedingte Konzentrationsstörungen) beanspruchen könne. Dabei hob der BGH die – weitgehend ablehnende – Entscheidung des Berufungsgerichts, welches den Nachweis für einen anhaltenden Dauerschaden nicht als erbracht ansah, auf und verwies an dieses zurück.[389]

bb) Schadendisposition bei leichten Auffahrunfällen und Streifkollisionen. Je geringer die Krafteinwirkungen sind, die auf einen Fahrzeuginsassen während eines Verkehrsunfalles eingewirkt haben, umso höher sind die Anforderungen an den brauchbaren Grad von Gewissheit für den Nachweis der Unfallursächlichkeit der behaupteten Verletzungen.[390] **63**

Vor diesem Hintergrund erging in den letzten Jahren eine nahezu unübersehbare Flut von Entscheidungen – vgl. insofern zuletzt 2026 das OLG Schleswig[391] sowie zuvor bereits OLG Hamm,[392] OLG Brandenburg,[393] OLG Hamm,[394] OLG Düsseldorf,[395] OLG München,[396] OLG Saarbrücken[397] oder LG Stade,[398] – zur Frage, ob es bei leichten Kfz-Unfällen überhaupt zu den behaupteten Verletzungen (meist HWS-Verletzung) gekommen sein könne.[399] Vgl. dazu nachfolgend unter → **Rn. 65–67.**

Dabei kommt den HWS-Verletzungen eine erhebliche wirtschaftliche Bedeutung zu, da in ca. 95 % der Pkw-Heckkollisionen derartige Verletzungen geltend gemacht werden[400] wobei Luckey zutreffend darauf hinweist, dass *„Auslöser auch Frontal-, Seiten- oder Mischkollisionen sein können."*[401]

Dies erklärt auch die Fülle der Entscheidungen und Literaturmeinungen.[402]

Literaturhinweis: Lesenswert dazu sind die Aufsätze von Hepp Die interdisziplinäre Begutachtung nach Verkehrsunfällen – ein Auslaufmodell? SVR 2025, 87 und von Fuchs/Sänger-Männel HWS-Distorsion bei Heckkollisionen – Technische Entwicklungen, NJW-Spezial 2025, 393 sowie – wenn auch bereits älter, der Beitrag von Castro/Becke/Nugel[403] – die sich mit der Frage befasst hatten, ob es infolge des – dem Gericht zur Entscheidung vorgelegten – Unfallsachverhaltes und des damit verbundenen HWS-Verletzungsvortrages überhaupt zu einer derartigen HWS-Verletzung habe kommen können.

Es würde den Rahmen dieses Buches sprengen, wenn auf diese beweisrechtliche Frage – über das nachfolgend ab → **Rn. 408** Dargestellte – hier ausführlich eingegangen würde. Andererseits sollen wegen der Bedeutung dieser Frage bereits an dieser Stelle nachfolgend einige Anmerkungen erlaubt sein:

Die besonderen Schwierigkeiten im Umgang mit den HWS-Verletzungen liegen zum einen darin begründet, dass sie nicht immer nachweisbar sind.[404] So ist der Unfallmechanismus bis heute nicht abschließend geklärt[405] **64**

---

388 Dannert NZV 2000, 13.

389 BGH BeckRS 2005, 6269.

390 Vgl. dazu Figgener/Quaisser NJW-Spezial 2025, 42 sowie Kääb FD-StrVR 2024, 826937.

391 OLG Schleswig BeckRS 2026, 4480 mAnm Figgener/Quaisser NJW-Spezial 2026, 233; OLG Schleswig BeckRS 2024, 32645; OLG Schleswig BeckRS 2023, 14317 ebenso LG Würzburg Urt. v. 29.12.2023 – 23 O 110/21.

392 OLG Hamm BeckRS 2025, 36392 → Nr. 7785.

393 OLG Brandenburg BeckRS 2020, 7581.

394 OLG Hamm BeckRS 2019, 38917.

395 OLG Düsseldorf BeckRS 2016, 02329.

396 OLG München r+s 2015, 574.

397 OLG Saarbrücken BeckRS 2013, 6153.

398 LG Stade NJW-RR 2016, 99.

399 BGH NZV 2008, 501; BGH NZV 2008, 502; BGH NJW 2003, 1116; auch Born/Rudolf/Becke NZV 2008, 1; OLG Saarbrücken 8.6.2010 – 4 U 468/09; KG NZV 2007, 146; OLG Thüringen BeckRS 2009, 11144.

400 Zit. nach Seegers/Hüsges VW 1998, 113.

401 Luckey SVR 2010, 174.

402 BGH NJW 2019, 3236 mAnm Heßeler; OLG Hamm BeckRS 2019, 38917 mAnm Kääb FD-StrVR 2020, 428034; Figgener/Quaisser NJW-Spezial 2025, 42 und NJW-Spezial 2020, 234 sowie Ansorge/Wern NJW-Spezial 2024, 457; OLG Düsseldorf BeckRS 2016, 02329; OLG München r+s 2015, 574; LG Stade NJW-RR 2016, 99; Burmann/Heß/Hühnermann/Jahnke StraßenverkehrsR, Vorb. zu BGB § 249 Rn. 10; umfassend hierzu auch CBH Personenschäden/Hein, 474 ff. und Böhm ZfS 2011, 423 und 483; Eschelbach/Geipel NZV 2010, 481 sowie Luckey SVR 2010, 174; lesenswert auch – trotz des Alters dieses Beitrags – Dannert NZV 1999, 453.

403 CBN Personenschäden/Hein Kap. C. Rn. 179 ff.

404 Eschelbach/Geipel NZV 2010, 481.

405 CBN Personenschäden/Hein Kap. C. Rn. 182 ff.

und häufig können zudem Substanzschäden mit Hilfe der bekannten bildgebenden Verfahren nicht einwandfrei festgestellt werden. Auch Veränderungen der Halslordose (Steilstellung der HWS, endgradige Bewegungseinschränkungen oder Blockierungen etc) sind wegen ihrer Häufigkeit in der Bevölkerung (Wirbelsäulenschäden gelten heute als eine Volkskrankheit) nicht immer ein sicheres Zeichen für eine unfallbedingte Schädigung.

Mit dieser Problematik befasste sich im Jahr 2022 – wie zuvor bereits 2020 – erneut der BGH[406] (s. dazu auch nachfolgend → **Rn. 409**) und wies darauf hin, dass dann, wenn sich nach einem Verkehrsunfall die Diagnose HWS-Distorsion nicht verifizieren lässt, auch glaubhaft bekundete starke Nacken- und Kopfschmerzen eine Rechtsgutsverletzung darstellen und damit als unfallbedingte Körperverletzung iSv § 823 Abs. 1 BGB, § 7 Abs. 1, § 11 StVG angesehen werden können.

In dem vom **BGH** am 26.7.2022 entschiedenen Fall hatte das Berufungsgericht Kopf- und Nackenschmerzen, die die Klägerin nach einem Auffahrunfall erlitten hatte nicht als Primärverletzung gewertet und ihre Klage auf Schmerzensgeld abgewiesen. Mit Erfolg wandte sich die Revision der Klägerin gegen die Beurteilung des Berufungsgerichts, dass keine anderen unfallbedingten Primärverletzungen festzustellen seien und argumentierte zutreffend, dass die **Primärverletzung** in der **Übelkeit und** in ihren **starken Kopf- und Nackenschmerzen** sehr wohl vorliege. Der BGH stimmte dem zu und wies nochmals darauf hin, dass der Begriff der Primärverletzung kein kausalitätsbezogenes Element enthalte und insbesondere nicht die weitere Anspruchsvoraussetzung der[407] haftungsbegründenden Kausalität voraussetze. Ob das Handeln des Schädigers die festgestellte Rechtsgutverletzung verursacht habe, sei in einem weiteren Schritt, ebenfalls unter dem Strengbeweis des § 286 ZPO, zu prüfen.

Das **OLG Hamm**[408] nahm 2025 auf diese BGH-Entscheidung[409] Bezug und führte dazu aus: *„Der erforderliche Kausalzusammenhang zwischen Unfallereignis und Primärverletzung besteht nach der Äquivalenztheorie, wenn das Unfallereignis im Sinne einer conditio sine qua non nicht hinweggedacht werden kann, ohne dass die Primärverletzung entfiele. Weiterhin muss nach der Adäquanztheorie das Ereignis im Allgemeinen und nicht nur unter besonders eigenartigen, ganz unwahrscheinlichen und nach dem regelmäßigen Verlauf der Dinge außer Betracht zu lassenden Umständen zur Herbeiführung eines Erfolges der eingetretenen Art geeignet sein. Dabei reicht an sich jede Mitursächlichkeit aus. Das Adäquanzerfordernis bezweckt nicht, die Folgen von Gesundheitsschädigungen, die nahezu ausschließlich durch ihre gesundheitliche Verfassung geprägt sind, von vornherein von der Haftung auszuschließen. Die Vorschädigung des Geschädigten beeinflusst die Zurechnung mithin regelmäßig nicht; auch die Aktivierung einer zuvor klinisch stummen körperlichen Einschränkung genügt deshalb."*[410] Damit stellt die Entscheidung des OLG Hamm nochmals die **Grundsätze der Beweisführung bei Primär- und Sekundärverletzungen** geradezu lehrbuchartig dar; vgl. dazu auch unter → **Rn. 408** und → **Rn. 409.**

Bereits vor diesem Urteil des BGH hatte sich das OLG Celle[411] in einer für die Praxis wesentlichen Entscheidung mit der Frage der Primär- und Sekundärverletzung, der Frage haftungsbegründender und haftungsausfüllender Kausalität im Zusammenhang mit einer Posttraumatischen Belastungsstörung nach einem Auffahrunfall befasst. S. dazu nachfolgend unter → **Rn. 290.**

Regelmäßig sind (Haus)Ärzte – so der BGH – bei ihren Diagnosen hinsichtlich des Vorliegens eines HWS-Syndroms mehr oder weniger ausschließlich auf die angegebenen und somit subjektiven Beschwerden des Geschädigten angewiesen. Zudem untersuchen und behandeln (Haus)Ärzte die Unfallgeschädigten in derartigen Fällen grundsätzlich nicht aus der Sicht eines Gutachters, sondern ganz vorrangig als Therapeuten, so dass die Notwendigkeit einer Therapie im Mittelpunkt steht, während die Benennung der Diagnose als solche zunächst von untergeordneter Bedeutung ist.[412]

Dies führt dazu, dass bei streitigen Auseinandersetzungen dem **Wert eines ärztlichen Attests**[413] oder Befundberichts häufig keine oder nur eine sehr geringe Aussagekraft zugemessen wird.[414] Dies betonten ua – jüngst erneut – das OLG Schleswig,[415] das OLG Celle,[416] das OLG München[417] sowie die Entscheidun-

406 BGH BeckRS 2022, 23045; BGH BeckRS 2020, 15991.
407 BGH BeckRS 2022, 23045 mAnm Figgener NJW-Spezial 2022, 617 und mAnm Kääb FD-StrVR 2022, 451768.
408 OLG Hamm BeckRS 2025, 36392 → Nr. 7785.
409 BGH BeckRS 2022, 23045.
410 OLG Hamm BeckRS 2025, 36392.
411 OLG Celle BeckRS 2022, 23481 und OLG Celle BeckRS 2020, 422.
412 BGH BeckRS 2020, 15991 Rn. 19.
413 Zu Attestkosten bei Personenschäden s. Roland/Richter SVR 2025, 173.
414 BGH BeckRS 2020, 15991, NJW 2020, 3176; zur Bedeutung ärztl. Atteste s. auch Ludolph SP 2010, 142; ebenso Eschelbach/Geipel NZV 2010, 481 (483).
415 OLG Schleswig BeckRS 2026, 4480 und zuvor bereits OLG Schleswig BeckRS 2024, 5395.
416 OLG Celle BeckRS 2024, 35503.
417 OLG München BeckRS 2017, 109598; vgl. auch OLG München BeckRS 2016, 13051.

gen des OLG Koblenz,[418] LG Münster,[419] LG Hamburg[420] und auch die des KG. Das KG verwies darauf, dass, keine grundsätzliche Vermutung dafür bestehe, dass die Diagnose, die in einem zeitnah zum Unfall erstellten ärztlichen Attest enthalten ist, unfallbedingte Verletzungen beweisen. Ein derartiges Attest sei – so das KG –

„nur ein ggf. von einem medizinischen Sachverständigen zu berücksichtigendes Indiz von eher untergeordneter Bedeutung"[421]

und das OLG Schleswig wies 2026 mit amtlichem Leitsatz darauf hin: *„Befundberichte der behandelnden Ärzte haben für die Frage der unfallbedingten Kausalität einer Erkrankung nur indizielle Bedeutung. Für den behandelnden Arzt steht die Therapie im Mittelpunkt, während die Benennung der Diagnose für ihn zunächst von untergeordneter Bedeutung ist. Arztberichte mit einer HWS-Diagnose enthalten überwiegend nur subjektive Schilderungen des Patienten, die häufig objektiv nicht verifiziert oder anamnetisch abgeklärt worden sind. Die Symptome einer HWS, wie z.B. Kopfschmerz, Schwindelgefühl und Benommenheit, sind objektiv nicht nachprüfbar."*[422]

Das OLG München[423] führte hierzu aus, es gehe zu Lasten der Klägerin,

„wenn sie sich allein auf ihren eigenen mittels eines ärztlichen Attestes – welches noch dazu bis auf den Hinweis auf eine radiologisch festgestellte „leichte Steilstellung der HWS" keine objektivierten Anknüpfungstatsachen enthält – qualifizierten Parteivortrag stützen will und an der für die Beantwortung der Frage eines ursächlichen Zusammenhangs zwischen Beschwerden und Unfall erforderlichen Nachuntersuchung durch den medizinischen Sachverständigen nicht teilnimmt", so das OLG München.[424]

Wenn jedoch die beklagte Haftpflichtversicherung selbst eine ärztliche Unfallbestätigung seitens der behandelnden Ärztin anfordert, kann sie eine unfallbedingte Verletzung nicht mehr nur bloß bestreiten, sondern muss vortragen, weshalb das selbst eingeholte Attest fehlerhaft sein soll. Es ist deshalb von der in diesem Attest festgestellten Diagnose und den Verletzungsfolgen auszugehen, dies betonte 2021 zutreffend das OLG München.[425]

Allerdings wies der BGH in zwei Beschlüssen aus den Jahren **2019**[426] und **2016**[427] darauf hin, die **Substantiierungsanforderungen** in derartigen Fällen dürften nicht überspannt werden.

„Ein Sachvortrag zur Begründung eines Anspruchs ist dann schlüssig und erheblich, wenn Tatsachen vorgetragen werden, die in Verbindung mit einem Rechtssatz geeignet sind, das geltend gemachte Recht als entstanden erscheinen zu lassen. Die Angabe näherer Einzelheiten ist nicht erforderlich, soweit sie für die Rechtsfolgen nicht von Bedeutung sind. Die Prüfung der vorgebrachten Tatsachen hat dann im Rahmen der Beweiserhebung und der Beweiswürdigung durch das Gericht zu erfolgen"[428] (vgl. auch → Rn. 418).

Erkennt somit ein Instanzgericht, dass zwischen einem Attest eines Allgemeinmediziners und dem Attest eines Facharztes Diskrepanzen bzw. Widersprüche und Unklarheiten bestehen, so ist es Aufgabe des Tatrichters eine Beweisaufnahme durchzuführen; andernfalls beschneidet er in unzulässiger Weise das Recht des Klägers auf rechtliches Gehör (Art. 103 Abs. 1 GG), worauf auch das OLG Hamm[429] 2019 nochmals Gelegenheit hatte, hinzuweisen.

Gerade weil – neben den Verletzungen und den daraus folgenden Folgeschäden – für den Geschädigten auch die **Dauer der Arbeitsunfähigkeit** ein nicht unwichtiges Schmerzensgeldbemessungskriterium ist, sei an dieser Stelle auf die – vom BGH zunächst auf materielle Schäden bezogene – sog. subjektive Schadensbetrachtung hinzuweisen,[430] die der BGH[431] nun 2024 auch auf Personenschäden angewandt hat, indem er betonte, dass eine Arbeitsunfähigkeit nicht nur dann vorliegt, *„wenn es dem Arbeitnehmer in Folge Krankheit aus tatsächli-*

[418] OLG Koblenz Beschl. v. 10.9.2018 – 12 U 1245/17 und vom 24.8.2018 – 5 U 926/18.
[419] LG Münster BeckRS 2018, 22220.
[420] LG Hamburg SP 2013, 13.
[421] KG NZV 2009, 507; ebenso OLG Celle BeckRS 2024, 35503; vgl. auch Buck/Krumbholz Sachverständigenbeweis im VerkehrsR/Krumbholz, 278.
[422] OLG Schleswig BeckRS 2026, 4480 und nahezu wortgleich bereits OLG Schleswig BeckRS 2024, 5395.
[423] OLG München BeckRS 2017, 109598.
[424] OLG München BeckRS 2017, 109598.
[425] OLG München BeckRS 2021, 33288.
[426] BGH 28.5.2019 – VI ZR 328/18 mAnm Heßeler NJW 2029, 3236.
[427] BGH FD-StrVR 2016, 377011 mAnm Kääb.
[428] BGH FD-StrVR 2016, 377011 mAnm Kääb.
[429] OLG Hamm BeckRS 2019, 38917 mAnm Kääb FD-StrVR 2020, 428034; Figgener/Quaisser NJW-Spezial 2020, 234.
[430] Almeroth NZV 2024, 153.
[431] BGH NJW 2025, 292 mAnm Almeroth NJW 2025, 294; Kääb FD-StrVR 2024, 823337; Jahnke r+s 2025, 44.

chen oder rechtlichen Gründen unmöglich ist, seine vertraglich geschuldete Tätigkeit auszuüben"…, sondern „auch dann, wenn die Ausübung der geschuldeten Tätigkeit aus medizinischer Sicht nicht vertretbar ist, etwa weil die Heilung nach ärztlicher Prognose hierdurch verhindert oder verzögert würde (vgl. BAG NZA 2024, 977), oder die gesundheitliche Belastung bei Ausübung der geschuldeten Tätigkeit aus medizinischer Sicht unzumutbar erscheint.". Der BGH bejaht somit einen Anspruch auf Verdienstausfall nicht nur bei objektiv bestehender Arbeitsunfähigkeit, sondern auch dann, wenn der Geschädigte auf eine ärztlich bescheinigte Arbeitsunfähigkeit berechtigterweise vertraut. Der BGH hat jedoch insofern auch klargestellt, dass allein aus der Tatsache, dass eine ärztliche **Arbeitsunfähigkeitsbescheinigung** ausgestellt wurde, noch kein Anspruch resultiert und dass der medizinische Grund, auf dem die Arbeitsunfähigkeitsbescheinigung des ausstellenden Arztes beruht, unfallbedingt sein muss. Letzteres hat stets der Geschädigte zu beweisen.

In diesem Zusammenhang weist Werner[432] darauf hin, dass der Geschädigte neben dem klassischen Arztbericht auch die Arbeitsunfähigkeitsbescheinigung zum Nachweis der behaupteten Verletzung vorlegen könne, dass diese jedoch grundsätzlich nicht geeignet sei, den Beweis einer Körperverletzung zu führen, da sie – soweit nicht objektivierbare klinische Befunde zugrunde liegen – nur Ausdruck der Untersuchung des behandelnden Arztes sei, der die von dem Geschädigten als Patienten geäußerten Beschwerden aus therapeutischer Sicht zugrunde legt und die behaupteten Verletzungen nicht aus der Sicht eines Gutachters betrachtet und die objektive Richtigkeit der Diagnose feststellt. Der Arbeitsunfähigkeitsbescheinigung komme, so Werner, *„deshalb eine* ***untergeordnete Bedeutung*** *zu – sie kann bestenfalls, als eines von mehreren Indizien Berücksichtigung finden"*.[433]

Praxishinweis:
Von erheblicher praktischer Bedeutung ist in Fällen problematischer Beweislage in Bezug auf ein HWS-Syndrom der Hinweis des BGH,[434] der 2022 und 2020 – in seiner oben benannten Entscheidung – darauf aufmerksam gemacht hatte, den Blick nicht starr auf die Frage zu fokussieren, ob ein HWS-Syndrom vorlag oder nicht, sondern vielmehr auf den allgemeinen Begriff der Körperverletzung. Eine Körperverletzung – so der BGH – könne auch bereits in den glaubhaft bekundeten „starken Nacken- und Kopfschmerzen" zu sehen sein. Lässt sich somit nach einem Verkehrsunfall die Diagnose HWS-Syndrom nicht beweisen, so können glaubhaft bekundete starke Nacken- und Kopfschmerzen alleine für sich bereits eine Rechtsgutsverletzung darstellen und damit als unfallbedingte Körperverletzung iSv § 823 Abs. 1 BGB, § 7 Abs. 1, § 11 StVG angesehen werden.

65 Liegt keine objektivierbare – dh objektiv messbare Verletzung – vor, so kommt der **Wahrscheinlichkeitsbetrachtung** aus **juristischer Sicht** die entscheidende Bedeutung zu.[435] Hiernach ist zu klären, ob das konkrete Unfallgeschehen mit an Sicherheit grenzender Wahrscheinlichkeit (§ 286 ZPO) die behauptete Primärverletzung hervorgerufen hat.[436] Das OLG Düsseldorf[437] betonte insofern, dass die Wahrscheinlichkeit einer HWS-Verletzung eines Fahrzeuginsassen proportional sei zur kollisionsbedingten Geschwindigkeitsdifferenz. Daraus folge im Umkehrschluss: Je kleiner die Differenzgeschwindigkeit, desto geringer ist auch die Verletzungswahrscheinlichkeit.[438] Daher müsse der Anspruchsteller in Fällen geringer Differenzgeschwindigkeit konkrete Anhaltspunkte vortragen, die trotz der (geringen) Wahrscheinlichkeit seine unfallbedingte HWS-Verletzung plausibel erscheinen lassen.[439] Derartige Indizien – so das OLG Düsseldorf[440] – können neben **fahrzeugspezifischen Gegebenheiten** wie Sitzposition im Moment des Anpralls etc auch **personenspezifische Besonderheiten** wie Verletzungsanfälligkeit, Degenerationserscheinungen, Alter und gesundheitliche Verfassung des Verletzten sein. Das OLG Düsseldorf verwies dabei auf das nachfolgend noch näher kommentierte Urteil des BGH[441] und sprach dem Kläger mit Rücksicht auf seinen psychisch „desolaten Zustand" ein Schmerzensgeld von 10.000 EUR zu. Das OLG betonte dabei sinngemäß, die vom Kläger anfänglich geäußerten Beschwerden und die zeitnah nach dem Unfall erhobenen und dokumentierten ärztlichen Befunde seien zwanglos mit der Annahme vereinbar, dass der Kläger bei dem Unfall eine HWS-Distorsion mit dem Schweregrad I (leicht) erlitten habe. Im Falle, den das OLG Hamm 2025 entschieden hatte, kam der Senat insofern zum Ergebnis, dass *„die Wahrscheinlichkeit, dass aufgrund der feststellbaren Krafteinwirkung strukturelle*

---

[432] Werner DAR 2025, 530 (532).
[433] Werner DAR 2025, 530 (532) (Hervorhebung durch den Autor).
[434] BeckRS 2022, 23045; BGH BeckRS 2020, 15991, NJW 2020, 3176.
[435] Vgl. hierzu auch OLG Hamm BeckRS 2025, 36392 Rn. 37; das Urt. findet sich auch unter → Nr. 7785.
[436] Vgl. hierzu auch Castro/Hein/Lepsien/Mazzotti NZV 2013, 525 sowie Staab r+s Beilage 2011, 107; KG DAR 2000, 118; aA wohl LG Lübeck ZfS 2000, 436 und LG Heidelberg DAR 1999, 75.
[437] OLG Düsseldorf NZV 2011, 543.
[438] Vgl. dazu OLG Schleswig BeckRS 2024, 32645 sowie den Praxishinweis zu OLG Hamm BeckRS 2019, 38917, NJW-Spezial 2020, 234.
[439] Vgl. dazu auch Figgener/Quaisser NJW-Spezial 2025, 42 sowie OLG Schleswig BeckRS 2024, 32645.
[440] OLG Düsseldorf BeckRS 2016, 02329.
[441] BGH NZV 2003, 167.

Schäden im Bereich des Skelettsystems und der Wirbelsäule zu erleiden seien, nahe 0%" lag, da es *„sich bei der feststellbaren Bewegungsenergie um eine Krafteinwirkung [gehandelt hatte], die im Alltag häufig vorkommt und die mit einer Bremswirkung unterhalb der Vollbremsung vergleichbar ist"*.[442]

Lassen sich die erforderlichen Nachweise nicht zweifelsfrei führen, wird für eine prozessuale Durchsetzung des Schmerzensgeldanspruchs häufig zunächst ein medizinisch-technisches Zusammenhangsgutachten bzw. ein **interdisziplinäres Sachverständigengutachten**[443] eingeholt werden müssen, in dem zum einen mit weitergehenden diagnostischen Mitteln die Ärzte und mit Untersuchungen zu den biomechanischen Abläufen zum anderen die Sachverständigen versuchen, die Auswirkungen des Unfalls zu klären. In einem insofern vom OLG München[444] 2011 im Falle einer Mehrfachkollision mit Seitenanprall entschiedenen Sachverhalt wies das OLG darauf hin, dass die Feststellung einer HWS-Verletzung zwar vorrangig eine medizinische Frage sei, dennoch bedürfe es zuvor (das OLG rügt insofern die unrichtige Reihenfolge der Vorinstanz) auch einer unfallanalytischen und biomechanischen Begutachtung, zumindest bei komplexeren Unfallabläufen. **66**

Bei streitigem Sachstand ist also unerlässliche Voraussetzung, dass vor der medizinischen Beurteilung das Ausmaß der auf den Verletzten infolge des Unfalls einwirkenden Beschleunigung durch ein technisches Sachverständigengutachten ermittelt wurde.[445] Wie bereits oben ausgeführt, gehen Unaufklärbarkeiten zu Lasten desjenigen, der insofern eine Unfallverletzung behauptet. Daher ist in solchen Fällen für die Feststellung einer HWS-Verletzung (gleiches gilt auch für Tinnitus)[446] neben der Klärung der medizinischen Fragen zuvor – zumindest bei komplexeren Unfallabläufen – auch eine unfallanalytische und biomechanische Begutachtung durchzuführen. Allerdings – und darauf weist das OLG München[447] hin – könne

„der Erstrichter die Beweiserhebung nicht auf die Einholung eines biomechanischen Gutachtens beschränken. Die biomechanische Begutachtung vermag eine ***medizinische Begutachtung*** *grundsätzlich nicht zu ersetzen"*, denn die Feststellung einer HWS-Distorsionsverletzung sei letztlich eine medizinische Frage, weshalb *„der medizinischen Begutachtung … rechtlich ausnahmslos die sachverständige Letztentscheidung"* zukomme.[448] Der medizinische Sachverständige müsse zudem entweder Unfallchirurg und/oder Orthopäde sein,

so das OLG München[449] und ebenso auch Castro.[450]

Abschließend – so *Heßeler*[451] – sollte man als Rechtsanwalt vor dem Hintergrund der Entscheidung des BGH[452] beachten, „dass gegenüber den Gerichten nachdrücklich auch auf „Selbstverständliches" hinzuweisen ist".

An dieser Stelle sei darauf hingewiesen, dass der Tatrichter nicht ohne **Darlegung eigener Sachkunde** und ohne Beratung durch einen – ggf. anderen – Sachverständigen von den fachkundigen Feststellungen und Einschätzungen des von ihm gerade wegen fehlender eigener Sachkunde beauftragten Gutachters abweichen darf. Zudem muss der Tatrichter, wenn er bei seiner Entscheidung eigene Sachkunde in Anspruch nehmen will, den Parteien zuvor einen entsprechenden Hinweis erteilen. Missachtet der Tatrichter dies, so liegt darin eine Verletzung des Anspruchs eines jeden Klägers auf **Gewährung rechtlichen Gehörs gemäß Art. 103 Abs. 1 GG;** darauf hatte der **BGH**[453] in 2024 erneut hingewiesen.

Bis Januar 2003 gab es – auf einem durchaus umstrittenen Argumentationsfeld – eine auch in der Rechtsprechung vorherrschende Ansicht,[454] dass bei einer kollisionsbedingten Geschwindigkeitsänderung von bis zu zehn km/h allein unter biomechanischen Aspekten normalerweise keine Körperverletzung eingetreten sein könne (sog. **Harmlosigkeitsgrenze**).[455] Abgeleitet aus Erfahrungen mit Auto-Scooter-Kollisionen (wie zB auf Jahrmärkten) und Versuchsreihen mit Freiwilligen gelangte man damals zu der Auffassung, dass ohne **67**

[442] OLG Hamm BeckRS 2025, 36392 → Nr. 7785.
[443] Vgl. hierzu aus jüngerer Zeit auch OLG Schleswig BeckRS 2023, 14317.
[444] OLG München BeckRS 2011, 12188 vgl. auch NJW-Spezial 2011, 361.
[445] OLG Hamm BeckRS 2019, 38917 mAnm Kääb FD-StrVR 2020, 428034; Figgener/Quaisser NJW-Spezial 2020, 234.
[446] Hugemann NZV 2003, 406.
[447] OLG München BeckRS 2011, 25475; FD-StrVR 2011, 325200 mAnm Kääb.
[448] OLG München BeckRS 2011, 25475.
[449] OLG München BeckRS 2011, 25475.
[450] Vgl. Castro/Becke/Nugel Personenschäden Kap. C. Rn. 179 ff.
[451] Heßeler NJW 2019, 3236.
[452] BGH BeckRS 2019, 21878.
[453] BGH BeckRS 2024, 21912 mAnm Figgener NJW-Spezial 2024, 650.
[454] LG Aschaffenburg BeckRS 2000, 168030; OLG Hamm r+s 1998, 326; OLG Hamburg NZV 1998, 415, OLG Karlsruhe ZfS 1998, 375; KG VersR 1997, 1416; OLG Düsseldorf r+s 1997, 457; KG DAR 2000, 118; OLG Hamm r+s 2000, 153; OLG Frankfurt a. M. NJW-RR 1999, 822; OLG Hamm NJW-RR 1999, 821.
[455] Interdisziplinäre Studie Castro/Meyer/Weber Spine 1997, 366; Becke/Castro/Hein/Schimmelpfennig NZV 2000, 225; interessant auch Löhle ZfS 2000, 524.

Hinzutreten weiterer Umstände Kollisionen von bis zu zehn km/h für sich genommen keine Auswirkungen von Krankheitswert auf den Körper haben, es sei denn, es liege bereits vor dem Unfall eine besondere Schadendisposition vor; bei einer Kollisionsgeschwindigkeit von nur 3 km/h sah man teilweise selbst bei einer Vorschädigung eine HWS-Verletzung als ausgeschlossen an.[456]

68 Mit seiner insoweit beachtenswerten und im Ergebnis und seiner Begründung zutreffenden Entscheidung stellte sich der **BGH**[457] auf die Seite derer, die sich schon früher gegen das schematische Anwenden einer starren Grenze gewandt[458] hatten. Dem Urteil des BGH lag dabei ein Sachverhalt zugrunde, bei dem der verletzte Fahrer „mit schräg nach rechts oben gewendeten Kopf" in Richtung der Ampelanlage geblickt hatte, als der Heckaufprall geschah. Der BGH stellte sich damit nicht grundsätzlich gegen die Annahme einer **„Harmlosigkeitsgrenze"**,[459] sondern bei genauer Lektüre des sehr lesenswerten Urteils nur dagegen, dass diese rein schematisch angewandt wird und stellte klar:

„Alleine der Umstand, dass sich ein Unfall mit einer geringen kollisionsbedingten Geschwindigkeitsänderung („Harmlosigkeitsgrenze") ereignet hat, schließt die tatrichterliche Überzeugungsbildung nach § 286 ZPO von seiner Ursächlichkeit für eine HWS-Verletzung nicht aus"[460]

und verdeutlichte dies in seiner zutreffenden Urteilsbegründung noch:

„Gegen die schematische Annahme einer solchen ‚Harmlosigkeitsgrenze' spricht auch, dass die Beantwortung der Kausalitätsfrage nicht alleine von der kollisionsbedingten Geschwindigkeitsänderung, sondern daneben von einer Reihe anderer Faktoren abhängt, wobei ua auch der Sitzposition des betreffenden Fahrzeuginsassen Bedeutung beizumessen sein kann".[461]

69 Die Instanzgerichte[462] richteten sich konsequent nach der Entscheidung des BGH, indem sie sich klar gegen eine pauschale Anwendung der sog. „Harmlosigkeitsgrenze" wandten, aber dennoch zum Teil den auf Schmerzensgeld gerichteten Klagen eine Absage erteilten, da der Anspruchsteller den Strengbeweis nach § 286 ZPO für die haftungsbegründenden Tatsachen nicht erbringen konnte.

So wies das OLG Schleswig[463] 2024 – das klagabweisende Urteil des LG Flensburg bestätigend – darauf hin, dass *„nach dem technischen Gutachten des Sachverständigen W. l... die kollisionsbedingte Geschwindigkeitsänderung (sog. Δv) des Klägerfahrzeugs zwischen 6 und 9 km/h [lag]. Unter Zugrundelegung einer Stoßdauer von 0,10s bis 0,15s hat der Sachverständige W. sodann eine kollisionsbedingte Krafteinwirkung auf die Klägerin in Höhe von 1,1 bis maximal 2,7 g ermittelt. Auf dieser technischen Grundlage hat der medizinische Sachverständige Dr. D. ausgeführt, dass die Klägerin – selbst bei Unterstellung der oberen Grenze der kollisionsbedingten Geschwindigkeitsänderung – mit an Sicherheit grenzender Wahrscheinlichkeit keine unfallbedingte HWS-Distortion, BWS-Prellung und/oder Schulterprellung rechts erlitten habe."*[464]

2026 ergänzte das OLG Schleswig insofern: „Eine unfallbedingte HWS kann auch bei ΔV von 12,5 – 15,5 km/h und einer biomechanischen Insassenbelastung von 3,5 bis 4,4 g zweifelhaft sein".[465]

Ebenso setzte sich ua das KG[466] mit dieser BGH-Entscheidung auseinander und stellte fest:

„Die im medizinischen Schrifttum soweit ersichtlich durchgängig vertretene Auffassung, wonach die Wahrscheinlichkeit einer Verletzung der Halswirbelsäule umso größer ist, je stärker die auf den Fahrzeuginsassen einwirkende Kraft ist, hat der BGH in seiner Entscheidung nicht in Frage gestellt"

---

[456] OLG Hamm DAR 1998, 392.
[457] BGH BeckRS 2003, 2123 vgl. auch NZV 2003, 167 mAnm Burmann.
[458] KG BeckRS 2010, 7382; OLG Frankfurt a. M. BeckRS 2001, 30203617; OLG Frankfurt a. M. DAR 2000, 403; LG Lübeck ZfS 2000, 437.
[459] So auch KG NZV 2005, 521 (522).
[460] BGH BeckRS 2003, 2123 vgl. auch NZV 2003, 167 mAnm Burmann.
[461] BGH BeckRS 2003, 2123.
[462] LG Wiesbaden BeckRS 2018, 4499; NZV 2018, 392 mAnm Kleine-König; LG Karlsruhe BeckRS 2016, 112291; OLG Hamm BeckRS 2016, 118930; OLG Düsseldorf BeckRS 2016, 02329; OLG Schleswig 11.9.2003 – 7 U 178/01; AG Rüdesheim SP 2008, 395; LG Ravensburg 27.3.2008 – 1 S 216/07; OLG Schleswig NZV 2007, 203; LG Weiden NZV 2009, 41; LG Ravensburg BeckRS 2007, 01424; aA AG Berlin-Mitte SP 2009, 133 sowie AG Rheinberg SP 2009, 145.
[463] OLG Schleswig BeckRS 2024, 32645 mAnm Kääb FD-StrVR 2024, 826937.
[464] OLG Schleswig BeckRS 2024, 32645.
[465] OLG Schleswig BeckRS 2026, 4480.
[466] KG NVZ 2005, 521 ähnlich äußerte sich das OLG Koblenz Beschl. v. 10.9.2018 – 12 U 1245/17.

Zutreffend führen auch *v. Hadeln/Zuleger*[467] aus, dass sich „auf Grund des BGH-Urteils … keine grundsätzlichen Änderungen bei der Beurteilung von HWS-Verletzungen im Niedriggeschwindigkeitsbereich" ergeben. *„Klargestellt"* habe der BGH im Jahr 2003 nur, *„dass sich bei den schwierigen und komplexen Phänomenen der HWS-Verletzung eine schematische Betrachtungsweise verbietet und somit immer der Einzelfall mit seiner individuellen Besonderheit zu würdigen ist"*,

wobei ergänzend hinzuzufügen sei, dass der BGH damit im Grunde genommen eine – im Rahmen der Beurteilung von Verletzungen und Verletzungszusammenhängen im Zusammenhang mit der Beanspruchung von Schmerzensgeld – generell anzuwendende, ja man könnte sagen sogar selbstverständliche, Vorgehensweise erneut betont hat.

Diese Literaturmeinung spiegelt sich auch in zwei weiteren BGH-Urteilen[468] wider, in welchen der BGH nochmals ausdrücklich seinen bereits 2003 eingeschlagenen Weg bestätigte:

Im erstbenannten Urteil führt der BGH[469] dazu aus: *„Gegen die schematische Annahme einer „Harmlosigkeitsgrenze" spricht, dass die Beantwortung der Kausalitätsfrage nicht allein von der kollisionsbedingten Geschwindigkeitsänderung, sondern daneben von einer Reihe von Faktoren abhängt, wobei ua auch der Sitzposition des betreffenden Fahrzeuginsassen Bedeutung beizumessen sein kann"*.

In der zweitbenannten, vier Wochen später verkündeten, Entscheidung wiederholte der BGH,[470] es seien *„bei der Prüfung, ob ein Unfall eine Halswirbelsäulenverletzung verursacht hat, … stets die Umstände des Einzelfalles zu berücksichtigen. …"*, weshalb eine „Harmlosigkeitsgrenze" der erwähnten Art … ungeeignet sei.

In einer Entscheidung hierzu aus dem Jahr 2015 setzte das OLG Düsseldorf[471] diesen Grundsatz konsequent um. Allerdings stellte es ebenso erneut klar, dass es stets der genauen Einzelfallbetrachtung bedürfe und führte aus:

„Allein die Tatsache aber, dass eine Seitenkollision auch im Niedergeschwindigkeitsbereich potentiell Wirbelsäulenschäden oder weitergehend skelettbezogene Körperschäden hervorrufen kann, besagt selbstverständlich nichts darüber, dass eine solche körperliche Beeinträchtigung auch tatsächlich eingetreten ist. Im Hinblick darauf, dass der Kläger gegenüber dem Privatgutachter … angegeben hätte, er könne mit der linken Schulteraußenseite gegen die Seitenscheibe gestoßen sein, mag sich aufprallbedingt bei dem Kläger eine leichte Distorsionsschädigung der Halswirbelsäule eingestellt haben. Da der Kläger jedoch von einem Beckenaufprall gegen eine Fahrzeuginnenkontur gegenüber dem Privatsachverständigen nichts zu berichten gewusst hatte und da auch keine sichtbaren äußeren Verletzungen auf eine solche traumatische Einwirkung schließen lassen, spricht die überwiegende Wahrscheinlichkeit für die Annahme, dass der durch die sicherheitstechnischen Vorrichtungen des Pkw Volvo V 50 gut geschützte Beckenbereich des Klägers den seitlichen Kollisionsanstoß unverletzt überstanden hat".[472]

Auch das OLG Düsseldorf stellt sich damit – im Einklang mit dem BGH – gleich mehrfach klar gegen eine schematische anzuwendende „Harmlosigkeitsgrenze" und betont, dies gelte sowohl bei einem Zusammenstoß „im Frontbereich" wie auch „bei einem Heckanstoß".

Ungeachtet dieser juristischen Klarstellung ist jedoch sowohl aus technischer, biomechanischer und medizinischer Sicht insoweit vieles noch immer nicht hinreichend wissenschaftlich geklärt. Gute Beiträge liefern insofern die Autoren *Born, Rudolf* und *Becke* mit ihrem Aufsatz „Die Ermittlung des psychischen Folgeschadens – der **„BoRuBeck-Faktor"**[473] sowie *Krumbholz*[474] in seinen Ausführungen zur „Biomechanik in der juristischen Praxis" sowie das oben → Rn. 63 bereits erwähnte Werk von Castro/Becke/Nugel.[475]

cc) Subjektiv empfundene HWS-Beschwerden und psychische Ursachen. Ob und ggf. wieweit die subjektiv empfundenen HWS-Beschwerden nicht lediglich psychische Ursachen haben, oder in einer psy- 70

[467] Domes NZV 2009, 166; Burmann/Heß NZV 2008, 481; v. Hadeln/Zuleger NZV 2004, 273 (277); Lemcke r+s 2003, 177 (185); Müller VersR 2003, 137; Staab VersR 2003, 474.
[468] BGH BeckRS 2008, 13873 sowie BGH BeckRS 2008, 14743.
[469] BGH BeckRS 2008, 13873.
[470] BGH BeckRS 2008, 14743.
[471] OLG Düsseldorf BeckRS 2015, 05844.
[472] OLG Düsseldorf BeckRS 2015, 05844.
[473] Vgl. Böhm ZfS 2011, 423 und 483; Burmann/Heß NZV 2008, 481 und insofern weiterführend Born/Rudolf/Becke NZV 2008, 1.
[474] BGH in ständiger Rechtsprechung seit BGH NZV 1996, 353, BGH NZV 1998, 65, Buck/Krumbholz Sachverständigenbeweis VerkehrsR, 282 ff.; Herz NJW-Spezial 2018, 201 sowie bereits Heß NZV 2001, 287.
[475] Vgl. Castro/Becke/Nugel Personenschäden Kap. C. Rn. 179 ff.

chisch bedingten fehlerhaften Schmerzverarbeitung begründet sind, führt bis heute regelmäßig zu gerichtlichen Auseinandersetzungen. Dabei ist inzwischen herrschende Rechtsprechung,[476] dass Schädiger *„für die **psychischen Folgeschäden** des Klägers einzustehen* [haben], *wobei allerdings der Zurechnungszusammenhang zwischen dem schädigenden Ereignis und der psychischen Fehlverarbeitung ausscheidet, wenn zwischen dem Unrechtsgehalt der Körperverletzung und der daran anknüpfenden Begehrensneurose keine einleuchtende Zweckverbindung besteht“*.[477] Hierauf hatten – jeweils mit einer ausführlichen Begründung[478] – sowohl das OLG Brandenburg[479] und das OLG Düsseldorf[480] sowie in jüngster Zeit auch das OLG Schleswig[481] und das OLG Hamm[482] unter Verweis auf die ständige Rechtsprechung des BGH[483] – zuletzt mit Urt. v. 6.12.2022[484] – nochmals hingewiesen. (vgl. hierzu auch vorstehend → Rn. 55 und nachfolgend → Rn. 292 sowie → Rn. 302).

Zu Art und Umfang des klägerischen Vortrags in Fällen nicht näher bezeichneter organisch psychischer Störungen führte das OLG Hamm zuletzt aus:

„Wenn das Landgericht in dieser Situation [ergänze: Einholung eines Privatgutachtens durch die Beklagte] *von dem Kläger verlangt, er müsse näher zu der nach seiner Behauptung bei ihm vorliegenden psychischen Störung vortragen und deren Unfallbedingtheit darlegen, überspannt das Landgericht die Anforderungen an die Darlegungslast des Klägers als Anspruchsteller. Der Kläger kann nicht mehr vortragen, als dass er weiterhin unter Schmerzen leidet, die – da nach dem eingeholten fachorthopädischen Gutachten nicht unfallbedingt – offensichtlich anderer Genese sein müssen. Das hat der Privatgutachter der Beklagten, U, nicht anders gesehen. Im Gegensatz zu diesem bejaht der Kläger allerdings einen kausalen Bezug zu dem Unfallgeschehen. Diese Behauptung hätte das Landgericht ausreichen lassen und dem Beweisangebot nachgehen müssen. Ein Gegengutachten musste der Kläger nicht vorlegen. Gleiches gilt, soweit eine andere psychische Störung aufgrund einer Schädigung oder Funktionsstörung des Gehirns oder einer körperlichen Krankheit nach F06.9 ICD 10 zu bedenken ist. Es kann dem Kläger nicht abverlangt werden, zur Substantiierung seines Parteivortrags ein eigens in Auftrag gegebenes medizinisches Gutachten zu der Frage, ob eine Hirnsubstanzverletzung gegeben ist, vorzulegen“*.[485]

71 Insofern ist noch auf ein Urteil des OLG Celle[486] einzugehen, welches sich mit der Frage zu befassen hatte, inwieweit eine Haftung auch für Unfallfolgen besteht, die sich ohne organische Primärverletzung alleine aufgrund des Unfallerlebnisses und infolge psychisch vermittelter Kausalität entwickeln. Das OLG Celle kam zum Ergebnis, dass eine solche Haftung ohne ein Unfallereignis von hinreichender Schwere und Intensität nicht gegeben sei. Zwar habe sich im vorliegenden Falle

„die Kl. … wegen unfallbedingter Befindlichkeitsstörung in ärztliche Behandlung … begeben und somit sei der Unfall auch „im naturwissenschaftlichen Sinne ursächlich für die objektiv … ärztliche Behandlung“; dieser Zusammenhang stehe jedoch „nur in einem äußeren, gleichsam zufälligen Zusammenhang“.[487]

72 Um dieses Thema sodann zu verlassen, sei abschließend noch auf drei Entscheidungen hingewiesen:
- Zum einen auf ein Urteil des OLG Frankfurt a. M.[488] Dessen Sachverhalt umspannte dabei eine insofern interessante Kombination aus geringer Kollisionsgeschwindigkeit, Erst- und Zweitunfall, Primärverletzung und psychogener Folgeverletzung sowie einer erblichen Vorbelastung. Auffahrunfallbedingt (Differenzgeschwindigkeit: 7 km/h) kam es bei der Klägerin zu einer Schulterluxation. Die Klägerin litt jedoch bereits vor dem Unfall zum einen – erblich bedingt – unter einer massiven Vorschädigung in Form einer Gelenkschwäche und war zum anderen bereits als Jugendliche verunfallt. Insofern hat das OLG Frankfurt a. M. einen gem. § 286 ZPO ausreichenden Grad der Wahrscheinlichkeit des Ursachenzusammenhangs zwischen dem konkret zu entscheidenden (Zweit)Unfall und der Schulterschädigung festgestellt. Den von der Klägerin darüber hinaus geltend gemachten Feststellungsanspruch – wegen einer sich (angeblich) daraus entwickelten Armlähmung – lehnte das OLG jedoch als unbegründet ab, da die Folgeverletzung ***„ausschließlich***

[476] OLG Schleswig BeckRS 2024, 5395; BGH BeckRS 2022, 38714; BGH BeckRS 2018, 18775; BGH BeckRS 1997, 9122.
[477] OLG Brandenburg BeckRS 2016, 01599.
[478] OLG Düsseldorf BeckRS 2016, 02329.
[479] OLG Brandenburg BeckRS 2016, 01599.
[480] OLG Düsseldorf BeckRS 2016, 02329.
[481] OLG Schleswig BeckRS 2026, 4480.
[482] OLG Hamm BeckRS 2025, 36392 → Nr. 7785.
[483] BGH BeckRS 2022, 38714; BGH BeckRS 2018, 18775; BGH BeckRS 1997, 9122.
[484] BGH BeckRS 2022, 38714.
[485] OLG Hamm BeckRS 2020, 8963; vgl. auch OLG Hamm BeckRS 2019, 38917.
[486] OLG Celle SP 2010, 284.
[487] OLG Celle SP 2010, 284 mit Verweis auf OLG Hamm BeckRS 2006, 14400; s. OLG Brandenburg BeckRS 2011, 04836; KG NZV 2010, 624.
[488] OLG Frankfurt a. M. BeckRS 2013, 07214; vgl. auch BGH BeckRS 2004, 4451.

***psychogen*"** und weder direkt noch indirekt unfallbedingt sei und sich die psychogene Armlähmung der Klägerin als posttraumatische Fehlverarbeitung des lange zurückliegenden Erstunfalles darstelle.[489]

- Ebenso entschied das OLG Hamm[490] in einem Fall, bei dem die Klägerin als Beifahrerin im Kfz ihres Mannes vorgetragen hatte, infolge des Unfalles ein *„HWS-Distorsion und ein massives posttraumatisches cervioencephales Syndrom erlitten"* zu haben. Das OLG bestätigte das bereits die Klage abweisende Urteil des Landgerichts und führte aus, die möglichen Alternativursachen für die von der Klägerin behaupteten Beschwerden auszuschließen oder zu bestätigen sei nicht Aufgabe des Orthopäden, sondern des Psychiaters und wörtlich:
  „Von einer Verletzung des Körpers oder der Gesundheit kann nur gesprochen werden, wenn der Geschädigte relevante physische oder psychische Einbußen erlitten hat. Schlichtes Unwohlsein, Befindlichkeitsstörungen, die der Betroffene auf ein schädigendes Ereignis zurückführt, die aber nicht über das hinausgehen, was im Alltag bei dieser oder jener Gelegenheit immer wieder als Angst, Schrecken, Erschütterung oder Hilflosigkeit erlebt wird, sind keine gesundheitlichen Beeinträchtigungen im Sinne des Haftpflichtrechts, mögen sie auch einem Arzt zu therapeutischer Intervention Anlass gegeben haben."[491]
- Und schließlich das bereits oben (→ Rn. 55) erwähnte Urteil des OLG Hamm:[492] Hierbei ging es um die Frage der Schmerzensgeldhöhe in einem Fall, bei dem der Kläger – als Mitarbeiter der Straßenmeisterei während eines Autobahneinsatzes – von einem auffahrenden Lkw körperlich leicht verletzt wurde, jedoch eine nicht unerhebliche **Posttraumatische Belastungsstörung** erlitt, die sich auf eine nicht unfallbedingte Depression ausgewirkt hatte, die das OLG als **„endogene Neigung"** bzw. „endogene Persönlichkeitsstruktur" ansah.
  „Bei geeigneten Triggern" – so das OLG – *„kann es aber immer wieder zu einem Aufflammen der Symptomatik kommen, wie durch den Unfall (...). Insgesamt überlagert aber die Depression ab diesem Zeitpunkt die Symptomatik der Posttraumatischen Belastungsstörung; sie dominiert das klinische Bild. Etwa ab diesem Zeitpunkt ist die bestehende durchgehende Arbeitsunfähigkeit durch die Depression bedingt"*. Somit sei davon auszugehen, dass eine Belastungsstörung latent fortbestehe, die im Alltagsleben zwar keine Auswirkungen zeige, *„wohl aber durch triggernde Situationen im Arbeitsplatzbereich aktualisiert werden"* könne.[493]

h) Funktionseinschränkung oder Verlust von Gliedmaßen, Organen oder Körperfunktionen. 73
Wenn Größe, Heftigkeit und Dauer der Schmerzen sowie Leiden und Entstellungen die wesentlichen Bemessungskriterien sind,[494] so kommt dem Verlust von Körperfunktionen (zB Erblindung, Lähmungen, Geschmacksinnverlust, Anorgasmie etc) oder aber dem Verlust von Organen (zB Niere, Milz) oder Gliedmaßen (zB Fingern, Armen oder Beinen) eine sehr große Bedeutung bei der Schmerzensgeldbemessung zu. Dabei spielen insbesondere die stets dauerhaften, sprich: lebenslangen und teilweise sehr grausamen Dauerfolgen für den Betroffenen eine sehr große Rolle,[495] denn die **Höhe und das Maß der individuellen Lebensbeeinträchtigung** stehen bei der Schmerzensgeldbemessung stets ganz im Vordergrund,[496] wobei der Umfang des individuellen Leidens, dem ein Geschädigter in Folge von Dauerschäden ausgesetzt ist, nicht durch die isolierte Betrachtung der körperlichen und/oder psychischen Defizite ermittelt werden, sondern stets ganz wesentlich von den individuellen Lebensumständen des Geschädigten abhängt.[497]

„Die Amputation eines Unterschenkels stellt sich für einen Leistungssportler, der sich beruflich neu orientieren muss, als gravierenderer Einschnitt in sein Leben dar als für einen Geschädigten, der eine Bürotätigkeit ausübt und diese auch weiterhin ausüben kann. Auch jenseits der beruflichen Tätigkeit sind die denkbaren Einbußen an Lebensqualität infolge einer Unterschenkelamputation sehr verschieden und stellen sich beispielsweise für einen Geschädigten, der in seiner Freizeit bislang sportlich aktiv war und dies nicht in gleichem Umfang wird fortführen können, schwerwiegender dar als für einen Geschädigten, der Hobbys pflegt, deren Ausübung nicht in gleicher Weise durch das Fehlen eines Unterschenkels beeinträchtigt wird.", so der BGH 2022.[498]

Bei derartigen gravierenden **Dauerfolgen** (vgl. dazu oben → **Rn. 27**), insbesondere bei Erblindungen,[499] Arm- oder Beinamputationen[500] oder sonstigen gravierenden Schädigungen,[501] die ausnahmslos immer – ungeachtet des Alters des jeweils Betroffenen – dessen Leben dramatisch verändern, muss stets ein sehr

489 Vgl. hierzu auch die Ausführungen zu Kapitel V. 6. → Rn. 289 ff., → Rn. 295.
490 OLG Hamm BeckRS 2016, 118930.
491 OLG Hamm BeckRS 2016, 118930; vgl. auch OGH 22.10.2024 – 4 Ob 109/24v BeckRS 2024, 29142 → Nr. 7585.
492 OLG Hamm BeckRS 2016, 113265.
493 OLG Hamm BeckRS 2016, 113265.
494 So BGHZ 18, 149.
495 OLG München BeckRS 2013, 07721 vgl. hierzu auch NJW-Spezial 2013, 363.
496 OLG Frankfurt a. M. BeckRS 2025, 2439 Rn. 84 → Nr. 7645.
497 BGH BeckRS 2022, 6623; Jaeger VersR 2021, 84 (88); Slizyk NJW 2021, 3757 (3760).
498 BGH BeckRS 2022, 6623 Rn. 20.
499 KG BeckRS 2004, 6042.
500 Vgl. OLG Hamm BeckRS 2007, 16913.
501 LAG Nürnberg NZA-RR 2017, 522.

hohes Schmerzensgeld zuerkannt werden.[502] Wurden noch vor 30 Jahren bei Unterschenkelamputationen nur umgerechnet 10.000 bis 20.000 EUR [503] zuerkannt, so muss heute in derartigen Fällen sowohl von Rechtsanwälten, Versicherungsschadenmanagern und Richtern eine nachhaltige und sehr deutlich erkennbare Anhebung der Schmerzensgelder erfolgen. Es erscheint nämlich nahezu anmaßend, wenn Außenstehende darüber befinden, ob es für eine 17-jährige junge Schülerin oder einen 71-jährigen rüstigen Rentner schwerer wiegt, wenn diese(r) unfallbedingt wegen einer Erblindung oder einer Beinamputation oder einer Paraplegie zwar nicht ihr bzw. sein Leben, aber doch die komplette Lebensplanung und damit einen wesentlichen Teil der Individualität verloren hat. 50.000 EUR für die *Amputation des rechten Unterarms*[504] eines 48-Jährigen sind insofern heute nicht mehr angemessen.

Die leider heute in der Schmerzensgeldbemessung immer noch vorherrschende quasi technisch-mathematische Abstufung (Unterschenkelamputation wiege weniger schwer als Oberschenkelamputation etc) ist angesichts des hohen wissenschaftlichen Informationsgehaltes über die häufig gravierenden psychischen/seelischen Zusatzfolgen antiquiert und abzulehnen: Lebensverändernde und die Lebensplanung gravierend beeinträchtigende **Dauerfolgen** müssen mit hohen und höchsten Schmerzensgeldbeträgen soweit wie möglich ausgeglichen werden. Wenn das OLG Frankfurt a. M.[505] – im Jahr 2000 – einem siebenjährigen Schüler, dem rechts unterhalb des Kniegelenkes das Bein amputiert werden musste, nachdem er mit beiden Beinen unter einen Lkw geraten war, umgerechnet knapp 77.000 EUR zuerkannt hatte und damit im Rahmen damals vergleichbarer Entscheidungen sogar noch im oberen Bereich lag, so sind angesichts der oftmals propagierten – und inzwischen überfälligen – Änderungsbestrebungen derart extrem niedrige und völlig unangemessene Beträge in keiner Weise mehr zeitgemäß. Denn 77.000 EUR stellen für das betroffene Kind (zumal dessen linkes Bein ebenfalls schwer verletzt wurde!) und dessen dauerhaft massiv beeinträchtigtes Leben in gar keiner Weise einen angemessenen Ausgleich dar und werden dem häufig strapazierten Gedanken (vgl. oben → **Rn. 15**) der *Verbesserung des Opferschutzes* in keiner Weise gerecht.

Insoweit sehr zu begrüßen ist das Urteil des LG Aurich[506] (vom OLG Oldenburg am 18.3.2020[507] bestätigt), welches einem fünfjährigen Jungen, dem infolge eines groben Behandlungsfehlers beide Unterschenkel amputiert werden mussten und der insofern ein wahres Behandlungsmartyrium von mehr als drei Jahren und über 20 Operationen über sich ergehen lassen musste, 800.000 EUR zuerkannte und dazu ausführte: „Dass der hier zugesprochene Betrag über Schmerzensgeldbeträge hinausgehen mag, die in anderen Fällen des Verlustes beider unterer Extremitäten in vergleichbarem Umfang … nach sich ziehen und von der Rechtsprechung für angemessen erachtet wurden, ist der Kammer sehr wohl bewusst. Sie hält die Überschreitung hier allerdings für geboten …“.

Weitere Ausführungen hierzu: → **Rn. 268 ff.**

73a **i) Sonstige Bemessungskriterien.** Da bei der Bemessung des angemessenen Schmerzensgelds stets die besonderen individuellen Merkmale und Besonderheiten des Betroffenen sowie „dessen spezielle Lebenssituation“ zu berücksichtigen sind,[508] kann die voranstehende Auflistung der Kriterien nicht abschließend sein. Nachfolgend werden daher einige weitere Aspekte vorgestellt, die in der Vergangenheit von den jeweils fallentscheidenden Gerichten mitberücksichtigt worden waren:

73b **aa) Zugehörigkeit zu einem bestimmten Kulturkreis als schmerzensgelderhöhendes Argument:** Die Angehörigkeit bzw. Zugehörigkeit zu einem besonderen Kulturkreis kann im Einzelfall ein bei der Schmerzensgeldbemessung zu berücksichtigendes Kriterium sein. So hatte das OLG München[509] die Entscheidung der Vorinstanz bestätigt, bei der das Gericht bei der Schmerzensgeldbemessung für eine Ohrfeige (zum Schmerzensgeld für sog. „Ohrfeigen“ s. auch die Entscheidungen des LG Konstanz → Nr. 4574, AG Menden → Nr. 4490 und LAG Köln → Nr. 4434) nach einer tätlichen **Auseinandersetzung unter türkischstämmigen Eheleuten** die besondere „Kränkungsanfälligkeit“ der dem türkischen Kulturkreis angehörenden Klägerin erhöhend berücksichtigt hatte.

Gegenläufig urteilten das LG Essen[510] und das OLG Frankfurt a. M.[511] hinsichtlich des von den Klägern – jeweils für ein höheres Schmerzensgeld – angeführten Arguments eines **kulturkreisabhängigen besonderen**

[502] OLG München BeckRS 2013, 07721; OLG Hamm BeckRS 2008, 05175.
[503] So zB AG Osnabrück 18.9.1993 – 48 C 253/93.
[504] OLG Hamm BeckRS 2017, 117083. Das OLG bewegte sich damit allerdings im Rahmen des damals für derartige Verletzungen üblichen Rahmens.
[505] OLG Frankfurt a. M. BeckRS 2001, 3213.
[506] LG Aurich BeckRS 2018, 40197.
[507] OLG Oldenburg BeckRS 2020, 5200.
[508] Vgl. dazu oben → Rn. 21.
[509] OLG München 17.11.2016 – 3 U 3662/16 → Nr. 7402.
[510] LG Essen BeckRS 2008, 143929 → Nr. 7405.
[511] OLG Frankfurt a. M. BeckRS 2012, 16092 → Nr. 5835.

Stellenwertes der Zeugungsfähigkeit, Familiengründung und des Kinderwunsches. In beiden Fällen hatten die jeweiligen Kläger aufgrund ärztlicher Behandlungsfehler ihre Zeugungsfähigkeit verloren.

Während das OLG Frankfurt a. M.[512] berücksichtigt hatte, *„dass der Verlust der Zeugungsfähigkeit eine Familienplanung des Klägers in erheblichem Maß behindert und dass ihn das angesichts seiner Herkunft aus dem … Kulturkreis besonders beeinträchtigt"*, ließ das LG Essen[513] das Argument des „Kulturkreises" als Kriterium für eine Schmerzensgelderhöhung nicht gelten, denn *„nach Auffassung der Kammer ist der Verlust der natürlichen Zeugungsfähigkeit bei einem bestehenden* ***Kinderwunsch unabhängig von der Zugehörigkeit zu einem bestimmten kulturellen Hintergrund*** *zu bewerten."*[514]

Zur Anwendung ausländischen Rechts (hier serbisches Recht) bei der Schmerzensgeldbemessung vgl. OLG Stuttgart BeckRS 2014, 641 → Nr. 4925.

bb) „Andersartigkeit" als erhöhendes Bemessungskriterium: Einen besonderen Fall hatte das OLG Frankfurt a. M.[515] als Prozesskostenhilfeinstanz zu entscheiden und dem PKH-Anspruch eines zwölfjährigen Jungen muslimischer Religionszugehörigkeit auf 10.000 EUR Schmerzensgeldklage gegen den behandelnden Arzt (AG. zu 1) sowie auch gegen seinen Vater, einen „streng gläubigen Moslem", (AG. zu 2) stattgegeben, weil ihm ein solcher Anspruch wegen der Persönlichkeitsrechtsverletzung infolge der unzulässigen **Beschneidung** (der Vater war nicht Inhaber des Sorgerechts!) zustehen könne. *„Veranlasst der nicht sorgeberechtigte Vater ohne Zustimmung der sorgeberechtigten Mutter die Beschneidung eines noch nicht einwilligungsfähigen Kindes, so liegt darin eine Verletzung des allgemeinen Persönlichkeitsrechts des Kindes, die schon wegen der Genugtuungsfunktion einen Schmerzensgeldanspruch des Kindes begründet"*, so das OLG. Bei der Schmerzensgeldbemessung, so das OLG weiter, können auch die durch die Beschneidung verursachte **„Andersartigkeit"**, unter der der Kläger leidet, erhöhend herangezogen werden, sofern dazu Näheres dargelegt bzw. vorgetragen werde. 73c

2. Die Genugtuungsfunktion des Schmerzensgeldes

a) Verschulden des Schädigers. Das Zweite Gesetz zur Änderung schadensersatzrechtlicher Vorschriften und der hierdurch eingeführte § 253 BGB ändert an der sog. **Genugtuungsfunktion** des Schmerzensgeldes nichts.[516] Der Gesetzgeber hatte zwar in Erwägung gezogen, auch den Bereich der Genugtuung anzutasten und beispielsweise die Beanspruchung von Schmerzensgeld daran zu knüpfen, dass die Verletzung vorsätzlich verursacht wurde;[517] er setzte dieses Vorhaben jedoch nicht um, sondern behielt bewusst die Genugtuungsfunktion als zweite Grundlage der Schmerzensgeldbemessung bei.[518] (Zur besonderen Berücksichtigung der Genugtuungsfunktion im Falle von sexuellem Missbrauch an Kindern und Heranwachsenden durch Kleriker s. nachfolgend unter → Rn. 307c). Somit ist es gerechtfertigt an dieser Stelle erneut einen kurzen Blick zurück auf die bereits oben (→ Rn. 18) erwähnte Grundsatzentscheidung des BGH zu werfen: 74

Der Große Senat hatte in dieser – im Kern 2016 bestätigten[519] – Grundsatzentscheidung festgehalten und somit nochmals bestätigt, dass im Rahmen der Billigkeitsabwägung auch der **Verschuldensgrad** als **Einzelumstand** berücksichtigt werden muss.[520] Hierbei hat er neben den Beeinträchtigungen für das Individuum auch den Sühnecharakter des Schmerzensgeldes herausgestellt. Zum einen können sich vorsätzliches oder grob fahrlässiges Verhalten auf den Betroffenen verbitternd auswirken, zum anderen entspreche es allgemein der Billigkeit und der Genugtuung, wenn Vorsatz und grobe Fahrlässigkeit zuungunsten, leichte Fahrlässigkeit dagegen zugunsten des Schädigers berücksichtigt würden.

Zur Frage, ob der Aspekt der Genugtuungsfunktion vor dem Hintergrund, dass Ärzte grundsätzlich den Patienten helfen wollen, auch in Arzthaftungsfällen zur Anwendung kommen darf, äußerte sich 2022 der BGH[521] und bejahte diese Frage. *„Auch bei der Bemessung des Schmerzensgeldes in Arzthaftungssachen kann der Gesichtspunkt der Genugtuung nicht grundsätzlich außer Betracht bleiben. Auch wenn bei der ärztlichen Behandlung das Bestreben der Behandlungsseite im Vordergrund steht, dem Patienten zu helfen und ihn von seinen Beschwerden zu befreien, stellt es unter dem Blickpunkt der Billigkeit einen wesentlichen Unterschied dar, ob dem Arzt grobes – möglicher-* 75

[512] OLG Frankfurt a. M. BeckRS 2012, 16092.
[513] LG Essen BeckRS 2008, 14392.
[514] LG Essen BeckRS 2008, 14392.
[515] OLG Frankfurt a. M. BeckRS 2007, 15027 → Nr. 3776.
[516] So auch Scheffen/Pardey Schadensersatz Rn. 943.
[517] BT-Drs. 14/7752.
[518] BT-Drs. 14/7752 mit Hinweis, dass die Genugtuung im Einzelfalle weiterhin Berücksichtigung finden könne.
[519] BGH (VGS) BeckRS 2016, 21466.
[520] BGHZ 18, 149 (157).
[521] BGH BeckRS 2022, 5498.

weise die Grenze zum bedingten Vorsatz berührendes – Verschulden zur Last fällt oder ob ihn nur ein geringfügiger Schuldvorwurf trifft. Ein dem Arzt aufgrund grober Fahrlässigkeit unterlaufener Behandlungsfehler kann dem Schadensfall sein besonderes Gepräge geben.“, so der BGH.[522]

76 Seit den Entscheidungen des BGH aus den Jahren 1995/1996 herrscht hinsichtlich der Trennung zwischen dem staatlichen **Strafanspruch gegenüber dem Täter** und dem **Genugtuungsbedürfnis des Opfers** Klarheit. Insofern betonte der BGH 1996:

„Gerade weil das Schmerzensgeld keine Privatstrafe darstelle, sondern auf Schadensausgleich gerichtet sei, könne „die Höhe der Entschädigung nur am immateriellen Schaden ausgerichtet werden, nicht aber an der Überlegung, ob daneben auch der staatliche Strafanspruch verwirklicht worden ist“.[523] Hieran hat der BGH im Weiteren stets festgehalten und betonte zum einen, dass

„es sich bei der Zubilligung einer Geldentschädigung … nicht um eine Strafe iSd Art. 103 GG“ handele[524] sowie zum anderen, dass *„der Schmerzensgeldanspruch … vom Gesetzgeber gerade nicht als Strafe, sondern als Schadensersatzanspruch ausgestaltet worden“* sei.[525]

77 Auf die erstbenannte BGH-Entscheidung[526] wörtlich Bezug nehmend, entschied 2014 das LG Frankenthal[527] in einem ebenso tragischen wie grausamen Fall von Selbstjustiz eines Vaters (er war deshalb wegen Mordes verurteilt worden) an seiner Tochter und sprach deren Erben 50.000 EUR Schmerzensgeld zu.

Ebenfalls 50.000 EUR bestätigte der BGH[528] und befasste sich – wenn auch nur am Rande seiner Entscheidung im Rahmen eines Adhäsionsverfahrens (im Zusammenhang mit erpresserischem Menschenraub, begangen von fünf Personen, die teils als Mittäter, teils als Gehilfen angesehen wurden) – erneut mit der Genugtuungsfunktion und führte hierzu aus:

„Zwar haften Mittäter oder Gehilfen einer unerlaubten Handlung gem. § 830 BGB auch hinsichtlich des Schmerzensgeldes regelmäßig in voller Höhe und nicht nur ihrem Tatbeitrag entsprechend. Eine Differenzierung bei der Höhe des Schmerzensgeldes kommt aber in Betracht, wenn die unterschiedlichen Tatbeiträge eine unterschiedliche Bemessung unter Berücksichtigung der Genugtuungsfunktion des Schmerzensgeldes nahelegen (vgl. nur OLG Karlsruhe Beschl. vom 8.4.1998 – 14 W 19/98, Die Justiz 1999, 445). So liegt der Fall hier“.

78 Einen der grundsätzlich seltenen Fälle **vorsätzlicher Herbeiführung** eines **Verkehrsunfalls** (zu legalen und illegalen Autorennen s. → Rn. 84 und → Rn. 102a) hatte 2007 das OLG Saarbrücken[529] zu entscheiden und wertete den Vorsatz des Klägers zutreffend als schmerzensgelderhöhend:

„Jedenfalls im Fall vorsätzlichen Handelns besteht eine derart andere Unrechtsqualität des Handelns im Vergleich mit der bloßen Gefährdungshaftung des StVG, die bloße Unglücksschäden, nicht aber Unrechtsschäden abgelten soll, dass eine Berücksichtigung dieses Umstandes im Rahmen der Schmerzensgeldzumessung nach wie vor geboten ist.“

Abschließend sei – hinsichtlich der Schmerzensgeldbemessung gerade bei vorsätzlich begangenen Körperverletzungen oder gar Tötungen – die ebenso bewundernswert deutliche wie auch begrüßenswerte Kritik des LG Bochum[530] erwähnt, welches betonte:

„Ohne Leben und körperliche Unversehrtheit sind alle anderen Rechte nichts wert. „Billig“ iSd § 253 BGB ist im Falle der Verletzung der körperlichen Unversehrtheit einer Person nur eine Geldentschädigung, die diesem überragenden Stellenwert des Grundrechts aus Art. 2 Abs. 2 S. 1 GG Rechnung trägt. Die höchstrichterliche Rechtsprechung und die Rechtsprechung der Instanzgerichte verkennen vielfach die überragende Bedeutung, die dem Schutz von Leben und körperlicher Unversehrtheit im Rahmen der Drittwirkung der Grundrechte zukommt …. Der erkennende Richter ist der Auffassung, dass insbesondere bei vorsätzlichen Körperverletzungen die in der höchstrichterlichen Rechtsprechung angesetzten Schmerzensgeldbeträge viel zu niedrig bemessen sind und deutlich angehoben werden müssen“.[531]

522 BGH BeckRS 2022, 5498.
523 BGH BeckRS 9998, 166828 und BGH BeckRS 1996, 1437 sowie OLG Saarbrücken SP 2008, 257.
524 BGH BeckRS 2004, 11964.
525 BGH BeckRS 2014, 23583.
526 BGH NJW 1995, 781.
527 LG Frankenthal BeckRS 2014, 11448.
528 BGH BeckRS 2016, 03376; vgl. auch BGH BeckRS 2016, 21466.
529 OLG Saarbrücken SP 2008; Diederichsen VersR 2005, 433 auf dessen Aufsatz das OLG in seiner Urteilsbegründung Bezug genommen hatte.
530 LG Bochum BeckRS 2015, 18726.
531 LG Bochum BeckRS 2015, 18726.

Dass in den Fällen der **groben Fahrlässigkeit**[532] insbesondere auch die Alkoholisierung des Schädigers schmerzensgelderhöhende Berücksichtigung findet, vor allem bei fehlendem Mitverschulden[533] (da in solchen Fällen die verständliche Verbitterung des Geschädigten zu berücksichtigen ist[534]), gilt auch bzw. gerade im Hinblick auf die zitierten BGH-Entscheidungen[535] als unbestritten. So berief sich zutreffend ua bereits das OLG Nürnberg auf die BGH-Auffassung und führte aus, dass die *„dort aufgestellten Grundsätze in gleicher Weise gelten für Fälle, in denen seitens des Schädigers ein grob fahrlässiges Verhalten vorliegt, das sich einem bedingt vorsätzlichen Verhalten annähert“*.[536] Ebenso betonte das OLG Saarbrücken,[537] dass *„bei der Bemessung der Schmerzensgeldhöhe auch der unstreitige oder erwiesene Unfallhergang nicht außer Betracht bleiben kann, wenn er ein grob fahrlässiges Verhalten des Schädigers belegt.“* 79

Dass uU auch das Leugnen der Unfallbeteiligung aus dem Gesichtspunkt der Genugtuungsfunktion schmerzensgelderhöhend in die Bemessung des Schmerzensgeldes einfließen kann, hat bereits 1994 das LG Bielefeld[538] ausgeführt.

Bei Arzthaftungsfällen sind insofern das Urteil des LG Köln[539] sowie das von diesem zitierte Urteil des BGH zu berücksichtigen: **Zur groben Fahrlässigkeit und deren Berücksichtigung bei der Schmerzensgeldbemessung im Rahmen der Genugtuungsfunktion** hatte der **BGH**[540] 2022 betont, dass bei der ärztlichen Behandlung stets das Bestreben der Behandlungsseite im Vordergrund stehe, dem Patienten zu helfen und ihn von seinen Beschwerden zu befreien; dennoch stelle es *„unter dem Blickpunkt der Billigkeit einen wesentlichen Unterschied dar, ob dem Arzt grobes – möglicherweise die Grenze zum bedingten Vorsatz berührendes – Verschulden zur Last fällt oder ob ihn nur ein geringfügiger Schuldvorwurf trifft. Ein dem Arzt aufgrund grober Fahrlässigkeit unterlaufener Behandlungsfehler kann dem Schadensfall sein besonderes Gepräge geben.“*

Dabei ist allerdings – worauf der BGH nachdrücklich hingewiesen hatte – zu berücksichtigen, dass grobe Fahrlässigkeit nicht bereits vorliegt, wenn dem Arzt ein grober Behandlungsfehler unterlaufen ist und ein grober Behandlungsfehler weder mit grober Fahrlässigkeit gleichzusetzen ist noch komme ihm insoweit eine Indizwirkung zu. Vielmehr setze grobe Fahrlässigkeit stets einen objektiv schweren und subjektiv nicht entschuldbaren Verstoß gegen die Anforderungen der im Verkehr erforderlichen Sorgfalt voraus.[541]

Bei leichter Fahrlässigkeit, wie sie in den meisten Sachverhalten der Straßenverkehrsunfälle vorkommt, spielt der Genugtuungsgedanke in der Regel[542] keine Rolle.[543] Ob – wie *Scheffen/Pardey*[544] argumentieren – bei nachgewiesener, leichter Fahrlässigkeit bei Unfällen nach dem 1.8.2002 „grundsätzlich … im Vergleich zur Bemessung des Schmerzensgeldes beim Anspruch aus einer Gefährdungshaftungsnorm“ ein höheres Schmerzensgeld zuerkannt werden muss, da der Anspruch auf Schmerzensgeld gem. § 253 BGB grundsätzlich auch bereits verschuldensunabhängig besteht, ist fraglich. Im Umkehrschluss würde dies zu einer grundsätzlichen „Zweiklassenbemessung“ dergestalt führen, dass bei ansonsten gleicher Sachlage das Schmerzensgeld im Falle eines Gefährdungstatbestandes geringer ausfallen müsste als bei einem deliktsrechtlichen Tatbestand.[545] Ob sich dies als mögliche Folge der Rechtsreform so herausbildet, bleibt abzuwarten;[546] wünschenswert erscheint es nicht und ist bis heute auch nicht festzustellen. Die wenigen hierzu vorliegenden Entscheidungen ergeben derzeit ein noch sehr kontroverses Bild: 80

In einer der wenigen hierzu im Rahmen einer Verkehrsunfallstreitigkeit bisher ergangenen Aussagen kommt das OLG Celle[547] zum zutreffenden Ergebnis, „Schmerzensgeld, das nur auf Gefährdungshaftung gestützt werden kann, nicht geringer zu bemessen als bei einer Haftung aus (einfach) fahrlässigem Verhalten“; anders entschied jedoch das LG Kempten.[548]

---

[532] Zur Thematik der groben Behandlungsfehler BGH ZfS 2012, 16; OLG München BeckRS 2009, 09399; OLG Brandenburg BeckRS 2009, 10122; OLG München BeckRS 2009, 08109.
[533] Zum Mitverschulden des Beifahrers bei Alkoholisierung des Fahrzeugführers s. → Rn. 102a.
[534] OLG München VersR 1985, 601.
[535] BGH ZfS 1995, 128 sowie BGH NJW 2005, 215.
[536] OLG Nürnberg ZfS 1995, 452 (453); Gerlach DAR 1995, 221.
[537] OLG Saarbrücken BeckRS 2015, 06748.
[538] LG Bielefeld BeckRS 1994, 123266.
[539] LG Köln BeckRS 2024, 36202, → Nr. 7629.
[540] BGH BeckRS 2022, 5498 mAnm Steiner NJW 2022, 1446.
[541] BGH BeckRS 2022, 5498.
[542] Anders – wenn auch nur undeutlich im Ansatz – KG NZV 2002, 79 im Falle der Verletzung einer hochschwangeren Fahrzeugführerin.
[543] So auch Scheffen/Pardey Schadensersatz Rn. 945.
[544] Scheffen/Pardey Schadensersatz Rn. 945.
[545] So konsequenter Weise auch Scheffen/Pardey Schadensersatz Rn. 945.
[546] Ähnlich äußert sich auch Küppersbusch/Höher Ersatzansprüche Personenschaden Rn. 274.
[547] OLG Celle NVZ 2004, 251.
[548] LG Kempten 27.5.2014 – 23 O 377/12, s. hierzu auch Vrzal VersR 2015, 284–293.

81 **Der völlige Wegfall des Verschuldens** und damit der Genugtuung kann in (seltenen) Einzelfällen auch zum völligen Verlust des Schmerzensgeldanspruches führen.

Dies mag beispielsweise bei Fällen von Trunkenheitsfahrten gegeben sein, bei welchen der Geschädigte selbst auch Alkohol getrunken hat und/oder vom Alkoholgenuss des Schädigers Kenntnis hatte und diese Situation akzeptierte.[549] In diesen Fällen kann das Verschulden des Schädigers soweit zurücktreten, dass dem Geschädigten wegen des eigenen vorwerfbaren Verhaltens kein Schmerzensgeldanspruch mehr zukommt. Gleiches gilt auch, sofern der Verletzte aus anderen Gründen heraus die Verletzung provoziert hat,[550] indem er im konkreten Fall mit einer laufenden Kettensäge in der Hand die Beklagten in eine Schlägerei verwickelte, in deren Folge er selbst verletzt wurde oder wenn – wie im Falle ebenso eklatanter **Selbstgefährdung,** den das OLG Hamm[551] zu entscheiden hatte – die Klägerin mit dem Beklagten auf einer Bierbank tanzte und sich dabei verletzte. Im Fall des Kettensägeunfalls bestätigte das OLG die bereits vom LG ausgesprochene Abweisung der Schmerzensgeldklage mit der Begründung:

„Ist bei abgewogener Betrachtung für eine Genugtuung kein Raum, so kann dies unter Umständen dazu führen, dass auch ein Ausgleich des so genannten Nicht-Vermögensschadens, eine Entschädigung wegen erlittener Schmerzen oder sonstiger Leiden schon im Ansatz nicht mehr als billig eingeschätzt werden darf".[552]

Kein Schmerzensgeld für abgeschlagene Hand wegen Putativnotwehr! So lässt sich der ebenso tragische wie kuriose Sachverhalt betitelten, der 2025 der Entscheidung des LG Koblenz[553] zugrunde lag: Der Kläger war nach einer Feier mit seinem Pkw von der Grillhütte in den Wald hineingefahren, wo er unter Schwierigkeiten ein Wendemanöver durchgeführt und dabei eine Reifenpanne erlitten hatte. An dieser Stelle grenzte der Weg an das Freizeitgrundstück der Familie des Beklagten, der dabei war, mit einer Machete Holz für ein Grillfeuer zu zerschlagen. Der Beklagte wurde auf den Kläger mit seinem Fahrzeug aufmerksam und bewegte sich auf dieses zu, um dem Kläger seine Hilfe anzubieten. Dies verstand der Kläger, der bereits Alkohol getrunken hatte, falsch und feuerte aus seiner Schreckschusspistole drei Schüsse auf den Beklagten ab, der daraufhin mit seiner Machete, die er noch in der Hand behalten hatte, als er auf den Kläger zugegangen war, in dessen Richtung schlug und dem Kläger dabei die linke Hand abgetrennte. Das LG wies die Klage als unbegründet ab und führte dazu aus: *„Der Kläger hat keine Ansprüche gegen den Beklagten aus § 823 Abs. 1 und Abs. 2 BGB in Verbindung mit §§ 223, 224 Abs. 1 Nr. 2, 226 StGB. Der Beklagte hat sich bei seiner Handlung in einem Erlaubnistatbestandsirrtum befunden, der für ihn aufgrund der konkreten Gesamtumstände des Falles auch nicht vermeidbar gewesen ist. …*

Stets setzt ein Schadensersatzanspruch aus unerlaubter Handlung gemäß § 823 BGB ein Verschulden des Verteidigers voraus. Eine Haftung besteht nur dann, wenn gerade in Bezug auf die Überschreitung der Notwehrgrenzen beziehungsweise die irrige Annahme der Notwehrvoraussetzungen (zumindest) der Vorwurf einer fahrlässigen Fehleinschätzung begründet ist. Das ist am Maßstab der im Zivilrecht geltenden objektiven Fahrlässigkeit nach § 276 Abs. 1 S. 2 BGB zu prüfen. Irrt sich der Verteidiger ohne Verschulden über die Stärke des Angriffs und greift zu Abwehrmaßnahmen, die objektiv nicht erforderlich sind, haftet er dem Angreifer gegenüber nicht. Eine verschuldensunabhängige Haftung des Verteidigers analog § 231 BGB kommt nicht in Betracht (BeckOGK/Rövekamp BGB § 227 Rn. 82 m.w.N.). Die Anforderungen an die erforderliche Sorgfalt dürfen dabei aber nicht überspannt werden, weil das Risiko einer Abwehrhandlung zunächst einmal von dem Angreifer geschaffen worden ist (Staudinger/Repgen (2024) BGB § 227 Rn. 79; vgl. auch BGH, Urteil vom 26. Mai 1987 – VI ZR 157/86…).“[554]

82 Nicht zum Wegfall kommt die Genugtuung, sofern Dritte – in einer nicht vom Verletzten mitbestimmten Art und Weise – in Ausübung von **Selbstjustiz**[555] bzw. als **Racheakt** dem Opfer Genugtuung verschaffen wollten.

Die Genugtuungsfunktion verliert auch nicht dadurch ihre Bedeutung, dass die Leistung im Wege der Erfüllungsübernahme durch den Dienstherrn erfolgt und nicht unmittelbar durch den Schädiger.[556] (s. dazu unten → **Rn. 488**).

83 Zur besonderen Berücksichtigung der Genugtuungsfunktion im Zusammenhang mit Verletzungen des Persönlichkeitsrechts, insbesondere durch die Medien und insofern auch auf das Urteil des BGH[557] wird nachfol-

[549] S. Küppersbusch/Höher Ersatzansprüche Personenschaden Rn. 278.
[550] OLG Frankfurt a. M. NJW 2000, 1424.
[551] OLG Hamm Beschl. v. 20.10.2015 und 25.11.2915 – 9 U 142/14, BeckRS 2015, 20346.
[552] OLG NJW 2000, 1424.
[553] LG Koblenz BeckRS 2025, 30287 → Nr. 7937.
[554] OLG Koblenz BeckRS 2025, 30287 Rn. 16 und Rn. 32.
[555] OLG NJW-RR 1998, 1323.
[556] VGH BeckRS 2021, 4343.
[557] BGH BeckRS 2014, 10271.

gend → Rn. 167 besonders Stellung genommen, weshalb an dieser Stelle zur Vermeidung von Wiederholungen hierauf verzichtet wird.

Zum Thema **Mitverschulden** des Geschädigten und **Quotierung** s. unten → Rn. 101 ff.

aa) Verschulden des Schädigers bei Sport, Spiel und Festveranstaltungen. Sport- und spielbedingte Rechtsgutsverletzungen sowie solche, die sich im Rahmen von Festveranstaltungen[558] ereignen und daraus abgeleitete Schmerzensgeldansprüche beschäftigen häufig die Gerichte.[559] Gerade in der Freizeit, dort am häufigsten bei Sport und Spiel, kommt es zu – ua auch schmerzensgeldrelevanten – Verletzungen, bei deren rechtlicher Beurteilung neben der besonderen Prüfung der Haftungsfrage[560] auch die Schmerzensgeldbemessung[561] vor dem Hintergrund der jeweiligen (Sport-/Spiel-)Situation zu bewerten ist. 84

So entschied der BGH[562] im Falle eines **Autorennens,**[563] dass *„bei sportlichen Wettbewerben mit nicht unerheblichem Gefahrenpotential, bei denen typischerweise auch bei Einhaltung der Wettbewerbsregeln oder geringfügigen Regelverletzungen die Gefahr gegenseitiger Schadenszufügung besteht, … die Inanspruchnahme des schädigenden Wettbewerbers für solche … Schäden eines Mitbewerbers ausgeschlossen (sind), die er ohne gewichtige Regelverletzung verursacht".*

Das OLG Brandenburg[564] übertrug diese zutreffende Rechtsansicht auf die Situation von in einem **Motorradpulk** fahrenden Motorradfreunden und damit auf eine Situation auch außerhalb des Bereichs sportlicher Kampfspiele, auf die nachfolgend noch näher einzugehen sein wird; dem schloss sich das OLG Naumburg[565] in Bezug auf eine Demonstrationsfahrt mit historischen Rennmotorrädern an. Gleiches gilt auch für **Radsportveranstaltungen.**[566]

Ebenso verneinte das OLG Schleswig[567] die Haftung des Betreibers einer **Motocross-Anlage** und führte aus:

„Die Möglichkeit von Stürzen während einer Trainingsfahrt und von Kollisionen mit nachfolgenden Motocross-Fahrern liege grundsätzlich im Rahmen der von vornherein zu erwartenden Risiken der gemeinsamen Nutzung einer Motocross-Anlage. Eine Motocross-Bahn sei eine unebene, nicht befestigte Strecke im Gelände, deren Beschaffenheit je nach Witterungsverhältnissen ganz andere Anforderungen an das fahrerische Können und die Beherrschung des Motorrades stellt als etwa die Teilnahme am Straßenverkehr. Bereits geringfügige Fahrfehler könnten zu Unfällen und Stürzen führen, durch die andere Fahrer und auch der Betroffene gefährdet werden können. Diese Umstände waren dem klagenden Kind und auch dessen Vater bekannt, die beide seit mehreren Jahren im Motocross-Sport aktiv waren".

Gleichermaßen entschied der OGH Österreich im Fall einer **Kollision beim Eislaufen** auf einer ovalen Eislaufbahn **während eines Publikumseislaufs,** bei dem die Klägerin, trotz guter Eislauferfahrung, mit aus technischer Sicht überhöhter und unangemessener Geschwindigkeit die Grundfahrlinie gequert und dadurch mit den korrekt fahrenden Eisläufern kollidiert war.[568] Die Vorinstanzen hatten die Klage – vereinfacht formuliert nach dem Motto *„Wer quer zum Pulk fährt, ist selbst schuld"* – abgewiesen; der OGH bestätigte dies.

---

558 S. dazu Jahnke NZV 2019, 57.

559 So zB OLG Hamm BeckRS 2026, 3400 = → Nr. 7870; LG Nürnberg-Fürth BeckRS 2025, 22596 = → Nr. 7775; OLG Köln 9.3.2020 – 7 U 257/19, BeckRS 2020, 25642; LG Köln NJW-RR 2018, 150; LG Köln BeckRS 2017, 111622; OLG München BeckRS 2017, 111853; OLG Schleswig NJW-RR 2015, 925; OLG Brandenburg SP 2008, 4; OLG Köln BeckRS 2003, 00325; auf die in der Rspr. differenziert entschiedene Frage eines Haftungsausschlusses trotz bestehendem Versicherungsschutz sei an dieser Stelle hingewiesen. Um jedoch den Rahmen dieses Kurzkommentars nicht zu sprengen, verweise ich auf BGH NVZ 2008, 288 sowie OLG Stuttgart NZV 2009, 233 sowie, wenn auch in Bezug auf die Veranstalterhaftung bei einem Sicherheitstraining, OLG Karlsruhe NZV 2009, 235.

560 Vgl. hierzu, wenn auch ohne immaterielle Schadensersatzansprüche, BGH NJW 2003, 2018 sowie darüber hinaus BGH NJW-RR 1995, 857 und einige weitere interessante Urt.; OLG Hamm BeckRS 2005, 09798 (sog. Blutgrätsche beim Fußballspiel); AG Prüm NJW-RR 2005, 534 (Kitzeln unter Kindern); AG Bremen NJW-RR 2004, 749 (Haftung bei Aufwärmübung vor dem Spiel); OLG Düsseldorf VersR 1996, 73 (Trabrennsport); OLG Hamm r+s 1998, 240 (Notbremse), LG Schweinfurt VersR 1996, 74 und OLG Oldenburg VersR 1995, 670 (jew. Fußball); OLG Stuttgart VersR 1995, 671 (Hochgebirgsbergsteigen); OLG Zweibrücken r+s 1995, 13 (Rennradsport); OLG Köln VersR 1994, 1072 (Judo-Kampfsport); LG Mannheim 20.9.1994 – 2 O 318/94 sowie LG Passau ZfS 1994, 198 (Speerwerfspiel unter Kindern).

561 OLG Frankfurt a. M. NJW-RR 2004, 1167; LG Mannheim → Nr. 2117; LG Passau → Nr. 1842.

562 BGH NJW 2008, 1591 (Rennsportveranstaltung auf dem Hockenheimring); BGH NJW 2003, 2018 („Gleichmäßigkeitsprüfung" auf dem Hockenheimring); OLG Brandenburg BeckRS 2008, 10817 (Kartrennen).; OLG Nürnberg BeckRS 2002, 31146127 (Motocross). Zur Haftung bei einem Unfall während eines Motocross-Trainings s. auch BGH NJW-RR 2009, 812.

563 Zum Begriff des Rennens vgl. NK-GVR/Kreusch StVO § 29 Rn. 2–3.

564 OLG Brandenburg SP 2008, 4.

565 OLG Naumburg BeckRS 2013, 05457.

566 OLG Stuttgart NJW-RR 2007, 1251 (Radtouristikfahrt).

567 OLG Schleswig NJW-RR 2015, 925.

568 OGH Österreich Beschl. v. 30.10.2025 – 5 Ob 107/25h, BeckRS 2025, 31960; vgl. auch Danzl ZVR 2026, 183.

Insofern wies auch das LG Köln[569] die Klage auf Schmerzensgeld eines Waldlaufteilnehmers mit dem Hinweis zurück, Teilnehmer eines **Waldcross-Hindernislaufs** müssten mit Bodenunebenheiten rechnen.

Etwas einschränkender und damit die Haftung des Anlagenbetreibers bzw. des für die Strecke Verantwortlichen mitberücksichtigend, urteilte 2026 das **OLG Hamm**[570] im Zusammenhang mit einem Mountainbike-Trail, der allerdings für jedermann öffentlich zugänglich und kostenlos nutzbar war und besonders anspruchsvolle Passagen aufwies. Das OLG Hamm betonte insofern *„in Fortschreibung zur Rspr. bezüglich Skipisten"*,[571] dass der Anlagenbetreiber eine solche Strecke nicht völlig ungefährlich machen müsse, aber Gefahren auch *„nicht noch durch eine unklare Streckenführung zusätzlich erhöhen"* dürfe. *„Es besteht eine Reziprozität zwischen den Sorgfaltsanforderungen an den Betreiber eines Mountainbike-Flow-Trails auf der einen und dem im Hinblick auf die Gefährlichkeit des eigenen Handelns von Nutzenden erwartbaren Sorgfaltsniveaus auf der anderen Seite. Nutzende trifft insoweit insbesondere bei einer erstmaligen Fahrt an einem Sturz aufgrund Unklarheit über den Streckenverlauf ein nicht unerhebliches Mitverschulden iSv § 254 Abs. 1 BGB. Dieses kann aber grundsätzlich das Verschulden des Betreibers nicht vollständig verdrängen"*, so das OLG Hamm.[572] Vor diesem rechtlichen Hintergrund maß das OLG Hamm dem Betreiber der Strecke eine Haftung von 50 % zu.

2020 fasste das OLG Köln die Rechtslage in Bezug auf Sportstätten und die Haftung deren Betreiber für Verletzungen der Nutzer zusammen und führte aus, die Verkehrssicherungspflicht von **Betreibern einer Sportstätte** beziehe sich nicht darauf, die Benutzer vor Gefahren zu schützen, die typischerweise mit der jeweiligen Sportausübung verbunden sind.[573]

Der stillschweigende Haftungsverzicht gilt jedoch nicht – so der BGH[574] – sofern die bestehenden Risiken durch eine Haftpflichtversicherung gedeckt sind, denn bestehe *„Versicherungsschutz für ein schädigendes Verhalten auch dann, wenn sich besondere Gefahren verwirklichen, kann es nicht Aufgabe des Haftungsrechts sein, die Reichweite des Versicherungsschutzes über die Versicherungsbedingungen hinaus einzuschränken"*.

Dementsprechend beurteilte auch das OLG Karlsruhe[575] die Haftung bei **illegalen Autorennen**[576] im öffentlichen Straßenverkehr und führte hierzu aus:

„Bei verbotenen Kraftfahrzeugrennen im öffentlichen Straßenverkehr" – komme, so das OLG – *„ein Haftungsausschluss nach den für gefährliche Sportarten entwickelten Grundsätzen jedenfalls dann nicht in Betracht, wenn der Schädiger grob fahrlässig gehandelt hat oder haftpflichtversichert ist"*.

Die auf 5.000 EUR begrenzte Leistungsfreiheit des Versicherers stehe dem nicht entgegen und genüge auch nicht, um die Annahme eines konkludent vereinbarten Haftungsverzichts zu begründen, so das OLG.[577]

Anders sähe dies jedoch in Fällen (bedingt) vorsätzlichen Handelns der „Raser" aus. In jüngerer Zeit häuften sich insofern Fälle[578] von illegalen Straßenrennen bzw. verbotenen Kraftfahrzeugrennen mit Todesfolge und veranlassten den Gesetzgeber zur Einführung des § 315d StGB; erste Urteile liegen bereits vor, wobei der BGH[579] darauf hinwies, dass es für das Vorliegen eines Vorsatzes nicht ausreiche, wenn der Fahrer bzw. Täter den Tötungsvorsatz erst zu einem Zeitpunkt gefasst hatten, als die Kollision nicht mehr zu vermeiden war (dolus subsequens). Vor diesem Hintergrund befasste sich auch der **Arbeitskreis III des 58. Deutschen Verkehrsgerichtstags** mit der strafrechtlichen Bewertung der „Aggressivität im Straßenverkehr",[580] wogegen sich **Burmann/Jahnke** mit den damit verbundenen Fragen der versicherungsrechtlichen Deckung

569 LG Köln BeckRS 2017, 111622.
570 OLG Hamm BeckRS 2026, 3400 → Nr. 7870.
571 BGH NJW 1985, 620; OLG Hamm BeckRS 1999, 6232.
572 OLG Hamm BeckRS 2026, 3400 → Nr. 7870.
573 OLG Köln BeckRS 2020, 25642.
574 BGH NJW 2008, 1591. In Fortführung seiner Rspr. entschied der BGH, dass der Grundsatz, dass bei sportlichen Wettbewerben mit nicht unerheblichem Gefahrenpotenzial die Inanspruchnahme des schädigenden Wettbewerbers für ohne gewichtige Regelverletzung verursachte Schäden eines Mitbewerbers ausgeschlossen ist, nicht gilt, soweit Versicherungsschutz besteht.
575 OLG Karlsruhe NJW 2012, 3447.
576 Zu illegalen Autorennen, insbesondere in Innenstädten: LG Berlin 27.2.2017 – 535 Ks 8/16, NZV 2017, 70; LG Bremen 31.7.2017, ZRP 2016, 201; Ceffinato ZRP 2016, 201; Wittke/Kühn DRiZ 2016, 334; Kudlich JA 2009, 389; LG Deggendorf BeckRS 2019, 35102.
577 OLG Karlsruhe NJW 2012, 3447.
578 LG Hamburg Urt. v. 19.2.2018 – 621 Ks 12/17; LG Deggendorf BeckRS 2019, 35102; LG Berlin, aufgehoben durch BGH RS 2018, 2754; zur Abgrenzung von Vorsatz und Fahrlässigkeit Eisele JuS 2018, 492 und Jäger JA 2018, 468.sowie zur Frage, wann eine vorsätzliche Trunkenheitsfahrt vorliegt OLG Karlsruhe BeckRS 2019, 6942.
579 BGH BeckRS 2018, 2754; vgl. dazu auch NJW-Spezial 2018, 280 sowie auch BGH BeckRS 2018, 4214.
580 S. dazu Zopfs DAR 2020, 9.

(ua nach § 103 VVG) und der Haftung und den damit verbundenen Konsequenzen für Opfer und Täter auseinandersetzte und diese anhand zahlreicher Beispiele verdeutlichte.[581]

Steht allerdings bei einem Fahrsicherheitstraining zur Verbesserung des Fahrverhaltens *„nicht die Erzielung von Höchstgeschwindigkeiten im Vordergrund, sondern die Verbesserung des Fahrverhaltens"*, sind – so urteilte das OLG Koblenz[582] – die Grundsätze eines stillschweigenden Haftungsausschlusses ebenfalls nicht anzuwenden. Ein solcher Haftungsausschluss käme – so argumentiert das OLG – lediglich dem Versicherer zugute. Vorliegend war somit der Weg für eine Inanspruchnahme des Beklagten und dessen KH-Versicherung frei. **85**

Anders verhält sich dies jedoch bei einem Fahrsicherheitstraining mit Rennsportcharakter (hier des Württembergischen Porsche Club e. V.) mit anschließendem „freien Fahren" auf dem Hockenheimring. In einem solchen Falle kann die straßenverkehrsrechtliche Gefährdungshaftung der Teilnehmer gegenüber dem Veranstalter zugunsten anderer Teilnehmer wirksam ausgeschlossen werden, entschied das OLG Karlsruhe.[583]

Eine Sonderstellung hinsichtlich der Schmerzensgeldbemessung nehmen Verletzungen bei Sportarten ein, die per se verletzungsgeneigt sind (**Ball-** und **Kampfsportarten**). Die Beurteilung der Rechtswidrigkeit und des Verschuldens eines Schädigers bei Sportverletzungen – insbesondere bei Ausübung von Mannschaftssportarten – ist meist problematisch.[584] Welche Gefahren und damit auch deren Verwirklichung und somit Verletzungen entschädigungsfrei hingenommen werden müssen, „ist primär nach den **Spielregeln** zu bestimmen, nach denen die Sportmannschaften angetreten sind".[585] Ganz allgemein lösen schuldhaft begangene Verstöße gegen die sportlerschützenden Spielregeln einen Schmerzensgeldanspruch aus,[586] sofern sie zu Verletzungen geführt haben. Erfolgt die Verletzung hingegen im Rahmen der festgesetzten Regeln, so scheidet eine Haftung aus.[587] **86**

So führte der BGH[588] zum Schmerzensgeldanspruch eines **Fußball**spielers, der beim regelgerechten **Kampf um den Ball** eine Unterschenkelfraktur erlitten hatte, aus:

„Der Zweikampf um den Ball, bei dem ein oder beide Spieler mitunter zu Fall kommen, gehört aber zum Wesen eines Fußballspiels und begründet deshalb für sich genommen keinen Sorgfaltspflichtverstoß."

Die Revision des Klägers hatte somit ebenfalls keinen Erfolg.

Ebenso entschied 2022 das OLG Brandenburg[589] und betonte, dass wenn bei einem Wettkampf ein Spieler einen anderen verletze, dies für sich genommen noch keinen Sorgfaltsverstoß begründe, da *„nach der Rechtsprechung des Bundesgerichtshofs und zahlreicher Obergerichte eine Haftung für Verletzungen beim Fußballsport dann gegeben sei, wenn ein schuldhafter Regelverstoß zu einer Verletzung führt, wobei ein Verschulden nicht vorliegt, wenn der Regelverstoß noch im Grenzbereich zwischen der einem solchen Kampfspiel eigenen gebotenen Härte und der unzulässigen Unfairness"* liegt.

LG Kiel[590] erklärte in diesem Zusammenhang: *„Fußball ist ein Kampfspiel"*, dh ein gegeneinander ausgetragenes *„Kontaktspiel"*, das unter Einsatz von Kraft und Geschicklichkeit geführt wird und das wegen des dieser Sportart eigenen kämpferischen Elementes bei dem gemeinsamen *„Kampf um den Ball"* nicht selten zu unvermeidbaren Verletzungen führt.

Dieser Bewertungsmaßstab hat selbstverständlich auch im Frauenfußball Gültigkeit. Das OLG Hamm[591] wies daher die auf Schadensersatz und Schmerzensgeld gerichtete Klage der Fußballspielerin ab. Ebenso OLG

581 Burmann/Jahnke DAR 2020, 128.
582 OLG Koblenz BeckRS 2011, 5899 sowie NJW-Spezial 2011, 298.
583 OLG Karlsruhe NJW-RR 2014, 692–696.
584 Vgl. LG Halle BeckRS 2020, 51211 zum Fußballspiel in der Kreisliga und OLG Köln BeckRS 2003, 00325 zum Handballspiel in der Kreisliga.
585 So zutreffend das OLG Köln BeckRS 2003, 00325, welches sich in dieser sehr lesenswerten Entscheidung ausführlich mit der Frage des Schmerzensgeldanspruchs bei Sportverletzungen auseinandersetzt; ebenso und mit nahezu gleichem Wortlaut in der Begründung BGH NJW 1975, 109.
586 LG Halle BeckRS 2020, 51211; OLG Brandenburg BeckRS 2019, 34713 im Zusammenhang mit LG Cottbus 20.3.2015 – 6 O 258/11; vgl. bei grobem Foul im Fußball OLG München BeckRS 2009, 06393 sowie OLG Köln VersR 1994, 1072 sowie LG Mannheim 20.9.94 – 2 O 318/94; ebenso (dem Grunde nach) auch OLG Düsseldorf VersR 1996, 73.
587 OLG Hamm VersR 1985, 1073; so auch in Abgrenzung zu „spielerisch" bedingten Rechtsgutsverletzungen bestätigend BGH NJW-RR 1995, 857; ebenso wie bereits BGH NJW 1975, 109.
588 BGH NZV 2010, 74.
589 OLG Brandenburg BeckRS 2022, 39886.
590 LG Kiel BeckRS 2019, 50975.
591 OLG Hamm BeckRS 2016, 114263.

Frankfurt a. M.[592] zum Zusammenstoß von Torfrau und Angreiferin beim Sprungwurf im 6-Meter-Raum beim **Handball**spiel.

Wird dagegen der „Grenzbereich der noch hinzunehmenden Härte deutlich überschritten", so steht dem verletzten Spieler ein Schmerzensgeld zu, so entschied zutreffend ebenfalls wiederum das OLG Hamm[593] sowie auch das LG Cottbus.[594] Dies gilt erst Recht bei einem ***„groben Foul"*** durch *„brutales Spiel"* im Sinne der DVB-Regel Nr. 12, so urteilte das OLG Schleswig.[595]

Aber auch das **bloße Ballspiel unter Freunden am Pool** kann Verletzungen [hier: Schneidezahnverlust] nach sich ziehen, die nicht zu einem Schmerzensgeldanspruch führen, sofern sich dabei lediglich das **allgemeine Lebensrisiko** verwirklicht hat. Dies betonte das LG Nürnberg-Fürth[596] 2025 gegenüber dem Kläger, der am Beckenrand stehend und mit einer Bierdose in der Hand vom Ball getroffen und sich sturzbedingt am Beckenrand verletzt hatte.

87 Bei Wettkämpfen im **Berufssport** stellt, worauf das OLG Karlsruhe[597] hingewiesen hatte, der Wettkampf (im konkreten Falle das Eishockeyspiel) eine betriebliche Tätigkeit auf einer gemeinsamen Betriebsstätte dar, so dass Schadensersatz- und Schmerzensgeldansprüche gem. der § 106 Abs. 3 Alt. 3, § 105 Abs. 1 SGB VII ausgeschlossen sind. Das OLG beschritt damit – zur Zurückweisung der Schadensersatz- und Schmerzensgeldansprüche – einen neuen, aber sinnvollen Weg zur Wahrung des Rechtsfriedens auf dem (Spiel)Feld des Berufssports. Anderes gelte nur für den Fall einer vorsätzlichen Schädigung eines Sportlers durch seinen Kontrahenten, was jedoch im konkret zu entscheidenden Fall nicht gegeben war, so dass die Berufung des verletzten Sportlers gegen das bereits ebenfalls zurückweisende Urteil des Landgerichts erfolglos blieb.

Selbst wenn in seltenen Fällen, insbesondere bei besonders gefährlichen Sportarten, in der Beteiligung selbst bereits eine Einwilligung in mögliche Verletzungen gesehen werden kann,[598] so gilt dies nicht im Verhältnis zu **Hilfspersonen,** etwa den Streckenposten (zu der Erforderlichkeit von Streckenposten: OLG Schleswig)[599] oder **Sanitätern** bei einem Autorennen.[600]

88 In der Rechtsprechung ist inzwischen auch anerkannt, dass, auch wenn ein Spieler aus **Spieleifer,**[601] Unüberlegtheit, technischem Versagen, Übermüdung oder ähnlichen Gründen geringfügig gegen Schutzregeln verstoßen hat, eine Haftungsbefreiung in Betracht kommen kann.[602]

So wies das LG Detmold[603] die Berufung eines Kegelspielers (der sich beim Spiel verletzt hatte) mit der Begründung zurück, dass den Kläger hier ein anspruchsausschließendes Mitverschulden treffe, da er das Spiel fortgesetzt habe, obwohl für ihn erkennbar gewesen sei, dass die Kegelbahn nicht mehr ordnungsgemäß funktionierte.

Für den Fall eines **vorsätzlichen Revanchefouls** ist eine Haftungsbefreiung wegen des Vorsatzes zwar ausgeschlossen, allerdings kann die Genugtuungsfunktion des Schmerzensgeldes trotz Vorsatz in den Hintergrund treten, da die Dynamik von Spieleifer, Erregung und Aggression dem „Kampfsport" (hier Fußball) eigen ist.[604] Wird bei einem Fußballspiel unter Kindern und Jugendlichen nach einem Ball gegrätscht, so ist dies für sich genommen weder ein unkontrollierter noch übermäßiger Einsatz.[605] Solange das Verhalten noch im Grenzbereich zwischen kampfbetonter Härte und unzulässiger Unfairness liegt, ist ein Verschulden trotz objektiven Regelverstoßes nicht gegeben.[606] Nimmt jedoch ein Spieler (hier: Torwart) die Verletzung des Gegenspielers (hier: Stürmer) im Rahmen einer Spielhandlung, die als *„brutales Spiel im Sinn der Regel 12*

---

[592] OLG Frankfurt a. M. BeckRS 2019, 29048.
[593] OLG Hamm 22.10.2012 – 6 U 241/11.
[594] LG Cottbus BeckRS 2015, 131750; vgl. dazu OLG Brandenburg BeckRS 2019, 34713 als Berufungsinstanz.
[595] OLG Schleswig BeckRS 2020, 32254.
[596] LG Nürnberg-Fürth Beschl. v. 14.4.2025 – 15 S 7420/24, → Nr. 7775; zum allgemeinen Lebensrisiko vgl. auch OLG Stuttgart BeckRS 2012, 17634.
[597] OLG Karlsruhe BeckRS 2012, 20295.
[598] OLG Zweibrücken BeckRS 1993, 6629.
[599] OLG Schleswig 19.2.2015 – 11 U 91/14, NJW-RR 2009, 812.
[600] LG Mannheim 20.9.94 – 2 O 318/94; vgl. auch zur Verkehrssicherungspflicht bei einem „Motocross-Rennen" OLG Rostock NJOZ 2005, 180.
[601] LG Detmold BeckRS 2011, 14136. Zum Spieleifer von Kindern im Freibad s. BGH NJW 1978, 1629; NJW 1980, 1159.
[602] OLG Köln BeckRS 2003, 00325; ebenso OLG Oldenburg VersR 1995, 670 (671); Grunsky JZ 1975, 109.
[603] LG Detmold BeckRS 2011, 14136.
[604] OLG Hamm VersR 1985, 1073.
[605] OLG Hamm VersR 1999, 461; 1985, 1073.
[606] BGH VersR 1976, 461.

des Deutschen Fußballbundes" anzusehen ist, *„billigend in Kauf"*, so kann dies – so das OLG Brandenburg 2019[607] – zur Folge haben, dass hierfür keine Deckung im Rahmen dessen Haftpflichtversicherung besteht.

Wird die Verletzung dem Spieler eindeutig außerhalb des Spielzeitraumes, beispielsweise erst nach dem Abpfiff des Schiedsrichters oder während einer kurzzeitigen Unterbrechung des Spiels,[608] beigebracht, so gelten die oben genannten Einschränkungen nicht und der Schädiger haftet in vollem Maße.[609] Gleiches gilt auch, wenn noch vor dem eigentlichen Training – dh während der **Aufwärmphase** – ein Spieler eine Person verletzt, die sich am Spielfeldrand befindet; allerdings müsse sich die Verletzte in einem solchen Fall ein Mitverschulden anrechnen lassen, da sie hätte erkennen können, dass auch während der Aufwärmphase bereits Bälle aufs Tor geschossen wurden und es keine Notwendigkeit gab, sich in der Nähe des Tores aufzuhalten, so entschied 2020 das OLG Oldenburg[610] in einem Fall, bei welchem es nach einem Hallenfußballspiel – im Zeitpunkt des Wechsel der Hallennutzer – von einem der Mannschaftsteilnehmer zu einem Schuss auf das Tor kam, bei dem die Klägerin, die sich beim Einpacken von Sportutensilien hinter dem Tor aufgehalten hatte, schwer verletzt worden war.

Die Rechtsprechung wendet in der Regel im Rahmen vergleichbarer Sportvarianten die für ähnliche Sportarten bestehenden **Verhaltensregeln** an (FIS-Verhaltensregeln für Skifahren[611] gelten auch für Schlittenfahren,[612] Fußballregeln auch bei Spiel auf Sandspielplatz, ohne dass aufs Tor gespielt wird).[613] Lediglich am Rande sei insofern darauf hingewiesen, dass – ungeachtet der Geltung des deutschen Schadensersatzrechts für einen in Österreich erfolgten Unfall zweier Skifahrer mit Wohnsitz in Deutschland – zur Beurteilung des Verschuldens stets die konkreten Verhaltensregeln des Rechts am Unfallort zu berücksichtigen sind, weshalb bezüglich des geforderten Verhaltens von Skifahrern insoweit auf die Regeln des internationalen Skiverbands (FIS) abzustellen ist.[614]

Erneut hatte sich der BGH[615] mit der Problematik des **Haftungsausschlusses bei Sport und Spiel** zu **89**
befassen. Er wies insofern zutreffend deutlich darauf hin, dass der Haftungsausschluss nur in *„eng begrenzten Ausnahmefällen"* (der oben dargelegten Art wie zB Auto- oder Motorradrennen,[616] Boxkämpfen oder anderen sportlichen Kampfspielen) bei besonders gefahrexponierten Sportarten mit verbindlichen Regeln insbesondere auch zum Schutz der körperlichen Unversehrtheit der Spiele zur Anwendung komme. Denn nur dann könne von einer *„bewussten Risikoübernahme und einer Einwilligung des Geschädigten in die als möglich vorgestellte Rechtsgutverletzung mit der Folge eines vollständigen Haftungsausschlusses für den Schädiger ausgegangen werden"*. Im konkreten Fall lehnte der BGH die Erstreckung dieses Haftungsausschlusses auf einen sogenannten **„Rempeltanz"** ab, da das Berufungsgericht nicht festgestellt habe, *„dass dem Rempeltanz derart feste und anerkannte Regeln zugrunde gelegen hätten"*.

Über Sport und Spiel weit hinaus ging der Fall **„verabredete Schlägerei"**, der 2025 dem OLG Zweibrücken[617] vorlag. Dabei verabredeten sich zwei Männer über WhatsApp dazu, ihre zuvor verbale Auseinandersetzung auf einem abgelegenen Parkplatz ohne Kameraüberwachung **„Mann gegen Mann"** mit Fäusten auszutragen. Der offenbar Unterlegene, der dabei eine langwierige Knieverletzung erlitten hatte, verlangte nun von seinem Kontrahenten Schmerzensgeld. Insofern bestehe jedoch **kein Anspruch auf Schmerzensgeld,** hatte bereits das LG Zweibrücken entschieden und das **OLG Zweibrücken** bestätigte dies und betonte in seinem Hinweisbeschluss, dass Schadensersatz nicht verlangen könne, wer sich freiwillig in eine Situation begebe, in der es schlicht dem Zufall geschuldet sei, wer verletzt werde. Unter Berücksichtigung aller Umstände – dem vorbelasteten Verhältnis der Männer, den vorherigen Beleidigungen und Provokationen, der bewussten Entscheidung für den abgelegenen Parkplatz ohne Kameraüberwachung als Treffpunkt, dem Mitführen des Tierabwehrsprays und dem Mitlaufenlassen des Handys – scheide eine Haftung des anderen Mannes gänzlich aus.[618]

---

607 OLG Brandenburg BeckRS 2019, 34713; aA OLG Karlsruhe r+s 2012, 592.
608 OLG Düsseldorf BeckRS 2023, 30021 → Nr. 7304.
609 So zutreffend AG Wilhelmshaven BeckRS 2001, 167947 (dort wurde das Opfer – nachdem das Fußballspiel vom Schiedsrichter bereits eindeutig abgebrochen worden war – vom Schädiger massiv in den Hoden getreten und nicht unerheblich verletzt; das AG sprach dem Geschädigten umgerechnet gut 2.500 EUR zu). Vgl. auch AG Bremen NJW-RR 2004, 749 (Aufwärmübung vor dem Spiel).
610 OLG Oldenburg BeckRS 2020, 44185.
611 LG Köln NJW-RR 2018, 150; Zu den prozessualen Voraussetzungen des Nachweises eines Schadensersatz- und Schmerzensgeldanspruchs im Falle eines Skiunfalles vgl. OGH Österreich BeckRS 2024, 10770; LG Mühlhausen FD-StrVR 2013, 345176.
612 AG St. Blasien VersR 1999, 422.
613 OLG Hamm VersR 1999, 461.
614 LG Köln NJW-RR 2018, 150.
615 BGH NZV 2006, 412 (414).
616 Zur Haftung bei einem Unfall während eines Motocross-Trainings s. auch BGH NJW-RR 2009, 812.
617 OLG Zweibrücken Hinweisbeschluss v. 4.11.2025 – 8 U 19/24, becklink 2037205.
618 Zitat nach becklink 2037205.

90 Im Zusammenhang mit einem **Reitunfall**[619] festigte der BGH[620] seine Rechtsansicht, wonach *„eine vollständige Haftungsfreistellung des Tierhalters unter dem Gesichtspunkt des Handelns auf eigene Gefahr*[621] *... nur in eng begrenzten Ausnahmefällen erwogen werden"* dürfe. Im konkret zu entscheidenden Fall, in welchem die Parteien im Kern lediglich über die Frage des Einverständnisses des Tierhalters mit dem Ritt stritten, sah der BGH einen solchen eng begrenzten Ausnahmefall nicht. Ein solcher liegt jedoch vor, *„wenn sich der Geschädigte ... mit der Übernahme des Pferdes bewusst einer besonderen Gefahr aussetzt"* und sich dieser besonderen Gefahr auch selbst bewusst ist, so der BGH. Beispiele hierfür sind: Das Pferd ist erkennbar böser Natur oder muss erst zugeritten werden sowie wenn der Ritt als solcher – bei einer Fuchsjagd – spezifischen Gefahren unterliegt oder sich der Geschädigte gegenüber dem Halter um Überlassung eines weigerlichen und erregten Pferdes geradezu aufdrängt.[622]

Dagegen sei die Tierhalterhaftung nicht ausgeschlossen, wenn ein Hufschmied (zwangsläufig) beim Beschlagen eines Pferdes **„auf eigene Gefahr"** gehandelt habe, so urteilte das OLG Hamm[623] und sprach dem schwer verletzten Hufschmied ein dem Grunde nach ungekürzten Schadensersatz- und Schmerzensgeldanspruch zu.

Zur Tierhalterhaftung bei **Überlassung eines Reitpferds aus Gefälligkeit** vgl. unten → Rn. 97.

Zur Tierhalterhaftung und der Aufsicht über den eigenen Hund während eines **Hundespaziergangs** betonte 2025 der **OGH Österreich,**[624] dass *„die Aufsicht über einen Hund insbesondere bei Spaziergängen im freien Gelände nicht immer darin bestehen muss, dass er an die Leine gelegt wird, sondern es genügt, dass ihn die Aufsichtsperson, wenn er den Befehlen gehorcht, stets im Auge behält, um ihn durch Zuruf zu leiten"* und damit sozusagen an der ***„virtuellen Leine"***[625] führt. Wesentlich ist, dass es dem Hundehalter möglich ist, das Verhalten seines Hundes stets wirkungsvoll zu beeinflussen bzw. zu steuern. Dies war jedoch in dem, dem OGH vorgelegten Sachverhalt, der Beklagten nicht mehr möglich, *„nachdem sie – wenn auch nur für wenige Sekunden – ihren Hund aus den Augen verloren hatte."* Der Oberste Gerichtshof bestätigt daher die Haftung der Beklagten als Tierhalterin und die Angemessenheit des der Klägerin zuerkannten Schmerzengeldes iHv 40.000 EUR.[626]

Keine Tierhalterhaftung sah der **OGH Österreich**[627] im Falle der Verletzung eines Wanderers durch **Kühe auf der Alm,** auf der die freie Weidetierhaltung üblich ist und zumal am Beginn des Almwanderwegs ein entsprechendes Hinweisschild bzw. Warnschild vorhanden war, das auf das Vorhandensein der Alm-Kühe und deren Umgang hingewiesen hatte und entsprechende Verhaltensregeln enthielt. Die Forderung des Klägers, wonach der Beklagte auf dem Warnschild auch die Minimaldistanz hätte aufführen müssen, bei deren Unterschreitung die Kühe – ihrem angeborenen Instinkt entsprechend – angreifen, wies der OGH zutreffend mit dem Hinweis zurück, dies würde *„den Sorgfaltsmaßstab überspannen"*.

91 **Unfälle im Zusammenhang mit Freizeitsport:**

Grundsätzlich nimmt derjenige, der an einer gefährlichen sportlichen Veranstaltung teilnimmt, das damit verbundene, in der Natur der betreffenden Veranstaltung gelegene Risiko, jedenfalls soweit er es kennt oder kennen muss, auf sich und handelt **auf eigene Gefahr.** Ihm wird eine Selbstsicherung zugemutet, dies betonte der OGH Österreich 2025.[628]

Mit der ungewöhnlich weitgehenden **Haftung** eines **Tennistrainers** für auf dem Platz – im Bewegungsradius des Tennisschülers – liegende Tennisbälle hatte sich das OLG Bremen[629] zu befassen und die Haftung bejaht und dem Schüler unter Anrechnung einer Mithaftung von einem Drittel Schmerzensgeld für die erlittene Knieverletzung zuerkannt. Das Landgericht hatte die Haftung abgelehnt. Das OLG führte dagegen aus: „Aufgrund der Überlegenheit in allen fachlichen Belangen bei gleichzeitiger Unerfahrenheit und Weisungsgebundenheit des Schülers, der jenem in weitem Umfange vertraue, besteht eine umfassende Verpflichtung

[619] Vgl. dazu AG Brandenburg BeckRS 2020, 96, das dort unter Rn. 88 bis 92 in akribischer Fleißarbeit eine Fülle, wenn nicht sogar nahezu alle Fundstellen der bisherigen Rechtsprechung von 1912 (!) bis 2019 zu Reitunfällen zusammengetragen hat.

[620] BGH NJW-Spezial 2013, 394. Zur Tierhalterhaftung bei einer Hundebissverletzung und der Anspruchskürzung wegen mitwirkender Tiergefahr des eigenen Hundes bei Biss durch fremden Hund s. BGH BeckRS 2016, 12618.

[621] Vgl. zu dieser Thematik auch BGH NZV 2014, 403.

[622] NJW-Spezial 2013, 394.

[623] OLG Hamm NJW-RR 2015, 1114.

[624] OGH Österreich, Beschl. v. 16.12.2025 – 4 Ob 163/25m, BeckRS 2025, 37450.

[625] Vgl. dazu Danzl ZVR 2026, 151 (187).

[626] OGH Österreich BeckRS 2025, 37450 → Nr. 7898.

[627] OGH Österreich Beschl. v. 22.4.2025 – Danzl ZVR 2026, 187.

[628] OGH Österreich, Beschl. v. 22.1.2025 – 3 Ob 237/24k, BeckRS 2025, 2173; vgl. auch Danzl ZVR 2026, 183.

[629] OLG Bremen NJW 2013, 2206.

eines jeden Sporttrainers, alle für seine Schüler von der Sportausübung selbst ausgehenden Gefahren zu beherrschen und weitestgehend zu vermindern".

Ebenfalls ungewöhnlich war der Sachverhalt eines **Kletterunfalls in einer Kletterhalle** (Sturz aus gut 7 Meter Höhe auf eine am Boden stehende unbeteiligte Person, die infolgedessen eine Querschnittlähmung erlitt), den das OLG Stuttgart[630] 2020 zu entscheiden hatte. Neben prozessualen Fragen ging es dabei vorrangig um die Haftungsverteilung (75 % Inhaber der Kletterhalle/25 % Kläger) unter Berücksichtigung der Frage, ob es insofern relevant ist, dass es sich bei dem, den Kletternden absichernden Beklagten um einen **Anfänger** gehandelt hat. Dazu führte das OLG aus: *„In der Rechtsprechung ist zwar anerkannt, dass es einen Verkehrskreis der „Anfänger" geben kann. … Außerhalb der Rechtsprechung zum ärztlichen Berufsanfänger gilt hingegen der Grundsatz, dass mangelnde Erfahrung oder mangelnde Kenntnisse kein Entlastungsgrund bei dem objektivierten Sorgfaltsmaßstab des Zivilrechts sind"*. Dennoch lehnte das OLG die Haftung der Sicherungsperson (Bekl. 1.) ab, sah jedoch eine überwiegende Haftung des Hallenbetreibers als gegeben an und führte dazu aus: *„Der für eine **Sport- und Spielanlage** Verantwortliche braucht zwar nicht allen denkbaren Gefahren vorzubeugen. Die Verkehrssicherungspflicht erfordert jedoch regelmäßig den Schutz vor Gefahren, die über das übliche Risiko bei der Anlagenbenutzung hinausgehen, vom Benutzer nicht vorhersehbar und für ihn nicht ohne weiteres erkennbar sind"*.[631]

Mit den besonderen Gefahren einer **Trampolinanlage** auf einem **Indoor-Spielplatz** – bei deren Benutzung sich der 37j. Kläger das Genick gebrochen hatte – und den Hinweispflichten der Geschäftsführerin einer Freizeitanlage hatte sich 2008 der **BGH**[632] befasst und dazu ausgeführt, dass der Betreiber einer Sport- und Spielanlage nicht allen denkbaren Gefahren vorzubeugen habe. Die Verkehrssicherungspflicht erfordere jedoch regelmäßig den Schutz vor Gefahren, die über das übliche Risiko bei der Anlagenbenutzung hinausgehen, vom Benutzer nicht vorhersehbar und für ihn nicht ohne weiteres erkennbar sind. *„Der Umfang der erforderlichen Sicherheitsmaßnahmen richtet sich insbesondere danach, welcher Grad an Sicherheit bei der Art des Spiel- bzw. Sportgeräts und dem Kreis der dafür zugelassenen Benutzer typischerweise erwartet werden kann. Bei einem Spielgerät, das für Kinder (ab vier Jahren) freigegeben ist und ohne besondere Aufsicht benutzt werden konnte, muss ohne ausdrücklichen Hinweis grundsätzlich nicht damit gerechnet werden, dass es bei bestimmungsgemäßer Benutzung zu lebensgefährlichen Verletzungen kommen kann."*

Gleichermaßen entschied der **OGH Österreich**[633] im Fall des **Sturzes** eines 16-jährigen Skikursteilnehmers mit schweren Verletzungen als Folge. Zwar trifft den Betreiber eines **„Snowparks"**, wie jeden Betreiber und Veranstalter einer **Risikosportart**, der auch das dafür notwendige Sportgerät zur Verfügung stellt, eine Sorgfaltspflicht und Aufklärungspflicht über Sicherheitsrisiken und muss dazu auch genau und umfassend und instruktiv mit Warntafeln und Informationstafeln hinweisen. Doch diese sich aus der Verkehrssicherungspflicht ergebenden Folgepflichten finden ihre Grenzen in der Zumutbarkeit der Gefahrenabwehr, so der OGH. Der damals 16-jährige Kläger hatte die im Eingangsbereich des Snowparks angebrachte gelbe Hinweistafel mit „Snowpark Rules" nicht beachtet und entgegen den Anweisungen auf dieser Tafel sogleich die größte im Snowpark vorhandene Schanze genutzt und dies – wie er selbst zugestanden hatte – mit deutlich überhöhter Geschwindigkeit, anstatt „klein zu starten und sich hinaufzuarbeiten". Zudem hatte er es unterlassen, vor seinem Sprung die Schanze zu besichtigen und schließlich missachtete er das im Anlaufbereich ca. 50 m vor Schanze gut sichtbare gelbes Transparent mit der Aufschrift „LANGSAM/SLOW".[634]

Zum **Eisläuferunfall im Publikumseislauf** und dem Beschl. des **OGH Österreich** vom 30.10.2025 s. unter → **Rn. 84.**

*„Das **Freiklettern**[635] gehört"* – so urteilte das **LG Düsseldorf**[636] – *„als sogenannte Parallelsportart nicht in den Bereich … sportlicher Kampfspiele, da die Gruppenmitglieder nicht gegeneinander antreten, sondern mit verteilten Aufgaben gemeinsam klettern".*

Unfälle beim Spielen/Spielunfälle: 92

Wegen der nur selten vorhandenen verbindlichen Regeln sind die für den Sport entwickelten Grundsätze auf Spielunfälle nicht in gleichem Maße übertragbar. Dies hat der BGH bereits 1995[637] deutlich dargelegt.

630 OLG Stuttgart BeckRS 2020, 3662.
631 OLG Stuttgart BeckRS 2020, 3662.
632 BGH NJW 2008, 3775.
633 OGH Österreich Beschl. v. 22.1.2025 – 3 Ob 237/24k, BeckRS 2025, 2173; vgl. auch Danzl ZVR 2026, 183.
634 OGH Österreich Beschl. v. 22.1.2025 – 3 Ob 237/24k, BeckRS 2025, 2173 Rn. 3.
635 Zum Klettern in einer Kletterhalle vgl. OLG Stuttgart BeckRS 2020, 3662 sowie oben → Rn. 91.
636 LG Düsseldorf BeckRS 2009, 87397 (Hervorhebungen durch den Autor).
637 BGH NJW-RR 1995, 857.

„Auch für die Haftungsfreistellung … durch Einwilligung des Klägers in das Spiel, wie sie das Berufungsgericht in Anwendung der Grundsätze über die Teilnahme an sportlichen Kampfspielen bejaht, fehlt es im Streitfall an den tatsächlichen Voraussetzungen. Bei der Beteiligung an solchen Kampfspielen handelt es sich um eine eigenständige Fallgruppe mit haftungsrechtlichen Besonderheiten …“.[638]

Dieser BGH-Entscheidung zu Grunde lag ein vom OLG Frankfurt a. M.[639] vorinstanzlich entschiedener Fall, bei dem ein Mitglied einer Gruppe von Jugendlichen eine Querschnittlähmung dadurch erlitten hatte, dass es an einem Badesee im Laufe eines selbsternannten „Vom-Badesteg-hinunterstoßen-Spiels" mit dem Kopf in einer Flachwasserstelle aufschlug. Das OLG Frankfurt a. M.[640] hatte die Klage des Verletzten mit dem Hinweis auf dessen „**Einwilligung ins gegenseitige Verhaltensmuster** *(hier: ins Wasser stoßen und gestoßen werden)"* abgewiesen. Mangels Verschuldens wäre bei dieser vom BGH jedoch zutreffend aufgehobenen Entscheidung für einen Schmerzensgeldanspruch kein Raum gewesen. Der BGH teilte zunächst die Rechtsansicht des OLG, soweit dieses auf *„die Grundsätze über die Auswirkungen widersprüchlichen Verhaltens"* hingewiesen hatte. Mit dem Berufungsgericht sei davon auszugehen, dass diese Grundsätze *„über den Bereich … sportlicher Kampfspiele hinausreichen".* Auch der Kläger müsse deshalb *„sein Klagebegehren mit Blick auf sein Verhalten am Unfalltage an dem Grundsatz von Treu und Glauben (§ 242 BGB) messen lassen".*[641] Dieser letzte Satz weist ua auch in Richtung der Schmerzensgeldbemessung (hier: Reduktion der Schmerzensgeldhöhe). Der BGH folgte jedoch letztlich nicht dem Berufungsgericht in der Ansicht, wonach der Gesichtspunkt des **Handelns auf eigene Gefahr** zu einer gänzlichen Haftungsfreistellung des Beklagten führe.

„Soweit die Rspr. das bewusste Sich-Begeben in eine Situation drohender Eigengefährdung als Grundlage für eine vollständige Haftungsfreistellung des Schädigers in Betracht gezogen hat, handelt es sich um eng begrenzte Ausnahmefälle, wie etwa die Teilnahme an Boxkämpfen … Nur bei derartiger Gefahrexponierung kann von einer Einwilligung des Geschädigten … ausgegangen werden".

Ss argumentierte der BGH[642] und sah zutreffend keine derartige Einwilligung im Falle des *„Vom-Badesteg-hinunterstoßen-Spiels".*

Ebenso entschied das OLG München[643] im Falle eines **Spielunfalles** zwischen 12–13-jährigen Schülern. Diese lieferten sich – mit Hilfe von ca. 150 cm langen Holzlatten – einen **Stockkampf,** bei dem es darum ging, sich gegenseitig – **ähnlich wie beim Fechten** – am Körper zu treffen, ohne sich zu verletzen. Die einzige „Spielregel" lautete dabei, sich nicht auf den Kopf zu schlagen. Dennoch traf der Beklagte versehentlich den Mund des Klägers, der dadurch einen Schneidezahn im Oberkiefer verlor. Das OLG sah insofern keinen Haftungsverzicht des Klägers bzw. keinen Haftungsausschluss des Beklagten, da die Grundlage hierfür, nämlich das Vorliegen von verbindlichen Regeln für jeden Teilnehmer, hier nicht bestanden. *„Einzige zwischen den Parteien vereinbarte Regel war es, nicht auf den Kopf zu schlagen. Von einem geschlossenen Regelsystem, das schwerwiegende Verletzungen der Teilnehmer verhindern soll, kann damit nicht ausgegangen werden";* daher sah das OLG einen – wenn auch wegen seiner hälftigen Mithaftung entsprechend gekürzten – Schmerzensgeldanspruch als gegeben.

Liegen jedoch bei derartigen Spielen – wie im Falle einer mittelalterlichen **LARP-Veranstaltung (Live Action Role Playing)** – Regeln vor (hier die Regel **mit** den **Schaumstoffschlagstöcken** keine vorsätzlich geführten Kopfschläge auszuteilen) und lässt sich ein Regelverstoß nicht nachweisen, so bleibt es beim Haftungsausschluss wegen der spielbedingten stillschweigenden Einwilligung in Verletzungen, die infolge fahrlässig geführter Treffer erfolgt sind, so entschied 2016 das LG Osnabrück.[644] Der Beklagte (im Spiel „Räuber") musste somit dem Kläger (im Spiel „guter Ritter") kein Schmerzensgeld zahlen.

93 Bei **verbotenen** und **unerlaubten Spielen** (dort: **wildes Dartpfeil-Werfen**) kommen jedoch, darauf wies das OLG Köln zutreffend hin, *„derartige Haftungsbegrenzungen … nicht in Betracht".*[645] Gleiches gilt für den vom LG Passau[646] entschiedenen Fall, bei welchem das ebenfalls extrem gefährliche Spiel des sich gegenseitig mit einem **Holzspeer Bewerfens** bereits beendet war, als ein dennoch „nachgeworfener" Speer des Beklagten dem Kläger durch die Nase ins Gehirn drang. In Konsequenz hieraus rechnete das LG dem Kläger kein Mitverschulden an, sah jedoch „aufgrund des jugendlichen Alters des Beklagten" die Genugtuungsfunktion

638 BGH NJW-RR 1995, 857.
639 OLG Frankfurt a. M. ZfS 1994, 121.
640 OLG Frankfurt a. M. ZfS 1994, 121.
641 BGH NJW-RR 1995, 857.
642 BGH NJW-RR 1995, 857.
643 OLG München NJW-RR 2013, 800.
644 LG Osnabrück BeckRS 2016, 02117.
645 OLG Köln NJW-RR 1993, 1498 (1499).
646 LG Passau ZfS 1994, 198.

als zurückgetreten an. Ebenso entschied (oben → Rn. 88) das OLG München[647] bzgl. eines – wenn auch nicht direkt verbotenen, aber dennoch sehr gefährlichen – **„Stockspiels" (Fechten mit Holzlatten)** unter Jugendlichen.

Eine gute Übersicht mit Fallbeispielen[648] in Bezug auf Spielunfälle bei Kindern und Jugendlichen bieten – worauf oben bereits hingewiesen wurde – *Scheffen/Pardey* in ihrem Fachbuch zum „Schadensersatz bei Unfällen mit Minderjährigen."

Unfälle bei Festveranstaltungen/Haftung der Veranstalter: 94

Bei Festveranstaltungen[649] (Festumzüge, Fasching oder Karneval, Schützenfesten oder den inzwischen bundesweit stattfindenden Oktoberfesten) sind die zur Gefahrbeseitigung erforderlichen und zumutbaren Maßnahmen stets von den konkreten Umständen (Veranstaltungsort, regionale Bräuche, Teilnehmerzahl, eingesetzte Technik, besondere Darbietungen etc) der jeweiligen Veranstaltung abhängig. Insofern muss zur Erfüllung von Verkehrssicherungspflichten nicht für alle denkbaren Möglichkeiten eines Schadenseintritts Vorsorge getroffen werden.

„Der im Verkehr erforderlichen Sorgfalt ist genügt, wenn im Ergebnis derjenige Sicherheitsgrad erreicht ist, den die in dem entspr. Bereich herrschende Verkehrsauffassung für erforderlich hält. Daher reicht es anerkanntermaßen aus, diejenigen Sicherheitsvorkehrungen zu treffen, die ein verständiger, umsichtiger, vorsichtiger und gewissenhafter Angehöriger der betroffenen Verkehrskreise für ausreichend halten darf, um andere Personen vor Schäden zu bewahren, und die den Umständen nach zuzumuten sind".[650]

Dass dabei auch stets **regionale Bräuche**[651] und die daraus typischerweise resultierenden Gefahren im üblichen Rahmen von den Veranstaltungsteilnehmern hinzunehmen sind, darauf wies zutreffend das AG Überlingen[652] in einem Fall von **Salutschüssen bzw. sogenannten Böllerschüssen** hin, die während einer Fronleichnamsprozession traditionell und den örtlichen Regeln entsprechend (mit jeweiliger Ankündigung „Feuern"! vor jedem Schuss, der auch erst 10 Sekunden nach dieser Ansage erfolgte) abgefeuert wurden. Den Anspruch auf Schmerzensgeld wegen eines Hörschadens wies das AG zutreffend mit dem Hinweis darauf zurück, dass Salutschüsse bei Prozessionen *hierzulande* üblich und ihre Lautstärke allgemein bekannt seien und empfindliche Gläubige sich daher entfernen oder ihre Ohren zuhalten müssten, was infolge der Ansage „Feuern" auch möglich sei.

Mit einem Fall der Veranstalterhaftung einer **Fernsehshow** (hier: „Spiel ohne Grenzen" – eine von 1970 bis 1999 beliebten Show), bei welcher ein Mitspieler beim Sturz vom Schwebebalken am Fuß schwer verletzt worden war, hatte sich – bereits im Jahr 1996 – das OLG Hamm zu befassen. Dabei hervorzuheben ist, dass es *„Sinn und Zweck des Spiels (war), dass der auf dem Schwebebalken befindliche Spieler mittels eines Strohballens heruntergeworfen werden sollte …"*. Das OLG Hamm[653] hat für diesen Fall eine Haftung und damit auch das Schmerzensgeldbegehren zurückgewiesen. Im Unterschied zum vorbenannten BGH-Urteil richtete sich hier die Klage jedoch nicht gegen einen Mitspieler, sondern gegen den Veranstalter als Inhaber der Verkehrssicherungspflicht. Eine diesbezügliche Pflichtverletzung verneinte das Gericht jedoch und sprach zutreffend davon, dass sich vorliegend *„eine ohne weiteres offensichtliche, dem Spielverlauf erkennbar immanente Gefahr verwirklicht"* habe.[654]

Ebenso entschied – bezüglich eines Unfalles in einem **Freizeitpark** im Zusammenhang mit der Nutzung einer sogenannten **Hüpfburg** – 2012 das OLG Koblenz[655] sowie 2017 das LG Köln[656] im Falle eines sogenannten **Maskottchen-Rennens,** bei dem der Kläger als Maskottchen eines Fußballvereins an einem Rennen auf einer Eishockey-Eisfläche teilnahm, stürzte und sich dadurch verletzte. Ebenfalls mit einem schweren (hier: Hohe Querschnittlähmung nach *Salto mortale*) auf einer Hüpfburg bzw. einem **Hüpfkissen** in einem Freibad hatte sich das OLG München,[657] zu befassen. Das OLG sah eine Verkehrssicherungspflichtverletzung darin, dass das Kissen auch für kleinste Kinder völlig frei zugänglich und benutzbar und dadurch

[647] OLG München NJW-RR 2013, 800.
[648] Scheffen/Pardey Schadensersatz Rn. 341, 347.
[649] Jahnke NZV 2019, 57.
[650] BGH r+s 2014, 96 so auch LG Köln BeckRS 2019, 4036.
[651] Zur sogenannten **„Nubbelverbrennung"** (= Verbrennung einer Strohpuppe in der Nacht von Karnevaldienstag auf Aschermittwoch) vgl. LG Köln NJW-RR 1991, 799.
[652] AG Überlingen NZV 2005, 194.
[653] OLG Hamm NJW-RR 1996, 596.
[654] OLG Hamm NJW-RR 1996, 596.
[655] OLG Koblenz VersR 2013, 598.
[656] LG Köln BeckRS 2017, 100670.
[657] OLG München BeckRS 2015, 8435.

beim Benutzer der Eindruck entstanden war, dass es sich um eine gänzlich risikofreie Spiel- und Hüpfanlage handele, auf welcher grundsätzlich schwere Verletzungen nicht zu befürchten seien. *„Dieser Eindruck ist aber falsch und muss daher vom Betreiber durch einen entsprechenden Warnhinweis korrigiert werden"*, so das OLG.

Dass die insofern zutreffende Rechtsprechung nicht auf „normale" **Spielplatzunfälle** übertragen werden kann und bei diesen die Eigentümer und Betreiber unter Anlegung besonders hoher Maßstäbe für die Sicherheit der aufgestellten Spielgeräte haften, ist unbestritten. Das einzuhaltende Ausmaß der Sicherheit muss sich insofern stets an dem Alter der jüngsten Kinder ausrichten, die für die Benutzung in Frage kommt.[658] Zum Umfang der Verkehrssicherungspflichten eines Spielplatzbetreibers sei auf das aktuelle Urteil des LG Wiesbaden,[659] welches zutreffend darauf hinwies, dass eine Verkehrssicherung, die jede Schädigung ausschließt, im praktischen Leben nicht erreichbar sei (vgl. hierzu nachfolgend → Rn. 365).

95 Mit einem tragischen Unfall im Rahmen einer **Kutschfahrt aus Anlass einer Jubiläumsfeier** eines Reit- und Fahrvereins und der Frage der Haftung des ehrenamtlich tätigen Vereinsvorstands gegenüber einem Vereinsmitglied befasste sich 2022 das OLG Brandenburg.[660] Dabei kippte eine der Kutschen, ein sog. **Juckerzug,**[661] um, so dass die Beifahrerin – selbst Vereinsmitglied – herausgeschleudert wurde und eine hohe Querschnittslähmung erlitt. Grundsätzlich treffen bei solchen Veranstaltungen sowohl den Verein als Veranstalter, als auch den Kutschenführer Verkehrssicherungspflichten in Bezug auf Zuschauer (Passanten), aber auch in Bezug auf die Insassen der Kutschen. Das OLG führte dazu aus, der **ehrenamtlich tätige Vereinsvorstand** hafte gemäß § 840 Abs. 1 BGB, § 823 Abs. 1 BGB gegenüber der Geschädigten für den infolge der Verletzung von Verkehrssicherungspflichten bei der Aufführung der Kutschfahrtveranstaltung eingetretenen Schaden. Die Haftung sei nicht dadurch ausgeschlossen, dass das Verhalten des Vorstands auch dem Verein gemäß **§ 31 BGB** zuzurechnen ist, denn der Vertreter einer juristischen Person haftet wegen einer deliktischen Handlung persönlich, wenn er die Rechtsverletzung selbst begangen oder in Auftrag gegeben hat, was vorliegend der Fall war. Der Vorstand des Vereins ist jedoch gemäß § 823 Abs. 1 BGB, **31a Abs. 1 S. 2 BGB** gegenüber einem Mitglied (hier der Geschädigten) persönlich nur ersatzpflichtig, sofern er als unentgeltlich Tätiger oder wenn seine Vergütung nicht mehr als 840 EUR jährlich beträgt, vorsätzlich oder grob fahrlässig handelt. Die Vorschrift des § 31a Abs. 1 BGB knüpft, so das OLG, zudem an die Tätigkeit des Vorstandes in Wahrnehmung seiner Pflichten und Aufgaben an. Zwischen seinem Aufgabenkreis und dem schädigenden Verhalten muss ein sachlicher, nicht bloß zufälliger zeitlicher oder örtlicher Zusammenhang bestehen. Abschließend befasste sich das OLG – vor dem Hintergrund des kausalen Zusammenwirkens des organisatorisch handelnden Vereinsvorstandes und des die Kutsche steuernden Kutschers bzw. Kutschenführers – mit dem Begriff der Haftungseinheit und kam zum Ergebnis, dass hier sowohl im Verhältnis der Beklagten zum Verein als auch im Verhältnis zu den Fahrern der Kutschen von einer Haftungseinheit auszugehen war.

Ebenfalls mit der Haftung des Veranstalters als Inhaber der Verkehrssicherungspflicht und den damit begründeten Schmerzensgeldklagen von Zuschauern hatten sich das OLG Frankfurt a. M.[662] in Bezug eines **Bundesliga-Fußballspiels** wie auch das OLG Hamm[663] in Bezug eines **Public-Viewing-Events** zu befassen. Im Fall des OLG Frankfurt a. M. wurde – im Zusammenhang mit einer Tinnitus-Verletzung infolge eines aus dem Publikum geworfenen Feuerwerkskörpers – die Haftung abgelehnt. Ebenfalls zurückgewiesen wurde die Klage des Besuchers eines Bundesligafußballstadions. Das OLG Düsseldorf[664] betonte, der Umfang der Sicherungsmaßnahmen (hier: deutlich sichtbare Kennzeichnung eines nicht als Zuwegung dienenden Bereichs) habe sich daran zu orientieren, was zur Gefahrenabwehr notwendig und zumutbar sei, um einen Dritten vor Gefahren zu schützen, die er selbst bei Anwendung der von ihm in der konkreten Situation zu erwartenden Sorgfalt nicht oder nicht rechtzeitig erkennen kann. Im Fall des OLG Hamm, bei welchem der klagende Zuschauer von einer nicht ausreichend gesicherten Tribüne gestürzt war und sich eine Armfraktur zugezogen hatte, wurde dagegen die Haftung und ein Schmerzensgeld zuerkannt.

Doch nicht nur den Veranstalter trifft eine haftungsrechtlich relevante Verantwortung, sondern auch **Zuschauer,** die am Rande des Geschehens und im Übereifer des Mitfieberns für ihre Athleten oder aus anderen Motiven andere Zuschauer, die Athleten und deren Teams (zB bei Radrennen die zahlreichen Begleitpersonen) oder den Veranstalter und seine Mitarbeiter schädigen oder gar verletzen. Zum Thema **Zuschauerfehlverhalten** gibt *Lamberts* in seinem hervorragenden Aufsatz *„Allez Opi Omi" – Wenn Zuschauer*

[658] LG Detmold BeckRS 2009, 19791 mit Verweis auf OLG Schleswig NJW-RR 2004, 384 mwN.
[659] LG Wiesbaden BeckRS 2020, 4850.
[660] OLG Brandenburg BeckRS 2022, 34206.
[661] Juckerzug nennt man eine Kutsche mit fünf Pferden davor, bei der hinten zwei Stangenpferde gehen und vorne drei Vorderpferde angespannt werden; diese leichten und schnellen Pferde werden „Jucker" genannt.
[662] OLG Frankfurt a. M. BeckRS 2011, 05154.
[663] OLG Hamm BeckRS 2011, 17469.
[664] OLG Düsseldorf BeckRS 2016, 17927.

in das Wettkampfgeschehen eingreifen einen sehr guten Überblick über die **Haftung von Zuschauern bei Sportveranstaltungen** weshalb hierauf verwiesen wird.[665]

Mit dem Schmerzensgeldanspruch einer sich beim **Tanz** auf **Bierbänken** während des Cannstatter Wasens (Volksfest in Stuttgart) verletzten Frau hatte sich 2017 das OLG Stuttgart[666] befasst und die Klage abgewiesen. Die Gefahr, dass die Bierbank, wenn Personen sie besteigen und auf ihr tanzen, wackelt und hierdurch Personen das Gleichgewicht verlieren und stürzen können, habe von Anfang an bestanden und sei für alle Personen – die Klägerin eingeschlossen – erkennbar gewesen. Zur Thematik der Verkehrssicherungspflichtverletzung führte das OLG aus:

„Danach bestehen Verkehrspflichten immer nur im Rahmen der dem Sicherungspflichtigen in der konkreten Handlungssituation ex ante zur Verfügung stehenden faktischen und rechtlichen Handlungsmöglichkeiten. Die deliktischen Sorgfaltspflichten verlangen keine absolute Sicherheit in dem Sinne, dass der Eintritt von Rechtsgutsverletzungen schlechthin ausgeschlossen wäre, denn: „Ein allgemeines Verbot, andere nicht zu gefährden, wäre utopisch". Der Sicherungspflichtige ist daher weder gehalten, jede abstrakte Gefahr auszuschließen, noch dazu verpflichtet, konkrete Gefahren gänzlich auszuschließen oder auf einen Wahrscheinlichkeitswert nahe null zu minimieren. Die deliktsrechtlichen Sorgfaltspflichten enden nicht erst am empirisch-technisch und rechtlich Möglichen, sondern bereits an der Grenze des Zumutbaren. Soweit sich die vom Geschädigten erlittene Rechtsgutsverletzung nicht durch zumutbare Sorgfaltsmaßnahmen hätte verhindern lassen, kann sie dem Schädiger nicht als „Unrecht" vorgeworfen werden, sondern ist vom Geschädigten als „Unglück" hinzunehmen".

Analog wandte das LG Tübingen[667] die für Sportverletzungen entwickelten Haftungsgrundsätze auf *„einvernehmliche und **freundschaftliche Rangeleien**"* an, bei denen es zum Meniskusabriss eines Beteiligten kam. Zu seiner Begründung führte das LG aus, dass für derartige Rangeleien „zwar keine festen Spielregeln" gelten würden, jedoch gingen die Beteiligten hier *„stillschweigend von der Regel, den anderen nicht ernsthaft zu gefährden oder zu verletzen, aus".* Ob diese Entscheidung den Maßstäben des BGH vor dem Hintergrund der soeben dargelegten jüngeren Entscheidung standhalten würde, ist zweifelhaft. Das OLG Koblenz[668] kam jedenfalls in einem ähnlich gelagerten Sachverhalt zu einem anderen Ergebnis, in dem es weder von einer stillschweigenden Einwilligung noch von einem Handeln auf eigene Gefahr ausging; das sich auf die Rangelei Einlassen könne *„allenfalls ein haftungsminderndes Mitverschulden"* begründen.[669] Dies wäre sicher auch bei der Bemessung eines Schmerzensgeldes (in der angegebenen Fundstelle nicht erwähnt) zu berücksichtigen gewesen.

bb) Verschulden des Schädigers bei Gefälligkeitsverhältnissen oder sonstigen „Beziehungen zwischen Schädiger und Geschädigtem". Auch eine ggf. zwischen Schädiger und Geschädigtem bestehende Beziehung[670] ist im Rahmen der Verschuldungsbewertung zu berücksichtigen (vgl. zu den Besonderheiten bei Verletzung durch Familienangehörige uä Personen unten → Rn. 124). 96

Bei typischen **Gefälligkeitshandlungen**[671] ist, ebenso wie bei einer **Gefälligkeitsfahrt,** in der Rechtsprechung eine Haftungsbeschränkung zum Teil unter dem Gesichtspunkt eines stillschweigenden Haftungsausschlusses, zum Teil unter dem Gesichtspunkt eines Handelns auf eigene Gefahr oder unter dem Gesichtspunkt widersprüchlichen Verhaltens anerkannt. Eine stillschweigende Haftungsbeschränkung für einfache Fahrlässigkeit ist im Wege ergänzender Vertragsauslegung anzunehmen, wenn das Verhalten der Beteiligten den Schluss zulässt, dass sie bei einer Erörterung der Haftungsprobleme vor Beginn der Handlung oder Fahrt einer solchen Haftungsbeschränkung redlicherweise zugestimmt hätten. (vgl. nachfolgend → Rn. 97 und → Rn. 98).

Die Unentgeltlichkeit einer **Gefälligkeitsfahrt** allein genügt allerdings zur Annahme eines Haftungsausschlusses nicht, so betonte das OLG Frankfurt a. M.[672] im Falle einer unentgeltlichen Personenbeförderung **zu Maifeier einer Burschenschaft.** Es müssen vielmehr besondere Umstände hinzukommen, die den Schluss rechtfertigen, dass der Schädiger von der Haftung für einfache Fahrlässigkeit freigestellt sein sollte (vgl. BGH, VersR 1958, 309). Die Annahme eines Haftungsausschlusses unter dem Gesichtspunkt eines stillschweigenden Haftungsausschlusses oder des Handelns auf eigene Gefahr setzt voraus, dass sich der Verletzte der Möglichkeit einer Gefährdung durch den Umstand, der für den Unfall ursächlich geworden ist, bewusst gewesen ist. Es genügt nicht, dass der Verletzte mit der Möglichkeit einer solchen Gefährdung nach

665 Lambertz SpuRT 2022, 167.
666 OLG Stuttgart BeckRS 2017, 105057.
667 LG Tübingen NJW-RR 1993, 1498.
668 OLG Koblenz NJW-RR 1995, 24.
669 OLG Koblenz NJW-RR 1995, 24.
670 Allgemein zum haftungsrechtlichen Thema der Gefälligkeit s. Schimikowski r+s 2006, 7 (8) sowie speziell zur Gefälligkeitsfahrt OLG Koblenz BeckRS 2006, 00848; AG Jülich 6.10.2008 – 4 C 106/08 mit Verweis auf OLG Frankfurt a. M. BeckRS 2006, 137 sowie – bzgl. Elektroarbeiten – OLG Koblenz BeckRS 2014, 08625.
671 OLG Koblenz BeckRS 2014, 08625; LG Nürnberg-Fürth BeckRS 2014, 100005.
672 OLG Frankfurt a. M. BeckRS 2006, 137; vgl. auch Hirte/Heber JuS 2002, 241.

der sachkundigen Beurteilung eines durchschnittlich sorgfältigen Menschen rechnen musste.[673] Sofern beim Vorliegen eines solchen Gefälligkeitsverhältnisses es dem Verletzten/Anspruchsteller nicht gelingt, den Nachweis zu führen, dass der Schädiger/Anspruchsgegner den Unfall bzw. Schadenfall zumindest grob fahrlässig verursacht hat, so besteht kein Anspruch, weder auf materiellen Schadensersatz noch auf Schmerzensgeld.

Liegt ein Anspruch auf Schmerzensgeld dennoch vor, so tritt – wie der BGH[674] in seiner oben bereits ausführlich erwähnten, grundlegenden Entscheidung ausgeführt hatte – bei einer Gefälligkeitsfahrt[675] oder anderen Gefälligkeiten, bei denen das schädigende Ereignis eintritt, der Genugtuungsgedanke grundsätzlich in den Hintergrund.[676] Eine solche, zwischen Schädiger und Geschädigtem bestehende Beziehung kann dabei auch auf einem gegenseitigen Vertrag basieren. Interessanterweise beschränkte das OLG Düsseldorf[677] seine Aussage, wonach *„bei fahrlässiger Körperverletzung im Rahmen einer Krankenhausbehandlung … die Genugtuungsfunktion … von untergeordneter Bedeutung sei"*, auf das Pflegepersonal.

Keine Haftung des Vereins für Gefälligkeitsfahrten zu Sportveranstaltungen: Mit der Frage, ob jemand, der selbst nicht Mitglied ist (im konkreten Falle die Oma, die ihre Enkelin und andere Kinder als) Mitglieder eines Amateursportvereins zu einer Sportveranstaltungen gefahren und sich selbst dabei verkehrsunfallbedingt schwer verletzt hatte, Schadensersatzansprüche gegenüber der Sportversicherung des Vereins habe, hatte sich der **BGH**[678] im Jahr 2015 zu befassen. In derartigen Fällen, so der BGH, läge keine Geschäftsführung ohne Auftrag, sondern vielmehr – auch im Verhältnis zum Verein – ein reines Gefälligkeitsverhältnis vor, das sich **im außerrechtlichen Bereich** abspiele. Ein Bindungswille, wie er für eine Geschäftsführung ohne Auftrag erforderlich sei, läge beim Gefälligkeitshandeln des täglichen Lebens und so auch im hier vorliegenden Sachverhalt nicht vor. Die Angehörigen minderjähriger Kinder, so brachten es Singbartl/Zintl[679] auf den Punkt, setzen sich nicht „für den Amateursportverein", sondern „für die eigenen Kinder" ins Auto. Schadensersatz- und Schmerzensgeldansprüche sind somit in einem solchen Fall grundsätzlich nicht gegeben.

97 Zur Tierhalterhaftung bei **Überlassung eines Reitpferds aus Gefälligkeit** entschied das OLG Hamm,[680] dass § 833 BGB grundsätzlich auch den Reiter, dem ein Pferd aus Gefälligkeit oder mietweise überlassen worden ist, schütze. Jedoch könne ein konkludenter Haftungsausschluss allerdings vorliegen, wenn der Halter des Pferdes das Ausreiten im Wege einer Gefälligkeit gestattet und der Verletzte im Unfallzeitpunkt uneingeschränkten Einfluss auf das Tier hatte, was jedoch im konkreten Fall nicht gegeben war, da die Klägerin bereits beim Aufsteigen auf das Pferd mittels einer Aufstiegshilfe stürzte.

Somit gilt auch bei der Frage der rechtlichen Auswirkungen einer Gefälligkeitshandlung stets eine differenzierte Betrachtung, nach welcher nicht zwangsläufig jede Gefälligkeitshandlung quasi automatisch zu einem Wegfall oder einer Verkürzung des Schmerzensgeldanspruches führt; vielmehr sind auch hier stets alle Gesamtumstände bei der Bemessung abzuwägen.[681] Oder wie es der BGH formulierte:

„Die Abgrenzung zwischen Geschäftsführung ohne Auftrag und Gefälligkeit ohne Auftrag obliegt grundsätzlich dem Tatrichter".[682]

98 Wer beispielsweise als **Nachbarschaftshelfer** unentgeltlich Elektroarbeiten verrichtet, die bei Fehlern zu erheblichen Gefahren (hier: schwerste Gehirnschädigung durch Stromschlag nach fehlerhaft installierter Außenbeleuchtung) führen, haftet hierfür aus vertraglich begründeten Rechtsansprüchen nur, sofern der Verletzte in den **Schutzbereich der Gefälligkeitsabsprache** einbezogen wurde. Dies hatte der BGH[683] – anders als zuvor das OLG Koblenz[684] – im konkret vorliegenden Fall zutreffend mit der Begründung verneint, es handelt sich in Bezug auf die Personen, die mit der vom Beklagten (lebensgefährlich) montierten Lampe unmittelbar in Kontakt kommen können

---

[673] OLG Frankfurt a. M. BeckRS 2006, 137.
[674] BGHZ 18, 149 (158), BeckRS 1955, 30402368 sowie BGH BeckRS 2015, 13678.
[675] S. dazu Wessel VersR 2011, 569; Köhler NZV 2011, 105 sowie BGH NJW 2015, 2880 und OLG Frankfurt a. M. BeckRS 2006, 137.
[676] BGHZ 18, 149 (158). Dieser Ansicht sind Teile der Rechtsprechung (zB OLG Hamm NJW-RR 1998, 1180) nicht gefolgt, da sie die Auffassung vertreten, die Tatsache, dass der Schädiger den Schaden bei einer Gefälligkeitsfahrt zugefügt habe, könne keine Bedeutung bei der Frage des vorwerfbaren Verhaltens zukommen.
[677] OLG Düsseldorf VersR 1993, 1539.
[678] BGH BeckRS 2015, 13678.
[679] Singbartl/Zintl NJW 2015, 2880 Anm. zu BGH BeckRS 2015, 13678.
[680] OLG Hamm BeckRS 2019, 18852; ebenso OLG Nürnberg BeckRS 9998, 96424.
[681] So sind wohl auch – und insofern zutreffend – Scheffen/Pardey Schadensersatz Rn. 940 zu verstehen.
[682] BGH NJW 2015, 2880 f. mAnm Singbartl/Zintl.
[683] BGH NZM 2017, 299.
[684] OLG Koblenz BeckRS 2014, 08625; vgl. auch OLG Stuttgart NJW-RR 2009, 384.

„um einen prinzipiell unbegrenzten Personenkreis. Dessen stillschweigende Einbeziehung in den Schutzbereich eines unentgeltlichen Gefälligkeitsvertrags war nicht zumutbar und damit vom hypothetischen Willen der Vertragsparteien nicht erfasst".

Etwas anderes – so der BGH – ergäbe sich auch nicht daraus, dass der Beklagte über eine private Haftpflichtversicherung verfügt habe.

„Denn das Bestehen einer Haftpflichtversicherung kann zwar uU gegen einen konkludenten Haftungsausschluss sprechen, nicht aber das Fehlen anspruchsbegründender Tatsachen kompensieren (BGH NJW 2010, 537 Rn. 14)".

Scheidet in derartigen Fällen die Durchsetzung von Schadensersatz- und Schmerzensgeldansprüchen des Verletzten aufgrund eines **Vertrags mit Schutzwirkung zugunsten Dritter** aus, kommt es für eine etwaige Haftung des Schädigers darauf an, ob daneben nicht doch auch die Voraussetzungen des § 823 Abs. 1 oder des § 823 Abs. 2 BGB vorliegen. Mit Verweis hierauf wies der BGH die Sache an das OLG Koblenz zurück und bemerkte hierzu, es habe *„im neuen Verfahren Gelegenheit ..., sich, falls erforderlich, auch hiermit auseinanderzusetzen".*

Einen Fall klassischen Gefälligkeitshandelns (hier: **Umzugshilfe**) hatte das LG Nürnberg-Fürth[685] zu entscheiden. Dort hatte der Beklagte der Klägerin bei deren Umzug geholfen und deren Waschmaschine, die mit einem Expander (= Gummiband mit Metallhaken an beiden Enden) auf einer Sackkarre befestigt war, eine Treppe hinaufgezogen. Dabei löste sich der Expander und einer der Haken traf die Klägerin im Auge. Die entscheidende Frage, ob der privathaftpflichtversicherte Beklagte wegen seiner Gefälligkeitshandlung gegenüber der Klägerin nur eingeschränkt (nur für Vorsatz und grobe Fahrlässigkeit) hafte, verneinte das LG und gab der Klage auf Schmerzensgeld mit folgender Begründung statt:

„Eine derartige Haftungsbeschränkung kann im Wege der ergänzenden Vertragsauslegung auf der Grundlage des § 242 BGB jedoch nur ganz ausnahmsweise angenommen werden; sie stellt eine künstliche Rechtskonstruktion aufgrund einer Willensfiktion dar, da sie von einem Haftungsverzicht ausgeht, an den beim Abschluss der Vereinbarung niemand gedacht hat. Allein daraus, dass jemand aus Gefälligkeit für einen anderen tätig wird, kann die Vereinbarung des Ausschlusses einer deliktischen Haftung keineswegs gefolgert werden. Gerade dort, wo der Schädiger gegen Haftpflicht versichert ist, die dem Schutz des Unfallopfers dienen soll, entspricht es grundsätzlich nicht dem Willen der Beteiligten, durch letztlich fingierte Verzichtsabreden den Haftpflichtversicherer zu entlasten. Deshalb spricht das Bestehen eines Haftpflichtversicherungsschutzes für den Schädiger in aller Regel gegen eine stillschweigende Haftungsbeschränkung. Diese setzt vielmehr grundsätzlich voraus, dass für den Schädiger, der gerade keinen Versicherungsschutz genießt, ein nicht hinzunehmendes Haftungsrisiko gegeben wäre und darüber hinaus besondere Umstände vorliegen, die im konkreten Fall einen Haftungsverzicht des Geschädigten als besonders naheliegend erscheinen lassen."

Bei Hilfe für Dritte darf jedoch **kein unverhältnismäßiges Risiko** eingegangen werden, darauf wies das OLG Köln 2020[686] im Zusammenhang mit der Klage einer über 70-jährigen Frau hin. Diese war bei ihrer Tochter zu Besuch und hatte – als der hinter dem Grundstück der Tochter verlaufende Bach überzulaufen drohte – beherzt versucht, zur Staubeseitigung Reisig aus dem Bach zu ziehen und sich dabei verletzt. Mit dem Versuch, eigenhändig eine Verstopfung der Bachverrohrung zu beseitigen, sei die „betagte Klägerin" – so das OLG – ein „unverhältnismäßig hohes Risiko für ihre körperliche Unversehrtheit" eingegangen. Dies habe nicht im objektiven Interesse der Beklagten (= für den Bach verantwortlicher Wasserverband) gelegen.

Ein *„Kletterer, der einen befreundeten Kletterer beim* **Freiklettern**[687] **und Abseilen** *von einem Kletterfelsen unzureichend gesichert und dadurch dessen Absturz fahrlässig verursacht, hat grundsätzlich vollumfänglich für den Schaden"* zu haften. So entschied zutreffend das LG Düsseldorf[688] und argumentierte zudem, dass *„ein stillschweigender Haftungsausschluss, wie er teilweise bei Gefälligkeitsfahrten und unentgeltlichen Hilfeleistungen für den Fall leichter Fahrlässigkeit angenommen wird, ... nicht in Betracht"* komme. 99

Auch hier erwähnt das LG Düsseldorf, dass ein stillschweigender Haftungsausschluss nur teilweise vorliegt. Ob ein solcher Haftungsausschluss letztendlich vorliegt, hängt somit stets von den individuellen Details des jeweiligen Sachverhalts ab und bedarf einer sorgfältigen Prüfung.

Infolge der – ebenfalls im Zuge der Rechtsreform – erfolgten Änderung der **Insassenhaftung** gem. **§ 8a StVG** muss nicht mehr auf den Nachweis einer rein deliktischen Haftung zurückgegriffen werden. Der gefälligkeitshalber mitfahrende Insasse ist nun ebenso geschützt wie der gegen Entgelt transportierte Insasse. 100

685 LG Nürnberg-Fürth BeckRS 2014, 100005.
686 OLG Köln BeckRS 2020, 18149.
687 Zur Haftung bei einem Kletterunfall in einer Kletterhalle vgl. oben → Rn. 91.
688 LG Düsseldorf BeckRS 2009, 87397.

Allerdings kann die Haftung des unentgeltlich und nicht geschäftsmäßig (was der Normalfall im Bereich der Mitnahme unter Privatpersonen ist) Mitfahrenden auch weiterhin ausdrücklich oder stillschweigend begrenzt werden,[689] worauf das LG München[690] sowie der BGH[691] hingewiesen hatte. Der Entscheidung des BGH lag folgender Sachverhalt zu Grunde: Die Klägerin und die Beklagte hatten für einen gemeinsamen dreimonatigen Südafrikaaufenthalt gemeinsam einen **Mietwagen** bei einem lokalen Anbieter gemietet und diesen abwechselnd gesteuert. Bei einer solchen gemeinsamen Fahrt kam es zu einem Unfall, bei welchem die Klägerin verletzt wurde. Die Klägerin begehrte Schadensersatz und Schmerzensgeld. Das LG gab der Klage statt. Das Berufungsgericht hob dieses Urteil auf und wies die Klage ab. Der BGH[692] bestätigte die Entscheidung des OLG mit folgender Begründung:

„Zutreffend ist das Berufungsgericht davon ausgegangen, dass sich eine Haftungsbeschränkung zwischen Insasse und Fahrer eines Fahrzeugs bei Fehlen einer ausdrücklichen Abrede aus einer konkludent getroffenen Vereinbarung oder im Wege ergänzender Vertragsauslegung auf der Grundlage des § 242 BGB ergeben kann … Nach der ständigen Rechtsprechung des erkennenden Senats kann ein Haftungsverzicht, an den bei Abschluss der Vereinbarung niemand gedacht hat, im Wege der ergänzenden Vertragsauslegung auf der Grundlage des § 242 BGB nur ausnahmsweise bei Vorliegen besonderer Umstände angenommen werden. Voraussetzung ist grundsätzlich, dass der Schädiger, wäre die Rechtslage vorher zur Sprache gekommen, einen Haftungsverzicht gefordert und sich der Geschädigte dem ausdrücklichen Ansinnen einer solchen Abmachung billigerweise nicht hätte versagen dürfen … Für die Annahme eines Haftungsverzichts genügen für sich genommen auch die bloße Mitnahme eines anderen aus Gefälligkeit, enge persönliche Beziehungen zwischen den Beteiligten oder das Bestehen eines ungewöhnlichen Haftungsrisikos nicht. Erforderlich ist vielmehr grundsätzlich, dass der Schädiger keinen Haftpflichtversicherungsschutz genießt, für ihn ein nicht hinzunehmendes Haftungsrisiko bestehen würde und darüber hinaus besondere Umstände vorliegen, die im konkreten Fall einen Haftungsverzicht als besonders naheliegend erscheinen lassen."

So lag der Fall in Südafrika, wie das Berufungsgericht in seinem vom BGH[693] bestätigten Urteil zutreffend herausgearbeitet und begründet hatte.

Auf das Urteil des BGH aus dem Jahr 2015[694] (**Gefälligkeitsfahrt:** Oma fährt Enkelin zum Fußballspiel) wurde oben → Rn. 96 bereits ausführlich eingegangen, weshalb hierauf zu verweisen ist.

Schließlich wird von der Rechtsprechung im Rahmen der Wertung der Genugtuungsfunktion ausgeführt, die Genugtuung des Schmerzensgeldes könne weitgehend zurücktreten, wenn der einkommensschwache Schädiger erheblichen Regressforderungen der Krankenversicherung des Geschädigten ausgesetzt sei.[695]

Zu der sich hieraus ergebenden weiterführenden Frage, inwieweit sich die wirtschaftlichen Verhältnisse der Beteiligten auf die Schmerzensgeldbemessung auswirken, wird nachfolgend unter → Rn. 139 noch näher eingegangen.

101 **b) Mitverschulden des Geschädigten und Quotierung.** Unstreitig ist die Höhe des zu zahlenden Schmerzensgeldes auch von einem möglichen Mitverschulden des Geschädigten abhängig.[696] Für ein die Haftung minderndes oder gar ausschließendes Mitverschulden des Geschädigten ist dabei nach allgemeinen Beweislastregeln und ständiger Rechtsprechung des Bundesgerichtshofs regelmäßig der Schädiger darlegungs- und beweispflichtig, – darauf hatte der BGH 2025 nochmals die Gelegenheit hinzuweisen.[697]

In jedem Falle darf jedoch eine Kürzung nur erfolgen, wenn der Geschädigte „den Schaden durch sein Verhalten mitverursacht oder mitverschuldet hat".[698] Dies kann auch – so der OGH Österreich –[699] durch **Provokationen des Geschädigten** erfolgen, wenn sie geeignet sind, den Schädiger in einen Gemütszustand zu versetzen, von welchem angenommen werden kann, dass er sich zu Tätlichkeiten gegen den Geschädigten wird hinreißen lassen. In erster Linie sei dabei allerdings – so der OGH – *„an Tätlichkeiten (etwa Stoß während*

689 Ludovisy Rn. 140; Scheffen/Pardey Schadensersatz Rn. 940; OLG Köln VersR 1992, 330.
690 LG München BeckRS 2019, 13184.
691 BGH r+s 2009, 207 sowie das Berufungsurteil in VersR 2008, 934; zur Frage der Anwendung einer Haftungsmilderung nach § 1359 BGB bei gemeinsamer Motorbootfahrt ablehnend BGH NZV 2008, 381.
692 BGH BeckRS 2009, 8370.
693 BGH BeckRS 2009, 8370.
694 BGH NJW 2015, 2880 mAnm Singbartl/Zintl.
695 OLG Köln VersR 1992, 330.
696 OLG Brandenburg BeckRS 2020, 3351.
697 BGH BeckRS 2025, 21841 Rn. 20.
698 BGH BeckRS 2014, 17299 im Falle eines Fußgängerunfalles im Straßenverkehr, wobei der BGH die verfahrensfehlerhafte Nichtberücksichtigung einer vorgetragenen alternativen Möglichkeit der Unfallverursachung rügte.
699 OGH Österreich BeckRS 2025, 27305 → Nr. 7752.

einer Rangelei: 6 Ob 238/07d; Schlagen mit einem Lineal: RS0026839) oder an die Androhung von Tätlichkeiten (drohendes Erheben einer ca 40 cm langen Metallfeile: 4 Ob 143/09x) zu denken".

Bei lediglich **verbalen Provokationen** hat der OGH dies bislang[700] und so auch im konkreten Fall verneint, da seine lediglich verbalen Provokationen nicht geeignet waren, den Beklagten zu einem tätlichen Angriff mit einem Steakmesser zu veranlassen. Es komme jedoch auch hier *„stets auf die Umstände des Einzelfalls an"*, so der OGH abschließend dazu.

Da auch nur ein grobes Eingehen auf die verschiedenen Mitverschuldungsformen und ausgeurteilten Mitverschuldensquoten die Thematik verlassen und den Rahmen dieses Buches sprengen würde, wird zu diesem Problemkreis, soweit er das Straßenverkehrsrecht betrifft auf das hervorragende Buch von Grüneberg „Haftungsquoten bei Verkehrsunfällen" verwiesen, ohne jedoch den Hinweis auf die oben bereits erwähnte Entscheidung des BGH (Vereinigte Große Senate), Beschl. vom 16.9.2016 – VGS 1/16[701] zu versäumen.

Der BGH[702] hat dabei betont, dass das Verschulden nur als ein Faktor unter vielen bei der Ermittlung des angemessenen Schmerzensgeldes zu berücksichtigen sei und sich kein allgemein geltendes Rangverhältnis aller zu berücksichtigenden Umstände aufstellen lässt, weil diese Umstände ihr Maß und Gewicht für die Höhe der billigen Entschädigung erst durch ihr Zusammenwirken im Einzelfall erhalten. Hieraus ergibt sich, dass eine Berechnung dahingehend, zunächst ein „richtiges" Schmerzensgeld zu ermitteln und dann von diesem Betrag die dem Mitverschulden entsprechende Quote zu bilden, nicht zulässig ist, obwohl in der weitaus überwiegenden Rechtsprechung in praxi doch regelmäßig Quotierungen vorgenommen werden.[703]

Sehr schön ist daher die Formulierung des OLG Koblenz:[704] *„Ein Mitverschulden, das zur Mäßigung, aber nicht zur Quotierung des Schmerzensgeldbetrages führen würde, ist nicht ersichtlich".* Das OLG Brandenburg[705] führte zur Quotierung aus, dass sich der Umfang einer gegebenenfalls bestehenden Mithaftung des Geschädigten zu berücksichtigen sei, *„sich jedoch nicht streng rechnerisch ermitteln lässt".*

Zum **Eigenverschulden eines Businsassen,** der sich nicht ordnungsgemäß festgehalten hat und dem insofern vollständigen Zurücktreten der Gefährdungshaftung aus einfacher Betriebsgefahr s. OLG Schleswig BeckRS 2023, 9210. Hatte das OLG Schleswig der 82 Jahre alten Klägerin „nur" eine Mithaftung von 50 % angerechnet, so bewertete das OLG Hamm[706] diese im nachfolgend geschilderten Fall gar mit 66,67 % bzw. 2/3: Die ebenfalls ältere und mit einem GdB von 70 („G") schwer gehbehinderte Dame war mit ihrem Rollator in einen Bus eingestiegen. Dabei hatte sie – so das OLG – in einer für sie schwierig zu bewältigenden Situation das falsche Vorgehen gewählt, indem sie vorrangig auf das Abstellen und die Sicherung ihres Rollators bedacht war, anstatt auf die Sicherung ihrer eigenen Person. Zudem verblieb ihr – aufgrund der bereits wenige Sekunden nach ihrem Einsteigen erfolgten Abfahrt – nur sehr wenig Zeit, weshalb sie auch andere Fahrgäste nicht um Hilfe bitten konnte. *„Der direkte Zugang auf die der Tür gegenüberliegende freie Fläche war durch zwei Personen, die sich dort hingestellt hatten, versperrt. Eine einfache und sich aufdrängende Sicherung wie etwa das Einnehmen eines freien Sitzplatzes stand nicht zur Verfügung".* Trotz dieses offenbar unstreitigen Sachverhaltes führte das OLG Hamm[707] zu seiner Haftungsbewertung im amtlichen Leitsatz aus:

„Allein das Mitführen eines Rollators beim Buseinstieg ist keine Situation, die dem Busfahrer eine besondere Hilfsbedürftigkeit des Fahrgastes signalisiert, so dass er mit dem Anfahren bis zur Eigensicherung des Fahrgastes abzuwarten hat".[708]

Dies ist in keiner Weise nachvollziehbar und wohl auch mit der jüngsten Rechtsprechung des **BGH**[709] **zu den Voraussetzungen eines die Haftung des Schädigers völlig ausschließenden, weit überwiegenden Mitverschuldens** nicht mehr vereinbar: Wenn nicht durch das Laufen an einem Rollator eine besondere Hilfsbedürftigkeit für jeden am Straßenverkehr Teilnehmenden und erst Recht für die Führer öffentlicher Verkehrsmittel signalisiert wird bzw. deutlich zu erkennen ist, wann bzw. wodurch soll dies dann vermittelt werden? Die Rechtsaufassung des OLG Hamm, wonach *„sich der Fahrer eines Linienbusses vor dem Anfahrvorgang*

[700] Vgl. dazu die Fundstellen in OGH Österreich BeckRS 2025, 27305 Rn. 18.
[701] BGH (Vereinigte Große Senate) BeckRS 2016, 21466 Rn. 55; vgl. auch BeckRS 2013, 19779; BGH NJW 2002, 3560; BGH NZV 1991, 305; ebenso OLG Zweibrücken NJW-RR 2014, 33.
[702] BGH BeckRS 2016, 21466; BGH NJW 2002, 3560; ebenso BGH NZV 1991, 305.
[703] Vgl. hierzu OLG München Urt. v. 23.10.2015 – 10 U 2231/15; OLG Naumburg NZV 2012, 180 (181); ebenso Küppersbusch/Höher Ersatzansprüche Personenschaden Rn. 282 mit dem Hinweis, dass selbst der BGH im Ergebnis der Quotierung nicht fern zu sein scheint.
[704] OLG Koblenz BeckRS 2017, 127879.
[705] OLG Brandenburg BeckRS 2025, 23985 mit Verweis auf BGH NJW 2022, 1953.
[706] OLG Hamm BeckRS 2022, 42478.
[707] OLG Hamm BeckRS 2022, 42478.
[708] OLG Hamm BeckRS 2022, 42478.
[709] BGH Besch. v. 1.7.2025 – VI ZR 357/24, BeckRS 2025, 21841.

nur dann zu vergewissern [braucht], ob ein Fahrgast Platz oder Halt im Wagen gefunden hat, wenn eine erkennbar schwere Behinderung des Fahrgastes ihm die Überlegung aufdrängt, dass der Fahrgast ohne besondere Rücksichtnahme gefährdet ist", entbehrt jedem Rechtsgefühl aller gerecht und billig Denkenden und insbesondere jedoch auch jedweder Kenntnis in Bezug auf die tägliche **Arbeitssituation eines Busfahrers.** Denn dieser hat grundsätzlich nicht die Zeit und sicher auch oft nicht die Möglichkeit, sich in abwägende „Überlegungen" dahingehend zu ergehen, ob der vor ihm Einsteigende eine „schwere" oder nur minderschwere oder sonstige Behinderung hat. Jeder Busfahrer ist jedoch in der Lage, beim **Einsteigen eines mit einem Blindenstock oder mit einem Rollator oder mit einem Gipsbein einsteigenden Fahrgastes** die wenigen Sekunden abzuwarten, bis ein solcher Fahrgast auf einem der in jedem Bus dafür extra vorgesehenen Sitzplätze Platz genommen hat. Einem Fahrgast, zumal einem solchen, der – wie im vom OLG Hamm entschiedenen Fall – aufgrund seiner Schwerbehinderung zur kostenlosen Nutzung öffentlicher Verkehrsmittel berechtigt war, mit einem derart eindeutig erkennbaren Handicap ein Mitverschulden von 2/3 für einen Sturz infolge des *„bereits wenige Sekunden nach ihrem Einsteigen erfolgten"* Anfahrens des Busses anzurechnen, erscheint überzogen und wird dem vom OLG Hamm selbst anschaulich wiedergegebenen Sachverhalt im doppelten Wortsinn nicht *gerecht.*

102 Der BGH hat insofern schon früh die Formel geprägt, dass der Schädiger nicht die Quote eines angemessenen Schmerzensgeldes schulde, sondern ein Schmerzensgeld, das unter **Berücksichtigung** der **Beteiligungsquote** angemessen sei. So ist es nicht nur zulässig sondern erforderlich, bei schweren, **dauerhaften Lebensbeeinträchtigungen** Höhe und Maß derselben **als wichtigsten Bemessungsfaktor** heranzuziehen und der Höhe des Mitverschuldens lediglich eine untergeordnete Bedeutung zugemessen wird.[710] Mit ähnlicher Argumentation hob das OLG Karlsruhe ein Urteil des LG auf und sprach ein höheres Schmerzensgeld zu, wobei das OLG allerdings auch das Schmerzensgeld, das bei Vorliegen eines Alleinverschuldens des Schädigers angemessen wäre, höher ansetzte, als dies das LG getan hatte. Im Ergebnis entsprach somit der Schmerzensgeldbetrag im Wesentlichen dem Schmerzensgeld, das sich bei entsprechender Quotierung ergeben hätte.[711]

Ebenso verfuhr das OLG München;[712] auch hier wurde der Klägerin ein deutlich höheres Schmerzensgeld zuerkannt, da das Landgericht unter anderem auch das der Klägerin anzulastende Mitverschulden sachwidrig gewürdigt habe.

102a **Bei einem krassen Foul im Straßenverkehr gibt es jedoch kein Schmerzensgeld,** – so lässt sich, die insofern sehr zutreffende Entscheidung des **KG Urt. v. 11.12.2024** zusammenfassen:

Der Kläger war mit 103 km/h durch Berlin gerast und mit einem vorschriftswidrig wendenden Fahrzeug des Beklagten kollidiert und begehrte von diesem Ersatz seines materiellen Schadens sowie Schmerzensgeld. Das KG stellte zunächst fest, dass in Innenstadtlagen mit dem dort typischen komplexen Verkehrsgeschehen bei einer Geschwindigkeit von mehr als 100 km/h davon auszugehen ist, dass sich der Kraftfahrer bewusst außerstande setzt, unfallverhütend zu reagieren. *„Eine derart hohe Geschwindigkeitsüberschreitung lässt sich nicht mehr mit Fahrlässigkeit erklären. Vielmehr muss regelmäßig vorsätzliches Handeln angenommen werden (KG NJW-RR 2019, 1507; KG, NStZ-RR 2002, 116 bereits für Überschreitung um 40 %)."* Da der Beklagte jedoch über eine durchgezogene Linie der Fahrstreifenbegrenzung (Zeichen 295) hinweg gewendet und damit nicht nur einen leichten Verkehrsverstoß begangen hatte, quotierte das KG die Haftung 75 : 25 zu Lasten des Klägers.

Aufgrund der **Trennung der Verschuldensschwere zwischen materiellen Schäden und Schmerzensgeld** wies das KG jedoch sehr deutlich darauf hin, dass bei derart erheblichen Verkehrsverstößen des Geschädigten ein Schmerzensgeld insgesamt zu versagen ist.[713] Das KG begründete dies sehr sorgfältig: *„Ihn [den Kläger] trifft – wie oben ausgeführt – eine deutlich überwiegende Mithaftung an der Entstehung des Unfalls und somit auch an dessen ihn treffenden Folgen. Daraus ergibt sich aber nicht etwa notwendig, dass ihm ein Schmerzensgeldanspruch entsprechend der Haftungsquote der Beklagten zusteht. Der Schmerzensgeldanspruch ist unabhängig von der Haftungsquote für den materiellen Schaden eigenständig nach den angeführten Billigkeitskriterien zu bemessen (ständige Rechtsprechung des BGH, z.B. BGH MDR 2024, 521 Rz. 13; BGH – Vereinigte Große Senate – VersR 2017, 180 m.w.N.; BGH NJW 2002, 3560). Im Rahmen dieser Entscheidung ist ergänzend zu berücksichtigen, dass der Kläger – wie oben ausgeführt – durch vorsätzliches Verhalten maßgeblich zur Entstehung des Unfalls und insbesondere auch der ihn treffenden Unfallfolgen beigetragen hat. Er ist vorsätzlich in einer Weise gefahren, die ihm eine rechtzeitige unfallverhütende Reaktion auf Gefahren, wie sie im innerstädtischen Verkehr immer wieder vorkommen können, erheblich erschwert, wenn nicht unmöglich gemacht hat. Damit hat er zum einen die körperliche Unversehrtheit Dritter erheblich gefährdet, zum anderen aber auch für sich eine entsprechende hohe Gefährdung herbeigeführt. Wenn sich dieses vorsätzlich eingegan-*

710 OLG München BeckRS 2022, 44868; OLG Saarbrücken BeckRS 2015, 8438 sowie bereits BGH VersR 1970, 624 (625.
711 OLG Karlsruhe NJW-RR 1987, 1249.
712 OLG München BeckRS 2015, 18104.
713 KG BeckRS 2024, 43072 mAnm Kääb FD-StrVR 2025, 805339; ebenso OLG Frankfurt a. M. BeckRS 2012, 15473 mAnm Kääb FD-StrVR 2012, 335289; s. dazu auch hier im Handbuch → Rn. 78.

gene Risiko bei ihm verwirklicht, entspricht es auch unter Berücksichtigung der von ihm geltend gemachten Gesundheitsschäden nicht der Billigkeit, ihm für diese einen Ausgleich gemäß § 253 Abs. 2 BGB zuzuerkennen (in diesem Sinne z.B. auch OLG Hamm NZV 2002, 235; OLG Köln VersR 1993, 114; Staudinger/Höpfner (2021) BGB § 253 Rz. 41; ferner OLG Frankfurt NJW 2000, 1424)."

Der Fall des KG unterscheidet sich – wenn auch nicht im Ergebnis (= kein Schmerzensgeld für den grob verkehrswidrig handelnden Kläger) – erheblich von dem, den das **OLG Frankfurt a. M.** 2012 entschieden hatte. Dort hatte der Kläger als Radfahrer nicht nur verbotswidrig eine Busspur befahren, sondern zudem auch noch entgegen der vorgesehenen Fahrtrichtung. Ein leichtes Verschulden eines aus einer Grundstücksausfahrt ausfahrenden Kraftfahrers tritt in einem solchen Fall, so das OLG Frankfurt a. M. gegenüber dem grob verkehrswidrigen Verhalten (§ 1 Abs. 2 StVO) des Radfahrers vollständig zurück. Im Fall des OLG Frankfurt a. M. wurde insofern die Haftung des Beklagten vollständig zurückgestellt und deshalb weder ein materieller noch ein immaterieller Schadensersatz zuerkannt.

Ganz offensichtlich vor dem Hintergrund des jugendlichen Alters der Verletzten urteilte dagegen das OLG Karlsruhe nicht so streng gegenüber der erst 16-jährigen Klägerin. Diese hatte sich nach einer Party stark alkoholisiert zum Schlafen unmittelbar vor das geparkte Fahrzeug der Beklagten gelegt und wurde in der Dunkelheit im Zustand der Bewusstlosigkeit – schlafend oder ohnmächtig – überrollt, als die Beklagte am nächsten Morgen gegen 4 Uhr losfuhr. „*Jugendliche im damaligen Alter der Klägerin haben typischerweise noch wenig Erfahrung im Umgang mit Alkohol, überschätzen ihre Aufnahmefähigkeit und verlieren leicht Hemmung und Kontrolle*", so das OLG, das vor diesem Hintergrund der Klägerin lediglich ein 50%iges Mitverschulden zur Last gelegt hatte. Die Beklagte hafte insofern neben der Haftung aus Betriebsgefahr auch aus Verschulden, da ein solches „*nicht mit letzter Gewissheit auszuschließen*" gewesen sei, obwohl sie um das Heck herum zur Fahrertür gegangen sei und vor dem Anfahren das Abblendlicht eingeschaltet hatte, so dass nach den Ausführungen des gerichtsseitig gehörten Sachverständigen die naheliegende Möglichkeit bestanden habe, dass die vor dem Fahrzeug liegende Klägerin auch nach dem Einschalten des Lichts für die Beklagte nicht sichtbar gewesen war, weil sie mit keinem Körperteil weiter als 2,2 m von dem Fahrzeug entfernt gelegen habe.

Ebenfalls mit grob fahrlässigem Verhalten – diesmal des Fahrers eines Kleintransporters – hatte sich 2025 das OLG Schleswig[714] befasst. Dieser hatte „*in mehrfacher grob verkehrswidriger Weise gegen die Sorgfaltspflichten aus § 9 StVO verstoßen … (Abbiegen trotz durchgezogener weißer Linie; nicht geblinkt, Verstoß gegen doppelte Rückschaupflicht)*" und war mit einem nachfolgenden überholenden Motorrad kollidiert. Der Motorradfahrer wurde schwer verletzt. In einem solchen Falle – so das OLG Schleswig zutreffend – tritt die einfache Betriebsgefahr des Motorrades vollständig hinter den mehrfachen, grob verkehrswidrigen Verkehrsverstoß des abbiegenden Fahrzeugs zurück, so dass von einer 100%igen Haftung der Beklagten auszugehen war. Der Kläger erhielt für seine gravierende Oberarmfraktur ein Schmerzensgeld von 95.000 EUR (vgl. dazu im Tabellenteil bzw. in der Urteilssammlung unter → Nr. 7762).

Einen nicht dem Straßenverkehrsrecht, sondern dem Produkthaftungsrecht zuzuordnenden Fall hatte insofern das LG Regensburg[715] zu entscheiden. Dort war ein Landwirt, der einen Düngerstreuer bei laufendem Motor reinigen wollte, mit seiner Hand in den sogenannte „Rührfinger" geraten, der seine Hand „erfasste" und mehrfach in die landwirtschaftliche Maschine hineinwickelte; der schwer verletzte Landwirt klagte auf Schmerzensgeld aus Gründen der Produkthaftung. Das LG Regensburg wies die Klage wegen des weit überwiegenden Mitverschuldens des Klägers als unbegründet zurück:

„*Unabhängig von der Frage, ob vorliegend ein Anspruchsgrund aus Produkthaftungsgesetz oder deliktischer Haftung gegeben ist, war die Klage wegen weit überwiegendem Mitverschulden des Klägers im Sinne des § 254 BGB abzuweisen*"[716]

Eine – wenn auch seltene – Ausnahme vom oben beschriebenen Grundsatz, wonach eine Quotierung nicht zulässig ist, mag es in den Fällen der Haftungsbeschränkung mehrerer Beklagter geben, sofern diese ausschließlich auf der Anwendung der Regelungen des gestörten Gesamtschuldnerausgleichs beruht, wie dies im Falle des OLG Naumburg[717] vorlag. Dort hatte das OLG dazu ausgeführt: „*Soweit der Kl. sich gegen die Bemessung des Schmerzensgeldes mit dem methodischen Argument verwendet, dass das LG ihm eine der Haftung der Bekl. entsprechende Quote von einem zuvor der Höhe nach festgelegten Betrag zugesprochen hat, vermag er nicht durchdringen. Die von ihm postulierte Methode betrifft die Bemessung eines Schmerzensgeldes in den Fällen, in denen die Verursachungsbeiträge an dem Unfall vom Schädiger und im Übrigen vom Geschädigten selbst gesetzt wurden. So*

714 OLG Schleswig BeckRS 2025, 29379 → Nr. 7762.
715 LG Regensburg BeckRS 2014, 09544.
716 LG Regensburg BeckRS 2014, 09544.
717 OLG Naumburg BeckRS 2017, 150119.

liegt es im Streitfall jedoch nicht. Der Kl. hat seinerseits keinen Verursachungsbeitrag zu den kompensationsfähigen Schäden geleistet. Vielmehr verteilt sich die Haftung zwischen mehreren Schädigern, die grundsätzlich gesamtschuldnerisch auf den vollen Ersatz des Schadens haften würden. Die Beschränkung der Haftung der Bekl. beruht ausschließlich auf der Anwendung der Regelungen des gestörten Gesamtschuldnerausgleichs. Dementsprechend ist das LG methodisch zutreffend vorgegangen, indem es zunächst das angemessene Schmerzensgeld bestimmt und dem Kl. sodann den der Haftungsquote der Bekl. entsprechenden Anteil zuerkannt hat (vgl. so auch OLG Koblenz BeckRS 2014, 6538)".[718]

102b Zum **Mitverschulden des Beifahrers bei Alkoholisierung des Fahrzeugführers:**[719] Nicht selten kommt es zu Verkehrsunfällen mit Personenschaden im Zusammenhang mit Trunkenheitsfahrten, bei denen die Fahrzeuginsassen in dem von einem alkoholisierten Fahrer gesteuerten Fahrzeug verletzt werden. Da ein Mitverschulden des Geschädigten bei der Entstehung eines Schadens grundsätzlich dann anzunehmen ist, wenn der Geschädigte diejenige Sorgfalt außer Acht lässt, die ein ordentlicher und verständiger Mensch zur Vermeidung des Schadens in der konkreten Situation angewandt hätte,[720] ist ein Mitverschuldensvorwurf regelmäßig begründet, wenn der Verletzte als Insasse sich einem aufgrund Alkohol- oder Drogenkonsums nicht mehr verkehrssicheren Fahrer anvertraut, obwohl sich ihm – bei zumutbarer Aufmerksamkeit aus den erkennbaren Gesamtumständen – begründete Zweifel an der Fahrtüchtigkeit des Fahrers zu Beginn der Fahrt hätten aufdrängen müssen.

In einem solchen Fall ging 2023 das LG Lübeck[721] von einem Mitverschulden des verletzten Beifahrers iHv 25 % aus und betonte: ***„Maßgeblich ist insoweit nicht allein die gerichtliche Feststellung, dass der Fahrer zur Zeit des Unfalls – tatsächlich – (ggf. absolut) fahruntüchtig gewesen ist, noch das bloße Wissen des Geschädigten darum, dass der Fahrer vor Antritt der fahrt überhaupt Alkohol zu sich genommen hat, sondern vielmehr, ob der Geschädigte die Beeinträchtigung des Fahruntüchtigkeit des Fahrers hätte erkennen oder sich ihm aus den Gesamtumständen insoweit zumindest begründete Zweifel hätten aufdrängen müssen."***[722]

Dabei entlastet es den Insassen nicht, wenn er selbst infolge von Alkohol- oder Drogenkonsum nicht mehr in der Lage war, die Umstände, die gegen eine Fahrtüchtigkeit des Fahrers sprechen, wahrzunehmen.[723]

Der Mitverschuldenseinwand kann, je nach den Besonderheiten des Einzelfalles, nicht nur bei Trunkenheitsfahrten oder Drogenkonsum des Fahrzeugführers, sondern auch bei Übermüdung oder anderen erkennbar gefahrträchtigen Situationen, wie der Mitfahrt in einem gestohlenen Fahrzeug oder bei einem illegalen Autorennen, relevant sein.[724]

Die **Beweislast für die stets maßgebliche Erkennbarkeit der Alkoholisierung, Übermüdung etc.** liegt dabei grundsätzlich beim Schädiger.[725]

102c **Unterlassung ärztlicher Empfehlungen oder Widersetzung ärztlicher Anordnungen:** Widersetzt sich oder missachtet ein Patient in vorwerfbarer Weise ärztlichen Anordnungen oder Empfehlungen kann dem Geschädigten in Abhängigkeit des jeweiligen Einzelfalles und dessen besonderer Kriterien eine Anspruchskürzung wegen unterlassener ärztlicher Behandlung angerechnet werden. So entschied das OLG Schleswig[726] eine Anspruchskürzung und betonte, dies gelte auch bei unfallbedingten psychischen Störungen und begründe sich mit der **Schadensminderungspflicht,** die jedem Geschädigten obliegt **(§ 254 Abs. 2 Satz 1 BGB**). Ebenso betonte auch das OLG Celle,[727] die Nichtdurchführung einer erforderlichen Psychotherapie könne ein Mitverschulden nach § 254 BGB begründen,[728] wogegen das OLG Köln[729] nicht der Auffassung war, dass der Klägerin im Hinblick darauf ein Mitverschulden anzulasten sei, weil sie sich wegen ihrer unfallbedingten psychischen Verletzungen nicht in eine ihr angeratene **Traumatherapie** begeben hatte.

Zur Schadenminderungspflicht s. nachfolgend → Rn. 147 und zum Mitverschulden bei Therapieverweigerung oder Therapieabbruch nachfolgend → Rn. 300.

---

718 OLG Naumburg BeckRS 2017, 150119.
719 Vgl. dazu Kraft NZV 2014, 245 sowie Küppersbusch/Höher Ersatzansprüche Personenschaden Rn. 494 und Almeroth Schadensersatz Rn. 939.
720 NK-GVR/Zeycan BGB § 254 Rn. 30 mwN.
721 LG Lübeck Urt. v. 22.11.2023 – 9 O 118/21.
722 LG Lübeck Urt. v. 22.11.2023 – 9 O 118/21; ebenso nahezu wörtlich bereits OLG Karlsruhe BeckRS 2014, 6206.
723 LG Lübeck Urt. v. 22.11.2023 – 9 O 118/21; OLG Karlsruhe BeckRS 2014, 6206.
724 Almeroth Schadensersatz Rn. 939.
725 OLG Naumburg BeckRS 2011, 4397; OLG Saarbrücken BeckRS 2001, 30201649.
726 OLG Schleswig BeckRS 2023, 1199.
727 OLG Celle BeckRS 2022, 23481 mAnm Figgener NJW-Spezial 2022, 682 und mAnm Kääb FD StrVR 2022, 451785.
728 OLG Hamm BeckRS 2018, 6924.
729 OLG Köln BeckRS 2023, 22087 → Nr. 7265.

Erforderlich ist jedoch stets eine **Therapieaufklärung,** so das OLG Naumburg,[730] dass ein Mitverschulden bzw. einen Verstoß gegen die Schadenminderungspflicht wegen des Fehlens einer solchen Aufklärung nicht als gegeben ansah, obwohl die Klägerin bzw. deren Eltern sich nicht mit einer weiteren „dringend indizierten" Operation einverstanden gezeigt hatten. Zum Beibehalten der Ernährungsgewohnheiten s. OLG Hamm.[731]

Auch wenn dogmatisch nicht korrekt, sei an dieser Stelle auf ein Urteil des OLG Hamm[732] in einem Arzthaftungsfall hingewiesen, bei welchem das OLG ausgeführt hatte, es fände wegen des ganz **erheblichen Mitverschuldens des Patienten** trotz des Vorliegens mehrerer grob zu bewertender Behandlungsfehler **keine Beweislastumkehr zugunsten des Patienten** statt. Der inzwischen verstorbene Ehemann der Klägerin hatte sich nach dem ersten Krankenhausaufenthalt – entgegen dem Rat seines Hausarztes, der ihn auf diverse Risiken hingewiesen hatte, nicht erneut in stationäre Behandlung begeben, sondern hatte lediglich einen Termin zur kardiologischen Abklärung in einem Krankenhaus vereinbart. Da er bis zur weiteren Untersuchung verstorben sei, habe er in erheblichem Maße – so das OLG Hamm – durch seine stetige Weigerung, sich entsprechend dem ärztlichen Rat zu verhalten, dazu beigetragen, dass sein Herzleiden nicht weiter abgeklärt und behandelt werden konnte.

Mit der – zumindest im Bereich der Schmerzensgeldbemessung bei Arzthaftungsfällen nur sehr selten anzu- **102d** treffenden – Frage der Berücksichtigung eines Mitverschuldens hatte sich 2025 das OLG Frankfurt a. M. zu befassen. Ausgangspunkt dafür war der extrem schwere Geburtsschaden des Klägers zu 1 als Folge der Hochrisiko-Zwillingsschwangerschaft seiner Mutter, der Klägerin zu 2, die selbst Fachärztin für Frauenheilkunde war. Die Beklagten versuchten ihre Haftung gegenüber dem Kläger zu 1 mit dem Hinweis auf ein Mitverschulden der Mutter bei der Entstehung des Schadens iSv § 254 Abs. 1 BGB herabzusetzen, da diese selbst Frauenärztin war. Die Beklagten (Arzt und Krankenhaus) beanstandeten insofern ua das unvernünftige Verhalten der Mutter in der Zeit vor ihrer Entbindung und die Missachtung der Hinweise und Ratschläge der Beklagten, die sie wiederholt ignoriert und insbesondere sechsfach das Krankenhaus übers Wochenende verlassen hatte. Diesem Mitverschuldenseinwand und seiner Begründung widersprach das OLG und führte dazu aus:

„Soweit es, wie hier, um eine fehlerhafte (Gesundheits-)Beratung geht, kommt die Annahme eines Mitverschuldens allein wegen einer besonderen beruflichen Qualifikation des Auftraggebers aber nicht in Betracht. Nach ständiger Rechtsprechung kann einer zu beratenden Person bei einem Beratungsvertrag nämlich regelmäßig nicht als mitwirkendes Verschulden vorgehalten werden, sie hätte das, worüber sie ihr Berater hätte aufklären oder unterrichten sollen, bei entsprechenden Bemühungen ohne fremde Hilfe selbst erkennen können. Selbst wenn eine zu beratende Person über einschlägige Kenntnisse verfügt, muss sie darauf vertrauen können, dass der von ihr beauftragte Berater die anstehenden Fragen fehlerfrei bearbeitet, ohne dass eine Kontrolle notwendig ist. Der Berater, der seine Vertragspflicht zur sachgerechten Beratung verletzt hat, kann deshalb gegenüber dem Schadensersatzanspruch des geschädigten Mandanten nach Treu und Glauben regelmäßig nicht geltend machen, diesen treffe ein Mitverschulden, weil er sich auf die Beratung verlassen und dadurch einen Mangel an Sorgfalt gezeigt habe (BGH, Urteile vom 30. November 2017 – I ZR 143/16; vom 14. Juni 2012 – IX ZR 145/11, BGHZ 193, 297; vom 17. März 2011 – IX ZR 162/08 und BGH, Urteil vom 15. April 2010 – IX ZR 189/09; OLG Stuttgart, Urteil vom 9. April 2002 – 1 (14) U 84/01). Um den Klägern ein Mitverschulden entgegenhalten zu können, hätte es den Beklagten daher oblegen, darzulegen und zu beweisen, dass sie die frühere Klägerin vollständig und schonungslos bis zum Eklat aufgeklärt haben. Einen solchen Vortrag haben die Beklagten aber, wie ausgeführt, nicht gehalten. Ihr Einwand ist unbegründet. Sie müssen für die durch ihr Verhalten entstandenen Gesundheitsschäden des Klägers voll aufkommen." S. hierzu auch unter → **Rn. 147.**

Zum Schmerzensgeld iHv kapitalisiert 720.000 EU für den Kläger zu 1) s. → **Rn. 272.**

Geht man davon aus, dass eine Quotierung des Schmerzensgeldes nicht zulässig ist, so war zunächst zweifel- **103** haft, ob dies zumindest in einem **Grundurteil** (vgl. dazu auch nachfolgend → Rn. 392a) zum immateriellen Schaden möglich ist. Die Rechtsprechung erachtet eine Quotierung hier dann für zulässig, wenn das Urteil klarstellt, dass keine endgültige Quotierung des Schmerzensgeldanspruchs eintritt, sondern lediglich festgelegt wird, in welchem Verhältnis die Verschuldensanteile bei der Bemessung des Schmerzensgeldes als Faktoren unter anderen zu berücksichtigen sind.[733] Der BGH hat insofern klargestellt, dass im Falle eines Grundurteils insofern eine Ausnahme zugelassen werde und führte aus:

„Insbesondere bei der Entscheidung über einen unbezifferten Feststellungsantrag durch Grundurteil darf die Festlegung des Mitverschuldensanteils nicht dem für das Betragsverfahren zuständigen Zivilgericht übertragen werden. Dies gilt

[730] OLG Naumburg BeckRS 2015, 10369.
[731] OLG Hamm BeckRS 2016, 113206.
[732] OLG Hamm BeckRS 2018, 6924; vgl. auch LG Lübeck BeckRS 2009, 20318.
[733] OLG Köln VersR 1989, 206 (207); OLG Köln VersR 1975, 543 (544).

namentlich für den Schmerzensgeldanspruch, der in seiner Höhe ganz wesentlich durch die Vorgeschichte … beeinflusst wird".[734]

Möglich ist es somit in einem Grundurteil unter Berücksichtigung eines mit einer bestimmten Quote bezeichneten Mitverschuldens des Klägers diesem ein angemessenes Schmerzensgeld zuzubilligen.[735]

104 Auf eine weitere interessante – wenn auch bereits ältere – Entscheidung des BGH zum Thema der Haftungsquotenbemessung (nicht nur wegen Schmerzensgeldes) eines Nebentäters, der mit anderen Schädigern eine Haftungseinheit bildete gegenüber dem Haftungsanteil des mitverantwortlichen Verletzten, sei an dieser Stelle der Vollständigkeit halber hingewiesen.[736]

105 Bei Unfällen im Straßenverkehr oder bei gewissen Sportarten – sei es als Lkw-, Pkw-, Motorrad-, Mountainbike-, Fahrrad- oder Skifahrer sowie Reiter – beschäftigen sich die Gerichte mit der Frage der haftungsrechtlichen Berücksichtigung, in Fällen, in denen der Verletzte seine Verletzungen verhindert oder deren Ausprägung und Folgen vermindert hätte, wenn er **Sicherheitsgurt, Schutzhelm**[737] oder **Schutzkleidung**[738] getragen hätte, wobei ein diesbezügliches Mitverschulden den Schadensersatz- und Schmerzensgeldanspruch nur hinsichtlich dessen, was für die unterlassene Sicherheitsmaßnahme kausal wurde, vermindern kann. So schützt ein Helm nur vor Kopfverletzungen, so dass konsequenter Weise alle übrigen Verletzungen uneingeschränkt zu entschädigen sind.[739]

Näheres dazu vgl. nachfolgend unter → **Rn. 108** und → **Rn. 109.**

Insofern ist eine ältere Entscheidung des BGH[740] aus dem Jahr 1998 nach wie vor von grundlegender Bedeutung. Der BGH betonte dort nämlich, dass § 254 Abs. 1 BGB unter dem Begriff des Verschuldens nicht die vorwerfbare Verletzung einer Dritten gegenüber bestehenden Rechtspflichten, sondern die Außerachtlassung derjenigen Sorgfalt verstehe, die ein ordentlicher und verständiger Mensch zur Vermeidung eigenen Schadens anzuwenden pflege und erläuterte: *„Dies bedeutet, dass in Fällen, in denen – wie hier* [ergänze: Der Kl. wurde als nicht angegurteter Mitfahrer bei Frontalzusammenstoß zweier Pkws schwer verletzt.] *– in der Vernachlässigung der eigenen Schutzinteressen zugleich ein Verstoß gegen eine Rechtspflicht liegt, den Geschädigten ein gewichtigerer Vorwurf trifft"*.

Zur überzeugenden Entscheidung des **OGH Österreich**[741] bzgl. des Unterlassens des Tragens eines Fahrradhelms als Mitverschulden und dementsprechender Kürzung des Schmerzensgeldes s. nachfolgend unter → **Rn. 108.**

106 Ein nicht angelegter Sicherheitsgurt führt nicht immer zur Haftungskürzung wegen Mitverschuldens.[742]

Hinsichtlich der 1976 eingeführten **„Anschnallpflicht"**[743] besteht nur dann eine anspruchsmindernde Mithaftung des Geschädigten, wenn im Einzelfall festgestellt ist, dass nach der Art des Unfalls die erlittenen Verletzungen tatsächlich verhindert worden oder zumindest weniger schwerwiegend gewesen wären, wenn der Verletzte zum Zeitpunkt des Unfalls angeschnallt gewesen wäre.[744] Da dies stets vorrangig auch eine medizinische Frage ist, kommt der medizinischen Begutachtung, worauf das OLG München 2019 zutreffend hingewiesen hatte, *„rechtlich ausnahmslos die sachverständige Letztentscheidung zu"*.[745] Auch um ein unfallanalytisches Gutachten wird man nicht herumkommen. Würdigt dabei ein Berufungsgericht die Ausführungen eines Gutachters bzw. Sachverständigen abweichend von der Vorinstanz und will insbesondere ein anderes Verständnis von den Ausführungen desselben zu Grunde legen und andere Schlüsse aus diesen ziehen als der Erstrichter, bedarf es – um Verletzung des Anspruchs des Klägers auf rechtliches Gehör gem. Art. 103 Abs. 1 GG zu vermeiden – einer erneuten Anhörung des Sachverständigen.[746]

---

734 BGH NJW 2002, 3560 mit Verweis auf BGH NJW 1997, 3176.
735 Zöller ZPO/Feskorn, 33. Aufl. 2020, § 304 Rn. 18; OLG Stuttgart BeckRS 2020, 3662.
736 BGH NJW 1996, 2646 – vgl. zu dieser Thematik auch OLG Brandenburg BeckRS 2022, 34206 Rn. 44.
737 Zu Motorrad- und Fahrradhelmen s. hierzu nachfolgend → Rn. 108; zum Schutzhelm auf einer Baustelle s. OLG Hamm BeckRS 2019, 12694.
738 Vgl. dazu OLG Oldenburg BeckRS 2025, 29570 und Kleine-König NZV 2026, 237; OLG Saarbrücken BeckRS 2015, 8438.
739 Vgl. dazu auch Tomson/Wieland NZV 2021, 180 (181).
740 BGH BeckRS 1998, 30006308.
741 OGH Österreich BeckRS 2025, 7392 mAnm Staudinger r+s 2026, 219.
742 Vgl. dazu umfassend BeckOK StVR/Türpe StVO 29. Edition, Stand: 15.10.2025, § 21a Rn. 19-32; BGH BeckRS 2012, 9749.
743 Gemäß § 21a Abs. 1 StVO.
744 OLG München BeckRS 2019, 25923 – vgl. dazu auch BGH BeckRS 2020, 21075.
745 OLG München BeckRS 2019, 25923.
746 BGH BeckRS 2020, 21075 (Vorinstanz OLG München BeckRS 2019, 25923).

Rechtsfehlerhaft ist es somit, wenn bei der Bewertung der klägerischen Ansprüche sämtliche Verletzungen vollständig unbeachtet bleiben, die der Kläger nicht bzw. weniger schwer erlitten hätte, wenn er bei dem streitgegenständlichen Unfall angegurtet gewesen wäre.

Zunächst sind – worauf das OLG München[747] sodann 2022 mit Verweis auf ein bereits länger zurückliegendes Urteil des BGH[748] hingewiesen hatte – in einem solchen Fall deshalb stets alle unfallbedingten Verletzungen des Klägers gemäß § 249 I BGB zu berücksichtigen. Erst auf der Ebene des anspruchsmindernden Mitverschuldens des Geschädigten gemäß § 254 I BGB ist sodann der Gesichtspunkt zu berücksichtigen, welche erlittenen Verletzungen tatsächlich verhindert worden oder zumindest weniger schwerwiegend gewesen wären, wenn der Verletzte zum Zeitpunkt des Unfalls angeschnallt gewesen wäre.

Der **BGH**[749] hatte sich in diesem Fall mit der **Haftungskürzung wegen Mitverschuldens bei Nichtanlegen des Sicherheitsgurts** bei einem Verkehrsunfall beschäftigt, bei dem die Geschädigte nach dem Unfall den Sicherheitsgurt gelöst hatte, um das Fahrzeug zu verlassen, als ein weiteres Fahrzeug auf den verunfallten Wagen auffuhr. Der BGH hatte in diesem Fall einen Verstoß gegen die Gurtpflicht verneint und beanstandet, dass das Berufungsgericht, das von einem Mitverschulden iHv 60 % wegen Verstoßes gegen die Gurtpflicht ausgegangen war, keine Feststellungen dazu getroffen habe, inwieweit sich der Umstand, dass die Klägerin zum Zeitpunkt des Zweitunfalls nicht angegurtet war, auf die von ihr erlittenen Verletzungen ausgewirkt habe.

Das oben Gesagte gilt auch für die Insassen von Bussen (**Linienbusse; Fernbusse** etc), wie das OLG Hamm[750] betonte; die Klägerin war in dem vom OLG Hamm entschiedenen Fall Fahrgast in einem Linienbus. Sie hatte auf der Rücksitzbank des Omnibusses Platz genommen. Als der Bus einen doppelgleisigen Bahnübergang überquerte, wurde sie hochgeworfen und zog sich eine Lendenwirbelfraktur zu, als sie auf ihren Sitz zurückfiel. Das LG hat der Schadensersatzklage der Insassin nur zu 70 % stattgegeben und ihr eine Mithaftung von 30 % angerechnet.

Die Anschnallpflicht endet jedoch mit dem Ende der Fahrt; dies mag banal klingen, war jedoch Gegenstand des Sachverhaltes, den das OLG Saarbrücken[751] zu entscheiden hatte und bei dem der Pkw, in dem die Klägerin saß, in einen Baum geschleudert worden war und aus diesem anschließend herabfiel. *„Das LG hat insofern zutreffend darauf abgestellt, dass mit der Landung in der Baumkrone die Fahrt beendet war, so dass ab diesem Zeitpunkt keine Anschnallpflicht mehr bestand. Soweit Verletzungen beim Sturz vom Baum wegen des nicht angelegten Sicherheitsgurtes gravierender ausgefallen seien, als wenn dieser angelegt gewesen wäre, beruhe dies nicht auf Mitverschulden"*, so das OLG.[752]

Ein Verstoß des Verletzten gegen die Anschnallpflicht kann jedoch bzgl. der Mitverschuldensfrage dann außer **107**
Acht gelassen werden, wenn von dem den Unfall verursachenden Kraftfahrzeug eine ungewöhnlich hohe Gefahr ausging und dessen Fahrer ein außergewöhnlich hohes Verschulden vorzuwerfen ist. Insofern stellte der BGH[753] in seiner oben (vgl. → Rn. 105) zitierten Entscheidung auch klar, dass eine Berücksichtigung – zu Lasten des seine eigenen Schutzinteressen missachtenden Verletzten – beim Schmerzensgeld nicht für notwendig erachtet wird, wenn ein außergewöhnliches Verschulden des Schädigers vorliegt und der Mitverursachungsanteil des Verletzten demgegenüber als vergleichsweise gering anzusehen ist.[754] Diese Entscheidung aufgreifend wertete das LG Hamburg[755] 2024 ein Mitverschulden des Sohnes der Klägerin, der als unbeteiligtes Opfer eines Rasers (mit 145 km/h durch Hamburg) tödlich verletzt worden war, gemäß § 9 StVG iVm § 254 BGB zutreffend nicht anspruchsmindernd. Der Sohn hatte wenige Minuten vor dem für ihn tödlichen Unfall ein Taxi bestiegen und sich – nachdem das Taxi bereits angefahren war – nicht sofort angegurtet.

Ebenso wertete das LG Saarbrücken[756] den Verstoß des Klägers gegen die Gurtpflicht nicht als Mitverschulden, da das Verschulden des Beklagten, der beim Fahren damit beschäftigt war, seine Beifahrerin zu küssen und dabei in den Gegenverkehr geraten war, *„ein etwaiges Mitverschulden des nicht angeschnallten Unfallopfers verdrängt"*.[757]

---

747 OLG München BeckRS 2022, 319 mit Verweis auf BGH BeckRS 2012, 9749.
748 BGH BeckRS 2012, 09749.
749 BGH BeckRS 2012, 09749.
750 OLG Hamm BeckRS 2012, 13247.
751 Saarländisches OLG BeckRS 2017, 114592.
752 Saarländisches OLG BeckRS 2017, 114592.
753 BGH BeckRS 1998, 30006308, NJW 1998, 1137 mkritAnm Häublein VersR 1999, 163. Ebenfalls mit der Gurtpflicht hatte sich auch der BGH NZV 2012, 478 befasst.
754 BGH BeckRS 1998, 30006308.
755 LG Hamburg BeckRS 2024, 38998.
756 LG Saarbrücken BeckRS 2012, 4975, → Nr. 5950.
757 LG Saarbrücken BeckRS 2012, 4975.

108 Für **Motorradfahrer** und deren Mitfahrende bzw. Sozien besteht – ebenfalls seit 1976 – Helmpflicht[758] (§ 21a Abs. 2 StVO), seit 1978 auch für Moped- und Mokickfahrer sowie seit 1985 auch für Mofa-Fahrer. Erleidet ein Motorradfahrer (gleiches gilt für Leichtkrafträder, Moped, Mofas etc) Kopfverletzungen, weil er keinen ***geeigneten Schutzhelm*** trug oder diesen nicht ordnungsgemäß aufgesetzt hatte, *„so spricht der Beweis des ersten Anscheins für den ursächlichen Zusammenhang zwischen Nichtbenutzen des Helms und den eingetretenen Kopfverletzungen".*[759] Diesen Anscheinsbeweis zu erschüttern, obliegt dem Geschädigten. Gelingt ihm dies nicht, so muss er sich ein erhebliches Mitverschulden anrechnen lassen, das in aller Regel auch bei der Schmerzensgeldbemessung mitberücksichtigt wird. (Zur **Schutzkleidung** s. nachfolgend unter → **Rn. 109**).

Dennoch lässt sich die oben dargestellte Rechtsprechung bzgl. einer Missachtung der Gurtpflicht nicht eins zu eins auf die **Missachtung der Helmpflicht** übertragen.

Nach den Erkenntnissen der Unfallforschung über die auf Motorradfahrer einwirkende bzw. von diesen ausgehende Energie im Falle eines Unfalls besteht stets ein unmittelbaren Zusammenhang zwischen höherer Kollisionsgeschwindigkeit und höherem Verletzungsrisiko bei Motorradunfällen.[760] Das OLG Saarbrücken wies insofern daraufhin, dass dabei festzuhalten sei, *„dass es mit praktisch unüberwindlichen Schwierigkeiten verbunden wäre, wenn die Tatgerichte verpflichtet wären konkret festzustellen, welche Schäden bei Einhaltung welcher Geschwindigkeit tatsächlich entstanden wären (…). Insoweit muss es für die Feststellung der Kausalität eines Geschwindigkeitsverstoßes ausreichen, wenn im Rahmen einer Gesamtbetrachtung festgestellt wird, dass bei ordnungsgemäßer Fahrweise ein Schaden in deutlich geringerem Maße eingetreten wäre. Dies muss insbesondere für Feststellungsklagen wie hier gelten, in denen die grundsätzliche Ersatzpflicht des Schädigers hinsichtlich aller materiellen und immateriellen Unfallschäden, ob gegenwärtig oder zukünftig, im Streit steht."*

Nach **§ 21a Abs. 2 StVO** ist ein **„geeigneter Schutzhelm"** zu tragen. Dazu zählen keinesfalls Arbeits-, Feuerwehr- oder (alte) Militärhelme, auch wenn letztere häufig von sog. Ratbike-Fahrern getragen werden. Besten Schutz bieten Helme der **seit Juni 2023** für den Verkauf vorgeschriebenen Norm **ECE-R 22.06;** anders als zum Teil im europäischen Ausland, wie zB in Italien, sind solche Helme jedoch in Deutschland nicht vorgeschrieben, denn bei uns begnügt sich der Gesetzgeber mit dem Hinweis auf den „geeigneten Schutzhelm"; zu dessen Beschreibung und zu Hinweisen zum Anlegen s. OLG Düsseldorf[761]

Zur Frage wie der Helm anzulegen ist, führte bereits vor über 40 Jahren das OLG Düsseldorf[762] sehr anschaulich aus: *„Gleichwohl genügt der Kradfahrer der ihm durch § 21a Abs. 2 StVO auferlegten Pflicht nicht bereits durch das Tragen irgendeines Schutzhelmes. Er hat vielmehr einen für seine Kopfform passenden Helm zu tragen. Dieser darf insbesondere nicht zu groß sein. Ferner muss er ordnungsgemäß am Kopf befestigt sein; insbesondere muss die Befestigungsvorrichtung, im allgemeinen der Kinnriemen, so fest geschlossen werden, dass der Helm auch bei einem Unfall nicht abrutschen oder abgeschleudert werden kann. Diese Pflichten sind zwar nicht ausdrücklich in § 21a Abs. 2 StVO festgelegt. Sie ergeben sich aber aus der Natur der Sache".*[763]

Gleiches gilt für **Speed-Pedelecs** sowie wie Speed-**E-Bikes** (mit motorradähnlichem „Gasgriff"), die – vor dem Hintergrund ihrer maximalen Geschwindigkeit von bis zu 45 km/h – vom Gesetzgeber ebenfalls als Kraftfahrzeuge gelten (§ 30a Abs. 3 StVZO, § 1 Abs. 3 StVG) und bei denen daher auch eine Helmpflicht gem. § 21a Abs. 2 Satz 1 StVO besteht. Wer ein solchermaßen elektrisch angetriebenes bzw. unterstütztes Kfz ohne Helm fährt, muss sich im Falle unfallbedingter Kopfverletzungen, die durch das Nichttragen des Helmes entstanden sind, ein Mitverschulden anrechnen lassen;[764] dies gilt zumindest dann, wenn die Kopfverletzungen durch das Tragen eines Helms vermieden worden wären.[765]

Anders urteilen derzeit (2026) noch ganz überwiegend die Gerichte in Bezug auf das Unterlassen des **Tragens eines Fahrradhelms** bei „normalen" (dh unmotorisierten) Fahrrädern oder „normalen" Pedelecs oder E-Bikes, deren maximale Höchstgeschwindigkeit bauartbedingt 25 km/h nicht überschreitet.

„Zumindest im Alltagsradverkehr begründet das Nichttragen eines Helms nach wie vor kein Mitverschulden des verletzten Radfahrers. Eine ***allgemeine Verkehrsauffassung***[766] *des Inhalts, dass Radfahren eine Tätigkeit darstellt, die generell derart gefährlich ist, dass sich nur derjenige verkehrsgerecht verhält, der einen Helm trägt, besteht weiterhin nicht",*

---

[758] Zur (bejahten) Motorradhelmpflicht auch für Turbanträger, vgl. BVerwG NJW 2019, 3466.
[759] BGH NJW 1983, 1380.
[760] OLG Saarbrücken BeckRS 2024, 37979 mit Verweis auf Forschungsbericht Nr. 68 „Optimierte Schutzkleidung für Motorradfahrer", GdV; Maier/Schindler/Kühn Unfallgefährdung von Motorradfahrern, 1. Aufl. 2009.
[761] OLG Düsseldorf BeckRS 2008, 15743.
[762] OLG Düsseldorf BeckRS 2008, 15743.
[763] OLG Düsseldorf BeckRS 2008, 15743.
[764] LG Bonn BeckRS 2015, 4095 (vom OLG aufgehoben, da zum damaligen Zeitpunkt für Speed-Pedelecs noch keine Helmpflicht bestand.
[765] OLG München BeckRS 2012, 13701 (für sportliche Betätigungen hier: Skifahren).
[766] Hervorhebung/Fettdruck durch den Autor.

so lautet der amtliche Leitsatz des OLG Nürnberg,[767] mit welchem das OLG Nürnberg im Jahr 2020 die Rechtsprechung des BGH[768] konsequent fortgeschrieben hat. Dieser hatte zur Frage des Mitverschuldens beim fehlenden Tragen eines **Fahrradhelms**[769] beim Fahren auf einem **Fahrrad** (§ 63a I StVZO) oder einem „normalen" **Pedelec**[770] im Sinne des § 1 Abs. 3 StVG bereits 2014 quasi ein „Machtwort" gesprochen und – wie vier Monate zuvor bereits das OLG Celle[771] und nachfolgend ua auch das OLG Hamm,[772] das LG Kiel,[773] sowie das OLG Nürnberg,[774] und 2024 auch das KG[775] – eine Mithaftung zumindest für sich normal im Straßenverkehr bewegende Radfahrer abgelehnt.

Wegen des Nichttragens eines Fahrradhelms gibt es – so die bisherigen Gerichtsentscheidungen – grundsätzlich keine hierauf gestützte Anspruchskürzung, da für Radfahrer das Tragen eines Schutzhelms (noch) nicht vorgeschrieben ist und *„von einem allgemeinen Bewusstsein, dass das Tragen eines Helms beim Fahrradfahren außerhalb von sportlichen Veranstaltungen zum eigenen Schutz erforderlich ist, auch für das Unfalljahr 2022 nicht ausgegangen werden"* könne, so 2024 das KG.[776] Lag die Helmquote 2022, dem Unfalljahr der dem KG zugrunde liegenden Sachverhalt, innerorts nur bei 34 %,[777] so betrug sie 2024 jedoch bereits 40,3 % (für 2026 liegen noch keine Zahlen vor). Bei weiter steigender Helmquote ist somit zu erwarten, dass – so Kleine-König – *„sich die Rechtsprechung schon bald drehen könnte."*[778]

Sofern, wie oben dargestellt, die ***„allgemeine Verkehrsauffassung"*** oder ***„das allgemeine Bewusstsein"*** für die Beurteilung eines Mitverschuldens wegen des Fehlens von Schutzkleidung herangezogen wird, ist jedoch zu berücksichtigen, dass es dabei stets auf die **Verkehrsauffassung „zum Unfallzeitpunkt"** ankommt. Ebenso wie die Schutzwirkung eines Helms bei Fahrrad- oder Skifahrern allgemein bekannt ist, gilt dies auch und gerade bei Motorradfahrern auch hinsichtlich einer umfassenden Schutzkleidung (vgl. OLG Brandenburg BeckRS 2009, 23345). Das Fehlen eines „allgemeinen Verkehrsbewusstseins" hierbei darf zumindest für das Jahr 2025 und erst recht heute kritisch hinterfragt werden.

Dementsprechend hat der **OGH Österreich 2025**[779] in einer Entscheidung mit weiter Strahlkraft darauf verwiesen, dass sich hierzu (Helm für E-Biker) inzwischen *„ein allgemeines Bewusstsein herausgebildet hat"* und, dass daher das Tragen eines Helms bei E-Bike-Fahrern *„jedenfalls ab dem Jahr* **2023**" eine Obliegenheit darstelle, deren Missachtung zu einer Anspruchskürzung führen könne. Dazu führte der OGH überzeugend aus: *„Auch „schwache" E-Bikes (also solche mit einer – wie hier – Bauartgeschwindigkeit von höchstens 25 km/h [§ 1 Abs. 2a KFG]) weisen gegenüber konventionellen Fahrrädern bauliche Abweichungen auf, was die Annahme eines angepassten und damit im Vergleich zum herkömmlichen Fahrrad graduell höheren Sorgfaltsmaßstabs im Sinn vorausschauender Fahrweise, frühzeitigen Bremsverhaltens wegen der Motorkraftverstärkung und einer erhöhten Vorsicht bei Berg- und Kurvenabfahrten aufgrund des höheren Fahrradgewichts rechtfertigt (Fluch/Druml, Der Unfall mit dem E-Bike – Praxisfragen, Zak 2018/547, 288 [289]). Es tritt damit beim E-Bike-Fahren ein im Vergleich zum konventionellen Radfahren besonderes Gefahrenmoment hinzu (vgl Karner, ZVR 2014/218, 395 [396]). Folgerichtig fällt die Helmtragequote bei E-Bike-Fahrern auch wesentlich höher aus als unter anderen Radfahrenden (Aigner-Breuss/Mayer/Breuss/Robatsch, Herausforderung E-Bike? ZVR 2023/163, 378 [380]). Überdies zeigt die Lebenserfahrung, dass in der Bevölkerung die Wichtigkeit und Bedeutung des Helmtragens beim E-Bike-Fahren schon im Hinblick auf die gesteigerte Unfallhäufigkeit (Aigner-Breuss/Mayer/Breuss/Robatsch, ZVR 2023/163, 378 [379f]) allgemein verankert ist. Insgesamt ist damit eine Obliegenheit zum Helmtragen für E-Bike-Fahrende zu bejahen (idS auch Vogl, Helmobliegenheiten im Sommersport – eine Rundschau, ZVR 2017/125, 249 [250]). Das galt auch schon im Zeitpunkt des hier strittigen Unfalls (Februar 2023)."*

Staudinger[780] ist in vollem Umfang zuzustimmen, wenn er die Entscheidung des OGH als *„sowohl von der Begründung her als auch im Ergebnis"* überzeugend kommentiert und dazu ausführt: *„Im Lichte der OGH-Entscheidung erscheint es in Anbetracht der in Deutschland empirisch nachgewiesenen hohen Zustimmungs- und in Relation ebenso höheren Nutzungsrate gerechtfertigt, von einem allgemeinen Verkehrsbewusstsein in der Gruppe der*

---

[767] OLG Nürnberg BeckRS 2020, 22426.
[768] BeckRS 2014, 14140; so auch LG Hamburg BeckRS 2018, 1382; vgl. Rütten SVR 2014, 441.
[769] So auch LG Hamburg BeckRS 2018, 1382; vgl. Rütten SVR 2014, 441.
[770] Zum Unterschied zwischen Pedelec, E-Bikes und ähnlichen Fortbewegungsmitteln vgl. Jahnke NZV 2019, 601; zum Schutz durch Helm beim Fahrrad s. CBN Personenschäden/Schlottbom/Holtkötter B 671.
[771] OLG Celle 12.2.2014 – 14 U 113/13.
[772] OLG Hamm BeckRS 2017, 120485.
[773] LG Kiel 18.12.2018 – 12 O 177/18 Nr. 5491.
[774] OLG Nürnberg BeckRS 2020, 22426.
[775] KG BeckRS 2024, 43073 mAnm Kleine-König NZV 2025, 324.
[776] KG BeckRS 2024, 43073 mAnm Kleine-König NZV 2025, 324.
[777] Quelle: Publikation der Bundesanstalt für Straßenwesen „Gurte, Kindersitze, Helme und Schutzkleidung – 2022", abrufbar unter https://www.bast.de/DE/Publikationen/DaFa/2024-2023/2023-02.html.
[778] Kleine-König NZV 2025, 324.
[779] OGH Österreich Urt. vom 25.3.2025 – 2 Ob 15/25g, BeckRS 2025, 7392.
[780] Staudinger r+s 2026, 219 (223).

Nutzer von Pedelecs auszugehen. Sofern der Ursachenzusammenhang festgestellt wurde, kann mithin den geschädigten Pedelecfahrer ohne Helm eine Anspruchskürzung nach § 9 StVG, § 254 Abs. 1 BGB treffen, für welche der Schädiger als Halter und Fahrer des Kfz darlegungs- und beweisbelastet ist.“

Allerdings – dies ist stets bei der gerade von den Beklagten in solchen Fällen angeführten Argumenten zur **Kürzung des Schmerzensgeldanspruchs** zu beachten – führt ein solches Mitverschulden nicht zwangsläufig zur Schmerzensgeldkürzung und dies auch nur bei jenen Verletzungen, die durch das Tragen des Helms vermieden worden wären.[781]

Ebenso wie das OLG Celle deutete auch der BGH an, dass dies anders beurteilt werden könne, sofern sich der Radfahrer in sportlich ambitionierter Weise betätige (dh beispielsweise als **Rennrad-** oder **Mountainbike-Fahrer** oder beim **Reiten von Pferden oder Kamelen**[782]). Der BGH-Entscheidung lag ein Urteil des OLG Schleswig zugrunde, welches als Vorinstanz die – in den Medien sehr kritisch kommentierte – Ansicht vertreten hatte, dass einem ohne Helm fahrenden Radler im Falle einer schweren Schädel-Hirnverletzung alleine wegen des fehlenden Helms ein Mitverschulden von 20 % anzurechnen sei, denn – trotz nach wie vor fehlender Helmpflicht – könne heutzutage grundsätzlich davon ausgegangen werden, dass ein verständiger Mensch zu seinem eigenen Schutz auch beim Fahrradfahren im öffentlichen Straßenverkehr einen Helm trage. Dies sah der BGH jedoch anders, hob insofern das Berufungsurteil des OLG Schleswig auf und gab der Klage in vollem Umgange statt und verwies insofern zudem auf das – zur Zeit der Entscheidung noch fehlende – Verkehrsbewusstsein, dass ein Fahrradhelm zum eigenen Schutz erforderlich und zumutbar sei. Sowohl das Urteil des OLG Celle als auch das des BGH bleiben jedoch – mit ihrem Hinweis auf mögliche Abweichungen im Falle von sportlichen Einsätzen des Fahrradfahrens – im Großen und Ganzen in der „Argumentationsspur“, die das OLG Saarbrücken[783] bereits 2008 dargelegt hatte. Demnach hält „die wohl überwiegende Meinung den Mitverschuldensvorwurf jedenfalls bei besonders gefährdeten Radfahrern, insbesondere für Kinder und sportlich ambitioniert fahrende Rennradfahrer, für berechtigt“.

109 Mit der Frage, ob und ggf. inwieweit sich **Motorradfahrer,** die keine **Schutzkleidung**[784] tragen, dies im Rahmen des Mitverschuldens anrechnen lassen müssen, befassen sich die Gerichte ebenfalls seit Längerem. Verneint wurde diese Frage vom OLG Oldenburg,[785] OLG Hamburg,[786] OLG Celle,[787] OLG Brandenburg,[788] OLG Düsseldorf,[789] OLG München,[790] und vom OLG Nürnberg,[791] die hierzu ausführten, dass ein *allgemeines Verkehrsbewusstsein* hierfür fehlen würde. Den Fahrer eines Leichtkraftrades träfe deshalb – so das OLG München – *„keine generelle, ein Mitverschulden begründende Obliegenheit, innerhalb geschlossener Ortschaften Motorradstiefel zu tragen“.* Dies gelte im Übrigen insbesondere dann, wenn – worauf das das OLG Saarbrücken[792] hingewiesen hatte – *„das Tragen von Motorradschutzkleidung die hier interessierenden Verletzungen der Klägerin nicht wesentlich beeinflusst … und damit auch nicht verhindert“* hätte. Doch selbst wenn der verletzte Motorradfahrer, der mit Gartenclogs unterwegs war und unfallbedingt eine Teilamputation einer Fußzehe erlitten hatte, diese Verletzung zumindest in dieser Intensität beim Tragen von Motorradstiefeln nicht erlitten hätte, wies das OLG Brandenburg (12. Zivilsenat) den Einwand der Beklagten zurück, da die „insoweit darlegungs- und beweisbelasteten Beklagten …nicht dargetan [haben], dass eine konkrete Fußbekleidung bei Motorradfahrern dem allgemeinen Verkehrsbewusstsein entspricht.“[793]

Diese Rechtsansicht darf jedoch heute durchaus *„kritisch hinterfragt werden“*, so zutreffend. *Kleine-König,* der in seiner Anmerkung zum Urteil des OLG Oldenburg vom 24.9.2025 – 5 U 30/25[794] darauf hinweist, dass es beim gebetsmühlenhaft zitierten „allgemeinen Verkehrsbewusstseins“ im Zusammenhang mit der Beurteilung eines Mitverschuldens beim Fehlen von Schutzkleidung stets auf die **Verkehrsauffassung „zum**

[781] OGH Österreich, Urt. v. 25.3.2025 – 2 Ob 15/25g, BeckRS 2025, 7392; OLG Celle BeckRS 2012, 23190 mit Verweis auf BGH NJW 1980, 2125 in Bezug auf das Unterlassen des Gurtanlegens.

[782] OLG Stuttgart BeckRS 2018, 16107; LG Hechingen BeckRS 2017, 149956 – Kein Helm beim Kamelausritt: Kein Mitverschuldensgrund.

[783] OLG Saarbrücken BeckRS 2007, 19146 mit einer guten Übersicht über die Einschätzung der bis dahin geltenden Literatur und Rechtsprechung.

[784] Vgl. Almeroth Schadensersatz bei Verkehrsunfällen Rn. 947 ff. sowie Rebler MDR, 2014, 1187 und OLG Saarbrücken BeckRS 2015, 8438 sowie aus technischer Sicht den hierzu umfassenden Forschungsbericht Nr. 68 „Optimierte Schutzkleidung für Motorradfahrer“, GdV.

[785] OLG Oldenburg BeckRS 2025, 29570 → Nr. 7761 sowie dazu Kleine-König NZV 2026, 237.

[786] OLG Hamburg BeckRS 2025, 5571.

[787] OLG Celle BeckRS 2024, 7994.

[788] OLG Brandenburg BeckRS 2023, 39732 → Nr. 7377; anders jedoch noch OLG Brandenburg BeckRS 2009, 23345.

[789] OLG Düsseldorf NZV 2020, 260. BeckRS 2019, 31183.

[790] OLG München BeckRS 2017, 112372; ebenso OLG Saarbrücken MDR 2015, 647–649; Schaden-Praxis 2015, 296–301; OLG Schleswig SchlHA 2014, 443 und OLG Nürnberg BeckRS 2013, 6845.

[791] OLG Nürnberg BeckRS 2013, 6845; ebenso auch LG Darmstadt BeckRS 2022, 53977 → Nr. 7865.

[792] OLG Saarbrücken OLG Saarbrücken BeckRS 2015, 8438.

[793] OLG Brandenburg BeckRS 2023, 39732 → Nr. 7377.

[794] OLG Oldenburg BeckRS 2025, 29570.

Unfallzeitpunkt" ankomme und zumindest heutzutage (2026) bei Motorradfahrern das **Tragen von Helm und umfassender Schutzkleidung** inzwischen **als „persönliche Verpflichtung"**[795] angesehen wird.[796]

In dem vom OLG Oldenburg[797] entschiedenen Sachverhalt kam das vom Beklagten gelenkte Motorrad bei hohem Tempo zu Fall, nachdem ein Fasan gegen den Helm des Sozius geflogen war, worauf sich dieser neben Kopfverletzungen auch „multiple schwere Schürf- und Verbrennungsverletzungen am übrigen Körper" zugezogen hatte und ihm insofern dennoch vom OLG Oldenburg 17.000 EUR Schmerzensgeld zugesprochen wurden. Der Sozius trug außer dem Helm keine weitere Schutzkleidung; eine geeignete Schutzkleidung (sog. Lederkombi) hätte jedoch ggf. derartige Schürfwunden verhindert oder verringert, was allerdings vom Beklagten zu Beweisen gewesen wäre.

Insofern sei auch an dieser Stelle nochmals (s. dazu oben unter → **Rn. 108**) auf die jüngste Entscheidung des OGH Österreich[798] verwiesen, der – wenn auch nicht zur Schutzkleidung von Motorradfahren, sondern zu Fahrradhelmen – betont hatte, dass sich bei Fahrradfahrern bzw. zumindest bei E-Bike-Fahrern inzwischen „ein allgemeines Bewusstsein herausgebildet hat", einen Helm zu tragen.

Aber auch bereits in älteren Entscheidungen wurde – wie das Beispiel des Urteils des OLG Brandenburg aus dem Jahr 2009[799] (von dem sich der der 12. Zivilsenat des OLG jedoch mit der oben zitierten Entscheidung des Jahres 2023[800] distanziert hat) zeigt – in sehr gut begründeter Weise bereits betont, dass *„der Umstand, dass der bei dem Unfall verletzte Motorradfahrer zwar einen Helm, jedoch keine oder nur zum Teil eine Schutzkleidung getragen hat, auch ohne eine entsprechende gesetzliche Verpflichtung mindernd im Wege des Mitverschuldens (§ 254 BGB in Form des sog. Verschuldens gegen sich selbst) zu berücksichtigen sei."*

Damals, im Jahr 2009, hatte das OLG Brandenburg[801] argumentiert, dass der Kläger, der erhebliche Beinverletzungen erlitten und auf das Tragen einer Schutzkleidung ausgerechnet an den Beinen, also dort, wo die Verletzungsgefahr am größten ist, verzichtet habe. Es könne daher, so das OLG, ohne Weiteres davon ausgegangen werden, dass jedenfalls ein nicht unerheblicher Teil der am linken Bein erlittenen Verletzungen nicht eingetreten wären, wenn der Kläger auch an den Beinen eine Schutzbekleidung getragen hätte, so das OLG Brandenburg noch 2009.

Dass nun vom selben Senat des OLG Brandenburg, beim Motorradfahren mit losen Gartenschuhen (Clogs) anders entschieden wurde, verwundert jedoch.

Speziell mit dieser Frage, jedoch in Bezug auf **Rollerfahrer** bzw. **Leichtkraftradfahrer** und insofern mit **Protektorenschutzkleidung,** befasste sich das LG Heidelberg[802] und kam zum Ergebnis, dass es – zumindest heutzutage noch und in Bezug auf Roller- und Leichtkraftradfahrer – zu weit ginge, das Nichttragen von spezieller (eigentlich für Motorradrennfahrer entwickelter) Protektorenschutzkleidung schmerzensgeldmindernd zu berücksichtigen. Das LG schien sich jedoch insofern nicht sicher zu sein, wie die Formulierung *„Das Gericht neigt zu der Auffassung, dass einen Leichtkraftradfahrer generell keine Obliegenheit trifft, Protektorenschutzkleidung zu tragen"*, beweist.

Das OLG München[803] sah dies in seiner drei Jahre später ergangenen Entscheidung ebenso, da ein allgemeines Verkehrsbewusstsein, nach dem es für Leichtkraftfahrer innerhalb geschlossener Ortschaften erforderlich sei, Motorradstiefel zu tragen, nicht festgestellt werden könne.

Die Frage, ob auch **Inline-Skater** im öffentlichen Verkehrsraum (hier: auf einem Fahrradweg) Protektoren tragen müssen, um ggf. ein Mitverschulden zu verhindern, konnte das OLG Hamm[804] in seinem Hinweisbeschluss vom 30.12.2024 unbeantwortet lassen, *„denn ein Protektor, der zur Verhinderung der konkret eingetretenen Verletzungen geeignet gewesen wäre, ist schlicht nicht erhältlich. Infolgedessen kann offenbleiben, ob zum Unfallzeitpunkt*

[795] OLG Brandenburg BeckRS 2009, 23345.
[796] Vgl. dazu Kleine-König NZV 2026, 237; vgl. dazu auch OGH Österreich Urt. v. 25.3.2025 – 2 Ob 15/25g, BeckRS 2025, 7392.
[797] OLG Oldenburg BeckRS 2025, 29570 mAnm und Praxishinweisen Kleine-König in NZV 2026, 237.
[798] OGH Österreich Urt. v. 25.3.2025 – 2 Ob 15/25g, BeckRS 2025, 7392.
[799] OLG Brandenburg BeckRS 2009, 23345; ebenso hatten zuvor bereits das LG Stuttgart BeckRS 2018, 19812 = → Nr. 6629; das OLG Düsseldorf, NZV 2006, 415 sowie die Amtsgerichte Hagen SP 2002, 126 und Hannover r+s 1997, 68 entschieden.
[800] OLG Brandenburg BeckRS 2023, 39732 → Nr. 7377.
[801] OLG Brandenburg BeckRS 2009, 23345.
[802] LG Heidelberg BeckRS 2014, 06724, ebenso – bzgl. des Fehlens jeglicher Schutzkleidung – AG Weißwasser SVR 2015, 67.
[803] OLG München SVR 2017, 423.
[804] OLG Hamm BeckRS 2024, 48271.

das Tragen von Protektoren nach allgemeinem Verkehrsbewusstsein zum eigenen Schutz überhaupt erforderlich war", so das OLG Hamm[805] in einer zur Haftung eines Pedelec-Fahrers aus § 823 Abs. 1 BGB beim Überholen eines Inline-Skaters auf einem Fahrradweg wegen Nichteinhaltung des gebotenen Abstands und wegen unzureichender Warnung lesenswerten Entscheidung.

110 Anders als beim Fahrradfahren oder Fahren mit einem (normalen)[806] E-Bike bejahen die Gerichte die Frage der Mithaftung im Falle des Nichttragens eines **Schutzhelms** bei **Reit- und Skiunfällen,** worauf sowohl das OLG München im Jahr 2011 als auch das OLG Celle[807] hingewiesen hatte. Hierzu äußerte das OLG Celle:

„Gerade bei Sportarten wie Reiten wegen der damit verbundenen Tiergefahr bzw. beim Skilaufen wegen der dort erzielten vergleichsweise hohen Geschwindigkeiten und weitgehend fehlender „Verkehrsregeln", liegen spezifische Risiken vor, die sich von denen eines Fahrradfahrers – selbst wenn dieser mit einem Rennrad zu Trainingszwecken im Straßenverkehr unterwegs ist, dort aber ansonsten völlig unauffällig fährt … – deutlich unterscheiden".

Dementsprechend wies auch das LG Köln[808] die Klage eines Mannes ab, der – als Maskottchen verkleidet – ohne Schutzkleidung an einem Rennen auf einer **Eishockey**-Eisfläche teilnahm und sich sturzbedingt erheblich verletzte.

111 Insgesamt gilt jedoch auch hier – bezüglich des Tragens einer mehr oder weniger umfassenden Schutzkleidung, zu der auch ein geeigneter Helm zu rechnen ist – dass die Frage der **schmerzensgeldrelevanten Mithaftung stets nur unter Berücksichtigung aller Einzelumstände** beurteilt werden kann und stets auch nur bei solchen Verletzungen, die durch das Tragen der Schutzkleidung oder des Helms vermieden worden wären. Eine Mithaftung kommt somit nicht in Betracht, wenn – wie bei dem Motorradunfall, über den das OLG Saarbrücken im Jahr 2015[809] zu entscheiden hatte – *„die schweren Knochenbrüche … sich auch mit Handschuhen, Stiefeln, Protektorenkombi, Rückenhöcker und Nierengurt nicht* [hätten] *vermeiden lassen"*.

Die **Beweislast** (nachfolgend → **Rn. 408**) für die Kausalität des Nichtanlegens von Sicherheitsgurt, Helm oder Schutzkleidung in Bezug auf die Verletzungen bzw. die Verletzungsintensität **trägt** – mit Unterstützung durch den sog. Anscheinsbeweis – stets **der Schädiger.**[810] Er muss – will er einen auf die unterlassene Anlegung des Sicherheitsgurtes gestützten Mitverschuldenseinwand erheben – dabei „nicht nur beweisen, dass der Geschädigte zum Zeitpunkt des Unfallgeschehens vorschriftswidrig nicht angeschnallt war, sondern auch, dass der Verletzte bestimmte bei dem Unfall davongetragene Verletzungen nicht erlitten hätte, wenn er angeschnallt gewesen wäre", so OLG Celle.[811]

112 Im Falle des erfolgreichen Nachweises muss sich das Gericht jedoch bezüglich der Schmerzensgeldbemessung nicht auf eine **Quote** festlegen. Dies erfolgt jedoch in nahezu allen diesbezüglichen Entscheidungen.[812]

113 Erwähnt werden soll an dieser Stelle noch eine Entscheidung des OLG Frankfurt a. M.[813] welches sich in vorbildlicher, ja geradezu lehrbuchartiger Art und Weise mit der Thematik der **Haftungsverteilung** bei **ungeklärtem Unfallhergang** und mit der Frage der Haftungsquote im Falle befasst, in welchem der Fahrer neben seinem eigenen Schmerzensgeldanspruch auch den Schmerzensgeldanspruch seiner Ehefrau, die ihm diesen abgetreten hat, einklagt. Es korrigierte insofern die Entscheidung des Landgerichts mit dem Hinweis, dass diesem „ein Denkfehler unterlaufen" sei, denn es habe

„übersehen, dass die Ehefrau des Klägers gegen die Beklagte einen Schadensersatz- und Schmerzensgeldanspruch in voller Höhe hat, da [ergänze: die Ehefrau] *sich einen Mitverursachungsanteil weder nach § 254 BGB mangels Mitverschuldens noch nach § 17 StVG mangels Haltereigenschaft zurechnen lassen muss. Der Kläger kann auch nicht als Erfüllungsgehilfe angesehen werden. Durch die Abtretung ändert sich der Charakter der Forderung nicht, so dass der Kläger aus abgetretenem Recht vorliegend einen Anspruch auf 100 % der seiner Ehefrau zustehenden Ansprüche hat".*[814] *Das bedeute jedoch nicht – so das OLG weiter – dass die Beklagten, die an dem Unfall nur eine hälftige Haftung trifft, im Ergebnis für den gesamten Schaden der Ehefrau einstehen müssen. Sie haben aus diesem Grunde „einen Ersatzanspruch gegen den*

[805] OLG Hamm BeckRS 2024, 48271 Rn. 21.
[806] S. hierzu oben unter → Rn. 108.
[807] OLG Celle BeckRS 2014, 3723.
[808] LG Köln BeckRS 2017, 100670.
[809] OLG Saarbrücken BeckRS 2015, 08438.
[810] OLG Celle BeckRS 2012, 23190.
[811] OLG Celle BeckRS 2012, 23190, mit Verweis auf BGH NJW 1980, 2125.
[812] Vgl. zu diesem Thema sehr anschaulich OLG Hamm VersR 1998, 1040; sowie OLG Köln VersR 2002, 908; mit zahlreichen Beispielen Küppersbusch/Höher Ersatzansprüche Personenschaden Rn. 511.
[813] OLG Frankfurt a. M. NJW-RR 2013, 664.
[814] OLG Frankfurt a. M. NJW-RR 2013, 664 (668).

Kläger in Höhe der Hälfte des von ihnen an die Ehefrau des Klägers zu erstattenden Schadens (§ 426 BGB, § 17 I StVG)".[815]

Ebenfalls – wenn auch im weiteren Sinne – zu diesem Themenbereich gehört die Frage, wie in Fällen von **„gestörten Gesamtschuldverhältnissen"** Schmerzensgeldansprüche zu behandeln sind. Treffen bei einem Schadenereignis mehrere Schädiger zusammen (Beispiel: Sozia auf einem Motorrad wird durch Verschulden des Motorradfahrers und eines Pkw-Führers verletzt), von denen einer Haftungsprivilegien genießt (zB als Geschäftsführer ohne Auftrag im Falle der Gefahrenabwehr gem. § 680 BGB oder aber auch als Ehegatte gem. § 1359 BGB oder Lebenspartner gem. § 34 LPartG, um nur drei Beispiele zu nennen), so entsteht kein – für den Verletzten eigentlich wünschenswertes – Gesamtschuldverhältnis. Diese Situation ist für einen der drei innerhalb eines solchen (durch das Haftungsprivileg) „gestörten Gesamtschuldverhältnisses" stehenden Beteiligten nachteilig. **114**

Der BGH differenziert hier je nachdem, ob das Haftungsprivileg aus familienrechtlichen Normen resultiert oder nicht und differenziert dabei in Bezug auf das Haftungsprivileg aus familienrechtlichen Normen nicht, ob es sich dabei um Ehepartner[816] oder lediglich temporäre unverheiratete Lebenspartnerschaften[817] handelt. Mit Rücksicht auf das Haftungsprivileg der Eltern[818] gem. § 1664 BGB lehnt der BGH den Regress gegen die so Privilegierten ab.[819] In anderen Fällen (zB Privilegierung gem. den §§ 104, 105 SGB VII) steht der BGH nahezu auf einer Linie mit der wohl überwiegenden Literaturmeinung[820] und kürzt den Schadensersatzanspruch des Verletzten um den Mitverschuldensanteil des Haftungsprivilegierten.[821] Zur Verringerung des angemessenen Schmerzensgeldanspruchs s. auch OLG Hamm.[822]

In einer ebenfalls interessanten Entscheidung zu diesem Themenbereich hatte sich der BGH[823] mit der Klage einer Krankenhausreinigungsmitarbeiterin zu befassen, die sich mit Hepatitis C-Viren infiziert hatte, als sie bei der Müllentsorgung in eine vom Personal der Beklagten fehlerhaft (nämlich mit aufgesteckter Nadel) entsorgte Spritze griff. Mit einer sehr ausführlichen und sich intensiv mit der bisherigen Rechtsprechung und Literatur auseinandersetzenden Begründung kam der BGH zum Ergebnis, dass **115**

„der arbeitsrechtliche Freistellungsanspruch im Rahmen der wertenden Betrachtungsweise des gestörten Gesamtschuldverhältnisses keine Rolle" spielen könne und somit die Beklagte *„nach den Grundsätzen des gestörten Gesamtschuldverhältnisses von der Haftung … freigestellt (§ 840 II BGB)"* sei.[824]

Abschließend zu diesem Themenbereich, der angesichts seines Umfanges[825] in Literatur[826] und Rechtsprechung im Rahmen dieser Kurzkommentierung nicht vertieft werden kann, sei auf die in ständiger Rechtsprechung fest verankerte Ausnahme derartiger **Haftungsprivilegien** in Bezug auf deren Anwendung im Bereich zumindest der typischen Straßenverkehrsunfälle[827] hingewiesen. Danach sind sämtliche Haftungsprivilegien und somit auch das des § 1664 BGB im Bereich des Straßenverkehrs nicht anwendbar, wobei wiederum sehr umstritten ist, wann im konkreten Falle von einer „Teilnahme am allgemeinen Straßenverkehr" zu sprechen ist. Hierzu wird im nachfolgenden **Kapitel IV → Rn. 148 ff** noch näher einzugehen sein. **116**

c) Minderung des Schmerzensgeldanspruchs wegen Anrechnung der Betriebsgefahr. Aus dem Grundsatz, dass bei der Bestimmung des Schmerzensgeldes alle Umstände des Einzelfalles zu berücksichtigen sind, folgt – worauf ua das OLG Celle[828] unter Verweis auf die ständige Rechtsprechung des BGH[829] in einer lesenswerten Begründung hingewiesen hat –, dass der Halter eines Fahrzeuges sich grundsätzlich die **117**

[815] OLG Frankfurt a. M. NJW-RR 2013, 664 (668).
[816] So bereits BGH NJW 2001, 754.
[817] BGH NZV 2018, 133 mit sehr kritischer Anm. von Martin; vgl. zu dieser Thematik auch OLG Celle BeckRS 2018, 2297.
[818] Vgl. hierzu NK-GVR/Pardey BGB § 1664 Rn. 18.
[819] BGH NJW 2004, 2892 (2893) mit Verweis auf BGH NJW 1988, 2667.
[820] Grüneberg BGB § 426 Rn. 18.
[821] So bereits BGH NJW 1973, 1648 in ständiger Rechtsprechung bis heute. Zur Haftungsprivilegierung eines Vereinsmitgliedes – wenn auch ohne Schmerzensgeldbezug, der jedoch angesichts des Sachverhaltes (Brand in Vereinsheim) leicht hätte möglich sein können und daher hier erwähnt – vgl. BGH NJW-RR 2012, 280.
[822] OLG Hamm BeckRS 2018, 45594.
[823] BGH NJW 2004, 951.
[824] BGH NJW 2004, 951.
[825] Als Einstieg lesenswert Scheffen/Pardey Schadensersatz Rn. 75 ff. sowie speziell zu Straßenverkehrsunfällen Küppersbusch/Höher Ersatzansprüche Personenschaden Rn. 491 ff.; ebenso Waltermann NJW 2004, 901.
[826] Küppersbusch/Höher Ersatzansprüche Personenschaden Rn. 512 ff.; Burmann/Jahnke Rn. 41 ff.; Jaeger/Luckey Schmerzensgeld Rn. 763 mit weiteren Fundstellen hierzu.
[827] Bamberger/Roth BGB § 277 Rn. 9 mwN.
[828] OLG Celle BeckRS 2016, 02738.
[829] BGH NJW 2014, 1182 (wobei es dabei nicht um immaterielle Ansprüche ging).

Betriebsgefahr seines Fahrzeuges anrechnen lassen muss,[830] wenn er den Nachweis nicht führen kann, dass der Unfall durch „höhere Gewalt" iSd § 7 Abs. 2 StVG nF entstanden ist.[831] Der „alte Unabwendbarkeitsnachweis" wurde mit Änderung des § 7 StVG im Rahmen der Schadenrechtsreform gestrichen.[832] Für eine Zurechnung zur Betriebsgefahr kommt es maßgeblich darauf an, dass der Unfall in einem nahen örtlichen und zeitlichen Kausalzusammenhang mit einem bestimmten Betriebsvorgang oder einer bestimmten Betriebseinrichtung des Kraftfahrzeugs steht. Allerdings hängt die Haftung gemäß § 7 StVG nicht davon ab, ob sich der Führer des im Betrieb befindlichen Kraftfahrzeugs verkehrswidrig verhalten hat und auch nicht davon, dass es zu einer Kollision der Fahrzeuge gekommen ist.[833] Zum **berührungslosen Unfall** s. Kleine-König NZV 2022, 576.[834] Zur erhöhten Betriebsgefahr eines **Rechtslenkerfahrzeugs im Kurvenbereich** s. Kleine-König NZV 2022, 488.[835]

Prinzipiell muss sich der **Halter** eines Fahrzeuges auch dann die Betriebsgefahr schmerzensgeldmindernd entgegenhalten lassen, wenn er selbst nur als Insasse seines Fahrzeuges beteiligt war und ein **Dritter** den Unfall verursacht hat, da sich auch insoweit die Gefährdungshaftung auswirkt.[836] Etwas anderes gilt nur dann, wenn der Unfall durch den **Fahrer** des Fahrzeuges verursacht wird, in dem sich der Halter befindet, wie dies bereits der BGH[837] und danach nochmals deutlich auch das OLG Frankfurt a. M.[838] ausgeführt hat. Daran hat sich auch durch die Neuregelung des § 8a StVG bzw. das ersatzlose Streichen des alten Abs. 1 nichts geändert. Durch die Neuregelung sind zwar in Bezug auf die Gefährdungshaftung jetzt die Insassen – ungeachtet ihrer Beförderungsart (unentgeltlich oder entgeltlich, geschäftsmäßig) – mit allen übrigen Geschädigten gleichgestellt. Die Gefährdungshaftung soll aber andere Personen vor den von einem Kfz ausgehenden Gefahren schützen und nicht den Halter vor den von seinem Kfz ausgehenden Gefahren.[839] Der Halter kann daher auch weiterhin den Fahrer seines eigenen Kfz und somit auch seinen „eigenen" KH-Versicherer nicht aus Gefährdungshaftung in Anspruch nehmen. Dies war aber exakt die Begründung des OLG Frankfurt a. M. mit der es bereits 1994 ausführte, der Halter brauche sich die Betriebsgefahr seines eigenen Kfz nicht entgegenhalten lassen. Das OLG schrieb hierzu: „Danach muss der Halter eines Fahrzeugs, der als Beifahrer in seinem eigenen Fahrzeug geschädigt wird, sich … die Betriebsgefahr nicht anrechnen lassen, weil er selbst auch gegenüber dem Fahrer nach § 8 StVG (jetzt 8a StVG) für eine Betriebsgefahr seines Fahrzeuges nicht haften würde."[840]

Ausnahmen vom oben genannten Grundsatz der **Anrechnung** der **Betriebsgefahr:** Ausnahmen sind jedoch möglich; da die Richter in der Gesamtschau die Verschuldensanteile der am Unfall Beteiligten zu bewerten haben, können sie – bei einer nicht erheblichen Betriebsgefahr auf Seiten des Verletzten einerseits und grobem Verschulden des Schädigers andererseits – die Betriebsgefahr bei der Bewertung ganz zurücktreten lassen, worauf ua das OLG Hamm,[841] das OLG Frankfurt a. M.[842] sowie auch das OLG Oldenburg[843] und jüngst das OLG Naumburg[844] hingewiesen hatten. Dem OLG Naumburg lag insofern ein durchaus nicht alltäglicher Sachverhalt zu Grunde: Der Kläger war mit seinem **Rennrad** auf einen PKW aufgefahren, der hinter einer langgestreckten Kurve am Fahrbahnrand angehalten hatte, um zu telefonieren. Der Kläger hatte – anlässlich seines kurzen Hochschauens nach der Kurve – den PKW zwar bereits aus größerer Entfernung kurz wahrgenommen, dann jedoch seinen Kopf in Rennradfahrermanier wieder gesenkt und somit seinen Blick von der vor ihm liegenden Fahrbahn abgewandt, um Geschwindigkeit aufzunehmen und vor der vor ihm liegenden Anhöhe „Schwung zu holen". Erst kurz vor Erreichen des Fahrzeuges des Beklagten blickte der Kläger wieder auf, konnte aber wegen seiner Geschwindigkeit und aufgrund des nur noch kurzen Abstands zum Beklagtenfahrzeug nicht mehr ausweichen oder bremsen und fuhr ungebremst auf den PKW auf, wobei er sich schwer verletzte. Seine auf mindestens 45.000 EUR gerichtete Schmerzensgeldklage wurde vom LG Stendal abgewiesen. Auf den Hinweisbeschluss des OLG Naumburg nahm der Kläger seine Berufung zurück. Das OLG hatte den Kläger in außergewöhnlich deutlichen Worten darauf hingewiesen, dass er sich gemäß § 9 StVG iVm § 254 BGB ein Mitverschulden anrechnen lassen müsse, das so schwer wiegt, dass der Verursachungsanteil des Bekl. zu 1 vollständig zurücktritt. *„Er [der Rennradfahrer/Kläger] hat darüber hinaus*

[830] LG Münster BeckRS 2016, 04037 sowie Geigel Haftpflichtprozess Rn. 22. Zur Betriebsgefahr und deren weite Fassung im Sinne des § 7 STVG s. auch BGH BeckRS 2014, 03817 sowie hierzu lesenswert: NJW-Spezial 2014, 138.

[831] Küppersbusch/Höher Ersatzansprüche Personenschaden Rn. 284 sowie OLG Oldenburg BeckRS 1993, 123712 mVa auf BGHZ 20, 259 sowie BGHZ 26, 69; ebenso LG Hildesheim ZfS 1992, 227.

[832] Findet sich aber noch in § 17 Abs. 3 STVG (OLG Celle BeckRS 2016, 02738).

[833] OLG Hamm BeckRS 2022, 14293.

[834] Kleine-König NZV 2022, 576 mwN sowie LG Lübeck BeckRS 2024, 24094.

[835] Kleine-König NZV 2022, 576 Anm zu OLG Schleswig BeckRS 2022, 7534.

[836] BGH JZ 1956, 491.

[837] BGH NJW 1972, 1415.

[838] OLG Frankfurt a. M. NZV 1995, 25 mit weiteren Fundstellen zur gesamten Thematik.

[839] So Geigel Haftpflichtprozess § 8 Rn. 284.

[840] OLG Frankfurt a. M. NZV 1995, 25 mit Verweis auf BGH NJW 1972, 1415; vgl. BGH NJW 2010, 927.

[841] OLG Hamm FD-StrVR 2016, 377024.

[842] OLG Frankfurt a. M. BeckRS 2016, 05151.

[843] OLG Oldenburg 31.7.2014 – 1 U 19/14, BeckRS 2014, 10626.

[844] OLG Naumburg BeckRS 2023, 45552 sowie in erster Instanz LG Stendal BeckRS 2023, 48424.

eklatant gegen das Sichtfahrgebot gem. § 3 I 4 StVO verstoßen. Wenn der Kl. es für nötig hält, im öffentlichen Straßenverkehr sich auf ein Hochschauen nach der Kurve zu beschränken und im Übrigen den Kopf derart konsequent nach unten zu senken, dass er die Verkehrssituation für einen erheblichen Zeitraum nicht wahrnimmt, also dabei insbesondere nicht bemerkt, dass ein wahrgenommenes Fahrzeug nicht fährt, sondern steht, darf er genau genommen nur mit einer Geschwindigkeit von 0 km/h fahren, weil bei dieser Kopfhaltung die übersehbare Strecke 0 m beträgt."[845]

Im Fall des OLG Hamm war ein 80-jähriger Pedelec[846]-Fahrer plötzlich und grob fahrlässig vom Radweg auf die Fahrbahn abgebogen und mit einem Pkw kollidiert.

Das OLG Frankfurt a. M. hatte über eine Kollision zwischen einem Lkw und einer grob fahrlässig nach links abbiegenden Pkw-Fahrerin zu entscheiden. Im Falle des OLG Oldenburg war es zu einer Kollision zwischen einer Radfahrerin und einem PKW gekommen, wobei die volljährige Radfahrerin infolge ihres eindeutigen Verstoßes gegen Vorfahrtsregeln beim Linksabbiegen verletzt wurde. In allen genannten Fällen sahen die Gerichte die bloße Betriebsgefahr des jeweiligen Beklagtenfahrzeugs hinter dem groben Fehlverhalten der jeweiligen Kläger zurücktreten.

Auch bei der Berücksichtigung der Betriebsgefahr ist die Mithaftung nicht mathematisch zu berücksichtigen, sondern lediglich in die Gesamtschau als ein Kriterium mit einzubeziehen.[847]

Zum Eigenverschulden eines Businsassen, der sich nicht ordnungsgemäß festgehalten hat und dem insofern vollständigen Zurücktreten der Gefährdungshaftung aus einfacher Betriebsgefahr sei auf das aktuelle Urteil des OLG Schleswig BeckRS 2023, 9210 verwiesen.[848]

Im Rahmen der Reform des Schadensersatzrechtes durch das oben mehrfach erwähnte „Zweite Gesetz zur Änderung schadensersatzrechtlicher Vorschriften" kommt auch an dieser Stelle erneut zur Frage,[849] ob dann, wenn der Schmerzensgeldanspruch lediglich auf dem **Gefährdungshaftung**statbestand des **§ 11 Satz 2 StVG** gestützt wird, dem Verletzten nur ein geringerer Schmerzensgeldanspruch zusteht, als wenn der Schädiger aus einem schuldhaft vorwerfbaren Fehlverhalten haften würde. Insofern sei jedoch das OLG Celle[850] zitiert, welches hierzu klarstellend ausführte, **118**

„*Schmerzensgeld, das nur auf Gefährdungshaftung gestützt werden kann,* [sei] *nicht geringer zu bemessen, als bei einer Haftung aus (einfach) fahrlässigem Verhalten*".

d) Verschuldensunabhängiges Schmerzensgeld. **119**

aa) Schmerzensgeld aus Billigkeitserwägungen gem. § 829 BGB. Wie aus der Überschrift zu diesem Kapitel bereits erkennbar ist, handelt es sich bei der Billigkeitshaftung gem. § 829 BGB[851] um eine *Ausnahme*[852] vom Verschuldensprinzip in den Fällen, in denen es dem eigentlich zum Schadensersatz Verpflichteten nach den §§ 827 und 828 BGB an der Verschuldensfähigkeit fehlt. Insofern sei ein kurzer Blick zurück erlaubt: Aus der Gesamtschau der Neuregelung des § 828 Abs. 2 BGB und des abgeänderten Wortlautes des Entlastungsgrundes des § 7 Abs. 2 StVG aF – der Begriff „höhere Gewalt" verdrängte darin die alte Fassung des „unabwendbaren Ereignisses" – und den sich daraus ergebenden Ausweitungstendenzen[853] im Hinblick auf die Billigkeitshaftung schlug bereits der Regierungsentwurf des 2. Schadenrechtsänderungsgesetzes in Fällen einer Haftungsfreistellung Minderjähriger vor, zur Vermeidung unbilliger Ergebnisse für den Geschädigten die Haftung gem. § 829 BGB hervorzuheben.[854] Dies käme – worauf *Heß/Jahnke*[855] zutreffend hinweisen – sofern es zur Regel würde, zu einer Rücknahme der Konsequenzen der Heraufsetzung der Deliktsfähigkeit gem. § 828 Abs. 2 BGB sowie der Ersetzung des Unabwendbarkeitseinwandes durch den Einwand höherer Gewalt „quasi durch die Hintertüre"[856] gleich. Wenn der Gesetzgeber durch diese Gesetzesänderungen erreichen wollte, dass derjenige, der einen Schaden im Rahmen eines Unfalles mit einem noch nicht

845 OLG Naumburg BeckRS 2023, 45552 mAnm Figgener NJW-Spezial 2024, 234 sowie mit Anm Kääb FD-StrVR 2024, 808536.
846 Pedelec = elektrisch unterstützt betriebenes Fahrrad.
847 OLG München VersR 1985, 1096.
848 OLG Schleswig BeckRS 2023, 9210.
849 Pro Kürzung: Heß/Jahnke Neues SchadensR, 82 sowie LG Kempten v. 27.5.2014 – 23 O 377/12, erwähnt bei Vrzal VersR 2015, 284–293 (286); contra Kürzung: Jaeger/Luckey Schmerzensgeld Rn. 1504; Hentschel NZV 2002, 433 (437).
850 OLG Celle NJW 2004, 1185.
851 Eine Musterklage insofern legt GForm-BGB/Wilhelm § 829 Rn. 1–8 vor.
852 So wörtlich BGH BeckRS 2016, 21466.
853 Jaeger/Luckey Schmerzensgeld Rn. 1497.
854 S. hierzu Heß/Jahnke Das neue Schadensrecht, 2002, 60 mit Hinweis auf BT-Drs. 742/01; BT-Drs. 14/7752, 16.
855 Vgl. hierzu ausführlich: AG Ahaus NJW-RR 2003, 1184 sowie Heß/Jahnke Das neue Schadensrecht, 2002.
856 So Heß/Jahnke Das neue Schadensrecht, 2002.

deliktsfähigen Kind erlitten hat, diesen Schaden im Regelfalle als Teil seines eigenen, allgemeinen Lebensrisikos selbst tragen muss,[857] so könne diese gesetzgeberische Absicht nicht stets durch die Billigkeitshaftung ausgehebelt werden.

120 Bei genauem Verständnis der Norm des § 829 BGB und deren Anwendung ist eine solche Gefahr jedoch eher als gering anzusehen. Denn mit Rücksicht auf seinen expliziten Ausnahmecharakter lässt die Anwendung des § 829 BGB gerade keine Regelmäßigkeit zu, sondern erfordert stets die individuelle Berücksichtigung sämtlicher Einzelumstände des konkreten Sachverhaltes und muss im Ergebnis den Ersatz regelrecht zwingend fordern, was der BGH[858] deutlich hervorhob, indem er hierzu ausführte:

„Die verschuldensunabhängige Haftung aus § 829 BGB bildet im deliktischen Haftungssystem des Bürgerlichen Gesetzbuchs eine Ausnahme. Ein Schadensersatzanspruch aus § 829 BGB ist deshalb nicht schon dann zu gewähren, wenn die Billigkeit es erlaubt, sondern nur dann, wenn die gesamten Umstände des Falles eine Haftung des schuldlosen Schädigers aus Billigkeitsgründen geradezu erfordern (st. Rspr., vgl. nur BGH, VI. ZS, Urt. v. 11.10.1994 – VI ZR 303/93, BGHZ 127, 186, 192f. = r+s 1995, 53 mwN). Im Gegensatz zu dem Anspruch auf eine billige Entschädigung gem. § 253 Abs. 2 BGB hängt im Rahmen des § 829 BGB schon das „Ob" des Billigkeitsanspruchs entscheidend von den gesamten Umständen ab, unter denen ein wirtschaftliches Gefälle vom Schädiger zum Geschädigten an erster Stelle steht (BGH, VI. ZS, Urt. v. 18.12.1979 – VI ZR 27/78, BGHZ 76, 279, 284)".

Neben dieser Grundsatzentscheidung sei nachfolgend auf zwei weitere BGH-Entscheidungen näher eingegangen:

BGH *(Lokführer-Urteil):*[859] In dieser Entscheidung ging es um Schadensersatz- und Schmerzensgeldansprüche eines Lokführers gegenüber dem, wegen einer akuten Psychose nicht zurechnungsfähigen Kläger, der vor den fahrenden Zug gesprungen war; der Kläger konnte jedoch rechtzeitig bremsen und überrollte den Beklagten nicht. Da eine Haftung des Bekl. für die von ihm verursachte Verletzung der Gesundheit des Kl. gem. § 823 Abs. 1 BGB mangels Verantwortlichkeit des Bekl. ausschied (§ 827 BGB) und Ersatz des Schadens nicht von einem aufsichtspflichtigen Dritten verlangt werden konnte, kam allein eine Ersatzpflicht aus Billigkeitsgründen gem. § 829 BGB in Betracht. Das Berufungsgericht habe – so der BGH – eine solche Billigkeitshaftung im Ergebnis rechtsfehlerfrei verneint. Die Besonderheit des Falles bestehe vorliegend darin,

*„dass der Bekl. in seinem die freie Willensbildung ausschließenden Zustand krankhafter Störung der Geistestätigkeit geschädigt werden wollte, was der Kl. zu verhindern wusste. Dies erfordert die Billigkeitshaftung des Bekl. nicht und vermag erst recht nicht darüber hinwegzuhelfen, dass es zudem an dem gem. § 829 BGB erforderlichen **wirtschaftlichen Gefälle** zugunsten des Bekl. fehlt"*, so der BGH.

Unzutreffend sei daher die Ansicht der Revision, dass im Rahmen des § 829 BGB eine Abwägung der beiderseitigen Verursachungsbeiträge gem. § 254 BGB zu erfolgen habe; dies sei gerade nicht der Fall.

Zur **Voraussetzung** des **wirtschaftlichen Gefälles**[860] äußerte sich der BGH in der *Lokführerentscheidung*[861] sinngemäß wie folgt: Dazu bedürfe es eines Vergleichs der Vermögenslagen der Beteiligten, wobei ein „wirtschaftliches Gefälle" zugunsten des Schädigers vorliegen müsse. Als ein für die Vermögenslage des Schädigers bedeutsamer Umstand sei das Bestehen einer Pflichtversicherung wie der Kfz-Pflichthaftpflichtversicherung anzuerkennen, da deren Zweck in erster Linie auf den Schutz des Geschädigten ausgerichtet ist. Diese besondere Zweckbestimmung der Pflichthaftpflichtversicherung im Kraftfahrzeugverkehr rechtfertige im Rahmen des § 829 BGB die Durchbrechung des Trennungsprinzips, demzufolge die Eintrittspflicht des Versicherers der Haftung folge und nicht umgekehrt die Haftung der Versicherung.[862]

BGH (*Dämmerattacke-Urteil*):[863] In dieser bereits sehr alten, aber auch heute noch interessanten Entscheidung aus dem Jahr 1994 hatte der BGH über folgenden Sachverhalt zu befinden: Ein 21-jähriger – infolge einer sog. epileptischen Dämmerattacke deliktsunfähiger – Pkw-Führer hatte eine junge Fahrradfahrerin schwer verletzt. Der Sachschaden wurde vom KH-Versicherer reguliert, ein Schmerzensgeld jedoch vom Berufungsgericht (OLG Oldenburg) mit Rücksicht auf die vorhandene Deliktsunfähigkeit verneint. Nach Auffassung des OLG kam auch eine Haftung aus § 829 BGB nicht in Betracht, da die Klägerin nicht derart beeinträchtigt gewesen sei, dass unter Billigkeitsgesichtspunkten ein Ausgleich auch der immateriellen Folgen

857 So auch Karczewski VersR 2001, 1070 (1074).
858 BGH BeckRS 2016, 21466.
859 BGH 2016, 111582 und NJW-Spezial 2017, 105.
860 Vgl. auch Jaeger/Luckey Schmerzensgeld Rn. 1493.
861 BGH 2016, 111582.
862 Vgl. hierzu: NJW-Spezial 2017, 105.
863 BGH NJW 1995, 452.

zwingend geboten gewesen sei.[864] Der BGH sah dies anders. Neben der Frage, inwieweit das Vorhandensein von Pflichtversicherungsschutz sich auf die rechtliche Würdigung des Falles auswirkt (insofern bejahend, vgl. nachfolgend → Rn. 139), bejahte der BGH hier auch den Schmerzensgeldanspruch der Verletzten. Er wies dabei damals bereits deutlich auf den Ausnahmecharakter des § 829 BGB in diesem Zusammenhang hin und betonte dessen Beschränkung auf eindeutige Ausnahmefälle, in denen wie hier die *„gesamten Umstände des Falles eine Haftung des schuldlosen Schädigers aus Billigkeitsgründen geradezu erfordern"*.[865] Speziell zum Schmerzensgeld führte der BGH[866] damals aus: *„Im Rahmen des § 829 BGB ist für ein Schmerzensgeld aus Billigkeitsgründen nur Raum bei schweren Verletzungen, insbesondere bei Dauerschäden"*.

Insgesamt kommt danach die Zubilligung von Schmerzensgeld mit Rücksicht auf den Ausnahmecharakter des § 829 BGB nur in Betracht, wenn bei Berücksichtigung dessen, dass bei schuldlos verursachten Verkehrsunfällen ein Schmerzensgeld regelmäßig nicht verwirkt ist, seine Versagung im Einzelfall dem Billigkeitsempfinden krass widerspricht. Insofern ist der Ansatz für die Billigkeitsprüfung im § 829 BGB ein anderer als im § 847 BGB, worauf der Senat schon in seinem Urteil (BGHZ 76, 279 (282) = NJW 1980, 1623) hingewiesen hat.

Ob unter diesen Voraussetzungen die Zuerkennung von Schmerzensgeld im Einzelfall aus Billigkeitsgründen geboten ist, muss der Tatrichter entscheiden. Er hat dabei alle Umstände des Falles zu berücksichtigen. Neben den wirtschaftlichen Verhältnissen der Unfallbeteiligten kann dabei auch die Intensität des Eingriffs in das geschützte Rechtsgut sowie etwa bei Vorsatztaten die Besonderheit der die Schadensersatzpflicht auslösenden Handlung von Bedeutung sein.[867]

bb) Schmerzensgeld aus der Gefährdungshaftung des StVG. Gemäß § 253 Abs. 2 BGB kann sich ein Schmerzensgeldanspruch auch aus Gefährdungshaftung ergeben. Die Gefährdungshaftung steht dabei weder in Konkurrenz noch in Spezialität zur weiterhin bestehenden deliktischen Verschuldenshaftung. **121**

Gefährdungshaftung des Fahrzeughalters: Nach § 7 Abs. 1 StVG ist der Halter eines Kraftfahrzeugs Fahrzeuganhängers verpflichtet, Schäden zu ersetzen, die beim Betrieb des Fahrzeugs entstehen, wenn dabei ein Mensch getötet, verletzt oder eine Sache beschädigt wird. Für Fahrzeuganhänger gilt insofern § 19 StVG. Gemäß § 11 S. 2 StVG hat der Geschädigte bzw. das Unfallopfer dabei auch einen Anspruch auf Schmerzensgeld. Neben dem Fahrzeugführer haftet dem Geschädigten somit auch der Fahrzeughalter aus der Betriebsgefahr und der daraus normierten Gefährdungshaftung auf Schmerzensgeld. Grundsätzlich löst somit jeder Straßenverkehrsunfall mit Personenschaden die Halterhaftung aus Gefährdung aus.[868]

Die Gefährdungshaftung hat insbesondere auch Relevanz in Bezug auf die Ansprüche der Fahrzeuginsassen. Denn nach § 8a StVG können auch unentgeltlich beförderte Mitfahrer einen Anspruch aus der Gefährdungshaftung des StVG und damit – in Verbindung mit § 11 S. 2 StVG – auch einen Schmerzensgeldanspruch begründen und sind somit mit anderen Unfallgeschädigten gleichgestellt.

Dies hat – wie oben bereits dargestellt wurde – besondere Auswirkungen bei den häufigen **Gefälligkeitsfahrten**[869] im privaten Lebensbereich, wie Diskofahrten, gemeinsame Privatfahrten zu Sportveranstaltungen,[870] zum Einkaufen etc. Demnach kann ein während einer solchen Fahrt verletzter Insasse den Fahrer, Halter und KH-Versicherer bereits aus Gefährdungshaftung auf Schmerzensgeld in Anspruch nehmen; Verschuldensnachweisprobleme spielen insofern in dieser Unfallkonstellation keine Rolle mehr.[871]

Die Einführung eines Schmerzensgeldanspruchs auch bei Gefährdungshaftungstatbeständen führt – wegen der oben bereits erwähnten meist geringeren Beweisanforderungen – sicher dazu, in derartigen Fällen einen Schmerzensgeldanspruch rascher und leichter durchzusetzen. Allerdings muss der den Geschädigten vertretende Rechtsanwalt dabei stets die individuellen **Haftungshöchstbeträge**[872] gem. § 12 Abs. 1 Nr. 1 StVG und deren Verringerung gemäß § 12 Abs. 2 StVG im Auge haben. Diese werden, trotz der im Rahmen der Schadensrechtsreform erfolgten deutlichen und sehr begrüßenswerten Anhebung bei Verletzungen mit schweren Dauerschäden, sicher nicht immer ausreichend sein, was *Huber*[873] anschaulich vorrechnet.

---

864 BGH NJW 1995, 452.
865 BGH NJW 1995, 452 (454).
866 BGH NJW 1995, 452 (454).
867 BGH NJW 1995, 452 (454).
868 Vgl. OLG Hamm NJW-RR 2014, 411 sowie NK-GVR/Pardey StVG § 7 Rn. 4.
869 S. zu dieser Thematik Wessel VersR 2011, 569; Köhler NZV 2011, 105 sowie BGH NJW 2015, 2880.
870 Vgl. dazu BGH NJW 2015, 2880 sowie die Ausführungen unter → Rn. 127 und 96.
871 Vgl. → Rn. 99 ff.
872 Diese gelten nicht nur für das StVG, sondern ua in gleicher Höhe für das HaftpflichtG (§ 9 HaftPflichtG); für die Luftverkehrshaftung (§ 37 Abs. 2, § 46 LuftVG), für die Arzneimittelhaftung (§ 88 Abs. 1 AMG).
873 Huber § 2 B IV, 128 und 129.

Für den Geschädigten führt die sich daraus ergebende Beweiserleichterung im Zusammenhang mit dem fehlenden Verschuldensnachweis zu einer erheblichen Verfahrensvereinfachung.[874]

122 Die Regelung des § 8a StVG stärkt die Rechte der Fahrzeuginsassen im Falle **entgeltlicher Personenbeförderung.** In Fällen, in denen es ohne Fremdbeteiligung zu einem Unfall kommt und das Fahrerverschulden nicht nachweisbar ist, kommt ihr eine enorme Bedeutung zu. Solche Fälle beschäftigten in der Vergangenheit entweder infolge von Glatteisunfällen bei nicht erkennbarer Glätte oder technischem Fahrzeugversagen – um nur zwei Beispiele zu nennen – immer wieder die Gerichte. Nach heutigem Recht kann der verletzte Insasse den Fahrer, Halter und KH-Versicherer bereits aus Gefährdungshaftung auch auf Schmerzensgeld in Anspruch nehmen; Verschuldensnachweisprobleme spielen insofern in dieser Unfallkonstellation keine Rolle mehr,[875] wie der (bislang einmalige) Fall zeigte, den 2025 das OLG Oldenburg zugunsten eines Motorrad-Sozius bzw. -Beifahrers entschieden hatte, dem ein Fasan gegen den Helm geflogen war, worauf er vom Motorrad fiel und sich schwer verletzt hatte.[876]

123 Ebenso bedeutsam ist daher die Regelung des § 8a StVG auch bei Unfällen unter Beteiligung mehrerer Fahrzeuge[877] wie zB bei **Massenkarambolagen** bzw. Massenkollisionen auf Autobahnen, in denen früher (vor dem 1.8.2002) auch – mangels Aufklärbarkeit des Einzelgeschehens – dem einzelnen Fahrer oft kein Verschulden (mehr) nachgewiesen werden konnte und somit der Schmerzensgeldanspruch des Insassen deshalb scheitern musste. Nach heutigem Recht kann hier auf den Anspruch aus Gefährdungshaftung ausgewichen werden, der gem. dem ebenfalls reformierten § 253 BGB nun auch zum Schmerzensgeld führt.

Zur **Schmerzensgeldbemessung in Fällen reiner Gefährdungshaftung** bzw. zur Frage, ob dann, wenn der Schmerzensgeldanspruch lediglich auf dem Gefährdungshaftungstatbestand des § 11 Satz 2 StVG gestützt wird, dem Verletzten nur ein geringerer Schmerzensgeldanspruch zusteht, als wenn der Schädiger aus einem schuldhaft vorwerfbaren Fehlverhalten haften würde, wurde oben → **Rn. 118** bereits eingegangen, weshalb hierauf zu verweisen ist.

Praxishinweis:
Lediglich am Rande sei darauf hingewiesen, dass für den Verkehrsanwalt stets die Frage der unzulässigen **Mehrfachvertretung** sehr genau zu beachten ist, insbesondere in Fällen, in denen er die Insassen eines Fahrzeuges (Kfz-1) gegenüber beispielsweise den Beteiligten eines anderen Fahrzeuges (Kfz-2) vertritt, denn auch der verletzte Insasse des Kfz-1 hat ggf. Ansprüche gegen den Fahrer und/oder Halter dieses Fahrzeuges (Kfz-1), auch ohne dessen Verschulden, wie der 2025 vom OLG Oldenburg entschiedene Fall (Kollision mit wildem Fasan – typische Betriebsgefahr und keine höhere Gewalt)[878] zeigt.

Bezüglich der weiteren Besonderen Gefährdungshaftungsnormen, insbesondere aus **§ 2 HaftPflG** und den damit begründeten Schmerzensgeldansprüche vgl. nachfolgend → **Rn. 359 Besondere Gefährdungshaftungstatbestände** und insbesondere **zum HaftPflG → Rn. 360.**

124 **e) Schmerzensgeld bei Verletzung durch Familienangehörige und befreundete Personen.** Vorweg sei darauf hingewiesen, dass das Haftungsprivileg des § 1664 BGB – anders als wenn die Pflichtverletzung der Eltern in einer Verletzung ihrer Aufsichtspflicht[879] liegt – bei Unfällen im Straßenverkehr dann grds. keine Anwendung findet, wenn die Eltern ihr Kind als Kraftfahrer unter Verstoß gegen Verkehrsvorschriften schädigen.[880] Dazu und zur Anrechnung eines Mitverschuldens der Eltern an der Verletzung des Kindes vgl. nachfolgend Kap. V. 14. → Rn. 339. Zur Anwendbarkeit des § 1359 BGB s. BGH BeckRS 2009, 11335.

Zur Frage der – unter strengen Voraussetzungen bestehenden – wechselseitigen Haftungsbeschränkung vgl. das s. oben → **Rn. 100** näher behandelte Urteil des BGH[881] zur Haftungsbeschränkung zwischen Insassen und Fahrer.

---

874 Ähnlich äußert sich Wagner NJW 2002, 2049 (2054).

875 Janiszewski/Jagow/Burmann StVG § 8a.

876 OLG Oldenburg BeckRS 2025, 29570 → Nr. 7761; s. hierzu die Entscheidungsbesprechung von Kleine-König NZV 2026, 237.

877 NK-GVR/Pardey StVO StvG § 8a Rn. 5.

878 OLG Oldenburg BeckRS 2025, 29570 → Nr. 7761; s. hierzu die Entscheidungsbesprechung von Kleine-König NZV 2026, 237.

879 Vgl. dazu OLG Köln BeckRS 2024, 4504; BGH BeckRS 2021, 1443 sowie nachfolgend → Rn. 339.

880 LG Frankfurt a. M. (Oder) BeckRS 2020, 57813, OLG Bamberg BeckRS 2012, 8311; OLG Karlsruhe BeckRS 2008, 18922; BeckRS 2012, 8311; vgl. dazu auch BGH BeckRS 2020, 39757 sowie MüKoBGB/Huber, § 1664 Rn. 11, 12; Almeroth Schadensersatz bei Verkehrsunfällen Rn. 977.

881 BGH BeckRS 2009, 8370; vgl. – wenn auch nicht zur Höhe des Schmerzensgeldes – insofern auch BGH NZV 2018, 133 mit sehr kritischer Anm. von Martin.

Unter dem Gesichtspunkt der Genugtuungsfunktion des Schmerzensgeldes ist nach hA jedenfalls der Obergerichte[882] auch zu berücksichtigen, ob der Schaden durch den Ehegatten verursacht wurde. Zwar greift bei Beteiligung der Eheleute im Straßenverkehr und schuldhafter Verursachung des Unfalls durch einen Ehepartner der mildere Haftungsmaßstab des § 1359 BGB nicht,[883] aber dennoch ist nicht völlig ausgeschlossen,[884] dass die Tatsache der Ehegemeinschaft uU schmerzensgeldmindernd ins Gewicht fallen könnte. Denn es ergibt sich aus der familienrechtlichen Beziehung, dass der Schmerzensgeldbetrag regelmäßig nur so hoch bemessen sein darf, dass er von dem verantwortlichen Ehepartner ohne unverhältnismäßige Minderung des der Familie zur Verfügung stehenden Einkommens aufgebracht werden kann.[885] Ob dies auch bei Eintritt zB eines Kraftfahrzeughaftpflichtversicherers gelten soll, ist umstritten.[886] Das OLG München[887] erachtete es in einem solchen Falle für unbeachtlich, dass der Unfall durch den Ehegatten verursacht wurde und argumentierte, es könne (zumindest bei einem Kfz-Haftpflichtschaden) *„nicht die Versicherung entlasten, dass die Ehefrau des Kl. den Unfall verschuldet hat“*; eine Auffassung, die jedoch vom BGH nicht geteilt wurde. Der BGH hat in dem vom OLG München entschiedenen Fall – im Grundsatz zutreffend – darauf hingewiesen, dass die Eintrittspflicht einer Haftpflichtversicherung keinesfalls weiter gehen könne als die des Schädigers. Im Hinblick darauf, dass der ausgeurteilte Schmerzensgeldbetrag insgesamt nicht zu beanstanden war, wurde die Revision aber nicht angenommen.[888] Das OLG Düsseldorf äußerte sich 2008 hingegen eindeutig für eine – wenn auch geringfügige – Herabsetzung: *„Wer von einem Verwandten verletzt wird, kann kein so hohes Schmerzensgeld verlangen wie der von einem Fremden Verletzte. Dies ergibt sich aus den sozialen Bindungen zwischen Familienmitgliedern …“*.[889]

Nicht nur im Straßenverkehr, sondern auch im häuslichen Bereich, kommen jedoch Schadenfälle unter Eheleuten vor. Über einen solchen Sachverhalt – Kopfstoß gegen die Stirn – hatte das OLG Zweibrücken[890] zu entscheiden und der vorsätzlich verletzten Ehefrau ein Schmerzensgeld zuerkannt. (Weitere Entscheidungen zu Vorsatztaten, auch im Familienkreis, finden Sie in der Urteilssammlung im Kapitel C. 19. „Vorsätzliche Körperverletzungen“.)

Da bei der Bemessung des Schmerzensgeldes die Ausgleichfunktion deutlich im Vordergrund steht, ja im Bereich des Verkehrsunfallrechtes sicher fast eine Alleinstellung besitzt, ist diese praktische Auswirkung der Ehegemeinschaft auf die Schmerzensgeldbemessung heute wohl kaum noch von Bedeutung.[891] Dem durch seinen Partner verletzten Ehegatten steht somit in der Regel derselbe Schmerzensgeldanspruch zu, wie ohne die eheliche Bindung,[892] insbesondere, wenn die Verletzung auf einen Verkehrsunfall zurückzuführen ist. **125**

In einer bereits über 30 Jahre zurückliegenden Entscheidung wurde allerdings durch das AG Düsseldorf entschieden, dass bei nur geringfügigen Verletzungen eine Schmerzensgeldforderung wegen bestehender Ehe ausnahmsweise sogar insgesamt als unbillig angesehen werden könne.[893] Weitere derart weitgehende Entscheidungen sind nicht bekannt.

Zutreffend sprach dagegen im Fall **häuslicher Gewalt** unter **Lebenspartnern** das AG Grünstadt – bestätigt durch das OLG Zweibrücken[894] – der inzwischen geschiedenen Ehefrau für großflächige Hämatome im Stirn- und Augenbereich, Schürfwunden an den Händen und ein weiteres Hämatom am Hinterkopf ein Schmerzensgeld iHv 3.000 EUR zu, ohne das Eheverhältnis auch nur mit einem Satz hinsichtlich der Bemessung des Schmerzensgeldes zu würdigen.

Die Rechtsprechung, wonach der den Schaden verursachende Ehepartner sich selbst um eine besondere Art des Ausgleichs und um Genugtuung bemühen würde, indem er sich fürsorglich um den geschädigten Partner kümmere,[895] erscheint heute veraltet und mag allenfalls in seltenen Ausnahmefällen in die Bemessung eingebracht werden.

---

[882] OLG Schleswig NZV 1992, 190; aA OLG München VersR 1989, 1056.
[883] So bereits BGH NJW 1970, 1271.
[884] OLG Schleswig NZV 1992, 190.
[885] BGH VersR 1973, 941 (943).
[886] Ablehnend OLG München BeckRS 1988, 4725; im Ergebnis ebenso LG Kiel r+s 1991, 89; befürwortend Scheffen/Pardey Schadensersatz Rn. 940.
[887] OLG München BeckRS 1988, 4725.
[888] BGH VersR 1989, 1056.
[889] OLG Düsseldorf BeckRS 2009, 1674 (Kind verunglückte im von der Mutter geführten Pkw); vgl. aber Armbrüster NJW 2009, 187 (188).
[890] OLG Zweibrücken NJW-RR 2014, 33.
[891] So auch im Ergebnis – wenn auch bzgl. eines Mutter-Kind-Verhältnisses – OLG Düsseldorf SP 2009, 255.
[892] So im Ergebnis auch Küppersbusch/Höher Ersatzansprüche Personenschaden Rn. 278; anders jedoch OLG Schleswig NZV 1992, 190.
[893] AG Düsseldorf 25.3.1985 – 40 C 792/84.
[894] OLG Zweibrücken NJW-RR 2014, 33.
[895] OLG Schleswig NJW-RR 1992, 95 (96).

126 Die zu der Entschädigung zwischen Ehegatten entwickelten Kriterien gelten grundsätzlich auch im **Verhältnis** zwischen **Eltern** und **Kindern,**[896] sofern zwischen diesen eine Unterhaltsbeziehung besteht; anders verhält es sich bei bereits volljährigen Kindern, die nicht mehr im Hause der Eltern leben.[897] Insofern führte das OLG Düsseldorf zum dortigen Mutter-Kind-Verhältnis aus:

„Bei der Bemessung des Schmerzensgeldes als Folge von Verkehrsunfallverletzungen tritt gewöhnlich die Genugtuungsfunktion zu Gunsten der Ausgleichsfunktion der Zahlung in den Hintergrund. Dies gilt im vorliegenden Fall umso mehr auf Grund der Tatsache, dass zwischen der Kl. und der Fahrerin des Unfallfahrzeugs eine enge verwandtschaftliche Beziehung, nämlich ein Mutter-Kind-Verhältnis, besteht. Wer von einem Verwandten verletzt wird, kann kein so hohes Schmerzensgeld verlangen wie ein von einem Fremden Verletzter. Dies ergibt sich aus den sozialen Bindungen zwischen Familienmitgliedern, auf welchen das gesamte Unterhaltsrecht fußt“.[898]

Zutreffend betonte das OLG Düsseldorf jedoch im Weiteren, dass auch in solchen Fällen *„wegen des im Vordergrund stehenden Ausgleichsgedankens eine wesentliche Reduzierung des danach angemessenen Schmerzensgeldes nicht in Betracht“*[899] komme.

127 Auch bei **freundschaftlichen Beziehungen** zwischen Schädiger und Geschädigtem kann die Genugtuungsfunktion zurücktreten, insbesondere dann, wenn das schädigende Ereignis bei einer gemeinsam durchgeführten Betätigung eintritt.[900] Dies gilt – zutreffend – jedoch nach wohl überwiegender Ansicht nicht bei sog. Gefälligkeitsfahrten,[901] wobei der BGH[902] im Falle eines gemeinsam für eine Urlaubsfahrt genutzten Mietwagens die klagabweisende Entscheidung des OLG bestätigte, da vorliegend von einem **stillschweigenden Haftungsverzicht** der beiden Freundinnen auszugehen sei. Ebenso bestätigte der BGH das klagabweisende Urteile der Vorinstanz im Falle einer Gefälligkeitsfahrt zu einer Vereinssportveranstaltung, zu der die Klägerin ihre Enkelin fuhr, damit diese an einem auswärtigen Spiel teilnehmen konnte.[903]

Zur Anrechnung eines Mitverschuldens der Eltern an der Verletzung des Kindes vgl. Kapitel V. → Rn. 328.

128 **f) Verzögerung der Entschädigungszahlungen durch eine Versicherung.** Eine zögerliche oder kleinliche[904] Schadenregulierung, kurz **Regulierungsverzögerung** genannt, durch den eintrittspflichtigen Haftpflichtversicherer kann – soweit vorwerfbar oder zumindest nicht nachvollziehbar – den Betrag des zu zahlenden Schmerzensgeldes erhöhen. Grund hierfür ist, dass eine solche Regulierungsverzögerung herabwürdigend wirken und damit den erlittenen immateriellen Schaden vertiefen kann. Dies wird in einem solchen Fall stets im Rahmen der Genugtuungsfunktion des Schmerzensgeldes **schmerzensgelderhöhend** berücksichtigt.[905] Darauf hatten ua die Oberlandesgerichte Brandenburg,[906] München[907] Hamm,[908] Koblenz[909] und Saarbrücken[910] und zuletzt 2023 das OLG Celle[911] Gelegenheit, hinzuweisen.[912]

Das Schmerzensgeld ist deutlich zu erhöhen, wenn – wie im Fall (Zusammenstoß von Kfz und Bahn infolge geöffneter Schranken), den das OLG Celle entschieden hatte – das Verhalten der Beklagten *„insgesamt nicht nachzuvollziehen“* ist und *„als «nochmalige Verletzung»“*[913] der Klägerin verstanden werden“ müsse oder wenn Zahlungen verweigert werden, obwohl bei *„verständig-lebensnaher, objektiver Betrachtungsweise“* von einer Ein-

[896] So OLG Düsseldorf BeckRS 2009, 1674, sowie bereits BGH VersR 1973, 941 (944).
[897] So zutreffend Scheffen/Pardey Schadensersatz Rn. 940.
[898] OLG Düsseldorf BeckRS 2009, 1674.
[899] OLG Düsseldorf BeckRS 2009, 1674.
[900] OLG Frankfurt a. M. VersR 1975, 1053 (gemeinsame Jagdausübung); OLG Karlsruhe VersR 1977, 936 (gemeinsame Zechtour); ebenso Köln r+s 1990, 61.
[901] Quirmbach ZfS 2017, 667; Bamberger/Roth BeckOK BGB, 42. Ed. 2017, § 253 Rn. 41 mit zahlreichen Fundstellen; aA Küppersbusch/Höher Ersatzansprüche Personenschaden Rn. 274.
[902] BGH BeckRS 2009, 8370 sowie das Berufungsurteil in VersR 2008, 934; zur Frage der Anwendung einer Haftungsmilderung nach § 1359 BGB bei gemeinsamer Motorbootfahrt äußerte sich ablehnend der BGH NZV 2008, 381.
[903] BGH NJW 2015, 2880 mAnm Singbartl.
[904] vgl. dazu OLG Schleswig BeckRS 2020, 18501 mAnm Bärnreuther/Yagmur NZV 2021, 367.
[905] Vgl. dazu Figgener/Quaisser NJW-Spezial 2025, 650; Wern/Lenzen NJW-Spezial 2025, 265 sowie beispielhaft und sehr gut ausgeführt hatte hierzu das OLG München NZV 2014, 578; vgl. auch AG Bruchsal NJW-RR 2019, 22; OLG Hamm BeckRS 2019, 8485; OLG Frankfurt a. M. NZV 2004, 39; OLG Hamm NVZ 2003, 192; OLG Brandenburg OLG-NL 2003, 224; OLG Naumburg VersR 2002, 1295; vgl. auch Jahnke Straßenverkehrsrecht § 253 Rn. 45–52.
[906] OLG Brandenburg BeckRS 2025, 23985 mAnm Figgener/Quaisser NJW-Spezial 2025, 650.
[907] OLG München BeckRS 2021, 13097.
[908] OLG Hamm BeckRS 2021, 5414; OLG Hamm BeckRS 2021, 9618; OLG Hamm BeckRS 2019, 8485.
[909] OLG Koblenz FD-VersR 2015, 374391.
[910] OLG Saarbrücken BeckRS 2015, 6748, ZfS 2015, 683 mAnm Diehl, der in solchen Fällen eine generelle Anhebung von 20 % vorschlägt.
[911] OLG Celle BeckRS 2023, 1276.
[912] S. dazu ausführlich auch Wern/Lenzen NJW-Spezial 2025, 265.
[913] OLG Celle BeckRS 2023, 1276.

standspflicht auszugehen ist[914] oder *„wenn der Schädiger bzw. seine Versicherung nicht einmal Teilbeträge/Vorschüsse leistet, die nach der von ihnen selbst vertretenen Rechtsauffassung oder nach der insoweit geklärten Rechtslage dem Geschädigten zusteht“*.[915]

Grundsätzlich muss es sich dabei stets um ein vorwerfbares oder jedenfalls nicht nachvollziehbares **Regulierungsverhalten des Versicherers** handeln, dass als **völlig unangemessen, missbräuchlich oder sachlich nicht gerechtfertigt** eingestuft werden kann[916] und sich niederschlägt in

- unverständlich verzögerter Regulierung, insbesondere, wenn die Haftung dem Grunde nach unstreitig ist und trotzdem keine Abschlagszahlung erfolgt,[917]
- unangemessen niedrigen vorprozessuale Leistungen[918] oder
- unvertretbarem (vor-)prozessualen Verhalten, wenn dieses über die verständliche Rechtsverteidigung hinausgeht, wie beispielsweise wenn eine Versicherung nach Beendigung der Berufungsinstanz eine nach Ansicht des Landgerichts völlig aussichtslose Revision einlegt[919] oder
- in Fällen, bei denen dem Unfallopfer ein unangemessenes Abfindungsangebot unterbreitet wird.[920]

Als schmerzensgelderhöhend kann es sich auch auswirken, wenn die Beklagten in einem KH-Schadensfall (hier: Motorradunfall) den Rechtsstreit wegen der etwaigen internen Haftungsverteilung untereinander führen und dabei jegliche Haftung für materielle und immaterielle Schäden des als Soziusfahrer am Unfallhergang offenkundig nicht mitschuldigen Klägers ablehnen und den Kläger während zweier Jahre finanziell völlig im ungewissen lassen.[921]

Dies alles gilt auch außerhalb der Kraftfahrzeughaftpflicht (§ 115 Abs. 1 VVG), wenn – wie etwa im Arzthaftungsrecht – ein Direktanspruch gegen den Haftpflichtversicherer nicht gegeben ist.[922]

Die Erhöhung des Schmerzensgeldes ist, neben der oben benannten Herabwürdigung[923] des Anspruchstellers, **129**
vor allem in der objektiven Belastung des Verletzten bei einer mühseligen und langwierigen Auseinandersetzung mit der Versicherung begründet.[924] So bringt die lang andauernde Ungewissheit, ob Zahlungen geleistet werden, neben dem wirtschaftlichen Risiko einer prozessualen Auseinandersetzung **zusätzliche psychische Belastungen** für den Verletzten mit sich.[925] Geht diese, wie in dem Falle, den das OLG München[926] zu entscheiden hatte, so weit, dass es zur Ausprägung eines „psychopathologischen Krankheitsbildes“ kommt, so rechtfertigt dies eine „erhebliche“ Schmerzensgeldanhebung. Dies – dh die zusätzliche psychische Belastung – muss der Kläger bzw. sein Rechtsanwalt/seine Rechtsanwältin jedoch vortragen, worauf das KG[927] (dort war ein solcher Vortrag unterblieben) explizit nochmals hingewiesen hatte.

So sprach das OLG Naumburg[928] einer 73-Jährigen einen „erheblichen Schmerzensgeldaufschlag“ für „ungebührlich zögerliches Regulierungsverhalten“ zu, da „es ihr über viele Jahre hinweg nicht möglich gewesen war, sich die Annehmlichkeiten zu verschaffen, die die von ihr erlittenen Schmerzen zumindest teilweise hätten ausgleichen können“.

Zutreffend hob auch das OLG Frankfurt a. M.[929] – bereits 1994 – das Schmerzensgeld eines Querschnittgelähmten sehr deutlich an, dem der

„eintrittspflichtige KH-Versicherer vorprozessual umgerechnet nur gut 25.500 EUR an Schmerzensgeld und bis zur mündlichen Verhandlung vor dem LG, etwa 3 Jahre lang, keinerlei Betrag auf den materiellen Schaden gezahlt (hat), obwohl die Bekl. von einer Haftungsquote um 50 % und einem Schmerzensgeld von umgerechnet gut 102.000 EUR selbst ausgegangen ist“.

[914] OLG Karlsruhe VersR 1973, 851; OLG München NZV 1993, 232; 1993, 434; OLG Köln ZfS 1992, 405 sowie OLG Nürnberg ZfS 1995, 452.
[915] Hierzu OLG München BeckRS 2009, 27951; OLG Braunschweig ZfS 1995, 90.
[916] Wern/Lenzen NJW-Spezial 2025, 265.
[917] OLG München BeckRS 2021, 13097; OLG München BeckRS 2009, 18977; vgl. dazu auch unten → Rn. 133.
[918] OLG Naumburg BeckRS 2009, 17605; OLG Köln BeckRS 301168168; OLG Nürnberg BeckRS 9998, 2800.
[919] OLG München BeckRS 2010, 23467; LG München 27.7.1982 – 17 O 10898/79, VersR 1983, 593.
[920] LG Leipzig BeckRS 2011, 1867.
[921] OLG München BeckRS 2009, 18977.
[922] OLG Koblenz BeckRS 2015, 19590; Jaeger/Luckey Schmerzensgeld Rn. 1152.
[923] Vgl. dazu Bärnreuther/Yagmur NZV 2021, 367.
[924] So BGH VersR 1961, 703 (704).
[925] OLG Frankfurt a. M. DAR 1988, 243; darauf weist auch Ludovisy/Morgenstern Rn. 534 hin.
[926] OLG München BeckRS 1992, 5225.
[927] KG BeckRS 2013, 01342.
[928] OLG Naumburg NJW 2015, 261 sowie auch NJW-Spezial 2014, 586.
[929] OLG Frankfurt a. M. DAR 1994, 21.

Das OLG wertete dies zutreffend als *„unverständlich und grob pflichtwidrig"* und versetzte der Bekl. mit einer verzögerungsbedingten Anhebung des Schmerzensgeldes um umgerechnet 15.338 EUR eine *„schallende Ohrfeige"*.

Das OLG Nürnberg[930] sah sich zutreffend wegen einer von der beklagten Haftpflichtversicherung grundlos aufgestellten Behauptung eines Mitverschuldens wegen angeblicher Alkoholisierung des Klägers veranlasst, dieses als *„herabwürdigend zu empfindende"* Regulierungsverhalten durch eine Schmerzensgelderhöhung zu ahnden. Ähnlich argumentierte im Jahr 2000 das LG Saarbrücken[931] und erhöhte das Schmerzensgeld („bei einem an sich gerechtfertigten"[932] Betrag von umgerechnet nahezu 128.000 EUR) um umgerechnet 25.500 EUR (damals 50.000 DM).

130 Nach Ansicht von Teilen der Rechtsprechung hat die schmerzensgelderhöhende Berücksichtigung der Verzögerung durch die Versicherung auch eine generalpräventive, **pönale Komponente:** Die Versicherungen sollen mit dem Risiko empfindlicher Vermögenseinbußen bedroht werden und so von einer nicht vertretbaren Zahlungsverweigerung abgeschreckt werden. Der Möglichkeit, dass Versicherungen ihre wirtschaftliche Macht nutzen, um Anspruchsteller durch verzögerte Zahlungen zu zermürben und zu niedrigen Abschlüssen zu veranlassen, soll auf diese Weise entgegengewirkt werden.[933] Diese Argumentation ist aus zwei Gründen verfehlt: Zum einen kennt das deutsche Recht keine *punitive damages* und zum anderen hat in aller Regel der Schädiger selbst gar keinen Einfluss auf das Regulierungsverhalten „seines" Versicherers.[934]

131 Ebenfalls zu einer Schmerzensgelderhöhung führt das – durch den Beklagten bzw. dessen Haftpflichtversicherung wider besseren Wissens vorgetragene – *„wahrheitswidrige Bestreiten"* eines bestehenden Sachverhaltes (hier: Glätte des Fahrzeugdecks einer frisch gestrichenen und gebrauchsbedingt feuchten Fähre, – zumal dieser Sachverhalt vom Fährpersonal mit einem Dienstbucheintrag vom Vortrag des Unfalles bereits bestätigt worden war), worauf das OLG Schleswig[935] zutreffend hingewiesen und das Schmerzensgeld um 500 EUR erhöht hatte.

Bietet ein Haftpflichtversicherer dem Geschädigten ein offensichtlich geschuldetes weiteres Schmerzensgeld trotz der ärztlich attestierten Möglichkeit von Spätschäden nur gegen Unterzeichnung einer endgültigen Abfindungserklärung an, so dass der Geschädigte in die Situation gebracht wird, sich entscheiden zu müssen, den Betrag trotz befürchteter Spätfolgen als endgültige Abfindung anzunehmen oder einen längeren Prozess führen zu müssen, rechtfertigt das eine angemessene Erhöhung des Schmerzensgeldes.[936]

Für die Praxis unbeachtlich ist insofern die akademische Auseinandersetzung[937] mit der Thematik vor dem Hintergrund der Frage, ob man insofern von einer Erhöhung sprechen dürfe, wo doch stets ein angemessenes Schmerzensgeld zuzusprechen sei und bei der Bemessung somit alle hierbei zu berücksichtigenden Aspekte einzufließen haben. Dies ist zutreffend und das Verhalten des Versicherers im konkreten Falle ist bei juristisch-genauer Betrachtung ein solcher zu berücksichtigender Aspekt.

132 Auch kann sich das den Kläger fast beleidigende und in jedem Falle sehr zynische Verhalten des Beklagten bzw. ein – wie das OLG München[938] vornehm ausdrückte – **Verlassen** des **akzeptablen Rahmens verständlicher Rechtsverteidigung** schmerzensgelderhöhend auswirken. Der Beklagte ließ schriftsätzlich vortragen, *„dass sich der Kläger im Leben doch gut eingerichtet …, er sogar durch den Kündigungsschutz für Schwerbehinderte durch den Unfall quasi einen Vorteil erlangt" habe. „Ein derartiges Verhalten" – so das OLG zutreffend – „muss schmerzensgelderhöhend berücksichtigt werden".*

133 Sofern derartige Maßnahmen sich auf Fälle der Regulierungsverschleppung (s. oben), der Zermürbung oder gar Demütigung konzentrieren, ist dem zuzustimmen, auch wenn für eine derartig generalpräventive, pönale Komponente im Gesetz kein Anhaltspunkt erkennbar ist.[939]

Insofern seien – aus einer Vielzahl von Fällen – nur sechs extreme Beispiele genannt:

930 OLG Nürnberg NZV 1997, 358.
931 LG Saarbrücken ZfS 2001, 255.
932 So das LG Saarbrücken ZfS 2001, 255.
933 OLG Karlsruhe NJW 1973, 851 (853).
934 Ebenso Bamberger/Roth BGB § 253 Rn. 44.
935 OLG Schleswig BeckRS 2012, 20027.
936 LG Leipzig BeckRS 2011, 1867.
937 Vgl. Luckey VRR 2013, 67.
938 OLG München BeckRS 2010, 23467, ähnlich OLG Hamm BeckRS 2019, 8485.
939 Vgl. insofern auch Gülpen SVR 2008, 134. Der Beitrag stellt übersichtsartig die Rechtsprechung zur Frage der schmerzensgelderhöhenden Verzögerung der Schadensregulierung dar.

- OLG Stuttgart:[940] Das OLG sprach von einer „inakzeptablen Regulierungsverzögerung“, da die KH-Versicherung bei voller Haftung fast vier Jahre nach dem Unfall nur 12.500 EUR bezahlt hatte; das zuerkannte Schmerzensgeld betrug 120.000 EUR.
- OLG Hamm:[941] Das Verhalten des KH-Versicherers könne, so das OLG, *„nur als Versuch gewertet werden, sie* [Anmerkung: die Klägerin] *zu zermürben und derart unter Druck zu setzten, dass sie der von dem Beklagten favorisierten vergleichsweisen Regelung zustimmt.“* Zudem wertet das OLG zutreffend die teilweise demütigende argumentative Auseinandersetzung des Beklagten mit den Forderungen der Klägerin im Prozess *„stellenweise für derart unangebracht, dass auch deshalb eine weitere Erhöhung des Schmerzensgeldes gerechtfertigt ist“.*
- OLG Naumburg:[942] Versicherer leistet einen *„erkennbar völlig unzureichenden“ Vorschuss und agiert „ungebührlich“* zögerlich.
- KG:[943] Keine Abschlagszahlungen über vier Jahre trotz unzweifelhafter Haftung.
- OLG Naumburg:[944] Sechseinhalb Jahre nach dem Schadenereignis und viereinhalb Jahre nach Rechtskraft des Grundurteils war noch immer keinerlei Ausgleichzahlungen an den Kläger ergangen.
- OLG Nürnberg:[945] „Gegen Treu und Glauben verstoßender Zermürbungsversuch“ durch zögerliche und unzureichende Bevorschussung.
- LG Berlin:[946] Zweifacher Versuch der Versicherung, das Unfallopfer – zum Teil sogar unter Umgehung des Prozessbevollmächtigten – in eine sogenannte „Erlassfalle“[947] zu locken.

Weitere ähnliche Fälle lagen den Entscheidungen des LG Saarbrücken,[948] des OLG Nürnberg,[949] sowie des OLG Frankfurt a. M.[950] zugrunde. Das OLG Frankfurt a. M. sanktionierte das Verhalten des Versicherers scharf, in dem es eine Verdoppelung des Schmerzensgeldes vornahm, weil zum einen die Versicherung im Vorfeld versucht habe, den Geschädigten zu einer Abfindungserklärung „zu nötigen“, was „unanständig“ sei; zum anderen habe die Versicherung, obwohl sie nicht in Berufung gegangen sei, die Urteilssumme nicht ausgezahlt und dadurch zum Ausdruck gebracht, dass der Kl. selbst nach dem Urt. weiterhin als „lästiger Bittsteller“ behandelt werde.[951]

Allerdings kann eine „Kränkung und Beeinträchtigung des Lebensgefühls des Geschädigten“ dann nicht in Betracht kommen, wenn der Versicherer schon vorgerichtlich alle geltend gemachten materiellen Schäden weitgehend reguliert und auch auf das anstehende Schmerzensgeld nicht unerheblich Zahlungen erbracht hat (hierzu OLG Brandenburg[952] und OLG Schleswig[953]) oder bei zweifelhafter Rechtslage oder unklarer Befundlage (hierzu OLG Koblenz)[954] zunächst keine Zahlungen leistet.[955] **134**

Insofern hatte sich im Jahr 2005 das OLG Hamm[956] mit dem ungewöhnlichen Fall einer direkten Inanspruchnahme des Verhandlungsführers eines Haftpflichtversicherers wegen Schmerzensgeld zu befassen. Der Kläger erlitt nach seinem eigenen Vortrag Depressionen, nachdem ihm von dem Verhandlungsführer der Versicherung offenbart worden war, dass er nur 30.000 EUR erhalten solle, obwohl er (der Kläger) sich der Hoffnung hingegeben hatte, aus der Verhandlung mit 480.000 EUR erfolgreich hervorzugehen. Der Kläger begehrte daraufhin zusätzlich 7.000 EUR vom Verhandlungsführer des Versicherers; jedoch ohne Erfolg.

Ebenso sind derartige „Sanktionen“ abzulehnen, wenn der Privat- oder Betriebshaftpflichtversicherer nach Schadensmeldung seitens seines VN sich nicht von sich aus beim Anspruchsteller meldet und dadurch die Regulierung zunächst gar nicht erfolgt, da dies – worauf das OLG Hamm[957] zutreffend hingewiesen hatte – nicht der *„Rollenverteilung von Geschädigtem und Schädiger in einem Haftpflichtfall“* entspricht und somit – anders als im KH-Schadenfall – nicht Aufgabe des AH-Versicherers ist. Ebenso stellt es keine Regulierungsverzöge- **135**

[940] OLG Stuttgart Urt. v. 16.1.2024 – 10 U 76/23 → Nr. 7420.
[941] OLG Hamm BeckRS 2019, 8485.
[942] OLG Naumburg NJW 2015, 261 sowie auch NJW-Spezial 2014, 586.
[943] KG BeckRS 2010, 18009.
[944] OLG Naumburg NJW-RR 2008, 693.
[945] OLG Nürnberg NZV 2007, 301.
[946] LG Berlin NZV 2006, 206.
[947] Die Versicherung übersandte dem Unfallopfer Schecks in unterschiedlicher Höhe zur „Klaglosstellung“, wobei das Angebot der Versicherung dem Muster der sog. „Erlassfalle“ entsprach; vgl. hierzu bereits Frings BB 1996, 809 sowie zur Abgrenzung LG Leipzig NZV 2011, 41.
[948] LG Saarbrücken ZfS 2001, 255.
[949] OLG Nürnberg ZfS 1995, 452.
[950] OLG Frankfurt a. M. NJW 1999, 2447.
[951] OLG Frankfurt a. M. NJW 1999, 2447.
[952] OLG Brandenburg BeckRS 2025, 23985 mAnm Figgener/Quaisser NJW-Spezial 2025, 650.
[953] OLG Schleswig BeckRS 2020, 1850.
[954] OLG Koblenz BeckRS 2015, 19590.
[955] OLG Hamm VersR 1980, 683; im Ergebnis ebenso OLG Braunschweig ZfS 1995, 90.
[956] OLG Hamm NZV 2006, 37.
[957] OLG Hamm BeckRS 2021, 5414.

rung dar, wenn ein Versicherer – in Fällen berechtigter Einwände oder Zweifel[958] oder noch ausstehender Ermittlungsergebnisse infolge eingeholter, aber noch nicht vorliegender Gutachten – zunächst keine Zahlungen leistet.[959] In derartigen Situationen verweigerten beispielsweise das KG[960] sowie das Brandenburgische OLG[961] und das LG Bonn[962] zutreffend eine Erhöhung des Schmerzensgeldes. Das OLG Brandenburg[963] betonte insofern: *„Eine Schmerzensgelderhöhung aus dem Grunde einer verzögerten Regulierung ist nicht schon dann anzunehmen, wenn sich der Versicherer auf der Zahlungsverpflichtung entgegenstehende Umstände beruft, die er letztlich im Rechtsstreit nicht beweisen kann"*, so das OLG.

Wenn *Honsell* (bereits 1974) hierzu die Frage gestellt hatte, warum gerade Versicherungen verboten sein soll, was sonst jedermann dürfe, nämlich die gerichtliche Klärung der Schadensersatzpflicht abzuwarten,[964] so ist dem zu erwidern, dass eine abwartende Haltung sich in keiner Weise mit dem in der Versicherungswirtschaft seit vielen Jahren propagierten und inzwischen etablierten **„aktiven Schadenmanagement"** vereinbaren lässt. Die Zeiten der „passiven Sachbearbeitung" sind (oder sollten!) schon lange vorbei (sein).

136 **Praxishinweis:**

Die **Prüffrist**[965] beginnt mit dem Zugang eines spezifizierten Anspruchsschreibens.[966] **Eine unspezifizierte und unbezifferte Aufforderung löst den Beginn der Prüfungsfrist jedoch nicht aus,** wie das OLG Schleswig[967] 2025 betont hatte. Der den Anspruchsteller vertretende Rechtsanwalt muss daher – um die Frist überhaupt anlaufen zu lassen – vorgerichtlich zum Nachweis des Schadenersatz-/Schmerzensgeldanspruchs die erforderlichen Unterlagen einreichen bzw. den Anspruch zumindest ansatzweise beziffern.

Ist dies geschehen und die **Frist** somit angelaufen, so hängt ihre Dauer jedoch – wie sich aufgrund der erheblichen Unterschiede hinsichtlich der Komplexität von Schadenfällen leicht nachvollziehen lässt – stets vom Einzelfall ab, wobei die wohl überwiegende Auffassung in Rechtsprechung[968] und Schrifttum[969] **bei einem durchschnittlichen Verkehrsunfall** einen **Zeitraum von vier bis sechs Wochen** als angemessen ansieht, worauf zuletzt das OLG Saarbrücken[970] in Bezug eines KH-Versicherers hingewiesen hatte, nachdem zuvor bereits das OLG München[971] betont hatte, das von *„maximal vier Wochen"* auszugehen sei.

Ist dies nicht (in ausreichendem Maße) erfolgt und klagt der den Anspruchsteller vertretende Rechtsanwalt dennoch nach dem aus seiner (unzutreffenden) Sicht erfolgten Fristablauf, so ist die Klage somit voreilig und die Kosten des Rechtsstreits sind nach dem Rechtsgedanken des § 93 ZPO dem Kläger aufzuerlegen, da die Beklagten keine Veranlassung zur Klage gegeben hatten.[972]

Zur **Verlängerung der Prüffristen** weist jedoch *Kääb*[973] praxisgerecht und zutreffend darauf hin, dass

„Verlängerungen der Prüffristen … durchaus möglich (sind), wenn der Versicherungsnehmer nicht in der Lage ist zum Unfallhergang irgendwelche Angaben zu machen, beispielsweise weil er beim Unfall schwer verletzt wurde".

Zudem so *Kääb*[974] komme es

„auf der anderen Seite … auch auf das Verhalten des Anspruchstellers an, ob er alle für die Bearbeitung eines Haftpflichtschadens wesentlichen Gesichtspunkte vorgetragen hat und ob er alle Unterlagen (zB nach § 119 VVG) vorgelegt hat".

---

958 OLG Saarbrücken NZV 2011, 253. „Eine Erhöhung wegen verzögerter Regulierung scheidet aus, solange der Haftpflichtversicherer berechtigte Zweifel hegen darf, dass das eigene Verschulden des Versicherungsnehmers vollständig hinter das grobe Mitverschulden des Geschädigten zurücktreten werde".

959 So zutreffend Heß ZfS 2001, 532 (533); im Ergebnis ebenso OLG Braunschweig ZfS 1995, 90.

960 KG BeckRS 2013, 01342.

961 OLG Brandenburg NZV 2010, 154.

962 LG Bonn SP 2007, 250.

963 OLG Brandenburg NZV 2010, 154 ebenso OLG Düsseldorf BeckRS 2018, 38629.

964 Honsell VersR 1974, 205 (206).

965 Vgl. § 14 VVG dort spricht der Gesetzgeber von „notwendigen Erhebungen" und diesbezüglichen „Fristen"; vgl. dazu auch den lesenswerten Aufsatz von Böhm ZfS 2025, 484.

966 Figgener/Quaisser NJW-Spezial 2026, 107 zu OLG Schleswig BeckRS 2026, 125.

967 OLG Schleswig BeckRS 2026, 125.

968 OLG Saarbrücken NJW-RR 2018, 156; OLG München NJW-RR 2011, 386.

969 BeckOK ZPO/Jaspersen/Wache, 29. Ed., § 93 Rn. 34.

970 OLG Saarbrücken NJW-RR 2018, 156.

971 OLG München NJW-RR 2011, 386.

972 OLG Schleswig BeckRS 2026, 125.

973 OLG München NJW-RR 2011, 386 mAnm Kääb FD-StrVR 2010, 307776.

974 OLG München NJW-RR 2011, 386 mAnm Kääb FD-StrVR 2010, 307776.

Ähnlich argumentierte das OLG Karlsruhe[975] und führte aus, dass ein in Anspruch genommener Geschädigter oder dessen Haftpflichtversicherer, der die Forderung des Anspruchstellers für teilweise oder insgesamt nicht nachvollziehbar hält, mitzuteilen habe, welche Angaben oder Unterlagen er noch benötige. Zutreffend weist das OLG jedoch darauf hin, dass

„auf diesem Wege nicht ein dilatorisches Verhalten eines Haftpflichtversicherers honoriert werden [dürfe], *das auf eine sachlich nicht gerechtfertigte oder gar schikanöse Regulierungsverzögerung angelegt ist".*[976]

Bei der gesamten Diskussion darf jedoch – angesichts der ca. 9,010 Millionen KH-Schäden[977] und 1,974 Millionen AH-Schäden[978] – auch nicht übersehen werden, dass die Zahl der bekannt gewordenen, gravierenden Regulierungsverzögerungen außerordentlich gering ausfällt, auch wenn sie im Einzelfall nicht entschuldbar ist und diejenigen Geschädigten, die hiervon betroffen sind, zusätzlich und ggf. schwer belasten. **137**

Um daher das Maß derartiger „Ausreißer" weiter „gegen null" zu reduzieren, hat die Versicherungsbranche selbst noch stärker darauf zu achten, dass die – in jeder Versicherungsabteilung vorhandenen – Arbeitsanweisungen, die derartige Verzögerungen nicht vorsehen, strikt eingehalten werden und insofern der Fokus auch im Rahmen von Revisionen noch stärker auf diesen Punkt gerichtet wird. **138**

Zudem haben beide Parteien – sofern die Sache vor Gericht anhängig wird – von sich aus die Verfahren zu beschleunigen und den Sachvortrag nicht nur rechtzeitig, sondern auch in dem gebotenen Umfang und nicht bloß stückweise vorzubringen. Die Gerichte sind gem. § 282 Abs. 1 ZPO gehalten, die Frist, innerhalb der ein Versicherungsunternehmen Einwendungen und Beweismittel vorbringen muss, so zu bemessen, dass ein ständiges Ausweichen nicht mehr gelingen kann.[979] Angriffs- und Verteidigungsmittel des Versicherers, die auf eine solche Verschleppungsstrategie abzielen, sind dementsprechend, wenn sie nicht binnen dieser Frist vorgetragen werden, gem. § 296 Abs. 1 ZPO zurückzuweisen.[980]

g) Wirtschaftliche Verhältnisse der Beteiligten. Seit der Entscheidung des Großen Zivilsenats[981] ist anerkannt, dass zu den zu berücksichtigenden Kriterien bei der Bemessung des „billigen" Schmerzensgeldes auch die wirtschaftlichen Verhältnisse der Beteiligten gehören.[982] Dies hat der BGH mit Beschl. der Vereinigten Großen Senate[983] im Jahr 2016 erneut bekräftigt. **139**

Ob und inwieweit die **wirtschaftlichen Verhältnisse des Hinterbliebenen** ein zu berücksichtigender Faktor bei der Bemessung des Hinterbliebenengeldes sind, hat der BGH 2023 unter Hinweis auf die in der Literatur insofern unterschiedlichen Ansichten dahingehend geklärt, dass im Rahmen der umfassenden Würdigung aller Umstände des Einzelfalls die wirtschaftlichen Verhältnisse des Hinterbliebenen nur dann zu berücksichtigen sind, wenn sie sich auf seine seelische Verfassung in prägender Weise ausgewirkt haben.[984] **Zum Hinterbliebenengeld s. → Rn. 340 bis 343.**

Das **Schmerzensgeld** betreffend wird hinsichtlich der **Person des Schädigers** in der Zivilrechtsprechung – anders als bei **Adhäsionsverfahren** (vgl. hierzu → Rn. 139a und →**Rn. 489–492**) – selten hierzu Stellung genommen, da in den meisten Fällen ein Haftpflichtversicherer hinter dem Schädiger steht und somit regelmäßig keine nennenswerten finanziellen Nachteile des Schädigers selbst zu berücksichtigen sind.

Um diese Entscheidung der – in der Geschichte der Bundesrepublik erst viermal zusammengekommenen – Vereinigten Großen Senate besser zu verstehen, sei nachfolgend deren Vorgeschichte kurz dargelegt:

Der 2. Strafsenat des BGH[985] führte damals aus, er beabsichtige *„die Rechtsprechung, wonach bei der Bemessung der billigen Entschädigung in Geld die wirtschaftlichen Verhältnisse der Beteiligten berücksichtigt werden dürfen, aufzugeben".*[986] Unter Aufgabe der bisherigen Rechtsprechung vertrat der 2. Strafsenat die Ansicht, dass die wirt-

975 OLG Karlsruhe BeckRS 2012, 04987, so wohl auch OLG Saarbrücken NJW-RR 2018, 156.
976 OLG Karlsruhe BeckRS 2012, 04987.
977 GDV Statistiken zur deutschen Versicherungswirtschaft 2025, 64 (ehemals: Statistisches Taschenbuch der Versicherungswirtschaft) einzusehen unter https://www.gdv.de/gdv/statistik/statistiken-zur-deutschen-versicherungswirtschaft-uebersicht.
978 GDV Statistiken zur deutschen Versicherungswirtschaft 2025, 64 (ehemals: Statistisches Taschenbuch der Versicherungswirtschaft).
979 Schreier VersR 2013, 1232.
980 Schreier VersR 2013, 1232.
981 BGH NJW 1955, 1675.
982 BGH NJW 1993, 1531; OLG Hamm NJW-RR 1994, 94; OLG Frankfurt a. M. VersR 1990, 1287.
983 BGH BeckRS 2016, 21466.
984 BGH BeckRS 2023, 16328; vgl. dazu auch Figgener/Quaisser NJW-Spezial 2023, 522 sowie Huber NZV 2023, 510 (512).
985 BGH BeckRS 2014, 23582.
986 BGH BeckRS 2014, 23582, ZfS 2015, 203, NJW-Spezial 2015, 74; so bereits KG BeckRS 2013, 01342.

schaftlichen Verhältnisse – sowohl des Schädigers als auch des Geschädigten – nicht zu berücksichtigen seien. Vor diesem Hintergrund fragte der 2. Strafsenat bei den übrigen Strafsenaten[987] des BGH sowie beim Großen Senat für Zivilsachen an, ob an entgegenstehender Rechtsprechung festgehalten wird.

Zur Begründung im Hinblick auf den **Geschädigten** führt der 2. Strafsenat des BGH – in einem Fall von schwerem sexuellem Missbrauch – vorrangig drei Aspekte an:

- Eine unterschiedliche Bewertung von körperlichen oder seelischen Leiden danach, ob der Betroffene finanziell besser oder schlechter gestellt ist, lasse sich nicht rechtfertigen. Denn sie sei mit dem, sich aus Art. 1 Abs. 1 S. 1 GG ergebenden, jeden Menschen in gleichem Maße, ohne Rücksicht auf seine Eigenschaften, seine Leistungen und seinen sozialen Status zukommenden, sozialen Wert- und Achtungsanspruch und jedem Menschen in gleichem Maße zustehenden Recht auf Leben, körperliche Unversehrtheit und Freiheit (Art. 2 Abs. 2 S. 1 und 2 GG) nicht vereinbar.
- Wolle man demgegenüber den wirtschaftlichen Verhältnissen einen Einfluss auf das Maß der auszugleichenden Beeinträchtigung zugestehen, müsse man dies konsequenterweise im Einzelfall durch eine Beweisaufnahme zum Lebensstil des Verletzten verifizieren. Denn auch der wirtschaftlich gut Situierte könne bescheiden leben, während ein anderer trotz schlechter wirtschaftlicher Verhältnisse einen aufwendigen Lebensstil pflegen mag.
- Schließlich sei zu besorgen, dass die Berücksichtigung der Vermögensverhältnisse jedenfalls im Endeffekt zu einer Taxierung des Schmerzensgeldes nach sozialen Klassen führen könne, gegen die sich schon das Reichsgericht[988] ausgesprochen habe.

Zur Begründung im Hinblick auf den **Schädiger** führte der 2. Strafsenat des BGH an,

- dass der Schmerzensgeldanspruch vom Gesetzgeber gerade nicht als Strafe, sondern als Schadensersatzanspruch ausgestaltet worden sei.
- Auch der Genugtuungsgedanke stehe dem nicht entgegen, da Art und Ausmaß des vom Schädiger wiedergutzumachenden Unrechts von seinen Vermögensverhältnissen gänzlich unabhängig seien.
- Etwaige unbillige Härten für den Schädiger könnten zudem sachgerecht im Zwangsvollstreckungs- oder Insolvenzverfahren berücksichtigt werden.

Der 3. Strafsenat[989] „antwortete", er teile die Ansicht des 2. Strafsenats nur in Bezug auf die wirtschaftlichen Verhältnisse des Geschädigten (und halte ebenfalls nicht an der entgegenstehenden Rechtsprechung fest), nicht aber in Bezug auf die finanzielle Situation des Schädigers. Denn – so der 3. Strafsenat – es stünde *„mit der von Gesetzes wegen geforderten Billigkeit der Entschädigung ... nicht in Einklang, den minderbemittelten Straftäter wie vom anfragenden Senat vorgeschlagen auf die Pfändungsgrenze zu verweisen, den „Millionär" im Einzelfall aber mit einem Betrag davonkommen zu lassen, der nach dessen Verhältnissen allenfalls symbolisch erscheint".*[990]

Der BGH – Beschl. der Vereinigten Großen Senate[991] – sorgte in der Sache für Klarheit:

„Bei der Bemessung einer billigen Entschädigung in Geld nach § 253 Abs. 2 BGB (vormals § 847 BGB aF) können alle Umstände des Falles berücksichtigt werden. Die wirtschaftlichen Verhältnisse des Schädigers und des Geschädigten können dabei nicht von vornherein ausgeschlossen werden",

so der amtliche Leitsatz des BGH.

Explizit betonten die Richter der VGS, dass die Erwägungen des Großen Senats für Zivilsachen in seinem Beschl. (GSZ 1/55, BGHZ 18, 149 = NJW 1955, 1675) zu dieser Frage nach wie vor Gültigkeit hätten und führten hierzu aus:

„Der unbestimmte Rechtsbegriff der „billigen Entschädigung" ist im Ergebnis nach dem Wortlaut, systematisch, historisch und teleologisch dahin auszulegen, dass bei der Bemessung der „billigen Entschädigung" durch den Richter alle Umstände des Einzelfalls berücksichtigt werden dürfen. Davon zu unterscheiden ist die Frage, wie die einzelnen Umstände bei der Bemessung des Schmerzensgeldes zu gewichten sind. Dabei stehen die Höhe und das Maß der Lebensbeeinträchtigung ganz im Vordergrund (vgl. BGH, GZS, Beschl. v. 6.7.1955 – GSZ 1/55, BGHZ 18, 149, 157). Bei den unter dem Gesichtspunkt der Billigkeit zu berücksichtigenden Umständen hat die Rücksicht auf Größe, Heftigkeit und Dauer der Schmerzen, Leiden und Entstellungen stets das ausschlaggebende Moment zu bilden; der von dem Schädiger zu verantwortende immaterielle Schaden, die Lebensbeeinträchtigung steht im Verhältnis zu den anderen zu berücksichtigenden Umständen immer an der Spitze (BGH, GZS, Beschl. v. 6.7.1955 – GSZ 1/55, BGHZ 18, 149, 167). Daneben

987 Zur „Antwort" des 3. Strafsenats vgl. BGH NStZ-RR 2015, 383.
988 RGZ 76, 174; 76, 176.
989 BGH NStZ-RR 2015, 383.
990 BGH NStZ-RR 2015, 383 (385).
991 BGH BeckRS 2016, 21466.

können aber auch alle anderen Umstände berücksichtigt werden, die dem einzelnen Schadensfall sein besonderes Gepräge geben, wie – was der 2. Strafsenat nicht in Zweifel zieht – der Grad des Verschuldens des Schädigers, im Einzelfall aber auch die wirtschaftlichen Verhältnisse des Geschädigten oder diejenigen des Schädigers (BGH, GZS, Beschl. v. 6.7.1955 – GSZ 1/55, BGHZ 18, 149, 157ff.). Ein allgemein geltendes Rangverhältnis aller anderen zu berücksichtigenden Umstände lässt sich nicht aufstellen, weil diese Umstände ihr Maß und Gewicht für die Höhe der billigen Entschädigung erst durch ihr Zusammenwirken im Einzelfall erhalten (BGH, GZS, Beschl. v. 6.7.1955 – GSZ 1/55, BGHZ 18, 149, 167f.; Diederichsen, VersR 2005, 433). Auch hierzu sind die Ausführungen des GSZ in seinem Beschl. v. 6.7.1955 (GSZ 1/55, BGHZ 18, 149, 157ff.) weiterhin maßgebend."

Am Ende ihrer Entscheidung konkretisierten die Vereinigten Großen Senate des BGH[992] jedoch die Frage nach der Berücksichtigung wirtschaftlicher Verhältnisse, indem er betonte, dass bei der Gesamtbetrachtung, die stets für die Schmerzensgeldbemessung erforderlich sei, in der Regel die infolge der Schädigung erlittene **Lebenshemmung** im Vordergrund stehe. Feststellungen zu den wirtschaftlichen Verhältnissen der beiden Teile und Ausführungen zu deren Einfluss auf die Bemessung der billigen Entschädigung seien daher nur geboten, wenn die wirtschaftlichen Verhältnisse dem Einzelfall ein besonderes Gepräge geben und deshalb bei der Entscheidung ausnahmsweise berücksichtigt werden müssen.

In Ergänzung des oben → Rn. 20 bereits Ausgeführten sei insofern nochmals der praktische Hinweis von *Krumm*[993] angeführt, der darauf hinweist *„aus Anwaltssicht ... dringend darauf zu achten, derartige Besonderheiten oder eben auch den so genannten Normalfall ausführlich vorzutragen und möglichst auch zu belegen"*, was sowohl für Vertreter des Schädigers als auch des Geschädigten gelte.

Somit gilt auch weiterhin das, was die Rechtsprechung – insbesondere für das Adhäsionsverfahren – bislang herausgearbeitet hat, weshalb diese nachfolgend nochmals kurz skizziert wird:

In Strafverfahren, in denen im **Adhäsionsverfahren**[994] (vgl. hierzu → **Rn. 489 ff.**) Schmerzensgeld zugesprochen wird, sind – 2016 bestätigt durch die oben genannte Entscheidung des Vereinigten Großen Senates – somit stets auch die Einkommens- und Vermögensverhältnisse des Angeklagten bzw. Schädigers zu prüfen. Dies geschieht, um auszuschließen, „dass die Verpflichtung zur Zahlung des zuerkannten Betrags für den Angeklagten eine unbillige Härte bedeutet ...", worauf der BGH[995] ausdrücklich hingewiesen hatte.[996] Dies gilt auch für zivilrechtliche Schadensersatzklagen, die einer strafrechtlichen Verurteilung nachgelagert wurden. In diesem Zusammenhang betonte jedoch das OLG Bremen[997] zutreffend, dass die fehlende Leistungsfähigkeit des Schädigers – der im konkreten Falle die Tochter der Klägerin auf bestialische Weise ermordet hatte und deshalb zu einer Freiheitsstrafe von zwölf Jahren verurteilt worden war – nicht dazu führen dürfe, dass dem Geschädigten lediglich ein „symbolisches Schmerzensgeld" zuerkannt werde. Deshalb komme hinsichtlich des Schmerzensgeldanspruchs gerade bei Vorsatztaten der wirtschaftlichen Leistungsfähigkeit des Schädigers „keine entscheidende Bedeutung"[998] zu. **139a**

In seiner aktuellen, dem Beschl. der Vereinigten Großen Senate[999] nachfolgenden Entscheidung, äußerte sich der BGH[1000] (2. Strafsenat) nun zur Berücksichtigung der wirtschaftlichen Verhältnisse von Schädiger und Geschädigtem erneut und führte dabei aus, eine Berücksichtigung der wirtschaftlichen Verhältnisse von Schädiger und Geschädigtem sei nur dann geboten, wenn die wirtschaftlichen Verhältnisse dem Fall ausnahmsweise ein „besonderes Gepräge" – wie etwa bei einem außergewöhnlichen **„wirtschaftlichen Gefälle"** zwischen **Täter** und **Opfer** – geben. Ein solches „Gefälle" liege beispielsweise bei Verletzung einer „armen" Partei durch einen vermögenden Schädiger vor. Hierzu müsse der Tatrichter Stellung nehmen, sofern er die wirtschaftlichen Verhältnisse berücksichtigen wolle. Tue er dies nicht und berücksichtige er die wirtschaftlichen Verhältnisse von Angeklagtem oder Tatopfer, ohne dass diese dem Fall ihr besonderes Gepräge geben, gleichwohl bei der Bemessung des Schmerzensgeldes, so stelle dies regelmäßig einen Rechtsfehler dar, bei dem im Einzelfall geprüft werden müsse, ob die angefochtene Adhäsionsentscheidung darauf zum Nachteil des Angekl. beruhen kann. Im Gegenzug sei – so der BGH weiter – es für den Tatrichter nicht erforderlich, Ausführungen dazu, dass die wirtschaftlichen Verhältnisse dem Fall kein besonderes Gepräge geben, zu treffen. **139b**

[992] BGH BeckRS 2016, 21466.
[993] Krumm NZFam 2017, 85.
[994] Vgl. auch nachfolgend → Rn. 489 mit weiteren Fundstellen.
[995] BGH NJW 2014, 1544.
[996] BGH NJW 1999, 437.
[997] OLG Bremen NJW-RR 2012, 858; vgl. auch LG Wiesbaden BeckRS 2010, 19451.
[998] OLG Bremen NJW-RR 2012, 858.
[999] BGH BeckRS 2016, 21466.
[1000] BGH NStZ-RR 2017, 254.

140 Bevor sogleich auf die Frage, ob und inwieweit ein bestehender **Versicherungsschutz** des Schädigers bei der Beurteilung dessen wirtschaftlicher Verhältnisse und damit ggf. auch in Bezug auf die Schmerzensgeldbemessung zu berücksichtigen ist, eingegangen wird, sei – sozusagen als haftungsrechtlicher Exkurs – auf die grundsätzlich erheblich differenzierte Rechtslage zwischen den Pflichtversicherungen (insbesondere der Kfz-Haftpflicht) und den freiwilligen Versicherungen (insbesondere der Privathaftpflicht) hingewiesen.

Zu den **Pflichtversicherungen** und im konkreten Fall der **Kfz-Haftpflicht** führte der BGH[1001] aus:

„Als ein für die Vermögenslage des Schädigers bedeutsamer Umstand ist das Bestehen einer Pflichtvers. wie der Kfz-Pflichthaftpflichtvers. anzuerkennen, da deren Zweck in erster Linie auf den Schutz des Geschädigten ausgerichtet ist."

Demgegenüber könne das Bestehen einer **freiwilligen Haftpflichtversicherung,** deren Schutz in erster Linie auf den Versicherten ausgerichtet ist[1002] zwar uU gegen einen konkludenten Haftungsausschluss sprechen, nicht aber das Fehlen anspruchsbegründender Tatsachen kompensieren, so der BGH.[1003]

Inwieweit – nun zurückkommend auf die Ausgangsfrage der Berücksichtigung einer Haftpflichtversicherung des Schädigers und deren Auswirkung auf die Bemessung des Schmerzensgeldes des Geschädigten – eine solche Versicherung die Bemessung beeinflusst bzw. bei der Bemessung zu berücksichtigen ist, versuchte das OLG Koblenz[1004] zu klären. Dabei wies das OLG darauf hin, dass eine solche Berücksichtigung auch vorzunehmen sei, wenn es sich nicht um eine Pflicht-, sondern um eine freiwillige Haftpflichtversicherung (zB Privathaftpflichtversicherung) handelt, da entscheidendes Kriterium die finanziellen Auswirkungen beim Schädiger seien.[1005]

Jedoch rechtfertige der Versicherungsschutz grundsätzlich keine Erhöhung des Schmerzensgeldes, worauf in jüngerer Zeit das OLG Koblenz erneut hingewiesen hatte.[1006]

„Das Bestehen einer Haftpflichtvers. führt nur dazu, dass es für die Frage der Leistungsfähigkeit, die bei der Schmerzensgeldzumessung zugunsten des Schädigers berücksichtigt werden kann, nicht mehr auf die Vermögensverhältnisse des Schädigers ankommt, erhöht aber nicht die Haftung des Schädigers (vgl. nur Koch, in: Bruck/Möller, VVG, 9. Aufl. 2013, Vorbem. zu §§ 100–112, Rn. 81)", so das OLG Koblenz.[1007]

Im Einzelfall kann ein solcher Versicherungsschutz jedoch die ansonsten schlechten wirtschaftliche Verhältnisse kompensieren.[1008]

Allerdings kann sich in den Fällen, in denen die **Deckungssumme** des freiwilligen Versicherungsschutzes nicht ausreicht, der Schädiger nicht „von einem Verzicht des Geschädigten auf den Teil seines Schmerzensgeldanspruches, der die Deckungssumme übersteigt", ausgehen.[1009]

Hat hingegen der Schädiger durch schuldhaftes Verhalten seinen Versicherungsschutz verloren (zB bei Vorsatz gem. § 4 II 1 AHB), so soll ihm dies durch eine Verminderung des Schmerzensgeldes nicht wieder zugutekommen, da dies dem Sinn und Zweck des § 253 BGB widerspricht.[1010] Zutreffend weist insofern *Küppersbusch* bzgl. des KH-Versicherungsschutzes auf die gem. den AKB geltenden Beschränkungen der Leistungsfreiheit bzw. des Regresses hin.[1011]

141 In den leider nicht seltenen Fällen,[1012] in denen ein Schädiger – wie dies bei rund 17 % (Tendenz steigend)[1013] aller Bundesbürger gegeben ist[1014] – über keinen Privathaftpflichtversicherungsschutz verfügt, können schlechte wirtschaftliche Verhältnisse die Höhe des Schmerzensgeldes uU mitbestimmen.[1015] Grundsätzlich

---

1001 BGH BeckRS 2016, 111582.
1002 BGH BeckRS 2016, 111582.
1003 BGH NZM 2017, 299.
1004 OLG Koblenz BeckRS 2014, 08625 (dort ging es um die Haftpflichtversicherung des Nachbarn).
1005 So OLG Koblenz BeckRS 2014, 08625 sowie auch Ludovisy/Morgenstern Rn. 532 mit Verweis auf BGH NJW 1993, 1531; BGH VersR 1966, 561; aA Bamberger/Roth BGB § 253 Rn. 43.
1006 OLG Koblenz r+s 2017, 164; OLG Köln VersR 1992, 622, ebenso bereits OLG Frankfurt a. M. VersR 1990, 1287.
1007 OLG Koblenz r+s 2017, 164.
1008 OLG Köln NJW-RR 1993, 1498 (1500).
1009 BGH NJW 1993, 1531.
1010 BGH VersR 1967, 607 (608) sowie Filthaut § 6 Nr. 8 Rn. 50.
1011 Küppersbusch/Höher Ersatzansprüche Personenschaden Rn. 279.
1012 Laut GDV haben 15 % der Haushalte in Deutschland keine PHV = https://www.gdv.de/de/themen/news/15-prozent-aller-haushalte-verzichten-auf-die-privathaftpflichtversicherung-16912.
1013 Lt. Spiegel online v. 31.1.2024 (www.spiegel.de) hat fast jeder fünfte Deutsche keine Haftpflichtversicherung.
1014 GDV „So sind die Deutschen versichert" – zuletzt aktualisiert am 16.8.2019.
1015 LG Bonn BeckRS 2016, 116629; LG Dresden BeckRS 2010, 724; OLG Hamm VersR 2002, 1250 sowie bereits OLG Hamburg VersR 1980, 1029 (1030).

darf jedoch bei der Bemessung des Schmerzensgeldes der **fehlende Abschluss einer Privat-, Berufs- oder Betriebshaftpflichtversicherung** dem Schädiger nicht zum Vorteil gereichen. Hier geht Opferschutz vor Täterschutz. Dem LG Dresden[1016] muss daher widersprochen werden; es hatte 2009 im Falle einer nicht vorhandenen Privathaftpflichtversicherung des Schädigers das Schmerzensgeld des Verletzten *„ganz erheblich"* herabgesetzt und dies damit begründet, dass der fehlende Versicherungsschutz zu Gunsten des Schädigers *„ganz erheblich ins Gewicht"* falle.[1017] Es ist aber unbillig, wenn der Geschädigte durch das Versäumnis des Schädigers benachteiligt wird.

Dies gilt erst recht, wenn der Schädiger zwar eine Haftpflichtversicherung abgeschlossen hatte, diese jedoch wegen seiner **Vorsatztat** bzw. seinem vorsätzlichen Handeln bedingungsgemäß (§ 4 AHB) **keine Deckung** bzw. keinen Versicherungsschutz gewährt. Auch dies kann ihn dann nicht entlasten.[1018]

Anders mag dies im Einzelfall beurteilt werden, sofern der Schädiger quasi unverschuldet (zB bei fehlender Kenntnis der versicherungsrechtlichen Details und Tücken der Mitversicherung von Kindern während des Studiums und in der Ausbildung in der Haftpflichtversicherung der Eltern) keinen Versicherungsschutz genießt.

Zum Teil wurde von der Rechtsprechung, wenn auch mit der Begründung des „Zurücktretens" der Genugtuungsfunktion, die Tatsache schmerzensgeldmindernd berücksichtigt, dass „der einkommensschwache Schädiger" erheblichen Regressforderungen des Krankenversicherers des Geschädigten ausgesetzt ist.[1019]

Den Geschädigten betreffend können wirtschaftliche Verhältnisse ebenfalls Berücksichtigung finden, worauf **142**
der BGH[1020] nochmals deutlich mit dem Satz *„Die wirtschaftlichen Verhältnisse des Schädigers und des Geschädigten können dabei nicht von vornherein ausgeschlossen werden"* hingewiesen hatte.

Grundsätzlich gilt, dass jedem die Würde und das Recht auf – nicht nur körperliche – Unversehrtheit zusteht und bei der Bemessung des angemessenen Schmerzensgeldes nicht im Rahmen einer Klassengesellschaft nach der Höhe des Einkommens oder Lebensstandards unterschieden werden kann.[1021]

Dementsprechend sprach das OLG Hamm 2020 dem Geschäftsführer einer GmbH, der hinsichtlich der Schmerzensgeldbemessung auf sein Jahresgehalt von ca. 500.000 EUR verwiesen und insofern geltend gemacht hatte, dass nur ein knappes Sechstel seines Jahresverdienstes und damit ein Schmerzensgeld von 80.000 EUR anfänglich geeignet sei, ihm einen Ausgleich für die erlittenen Beeinträchtigungen zu vermitteln, über die vorgerichtlich bereits geleisteten 20.000 EUR kein weiteres Schmerzensgeld mehr zu. *„Geprägt ist der vorliegende Schadensfall davon, dass es sich um den Regelfall einer fahrlässigen Körperverletzung im Zuge eines Verkehrsunfalls handelt"* und durch den Hinweis auf seine sehr guten wirtschaftlichen Verhältnisse *„erfährt der streitgegenständliche Einzelfall keine besondere Prägung"*, so das OLG Hamm.[1022]

Sehr deutlich äußerte sich hierzu auch das OLG Düsseldorf[1023] in Bezug auf den Rechtsstreit des damaligen Wirtschaftsbosses Dr. Esser (Mannesmann AG) und dessen – zumindest teilweise erfolgreiche – Klage gegen das Land NRW und führte aus:

„Ohne Einfluss auf die hier zu treffende Entscheidung muss allerdings bleiben, dass bei einem nicht geringen Teil der Bevölkerung quer durch alle Schichten die Meinung zu beobachten ist, dem Kläger dürfe zu all seinen Millionen nicht noch ein Schmerzensgeld zugebilligt werden. Man mag die Auffassung vertreten können, die Führungsriege der Mannesmann AG habe bei der Bewilligung und Entgegennahme von Zuwendungen im Umfeld der Übernahme das rechte Maß aus den Augen verloren. Wer ausgehend von einem solchen Standpunkt und angesichts einer globalisierten Wirtschaft, in der die Entwicklung von Gewinnen und Arbeitsplätzen zunehmend umgekehrt proportional vonstattengeht, die Neuorientierung der Verantwortung von Wirtschaftsführern an Art. 14 II GG fordert, darf nicht vergessen, dass oberste Maxime eben dieser Verfassung die Menschenwürde ist, die in Art. 1 I GG für unantastbar erklärt wird. Sie ist allen Menschen gleichermaßen eigen. Sie zu schützen ist Verpflichtung aller staatlichen Gewalt (Art. 1 I 2 GG). Der Umstand, dass der Kläger bei der Entgegennahme von Zuwendungen eventuell nicht recht Maß gehalten hat, ist, selbst wenn er sich, anders als die XIV. Wirtschaftsstrafkammer des Landgerichts Düsseldorf angenommen hat, in diesem Zusammenhang

1016 LG Dresden BeckRS 2010, 724.
1017 LG Dresden BeckRS 2010, 724.
1018 Grüneberg BGB § 253 Rn. 17; LG Hannover BeckRS 2018, 26758.
1019 OLG Köln VersR 1992, 330.
1020 BGH BeckRS 2016, 21466.
1021 So bereits OLG Schleswig NJW-RR 1990, 470; ebenso Jaeger/Luckey Schmerzensgeld Rn. 1584 vgl. auch Küppersbusch/Höher Ersatzansprüche Personenschaden Rn. 467.
1022 OLG Hamm BeckRS 2020, 40238.
1023 OLG Düsseldorf BeckRS 2005, 30355236, vgl. auch nachfolgend → Rn. 239.

strafbar gemacht haben sollte, kein Grund dafür, ihm den Schutz vor den in diesem Urteil dargestellten Verletzungen seiner Persönlichkeit auf anderer Ebene zu versagen".

Ausnahmen gibt es in der Praxis in besonders zu begründenden Einzelfällen: Meist diskutiert wird dies im Rahmen der Frage des regelmäßigen Wohnsitzes des Geschädigten.

Bevor darauf nachfolgend näher einzugehen sein wird, soll zunächst eine interessante, wenn auch bereits ältere Entscheidung des Kammergerichts[1024] aus dem Jahr 2004 erwähnt werden. Darin ging es maßgeblich um die Bemessung des Schmerzensgeldes (damals 250.000 EUR) auf Grund einer vorsätzlichen Straftat, bei der der Geschädigte vor eine fahrende U-Bahn gestoßen und dadurch schwer verletzt wurde. Da der Fall die Aufmerksamkeit der Öffentlichkeit erregt hatte, kamen für den Verletzten nicht unerhebliche **Spendengelder** zusammen. Diese wollte der Beklagte bei der Schmerzensgeldbemessung berücksichtigt wissen und das Schmerzensgeld dadurch herabmindern. Dem trat das KG entschieden entgegen und führte zutreffend aus, es komme stets nur auf die wirtschaftlichen Verhältnisse, „in denen der Kl. sich vor dem schädigenden Ereignis befunden hat" an. Vorliegend seien die Spendengelder aber „wegen der vom Bekl. begangenen Vorsatzstraftat und wegen des durch die außergewöhnlich grausame Begehungsweise geweckten Medieninteresses von dritter Seite an den Kl. geflossen. Dies kann sich nicht zu Gunsten des Beklagten auswirken".[1025]

143 Wie bereits oben erwähnt, befassen sich die Gerichte – wenn auch nur selten – mit der Frage der wirtschaftlichen Verhältnisse im Zusammenhang mit dem **Wohnsitz** bzw. dem Land, in welchem der Geschädigte lebt. Insofern sorgte bereits 1994 ein Urteil des OLG Köln[1026] für Aufmerksamkeit. Unter Hinweis darauf, dass die Berücksichtigung der wirtschaftlichen Verhältnisse des Geschädigten nicht bedeute, *„dass ein in einfachen Verhältnissen lebender Geschädigter lediglich Anspruch auf ein niedrigeres Schmerzensgeld hätte"*, führt das OLG aus:

„Lebt der Geschädigte in einem Land mit niedriger Wirtschaftskraft, ist dies mindernd bei der Bemessung des Schmerzensgeldes zu berücksichtigen"

und erläutert dies bezüglich des in **Polen** lebenden Verletzten durch den Vergleich des eigentlichen Schmerzensgeldbetrages mit dem Jahresgehalt eines Deutschen im Verhältnis zu dem eines Polen.[1027]

Das OLG erläuterte dies näher und betonte,

„das Schmerzensgeld hat nicht den Sinn, einen ausländischen Geschädigten so zu stellen, als ob er hier in Deutschland leben würde, er soll vielmehr genauso wie ein deutscher Geschädigter auch lediglich eine billige Entschädigung für seinen immateriellen Schaden erlangen".

Zu einem ähnlichen – sich mindernd auf die Schmerzensgeldhöhe auswirkenden – Ergebnis gelangte das LG Stuttgart[1028] bzgl. eines in Ungarn lebenden 10-jährigen, schwer verletzten Mädchens. Auf einen dauerhaft in Deutschland lebenden Ausländer kann dieses Urteil jedoch nicht übertragen werden!

Ebenfalls mit dieser Frage befasste sich auch das OLG Naumburg[1029] und stellte vorbildlich heraus, worauf es in derartigen Fällen ankommt:

„Für das Schmerzensgeld ist nämlich nicht danach zu unterscheiden, welche Rechte und Ansprüche dem Geschädigten im Heimatland zustünden, so beispielsweise in der Türkei überhaupt kein Schmerzensgeld oder in den Vereinigten Staaten ein besonders hohes Schmerzensgeld (vgl. KG, VersR 2002, 398). Die allgemeine Behauptung des Klägers, dass Schmerzensgeldbeträge in den Niederlanden grundsätzlich geringer ausfallen würden als in Deutschland, ist daher unerheblich. Die auswärtigen Verhältnisse hätten allenfalls dann Einfluss auf die Bemessung des Schmerzensgeldes haben können, wenn unter Berücksichtigung der Lebensverhältnisse des Klägers in einem anderen Land erschwerte Auswirkungen des Unfalls im „Schmerzensbereich" erkennbar gewesen wären. Dies meint den möglichen Einsatz des Schmerzensgeldes zu gleichen Konditionen, also unter Berücksichtigung vergleichbarer Wirtschafts- und Kaufkraftverhältnisse".[1030]

Ebenfalls zu dieser Thematik – diesmal bei einem **Unfall eines Serben** in Serbien – hatte das LG Stuttgart[1031] Stellung zu beziehen und merkte hierzu an:

[1024] KG NJOZ 2004, 3136.
[1025] KG NJOZ 2004, 3136.
[1026] OLG Köln ZfS 1994, 47 so auch Huber NZV 2006, 169; aA Jaeger/Luckey Schmerzensgeld Rn. 1595.
[1027] Insofern nicht zu verwechseln mit einem Fall, den das AG Frankenthal BeckRS 2014, 19633 entschieden hatte (Schmerzensgeldbemessung bei Verkehrsunfall in Polen und Klage vor deutschem Gericht).
[1028] LG Stuttgart BeckRS 2013, 12790.
[1029] OLG Naumburg BeckRS 2015, 19835.
[1030] OLG Naumburg BeckRS 2015, 19835.
[1031] LG Stuttgart BeckRS 2013, 12790 sowie OLG Stuttgart BeckRS 2014, 641 → Nr. 4925.

„Ein deutsches Gericht hat für die Bemessung von Schmerzensgeld nach serbischem Recht die dortige Bemessungspraxis zugrunde zu legen; im Sinne abschließender Bewertung kann es freilich, wenn der Heilungs- und Rehabilitationsprozess nach dem Unfall sich insgesamt im Inland vollzogen hat und Dauerfolgen mit Unbillcharakter hier den Verletzten belasten, eine gewisse vorsichtige Anpassung an inländische Bemessungsgrößen vornehmen. In Serbien zugesprochene Ersatzbeträge liegen bei etwa einem Zehntel der für entsprechende Inlandsfälle in Betracht gezogenen immateriellen Entschädigungen".

Dabei ging das LG davon aus, dass dem Kläger nach deutschem Recht vorliegend „wohl ein Schmerzensgeld von 15.000 bis 25.000 EUR" zugestanden hätte, – ein Rahmen, der nach meiner Ansicht deutlich zu gering angesetzt wurde, wobei das LG letztlich auch nicht nur 1.500 bis 2.500 EUR, sondern 6.000 EUR für die vom Kläger erlittene Lendenwirbelkörpertrümmerfraktur zusprach.

Aus den Ansätzen dieser Rechtsprechung den Umkehrschluss ableiten zu wollen, dass beispielsweise einem **US-Bürger** ein deutlich höheres Schmerzensgeld zustünde, wäre unrichtig. So hat das KG in einem zumindest im Ansatz so gelagerten Sachverhalt, bei dem eine Deutsch-US-Bürgerin (mit den Staatsangehörigkeiten beider Länder) ausführte:

„Was die Genugtuungsfunktion ... anbelange, sei eine Genugtuung für sie als Bürgerin der USA ... nur dann gegeben, wenn sie selbst in der Lage sei, in dem ihr zugesprochenen Schmerzensgeld überhaupt eine ansatzweise Genugtuung zu erkennen. Es müsse sich um einen Betrag handeln, bei dem es sich nicht um ein scheinbares Almosen handele".

Das KG sah dies anders und kam zum zutreffenden Ergebnis, dass es

„ohne Einfluss auf die Höhe des Schmerzensgeldes bleiben" müsse, dass die Klägerin auch die Staatsbürgerschaft der USA besitze, denn es könne weder darauf ankommen, „welche Rechte und Ansprüche ihnen (ergänze: den Geschädigten) im Heimatland zustünden, ob es nach dem Recht des Heimatlandes überhaupt ein Schmerzensgeld – etwa in der Türkei – oder ob es einen besonders hohen Ausgleich gibt".[1032]

Abschließend sei an dieser Stelle noch – wenn auch dogmatisch nicht korrekt – auf ein Urteil des LG Lübeck[1033] verwiesen. Diesem lag ein **Verkehrsunfall** zu Grunde, den ein deutsches Ehepaar **in Italien** erlitten hatte und bei dem italienisches Recht und insofern die sog. **Mailänder Tabelle** anzuwenden war. Nach dieser Tabelle stand der verletzen Ehefrau über die vorgerichtlich gezahlten 44.000 EUR hinaus kein weiteres Schmerzensgeld bzw. nach italienischer Diktion kein weiterer Betrag für den Nichtvermögensschaden zu. *„Unter Anwendung der Mailänder Tabelle steht der Klägerin zunächst Ersatz eines Nichtvermögensschadens in Höhe von 44.247 Euro zu"*, so das LG. Abschließend führte das LG aus: *„Ein bei einem Inlandsfall nach richterlichem Ermessen gemäß § 287 ZPO zu bezifferndes Schmerzensgeld überschritte im Falle der Klägerin, die der Einzelrichter ausführlich persönlich angehört hat, einen Betrag in Höhe von 44.000 Euro nicht."*

Das Thema der Schmerzensgeldbemessung in Fällen, in denen der Verletzte seinen Wohnsitz im Ausland **144**
hat, war auch bereits Gegenstand des **VI. Europäischen Verkehrsrechtstages** und wurde von *Prof. Dr. Christian Huber*[1034] in seinem Beitrag „Höhe des Schmerzensgeldes und ausländischer Wohnsitz des Verletzten" umfassend erörtert, wobei *Huber* in seiner Schlussfolgerung darauf verwies, man müsse sich an der durchaus messbaren *„unterschiedlichen Kaufkraft"* orientieren und „jedenfalls bei einer Relation von 1:2 sollte eine Korrektur vorgenommen werden".[1035]

Erhält der Geschädigte eine Verletztenrente, ohne durch den Unfall eine unmittelbare Erwerbseinbuße erlitten zu haben, so ist dies vor dem Hintergrund der Ermittlung der maßgeblichen wirtschaftlichen Verhältnisse nicht schmerzensgeldmindernd. Hierzu führt der BGH zu Recht aus, es gehe nicht an, Ersatzleistungen für den materiellen Schaden mit immateriellen Nachteilen zu verrechnen; auch dürfe der Schädiger durch Zahlung der Verletztenrente nicht wirtschaftlich begünstigt werden.[1036] Schmerzensgelderhöhend zu berücksichtigen ist bezüglich des Geschädigten eine uU unfallbedingt und durch die Länge eines Rechtsstreites verursachte schlechte Vermögenslage desselben.[1037]

Sehr gute wirtschaftliche Verhältnisse auf beiden Seiten, zB bei Persönlichkeitsrechtsverletzungen Promi- **145**
nenter durch Illustrierte, können dazu führen, dass verhältnismäßig hohe Summen als „billige" Entschädigung angesehen werden (vgl. insofern → Kapitel V. 1.).

1032 KG NZV 2002, 398.
1033 LG Lübeck BeckRS 2024, 14962, → Nr. 7491.
1034 Huber NZV 2006, 169.
1035 Huber NZV 2006, 175.
1036 BGH NJW 1982, 1589 so noch Küppersbusch Ersatzansprüche Personenschaden, 10. Aufl. 2010, Rn. 278.
1037 OLG Köln VersR 1972, 1150 (1151).

146 In diesen sog. „Illustriertenfällen“[1038] wird aber weniger auf die wirtschaftliche Potenz der Beteiligten abgestellt, als vielmehr darauf, dass nicht selten Persönlichkeitsrechtsverletzungen seitens der Verlage derartiger Boulevardzeitschriften vor dem Hintergrund vorgenommen werden, hierdurch höhere Auflagezahlen und damit **höhere Gewinne** zu erzielen. Diese sollen durch das hohe Schmerzensgeld „abgeschöpft“ werden, um so den Verlagen den Anreiz zu einem derartigen Treiben zu nehmen (vgl. zur **Gewinnabschöpfung** nachfolgend → Rn. 170, → Rn. 189 und → Rn. 191).

Für den „Normalfall“ darf hingegen eine beruflich oder gesellschaftlich herausgehobene Stellung des Verletzten die Schmerzensgeldhöhe nicht beeinflussen.[1039]

III. Schadenminderungspflicht

147 Grundsätzlich darf eine verletzte Person nicht anders handeln, als ein verständiger Mensch, der die vermögensnachteiligen Folgen seiner Verletzungen selbst zu tragen hätte. Diese **Obliegenheit** ergibt sich aus **§ 254 Abs. 2 S. 1 BGB** und kann zu einer Herabsetzung seines Schadensersatzanspruches oder Schmerzensgeldanspruches führen, wenn der Geschädigte es **schuldhaft** unterlassen hat, den Schaden abzuwenden oder zu mindern.[1040]

Eine Schadenminderungspflicht wird jedoch mit Recht im Bereich des immateriellen Schadensersatzes sehr selten dem Geschädigten auferlegt. Lediglich im Falle einfacher und eindeutiger Erfolgschancen einer (meist kosmetischen) Operation oder wenn sich ein Patient (Geschädigter) in vorwerfbarer Weise ärztlichen Anordnungen oder Empfehlungen widersetzt oder diese missachtet, kann in besonderen Ausnahmefällen[1041] deren Nichtvornahme als Schadenminderungspflichtverletzung gewertet werden; dies jedoch auch nur dann, wenn – selbst bei einer „dringend indizierten Operation“ – der Patient ordnungsgemäß über die Risiken und den Verlauf der Therapie aufgeklärt wurde, worauf ua das OLG Naumburg[1042] hingewiesen hatte.

Auch eine – für die Heilung sinnvolle – Umstellung von Ernährungsgewohnheiten bzw. deren Unterlassung kann dem Verletzten nicht zum Nachteil gereichen und – so das OLG Hamm[1043] – *„führt jedenfalls aber nicht dazu, dass hier spürbare Abzüge bei dem erforderlichen Schmerzensgeld vorzunehmen sind“.*

Dies gilt erst recht dann, wenn – wie im Falle, den das LG Münster[1044] 2024 entschieden hatte – *„die Kontraindikation der Operation gerade in der zu erwartenden fehlenden Compliance der Klägerin gelegen hat“,* – selbst, wenn alle Beschwerden der Klägerin, wie Kopf- und Bauchschmerzen, Übelkeit, Schwindel und Erbrechen grundsätzlich durch das richtige Therapieverhalten der Klägerin lösbar gewesen wären und sie bei Befolgung der richtigen Verhaltensregeln fast beschwerdefrei hätte sein könnte.

Zudem ist stets auch die Situation, in der sich die verletzte Person (Paraplegie einer jungen Studentin) befindet – im Falle des OLG Hamm[1045] unmittelbar nach dem Unfall – zu berücksichtigen, wozu das OLG mit deutlicher Kritik am Verhalten des KH-Versicherers (zur Regulierungsverzögerung insofern s. → Rn. 133) zutreffend ausführte:

„Auch die Erwägungen im Schriftsatz vom 14.12.2015 dazu, ob die Klägerin aufgrund mangelnder Compliance gegen ihre Schadenminderungspflicht verstoßen hat, sind nach dem Dafürhalten des Senats deutlich fehl platziert, weil sie jegliches Maß an Empathie gegenüber der schwerstgeschädigten Klägerin missen lassen. Der Beklagte übersieht, dass er sich mit einem Verhalten der Klägerin in dem Zeitraum unmittelbar nach dem Unfallereignis auseinandersetzt. Der Senat hält es für offenkundig, dass die Verweigerungshaltung der Klägerin, was die Einnahme der verordneten Medikation angeht, ihrem psychischen Ausnahmezustand nach dem Unfall geschuldet ist und ihr nicht im Sinne eines Verschuldens gegen sich selbst vorgehalten werden kann“.[1046]

[1038] Vgl. hierzu → Rn. 170 ff.
[1039] OLG Karlsruhe NZV 1999, 210; OLG Schleswig NJW-RR 1990, 470; ebenso Jaeger/Luckey Schmerzensgeld, Rn. 794.
[1040] BGH BeckRS 2015, 05264; OLG Celle BeckRS 2022, 23481.
[1041] Vgl. BGH BeckRS 2015, 05264; OLG Celle BeckRS 2022, 23481; OLG Hamm BeckRS 2016, 113206; Berz/Burmann StraßenverkehrsR-HdB/Heß/Burmann Kap. 6 VI, sowie bereits Geigel Haftpflichtprozess Kap. 7 Rn. 47.
[1042] OLG Naumburg BeckRS 2015, 10369.
[1043] OLG Hamm BeckRS 2016, 113206.
[1044] LG Münster BeckRS 2024, 33304, → Nr. 7625.
[1045] OLG Hamm BeckRS 2019, 8485.
[1046] OLG Hamm BeckRS 2019, 8485.

Seltenheitswert hat daher das Urteil des VG Augsburg,[1047] welches die auf Schmerzensgeld wegen Mobbings gerichtete Klage (zum Rechtsweg → Rn. 374) eines Polizeihauptkommissars gegen seinen Dienstherren mit dem Hinweis als unbegründet zurückwies und hierzu ausführte, es werde

„der geltend gemachte Ersatzanspruch hier jedenfalls dadurch ausgeschlossen …, dass der Kläger seiner Schadensvermeidungspflicht nicht genügt hat. Bei der Klärung des Vorliegens der Voraussetzungen für die Gewährung von Schadensersatz findet der in § 839 (Haftung bei Amtspflichtverletzung) Abs. 3 BGB enthaltene, mit dem Rechtsinstitut des mitwirkenden Verschuldens nahe verwandte Rechtsgedanke Anwendung. Daraus folgt, dass die Ersatzpflicht nicht eintritt, wenn es der Verletzte vorsätzlich oder fahrlässig unterlassen hat, den Schaden durch Gebrauch eines Rechtsmittels abzuwenden (BVerwG Beschl. vom 3.11.2014 –2 B 24.14 – juris Rn. 6 mwN).[1048] Insofern – so das VG – hätte der Beamte nicht erst bis zur Schmerzensgeldklage warten, „sondern bereits vorher Verfahren zur Aufarbeitung und ggf. Veränderung der für ihn als negativ empfundenen beruflichen Situation – aus seiner Sicht „Mobbing"-Situation – anzustrengen".

Ergänzend fügte das VG hinzu, der Kläger habe insofern zumindest an seine oberste Dienstaufsichtsbehörde herantreten müssen,[1049] was er jedoch unterlassen habe.[1050]

Zum **Mitverschulden bei Therapieverweigerung oder Therapieabbruch in Bezug zu posttraumatischen Belastungsstörungen** s. nachfolgend → **Rn. 300.**

Widersetzung ärztlicher Anordnungen: Widersetzt sich oder missachtet der Geschädigte in vorwerfbarer Weise ärztliche Anordnungen oder Empfehlungen so muss er sich grundsätzlich – jedoch nicht in jedem Falle (vgl. insofern OLG Frankfurt a. M.[1051] OLG Naumburg)[1052] – eine Anspruchskürzung wegen unterlassener ärztlicher Behandlung gefallen lassen, so entschied 2023 das OLG Schleswig[1053] und betonte, dies gelte auch bei unfallbedingten psychischen Störungen und begründe sich mit der Schadensminderungspflicht, die jedem Geschädigten obliegt (§ 254 Abs. 2 S. 1 BGB).

Die Weigerung einer Patientin, eine **Behandlungsempfehlung** zu befolgen, ist jedoch rechtlich nur beachtlich, wenn der Arzt sie zuvor umfassend und zutreffend über die medizinische Sachlage und die ihr und ihren Kindern drohenden Gefahren aufgeklärt hat; dies gilt selbst dann, wenn es sich bei der Patientin um eine Fachärztin handelt, betonte das OLG Frankfurt a. M.[1054] 2025; s. dazu auch unter → **Rn. 102c.**

Bei einer **Therapieverweigerung** oder einem eigenmächtigen **Therapieabbruch** ist auch stets eine Therapieaufklärung erforderlich, so das OLG Naumburg,[1055] das ein Mitverschulden bzw. einen Verstoß gegen die Schadenminderungspflicht wegen des Fehlens einer solchen Aufklärung nicht als gegeben ansah, obwohl die Klägerin bzw. deren Eltern sich nicht mit einer weiteren „dringend indizierten" Operation einverstanden gezeigt hatten.

Einen Fall einfacher und eindeutiger **Erfolgschancen** sah das OLG München[1056] im Falle eines Dreiundfünfzigjährigen, bei dem die Behebung der angeborenen Trichterbrust durch ein Silikon-Implantat fehlschlug, der sich jedoch weigerte, die attestierten Verletzungsfolgen durch eine Prothesenentfernung beheben zu lassen.

„Ein Geschädigter verstößt gegen die Schadenminderungspflicht und muss sich deshalb ggf. eine Kürzung seines Schadenersatzanspruchs gefallen lassen, wenn er es unterlässt, sich zumutbaren Operationen zur Beseitigung oder Verminderung seiner körperlichen Beeinträchtigungen zu unterziehen", urteilte das OLG.[1057]

Die Anforderungen an die **Zumutbarkeit** derartiger **Eingriffe, Therapien** oder **Maßnahmen** sind jedoch hoch. *„Zumutbar in diesem Sinne ist eine solche Operation, wenn sie einfach und gefahrlos und nicht mit besonderen Schmerzen verbunden ist, sowie die sichere Aussicht auf Heilung oder wesentliche Besserung bietet".*[1058]

[1047] VG Augsburg BeckRS 2016, 42186.
[1048] BVerwG BeckRS 2014, 58780.
[1049] VG Augsburg BeckRS 2016, 42186.
[1050] Vgl. insofern jedoch zur Verwirkung des Schmerzensgeldanspruchs bei Mobbing BAG NJW 2015, 2061, nachfolgend → Rn. 239 näher dargestellt.
[1051] OLG Frankfurt a. M. BeckRS 2025, 2439, → Nr. 7646.
[1052] OLG Naumburg BeckRS 2015, 10369.
[1053] OLG Schleswig BeckRS 2023, 1199.
[1054] OLG Frankfurt a. M. BeckRS 2025, 2439.
[1055] OLG Naumburg BeckRS 2015, 10369.
[1056] OLG München NJW-RR 1994, 20.
[1057] OLG München NJW-RR 1994, 20.
[1058] BGH NJW 1989, 2332, NZV 1989, 305 mit Hinweis auf BGH VersR 1987, 408; vgl. auch OLG München NJW-RR 1994, 20 mit Verweis auf BGH NJW 1989, 2332; ebenso OLG Frankfurt a. M. BeckRS 1992, 5239.

Der BGH führte dazu aus:

„Für die Zumutbarkeit einer solchen Operation reicht es hingegen keineswegs aus, dass sie aus ärztlicher Sicht unter Abwägung ihrer Chancen und Risiken zu empfehlen ist und dementsprechend dem Verletzten von (ggf. auch mehreren) Ärzten angeraten wird; eine medizinische Operationsindikation allein genügt nicht."[1059]

In der Literatur[1060] wird diese Thematik auch unter dem Begriff der **Behandlungsobliegenheit** thematisiert und dabei betont, dass der Heilung dienende medizinische Behandlungen in der Regel mit Unannehmlichkeiten oder gar Risiken einhergehen, die – je nach den Umständen des Einzelfalles[1061] – hinzunehmen sein können.

IV. Das Haftungsprivileg gem. §§ 104 ff. SGB VII und seine Auswirkungen auf den Schmerzensgeldanspruch

148 Nachfolgend kann – im Rahmen dieses Buches – nur eine kurze Übersicht über die Thematik gegeben werden; für eine ausführliche Kommentierung empfehle ich das lehrbuchartig ausgearbeitete Urteil des LSG Berlin-Brandenburg[1062] (2023) sowie die Ausführungen von *Stern-Krieger*[1063] sowie *Engelbrecht*[1064] und – für die Thematik außerhalb des klassischen Arbeitsunfalls – den Aufsatz von *Matz/Baumann.*[1065]

Nach **§ 104 Abs. 1 S. 1 SGB VII** sind Unternehmer den Versicherten, die für ihre Unternehmen tätig sind, sowie deren Angehörigen und Hinterbliebenen zum Ersatz des Personenschadens, den ein Versicherungsfall (§ 7 SGB VII) verursacht hat, nur verpflichtet, wenn sie den Versicherungsfall vorsätzlich oder auf einem nach § 8 Abs. 2 Nr. 1 bis Nr. 4 SGB VII versicherten Weg herbeigeführt haben. Man spricht hier vom **„Haftungsprivileg".**

Das Haftungsprivileg gilt gemäß § 105 SGB VII auch für die Haftung von im gleichen Betrieb tätige Versicherte und somit beispielsweise auch bei der Kollision zweier Linienbusse desselben Betriebs im öffentlichen Verkehrsraum für die dabei eingetretenen Personenschäden, wobei es dabei unerheblich ist, dass der Unfall ggf. auch unabhängig von der betrieblichen Tätigkeit hätte erfolgen können.[1066]

Zudem schließt es gemäß § 106 Abs. 3 SGB VII auch die Schadensersatzpflicht der für die beteiligten Unternehmen Tätigen untereinander aus, sofern Versicherte mehrerer Unternehmen vorübergehend Tätigkeiten auf einer gemeinsamen Betriebsstätte durchführen.

Im Umkehrschluss ist bei einem fahrlässig herbeigeführten **Arbeitsunfall** ganz gleich, ob dieser durch den Unternehmer des Betriebes oder durch eine betriebliche Tätigkeit eines Mitarbeiters („Versicherten des Betriebes") oder Auszubildenden[1067] verursacht wurde, die Haftung des Schädigers für den Personenschaden und somit auch der Anspruch auf Schmerzensgeld ausgeschlossen. Die Norm bezieht sich auf alle Haftungsgründe des bürgerlichen Rechts. Das Haftungsprivileg gilt auch, wenn der Unfall durch ein Kfz verursacht wurde, wie dies beispielsweise im Falle, den das LG Münster[1068] 2020 zu entscheiden hatte, vorlag; dort wurde die Klägerin als Betriebsangehörige auf dem Werksgelände von einem anderen Betriebsangehörigen mit dessen Pkw angefahren und schwer verletzt; die Klage auf Schmerzensgeld wurde, da somit ein Arbeitsunfall vorlag, abgewiesen.

Die Haftungsprivilegierung der § 105, § 106 SGB VII greift **auch bei erheblichen Sorgfaltspflichtverstößen** und entfällt nur bei vorsätzlicher Herbeiführung des Versicherungsfalls, wobei allein die **grobe Missachtung von Sicherheitsvorschriften** den Schluss auf Eventualvorsatz nicht zu begründen vermag. Hierfür bedarf es zusätzlicher Indizien dafür, dass der Schädiger den Eintritt eines konkreten Personenschadens als möglich erkannt und billigend in Kauf genommen hat.[1069]

[1059] Vgl. hierzu die oben bereits erwähnte Entscheidung des BGH veröffentlicht in der NJW 1994, 1592.
[1060] Jaeger/Luckey Schmerzensgeld Rn. 794; Quaisser NZV 2015, 465 (470).
[1061] BGH NJW 1989, 2332.
[1062] LSG Berlin-Brandenburg BeckRS 2023, 40684 (Rn. 50 ff).
[1063] NK-GVR/Stern-Krieger, Anhang III zum BGB, 2601 ff.
[1064] FA-VerkehrsR Kapitel 15.
[1065] Matz/Baumann NJW 2016, 673.
[1066] OLG Nürnberg BeckRS 2024, 24206; vgl. auch Halm/Fitz DAR 2025, 301 (310).
[1067] Vgl. zur Thematik der Haftung von Azubis BAG BeckRS 2015, 68246 sowie Pallasch RdA 2016, 118.
[1068] LG Münster BeckRS 2020, 44226 mAnm Kääb FD-StrVR 2021, 438050.
[1069] LAG Thüringen BeckRS 2026, 4140.

Zur Thematik eines Versicherungsfalles, bei welchem ein nach dem SGB VII Versicherter nicht allein von einem haftungsprivilegierten Arbeitgeber oder Arbeitskollegen, sondern auch von einem außerhalb des Versicherungsverhältnisses stehenden Dritten verursacht wurde, s. nachfolgend unter → **Rn. 154.**

Die anfänglich umstrittene Frage,[1070] ob dies auch für die Geltendmachung eines Anspruchs auf **Hinterbliebenengeld** gem. § 844 Abs. 3 BGB nach einem Arbeitsunfall gilt, wurde vom **BGH**[1071] mit Urt. v. 8.2.2022 bejaht (vgl. unten → **Rn. 340** bzw. im Kapitel VI. Hinterbliebenengeld).

Aus dem **Blickwinkel des Geschädigten** betrachtet gilt somit, dass seine Schadensersatzansprüche gegen den Schädiger für einen infolge eines Arbeitsunfalls erlittenen Personenschaden ausgeschlossen sind, sofern es sich um einen Arbeitsunfall (vgl. § 8 SGB VII) handelt, der durch den Unternehmer des Betriebs oder durch eine betriebliche Tätigkeit eines Versicherten des Betriebs, in dem der Arbeitsunfall des Geschädigten versichert ist, verursacht wurde.

Das Vorhandensein einer betrieblichen Tätigkeit (§ 105 Abs. 1 SGB VII) oder das Vorliegen einer gemeinsamen Betriebsstätte und eine insofern ausdrückliche oder stillschweigend vereinbarte Zusammenarbeit von Schädiger und Geschädigtem (§ 106 Abs. 3 SGB VII), s. hierzu → **Rn. 156,** ist dabei ein wesentliche Tatbestandsvoraussetzung für das Vorliegen des Haftungsprivilegs und die damit einhergehende Beschränkung der Arbeitnehmerhaftung.

Eine **„betriebliche Tätigkeit"** setzt nach herrschender Rechtsprechung[1072] voraus, dass dem Schädiger die schadenstiftende Handlung
- entweder vom Betrieb übertragen worden war[1073]
- oder von ihm – dh dem Schädiger – im Betriebsinteresse erbracht wurde. Dabei wird ein großzügiger Maßstab angelegt[1074] und erstreckt sich beispielsweise auch auf teambildende Maßnahmen und betriebliche Veranstaltungen außerhalb des Betriebs (auch ohne Teilnahme der Unternehmensleitung), sofern sie im Interesse des Arbeitgebers liegen und einen betrieblichen Zweck verfolgen.[1075]

Keine „betriebliche Tätigkeit" liegt bei Tätigkeiten bzw. Handlungen vor, die vom Schädiger
- nur aus eigenwirtschaftlich motiviertem Verhalten dem persönlich-privaten Bereich zuzuordnen sind (zB: Der Geselle nutzt nach Feierabend eine Drehbank seines Arbeitgebers, um ein Ersatzteil für sein privates Motorrad herzustellen und verletzt dabei einen Kollegen)
- oder dem allgemeinen Lebensrisiko des Arbeitnehmers (zB Azubi wirft ein Werkstück hinter sich und trifft einen Kollegen) zuzurechnen sind.

Das **Haftungsprivileg wird dabei weit ausgelegt** und gilt dementsprechend auch für andere im Betrieb – **149**
wozu auch ua **Schulen** zählen – tätige Personen.[1076] Ebenso für **Leiharbeiter**[1077] und **Besucher**[1078] des Unternehmens, soweit diese gegen das Unfallrisiko gem. § 3 Abs. 1 Nr. 2 SGB VII als mitversichert gelten. Auch findet es Anwendung, sofern der schädigende Betriebsangehörige seinen – ihm übertragenen – Aufgabenbereich überschritten hat, solange er nur im Interesse des Betriebes und im nahen Zusammenhang mit dem betrieblichen Wirkungskreis handelt. Es gilt sogar, wenn der schädigende Mitarbeiter gar nicht Betriebsangehöriger war, solange nur seine Tätigkeit in die betriebliche Unternehmenssphäre fällt bzw. wenn die Arbeit – wozu der BGH auch die Fahrt eines Mitglieds der freiwilligen Feuerwehr zum Einsatzort in dessen Privatwagen rechnete[1079] – im wirtschaftlichen Sinne als Arbeit anzusehen ist und tatsächlich dem fremden Betrieb zu dienen bestimmt ist. Der BGH wies in diesem Urteil zudem darauf hin, dass die Fahrt eines Mitglieds der freiwilligen Feuerwehr zum Einsatzort auch dann als betriebliche Tätigkeit anzusehen sei, wenn hierfür der Privatwagen des Feuerwehrmannes verwendet wurde.[1080]

[1070] Pro: LG Koblenz BeckRS 2020, 11607 und LG Mainz 2.9.2020 – 5 O 249/19 kontra: OLG Koblenz BeckRS 2020, 37505 mAnm Burmann RuS 2021, 116.

[1071] BGH BeckRS 2022, 4972.

[1072] BAG NZA 2015, 1057; BGH NZA 2013, 1218.

[1073] Küppersbusch/Höher Ersatzansprüche Personenschaden Rn. 523.

[1074] Pallasch RdA 2016, 118 (120).

[1075] LSG Hamburg BeckRS 2019, 11994 mVa auf BSG BeckRS 2016, 113528.

[1076] Vgl. OLG Jena BeckRS 2020, 33090 sowie AG Hanau SP 2009, 432.

[1077] BGH NJW 2015, 940; Otto NZV 2002, 10; Schwab, NZA-RR 2017, 517.

[1078] Otto NZV 2002, 13.

[1079] Zur Hilfe bei Unglücksfällen iSv § 106 Abs. 3 1 Alt. SGB VII vgl. BGH BeckRS 2008; lesenswert, wenn auch eine Mindermeinung vertretend, Stöber NZV 2007, 57; vgl. zur Frage, ob einem Feuerwehrmann, der im Rahmen einer Feuerwehrübung verletzt wird, gegen seine Kameraden ein Schmerzensgeldanspruch zusteht, OLG Naumburg NZV 2011, 189.

[1080] BGH BeckRS 2008, 1661; nur am Rande erwähnenswert: Ein im Privatwagen zum Einsatz eilendes Mitglied der freiwilligen Feuerwehr hat – worauf das OLG Naumburg mit 20.3.2014, BeckRS 2014, 23378, zutreffend hinwies – sich an die Regeln der Straßenverkehrsordnung und somit die Geschwindigkeitsbegrenzungen zu halten.

Der Gesetzgeber spricht in § 104 Abs. 1 S. 1 SGB VII nicht von Arbeitnehmern, sondern von **„den Versicherten".** § 104 Abs. 1 S. 1 SGB VII gilt damit nicht nur im Verhältnis zwischen dem Unternehmer und seinen eigenen Beschäftigten, sondern auch gegenüber allen Versicherten, die für sein Unternehmen arbeiten. Der Begriff der im Betrieb tätigen Personen wird somit sehr weit gefasst und betrifft Tätigkeiten jeder Art, wie auch etwa **soziale** und **karitative Tätigkeiten** sowie sogenannte „Wie-Beschäftigte", worauf unten näher eingegangen wird.

Der **Begriff des Beschäftigten** steht im Gegensatz zum **Begriff des selbstständig Erwerbstätigen,** der im Unfallversicherungsrecht in der Regel als **Unternehmer** bezeichnet wird. Die Abgrenzung von Beschäftigten und Selbständigen muss anhand einer wertenden Betrachtung des Einzelfalls erfolgen.[1081] Dabei müssen alle relevanten Merkmale im Rahmen einer Gesamtabwägung bewertet werden. Die persönliche Abhängigkeit, die sich insbesondere durch die Weisungsgebundenheit und die Eingliederung der Betroffenen in eine fremde Arbeitsorganisation ausdrückt, stellt dabei nach § 7 I 2 SGB IV ein wesentliches Abgrenzungsmerkmal dar.

Auch der sogenannte **Wie-Beschäftigte** nach § 2 Abs. 1 Nr. 1 SGB VII (dh gem. § 2 Abs. 2 SGB VII versicherte Personen, die wegen ihres oftmals fremdnützigen Verhaltens durch Schutz der gesetzlichen Unfallversicherung ebenfalls begünstigt werden sollen) sind vom selbstständig Erwerbstätigen abzugrenzen. Voraussetzung einer Wie-Beschäftigung nach § 2 Abs. 2 S. 1 SGB VII ist nach der **ständigen Rechtsprechung des BSG,**[1082] dass eine einem fremden Unternehmen dienende, dem wirklichen oder mutmaßlichen Willen des Unternehmers entsprechende Tätigkeit von wirtschaftlichem Wert erbracht wird, die ihrer Art nach von Personen verrichtet werden könnte, die in einem abhängigen Beschäftigungsverhältnis stehen. Zur Anwendung des Haftungsprivilegs bei sogenannten „Wie-Beschäftigten" vgl. ein Urteil des OLG Jena[1083] zur **Fahrt (im Privatwagen) eines Mitgliedes einer freiwilligen Feuerwehr zum Einsatzort** sowie das Urteil des LSG Bayern zum Ausführen eines Pferdes während des Urlaubs der Halterin.

Grenzen findet die weite Auslegung jedoch dort, wo die Handlung – hier: Feuerwehrmann grillt am Grillstand einer polizeilichen Veranstaltung für die Kollegen der Polizei – durch den Tätigen aus **reiner Gefälligkeit** erfolgte und er dabei wie ein beliebiger Dritter ohne (Ehren-)Amt unterstützend tätig wurde. Im konkreten Falle war der Feuerwehrmann, nur weil sich niemand anderer zum Grillen bereit erklärt hatte, für diese Tätigkeit „eingesprungen" und zwar „völlig unabhängig von seiner Tätigkeit bei der Feuerwehr" und ohne dass die schadenverursachende Tätigkeit am Grill in irgend einem inneren Zusammenhang zu diesem Ehrenamt gestanden hatte, so OLG 'Frankfurt a. M.[1084]

150 Die **Verfassungsmäßigkeit** der **Haftungsbeschränkung** in § 104 Abs. 1 SGB VII bestätigte zuletzt das BAG[1085] nachdem einige Jahre zuvor der BGH[1086] dazu ausgeführt hatte: *„Dass sich das den §§ 104, 105 SGB VII zugrundeliegende Prinzip mal zugunsten des Geschädigten, mal zu dessen Nachteil auswirken kann, ist dabei systemimmanent, da die Anspruchsvoraussetzungen und die Leistungen im zivilrechtlichen Schadensersatzrecht und im sozialrechtlichen Unfallversicherungsrecht nicht deckungsgleich sind. Dessen ungeachtet ist dieses System, auch soweit es im Einzelfall zu einer Benachteiligung des Geschädigten führt, verfassungsgemäß".*

151 Zur Frage der Haftungsbeschränkung bei freiwilliger Hilfeleistung **(Nothilfe)** im Falle eines Arbeitsunfalles des **Ersthelfers oder Nothelfers**[1087] (= eine spontan bei einem Unglücksfall Hilfe leistende unbeteiligten Person) hatte der BGH[1088] zu entscheiden und ausgeführt, dass der Versicherungsschutz für eine Hilfeleistung gem. § 2 I Nr. 13a SGB VII grundsätzlich nicht zu einem Haftungsausschluss nach § 104 SGB VII führe. Vielmehr werde der Versicherungsschutz des Nothelfers durch die Leistung der Nothilfe begründet und folge unmittelbar aus § 2 I Nr. 13a SGB VII, werde also gerade nicht durch die Beziehung zu einem Unternehmen begründet, wie § 104 SGB VII das voraussetzt. Das – so der BGH – gelte nach der einhelligen Auffassung in der obergerichtlichen Rechtsprechung[1089] und im Schrifttum[1090] auch dann, wenn die Hilfeleistung einem

---

[1081] OLG Frankfurt a. M. BeckRS → Nr. 7893.

[1082] BSG BeckRS 2022, 7030; BSG BeckRS 2018, 24148; BSG BeckRS 2018, 19579; vgl. dazu auch LSG Berlin-Brandenburg BeckRS 2023, 40684 (Rn. 55).

[1083] OLG Jena SP 2009, 106.

[1084] OLG Frankfurt a. M. NJOZ 2014, 7.

[1085] BAG BeckRS 2019, 30992; OLG Frankfurt a. M. BeckRS 2018, 39705; BGH BeckRS 2012, 06800.

[1086] BGH BeckRS 2012, 06800.

[1087] Zur nicht greifenden Anwendung des Haftungsprivilegs für Nothelfer (§ 680 BGB) bei pflichtwidrig unterlassenen Erste-Hilfe-Maßnahmen von Sportlehrern bei einem Unglücksfall während des Sportunterrichts vgl. BGH BeckRS 2019, 6469 und zur haftungsrechtlichen Zurechnung psychischer Folgen eines Berufshelfers/Rettungsassistenten nach Tankexplosion eines Kfz OLG Schleswig BeckRS 2019, 18671.

[1088] BGH NZV 2006, 367.

[1089] OLG Dresden VersR 2001, 1035 (1038); OLG Düsseldorf NJW-RR 2002, 1678 (1679).

[1090] Vgl. Bereiter-Hahn/Mehrtens § 104 Rn. 9.4; Lauterbach/Dahm § 104 Rn. 16.

Unternehmer zugutekommt. *„Bei einer Hilfeleistung iSv § 2 I Nr. 13a SGB VII ergibt sich also die Unfallversicherung kraft Gesetzes und nicht etwa daraus, dass der Versicherte einem Unternehmen zu Hilfe kommt, sondern weil er Nothilfe im Sinne dieser Vorschrift leistet und somit der Allgemeinheit hilft. Für diese Hilfe ist es gleichgültig, ob derjenige, dem geholfen wird oder der von einer Gefahr verschont wird, ein Unternehmer oder eine andere Person ist. Der Unfallversicherungsschutz wird vielmehr für den Dienst an der Allgemeinheit gewährt und soll die Bereitschaft zur Hilfeleistung durch eine soziale Existenzsicherung fördern, nicht aber einen Unternehmer privilegieren, dem möglicherweise die Hilfeleistung zugutekommt“,*[1091] so der BGH wörtlich.

Wenn auch dogmatisch nicht ganz korrekt, sei an dieser Stelle darauf hinzuweisen, dass der **Unfallverursacher grundsätzlich auch für Verletzungen eines Ersthelfers/Nothelfers, der ihm zu Hilfe eilt, haftet.** Mit einem solchen Sachverhalt hatte sich 2025 das OLG Hamm[1092] befasst. Vorausgegangen war ein Verkehrsunfall, zu dem die unbeteiligte Zeugin A als Ersthelferin in der Absicht geeilt war, den Unfallbeteiligten Erste Hilfe zu leisten. Beim hektischen Abstellen ihres Motorrollers an der Unfallstelle fiel ihr der Roller jedoch um, so dass sie sich den Fuß brach. Klägerin in diesem Fall war die Trägerin der gesetzlichen Unfallversicherung NRW, die den Unfall der Ersthelferin als Arbeitsunfall anerkannte und ihre Verdienstschäden und Sachaufwendungen erstattet hatte und anschließend gegenüber dem Unfallverursacher und dessen KH-Versicherer gem. § 116 SGB X regressierte. Das LG hatte die Regressansprüche der Klägerin unter Berücksichtigung einer Haftungsverteilung von 30% zu 70% zugunsten der Klägerin bejaht. Das OLG bestätigte in seinem Hinweisbeschluss diese Entscheidung, zu der im Weiteren auf den Beitrag sowie Praxishinweis von *Kleine-König* Unfallverursacher haftet auch für Verletzung einer Ersthelferin, NZV 2026, 91, verwiesen wird.

Dies gilt auch im Falle einer nicht ungewöhnlichen **Pannenhilfe** gegenüber einer Person auf deren versichertem Weg nach oder von der Arbeitsstätte (§ 8 Abs. 2 SGB VII), nicht jedoch auf einer Privatfahrt. In dem hierzu vom OLG Saarbrücken[1093] 2024 entschiedenen Fall blieb ein PKW-Fahrer auf der Heimfahrt von seiner Arbeitsstelle mit seinem Fahrzeug liegen. Ein zufällig vorbeikommender LKW-Fahrer half ihm und gab ihm Starthilfe mit einem Überleitungskabel. Dabei versäumte der LKW-Fahrer jedoch, die Handbremse an seinem LKW zu betätigen, so dass der LKW gegen den PKW gerollt war und den PKW-Fahrer, der sich während des Starthilfevorgangs zwischen beiden Fahrzeugen befand, eingeklemmt und getötet hatte. Der Halter des defekten bzw. havarierten Fahrzeugs wird in solchen Fällen (auf dem Weg von und zur Arbeit – nicht jedoch bei einer Privatfahrt!) als „Unternehmer“ iSv **§ 105 Abs. 2 SGB VII** betrachtet und derjenige, der die Pannen- oder Starthilfe gibt, wird als insofern tätig gewordener Beschäftigter angesehen. Zudem wird der gesamte Pannenhilfevorgang insoweit zeitlich weit ausgedehnt und beginnt bereits mit den Vorbereitungshandlungen (Vorfahren an das havarierte Kfz, Anschließen der beiden Starthilfekabel etc) und endet erst mit dem endgültigen Abschluss der Pannenhilfe. Kommt es somit dabei – wie im Fall des OLG Saarbrücken[1094] – zu einer Verletzung oder gar Tötung des Havarierten, so genießt dieser zwar den Schutz der gesetzlichen Unfallversicherung, hat jedoch gegen den Fahrzeughalter, der ihm geholfen hat, keinen Anspruch auf Schmerzensgeld oder Hinterbliebenengeld. Dies gilt auch im umgekehrten Falle, wenn der auf seinem Weg von oder zur Arbeit Havarierte den ihm sodann Helfenden verletzt oder tötet.[1095]

Hieran ändert auch die Tatsache nichts, dass der Unfallversicherer des Arbeitgebers des Halters den Schadenfall als Arbeitsunfall anerkannt hat, so das OLG Saarbrücken.[1096]

Um den Rahmen des Handbuchs an dieser Stelle nicht zu sprengen, sei zum Thema der **unfallversicherungsrechtlichen Fragestellungen rund um die Pannenhilfe** und die damit verbundenen weiteren Fragen und Antworten zur Haftungsprivilegierung auf die beiden Aufsätze von **Ricke in der NZV 2024, 581 und 599** sowie die beiden bereits etwas älteren Anmerkungen/Aufsätze von Küppersbusch in der NZV 20212, 584 und Stöber in der NZV 2007, 57 verwiesen.

Zur **Posttraumatischen Belastungsstörung als** (verneinte) **Unfallfolge eines Feuerwehrmannes** (freiwillige Feuerwehr) und den Voraussetzungen zur Gewährung von Leistungen aus der gesetzlichen Unfallversicherung s. den Hinweis unter → **Rn. 289.**

1091 BGH NZV 367, 368 (367).

1092 OLG Hamm BeckRS 2025, 18356; vgl. dazu auch Kleine-König NZV 2026, 91.

1093 OLG Saarbrücken BeckRS 2024, 16600 mAnm Figgener NJW-Spezial 2024, 490 und Ricke NZV 2024, 599 sowie auch Halm/Fitz DAR 2025, 301 (310); ebenso OLG Düsseldorf BeckRS 2012, 16341 mAnm Küppersbusch NZV 2012, 581.

1094 ebenso OLG Düsseldorf BeckRS 2012, 16341 mAnm Küppersbusch NZV 2012, 581.

1095 OLG Saarbrücken BeckRS 2024, 16600 mAnm Figgener NJW-Spezial 2024, 490 (im Praxishinweis Rn. 491) sowie dazu sehr ausführlich Küppersbusch NZV 2012, 581 (584, 585) sowie Stöber NZV 2007, 57.

1096 OLG Saarbrücken BeckRS 2024, 16600; kritisch dazu Ricke NZV 2024, 599.

Zur Bestimmung des **inneren Zusammenhangs zwischen der Ausübung des Ehrenamtes und der Unfallfahrt** s. Pionteck Anm. zu **BSG-Urteil** vom 8.12.2022 – B 2 U 14/20 R.[1097] **Kein Nothelfer** ist dagegen ein **Sportlehrer** im Zusammenhang mit einem sich beim **Sportunterricht** ereignenden Unfall eines Schülers, denn *„die Situation einer Sportlehrkraft, die bei einem im Sportunterricht eintretenden Notfall tätig wird, ist insoweit ebenfalls nicht mit der einer spontan bei einem Unglücksfall Hilfe leistenden unbeteiligten Person zu vergleichen. Die Sportlehrer des Bekl. mussten – anders als etwa Schüler – nicht zur Hilfeleistung ermutigt und deshalb geschützt werden, weil sie sich zu spontaner Hilfe entschlossen haben. Ihnen oblag die Amtspflicht, etwa erforderliche und zumutbare Erste-Hilfe-Maßnahmen rechtzeitig und in ordnungsgemäßer Weise durchzuführen".*[1098]

Ebenfalls nicht als Nothilfe anzusehen ist es, wenn in einem **Offroad-Park** sich ein Geländefahrzeug festgefahren hat und der Fahrer eines anderen Geländefahrzeugs sich beim Versuch verletzt, das festgefahrene Geländefahrzeug mittels einer an diesem angebrachten Seilwinde wieder zu befreien.[1099] Die Entscheidung des OLG Hamm[1100] ist lesenswert zur Thematik des § 7 Abs. 1 STVG – Betrieb eines KFZ, das nur als „Anker für Winde und Seil im Rahmen eines Bergevorgangs dient" und des anderen, ziehenden Fahrzeugs.

152 **Entsperrung des Haftungsprivilegs:**

Auf die Haftungsprivilegien kann sich der Schädiger nicht berufen, wenn der Unfall vorsätzlich oder auf einem nach § 8 Abs. 2 Nr. 1–4 SGB VII versicherten Weg des Geschädigten verursacht wurde. In diesem Fall sind die persönlichen Ersatzansprüche (auch Schmerzensgeld) des Geschädigten auszugleichen. Für die Annahme der vorsätzlichen Herbeiführung eines Versicherungsfalls ist dabei stets ein **„doppelter Vorsatz"** erforderlich, dh der Vorsatz des Schädigers muss nicht nur die Verletzungshandlung, sondern auch den Verletzungserfolg umfassen, so dass in der Regel ein vorsätzlicher Verstoß gegen eine Verkehrssicherungspflicht oder eine Unfallverhütungsvorschrift nicht ausreicht.[1101] Denn selbst derjenige, der vorsätzlich eine zugunsten des Arbeitnehmers bestehende Schutzvorschrift missachtet, will regelmäßig nicht die Schädigung und den Arbeitsunfall des Arbeitnehmers selbst, sondern hofft, dass diesem kein Unfall widerfahren werde.[1102]

Kein Haftungsprivileg und somit die Möglichkeit eines Schmerzensgeldanspruchs des für einen Betrieb bzw. ein Unternehmen Tätigen gegen den Unternehmer oder einen anderen für denselben Betrieb Tätigen besteht somit, wenn

- die zum Unfall führende Handlung keine „betriebliche Tätigkeit" darstellt oder
- der Unfall **vorsätzlich** (doppelter Vorsatz: Bzgl. Verletzungshandlung und – erfolg).[1103] oder
- auf dem Weg vom oder zum Arbeitsplatz (§ 8 Abs. 2 Nr. 1–4 SGB VII) herbeigeführt wurde.

In diesen Fällen spricht man davon, dass ansonsten vorhandene Haftungsprivileg (s. oben) sei „entsperrt".

153 Keine „betriebliche Tätigkeit" iSd § 105 Abs. 1 SGB VII liegt beispielsweise vor, wenn ein Mitarbeiter (im konkreten Falle ein Auszubildender) aus Übermut und Unbedachtheit ein Wuchtgewicht (= Bleigewicht, zum Auswuchten von Autofelgen) hinter sich schleudert und dabei einen Kollegen am Auge verletzt[1104] oder aus „Neckerei" mit einem Gabelstapler an einen Kollegen heranfährt, „um diesen in die Brust zu zwicken" und dabei versehentlich zweimal über dessen Fuß rollt und ihn dadurch erheblich schädigt.[1105]

Der Vorsatz muss sich dabei stets sowohl auf die Verletzungshandlung als auch auf den Verletzungserfolg beziehen (doppelter Vorsatz).[1106] Dies entspricht auch dem Zweck der §§ 104, 105 SGB VII, denn die dort geregelte Freistellung von der Haftung für den Unternehmer und für Arbeitskollegen dient dem Ziel, den Betriebsfrieden zu erhalten. Eine Ausnahme ist daher nur gerechtfertigt, wenn eine solche Freistellung aufgrund eines qualifiziert vorsätzlichen Handelns, dass sowohl die Handlung als auch deren Erfolg mitumfasst, nicht mehr hinnehmbar ist.[1107] (Zu Schulunfällen insofern s. → **Rn. 159**).

Dies sah auch bereits das LAG Nürnberg[1108] so und betonte, für den Verletzungserfolg genüge es, wenn der Unternehmer – hier ein Arzt – lediglich **bedingt vorsätzlich** handelt:

1097 BSG BeckRS 2022, 37912 mAnm Pionteck NZS 2023, 781 und Felz NZV 2023, 432.
1098 BGH NJW 2019, 1809.
1099 OLG Hamm BeckRS 2023, 7638.
1100 OLG Hamm BeckRS 2023, 7638.
1101 LAG Thüringen BeckRS 2026, 4140.
1102 LAG Köln BeckRS 2024, 31418, → Nr. 7612.
1103 BAG BeckRS 2019, 30992; OLG Koblenz BeckRS 2019, 9574; BGH VersR 2003, 595; BGH BeckRS 2004, 4680; BAG BeckRS 2004, 30343904; BAG NJW 2003, 1890.
1104 BAG BeckRS 2015, 68246 sowie Pallasch RdA 2016, 118.
1105 LAG Schleswig-Holstein BeckRS 2016, 69600.
1106 BAG BeckRS 2019, 30992; vgl. dazu auch Lingemann ArbRAktuell 2019, 612; BGH BeckRS 2012, 06800.
1107 Lingemann ArbRAktuell 2019, 612.
1108 LAG Nürnberg BeckRS 2017, 121662; vgl. auch – dort kein Vorsatz – LG Münster BeckRS 2018, 10097.

„So wird ein Arbeitgeber trotz eines Verstoßes gegen Arbeitsschutzvorschriften meistens darauf hoffen, es werde kein Unfall eintreten. Diese Ausführungen sind einer Verallgemeinerung im Sinne eines Erfahrungssatzes, auf tatsächlichem Gebiet allerdings nicht zugänglich. Insbesondere gibt es umgekehrt nicht einen allgemeinen Erfahrungssatz, dass derjenige, der vorsätzlich eine zugunsten des Arbeitnehmers bestehende Schutzvorschrift missachtet, eine Schädigung oder eine mögliche Berufskrankheit des Arbeitnehmers nicht billigend in Kauf nimmt. Stets kommt es vielmehr auf die konkreten Umstände des Einzelfalls an. Es kann naheliegen, dass der Schädiger einen pflichtwidrigen Erfolg gebilligt hat, wenn er sein Vorhaben trotz starker Gefährdung des betroffenen Rechtsguts durchführt, ohne auf einen glücklichen Ausgang vertrauen zu können, und es dem Zufall überlässt, ob sich die von ihm erkannte Gefahr verwirklicht oder nicht .... Es liegt insbesondere eine Reihe von Umständen vor, die es ausschließen, dass der Bekl. auf einen glücklichen Ausgang vertrauen konnte. Vielmehr hat er es dem Zufall überlassen, ob sich die von ihm erkannte Gefahr verwirklichte oder nicht.“

Der beklagte Arzt hatte seiner mit der Blutentnahme allein beauftragten Auszubildenden (Klägerin) bewusst nicht die seit Jahren vorgeschriebenen Sicherheitskanülen zur Verfügung gestellt, obwohl er wusste, dass der Patient an Hepatitis C erkrankt ist.

Anschaulich stellte dies auch das OLG Hamm[1109] in seinem amtl. Leitsatz wie folgt dar: *„Erleidet ein Schüler in der Schule durch zwei Schläge eines Mitschülers eine schwerwiegende Augenverletzung, kann der Geschädigte vom Schädiger ein Schmerzensgeld verlangen, das den vom Schädiger billigend in Kauf genommenen Verletzungen Rechnung trägt. Weitergehende, vom Vorsatz des Schädigers nicht umfasste Verletzungsfolgen sind bei der Bemessung des Schmerzensgeldes nicht zu berücksichtigen“.*

Von jeher problematisch waren in diesem Themenzusammenhang **Unfälle** im **allgemeinen Straßenverkehr.**[1110] Grundsätzlich ist dabei zu beachten, dass es in den meisten Unfällen an der betrieblichen Verrichtung (s. nachfolgend → Rn. 156) des Schädigers fehlt; dann aber liegt gar keine Privilegierung vor, so dass es auch keiner Entsperrung des Haftungsprivilegs bedarf.[1111] Maßgebend für die Abgrenzung eines **154**

- Unfalls auf einem Betriebsweg iSd § 8 Abs. 1 SGB VII bzw. auf einem Weg in Ausführung der versicherten Tätigkeit wie beispielsweise auf einer Dienstfahrt von einem
- Unfall auf einem versicherten Weg iSd § 8 Abs. 2 Nr. 1–4 SGB VII (= Wegeunfall)

ist daher nicht allein, wo sich der Unfall ereignet hat, sondern auch, inwieweit er mit dem Betrieb und der Tätigkeit des Versicherten zusammenhängt und ob er Ausdruck der betrieblichen Verbindung zwischen ihm und dem Unternehmen ist, deretwegen das Haftungsprivileg nach § 105 SGB VII besteht. Hingegen ist für die Einordnung als Betriebsweg letztlich nicht entscheidend, ob die Örtlichkeit der Organisation des Arbeitgebers unterliegt, so der BGH 2005.[1112]

Der BGH[1113] hatte bereits zuvor klargestellt, dass das Haftungsprivileg nur noch dann als „entsperrt“ (mit der Möglichkeit, auch Schmerzensgeld zu beanspruchen) gelte, wenn sich der maßgebliche Unfall ***„auf dem Weg nach und von dem Ort der versicherten Tätigkeit“*** ereignet hat. Die früher geltende „Teilnahme am allgemeinen Straßenverkehr“ genügt nicht mehr. In derartigen Fällen (hier: Verkehrsunfällen von Betriebsangehörigen) sei *„zwischen Betriebswegen als versicherte Tätigkeit iSd § 8 I SGB VII mit der Folge des Haftungsprivilegs und anderen, nach § 8 II Nr. 1–4 SGB VII versicherten Wegen zu unterscheiden ist, für die ein Haftungsprivileg nicht gilt“.*[1114] Er führt dann aus, dass hinsichtlich der so vorzunehmenden Abgrenzung *„die Kriterien heran (zuziehen seien), die von der Rechtsprechung für das frühere Abgrenzungsmerkmal des § 637 RVO zwischen privilegierten Wegen und nicht privilegierten Wegen – nämlich die Teilnahme am allgemeinen Verkehr – entwickelt worden sind“.* Schließlich gelangte er zum Ergebnis, dass *„die Unfallfahrt als **Betriebsweg**“* anzusehen ist, da der Arbeitgeber – indem er die Sammelfahrt nicht nur finanzierte, sondern auch mit einem betriebseigenen Fahrzeug durchführen ließ – diese auch organisatorisch beeinflusste und der Kläger den Unfall *„gerade infolge seiner Eigenschaft als Betriebsangehöriger erlitten hat“;* die Fahrt war somit eine **betrieblich organisierte Sammelfahrt.**[1115] Der – noch vom Berufungsgericht zuerkannte – Schmerzensgeldanspruch wurde somit vom BGH im Rahmen der erfolgreichen Revision der Beklagten zurückgewiesen. Ebenso und unter Bezugnahme auf die Beförderung der Arbeitnehmer mit **Werkbussen** als *„integraler Bestandteil der Organisation des Arbeitsbetriebs“* argumentierte das OLG München[1116] und lehnte den vom LG noch zugesprochenen Schmerzensgeldanspruch ab. Dieser

[1109] OLG Hamm BeckRS 2013, 22201.
[1110] OLG Brandenburg BeckRS 2024; Marburger NZV 2013, 475.
[1111] Küppersbusch/Höher Ersatzansprüche Personenschaden Rn. 538.
[1112] BGH BeckRS 2005, 14822.
[1113] BGH BeckRS 2004, 921 mit Hinweis auf BT-Drs. 13/2204, 77 (100) sowie BGH NJW 2001, 442.
[1114] BGH BeckRS 2004, 921; vgl. auch BGH NJW 2001, 442; OLG Dresden NZV 2000, 365 sowie LG Hannover BeckRS 2011, 10831.
[1115] Vgl. auch OLG München SP 2012, 290.
[1116] OLG München SP 2012, 290.

sei hier *„ausgeschlossen"*, da der Unfall sich … „bei einer vorübergehenden Tätigkeit an einer gemeinsamen Betriebsstätte im Sinne des § 106 Abs. 3 SGB VII ereignet" habe und weder Vorsatz noch ein Wegeunfall im Sinne des § 8 Abs. 2 SGB VII vorlag. Dies sah der BGH[1117] in seinem sehr lesenswerten[1118] Urteil jedoch anders und hob das OLG-Urteil auf, da hier die Besonderheit bestand, dass der Busfahrer zum Unfallzeitpunkt für sein eigenes Stammunternehmen fuhr und somit keine betriebliche Tätigkeit für den Arbeitgeber des Klägers erbracht habe, weshalb ein unternehmensübergreifendes Haftungsprivileg nicht vorlag. In einer kurz auf sein Urt. v. 2.12.2003[1119] erfolgten weiteren Entscheidung hierzu – und an diese selbst anknüpfend – bestätigte der BGH diese Rechtsauffassung erneut.[1120]

Wird ein Verkehrsunfall, den ein nach dem SGB VII Versicherter erleidet (und für diesen sodann ein „Versicherungsfall" ist), nicht allein von einem haftungsprivilegierten Arbeitgeber oder Arbeitskollegen des Geschädigten, sondern zugleich von einem außerhalb des Versicherungsverhältnisses stehenden Dritten verursacht, kann der Geschädigte den Dritten insoweit nicht auf Schmerzensgeld und Schadensersatz in Anspruch nehmen als der für den Unfall mitverantwortliche Haftungsprivilegierte ohne seine Haftungsfreistellung im Verhältnisse zu dem Zweitschädiger für den Schaden aufkommen müsste, da sonst – im Falle der Zulassung eines Rückgriffs gegen den Haftungsprivilegierten – die Regelungen der §§ 104 ff. SGB VII umgangen würden oder – für den Fall der Versagung des Rückgriffs – der weitere Schädiger den Anspruch vollständig alleine tragen müsste, wodurch der Geschädigte besser stünde als er nach den Regelungen der §§ 104 ff. SGB VII stehen soll.[1121] Im konkreten Fall, den das OLG Brandenburg 2024[1122] entschieden hatte, befand sich der Kläger als Beifahrer in einem von seinem Arbeitskollegen gefahrenen Kleinlieferwagen und kollidierten – bei der Rückfahrt von einer Baustelle zum Sitz ihres Arbeitgebers – mit einem herannahenden Notarztwagen.

Diese Rechtssystematik habe weiterhin *seine Berechtigung,* so die Empfehlung des 52. Deutschen Verkehrsgerichtstags, denn die *Haftungsausschlüsse der §§ 104 ff. SGB VII sind im Interesse des Betriebsfriedens auch dann geboten, wenn der Schaden durch ein haftpflichtversichertes Kraftfahrzeug verursacht wurde".*[1123]

154a Zur – zumindest mittelbaren – **Verletzung eines Feuerwehrmannes** (Leiter der Freiwilligen Feuerwehr der Stadt …) **im Zusammenhang mit einem Rettungseinsatz** nach einem Verkehrsunfall, sei auf ein Urteil des LG Darmstadt[1124] hingewiesen. Der Feuerwehrmann/Kläger war nach Erreichen der Unfallstelle gerade ausgestiegen, als ein Sattelschlepper nahezu ungebremst auf die Fahrzeugkolonne aus Unfall-, Kranken- und Rettungsfahrzeugen auffuhr und dabei die Fahrzeuge zusammenschob. Der Kläger konnte den Fahrzeugen nur durch einen Sprung zur Seite entkommen und wurde somit nicht unmittelbar körperlich verletzt, erlitt jedoch eine posttraumatische Belastungsstörung. Der KH-Versicherer des Sattelschleppers lehnte die Haftung ab.

Das LG Darmstadt gab dem Feuerwehrmann jedoch Recht und betonte in seinem Amtlichen Leitsatz: *„Bei einem solchen Unfall findet gegenüber Mitarbeitern der Freiwilligen Feuerwehr kein Haftungsausschluss statt, weil sich insoweit kein „Berufswahlrisiko" realisiert hat (entgegen LG Duisburg, Urteil vom 28.9.2015, Az. 8 O 361/14)."* Die Beklagte hatte insofern auf eine Entscheidung des LG Duisburg im Zusammenhang mit der „Love Parade"-Katastrophe verwiesen und die Haftung mit der Begründung abgelehnt, der Kläger müsse als „Berufshelfer" mit derartigen Belastungen umgehen können, da diese zum beruflichen Risikobereich gehörten bzw. sich *„bei einer darauf zurückzuführenden posttraumatischen Belastungsstörung nach einem Einsatz gerade eine Gefahr aus ihrem beruflichen Risikobereich verwirklicht habe, die nicht demjenigen zuzurechnen sei, der den Einsatz überhaupt erst ausgelöst habe".* Dem widersprach das LG Darmstadt und führte dazu aus: *„Zum einen ist der Kläger als Mitglied einer freiwilligen Feuerwehr gerade nicht mit einem „Berufshelfer" im Sinne der obenstehenden Argumentation zu vergleichen. Bei allem Respekt für die Ausbildung und die Einsatzbereitschaft freiwilliger Feuerwehrleute kann von diesen nicht erwartet werden, sich auf mögliche Gefahren und Belastungen im Zusammenhang mit ihren Einsätzen ähnlich intensiv vorzubereiten bzw. ggf. im Nachgang auseinanderzusetzen, wie dies hauptberuflichen Feuerwehrleuten möglich und zumutbar sein mag. Hinzu kommt, dass erhebliche Zweifel bestehen, ob sich im vorliegenden Fall überhaupt ein spezifisches Einsatzrisiko realisiert hat. Dass ein Lkw ungebremst auf ein Stauende, eine Unfallstelle oder ein ähnliches, plötzlich auftauchendes Hindernis auffährt, dürfte wohl nicht zu den Risiken zu zählen sein, die Feuerwehrleute im Rahmen ihrer Einsätze bewusst bereit sind, zum Löschen, Helfen, zur Rettung oder Bergung auf sich zu nehmen.*

1117 BGH BeckRS 2013, 08453; FD-StrVR 2013, 346786 mAnm Kääb.
1118 Kääb bezeichnet in FD-StrVR 2013, 346786 das Urt. zutreffend als „eine Fundgrube für jeden Verkehrsrechtler, der sich mit betrieblichen Tätigkeiten und gemeinsamer Betriebsstätte zu befassen hat".
1119 S. BGH NZV 2004, 193.
1120 BGH NZV 2004, 347; zur Haftungsprivilegierung auf Betriebswegen Waltermann NJW 2004, 901 (906).
1121 OLG Brandenburg BeckRS 2024 – Nr. 7368.
1122 OLG Brandenburg BeckRS 2024.
1123 Vgl. Born NZV 2014, 154 (156).
1124 LG Darmstadt BeckRS 2019, 5918.

Vielmehr besteht ein solches Risiko für alle, die am allgemeinen Straßenverkehr (insbesondere auf Autobahnen) teilnehmen. Zudem sollte nicht übersehen werden, dass eine Einschränkung der Haftung bei einer Realisierung des „Berufswahlrisikos" zumindest teilweise nur für die Fallgruppe der psychischen Gesundheitsschäden nicht unmittelbar am Unfall Beteiligter gefordert wird, gerade nicht aber für die hier einschlägige Fallgruppe der direkt am Unfall Beteiligten (vgl. Stöhr[1125] *aaO)".*[1126]

Zu Schockschäden s. → Rn. 301a.

Infolge der – inzwischen überwundenen – **Corona-Pandemie** rückte die Arbeit im **Homeoffice** in den Fokus der Öffentlichkeit. Insofern greift – solange der Arbeitnehmer im Homeoffice tatsächlich für den Arbeitgeber tätig ist – grundsätzlich auch der gesetzliche Unfallversicherungsschutz. Insofern liegt ein Unfall im Sinne des § 8 SGB VII vor, wenn eine im Homeoffice tätige Key-Account-Managerin im Treppenhaus ihres Hauses auf dem Weg in das im Keller gelegene Homeoffice stürzt und sich verletzt, was das BSG[1127] als **Betriebsweg** ansah, da vorliegend eine objektivierte betriebsdienliche Handlung vorlag. Dies wiederum – s. oben → **Rn. 148** – mit der Folge, dass die Haftung des Schädigers für den Personenschaden und somit auch der Anspruch auf Schmerzensgeld ausgeschlossen ist. 155

Zur Abgrenzung zwischen einem haftungsprivilegierten innerbetrieblichen „Betriebswegeunfall" und einem nicht haftungsprivilegierten „Wegeunfall" (s. oben → **Rn. 154**) ist darauf abzustellen, ob sich der Unfall auf dem Betriebsgelände oder außerhalb desselben zugetragen hat.[1128]

Abschließend sei insofern auf ein Urteil des BSG[1129] hingewiesen, welches betonte, dass der **Weg vom „Homeoffice" zu einem Restaurant** „zur Nahrungsaufnahme" nicht dem Schutz der gesetzlichen Unfallversicherung unterstellt sei.

Ebenfalls im Zusammenhang mit der Corona-Pandemie stand der Sachverhalt, den das LAG Rheinland-Pfalz 2025 entschieden hatte. Der Kläger – Fahrer eines Linienbusses – hatte behauptet, er habe geringe Mengen des Feuerlöschpulvers sowie Rauchgas eingeatmet und daher eine Rauchintoxikation erlitten, nachdem zuvor Jugendliche das Desinfektionsmittel, dass wegen der Corona-Pandemie im Bus verfügbar war, im Rahmen jugendlichen **Vandalismus** in dem vom Kläger geführten Bus angezündet hatten. Er begehrte deshalb von seiner Arbeitgeberin ein Schmerzensgeld iHv mindestens 50.000 EUR. Das LAG wies die Berufung des Klägers gegen das klagabweisende Urteil des Arbeitsgerichts ab, da die Beklagte "*weder aus § 280 Abs. 1 BGB i.V.m. § 241 Abs. 2 BGB, noch aus § 823 Abs. 1 BGB oder § 823 Abs. 2, § 618 Abs. 1 BGB*" hafte und verwies insofern auf das Haftungsprivileg. Abschließend betonte das LAG: "*Selbst im Fall einer Haftung wäre dem Kläger ein durchaus erhebliches, wenn nicht gar überwiegendes Mitverschulden haftungsreduzierend vorzuhalten (§ 254 BGB; vgl. Giesen, in: Henssler/Willemsen/Kalb, Arbeitsrecht Kommentar, 10. Aufl. 2022, § 104 SGB VII Rn. 9)", da er entgegen den Arbeitsschutzregeln keine Maske trug.*

Als betriebliche Tätigkeit bzw. **betriebliche Verrichtung** des Schädigers – auf die es in diesem Zusammenhang stets maßgeblich ankommt, worauf zutreffend *Küppersbusch* deutlich hinweist[1130] – sind im Rahmen derartiger Unfallkonstellationen alle **dienstlich angeordneten** oder **dienstlich veranlassten Fahrten**[1131] anzusehen, ganz gleich mit welchem Fahrzeug (Dienstwagen, Privatwagen, Mietwagen[1132]) diese durchgeführt werden sowie selbstverständlich auch alle „Verkehrsunfälle" auf dem Betriebsgelände im Rahmen des innerbetrieblichen Verkehrs, wozu auch eine Straße auf einer Baustelle gehört.[1133] Hierzu gehört auch das **Be- und Entladen** von Pkws und Lkws,[1134] selbst wenn dabei **Elektroameisen** – deren Kfz-Eigenschaft umstritten ist[1135] – zum Einsatz kommen, sofern der Be- oder Entladevorgang in einem nahen örtlichen und zeitlichen Zusammenhang mit einem bestimmten Betriebsvorgang oder einer bestimmten Betriebseinrichtung des Kraftfahrzeuges steht. Erst wenn sich der Arbeitnehmer samt Lkw aus dem Gefahrenbereich der Abladestelle wieder entfernt hat, kann von einem Verlassen der gemeinsamen Betriebsstätte ausgegangen werden.[1136] 156

1125 LG Darmstadt BeckRS 2019, 5918 Rn. 16.
1126 Stöhr NZV 2009, 161.
1127 BSG BeckRS 2018, 40346 sowie BSG BeckRS 2021, 39878; vgl. auch Krieger/Rudnik/Povedano Peramato NZA 2020, 473, 480.
1128 Felz NZV 2017, 439; BSG BeckRS 2020, 8223.
1129 BSG NZV 2015, 91.
1130 Küppersbusch/Höher Ersatzansprüche Personenschaden Rn. 531.
1131 Bei sog. Hol- und Bringunfällen ist letztlich ohne Bedeutung, ob die Mitarbeiter verpflichtet sind, die Mitfahrmöglichkeit anzunehmen oder ob sie dies freiwillig tun: BGH VersR 2004, 788.
1132 Vgl. OLG Stuttgart VersR 2003, 71.
1133 OLG Frankfurt a. M. FD-StrVR 2019, 415220 mAnm Kääb.
1134 LAG Nürnberg BeckRS 2024, 35427; OLG Köln BeckRS 2018, 33093.
1135 Vgl. Kleine-König NZV 2019, 208 sowie OLG Köln BeckRS 2018, 33093 und BGH NJW-RR 1986, 900.
1136 LAG Nürnberg BeckRS 2024, 35427 Rn. 19.

In den genannten Fallkonstellationen gilt somit das Haftungsprivileg mit der Folge, dass dabei geschädigte Mitarbeiter, ganz gleich ob Arbeiter, Angestellte, Azubis oder nur Aushilfskräfte (s.o.), keinen Anspruch auf Schmerzensgeld gegen den Arbeitgeber oder den, den Unfall verursachenden Kollegen haben. Insofern zählt auch die aufgrund eines Einsatzalarms durchgeführte Fahrt des Mitglieds einer freiwilligen Feuerwehr im Privatwagen zum Feuerwehrgerätehaus zwecks des dortigen Umstiegs in den Einsatzwagen zur Fahrt an den Einsatzort als betriebliche Tätigkeit iSd § 105 Abs. 1 S. 1 SGB VII.[1137] Die auf **Alkoholgenuss** zurückzuführende relative Fahruntüchtigkeit eines Kraftfahrers schließt – worauf das LSG Bayern[1138] in Anknüpfung auf die insofern jahrzehntealte Rechtsprechung des BSG hinweist – *„den Schutz der gesetzlichen Unfallversicherung grundsätzlich nicht aus, sondern nur dann, wenn sie die unternehmensbedingten Umstände derart in den Hintergrund drängt, dass sie als rechtlich allein wesentliche Ursache des Unfalles anzusehen ist"*.

Auf die sich aus der Einführung der unfallversicherungsrechtlichen Haftungsbeschränkung gem. § 106 Abs. 3 Alt. 3 SGB VII („ … *oder verrichten Versicherte mehrerer Unternehmen vorübergehend betriebliche Tätigkeiten auf einer Betriebsstätte, gelten die §§ 104 und 105 für die Ersatzpflicht der für die beteiligten Unternehmen Tätigen untereinander*", Stichwort: **gemeinsame Betriebsstätte**) ergebenden Auseinandersetzungen einzugehen, sprengte den Rahmen dieser einführenden Kommentierung. Insofern sei jedoch auf die Urteile des OLG Jena aus 2020,[1139] des OLG München[1140] aus 2014 und auf zwei Urteile des BGH[1141] verwiesen, der bereits 2004 hierzu ausführte, das Haftungsprivileg des § 106 Abs. 3 Alt. 3 SGB VII sei im konkreten Fall nicht gegeben, da der Geschädigte auch **eigene Unternehmensinteressen** gefördert habe.

Insoweit sei in der Regel weiterhin davon auszugehen, *„dass derjenige, der Aufgaben wahrnimmt, die sowohl in den Aufgabenbereich seines Unternehmens als auch in denjenigen eines fremden Unternehmens fallen, alleine zur Förderung der Interessen seines Unternehmens tätig wird"*,[1142] wobei es insofern bezüglich der Kenntnis hierüber ausreicht, wenn lediglich der Geschädigte weiß, dass ein Zusammenwirken (hier: Beladevorgang eines Lkw) vorliegt, wie das OLG Hamm betonte.[1143]

Zum Begriff der „gemeinsamen Betriebsstätte" äußerten sich in jüngerer Zeit neben dem LAG Nürnberg,[1144] OLG Hamm,[1145] OLG Dresden,[1146] OLG Schleswig,[1147] und dem OLG München,[1148] auch der BGH ua in zahlreichen Urteilen.[1149]

Der **BGH** definiert die **„gemeinsame Betriebsstätte"** dabei wie folgt:[1150]

„Der Begriff der „gemeinsamen Betriebsstätte" [erfasst] *betriebliche Aktivitäten von Versicherten mehrerer Unternehmen, die bewusst und gewollt bei einzelnen Maßnahmen ineinandergreifen, miteinander verknüpft sind, sich ergänzen oder unterstützen, wobei es ausreicht, dass die gegenseitige Verständigung stillschweigend durch bloßes Tun erfolgt. Erforderlich ist ein bewusstes Miteinander im Betriebsablauf, das sich zumindest tatsächlich als ein aufeinander bezogenes betriebliches Zusammenwirken mehrerer Unternehmen darstellt. Die Tätigkeit der Mitwirkenden muss im faktischen Miteinander der Beteiligten aufeinander bezogen, miteinander verknüpft oder auf gegenseitige Ergänzung oder Unterstützung ausgerichtet sein"*[1151]

157 An der für das Eingreifen einer Haftungsprivilegierung nach § 106 Abs. 3 SGB VI erforderlichen Absprache über eine ausdrückliche oder konkludente Zusammenarbeit fehlt es, wenn der Schädiger im Rahmen seiner persönlichen Anhörung nach § 141 ZPO angibt, die **Hilfe des später Geschädigten nicht gewünscht** zu haben.[1152]

Wie bereits oben → Rn. 84 ausgeführt, stellt auch das Spielfeld (Fußballfeld; Eishockeyfeld etc) bei Wettkämpfen im **Berufssport** eine gemeinsame Betriebsstätte iSd § 106 SGB VII dar, so dass – worauf das OLG

1137 OLG Celle SP 2009, 214.
1138 LSG Bayern NZV 2012, 231 (232).
1139 OLG Jena BeckRS 2020, 33090.
1140 OLG München NZS 2014, 704–705.
1141 BGH BeckRS 2014, 19925; BGH NZV 2004, 349.
1142 BGH NZV 2004, 349 (349).
1143 OLG Hamm NJOZ 2011, 2014.
1144 LAG Nürnberg BeckRS 2024, 35427.
1145 OLG Hamm BeckRS 2019, 34448.
1146 OLG Dresden r+s 2018, 106.
1147 OLG Schleswig BeckRS 2017, 108538.
1148 OLG München NZS 2014, 704–705.
1149 BGH BeckRS 2014, 19925; BGH BeckRS 2013, 4219; BGH BeckRS 2011, 4640; BGH BeckRS 2008, 4516.
1150 BGH BeckRS 2013, 4219; OLG Schleswig BeckRS 2017, 108538 mVa auf BGH BeckRS 2014, 19925.
1151 BGH BeckRS 2013, 4219; LAG Thüringen BeckRS 2026, 4140; LAG Nürnberg BeckRS 2024, 35427; OLG Schleswig BeckRS 2017, 108538 mVa auf BGH BeckRS 2014, 19925.
1152 OLG Hamm BeckRS 2019, 34448.

Karlsruhe[1153] hingewiesen hatte – der Wettkampf (im konkreten Falle das Eishockeyspiel) eine betriebliche Tätigkeit auf einer gemeinsamen Betriebsstätte ist und somit Schadensersatz- und Schmerzensgeldansprüche gem. § 106 Abs. 3 Alt. 3, § 105 Abs. 1 SGB VII ausgeschlossen sind, solange keine vorsätzliche Schädigung des einen Sportlers durch seinen Kontrahenten vorliegt.

Hinsichtlich der ebenfalls immer wiederkehrenden Problematik im Zusammenhang mit § 110 SGB VII und den sich daraus ergebenden Fragen im Zusammenhang mit dem **Regress** des **Sozialversicherungsträgers** hatte der BGH[1154] sowie auch das OLG Koblenz[1155] klargestellt, dass die Haftung des Schädigers bei einem Regress des Sozialversicherungsträgers der Höhe nach – auch im Hinblick auf ein etwaiges Mitverschulden – an die fiktive zivilrechtliche Haftung gegenüber dem Geschädigten angeglichen werden solle. Nach der Neuregelung durch § 110 SGB VII solle der dem Regress ausgesetzte Schädiger so gestellt werden, wie er ohne die Privilegierung nach den §§ 104 ff. SGB VII stünde. Er solle einerseits nicht auf Kosten der Solidargemeinschaft der der Berufsgenossenschaft angehörenden Unternehmen privilegiert werden, andererseits aber nicht einer höheren Haftung ausgesetzt sein als ohne Privilegierung. Da somit eine Kongruenz der Ansprüche nicht erforderlich ist, sei der fiktive Anspruch auf Schmerzensgeld entgegen der Auffassung der Revision und eines Teils des Schrifttums bei der Ermittlung des Umfangs des fiktiven zivilrechtlichen Schadensersatzanspruchs zu berücksichtigen. 158

Das bereits erwähnte OLG Koblenz[1156] hatte zudem darüber zu entscheiden, ob in einem Falle, in dem der Beklagte (Landwirt) den Verletzten (seinen 8-jährigen Sohn) durch extrem grob fahrlässiges Verhalten verletzt hatte, diese **familiäre Beziehung** dem Regress im Wege steht, dies verneint:

„komme", so das OLG, *„eine Haftpflichtversicherung des Schädigers für den Schaden auf, liegt kein Ermessensfehlgebrauch des Sozialversicherungsträgers vor, wenn er trotz der familiären Beziehung zwischen Schädiger und Geschädigten Regressansprüche geltend macht"*.

Mit der Frage des **Regressanspruchs** eines Sozialversicherungsträgers gegen den verantwortlichen Vorgesetzten des Geschädigten hatte sich das OLG Koblenz[1157] befasst.

Zur **Bindungswirkung**[1158] gegenüber dem regresspflichtigen Arbeitskollegen sowie der ebenfalls haftenden Kfz-Haftpflichtversicherung äußerte sich das OLG Naumburg[1159] und führte aus, die Anerkennung eines Verkehrsunfalls als Arbeitsunfall durch den Träger der gesetzlichen Unfallversicherung binde den nach § 110 SGB VII regresspflichtigen Arbeitskollegen sowie die ebenfalls haftende Kfz-Haftpflichtversicherung nur, wenn diese nach § 12 Abs. 2 SGB X am Verfahren beteiligt waren.

Schulunfälle: Ebenfalls häufig müssen sich die Gerichte und in jüngerer Zeit insbesondere der BGH mit Ansprüchen auf Schmerzensgeld im Zusammenhang mit **Schulunfällen**[1160] bzw. im und um das Schulgelände herum,[1161] an der Schulbushaltestelle,[1162] auf dem Schulweg[1163] oder einer Klassenfahrt[1164] befassen. 159

In derartigem Zusammenhang ist stets von entscheidender Bedeutung, ob die Verletzungshandlung schulbezogen war oder nicht – wozu der BGH mehrfach die Gelegenheit, hatte hierzu Stellung zu nehmen:
- BGH:[1165] Fangspiel während des Sportunterrichts.
- BGH:[1166] Bewerfen mit Schneebällen an Bushaltestelle in Schulnähe
- BGH:[1167] Wurf eines Feuerwerkskörpers auf dem Schulhof in der Pause.
- BGH:[1168] Schuss mit Aluminiumkugeln auf Mitschüler – Folge: Teilerblindung.
- BGH:[1169] Verletzung eines Schülers im Skiunterricht auf Schulpiste.

1153 OLG Karlsruhe NZS 2013, 106.
1154 BGH NJW 2006, 3563.
1155 OLG Koblenz BeckRS 2015, 17023.
1156 OLG Koblenz BeckRS 2015, 17023.
1157 OLG Koblenz BeckRS 2014, 14961.
1158 S. dazu Lemcke/Hensen NJW 2019, 2655.
1159 OLG Naumburg VRS 128, 60–76.
1160 OLG Celle BeckRS 2026, 4201; OLG Koblenz BeckRS 2019, 9574; Burmann/Jahnke NZV 2017, 63; Matz/Baumann NJW 2016, 673. Zu den Anforderungen an die Pausenaufsicht an einer Förderschule vgl. LG Wuppertal BeckRS 2021, 10255.
1161 Vgl. OLG Koblenz BeckRS 2019, 9574; OLG Hamm BeckRS 2013, 22201; AG Solingen SP 2011, 76; BGH SP 2008, 394; BGH NJW 2003, 1605 und NJW 2003, 1121.
1162 BGH NJW 1982, 37.
1163 OLG Koblenz BeckRS 2012, 25119 sowie OLG Koblenz BeckRS 2012, 25118.
1164 LSG Hessen BeckRS 2019, 20955.
1165 BGH BeckRS 2012, 06800. s. hierzu Jahnk jurisPR-VerkR 9/2012.
1166 BGH NJW 2009, 681.
1167 BGH NJW-RR 2004, 882.
1168 BGH NJW 2003, 1605.
1169 BGH r + s 2003, 127 mAnm Lemcke.

In allen oben genannten BGH-Fällen[1170] scheiterte der geltend gemachte Schmerzensgeldanspruch Haftungsprivileg gem. § 106 SGB VII, da der BGH stets den **weit auszulegenden Schulbezug** als gegeben angesehen hatte.

Als Hintergrund dieser weiten Auslegung der Haftungsbefreiung hatte der BGH mehrfach (s.o.) auf die mit Wirkung zum 1.1.1997 in das Sozialgesetzbuch[1171] und dort in § 2 Abs. 1 Nr. 8b SGB VII (gilt nicht nur für Schüler, sondern gemäß § 2 Abs. 1 Nr. 8a SGB VII auch für Kinder während des Besuchs von Tageseinrichtungen sowie gemäß § 2 Abs. 1 Nr. 8c für Studierende) aufgenommene sog. Schülerunfallversicherung bzw. Schulunfallversicherung und den Schulfrieden verwiesen.

Die **Schulunfallversicherung** diene, so der BGH, nicht nur dem Zweck verletzte Schüler zu schützen, sondern zudem auch einen für die Verletzung verantwortlichen Mitschüler von seiner zivilrechtlichen Haftung freizustellen, um ihn vor ggf. über lange Zeiträume hinaus belastenden Ersatzansprüchen zu bewahren, was wiederum auch dem „Schulfrieden" und somit dem ungestörten Zusammenleben von Lehrern und Schülern in der Schule diene.[1172]

Der **Schulfriede** umfasst dabei nicht nur haftungsrechtliche Auseinandersetzungen aufgrund von Schadenfällen während des eigentlichen Unterrichts. Der Schulfriede kann vielmehr auch in vergleichbarer Weise durch Unfälle – wie beispielsweise der Verletzung eines Schülers durch einen von der Straße aus von einem Mitschüler auf den Schulhof geworfenen Schneeball –[1173] gestört werden. Dies wird damit begründet, dass ein solches Verhalten auch außerhalb der Unterrichtsstunden noch mit dem Zusammenleben in der Schulgemeinschaft und den damit verbundenen spezifischen Gefahren angesehen werden kann und deshalb in einem engen Zusammenhang mit dem Schulbesuch steht.[1174]

Zur Schulbezogenheit und insbesondere auch zur Frage des Vorsatzes hatte der BGH[1175] im Falle der verschossenen Aluminiumkugeln mittels eines abgebrochenen Sägeblattes den Vorsatz mit dem Hinweis darauf verneint, dass der Vorsatz des schädigenden Schülers – der zwar mit den Aluminiumkügelchen durchaus andere Schüler treffen wollte – sich nicht darauf erstreckte, *„bei dem geschädigten Mitschüler ernsthafte Verletzungsfolgen"*[1176] hervorzurufen. Ebenso entschied der BGH im Falle des Wurfs eines Feuerwerkkörpers, mit dem der schädigende Schüler einige Schülerinnen erschrecken, jedoch nicht verletzen wollte[1177] sowie – ebenfalls auf den erforderlichen **doppelten Vorsatz** abhebend – das OLG Hamm[1178] in einem Fall, bei dem als Folge einer Schulhofschlägerei ein Mitschüler schwerwiegende Augenverletzungen erlitten hatte, auf die sich der Vorsatz des Beklagten jedoch nicht in vollem Umfang erstreckt hatte. Diese weitergehenden und vom Vorsatz des Schädigers nicht umfassten Verletzungsfolgen seien bei der Bemessung des Schmerzensgeldes nicht zu berücksichtigen, so das OLG Hamm. Ebenso entschied 2026 das OLG Celle im Falle einer **Prügelei auf dem Pausenhof,** in deren Folge der damals 12-jährige Antragsgegner (im Prozesskostenhilfeverfahren) einen Kieferbruch erlitten hatte. Auch hier verwies das OLG darauf, dass auch *„eine (direkt) vorsätzliche Verletzung der körperlichen Unversehrtheit einem Haftungsausschluss nicht entgegensteht, wenn der Schüler als Schädiger mit der schweren Folge jedenfalls nicht derart sicher rechnen musste, dass aus seinem Handeln der Rückschluss auf eine billigende Inkaufnahme dieser schweren Verletzungsfolge geschlossen werden kann."*[1179]

Die **Schulbezogenheit** ist somit grds. *„dann zu bejahen, wenn die Verletzungshandlung auf der typischen Gefährdung aus dem engen schulischen Kontakt beruht und somit ein **innerer Bezug** zum **Schulbetrieb** gegeben ist"*.[1180] Dies sei, so das OLG Koblenz[1181] auch bei Situationen der Fall, aus denen sich schulspezifische, gefährdende Verhaltensweisen, wie zB Raufereien (vgl. hierzu OLG Hamm[1182]), Neckereien, Übermut, Imponiergehabe etc ergeben.

Auch in Österreich gilt dies gleichermaßen, wie 2024 der OGH[1183] nochmals betonte, wenn sich der **Unfall im örtlichen, zeitlichen und sachlichen Zusammenhang mit dem Schulbesuch** des Klägers –

1170 Vgl. zu weiteren, wenn auch bereits sehr alten BGH-Urt. OLG Celle BeckRS 2026, 4201.
1171 Zuvor – bereits seit 1971 – in § 539 RVO.
1172 BGH BeckRS 2009, 20642 mAnm Bodenburg NJW 1980, 996.
1173 BGH NJW 1988, 493.
1174 BGH NJW 1992, 2032.
1175 BGH NJW 2003, 1605 (1607).
1176 BGH NJW 2003, 1605.
1177 BGH NZV 2004, 343.
1178 OLG Hamm BeckRS 2013, 22201.
1179 OLG Celle BeckRS 2026, 4201.
1180 Vgl. OLG Koblenz NZV 2013, 246 und OLG Koblenz NZV 2006, 578 (579).
1181 OLG Koblenz BeckRS 2012, 25119; OLG Koblenz BeckRS 2019, 9574 (Sportunfall in Privatschule); vgl. auch OLG Hamm BeckRS 2013, 22201.
1182 OLG Hamm BeckRS 2013, 22201.
1183 OGH 5.3.2024 – 1 Ob 23/24z, BeckRS 2024, 5538.

im zu entscheidenden Sachverhalt einem Schüler, einer von der Beklagten betriebenen Volksschule (ganztägige Schule mit Tagesbetreuung), der während der Nachmittagsbetreuung auf dem Schulgelände durch einen von Mitschülern in Bewegung gesetzten „Punchingball" verletzt worden war – ereignet und deshalb der Beklagten das Haftungsprivileg, in Österreich gemäß der §§ 333 ff. ASVG, zugutekommt.

Fehlt es an solchen schulspezifischen Verhaltensweisen und ist die schädliche Handlung (Sturz aus dem Bett während einer Klassenfahrt) allein der höchstpersönlichen Sphäre zuzuordnen, liegt kein Schulunfall vor.[1184]

Für einen diese Thematik rechtlich vertiefenden Einblick sei auf die oben bereits erwähnten Ausführungen von *Stern-Krieger,*[1185] den Aufsatz von *Matz und Baumann,*[1186] den Aufsatz von *Fleck*[1187] sowie die Ausführungen von *Scheffen/Pardey*[1188] verwiesen.

Abschließend ist zu berücksichtigen, dass im Falle des Haftungsausschlusses nach § 104 Abs. 1 Art. 1 SGB VII **160**
und § 105 SGB VII der Geschädigte einen möglichen Zweitschuldner nicht in voller Höhe in Anspruch nehmen kann, sondern sich den Mitverschuldensanteil des von der Haftung Freigestellten entsprechend anrechnen lassen muss **(gestörtes Gesamtschuldverhältnis).**[1189]

Einen solchen Fall hatte das OLG Koblenz gleich zweimal[1190] zu entscheiden:

- Im ersten Falle (aus dem Jahr 2006) klagte ein Schüler, der auf Grund einer „Schubserei" im Schulbus (auf der Fahrt in die Schule) aus dem Bus herausgefallen und von diesem teilweise überrollt worden war, gegen Fahrer und Halter des Busses auf Schadensersatz und Schmerzensgeld. Das OLG sah die „Schubserei" zutreffend als schulbezogen und führte aus: „Ist demnach die Schädigung des Kl. unmittelbar durch die Einwirkung „schubsender", aber haftungsprivilegierter Mitschüler entstanden …, so greifen die Regeln des **gestörten Gesamtschuldnerausgleiches** ein. Dies bedeutet, dass der Kl. die Bekl. zu 1 und 2 nicht gem. § 421 Abs. 1 Art. 1 BGB aF auf den vollen Schaden in Anspruch nehmen kann, sondern nur auf den Anteil, den diese Beklagten bei einer Abwägung zwischen den Haftungsanteilen der Schädigergruppen im Innenverhältnis zu tragen hätten, wenn die Haftungsprivilegierung hinweggedacht wird" (das OLG kam insofern zu einer Haftungsverteilung zu Lasten der Beklagten von 2/3 zu 1/3).
- Im zweiten Falle (aus dem Jahr 2012[1191]) geriet ein 11-jähriger Schüler durch Rangelei und Schubsen seiner Mitschüler – an der Haltestelle – mit seinem Fuß unter den äußerst vorsichtig heranfahrenden Bus. Die Klägerin (Trägerin der gesetzlichen Unfallversicherung) klagte gegen den Busfahrer und Bushalter auf Ersatz ihrer Aufwendungen und erhielt jedoch mit Hinweis auf die Regeln des gestörten Gesamtschuldverhältnisses nur 50 % vom Halter des Busses, dessen Fahrer keinerlei Verschulden traf.

Mit der Frage, inwieweit der Anspruch der künftigen Schwiegertochter auf ua auch Schmerzensgeld gegen- **161**
über dem Schwiegervater gem. § 636, § 539 RVO ausgeschlossen ist, wenn der Schwiegervater seine künftige Schwiegertochter zur Mithilfe beim Zerteilen von Holz mittels einer Kreissäge veranlasst und sie dabei drei Finger verliert, hatte sich – noch nach altem Recht (dh vor 2002) – ebenfalls wiederum das OLG Koblenz[1192] zu befassen. Es verneinte die Frage mit dem Verweis auf das vorliegende **Gefälligkeitsverhältnis.** Dieses Ergebnis würde auch trotz § 2 I Nr. 5b SGB VII künftig wohl nicht anders lauten.

Der BGH[1193] hatte die bislang offen gelassene Frage, ob der Haftungsausschluss des § 105 Abs. 1 SGB VII **162**
auch Schmerzensgeldansprüche von Angehörigen oder Hinterbliebenen eines Versicherten auf Grund sogenannter **Schockschäden** (vgl. zum Thema Schock- und Fernwirkungsschäden unten → **Rn. 301**) erfasst, verneint. Es ging in diesem Falle um die Schmerzensgeldansprüche (wegen Depressionen) einer Mutter, deren Sohn bei einem Arbeitsunfall durch einen Arbeitskollegen desselben Betriebes getötet wurde. Das LG hatte die Klage abgewiesen. Die Berufung der Klägerin blieb erfolglos. Die Revision hatte dagegen Erfolg. Der Anspruch – so der BGH – beruhe in einem solchen Falle auf der Verletzung eigenen Rechtsguts und werde somit nicht vom Haftungsausschluss gem. § 105 Abs. 1 SGB VII erfasst.

1184 LSG Hessen BeckRS 2019, 20955.
1185 NK-GVR/Stern-Krieger Anhang III z. BGB: (EFZG, SGB VII, SGB X) Rn. 62 ff.
1186 Matz/Baumann NJW 2016, 673.
1187 Fleck NJW-Spezial 2010, 521 und 585.
1188 Vgl. hierzu Stern-Krieger VersR 1997, 408 sowie Scheffen/Pardey Schadensersatz Rn. 375–391.
1189 BGH VersR 2005, 1397; BGH r+s 2005, 397 mAnm Lemcke sowie BGH VersR 1973, 837 (839); Insoweit gilt die bereits nach altem Recht (vor 2002) entwickelte Rechtsansicht weiter fort, vgl. hierzu Küppersbusch/Höher Ersatzansprüche Personenschaden Rn. 557, vgl. zudem (zum Thema Betriebsfahrt) OLG Düsseldorf BeckRS 2005, 30363132.
1190 OLG Koblenz NZV 2006, 578 und OLG Koblenz BeckRS 2012, 25119.
1191 OLG Koblenz BeckRS 2012, 25119.
1192 OLG Koblenz NJW-RR 1995, 1238.
1193 BGH NZV 2007, 453.

163 Mit den Fragen des maßgeblichen Zeitpunkts des **Rechtsüberganges** von Schadensersatzansprüchen auf einen Sozialversicherungsträger befasste sich der BGH.[1194] Um den Rahmen dieser kommentierenden Erläuterungen nicht zu sprengen, sei im Weiteren auf die unten angegebenen Fundstellen verwiesen.

164 **Arbeitgeberhaftung** bei **freiwilliger Grippeschutzimpfung:** Ein (leichter) **Impfschaden,** der aus einer vom Arbeitgeber initiierten und organisierten Grippeimpfung in der Mittagspause ausging, gibt dem so verletzten Arbeitnehmer keinen Schmerzensgeldanspruch gegen seinen Arbeitgeber, so das Bundesarbeitsgericht,[1195] das dazu ausführte:

„Schaffe der Arbeitgeber eine Gefahrenquelle, indem er im Betrieb eine freiwillige Grippeschutzimpfung anbietet, ohne mit dem Arbeitnehmer einen Behandlungsvertrag abzuschließen, so schulde er nach § 241 II BGB allein die ordnungsgemäße Auswahl der die Impfung durchführenden Person. Eine Pflicht, die ordnungsgemäße Aufklärung durch den behandelnden Arzt sicherzustellen oder diesen bei der Ausführung der Impfung zu überwachen, bestehe indes nicht".[1196]

Eine Ausnahme kann – jedoch lediglich nach der sozialgerichtlichen Rechtsprechung – aber dann gelten, wenn die Impfung vom Unternehmen dringend empfohlen wurde und der Arbeitgeber *„initiativ und wesentlich auf die Durchführung der Impfung hinwirkte".*[1197]

Zu der Vielzahl sonstiger Haftungsprivilegierungen und Haftungsbeschränkungen (§ 31a, § 31b, § 680, § 1359 BGB etc) s. Walker JuS 2015, 865.

Zur prozessualen Thematik des **Vorrangs** der Unfallversicherungsträger bzw. **der Gerichte der Sozialgerichtsbarkeit (§ 108 SGB VII)**, wonach Gerichte außerhalb der Sozialgerichtsbarkeit bei Entscheidungen über den Haftungsausschluss nach §§ 104 ff. SGB VII hinsichtlich der Frage, ob ein Versicherungsfall vorliegt, an unanfechtbare Entscheidungen der Unfallversicherungsträger gebunden sind, s. BGH BeckRS 2017, 115695.[1198]

V. Besondere Verletzungsarten und Ursachen

1. Persönlichkeitsrechtsverletzungen

165 Die Rechtsprechung hat schon früh (1954) nach Inkrafttreten des Grundgesetzes aus den Art. 1 und 2 GG ein **allgemeines Persönlichkeitsrecht** abgeleitet und später unter den Schutzbereich der „sonstigen Rechte" des § 823 BGB gestellt.[1199] Ganz aktuell hatte der BGH jedoch 2026 die Gelegenheit erneut zum zivilrechtlichen allgemeinen Persönlichkeitsrecht des § 823 Abs. 1 BGB, dessen Grundlage der verfassungsrechtliche Schutzauftrag aus Art. 2 Abs. 1 iVm Art. 1 Abs. 1 GG ist, grundlegend Stellung zu nehmen. Der BGH führte dazu aus, dass es *„eine der Aufgaben des verfassungsrechtlich geschützten allgemeinen Persönlichkeitsrechts ist,... Grundbedingungen dafür zu sichern, dass die einzelne Person ihre Individualität selbstbestimmt entwickeln und wahren kann. Das allgemeine Persönlichkeitsrecht schützt indessen nur solche Elemente der Persönlichkeitsentfaltung, die – ohne bereits Gegenstand der besonderen Freiheitsgarantien des Grundgesetzes zu sein – diesen in ihrer konstituierenden Bedeutung für die Persönlichkeit nicht nachstehen. Es verbürgt also nicht Schutz gegen alles, was die selbstbestimmte Persönlichkeitsentwicklung auf irgendeine Weise beeinträchtigen könnte; ohnehin vermag kein Mensch seine Individualität unabhängig von äußeren Gegebenheiten und Zugehörigkeiten zu entwickeln. Der lückenschließende Schutz des allgemeinen Persönlichkeitsrechts greift aber dann, wenn die selbstbestimmte Entwicklung und Wahrung der Persönlichkeit spezifisch gefährdet ist."*

Als Schutzgüter des allgemeinen Persönlichkeitsrechts wurden die Privat-, Geheim- und Intimsphäre, die persönliche Ehre, das Recht am eigenen Bild und am gesprochenen Wort, das Recht auf korrekte Wiedergabe von Zitaten und das Verfügungsrecht über die Darstellung der eigenen Person anerkannt.[1200] Bereits in BGHZ 26, 349 ff. (Herrenreiterfall) hat der BGH entschieden, dass über die im BGH benannten Fälle hinaus auch bei bestimmten Verletzungen des Persönlichkeitsrechtes ein Schadensersatzanspruch gegeben sein kann.

[1194] BGH NJW 2012, 3639.
[1195] BAG BeckRS 2017, 142442.
[1196] BAG BeckRS 2017, 142442.
[1197] SG Mainz BeckRS 2013, 68286.
[1198] Vgl. dazu auch Plagemann FD-Sozialversicherungsrecht 2017, 393604 sowie Vraetz NZS 2018, 35.
[1199] BGH NJW 1954, 1404; BGHZ 13, 334, NJW 1954, 1241; vgl. dazu ua auch Mehmel/Timmann ZRP 2022, 208.
[1200] BVerfG NJW 1980, 2070 (2071) mwN.

Diese Entscheidung stand damals jedoch im Widerspruch zum § 253 BGB aF, der eine Ersatzpflicht für immaterielle Schäden nur in den „durch das Gesetz bestimmten Fällen" vorsah, weshalb selbst noch im Jahr 2001 aus rechtsdogmatischen Gründen auch trotz nunmehr gefestigter Rechtsprechung Teile des Schrifttums die Schmerzensgeldentschädigung bei Persönlichkeitsrechtsverletzungen insgesamt ablehnten.[1201] Mit dem Anspruch auf Geldentschädigung (der Begriff „Schmerzensgeld" wurde in der Rechtsprechung insofern meist nicht gebraucht) für Persönlichkeitsrechtsverletzungen wurde der Bereich des immateriellen Schadensersatzes um die Bereiche Sanktion und Prävention signifikant erweitert.[1202] Diese Eigenständigkeit und die mit der Geldentschädigung bei Persönlichkeitsrechtsverletzungen im Vordergrund stehende, ja gerade bezweckte Genugtuung betonte der **BGH** in mehreren Entscheidungen,[1203] – zuletzt im Jahr 2022 – auf die nachfolgend unter → Rn. 166 ff. näher eingegangen wird.

An dieser Stelle sei einleitend zur rechtlichen Unterscheidung zwischen einem „Schmerzensgeld" einerseits und einer „Geldentschädigung" andererseits aus dem Beschl. des **OLG Celle, Fachsenat für Ehrenschutzverfahren,** vom 14.1.2026[1204] zitiert, da dies nicht besser zu formulieren gewesen wäre:

„In der Praxis des Senats als Fachsenat für Ehrenschutzverfahren kommt es (sehr) häufig vor, dass Klageparteien ein „Schmerzensgeld" geltend machen, dies aber auf eine Verletzung des allgemeinen Persönlichkeitsrechts stützen. Das indes ist juristisch nicht korrekt, vielmehr handelt es sich dabei der Sache nach um eine sogenannte „Geldentschädigung". Diese ist zu unterscheiden von einem Schmerzensgeld im Sinne von § 253 Abs. 2 BGB wegen der Verletzung eines der dort genannten Rechtsgüter. Diese Ansprüche sind wesensverschieden und stellen unterschiedliche Streitgegenstände dar (BGH, Urteil vom 12. März 2024 – VI ZR 1370/20…)…. Nach der ständigen Rechtsprechung des Bundesgerichtshofs begründet eine Verletzung des allgemeinen Persönlichkeitsrechts einen Anspruch auf eine Geldentschädigung, wenn es sich um einen schwerwiegenden Eingriff handelt und die Beeinträchtigung nicht in anderer Weise befriedigend aufgefangen werden kann. Ob eine schwerwiegende Verletzung des Persönlichkeitsrechts vorliegt, die die Zahlung einer Geldentschädigung erfordert, hängt insbesondere von der Bedeutung und Tragweite des Eingriffs, ferner von Anlass und Beweggrund des Handelnden sowie von dem Grad seines Verschuldens ab. Ob ein derart schwerer Eingriff anzunehmen und die dadurch verursachte nicht vermögensmäßige Einbuße auf andere Weise nicht hinreichend ausgleichbar ist, kann nur aufgrund der gesamten Umstände des Einzelfalles beurteilt werden. Bei der gebotenen Gesamtwürdigung ist ein erwirkter Unterlassungstitel zu berücksichtigen, weil dieser und die damit zusammenhängenden Ordnungsmittelandrohungen den Geldentschädigungsanspruch beeinflussen und im Zweifel sogar ausschließen können. Die Gewährung einer Geldentschädigung hängt demnach nicht nur von der Schwere des Eingriffs ab, es kommt vielmehr auf die gesamten Umstände des Einzelfalles an, nach denen zu beurteilen ist, ob ein anderweitiger befriedigender Ausgleich für die Persönlichkeitsrechtsverletzung fehlt."[1205]

Das **BVerfG**[1206] erachtete diese „Weiterführung des geschriebenen Rechts" durch die Rechtsprechung für verfassungsrechtlich unbedenklich und stellte bereits 1973 fest, dass es sich bei der Zubilligung einer derartigen „***Geldentschädigung** um ein Recht (handelt), dass auf den Schutzauftrag aus Art. 1 und Art. 2 I GG zurückgeht und seine Grundlage in § 823 I BGB …"*[1207] hat. Somit entwickelte sich der Anspruch auf Geldentschädigung bei Persönlichkeitsrechtsverletzungen neben dem Schmerzensgeld zu einem inzwischen derart gefestigten, **eigenständigen Rechtsinstitut** *„mit eigenständigen Voraussetzungen und deshalb auch mit eigenständigen Bemessungskategorien"*,[1208] dass der Gesetzgeber im Rahmen der Reform des Zweiten Schadenrechtsänderungsgesetzes keine Veranlassung sah, den so etablierten Anspruch in den neuen Gesetzestext des § 253 Abs. 2 BGB aufzunehmen und zu kodifizieren. Daher fehlt es auch heute – wie bereits im Jahr 1958[1209] – an einer gesetzlichen Regelung[1210] der Geldentschädigung in Fällen von Persönlichkeitsrechtsverletzungen, so dass auch weiterhin die Rechtsprechung dieses Rechtsgebiet beherrschen wird; wie schwierig dies künftig für die Instanzgerichte sein kann, verdeutlicht die – nachfolgend unter Rn. 189 näher dargestellte – Entscheidung des BVerfG[1211] aus dem Jahr 2023. **166**

[1201] Funkel Persönlichkeitsschutz, 120 (148).
[1202] Vgl. Steffen NJW 1997, 10.
[1203] BGH GRUR-RS 2022, 7823, BGH BeckRS 2018, 55165; BeckRS 2016, 11843; BGH BeckRS 2014, 10271; vgl. auch OLG Stuttgart GRUR-RS 2023, 33952 sowie OLG Hamm BeckRS 2017, 111832.
[1204] OLG Celle Beschl. v. 14.1.2026 – 5 U 240/25, GRUR-RS 2026, 1505 → Nr. 7886.
[1205] OLG Celle Beschl. vom 14.1.2026 – 5 U 240/25 GRUR-RS 2026, 1505 mit Hinweis auf BGH BeckRS 2015, 10534.
[1206] BVerfG NJW 1973, 1221 (1226).
[1207] BVerfG NJW 2000, 2187.
[1208] Steffen NJW 1997, 10.
[1209] Der BGH erstreckte in seinem als „Herrenreiterentscheidung" (NJW 1958, 827) in die Rechtsgeschichte eingegangenen Urt. die Schmerzensgeldberechtigung auch auf das allgemeine Persönlichkeitsrecht bzw. dessen Verletzung.
[1210] Ausnahme: § 8 Abs. 2 BDSG regelt den Ausgleich eines immateriellen Schadens bei einer schweren Verletzung des Persönlichkeitsrechts.
[1211] BVerfG NJW 2024, 745 mAnm Gostomzyk.

Auch wenn man die Verwendung des Begriffs Schmerzensgeld daher auf den nachfolgenden Seiten „juristisch nicht als korrekt" – so auch 2026 das OLG Celle –[1212] ansehen mag und der Begriff der *Geldentschädigung* wegen der Wesensverschiedenheit der Ansprüche somit zutreffender wäre, hat sich die Differenzierung in der vorbenannten Form bis heute nicht durchgesetzt und so wird auch in aktuellen Entscheidungen sowie in den etablierten online-Datenbanken oftmals noch der Begriff *Schmerzensgeld* verwendet.

Die Themen der Persönlichkeitsrechtsverletzungen werden nachfolgend unterteilt in:
a) Persönlichkeitsrechtsverletzungen durch die Medien und im Internet (→ Rn. 167–196)
b) Freiheitsentziehung (→ Rn. 197–207)
c) Verletzungen des Rechts am eigenen Bild (→ Rn. 208–225)
d) Mobbing und Cybermobbing (→ Rn. 226–241)
e) Persönlichkeitsschutz bei Lebensverlängerungsmaßnahmen (→ Rn. 242)
f) Persönlichkeitsrechtsverletzung nach dem Tod (→ Rn. 243)
g) DS-GVO – immaterieller Schadensersatz nach Verstoß gegen die DS-GVO (→ Rn. 244–249)
h) Beleidigung, Ehrverletzung, Diskriminierung (AGG), Telefonterror und Stalking sowie sonstige Persönlichkeitsrechtsverletzungen (→ Rn. 250–265).

In diesem letzten Unterkapitel finden sich kurze Darstellungen der Rechtsprechung und Literaturmeinung zu folgenden Themen: Beleidigungen, unberechtigter Drogentest, Recht auf Nichtwissen der eigenen genetischen Veranlagung, Ehezerrüttung und Zerbrechen von Familien, Diskriminierung **(AGG)** im Privat- und Berufsleben mit Hinweis zur Ausschlussfrist des § 15 Abs. 4 AGG, unberechtigte Bezichtigung eine Straftat begangen zu haben (zB Diebstahl, Vergewaltigung), Telefonterror, Stalking, fehlende Patienteneinwilligung bei ärztl. Behandlungen, Grenzen der ärztlichen Schweigepflicht, Urnenumbettung, Meinungsfreiheit sowie Urheberpersönlichkeitsrechtsverletzung.

167 **a) Persönlichkeitsrechtsverletzung durch Medien und im Internet.** Die Digitalisierung und die zunehmende Vernetzung beeinflussen die Dynamik von Persönlichkeitsrechtsverletzungen fortlaufend. Während ehrverletzende Behauptungen, unzulässige Verdachtsberichterstattungen oder gezielte Schmähungen im klassischen Presserecht oft auf einen zeitlich begrenzten Empfängerkreis beschränkt waren, führen Internetveröffentlichungen durch ihre dauerhafte Abrufbarkeit und weltweite Multiplikationswirkung regelmäßig zu einer gesteigerten Eingriffsintensität. In der gerichtlichen Praxis kollidiert der Schutz der persönlichen Ehre und der Sozialsphäre dabei im Einzelfall nicht mehr nur mit der traditionellen Presse-, Rundfunk und Wissenschaftsfreiheit, sondern zunehmend mit den spezifischen Äußerungsrechten digitaler Medienangebote. Um diese ausdifferenzierte Kasuistik systematisch zu durchdringen, werden nachfolgend jüngste Urteile vorgestellt und zugleich versucht, den Bogen zu den älteren, grundlegenden Entscheidungen des Bundesverfassungsgerichts und des Bundesgerichtshofs zu spannen.

Literaturhinweis: Lesenswert hierzu sind auch die regelmäßigen Beiträge von Grisse, die durch ihre dogmatische Aufarbeitung aktueller Urteile eine gelungene Orientierungshilfe zur Haftung für Online-Äußerungen bieten.[1213]

In den letzten Jahren sind insofern erneut zahlreiche Entscheidungen ergangen, von denen einige hier zunächst vorgestellt und zum Teil nachfolgend nochmals vertiefend erläutert werden:
- Das Urteil des BGH[1214] vom 29.7.2025, mit welchem der BGH die ua auf immateriellen Schadensersatz gerichtete Klage eines Linken-Politikers gegen die rechtsextreme Partei „Freie Sachsen" abgewiesen hatte. Die Partei hatte seinen Namen ungefragt in einem Demonstrationsaufruf verwendet und in dem von ihr betriebenen eigenen Telegram-Kanal „Freie Sachsen" einen Beitrag mit der Überschrift „GETRENNT MARSCHIEREN, GEMEINSAM SCHLAGEN!" veröffentlicht. Der BGH sah darin zwar eine Verletzung des Persönlichkeitsrechts, aber keine Grundlage für immateriellen Schadensersatz. Da der Beitrag schnell gelöscht wurde und die politische Vereinnahmung für Dritte erkennbar war, fehlte es an der erforderlichen Schwere des Eingriffs. Auch ein Schadensersatzanspruch aus Art. 82 DS-GVO wurde verneint, da die Norm im Bereich der politischen Auseinandersetzung (Medienprivileg – vgl. dazu unter → **Rn. 245e**) nicht einschlägig sei.
- Das Urteil des LG Lübeck[1215] vom 16.12.2025, das sich mit dem Rahmen der Abwägung zwischen dem allgemeinen Persönlichkeitsrecht und der Wissenschaftsfreiheit nach Art. 5 Abs. 3 GG und prüfungsleitend mit der aus dem Kontext der Abwägung mit der allgemeinen Meinungsfreiheit bekannten und in der

[1212] OLG Celle, Hinweisbeschl. GRUR-RS 2026, 1505.
[1213] Vgl. dazu auch die regelmäßigen Beiträge von Grisse zB in GRUR 2023, 521; GRUR 2024, 489; GRUR 2025, 611 oder GRUR 2026, 681.
[1214] BGH NJW 2025, 3219.
[1215] LG Lübeck GRUR-RS 2025, 34495 Rn. 40 ff.

Rechtsprechung allgemein angewandten Unterscheidung zwischen Tatsachenbehauptungen und Meinungsäußerungen befasst hatte. Mehr dazu unter → **Rn. 188a.**

- Das Urteil des KG vom 2.6.2025 zur Reichweite der Meinungsfreiheit bei akademischer Kritik im Zusammenhang mit Plagiatsvorwürfen unter Hochschulprofessoren einer juristischen Fakultät; mehr dazu unter → **Rn. 188b.**
- Der Beschl. des BVerfG[1216] vom 4.4.2024 zur Frage, ob eine Äußerung ihrem Schwerpunkt nach als Meinungsäußerung oder als Tatsachenbehauptung anzusehen ist.
- Der Beschl. des BVerfG[1217] vom 24.11.2023 zur Zulässigkeit der Bezeichnung eines Rechtsanwaltes als „fetter Anwalt" und „Rumpelstilzchen" unter dem Gesichtspunkt des sogenannten „Kampfs um das Recht".
- Der Beschl. des BVerfG[1218] vom 10.11.2023 Reichweite der Pressefreiheit bei der Verbreitung wahrer Tatsachen.
- Das Urteil des OLG Köln[1219] vom 30.11.2023 zur Abwägung zwischen Persönlichkeitsrecht und Meinungs- und Medienfreiheit bei der Berichterstattung über sexuelle Kontakte eines Priesters.
- Das Urteil des OLG Stuttgart vom 29.11.2023,[1220] mit dem die insofern abweisende Entscheidung des LG Heilbronn[1221] zur Klage der Politikerin **Sawsan Chebli** auf Schmerzensgeld wegen Beleidigung und übler Nachrede auf der Internetplattform Facebook bestätigt, jedoch in Bezug auf die Unterlassung im Sinne der Klägerin abgeändert wurde.
- Der Beschl. des KG[1222] vom 31.10.2022, mit dem die Klägerin, **Renate Künast,** endlich die gerichtliche Anordnung über die Zulässigkeit der Auskunftserteilung hinsichtlich zahlreicher Nutzerdaten erreicht hatte, nachdem sie von mehr als 20 Nutzern/Bloggern zum Teil auf das Übelste beleidigt worden war. Der Beschl. des KG bildet nun den vorläufigen Schlusspunkt des seit Jahren andauernden Rechtsstreits, der als „Fall Künast" zunächst mehrfach das LG Berlin[1223] sowie das LG Frankfurt a. M.[1224] (vgl. nachfolgend → Rn. 189), sodann das BVerfG[1225] und nun das Kammergericht sowie währenddessen stets auch die Öffentlichkeit intensiv beschäftigt hatte.
- Die Entscheidungen des **BVerfG**[1226] **vom 24.10.2022** mit denen das BVerfG klarstellte, dass das allgemeine **Persönlichkeitsrecht mit dem Tod endet,** da es die Existenz einer wenigstens potenziell oder zukünftig handlungsfähigen Person als unabdingbar voraussetzte. Damit setzte das BVerfG einen Schlussstrich unter den seit Jahren herrschenden Rechtsstreit im Fall Helmut Kohl mit dem sich zuvor bereits der BGH[1227] im Jahr 2021 befasst und seine bisherige Rechtsprechung bestätigt hatte, wonach der Geldentschädigungsanspruch wegen einer schweren Verletzung des **allgemeinen Persönlichkeitsrechts nicht vererblich**[1228] ist als auch den sachlichen Schutzbereich des postmortalen Persönlichkeitsrechts näher präzisierte.[1229] Zu Ersterem hatte der BGH[1230] in Fortführung seiner bisherigen Rechtsprechung[1231] betont, dass der Anspruch auf Geldentschädigung wegen Persönlichkeitsrechtsverletzung grundsätzlich erst mit Rechtskraft eines dem Verletzten die Geldentschädigung zusprechenden Urteils vererblich wird und insofern ein nicht rechtskräftiges, nur vorläufig vollstreckbares Urteil nicht ausreicht.[1232] **Zum sachlichen Schutzbereich des postmortalen Persönlichkeitsrechts**[1233] hatte der BGH darauf hingewiesen, dass das postmortale Persönlichkeitsrecht den Verstorbenen grundsätzlich nicht davor schützt, mit Aussagen zitiert zu werden, die er zu Lebzeiten im vertraulichen Gespräch mit der ausdrücklichen Erklärung, sie nicht veröffentlichen zu wollen („Sperrvermerk"), getätigt hat. Auch bei der unzutreffenden Wiedergabe von (angeblichen) Äußerungen eines Verstorbenen komme ein dessen postmortales Persönlichkeitsrecht verletzendes Gewicht nur zu, wenn diese Äußerungen nach Qualität und/oder Quantität das Lebensbild des Verstorbenen grob entstellen.[1234] Hintergrund dieser beiden Entscheidungen war der Rechtsstreit im Zusammenhang mit den Memoiren des Altbundeskanzlers **Helmut Kohl,** der nach dessen Tod zwischen der Witwe Helmut Kohls und den beiden Ghostwritern Heribert Schwan und Tilman Jens sowie des für die Verlegung

[1216] BVerfG BeckRS 2024, 6239, vgl. dazu nachfolgend → Rn. 189.
[1217] BVerfG NJW 2024, 745 mAnm Gostomzyk, vgl. dazu nachfolgend → Rn. 189.
[1218] BVerfG NJW 2024, 205 und GRUR-RS 2023, 33015, vgl. dazu nachfolgend → Rn. 177.
[1219] OLG Köln GRUR-RS 2023, 34384, vgl. dazu nachfolgend → Rn. 177.
[1220] OLG Stuttgart GRUR-RS 2023, 33952; vgl. dazu nachfolgend → Rn. 189.
[1221] LG Heilbronn 22.3.2023 – Ko 8 O 85/22 → Nr. 7202.
[1222] KG NJW 2023, 161.
[1223] LG Berlin BeckRS 2020, 239; BeckRS 2019, 21753.
[1224] LG Frankfurt a. M. GRUR-RS 2020, 1785; LG Frankfurt a. M. GRUR 2022, 7835.
[1225] BVerfG NJW 2022, 680 mAnm Höch.
[1226] BVerfG NJW 2023, 755 (Kohl-Protokolle I) und NJW 2023, 757 (Kohlprotokolle II).
[1227] BGH ZUM 2022, 196 und ZUM 2022, 221; vgl. dazu auch Mehmel/Timmann ZRP, 208.
[1228] BGH ZUM 2022, 221; dazu kritisch Mehmel/Timmann ZRP, 208 mwN.
[1229] BGH ZUM 2022, 196; Gomille ZUM 2022, 241.
[1230] BGH ZUM 2022, 196, NJW 2022, 868.
[1231] BGH NJW 2017, 3004 und BGH NJW 2014, 2871.
[1232] BGH ZUM 2022, 221.
[1233] Vgl. dazu → Rn. 243 sowie Grisse GRUR 2023, 521.
[1234] BGH ZUM 2022, 196.

zuständigen Verlags weitergeführt wurde. Zunächst hatte insofern das LG Köln,[1235] am 24.4.2017 dem am 16.6.2017 verstorbenen Altbundeskanzler mit 1.000.000 EUR das bislang höchste Schmerzensgeld für Persönlichkeitsrechtsverletzungen zuerkannt. Der Rechtsstreit vor dem LG Köln galt als Fortsetzung des Rechtsstreits um das Buch „Vermächtnis – Die Kohl-Protokolle", in dem aus nicht freigegebenen Tonband-Aufnahmen (den sogenannten Kohl-Protokollen) zitiert worden war, weshalb das OLG Köln bereits im Mai 2015 die weitere Verbreitung des Werkes mit 115 Kohl-Zitaten untersagt hatte. Die horrende Summe von fünf Millionen EUR war von den Anwälten Kohls mit dem historischen Ausmaß der Persönlichkeitsrechtsverletzung und mit dem Gedanken der Abschöpfung des Gewinns plus einem hohen Strafzuschlag begründet worden.[1236] Nachdem Helmut Kohl am 16.6.2017 und somit noch vor Rechtskraft der Entscheidung des LG Köln verstorben war, hatte dessen Witwe **Maike Kohl-Richter** – da die Autoren sowie der Heyne-Verlag gegen das Urteil des LG Köln Berufung eingelegt hatten – die Klage weiter verfolgt.[1237]

- Das – noch nicht rechtskräftige – Urteil des OLG Frankfurt a. M. vom 25.1.2024 zum Streit der Bundestagsabgeordneten Renate Künast gegen den Facebook-Konzern Meta wegen der Löschung eines Posts bzw. einer sog. Meme mit einem der Politikerin fälschlicherweise untergeschobenen Falschzitat, mit welchem das OLG die Haftung der Social-Media-Plattform für rechtswidrige sinn- und kerngleiche Posts festgestellt und die Beklagte zur Löschung der streitgegenständlichen und aller weiteren diesbezüglichen Posts verurteilt hatte.[1238]
- Der Beschl. des Bundesverfassungsgerichts vom 10.2.2022,[1239] die Verfassungsbeschwerde des Satirikers **Jan Böhmermann** wegen fehlender Erfolgsaussichten nicht zur Entscheidung anzunehmen (vgl. dazu unten → **Rn. 189**).
- Die Entscheidung des Bundesverfassungsgerichts vom 19.12.2021,[1240] mit dem es in einem weiteren Fall der Bundestagsabgeordneten **Renate Künast** (vgl. hierzu auch nachfolgend → Rn. 189) klargestellt hat, dass es mit dem Persönlichkeitsrecht des von einer ehrenrührigen Äußerung Betroffenen unvereinbar sei, wenn davon ausgegangen wird, eine strafrechtliche Relevanz erreiche eine Äußerung erst dann, wenn ihr diffamierender Gehalt so erheblich ist, dass sie in jedem denkbaren Sachzusammenhang als bloße Herabsetzung des Betroffenen erscheine, wenn also letztlich eine Beleidigung mit dem abwägungsfreien Sonderfall der Schmähkritik[1241] gleichgesetzt wird. Die Entscheidung der Karlsruher Richter ist ein wichtiger Fingerzeig oder – wie Höch es formuliert, eine „Segelanweisung" –[1242] zur Abwägung, wo in sozialen Netzwerken die **Grenze zwischen Meinungsfreiheit und strafbarer Hetze** verläuft und inwiefern der Kontext von umstrittenen Posts im Netz bei der Abwägung miteinbezogen werden muss. Dabei führt das BVerfG eine „Grenze nach unten" ein und weist darauf hin, dass es keinen Vorrang der Meinungsfreiheit bei dieser Abwägung gibt, sondern sich die Grundrechte gleichwertig gegenüberstehen, so Höch.[1243]
- Das Urteil des OLG Frankfurt a. M.[1244] vom 28.10.2021 zur Wiedergabe des Aufrufs der Polizei im Zusammenhang mit den **Ausschreitungen während des G20-Gipfels in Hamburg.** Die Klägerin hatte eine Boulevardzeitung auf Zahlung einer Geldentschädigung iHv 30.000 EUR in Anspruch genommen, nachdem die Beklagte ein Foto der Klägerin auf der Titelseite unter der Überschrift *„GESUCHT! Wer kennt diese G20-Verbrecher? Sachdienliche Hinweise bitte an die nächste Polizeidienststelle"* publiziert hatte. Das OLG hatte die Klage abgewiesen, da das öffentliche Interesse an dem Vorgang überwiege und orientierte sich an den beiden hierzu ergangenen Entscheidung des BGH,[1245] der mit diesen die Presse im Hinblick auf eine **identifizierende Berichterstattung** gestärkt hatte. (vgl. dazu nachfolgend → Rn. 179).

Über diese, in den letzten drei Jahren ergangenen und zur vorliegenden Thematik besonders relevanten Urteile und Beschlüsse hinaus, sind auch die nachfolgenden Entscheidungen erwähnenswert:

- Das Urteil des **LG Düsseldorf** (vgl. hierzu auch nachfolgend → **Rn. 191**), das dem Opfer, einer Influencerin (= Personen, die aufgrund ihrer starken Präsenz und ihres hohen Ansehens in einem oder mehreren sozialen Netzwerken als Träger für Werbung und Vermarktung aktiv sind), ein Schmerzensgeld von 10.000 EUR zusprach. Die **Influencerin Jana Weilert** hatte den Kläger innerhalb des Internets bzw. in Social-Media-Apps massiv in seinen Persönlichkeitsrechten verletzt und zudem ihre über 628.000 Follower mit dem Appell aufgerufen „Macht ihn fertig!".

[1235] LG Köln 27.4.2017 – 14 O 286/14, 14 O 323/15 und 14 O 261/16, BeckRS 2014, 15344.

[1236] http://www.sueddeutsche.de/panorama/altkanzler-vs-ghostwriter-meine-erinnerung-1.2888986 sowie http://www.spiegel.de/politik/deutschland/helmut-kohl-fordert-schadensersatz-von-ghostwriter-a-1080231.html.

[1237] OLG Köln BeckRS 2018, 17910. Vgl. hierzu Brexl GRUR-Prax 2018, 476 sowie kritisch Beuthien GRUR 2018, 1021.

[1238] OLG Frankfurt a. M. GRUR-RS 2024, 588; vgl. dazu nachfolgend → Rn. 247 sowie erstinstanzlich LG Frankfurt a. M. GRUR 2022, 7835.

[1239] BVerfG BeckRS 2022, 1484; vgl. dazu auch Vasel NJW 2022, 740.

[1240] BVerfG NJW 2022, 680 mAnm Höch.

[1241] Vgl. dazu auch BVerfG BeckRS 2018, 13297 sowie BVerfG BeckRS 2016, 50714.

[1242] Höch NJW 2022, 680 (685).

[1243] Höch NJW 2022, 680 (685).

[1244] OLG Frankfurt a. M. GRU-RS 2021, 56040 (vgl. auch dazu BGH BeckRS 2022, 19848); ebenso dazu OLG Köln GRUR-RS 2020, 42679.

[1245] BGH GRUR-RS 2021, 106 und BGH GRUR-RS 2020, 26493.

- Der Beschl. des Bundesverfassungsgerichts,[1246] mit dem das Gericht klargestellt hat, dass selbst schwerwiegende Beeinträchtigungen des Persönlichkeitsrechts durch Aussagen in einem Blogbeitrag nicht notwendiger Weise immer einen Anspruch auf Geldentschädigung begründen, sofern sich die grundsätzlich verletzenden Aussagen in den Kontext einer öffentlichen, kontroversen und scharf geführten Diskussion einfügen und dabei nur einen geringen Verbreitungsgrad aufweisen. Der Entscheidung lag die Veröffentlichung des Publizisten Henryk Broder (Beklagter) in dessen privatem Blog zu Grunde. In diesem hatte der Beklagte die Beschwerdeführerin – die **3sat-Moderatorin Tina Mendelsohn** – als „kleines Luder vom Lerchenberg" bezeichnet. Für diese Äußerung, die das BVerfG als schwerwiegende Persönlichkeitsrechtsverletzung ansah, begehrte die Beschwerdeführerin Schmerzensgeld, was ihr jedoch nicht gewährt wurde. Zur Begründung führte das BVerfG aus:
  „Das Oberlandesgericht [ergänze: als Vorinstanz] hat dies jedoch nicht verkannt, sondern sich sorgfältig mit dem Kompensationsbedarf unter den konkreten Umständen auseinandergesetzt. Dabei hat es gegen die Notwendigkeit einer Kompensationszahlung angeführt, dass der Blogbeitrag des Beklagten sich in den Kontext einer öffentlichen, kontroversen und scharf geführten Diskussion („Antisemitismus-Debatte") einfügt. Dies ist ein tragfähiger Gesichtspunkt. Es handelt sich danach nicht um eine Veröffentlichung, die rücksichtslos Persönlichkeitsverletzungen in Kauf nimmt, um hieraus kommerziellen Nutzen zu ziehen, sondern um die Äußerung einer Einzelperson. Jedenfalls weil die Äußerungen sich gegen die Moderation in einer bundesweit ausgestrahlten Fernsehsendung richteten, ist auch gegen die Erwägung des Gerichts, dass der Beitrag nicht ein Breitenpublikum erreicht, sondern einen eher geringen Verbreitungsgrad gefunden habe, nichts zu erinnern. Der Verweis auf die ideelle Genugtuung durch den Unterlassungstitel und die Möglichkeit, ihn im Vollstreckungsverfahren durchzusetzen, lässt unter diesen Umständen eine Verkennung des wertsetzenden Gehalts des allgemeinen Persönlichkeitsrechts nicht erkennen und hält sich im fachgerichtlichen Wertungsrahmen (vgl. BVerfG, Beschl. der 1. Kammer des Ersten Senats v. 23.9.2009 – 1 BvR 1681/09, juris). Sollte die Beschwerdeführerin erneut Persönlichkeitsrechtsverletzungen des Beklagten ausgesetzt sein, dürfte sich die Frage einer Notwendigkeit einer Kompensationszahlung von Verfassungs wegen freilich dringlicher stellen".[1247]
- Das Urteil des LG Hamburg[1248] zur **unwahren Todesnachricht** des ehemaligen Formel-1 Weltmeister **Michael Schumacher.** Das LG sprach dem Kläger 100.000 EUR zu, da das Boulevardblatt (Funke Medien Gruppe) die aktuelle Titelseite der Ausgabe Nr. 7/2016 mit einem großen Foto des Rennfahrers und der Schlagzeile versehen hatte: „Er ist nicht mehr unter uns! – Wann bricht die Familie ihr Schweigen?" Die Titelseitenschlagzeile greife – so das LG Hamburg zutreffend – *„in außergewöhnlich massiver Weise in das Persönlichkeitsrecht des Klägers ein. Durch die – unwahre – Todesnachricht wird nicht lediglich die Privatsphäre des Klägers berührt, sondern in deren Kernbestand eingegriffen. Der Kläger wird von der Beklagten für tot erklärt … Hinzu kommt, dass die Titelseite suggeriert, der Kläger sei schon eine Zeitlang tot und die Familie verschweige dies, so dass der Kläger weitergehend auch dadurch beeinträchtigt wird, dass der Leser sich fragt, wie lange der Kläger schon nicht mehr „unter uns" ist und wie lange schon die Familie der Öffentlichkeit etwas vormache".*[1249]
- Das vier Wochen zuvor ergangene Urteil des LG Hamburg,[1250] bei dem die Pressekammer des Gerichts dem ehemaligen Formel-1 Weltmeister **Michael Schumacher** 50.000 EUR zuerkannte, da das Boulevardblatt „Bunte" (Herausgeber: Hubert Burda Media Holding Kommanditgesellschaft) es offensichtlich am Wahrheitsgehalt eines Artikels (über die angebliche Genesung des 2013 schwer verunglückten Klägers) fehlen ließ. Zwar habe – so die Pressekammer – das Blatt zwar *recherchiert* (jedoch offenbar völlig fehlerhaft), ansonsten wäre die Geldentschädigung deutlich höher ausgefallen. Erschwerend wertete das Landgericht jedoch die Tatsache, dass die „Bunte" den Artikel bzw. die Ausgabe nahezu seitenumfassend in der „Bild"-Zeitung beworben und damit ihren unwahren Artikel hierüber massenhaft verbreitet habe.
- Das Urteil des OLG Hamburg,[1251] bei dem es erneut um eine Klage der Familie Schumacher (diesmal der Ehefrau von Michael Schumacher, **Corinna Schumacher)** ging, der das OLG Hamburg ein Schmerzensgeld von 60.000 EUR zuerkannt hatte. Diesmal lag der Grund darin, dass die Beklagte (erneut die Funke Media) in den von ihr verlegten Zeitschriften (wiederum ua in *die aktuelle*) insgesamt neunmal Bilder gezeigt hatte, auf denen die Klägerin zu sehen war, wie sie das Krankenhaus, in dem ihr Mann lag, betrat oder verließ. Bei der Schmerzensgeldbemessung berücksichtigte das OLG zutreffend insbesondere die bewusste und andauernde Missachtung des entgegenstehenden Willens der Klägerin.
- Das Urteil des OLG Hamburg,[1252] welches den beiden Klägern, **Corinna** und **Michael Schumacher** zusammen 60.000 EUR Schmerzensgeld zusprach – wiederum zu zahlen von der Funke Mediengruppe. Hintergrund war diesmal erneut ein Artikel in der Zeitschrift *die aktuelle,* auf deren Titelseite ein Foto des Ehepaares – verbunden mit der unwahren Behauptung, dass die beiden „vor der Trennung" stünden, wobei das Blatt sich auf einen anonymen Facebook-Post berief und dies im Innenartikel selbst als „wilde Spekulation aus dem Internet" bezeichnete. Das OLG sah darin zutreffend eine „schwerwiegende Persönlichkeits-

[1246] BVerfG ZUM 2017, 835.
[1247] BVerfG ZUM 2017, 835.
[1248] LG Hamburg BeckRS 2017, 116727.
[1249] LG Hamburg BeckRS 2017, 116727.
[1250] LG Hamburg 5.5.2017 – 324 O 189/16, NJW 2017, 698 (Anschluss BGH GUR 2017, 304).
[1251] OLG Hamburg BeckRS 2017, 113438.
[1252] OLG Hamburg BeckRS 2017, 109789.

rechtsverletzung" und wertete zudem erschwerend, dass sich die Beklagte bei ihren Ausführungen, ohne dies zu hinterfragen, lediglich auf eine anonyme Quelle eines Facebook-Nutzers gestützt habe sowie die Tatsache, dass die Beklagte dies auch noch gedruckt habe, nachdem bereits einstweilige Verfügungen und Unterlassungserklärungen vorgelegen haben. Dies sowie die Vielzahl der erfolgten Veröffentlichungen rechtfertige eine hohe Geld-Entschädigung von insgesamt 60.000 EUR. Zum Einwand der Beklagten, es fehle für einen solchen Anspruch der Genugtuungscharakter, da der Kläger Michael Schumacher aufgrund seiner individuellen Situation nicht in der Lage sei, die Berichterstattung zur Kenntnis zu nehmen, konterte das OLG und führte aus:

„War und ist eine von einer das Persönlichkeitsrecht in schwerwiegender Weise verletzenden Berichterstattung betroffene Person aufgrund einer Unfallverletzung nicht in der Lage, die Berichterstattung zur Kenntnis zu nehmen, vermag das nichts am Bestehen des Geldentschädigungsanspruchs zu ändern. Bei der Zuerkennung einer Geldentschädigung im Falle einer schweren Persönlichkeitsrechtsverletzung steht zwar regelmäßig der Genugtuungsgedanke im Vordergrund, aber dabei ist weniger auf die subjektive Befriedigung des Verletzten als darauf abzuheben, dass sich der gesetzlich umfassend angelegte Rechtsgüterschutz auch im immateriellen Bereich objektiv zu bewähren hat; denn die Geldentschädigung findet ihre sachliche Berechtigung auch in dem Gedanken, dass das Persönlichkeitsrecht gegenüber erheblichen Beeinträchtigungen anderenfalls ohne ausreichenden Schutz bliebe".[1253]

- Das OLG Köln[1254] hatte ebenfalls über einen der insofern spektakulärsten Fälle in der jüngeren Vergangenheit zu entscheiden. Dabei ging es um die Klage des bekannten Wetterexperten und Fernsehmoderator **Jörg Kachelmann**[1255] auf Schmerzensgeld gegen die Verlagshäuser von Burda und Springer wegen deren Berichterstattung über einen drei Jahre zurückliegenden Strafprozess wegen vermeintlicher Vergewaltigung (Kachelmanns damalige Lebensgefährtin hatte ihn vorsätzlich, wahrheitswidrig der Vergewaltigung bezichtigt[1256]), bei dem der Wetterexperte und Fernsehmoderator freigesprochen worden war. Laut FAZ[1257] fordert Kachelmann insgesamt 3,25 Millionen EUR. Inzwischen legten der Kläger und Burda als eine der Beklagten ihren Rechtsstreit durch einen Vergleich, über dessen Summe jedoch nichts verlautbart wurde, bei. Die beiden gegen Springer gerichteten Klagen[1258] blieben jedoch streitig und wurden zunächst durch das LG Köln[1259] entschieden. Insgesamt sprach das LG Köln Kachelmann in diesen beiden Urteilen[1260] jeweils ein Schmerzensgeld von 335.000 EUR und 300.000 EUR zu. Die in den Medien verbreitete Aussage, es handele sich um *einen* Betrag von insgesamt *635.000 EUR* und damit um das bis dahin (noch vor „Kohl") höchste in derartigen Fällen von einem deutschen Gericht zuerkannte Schmerzensgeld, ist nicht korrekt, da es sich um zwei Verfahren und somit zwei Urteile handelte. Das LG sah in der für Kachelmann ruinösen Berichterstattung von „Bild", „Bild am Sonntag" und „bild.de" über das gegen ihn wegen des Vorwurfs der Vergewaltigung geführte Strafverfahren – welches 2011 mit einem Freispruch endete – zwar keine Schädigungsabsicht, jedoch eine fahrlässige Verfehlung der Grenzziehung in Bezug auf die Abwägung der widerstreitenden Grundrechtspositionen. In insgesamt 20 Print- und 18 Onlineartikeln sah das LG Köln nicht nur eine außergewöhnliche Dimension, sondern auch schwerwiegende Persönlichkeitsrechtsverletzungen, die das Gericht ua damit begründete, dass der zum Teil extrem intime Inhalt der Artikel „alleine zur Befriedigung der Neugier der Öffentlichkeit" und nicht aus berechtigtem Informationsinteresse heraus erfolgt sei. Nachdem sowohl beide Springer-Unternehmen als auch Kachelmann (der 2,25 Millionen EUR gefordert hatte) Berufung eingelegt hatten, setzte das OLG Köln[1261] den Gesamtbetrag beider Fälle von 635.000 EUR auf insgesamt 395.000 EUR[1262] (180.000 EUR und 215.000 EUR) herab, da „keine zielgerichtete Pressekampagne gegen den Kläger" erwiesen sei. Eine Revision ließ das OLG nicht zu. Ob die Causa Kachelmann[1263] damit ihren Abschluss findet, bleibt abzuwarten.
- Die sich hieraus entwickelte Dauerfehde (vgl. hierzu auch nachfolgend → Rn. 190) zwischen **Jörg Kachelmann** und der selbst ernannten Feministin und Herausgeberin der Zeitschrift „Emma", **Alice Schwarzer,** beschäftigte 2018 das LG Düsseldorf.[1264] Schwarzer hatte auf ihrer Website unter der Überschrift *„Von Wedel bis Kachelmann"* einen Artikel über Frauen, die Männer der sexuellen Gewalt beschuldigen, verfasst. Dabei erwähnte sie Kachelmann nicht nur im Titel, sondern auch im Text und führte dort aus, dass Kachelmann lediglich „aus Mangel an Beweisen" vom Vorwurf der Vergewaltigung seiner ehemaligen Lebensgefährtin freigesprochen worden sei. Durch diese Äußerungen – so das LG Düsseldorf – sei das

[1253] OLG Hamburg BeckRS 2017, 109789.
[1254] OLG Köln BeckRS 2016, 12714 und OLG Köln BeckRS 2016, 16931.
[1255] Vgl. hierzu nachfolgend → Rn. 174 und → Rn. 175 sowie → Rn. 186.
[1256] OLG Frankfurt a. M. BeckRS 2016, 17169.
[1257] FAZ vom 25.6.2014.
[1258] Zum einen gegen die Axel Springer SE (335.000 EUR), zum anderen gegen und die Bild GmbH & Co. KG (300.000 EUR).
[1259] LG Köln BeckRS 2015, 16608 und LG Köln BeckRS 2015.
[1260] Anm.: Klage gegen zum einen die die Axel Springer SE und zum anderen die Bild GmbH & Co. KG.
[1261] OLG Köln BeckRS 2016, 12714 und OLG Köln BeckRS 2016, 16931.
[1262] Zur Meinungsfreiheit im Zusammenhang mit der Beschwerde seiner „Ex-Liierten" gegen eine zivilrechtliche Unterlassungsverurteilung in Bezug auf Interviewäußerungen: BVerfG NVwZ 2016, 761.
[1263] Gounalakis NJOZ 2016, 361.
[1264] LG Düsseldorf BeckRS 2018, 13345.

Persönlichkeitsrecht Kachelmanns zwar betroffen, ein rechtswidriger Eingriff liege aber nicht vor. Zur Aussage des Freispruchs „aus Mangel an Beweisen" stellte das LG zunächst zutreffend fest, dass diese Aussage nicht Bestandteil des Urteilstenors des Freispruchs gewesen sei. Dann jedoch eilte das LG Alice Schwarzer zu Hilfe und argumentierte, dass es einer Journalistin erlaubt sei, eine solche, von dem Vorsitzenden Richter selbst benutzte Redewendung in einem journalistischen Artikel zu verwenden. Die Klage wurde somit abgewiesen. Dies ist zu kritisieren, denn das LG Düsseldorf hat verkannt, dass die Besonderheit des gegenständlichen Artikels im Zusammenspiel der Überschrift „Von Wedel bis Kachelmann" und des von Schwarzer bewusst falsch wiedergegebenen Urteilstenors lag und Kachelmann gerade erst durch dieses Zusammenspiel sehr wohl nicht nur erheblich, sondern auch rechtswidrig in seiner Persönlichkeit verletzt wurde. Vor diesem Hintergrund ist die weitere Argumentation des LG Düsseldorf, wonach hier die Pressefreiheit höher zu bewerten sei als das Persönlichkeitsrecht des Betroffenen, unverständlich.

Nicht nur vor dem Hintergrund der oben dargestellten Urteile,[1265] sondern auch wegen der zahlreichen, **168** nachfolgend aufgeführten Entscheidungen, etwa auch der Urteile des Europäischen Gerichtshofs[1266] (vgl. nachfolgend → **Rn. 175**), kann von einer Entspannung an der Front der durch die Medien verursachten Persönlichkeitsrechtsverletzungen keine Rede sein. Auch wenn sich das Verhalten der Boulevardblätter mit frei erfundenen Artikeln ihre Auflagen zu stärken, wohl gebessert hat, haben einige Herausgeber bezüglich des Schutzes der Persönlichkeitsrechte noch immer nicht die Grundzüge des diesbezüglichen Rechts und deren Konsequenzen begriffen und setzen sich aus rein kommerziellen Gründen über geltendes Recht hinweg,[1267] obwohl die Rechtsprechung des BGH,[1268] des Bundesverfassungsgerichts[1269] und des EGMR sowie zahlreiche Urteile der Instanzgerichte[1270] die Rechtslage in ausreichender Klarheit und zum Teil deutlicher Sprache dargelegt haben. Vor dem Hintergrund der immer stärker zunehmenden Nutzung des Internets, ist die Klarstellung des BGH[1271] zu begrüßen, wonach

„eine Geldentschädigung wegen Verletzung des allgemeinen Persönlichkeitsrechts durch eine Internetveröffentlichung … nicht generell höher oder niedriger zu bemessen [ist] *als eine Entschädigung wegen eines Artikels in den Printmedien".*

Was das konsequente Vorgehen gegen die Printmedien betrifft, so gebührt insofern dem engagierten und nachhaltigen Vorgehen der **Prinzessin Caroline von Hannover** – von *Heldrich*[1272] zutreffend und anerkennend als „Feldzug" bezeichnet sowie deren Tochter Charlotte (vgl. die beiden nachfolgend → Rn. 176 noch näher dargestellten „Rosenball-Urteile" des BGH – Dank und Anerkennung.

Zur grundrechtlich geschützten **Meinungsfreiheit** und **Pressefreiheit** mussten sich in den letzten Jahrzehnten bis heute neben den Instanzgerichten immer wieder auch der BGH sowie das BVerfG befassen. **169**

Der BGH hatte insofern mit seinem oben unter → **Rn. 167** erwähnten Urteil vom 29.7.2025[1273] nochmals die Grundlagen zur Prüfung einer Persönlichkeitsrechtsverletzung zusammengefasst und dazu ausgeführt:

„Weichenstellend für die Prüfung einer Verletzung des allgemeinen Persönlichkeitsrechts ist die zutreffende Erfassung des Inhalts der angegriffenen Äußerung, insbesondere die Klärung, in welcher Hinsicht sie ihrem objektiven Sinn nach das Persönlichkeitsrecht des von ihr Betroffenen beeinträchtigt (vgl. BGH AfP 2023, 409 Rn. 8 = GRUR-RS 2023, 23210; BVerfGE 114, 339 Rn. 31 = NJW 2006, 207; BVerfG NJW 2023, 510 Rn. 15 = AfP 2023, 142; NJW 2025, 1642 Rn. 16f.). Maßgeblich für die Deutung ist weder die subjektive Absicht des sich Äußernden noch das subjektive Verständnis der von der Äußerung Betroffenen, sondern der Sinn, den sie nach dem Verständnis eines unvoreingenommenen und verständigen Durchschnittspublikums hat. Ausgehend vom Wortlaut – der allerdings den Sinn

1265 Zur Unterlassungspflicht bei Persönlichkeitsrechtsverletzung durch Wortberichterstattung vgl. BGH NJW 2019, 1142.
1266 EGMR NJW 2012, 1053 und EGMR NJW 2004, 2647.
1267 Gerlach VersR 2012, 278; Frenz NJW 2012, 103.
1268 BGH ZUM 2008, 951 (postmortales Persönlichkeitsrecht versus Kunstfreiheit); BGH NJW 2008, 2587 (Abwägung zw. Kunstfreiheit und Persönlichkeitsrecht); BGH NJW-RR 2008, 913 (keine unzulässige Schmähkritik bei Bewertung als namenloser Gutachter); BGH NJW 2007, 3440 (Abbildung einer Begleitperson); BGH ZUM 2007, 533 (Unterlassungsanspruch wegen ehrverletzendem Beitrag in einem Internetforum); BGH NJW 2007, 689 (Verwendung des Fotos einer bekannten Persönlichkeit); BGH NJW 2006, 458 (keine Verletzung des Persönlichkeitsrechts von Hinterbliebenen durch Fernsehberichterstattung); BGH NJW 2005, 215 (Geldentschädigung für Persönlichkeitsrechtsverletzung eines Säuglings); BGH NJW 2004, 1034 (Persönlichkeitsrechtsverletzung durch Fragestellung auf der Titelseite einer Zeitung); BGH NJW 2004, 766 (Veröffentlichung der Luftbildaufnahmen von Ferienhäusern Prominenter ohne deren Zustimmung); BGH NJW 2004, 598 (zur Deutung einer Äußerung im Rahmen einer Berichterstattung); BGH NJW 2003, 3693 (Schadensersatz wegen amtspflichtwidriger Maßnahmen der Staatsanwaltschaft).
1269 BVerfG NJW 2005, 1858; 2003, 3262; 2001, 1921; 2000, 2187; 2000, 1021 sowie EGMR NJW 2004, 2647.
1270 Vgl. → Nr. 3773 (der Kläger wurde auf Verdacht in der Fernsehsendung „Akte 5" als Kinderschänder vorgeführt); → Nr. 3782 (die Klägerin fand sich im Artikel einer Münchener Journaille mit der Überschrift „Münchnerin heiratet eiskalten Killer" wieder) sowie AG Kleve BeckRS 2009, 04989.
1271 BGH BeckRS 2014, 02045.
1272 Heldrich NJW 2004, 2634.
1273 BGH NJW 2025, 3219.

nicht abschließend festlegen kann – und dem allgemeinen Sprachgebrauch sind bei der Deutung der sprachliche Kontext, in dem die umstrittene Äußerung steht, und die Begleitumstände, unter denen sie fällt, zu berücksichtigen, soweit diese für das Publikum erkennbar sind. Zur Erfassung des vollständigen Aussagegehalts muss die beanstandete Äußerung stets in dem Gesamtzusammenhang beurteilt werden, in dem sie gefallen ist. Sie darf nicht aus dem sie betreffenden Kontext herausgelöst einer rein isolierten Betrachtung zugeführt werden. Fernliegende Deutungen sind auszuschließen (vgl. BGH NJW 2025, 1054 Rn. 41 = K&R 2025, 177; AfP 2023, 409 Rn. 8 = GRUR-RS 2023, 23210; BVerfGE 114, 339 Rn. 31 = NJW 2006, 207, jew. mwN)."[1274]

Bevor nachfolgend die aktuelle Rechtsprechung weiter erläutert wird, sei insofern jedoch zunächst ein kurzer Blick in die – auch weiter zurückliegende – Vergangenheit erlaubt:[1275]

„Caroline v. Monaco I"-Urteil:[1276] Der extreme Kampf um Marktanteile ohne Rücksicht auf Verluste in Bezug auf die Persönlichkeitsrechte der Betroffenen[1277] hat die Rechtsprechung schon früh herausgefordert, den diesbezüglichen zivilrechtlichen Schutz noch wirksamer auszugestalten.[1278]

Als einen „Meilenstein in der Entwicklung eines stärkeren Schutzes der Persönlichkeitsrechte" bezeichnete *Prinz*[1279] bereits vor einigen Jahren zutreffend die auf eine Klage der damaligen Prinzessin Caroline von Monaco und heutigen Prinzessin von Hannover gegen die Herausgeber mehrerer Postillen ergangene Entscheidung des BGH, die als „Caroline v. Monaco I"-Urteil[1280] in die Rechtsgeschichte einging. Mit drei frei erfundenen, zum Teil dreist als Exklusivinterviews bezeichneten Titelgeschichten und gefälschten Fotos wurde die Persönlichkeit der Prinzessin aus rein kommerziellen Motiven rücksichtslos missbraucht. Neben Widerruf begehrte die Prinzessin damals ein angemessenes Schmerzensgeld, mindestens jedoch umgerechnet gut 51.000 EUR (damals 100.000 DM). Das zunächst angerufene Landgericht sowie das OLG Hamburg als Berufungsinstanz erachteten zunächst ein Schmerzensgeld von nur 15.339 EUR (damals 30.000 DM) als angemessen. Der BGH hob das Urteil auf und verwies zurück. Zur Begründung hob er zunächst auf die Rechtsfigur der Entschädigung ab, bei der „es sich im eigentlichen Sinne nicht um ein Schmerzensgeld … , sondern um einen Rechtsbehelf, der auf den Schutzauftrag aus Art. 1 und 2 I GG zurückgeht", handele, bei welchem „der Gesichtspunkt der Genugtuung des Opfers im Vordergrund" stehe.[1281]

170 Bei der „Schmerzensgeldbemessung entscheidend und insoweit bahnbrechend war hier nun die vom BGH herausgehobene Verknüpfung der Persönlichkeitsrechtsverletzung mit dem Motiv der Gewinnerzielungsabsicht. „Das heißt zwar nicht", so führte der BGH, Urteil vom 29.7.2025 – VI ZR 426/24, aus, „dass in solchen Fällen rücksichtsloser Kommerzialisierung der Persönlichkeit eine **Gewinnabschöpfung**[1282] vorzunehmen ist, wohl aber, dass die Erzielung von Gewinnen aus der Rechtsverletzung als Bemessungsfaktor in die Entscheidung über die Höhe der Geldentschädigung einzubeziehen ist. Von der Höhe der Geldentschädigung muss deshalb ein echter **Hemmungseffekt** auch für solche Vermarktung der Persönlichkeit ausgehen." Als weiteren Bemessungsfaktor nannte der BGH sodann „die **Intensität** der Persönlichkeitsrechtsverletzung", die hier mit Rücksicht auf die frei erfundenen „Exklusivinterviews" besonders gravierend war.

171 Hinsichtlich der Obergrenze der Entschädigungshöhe verwies der BGH grundsätzlich auf die Einschränkung der Pressefreiheit, um jedoch sogleich anzufügen, dass hiervon „allerdings keine Rede sein" könne, „wenn die Presse an einer rücksichtslosen Vermarktung der Person gehindert wird, wie sie hier Gegenstand des Rechtsstreites ist".[1283]

Mit Rücksicht auf diese BGH-Vorgaben sprach das OLG Hamburg, an welches der Rechtsstreit zurückverwiesen worden war, der Klägerin schließlich insgesamt 92.000 EUR (damals 180.000 DM) und damit das damals höchste diesbezügliche „Schmerzensgeld" zu.

Bei einer derartigen „Zwangskommerzialisierung" sei die Geldentschädigung „ganz erheblich" heraufzusetzen, um einen ausreichenden Hemmungseffekt zu gewährleisten.[1284]

1274 BGH NJW 2025, 3219 Rn. 20.
1275 Vgl. zu diesem Thema generell die Untersuchung von Funkel, Münchener Universitätsschriften Band 161.
1276 BGH NJW 1995, 861.
1277 Vgl. BGH NJW 2007, 3440; LG Köln 28.2.2007; LG München I 11.6.2008; AG Kleve BeckRS 2009, 04989; vgl. Prinz NJW 1995, 817 sowie beispielhaft BGH NJW 1995, 861.
1278 Zum strafrechtlichen Umgang mit den Medien lesenswert Hohmann NJW 2009, 881.
1279 Prinz NJW 1995, 817.
1280 BGH NJW 1995, 861.
1281 BGH NJW 1995, 861 (864).
1282 Vgl. hierzu auch nachfolgend → Rn. 191.
1283 BGH NJW 1995, 861 (865).
1284 OLG Hamburg NJW 1996, 2870 (2874).

Die Entscheidung des BGH und als ihre „erste Frucht" die des OLG Hamburg sind zu begrüßen. Gerade die Loslösung vom klassischen Schmerzensgeldgedanken hin zu einer Geldentschädigung mit starkem Präventiv- und Hemmungscharakter stärken den Schutz der Persönlichkeit des Einzelnen.

„Caroline v. Monaco II"-Urteil:[1285] In einer erneut durch die Prinzessin C. v. Hannover veranlassten BGH-Entscheidung,[1286] die als „Caroline v. Monaco II"-Urteil[1287] ebenfalls in die Rechtsgeschichte einging, war ua die Frage entscheidend, ob und inwieweit die Prinzessin als „Person der Zeitgeschichte"[1288] auch außerhalb des eigenen Hauses eine schützenswerte Privatsphäre haben kann. Der BGH differenzierte hier zwischen heimlich und aus großer Entfernung mittels weitreichender Teleobjektive aufgenommener sog. **Paparazzi-Fotos,** auf welchen die Prinzessin in einem Gartenlokal abgebildet worden war, in das sie sich – für den Fotografen erkennbar – zu einem Privatgespräch zurückgezogen hatte, und solchen Fotos, die C. v. Monaco beim Reiten, Paddeln oder Einkaufen und somit in der Öffentlichkeit und damit als Teil der Öffentlichkeit zeigten. Bezüglich der erstgenannten Fotos (im Gartenlokal) sah der BGH vor dem Hintergrund der Abwägung von schützenswerter Privatsphäre einerseits und berechtigtem Informationsinteresse der Öffentlichkeit andererseits kein solches Interesse gegeben. Je geringer jedoch der Informationswert, so der BGH NJW 1996, 1128 (1130),[1289] desto größer sei der Schutz des Betroffenen. Zutreffend sah der BGH bei den heimlich geschossenen Fotos „bloße Neugier und Sensationslust" überwiegen; somit Motive, die „nicht als schützenswert anerkannt werden".[1290] **172**

Beide Entscheidungen wurden vom BVerfG gebilligt[1291] und anerkannt, **173**

„dass die Bestimmung der Entschädigungshöhe nach zum Teil anderen Gesichtspunkten (erfolge) als die Festsetzung des Schmerzensgeldes" und somit vorrangig Präventivgesichtspunkte maßgebend seien, *„die bei der Bemessung der Geldentschädigung … zu einer deutlichen Erhöhung der zugebilligten Entschädigung führen"*.[1292]

In seiner Entscheidung[1293] hatte sich nunmehr das BVerfG einmal mehr mit dem Persönlichkeitsrecht – diesmal der Tochter der Prinzessin Caroline von Hannover – zu befassen. Es bestätigte dabei in vollem Umfange die Entscheidungen des LG und des OLG und führte aus, zur schützenswerten Entwicklung der Persönlichkeit von Kindern und Jugendlichen gehöre auch, dass diese „nicht aus Furcht vor einer Medienberichterstattung und der medialen Zuschreibung von persönlichen Eigenschaften oder Charakterzügen die Öffentlichkeit meiden oder sich in ihr in einer dem Alter nicht angemessenen Weise kontrolliert verhalten müssen". Lediglich für den Fall, dass „sich Kinder oder Jugendliche … den Bedingungen öffentlicher Auftritte dadurch (ausliefern), dass sie im Mittelpunkt öffentlicher Veranstaltungen stehen", seien Einschränkungen möglich.[1294]

Inka Bause-Urteil:[1295] Generell ist auch weiterhin – worauf der BGH[1296] („Inka Bause-Urteil") erneut hingewiesen hatte – bei Persönlichkeitsrechtsverletzungen durch die Medien darauf abzustellen, ob im konkreten Fall eine Angelegenheit von öffentlichem Interesse ernsthaft und sachbezogen erörtert und damit dem Informationsanspruch des Publikums Genüge getan wird und ob zur Meinungsbildung beigetragen oder lediglich ein Interesse an oberflächlicher Unterhaltung befriedigt werden soll. Die Eigenart des **Persönlichkeitsrechts** als einem **Rahmenrecht,** dessen Reichweite nicht absolut feststehe, erfordere insofern stets eine Abwägung der widerstreitenden grundrechtlich geschützten Belange: Dem Interesse des Einzelnen am Schutz seiner Persönlichkeit einerseits und die durch Art. 5 Abs. 1 GG, Art. 10 EMRK geschützten Äußerungsinteressen der Presse andererseits.[1297] Dem Gegenstand und der Art und Weise der Berichterstattung (ernsthaft, sachbezogen und einem berechtigten Informationsanspruch genügend oder nur die Neugier befriedigend) kommt bei dieser Abwägung eine maßgebliche Bedeutung zu. **174**

Der Europäische Gerichtshof[1298] wies bereits 2004 insofern darauf hin, dass bei der Abwägung[1299] zwischen dem Schutz des Privatlebens und der Freiheit der Meinungsäußerung grundsätzlich zu unterscheiden sei

1285 BGH NJW 1996, 984.
1286 BGH NJW 1996, 1128.
1287 BGH NJW 1996, 984.
1288 S. zum Thema – Personen der Zeitgeschichte – ausführlich → Rn. 168 ff.
1289 BGH NJW 1996, 1128 (1130); OLG Hamburg NJW-RR 1995, 790.
1290 BGH NJW 1996, 1128 (1130).
1291 BVerfG NJW 2000, 1021 sowie – wenn auch nicht unmittelbar damit befasst – BVerfG NJW 2000, 2187.
1292 BVerfG NJW 2000, 2187 (2188).
1293 BVerfG NJW 2005, 1857.
1294 BVerfG NJW 2005, 1857 (1858).
1295 BGH VersR 2012, 192.
1296 BGH VersR 2012, 192.
1297 Vgl. BGH VersR 2012, 192.
1298 EMRK NJW 2004, 2647.
1299 Vgl. auch Müller ZRP 2011, 93.

„zwischen einer Berichterstattung über Tatsachen – auch umstrittene –, die einen Beitrag zu einer Diskussion in einer demokratischen Gesellschaft leisten … und einer Berichterstattung über Einzelheiten des Privatlebens einer Person"

und differenziert dabei zwischen *„Personen des politischen Lebens"*, bei denen die Presse ihre wesentliche Rolle als *„Wachhund"* spiele und *„Personen des öffentlichen Lebens"*, wozu auch Politiker zu zählen sein können, bei denen die Öffentlichkeit *„unter besonderen Umständen auch ein Recht auf Information über Aspekte ihres Privatlebens"* haben könne.[1300] Liegt ein Fall jedoch „außerhalb jeder politischen oder öffentlichen Diskussion – wie *„Artikel"* der Zeitschrift über Sport oder angebliche Küsse der monegassischen Prinzessin, so dient dies lediglich der *„Neugier eines bestimmten Publikums" und kann – trotz des hohen Bekanntheitsgrades der Bf (Caroline von Hannover) nicht als Beitrag zu irgendeiner Diskussion von allgemeinem Interesse für die Gesellschaft angesehen werden"*, so dass die Freiheit der Meinungsäußerung hier „weniger weit auszulegen" ist.[1301] Zutreffend wies der Europäische Gerichtshof einmal mehr darauf hin, dass der Schutz einer Person, selbst wenn diese in der Öffentlichkeit bekannt sei, für die Entfaltung der Persönlichkeit von grundlegender Bedeutung ist und über den intimen Kreis der Familie hinausgeht.

Auch der Europäische Gerichtshof[1302] hatte sich mit einer Beschwerde des Adelsgeschlechts von Hannover zu befassen. Dabei ging es um die Veröffentlichung eines Fotos, das die Beschwerdeführerin (abermals Caroline von Hannover) mit ihrem Ehemann während eines Skiurlaubes auf offener Straße in St. Moritz zeigte. Unter Bestätigung seiner bisherigen Rechtsauffassung wies der Europäische Gerichtshof die Beschwerde mit der Begründung zurück, dass sich der mit dem Foto verbundene Artikel mit der Erkrankung des damaligen Fürsten befasste und damit auf ein **zeitgeschichtliches Ereignis** bezogen habe. Zudem komme diesmal dem Artikel ein ausreichender Informationswert zu. Diesen Informationswert (im Gegenzug zum reinen Unterhaltungswert) sah der Europäische Gerichtshof darin, dass die Erkrankung zu einer Debatte von allgemeinem Interesse habe beitragen können.[1303]

175 In der jüngeren Vergangenheit hatten sich die Instanzgerichte und der BGH mehrfach mit diesem Thema und der Frage der Zulässigkeit einer Veröffentlichung von **Paparazzi-Fotos** zu befassen:

Der BGH[1304] befasste sich zuletzt 2018 mit der Frage der Zulässigkeit einer ohne Einwilligung erfolgten Veröffentlichung von Fotos, die den ehemaligen Bundespräsidenten **Christian Wulff** und dessen Frau nach einem Großeinkauf auf dem Parkplatz eines Supermarktes zeigen, die die Beklagte im Zusammenhang mit einem Artikel in der Wochenzeitschrift PEOPLE unter der Überschrift „Liebes-Comeback" veröffentlicht hatte. Erneut wies der BGH dabei darauf hin, dass insofern stets eine Abwägung der kollidierenden Rechtspositionen erforderlich ist und es im Rahmen dieser Abwägung stets von maßgeblicher Bedeutung sei, ob die Medien im konkreten Fall eine Angelegenheit von öffentlichem Interesse ernsthaft und sachbezogen erörtern, damit den Informationsanspruch des Publikums erfüllen und zur Bildung der öffentlichen Meinung beitragen oder ob sie lediglich die Neugier der Leser nach privaten Angelegenheiten prominenter Personen befriedigen. Nach diesen Grundsätzen ist – so der BGH – *„der vorliegende Eingriff in das allgemeine Persönlichkeitsrecht des Klägers in seiner Ausprägung als Recht am eigenen Bild*[1305] *durch das Informationsinteresse der Öffentlichkeit gerechtfertigt. Als Inhaber des höchsten Staatsamtes war er in besonders herausgehobener Weise politische Person im Sinne der o. g. Rechtsprechung des Europäischen Gerichtshofs für Menschenrechte, weshalb das öffentliche Interesse an seiner Person in besonderer Weise als grundsätzlich gerechtfertigt anzusehen ist"* und wies dabei zudem darauf hin, dass das öffentliche Interesse an seiner Person auch nicht mit dem Rücktritt des Klägers vom Amt des Bundespräsidenten im Februar 2012 geendet habe, denn *„die besondere Bedeutung des Amtes wirkt vielmehr nach"*. „Ein Politiker ist daher auch nach seinem Ausscheiden aus der Politik nicht wie jedwede Privatperson zu behandeln, sondern bleibt – jedenfalls für eine Übergangszeit – trotz des Amtsverlustes politische Person in og Sinne, die Leitbild- oder Kontrastfunktion erfüllen kann und deren Verhalten weiterhin Gegenstand öffentlicher Diskussionen sein darf", so der BGH.[1306]

Insofern entschied das OLG Frankfurt a. M.[1307] 2018 zutreffend, dass die Veröffentlichung von Fotos einer prominenten Turnierteilnehmerin – hier der 19-jährigen Tochter des verunfallten Rennfahrers Michael Schumacher – rechtswidrig ist, wenn sie nicht mit der Berichterstattung über das Sportereignis im Zusammenhang steht. Die Beklagte hatte die Fotos, die die Tochter anlässlich der Teilnahme an einem Reitturnier bei einem Treffen mit ihrer Mutter zeigen, zur Illustration eines Berichts verwendet, der das Sportereignis nicht thematisierte.

1300 EMRK NJW 2004, 2647.
1301 EGMR NJW 2004, 2647.
1302 EGMR NJW 2012, 1053.
1303 Vgl. Lehr GRUR 2012, 745.
1304 BGH BeckRS 2018, 1728.
1305 Vgl. dazu nachfolgend → Rn. 208.
1306 BeckRS 2018, 1728.
1307 OLG Frankfurt a. M. ZUM-RD 2018, 340; vgl. hierzu auch OLG Köln NJW 2018, 2735.

Zur Beeinträchtigung des Schutzes der spezifisch elterlichen Hinwendung zum Kind durch Bildberichterstattung einerseits und Wortberichterstattung andererseits nahm der BGH[1308] im Jahr 2018 Stellung und entschied, dass **Prinzessin Madeleine** von Schweden nicht beim Füttern ihres Babys in einem öffentlichen Park gezeigt werden durfte, da dies – wegen des durch Art. GG Art. 6 GG verstärkten besonderen Schutzes der elterlichen Zuwendung zum Kind – selbst dann unzulässig sei, wenn an sich ein legitimes Interesse bestehe, gängige Vorstellungen vom Familienalltag und dem Aufwachsen des Kindes einer Prinzessin zu zeigen. Insofern sei jedoch die abweichende Intensität des Persönlichkeitsrechtsschutzes zwischen Bild- und Wortberichterstattung zu beachten.

Im Falle, den der BGH im Jahr 2007[1309] zu entscheiden hatte, betraf es nicht Caroline von Hannover, sondern den bekannten Musiker **Herbert Grönemeyer**[1310] und dessen Lebensgefährtin. Diese waren während eines privaten Urlaubs in Rom in einem Straßencafé von einem Paparazzi abgelichtet worden. Die Fotos standen im Mittelpunkt eines Artikels der Illustrierten „B. …" mit der Bildunterschrift „Die Blicke der Liebe … Grönemeyer und seine Freundin S. zeigen sich in einem römischen Café". Die Herausgeber der Zeitschrift hatten eine Zustimmung der Betroffenen gem. **§ 22 KUG** für überflüssig erachtet. Der BGH sah darin eine zu entschädigende Verletzung des Persönlichkeitsrechts der Klägerin (Lebensgefährtin von H. Grönemeyer). In seiner Begründung betonte der BGH unter Hinweis auf die bisherige Rspr. die notwendige Interessenabwägung zwischen dem Informationsinteresse der Öffentlichkeit einerseits und dem Interesse des Abgebildeten an dem Schutz seiner Privatsphäre andererseits.

„Je größer der Informationswert für die Öffentlichkeit ist, desto mehr muss das Schutzinteresse desjenigen, über den informiert wird, hinter den Informationsbelangen der Öffentlichkeit zurücktreten. Umgekehrt wiegt aber auch der Schutz der Persönlichkeit des Betroffenen desto schwerer, je geringer der Informationswert für die Allgemeinheit ist."

Im vorliegenden Falle sah der BGH zutreffend weder einen Beitrag zu einer Diskussion von allgemeinem Interesse noch eine Information über ein zeitgeschichtliches Ereignis. Die Bilder und der darum herum fabulierte „Artikel" zeigen die Abgebildeten – so der BGH – vielmehr „in ihrem Alltagsleben bei Tätigkeiten, die grundsätzlich dem privaten Bereich zuzurechnen sind" und dienten daher im Wesentlichen nur der Unterhaltung ohne jegliche gesellschaftliche Relevanz. Daher müsse die Klägerin eine solche Veröffentlichung ohne ihre Einwilligung nicht hinnehmen.

400.000 EUR und damit den damals höchsten Betrag wegen Persönlichkeitsrechtsverletzungen durch die Medien sprach das OLG Hamburg[1311] **Prinzessin Madeleine von Schweden** für eine massive und rücksichtslose Vermarktung der Persönlichkeitsrechte der Klägerin und die darin liegenden erheblichen Persönlichkeitsrechtsverletzungen zu. Die Beklagte – Herausgeberin der Zeitschriften „Frau mit Herz" und „Welt der Frau" – hatte darin zum Zwecke der Auflagensteigerung und Gewinnerzielung insgesamt 86 Beiträge mit unstreitig unwahren Tatsachenbehauptungen über die Klägerin veröffentlicht. Dadurch haben die Herausgeber dieser Zeitschrift die Klägerin *„so schwer und in einem solchen Ausmaße schuldhaft verletzt, dass der Ausgleich durch Zuerkennung einer Geldentschädigung unabdingbar geboten ist"*[1312] und zwar in einer Höhe, die einen für die Beklagte spürbaren Hemmungseffekt darstellt. *„Ein deutlicher **Hemmungseffekt** geht nach Überzeugung des Senats von einer Geldentschädigung iHv 400.000 EUR aus"*, so das OLG Hamburg,[1313] welches in seiner weiteren Begründung durchblicken ließ, dass der Betrag auch noch höher hätte ausfallen können.

Die Rosenball-Urteile:[1314] In seinen beiden sogenannten „Rosenball-Urteilen", in denen er sich – in zwei **176**
am gleichen Tag verkündeten Entscheidungen – zum einen mit der **Bildberichterstattung**[1315] und zum anderen mit der **Wortberichterstattung**[1316] (über Prinzessin Carolines Tochter auf dem Rosenball in Monaco) erklärt hatte, sah der BGH jeweils keine Verletzung der Schutzgüter des allgemeinen Persönlichkeitsrechts. Der BGH betonte jedoch in diesen Entscheidung deutlich, dass der Schutz des allgemeinen Persönlichkeitsrechts hinsichtlich der Bildberichterstattung (BGH VI ZR 230/08) höher sei, als der in Bezug auf Wortberichterstattungen (BGH ZR 190/08). Die Rechtsprechung zur Bildberichterstattung (s. nachfolgend → Rn. 208 ff.) sei – so der BGH – auf die Wortberichterstattung „nicht übertragbar". Für letztere gelte „der durch Art. 5 GG gewährleistete Grundsatz der freien Berichterstattung, wobei dem Persönlichkeitsschutz nicht schon deshalb regelmäßig Vorrang gebührt, weil eine weder wahre noch ehrenrührige Berichterstattung

[1308] BGH GRUR 2018, 964.
[1309] BGH NJW 2007, 3440.
[1310] Vgl. hierzu auch OLG Köln NJW 2018, 2735 (Kontrollverlust im öffentlichen Raum als legitimen Berichtsanlass).
[1311] OLG Hamburg NJW-RR 2010, 624.
[1312] OLG Hamburg NJW-RR 2010, 624.
[1313] OLG Hamburg NJW-RR 2010, 624 – Hervorhebung durch den Autor.
[1314] BGH BeckRS 2010, 28332 und BGH BeckRS 2010, 28333.
[1315] BGH BeckRS 2010, 28332 (zur Wortberichterstattung).
[1316] BGH BeckRS 2010, 28333 (zur Bildberichterstattung).

bloße Belanglosigkeiten über eine prominente Person zum Gegenstand hat, ohne einen wesentlichen Beitrag zur öffentlichen Meinungsbildung zu leisten". Es sei, so der BGH weiter, „deshalb nicht zu beanstanden, dass die Beklagte den Bericht über den Rosenball zum Anlass genommen hat, sich in erster Linie mit der Person der dort erschienenen Klägerin (Anmerkung: Dies war die Tochter der Prinzessin Caroline von Monaco) zu beschäftigen.[1317] Zur Unterlassungspflicht bei Persönlichkeitsrechtsverletzung durch Wortberichterstattung vgl. BGH NJW 2019, 1142.

177 Ähnlich argumentierte das BVerfG,[1318] das sich mit der Zulässigkeit der Wortberichterstattung der Sächsischen Zeitung über die Randale der Söhne des Schauspielers Uwe Ochsenknecht – **Jimi Blue** (damals 16) und **Wilson Gonzales** (damals 18) – in der Nacht zum 1.5.2008 in München befasste. Anders als die Fachgerichte gab das Bundesverfassungsgericht dem Zeitungsverlag Recht und hielt dessen Verfassungsbeschwerde für offensichtlich begründet. Insofern helfe den beiden Jungschauspielern auch ihr damals jugendliches Alter nicht, denn diese hätten im konkreten Falle durch ihre öffentliche Randale und ihre selbst gut vermarktete Imagepflege als *„junge Wilde"* … *„ihre Person selbst in die Öffentlichkeit gestellt"*. Zudem, so führte das Bundesverfassungsgericht aus, gäbe es auch keine Regelvermutung, wonach auf Grund der gesetzgeberischen Wertung im Jugendgerichtsgesetz jedes Informationsinteresse hinter dem Anonymitätsinteresse „grundsätzlich" zurückzustehen habe, wenn nicht die begangene Tat von außergewöhnlicher Schwere sei.[1319]

Mit dem **Begriff der „Meinung"** und deren Grundrechtsschutz (Art. 5 Abs. 1 S. 1 GG) befasste sich das **BVerfG**[1320] im Zusammenhang mit dem Streit des Schauspielers **Manfred Krug** und den Umständen seiner Ausreise aus der DDR im Jahr 1977. In der Zeitschrift „Gong" waren 2011 unter dem Titel „Geliebter Feind, gehasster Bruder" fünf Geschichten über Krug und dessen in Westdeutschland aufgewachsenen Bruder Roger erschienen. Darin behauptete der Bruder, vor Manfred Krugs Ausreise in den Westen habe es eine Vereinbarung mit dem Ministerium für Staatssicherheit gegeben. Dagegen wehrte sich Manfred Krug und erreichte vor dem KG[1321] die Zahlung von 20.000 EUR Schmerzensgeld. Die Verleger der Zeitschrift wandten sich gegen diese zivilgerichtliche Verurteilung zu einer Geldentschädigung wegen Persönlichkeitsrechtsverletzung und rügten die Verletzung ihrer Meinungsfreiheit aus Art. 5 Abs. 1 GG und ihres Anspruchs auf rechtliches Gehör aus Art. 103 Abs. 1 GG. Das BVerfG gab der Beschwerdeführerin Recht und hob das Urteil des KG auf. In der Begründung seines Beschlusses führte das BVerfG aus, der **Begriff der Meinung** sei im Interesse eines wirksamen Grundrechtsschutzes **weit zu verstehen:** Wenn eine Äußerung, in der Tatsachen und Meinungen sich vermengen, durch die Elemente der Stellungnahme, des Dafürhaltens oder Meinens geprägt sind, wird sie als Meinung geschützt. Dies gilt insbesondere dann, wenn eine Trennung der wertenden und der tatsächlichen Gehalte den Sinn der Äußerung verfälschen oder gar aufheben würde. Mit dem EGMR sei davon auszugehen, dass es sich bei Schlussfolgerungen über Beweggründe oder etwaige Absichten Dritter eher um Werturteile als um den Beweis zugänglicher Tatsachenbehauptungen handelt, wobei es auch für eine einem Werturteil gleichkommende Erklärung eine ausreichende Tatsachengrundlage geben müsse.

Mit der Thematik der Abwägung der Interessen der Medien im Sinne eines herausragenden öffentlichen Informationsinteresses auf der einen Seite gegenüber der Auferlegung einer Geheimhaltungspflicht nach § 174 Abs. 3 GVG sowie zudem mit der **Reichweite der Pressefreiheit bei der Verbreitung wahrer Tatsachen** hatte sich das **BVerfG**[1322] 2023 – im Zusammenhang mit dem **Missbrauchsskandal der katholischen Kirche** – zu befassen: Kläger des Ausgangsverfahrens war ein dem **Erzbistum Köln** angehörender katholischer Geistlicher. Beklagte des Ausgangsverfahrens war die Beschwerdeführerin zu 1), ein Presseunternehmen, das ua eine überregional erscheinende Tageszeitung herausgibt. Im Kern ging es dabei um den Vorwurf einer dienstlichen Beförderung des Klägers trotz Kenntnis der Entscheidungsträger von gegen den Kläger erhobenen Vorwürfen sexuellen Missbrauchs. Nachdem die Beklagte in der von ihr herausgegebenen Zeitung unter detailreicher Schilderung früherer Angaben des Zeugen einen Artikel veröffentlicht hatte, wollte sie diesbezüglich, ua auf einen zu ihrer Kenntnis gelangten internen Bericht des Erzbistums gestützt, über die Vernehmung dieses Zeugen berichten. Da der Zeuge jedoch vor dem OLG Köln[1323] darum gebeten hatte, die Öffentlichkeit für die Dauer seiner Vernehmung auszuschließen, damit er „nicht an die Öffentlichkeit gezerrt werde", wurde dem entsprochen. Der Prozessbevollmächtigte der Beschwerdeführerin erwiderte demgegenüber, dass – mit Rücksicht auf die Pressefreiheit und das überragende Berichterstattungsinteresse für das vorliegende Verfahren – eine Ausschließung der Öffentlichkeit nicht angezeigt sei, zumal weder bislang eine identifizierende Berichterstattung in Bezug auf den Zeugen stattgefunden habe noch

1317 BGH VersR 2011, 130 (132).
1318 BVerfG NJW 2012, 1500; GRUR-Prax 2012, 286 mAnm Stender-Vorwachs.
1319 BVerfG NJW 2012, 1500 (1502).
1320 BVerfG BeckRS 2016, 50714 in Fortführung von BVerfG NJW 1994, 1779.
1321 KG Urt. v. 18.4.2013 – 10 U 75/12.
1322 BVerfG GRUR-RS 2023, 33015.
1323 OLG Köln GRUR-RS 2023, 34384.

künftig beabsichtigt sei. Da das OLG neben dem Ausschluss der Öffentlichkeit zudem den Beschwerdeführern auch eine **Geheimhaltungspflicht gem. § 174 Abs. 3 GVG** auferlegt hatte, erhoben die Beklagten des Ausgangsverfahrens Verfassungsbeschwerde und rügten die ihnen gemäß § 174 Abs. 3 GVG auferlegte Geheimhaltungsverpflichtung verletze sowohl ihre **Pressefreiheit** aus Art. 5 Abs. 1 S. 2 GG als auch das **Bestimmtheitsgebot** aus Art. 103 Abs. 2 GG.

Das BVerfG bemerkte einleitend, dass die Verfassungsbeschwerde nicht zur Entscheidung anzunehmen sei, weil sie unzulässig ist. Sodann betonte es jedoch „dass die ausgesprochene **Geheimhaltungsverpflichtung einen intensiven Eingriff in die Pressefreiheit** der Beschwerdeführer nach Art. 5 Abs. 1 S. 2 GG beinhaltet" und äußerte sich deutlich zur Reichweite der Pressefreiheit bei der Verbreitung wahrer Tatsachen, indem es dazu ausführte:

„Anders als die Beschwerdeführer offenbar meinen, resultiert dies zwar nicht auch aus dem Umstand, dass es ihnen verwehrt wird, über wahre Tatsachen – Inhalt und Ablauf der Beweisaufnahme einschließlich der Erörterung ihres Ergebnisses – zu berichten. Denn dass Tatsachen, die unzweifelhaft unwahr sind, kein schützenswertes Gut darstellen (vgl. nur BVerfGE 54, 208; 99, 185; 114, 339), bedeutet umgekehrt nicht, dass wahren Tatsachen ein von vornherein besonderer Rang einzuräumen wäre. Soweit wahre Tatsachenbehauptungen in der Regel hingenommen werden müssen, auch wenn sie nachteilig für die Betroffenen sind (vgl. BVerfGE 152, 152), gilt dies über wahre Tatsachen aus der Sozialsphäre hinaus bereits nicht in gleicher Weise für Tatsachen, die die Intim-, Privat- oder Vertraulichkeitssphäre betreffen (vgl. BVerfGE 99, 185), und richtet sich die Reichweite der Pressefreiheit bei der Verbreitung wahrer Tatsachen überdies nach einer Abwägung der sich gegenüberstehenden Grundrechte unter umfassender Berücksichtigung der konkreten Umstände (vgl. BVerfGE 152, 152). Die Abwägung ist damit nicht von einer übergreifenden Vorrangregel geleitet, sondern auf eine abgestufte Balance zwischen Freiheitsvermutung und Schutzanspruch hin orientiert (vgl. BVerfGE 152, 152). Die besondere Intensität des Eingriffs resultiert aber daraus, dass die Anordnung den Beschwerdeführern jegliche Veröffentlichung und gleichfalls die auch nur unternehmensinterne Weitergabe ihrer Kenntnisse untersagt, zeitlich unbeschränkt ist und Zuwiderhandlungen gegen sie in § 353d Nr. 2 StGB mit Strafe bedroht sind."[1324]

In der **Anwendung von § 174 Abs. 3 GVG** als gesetzlicher Grundlage der angeordneten Geheimhaltungspflicht sah das BVerfG keine verfassungsrechtlich relevanten Fehler und merkte an:

„Richtig ist allerdings, dass die Aufarbeitung sexueller Übergriffe auf Kinder und Jugendliche durch Geistliche und sonstige Mitarbeiter der katholischen Kirche ein gesellschaftliches Thema bildet, das die Öffentlichkeit seit geraumer Zeit in besonderer Weise und zudem auch insoweit bewegt, als es sich über die Taten hinaus auch auf den Umgang der Kirche mit entsprechenden Vorwürfen erstreckt. Dass vor diesem Hintergrund auch ein zivilgerichtliches Verfahren, in dem Beweis über die Wahrheit der durch einen Geschädigten erhobenen Vorwürfe erhoben wird, von einem herausragenden öffentlichen Informationsinteresse begleitet wird, steht außer Frage. Dem steht allerdings gegenüber, dass Prozesse nach ständiger Rechtsprechung des Bundesverfassungsgerichts zwar in, aber nicht für die Öffentlichkeit stattfinden. Einer unbegrenzten Öffentlichkeit der Verhandlungen vor dem erkennenden Gericht stehen gewichtige Interessen gegenüber. Zu den entgegenstehenden Belangen gehören das allgemeine Persönlichkeitsrecht der am Verfahren Beteiligten (Art. 2 Abs. 1 in Verbindung mit Art. 1 Abs. 1 GG), der Anspruch der Beteiligten auf ein faires Verfahren (Art. 2 Abs. 1 in Verbindung mit Art. 20 Abs. 3 GG) sowie die Funktionstüchtigkeit der Rechtspflege, insbesondere die ungestörte Wahrheits- und Rechtsfindung."[1325]

Verdachtsberichterstattung, Veröffentlichungen über den Verdacht einer Straftat: 178

„Im Bereich des privatrechtlichen Schutzes der Persönlichkeit über § 823 Abs. 1 BGB bildet die Presseberichterstattung zu laufenden Strafverfahren einen Sonderbereich. Bei einer solchen Verdachtsberichterstattung bedarf die Abwägung zwischen dem allgemeinen Persönlichkeitsrecht des Beschuldigten, dem Informationsinteresse der Allgemeinheit und der Pressefreiheit einer besonderen Sorgfalt. Insofern ist unter anderem die bis zur rechtskräftigen Verurteilung geltende Unschuldsvermutung zu gewichten. Weiterhin fordert die Rechtsprechung, dass dem Beschuldigten vorab die Möglichkeit zur Stellungnahme eingeräumt wird".[1326]

Mit Urt. v. 22.2.2022 hatte der BGH[1327] aktuell Gelegenheit, die **Anforderungen an eine zulässige Verdachtsberichterstattung** aufzuzeigen und zu den **Voraussetzungen des Geldentschädigungsanspruchs** Stellung zu nehmen. (Zu den beiden sich ebenfalls mit dieser Thematik befassenden Urteilen des BGH im Zusammenhang mit den Ausschreitungen während des G20-Gipfels in Hamburg s. nachfolgend → Rn. 179). Der Kl. wurde durch seine Teilnahme an fünf Staffeln der Sendung „Traumfrau gesucht" des

[1324] BVerfG GRUR-RS 2023, 33015.
[1325] BVerfG GRUR-RS 2023, 33015.
[1326] Omlor JuS 2022, 676.
[1327] BGH NJW 2022, 1751; vgl. zu dieser Thematik auch OLG Hamburg BeckRS 2006, 6626 sowie LG Hamburg GRUR-RS 2025, 10148 → Nr. 7710.

Fernsehsenders RTL II bekannt, ist PR-Manager und betreut Künstler. Der Bekl. zu 1 ist Redakteur bei der Bekl. zu 2, die für die Printausgabe der Bild-Zeitung und für die Internetseite www.bild.de verantwortlich ist. Die Beklagten veröffentlichten – vor dem Hintergrund eines gegen den Kläger wegen des Vorwurfs des gewerbsmäßigen Betrugs laufenden Strafverfahrens, das jedoch in der Hauptverhandlung nach § 153 Abs. 2 StPO eingestellt worden war – mehrere Artikel ua mit dem Titel „Betrugs-Anklage gegen den Rosen-Kavalier" sowohl in den Printmedien als auch in Online-Ausgaben, wobei in letzteren sein voller Name genannt wurde. Mit seiner Klage verlangte der Kl. von den Bekl. als Gesamtschuldnern Zahlung einer angemessenen Geldentschädigung von mindestens 20.000 EUR nebst Zinsen.

Das LG Köln (GRUR-RS 2019, 59853) hat die Klage abgewiesen, das OLG Köln (GRUR-RS 2020, 56319) hat die Berufung des Kl. zurückgewiesen. Die vom OLG zugelassene Revision des Kl. hatte in der Sache keinen Erfolg.

„Es liegt auf der Hand, dass ein Schadensersatzanspruch gem. § 82 I DS-GVO nicht auf die Verletzung datenschutzrechtlicher Bestimmungen durch eine journalistische Tätigkeit gestützt werden kann, wenn die Bestimmungen für die Tätigkeit gar nicht gelten", so der BGH mit Verweis auf die Öffnungsklausel des **Art. 85 II DS-GVO,** wonach Datenverarbeitungen zu journalistischen Zwecken von den die Rechtmäßigkeit der Datenverarbeitung betreffenden Vorschriften in Art. 6 und Art. 7 DS-GVO durch Regelungen der Länder ausgenommen wurden. (vgl. hierzu auch → **Rn. 244**).

Allerdings, so der BGH, liege eine Persönlichkeitsrechtsverletzung vor, da durch die den Beschuldigten identifizierende Berichterstattung über ein laufendes Strafverfahren, dieser zwangsläufig in seinem Recht auf Schutz seiner Persönlichkeit und seines guten Rufs beeinträchtigt wurde, – insbesondere auch weil die Berichterstattung sein mögliches Fehlverhalten öffentlich bekannt gemacht hatte und seine Person in den Augen der Adressaten negativ qualifiziert worden war.

Zu den Anforderungen an eine zulässige Verdachtsberichterstattung führte der BGH zunächst aus, dass *„bei der Gewichtung des Informationsinteresses im Verhältnis zu dem kollidierenden Persönlichkeitsschutz …dem Gegenstand der Berichterstattung entscheidende Bedeutung zu*[komme]" und konkretisierte dies wie folgt: *„Geht es um die Berichterstattung über eine Straftat, ist zu berücksichtigen, dass eine solche Tat zum Zeitgeschehen gehört, dessen Vermittlung Aufgabe der Medien ist. Die Verletzung der Rechtsordnung begründet grundsätzlich ein anzuerkennendes Interesse der Öffentlichkeit an näherer Information über Tat und Täter (vgl. Senat NJW 2019, 1881 Rn. 13 mwN; BVerfG NJW-RR 2010, 1195 = AfP 2010, 365 Rn. 32; EGMR NJW 2012, 1058 Rn. 96). Dieses wird umso stärker sein, je mehr sich die Tat in Begehungsweise, Schwere oder wegen anderer Besonderheiten von der gewöhnlichen Kriminalität abhebt"*, so der BGH.

Im Weiteren betonte der BGH, das Erfordernis eines Mindestbestand an Beweistatsachen, die für den Wahrheitsgehalt der Information sprechen und ihr damit erst „Öffentlichkeitswert" verleihen sowie, dass die Darstellung keine Vorverurteilung des Betroffenen enthalten dürfe und somit nicht durch präjudizierende Darstellung den unzutreffenden Eindruck erwecken, der Betroffene sei der ihm vorgeworfenen Handlung bereits überführt.

Schließlich wies der BGH darauf hin, dass vor der Veröffentlichung regelmäßig eine **Stellungnahme des Betroffenen** einzuholen sei, damit der Standpunkt des Betroffenen in der Berichterstattung sichtbar wird. Im Fall der Bitte um eine **Fristverlängerung für die Stellungnahme** ist eine Mitteilung erforderlich, dass die Frist nicht verlängert wird und gegebenenfalls bis wann nach Fristablauf die Stellungnahme noch Berücksichtigung finden kann. *„Das grundsätzliche Erfordernis einer Möglichkeit zur Stellungnahme soll sicherstellen, dass der Standpunkt des von der Verdachtsberichterstattung Betroffenen in Erfahrung und gegebenenfalls zum Ausdruck gebracht wird, der Betroffene also selbst zu Wort kommen kann. Dies setzt voraus, dass der Betroffene nicht nur Gelegenheit zur Stellungnahme erhält, sondern dass seine etwaige Stellungnahme auch zur Kenntnis genommen und der Standpunkt des Betroffenen in der Berichterstattung sichtbar wird"*.

Schließlich, so der BGH, müsse es sich stets um einen Vorgang von gravierendem Gewicht handeln, dessen Mitteilung durch ein Informationsbedürfnis der Allgemeinheit gerechtfertigt ist.

Letztendlich bestätigte der BGH jedoch das die Klage abweisende Urteil des Berufungsgerichts, da keine so schwerwiegende Verletzung des Persönlichkeitsrechts des Klägers vorgelegen habe, die die Zahlung einer Geldentschädigung erfordert habe, weil es ohne eine solche an einem befriedigenden Ausgleich für die erfolgte Persönlichkeitsrechtsverletzung fehlen würde.

Dass – anders als im oben dargestellten Fall des BGH – Presseveröffentlichungen über den Verdacht einer Straftat unter Namensnennung oder Bildveröffentlichung das Persönlichkeitsrecht des Tatverdächtigen schwer belasten können, wird im nachfolgend → **Rn. 179** näher dargestellte Fall Kachelmann anschaulich belegt und auch im zunächst vorgestellten Fall des LG Frankfurt a. M.[1328] sehr deutlich.

Dem Urteil des LG Frankfurt a. M.[1329] lag die Veröffentlichung des Vorwurfs des Missbrauchs einer Minderjährigen gegenüber einem Lokalpolitiker unmittelbar vor dessen Teilnahme an einem Wahlkampf zu Grunde. Der Beklagte hatte diesen Vorwurf erhoben und auf seiner Internetseite (vgl. zur Thematik der Verbreitung von Verdachtsmomenten in Internetportalen und Internetblogs nachfolgend → Rn. 180) darüber berichtet. Der Bericht habe, so das LG Frankfurt a. M., eine erheblich vorverurteilende Wirkung gehabt, die auch durch die Verwendung des Konjunktivs nicht hinreichend aufgelöst worden sei. Dabei sei zudem auch der Gesamtkontext der Berichterstattung zu berücksichtigen, namentlich die zweimal erfolgte Angabe, dass der Kläger die Vorwürfe bereits eingeräumt habe, einmal davon direkt unter der Überschrift des Beitrages. Hierdurch werde für den unbefangenen Leser der Vorwurf gegen den Kläger als feststehend dargestellt. Zutreffend und sich sorgfältig mit der insofern vorliegenden höchstrichterlichen Rechtsprechung auseinandersetzend, führte das LG aus:

Bei der Berichterstattung über einen Verdacht ist Voraussetzung, dass durch die Art der Darstellung deutlich gemacht wird, dass es sich einstweilen um nicht mehr als einen Verdacht handelt. Es ist daher zumindest erforderlich, dass erkenntlich wird, dass die Sachlage offen ist, der Verdacht nicht erwiesen ist … Das Interesse des Betroffenen verlangt es, dass die Presse mit der Veröffentlichung eines bloßen Verdachts gegen ihn umso zurückhaltender ist, je schwerer ihn die Vorwürfe belasten (BVerfG NJW 2004, 589, 590 BVerfG 26.8.2003 – 1 BvR 2243/02 – Haarfarbe des Bundeskanzlers; BVerfG NJW 2007, 468 – Insiderquelle; Löffler/Steffen, a.a.O., § 6 Rn. 177). Es besteht ein Wechselbezug zur Dichte des Verdachts. Es entspricht dem Verhältnismäßigkeitsgrundsatz, dass die Presse das Informationsinteresse auf für den Betroffenen möglichst schonende Weise befriedigt, solange das Risiko einer Falschbeschuldigung besteht.[1330]

Bei überwiegendem Informationsinteresse dürfe die Presse jedoch – so das LG Berlin[1331] – auch ihr zugespielte Informationen (sogar solche aus rechtswidrigen Quellen, wie denen der **Enthüllungsplattform „#footballleaks"**) für ihre Berichterstattung nutzen. Im konkreten Falle ging es um die Berichterstattung über die Steuerakte von Mesut Özil, der es nach Ansicht des LG hinzunehmen hat, dass auf einer derartigen Quellenbasis über eine Steuerprüfung und -nachzahlung nebst Strafzuschlag berichtet wird.

Veröffentlichung von staatsanwaltlichen[1332] Ermittlungen durch die Ermittlungsbehörden: Nach den Fällen (zB Verhaftung der **„No Angels"**-Sängerin Benaissa; Wetterexperte und Fernsehmoderator Jörg Kachelmann) der Veröffentlichung von staatsanwaltlichen Ermittlungen durch die Ermittlungsbehörden selbst stellt sich in diesem Zusammenhang die Frage, wie weit die Staatsanwaltschaft bei ihrer Berichterstattung gehen darf, ohne das schutzwürdige Persönlichkeitsrecht des Betroffenen zu verletzen. Im Falle der Sängerin Benaissa outete die Staatsanwaltschaft Darmstadt die Sängerin als aidskrank und verkündete, das HIV- positive Mitglied der bekannten Pop-Gruppe „No Angels" habe mindestens einen Mann beim ungeschützten Geschlechtsverkehr infiziert, was schließlich auch nachgewiesen werden konnte, weshalb es zur Verurteilung wegen gefährlicher Körperverletzung kam. Im Fall des allseits bekannten Wettermoderators **Jörg Kachelmann** schilderte die Staatsanwaltschaft Mannheim detailliert das mutmaßliche Geschehen, welches sich später als haltlos dargestellt hatte. Die Staatsanwaltschaft hat – was gerne mit Blick auf die Informationsrechte der Presse (zB gem. § 4 des Niedersächsischen Pressegesetzes) mit diesem unzulässig vermengt wird – selbst kein Recht auf Information der Öffentlichkeit, es sei denn, sie benötigt die Öffentlichkeitinformation für ihre Ermittlungstätigkeit, was sicherlich weder hinsichtlich des Sexuallebens von Frau Benaissa noch von Herrn Kachelmann zutrifft. Eine reine **„Verdachtsberichterstattung"** durch die Staatsanwaltschaft selbst ist somit ohne Rechtsgrundlage und damit unzulässig, zumindest wenn sie sich – wie im Falle von Benaissa und Kachelmann – zur Verstärkung ihrer „Öffentlichkeitsarbeit" der zumindest ethisch verwerflichen Methoden der **Indiskretion** (im Falle der Sängerin wurde deren Krankheit durch die gezielte Indiskretion bekannt gemacht und sie dadurch unwiderruflich gebrandmarkt und in ihrem Grundrecht gem. Art. 1 und Art. 2 GG verletzt) und/oder der **Vorverurteilung,** wie dies in extremer Weise im Fall Kachelmann geschehen ist, bedient.[1333] Insofern sei an dieser Stelle bereits auch – im Zusammenhang mit der auf Schmerzensgeld gerichteten Klage des Vorstandsvorsitzenden der Mannesmann AG[1334] – auf das Urteil des OLG Düsseldorf[1335] verwiesen, welches unter → Rn. 246 näher beleuchtet wurde.

[1328] LG Frankfurt a. M. BeckRS 2017, 120940.
[1329] LG Frankfurt a. M. BeckRS 2017, 120940.
[1330] LG Frankfurt a. M. BeckRS 2017, 120940.
[1331] LG Berlin 23.3.2017 – 27 O 636/16 (Antragsrücknahme in der Berufung nach Hinweis des KG), vgl. auch den Hinweis im Aufsatz von Sajuntz NJW 2018, 589.
[1332] Zur Veröffentlichung von Anwaltsschriftsätzen s. BGH ZUM 2020, 337 mAnm Peifer ZUM 2020, 342.
[1333] Müller NJW 2007, 1617 sowie Gounalakis NJW 2012, 1473.
[1334] Vgl. hierzu auch → Nr. 3321 und → Nr. 3177.
[1335] OLG Düsseldorf NJW 2005, 1791.

179 Ebenfalls im Rahmen des inakzeptabel medienwirksam „ausgeschlachteten" Ermittlungs- und Strafverfahrens gegen den Wetterexperte und Fernsehmoderator Jörg Kachelmann[1336] hatte das OLG Köln[1337] in insgesamt drei Verfahren zu entscheiden. Das OLG hatte dabei zutreffend ausgeführt, dass die Öffentlichkeit eines Gerichtssaals nicht mit der medialen Öffentlichkeit zu vergleichen sei und es deshalb nicht uneingeschränkt zulässig sei, Umstände aus dem Privatleben eines Angeklagten medial zu verbreiten. Im konkreten Falle habe, so das OLG zutreffend, die Berichterstattung die Persönlichkeitsrechte und insofern insbesondere das **Recht auf Intimsphäre** verletzt. Diese Intimsphäre und somit der *„absolut geschützte Kernbereich privater Lebensgestaltung … insbesondere die Ausdrucksformen der Sexualität"* stünden zudem in keinem Zusammenhang mit dem – von der ehemaligen Lebensgefährtin des Klägers behaupteten – Tatvorwurf und wurden selbst von den Beklagten nicht in einen solchen Zusammenhang gestellt. Begrüßenswerter Weise differenzierte das OLG auch zwischen der „Öffentlichkeit" innerhalb einer **öffentlichen Gerichtsverhandlung** und der „Öffentlichkeit", die durch die Medien und das Internet erreicht werden. Hierzu betonte es, die Tatsache, dass bestimmte Sachverhalte aus dem Sexualbereich in der strafgerichtlichen Hauptverhandlung erörtert wurden und insofern kein Antrag auf **Ausschluss der Öffentlichkeit** gestellt worden sei, ändere nichts an einer Unzulässigkeit der Berichterstattung, da die Gerichtsöffentlichkeit nur als sog. **„Saalöffentlichkeit"** anzusehen sei. Zuzustimmen ist dem OLG auch, wenn es die von dieser inakzeptablen Berichterstattung ausgehende **„Prangerwirkung"** kritisiert und hierbei feststellt, dass diese Prangerwirkung durch den Freispruch … nicht beseitigt" werde.

Zum **Ausschluss der Öffentlichkeit** sowie der **Auferlegung einer Geheimhaltungspflicht nach § 174 Abs. 3 GVG** und zur Reichweite der Pressefreiheit s. BVerfG Beschl. vom 10.11.2023 – 1 BvR 2036/23[1338] sowie oben → **Rn. 177.**

Zu einem besonders krassen Fall der **Anprangerung einzelner Personen** mit Foto und unter Namensnennung im Rahmen medialer Berichterstattung in Printmedien und im Internet vgl. OLG München[1339] sowie nachfolgend → **Rn. 208a.**

180 **Pflichten zur sorgfältigen Recherche über den Wahrheitsgehalt:** Die Presse und gleichermaßen auch die Betreiber von Social Media Plattformen,[1340] Internetportalen sowie Internetblogs oder -foren[1341] dürfen sehr wohl über Verdachtsmomente, für die ihr Beweistatsachen vorliegen, berichten, sofern sie in besonderem Maße auf die Belange des Betroffenen Rücksicht nehmen und weder Vorurteile noch präjudizierende Stellungnahmen verlautbaren. Jeder – die Presse und die Betreiber von Internetportalen oder Internetblogs oder -foren jedoch in besonderem Maße – der Tatsachenbehauptungen, deren Wahrheitsgehalt ungeklärt ist, aufstellt oder verbreitet, hat jedoch zuvor

„hinreichend sorgfältige Recherchen über den Wahrheitsgehalt" anzustellen. *„Die Pflichten zur sorgfältigen Recherche über den Wahrheitsgehalt richten sich dabei nach den Aufklärungsmöglichkeiten. Sie sind für die Medien (= Internet und Printmedien gleichermaßen) grundsätzlich strenger als für Privatleute. An die Wahrheitspflicht dürfen im Interesse der Meinungsfreiheit keine Anforderungen gestellt werden, die die Bereitschaft zum Gebrauch des Grundrechts herabsetzen und so den freien Kommunikationsprozess einschnüren. Andererseits ist aber auch zu berücksichtigen, dass die Wahrheitspflicht Ausdruck der Schutzpflicht ist, die aus dem allgemeinen Persönlichkeitsrecht folgt. Je schwerwiegender die Äußerung das Persönlichkeitsrecht beeinträchtigt, umso höhere Anforderungen sind. deshalb an die Erfüllung der Sorgfaltspflichten zu stellen. Allerdings ist auch das Interesse der Öffentlichkeit an derartigen Äußerungen zu berücksichtigen"*, so der BGH bereits 2014[1342] sowie erneut 2022.[1343]

Der BGH betonte zudem, die Darstellung dürfe keine Vorverurteilung des Betroffenen enthalten und somit nicht durch eine präjudizierende Darstellung den unzutreffenden Eindruck erwecken, der Betroffene sei der ihm vorgeworfenen Handlung bereits überführt. Insofern sei auch auf die drei Entscheidungen des OLG Karlsruhe[1344] hingewiesen, die sich jeweils mit Eilanträgen befassten, bei denen sich ein Zahnarzt – erfolglos – gegen Presseberichterstattungen in Bezug auf seine Arbeit als Zahnarzt gewendet hatte. Der Arzt wurde darin zwar nicht namentlich benannt, war jedoch mittels Internetsuchmaschinen identifizierbar.

1336 S. auch unter → Rn. 167 und → Rn. 178.
1337 OLG Köln MMR 2012, 768.
1338 BVerfG NJW 2024, 205 und GRUR-RS 2023, 33015.
1339 OLG München BeckRS 2018, 8539 und OLG München BeckRS 2016, 7378 s. dazu auch LG Düsseldorf BeckRS 2019, 8491 und VG Aachen BeckRS 2013, 46617.
1340 LG Frankfurt a. M. GRUR 2022, 7835.
1341 BGH BeckRS 2014, 02045; der BGH setzt diese mit den Printmedien gleich!
1342 BGH BeckRS 2014, 02045.
1343 BGH NJW 2022, 1751; vgl. dazu oben → Rn. 178.
1344 OLG Karlsruhe 2.2.2015 – 6 U 130/14 bis 6 U 132/14, NJW-RR 2002, 404.

Die sorgfältige Recherche bezieht sich insofern auch auf die sinnwiedergebend **korrekte Übersetzung** von Texten ins Deutsche; ein Aspekt, der vor dem Hintergrund des heutigen Multikulturalismus in Verbindung mit modernen Kommunikationsformen (Whats-App, Facebook, Twitter etc) zunehmend an Aktualität gewinnt. Dies belegt der Sachverhalt, mit welchem sich das LG Darmstadt[1345] zu befassen hatte: Der Kläger, – so das LG wörtlich – „lebt dauerhaft in Deutschland, fühlt sich aber Volk, Nation und Kultur der Türkei zugehörig". Er hatte mit seinem vollen Klarnamen über den Kurznachrichtendienst „Twitter" folgende – gegen den Grünenpolitiker **Cem Özdemir** gerichtete – Kurznachricht („Tweet") verbreitet: *@[...] onu Bu şerefsiz Asimile olmuş Alman [...] in kafasına patlatmak gerek!!* Wörtlich und korrekt ins Deutsche übersetzt bedeutet dies: *„Dies sollte man diesem ehrenlosen assimilierten Deutschen* [gemeint war Cem Özdemir] *auf den Kopf schlagen"* oder *„um die Ohren knallen"*. Die Beklagte, ein großes deutsches Medienunternehmen, hatte daraufhin in der von ihr herausgegebenen Wochenzeitung unter der Überschrift: „I will kill you" einen Artikel veröffentlicht, der sich mit Morddrohungen gegen Özdemir im Zusammenhang mit der Anerkennung des Völkermords an den Armeniern befasst und ua ausgeführt, die meisten Morddrohungen stammten von türkischen Nationalisten; einer [der Kläger] habe sogar gedroht, *„Wir sollten diesem ehrenlosen assimilierten Deutschen [...] in den Kopf schießen."*. Hiergegen wehrte sich der Kläger und begehrte ein Schmerzensgeld iHv mindestens 10.000 EUR. Das LG sah die Klage als zulässig und zum Teil auch begründet an, denn es stehe mit der erforderlichen Sicherheit fest, „dass die Wiedergabe des klägerischen Tweets in Zitatform durch die Beklagte insoweit objektiv falsch ist und dass dies das allgemeine Persönlichkeitsrecht des Klägers verletzt" und führte weiter aus:

„Bei einem ausdrücklichen Zitat (hier insbesondere aufgrund der Wiedergabe in Anführungszeichen erkennbar) liegt eine objektiv falsche Berichterstattung bereits dann vor, wenn der Wortlaut des Zitats von dem tatsächlich Geschriebenen oder Gesagten abweicht, ohne dass dabei ein besonderes Maß an inhaltlicher Abweichung erforderlich wäre."[1346]

Dennoch drang der Kläger nicht mit seinem Begehren auf Schmerzensgeld durch, denn das Landgericht sah einen derartigen **Anspruch** als **verwirkt** an:

„Macht der Verletzte einen ihm zustehenden Widerrufs- oder Gegendarstellungsanspruch nicht geltend, so kann er nicht alternativ Schmerzensgeld verlangen, weil dann der Anspruch zur Erfüllung des Schutzauftrags aus Art. 2 Abs. 1 mit Art. 1 Abs. 1 GG nicht erforderlich ist. Diese gefestigte Rechtsprechung stellt keine Verletzung des Persönlichkeitsrechts des Betroffenen dar und begegnet insbesondere keinen verfassungsrechtlichen Bedenken (vgl. BVerfG NJW-RR 2007, 1194ff. mwN; Langtext zit. nach juris). Gleiches gilt im Ergebnis, wenn der Geschädigte so lange zuwartet, bis mögliche presserechtliche Schutzansprüche verwirkt sind; auch in diesem Fall hat er durch sein Verhalten deutlich gemacht, dass aus seiner Sicht jedenfalls eine besondere Schwere des Eingriffs fehlt. Die Verwirkung presserechtlicher Ansprüche liegt hier unzweifelhaft vor."[1347]

Auch und insbesondere **Social Media Plattformen** sind verpflichtet, ihre Plattform auf persönlichkeitsverletzende Veröffentlichungen wie zB **Falschzitate** zu prüfen und müssen diese löschen oder sperren,[1348] sofern dort derartige Äußerungen oder Kommentare veröffentlicht werden. Andernfalls müssen auch sie für schwerwiegende Verletzung des Persönlichkeitsrechts – wie im 2022 vom LG Frankfurt a. M.[1349] zugunsten der Klägerin Renate Künast entschiedenen Fall – Schmerzensgeld bzw. eine immaterielle Entschädigung zahlen. Denn, so das LG Frankfurt a. M.:

„Die Glaubwürdigkeit ist das Kapital eines jeden Menschen, besonders einer Politikerin. Diese Glaubwürdigkeit wird durch das Zuschreiben von Falschzitaten beschädigt. Dies ist ehrenrührig und beeinträchtigt die Persönlichkeit des oder der Falschzitierten. Falschzitate verzerren auch den Meinungskampf.".[1350] Das OLG Frankfurt a. M.[1351] hat diese Entscheidung in Bezug auf die Unterlassung und Löschung bestätigt; vgl. dazu nachfolgend → **Rn. 247.**

Verwendung fremden Materials: Soweit die Presse bei ihrer Berichterstattung fremdes Material verwendet, **181**
gilt grundsätzlich Folgendes: *„Werden Nachrichten einer amtlichen Pressemitteilung einer Behörde, insbesondere der Verlautbarung der Polizei entnommen, so darf die Presse regelmäßig davon ausgehen, dass deren Erkenntnisse zuverlässig und umfassend sind und eine weitere Verpflichtung zur sofortigen Nachprüfung nicht besteht."*[1352] In diesem Zusammenhang erwähnt sei – da auch hier der Kläger (Axel Springer Verlag) die von ihm veröffentlichten Aussagen und den Namen der Person des betroffenen Fernsehschauspielers (bekannter Fernsehkommissar) aus Presse-

1345 LG Darmstadt BeckRS 2018, 5416.
1346 LG Darmstadt BeckRS 2018, 5416.
1347 LG Darmstadt BeckRS 2018, 5416.
1348 vgl. dazu nachfolgend → Rn. 247.
1349 LG Frankfurt a. M. GRUR 2022, 7835.
1350 LG Frankfurt a. M. GRUR 2022, 7835.
1351 OLG Frankfurt a. M. ZUM-RD 2024, 193.
1352 OLG Karlsruhe NJW-RR 1993, 732 (733) mit Verweis auf Damm/Kuner Rn. 216.

mitteilungen der Ermittlungsbehörden gewonnen hatte – eine weitere Entscheidung des Europäischen Gerichtshofs.[1353] Dieser war vom Herausgeber der „Bild-Zeitung" angerufen worden, nachdem ihm das LG Hamburg[1354] – bestätigt durch das OLG Hamburg sowie den BGH – untersagt hatte, den mit dem Namen des Schauspielers versehenen Artikel über dessen Kokainkonsum und dessen Festnahme auf dem Oktoberfest zu veröffentlichen, da hier das Persönlichkeitsrecht des Schauspielers auf Achtung seines Privatlebens gegenüber dem Informationsrecht der Öffentlichkeit überwiege. Dies sah der Europäischen Gerichtshof anders und kam zu dem Ergebnis, dass *„die von den deutschen Gerichten angeführten Gründe … zwar stichhaltig* [sind], *aber nicht ausreichend, um zu belegen, dass der Eingriff in einer demokratischen Gesellschaft notwendig war. Trotz des den Konventionsstaaten zustehenden Ermessensspielraums gab es kein angemessenes Verhältnis zwischen den von den deutschen Gerichten verfügten Einschränkungen des Rechts des Beschwerdeführers* [erg.: Axel Springer] *auf Freiheit der Meinungsäußerung einerseits und dem verfolgten berechtigten Ziel andererseits*".[1355] Deswegen, so der EGMR, sei „Art. 10 EMRK verletzt." Aus Sicht des Betroffenen gilt hier in Bezug zur Presse[1356] – von den Redakteuren der NJW treffend formuliert:

„Das Recht auf Schutz des guten Rufs wird als Teil des Rechts auf Achtung des Privatlebens von Art. 8 EMRK geschützt. Es kann sich aber niemand über eine Verletzung dieses Rechts beschweren, wenn sie die vorhersehbare Folge eigenen Verhaltens ist, wie das Begehen einer Straftat."[1357]

182 Für **Presseagenturen** gelten jedoch – auch in Abhängigkeit davon, wie stark eine Äußerung die Rechtsposition der durch sie betroffenen Dritten beeinträchtigt – sehr hohe Maßstäbe, wie das BVerfG[1358] explizit betonte. Das große Vertrauen, das Presseagenturen entgegengebracht werde und deren hervorgehobene meinungsbildende Funktion rechtfertige es, den von ihnen veröffentlichten Nachrichten nur insoweit Schutz vor zivilrechtlichen Ansprüchen der Betroffenen zu gewähren, als die praktischen Möglichkeiten zur Überprüfung der Richtigkeit im zumutbaren Rahmen genutzt wurden. Andererseits hatte das BVerfG[1359] auch betont, der **Begriff der Meinung** sei im Interesse eines wirksamen Grundrechtsschutzes **weit zu verstehen.**

Den geschützten Bereich der Meinungsfreiheit verlässt jedoch der, der ungesicherte und unwahre **Gerüchte** verbreitet, wie dies nicht selten von der Boulevardpresse praktiziert wird. Insofern hatte das OLG Hamburg[1360] die Gelegenheit, die Anforderungen an die Recherche und den Umgang mit der Verbreitung inhaltlich falscher **Gerüchte** aufzuzeigen und hierzu in seinen beiden Leitsätzen ausgeführt:

1. „Die pressemäßige Weiterverbreitung eines von einem Dritten in die Welt gesetzten, inhaltlich falschen Gerüchts kann auch dann eine so schwere Verletzung des allgemeinen Persönlichkeitsrechts der Betroffenen sein, dass die Zuerkennung einer Geldentschädigung geboten ist, wenn bei der Weiterverbreitung darauf hingewiesen wird, dass es sich nur um ein Gerücht handle. Das gilt insbesondere dann, wenn der pressemäßige Verbreiter sich von dem Inhalt des Gerüchts nicht in eindeutiger Weise distanziert und ein erhebliches Verschulden auch deswegen gegeben ist, weil er den Wahrheitsgehalt des Gerüchts nicht überprüft hat".
2. „War und ist eine von einer das Persönlichkeitsrecht in schwerwiegender Weise verletzenden Berichterstattung betroffene Person aufgrund einer Unfallverletzung nicht in der Lage, die Berichterstattung zur Kenntnis zu nehmen, vermag das nichts am Bestehen des Geldentschädigungsanspruchs zu ändern. Bei der Zuerkennung einer Geldentschädigung im Falle einer schweren Persönlichkeitsrechtsverletzung steht zwar regelmäßig der Genugtuungsgedanke im Vordergrund, aber dabei ist weniger auf die subjektive Befriedigung des Verletzten als darauf abzuheben, dass sich der gesetzlich umfassend angelegte Rechtsgüterschutz auch im immateriellen Bereich objektiv zu bewähren hat; denn die Geldentschädigung findet ihre sachliche Berechtigung auch in dem Gedanken, dass das Persönlichkeitsrecht gegenüber erheblichen Beeinträchtigungen anderenfalls ohne ausreichenden Schutz bliebe."[1361]

183 **Umgang mit bewusst verschwiegenen Tatsachen:** Mit der Frage des Umganges mit bewusst verschwiegenen Tatsachen und einer sich nur deshalb ergebenden Ehrverletzung hatte sich 1999[1362] sowie 2003[1363]

[1353] EGMR NJW 2012, 1058.
[1354] LG Hamburg 12.11.2004 und 5.5.2006.
[1355] EGMR NJW 2012, 1058 (1062).
[1356] Anders als in Bezug auf die Verdachtsveröffentlichung durch die Ermittlungsbehörden selbst, denn sie verstößt – sofern insofern keine Rechtfertigungsgründe vorliegen – grds. gegen das Persönlichkeitsrecht des Betroffenen, für den zudem die Unschuldsvermutung gem. Art. 6 II EMRK greift und der im Falle einer reinen Verdachtsveröffentlichung ggf. auf Dauer gebrandmarkt wird, selbst wenn später gerichtsseitig seine Unschuld bestätigt wurde; s. hierzu Gounalakis NJW 2012, 1473 (1475 und 1477).
[1357] EGMR NJW 2012, 1058.
[1358] BVerfG NJW 2004, 589; vgl. auch BVerfG NJW 2024, 205 (Zur Reichweite der Pressefreiheit).
[1359] BVerfG BeckRS 2016, 50714 in Fortführung von BVerfG NJW 1994, 1779.
[1360] OLG Hamburg BeckRS 2017, 109789.
[1361] OLG Hamburg BeckRS 2017, 109789.
[1362] BGH VersR 2000, 193.
[1363] BGH NJW 2004, 598.

der BGH zu befassen und im erstgenannten Fall entschieden, dass, sofern sich aus mitgeteilten wahren Tatsachen eine bestimmte ehrverletzende Schlussfolgerung ziehen lässt, die bewusst unvollständige (Presse)Berichterstattung rechtlich wie eine unwahre Tatsachenbehauptung zu behandeln ist. Wenn die ehrverletzende Schlussfolgerung bei Mitteilung der verschwiegenen Tatsache weniger naheliegend erscheint und deshalb erst durch das Verschweigen dieser Tatsache beim unbefangenen Durchschnittsleser ein falscher Anschein entstehen kann, sei das Weglassen ebenso anspruchsbegründend wie die Abgabe einer von vornherein unwahren Behauptung.[1364]

Im zweiten Falle ging es um eine auf eine Fernsehausstrahlung der Sendung „WISO" zurückgeführte Presseäußerung, in der es ua über den Kläger hieß: „Als Modernisierer hat man ihn nach K. geholt. Doch jetzt stehen die Politiker belämmert vor einem verschuldeten Haus." Der BGH[1365] führt hierzu aus, dass bei mehreren sich nicht gegenseitig ausschließenden Deutungen einer Äußerung, stets die zu Grunde zu legen sei, die dem in Anspruch Genommenen günstiger ist und den Betroffenen weniger beeinträchtigt. Dabei dürften nicht solche Fakten verschwiegen werden, deren Mitteilung beim Adressaten zu einer dem Betroffenen günstigeren Beurteilung des Gesamtvorganges geführt hätten.

Erneut hatte sich der BGH[1366] mit der Frage zu befassen, inwieweit sich der grundrechtliche Schutz des Persönlichkeitsrechts auf die **Wiedergabe und Interpretation** von **Äußerungen** erstreckt und insofern betont, dass der grundrechtliche Schutz des Persönlichkeitsrechts nicht nur Fehlzitate, sondern auch die unrichtige, verfälschte oder entstellte Wiedergabe einer Äußerung umfasst. 184

Die Grenze insofern zog der BGH[1367] jedoch mit dem Hinweis, dass dann, wenn eine Äußerung (vorliegend ging es um einen Zeitungsartikel, der sich mit Äußerungen der ehemaligen Tagesschausprecherin und Buchautorin **Eva Hermann** zum Bild der Mutter in Deutschland und einer insofern positiven Darstellung während der Nazidiktatur befasst hatte), im Gesamtzusammenhang betrachtet und gemessen an der Wortwahl, dem Kontext der Gedankenführung und deren Stoßrichtung nur die Deutung zulasse, die ihr in der beanstandeten Berichterstattung beigemessen wurde, ihre Wiedergabe weder als unrichtig noch als verfälscht oder entstellt gelten könne.

Wegen den weiteren ausführlichen Aussagen zu sog. **„verdeckten Aussagen"** sei auf die oben bereits zitierte BGH-Entscheidung[1368] verwiesen.

Einen **„besonders gefährlichen Beitrag"** muss der Herausgeber und Verleger jedoch „entweder selbst überprüfen oder dem damit Beauftragten Organstellung iSv §§ 30, 31 BGB verschaffen, so dass er für sein Verschulden ohne Entlastungsmöglichkeit einzustehen hat"[1369] oder in der prägnanten Kürze des Bundesverfassungsgerichts:

„Je stärker die Äußerung die Rechtsposition der durch sie betroffenen Dritten beeinträchtigt, desto höher ist der Sorgfaltsmaßstab."[1370]

Weiterverbreiten von herabsetzenden Tatsachenbehauptung: Die sich in diesem Zusammenhang stellende Frage, ob das Weiterverbreiten einer – von einem Dritten über einen anderen geäußerten herabsetzenden – Tatsachenbehauptung im Einzelfall als zu entschädigende Persönlichkeitsrechtsverletzung angesehen werden kann, hat der BGH[1371] für den Fall bejaht, in welchem sich der Verbreitende (hier: Buchautor und Verlag) von der übernommenen Behauptung *„weder ernsthaft distanziert noch die Äußerung lediglich als Teil einer Dokumentation des Meinungsstandes weiteren Stellungnahmen zur Seite oder gegenüber stellt"*.[1372] In diesem Zusammenhang stellte der BGH weiterhin fest, dass im Falle einer schwerwiegenden Persönlichkeitsrechtsverletzung – hier der Behauptung, der Kläger habe als leitender Polizeibeamter für einen Bordellbesitzer gearbeitet – selbst dann ein Entschädigungsanspruch bestehe, wenn sich hinsichtlich der Wahrheitsfrage ein „non licet" ergeben hat und somit *„weder die Wahrheit noch die Unwahrheit der verbreiteten herabsetzenden Behauptung festgestellt werden kann"*.[1373] 185

[1364] BGH NJW 2000, 656.
[1365] BGH NJW 2004, 598.
[1366] BGH NJW 2011, 3516.
[1367] BGH NJW 2011, 3516.
[1368] BGH NJW 2004, 598.
[1369] OLG Köln NJW-RR 1993, 31 (33).
[1370] BVerfG NJW 2004, 589 (590).
[1371] BGH NJW 1996, 1131.
[1372] BGH NJW 1996, 1131.
[1373] BGH NJW 1996, 1131.

Erneut hatte sich der BGH[1374] mit der Frage des „Sich-Zu-Eigen-Machens" einer herabsetzenden Tatsachenbehauptung zu befassen: Die Beklagte war Inhaberin eines Internetportals und hatte – zum Teil in Form von „kenntlich gemachten" Zitaten und zudem auch unter „ausdrücklicher Bezugnahme auf Äußerungen des Dritten – über den Kläger unter anderem verbreitet, dass dieser sexuelle Kontakte zu einer Minderjährigen unterhalte. Der BGH sah hierin ein **„Sich-Zu-Eigen-Machen"** und begründete dies damit, dass die Beklagte nicht nur über Äußerungen eines Dritten berichtet habe, sondern sich mit den Darstellungen des Dritten identifiziert und dessen Vorwürfe unterstrichen und zu Gunsten des vermeintlichen Opfers Partei ergriffen habe. In diesem Zusammenhang hat der BGH – entgegen der Auffassung der Revisionen – zum Thema der **Folgeveröffentlichung** zudem klargestellt, dass es für die Schmerzensgeldbemessung keine Rolle spiele und sich insbesondere nicht schmerzensgeldmindernd auswirke,

„dass bereits vor dem angegriffenen Beitrag in verschiedenen Veröffentlichungen über den Kläger berichtet wurde. Denn weder werden unbewiesene Tatsachenbehauptungen herabsetzenden Charakters deswegen zulässig, weil sie auch von anderen aufgestellt worden sind …, noch verliert der Betroffene durch die erste belastende Berichterstattung seine Ehre und soziale Anerkennung in dem Sinne, dass diese Schutzgüter nicht erneut oder nur mit geringerer Intensität verletzt werden könnten." [1375]

Über die Forderung von Schmerzensgeld als Folge der Bearbeitung eines **Wikipedia-Eintrags** hatte das LG Koblenz 2021[1376] zu entscheiden und dem Kläger 8.000 EUR zugesprochen. Der Kläger hatte einen Eintrag bei der Online-Enzyklopädie Wikipedia. Der Beklagte verfasste regelmäßig Beiträge für Wikipedia und war maßgeblicher Editor des Wikipedia-Artikels des Klägers und behauptete dabei wahrheitswidrig, der Kläger habe Verschwörungstheorien verbreitet und propagiere „False-Flag-Thesen".

Das LG Koblenz sah darin eine schwerwiegende Verletzung des Persönlichkeitsrechts und führte dazu aus: *„Zwar ist grundsätzlich ein Artikel in Wikipedia hinzunehmen, wenn die betroffene Person, so wie der Kläger als Autor, selbst aktiv den Diskurs in der Öffentlichkeit sucht. Dann ist grundsätzlich auch hinzunehmen, dass Tatsachen erwähnt werden, die den Betroffenen in ein negatives Licht stellen. Vor allem gilt dies, wenn der Betroffene besonders kontroverse Positionen vertritt."*[1377]

Von dem Betroffenen nicht hinzunehmen, so das LG Koblenz, sind aber **unzutreffende Tatsachenbehauptungen,** wie dies hier zumindest teilweise der Fall war. Weiterhin nicht hinzunehmen sind nach Auffassung des Gerichts auch **bewusst einseitige und negativ verzerrende Darstellungen.**

In einer – aufgrund der vom Kläger insofern veranlassten Blockade[1378] – erst im Februar 2021 veröffentlichten Entscheidung des BGH[1379] hatte sich der BGH mit der **Klage eines Juraprofessors gegen *seinen* Verlag** zu befassen. Dieser Fachverlag mit einem namhaften Großkommentar zum Bürgerlichen Recht wollte dem Juraprofessor und dessen Ehefrau die Mitarbeit an weiteren Neuauflagen verwehren und sprach deshalb im Jahr 2014 eine ordentliche Kündigung des Verlagsvertrags aus und begründete dies mit der Nichteinhaltung von Abgabevereinbarungen sowie mit inhaltlichen Mängeln. Der BGH gab dem Professor hinsichtlich der Unzulässigkeit der Kündigung Recht, wies jedoch die zudem auf eine Geldentschädigung – wegen der aus Sicht des Professors ihm gegenüber bestehenden Persönlichkeitsrechtsverletzung in Bezug auf die Begründung der Kündigung – gerichtete Anschlussrevision gegen die Zurückweisung des auf Leistung von immateriellem Schadensersatz gerichteten Klageantrags ab und führte dazu aus:

„Der Kl. sei durch das Schreiben der Bekl. an die Bandredaktoren vom 4.6.2014 zwar in seiner persönlichkeitsrechtlich geschützten Sozialsphäre betroffen. Es fehle aber an einer im Wege einer umfassenden Güter- und Interessenabwägung festzustellenden schwerwiegenden Verletzung des allgemeinen Persönlichkeitsrechts, so dass ein Anspruch auf immateriellen Schadensersatz ausscheide. Das streitgegenständliche Schreiben enthalte weder unwahre Tatsachenbehauptungen noch sei die Grenze der Schmähkritik überschritten. Vielmehr setze sich das Schreiben mit der Arbeit des Kl. durch Anführung sachlicher Gesichtspunkte auseinander. Es gehe um eine Auseinandersetzung mit dem Wert und der Qualität der Arbeit des Kl. in der Sache und nicht um die Diffamierung des Kl. als Person. In Abwägung der beiderseits betroffenen Interessen überschritten derartige Bewertungen, selbst wenn sie teils auch die wissenschaftliche Integrität des Kl. berühren sollten, nicht den Rahmen der Kritik, die er sich als Mitautor eines rechtswissenschaftlichen Großkommentars – selbst in einer breiteren Fachöffentlichkeit als dem von der Bekl. adressierten Gremium der Bandredaktoren – stellen müsse. Fehle es bereits an einem schwerwiegenden Eingriff in das allgemeine Persönlichkeitsrecht, sei über die Frage der Unmöglichkeit

[1374] BGH BeckRS 2014, 02045.
[1375] BGH BeckRS 2014, 02045.
[1376] LG Koblenz Nr. 7389 GRUR-RS 2021, 420 → Nr. 7389.
[1377] LG Koblenz Nr. 7389 GRUR-RS 2021, 420 → Nr. 7389.
[1378] S. dazu VGH Mannheim BeckRS 2020, 17249.
[1379] BGH BeckRS 2018, 55165.

eines anderweitigen Ausgleichs der erlittenen Beeinträchtigung als weiterer Voraussetzung einer Geldentschädigung nicht mehr zu befinden.“[1380]

„Wegen der Eigenart des Persönlichkeitsrechts als eines Rahmenrechts liegt – ebenso wie beim Recht am eingerichteten und ausgeübten Gewerbebetrieb – seine Reichweite nicht absolut fest, sondern muss erst durch eine Abwägung der widerstreitenden grundrechtlich geschützten Belange bestimmt werden, bei der die besonderen Umstände des Einzelfalls sowie die betroffenen Grundrechte und Gewährleistungen der Europäischen Menschenrechtskonvention interpretationsleitend zu berücksichtigen sind. Der Eingriff in das Persönlichkeitsrecht ist nur dann rechtswidrig, wenn das Schutzinteresse des Betroffenen die schutzwürdigen Belange der anderen Seite überwiegt.“[1381]

Zur Qualifikation als schwerwiegende Persönlichkeitsrechtsverletzungen: Die Entscheidung, ob der Eingriff in das Persönlichkeitsrecht als eine schwerwiegende Verletzung zu qualifizieren ist, hängt auch von der Bedeutung und Tragweite des Angriffs, also von dem Ausmaß der Verbreitung, der Nachhaltigkeit und Fortdauer der Interessen- oder Rufschädigung des Verletzten, ferner von Anlass und Beweggrund des Handelnden und dem Maß des Verschuldens ab.[1382] 186

(Zum Fall Kachelmann s. hierzu oben → Rn. 167 und 179 sowie nachfolgend → Rn. 190)

So sind Verbreitungen im Fernsehen[1383] wegen der besonderen Breitenwirkung und der Intensität des optischen Eindrucks in stärkerem Maße geeignet, eine wesentliche Persönlichkeitsrechtsverletzung hervorzurufen als Verbreitungen in Presse und Rundfunk.[1384] Allerdings kann auch bei einer relativ geringen Verbreitung der ehrverletzenden Behauptung der Eingriff in die Privatsphäre wesentlich sein, wenn sexuelle Verdächtigungen ausgesprochen werden und dies zu einer Einbuße an Ansehen im Bekanntenkreis führt (hier: Aufgabe einer vorsätzlich unzutreffenden Annonce mit Telefonnummer, die vermuten ließ, dass die angebliche Inserentin Prostituierte in einer 2.000-Einwohner-Gemeinde sei).[1385]

Auch die **„Anprangerung“ einer Person**[1386] durch Schaffung und Veröffentlichung eines wahrheitswidrigen Presseberichts und unter voller Namensnennung verletzt selbstverständlich das allgemeine Persönlichkeitsrecht des Betroffenen[1387] und führte im konkreten Fall zu einem Schmerzensgeld von umgerechnet gut 5.000 EUR (ehemals 10.000 DM).[1388]

Die **Nennung des eigenen Namens** im Zusammenhang mit einer von **Art. 5 Abs. 1 S. 1 GG** geschützten Äußerung nimmt am Schutz der Meinungsfreiheit und des allgemeinen Persönlichkeitsrechts teil.[1389] Aber eine **Anprangerung** kann dabei zum einen unabhängig davon gegeben sein, ob die Aussagen über eine Person wahr oder unwahr sind und auch unabhängig von der konkreten Namensnennung, denn – so das BVerfG[1390] bereits 1998: *„Der Persönlichkeitsschutz greift nicht allein im Hinblick auf die Aussageinhalte einer Behauptung, sondern auch im Hinblick auf die Folgen ein, die die Behauptung als Information anderer hat. Daher kommt es auf die Information und auf die Identifizierungschancen an, die die Äußerungsadressaten erhalten. Die Möglichkeit, daß eine Behauptung auf eine bestimmte Person bezogen werden kann und daß diese den Folgen ausgesetzt wird, vor denen das verfassungsrechtliche Persönlichkeitsrecht Schutz gewährt, besteht daher nicht nur, wenn deren Name genannt wird, sondern auch wenn andere Angaben ihre Identifizierung ermöglichen.“*[1391]

Einleitung eines strafrechtlichen Ermittlungsverfahrens: Auch die Einleitung eines strafrechtlichen Ermittlungsverfahrens kann eine schadensersatzauslösende unerlaubte Handlung sein (§ 242, § 249 und § 823 Abs. 2 BGB iVm § 164, § 186 und § 193 StGB). 187

Die bloße Anhörung einer Beschuldigten in einem Ermittlungsverfahren der Staatsanwaltschaft stellt aber – worauf das AG Brandenburg[1392] hingewiesen hatte – noch keinen derart schweren Eingriff in das Persönlichkeitsrecht dar, dass hierdurch einen Anspruch auf Geldentschädigung in Form von Schmerzensgeld begründet werden könnte (§ 253 BGB iVm § 164, § 186 und § 193 StGB).

1380 BGH BeckRS 2018, 55165.
1381 BGH BeckRS 2018, 55165.
1382 BGH NJW 1985, 1617; OLG München NJW 1997, 62.
1383 Zur Ausgewogenheit der Berichterstattung im Fernsehen vgl. OLG Hamburg NJW-RR 1995, 1051.
1384 LG München I NJW 2004, 617 sowie bereits BGH NJW 1985, 1617.
1385 OLG Koblenz VersR 1990, 165; NJW 1997, 1375.
1386 Vgl. dazu auch KG BeckRS 2022, 41532 → Nr. 7400 sowie BGH BeckRS 2014, 2045.
1387 OLG Karlsruhe NJW-RR 1995, 477.
1388 Zu den Bemessungskriterien bereits OLG Karlsruhe BeckRS 1994, 6969.
1389 BVerfG BeckRS 1998, 30010535 (Leitsatz).
1390 BVerfG BeckRS 1998, 30010535.
1391 BVerfG BeckRS 1998, 30010535.
1392 AG Brandenburg BeckRS 2016, 9705.

Zur **Thematik der ungerechtfertigte Bezichtigung einer Straftat** sei auf die Ausführungen unter → Rn. 260 verwiesen.

188 **Kunstfreiheit, Kunstinstallationen und Persönlichkeitsrecht:** Um den Rahmen dieses Handbuchs auch zu diesem speziellen Themenbereich nicht zu sprengen, beschränke ich mich auf vier Fälle:

Mit Grundsatzfragen in der Grauzone zwischen Kunstfreiheit und Persönlichkeitsrecht hatten sich im Zusammenhang mit dem Erscheinen des Romans „Esra" von **Maxim Biller** nicht nur das LG München I; das OLG München, sondern auch gleich zweimal der BGH[1393] sowie das BVerfG[1394] zu befassen. In dem im wahrsten Sinne des Wortes „umstrittenen" Roman schildert der Autor als „Ich-Erzähler" die Liebesbeziehung zwischen dem Autor „Adam" und der Titelfigur „Esra". Die Klägerin und ihre Mutter sahen sich dadurch in ihren Persönlichkeitsrechten verletzt, weil sich die Schilderung der Romanfiguren „Esra" und „Lale" eng an ihrem Leben orientiere; die Kl. zu 1 hatte etwa 18 Monate eine intime Beziehung zu dem Autor des Romans.

Das Bundesverfassungsgericht[1395] führte hierzu aus:

„Zwischen dem Maß, in dem der Autor eine von der Wirklichkeit abgelöste ästhetische Realität schafft, und der Intensität der Verletzung des Persönlichkeitsrechts besteht eine Wechselbeziehung. Je stärker Abbild und Urbild übereinstimmen, desto schwerer wiegt die Beeinträchtigung des Persönlichkeitsrechts. Je mehr die künstlerische Darstellung besonders geschützte Dimensionen des Persönlichkeitsrechts berührt, desto stärker muss die Fiktionalisierung sein, um eine Persönlichkeitsrechtsverletzung auszuschließen."

Mit dieser – sowohl für Verlage wie auch Künstler und mit der vorliegenden Materie befasste Juristen – ebenso wichtigen, wie beispielhaften Entscheidung hat das Bundesverfassungsgericht einerseits einen **kunstspezifischen Maßstab** bei der Beurteilung der Persönlichkeitsrechtsverletzung gefordert und zugleich den Realitätsbezug und die Pflicht der Autoren zur Ablösung von der Wirklichkeit betont.[1396]

Ebenfalls befasste sich der BGH[1397] mit Persönlichkeitsverletzungen eines minderjährigen Kindes, das im Rahmen einer **Buchveröffentlichung** einer Grundschullehrerin über die Verhaltensweisen von Schulkindern unter identifizierender Benennung erwähnt worden war. Die Beklagte hatte in ihrem Buch unter identifizierender Benennung einer Grundschülerin die Auseinandersetzung über deren vorzeitige Versetzung in eine höhere Klasse wegen einer (von der Kindesmutter angenommenen) Hochbegabung des Kindes geschildert und sich dabei über bestimmte Verhaltensweisen des Kindes geäußert und sich hinsichtlich des Vorwurfs, dadurch die Persönlichkeitsrechte der Schülerin verletzt zu haben, auf die Kunstfreiheit (Art. 5 Abs. 3 GG) als Autorin berufen. Dies sah der BGH jedoch anders und führte aus, der Kunstbegriff und damit die Kunstfreiheit sei grundsätzlich weit auszulegen und ein Kunstwerk liege bereits dann vor, wenn es sich um eine *freie schöpferische Gestaltung* handele, *in der Eindrücke, Erfahrungen und Erlebnisse des Künstlers durch das Medium einer bestimmten Formensprache zur Anschauung* gebracht würden. Wenn sich jedoch – wie im konkreten Fall gegeben – ein Text in einer **reportageartigen Schilderung eines realen Geschehens** erschöpft und keine zweite Ebene und damit keine wirklich künstlerische Gestaltung hinter der realistischen Ebene vorliege, so fällt ein solcher Text nicht in den Schutzbereich des Art. 5 Abs. 3 S. 1 GG.[1398]

Mit der **Vernichtung einer Kunstinstallation** durch einen Gebäudeumbau und der Frage, ob dadurch eine schmerzensgeldbegründende Urheberpersönlichkeitsrechtsverletzung vorliegen kann, hatte sich der BGH 2019[1399] gleich dreimal zu befassen. Im jüngsten Fall ging es um die Zerstörung einer von der Klägerin zu 1 gestalteten Brunneninstallation und einer vom Kläger zu 2 gestalteten Sterninstallation in einer von der Beklagte zu 1 betriebenen Minigolfanlage. In allen drei Fällen kollidieren die aus dem Eigentum am Werkstück folgenden Rechte des Eigentümers (§ 903 BGB) mit dem Bestandhaltungsinteresse der Urheberin und Urheber. Höchstrichterlich ungeklärt war bislang, ob dieses Interesse auch rechtlich über § 14 UrhG geschützt wird; diese Unklarheit hat der BGH nun zu Gunsten der Künstlerinnen und Künstler bzw. Urheberinnen und Urheber geklärt und zum Schmerzensgeldanspruch ausgeführt: *„Sofern das BerGer. zu dem Ergebnis kommt, dass die Vernichtung der Werke im Streitfall geeignet war, die berechtigten geistigen und persönlichen Interessen der Kl. an ihren Werken zu gefährden, müsste es weiter prüfen, ob die Voraussetzungen des geltend gemachten Schmerzensgeldan-*

[1393] BGH NJW 2005, 2844 und BGH NJW 2008, 2587.
[1394] BVerfG NJW 2008, 38.
[1395] BVerfG NJW 2008, 38.
[1396] BVerfG NJW 2008, 38; vgl. im weitesten Sinne hierzu auch BVerfG NJW 2007, 3197 zur Ausstrahlung eines Fernsehfilms zum Contergan-Skandal und der damit verbundenen Prüfung der Freiheit der Rundfunkanstalten gem. Art. 5 I 2 GG.
[1397] BGH NJW 2016, 789.
[1398] BGH NJW 2016, 789 (790).
[1399] BGH ZUM 2019, 528, BGH ZUM 2019, 508 und BGH ZUM 2019, 521.

spruchs erfüllt sind. Hierfür müsste es sich um eine schwerwiegende Verletzung des Urheberpersönlichkeitsrechts handeln und die Beeinträchtigung nicht in anderer Weise als durch eine Geldentschädigung ausgeglichen werden können".[1400]

Abschließend sei noch auf das Thema der Kunstfreiheit im Zusammenhang mit der Verletzung der Persönlichkeitsrechte von „in der Kunst verarbeiteter Personen" – diesmal jedoch bezogen auf deren **postmortales Persönlichkeitsrecht** – eingegangen, mit welchem sich der BGH bereits mehrfach befasst hatte.[1401]

Im ersten Urteil bestätigte der BGH erneut,[1402] dass sich das Persönlichkeitsrecht über den Tod hinaus erstreckt. *„Wenn – wie hier – zu untersuchen ist, ob ein dem Schutz des Art. 5 Abs. 3 GG unterstehendes Kunstwerk die Menschenwürde eines Verstorbenen beeinträchtigt, kommt es auf eine Interpretation des Aussagegehalts dieses Kunstwerks an. Bei dieser Interpretation sind die Besonderheiten der künstlerischen Ausdrucksform zu berücksichtigen."* In der weiteren Auseinandersetzung gelangte der BGH zum Ergebnis, dass vorliegend die Persönlichkeitsrechte der Klägerin nicht verletzt wurden.

Allerdings führt – so der BGH[1403] – eine Verletzung des postmortalen Persönlichkeitsschutzes grundsätzlich nicht zu einem Anspruch auf „Schmerzensgeld". Denn die Zuerkennung einer Geldentschädigung gegenüber einem Angehörigen ist – bei Verletzung des postmortalen Persönlichkeitsschutzes – mit der Funktion des Anspruchs auf immaterielle Entschädigung unvereinbar, weil dem Verstorbenen keine solche Genugtuung mehr verschafft werden könne.[1404]

Persönlichkeitsrechtsverletzung durch ehrverletzende Äußerung in wissenschaftlicher Publikation – ua zu politisch motivierten Zuschreibungen oder Plagiatsvorwürfen 188a

Wegen der **Eigenart des allgemeinen Persönlichkeitsrechts als Rahmenrecht** liegt dessen Reichweite nicht absolut fest, sondern muss erst durch eine Abwägung der widerstreitenden grundrechtlich geschützten Belange bestimmt werden,[1405] bei der die besonderen Umstände des Einzelfalls sowie die betroffenen Grundrechte und Gewährleistungen der Europäischen Menschenrechtskonvention interpretationsleitend zu berücksichtigen sind. Der Eingriff in das Persönlichkeitsrecht ist nur dann rechtswidrig, wenn das Schutzinteresse des Betroffenen die schutzwürdigen Belange der anderen Seite überwiegt.[1406]

Bei dem Sachverhalt, über den 2025 das **LG Lübeck**[1407] zu entscheiden hatte, waren dabei das allgemeine Persönlichkeitsrecht des Klägers gegen die **Wissenschaftsfreiheit nach Art. 5 Abs. 3 GG** abzuwägen. Der Kläger, ein Professor für Sicherheitspolitik an der Hochschule des Bundes, wehrte sich gegen einen in einem Jahrbuch zur öffentlichen Sicherheit erschienenen Beitrag, der ihm eine Nähe zu politisch „neurechten Positionen" und das Betreiben von Diskursverschiebungsstrategien vorwarf. Als Beklagte wurden die jeweiligen Verlage und Herausgeber gerichtlich auf Unterlassung in Anspruch genommen, da der Kläger deren Veröffentlichungen als politisch motivierte und ehrverletzende Diffamierung und Schmähung einstufte.

Dabei bewegt sich die dogmatische **Trennung zwischen Tatsachenbehauptung und Werturteil** im Wissenschaftlichen in einem besonders sensiblen Bereich. Dies deshalb, da hier wertende Analysen naturgemäß auf einem Fundament aus Fakten und Zitaten aufbauen. Grundlegend zur Abgrenzung von Tatsachenbehauptung und Meinungsäußerung hatte sich zuletzt 2024 das **BVerfG**[1408] geäußert und erneut bekräftigt, dass bei der Frage, ob eine Äußerung ihrem Schwerpunkt nach als Meinungsäußerung oder als Tatsachenbehauptung anzusehen ist, stets das *„Verständnis eines unvoreingenommenen und verständigen Durchschnittspublikums"* bzw. einer unvoreingenommenen Durchschnittsperson im Kontext der Begleitumstände den Ausschlag gibt. Insbesondere bei *„mehrdeutigen Äußerungen"* greift der Schutz der Meinungs- und Medienfreiheit, wenn die Trennung der tatsächlichen von den wertenden Elementen den Sinncharakter der Aussage verfälschen würde.

Diese verfassungsrechtlichen Vorgaben übertrug das **LG Lübeck** mit Urteil vom 16.12.2025 (Az. 15 O 173/24)[1409] konsequent auf den Bereich der Wissenschaftspublikationen, betonte dazu jedoch grundlegend, dass die Wissenschaftsfreiheit des Art. 5 Abs. 3 GG nicht zur Aufstellung erwiesener oder unstreitig unwahrer Tatsachenbehauptungen berechtige.[1410] Sodann stellte das LG Lübeck klar, dass es sich bei der wissenschaftli-

---

1400 BGH ZUM 2019, 528, BeckRS 2019, 5361; vgl. auch KG BeckRS 2019, 34211.
1401 BGH NJW 2009, 751 und BGH NJW 2006, 605.
1402 Vgl. BGH NJW 2000, 2195, NJW 2000, 2201; vgl. auch den Fachbeitrag von Frommeyer JuS 2002, 13.
1403 BGH NJW 2006, 605.
1404 BGH NJW 2006, 605 (607).
1405 vgl. hierzu auch BGH Urt. v. 23.3.2026 – VI ZR 334/23 BeckRS 2026, 4799.
1406 BGH NJW 2016, 789 Rn. 20.
1407 LG Lübeck GRUR-RS 2025, 34495.
1408 BVerfG BeckRS 2024, 6239; BVerfG NJW 2022, 680.
1409 LG Lübeck GRUR-RS 2025, 34495.
1410 LG Lübeck GRUR-RS 2025, 34495 Rn. 39.

chen Zuschreibung von Standpunkten (zB der Einordnung einer Person in ein bestimmtes politisches Spektrum) im Schwerpunkt um eine grundrechtlich geschützte Meinungsäußerung handelt. *„Ob die geäußerten Wertungen dabei nach allgemeinen oder wissenschaftlichen Maßstäben „richtig" oder „falsch" sind, ist für die Abwägung ohne Belang. Wissenschaft ist auch als engagiertes Vorgehen, als Mindermeinung oder mit sich letztlich als irrig oder fehlerhaft erweisenden Ansätzen grundrechtlich gewährleistet. Unter der Geltung des Grundgesetzes obliegt es weder dem Staat noch der Justiz, sich im wissenschaftlichen Diskurs zum Richter über die wissenschaftliche Richtigkeit zu erheben"*, so das LG Lübeck.[1411] Werden dabei Tatsachenbehauptungen als Zitat oder Beleg herangezogen, liegt eine Vermengung vor, bei der der wertende Charakter der Äußerung im Rahmen des wissenschaftlichen Diskurses regelmäßig überwiegt.

Die Grenze zur unzulässigen **Persönlichkeitsrechtsverletzung** verläuft **im wissenschaftlichen Raum** jedoch dort, wo nachweislich unwahre Tatsachenbehauptungen als valide Forschungsergebnisse bezeichnet werden; hier greift die Wissenschaftsfreiheit (Art. 5 Abs. 3 GG) mangels journalistisch-wissenschaftlicher Recherchegenauigkeit nicht mehr. Das LG Lübeck betonte dabei, dass insoweit auch kein gegenüber der reinen Meinungsäußerungsfreiheit großzügiger Maßstab gelte, *„da sich die Wissenschaft gerade durch einen besonders hohen Anspruch an die Recherchegenauigkeit und die Verlässlichkeit der gefundenen Sachaussagen auszeichnet (Korte, PresseR, 2. Aufl. 2019, § 3 Rn. 1-11)."*[1412]

Das LG Lübeck (Urteil vom 16.12.2025 – 15 O 173/24) betonte unter Verweis auf die gefestigte Rechtsprechung des Bundesverfassungsgerichts, dass eine Äußerung erst dann als unzulässige **Schmähung** qualifiziert werden kann, wenn nicht mehr die Auseinandersetzung in der Sache, sondern die bloße Herabsetzung der Person im Vordergrund steht. Liegt eine solche Schmähkritik vor, tritt die Meinungs- und Wissenschaftsfreiheit regelmäßig hinter den Schutz des Persönlichkeitsrechts zurück. Im konkreten Fall sei, so das LG Lübeck, die Veröffentlichung der Beklagten in einer Fachpublikation erfolgt, deren Gestaltung nicht geeignet war, den Kläger in unsachlicher Weise an den Pranger zu stellen. *„Auch die Studie selbst ist nach dem äußeren Aufbau, der verwandten Sprache und der Art und Weise der Gedankenführung nicht auf eine unsachliche, die Sachebene vollständig verlassende Schmähung des Klägers ausgelegt. Dies gilt auch im Hinblick auf den Umstand, dass die gegen den Kläger erhobenen Vorwürfe – gerade für einen Beschäftigten der öffentlichen Verwaltung des Bundes –, er vertrete Positionen, die gegen die freiheitlich-demokratische Grundordnung verstießen, schwer wiegen. Die* ***Grenze zur unzulässigen Schmähung***[1413] *überschreiten sie jedoch nicht, da sie nicht gleichsam aus der Luft gegriffen sind, sondern Teil einer wissenschaftlich strukturierten Beweisführung – mag diese nun überzeugen oder nicht (vgl. oben) – sind, die den Boden der sachlich orientierten Darlegung der Positionen der Verfasser nicht verlässt."*[1414]

(Zur Schmähung und Schmähkritik vgl. nachfolgend unter → Rn. 189)

Letztendlich gab das LG Lübeck der Klage lediglich in einem einzigen Punkt statt, in dem es den Beklagten untersagte, die Behauptung zu verbreiten, der Kläger nutze ein bestimmtes militärwissenschaftliches Medium als festes Standbein einer von ihm „selbst so bezeichneten" „Diskursverschiebungsstrategie". Da der Kläger diese Begrifflichkeit für sein eigenes Handeln jedoch nachweislich nie selbst gewählt, dh gerade nicht selbst so bezeichnet hatte, bewertete das Gericht dies als unzulässige, unwahre Tatsachenbehauptung.

In allen anderen, weitaus umfassenderen Punkten wurde die Klage dagegen abgewiesen.

Fazit: Bieten wissenschaftliche Publikationen somit eine nachprüfbare Tatsachengrundlage, so greift der **Schutz der Wissenschaftsfreiheit nach Art. 5 Abs. 3 GG.** Fehlen derartige Nachweise oder sind sie nachweislich falsch, tritt das Grundrecht der Wissenschaftsfreiheit hinter dem Persönlichkeitsrecht des Betroffenen zurück.

188b Ebenfalls um die Abgrenzung von Tatsachenbehauptung und Meinungsfreiheit im wissenschaftlichen Kontext sowie um die **Reichweite der Meinungsfreiheit bei akademischer Kritik** ging es im Fall, der 2025 vom **KG**[1415] entschieden wurde. Im Zentrum des Streits der Parteien – beide Hochschulprofessoren der juristischen Fakultät – stand der Vorwurf des Beklagten, der die Bücher des Klägers rezensiert hatte, bei den genannten Büchern des Klägers handele es sich um **Plagiate** und der Kläger sei ein **„Plagiator"**, eine zweifellos den sozialen Geltungsanspruch des Klägers stark beeinträchtigende Bezeichnung, weshalb dieser nicht nur die Unterlassung dieser Äußerungen, sondern zudem einen immateriellen Schadensersatz iHv 30.000 EUR gefordert hatte.

[1411] LG Lübeck GRUR-RS 2025, 34495 Rn. 42.
[1412] LG Lübeck GRUR-RS 2025, 34495 Rn. 41.
[1413] Hervorhebung durch den Autor.
[1414] LG Lübeck GRUR-RS 2025, 34495 Rn. 41. (Hervorhebungen durch den Autor).
[1415] KG GRUR-RS 2025, 14488.

Die Klage wurde abgewiesen. Das Kammergericht führte dazu aus, *„dass es sich bei der beanstandeten Äußerung des Beklagten in den Anmerkungen zum Lehrbuch … des Klägers, „…", um eine wertende Stellungnahme, also eine Meinungsäußerung und keineswegs um eine Tatsachenbehauptung handelt."*[1416] Dem Leser der Rezensionen des Beklagten werde vor Augen geführt, dass der Beklagte den Kläger deshalb als „Plagiator" bezeichnet habe, weil der Kläger an zahlreichen Stellen des Buches Textteile aus anderen Büchern übernommen habe. *„Es handelt sich"*, so das KG, *„klar erkennbar um eine wertende Stellungnahme des Beklagten. Eine solche Beurteilung liegt ohnehin schon im Ausgangspunkt nahe, denn ein Leser erwartet von einer Anmerkung oder Besprechung eines Lehrbuches in erster Linie eine Einschätzung des Rezensenten zu diesem Buch."*[1417]

Auch wenn der Begriff „Plagiator" in diesem Kontext zwar eine scharfe, ehrmindernde Bewertung dargestellt habe, sei diese durch die detaillierte sachliche Dokumentation der Textübereinstimmungen gedeckt. Liegt ein fundierter, nachprüfbarer Aussagekern vor, schützt die Wissenschafts- und Meinungsfreiheit auch scharf formulierte Rügen im akademischen Diskurs, zumal aus der Sicht eines juristisch vorgebildeten Publikums der Vorwurf des Beklagten keine Tatsachenbehauptung, sondern ein wertendes Urteil auf Grundlage dokumentierter Textähnlichkeiten sei. Und wörtlich: *„Da dieses Werturteil auf einer wahren Tatsachengrundlage beruht, nämlich der in der Dokumentation dargestellten, nicht gekennzeichneten Übernahme von Textstellen aus anderen Veröffentlichungen, steht dem Beklagten der Schutz von Art. 5 Abs. 1 GG zur Seite."*[1418]

Zum Antrag auf Zahlung einer immateriellen Entschädigung verwies das KG knapp darauf, dass ein solcher Anspruch *„nicht in Betracht"* komme, da der Kläger durch die beanstandeten Veröffentlichungen nicht in seinen geschützten Rechten verletzt wurde und ein solcher Anspruch *„nur bei besonders schwerwiegenden Persönlichkeitsrechtsverletzungen"* gegeben sei.[1419]

Die Entscheidung des KG vermittelt eine dogmatisch fundierte und ausgewogene **Abgrenzung zwischen dem Schutz der Persönlichkeit und der akademischen Meinungsfreiheit.** Das Urteil stellt klar, dass es sich beim Begriff des „Plagiats" nicht um eine rein urheberrechtliche Kategorie handelt, sondern um ein vielschichtiges Werturteil auf Basis kritischer Analysen, welches folglich den Schutz des Art. 5 Abs. 1 GG genießt.

Ebenfalls mit dem Vorwurf, Gedanken Dritter zitatlos übernommen bzw. ein Plagiat begangen zu haben, hatte sich bereits 2011 das **AG Hamburg**[1420] befasst und ausgeführt, bei einem solchen Vorwurf gegenüber einem Wissenschaftler handele es sich um eine ehrenrührige Äußerung, für deren Zulässigkeit vorausgesetzt werde – unabhängig davon, ob es sich um eine Verdachtsberichterstattung oder um eine Meinungsäußerung handelt – dass **hinreichende Anknüpfungspunkte** im Tatsächlichen bestehen, die den Vorwurf belegen. Liegen keine hinreichend bewiesenen Anknüpfungspunkte für einen solchen Plagiatsvorwurf vor, so würden der Schutz der Wissenschaftsfreiheit nach Art. 5 Abs. 3 GG und die daraus hergeleiteten Rechte auf Wissenschaftsfreiheit und Meinungsfreiheit hinter den Persönlichkeitsrechten des Betroffenen zurücktreten. Im Fall des AG Hamburg hatte ein Wissenschaftler einem anderen Autor ein Plagiat vorgehalten, konnte diese Behauptung im Verfahren jedoch nicht konkret nachweisen.

Zum Vorwurf ein **„Nachrichtenfälscher"** zu sein und ein **„Fake-News-Produzent"** s. BGH NJW 2025, 1263.[1421]

Persönlichkeitsrechtsverletzung durch Satire, Glossen, Parodien oder Schmähkritik: Nicht selten hatten sich in den vergangenen Jahren die Gerichte mit dem Thema der Persönlichkeitsrechtsverletzung durch Satire,[1422] Glossen[1423] oder Parodien[1424] sowie – erst in jüngerer Zeit wieder häufiger verwendeter Begriff – der „Schmähkritik"[1425] auseinanderzusetzen, ein Thema, das durch die inakzeptable Rechtsprechung des LG Berlin[1426] in der Causa **Renate Künast** sowie das „Schmähgedicht" von **Jan Böhmermann** **189**

[1416] KG GRUR-RS 2025, 14488 Rn. 27.
[1417] KG GRUR-RS 2025, 14488 Rn. 27.
[1418] KG GRUR-RS 2025, 14488 Rn. 28.
[1419] KG KG GRUR-RS 2025, 14488 Rn. 37.
[1420] AG Hamburg AG Hamburg, Urt. v. 21.2.2011 – 36A C 243/10, LSK 2011, 280582.
[1421] vgl. in den Vorinstanzen LG Hamburg BeckRS 2018, 64386 und OLG Hamburg GRUR-RS 54829.
[1422] Vgl. dazu ua Faßbender NJW 2019, 705; Oechsler NJW 2017, 757; BVerfG NJW 2020, 3767.
[1423] S. hierzu das Urt. des OLG Köln BeckRS 2014, 13183 (Jörg Kachelmann), welches nachfolgend → Rn. 190 näher behandelt wird.
[1424] OLG Hamburg GRUR-RS 2015, 12244.
[1425] Vgl. dazu BVerfG BeckRS 2024, 6239; BVerfG BeckRS 2023, 39905; BVerfG NJW 2022, 680 sowie BVerfG BeckRS 2016, 50714; BGH GRUR-RS 2022, 7823; BGH BeckRS 2018, 55165 sowie OLG Stuttgart GRUR-RS 2023, 33952 und LG Frankfurt a. M. GRUR-RS 2021, 37293.
[1426] LG Berlin BeckRS 2019, 21753; vgl. aber auch LG Berlin BeckRS 2020, 239.

und „Songtexte" diverser **Rapper** sowie die Entscheidungen des OLG Stuttgart[1427] **(Sawsan Chebli)** oder des LG Frankfurt a. M.[1428] **(Luisa Neubauer)** erneut und massiv befeuert wurde.[1429]

Im Fall der Bundestagsabgeordneten und Grünenpolitikerin **Renate Künast** ging es um einen von Künast im Jahr 1986 unglücklich formulierten Zwischenruf. Damals sprach eine Abgeordnete der Grünen im Berliner Landesparlament über häusliche Gewalt. Ein CDU-Abgeordneter stellte dazu die Frage, wie die Rednerin zu einem Beschl. der Grünen in Nordrhein-Westfalen stehe, die Strafandrohung wegen sexuellen Handlungen an Kindern solle aufgehoben werden. Künast rief dazwischen: „Komma, wenn keine Gewalt im Spiel ist!" und wollte damit betonen, dass sie hinter diesem Beschl. stehe. 2016 hatte der Rechtsextremist und frühere Lokalchef der Organisation *Blood & Honour* Sven Liebich den Zwischenruf inhaltlich bewusst falsch zitiert, indem er ihn mit den Worten ergänzte „Komma, wenn keine Gewalt im Spiel ist, ist Sex mit Kindern doch ganz ok. Ist mal gut jetzt." und dies unter der Überschrift „K findet Kinderficken ok, solange keine Gewalt im Spiel ist" im Internet (auf seinem Blog unter Verwendung eines *SharePics*) veröffentlicht. Die Pressekammer (3. Zivilkammer) des LG Frankfurt a. M.[1430] sah darin zutreffend ein vorsätzliches Falschzitat, bezüglich dessen sich der Äußernde nicht auf das Laienprivileg[1431] berufen könne und inhaltlich „einen schwerwiegenden Eingriff" in die Persönlichkeitsrechte der Klägerin und sprach dieser daher eine immaterielle Entschädigung iHv 10.000 EUR zu. Erhöhend wertete das LG zutreffend das „Nachtatverhalten", da Liebich *„trotz Abmahnung nach Erhebung der hiesigen Klage bei Facebook wiederholt und sogar durch entsprechende Werbung für eine größere Reichweite gesorgt, wobei weitere 28.500 Personen mit dem Post interagierten"*, so das LG Frankfurt a. M. Das Urteil wurde inzwischen vom OLG Frankfurt a. M. bestätigt.[1432] Aufgrund dieses Nachtatverhaltens in Form des Facebook-Posts erging ein massiver Shitstorm über Künast, die dabei ua als *„Drecks-Fotze"*, *„Stück Scheiße"*, *„Dreckschwein"* und Hassäußerungen wie *„Knatter sie doch mal einer so richtig durch, bis sie wieder normal wird"* etc bezeichnet bzw. überzogen wurde. Vor dem LG Berlin klagte Künast daher auf Herausgabe der Nutzerdaten und verlor zunächst, da das **LG Berlin**[1433] in einer weiteren[1434] beispiellosen Fehlentscheidung ggü diesen Hass- und Beleidigungsäußerungen die Auffassung vertrat, diese entsprechenden Hass-Kommentare lägen noch *„haarscharf an der Grenze des von der Antragstellerin noch Hinnehmbaren"* und stellten *„keine Diffamierung der Person der Antragstellerin und damit keine Beleidigungen"* dar. Auch wenn das LG in einem nachfolgenden Beschl.[1435] seine Ansicht selbst teilweise revidierte und das KG[1436] in zweiter Instanz sehr wohl einen massiven diffamierenden Gehalt in diesen Äußerungen sah, sandte das Landgericht Berlin erneut (s. → Rn. 189) ein katastrophales Zeichen, denn – wie die Präsidentin des Deutschen Juristinnenbundes, Maria Wersig, zutreffend kommentierte, gehe es hier *„... bei den genannten Beispielen verbaler Übergriffe über nichts anderes als über Gewalt."*.

Dem trat das **BVerfG** mit seinem Beschl. vom 19.12.2021[1437] deutlich entgegengetreten, indem es zum einen gerade im Hinblick von Politikern und anderen sich in Staat und Gesellschaft aktiv einbringenden Personen betonte, dass eine Bereitschaft zur Mitwirkung in Staat und Gesellschaft nur erwartet werden könne, wenn für diejenigen, die sich engagieren und öffentlich einbringen, ein hinreichender Schutz ihrer Persönlichkeitsrechte gewährleistet ist und zudem sinngemäß hervorhob, dass es mit dem Persönlichkeitsrecht des von einer ehrenrührigen Äußerung Betroffenen unvereinbar ist, wenn – wie dies von den Berliner Richtern praktiziert wurde – davon ausgegangen wird, eine strafrechtliche Relevanz erreiche eine Äußerung erst dann, wenn ihr diffamierender Gehalt so erheblich sei, dass sie in jedem denkbaren Sachzusammenhang als bloße Herabsetzung des Betroffenen erscheine, wenn also letztlich eine Beleidigung mit dem abwägungsfreien Sonderfall der Schmähkritik gleichgesetzt wird. *„Vorliegend hat sich das Fachgericht aufgrund einer fehlerhaften Maßstabsbildung, die eine Beleidigung letztlich mit der Schmähkritik gleichsetzt, mit der Abwägung der Gesichtspunkte des Einzelfalls nicht auseinandergesetzt. Hierin liegt eine Verletzung des Persönlichkeitsrechts der Bf. Bereits dieser – praktisch vollständige – Abwägungsausfall muss zur Aufhebung der angegriffenen Entscheidung führen"*, so das BVerfG[1438] wörtlich. Bei der Abwägung ist auch zu berücksichtigen, so das BVerfG, dass ein wirksamer Schutz der Persönlichkeitsrechte von Amtsträgern und Politikern auch im öffentlichen Interesse liegt. Unterlässt somit ein Gericht infolge fehlerhafter Maßstabsbildung die verfassungsrechtlich gebotene Abwägung des allgemeinen Persönlichkeitsrechts mit dem Recht auf freie Meinungsäußerung im Rahmen der rechtlichen Würdigung der beanstandeten Äußerung, dann kann der lapidare Hinweis, der Betroffene müsse den Angriff

[1427] OLG Stuttgart GRUR-RS 2023, 33952.
[1428] LG Frankfurt a. M. GRUR-RS 2021, 37293.
[1429] Vgl. dazu Vasel NJW 2022, 740; Schertz ZUM 2022, 857.
[1430] LG Frankfurt a. M. GRUR-RS 2020, 1785.
[1431] Vgl. dazu BVerfG NJW 1992, 1439, 1442.
[1432] OLG Frankfurt a. M. GRUR-RS 2020, 9831.
[1433] LG Berlin BeckRS 2019, 21753.
[1434] LG Berlin BeckRS 2012, 18220.
[1435] LG Berlin BeckRS 2020, 239.
[1436] KG MMR-Aktuell 2020, 428365.
[1437] BVerfG NJW 2022, 680, GUR 2022, 335 mAnm von Pfeifer.
[1438] BVerfG NJW 2022, 680.

als Politiker im öffentlichen Meinungskampf hinnehmen, die erforderliche Abwägung nicht ersetzen. Somit muss nun das KG auch erneut über Herausgabe von Facebook-Nutzerdaten an Renate Künast entscheiden.

Hatte das BVerfG[1439] mit dieser Entscheidung vom 19.12.2021 betont, dass die Gesichtspunkte der Machtkritik und der Veranlassung durch vorherige eigene Wortmeldungen im Rahmen der öffentlichen Debatte *„nicht jede auch ins Persönliche gehende Beschimpfung von Amtsträgerinnen und Amtsträgern oder Politikerinnen und Politikern"* erlaubt,[1440] so argumentierte das **BVerfG**[1441] **2024** im Zusammenhang mit der **Beschwerde eines Klimaaktivisten** nun – zumindest im Ergebnis – davon abweichend. Der Aktivist war zuvor von den Instanzgerichten (AG Augsburg und LG Augsburg) ua wegen übler Nachrede gegen Personen des öffentlichen Lebens zu einem Jugendarrest verurteilt worden, weil er auf der Internetseite der Aktivisten eine Pressemitteilung veröffentlicht und darin geäußert hatte, der Regierungspräsident sei aufgrund langjähriger Sponsoringgelder eines Stahlwerkbesitzers mit diesem freundschaftlich verbandelt und **korrupt.** Das BVerfG gab dem so Verurteilten und Beschwerdeführer Recht und sah in der Verurteilung eine Verletzung des Beschwerdeführers in seinem Grundrecht auf Meinungsfreiheit aus Art. 5 Abs. 1 Satz 1 GG. „Der Schutz der Meinungsfreiheit ist gerade aus dem besonderen **Schutzbedürfnis der Machtkritik** erwachsen und findet darin unverändert seine Bedeutung", so das BVerfG, dass im Weiteren betonte:

„Steht ein Äußerungsdelikt in Frage, so verlangt Art. 5 Abs. 1 Satz 1 GG eine Gewichtung der Beeinträchtigung, die der Meinungsfreiheit des sich Äußernden einerseits und dem geschützten Rechtsgut andererseits droht (vgl. BVerfGE 7, 198 <212>; 93, 266 <293>; stRspr). Wird von dem Grundrecht nicht zum Zwecke privater Auseinandersetzung Gebrauch gemacht, sondern will der Äußernde in erster Linie zur Bildung der öffentlichen Meinung beitragen, dann sind die Auswirkungen seiner Äußerungen auf den Rechtskreis Dritter zwar unvermeidliche Folge, aber nicht eigentliches Ziel der Äußerung. Der Schutz des betroffenen Rechtsguts tritt umso mehr zurück, je weniger es sich um eine unmittelbar gegen dieses Rechtsgut gerichtete Äußerung im privaten Bereich in Verfolgung eigennütziger Ziele handelt, sondern um einen Beitrag zu einer die Öffentlichkeit wesentlich berührenden Frage (vgl. BVerfGE 61, 1 <11>; Beschl. der 3. Kammer des Ersten Senats vom 24. Januar 2018 – 1 BvR 2465/13 –, Rn. 18). Bei Äußerungsdelikten kann eine Verletzung spezifischen Verfassungsrechts auch dadurch begründet sein, dass der Sinn der Äußerung nicht zutreffend erfasst worden ist (vgl. BVerfGE 93, 266 <295f.>; 94, 1 <9>). Zu den verfassungsrechtlichen Anforderungen bei der Deutung einer Äußerung gehört, dass sie unter Einbeziehung ihres Kontextes ausgelegt und ihr kein Sinn zugemessen wird, den sie objektiv nicht haben kann. Bei mehrdeutigen Äußerungen müssen andere mögliche Deutungen mit schlüssigen Gründen ausgeschlossen werden, bevor man die zur Verurteilung führende Bedeutung zugrunde legt (vgl. BVerfGE 93, 266 <295f.>; 82, 43 <52>; Beschl. der 3. Kammer des Ersten Senats vom 24. Januar 2018 – 1 BvR 2465/13 – , Rn. 19). Maßgeblich für die Deutung einer Äußerung ist weder die subjektive Absicht der sich Äußernden noch das subjektive Verständnis der von der Äußerung Betroffenen, sondern der Sinn, den sie nach dem Verständnis eines unvoreingenommenen und verständigen Durchschnittspublikums hat".

Unter dem Blickwinkel der Entscheidung des BVerfG[1442] im Jahr 2023 zur Bezeichnung eines Rechtsanwaltes als „fetter Anwalt" und „Rumpelstilzchen" – s. dazu unter → **Rn. 251c** – ist die nachfolgend dargestellte Entscheidung des OLG Brandenburg ggf. neu zu werten, aber dennoch weiterhin kritisch zu sehen.

Das LG Berlin[1443] sowie nachfolgend das OLG Brandenburg:[1444] hatten sich 2019 mit der Frage „Meinungsfreiheit" oder „Schmähkritik" befasst: Der Kläger war Richter an einem Sozialgericht, der Beklagte Rechtsanwalt. Der Beklagte hatte in einem an das Sozialgericht gerichteten Schriftsatz unter anderem ausgeführt, der Richter sei der *„… überaus dämlichste und stinkend faule Richter"* am Sozialgericht sowie *„zu faul zum Arbeiten"* und *„in der so eingesparten Arbeitszeit vögelt er lieber mit Praktikantinnen"* und zudem nehme er auch noch Geld vom Jobcenter. Ähnlich äußerte er sich zudem auf seiner Facebook-Seite und beschimpfte den Richter als – so wörtlich und zudem noch grammatikalisch unrichtig – *„elendes Dreckspack, was sich in den hinter der Richterrobe versteckt"* und forderte seine Leserschaft/Follower auf, *„dem Einhalt"* zu gebieten. Während das LG Berlin dies – ua auch wegen der Behauptung, der Kläger habe im Gericht Geschlechtsverkehr mit Angestellten und nehme Geld vom Jobcenter – als Schmähkritik wertete und dem Kläger 5.000 EUR Schmerzensgeld zusprach, sah dies das OLG Brandenburg[1445] anders. Es hob das erstinstanzliche Urteil auf und argumentierte – offensichtlich in völliger Unkenntnis oder Fehlinterpretation der diesbezüglichen Rechtsprechung[1446] und Literatur[1447] – es liege hier eine noch von der Meinungsfreiheit nach Art. 5 Abs. 1

[1439] BVerfG NJW 2022, 680.
[1440] BVerfG NJW 2022, 680.
[1441] BVerfG BeckRS 2024, 6239.
[1442] BVerfG NJW 2022, 680.
[1443] LG Berlin Beschl. BeckRS 2019, 21753.
[1444] OLG Brandenburg BeckRS 2019, 28324.
[1445] OLG Brandenburg BeckRS 2019, 28324.
[1446] BVerfG NJW 1987, BVerfG NJW 2004, 2371; 2661 OLG München NJW-RR 1998, 1036, LG Düsseldorf BeckRS 2019, 8491.
[1447] Sajuntz NJW 2019, 1567 sowie oben → Rn. 165 ff.

Satz 1 GG gedeckte Meinungsäußerung und noch keine die Meinungsfreiheit verdrängende Schmähkritik vor, denn *„... Das Recht, Maßnahmen der öffentlichen Gewalt ohne Furcht vor staatlichen Sanktionen auch scharf kritisieren zu können, gehört zum Kernbereich der Meinungsfreiheit, weshalb deren Gewicht insofern besonders hoch zu veranschlagen ist. Die Meinungsfreiheit erlaubt es insbesondere nicht, den Äußernden auf das zur Kritik am Rechtsstaat Erforderliche zu beschränken und ihm damit ein Recht auf polemische Zuspitzung abzusprechen"*.

Das Urteil des OLG Brandenburg stellt einen **Angriff auf demokratische Institutionen** dar und zwar aus folgenden Gründen:

- Zum einen geht bereits die Annahme des OLG Brandenburg, die Äußerungen bezögen sich *„ausschließlich auf die berufliche Tätigkeit des Klägers"* fehl, sofern diese das **Sexualleben des Klägers** (*„...in der so eingesparten Arbeitszeit vögelt er lieber mit Praktikantinnen"*) betrifft. Die Behauptung des Beklagten, die dieser sowohl via Face-Book als auch schriftsätzlich kundgetan hatte, bezog sich eindeutig und ohne jegliche abweichende Interpretationsmöglichkeit auf das Sexual- und damit auf das Privatleben des Klägers.
- Zum anderen stand bei den in diesem Rechtsstreit unbestrittenen Äußerungen des Beklagten nicht mehr die Auseinandersetzung in der Sache, sondern eindeutig die Herabsetzung der Person und die Diffamierung des Klägers im Vordergrund, die – jenseits polemischer und überspitzter Kritik – den Kläger in erster Linie herabsetzen bzw. gleichsam an den Pranger stellen sollte, so dass eine solche Äußerung als Schmähung anzusehen und somit (vgl. BGH NJW 2009, 1872) als nicht mehr von der Meinungsfreiheit gedeckte, entschädigungslos hinzunehmende Meinungsäußerung zu werten ist. Insofern war es sehr zu begrüßen, dass das BVerfG mit seiner bereits oben vorgestellten Entscheidung vom 19.12.2021 hierzu klare Worte gefunden hat und insofern betonte, dass die Gesichtspunkte der Machtkritik und der Veranlassung durch vorherige eigene Wortmeldungen im Rahmen der öffentlichen Debatte *„nicht jede auch ins Persönliche gehende Beschimpfung von Amtsträgerinnen und Amtsträgern oder Politikerinnen und Politikern"* erlaubt.[1448]
- Schließlich geht auch der Verweis des OLG Brandenburg auf BGH NJW 2009, 1872 fehl. Denn der BGH hat in dieser Entscheidung klar dargelegt, dass Äußerungen wie „Lüge", „Täuschung", „Vertuschung" oder „Korruption"[1449] nur dann durch Elemente der Stellungnahme, des Dafürhaltens oder Meinens geprägt seien und deshalb in vollem Umfang am Schutz des Grundrechts aus Art. GG Art. 5 GG Art. 5 Abs. I GG teilnehmen können, wenn sie in einem kritischen Artikel enthalten sind, in dem es um eine Auseinandersetzung mit einem wirtschaftlichen Vorgang in einem Unternehmen geht, das teilweise im Staatseigentum steht und erhebliche Verluste in einem Projekt erlitten haben soll. Doch ein solcher Sachverhalt lag in dem von den OLG-Richtern zu entscheidenden Fall nicht vor, weshalb sich mit der in dieser Entscheidung vom BGH angeführten Begründung gerade nicht herleiten lässt, dass die vom Beklagten (Anwalt) gegenüber dem Kläger (Richter) getroffenen Persönlichkeitsrechtsverletzungen entschädigungslos bleiben.

Im Streit um eine **Beschimpfung auf Facebook** hatte die Berliner SPD-Politikerin **Sawsan Chebli** in zweiter Instanz vor dem OLG Stuttgart[1450] in Bezug auf ihren Antrag auf Schmerzensgeld keinen Erfolg. Die **Bezeichnung als „dämliches Stück Hirn-Vakuum" ist,** so das OLG Stuttgart in Abweichung der Vorinstanz,[1451] zwar sehr wohl als eine **Schmähkritik** anzusehen, die nicht hingenommen werden müsse. Ein Anspruch auf Geldentschädigung wegen der Verletzung des allgemeinen Persönlichkeitsrechts (§ 823 Abs. 1 BGB mit Art. 1, 2 GG) bestehe im konkreten Einzelfall nicht (Zum Sachverhalt s. in der Urteilssammlung unter → Nr. 7202.)

Bei der Wertung einer Äußerung als Schmähung oder Schmähkritik – so das OLG Stuttgart[1452] – sei grundsätzlich **Zurückhaltung** geboten. Hier jedoch stehe bei dem Post des Beklagten nicht mehr die Auseinandersetzung in der Sache, sondern die Diffamierung Cheblis als Person im Vordergrund und seine Äußerung habe keinen nachvollziehbaren Bezug mehr zu einer sachlichen Auseinandersetzung, sondern diene lediglich dem Zweck, Chebli als Person grundlos verächtlich zu machen. Auch werde durch die **Bezeichnung eines Menschen als „Stück"** (konkret: „dämliches Stück Hirn-Vakuum") ihm jede persönliche Würde abgesprochen. Dementsprechend wurde der Beklagte verurteilt, es zu unterlassen, die streitgegenständlichen Behauptungen aufzustellen und/oder zu verbreiten und/oder aufstellen und/oder verbreiten zu lassen.

Zum Anspruch der Klägerin auf immateriellen Schadensersatz wegen Persönlichkeitsrechtsverletzung, den das OLG abgewiesen hatte, verwies das OLG zunächst darauf, dass nicht jede Persönlichkeitsrechtsverletzung zum Ersatzanspruch führen könne. Denn nach der Rechtsprechung des BGH[1453] sei Voraussetzung für die

[1448] BVerfG NJW 2022, 680.
[1449] Vgl. dazu insbesondere BVerfG BeckRS 2024, 6239.
[1450] OLG Stuttgart GRUR-RS 2023, 33952.
[1451] LG Heilbronn 22.3.2023 – Ko 8 O 85/22 → Nr. 7202.
[1452] OLG Stuttgart GRUR-RS 2023, 33952.
[1453] Das OLG Stuttgart verwies auf BGH NJW 1995, 861 – Caroline von Monaco I und BGH GRUR-RS 2022, 7823.

Gewährung des immateriellen Schadenersatzanspruches, dass ein unabwendbares Bedürfnis bzw. die zwingende Notwendigkeit der Gewährung eines billigen Ausgleichs in Geld und die Verschaffung einer Genugtuung bestehe. Dabei werde in neueren Entscheidungen des BGH[1454] verlangt, dass die Beeinträchtigung nicht in anderer Weise befriedigend aufgefangen werden könne. Bei der gebotenen Gesamtwürdigung sei zudem ein – wie hier gegeben – erwirkter Unterlassungstitel zu berücksichtigen; der Titel und die mit ihm verbundenen Vollstreckungsmöglichkeiten können den Geldentschädigungsanspruch beeinflussen und im Zweifel sogar ausschließen, so das OLG Stuttgart mit Vereis auf BGH.[1455]

Ebenfalls um **Schmähkritik**[1456] ging es bei der erfolgreichen Klage der Fridays-for-Future-Aktivistin **Luisa Neubauer.** Der Beklagte hatte im Januar 2020 bei Facebook eine Bildaufnahme der Klägerin mit folgendem Begleittext kommentiert: „Ja, würde ich sofort ficken, auch wenn ich mir danach stundenlang das Klima-Zeug anhören müsste". Zutreffend führte das LG aus: *„Diese Meinungsäußerung überschreitet aber die Grenze zur Schmähkritik und ist damit unabhängig von einer Abwägung rechtswidrig. Selbst wenn man das Vorliegen von Schmähkritik verneinen würde, müsste die Meinungsfreiheit des Beklagten hinter das allgemeine Persönlichkeitsrecht der Klägerin zurücktreten. … Die Klägerin wird öffentlich als bloßes Objekt der sexuellen Begierde dargestellt. Hierdurch wird die Klägerin in einer solchen Art und Weise diffamiert, dass nur noch die persönliche Schmähung im Vordergrund steht und eine etwaige sachbezogene Auseinandersetzung aus dem Blickfeld geraten ist. Bei einer solchen Diffamierung wird ungeachtet des Anlasses der Äußerung die weit gezogene Grenze zulässiger Meinungsäußerungen überschritten und der Ausnahmetatbestand einer nicht mehr legitimierbaren Schmähkritik erreicht."*

Mit dem **„Schmähgedicht"** von **Jan Böhmermann** hatten sich 2017 das OVG Berlin,[1457] das VG Berlin,[1458] das LG Hamburg[1459] und in zweiter Instanz das OLG Hamburg[1460] sowie schließlich auch das BVerG mit Beschl. vom 26.1.2022 befasst[1461]:

Bei diesem sogenannten „Schmähgedicht" handelte es sich um die *„satirische Darbietung fäkalsprachlicher Geschmacklosigkeiten mit drastischem Sexualbezug"*,[1462] in denen Böhmermann den türkischen Präsidenten **Erdogan** als einen Mann darstellte, der Frauen schlage, Ziegen „ficke" und „Fellatio mit Schafen" habe und ihn zudem als Schwein bzw. noch unterhalb eines Schweines (als „Schweinefurz") beschreibt, obwohl es zum Allgemeinwissen zählt, dass für einen Moslem die Verbindung zu einem Schwein besonders verletzend ist.

Beim Beschl. des VG Berlin[1463] ging es um die Verwendung des „Gedichts" auf einer Demonstration vor der türkischen Botschaft in Berlin. Das VG kam zum Ergebnis, dass hierbei zu differenzieren sei, ob das „Gedicht" quasi eingebettet in den Kontext der Fernsehsendung von Jan Böhmermann oder – hiervon losgelöst – auf einer Demonstration zur Verwendung komme. Im letztgenannten Falle erfülle die isolierte Zitierung des „Gedichts" die Voraussetzungen einer beleidigenden Schmähkritik, so das VG (insofern vorbildlich abwägend und die Darstellung des Papstes mit homosexuellen Attributen am *Christopher Street Day* nicht als Schmähkritik wertend: VGH München[1464]).

Beim Urteil des LG Hamburg,[1465] das 2018 vom OLG Hamburg[1466] bestätigt wurde, ging es dagegen um die Klage des türkischen Präsidenten Erdogan, der das Gedicht insgesamt untersagen lassen wollte und damit auch weitgehend Erfolg hatte, indem praktisch das gesamte Gedicht verboten wurde. Somit darf der Fernsehmoderator Jan Böhmermann den Großteil seines in der Sendung „Neo Magazin Royale" unter dem Titel „Schmähkritik" dargebotenen Gedichts nicht wiederholen.

„Die untersagten Passagen verletzen den Kläger so schwerwiegend in seinen Rechten, dass das Verhalten des Beklagten insoweit weder durch die Meinungsfreiheit nach Art. 5 Abs. 1 GG noch durch die Kunstfreiheit gem. Art. 5 Abs. 3 GG gedeckt ist",

so das LG. Dies gelte insbesondere in Bezug auf die Passagen, in denen Böhmermann den Kläger als „Schwein" bzw. noch unterhalb eines Schweines (als „Schweinefurz") beschreibt, obwohl allgemein bekannt

1454 BGH GRUR-RS 2022, 7823.
1455 BGH NJW 2016, 789.
1456 BVerfG BeckRS 2024, 6239; BVerfG BeckRS 2023, 39905; BVerfG NJW 2022, 680.
1457 OVG Berlin-Brandenburg MMR-Aktuell 2017, 394423; ZD-Aktuell 2017, 05739.
1458 VG Berlin BeckRS 2015, 09821.
1459 LG Hamburg BeckRS 2017, 101443.
1460 OLG Hamburg BeckRS 2018, 8374.
1461 BVerfG BeckRS 2022, 1484; vgl. dazu auch Vasel NJW 2022, 740.
1462 Sajuntz NJW 2018, 589.
1463 VG Berlin BeckRS 2015, 09821.
1464 VGH München NJW 2011, 793.
1465 LG Hamburg BeckRS 2017, 101443.
1466 OLG Hamburg BeckRS 2018, 8374.

sei, dass für einen Moslem die Verbindung zu einem Schwein besonders verletzend sei. Die Entscheidungen im strafrechtlichen Verfahren – so das LG weiter – sprächen nicht gegen die Untersagung im Zivilverfahren, da die Staatsanwaltschaft und Generalstaatsanwaltschaft die Frage der Zulässigkeit der Darbietung gerade offengelassen und eine Einstellung damit begründet hätten, dass kein Vorsatz anzunehmen sei. Die Frage eines Vorsatzes sei jedoch im Zivilverfahren für den dort geltend gemachten Unterlassungsanspruch ohne Bedeutung. Neben diesen – für den Beklagten (Böhmermann) negativen Anmerkungen – setzte sich das LG jedoch auch mit dem Beklagten und seiner Politik in Hinblick auf Kritiker und seine Stellung als Politiker auseinander. Nach der höchstrichterlichen Rechtsprechung bestehe nur ein Anspruch auf Untersagung, soweit eine Rechtsverletzung vorliege und nicht darüber hinaus. Die Klage, die auch – wenn auch nur wenige – rechtmäßige Passagen zum Gegenstand habe, sei daher zu einem geringen Teil (Kostenverteilung: „Von den Kosten des Rechtsstreites haben der Kläger ein Fünftel und der Beklagte vier Fünftel zu tragen") abzuweisen. Das *„Gedicht"* bleibe auch ohne die untersagten Passagen als kritische Auseinandersetzung mit dem Kläger verständlich.

Böhmermanns Beschwerde gegen die Nichtzulassung der Revision wies der BGH[1467] 2019 wegen fehlender grundsätzlicher Bedeutung zurück (§ 543 Abs. 2 Satz 1 ZPO). Böhmermanns Einwand, sein „Gedicht" könne nicht seziert, sondern nur in seiner Gesamtheit gewürdigt werden, wiesen die Richter des für den Schutz des Allgemeinen Persönlichkeitsrechts zuständigen VI. Zivilsenats zurück. „Weder die Sendung insgesamt noch das Gedicht bilden ein einheitliches, untrennbares Werk, dessen Zulässigkeit nur insgesamt beurteilt werden könnte." Ob und inwieweit hier Kunstfreiheit oder Meinungsfreiheit betroffen sei, ließen sie offen. Der Satiriker zog daraufhin vor das Bundesverfassungsgericht, das mehrere Stellungnahmen, ua auch vom Staatsrechtler und Autor Bernhard Schlink, einholte. Dieser hob in seinem Gutachten hervor, das Gedicht richte sich lediglich gegen Erdogan in seiner Funktion als Staatsoberhaupt und nicht gegen Erdogan persönlich und sprach sich dafür aus, der Verfassungsbeschwerde stattzugeben. Das Bundesverfassungsgericht sah dies jedoch anders: Böhmermanns Verfassungsbeschwerde wurde 2022 vom Bundesverfassungsgericht[1468] wegen fehlender Erfolgsaussichten nicht zur Entscheidung angenommen.

Nur am Rande sei insofern angemerkt, dass – infolge der *Causa Böhmermann* – der Bundestag in der Nacht zum 2.6.2017 einstimmig die Streichung des § 103 StGB (Majestätsbeleidigungs-Paragraf) beschlossen hat.

Mit den Grenzen der Schmähkritik – der M.I.G. Medien Innovations GmbH gegenüber dem bekannten Tagesschausprecher **Jan Hofer** – hatte sich das OLG Hamburg[1469] zu befassen und sah darin, dass die zur Burda-Gruppe gehörende Verlags-GmbH (ua *Lisa, Glücks Revue* etc.) geäußert hatte, der „TV-Biedermann" könne „sein bizarres Doppel-Leben" nicht länger verheimlichen, keine Schmähkritik. Bei derartigen Äußerungen handele es sich, so das OLG, *„ersichtlich um Aussagen, die nicht mit dem Anspruch auf Wahrheit ausgestattet, sondern durch Elemente des Meinens und Dafürhaltens als Ausdruck einer subjektiven Ansicht oder Überzeugung geprägt sind"*. Zudem komme diese Äußerung – vor dem Hintergrund, dass Hofer mit seiner Ehefrau und seiner Geliebten unter einem gemeinsamen Dach lebe, *„nicht ohne jede tatsächliche Grundlage daher"*.

2017 hatte sich auch das BVerfG[1470] mit der Thematik der sogenannten „Schmähkritik" zu befassen. Dem Beschl. lag die Verurteilung eines Versammlungsleiters aus dem rechten Spektrum wegen Beleidigung des Abgeordneten der Grünen **Volker Beck,** den er als „Obergauleiter der SA-Horden" bezeichnet hatte, zu Grunde. Dabei betonte das BVerfG, der Begriff der Schmähkritik sei eng auszulegen und – wegen seines die Meinungsfreiheit verdrängenden Effekts – ein eng zu handhabender Sonderfall zu bleiben. Die angegriffenen Entscheidungen würden verkennen, dass der Beschwerdeführer mit seiner Äußerung auch das Handeln des Geschädigten kommentiert habe, der sich maßgeblich an der Blockade der vom Beschwerdeführer als Versammlungsleiter angemeldeten Versammlung beteiligt und die Teilnehmenden auch seinerseits als „braune Truppe" und „rechtsextreme Idioten" beschimpft habe. Es sei dem Beschwerdeführer nicht ausschließlich um die persönliche Herabsetzung des Geschädigten gegangen. Bereits die unzutreffende Einordnung verkenne Bedeutung und Tragweite der durch Art. 5 Abs. 1 Satz 1 GG geschützten Meinungsfreiheit, monierte das Gericht.

Ebenfalls mit den Grenzen der Schmähkritik hatte sich das LG Düsseldorf[1471] zu befassen. Auch diesmal ging es um politische bzw. sportpolitische Themen, nämlich die Vergabe der Fußball-WM nach Katar. Kläger des Rechtsstreits war die **Quatar Football Association,** die der ehemalige DFB-Präsident **Theo Zwanziger** in einem Rundfunkbeitrag vom 2.6.2015 als „Krebsgeschwür des Weltfußballs" bezeichnet hatte. Das Landgericht nahm – wie in der Entscheidung des LG Hamburg zu Böhmermann – zu den zu

[1467] BGH 30.7.2019 – VI ZR 231/18, BeckRS 2018, 8374.
[1468] BVerfG BeckRS 2022, 1484; vgl. dazu auch Vasel NJW 2022, 740.
[1469] OLG Hamburg BeckRS 2017, 107141.
[1470] BVerfG NJW 2017, 1460, vgl. auch BVerfG BeckRS 2016, 47225.
[1471] LG Düsseldorf NJOZ 2016, 1735.

differenzierenden Betrachtungsweisen strafrechtlicher und zivilrechtlicher Beurteilung derartiger Sachverhalte Stellung. So sah es zwar in der Bezeichnung von Katar als „Krebsgeschwür“ eine Beleidigung im Sinne des § 185 StGB; dennoch könne die Quatar Football Association deshalb keine Unterlassung verlangen, denn diese Aussage sei durch die grundrechtlich geschützte Meinungsäußerung in Art. 5 Abs. 1 S. 1 GG gedeckt, weil der Beklagte sie in Wahrnehmung des berechtigten Interesses – nämlich eine öffentliche Debatte über die Vergabe der Fußball-WM nach Katar und die damit verbundenen Vergabeentscheidungen zu führen – getätigt habe. Wer – wie Zwanziger hier – Kritik an öffentlichen Missständen übe, sei nicht auf das mildeste Mittel zur Verdeutlichung seines Standpunktes beschränkt, so das LG. Zu der vom OLG Frankfurt a. M. abgewiesenen Klage Theo Zwanzigers wegen des Ermittlungsverfahrens, das gegen ihn im Zusammenhang mit der WM-Affäre wegen des Verdachts der schweren Steuerhinterziehung geführt wurde, vgl. nachfolgend s. nachfolgend → **Rn. 253.**

Satire darf fast alles, doch es gibt Grenzen: Grundsätzlich darf Satire somit – mit Hinweis auf Art. 5 Abs. 3 GG bzw. Art. 5 Abs. 1 GG – fast[1472] alles und genießt einen besonders weiten Freiraum bis hin zur Grenze der Schmähkritik, da es – worauf bereits das BVerfG[1473] sowie ua auch das OLG Dresden,[1474] das LG Dortmund,[1475] das LG Köln[1476] und ebenfalls das OLG Hamburg[1477] (im Fall Böhmermann) hingewiesen hatten – der Satire wesenseigen ist, mit Übertreibungen, Verzerrungen und Verfremdungen zu arbeiten. Allerdings reicht allein das Vorliegen von Satire für den Schutz von Art. 5 Abs. 3 GG nicht aus, da nicht jede Satire Kunst ist.[1478] **189a**

Die Satire findet daher *„ihre Grenze in den allgemeinen Grenzen der Meinungsäußerung wie auch der Schmähkritik. Einkleidung und Aussagekern sind gesondert zu prüfen, wobei der Maßstab für die Beurteilung der Einkleidung in der Regel weniger streng ist als für die Beurteilung des Inhalts. Unzulässig kann Satire sein, wenn sie nicht etwas Vorhandenes übertreiben, überspitzen, sondern ohne realen Ansatz in die falsche Richtung zielen soll. Je stärker das entworfene Persönlichkeitsbild beansprucht, sich mit der sozialen Wirklichkeit des Dargestellten zu identifizieren, desto schutzwürdiger ist dessen Interesse an der Vermeidung persönlichkeitsbeeinträchtigender Verfremdungen und umso weniger Anlass besteht dann auch, den Künstler/Äußernden rechtlich anders zu behandeln als einen Kritiker, der Unwahrheiten behauptet“*, so das LG Köln.[1479]

Im Fall Böhmermann, der nun durch den Beschl. des BVerfG vom 10.2.2022 abgeschlossen ist, äußerte sich das OLG Hamburg[1480] 2018 zu den **Grenzen zwischen Kunst- und Meinungsfreiheit im Kontext der Satire** wie folgt (Amtliche Leitsätze):

„Satire kann, muss aber nicht Kunst iSv Art. 5 Abs. 3 GG sein. Kunst im Sinne des Art. 5 Abs. 3 GG ist eine satirische Äußerung nur dann, wenn sie die weiteren Voraussetzungen des verfassungsrechtlich maßgeblichen Kunstbegriffs erfüllt, also ein Werk ist, das ein Produkt freier schöpferischer Gestaltung ist, in der Eindrücke, Erfahrungen, Erlebnisse des Künstlers durch das Medium einer bestimmten Formensprache zu unmittelbarer Anschauung gebracht werden, indem Intuition, Phantasie und Kunstverstand zusammenwirken.“

„Die in Art. 5 Abs. 1 Satz 1 GG garantierte Meinungsfreiheit im Allgemeinen und die Freiheit der Äußerung satirischer Beiträge im Besonderen schützt die Äußerung von Kritik in einer pointierten, polemischen und überspitzten Weise. Dieser Schutz setzt aber voraus, dass mit der Äußerung auch wirklich eine Kritik vorgebracht wird, sie Elemente enthält, die einen Bezug zu dem Gegenstand der Kritik aufweisen. Je weiter sich der Gehalt einer Äußerung von dem Gegenstand der Kritik entfernt und sich ohne Bezug auf diesen auf die bloße Herabsetzung der Person des Kritisierten fokussiert, desto geringer wird das für den Äußernden streitende Gewicht der Meinungsfreiheit gegenüber dem Gewicht des allgemeinen Persönlichkeitsrechts der von der Äußerung betroffenen Person.“

„Das Aussprechen von Beleidigungen mit dem erkennbaren Zweck, die von ihnen betroffene Person verächtlich zu machen, ist auch dann rechtswidrig, wenn ihr die Ankündigung vorausgeht, jetzt werde lediglich ein Beispiel für solche Arten von Äußerungen gegeben, die rechtlich nicht zulässig seien.“

Demnach erreicht – worauf nachfolgend das Bundesverfassungsgerichts mit Beschl. vom 19.12.2021,[1481] hingewiesen hat – eine Äußerung nicht erst dann strafrechtliche Relevanz, wenn ihr diffamierender Gehalt

[1472] Oechsler NJW 2017, 757; Oglakcioglu/Rückert ZUM 2015, 876; Becker GUR 2004, 908.
[1473] BVerfG NJW 1987, 2661.
[1474] OLG Dresden NJW-RR 2010, 1490.
[1475] LG Dortmund BeckRS 2015, 9821.
[1476] LG Köln BeckRS 2015, 17061.
[1477] OLG Hamburg BeckRS 2018, 8374.
[1478] LG Hamburg BeckRS 2017, 110240; LG Hamburg BeckRS 2017, 101443.
[1479] LG Köln BeckRS 2015, 17061 mit Verweis auf BGH NJW 1983, 1194.
[1480] OLG Hamburg BeckRS 2018, 8374.
[1481] BVerfG NJW 2022, 680 mAnm Höch.

so erheblich ist, dass sie in jedem denkbaren Sachzusammenhang als bloße Herabsetzung des Betroffenen erscheint, wenn also letztlich eine Beleidigung mit dem abwägungsfreien Sonderfall der Schmähkritik gleichgesetzt wird. Hier liegen somit die Grenzen auch der Satire. Dem Vorwurf von Vasel,[1482] dadurch werde die Menschenwürde „überstrapaziert" und „inflationär" gebraucht, kann insofern nicht zugestimmt werden.

Als zulässig – allerdings lange vor der soeben zitierten Entscheidung des BVerfG – erachtete das LG Hamburg[1483] die Bezeichnung der AfD-Politikerin **Alice Weidel** als *„Nazi-Schlampe" in* der Satiresendung „extra 3" vom 27.4.2017. Mit dieser Äußerung sei die Grenze von Satire noch nicht überschritten worden, da der Moderator dieser Satiresendung sich unmittelbar auf eine Parteitagsrede Weidels bezogen habe, auf der die AfD-Politikerin öffentlich proklamiert hatte, dass die *politische Korrektheit auf den Müllhaufen der Geschichte* gehöre. Somit sei den Zuschauern der Sendung klar gewesen, dass die politisch an sich nicht akzeptable Formulierung („Nazi-Schlampe") allein deshalb gewählt worden sei, um deutlich zu machen, wohin eine solche Forderung führe. Die Entscheidung des Landgerichts Hamburg ist nicht rechtskräftig. Der Bevollmächtigte der Antragstellerin hat angekündigt, gegen die Zurückweisung ihres Antrags sofortige Beschwerde einzulegen, über die das Hanseatische Oberlandesgericht zu entscheiden hätte.

Eine **Fotomontage** in satirischer Form, die in einer Zeitschrift veröffentlicht worden war, lag einer Entscheidung des LG Berlin[1484] zu Grunde. Das LG sah es als unzulässig an, dem abgebildeten Kopf des Klägers einen nackten weiblichen Körper unterzuschieben, da dadurch in den Kernbereich der Würde des Abgebildeten eingegriffen werde.

Das Thema Satire versus Persönlichkeitsrecht beschäftigte die Justiz im Herbst 2006: Aufgrund einer Klage des ehemaligen Bundesfinanzministers Oskar Lafontaine hatte sich der BGH[1485] hiermit zu befassen. Ein bundesweit bekanntes Mietwagenunternehmen hatte in einer Werbeanzeige unter anderem eine **Portraitaufnahme** von **Oskar Lafontaine** (der zum Zeitpunkt des Erscheinens der Anzeige gerade als Bundesfinanzminister zurückgetreten war) ohne dessen Zustimmung verwendet. Das Foto erschien – durchgestrichen – mit dem Text:" S … verleast auch Autos an Mitarbeiter in der Probezeit". Das OLG Hamburg hatte daraufhin dem Kläger (Lafontaine) einen immateriellen Schadensersatz von 100.000 EUR zugesprochen. Der BGH wies die Klage auf die Revision der verklagten Mietwagenfirma hin ab. Solange der Eindruck nicht erweckt werde, der Abgebildete empfehle das mit seinem Foto beworbene Produkt, liege keine Kommerzialisierung zu Werbezwecken[1486] vor. Zudem stehe das Foto im Zusammenhang mit einer satirischen Auseinandersetzung des Mietwagenunternehmens mit einer (damals tagesaktuellen) politischen Frage. Auch Wirtschaftsunternehmen könnten sich auf das Recht der freien Meinungsäußerung berufen und seien berechtigt, tagesaktuelle Ereignisse in satirischer Form aufzugreifen.

189b **Grenzen von Satire:** Die Grenzen dessen, was Satire darf, sah das OLG München im Jahr 1998[1487] überschritten und verurteilte die beklagte Zeitschrift „Stern" zur Zahlung eines Schmerzensgeldes iHv 5.000 EUR (damals 10.000 DM). Der Kläger – ein bayerischer Geschäftsinhaber – fand drei Fotos seiner Person zusammen mit dem damaligen CSU-Vorsitzenden **Theo Waigel** in der Zeitschrift Stern und dort unter der Satirerubrik „Bonnbons" wieder (die Fotos hatte ein Pressefotograf während eines **Trachtenfestes** gefertigt, bei dem der Kläger sich eher zufällig im Gespräch mit Theo Waigel befand). In drei satirischen Sprechblasen stellte dort Waigel den Kläger „als einen Herrn H. vor, der Generalsekretär der CSU werden solle und jedoch genauso peinliche Statements wie Herr P. abgebe, die jedoch Gott sei Dank keiner verstehe". Eine Einwilligung hierzu hatte der Kläger nicht gegeben. Das Gericht wies zutreffend darauf hin, dass diese Art einer Satire, die den Kläger als Repräsentanten des „doofen lederbehosten Bayern" darstelle und somit „auf Kosten eines unbeteiligten Dritten, nämlich des Klägers" gehe, eine „zutiefst beleidigende Äußerung" darstelle, die auch nicht durch den eindeutigen Satirecharakter, deren „unfreiwilliges Opfer" der Kläger geworden sei, gerechtfertigt werde.

Mit dem Begehren einer „Geldentschädigung bei überzogener satirischer Darstellung" befasste sich im Jahr 2004 das OLG Hamm.[1488] Die Klägerin, eine 16-jährige junge Frau, war in der Sendung **„TV-Total"** vom Moderator als für das Pornogeschäft geeignet bezeichnet worden, in dem dieser ihren Namen wiederholte und hinzufügte: „Toller Name, wenn man ins Pornogeschäft einsteigen will". Zutreffend sah das OLG die Grenzen des „beachtlichen Freiraumes" der Satire als überschritten an, wenn – wie hier – die von ihrer

---

1482 Vasel NJW 2022, 740 (743).
1483 LG Hamburg BeckRS 2017, 110240.
1484 LG Berlin AfP 2002, 249.
1485 BGH NJW 2007, 689.
1486 Zur – ebenfalls verneinten – Kommerzialisierung im Falle der Veröffentlichung des Fotos eines Unfallopfers vgl. BGH VersR 2012, 630 (633).
1487 OLG München NJW-RR 1998, 1036.
1488 OLG Hamm NJW-RR 2004, 919.

satirischen Umkleidung freigelegte Aussage die Würde eines Betroffenen in ihrem Kernbereich trifft. Das gebotene und angemessene „Schmerzensgeld" sah das OLG bei 70.000 EUR.

Zu erwähnen ist insofern auch der Rechtsstreit zwischen dem Schauspieler **Fritz Wepper** und dem sogenannten „Comedian"[1489] **Atze Schröder.** Letzterer hatte sich in seinem Bühnenprogramm *„Schmerzfrei"* über den Schauspieler in Bezug auf die Zeugung seines Kindes mit der deutlich jüngeren Susanne Kellermann in einer die Intimsphäre des Schauspielers extrem verletzenden Art lustig gemacht. Zwar sei das Bühnenprogramm „als Kunst im Sinne des Art. 5 Abs. 3 S. 1 GG anzusehen", so das OLG München,[1490] die Kunstfreiheit könne jedoch „Grenzen unmittelbar in anderen Bestimmungen der Verfassung finden, die ein in der Verfassungsordnung des Grundgesetzes ebenfalls wesentliches Rechtsgut schützen. Dies gilt namentlich für das durch Art. 2 Abs. 1 iVm Art. 1 Abs. 1 GG geschützte Persönlichkeitsrecht .... sofern die Beeinträchtigung des Persönlichkeitsrechts „derart schwerwiegend ist, dass die Freiheit der Kunst zurückzutreten hat". Dies sah das OLG zutreffend als gegeben an, denn der Antragsteller werde „vom Antragsgegner verhöhnt und erniedrigt" und „nicht nur im sozialen Bereich, sondern wegen eines Verhaltens, das dem Intimbereich zuzurechnen ist, stigmatisiert und an den Pranger gestellt"; dies gehe über das, was Satire dürfe bzw. von der Kunstfreiheit gedeckt sei weit hinweg und überschreite die „Grenze des Erlaubten".[1491]

Unfassbar geschmacklos und weit außerhalb der Grenzen von Satire und damit rechtswidrig war der **„Song"text des Rappers** Felix Blume alias **„Kollegah"** über die beiden jugendlichen Töchter der Geissens (TV-Promis): *„AH, J-I-G-Z, ... Ich fick' deine Frau – Fuß-Schuhen-Fetisch, ... am 18. Geburtstag der Tochter der Geissens, steh ich vor der Tür, hol mir die Kleine und hinterlasse Creampie in ihrer Scheide"* und weiter man werde *„Projektile und Leichen der Töchter der Geissens" hinterlassen und wenn ihr „Körper am Boden zerteilt ist, zieht die Spurensicherung Linien aus Kreise ...".* Das LG Mannheim[1492] hatte den beiden jungen Frauen insofern jeweils 50.000 EUR Schmerzensgeld wegen schwerer Persönlichkeitsrechtsverletzung zugesprochen, was angesichts der Schwere der Persönlichkeitsrechtsverletzungen und der konkreten Drohungen mit sexueller Gewalt und Tod eher am unteren Rand des hier möglichen Ermessensspielraums liegt.

Auch der der **Rapper** Anis Mohamed Y. Ferchichi (besser bekannt als **Bushido**), der 2022 einer zur Tatzeit 16-jährigen Frau, die er nach einem Konzert in Münster in seinem Hotelzimmer massiv sexuell belästigt hatte, zur Urteilsabwendung vergleichsweise 62.500 EUR zahlte,[1493] überschritt die Grenzen des Erlaubten in ähnlich extremer Weise, indem er sich in zahlreichen soziale Medien (auf Facebook, Twitter und auf der Internetseite von MySpace) in extremster Weise unsozial, abfällig und bösartig über die Klägerin, Ingrid Pavic (Teilnehmerin in der TV-Container-Show „Big Brother") geäußert hatte, indem er die Klägerin unter anderem als „Du Nutte" und „Du Kacke" bezeichnete. Dies geht weit über den Begriff *übertriebener Schmähkritik* hinaus und ist ausschließlich beleidigend und diffamierend. Die Klägerin begehrte zutreffend ein Schmerzensgeld von 100.000 EUR, das LG Berlin[1494] sprach ihr jedoch lediglich 8.000 EUR zu und damit einen bei weitem zu geringen Betrag.

Dabei kann bereits der ersten Argumentation des LG nicht gefolgt werden, wonach der Klägerin gewissermaßen ein „Mitverschulden" schmerzensgeldmindernd anzurechnen sei, weil diese sich bewusst und *„gezielt ... deprivatisierend der Öffentlichkeit ausgeliefert"*[1495] habe. Scharf zu kritisieren ist jedoch die zweite Argumentation des LG, wonach *„Äußerungen von Rappern ... mit ihrer teilweise unsachlichen und überzogenen Tendenz vom verständigen Bürger nicht für bare Münze* genommen werden"[1496] dürften. Auch die verquere Argumentation[1497] man müsse bedenken, „dass sich die Rapper auch selbst „beschimpfen", ohne dies abwertend zu meinen (etwa die Selbstbezeichnung als „Mutterficker")", vermag nicht zu überzeugen.[1498] Denn zum einen verdient der Beklagte als sog. Rapper damit durchaus „bare Münze" und zum anderen kann das bekannte Motto *„ist der Ruf erst ruiniert, so lebt es sich ganz ungeniert"* hier nicht dazu herangezogen werden, dass der Beklagte – der sich nach einer Vielzahl von extremen Beleidigungen den vom LG zitierten Ruf erarbeitet hat – sich

---

1489 Eine Berufsbezeichnung für Personen die sich, im Gegensatz zum Komiker, häufig oder gar überwiegend auf Kosten anderer Mitmenschen durch derbe und nicht selten verletzende Äußerungen beim Publikum profilieren.

1490 OLG München BeckRS 2013, 07462. Das LG München hatte zuvor die Klage Weppers wegen Schmerzensgeldes abgewiesen.

1491 OLG München BeckRS 2013, 07462.

1492 OLG Karlsruhe 19.5.2021 – 6 U 81/20, BeckRS 2019, 33895, → Nr. 6796. Anm.: Vor dem OLG wurde der Rechtsstreit, nachdem die Beklagten zunächst Berufung eingelegt hatten, für erledigt erklärt.

1493 LG Mannheim 30.3.2022 – 14 O 193/21.

1494 LG Berlin BeckRS 2012, 18220; vgl. auch in einem ähnlichen Sachverhalt (J. Kachelmann/Kool Savas) LG Berlin 15.11.2011. Dort erhielt der bekannte Wettermoderator ebenfalls nur 10.000 EUR für extremste Beleidigungen als „verfickter Bastard", „blödes Arschloch", „scheiß Wettervogel" etc.

1495 LG Berlin BeckRS 2012, 18220.

1496 LG Berlin BeckRS 2012, 18220.

1497 Oglakcioglu/Rückert ZUM 2015, 876.

1498 Ebenso könnte man argumentieren, dass sich derartige „Künstler" auch gerne mal verprügeln und deshalb auch Unbeteiligte eben einmal Prügel einstecken müssten, ohne sich dadurch verletzt zu fühlen.

nunmehr herausnehmen kann, kommerziell jede Person nach Belieben zu beleidigen. Insofern ist, worauf der BGH bereits im Jahr 1994[1499] zutreffend hingewiesen hatte, zwar nicht zwingend eine völlige „Gewinnabschöpfung" vorzunehmen, wohl aber muss die Erzielung von Gewinnen aus der Rechtsverletzung als Bemessungsfaktor in die Entscheidung über die Höhe der Geldentschädigung einbezogen werden und es muss zudem bzw. dadurch von der Höhe der Geldentschädigung ein echter Hemmungseffekt ausgehen. All' dies hat das Landgericht offensichtlich völlig übersehen.

190 Auch in einer **Glosse**[1500] – hier gelten mindestens die gleichen Grundsätze wie bei einer Satire – sind die Grenzen der Zulässigkeit überschritten, sofern die Persönlichkeitsrechtsverletzung des glossarisch „durch den Kakao Gezogenen" verletzt sind. Dies sah das OLG Köln[1501] in Bezug auf den Wetterexperten und Fernsehmoderator **Jörg Kachelmann**[1502] zutreffend als gegeben an. Dieser hatte gegen die selbst ernannte Feministin und Herausgeberin der Zeitschrift „Emma", **Alice Schwarzer,** geklagt. Der Klage vorausgegangen war die von Schwarzer in ihrer „Emma" verfasste Glosse, in der diese vorgeschlagen hatte, die Worte „einvernehmlicher Sex" und „Unschuldsvermutung" zu den Unworten des Jahres 2011 zu ernennen und dies wie folgt begründet hatte: *„Da fragt man am besten … Claudia D.* [Ergänzung: Claudia D. war die ehemalige Lebensgefährtin von Herrn Kachelmann] *oder irgendeine von den 86.800 geschätzten vergewaltigten Frauen im Jahr, deren Vergewaltiger nie angezeigt, nie angeklagt oder nie verurteilt wurden*". Zutreffend sah sich der Kläger dadurch erneut unzutreffend als „Vergewaltiger" bezeichnet und in seinen Persönlichkeitsrechten massiv verletzt und bekam insofern Recht.

191 **Internetforen, Internetplattformen, Social-Media-Apps und Telemediengesetz:** Im Rahmen eines Unterlassungsanspruchs wegen eines, in ein Internetforum eingestellten, ehrverletzenden Beitrags hatte sich der BGH[1503] im Frühjahr 2007 mit der oben genannten Thematik im Zusammenhang mit dem Telemediengesetz[1504] zu befassen. Der BGH wies insofern darauf hin, dass diesbezügliche Vorschriften keinen haftungsbegründenden Charakter haben und ebenso wie schon die §§ 8 bis 11 Telemediengesetz[1505] keine Anspruchsgrundlagen enthielten. Sodann differenzierte der BGH zwischen der rechtlichen Betrachtung einer **Fernseh-Livesendung**[1506] und der eines **Beitrages im Internet.** Der Betreiber eines Internetforums sei, so der BGH, „Herr des Angebots" und verfüge deshalb vorrangig über den rechtlichen und tatsächlichen Zugriff. Internetangebote seien – wie etwa auch Aufzeichnungen im Fernsehen – dem nachträglichen Zugriff des Anbieters in keiner Weise entzogen. Auch wenn von ihm keine Prüfpflichten verletzt werden, so sei er doch nach allgemeinem Zivilrecht zur Beseitigung und damit zur Unterlassung künftiger Rechtsverletzungen verpflichtet. Die zivilrechtliche Verantwortlichkeit des Betreibers eines Internetforums für dort eingestellte Beiträge entfällt nicht deshalb, weil dem Verletzten die Identität des Autors bekannt ist.

„Wird ein ehrverletzender Beitrag in ein Forum eingestellt, ist der Betreiber als Störer iSv § 1004 Abs. 1 S. 1 BGB zur Unterlassung verpflichtet. Ebenso wie der Verleger die Quelle einer von einem Presseerzeugnis ausgehenden Störung beherrscht und deshalb grundsätzlich neben dem Autor eines beanstandeten Artikels verantwortlich ist."

Auch wenn es vorliegend dem Kläger nicht vorrangig um den Ersatz des immateriellen Schadens, sondern vielmehr um sein Unterlassungsbegehren ging, ergeben sich aus der Entscheidung des BGH gute Voraussetzungen für künftige „Schmerzensgeldklagen", nicht nur gegen die „Autoren" derartiger Internetbeiträge, sondern auch gegen die Betreiber derartiger Foren.

Gegen die „Autoren" derartiger Beiträge im „Netz" Unterlassungs- oder Schmerzensgeldansprüche konkret durchzusetzen, wird jedoch durch die **Grundsatzentscheidung** des BGH[1507] – mit der der BGH die Anonymität im Internet gestärkt hat – erheblich erschwert. Dies insofern, als die Betreiber von Internetportalen (hier zur **Ärztebewertung**) mangels entsprechender Rechtsgrundlage hierfür selbst dann nicht zur Herausgabe von Name und Anschrift verpflichtet sind, wenn die ins „Netz" gestellten Aussagen erweislich unwahr sind. Im konkreten Falle wollte ein Arzt von dem **Bewertungsportal Sanego** den Namen eines Nutzers erhalten, der mehrfach unwahre Behauptungen über den Arzt und seine Praxis im Portal von Sanego veröffentlicht hatte. Im Einzelfall muss somit der so in seinen Rechten Verletzte entweder gegen den Betreiber der Internetseite vorgehen oder Strafanzeige gegen Unbekannt stellen, um somit von der Ausnahme zu profitieren, die der BGH ausdrücklich „für Zwecke der Strafverfolgung" vorsieht. Dem Urteil kann – aus

1499 BGH NJW 1995, 861 → Rn. 151.
1500 Lt. WIKIPEDIA „kurzer und pointierter, oft satirischer oder polemischer, journalistischer Meinungsbeitrag".
1501 OLG Köln BeckRS 2014, 13183.
1502 S. auch unter → Rn. 167, → Rn. 178 und → Rn. 179.
1503 BGH ZUM 2007, 533; vgl. hierzu auch AG Ludwigshafen BeckRS 2009, 05488.
1504 BGBl. I, 179.
1505 Telemediengesetz in der Fassung von Art. 1 Nr. 4 des Gesetzes vom 14. Dezember 2001 (BGBl. I, 3721).
1506 BGH NJW 1976, 1198.
1507 BGH GRUR 2014, 902.

meiner Sicht – nur insofern zugestimmt werden, als der BGH feststellt, dass es derzeit kein Gesetz gibt, welches die Aufhebung der Anonymität im Internet wegen Falschaussagen erlaube. Hier ist nun der Gesetzgeber gefragt und entsprechend zum raschen Handeln aufgefordert. Denn es geht bei derartigen – zum Teil krassen Fällen (man denke zum einen gerade an Internetmobbing unter Jugendlichen mit gravierenden Folgen, bis hin zum Selbstmord und zum anderen an Fälle wie den Vorliegenden, bei denen in extremer Ausprägung durchaus eine Existenz zerstört werden kann) – nicht nur um Schmerzensgeld, sondern gegebenenfalls um Leben oder berufliches Überleben. Dabei kann es dem Opfer nicht erst zugemutet werden, den mühsamen Weg (einer Klage gegen Unbekannt) über die Strafjustiz einzuschlagen, um die feigen – weil andere anonym schädigenden – Täter zivilrechtlich schnellstmöglich zur Rechenschaft ziehen zu können.

Der **Opferschutz** muss in solchen Fällen künftig klar **vor** den **Täterschutz** gestellt werden!

Dies bleibt jedoch auch weiterhin ein frommer Wunsch, denn es wird auch in Zukunft wohl keine Datenauskünfte über Internetnutzer an Privatpersonen und Unternehmen zum „Schutz von Persönlichkeitsrechten" geben. Der hierfür – vor dem Hintergrund des oben beschriebenen „Sanego"-Falles – eingerichtete Arbeitskreis *AK Vorratsdatenspeicherung* räumt – unter Außerachtlassung jeglichen Opferschutzes – dem Recht auf anonyme Internetnutzung einen nahezu unantastbaren Schutz ein und empfahl der Bundesregierung ihre insofern angestrengten Überlegungen aufgeben.

Zur zivilrechtlichen Haftung der Betreiberin des **Bewertungsportals „www.yelp.de"** für Bewertungen auf diesem Portal hat der BGH gleich in drei Entscheidungen[1508] Stellung genommen. Diese Entscheidungen betreffen – anders als vorangegangene höchstrichterliche Judikate zu Bewertungsportalen – weder die Verantwortlichkeit der Portalbetreiberin für die Aufnahme in das Portal noch eine Einstandspflicht für Bewertungen Dritter, sondern unmittelbar die Haftung der Portalbetreiberin für eigenes Verhalten nach allgemeinem Zivilrecht. Hierzu sei auf die Urteilsbesprechungen und Anmerkungen von Schaub[1509] in GRUR 2020, 494 ff. verwiesen.

Auch auf die **Providerhaftung** in Bezug auf sogenannte Bewertungsportale im Internet näher einzugehen würde den Rahmen dieser Kurzkommentierung sprengen. Insofern sei jedoch – um einen umfassenden Einstieg in diese Materie zu bekommen – auf die BGH-Urteile[1510, 1511] und die Aufsätze von *Peifer*[1512] und *Schilling*[1513] hingewiesen.

Zur Haftung für die öffentliche Zugänglichmachung von Fotos durch einen **Internetplattformbetreiber** (im konkreten Fall ging es um eine Verkaufsplattform) sei auf ein Urteil des OLG Düsseldorf[1514] verwiesen.

Zur Haftung des Inhabers eines **Mitgliedskontos** für die Nutzung von im Internet zugänglichen Diensten (im konkreten Falle eines eBay-Kontos) sei auf die sogenannte *„Halzband-Entscheidung"*[1515] des BGH[1516] verwiesen.

Auch wenn die drei zuletzt benannten Fundstellen (Provider, Internetplattform, Mitgliedskonto) sich nicht mit der Thematik des Schmerzensgeldes befasst hatten, so sind jedoch Fälle denkbar, bei denen auf diese Fundstellen zurückgegriffen werden kann; zu denken ist hier beispielsweise an die unautorisierte Nutzung eines fremden Blogs oder WhatsApp-Zugangs und die auf diese Weise versandten persönlichkeitsrechtsverletzenden Fotos oder Texte.

Internetpranger: Zu einem besonders krassen Fall der Anprangerung einzelner Personen mit Foto und unter Namensnennung im Rahmen medialer Berichterstattung in Printmedien und im Internet vgl. OLG München[1517] sowie nachfolgend → Rn. 208a sowie die nachfolgende Entscheidung des LG Düsseldorfs.[1518]

1508 BGH 14.1.2020 – VI ZR 495/18, GRUR-RS 2020, 1917; GRUR 2020, 435 – www.yelp.de; VI ZR 497/18, GRUR-RS 2020, 1913.
1509 Schaub GRUR 2020, 494.
1510 BeckRS 2016, 06437.
1511 BeckRS 2011, 28856.
1512 Peifer NJW 2016, 23.
1513 Schilling GRUR-Prax 2015, 313.
1514 OLG Düsseldorf ZUM 2016, 869.
1515 Der Beklagte hatte bei eBay Schmuck mit dem Text „SSSuper … Tolle … Halzband (Cartier Art)" angeboten.
1516 BGH BeckRS 2009, 10889.
1517 OLG München BeckRS 2018, 8539 und OLG München BeckRS 2016, 7378.
1518 LG Düsseldorf BeckRS 2019, 8491.

Zum Internetpranger nach § 57 Abs. 1 GwG, einem 2017 eingeführten Instrument des „Naming and Shaming“ sowie zur Lebensmitteltransparenz und Gaststättenkontrolle sei auf die Entscheidungen des OVG Münster[1519] sowie der VG Ansbach, Aachen und Berlin verwiesen.[1520]

Nutzt ein(e) sogenannte(r) Influencer/in seine/ihre hohe Bekanntheit innerhalb des Internets bzw. **Social-Media-Apps** und ruft hierüber die Follower/Gefolgschaft auf, eine unliebsame Person „fertig zu machen“, wie dies die wolgadeutsche **Influencerin** Jana Weilert alias *Bonnie Strange* nach dem Besuch eines Berliner Modehauses tat, so ist dies – wie das LG Düsseldorf zutreffend entschied – schmerzensgelderhöhend zu berücksichtigen. Weiler hatte den Verkäufer unter anderem als „Arschloch, Wichser und Schwein“ bezeichnet und dabei ihren Rauswurf aus dem Ladengeschäft gefilmt. Anschließend veröffentlichte Weilert den Film über ihre gewerblichen Social-Media-Accounts und überzog darin den Verkäufer erneut mit regelrechten Hasstiraden und rief zudem ihre über 628.000 Follower auf: „Macht ihn fertig!“. Das LG Düsseldorf[1521] sprach dem Mann 10.000 EUR zu und hob dabei auch die **Prangerwirkung im Internet** hervor, welcher der Kläger sowohl durch die vorsätzliche, schwerwiegende Verletzung des allgemeinen Persönlichkeitsrechts als auch durch die gewalttätigen und bedrohlichen Elemente der Veröffentlichungen ausgesetzt worden war. Der Forderung von 20.000 EUR widersprach das LG jedoch mit dem Hinweis auf die Schnelllebigkeit sozialer Medien und auch, weil der Kläger nicht namentlich genannt wurde. Bei der Bemessung betonte das LG jedoch zutreffend, dass es – um der Genugtuungsfunktion zu entsprechen – einer Gewinnabschöpfung bei der Beklagten bedarf, da diese durch ihre Äußerungen eine erhöhte mediale Aufmerksamkeit auf sich gezogen habe.

192 **Folgeveröffentlichungen:** Die Frage, inwieweit bei medienbedingten Ehrverletzungen der Schmerzensgeldanspruch des Geschädigten auch Folgeveröffentlichungen umfasst, beantwortete das OLG Köln[1522] zutreffend:

„Bei mehreren Veröffentlichungen ist weder eine gesamtschuldnerische Haftung der Schädiger anzunehmen, noch findet eine Anrechnung gezahlter Schmerzensgeldbeträge statt … Vielmehr handelt es sich bei verschiedenen Veröffentlichungen um selbständige punktuelle Eingriffe in das Persönlichkeitsrecht, die das Selbstbestimmungsrecht des Betroffenen stets neu verletzen und jeweils für sich zu beurteilen sind.“

193 **Widerruf und Richtigstellung:** Auch ein nicht abgedruckter Widerruf[1523] kann im Einzelfall als schmerzensgeldrelevante Persönlichkeitsrechtsverletzung angesehen werden, sofern hierdurch die – durch die zu widerrufende Aussage bereits vorhandene – Rechtsgutverletzung fortdauert. Die rechtzeitige Veröffentlichung eines zutreffenden Widerrufs oder einer Richtigstellung mindert dagegen den Schaden und damit die Höhe der zu zahlenden Geldentschädigung,[1524] denn es bleibt – auch nach der Reform des Zweiten Schadensrechtsänderungsgesetzes – stets zu prüfen, ob beispielsweise durch Widerruf oder eine entsprechende Gegendarstellung der ideelle Schaden beseitigt oder zumindest herabgesetzt werden kann.[1525] Hierbei ist auf die besonderen Umstände des Einzelfalles abzustellen.

Der Anspruch auf Zahlung einer Entschädigung wegen der Verletzung des allgemeinen Persönlichkeitsrechts ist nicht deswegen pauschal ausgeschlossen, weil auch ein **Widerruf der Äußerungen** begehrt werden kann. Eine bloße Verweisung auf einen Widerruf (ohne immateriellen Schadensersatz) scheidet regelmäßig aus, wenn dem Geschädigten ehrverletzende Straftaten (wie Betrug oder Diebstahl) oder gravierende Pflichtverletzungen (wie jahrelanges Mobbing) im beruflichen Umfeld vorgeworfen werden, die konkrete Auswirkungen auf sein berufliches Ansehen und seinen Status haben, wie dies in dem vom OLG Frankfurt a. M. 2025 entschiedenen Fall klägerischerseits vorgetragen worden war.

Das **OLG Frankfurt a. M.** 2025[1526] hat dazu betont, dass bei einem im Fokus der Öffentlichkeit stehenden Landesbeamten und Lehrer derartige ehrrührige Behauptungen eine erhebliche, existenzgefährdende Intensität für den beamtenrechtlichen Status entfalten. In solchen Konstellationen kann ein einfacher Widerruf die eingetretene Persönlichkeitsrechtsverletzung nicht mehr adäquat heilen, was einen flankierenden Geldentschädigungsanspruch rechtfertigt. Die Zahlung einer Geldentschädigung ist mithin nur dann nachrangig, wenn nach Abwägung sämtlicher Umstände des Einzelfalls – namentlich des Schweregrads der Persönlichkeitsrechts-

1519 OVG Münster GRUR-RS 2022, 30484.
1520 VG Ansbach BeckRS 2023, 11969 (Internetpranger nach § 57 Abs. 1 GwG); VG Aachen BeckRS 2013, 46617 (Lebensmitteltransparenz) sowie VG Berlin BeckRS 2012, 60850 (Gaststätten-Internetpranger).
1521 LG Düsseldorf BeckRS 2019, 8491.
1522 OLG Köln NJW-RR 93, 31 (34).
1523 Vgl. KG NJW-RR 1995, 479.
1524 Vgl. LG Berlin NJW-RR 1998, 316.
1525 Vgl. Diederichsen VersR 2005, 433 (437).
1526 OLG Frankfurt a. M. BeckRS 2025, 31463 Rn. 42.

verletzung des Klägers sowie der Breitenwirkung der Äußerungen des Beklagten – eine Rehabilitation des guten Rufs des Klägers und eine Heilung seiner Persönlichkeitsrechtsverletzung durch den bloßen Widerruf der Äußerungen in befriedigender Art und Weise erreicht werden kann.

In diesem Kontext lediglich erwähnt sei ein Urteil des **EGMR**[1527] zur Untersagung der Veröffentlichung von Archivdaten (im konkreten Fall ging es um einen Artikel der New York Times aus dem Jahr 2001, in welchem über Verbindungen des Klägers zur Organisierten Kriminalität in Russland berichtet worden war). Der Europäische Gerichtshof für Menschenrechte bestätigte das vorausgegangene Urteil des OLG Düsseldorf[1528] und betonte, dass das öffentliche Interesse an den Verwicklungen des Klägers dessen Persönlichkeitsrechte überwiegen würde und zudem derartige Archive eine wichtige Quelle für das Bildungswesen und die historische Forschung seien. Folglich sei Art. 8 EMRK nicht verletzt worden.[1529]

Die Frage der Pflicht der **Anonymisierung von online verfügbaren Altberichten** über den Mord an dem Schauspieler **Sedlmayr** hatte der EGMR[1530] im Sinne der Medien entschieden und die nachträgliche Anonymisierung als den Medien nicht zumutbar erachtet sowie insofern angedeutet, dass dies eher die Aufgabe der Suchmaschinenbetreiber[1531] sei.

Urheberrechtsverletzungen: Zum – auch immateriellen – Schadensersatz bei Urheberrechtsverletzungen **(§ 97 Abs. 1 Satz 2 UrhG)** sei an dieser Stelle auf das Urteil des **BGH vom 21.2.2019** zu der – vom BGH im Grundsatz bejahten – Frage, ob dem Künstler eines vernichteten Kunstwerkes eine immaterielle Geldentschädigung zusteht, hingewiesen. Darin hat der BGH zunächst betont, dass die Vernichtung eines Originalwerks (im konkreten Falle die Raumgestaltung einer Minigolfanlage) die schärfste Form der Beeinträchtigung (§ 14 UrhG) sei und dass im Falle der Vernichtung eines Werks stets eine Interessenabwägung vorzunehmen sei, bei der auf Seiten des Urhebers insbesondere zu berücksichtigen sei, ob es sich bei dem vernichteten Werk um das einzige Vervielfältigungsstück des Werks handelt, welche Gestaltungshöhe das Werk aufweist und ob es ein Gegenstand der zweckfreien Kunst ist oder als angewandte Kunst einem Gebrauchszweck dient. Um den Umfang dieses Handbuchs nicht ausufern zu lassen, sei zur Vertiefung auf den Aufsatz von *Czychowski/Nordemann*[1532] *Gesetzgebung und höchstrichterliche Rechtsprechung im Urheberrecht* **2016** sowie auf die ebenso umfassende, wenn auch nicht mehr ganz aktuelle Auseinandersetzung von *Schimmel*[1533] *„Der doppelte Schadensersatz bei Urheberrechtsverletzungen"* verwiesen. 194

Zur Frage, ob und inwieweit die Autovervollständigungsfunktion von **Google** und damit verbundene unwahre sowie rufschädigende Ergänzungsvorschläge als Persönlichkeitsrechtsverletzung gewertet werden können, hatte der BGH[1534] zu prüfen und entschieden, „dass automatisch generierte Suchergänzungsvorschläge im Einzelfall durchaus das Persönlichkeitsrecht eines Betroffenen verletzen können, weshalb Google unter bestimmten Voraussetzungen auch verpflichtet sein kann, derartige rechtsverletzende Ergänzungen zu unterdrücken".[1535] Auch hier sind somit – worüber der BGH im konkreten Falle, in welchem der Name des Klägers von Google automatisch mit den **rufschädigenden Suchergänzungsvorschlägen** „Scientology" und „Betrug" versehen worden war – Schmerzensgeldansprüche künftig möglich. 195

Die **Bemessung** des **„Schmerzensgeldes"** in Fällen von **unzulässigen Medienberichterstattungen** oder „Artikeln" einer Journaille führt – wie oben bereits dargestellt – immer wieder zu gerichtlichen Auseinandersetzungen. Insofern sei auf die oben unter „Persönlichkeitsrechtsverletzung durch die Medien" ausgeführte Kommentierung und das dort dargestellte Urteil des OLG Hamburg[1536] (Prinzessin Madeleine von Schweden) verwiesen und an dieser Stelle lediglich nochmals auf eine Entscheidung des BGH[1537] eingegangen, der hierzu ausführte: 196

„In Fällen, in denen der Schädiger die Verletzung der Persönlichkeit seines Opfers als Mittel zur Auflagensteigerung und damit zur Verfolgung eigener kommerzieller Interessen eingesetzt hat, ist die Erzielung von Gewinnen aus der Rechtsverletzung als Bemessungsfaktor in die Entscheidung über die Höhe der Geldentschädigung mit einzubeziehen. In solchen Fällen muss von der Höhe der Geldentschädigung ein echter Hemmungseffekt ausgehen; als weiterer Bemessungs-

[1527] EGMR BeckRS 2017, 149971 – Bestätigung von OLG Düsseldorf BeckRS 2011, 21050 (vgl. auch EGMR BeckRS 2017, 153233).
[1528] OLG Düsseldorf BeckRS 2011, 21050.
[1529] EGMR BeckRS 2017, 149971.
[1530] EGMR BeckRS 2018, 14865 (frz. Fassung).
[1531] Vgl. dazu Spindler NJW 2019, 3274 sowie zur Frage des Filterns von Daten Klass ZUM 2020, 353.
[1532] Czychowski/Nordemann NJW 2017, 780; vgl. auch EuGH BeckRS 2016, 80500.
[1533] Schimmel ZUM 2008, 384; vgl. aber auch Redeker Rn. 107; OLG München BeckRS 2000, 30091971.
[1534] BGH ZUM 2013, 550, vgl. auch den Aufsatz von Klass ZUM 2013, 553.
[1535] So Klaas ZUM 2013, 553; vgl. auch Schlüter GRUR-Prax 2013, 249.
[1536] OLG Hamburg NJW-RR 2010, 624.
[1537] BGH NJW 2005, 215.

faktor kann die Intensität der Persönlichkeitsrechtsverletzung berücksichtigt werden, der hier angesichts der nachhaltigen Störung des Privatlebens ein hohes Gewicht zukommt".

Damit bestätigte der BGH den Zuspruch von umgerechnet knapp 77.000 EUR „Schmerzensgeld" wegen eines mit Paparazzi-Fotos versehenen „Artikels" in der sog. „Boulevardpresse" über das Privatleben der Fürstenfamilie von Hannover. Darauf, dass insofern nach BGH[1538] Printmedien und Internetveröffentlichungen gleichgestellt werden, wurde oben bereits hingewiesen.

197 **b) Freiheitsentziehung.** Art. 2 Abs. 2 S. 2 GG gewährleistet jedermann die Freiheit der Person und nimmt einen hohen Rang unter den Grundrechten ein. Entscheidungen, die den Entzug der persönlichen Freiheit betreffen müssen daher stets auf zureichender richterlicher Sachaufklärung beruhen und eine in tatsächlicher Hinsicht genügende Grundlage haben, die der Bedeutung der Freiheitsgarantie entspricht.[1539]

Einen in § 253 Abs. 2 BGB gesetzlich geregelten Fall der Persönlichkeitsrechtsverletzung stellt die Freiheitsentziehung dar. Neben dem direkten **Einsperren** stellen auch solche Handlungen eine Freiheitsentziehung dar, bei denen dem Betroffenen durch Gewalt oder Drohung mit Gewalt eine **Ortsveränderung unmöglich oder unzumutbar** gemacht wird, aber auch bereits die nicht nur **kurzfristige Fixierung**[1540] öffentlich-rechtlich untergebrachter Psychiatriepatienten ohne die hierfür erforderliche richterlicher Genehmigung.

Allerdings stellt die Rechtsprechung bei der Frage, wann eine Freiheitsberaubung einen geldwerten immateriellen Schaden hervorruft, ebenso wie bei den allgemeinen Persönlichkeitsrechtsverletzungen und Bagatellschäden, auf die Erheblichkeit des Eingriffs ab.[1541] Dieser Entwicklung ist zuzustimmen, da die Materialisierung geringfügiger Beeinträchtigungen unterhalb der vom BGH[1542] aufgezeigten Schwelle den Rechtsfrieden mehr stört als dass sie zu mehr Gerechtigkeit führt.

Nachhaltige Beeinträchtigung: Darüber, was insofern als geringfügig bzw. nicht „nachhaltig" zu werten ist, hatte das **BVerfG**[1543] im Zusammenhang mit einer Großdemonstration gegen einen Castor-Transport zu entscheiden und dabei kritisiert, dass das LG „in der mindestens achtstündigen Festsetzung des Beschwerdeführers keine nachhaltige Beeinträchtigung gesehen hat". Da die Polizei über viele Stunden nicht die gebotenen Anstrengungen unternommen habe, um eine richterliche Entscheidung herbeizuführen oder die Festsetzung zu beenden, habe der Beschwerdeführer sehr wohl einen Anspruch auf Entschädigung. Dabei betonte das BVerfG, es sei jedoch nicht nur zu beanstanden, dass das LG in der mindestens achtstündigen rechtswidrigen Festsetzung des Beschwerdeführers keine nachhaltige Beeinträchtigung gesehen hat, sondern auch, dass es nicht die abschreckende Wirkung erwogen habe, die einer derartigen Behandlung des Beschwerdeführers für den künftigen Gebrauch des Rechts auf Versammlungsfreiheit zukommen könne. Die Ablehnung einer Geldentschädigung für einen rechtswidrig erlittenen Freiheitsentzug mangels hinreichender Schwere – so das BVerfG – werde der Bedeutung der Grundrechte aus Art. 2 II 2 und Art. 2 I iVm Art. 1 I GG nicht gerecht, wenn sie nur darauf gestützt wird, dass die Rechtseinbuße durch die gerichtlich festgestellte Rechtswidrigkeit des Gewahrsams hinreichend ausgeglichen werde und die Polizei – was zweifelhaft sei – daraus Konsequenzen für künftige derartige Einsätze gezogen habe. Dies jedoch, ohne in einer Gesamtschau zum einen die Umstände des Einzelfalles, zum anderen die Missachtung des Richtervorbehalts (Art. 104 Abs. 2 Nr. 2 GG, Art. 5 Abs. 3 EMRK), zum dritten die abschreckende Wirkung einer längeren Festsetzung sowie schließlich auch die lange Zeitspanne von mehreren Jahren zwischen dem Ereignis und der gerichtlichen Feststellung der Rechtswidrigkeit einbezogen zu haben. Daher hat das BVerfG der Verfassungsbeschwerde stattgegeben und die Sache zur erneuten Entscheidung an das LG zurückverwiesen; nun muss dieses somit erneut entscheiden; diesmal nicht zum Grunde, sondern zur Höhe.

198 Da andererseits eine länger andauernde Freiheitsentziehung für den Geschädigten durch die Einschränkung der persönlichen Lebensqualität einer schweren Verletzung gleichkommen kann (sowohl in psychischer als auch physischer Hinsicht), ist bei länger andauerndem Freiheitsentzug (beispielsweise bei unrechtmäßiger Einweisung in eine geschlossene Anstalt) ein erhebliches Schmerzensgeld gerechtfertigt.[1544]

Justizirrtum und Fehlgutachten: Auch wenn andere zu Unrecht Inhaftierte deutlich länger ihrer Freiheit beraubt wurden, so war der Fall Harry Wörz wohl der extremste, weil er auf einem geradezu unfassbar skandalösen **Justizirrtum** basierte. Der Fall wurde nach einer Mitteilung des LG Karlsruhe vom 10.1.2017

[1538] BGH BeckRS 2014, 02045.
[1539] BVerfG BeckRS 2015, 43657 (Rn. 28) und BeckRS 2015, 43657 (Rn. 28).
[1540] BVerfG NJW 2018, 2619; LG Lübeck BeckRS 2024, 3019 → Nr. 7427.
[1541] OLG München BeckRS 2008, 21200; OLG Frankfurt a. M. VersR 1985, 769.
[1542] BGH ZfS 1992, 114.
[1543] BVerfG (3. Kammer des Ersten Senats) NVwZ 2017, 317.
[1544] OLG Nürnberg VersR 1988, 855.

außergerichtlich durch eine vom Land Baden-Württemberg zu leistende Entschädigungszahlung iHv 450.000 EUR beendet. Der Kläger **Harry Wörz** saß viereinhalb Jahre – unschuldig – im Gefängnis. Wie hoch der Schmerzensgeldanteil (Wörz begehrte zudem auch Verdienstausfall und weiteren materiellen Schadensersatz) innerhalb des benannten Gesamtbetrages war, wurde nicht bekannt. Einen ungefähren Anhaltspunkt kann insofern jedoch das nachfolgend beschriebene Urteil des LG Marburg[1545] liefern.

Das LG Marburg legte zutreffend und insofern keinesfalls zu hoch bereits im Jahr 1995 mit umgerechnet 255.000 EUR das Schmerzensgeld in einem Extremfall fest, bei welchem der Kläger zwischen seinem 20. und 29. Lebensjahr nahezu neun **Jahre** in **psychiatrischen Krankenhäusern** infolge eines grob fahrlässig erstellten Fehlgutachtens und wiederholter fehlerhafter Beurteilungen untergebracht und zum Teil mit erheblichen Medikamentengaben ruhig gestellt worden war, bis er schließlich, inzwischen alkoholabhängig und physisch wie psychisch lädiert, „entlassen" wurde. Mit Rücksicht auf das Fehlen gesicherter Vergleichsfälle bzgl. eines solch gravierenden Falles zog das Gericht zunächst Fälle schwerster Gesundheitsverletzungen zur Orientierung heran und stellte fest, dass in Fällen extremer körperlicher Verletzung (zB schwere Querschnittlähmungen bei jungen Menschen) derzeit (ergänze: bezogen auf das Jahr 1995) bereits teilweise bis zu umgerechnet 435.000 EUR an Schmerzensgeld geleistet würden. Derartige Verletzungen und die daraus resultierenden lebenslangen Beeinträchtigungen bewertete das LG zwar schwerwiegender als die vom Kläger erlittenen Beeinträchtigungen und daraus hervorgegangenen Gesundheitsschäden, führte jedoch aus:

„Allerdings kann mit Blick auf die … Genugtuungsfunktion nicht verkannt werden, dass die beschriebenen, durch Verkehrsunfälle oder ärztliche Behandlungsfehler verursachten Beeinträchtigungen regelmäßig auf einem nur einmaligen Fehlverhalten beruhen, während im Falle des Klägers sowohl im Rahmen der Begutachtung als auch bei der ihm zuteil gewordenen Behandlung über Jahre hinweg schuldhaft fehlerhaft agiert wurde."[1546]

Mit einem ähnlichen Sachverhalt hatte sich das OLG Frankfurt a. M.[1547] zu befassen: Ebenfalls auf Grund eines Fehlgutachtens eines gerichtlich bestellten Sachverständigen verbüßte der Kl. eine Freiheitsstrafe einschließlich Untersuchungshaft von insgesamt 2.186 Tagen (nahezu sechs Jahre) wegen einer Straftat, die er nicht begangen hatte. Bei der Bemessung des Schmerzensgeldes stellte das OLG nicht auf einen Tagessatz ab, sondern bemaß dieses auf Grund einer Gesamtbetrachtung. Es hielt einen Betrag von insgesamt 150.000 EUR als billige Geldentschädigung wegen der erlittenen Freiheitsentziehung und der Verletzung seines allgemeinen Persönlichkeitsrechts für angemessen und ausreichend. Dabei berücksichtigte das OLG sowohl die persönliche Lebenssituation des Klägers vor seiner Inhaftierung als auch die mit einer länger andauernden Inhaftierung einhergehenden psychischen und physischen Belastungen. Insbesondere – so das OLG – sei der Kläger aus seinem gewohnten sozialen Umfeld herausgerissen worden. Zudem seien mit der Freiheitsentziehung eines hinsichtlich dieses Tatvorwurfs unschuldig Inhaftierten nachteilige Folgen für dessen seelische Verfassung verbunden und schließlich müsse auch mitbewertet werden, dass die medizinische Versorgung des an einer Tumorerkrankung vorerkrankten Klägers in einer Justizvollzugsanstalt nicht in der Weise gewährleistet werden konnte, wie dies bei freier Arztwahl möglich gewesen wäre.

An den beiden vorbenannten Entscheidungen orientierte sich das OLG Saarbrücken,[1548] indem es einem inzwischen 74-jährigen Mann, der wegen eines krassen Fehlgutachtens zu Unrecht des sexuellen Missbrauchs an seiner Pflegetochter angeklagt und verurteilt worden war und deshalb 683 Tage zu Unrecht inhaftiert war. Während seines Gefängnisaufenthalts, den er an verschiedenen JVAs verbrachte, stand er in der gefängnisinternen Sozialhierarchie jeweils auf unterster Stufe, sobald seine Verurteilung wegen Kindesmissbrauchs in der jeweiligen Anstalt bekannt war. Der Kläger war vielfachen verbalen Angriffen ausgesetzt. Es kam auch zu einer versuchten Körperverletzung, als ein anderer Häftling einen Holzklotz in Richtung des Kopfes des Klägers bei dessen Hofgang warf, diesen aber letztlich verfehlte. Der Kläger leidet – so das OLG – auch heute noch unter Schlafstörungen und wird von Alpträumen heimgesucht. Zudem erkrankte er an einem Tinnitus, der zu einem dauerhaften Rauschen im Ohr führt. Das OLG sprach dem Kläger ein Schmerzensgeld von 60.000 EUR zu und hob damit das zuvor vom LG zuerkannte Schmerzensgeld um 10.000 EUR an. Die Beschwerde der Bekl. gegen die Nichtzulassung der Revision hatte keinen Erfolg.[1549]

Kritik und Ausblick: Es kann in solchen gravierenden Fällen psychischer Beeinträchtigung eines Men- **199**
schen – dies sei auch an dieser Stelle[1550] betont – keinen gravierenden Unterschied machen, ob der Betroffene durch vorrangig körperliche Verletzungen, wie beispielsweise dem zur Querschnittlähmung führenden Bruch der Wirbelsäule oder durch das quasi **„Zerbrechen" der Persönlichkeit** zum dauerhaften Opfer des

[1545] LG Marburg NJW-RR 1996, 216.
[1546] LG Marburg NJW-RR 1996, 217.
[1547] OLG Frankfurt DS 2008, 115.
[1548] OLG Saarbrücken BeckRS 2017, 133752.
[1549] BGH NJW-RR 2018, 1364.
[1550] Vgl. insofern auch → Rn. 306 ff. im Kapitel V.8.

schuldhaften Fehlverhaltens anderer wird. In beiden Fällen, vorausgesetzt sie sind wie hier von extremer Ausgestaltung, ist die selbstbestimmende Lebensplanung und Gestaltung als wichtiger Ausfluss des individuellen Persönlichkeitsrechtes derart zerstört bzw. dauerhaft beeinträchtigt (im Falle des LG Marburg wegen der unwiederbringlich genommenen Entwicklungs- und Ausbildungsphase im Alter von 20 bis 30, in der üblicherweise junge Erwachsene den Grundstein für ein eigenes Leben legen), dass ein Ausgleich im immateriellen Sinne nur durch ein sehr hohes Schmerzensgeld, wie es vorliegend zuerkannt wurde, annähernd erreicht werden kann. Dabei soll nicht übersehen werden, dass es einen „echten" Ausgleich insofern nie geben kann, was, wie bereits mehrfach ausgeführt, gerade die spezielle Problematik der Schmerzensgeldbemessung ausmacht. Unter Miteinbeziehung der grob fahrlässigen Begutachtung sowie der, trotz seiner Versuche, seine Umgebung auf die Irrtümer aufmerksam zu machen, wiederholt fehlerhaften Behandlung über Jahre hinweg und der insofern hier besonders zu berücksichtigenden Genugtuungsfunktion ist der Entscheidung des Landgerichts Marburg zuzustimmen; ebenso im Falle, den das OLG Frankfurt a. M.[1551] entschieden hatte. Die Höhe derartiger Schmerzensgelder wird jedoch auch in Zukunft extremen Ausnahmefällen, wie sie oben dargestellt wurden, vorbehalten bleiben.

Im Jahr 2015 entschied – in einem im Vergleich zu den beiden oben genannten Fällen deutlich kürzeren Zeitraums – das OLG Karlsruhe,[1552] dass dem damals 38-jährigen Kläger für dessen rechtswidrige zweimonatige Unterbringung in einer psychiatrischen Klinik und medikamentösen Behandlung ein Schmerzensgeld iHv 25.000 EUR zuzusprechen sei; an diesem Urteil sollte sich die weitere Bemessung von Schmerzensgeld in vergleichbaren Fällen orientieren.

200 Dass **rassistische Beleidigungen**[1553] oder leichtfertig oder gar bewusst zu Unrecht erstattete Strafanzeigen mit der Folge einer letztlich zu Unrecht erfolgten Inhaftierung[1554] ebenfalls zu Schmerzensgeldansprüchen vor dem Hintergrund des Persönlichkeitsrechts führen können, sei hier nur der Vollständigkeit halber erwähnt. S. dazu unter → **Rn. 251** und → **Rn. 259.**

201 In dieser Beziehung erwähnenswert erscheint auch der Beschl. des OLG Naumburg,[1555] in welchem dieses dem Anspruchsteller – im Falle einer zu Unrecht erlittenen **Abschiebehaft** – Prozesskostenhilfe für eine Schmerzensgeldklage zusprach.

2019 hatte sich der BGH[1556] mit der Frage zu befassen, ob eine Freiheitsentziehung im Rahmen des Vollzugs der Abschiebehaft konventionswidrig ist. Grundlegend führte der BGH dazu zunächst aus, es gehe – anders als bei der Amtshaftung (§ 839 BGB) – bei dem hier anzuwendenden Art. 5 Abs. 5 EMRK nicht um die Frage einer persönlichen Pflichtwidrigkeit, die über Art. GG Art. 34 GG haftungsrechtlich auf den Staat übergeleitet werde. Vielmehr handele es sich bei Art. 5 Abs. 5 EMRK um eine verschuldensunabhängige Haftung für einen konventionswidrigen Freiheitsentzug, von dem im konkreten Falle jedoch nicht ausgegangen werden könne.

Allerdings wies der BGH darauf hin, dass die Unterbringung des – nach der Dublin-II-Verordnung abzuschiebenden – Asylbewerbers in einer gewöhnlichen Haftanstalt wegen des Verstoßes gegen das sogenannte Trennungsgebot im Rahmen des Vollzugs der Abschiebehaft nach Art. 16 Abs. 1 der Richtlinie 2008/115/EG vom 16.12.2008 als **„unzulässige Vollzugsbedingung"** einen schadensersatzpflichtigen Konventionsverstoß darstelle.

202 Mit einem Sonderfall hatte sich – bereits 2005 – das Kammergericht[1557] zu befassen. In dem der Entscheidung zugrunde liegenden Sachverhalt hatte ein Rechtsanwalt es – trotz entsprechender Absprache und Auftrages des angeklagten Mandanten – versäumt, einen Antrag auf Verlegung des Termins zur Hauptverhandlung zu stellen und den Mandanten kurz vor dessen Reiseantritt zur Hochzeit in seinem Heimatland über das Risiko einer **Verhaftung bei Terminversäumung** aufzuklären. Der Mandant wurde tatsächlich verhaftet und saß 76 Tage in U-Haft. Das KG kam zum Ergebnis, dass der verklagte Anwalt verpflichtet sei, seinem Mandanten 7.000 EUR „Schmerzensgeld" zu zahlen, da das fahrlässige Verhalten des Anwaltes ursächlich für die Verletzung der persönlichen Fortbewegungsfreiheit des Klägers gewesen sei. Das „Schmerzensgeld" wäre wohl deutlich höher ausgefallen, wenn das KG dem Kläger nicht ein erhebliches Mitverschulden angerechnet hätte, da dieser ua selbst nach dem Stand der Terminverlegung hätte fragen können und wohl unmittelbar vor der Abreise Kenntnis von der Nichtverlegung erlangt hatte.

1551 OLG Frankfurt a. M. DS 2008, 115.
1552 OLG Karlsruhe 12.11.2015 – 9 U 78/11.
1553 AG Schwäbisch Hall NJW-RR 1996, 21.
1554 LG Osnabrück 11.10.2013 – 12 O 2885/12; LG Bonn NJW-RR 1995, 1492.
1555 OLG Naumburg LKV 2012, 190.
1556 BGH BeckRS 2019, 8516.
1557 KG NJW 2005, 1284.

Ebenfalls über einen hier noch erwähnenswerten Fall hatte das OLG Stuttgart[1558] zu befinden, auch wenn dieser nicht unmittelbar die Thematik der Freiheitsentziehung tangiert: Es ging dort vielmehr um einen krassen Fall von **Kindesvernachlässigung** im Rahmen einer Unterbringung. Das Jugendamt hatte den gut einjährigen Jungen bei Pflegeeltern untergebracht, die ihn und weitere Kinder, von denen eines starb, einsperrten und fast verhungern ließen. Die vorgeschriebenen Kontrollen des Amtes unterblieben über nahezu sieben Jahre hinweg völlig. Das OLG sprach ein Schmerzensgeld von umgerechnet gut 25.000 EUR zu.[1559] **203**

Gemäß **Art. 5 V EMRK** hat jede Person, die unter Verletzung dieses Artikels von Festnahme oder Freiheitsentziehung betroffen ist, Anspruch auf Schadensersatz bzw. Schmerzensgeld. Art. 5 V EMRK gewährt insoweit einen unmittelbaren Schadensersatzanspruch wegen **rechtswidriger Freiheitsbeeinträchtigung durch staatliche Organe,** der vom Verschulden der handelnden Amtsträger unabhängig ist und auch den Ersatz immateriellen Schadens umfasst.[1560] Wurden bislang üblicherweise – bei Vorliegen aller Voraussetzungen und Berücksichtigung des für diesen Anspruch zutreffend passivlegitimierten Hoheitsträgers – pro Tag der rechtswidrigen Inhaftierung (zB im Rahmen einer Zurückschiebungshaft oder Abschiebehaft) 25–30 EUR gewährt so ist – so das OLG Hamm 2020 – vor dem Hintergrund der zum 8.10.2020 in Kraft getretenen Änderung des § 7 Abs. 3 StrEG die Entschädigung für einen Tag **unrechtmäßig erlittener Haft** auf 100 EUR zu bemessen.[1561] Dementsprechend bemaß das OLG im Falle einer für 15 Tage unrechtmäßig erlittenen Haft das Schmerzensgeld auf einen Betrag von insgesamt 1.500 EUR. **204**

Die Frage, wer der jeweils zuständige und somit ggf. zu verklagende Hoheitsträger ist, beantwortet sich aus Art. 34 GG. *„Danach ist der Hoheitsträger (Bund, Land oder sonstige Gebietskörperschaft) verantwortlich, dessen Hoheitsgewalt bei der rechtswidrigen Freiheitsentziehung ausgeübt wurde“.*[1562]

Wurde demnach – wie in dem vom BGH 2019 entschiedenen Fall – der Eingriff in das Freiheitsrecht des Klägers (eines illegal in die BRD eingereisten Afghanen) durch eine Haftentscheidungen des AG Passau verfügt (Art. 104 Abs. 21 Nr. 1 GG) und beruht diese Entscheidung somit auf einer richterlichen Anordnung, so wird dadurch stets die Hoheitsgewalt des Richters bzw. des Hoheitsträgers ausgeübt, in deren Dienst dieser steht; dies ist das jeweilige Bundesland (hier Bayern) und nicht die Bundesrepublik. Dies gilt auch dann, wenn die Bundespolizei einen „Antrag auf einstweilige Anordnung und Herbeiführung einer richterlichen Entscheidung über die Zulässigkeit und Fortdauer einer Freiheitsentziehung“ oder einen „Antrag auf Herbeiführung einer richterlichen Entscheidung über die Zulässigkeit und Fortdauer einer Freiheitsentziehung“ gestellt hat, ohne welchen es nicht zur Haft gekommen wäre. Denn – so der BGH – *„diese Kausalitätsbetrachtung ist im Rahmen des Art. 5 V EMRK nicht maßgeblich. Denn die Antragstellung ändert nichts daran, dass bei den anschließend nach jeweiliger Anhörung des Kl. und eigenverantwortlich von den Amtsgerichten getroffenen Haftentscheidungen nur Hoheitsgewalt des beklagten Landes und nicht der Bundesrepublik Deutschland ausgeübt worden ist“.*[1563]

Eine Klage auf Zahlung von Schadensersatz wegen „Freiheitsberaubung“ eines aufgrund der Feststellungen des EGMR **zu Unrecht nachträglich Sicherungsverwahrten** gegen das Bundesland, in dem er verwahrt wurde, ist nicht deshalb aussichtslos, weil der Sicherungsverwahrte bereits eine Entschädigung durch den Bund erhalten hatte, so lautet der amtliche Leitsatz des OLG Frankfurt a. M.[1564] Der Antragsteller gehört zu dem Personenkreis, der von der nachträglichen Verlängerung der Sicherungsverwahrung über die Frist von 10 Jahren hinaus betroffen war, was nach der jüngsten Gesetzesänderung hierzu nicht mehr zulässig ist. Der Kläger erhielt deshalb – nach Anrufen des EGMR eine „gerechte Entschädigung“ von 50.000 EUR gem. Art. 5 EMRK und begehrte nun Prozesskostenhilfe, um im Wege einer weiteren Klage auch noch vom Land Hessen ein Schmerzensgeld von 80.025 EUR (3.201 Tage á 25 EUR) zu erhalten. Das LG hatte die Prozesskostenhilfe abgelehnt. Das OLG hob den ablehnenden Beschl. mit dem Hinweis auf, dass beides (Entschädigung gem. Art. 5 EMRK und Schmerzensgeld) nebeneinander begehrt werden können; der Fall wurde an das Landgericht zurückverwiesen.

Insgesamt 65.000 EUR – ausgehend von 500 EUR/Monat – sprach das OLG Karlsruhe[1565] einem **zu** Unrecht insgesamt 3.956 Tage sicherungsverwahrten Sexualstraftäter zu, was *Köhne*[1566] zu einem „Zwischenruf“ mit dem Titel „Das auch noch! – Schmerzensgeld für ehemalige Sicherungsverwahrte“ veranlasste. Nun **205**

[1558] OLG Stuttgart 23.7.2003 – 4 U 42/03.
[1559] Vgl. hierzu auch Kapitel VIII. 4. → Rn. 363 ff.
[1560] BGH BeckRS 2019, 8516; BGH BeckRS 2013, 13162 und BGH BeckRS 2013, 17640.
[1561] OLG Hamm BeckRS 2020, 41668.
[1562] BGH BeckRS 2019, 8516.
[1563] BGH BeckRS 2019, 8516.
[1564] OLG Frankfurt a. M. BeckRS 2013, 09413.
[1565] OLG Karlsruhe BeckRS 2012, 24391.
[1566] Köhne ZRP 2012, 181.

hatte auch der BGH[1567] zu entscheiden und auf der Grundlage der Rechtsprechung des Europäischen Gerichtshofs für Menschenrechte und des Bundesverfassungsgerichts die diesbezüglich vorinstanzlichen Urteile, welche den vier Straftätern Entschädigungszahlungen zwischen 49.000 EUR und 73.000 EUR zuerkannt hatten, bestätigt. Die Entschädigungen muss dabei das jeweilige Bundesland (hier: Baden-Württemberg), in welchem die Straftäter inhaftiert waren und nicht (nur) der Bund zahlen.

206 **Menschenunwürdige Unterbringung:** Immer wieder müssen sich die Gerichte[1568] mit Klagen von Häftlingen befassen, die wegen menschenunwürdiger Unterbringung in zu kleinen Hafträumen Schmerzensgeld begehren.[1569] Das OLG Celle zog insofern „allenfalls eine Entschädigung iHv 50 EUR pro Tag – quasi als symbolische Wiedergutmachung – in Betracht", wies jedoch den Anspruch des Klägers auf Schmerzensgeld zurück, da „Art und Ausmaß der erlittenen Beeinträchtigung" vorliegend ein Schmerzensgeld nicht rechtfertigten würde.[1570] Die Revision des Klägers[1571] hiergegen hatte keinen Erfolg. In einer vergleichbaren Causa führte das OLG Hamm[1572] zur Bemessung einer immateriellen Entschädigung aus:

„Der Senat zieht in ständiger Rechtsprechung, von der abzuweichen der Streitfall keine Veranlassung gibt, unter den dargelegten Voraussetzungen eine Entschädigung in Höhe einer Bandbreite von 10 EUR bis zu 30 EUR je Tag für menschenunwürdige Unterbringungen der hier in Rede stehenden Art in Betracht. Welcher Betrag innerhalb dieser Bandbreite im konkreten Fall angemessen ist, hängt jeweils von den konkreten Umständen der Unterbringung ab. Der Senat hält dabei trotz vereinzelter Kritik an dem Tagessatzsystem fest, weil allein dies vom Ansatz her die gebotene Gleichbehandlung vergleichbarer Fallgestaltungen sicherstellt. Die genannte Bandbreite von 10 EUR bis 30 EUR eröffnet die Möglichkeit, Bedeutung und Tragweite des Eingriffs im Einzelfall angemessen zu berücksichtigen und trägt zudem dem nicht unerheblichen Organisationsverschulden des haftenden Landes Rechnung. Dabei ist besonders zu berücksichtigen, dass aufgrund der mangelnden Kapazitäten der Justizvollzugsanstalt zwangsläufig ständig eine bestimmte Anzahl an Gefangenen menschenunwürdig untergebracht war und die jeweiligen Gefangenen, denen diese Unterbringung auferlegt wurde, das als Zusatzstrafe empfinden mussten."

206a Auch der **Verstoß gegen** die gesetzlich **(§ 67 StGB – Reihenfolge der Vollstreckung)** vorgeschriebene Reihenfolge in Bezug auf eine Unterbringung des Verurteilten im Maßregelvollzug stellt einen Eingriff in das Freiheitsgrundrecht des Verurteilten dar. Auch wenn dieser Eingriff *„weniger schwerwiegend erscheinen muss als in Fällen, in denen es bereits an einer rechtmäßigen Anordnung des Freiheitsentzugs auch dem Grunde nach mangelt"* kann – so das OLG Bremen – *„eine verzögerte Überstellung in den Maßregelvollzug auch Schmerzensgeld- bzw. Schadensersatzansprüche auslösen, so dass eine Kompensation in dieser Weise auch außerhalb der Entscheidung im Verfahren nach § 458 StPO denkbar ist"*, so das OLG Bremen.[1573]

206b Das OLG Bremen führte zudem in dieser – sowie einer nachfolgenden weiteren[1574] – Entscheidung aus, dass auch der **überlange Vollzug von Organisationshaft** zur Vorbereitung des Vollzugs einer angeordneten Maßregel eine Verletzung des Freiheitsgrundrechts des Verurteilten begründen könne.[1575]

Im Falle des OLG Bremen[1576] befand sich der wegen Drogenhandels zu einer Gesamtfreiheitsstrafe von sechs Jahren und neun Monaten Verurteilte seit dem 11.2.2021 bis zur Rechtskraft des Urteils in dieser Sache in Untersuchungshaft und seither in Strafhaft in der Justizvollzugsanstalt A. Obwohl der Zeitraum des angeordneten Vorwegvollzugs mit dem 10.7.2022 abgelaufen war, wurde der Verurteilte bis zur Entscheidung des OLG Bremen nicht in den Maßregelvollzug aufgenommen oder aus der Haft entlassen.[1577]

Zur überlangen Verfahrensdauer und der Entschädigung für immaterielle Nachteile gemäß § 198 Abs. 2 Satz 4 GVG, § 287 ZPO s. unter → **Rn. 370.**

207 **Widerruf von Vollzugslockerungsmaßnahmen:** Neben den Fällen der widerrechtlichen Freiheitsentziehung und der zwar rechtlich begründeten, jedoch menschenunwürdigen Unterbringung kann auch der

---

[1567] BGH NJW 2014, 67 – vgl. auch BGH BeckRS 2013, 17559, BGH BeckRS 2013, 17471 und BGH BeckRS 2013, 17472 sowie gut zusammengefasst unter BGH 19.9.2013 – III ZR 405/12, III ZR 406/12, III ZR 407/12 und III ZR 408/12, OLG BeckRS 2013, 14537, BeckRS 2012, 24391, BeckRS 2013, 14538 und BeckRS 2013, 14687.

[1568] OLG Hamm BeckRS 2009, 08493; OLG Karlsruhe BeckRS 2009, 01929; OLG Düsseldorf 3.7.2008 – 18 U 96/08.

[1569] BVerfG NJW 2005, 1567; OLG Celle NJW-RR 2004, 380; OLG Celle NJW 2003, 2463. Zur Frage der Verjährung vgl. KG BeckRS 2015, 10010.

[1570] OLG Celle NJW-RR 2004, 380 (382).

[1571] BGH NJW 2005, 58.

[1572] OLG Hamm BeckRS 2009, 08493.

[1573] OLG Bremen BeckRS 2023, 1251 mit Verweis auf OLG Stuttgart BeckRS 2022, 20433.

[1574] OLG Bremen BeckRS 2023, 24260.

[1575] OLG Bremen BeckRS 2023, 1251.

[1576] OLG Bremen BeckRS 2023, 1251.

[1577] OLG Bremen BeckRS 2023, 1251.

Widerruf von Vollzugslockerungsmaßnahmen im Rahmen des Maßregelvollzugs zu einer schmerzensgeldrelevanten Persönlichkeitsrechtsverletzung führen, wie das OLG Schleswig[1578] festgestellt hatte. Der Kläger war – bedingt durch den ermessensüberschreitenden und somit nicht mehr vertretbaren Widerruf seiner Vollzugslockerung – für achteinhalb Monate in der besonders gesicherten Station der Forensik des A-Klinikums untergebracht und konnte somit seine bislang unbegleiteten Ausgänge auf dem Klinikgelände und seine Tätigkeit bei der klinikeigenen Poststelle nicht mehr wahrnehmen. Bei der Bemessung des Schmerzensgeldes bewertete das OLG das Vorgehen des Landgerichts, welches „von einem Drittel der bei einem ungerechtfertigten vollständigen Freiheitsentzug nach dem Strafrechtsentschädigungsgesetz zu gewährenden Entschädigung ausgegangen" war, als „gerechtfertigt".

c) Verletzung des Rechts am eigenen Bild (§ 22, § 23 KUG iVm § 823 Abs. 1 BGB). Das **Recht am eigenen Bild** stellt einen spezialgesetzlich geregelten Fall des Persönlichkeitsrechts dar. Die Zulässigkeit von Bildveröffentlichungen ist nach der gefestigten Rechtsprechung des BGH[1579] nach dem **abgestuften Schutzkonzept der § 22, § 23 KUG,** das der BGH zuletzt mit Urt. v. 8.11.2022 im Zusammenhang mit einem Sachverhalt zur Bildberichterstattung über Polizisten mit Uniformaufnähern von Kreuzritter-Symbolen bei Neonazitreffen erneut dargelegt hat – zu beurteilen.[1580] Danach dürfen Bildnisse einer Person grundsätzlich nur mit deren Einwilligung verbreitet oder zur Schau gestellt werden. Die nicht von der Einwilligung des Abgebildeten gedeckte Verbreitung seines Bildes ist nur zulässig, wenn dieses Bild dem Bereich der Zeitgeschichte bzw. dem Zeitgeschehen oder einem der weiteren Ausnahmetatbestände des § 23 Abs. 1 KUG positiv zuzuordnen ist und berechtigte Interessen des Abgebildeten nicht verletzt werden (§ 23 Abs. 2 KUG). *„Verbreiten bedeutet jede Art der Weitergabe körperlicher Exemplare, auch digitaler Aufnahmen, an Dritte. Auf eine Verbreitung in die Öffentlichkeit kommt es nicht an, denn schon die Verbreitung an Einzelpersonen führt zu einem der Kontrolle und dem Selbstbestimmungsrecht des Abgebildeten vorbehaltenen Übergang des Bildnisses in die Verfügungsgewalt eines anderen"*, so der BGH[1581] hierzu. 208

Zuvor hatte sich der BGH im Zusammenhang mit den Ausschreitungen während des G20-Gipfels in Hamburg (s. dazu auch oben → Rn. 179) zweimal mit der Thematik zu befassen und mit seinem Urt. v. 29.9.2020 ebenfalls zum **Begriff des Bildnisses iSd § 22 S. 1 KUG** ausgeführt:

„Der Begriff des Bildnisses setzt die Erkennbarkeit der abgebildeten Person voraus (vgl. Senat GRUR 1979, 732 = NJW 1979, 2205, juris-Rn. 11 – Fußballtor; GRUR 1975, 561 = NJW 1974, 1947, juris-Rn. 15 – Nacktaufnahmen; BGHZ 26, 349 [351] = GRUR 1958, 408 – Herrenreiter). Dazu gehört jedoch nicht notwendig die Abbildung der Gesichtszüge; es genügt, wenn der Abgebildete, mag auch sein Gesicht kaum oder gar nicht erkennbar sein, durch Merkmale, die sich aus dem Bild ergeben und die gerade ihm eigen sind, erkennbar ist. Das Recht am eigenen Bild wird schon dann beeinträchtigt, wenn der Abgebildete begründeten Anlass hat, anzunehmen, er könne als abgebildet identifiziert werden. Ebenso wenig wird verlangt, dass schon der nur flüchtige Betrachter den Abgebildeten auf dem Bild erkennen kann; es genügt die Erkennbarkeit durch einen mehr oder minder großen Bekanntenkreis. Entscheidend ist der Zweck des § 22 KUG, die Persönlichkeit davor zu schützen, gegen ihren Willen in Gestalt der Abbildung für andere verfügbar zu werden. Der besondere Rang des Anspruchs darauf, dass die Öffentlichkeit die Eigensphäre der Persönlichkeit und ihr Bedürfnis nach Anonymität respektiert, verlangt eine Einbeziehung auch solcher Fallgestaltungen in den Schutz dieser Vorschrift."[1582]

Stets sei abzuwägen zwischen den Rechten des Abgebildeten aus Art. 2 I, 1 I GG, Art. 8 I EMRK einerseits und den Rechten der Presse aus Art. 5 I GG, Art. 10 I EMRK andererseits, wobei der Presse innerhalb der gesetzlichen Grenzen ein ausreichender Spielraum einzuräumen sei, in dem sie nach ihren publizistischen Kriterien entscheiden kann, was öffentliches Interesse beansprucht. Allerdings, so der BGH,[1583] bestehe das Informationsinteresse nicht schrankenlos. Vielmehr werde der Einbruch in die persönliche Sphäre des Abgebildeten durch den Grundsatz der Verhältnismäßigkeit begrenzt. Je größer der Informationswert für die Öffentlichkeit ist, desto mehr müsse das Schutzinteresse desjenigen, über den informiert wird, hinter den Informationsbelangen der Öffentlichkeit zurücktreten. Umgekehrt wiege der Schutz der Persönlichkeit des Betroffenen desto schwerer, je geringer der Informationswert für die Allgemeinheit sei.

Mit der Thematik der Veröffentlichung eines für jedermann ohne Einschränkung aufruf- und einsehbaren **Facebook-Profilbildes** (mit einem Foto der Klägerin) durch die Bild-Zeitung unter bild.de. mit dem Titel: 208a

[1578] OLG Schleswig BeckRS 2013, 09053.
[1579] BGH NJW 2023, 610; BGH GRUR 2021, 106; BGH GRUR-RS 2020, 26493; BGH NJW 2018, 2489; BGH NJW 2015, 2500 sowie bereits grundlegend BGH NJW 2007, 1977.
[1580] BGH NJW 2023, 610.
[1581] BGH NJW 2018, 2489 mAnm Cornelius NJW 2018, 2493; Hager JA 2018, 865.
[1582] BGH GRUR 2021, 106.
[1583] BGH GRUR 2021, 106.

„BILD stellt die Hetzer an den Pranger“ hatte sich mehrfach das OLG München[1584] befasst und sah die Veröffentlichung des Fotos der Klägerin im **Internetpranger** der beklagten Bild-Zeitung bzw. deren online-Ausgabe (www.bild.de) als nicht zulässig iSd § 23 Abs. 1 Nr. 1 KUG an und führte dazu in seinem amtlichen Leitsatz aus:

„Soweit im Rahmen einer medialen Berichterstattung die öffentliche Anprangerung einzelner Personen mit Foto und unter Namensnennung ausdrücklich bezweckt wird, können die Persönlichkeitsbelange der Angeprangerten auch dann überwiegen, wenn Medien im Rahmen ihrer Presse- und Informationsfreiheit auf Missstände in der Gesellschaft hinweisen und die Angeprangerten zuvor durch ihr Verhalten den Bereich der Privatsphäre verlassen haben und deren visuelles Selbstdarstellungsrecht dadurch erheblich an Gewicht verloren hat.“[1585]

Zur näheren Begründung verwies das OLG darauf, dass derjenige, der ein Foto auf seinen Account bei einem sozialen Netzwerk einstelle, ohne von möglichen Zugriffssperren Gebrauch zu machen, zwar konkludent in die Verbreitung des Fotos durch Suchmaschinen (vgl. BGH GRUR 2010, 628 Tz. 36 – Vorschaubilder I; OLG Köln, MMR 2011, 323) einwillige, jedoch durch das Einstellen eines ihn selbst zeigenden Bildnisses in ein soziales Netzwerk nicht zugleich in die Verwendung dieser Bildnisse durch Medien einwillige. Die Veröffentlichung im Rahmen einer medialen Berichterstattung sei daher ohne Einwilligung unzulässig, soweit nicht § 23 KUG eingreife; danach dürfen Bildnisse aus dem Bereich der Zeitgeschichte auch ohne die nach § 22 KUG erforderliche Einwilligung verbreitet und zur Schau gestellt werden, sofern berechtigte Interessen des Abgebildeten nicht verletzt werden. Dann aber müsste das Foto zunächst aus dem Bereich der Zeitgeschichte stammen, worauf sich die Beklagte mit der Begründung berief, die Hetze im Netz sei ein Ereignis von zeithistorischer Bedeutung. Das sah auch das OLG so und befand sich damit zunächst im Einklang mit der Ansicht des Presserats, der insofern ausführte, er halte diese Veröffentlichung mit Namen und Profilbild in den Berichterstattungen des Springerverlages für zulässig, da es sich hier nicht um private, sondern erkennbar um politische Äußerungen der User in öffentlich einsehbaren Foren gehandelt habe.

Dabei betonte das OLG München,[1586] es sei der Presse

„grundsätzlich auch nicht verwehrt, das von der Klägerin als Facebook-Profilbild eingestellte Foto, unter dem diese den streitgegenständlichen Eintrag auf Facebook veröffentlicht hat, in die Berichterstattung mit aufzunehmen. Insoweit handelt es sich nicht nur um ein kontextneutrales Portraitfoto der Klägerin. Vielmehr hat sie ihrem Beitrag zur Flüchtlingskrise auf Facebook durch die Wiedergabe ihres Profilbildes ein Gesicht gegeben und einen visuellen Bezug hergestellt.“

Dennoch sah das OLG die Fotoveröffentlichung aufgrund der von der Beklagten ausdrücklich bezweckten **Prangerwirkung** als rechtswidrig an; das Schutzinteresse der Klägerin überwiege hier die schutzwürdigen Belange der Beklagten. Über diese Causa wird jedoch auch noch in der nächsten Auflage zu berichten sein, denn der beklagte Springerverlag hat bereits angekündigt, notfalls bis zum Bundesgerichtshof gehen zu wollen.

Mit einem ähnlichen Sachverhalt – diesmal zum eigeninitiierten Fahndungsaufruf der „Bild“ im Nachgang zu den **G20-Krawallen in Hamburg** – hatte sich gleich zweimal der BGH[1587] sowie nachfolgend das **OLG Frankfurt a. M.**[1588] befasst. Die Klägerin hatte die Boulevardzeitung auf Zahlung einer Geldentschädigung iHv 30.000 EUR in Anspruch genommen, nachdem diese ein Foto der Klägerin auf der Titelseite unter der Überschrift „GESUCHT! Wer kennt diese G20-Verbrecher? Sachdienliche Hinweise bitte an die nächste Polizeidienststelle“ publiziert hatte. Das OLG hatte die Klage abgewiesen, da das öffentliche Interesse an dem Vorgang überwiege und orientierte sich an den beiden hierzu ergangenen Entscheidung des BGH, der mit diesen die Presse im Hinblick auf eine identifizierende Berichterstattung gestärkt hatte. Der BGH[1589] hat in diesem Zusammenhang (G20-Gipfel/Ausschreitungen) auf die Revision der Beklagten in der Hauptsache einen Anspruch der Klägerin auf Unterlassung der Bildveröffentlichung aus § 1004 Abs. 1 S. 2 analog, § 823 Abs. 1 und 2 BGB iVm § 22, § 23 KUG abgelehnt. Zur Frage der **Prangerwirkung** führte der BGH aus: *„Die Bildveröffentlichung belastet die Kl. Sie führt jedoch nicht zu einer Stigmatisierung, Ausgrenzung oder Prangerwirkung. Zwar fordert die Berichterstattung ausdrücklich dazu auf, die abgebildeten Personen zu identifizieren. Im Vordergrund steht jedoch nicht die Hervorhebung einzelner Bet. und damit die Personalisierung, sondern das Anliegen, die Bandbreite des Verhaltens verschiedener Personen während der Ausschreitungen und die Schwierigkeiten ihrer Identifizierung zu veranschaulichen. Einer Prangerwirkung steht zudem entgegen, dass das Bild nicht geeignet ist, die Kl. einer*

[1584] OLG München BeckRS 2018, 8539 und OLG München BeckRS 2016, 7378.
[1585] OLG München BeckRS 2018, 8539.
[1586] OLG München BeckRS 2018, 8539 und OLG München BeckRS 2016, 7378.
[1587] BGH GRUR-RS 2020, 26493 (Bild online) und GRUR-RS 2020, 26403 (Bild Print).
[1588] OLG Frankfurt a. M. GRU-RS 2021, 56040; ebenso dazu OLG Köln GRUR-RS 2020, 42679.
[1589] BGH GRUR-RS 2020, 26493 (Bild online) und GRUR-RS 2020, 26403 (Bild Print).

breiten Öffentlichkeit bekannt zu machen".[1590] Mit dieser Entscheidung setzt der BGH seine Ausweitung der Spielräume der Medien im Zusammenhang mit identifizierenden Berichterstattungen über sogenannte Fehlverhalten der Abgebildeten weiter fort.[1591]

Abschließend sei in diesem Zusammenhang (KUG) noch auf eine Grundsatzentscheidung des BGH[1592] anlässlich der Verbreitung ungenehmigter Filmaufnahmen aus Bio-Hühnerställen hingewiesen, die – so der BGH – einen nicht dem KUG unterfallenden Sonderfall der Bildberichterstattung darstellen, auch wenn es dabei um heimlich gefertigte Aufnahmen von der geschützten räumlichen Sphäre eines anderen geht. Da die rechtswidrige Informationsbeschaffung dem Fernsehsender, der die **Filmaufnahmen von Tierschutzaktivisten** erhalten hatte, nicht zuzurechnen war, überwiege das Informationsinteresse, zumal die Zustände authentisch geschildert und keine Betriebsgeheimnisse offenbart worden waren und es um einen Beitrag zum Meinungskampf in der die Öffentlichkeit wesentlich berührenden Frage der Einhaltung ethischer Standards bei der Massenproduktion von Bio-Erzeugnissen ging.[1593] **208b**

Vorübergehend war die Thematik auch durch die sogenannten **Dashcam-Fotos**[1594] medial in den Fokus der Öffentlichkeit gerückt. Die grundsätzliche Verwertung von Dashcam-Fotos und Videos als Beweismittel hat der **BGH**[1595] im Jahr 2018 (anders als das LG Magdeburg in der Vorinstanz[1596]) zu Gunsten der diese Geräte verwendenden Kraftfahrzeugfahrer entschieden (s. nachfolgend → Rn. 225) und ausgeführt, dass **kurze, anlassbezogene Aufzeichnungen** zB von Unfällen als Beweismittel – gerade vor dem Hintergrund, dass nicht benötigte Aufzeichnungen ständig überschrieben werden können und eine Speicherung erst bei einer Kollision ausgelöst werden kann – **zulässig und verwertbar** sind. Der BGH betonte jedoch auch, dass das Aufzeichnen derartiger Bilder gegen § 4 BDSG verstoßen, da keine Einwilligung der Betroffenen vorliege und eine solche Einwilligung nicht auf § 6b Abs. 1 BDSG oder § 28 Abs. 1 BDSG gestützt werden könne, weshalb eine permanente anlasslose Aufzeichnung des gesamten Geschehens während der Fahrt unzulässig sei. **208c**

Ebenfalls mit der Thematik der **Kameraüberwachung bzw. Videoüberwachung** – diesmal in Bezug auf die heute umsichgreifende Rundumüberwachung von Ein- und Mehrfamilienhäusern mit Videokameras – hatte sich 2025 das **OLG Dresden**[1597] zu befassen und den Betroffenen der nachbarschaftlichen Videoüberwachung aufgrund des **permanenten Überwachungsdrucks** jeweils 2.000 EUR Geldentschädigung zugesprochen. Der bloße Überwachungsdruck – so das OLG in seinem 2. Leitsatz – löst jedoch keinen datenschutzrechtlichen Schadensersatz aus. Wird jedoch eine schwenkbare Kamera für einen nicht ganz unerheblichen Zeitraum von einem Monat an dem Gebäude angebracht und erzeugt somit den Eindruck, die Beklagten könnten jederzeit umfassend Einblicke in die Privatsphäre der Kläger und insbesondere in deren Garten und den Poolbereich bekommen, kann dies den Anspruch auf eine Geldentschädigung begründen.[1598] Das OLG sah insofern als Anspruchsgrundlage weder Art. 82 DS-GVO noch § 4 Abs. 1 BDSG, sondern eine **Verletzung des Rechts *„auf informationelle Selbstbestimmung gemäß § 823 Abs. 1, § 1004 BGB analog iVm dem allgemeinen Persönlichkeitsrecht."***

Ebenfalls keinen Verstoß gegen die DS-GVO, aber auch nicht gegen das allgemeine Persönlichkeitsrecht der Klägerin, erkannte das OLG Celle[1599] im Fall der Videoüberwachung der privaten Küche in einem Einfamilienhaus, das die Klägerin zusammen mit ihrer Tochter und deren Ehemann – beide Beklagte dieses Rechtsstreits – bewohnte. Die Mutter durfte die im Erdgeschoß liegende Küche betreten, die jedoch von den Beklagten mit einer Videokamera überwacht worden war. Nachdem die Tochter wegen eines Vorfalles in der Küche so gewonnene Videoaufnahmen zunächst an ihre Schwester, die zugleich amtlich bestellte Vorsorgebevollmächtigte für die Klägerin war und anschließend auch an die Polizei weitergeleitet hatte, erhob die Mutter Klage auf Löschung der Daten und „Schmerzensgeld". Das LG Hildesheim sowie das OLG Celle hatten die Klage abgewiesen. Zur Begründung wies das OLG Celle zum einen darauf hin, dass Ansprüche nach der DS-GVO ausgeschlossen seien, soweit sich eine Videoüberwachung ausschließlich auf

[1590] BGH GRUR 2021, 106, GRUR-RS 2020, 26403.
[1591] Vgl. dazu kritisch Schork ZUM 2021, 57.
[1592] BGH NJW 2018 2877.
[1593] Sajuntz NJW 2019, 1567 (1569).
[1594] Dashcam oder Dash-Cam steht für Dashbord-Kamera bzw. zu Deutsch: Armaturenbrett-Kamera dh eine Kamera, die Fahrer (im Lkw, Pkw, Krad etc) mit sich führen, um ihr Fahrkönnen im Internet zu posten oder zum Zwecke der besseren Beweisführung bei Verkehrsunfällen die Situation vor dem Unfall zu speichern. Vgl. hierzu ua Lohse VersR 2016, 953 und Saenger/Möller JA 2015, 12.
[1595] BGH BeckRS 2018, 8602 und BGH NJW 2023, 610.
[1596] LG Magdeburg BeckRS 2017, 144696.
[1597] OLG Dresden GRUR-RS 2025, 29327 → Nr. 7758 vgl. dazu BGH NJW 1995, 1955 (Hervorhebung durch den Autor).
[1598] OLG Dresden GRUR-RS 2025, 29327.
[1599] OLG Celle BeckRS 2025, 39927.

den Bereich der privaten Sphäre desjenigen beschränkt, der die Daten auf diese Weise verarbeitet und sich nicht – selbst nicht nur teilweise – auf den öffentlichen Raum erstreckt (Art. 2 Abs. 2c DS-GVO).[1600] Zum anderen sei auch aus keinem weiteren rechtlichen Gesichtspunkt von einer rechtswidrigen Verletzungshandlung der Beklagten auszugehen, da sich der gesamte Vorgang innerhalb des engsten Familienkreises abgespielt habe, gelte hier der in der höchstrichterlichen Rechtsprechung anerkannte Grundsatz, wonach bei ehrverletzenden Äußerungen über nicht anwesende Dritte in besonders engen Lebenskreisen eine beleidigungsfreie Sphäre zuzugestehen sei. *„Dass es vorliegend nicht um eine „Äußerung", sondern um die Weitergabe von Videoaufnahmen ging, macht insoweit keinen entscheidungserheblichen Unterschied"*, so das OLG Celle.

Mit diesem Sachverhalt befasste sich nun im Jahr 2026 der BGH (I ZR 289/25) und dies könnte auch bald den EuGH beschäftigen.[1601]

Vgl. zu ehrkränkenden Äußerungen, Mitteilungen oder Behauptungen im engsten Familienkreis oder anderen engen Vertrauensverhältnissen auch unter → **Rn. 251a.**

Weiterführende Fundstellen: Zur privaten Videoüberwachung unter Miterfassung des öffentlichen Raums s. auch EuGH, Urteil vom 11.12.2014 – C-212/13 BeckRS 2014, 82595; BGH, Urteil vom 15.5.2028 – VI ZR 233/17 BeckRS 2018, 8602; BGH, Urteil vom 21.10.2011 – V ZR 265/10 BeckRS 2011, 27450; BGH, Urteil vom 24.5.2013 – V ZR 220/12 BeckRS 2013, 11834 sowie BGH, Urteil vom 16.3.2010 – VI ZR 176/09 BeckRS 2010, 09046. Zur Frage, ob die auf einer unzulässigen Videoüberwachung beruhenden Erkenntnisse einer Partei bei der gerichtlichen Entscheidungsfindung verwertet werden dürfen, s. BGH, Urteil vom 12.3.2024 – VI ZR 1370/20, NJW 2024, 2836 und BGH, Beschl. vom 18.8.2021 – 5 StR 217/21, BeckRS 2021, 24870 sowie grundlegend BGH, Urteil vom 25.4.1995 – VI ZR 272/94, NJW 1995, 1955.

Vgl. zudem zum Datenschutzverstoß durch heimliche Überwachung und Videoaufnahmen auch unter → **Rn. 247c.**

Im Kern beschreibt **§ 22 KUG** den Schutzbereich des Rechts am eigenen Bild, wogegen § 23 KUG die Ausnahmen regelt, in denen kein schützenswertes Recht am eigenen Bild anerkannt wird. Dabei sind jedoch die Duldungspflichten der betroffenen Person auch in diesen Fällen nicht schrankenlos.[1602] Zudem schützt auch das Bundesdatenschutzgesetzt (**§ 4 BDSG**) sowie die seit dem 25.5.2018 in Kraft getretene EU-Datenschutzgrundverordnung (Art. 4 Ziff. 2 DS-GVO) Personen vor dem unautorisierten Aufzeichnen bzw. Verarbeiten von Videoaufnahmen und den entsprechenden Digitaldaten.[1603]

Zur **Datenschutz-Kritik**[1604] an den vermehrt in Elektroautos und serienmäßig insbesondere in den Fahrzeugen des **US-Autohersteller Tesla** verbauten Kameras bzw. deren Aufzeichnungen ist zu erwidern, dass ein, von der Verkehrspolitik des Bundes und der Länder permanent gefordertes **Autonomes Fahren** ohne eine kameratechnische Rundumausrüstung mit entsprechender Bildverwertung und -verarbeitung nicht denkbar bzw. nicht möglich ist. Tesla ist insofern Vorreiter. Der Konflikt zwischen den technischen Erfordernissen und den europarechtlichen Vorschriften der DS-GVO erfordert in Zukunft Lösungen, die einerseits die Erfordernisse des technischen Fortschritts und insbesondere der Sicherheit des (autonomen) Fahrens nicht unbeachtet lassen kann und andererseits in Bezug auf neue Technologien so früh wie möglich ein hohes Datenschutzniveau zur Erfüllung der Betroffenenrechte und der insofern erwarteten Transparenz- und Informationspflichten schaffen muss.

209 Ein **Bild iSd § 22 KUG** liegt danach vor, wenn – ungeachtet des tatsächlichen Erkennens – davon auszugehen ist, dass die abgebildete Person erkannt werden kann; somit zählt auch bereits die Abbildung eines **Doppelgängers** einer berühmten Person als Bildnis der berühmten Person, sofern genau dieser Eindruck erweckt werden sollte.[1605] Ebenso zählt – trotz ggf. eines **schwarzen Balkens vor dem Gesicht** – die Person in diesem Sinne als erkennbar, wenn der Balken nicht groß genug ist oder die Person über den Kontext wiedererkannt werden kann. S. hierzu in Bezug auf **Nacktfotos** nachfolgend → Rn. 219 und insofern das Urteil des LG Duisburg,[1606] welches zutreffend im Falle der Veröffentlichung von Nacktfotos eine Veröffentlichung auch dann als unzulässig erachtete, wenn die abgebildete Person nicht erkennbar ist.

[1600] OLG Celle BeckRS 2025, 39927 Rn. 10 mit Verweis auf EuGH – C-212/13 BeckRS 2014, 82595.
[1601] s. dazu die Pressemitteilung unter becklink 3500104.
[1602] OLG Hamburg NJW-RR 1986, 933.
[1603] Lauber-Rönsberg/Hartlaub NJW 2017 1057 (1060 f.).
[1604] Delventhal ZD-Aktuell 2020, 07360; Lutz ZD 2020, 450; Caspar ZD-Aktuell 2019, 06708.
[1605] LAG Düsseldorf ACP 2002, 64.
[1606] LG Duisburg BeckRS 2017, 106861.

Ohne Einwilligung dürfen Bilder von Personen der Zeitgeschichte gem. § 23 Abs. 1 KUG veröffentlicht werden, sofern nicht ein berechtigtes Interesse des Abgebildeten dem entgegensteht. Um diesen Themenbereich, seine Regeln und Ausnahmen entwickelten sich im Laufe der letzten 10 Jahre zahlreiche Ansätze und Gerichtsentscheidungen.

Zur Thematik der Personen der Zeitgeschichte (Politiker, Sportler, Schauspieler, Adelige und sonstige Prominente) sei insofern auf die nachfolgenden → **Rn. 214** und → **Rn. 215** Ausführungen verwiesen und in Bezug auf die Thematik der Bildveröffentlichung darauf, dass der BGH[1607] bereits früh differenzierte zwischen ganz überwiegend der Neugier und Sensationslust dienenden (heimlich aus großer Entfernung mit technischem Aufwand erzielten) sogenannten **Paparazzi-Fotos** (vgl. hierzu oben → **Rn. 172,** → **Rn. 175** und → **Rn. 196**) ohne nennenswerten Informationsgehalt und solchen Fotos, bei denen sich die betreffende Person in die Öffentlichkeit begeben hat und dort als Teil derselben abgebildet wurde (→ **Rn. 176**). 210

Inzwischen hat der BGH seine Rechtsprechung dabei auch aufgrund der EGMR-Entscheidung[1608] weiterentwickelt (s. nachfolgend → **Rn. 216**), was vom Europäischen Gerichtshof[1609] in einer aufsehenerregenden Entscheidung durch seine Große Kammer ausdrücklich bestätigt wurde.

Wird eine „unbeteiligte" nicht prominente Person, die sich zufällig in der Nähe eines oder einer Prominenten befindet auf einem dem oder der Prominenten geltenden Foto sozusagen als **„Beiwerk"** abgebildet und ein solches Foto ohne Einwilligung der unbeteiligten Person veröffentlicht, so verstößt dies gegen § 22 S. 1 KUG. Eine entsprechende Anwendung des § 23 Abs. 1 Nr. 2 KUG komme – so der BGH – nicht in Betracht. Somit sei die betroffene Person in ihrem Persönlichkeitsrecht verletzt. Ein Anspruch auf Schmerzensgeld verneinte der BGH jedoch vorliegend, denn nach der ständigen Rechtsprechung des BGH[1610] begründet eine solche Verletzung des allgemeinen Persönlichkeitsrechts einen Anspruch auf eine Geldentschädigung nur dann, wenn es sich um einen schwerwiegenden Eingriff handelt und die Beeinträchtigung nicht in anderer Weise befriedigend aufgefangen werden kann. Hieran fehlte es im vorliegenden Fall, bei dem die Klägerin – im Bikini – im Hintergrund eines Fotos eines Profifußballers am Strand von El Arenal in Mallorca zu sehen war, das in der „BILD" abgedruckt worden war.

In den beiden oben (→ **Rn. 176**) bereits erwähnten **Rosenballentscheidungen**[1611] betonte der BGH erneut, dass es insofern entscheidend sei, *„ob die Medien im konkreten Fall eine Angelegenheit von öffentlichem Interesse ernsthaft und sachbezogen erörtern, damit den Informationsanspruch des Publikums erfüllen … oder ob sie … lediglich die Neugier der Leser befriedigen"*. Den Informationsanspruch beleuchtete der BGH dabei genauer und erweiterte ihn; zur Begründung dieser Erweiterung führte der BGH aus, 211

dass der Informationsanspruch *„nicht einseitig auf die Bedürfnisse einer vorwiegend an politischen oder wirtschaftlichen Fragestellungen interessierten Leserschaft ausgerichtet werden"* dürfe, sondern *„auch das in weiten Bevölkerungskreisen bestehende Interesse"* … an … *„Ereignissen aus dem Adel und sonstigen gehobenen Gesellschaftskreisen"* umfasse.

Knüpfe daher eine Berichterstattung über derartige Personen (dh Adelige, Prominente etc) an deren Auftreten im zeitgeschichtlichen Kontext (hier: den sogenannten *Rosenball* in Monaco) an und stehe eine Darstellung deren Lebensweise und Verhalten im Vordergrund der Bildberichterstattung, so sei eine solche Bildberichterstattung zulässig.

Ebenfalls mit einer Person der Zeitgeschichte hatte sich der BGH[1612] im Zusammenhang mit der Frage, ob und inwieweit ein bekannter Schauspieler ohne seine Zustimmung auf der Titelseite einer **Werbezeitung** abgebildet werden darf, zu befassen. Der BGH bejahte zunächst einen Eingriff in das Recht des Klägers am eigenen Bild gem. § 22 KUG. Die entscheidende Frage, ob es hierzu einer Einwilligung bedarf oder ob es sich „um ein Bildnis aus dem Bereich der Zeitgeschichte handelt" und es gem. § 23 Abs. 1 KUG mit Rücksicht auf das berechtigte Publikumsinteresse keiner Einwilligung bedarf, beantwortete der BGH zugunsten des Publikumsinteresses: 212

„Die Grenze des Einsatzes eines solchen Bildes zur Werbung für einzelne Produkte ist jedoch erst dann überschritten, wenn der Leser durch die Abbildung dazu geführt wird, zwischen dem Abgebildeten und den im Heftinneren angebotenen Produkten oder Leistungen eine gedankliche Beziehung herzustellen, dh, wenn in den Augen des Lesers die Vorstellung

[1607] Vgl. BGH NJW 2007, 3440; BGH NJW 1996, 1128; s. auch OLG Hamburg NJW-RR 1995, 790.
[1608] EGMR NJW 2004, 2647.
[1609] EGMR NJW 2012, 1053.
[1610] BGH NJW 2015, 2500.
[1611] BGH BeckRS 2010, 28333 (zur Bildberichterstattung) und BGH BeckRS 2010, 28332 (zur Wortberichterstattung).
[1612] BGH NJW-RR 1995, 789.

entsteht, dass der Abgebildete zu diesen Produkten steht, sie empfiehlt und als Anreiz für den Kauf dieser Waren sein Bild zur Verfügung stellt."[1613]

Einen solchen unmittelbaren Bezug zwischen den Produkten und der Person des Schauspielers sah der BGH vorliegend nicht. Ebenso argumentierte der BGH[1614] in seinem oben im Rahmen der Satire-Thematik bereits behandelten Urteil, indem er darauf hinwies, solange der Eindruck nicht erweckt werde, der Abgebildete empfehle das mit seinem Foto beworbene Produkt, liege keine Kommerzialisierung zu Werbezwecken vor.

213 Erneut hatte sich der BGH[1615] **(„Inka Bause Urteil")** mit der Zulässigkeit einer **identifizierenden Bildberichterstattung** in einem Presseartikel mit der Überschrift „Inkas Traumjahr" zu befassen. Er stellte sich in diesem Falle auf die Seite der Presse und sah die Berichterstattung als zulässig an und führte zur Begründung aus:

„Der Informationsgehalt einer Bildberichterstattung ist dabei im Gesamtkontext, in den das Personenbildnis gestellt ist und unter Berücksichtigung der zugehörigen Wortberichterstattung zu ermitteln. Daneben sind für die Gewichtung der Belange des Persönlichkeitsschutzes der Anlass der Bildberichterstattung und die Umstände in die Beurteilung mit einzubeziehen, unter denen die Aufnahme entstanden ist. Auch ist bedeutsam, in welcher Situation der Betroffene erfasst und wie er dargestellt wird".

Im konkreten Fall sah der BGH die Berichterstattung vom öffentlichen Informationsinteresse gedeckt und auch hinsichtlich des veröffentlichten Fotos als zeitgeschichtliches Ereignis iSv § 23 Abs. 1 Nr. 1 KunstUrhG an.

Zu den jüngeren BGH-Entscheidungen[1616] insofern s. oben → Rn. 178 und → Rn. 208.

214 **Person der Zeitgeschichte:** Zu dem in diesem Zusammenhang stets von der Rechtsprechung und der Literatur verwendeten Begriff der „Person der Zeitgeschichte" und der Unterteilung in „absolute" und „relative" Personen der Zeitgeschichte sei nachfolgend kurz Stellung genommen:

„Absolute" Personen der Zeitgeschichte: Hierzu zählt die Rechtsprechung neben Politikern auch Spitzensportler, Schauspieler, Modeschöpfer, TV-Moderatoren, wie **Günter Jauch** (dessen Klage auf „Schmerzensgeld" wegen der Veröffentlichung eines Fotos seiner Hochzeit vom OLG Hamburg[1617] abgewiesen wurde), Angehörige des Hochadels oder des Jet-Sets alle Personen, die „unabhängig von einzelnen Ereignissen aufgrund ihres Status und ihrer Bedeutung allgemeine öffentliche Aufmerksamkeit finden". „Absolute" Personen der Zeitgeschichte müssten sich auch außerhalb der eigenen vier Wände und eines darüber hinausgehenden eingeschränkten Bereiches, an den sie sich – objektiv erkennbar – um für sich alleine zu sein, zurückgezogen hatten, grundsätzlich nahezu jede Bildberichterstattung gefallen lassen.[1618] Zu derartigen „Rückzugsrefugien" zählte die Rechtsprechung abgelegene Ferienorte oder andere Orte, die von der breiten Öffentlichkeit deutlich abgeschieden sind.[1619]

215 **„Relative" Personen der Zeitgeschichte** sind dagegen solche Personen, die das öffentliche Interesse nur punktuell durch ein bestimmtes zeitgeschichtliches Geschehen auf sich gezogen haben. Ihr Bildnis darf – ohne Einwilligung – lediglich im Zusammenhang mit dem betreffenden Ereignis erfolgen bzw. in der Medienberichterstattung verwendet werden. Zu diesen Personen zählt die Rechtsprechung[1620] beispielsweise Verbrecher, die mit spektakulären Straftaten einmalig die allgemeine Aufmerksamkeit auf sich zogen oder Zeugen, die durch ihre Aussage in herausragender Weise in den Mittelpunkt des öffentlichen Interesses rücken; nach inzwischen herrschender Rechtsprechung nicht jedoch die Kinder oder Angehörigen von Prominenten.[1621]

216 Dieser bis zum 24.6.2004 in der deutschen Rechtsprechung fest etablierten Unterscheidung zwischen „absoluten" und „relativen" Personen der Zeitgeschichte vermochte der Europäische Gerichtshof in seiner bereits

[1613] BGH NJW-RR 1995, 789.
[1614] BGH NJW 2007, 689.
[1615] BGH VersR 2012, 192.
[1616] BGH NJW 2022, 1751; BGH GRUR-RS 2021, 106; BGH GRUR-RS 2020, 26493 (vgl. auch OLG Frankfurt a. M. GRUR-RS 2021, 56040).
[1617] LG Hamburg ZUM 2008, 798; OLG Hamburg ZUM 2009, 297.
[1618] So BVerfG NJW 2000, 1021.
[1619] Vgl. auch Frömming NJW 1996, 958 (960).
[1620] So Frömming NJW 1996, 958 (960).
[1621] BVerfG NJW 2005, 1857; BGH 12.12.1995 – VI ZR 15/95.

Anfang dieses Kapitels mehrfach zitierten Entscheidung[1622] jedoch „*nur schwer* [zu] *folgen*" und lehnte diese Rechtsauffassung für Privatpersonen, die weder politische noch sonstige amtliche Funktionen oder Ämter bekleiden, ab. Zur Begründung führte er aus:

„*Jedenfalls ist unter diesen Voraussetzungen eine einschränkende Auslegung des Kunsturhebergesetzes erforderlich, damit der Staat seiner politischen Verpflichtung zum Schutz des Privatlebens und des Rechts am eigenen Bild, wie sie sich aus Art. 8 der Konvention ergibt, nachkommt*" und forderte die deutschen Gerichte dazu auf, eine „*klare und eindeutige*" Unterscheidung zwischen „*absoluten*" und „*relativen*" Personen der Zeitgeschichte zu treffen, damit der Einzelne im Rechtsstaat „*genau wisse, wo er sich in einem geschützten Raum bewege und wo er mit einem Eindringen Dritter rechnen*" müsse.

An diese Entscheidung sind die Gerichte künftig gem. **Art. 46 II EMRK** insofern gebunden, als sie die materielle Rechtskraft eines solchen Urteils zu beachten haben. Es ist daher zu erwarten, dass es zu einer weiteren Angleichung des deutschen Rechts an den intensiveren Schutz der Privatsphäre gemäß der neueren Auslegung von Art. 8 EMRK kommen wird.

Der BGH[1623] hatte erstmals nach der Entscheidung des EGMR in gleich zwei Urteilen (auch diesmal ging es wiederum um die Auseinandersetzung zwischen dem Oberhaupt des Welfenhauses und seiner Ehefrau, Prinzessin Caroline von Monaco, mit der so genannten Yellow-Press) auf das **„abgestufte Schutzkonzept"** hingewiesen, das sich aus der Struktur der gesetzlichen Regelung ergibt und inzwischen in Rechtsprechung und Literatur fest verankert ist. Demnach gilt zunächst der Grundsatz bzw. die Feststellung, dass Bildnisse einer Person grundsätzlich nur mit deren Einwilligung verbreitet werden dürfen (§ 22 S. 1 KUG). Vor dem Hintergrund dieses Grundsatzes ist sodann stets zu prüfen, ob ein Ausnahmetatbestand vorliegt; eine Ausnahme vom Einwilligungserfordernis gilt für Personen der Zeitgeschichte (§ 23 Abs. 1 Nr. 1 KUG). Daran anschließend ist wiederum abzuklären, ob dem jeweiligen Ausnahmetatbestand Hinderungsgründe entgegenstehen; dies ist beispielsweise dann gegeben, wenn durch die Verbreitung ein berechtigtes Interesse des Abgebildeten verletzt wird (§ 23 Abs. 2 KUG). Dabei ist stets zwischen öffentlichem Interesse einerseits und dem Schutz der Privatsphäre des Einzelnen abzuwägen. Im Rahmen dieser Interessenabwägung zwischen dem Informationsinteresse der Öffentlichkeit und dem Interesse des Abgebildeten an dem Schutz seiner Privatsphäre ist – so der BGH – stets eine qualitative Bewertung des Informationsgehalts vorgenommen: „*Je größer der Informationswert für die Öffentlichkeit ist, desto mehr muss das Schutzinteresse desjenigen, über den informiert wird, hinter den Informationsbelangen der Öffentlichkeit zurücktreten. Umgekehrt wiegt auch der Schutz der Persönlichkeit des Betroffenen desto schwerer, je geringer der Informationswert für die Allgemeinheit ist*".[1624] Das Interesse der Leser an bloßer Unterhaltung hat somit gegenüber dem Schutz der Privatsphäre stets ein geringeres Gewicht.

In seinem dazu derzeit jüngsten Urteil hatte sich 2022 der BGH mit einem Sachverhalt zu befassen, bei dem ein **Bundespolizist während des Einsatzes** bei einem Neonazi-Festival bzw. der dazu stattfindenden Gegendemonstration seine **Polizeiuniform mit zwei Aufnäher** trug, die auf eine rechte Gesinnung des Beamten schließen ließen. Der eine Aufnäher zeigte ein Schwert mit Schild und Flügeln und den Text „RECTE FACIENDO NEMINEM TIMEAS" (= Tue Recht und scheue niemand) und der andere ein griechisches Omega mit Spartaner-Helm und gekreuzten Schwertern sowie dem Text „ΜΟΛΟΝ ΛΑΒΕ" (= Komm und hol sie dir); der erste Spruch wird mit dem Templer-Orden während der Kreuzzüge im Mittelalter in Verbindung gebracht und der zweite mit Spartas König Leonidas wobei er heute noch von Waffen-Fans in den USA genutzt wird.

Über den Vorfall hatte die Bildzeitung unter Verwendung von Bildmaterial, das den Kläger zeigt, berichtet. Der Polizist klagte, es zu unterlassen, sein Foto mit für Dritte erkennbarem Gesicht, wie auf den Internetseiten der Bekl. unter www.bild.de und www.bz-berlin.de sowie im Video „BILD-TALK ‚DIE RICHTIGEN FRAGEN' ‚Das kann man auf keinen Fall durchgehen lassen'" geschehen, zu veröffentlichen. Das LG Dessau-Roßlau gab dem Kläger Recht; das OLG Naumburg wies dagegen die Klage ab. Die vom OLG Naumburg zugelassene Revision der Kl. hatte keinen Erfolg.

Der BGH teilte die Rechtsauffassung des OLG Naumburg wonach es der Kläger hinnehmen muss, dass über den Vorfall unter Verwendung seines Bildnisses mit den Aufnähern auf seiner Uniform, berichtet wird. Dies – so der BGH – ergebe die im Rahmen des **abgestuften Schutzkonzepts des § 23 KUG** erforderliche Abwägung. Es handele sich in diesem Falle um ein **Bildnis der Zeitgeschichte,** gegen dessen Veröffentlichung keine überwiegenden Interessen des Klägers sprechen. Der Auseinandersetzung mit der Frage, ob

[1622] EGMR NJW 2004, 2647 (2650).

[1623] BGH BeckRS 2007, 06030 (Urlaubsfotos Prominenter) und BGH GRUR 2007, 527 (Winterurlaub); vgl. aktuell dazu auch BGH NJW 2023, 610 (Rn. 15).

[1624] BGH GRUR 2007, 527 (Winterurlaub).

Bundesbeamte mit rechten Gesinnungen sympathisieren, komme *„ein erheblicher Informationswert zu"*; zudem seien die *„in dem Artikel aufgeworfenen Fragen … von großem gesellschaftlichem Interesse und Gegenstand öffentlicher Diskussionen"*. Durch die privaten Aufnäher sei der Polizist *„bewusst aus der Menge der einheitlich gekleideten Einsatzkräfte hervor"* getreten und habe durch sein Verhalten Anlass dazu gegeben, die in der Begleitberichterstattung sachlich angesprochenen Fragen zu stellen. All dies führe dazu, dass die schutzwürdigen Interessen der Beklagten die des Klägers überwiegen würden. *„Bei der Gewichtung der Beeinträchtigung des Kl. ist weiter zu berücksichtigen, dass er in einer Situation, in der mit einer intensiven Beobachtung durch die Presse und Dritte zu rechnen war, gewollt Aufmerksamkeit erregte. … Bei dieser Sachlage kommt der Berichterstattung auch keine Pranger- oder stigmatisierende Wirkung zu"*.[1625]

Sich ebenfalls mit der Rechtsprechung des BGH[1626] befassend, entschied 2018 das OLG Dresden[1627] in einem Fall, bei dem der Kläger auf einer Beerdigung zusammen mit dem Chef einer Rockerbande fotografiert worden war und sprach dem Kläger 2.500 EUR zu. Die Veröffentlichung des Bildnisses in zwei Artikeln mit dem Titel „Präsident der H nach Schießerei verhaftet", auf dem der Kläger jeweils unverpixelt zu sehen ist, stellt – so das OLG Dresden zutreffend – eine Verletzung seines Rechts am eigenen Bild dar, das Teil des allgemeinen Persönlichkeitsrechts (Art. 2 I GG) ist und durch §§ 22 ff. KUG konkretisiert wird.

Auf höchstrichterliche Rechtsprechung, die bis 2010 vorlag, eingehend, sah das LG Berlin[1628] in dem Rechtsstreit zwischen der Tochter von **Ulrike Meinhof** und **Jutta Ditfurth** zutreffend einen Verstoß gegen § 22 S. 1 KUG und ein Überwiegen des Schutzes der Privatsphäre. Die Antragstellerin (Tochter von Ulrike Meinhof) müsse die Verbreitung eines Kinderbildes von ihr im Rahmen der Wiedergabe eines Beitrages über ihren Vater auf der Website von Jutta Ditfurth nicht hinnehmen, da dem Familienfoto keine zeitgeschichtliche Bedeutung zukomme und für das Gericht auch nicht ersichtlich sei, welches öffentliche Interesse an der Veröffentlichung des Kinderfotos befriedigt werden solle.

217 Die unberechtigte Verwendung eines Bildes für **Werbezwecke** löst im Übrigen nicht notwendigerweise einen Schmerzensgeldanspruch aus, worauf der BGH[1629] im Rahmen der Klage des ehemaligen Bundesfinanzministers **Oskar Lafontaine** hinwies. Eine Kommerzialisierung zu Werbezwecken liege jedenfalls dann nicht vor – so führte der BGH dort aus –, wenn das Foto einer bekannten Persönlichkeit in einer Werbeanzeige verwendet werde, ohne dass dadurch der Eindruck erweckt wird, der Abgebildete empfehle das beworbene Produkt. Zu diesem Urteil des BGH s. auch oben → Rn. 189.

Ebenso sah dies das LG Hamburg[1630] im Fall **Birkenstock,** in welchem die Beklagte (die Künstlerin Ida Ekblad) ein bereits von Birkenstock selbst mehrfach für Werbezwecke verwendetes Kinderfoto nun im Rahmen ihrer künstlerischen Tätigkeit verwendet hatte. Weil das Foto schon vorher massenmedial verbreitet worden sei, fiel diese Abwägung zwischen der Persönlichkeitsrechtsverletzung und der Kunstfreiheit zugunsten der Kunstfreiheit aus. Zudem müsse berücksichtigt werden, dass je mehr man sich selbst bewusst der Öffentlichkeit zuwende, desto mehr müsse man es hinnehmen, wenn andere entsprechende Bilder bzw. Fotos verwendeten, entschied die Pressekammer.

Wird jedoch zu reinen Werbe- beziehungsweise kommerziellen Zwecken eine **nicht anlassbedingte Bildaufnahme einer Polizeibeamtin im Dienst** verwendet, so kann dies durchaus eine schwerwiegende Persönlichkeitsrechtsverletzung darstellen. Darauf wies das OLG Frankfurt a. M 2021[1631] hin. Die Klägerin, Polizeibeamtin, wurde dabei während eines Einsatzes im Zusammenhang mit einer Demonstration ohne ihr Wissen und ohne ihre Einwilligung gefilmt. Die Aufnahmen, die die Klägerin für etwa zwei Sekunden in Zeitlupe darstellen, wurden in einem Musikvideo zu Werbezwecken verwendet, das auf YouTube veröffentlicht und über 150.000-mal aufgerufen worden war. Das OLG sprach der Klägerin 2.000 EUR zu und führte dazu aus, dass *„wirtschaftliche- beziehungsweise Werbeinteressen … regelmäßig hinter das Interesse des Abgebildeten"* zurücktreten würden. Zudem würden für die Verbreitung von Bildern von Polizeibeamten im Einsatz die gleichen Regeln wie für Privatpersonen gelten, wonach auch diese stets nur dann aufgenommen werden dürften, wenn ihr Verhalten Anlass dazu gebe. Im Falle der Klägerin habe eine solche anlassbedingte Situation jedoch nicht vorgelegen.

[1625] BGH NJW 2023, 610; vgl. auch die beiden am selben Tage verkündeten Urt. des BGH GRUR-RS 2022, 34688 u. GRUR-RS 2022, 34543 bzgl. der Bildberichterstattung auf den Internetseiten spiegel.de und ntv.de sowie auch BGH GRUR-RS 2021, 106; BGH GRUR-RS 2020, 26493 und OLG Frankfurt a. M. GRUR-RS 2021, 56040.

[1626] BGH BeckRS 2006, 427.

[1627] OLG Dresden NJW-RR 2018, 946.

[1628] LG Berlin 16.11.2010 – 27 O 586/10.

[1629] BGH BeckRS 1996, 1843 („Caroline von Monaco II).

[1630] LG Hamburg26.4.2017 LG Duisburg BeckRS 2017, 106861.

[1631] OLG Frankfurt a. M. NJW-RR 2021, 1053.

Auch wenn es im nachfolgend kurz vorgestellten Urteil des BGH[1632] vorrangig nicht um Schmerzensgeld bzw. immateriellen Schadensersatz ging, sondern um den Grund und die Höhe einer Lizenzanalogie, soll diese Entscheidung in diesem Zusammenhang erwähnt werden, zumal der BGH am Ende seiner Entscheidung ausdrücklich darauf hingewiesen hatte, dass ein immaterieller Schadensersatz hier in der Höhe nicht anders zu bemessen gewesen wäre, als im bereicherungsrechtlichen Anspruch nach § 812 Abs. 1 Art. 1 Fall 2 BGB: Dem Fall lag die Klage des in Deutschland sehr bekannten und beliebten Fernsehmoderators **Günther Jauch** gegen die Herausgeberin der Programmzeitschrift TV Movie zu Grunde. Diese hatte in einem Artikel über die Krebserkrankung eines anderen TV-Moderators insgesamt vier Fotos – davon auch eines des Klägers – gezeigt, ohne dass Günther Jauch in dem Artikel irgendwie benannt worden war. Günther Jauchs Bild hatte somit weder den Teaser noch den Zielbericht ergänzt. Demnach war der Eingriff in das Recht am eigenen Bild des Klägers gemessen an den §§ 22, 23 KUG rechtswidrig. Danach dürfen Bildnisse einer Person grundsätzlich nur mit Einwilligung des Abgebildeten verbreitet werden (§ 22 S. 1 KUG). Fehlt eine solche Einwilligung, ist die Verbreitung eines Bildnisses nur zulässig, wenn es dem Bereich der Zeitgeschichte (§ 23 Abs. 1 Nr. 1 KUG) oder einem der weiteren Ausnahmetatbestände des § 23 Abs. 1 KUG positiv zuzuordnen ist und berechtigte Interessen des Abgebildeten nicht verletzt werden (§ 23 Abs. 2 KUG). Auf § 23 Abs. 1 Nr. 1 KUG kann sich allerdings nicht berufen, wer keinem schutzwürdigen Informationsinteresse der Allgemeinheit nachkommt, sondern durch Verwertung des Bildnisses eines anderen zu Werbezwecken allein sein Geschäftsinteresse befriedigen will, so der BGH.[1633] Dem Kläger wurde insofern zwar kein Schmerzensgeld bzw. kein immaterieller Schadensersatzanspruch zuerkannt, sondern lediglich ein Anspruch iHv 20.000 EUR auf Basis einer Lizenzanalogie gem. § 812 Abs. 1 Art. 1 2. Fall BGB sowie gem. § 823 Abs. 1 BGB iVm Art. 1 Abs. 1, 2 Abs. 1 GG bzw. § 823 Abs. 2 BGB iVm § 22, § 23 KUG. Zum immateriellen Schadensersatz, den der Kläger zudem gefordert hatte, führte der BGH aus: *„Ob dem Kl. daneben auch – wie das BerGer. angenommen hat – ein Verschulden voraussetzender Schadensersatzanspruch aus § 823 I BGB iVm Art. 1 I, Art. 2 I GG bzw. § 823 II BGB iVm §§ 22, 23 KUG zusteht, bedarf keiner Entscheidung. Seine Höhe wäre nicht anders als die des bereicherungsrechtlichen Anspruchs nach § 812 I 1 Fall 2 BGB zu bemessen."*[1634]

Ein „Schmerzensgeldanspruch" besteht nur dann, wenn in der unberechtigten Verwendung des Bildmaterials **218**
eine **schwere Verletzung des Persönlichkeitsrechts** des Betroffenen zu sehen ist.[1635] Hierbei ist darauf abzustellen, ob die Werbung selbst oder das Produkt als anrüchig anzusehen ist und/oder geeignet ist, Beeinträchtigungen des Abgebildeten in seinem sozialen Umfeld hervorzurufen.[1636] Bei der Bewertung der Schwere der Verletzung ist der Verbreitungsgrad der Werbung mit zu berücksichtigen. So hat das OLG Karlsruhe wegen relativ geringer Stückzahlen der Werbeträger (ca. 500) und Verbreitung entfernt vom Wohnort des Abgebildeten einen Schmerzensgeldanspruch versagt,[1637] wohingegen das OLG Frankfurt a. M. eine schwere Persönlichkeitsrechtsverletzung in der Verbreitung eines Bildnisses in einem Werbekatalog einer Hotelkette sah, da dies allgemein geeignet sei, zu einer Minderung des Ansehens und einer Herabsetzung der Person zu führen.[1638] Letztgenannte Entscheidung geht meines Erachtens in ihrer Begründung zu weit, da sie Aspekte des materiellen und immateriellen Schadens in unzulässiger Weise verquickt.

Erwähnenswert erscheint in diesem Kontext auch ein Urteil des LG Karlsruhe,[1639] welches sich mit der Thematik der Geldentschädigung bei **Beleidigungen in kommerziellen YouTube-Kanälen** bei der **„Vermarktung" von Kindern** bzw. mit der Frage der Zuerkennung einer Geldentschädigung im Zusammenhang mit der Verbreitung von Videos des Babys einer professionellen YouTuberin auf deren kommerziellen YouTube-Kanal zu befassen hatte, die vom Beklagten (ebenfalls YouTuber) mit beleidigenden Äußerungen kommentiert worden waren. Das LG lehnte den Anspruch der Klägerinnen (Mutter und Baby) auf Schmerzensgeld ab, und begründete dies damit, die Klägerin zu 1) habe die eigene Privatsphäre und die ihres Kindes (Klägerin zu 2) bewusst zu kommerziellen Zwecken in die Öffentlichkeit getragen. Darum müsse sie auch negative Reaktionen in Kauf nehmen. Außerdem hätten die Klägerinnen 21 Monate verstreichen lassen, bis sie Klage erhoben. Strafrechtliche Schritte hätten sie ebenfalls nicht unternommen. Deshalb könne bei Würdigung der Gesamtumstände keine schwerwiegende Verletzung angenommen werden. Im Hinblick auf die Besonderheit, dass das Baby die Beleidigungen altersbedingt noch gar nicht wahrnehmen konnte (vgl. dazu nachfolgend auch → **Rn. 335**), betonte das LG jedoch zutreffend: *„Die Zubilligung einer Geldentschädigung setzt nicht voraus, dass die Klägerin zu 2) aufgrund der streitgegenständlichen Berichterstattung als Kleinkind eine eigene Wahrnehmung aufweise. Denn bei der Entschädigung wegen einer Verletzung des allgemeinen Persönlichkeitsrechts handelt es sich nicht um ein Schmerzensgeld gem. § 253 Abs. 2 BGB, sondern um einen Rechtsbehelf, der auf den*

[1632] BGH NJW 2021, 1303; vgl. dazu auch Hager Ja 2021, 867.
[1633] BGH NJW 2021, 1303; BGH NJW 2013, 793 sowie BGH NJW 2007, 689.
[1634] BGH NJW 2021, 1303.
[1635] LG Karlsruhe BeckRS 2018, 43947.
[1636] OLG Karlsruhe NJW 1989, 401 (402); OLG Koblenz NJW-RR 1995, 1112.
[1637] OLG Karlsruhe NJW 1989, 401 (402).
[1638] OLG Frankfurt a. M., NJW-RR 1986, 1118 (1119).
[1639] LG Karlsruhe BeckRS 2018, 43947.

Schutzauftrag aus Art. 1 und 2 Abs. 1 GG zurückgeht. Er findet seine sachliche Berechtigung in dem Gedanken, dass ohne einen solchen Anspruch Verletzungen der Würde und Ehre des Menschen häufig ohne Sanktion blieben mit der Folge, dass der Rechtsschutz der Persönlichkeit verkümmern würde (BGH, Urteile vom 9.7.1985 – VI ZR 214/83, BGHZ 96, 212; vom 17.12.2013 – VI ZR 211/12, BGHZ 199, 237 mwN).“[1640]

Insofern weist Strauß[1641] darauf hin, dass eine Entschädigung wegen einer Verletzung des allgemeinen Persönlichkeitsrechts auch dem Säugling zustehe, der die Beleidigung noch gar nicht als solche empfinden könne; Kinder müssten sich jedoch das Handeln ihrer Eltern auch im Hinblick auf den verstärkten Schutz ihres Persönlichkeitsrechts als eine Art „Mitverschulden“ zurechnen lassen.

219 **Bildnisveröffentlichungen in sexualisiertem Kontext:** Damit hatte sich 2021 das OLG Dresden[1642] im Zusammenhang mit einer internen **Polizei-Abschlussfeier** zu befassen. Polizeischülerinnen hatten auf dem Gelände einer Polizeifachhochschule eine Abschlussfeier veranstaltet und in diesem Rahmen ein Video gedreht, dass mit dem *„sexuell aufgeladenen“* Song „London Bridge“ der Sängerin „Fergie“ unterlegt ist. Obwohl es sich insofern um eine interne geschlossene Veranstaltung gehandelt hatte, veröffentlichte die Beklagte einen Artikel mit dem Titel „Die frechen Polizei-Schülerinnen und das Hurenlied“. In diesem Artikel wurde die Klägerin mit dem Untertitel *„eine künftige Kommissarin beißt … frivol in eine Banane“* abgebildet. Das OLG sprach der Klägerin deshalb 2.500 EUR zu und führte dazu aus, der Senat teile die Auffassung der Berufungserwiderung, dass durch diese Bilduntertitelung für den Durchschnittsleser erkennbar suggeriert werden solle, die Klägerin habe bei der Abschlussfeier *„Oralverkehr mit einer Banane simuliert“*. Eine derartige Unterstellung, für die das Bild als solches nichts hergibt, sei aber geeignet, die Klägerin in der Öffentlichkeit als schamlos und grenzverletzend darzustellen, was im Ergebnis die zugesprochene Geldentschädigung rechtfertige, die allerdings – so das OLG – *„der Mindestuntergrenze für eine Geldentschädigung* [entspreche], *die der Senat in ständiger Rechtsprechung mit 2.500 EUR bemisst“*.[1643]

Nacktfotos und absolut geschützte Intimsphäre: Bei (teilweisen[1644]) Nacktfotos, die ohne Genehmigung verbreitet wurden, hat die Rechtsprechung[1645] wegen der absolut geschützten Intimsphäre überwiegend einen schweren Eingriff in das Persönlichkeitsrecht gesehen.

Dabei spielt hinsichtlich der Frage des Vorliegens einer Persönlichkeitsrechtsverletzung grundsätzlich die **Erkennbarkeit** keine Rolle, so dass es grundsätzlich unerheblich ist, ob der oder die betroffene Person auf den Fotos erkennbar war oder nicht.

„Zum rechtlich geschützten Bereich des Persönlichkeitsrechts gehört in Ausformung der verfassungsrechtlichen Wertentscheidung der Art. 1 und Art. 2 GG zugunsten des freien, eigenverantwortlichen Individuums auch, dass der Einzelne allein zur Verfügung über die Verwendung seines Bildnisses oder seines Namens berechtigt ist; nur er selbst soll darüber befinden dürfen, ob, wann und wie er sich gegenüber Dritten oder der Öffentlichkeit im Bild darstellen will. Zu dem der Selbstbestimmung vorbehaltenen Persönlichkeitsbereich gehört dementsprechend auch die Entscheidung über die Veröffentlichung des eigenen Nacktbildes und zwar unabhängig davon, ob es eine Identifizierung des Abgebildeten erlaubt oder nicht. Es ist in so starkem Maße mit dem Intimbereich verbunden, dass seine Veröffentlichung auch dann, wenn die abgebildete Person nicht erkennbar ist, ihrer freien Selbstbestimmung unterliegt. Die unbefugte Veröffentlichung eines Bildes eines anderen stellt sich deshalb als Anmaßung einer Herrschaft über ein fremdes Persönlichkeitsgut dar. Hinzu kommt, dass der Betroffene stets mit der Möglichkeit der Aufdeckung seiner Anonymität durch den Verletzter rechnen muss und damit dem Gefühl des Preisgegebenseins und der Abhängigkeit unterworfen ist. Die eigenmächtige Herbeiführung einer solchen Lage kann um der Menschenwürde und der freien, eigenverantwortlichen Persönlichkeitsentfaltung willen nicht gestattet sein“, so entschied das LG Duisburg[1646] mit Verweis auf das OLG Düsseldorf.

Die Frage der Erkennbarkeit kann jedoch für die Bemessung der Höhe des Schmerzensgeldes sehr wohl herangezogen werden, etwa wenn das Opfer – wegen seiner Erkennbarkeit – Repressalien ausgesetzt war oder hierdurch psychische Beeinträchtigungen erlitten hat.

Dass die Rechtsprechung in Fällen von Nacktfotos einen sehr hohen Maßstab anlegt, zeigt der Fall, den der BGH[1647] zu entscheiden hatte. Dort ging es um **Nacktfotos für die Veröffentlichung in Biologiebüchern** in einer Auflage von 100.000 Stück. Die Bilder waren im Einverständnis mit dem Betroffenen erfolgt.

1640 LG Karlsruhe BeckRS 2018, 43947.
1641 Strauß GRUR-Prax 2019, 364.
1642 OLG Dresden GRUR 2021, 17351.
1643 OLG Dresden GRUR 2021, 17351.
1644 Vgl. hierzu BGH NJW 2018, 2489.
1645 LG Berlin AfP 2004, 455; LG München I ZUM-RD 2003, 601 und LG München I NJW 2004, 617.
1646 LG Duisburg BeckRS 2017, 106861.
1647 BGH NJW 1985, 1617; vgl. auch OLG Karlsruhe NJW-RR 1994, 95.

Die spätere Wiedergabe des Bildes im Fernsehen (für zwei Sekunden) und Zeitungen wurde jedoch ohne Wissen des Betroffenen vorgenommen. Ebenso entschied zutreffend das LG München I[1648] bzgl. einer 7 Sekunden dauernden Sequenz einer Nacktbadeszene in der Wissenschaftssendung „Galileo" und sprach dem so Abgebildeten 3.000 EUR mit der zutreffenden Begründung zu, „der nackte Körper gehört zum intimsten Persönlichkeitsbereich eines jeden Menschen ... wobei durch die Ausstrahlung ... im Fernsehen besonders intensiv in die Intimsphäre des Abgebildeten eingegriffen wird". Bei der Bemessung des Betrages verwies das LG München auf vergleichbare Fälle mit *„erheblichem Verschulden der Bekl."* und führte abschließend aus, dass auch *„präventive Gründe ... für die Zuerkennung eines Betrages* [sprechen], *der weit über etwaigen Honorarkosten eines Darstellers bzw. Modells liegen"* müsse.

Einen besonderen Fall hatte insofern das LG Frankfurt a. M.[1649] zu entscheiden und der Klägerin 2.700 EUR zuerkannt. Dem Urteil lag folgender Sachverhalt zu Grunde: Im Rahmen der Vorbereitung ihrer Mitarbeit in einem sogenannten **„Escort-Service"** ließ die Klägerin Intimfotos von sich anfertigen und vertraute ihre Idee, in diesen Beruf einzusteigen, einem guten Bekannten. Dieser versandte daraufhin jedoch – anders als von der Klägerin erwartet – ein Schreiben an insgesamt neun Personen, darunter an die Mutter der Klägerin, in dem er die Pläne der Klägerin offenlegte und massiv kritisierte, neun Fotos von der Internetseite des Escort-Services beifügte und dabei Begriffe wie Prostituierte, Hure und Nutte verwandte. Für die Weitergabe der sechs kleinen Fotos sprach das LG insgesamt 1.200 EUR und für die drei größeren **Intimfotos** 1.500 EUR zu, so dass es zur Summe von 2.700 EUR kam. Anschließend setzte sich das LG ausführlich mit den drei Begriffen (Prostituierte, Hure und Nutte) auseinander und wertete den Begriff „Nutte" zutreffend (auch für eine Prostituierte/Hure) als beleidigend, sprach aber dennoch im konkreten Fall deshalb kein höheres Schmerzensgeld zu.

Für die unberechtigte Veröffentlichung von Fotos des zum Teil unbekleideten Klägers im Internet, sprach das LG Kiel[1650] diesem 25.000 EUR Schmerzensgeld zu. Anders wurde in einem Fall entschieden, in dem versehentlich ein Nacktfoto in einer anderen Reportage als vorgesehen veröffentlicht wurde und diesbezüglich eine Richtigstellung erfolgte.[1651] Erst Recht gilt dies, wenn die Klägerin im Wege von **Fotomontagen,** *„in pornografischen Posen, zum Teil auch bei Ausübung des Geschlechtsverkehrs"* dargestellt und diese Bilder sodann unter voller Namensnennung ins Internet gestellt werden; insofern sei ein Schmerzensgeld von 15.000 EUR angemessen, urteilte das OLG Oldenburg.[1652] Ein Betrag, der in einem solch krassen Fall zutiefst erniedrigender Persönlichkeitsrechtsverletzung zu gering ist. Das OLG – dass das Schmerzensgeld des LG Oldenburg noch um 7.000 EUR herabgesetzt hatte – begründete diesen geringen Betrag damit, dass

„höhere Beträge in der Rechtsprechung nur dann zuerkannt würden, wenn das Opfer einer pornografischen oder erotischen Internetveröffentlichung konkrete Beeinträchtigungen (zB Telefonanrufe oder Klingeln an der Haustür) erlitten habe. Das sei bei der Klägerin glücklicherweise nicht der Fall gewesen".[1653]

Die Bildveröffentlichung ohne Zustimmung der Betroffenen im Zusammenhang mit einem **Sexartikel** mit der Überschrift „7 Tipps für den Mega-Orgasmus" wertete das OLG Hamm[1654] zutreffend als „erheblichen und schweren Eingriff" und sprach unter Aufhebung der erstinstanzlichen Entscheidung ein Schmerzensgeld von umgerechnet 10.000 EUR zu. Zwar hatte die Klägerin dort die Herstellung von Nacktfotos gestattet, jedoch in einem völlig anderen Zusammenhang; ihre Zustimmung zu dem konkreten Verwendungszweck fehlte unzweifelhaft. Auf einen ähnlichen Fall im Zusammenhang mit einem Zeitschriftenartikel über „Telefonsex" wurde bereits in der 3. Auflage hingewiesen; das OLG München sprach damals allerdings lediglich gut 4.000 EUR zu.[1655]

Fotos für Sexting: Unter Sexting[1656] versteht man die Weiterleitung von Bildern mit jugendpornografischem Inhalt, die zunächst mit Zustimmung der Fotografierten (meist fotografieren sich die Jugendlichen selbst) angefertigt, dann jedoch ohne Zustimmung an Dritte über WhatsApp, Facebook etc. verbreitet werden. In solchen Fällen werden in der Regel nur geringe Schmerzensgelder für das unter Jugendlichen und Schülern – jeden Bildungsgrades – weit verbreitete sogenannte Sexting gezahlt.

1648 LG München I NJW 2004, 617.
1649 LG Frankfurt a. M. BeckRS 2016, 01532. Zur Veröffentlichung von intimen Details (Liebesbriefen und Nacktfotos) aus einer Beziehung s. auch LG Frankfurt a. M. BeckRS 2017, 141348.
1650 LG Kiel NJW 2007, 1002.
1651 OLG Stuttgart NJW 1983, 1204.
1652 OLG Oldenburg NJW 2016, 816 zu LG Oldenburg BeckRS 2015, 05087 (das LG hatte noch 22.000 EUR für angemessen erachtet).
1653 So wörtlich zitiert aus der Pressemitteilung des OLG Oldenburg v. 19.10.2015.
1654 OLG Hamm NJW-RR 1997, 1044.
1655 OLG München NJW 1996, 539.
1656 Döll FamRZ 2017, 1728.

In einem konkreten Falle, den das LG Frankfurt a. M.[1657] entschieden hatte, wurden derartige Fotos einer Abiturientin (sie hatte die Fotos von sich für ihren Freund selbst gefertigt und auf ihrem Smartphone gespeichert) von der beklagten Mitschülerin verbreitet, so dass „ca. 80 % der Mitschüler – so die weitere Behauptung der Klägerin – die Bilder gesehen hätten". Das LG führte in seiner sorgfältigen Begründung aus: *„Vorliegend ist zu berücksichtigen, dass es sich bei jedenfalls einem weitergegebenen Bild um eine jugendpornografische Aufnahme handelt, was grundsätzlich für eine schwere Persönlichkeitsrechtsverletzung spricht. Auf der anderen Seite ist zu berücksichtigen, dass auf dem Bild nicht das Gesicht und der Oberkörper der Klägerin abgebildet sind, vielmehr nur das Gesicht ihres damaligen Freundes. Zu sehen ist des Weiteren, dass sie das Bild selbst aufgenommen hat .... Ferner ist zu berücksichtigen, dass die Beklagte die Weiterleitung der Bilder bedauert und sie jedenfalls in der mündlichen Verhandlung die Unterlassungsansprüche anerkannt hat .... Ebenso ist bei der Bemessung der Höhe des Geldentschädigungsanspruchs das jugendliche Alter der Beklagten und ihre finanzielle Leistungskraft als Jugendliche ohne fortlaufende Einkünfte zu berücksichtigen."*[1658]

Auch das OLG Hamm[1659] stellte bei der Bemessung des Schmerzensgeldes – neben den tatsächlich vorliegenden psychischen Erkrankungen der 18jährigen Klägerin – das junge Alter und die sich daraus ergebende besondere Verletzlichkeit der Klägerin sowie die Tatsache, dass die Fotos – wie stets in solchen Fällen – einer unüberschaubaren Anzahl von Personen, unter anderem aus ihrem nahen Umfeld, zugänglich waren, in den Vordergrund. Dennoch wich das OLG mit nur 7.000 EUR erheblich von der Forderung der Klägerin, die 20.000 EUR begehrte, ab.

Fotos zu Mobbingzwecken: Werden derartige Fotos aber – nach dem Ende der Freundschaft unter den „Sexting-Partnern" – zu Mobbingzwecken eingesetzt, wird dies erheblich schmerzensgelderhöhend zu bewerten sein. Zur Veröffentlichung von Intimfotos und intimen Details nach einer beendeten Beziehung s. auch LG Frankfurt a. M.[1660]

220 Erneut mit dem Rechtsschutz bezüglich der absolut geschützten Intimsphäre hatte sich der BGH[1661] zu befassen und betonte – unter Bezugnahme auf die „gefestigte Rechtsprechung des BVerfG", dass bei einem Eingriff in das allgemeine Persönlichkeitsrecht unter dem Gesichtspunkt der absolut geschützten Intimsphäre, wegen deren „besonderen Nähe zur Menschenwürde" eine Einschränkung durch eine Abwägung nach Maßgabe des Verhältnismäßigkeitsgrundsatzes nicht zulässig sei. Diesem Kernbereich gehören grundsätzlich die „Ausdrucksformen der Sexualität an", so der BGH. Sodann differenzierte der BGH – vor dem Hintergrund des Sachverhaltes (hier: **Mitwirkung** als **Darsteller** in einem kommerziellen **Pornofilm**) – dass die Beurteilung, ob ein Sachverhalt diesem geschützten Kernbereich zuzuordnen ist, davon abhängig sei, „ob der Betroffene ihn geheim halten will", was der BGH zutreffend im konkreten Falle als nicht gegeben ansah, da dort *„der Grundrechtsträger den Kernbereich ... von sich aus [ge]öffnet"*[1662] hatte.

Der Schutz auch in Bezug auf Ausdrucksformen der Sexualität könne – darauf wies auch das LG Frankfurt a. M.[1663] hin – *„aber entfallen, wenn der Grundrechtsträger den Kernbereich der privaten Lebensgestaltung von sich aus öffnet, und bestimmte, an sich dem unantastbaren Kernbereich zuzurechnende Angelegenheiten der Öffentlichkeit zugänglich macht und damit zugleich die Sphäre anderer oder die Belange der Gemeinschaft berührt"*, wie dies beispielsweise bei einem

„Pornodarsteller, der freiwillig an der Produktion professionell hergestellter und kommerziell zu verwertender Pornofilme in für den Zuschauer erkennbarer Weise mitgewirkt" habe, der Fall sei.

221 Die absolut geschützte Intimsphäre des Klägers ist dagegen nicht betroffen, wenn über ihn unrichtige Tatsachenbehauptungen des Inhalts aufgestellt werden, er sei „pädophil veranlagt" und habe „ein sexuelles Verhältnis mit einem minderjährigen Mädchen namens Lissy" gehabt. *„Denn"*, so der BGH,[1664] *„sexuelle Verhältnisse mit Kindern oder Jugendlichen sind in § 182 StGB unter Strafe gestellt. Die Begehung von Sexualstraftaten fällt aber nicht in den unantastbaren Kernbereich höchstpersönlicher, privater Lebensgestaltung. Mit ihnen geht ein Übergriff in die sexuelle Selbstbestimmung des Opfers einher, so dass ihre Begehung nicht als Ausdruck der von Art. 2 Abs. 1 GG geschützten freien Entfaltung der Persönlichkeit des Täters angesehen werden kann".*

[1657] LG Frankfurt a. M. GRUR-RS 2014, 19319; ebenso (1.000 EUR) entschied das AG Berlin-Charlottenburg in einem vergleichbaren Falle einer 13-jährigen, die ihrem Freund Nacktfotos postete, die dieser dann – eigenmächtig und unberechtigt – an seine Freunde weiterleitete. Zur Veröffentlichung von Intimfotos und intimen Details nach einer beendeten Beziehung (zw. Lehrer und Schülerin) s. auch LG Frankfurt a. M. BeckRS 2017, 141348.

[1658] LG Frankfurt GRUR-RS 2014, 19319.

[1659] OLG Hamm BeckRS 2017, 111832.

[1660] LG Frankfurt a. M. BeckRS 2017, 141348.

[1661] BGH VersR 2012, 66.

[1662] BGH VersR 2012, 66.

[1663] LG Frankfurt a. M. BeckRS 2016, 01532.

[1664] BGH BeckRS 2014, 02045.

Ebenfalls kein Intimbereich ist verletzt bei der Veröffentlichung eines Fotos, das die Klägerin mit **Kopftuch im Hörsaal** einer Universität zeigt, so urteilte das LG Bochum.[1665] Zum Kopftuch einer muslimischen Lehrerin in Bezug auf das AGG sowie insgesamt **zu Fragen der Diskriminierung im Zusammenhang mit dem Tragen eines religiösen Kopftuchs s. → Rn. 257a.** 222

Kein Schmerzensgeld erhielt ein Arbeitnehmer wegen eines **Gruppenfotos bzw. Belegschaftsfotos,** welches ihn mit der Belegschaft auf der **Homepage** seines (ehemaligen) Arbeitgebers zeigt. Stellt ein Unternehmen – mit Einwilligung der Arbeitnehmer – ein Gruppenfoto auf seine Homepage, so hat ein mit abgelichteter Arbeitnehmer, der das Unternehmen später verlässt (hier durch einen Aufhebungsvertrag) keinen Schmerzensgeldanspruch, sofern seine vormals erteilte Einwilligung – wie vorliegend gegeben – deshalb über die Beendigung des Arbeitsverhältnisses hinausreicht, da das Foto „nur allgemeinen Illustrationszwecken dient und (ehemalige) Arbeitnehmer nicht besonders herausgestellt werden", so entschied das LAG Mainz.[1666] 223

In einer weiteren Entscheidung des LAG Mainz,[1667] die vom BAG[1668] bestätigt wurde, um die Veröffentlichung von Bildern der Belegschaft im Rahmen eines Videos zu Werbezwecken im Internet. Die Beklagte, ein Handwerksbetrieb, hatte das Video zuvor von der Belegschaft autorisieren lassen, indem der Kläger und die übrigen Arbeitnehmer der Bekl. per Unterschrift auf einer Namensliste zugestimmt hatten, dass die später gefertigten Filmaufnahmen von ihnen zur freien Nutzung im Rahmen der Öffentlichkeitsarbeit der Bekl. *„verwendet und ausgestrahlt werden dürfen"*. Nach seinem Ausscheiden aus der Firma widerrief der Kläger seine Zustimmung und verlangte Schmerzensgeld *„auf Grund der mehrjährigen Persönlichkeitsrechtsverletzung"*. Die Klage blieb in allen Instanzen erfolglos. Dazu führte das BAG aus, eine unbefristet erteilte Einwilligung erlösche nicht „automatisch" mit dem Ende des Arbeitsverhältnisses. Dies müsse entweder bei der Einwilligung erklärt werden oder in der Natur der veröffentlichten Bildnisse liegen, etwa im Falle der personenbezogenen Werbung des Arbeitgebers. Eine ohne Einschränkungen erteilte Einwilligung könne vom Arbeitnehmer – unabhängig vom Bestehen eines Arbeitsverhältnisses – widerrufen werden, wenn ein plausibler Grund angegeben wird, warum der Arbeitnehmer durch den Widerruf sein Recht auf informationelle Selbstbestimmung nunmehr gegenläufig ausüben will. Die einmal erteilte Einwilligung kann also nicht jederzeit frei seine Einwilligung widerrufen werden; vielmehr müssen insofern die **Rücksichtnahmepflichten gemäß § 241 Abs. 2 BGB** beachtet werden.[1669]

Praxishinweis für Belegschaftsfotos:
Arbeitgeber sollten zeitlich deutlich (nicht erst einen Tag zuvor) vor dem geplanten Fototermin bzw. der Foto-Veranstaltung den Betriebsrat und, sofern kein BR vorhanden ist, die vollständige Belegschaft **schriftlich über den Anlass und Zweck** des Fotos sowie darüber, dass die „Veranstaltung" **freiwillig** ist, informieren. Es darf somit kein Mitarbeitender zur Teilnahme gezwungen werden, auch nicht indirekt. Zudem ist stets vor dem Fototermin eine **schriftliche Zustimmung iSd § 22 KUG** der Mitarbeitenden von diesen einzuholen. Um zu vermeiden, dass ein Mitarbeiter später seine von ihm zunächst erteilte Zustimmung widerruft (beispielsweise nach Verlassen der Firma), empfiehlt es sich mit den Arbeitnehmern bzw. dem Betriebsrat eine entsprechende Vereinbarung/**Betriebsvereinbarung** (BV-Belegschaftsfoto) zu schließen.
Anmerkung: Eine vergleichbare Vorgehensweise empfiehlt sich in Bezug auf Schulfotos in Bezug auf die Zustimmung der Eltern und Kinder, – s. dazu nachfolgend:

Ebenfalls zurückgewiesen wurde die Klage eines Lehrers auf Beseitigung von **Fotos aus einem Schuljahrbuch.** Bei einem Fototermin in der Schule ließ er sich mit einer Schulklasse und einem Oberstufenkurs fotografieren. Die Schule gab, wie bereits im Jahr zuvor, ein Jahrbuch mit den Abbildungen sämtlicher Klassen und Kurse nebst den jeweiligen Lehrkräften heraus. Nun aber stehe er einer solchen Veröffentlichung „ablehnend" gegenüber. Dieses Verhalten des Studienrats erachtete das OVG[1670] in Übereinstimmung mit der Vorinstanz als widersprüchlich, da er sich widerspruchslos auf den Fotos hatte ablichten lassen, die bekanntermaßen dem Zweck der Veröffentlichung dienten.

Heimliche Bildaufnahmen: Dass dagegen heimliche Bildaufnahmen[1671] oder Videoaufzeichnungen von Personen[1672] grundsätzlich einen schwerwiegenden Eingriff in das allgemeine Persönlichkeitsrecht darstellen, 224

[1665] LG Bochum BeckRS 2007, 13394.
[1666] LAG Mainz BeckRS 2013, 67028 sowie GRUR-Prax 2013, 205 mAnm Oelkers.
[1667] LAG Mainz BeckRS 2013, 73087.
[1668] BAG BeckRS 2015, 68087.
[1669] BAG BeckRS 2015, 68087 und NJW 2015, 2140 mAnm Spielberger.
[1670] OVG Koblenz BeckRS 2020, 5157.
[1671] Zu Paparazzi-Fotos s. oben → Rn. 172, → Rn. 175 sowie → Rn. 196.
[1672] Schulze/Greve ArbRAktuell 2014, 245.

versteht sich von selbst, sofern die Aufnahmen nicht mit sogenannten Dashcams lediglich der Sicherung von Beweismitteln im Rahmen eines Verkehrsunfalles dienen (s. hierzu oben → **Rn. 208** sowie nachfolgend → **Rn. 225**).

Überwachung von Arbeitnehmern: Insofern hat das ArbG Frankfurt a. M.[1673] dem Mitarbeiter eines Unternehmens 3.500 EUR Schmerzensgeld zuerkannt, weil er während seiner Tätigkeit als Techniker permanent und ohne das diesbezügliche Vorliegen einer datenschutzrechtlichen Erklärung, gefilmt bzw. überwacht worden war.

Zur **Arbeitnehmerüberwachung** sowie zu den **Rechtslage nach Inkrafttreten der DS-GVO** sei auf die nachfolgenden Ausführungen in **Rn. 247d** verwiesen.

225 Die Installation von sog. **Dashcams**[1674] bzw. die **Dashcam-Nutzung** und deren Einsatz als Beweismittel, aber auch der damit verbundene Eingriff in das allgemeine Persönlichkeitsrecht des Beweisgegners hat – wie eingangs → **Rn. 208** zu diesem Unterkapitel bereits erwähnt – nicht nur die Verkehrsjuristen auf den Plan gerufen, die sich auf dem 54. Verkehrsgerichtstag ausführlich mit der Thematik befassten, sondern wurde auch vom BGH[1675] entschieden (vgl. dazu unter → **Rn. 208c** und →. **Rn. 247c**), der deren Verwertbarkeit als Beweismittel[1676] als zulässig erachtete, obwohl die Videoaufzeichnungen als solche gegen § 4 BDSG verstoßen.

Insofern sei auf die oben → **Rn. 245f** näher erörterte und kritisch kommentierte (Beweisfoto als Haftungsfalle)[1677] Entscheidung des **OLG Dresden** Urteil vom 9.9.2025 – 4 U 464/25 verwiesen.

Inwiefern durch diesen Verstoß ein Anspruch auf Schmerzensgeld begründet werden kann, darüber hatte das LG Memmingen[1678] zu entscheiden und einen solchen Anspruch zurückgewiesen, da ein schwerwiegender Eingriff in die Persönlichkeitsrechte nicht vorlag.

Dabei berücksichtigte das LG, *„dass es sich nur um Aufnahmen des Straßenraums und des Zugangs zum Anwesen der Kläger, nicht aber um solche handelt, die weitergehend deren Privatgrundstück erfassen. Zudem wurden sie privat gefertigt und nicht veröffentlicht, was auch nie beabsichtigt war, wie die Beklagten völlig glaubhaft erklärten. Auch zielte die Überwachung nicht speziell auf die Kläger ab, sondern diente allgemein um im Falle von Vandalismus oder Unfallflucht den Verursacher zu überführen, wie die Beklagten ebenfalls glaubhaft versicherten, zumal kein Grund ersichtlich ist, warum sie gezielt die Kläger hätten überwachen sollen"*.[1679]

Im Umkehrschluss besteht somit durchaus ein Schmerzensgeldanspruch, sofern – wie häufig bei Sportwagen- und Motorradfahrten der Fall – die Dash-Cam-Filmsequenzen alleine oder zumindest vorrangig angefertigt werden, um diese sodann im Internet – zB in **YouTube** hochzuladen bzw. in entsprechenden Medien wie Facebook etc zu „posten" und somit derartige Bilder zu veröffentlichen. Diese Art von Aufnahmen sind – im Sinne des soeben benannten BGH Urteils als **„permanente anlasslose Aufzeichnung"** in jedem Falle unzulässig.

Ob Betroffene dennoch ein Schmerzensgeld bzw. immateriellen Schadensersatz erhalten, nur weil sie auf derartigen Filmsequenzen erkennbar sind, bedarf jedoch – wie stets bei Fällen von Persönlichkeitsrechtsverletzungen – einer sorgfältigen Einzelfallabwägung, bei der ua auch zu berücksichtigen sein wird, ob und inwieweit der/die jeweilige Betroffene/Kläger(in) durch die ungewollte und ungenehmigte Abbildung in ihren/seinem Persönlichkeitsrecht so erheblich verletzt wurde, dass dies Schmerzensgeldrelevanz hat. Vgl. dazu auch **OLG Dresden,** Urteil vom 9.9.2025 – 4 U 464/25 NZV 2026, 179 und unter → **Rn. 247c.**

Dementsprechend lauteten (auszugsweise) die – jedoch nicht auf die Schmerzensgeldthematik ausgerichteten – **Empfehlungen des Arbeitskreises VI des 54. Verkehrsgerichtstags:**[1680]

- Anstelle eines generellen Verbotes oder einer generellen Zulassung derartiger Aufzeichnungen ist ein sachgerechter Ausgleich zwischen Beweisinteresse und Persönlichkeitsrecht durch den Gesetzgeber geboten.

1673 ArbG Frankfurt a. M. BeckRS 2014, 71665.
1674 Dashcams bzw. Armaturenbrettkameras zeichnen während der Fahrt Videos aus der Fahrerperspektive auf.
1675 BGH BeckRS 2018, 8602.
1676 Vgl. Rieger MDR 2021, 783 und Richter SVR 2018, 134.
1677 Steinert SVR 2026, 60 (65) und Slizyk NZV 2026, 179 (182 – 183).
1678 LG Memmingen BeckRS 2016, 01288.
1679 LG Memmingen BeckRS 2016, 01288.
1680 Janker SVR 2016, 78.

- Der Missbrauch von Aufzeichnungen mit personenbezogenen Daten, zB eine Veröffentlichung im Internet, sollte mit Sanktionen bedroht werden.

Es bleibt abzuwarten, wie sich die Rechtsprechung insofern hinsichtlich des Vorliegens eines Schmerzensgeldanspruchs entwickelt, so dass in künftigen Auflagen hierüber noch zu berichten sein wird.

d) Mobbing und Cybermobbing. Der im übertragenen Sinne mit „Psychoterror" zu übersetzende Begriff des Mobbings[1681] war bis Ende der 90iger Jahre des letzten Jahrhunderts zumindest im rechtlichen Sinne noch kein – zumindest kein schmerzensgeldrelevantes – Thema, auch wenn es diese Unart menschlichen Agierens, gerade im Arbeitsumfeld, seit jeher gibt.[1682] Inzwischen liegen jedoch zahlreiche, auch obergerichtliche[1683] und höchstrichterliche[1684] Urteile zu Mobbing am Arbeitsplatz vor.[1685] Laut der bislang einzigen repräsentativen Studie (sog. Mobbing-Report) der Bundesanstalt für Arbeitsschutz und Arbeitsmedizin aus dem Jahr 2002, waren zum damaligen Zeitpunkt über eine Million Erwerbstätige in Deutschland Mobbing ausgesetzt; heute dürfte diese Zahl höher liegen;[1686] zehn Prozent der Selbstmorde sollen auf Mobbing zurückzuführen sein.[1687] Vor diesem Hintergrund ist das Thema „Mobbing" hier zu behandeln.[1688] **226**

Definition des Mobbings: *„Mobbing ist kein Rechtsbegriff und erst recht keine Anspruchsgrundlage, sondern ein volkstümlich gewordener Sprachbegriff, mit dem eine Vielzahl unterschiedlicher Konfliktsituationen am Arbeitsplatz beschrieben werden, welche von mindestens einem der Betroffenen als gegen seine Person gerichtet und schikanös empfunden wird".* Dieser Hinweis des LAG Köln[1689] soll „Mobbing" nicht verharmlosen, aber auch nicht die (zum Teil verbreitete) Ansicht schüren, dass jeder subjektiv empfundene Konflikt bereits einen Schmerzensgeldanspruch wegen „Mobbing" nach sich zieht. Von Mobbing wird vielmehr erst dann gesprochen, wenn einzelne Arbeitnehmer von Kollegen und/oder Vorgesetzten systematisch und zielgerichtet[1690] sowie durch fortlaufende, also in einer fortgesetzten, aufeinander aufbauenden und ineinander übergreifenden Art und Weise (aus der Betriebsgemeinschaft) ausgegrenzt, geringschätzig behandelt, von einer Kommunikation ausgeschlossen, beleidigt und diskriminiert werden.[1691] Wichtig dabei ist zudem, worauf das BVerwG 2023 Gelegenheit hatte hinzuweisen, dass die Beurteilung der vorgetragenen Rechtsverletzungen sich nicht darauf beschränken darf, die geschilderten Maßnahmen jeweils für sich zu betrachten. *„Erforderlich ist vielmehr eine Gesamtschau der vorgetragenen Beeinträchtigungen, die auch die vorgetragene Zielrichtung der zusammengefassten Handlungen in den Blick nimmt."*[1692] **227**

Ähnlich definierte 2020 der EuGH[1693] Mobbing: *„Als ‚Mobbing' wird ungebührliches Verhalten bezeichnet, das über einen längeren Zeitraum, wiederholt oder systematisch in Verhaltensweisen, mündlichen oder schriftlichen Äußerungen, Handlungen oder Gesten zum Ausdruck kommt, die vorsätzlich begangen werden und die Persönlichkeit, die Würde oder die physische oder psychische Integrität einer Person angreifen."*[1694]

Allerdings ist, worauf *Pauken*[1695] zutreffend hinweist,

„eine straffe Führung ... solange sie sachlich und verhältnismäßig bleibt, ... grundsätzlich erlaubt" und auch *„nicht jeder Tritt auf die Füße des Arbeitnehmers und nicht jeder Ärger mit dem Chef oder Kollegen zugleich Mobbing"* und *„auch einmalige Ausrutscher oä sind grds. hinzunehmen".*

1681 Aus dem englischen „to mob" = zusammenrotten, über jemanden herfallen; bekannt in der heutigen Bedeutung wurde der Begriff erst Ende der 90iger Jahre des letzten Jahrhunderts – lt. WIKIPEDIA Stand 8.4.16 – „durch den aus Deutschland ausgewanderten schwedischen Arzt und Psychologen Heinz Leymann, der von Mobbing in Bezug auf das Arbeitsleben sprach".

1682 Reiserer/Lemke MDR 2002, 249; Bettinghausen NJOZ 2023, 65.

1683 Kein Schmerzensgeld: LAG-Rheinland-Pfalz BeckRS 2016, 67330 mAnm Geißler in ArbRAktuell 2016, 195; LAG Rheinland-Pfalz BeckRS 2016, 67328; LAG Mecklenburg-Vorpommern öAT 2016, 40 mAnm Salomon-Hengst; OVG Münster 12.12.2013 – 1 A 71/11; LAG Berlin NZA-RR 2005, 13; LAG Bremen NZA-RR 2003, 234; LAG Schleswig-Holstein NZA-RR 2002, 457; LAG Hamm BeckRS 2005, 41009; OLG Stuttgart NVwZ 2003, 717; ArbG München NZA-RR 2002, 123; mit Schmerzensgeldzuspruch: LAG Rheinland-Pfalz NZA-RR 2002, 121.

1684 BGH NJW 2002, 3172; BAG BeckRS 2007, 47003; BAG NZA-RR 2003, 232; BAG NJOZ 2002, 1929.

1685 Vgl. hierzu insbesondere Benecke NZA-RR 2003, 225.

1686 S. Bundestagsdrucksache 19/16480 vom 14.1.2020.

1687 So LAG Thüringen NZA-RR 2001, 347 (356).

1688 Vgl. dazu auch SWK-ArbR/Bissels Edition 8-2024 sowie Notzon öAT 2022, 89.

1689 LAG Köln BeckRS 2009, 67090; vgl. aktuell auch LAG Rheinland-Pfalz BeckRS 2026, 10537.

1690 Vgl. BVerwG BeckRS 2023, 6389; LAG-Rheinland-Pfalz BeckRS 2016, 67330 mAnm Geißler ArbRAktuell 2016, 195; VGH München 12.3.2014 – 6 ZB 12.470; OVG Münster BeckRS 2014, 46808; LAG Düsseldorf BB 2013, 948, ArbRAktuell 2013, 214; vgl. LAG Köln BeckRS 2008, 57636.

1691 Vgl. dazu Bettinghausen NJOZ 2023, 65; Schaub/Koch ArbR A-Z § 108 Rn. 54, 57; LAG Köln BeckRS 2009, 67090; OLG Stuttgart NVwZ-RR 2003, 717; BAG NZA-RR 2003, 232 sowie 2020 auch EuGH BeckRS 2020, 11068 Rn. 2.

1692 BVerwG BeckRS 2023, 12962 und noch ausführlicher BVerwG BeckRS 2023, 6389.

1693 EuGH BeckRS 2020, 11068.

1694 EuGH BeckRS 2020, 11068.

1695 Anm. zu LAG Düsseldorf ArbRAktuell 2013, 214.

Übliche oder „normale"[1696] Konfliktsituationen, die sich im Arbeitsleben durchaus auch über einen längeren Zeitraum erstrecken können, sind nach herrschender Rechtsprechung *„nicht geeignet, als rechtswidriger Eingriff in das Persönlichkeitsrecht oder als Gesundheitsverletzung zu gelten"*.[1697] Dabei ist anerkannt, dass folgenloses oder sozial- und rechtsadäquates Verhalten aufgrund einer objektiven Betrachtungsweise und somit ohne Rücksicht auf das subjektive Empfinden des betroffenen Arbeitnehmers von der rechtlichen Bewertung auszunehmen ist.[1698] Selbst der Vorwurf der Klägerin, ihr Vorgesetzter hätte geschrien, er habe *„keine Lust auf Kindergarten"* und zugleich mit disziplinarischen Maßnahmen gedroht, mag, wie das LAG Sachsen-Anhalt[1699] andeutete, zwar ein schlechter Führungsstil sein; *„eine Pflichtverletzung, etwa eine Beleidigung oder Schikane, die auf die Verletzung der Würde der Klägerin zielt, liegt darin nicht"*.

Zur Thematik der **Belästigungen und Diskriminierungen im Arbeitsverhältnis** sei auch auf den Aufsatz von Müller in öAT 2025, 29 hingewiesen.[1700]

227a **Anspruchsgrundlage:** Eine eigene Anspruchsgrundlage für materielle und immateriellen Schadensersatz in Fällen von Mobbing kennt unser Recht nicht. Betroffene Personen müssen daher zur Durchsetzung ihrer Ansprüche aufgrund von Mobbing stets prüfen, ob der von ihnen deshalb in Anspruch Genommene im Einzelfalle bzw. den als Mobbing erlebten Einzelfällen – denn in aller Regel erstreckt sich Mobbing über einen gewissen Zeitraum und umfasst insofern meist eine Vielzahl hintereinandergeschalteter Geschehnisse – entweder, ein absolutes Recht iSd § 823 Abs. 1 BGB oder ein Schutzgesetz iSd § 823 Abs. 2 BGB (zB § 185 ff., § 201a, § 238, § 240 f. StGB, § 824, § 826, § 12 BGB oder § 22 S. 1, § 23 Abs. 2 KUG oder § 4 Nr. 1 und 2 UWG) verletzt oder eine sittenwidrige Schädigung iSd § 826 BGB begangen hat und dies beweisen.

Dem an seiner Gesundheit beschädigten Mobbingopfer haften neben den mobbenden Arbeitskollegen auch der Arbeitgeber oder Dienstherr,[1701] sofern er seiner arbeitsvertraglichen Führsorgepflichten gegenüber dem gemobbten Arbeitnehmer nicht ausreichend nachgekommen ist.[1702] Der Arbeitgeber muss sich zudem auch Mobbinghandlungen seiner Erfüllungsgehilfen gem. § 280 BGB zurechnen.

227b **Beweislast:** Im Falle eines nachgewiesenen Mobbings können unter den nachfolgend noch näher erläuterten Umständen im Einzelfalle Ansprüche gegen die mobbenden Arbeitskollegen und den Arbeitgeber erwachsen. Bei dem Begriff „Mobbing" handelt es sich nicht um einen eigenständigen juristischen Tatbestand, sondern um einen Sammelbegriff für Verhaltensweisen, die je nach Sachlage für die Betroffenen rechtliche, gesundheitliche und wirtschaftliche Auswirkungen haben und somit in begründeten Einzelfällen einen Schadensersatzanspruch nach sich ziehen können. Ob dabei ein Fall von Mobbing oder lediglich ein im Allgemeinen übliches und rechtlich erlaubtes und deshalb hinzunehmendes Gesamtverhalten – vgl. hierzu OVG Münster[1703] – vorliegt, ist stets im Einzelfall sorgfältig herauszuarbeiten. Gelingt eine solche Aufklärung nicht und bleibt *„nach detaillierter Prüfung aller Einzelvorwürfe in der Gesamtschau … ein unklares Bild"*, so geht dies zu Lasten des Gemobbten, dem insofern die Beweislast obliegt; dies betonte auch das LAG Mecklenburg-Vorpommern,[1704] – ebenso das LAG Rheinland-Pfalz,[1705] das die seitens des Klägers behaupteten Verletzungshandlungen (ua durch Mobbing) des Insolvenzschuldners als unzutreffend zurückgewiesen und die gegen diesen gerichtete Klage abgewiesen hatte.

Praxishinweis Beweislast in Mobbingfällen:

Für die Praxis ist es – aus dem oben Dargelegten – zur Beweisführung bezüglich des Mobbinggeschehens von großer Wichtigkeit, dass jeder, der sich – nach reiflicher Selbstprüfung und ggf. Aufsuchen einer seriösen Mobbingberatungsstelle – dem Mobbing seiner Vorgesetzten oder Arbeitskollegen ausgesetzt sieht, sehr frühzeitig ein **Mobbingtagebuch**[1706] führt und dort möglichst detailliert die jew. Angriffe und Vorkommnisse mit Ort, Zeit und einer Beschreibung über „Tat und Täter" aufführt. Dies erleichtert später den juristisch substantiierten Vortrag und damit die Durchsetzung eines ggf. berechtigten Schadensersatzanspruchs. Denn zur zivilprozessualen Durchsetzung eines auf „Mobbing" gegründeten Schmerzens-

1696 Geißler ArbRAktuell 2016, 195 – Erörterung zu: LAG Rheinland-Pfalz BeckRS 2016, 67330.

1697 BAG NZA 2007, 1154 sowie LAG Rheinland-Pfalz BeckRS 2013, 66030; ebenso sinngemäß OLG Saarbrücken BeckRS 2018, 8416.

1698 So nahezu wörtlich BAG NZA 2007, 1154 sowie LAG Rheinland-Pfalz BeckRS 2013, 66030.

1699 LAG Sachsen-Anhalt BeckRS 2013, 65934.

1700 Müller Social Media-Äußerungen vs. Meinungsfreiheit – Belästigungen und Diskriminierungen im Arbeitsverhältnis öAT 2025, 29.

1701 Vgl. hierzu BGH NJW 2002, 3172.

1702 Vgl. Benecke NZA-RR 2003, 225 (230).

1703 OVG Münster 12.12.2013 – 1 A 71/11.

1704 LAG Mecklenburg-Vorpommern öAT 2016, 40.

1705 LAG Rheinland-Pfalz BeckRS 2018, 5108.

1706 Wolmerath Mobbing, 5. Aufl. 2019, § 3 Rn. 124; vgl. auch LAG Rheinland-Pfalz BeckRS 2026, 10537 Rn. 74.

geldanspruches genügt es nicht, wenn der Kläger dem Beklagten *„in allgemeiner Form, ohne Zeitangaben und ohne Schilderung konkreter Situationen … diverse Beleidigungen und Kränkungen vor"*-wirft, wie das LAG Berlin[1707] zutreffend hervorhob. Vielmehr muss der Kläger *„eine größere Anzahl einzelner Tathandlungen nach Zeit, Situation und sonstigen Umständen darlegen und unter Beweis stellen"*.[1708] Gerade auch vor dem Hintergrund einer möglichen Verjährung ist der exakte Zeitpunkt der einzelnen Mobbinghandlungen relevant, denn – worauf das BAG[1709] erneut hingewiesen hat, ist *„… der verjährungsrelevante Zeitpunkt regelmäßig auf den Abschluss der zeitlich letzten vorgetragenen Mobbinghandlung festzusetzen"*.

Zur Beweislast sehr deutlich und exakt äußerte sich das BAG,[1710] welches in seiner klagabweisenden Begründung ausführte:

„Damit der Klageantrag zu einem Rechtsklarheit schaffenden … Urteil führen könnte, hätte die Kl. konkret die Tatsachen angeben müssen, aus denen sie die „Mobbing-Situation" ableitet, dh welche Umstände ihrer Arbeit oder welche Handlungen oder Äußerungen ihrer Vorgesetzten oder Arbeitskollegen sie als „Mobbing" betrachtet".

Rechtsweg:[1711] Der Rechtsweg wegen Mobbings hängt stets vom Einzelfall ab. **228**

Für **Cybermobbing**[1712] bzw. **Mobbing unter Schülern**[1713] oder nicht über einen gemeinsamen Arbeitsplatz verbundenen Personen ist der Rechtsweg zu den Zivilgerichten einzuschlagen. Für **Mobbing am Arbeitsplatz** ist stets der Rechtsweg zu den Arbeitsgerichten zu suchen ist (§ 2 Abs. 1 Nr. 3 ArbGG). Für einen immateriellen Schadensersatzanspruch gegen den Dienstherrn wegen **Fürsorgepflichtverletzung** wenn der Dienstherr seinen **Beamten** nicht gegen Mobbing in Schutz nimmt, gilt der Rechtsweg zu den Verwaltungsgerichten;[1714] vgl. oben → **Rn. 240.**

Praxishinweis:

Bevor der Rechtsweg eingeschlagen wird, sollte stets und frühzeitig nach Alternativen zur Konfliktlösung gesucht werden. In der Regel hilft zur Entschärfung einer vermeintlichen Mobbingsituation eine erfahrene Mediation weit mehr, als der hinsichtlich eines Schmerzensgeldanspruchs zumeist erfolglose Gang vor Gericht.

Da an Hochschulen neben Beamtenverhältnissen und privatrechtlichen Arbeitsverhältnissen grundsätzlich auch öffentlich-rechtliche Dienstverhältnisse eigener Art begründet werden können, ist insofern vor einer Klageeinreichung die Rechtsnatur des Lehrbeauftragtenverhältnisses stets sorgfältig zu prüfen.[1715]

Wird jedoch der Rechtsweg unvermeidlich so lohnt vor dem Gang zum Arbeitsgericht die Lektüre des nachfolgend erwähnten Urteils LAG Thüringen.[1716] Zudem ist es erforderlich, die Rechtsprechung des Bundesarbeitsgerichts (BAG) zu kennen, weshalb diese nachfolgend → Rn. 31 ff. näher vorgestellt wird.

Praxishinweis:

Da sich das LAG Thüringen,[1717] quasi als Wegbereiter, in einer ebenso akribisch wie analytisch herausgearbeiteten Urteilsbegründung mit der Frage befasst, wie der Anspruch auf Abwehr, Schadensersatz und Schmerzensgeld vor dem Hintergrund der inzwischen unter Arbeitnehmern „inflationären Bezugnahme auf den Begriff Mobbing" zu begründen ist, seien die nachfolgenden zum Teil wörtlich zitierten Ausführungen des LAG Thüringen (ebenso BAG[1718]) als Praxishinweis überschrieben:

- „Erforderlich ist ein den Ablauf und die Einzelheiten erfassender Sachvortrag", aus dem sich die entsprechenden Rückschlüsse ziehen lassen.[1719]
- Dabei müssen die einzelnen Vorfälle nach Zeitpunkt, Intensität und Häufigkeit konkret und substantiiert vorgetragen werden.[1720]

[1707] LAG Berlin BeckRS 2002, 30454268; ebenso LAG Rheinland-Pfalz BeckRS 2019, 18101 Rn. 83.
[1708] LAG Berlin BeckRS 2002, 30454268.
[1709] BAG NJW 2015, 2061.
[1710] BAG NZA 2007, 1166.
[1711] Vgl. dazu auch nachfolgend Kapitel IX. → Rn. 374.
[1712] Giebel NJW 2017, 977.
[1713] Vgl. LG Memmingen BeckRS 2016, 2120 sowie Jülicher NJW 2019, 2801.
[1714] VGH München BeckRS 2014, 49164; VH Halle BeckRS 2019, 16033.
[1715] ArbG Köln BeckRS 2023, 33310 → Nr. 7597 mit Verweis auf BAG BeckRS 2007, 47135.
[1716] LAG Thüringen NZA-RR 2001, 347 (357); LAG Thüringen PersV 2005, 455.
[1717] LAG Thüringen NZA-RR 2001, 347 (357); LAG Thüringen PersV 2005, 455.
[1718] BAG NZA 2007, 1166.
[1719] So das LAG Thüringen NZA-RR 2001, 357.
[1720] BAG NZA 2007, 1166; ArbG München NZA-RR 2002, 123.

- Allerdings muss dabei nicht – wie man aus der Entscheidung des LAG Berlin[1721] zu entnehmen meinen könnte – jede einzelne Verhaltensweise für sich eine „rechtswidrige und schuldhafte Überschreitung" darstellen, denn dem Mobbing eigen ist gerade die Besonderheit, dass die – separat betrachtet eben nicht notwendig rechtsrelevanten – Einzelhandlungen erst in ihrer Summierung und der besonderen, teilweise perfiden und in gewissem Maße auch heimtückischen Zusammenführung ihren rechtswidrigen Charakter erhalten.

229 **Über zwei Jahrzehnte hatte sich das BAG regelmäßig** – nämlich am 16.5.2007,[1722] am 25.10.2007,[1723] am 24.4.2008,[1724] am 20.6.2013,[1725] am 26.9.2013[1726] am 11.12.2014,[1727] am 22.10.2015,[1728] am 15.9.2016,[1729] am 18.5.2017[1730] sowie zuletzt am 19.1.2023[1731] – **mit der Thematik des Mobbings befasst,** worauf daher nachfolgend etwas näher eingegangen wird:

Im ersten Fall[1732] ging es um einen Ingenieur, der seinem Arbeitgeber vorhielt, ihn über Jahre hinweg mit Bedrohungen und Schikanen überzogen zu haben sowie ihm berufsfremde und sinnlose Aufgaben zugewiesen zu haben, weshalb er wegen „fortgesetztem Mobbing" dauerhaft arbeitsunfähig erkrankt sei und seinen Arbeitgeber auf ein Schmerzensgeld iHv 25.000 EUR verklagt hatte.

Das BAG verwies den Fall an das LAG zurück, da zu prüfen sei,
- ob zum einen die für einen Entschädigungsanspruch wesentliche „schwerwiegende Verletzung des Persönlichkeitsrechts" vorliege und zum anderen
- ob „die Beeinträchtigung nach Art der Verletzung nicht auf andere Weise befriedigend ausgeglichen" werden könne.

Darüber hinaus wurden **zur Orientierung** in derartigen Fällen vom BAG[1733] folgende **zehn Thesen** festgehalten:
1. Eine wirksame Ausschlussklausel,[1734] die nach ihrem Wortlaut „Ansprüche aus dem Arbeitsverhältnis" erfasst, umfasste nach der bis zum 31.12.2001 geltenden Rechtslage auch Ansprüche aus vorsätzlicher Verletzung des Persönlichkeitsrechts. „Dem steht die seit 1.1.2002 geltende Vorschrift des § 202 Abs. 1 BGB, der zufolge die Verjährung bei Haftung wegen Vorsatzes nicht im Voraus durch Rechtsgeschäft erleichtert werden kann, nicht entgegen", worauf das BAG[1735] nochmals ausdrücklich hinwies.
2. Mobbing ist kein Rechtsbegriff und keine Anspruchsgrundlage.[1736]
3. Die rechtliche Besonderheit der als Mobbing bezeichneten tatsächlichen Erscheinungen liegt darin, dass die Zusammenfassung mehrerer Einzelakte und nicht einzelne, abgrenzbare Handlungen zu einer Verletzung des Persönlichkeitsrechts oder der Gesundheit des Arbeitnehmers führen.[1737]
4. Einzelne Teilakte der als Mobbing anzusehenden Gesamthandlung können jeweils für sich betrachtet rechtlich ‚neutral' sein.
5. Die Frage, ob ein Gesamtverhalten als eine einheitliche Verletzung des Persönlichkeitsrechts zu qualifizieren ist und ob einzelne Handlungen in der Gesamtschau einen persönlichkeitsrechtsverletzenden Charakter haben, unterliegt der revisionsrechtlich nur eingeschränkt überprüfbaren tatrichterlichen Würdigung.
6. Neben der Haftung des Arbeitgebers für eigenes Tun kommt auch eine Haftung für das Verhalten von Erfüllungsgehilfen nach § 278 BGB in Betracht.
7. An der für das Mobbing typischen – verschiedene einzelne Handlungen zusammenfassenden – Systematik kann es fehlen, wenn ein Arbeitnehmer von mehreren Vorgesetzten, die nicht zusammenwirken und die zeitlich aufeinanderfolgen, kritisiert oder schlecht beurteilt wird.

1721 LAG Berlin NZA-RR 2005, 13.
1722 BAG NZA 2007, 1154.
1723 BAG NZA 2008, 223.
1724 BAG NZA 2009, 38.
1725 BAG NJW 2013, 3741.
1726 BAG BeckRS 2014, 660547; BAG öAT 2014, 58 mAnm Müller.
1727 BAG FD-ArbR 2014, 364657.
1728 BAG NZA 2016, 417.
1729 BAG BeckRS 2016, 113588.
1730 BAG BeckRS 2017, 128536 (hierauf sowie auf die vorangegangenen Entscheidungen beruft sich das BAG auch in seinem Urt. v. 28.6.2018 BeckRS 2018, 20832 vgl. dazu ArbRAktuell 2018, 499 mAnm Schuster).
1731 BAG BeckRS 2023, 10388.
1732 BAG NZA 2007, 1154.
1733 BAG NZA 2007, 1154.
1734 Zur Problematik der tarifrechtlichen Ausschlussklauseln und Fristen s. BAG BeckRS 2007, 47003 sowie LAG Köln BeckRS 2011, 70014. Die Fälligkeit der Ansprüche tritt demnach mit Abschluss der letzten Mobbinghandlung ein.
1735 BAG BeckRS 2007, 47003.
1736 Vgl. hierzu auch LAG Rheinland-Pfalz BeckRS 2012, 68087.
1737 Vgl. LAG Düsseldorf BB 2013, 948, ArbRAktuell 2013, 214.

8. Verhaltensweisen von Arbeitgebern oder Vorgesetzten, die der vermeintlich „gemobbte" Arbeitnehmer provoziert hat, sind nicht in die Prüfung eines Mobbingverhaltens einzubeziehen.
9. An der erforderlichen Systematik kann es auch fehlen, wenn zwischen den einzelnen Teilakten lange zeitliche Zwischenräume liegen.
10. Die Beweislast für die Pflichtverletzung und die Kausalität trägt nach allgemeinen Grundsätzen der Arbeitnehmer. Davon ist auch in Mobbing-Fällen nicht abzuweichen.[1738]

Im **zweiten Fall**[1739] ging es um die Ansprüche eines Oberarztes, der sich durch seinen Vorgesetzten, den Chefarzt der Klinik, gemobbt fühlte und auf Schmerzensgeld sowie auf Entlassung des Chefarztes geklagt hatte. 230

Das BAG hat das Berufungsurteil aufgehoben und den Rechtsstreit an das Landesarbeitsgericht zurückverwiesen, da der Chefarzt die psychische Erkrankung des Klägers schuldhaft herbeigeführt habe und für den Anspruch auf Schmerzensgeld die Beklagte einzustehen habe, da der Chefarzt ihr Erfüllungsgehilfe sei. Über die Höhe des immateriellen Schadensersatzes müsse das Landesarbeitsgericht entscheiden.

Die beiden Entscheidungen des BAG aus dem Jahr 2007 weisen den Weg, welcher für eine erfolgreiche Schmerzensgeldklage im Falle erwiesenen Mobbings zu wählen ist und beenden in mehrfacher Hinsicht die bis dahin bestehende Rechtsunsicherheit.

Die **dritte Entscheidung**[1740] hatte sich mit dem Schadensersatz bei Selbstmord des Arbeitnehmers nach einer möglicherweise rechtsunwirksamen Kündigung zu befassen und spiegelt letztlich in seiner Begründung die zuvor vom selben Senat dargelegten Argumente wider. Zur Kernfrage selbst führt das BAG aus: 231

„Auch wenn die von der Bekl. angesprochene Kündigung rechtsunwirksam gewesen wäre, wäre durch deren Anspruch der Erblasser nicht in seinem Persönlichkeitsrecht verletzt worden. Allein durch den Ausspruch einer unwirksamen Kündigung verletzt ein Arbeitgeber nicht seine dem Arbeitnehmer gegenüber bestehenden Rücksichtnahmepflichten. Im Arbeitsleben übliche Konfliktsituationen sind grundsätzlich nicht geeignet, die Tatbestandsvoraussetzungen einer Vertragspflichtverletzung oder einer unerlaubten Handlung zu erfüllen".[1741]

Zutreffend resümierte das LAG Rheinland-Pfalz,[1742] dass „nicht schon jeder Irrtum über die einem Arbeitgeber zustehenden Rechte … eine Persönlichkeitsrechtsverletzung des betroffenen Arbeitnehmers" begründet und lehnte die Klage eines Autoverkäufers, der sich infolge diverser Abmahnungen sowie der Nichtberücksichtigung zur Einladung einer Produkteinführungsveranstaltung etc von seinem Chef gemobbt fühlte, ab.

Die **vierte Entscheidung** des BAG[1743] hatte zu klären, ob eine zwischen den Parteien des Arbeitsvertrags für alle beiderseitigen Ansprüche aus dem Arbeitsverhältnis **vereinbarte Ausschlussfrist** auch für den Schmerzensgeldanspruch wegen Mobbings gilt. Das BAG verneinte dies mit der Begründung, dass eine solche Vereinbarung nur die von den Parteien für regelungsbedürftig gehaltenen Fälle umfasse. Sie auch auf Fallkonstellationen anzuwenden, die zwingend durch gesetzliche Verbote oder Gebote geregelt sind, sei gerade nicht gewollt. 232

Die **fünfte Entscheidung** des BAG[1744] befasste sich mit der Frage, ob eine tarifliche **Ausschlussklausel** auch Ansprüche wegen vorsätzlicher Pflichtverletzungen erfasst, sofern der diesbezügliche Tarifvertrag kraft einzelvertraglicher Bezugnahme auf das Arbeitsverhältnis Anwendung findet. Das BAG bejahte diese Frage. Das BAG hatte das Verfahren, bei welchem der Kläger mehr als eine Mio. EUR Schmerzensgeld wegen Diskriminierung und Mobbing forderte, zurückverwiesen und dazu ausgeführt, die Klage dürfe *„nicht allein mit der Begründung abgewiesen werden, die Ansprüche seien gem. § 33 TV Ärzte-KF verfallen".*[1745] Denn diese als AGB-Klausel anzusehende Regelung sei gem. § 134 BGB wegen des Verstoßes gegen § 202 Abs. I BGB nichtig, soweit sie Ansprüche des Klägers wegen vorsätzlicher Pflichtverletzungen und/oder Rechtsgutverletzungen erfasse. Auch dieses Urteil ist, wie auch die zuvor zitierten drei Entscheidungen, von großer Bedeutung. Arbeitgeber müssen künftig noch stärker auf die Vermeidung von vorsätzlichen Pflichtverletzungen innerhalb ihrer Unternehmen achten und können sich vor dem Hintergrund dieser BAG-Entscheidung nicht mehr mit tarifvertraglichen Ausschlussklauseln schützen. 233

[1738] Vgl. auch LAG Bremen NZA-RR 2003, 236.
[1739] BAG NZA 2008, 223; vgl. auch LAG Berlin-Brandenburg BeckRS 2014, 68419.
[1740] BAG NZA 2009, 38.
[1741] BAG NZA 2009, 38.
[1742] LAG Rheinland-Pfalz 12.1.2012 – 10 Sa 419/11.
[1743] BAG NJW 2013, 3741.
[1744] BAG BeckRS 2014, 660547; BAG öAT 2014, 58 mAnm Müller.
[1745] Müller öAT 2014, 58 (58).

234 In seiner – auf die obige Auflistung bezogenen – **sechsten Entscheidung** hatte sich das BAG[1746] mit der Frage der **Verwirkung** von Schmerzensgeldansprüchen wegen Mobbings zu befassen. Es führte aus, eine Verwirkung sei nur unter ganz besonderen Umständen zu bejahen, die im konkreten Falle nicht vorlägen.

In den beiden nachfolgend beschriebenen Entscheidungen wies das BAG die Schmerzensgeldansprüche jeweils zurück:

235 Die **siebte Entscheidung**[1747] betraf den Fall einer außerordentlichen, fristlosen Kündigung wegen beharrlicher **Arbeitsverweigerung,** die der klagende Arbeitnehmer damit zu rechtfertigen und begründen versuchte, er sei – infolge von Mobbing – zu einem Leistungsverweigerungsrecht berechtigt. Das BAG gab dem Beklagten Recht und stellte das die Klage abweisende Urteil des ArbG München[1748] wieder her und betonte erneut, dass nicht jedes – den Arbeitnehmer belastende – Verhalten des Arbeitgebers oder eines seiner Repräsentanten (§ 278 BGB) einen Eingriff in die Persönlichkeitsrechte des Arbeitnehmers oder eine Verletzung vertraglicher Pflichten zur Rücksichtnahme (§ 241 Abs. II BGB) darstelle. Persönlichkeitsrechte würden zudem nicht allein dadurch verletzt, dass im Arbeitsleben übliche Konflikte auftreten, die sich durchaus über einen längeren Zeitraum erstreckten. Außerdem müsse sozial- und rechtsadäquates Verhalten auf Grund der gebotenen objektiven Betrachtungsweise – dh ohne Rücksicht auf das subjektive Empfinden des betroffenen Arbeitnehmers – von der rechtlichen Bewertung ausgenommen werden.[1749]

236 Bei seiner **achten Entscheidung**[1750] hatte das BAG nochmals die Gelegenheit, seine bisherige Rechtsprechung zu festigen und führte hierzu aus:

„Ein vertraglicher oder deliktischer Anspruch des Arbeitnehmers gegen den Arbeitgeber auf Ersatz immaterieller Schäden bzw. Entschädigung wegen „Mobbings" ist nicht bereits dann gegeben, wenn es im Rahmen des Arbeitsverhältnisses zu Konflikten und Meinungsverschiedenheiten oder auch nicht gerechtfertigten Maßnahmen des Arbeitgebers (zB Abmahnung, Versetzung, Kündigung) kommt. Erforderlich sind vielmehr Verhaltensweisen des Arbeitgebers oder seiner Repräsentanten, welche die Grenze zum rechts- bzw. sozialadäquaten Verhalten überschreiten und bezwecken oder bewirken, dass die Würde des Arbeitnehmers verletzt und ein durch Einschüchterungen, Anfeindungen, Erniedrigungen, Entwürdigungen oder Beleidigungen gekennzeichnetes Umfeld geschaffen wird."[1751]

237 **Die neunte Entscheidung:** Im Jahr 2017 stellte das BAG[1752] klar, dass § 15 Abs. 4 AGG eine Sonderregelung jedenfalls für die Fälle enthält, in denen § 22 AGG unmittelbar Anwendung findet. Deshalb könne § 15 Abs. 4 AGG auch nicht über seinen Wortlaut hinaus – auch nicht analog – auf Schadensersatzverlangen angewendet werden. Dies gelte auch für die Fälle, in denen – wie bei Schadensersatzbegehren wegen „Mobbings" – die Beweisregel des § 22 AGG nicht eingreift. Darüber hinaus betonte das BAG in dieser Entscheidung, dass die **Frist des § 15 Abs. 4 AGG** – in den Fällen, in denen das Schadensersatz- und/oder Entschädigungsverlangen auf eine verbotene Benachteiligung nach dem AGG in Form der Belästigung iSv § 3 Abs. 3 AGG gestützt wird – mit dem Abschluss des letzten von der klagenden Partei geschilderten Vorfalls zu laufen beginnt. Das BAG setzte sich damit für die **Anerkennung** einer **„fortgesetzten Tat"** bei Diskriminierungsfällen ein. Dadurch wird die Geltendmachung von Diskriminierungen künftig vereinfacht, denn wenn sich innerhalb der Ausschlussfrist auch nur eine belästigende Handlung ereignete, so hat es nun die geschädigte Partei in der Hand, diese Handlung durch den eigenen Vortrag in einen Gesamtzusammenhang zu setzen und damit Handlungen einzuführen, die sich weit vor Ablauf der Ausschlussfristen ereignet hatten.

Die zehnte und derzeit dazu jüngste Entscheidung des BAG[1753] aus dem Jahr 2023 befasste sich mit der Frage, ob die Beklagte dem schwerbehinderten Kläger, der zunächst bei der Beklagten beschäftigt war, jedoch wegen angeblichen Mobbings von dieser gekündigt worden war, wegen Nichtberücksichtigung seiner anschließend erneuten Bewerbungen auf die von der Beklagten ausgeschriebenen Stellen zur Zahlung einer Entschädigung nach § 15 Abs. 2 AGG verpflichtet sei. Die Klage blieb in allen Instanzen ohne Erfolg.

Das BAG führte dazu aus, dass nach ständiger Rechtsprechung des Senats der Verstoß des Arbeitgebers gegen Vorschriften, die Verfahrens- und/oder Förderpflichten zugunsten schwerbehinderter Menschen enthalten, ua der Verstoß des öffentlichen Arbeitgebers gegen die in § 165 S. 3 SGB IX geregelte Pflicht zur Einladung eines/einer schwerbehinderten oder diesem/dieser gleichgestellten Bewerbers/Bewerberin zu einem Vorstel-

[1746] BAG FD-ArbR 2014, 364657.
[1747] BAG NZA 2016, 417.
[1748] ArbG München BeckRS 2015, 67221.
[1749] BAG NZA 2016, 417.
[1750] BAG BeckRS 2016, 113588, s. hierzu auch die Entscheidungsbesprechung von Merten ArbRAktuell 2017, 117.
[1751] BAG BeckRS 2016, 113588.
[1752] BAG BeckRS 2017, 128536.
[1753] BAG BeckRS 2023, 10388.

lungsgespräch, regelmäßig die Vermutung einer Benachteiligung wegen der (Schwer) Behinderung begründet.[1754]

Das Entschädigungsverlangen eines/einer erfolglosen Bewerbers/Bewerberin nach § 15 Abs. 2 AGG könne jedoch, so das BAG, dem durchgreifenden Rechtsmissbrauchseinwand (§ 242 BGB) ausgesetzt sein, wenn diese Person – wie vorliegend der Kläger – sich nicht beworben hat, um die ausgeschriebene Stelle zu erhalten, sondern es ihr darum ging, nur den formalen Status als Bewerber/in iSv § 6 Abs. 1 S. 2 AGG zu erlangen, mit dem ausschließlichen Ziel, Ansprüche auf Entschädigung und/oder Schadensersatz geltend zu machen. Davon sei hier insofern auszugehen, als dem Kläger, der selbst ganz erhebliche Mobbingvorwürfe der Beklagten vorgetragen hatte, „nicht ernsthaft daran gelegen" sein konnte, erneut zu diesem Arbeitgeber zurückzukehren. Das gelte unabhängig davon, wer die im früheren Arbeitsverhältnis aufgetretenen vielfältigen Konflikte der Parteien verursacht habe, so das BAG.[1755]

Nicht nur die Zivil- und Arbeitsgerichte, sondern auch die Verwaltungsgerichte – hierzu ausführlich 2023 238
das BVerwG[1756] – haben sich mit dem Thema Mobbing zu befassen, sofern der Sachverhalt, wie im Falle, den der VGH München[1757] oder das VG Halle[1758] zu entscheiden hatte, im Bereich des **Beamtenrechts** liegt. Demnach – so entschied der VGH – obliegt es dem Dienstherren, seine Beamten vor Mobbing durch Vorgesetzte oder Kollegen zu schützen. Unterlässt der Dienstherr dies, so kommt ein Schadensersatzanspruch des betroffenen Beamten gegen den Dienstherrn wegen Fürsorgepflichtverletzung in Betracht. Diese Fürsorgepflicht obliegt – außerhalb des Beamtenrechts – selbstverständlich auch dem Unternehmer.

Praxishinweis Gefahr der Verwirkung in Mobbingfällen:[1759] 239

Für die Praxis ist es darüber hinaus wichtig zu wissen, dass Schadensersatz- sowie Schmerzensgeldansprüche wegen Mobbings möglicherweise verwirkt werden können. So jedenfalls entschied das LAG Nürnberg[1760] und wies den Anspruch auf Schmerzensgeld zurück, da der Kläger mit der Geltendmachung seines Anspruchs fast zwei Jahre – gemessen ab der behaupteten jüngsten Mobbinghandlung – zugewartet habe. Dem ist das BAG[1761] inzwischen entgegengetreten und führte hinsichtlich der Verwirkung aus: *„Das LAG hat rechtsfehlerhaft angenommen, der Kl. habe einen etwaigen Anspruch auf Ersatz des immateriellen Schadens verwirkt. … Die Verwirkung verfolgt nicht den Zweck, den Schuldner bereits dann von seiner Verpflichtung zu befreien, wenn dessen Gläubiger längere Zeit seine Rechte nicht geltend gemacht hat* ***(Zeitmoment).*** *Der Berechtigte muss vielmehr unter solchen Umständen untätig geblieben sein, die den Eindruck erweckten, dass er sein Recht nicht mehr geltend machen wolle, so dass der Verpflichtete sich darauf einstellen durfte, nicht mehr in Anspruch genommen zu werden* ***(Umstandsmoment)****".*[1762] Allerdings erwähnte das BAG auch, dass *„die Anwendung der allgemeinen Verwirkungsgrundsätze nicht von vornherein ausgeschlossen"*[1763] sind.

Bemessung des Schmerzensgeldes bei Mobbing: Hinsichtlich der Bemessung des Schmerzensgeldes 240
gelten – da Ausgangsbasis stets eine Persönlichkeitsrechtsverletzung, Ehrverletzung und/oder Gesundheitsverletzung ist – grundsätzlich die allgemeinen Bemessungskriterien. Hervorzuheben sein wird dabei stets neben der Intensität der Verletzungshandlungen[1764] auch deren psychische und physische Folgen für das Opfer sowie die Dauer der Mobbing-Attacken und die Dauer deren Folgen. In Bezug auf die Genugtuungsfunktion des Schmerzensgeldes wird ein stets – zumindest bezüglich der oder des „Rädelsführer(s)" des Mobs – vorhandener Vorsatz[1765] schmerzensgelderhöhend zu berücksichtigen sein. Schmerzensgelderhöhend wirkt sich auch aus, wenn Gesundheitsverletzung und Ehrverletzung kumulativ Folgen der Mobbinghandlungen sind und das Opfer nicht nur systematisch schikaniert, sondern auch in seiner Ehre und seiner Gesundheit verletzt wurde.

Zur Höhe des Schmerzensgeldes in derartigen Fällen hatte sich bislang das LAG Rheinland-Pfalz[1766] geäußert und einem massiv gemobbten Bankdirektor ein Schmerzensgeld von umgerechnet 7.669 EUR zuerkannt.

[1754] BAG BeckRS 2023, 10388.
[1755] BAG BeckRS 2023, 10388.
[1756] BVerwG BeckRS 2023, 12962 und noch ausführlicher BVerwG BeckRS 2023, 6389.
[1757] VGH München BeckRS 2014, 49164.
[1758] VG Halle BeckRS 2019, 16033.
[1759] BAG NJW 2015, 2061.
[1760] LAG Nürnberg BeckRS 2013, 73309.
[1761] BAG NJW 2015, 2061.
[1762] BAG NJW 2015, 2061.
[1763] BAG NJW 2015, 2061.
[1764] Vgl. hierzu BAG NZA 2007, 1154; Benecke RdA 2008, 357.
[1765] Denn zutreffend hat bereits der BGH NJW 2002, 3172 (3174) darauf hingewiesen, dass „fahrlässiges Mobbing" kaum denkbar ist.
[1766] LAG Rheinland-Pfalz NZA-RR 2002, 121; vgl. auch ArbG Siegburg BeckRS 2012, 76216 (dort wurden 7.000 EUR zuerkannt).

Seine Arbeit war durch ein Vorstandsmitglied unter anderem als „einzige Katastrophe" herabgewürdigt und er selbst zudem in besonderer Weise dadurch gedemütigt worden, dass er trotz seines Titels und seiner Stellung innerhalb des Betriebes der Sekretärin des Beklagten Tätigkeitsnachweise vorlegen musste.

Angesichts der einerseits berechtigten hohen Hürde,[1767] welche die Rechtsprechung – so auch das LAG Rheinland-Pfalz[1768] – an die Geltendmachung eines Schmerzensgeldanspruchs in Fällen von Mobbing geknüpft hat und andererseits der teilweise gravierenden physischen und psychischen Folgen, unter denen Mobbingopfer – teilweise noch lange Zeit nach den Vorfällen oder gar nach einem mobbingbedingt erfolgten Arbeitsplatzwechsel – zu leiden haben, erscheinen in schweren Fällen von Persönlichkeitsrechts-, Ehr- oder Gesundheitsverletzungen infolge Mobbings hohe Schmerzensgelder durchaus gerechtfertigt.

In einem Fall von massivem Mobbing einer Stadtverwaltungsoberrätin durch den Oberbürgermeister der Stadt und nachgewiesener Erkrankung von „ungefähr 19 Monaten" sprach das insofern zuständige Verwaltungsgericht Halle[1769] ein Schmerzensgeld iHv 23.000 EUR zu. In einem nicht minder gravierenden Fall einer Sekretärin, der ua als Schikanierung ein abgelegenes Büro ohne Telefon zugewiesen worden war, sah das LAG Berlin-Brandenburg[1770] ein Schmerzensgeld von 10.000 EUR für angemessen und erforderlich.

Bei der Bemessung des Schmerzensgeldes eine bereits gezahlte, außergewöhnlich **hohe Abfindung** mindernd zu berücksichtigen oder gar den Schmerzensgeldanspruch hierdurch zu verdrängen,[1771] erscheint mir ebenso verfehlt wie einen (in erster Instanz) gewonnenen Arbeitsgerichtsprozess bereits mindernd als „gewisse Genugtuung" anzusehen.[1772] Auch kann die Höhe des Monatsgehalts[1773] sich nicht auf die Höhe des Schmerzensgeldes auswirken, da – so argumentierte insofern das LAG Rheinland-Pfalz[1774] zutreffend und setzte das vom ArbG Ludwigshafen mit gut 26.000 EUR bemessene Schmerzensgeld deutlich herab – ansonsten geringer verdienende Mitarbeiter in der ansonsten selben Situation unberechtigt benachteiligt würden.

241 **Cybermobbing oder auch Internetmobbing:**[1775] Eine in Zukunft sicher noch häufiger zu erläuternde Thematik im Zusammenhang mit Mobbing stellt das sogenannte Cybermobbing oder auch Internetmobbing dar, bei dem verschiedene Formen der Beleidigung, Belästigung, Bedrängung und Nötigung anderer Menschen oder Firmen mit Hilfe elektronischer Kommunikationsmittel über das Internet, in Chats (Instant Messenger oder Chatrooms) sowie auch mittels Smartphones oder per SMS, MMS und E-Mails und häufig auch per Facebook, Snapchat, Instagram und WhatsApp durchgeführt werden. Die weitgehende Anonymität im Internet bzw. durch die – meist mit Fantasienamen – verborgenen Absender bzw. Täter senkt für diese die Hemmschwelle für derartige Taten.

In einem konkreten Fall, den das LG Memmingen[1776] zu entscheiden hatte, ging es ua um Schmerzensgeldansprüche eines Schülers (6. Klasse), der von einem Mitschüler mittels einer über Facebook geführten Kampagne derart diffamiert und beleidigt (er sei „ein Fettsack ohne Geschlechtsteil", „er habe Dummheit studiert", sei auf einen „Idiotenkindergarten" gegangen und „vergewaltige kleine Kinder" und habe „homosexuelle Neigungen" etc) wurde, dass eine stationäre psychotherapeutische Behandlung erforderlich war. Das LG Memmingen sprach dem Kläger 1.500 EUR Schmerzensgeld zu und kommentierte seine Bemessung ua wie folgt:

„Zulasten des Schädigers ist weiterhin sein vorsätzliches Vorgehen in die Bemessung des Schmerzensgeldes einzubeziehen, zu seinen Gunsten ist aber sicherlich seine noch deutliche kindliche Unerfahrenheit zu berücksichtigen. Aus Sicht der Kammer ist es angesichts des Umstandes, dass der Beklagte noch Schüler ist (vgl. hierzu Grüneberg, § 253 Rn. 17) auch gerechtfertigt, seine Schwierigkeiten bei der Aufbringung des Schmerzensgeldes in der Weise zu berücksichtigen, dass dessen Höhe gemindert wird".[1777]

242 **e) Persönlichkeitsschutz bei Lebensverlängerungsmaßnahmen. Schmerzensgeld wegen sinnloser Lebensverlängerung.** Der Erbe eines nicht mehr äußerungs- und einwilligungsfähigen Patienten, der auf-

[1767] Ablehnend: LAG Rheinland-Pfalz BeckRS 2012, 68087; LAG Berlin BeckRS 2003, 40091; OLG Stuttgart BeckRS 2003, 30324497; LAG Rheinland-Pfalz BeckRS 2009, 53337; LAG Schleswig-Holstein BeckRS 2009, 50641; LAG Rheinland-Pfalz BeckRS 2008, 55572; LAG Köln BeckRS 2008, 57636.

[1768] LAG Rheinland-Pfalz BeckRS 2012, 68087.

[1769] VG Halle BeckRS 2019, 16033 → Nr. 6933.

[1770] LAG Berlin-Brandenburg BeckRS 2020, 11254 → Nr. 6678.

[1771] LAG Köln NZA-RR 2005, 575.

[1772] So aber LAG Rheinland-Pfalz BeckRS 2012, 68087.

[1773] ArbG Ludwigshafen DB 2001, 1096.

[1774] Vgl. LAG Rheinland-Pfalz BeckRS 2012, 68087.

[1775] Vgl. Doerbeck MMR-Aktuell 2021, 439288 sowie Giebel NJW 2017, 977.

[1776] LG Memmingen BeckRS 2016, 02120.

[1777] LG Memmingen BeckRS 2016, 2120 sowie Jülicher NJW 2019, 2801.

grund fehlender Patientenverfügung bis zu seinem Tod künstlich ernährt worden war, hat keinen Anspruch auf Schmerzensgeld wegen behaupteter sinnloser Lebensverlängerung des Betroffenen. So entschied am 2.4.2019 der BGH[1778] und wies die Klage ab, die der Sohn des im Jahr 2011 verstorbenen Patienten (geb. 1929) gegen den zuletzt behandelnden Arzt erhoben hatte. Dieser – so der aus ererbtem Recht seines Vaters klagende Sohn – habe seinen multimorbiden und schwer an Demenz erkrankten Vater trotz fehlender Indizierung fünf Jahre lang mittels einer PEG-Magensonde künstlich ernähren lassen und damit dessen Leiden unnötig – mindestens um ein Jahr – verlängert.

- Rechtfertigt eine unangemessen lange Behandlung eines Sterbenskranken einen Schmerzensgeldanspruch? und
- Kann ein derart leidensbehaftetes Weiterleben überhaupt als Schaden angesehen werden?

so lauteten die Kernfragen dieses durch drei Instanzen führenden Falles: Das LG München[1779] hielt – dem Kläger zustimmend – die künstliche Ernährung für nicht indiziert. Dennoch wies es die Klage zutreffend als unbegründet zurück, denn es sei eine höchstpersönliche Entscheidung, ob ein Leben in einem solchen Fall lebenswert sei und erhalten werde oder nicht. Da insofern jedoch keine Patientenverfügung vorgelegen habe, sei der mutmaßliche Wille des Patienten nicht zu ermitteln gewesen. Das OLG München[1780] sah dies anders und sprach dem Kläger auf dessen Berufung hin ein Schmerzensgeld iHv 40.000 EUR zu. Der BGH gab der Revision statt und stellte das klagabweisende Urteil des LG München wieder her. Dabei betonte er, dass es sich – ungeachtet einer möglichen Pflichtverletzung des verantwortlichen Arztes – verbiete, ein Leben ebenso wie leidensbehaftetes Weiterleben als Schaden anzusehen. Auch wenn ein Patient selbst sein Leben als lebensunwert erachte, mit der Folge, dass eine lebenserhaltende Maßnahme gegen seinen Willen zu unterbleiben habe, untersage die Verfassungsordnung aller staatlichen Gewalt einschließlich der Rechtsprechung ein solches Urteil über das Leben des betroffenen Patienten mit der Schlussfolgerung, dieses Leben sei ein Schaden, so der BGH. Zutreffend wies der BGH den Kläger, der neben Schmerzensgeld auch noch Ersatz der Behandlungs- und Pflegeaufwendungen gefordert hatte, darauf hin, dass es nicht Schutzzweck etwaiger Aufklärungs- und Behandlungspflichten im Zusammenhang mit lebenserhaltenden Maßnahmen sei, wirtschaftliche Belastungen, die mit dem Weiterleben und den dem Leben anhaftenden krankheitsbedingten Leiden verbunden sind, zu verhindern oder gar den Erben das Vermögen des Patienten möglichst ungeschmälert zu erhalten. Dementsprechend stehe dem Kläger auch kein derartiger Anspruch zu.

Wie zu entscheiden gewesen wäre, wenn eine wirksame und bindende **Patientenverfügung**[1781] vorgelegen und sich aus dieser eindeutig ergeben hätte, dass der Patient (hier: Vater) in einem solchen Falle lebensverlängernde Maßnahmen unmissverständlich ablehnt, bleibt offen. Da das Bewusstsein der Wichtigkeit und Sinnhaftigkeit von Patientenverfügungen in den letzten Jahren stark zugenommen hat, wird diese Frage in Zukunft noch zu klären sein und die Thematik des Persönlichkeitsschutzes im Zusammenhang mit lebensverlängernden Maßnahmen die Justiz sicher noch weiter beschäftigen.

f) Persönlichkeitsschutz nach dem Tode. Nach der ständigen Rechtsprechung des BVerfG[1782] und des **243**
BGH[1783] kann Träger des aus Art. 2 I GG, Art. 1 I GG herzuleitenden allgemeinen Persönlichkeitsrechts nur eine lebende Person sein. Es erlischt deshalb mit dem Tod; sein Schutz wirkt nicht darüber hinaus.

Kein Ende mit dem Tod findet hingegen die der staatlichen Gewalt in Art. 1 I GG auferlegte Verpflichtung, alle Menschen vor Angriffen auf die Menschenwürde zu schützen.[1784] **Das postmortale Persönlichkeitsrecht resultiert somit aus dem Schutz der Menschenwürde (Art. 1 I GG)** und unterscheidet sich daher auch inhaltlich von dem umfangreicheren Schutz des allgemeinen Persönlichkeitsrechts des Art. 2 GG.

Durch Art. 1 I GG werden der allgemeine Achtungsanspruch Verstorbener vor grober Herabwürdigung und Erniedrigung sowie der sittliche, personale und soziale Geltungswert geschützt, den die Person durch ihre eigene Lebensleistung erworben hat.[1785]

Das Lebensbild eines Verstorbenen und sein Geltungsanspruch dürfen infrage gestellt, aber nicht grob entstellt werden. Eine Entstellung des Lebensbildes einer Person liegt nicht in jeder Fehldarstellung, die gegenüber einem unvoreingenommenen und verständigen Publikum den Anspruch auf Authentizität erhebt und ihren

---

1778 BGH BeckRS 2019, 6883.
1779 LG München I BeckRS 2017, 112362.
1780 OLG München BeckRS 2017, 146433.
1781 Vgl. hierzu BGH BeckRS 2018, 31892 und BGH BeckRS 2016, 14029.
1782 BVerfG NJW 2023, 755 (Kohl-Protokolle I) und NJW 2023, 757 (Kohlprotokolle II); vgl. auch Grisse GRUR 2023, 521.
1783 BGH NJW 2022, 847; BGH NJW 2022, 868; BGH NJW 2017, 3004 und BGH NJW 2014, 2871.
1784 BGH NJW 2022, 847 (Helmut Kohl) mit Verweis auf BVerfG BeckRS 2001, 30173498 (Wilhelm Kaisen).
1785 BVerfG NJW 2023, 755 (Helmut Kohl I).

durch die Lebensstellung erworbenen Geltungsanspruch infrage stellt, wohl aber in einer solchen, die nach Inhalt oder Umfang den mit dem Persönlichkeitsbild verbundenen Achtungsanspruch der Person oder deren sozialen Geltungsanspruch im Kern trifft.[1786]

Ist die Menschenwürde verletzt – wofür dem BVerfG[1787] folgend – ein Berühren der Menschenwürde nicht genügt, so ist der Eingriff rechtswidrig, ohne dass es einer Abwägung bedarf. Letztlich erfolgt allerdings eine implizierte Güterabwägung schon auf Tatbestandsebene.[1788]

Das postmortale Persönlichkeitsrecht schützt den Verstorbenen grundsätzlich nicht davor, mit Aussagen zitiert zu werden, die er zu Lebzeiten im vertraulichen Gespräch mit der ausdrücklichen Erklärung, sie nicht veröffentlichen zu wollen („Sperrvermerk"), getätigt hat.[1789]

Zum Persönlichkeitsschutz nach dem Tod äußerte sich der BGH[1790] auch in Bezug auf die Klage der Eltern einer bei einem Verkehrsunfall Getöteten gegen die Bild-Zeitung, die – entgegen dem erklärten Willen der Eltern – dennoch einen Beitrag mit Foto veröffentlichte. Der BGH führte hierzu aus:

„Eine Verletzung des postmortalen Schutzbereichs Verstorbener verletzt für sich genommen noch nicht die Würde der Angehörigen, sodass alleine die Abbildung der Tochter der Kläger – in für Dritte identifizierbarer Weise – nicht in das Persönlichkeitsrecht der Kläger eingreift. Selbst aus einer spezifischen Kränkung der Familie würde noch kein eigener Anspruch auf eine Geldentschädigung erwachsen. Erforderlich ist vielmehr, dass mit der Verletzung des Persönlichkeitsschutzes des Verstorbenen zugleich das Persönlichkeitsrecht des Angehörigen unmittelbar tangiert wird".[1791]

Auf die beiden hierzu bereits im Jahr 1999[1792] ergangenen BGH-Urteile kann hier – auch angesichts der Sonderthematik, deren Kommentierung den Rahmen dieses Buches sprengen würde – nicht eingegangen werden. Insofern sei jedoch auf den empfehlenswerten Fachbeitrag von *Frommeyer*[1793] verwiesen. Allerdings werden die beiden – das Thema des postmortalen Persönlichkeitsrechts im Zusammenhang mit der Kunstfreiheit behandelnden – Urteile des BGH in → Rn. 188 näher beschrieben.

2016 hatte sich der EGMR[1794] mit der Klage einer Mutter im Wege des Eilverfahrens auf Grund einer Verletzung ihrer Privatsphäre durch die Veröffentlichung der Fotos ihres Sohnes zu befassen. Der 23-jährige Mann war zuvor entführt und anschließend 24 Tage lang gefoltert worden. Die Beklagten, Inhaber und Herausgeber einer französischen Zeitschrift, hatten mehrere **Fotos des Gefolterten** gezeigt, eines davon auf der Titelseite. Das französische Berufungsgericht sprach der Klägerin ein Schmerzensgeld zu und ordnete die Schwärzung der Fotos an. Die Beklagten machten daraufhin eine Verletzung ihrer Rechte aus Art. 10 EMRK (Freiheit der Meinungsäußerung) geltend. Der EGMR stellte jedoch keinen Verstoß gegen Art. 10 EMRK fest und führte aus, dass die Veröffentlichung der Fotos, die von den Peinigern des Opfers zur Erpressung deren Angehörigen und nicht zur Veröffentlichung gefertigt worden waren, einen schweren Eingriff in die Privatsphäre der Angehörigen des Opfers darstelle. Der Eingriff in die freie Meinungsäußerung des Magazins durch die angeordnete Schwärzung der Fotos sei deswegen auch verhältnismäßig. Auch wenn die Urteile der Vorinstanzen dieses EGMR-Urteils in Frankreich entschieden wurden und es sich um eine französische Zeitschrift handelte, so ist diese Entscheidung – vor dem Hintergrund der übergeordneten Geltung der Entscheidungen des EGMR – auch für die deutschen Medien relevant.

Einen bislang einmaligen Fall hatte das LG Bielefeld[1795] entschieden. Darin begehrte der Sohn des Verstorbenen von dessen 2. Ehefrau Schmerzensgeld wegen **Ausschluss** vom **Totenfürsorgerecht** bzw. der Versagung des Zugangs zum Leichnam zum Zwecke der persönlichen Verabschiedung. Das LG lehnte den Anspruch ab. Zwar *„käme ein Eingriff in das durch Art. 2 I iVm Art. 1 Abs. I GG geschützte Recht auf Selbstbewahrung, dass den Schutz der Privatheit enthält und auch die Familie umfasst, in Betracht. Jedoch sei auch hier der Vortrag des Klägers nicht geeignet, die Anspruchsvoraussetzungen darzulegen. Insbesondere auch deshalb nicht, weil die Berufung übersieht, dass das allgemeine Persönlichkeitsrecht nicht schrankenlos gewährt werde, sondern durch das vorbezeichnete Totenfürsorgerecht zulässig eingeschränkt wird." „Einen besonders schweren, ein Schmerzensgeld rechtfertigenden Eingriff, vermochte die Kammer im vorliegenden Fall nicht zu erkennen"*, so das LG in seiner sorgfältigen Urteilsbegründung.

1786 BGH NJW 2022, 847 (Helmut Kohl I).
1787 BGH NJW 2022, 847 (Helmut Kohl I) Rn. 31.
1788 BGH NJW 2022, 847 (Helmut Kohl I) Rn. 129.
1789 BGH NJW 2022, 847 (Helmut Kohl I).
1790 BGH VersR 2012, 630.
1791 BGH VersR 2012, 630 (632).
1792 BGH NJW 2000, 2195; 2000, 2201; vgl. auch den sehr gelungen Fachbeitrag von Frommeyer JuS 2002, 13.
1793 Frommeyer JuS 2002, 13.
1794 EGMR MMR-Aktuell 2016, 376698.
1795 LG Bielefeld BeckRS 2016, 06649, vgl. hierzu auch Karczewski ZEV 2017, 129.

Totenfürsorge: Mit dem Anspruch auf Schmerzensgeld – wegen der gegen den erklärten Willen der Klägerinnen durchgeführten **Urnenumbettung** (mit der Asche ihres Vaters) – hatten sich das LG Ulm[1796] sowie das LG Krefeld[1797] zu befassen.

Im Falle, den das LG Ulm zu entscheiden hatte, sprach das LG wegen der **Verletzung** des **Totenfürsorgerechts** beiden Klägerinnen jeweils ein Schmerzensgeld von 500 EUR zu. Zur Begründung führte das LG an, dass die Beklagte mit dem Umzug der Urne

„die Klägerinnen in ihrem allgemeinen Persönlichkeitsrecht [trifft], zu dem auch die Möglichkeit zum angemessenen Gedenken der verstorbenen Eltern gehört. Zwar kann die Beeinträchtigung des Totenfürsorgerechts selbst hier dadurch beseitigt werden, dass die Urnen der Eltern zurück nach U. gebettet werden. Damit wird aber kein angemessener Ausgleich für die Missachtung und die Seelenschmerzen der Klägerinnen geschaffen …", so das LG Ulm.[1798]

Das LG Krefeld wies dagegen die Klage der Tochter des Verstorbenen ab; diese hatte gegen dessen Ehefrau geklagt, nachdem die Ehefrau die Urne ihres Mannes dem Grab entnommen und die Asche in einen Fluss in den Niederlanden gestreut hatte. Nach ständiger Rechtsprechung des BGH begründe nicht jede Verletzung des allgemeinen Persönlichkeitsrechts einen Anspruch auf Zahlung einer Geldentschädigung, so das LG. Erforderlich sei vielmehr, dass es sich um einen schwerwiegenden Eingriff handelt und die Beeinträchtigung nicht in anderer Weise befriedigend aufgefangen werden könne,[1799] so das LG weiter, welches sich anschließend sorgfältig mit der Frage auseinandersetzte, ob sich aus der Verletzung des Totenfürsorgerechts ein Schmerzensgeldanspruch ergeben könne und verneinte dies:

„Das … Totenfürsorgerecht ist demgegenüber an erster Stelle eine Ausprägung des postmortalen Persönlichkeitsschutzes des Verstorbenen, dessen Wille über die Totenfürsorgeberechtigung entscheidet … [daher] *… ist eine Verletzung des Totenfürsorgerechts für sich genommen ungeeignet, einen Anspruch auf Zahlung einer Geldentschädigung zu begründen. Denn dem Wahrnehmungsberechtigten stehen bei postmortalen Verletzungen (der ideellen Bestandteile) des allgemeinen Persönlichkeitsrechts grundsätzlich nur Abwehransprüche, nicht aber Schadensersatzansprüche zu"*.[1800]

Zur Vererblichkeit von Ansprüchen auf Schmerzensgeld wegen Persönlichkeitsrechtsverletzungen s. unter **→ Rn. 466.**

g) DS-GVO – immaterieller Schadensersatz nach Verstoß gegen die DS-GVO. Bereits seit dem 25.5.2018 gilt die **Datenschutz-Grundverordnung** – kurz: **DS-GVO.** Sie konkretisiert das Recht auf Schutz personenbezogener Daten.[1801] Gemäß **Art. 82 Abs. 1 DS-GVO** haftet der Verantwortliche für Schäden wegen „Verstößen gegen diese Verordnung". Grund und damit unabdingbare Voraussetzung der Haftung ist eine Pflichtverletzung (Kohn ZD 2019, 498 (500)), die in den zeitlichen Anwendungsbereich der Verordnung fällt. Dabei ist, worauf nachfolgend noch näher eingegangen wird, der Begriff der Pflichtverletzung sehr weit gefasst und schließt letztlich jede Verletzung materieller oder formeller Bestimmungen der Verordnung ein.[1802] **244**

Bei mehreren Datenschutzverstößen, die aus einem einheitlichen Lebenssachverhalt resultieren, besteht grundsätzlich nur ein einheitlicher immaterieller Schadensersatzanspruch nach Art. 82 Abs. 1 DS-GVO, da die **DS-GVO ausschließlich eine ausgleichende, nicht aber abschreckende oder strafende Funktion** verfolgt und sich deshalb eine Aufspaltung oder Kumulation des Anspruchs ebenso verbietet wie eine Erhöhung des Schadensersatzes mit der Begründung des Vorliegens mehrerer auf denselben Verarbeitungsvorgang bezogener Verstöße.[1803]

Ein Anspruch auf immateriellen Schadensersatz kann sich – worauf der BGH 2025 hingewiesen hatte (vgl. dazu **→ Rn. 244b**) – auch im Falle der uneingeschränkten Geltung der DS-GVO zudem grundsätzlich auch unter dem Gesichtspunkt der Verletzung des allgemeinen Persönlichkeitsrechts aus § 823 I BGB in Verbindung mit Art. 1 I, 2 I GG ergeben.[1804]

[1796] LG Ulm 20.1.2012 – 2 O 356/11, BeckRS 2012, 06256 sowie NJW-Spezial 2012, 392.
[1797] LG Krefeld BeckRS 2017, 103473.
[1798] LG Ulm 20.1.2012 – 2 O 356/11 BeckRS 2012, 06256 sowie NJW-Spezial 2012, 392.
[1799] Vgl. BGH BGH GRUR-RS 2022, 7823 und BeckRS 2016, 11843.
[1800] LG Krefeld BeckRS 2017, 103473.
[1801] Grundlegend dazu Heberlein EuR 2021, 672; vgl. auch Böhm/Brams NZA-RR 2021, 521.
[1802] Kohn ZD 2019, 498; OLG Stuttgart BeckRS 2021, 6282.
[1803] OLG Jena GRUR-RS 2025, 10700; EuGH Urt. v. 11.4.2024 – C-741/21, NJW 2024, 1561.
[1804] BGH NJW 2025, 3219 Rn. 36; vgl. dazu auch BGH BeckRS 2026, 4799 Rn. 14 – 18.

Durch die jüngsten Entscheidungen des **EuGH**[1805] unter anderem in den Rechtssachen C-526/24,[1806] C-655/23,[1807] C-710/23,[1808] C-638/23,[1809] C-507/23,[1810] C-394/23,[1811] C-200/23,[1812] C-21/23,[1813] C-182/22 und C-189/22,[1814] C-590/22,[1815] C-741/21,[1816] C-687/21,[1817] C-634/21,[1818] C-340/21,[1819] C-456/22,[1820] C-154/21[1821] und die drei grundlegenden Entscheidungen des EuGH vom 4.5.2023 in den Rechtssachen C-300/21,[1822] C-60/22[1823] und C-487/21[1824] sowie auch durch das Urteil **BAG vom 25.7.2024,**[1825] jedoch in besonderem Maße durch die **Leitentscheidung des BGH vom 18.11.2024,**[1826] das diesem nachfolgenden **BGH Urteile v. 28.1.2025** – VI ZR 109/23[1827] und BGH Urteil v. 11.2.2025 – VI ZR 365/22[1828] (ausführlich dazu unter → **Rn. 246a**) sowie die bereits diesem folgenden jüngsten Urteile der Oberlandesgerichte[1829] (vgl. dazu → **Rn. 246** und → **Rn. 247**), wurden zahlreiche der vormals offenen Rechtsfragen geklärt, aber auch Widersprüche zwischen der Rechtsansicht des EuGH und des BGH deutlich, auf die nachfolgend näher einzugehen ist (vgl. dazu nachfolgend → **Rn. 244b**).

Dennoch oder gerade deshalb erfährt der Ersatz immaterieller Schäden nach Art. 82 DS-GVO derzeit und wohl auch in Zukunft besondere Aufmerksamkeit sowie zunehmend auch mehr Klarheit hinsichtlich der vormals in erhöhtem Maße aufgekommenen Rechtsfragen.[1830]

So wuchs in den letzten Jahren die Zahl der Klagen auf immateriellen Schadensersatz nach Art. 82 DS-GVO aufgrund der zahlreichen Scraping-Vorfälle auf weit über 6.000 Fälle (vgl. → **Rn. 246**) und fast täglich werden dazu neue Gerichtsentscheidungen veröffentlicht. Aber auch in der arbeitsrechtlichen Praxis werden von Seiten der Arbeitnehmer vermehrt Klagen auf immateriellen Schadensersatz eingereicht, die sich auf tatsächliche oder vermeintliche Verstöße gegen die DS-GVO – häufig wegen verspäteter, unzureichender oder intransparenter Auskünfte (vgl. → **Rn. 246b**) – stützen.[1831]

Mehr als 325 Gerichtsentscheidungen dazu finden Sie im **Tabellenteil dieses Buches unter Kapitel C. 10. a).**[1832]

Literaturhinweis: Auch veröffentlicht **Leibold**[1833] regelmäßig aktuell, akribisch und stets sehr übersichtlich aufbereitet hervorragende Übersichten hinsichtlich der aktuellen Rechtsprechung zu diesem Thema, das auch umfassend im Kommentar *DS-GVO/BDSG* von **Kühling/Buchner** behandelt wird. Sehr umfassend und durchdacht gegliedert behandelt zudem **Faußner** die gesamte Thematik des datenschutzrechtlichen Schadensersatzanspruchs nach Art. 82 DS-GVO in seiner gleichnamigen und sehr gelungenen Dissertation,

---

1805 Vgl. dazu auch Leibold ZD-Aktuell 2025, 01155.
1806 EuGH Urt. v. 19.3.2026 – C-526/24, GRUR-RS 2026, 4080.
1807 EuGH NJW 2025, 3137.
1808 EuGH GRUR-RS 2025, 5983, NZA 2025, 623.
1809 EuGH GRUR-RS 2025, 2562.
1810 EuGH NJW 2025, 141 mAnm Schneider ZD 2025, 22.
1811 EuGH NJW 2025, 807 – vgl. dazu unter → Rn. 257d.
1812 EuGH NJW 2025, 40.
1813 EuGH NJW 2025, 33 mAnm Brandt.
1814 EuGH NJW 2024, 2599; s. dazu/zum Identitätsdiebstahl → Rn. 246.
1815 EuGH 20.6.2024 ZD 2024, 519.
1816 EuGH NJW 2024, 1561.
1817 EuGH NZA 2024, 320 mAnm Nabulsi ZEuP 2024, 912, vgl. dazu EuGH NZA 2023, 621 (Österreichische Post) mAnm Fuhlrott/Fischer NZA 2023, 606 sowie Haußmann ArbRAktuell 2023, 262.
1818 EuGH NZA 2024, 45, NJW 2024, 413.
1819 EuGH NZA 2024, 56, NJW 2024, 1091.
1820 EuGH NZA 2024, 56, NJW 2024, 644.
1821 EuGH NJW 2023, 973.
1822 EuGH NJW 2023, 1930; NZA 2023, 621 mAnm Fuhlrott NZA 2023, 606.
1823 EuGH BeckRS 2023, 8967.
1824 EuGH GRUR-RS 2023, 8971.
1825 BAG BeckRS 2024, 29324 → Nr. 7651 s. dazu nachfolgend unter → Rn. 246b; vgl. auch BAG BeckRS 2024, 29324 Rn. 33; BAG BeckRS 2024, 26525, Rn. 15.
1826 BGH Urt. v. 18.11.2024 – VI ZR 10/24 NJW 2025, 298; vgl. BGH 31.10.2024, NJW 2024, 3595.
1827 BGH NJW 2026, 1060 vgl. dazu ausführlich dazu unter → Rn. 246a.
1828 BGH NJW 2025, 1656.
1829 S. ua OLG Dresden BeckRS 2026, 1139 → Nr. 7876; OLG Dresden BeckRS 2026, 1138 → Nr. 7875; OLG Stuttgart GRUR-RS 2026, 8590 → Nr. 7918 und OLG Stuttgart GRUR-RS 2026, 8589 → Nr. 7919; OLG Schleswig GRUR-RS 2025, 8800 → Nr. 7686; OLG Düsseldorf GRUR-RS 2025, 4597 → Nr. 7691; OLG Dresden GRUR-RS 2025, 3236 → Nr. 7694 oder OLG Hamm GRUR-RS 2024, 45245 → Nr. 7696.
1830 Vgl. dazu umfassend Mörsdorf/Momtazi NJW 2024, 1074.
1831 Schürgers/Hirschberger NZA 2025, 216.
1832 Vgl. insbes. die die BGH-Leitentscheidung bereits berücksichtigenden Urt. des OLG Hamm GRUR-RS 2024, 33926, OLG Schleswig GRUR-RS 2025, 8880 und GRUR-RS 2025, 8882; und des OLG Dresden GRUR-RS 2025, 9386.
1833 Leibold ZD-Aktuell 2025, 01360 (01150, 001146, 001142, 001141).

die in zeitlicher Hinsicht die Rechtsprechung bis in das Jahr 2025 hinein umfasst und damit auch noch die nachfolgend näher behandelte BGH-Leitentscheidung.[1834]

Die **Leitentscheidung des BGH Urteil vom 18.11.2024 – VI ZR 10/24** zum Vorliegen eines immateriellen Schadens bei kurzzeitigem Kontrollverlust über eigene personenbezogene Daten bildet – dies muss an dieser Stelle erwähnt werden – jedoch eine Zäsur: Insofern ist zu beachten, dass die zeitlich vor der Leitentscheidung des BGH bereits ergangenen Entscheidungen der Instanzgerichte, die bei nur kurzzeitigem Kontrollverlust über eigene personenbezogene Daten zum Teil immateriellen Schadensersatz bis zu 5.000 EUR zuerkannt hatten, zumindest bezüglich der Bemessungskriterien zur Höhe des immateriellen Schadensersatzes grundsätzlich nicht mehr unreflektiert zur Orientierung dienen können.

Die drei Anspruchsvoraussetzungen gemäß Art. 82 DS-GVO für das Vorliegen eines immateriellen Schadens, der in Literatur[1835] und Rechtsprechung häufig der Einfachheit halber *Schmerzensgeld* genannt wird, sind nach den jüngsten Entscheidungen des EuGH[1836] (1) ein Verstoß gegen die DS-GVO, (2) ein immaterieller Schaden sowie (3) das Vorliegen der Kausalität zwischen dem Verstoß und dem Schaden, der jedoch nicht erheblich sein muss.[1837] Zudem hängt die Haftung des Verantwortlichen nach Art. 82 DSGVO vom Vorliegen eines ihm anzulastenden Verschuldens ab, das jedoch vermutet wird, sofern er nicht nachweist, dass er in keinerlei Hinsicht für den Umstand, durch den der Schaden eingetreten ist, verantwortlich ist; die betroffene Person hat demnach ein Verschulden des Verantwortlichen nicht nachzuweisen.[1838] **244a**

Dabei betont der EuGH bereits mehrfach das Erfordernis eines eigenständigen unionsrechtlichen Schadensbegriffs iSv Art. 82 I DS-GVO und beruft sich dabei auf die Einhaltung der Kohärenz, um divergierende nationale Entscheidungen zu unterbinden.[1839]

Nachfolgend seien insofern drei wichtige Entscheidungen des EuGH näher vorgestellt:

Das Urteil des EuGH vom 4.5.2023 in der Rechtssache C-300/21 (Österreichische Post);[1840] das Urteil vom 25.1.2024 in der Rechtssache C-687/21 (Saturn) sowie das ebenso wichtige Urteil vom 4.9.2025 in der Rechtssache C-655/23 (XING-Urteil):

Nach diesen drei Entscheidungen des EuGH genügt der bloße Verstoß gegen die DS-GVO nicht, um einen Schadenersatzanspruch zu begründen. Vielmehr muss ein konkreter Schaden, sei er auch nur gering,.klägerischerseits zur Überzeugung des Gerichts dargelegt werden. Die Beweislast dafür, dass die negativen Folgen des Verstoßes gegen die DS-GVO bei ihm zu einem immateriellen Schaden iSv Art. 82 I DS-GVO geführt hätten, trägt dabei stets der Anspruchsteller bzw. Kläger. Die Bemessung der Schadenshöhe habe, so der EuGH, dabei jedoch durch die nationalen Gerichte nach Maßgabe des innerstaatlichen Rechts zu erfolgen, wobei die unionsrechtlichen Grundsätze der Äquivalenz und Effektivität zu beachten seien, wonach die DS-GVO einen *„vollständigen und wirksamen Schadensersatz für den erlittenen Schaden"*[1841] gewährleisten müsse. Der Schadensersatzanspruch dürfe jedoch, so der EuGH weiter, aber nicht davon abhängig gemacht werden, dass der betreffende Schaden eine gewisse Erheblichkeit erreiche. Dies ergebe sich bereits aus den Erwägungsgründen zur DS-GVO, wonach *„der Begriff des Schadens … im Lichte der Rechtsprechung des Gerichtshofs weit auf eine Art und Weise ausgelegt werden (solle), die den Zielen dieser Verordnung in vollem Umfang entspricht"*.[1842] Eine Erheblichkeitsschwelle in diesem Zusammenhang anzunehmen, verstoße gegen den Willen des Gesetzgebers. Nach der nachfolgend noch näher (vgl. dazu in dieser Rn. weiter unten sowie auch unter → **Rn. 245f**) vorgestellten sog. XING-Entscheidung des EuGH Urt. v. 4.9.2025 – C-655/23 umfasst der Begriff „immaterieller Schaden" in Art. 82 Abs. 1 DS-GVO nun auch bereits *„negative Gefühle, die die betroffene Person infolge einer unbefugten Übermittlung ihrer personenbezogenen Daten an einen Dritten empfindet, wie zum Beispiel Sorge oder Ärger, und die durch einen Verlust der Kontrolle über diese Daten"*.

[1834] BGH NJW 2025, 298.
[1835] Vgl. ua Paal NJW 2022, 3673; vgl. grds. zu dieser Thematik: Buchner/Wessels ZD 2022, 251 (254); Hellgardt ZEuP 2022, 7 (17); Fuhlrott ArbRAktuell 2022, 538; Paal NJW 2022, 3673 mit Verweis auf ua Eichelberger WRP 2021, 159; Paal MMR 2020, 14; Spittka GRUR-Prax 2021, 417; Tonikidis ZD 2022, 139 und Wybitul/Leibold ZD 2022, 207.
[1836] Vgl. statt vieler EuGH NJW 2025, 3137 Rn. 56 oder auch EuGH NJW 2025, 298 Rn. 140 – 154.
[1837] EuGH GRUR-RS 2026, 4080 3. Leitsatz; EuGH NJW 2025, 3137 Rn. 56.
[1838] BGH NJW 2025, 298 Rn. 21; EuGH NJW 2025, 40 Rn. 154.
[1839] EuGH NJW 2025, 40 Rn. 139 mAnm Schneider ZD 2025, 22; Fuhlrott EuZW 2024, 166 (167, 168); EuGH NZA 2023, 621.
[1840] EuGH GRUR-RS 2023, 897 sowie auch NZA 2023, 621 mAnm Fuhlrott/Fischer NZA 2023, 606, ebenso EuGH NJW 2025, 141.
[1841] Erwägungsgrund 146, S. 6; vgl. dazu auch EuGH NJW 2025, 141.
[1842] Erwägungsgrund 146, S. 3.

Gegen das Erfordernis einer gewissen Intensität hatte sich bereits 2021 der erste Senat des BVerfG positioniert und ausgeführt, dass eine Erheblichkeitsschwelle weder in der DS-GVO begründet sei noch vom EuGH vorausgesetzt werde.[1843]

Der Entscheidung des **EuGH Urteil vom 11.4.2024 in der Sache C-300/21** [1844] lag der Sachverhalt zugrunde, wonach die **Österreichische Post** (Beklagte) als Adresshändlerin Informationen über die politischen Affinitäten der österreichischen Bevölkerung gesammelt hatte. Dies geschah ohne eine Einwilligung der betroffenen Personen. Die Daten von Umfrageinstituten und Wahlstatistiken wurden sodann von der Beklagten verarbeitet bzw. miteinander verknüpft und gespeichert, um auf diese Weise eine Aussage treffen zu können, an welcher Parteiwerbung eine Person interessiert sein könnte. Der Kläger des Ausgangsverfahrens war über diesen Vorgang und die ihm zugeordnete Parteiaffinität verärgert. Dritten ggü. hatte die Beklagte die prognostizierte Parteiaffinität des Klägers aber bisher nicht offengelegt. Der EuGH nahm dies zum Anlass, klarzustellen, dass der bloße Verstoß gegen die Vorgaben der DS-GVO keinen immateriellen Schaden der hiervon betroffenen Personen begründet. Vielmehr müsse der Betroffene einen über den Verstoß hinausgehenden Nachteil bzw. eine entsprechende, wenn auch nur geringe Beeinträchtigung darlegen.

Der Entscheidung des **EuGH Urteil vom 25.1.2024 in der Sache C-687/21** lag folgender Sachverhalt zu Grunde: Der Kläger des Ausgangsverfahrens hatte beim **Elektrofachhändler Saturn** ein Elektrohaushaltsgerät auf Kredit gekauft, wobei dafür diverse persönliche Daten (Name, Vorname, Anschrift, Einkünfte sowie Bankdaten) erfasst und anschließend ausgedruckt wurden. Anschließend übergab der Kläger diese Unterlagen einem an der Warenausgabe tätigen Mitarbeiter von Saturn. Ein anderer Kunde, der sich unbemerkt vorgedrängelt hatte, erhielt daraufhin irrtümlich sowohl das vom Kläger bestellte Gerät als auch die betreffenden Unterlagen und nahm alles mit. Der Irrtum wurde rasch bemerkt, und ein Mitarbeiter von Saturn erwirkte die Rückgabe des Geräts und der Unterlagen, die er sodann, etwa eine halbe Stunde, nachdem sie dem anderen Kunden ausgehändigt worden waren, dem Kläger des Ausgangsverfahrens zurückgab. Das Unternehmen bot dem Kl. des Ausgangsverfahrens an, ihn durch unentgeltliche Lieferung des betreffenden Geräts in seine Wohnung für diesen Fehler zu entschädigen; der Kläger hielt eine solche Entschädigung jedoch für unzureichend und klagte auf Ersatz des immateriellen Schadens aus der DS-GVO.

Der EuGH[1845] legte die zugrundeliegenden Rechtsvorschriften zugunsten Saturns aus und befand ua, dass alleine die Befürchtung des Klägers, seine Daten könnten weiterverbreitet werden, für die Feststellung eines immateriellen Schadens nicht ausreicht. Damit konkretisierte der EuGH seinen Grundsatz,[1846] wonach allein der „Verlust der Kontrolle" über die eigenen Daten einen immateriellen Schaden darstellen könne dahingehend, dass ein Datenmissbrauch zumindest als möglich erscheinen muss, was jedoch im Falle des Saturn-Kunden allenfalls sehr unwahrscheinlich war.

Der Entscheidung des **EuGH Urteil vom 4.9.2025 in der Sache C-655/23** (sog. XING-Urteil – vgl. dazu auch unter → **Rn. 245f**) lag folgender Sachverhalt zu Grunde: Der Kläger hatte sich über das Online-Karrierenetzwerk XING bei der Quirin Privatbank (= Beklagte) beworben. Dabei hatte ein Mitarbeiter der Beklagten versehentlich dessen Gehaltsvorstellung sowie die diesbezügliche Antwort der Beklagten an einen anderen Bewerber/Kollegen, der den Kläger kannte, per Mail weitergeleitet. Der Kläger begehrte daher eine immaterielle Entschädigung von 1.000 EUR. Seinen Schaden begründete er mit der Sorge, dass sein fachkundiger Kollege seine vertraulichen Daten nutzen könnte, um sich bei Bewerbungen Wettbewerbsvorteile zu verschaffen und zudem in der von ihm –

beim Unterliegen in seinen Gehaltsverhandlungen – empfundenen Schmach.

Nachdem der Antrag auf immateriellen Schadensersatz gemäß Art. 82 DS-GVO in allen Instanzen erfolglos geblieben war, hatte sich der EuGH vorlagegemäß (Vorlage des BGH) mit der Frage zu befassen, *„ob Art. 82 I DS-GVO dahin auszulegen ist, dass der Begriff „immaterieller Schaden" in dieser Bestimmung negative Gefühle umfasst, die die betroffene Person infolge einer unbefugten Übermittlung ihrer personenbezogenen Daten an einen Dritten empfindet, wie zum Beispiel Sorge oder Ärger, und die durch einen Verlust der Kontrolle über diese Daten, ihre mögliche missbräuchliche Verwendung oder eine Rufschädigung hervorgerufen werden."*[1847] **Mit seiner Antwort stellte der EuGH zunächst nochmals zwei Dinge klar:**

- Zum einen, dass **der bloße Verstoß** gegen die DS-GVO **nicht ausreicht,** um einen immateriellen Schadensersatzanspruch nach Art. 82 I DS-GVO zu begründen.[1848]

[1843] BVerfG ZD 2021, 266 Rn. 21 mAnm Blasek.
[1844] EuGH GRUR-RS 2023, 897 sowie auch NZA 2023, 621.
[1845] EuGH NZA 2024, 320.
[1846] EuGH NJW 2024, 1091, NZA 2024, 679.
[1847] EuGH NJW 2025, 3137 Rn. 53.
[1848] EuGH NJW 2025, 3137 Rn. 56; EuGH NJW 2024, 1561; EuGH NZA 2024, 320 (MediaMarkt-Saturn).

- Zum anderen, dass Art. 82 Abs. 1 DS-GVO einer nationalen Regelung oder Praxis entgegensteht, die den Ersatz eines immateriellen Schadens iSd Bestimmung davon abhängig macht, dass der der betroffenen Person entstandene Schaden einen bestimmten Grad an Erheblichkeit erreicht hat bzw. dass Art. 82 Abs. 1 DS-GVO nicht verlangt, dass der von der betroffenen Person geltend gemachte immaterielle Schaden eine „Bagatellgrenze" überschreiten muss, damit dieser Schaden ersatzfähig ist; eine **Bagatellgrenze gibt es** somit **nicht.**[1849]

Auf die konkrete Vorlagefrage antwortete der EuGH (C-655/23) sodann, dass der Begriff *„immaterieller Schaden"* in Art. 82 Abs. 1 DS-GVO auch **negative Gefühle** umfasst, die die betroffene Person infolge einer unbefugten Übermittlung ihrer personenbezogenen Daten an einen Dritten empfindet, wie zum Beispiel **Sorge oder Ärger** und die durch einen Verlust der Kontrolle über diese Daten, ihre mögliche **missbräuchliche Verwendung,** oder eine **Rufschädigung** hervorgerufen werden. Der EuGH knüpft dies jedoch sodann unmissverständlich an eine weitere Voraussetzung, indem er ausführt, dies gelte nur, *„sofern die betroffene Person nachweist, dass sie solche Gefühle samt ihrer negativen Folgen aufgrund des in Rede stehenden Verstoßes gegen diese Verordnung empfindet."*[1850]

Mit einem weiteren Urteil hatte der **EuGH Urt. v. 19.3.2026 (C-526/24)** nun erneut die Gelegenheit, auf das oben Ausgeführte hinzuweisen[1851] und dabei nochmals betont: *„Art. 82 Abs. 1 DSGVO ist dahin auszulegen, dass der immaterielle Schaden der betroffenen Person den Verlust der Kontrolle über ihre personenbezogenen Daten oder ihre Ungewissheit darüber umfasst, ob ihre Daten verarbeitet wurden, sofern insbesondere nachgewiesen wird, dass dieser Person tatsächlich ein solcher Schaden entstanden ist und dass ihr Verhalten nicht die entscheidende Ursache für diesen Schaden war."* (Amtl. Leitsatz)[1852]

Anders als der BGH in seiner Leitentscheidung,[1853] mit welcher dieser selbst einen nur kurzzeitigen Kontrollverlust als Schaden anerkannt hatte und dies ohne den Nachweis zusätzlicher spürbarer negativer Folgen,[1854] **folgt der EuGH** mit dieser Entscheidung somit **nicht der vom BGH gesetzten Gleichung „nachgewiesener Kontrollverlust = Schaden",** sondern sieht stattdessen die Notwendigkeit einer differenzierten Betrachtung über die Betonung negativer Folgen als Grundvoraussetzung für einen erfolgreichen immateriellen Schadensersatz und insofern als *„vorgelagertes Abgrenzungskriterium"*.[1855]

Mit der „XING-Entscheidung" des EuGH verliert die BGH-Leitentscheidung somit an Durchschlagskraft und es bleibt abzuwarten, inwieweit die deutschen Instanzgerichte mit Verweis auf den EuGH von der Möglichkeit Gebrauch machen, auf immateriellen Schadensersatz gerichtete Klagen mit dem Argument abzuweisen, dass ein Kontrollverlust ohne den Nachweis negativer Gefühle bzw. negativer Folgen aufgrund des Verstoßes gegen die DS-GVO doch keinen Anspruch begründet.

Im Übrigen festigte der EuGH mit dieser Entscheidung sowie dem insofern derzeit jüngsten Urteil (EuGH Urt. v. 19.3.2026 – C-526/24)[1856] nochmals seine Rechtsauffassung, wonach für die erfolgreiche Geltendmachung eines immateriellen Schadensersatzes stets ein **Kausalzusammenhang zwischen dem behaupteten Datenschutzverstoß und dem Schaden** vorliegen müsse. Auch zur Bemessung des immateriellen Schadensersatzes blieb der EuGH bei seiner bisherigen[1857] Rechtsauffassung, wonach **Art. 82 DS-GVO** keine Abschreckungs-, Straf- oder Genugtuungsfunktion habe, sondern **ausschließlich dem Ausgleich tatsächlich erlittener Schäden** diene. Der Verschuldensgrad des für den Datenschutzverstoß Verantwortlichen spielt somit für die Schadensbemessung des Betroffenen keine Rolle; auch – so der EuGH – dürfe nicht anspruchsmindernd berücksichtigt werden, ob diesem neben dem immateriellen **Schadensersatzanspruch** zudem noch ein **Unterlassungsanspruch** nach nationalem Recht zustehe, denn die Ansprüche auf immateriellen Schadensersatz und auf Unterlassung stünden als eigenständige und voneinander unabhängige Ansprüche nebeneinander.

Klarheit und Klärungsbedarf: Durch die **BGH Leitentscheidung**[1858] sowie kurz darauf hierzu ergangene weitere Entscheidungen des BGH Urt. v. 28.1.2025 – VI ZR 109/23[1859] und BGH Urteil v. 11.2.2025 – **244b**

1849 EuGH NJW 2025, 3137 Rn. 58; EuGH NZA 2024, 320 Rn. 59.
1850 EuGH NJW 2025, 3137 Rn. 60.
1851 EuGH Urt. v. 19.3.2026 – C-526/24, GRUR-RS 2026, 4080.
1852 EuGH GRUR-RS 2026, 4080 3. amtlicher Leitsatz.
1853 BGH NJW 2025, 298 ebenso wie nachfolgend BGH NJW 2025, 1060 und BGH NJW 2025, 1656.
1854 BGH NJW 2025, 298 Rn. 30.
1855 Vgl. hierzu EuGH mAnm Mekat/Wellmann ZD 2025, 640 (646).
1856 EuGH GRUR-RS 2026, 4080 mAnm Fuhlrott/Moskalew NZA-RR 2026, 281.
1857 EuGH ZD 2024, 146 mAnm Hesse, GRUR-Prax 2024, 275.
1858 BGH NJW 2025, 298 mAnm Paal NJW 2025, 261.
1859 BGH NJW 2025, 1060.

VI ZR 365/22[1860] sowie die Entscheidungen des EuGH[1861] wurden zu einer Vielzahl bis dahin offener Rechtsfragen, insbesondere zur Darlegungs- und Beweislast, Antworten gegeben und somit mehr Rechtssicherheit und Klarheit geschaffen.

Bedauerlicherweise wirft jedoch die **erhebliche Diskrepanz zwischen der Aussage des EuGH**[1862] **(„XING-Urteil") und den beiden benannten BGH-Urteilen**[1863] zum Begriff des immateriellen Schadens nach Art. 82 Abs. 1 DS-GVO wiederum Fragen auf, die weiterhin Klärungsbedarf erfordern und – wie nachfolgend kurz dargestellt – kritisch betrachtet werden dürfen:

Die der Rechtsansicht des EuGH[1864] in Teilen entgegenstehende Rechtsauffassung des BGH,[1865] wonach der bloße Kontrollverlust bereits per se einen Schaden darstellt bzw. zu einer immateriellen Entschädigung nach Art. 82 Abs. 1 DS-GVO führt, stößt in der Literatur[1866] zum Teil auf scharfe Kritik:

Zutreffend weist *Bendes*[1867] darauf hin, dass der EuGH[1868] klargestellt habe, dass ein Verstoß gegen die Bestimmungen der DS-GVO als solcher nicht zur Begründung eines Schadensersatzanspruchs ausreicht und der EuGH zudem ausdrücklich betont habe, dass sich der immaterielle Schaden in Fällen des Kontrollverlusts auf eine begründete Befürchtung des Missbrauchs beziehen müsse und somit als solcher nicht mit einem Schaden gleichzusetzen sei. *Wellmann*[1869] spricht von einer *„kritikwürdige Rechtsauffassung"* des BGH und mahnt zugleich, *„dass die vom BGH vorgenommene Anknüpfung eines immateriellen Schadens an das Bestehen eines Kontrollverlusts praktisch kaum haltbar ist und eine Rückbesinnung auf die eindeutigen Vorgaben der EuGH-Rspr. dringend angezeigt ist."* *Ante*[1870] bezweifelt insofern, *„ob sich diese Gleichsetzung von Kontrollverlust und Schaden allerdings tatsächlich – wie der Senat meint – aus der Rechtsprechung des EuGH ergibt"* und *Paal*[1871] verweis schließlich darauf, dass *„der vom BGH aufgezeigte Weg, wonach der Kontrollverlust über Daten bereits selbst den immateriellen Schaden darstellen kann, als Herabsetzung der prozessualen Hürden professionellen Klägerkanzleien auf den ersten Blick einigen Aufwind verschaffen"* mag, jedoch *„ein gerichtliches Vorgehen bei reinem Kontrollverlust aus wirtschaftlicher Sicht für die meisten Kläger kaum rentabel ist"*.

Auch wenn der **Erwägungsgrund 85**[1872] bei rein seinem Wortlaut folgender Interpretation für die Richtigkeit der Gleichung des BGH (Kontrollverlust = Schaden) Vorschub liefert, da es dort heißt *„eine Verletzung des Schutzes personenbezogener Daten kann … einen physischen, materiellen oder immateriellen Schaden für natürliche Personen nach sich ziehen, wie etwa Verlust der Kontrolle über ihre personenbezogenen Daten"*, trifft die Kritik hieran in allen Punkten zu. Denn es würde auch dem Motiv der DS-GVO widersprechen, den Schutzes der Grundrechte und Grundfreiheiten natürlicher Personen bei der Verarbeitung ihrer personenbezogener Daten zu gewährleisten, sofern eine lediglich pauschale Behauptung eines Nachteils in Form eines Kontrollverlustes ausreichen würde, um einen ersatzfähigen immateriellen Schaden zu begründen.[1873] Ein solcher „Nachteil" oder gar „Schaden" kann jedoch nur dann angenommen werden, wenn der Kontrollverlust und die diesem zeitlich vorgelagerte Datenverarbeitung gegenüber dem Betroffenen zur Verwirklichung eines der im **Erwägungsgrund 75**[1874] genannten Risiken, wie beispielsweise zur *„Diskriminierung, einem Identitätsdiebstahl oder -betrug, einem finanziellen Verlust, einer Rufschädigung, einem Verlust der Vertraulichkeit von dem Berufsgeheimnis unterliegenden personenbezogenen Daten, der unbefugten Aufhebung der Pseudonymisierung oder anderen erheblichen wirtschaftlichen oder gesellschaftlichen Nachteilen"* geführt hat.

Es bleibt daher abzuwarten, ob der seit 2025 beim BGH für neu eingehende DS-GVO-Klagen zuständige I. Zivilsenat trotz der Kritik und der entgegengesetzten Rechtsansicht des EuGH an der Linie des VI Zivilsenats – den bloßen Kontrollverlust über Daten als immateriellen Schaden gemäß DS-GVO zu werten – festhält, oder ob der BGH diese Position in künftigen Revisionsverfahren wieder revidiert. Und schließlich

---

1860 BGH NJW 2025, 1656.
1861 EuGH NJW 2025, 3137 Rn. 56; EuGH NZA 2024, 320; EuGH NJW 2024, 1091 sowie EuGH NZA 2024, 56; EuGH GRUR-RS 2023, 8971.
1862 EuGH NJW 2025, 3137 Rn. 60.
1863 BGH NJW 2025, 298, BGH NJW 2025, 1060 und BGH NJW 2025, 1656.
1864 EuGH NJW 2025, 3137.
1865 BGH NJW 2025, 298 mAnm Paal NJW 2025, 261 ebenso wie nachfolgend BGH NJW 2025, 1060.
1866 Vgl. Bendes EuDIR 2025, 165; Wellmann ZD 2025, 216; Schürgers NZA 2025, 216; Kremer/Laue EuDIR 2025, 27 und Hermes GRUR-Prax 2025, 291; Paal NJW 2025, 261.
1867 Bendes EuDIR 2025, 165.
1868 EuGH NJW 2024, 1561, Rn. 40; EuGH 25.1.2024 – C-687/21, NZA 2024, 320, Rn. 67.
1869 Wellmann ZD 2025, 331 ebenso Kremer/Laue EuDIR 2025, 27.
1870 Ante GWR 2025, 399.
1871 Paal NJW 2025, 261.
1872 Vgl. Erwägungsgrund 85 der Verordnung (EU) 2018/1725; vgl. dazu auch EuGH Urt. v. 19.3.2026 – C-526/24 Rn. 61.
1873 BSG BeckRS 2024, 33319 Rn. 30.
1874 Vgl. Erwägungsgrund 75 der Verordnung (EU) 2018/1725.

darf mit Spannung beobachtet werden, ob die Instanzgerichte dem BGH folgen,[1875] oder eine unionsrechtskonforme Auslegung erzwingen, indem sie sich nicht dem BGH, sondern dem EuGH anschließen bzw. über erneute Vorlagen dem EuGH die Gelegenheit zu einer erneuten Klarstellung über die Zulässigkeit der vom BGH aufgestellten Gleichung (Kontrollverlust = immaterieller Schaden) verschaffen.

Ungeachtet dieser Differenzen wurde inzwischen vom EuGH und vom BGH klargestellt, dass ein sich aus der Verletzung der unionsrechtlichen Bestimmungen zum Datenschutz ergebender Anspruch aus Art. 82 I DS-GVO Schadensersatzforderungen wegen Verstoßes gegen nationale Vorschriften nicht ausschließt; darauf hatte 2025 der BGH[1876] hingewiesen und betont: „*Ein Anspruch auf Ersatz materiellen oder immateriellen Schadens kann sich auch im Falle der uneingeschränkten Geltung der DS-GVO unter dem Gesichtspunkt der Verletzung des allgemeinen Persönlichkeitsrechts gegebenenfalls zusätzlich aus § 823 I BGB in Verbindung mit Art. 1 I, 2 I GG ergeben.*“[1877] **Art. 82 DS-GVO** ist dabei jedoch **grundsätzlich das schärfere Schwert,** weil er – anders als bei der Verletzung des allgemeinen Persönlichkeitsrechts – keine "Schwere"[1878] der Verletzung verlangt. Wenn jedoch die DS-GVO (zB wegen des Medienprivilegs vgl. dazu unter → **Rn. 167** und → **Rn. 245e**) nicht anwendbar ist, bleibt oft nur der Rückgriff auf das allgemeine Persönlichkeitsrecht.[1879]

Klargestellt wurde auch, dass das Vorliegen eines ersatzfähigen Schadens durch die nationalen Gerichte ausdrücklich festgestellt werden muss. „*Wie sich aus dem Wortlaut dieser Bestimmung ergibt, reicht der bloße Verstoß gegen die DS-GVO nicht aus, um einen Schadensersatzanspruch zu begründen. Das Vorliegen eines* Schadens *stellt nämlich eine der Voraussetzungen für den in Art. 82 I vorgesehenen Schadensersatzanspruch dar, ebenso wie das Vorliegen eines Verstoßes gegen die DS-GVO und eines Kausalzusammenhangs zwischen dem Schaden und dem Verstoß, wobei diese drei Voraussetzungen kumulativ sind*“, so der EuGH.[1880] Das heißt, dass im Rahmen des haftungsbegründenden Tatbestands des Art. 82 Abs. 2, Abs. 1 DS-GVO zunächst zwischen einem haftungsrelevanten Datenschutzverstoß einerseits und einem – materiellen oder immateriellen – Schaden andererseits zu differenzieren ist. Beide sind nicht deckungsgleich, sondern selbständige Voraussetzungen im Rahmen des Art. 82 DS-GVO, die kumulativ vorliegen müssen.[1881]

- Klarheit schufen der EuGH[1882] und BGH mit den oben benannten Entscheidungen[1883] auch in Bezug auf die **Grundvoraussetzungen** des Anspruchs auf immateriellen Schadensersatz gemäß Art. 82 DS-GVO, indem sie ausführten,[1884]
  - dass dieser Anspruch einen **Verstoß gegen die DS-GVO,** einen **Schaden,** insbesondere immaterieller Art, (zum Schadensverständnis der DS-GVO verweist das BSG[1885] auf Erwägungsgrund 75 bzw. 85 S. 1) sowie die diesbezügliche **Kausalität zwischen Verstoß und Schaden** und das Vorliegen eines dem Verantwortlichen anzulastenden Verschuldens voraussetzt, wobei Letzteres vermutet wird, sofern der Verantwortliche nicht nachweist, dass die Handlung, die den Schaden verursacht hat, ihm nicht zurechenbar ist.
  - dass der **bloße Verstoß** gegen die Vorgaben der DS-GVO per se **keinen immateriellen Schaden** der hiervon betroffenen Personen begründet.[1886] Vielmehr muss der Betroffene einen über den Verstoß hinausgehenden Nachteil darlegen.[1887] Allerdings, so der EuGH,[1888] müsse diese entsprechende Beeinträchtigung nicht erheblich sein, um zu einem Erstattungsanspruch zu führen. Art. 82 DS-GVO sieht aus Sicht des EuGH keine sogenannte Bagatellschwelle vor.[1889] Diese Rechtsprechung entlastet den jeweiligen Kläger aber nicht von dem Nachweis, dass er einen konkreten, kausal durch den Datenschutzverstoß verursachten Schaden erlitten hat.[1890]
  - dass der – selbst kurzzeitige – **Kontrollverlust**[1891] (vgl. dazu auch nachfolgend → **Rn. 244c und** → **Rn. 246**) über personenbezogene Daten einen „immateriellen Schaden“ iSv Art. 82 I DS-GVO

[1875] Vgl. dazu beispielsweise OLG Dresden BeckRS 2026, 1138 → Nr. 7875; OLG Stuttgart GRUR-RS 2026, 8590 → Nr. 7918 und OLG Stuttgart GRUR-RS 2026, 8589,→ Nr. 7919; OLG Schleswig GRUR-RS 2025, 8880 Rn. 112; LG Lübeck ZD 2026, 171 → Nr. 7914; aA LG Stuttgart GRUR-RS 2025, 6260.
[1876] BGH NJW 2025, 3219.
[1877] BGH NJW 2025, 3219 Rn. 36.
[1878] StRspr des BGH, vgl. BGH BeckRS 1985, 4145; BGH BeckRS 2015, 16604; vgl. auch LG Lübeck GRUR-RS 2025, 34495 Rn. 193 – 194.
[1879] Vgl. dazu auch BGH BeckRS 2026, 4799 Rn. 14–18.
[1880] EuGH NJW 2025, 3137 Rn. 56; EuGH NZA 2024, 320.
[1881] EuGH GRUR-RS 2023, 8972 Rn. 29–42 sowie – hierauf verweisend – LG München BeckRS 2024, 5479.
[1882] Vgl. jüngst EuGH GRUR-RS 2026, 4080 mAnm Fuhlrott/Moskalew NZA-RR 2026, 281.
[1883] EuGH NJW 2025, 3137 und BGH NJW 2025, 298, BGH NJW 2025, 1060 und BGH NJW 2025, 1656.
[1884] Hervorhebungen in den nachfolgenden Zitaten erfolgten durch den Autor.
[1885] BSG BeckRS 33319 Rn. 31.
[1886] EuGH NJW 2025, 3137 Rn. 56; EuGH ZD 2024, 519; BGH NJW 2025, 298; LG Stuttgart GRUR-RS 2025, 6260.
[1887] EuGH NJW 2025, 3137 Rn. 56.
[1888] EuGH GRUR-RS 2023, 897 sowie auch NZA 2023, 621 mAnm Fuhlrott/Fischer NZA 2023, 606; ebenso EuGH NJW 2024, 1561, NZA 2024, 607 Rn. 37.
[1889] EuGH NJW 2023, 1930; NZA 2023, 621.
[1890] EuGH NJW 2024, 1091; Brahms EuZW 2024, 278 (283).
[1891] Vgl. dazu Mörsdorf/Momtazi NJW 2024, 1074 Rn. 15.

darstellen kann und zwar selbst dann, *„wenn konkret keine missbräuchliche Verwendung der betreffenden Daten erfolgt sein sollte"*, jedoch stets **nur unter der vom EuGH mehrfach explizit geäußerten Voraussetzung eines nachweislichen Schadens.**[1892] Dies bedeutet nach der Rechtsprechung des EuGH somit,

- dass der Kontrollverlust nur dann zu einem immateriellen Schadensersatz gemäß Art. 82 Abs. 1 DS-GVO führt, wenn *„die betroffene Person nachweist, dass sie tatsächlich einen solchen Schaden – so geringfügig er auch sein mag – erlitten hat, ohne dass dieser Begriff des „immateriellen Schadens" den Nachweis zusätzlicher spürbarer negativer Folgen erfordert"*.[1893] **Wichtiger Hinweis hierzu:** In diesem Punkt besteht derzeit jedoch die oben bereits erwähnte **Diskrepanz zwischen EuGH und BGH.** Denn der BGH und ihm (bislang) folgend die Instanzgerichte,[1894] sehen bereits den Kontrollverlust per se als Schaden an.

  dass – sofern sich die klägerische Partei hinsichtlich ihres Begehrens einer immateriellen Entschädigung auf den Kontrollverlust über ihre personenbezogenen Daten und die daraus resultierenden Unannehmlichkeiten beruft – sie einen solchen Kontrollverlust nachzuweisen bzw. darzulegen hat. Der **Kläger muss für einen Kontrollverlust somit zweierlei Dinge beweisen:**
  1. Den Beweis erbringen, dass er **vor dem Pflichtverstoß noch die Kontrolle über seine Daten besaß.**[1895] (vgl. dazu auch → **Rn. 246**)
  2. Muss er nachweisen, dass seine personenbezogenen Daten durch einen **Pflichtverstoß des Verarbeiters an unbefugte Dritte gelangt sind bzw. Dritten „zugänglich gemacht" wurden,** dh an Dritte, die die personenbezogenen Daten nicht auf Grundlage einer gesetzlichen Vorschrift rechtmäßig verarbeiten oder aufbewahren dürfen.[1896]
- dass aber auch dann, **wenn ein Kontrollverlust nicht nachgewiesen werden** kann, die **begründete Befürchtung** einer Person ausreicht, dass ihre personenbezogenen Daten aufgrund eines Verstoßes gegen die Verordnung von Dritten missbräuchlich verwendet werden könnten, um einen Schadensersatzanspruch zu begründen.[1897] Die Befürchtung – samt ihrer negativen Folgen – muss dabei ordnungsgemäß nachgewiesen sein.[1898] Das bedeutet, dass die Gerichte in solchen Fällen stets prüfen müssen, ob die klägerischerseits behauptete **Befürchtung** im Einzelfall begründet ist, wobei der Kläger hierzu **individuell-konkret** vortragen muss, welche negativen Folgen er – über den bloßen Kontrollverlust hinaus – tatsächlich erlitten hat;[1899] (vgl. dazu auch nachfolgend → **Rn. 246 und** → **Rn. 247**).
- dass die bloße Behauptung einer Befürchtung oder **negative Gefühle** ***„gänzlich theoretischer Natur"*** einen immateriellen Schadensersatzanspruch gemäß Art. 82 DS-GVO nicht begründen können.[1900] Vgl. dazu jedoch nachfolgend → **Rn. 244c.** Ebenso kann auch das ***„rein hypothetische Risiko"*** – beispielsweise der missbräuchlichen Verwendung durch einen unbefugten Dritten – nicht zu einer Entschädigung führen.[1901] Vgl. dazu jedoch nachfolgend → **Rn. 246b.**
- dass ein rein **„hypothetisches Risiko"** eines Datenmissbrauchs bzw. dass Dritte offengelegte Daten missbräuchlich nutzen könnten, per se **keinen ersatzfähigen immateriellen Schaden** begründen könne.[1902] Dies gelte jedenfalls dann, wenn es keine konkreten Anhaltspunkte gibt, die auf einen Missbrauch der offengelegten Daten hindeuten und ebenso dann, wenn *„kein Dritter die fraglichen personenbezogenen Daten zur Kenntnis genommen hat."* Auch in einer solchen Konstellation müsse der Kläger einen konkreten Schaden darlegen und beweisen.[1903]
- dass im Rahmen der *„Festlegung der Höhe des auf Grund des Anspruchs auf Ersatz eines immateriellen Schadens geschuldeten Schadensersatzes davon auszugehen ist, dass ein solcher durch eine* ***Verletzung des Schutzes personenbezogener Daten*** *verursachter Schaden seiner Natur nach* ***nicht weniger schwerwiegend ist als eine Körperverletzung.*** *"*[1904]

[1892] EuGH GRUR-RS 2026, 4080; EuGH NJW 2025, 3137 Rn. 60.
[1893] EuGH NJW 2025, 3137 Rn. 60.
[1894] Vgl. dazu beispielsweise OLG Schleswig GRUR-RS 2025, 8880 Rn. 112 → Nr. 7686; OLG München GRUR-RS 2025, 36459 → Nr. 7780, OLG München GRUR-RS 2025, 36441 → Nr. 7779 sowie OLG München GRUR-RS 2025, 36455 → Nr. 7778 und OLG Frankfurt a. M. → Nr. 7777 sowie ua auch OLG Schleswig GRUR-RS 2025, 8880.
[1895] BGH NJW 2025, 1060; BGH NJW 2025, 298 Rn. 31 mit Hinweis auf EuGH ZD 2024, 519 sowie auch OLG Dresden GRUR-RS 2025, 9386; BGH 18.11.2024 – VI ZR 10/24, GRUR 2024, 1910 – Scraping mAnm Dienst/Stegemann GRUR-Prax 2025, 153, so auch – die BGH-Entscheidung bereits berücksichtigend OLG Hamm GRUR-RS 2024, 33926; OLG Schleswig GRUR-RS 2025, 8880 und OLG SChleswig GRUR-RS 2025, 8882.
[1896] BGH NJW 2025, 1060 Rn. 18.
[1897] EuGH NJW 2024, 2009 und NJW 2024, 1091; vgl. dazu OLG Schleswig GRUR-RS 2025, 8882 Rn. 117.
[1898] EuGH GRUR-Prax 2024, 549 und NJW 2024, 1091.
[1899] BGH NJW 2025, 298 Rn. 32 u. 33; EuGH ZD 2024, 519; EuGH NJW 2024, 1561; vgl. dazu auch Paal NJW 2025, 261 Rn. 9; BGH BeckRS 2023, 40381 vgl. dazu auch OLG Schleswig GRUR-RS 2025, 8880 → Nr. 7686; OLG Hamm GRUR-RS 2024, 16856 → Nr. 7484; OLG München ZD 2024, 530 → Nr. 7677; OLG Hamm GRUR-RS 2023, 22505 → Nr. 7295.
[1900] EuGH NJW 2025, Rn. 154; BGH NJW 2025, 1060 Rn. 19; BGH BeckRS 2023, 40381; BSG BeckRS 2024, 33319 Rn. 30; BAG OLG Saarbrücken GRUR-RS 2024, 10977; OLG Celle GRUR-RS 2024, 6435.
[1901] BAG BeckRS 2025, 6265 → Nr. 7656.
[1902] BGH NJW 2025, 1060 Rn. 19.
[1903] EuGH NZA 2024, 320 mAnm Sura NZA-RR 2024, 280; vgl. jedoch OLG Stuttgart GRUR-RS 2023, 32883 → Nr. 7294.
[1904] EuGH NJW 2025, 2599 Rn. 39.

- dass Art. 82 DS-GVO nicht verlangt, *„dass die **Schwere des Verschuldens** des Verantwortlichen bei der Bemessung der Höhe des als Entschädigung für einen immateriellen Schaden auf der Grundlage dieser Bestimmung gewährten Schadensersatzes berücksichtigt wird“*,[1905]
- der Umstand, dass der Verantwortliche **mehrere Verstöße gegenüber derselben betroffenen Person** begangen hat, nicht als ein relevantes Kriterium für die Bemessung des Schadensersatzes gemäß Art. 82 DS-GVO herangezogen werden kann.[1906]
- dass die **Schwere des Verstoßes** gegen diese Verordnung, durch den dem Betroffenen materieller oder immaterieller Schaden entstanden ist, sich nicht auf die Höhe des auf der Grundlage dieser Bestimmung gewährten Schadensersatzes auswirken kann, weil der Schadensersatzanspruch nach Art. 82 I DS-GVO keine abschreckende oder gar Straffunktion erfüllt[1907] sondern,
- dass Art. 82 DS-GVO **ausschließlich** eine **Ausgleichsfunktion** erfüllt und *„in Anbetracht der Ausgleichsfunktion des darin verankerten Schadensersatzanspruchs nicht verlangt, dass die Schwere des Verstoßes gegen die Verordnung, den der für die Verarbeitung Verantwortliche begangen haben soll, bei der Bemessung des Betrags des zum Ausgleich eines immateriellen Schadens auf der Grundlage dieser Bestimmung gewährten Schadensersatzes berücksichtigt wird; er verlangt vielmehr, den Betrag so festzulegen, dass er den konkret aufgrund des Verstoßes gegen die DS-GVO erlittenen Schaden vollständig ausgleicht“.*[1908] und somit der oftmals, insbesondere von den Arbeitsgerichten erhobenen Behauptung, dass dem Schadensersatzanspruch nach Art. 82 DS-GVO eine abschreckende Wirkung oder gar Straffunktion zukomme, eine klare Absage erteilt wurde.[1909]

• Im Zusammenhang mit rechtsmissbräuchlichem Auskunftsverlangen bei Verfolgen sachfremder Zwecke in Fällen von **„DS-GVO-Hopping“**, dh durch Bewerber (sog. DS-GVO-Hopper) geltend gemachte Auskunftsansprüche, die nur dem Zweck dienen, die Voraussetzungen für die spätere Forderung von Schadensersatzansprüchen gem. Art. 82 DS-GVO unter Berufung auf die Leerformel „Kontrollverlust“ zu schaffen, hat der **EuGH (C-526/24)** klargestellt, dass *„Art. 82 Abs. 1 der Verordnung 2016/679 ...dahin auszulegen [ist], dass der immaterielle Schaden der betroffenen Person den Verlust der Kontrolle über ihre personenbezogenen Daten oder ihre Ungewissheit darüber umfasst, ob ihre Daten verarbeitet wurden, sofern insbesondere nachgewiesen wird, dass dieser Person tatsächlich ein solcher Schaden entstanden ist und dass ihr Verhalten nicht die entscheidende Ursache für diesen Schaden war.“*[1910] **Zum AGG-Hopping** vgl. unter → Rn. 245d, → Rn. 246b, → Rn. 485b sowie insbesondere → Rn. 257e und f.

• Klargestellt wurde inzwischen auch, dass die nationalen Gerichte bei der *„Bemessung die **innerstaatlichen Vorschriften** ... über den Umfang der finanziellen Entschädigung anzuwenden [haben], sofern die unionsrechtlichen Grundsätze der Äquivalenz und der Effektivität beachtet werden“*[1911] und somit der Schadenersatz vollständig und wirksam sein müsse, jedoch zu beachten ist,
- dass der immaterielle Schadensersatz nicht in einer **Höhe** bemessen werden darf, die über den vollständigen Ersatz des erlittenen Schadens hinausgeht.[1912]
- dass die in **Art. 83 DS-GVO** genannten Kriterien für die Bestimmung der Beträge der Geldbußen **nicht zur Bemessung des Schadenersatzbetrags** nach Art. 82 der DS-GVO herangezogen werden können.[1913]

• Geklärt wurden schließlich auch wichtige **Fragen zur Beweislast:**[1914] Der EuGH[1915] hat dazu festgestellt,
- dass der Kläger das Vorliegen eines **Datenschutzverstoß**es durch das beklagte Unternehmen darlegen muss.[1916] Der Kläger hat insofern substanziiert darzulegen und zu beweisen, dass die Beklagte gegen die ihr obliegenden datenschutzrechtlichen Pflichten (zB gem. Art. 32 DS-GVO) verstoßen hat. Erst bei Vorliegen entsprechender Anhaltspunkte muss die Beklagte die Angemessenheit der von ihr umgesetzten technisch und organisatorischen Maßnahmen (kurz: TOM) darlegen.[1917]
- dass der Kläger zudem auch die Kausalität insofern nachweisen muss und somit, dass ihm **durch den Verstoß** ein **materieller oder immaterieller Schaden** entstanden ist.[1918] Der Kläger hat demnach konkrete und substanziierte Anhaltspunkte vorzutragen, welche die Annahme eines durch den Datenschutzverstoß verursachten immateriellen Schadens stützen. Die Darlegungslast für den Eintritt des konkreten immateriellen Schadens liegt beim Betroffenen und kann bei behaupteten persönlichen/

[1905] EuGH NJW 2024, 2599; EuGH NJW 2025, 40 Rn. 154; EuGH NJW 2024, 2009, NZA 2024, 320.
[1906] EuGH NJW 2024, 1561; OLG Jena GRUR-RS 2025, 10700 → Nr. 7817.
[1907] EuGH NJW 2024, 1561 Rn. 60.
[1908] EuGH NJW 2024, 2599 mAnm Bär; EuGH NZA 2024, 320.
[1909] EuGH NJW 2025, 40 Rn. NJW 2024, 2599 Rn. 23; NJW 2024, 1561 Rn. 60; EuGH NZA 2024, 320; so nun auch der BGH NJW 2025, 298 Rn. 25 und Rn. 96.
[1910] EuGH GRUR-RS 2026, 4080 mAnm Fuhlrott/Moskalew NZA-RR 2026, 281.
[1911] EuGH NJW 2025, 141; EuGH NZA 2024, 320.
[1912] EuGH NJW 2024, 1561.
[1913] EuGH NJW 2024, 1561.
[1914] OGH BeckRS 2019, 36677; Messner Anm. zu OGH BeckRS 2019, 36677; vgl. auch Tribess GWR 2020, 140; ebenso Fuhlrott NJW 2023, 1108 (1109).
[1915] EuGH NJW 2024, 1091 und EuGH NZA 2024, 320.
[1916] EuGH NJW 2025, 1060; EuGH NJW 2023, 1930; BGH NJW 2025, 1060 → Nr. 7813.
[1917] Vgl. dazu Brahms EuZW 2024, 278 (283, 284).
[1918] BGH NJW 2025, 1060 Rn. 12.

psychologischen Beeinträchtigungen nur durch die Darlegung konkret-individueller – und nicht wie in einer Vielzahl von Fällen gleichartiger –, dem Beweis zugänglicher Indizien erfüllt werden.[1919] Der Beweis ist nach dem Maßstab des § 286 ZPO zu führen.[1920] Als Regelbeispiele, die einen materiellen oder immateriellen Schaden begründen können, werden im **Erwägungsgrund 75 und 85 S. 1 der DS-GVO** ua solche Fälle benannt, bei denen die Datenverarbeitung zu einer Diskriminierung, einem **Identitätsdiebstahl oder Identitätsbetrug** (s. dazu nachfolgend → **Rn. 246**), einem finanziellen Verlust, einer Rufschädigung, einem Verlust der Vertraulichkeit von dem Berufsgeheimnis unterliegenden personenbezogenen Daten, der unbefugten Aufhebung der Pseudonymisierung oder anderen erheblichen wirtschaftlichen oder gesellschaftlichen Nachteilen führen können, wenn die betroffenen Personen um ihre Rechte und Freiheiten gebracht oder daran gehindert werden, die sie betreffenden personenbezogenen Daten zu kontrollieren.[1921]
- dass der bloße Umstand, dass ein Mitarbeiter des Verantwortlichen versehentlich personenbezogene Daten gegenüber einem Dritten offengelegt habe, nicht per se auf einen Datenschutzverstoß des Verantwortlichen schließen und es auch in einem solchen Fall dem jeweiligen Kläger obliege, einen Datenschutzverstoß darzulegen und zu beweisen.[1922]
- dass der bloße Umstand der Offenlegung von Daten durch Dritte und das damit verbundene „hypothetische Risiko" einer missbräuchlichen Datennutzung nicht per se auf einen Datenschutzverstoß des Verantwortlichen schließen lassen und es auch in einem solchen Fall dem jeweiligen Kläger obliege, einen Datenschutzverstoß darzulegen und zu beweisen.[1923]
- dass stets das beklagte Unternehmen bzw. der Verantwortliche – und nicht der Kläger – nach einem Datenschutzverstoß infolge eines Datenverlustes, Datendiebstahls oder Daten-Scrapings[1924] zu beweisen hat, dass die von ihm umgesetzten technischen und organisatorischen Maßnahmen (kurz: TOM) zur Datensicherheit angemessen waren.[1925]
- und dass es Sache des Verantwortlichen ist, nachzuweisen, dass die Handlung, die den Schaden verursacht hat, ihm nicht zurechenbar ist;[1926] andernfalls wird von seinem Verschulden ausgegangen.

Ebenfalls klargestellt hatte der EuGH bereits mit seiner Entscheidung vom 11.4.2024 **(Juris GmbH)**[1927] auch, dass dem für die Sicherheit der Verarbeitung personenbezogener Daten Verantwortlichen bei einer Verletzung des Schutzes personenbezogener Daten durch eine ihm unterstellte Person die **Befreiung gemäß Art. 82 Abs. 3 DS-GVO** nur zugutekommt, wenn er nachweist, dass es keinen Kausalzusammenhang zwischen der etwaigen Verletzung der ihm gemäß den Art. 5, 24 und 32 dieser Verordnung obliegenden Verpflichtung zum Datenschutz und dem der betroffenen Person entstandenen Schaden gibt.[1928] Kläger in diesem Ausgangsverfahren war ein Rechtsanwalt und Kunde bei Juris, einem Unternehmen, dass eine juristische Datenbank betreibt. Aufgrund der Verwendung seiner personenbezogenen Daten für Zwecke der Direktwerbung kam es zum Rechtsstreit darüber. Die Beklagte (Juris) verwies insofern auf Art. 82 Abs. 3 DS-GVO und erklärte, der Verstoß sei darauf zurückzuführen, dass einer ihrer Mitarbeiter sich weisungswidrig verhalten habe. Diesen Einwand ließ der EuGH jedoch nicht gelten und verwies darauf, dass Art. 82 DS-GVO so auszulegen sei, dass es für eine Befreiung des Verantwortlichen von seiner Haftung nicht ausreicht, dass er geltend macht, der in Rede stehende Schaden sei durch ein Fehlverhalten einer ihm iSv Art. 29 DS-GVO unterstellten Person verursacht worden.[1929]

Durch die oben benannten Entscheidungen des EuGH und insbesondere durch die Leitentscheidung des BGH vom 18.11.2024[1930] wird es – worauf Brahms[1931] zutreffend hinweist – für auf Datenschutzvorfälle spezialisierte Kanzleien und Datenschutzorganisationen, deren Geschäftsmodell oft auf standardisiertem Sachvortrag basiert, künftig schwieriger werden, für ihre Mandanten oder ihre Klientel Schadensersatzansprüche erfolgreich durchzusetzen.[1932] Dadurch werden automatisierte Massenklagen (vgl. zu den Fällen bzgl. Mastercard und Facebook, s. unter → **Rn. 246**), die erfahrungsgemäß kaum auf Besonderheiten des Einzelfalls abstellen, erschwert. Im Umkehrschluss wird es für Unternehmen leichter, sich gegen Schadensersatzansprü-

1919 OLG Dresden GRUR-RS 2025, 9386; OLG Schleswig GRUR-RS 2025, 8880 und GRUR-RS 2025, 8882; OLG Hamm GRUR-RS 2024, 33926; ebenso bereits OLG Hamm NJW 2024, 92 mit Verweis auf EuGH BeckRS 2017, 102499 und BGH NJW 2022, 1457.
1920 OLG Hamm NJW 2024, 92 mit Verweis auf EuGH NZA 2023, 606, NJW 2023, 1930.
1921 BSG BeckRS 33319 Rn. 31.
1922 EuGH NZA 2023, 621 und NZA 2024, 320.
1923 EuGH NZA 2023, 621 und NZA 2024, 320.
1924 S. dazu nachfolgend unter → Rn. 246 und insbesondere auch OLG Hamm NJW 2024, 92.
1925 EuGH NJW 2023, 1930, NZA 2023, 621.
1926 EuGH NZA 2024, 320.
1927 EuGH NJW 2024, 1561 Rn. 51.
1928 EuGH NJW 2024, 1561 Rn. 51, ebenso EuGH NJW 2025, 40 Rn. 165.
1929 So Benkert NJW-Spezial 2024, 307; ebenso Sura NZA-RR 2024, 280.
1930 BGH NJW 2025, 298.
1931 Vgl. dazu Brahms EuZW 2024, 278 (283, 284).
1932 Vgl. dazu Paal NJW 2025, 261 Rn. 20; aber auch Brahms EuZW 2024, 278 (283 u. 284).

che nach Art. 82 DS-GVO mit Erfolg zu behaupten. Auch werden nun die Instanzgerichte nicht in jedem Falle – insbesondere bei vermeintlichen oder tatsächlichen Verstößen gegen die nachfolgend noch näher unter → **Rn. 246b** behandelten Informations- und Auskunftspflicht – einen auf Schmerzensgeld gerichteten Anspruch zuerkennen, sondern stets sehr sorgfältig prüfen, ob die oben benannten Grundvoraussetzungen im Einzelfall vorliegen und insofern überhaupt ein Schaden vorliegt bzw. „erlitten"[1933] wurde und dieser kausal durch den Datenschutzverstoß, sofern ein solcher vorliegt, begründet wurde. Im Falle einer nicht nur entfernt liegenden, sondern „evidenten Möglichkeit" sah dies das OLG Stuttgart GRUR-RS 2023, 32883 → Nr. 7294 anders.

Nicht vollständig geklärt ist – trotz der oben benannten Entscheidungen des EuGH,[1934] BGH[1935] und BAG[1936] aufgrund der im Detail nicht harmonisierenden Ausführungen – die Frage, unter welchen Voraussetzungen bloße negative Gefühle wie zB Ängste oder Sorgen sowie Ärger, Unmut, oder Unzufriedenheit einen immateriellen Schadensersatzanspruch gemäß Art. 82 DS-GVO begründen können. Dazu führt Paal in seiner Anmerkung zur Leitentscheidung des BGH[1937] an: **244c**

„Diese Ausführungen des EuGH interpretiert der BGH nunmehr dahingehend, dass auch im bloßen Kontrollverlust selbst ein Schaden liegen kann, ohne dass es weiterer Befürchtungen oder Ängste seitens der betroffenen Person bedarf. Zwar stellt der BGH zutreffend fest, dass es grundsätzlich der betroffenen Person obliegt, den Nachweis für den erlittenen Schaden zu erbringen; insoweit sind Darlegung und Nachweis erforderlich, dass der Kläger von dem Vorfall betroffen war, in welchem Maße und welche Folgen das für ihn hatte. Insbesondere dürfte Klägern nach den BGH-Kriterien auch der Nachweis obliegen, vor dem Scraping-Sachverhalt die Kontrolle über die streitgegenständlichen Daten gehabt zu haben. Leider verwischt der BGH insoweit die erforderliche klare Trennung zwischen dem Schaden selbst und den einen Schaden verursachenden Umständen. Richtigerweise wird gerade nicht anzunehmen sein, dass der EuGH mit seinen Ausführungen den bloßen Kontrollverlust über personenbezogene Daten selbst als Schaden ausreichen lassen wollte. Vielmehr dürfte der Gerichtshof in Fortführung seiner bisherigen Rechtsprechung klargestellt haben wollen, dass eben dieser Kontrollverlust als ein (bloßes) Risiko ausreichen kann, um einen gesondert festzustellenden Schaden zu verursachen. Der Gerichtshof hat zudem auch nicht angedeutet, dass er sein jüngstes Urteil als Änderung seiner bisherigen Rechtsprechung betrachtet. Mit anderen Worten ist ein Kontrollverlust – dem EuGH zufolge – weder mit einem Schaden gleichzusetzen noch stellt ein Kontrollverlust stets einen tatsächlich erlittenen Schaden dar. Vielmehr muss ein solcher Schaden dargelegt und zur Überzeugung des Instanzgerichts nachgewiesen werden."[1938]

Art und Umfang des immateriellen Schadens: **245**

Dass der immaterielle Schaden in Geld ausgeglichen wird, sofern alle hierfür oben benannten Voraussetzungen vorliegen, ist bekannt. Dass auch eine **Entschuldigung** den Ersatz eines immateriellen Schadens auf der Grundlage dieser Bestimmung darstellen kann, ist dagegen neu, wurde jedoch 2024 vom EuGH in der Sache C-507/23 entschieden (s. hierzu nachfolgend unter → **Rn. 245b**).

Leitlinien des BGH zur Bemessung der Höhe des immateriellen Schadenersatzes: **245a**

Zur Höhe eines immateriellen Schadensersatzanspruchs nach Art. 82 DS-GVO, der in einigen Fällen selbst für geringe Verstöße teilweise mittlere vierstellige Beträge[1939] erreicht hatte, äußerten sich inzwischen ebenfalls der EuGH mehrfach sowie nun auch der BGH[1940] in seinem Grundsatzurteil bzw. seiner Leitentscheidung:

Zunächst stellte der EuGH klar, *„dass im Rahmen der Festsetzung der Höhe des aufgrund des Anspruchs auf Ersatz eines immateriellen Schadens geschuldeten Schadenersatzes ein solcher Schaden, der durch eine Verletzung personenbezogener Daten verursacht wurde, seiner Natur nach nicht weniger schwerwiegend ist als eine Körperverletzung".*[1941] Eine nähere Begründung hierfür lieferte der EuGH jedoch nicht, sodass sich – über den Hinweis des EuGH auf die unionsrechtlichen Äquivalenz- und Effektivitätsgrundsatz als Rahmenbegrenzung –[1942] hieraus für die

[1933] OLG Celle BeckRS 2022, 40938; LG Bielefeld GRUR-RS 2023, 3855.
[1934] EuGH ZD 2024, 519.
[1935] BGH NJW 2025, 298.
[1936] BAG BeckRS 2024, 29324.
[1937] BGH NJW 2025, 298.
[1938] Paal NJW 2025, 261 Rn. 9 zu BGH NJW 2025, 298.
[1939] Vgl. LG Hannover BeckRS 2022, 2763; OLG Dresden BeckRS 2021, 39660; LG Lüneburg BeckRS 2020, 36932; AG Pforzheim BeckRS 2022, 4335; AG Pforzheim BeckRS 2020, 27380; LAG Hamm BeckRS 2021, 21866; ArbG Münster BeckRS 2021, 13039; ArbG Düsseldorf BeckRS 2020, 11910; ArbG Neumünster BeckRS 2020, 29998 sowie weitere Entscheidungen im Tabellenteil Kap. C. 10. -a).
[1940] BGH NJW 2025, 298.
[1941] EuGH NJW 2025, 40 Rn. 151 ebenso bereits EuGH NJW 2024, 2599.
[1942] EuGH NJW 2023, 1930 Rn. 53 mAnm Paal NJW 2023, 1914 sowie BGH NJW 2025, 298 Rn. 95.

Bemessung des immateriellen Schadensersatzes nichts herleiten lässt. Dies wäre jedoch auch nicht die Aufgabe des EuGH, der dazu mehrfach betont hatte *„in Ermangelung einschlägiger unionsrechtlicher Vorschriften"* sei es die Aufgabe der Mitgliedstaaten,[1943] insofern einen *„vollständigen und wirksamen Schadensersatz für den erlittenen Schaden"* sicherzustellen.[1944] Zur Kritik an dieser Gleichstellung s. → **Rn. 270a.**

Dem ist nun der **BGH** mit seiner Leitentscheidung nachgekommen und hat bei Verstößen gegen die DS-GVO folgende **Leitlinien zur Bemessung der Höhe des immateriellen Schadenersatzes** festgelegt, die von den Instanzgerichten künftig zu beachten sein werden:[1945]

1. Der immaterielle Schadensersatz gemäß Art. 82 DS-GVO dient nur der Ausgleichsfunktion und kennt keine Genugtuungsfunktion. Folglich darf weder die Schwere des Verstoßes gegen die DS-GVO, durch den der betreffende Schaden entstanden ist, berücksichtigt werden, noch der Umstand, ob ein Verantwortlicher mehrere Verstöße gegenüber derselben Person begangen und ob er vorsätzlich gehandelt hat.[1946]
2. Die Höhe der immateriellen Entschädigung darf einerseits nicht hinter dem vollständigen Ausgleich des Schadens zurückbleiben, sie darf aber andererseits auch nicht in einer Höhe bemessen werden, die über den vollständigen Ersatz des Schadens hinausginge.[1947]
3. Ist der Schaden gering, ist daher auch ein immaterieller Schadensersatz in nur geringer Höhe zuzusprechen.[1948]
4. Die Punkte 1 bis 3 bilden für die Instanzgerichte „Untergrenze als auch Obergrenze" für ihr „Schätzungsermessen" iSd § 287 ZPO.
   - Insofern sind – am Beispiel des Kontrollverlustes infolge von Scraping-Vorfällen (s. dazu nachfolgend → **Rn. 246**) – bei einfachen Schäden, ohne weitere Folgeschäden oder individuell erschwerende Besonderheiten laut BGH 100 EUR angemessen.
   - Ein deutlich geringerer Betrag in „gegebenenfalls nur einstelliger Höhe" wäre mit dem Effektivitätsgrundsatz nicht vereinbar.
   - Sofern ein höheres Schmerzensgeld bzw. korrekter formuliert, ein höherer immaterieller Schadensersatzbetrag als die erwähnten 100 EUR zuerkannt werden, müssen Betroffene hierzu ausreichend und überzeugend Gründe hierfür vortragen, die in der Art und Dauer des Kontrollverlusts, in der etwaigen Sensibilität der konkret betroffenen personenbezogenen Daten oder deren typischerweise zweckgemäßen Verwendung liegen sowie selbstverständlich auch in psychischen Beeinträchtigungen infolge des Kontrollverlustes.

Das OLG Hamm[1949] berücksichtigte wohl als erstes Oberlandesgericht – wiederum ging es um einen Anspruch auf immateriellen Schadensersatz für einen behaupteten Kontrollverlust infolge des Datenlecks bei Facebook – die oben benannten Leitentscheidung des BGH und wies die Klage ab, da die Klägerin weder einen Kontrollverlust noch konkrete negative Folgen wie Befürchtungen oder Spam-SMS und -Anrufe ausreichend darlegen und beweisen konnte. Dazu hatte der Senat die Klägerin persönlich gemäß § 141 ZPO angehört und hat ihre Erklärungen als „Inhalt der Verhandlungen" gemäß § 286 Abs. 1 S. 1 ZPO in seine richterliche Überzeugungsbildung einbezogen. Trotz dieser Feststellung äußerte sich das OLG Hamm sodann zur Bemessung eines möglichen immateriellen Schadensersatzanspruchs und führte dazu aus:

„Sollte an den in Rede stehenden Daten – entgegen der Ansicht des Senats – ein Kontrollverlust eingetreten sein, so stünde zur Überzeugung des Senats fest, dass dieser Kontrollverlust auf Datenschutzverstößen der Beklagten beruhte. Ein angemessener Anspruch auf Ersatz dieses immateriellen Schadens nach Art. 82 Abs. 1 DSGVO beliefe sich unter Abwägung aller Umstände des Einzelfalls auf 100 EUR (vgl. dies abstrakt für einen reinen Kontrollverlust für angemessen haltend BGH Urt. v. 18.11.2024 – VI ZR 10/24, Rn. 100). Dieser Betrag ist zum Ausgleich eines etwaigen Schadens erforderlich, aber auch ausreichend und entspricht der Billigkeit (vgl. § 253 Abs. 2 BGB)."

Abschließend prüfte das OLG Hamm noch die Anspruchsgrundlage auf Ersatz eines immateriellen Schadens aus § 823 Abs. 1 BGB, Art. 2 Abs. 1, Art. 1 Abs. 1 GG wegen der Verletzung des allgemeinen Persönlichkeitsrechts und betonte mit Verweis auf die hierzu vorliegende Rechtsprechung des BGH,[1950] dass diese im vorliegenden Fall jedenfalls mangels Schwere der Verletzung ausscheide.

[1943] EuGH NJW 2023, 1930 Rn. 54.
[1944] EuGH NJW 2023, 1930 Rn. 57; vgl. dazu auch EuGH ZD 2024, 146 Rn. 101.
[1945] Vgl. Stegemann ZD-Aktuell 2024, 04508; Schürgers/Hirschberger NZA 2025, 216 und Thüsing/Zhou ZD 2024, 3.
[1946] BGH NJW 2025, 298 Rn. 96; vgl. auch EuGH NJW 2025, 40 Rn. 154.
[1947] BGH NJW 2025, 298 Rn. 97.
[1948] BGH NJW 2025, 298 Rn. 97.
[1949] OLG Hamm GRUR-RS 2024, 33926; OLG Dresden GRUR-RS 2025, 9386 sowie nun jedoch auch LG Leipzig GRUR-RS 2025, 15264.
[1950] BGH BeckRS 2024, 14074 Rn. 70; BGH NJW 2022, 1751 → Nr. 7189.

Anders dagegen entschied sechs Monate später im April 2025 das **OLG Schleswig**[1951] zum gleichen Ausgangssachverhalt (Datenleck bei Facebook iVm dem Scraping-Vorfall, der 2021 bekannt geworden war). Das OLG Schleswig sprach der klagenden Partei, die insofern 1.000 EUR gefordert hatte, einen immateriellen Schadensersatz von 300 EUR zu. Zur Bemessung dieses Betrages führte das OLG unter Einbeziehung der jüngsten Leitentscheidung des BGH (BGH NJW 2025, 298) aus: *„Es ist zwar ein Kontrollverlust anzunehmen, psychische Beeinträchtigungen, die über die mit dem eingetretenen Kontrollverlust für jedermann unmittelbar zusammenhängenden Unannehmlichkeiten hinausgehen, indes nicht. … Die klägerische Partei ist zur Überzeugung des Senats sensibel, was die Weitergabe ihrer Daten angeht. … Hinzu kommt allerdings, dass die Daten, insbesondere die Mobilfunknummer zur Überzeugung des Senats (§ 287 ZPO) dazu benutzt wurden, die klägerische Partei mit Spam-SMS und ungewollten Anrufen zu Werbe- oder Betrugszwecken zu belästigen."*

Einen höheren Betrag wies das OLG Schleswig jedoch zurück: *„Anhaltspunkte dafür, dass zusätzlich zu dem bloßen Kontrollverlust sonstige Gründe vorliegen könnten, den Schadensersatz in anderer Höhe zuzusprechen, sind weder konkret vorgetragen noch ersichtlich. Soweit die klägerische Partei diesbezüglich anführt, in der Entscheidung des Gerichts der Europäischen Union (EuG) vom 8. Januar 2025 (T-354/22, Rn. 195ff.) sei ein Schadensersatz in Höhe von € 400,00 zugesprochen worden, so betrifft dies einen vom vorliegenden zu unterscheidenden Einzelfall. Dort ging es um einen Verlust der IP-Adresse, die in ein fremdes Land abgeflossen war."*, so das OLG.[1952]

Inzwischen sind eine Reihe weiterer Berufungsentscheidungen hierzu ergangen: So beispielsweise des OLG Köln GRUR-RS 2025, 7148 → Nr. 7814, des OLG Braunschweig GRUR-RS 2025, 13181, → Nr. 7719, des OLG Düsseldorf GRUR-RS 2025, 10935, → Nr. 7815 und GRUR-RS 2025, 13834 → Nr. 7816; OLG Dresden BeckRS 2026, 1138 → Nr. 7875; OLG Stuttgart GRUR-RS 2026, 8590 → Nr. 7918 und OLG Stuttgart GRUR-RS 2026, 8589 → Nr. 7919.

Ersatz eines immateriellen Schadens in Form einer Entschuldigung: **245b**

Insbesondere, wenn es nicht möglich ist, die Lage vor dem Eintritt des Schadens wiederherzustellen, kann – so entschied 2024 der EuGH –[1953] auch eine Entschuldigung einen angemessenen Ersatz eines immateriellen Schadens iSd Art. 82 Abs. 1 DS-GVO darstellen. Vor dem Hintergrund, dass der EuGH bereits 2023 entschieden hatte, dass immaterieller Schadensersatz bei Verstoß gegen DS-GVO keine Bagatellgrenze kennt, war dies ein konsequenter letzter Schritt. Dieser ist jedoch nur in den Fällen möglich, in denen eine Entschuldigung als besondere Form des immateriellen Schadensersatzes geeignet ist, um den der betroffenen Person entstandenen Schaden in vollem Umfang auszugleichen.

Kläger im Ausgangsfall dieser Entscheidung war ein in Lettland sehr bekannter Auto-Journalist, der von der lettischen Verbraucherschutzbehörde PTAC, die ihn – ohne seine Zustimmung – in einem Videofilm imitierte hatte, weshalb er die Unterlassung der Verbreitung und eine öffentliche Entschuldigung sowie eine finanzielle Entschädigung von 2.000 EUR für den immateriellen Schaden gefordert hatte. In erster Instanz erklärte das zuständige Gericht die Handlung der Verbraucherschutzbehörde für rechtswidrig und ordnete eine Entschuldigung sowie eine Entschädigung von 100 EUR an. In der zweiten Instanz bestätigte das zuständige Gericht die Rechtswidrigkeit und die Entschuldigung, lehnte jedoch die immaterielle Entschädigung ab. Der Kläger legte Kassationsbeschwerde ein, da er die Entschuldigung als unzureichend ansah.

Der EuGH entschied: *„Art. 82 I VO (EU) 2016/679 ist dahin auszulegen, dass eine Entschuldigung einen angemessenen Ersatz eines immateriellen Schadens auf der Grundlage dieser Bestimmung darstellen kann, insbesondere, wenn es nicht möglich ist, die Lage vor dem Eintritt des Schadens wiederherzustellen, sofern diese Form des Schadenersatzes geeignet ist, den der betroffenen Person entstandenen Schaden in vollem Umfang auszugleichen."*

Auch wenn grundsätzlich der finanzielle Ausgleich eines immateriellen Schadensersatzes bei Datenschutzverstößen gefordert wird und auf eine Entschuldigung gerichtete Klagen im Zusammenhang mit Datenschutzverstößen dem Autor bislang nicht bekannt waren, eröffnet der EuGH nun diese im Einzelfall durchaus sinnvolle Möglichkeit; sinnvoll deshalb, da eine öffentliche Entschuldigung in einem Fall, wie dem des lettischen Journalisten, dessen Reputation besser wiederherstellt als die Zahlung eines (geringen) Schadensersatzbetrages. Allerdings sollten Beklagte, bevor sie eine Entschuldigung aussprechen, sich dessen bewusst sein, dass dies als Schuldeingeständnis gewertet werden und eine Verteidigung vor Gericht erschweren kann.

Praxishinweis:
Aufgrund der jüngsten Entscheidungen des EuGH sowie der Leitentscheidung des BGH wurde der Stellenwert, den die DS-GVO sowohl für Privatpersonen wie auch Unternehmen bereits zuvor eingenom-

1951 OLG Schleswig GRUR-RS 2025, 8880.
1952 OLG Schleswig GRUR-RS 2025, 8880 Rn. 158.
1953 EuGH NJW 2025, 141 mAnm Schneider ZD 2025, 22 (24).

men hatte, weiter erhöht und zugleich die Darlegungsanforderungen für Befürchtungen über den Datenmissbrauch herabgesetzt.

Unternehmen – auch kleine und mittelständige – müssen daher zur Vermeidung von Schadensersatzansprüchen und darauf abzielende Klagen die Datenschutzvorgaben stets sehr ernst nehmen und sowohl ihre IT als auch ihre Arbeitsorganisation hierauf ausrichten. Ein bewährtes Instrument dabei ist die Implementierung sog. technischer und organisatorischer Maßnahmen (T.O.Ms), wie sie ansatzweise zur Sicherheit der Verarbeitung von Daten in Art. 32 DS-GVO und § 64 BDSG beschrieben werden. Dabei beziehen sich die technischen Maßnahmen auf die Nutzung von IT- und Sicherheitstechnologien und die organisatorischen Maßnahmen auf die Gestaltung von Prozessen, zu denen auch und in besonderem Maße die Schulung von Mitarbeitenden, die Sicherstellung und Kontrolle von Berechtigungen sowie die regelmäßige Überprüfung und Aktualisierung von Datenschutzmaßnahmen zählt.

Selbst wenn **T.O.Ms** einen Datenschutzvorfall nicht verhindern, dient ihre Implementierung und nachweisliche Anwendung als **hilfreiches Schutzschild** gegenüber möglichen Schadensersatzansprüchen, weil damit ggf. der Nachweis geführt werden kann, dass kein Rechtsverstoß iSd DS-GVO vorliegt,[1954] – insbesondere nicht bei der Datenerhebung und Datenverarbeitung zu der nachfolgend ausgeführt wird.

245c Vor dem Hintergrund der großen Anzahl (bis zum 1.7.2025 mehr als 230) der Entscheidungen, die im Tabellenteil unter C. 10. a)–aa) bis C. 10. a)–ll) aufgeführt sind, wird auf den nächsten Seiten die aktuelle Rechtsprechung zu Fragen des immateriellen Schadensersatzes bei Verstößen gegen die DS-GVO in den Bereichen der Datenerhebung, Datenverarbeitung, Datenweiterleitung, des Datenzugriffs, bei Datenlecks sowie Scraping und Identitätsdiebstahl, zur Datenlöschung und Datenauskunft bzw. dem Auskunftsbegehren, Datenschutzverstöße iVm der Schufa ua Auskunfteien sowie zu Datenschutzverstößen durch heimliche Überwachung/Videoaufnahmen näher dargelegt.

245d **aa) Datenerhebung.**[1955] Der Begriff der „Erhebung" personenbezogener Daten wird in der DS-GVO überraschenderweise nicht näher beschrieben, sondern lediglich in Art. 4 Nr. 2 DS-GVO beispielhaft „... *wie das Erheben...* " für die Verarbeitung benannt.

„*Der Schutz natürlicher Personen bei der Verarbeitung personenbezogener Daten ist ein Grundrecht. Gemäß Artikel 8 Absatz 1 der Charta der Grundrechte der Europäischen Union sowie Artikel 16 Absatz 1 des Vertrags über die Arbeitsweise der Europäischen Union (AEUV) hat jede Person das Recht auf Schutz der sie betreffenden personenbezogenen Daten*", so lautet der erste der insgesamt 173 Erwägungsgründe zur DS-GVO mit der diese Verordnung begründet, erläutert und in ihrer Auslegung unterstützt wird. Auch wenn die Datenerhebung als solche nur an wenigen Stellen – wie beispielsweise in Art. 4 Nr. 2 oder Art. 13 Abs. 1 S. 1 und Art. 14 Abs. 1 S. 1 – innerhalb der Datenschutzgrundverordung (kurz: DS-GVO) erwähnt und in dieser Verordnung nicht definiert wird, unterliegt selbstverständlich gerade das Erheben personenbezogener Daten sozusagen als Beginn deren Verarbeitung der vollen Geltung der DS-GVO.

Große Bedeutung kommt der Definition des Erhebens von Daten auch hinsichtlich der gemäß Art. 13

DS-GVO bestehenden Informationspflicht „zum Zeitpunkt der Erhebung" ihrer personenbezogenen Daten zu. Die Definition des Begriffs der „Erhebung" ist insofern wichtig, um zu beurteilen, ob und wann die betroffene Person, deren Daten verarbeitet wurden, zu informieren ist.

Das **„Erheben"** von Daten erfordert stets ein – wenn auch nur im weitesten Sinne – **aktives Handeln** des Verantwortlichen. Den erfolgreichen Versuch einer Definition des Begriffs der Datenerhebung iSd DS-GVO und zudem eine **vorbildliche Orientierungshilfe** hierzu liefert der **Bayerische Landesbeauftragte für den Datenschutz** (kurz: BayLDA),[1956] der insofern zutreffend auf die englische Sprachfassung des Art. 13 Abs. 1 DS-GVO verwies:[1957] Dort wird von „*personal data ... collected from the data subject*" und somit vom „sammeln" der Daten und damit von einem aktiven Handeln gesprochen, womit ein nur zufälliger oder gar ungewollter Zugang von Daten noch keine Erhebung iSd DS-GVO darstellt. Hiermit konform hieß es auch bereits in § 3 Abs. 3 BDSG aF: „*Erheben ist das Beschaffen von Daten über den Betroffenen.*"[1958] 2025 hatte der BGH insofern ausgeführt: „*Unter Erheben ist das Beschaffen von Daten (§ 3 Abs. 3 BDSG aF), unter Verarbeiten das Speichern, Verändern, Übermitteln und Löschen personenbezogener Daten zu verstehen (§ 3 Abs. 4 BDSG aF).*"[1959]

[1954] Horn, ZD 2025, 162 (165).
[1955] Entscheidungen hierzu finden Sie auch im Tabellenteil unter C. 10. a) aa).
[1956] Stief Orientierungshilfe des Bayerischen Landesbeauftragten für den Datenschutz unter https://www.datenschutz-bayern.de in der Rubrik „Datenschutzreform 2018".
[1957] Stief Orientierungshilfe des BayLDA Seite 13 Rn. 10 Fn. 12.
[1958] vgl. dazu auch BGH GRUR-RS 2025, 5886.
[1959] BGH GRUR-RS 2025, 5886 Rn. 32.

Beispiele für eine Erhebung sowie Gegenbeispiele, in welchen eine Erhebung (noch) nicht vorliegt, finden sich ebenfalls in der benannten Orientierungshilfe des BayLDA[1960]

Zur **Erhebung sensibler Daten** sei der Beitrag von Kohn/Schleper, Die (zufällige) Erhebung sensibler Daten – Ein Lösungsvorschlag auf Grundlage der ergangenen EuGH-Urteile, empfohlen.[1961]

Die Rechte der betroffenen Personen regeln insofern die Art. 12 und 13 der DS-GVO.

Art. 12 der DS-GVO regelt dabei einleitend die Erfordernisse zur **Transparenz** der Informationen und Kommunikation.

Art. 13 DS-GVO regelt umfassende **Informationspflichten** und verlangt unter anderem bei der Erhebung personenbezogener Daten gegenüber den betroffenen Personen, dass der Verantwortliche zum Zeitpunkt der Erhebung der Daten die Zwecke mitteilt, für die die personenbezogenen Daten verarbeitet werden sollen. Dabei sind alle Zwecke anzugeben, die die verantwortliche Stelle im Zeitpunkt der Erhebung verfolgt, wobei der für die Datenerhebung Verantwortliche die ihm nach Art. 13 DS-GVO gegenüber der betroffenen Person obliegende Informationspflicht bereits vor – ggf. unmittelbar vor – Beginn der Datenerhebung zu erfüllen hat. Dies dient dem Zweck, dass es der betroffenen Person möglich ist, darüber zu entscheiden, ob sie in die Verarbeitung ihrer Daten einwilligt oder ob sie hiergegen Einwände erhebt; dieser Zweck würde bei einer Information nach Beginn der Datenerhebung verfehlt oder zumindest beeinträchtigt.[1962]

Ergänzt werden diese Informationspflichten durch das Recht der Betroffenen auf **Auskunft** nach Art. 15 DS-GVO (vgl. dazu nachfolgend → **Rn. 246b**).[1963]

Ein Verstoß gegen diese Informationspflicht liegt bereits vor, wenn ein Plattformbetreiber einen Nutzer – im konkreten Fall ging es erneut um den Scraping-Vorfall bei Facebook (s. dazu nachfolgend → **Rn. 246**) – nicht hinreichend klar und transparent über die Möglichkeit in Kenntnis setzt, dass andere Nutzer ihn auch bei nicht-öffentlicher Sichtbarkeit der eigenen Telefonnummer mittels sog. Kontaktimport-Tools finden können. Eine implizite oder lediglich mittelbare Information in allgemeinen Hinweisen genügt hierfür nicht. (Rn. 20–23)[1964]

Mit einem Fall unzulässiger Datenerhebung hatte sich 2021 das OLG Dresden zu befassen. Der Kläger, ein Autohändler, hatte bei den Beklagten, einer GmbH und ihrem Geschäftsführer, einen Mitgliedsantrag gestellt. Daraufhin beauftragte diese einen Detektiv, um herauszufinden, ob der Kläger früher in strafbare Handlungen verwickelt gewesen war und lehnte – nachdem sich dieser Verdacht bestätigt hatte – den Mitgliedsantrag ab. Das OLG sprach dem Kläger 5.000 EUR immateriellen Schadensersatz zu und begründete dies damit, dass *„die Datenerhebung von Vorstrafen des Betroffenen … nur unter den Voraussetzungen des Art. 10 DS-GVO zulässig [sei]. Der immaterielle Schadensersatz nach den DS-GVO hat keinen Strafcharakter“*, kann aber, worauf das OLG ausdrücklich hingewiesen hatte, *„auf der Basis des Effektivitätsprinzips eine abschreckende Wirkung haben (vgl. EuGH Urt. v. 17.12.2015 – C 407/14 Rz. 44)“*.[1965] Insofern betonte das OLG zudem, neben der GmbH sei auch der Geschäftsführer als datenschutzrechtlich **Verantwortlicher** iSv Art. 4 Nr. 7 DS-GVO[1966] einzustufen, denn er sei kein weisungsgebundener Angestellter der GmbH.

Ebenfalls um Datenerhebung – diesmal mit der **unzulässigen Erhebung** von **Sozialdaten** im Zusammenhang mit einem familiengerichtlichen Verfahren unter Mitwirkung des Jugendamtes – ging es im Falle des OLG Zweibrücken.[1967] Das OLG sah zwar die Erhebung als unzulässig an, weil es im konkreten Falle nicht um den Schutzauftrag bei Kindeswohlgefährdung ging, wies jedoch die Klage auf Schmerzensgeld wegen Persönlichkeitsrechtsverletzung als unbegründet zurück, da die zwar unzulässige Datenerhebung keine schwere Persönlichkeitsrechtsverletzung dargestellt habe, die jedoch für einen begründeten Schmerzensgeldanspruch erforderlich sei. Die Entscheidung erging jedoch noch vor Einführung der DS-GVO und hätte vor dem oben zu → Rn. 244a Ausgeführten, wohl heute zu einem anderen Ergebnis geführt.

Abgewiesen wurde dagegen die auf Datenschutzverletzung/Persönlichkeitsrechtsverletzung gestützte Klage gegen den Herausgeber einer Internetseite, die sich mit dem Zusammenstellen von Rechtsfällen befasst hatte,

[1960] Stief Orientierungshilfe des BayLDA S. 14 Rn. 14 u. 15.
[1961] Kohn/Schleper ZD 2023, 723; s. dazu aktuell auch BGH GRUR-RS 2025, 5886.
[1962] OLG Dresden GRUR-RS 2025, 9386 Rn. 20.
[1963] Vgl. grundlegend dazu EuGH (C-526/24) GRUR-RS 2026, 4080; BGH NJW 2026, 1226; BGH BeckRS 2021, 16831.
[1964] OLG Dresden GRUR-RS 2025, 9386 Rn. 22.
[1965] OLG Dresden BeckRS 2021, 39660 sowie Hansen GRUR-Prax 2022, 204.
[1966] EuGH 27.2.2025, GRUR-RS 2025, 25624.
[1967] OLG Zweibrücken BeckRS 2013, 03840.

in welchen vor dem Hintergrund des AGG gestritten worden war. In diesem sogenannten **„AGG-Archiv"** wurden Personen, die Rechte aus dem AGG missbraucht (sog. AGG-Hopping) haben sollen, als sogenannte **„AGG-Hopper"**[1968] bezeichnet. Der Beklagte sah sich dadurch, und ebenso vor dem Hintergrund seines Datenschutzes, in seinem Persönlichkeitsrecht verletzt. Bereits wegen der „sehr begrenzten Wirkweite" des Internetportals, der darin fehlenden „Schmähkritik" und – konkret bezogen auf den Vorwurf der Datenschutzverletzung – wegen der fehlenden „erforderlichen Schwere des Eingriffs", wies das OLG Stuttgart[1969] die Klage zurück.

Zum sog. **DS-GVO-Hopping** vgl. Fuhlrott/Moskalew NZA-RR 2026, 281 und oben unter → **Rn. 244b.**

245e **bb) Datenverarbeitung.**[1970] Eine Datenverarbeitung unterliegt der DS-GVO, wenn es sich um eine „ganz oder teilweise automatisierte Verarbeitung personenbezogener Daten [handelt] sowie für die nichtautomatisierte Verarbeitung personenbezogener Daten, die in einem Dateisystem gespeichert sind oder gespeichert werden sollen." (Art. 2 Abs. 1 DS-GVO).

Was eine Verarbeitung im Einzelnen sein kann, ist in Art. 4 Nr. 2 DS-GVO beschrieben. „Verarbeitung" bedeutet demnach *„jeden mit oder ohne Hilfe automatisierter Verfahren ausgeführten Vorgang oder jede solche Vorgangsreihe im Zusammenhang mit personenbezogenen Daten wie das Erheben, das Erfassen, die Organisation, das Ordnen, die Speicherung, die Anpassung oder Veränderung, das Auslesen, das Abfragen, die Verwendung, die Offenlegung durch Übermittlung, Verbreitung oder eine andere Form der Bereitstellung, den Abgleich oder die Verknüpfung, die Einschränkung, das Löschen oder die Vernichtung".*[1971]

Der **Begriff der „Verarbeitung"**, wie er in Art. 4 Nr. 2 DS-GVO mit der Formulierung „jeder Vorgang" definiert wurde, ist **weit zu fassen**[1972] und kennt keine erschöpfende Aufzählung von Vorgängen im Zusammenhang mit personenbezogenen Daten. Vielmehr liegt, worauf ua das OLG Stuttgart 2023[1973] hingewiesen hatte, eine Datenverarbeitung schon dann vor, wenn ein automatisierter Zugriff auf Daten möglich ist. Die DS-GVO verlangt, dass personenbezogene Daten in einer Weise verarbeitet werden, die eine angemessene Sicherheit der personenbezogenen Daten gewährleistet, einschließlich dem Schutz vor unbefugter oder unrechtmäßiger Verarbeitung und vor unbeabsichtigtem Verlust, unbeabsichtigter Zerstörung oder unbeabsichtigter Schädigung durch geeignete technische und organisatorische Maßnahmen („Integrität und Vertraulichkeit"). Art. 32 Abs. 1 DS-GVO konkretisiert dies [s. dazu nachfolgend → **Rn. 246**].

Diese **Grundsätze für die Verarbeitung** personenbezogener Daten definiert Art. 5 I Buchst. a DS-GVO und schreibt vor, dass solche Daten *„auf rechtmäßige Weise, nach Treu und Glauben und in einer für die betroffene Person nachvollziehbaren Weise verarbeitet werden"* müssen, wobei Art. 5 der DS-GVO hinsichtlich der **Transparenz**[1974] mit den Informationspflichten nach Art. 13f DS-GVO korrespondiert.[1975] *„Daten müssen demnach in einer nachvollziehbaren Weise verarbeitet werden. Dies bedeutet, dass die Betroffenen gemäß Art. 13 DS-GVO vorab bei Erhebung ihrer Daten anhand der Pflichtinformationen dieses Artikels über die Datenverarbeitung informiert werden müssen."*[1976]

Zum **Transparenzgebot** verwies das LG Lübeck[1977] 2025 im Rückblick auf die Zeit vor der Geltung der DS-GVO auf das vom Bundesverfassungsgericht zuerkannte **Grundrecht auf informationelle Selbstbestimmung** und dem damit verbundenen Schutz vor intransparenter Verarbeitung oder Nutzung personenbezogener Daten.

Diesen strengen Transparenzmaßstab untermauerte 2025 das **LG Berlin II**[1978] in einem wegweisenden Verfahren gegen die **Google Ireland Ltd.** und stellte klar, dass im Rahmen von Kontoregistrierungen pauschale Einwilligungskonzepte (wie die dort genutzte **„Express-Personalisierung"**) gegen das Transparenzgebot verstoßen, wenn dem Nutzer nicht konkret und nachvollziehbar offengelegt wird, welche der über 70 Einzeldienste des Google-Konzerns seine Daten zu welchem Zweck verarbeiten.

[1968] Zum AGG-Hopping und zur Frage der Strafbarkeit desselben vgl. Krug ArbRAktuell 2023, 93; aktueller Beispielsfall: ArbG Berlin Urt. v. 28.5.2026 – 42 Ca 3438/26 → Nr. 7942.
[1969] OLG Stuttgart BeckRS 2013, 07658.
[1970] Entscheidungen hierzu finden Sie auch im Tabellenteil unter C. 10. a) bb).
[1971] EuGH GRUR-RS 2025, 5983 Rn. 26.
[1972] EuGH GRUR-RS 2025, 5983 Rn. 27.
[1973] OLG Stuttgart GRUR-RS 2023, 32883.
[1974] Vgl. hierzu LG Lübeck GRUR-RS-32563 → Nr. 7783.
[1975] Gola/Klug NJW 2023, 658 Rn. 3.
[1976] Faußner Der datenschutzrechtliche Schadensersatzanspruch nach Art. 82 DS-GVO, 121.
[1977] LG Lübeck GRUR-RS-32563 Rn. 102.
[1978] LG Berlin II Urt. v. 25.3.2025 – 15 O 472/22 GRUR-RS 2025, 9903.

Zudem stellen, so das LG Berlin II, voreingestellte Speicherfristen bei derartigen Verfahren einen **Verstoß gegen das Prinzip der Datenminimierung** iSv Art. 5 Abs. 1 lit. c DS-GVO dar.

Die Berufung gegen diese Entscheidung ist beim KG unter dem Az. 5 U 45/24 anhängig.

Nach Art. 6 Abs. 1 lit. F der DS-GVO ist die Verarbeitung personenbezogener Daten nur rechtmäßig und zulässig, wenn sie zur **Wahrung berechtigter Interessen** des Verantwortlichen oder eines Dritten erforderlich, dh zur Verfolgung dieses Interesses notwendig ist und dies zudem auch nur, solange die Interessen oder Grundrechte der betroffenen Person nicht überwiegen.[1979]

In diesem Zusammenhang ist stets die Erforderlichkeit der Datenverarbeitung zu prüfen; dh ob das berechtigte Interesse an der Verarbeitung der Daten nicht in zumutbarer Weise ebenso wirksam mit anderen Mitteln erreicht werden kann, die weniger stark in die Grundrechte und Grundfreiheiten der betroffenen Personen, insbesondere die durch Art. 7 und 8 der EU-Grundrechte-Charta gewährleisteten, eingreifen.

Hierbei ist auch der **Grundsatz der Datenminimierung iSv Art. 5 Abs. 1 lit. c DS-GVO** zu berücksichtigen.[1980] Der Grundsatz der Datenminimierung bedeutet nicht, dass die Datenverarbeitung auf ein absolutes Minimum beschränkt sein muss,[1981] sondern, dass personenbezogenen Daten dem Zweck ihrer Verarbeitung angemessen und erheblich sowie auf das für die Zwecke der Verarbeitung notwendige Maß beschränkt sein müssen **(„limited to what is necessary").**[1982] Dabei richtet sich die Angemessenheit nach objektiven Maßstäben und erfordert stets, dass die Daten in Bezug auf den Zweck, wegen dem sie verarbeitet wurden, in ihrer Funktion, ihrem Inhalt und ihrem Umfang sachgerecht sind. Dabei richtet sich die Erheblichkeit stets nach ihrer Bedeutung für den jeweiligen Zweck, den der Erfasser damit berechtigterweise verfolgt; dh für den Zweck erheblich sind die personenbezogenen Daten immer (nur) dann, wenn sie für die Erfüllung des Zwecks einen Unterschied bewirken und für den Zweck eine solche Bedeutung haben, dass ohne ihre Erfassung und Verarbeitung der Zweck nicht oder nicht in dem erforderlichen Maß erreichbar wäre.[1983] Mit der Vorgabe der Beschränkung auf das „notwendige Maß" bzw. dem Grundsatz der „Datenminimierung" wird klargestellt, dass die **Datenmenge, die erhoben und verarbeitet wird, immer nur so groß sein darf, wie dies der Zweck erfordert bzw. wie zur Zweckerreichung notwendig ist.**

So ist es beispielsweise für ein Beförderungsunternehmen, wie die Französische Bahn (SNCF) oder die Deutsche Bahn AG im Rahmen ihres Fahrkartenverkaufs nicht angemessen, erforderlich und auch nicht für diesen Zweck notwendig, die Anrededaten (Herr, Frau, etc.) zu erfassen.[1984] (vgl. dazu auch vor dem Hintergrund des Vorwurfs der Diskriminierung → **Rn. 257d**).

Der Grundsatz der Datenminimierung hat dabei auch eine **zeitliche Komponente,** dh dass in zeitlicher Hinsicht der Zeitraum der Datenerhebung als solcher und der Zeitraum, in dem die Möglichkeit besteht, den Betroffenen zu identifizieren, auf das im Hinblick auf den Zweck der beabsichtigten Verarbeitung absolut Notwendige zu beschränken ist (sog. **Speicherbegrenzung**).[1985]

Verstöße gegen den Grundsatz der Datenminimierung stellen eine Persönlichkeitsrechtsverletzung dar, die gemäß Art. 82 DS-GVO auch einen immateriellen Schadensersatz gegenüber dem Betroffenen rechtfertigt (s. dazu OLG München GRUR-RS 2025, 36464 → Nr. 7920 (250 EUR), OLG München GRUR-RS 2025, 36455 → Nr. 7921 (500 EUR) OLG München GRUR-RS 2025, 36459 → Nr. 7779 (750 EUR), GRUR-RS 2025, 36441 → Nr. 7779 (500 EUR) sowie GRUR-RS 2025, 36455 → Nr. 7778 (500 EUR) und OLG Frankfurt a. M. → Nr. 7777 (100 EUR).

Der **Umfang der den Verantwortlichen obliegenden Pflichten** wird in Art. 5 Abs. 1 Buchst. a und Art. 6 Abs. 1 der DS-GVO hervorgehoben und in den Art. 7 bis 11 DS-GVO näher bestimmt. Die Verarbeitung personenbezogener Daten ist nur dann rechtmäßig, wenn sie diese Bestimmungen einhält.[1986]

[1979] BGH NJW 2026, 845 Rn. 13 mAnm Radtke NJW 2026, 805 und Sakowski GRUR-Prax 2026, 96.

[1980] BGH NJW 2026, 845 Rn. 45; BGH NJW 2026, 456 Rn. 41; OLG München GRUR-RS 2025, 36464 → Nr. 7920; OLG München GRUR-RS 2025, 36455 → Nr. 7921; OLG Frankfurt a. M. GRUR-RS 2025, 29066 → Nr. 7922 und auch (kein Verstoß gegen den Grundsatz der Datenminimierung OLG Hamburg GRUR-RS 2025, 3406.

[1981] Faußner Der datenschutzrechtliche Schadensersatzanspruch nach Art. 82 DS-GVO, 123.

[1982] EuGH NZA 2024, 1407 Rn. 49 f., NZA 2023, 1523 OLG Dresden GRUR-RS 2026, 1138 Rn. 66 → Nr. 7875.

[1983] Faußner Der datenschutzrechtliche Schadensersatzanspruch nach Art. 82 DS-GVO, 123; EuGH (C-446/21) NJW 2025, 207 Rn. 52.

[1984] Vgl. EuGH (C-394/23) NJW 2025, 807; EuGH (C-446/21) NJW 2025, 207 sowie dazu bereits BVerfG NJW 2017, 3643.

[1985] EuGH (C-446/21) NJW 2025, 207 Rn. 59; EuGH ZD 2022, 271 Rn. 79.

[1986] EuGH BeckRS 2023, 8967, ZD 2023, 606; EuGH ZD 2024, 146.

Die Frage, ob der **Name einer Person** auch dann zu den geschützten personenbezogenen Daten iSd DS-GVO zählt, wenn es sich um einen **Allerweltsnamen** wie Müller oder Schmidt handelt und somit mehrere Personen des gleichen Namens existieren, hat das OLG Dresden dahingehend entschieden: „*Der Name einer Person ist auch bei Namensidentität mit Dritten ein personenbezogenes Datum, wenn die Identität durch Zusatzinformationen gesichert ist*" (amtl. Leitsatz).

2025 entschied der EuGH (C-710/23),[1987] dass – unabhängig vom Zweck der Identifizierung – auch die Offenlegung von personenbezogenen Daten wie Vorname, Nachname, Unterschrift und Kontaktdaten natürlicher Personen, die eine juristische Person vertreten, eine Verarbeitung personenbezogener Daten iSd der DS-GVO, Art. 4 DS-GVO, darstellt.

Die Offenlegung durch Übermittlung personenbezogener Daten wird hier als Verarbeitungstätigkeit definiert. Es wird jedoch nicht festgelegt, ob die Übermittlung schriftlich oder mündlich erfolgen muss. Daher legte ein finnisches Gericht dem EuGH ua die Frage vor, ob eine **mündliche Übermittlung personenbezogener Daten** eine Verarbeitung gem. Art. 2 Abs. 1, 4 Nr. 2 DS-GVO darstellt.[1988]

Die **Beweislast für die Einhaltung dieser Grundsätze** liegt beim Verantwortlichen für die Datenverarbeitung. Der Verantwortliche für die Datenverarbeitung im Sinne des Art. 4 Nr. 7 DS-GVO muss generell – und damit auch im Zivilprozess – nach dem in Art. 5 Abs. 2 DS-GVO verankerten Grundsatz der Rechenschaftspflicht nachweisen können, dass er die in Art. 5 Abs. 1 DS-GVO festgelegten Grundsätze für die Verarbeitung personenbezogener Daten eingehalten hat.[1989]

Zur Zulässigkeit der Erhebung und Verarbeitung personenbezogener Daten in **Betriebsvereinbarung** (s. dazu **BAG** ZD 2023, 550 sowie nachfolgend zu den Anforderungen an die Verarbeitung personenbezogener Daten im Beschäftigungskontext in Betriebsvereinbarungen **EuGH** – C-65/23 – NJW 2025, 637) sei an dieser Stelle – um den Rahmen des Handbuchs nicht zu sprengen – lediglich darauf hingewiesen, dass der EuGH nach der diesbezüglichen Anfrage seitens des BAG 2025 entschieden hat, dass auch in Bezug auf Betriebsvereinbarungen und andere Vereinbarungen im Beschäftigungskontext, nicht nur die besonderen Anforderungen des Art. 88 Abs. 2 DS-GVO, sondern auch die allgemeinen Bestimmungen der DS-GVO, insbesondere die Art. 5, 6 und 9 DS-GVO zu beachten und einzuhalten sind. Betriebsvereinbarungen können somit keine eigenständigen Rechtsgrundlagen für die Datenverarbeitung schaffen, sondern dürfen lediglich die in der DS-GVO normierten Rechtsgrundlagen konkretisieren.[1990]

Praxishinweis:

In Beschäftigungsverhältnissen werden in besonderem Maß und Umfang personenbezogene Daten verarbeitet. Dabei genügte es in Betrieben und Unternehmen bisher, wenn dies auf der Basis von Betriebsvereinbarungen geschah, die unter Beachtung von § 26 Abs. 4 BDSG geschlossen wurden und somit eine eigene Ermächtigungsgrundlagen für die Verarbeitung darstellten.
Mit der Entscheidung des EuGH ist dies nun so nicht mehr möglich. Arbeitgeber müssen fortan dafür sorgen, dass bei der Erhebung und Verarbeitung von Personaldaten nicht nur die oben bereits benannten Grundsätze des Art. 5 DS-GVO, sondern auch die speziellen Anforderungen der Art. 6 und 9 DS-GVO beachtet werden, um nicht Gefahr zu laufen, mit **drakonischen Sanktionen** in Form der in Art. 83 DS-GVO normierten Geldbußen bestraft zu werden.
Bestehende – insbesondere, aber nicht nur ältere – Betriebsvereinbarungen sollten vor dem Hintergrund dieser EuGH-Entscheidung daher in Abstimmung mit dem Betriebsrat oder Personalrat dringend einer rechtlichen Prüfung unterzogen und bei Bedarf an die Vorgaben des EuGH angepasst oder neu ausgehandelt werden, denn auch wenn alte und den Vorgaben des EuGH nicht mehr genügende Betriebsvereinbarungen nicht automatisch unwirksam werden, so verlieren doch die nun ggf. nicht mehr datenschutzrechtskonformen Teile einer solchen Betriebsvereinbarung ihre Gültigkeit.[1991]

Zur Verarbeitung besonderer Kategorien personenbezogener Daten, wie beispielsweise **Gesundheitsdaten,** bestimmt Art. 9 Abs. 1 DS-GVO zudem, dass alle dort aufgeführten besonders sensiblen Daten nicht ohne die ausdrückliche und zweckbestimmte Einwilligung des Betroffenen (vgl. Art. 9 Abs. 2 lit. a DS-GVO) verarbeitet werden dürfen. Auf die weiteren Bestimmungen hierzu ua in § 22 Abs. 1 Nr. 1 Buchst. b BDSG

1987 EuGH GRUR-RS 2025, 5983.
1988 S. dazu ZD-Aktuell 2023, 01119, – das Aktenzeichen beim EuGH lautet C-740/22.
1989 OLG Hamm GRUR-RS 2023, 22505 im Anschluss an EuGH 4.7.2023 – C-252/21, GRUR 2023, 1131 Rn. 95, 152 (154).
1990 Kleinmann/Lordt NJW 2025, 1092.
1991 Kleinemann/Lordt NJW 2025, 1092 Rn. 13.

kann an dieser Stelle – um den Ramen des Handbuchs nicht zu sprengen – nicht eingegangen werden; insofern sei jedoch auf BGH Urt. v. 27.3.2025 – I ZR 223/19 Rn. 62 verwiesen.

Der **Begriff der Gesundheitsdaten ist weit auszulegen** und der Rechtsprechung des EuGH[1992] zu Folge genügt es beispielsweise nun bereits,[1993] dass aus der Bestellung eines apothekenpflichtigen Medikaments mittels gedanklicher Kombination oder Ableitung auf den Gesundheitszustand des Betroffenen geschlossen werden kann, um die zur Bestellung erforderlichen personenbezogenen Daten als Gesundheitsdaten iSd Art. 9 Abs. 1 DS-GVO zu werten.

Die insofern geltenden **Ausnahmen** regelt sodann Art. 9 Abs. 2 DS-GVO. Hiermit hatte sich 2023 der EuGH[1994] im Zusammenhang mit der Frage befasst, ob die in Art. 9 Abs. 2 DS-GVO vorgesehenen Ausnahmen auf eine Situation anwendbar sind, in der eine Stelle für medizinische Begutachtung Gesundheitsdaten eines ihrer Arbeitnehmer nicht in ihrer Eigenschaft als Arbeitgeber, sondern als Medizinischer Dienst verarbeitet hatte, um die Arbeitsfähigkeit dieses Arbeitnehmers zu beurteilen. Der EuGH bejahte diese Frage, wies jedoch in diesem Zusammenhang auf die Vorschrift des Art. 9 Abs. 3 DS-GVO hin.[1995]

Im Falle einer **Datenverarbeitung zu journalistischen Zwecken** kann aus Art. 82 Abs. 1 DS-GVO kein Anspruch auf immateriellen Schadensersatz begründet werden; dies betonte der BGH und verwies insofern auf die **Öffnungsklausel des Art. 85 Abs. 2 DS-GVO,** nach welcher Datenverarbeitungen zu journalistischen Zwecken von den Vorschriften in Art. 6 DS-GVO (Rechtmäßigkeit der Datenverarbeitung) und Art. 7 DS-GVO (Bedingungen für die Einwilligung) durch Regelungen der Länder[1996] ausgenommen worden sind.[1997] Umgekehrt stellen § 23 I 5 Medienstaatsvertrag (kurz: MStV zuvor § 57 I 5 RStV) und die presserechtlichen Vorschriften der Länder (etwa § 22a I 5 BerlPresseG, § 19 I 2 BerlDSG) klar, dass Art. 82 I DS-GVO im Geltungsbereich des **Medienprivilegs** nicht greift, so der BGH, der sodann nochmals und klarstellend darauf verwies, dass es „auf der Hand" läge, dass ein Schadensersatzanspruch gem. § 82 I DS-GVO nicht auf die Verletzung datenschutzrechtlicher Bestimmungen durch eine journalistische Tätigkeit gestützt werden könne, wenn diese Bestimmungen für die journalistische Tätigkeit gar nicht gelten würden[1998] und zudem betonte, dass die Formulierung *„zu journalistischen Zwecken"* iSv § 23 Abs. 1 MStV weit und in Anlehnung an die unionsrechtliche Terminologie in Art. 85 DS-GVO auszulegen sei.[1999]

100 EUR immateriellen Schadensersatz sprach das OLG Hamm[2000] gemäß Art. 82 Abs. 1 DS-GVO dem Kläger wegen der **rechtswidrigen Verarbeitung** (vgl. Art. 5 Abs. 1 DS-GVO) personenbezogener Daten und deren **versehentlicher Weitergabe** (vgl. dazu oben unter → **Rn. 244a** sowie nachfolgend unter → **Rn. 245f**) an insofern nicht Berechtigte beim Betrieb eines **Impfzentrums** durch einen kommunalen Hoheitsträger zu. Das OLG stellte in seinem Urteil zunächst dar, dass der Senat die Ansicht (wie beispielsweise des LG Paderborn → Nr. 7087, LG Essen → Nr. 7100 und AG Strausberg → Nr. 7103) nicht teile, wonach für Bagatellverstöße ohne ernsthafte Beeinträchtigung bzw. für eine bloß individuell empfundene Unannehmlichkeit kein Schmerzensgeld zu gewähren sei. *„Nach Überzeugung des Senats findet eine derartige Einschränkung des Anspruchs in der DS-GVO keine Grundlage und ist auch aus sonstigen Gründen nicht geboten. Es handelt sich auch hierbei letztlich ebenfalls um eine Erheblichkeitsschwelle, die weder in der DS-GVO noch in der Rechtsprechung des EuGH eine Stütze findet (vgl. Buchner/Wessels, in ZD 2022, 251 (254)"*, so das OLG. Sodann betonte es, das für die konkrete Bemessung der Höhe maßgebliche deutsche Recht kenne keinen Strafschadensersatz. Daher sei eine wie auch immer geartete Sanktionswirkung neben dem Ausgleich eines konkret entstandenen immateriellen Schadens bei der Bemessung der dem Kläger zustehenden Entschädigung nicht in Betracht zu ziehen. *„Insoweit bestimmt Art. 83 DS-GVO, dass die zuständige Aufsichtsbehörde im Falle eines Verstoßes gegen die DS-GVO neben einem etwaigen individuellen Anspruch auf Schadenersatz nach Art. 82 Abs. 1 DS-GVO eine Geldbuße verhängen kann"*. Die Höhe des vom LG in der Vorinstanz mit 100 EUR festgesetzten Schmerzensgeldes sah das OLG als angemessen an, betonte jedoch in Bezug auf die Genugtuungsfunktion, dass im Rahmen der Genugtuungsfunktion des Ersatzanspruchs wegen immaterieller Schäden die an den Kläger versandte SPAM-E-Mail von Bedeutung sei, da sich das in dem Datenschutzverstoß bzw. der versehentlichen Datenweitergabe liegende Risiko hier bereits verwirklicht habe.

1992 EuGH (C-21/23) NJW 2025, 33; EuGH NJW 2023, 2997 sowie EuGH BeckRS 2022, 18630.
1993 EuGH (C-21/23) NJW 2025, 33 Rn. 88 sowie BGH GRUR 2025, 663.
1994 EuGH ZD 2024, 146 mAnm Schumacher/Stegemann EuZW 2024, 270 (277).
1995 EuGH ZD 2024, 146 Rn. 58.
1996 Beispielsweise für Berlin: § 19 I 1 BerlDSG bzw. heute § 22 a I 4 BerlPresseG.
1997 BGH NJW 2022, 1751 mit Verweis auf BGH NJW 2020, 3715.
1998 BGH NJW 2025, 3219; BGH NJW 2022, 1751 (Rn. 18).
1999 BGH NJW 2025, 3219.
2000 OLG Hamm BeckRS 2023, 1263.

Kein Schmerzensgeld bzw. keinen immateriellen Schadensersatz sprach dagegen das OLG Innsbruck[2001] für die rechtswidrige Datenverarbeitung von „Parteiaffinitäten" zu. Das österreichische OLG führte dabei zunächst aus, dass nach § 1293 öABGB „Schaden" jeder Nachteil ist, welcher jemandem an Vermögen, Rechten oder seiner Person zugefügt wurde. Von einem *„Nachteil an einer Person"* spreche man dabei, *„wenn Persönlichkeitsrechte verletzt werden. Diese haben keinen Vermögenswert, es entstehen daher nur immaterielle Schäden. Immaterielle Schäden zeigen sich als eine negative Gefühlsbeeinträchtigung. Zu den schützenswerten Persönlichkeitsrechten eines jeden Menschen wird als Ausfluss des Rechts auf Wahrung der Geheimsphäre auch das Datenschutzrecht gezählt"*, so das OLG. Sodann befasst sich das OLG mit der DS-GVO und führt aus: *„Im Fall des Datenschutzes ist das geschützte Rechtsgut der Schutz der personenbezogenen Daten vor Verlust der Vertraulichkeit und Integrität (vgl. Art. 5 Abs. 1 lit. f DS-GVO). Bei immateriellen Schäden handelt es sich daher um nicht in Geld messbare Schäden, welche durch Persönlichkeitsbeeinträchtigungen eintreten. In Erwägungsgrund 75 DS-GVO werden einige Umstände angesprochen, die einen Schaden für die betroffenen Personen darstellen können, wie Diskriminierung, Identitätsdiebstahl, Rufschädigung, Verlust der Vertraulichkeit von dem Berufsgeheimnis unterliegenden personenbezogenen Daten, unbefugte Aufhebung der Pseudonymisierung, andere erhebliche wirtschaftliche oder gesellschaftliche Nachteile (Schweiger a.a.O., Rz. 14 f). Demnach sollen negative Beeinträchtigungen der Gefühlswelt durch einen immateriellen Schadenersatz ausgeglichen werden"*. Schließlich betonte das OLG, dass es nach dem eindeutigen Wortlaut des Art. 82 DS-GVO zwar keiner schweren Verletzung des Persönlichkeitsrechtes bedarf, um einen immateriellen Schaden geltend machen zu können. Dennoch sei aber *„die Annahme, dass jeder Verstoß gegen die DS-GVO allein aus generalpräventiven Gründen zu einer Ausgleichspflicht führt, unzutreffend."* Insofern setzte sich das OLG über das LG Feldkirch[2002] hinweg, dass ein Schmerzensgeld iHv 800 EUR zugesprochen und diesen Betrag „nicht als besonders hoch" angesehen hatte.

Ebenfalls mit einem interessanten Fall der Datenerhebung, hier durch **Facebook,** hatte sich, wiederum in Österreich, das LG Wien[2003] zu befassen. In diesem Fall ging es um das **Hochladen von Fotos,** die der Kläger zuvor mit seiner **Digitalkamera** vom Typ Canon EOS gefertigt hatte. Beim Hochladen auf Facebook wurden über die Fotos zugleich auch die **GPS-Daten** des Klägers und dessen IP-Adresse sowie der Ort und die Zeit des Hochladens übertragen. Das LG Wien sprach dem Kläger 500 Euro zu, allerdings nicht wegen der Datenerhebung, sondern aufgrund der Verletzung der Auskunftspflicht gemäß Art. 15 DS-GVO (vgl. dazu nachfolgend unter → Rn. 246b).

Bei der Datenverarbeitung hat der Verarbeitende gemäß **Art. 32 DS-GVO für die Einhaltung von Sicherheitsvorkehrungen** zum Schutz der Daten zu sorgen. Mit einem Fall, bei dem es ua auch um diese Thematik ging, hatte sich das LG Essen[2004] zu befassen und insofern jedoch klagabweisend geurteilt. Dabei ging es um den Versand eines unverschlüsselten USB-Sticks mit sensiblen Daten der Kläger im Zusammenhang mit einem Immobilienkauf. Diesen Datenträger hatte die Beklagte von den Klägern persönlich erhalten und anschließend per Post an diese zurückversandt, ohne dass der Brief jedoch bei diesen ankam, weshalb diese die Beklagte ua wegen Verstoß gegen § 32 DS-GVO und auf Zahlung immateriellen Schadensersatzes verklagten. Der postalische Rückversand eines USB-Sticks mit sensiblen Daten aus einer Immobilienfinanzierungsanfrage in einem einfachen Briefumschlag an den Betroffenen verstoße nicht gegen Art. 32 DS-GVO, selbst wenn der Verantwortliche alternativ einen mit Multi-Faktor-Authentifizierung geschützten File-Transfer für die Kundenkommunikation bereithält, entschied das LG Essen. Allerdings, so das LG Essen, wäre ein Verstoß gegen Art. 33 DS-GVO (= Meldung von Verletzungen des Schutzes personenbezogener Daten an die Aufsichtsbehörde) und Art. 34 DS-GVO (Benachrichtigung der von einer Verletzung des Schutzes personenbezogener Daten betroffenen Person) gegeben, sofern die Kläger den Nachweis erbracht hätten, dass ihnen der Brief mit dem USB-Stick tatsächlich nicht zugegangen, sondern auf dem Postweg verloren gegangen war.

Zum Urteil des EuGH vom 4.5.2023 in der Rechtssache C-60/22:[2005] Abschließend sei an dieser Stelle noch auf die Entscheidung des EuGH vom 4.5.2023 hingewiesen, mit der der EuGH klargestellt hatte, dass die **Verletzung von Dokumentationspflichten** die Rechtmäßigkeit der Datenverarbeitung als solche nicht in Frage stellt.[2006] Die Entscheidung trenne, so Haußmann,[2007] klar zwischen Anforderungen an die Rechtmäßigkeit der Datenverarbeitung einerseits und Vorgaben für die Organisation und Dokumentation andererseits.

2001 OLG Innsbruck ZD 2020, 304 mAnm von Wirthensohn.
2002 LG Feldkirch BeckRS 2019, 18276.
2003 LG Wien BeckRS 2020, 14910 – lesenswert zu diesem Fall, der unter dem Titel „Schrems vs. Facebook" geführt wird ist die Anm. von Messner/Mosing ZD 2021, 25 bzw. 32.
2004 LG Essen GRUR-RS 2021, 31764.
2005 EuGH BeckRS 2023, 8967.
2006 EuGH BeckRS 2023, 8967 vgl. dazu Haußmann ArbRAktuell 2023, 262.
2007 Haußmann ArbRAktuell 2023, 262.

cc) Datenweiterleitung.[2008] Als eine typische Verletzung des Persönlichkeitsrechts wird die nicht legitimierte **Weitergabe** von **Daten** angesehen. **245f**

Dabei geht es – wie nachfolgend näher auszuführen ist – zumeist um die Inhalte (zB Personalakten, Steuerunterlagen, Gesundheitsdaten etc.) der Daten, deren Kenntnis durch Dritte die Persönlichkeitsrechte der Betroffenen verletzt oder verletzen könnte.

Daneben stellt sich aber auch die Frage, ob die **Übermittlung von Daten in Drittstaaten** und insofern insbesondere **in die USA** per se bereits als Verstoß gegen die DS-GVO anzusehen ist und einen Anspruch auf immateriellen Schadensersatz begründen kann.

Mit dieser Frage im Zusammenhang mit Facebook bzw. dem Meta-Konzern hatten sich 2025 das **LG Ellwangen** sowie das **LG Ansbach**[2009] zu befassen und sie verneint. „*Die Plattformen F. und I. stammen wie die M … aus den USA. Sie sind als sog. Social Media zwangsläufig und ausweislich der Nutzungsbedingungen global konzipiert, denn die Suche nach anderen Nutzern kann nur funktionieren, wenn ein grenzüberschreitender Datenaustausch stattfindet. Um das weltweite Netzwerk unterhalten zu können, müssen Daten auch mit den USA ausgetauscht werden.*“[2010]

Ein Anspruch auf immateriellen Schadensersatz nach Art. 82 Abs. 1 DSGVO scheidet aus, wenn die Übermittlung personenbezogener Daten in ein Drittland entweder auf einem Angemessenheitsbeschluss nach **Art. 45 DS-GVO** oder auf der Erforderlichkeit zur Vertragserfüllung nach Art. 6 Abs. 1 lit. b und **Art. 49 Abs. 1 lit. b DS-GVO** beruht und der Kläger keinen konkret nachweisbaren immateriellen Schaden darlegt.[2011] „*Auch die potentiell mögliche (indirekte) Weitergabe von Daten an US-Geheimdienste oder Ermittlungsbehörden, unter anderem an die NSA, begründet keinen Verstoß gegen die DSGVO. Soweit US-Behörden einschließlich der Geheimdienste von der Konzernmutter der Beklagten nach USamerikanischem Recht Auskünfte verlangen können, ist dies Folge der rechtmäßigen Datenübermittlung in den Herrschaftsbereich der USA.*“[2012]

Mit der sensiblen Thematik der Verwaltung von **Personalakten** durch organisatorisch hierzu nicht befugte Personen hatte sich der **BGH** mit Urteil vom 11.2.2025[2013] befasst und dazu ausgeführt, dass durch die Überlassung der Personalakte an nicht befugte Dritte und dem darin bestehenden, wenn auch nur vorübergehenden, Verlust der Kontrolle über personenbezogene Daten bereits ein Schaden zu sehen sei. Dem BGH[2014] lag insofern folgender Sachverhalt vor:

Die Klägerin, eine Bundesbeamtin bei der Bundesanstalt für Geowissenschaften und Rohstoffe in Hannover, sah – indem die Personalaktenverwaltung der Bundesbehörde, bei der die Klägerin beschäftigt war, durch Bedienstete des Landes Niedersachsen übernommen worden waren – darin einen immateriellen Schadenersatz begründenden Verstoß gegen die DS-GVO und erhob insofern Feststellungsklage. Das LG hat die Klage insgesamt abgewiesen. Das OLG die Berufung der Kl. zurückgewiesen. Den mit der Revision noch weiterverfolgten Feststellungsantrag der Klägerin aus Art. 82 DS-GVO erachtete der BGH als zulässig und begründet und führte dazu aus: „*Zu Unrecht hat das Berufungsgericht einen durch diesen Verstoß gegen die DS-GVO verursachten Schaden der Kl. verneint. Der Schaden liegt hier bereits in dem durch die Überlassung ihrer Personalakte an Bedienstete des Landes verursachten vorübergehenden Verlust der Kontrolle der Kl. über ihre in ihrer Personalakte enthaltenen personenbezogenen Daten. Schon der bloße Kontrollverlust kann, wie der Senat in Umsetzung der jüngeren Rspr. … entschieden hat, einen ersatzfähigen immateriellen Schaden iSd Art. 82 Abs. 1 DS-GVO darstellen (Senat Urt. v. 18.11.2024 – VI ZR 10/24 [= ZD 2025, 162 mAnm Horn] Rn. 30 mwN). Anders als das Berufungsgericht meint, muss der Verpflichtung zum Ausgleich keine über diesen Kontrollverlust hinausgehende „benennbare und insoweit tatsächliche Persönlichkeitsrechtsverletzung gegenüberstehen“; auch muss der Beeinträchtigung des Betroffenen kein besonderes „Gewicht“ zukommen, das „über eine individuell empfundene Unannehmlichkeit hinausgeht oder das Selbstbild oder Ansehen ernsthaft beeinträchtigt“ (vgl. Senat, aaO [= ZD 2025, 162 mAnm Horn] Rn. 29 mwN). Nach diesen Grundsätzen liegt der Schaden hier ohne Weiteres darin, dass die Bekl. auch nach dem 25.5.2018 die personenbezogenen, in deren Personalakte enthaltenen Daten der Kl. hierzu nicht berechtigten Dritten, nämlich Bediensteten des Landes Niedersachsen, zur Bearbeitung überlassen und diese Praxis erst mit Organisationsverfügung v. 22.8.2019 beendet hat. Der vom Berufungsgericht in diesem Zusammenhang angeführte Umstand, dass auch die mit Personalangelegenheiten betrauten Bediensteten des Landes Niedersachsen zur Verschwiegenheit verpflichtet waren, steht der Annahme eines Schadens insoweit dem Grunde nach nicht entgegen, sondern wird erst bei Bemessung der Höhe des zu leistenden*

[2008] Entscheidungen hierzu finden Sie auch im Tabellenteil unter C. 10. a) cc).
[2009] LG Ansbach GRUR-RS 2025, 35075 → Nr. 7798.
[2010] LG Ellwangen GRUR-RS 2025, 34729 Rn. 47.
[2011] LG Ellwangen GRUR-RS 2025, 34729 → Nr. 7797. Rn. 49.
[2012] LG Ellwangen GRUR-RS 2025, 34729 Rn. 49.
[2013] BGH NJW 2025, 1656 Rn. 14 – 16; EuGH (C-687/21) NJW 2024, 2009.
[2014] BGH NJW 2025, 1656 → Nr. 7812.

Schadensersatzes (§ 287 ZPO) zu berücksichtigen sein (s. zu den Bemessungskriterien weiterführend Senat, aaO [= ZD 2025, 162 mAnm Horn] Rn. 92ff., insb. Rn. 99)."[2015]

Der EuGH,[2016] betonte in Fällen ungerechtfertigter Datenweiterleitung, dass ein rein **„hypothetisches Risiko" eines Datenmissbrauchs** bzw. das Dritte offengelegte Daten missbräuchlich nutzen könnten, per se keinen ersatzfähigen immateriellen Schaden begründen könne; dies gelte jedenfalls dann, wenn es keine konkreten Anhaltspunkte gibt, die auf einen Missbrauch der offengelegten Daten hindeuten und ebenso dann, wenn **„kein Dritter die fraglichen personenbezogenen Daten zur Kenntnis genommen hat.**" In einer solchen Konstellation müsse der Kläger einen konkreten Schaden darlegen und beweisen.

Die Beeinträchtigung muss aber, sofern sie vorliegt, nicht erheblich sein, um zu einem Erstattungsanspruch zu führen, da Art. 82 DS-GVO nach der aktuellen Rechtsprechung des EuGH **keine sog. „Bagatellschwelle"** vorsieht. Dies, so der EuGH, entlastet den jeweiligen Kläger aber nicht von dem Nachweis, dass er einen konkreten, kausal durch den Datenschutzverstoß verursachten Schaden erlitten hat.[2017] Ein lediglich *negatives Gefühl* bzw. eine *Schmach* wird grds. nicht als ausreichend angesehen, worauf der BGH in seiner Leitentscheidung[2018] ausdrücklich hingewiesen hatte.

Abgewiesen wurde daher die Klage eines Bewerbers wegen der **Weitergabe von Gehaltsvorstellungen im Bewerbungsverfahren.** Der Kläger hatte sich über das Portal XING bei der Beklagten beworben. Dabei hatte ein Mitarbeiter der Beklagten versehentlich dessen Gehaltsvorstellung sowie die diesbezügliche Antwort der Beklagten an einen Dritten gemailt. Bei dem Dritten handelte es sich um einen anderen Bewerber auf die ausgeschriebene Stelle. Der Kläger hatte hinsichtlich seines immateriellen Schadens vorgetragen, dieser liege nicht im abstrakten Kontrollverlust über die offenbarten Daten, sondern darin, dass mindestens eine weitere Person, die ihn und potenzielle wie ehemalige Arbeitgeber kenne, nun über Details Kenntnis gehabt hätten, die der Diskretion unterlägen. Es sei daher zu befürchten, dass der in der gleichen Branche tätige Dritte die in der Nachricht enthaltenen Daten weitergegeben habe oder sich durch ihre Kenntnis als Konkurrent auf etwaige Stellen im Bewerbungsprozess einen Vorteil hätte verschaffen können. Zudem hätte er das „Unterliegen" in den Gehaltsverhandlungen als „Schmach" empfunden.

Das OLG Frankfurt a. M.[2019] wies 2022 die auf immateriellen Schadensersatz gerichtete Klage ab und führte aus (Amtlicher Leitsatz): *„Voraussetzung für einen Schadensersatzanspruch gem. Art. 82 Abs. 1 DS-GVO ist der Nachweis eines konkreten (auch immateriellen) Schadens". Insofern genüge der Vortrag des Klägers, er empfinde das „Unterliegen" in den Gehaltsverhandlungen als „Schmach", die er nicht an Dritte – vor allem nicht an potentiellen Konkurrenten – weitergegeben hätte, nicht. „Selbst bei Unterstellung einer „Schmach" vermag der Senat diese nicht als einen immateriellen Schaden zu bewerten"*, so das OLG.[2020]

Der Fall wurde vom BGH[2021] dem EuGH[2022] ua mit den Fragen (4. und 5. Vorlageanfrage) vorgelegt, ob *„Art. 82 I DS-GVO dahingehend auszulegen sei, dass für die Annahme eines immateriellen Schadens im Sinne dieser Bestimmung bloße negative Gefühle wie zB Ärger, Unmut, Unzufriedenheit, Sorge und Angst, die an sich Teil des allgemeinen Lebensrisikos und oft des täglichen Erlebens sind, genügen? Oder ob für die Annahme eines Schadens ein über diese Gefühle hinausgehender Nachteil für die betroffene natürliche Person erforderlich"* sei? Und ob *„bei der Bemessung der Höhe des zu ersetzenden immateriellen Schadens der Grad des Verschuldens des Verantwortlichen oder Auftragsverarbeiters bzw. seiner Mitarbeiter ein relevantes Kriterium darstellt?"*[2023]

Mit seiner Leitentscheidung[2024] (s. dazu oben → **Rn. 244b**) und unter Verweis auf die inzwischen hierzu vorliegenden Urteile des EuGH[2025] sah der BGH diese von ihm selbst jeweils verneinend beantworteten Fragen jedoch als überholt an, so dass diese Fragen auch im Schlussantrag des Generalanwalts beim EuGH vom 20.3.2025 – C-655/23[2026] nicht mehr behandelt wurden.

[2015] BGH NJW 2025, 1656.
[2016] EuGH NZA 2024, 320.
[2017] EuGH NJW 2024, 1091; Brahms EuZW 2024, 278 (283); vgl. dazu auch LAG Baden-Württemberg BeckRS 2021, 5529 sowie LG Köln GRUR-RS 2022, 3541 sowie LG Mannheim GRUR-RS 2023, 35373.
[2018] BGH NJW 2025, 298.
[2019] OLG Frankfurt a. M. GRUR-RS 2022, 4491 → Nr. 6932; vgl. auch OLG Frankfurt a. M. GRUR 2022, 1252 sowie dazu den Vorlagebeschluss des BGH GRUR 2023, 1724.
[2020] OLG Frankfurt a. M. GRUR-RS 2022, 4491 → Nr. 6932; vgl. auch LG Frankfurt a. M. GRUR-RS 2021, 33660 → Nr. 6839.
[2021] BGH ZD 2024, 90.
[2022] EuGH BeckRS 2025, 4511 (Quirin Privatbank).
[2023] EuGH BeckRS 2025, 4511 (Quirin Privatbank).
[2024] BGH NJW 2025, 298.
[2025] EuGH (C-590/22) ZD 2024, 519 und EuGH (C-340/21) NJW 2024, 1091.
[2026] EuGH BeckRS 2025, 4511 (Quirin Privatbank AG).

Inzwischen liegt das „XING-Urteil" (korrekt geführt unter: IP/Qurin Privatbank AG) des EuGH in der Sache C-655/23[2027] vor (vgl. dazu ausführlich auch oben → **Rn. 244a**) und der EuGH betonte dabei erneut, dass der **Schadensbegriff des Art. 82 DS-GVO weit auszulegen** sei und somit auch *„negative Gefühle umfasst, die die betroffene Person infolge einer unbefugten Übermittlung ihrer personenbezogenen Daten an einen Dritten empfindet, wie zum Beispiel Sorge oder Ärger, und die durch einen Verlust der Kontrolle über diese Daten, ihre mögliche missbräuchliche Verwendung oder eine Rufschädigung hervorgerufen werden, sofern die betroffene Person nachweist, dass sie solche Gefühle samt ihrer negativen Folgen aufgrund des in Rede stehenden Verstoßes gegen diese Verordnung empfindet."*[2028]

Der Kläger muss somit nicht nur den DS-GVO-Verstoß nachweisen, sondern auch die dadurch kausal empfundenen Gefühle und ihre negativen Folgen.

Abgewiesen wurde die Klage eines Beamten, der immateriellen Schadensersatz von seinem Dienstherren begehrte, da die Beklagte seine **Personalakte in einem Rechtsstreit an die von ihr bevollmächtigte Kanzlei übermittelt** hatte. Das VG wies die Klage ab. *„Der Versand von Unterlagen aus der Personalakte des Klägers am 14.3.2018 an die (späteren) Verfahrensbevollmächtigten der Beklagten begründet auch unter dem Gesichtspunkt des allgemeinen Persönlichkeitsrechtsschutzes und der beamtenrechtlichen Fürsorgepflicht keinen Schadensersatzanspruch des Klägers."* Voraussetzung für das Bestehen eines beamtenrechtlichen Schadensersatzanspruchs wegen Verletzung der Fürsorgepflicht ist ein schwerwiegender Eingriff in das allgemeine Persönlichkeitsrecht, der so das VG, nicht vorliegt. Bzgl. der DS-GVO als mögliche Anspruchsgrundlage führte das VG knapp aus: *„Zudem fehlt es – ebenso wie im Rahmen von Art. 82 DS-GVO – auch nach den Maßstäben des § 253 BGB an einem Schaden, weil der Kläger bereits nicht plausibel vorgetragen hat, materielle oder immaterielle Nachteile durch den Aktenversand an die Verfahrensbevollmächtigten der Beklagten erlitten zu haben."*[2029]

Ebenfalls abgewiesen wurde auch die Klage des Geschäftsführers eines Spielhallenbetreibers wegen der durch die Beklagte vorgenommenen **Weiterleitung einer Gerichtsentscheidung.** Die im Zusammenhang mit der coronabedingten vorübergehenden Schließung der Spielhalle ergangene Gerichtsentscheidung war mit namentlicher Nennung des betroffenen Unternehmens sowie des Klägers an insgesamt 62 Empfänger, die zu einer „Arbeitsgemeinschaft der Rechtsamtsleiterinnen und Rechtsamtsleiter der großen und mittleren kreisangehörigen Städte in NRW" gehörten, weitergeleitet worden. Zur Begründung seiner die Klage abweisenden Entscheidung führte das LG Köln 2021 aus: „Da die Adressaten der streitgegenständlichen E-Mail selbst dienstlichen Verschwiegenheitspflichten obliegen, bleibt bereits unklar, ob der Beschl. auf diesem Wege weiteren Personen zur Kenntnis gelangt ist. Das Zuerkennen von Schmerzensgeld in einem derartigen Bagatellfall würde die Gefahr einer nahezu uferlosen Häufung der Geltendmachung von Ansprüchen bergen, was nicht Sinn und Zweck von Art. 82 DS-GVO entsprechen kann".[2030] Auch wenn dieses Urteil im Hinblick auf die Entscheidung des EuGH[2031] nun in Bezug auf den „Bagatellfall" nicht mehr zutrifft, so darf es dennoch im Endergebnis als richtig bezeichnet werden.

Abgewiesen wurde auch die auf immateriellen Schadensersatz iHv 5.500 EUR gerichtete Klage eines Rechtsanwaltes gegen die Betreiber einer Rechtsprechungsdatenbank **(openJUR),** die einen **nicht anonymisierten gerichtlichen Beschl. veröffentlicht** hatten und auf diese Weise sensible personenbezogenen Daten und private Lebensumstände des Klägers, wie dessen vorübergehende Arbeitslosigkeit und Zahlungsschwierigkeiten der Allgemeinheit zugänglich gemacht hatten. Das LG Hamburg wies die Klage mit Verweis auf BGH, Urt. v. 22.2.2022 – VI ZR 1175/20 (vgl. dazu oben → **Rn. 178**) ab, da ein Schadensersatzanspruch nach Art. 82 Abs. 1 DS-GVO aufgrund der Bereichsausnahme des **Art. 85 DS-GVO** für den vorliegenden Fall nicht anwendbar sei. Ein solcher Anspruch könne *„nicht auf die Verletzung datenschutzrechtlicher Bestimmungen durch eine* ***journalistische Tätigkeit*** *gestützt werden"*, zu der auch die Rechtsprechungsdatenbank openJur zu rechnen sei.[2032]

Zur Klagabweisung auch hinsichtlich der Begründung mit der verspäteten Auskunft in diesem Falle s. → **Rn. 246b.**

Abgewiesen wurde ebenfalls die Klage auf immateriellen Schadensersatz eines Wohnungseigentümers gegenüber dem Hausverwalter, weil dieser angesichts eines akuten Legionellenbefalls in der Wohnanlage zur **Eigentümerversammlung ua zum Tagesordnungspunkt** ***„Aussprache und Beschlussfassung über weitergehende Maßnahmen zum Legionellenbefall*** *und deren Finanzierung"* eingeladen und bei der Einladung die

[2027] EuGH NJW 2025, 3137.
[2028] EuGH NJW 2025, 3137.
[2029] VG Stuttgart BeckRS 2024, 202271.
[2030] LG Köln BeckRS 2021, 28364.
[2031] EuGH NZA 2024, 320.
[2032] LG Hamburg GRUR-RS 2025, 10148 → Nr. 7710; Hervorhebung durch den Autor.

Klarnamen (Nachnamen) der betroffenen Wohnungseigentümer benannt hatte.[2033] Zum einen, so das OLG München,[2034] sei die **Wohnungseigentümergemeinschaft keine anonyme Gemeinschaft** und zudem führe die unsubstantiierte Behauptung des Kl., dass ein potenzieller Käufer abgesprungen sei, nicht zu einer anderen Beurteilung; im Gegenteil wäre ein erst kürzlich beseitigter Legionellenbefall im Verkaufsobjekt dem potenziellen Käufer gegenüber unzweifelhaft vom Kl. selbst zu offenbaren gewesen.

Anders verhält es sich bei der **Weitergabe von sensiblen personenbezogenen Daten,** wie **Steuerunterlagen** oder **Gesundheitsdaten.**

Im Fall der **Fehladressierung von Steuerunterlagen** sprach das Finanzgericht Sachsen[2035] einem Steuerpflichtigen/Kläger einen immateriellen Schadensersatz iHv 1.000 EUR gemäß Art. 82 DS-GVO zu: Das für ihn zuständige Finanzamt hatte dessen Steuerunterlagen aufgrund einer fehlerhaften Adressierung an unbeteiligte Dritte (Zeuge K und dessen Familie) versandt und dies zudem auch noch in einem mangelhaft verschlossenen Paket. Im Streitfall könne – auch wenn die Beweisaufnahme ergeben habe, dass die unbeteiligten Dritten die Steuerunterlagen nicht zur Kenntnis genommen hatten – *„deshalb nicht davon ausgegangen werden, dass kein Dritter die personenbezogenen Daten in der Steuererklärung des Klägers zur Kenntnis genommen hat, so dass kein rein hypothetisches Risiko, sondern die konkrete Gefahr einer missbräuchlichen Verwendung der Daten durch eine unbefugte Person besteht."*[2036]

Der immaterielle Schaden des Klägers liege, so das FG Sachsen, *„in einem Kontrollverlust über seine in der Einkommensteuererklärung 2022 enthaltenen persönlichen Daten"*, der darauf beruhe, dass die Erklärung samt Anlagen offen in den Gewahrsam des Zeugen K. und dessen Ehefrau sowie – nach dem Ergebnis der Beweisaufnahme – zumindest des zuletzt zustellenden Paketboten gelangt sei und sich aufgrund der unzureichenden Verpackung *(„geöffnete Kisten")* dieser Personenkreis *„jederzeit von dem Inhalt der Steuererklärung des Klägers Kenntnis verschaffen konnte."*[2037]

Zur Fehladressierung von Steuerunterlagen sei zudem auf die Entscheidungen AG Wesel[2038] → verwiesen, dass insofern immateriellen Schadensersatz iHv 500 EUR zuerkannt hatte.

Im Fall der **Fehladressierung von Gesundheitsdaten** sprach das OLG Düsseldorf[2039] der Betroffenen 2.000 EUR zu: Ihre Krankenkasse (Beklagte) hatte – wenn auch versehentliche – einen Auszugs aus der Gesundheitsakte der Klägerin an eine **unzutreffende E-Mail-Adresse** versandt. Die Klägerin hatte deshalb wiederholt bei der Beklagten angerufen und mitgeteilt, wie sehr sie unter der Ungewissheit des Verbleibs ihrer Gesundheitsdaten leide und dass sie „seit Tagen" nicht mehr schlafen könne. Bei der Schmerzensgeldbemessung – das OLG kürzte den vom LG zuerkannten Betrag um die Hälfte und sprach 2.000 EUR zu – berücksichtigte das OLG, dass in dem Zeitraum, den der Auszug aus der Gesundheitsakte umfasste, *„die Kl., eine junge, noch nicht lange berufstätige Frau, wegen unterschiedlichster Beschwerden vielfach ärztliche Hilfe in Anspruch genommen [hatte]. Dies gilt auch für den gynäkologischen Bereich. In der Gesundheitsakte waren gleich mehrere gynäkologische Befundangaben verzeichnet, die Rückschlüsse auf das Sexualleben und die sexuelle Orientierung der Kl. zuließen, deren Name und Wohnanschrift in der Akte angegeben waren".*[2040] Das OLG betonte jedoch, es habe keinen Anlass gesehen, den Schadensersatzbetrag im Hinblick auf eine damit zu erzielende abschreckende Wirkung gesondert zu erhöhen.

Klagabweisend entschied dagegen das LG Lübeck[2041] die Klage eines Patienten, der Schmerzensgeld von seinem Therapeuten wegen dessen **Weitergabe von Daten an die Berufsgenossenschaft** gefordert hatte. Die Datenübermittlung des Psychotherapeuten an die Berufsgenossenschaft (BG) ohne schriftliche bzw. nachweisbare Einwilligung des Klägers ist keine schwerwiegende Verletzung des allgemeinen Persönlichkeitsrechts, so das LG, sondern stelle sich „als derart geringfügige Rechtsverletzung dar …, dass sie als bloße Bagatellverletzung nicht schmerzensgeldfähig" sei.

Auch das AG Westerstede[2042] wies in einem Fall, bei welchem die Beklagte – eine gewerbliche **Auskunftei** – unrichtigerweise Informationen über eine vermeintliche Insolvenz des Klägers veröffentlicht hatte, die auf Schmerzensgeld gerichtete Klage ab. Zur Begründung führte das AG an, dass die von der Beklagten gespei-

[2033] OLG München BeckRS 2021, 32242 → Nr. 7244.
[2034] OLG München BeckRS 2021, 32242.
[2035] FG Sachsen BeckRS 2026, 2995 → Nr. 7873.
[2036] FG Sachsen BeckRS 2026, 2995.
[2037] FG Sachsen BeckRS 2026, 2995 Rn. 34 36.
[2038] AG Wesel GRUR-RS 2025, 20362 Nr. 7740.
[2039] OLG Düsseldorf BeckRS 2021, 38036 → Nr. 7083.
[2040] OLG Düsseldorf BeckRS 2021, 38036 Rn. 48.
[2041] LG Lübeck BeckRS 2019, 14957.
[2042] AG Westerstede 17.4.2013 – 27 C 1001/12.

cherten Daten „nicht frei zugänglich“ gewesen seien; zudem habe die *„Beklagte die unmittelbar auf die Aufforderung des Klägers vorgenommene Löschung des Eintrages denjenigen Vertragspartnern mitgeteilt, die zwischenzeitlich seine Daten abgefragt hatten …. Ein Makel, der jetzt noch auszugleichen wäre, bleibt für den Kläger nicht zurück“.*

Weitere – in Fällen von Fehladressierungen – klagabweisende Entscheidungen sind ua LG Frankfurt a. M. → Nr. 6839 und LG Köln → Nr. 7134.

Weitergabe von persönlichen Daten des VN an einen Kfz-Sachverständigen im Rahmen der Schadenregulierung: Ebenso wurde der Schmerzensgeldanspruch eines Fahrzeughalters zurückgewiesen, der eine Datenschutzverletzung darin sah, dass die gegnerische Kfz-Haftpflichtversicherung – die zur Schadenregulierung einen Kfz-Sachverständigen eingeschaltet und diesem die hierfür erforderlichen Personen- und Fahrzeugdaten übermittelt hatte – diese Daten an den Gutachter weitergeleitet habe. Völlig zutreffend wies das LG Oldenburg[2043] 2014 den Schmerzensgeldanspruch des Fahrzeughalters zurück. Der Versicherer habe – so das LG Oldenburg zutreffend – ein diesbezügliches berechtigtes Interesse, da dieser seiner Leistungspflicht gegenüber der Versichertengemeinschaft nur dann dauerhaft gerecht werden könne, wenn die Haftpflichtansprüche geprüft und unberechtigt geltend gemachte Ansprüche erkannt würden. Zudem stellt sich insofern bereits die Frage, wie ein Sachverständiger ohne die Übermittlung der Adressdaten überhaupt einen Termin mit dem Betroffenen vereinbaren kann und worin bei Letzterem überhaupt ein Schaden zu sehen sein soll.

Weshalb es im Jahr 2017 erneut vor dem LG Oldenburg[2044] sowie 2019 auch beim OLG Frankfurt a. M. einer erneuten Klage mit nahezu identischem Inhalt bedurfte, die beide – ebenso zutreffend – abgewiesen wurden, bleibt das Geheimnis der Klägervertreter.

Im Falle, der dem OLG Frankfurt a. M. vorlag, handelte es sich beim Kläger im einen KFZ-Sachverständigen, der in einem Kraftfahrtschaden über sein eigenes Fahrzeug ein Gutachten erstellt hatte und sodann in der – in der Schadenregulierung heute etablierten – Weitergabe desselben durch den K-Versicherer an einen zur Überprüfung der Schadenkalkulation spezialisierten Dienstleister eine unzulässige Datenweiterleitung und zudem in der Verwendung der Schadenfotos eine Urheberschutzrechtsverletzung sah. Das OLG wies, wie bereits zuvor das LG, die Klage ab, da die Verwendung der streitgegenständlichen Daten durch die Beklagte zulässig sei und zum anderen auch nach § 97 UrhG kein Anspruch vorliege, weil es an einer widerrechtlichen Verletzung der Lichtbildrechte des Klägers fehle.

Erneut mit der Weitegabe von persönlichen Daten an einen Sachverständigen, diesmal im Zusammenhang mit einem Verfahren vor dem Familiengericht, bei dem dieses Daten der Klägerin an einen vom Gericht beauftragten Sachverständigen weitergegeben hatte, befasste sich 2025 das OLG Dresden[2045] und wies die auf immateriellen Schadensersatz gerichtete Klage mit der zutreffenden Begründung ab, das die *„Vorschriften der ZPO über die Aufgaben eines gerichtlichen Sachverständigen … die Weitergabe von personenbezogenen Daten rechtfertigen, die der Sachverständige außerhalb des Verfahrens erlangt hat, für seine Begutachtung aber benötigt.“*

Mit einem eher it-technischen Sachverhalt hatte sich das LG München I 2022 zu befassen. Der Kläger hatte gegen die Beklagte einen Anspruch auf Unterlassung der **Weitergabe seiner IP-Adressen an Google** aus § 823 Abs. 1 BGB iVm § 1004 BGB analog eingeklagt, da er die unerlaubte Weitergabe der dynamischen IP-Adresse durch die Bekl. an Google als eine Verletzung seines allgemeinen Persönlichkeitsrechts in Form des informationellen Selbstbestimmungsrechts nach § 823 Abs. 1 BGB ansah. Das LG gab ihm insofern uneingeschränkt Recht und sprach ihm einen immateriellen Schadensersatz iHv 100 EUR zu. Die automatische Weitergabe der IP-Adresse durch die Bekl. an Google stelle, so das LG, einen nach dem Datenschutzrecht unzulässigen Eingriff in das allgemeine Persönlichkeitsrecht des Kl. dar, da der Kl. unstreitig in diesem Eingriff nicht gem. § 13 Abs. 2 TMG aF, Art. 6 Abs. 1 lit. a DS-GVO eingewilligt hat.[2046]

Die Thematik der Weiterleitung von Daten (hier: Die **Weiterleitung von Beweisfotos an eine Bußgeldbehörde**) abschließend, sei noch auf ein insofern skurriles Urteil des **OLG Dresden – Urt. v. 9.9.2025 – 4 U 464/25**[2047] verwiesen, dem folgender Sachverhalt zugrunde lag:

Der Beklagte hatte mit seinem Smartphone ein Foto eines verkehrsordnungswidrig an einer Bushaltestelle (Zeichen 224) abgestellten Pkw aufgenommen, dessen Fahrer ausgestiegen war. Das Foto hatte er über eine privat betriebene Plattform an die zuständige Bußgeldbehörde weitergeleitet, die daraufhin ein Bußgeldver-

[2043] LG Oldenburg ZD 2014, 574.
[2044] LG Oldenburg 7.3.2017 – 5 O 1595/15.
[2045] OLG Dresden GRUR-RS 2025, 18241, → Nr. 7825.
[2046] Vgl. dazu die Anm. von Fischer ZD 2022, 290, den Beitrag von Skupin GRUR-Prax 2022, 264 und die Entscheidung des LG Baden-Baden ZD-Aktuell 2022, 01391.
[2047] OLG Dresden GRUR-RS 2025, 29325 mAnm Slizyk NZV 2026, 182 und Steinert SVR 2026, 64.

fahren gegen den Fahrer eingeleitet hatte. Auf dem Foto war jedoch nicht nur der PKW an der Bushaltestelle, sondern auch der auf dem Beifahrersitz wartende Kläger, der zugleich Halter des Fahrzeugs war, zu erkennen und sah sich hierdurch in seinen Persönlichkeitsrechten verletzt, weshalb er auf Unterlassung und immateriellen Schadensersatz klagte und dabei auf den von ihm erlittenen Kontrollverlust über seine Daten verwies. Das LG Leipzig[2048] hatte die Klage mit guter Begründung abgewiesen. Anders dagegen das OLG Dresden,[2049] das der Klage in diesem Punkt Recht gab und dem Berufungskläger einen immateriellen Schadensersatz iHv. 100 EUR zuerkannt hatte.

Bei der Begründung für die Bemessung des immateriellen Schadensersatzes betonte das OLG Dresden, dass der Kläger (zugleich Halter des PKW) sich infolge der Weiterleitung des Fotos – und der damit verbundenen Verarbeitung seiner Daten durch den Beklagten – mit dem Bußgeldverfahren gegen den Fahrer habe auseinandersetzen und sich hierzu einzulassen gehabt habe und dass damit ein gewisser Zeitaufwand verbunden gewesen sei. Dies sei vom Berufungskläger als "*negative Folge*" einzuordnen gewesen. Die biometrischen Daten des Klägers (Gesicht und Oberkörper) sowie Standort, Tag und Uhrzeit einschließlich Daten zum Fahrzeug, in dem sich der Kläger befand, seien, so das OLG weiter, *„über einen Zeitraum von zumindest rund eineinhalb Jahren im Internet zugänglich und dort abrufbar, wenn auch nicht allgemein öffentlich, sondern beschränkt auf einen mit dem Vorgang befassten, aber unbestimmten Personenkreis bei der Bußgeldbehörde sowie auf weitere Personen, die Zugang oder Kenntnis von der URL oder Zugang zum Mobiltelefon des Beklagten hatten bzw. haben.“* Vor diesem Hintergrund sei *„ein Kontrollverlust über Daten des Klägers festzustellen, für den der Senat einen Betrag von 100 EUR als angemessenen, aber auch ausreichenden Ausgleich für gerechtfertigt erachtet“* hatte.

Als „skurril“ darf dieses Urteil, das in der Literatur auf scharfe Kritik stößt,[2050] aber nicht nur deshalb bezeichnet werden, weil das OLG Dresden in seiner Begründung zum Kontrollverlust auf die nachfolgend → **Rn. 246** näher beschriebenen Scraping-Fälle Bezug genommen hatte, sondern zum anderen auch wegen der Ausführungen des OLG zum – aus dessen Sicht verletzten – Grundsatz der "Datenminimierung" (s. dazu EuGH – C-394/23, NJW 2025, 807 und C-446/21 sowie OLG München GRUR-RS 2025, 36455). Dieser Grundsatz wird hier vom OLG Dresden völlig sinnentfremdet angewandt, wenn es darauf hinweist, der Beklagte hätte das Foto – vor dem Hochladen an die zuständige Behörde – dahingehend selbst bearbeiten müssen, dass der Kläger, der auf dem Beifahrersitz des PKW saß, unkenntlich gewesen wäre. Ebenso realitätsfern, ja abwegig, ist auch der Hinweis des OLG Dresden, der Beklagte hätte – um eine Erkennbarkeit des Klägers zu vermeiden – den PKW *„nur aus einer rückwärtigen Ansicht oder aus erheblicher Entfernung“* fotografieren

dürfen. Damit wäre dann allerdings das Foto, wie auch bei jeder anderweitigen eigenmächtigen „Bearbeitung“ durch den Beklagten, ebenfalls kein (verwertbarer) Beweis für den nicht unerheblichen, weil an einer Bushaltestelle begangenen, Verkehrsverstoß gewesen.

Und schließlich war auch die rechtliche Einordnung des Klägers als *„unbeteiligter Dritter“* fehlerhaft, denn dieser war immerhin Halter des verkehrswidrig abgestellten PKW und blieb – nachdem der Fahrer ausgestiegen war – nach eigenen Angaben nur deshalb auf dem Beifahrersitz im Fahrzeug zurück, um dieses bei Bedarf *„versetzen zu können, um den Vorwurf des „Parkens“ zu entkräften“* (Zitat aus dem Urteil des LG Leipzig Endurteil v. 14.3.2025 – 08 O 2194/24, GRUR-RS 2025, 29326, Rn. 28). Zudem musste er sich als Halter zwangsläufig im Zusammenhang mit der Ermittlung des Fahrers durch die Bußgeldbehörde mit der Sache auseinandersetzen und als Zeuge wäre er *„verpflichtet, auf Ladung vor Ermittlungspersonen der Staatsanwaltschaft zu erscheinen und zur Sache auszusagen“* (§ 46 Abs. 1 OWiG iVm § 163 Abs. 3 StPO). Zutreffend und entsprechend scharf kritisiert auch *Steiner* das Urteil des OLG Dresden und betont dabei, diese Argumentation offenbare, *„dass der Spruchkörper grundlegende Prinzipien des Strafprozessrechts nicht durchdrungen hat“.*[2051]

Das Urteil des 4. Zivilsenats des OLG Dresden, das *Steinert* daher zutreffend schlicht als „falsch“[2052] bezeichnet, lässt die Güterabwägung des **BGH,**[2053] die dieser in seiner **Dashcam-Entscheidung** (s. dazu unter → **Rn. 208c** und → Rn. 225) sorgfältig und unter Berücksichtigung der zuvor bereits vom Bundesverfassungsgericht entwickelten Grundsätze einer vermittelnden Lösung herausgearbeitet hatte, völlig vermissen.

Wenn *Nägele*[2054] insofern ausführt, dass auch *„bei Anzeigen von Ordnungswidrigkeiten und Straftaten … der Grundsatz der Datenminimierung beachtet werden“* müsse und insofern auf eine *„Pflicht zur Anonymisierung“* zB

2048 LG Leipzig Endurteil v. 14.3.2025 – 08 O 2194/24, GRUR-RS 2025, 29326.
2049 OLG Dresden GRUR-RS 2025, 29325.
2050 Steinert SVR 2026, 64; Slizyk NZV 2026, 182; aA Nägele GRUR-Prax 2026, 61.
2051 Steinert SVR 2026, 60 (64).
2052 Steinert SVR 2026, 60 (65).
2053 BGH BeckRS 2018, 8602 Rn. 39.
2054 Nägele GRUR-Prax 2026, 61.

„durch Verpixelung biometrischer Daten" hinweist,[2055] verkennt er insofern ebenfalls die Gerichtspraxis, vor deren Hintergrund vom Anzeigenerstatter verpixelte, anderweitig eigenmächtig bearbeitete oder das Tatgeschehen nur ungenau widergebende Fotos (zB lt. OLG Dresden, den PKW *„nur aus einer rückwärtigen Ansicht oder aus erheblicher Entfernung"* zu fotografieren) gerade keinen Wert mehr als Beweisfotos haben und – sofern keine anderen Beweismittel vorliegen – zwangsläufig zur Einstellung des Verfahrens (sofern es aufgrund der mangelhaften Beweise überhaupt hierzu kommt) führen.

Datenschutz darf kein Täterschutz sein!

Die Entscheidung des **4. Zivilsenats des OLG Dresden** sendet in ihrer Kernaussage ein **verheerendes Signal an die Bevölkerung,** das, frei interpretiert, lautet: **Schau weg und halte dich raus, sonst droht dir selbst Ungemach!** Insofern appelliert Steinert, es bleibe *„zu hoffen, dass sich auch andere Obergerichte mit der Thematik befassen und der Rechtsprechung des OLG Dresden entgegentreten. Nur so kann die Justiz Bürger motivieren, in Zukunft weiterhin durch Meldung von Ordnungswidrigkeiten und Straftaten zu einem sicheren Zusammenleben beizutragen."*[2056]

Hierzu sei abschließend noch verwiesen auf Schlanstein SVR 2023, 1; Throm DRiZ 2025, 190; Slizyk Schmerzensgeld und immaterieller Schadensersatz 2026, → **Rn. 247c** sowie auf BAG NJW 2023, 3113 – Verwertung von Daten aus offener Videoüberwachung bei DS-GVO-Verstoß.

dd) Datenzugriff, Datenleck, Scraping und Identitätsdiebstahl. Neben den sog. Facebook Scraping-Fällen haben in den letzten Jahren auch Cyberangriffe auf Internetseiten von Unternehmen und öffentlichen Stellen massiv zugenommen. Im Jahr 2023 wurden insofern laut Kenntnisstand des Bundesamtes für Sicherheit in der Informationstechnik (BSI) alleine durch Cyberattacken mit sog. Ransomware, bei der der gewohnte Zugriff auf die eigenen Daten und Systeme erst nach einer Lösegeldzahlung (englisch: Ransom) an den oder die Hacker wieder freigeschaltet wird, in Deutschland eine mittlere dreistellige Zahl an Betroffenen gemeldet und auch für 2024 sei die Lage „besorgniserregend", so das BSI.[2057] **246**

In den letzten Jahren wurden allein in Deutschland mehr als 6.000 Klagen auf immateriellen Schadensersatz von **Facebook**-Nutzern gegen die Betreiberin dieses sozialen Netzwerks und ebenso eine Vielzahl von Klagen im Zusammenhang mit den gescrapten Nutzerdaten im Zusammenhang mit dem Bonusprogramm von **Mastercard** anhängig, die nicht selten mit sehr unterschiedlichen Ergebnissen endeten.[2058]

Mit der oben bereits benannten **Leitentscheidung des BGH**[2059] und den jüngsten hiernach ergangenen Urteilen der Oberlandesgerichte[2060] sowie den Entscheidungen des **EuGH**[2061] liegen nun zu dieser Thematik wesentliche Entscheidungen vor, die bei den bestehenden Verfahren sowie bei künftigen Klagen auf immateriellen Schadensersatz wegen Scrapings zu beachten sein werden.

Demnach gilt derzeit in Bezug auf die Geltendmachung immateriellen Schadensersatzes gemäß Art. 82 Abs. 1 DS-GVO in den oben benannten Fällen Folgendes:

1. Der Betroffene, der Ersatz des immateriellen Schadens verlangt, muss geltend machen und ggf. beweisen, dass der **Verstoß gegen die DS-GVO** negative Folgen für ihn gehabt hat, die einen immateriellen Schaden darstellen.[2062]
2. Der Betroffene muss dafür stets zunächst den Nachweis (zum Nachweis durch einen Auszug der Website www.haveibeenpawnd.com vgl. das unten näher vorgestellte Urteil des OLG Dresden)[2063] erbringen, dass er einen **Kontrollverlust** bzw. einen, in einem bloßen Kontrollverlust als solchem bestehenden Schaden erlitten hat.[2064]

[2055] Nägele GRUR-Prax 2026, 61.
[2056] Steinert SVR 2026, 60 (65).
[2057] Quelle: BSI „Lagebericht der IT-Sicherheit in Deutschland 2024"; NTV 6.2.2023 mit Verweis auf eine dpa-Anfrage gegenüber dem BSI.
[2058] Entscheidungen hierzu finden Sie auch im Tabellenteil unter C. 10. a) dd).
[2059] BGH 18.11.2024 – VI ZR 10/24 NJW 2025, 298, GRUR 2024, 1910; s. dazu NJW 2024, 3595 sowie auch sehr umfassend Meyer r+s 2025, 193 sowie die nachfolgenden Urt. des BGH, BGH NJW 2025, 1060 und BGH NJW 2025, 1656.
[2060] Ua OLG Schleswig GRUR-RS 2025, 8800 → Nr. 7686; OLG Düsseldorf GRUR-RS 2025, 4597 → Nr. 7691; OLG Dresden GRUR-RS 2025, 3236 → Nr. 7694 oder OLG Hamm GRUR-RS 2024, 45245 → Nr. 7696; weitere Urt. finden Sie im Tabellenteil Kapitel C. 10. a) dd).
[2061] EuGH NJW 2025, 40; EuGH ZD 2024, 519; EuGH NJW 2024, 644, NZA 2024, 56; EuGH BeckRS 2023, 35786; vgl. dazu Mörsdorf/Momtazi NJW 2024, 1074 Rn. 15.
[2062] BGH NJW 2025, 298 Rn. 33.
[2063] OLG Dresden GRUR-RS 2025, 10704.
[2064] BGH NJW 2025, 298 Rn. 31 mit Hinweis auf EuGH ZD 2024, 519.

Ganz entscheidend dabei ist: **Verlieren kann man nur, was man zuvor besaß!**[2065] Daher muss der Betroffene auch nachweisen, dass er vor dem Datenschutz-Verstoß die Kontrolle über seine Daten und insbesondere seine Mobilrufnummer noch besaß[2066] und nicht ganz oder teilweise bereits durch sein eigenes vorheriges Verhalten – wie beispielsweise durch die anderweitige Veröffentlichung im Internet[2067] oder eine eigene Website bzw. Homepage[2068] auf der die Mobilrufnummer eingetragen worden war – verloren hatte[2069] oder *„die gescrapte Handynummer vor dem Scrapingvorfall schon unmittelbar oder mittelbar an einen unbestimmten Kreis weitergegeben worden ist"*.[2070]
Zur anderslautenden Ansicht des OLG Celle[2071] wird nachfolgend näher ausgeführt.
Ein Kontrollverlust ist jedoch nicht deshalb ausgeschlossen, weil die klägerische Partei **bereits vor dem streitgegenständlichen Scraping Opfer eines Datenlecks** war. Ob es am Kontrollverlust mangelt, wenn der Betroffene bereits vor dem jeweils streitgegenständlichen Scraping- oder Datenleckvorfall bereits Opfer eines solchen geworden war, hängt vom jeweiligen Einzelfall ab. An einem Kontrollverlust kann es bereits dann fehlen, wenn *„die Klagepartei die Kontrolle über ihre E-Mail-Adresse schon viele Jahre vor dem Datenschutz Vorfall durch insgesamt sieben andere Datenschutz Vorfälle verloren"* hatte, so das OLG Dresden.[2072] Anderer Ansicht war insofern das OLG Schleswig,[2073] dass mit Verweis auf die Leitentscheidung des BGH[2074] zutreffend darauf hinwies, dass der Betroffene in einem solchen Falle seine Daten nicht *„bewusst und ausgewählt offenlegt, d.h. sie nicht allgemein veröffentlich"* hat. Das OLG Schleswig merkte jedoch an, dass *„dies in besonders gelagerten Fällen anders zu sehen"* sein könnte. Zu Scraping-Vorfällen wegen einer **„offenen" API-Schnittstelle** (Application Programming Interface), über die Softwareanwendungen miteinander kommunizieren und Daten, Funktionen oder Dienste austauschen können und die als Vermittler zwischen Client und Server dient und dabei jedoch – sofern sie „nicht offen" ist – nur relevante Informationen überträgt, während interne Systemdetails verborgen bleiben, gibt es inzwischen eine Vielzahl von (meist klagabweisenden) Urteilen oder entsprechenden Hinweisbeschlüssen, die im Tabellenteil unter C.10.a.dd zu finden sind, wie beispielsweise LG Stuttgart → Nr. 7413 OLG Dresden → Nr. 7823 und → Nr. 7838 sowie → Nr. 7839 auf die an dieser Stelle verwiesen wird.
Einig sind sich die Oberlandesgerichte jedoch, dass derjenige, der sich durch **Fantasienamen** (sog. **Nickname**) oder mittels eines **Pseudonyms** bei Facebook, Instagram etc. angemeldet hat, gar keinen Kontrollverlust erleiden könne, weil in diesen Fällen grundsätzlich keine Verbindung zwischen der Handynummer und dem wirklichen Namen des Klägers herstellbar ist,[2075] es sei denn, der Fantasiename würde *„für einen größeren Kreis von Dritten einen Rückschluss auf die tatsächliche Identität des Klägers ermöglichen"*.[2076]

3. Zur Situation des Kontrollverlusts im Hinblick auf die Verwendung eines Vor- und Nachnamens in Form eines **Alias** s. OLG Düsseldorf.[2077]
4. Ist der Nachweis eines Kontrollverlustes erbracht und steht der Kontrollverlust somit fest, stellt dieser selbst bereits einen immateriellen Schaden dar und es bedarf keiner sich daraus entwickelnden besonderen Befürchtungen oder Ängste der betroffenen Person;[2078] diese wären lediglich geeignet, den eingetretenen immateriellen Schaden noch zu vertiefen oder zu vergrößern. Somit kann bereits der bloße und **kurzzeitige Kontrollverlust** über eigene personenbezogene Daten infolge eines Verstoßes gegen die DS-GVO einen immateriellen Schaden darstellen, selbst wenn konkret keine missbräuchliche Verwendung der betreffenden Daten zum Nachteil dieser Personen erfolgt sein sollte.[2079] Es spielt – jedenfalls wenn man hierzu das Urteil des OLG Braunschweig[2080] zitiert – für die Begründung eines immateriellen Schadensersatzanspruch keine Rolle, wenn das Gericht die vom Kläger geschilderten psychischen Beeinträchtigungen als „nicht glaubhaft" ansieht, sofern zumindest der Kontrollverlust nachgewiesen werden konnte.

[2065] OLG Koblenz GRUR-RS 2025, 9573 → Nr. 7819 und GRUR-RS 2025, 2048 → Nr. 7837; OLG Hamm GRUR-RS 2024, 34277 → Nr. 7923, OLG Hamm GRUR-RS 2024, 33918 → Nr. 7510 und OLG Hamm GRUR-RS 2024, 33926 → Nr. 7518.
[2066] OLG Hamm GRUR-RS 2024, 34277 Rn. 53; aA OLG Celle GRUR-RS 2025, 5402 → Nr. 7833.
[2067] OLG Hamm GRUR-RS 2024, 45245.
[2068] OLG Dresden GRUR-RS 2025, 3236 → Nr. 7694; GRUR-RS 2025, 3205 → Nr. 7838 und OLG Dresden Hinweisbeschluss ZD 2025, 464 → Nr. 7839.
[2069] OLG Dresden GRUR-RS 2025, 9386; BGH 18.11.2024 – VI ZR 10/24, GRUR 2024, 1910 – Scraping mAnm Dienst/Stegemann GRUR-Prax 2025, 153, so auch – die BGH-Entscheidung bereits berücksichtigend OLG Hamm GRUR-RS 2024, 33926 und OLG Schleswig GRUR-RS 2025, 8880 und GRUR-RS 2025, 8882.
[2070] OLG Hamm GRUR-RS 2024, 168563. Amtlicher Leitsatz.
[2071] OLG Celle GRUR-RS 2025, 5402 → Nr. 7833.
[2072] OLG Dresden GRUR-RS 2025, 3205 → Nr. 7838 und GRUR-RS 2025, 10704 → Nr. 7823.
[2073] OLG Schleswig GRUR-RS 2025, 8884 Rn. 125.
[2074] BGH NJW 2025, 298 Rn. 41.
[2075] OLG München GRUR-RS 2025, 3209 Rn. 22 → Nr. 7693; OLG Dresden GRUR-RS 2024, 38639 → Nr. 7697.
[2076] OLG München GRUR-RS 2025, 3209 Rn. 22; OLG Dresden GRUR-RS 2024, 38639.
[2077] OLG Düsseldorf GRUR-RS 2025, 4597 → Nr. 7691.
[2078] BGH NJW 2025, 298 Rn. 35.
[2079] BGH NJW 2025, 298 Rn. 30 mAnm Paal NJW 2025, 261; EuGH ZD 2024, 519.
[2080] OLG Braunschweig GRUR-RS 2025, 13181 → Nr. 7719.

(Zur dem **entgegenstehenden Rechtsansicht des EuGH**[2081] s. oben unter → **Rn. 244b.**)

5. Besteht der Schaden lediglich im Kontrollverlusts an personenbezogenen Daten, sind bei der **Bemessung der Höhe des immateriellen Schadensersatzes** folgende Kriterien zu berücksichtigen:[2082]
   - Die etwaige Sensibilität der konkret betroffenen personenbezogenen Daten (vgl. Art. 9 Abs. 1 DSGVO) und deren typischerweise zweckgemäße Verwendung.
   - Die Art des Kontrollverlusts (begrenzter/unbegrenzter Empfängerkreis).
   - Die Dauer des Kontrollverlusts, der beim Wechsel der zuvor „verlorenen" Mobilrufnummer „sein Ende gefunden" hat, was sich anspruchsmindernd auswirken kann.[2083]
   - Die Folgen des Kontrollverlusts für den Betroffenen.[2084]
   - Die Möglichkeit der Wiedererlangung der Kontrolle, etwa durch Entfernung einer Veröffentlichung aus dem Internet (inkl. Archiven) oder Änderung des personenbezogenen Datums (zB Rufnummernwechsel; neue Kreditkartennummer).
   - Zudem kann im Einzelfall als Anhalt für einen noch effektiveren Ausgleich – und damit den immateriellen Schadensersatz erhöhend – beispielsweise auch der hypothetische Aufwand für die Wiedererlangung der Kontrolle (hier insbesondere eines Rufnummernwechsels) dienen. So kann der Umstand, dass eine Partei das Bekanntwerden des Scrapens ihrer Daten zum Anlass nimmt, ihren Account auf der von dem Scraping betroffenen Plattform zu löschen, Anhaltspunkt dafür sein, einen über 100 EUR hinausgehenden Schadensersatz zuzusprechen, wenn der Betroffene zur aufgewendeten Zeit und Mühe ausreichend vorträgt; etwa, er habe sich mit dem „Datenleak" auseinandersetzen und den Sachverhalt ermitteln und sich um eine Auskunft der Beklagten kümmern sowie selbst weitere Maßnahmen ergreifen müssen.[2085]
6. Aber auch dann, wenn ein Kontrollverlust nicht nachgewiesen werden kann, reicht die begründete **Befürchtung** einer Person, dass ihre personenbezogenen Daten aufgrund eines Verstoßes gegen die Verordnung von Dritten missbräuchlich verwendet werden, aus, um einen Schadensersatzanspruch zu begründen.[2086] **Die Befürchtung samt ihrer negativen Folgen muss dabei ordnungsgemäß nachgewiesen sein.** Demgegenüber genügt die bloße Behauptung einer Befürchtung ohne nachgewiesene negative Folgen nicht; ebenso wenig wie ein rein hypothetisches Risiko der missbräuchlichen Verwendung durch einen unbefugten Dritten.[2087]
7. Auch wenn die nach der Leitentscheidung des BGH zwar tiefergehängten,[2088] aber dennoch vorhandenen Hürden für einen Anspruch auf immateriellen Schadensersatz genommen wurden, fällt der Betrag beim bloßen Kontrollverlust nicht allzu hoch aus, denn der BGH nannte als *„notwendigen **Ausgleich für den eingetretenen Kontrollverlust**"* eine *„**Größenordnung von 100 EUR**"*.[2089] Dem steht nicht entgegen, dass das EuG in seiner (noch nicht rechtskräftigen) Entscheidung vom 8.1.2025[2090] (T-354/22) für den Kontrollverlust über eine IP-Adresse einen Schadensersatzanspruch gegen die Kommission wegen Verstoß gegen Art. 46 der Verordnung 2018/1725 in Höhe von 400 EUR zuerkannt hat. Vgl. dazu oben unter → **Rn. 247a.**
8. Vor diesem Hintergrund sind die noch vor der oben benannten Grundsatzentscheidung des BGH ergangenen Urteile der Oberlandesgerichte[2091] hinsichtlich ihrer klagabweisenden Begründung im Kern überholt; dies gilt erst recht für die Urteile der Amts- und Landgerichte (vgl. dazu nachstehenden Praxishinweis).
9. Sofern ein höheres „Schmerzensgeld" bzw. korrekter formuliert, ein höherer immaterieller Schadensersatzbetrag als der vom BGH avisierte 100-Euroschein[2092] gefordert wird, müssen Betroffene hierzu ausreichend und überzeugend Gründe hierfür vortragen; diese können in der Art und Dauer des Kontrollverlusts, in der etwaigen Sensibilität der konkret betroffenen personenbezogenen Daten (vgl. Art. 9 I DS-GVO) und deren typischerweise zweckgemäße Verwendung liegen sowie in psychischen Beeinträchtigungen infolge des Kontrollverlustes.[2093] Betroffene haben auch weiterhin in jedem Einzelfall zu den individuellen Voraussetzungen des geltend gemachten Kontrollverlusts sowie potenziell denkbaren immateriellen Beeinträchtigungen jenseits eines Kontrollverlusts individuell und substanziiert vorzutragen sowie gegebenenfalls

---

[2081] EuGH (C-526/24) NJW 3137.
[2082] BGH NJW 2025, 298 Rn. 99; OLG Schleswig GRUR-RS 2025, 8883 Rn. 152; LG Leipzig → Nr. 7724.
[2083] OLG Düsseldorf GRUR-RS 2025, 14378 → Nr. 7831; vgl. zum (nicht erfolgten) Rufnummernwechsel auch OLG Köln Urt. v. 3.4.2025 – GRUR-RS 2025, 7148 → Nr. 7814 und OLG Braunschweig GRUR-RS 2025, 13181 → Nr. 7719.
[2084] OLG Schleswig GRUR-RS 2025, 8880 → Nr. 7686.
[2085] OLG Schleswig GRUR-RS 2025, 8800.
[2086] BGH NJW 2025, 298 Rn. 32.
[2087] BGH NJW 2025, 298 Rn. 32 mit Hinweis auf EuGH ZD 2024, 519 sowie OLG Schleswig GRUR-RS 2025, 8880 und OLG Hamm GRUR-RS 2024, 33926.
[2088] Datenleck bei Facebook: Niedrige Hürden für Schadensersatz becklink 2032576.
[2089] BGH NJW 2025, 298 Rn. 100.
[2090] EuGH (T-354/22) ZD 2025, 277 → Nr. 7913; vgl. auch OLG Köln GRUR-RS 2025, 7150 → Nr. 7150.
[2091] OLG Düsseldorf GRUR-RS 2024, 30341, OLG München GRUR-RS 2024, 8563, OLG Oldenburg BeckRS 2024, 12013, OLG Saarbrücken GRUR-RS 2024, 10977, OLG Celle GRUR-RS 2024, OLG Köln GRUR-RS 2023, 36757, OLG Dresden GRUR-RS 2024, 2991 und OLG Dresden 2023, 36858, OLG Stuttgart GRUR-RS 2023, 32883.
[2092] BGH NJW 2025, 298 Rn. 100.
[2093] BGH NJW 2025, 298 Rn. 100; OLG Köln GRUR-RS 2025, 7148 → Nr. 7814, OLG Braunschweig GRUR-RS 2025, 13181 → Nr. 7719; vgl. jedoch LG Leipzig GRUR-RR 2025, 15264 → Nr. 7724.

entsprechend Beweis anzutreten.[2094] Besonders hervorzuheben ist insofern das **Urteil des OLG Schleswig,**[2095] das 2025 in einem solchen Fall unter Berücksichtigung auch der Leitentscheidung des BGH einem Betroffenen **300 EUR** immateriellen Schadensersatz zuerkannt hatte. Entscheidend war dabei, dass der Kläger im Fall des OLG Schleswig diesem gegenüber und zu dessen Überzeugung den Nachweis führen konnte, dass er vor dem Scraping-Vorfall noch die **Kontrolle über seine Daten und insbesondere über seine Mobilrufnummer** hatte. Insofern führte das OLG Schleswig dazu aus: *„Insofern hat ihre Anhörung vor dem Senat ergeben, dass die klägerische Partei zwar zuvor in – wenn auch eher geringer Form – im Internet unterwegs war und ist, nicht aber, dass ihre Mobiltelefonnummer in Zusammenhang mit ihrem Namen (hierum geht es im Wesentlichen) bereits zuvor derart öffentlich bzw. häufig Verwendung gefunden hätte, dass bereits vor dem streitgegenständlichen Vorfall von einem Verlust der Kontrolle hierüber anzunehmen wäre. Die klägerische Partei hat insofern zwar angegeben, auf einigen Social-Media-Plattformen angemeldet zu sein bzw. gewesen zu sein, nämlich neben Facebook noch bei Instagram, und auch Streamingdienste wie YouTube sowie Messengerdienste wie WhatsApp zu nutzen und im Internet Einkäufe zu tätigen. Sie hat aber deutlich gemacht, darauf zu achten, möglichst wenig Daten öffentlich werden zu lassen und vor allem ihre Telefonnummer gegenüber dem jeweiligen Dienst nur anzugeben, wenn dies für eine Zwei-Faktor-Authentifizierung oder aus sonstigen Gründen unabweislich notwendig sei. Wenn sie lediglich optional angegeben werden könne, gebe sie ihre Telefonnummer bewusst nicht an. Im beruflichen Verkehr nutze sie ihre private Telefonnummer nicht. Eine eigene Internetseite unterhalte sie nicht.“*[2096] Vgl. oben unter → **Rn. 247.**

Mit dem zweiten, der oben aufgelisteten neun Punkte hatte sich das OLG Dresden 2025[2097] befasst und es als **Nachweis für den Kontrollverlust der E-Mail-Anschrift bzw. E-Mail-Adresse** ausreichen lassen, dass es hierfür in einer ersten Stufe genüge, wenn der Betroffene sich auf einen Auszug der Seite **www.haveibeenpawnd.com** stützt, sofern der Datenschutzvorfall an sich sowie die Verwendung der zugrunde liegenden Daten bei der Plattformanmeldung unstreitig sind. Es obliege dann sozusagen als 2. Stufe – so das OLG Dresden – dem Plattformbetreiber, substantiiert darzulegen, weshalb es gleichwohl an einer Betroffenheit des Nutzers fehle (Zweistufige Darlegungslast). Dazu führt das OLG Dresden aus:

„Das Angebot der Webseite www.h… .com ist hinreichend verlässlich, um jedenfalls die individuelle Betroffenheit von Sicherheitsvorfällen darzulegen und damit die sekundäre Darlegungslast des Betreibers auszulösen. Denn die Verantwortlichen sammeln nach eigenen Angaben Daten aus derartigen Vorfällen und ermöglichen es den Nutzern damit festzustellen, ob und in welchen Fällen ihre Daten offengelegt wurden. Dass die zugrundeliegende Methodik im Einzelnen nicht bekannt und daher die Aussagekraft dieser Seite auch in der Rechtsprechung umstritten ist, steht dem nicht entgegen. Fraglos kann mit einem Auszug aus dieser Seite ein tauglicher Beweis nicht geführt werden, weil es sich hierbei lediglich um ein Augenscheinsobjekt handelt, das keine Beweiskraft für seinen Inhalt hat. Dies ändert jedoch nichts daran, dass die Aufnahme einer E-Mail-Anschrift in den Datenbestand dieser Seite ein Indiz für deren Einbeziehung in einen Datenschutzvorfall ist, auch weil der Betroffene regelmäßig keine Möglichkeit hat, die Aufnahme seiner E-Mail-Anschrift in den Datenbestand dieser Seite zu beeinflussen und – gerichtsbekanntnach einem größeren Datenschutzvorfall nicht automatisch alle E-Mail Anschriften, die bei einem Plattformbetreiber hinterlegt sind, auch bei www.h… .com zu einem Treffer führen. Die daraus folgende Eingrenzung führt daher dazu, dass der Betroffene auf der ersten Stufe seiner Darlegungslast genügt, was wiederum dazu führt, dass nunmehr der Betreiber im Rahmen seiner sekundären Darlegungslast substantiiert und einzelfallbezogen darlegen muss, weshalb gerade die jeweilige Klagepartei von einem von einem Datenschutzvorfall nicht betroffen sein soll.“[2098]

Ebenfalls mit dem zweiten, der oben aufgelisteten neun Punkte – hier allerdings mit der beispielsweise vom **OLG Koblenz und anderen Instanzgerichten**[2099] vertretenen These: **Verlieren kann man nur, was man zuvor besaß!** – hatte sich das OLG Celle[2100] 2025 befasst und trat dem entgegen: Es sei für den immateriellen Schadensersatz nicht hinderlich, dass der Kläger *„die jeweiligen Daten auch schon einmal anderweitig auf andere Art und Weise, beispielsweise auf anderen „Kanälen“, Plattformen etc., freiwillig herausgegeben hat. Maßgeblich ist vielmehr allein das Verhältnis der jeweiligen Klage zu der jeweiligen Beklagtenpartei: Hat der Kläger dem Beklagten – bspw. im Rahmen eines Vertragsverhältnisses – persönliche Daten übergeben, hat und behält er im Rahmen dieses Verhältnisses die Kontrolle über seine Daten. Diese Kontrolle verliert die Klagepartei in der Regel dann, wenn innerhalb der Sphäre der Beklagtenpartei diese Daten einem Dritten zugänglich gemacht werden (vgl. dazu BGH, Urteil vom 28. Januar 2025 – VI ZR 109/23…). Ob es von diesem Grundsatz in Einzelfällen Ausnahmen geben kann,*

[2094] Paal, NJW 2025, 261 Rn. 20.
[2095] OLG Schleswig GRUR-RS 2025, 8880 → Nr. 7686.
[2096] OLG Schleswig GRUR-RS 2025, 8880 Rn. 129.
[2097] OLG Dresden G RUR-RS 2025, 3222 → Nr. 7840.
[2098] OLG Dresden GRUR-RS 2025, 3222 Rn. 10.
[2099] OLG Koblenz GRUR-RS 2025, 9573 → Nr. 7819 und GRUR-RS 2025, 2048 → Nr. 7837; OLG Hamm GRUR-RS 2024, 34277 → Nr. 7923, OLG Hamm GRUR-RS 2024, 33918 → Nr. 7510 und OLG Hamm GRUR-RS 2024, 33926 → Nr. 7518.
[2100] OLG Celle GRUR-RS 2025, 5402 → Nr. 7833.

kann dahinstehen. Anhaltspunkte für eine solche Ausnahmefallgestaltung sind jedenfalls vorliegend nicht ersichtlich. Das steht nach dem Verständnis des Senats – neben der vorgenannten Entscheidung des Bundesgerichtshofs – auch im Einklang mit der Rechtsprechung des EuGH, der im Rahmen der Prüfung eines etwaigen „Kontrollverlustes" ebenfalls nur auf das konkrete Verhältnis zwischen Klage- und Beklagtenpartei abstellt und nicht die Frage aufwirft, ob die Klagepartei ihre Daten auch schon außerhalb dieses Beziehungsverhältnisses „aus der Hand gegeben" hatte."[2101]

Doch was versteht man unter Scraping? Das sog. Scraping von Daten (frei übersetzt das „Auskratzen von Daten") lief im sog. Facebook-Scraping-Fall – wie dies das LG Memmingen[2102] in bislang einmaliger Form und mit vorbildlicher Sorgfalt dargestellt hat – dergestalt ab, dass die Hacker bzw. die sog. Scraper zunächst Listen mit möglichen Telefonnummern in den sog. Kontakt-Importer der Plattform von Facebook hochgeladen hatten, um festzustellen, ob die so hochgeladenen Telefonnummern mit einem Konto eines Nutzers, der seine Telefonnummer bei Facebook bereitgestellt und die Suchbarkeits-Einstellungen dort auf „Alle" eingestellt hatte, verbunden sind. Der Kontakt-Importer gab anschließend, sofern eine der hochgeladenen Telefonnummern mit dem Konto eines Facebook-Nutzers verknüpft war, diese Information, also den Umstand der Verknüpfung von Telefonnummer und Konto, an die sog. Scraper weiter. Anschließend fügten die Scraper den öffentlich zugänglichen Informationen aus dem betreffenden Profil des Nutzers die mit dem Konto verknüpfte Telefonnummer hinzu. Auf diese Weise konnten die Scraper nun Namenslisten mit individuellen Daten und Kontaktdaten herstellen und diese für illegale Nutzungen verwenden oder weiterverkaufen. Scraping – so das LG weiter – unterscheidet sich insofern von der zulässigen Nutzung einer Website oder App, dass die Scraper Verfahren einsetzen, um in großem Umfang Daten zu sammeln.

Das Sammeln von Daten über diese automatisierten Methoden ist durch die Nutzungsbedingungen von Facebook bzw. der **Meta Platforms Inc.** verboten, wurde jedoch zum maßgeblichen Zeitpunkt sehr erleichtert, wenn beispielsweise ein Facebook-Nutzer seine Suchbarkeits-Einstellungen auf der standardmäßigen Voreinstellung „alle" beließ. Diese Voreinstellung sah zum damaligen Zeitpunkt bei Facebook für die Suchbarkeit eines Nutzerprofils über die Telefonnummer vor, dass „alle" anderen Facebook-Nutzer eine entsprechende Rufnummernsuche durchführen konnten. Gleichzeitig wurde über die Suchbarkeit der Rufnummer auch die Zugänglichkeit zu weiteren Profildaten eröffnet, was sich konkret in der Vorgehensweise der Scraper niederschlug, die den Umstand ausnutzten, über die Verknüpfung der Rufnummer sodann die „öffentlichen" personenbezogenen Daten des Nutzerprofils abzugreifen.

Insofern sind zwei besonders gravierende **Hackerangriffe** zu nennen, die letztlich Auslöser für die heute hierzu vorliegende Rechtsprechung sind: Zum einen der Angriff im Jahr 2019 auf das Bonusprogramm von **Mastercard,** bei dem sensible Daten wie die Namen, Geburtstage, Handynummern und Adressen von knapp 90.000 Teilnehmern des Bonusprogramms „Priceless Specials" abgegriffen bzw. gescrapt worden waren und zum anderen das sog. Facebook-Datenleck im Jahr 2021, von dem mehr als 500 Millionen **Facebook-**Nutzer betroffen waren.

Animiert durch Medienberichte und Zeitschriftenwerbung[2103] hatte sich – ähnlich wie im sog. Diesel-Skandal – zum Scraping seit 2023 ein **Geschäftsmodell in Bezug auf das Einfordern von immateriellem Schadensersatz** entwickelt. Zudem erhob im Dezember 2024 – vor dem Hintergrund der oben benannten Grundsatzentscheidung des BGH und mit dem Hinweis *„Bereits bei bloßem Kontrollverlust über eigene Daten sind laut Bundesgerichtshof 100 Euro ein angemessener Schadenersatz"* nun auch die **Verbraucherzentrale** eine **Sammelklage gegen Facebook.**[2104]

Folglich liegen inzwischen eine Vielzahl von Gerichtsentscheidungen vor, die nachfolgend im **Tabellenteil im Kapitel C. 10. a)–dd)** aufgeführt werden, zu denen jedoch der nachfolgende Praxishinweis unbedingt zu beachten ist.

Praxishinweis:

Vor dem Hintergrund der Leitentscheidung des BGH und der im Anschluss daran bereits ergangenen Entscheidungen einer Vielzahl von Oberlandesgerichten sind die zahlreichen Urteile der Amts- und Landgerichte, die **vor** der Leitentscheidung des BGH verkündet worden waren[2105] und zum Teil immateriellen Schadensersatz bis zu 10.000 EUR zuerkannt hatten, überholt und können zumindest hinsichtlich der Bemessung der Höhe des immateriellen Schadensersatzes grundsätzlich – aA jedoch LG Leipzig Urt. v. 4.7.2025 → Nr. 7724 – nicht mehr zur Orientierung dienen.

2101 OLG Celle GRUR-RS 2025, 5402 → Nr. 7833 Rn. 18.
2102 LG Memmingen GRUR-RS 2023, 3856.
2103 Stiftung Warentest test 2023, 82.
2104 https://www.vzbv.de bzw. https://www.sammelklagen.de/.
2105 Vgl. Leibold ZD-Aktuell 2025, 01150.

Die Oberlandesgerichte orientieren sich nun sehr exakt an der Leitentscheidung des BGH und erachten für einen Kontrollverlust ohne psychische Beeinträchtigungen, die über die mit dem eingetretenen Kontrollverlust für jedermann unmittelbar zusammenhängenden Unannehmlichkeiten hinausgehen, einen immateriellen Schadensersatz iHv 100 EUR für angemessen und ausreichend. **Betroffene** müssen somit zur Überzeugung der Instanzgerichte insbesondere den Nachweis erbringen, dass sie vor dem Scraping-Vorfall noch die Kontrolle über Ihre Daten hatten und diese anschließend durch denselben verloren haben. Dies war beispielsweise dem Kläger vor dem OLG Schleswig in gleich zwei Fällen[2106] gelungen, nicht aber den jew. Klägern vor dem OLG Hamm[2107] und dem OLG Dresden.[2108]
Beklagte Unternehmen sollten den Blick auf den auch vom BGH[2109] aktuell noch verwendeten Begriff des „Kontrollverlustes" richten und darauf, dass der Kläger in jedem Falle entweder den Kontrollverlust (s. oben Punkt 2) oder zumindest seine Befürchtungen mitsamt der für ihn negativen Folgen (s. oben Punkt 5) nachweisen und ggf. zur vollen Überzeugung des Gerichts (§ 286 ZPO) beweisen muss. Es besteht somit auch nach der Leitentscheidung des BGH weiterhin Argumentationsspielraum, um sich erfolgreich gegen Klagen auf immateriellen Schadensersatz wegen derartiger Datenschutzverstöße zu verteidigen.[2110] Wie lange der BGH jedoch diese – gegenüber der Rechtsprechung des EuGH –[2111] weniger umfassende Rechtsansicht vertritt bzw. vertreten kann, bleibt abzuwarten. Vgl. hierzu oben unter → **Rn. 244b.**
Der Ansatz des OLG Dresden sich zum **Nachweis des Kontrollverlustes** in Bezug auf die eigene E-Mail-Adresse auf die Website **www.haveibeenpawnd.com** zu stützen, sofern der Datenschutzvorfall an sich sowie die Verwendung der zugrunde liegenden Daten bei der Plattformanmeldung unstreitig sind, ist interessant. Ob dies von allen Instanzgerichten anerkannt wird, bleibt abzuwarten.

Indem der BGH in seiner Leitentscheidung nochmals betont hat, dass *„Der Betroffene, der Ersatz des immateriellen Schadens verlangt, …folglich geltend machen (und ggf. nachweisen)* [müsse], *dass der Verstoß gegen die Datenschutz-Grundverordnung negative Folgen für ihn gehabt hat, die einen immateriellen Schaden darstellen",*[2112] weist er nochmals auf die Eingangsvoraussetzung des Vorliegens eines **Verstoßes gegen die DS-GVO** hin. Fehlt ein solcher Verstoß bzw. eine Pflichtverletzung, so helfen der betroffenen Person die oben aufgeführten Erleichterungen des BGH für die Durchsetzung eines immateriellen Schadensersatzanspruchs auch nicht weiter.

So begründete das OLG Stuttgart[2113] 2021 im Falle von Mastercard seine Klagabweisung bereits damals damit, dass es an einem Verstoß gegen die DS-GVO fehle und führte dazu zutreffend aus: *„Gemäß Art. 82 Abs. 1 DS-GVO haftet der Verantwortliche für Schäden wegen Verstößen gegen diese Verordnung. Grund und damit unabdingbare Voraussetzung der Haftung ist eine* ***Pflichtverletzung*** *(Kohn, ZD 2019, 498, 500), wenngleich es auf einen Schutznormcharakter der verletzten Vorschrift nicht ankommt, der Begriff der Pflichtverletzung also denkbar weit gefasst ist und letztlich jede Verletzung materieller oder formeller Bestimmungen der Verordnung einschließt (…). Im Streitfall liegt eine Pflichtverletzung in diesem Sinne nicht vor. Die Beklagte hat weder ein Auskunftsersuchen der Klägerin zu spät beantwortet […], noch hat die Klägerin nachgewiesen, dass die Beklagte die Daten unzureichend geschützt hat […]."*[2114]

Neben der Argumentation, es liege bereits keine Pflichtverletzung seitens des gehackten Unternehmens vor, wurde häufig auch bereits das Fehlen einer schlüssigen Darlegung der **Kausalität zwischen der Verletzungshandlung bzw. dem Verstoß gegen die DS-GVO** und dem geltend gemachten Schaden moniert.[2115] Der Vortrag der Kläger, der Zugang von unerwünschten E-Mails bzw. SPAM, SMS und Anrufen habe nach dem Daten-Scraping auf dem eigenen Account stark zugenommen, wird ohne weitere diesbezügliche Beweise eines konkreten Bezugs zu dem Datenleck beim Beklagten nicht als ausreichend angesehen, selbst wenn – worauf das OLG Hamm[2116] 2023 hingewiesen hat – insofern „eine Mitursächlichkeit ausreichend ist".[2117]

Wenn somit die Redakteure der Stiftung Warentest ebenso wie einige Kanzleien ihren Lesern oder potentiellen Mandanten insbesondere im Falle von Facebook suggeriert hatten bzw. ggf. noch heute direkt raten,

2106 OLG Schleswig GRUR-RS 2025, 8880 → Nr. 7686 und GRUR-RS 2025, 8882 → Nr. 7688.
2107 OLG Hamm GRUR-RS 2024, 45245; GRUR-RS 2024, 34277 und GRUR-RS 2024, 33926.
2108 OLG Dresden GRUR-RS 2025, 3236; GRUR-RS 2025, 1215 und GRUR-RS 2024, 38639.
2109 BGH NJW 2025, 298 sowie BGH NJW 2025, 1060 und BGH NJW 2025, 1656.
2110 Vgl. OLG Hamm GRUR-RS 2024, 33926; Dienst/Stegemann GRUR-Prax 2025, 153; Schürgers/Hirschberger NZA 2025, 216; Paal NJW 2025, 261.
2111 EuGH (C-526/24) NJW 2025, 3137.
2112 BGH NJW 2025, 298 Rn. 33.
2113 OLG Stuttgart BeckRS 2021, 6282.
2114 OLG Stuttgart BeckRS 2021, 6282.
2115 LG Baden-Baden GRUR-RS 2023, 3862.
2116 OLG Hamm GRUR-RS 2023, 1263.
2117 LG Baden-Baden GRUR-RS 2023, 3862 → Nr. 7172.

man müsse lediglich an die insofern ggf. verantwortliche Meta Platforms Ireland Limited mit Sitz in Dublin eine E-Mail mit dem Text senden *„Ich fordere 1.000 Euro Schadensersatz, weil Sie meine Daten über das Kontakt-Import-Tool unter Verstoß gegen die Datenschutzgrundverordnung an Unberechtigte weitergegeben haben und ich seitdem Viren-Mails und -SMS erhalte"* – so der von Stiftung Warentest vorgeschlagene Mustertext[2118] – und würde dann die geforderte Summe oder gar bis zu 4.500 EUR erhalten oder einen Rechtsanspruch dahingehend leicht und erfolgreich durchsetzen können, so weckte dies Hoffnungen, die nach der bisherigen Rechtslage bis auf ganz wenige Ausnahmen bereits nicht erfüllt wurden und auch heute mit Rücksicht auf die aktuelle Rechtsprechung des BGH sowie der Oberlandesgerichte wohl eher nicht erfüllt werden. Dies gilt in besonderem Maße vor dem Hintergrund der jüngsten Entscheidung des OLG Hamm,[2119] dass dazu – bereits nach der BGH-Entscheidung – ausgeführt hatte, dass weder die bloße Behauptung einer Befürchtung ohne nachgewiesene negative Folgen noch ein rein hypothetisches Risiko der missbräuchlichen Verwendung durch einen unbefugten Dritten einen immateriellen Schaden iSd DS-GVO begründe. Ebenfalls Wasser in den Wein goss insofern das OLG Celle,[2120] indem es – noch vor der BGH-Leitentscheidung – darauf verwiesen hatte, dass die Prozessbevollmächtigten des Klägers insofern bislang mehr als 6.000 gleichgelagerte Fälle mittels Textbausteinen als Klagen eingereicht hätten und dies zutreffend kommentierte, dass *„es … nach der Lebenserfahrung als ausgeschlossen [erscheine], dass sämtliche der mehr als 6000 Klageparteien (…), in Bezug auf den streitgegenständlichen Scraping-Vorfall dieselben „inneren Gefühle" gehabt haben."* Die oben erwähnte Argumentation, es liege bereits keine Pflichtverletzung vor greift selbstverständlich nicht, wenn der für die Datenverarbeitung Verantwortliche bereits **konkrete Kenntnis von einem Datenabgriff** durch unbefugte Dritte hat und trotzdem – im Einzelfall – bei ex-ante-Betrachtung naheliegende Maßnahmen zur Verhinderung eines weiteren unbefugten Datenabgriffs nicht ergreift. In einem solchen Falle verletzt er seine Pflichten aus Art. 32 und Art. 25 Abs. 1 DS-GVO.[2121]

Ebenso, wenn ein Finanzdienstleistungsunternehmen einem von ihm beauftragten IT-Dienstleister auch mehr als vier Jahre nach Beendigung der Geschäftsbeziehung noch den Zugriff auf Kundendaten ermöglicht bzw. deren Zugriff mit Ablauf der Zusammenarbeit nicht sofort gesperrt und somit ihre organisatorischen **IT-Abläufe** ganz offensichtlich **fehlerhaft** ausgestaltet hat, so dass unbefugte Dritte auf diesem Wege – also über die Zugangsdaten des früheren Dienstleisters der Beklagten – unrechtmäßig Zugriff auf die Kundendaten der Beklagten nehmen konnten. Handynummer, Steuer-ID, IBAN sowie Ausweiskopie des Klägers, einem Kunden der Beklagten, gelangte somit in die Hände der Sraper. Vor diesem Hintergrund bejahte das LG München I zutreffend einen eigenen DS-GVO-Verstoß der Beklagten und den Anspruch auf immateriellen Schadensersatz iHv 2.500 EUR.[2122]

Werden gar Daten bzw. im Falle des OLG München[2123] E-Mails von Geschäftspartnern heimlich ausgespäht und mitgelesen, oder wie im vom AG Pforzheim[2124] entschiedenen Fall **Gesundheitsdaten** unberechtigt an Dritte weitergegeben, so können die zugesprochenen Schmerzensgeldbeträge bzw. der zuerkannte immaterielle Schadensersatz gar mittlere vierstellige Beträge erreichen. Im Falle des OLG München, bei dem der Beklagte „gezielt und vorsätzlich" vorgegangen war und dies zudem über einen „längeren Zeitraum", erachtete das OLG München 5.000 EUR als angemessen. Im Falle des AG Pforzheim[2125] sprach dieses im Zusammenhang mit einem eherechtlichen Umgangsverfahren einem Ehemann ein Schmerzensgeld iHv 4.000 EUR zu, da sein Psychotherapeut dem Prozessbevollmächtigten seiner Ehefrau eine interne Stellungnahme bezüglich seiner Diagnose ICD 10 F 60.8 sowie seines Alkoholmissbrauchs weitergeleitet hatte, die sich daraufhin beharrlich weigerte, dem Ehemann (Kläger) den Umgang mit den gemeinsamen Kindern zu gewähren. Das AG sah darin einen *„Eingriff in die höchstpersönliche Sphäre des Klägers"* und *„einen schweren Verstoß gegen die DS-GVO"*.[2126]

An dieser Stelle abschließend sei noch auf die Fälle von **Identitätsdiebstahl und der Bemessung des Schadenersatzes bei Diebstahl personenbezogener Daten** hingewiesen, mit denen sich der **EuGH**[2127] in den Rechtssachen C-182/22 und C-189/22 ausführlich befasst hatte:[2128]

- Im Ausgangsverfahren zu C-182/22 hatten zwei Mandanten eines Steuerberaters 15.000 EUR immateriellen Schadensersatz von diesem gefordert, weil dieser ihre Steuererklärung aufgrund eines Umzugs der

2118 Stiftung Warentest Fachzeitschrift test Ausgabe 3/2023, 82.
2119 OLG Hamm GRUR-RS 2024, 33926; ebenso im Ergebnis OLG Dresden GRUR-RS 2025, 9386.
2120 OLG Celle GRUR-RS 2024, 6435 → Nr. 7680.
2121 OLG Hamm GRUR-RS 2023, 22505 das insofern verweist auf Irish Data Protection Commission Entsch. v. 25.11.2022 – IN-21-4-2 sowie auch GA Pitruzzella Schlussanträge v. 27.4.2023 – C-340/21, BeckRS 2023, 8707 Rn. 20, 29 ff., 38 ff.
2122 LG München I GRUR-Prax 2022, 182 → Nr. 7080.
2123 OLG München BeckRS 2019, 34442.
2124 AG Pforzheim BeckRS 2020, 27380.
2125 AG Pforzheim BeckRS 2020, 27380.
2126 AG Pforzheim BeckRS 2020, 27380.
2127 EuGH NJW 2024, 2599 mAnm Pauly/Kienle ZD 2024, 515 (519).
2128 Vgl. dazu auch Bock GRUR-Prax 2024, 550.

Mandanten versehentlich an die neuen Bewohner der alten Wohnadresse gesandt hatte, wobei offengeblieben war, ob die versehentlichen Empfänger diese Unterlagen überhaupt zur Kenntnis genommen hatten.

- Im Ausgangsfall zu C-189/22 hatten die Betroffenen unter Angabe ihrer personenbezogener Daten Accounts auf der Plattform eines Online Brokers angelegt. Anschließend hatten unbekannte Hacker diese Daten abgegriffen, jedoch nicht in betrügerischer Weise verwendet. Die Kläger begehrten daraufhin von der Beklagten immateriellen Schadensersatz.

Der EuGH wies in seiner Entscheidung zu diesen beiden Fällen ua darauf hin, dass nach den Erwägungsgründen 75, 85 DS-GVO ein Identitätsdiebstahl zur Vollständigkeit voraussetze, dass die gestohlene Identität von dem oder den Tätern auch angenommen wurde, da der Verordnungsgeber „Identitätsdiebstahl" und „Identitätsbetrug" austauschbar verwende und ein Kontrollverlust vorausgesetzt werde.

Doch auch ohne das Vorliegen eines „vollständigen" Identitätsdiebstahl sei ein Anspruch nach Art. 82 Abs. 1 DS-GVO jedoch nicht ausgeschlossen, denn hierfür genügt es, wenn die drei Grundvoraussetzungen, (1) ein Verstoß gegen die DS-GVO, (2) ein immaterieller Schaden sowie (3) das Vorliegen der Kausalität zwischen dem Verstoß und dem Schaden, der jedoch nicht erheblich sein muss, vorliegen. Vgl. dazu → **Rn. 244a.**Diese Entscheidung des EuGH freut offensichtlich sowohl Verbraucheranwälte als auch Unternehmen beratende und vertretende Großkanzleien: So lobt Solmecke von WBS.LEGAL Rechtsanwaltsgesellschaft mbH & Co. KG auf deren Webseite, der EuGH habe damit erneut die Verbraucherrechte im Hinblick auf den immateriellen Schadensersatz nach Verletzungen der DS-GVO gestärkt. Unter anderem könne allein die Befürchtung, Daten könnten illegal weitergegeben oder für Identitätsdiebstahl missbraucht werden, für einen Anspruch ausreichen und Pauly/Kienle von der globalen Anwaltskanzlei Linklaters LLP kommentieren diese Entscheidung[2129] dahingehend, dass darin die Voraussetzungen des Art. 82 DS-GVO überzeugend dargelegt und dabei verschiedene Verteidigungsmöglichkeiten aufzeigt würden, mit denen sich von einem Cyberangriff betroffene Unternehmen gegen Schadensersatzansprüche zur Wehr setzen könnten. Zu begrüßen sei insbesondere auch die Klarstellung, dass der Diebstahl personenbezogener Daten nicht mit einem Identitätsdiebstahl oder -betrug gleichzusetzen sei.

246a **ee) Datenlöschung und „Recht auf Vergessenwerden".**[2130] Nach Art. 17 DS-GVO hat *„die betroffene Person hat das Recht, von dem Verantwortlichen zu verlangen, dass sie betreffende personenbezogene Daten unverzüglich gelöscht werden, und der Verantwortliche ist verpflichtet, personenbezogene Daten unverzüglich zu löschen"*, sofern einer der in Art. 17 Abs. 1 a) bis f) aufgeführten Gründe gegeben ist. Zur Löschung personenbezogener Daten gehört gemäß Art. 17 Abs. 2 DS-GVO ua auch die Löschung aller Links zu diesen personenbezogenen Daten oder von Kopien oder Replikationen dieser personenbezogenen Daten, so dass auch eine nicht erfolgte oder unvollständig durchgeführte Datenlöschung zu immateriellen Schadensersatzansprüchen nach Art. 82 DS-GVO führen kann.

Der Löschpflicht kann auch durch entsprechende Anonymisierung der Daten entsprochen werden.[2131]

Häufig befassen sich insofern die Gerichte mit der Frage, ob im **Handelsregister** veröffentlichte personenbezogene Daten gelöscht werden können.

Hierzu entschied 2024 der EuGH, dass die für die Führung der nationalen Handelsregister zuständigen Behörden der Mitgliedsstaaten dem Löschungsbegehren bezüglich personenbezogener Daten einer Person nachkommen müssen, soweit Daten betroffen sind, die in Gründungsdokumenten eines Unternehmens enthalten sind und über die Mindestdaten hinausgehen.[2132]

Nach der Rechtsprechung des BGH[2133] besteht ein **Anspruch auf Löschung** jedoch nicht, soweit es sich dabei um solche Daten handelt, die – wie etwa bei Namen, Wohnort und Geburtsdatum – nach den gesetzlichen Vorgaben zu melden sind und dem schützenswerten **Informationsinteresse des Rechtsverkehrs** dienen. *„Ein Anspruch des Antragstellers aus Art. 17 Abs. 1 und 2 DS-GVO ist aber, selbst wenn einer der in Art. 17 Abs. 1 DS-GVO genannten Löschungsgründe zu bejahen sein sollte, nach Art. 17 Abs. 3 Buchst. b Fall 1 DS-GVO ausgeschlossen, weil die Eintragung, Speicherung und Offenlegung des Geburtsdatums und des Wohnorts des Antragstellers als GmbH-Geschäftsführer im Handelsregister zur Erfüllung einer rechtlichen Verpflichtung des Registergerichts im Sinne dieser Vorschrift erforderlich ist"*, so der BGH.[2134]

[2129] Pauly/Kienle ZD 2024, 515 (519) Anm. zu EuGH NJW 2024, 2599.
[2130] Entscheidungen hierzu finden Sie auch im Tabellenteil unter C. 10. a) ee).
[2131] OLG Dresden BeckRS 2026, 1139 Rn. 62.
[2132] EuGH (C-200/23) GRUR-RS 2024, 26255 mAnm Leister GRUR-Prax 2024, 780.
[2133] BGH BeckRS 2024, 5836.
[2134] BGH BeckRS 2024, 5836 Rn. 17.

Gesetzliche Aufbewahrungspflichten stellen insofern keine Rechtfertigung dar, um nicht rechtmäßig erhobene Daten dauerhaft speichern zu dürfen; darauf verwies das OLG Dresden.[2135]

Einen insofern geradezu klassischen, Fall hatte das AG Hildesheim[2136] zu entscheiden, bei welchem der Kläger bei der Beklagten einen PC erworben und kurzzeitig genutzt, sodann den Computer jedoch wieder an die Beklagte zurückgegeben hatte, ohne seine Daten auf dem Computer zuvor wieder zu löschen. Die Beklagte verkaufte anschließend diesen PC an einen Dritten, ohne ihrerseits den PC vor dem Verkauf auf noch vorhandene Daten zu prüfen und für den Verkauf aufzubereiten und hierfür insbesondere alle vorhandenen Daten des Erstkäufers (= Kläger) datenschutzkonform zu löschen und die Festplatten des PC zu formatieren. Auf diese Weise gelangten die Daten des Klägers an den zweiten Käufer des Computers, weshalb der Kläger nun von der Beklagten immateriellen Schadensersatz nach Art. 82 DS-GVO forderte. Das LG sprach dem Kläger 800 EUR zu und führte dazu aus: *„Die Beklagte konnte sich durch allgemeine Hinweise darauf, dass bei der Rückgabe von Geräten mit Speichermedien der Urzustand wieder herzustellen sei und die Löschung aufgespielter, vertraulicher und personenbezogener Daten in der Verantwortung des Käufers bzw. Einsenders liege, ihrer Verantwortung für eine rechtmäßige Datenverarbeitung nach der DS-GVO nicht entheben. Die Verlagerung für die Verantwortung mit dem Umgang von Daten käme in dem vorliegenden Fall einem pauschalen Haftungsausschluss gleich. Ein präventiver Haftungsausschluss widerspricht jedoch dem Schutzzweck der DS-GVO (vgl. Paal MMR 2020, 14 (18)). Die Beklagte ist auch nicht nach Art. 82 Abs. 3 DS-GVO von der Haftung befreit. Denn dies wäre nur dann der Fall, wenn der Beklagten auch nicht die geringste Fahrlässigkeit vorzuwerfen wäre, etwa dann, wenn der Schaden ausschließlich auf ein Verhalten des Klägers oder auf höhere Gewalt zurückzuführen ist (vgl. Paal MMR 2020, 14 (17)). Dies ist augenscheinlich nicht der Fall, da die Beklagte selbst vorbringt, die im Rahmen der Wiederaufbereitung unzureichend durchgeführte Datenlöschung beruhe auf einem menschlichen Versehen und der verantwortliche Mitarbeiter sei zur verstärkten Sorgsamkeit gemahnt worden.“*[2137]

In einem Fall, den das ArbG Köln[2138] zu entscheiden hatte, klagte eine Professorin, die bei der Beklagten für das Lehrgebiet Medien- und Eventmanagement tätig war. Die Beklagte hatte im Rahmen des Beschäftigungsverhältnisses das **Profil** der Klägerin mit deren Foto **auf** ihrer **Homepage** veröffentlicht, später nach der Aufhebung des Arbeitsverhältnisses, diese Daten und insbesondere das Foto der Klägerin jedoch nicht gelöscht. Das ArbG sprach der Klägern deshalb 300 Euro zu. Die Beklagte habe gegen Artikel 17 DS-GVO verstoßen, wonach die betroffene Person das Recht habe, von einem Verantwortlichen zu verlangen, dass die betreffenden personenbezogenen Daten unverzüglich gelöscht werden, sofern diese nicht mehr notwendig sind. Zur Höhe des „Schmerzensgeldes“ betonte das ArbG, es sei einerseits keine Schwere der Beeinträchtigung zu erkennen, aber andererseits sei die „Schwelle des bloßen Bagatelldelikts“ überschritten. Das LAG Köln bestätigte diese Entscheidung.[2139]

Ein immer wiederkehrendes Thema im Zusammenhang mit der Löschung von Daten ist die Geltendmachung von Persönlichkeitsrechtsverletzungen aufgrund einer negativen **Bewertungen in Vergleichs- oder Bewertungsportalen**[2140] oder auch in sog. **Local Listings** von Suchmaschinenbetreibern (wie zB **Google**), auf dem sich Unternehmen präsentieren können.[2141]

Wer sich von seinen Kunden, Mandanten oder Patienten ungerecht, falsch oder gar wahrheitswidrig bewertet sieht, kann die Löschung entweder über die in jedem seriösen Portal dafür vorgesehenen Wege anmelden oder aber gegen den Portalbetreiber vorgehen, denn dieser haftet für von Dritten in das Portal eingestellte Äußerungen als Störer oder gar als unmittelbar Verantwortlicher iSd **§ 7 TMG,** wenn er sich diese Äußerungen zu eigen gemacht hat, wobei von einem Zu-Eigen-Machen auszugehen ist, wenn der Portalbetreiber nach außen erkennbar die inhaltliche Verantwortung für die auf seiner Internetseite veröffentlichten Inhalte übernommen hat, was aus objektiver Sicht auf der Grundlage einer Gesamtbetrachtung aller relevanten Umstände zu beurteilen ist[2142] und jedenfalls dann vorliegt, wenn der Portalbetreiber eine inhaltlich-redaktionelle Kontrolle und nachfolgende Anpassung der Bewertungen vornimmt.[2143]

Einen Schmerzensgeldanspruch gegenüber dem Bewertungsportal aufgrund dort wiederholt veröffentlichter negativer Patentenbewertungen wies das LG Wuppertal[2144] mit der Begründung zurück, die Bewertungen

2135 OLG Dresden BeckRS 2021, 42153.
2136 AG Hildesheim BeckRS 2020, 30109.
2137 AG Hildesheim BeckRS 2020, 30109.
2138 ArbG Köln BeckRS 2020, 31544.
2139 LAG Köln BeckRS 2020, 31543.
2140 Spillner ArbRAktuell 2022, 559; LG Wuppertal BeckRS 2019, 13062; OLG Dresden BeckRS 2018, 3368; Klinger/Kuhlmann GRUR-Prax 2018, 217.
2141 LG Essen GRUR-RS 2020, 33128 → Nr. 7133.
2142 BGH BeckRS 2017, 111825; vgl. auch BGH GRUR 2023, 433 u. Klinger/Kuhlmann GRUR-Prax 2018, 217.
2143 Klinger/Kuhlmann GRUR-Prax 2018, 217 mit Verweis auf BGH GRUR-Prax 2017, 307.
2144 LG Wuppertal BeckRS 2019, 13062.

träfen die Klägerin (eine Heilpraktikerin) lediglich in ihrer Sozialsphäre und dabei nur in ihrer beruflichen Tätigkeit, also in einem Bereich, in dem sich die persönliche Entfaltung von vornherein im Kontakt mit der Umwelt vollzieht. Das allgemeine Persönlichkeitsrecht schütze das Recht auf Selbstbestimmung zwar auch im Bereich der Sozialsphäre. Der Schutz sei aber geringer als bei Daten, die etwa der Intim- oder Geheimsphäre zuzuordnen sind. Im Bereich der Sozialsphäre müsse sich der Einzelne wegen der Wirkungen, die seine Tätigkeit hier für andere hat, von vornherein auf die Beobachtung seines Verhaltens durch eine breitere Öffentlichkeit und auf Kritik an seinen Leistungen einstellen. Dies gelte insbesondere auch bei freiberuflich tätigen Ärzten oder Heilpraktikern, die ihre Leistungen in Konkurrenz zu anderen Ärzten oder Heilpraktikern anbieten. Äußerungen im Rahmen der Sozialsphäre dürfen nur im Fall schwerwiegender Auswirkungen auf das Persönlichkeitsrecht mit negativen Sanktionen verknüpft werden, so etwa dann, wenn eine **Stigmatisierung, soziale Ausgrenzung oder Prangerwirkung** zu besorgen seien, was im konkreten Falle jedoch nicht gegeben war.

Zu den Voraussetzungen eines Anspruchs auf Löschung und Unterlassung der Verarbeitung von personenbezogenen Daten in einem Arztsuchportal bzw. **Ärztebewertungsportal** im Internet – im konkreten Fall handelte es sich dabei um die **Bewertungsplattform jameda.de,** auf welcher der Portalbetreiber zu jedem Arzt, auch ohne dessen Veranlassung oder Einwilligung, ein sog. Basis-Profil mit Name, akademischer Grad, Fachrichtung sowie Anschrift und Telefonnummer der Praxis aufführt – betont der BGH[2145] 2022, dass Ärzte einen derartigen Zugriff auf ihre beruflichen Daten ebenso dulden müssen, wie den Umstand, dass sie von ihren Patienten bewertet werden. Zudem stehe der Schutz ihrer unternehmerischen Tätigkeit und ihrer wirtschaftlichen Reputation nicht im Hauptfokus der auf die persönliche Würde und individuelle Entfaltungsfreiheit zielenden DS-GVO, nach welcher für den Arzt als Anspruchsgrundlage für eine Löschungen seiner Daten nur **Art. 17 DS-GVO,** nicht § 823 Abs. 1 BGB, § 1004 Abs. 1 analog BGB und für Schadensersatzansprüche Art. 82 DS-GVO in Betracht komme. In seiner Anmerkung zu dieser BGH-Entscheidung führt Pfeifer aus: „Wäre der Arzt in einer Kapitalgesellschaft tätig, so würde diese den Schutz der DS-GVO ganz offensichtlich nicht erhalten. Das lässt fragen, ob das Interesse an der Abwehr beruflich veranlasster Kritik überhaupt ein besonderes Gewicht im Rahmen der Abwägung mit auf die Äußerungsfreiheit der Nutzer gestützten Gegeninteressen haben kann. Die Frage ist zu verneinen“.[2146]

Auch in Bezug auf sog. **Local Listings von Suchmaschinenbetreibern** (wie zB **Google**), auf dem sich Unternehmen präsentieren und deren Kunden Bewertungen über die Leistungen des Unternehmens und deren Mitarbeiter abgeben können, sind Ansprüche auf immateriellen Schadensersatz bzw. Schmerzensgeldansprüche denkbar. Mit einem solchen Fall hatte sich 2020 das LG Essen befasst.[2147] Klägerin war eine Bäckereifachverkäuferin, über welche ein Kunde eine negative Bewertung abgegeben und dabei deren Namen benannt hatte. Die Verkäuferin begehrte zum einen die Löschung dieser Bewertung und zudem ein angemessenes Schmerzensgeld. Das LG wies die Klage ab. Die Nennung eines Namens in einer Bewertung zur Kundenfreundlichkeit eines Unternehmens stelle keinen rechtswidrigen Eingriff in das Recht auf informationelle Selbstbestimmung dar, sondern sei von der Meinungsfreiheit geschützt, so das LG, das sodann zur Frage des Schmerzensgeld bzw. des immateriellen Schadensersatzes gemäß Art. 82 Abs. 1 DS-GVO lapidar darauf verwies, dass mangels Verstoßes gegen die DS-GVO auch kein Schadensersatzanspruch gemäß Art. 82 Abs. 1 DS-GVO bestehe.

Abschließend sei noch auf zwei Urteile des BGH[2148] verwiesen, bei dem es um das **„Recht auf Vergessenwerden“** (Art. 17 DS-GVO) im Internet[2149] bzw. um die Entfernung von Links aus Suchergebnislisten der Internetsuchmaschine „Google“ ging.

BGH Urteil vom 3.5.2022 – VI ZR 832/20: Insofern befasste sich der BGH mit dem sog. **Auslistungsanspruch eines verurteilten Mörders** gegen den Verantwortlichen einer Suchmaschine bzw. mit der Löschung eines rechtmäßigen journalistisch gestalteten Artikels der Tagespresse. Der Kläger hatte im März 1988 drei Menschen ermordet, weshalb er sodann zu lebenslanger Haft verurteilt worden war. Am 23.11.2014 wurde er aus der Haft entlassen. Nachdem der Kläger nach seiner Entlassung in der Suchmaschine **Google** bei Eingabe seines Vor- und Nachnamens noch Artikel aus dem Jahr 1988 fand, die über ihn in einem Nachrichtenmagazin erschienen und im Online-Archiv des Magazins über dessen Webseite immer noch zugänglich waren, verlangte er von der Beklagten, es zu unterlassen, in der von ihr betriebenen Internet-

[2145] BGH GRUR 2023, 433; vgl. auch BGH BeckRS 2018, 2226 und BGH BeckRS 2014, 20426.

[2146] Pfeifer GRUR 2023, 439 zu BGH GRUR 2023, 433. Vgl. dazu auch BGH BeckRS 2018, 2226 und BGH BeckRS 2014, 20426 sowie in Bezug auf ein Reiseportal auch BGH 9.8.2022 – VI ZR 1244/20, GRUR 2022, 1459.

[2147] LG Essen GRUR-RS 2020, 33128 → Nr. 7133.

[2148] BGH Urt. v. 3.5.2022 – VI ZR 832/20 NJW 2022, 2476 und BGH Urt. v. 23.5.2023 – VI ZR 476/18 NJW 2024, 58.

[2149] Vgl. dazu Engel RDi 2021, 49 sowie BVerfG NJW 2020, 314 Recht auf Vergessen II und BVerfG NJW 2020, 300 Recht auf Vergessen I sowie EuGH NJW 2014, 2257 und BGH NJW 2020, 3436.

Suchmaschine einen entsprechenden Ergebnislink anzuzeigen. Das LG Karlsruhe[2150] hatte die Klage mit der Begründung abgewiesen, der Kläger müsse insofern primär gegen das Presseorgan vorgehen. Die Berufung des Klägers hatte das OLG Karlsruhe[2151] zurückgewiesen, doch die vom BerGer. zugelassene Revision des Klägers hatte Erfolg und führte zur Aufhebung des Berufungsurteils und zur Zurückverweisung der Sache an das OLG Karlsruhe.

Der BGH führte dazu aus, dass nach über 30 Jahren seit einer Straftat und Berichterstattung ein Anspruch auf **Auslistung aus Suchergebnissen** nach Art. 17 DS-GVO bestehen könne, wenn der Betroffene nicht erneut in die Öffentlichkeit getreten ist.[2152] Die eigenständige Haftung des Suchmaschinenbetreibers überwiege in diesem Fall gegenüber dem verblassten Informationsinteresse der Öffentlichkeit, da die Stigmatisierung durch Namenssuche die Resozialisierung gefährde.[2153]

Dabei betonte der BGH zunächst, dass die **Tätigkeit eines Suchmaschinenbetreibers ein für sich stehender Akt der Datenverarbeitung** sei, der folglich auch hinsichtlich der damit einhergehenden Grundrechtsbeschränkungen eigenständig zu beurteilen ist. Daher – so der BGH – *„kann die Abwägung im Rahmen des Anspruchs aus Art. 17 I DS-GVO gegen den Suchmaschinenbetreiber zu einem anderen Ergebnis führen als im Rahmen des Anspruchs gegen den Betreiber der verlinkten Webseite, da sowohl die berechtigten Interessen, die die Datenverarbeitung rechtfertigen, unterschiedlich sein können als auch die Folgen, die die Verarbeitungen für die betroffene Person, insbesondere für ihr Privatleben, haben"*.[2154]

Ein in einem solchen Fall Betroffener muss sich somit nicht von vorneherein darauf verweisen lassen, vorrangig das Presseorgan, das für den von der Betreiberin verlinkten Artikel verantwortlich war bzw. ist, in Anspruch nehmen zu müssen. Der Auslistungsanspruch erfordere dabei eine umfassende **Grundrechtsabwägung,** wobei die Grundrechte eines Betroffenen nicht hinter den Grundrechten der Suchmaschinenbetreiberin und deren grundsätzlich berechtigten Interessen sowie dem ihrer Nutzer, der Öffentlichkeit und des für den verlinkten Zeitungsartikel verantwortlichen Presseorgans zurücktreten. Dies gelte insbesondere, wenn – wie in dem vom BGH entschiedenen Sachverhalt – seit der tatbezogenen Berichterstattung mehrere Jahrzehnte vergangen sind.

BGH Urteil vom 23.5.2023 – VI ZR 476/18: Auch in diesem Fall war das **Auslistungsbegehren gegen Google** zumindest teilweise erfolgreich: Bei den Klägern handelte es sich um ein Paar aus der Finanzbranche, dass sich im Internet verleumdet und mit unwahren und negativen Berichten über die von ihnen vertriebenen Anlagemodelle konfrontiert sah, wobei einer dieser Artikel mit Fotos der Kläger versehen war. Vor diesem Hintergrund begehrten die Kläger von der Beklagten – als der Verantwortlichen für die Internetsuchmaschine „Google" – es zu unterlassen, die genannten Artikel bei der Suche nach ihren Namen und den Namen verschiedener Unternehmen in der Ergebnisliste nachzuweisen und die Fotos von ihnen als Vorschaubilder bzw. sog. **„thumbnails"** anzuzeigen.

Die Klage war in den beiden Instanzen[2155] erfolglos. Der deshalb von den Klägern angerufene BGH hatte dieses, sowie ein insofern vergleichbares[2156] Verfahren jedoch zunächst ausgesetzt und dem Europäischen Gerichtshof dazu zwei Fragen[2157] zur Auslegung von Art. 17 Abs. 1 DS-GVO zur Vorabentscheidung vorgelegt, die der EuGH (C-460/20) im Dezember 2022 entschieden hatte.[2158]

Der EuGH verpflichtet darin den Suchmaschinenbetreiber Google zur Auslistung bzw. Löschung offensichtlich unzutreffender Informationen. Den Nachweis hierfür, so der EuGH, müsse allerdings der Betroffene erbringen; nur wenn ihm dies gelinge, müsse Google die beanstandeten Links beseitigen. Der Suchmaschinenbetreiber müsse jedoch nicht selbst ermitteln oder gar auf die Betroffenen zugehen. Hinsichtlich der Vorschaubilder sei dem Informationswert dieser Fotos Rechnung zu tragen und zwar unabhängig vom Kontext ihrer Veröffentlichung auf der Internetseite, der sie entnommen sind, jedoch unter Berücksichtigung jedes Textelements, das mit der Anzeige dieser Fotos in den Suchergebnissen unmittelbar einhergeht und Aufschluss über den Informationswert dieser Fotos geben kann.

2150 LG Karlsruhe BeckRS 2018, 52283.
2151 OLG Karlsruhe GRUR 2020, 1109.
2152 BGH NJW 2022, 2476 Rn. 49.
2153 BGH NJW 2022, 2476 Rn. 43.
2154 BGH NJW 2022, 2476 Rn. 12.
2155 OLG Köln GRUR-RS 2018, 53040; LG Köln BeckRS 2017, 162027.
2156 BGH NJW 2020, 3436.
2157 Die zweite Frage betraf die Thematik der sog. Thumbnails (dh kleine Vorschaubilder, die beim Googlen neben Links in Trefferliste auftauchen) und gegen die sich der Kläger gewehrt hatte.
2158 EuGH (C-460/20) BeckRS 2022, 34883, GRUR 2023, 147.

Mit Rücksicht auf diese Klärung seitens des EuGH gab der BGH nun der Revision insofern statt, als er entschied, die Beklagte müsse die Vorschaubilder bzw. sog. **Thumbnails** löschen bzw. auslisten, da die Anzeige der für sich genommen nicht aussagekräftigen Fotos der Kläger als Vorschaubilder ohne jeden Kontext nicht gerechtfertigt waren; im Übrigen wurde die Revision jedoch zurückgewiesen.

Vor dem Hintergrund der erstbenannten BGH-Entscheidung[2159] äußerte sich 2026 das **OLG Dresden**[2160] **zur Frage der Verjährung des Anspruchs auf Löschung gemäß Art. 17 Abs. 1 DS-GVO** und betonte insofern, dass der Anspruch auf Löschung aus Art. 17 DS-GVO seiner Natur nach nicht verjähren könne, sofern er sich auf die von der Beklagten aktuell – zum Zeitpunkt des Löschungsverlangens bzw. zum Zeitpunkt der letzten mündlichen Verhandlung – gespeicherten personenbezogenen Daten beziehe. *„Auf den Zeitpunkt der erstmaligen Speicherung kommt es nicht an (vgl. hierzu BGH, Urteil vom 3.5.2022 – VI ZR 832/20 – juris: zum Anspruch auf Auslistung eines 30 Jahre zurückliegenden Ereignisses gegen einen Suchmaschinenbetreiber). Das in Art. 17 Abs. 1 DS-GVO niedergelegte „Recht auf Löschung" ist schon aufgrund der stetem Entwicklungsfortschritt unterworfenen technischen Voraussetzungen der beanstandeten Datenverarbeitung nicht auf das schlichte Löschen von Daten zu verengen, sondern – entsprechend der zielorientierten weiteren Artikelüberschrift – als „Recht auf Vergessen" normativ zu verstehen (vgl. BGH, Beschl. vom 4.6.2024 – II ZB 10/23 …). Damit wäre eine Verjährung des Löschungsanspruches für Daten, die vor einem bestimmten Stichtag erhoben wurden, unvereinbar."* so das OLG Dresden.

246b **ff) Datenauskunft.**[2161] Abschnitt 2 der DS-GVO regelt die Informationspflichten des Verantwortlichen und das Recht auf Auskunft zu personenbezogenen Daten seitens des Betroffenen und unterscheidet dabei zwischen der Informationspflicht bei Erhebung von personenbezogenen Daten bei der betroffenen Person (Art. 13 DS-GVO), Informationspflicht, wenn die personenbezogenen Daten nicht bei der betroffenen Person

erhoben wurden (Art. 14 DS-GVO)[2162] und das allgemeine Auskunftsrecht (Art. 15 DS-GVO). Verstöße gegen diese Pflichten führen zu immateriellem Schadensersatz gemäß Art. 82 DS-GVO.

Gerade **in Bewerbungsverfahren am Arbeitsmarkt** spielen diese Regelungen eine erhebliche Rolle, wie der Fall des BAG Urt. v. 5.6.2025[2163] sowie die nachfolgenden Ausführungen zeigen:

In dem vom BAG am 5.6.2025 entschiedenen Fall hatte sich der Kläger, ein Fachanwalt für Arbeitsrecht mit einem Behinderungsgrad von 50% bei einer Universität auf eine Volljuristenstelle beworben, war jedoch wegen Zweifel an der persönlichen bzw. charakterlichen Eignung für die konkret ausgeschriebene Tätigkeit abgelehnt worden. Dies deshalb, weil die Verantwortlichen im Rahmen einer Internetrecherche festgestellt hatten, dass gegen den Bewerber eine erstinstanzliche Verurteilung wegen Betrugs im Zusammenhang mit Scheinbewerbungen wegen AGG-Entschädigungen (sog. AGG-Hopping) vorlag.[2164] Aufgrund der Ablehnung klagte der Bewerber ua auf eine immaterielle Entschädigung iHv 5.000 EUR. Das LAG Düsseldorf sprach ihm 1.000 EUR immateriellen Schadensersatz gemäß Art. 82 DS-GVO wegen Verletzung der Informationspflicht aus Art. 14 DS-GVO zu und wies die Klage in den darüberhinausgehenden Anträgen ab. Die Revision des Klägers blieb erfolglos, bestätigte jedoch die Vorinstanz hinsichtlich deren Annahme eines zu entschädigenden **Verstoßes gegen die Informationspflicht gemäß Art. 14 DS-GVO.**

Gemäß Art. 14 DS-GVO muss, dies betonte das BAG und 2026 erneut auch das **LAG Köln**[2165] ein Arbeitgeber einen Bewerber **aktiv darüber informieren, aus welchen Quellen** (zB via Google-Suche) und in welchen Kategorien über ihn recherchiert wurde. Dass eine solche Internetrecherche über Google grundsätzlich auf öffentlich verfügbare Daten zugreift, ändert hieran nichts, denn die Informationspflicht des Art. 14 DS-GVO gilt ausdrücklich auch dann, wenn die Daten öffentlich zugänglich sind. Das heimliche Einholen von Hintergrundinformationen ohne die nach Art. 14 DS-GVO erforderliche Information verletzt den Achtungsanspruch des Bewerbers. Er wird dadurch zum ***„bloßen Objekt der Datenverarbeitung"***.[2166]

Zugleich wies das BAG mit Verweis auf die Rechtsprechung des EuGH[2167] darauf hin, dass **Mehrfachverstöße kein relevantes Kriterium für die Bemessung des nach Art. 82 DS-GVO** zu gewährenden immateriellen Schadenersatzes sind, sofern sie auf demselben Verarbeitungsvorgang basieren.

2159 BGH NJW 2022, 2476.
2160 OLG Dresden BeckRS 2026, 1139 Rn. 64 → Nr. 7876.
2161 Entscheidungen hierzu finden Sie auch im Tabellenteil unter C. 10. a) ff).
2162 vgl. dazu auch LAG Köln Urt. v. 30.1.2026 – 10 SLa 561/24 → Nr. 7949.
2163 BAG BeckRS 2025, 23312 mAnm (inkl. wichtiger Praxistipps) Donath AP GG Art. 33 Abs. 2 Nr. 87.
2164 Vgl. zum AGG-Hopping auch ArbG Mainz Urt. v. 3.2.2025 – 8 CA 1266/24 → Nr. 7946.
2165 LAG Köln Urt. v. 30.1.2026 – 10 SLa 561/24 → Nr. 7949.
2166 BAG BeckRS 2025, 23312 Rn. 57.
2167 EuGH (C-741/21) NJW 2024, 1561 – vgl. dazu oben unter → Rn. 244.

Die entscheidende Frage, ob und in welchem Umfang Arbeitgeber in einem Stellenausschreibungsverfahrens überhaupt Internetrecherchen via Google etc. über Kandidaten durchführen dürfen, ließ das BAG in dieser Entscheidung allerdings unbeantwortet. Keine Klärung erfolgte zudem hinsichtlich der Verwertung von ggf. unzulässigen bzw. gegen die DS-GVO verstoßenden Rechercheergebnissen.

Donath weist deshalb in seinen **Praxistipps** darauf hin, dass es *„wichtig ist, dass die Bewerber darüber informiert werden, wenn Informationen nicht direkt bei ihnen selbst erhoben werden (Art. 14 Abs. 1 DSGVO).*[2168] *Es sollte dann eine fristgerechte Information über Quellen, Zwecke, Rechtsgrundlagen etc. erfolgen. Fristgerecht bedeutet, innerhalb eines angemessenen Zeitraums, spätestens innerhalb eines Monats nach Erlangung der Daten (Art. 14 Abs. 3 Buchst. a) DS-GVO). Der Fall [ergänze: des BAG] zeigt, dass selbst wenn eine Recherche als solche (möglicherweise) zulässig ist, das Unterlassen der Information selbst im Ergebnis äußerst problematisch werden kann. … Wenn externes Material (Internetrecherche, Auskünfte Dritter, Medienberichte, Registerauszüge etc.) für die Ablehnung den Ausschlag geben soll, ist eine Bewerberanhörung zwar nicht in jedem Fall zwingend – sie ist aber häufig das klügste Risikomanagement, denn sie kann mehrere Funktionen erfüllen, insbesondere Fehlerkorrektur, Fairness/Verfahrensqualität und Beweisvorsorge (vgl. Benkert, NJW-Spezial 2025, 658; Merten, ArbRAktuell 2025, 423). Auch jenseits strenger Rechtspflichten erhöht eine solche Anhörung die Verfahrensfairness, der Bewerber bekommt Gelegenheit, sich zu einem Umstand zu erklären, der (möglicherweise) entscheidend ist. Es senkt zudem deutlich die Gefahr für Arbeitgeber, sich schadensersatzpflichtig zu machen, da der Bewerber insofern nicht zum bloßen „Objekt der Recherche" gemacht wird.*"[2169]

Ungeachtet von Bewerbungsverfahren hat nach Art. 15 Abs. 1 jede insofern betroffene Person das Recht, von dem Verantwortlichen eine Bestätigung darüber zu verlangen, ob dieser sie betreffende personenbezogene Daten verarbeitet hat. Sofern dies der Fall war, hat sie zudem das Recht, Auskunft über diese personenbezogenen Daten sowie weitere Informationen ua über die Verarbeitungszwecke, die Kategorien, die Empfänger oder Kategorien von Empfängern, die geplante Dauer, für die die personenbezogenen Daten gespeichert werden, zu erhalten.

Eine **verweigerte,** aber auch eine **unzureichende oder verspätete Datenauskunft iSv Art. 15 DS-GVO** iVm **Art. 12 Abs. 3 DS-GVO** kann einen immateriellen Schadensersatzanspruch nach Art. 82 DS-GVO begründen;[2170] ebenso die Weigerung, des Zurverfügungstellens einer Datenkopie[2171] der personenbezogenen Daten, die Gegenstand der Verarbeitung waren.

Zu den diesbezüglichen Einschränkungen des Sozialdatenschutzes namentlich des § 83 SGB X, sei auf eine Entscheidung des VG Bremen aus dem Jahr 2022 verwiesen.[2172]

Immer häufiger befassen sich der EuGH,[2173] der BGH[2174] das BAG[2175] sowie die Instanzgerichte,[2176] mit der Reichweite und der prozessualen Durchsetzung des Datenauskunftsanspruchs, aber auch zu dessen Missbrauch.

Zur **Missbräuchlichkeit von Auskunftsanträgen** hatte 2026 der EuGH (C-526/24)[2177] darauf hingewiesen, dass bereits ein erstmaliger Auskunftsantrag nach Art. 15 DS-GVO **„exzessiv" im Sinne von Art. 12 Abs. 5 DS-GVO** sein kann, wenn der Antragsgegner substantiiert missbräuchliche Absichten seitens des Anspruchstellers nachweist. Dafür muss der Antragsgegner den Nachweis erbringen (vgl. bei Diskriminierung gem. AGG dazu § 22 AGG), dass der Auskunftsantrag erkennbar nicht der Kontrolle der Datenverarbeitung, sondern lediglich der Schaffung von Schadensersatzvoraussetzungen und der Begründung eines immateriellen Schadensersatzanspruch dient, wie dies durch **DS-GVO-Hopping** bzw. von sog. **DS-GVO-Hoppern** (zu sog. AGG-Hoppern s. → **Rn. 245d** und zur Anrechnungsfreiheit von Entschädigungen nach § 15 Abs. 2 AGG im PKH-Verfahren → **Rn. 485b** sowie Krug ArbRAktuell 2023, 93.) beabsichtigt wird.

Für den insofern am häufigsten tangierten Bereich von Arbeits- und Anstellungsverhältnissen,[2178] hatte bereits 2023 der EuGH gleich zweimal (C-487/21[2179] und C-154/21[2180]) Fragen zu **Umfang und Tragweite des Auskunftsanspruchs** zu klären:

[2168] so auch LAG Köln Urt. v. 30.1.2026 – 10 SLa 561/24 → Nr. 7949.
[2169] Donath AP GG Art. 33 Abs. 2 Nr. 87.
[2170] BAG NJW 2022, 2779.
[2171] Winzer/Baeck/Schaaf NZG 2023, 408.
[2172] VG Bremen ZD 2023, 182.
[2173] EuGH (C-526/24) GRUR-RS 2026, 4080 mAnm Moskalew/Fuhlrott NZA-RR 2026, 281; EuGH (C-579/21) NJW 2023, 2555 mAnm Brandt; EuGH (C-487/21) NJW 2023, 2253; EuGH NJW 2023, 1930, NZA 2023, 621; EuGH NJW 2023, 973; vgl. dazu auch Riemer NZA-RR 2023, 515.
[2174] BGH NJW 2021, 2726.
[2175] BAG BeckRS 2025, 6265; BAG BeckRS 2024, 29324; BAG BeckRS 2024, 26525; BAG BeckRS 2022, 20229.
[2176] OLG Köln BeckRS 2023, 20138 → Nr. 7266.
[2177] EuGH Urt. v. 19.3.2026 – C-526/24, GRUR-RS 2026, 4080 mAnm Bock GRUR-Prax 2026, 251.
[2178] BAG NJW 2022, 2779; vgl. dazu auch Lembke NJW 2020, 1841.
[2179] EuGH NJW 2023, 2253.
[2180] EuGH NJW 2023, 973.

- Zunächst hatte der **EuGH** (C-487/21)[2181] dabei betont, dass es sich bei den Art. 15 Abs. 1 und 3 DS-GVO nicht um nebeneinanderstehende Ansprüche handelt, sondern um ***einen* einheitlichen Auskunftsanspruch**. Dabei umfasse das **„Recht auf Kopie"** stets eine originalgetreue und verständliche Reproduktion aller bei der verantwortlichen Stelle vorhandenen personenbezogenen Daten und nicht nur von den Verantwortlichen ausgewählte Teile davon.[2182] Im Rahmen des Ausgangsverfahrens zu C-487/21 wollte das Bundesverwaltungsgericht von Österreich vom EuGH wissen, ob Art. 15 Abs. 3 DS-GVO vor dem Hintergrund des Transparenzgrundsatzes gemäß Art. 12 Abs. 1 DS-GVO so auszulegen ist, dass das Recht auf Herausgabe einer Kopie der personenbezogenen Daten, die Gegenstand der Verarbeitung sind, bedeutet, dass der betroffenen Person nicht nur eine Kopie dieser Daten zur Verfügung zu stellen ist, sondern auch eine Kopie der Auszüge aus Dokumenten oder gar eine Kopie von ganzen Dokumenten oder auch von Auszügen aus Datenbanken, die unter anderem diese Daten enthalten. Nach Auffassung des EuGH stellt das Recht auf eine Kopie kein eigenständiges Recht neben dem Auskunftsrecht dar, sondern legt lediglich die praktischen Modalitäten für die Erfüllung des Auskunftsrechts nach Art. 15 I DS-GVO fest.[2183]
- Der EuGH führte dazu aus, dass *„das Recht, vom für die Verarbeitung Verantwortlichen eine Kopie der personenbezogenen Daten, die Gegenstand der Verarbeitung sind, zu erhalten, bedeutet, dass der betroffenen Person eine originalgetreue und verständliche Reproduktion aller dieser Daten ausgefolgt wird. Dieses Recht setzt das Recht voraus, eine Kopie von Auszügen aus Dokumenten oder gar von ganzen Dokumenten oder auch von Auszügen aus Datenbanken, die u. a. diese Daten enthalten, zu erlangen, wenn die Zurverfügungstellung einer solchen Kopie unerlässlich ist, um der betroffenen Person die wirksame Ausübung der ihr durch diese Verordnung verliehenen Rechte zu ermöglichen, wobei insoweit die Rechte und Freiheiten anderer zu berücksichtigen sind".*[2184] Dies, so der EuGH, folge ua aus der wörtlichen Auslegung von Art. 15 Abs. 3 Satz 1 DS-GVO, wonach diese Bestimmung der betroffenen Person das Recht verleiht, eine originalgetreue Reproduktion ihrer personenbezogenen Daten im Sinne einer weiten Bedeutung zu erhalten, die Gegenstand von Vorgängen sind, die als Verarbeitung durch den für diese Verarbeitung Verantwortlichen eingestuft werden müssen. Es folge aber auch bereits aus dem 63. Erwägungsgrund der DS-GVO, der insofern klargestellt: *„[E]ine betroffene Person sollte ein Auskunftsrecht hinsichtlich der sie betreffenden personenbezogenen Daten, die erhoben worden sind, besitzen und dieses Recht problemlos und in angemessenen Abständen wahrnehmen können, um sich der Verarbeitung bewusst zu sein und deren Rechtmäßigkeit überprüfen zu können."*[2185]
- Der betroffenen Person muss demnach durch die Ausübung des in Art. 15 DS-GVO vorgesehenen Auskunftsrechts es nicht nur ermöglicht werden, zu überprüfen, ob sie betreffende Daten richtig sind, sondern auch, ob sie in zulässiger Weise verarbeitet werden, insbesondere auch, um es der betroffenen Person zu ermöglichen, gegebenenfalls ihr Recht auf Berichtigung, ihr Recht auf Löschung („Recht auf Vergessenwerden") und ihr Recht auf Einschränkung der Verarbeitung, die ihr nach den Art. 16, 17 bzw. 18 DS-GVO zukommen, auszuüben.
- Zu C-154/21 hatte der **EuGH**[2186] auf die Vorabentscheidungsgesuche ebenfalls österreichischer Gerichte,[2187] die sich ua auf die Reichweite der in Art. 15 DS-GVO geregelten Ansprüche bezogen, ausgeführt, *„dass das in dieser Bestimmung vorgesehene Recht der betroffenen Person auf Auskunft über die sie betreffenden personenbezogenen Daten bedingt, dass der Verantwortliche, wenn diese Daten gegenüber Empfängern offengelegt worden sind oder noch offengelegt werden, verpflichtet ist, der betroffenen Person die Identität der Empfänger mitzuteilen, es sei denn, dass es nicht möglich ist, die Empfänger zu identifizieren, oder dass der Verantwortliche nachweist, dass die Anträge auf Auskunft der betroffenen Person offenkundig unbegründet oder exzessiv iSv Art. 12 V VO (EU) 2016/697 sind; in diesem Fall kann der Verantwortliche der betroffenen Person lediglich die Kategorien der betreffenden Empfänger mitteilen."*[2188] Damit beendet der EuGH einen juristischen Streit über die Auslegung des Auskunftsanspruchs und stellte nunmehr fest, dass die Betroffenen ein **Wahlrecht** haben, entweder konkrete Auskunft über die **Empfänger** ihrer personenbezogenen Daten zu erhalten oder abstrakt über die **Empfängerkategorien.**[2189]

Der Antrag auf Erteilung einer Datenkopie nach Art. 15 Abs. 3 DS-GVO muss stets exakt gefasst sein, worauf das BAG[2190] bereits 2021 Gelegenheit hatte, hinzuweisen. Der Kläger hatte von seiner ehemaligen Arbeitgeberin ua die Herausgabe aller ihn in irgendeiner Weise betreffenden E-Mails verlangt. In seinem Klagantrag hatte er jedoch lediglich den Wortlaut des Art. 15 DS-GVO wiederholt. In der Vorinstanz hatte das LAG Niedersachsen ihm lediglich insofern Recht gegeben, als der Arbeitgeber zur Herausgabe der E-

2181 EuGH NJW 2023, 2253.
2182 EuGH NJW 2023, 2253.
2183 Benkert NJW-Spezial 2023, 530 zu EuGH NJW 2023, 2253, BeckRS 2023, 8971.
2184 EuGH. 4.5.2023 – C-487/21 GRUR-RS 2023, 8971.
2185 EuGH 4.5.2023 – C-487/21 GRUR-RS 2023, 8971.
2186 EuGH NJW 2023, 973; vgl. dazu Winzer/Baeck/Schaaf NZG 2023, 408.
2187 OGH Österreich 18.2.2021 – 6 Ob 159/20f; BVwG Österreich 9.8.2021 – W211 2 222 613-2/12; vgl. auch Böhm/Brams NZA-RR 2021, 521 (523).
2188 EuGH NJW 2023, 973.
2189 Reuters Anm. zu EuGH 12.1.2023 – C-154/21, IWRZ 2023, 122.
2190 BAG BeckRS 2021, 11575.

Mails verpflichtet sei, bei welchen es sich um Mails mit personenbezogenen Daten handelt, die der Arbeitgeber verarbeitet hatte. Seine eigene elektronische Korrespondenz mit der Beklagten müsse ihm diese jedoch nicht übermitteln, da er diese selbst habe bzw. kennen müsse. Wolle der Kläger dennoch weitere Mails erhalten, in denen er lediglich in irgendeiner Weise genannt wurde, so müsse er sein Verlangen auf ganz bestimmte Dokumente konkretisieren und diese exakt bezeichnen. Zutreffend wies das BAG daher die Revision des Klägers auf Überlassung einer Kopie sämtlicher E-Mail-Verläufe mit der Begründung zurück, dass der entsprechende Klageantrag nicht hinreichend iSv § 253 Abs. 2 Nr. 2 ZPO bestimmt sei. Der Kläger müsse sämtliche Daten, von denen er eine Kopie verlange, so genau bezeichnen, dass eine Verlagerung des Rechtsstreits in das Vollstreckungsverfahren vermieden wird.

Zuvor hatte sich bereits der **BGH**[2191] **zum Umfang und Gegenstand des datenschutzrechtlichen Auskunftsanspruchs** geäußert und ausgeführt, der Auskunftsanspruch nach Art. 15 Abs. 1 DS-GVO sei nicht dahingehend teleologisch zu reduzieren, dass der Personenbezug eine signifikante biografische Information voraussetze, die im Vordergrund des fraglichen Dokuments stehe. Somit könnten auch **interne Vermerke** nicht kategorisch vom Anwendungsbereich des datenschutzrechtlichen Auskunftsanspruchs ausgenommen werden. Auch sei es ohne Belang, wenn es sich dabei um interne Vorgänge handele, denn der Anspruch nach Art. 15 Abs. 1 DS-GVO setze nicht voraus, dass die Daten extern zugänglich sind. Auch könne die Kommunikation der betroffenen Person (Kläger) mit dem Verantwortlichen (Beklagter oder Mitarbeiter der Beklagten) nicht kategorisch vom Anwendungsbereich des Art. 15 Abs. 1 DS-GVO ausgenommen werden, denn die Tatsache, dass der betroffenen Person die Schreiben bekannt sind, schließe den datenschutzrechtlichen Auskunftsanspruch nicht aus, so der BGH sinngemäß.[2192]

Zu den sich daraus ergebenden weiteren Fragen sei an dieser Stelle auf die Beiträge von Riemer ZD 2024, 100 und NZA-RR 2023, 515, Winzer/Baeck/Schaaf in der NZG 2023, 408 und Spittka GRUR-Prax 2021, 537 verwiesen.

Zur zeitlichen Komponente des Auskunftsanspruchs hatte 2025 das **BAG**[2193] klargestellt, dass lediglich ein **Zeitverzug** hinsichtlich der Auskunftserteilung bzw. eine **verspätete Auskunftserteilung** per se **keinen immateriellen Schadensersatzanspruch** begründet: *„Eine nur verspätete Auskunft begründet demgegenüber für sich genommen keinen Kontrollverlust über Daten iSd. Gefahr einer missbräuchlichen Verwendung, sondern nur einen Zeitverzug hinsichtlich der Auskunft (BSG 24. September 2024 – B 7 AS 15/23 R – Rn. 32). Entgegen der Auffassung der Revision ist es dabei ohne Belang, dass Art. 12 Abs. 3 Satz 1 DSGVO die unverzügliche Erteilung der Informationen als Regelfall vorsieht und den Zeitraum der Ungewissheit damit auf ein Minimum verkürzt. Eine ungerechtfertigte Verzögerung lässt dessen ungeachtet ohne weitere Anhaltspunkte nicht auf einen Datenmissbrauch schließen.“*[2194]

Zudem stellte das BAG[2195] auch nochmals klar, was in diesem Zusammenhang unter einem **„Kontrollverlust“**, wie er in einer Vielzahl von Klagen als Begründung für eine immaterielle Entschädigung vorgetragen wird, versteht: *„Kontrollverlust ist nur eine Situation, in der die betroffene Person eine begründete Befürchtung des Datenmissbrauchs hegt. Das bloße Berufen auf eine bestimmte Gefühlslage reicht dabei nicht aus. Das Gericht hat vielmehr zu prüfen, ob das Gefühl unter Berücksichtigung der konkreten Umstände „als begründet angesehen werden kann“. Dies setzt zwingend die Anwendung eines objektiven Maßstabs*[2196] *voraus. Je gravierender die Folgen eines Verstoßes gegen die Datenschutz-Grundverordnung sind, desto näher liegt eine begründete Befürchtung des Datenmissbrauchs. So wird die Veröffentlichung von sensiblen Daten im Internet aufgrund eines Datenlecks typischerweise eine Grundlage für solche Befürchtungen darstellen. Eine nur verspätete Auskunft begründet demgegenüber für sich genommen keinen Kontrollverlust über Daten iSd. Gefahr einer missbräuchlichen Verwendung, sondern nur einen Zeitverzug hinsichtlich der Auskunft.“*

Dabei könne es dahinstehen, ob eine **nicht vollständige Erfüllung der Auskunftspflicht** gem. Art. 15 Abs. 1 DS-GVO für sich genommen einen Anspruch auf immateriellen Schadensersatz nach Art. 82 DS-GVO begründet, führte das BAG bereits 2022 aus und ließ die Beantwortung dieser Frage auch in seinem 2025 verkündeten Urteil weiterhin offen.[2197]

2191 BGH NJW 2021, 2726.
2192 BGH NJW 2021, 2726.
2193 BAG 20.2.2025 – 8 AZR 61/24, BeckRS 2025, 6265.
2194 BAG BeckRS 2025, 6265 Rn. 17.
2195 BAG BeckRS 2025, 6265 Rn. 17 mit Verweis auf BSG BeckRS 33319 und EuGH NJW 2024, 1091.
2196 BAG BeckRS 2024, 29324 Rn. 33; BAG BeckRS 2024, 26525, Rn. 15.
2197 BAG BeckRS 2025, 6265 → Nr. 7656; s. aber BSG BeckRS 2024, 33319.

Nachdem das BAG in dieser Entscheidung zudem – wie zuvor bereits der EuGH[2198] sowie der BGH[2199] (s. dazu oben → **Rn. 244b)** – nochmals betont hatte, dass weder die in Art. 83 DS-GVO genannten Bußgeldkriterien noch Motive der Abschreckung oder gar eine Straffunktion bzw. Strafkomponente zur Bemessung des immateriellen Schadenersatzbetrags nach Art. 82 der DS-GVO herangezogen werden können, sondern der immaterielle Schadensersatz *„nur eine Ausgleichsfunktion"* habe,[2200] gehören wohl auch zu diesem Kontext **nicht nachvollziehbare Arbeitsgerichtsentscheidungen,** wie die des ArbG Duisburg,[2201] endgültig der Vergangenheit an.

Um die fehlende Nachvollziehbarkeit derartiger Entscheidungen zu verdeutlichen, sei der Fall, den das **Arbeitsgericht Duisburg** – als Erstinstanz zum BAG-Urteil 20.2.2025 – 8 AZR 61/24 – entschieden hatte, kurz vorgestellt:

Dort war der Kläger vier Wochen bei der Rechtsvorgängerin der Beklagten am Standort Duisburg beschäftigt und verlangte – sechs Jahre nach seinem Beschäftigungsende – von seiner ehemaligen Arbeitgeberin mit Fristsetzung von zwei Wochen am 1.10.2022 Auskunft über die personenbezogenen Daten, die sie möglicherweise noch von ihm gespeichert habe. Da die Beklagte, die ihr gesetzte sehr kurze Frist nicht einhielt, erinnerte der Kläger sie am 21.10. und erhielt sodann am 27.10. die geforderte Auskunft und eine Kopie der noch gespeicherten Daten. Damit nicht zufrieden, forderte der Kläger nun am 18.11. noch weitere Informationen ua zur Dauer der Datenspeicherung. Nachdem die Beklagte dem Kläger daraufhin am 1.12. weitergehende konkretisierte Informationen überlassen hatte und sich der Kläger jedoch auch damit nicht zufriedengab, reagierte die Beklagte nicht mehr, so dass die Sache vor dem Arbeitsgericht Duisburg anhängig wurde. Aufgrund dieser „Verzögerungen" verlangte der Kläger wegen angeblichem Kontrollverlust und der Sorge wegen eines möglichen Datenmissbrauch sowie seiner Verärgerung einen immateriellen Schadensersatz iHv 2.000 EUR. Das ArbG Duisburg sprach ihm jedoch 10.000 EUR zu. *„Die betroffene Person soll einen vollständigen und wirksamen Schadensersatz für den erlittenen Schaden erhalten. Verstöße müssen effektiv sanktioniert werden, damit die DS-GVO wirken kann, was vor allem durch Schadensersatz in abschreckender Höhe erreicht wird"*, so das ArbG, das der Beklagten, die mehrfach darauf hingewiesen hatte, dass der Kläger lediglich einige Tage bei ihm beschäftigt gewesen sei und dieses kurze Arbeitsverhältnis auch bereits seit Jahren beendet sei, regelrecht abgekanzelt hatte: *„Wenig hilfreich ist in diesem Zusammenhang auch der mehrfache Hinweis der Bekl. darauf, dass die Parteien lediglich einige Tage in einem Arbeitsverhältnis verbunden waren und dass dieses kurze Arbeitsverhältnis bereits seit Jahren beendet sei."*

Gerade für kleine mittelständige Betriebe, aber auch für alle übrigen Arbeitgeber wären – sofern die Rechtsprechung des BAG dem nicht Einhalt geboten hätte – die Folgen einer derartigen Rechtsprechung erheblich, zumal die so agierenden Arbeitsgerichte bereits *„nach einer Zeitspanne von mehr als einer Woche"*[2202] von einer zu entschädigenden Verzögerung ausgingen.

Darauf, dass diese Argumentation des ArbG Duisburg und einiger weiterer Arbeitsgerichte der Systematik der DS-GVO und auch der Rechtsprechung des EuGH widersprechen, wurde bereits in der Vorauflage hingewiesen, denn bereits damals war zu erkennen, dass nicht jede „Wartezeit" in Bezug auf den Erhalt angeforderter Daten zwangsläufig zu einem immateriellen Schadensersatz gem. Art. 82 DS-GVO führt.[2203]

Vor diesem Hintergrund ist das Urteil des BAG sehr zu begrüßen, stärkt es doch die **Rechtssicherheit für alle datenverarbeitende Stellen** in Betrieben, Dienstleistungsunternehmen oder Betreibern von Online-Plattformen.

Insofern konsequent wurde die auf immateriellen Schadensersatz iHv 5.500 EUR gerichtete Klage eines Rechtsanwaltes gegen die Betreiber einer Rechtsprechungsdatenbank **(openJUR)** abgewiesen, die einen **nicht anonymisierten gerichtlichen Beschl. veröffentlicht** hatten und auf diese Weise sensible personenbezogenen Daten und private Lebensumstände des Klägers, wie dessen vorübergehende Arbeitslosigkeit und Zahlungsschwierigkeiten der Allgemeinheit zugänglich gemacht hatten. Das LG Hamburg[2204] wies die Klage mit Verweis auf BGH, Urt. v. 22.2.2022 – VI ZR 1175/20 (vgl. dazu oben → **Rn. 178**) ab, da ein Schadensersatzanspruch nach Art. 82 Abs. 1 DS-GVO aufgrund der Bereichsausnahme des Art. 85 DS-GVO für den vorliegenden Fall nicht anwendbar sei. Ein solcher Anspruch könne *„nicht auf die Verletzung datenschutzrechtli-*

2198 EuGH NJW 2024, 1561.
2199 BGH NJW 2025, 298 Rn. 25 und 96.
2200 BAG BeckRS 2025, 6265 Rn. 24.
2201 ArbG Duisburg BeckRS 2023, 10513 → Nr. 7675; vgl. auch ArbG Oldenburg BeckRS 2023, 3950 → Nr. 7190; ArbG Düsseldorf BeckRS 2020, 11910 → Nr. 6716; ArbG Berlin BeckRS 2022, 20071 → Nr. 7167.
2202 ArbG Duisburg BeckRS 2023, 10513 Rn. 16.
2203 Vgl. Böhm/Brams NZA-RR 2021, 521.
2204 LG Hamburg GRUR-RS 2025, 10148.

cher Bestimmungen durch eine journalistische Tätigkeit gestützt werden", zu der auch die Rechtsprechungsdatenbank **openJur** zu rechnen sei (vgl. dazu oben → **Rn. 245c**). Sodann wandte sich das LG Hamburg der Frage zu, ob dem Kläger im Hinblick auf die als zu spät gerügte **Auskunft** ein Anspruch auf immateriellen Schadensersatz zustehe und verneinte auch dies, obwohl es zur Ansicht gelangt war, dass *„im vorliegenden Fall … die Auskunft auch verspätet erteilt worden sein* [dürfte]." Darauf, so das LG, komme es hier nicht an bzw. es könne offen bleiben, ob die Auskunft verspätet war und eine solche Verspätung einen Schadensersatzanspruch begründen könne, denn *„es fehlt an der schlüssigen Darlegung eines (immateriellen) Schadens, den der Kläger gerade durch die verspätete Auskunft erlitten habe."* Der Kläger hatte insofern auf den Kontrollverlust und *„die Ungewissheit darüber, welche und wie konkret seine personenbezogenen Daten von der Beklagten verarbeitet wurden und werden"*, vorgetragen. Dies sah das LG Hamburg jedoch nicht als ausreichend an und begründete dies wie folgt: *„Dem Vortrag ist nicht zu entnehmen, inwiefern der Kläger allein durch den Umstand, dass die Auskunft verspätet erteilt worden sei, einen immateriellen Schaden erlitten habe. Dies gilt umso mehr, als ein ganz maßgeblicher Bestandteil der Auskunft – nämlich zur* ***Herkunft der Daten*** *– bereits am Tag des Auskunftsbegehrens beantwortet und dem Kläger mit E-Mail vom 5.5.2024 mitgeteilt wurde, dass die Entscheidung in dieser Form aus der amtlichen Entscheidungsdatenbank des Landes B. übernommen wurde. Auch war für den Kläger erkennbar, welche personenbezogene Daten die Beklagte veröffentlicht hatte und an wen sie sich mit dieser Veröffentlichung wandte, nämlich an die gesamte Internetöffentlichkeit. Insofern liegt in der bloß zeitlich verzögerten vollständigen Auskunftserteilung auch kein weitergehender Kontrollverlust als der, der bereits durch die nicht hinreichend anonymisierte Veröffentlichung der Entscheidung eingetreten war."*[2205]

Dagegen sprach das **OLG Köln** der (ehemaligen) Mandantin eines Rechtsanwaltes 500 EUR wegen einer verspäteten Auskunftserteilung zu. Im dortigen Fall hatte die Klägerin von einem Rechtsanwalt die Herausgabe der Handakten zu ihrem Mandat verlangt. Die Klägerin war „über Monate" vom Rechtsanwalt über das weitere Schicksal des Mandates im Unklaren gelassen worden und nicht in der Lage, auf die Handakte zuzugreifen und Kenntnis über den Inhalt der dort gespeicherten Daten zu erlangen sowie das sie betreffende Verfahren mit dem neuen Prozessbevollmächtigten voranzutreiben. Zur Begründung für den von ihr geltend gemachten immateriellen Schadensersatz hatte die Klägerin *„umfassend und vom Anwalt unwidersprochen dazu vorgetragen, welche immateriellen Folgen die verweigerte Datenauskunft des Anwalts für sie hatte. Sie beruft sich in erster Linie darauf, dass sie durch die verzögerte Datenauskunft psychisch belastet wurde. Sie habe Stress und Sorge im Hinblick auf die Regulierung ihrer Ansprüche aus dem Verkehrsunfallgeschehen empfunden."*[2206]

Zur Höhe des Anspruchs auf immateriellen Schadensersatz bei Verstoß gegen die DS-GVO:

Liegen die Voraussetzungen für einen immateriellen Schadensersatzanspruch jedoch vor, so gilt, was das BAG bereits 2022 als **Orientierungssatz** insofern betont hatte: Die Bemessung der Höhe des Schadenersatzanspruchs gem. Art. 82 Abs. 1 DS-GVO richtet sich nach § 287 Abs. 1 S. 1 ZPO und liegt somit im Ermessen des Gerichts, das dabei stets *„alle Umstände des Einzelfalls würdigen muss"*.[2207]

Was darunter zu verstehen ist, führte das BAG sodann in seiner Urteilsbegründung sehr umfassend aus und bestätigte die Höhe von 1.000 EUR des vorinstanzlich insofern festgelegten immateriellen Schadensersatzes.[2208] Das LAG[2209] habe ohne Rechtsfehler in seine Würdigung einbezogen, dass die persönliche Betroffenheit der Klägerin durch die nicht vollständige Erfüllung ihres Auskunftsanspruchs in Anbetracht des maßgeblichen Anliegens ihres Auskunftsbegehrens „überschaubar" gewesen sei und habe das Auskunftsbegehren dahin ausgelegt, dass es der Kl. maßgeblich um die Arbeitszeitaufzeichnungen gegangen sei. Diese habe ihr die Bekl. mit Schreiben vom 13.8.2020 aber übersandt. Auch habe *„das LAG eine Gewichtung des konkreten Ausmaßes der Beeinträchtigung der Kl. durch die nicht vollständige Erfüllung ihres Auskunftsanspruchs vorgenommen und dieser eine relativ geringere Bedeutung beigemessen, als wenn es der Kl. ebenso maßgeblich um Auskunft über ihre übrigen bei der Bekl. gespeicherten personenbezogenen Daten gegangen wäre"*.[2210]

Auch das **OLG Köln**[2211] befasste sich 2023 mit den Voraussetzungen einer immateriellen Kompensation bei unvollständiger Auskunftserteilung und Auskunftsverzögerung und stellt an die Vortragslast für immateriellen Schadensersatz jedoch deutlich höhere Anforderungen als beim Auskunftsverlangen. Insofern bedürfe es – auch wenn es keine Bagatellschwelle gibt,[2212] – stets eines nachvollziehbaren Vortrags, welcher immaterieller Schaden entstanden sein soll. Allein eine **lange Verzögerung** und ein **unterstellter „böser Wille"** machen keinen „Schaden" aus, so das OLG Köln,[2213] das sich im Übrigen äußerst umfassend und sorgfältig zum

2205 LG Hamburg GRUR-RS 2025, 10148 Rn. 59; Hervorhebung durch den Autor.
2206 OLG Köln BeckRS 2022, 17897 → Nr. 7050.
2207 BAG BeckRS 2022, 20229.
2208 BAG NJW 2022, 2779 → Nr. 7168.
2209 LAG Herne BeckRS 2021, 21866.
2210 BAG NJW 2022, 2779.
2211 OLG Köln BeckRS 2023, 20138.
2212 EuGH NJW 2024, 2599 Rn. 44.
2213 OLG Köln BeckRS 2023, 20138.

datenschutzrechtlichen Auskunftsanspruch und Überlassung von Datenkopien und insbesondere den damit verbundenen prozessualen Fragen, ua auch im Umgang mit der **nur „scheibchenweisen" Erfüllung von Auskunftsansprüchen,** befasste und mit seiner Entscheidung in wesentlichen Bereichen der oben benannten Entscheidung des BAG aus 2025 bereits vorgegriffen hatte.

Stets zu beachten bei der Geltendmachung des Anspruchs auf Auskunftserteilung gemäß Art. 15 DS-GVO ist allerdings – worauf das LG Heilbronn[2214] zutreffend hingewiesen hatte – dass der Anspruch von dem insofern grundsätzlich **Auskunftsverpflichteten auch erfüllbar** ist. Soweit dem Beklagten eine Erfüllung unmöglich ist, sei dieser – so das LG Heilbronn – von seiner Leistungspflicht gemäß **§ 275 Abs. 1 Var. 1 BGB** befreit. Im konkreten Fall hatte die Beklagte den Kläger in einem, dem Gericht vorgelegten Schreiben darüber informiert, dass es Facebook Ireland auf Grundlage der bislang vorgenommenen Analysen nicht gelungen sei, der Nutzer ID des Klägers Informationen aus den durch Scraping abgerufenen Daten zuzuordnen.

Ein Auskunftsanspruch nach Art. 15 Abs. 1 Hs. 2 DS-GVO ist im Sinne von § 362 Abs. 1 BGB grundsätzlich erfüllt, wenn die Angaben nach dem erklärten Willen des Schuldners die Auskunft im geschuldeten Gesamtumfang darstellen. Wird die Auskunft in dieser Form erteilt, steht ihre etwaige inhaltliche Unrichtigkeit einer **Erfüllung des Auskunftsanspruchs** nicht entgegen.[2215]

Ebenso ist ein Auskunftsanspruch wenn auch nicht erfüllt so doch „abgegolten", wenn der Kläger in einem zur Beendigung seines Arbeitsverhältnisses führenden arbeitsgerichtlichen Vergleichs, mit welchem „alle Ansprüche aus dem Arbeitsverhältnis und dessen Beendigung, gleich ob bekannt oder unbekannt, gleich aus welchem Rechtsgrund, abgegolten" sind, hierauf verzichtet hat, denn ein **Verzicht auf den Auskunftsanspruch** nach Art. 15 Abs. 1 DS-GVO in einem zur Beendigung eines Arbeitsverhältnisses führenden arbeitsgerichtlichen Vergleichs ist grundsätzlich möglich.[2216]

Zur erfolgreichen Durchsetzung eines immateriellen Schadensersatzanspruchs im Zusammenhang mit nicht oder nicht vollständig oder nicht rechtzeitig erteilter Auskunft führte das LG München[2217] 2024 und insofern mit Verweis auf die bis dahin aktuelle Rechtsprechung des EuGH aus, dass die Annahme eines solchen konkreten Schadens „in unionsautonomer Auslegung nach ständiger Rechtsprechung des EuGH" voraussetze, dass dieser *„tatsächlich und sicher"* bestehe.

Praxishinweis:
Die eingangs erwähnte Entscheidung des EuGH (C-526/24) zur Missbräuchlichkeit von Auskunftsanträgen bedeutet für Unternehmen, Handwerksbetriebe und alle anderen Arbeitgeber, „*dass ein Abweichen vom Grundsatz der unentgeltlichen Auskunftserteilung nur in engsten Ausnahmefällen möglich ist und eine substanzielle Darlegungslast besteht, wenn man sich auf den Missbrauchsweinwand berufen möchte. Der bloße Verdacht eines „Serien-Auskunftsstellers" reicht nicht.*
Verantwortliche sind daher gut beraten, Verdachtsfälle sorgfältig zu recherchieren und zu dokumentieren."[2218]
Die Entscheidung des BAG Urt. v. 20.2.2025 – 8 AZR 61/24[2219] hat aufgezeigt, dass ein bloßer Zeitverzug hinsichtlich der Auskunftserteilung bzw. eine verspätete Auskunftserteilung per se keinen immateriellen Schadensersatzanspruch begründet. Ebenso wenig genügt es zur Begründung eines immateriellen Schadensersatzanspruchs unsubstantiiert auf allgemeine Befürchtungen, negative Gefühle oder Ärgernisse hinzuweisen.
Insofern herrscht nun Klarheit – zumindest in diesem Punkt – und damit mehr Rechtssicherheit für alle datenverarbeitende Stellen in Betrieben, Dienstleistungsunternehmen oder Betreibern von Online-Plattformen – aber ebenso für Arbeitnehmerinnen und Arbeitnehmer, die sich insofern mit dem Gedanken einer Klage auf „Schmerzensgeld" bzw. immateriellen Schadensersatz wegen Auskunftsverzögerung tragen. Anspruchsteller/Kläger müssen daher im Falle der Geltendmachung eines immateriellen Schadensersatzanspruches zu allen Grundvoraussetzungen (vgl. oben → **Rn. 244a**) vortragen und dabei insbesondere darlegen, worin ihr konkreter immaterieller Schaden begründet ist und woraus sich die Ursächlichkeit zwischen dem behaupteten Datenschutzverstoß und ihrem immateriellen Schaden ergibt. Pauschale Hinweise auf ein subjektives *Missempfinden* oder *das Gefühl, sich geärgert zu haben,* genügen insofern auch trotz dem Wegfall des Erheblichkeitserfordernisses nicht und sind durch eine fundierte und konkrete Schilderung des Schadens zu ersetzen.

2214 LG Heilbronn GRUR-RS 2023, 3278.
2215 OLG Hamm GRUR-RS 2023, 2205, GRUR 2023, 179 im Anschluss an BGH BeckRS 2021, 16831; vgl. dazu auch Spitka GRUR-Prax 2021, 537.
2216 OVG Saarlouis BeckRS 2025, 11401.
2217 LG München BeckRS 2024, 5479 mit Verweis auf EuGH GRUR-RS 2023, 8972 Rn. 44–51.
2218 Bock GRUR-Prax 2026, 251 (Hervorhebung durch den Autor).
2219 BAG BeckRS 2025, 6265.

Unternehmen, Handwerksbetrieben und allen anderen Arbeitgebern ist, trotz der durch das BAG nun höheren Rechtssicherheit dennoch dringend anzuraten, sich **auf** entsprechende **Anfragen** ihrer Mitarbeiter organisatorisch **vorzubereiten** und ein verlässliches Datenmanagementsystem vorzuhalten, damit derartige Anfragen fristgerecht (vgl. Art. 12 Abs. 3 DS-GVO) und stets in vollem Umfang erfüllt werden können. Auf keinen Fall dürfen Anfragen ignoriert oder mit dem Hinweis auf einen zu hohen Aufwand abgelehnt werden. Umgekehrt sollten Auskünfte auch nicht ohne Überprüfung der Identität bzw. Legitimation vorschnell beantwortet werden, insbesondere gegenüber Personen, die nicht zum Unternehmen bzw. dem Betrieb gehören.[2220]
Aus Beklagtensicht empfiehlt Fuhlrott zudem,[2221] das Vorliegen eines ersatzfähigen immateriellen Schadens zu bestreiten, so dass im Zweifel insoweit eine gerichtliche Beweisaufnahme erfolgen muss und begründet dies wie folgt: *„Zur Darlegung eines konkret entstandenen Schadens wird es gehören müssen, substanziiert darzulegen, warum sich die verspätete oder unvollständige Auskunftserteilung nachteilig auf die Rechtsgüter des Anspruchstellers ausgewirkt hat. Leerformeln oder dahingehende pauschale Aussagen, der Anspruchsteller habe sich geärgert oder schlecht geschlafen, dürften noch nicht einmal ausreichen, um einen unerheblichen Schaden darzulegen. Augenmerk sollte dabei auch auf das Kausalitätserfordernis gelegt werden, wonach der Schaden ursächliche Folge der DS-GVO-Verletzung sein muss.“*[2222]

Auch wenn dogmatisch nicht korrekt, sei an dieser Stelle auf eine Entscheidung des OLG Celle[2223] hinzuweisen, bei dem der Kläger wegen fehlerhafter Behandlung im Krankenhaus ua Auskunft über die Namen der ihn behandelnden Ärzte **im Rahmen einer Arzthaftungsklage** verlangte, nachdem die Beklagten insofern, so das OLG wörtlich, „gemauert“ hatten. Das OLG entschied insofern: *„Die Beklagte zu 1 wird verpflichtet, Namen und ladungsfähige Anschriften derjenigen Personen zu benennen, die dem Kläger im Haus der Beklagten zu 1 behandelt haben und zwar unter Benennung der jeweiligen Funktion.“* und führte zur Begründung aus: *„Es sollte eigentlich eine Selbstverständlichkeit sein, dass jedenfalls Personen, die eine Dienstleistung höherer Art erbringen, sich auch persönlich vorstellen. Dann wiederum bliebe gänzlich unverständlich, warum diese (entweder unterlassene oder nicht richtig aufgenommene) Information nicht auch später noch erteilt werden kann.“*

Zum Erfordernis eines außergerichtlich gestellten Antrags auf Auskunftserteilung nach Art. 15 DS-GVO bei einer gegen ein Finanzamt gerichteten Klage und dem insofern vom Kläger zudem nicht richtig gewählten Rechtsweg sei auf das Urteil des BFH vom 12.11.2024 – IX R 20/22 verwiesen.[2224]

gg) Datenschutzverstoß iVm SCHUFA ua Auskunfteien.[2225] Zu dieser Thematik ergingen in den letzten beiden Jahren eine Reihe von wegweisenden höchstrichterlichen Entscheidungen sowohl des EuGH[2226] als auch des BGH[2227] auf die nachfolgend näher eingegangen wird: **246c**

Transparenz des Scoring-Algorithmus und Grenzen des Geschäftsgeheimnisses: **246d**

Mit Urteil des **EuGH (C-203/22) vom 27.2.2025**[2228] hat der EuGH die datenschutzrechtlichen Rahmenbedingungen für Wirtschaftsauskunfteien bei der Erstellung von Bonitätsauskünften verschärft. Betroffene können von Auskunfteien (hier: SCHUFA Holding AG) **präzise, transparente und verständliche Informationen über die Verfahren und Grundsätze der automatisierten Verarbeitung** ihrer personenbezogenen Daten verlangen, um ihre Rechte aus Art. 22 Abs. 3 DS-GVO ausüben und die Logik automatisierter Entscheidungen nachvollziehen zu können. Art. 15 Abs. 1 Buchst. h der DS-VO ist – so der EuGH – so auszulegen, dass bei automatisierten Entscheidungsfindungen (einschließlich Profilings) im Sinne von **Art. 22 Abs. 1 DS-GVO** die jeweils betroffene Person vom Verantwortlichen im Rahmen des Auskunftsanspruchs die Erteilung einer „aussagekräftigen Information über die involvierte Logik“ verlangen kann und ihr anhand der maßgeblichen **Informationen in präziser, transparenter, verständlicher und leicht zugänglicher Form** die Verfahren und Grundsätze zu erläutern sind, die bei der automatisierten Verarbeitung ihrer personenbezogenen Daten zur Gewinnung eines bestimmten Ergebnisses, wie beispielsweise eines Bonitätsprofils, konkret angewandt wurden. Der EuGH bezog somit klar Stellung gegen die bisherige Praxis der Auskunfteien, Auskünfte unter pauschalem Verweis auf den Schutz von Geschäftsgeheimnissen zu verweigern; die **Argumentation mit** dem **„Geschäftsgeheimnis“ ist** somit **unzulässig.** Die Ermittlung von Scorewerten

[2220] Vgl. dazu Krämer/Burghoff ZD 2022, 428.
[2221] Fuhlrott/Fischer NZA 2023, 606.
[2222] Fuhlrott/Fischer NZA 2023, 606 (610).
[2223] OLG Celle BeckRS 2020, 53193.
[2224] BFH DStRE 2025, 113.
[2225] Entscheidungen hierzu finden Sie auch im Tabellenteil unter → Kapitel C. 10. a) gg).
[2226] EuGH (C-203/22) NJW 2025, 1471; EuGH (C-634/21) NJW 2024, 413; EuGH (C-26/22, C-64/22) NJW 2024, 417.
[2227] BGH-Urt. v. 18.12.2025 – I ZR 97/25, NJW 2026, 845 und BGH-Urt. v. 28.1.2025 – VI ZR 183/22, NJW 2025, 1059.
[2228] EuGH (C-203/22) NJW 2025, 1471.

und insofern die sog. **Scoreformel** – also die abstrakte Methode der Scorewertberechnung – darf künftig **keine geschützte „Black Box"**[2229] mehr bleiben. Entgegen der älteren Rechtsprechung des BGH,[2230] der den Zweck des Auskunftsanspruchs im Jahr 2014 noch darauf reduziert hatte, Fehler im Rahmen atypischer Lebenssachverhalte gegenüber der kreditprüfenden Stelle zu korrigieren, betont der EuGH nun ausgehend von Art. 15 Abs. 1h DS-GVO stehe „*der betroffenen Person also ein echtes Recht auf Erläuterung der Funktionsweise des Mechanismus der automatisierten Entscheidungsfindung* [zu], *der diese Person unterworfen worden ist, und des Ergebnisses, zu dem diese Entscheidung geführt hat.*"[2231] Das wirtschaftliche Interesse der SCHUFA an ihrem Algorithmus muss, so der EuGH, gegenüber dem Recht des Bürgers auf informationelle Selbstbestimmung zurücktreten, da das Scoring regelmäßig die faktische Basis für einschneidende Entscheidungen (zB Kreditablehnungen) im Wirtschaftsleben bildet.

Die nationalen Gerichte sind somit angehalten, im Rahmen von Klagen auf immateriellen Schadensersatz wegen unzureichender Auskunftserteilung eine grundrechtsbasierte Abwägung im Einzelfall vorzunehmen.[2232]

Die aktuelle EuGH-Rechtsprechung (C-203/22, C-634/21) stärkt das Auskunftsrecht nach Art. 15 DS-GVO gegenüber Wirtschaftsauskunfteien, indem Scoring-Logiken offengelegt werden müssen und die bloße Erstellung von Scorewerten als automatisierte Entscheidung im Sinne des Art. 22 Abs. 1 DS-GVO gewertet wird.

246e **Einschränkung bei rechtsmissbräuchlichem Verhalten:** Ein Betroffener hat jedoch keinen Anspruch auf Auskunftserteilung der SCHUFA gegenüber Dritten: Keinen Erfolg hatte daher 2025 die Klage auf immateriellen Schadensersatz vor dem LG Wiesbaden[2233] in einem solchen, durchaus nicht alltäglichen Fall: Der Kläger hatte gegen die Beklagte (SCHUFA) eine Strafanzeige wegen vermeintlich rechtswidriger Speicherung von Zahlungsstörungen und angeblich strafbaren Verhaltens ihrer Mitarbeiter gestellt. Daraufhin stellte die SCHUFA ihre Auskunftserteilung betreffend der Daten des Klägers gegenüber Dritten vorübergehend ein, was sich im Geschäftsleben des Klägers – selbstredend – negativ ausgewirkt hatte, weshalb dieser sodann Klage auf „*ein angemessenes Schmerzensgeld in Höhe von mindestens 2.500 EUR*" erhob. Das LG wies die Klage als unbegründet ab, da zum einen kein Verstoß gegen Art. 82 Abs. 1 DS-GVO vorliege und zum anderen ein Schadensersatzanspruch – selbst wenn man entgegen der Rechtsansicht des LG eine Verletzung der DS-GVO und einen hieraus resultierenden Schadensersatz- oder Schmerzensgeldanspruch dem Grunde nach annehmen würde – gleichwohl daran scheitern würde, dass ein anspruchsausschließendes überwiegendes Mitverschulden des Klägers an der Einstellung der Auskunftserteilung anzunehmen ist. „*Das einen etwaigen Schadensersatzanspruch ausschließende Mitverschulden des Klägers ist darin zu sehen, dass dieser die Beklagte zum einen mit einem unberechtigten Strafverfahren überzogen hat, welches der Beklagten ein berechtigtes Interesse (sachlicher Grund) zur vorläufigen Auskunftseinstellung zur Vermeidung von etwaigen weiteren strafbaren Handlungen und zur Schadensvermeidung gab und zum anderen ist das Mitverschulden darin zu sehen, dass die Staatsanwaltschaft dem Kläger bereits am 7.8.2023 die Einstellung des Strafverfahrens gemäß § 170 Abs. 2 StPO mitteilte und der Kläger die Beklagte hierüber nicht in Kenntnis setzte, sondern vielmehr hierüber in Unkenntnis ließ und die hiesige Klage einreichte.*"[2234]

246f **Automatisierte Entscheidung im Sinne von Art. 22 DSGVO und die Definition der Außenwirkung:**

Zentraler Streitpunkt im Rahmen von Schadensersatzforderungen bleibt die Frage, ob es datenschutzrechtlich zulässig ist, dass Auskunfteien einen Scorewert automatisiert berechnen, auf dessen alleiniger Grundlage Banken später Entscheidungen treffen.

Nach dem grundlegenden Urteil des EuGH vom 7.12.2023[2235] (verbundene Rechtssachen C-26/22 und C-64/22) sowie der Entscheidung des EuGH (C-634/21)[2236] stellt die Erstellung und Übermittlung eines Bonitäts-Wahrscheinlichkeitswerts bereits dann eine grundsätzlich unzulässige automatisierte Entscheidung nach Art. 22 Abs. 1 DS-GVO dar, wenn die Vertragspartner der Auskunftei diesem Wert eine maßgebliche Rolle bei der Kreditgewährung beimessen, was regelmäßig der Fall sein dürfte.

2229 BGH NJW 2014, 1235.
2230 BGH NJW 2014, 1235.
2231 EuGH NJW 2025, 1471 Rn. 57.
2232 EuGH (C-203/22) NJW 2025, 1471 dazu Kratz NJW 2024, 392 und Radtke MMR 2024, 153; vgl. auch EuGH NJW 2024, 413 und EuGH NJW 2024, 417.
2233 LG Wiesbaden GRUR-RS 2025, 208 → Nr. 7558.
2234 LG Wiesbaden GRUR-RS 2025, 208 Rn. 27.
2235 EuGH (C-203/22) NJW 2025, 1471.
2236 EuGH (C-634/21) NJW 2024, 413.

Hintergrund dieser Entscheidung des EuGH, die von *Krüger* als *„aufsehenerregender Paukenschlag"*[2237] bezeichnet wurde, waren mehrere vor dem VG Wiesbaden[2238] verhandelte Klagen von Bürgern aus Deutschland, denen ein Kredit mangels ausreichender Schufa-Bonität verwehrt worden war. Der EuGH (C-26/22 und C-64/22) stellte dazu klar, dass die Erstellung und Übermittlung eines Wahrscheinlichkeitswerts über die Bonität einer natürlichen Person (sog. **Scorewert zur Bonitätsermittlung**) bereits eine **von der DS-GVO grundsätzlich verbotene automatisierte Entscheidung iSd Art. 22 Abs. 1 DS-GVO** sei, sofern die Kunden (ua Banken) der Schufa dem Scorewert eine maßgebliche Rolle im Rahmen der Kreditgewährung beimäßen, was regelmäßig der Fall sein dürfte. *„Nach dem EuGH unterliegt der Verantwortliche, der die tatsächliche Entscheidungsgewalt hat, den Anforderungen an automatisierte Entscheidungen aus Art. 22 DS-GVO. Für Auskunfteien, kooperierende Unternehmen, aber auch KI-Unternehmen kommt es künftig somit entscheidend darauf an, ob eine maschinenbasierte Prognose (zB der SCHUFA-Score) im Einzelfall – erstens – maßgeblich für eine Entscheidung zu Grunde gelegt wird, die – zweitens – Betroffene hinreichend beeinträchtigt. Zwar dürfte § 31 BDSG nicht anwendbar sein, aber es kommt regelmäßig eine andere Rechtsgrundlage aus Art. 22 Abs. 2 DS-GVO in Betracht (dh Erforderlichkeit zum Vertragsschluss oder Einwilligung). Vor allem die in Art. 22 Abs. 3 DS-GVO verankerten Maßnahmen dürften Verantwortliche hierbei vor Herausforderungen stellen"*, so Radtke in seiner Entscheidungskommentierung.[2239]

Für Auskunfteien und kooperierende Unternehmen kommt es somit entscheidend darauf an, ob eine maschinenbasierte Prognose (zB der SCHUFA-Score) im Einzelfall maßgeblich für eine Entscheidung zugrunde gelegt wird, die den Betroffenen hinreichend beeinträchtigt. Da der EuGH die Frage der Europarechtskonformität des nationalen § 31 BDSG-neu[2240] – der als Ermächtigungsnorm die Verwendung eines Wahrscheinlichkeitswerts bezüglich eines spezifischen zukünftigen Verhaltens (Scoring), nur dann eingesetzt werden darf, wenn das Datenschutzrecht eingehalten wird – an die nationalen Gerichte zurückverwies, verbleibt hier Raum für materielle und immaterielle Schadensersatzansprüche.

Die hohen Hürden für den Klägervortrag und die Begrenzung des Anwendungsbereichs zeigen sich jedoch in der nachfolgenden Rechtsprechung der Instanzgerichte:

- Mit Hinweisbeschluss vom 19.1.2026 verneinte das **KG**[2241] (27. Senat, Az. 27 U 105/24) datenschutzrechtliche Ansprüche im konkreten Einzelfall: Das KG stellte klar, dass allein in der mathematisch-automatisierten Erstellung und reinen Weitergabe von Scorewerten noch keine unzulässige automatisierte Entscheidung nach Art. 22 Abs. 1 DS-GVO zu sehen sei. Eine solche liege nur vor, wenn ein auf personenbezogene Daten zu einer Person gestützter Wahrscheinlichkeitswert in Bezug auf deren Fähigkeit zur Erfüllung künftiger Zahlungsverpflichtungen durch eine Wirtschaftsauskunftei automatisiert erstellt wird, sofern von diesem Wahrscheinlichkeitswert maßgeblich abhängt, ob ein Dritter, dem dieser Wahrscheinlichkeitswert übermittelt wird, ein Vertragsverhältnis mit dieser Person begründet, durchführt oder beendet. Soweit sich der Kläger auf einen angeblichen Verstoß gegen die Auskunftspflichten nach Art. 15 DS-GVO beruft, sei nicht ersichtlich und von ihm auch nicht dargetan, inwiefern ein Verstoß gegen die Auskunftspflichten ursächlich zu einem Schaden geführt haben soll. Die vom Kläger geschilderten „Missempfindungen", insbesondere eine Stigmatisierung, Diskriminierung und Rufschädigung, stützt er nicht auf die Nichterfüllung einer Auskunftspflicht, sondern die pflichtwidrige Verwendung der Daten bzw. das Scoring und dessen Mitteilung an Dritte.
- Ebenfalls abgewiesen wurde eine gegen die SCHUFA erhobene Klage auf immateriellen Schadensersatz iHv 5.000 EUR, die der Kläger – der zudem noch auf genaue Auskunft über die Scorewert-Ermittlung geklagt hatte – allein wegen des Gefühls eines Kontrollverlustes infolge der Erstellung und Weitergabe von Scorewerten sowie wegen der „Missempfindung" einer *„diskriminierenden Stigmatisierung im Rahmen des Profilings"* erhoben hatte. Zur Klagabweisung des LG Münster führte das **OLG Hamm**[2242] (Hinweisbeschluss vom 30.9.2025 – 11 U 72/25) aus, dass nach Art. 22 DS-GVO die automatisierte Entscheidung durch die Score-Berechnung nur dann unzulässig ist, wenn sie rechtliche Wirkungen für die betroffene Person entfaltet oder sie erheblich beeinträchtigt. Allein die Erstellung eines Scores könne isoliert – ohne dass das Ergebnis dieser Erstellung einem Verwender zur Kenntnis gebracht wird – gegenüber dem Betroffenen keine rechtliche oder sonst geartete beeinträchtigende Wirkung entfalten. Es handelt sich um ein bloßes Internum ohne Außenwirkung. Dies deckt sich mit der Linie des **OLG München**[2243] und des **OLG Stuttgart.**[2244]
- Die Rechtsansicht des OLG Hamm,[2245] sowie auch des OLG Stuttgart,[2246] dass in diesem Zusammenhang noch darauf verwiesen hatte, dass ein Anspruch bereits deswegen nicht bestehe, weil keine automatisierte

[2237] Krüger VuR 2024, 150 (151).
[2238] VG Wiesbaden BeckRS 2022, 15772; VG Wiesbaden BeckRS 2021, 30719.
[2239] Radtke MMR 2024, 153.
[2240] Das BDSG-neu trat zusammen mit der DS-GVO am 25.5.2018 in Kraft.
[2241] KG BeckRS 2026, 1297.
[2242] OLG Hamm GRUR-RS 2025, 26383 → Nr. 7750.
[2243] OLG München GRUR-RS 2025, 15992 Rn. 28 → Nr. 7943.
[2244] OLG Stuttgart GRUR-RS 2025, 7249 Rn. 25 → Nr. 7944.
[2245] OLG Hamm GRUR-RS 2025, 26383 → Nr. 7750.
[2246] OLG Stuttgart GRUR-RS 2025, 7249 → Nr. 7944.

Entscheidung vorliege und die verwendete Scoreformel samt Algorithmen dem Geschäftsgeheimnis unterliege, lässt sich heute jedoch aufgrund der aktuellen Rechtsprechung des EuGH[2247] (s. oben unter → **Rn. 246d**) in dieser Form nicht mehr uneingeschränkt halten.

246g **Reichweite der Speicherdauer: Restschuldbefreiung vs. vertragliche Zahlungsstörungen:**

Hinsichtlich der zulässigen Verarbeitungsdauer hat die Rechtsprechung eine Differenzierung bzgl. der Herkunft der Daten vorgenommen:

- **Daten aus öffentlichen Registern (Restschuldbefreiung):** In den verbundenen Rechtssachen C-26/22 und C-64/22 bestimmte der EuGH,[2248] dass es gegen die DS-GVO verstößt, wenn eine private Wirtschaftsauskunftei die Information über eine erteilte Restschuldbefreiung nach einer Insolvenz drei Jahre lang speichert, während das öffentliche Register (insolvenzbekanntmachungen.de) diese Information zum Schutz des Schuldners bereits nach sechs Monaten löscht. Auskunfteien dürfen solche Daten nicht über die für die amtlichen Register vorgesehenen Speicherfristen hinaus vorhalten. Inzwischen hat die SCHUFA diese Frist für abgeschlossene Privatinsolvenzen folglich auf sechs Monate verkürzt.
- **Daten aus vertraglichen Einmeldungen (Zahlungsstörungen):** Von dieser Restschuldbefreiungs-Rechtsprechung des EuGH grenzt sich der BGH[2249] mit seiner Grundsatzentscheidung vom 18.12.2025 unmissverständlich ab. Der BGH betont, dass die Speicherungsdauer von Daten über reguläre Zahlungsstörungen, die private Wirtschaftsauskunfteien durch Einmeldungen ihrer Vertragspartner sammeln, um sie zur Grundlage von Bonitätsbeurteilungen zu machen, nicht durch die Löschungsfristen anderer Eintragungen im amtlichen Schuldnerverzeichnis vorgegeben wird. Der BGH stellte klar, dass aus dem bloßen Umstand, dass eine vertragliche Zahlungsstörung (Negativdaten) vom Betroffenen nachträglich beglichen wurde **(„erledigte Zahlungsstörung"),** kein automatischer Anspruch auf eine sofortige Datenlöschung resultiert. Das berechtigte Informationsinteresse der Kreditwirtschaft entfällt durch die Tilgung der Schuld nicht sofort.

Für die Praxis der Durchsetzung eines immateriellen Schadensersatzanspruchs nach Art. 82 DS-GVO bedeutet dies, dass die reguläre Weiterverarbeitung und Scoring-Nutzung solcher Daten für die übliche Regelfrist von drei Jahren im Rahmen der Interessenabwägung nach Art. 6 Abs. 1 S. 1 lit. f DS-GVO grundsätzlich zulässig bleibt und keinen Datenschutzverstoß begründet. Ein Anspruch auf immateriellen Schadensersatz wegen einer fortwährenden Kreditwürdigkeitsbeeinträchtigung ist in diesen Fällen nur dann denkbar, wenn der Betroffene *„besondere Umstände vorzubringen* [vermag], *die seinem Löschungsinteresse ein wesentlich überdurchschnittliches Gewicht verleihen"* und dadurch sein individuelles Löschungsinteresse das Informationsinteresse der Wirtschaft ausnahmsweise überwiegen lassen.[2250]

246h **Schadensersatz und Bemessungskriterien bei rechtswidrigen sog. Einmeldungen:**[2251]

Rechtswidrige Einmeldungen – dh die Übermittlung von Daten über eine Zahlungsstörung (Negativdaten) – an eine Auskunftei wie die SCHUFA, obwohl die gesetzlichen Tatbestandsvoraussetzungen hierfür nicht erfüllt waren (zB bei einer fälschlich veranlassten Meldung, einer unklaren Vertragskündigung oder einer im Vorfeld bestrittenen Forderung) können einen Anspruch gemäß Art. 82 Abs. 1 DS-GVO auf einen angemessenen immateriellen Schadensersatz begründen, wenn sich hieraus spürbare negative Auswirkungen im privaten oder geschäftlichen Leben des Betroffenen ergeben.

Mit derartigen Ausgangssachverhalten hatten sich in der jüngeren Vergangenheit mehrfach die Instanzgerichte[2252] und 2025 nun auch der BGH befasst und immaterielle Entschädigungen zwischen 500 EU und bis zu 5.000 EUR zugesprochen:

- **500 EUR:** Um einen solchen unberechtigt veranlassten Schufa-Eintrag ging es im Verfahren des BGH[2253] (Urteil vom 28.1.2025) dem eine Entscheidung des **OLG Koblenz**[2254] vorausging. Im konkreten Fall hatte eine Auskunftei Negativdaten über einen Zeitraum von zwei Jahren gespeichert, nachdem es im Nachgang eines wirksamen Widerrufs zur Kündigung zu streitigen Rechnungen gekommen war. Das OLG Koblenz sprach der Klägerin einen Betrag von **500 EUR** zu. Zwar sei der Zustand durch ein unrechtmäßiges Verhalten der Klägerin mit ausgelöst und nach dem Löschauftrag nicht vorzeitig beendet

2247 EuGH (C-203/22) NJW 2025, 1471.
2248 EuGH (C-26/22 und C-64/22) NJW 2024, 417.
2249 BGH NJW 2026, 845 mAnm Maier VuR 2026, 140.
2250 BGH NJW 2026, 845 Rn. 52.
2251 Einmeldung = aktive Übermittlung von Kundendaten durch ein Partnerunternehmen an die SCHUFA.
2252 LG BGH Lübeck ZD 2026, 171 → Nr. 7914; LG Hamburg BeckRS 2023, 41431 → Nr. 7600; LG Magdeburg BeckRS 2022, 52117; OLG Hamburg BeckRS 2024, 804 → Nr. 7371; LG Mainz GRUR-RS 2021, 34695 → Nr. 6838; LG Lüneburg BeckRS 2020, 36932.
2253 BGH NJW 2025, 1059.
2254 OLG Koblenz BeckRS 2022, 11126 → Nr. 7309; vgl. ebenso OLG Köln NJW 2025, 1059 → Nr. 7821.

worden; gleichwohl war über einen Zeitraum von zumindest neun Monaten die Kreditwürdigkeit der Betroffenen beeinträchtigt, da ihr infolgedessen ein Kredit zur Finanzierung der von ihr bewohnten Immobilie verwehrt worden war. Der **BGH** bestätigte diese Entscheidung im Ergebnis und führte aus: „Die Revision hat weder geltend gemacht noch ist ersichtlich, dass der vom BerGer. zuerkannte Betrag von **500 EUR** nicht ausreichend wäre, um den immateriellen Schaden der Bekl. auszugleichen. Das BerGer. hat bei der Bemessung des Schadensersatzes neben dem Kreis derjenigen, die Zugriff auf die personenbezogenen Daten der Kl. bei der Schufa hatten, auch die Dauer des Eintrags und dessen Folgen für die Bekl. in den Blick genommen."[2255] Revisionsrechtlich korrigierte der BGH jedoch die Begründung des OLG Koblenz: Das OLG hatte argumentiert, der Betrag solle generalpräventiv zu Sicherungsmaßnahmen motivieren. Der BGH stellte klar, dass Art. 82 DS-GVO keinen Strafanspruch verwirklichen will, was ohnehin allein dem Staat zusteht, sondern dass es beim immateriellen Schadensersatz rein um den adäquaten Ausgleich des konkret erlittenen Schadens gehe.

- **Vierstellige Beträge** bei massiven privaten und sozialen Beeinträchtigungen: Werden von Unternehmen im Rahmen ihrer Geschäftsbeziehungen unberechtigte Meldungen an die SCHUFA gegeben, so kann dies im Einzelfall jedoch auch höhere immaterielle Schadensersatzansprüche begründen. So sprach das **OLG Hamburg**[2256] (Urteil aus 2024) einem Kläger **4.000 EUR** zu, nachdem die rechtswidrigen Meldungen nachweislich konkrete, schwerwiegende negative Auswirkungen nach sich gezogen hatten. Ebenso kann in einer voreiligen Schufa-Eintragung eine entschädigungsbegründende Persönlichkeitsrechtsverletzung gesehen werden, wie ein Fall des **LG Mainz**[2257] zeigt. Da der Kläger eine *„massive Beeinträchtigung seines sozialen Ansehens im Sinne der Einschätzung seiner Kreditwürdigkeit durch Dritte"* erlitten hatte, sprach das Gericht ihm **5.000 EUR** zu. Einen Betrag von 1.000 EUR sprach zudem das **LG Lüneburg**[2258] für die rechtswidrige Einmeldung eines nur zweiwöchigen Schuldensaldos von 1.020 EUR an die SCHUFA zu. Das Urteil ist dogmatisch wertvoll, da es umfassend die Voraussetzungen der Positiv- und Negativmeldungen durch Unternehmen thematisiert und sich frühzeitig mit der Bestimmung eines angemessenen „Schmerzensgeldes" (richtiger Weise einer „immateriellen Entschädigung") befasst hatte.

Literaturhinweis: Mit dem Thema Datenschutzverstoß iVm SCHUFA ua Auskunfteien befasst sich auch der sehr lesenswerten Aufsatz von **Maier Aktuelle Schufa-Rechtsprechung, VuR 2025, 403,** der anhand der aktuellen (bis Juli 2025) Rechtsprechung einen Überblick über datenschutzrechtliche Fragen im Zusammenhang mit der SCHUFA und anderen Wirtschaftsauskunfteien gibt und sich insofern auch mit der Thematik der sog. Einmeldungen Dritter (Abschnitt I) und um die eigene Datenverarbeitung durch die Schufa (Abschnitt II) befasst.

Weitere Urteile hierzu finden Sie im Tabellenteil im **Kapitel C. 10. a)–gg).**

hh) Datenschutzverstoß iVm Social Media-Nutzerkonten. Zu den **Facebook-Scraping-Vorfällen** im Zusammenhang mit dem Datenleck und den dadurch ausgelösten Klagen von weltweit über 500 Millionen Facebook-Nutzern, deren Daten seit 2021 weltweit im Internet veröffentlicht worden waren, vgl. ausführlich und mit Praxishinweis oben unter → **Rn. 246.** 247

Datenschutzverstoß iVm Social Media-Nutzerkonten:[2259] Bevor im Weiteren näher auf die Rechtsprechung hierzu eingegangen wird, sind einige grundlegende Informationen zu Cookies und Meta-Business-Tools hilfreich:

- **Cookies** sind kleine Textdateien, die Webseiten auf dem Computer, Laptop oder Smartphone des jeweiligen Nutzers (dh auf dem sog. Client) speichern, um diesen Computer, Laptop, Smartphone wiederzuerkennen. Cookies speichern dazu die Einstellungen des Client und spionieren dessen Surfverhalten aus, um Nutzerprofile zu erstellen und dem so ausspionierten Nutzer später gezielte Werbung anzuzeigen.
- **Meta-Business-Tools** dienen dazu, das Nutzerverhalten über Webseitengrenzen hinweg zu verfolgen (sog. **Cross-Site-Tracking**). Zu den Business-Tools zählen Meta Pixel, Facebook Pixel oder WhatsApp Business Plattform/Conversions-API. Diese werden vom Meta-Konzern anderen Unternehmen kostenlos angeboten, um diesen dabei zu helfen, das Kaufverhalten ihrer Nutzer zu analysieren oder Werbeanzeigen zu optimieren. Unternehmen „bezahlen" Meta, indem sie durch den Einbau solcher Business-Tools (wie dem Pixel) wertvolle Nutzerdaten von ihrer eigenen Webseite an den Meta-Konzern zurückführen, was sodann diesem dazu verhilft, seine Algorithmen zu optimieren und die Werbeausspielung effizienter zu gestalten. Soweit – so gut bzw. bereits in diesem ersten Schritt „so schlecht". Doch dies erfolgt nicht nur in Bezug auf die Nutzer von Meta-Diensten, wie Facebook, WhatsApp oder Instagram, sondern auch dann, wenn der Besucher einer Webseite eines der Unternehmen, denen der Meta-Konzern seine Business-

2255 BGH NJW 2025, 1059 Rn. 13.
2256 OLG Hamburg BeckRS 2024, 804 → Nr. 7371.
2257 LG Mainz GRUR-RS 2021, 34695 → Nr. 6838.
2258 LG Lüneburg BeckRS 2020, 36932 mAnm Wuermeling/Ganz ZD 2021, 275.
2259 Entscheidungen hierzu finden Sie auch im Tabellenteil unter Kapitel C. 10. a) hh).

Tools „verkauft" hat, selbst gar kein Facebook- oder Instagram-Nutzer ist und selbst WhatsApp nicht heruntergeladen hat. Auch in diesem Fall, dh ohne eigene Verbindung zu den benannten Meta-Diensten, gelangen heimlich bzw. unbemerkt personenbezogene Daten über die besuchten Webseiten, über getätigte Käufe oder Verkäufe und das eigene Klickverhalten (sog. **Digital Fingerprinting**) an den Meta-Konzern und seine Business-Tool-Kunden. Sobald eine Nutzerin oder ein Nutzer auf Instagram oder Facebook die Homepage einer Firma, welche derartige Business Tools einsetzt, besucht, übermitteln diese Drittanbieterfirmen über die derart eingebundenen Business Tools **(Drittanbieter-Tools)**[2260] eine Vielzahl von Daten an den Meta-Konzern – und zwar unabhängig davon, ob die Nutzerin oder der Nutzer zu diesem Zeitpunkt die App von Instagram oder Facebook aktiviert hat. Man spricht insofern von der **„Off-Site-Datenverarbeitung"**, dh dem systematischen Erfassen und Zusammenführen von Nutzeraktivitäten, die außerhalb der eigentlichen Meta-Plattformen (also abseits von Facebook, Instagram oder WhatsApp) stattfinden. Dabei ist **für einen durchschnittlichen Internetnutzer nicht erkennbar,** ob die jeweilige von ihm besuchte Webseite mit einem Meta Business Tool ausgestattet worden ist oder nicht, wobei Schätzungen davon ausgehen, dass dies bei mindestens 30 bis 40 Prozent der Webseiten weltweit und auf der überwiegenden Mehrzahl der meistbesuchten 100 Webseiten in Deutschland der Fall ist.

Mit Ansprüchen bei einer **DS-GVO-Verletzung durch Meta-Business-Tools auf Drittanbieter-Webseiten und rechtswidriger Off-Site-Datenverarbeitung** hatten sich aktuell 2025 die Instanzgerichte[2261] erneut mehrfach zu befassen und sich dabei zu den aufgrund des jeweils vorgetragenen Kontrollverlusts sehr unterschiedlich positioniert: Von Klagabweisung (LG Ellwangen,[2262] LG Bochum,[2263] LG Hof[2264]) bis zum Zuspruch von immateriellem Schadensersatz iHv 2.000 EUR (LG Berlin II) bis sogar 5.000 EUR (LG Leipzig). Mehr dazu nachfolgend:[2265]

Beispiele für klagabweisende Entscheidungen:

Das **LG Ellwangen,**[2266] Urt. v. 5.12.2025 begründete seine Klagabweisung wegen des vom Kläger behaupteten Kontrollverlustes unter Bezugnahme auf die Leitentscheidung des BGH[2267] damit, dass

die Rechtsprechung des BGH nicht dahingehend missverstanden werden dürfe, dass in sämtlichen Fällen *„stets allein aufgrund der klägerischen Behauptung, einen Kontrollverlust erlitten zu haben, von einem ersatzfähigen Schaden auszugehen wäre"* und weiter: *„Der Bundesgerichtshof selbst hat sich in dem Leitentscheidungsverfahren zunächst allein dahingehend geäußert, dahingehender Klägervortrag sei, obschon im Übrigen aufgrund extensiver Verwendung nicht individualisierter Textbausteine in dem schriftsätzlichen Vortrag, „schlüssig" und „hinreichend substantiiert" (vgl. BGH, Urteil vom 18. November 2024 – VI ZR 10/24)."*[2268]

Unabhängig davon, wie die Datenverarbeitung mittels der Meta Business Tools konkret aussehen mag, so das LG Ellwangen erkennbar genervt, sei *„der schriftsätzliche Vortrag des Klägers nicht geeignet, zur Überzeugungsbildung des Gerichts mit Blick auf einen (kausalen) Schadenseintritt zu genügen, da dieser letztlich bis zuletzt nicht nur allgemein gehalten ist, sondern in weiten Teilen wortgleich, demjenigen Vortrag entspricht, der von Seiten der Klägervertreter auch in unzähligen Parallelverfahren vor dem hiesigen Gericht erfolgt."*[2269] Zum behaupteten Kontrollverlust verwies das LG Ellwangen sodann darauf, dass der Kontrollverlust – wie jeglicher Schaden im Rahmen der Art. 82 Abs. 1 DS-GVO – „erlitten" worden sein müsse und verwies insofern auf den Erwägungsgrund 146 der DS-GVO. Im konkreten Falle sei das behauptete Unmutsgefühl oder der Kontrollverlust als Ergebnis der durchgeführten persönlichen Anhörung nicht wahrzunehmen gewesen; vielmehr habe der Kläger dem Sachverhalt im Wesentlichen neutral gegenübergestanden und mit primär finanziellen Eigeninteressen agiert.[2270]

2260 Vgl. dazu OLG München GRUR-RS 2025, 36455.

2261 OLG München GRUR-RS 2025, 36459 → Nr. 7780; OLG München GRUR-RS 2025, 36441 → Nr. 7779; OLG München GRUR-RS 2025, 36455 → Nr. 7921; LG Berlin II Urt. v. 4.4.2025 – 39 O 56/24 GRUR-RS 2025, 6401 → Nr. 7938, 39 O 67/24, GRUR-RS 2025, 6402 → Nr. 7939 (ebenso 39 O 57/24, 39 O 97/24, 39 O 218/24 und 39 O 184/24); LG Leipzig GRUR-RS 2025, 15264 → Nr. 7724; LG Lübeck GRUR-RS 2025, 81 → Nr. 7559; LG Ellwangen GRUR-RS 2025, 34729; LG Ellwangen GRUR-RS 2025, 37539; LG Hof GRUR-RS 2025, 2535; ebenso LG Ansbach GRUR-RS 2025, 35075.

2262 LG Ellwangen Urt. v. 5.12.2025 – 6 O 80/25, GRUR-RS 2025, 37539; LG Ellwangen Urt. v. 16.10.2025 – 3 O 480/24, GRUR-RS 2025, 34729.

2263 LG Bochum GRUR-RS 2024, 13734.

2264 LG Hof GRUR-RS 2025, 25350.

2265 Vgl. dazu auch Benedikt Anm. zu LG Leipzig EuDIR 2025, 351 und zum „Wesen immaterieller Schäden" in diesem Kontext s. Buchner/Wessels ZD 2022, 251 (254).

2266 LG Ellwangen Urt. v. 5.12.2025 – 6 O 80/25, GRUR-RS 2025, 37539.

2267 BGH NJW 2025, 298.

2268 LG Ellwangen GRUR-RS 2025, 37539 Rn. 116.

2269 LG Ellwangen GRUR-RS 2025, 37539 Rn. 121.

2270 LG Ellwangen GRUR-RS 2025, 37539 Rn. 125.

Bereits kurz zuvor (Urt. v. 16.10.2025) hatte das **LG Ellwangen**[2271] die diesbezüglich ebenfalls auf immateriellen Schadenersatz gerichtete Klage eines Facebook-Nutzers gegen den Meta-Konzern mit Hinweis auf **LG Bochum**[2272] und **LG Hof**[2273] abgewiesen und dies damit begründet, dass keine Haftung bei **rechtmäßiger Drittlandübermittlung** und fehlendem Schadensnachweis bestehe und dem Kläger kein Anspruch auf immateriellen Schadensersatz gemäß Art. 82 Abs. 1 DS-GVO zustehe und führte dazu aus: *„Die Plattformen F. und I. stammen wie die M … aus den USA. Sie sind als sog. Social Media zwangsläufig und ausweislich der Nutzungsbedingungen global konzipiert, denn die Suche nach anderen Nutzern kann nur funktionieren, wenn ein grenzüberschreitender Datenaustausch stattfindet. Um das weltweite Netzwerk unterhalten zu können, müssen Daten auch mit den USA ausgetauscht werden. Der Kläger hat keinen Anspruch darauf, dass sämtliche Daten nur in Europa gespeichert und verarbeitet werden.“*[2274]

Auch das **LG Lübeck**[2275] befasste sich 2025 mit dem Anspruch des Klägers auf immateriellen Schadensersatz bei **DS-GVO-Verletzung durch Meta-Business-Tools auf Drittanbieter-Webseiten** iHv 5.000 EUR und begehrte zudem die Feststellung, dass eine derartige Datenerhebung und Weitergabe unzulässig sind sowie die Unterlassung derartiger Praktiken.

Das LG Lübeck sah die Klage nur hinsichtlich des Feststellungsantrages als zulässig und begründet an, jedoch im Übrigen als unbegründet, betonte jedoch: *„Die generelle Praxis der Beklagten, immer und auch ohne Einwilligung jedenfalls solche technischen Standarddaten, die der Beklagten mit einer Wahrscheinlichkeit von über 99 % eine Identifizierung der jeweiligen Nutzerin bzw. des jeweiligen Nutzers erlaubt, sowie das Datum, dass und wann die fragliche Drittseite aufgesucht wurde, über sog. Business Apps zu erheben und sodann in den eigenen Systemen zu speichern und weiter zu Persönlichkeitsprofilen zu verarbeiten, beeinträchtigt die Betroffenen in ihrem Recht auf informationelle Selbstbestimmung“*[2276] und betonte, dass diese **von der Beklagten gelebte Praxis rechtswidrig** sei, da die Datenerhebung unstreitig in jedem Fall und unabhängig davon erfolgt, ob die Betroffenen hierin eingewilligt haben oder nicht.[2277]

Eine behauptete Persönlichkeitsrechtsverletzung, ausgelöst durch die Nutzung von Facebook oder Instagram und verbunden mit dem unguten Gefühl permanenter Überwachung und dem damit begründete Empfinden von Ängsten und Sorgen begründe jedoch in der Regel[2278] – zur Ausnahme s. nachfolgend das aktuelle Urteil des OLG Schleswig[2279] – keinen Anspruch auf immateriellen Schadensersatz.[2280] Auch wenn bereits „Befürchtungen des Datenmissbrauchs“ unter den Begriff des „immateriellen Schadens“ subsumiert (vgl. dazu EuGH NJW 2024, 1091 Rn. 81 mit Verweis auf den 146. Erwägungsgrund der DS-GVO und unter → **Rn. 244**) werden können, sofern es sich um wirklich erlittene bzw. spürbar und objektiv nachvollziehbar und tatsächlich eingetretenen Beeinträchtigungen handelt, müsse – so das LG Lübeck – die so begründeten **Sorgen bzw. Ängste kausal auf die fragliche Rechtsgutverletzung rückführbar** sein. *„Dies ist in der hier vorliegenden Konstellation von erheblicher Relevanz, weil die persönliche Betroffenheit von der streitgegenständlichen Datenverarbeitung nur in Bezug auf die Verarbeitung der technischen Standarddaten gegeben ist (vgl. oben). Hieraus folgt zur Überzeugung der Kammer, dass auch die vorgetragenen Ängste und Sorgen in überzeugendem kausalen Zusammenhang gerade mit dieser spezifischen Verarbeitung stehen müssen. Durch dieses Erfordernis wird auch ausgeschlossen, dass jedwede diffuse Vorstellungen der Klägerseite über das Geschäftsmodell der Beklagten unter dem Schlagwort der „Ängste und Sorgen“ schadensbegründend herangezogen werden können. Erforderlich ist vielmehr, dass die Klägerseite zumindest eine laienhaft näherungsweise präzise Vorstellung von den Verarbeitungsvorgängen der Beklagten bezüglich der allein die persönliche Betroffenheit begründenden technischen Standarddaten gebildet hat und diese Vorstellung zumindest mitursächlich für die geschilderten Ängste und Sorgen ist.“*[2281]

Ebenso argumentierte das **AG Gütersloh**[2282] bei der Begründung seiner Klagabweisung in einem solchen Fall.

Beispiele für klagstattgebende Entscheidungen:

500 EUR sprach das **OLG München**[2283] (Urt. v. 18.12.2025) in einem solchen Fall der rechtswidrigen Verarbeitung personenbezogener Daten durch Drittanbieter-Tools ohne ausreichende Zweckbindung und

[2271] LG Ellwangen GRUR-RS 2025, 34729.
[2272] LG Bochum GRUR-RS 2024, 13734.
[2273] LG Hof GRUR-RS 2025, 2535; ebenso LG Ansbach GRUR-RS 2025, 35075.
[2274] LG Ellwangen GRUR-RS 2025, 34729 Rn. 47.
[2275] LG Lübeck GRUR-RS 2025, 81 → Nr. 7559.
[2276] LG Lübeck GRUR-RS 2025, 81 amtlicher Leitsatz.
[2277] LG Lübeck GRUR-RS 2025, 81.
[2278] EuGH NJW 2025, Rn. 154; BGH BeckRS 2023, 40381; OLG Saarbrücken GRUR-RS 2024, 10977; OLG Celle GRUR-RS 2024, 6435.
[2279] OLG Schleswig GRUR-RS 2025, 8880.
[2280] AG Gütersloh GRUR-RS 2024, 39994 → Nr. 7591; LG Lübeck GRUR-RS 2025, 81 → Nr. 7559 mAnm Niekrenz ZD 2025, 228.
[2281] LG Lübeck GRUR-RS 2025, 81 → Nr. 7559; ebenso AG Gütersloh GRUR-RS 2024, 39994 → Nr. 7591.
[2282] AG Gütersloh GRUR-RS 2024, 39994 → Nr. 7591.
[2283] OLG München GRUR-RS 2025, 36455.

Einwilligung der Klägerin zu und führte dazu aus, dass die Beklagte (Meta) für die Erhebung, Übermittlung, Speicherung und Verwendung der Daten gemeinsam mit den Drittanbietern verantwortlich sei und die Verarbeitung gegen den Grundsatz der Datenminimierung (Art. 5 Abs. 1 lit. c DS-GVO) verstoße, da eine potenziell unbegrenzte Menge an Daten *„allgemein und unterschiedslos"* erhoben und verarbeitet wurden. Dem diesbezüglichen Einwand der Beklagten begegnete das OLG zutreffend und mit einem von der Beklagten nicht zu konternden Argument:

„Eine Rechtfertigung der Datenverarbeitung nach Art. 6 Abs. 1 lit. b) – f) DSGVO scheitert zur Überzeugung des Senats schon daran, dass die Beklagte nicht hinreichend genau bezeichnet, welche Daten sie zu welchem Zweck erhebt. Dass ihr dies angesichts der Menge der betroffenen Daten womöglich nicht oder nur mit unverhältnismäßigem Aufwand möglich ist, verdeutlicht nur den eklatanten Verstoß gegen den Grundsatz der Datenminimierung."[2284]

Zur Bemessung der Höhe des immateriellen Schadensersatzes gemäß Art. 82 Abs. 1 DS-GVO führte das OLG aus: *„Der Senat folgt der Auffassung des Bundesgerichtshofes (NJW 2025, 298 Rn. 96), wonach „eine auf Art. 82 DS-GVO gestützte Entschädigung in Geld als „vollständig und wirksam" anzusehen, wenn sie es ermöglicht, den aufgrund des Verstoßes gegen diese Verordnung konkret erlittenen Schaden in vollem Umfang auszugleichen; eine Abschreckungs- oder Straffunktion soll der Anspruch aus Art. 82 I DS-GVO dagegen nicht erfüllen (vgl. EuGH [...]). Folglich darf weder die Schwere des Verstoßes gegen die Datenschutz-Grundverordnung, durch den der betreffende Schaden entstanden ist, berücksichtigt werden, noch der Umstand, ob ein Verantwortlicher mehrere Verstöße gegenüber derselben Person begangen (EuGH [...]) und ob er vorsätzlich gehandelt hat [...]." Der Senat schätzt, dass vorliegend ein Betrag von 500,- € erforderlich, aber auch ausreichend ist, um den eingetretenen Kontrollverlust auszugleichen, § 287 ZPO."*[2285]

1.500 EUR erachtete das **OLG Dresden**[2286] (Urt. v. 31.3.2026) für ausreichend und angemessen und führte dazu aus: *„Der Senat geht nach alledem davon aus, dass bereits dieser abstrakt bestehende Kontrollverlust in Verbindung mit dem nachvollziehbar hieraus abgeleiteten Unsicherheitsgefühl für einen immateriellen Schaden ausreicht, ohne dass die Klagepartei diesen noch weiter individualisieren müsste. Die sehr umfassende Verarbeitung von personenbezogenen Daten durch die Beklagte sowie das allgemeine Gefühl der Beobachtung im privaten Umfeld sind ohne weiteres geeignet, bei jedem davon betroffenen Nutzer negative Gefühle in Form von Sorge und Ärger auszulösen, weshalb diese Empfindungen bei der Bemessung des immateriellen Schadens berücksichtigt werden können, ohne dass es auf weiteren Vortrag ankommt, welche Daten genau erhoben worden sind (so wohl auch Ehmann/Selmayr/Nemitz, 3. Aufl., DS-GVO Art. 82 Rn. 17; Kühling/Buchner/Bergt, 4. Aufl., DS-GVO Art. 82 Rn. 18c). Das unbestimmte Gefühl einer Überwachung ihres Verhaltens nicht nur im Internet liegt nachvollziehbar darin begründet, dass die Klägerseite nicht weiß und auch nicht wissen kann, welche und wie viele Daten die Beklagte aus ihrer Privat- und Intimsphäre über sie gesammelt hat und auch nicht weiß und wissen kann, was die Beklagte mit diesen Daten macht (so auch LG Leipzig, Urt. v. 4.7.2025 – 5 O 2351/23 –, Rn. 72ff., Juris). Der Senat hält für diesen sich bereits aus abstrakten Überlegungen ergebenden und jeden einzelnen Nutzer betreffenden Schaden einen immateriellen Schadensersatz in Höhe von 1.500 € für ausreichend und angemessen."*[2287]

Das OLG Dresden[2288] hatte dazu bereits im Februar 2026 betont, dass ein Plattformbetreiber wie der **Meta-Konzern,** der Drittunternehmern seine Business-Tools anbietet, mit deren Hilfe er sodann selbst möglichst viele Daten der Drittseitennutzer für seine eigenen Zwecke erhalten möchte, damit auch für die Datenerhebung auf Drittseiten zum **Mitverantwortlichen iSd Art. 26 DS-GVO** wird.

Jeweils **2.000 EUR** hatte das **LG Berlin II**[2289] in insgesamt sechs Urteilen vom 4.4.2025 den Klagenden gegen den Meta-Konzern infolge rechtswidriger Off-Site-Datenverarbeitung durch Business-Tools zugesprochen. Der Anspruch auf immateriellen Schadensersatz nach Art. 82 Abs. 1 DS-GVO setze, so das LG Berlin II, keinen Nachweis besonderer Folgeschäden voraus. Bereits der Verlust der Kontrolle über personenbezogene Daten per se, etwa durch eine rechtswidrige Speicherung und Individualisierung der mittels eines Business-Tools übermittelten personenbezogenen Daten durch den verantwortlichen Datenempfänger, stelle einen eigenständigen ersatzfähigen immateriellen Schaden dar. Bei der Bemessung sei § 287 ZPO heranzuziehen, wobei insbesondere die Sensibilität der konkret betroffenen personenbezogenen Daten, deren typischerweise zweckgemäße Verwendung, die Art und Dauer des Kontrollverlusts und die Möglichkeit der Wiedererlangung der Kontrolle in den Blick zu nehmen seien.

2284 OLG München GRUR-RS 2025, 36455 Rn. 219.
2285 OLG München GRUR-RS 2025, 36455 Rn. 238.
2286 OLG Dresden GRUR-RS 2026, 11016 → Nr. 7940.
2287 OLG Dresden GRUR-RS 2026, 11016 Rn. 64.
2288 OLG Dresden BeckRS 2026, 1139 Rn. 50 → Nr. 7876; OLG Dresden BeckRS 2026, 1138 → Nr. 7875.
2289 LG Berlin II GRUR-RS 2025, 6401 → Nr. 7938; LG Berlin II GRUR-RS GRUR-RS 2025, 6402 → Nr. 7939 sowie die weiteren vier am selben Tag ergangenen Urt. zu den Aktz. 39 O 57/24, 39 O 97/24, 39 O 218/24 und 39 O 184/24. Die Urt. sind noch nicht rechtskräftig!

5.000 EUR sprach dagegen das **LG Leipzig**[2290] im Juli 2025 in einem solchen Falle dem Kläger zu. Beklagte war wiederum der Meta-Konzern; Kläger wiederum ein Facebook-Nutzer, der keine Einwilligung in die Datenverarbeitung im Zusammenhang mit den Business-Tools erteilt hatte. Der Kläger habe durch die damit einhergehende Verarbeitung seiner personenbezogenen Daten einen „Kontrollverlust" in Bezug auf diese Daten erlitten, wodurch er sich unwohl, überwacht und eingeschränkt gefühlt habe.

Insoweit entspricht die Urteilsbegründung noch der BGH-Leitentscheidung;[2291] überraschend ist jedoch die Schadenshöhe. Denn obwohl der BGH in seiner Leitentscheidung in derartigen Fällen als *„notwendigen Ausgleich für den eingetretenen Kontrollverlust … eine(r) Größenordnung von 100 EUR"* dargelegt und abschließend betont hatte, dass dann, wenn *„der Betroffene psychische Beeinträchtigungen geltend* [gemacht habe], *die über die mit dem eingetretenen Kontrollverlust für jedermann unmittelbar zusammenhängenden Unannehmlichkeiten hinausgehen, … das Tatgericht gegebenenfalls gehalten* [sei], *den Betroffenen anzuhören, um die notwendigen Feststellungen hierzu treffen zu können. Ausgehend davon wird es gegebenenfalls einen Betrag als Ausgleich festzusetzen haben, der über dem im Falle eines bloßen Kontrollverlustes zuzusprechenden Betrag liegt"*, setzte sich das LG Leipzig insofern in zweifacher Weise darüber hinweg und führte hierzu aus: "*Obwohl der BGH in seiner Rspr. (BGH 18.11.2024 – VI ZR 10/24, GRUR-RS 2024, 31967 Rn. 31) ausführt, dass die entwickelten besonderen Befürchtungen und Ängste der betroffenen Person als Grundlage für das Gericht dienen, wie groß der eingetretene Schaden ist, bedurfte es im hiesigen Fall keiner Anhörung des Klägers, da sich der Kläger jedenfalls auf die sich aus der o.g. Reichweite des Schadens ergebende Mindestbeeinträchtigung für den Durchschnittsbetroffenen iSd DSGVO im konkreten Fall berufen kann. Mit dem EuGH (zuletzt EuGH NJW 2025, 207 Rn. 62) hat die potenziell unbegrenzte Datenverarbeitung der Beklagten zur Folge, dass bei den Betroffenen ein Gefühl der kontinuierlichen Überwachung des Privatlebens eintreten kann. Ausgehend von einem Durchschnittsbetroffenen iSd DSGVO, der sich den og Verletzungshandlungen ausgesetzt sieht, ist es dem Gericht möglich, den hieraus erwachsenden Grad der individuellen Betroffenheit zu schätzen.*"[2292]

Das Urteil des LG Leipzig könnte somit zu weiteren Klagen motivieren und erhöht damit das **Risiko von Abmahnungen oder Klagen** für die Unternehmen, die derartige Business-Tools einsetzen, ohne hierfür die Einwilligung ihrer Kunden zB über rechtskonforme Cookie-Banner (s. dazu oben im **Praxishinweis unter → Rn. 247a**) eingeholt und dies nachvollziehbar dokumentiert zu haben.

Das **OLG Frankfurt a. M.**[2293] hatte sich im Dezember 2025 ebenfalls damit zu befassen und ausgeführt, dass derjenige, der Cookies auf einer Website platziert, rechtlich als Anbieter eingestuft wird und für fehlende Einwilligungs-Abfragen selbst haftet. Dies gelte, so das OLG Frankfurt a. M., auch für Drittunternehmen als "Cookie-Setzer im Hintergrund", die Cookies integriert haben und selbst für den Fall, wenn der Nutzer bewusst illegale Cookie-Setzungen dadurch quasi provoziert hatte, indem er – ähnlich wie bei einem Testkauf – gezielt mehrere Websites in dem Verdacht besucht hatte, dass dabei ein bestimmtes Technologie- und Analyseunternehmen ohne seine Einwilligung Cookies auf seinem Gerät speichern würde, was dann tatsächlich auch der Fall war.[2294]

Praxishinweis:
Dass dieses vom Meta-Konzern (s. oben) im Grunde genommen heimliche, aber zumindest IT-technisch trickreiche Ausspionieren der Nutzerpersönlichkeiten und die Verwendung der so millionenfach gewonnen Daten zu kommerziellen Zwecken nicht nur rechtwidrig ist, sondern bei den so Ausspionierten auch Ängste und das ungute Gefühl der permanenten Überwachung auslösen kann, ist leicht nachvollziehbar, begründet jedoch – zumindest derzeit – in den meisten Fällen noch keinen „Schmerzensgeldanspruch" bzw. keinen Anspruch auf immateriellen Schadensersatz.
Sofern es einem Kläger gelingt, seine **Ängste und Befürchtungen aus dem Bereich des diffusen Dunkelfeldes in ein konkretes Hellfeld** zu **überführen,** indem er so konkret wie möglich darlegt, um welche Daten es sich aus seinem individuellen Bereich handelt und welche berechtigten Sorgen oder konkreten Ängste ihm daraus erwachsen sind, kann eine Klage erfolgreich sein, wie die sehr lesenswerte Entscheidung des OLG Schleswig[2295] sowie des LG Leipzig Urt. v. 4.7.2025, GRUR-RS 2025, 15264 → Nr. 7724 zeigt.
Insofern hilft es ggf. zudem, für einen gewissen Zeitraum **tagebuchartig** aufzuführen, nach welchem Besuch einer Website man – trotz Ablehnung aller dort jeweils voreingestellten Cookies – in unmittelbarer zeitlicher Folge des Besuchs welche konkreten SPAM-Mails, -SMS oder anderweitige unerwünschte Kontaktanfragen erhalten und welche psychischen Belastungen dies ausgelöst hat.

2290 LG Leipzig GRUR-RS 2025, 15264 → Nr. 7724.
2291 BGH NJW 2025, 298.
2292 LG Leipzig GRUR-RS 2025, 15264 Rn. 87.
2293 OLG Frankfurt a. M. GRUR-RS 2025, 36049 → Nr. 7777.
2294 OLG Frankfurt a. M. GRUR-RS 2025, 36049.
2295 OLG Schleswig GRUR-RS 2025, 8880.

Außerdem ist **vor einer persönlichen Anhörung** der Klägerseite (§ 141 ZPO) anzuraten, sich vorbereitend auch mit den grundlegenden Begriffen und den groben IT-technischen Zusammenhängen zu befassen, damit man beispielsweise, sofern die Frage nach der jeweiligen Cookie-Einstellung aufkommt, nicht nur an amerikanische Kekse denkt. Insofern ist die Lektüre der Entscheidung des **LG Lüneburg**[2296] im Tatbestand und seiner Urteilsbegründung als Einstieg in die Materie sehr hilfreich.
Das Ziel für eine erfolgreiche Klage muss es sein, dass aus der Klagschrift und der in der Regel stattfindenden persönlichen Anhörung nicht – wie im erwähnten Fall des LG Lüneburg – *„lediglich ganz pauschale und weitgehend diffus irgendwie-Sorgen über die Verarbeitung diversester Daten bei der Beklagten"* hervorgehen, sondern dem Gericht möglichst konkrete und nachvollziehbare klagbegründende Punkte in überzeugender Weise vermittelt und vorgetragen werden, damit es dem Tatrichter bzw. dem Gericht möglich ist, festzustellen, dass diese klagebegründenden Punkte Einfluss auf die konkret geschilderten Ängste und berechtigten Sorgen hatten und welcher immaterielle Schadensersatzbetrag insoweit angemessen sein könnte.
Dabei muss der Kausalzusammenhang nicht exakt dargelegt, aber dennoch dem Gericht zumindest eine *„laienhaft näherungsweise präzise Vorstellung"*[2297] hiervon vermittelt werden. Gerichte, die insofern zu hohe Anforderungen stellen, ist mit dem Hinweis auf den **Effektivitätsgrundsatzes der EuGH-Rechtsprechung**[2298] zu begegnen, dh darauf hinzuweisen, dass die Ausübung der durch das Unionsrecht verliehenen Rechte nicht praktisch unmöglich gemacht oder übermäßig erschwert werden darf. (vgl. dazu auch oben → **Rn. 245a**).

Ein anderes Thema – aber dennoch im Zusammenhang mit Social Media-Nutzerkonten zu sehen – ist die **Löschung von Posts**[2299] oder **Sperrung eines Nutzerkontos eines sozialen Netzwerkes** (zB Facebook ua Social-Media-Plattformen).[2300] Auch dazu vorgetragene immaterielle Schadensersatzansprüche wegen rechtswidriger Sperrung beschäftigen nach wie vor die Instanzgerichte sowie bereits mehrfach den BGH.[2301] Dabei geht es zum einen um Fragen der jeweiligen Zulässigkeit solcher Maßnahmen, um Fragen der wirksamen Zustellung nach NetzDG gegenüber Facebook und – worauf nachfolgend näher einzugehen sein wird – um die Frage, ob und ggf. inwieweit einem Facebooknutzer für die infolge der Sperrung erlittene Einschränkung ein Anspruch auf immateriellen Schadensersatz zusteht.

Mit Löschung von Posts und der Sperrung eines Nutzerkontos eines sozialen Netzwerkes (Facebook) – zu der, so der BGH,[2302] Netzwerke wie Facebook berechtigt sind – und insofern mit der Thematik eines möglichen immateriellen Schadensersatzanspruchs wegen rechtswidriger Sperrung hatte sich 2024 das OLG Frankfurt a. M. im Streit der Bundestagsabgeordneten **Renate Künast** gegen den Facebook-Konzern Meta wegen der Löschung eines Falschzitats befasst und der Klage in Bezug auf die Löschung stattgegeben. Das OLG betonte dabei, dass der Plattformbetreiber nach der E-Commerce-Richtlinie zwar keiner allgemeinen Überwachungs- und aktiven Nachforschungspflicht hinsichtlich rechtswidriger Inhalte unterliege. Wenn die Beklagte (Meta) jedoch – wie hier – die URLs von Künasts Anwälten erhalten und somit konkrete Kenntnis der Rechtsverletzung gehabt habe, sei eine Prüf- und Verhaltenspflicht ausgelöst worden und Meta daher als „mittelbar verantwortliche Störerin" dazu verpflichtet, eine automatisierte oder menschlich-händische Überprüfung vorzunehmen und neben dem streitigen Post auch alle weiteren identischen oder kern- beziehungsweise sinngleichen Posts zu dem streitigen Meme[2303] zu löschen. In diesem Meme war die Grünen-Politikerin Renate Künast mit Bild und Namen als Autorin des von ihr nie gesagten und somit falschen Zitats *„Integration fängt damit an, dass Sie als Deutscher mal türkisch lernen!"* dargestellt worden.[2304] Einen Anspruch auf Schmerzensgeld bzw. immaterielle Entschädigung sah das OLG – anders als das LG[2305] – jedoch nicht und verwies darauf, dass es offenbleiben könne, ob bei einer **hartnäckigen Verweigerung, einem Unterlassungsanspruch nachzukommen,** ein solcher Anspruch begründet sei, denn im zu entscheidenden Falle läge keine derartige hartnäckig Verweigerung seitens der Beklagten vor.

Zuvor hatte bereits das LG Frankfurt a. M. der Klägerin Renate Künast, einen Unterlassungsanspruch zuerkannt und für das ihr untergeschobene und unstreitig falsche Zitat ein Schmerzensgeld von

2296 LG Lübeck GRUR-RS 2025, 81.
2297 LG Lübeck GRUR-RS 2025, 81 Rn. 84.
2298 EuGH (C-507/23) NJW 2025, 141; Rn. 31 EuGH (C-300/21) NJW 2023, 1930.
2299 OLG Frankfurt a. M. ZUM-RD 2024, 193; OLG Frankfurt a. M. GRUR 2023, 746.
2300 Zur missbräuchlichen Ausnutzung einer marktbeherrschenden Stellung von Facebook vgl. BGH GRUR 2020, 1318.
2301 Vgl. dazu im Tabellenteil unter Kapitel C. 10. a) hh) sowie BGH GRUR 2023, 364; BGH ZUM 2022, 385 (mAnm Kumkar ZUM 2022, 489); BGH NJW 2021, 3179 sowie ua OLG München GRUR 2023, 96.
2302 BGH NJW 2021, 3179 und BGH GRUR 2021, 1491 sowie OLG Dresden GRUR-RS 2022, 5106 sowie Flechsig GRUR-Prax 2022, 239 (zur dauerhaften Deaktivierung).
2303 Meme dh Bild oder Kurzvideo, das durch einen ebenfalls kurzen Text ergänzt und digital veröffentlicht wird.
2304 S. dazu auch oben → Rn. 167 und → Rn. 180.
2305 LG Frankfurt a. M. GRUR 2022, 7835.

10.000 EUR zuerkannt und dabei betont: *„Die Glaubwürdigkeit ist das Kapital eines jeden Menschen, besonders einer Politikerin. Diese Glaubwürdigkeit wird durch das Zuschreiben von Falschzitaten beschädigt. Dies ist ehrenrührig und beeinträchtigt die Persönlichkeit des oder der Falschzitierten. Falschzitate verzerren auch den Meinungskampf.“*

Zur **Sperrung des Facebook-Nutzerkontos** und dem damit begründeten – jedoch abgewiesenen – immateriellen Schadensersatzanspruch hatte sich 2022 ua das OLG Dresden[2306] sehr deutlich geäußert: *„Die Voraussetzungen für einen solchen Anspruch liegen nicht annähernd vor. Die entgangene Möglichkeit, Beiträge in einem sozialen Netzwerk zu veröffentlichen, stellt bereits keine Beeinträchtigung des Persönlichkeitsrechts dar, insbesondere wird weder in die Intim- noch in die Privatsphäre der Klägerin eingegriffen. Die Möglichkeiten der Klägerin, ihre Meinung kundzutun und am sozialen Leben teilzunehmen, sind auch ohne ein …-Konto vielfältig“*, so das OLG Dresden.

Ähnlich, wenn auch nicht so pointiert, äußerten sich zuvor bereits das OLG München,[2307] das OLG Bamberg,[2308] das OLG Nürnberg,[2309] das OLG Frankfurt a. M.[2310] sowie auch das LG Offenbach[2311] und das LG Mannheim,[2312] um nur einige Gerichte zu nennen.

Ebenfalls im Zusammenhang mit dieser Thematik hatte sich das OLG Frankfurt a. M. in einer weiteren Entscheidung mit der Frage zu befassen, ob eine **unterlassene Anhörung vor Löschung eines Facebook-Posts** nachholbar ist und dies bejaht. Infolge der Grundsatzentscheidung des BGH[2313] seien die Nutzungsbedingungen, die Facebook in einem Fall der Hassrede eine Befugnis zur Löschung von derartigen Posts einräumen, unwirksam. Dadurch bestünde im vertraglichen Gefüge eine Lücke, die im Weg der Auslegung geschlossen werden könne, was auch im Rahmen des Prozesses nachholbar gewesen sei, so das OLG.[2314]

Fast immer geht die Löschung von Posts oder die **Sperrung des Facebook-Nutzerkontos** oder die Versetzung des Nutzerkontos in den **„Read-only-Modus“**, so dass der Nutzer nichts posten oder kommentieren kann, auf Aussagen bzw. Posts zurück, mit denen der Nutzer **Hassreden** in Form von beispielsweise ausländerfeindlichen, rassistischen oder anderweitig gegen die Gemeinschaftsstandards von Facebook verstoßende Inhalte verbreitet hatte.[2315]

Zur Frage der **Klarnamenpflicht** sei an dieser Stelle auf die Entscheidungen des BGH[2316] und deren Besprechung von Kumkar[2317] und Stadler/Franz.[2318] verwiesen, die sich – allerdings in Bezug auf Nutzungsbedingungen vor der Geltung der DS-GVO – gegen eine Klarnamenspflicht ausgesprochen hatten, nachdem zuvor das OLG München[2319] entschieden hatte, dass der Betreiber eines sozialen Netzwerkes zur Vermeidung rechtswidrigen Verhaltens seiner Benutzer berechtigt sei, die Verwendung von Klarnamen zu verlangen und bei Verstößen gegen diese Pflicht das Nutzerkonto zu sperren.

2021 hatte sich das LG Offenburg[2320] 2021 im Rahmen eines Prozesskostenhilfeverfahrens mit dieser Thematik der Persönlichkeitsrechtsverletzung im Zusammenhang mit der Sperrung eines Nutzerkontos bei Facebook befasst. und die Beklagte (= Rechtsschutzversicherer des Klägers), deren Versicherungsnehmer (= VN) der Kläger war, zur Erteilung einer Deckungszusage für das Berufungsverfahren vor dem OLG Karlsruhe verurteilt. Vorausgegangen war die Klage des VN, der auf Facebook mehrere inhaltlich zwar sehr gesellschaftskritische, aber noch nicht als **Hassrede,**[2321] Mobbing oder Belästigung oder gar strafbar einzustufende Beiträge (zur Auslegung insofern vgl. auch OLG Braunschweig)[2322] gepostet hatte. Hierzu führte das LG

[2306] OLG Dresden GRUR-RS 2022, 5106 → Nr. 7125; OLG Dresden BeckRS 2021, 879; ebenso bereits OLG Dresden BeckRS 2019, 36042 → Nr. 7129 sowie bereits zuvor BeckRS 2019, 12941 → Nr. 6454.
[2307] OLG München GRUR 2021, 1099 → Nr. 7124.
[2308] OLG Bamberg GRUR-RS 2020, 38642 → Nr. 7127.
[2309] OLG Nürnberg GRUR-RS 2020, 23456 → Nr. 7187.
[2310] OLG Frankfurt a. M. BeckRS 2019, 5094 → Nr. 7130.
[2311] LG Offenbach GRUR-RS 2021, 11291 → Nr. 6787.
[2312] LG Oldenburg GRUR-RS 2020, 10334 → Nr. 7137.
[2313] BGH NJW 2021, 3179.
[2314] OLG Frankfurt a. M. GRUR 2023, 746 (Die Entscheidung ist nicht rechtskräftig).
[2315] Vgl. dazu auch OLG Frankfurt a. M. GRUR 2023, 746.
[2316] BGH NJW 2022, 1314, sowie BGH NJW 2022, 1322 und OLG München GRUR 2021, 1099.
[2317] Kumkar ZUM 2022, 489.
[2318] Stadler/Franz NJW 2022, 1282.
[2319] OLG München GRUR 2021, 1099.
[2320] LG Offenburg 29.1.2021 – 2 O 68/20, GRUR-RS 2021, 11291.
[2321] Vgl. dazu auch LG Frankenthal 8.9.2020 – 6 O 23/20, GRUR-RS 2020, 23716; OLG Dresden 20.8.2020 – 4 U 784/20, GRUR-RS 2020, 22896 und OLG München Urt. v. 12.5.2020 – 18 U 2689/19 Pre, GRUR-RS 2020, 41902.
[2322] OLG Braunschweig 5.2.2020 – 1 U 9/20, GRUR-RS 2020, 41161.

aus: *„Ein weitergehender Anspruch auf eine billige Entschädigung in Geld aus § 823 Abs. 1 BGB iVm Art. 1 Abs. 1, 2 Abs. 1 GG für die Verletzung des Persönlichkeitsrechts besteht seit der sog. Herrenreiter-Entscheidung aus dem Jahr 1958 nur im Falle eines schwerwiegenden Eingriffs und wenn die Beeinträchtigung nicht in anderer Weise befriedigend ausgeglichen werden kann (vgl. die Rechtsprechungsübersicht bei Brost/Hassel NJW 2020, 2214). Offenbleiben kann, inwiefern der Kläger in seinem Persönlichkeitsrecht verletzt ist, da es jedenfalls offensichtlich an den beiden weiteren Voraussetzungen für eine billige Entschädigung in Geld fehlt, sodass die Beklagte auch diesbezüglich nicht die Kosten der Berufung übernehmen muss."* Insofern verwies das LG Offenburg auf die Entscheidungen des OLG Nürnberg GRUR-RS 2020, 23456 und des LG Mannheim GRUR-RS 2020, 10334.

Ebenfalls im Zusammenhang mit der **Einschränkung von Meinungsäußerungen in sozialen Netzwerken** hatte das OLG Nürnberg[2323] zutreffend festgestellt, *„dass … Art. 5 Abs. 1 GG (selbst in seiner unmittelbaren Wirkungsdimension gegen den Staat) keinen Anspruch auf Öffentlichkeit vermittelt, also kein Leistungsrecht gegenüber einem anderen beinhaltet, dass dieser seine Äußerungen zu verbreiten habe"* und zum anderen darauf, dass *„die Grundentscheidung, Maßnahmen zu ergreifen, damit sich andere Nutzer nicht wegen einer Verrohung von der Plattform der Beklagten abwenden, … als unternehmerische Entscheidung in den Schutzbereich der Berufsfreiheit (Art. 12 Abs. 1 GG) falle".*[2324]

Zur Frage des Schmerzensgeldanspruchs führte das OLG Nürnberg[2325] aus: *„Wegen eines immateriellen Schadens kann gem. § 253 Abs. 1 BGB Entschädigung in Geld jedoch nur in den gesetzlich bestimmten Fällen gefordert werden. Die tatbestandlichen Voraussetzungen eines Schmerzensgeldanspruchs aus § 253 Abs. 2 BGB liegen offensichtlich nicht vor, weil die Klagepartei nicht in einem der in dieser Vorschrift genannten Rechtsgüter verletzt worden ist. Vielmehr steht in allererster Linie die Verletzung vertraglicher Pflichten im Raum (ebenso OLG München ZUM 2020, 548 Rn. 165 ff.)".*

Schließlich prüfte das OLG Nürnberg auch das Vorliegen eines denkbaren Anspruchs gem. Art. 82 Abs. 2 S. 1 DS-GVO und betonte dazu: *„Auch unter dem Gesichtspunkt des Art. 82 Abs. 2 S. 1 DS-GVO ergibt sich kein Anspruch dieses Inhalts. Die Klagepartei hat nach eigener Behauptung keinen Schaden durch unerlaubten Umgang mit sie betreffenden Daten erlitten. Insbesondere lag keine »Einschränkung der Verarbeitung« iSv Art. 4 Nr. 3 DS-GVO vor, weil nicht Daten der Klagepartei gekennzeichnet wurden, um später eine Verarbeitung durch die Beklagte oder Dritte einzuschränken. Wiederum gilt, dass sich das Verhalten der Beklagten darin erschöpft hat, der Klagepartei von einem von ihr beherrschten Umgang mit ihren Daten auszuschließen. Zudem wird nicht erkennbar, wie der Verlust, ihre Daten während des Zeitraums der Sperre zu kontrollieren, einen materiellen oder immateriellen Schaden bewirkt habe".*

Ebenso sah dies auch das LG Mannheim.[2326] Dort ging es um einen **rassistischen Post** des Klägers auf Facebook. Facebook – deren Nutzungsrechte der Kläger ausdrücklich akzeptiert hatte – grenzt jedoch *„direkte Angriffe auf Personen aufgrund geschützter Eigenschaften"* und damit auch Hassreden von der Nutzung aus. Deshalb hatte Facebook den Beitrag gelöscht und das Nutzerkonto gesperrt. In seiner insofern äußerts umfassenden Begründung sah das LG jedoch in erster Linie ebenfalls (s.o.) keinen schwerwiegenden Eingriff in das allgemeine Persönlichkeitsrecht des Klägers gegeben und stellte zudem fest: *„Wurde der Beitrag eines Nutzers zu Unrecht gelöscht und sein Konto für einige Zeit gesperrt, steht dem Nutzer in der Regel weder eine Geldentschädigung noch ein Schadensersatzanspruch nach der Lizenzanalogie zu"* (amtlicher Leitsatz).[2327]

Im Falle des OLG Dresden,[2328] bei dem die Sperrung noch vor der Geltung der DS-GVO am 25.5.2018 erfolgt war, wurde ebenfalls eine Veröffentlichung (sog. Post) des Klägers gelöscht und sein Benutzerkonto in den **„Read-only-Modus"** versetzt, also praktisch gesperrt. Der Kläger forderte deshalb ua auch immateriellen Schadensersatz vom Betreiber des sozialen Netzwerks. Das OLG wies insofern mit seinem Beschl. darauf hin, *„die Löschung eines auf einem sozialen Netzwerk veröffentlichten Beitrags und die Sperrung des Nutzerkontos stellt grundsätzlich weder eine vorsätzliche sittenwidrige Schädigung des Nutzers noch eine schwerwiegende Verletzung seines allgemeinen Persönlichkeitsrechts dar …, die eine Geldentschädigung rechtfertigen könnte".* In Bezug auf die **DS-GVO** führte das OLG zudem aus: *„In der Löschung des Posts und der Sperrung des Accounts des Klägers liegt kein Verstoß gegen zwingende Vorgaben der DS-GVO. Erhebung und Verarbeitung seiner Daten, wozu gem. Art. 4 Nr. 2 DS-GVO auch die Löschung des streitgegenständlichen Posts und die Sperrung seines Kontos zählen, beruhen*

[2323] OLG Nürnberg 4.8.2020 – 3 U 3641/19, GRUR-RS 2020, 23456, ZUM-RD 2021, 16; LG Mannheim 13.5.2020 – 14 O 32/19, GRUR-RS 2020, 10334.
[2324] OLG Nürnberg 4.8.2020 – 3 U 3641/19, GRUR-RS 2020, 23456 → Nr. 7187.
[2325] OLG Nürnberg 4.8.2020 – 3 U 3641/19, GRUR-RS 2020, 23456, ZUM-RD 2021, 16.
[2326] LG Mannheim 13.5.2020 – 14 O 32/19, GRUR-RS 2020, 10334 → Nr. 7137.
[2327] LG Mannheim 13.5.2020 – 14 O 32/19, GRUR-RS 2020, 10334.
[2328] OLG Dresden BeckRS 2019, 12941.

nämlich – wie ausgeführt – auf der vom Kläger vorab erteilten Zustimmung zu den Nutzungsbedingungen der Beklagten (Art. 6 Abs. 1 lit. a) DS-GVO)".[2329]

ii) Datenschutzverstoß iVm SPAM-Mails/Werbe-Mails oder sog. „Cold Calls".[2330] Das Zustellen einer Werbe-E-Mail oder SPAM-Mail[2331] kann – im Einzelfall bereits bei einer einmaligen Zustellung – eine rechtswidrige Beeinträchtigung bzw. Verletzung des allgemeinen Persönlichkeitsrechts darstellen, die zur Unterlassung sowie zur Zahlung einer immateriellen Geldentschädigung führt.[2332] **247a**

Mit den rechtlichen Voraussetzungen hierfür hatte sich mit Urteil vom 28.1.2025 – VI ZR 109/23 nun auch der BGH befasst und „Zur Frage des immateriellen Schadens iSd Art. 82 I DS-GVO. (Leitsatz des BGH)"[2333] in diesem Zusammenhang sehr konkret geäußert:

Im Sachverhalt, der dem Urteil zugrunde lag, hatte der Kläger nach Erhalt einer unerwünschten Werbe-E-Mail im Jahr 2020 Unterlassung und „Schmerzensgeld" iHv 500 EUR von der Beklagten verlangt. Während das AG Tuttlingen den Beklagten zur Unterlassung verurteilte, wies es den darüberhinausgehenden „Schmerzensgeld"antrag ab. Die dagegen klägerischerseits gerichtete Berufung blieb erfolglos, da – so das LG Rottweil –[2334] der Kläger lediglich *„substanzlose und allgemeine Belästigungen"* dargelegt habe, die eine Bagatellgrenze jedoch nicht überschreiten würden und er den von ihm behaupteten immateriellen Schaden zudem nicht hinreichend dargelegt habe.

Die Revision hat in der Sache keinen Erfolg. Der **BGH** führte dazu aus, dass das Berufungsgericht im Ergebnis zu Recht einen Anspruch des Klägers auf Ersatz von immateriellem Schaden nach Art. 82 I DS-GVO verneint habe, rügte dabei jedoch dessen Begründung. Zum einen könne der Anspruch auf immateriellen Schadensersatz nach Art. 82 I DS-GVO nicht mit der Begründung verneint werden, ein Schaden überschreite einen bestimmten Grad an Schwere oder Erheblichkeit nicht; es bestehe insofern **keine Bagatellgrenze.** Im Weiteren bestätigte der BGH jedoch die Begründung der Zurückweisung seitens der Vorinstanzen; auch aus Sicht des BGH habe der Kläger einen immateriellen Schaden nicht hinreichend dargelegt. *„Die Ablehnung einer Erheblichkeitsschwelle durch den Gerichtshof bedeutet nicht, dass eine Person, die von einem Verstoß gegen die Datenschutz-Grundverordnung betroffen ist, der für sie negative Folgen gehabt hat, vom Nachweis befreit wäre, dass diese Folgen einen immateriellen Schaden iSv Art. 82 dieser Verordnung darstellen"*, so der BGH.

Der **BGH** zeigte sodann die **zwei Prüfungsschritte einer Zurückweisung des Anspruchs auf immateriellen Schadensersatz** auf:

- Schritt 1: **Kontrollverlust?** Nein: Der Kläger habe einen Kontrollverlust nicht nachgewiesen (den der BGH[2335] – anders als der EuGH[2336] bereits als immateriellen Schaden ansieht – vgl. dazu oben → **Rn. 244b**). *„Ein Kontrollverlust könnte allenfalls dann vorliegen, wenn der Bekl. die Daten des Kl. mit der Übersendung der Werbe-E-Mail zugleich Dritten zugänglich gemacht hätte. Das war aber nicht der Fall"*, so der BGH.[2337]
- Schritt 2: Kein Kontrollverlust aber ***„begründete Befürchtungen",*** dass die personenbezogenen Daten aufgrund eines Verstoßes gegen die DS-GVO von Dritten missbräuchlich verwendet werden? Nein: Weil – so der BGH – *„Die Befürchtung samt ihrer negativen Folgen … dabei ordnungsgemäß nachgewiesen sein"* müsse und *„die bloße Behauptung einer Befürchtung ohne nachgewiesene negative Folgen ebenso wenig wie ein rein hypothetisches Risiko der missbräuchlichen Verwendung durch einen unbefugten Dritten"* nicht genüge.[2338]

Sodann betonte der BGH noch, dass in solchen Fällen, dh bei **unautorisierter Übersendung einer Werbe-E-Mail,** es nicht genüge, dass der Kläger sich *„mit der Abwehr der von ihm unerwünschten Werbung und der Herkunft der Daten"* habe auseinandersetzen müssen und dass dies zu einem durchaus *„belastenden Eindruck des Kontrollverlusts"* geführt habe. Die Übersendung einer Werbe-E-Mail begründet allenfalls den gerügten Verstoß gegen die DS-GVO. Der Verstoß reicht jedoch, so der BGH – *„allein nicht aus, um zugleich einen immateriellen Schaden iSd Art. 82 I DS-GVO zu begründen".*[2339]

2329 OLG Dresden BeckRS 2019, 12941.

2330 Entscheidungen hierzu finden Sie auch im Tabellenteil unter Kapitel C. 10. a) ii).

2331 SPAM – benannt nach billigem und massenhaft verfügbaren Dosenfleisch in Großbritannien – steht für massenhafte unautorisierte und somit unerwünschte Werbe-E-Mails im Internet.

2332 LG Heidelberg BeckRS 2022, 5913 → Nr. 7017; AG Augsburg GRUR-RS 2022, 30282; AG Pfaffenhofen BeckRS 2021, 27106 → Nr. 6817.

2333 BGH NJW 2025, 1060.

2334 LG Rottweil GRUR-RS 2023, 55263.

2335 BGH NJW 2025, 298 und BGH NJW 2025, 1060.

2336 EuGH NJW 2025, 3137.

2337 BGH NJW 2025, 1060 Rn. 18.

2338 BGH NJW 2025, 1060 Rn. 20.

2339 BGH NJW 2025, 1060 Rn. 20.

Der vorbenannten BGH-Entscheidung vom 28.1.2025 entsprachen bereits einige der hierzu ergangenen Entscheidungen ua des AG Diez,[2340] des AG Goslar[2341] sowie des AG Hamburg-Bergedorf[2342] und waren somit mit ihrer Rechtsansicht ihrer Zeit voraus.

Nicht mehr haltbar, weil der benannten BGH-Entscheidung widersprechend, wären heute die Urteile des LG Heidelberg[2343] sowie des LG Mannheim,[2344] zu denen noch in der Vorauflage meines Buchs[2345] ausführlich Stellung genommen worden war, nun jedoch vor dem Hintergrund der aktuellen BGH-Rechtsprechung darauf verzichtet wird. Diese Entscheidungen finden sich jedoch weiterhin in der Urteilssammlung bzw. dem Tabellenteil unter C. 10. a) ii) (vgl. dazu den Praxishinweis oben → **Rn. 246b**).

Ebenfalls abgelehnt wurde die Klage auf „Schmerzensgeld" bzw. immateriellen Schadensersatz wegen der Zusendung von insgesamt 13 identischen E-Mails seitens der Beklagten, die eine Online-Plattform für Reiter betrieb und bei der sich der Kläger sieben Jahre vor Erhalt der streitgegenständlichen Mails registriert hatte. Diese, wenn auch länger zurückliegende Registrierung kann, so das OLG Hamm,[2346] *„die Übersendung einer E-Mail rechtfertigen, in der die Nutzer über den kürzlichen Ausbruch einer Viruserkrankung bei Pferden und deren regulatorische Auswirkungen auf den Reitsportbetrieb benachrichtigt werden."*

Zur **Vorlagepflicht zum EuGH bei Schadensersatz gemäß Art. 82 DS-GVO** betonte das BVerfG, dass dann, wenn ein letztinstanzliches Fachgericht eine EuGH-Vorlage zur Auslegung des Art. 82 Abs. 1 DS-GVO trotz Entscheidungserheblichkeit der unionsrechtlichen Frage (hier: Schmerzensgeldanspruch wegen datenschutzwidriger Verwendung einer E-Mail-Adresse zu Werbezwecken) unterlässt, es das ***Recht auf den gesetzlichen Richter* gem. Art. 101 Abs. 1 GG** verletzt.[2347] Aus diesem Grunde, wurde das Urteil des AG Goslar aufgehoben und die Sache zur erneuten Verhandlung und Entscheidung an das AG Goslar zurückverwiesen.

Praxishinweise:

Zu Direktwerbung/Werbemails: Unternehmen und Personen, die Dienstleistungen oder ein Gewerbe betreiben oder Waren bereitstellen, sollten insbesondere bei Direktwerbung zur Vermeidung von zivilrechtlichen Schadensersatzansprüchen ua wegen DS-GVO-Verstößen aber auch Bußgeldern oder wettbewerbsrechtliche Unterlassungsansprüchen stets vor dem Versand von Werbematerial und insbesondere von Werbemails an (den früheren) Vertragspartner beachten: Solche Werbe-Mails können – sofern sie den bilateralen Bereich (Unternehmer – Kunde) nicht verlassen – nach der vorbenannten BGH-Entscheidung auch ohne ausdrückliche Einwilligung datenschutzrechtlich über eine Interessenabwägung (Art. 6 I lit. f DS-GVO) rechtfertigbar sein, sofern die Vorgaben der Bestandskundenwerbung gemäß § 7 Abs. 3 UWG eingehalten werden.

Aber auch wenn vor dem Hintergrund der aktuellen BGH-Rechtsprechung hierzu keine oder zumindest keine hohen immateriellen Schadenersatzansprüche von den Empfängern einer **Direktwerbung** per E-Mail drohen, sei unbedingt geraten – um wettbewerbsrechtliche Unterlassungsansprüche und **hohe Bußgelder** nach dem Digitale-Dienste-Gesetz (kurz: DDG) zu vermeiden – die Implementierung eines **Double-Opt-In-Verfahrens** zur rechtssicheren Dokumentation der Einwilligung vorzunehmen. Hiermit hatte sich der BGH bereits 2011[2348] befasst und, wenn auch nicht sehr prägnant, dazu einige wichtige Vorgaben getroffen. Dementsprechend ist anzuraten für eine bzw. **vor** einer solche(n) Direktwerbung vom Kunden eine Einwilligung einholen und die Bestätigungs-E-Mail abzuspeichern, um sie ggf. vorlegen zu können bzw. nachweisen zu können, dass der E-Mail-Empfänger dem Erhalt solcher Mails zugestimmt bzw. den diesbezüglichen Bestätigungslink angeklickt hat.[2349]

Zu Cookie-Banner und Partnerlisten: Für **rechtssichere Cookie[2350]-Banner und Partnerlisten auf Unternehmenswebseiten** ist zudem unbedingt zu beachten, dass Datenverarbeitungsvorgänge erst dann erfolgen dürfen, wenn die Besucher der Website aktiv in die Verarbeitung und Weiterleitung ihrer Daten eingewilligt haben: Um sehr hohe Bußgelder (§ 28 Telekommunikation-Digitale-Dienste-Datenschutz-Gesetz kurz: TDDDG) und Abmahnungen zu vermeiden, müssen Anbieter von digitalen Diensten

2340 AG Diez BeckRS 2018, 28667 → Nr. 6559.
2341 AG Goslar GRUR-RS 2019, 53276 → Nr. 7149.
2342 AG Hamburg-Bergedorf GRUR-RS 2020 → Nr. 7911.
2343 LG Heidelberg BeckRS 2022, 5913 → Nr. 7017.
2344 LG Mannheim GRUR-RS 2023, 35373, → Nr. 7300.
2345 Slizyk Schmerzensgeld 2026 → Rn. 247a (in der Printversion S. 203).
2346 OLG Hamm GRUR-RR 2023, 274 mAnm Henke GRUR-RR 2023, 277.
2347 BVerfG NJW 2021, 1005.
2348 BGH Urt. v. 10.2.2011 – I ZR 164/09, GRUR-Prax 2011, 936.
2349 Vgl. dazu Hermes GRUR-Prax 2025, 291.
2350 Cookies sind kleine Textdateien, die Webseiten auf dem Computer des jeweiligen Nutzers speichern, um diesen wiederzuerkennen und dessen Einstellungen abzuspeichern und somit dessen Surfverhalten ausspionieren, um Nutzerprofile zu erstellen und dem so ausspionierten Nutzer später gezielte Werbung anzuzeigen.

gemäß § 2 TDDDG, dh alle Unternehmen und Personen, die ihre Dienstleistungen, ihr Gewerbe oder ihre Waren auch digital erbringen oder bereitstellen, den Vorgaben des TDDDG insbesondere hinsichtlich der **Transparenz** (wer sind die sog. „Partnerfirmen" und zu welchem Zweck erhalten diese die Kundendaten) und der **Freiwilligkeit** bzgl. der Einwilligung beachten. Hierzu müssen auf der Website stets gleichwertige Schaltflächen vorhanden sein:[2351] Der **Button „Alles Ablehnen"** muss auf der ersten Ebene des Banners genauso prominent und leicht zugänglich erscheinen, wie der Button „Alles Akzeptieren", sofern durch das Cookie-Banner kein Webseitenbereich versperrt wird.[2352]
Keine Vorauswahl: Kontrollkästchen für nicht notwendige Cookies dürfen nicht vorab angekreuzt sein (aktives Opt-in erforderlich), – vgl. dazu § 25 Abs. 1 TDDDG iVm Art. 4 Nr. 11 DS-GVO.
Zur Mitveranwortlichkeit und Haftung für Drittunternehmer: Wer Drittunternehmern seine Business-Tools anbietet, um auf diese Weise für sich bzw. sein Unternehmen möglichst viele Daten der Drittseitennutzer für seine eigenen Zwecke zu erhalten, wird damit automatisch auch für die Datenerhebung auf Drittseiten zum Mitverantwortlichen iSd **Art. 26 DS-GVO.**[2353]
Auch über **§ 25 TDDDG wird eine Mitverantwortlichkeit begründet, da § 25 TDDDG nicht auf Webseitenbetreiber beschränkt** ist, sondern auch technisch mitwirkende Drittanbieter unmittelbar verpflichtet. Darauf wies 2025 das OLG Frankfurt a. M.[2354] hin und bestätigt erstmals obergerichtlich, dass Drittanbieter für einwilligungslose Cookie-Setzungen selbst – zusätzlich zu den Webseiten- und Appbetreibern – als Täter haften. Betroffene, dh Nutzer von Websites, können sich zur Durchsetzbarkeit ihrer Unterlassungs- und immateriellen Schadensersatzansprüche deshalb nicht nur an den Webseitenbetreiber, sondern zudem auch direkt an den technisch handelnden „Akteur der konkreten Speicher- oder Zugriffshandlung" wenden; dieser und nicht etwa der Nutzer bzw. Kläger hat in einem solchen Falle zu beweisen, dass eine wirksame Einwilligung für sein Handeln vorlag.[2355]
Damit gilt somit der **Grundsatz,** wonach **derjenige, der solche Cookies setzt,** im Zweifel dafür **haftet.**
Zur Speicherung von Cookies ohne Einwilligung: Speicherung von Cookies ohne Einwilligung: begründet in der Regel einen immateriellen Schadensersatzanspruch. Dies gilt selbst dann, wenn lediglich anonymisierte oder pseudonymisierte Daten verarbeitet werden.[2356] Wird die **Anmeldung** auf einer Webseite **über den Hyperlink „Sign in with Facebook"** angeboten und findet infolgedessen eine Datenübermittlung an ein Drittland, insbesondere in die USA statt, sind die Voraussetzungen des Art. 46 VO (EU) 2018/1725 zu beachten. Geschieht dies nicht, kann der damit verbundene Kontrollverlust bzw. die „Unsicherheit" des Betroffenen Website-Nutzers für diesen den Anspruch auf immateriellen Schadensersatz begründen. (vgl. dazu den nachfolgenden Hinweis auf EuG, Urteil vom 8.1.2025 – T-354/22).
Weiterführend hierzu sei auf die sehr umfassende Orientierungshilfe der Aufsichtsbehörden für Anbieter von digitalen Diensten in der Version 1.2 vom November 2024 – veröffentlicht von der **DSK** (=Konferenz der unabhängigen Datenschutzaufsichtsbehörden des Bundes und der Länder) abrufbar unter: **datenschutzkonferenz-online.de** verwiesen.[2357]
Verbraucher/Nutzer sollten sich **bei allen Verstößen gegen die DS-GVO oder auch des TDDDG** und zu letzterem insbesondere – sofern beim Aufruf einer Unternehmens-Webseite der „Alles Ablehnen"-Button fehlt oder bewusst versteckt wird (man spricht dann vom sog. **„Dark Pattern")** – **beim Datenschutzbeauftragten** ihres Bundeslandes beschweren und dazu die URL der Website angeben und einen Screenshot des Cookie-Banners, auf dem der fehlende Button erkennbar ist, beifügen. Zudem hilft auch die **Verbraucherzentrale** unter https://www.verbraucherzentrale.de (Button: **Beschwerde einreichen**) oder die Verbraucherzentrale ihres Bundeslandes und bearbeitet dort eingereichte Beschwerden.

Um den Rahmen dieses Buches nicht zu sprengen sei zur Thematik der **Datenübermittlung durch „Sign in with Facebook" auf EU-Webseiten** auf das **Urteil des EuG** (= Gericht der Europäischen Union) **vom 8.1.2025 – T-354/22**[2358] und die Anmerkungen hierzu von *Herbrich* im Anschluss der benannten Fundstelle verwiesen. Das EuG hatte dabei festgestellt, dass durch die Funktion „Sign in with Facebook" auf der Webseite der Kommission unzulässigerweise Daten (insbesondere die IP-Adresse) in die USA übermittelt wurden, ohne dass ausreichende Garantien gemäß Art. 46 VO (EU) 2018/1725 vorlagen. Es sprach deshalb dem Kläger 400 EUR immateriellen Schadensersatz zu und begründete dies wie folgt: *„Im vorliegenden Fall ist der immaterielle Schaden, den der Kl. geltend macht, tatsächlich und sicher … Die … Datenübermittlung, die unter*

[2351] Orientierungshilfe der DSK Version 1.2 vom November 2024 Rn. 135 Stand: 7.5.2026.
[2352] Orientierungshilfe der DSK Version 1.2 vom November 2024 Rn. 124 Stand: 7.5.2026.
[2353] OLG Dresden BeckRS 2026, 1139 Rn. 50; OLG Dresden BeckRS 2026, 1138 → Nr. 7875.
[2354] OLG Frankfurt a. M. GRUR-RS 2025, 36049 → Nr. 7777; Alacayir GRUR-Prax 2026, 98.
[2355] OLG Frankfurt a. M. GRUR-RS 2025, 36049 Rn. 40 → Nr. 7777; Alacayir GRUR-Prax 2026, 98.
[2356] OLG Frankfurt a. M. GRUR-RS 2025, 36049 → Nr. 7777; Alacayir GRUR-Prax 2026, 98.
[2357] https://www.datenschutzkonferenz-online.de/media/oh/OH_Digitale_Dienste.pdf Stand: 7.5.2026.
[2358] EuG Urt. v. 8.1.2025 – T-354/22, ZD 2025, 277 mAnm Herbrich ZD 279 ff.

Verstoß gegen Art. 46 VO 2018/1725 erfolgt ist, hat den Kl. nämlich in eine Lage gebracht, in der er nicht sicher ist, wie die ihn betreffenden personenbezogenen Daten, insb. seine IP-Adresse, verarbeitet werden.“

Das Urteil des EuG ist damit ein bedeutendes Signal für alle Webseitenbetreiber, die Funktionen von Drittanbietern aus Nicht-EU-Ländern (insbesondere den USA) einbinden und konkretisiert insofern die Haftungsrisiken bei unzulässigen Datentransfers. Aber Achtung: Die **Entscheidung ist nicht rechtskräftig.** Zum Zeitpunkt der Antragserstellung haben sowohl der Kläger als auch die Beklagte **Berufung beim EuGH eingelegt, die unter dem Az. C-211/25 P und C-206/25 P** geführt wird.

247b **jj) Datenschutzverstoß iVm beruflicher Schweigepflicht.**[2359] Zahlreiche Personen unterliegen aufgrund des von ihnen ausgeübten Berufes – zB als Rechtsanwalt, Apotheker, Arzt oder Angehöriger eines anderen Heilberufs – der, auch strafrechtlich sanktionierten (§ 203 StGB Verletzung von Privatgeheimnissen) beruflichen Schweigepflicht.[2360] Ein Anspruch wegen einer Schweigepflichtverletzung begründet sich dabei bereits gemäß § 823 Abs. 2 BGB in Verbindung mit § 203 Abs. 1 Nr. 1 StGB.

Im Fall einer unautorisierten Weitergabe des Namens und der Adresse des Klägers durch den Beklagten (= Logopäde der Tochter des Klägers) an ein Abrechnungszentrum entschied das AG Pforzheim,[2361] dass dem Kläger ein immaterieller Schadensersatz iHv 4.000 EUR zustehe. Hierbei berücksichtigte das AG bei der Bemessung der Höhe zum einen, dass sich der von der Beklagten begangene Verstoß nicht als besonders schwerwiegend darstellte, insbesondere keinerlei Anhaltspunkte für ein systematisches Vorgehen oder gar eine Schädigungs- oder Bereicherungsabsicht erkennen ließen, aber andererseits das Gesetz einen Ausschluss vermeintlicher Bagatellschäden nicht vorsehe.

Mit der Zustellung einer Mahnung für die Botox-Behandlungskosten der Klägerin über deren Arbeitgeberin und dem dadurch begangenen Verstoß gegen die ärztliche Schweigepflicht hatte sich das OLG Frankfurt a. M.[2362] befasst und der Klägerin 1.200 EUR zuerkannt. Grund hierfür war, dass, eine andere Mitarbeiterin der Arbeitgeberin die Mahnung über die Botox-Injektion der Klägerin per Fax erhalten hatte. Bei der Schmerzensgeldbemessung berücksichtigte das OLG bereits die abstrakte Gefährlichkeit, dass dadurch zu schützende Daten einem weiteren Personenkreis zugänglich gemacht worden waren.

Bei der Übermittlung von **Angaben zum körperlichen und geistigen Zustand** einer Person und zur Notwendigkeit einer psychiatrischen Behandlung von einem Psychotherapeuten an den Prozessbevollmächtigten der Ehefrau der betroffenen Person handelt es sich um die Übermittlung von Gesundheitsdaten. *„Soweit es sich bei der bloßen Entgegennahme solcher den Kläger betreffender Informationen im Rahmen eines vom Beklagten mit der Patientin geführten Behandlungsgesprächs überhaupt um eine Verarbeitung i.S.v. Art. 4 Nr. 2 DS-GVO (iVm Art. 9 Abs. 1 DS-GVO) handelt, ist diese Verarbeitung jedenfalls gemäß Art. 9 Abs. 2h), Abs. 3 DS-GVO zulässig gewesen, da sie für die medizinische Diagnostik, die Versorgung oder Behandlung im Gesundheits- oder Sozialbericht … aufgrund eines Vertrags mit einem Angehörigen eines Gesundheitsberufs und vorbehaltlich der in Abs. 3 genannten Bedingungen und Garantien erforderlich“ war. Ein Verstoß gegen die Datenschutzgrundverordnung liegt somit nicht vor“*, begründete das LG Karlsruhe[2363] seine Entscheidung, dem Kläger insofern keinen immateriellen Schadensersatz zuzusprechen.

Zur Frage, ob und inwieweit die Übernahme einer **Nachlasspflegschaft** durch einen angestellten **Rechtsanwalt** der beruflichen Schweigepflicht unterliegt und im Falle eines Verstoßes einen Schadensersatzanspruch begründen kann, hatte sich das LAG Berlin[2364] befasst und ausgeführt: *„Die Übernahme einer Nachlasspflegschaft ist für sich genommen keine anwaltliche, sondern eine wirtschaftliche Tätigkeit. Der insoweit bestehende Auskunftsanspruch erstreckt sich auf die für diese Tätigkeiten erstellten Abrechnungen und noch nicht abgerechneten Tätigkeiten. Eine Anonymisierung der Auskunft ist nicht geboten, weil die anwaltliche Schweigepflicht nicht gilt und auch die Interessen der Beteiligten nicht überwiegen. Was die Erblasser*innen angeht, beschränkt sich das postmortale, nach dem Ableben bestehende Persönlichkeitsrecht allein auf die Wahrung der Menschenwürde. Ein Schutz von Geheimhaltungsinteressen besteht grundsätzlich nicht. Die Nachlasspflegschaft betrifft bei typisierter Betrachtung auch nicht den persönlichen Bereich der Erb*innen“* (Amtlicher Leitsatz).[2365]

Mit der Thematik des **Steuergeheimnisses** hatte sich das KG[2366] befasst. Dabei ging es um den Prozesskostenhilfeantrag der Antragstellerin ging, den das LG in der Vorinstanz zurückgewiesen hatte. Dem Beschl.

[2359] Entscheidungen hierzu finden Sie auch im Tabellenteil unter Kapitel C. 10. a) jj).
[2360] BeckOK StGB/Weidemann, 69. Ed. 1.5.2026, StGB § 203 Rn. 16–23.1; Lipp/Hohenhövel MedR 2021, 330.
[2361] AG Pforzheim BeckRS 2022, 4335 → Nr. 6715.
[2362] OLG Frankfurt a. M. BeckRS 2019, 31778 → Nr. 6298.
[2363] LG Karlsruhe GRUR-RS 2023, 584 → Nr. 7066 (Anm.: Der Fall ist die Fortsetzung von → Nr. 6715).
[2364] LAG Berlin BeckRS 2022, 38922; vgl. dazu auch Hilgenstock ArbRAktuell 2023, 74.
[2365] LAG Berlin BeckRS 2022, 38922.
[2366] KG VersR 2011, 1142.

des KG lag folgender Sachverhalt zugrunde: Ein Fernsehsender hatte im Jahr 2007 unter dem Titel „Jagd auf Schmuggler und Schuldner – Zollfahnder im Einsatz" einen Beitrag ausgestrahlt, bei dem die Antragstellerin dabei gefilmt worden war, wie Vollziehungsbeamte der Antragsgegnerin ihre Wohnung durchsuchten und dabei ihr **Steuergeheimnis** und damit den Datenschutz in erheblichem Umfange verletzt hatten. Das KG gab dem Antrag der Antragstellerin statt und sah vorliegend eine realistische Aussicht, dass der Antragstellerin in ihrer beabsichtigten Klage gegen die Oberfinanzdirektion ein Schmerzensgeld von „bis zu … 10.000 EUR" zuerkannt werden wird. Das KG wertete das Verhalten der Beamten als *„Herabwürdigung des Steuerschuldners zum bloßen Objekt staatlichen Handelns"* und sah darin zudem *„ein hohes Maß der Fahrlässigkeit"*.

Abschließend seien noch einige, wenn auch lange vor der Geltung der DS-GVO entschiedene **Fälle zur ärztlichen Schweigepflicht**[2367] erwähnt:

Zum einen die Entscheidung des OLG Dresden,[2368] mit dem dieses 2024 die auf Schmerzensgeld gerichtete Klage eines Vaters wegen einer behaupteten Verletzung der ärztlichen Schweigepflicht zurückgewiesen bzw. mit seinem Hinweisbeschluss die offensichtliche Aussichtslosigkeit der Berufung des Klägers gegen das klagabweisende Urteil der Vorinstanz betont hatte.

Der Vater hatte bei der **Schule** seines Sohnes einen **ärztliches Attest als Entschuldigung** dafür vorgelegt, dass der Sohn dauerhaft nicht mehr am Präsenzunterricht teilnehmen könne. Die hiermit verbundene langfristige Abschottung des Kindes von der Außenwelt nahm das zuständige Jugendamt der Stadt L. zum Anlass, ein Verfahren zur Feststellung einer Kindeswohlgefährdung einzuleiten, in dessen Verlauf die zuständigen Bearbeiter Kenntnis von den oa Attesten erhielten.

Mit seinen beiden amtlichen Leitsätzen stellte das OLG dazu grundlegend fest:

„Die Vorlage eines Attestes als Beleg für eine Entschuldigung ist regelmäßig mit einer Entbindung des Arztes von seiner Schweigepflicht verbunden. Diese umfasst auch weitere in die Behandlung einbezogene Ärzte eines medizinischen Versorgungszentrums. In einer konkreten Gefährdungssituation sind Mitarbeiter des Jugendamtes berechtigt, auch bei behandelnden Ärzten Daten zu erheben, die Weitergabe von Gesundheitsdaten durch den Arzt stellt keine unbefugte Offenbarung eines Geheimnisses dar."[2369]

Zum anderen eine bereits ältere Entscheidung (PKH-Beschl.) des OLG Frankfurt a. M.,[2370] bei dem es um die **Grenzen der ärztlichen Schweigepflicht** gegenüber der Lebensgefährtin eines an Aids erkrankten Patienten ging. Das OLG führte zutreffend aus, dass – trotz ausdrücklichem Verbot des an Aids erkrankten Patienten ärztlicherseits seine Lebensgefährtin hierüber zu informieren – die ärztliche Schweigepflicht hier einer Informationspflicht jedenfalls dann nicht entgegensteht, wenn die Lebensgefährtin ebenfalls Patientin bei diesem Arzt sei. Das Geheimhaltungsinteresse des Erkrankten trete in diesem Falle gegenüber der durch die Infektion drohenden Lebensgefahr der Frau zurück. (Im Beschl. wurde allerdings die Prozesskostenhilfe versagt, da die Nachweise zur Kausalität fehlten.)[2371] Ebenfalls mit dem Thema der ärztlichen Schweigepflicht hatte sich das OLG Koblenz[2372] zu befassen und in seinem Leitsatz ausgeführt:

„Stellt der Arzt eine meist im Erwachsenenalter ausbrechende schwere Nervenkrankheit mit hohem Vererbungsrisiko fest, darf er der Bitte des Patienten, dessen geschiedene Ehefrau wegen der bei dieser lebenden ehelichen Kinder zu informieren, nicht entsprechen, weil eine medizinische Sachaufklärung bei Minderjährigen in Deutschland nicht statthaft ist, so dass sich für die Mutter aus der belastenden Information keinerlei Handlungsoption ergibt".

Das OLG sah im Verhalten des Arztes eine rechtswidrige Handlung, die bei der Klägerin zu psychischen Störungen geführt habe, weshalb der Klägerin dem Grunde nach ein Schmerzensgeldanspruch zustehe.

Zum anderen der Fall des AG Neuss,[2373] bei welchem die Ärztin des ebenfalls **HIV**-positiven Klägers dessen Freundin über die Infektion informiert und damit ebenfalls gegen ihre ärztliche Schweigepflicht verstoßen hatte. Das AG sprach dem Kläger damals umgerechnet 766, 94 EUR (vormals 1.500 DM) zu und bewertete dabei schmerzensgeldmindernd den Beweggrund der Beklagten, die die Freundin des Klägers vor einer HIV-Infektion schützen wollte.

[2367] Dazu grundlegend BVerfG BeckRS 2015, 43657 (Rn. 40).
[2368] OLG Dresden BeckRS 2024, 38684.
[2369] OLG Dresden BeckRS 2024, 38684.
[2370] OLG Frankfurt a. M. BeckRS 1999, 7812.
[2371] OLG Frankfurt a. M. BeckRS 1999, 7812; zur Aufklärung wegen Aids bei Bluttransfusionen BGH BeckRS 2005, 8735.
[2372] OLG Koblenz BeckRS 2012, 03419.
[2373] AG Neuss → Nr. 4287; vgl. dazu auch OLG München BeckRS 1997, 31163145.

247c **kk) Datenschutzverstoß durch heimliche Überwachung/Videoaufnahmen.**[2374] S. hierzu auch die Ausführungen und Fundstellenhinweise unter → **Rn. 208c.** und für Aufnahmen im engsten Familienkreis unter → **Rn. 251a.**

Der EuGH[2375] hatte 2019 – noch zur Datenschutz-Richtlinie (RL 95/46/EG [DS-RL]) und somit noch nicht zur DS-GVO – die Gelegenheit, zu dieser Thematik, wenn auch nur in Bezug auf die **Videoüberwachung innerhalb einer Wohneigentümergemeinschaft** Stellung zu nehmen. Sofern eine solche Videoüberwachung in den Gemeinschaftsbereichen eines Wohngebäudes installiert wird, um den Schutz und die Sicherheit von Personen und Eigentum zu gewährleisten (= berechtigte Interessen) und wenn die mittels des Videoüberwachungssystems erfolgte Verarbeitung personenbezogener Daten den Voraussetzungen des Art. 7 lit. f DS-RL entspricht, ist sie zulässig, so der EuGH, dessen Wertung sich wohl auch auf eine Videoüberwachung innerhalb einer Wohnungseigentümergemeinschaft unter Geltung der DS-GVO übertragen ließe.[2376]

Sehr häufig streiten sich die Parteien jedoch im Zusammenhang mit **arbeitsrechtlichen Sachverhalten.**[2377]

Insofern hatte sich 2024 das BAG[2378] mit der **Überwachung und Erhebung von Gesundheitsdaten durch eine Detektei** zu befassen: *„Lässt ein Arbeitgeber einen Arbeitnehmer wegen des Verdachts einer vorgetäuschten Arbeitsunfähigkeit durch eine Detektei überwachen und dokumentiert diese dabei den sichtbaren Gesundheitszustand des Arbeitnehmers, handelt es sich um die Verarbeitung von Gesundheitsdaten im Sinne der Datenschutz-Grundverordnung."*

Das BAG hatte bereits vor dem Inkrafttreten der DS-GVO festgestellt, dass beim Verdacht der Vortäuschung einer Arbeitsunfähigkeit und auch wenn diese durch eine ärztliche Arbeitsunfähigkeitsbescheinigung vermeintlich belegt worden war, eine Überwachung des Arbeitnehmers durch Detektive wegen des damit verbundenen Eingriffs in das allgemeine Persönlichkeitsrecht in Form des informationellen Selbstbestimmungsrechts (Art. 2 Abs. 1 GG) nur bei begründeten Zweifeln an der Richtigkeit der ärztlichen Arbeitsunfähigkeitsbescheinigung in Betracht kommt und das mildere Mittel einer Untersuchung durch den Medizinischen Dienst der gesetzlichen Krankenkasse nach § 275 Ia 3 SGB V im Einzelfall nicht möglich ist.[2379]

Mit seinem Urteil vom 25.7.2024 betonte das BAG[2380] dies – nun in Bezug auf die DS-GVO – erneut und führte dazu aus: *„Hegt der Arbeitgeber Zweifel am Vorliegen einer ärztlich bescheinigten Arbeitsunfähigkeit und möchte er den Arbeitnehmer deshalb durch Detektive oder andere Personen beobachten lassen, kann die daraus folgende Verarbeitung von Gesundheitsdaten nach Art. 9 Abs. 2 Buchst. b DSGVO iVm. § 26 Abs. 3, § 22 Abs. 2 BDSG nur zulässig sein, wenn der Beweiswert einer vorgelegten ärztlichen Arbeitsunfähigkeitsbescheinigung erschüttert ist und eine Untersuchung durch den Medizinischen Dienst der Krankenkasse nach § 275 Abs. 1a Satz 3 SGB V nicht möglich ist oder objektiv keine Klärung erwarten lässt. Anderenfalls ist die Ermittlung als Datenverarbeitung nicht erforderlich iSv. Art. 9 Abs. 2 Buchst. b DSGVO iVm. § 26 Abs. 3 Satz 1 BDSG.".*

In dem, der Entscheidung des BAG zugrunde liegenden Sachverhalt hatte das ArbG die Klage bezogen auf den „Schmerzensgeldantrag" abgewiesen. Auf die Berufung des Klägers hatte das LAG gestützt auf Art. 82 Abs. 1 DS-GVO die Beklagte zur Zahlung einer „Entschädigung" iHv 1.500 EUR verurteilt; die Entscheidung wurde vom BAG bestätigt, das dazu ausgeführt hatte: *„Der ausgeurteilte Betrag von insgesamt 1.500 Euro ist auch unter Berücksichtigung der neueren Rechtsprechung des EuGH, die das LAG bei seiner Entscheidung nicht kennen konnte, im Ergebnis angemessen. Die fehlerhafte Annahme einer Abschreckungsfunktion des Schadenersatzanspruchs, von der auch die Revision ausgeht, wirkt sich im Ergebnis nicht aus. Das LAG hat nachvollziehbar auf die Beobachtung und das Fotografieren des Kl. in seiner privaten Umgebung, auf die zeitliche Dimension und auf die Erhebung von Gesundheitsdaten abgestellt. Zu Gunsten der Bekl. hat es gewürdigt, dass diese den Detektivbericht nicht an Dritte gegeben und der Kl. weitere psychische Belastungen nicht dargelegt habe."*[2381]

Auch wenn insofern kein immaterieller Schadensersatz beansprucht worden war, sei kurz der Fall, den das BAG[2382] im Jahr 2023 entschieden hatte, erwähnt. Darin ging es um die Frage der **Verwertung einer Videoaufzeichnung im Rahmen eines Kündigungsschutzprozesses.** Der betroffene Arbeitnehmer hatte seine Schicht vorgetäuscht und das – mit einer offenen Videoüberwachung geschützte – Werk vor

2374 Entscheidungen hierzu finden Sie auch im Tabellenteil unter Kapitel C. 10. a) kk).
2375 EuGH Urt. v. 11.12.2019 – C-708/18, BeckRS 2019, 31011.
2376 So Lindner ZWE 2020, 337.
2377 Zur Verarbeitung personenbezogener Daten von Lehrkräften beim Videokonferenz-Livestream und Distanzunterricht vgl. EuGH BeckRS 2023, 5635.
2378 BAG BeckRS 2024, 29324, NJW 2025, 100.
2379 Fuhlrott/Oltmanns NZA 2019, 1105; Venetis/Oberwetter NJW 2016, 1051.
2380 BAG BeckRS 2024, 29324, NJW 2025, 100.
2381 BAG BeckRS 2024, 29324, NJW 2025, 100 Rn. 38 → Nr. 7651.
2382 BAG BeckRS 2023, 25110.

Schichtbeginn heimlich verlassen. Das BAG hatte insofern ausgeführt, dass es in einem Kündigungsschutzprozess nach Maßgabe der DS-GVO und der ZPO grundsätzlich kein Verwertungsverbot in Bezug auf derartige Aufzeichnungen aus einer offenen Videoüberwachung gibt, wenn diese Maßnahme ein **vorsätzlich vertragswidriges Verhalten des Arbeitnehmers** belegen soll. Das gelte auch dann, wenn die Überwachungsmaßnahme des Arbeitgebers nicht vollständig im Einklang mit den Vorgaben des Datenschutzrechts steht.[2383]

Auf die Entscheidung des BAG[2384] von 2015 zur Geldentschädigung wegen Überwachung eines Arbeitnehmers durch Detektive verweisend, sprach das ArbG Gießen[2385] 2019 einem **Betriebsratsmitglied** der Beklagten 20.000 EUR Schmerzensgeld zu. Der Beklagte zu 2 hat das Persönlichkeitsrecht der Klägerin schwerwiegend verletzt, indem er die Beklagten zu 1 und 3 bei dem Versuch unterstützt hatte, die Klägerin durch Überwachung und Verleitung zu rechtswidrigen Handlungsweisen aus dem Arbeitsverhältnis und dem Betriebsrat zu entfernen. *„Das Erarbeiten eines Strategiekonzeptes zur Entfernung unliebsamer Betriebsratsmitglieder mittels Fingieren von Kündigungsgründen und Bespitzelung nebst – zumindest – teilweiser Umsetzung begründet Entschädigungsansprüche"*, so der Amtliche Leitsatz dieser Entscheidung.

Mit einem insoweit klassischen Fall der Videoüberwachung in Form der **flächendeckenden Überwachung einer Produktionshalle** hatte sich 2025 das LAG Hamm[2386] befasst und einem Industriearbeiter eine immaterielle Entschädigung iHv 15.000 EUR zugesprochen. Der Arbeitgeber hatte in der Produktionshalle seines Stahlverarbeitungsbetriebes sowie den angrenzenden Lagern und Büros über einen Gesamtzeitraum von 22 Monaten rund um die Uhr mit insgesamt 34 HD-Kameras das Geschehen in diesen Räumen überwacht. Obwohl der Kläger, dem die Überwachungsanlage bekannt war, mit dieser sehr umfassenden Videoüberwachung ausdrücklich nicht einverstanden war, hatte er die Überwachung fortgesetzt. Dazu LAG sah darin eine **besonders schwere Persönlichkeitsrechtsverletzung** und führte dazu aus, dass weder § 26 BDSG noch Art. 6 DS-GVO derartige Maßnahmen tragen würden. Eine wirksame Einwilligung habe nicht vorgelegen und die flächendeckende Überwachung der gesamten Halle, einschließlich der Arbeitsplätze sei auch nicht durch eine im Arbeitsvertrag enthaltene pauschale Zustimmung wirksam gewesen, da es insofern an der "Freiwilligkeit und Transparenz" gefehlt habe (Art. 7 DS-GVO). Auch ein "berechtigtes Interesse" des Arbeitgebers – etwa zur Diebstahlsprävention oder Unfallaufklärung – rechtfertige eine solche umfassende Videoüberwachung nicht. Vielmehr hätten gezielte und deshalb mildere Maßnahmen, wie beispielsweise die Überwachung der Ein- und Ausgänge zur Diebstahlprävention ausgereicht. Bei der Bemessung der – im Vergleich zu den meisten bekannten Entscheidungen[2387] hohen – immateriellen Geldentschädigung berücksichtigte das LAG einerseits zu Gunsten des Arbeitgebers, dass den Arbeitnehmern die Überwachungsanlage bekannt gewesen sei; erschwerend verwies es jedoch auf den besonders langen Zeitraum und zudem darauf, dass es außerhalb der Pausen-, Umkleide- und Sanitärräume in der Betriebshalle keinen Raum gab, in den der Kläger sich zum Schutze vor der Kameraüberwachung hätte zurückziehen können.

Eine für ungerechtfertigte Videoüberwachung am Arbeitsplatz noch höhere immaterielle Entschädigung – (hier: **25.000 EUR**) – sprach das ArbG Iserlohn[2388] einer 23jährigen Verwaltungsfachfrau zu, deren Arbeitgeber die Klägerin sowie alle übrigen Verwaltungsangestellten durch eine im jeweiligen Arbeitszimmer angebrachte Videokamera über die gesamte Dauer der täglichen Arbeitszeit überwacht hatte. Diese außergewöhnlich hohe Entschädigung begründete das ArbG in grundsätzlich zutreffender wie emotionaler Weise:

„Das Recht, die Hälfte der nicht für den Schlaf verbrauchten Lebenszeit an Werktagen, unbeobachtet von elektronischen Videoüberwachungseinrichtungen seine Arbeit zu verrichten, ist ein Anliegen des Arbeitnehmers, das mit einer hohen verfassungsrechtlichen in Art. 1 und 2 im Grundgesetz verankerten Absicherung versehen ist. Orwell'schen Zuständen, in Gestalt einer Überwachung durch Private will unsere Verfassung mit Sicherheit keinen Vorschub leisten … In diesem nachhaltig verfassungsrechtlich verbürgten Lebensbereich hat die Beklagte mit ihrer permanenten Videoüberwachung in einer schon kaum noch überbietbaren Weise eingegriffen."

3.500 EUR sprach das ArbG Frankfurt a. M.[2389] einem Techniker zu, der im Zusammenhang mit seinem Arbeitsvertrag eine „Datenschutzrechtliche Einwilligung zur Videoüberwachung" unterzeichnen musste, in welcher die Videoüberwachung in den Arbeitsräumen „zur Aufklärung von möglichen Diebstählen, Unterschlagungen oder ähnlichen Straftaten" offengelegt worden war. Ungeachtet der „Zustimmung" des

[2383] BAG BeckRS 2023, 25110.
[2384] BAG NJW 2015, 2749.
[2385] ArbG Gießen BeckRS 2019, 15428.
[2386] LAG Hamm BeckRS 2025, 24895 → Nr. 7745.
[2387] Vgl. LAG Mecklenburg-Vorpommern BeckRS 2019, 23355 → Nr. 6534; LAG Hamm BeckRS BeckRS 2013, 66026 → Nr. 7907; LAG Hessen BeckRS 2011, 68499 → Nr. 7908 sowie – als bislang höchste Entschädigung ArbG Iserlohn 4.6.2008 – 3 Ca 2636/07.
[2388] ArbG Iserlohn BeckRS 2012, 68619 → Nr. 5142.
[2389] ArbG Frankfurt a. M. BeckRS 2014, 71665.

Klägers sei dies ein *„ganz erheblicher Eingriff in das allgemeine Persönlichkeitsrecht des Kl. in Form des Rechts am eigenen Bild und der informationellen Selbstbestimmung .... Daran ändert sich auch dadurch nichts, dass die Videokamera nicht verdeckt, sondern offen angebracht war und dass sich der Kl. ggf. während der Pausen der Beobachtung der Videokamera entziehen konnte"*, so das ArbG. Zur Höhe des Schmerzensgeldes orientierte sich das ArbG an einer Entscheidung des LAG Hessen,[2390] dass dem dortigen Kläger in einem – zum Sachverhalt vergleichbaren, jedoch zum Verschulden der Beklagten gravierenderen – Fall 7.000 Euro zuerkannt hatte und führte aus: *„Unter Beachtung dieser Gesichtspunkte, einerseits dem Opfer eine Genugtuung zu verschaffen und andererseits zu einer Prävention beizutragen, erscheint vorliegend eine Geldentschädigung iHv 3.500 EUR geboten."*

Einen besonderen Fall hatte insofern das LAG Hamm[2391] zu entscheiden. Dort ging es um die Überwachung einer Arbeitnehmerin im Privatbereich zum Zwecke der **Krankenkontrolle.** Der Arbeitgeber wurde zur Zahlung eines Schmerzensgeldes iHv 1.000 EUR wegen Verletzung des allg. Persönlichkeitsrechts der Klägerin verurteilt. Das BAG bestätigte diese Entscheidung.[2392]

Das LAG Hessen[2393] sprach einem Angestellten einen immateriellen Schadenersatz in Höhe von insgesamt 1.500 EUR (250 EUR für jede der sechs Observationen) zu. Der Kläger war im Auftrag seines Arbeitgebers durch eine Detektei an insgesamt sechs Tagen in seinem Privatbereich auf dem Balkon seiner Wohnung und im Garten überwacht worden.

Abschließend sei noch auf eine Entscheidung des OGH Österreich[2394] verwiesen, in dem der OGH betonte, dass der ohne eine entsprechende Betriebsvereinbarung autorisierte **Einsatz von GPS-Ortungssystemen in einem Dienstfahrzeug** einen immateriellen Schadensersatzanspruch des betroffenen Arbeitnehmers begründen könne. 2.400 EUR erhielt der im Vertrieb der Beklagten beschäftigte Kläger, aus dessen Dienstfahrzeug GPS-Daten rund um die Uhr übertragen worden waren, wodurch das Fahrzeug von der Beklagten auch in der Freizeit des Klägers geortet wurde.

Allerdings können derartige Überwachungsmaßnahmen in Betrieben unter gewissen Umständen im Einzelfalle zulässig sein, wenn – wie das **BAG**[2395] wiederholt entschieden hatte – im Rahmen des in § 32 BDSG normierten Prüfungsmaßstabs folgende drei Kriterien erfüllt sind, woran sich auch im „neuen" Datenschutzrecht bislang nichts geändert hat.[2396]

Praxishinweis:

Arbeitgeber sollten vor der Installation von Videoüberwachungsmaßnahmen in Betrieben stets folgende Hinweise beachten:

Vor dem Hintergrund der oben dargestellten Entscheidungen, insbesondere auch des LAG Hamm[2397] ist festzuhalten, dass eine flächendeckende, dh den gesamten Bereich der Produktions- oder Büroflächen erfassende und zudem dauerhafte Videoüberwachung grundsätzlich nicht erlaubt ist.

Eine von den Arbeitnehmenden im Rahmen ihrer Arbeitsverträge pauschal erteilte „Einwilligung" ändert an diesem Rechtsgrundsatz nichts, da der permanente Überwachungsdruck für sich genommen bereits einen erheblichen Eingriff in das allgemeine Persönlichkeitsrecht von Arbeitnehmern bedeutet. Unter Beachtung dieser Grundsätze kann im Einzelfall eine Überwachung nur in folgenden Situationen ausnahmsweise zulässig sein:

- Es besteht der konkrete Verdacht einer strafbaren Handlung oder einer anderen schweren Verfehlung zu Lasten des Arbeitgebers und
- es steht kein weniger einschneidendes Mittel zur Aufklärung des Verdachts zur Verfügung bzw. weniger einschneidende Maßnahmen wurden zuvor ausgeschöpft und
- die heimliche Videoüberwachung ist insgesamt nicht unverhältnismäßig.

Literaturhinweis: Abschließend sei an dieser Stelle noch auf den sehr lesenswerten Aufsatz von *Venetis/Oberwetter*[2398] „Videoüberwachung von Arbeitnehmern" verwiesen, der insofern auch zu der vom BAG bislang offen gelassenen Frage zur Geltung für Leiharbeiter Stellung bezieht, weshalb meinerseits an dieser

2390 LAG Hessen MMR 2011, 346.

2391 LAG Hamm BeckRS 2014, 65100; ArbRAktuell 2014, 114 mAnm Brodtrück ArbRAktuell 2014, 114.

2392 BAG BeckRS 2015, 66533.

2393 LAG Hessen BeckRS 2021, 42405 → Nr. 7084; vgl. auch LAG Berlin-Brandenburg BeckRS 2020, 30034 mAnm Suwelack ZD 2021, 171.

2394 OGH Österreich, Urt. v. 22.1.2020 – 9ObA120/19s, BeckRS 2020, 5418.

2395 BAG BeckRS 2019, 9873 mAnm Fuhlrott NZA-RR 2019, 456; BAG NJW 2015, 2749 vgl. auch Venetis/Oberwetter NJW 2016, 1051 und BAG NZA 2012, 1025.

2396 Fuhlrott/Oltmanns NZA 2019, 1105 (1108).

2397 LAG Hamm BeckRS 2025, 24895 → Nr. 7745.

2398 Venetis/Oberwetter NJW 2016, 1051; vgl. auch Fuhlrott/Oltmanns NZA 2019, 1105.

Stelle hierauf nicht näher eingegangen. Ebenso auf die Hinweise für die Praxis von *Hörtz* zum Urteil des LAG Hamm[2399] in Newsdienst Compliance 2025, 320041.

Datenschutz darf jedoch kein Täterschutz sein:[2400] *„In einem Kündigungsschutzprozess besteht nach Maßgabe der Datenschutz-Grundverordnung und der ZPO grundsätzlich kein Verwertungsverbot in Bezug auf solche Aufzeichnungen aus einer offenen Videoüberwachung, die vorsätzlich vertragswidriges Verhalten des Arbeitnehmers belegen sollen. Das gilt auch dann, wenn die Überwachungsmaßnahme des Arbeitgebers nicht vollständig im Einklang mit den Vorgaben des Datenschutzrechts steht"*, entschied das BAG im Jahr 2023.[2401] War bis zu dieser Entscheidung durch das BAG bereits geklärt, dass „Zufallsfunde" aus gerechtfertigter verdeckter Videoüberwachung zulässig sind und Bildmaterial aus offener Videoüberwachung auch bei Verstoß gegen Löschpflichten verwertbar sein kann, sind in begründeten Einzelfällen, wie dem Vorliegenden Einschränkungen des Verwertungsverbots selbst bei weitergehenden datenschutzrechtlichen Verstößen möglich.[2402]

Zur Rechtmäßigkeit der Anfertigung und Übermittlung eines Fotos einer Person bzw. eines – im Zusammenhang mit einer möglichen Ordnungswidrigkeit oder Straftat – Tatverdächtigen und der bejahten Frage, ob die betroffene Person Anspruch auf immateriellen Schadensersatz hat, befasste sich 2025 das **OLG Dresden,**[2403] dem der folgende Sachverhalt zugrunde lag: Der Beklagte hatte mit seinem Smartphone ein Foto eines verkehrsordnungswidrig an einer Bushaltestelle abgestellten Pkw aufgenommen, dessen Fahrer ausgestiegen und dessen Halter als Beifahrer (= Kläger) im Fahrzeug zurückgeblieben war. Das Foto, auf dem beide Personen erkennbar waren, leitete der Beklagte über eine privat betriebene Plattform an die zuständige Bußgeldbehörde weiter. Diese strengte daraufhin ein Bußgeldverfahren gegen den Fahrer ein. Der Kläger sah sich hierdurch in seinen Persönlichkeitsrechten verletzt. Anders als zuvor das LG Leipzig[2404] sprach das OLG Dresden dem Kläger gemäß Art. 82 Abs. 1 DS-GVO immateriellen Schadensersatz iHv 100 EUR zu, womit sich die Anfertigung und Weiterleitung des Fotos für den Beklagten als Bumerang bzw. als Haftungsfalle erwies. Zur Begründung stützte sich das OLG Dresden auf Art. 17 Abs. 1 DS-GVO iVm Art. 6 Abs. 1 lit. f DS-GVO und argumentierte, dass in der Verbreitung des Fotos bzw. Weitergabe an die Bußgeldbehörde eine „Verarbeitung" iSd DS-GVO läge, für die der Beklagte keine rechtfertigende Einwilligung des Klägers gehabt habe und die zudem nicht mit dem in Art. 5 Abs. 1 lit. c DS-GVO normierten Grundsatz der Datenminimierung in Einklang gestanden habe.

Zur ebenso berechtigten wie auch scharfen **Kritik an dieser Entscheidung des OLG Dresden,** die sich wahlweise unter der Überschrift „Datenschutz darf kein Täterschutz sein" oder „Das Beweisfoto als Haftungsfalle – übertriebener Datenschutz als Abschreckung?!" zusammenfassen ließe, s. Steinert SVR 2026, 60 (65) und Slizyk NZV 2026, 179 (182).

Zur Datenschutz-Kritik[2405] an den vermehrt in **Elektroautos** und serienmäßig insbesondere in den Fahrzeugen des US-Autohersteller **Tesla** verbauten **Kameras** bzw. deren Aufzeichnungen s. oben unter → **Rn. 208.**

Last but not least sei hier noch auf ein Urteil des EuGH[2406] aus dem Jahr 2025 hingewiesen, mit welchem sich dieser mit der Thematik **Bodycam-Aufnahmen durch Fahrkartenkontrolleure** und insofern mit der Frage zu befassen hatte, ob Art. 13 DS-GVO oder Art. 14 DS-GVO anwendbar sei, wenn personenbezogene Daten mittels einer Körperkamera erhoben würden. Der EuGH entschied insofern, dass die Unterrichtung der betroffenen Personen durch Art. 13 DS-GVO geregelt wird und nicht durch Art. 14 DS-GVO. Vgl. dazu zusammenfassend Klaren ZD 2026, 207 (209–2010).

ll) Datenschutzverletzungen, sonstige.[2407] Mit einem besonderen Sachverhalt hatte sich 2022 das LG Köln[2408] zu befassen. Der Kläger hatte einen PKW erworben, jedoch nicht bei seinem im Fahrzeughandel tätigen Arbeitgeber, sondern bei der Beklagten. Im Rahmen der diesbezüglichen digitalen Korrespondenz, die über den dienstlichen E-Mail-Account des Klägers geführt wurde, erfuhr der Arbeitgeber von diesem Deal und stellte den Kläger zur Rede, weshalb er den Wagen nicht bei ihm erworben habe. Der Kläger verlangte nun unter Vorlage eines Attestes seines Hausarztes, der ihm eine depressive Episode (ICD-10 F32.9) bescheinigt hatte „ein Schmerzensgeld aus Art. 82 Abs. 1 DS-GVO, dessen Höhe er ins Ermessen des Gerichts **248**

[2399] LAG Hamm BeckRS 2025, 24895 → Nr. 7745.
[2400] Slizyk NZV 2026, 179 (182); Throm Deutsche Richterzeitung 2025, 190; Schlanstein SVR 2023, 1.
[2401] BAG NJW 2023, 3113.
[2402] Vgl. dazu NJW-Spezial 2023, 596.
[2403] OLG Dresden NZV 2026, 179 → Nr. 7797.
[2404] LG Leipzig Urt. v. 14.3.2025 – 08 O 2194/24, GRUR-RS 2025, 29326.
[2405] Delventhal ZD-Aktuell 2020, 07360; Lutz ZD 2020, 450.
[2406] EuGH (C-422/24) NJW 2026, 1049.
[2407] Entscheidungen hierzu finden Sie auch im Tabellenteil unter Kapitel C. 10. a) ll).
[2408] LG Köln ZD 2023, 158 → Nr. 7188.

stelle, das aber mind. 100.000 EUR betragen müsse“. Das LG sprach dem Kläger lediglich 4.000 EUR zu und begründete dies damit, dass die Offenlegung der Vertragsverhältnisse zwischen der Bekl. zu 1) und dem Kl. an den Vorgesetzten des Kl. rechtswidrig gewesen sei und auch keinem Rechtfertigungstatbestand nach Art. 6 Abs. 1 DS-GVO unterfalle. *„Der Verstoß sei auch derart gravierend, dass er eine Schadensersatzpflicht der Bekl. zu 1) auslöse. Der Verstoß der Bekl. zu 1) gegen die Regeln der DS-GVO ist bereits für sich derart gravierend, dass er eine entschädigungspflichtige Persönlichkeitsrechtsverletzung des Kl. begründet. Dass sich der Bekl. zu 2) hier an den Vorgesetzten des Kl. gewandt haben, ist nicht nur unangebracht und ein Verstoß gegen die DS-GVO, sondern für den Kl. auch peinlich und mit erheblichen Unannehmlichkeiten verbunden, weil er sich – unabhängig von der tatsächlichen Reaktion seines Vorgesetzten – genötigt fühlen könnte, sich ggü. seinem Arbeitgeber dafür rechtfertigen zu müssen, bei der Konkurrenz ein Auto gekauft zu haben. Dies ist mit einem erheblichen Gefühl der Scham verbunden. Es handelt sich bei den Vertragsinformationen zwar nicht um hochsensible und höchstpersönliche Daten, der Kl. hatte jedoch ein offensichtliches Geheimhaltungsinteresse. Der Verstoß führt insoweit auch zu einem völligen Verlust der Kontrolle über die Daten, auch wenn die Information nur an eine Person geleitet wurde. Zudem erfolgte der Verstoß vorsätzlich, auch wenn der Bekl. zu 2), wie die Bekl. zu 1) unbestritten vorgetragen hat, keine Schädigungsabsicht gehabt hat.“*, so das LG.

248a Ebenfalls nicht alltäglich war der Sachverhalt, der dem KG[2409] 2021vorlag. Die Antragstellerin hatte vor dem LG Berlin einen Antrag auf Prozesskostenhilfe gestellt, der jedoch durch Beschl. zurückgewiesen worden war. Die dagegen gerichtete Beschwerde hatte das KG zurückgewiesen, da Prozesskostenhilfe für eine Klage gegen die Antragsgegnerin mangels Erfolgsaussicht nicht bewilligt werden konnte. Mit der von ihr beabsichtigten Klage begehrte die Klägerin Schmerzensgeld wegen einer Persönlichkeitsrechtsverletzung aufgrund der Weitergabe angeblicher Informationen an einen „bekannten Katzenschützer“ und gab vor, dass *gegen sie „Ermittlungen vom Veterinäramt gelaufen seien, dass weitere Anzeigen gegen die Antragstellerin vorlägen, dass eine Hausdurchsuchung bei ihr durchgeführt worden sei und weitere Hausdurchsuchungen folgen würden und die Antragstellerin dem Sozialpsychiatrischen Dienst bekannt sei“*. Die Antragstellerin stützte dabei ihr Begehren ausdrücklich – allerdings ohne dies konkret zu benennen – auf eine Verletzung datenschutzrechtlicher Vorschriften und verengte damit den Rahmen der gerichtlichen Entscheidungsbefugnis (308 ZPO).[2410] Das KG betonte deshalb auch zunächst, dass es ihm daher *„verwehrt* [sei], *das Begehren in tatsächlicher Hinsicht aus anderen Verletzungshandlungen herzuleiten, da diese einen anderen Streitgegenstand darstellen würden. Das Gericht ist nicht befugt, einer Partei etwas zuzusprechen, was nicht beantragt ist (§ 308 Absatz 1 ZPO)“.*[2411]

Vor diesem Hintergrund sei an dieser Stelle nachfolgender Praxishinweis gegeben.

Praxishinweis:

Insbesondere bei auf immateriellen Schadensersatz wegen Verletzung des allgemeinen Persönlichkeitsrechts und Datenschutzverstößen zielenden Klagen – aber selbstverständlich auch in allen anderen Fällen – ist darauf zu achten, dass durch den Klagantrag (§ 253 Abs. 2 Nr. 2 ZPO) der **Rahmen der gerichtlichen Entscheidungsbefugnis iSd § 308 ZPO** nicht zu eng abgesteckt wird.

Sodann wies das KG darauf hin, dass ein Schmerzensgeldanspruch bzw. ein Anspruch auf Zahlung einer immateriellen Entschädigung nach dem Vortrag der Antragstellerin gemäß § 82 Absatz 1 DS-GVO oder § 83 Abs. 2 BDSG oder § 69 Abs. 2 BlnDSG[2412] in den jeweils aktuellen Fassungen von vornherein ausgeschlossen sei, da diese Vorschriften auf die nach dem Vortrag der Antragstellerin in den Jahren 2016 und 2017 erfolgten Verletzungshandlungen nicht anwendbar sind und verwies darauf, dass die DS-GVO erst seit dem 25. Mai 2018 gelte.

Schließlich bestünde auch kein Amtshaftungsanspruch nach § 839 BGB wegen Verstoß gegen datenschutzrechtliche Vorschriften, da ein solcher Amtshaftungsanspruch ebenfalls einen schweren Eingriff in das Persönlichkeitsrecht voraussetze. (Zum Verhältnis von Art. 82 DS-GVO zu § 839 BGB s. nachfolgend → **Rn. 248b**).

Zu dem von der Antragstellerin vorgelegten Schreiben des Beauftragten für Datenschutz und Informationsfreiheit des Landes Berlin wies das KG abschließend darauf hin, **Feststellungen eines Landesbeauftragten für den Datenschutz entfalten keine Bindungswirkung für Zivilgerichte.**[2413]

[2409] KG BeckRS 2021, 2895.
[2410] Vgl. zur hinreichenden Bestimmtheit eines Klagantrags (§ 253 ZPO) und dem Rahmen der gerichtlichen Entscheidungsbefugnis (§ 308 ZPO) BGH BeckRS 2018, 6447.
[2411] KG BeckRS 2021, 2895.
[2412] BlnDSG = Berliner Datenschutzgesetz v. 13.6.2018.
[2413] KG BeckRS 2021, 2895.

Zum Verhältnis von Art. 82 DS-GVO zu § 839 BGB und der Feststellung, dass § 839 BGB die Anwendung des Art. 82 DS-GVO nicht ausschließt, folgte das OLG Hamm 2023 der mittlerweile wohl herrschenden Meinung, wonach den Vorschriften des BGB insofern keine Spezialität zukommt.[2414] Das OLG Hamm führte dazu aus, dass § 839 BGB in seinem Anwendungsbereich zwar konkurrierende Ansprüche aus §§ 823 ff. BGB sowie Ansprüche außerhalb des BGB, die Verschulden oder vermutetes Verschulden voraussetzen, verdränge, jedoch nicht solche nach Art. 82 DS-GVO. *„Der Anspruch aus Art. 82 Abs. 1 DS-GVO ist aber auch dann, wenn er sich gegen eine Behörde richtet, kein Anspruch aus der Verletzung einer Amtspflicht im Sinne von Art. 34 S. 1 GG, da es sich hierbei nicht um eine auf die Anstellungskörperschaft übergeleitete Haftung eines Amtsträgers handelt, sondern um eine originäre Haftung der Behörde selbst. Denn durch Art. 34 S. 1 GG wird der Staat zwar zum Haftungssubjekt, nicht aber zum Zurechnungssubjekt (vgl. BVerfG,* Urt. v. *19.10.1982 – 2 BvF 1/81). Der Anspruch aus Art. 82 Abs. 1 DS-GVO richtet sich aber gegen den Verantwortlichen oder den Auftragsverarbeiter. Verantwortlicher ist gemäß Art. 4 Nr. 7 DS-GVO die natürliche oder juristische Person, Behörde, Einrichtung oder andere Stelle, die allein oder gemeinsam mit anderen über Zweck und Mittel der Verarbeitung von personenbezogenen Daten entscheidet“*, so das OLG Hamm.[2415] **248b**

Abschließend sei noch auf eine Entscheidung des OLG Hamm[2416] zur Frage des **Vorrangs kirchenrechtlicher Datenschutzregeln gegenüber der DS-GVO** erwähnt. Das OLG Hamm führte darin aus, kirchenrechtliche Datenschutzregeln sind vorrangig anwendbar, wenn sie mit der DS-GVO in Einklang gebracht werden können und bereits vor Inkrafttreten der DS-GVO bestanden.

Lediglich am Rande sei bei derartigen Klagen zur Frage der **international und örtlich gegebenen Zuständigkeit des jeweiligen Zivilgerichts** darauf hingewiesen, dass diese aus Art. 18 Abs. 1 Var. 2, 17 Abs. 1 lit. c) EuGVVO folgt und, soweit die Klage auf Art. 82 Abs. 1 DS-GVO gestützt wird, aus den Art. 82 Abs. 6 und 79 Abs. 2 Satz 2 DS-GVO.[2417] **249**

h) Beleidigung, Ehrverletzung, Diskriminierung (AGG), Telefonterror und Stalking sowie sonstige Persönlichkeitsrechtsverletzungen. Beleidigungen und Ehrverletzungen im privaten wie auch im öffentlichen Umfeld, letztere insbesondere gegenüber Polizeibeamten, Lehrern und Behördenmitarbeitern, Verstöße gegen das AGG und Diskriminierungen, gerechtfertigte und ungerechtfertigte Bezichtigung einer Straftat/Einleitung eines Strafverfahrens, Telefonterror und Stalking sowie die Grenzen der ärztlichen Schweigepflicht und deren Überschreitung bilden inzwischen – insbesondere was die Thematik der Diskriminierung im Berufsleben, bei Bewerbungen oder am Arbeitsplatz betrifft – inzwischen immer häufiger die Gerichte vom Amtsgericht bis zum EuGH; der Tabellenteil (Kapitel C. 10.) umfasst zu den benannten Bereichen inzwischen mehr als 200 Gerichtsentscheidungen, auf die nachfolgend zum Teil näher eingegangen wird. **250**

aa) Beleidigungen/Ehrverletzungen. Regelmäßig müssen sich die Gerichte mit Schmerzensgeldforderungen für Beleidigungen auseinandersetzen. **251**

Ob eine **verbale Äußerung** den Tatbestand einer Ehrverletzung erfüllt, ergibt sich stets erst aus ihrer **Auslegung** und entscheidet sich dabei nicht nach dem subjektiven Willen des Erklärenden, sondern nach dem objektiven **Empfängerhorizont eines durchschnittlichen Empfängers.** Eine solche Auslegung erfordert dabei stets eine umfassende Gesamtschau des Kontexts sowie sämtlicher Begleitumstände, wozu neben dem sozialen Umfeld und dem dort herrschenden Umgangston auch regionale, zeitliche oder berufliche[2418] Besonderheiten gehören. So hatte bereits das BVerfG 2004[2419] sowie der BGH 2013[2420] in diesem Zusammenhang darauf hingewiesen: *„Ausdrücke, die in manchen Kreisen oder unter Freunden im Rahmen eines eher rauen Umgangstons gängig sind, können in anderem Zusammenhang intensiv verletzen.“*

2023 hatte sich das BVerfG[2421] erneut mit dieser Thematik befasst und insofern darauf verwiesen, dass im Kontext einer rechtlichen Auseinandersetzung auch besonders starke und eindringliche Ausdrücke (Bezeichnung als „fetter Anwalt“ und „Rumpelstilzchen“) erlaubt sein können, um Rechtspositionen und Anliegen zu unterstreichen.

Abzugrenzen ist die rechtlich relevante Beleidigung dabei stets von bloßen Taktlosigkeiten, Unhöflichkeiten, Belästigungen oder flapsigen Bemerkungen; selbst die bewusste Missachtung von Höflichkeitskonventionen –

[2414] OLG Hamm GRUR-RS 2023, 1263; vgl. dazu auch Bock GRUR-Prax 2023, 171.
[2415] OLG Hamm GRUR-RS 2023, 1263 Rn. 65.
[2416] OLG Hamm ZD 2023, 464; vgl. dazu auch Weiß GRUR-Prax 2023, 141.
[2417] LG Mannheim 13.5.2020 – 14 O 32/19, GRUR-RS 2020, 10334; OLG Braunschweig 5.2.2020 – 1 U 9/20, GRUR-RS 2020, 41161.
[2418] LG Lübeck GRUR-RS 2025, 34495; BVerfG BeckRS 2023, 39905.
[2419] BVerfG BeckRS 2004, 22507.
[2420] BGH BeckRS 2014, 02045 Rn. 38.
[2421] BVerfG BeckRS 2023, 39905.

wie das Duzen fremder Personen[2422] – begründet für sich genommen noch keine ehrverletzende soziale Herabwürdigung.

Wurde in der Vergangenheit immaterieller Schadensersatz (im Kontext von Beleidigungen meist als Schmerzensgeld bezeichnet) auch bei teilweise geringfügigen verbalen Beleidigungen – wie beispielsweise für die Bezeichnung eines Rechtsanwaltes als *„Schmuddelbäckchen“*[2423] – zuerkannt, werden inzwischen insofern strengere Maßstäbe angelegt, worauf das AG Bremen[2424] in einer sehr lesenswerten Urteilsbegründung hingewiesen hatte, bei dem es sich im Kern auf die oben bereits zitierte Entscheidung des **BVerfG**[2425] bezog, in dem sich dieses mit dem Sachverhalt einer auf „Schmerzensgeld“ ausgerichteten Klage wegen Beleidigung befasst hatte und insofern ausführte, dass als **Anspruchsvoraussetzung** insofern eine **„hinreichend schwerwiegende Verletzung des Persönlichkeitsrechts“** gegeben sein müsse.

Maßgebliche Kriterien hierfür – so das BVerfG Beschl. vom 4.3.2004 – 1 BvR 2098/01 – seien:

- Die Bedeutung und Tragweite des Eingriffs,
- der Anlass und Beweggrund sowie
- der Grad des Verschuldens des Handelnden.

Dabei betonte das BVerfG, dass *„die Verankerung des allgemeinen Persönlichkeitsrechts in Art. 2 Abs. 1 und Art. 1 Abs. 1 GG auf die Anwendung solcher Kriterien“* einwirke. Für die Beurteilung der besonderen Schwere der Verletzung sei es *„daher auch erheblich, ob die Äußerung den Achtungsanspruch berührt, der sich aus der Menschenwürde ergibt oder nur eine Persönlichkeitsbeeinträchtigung geringerer Intensität darstellt“*.

Wie sich diese theoretischen Abgrenzungskriterien in der kasuistischen Spruchpraxis widerspiegeln und unter welchen Voraussetzungen die Rechtsprechung im Einzelfall das Überschreiten der Erheblichkeitsschwelle für einen immateriellen Schadensersatz bejaht, verdeutlichen die nachfolgenden Fallbeispiele:

Im konkreten Fall des AG Bremen[2426] sprach dieses der Klägerin einen immateriellen Schadensersatz bzw. ein „Schmerzensgeld“ von 100 EUR für die Beschimpfung als *„Schlampe“* und *„Hure“* zu. Für „Faschist oder Nazi“[2427] wurden 350 EUR als angemessen bewertet, für lautstarke Beschimpfungen im Treppenhaus *„Geh in Dein verranztes Loch“* 400 EUR;[2428] für *„Wichser, Scheißkerl und DummDapp“*[2429] 600 EUR oder für die sog. „Scheibenwischergeste“[2430] 1.000 EUR.

Pauschale Regeln gibt es jedoch auch hier nicht; stets kommt es auf die besondere Fallkonstellation und die individuellen Besonderheiten eines jeden Einzelfalles an. So ist hinsichtlich der Tragweite des Eingriffs ua zu berücksichtigen, ob eine grundsätzlich beleidigende Äußerung im öffentlichen Raum bzw. gegenüber einer Vielzahl von Personen getätigt wurde oder lediglich gegenüber einer einzelnen Person beispielsweise in einer nur an diese persönlich gerichteten Botschaft.[2431]

Stets kommt es in solchen Fällen auch auf das **Vor- und Nachtatverhalten** an, wie beispielsweise im oben bereits benannten Fall des AG Bremen, dass für die Bemessung der immateriellen Entschädigung mindernd berücksichtigt hatte, dass die als „Hure“ bezeichnete Klägerin, dem Beklagten zuvor den „Stinkefinger“ gezeigt hatte. Ähnlich argumentierte das LG Heilbronn[2432] im Fall **Sawsan Chebli,** deren Klage auf Schmerzensgeld wegen Beleidigung via Facebook als *„dämliches Stück Hirn-Vakuum“* mit der – an dieser Stelle verkürzt wiedergegebenen (ausführlich dazu oben → Rn. 189) – Begründung abgewiesen worden war, dass derjenige, der austeile auch einstecken können müsse. Wörtlich führte das LG dazu aus: *„Während sie die Worte ignorant und dumm nutzte, änderte dies der Beklagte in dämliches Stück Hirn-Vakuum, was eine vergleichbare Bedeutung zu den Worten der Klägerin hat“*.[2433]

Stets ist in all diesen Beleidigungsfällen somit neben Bedeutung, Tragweite und dem Grad des Verschuldens immer auch der Anlass und der Beweggrund sowie das Umfeld, in dem die beleidigende Äußerung erfolgt ist, genau zu analysieren und zu berücksichtigen.

2422 OLG Karlsruhe GRUR-RS 2025, 13118 Rn. 34 (Hinweisbeschluss zu LG Heidelberg GRUR-RS 2024, 20779 Rn. 60).
2423 LG Hamburg NJW-RR 1993, 29; zur Bezeichnung eines Rechtsanwaltes als „Winkeladvokat“ s. OLG Köln GRUR-RR 2012, 401 und als „fetten Anwalt“ und „Rumpelstilzchen“ s. BVerfG BeckRS 2023, 39905.
2424 AG Bremen BeckRS 2012, 7583.
2425 BVerfG NJW 2004, 2371; vgl. auch BGH BeckRS 2014, 2045 sowie LG Kassel GRUR-RS 2023, 1473.
2426 AG Bremen BeckRS 2012, 7583.
2427 AG Zwickau BeckRS 2012, 18499; LG Kassel GRUR-RS 2023, 1473.
2428 LG Heidelberg GRUR-RS 2024, 20779 Rn. 49 und 77 → Nr. 7930.
2429 AG Dieburg BeckRS 2019, 54838.
2430 OLG Koblenz BeckRS 2005, 19445.
2431 LG Kassel GRUR-RS 2023, 1473.
2432 LG Heilbronn 22.3.2023 – Ko 8 O 85/22 → Nr. 7202.
2433 LG Heilbronn 22.3.2023 – Ko 8 O 85/22 → Nr. 7202.

Für die massive, **rassistische Beleidigung** („*Negerpack*" und „*schwarzer Affe*") gegenüber einer Schwarzafrikanerin sprach das AG Schwäbisch Hall[2434] bereits im Jahr 1995 – damals noch in DM – umgerechnet 358 EUR zu.

2023 sprach das AG Berlin-Mitte[2435] dem Opernsänger Jeremy Osborne einen immateriellen Schadensersatz iHv 1.000 EUR zu. Dieser war bei einer Fahrscheinkontrolle von Mitarbeitern eines von der BVG beauftragen Sicherheitsunternehmens in einer Berliner U-Bahn rassistisch beleidigt worden, indem er als „Schwarzkopf" bezeichnet und aufgefordert worden war, sich in Deutschland zu benehmen.

Zutreffend legte das LG Berlin[2436] im **Fall *Noah Becker*** (Sohn von Barbara und Boris Becker) einen deutlich höheren Maßstab an und verurteilte den **AfD-Bundestagsabgeordneten** Jens Maier, der in diversen Tweets Noah Becker als „kleiner Halbneger" bezeichnet hatte, zur Zahlung eines immateriellen Schadensersatzes iHv 15.000 EUR. Maier bestritt dies und machte dafür einen seiner Mitarbeiter verantwortlich, da dieser seinen Twitter-Account betreut habe. Dem schenkte das LG Berlin – in der derzeit noch nicht rechtskräftigen Entscheidung – keinen Glauben und verurteilte Maier zutreffend wegen rassistischer Beleidigungen, die einen schwerwiegenden Eingriff in das Persönlichkeitsrecht des Klägers darstellten, zur Schmerzensgeldzahlung von 15.000 EUR. Bei der Höhe des Schmerzensgeldes orientierte sich das LG zutreffend auch an der enormen Außenwirkung des Tweets, den Einkommensverhältnissen Maiers und der – im konkreten Falle vermissten – Vorbildfunktion, die von einem Bundestagsabgeordneten erwartet werde.

Keine rassistische Beleidigung und schwerwiegende Rechtsverletzung, die eine immaterielle Entschädigung unumgänglich gemacht hätte, sah das AG Bremen[2437] in der auf einem Bewertungsportal erklärten Äußerung: "*Meiner Meinung nach sollte ein Anwalt in Deutschland zumindest die Deutsche Sprache in Wort und Schrift beherrschen und sich an das Deutsche Gesetz halten*". Das AG Bremen führte dazu aus: „*Die Bezugnahme auf die Deutsche Sprache hat keinen eindeutig diskriminierenden Charakter. Nach § 184 GVG ist Gerichtssprache Deutsch. Die Meinung, dass ein Rechtsanwalt diese Sprache gut beherrschen sollte, ist sachlich nachvollziehbar. Die Unterstellung, dass der Kläger die Deutsche Sprache nicht ausreichend beherrsche, rechtfertigt als – ggf. unrichtige – Tatsachenbehauptung zwar einen Unterlassungsanspruch, nicht aber einen Anspruch auf immaterielle Entschädigung.*".[2438]

Ein besonderer Fall rassistischer Beleidigung liegt dagegen aktuell dem AG Kassel[2439] vor: Darin verklagt eine 77-jährige Jüdin die *Documenta und Museum Fridericianum GmbH* auf immateriellen Schadensersatz wegen der Ausstellung des antisemitischen Banners „People's Justice" von Taring Padi auf der Weltkunstausstellung im Jahr 2022.[2440] Auf dem streitgegenständlichen Banner „People's Justice" des Künstlerkollektivs Taring Padi wurden insbesondere zwei Motive – 1. die Karikatur eines orthodoxen Juden und 2. ein Soldat mit einem Schweinsgesicht, der ein Halstuch mit einem blauen Davidstern trägt und auf seinem Helm die Aufschrift „Mossad" (der Name des israelischen Auslandsgeheimdienstes) – als antisemitisch identifiziert und zutreffend öffentlich kritisiert, da beide Darstellungen direkt auf die Bildsprache und die klassischen Stereotype der historischen NS-Propaganda zurückgreifen, indem sie jüdische Menschen oder israelische Institutionen entmenschlichen und mit Symbolen des Nationalsozialismus verknüpfen. Nachdem die Beklagte ein Vergleichsangebot der Klägerin zurückgewiesen hatte, bleibt abzuwarten, wie der Rechtsstreit ausgeht. Eine Entscheidung lag zum Abgabetermin der 23. Auflage noch nicht vor.

Literaturhinweis: Vgl. zur **rassistischen Diskriminierung** auch unter → **Rn. 256** sowie dazu auch die weiterführenden Aufsätze: Payandeh Verfassungsgerichtliche Konturierung des Verbots rassistischer Diskriminierung, NVwZ 2021, 1830; Cremer Verbreitung rassistischer Positionen – Meinungsfreiheit hat Grenzen, ZRP 2017, 151

Mit einem besonderen Fall von Beleidigung hatte sich das AG München zu befassen und die Tat gegenüber einem Taxifahrer, dem der Fahrgast den Taxilohn in Form eines 100-Euro-Scheins gewaltsam in den Mund geschoben hatte, als **tätliche Beleidigung** angesehen und dem Kläger hierfür 500 EUR Schmerzensgeld zuerkannt.

Im Jahr 2018 hatte auch der BGH[2441] sich mit dem Tatbestand der Beleidigung *(„dummes Arschloch")* und dem diesbezüglichen Begehren von Schmerzensgeld zu befassen: Alle Beteiligten – sowohl der Kläger als

[2434] AG Schwäbisch Hall NJW-RR 1996, 21.
[2435] AG Berlin-Mitte Urt. v. 10.7.2023 – 10 O 218/22 → Nr. 7931.
[2436] LG Berlin 15.1.2019 – 27 O 265/18.
[2437] AG Bremen BeckRS 2020, 6540.
[2438] AG Bremen BeckRS 2020, 6540.
[2439] AG Kassel 2026 – 434 C 1298/25.
[2440] Quelle: Jüdische Allgemeine 25.3.2026 15:00 Uhr „Schmerzensgeld-Klage nach Antisemitismus auf documenta".
[2441] BGH NJOZ 2018, 194.

auch die vier Beklagten – waren Partner einer Sozietät von Rechtsanwälten und Steuerberatern. In einem heftigen Mailverkehr zwischen den Beteiligten äußerte der Kläger ua seine „tiefe Zufriedenheit und Genugtuung" darüber, dass der Beklagte zu 1 schwer an Krebs erkrankt sei. Die Mail des Klägers war für alle Beklagten einsehbar. Der Beklagte zu 2 schrieb daraufhin postwendend – und ebenfalls für alle lesbar – an den Kläger: „Erlauben Sie mir die Feststellung, dass Sie einfach ein bedauernswertes dummes Arschloch sind". Der Kläger sah darin eine Beleidigung und forderte Unterlassung und Schmerzensgeld.

Der BGH sah weder eine Wiederholungsgefahr (die Gründe werden im Urteil ausgeführt), weshalb der Unterlassungsanspruch scheiterte, noch einen Schmerzensgeldanspruch. Zu Letzterem führte der BGH aus:

„Die beanstandeten Äußerungen stellen zwar eine grobe Beleidigung dar, diese ist jedoch singulär geblieben und nur im Kreis der Partner der Bekl. und damit in einer sehr begrenzten Öffentlichkeit bekannt geworden. Unter Berücksichtigung des Anlasses und des Beweggrundes kann ein hoher, die Zulassung einer Geldentschädigung rechtfertigender Grad des Verschuldens der Bekl. zu 2–4 nicht angenommen werden. Der Kl. hatte zuvor selbst durch seine E-Mail das Persönlichkeitsrecht des Seniorpartners X der Bekl. zu 2–4 erheblich verletzt, indem er seine tiefe Genugtuung über dessen schwerwiegende und bedrohliche Erkrankung äußerte und ihn somit herabwürdigte, jemand zu sein, der Qualen und den Tod verdient habe. Diese Äußerung erfolgte im Zuge der Auseinandersetzung innerhalb der Sozietät und war daher geeignet auch bei den Bekl. zu 2–4, den Partnern des X, ein besonderes Maß an Betroffenheit auszulösen. Vergleichbare emotionale Situationen liegen der Regelung von § 199 StGB zugrunde, wonach der Richter beide Beleidiger oder einen derselben für straffrei erklären kann, wenn eine Beleidigung auf der Stelle erwidert wird (Kompensation). Dabei spricht für den Zweitbeleidiger die reaktive Verknüpfung; seine Schuld ist gemindert, wenn er provoziert durch den Ersttäter in affektiver Erregung Gleiches mit Gleichem bzw. Böses mit Bösem vergilt".

Neben der Intensität, Zielrichtung und Wortwahl kommt es – zumindest für die Auslösung eines Schmerzensgeldanspruchs – auch darauf an, in welchem **Umfeld oder Kontext** die vom jeweils Betroffenen als beleidigend wahrgenommenen Äußerungen, Mitteilungen oder Behauptung gefallen sind.

Wie das LG Lübeck[2442] verdeutlichte, führt dieses spezifische Umfeld dazu, dass im wissenschaftlichen Diskurs die Vermengung von Tatsachen und Wertungen oft als meinungsgeprägte Kritik hinzunehmen ist, während nur nachweisbar unwahre Tatsachenbehauptungen[2443] die Schwelle zur unzulässigen Ehrverletzung überschreiten können.

Zur Besonderheit der sog. Schlichtungsobliegenheit im Bundesland Bayern s. nachstehend unter → **Rn. 407c** und die dort vorgestellte Entscheidung des BayObLG vom 17.1.2024.[2444]

251a **Ehrkränkende Äußerung, Mitteilung oder Behauptung im engsten Familienkreis oder anderen engen Vertrauensverhältnissen:** Erfolgt die als beleidigend wahrgenommene Äußerung, Mitteilung oder Behauptung im engsten Familienkreis, so lässt sich hieraus grundsätzlich kein Unterlassungs- oder Schmerzensgeldanspruch begründen. Denn die Rechtsprechung[2445] leitet aus Art. 1 Abs. 1, 2 Abs. 1 GG ab, dass es einen Bereich vertraulicher Kommunikation innerhalb besonders ausgestalteter Vertrauensbeziehungen als „beleidigungsfreie Sphäre" gibt, wozu insbesondere der **engste Familienkreis** gehört. Damit soll jedem ein persönlicher Freiraum gewährt werden, in dem er unbeobachtet sich selbst überlassen ist und sich mit seinen engsten Verwandten ohne Rücksicht auf gesellschaftliche Verhaltenserwartungen frei aussprechen und seine Emotionen frei ausdrücken, geheime Wünsche oder Ängste offenbaren und das eigene Urteil über Verhältnisse oder Personen freimütig kundgeben kann, ohne eine gerichtliche Verfolgung befürchten zu müssen. Das gilt sowohl für die Sache wie für die Form der Darstellung. In einem solchen Gespräch im engsten Familienkreis kann der Äußernde regelmäßig darauf vertrauen, dass die Vertraulichkeit des Gesprächs gewahrt bleibe. Äußerungen, die ggü. Außenstehenden oder der Öffentlichkeit wegen ihres ehrverletzenden Gehalts eigentlich nicht schutzwürdig wären, genießen in solchen privaten Vertraulichkeitsbeziehungen verfassungsrechtlichen Schutz, welcher dem Schutz der Ehre des durch die Äußerung Betroffenen vorgeht. Der innere Grund hierfür ist der durch das allgemeine Persönlichkeitsrecht gewährte besondere Schutz von Vertrauensverhältnissen, wobei bei Äußerungen innerhalb der Familie das Grundrecht aus Art. 6 Abs. 1 GG diesen Schutz noch verstärkt.

[2442] LG Lübeck GRUR-RS 2025, 34495.
[2443] OLG Celle Beschl. v. 14.1.2026 – 5 U 240/25, GRUR-RS 2026, 1505 → Nr. 7886.
[2444] BayObLG BeckRS 2024, 342.
[2445] BVerfG BeckRS 2021, 7035; BGH NJW 1993, 525 mit Verweis auf BGH NJW 1984, 1104; OLG Celle BeckRS 2025, 39927; OLG Frankfurt a. M. BeckRS 2019, 1414 mAnm Neumann NZFam 2019, 280; OLG Naumburg BeckRS 2012, 20983 sowie BVerfG BeckRS 2006, 27480.

2025 nahm das **OLG Celle** mit seiner Entscheidung,[2446] die medial unter der Überschrift **„Videoüberwachung in der Küche zulässig?"**[2447] Aufsehen erregt hatte, hierauf Bezug und erweiterte diese Rechtsansicht auch auf Videoaufnahmen, die in der Küche eines von der Klägerin und den Beklagten gemeinsam bewohnten Hauses gefertigt und an die Polizei weitergeleitet wurden. *„Der gesamte Vorgang spielte sich also innerhalb des engsten Familienkreises ab. Dass es vorliegend nicht um eine „Äußerung", sondern um die Weitergabe von Videoaufnahmen ging, macht insoweit keinen entscheidungserheblichen Unterschied"*, so das OLG Celle mit Verweis auf BGH NJW 2018, 2489 Rn. 19.

Aktuell ist die Rechtssache beim BGH (I ZR 289/25) anhängig und könnte auch bald den EuGH beschäftigen.[2448]

Dies gilt sowohl für verbale als auch für mittels der sozialen Netzwerke wie beispielsweise per **WhatsApp** untereinander ausgetauschter Mitteilungen.

Auch schriftliche Äußerungen von Strafgefangenen, deren Post der Briefkontrolle unterliegt, können diesem Schutz der Vertrauensbeziehung unterfallen.

Der besondere Schutz einer Vertrauensbeziehung vor der Beurteilung von Äußerungen als Beleidigung gilt nicht nur bei Äußerungen gegenüber Familienangehörigen, sondern **auch bei anderen engen Vertrauensverhältnissen.** Bei der Prüfung, ob im Einzelfall zwischen Beteiligten ein derartiges Vertrauensverhältnis besteht, sind neben dem Charakter der Vertrauensbeziehung die Art und der Kontext der ehrverletzenden Äußerung zu berücksichtigen.[2449]

Beleidigungsfälle von Polizeibeamten im Dienst: Die Zahl der Beleidigungen gegenüber Polizeibeam- 251b
ten im Dienst hat in den letzten Jahren deutlich zugenommen; doch immer häufiger werden Klagen der beleidigten Beamten als unbegründet abgewiesen. Auch das Tragen von Ansteckern oder T-Shirts mit der Aufschrift **„FCK CPS"** (als Abkürzung für „Fuck Cops") oder mit dem Aufdruck **„ACAB"** (als Abkürzung für „all cops are bastards") erfüllt grundsätzlich nicht den Tatbestand einer Beleidigung, wie das BVerfG[2450] wiederholt festgestellt hatte. Dies sei nur dann anders zu beurteilen, wenn nachweislich eine „personalisierende Zuordnung" (wie im Falle des LG Erfurt[2451]) vorliege und die mit dem jeweiligen Aufdruck vermittelte Meinungsäußerung nicht lediglich *„ohne individuelle Aufschlüsselung ein Kollektiv erfasst"*. Insofern nicht zugestimmt werden kann dem OLG Stuttgart[2452] sowie dem LG Oldenburg,[2453] welche in jeweils ähnlich gelagerten Fällen, in denen die jeweiligen Kläger (Polizeibeamte im Dienst) von den jeweiligen Beklagten als (OLG Stuttgart) *„Wichser"* und *„Assi"* bzw. (LG Oldenburg) *„Arschwichser"*; *„Scheiß Bullenschwein"* und *„dummes Arschloch"* bezeichnet worden waren, die Ansprüche auf Schmerzensgeld jeweils verneinten.

Das LG Oldenburg[2454] sah in den massiven Beleidigungen keinen, einen Schmerzensgeldanspruch auslösenden „schwerwiegenden Eingriff" in das allgemeine Persönlichkeitsrecht des Klägers und verwies insofern darauf, „dass sich Staatsbedienstete heftige, auch persönlich gemeinte Kritik gefallen lassen müssen, die sogar die Fähigkeit zum Beruf" abspreche. Zudem, so das LG, sei der Beklagte bereits strafrechtlich verurteilt worden. Diese Begründung kann ebenso wenig überzeugen, wie die Einschätzung der Äußerungen als hinzunehmende „Kritik", denn die Äußerungen des Beklagten waren klar erkennbar nicht als Kritik, sondern ausschließlich als Beleidigung zu verstehen.

Ähnlich abwegig argumentierte das AG Bremen:[2455] Die vom Beklagten konkret gegen den Polizeibeamten, auf dessen Uniform die Ziff. 14 stand, gerichtete Drohung: „Ah, die Nummer 14, dir haue ich als erster auf die Fresse" wertete das AG Bremen so: *„Insofern zielen die Aussagen nicht speziell auf den Kläger als Polizeibeamten ab. Auch wenn der Kläger als Nummer 14 der Uniformierten gesondert angesprochen werden sollte, so richtete sich die Ankündigung des umkreisten Beklagten gegen alle Beamten gleichermaßen, wobei der angekündigte Widerstand sich nur zuerst gegen den Kläger richten sollte"*.

[2446] OLG Celle BeckRS 2025, 39927. Vgl. dazu ausführlicher unter → **Rn. 208c.** Vgl. zudem zum Datenschutzverstoß durch heimliche Überwachung und Videoaufnahmen auch unter → **Rn. 247c.**
[2447] S. dazu Pressemitteilung becklink 3500104.
[2448] S. dazu Pressemitteilung becklink 3500104.
[2449] BVerfG BeckRS 2006, 27480 mAnm NJW-Spezial 2007, 233.
[2450] BVerfG NJW 2015, 2022 (FCK CPS); BVerfG BeckRS 2016, 47561(ACAB).
[2451] LG Erfurt 6.10.2015 – 830 Js 34947, NJW 2017, 2607 vgl. hierzu auch BVerfG NJW 2017, 2607.
[2452] OLG Stuttgart BeckRS 2014, 11142.
[2453] LG Oldenburg BeckRS 2013, 03572.
[2454] LG Oldenburg BeckRS 2013, 03572.
[2455] AG Bremen BeckRS 2018, 25723.

Das OLG Stuttgart sah zwar in den jeweiligen Äußerungen eine Beleidigung des Polizeibeamten, war jedoch der Ansicht, dass sich die dem Kläger gegenüber ausgesprochenen Beleidigungen „in der Regel nicht auf die eigene Person, sondern vornehmlich auf seine hiervon zu trennende Amtsträgerschaft" beziehe.[2456] Auch diese Entscheidung ist – zumal mit einer derartigen akademischen Wortklauberei („in der Regel"/ „vornehmlich") – abzulehnen.

Für die wortgewaltige Beleidigung eines Polizisten mit *„Du blöder Scheißbulle"* und andere beleidigende Ausdrücke erkannte dagegen das LG Münster auf 250 EUR.[2457]

251c **Ehrkränkende Äußerungen im Kontext einer gerichtlichen Auseinandersetzung:** Auch vor Gericht oder im Kontext einer rechtlichen Auseinandersetzung können besonders starke und eindringliche Ausdrücke erlaubt sein. So hatte sich das BVerfG[2458] mit der Frage auseinanderzusetzen, ob eine Rechtsanwältin einen Rechtsanwalt als ***„fetten Anwalt"*** und ***„Rumpelstilzchen"*** bezeichnen darf. So geschehen im Nachgang zu einer nichtöffentlichen Sitzung eines FamG im November 2021 auf der Webseite der Rechtsanwältin. Hiergegen ging der so adressierte Rechtsanwalt vor. Gegen die Entscheidungen des AG und LG Dresden erhob wiederum die Rechtsanwältin Verfassungsbeschwerde. Obwohl das BVerfG die Verfassungsbeschwerde nicht zur Entscheidung angenommen hatte, rügte es, dass die Fachgerichte weder deren Kontext berücksichtigt noch eine Abwägung zwischen dem **Recht auf Meinungsfreiheit** und dem **Schutz der persönlichen Ehre** vorgenommen hätten. Stattdessen seien die Dresdner Gerichte bei den Bezeichnungen als „fetter Anwalt" und „Rumpelstilzchen" kurzerhand von „Beleidigungen" ausgegangen, obwohl **im Kontext einer rechtlichen Auseinandersetzung** besonders starke und eindringliche Ausdrücke **erlaubt** sein können, um Rechtspositionen und Anliegen zu unterstreichen, so das BVerfG. Es sei nicht mit der Rechtsprechung des BVerfG in Einklang zu bringen, *„wenn das AG seine Annahme einer Beleidigung nach § 185 StGB allein darauf stützt, die Bezeichnungen fetter Anwalt und Rumpelstilzchen seien ein Werturteil, welches ehrverletzenden Charakter habe"*, und das LG ausführt, das Verhalten der Bf. verletze den Verfügungskläger ... in seinem allgemeinen Persönlichkeitsrecht; und weiter: *„Aus dem Blick verloren haben die Ausgangsgerichte zudem, dass die untersagten Äußerungen im Kontext eines gerichtlichen Verfahrens gefallen sind, in dem die Bf. als Verfahrensbeistand bestellt worden war. Den Ausgangsgerichten war es daher verwehrt, eine Ehrverletzung des Verfügungsklägers anzunehmen, ohne zuvor auch nur in Erwägung zu ziehen, dass es unter dem Gesichtspunkt des sogenannten „Kampfs um das Recht" im Kontext rechtlicher Auseinandersetzungen grundsätzlich erlaubt ist, auch besonders starke und eindringliche Ausdrücke zu benutzen, um Rechtspositionen und Anliegen zu unterstreichen"*, so das BVerfG.[2459]

252 **Kein Schmerzensgeldanspruch wegen ehrkränkender Äußerung in einem anderen Gerichtsverfahren bzw. gegenüber den Strafverfolgungsbehörden:** Kein Schmerzensgeldanspruch besteht ggf. auch, wenn die grundsätzlich ehrkränkende Äußerung bzw. Behauptung (hier: Behauptung des Lebensversicherers der Ehefrau gegenüber deren Ehemann, dass dieser seine Ehefrau wegen des Zugriffs auf die Versicherungssumme getötet habe, was sich letztlich nicht beweisen ließ) in einem anderen Gerichtsverfahren bzw. gegenüber den Strafverfolgungsbehörden getroffen werden. Es bestehe in aller Regel *„kein Rechtsschutzbedürfnis des Betroffenen (hier: des Ehemannes bzw. Witwers), wenn die Äußerungen der Rechtsverfolgung oder Rechtsverteidigung dienten oder in Wahrnehmung staatsbürgerlicher Rechte oder Pflichten gemacht wurden"*, so der BGH,[2460] der weiterhin ausführte, es sei *„mit dem Rechtsstaatsprinzip und dem Anspruch auf Gewährung rechtlichen Gehörs nicht vereinbar ... wenn redliche Äußerungen in einem Zivilprozess oder die redliche Wahrnehmung staatsbürgerlicher Rechte und Pflichten im Straf(ermittlungs)verfahren aus Gründen des Ehrenschutzes zu rechtlichen Nachteilen führen, weil die Behauptung sich später im Prozess oder nach behördlicher Prüfung als unrichtig oder unaufklärbar erweist"*.

253 **Kein Schmerzensgeld wegen unbegründeten Drogentests:** Ebenfalls keine immaterielle Geldentschädigung erhielt die Bezieherin von Arbeitslosengeld II wegen eines unbegründeten Drogentests, den ihr das zuständige Jobcenter auferlegt hatte. Hierdurch, so das LG Heidelberg,[2461] sei zwar das Persönlichkeitsrecht der Klägerin verletzt, jedoch „nicht derart schwerwiegend", dass hierfür ein Schmerzensgeld zuzusprechen wäre.

254 **Persönlichkeitsrechtsverletzung durch Verletzung des „Rechtes auf Nichtwissen der eigenen genetischen Veranlagung":**[2462] Mit einem Fall von „Persönlichkeitsrechtsverletzung" ganz besonderer Art hatte sich der BGH[2463] zu befassen: Klägerin war die geschiedene Ehefrau eines mit einer unheilbaren Erbkrankheit

2456 OLG Stuttgart BeckRS 2014, 11142.
2457 LG Münster NJW-RR 2002, 1677.
2458 BeckRS 2023, 39905 mAnm Gostomzy in NJW 2024, 745.
2459 BeckRS 2023, 39905.
2460 BGH NJW 2012, 1659.
2461 LG Heidelberg BeckRS 2013, 15863 → Nr. 4674.
2462 BGH NJW 2014, 2190.
2463 BGH NJW 2014, 2190.

von dem Beklagten (Oberarzt für Psychiatrie) behandelten Mannes. Aus der Ehe gingen zwei Kinder hervor. Der Beklagte informierte die Klägerin über die Tatsache, dass bei ihrem geschiedenen Mann eine unheilbare, vererbliche und zum Tode führende Erkrankung des Gehirns attestiert wurde. Daraufhin erlitt die Klägerin eine reaktive Depression und klagte gegenüber dem Oberarzt auf Schmerzensgeld. *„Das allgemeine Persönlichkeitsrecht umfasst ein Recht auf Nichtwissen der eigenen genetischen Veranlagung, dass den Einzelnen davor schützt, Kenntnis über ihn betreffende genetische Informationen mit Aussagekraft für seine persönliche Zukunft zu erlangen, ohne dies zu wollen"*, so der BGH, der dennoch die Klage wegen fehlender haftungsrechtlicher Zurechnung abwies.

Zerrüttung der Ehe oder auch einer nichtehelichen Lebensgemeinschaft: Auch das „Zerbrechen der Familie" oder die „Zerrüttung der Ehe oder auch einer nichtehelichen Lebensgemeinschaft" können in besonders gelagerten Ausnahmefällen zu den ersatzfähigen Verletzungsfolgen auch in Bezug auf die Schmerzensgeldbemessung gehören. Hierfür muss jedoch nach derzeitiger Rechtsprechung[2464] infolge der Beeinträchtigung eine unmittelbare Auswirkung auf das familiäre bzw. eheliche Zusammenleben gegeben sein. Denkbar wäre eine Berücksichtigung auch, „wenn konkret feststeht, dass zB ein lang andauernder Krankenhausaufenthalt oder seelische Störungen (zB schwere Depressionen) zur Entfremdung der Eheleute oder zu Erziehungsproblemen der Kinder geführt haben".[2465] Nicht ausreichend kann insofern die Beeinträchtigung des Zusammenlebens bei „einer bloß insgesamt fünfwöchigen Krankenhausbehandlung" sein.[2466] **255**

Auch bereits voreheliche Sachverhalte und insofern das inzwischen weitgehend aus der Mode gekommene „Verlöbnis" können zu einer schmerzensgeldrelevanten Persönlichkeitsrechtsverletzung führen. Dies hat das OLG Oldenburg[2467] entschieden und einem – noch verheirateten – Mann, der sich mit der Klägerin „verlobt" hatte, neben dem materiellen Schadensersatz (für Aufwendungen, die sie im Hinblick auf das **falsche Verlöbnis** getätigt hatte) auch ein Schmerzensgeld iHv 1.000 EUR zuerkannt. *„Dass nach den heute gewandelten Vorstellungen das Zusammenleben mit einem Partner ohne Trauschein nicht mehr zu einem Ansehens- und Ehrverlust in der Öffentlichkeit führt, wie das AG zutreffend ausgeführt hat, ändert nichts daran, dass die Ast. in ihrem persönlichen Wertesystem empfindlich verletzt worden ist"*, so das OLG.

bb) AGG und Diskriminierung – Verstöße gegen das AGG und Diskriminierung. Am 18.8.2006 trat das Allgemeinen Gleichbehandlungsgesetzes (AGG) in Kraft, dessen Ziel es gem. § 1 AGG ist, *„Benachteiligungen aus Gründen der Rasse oder wegen der ethnischen Herkunft, des Geschlechts, der Religion oder Weltanschauung, einer Behinderung, des Alters oder der sexuellen Identität zu verhindern oder zu beseitigen"*. **256**

Hinsichtlich des Merkmals der ethnischen Herkunft setzte diese Vorschrift Art. 1 der RL 2000/43/EG um. Zweck dieser Richtlinie war die Schaffung eines Rahmens zur Bekämpfung der Diskriminierung aufgrund der Rasse oder der ethnischen Herkunft im Hinblick auf die Verwirklichung des Grundsatzes der Gleichbehandlung in den Mitgliedstaaten.

Der I. Zivilsenat des BGH[2468] führte dazu 2026 aus: „ *Nach Erwägungsgrund 12 der RL 2000/43/EG sollten, um die Entwicklung demokratischer und toleranter Gesellschaften zu gewährleisten, die allen Menschen – ohne Unterschied der Rasse oder der ethnischen Herkunft – eine Teilhabe ermöglichen, spezifische Maßnahmen zur Bekämpfung von Diskriminierungen aus Gründen der Rasse oder der ethnischen Herkunft über die Gewährleistung des Zugangs zu unselbständiger und selbständiger Erwerbstätigkeit hinausgehen und auch Aspekte wie Bildung, Sozialschutz, einschließlich sozialer Sicherheit und der Gesundheitsdienste, soziale Vergünstigungen, Zugang zu und Versorgung mit Gütern und Dienstleistungen mit abdecken.*" Das Urteil des BGH[2469] wird nachfolgend noch näher behandelt.

Seit dem Inkrafttreten des Allgemeinen Gleichbehandlungsgesetzes (AGG) hat die Rechtsprechung Betroffenen bei Verstößen bereits in zahlreichen Fällen ein „Schmerzensgeld" – dogmatisch präziser: eine „angemessene Entschädigung in Geld gemäß § 15 Abs. 2 AGG" – zugesprochen.

Die Bandbreite der jeweils zugesprochenen Beträge spiegelt dabei die Schwere der jeweiligen Diskriminierung im Einzelfall wider, wie die nachfolgenden Praxisbeispiele verdeutlichen:

Zutrittsverweigerung wegen *„falscher"* Hautfarbe: So sprach das AG München gleich in zwei Urteilen[2470] einem Afrikaner aus Burkina Faso jeweils ein Schmerzensgeld iHv 500 EUR zu. Er war wegen seiner

---

[2464] OLG Saarbrücken NJW-RR 1987, 984; LG Amberg NJW-RR 1986, 1357; BGH VersR 1982, 1141 sowie OLG Hamm MDR 1975, 490.
[2465] OLG Köln NZV 1995, 399.
[2466] OLG Köln NZV 1995, 399.
[2467] OLG Oldenburg NJW 2016, 3185.
[2468] BGH Urt. v. 29.1.2026 – I ZR 129/25, BeckRS 2026, 774 Rn. 49.
[2469] BGH Urt. v. 29.1.2026 – I ZR 129/25, BeckRS 2026, 774.
[2470] AG München 17.12.2014 – 171 C 27856/13 und 159 C 27844/13.

Hautfarbe nicht in einen Nachtclub eingelassen worden. Diese Urteile bestätigen, dass der Alltagsrassismus nicht nur im Beruf, sondern auch in der Freizeit und hier ua im Nachtleben ein weit verbreitetes Problem darstellt, was – worauf der Münchner Ausländerbeirat zutreffend hinwies – „in einer Gesellschaft, die die Menschenwürde ernst nehmen will, nicht hinnehmbar" sei.

In zwei nahezu identischen Fällen sprachen das OLG Stuttgart[2471] ebenso wie bereits zuvor das AG Bremen[2472] ein Schmerzensgeld iHv 900 EUR bzw. 300 EUR zu. *„Diese Zurückweisung ist gem. § 1, 2 AGG unzulässig und begründet gem. § 19 AGG Abs. 3*[2473] *einen Anspruch auf Ersatz des immateriellen Schadens"*, so das AG Bremen in seiner Begründung. Zum deutlich höheren Schmerzensgeldbetrag führte das OLG Stuttgart aus, dass insofern auch ein Abschreckungseffekt zu beachten sei; dies sei bei 900 EUR insofern gegeben, *„weil dies dem Eintritt von 150 zahlenden Gästen an dem besagten Abend entspricht"*.

Diskriminierung wegen ethnischer Herkunft bei Auswahl von Mietinteressenten ist heute allgegenwärtig.

Schwarze und muslimische Menschen berichten häufig von Diskriminierung bei der Wohnungssuche, ebenso wie asiatische oder osteuropäische Menschen, die meist bereits an der ersten Hürde – der Einladung zur Wohnungsbesichtigung – scheitern.[2474]

Hierzu hat der BGH[2475] am 29.1.2026 den vom LG Darmstadt[2476] gemäß § 21 Abs. 2 S. 3 AGG zugesprochenen immateriellen Schadensersatz in Höhe von 3.000 EUR bestätigt und dabei betont: **Das Benachteiligungsverbot des § 19 Abs. 2 AGG gilt auch für Makler.**

Dem Urteil lag folgender Sachverhalt zugrunde:

Die Klägerin, eine pakistanische Mietinteressentin, hatte sich 2022 unter Angabe ihres pakistanischen Vor- und Nachnamens mehrfach online bei einem Maklerunternehmen um einen Besichtigungstermin für eine Mietwohnung beworben, jedoch ausnahmslos Absagen oder gar keine Reaktion erhalten.

Ein von ihr initiiertes **Testing-Verfahren** mit identischen Angaben zu Einkommen und Beruf – jedoch diesmal unter typisch deutschen Namen, wie beispielsweise „Schmidt" – war dagegen erfolgreich und führte direkt zu Besichtigungsterminen. Daraufhin forderte die Klägerin das Maklerunternehmen auf, ihr wegen Diskriminierung aufgrund ihrer ethnischen Herkunft eine angemessene Geldentschädigung zu zahlen.

In seiner Revisionsentscheidung stellte der BGH klar, dass der **Schutzbereich des AGG bereits im Stadium der Vertragsanbahnung eröffnet ist, zu der auch bereits die Vergabe von Besichtigungsterminen zählt** und öffentlich zugängliche Wohnungsangebote auch unter das zivilrechtliche Benachteiligungsverbot des § 19 Abs. 2 AGG fallen.

Insofern bestehe auch eine **eigene Haftung des vermieterseitig beauftragten Maklers:** *„Der vom Vermieter anlässlich der Vermietung von Mietwohnungen mit der Entscheidung über die Vergabe von Besichtigungsterminen oder der Auswahl von Mietinteressenten betraute Makler unterliegt dem zivilrechtlichen Benachteiligungsverbot des § 19 Abs. 2 AGG und haftet unter den Voraussetzungen des § 21 Abs. 2 Satz 1 und 3 AGG auf Schadensersatz und Entschädigung"*, so der BGH (Amtlicher Leitsatz). Ein Makler oder Maklerunternehmen kann sich somit nicht darauf berufen, selbst nicht der Vermieter zu sein.

Zur Höhe des gemäß § 21 Abs. 2 Satz 3 AGG zu ersetzenden immateriellen Schadens verwies der BGH darauf, dass nach der Vorstellung des Gesetzgebers die Zubilligung immateriellen Schadensersatzes wie bei der Verletzung des allgemeinen Persönlichkeitsrechts **vorrangig der Genugtuung** wegen der in der Benachteiligung liegenden Persönlichkeitsrechtsverletzung des Betroffenen dient und im Falle eines Verstoßes gegen das Benachteiligungsverbot regelmäßig vom Vorliegen eines immateriellen Schadens auszugehen ist. Da die Klägerin durch die Benachteiligung aufgrund ihrer ethnischen Herkunft in erheblichem Maße in ihrem

2471 OLG Stuttgart BeckRS 2011, 28749.

2472 AG Bremen BeckRS 2011, 04873; OLG Hamm NJW-RR 2011, 762.

2473 In der angegebenen Fundstelle spricht das AG Bremen zwar von § 19 Abs. 3 AGG, meint aber wohl § 19 Abs. 2 AGG; vgl. hierzu auch AG Köln BeckRS 2009, 18517.

2474 Nationaler Diskriminierungs- & Rassismusmonitor, Deutsche Zentrum für Integrations- und Migrationsforschung (DeZIM), Berlin, 8.12.2025.

2475 BGH Urt. v. 29.1.2026 – I ZR 129/25, BeckRS 2026, 774.

2476 LG Darmstadt BeckRS 2025, 37609 → Nr. 7925 (3.000 EUR); vgl. insofern auch AG Hamburg-Barmbek BeckRS 2017, 118019 → Nr. 7926 (1.008 EUR); AG Berlin-Charlottenburg BeckRS 2020, 48 → Nr. 6294 (3.000 EUR) sowie AG Berlin-Tempelhof-Kreuzberg BeckRS 2015, 02609 → Nr. 7927 (15.000 EUR pro Mieter bzw. Kläger).

Persönlichkeitsrecht verletzt wurde, sei zum Ausgleich dieser Verletzung eine Entschädigung in Höhe von 3.000 € angemessen.

Zur Besonderheit, dass die Diskriminierung durch das sog. **Testing-Verfahren** bewiesen werden konnte, verwies der BGH darauf, dass nach **§ 22 AGG** grundsätzlich Indizien genügen, die eine Benachteiligung vermuten lassen. Der strukturierte Vergleich von identischen Anfragen mit deutschen und ausländischen Namen stelle dabei ein zulässiges und taugliches Beweismittel (Testing) dar: *„Es entspricht der Vorstellung des Gesetzgebers, dass die in § 22 AGG genannten Indizien unter Zuhilfenahme sogenannter Testing-Verfahren erbracht werden können, bei denen etwa eine Vergleichsperson eingesetzt wird, um zu überprüfen, ob ein Verhalten gegenüber einer Person, bei der eines der in § 1 AGG genannten Merkmale vorliegt, gleichermaßen auch gegenüber der Vergleichsperson, bei der dieses nicht vorliegt, erfolgt (vgl. BT-Drucks. 16/1780, S. 47). Die Zulassung eines solchen Vorgehens zur Vermeidung von Beweisschwierigkeiten entspricht auch dem unionsrechtlich untermauerten Ziel des Gesetzes, Benachteiligungen wegen eines unzulässigen Merkmals effektiv zu verhindern (vgl. Towfigh in Mangold/Payandeh, Handbuch Antidiskriminierungsrecht, 2022, S. 793).“*[2477]

Da in derartigen Fällen bei der Bemessung der Höhe des immateriellen Schadensersatzes gemäß § 21 Abs. 2 Satz 3 AGG sowohl **objektive als auch subjektive Umstände** sowie auch der **Präventionsgedanke** (anders als bei Verstößen gegen die DS-GVO) zu berücksichtigen sind, haben die Instanzgerichte einen weiten Rahmen, innerhalb dessen sie die Entschädigung festlegen können. In objektiver Hinsicht kann die Dauer, Häufigkeit und Intensität des benachteiligenden Verhaltens eine Rolle spielen, wie auch die Bedeutung des Schuldverhältnisses für den Benachteiligten. Auf der subjektiven Seite kann der Verschuldensgrad sowie ein Benachteiligungsvorsatz oder gar eine dahingehende Absicht Berücksichtigung finden, wie dies beispielsweise im Fall des AG Berlin-Tempelhof-Kreuzberg[2478] der Fall war, das deshalb sowie auch um dem Präventionsgedanken Rechnung zu tragen, pro Mieter 15.000 EUR für angemessen erachtet hatte, – auch um *„die Beklagte … künftig von weiteren Diskriminierungen abzuhalten“*.

Häufig bemessen die Instanzgerichte die Höhe jedoch auf der Basis der dreifachen Monatsmiete.[2479]

Literaturhinweis: Vgl. zur **rassistischen Diskriminierung** auch unter → **Rn. 251** sowie dazu auch die weiterführenden Aufsätze: Payandeh Verfassungsgerichtliche Konturierung des Verbots rassistischer Diskriminierung, NVwZ 2021, 1830; Cremer Verbreitung rassistischer Positionen – Meinungsfreiheit hat Grenzen, ZRP 2017, 151

Diskriminierung und Benachteiligung wegen Herkunft aus dem Osten und Bezeichnung als „Ossi“: Über den Schmerzensgeldanspruch eines Beschäftigten (Koch bei den in Deutschland stationierten US-Streitkräften) hatte das Arbeitsgericht Würzburg[2480] zu entscheiden und ausgeführt, nach § 15 Abs. 2 S. 1 AGG könne ein Beschäftigter Schmerzensgeld verlangen, wenn ein Verstoß gegen das Benachteiligungsverbot des § 7 AGG vorliege. *„Danach dürfen Beschäftigte nicht wegen eines in § 1 AGG genannten Grundes benachteiligt werden“*, wofür der Kläger zumindest Indizien zu beweisen habe, „die eine solche Benachteiligung vermuten lassen“. Der Beschäftigte müsse – so das Arbeitsgericht – *„somit zunächst den Vollbeweis führen, dass die von ihm angegriffene Maßnahme wie behauptet stattgefunden hat“* und trage *„die volle Beweislast für das Vorliegen eines Benachteiligungsmerkmals“*. Der Kläger konnte – was im Umfeld, in welchem sich die Vorfälle zugetragen haben sollen, leider nicht ungewöhnlich erscheint – insofern nicht nachweisen, dass er von seinen Vorgesetzten und „Kollegen“ als „Schwuchtel“ oder „Lusche“ oder „Lusche aus dem Osten“ bezeichnet worden war, sodass die Klage als unbegründet zurückgewiesen wurde. Hinsichtlich der behaupteten Bezeichnungen als „Ossi“ fügte das Arbeitsgericht hinzu, dass diese Bezeichnung – selbst wenn sie mit dem Zusatz „Lusche aus dem Osten“ versehen werde – per se nicht als Diskriminierung wegen ethnischer Herkunft im Sinne des § 1 AGG anzusehen sei. Maßgeblich um den „Typus der Ethnie“ zu beschreiben, seien beispielsweise die Wahrnehmung als „andere Gruppe“ in Bezug auf Gebräuche, Erscheinungsbild, Sprache oder Religion. *„Keine Ethnien sind demzufolge Ost- und Westdeutsche, Bayern und Schwaben, Düsseldorfer und Kölner“*, so das Arbeitsgericht zutreffend.[2481]

Bereits ein Jahr zuvor hatte das OLG Köln[2482] in einem ähnlich gelagerten Fall (dort wurde einem Mietinteressenten bei der Wohnungsbesichtigung entgegengehalten „Die Wohnung wird nicht an Neger … vermie-

[2477] BGH BeckRS 2026, 774 Rn. 27.
[2478] AG Berlin-Tempelhof-Kreuzberg BeckRS 2012, 02609 → Nr. 7927.
[2479] vgl. AG Hamburg Barmbek, BeckRS 2017, 118010 → Nr. 7926; LG Darmstadt BeckRS 2025, 37609 → Nr. 7925 mit Verweis auf Schmidt/Futterer – Fervers, Mietrecht, 16. Auflage, Vorb. zu § 535 Rn. 303.
[2480] ArbG Würzburg BeckRS 2009, 62903.
[2481] ArbG Würzburg BeckRS 2009, 62903, ebenso MüKoBGB AGG/Thüsing, 6. Aufl. 2011, § 1 Rn. 54, 55.
[2482] OLG Köln BeckRS 2010, 01507.

tet") – wenn auch ohne ausdrückliche Bezugnahme auf das AGG – die Beklagte zu einer Geldentschädigung iHv 2.500 EUR wegen Persönlichkeitsrechtsverletzung verurteilt.

257 **Diskriminierung/Altersdiskriminierung im Zusammenhang mit Bewerbungen und Ausschreibungen:** Ein insofern klassischer, weil unzweifelhaft nicht nur altersdiskriminierender Sachverhalt lag der Entscheidung des ArbG Köln[2483] zugrunde. Die Beklagte hatte in ihrer Stellenanzeige für eine Assistentenstelle geschrieben: „Ich suche ausschließlich weibliche Assistentinnen und ihr solltet am besten zwischen 18 und 30 Jahre alt sein". Die 50-jährige Klägerin wurde nicht eingestellt und erhielt die Mitteilung, die Stelle sei anderweitig vergeben worden. Das ArbG sah insofern gemäß § 15 Abs. 1 S. 1 AGG einen immateriellen Schadensersatz von einem Monatsgehalt als angemessen an. *„Der Begriff des Alters in § 1 AGG meint dabei jedes Lebensalter. Das heißt weder nur ein besonders hohes bzw. niedriges noch ein Alter nach Überschreiten einer bestimmten Schwelle. Entscheidend ist vielmehr, dass ein Arbeitgeber an ein bestimmtes Lebensalter eine andere Behandlung anknüpft bzw. dieses indiziert ist"*, so das ArbG.

Weniger eindeutig verhält es sich – wie die vier nachfolgend erwähnten Fälle zeigen –, wenn ein Arbeitgeber in seiner Stellenanzeige auf ein ***„junges hochmotiviertes Team"*** oder ein ***„junges dynamisches Team"*** oder auf ***„junge Talente"*** verweist oder betont, er suche insofern neue Mitarbeitende:

Bietet ein Arbeitgeber in einer **Stellenanzeige** eine „zukunftsorientierte, **kreative Mitarbeit in einem jungen, hochmotivierten Team**" an, so kann hierin bereits eine Benachteiligung eines nicht eingestellten 61-jährigen Bewerbers wegen des Alters nach § 7 Abs. 1 iVm § 1 AGG gesehen werden, wobei insofern der Beweis von Indizien ausreicht, die eine Benachteiligung wegen des Alters vermuten lassen (§ 22 AGG); so jedenfalls sahen es sowohl das ArbG Würzburg[2484] als auch in zweiter Instanz das **LAG Nürnberg.**[2485] Die Beklagte lehnte die Bewerbung des 61-jährigen Klägers nach Durchsicht seiner Unterlagen im Rahmen einer Vorauswahl per E-Mail mit der Begründung ab, sich für andere Bewerber entschieden zu haben, die das spezielle Anforderungsprofil noch besser erfüllten. Dies sah das LAG als Altersdiskriminierung[2486] nach § 7 Abs. 1 iVm § 1 AGG an und sprach dem Kläger 6.711 EUR zu.

Anders entschied insofern das **LAG Baden-Württemberg.**[2487] Die Formulierung in einer Stellenanzeige, wonach ein Unternehmen ein **„junges hochmotiviertes Team"** vorzuweisen habe und die Aufforderung, sich zu bewerben, wenn der oder die Bewerber/in „Teil eines jungen, hochmotivierten Teams" werden wolle, sei nicht eindeutig. „Jung" könne sich in diesem Zusammenhang auf den Zeitpunkt der Zusammensetzung des Teams genauso wie auf das Lebensalter der Teammitglieder beziehen. Da keines der möglichen Verständnisse überwiegend wahrscheinlich ist, fehle auch „eine überwiegende Wahrscheinlichkeit für eine Benachteiligung wegen des Lebensalters", so das LAG Baden-Württemberg. Dem ist zuzustimmen.

Als dritten diesbezüglichen Fall sei auf den des **BAG** Urt. v. 11.8.2016[2488] verwiesen, bei dem die Beklagte einen **„Junior-Consultant"** für eine Tätigkeit *„in einem professionellen Umfeld mit einem jungen dynamischen Team"* gesucht hatte. Das ArbG hatte die Beklagte zur Zahlung einer Entschädigung an den Kläger iHv. 6.000 EUR verurteilt. Hiergegen hatte die Beklagte Berufung und der Kläger Anschlussberufung eingelegt. Das LAG hat das erstinstanzliche Urteil auf die Berufung der Beklagten – unter Zurückweisung der Anschlussberufung des Klägers – abgeändert und die Klage insgesamt abgewiesen. Mit der Revision verfolgte der Kläger sein Klagebegehren weiter. Die zulässige Revision des Klägers ist begründet, so das BAG. Mit der vom LAG gegebenen Begründung habe die Klage nicht abgewiesen werden dürfen, denn mit dem Begriff „jung" werde unmittelbar an das Lebensalter angeknüpft. Verstärkt werde diese Bezugnahme auf das Lebensalter durch die Verbindung mit dem Begriff „dynamisch", der eine Eigenschaft beschreibe, die im Allgemeinen eher jüngeren als älteren Menschen zugeschrieben werde. *„Wird in einer Stellenausschreibung – wie hier – darauf hingewiesen, dass eine Tätigkeit mit einem jungen dynamischen Team geboten wird, enthält dieser Hinweis regelmäßig nicht nur die Botschaft an potentielle Stellenbewerber/innen, dass die Mitglieder des Teams jung und deshalb dynamisch sind"*, so das BAG.[2489]

Abschließend sei auf den vom LAG Hessen[2490] 2021 entschiedenen Fall hingewiesen, das dem Kläger einen immateriellen Schadensersatz iHv 10.500 EUR zusprach. Dieser hatte sich auf eine von der Beklagten ausgeschriebenen Stelle beworben, bei der die Ansprechpartnerin (die als Mitarbeiterin C bezeichnet wurde)

2483 ArbG Köln BeckRS 2019, 58912 → Nr. 7343.
2484 ArbG Würzburg BeckRS 2020, 14774, s. dazu Hoppe ArbRAktuell 2020, 424.
2485 LAG Nürnberg BeckRS 2020, 14774; vgl. dazu Hoppe ArbRAktuell 2020, 424 sowie BAG BeckRS 2016, 73607.
2486 Dazu grundlegend Payandeh ZRP 2023, 59; Pieper RdA 2018, 337.
2487 LAG Baden-Württemberg BeckRS 2016, 67158.
2488 BAG BeckRS 2016, 112116 → Nr. 7350.
2489 BAG BeckRS 2016, 112116 → Nr. 7350.
2490 LAG BeckRS 2021, 30419 → Nr. 7348.

der Beklagten für die Bewerbungen als eine Person vorgestellt worden war, die sich „schwerpunktmäßig um die Rekrutierung junger Talente für den direkten Einstieg ins Berufsleben" kümmert. Die Argumentation der Beklagten, ihre interne Aufgabenverteilung könne nicht Ansatzpunkt für ein Diskriminierungsindiz sein, führe im vorliegenden Einzelfall nicht zu einem anderen Ergebnis. Wenn ausschließlich die Mitarbeiterin C, die „schwerpunktmäßig" für „junge Talente" zuständig sei, sämtliche Bewerber eines Bewerbungsverfahrens betreue, ohne dass ein anderer Mitarbeiter für ältere Bewerber zuständig ist, lasse dies den Schluss zu, dass diese Stelle auch nur mit jungen Bewerbern besetzt werden sollte, so das LAG.[2491]

Die Selbstbeschreibung eines Arbeitgebers in einer Stellenanzeige als **„junges, dynamisches Unternehmen"** ohne Bezug auf das vorhandene Team, stellt dagegen keine Altersdiskriminierung dar.[2492] Ebenso begründet eine Stellenausschreibung, mit der der Arbeitgeber **„coole Typen"** sucht, ohne weiteren Sachvortrag des Bewerbers noch **keine Benachteiligung wegen des Alters vor.**[2493]

Praxishinweis:
Die vier oben vorgestellten Entscheidungen sollten jeden Arbeitgeber warnen und davon abhalten, zu konkret in ihren Stellenanzeigen und -angeboten auf Erwartungen hinsichtlich des Alters oder der Berufserfahrung hinzuweisen. Diesbezügliche Texte wie „Wir suchen Verstärkung für unser junges Team" oder „Young Professional IT Security Consultant" oder „Junior-Consultant… in einem professionellen Umfeld mit einem jungen dynamischen Team" sowie „…junge Talente…" etc. sollten somit unterbleiben.
Denn für einen Anspruch auf immateriellen Schadensersatz wegen verbotener Diskriminierung reicht es nach der Rechtsprechung des BAG und der ihm folgenden Gerichte grundsätzlich schon aus, dass sich der Anspruchsteller überhaupt auf eine derart ausgeschriebene Stelle beworben und diese nicht erhalten hat. Ob er sich ernsthaft Chancen ausrechnen durfte, bei der Stellenbesetzung berücksichtigt zu werden, spielt keine Rolle.
Allerdings verstößt eine Stellenausschreibung nicht schon deshalb gegen § 11 AGG, wenn sie mittelbar an das Alter des Bewerbers anknüpfende Begriffe wie "**erste Berufserfahrung**" und "**Berufsanfänger**" enthält, soweit die Auslegung der Stellenausschreibung ergibt, dass mit ihr nicht nur Personen eines bestimmten Lebensalters angesprochen und andere ausgeschlossen werden sollen, sondern die Bewerber bzw. die Bewerberinnen entweder erste ***„einschlägige"* Berufserfahrungen** haben oder als Berufsanfänger *„in den genannten Rechtsgebieten ihre Interessenschwerpunkte wiedererkennen"*, darauf verwies das BAG mit Urteil vom 26.1.2017 – 8 AZR 73/16.[2494]

Mit dem Entschädigungsanspruch eines 60-jährigen Klägers wegen Altersdiskriminierung[2495] im Zusammenhang mit einer explizit an „Berufsanfänger oder Kollegen mit 1–3 Jahren Berufserfahrung" gerichteten Stellenausschreibung hatte sich das LAG Berlin[2496] zu befassen und die Klage abgewiesen. In seiner Begründung führte das LAG zum Thema der Altersdiskriminierung aus:

„Eine Benachteiligung wegen des Alters kann nach § 3 Abs. 1 und Abs. 2 AGG nicht nur unmittelbar erfolgen, indem die Auswahlentscheidung unmittelbar an das Alter anknüpft, ohne dass dies gerechtfertigt ist, sondern auch mittelbar, indem Personen einer bestimmten Altersgruppe durch den Anschein nach neutrale Vorschriften, Kriterien oder Verfahren sehr viel häufiger negativ betroffen sind als Personen einer anderen Altersgruppe, ohne dass dies durch ein rechtmäßiges Ziel sachlich gerechtfertigt ist und die Mittel zur Erreichung dieses Ziels angemessen und erforderlich sind. Jedoch ist stets Voraussetzung, dass sich die benachteiligten und begünstigten Personen in einer vergleichbaren Situation befinden … Keine vergleichbare Situation ist gegeben, wenn der übergangene Bewerber für die ausgeschriebene Stelle schon nicht objektiv geeignet war. … Maßgeblich für die objektive Eignung ist dabei nicht das formelle Anforderungsprofil, welches der Arbeitgeber erstellt hat, sondern die Anforderungen, die an die jeweilige Tätigkeit nach der im Arbeitsleben herrschenden Verkehrsanschauung gestellt werden. Die objektive Eignung ist zu trennen von der individuellen fachlichen und persönlichen Qualifikation des Bewerbers, die nur als Kriterium der Auswahlentscheidung auf der Ebene der Kausalität zwischen Benachteiligung und verbotenem Merkmal eine Rolle spielt".

Mit einem besonderen Vorwurf der **Altersdiskriminierung** musste sich 2023 das LG Frankfurt a. M.[2497] auseinandersetzen. Kläger war der bekannte **Fußballtrainer Manuel Gräfe,** der – nachdem er 47 Jahre alt geworden war – vom DFB ab der Saison 2021/2022 nicht mehr in die DFB-Schiedsrichterliste aufgenommen

2491 LAG BeckRS 2021, 30419 → Nr. 7348.
2492 BAG BeckRS 2017, 144846 → Nr. 7349.
2493 ArbG Koblenz BeckRS 2022, 9385 → Nr. 7346; vgl. zu dieser Entscheidung nachfolgend → Rn. 257d.
2494 BAG BeckRS 2017, 109100 Rn. 32 → Nr. 7945; vgl. dazu auch ArbG Mainz Urt. v. 3.2.2025 – 8 CA 1266/24 → Nr. 7946.
2495 Vgl. hierzu Stümper öAT 2015, 72 ff.
2496 LAG Berlin-Brandenburg BeckRS 2014, 65616.
2497 LG Frankfurt a. M. BeckRS 2023, 1168; vgl. dazu auch Kainer/Halkenhäuser NJW 2021, 3223.

wurde. Daraufhin verlangte er vom DFB eine Entschädigung wegen Altersdiskriminierung. Das LG gab ihm Recht und sah die starre **Altersgrenze von 47 Jahren für Fußballtrainer** als willkürlich und nach den Regeln des Antidiskriminierungsgesetzes nicht als gerechtfertigt an. Bei der Bemessung berücksichtigte das LG, dass das Antidiskriminierungsgesetz Sanktionscharakter habe und befand zudem: *„Die Benachteiligung des Klägers wiegt grundsätzlich schwer, weil sie von dem wirtschaftsstarken und eine Monopolstellung innehabenden Beklagten bewusst, (.) und ohne Rechtfertigungsansatz erfolgte.“*[2498] Vor diesem Hintergrund sah das LG zum Ausgleich der erlittenen Beeinträchtigungen und zur Genugtuung des Klägers eine Geldentschädigung in Höhe von 48.500 Euro notwendig, aber auch ausreichend und bemerkte ergänzend, dass eine Kürzung gemäß § 15 Abs. 2 S. 2 AGG nicht vorzunehmen war, da der Betrag nicht oberhalb der Grenze von drei Monatsgehältern lag.

Ebenfalls mit einem besonderen Fall der Altersdiskriminierung hatte sich das AG Kassel[2499] 2023 zu befassen. Der 88-jährige Kläger hatte bei der Beklagten über deren Internetportal eine Kreditkarte mit einem Verfügungsrahmen von 2.500 EUR und unbefristeter Laufzeit beantragt. Die Beklagte wies das Begehren des Klägers mit der Begründung zurück, die Prognose der Rückzahlung eines über eine Kreditkarte gewährten Kredites sei im Hinblick auf das Alter des potentiellen Kreditnehmers ungünstig. Darin sah das AG zutreffend nicht nur eine schwerwiegende Persönlichkeitsrechtsverletzung in Form einer Altersdiskriminierung iSd § 1 AGG, sondern zudem, so das AG wörtlich, einen „erheblichen Affront“ gegen das „soziale Renommee“, welches dem Kläger als ehemaligem Richter im Bundesdienst zuzusprechen sei. Zudem führe die Verweigerung eines Kreditkartenvertrages auch zu Einschränkungen in der alltäglichen Lebensführung, weil ein gängiges Bezahlmittel etwa für den Erwerb von Waren oder Dienstleistungen im Internet ausfällt und damit eine derartige Betätigung erschwert werde.

257a Diskriminierung wegen Religionszugehörigkeit: Das Spannungsverhältnis zwischen der Religionszugehörigkeit und den Anforderungen des Arbeitslebens führt insbesondere in der arbeitsrechtlichen Praxis immer wieder zu Konflikten. Insbesondere im Bereich des kirchlichen Arbeitsrechts prallen hierbei das verfassungsrechtlich geschützte Selbstbestimmungsrecht der Religionsgemeinschaften (Art. 4 Abs. 1, 2 GG iVm Art. 137 Abs. 3 WRV) und der gesetzliche Diskriminierungsschutz von Arbeitnehmern (§ 1, § 7, § 15 AGG) unmittelbar aufeinander.

Insofern wurde die Frage, ob eine Religionsgemeinschaft – im konkreten Sachverhalt die evangelische Kirche bzw. das Evangelische Werk für Diakonie und Entwicklung e. V. (EWDE) – als Arbeitgeber bei Einstellungen eine bestimmte Religionszugehörigkeit von Bewerberinnen und Bewerbern fordern dürfe, zunächst 2018 vom BAG[2500] verneint und damit die Freiheit der Kirchen als Arbeitgeber eingeschränkt.

Das BVerfG hat diese Entscheidung des BAG jedoch kassiert und entschieden, dass das Urteil des BAG die evangelische Kirche/Diakonie in ihrem religiösen Selbstbestimmungsrecht aus Art. 4 Abs. 1 und Abs. 2 GG in Verbindung mit Art. 140 GG und Art. 137 Abs. 3 S. 1 Weimarer Reichsverfassung (kurz: WRV)[2501] verletzt. Zugleich beschrieb das BVerfG einerseits die Voraussetzungen, unter denen die Kirchen bzw. Religionsgemeinschaften künftig rechtskonforme Einstellungsverfahren durchzuführen haben und andererseits Bewerberinnen und Bewerber auf kirchliche Arbeitsplätze im Falle von Verstößen Entschädigungsansprüche durchsetzen können.

Für die Praxis der Entschädigungsprozesse etabliert das **BVerfG insofern einen zweistufigen Prüfungsrahmen,** der erhebliche Auswirkungen auf die Darlegungslast hat:

1. **Plausibilitätskontrolle** (1. Stufe): Die Gerichte müssen prüfen, ob ein objektiv nachvollziehbarer Bezug zwischen der verlangten Kirchenmitgliedschaft und der konkreten Tätigkeit besteht. Der Religionsgemeinschaft obliegt es dabei, diesen Zusammenhang für die konkret betroffene Tätigkeit im Hinblick auf ihr religiöses Selbstverständnis plausibel darzulegen. Das glaubensdefinierte Selbstverständnis der Kirche ist dabei im Rahmen der Plausibilität zu respektieren.
2. **Gesamtabwägung nach der „Je-desto-Formel“**[2502] (2. Stufe): Auf der zweiten Stufe ist dann im Rahmen einer Gesamtabwägung der betroffenen rechtlichen Belange zu prüfen, ob die in Rede stehende berufliche Anforderung im Hinblick auf die konkrete Tätigkeit für die Wahrung des religiösen Selbstverständnisses verhältnismäßig ist. Dabei gilt: Je zentraler eine Stelle für die religiöse Identität und die Glaubensvermittlung nach außen ist, desto schwerer wiegt das kirchliche Interesse. Erst wenn eine Tätigkeit kaum Relevanz für das religiöse Ethos aufweist, überwiegt der Diskriminierungsschutz und ein Entschädigungsanspruch rückt in den Fokus.

[2498] LG Frankfurt a. M. BeckRS 2023, 1168.
[2499] AG Kassel BeckRS 2023, 28823 → Nr. 7332.
[2500] BAG BeckRS 2018, 30589.
[2501] Obwohl die WRV historisch ist, gelten ihre Artikel zum Religions- und Staatskirchenrecht (Art. 136, 137, 138, 141) über Art. 140 des GG bis heute als vollgültiges, direkt anwendbares Verfassungsrecht der BRD.
[2502] BVerfG BeckRS 2025, 27932 Rn. 225.

Dass das verfassungsrechtlich geschützte Selbstbestimmungsrecht der Kirchen jedoch keinen Freibrief für pauschale Loyalitätsanforderungen im administrativen Bereich darstellt, zeigt sich in den Fällen, in denen die Kirche selbst den fehlenden Bezug zum religiösen Ethos einräumt.

Hierzu fügt sich die bereits in der Vorauflage benannte Entscheidung des ArbG Karlsruhe[2503] zur **Aufforderung in einer Stellenanzeige, die Konfession anzugeben,** nahtlos in das System ein.

Das ArbG Karlsruhe[2504] sprach einer Bewerberin für eine Sekretariatsstelle beim Oberkirchenrat in Karlsruhe eine Entschädigung nach § 15 Abs. 2 AGG zu, weil in der Stellenausschreibung pauschal die Angabe der Konfession gefordert worden war. Da die Erforderlichkeit der Konfessionszugehörigkeit für diese rein administrative Tätigkeit weder im Profil der Stellenausschreibung angelegt war noch im Arbeitsgerichtsprozess plausibilisiert werden konnte, begründete die unzulässige Abfrage ein indiziertes Verschulden des Arbeitgebers **(§ 22 AGG).**

Das ArbG sah zutreffend eine Diskriminierung der Bewerberin als gegeben an und führte dazu aus:

Die Aufforderung in einer Stellenanzeige, die Konfession anzugeben, „ist ein ausreichendes Indiz für eine unterschiedliche Behandlung wegen der Religion gem. § 22 AGG. 2. Die berufliche Anforderung – Angehörigkeit zu einer bestimmten Religionsgemeinschaft – ist nur dann gerechtfertigt, wenn sie angesichts des Ethos der Kirche und der Art der Tätigkeit oder der Umstände ihrer Erbringung eine wesentliche, rechtmäßige und gerechtfertigte berufliche Anforderung darstellt. Die Darlegungs- und Beweislast trägt der/die Arbeitgeber/-in. Die Behauptung, die Auswahlentscheidung sei allein nach dem Prinzip der Bestenauslese getroffen worden, ist nicht geeignet, eine Benachteiligung wegen der Religion zu widerlegen. 3. Allein die Angabe in einem Bewerbungsschreiben ‚Atheistin' vermag die erforderliche Bereicherungsabsicht dann nicht zu begründen, wenn die Angabe eine andere Erklärung haben kann als nur die Erlangung eines Entschädigungsanspruchs.“[2505]

Zur Bemessung des immateriellen Schadensersatzanspruchs in solchen Fällen sei – ungeachtet der Aufhebung dieser Entscheidung durch das BVerfG, die insofern dh hinsichtlich der Höhe des vom BAG bestimmten immateriellen Schadensersatzes keine Relevanz hatte – auf das Urteil des BAG vom 25.10.2018[2506] verwiesen, das dazu ausgeführt hatte:

„Bei der unter Berücksichtigung aller Umstände des Einzelfalls vorzunehmenden Beurteilung der angemessenen Höhe der festzusetzenden Entschädigung nach § 15 Abs. 2 Satz 1 AGG ist zu beachten, dass die Entschädigung einen tatsächlichen und wirksamen rechtlichen Schutz gewährleisten muss. Die Härte der Sanktionen muss der Schwere des Verstoßes entsprechen, indem sie insbesondere eine wirklich abschreckende Wirkung gegenüber dem Arbeitgeber gewährleistet, zugleich aber den allgemeinen Grundsatz der Verhältnismäßigkeit wahrt (EuGH 25. April 2013 – C-81/12 – [AsociaQa ACCEPT] Rn. 63 mwN; BAG 26. Januar 2017 – 8 AZR 848/13 – Rn. 161). Eine rein symbolische Entschädigung wird den Erfordernissen einer wirksamen Umsetzung der Richtlinie nicht gerecht (EuGH 22. April 1997 – C-180/95 -[Draehmpaehl] Rn. 25).“[2507]

Dem entsprechend führte das ArbG Karlsruhe aus, die Klägerin habe gegen die Beklagte einen Anspruch auf Zahlung einer Entschädigung nach § 15 Abs. 2 AGG, die sich der Höhe nach auf 5.037,00 EUR, dies entspricht 1,5 Bruttomonatsgehälter, beläuft. Das ArbG berücksichtigte zu Gunsten der Beklagten, dass diese die Klägerin immerhin zu einem Bewerbungsgespräch eingeladen und *„nicht von vornherein ... die Chance verwehrt[e], sich für die ausgeschriebene Stelle zu empfehlen“.*[2508]

Zur Begrenzung nach § 15 Abs. 2 S. 2 AGG als „Kappungsgrenze“ vgl. BAG, Urteil vom 19.8.2010 – 8 AZR 530/09.[2509] Das BAG hat in dieser Entscheidung darauf hingewiesen, dass – sofern ein Entschädigungsanspruch gemäß § 15 Abs. 2 S. 1 AGG dem Grunde nach gegeben ist – der Arbeitgeber die für ihn günstigere Tatsache zu beweisen hat, dass der Bewerber oder die Bewerberin auch bei benachteiligungsfreier Auswahl nicht eingestellt worden wäre und damit die in § 15 Abs. 2 S. 2 AGG festgelegte Höchstgrenze für die Entschädigung zum Tragen kommt. Zugleich betonte das BAG aber, dass diese Verteilung der Beweislast nichts daran ändert, dass der Bewerber im Rahmen einer abgestuften Darlegungslast zunächst geltend gemacht haben muss, dass er bei einer benachteiligungsfreien Auswahl eingestellt worden wäre.

2503 ArbG Karlsruhe BeckRS 2020, 25516.
2504 ArbG Karlsruhe BeckRS 2020, 25516.
2505 ArbG Karlsruhe BeckRS 2020, 25516 (Amtl. Leitsatz).
2506 BAG BeckRS 2018, 30589.
2507 BAG BeckRS 2018, 30589 Rn. 111.
2508 ArbG Karlsruhe BeckRS 2020, 25516.
2509 BAG BeckRS 2010, 74407 Rn. 66 und 67.

Die Entscheidung des ArbG Karlsruhe[2510] kann an dieser Stelle durchaus als Überleitung von der Thematik diskriminierender Stellenausschreibungen zur nachfolgend näher dargestellten Diskriminierungen wegen des Tragens eines religiös motivierten Kleidungsstückes dienen, denn dem Urteil des ArbG Karlsruhe lag folgender Sachverhalt zu Grunde: Die Klägerin hatte sich auf die vom evangelischen **Oberkirchenrat in Karlsruhe** ausgeschriebene **Sekretariatsstelle** beworben. Dabei sollte sie ihre Konfession angeben. Das ArbG sah darin zutreffend eine Diskriminierung.

Diskriminierung durch Kopftuchverbote: Vermehrt kommen inzwischen auch Fälle von vermeintlichen oder tatsächlichen **Diskriminierungen wegen des Tragens eines religiös motivierten Kopftuchs** vor Gericht. 2020 sprach das OVG Lüneburg[2511] einer muslimischen Lehrerin, die aufgrund ihrer religiösen Überzeugung ein Kopftuch trägt, eine Entschädigung iHv 1½ Monatsgehältern (4.128 EUR) zu. Die Klägerin hatte sich bei der Rektorin der Grundschule D. vorgestellt und dabei gesagt, sie würde ihr Kopftuch unter keinen Umständen während des Unterrichts ablegen, weil sie dann nicht „authentisch" wäre. Daraufhin hatte die Schulleiterin der Klägerin mitgeteilt, dass sie die Klägerin „unter diesen Bedingungen" nicht beschäftigen könne. Das OVG begründete seine Entscheidung damit, die Klägerin habe *„eine unmittelbare Benachteiligung wegen ihrer islamischen Religion und eine mittelbare Benachteiligung wegen ihres Geschlechts erlitten, indem ihr die Beklagte mit Bescheid vom 10. Juli 2013 die Einstellung in den niedersächsischen Schuldienst für das Lehramt an der Grundschule in D. (und an allen anderen öffentlichen Schulen) mit dem Argument verwehrt hat, ihr Vorhaben, im Unterricht ein Kopftuch aus religiösen Gründen zu tragen, widerspreche dem Neutralitätsgebot, dem Mäßigungsgebot für Beamte und dem Recht auf negative Religionsfreiheit der Schüler"*. Zur Höhe führte das OVG aus: *„Die Entschädigungssumme soll nicht nur eine abschreckende Wirkung entfalten, sondern muss vor allem in jedem Fall in einem angemessenen Verhältnis zum erlittenen Schaden stehen. Insoweit sind die Art und Schwere der Benachteiligung sowie die Dauer und Folgen für den persönlichen und beruflichen Werdegang der Klägerin zu berücksichtigen. Diese sind erheblich und rechtfertigen eine Entschädigung iHv 4.128,62 EUR"*.[2512]

Zum arbeitgeberseitig verfügten Kopftuchverbot sei auf das aktuelle **Urteil des EuGH**[2513] **vom 13.10.2022** verwiesen, der dazu ausgeführt hatte, dass das in der Arbeitsordnung eines Unternehmens festgelegte Verbot, religiöse oder weltanschauliche Überzeugungen durch Worte, Kleidung oder auf andere Weise zum Ausdruck zu bringen, keine unmittelbare Diskriminierung „wegen der Religion oder der Weltanschauung" iSv Art. 2 Abs. 2 lit. a) RL 2000/78 darstellt, sofern diese Bestimmung allgemein und unterschiedslos auf alle Arbeitnehmer angewandt wird. Die dadurch ggf. entstehende mittelbare Benachteiligung könne, so der EuGH, durch die Neutralitätspolitik des Unternehmens gerechtfertigt sein.[2514]

Zu den insofern 2003 und 2015 sowie 2020 ergangenen drei Entscheidungen des **BVerfG**[2515] sei an dieser Stelle auf den Aufsatz von Tomerius, „Polizeibeamtinnen mit Kopftuch, Polizeibeamte mit Kippa und Dastar" verwiesen,[2516] die zum Ergebnis kommt, dass Pauschalverbote, religiöse oder weltanschauliche Zeichen im Polizeidienst zu tragen, unter Berücksichtigung des dritten „Kopftuch-Urteils" (zur **Verfassungsmäßigkeit des Kopftuchverbots für Rechtsreferendarinnen**) allenfalls noch bei den Uniformträger*innen der Polizei zu rechtfertigen sind.

Mit dem **Kopftuchverbot** hatte sich 2020 auch das **BAG**[2517] zu befassen. Konkret ging es um das in Berlin in § 2 Berliner NeutrG normierte Gebot, innerhalb des Schuldienstes keine sichtbaren religiösen oder weltanschaulichen Symbole zu tragen, die für die Betrachterin oder den Betrachter eine Zugehörigkeit zu einer bestimmten Religions- oder Weltanschauungsgemeinschaft demonstrieren und keine auffallenden religiös oder weltanschaulich geprägten Kleidungsstücke zu tragen. Die Klägerin, die sich in Berlin auf eine Stelle als **Lehrerin** beworben hatte und bereits im Bewerbungsgespräch mit einem **aus religiösen Gründen** getragenen **Kopftuch** erschienen war und letztlich die Stelle nicht erhalten hatte, klagte deshalb auf Schmerzensgeld bzw. immateriellen Schadensersatz. Das ArbG Berlin[2518] hatte die Klage abgewiesen. Das LAG Berlin-Brandenburg[2519] hatte ihr 5.159,88 EUR zuerkannt. Mit der Revision verfolgt das beklagte Land sein Begehren nach vollständiger Klageabweisung weiter, wogegen die Klägerin mit der Anschlussrevision die Zahlung einer höheren Entschädigung begehrte. Die Rechtsmittel blieben beide ohne Erfolg. Das *„Tragen eines so genannten islamischen Kopftuchs"* falle, so das BAG, „als Bekundung des religiösen Glaubens unter den Begriff der Religion im Sinne von § 1 AGG." Die Klägerin habe eine unmittelbare Benachteiligung iSv § 3

[2510] ArbG Karlsruhe BeckRS 2020, 25516.
[2511] OVG Lüneburg 24.4.2020 – 5 LB 129/18, BeckRS 2020, 9658.
[2512] OVG Lüneburg BeckRS 2020, 9658.
[2513] BeckRS 2022, 27254.
[2514] S. dazu auch Hartmann EUZA 2022, 393; vgl. auch Tomerius NVwZ 2020, 212.
[2515] BVerfG NJW 2003, 3111 und BVerfG NJW 2015, 1359 sowie BVerfG NJW 2020, 1049.
[2516] Tomerius NVwZ 2020, 212.
[2517] BAG BeckRS 2020, 22805; vgl. dazu auch Bauer ArbRAktuell 2020, 496 sowie Fuhlrott NZA-RR 2021, 167.
[2518] ArbG Berlin BeckRS 2018, 9662.
[2519] LAG Berlin-Brandenburg NZA-RR 2019, 280.

I AGG wegen der Religion erfahren. Insofern bestehe zwischen der Benachteiligung iSv § 3 I AGG, die die Klägerin durch ihre Nichtberücksichtigung im Auswahlverfahren erfahren hat und ihrer Religion auch der nach § 7 I AGG erforderliche Kausalzusammenhang. Die Benachteiligung sei auch nicht nach § 8 I AGG zulässig, weil § 2 Berliner NeutrG verfassungskonform dahin auszulegen sei, dass, sofern das Tragen eines solchen Kleidungsstücks nachvollziehbar auf ein als verpflichtend verstandenes religiöses Gebot zurückzuführen ist, zumindest eine hinreichend konkrete Gefahr für den Schulfrieden oder die staatliche Neutralität vorliegen müsse und das beklagte Land das Vorliegen einer solchen konkreten Gefahr nicht dargetan habe, so das BAG weiter, das die Bemessung der Entschädigung durch das LAG auf 5.159,88 EUR ist im Ergebnis revisionsrechtlich nicht beanstandet hatte (vgl. § 15 Abs. 2 S. 2 AGG).

Zur Frage (verneinten) der Zulässigkeit eines Kopftuchverbotes an Schulen sei zudem auf den Aufsatz von Hecker „Verbot des Kopftuchs von Schülerinnen" verwiesen.[2520] Hecker setzt sich insofern mit den Argumenten der Befürworter eines Kopftuchverbotes auseinander und reflektiert zudem die Entscheidung des ÖstVerfGH,[2521] der das Argument der Regierung, das Kopftuchverbot sei für die Ziele der schulischen Ausbildung notwendig, für nicht tragfähig erachtet hatte, da ein Kopftuchverbot mit dem Neutralitätsgebot der Verfassung und dem in der Schule geltenden Toleranzgebot kollidiere.

Schwerbehinderten-Diskriminierung: Mit dem in § 15 Abs. 2 AGG normierten Anspruch auf „Schmerzensgeld" (richtiger Weise: „angemessene Entschädigung in Geld") wegen Persönlichkeitsrechtsverletzungen infolge einer Benachteiligung und **Diskriminierung gegenüber Schwerbehinderten** beschäftigt sich regelmäßig die Justiz, insbesondere im Bereich des **zivilrechtlichen** Benachteiligungsverbotes (§ 19 und § 21 AGG) wie auch im **arbeitsrechtlichen** Bereich (§ 6, § 7, § 8 und § 15 AGG) und Art. 13 und 14 DS-GVO. **257b**

Vgl. zur **Informationspflicht gemäß Art. 14 DS-GVO** die Entscheidung des BAG vom5.6.2025,[2522] die unter → **Rn. 246b** vorgestellt wird.

Diskriminierung im Gesundheitswesen/Barrierefreiheit: Das Benachteiligungsverbot des AGG begründet im Bereich des Zivilrechtsverkehrs – Abschnitt 3 des AGG – keinen Anspruch auf besondere Anpassungs- und Teilhabeleistungen, dies hat der **BGH**[2523] im Mai 2026 entschieden und unter Bezug auf § 19 Abs. 1 Nr. AGG betont, dass das Allgemeine Gleichbehandlungsgesetz (AGG) im Gesundheitswesen bei der **Aufnahme in eine Reha-Klinik** keine Anwendung findet.

Hintergrund dieses Verfahrens war die Zurückweisung bzw. Ablehnung einer 69-jährigen blinden Patientin, die nach einer Knieoperation von einer Reha-Klinik abgelehnt worden war, da sich die Reha-Klinik nicht auf blinde Menschen eingestellt sah.

„§ 19 AGG begründet keinen Anspruch auf besondere Anpassungs- und Teilhabeleistungen. Diese Leistungen sind dem öffentlichen Recht vorbehalten, insbesondere dem Sozialrecht. § 19 AGG erfasst daher Fälle fehlender Teilhabemöglichkeiten von Menschen mit Behinderung nicht, sondern nur diejenigen Fälle, in denen die Verweigerung des Abschlusses oder der Durchführung eines Vertrags mit einem Menschen mit Behinderung ohne sachlichen oder rechtlichen Grund allein auf einer behindertenfeindlichen Einstellung beruht", so der **BGH** in seinem Amtlichen Leitsatz.[2524]

Diese **wegweisende, aber für die Betroffenen bittere Entscheidung des BGH**[2525] bestimmt, dass eine Abweisung von Patienten mit Behinderungen wegen fehlender infrastruktureller oder personeller Vorkehrungen einer privaten medizinischen Einrichtung (Klinik, Reha-Klinik etc) grundsätzlich keinen Anspruch auf immateriellen Schadensersatz bzw. Entschädigung wegen einer Verletzung des Allgemeinen Persönlichkeitsrechts oder nach dem AGG rechtfertigt. Auch begründet § 19 AGG für private Betreiber von medizinischen Einrichtungen keine Pflicht zur Schaffung barrierefreier Bedingungen oder zur Bereitstellung zusätzlicher Assistenzleistungen („angemessene Vorkehrungen").Das Fehlen solcher Vorkehrungen stelle, so der BGH, insoweit keine unmittelbare oder mittelbare Diskriminierung dar, da die systematische Last der Sicherstellung von Teilhabemöglichkeiten im Gesundheitswesen nach dem Willen des Gesetzgebers primär dem **Sozialrecht (§ 4 SGB IX)** und nicht dem privaten Haftungsrecht zugewiesen ist. Ein Anspruch auf immateriellen Schadensersatz wegen einer Persönlichkeitsrechtsverletzung scheide in diesen Fällen regelmäßig aus, sofern die Abweisung sachlich begründet ist (zB durch die Unfähigkeit, die medizinische Versorgung oder Pflege

---

[2520] Hecker NVwZ 2021, 286.
[2521] ÖstVerfGH 11.12.2020 – G4/20.
[2522] BAG BeckRS 2025, 23312 mAnm und Praxistipps Donath AP GG Art. 33 Abs. 2 Nr. 87; vgl. auch LAG Köln Urt. v. 30.1.2026 – 10 SLa 561/24 → Nr. 7949.
[2523] BGH Urt. v. 21.5.2026 – III ZR 56/25, BeckRS 2026, 10442.
[2524] BGH BeckRS 2026, 10442.
[2525] BGH BeckRS 2026, 10442.

des Patienten sicherzustellen) und der Betroffene dabei nicht in seiner Ehre herabgewürdigt wird oder die Zurückweisung auf einer behindertenfeindlichen Einstellung beruht.

In beiden Vorinstanzen hatten sowohl das AG Fritzlar als auch das LG Kassel den Anspruch auf ua immateriellen Schadensersatz gemäß §§ 21 Abs. 2 S. 3 iVm Abs. 2 S. 1 AGG, § 253 Abs. 1 BGB iHv 3.000 EUR mit der Begründung abgewiesen, dass das AGG im zivilrechtlichen Bereich nur für sog. „Massengeschäfte" gelte, jedoch ein Vertrag über eine Rehabilitationsbehandlung hiervon nicht erfasst sei, da es sich hierbei um eine höchst individuelle medizinische Dienstleistung und somit gerade kein Massengeschäft handele. Der BGH stimmte dem *„zumindest im Ergebnis"* zu und sah in der Zurückweisung der Klägerin zudem keine Verletzung ihres allgemeinen Persönlichkeitsrechts. Dabei ließ der BGH die Frage, ob es sich bei einem Vertrag über eine Rehabilitationsbehandlung, wie er zwischen der Klägerin und der Beklagten vorgesehen gewesen war, um ein sogenanntes „Massengeschäft" iSd § 19 Abs. 1 Nr. 1 AGG oder ein ähnliches Rechtsgeschäft handelt, bewusst offen.

Ausblick: Die Entscheidung des BGH legt erhebliche Schutzlücken im nationalen Recht offen. Das vor dem Hintergrund des European Accessibility Act bereits am 28.6.2026 in Kraft getretene Barrierefreiheitsstärkungsgesetz zielt hinsichtlich von privaten Akteuren im Gesundheitswesen primär auf den Bereich deren digitaler Dienstleistungen, begründet jedoch weiterhin keine Pflicht zur analogen Barrierefreiheit der Behandlungs- und Pflegeinfrastruktur. Vor diesem Hintergrund und den

anhaltenden Forderungen nach einer Reform des AGG bleibt abzuwarten, ob der Gesetzgeber private Leistungsanbieter künftig zu angemessenen Vorkehrungen verpflichtet. Auch eine Vorlage an den EuGH zur Klärung der Reichweite der UN-Behindertenrechtskonvention im Privatrecht ist bei künftigen Verfahren zu erwarten, auch wenn der BGH diesmal eine Vorlage an den Gerichtshof der Europäischen Union nicht veranlasst sah.

Praxishinweis:
Gerade im Zusammenhang mit Bewerbungsverfahren und dem Hinweis eines Bewerbers hinsichtlich einer Diskriminierung sei auf **§ 22 AGG** hingewiesen: Der Bewerber muss seine Diskriminierung nicht beweisen. Es genügt, wenn er Indizien beweist, die eine Diskriminierung vermuten lassen. Bereits dann hilft dem Bewerber die Beweislastumkehr des § 22 AGG und der Arbeitgeber trägt die Beweislast dafür, dass kein Verstoß gegen die Bestimmungen zum Schutz vor Benachteiligung vorgelegen hat.
Vgl. dazu nachfolgend LAG Köln Urteil vom 30.1.2026 – 10 SLa 561/24 → Nr. 7949.

Das **LAG Köln**[2526] sprach 2026 einem schwerbehinderten Rechtsanwalt, der sich bei einer Rechtsanwaltskanzlei beworben, jedoch die Stelle nicht erhalten hatte 9.000 EUR immateriellen Schadensersatz wegen einer Diskriminierung nach dem AGG zu. Das LAG wies insofern zwar darauf hin, dass der **Vorwurf einer Diskriminierung** nur erhoben werden könne, wenn ein Arbeitgeber **über die Schwerbehinderung** eines Bewerbers oder einer Bewerberin **rechtzeitig und "hinreichend" informiert** wurde, denn nur so könne der eine Stelle ausschreibende Arbeitgeber vorab prüfen und entscheiden, inwieweit er ggf. besondere Pflichten des Gleichbehandlungsrechts zu erfüllen habe.

Vor diesem Hintergrund war es nun entscheidend, ob der Kläger mit der Platzierung dieser Information als Unterpunkt in seinem Lebenslauf dies in "hinreichender" Form getan hatte. Das LAG sah dies zu Gunsten des Klägers als gegeben an. Da nun nach **§ 22 AGG** den Arbeitgeber die Beweislast dafür treffe, *„dass kein Verstoß gegen die Bestimmungen zum Schutz vor Benachteiligung vorgelegen hat"* (so § 22 AGG) und es dem Arbeitgeber nicht gelungen war, Beweise hierfür vorzulegen und das LAG seine Behauptung, dass das Bewerbungsverfahren von ihm schon vorzeitig abgebrochen worden sei, insofern nicht als ausreichend angesehen hatte, war die Klage des Bewerbers erfolgreich.

Ebenfalls im zivilrechtlichen Bereich gemäß § 19 AGG sprach 2025 das LG Meiningen[2527] einer blinden Frau einen Entschädigungsanspruch gemäß §§ 21 Abs. 2 S. 3 iVm Abs. 2 S. 1 AGG, § 253 Abs. 1 BGB iHv 1.200 EUR zu. Die Klägerin, ebenfalls eine ältere erblindete Dame, hatte telefonisch in einer Pension das einzig noch verfügbare Zimmer im Dachgeschoss für vier Nächte bei der Beklagten telefonisch gebucht, jedoch ohne Hinweis auf ihre Sehbehinderung bzw. Blindheit. Beim Einchecken fiel der Pensionsbetreiberin dies sowie eine vorhandene Fußverletzung jedoch auf, weshalb sie ihr den Zutritt mit der Begründung verweigert hatte, der Weg zum Zimmer sei viel zu gefährlich und beschwerlich. Entscheidend war insofern die Einordnung des Beherbergungsvertrages als „Massengeschäft" gemäß § 19 Abs. 1 Nr. 1 AGG. Eine Recht-

[2526] LAG LAG Köln Urt. v. 30.1.2026 – 10 SLa 561/24 → Nr. 7949.
[2527] LG Meiningen BeckRS 2025, 999 → Nr. 7647.

fertigung der Benachteiligung durch sachlichen Grund nach § 20 Abs. 1 S. 2 Nr. 1 AGG lehnte das LG ab und begründete dies damit, dass es doch gerade Ziel des AGG sei, die auf der Behinderung beruhenden Erschwernisse einer Teilhabe am Zivilrechtsverkehr zu beseitigen. Soweit die Klägerin erklärt habe, sie würde sich den Bezug des Dachzimmers trotz der vielen zu bewältigenden Stufen zutrauen, habe die Pension hierauf vertrauen müssen, zumal die Klägerin in Begleitung einer sehenden Person angereist war. Zudem betonte das LG, dass die Klägerin vor Ort aufgrund ihrer Blindheit und der Gehbeeinträchtigung abgewiesen worden sei, obwohl sie betont habe, dass sie die Treppen zum Hotelzimmer bewältigen könne, stelle sich für die Klägerin als **Demütigung** und **Bevormundung** dar, wovor das AGG gerade schützen wolle. An dieser Stelle sei jedoch nochmals auf das oben angeführte Urteil des BGH – Urt. v. 21.5.2026 – III ZR 56/25, BeckRS 2026, 10442 – verwiesen, der insofern betont hatte, dass –

anders als im Bereich des Gesundheitswesens bzw. im konkreten Falle der Zurückweisung einer blinden Patientin durch eine Reha-Klinik – *„zum Beispiel die Herstellung des barrierefreien Zugangs zu Hotels oder Restaurants im **Gaststättengesetz** (dort § 4 Abs. 1 Satz 1 Nr. 2a) geregelt ist“*.[2528]

Besonders häufig sind jedoch **Klagen schwerbehinderter Personen im Zusammenhang mit Bewerbungen** auf ein Arbeitsverhältnis **oder im Rahmen bestehender Arbeitsverhältnisse.** Insofern ist stets das Benachteiligungsverbot gemäß § 7 AGG iVm § 1 AGG zu beachten sowie die Regelung des § 6 Abs. 1 AGG, wonach als Beschäftigte auch die Bewerberinnen und Bewerber für ein Beschäftigungsverhältnis gelten sowie die Personen, deren Beschäftigungsverhältnis beendet ist. Zu beachten sind jedoch auch formelle Vorgaben zum Schutz vor Diskriminierung, wie beispielweise die für öffentliche Arbeitgeber gemäß § 165 S. 3 SGB IX, die eine Gemeinde dazu verpflichtet, schwerbehinderte Bewerber in einem beamtenrechtlichen Auswahlverfahren zu einer weiteren Auswahlrunde zur Vorstellung vor dem Gemeinderat einzuladen, wenn dieser allein über die Bewerberauswahl entscheidet; ein Verstoß gegen diese Pflicht begründet nach § 22 AGG die Vermutung, dass der erfolglose Bewerber wegen seiner Schwerbehinderung benachteiligt wurde.[2529]

Als Beispiel hierfür sei aus der Vielzahl der Entscheidungen (s. dazu jedoch im **Tabellenteil Kapitel C. 10. h)**), die – um den Rahmen des Handbuchs nicht zu sprengen, nicht umfassend dargestellt werden können – das nachfolgend vorgestellte Urteil des BAG benannt: Persönlichkeitsrechtsverletzung durch Benachteiligung wegen Schwerbehinderung und Verstoß gegen Förderpflichten (§ 165 S. 1 SGB IX) sowie Entschädigung, so lässt sich das Urteil des BAG vom 25.11.2021 kurz zusammenfassen.[2530] Der Entscheidung lag folgender Sachverhalt zu Grunde: Im November 2017 veröffentlichte der Beklagte über die **Jobbörse der Bundesagentur für Arbeit** eine Stellenausschreibung, nach der im Rechts- und Kommunalamt des Beklagten zum nächstmöglichen Zeitpunkt die Stelle eines/einer **Amtsleiters/in** zu besetzen war. Hierauf hatte sich der mit einem GdB von 50 schwerbehinderte Kläger beworben, wurde jedoch **nicht zu einem Vorstellungsgespräch eingeladen.**[2531]

Darin sah das BAG – anders als die beiden Vorinstanzen – eine Diskriminierung, wegen der der Beklagte dem Kläger nach § 15 Abs. 2 AGG die Zahlung einer angemessenen Entschädigung schulde. Als **„Orientierungssätze der Richterinnen und Richter des BAG“** wies das BAG darauf hin, dass der Verstoß des Arbeitgebers gegen Vorschriften, die Verfahrens- und/oder Förderpflichten zugunsten schwerbehinderter Menschen enthalten (wie beispielsweise § 164 Abs. 1 S: 4 und § 165 S: 1 SGB IX), regelmäßig die **Vermutung einer Benachteiligung** wegen der (Schwer) Behinderung iSv § 22 AGG begründe. Diese Pflichtverletzungen sind nämlich grundsätzlich geeignet, den Anschein zu erwecken, an der Beschäftigung schwerbehinderter Menschen uninteressiert zu sein. Zur Höhe des immateriellen Schadensersatzes wies das BAG darauf hin, dass im Rahmen des ihm bei der Festsetzung der angemessenen Entschädigung iSv § 15 Abs. 2 AGG eröffneten Ermessensspielraums – der kein „Beurteilungsspielraum“ ist – das Gericht nicht gehalten sei, stets die „exakte“ Höhe des auf der ausgeschriebenen Stelle zu erwartenden Bruttomonatsentgelts zu ermitteln. Eine Anknüpfung an das auf der ausgeschriebenen Stelle ungefähr erzielbare Bruttomonatsentgelt reiche aus. Andernfalls würde die Durchsetzung eines Anspruchs auf Entschädigung nach § 15 Abs. 2 AGG in Fällen, in denen das auf der ausgeschriebenen Stelle zu erwartende Bruttomonatsentgelt nicht „exakt“ feststeht, mit einem – inzidenter durchzuführenden – Eingruppierungsprozess oder vergleichbaren Rechtsstreit belastet, was mit den unionsrechtlichen Vorgaben (insbesondere dem Effektivitätsgrundsatz des Unionsrechts) nicht vereinbar wäre, so das BAG.[2532]

Erneut hatte sich 2023 das **BAG**[2533] mit einem Fall der Diskriminierung wegen Schwerbehinderung (§ 15 Abs. 2 AGG) befasst. In diesem Fall hatte sich der Kläger auf die Stelle eines Umwelttechnikers beim Landkreis

---

2528 BGH BeckRS 2026, 10442.
2529 VG Sigmaringen BeckRS 2024, 43238 → Nr. 7712.
2530 BAG BeckRS 2021, 37653.
2531 Fuhrmann, ZAT 2023, 188.
2532 BAG BeckRS 2021, 37653.
2533 BAG BeckRS 2023, 15118.

Vechta in Niedersachsen beworben, er konnte zwar auf eine mehr als zwanzigjährige Berufserfahrung verweisen, hatte jedoch eine Hörbehinderung. Die Behörde vergab die Stelle jedoch an einen Mitbewerber mit nur sehr geringer Berufserfahrung, aber ohne ein Handicap. Der Kläger obsiegte zunächst vor dem ArbG Oldenburg[2534] und auch vor dem LAG Niedersachsen[2535] mit seiner Forderung auf immateriellen Schadensersatz wegen Diskriminierung eines schwerbehinderten Bewerbers. Das LAG sprach ihm insofern 10.000 EUR zu. Die von der Beklagten dagegen erhobene Revision wurde vom BAG abgewiesen.

In drei weiteren, in diesem Zusammenhang zu benennenden Entscheidungen des BAG bestätigte dieses die jeweils klagabweisenden Urteile der Vorinstanzen:

Zum einen im Jahr 2013 das Urteil des BAG[2536] wobei damals der Kläger – ein Schwerbehinderter und als solcher befristet angestellter Assistent des beklagten Landes – ua auf Schmerzensgeld geklagt hatte, da er bei einer Ausschreibung der Beklagten nicht erfolgreich berücksichtigt worden war. Das BAG wies den Anspruch auf eine Geldentschädigung zurück, da der Anspruch aus keinem denkbaren Rechtsgrund begründet sei und betonte, das AGG regele *„Ansprüche auf materiellen oder immateriellen Schadensersatz wegen Benachteiligung im Zusammenhang mit einem der in § 1 AGG genannten Merkmale abschließend"*[2537] und führte – hier nur kurz zusammengefasst – zur erfolglosen Revision des Klägers aus:

- Der Anspruch – soweit er auf § 15 Abs. 2 AGG gegründet war – scheitere bereits an der Versäumung der erforderlichen **zweimonatigen Ausschlussfrist des § 15 Abs. 4 Art. 1 AGG**[2538] gerechnet ab dem Bekanntwerden bzw. der Mitteilung darüber, dass er in dem Bewerbungsverfahren nicht berücksichtigt worden war. Auch auf eine allgemeine Persönlichkeitsrechtsverletzung könne der Kläger seinen Anspruch nicht erfolgreich stützen, da hier ebenfalls die **Fristversäumung des § 15 Abs. 4 Art. 1 AGG** im Wege stehe und es zudem aber auch am Vorliegen eines schwerwiegenden Verschuldensvorwurfs der Beklagten fehle.
- Zur ebenfalls vorgetragenen Anspruchsgrundlage auf der Basis des **§ 4 des Teilzeit- und Befristungsgesetzes** (TzBfG), der sich explizit mit dem **„Verbot der Diskriminierung"** befasst, führte das BAG schließlich aus: *„Jedenfalls scheiterte sowohl ein vertraglicher als auch ein deliktischer Anspruch des Kl. auf Schmerzensgeld daran, dass § 253 Abs. I BGB einen Entschädigungsanspruch bei Verletzung des § 4 Abs. II TzBfG ausschließt,"*[2539] auch eine analoge Anwendung des § 253 Abs. 2 BGB sei nicht möglich, da eine planwidrige Regelungslücke fehle.

Zum anderen im Jahr 2018 die Entscheidung des BAG[2540] bei welcher die Klägerin russischer Herkunft sich durch eine Stellenanzeige der Beklagten sowohl wegen ihres Alters als auch ihrer ethnischen Herkunft diskriminiert sah und Schmerzensgeld forderte. Die Beklagte, eine Softwarefirma, hatte darin die Anforderung geäußert „Für die Position sollten Sie ein Studium der Ingenieur-Wissenschaften oder technischen Informatik abgeschlossen haben oder kurz vor Ihrem Abschluss stehen" und zudem betont, dass man auf „sehr gute Deutsch- und Englischkenntnisse in Wort und Schrift" Wert lege. Das BAG bestätigte die bereits klagabweisende Entscheidung der Vorinstanz und wies nochmals grundsätzlich darauf hin, *„das Benachteiligungsverbot des § 7 I AGG erfasst allerdings nicht jede Ungleichbehandlung, sondern nur eine Ungleichbehandlung wegen eines in § 1 AGG genannten Grundes. Zwischen der Benachteiligung und einem in § 1 AGG genannten Grund muss demnach ein Kausalzusammenhang bestehen"* und ging sodann auf die Thematik der Stellenanzeigen ein und führte dazu grundsätzlich aus:

- *„Unter einer Ausschreibung iSv § 11 AGG ist die an eine unbekannte Vielzahl von Personen gerichtete Aufforderung eines Arbeitgebers zu verstehen, sich auf die ausgeschriebene Stelle zu bewerben. Stellenanzeigen sind deshalb – wie typische Willenserklärungen bzw. Allgemeine Geschäftsbedingungen – nach ihrem objektiven Inhalt und typischen Sinn einheitlich so auszulegen, wie sie von verständigen und redlichen potenziellen Bewerbern unter Abwägung der Interessen der normalerweise beteiligten Verkehrskreise verstanden werden, wobei die Verständnismöglichkeiten des durchschnittlichen Bewerbers zugrunde zu legen sind".*
- Im Weiteren wies das BAG die beiden erhobenen Diskriminierungsvorwürfe zurück und betonte zutreffend, *„sehr gute Deutsch- und gute Englischkenntnisse"* seien auch nicht als *„untrennbar"* mit einer ethnischen Herkunft verbunden anzusehen.

Und schließlich noch im Jahr 2023 die Entscheidung des BAG,[2541] mit der das BAG die wegen Rechtsmissbrauchs erfolgte Klagabweisung der Vorinstanz bestätigte. Dazu führte das BAG aus:

2534 ArbG Oldenburg BeckRS 2022, 48883.
2535 LAG Niedersachsen BeckRS 2022, 48884.
2536 BAG BeckRS 2013, 70897; vgl. auch BAG BeckRS 2013, 69476; BAG BeckRS 2012, 73047.
2537 BAG BeckRS 2013, 70897.
2538 Vgl. hierzu auch bereits BAG BeckRS 2012, 74484 mAnm Kock NJW 2013, 555.
2539 BAG NJW 2013, 2699.
2540 BAG BeckRS 2017, 144848.
2541 BAG BeckRS 2023, 10380.

„Das Entschädigungsverlangen eines/einer erfolglosen Bewerbers/Bewerberin nach § 15 Abs. 2 AGG kann dem durchgreifenden ***Rechtsmissbrauchseinwand (§ 242 BGB)***[2542] *ausgesetzt sein. Rechtsmissbrauch ist anzunehmen, sofern diese Person sich nicht beworben hat, um die ausgeschriebene Stelle zu erhalten, sondern es ihr darum ging, nur den formalen Status als Bewerber/in iSv. § 6 Abs. 1 Satz 2 AGG zu erlangen mit dem ausschließlichen Ziel, Ansprüche auf Entschädigung und/oder Schadensersatz geltend zu machen (BAG 31. März 2022 – 8 AZR 238/21 – Rn. 37; 25. Oktober 2018 – 8 AZR 562/16 – Rn. 46ff.; 26. Januar 2017 – 8 AZR 848/13 – Rn. 123ff. mwN; grundlegend BAG 19. Mai 2016 – 8 AZR 470/14 – Rn. 32ff., BAGE 155, 149).*“ und betonte insofern zur diesbezüglichen Darlegungs- und Beweislast, dass diese dem Arbeitgeber obliege.

Liegt jedoch eine Diskriminierung iSd **§ 7 AGG** vor, so ist in Abhängigkeit des Einzelfalles ein „Schmerzensgeld“ bzw. eine dementsprechende Entschädigung im Umfang von 2 bis 3 Monatsgehältern (im vorliegenden Falle zwei Monatsgehälter) angemessen und ist nicht „auf die Differenz zwischen der dreifachen monatlichen Grundbesoldung des bislang innegehabten und derjenigen des angestrebten Amts beschränkt“, so entschied der VGH Mannheim[2543] und definierte den Begriff der **„Benachteiligung“** wie folgt:

„Benachteiligung im Sinne des Benachteiligungsverbots des § 7 Abs. I AGG ist jede unterschiedliche Behandlung, die mit einem Nachteil verbunden ist; nicht erforderlich ist, dass in Benachteiligungsabsicht gehandelt oder die Benachteiligung sonst schuldhaft bewirkt worden ist. Nach der Legaldefinition des § 3 Abs. I 1 AGG liegt eine unmittelbare Benachteiligung vor, wenn eine Person wegen eines in § 1 AGG genannten Grundes eine weniger günstige Behandlung erfährt als eine andere Person in einer vergleichbaren Situation erfahren hat oder erfahren würde. Die unmittelbare Benachteiligung kann auch in einem Unterlassen liegen. Eine solche ist insbesondere gegeben, wenn ein Arbeitgeber einer gesetzlich auferlegten Handlungspflicht nicht nachkommt, durch die iSd § 5 AGG eine bisher in Beschäftigung und Beruf benachteiligte Gruppe gezielt gefördert werden soll“.[2544]

So sprach das LAG Rheinland-Pfalz[2545] ebenfalls im Zusammenhang mit einer Bewerbung – diesmal als rechtswissenschaftliche Fachkraft bei einer Behörde – einem Schwerbehinderten 5.000 EUR zu, da er entgegen § 165 S. 3 SGB IX nicht zu einem Vorstellungsgespräch eingeladen worden war. Dieser Verstoß *„indiziere die unmittelbare Benachteiligung wegen der Schwerbehinderung des Klägers. Dem beklagten Land sei es nicht gelungen, die Diskriminierung zu widerlegen. Das Arbeitsgericht hat auf die Rechtsprechung des Bundesarbeitsgerichts hingewiesen, wonach für den nach § 22 AGG möglichen Nachweis, dass für die Nichteinladung eines Bewerbers entgegen § 165 SGB IX ausschließlich andere Gründe als die Behinderung erheblich waren, nur solche Gründe herangezogen werden können, die nicht die fachliche Eignung betreffen“*, so das LAG.[2546]

Wenn auch nicht das deutsche Recht betreffend, sondern nach österreichischem (dem deutschen jedoch insofern sehr ähnlichen) Recht beurteilt, sei an dieser Stelle eine aktuelle rechtskräftiges Entscheidung des **österreichischen Verwaltungsgerichtshofs**[2547] erwähnt. Der Kläger hatte sich auf eine hochrangige Stelle im österreichischen Verkehrsministerium beworben und im Auswahlverfahren gegenüber zwei weiteren Bewerbern die höchste Punktzahl erreicht. Dennoch erhielt er die Stelle nicht. Diese wurde stattdessen von der damals zuständigen Verkehrsministerin Bures der „zweitbesten“ Bewerberin, einer Frau, gegeben. Zur Begründung führte sie die „massiv bestehende Unterrepräsentation von Frauen“ an. Das Gericht sah darin zutreffend eine nicht nachvollziehbare Ungleichbehandlung und sprach dem Unterlegenen ein Schmerzensgeld von 5.300 EUR zu sowie materiellen Schadensersatz (Verdienstentgang) iHv mehr als 300.000 EUR.

Gut gemeint, aber (extrem) schlecht gemacht, so könnte man den Sachverhalt umschreiben, der dem AG Neustadt[2548] an der Weinstraße zur Entscheidung vorlag. Der Kläger erhielt in einem Vergnügungspark unter Vorlage seines **Schwerbehindertenausweises** einen Preisnachlass. Er wurde wegen seiner Behinderung jedoch genötigt, ein rotes Armband gut sichtbar zu tragen; somit war er für das Personal der diversen Fahrgeschäfte, die ihm den Nachlass zu gewähren hatten, als Behinderter gut zu erkennen, so dass ihm an einem Fahrgeschäft – vor anderen Gästen bzw. Besuchern – der Zutritt verweigert worden war. Das AG sah darin zutreffend einen Verstoß gegen das AGG.

Diskriminierung von Frauen wegen Größe oder Schwangerschaft: Ob eine derartige „unterschiedli- **257c**
che Behandlung“ vorliegt, wenn eine Fluggesellschaft (hier: Lufthansa bzw. deren Tochtergesellschaft Luft-

2542 Hervorhebung durch den Autor.
2543 VGH Mannheim NZA-RR 2014, 159.
2544 VGH Mannheim NZA-RR 2014, 159 (161); vgl. auch VG Würzburg BeckRS 2019, 30279 – keine Benachteiligung im Sinne des AGG durch rechtswidrige Versetzung einer behinderten Lehrerin in den Ruhestand.
2545 LAG Rheinland-Pfalz 3.3.2020 – 8 Sa 259/19, BeckRS 2020, 8480.
2546 LAG Rheinland-Pfalz BeckRS 2020, 8480.
2547 VwGH 19.2.2018 – Ro 2017/12/0016, s. www.spiegel.de/karriere – Bericht vom 20.3.2018 sowie unter www.derStandard.at – Bericht vom 19.3.2018.
2548 AG Neustadt an der Weinstraße BeckRS 2013, 200885.

hansa Flight Training GmbH) auf der Basis einer Betriebsvereinbarung (BV Auswahlrichtlinien) eine **Mindestgröße** für **Pilotinnenanwärterinnen** festschreibt und darauf basierend eine nur 161 cm große Bewerberin abweist, hat demnächst das BAG als Revisionsinstanz des LAG Köln[2549] zu entscheiden, welches insofern von einer durch sachliche Gründe nicht gerechtfertigten **mittelbaren Diskriminierung** ausging, die Berufung der Klägerin gegen das Urteil des ArbG Köln[2550] jedoch aus formellen Gründen als unzulässig abwies; die Klägerin begehrt deshalb als immaterielle Entschädigung und ausgehend von einem Jahresgrundgehalt iHv 62.000 EUR den dreifachen Monatsbruttobetrag (= ca. 15.500 EUR).

Die Forderung einer geschlechtsunabhängigen Mindestgröße von 170 cm für die Zulassung zur Polizeischule verstößt jedoch gegen den Grundsatz der Gleichbehandlung von Männern und Frauen, wenn diese Regelung viel mehr Frauen als Männer benachteiligt und sie für die Erreichung des rechtmäßigen Ziels nicht geeignet und erforderlich ist, so entschied der EuGH[2551] im Jahr 2017.

Mit einer **schweren und erheblichen Benachteiligung der Klägerin wegen ihres Geschlechts** hatte sich 2020 das **LAG Köln**[2552] befasst: Die Klägerin erlitt zwei Monate nach ihrer Einstellung in der Rechtsanwaltskanzlei des Beklagten eine **Fehlgeburt** und meldete sich deshalb krank. Vor diesem Hintergrund kündigte ihr der Beklagte und schrieb ihr: „Zunächst einmal halte ich fest, dass ich Ihnen im Einstellungsgespräch erläutert habe, dass ich eine Arbeitskraft für meinen wichtigsten Arbeitsplatz suche, der selbstverständlich voraussetzt, dass sich dieser Mitarbeiter intensiv in meine Kanzleiorganisation einarbeitet und dauerhaft zur Verfügung steht. Wenn Ihre Lebensplanung schon beim Einstellungsgespräch war, kurzfristig schwanger zu werden, hätten Sie mir dies offenbaren müssen, da Sie dann für die zu besetzende Stelle nicht in Frage gekommen wären". Das LAG führte insofern aus: *„Ausgehend von der unter 1. getroffenen Feststellung, dass die Klägerin mit der Kündigung vom … wegen des Geschlechts benachteiligt wird, also ein Verstoß gegen das Benachteiligungsverbot vorliegt, ist grundsätzlich vom Vorliegen eines immateriellen Schadens im Sinne des § 15 Abs. 2 AGG auszugehen"* (vgl. BAG BeckRS 2014, 66665).

Zur Schmerzensgeldbemessung führte das LAG aus: *„Vorliegend handelt es sich um eine nach Art und Schwere erhebliche Benachteiligung der Klägerin wegen des Geschlechts, die als unmittelbare Benachteiligung grundsätzlich schwerer als eine mittelbare Benachteiligung wiegt. Erschwerend kommt hinzu, dass der Beklagte als Rechtsanwalt tätig ist, und zwar auch im Bereich Arbeitsrecht, also gewisse Kenntnisse des Rechts als vorhanden unterstellt werden dürfen. Auch die mit der Entschädigungszahlung bezweckte abschreckende Wirkung verlangt vorliegend die Festsetzung einer erheblichen und für den Beklagten fühlbaren Entschädigung, die weit über einen symbolischen Betrag hinausgeht".*[2553] Die Klägerin erhielt 4.425 EUR.

257d **Benachteiligung wegen des Geschlechts: Der Klassiker** insofern lag der aktuellen Entscheidung des LAG Nürnberg vom 23.1.2026[2554] zugrunde: Der Beklagte, ein Unternehmer mit acht Arbeitnehmern suchte zur Verstärkung eine Bürokraft und schrieb die so zu besetzende **Stelle aus als „Sekretärin Assistentin Schreibkraft".** Der Kläger, ein Mann, hatte sich auf die so ausgeschriebene Stelle beworben und war vom Beklagten abgelehnt worden, der die Stelle mit einer Frau besetzt hatte.

Das LAG entschied dazu, *dass die geschlechtsspezifische Ausschreibung einer Stelle als "Sekretärin Assistentin Schreibkraft" die Vermutung einer unmittelbaren Benachteiligung wegen des Geschlechts im Sinne von § 3 Abs. 1, § 7 Abs. 1, § 11, § 22 AGG begründet. Bei der Bemessung der immateriellen Entschädigung orientierte sich das LAG an der Schwere des Verstoßes und der wirtschaftlichen Leistungsfähigkeit des Arbeitgebers und wies dabei darauf hin, dass die Unkenntnis des Arbeitgebers in Bezug auf die rechtlichen Vorgaben, insofern unbeachtlich sei. "Der Beklagte beschäftigt lediglich acht Arbeitnehmer, so dass die Kammer von einer nur begrenzten wirtschaftlichen Leistungsfähigkeit ausgehen konnte. In Ansehung dieses Hintergrundes ist es angemessen, die Regelentschädigung von grundsätzlich zwei Monatsgehältern auf 1 1/2 Monatsgehälter zu kürzen."* so das LAG.[2555]

257e **Diskriminierung wegen sexueller Orientierung, Transsexualität, nicht-binärer Geschlechtsidentität oder wegen Misgenderns:** Anders als bei dem soeben vorgestellten „Klassiker" gestaltet sich die Thematik bei den Fragen zur Diskriminierung wegen sexueller Orientierung, Transsexualität, nicht-binärer Geschlechtsidentität oder wegen Misgenderns wesentlich komplexer. Insofern sei einleitend zu dieser Thematik auf die Entscheidung des EuGH (Plenum), Urteil vom 21.4.2026 – C-769/22[2556] hingewiesen, mit

[2549] LAG Köln BeckRS 2014, 72115.
[2550] ArbG Köln BeckRS 2013, 74222.
[2551] EuGH 18.10.2017 – C-409/16, NZA 2018, 418; ebenso zuvor bereits VG Schleswig 26.3.2015 – 12 A 120/14, NZA 2018, 418.
[2552] LAG Köln BeckRS 2020, 10709.
[2553] LAG Köln BeckRS 2020, 10709.
[2554] LAG Nürnberg BeckRS 2026, 7566.
[2555] LAG Nürnberg BeckRS 2026, 7566.
[2556] EuGH (Plenum) GRUR-RS 2026, 6795.

welchem der EuGH festgestellt hat, dass das ungarische Gesetz von 2021 zur Einschränkung von LGBTI+-Inhalten gegen EU-Grundwerte, die Grundrechtecharta sowie Binnenmarktrichtlinien verstößt. Auch wenn sich daraus kein immaterieller Schadensersatzanspruch herleiten lässt, stellt diese Entscheidung einen historischen Meilenstein dar, da der Gerichtshof zum ersten Mal einen Mitgliedstaat (Ungarn) wegen einer eigenständigen Verletzung der Werte des Art. 2 EUV verurteilt hat. In der Sache ging es um das ungarische "Kinderschutzgesetz", das die Darstellung von LGBTQI+-Identitäten einschränkte und damit gegen die Diskriminierungsverbote sowie die Werte der Union verstieß.

Der Schutz vor Diskriminierung erschöpft sich jedoch nicht in der Rüge staatlicher Gesetzesakte; vielmehr zeigt sich in der aktuellen Rechtsprechung, dass auch die vermeintlich triviale private Kommunikation einer strikten wertorientierten Kontrolle unterliegt, sobald sie die individuelle Identität missachtet, wie die nachfolgenden Ausführungen zeigen:

Wie zuvor bereits das OLG Frankfurt a. M.,[2557] dessen Urteil inzwischen rechtskräftig ist (s. BGH[2558]) hat nun auch der EuGH (C-394/23)[2559] als Ausdruck der gesellschaftlichen Entwicklungen, dem sich nicht nur das Rechtsverständnis, sondern auch die Kommunikation anpasst,[2560] festgestellt, dass die Datenverarbeitung hinsichtlich der lediglich binären Anrede eines Kunden weder zur Vertragserfüllung noch zur Wahrung der berechtigten Interessen des Verantwortlichen erforderlich ist und zudem gegenüber **non-binären Personen** die *„Gefahr einer Diskriminierung aufgrund der Geschlechtsidentität"* bestehe.

Hintergrund dieser Entscheidung des EuGH war die Klage des französischen Verbands *Mousse,* der sich gegen sexuelle Diskriminierung einsetzt und die Gefahr einer Diskriminierung darin sah, dass die französische Bahn SNCF beim Onlineerwerb von Fahrscheinen Reisende dazu verpflichtet, ihre Anrede anzugeben und dafür nur „Herr" oder „Frau" als Eingabefelder vorgesehen hat.

Praxishinweis:

Konkret betroffen von diesen Entscheidungen, die letztendlich das Ende der geschlechterspezifischen Ansprache im Geschäftsleben[2561] eingeläutet haben, sind selbstverständlich nicht nur die Deutsche Bahn[2562] oder nun auch die französische Bahn SNCF, sondern alle Unternehmen ganz gleich welcher Größe, Rechtsform oder mit welchem vertraglichen Angebot. Die Unternehmen – dies gilt auch für Einzelunternehmer – sind daher dringend angehalten insofern ihre geschäftliche Kommunikation beispielsweise bei Dienstleistungen, bei der Kundenkommunikation, im Marketing oder im Bildungsbereich und in besonderem Maß auch ihre Websites, sofern über diese ihre Waren oder Dienstleistungen angeboten werden, der aktuellen Rechtsprechung des EuGH gendergerecht anzupassen, um nicht mit Schmerzensgeldklagen überzogen zu werden, wie im Fall des OLG Frankfurt a. M., auf den nachfolgend noch näher eingegangen wird.[2563]

Als geschlechterneutrale Alternative – zusätzlich neben „Frau" und „Herr" – empfiehlt es sich daher im klassischen Dropdown von Online-Plattformen als dritte Option künftig entweder **„Mx"** (ausgesprochen „Mixter") oder **„div."** oder nur „d" für „divers" hinzuzufügen.

Zudem sollte generell – nicht nur – in der B2C Kommunikation eine geschlechterinklusive und diversitätssensible Sprache verwendet werden. Aus der Vielzahl von Anleitungen und Empfehlungen hierfür sei an dieser Stelle auf die EMPFEHLUNGEN FÜR GESCHLECHTERINKLUSIVE UND DIVERSITÄTS-SENSIBLE SPRACHE der Universität Frankfurt a. M. hingewiesen.[2564]

Bei Bewerbungsverfahren ist es wichtig, die vorgelegten Unterlagen einschließlich des Lebenslaufes des Bewerbers sorgfältig zu lesen und dabei auch darauf zu achten, ob sich dort ggf. ein Hinweis auf eine Schwerbehinderung findet. Das LAG hatte 2026 insofern betont, dass es zulässig sei, wenn ein Bewerber den **Hinweis auf eine Schwerbehinderung** (es ging um eine von vielen Klagen eines schwerbehinderten Rechtsanwaltes, der bereits überregional für diverse AGG-Entschädigungsverfahren bekannt war)[2565] lediglich im Lebenslauf als einen von mehreren gesonderten Gliederungspunkten angibt. Dort hatte ihn jedoch der Beklagte übersehen, woraufhin die Klage des abgelehnten Bewerbers wegen Diskriminierung nach dem AGG erfolgreich war, – er erhielt eine immaterielle Entschädigung iHv. 9.000 EUR.

[2557] OLG Frankfurt a. M. BeckRS 2022, 13903 → Nr. 7040.
[2558] BGH BeckRS 2024, 23419.
[2559] EuGH 9.1.2025 – C-394/23, NJW 2025, 807; mAnm Laura Reuters IWRZ 2025, 23; vgl. dazu auch BVerfG NJW 2017, 3643.
[2560] Benedikt NJW 2025, 788 (791).
[2561] S. dazu Wagner DSB 2025, 47.
[2562] OLG Frankfurt a. M. BeckRS 2022, 13903 → Nr. 7040.
[2563] OLG Frankfurt a. M. BeckRS 2022, 13903 → Nr. 7040.
[2564] https://www.uni-frankfurt.de/100588714/2021_04_28_Leitfaden_Empfehlungen_geschlechterinklusiv_Sprache_LANG_barrierefrei.pdf.
[2565] Ua ArbG Mainz BeckRS 2025, 46806 → Nr. 7946; LAG Köln Urt. v. 30.1.2026 – 10 SLa 561/24 → Nr. 7949.

Auch in der **Kommunikation im Rahmen von Bewerbungsverfahren** ist – vor dem Hintergrund der Entscheidung des ArbG Berlin[2566] – stets auf die **korrekte Anrede der bewerbenden Person** zu achten. Gegenüber eines sich explizit als nicht binäre Person vorstellenden Bewerbenden die Anrede „Herr“ oder „Frau“ in Schreiben bzw. Mails zu verwenden, führt in der Regel zu Rechtsstreitigkeiten. Dass diese im Fall des ArbG Berlin zugunsten des ausschreibenden Unternehmens ausging, lag nur daran, dass die bewerbende Person als sog. AGG-Hopper entlarvt werden konnte.

Aufgrund dieser Rechtsprechung können seit Januar 2023 Reisende nun auf den Ticketportalen der DB zwischen „Herr“, „Frau“ und „divers“ wählen. Ebenso verzichtet die ARD – auch um eine zeitgemäße Kommunikation zu gewährleisten – seit dem 20.11.2024 auf die traditionelle Begrüßung ihrer Haupt-Nachrichtensendung und beginnt diese mit den Worten „Guten Abend, ich begrüße Sie zur Tagesschau“.

Auch bereits zuvor hatten sich die Gerichte mehrfach mit Forderungen nach immateriellem Schadensersatz aufgrund von Diskriminierung wegen sexueller Orientierung, Transsexualität oder Misgendern[2567] zu befassen, weshalb einige dieser Fälle nachstehend erläutert werden:

Mit der Thematik der **Diskriminierung wegen sexueller Ausrichtung** und der damit verbundenen Forderung auf Ersatz des immateriellen Schadens, der entstanden sein soll, weil das beklagte Unternehmen es abgelehnt hatte, den zwischen ihr und dem Kläger geschlossenen Dienstvertrag zu verlängern, befasste sich 2023 der **EuGH**[2568] und führte dazu aus: *„Art. 3 Abs. 1 Buchst. a und c der RL 2000/78/EG des Rates vom 27. November 2000 zur Festlegung eines allgemeinen Rahmens für die Verwirklichung der Gleichbehandlung in Beschäftigung und Beruf ist dahin auszulegen, dass er einer einzelstaatlichen Regelung entgegensteht, die zur Folge hat, dass die auf die sexuelle Ausrichtung einer Person gestützte Weigerung, mit dieser Person einen Vertrag abzuschließen oder zu verlängern, der zum Gegenstand hat, dass sie im Rahmen der Ausübung einer selbständigen Erwerbstätigkeit bestimmte Leistungen erbringt, auf der Grundlage der freien Wahl des Vertragspartners von dem nach dieser Richtlinie zu gewährenden Schutz vor Diskriminierungen ausgeschlossen wird.“*[2569]

Eine Stellenausschreibung, mit der der Arbeitgeber **„coole Typen“** sucht, vermag ohne weiteren Sachvortrag der Bewerberin, die ihrem biologischen Geschlecht nach ein Mann ist, noch keine Benachteiligung wegen des Alters zu begründen, stellt jedoch im Zusammenhang mit der rein maskulinen Berufsbezeichnung („Anlagenmechaniker“ und „Bauhelfer“) in der Anzeige eine **Diskriminierung wegen des Geschlechts** dar. Eine solche geschlechtsspezifische Formulierung begründe – so das ArbG Koblenz –[2570] *„ein Indiz für eine geschlechtsbezogene Ungleichbehandlung iSv § 22 AGG (BVerfG 21.9.2006 NJW 2007, 137f.; BAG 27.4.2000 – 8 AZR 295/99; 5.2.2004 NZA 2004, 540, 543) und für einen Verstoß gegen das in § 11 AGG verankerte Verbot benachteiligender Stellenausschreibungen.“* Soweit die Beklagte „coole Typen“ sucht, sei der Begriff Typ grammatikalisch zwar ein maskulines Substantiv, inhaltlich jedoch geschlechtsunspezifisch. Eine feminine Form des Wortes (etwa „Typin“) existiert in der deutschen Sprache nicht und werde im allgemeinen Sprachgebrauch auch nicht verwendet (dem Begriff „Type“ kommt eine andere Bedeutung zu, es handelt sich nicht etwa um das feminine Pendant zu „Typ“ [wobei der in der Stellenausschreibung verwendete Plural „Typen“ ohnehin in beiden Fällen identisch wäre]). Gleichwohl legten die auf den Begriff Typ folgenden Wörter „Anlagenmechaniker“ und „Bauhelfer“ nahe, dass die Beklagte tatsächlich männliche Typen sucht.

Für den Schutz des AGG wie auch durch die Gleichbehandlungsrichtlinie 2006/54/EG bedürfe es weder einer Angleichung des Vornamens noch eines Statuswechsels des Geschlechts noch einer Geschlechtsumwandlung; es genügt, wenn biologisches und psychisches Geschlecht nachhaltig auseinanderfallen. Eine Person, die sich durch eine Benachteiligung wegen ihrer **Transsexualität** für beschwert hält, genügt ihrer Darlegungslast gem. § 22 AGG, wenn sie Indizien vorträgt, die mit überwiegender Wahrscheinlichkeit darauf schließen lassen, dass sie als solche Person wahrgenommen und deshalb benachteiligt wurde, so das ArbG Koblenz.[2571]

Über einen nicht alltäglichen Fall eines Diskriminierungsvorwurfs wegen **Transsexualität** hatte das LAG Rheinland-Pfalz[2572] zu entscheiden. Der Beklagte (Bekl. zu 2) hatte über eine Zeitarbeitsfirma (Bekl. zu 1) eine Mitarbeiterin für die bei ihm zu besetzende Stelle als Schmuckkommissionärin gesucht. Die Klägerin

[2566] ArbG Berlin ArbG Berlin, Urt. v. 28.5.2026 – 42 Ca 3438/26 → Nr. 7942.

[2567] Misgendern bedeutet, dass eine Person unabsichtlich oder absichtlich dem falschen Geschlecht zugeordnet und/oder über sie mit dem falschen Pronomen geredet oder sie insofern unzutreffend angesprochen wird.

[2568] EuGH BeckRS 2023, 85.

[2569] EuGH BeckRS 2023, 85.

[2570] ArbG Koblenz BeckRS 2022, 9385 → Nr. 7346; vgl. zu dieser Entscheidung vorstehend → Rn. 257.

[2571] ArbG Koblenz BeckRS 2022, 9385.

[2572] LAG Rheinland-Pfalz BeckRS 2014, 70013; OLG Frankfurt a. M. GRUR-RS 2022 13903 Diskriminierung durch Misgendern.

kam deshalb zum Bewerbungsgespräch in die Räume des Beklagten. Nachdem sie sich mit Vor- und Nachnamen vorgestellt und mitgeteilt hatte, Frau W. von der Zeitarbeitsfirma habe sie angekündigt, hatte der Mitarbeiter P. der Beklagten – nachdem er sie zunächst wortlos angeschaut hatte – erwidert, dass Frau W. (von der Zeitarbeitsfirma) aber doch eine Frau A. angekündigt habe. Daraufhin stellte die Klägerin klar, dass dies richtig und sie Frau A. sei. Durch diese Begebenheit, so die Klägerin, habe sie *den Eindruck* gehabt, dass der Leiter im Vorstellungsgespräch ihre geschlechtliche Identität als Frau angezweifelt habe. Nachdem sich die Beklagte später für eine andere Bewerberin entschieden hatte, begehrte die Klägerin immateriellen Schadenersatz nach § 15 Abs. 2 AGG wegen Verstoßes gegen das Benachteiligungsverbot nach § 7 AGG, da sie wegen ihres Geschlechts bzw. ihrer Transsexualität benachteiligt worden sei. Das LAG wies die Klage ab und das Anspruchsbegehren der Klägerin mit der zutreffenden Begründung zurück, eine **Benachteiligung könne nicht wegen der Transsexualität eines Bewerbers/einer Bewerberin erfolgen, wenn diese dem Arbeitgeber nicht bekannt ist.** *Kannten weder die Beklagte zu 2) – in Person von Herrn P. – noch die Beklagte zu 1) – in Person von Frau W. – die Transsexualität der Klägerin, konnte die Benachteiligung nicht „wegen des Geschlechts" der Klägerin erfolgen (vgl. BAG* Urt. v. *26.9.2013 – 8 AZR 650/12 – NZA 2014, 258 Rn. 30). Die Klägerin selbst hat erst in der Berufungsbegründungsschrift offengelegt, dass sie transsexuell sei. Allein die „Suche" des Herrn P. nach einer – ihm von Frau W. angekündigten – Frau lässt nicht darauf schließen, dass er die Klägerin als transsexuell angesehen hat und bei dieser Annahme nach dem Hinweis der Klägerin darauf, dass sie „Frau A." sei, geblieben ist. Die Klägerin hat ebenfalls nicht behauptet, dass Herr P. von ihrer Transsexualität ausgehen konnte und ausgegangen ist,* so das LAG.[2573] Zudem, so das LAG, sei im Verhältnis zur Beklagten zu 1) ein Entschädigungsanspruch der Klägerin auch bereits deshalb nicht gegeben, da der Beklagten zu 1) das Verhalten des Mitarbeiters P. nicht zugerechnet werden könne. *„Werden Benachteiligungen – wie im vorliegenden Fall -von sonstigen Dritten, etwa Kunden begangen, trifft den Arbeitgeber eine Entschädigungspflicht nur, wenn er seine Verpflichtung zum Ergreifen geeigneter Schutzmaßnahmen mindestens fahrlässig verletzt hat (Ernst/Braunroth/Wascher, AGG, 2. Aufl. 2013, § 15 Rn. 5). Geht die Benachteiligung von Dritten aus, die zum Arbeitgeber nicht in arbeitsrechtlichen, sondern in sonstigen vertraglichen Beziehungen stehen, ist § 7 Abs. 3 AGG nicht einschlägig. Zwar kann der Benachteiligte auch in diesem Falle die Verletzung von Schutzpflichten aus § 241 Abs. 2 BGB geltend machen, doch kann dem Arbeitgeber das Fehlverhalten Dritter nicht als eigene Pflichtverletzung zugerechnet werden (ErfK-Schlachter, 14. Aufl. 2014, § 7 AGG Rn. 10). Die Klägerin hat nicht dargelegt, welche Schutzpflichten die Beklagte zu 1) verletzt haben soll."*

Diskriminierung wegen Transsexualität durch Benachteiligung wegen diskriminierender Mitteilung des Arbeitgebers in Bezug auf eine von der Arbeitnehmerin geplante Geschlechtsumwandlungsoperation, – damit hatte sich 2021 das LAG Berlin-Brandenburg[2574] zu befassen. Die **transsexuelle Klägerin** teilte ihrem Arbeitgeber, der Beklagten, mit, dass sie sich zum Zweck der Durchführung eines geplanten chirurgischen Eingriffs zur **Geschlechtsumwandlung** für 4 Wochen im nichteuropäischen Ausland aufhalte und dies **als Zeit einer Arbeitsunfähigkeit** anzeige. Die Beklagte wies insofern darauf hin, dass eine geschlechtsangleichende Operation nicht unter das vom Arbeitgeber mitzutragende Krankheitsrisiko falle und ein Anspruch auf Entgeltfortzahlung in diesem Fall nicht bestehe. Die Klägerin sah darin eine Benachteiligung wegen ihres Geschlechts. Das ArbG sprach ihr einen immateriellen Schadensersatz iHv zwei Monatsgehältern zu. Die dagegen von der Beklagten eingelegte Berufung wurde als unbegründet zurückgewiesen. Zur Begründung führte das LAG Berlin aus (amtliche Leitsätze): *„Transsexualität gehört als solche nicht zu den in § 1 AGG genannten Gründen, an die das Benachteiligungsverbot in § 7 Abs. 1 AGG anknüpft. Transsexualität kann aber sowohl im Rahmen des in § 1 AGG angeführten Grundes ‚Geschlecht' als auch des Grundes ‚sexuelle Identität' iSv. § 1 AGG von Bedeutung sein. Das Schreiben eines Arbeitgebers, in dem dieser auf eine Anzeige nach § 5 Abs. 1 S: 1 EFZG wegen einer anstehenden geschlechtsangleichenden Operation dadurch reagiert, dass er darauf hinweist, dass im Falle eines chirurgischen Eingriffs, der die individuelle Lebensgestaltung des Arbeitnehmers betreffe, worunter zB auch geschlechtsangleichende Operationen fielen, nicht unter das vom Arbeitgeber mitzutragende Krankheitsrisiko falle, da dies der Verpflichtung des Arbeitnehmers entgegenstehe, seine Gesundheit zu erhalten und zur Arbeitsunfähigkeit führende Erkrankungen zu vermeiden, stellt einen Verstoß gegen das in § 7 Abs. 1 AGG geregelte Benachteiligungsverbot dar."*[2575] Die Klägerin erhielt 13.415 EUR (2 ½ Monatsgehälter).

Zur Berichtigung von Daten zur Geschlechtsidentität ohne OP-Nachweis s. EuGH NJW 2025, 1109.

1.000 EUR sprach das OLG Frankfurt a. M.[2576] 2022 der klagenden Person mit **nicht-binärer Geschlechtsidentität** zu, die sich René Rain Hornstein nennt und darauf hinweist, dass der „Unterstrich" zwischen den beiden Vornamen Hinweis auf die nicht-binäre Geschlechtsidentität sei. Eine Besonderheit dabei war, dass zum Zeitpunkt der Entscheidung eine **Personenstandsänderung nicht stattgefunden** hatte, so dass in der Geburtsurkunde Hornsteins weiterhin eine binäre Geschlechtsangabe enthalten sowie der männliche **257f**

[2573] LAG Rheinland-Pfalz BeckRS 2014, 70013.
[2574] LAG Berlin-Brandenburg BeckRS 2021, 52328 → Nr. 7351.
[2575] LAG Berlin-Brandenburg BeckRS 2021, 52328 → Nr. 7351.
[2576] OLG Frankfurt a. M. BeckRS 2022, 13903 → Nr. 7040.

Vorname B eingetragen war. Zur Begründung verwies Hornstein auf die *„Gefühle (ua) der Einengung, Verletzung und Verzweiflung, Schmerz, Fluchtimpulse, Unwohlsein, Hoffnungslosigkeit und Kraftlosigkeit"*, die dadurch ausgelöst wurden, dass die Person beim **Erwerb von Online-Tickets** nur zwischen der binären Anrede „Frau" und „Herr" wählen konnte und sich durch das **„Misgendern" diskriminiert** fühlte, da ohne eine solche Angabe eine Fahrkarte nicht erworben werden konnte. Das OLG Frankfurt a. M. erachtete die Benachteiligung Hornsteins durch die Beklagte, eine Vertriebstochter der Deutsche Bahn AG (DB), als non-binäre Person als derart massiv, dass diese durch eine Entschädigung in Geld kompensiert werden müsse. Die Nichtzulassungsbeschwerde der DB hat der BGH 2024 zurückgewiesen,[2577] sodass die Entscheidung des OLG rechtskräftig ist. Inzwischen betont die Deutsche Bahn, dass *„Vielfalt und Toleranz… grundlegende Bestandteile der Unternehmensidentität der Deutschen Bahn"* seien und das Ziel, *„alle Menschen anzusprechen, unabhängig von ihrer geschlechtlichen Identität."*[2578]

Eine ebenfalls von Hornstein gegen die **Fluggesellschaft Ryanair** gerichtete Klage wurde inzwischen verglichen, nachdem Ryanair inzwischen ihren Fluggästen die Möglichkeit eingeräumt hat, zwischen Frau und Herr auch „Mx" (ausgesprochen „Mixter") als geschlechterneutrale Alternative auswählen zu können.

Wie oben bereits dargestellt, hat sich 2025 auch der EuGH[2579] mit der Thematik des Misgenderns und der Gefahr einer Diskriminierung von non-binären Personen befasst.

Einen Schmerzensgeldanspruch nach § 21 Abs. 2 S. 3 AGG sah das LG Wuppertal als gegeben an und sprach der klagenden Person 2.000 EUR Schmerzensgeld wegen Diskriminierung zu. Der **transidente Kläger** begehrte von seinem privaten Krankenversicherer (= Beklagte) die Kostenübernahme für eine Kinderwunschbehandlung im Wege der heterologen Insemination sowie die Zahlung einer Entschädigung nach dem Allgemeinen Gleichbehandlungsgesetz in Höhe von 5.000 EUR für deren diskriminierende Ablehnung, die – so das LG – *„an der Transidentität anknüpft. Denn sie [die Beklagte] stützte die Ablehnung an den Umstand, dass der Kl. transident sei und deshalb eine biologisch und keine bedingungsgemäße organisch begründete Sterilität gegeben sei. Damit hat die Bekl. bei der ablehnenden Entscheidung in einer für den Kl. nachteiligen Weise an seine Geschlechtsorgane bei der Geburt angeknüpft, obwohl es darauf aus den dargelegten Gründen sachlich nicht ankam"*, so das LG.

Keinen immateriellen Schadensersatz erhielt dagegen eine sich explizit als nicht binäre Person vorstellende Bewerbende. Das Unternehmen hatte im Ablehnungsschreiben an diese Person die Anrede „Herr" verwendet, was in dem vom ArbG Berlin zugunsten des ausschreibenden Unternehmens entschiedenen Sachverhalt nur deshalb zu keinem immateriellen Schadensersatz geführt hatte, da die bewerbende Person als sog. AGG-Hopper entlarvt worden war.[2580]

258 Abschließend und zusammenfassend sei **– auf Basis der insofern grundlegenden Entscheidung des** BAG Urteil vom 22.1.2009 – 8 AZR 906/07[2581] noch folgendes **Prüfschema und Hinweise** für „eine angemessene Entschädigung in Geld" gemäß § 15 Abs. 2 AGG **vorgestellt:**

Prüfschema und Hinweise für „eine angemessene Entschädigung in Geld" gemäß § 15 Abs. 2 AGG:

1. Anwendbarkeit des AGG
   a) Gehört der Betroffene/Mandant zur Gruppe der Beschäftigten iSd AGG? (§ 6 AGG)?
   b) Ist der sachliche Anwendungsbereich (§ 2 AGG) gegeben?
2. Liegt ein Verstoß gegen das Benachteiligungsverbot des § 7 Abs. 1 AGG iVm § 1 AGG vor?
   – Gegen welches Diskriminierungsmerkmal des § 1 AGG wurde verstoßen?
   – Welche Art (iSd § 3 AGG) der Benachteiligung liegt vor? Bei einer mittelbaren Diskriminierung ist das Fehlen einer sachlichen Rechtfertigung nach § 3 Abs. 2 Hs. 1 AGG bereits tatbestandliche Voraussetzung der Benachteiligung.
   – Kein Rechtsmissbrauch (§ 242 BGB)? – Zu den Voraussetzungen des erfolgreichen Einwands des Rechtsmissbrauchs vgl. LAG Nürnberg Urt. v. 23.1.2026 – 8 SLa 4/25[2582] oder ArbG Berlin Urteil vom 28.5.2026 – 42 Ca 3438/26 → Nr. 7942 Subjektive Ernsthaftigkeit der Bewerbung? (Ausschluss von „AGG-Hopping")

2577 BGH BeckRS 2024, 23419.
2578 Quelle: Nordwest-Zeitung Nr. 109 vom 12.5.2025, 18.
2579 EuGH 9.1.2025 – C-394/23, NJW 2025, 807; mAnm Laura Reuters IWRZ 2025, 23; vgl. dazu auch BVerfG NJW 2017, 3643.
2580 ArbG Berlin ArbG Berlin, Urt. v. 28.5.2026 – 42 Ca 3438/26 → Nr. 7942.
2581 BAG BeckRS 2009, 69262 mAnm Reinhard NJW 2009, 3533.
2582 LAG Nürnberg BeckRS 2026, 7566).

3. Keine gesetzliche Rechtfertigung der unterschiedlichen Behandlung oder Zulässigkeit derselben §§ 4, 8, 9, 10 (ist eines der in § 10 Satz 3 AGG Ziff. 1 bis 7 genanntes Regelbeispiel einschlägig?) 20 AGG ?
4. Kein Verschulden! Anders als bei § 15 Abs. 1 AGG, setzt der Entschädigungsanspruch gemäß § 15 Abs. 2 AGG keinen schuldhaften Verstoß des Arbeitgebers gegen das Benachteiligungsverbot voraus.
5. **Steht ein Verstoß gegen das Benachteiligungsverbot fest, ist vom Vorliegen eines immateriellen Schadensersatzanspruchs auszugehen, dh angemessene Entschädigung in Geld wegen immateriellen Schadens.**
6. Bei diskriminierender Nichteinstellung: Beschränkung der Entschädigung grundsätzlich auf drei Monatsgehälter, wenn der Bewerber auch bei diskriminierungsfreier Auswahl nicht eingestellt worden wäre (§ 15 Abs. 2 S. 2 AGG).
7. Hat der Kläger die Frist zur Geltendmachung des Anspruchs nach § 15 Abs. 2 AGG gewahrt und den Anspruch – sofern tarifvertraglich nichts Abweichendes geregelt wurde – innerhalb der materiell-rechtlichen Ausschlussfrist von zwei Monaten (§ 15 Abs. 4 AGG) schriftlich geltend gemacht? Fristbeginn im Falle einer Bewerbung: Zugang der Ablehnung.
8. Hat der Kläger die dreimonatige Klagfrist gemäß § 61b Abs. 1 ArbGG gewahrt?

cc) Gerechtfertigte und ungerechtfertigte Bezichtigung einer Straftat/Einleitung eines Strafverfahrens. Gerechtfertigte Bezichtigung einer Straftat: Mit der Begründung, sein früherer Dienstherr habe ihn nicht von seiner unrechtmäßigen Abrechnungspraxis abgehalten und den Sachverhalt (betrügerisches Abrechnungsverhalten) unter Ausnutzung von „Ermittlungen" eines Kollegen zur Anzeige gebracht, um ihn als unbequemen Chefarzt aus dem Amt zu drängen, klagte ein ärztlicher Direktor vor dem OLG Saarbrücken auf Schadensersatz und Schmerzensgeld. Das OLG Saarbrücken[2583] wies die Klage ab und äußerte sich in seiner Begründung sehr genau zu der Frage der berechtigten Bezichtigung einer Straftat bzw. der Anzeige einer solchen: **259**

Es ist allgemein anerkannt, dass die Einleitung oder das Betreiben eines gesetzlich geregelten Verfahrens der Rechtspflege grundsätzlich kein rechtwidriges Verhalten darstellt (vgl. BGH, Urt. v. 11. November 2003 – VI ZR 371/02, NJW 2004, 446). Das gilt auch für die Anzeige von – angeblichen – Missständen gegenüber denjenigen Stellen, die – wie vorliegend die Staatsanwaltschaft – dazu berufen sind, einem entsprechenden Verdacht nachzugehen und gegebenenfalls Maßnahmen gegen solche Missstände zu ergreifen, wenn sie – wie hier – nicht ersichtlich unzutreffend sind. Der gutgläubige Erstatter einer Strafanzeige darf nicht mit dem Risiko des Schadensersatzes für den Fall belastet werden, dass seine Anzeige nicht zum Erweis des behaupteten Vorwurfs führt (vgl. BVerfG, Beschl. vom 25. Februar 1987 – 1 BvR 1086/85, BVerfGE 74, 257). Er muss im strafrechtlichen Ermittlungsverfahren grundsätzlich das vorbringen dürfen, was er nach seinem Ermessen zur Aufklärung der Sache für erforderlich hält. Den berechtigten Belangen des in seiner Ehre Betroffenen ist durch die Bestimmung des § 164 StGB (falsche Verdächtigung), die Kostenregelung in § 469 StPO für den Fall einer vorsätzlich oder leichtfertig erstatteten unwahren Anzeige sowie die rechtsstaatliche Ausgestaltung des Ermittlungsverfahrens hinreichend Rechnung getragen (BGH, Urt. v. 28. Februar 2012 – VI ZR 79/11, VersR 2012, 502 …), so das OLG Saarbrücken.[2584]

In diesem Zusammenhang erwähnt sei auch das Urteil des OLG Frankfurt a. M.[2585] (Klage des ehemaligen DFB-Präsidenten, **Theo Zwanziger** gegen das Land Hessen auf Schmerzensgeld). Das OLG wies die Klage ab und begründete dies im Kern wie folgt: Staatsanwaltliche Maßnahmen können nicht auf ihre Richtigkeit, sondern nur auf ihre Vertretbarkeit überprüft werden. Die Vertretbarkeit darf nur verneint werden, wenn bei voller Würdigung auch der Belange einer funktionstüchtigen Strafrechtspflege das staatsanwaltschaftliche Verhalten nicht mehr verständlich erscheint, wofür die volle Darlegungs- und Beweislast grundsätzlich der Kläger trägt.

Ungerechtfertigte Bezichtigung einer Straftat: Wird jemand ohne Anlass oder gar bewusst falsch der Begehung einer Straftat bezichtigt, so kann dies für den Betroffenen einen Anspruch auf Schmerzensgeld aus unerlaubter Handlung gem. § 823 Abs. 2 BGB iVm §§ 186, 164 StGB (Verletzung eines Schutzgesetzes) wegen Verletzung seiner Persönlichkeitsrechte begründen. Allerdings handelt es sich bei den Straftatbeständen der §§ 164, 187 StGB um Vorsatzdelikte, so dass der Geschädigte nicht nur den Verstoß, also alle Umstände, aus denen sich die Verwirklichung der einzelnen Tatbestandsmerkmale des Schutzgesetzes ergibt, darlegen und beweisen, sondern ebenso den Vorsatz.

Gelingt dies dem Betroffenen nicht, scheitert die insofern auf Schmerzensgeld gerichtete Klage, wie dies das LG Dortmund 2020 in einem auf „die Zahlung eines angemessenen Schmerzensgeldes in Höhe von mindestens 100.000,00 €" gerichteten Klage wegen angeblichem **Rufmord** entschieden hatte.[2586]

2583 OLG Saarbrücken BeckRS 2018, 8416.
2584 OLG Saarbrücken BeckRS 2018, 8416.
2585 OLG Frankfurt a. M. BeckRS 2018, 4097.
2586 LG Dortmund BeckRS 2020, 24707.

Bei der unberechtigten oder **vorschnellen Bezichtigung eines Ladendiebstahls** durch Kaufhausdetektive oder das Ladenpersonal entscheiden die Instanzgerichte meist restriktiv und sprechen eine immaterielle Geldentschädigung wegen einer Verletzung des Allgemeinen Persönlichkeitsrechts (§ 823 Abs. 1 BGB iVm Art. 1 Abs. 1, Art. 2 Abs. 1 GG) nur noch unter strengen Voraussetzungen und bei einer gravierenden, weil öffentlichen, Bloßstellungen zu und auch nur dann, wenn die damit begründete Persönlichkeitsrechtsverletzung einen solchen Schweregrad erreicht hat, der eine Genugtuung erfordert und die sich auch nicht in anderer Weise befriedigend ausgleichen lässt.[2587]

Einen solcher Fall lag dem **LG Koblenz**[2588] vor: Die Klägerin war dabei vom Marktleiter eines Supermarkts vor versammelten weiteren Kunden öffentlich des Diebstahls verdächtigt und aufgefordert, in einen Nebenraum mitzukommen, von wo sie sodann mit auf die Polizeistation kommen musste und dort durchsucht worden war. Der Diebstahlsverdacht erwies sich als falsch, es bestanden von Anfang an keine konkreten Anhaltspunkte. Die Klägerin erhielt insofern eine Entschädigung iHv umgerechnet 511 EUR.

Sofern der Verdächtigte von dem mit der Aufklärung des Sachverhalts beauftragten Detektiv oder dem Geschäftsinhaber selbst jedoch *„diskret und behutsam angesprochen"* und der in einem kundenfreien Raum befragt wird, liegt keine einen Schmerzensgeldanspruch begründete schwere Persönlichkeitsrechtverletzung vor. Die bloße Unannehmlichkeit der Überprüfung rechtfertigt keine Geldentschädigung.[2589]

Kein Anspruch auf Schmerzensgeld besteht auch bei nachvollziehbarer Verdachtslage, dh wenn das äußere Geschehen einen konkreten Anlass zur Überprüfung – wie beispielsweise beim Auffinden abgerissener Preisschilder in einer Umkleidekabine – bietet und das Personal im Rahmen eines berechtigten Eigeninteresses des Warenhauses handelt und den Verdächtigten sachlich und diskret befragt.[2590]

Selbst wenn ein strafrechtlicher Vorsatz später nicht nachweisbar ist, weil – wie im Fall den das OLG Koblenz[2591] zu entscheiden hatte – der verdächtigte Kunde seine Hände für andere Artikel habe frei haben müssen und den Vorgang des Einsteckens einer Schachtel mit Büroklammern dann vergessen hatte., begründet das Festhalten des Kunden keinen Schmerzensgeldanspruch, solange das äußere Bild nach der Lebenserfahrung auf einen Diebstahl hindeutete. *„Der Schmerzensgeldanspruch scheitert daran, dass man, wie das LG erkannt hat, auf Seiten der Bekl. sowohl bei der Erhebung des Diebstahlsvorwurfs als auch bei der in Aussichtstellung einer Strafanzeige in Wahrnehmung berechtigter Interessen handelte und deshalb keine Persönlichkeitsrechtsverletzung vorliegt, die durch eine Ausgleichszahlung zu entschädigen wäre. Aus den Umständen ergab sich ein gewichtiger Diebstahlsverdacht. Dieser Verdacht durfte im Sinne eines klaren Tatvorwurfs ausgesprochen und so zur Grundlage dafür gemacht werden, ein Strafverfahren anzukündigen. Das beinhaltete – im Interesse der freien Zugänglichkeit der staatlichen Rechtspflegeverfahren – auch das „Recht auf Irrtum" (BVerfGE 74, 257 = NJW 1987, 1929; BGH, NJW 1985, 3081)"*, so das OLG Koblenz in seinem Hinweisbeschluss hierzu.[2592]

Praxishinweis:

Für die anwaltliche Praxis bedeutet diese restriktive Linie der Instanzgerichte, dass Klagen auf immateriellen Schadensersatz wegen Persönlichkeitsrechtsverletzungen durch unberechtigte Diebstahlsvorwürfe nur dann Aussicht auf Erfolg haben, wenn dabei dezidiert zu den Eskalationsumständen vorgetragen werden kann. Eine bloß fehlerhafte Verdächtigung reicht dem Grunde nach nicht aus, vielmehr ist in der prozessualen Begründung der Fokus auf folgende Kriterien zu legen, um die erforderliche „Schwere" bzw. „Erheblichkeit" der Persönlichkeitsrechtsverletzung darzulegen, die der BGH[2593] in stRspr insoweit fordert:

- Die Prangerwirkung (Öffentlichkeit): Wurde der Vorwurf lautstark im Kassenbereich vor anderen Kunden geäußert? Wurde der Mandant sichtlich als Dieb vorgeführt oder abgeführt? (wie beispielsweise im Fall des LG Koblenz).[2594] BeckRS 9998, 75469 → Nr. 210
- Die Intensität des Eingriffs: Kamen körperlicher Zwang, unzulässige Taschenkontrollen gegen den Willen des Betroffenen oder eine zeitlich erhebliche Freiheitsberaubung im Detektivbüro oder gar körperliche Verletzungen – wie beispielsweise im Fall des OLG Frankfurt a. M.[2595] –) hinzu ?

2587 StRspr. des BGH: vgl. ua BGH NJW 2022, 1751 Rn. 44; BGH BeckRS 2016, 11843 Rn. 9; vgl. auch OLG Dresden GRUR 2025, 262 Rn. 23 sowie BGH NJW 2025, 3219.

2588 LG Koblenz BeckRS 9998, 75469 → Nr. 210.

2589 OLG Oldenburg BeckRS 1986, 384 → Nr. 13.

2590 LG Coburg Urt. v. 22.9.2005 – 33 S 56/05.

2591 OLG Koblenz BeckRS 2012, 3039 → Nr. 4371.

2592 OLG Koblenz BeckRS 2012, 3039.

2593 BGH NJW 2022, 1751 Rn. 44; BGH BeckRS 2016, 11843 Rn. 9; vgl. auch OLG Dresden GRUR 2025, 262 Rn. 23 sowie BGH NJW 2025, 3219.

2594 LG Koblenz BeckRS 9998, 75469 → Nr. 210.

2595 OLG Frankfurt a. M. Urt. v. 27.10.1988 – 1 U 171/87, BeckRS 1988, 3985 → Nr. 300.

- Das Nachtatverhalten: Hat der für die Verdächtigung Verantwortliche (Ladeninhaber, Detektiv etc.) den Fehler trotz eindeutiger Aufklärung im Nachgang ungebührlich lange aufrechterhalten oder eine Entschuldigung verweigert?[2596]

Das vorstehend Ausgeführte gilt auch entsprechend, wenn dem Kläger auf Grund einer Anzeige von Seiten des Beklagten (wegen eines vermeintlichen groben und gefährlichen Fahrmanövers in einer Autobahnbaustelle) die Fahrerlaubnis vorläufig über einen längeren Zeitraum entzogen wird und es letztendlich jedoch zur Einstellung des Strafverfahrens gegen den Kläger kam. In einem solchen Fall, so das OLG Hamm,[2597] kann der Betroffene den beklagten Anzeigeerstatter nicht auf immateriellen Schadensersatz in Anspruch nehmen, denn eine solche Anzeige bzw. ein solches Aussageverhalten begründet nicht schon den Vorwurf der falschen Anschuldigung. Damit abgewiesen wurde auch der auf 2.000 EUR gerichtete Schmerzensgeldanspruch.

Dass eine frei erfundene **Behauptung einer Vergewaltigung** zu den gravierendsten Fällen in diesem Kontext zählt, weil sie für die so zu Unrecht bezichtigte Person eine schwere Persönlichkeitsrechtsverletzung darstellt, versteht sich von selbst. Über den Fall des bekannten Fernsehmoderators und Wetterexperten Jörg **Kachelmann** wurde insofern bereits oben → **Rn. 168** berichtet, weshalb an dieser Stelle hierauf verwiesen wird. Das LG Osnabrück[2598] sprach dem Opfer (dh dem vermeintlichen Täter der Vergewaltigung, der zudem mehrere Jahre unschuldig im Gefängnis verbracht hatte) bzw. dessen Erben 80.000 EUR Schmerzensgeld zu.

Zum Schutzumfang der Meinungsfreiheit einer Privatperson entschied das BVerfG[2599] (Klägerin bzw. Beschwerdeführerin war die **Ex-Lebenspartnerin** von **Kachelmann**) und führte aus, dass das Grundrecht auf freie Meinungsäußerung auch die Freiheit, die persönliche Wahrnehmung von Ungerechtigkeiten emotional zu transportieren, umfasse. Insbesondere könne ein unmittelbar vorangegangener Angriff auf die Ehre eine äquivalente Erwiderung rechtfertigen. Wer im öffentlichen Meinungskampf zu einem abwertenden Urteil Anlass gegeben habe, müsse auch selbst eine scharfe Reaktion selbst dann hinnehmen, wenn dadurch das persönliche Ansehen gemindert werde.

Ein demgegenüber mit nur 200 EUR sehr geringes Schmerzensgeld sprach das LG Koblenz[2600] dem Opfer einer solchen Anschuldigung zu. Die Beklagte hatte den Kläger, der insofern ein Schmerzensgeld iHv 1.000 EUR gefordert hatte, zunächst wegen einer angeblichen Vergewaltigung und einige Zeit später wegen einer angeblichen Bedrohung angezeigt und diese Vorwürfe auch öffentlich verbreitet. Die Ermittlungsverfahren wurden mangels hinreichenden Tatverdachts eingestellt, wobei ua auch auschlaggebend war, dass die Beklagte bereits die Unrichtigkeit der angeblichen Vergewaltigung vorab gegenüber Dritten in einer Chat-Nachricht eingeräumt hatte. Vorliegend blieb zudem die Aussage des Vaters der Beklagten unstreitig, dass diese bereits zuvor zahlreiche andere Männer fälschlich wegen Vergewaltigung anzeigen wollte.

Das geringe Schmerzensgeld begründete bereits in der Vorinstanz das AG Westerburg[2601] damit, dass *„dem Kläger der Eingriff in sein Persönlichkeitsrecht selbst nicht sonderlich schwerwiegend* [erschienen sei], *da er die Beklagte nur zur Zahlung von Schmerzensgeld, aber nicht auch auf Unterlassung in Anspruch genommen hat.*“

Zur Frage, unter welchen Umständen die **Einleitung eines strafrechtlichen Ermittlungsverfahrens** ein derart schwerwiegender Eingriff in das Persönlichkeitsrecht ist, dass dies einen Anspruch (§ 242, § 249 und § 823 Abs. 2 BGB iVm § 164, § 186 und § 193 StGB) auf Zahlung von Schmerzensgeld begründet, äußerte sich das AG Brandenburg.[2602] Zudem wird hierzu auch auf die Ausführungen unter → **Rn. 187** verwiesen. **260**

Werden – im Rahmen eines laufenden strafrechtlichen Ermittlungsverfahrens – die Beschuldigten von der Staatsanwaltschaft auf einer Pressekonferenz mit „Al Capone“ verglichen und zudem amtspflichtwidrig sowie sachlich falsch ua geäußert, *„alles das, was wir in dem Bereich schwerpunktmäßig neben anderen gewalttätigen Straftaten hier ermittelt haben …“*, obwohl keine standhaltenden Ermittlungsergebnisse zu Gewalttaten vorlagen oder behauptet, *„es seien Prostituierte ausgebeutet worden“*, so ist dies, so das KG,[2603] – auch wenn der Name des Beschuldigten nicht ausdrücklich benannt worden war – in hohem Maße amtspflichtwidrig und rechtsstaatlich inakzeptabel und rechtfertigt den Anspruch auf ein hohes Schmerzensgeld wegen Persönlichkeitsrechtsverlet-

[2596] Vgl. dazu LG Heidelberg GRUR-RS 2024, 20779 Rn. 77; LG Frankfurt a. M. GRUR-RS 2020, 1785.
[2597] OLG Hamm BeckRS 2006, 5522.
[2598] LG Osnabrück 11.10.2013 – 12 O 2885/12.
[2599] BVerfG NVwZ 2016, 761; ZUM-RD 2017, 16 mAnm Sachs.
[2600] LG Koblenz BeckRS 2021, 47978 → Nr. 6983; Vorinstanz AG Westerburg BeckRS 2021, 48925.
[2601] AG Westerburg BeckRS 2021, 48925 Rn. 33.
[2602] AG Brandenburg BeckRS 2022, 36631.
[2603] KG BeckRS 2022, 41532 → Nr. 7400.

zung. Bei der Schmerzensgeldbemessung berücksichtigte das KG daher *„insbesondere … auch die Folgen im Sinne nachhaltiger Störung des Privatlebens auf Seiten der Kläger zu 1) und 2) … und das Leid ihrer Familienangehörigen"* und sprach beiden Klägern jeweils 50.000 EUR zu.

261 Besteht jedoch nach kriminalistischer Erfahrung die Möglichkeit, dass eine verfolgbare Straftat vorliegt (im konkreten Falle ging es um die gem. § 87 AktG unzulässige Gewährung einer Anerkennungsprämie für den Kläger, **Dr. Esser,**[2604] in seiner damaligen Funktion als Vorstandsvorsitzender der Mannesmann AG) und wird deshalb gem. § 152 Abs. 2 StPO ein Ermittlungsverfahren wegen Untreue im Sinne des § 266 StGB eingeleitet, so ist – in einem Amtshaftungsprozess – die Entscheidung der Staatsanwaltschaft nicht auf ihre „Richtigkeit", sondern allein daraufhin zu überprüfen, ob sie vertretbar ist, so das OLG Düsseldorf[2605] in dem von den Medien seinerzeit sehr stark beobachteten und kommentierten Verfahren und wies den auf Zahlung von 100.000 EUR gerichteten Schmerzensgeldanspruch des damaligen Vorstandsvorsitzenden der Mannesmann AG zum weit überwiegenden Teil[2606] zurück und führte – neben anderen Argumenten – zur Begründung aus: *„Unabhängig voneinander begangene Persönlichkeitsrechtsverletzungen mehrerer Amtsträger können gegenüber demselben Rechtsträger …, wenn sie für sich genommen nicht eine Schwere erreichen, welche die Zubilligung einer Geldentschädigung rechtfertigt, nicht durch ihre Kumulation zur Haftung der allen Amtsträgern gemeinsamen Anstellungskörperschaft nach § 839 BGB iVm Art. 34 GG wegen einer schweren Persönlichkeitsrechtsverletzung führen."*

262 **Mahnschreiben – kein Grund für Schmerzensgeld:** Zutreffend lehnte das AG München[2607] die auf Schmerzensgeld gerichtete Klage eines Käufers ab, der vom Verkäufer ein Mahnschreiben erhalten hatte, in welchem der Verkäufer ihm zudem vorhielt, mittels eines gefälschten Überweisungsträgers sich die Aushändigung der Ware (hier: Fliesen) erschlichen zu haben. Dies traf jedoch nicht zu. In einem solchen Falle habe der Betroffene keinen Schmerzensgeldanspruch, so das AG München, wenn das Mahnschreiben keine Beleidigung oder Schmähung enthält.

263 **dd) Telefonterror und Stalking. Telefonterror** kann bei den so terrorisierten Personen berechtigte Schmerzensgeldansprüche auslösen. Dementsprechend bewertete das OLG Nürnberg[2608] bereits fünf Störanrufe eines Nachbarn als schmerzensgeldauslösend und sprach dem Angerufenen jeweils 383 EUR zu; in einem echten Fall von Telefonterror erkannte dagegen das AG Frankfurt a. M.[2609] bereits auf umgerechnet 2.556 EUR. Auch kann **Stalking**[2610] – dh das massive Belästigen, Bedrohen, Nachstellen und Verfolgen einer Person, zumeist eines begehrten oder ehemaligen Partners – bei dem Stalkingopfer sowohl zu Persönlichkeitsrechtsverletzungen, aber auch zugleich oder als Folge zu Gesundheitsbeeinträchtigungen führen und infolge letzterer auch einen Schmerzensgeldanspruch begründen. Auf das Phänomen Stalking hat der Gesetzgeber mit dem Erlass des Gewaltschutzgesetzes reagiert und im März 2007 mit **§ 238 StGB** „Nachstellen" einen neuen Straftatbestand zur Sanktionierung von Stalking ins Strafgesetzbuch aufgenommen.[2611] Zur schadensersatzrechtlichen Verantwortlichkeit von Stalkern,[2612] vor allem im Hinblick auf Persönlichkeitsrechtsverletzungen und daraus resultierenden Schmerzensgeldansprüchen, liegen bislang nur wenige Entscheidungen vor:

Mit einem insofern extremen und ungewöhnlichen Fall befasste sich das Landgericht Kiel[2613] und führte hierzu aus:

„Danach liegt hier durch die Nachstellungen des Herrn … und des Beklagten zu 2) eine schwerwiegende Beeinträchtigung des Persönlichkeitsrechts des Klägers vor, die nicht – jedenfalls nicht nur – in anderer Weise befriedigend ausgeglichen werden kann. Dem Kläger ist über einen Zeitraum von knapp 5 Monaten intensiv nachgestellt worden. Die Veröffentlichungen von Inseraten betreffend die Vermietung seiner Wohnung bzw. den Verkauf seiner Villa, die Veranlassung von Warenbestellungen im Namen des Klägers und das Anbieten erotischer Dienstleistungen seiner damaligen Lebensgefährtin unter Angabe der vollständigen Adresse und Telefonnummer, unter der auch der Kläger wohnhaft war, stellen einen schwerwiegenden Eingriff in das Persönlichkeitsrecht des Klägers dar"[2614]

2604 Vgl. hierzu auch → Nr. 3321 und → Nr. 3177.
2605 OLG Düsseldorf BeckRS 2005 30355236.
2606 Vgl. hierzu → Nr. 3321 und → Nr. 3177.
2607 AG München BeckRS 2011, 6403.
2608 OLG Nürnberg BeckRS 1992, 121441; anders dagegen OLG Düsseldorf NJW 2002, 2118.
2609 AG Frankfurt a. M. NJWE-VHR 1996, 24.
2610 Vgl. generell zum Thema Stalking Keiser NJW 2007, 3387; Bieszk/Sadtler: NJW 2007, 3382; Vogel FPR 2005, 49; Borchert FPR 2004, 239; Kerbein/Pröbsting ZRP 2002, 76; OLG Saarbrücken NJW-RR 2006, 747; LG Bochum BeckRS 2006, 07139.
2611 Vgl. Lackner/Kühl StGB § 238 Rn. 1; vgl. zu dazu auch OLG Karlsruhe BeckRS 2026, 1719.
2612 Keiser NJW 2007, 3387.
2613 LG Kiel BeckRS 2013, 08633.
2614 LG Kiel BeckRS 2013, 08633.

und erachtete insofern 20.000 EUR als angemessen, aber auch ausreichend.

Über einen dagegen eher klassischen Fall des Stalkings hatte dagegen das OLG Karlsruhe[2615] zu entscheiden. Die Klägerin war zunächst mit dem Beklagten befreundet. Nachdem die Beziehung gescheitert war, bedrängte der Beklagte die Klägerin zunehmend mit Briefen und Nachrichten, die als Stalking zu bezeichnen waren. Das OLG hob das Schmerzensgeld der Vorinstanz auf insgesamt 1.000 EUR an, betonte jedoch, dass die vormals bestandene Beziehung zwischen den Parteien nicht negiert werden könne und daher schmerzensgeldmindernd zu berücksichtigen sei. Sehr ausführlich befasste sich das OLG zudem mit der Frage der Verjährung bzw. des Verjährungsbeginns bei dem üblicherweise aus einer Folge von wiederholenden Handlungen bestehenden Stalkings (s. hierzu nachfolgend → **Rn. 431**).

Auch wenn dies eigentlich über den Umfang dieses Buches hinausgeht, sei hier dennoch erwähnt, dass sich das BSG[2616] mit der Frage auseinanderzusetzen hatte, ob und ggf. unter welchen Voraussetzungen Stalking-Opfer mit Leistungen nach dem **Opferentschädigungsgesetz** rechnen können.

Die Höhe des Schmerzensgeldes müsste sich insofern an der Intensität, der Dauer und der Ausgestaltung der beim Stalkingopfer vorliegenden Persönlichkeitsrechts- und Gesundheitsverletzungen orientieren.

Die Liste der möglichen Fallkonstellationen infolge derer Personen gezielt gestört, belästigt, verängstigt oder auf sonstige – schmerzensgeldrelevante – Weise in ihrem allgemeinen Persönlichkeitsrecht beeinträchtigt werden, ließe sich nahezu beliebig fortsetzen.

ee) Grenzen der ärztlichen Schweigepflicht. S. hierzu oben unter → **Rn. 247b.** **264**

Über diesen Verweis hinaus soll der Vollständigkeit wegen an dieser Stelle um den Rahmen dieses Buches nicht zu sehr zu erweitern, hier aus der Vielzahl von Beiträgen zu dieser Thematik auf die Ausführungen in **Holzner,** Datenschutz, Dokumentations- und Organisationspflichten in der ärztlichen Praxis und bei **Götze,** Durchbrechung der ärztlichen und psychotherapeutischen Schweigepflicht bei in sicherheitsrelevanten Berufen tätigen Patienten sowie von Dörfer in Dochow/Dörfer/Halbe, Datenschutz in der ärztlichen Praxis verwiesen und insofern zur Frage, ob und inwieweit Ärzte bei der Behandlung Minderjähriger zur Verschwiegenheit verpflichtet sind, auf den Aufsatz von **Ludyga** Die Schweigepflicht von Ärzten bei der Behandlung Minderjähriger, NZFam 2017, 1121.

ff) Persönlichkeitsrechtsverletzungen, sonstige. An dieser Stelle seien, das Thema der Persönlichkeitsrechtsverletzungen abschließend, noch die nachfolgend beschriebenen Entscheidungen und Kommentierungen erwähnt: **265**

Weil der Vermieter ihn aufgrund von Differenzen nicht länger in seinen Räumen dulden wollte, setzte er seinen langjährigen Mieter kurzerhand dergestalt vor die Türe, indem er die Türschlösser auswechseln ließ. **265a** Das AG Berlin-Schöneberg[2617] sprach dem Mieter deshalb ein Schmerzensgeld iHv 5.000 EUR zu. *„Übt ein Vermieter – wie hier – im Wege einer sog. **„kalten Räumung"** durch eigenmächtige Inbesitznahme von Wohnung und Hausrat eine verbotene Selbsthilfe aus, ist er dem Mieter zum Ersatz des daraus entstehenden Schadens verpflichtet. … Darüber hinaus hat der Kläger einen Anspruch auf Schmerzensgeld iHv 5.000 EUR, denn ihm ist auch ein immaterieller Schaden entstanden. Mit der Räumung der Wohnung hat der Beklagte nicht nur das Besitzrecht des Klägers, sondern auch dessen allgemeines Persönlichkeitsrecht verletzt"*, so das AG, dass insofern zudem auf Art. 13 GG (Unverletzlichkeit der Wohnung) hingewiesen hatte.

In der zumindest im mittelhessischen bekannten **„Amöneburger Flugblatt-Affäre"** hatte sich der EGMR[2618] zu befassen und dem Verteiler eines Flugblattes ein Schmerzensgeld von 3.000 EUR zuerkannt. Das Flugblatt, welches im Zusammenhang mit einer Bürgermeisterwahl verteilt worden war, warf einem der Mitkandidaten für das Bürgermeisteramt die Nähe zu Neonaziorganisationen vor, weshalb das AG gegen die Verteilung eine einstweilige Verfügung erlassen hatte. Die Straßburger Richter hoben hervor, dass der Kritisierte ein Politiker auf lokaler Ebene sei, bei dem die Grenzen der zulässigen Kritik grundsätzlich breiter als bei einer Privatperson sein müssten. Angesichts des politischen Kontexts der bevorstehenden Kommunalwahlen hatten die Aussagen des Klägers die zulässigen Grenzen der Kritik nicht überschritten[2619] und sprachen dem Kläger wegen dessen Verletzung der Meinungsfreiheit die oben erwähnte Entschädigung zu.

2615 OLG Karlsruhe BeckRS 2016, 12211.
2616 BSG FD-StrafR 2011, 316696.
2617 AG Berlin-Schöneberg BeckRS 2019, 23603 Tabellenteil → Nr. 6314.
2618 EGMR MMR-Aktuell 2014, 357673.
2619 Zitiert aus MMR-Aktuell 2014, 357673.

Mit der Klage eines prominenten Fotografen wegen **Urheberpersönlichkeitsrechtsverletzung** durch die nachträgliche erhebliche Veränderung und anschließende Verwendung eines Fotos (dieses zeigt ein Portrait des Altbundeskanzlers Gerhard Schröder) durch die Beklagte hatte sich das LG Hamburg[2620] zu befassen und sprach dem Kläger 25.000 EUR Schmerzensgeld bzw. „Entschädigung" hierfür zu. Die unberechtigte Veränderung eines Lichtbildwerkes durch die Beklagte stelle einen Eingriff in das Urheberpersönlichkeitsrecht des Urhebers dar. Handelt es sich dabei – wie vorliegend – um einen schwerwiegenden Eingriff, so steht dem Urheber ein Geldentschädigungsanspruch zu. Bei der Bemessung orientierte sich das LG an einer Entscheidung des OLG Frankfurt a. M. (GRUR 1989, 203), wonach das übliche Nutzungsentgelt zu Grunde gelegt und ein pauschaler Aufschlag von bis zu 100 % erhoben werde.

265b Wird eine gegen eine Sportlerin verhängte Sanktion oder Ordnungsmaßnahme in einem Mitteilungsblatt des Sportvereins oder -verbands sachlich und ohne abwertende Kommentierung veröffentlicht, so betrifft dies lediglich die Sozialsphäre und nicht etwa die Privat- oder gar die Intimsphäre und begründet keinen Schmerzensgeldanspruch.[2621] S. dazu auch oben zu → **Rn. 186.**Summerer[2622] weist jedoch zutreffend darauf hin, dass Sportlern ein angemessenes Schmerzensgeld zustehen kann, wenn die Verhängung einer rechtswidrigen Sanktion sie in ihrem Persönlichkeitsrecht verletzt hat.

265c Abschließend sei nochmals auf das oben bereits mehrfach erwähnte Urteil des BGH[2623] aus dem Jahr 2018 eingegangen, mit dem dieser sehr klar die Praxis für den **Umgang mit Persönlichkeitsverletzungen in einem Zivilprozess** festgelegt hat. Demnach fehle es – so der BGH – bei ehrverletzenden Angriffen, die zur Rechtsverteidigung in einem Prozess vorgebracht werden, am **Rechtsschutzbedürfnis** für die Geltendmachung von Schadensersatz- und Unterlassungsansprüchen; dies deshalb, da in ein Gerichtsverfahren nicht dadurch eingegriffen werden soll, dass ein Beteiligter durch Unterlassungs- und Beseitigungsansprüche des Gegners in seiner Äußerungsfreiheit beeinträchtigt wird und zudem, weil vermieden werden muss, dass durch einen weiteren Prozess in den ersten eingegriffen wird. Eine Beleidigung oder ein anderer Verstoß (im vom BGH entschiedenen Fall gegen das KUG) sind somit innerhalb eines gerichtlichen Rechtsstreits weitgehend gestattet, sofern – worauf der BGH ausdrücklich hingewiesen hat – die ehrverletzenden Angriffe gegen Prozessbeteiligte gerichtet und nicht gegen Dritte, außerhalb des Prozesses stehende Personen, die sich in dem betreffenden Verfahren selbst nicht zur Wehr setzen können.

Ebenso fehlt idR das Rechtsschutzinteresse, bei *„einer Klage, die auf Unterlassung, Widerruf und Schmerzensgeld bezogen auf eine Aussage des Beklagten gerichtet ist, die den Gegenstand eines noch anhängigen Kündigungsschutzprozesses des Klägers bildet, nämlich den dortigen Kündigungsgrund betrifft und in dem der Beklagte des Ehrschutzprozesses als Zeuge in Betracht kommt."*[2624]

Weitere Entscheidungen zu diesem Thema finden Sie auch in der Urteilssammlung und dort im Kapitel **C. 10. i) Persönlichkeitsrechtsverletzungen, sonstige.**

2. Bagatellverletzungen

266 Die so genannte „Bagatellverletzung" steht schon seit längerer Zeit nicht mehr im Mittelpunkt der – in diesem Themenbereich früher zumeist sehr emotional geführten – Diskussion. Die Reform des „Zweiten Gesetzes zur Änderung schadensersatzrechtlicher Vorschriften" hat jedoch durch das Ausbleiben einer **Bagatellklausel** insofern keinen Beitrag zur Rechtssicherheit geleistet und somit diese Thematik weiterhin der Rechtsprechung überlassen.[2625]

267 Zur **Definition** der **Bagatellverletzung** hatte sich der BGH[2626] – sowie auch das OLG Düsseldorf – bereits mehrfach geäußert:

„Eine Bagatelle im Sinne der Rechtsprechung des erkennenden Senats[2627] ist eine vorübergehende, im Alltagsleben typische und häufig auch aus anderen Gründen als einem besonderen Schadensfall entstehende Beeinträchtigung des Körpers oder des seelischen Wohlbefindens. Damit sind Beeinträchtigungen gemeint, die sowohl von der Intensität als auch der Art der Primärverletzung her nur ganz geringfügig sind und üblicherweise den Verletzten nicht nachhaltig

[2620] LG Hamburg BeckRS 2007, 32174.
[2621] OLG Hamm BeckRS 2016, 113833.
[2622] Cherkeh/Momsen/Orth SportStrafR-HdB/Summerer 7. Kap. Rn. 44–46.
[2623] BGH 27.2.2018 – VI ZR 86/16, BeckRS 2018, 8807.
[2624] LAG Hessen BeckRS 2024, 39109.; LG Wuppertal BeckRS 2018, 41858; BGH BeckRS 1986, 4292.
[2625] Küppersbusch/Höher Ersatzansprüche Personenschaden Rn. 285.
[2626] BGH NZV 2004, 344 (345); BGH NJW 1998, 810; VersR 1993, 1012; VersR 1992, 504.
[2627] So bereits BGH NJW 2000, 862; 1998, 810; 1997, 1640; 1996, 2425.

beeindrucken, weil er schon auf Grund des Zusammenlebens mit anderen Menschen daran gewöhnt ist, vergleichbaren Störungen seiner Befindlichkeit ausgesetzt zu sein."

Ob dies im konkreten Einzelfall zutrifft, liegt im – gem. § 287 ZPO bestehenden – Ermessen des Tatrichters. Damit steht der erkennende Senat nicht im Widerspruch zu einer bereits 1992 ergangenen Entscheidung des BGH.[2628] Danach hatte dieser, mit Hinweis auf die – im damaligen § 847 BGB enthaltene – Wertung des Gesetzgebers ausführt, grundsätzlich könne bei jeder Verletzung des Körpers oder der Gesundheit eine „billige" Entschädigung in Geld für den erlittenen immateriellen Schaden verlangt werden, denn – was bei der Zitierung dieser Entscheidung oft übersehen wurde – der BGH hatte bereits damals in seinen weiteren Ausführungen darauf hingewiesen,

„dass der Umstand nicht außer Acht gelassen werden (könne), dass der Mensch, vor allem im Zusammenleben mit anderen, vielfältigen Beeinträchtigungen seiner Befindlichkeit ausgesetzt ist und daran gewöhnt wird, sich von ihnen möglichst nicht nachhaltig beeindrucken zu lassen. Wird diese Schwelle im konkreten Fall von der erlittenen Beeinträchtigung … nicht überschritten, dann kann es schon an einer Grundlage für die geldliche Bewertung eines Ausgleichsbedürfnisses fehlen. Auch in solchen Fällen ein Schmerzensgeld festzusetzen, … verlangt § 847 BGB nicht."[2629]

Auch hier gilt einmal mehr, dass es bei der Prüfung eines Schmerzensgeldanspruchs stets zwingend erforderlich ist, alle Einzelheiten des konkreten Sachverhaltes zu analysieren, zu prüfen und abzuwägen. Für Pauschalisierungen ist hierbei kein Raum.

Somit gibt es auch **keine starre Bagatellgrenze.**

Zutreffend hat daher auch das OLG Naumburg[2630] zwar den Grundsatz, wonach im Falle einer *„bloßen Bagatellverletzung … der Ersatz des immateriellen Schadens ausnahmsweise zu versagen ist"*, erwähnt, jedoch im konkreten Fall – mit Rücksicht auf das junge Alter des Verkehrsunfallopfers und der damit verbundenen besonderen Ängste – dem erst dreijährigen Kind für eine schmerzhafte Schädelprellung ein Schmerzensgeld von 250 EUR zuerkannt und explizit keine Bagatellverletzung angenommen.

Ebenso hat der BGH[2631] schon vor Jahren zutreffend der damaligen Argumentation einiger Gerichte eine klare Absage erteilt, die das Vorliegen einer entschädigungslosen „Bagatellverletzung" aus der Tatsache herzuleiten versucht hatten, dass sich die geringfügige Verletzung als Folge eines Unfalles im Straßenverkehr ergeben habe, denn dies sei das allgemeine Lebensrisiko, das jeder zu tragen habe, der am heutigen Straßenverkehr teilnehme.[2632]

Immer wieder haben sich – im Zusammenhang mit dem Thema der „Bagatellverletzung" – die Gerichte[2633] mit der Frage zu befassen, ob ein Schmerzensgeld zuzusprechen ist, wenn ein **psychisch Vorgeschädigter,** der unfallbedingt nur eine ganz geringfügige Verletzung (im Sinne einer möglichen „Bagatellverletzung") erlitten hat, hierauf infolge seiner Prädisposition unverhältnismäßig reagiert und somit die Verletzung gravierender empfindet als ein nicht Vorgeschädigter oder gar seine Vorschädigung verstärkt wird. Die Antwort auf diese Frage liegt in der nach ständiger Rechtsprechung[2634] etablierten Ansicht, dass der Schädiger nicht dadurch entlastet wird, dass er einen gesundheitlich vorgeschädigten Menschen verletzt hat.

Dementsprechend sprach das KG[2635] einer psychisch vorgeschädigten Frau 2.000 EUR Schmerzensgeld zu. Die Klägerin hatte unfallbedingt zunächst nur eine Ellenbogenprellung erlitten, die sich jedoch sodann auf Grund der Vorschädigung „zu einer narzisstischen Kränkung mit ichbezogener Überbewertung" entwickelt hatte, aus welcher sich wiederum psychosomatische Kopfschmerzen und Verspannungen bildeten. Anders wäre der Fall möglicherweise beurteilt worden, wenn die Klägerin im voranstehend geschilderten Fall keine psychische Vorschädigung gehabt hätte. Dann nämlich – auch diese Thematik im Umfeld der „Bagatellverletzungen" beschäftigt regelmäßig die Gerichte[2636] – hätte die Rechtsprechung die psychische Reaktion auf eine einfache Ellenbogenprellung wohl als grob überzogen angesehen und ein Schmerzensgeld versagt.

„Denn" – so führte das KG in seiner oben genannten Entscheidung zutreffend aus –

2628 BGH NJW 1992, 1043.
2629 BGH ZfS 1992, 114; vgl. insofern auch von Gerlach DAR 1993, 202 (217) sowie 1994, 217 (233).
2630 OLG BeckRS 2009, 06018.
2631 BGH NZV 1997, 69.
2632 BGH NJW 1997, 455.
2633 KG NZV 2005, 311.
2634 Vgl. hierzu LG Wiesbaden BeckRS 2018, 4499; NZV 2018, 392 mAnm Kleine-König; sowie OLG Brandenburg SP 2011, 141; BGH NZV 2005, 461; NJW 1996, 2425 (2426); NJW 1956, 1108.
2635 KG NZV 2005, 311.
2636 BGH NJW 2001, 143; KG NZV 2005, 311 (312).

„ein Schädiger haftet nicht, soweit das schädigende Ereignis ganz geringfügig ist (also eine Bagatelle) und die psychische Reaktion des Verletzten, im konkreten Fall wegen ihres groben Missverhältnisses zum Anlass, schlechterdings nicht mehr verständlich ist",

wobei das KG zur Verdeutlichung des Unterschieds der beiden Sachverhalte betonte:

„Für eine vorhandene spezielle Schadensanlage des Geschädigten muss der Schädiger allerdings einstehen." [2637]

Abschließend seien einige Urteile benannt, bei denen die jew. Gerichte aus der Gesamtschau (nicht nur wegen der Verletzung) zum Ergebnis einer entschädigungslosen **Bagatellverletzung** gekommen waren:

AG Deggendorf[2638]	HWS-Distorsion mit leichten Kopf- und Nackenschmerzen
LG Ravensburg[2639]	Einstechen der Spritzenkanüle bei einer Corona-Impfung
LG Köln[2640]	Nicht anonymisierte Urteilsweiterleitung an Dritte
AG Paderborn[2641]	HWS- u. LWS-Distorsion, Thoraxprellung, 24st. Krankenhausaufenthalt
OLG Dresden[2642]	Löschung eines vom Kl. auf einem soz. Netzwerk eingestellten Beitrags
LG Lübeck[2643]	Datenübermittlung des Psychotherapeuten an die Berufsgenossenschaft (BG)
AG Iserlohn[2644]	HWS-Distorsion mit „muskelkaterähnlichen Schmerzen für einige Tage"
AG Diez[2645]	Erhalt einer Spam-Mail
LG Köln:[2646]	„Blauer Fleck" an der Schulter nach „Wegschubsen mit der Hand"
LG Bielefeld:[2647]	Behauptete Handprellung und Rippenprellung
AG Gummersbach:[2648]	Leichtes HWS-Syndrom" (keine MdE; keine Weiterbehandlung)
LG Karlsruhe[2649]	Leichte HWS-Zerrung (wie Muskelkater).
AG Düsseldorf:[2650]	Psychische Beeinträchtigung (Der Kl. war „schockiert und zittrig".)
LG Landau:[2651]	Schädelprellung
LG Limburg:[2652]	Prellungen an Hand, Oberschenkel und Knie
LG Magdeburg:[2653]	Leichtes HWS-Syndrom und psychische Beeinträchtigung
AG Schwerin:[2654]	„Leichte Zerrung der Nackenmuskulatur"
OLG Hamm:[2655]	„Ziehen im Halsbereich"
OLG Hamm:[2656]	Eintägige Übelkeit mit Erbrechen
AG Mosbach:[2657]	„Erhöhter Puls sowie kurzfristige Schlaflosigkeit"

Weitere Urteile finden sich in der Tabelle unter Kapitel B. *Alltägliche Verletzungen,* Ziff. 1.

Ob eine Verletzung als entschädigungslose Bagatelle oder doch als nicht nur unwesentliche Beeinträchtigung beurteilt wird, ist – wie die oben aufgeführte Liste einiger Fallbeispiele zeigt – stets einzelfallabhängig. 2024 hatte insofern das AG Augsburg[2658] entschieden, dass eine Ellenbogenprellung mit Schleimbeutelreizung keine entschädigungsfreie Bagatellverletzung darstellt und hierfür 200 EUR Schmerzensgeld zuerkannt.

[2637] Einen guten Überblick hierzu geben Küppersbusch/Höher Ersatzansprüche Personenschaden Rn. 12, Müller VersR 2003, 137 und Brandt VersR 2005, 616.
[2638] AG Deggendorf BeckRS 2023, 37301.
[2639] LG Ravensburg BeckRS 2023, 4390.
[2640] LG Köln BeckRS 2021, 28364.
[2641] AG Paderborn BeckRS 2019, 2730.
[2642] OLG Dresden BeckRS 2019, 12941 – der rassistische Beitrag wurde gelöscht und das Nutzerkonto gesperrt.
[2643] LG Lübeck BeckRS 2019, 14957.
[2644] AG Iserlohn BeckRS 2018, 1087.
[2645] AG Diez BeckRS 2018, 28667.
[2646] LG Köln BeckRS 2014, 09470.
[2647] LG Bielefeld BeckRS 2011, 14453.
[2648] AG Gummersbach BeckRS 2010, 22992 mAnm Kääb.
[2649] Luckey SVR 2010, 174 (175) mit Verweis auf SP 2008, 263.
[2650] AG Düsseldorf SP 2007, 251.
[2651] LG Landau BeckRS 2005, 1743.
[2652] LG Limburg BeckRS 2004, 153798.
[2653] LG Magdeburg NVZ 2003, 478.
[2654] AG Schwerin SP 2001, 414.
[2655] OLG Hamm BeckRS 2009, 19146.
[2656] OLG Hamm DAR 2001, 361.
[2657] AG Mosbach 13.8.1999 – 2 C 266/99.
[2658] AG Augsburg BeckRS 2024, 36613 → Nr. 7497.

Die Frage, wann von einer hinsichtlich eines Schmerzensgeldes nicht zu entschädigenden „Bagatellverletzungen" auszugehen ist, behält somit weiterhin Aktualität.[2659]

Wünschenswert – nicht nur aus meiner Sicht – wäre daher eine klare **Umverteilung** durch eine stärkere Zurückhaltung eines Schmerzensgeldzuspruchs bei leichtesten Verletzungen (wie leichte Prellungen, Blutergüsse, Hautabschürfungen, kleine Riss- und Platzwunden sowie leichteste HWS-Schleuderverletzungen ohne nennenswerte ärztliche Behandlung und mit nur kurzzeitiger, leichter Beeinträchtigung) zugunsten der wirklich schweren und schwersten Verletzungen,[2660] auf die nachfolgend näher eingegangen wird.

An dieser Stelle sei abschließend der Hinweis erlaubt, dass **Art. 82 Abs. 1 DS-GVO keine Bagatellgrenze** kennt, die den Anspruch eines immateriellen Schadens davon abhängig macht, dass der der betroffenen Person entstandene Schaden einen bestimmten Grad an Erheblichkeit erreichen muss. Demnach verlangt Art. 82 Abs. 1 DS-GVO nicht, dass der von der betroffenen Person geltend gemachte immaterielle Schaden eine „Bagatellgrenze" überschreiten muss, damit dieser Schaden ersatzfähig ist.

Insoweit sei auf die Ausführungen unter → **Rn. 244a** sowie die dort eingehend erläuterten Urteile des EuGH[2661] und des BGH[2662] verwiesen.

3. Schwerstverletzungen

„Ohne Leben und körperliche Unversehrtheit sind alle anderen Rechte nichts wert!"[2663] **268**

Das LG Bochum, das dies so zutreffend auf den Punkt gebracht hatte, betonte insofern:

„Es ist kein Zufall, dass Leben und körperliche Unversehrtheit nach dem Generaltatbestand des allgemeinen Persönlichkeitsrechts als erstes Grundrecht im Grundrechtskatalog genannt werden, noch vor dem Grundrecht der Freiheit der Person. Ohne Leben und körperliche Unversehrtheit sind alle anderen Rechte nichts wert" und forderte zutreffend, dass in besonderen Fällen *„die Schmerzensgeldbeträge … deutlich angehoben werden müssen"*.[2664]

Nach wie vor lassen sich leider nur wenige – dem im vorangegangenen Absatz erwähnten Wunsch entsprechende – aktuelle Entscheidungen[2665] finden, so dass die aus den eigenen Reihen der Justiz vom LG Bochum[2666] vorgetragene und an Deutlichkeit kaum zu überbietende Kritik sehr berechtigt ist.

Wurde in den letzten Jahren vermehrt von einem **Trend** zu **höheren Schmerzensgeldbeträgen** gesprochen, worauf *Jaeger/Luckey,*[2667] *Höke*[2668] und zahlreiche Stimmen[2669] in Literatur und Rechtsprechung[2670] sowie auch der Arbeitskreis II des 52. Dt. Verkehrsgerichtstag[2671] im Jahr 2014 in seiner IV. Empfehlung hingewiesen hatten, so ist seit 2019 nun tatsächlich etwas Bewegung[2672] in die Sache gekommen und dies nicht nur in **Deutschland,** sondern auch in **Österreich** (s. dazu nachfolgend → Rn. 273a).

2659 Vgl. Wenker NZV 2014, 241 (242); Küppersbusch/Höher Ersatzansprüche Personenschaden Rn. 285.

2660 Vgl. hierzu begrüßenswert und sehr deutlich LG Bochum BeckRS 2015, 18726; Burmann NJW-Spezial 2005, 207; LG München NZV 2001, 263; OLG Hamm VersR 2002, 1163; vgl. auch Musielak VersR 1982, 613; ebenso der Arbeitskreis III des 15. Deutschen Verkehrsgerichtstages 1977 in Punkt zwei seiner Entschließung; ähnlich äußerte sich auch der 38. Dt. Verkehrsgerichtstag im Januar 2000.

2661 EuGH NJW 2025, 3137 Rn. 58.

2662 BGH NJW 2025, 298 ebenso wie nachfolgend BGH NJW 2025, 1060 und BGH NJW 2025, 1656.

2663 LG Bochum BeckRS 2015, 18726 → Nr. 7341.

2664 LG Bochum BeckRS 2015, 18726.

2665 LG Göttingen BeckRS 2025, 20834; LG Limburg BeckRS 2021, 16550; OLG Oldenburg BeckRS 2020, 5200 das LG Aurich BeckRS 2018, 40197 bestätigend; LG Gießen BeckRS 2019, 34307; KG VersR 2012, 766; LG Aachen 30.11.2011 – 11 O 478/09; OLG Jena VersR 2009, 1676; LG Kiel VersR 2006, 279; OLG Zweibrücken MedR 2009, 88; LG Münster NJW 2010, 86; OLG Stuttgart VersR 2009, 80; OLG Celle VersR 2009, 500; OLG Hamm VersR 2004, 386; OLG Hamm NJW-RR 2002, 1604; lesenswert Burmann NJW-Spezial 2005, 207.

2666 LG Bochum BeckRS 2015, 18726.

2667 Jaeger/Luckey Schmerzensgeld Rn. 1200a, 1200i.

2668 Höke NZV 2014, 1.

2669 Jaeger MedR 2021, 1090; Slizyk NJW 2021, 3757; Jaeger DAR 2020, 710; Neuner JuS 2013, 577 (585); Jaeger VersR 2013, 134; Zoll r+s 2011, 133 (139); LG Aachen BeckRS 2012, 02052; LG Wuppertal BeckRS 2013, 03421; Küppersbusch/Höher Ersatzansprüche Personenschaden Rn. 281 und dort unter Fn. 58, sowie Jaeger VersR 2009, 159 und Ziegler/Ehl JR 2009, 1.

2670 OLG Saarbrücken BeckRS 2023, 8582; OLG München BeckRS 2020, 23367; OLG Frankfurt a. M. BeckRS 2017, 139887; OLG Köln BeckRS 2015, 7692; OLG Oldenburg BeckRS 2014, 125375; OLG Frankfurt a. M., BeckRS 2010, 25718; LG Lübeck SP 2010, 431.

2671 Born NZV 2014, 154.

2672 So auch Jaeger VersR 2022, 921 (928).

Zu nennen sind insofern die aktuellen Entscheidungen des **LG Göttingen,**[2673] das nun erneut –

wie zuvor bereits das LG Limburg[2674] – ein **Schmerzensgeld von 1.000.000 EUR** für eine schwerste Gehirnschädigung nach mehreren groben Behandlungsfehlern bei der Geburt des Klägers zuerkannt hat sowie das Urteil des OLG Frankfurt a. M.[2675] mit kapitalisiert 720.000 EUR für eine ebenfalls von Geburt an irreversible schwere Gehirnschädigung eines Neugeborenen und die nachfolgend noch näher erläuterten Entscheidungen des OLG Hamburg,[2676] des OLG Schleswig,[2677] des OLG Oldenburg[2678] (Vorinstanz LG Aurich[2679]) sowie des LG Gießen,[2680] die alle für ebenfalls schwerste Körperverletzungen mit gravierenden Dauerfolgen jeweils 800.000 EUR zuerkannt hatten.

Weiterhin nicht unerwähnt bleiben soll auch das Urteil des **LG Limburg,**[2681] das 2021 erstmals für eine ebenfalls äußerst schwere Gehirnschädigung mit lebenslangen extremen Folgen ein Schmerzensgeld iHv einer Million EUR zuerkannt hatte, jedoch **vom OLG Frankfurt a. M.**[2682] **aufgehoben** wurde, da ein Behandlungsfehler, anders als dies vom LG seiner Entscheidung zugrunde gelegt worden war, nicht bestanden hatte und auch das Urteil des **LG Göttingen noch nicht rechtskräftig** ist.

S. hierzu nachfolgend unter → **Rn. 271** und → **Rn. 272.**

Das **LG Limburg** verwies in seiner Entscheidung, die aufgrund des Schmerzensgeldbetrages von einer Million EUR eine **Leuchtturmfunktion** hat, die **nun durch das Urteil des LG Göttingen verstärkt** wurde, bei seiner Schmerzensgeldbemessung auf die vorbenannte Entscheidung des LG Gießen[2683] und begründete das demgegenüber um 200.000 EUR höhere Schmerzensgeld damit, dass *„im dortigen Falle … der Geschädigte … zumindest die Chance auf eine normale Kindheit und Jugend"* habe.

Ein Schmerzensgeldbetrag von 800.000 EUR wurde, wenn man von den beiden oben erwähnten Urteilen des LG Göttingen und des LG Limburg absieht, bislang selbst für allerschwerste Verletzungen rechtskräftig noch nicht überschritten, fügt sich jedoch inzwischen in das System ein und ist für derartige Einzelfälle, wie sie den Oberlandesgerichten Hamburg, Schleswig, Oldenburg und Gießen vorlagen, letztlich *„eine gebotene Fortschreibung der Entwicklung der letzten 10 bis 15 Jahre bei der Schmerzensgeldbemessung"*, wie es das OLG Hamburg 2024 treffend formuliert hatte.[2684]

Der Weg von dem bisher oftmals als vermeintliche Obergrenze[2685] oder *Schallgrenze* – so das OLG München[2686] noch 2020 sowie das OLG Köln[2687] 2018 – zuerkannten Betrag von 500.000 EUR hin zu den inzwischen etablierten 800.000 EUR bedurfte da schon einer besonderen Begründung und so führte das LG Aurich (2020 bestätigt durch das OLG Oldenburg) dazu aus: *„Dass der hier zugesprochene Betrag über Schmerzensgeldbeträge hinausgehen mag, die in anderen Fällen … von der Rechtsprechung für angemessen erachtet wurden, ist der Kammer sehr wohl bewusst. Sie hält die Überschreitung hier allerdings für geboten, weil es in der Person des Klägers zu einer Häufung von Schäden gekommen ist, die nach Art und Umfang ihresgleichen sucht. Dieser Häufung von Beeinträchtigungen hat die Kammer bei der Schmerzensgeldbemessung in erster Linie gerecht zu werden; die von der Beklagten geäußerte Sorge, das Schmerzensgeldgefüge könnte durch eine solche Einzelfallentscheidung durcheinandergebracht werden, wird dabei zwar nicht verkannt, sie hat hinter dem individuellen Kompensationsinteresse des Klägers jedoch als lediglich abstrakter Gesichtspunkt zurückzutreten"*.[2688]

Selbstbewusster stellt dagegen das LG Gießen ein Jahr später fest: *„Die Kammer ist sich bewusst, dass das von ihr zuerkannte Schmerzensgeld einen der höchsten in Deutschland bislang ausgeurteilten Schmerzensgeldbeträge darstellt. Sie erachtet ein Schmerzensgeld iHv 800.000 EUR aber im konkreten Fall für angemessen"*.[2689]

[2673] LG Göttingen BeckRS 2025, 20834, die Entscheidung ist wegen der eingelegten Berufung zum OLG Braunschweig noch nicht rechtskräftig.
[2674] Wie zuvor das LG Limburg BeckRS 2021, 16550 vgl. dazu jedoch OLG Frankfurt a. M. BeckRS 2023, 9478.
[2675] OLG Frankfurt a. M. BeckRS 2025, 2439, → Nr. 7645.
[2676] OLG Hamburg BeckRS 2024, 22768, → Nr. 7441.
[2677] OLG Schleswig BeckRS 2021, 28579.
[2678] OLG Oldenburg BeckRS 2020, 5200.
[2679] LG Aurich BeckRS 2018, 40197.
[2680] LG Gießen BeckRS 2019, 34307.
[2681] LG Limburg BeckRS 2021, 16550.
[2682] OLG Frankfurt a. M. BeckRS 2023, 9478.
[2683] LG Gießen BeckRS 2019, 34307.
[2684] OLG Hamburg BeckRS 2024, 22768, → Nr. 7441.
[2685] Vgl. dazu auch BGH NJW 2022, 1957 Rn. 14.
[2686] OLG München BeckRS 2020, 901.
[2687] OLG Köln BeckRS 2018, 39188.
[2688] LG Aurich BeckRS 2018, 40197.
[2689] LG Gießen BeckRS 2019, 34307.

Recht so! mag man dazu rufen und auf den BGH[2690] verweisen, der bereits 1996 betont hatte, dass die Angabe eines Mindestbetrages dem Ermessen des Gerichts bei Festsetzung des für angemessen gehaltenen Schmerzensgeldes im Hinblick auf § 308 ZPO *„keine Grenze nach oben"* setzt.

Während der durch die Weltfinanzkrise ausgelösten Niedrigzinspolitik (2008 bis 2022) wurde sowohl in Literatur[2691] und Rechtsprechung[2692] hinsichtlich der Anhebung von Schmerzensgeldbeträgen bei schweren und schwersten Verletzungen auch auf die Auswirkungen und Folgen der **Niedrig- bzw. Nullzinsphase** aufmerksam gemacht. Das OLG Schleswig[2693] wies insofern 2021 darauf hin, dass *„infolge einer deutlich über 2 % liegenden Inflationsrate und banküblichen Negativzinsen … die Zumessung eines Kapitalbetrages unter den derzeitigen Kapitalmarktbedingungen zu einer generellen Erhöhung führen"* müsse, nachdem das LG Gießen bereits 2019 im Zusammenhang mit der Zuerkennung von 800.000 EUR betont hatte: *„Der höhere Schmerzensgeldbetrag rechtfertigt sich auch daraus, … weil Schmerzensgeldbeträge auch vor dem Hintergrund einer Niedrigzinsphase signifikant gesteigert werden müssen"* und Jaeger[2694] stellte in seinem Aufsatz zum Einfluss der Niedrigzinsphase auf die Bemessung des Schmerzensgeldes fest, dass ein Schwerverletzter, der in den Jahren 2001 bis etwa 2008 ein Schmerzensgeld von 500.000 EUR erhielt, in der Lage war, selbst bei einer sicheren Anlage mittels 30-jähriger Bundesanleihen eine jährliche Rendite von etwa 20.000 bis etwa 30. 000 EUR zu erzielen und damit – selbst unter Anrechnung eines zu versteuernden Anteils auf diese Zinsen (s. hierzu nachfolgend → Rn. 421 ff.) – einen monatlichen Ertrag von ca. 1.500 bis 2.000 EUR zu erwirtschaften. Dies war jedoch in den Jahren 2008 bis 2022 nicht mehr möglich war, was jedoch die Rechtsprechung – worauf *Jaeger*[2695] in seiner Anmerkung zum Urteil des LG Limburg zutreffend hingewiesen hatte – in den allermeisten Fällen schlicht ignoriert hatte. **269**

Aktuell liegt der für den Geldmarkt maßgebliche Leitzins bzw. der Einlagenzins der EZB Leitzins (Stand 11.6.2026) bei 2,25 %. Dies entspricht bei einer Kerninflation von (im Mai 2026/EZB-Prognose für 2026: 3%)[2696] 3,2% nicht nur einer Nullrunde. Vielmehr befinden wir uns inzwischen erneut im negativen Bereich, weshalb die **finanzpolitische Gesamtsituation** durchaus auch aktuell bei der Schmerzensgeldbemessung **erhöhend berücksichtigt** werden darf, worauf das OLG Frankfurt a. M. mit seinem im Februar 2025 verkündeten Urteil ausdrücklich und zutreffend hingewiesen hatte.[2697] **269a**

Bei der Schmerzensgeldbemessung, bei der Größe, Heftigkeit und Dauer der Schmerzen, Leiden und Entstellungen stets entscheidende Kriterien bilden,[2698] kommt der **Höhe und dem Maß der verletzungsbedingten Lebensbeeinträchtigung** im Verhältnis zu den anderen zu berücksichtigenden Umständen stets die höchste Priorität zu, insbesondere, wenn es sich dabei um irreversible Dauerschäden handelt,[2699] wobei der Umfang des individuellen Leidens, dem ein Geschädigter in Folge von Dauerschäden ausgesetzt ist, nicht durch die isolierte Betrachtung der körperlichen und/oder psychischen Defizite ermittelt werden darf, sondern stets ganz wesentlich von den individuellen Lebensumständen des Geschädigten abhängt.[2700] Hierbei ist stets auch die **Beeinträchtigung der Lebensführung** und die **Reduzierung von Entfaltungsmöglichkeiten** als solche zu beachten und bei der Bemessung zu berücksichtigen, unabhängig von einem damit einhergehenden Verlust an Lebensfreude.[2701] **269b**

Vgl. dazu auch oben → **Rn. 27** und → **Rn. 73.**

Zutreffend wies Jaeger in seinem Beitrag[2702] zur Bemessung des Schmerzensgeldes am Beispiel eines Urteils des LG Lübeck[2703] darauf hin, dass gerade die **Dauerschäden** häufig im Verhältnis zu den Verletzungen und den Heilbehandlungen unterbewertet werden bzw. den gerade bei schweren und schwersten Verletzungen oftmals das Leben der Opfer nachhaltig verändernden Dauerfolgen nicht die für eine angemessene Schmerzensgeldbemessung notwendige vorrangige Berücksichtigung zu Teil wird.

2690 Das LG Aurich verwies insofern auf BGH BeckRS 1996, 4031.

2691 Vgl. ua Jaeger 2023, 209 (220); Jaeger VersR 2022, 921 (928) sowie DAR 2020, 710; Slizyk NJW 2020, 3325 (3330 ff.); Jaeger/Luckey Schmerzensgeld Rn. 1200a; Jaeger VersR 2019, 577; Luckey DAR 2019, 450.

2692 OLG Schleswig BeckRS 2021, 28579; LG Gießen BeckRS 2019, 34307.

2693 OLG Schleswig BeckRS 2021, 28579.

2694 Vgl. auch Jaeger/Luckey Schmerzensgeld Rn. 1200a, 1200a.

2695 Jaeger MedR 2021, 1090 sowie auch in VersR 2022, 921 (928); ebenso Slizyk NJW 2021, 3757.

2696 Tagesschau (ARD) v. 11.6.2026.

2697 OLG Frankfurt a. M. BeckRS 2025, 2439, → Nr. 7645; vgl. dazu auch Jaeger VersR 2023, 209 (220).

2698 StRspr vgl. BGH BeckRS 1955, 30402368 sowie aktuell OLG Frankfurt a. M. BeckRS 2025, 2439.

2699 OLG Frankfurt a. M. BeckRS 2025, 2439 Rn. 84 sowie Jaeger VersR 2023, 209 (220).

2700 BGH BeckRS 2022, 6623; Jaeger VersR 2021, 84 (88) sowie Slizyk NJW 2021, 3757 (3760).

2701 Vgl. dazu auch Arntz NJW 2017, 3329 (3332).

2702 Jaeger VersR 2022, 921; vgl. dazu auch Jaeger VersR 2023, 209 (220).

2703 LG Lübeck BeckRS 2021, 50664 → Nr. 7011.

Die oft unzureichende **Berücksichtigung der Dauerschäden und Spätfolgen,** die aus den erlittenen Verletzungen resultieren, mag ua auch daran liegen, dass der **Einsatz bzw. die Anwendung von Schmerzensgeldurteilssammlungen bzw. Schmerzensgeldtabellen** häufig nur mit Blick auf die Verletzungen und nicht mit dem vorrangigen Fokus auf die durch diese verbliebenen Dauerfolgen erfolgt. Wer sich – wie dies nicht selten geschieht – bei den Überlegungen für die Findung eines wirklich fallangemessenen Schmerzensgeldbetrags lediglich einige (vermeintlich passende) Entscheidungen aus solchen Sammlungen herausgreift und dann ohne weitere Reflektion und so vermeintlich „munitioniert" einen Betrag einfordert, liegt meist grundlegend falsch. Denn er verkennt die Dimension der Bemessungskriterien, die – um abermals den Entscheid der Vereinigten Großen Senate[2704] zu zitieren – „alle Umstände des Falls" umfassen und sich nicht lediglich auf eine Wiedergabe der medizinischen Kernsätze aus einem Arztgutachten in Verbindung mit einigen wenigen vermeintlich dazu passenden Entscheidungen bezieht.

Praxishinweis:
Der Blick in die Entscheidungssammlungen[2705] darf daher nicht nur in der jeweiligen Verletzungsrubrik (wie etwa Becken- und Hüftverletzungen) verharren. Da für ein wirklich angemessenes Schmerzensgeld stets die sich aus den Verletzungen resultierende individuelle **Lebensbeeinträchtigung**[2706] sowohl hinsichtlich der Lebensführungsbeeinträchtigung als auch der Reduzierung von Entfaltungsmöglichkeiten wesentlich ist, muss der Blick vielmehr auch übergreifend auf solche Entscheidungen gerichtet werden, bei denen (unabhängig von den ursprünglichen Verletzungen) die **Auswirkungen der Verletzungsfolgen auf das weitere private und berufliche Leben der Betroffenen** sowohl mit Blick auf deren **Dauer** als auch auf die **individuell wahrgenommene Intensität** mit dem eigenen Fall vergleichbar sind. Dies gilt sowohl für physische Verletzungen wie auch für psychische Schäden.[2707]
Oder – um es noch deutlicher darzustellen: Wenn sich in den nachfolgenden Schmerzensgeldtabellen unter der Rubrik A.9 e (schwere Beckenfrakturen) derzeit das höchste Schmerzensgeld von 80.000 EUR – auf Basis der Entscheidung des OLG Frankfurt a. M.[2708] – findet, so bedeutet dies nicht, dass dieser Betrag die Obergrenze für solche Verletzungen darstellt, denn **Obergrenzen gibt es beim Schmerzensgeld nicht.**
Bei einer vergleichbaren Beckenverletzung mit einer vergleichbaren Behandlungsdauer jedoch deutlich gravierenderen Dauerschäden oder Spätfolgen und somit einer höheren Lebensbeeinträchtigung kann somit durchaus ein doppelt oder mehrfach so hohes Schmerzensgeld angemessen sein. Hierzu muss jedoch dem jeweiligen Gericht detailliert vorgetragen werden und dieser Sachvortrag sodann mit dem Fokus auf die Dauerfolgen für den geschädigten Kläger in die Bemessung nicht nur einfließen, sondern diese maßgeblich prägen (vgl. dazu auch oben → **Rn. 26b**).

Wenn Jaeger[2709] insofern jedoch ausführt, dass *„der Gesetzgeber nicht gut beraten war, die Bemessung des Schmerzensgeldes den Richtern zu überlassen"* und insofern zu urteilen, die Verletzten seien insofern *„nicht in guten Händen"*, schießt er damit über das Ziel hinaus.

270 **Empfehlung bei absoluten Extremfällen:** Bei schweren Extremfällen – insbesondere bei massiv gehirngeschädigten oder anderweitig körperlich oder seelisch (Missbrauchsfälle – vgl. dazu oben → **Rn. 306**) schwer verletzten Kindern – sollte der nun mit den oben unter → Rn. 268 benannten Entscheidungen eingeschlagene Weg weitergegangen und deutlich **in den siebenstelligen Bereich** vorangetrieben werden. Die Urteile der Landgerichte Göttingen[2710] und Limburg[2711] sind hierfür Wegbereiter.

Denn eine *Schallgrenze*[2712] bzw. Obergrenze gibt es – entgegen den Ansichten des OLG München[2713] und des OLG Köln[2714] – bekanntlich nicht, weder nach dem Gesetz noch nach der Rechtsprechung des BGH. Schmerzensgelder in Extremfällen mit lebenslangen schwersten Dauerfolgen dürfen – um den Dimensionen nicht nur für das **gesamte Leben des Verletzten,** sondern **auch das gesamte Leben dessen nächster Angehörigen** gerecht zu werden – die Millionengrenze nicht scheuen, sondern sollten diese künftig deutlich überschreiten.[2715]

2704 BGH NJW 1955, 1675.
2705 Vgl. nachfolgend Teil 2 dieses Buches sowie Jaeger/Luckey Schmerzensgeld und Hacks/Wellner/Häcker/Klein Schmerzensgeld 2024 sowie in Österreich Danzl Handbuch Schmerzensgeld.
2706 Vgl. dazu auch BGH BeckRS 2022, 6623, Jaeger VersR 2021, 84 (88) sowie Slizyk NJW 2021, 3757 (3760).
2707 Vgl. BGH BeckRS 2022, 38714 sowie r+s 2023, 130 mAnm Slizyk.
2708 OLG Frankfurt a. M. BeckRS 2021, 25514 → Nr. 6850 mAnm Slizyk NJW 2021, 3757.
2709 Jaeger DAR 2020, 710.
2710 LG Göttingen BeckRS 2025, 20834.
2711 LG Limburg BeckRS 2021, 16550 vgl. dazu jedoch OLG Frankfurt a. M. BeckRS 2023, 9478.
2712 So wörtlich OLG München BeckRS 2020, 901.
2713 OLG München BeckRS 2020, 901.
2714 OLG Köln ZAP 2019, 475.
2715 Vgl. Jaeger/Luckey Schmerzensgeld Rn. 1200j, die von „mehr als 1,25 Mio. EUR" sprechen.

Daher sind die oben dargelegten Entscheidungen und Autorenbeiträge[2716] und deren Hinweis auf die Notwendigkeit höherer Schmerzensgeldbeträge in Bezug auf extrem gravierende Verletzungen zu begrüßen.

Gleichbewertung von schweren physischen und psychischen Dauerschäden und Spätfolgen: Bei der Bemessung des Schmerzensgeldes – gerade bei den oben benannten Extremfällen (aber nicht nur dort) – darf nicht, wie leider nach wie vor üblich, zwischen unfall- oder behandlungsfehlerbedingten körperlichen Verletzungen und schweren psychischen Schäden und Schadensfolgen, die auf Sexualstraftaten, insbesondere begangen an Kindern und Heranwachsenden zurückgehen, differenziert werden! Entscheidend muss auch hier stets die umfassende Bewertung der Dauerfolgen und Spätschäden für das jeweilige Opfer sein. Insofern ist die **Entscheidung des BGH vom 6.12.2022**[2717] zur Auslegung des Tatbestandsmerkmals der Gesundheitsverletzung bei sog. „Schockschäden" sehr zu begrüßen, weil der BGH damit psychischen Schäden und deren oftmals ebenso erheblichen oder noch gravierenderen (in Bezug auf physische Verletzungen) Folgewirkungen nun einen höheren Stellenwert und damit eine stärkere Berücksichtigung bei der Schmerzensgeldbemessung einräumt. Wogegen die **Gleichstellung von physischen und psychischen Körperverletzungen mit Datenschutzverstößen bzw. den daraus resultierenden „Verletzungen"**, wie sie der EuGH aktuell proklamiert hat, gerade vor dem Hintergrund der nachfolgend näher dargestellten Fälle schwerster irreversibler Körperschäden nur **schwer nachvollziehbar, wenn nicht sogar als grotesk** zu bezeichnen ist. Der EuGH hatte wörtlich betont, *„dass im Rahmen der Festsetzung der Höhe des aufgrund des Anspruchs auf Ersatz eines immateriellen Schadens geschuldeten Schadenersatzes ein solcher Schaden, der durch eine Verletzung personenbezogener Daten verursacht wurde, seiner Natur nach nicht weniger schwerwiegend ist als eine Körperverletzung"*.[2718] 270a

Gerade bei schweren psychischen Vergewaltigungsfolgen und **Sexualmissbrauchsfällen, insbesondere durch Kleriker,**[2719] sind die regelmäßig zuerkannten Schmerzensgeldbeträge bis heute völlig inakzeptabel und bei weitem deutlich zu niedrig. Hierauf wird nachfolgend s. Kapitel V. 8. → **Rn. 305 ff.**, insbesondere → **Rn. 307c** noch näher eingegangen.

270b Dem im Zusammenhang mit hohen Schmerzensgeldern ebenso unzutreffenden wie permanent wiederholten[2720] Argument, wonach die dadurch (vermeintlich) gegebene **Belastung der Versichertengemeinschaft** nicht zumutbar oder gar bei *„der Bemessung der Obergrenze … zu berücksichtigen"*[2721] sei oder – mit Blick auf Arzthaftungsfälle – dass das Haftungsrisiko in diesem Bereich *„nicht mehr kalkulierbar und versicherbar"* sei,[2722] ist **entschieden zu widersprechen.** Denn zum einen gibt es beim Schmerzensgeld, wie nun bereits mehrfach erläutert wurde,[2723] keine Obergrenze und zum anderen nehmen Schmerzensgelder an den insgesamt ca. 69 Milliarden EUR,[2724] die die deutsche Versicherungswirtschaft jährlich im Bereich der Schaden-/Unfallversicherung im Jahr (davon entfielen auf die Versicherungszweige KH 17 Milliarden und auf AH 5,6 Milliarden)[2725] aufzubringen hat, einen so verschwindend kleinen Anteil ein, dass es dazu noch nicht einmal statistische Erhebungen gibt.[2726] Dies mag auch daran liegen, dass der prozentuale Anteil der Schmerzensgelder – zumal derjenigen für Schwerverletzte – gemessen am Gesamtschadenaufwand der Versicherungswirtschaft[2727] sehr gering ist und alleine bei den **KH-Schäden** die Aufwendungen für reine **Sachschäden** (Reparaturkosten, Sachverständigenkosten, Mietwagenkosten, Nutzungsausfall etc. und andere Schadennebenkosten) prozentual bereits rund 60 bis 65 % des Gesamtschadenaufwands ausmachen und im Bereich der schweren **Personenschäden** die Kosten für die Heilbehandlung, die Pflege- und Betreuung, Haushaltsführung, ggf. Umbaukosten für Fahrzeug und Wohnung und schließlich auch für den Verdienstausfall des Geschädigten in ihrer Summe den sog. immateriellen Schaden, dh das Schmerzensgeld, um ein Vielfaches übersteigen. **Schmerzensgeld** spielt – selbst wenn bei extrem schweren Verletzungen im Einzelfall ein Millionenbetrag zu regulieren wäre – somit **für die** oft zitierte **„Belastung der Versicherungsgemeinschaft" keine nenneswerte Rolle.**

2716 LG Limburg BeckRS 2021, 16550; OLG Oldenburg BeckRS 2020, 5200; LG Gießen BeckRS 2019, 34307; Jaeger VersR 2022, 921; Slizyk NJW 2021, 3757.

2717 BGH BeckRS 2022, 38714 sowie r+s 2023, 130 mAnm Slizyk.

2718 EuGH NJW 2025, 40 Rn. 151 ebenso bereits EuGH NJW 2024, 2599.

2719 Vgl. dazu Jaeger VersR 2023, 209.

2720 So beispielsweise OLG Zweibrücken BeckRS 2022, 1322 und LG Landshut BeckRS 2004, 153797 (Rn. 24); ebenso von Diederichsen VersR 2005, 438; vgl. ua auch Küppersbusch/Höher Ersatzansprüche Personenschaden Rn. 281; BGH BeckRS 2008, 20627 Rn. 10–11; aA Jaeger/Luckey Schmerzensgeld Rn. 1195 (1200).

2721 LG Landshut BeckRS 2004, 153797 (Rn. 24).

2722 Vgl. auch Jaeger/Luckey Schmerzensgeld Rn. 1200j.

2723 Vgl. dazu → Rn. 24, → Rn. 269 und → Rn. 270.

2724 Quelle: GDV – Fakten zur Versicherungswirtschaft Herbst 2025 (2024er Zahlen), S. 10.

2725 Quelle: GDV – Fakten zur Versicherungswirtschaft Herbst 2025 (2024er Zahlen) – statistiken-zur-deutschen-versicherungswirtschaft-taschenbuch-data.pdf und dort S. 61.

2726 So auch LG Offenburg BeckRS 2019, 16254; OLG Zweibrücken BeckRS 2008, 11967; LG München NZW 2001, 263; ebenso Jaeger VersR 2022, 921 (928).

2727 Vgl. hierzu Hoffmann VW 2008, 1298.

Dies stellt nicht in Abrede, dass letztlich jeder Anstieg von Schadenaufwendungen stets (überwiegend) von der Gemeinschaft der Versicherten zu bezahlen ist.[2728]

271 **Historischer Rückblick und Ausblick:** Nachfolgend sollen in der gebotenen Kürze zumindest einige Meilensteine auf dem Weg zu höheren Schmerzensgeldbeträgen kurz skizziert werden:

- **1996** hat der BGH[2729] in seiner Revisionsentscheidung zum OLG Schleswig die bis dahin offene Frage, inwieweit ein Gericht an die Angabe einer Größenordnung zum Schmerzensgeld gebunden und inwieweit die Überschreitung dieses Betrages mit § 308 Abs. 1 ZPO vereinbar ist, klar beantwortet und dazu ausgeführt: „*Sie* [die Frage] *ist nunmehr dahin zu entscheiden, dass die Angabe eines Mindestbetrages oder einer Größenvorstellung dem Ermessen des Gerichts bei Festsetzung des für angemessen gehaltenen Schmerzensgeldes im Hinblick auf § 308 ZPO keine Grenzen zieht und deshalb auch die Zuerkennung eines den Mindestbetrag (oder die Größenvorstellung) um das Doppelte übersteigenden Betrages von dem Antrag des Klägers gedeckt ist.* Frankfurt a. M.
- **1997** setzte das OLG Stuttgart.[2730] mit mehr als einer Millionen DM eine Höchstmarke: Ein zum Urteilszeitpunkt 26-Jähriger hatte ein inkomplettes Locked-in-Syndrom erlitten. Unter Berücksichtigung eines 70 %igen Eigenverschuldens sprach das OLG dem Verletzten einen Kapitalbetrag von umgerechnet 102.258 EUR und eine Rente von 255 EUR monatlich zu. Dies entspräche bei 100 %iger Haftung einem Gesamtbetrag von ca. 511.291 EUR und somit – damals – von über einer Million DM. Frankfurt a. M.
- **2002** mit der Einführung des Euro rückte die „Millionengrenze" in zunächst unerreichbare Ferne und es blieb lange noch der Eindruck,[2731] dass insgeheim stets eine Umrechnung in die alte DM-Währung erfolge.
- **2011** setzte das LG Aachen[2732] die Höchstmarke auf **700.000 EUR** und durchbrach damit erstmals die viel zitierte vermeintliche und der BGH-Rechtsprechung[2733] klar zuwiderlaufende[2734] Obergrenze von bislang 500.000 EUR, denn bis zum Jahr 2011 stellte dieser Betrag quasi eine (vermeintliche) „Schallmauer"[2735] dar, die bis dahin nur dreimal – LG Kiel im Jahr 2003,[2736] OLG Zweibrücken im Jahr 2008[2737] und OLG Jena im Jahr 2009[2738] – und jeweils auch nur gering durchbrochen worden war. Kapitalisiert 720.000 EUR sah das OLG Frankfurt a. M. 2025 im Falle der vollständigen unwiderruflichen Zerstörung der Persönlichkeit eines Neugeborenen als angemessen an.[2739]
- **2017** wurde vom LG Köln[2740] – wenn auch nicht für schwerste körperliche Verletzungen – erstmal wieder (diesmal in Euro) die Millionengrenze erreicht. Dem ehemaligen Bundeskanzler **Helmut Kohl** wurde für die ihm von seinen ehemaligen Ghostwritern zugefügte schwere Persönlichkeitsrechtsverletzung ein Schmerzensgeld iHv 1.000.000 EUR zuerkannt. Das Urteil, welches jedoch anschließend **vom OLG Köln *kassiert*** wurde, wird oben → Rn. 167 näher vorgestellt.
- **2018** sprach das **LG Aurich**[2741] einem fünf Jahre alten Jungen, dem infolge eines groben Behandlungsfehlers beide Unterschenkel amputiert werden mussten, 800.000 EUR zu, wobei die Richter des LG Aurich explizit auf die oben benannte BGH-Rechtsprechung[2742] Bezug nahmen.
- **2019** wurde vom LG Gießen[2743] für allerschwerste körperliche Verletzungen (schwere hypoxische Hirnschädigung mit apallischem Syndrom und spastischer Tetraparese eines 17-jährigen Schülers) 800.000 EUR zuerkannt.
- **2020** wurde das vorbenannte Urteil des LG Aurich vom OLG Oldenburg[2744] in vollem Umfang bestätigt.[2745]
- **2021** sprach das **LG Limburg**[2746] **1.000.000 EUR** – endlich mag man angesichts des unfassbar schrecklichen Sachverhalts ausrufen – in einem Arzthaftungsfall zu, bei welchem bereits im Jahr 2011 ein damals erst einjähriges Kind als Folge einer ganzen Reihe von (vermeintlichen) Behandlungsfehlern allerschwerste Gehirnschäden (kann nicht sprechen, nicht laufen, leidet unter Epilepsie etc) erlitten hatte und auf Dauer ein Intensivpflegefall sein wird. Das Urteil wurde jedoch – aufgrund fehlender Haftung dem Grunde nach dh weil ein Behandlungsfehler doch nicht nachgewiesen werden konnte, nicht aber aufgrund der

2728 Vgl. hierzu Jaeger VersR 2009, 159 (163).
2729 BGH BeckRS 1996, 4031.
2730 OLG Stuttgart BeckRS 1998, 04068.
2731 So auch Burmann NJW-Spezial 2005, 207.
2732 LG Aachen BeckRS 2012, 02052.
2733 BGH BeckRS 1996, 4031.
2734 Vgl. dazu Slizyk NJW 2021, 3757.
2735 Vgl. OLG München BeckRS 2020, 901 (das OLG sprach von einer „Schallgrenze").
2736 LG Kiel VersR 2006, 279.
2737 OLG Zweibrücken MedR 2009, 88.
2738 OLG Jena VersR 2009, 1676.
2739 OLG Frankfurt a. M. BeckRS 2025, 2439 → Nr. 7645.
2740 LG Köln 27.4.2017 – 14 O 286/14, 14 O 323/15 und 14 O 261/16, Becklink 2006475.
2741 LG Aurich BeckRS 2018, 40197.
2742 BGH BeckRS 1996, 4031.
2743 LG Gießen BeckRS 2019, 34307, VersR 2020, 630 (mAnm Lothar Jäger).
2744 OLG Oldenburg BeckRS 2020, 5200 (das OLG bestätigte insofern das LG Aurich BeckRS 2018, 40197.
2745 Vgl. dazu auch Jaeger DAR 2020, 710.
2746 LG Limburg BeckRS 2021, 16550.

Schmerzensgeldhöhe – **in der Berufungsinstanz vom OLG Frankfurt a. M.**[2747] **aufgehoben**. Ungeachtet dessen kann und darf das Urteil des LG Limburg auch weiterhin seine Leuchtturmfunktion für derart schwere Verletzungen mit lebenslangen gravierenden Dauerfolgen für den Betroffenen behalten.

- **2024** sprach das **OLG Hamburg**[2748] einem Neugeborenen, der infolge eines groben Behandlungsfehlers bei seiner Geburt mit schwersten Schädigungen auf die Welt kam und der *„selbst in/mit seinem Körper kein gesundes Leben kannte"* und *„rund um die Uhr … sein Leben lang, ohne Hoffnung auf Besserung, auf fremde Hilfe angewiesen"* ist **800.000 EUR** zu und verwies zutreffend darauf, *„dass die Rechtsprechung bei der Bemessung von Schmerzensgeld nach gravierendsten Verletzungen inzwischen großzügiger verfährt als früher."*
- 2025 sprach nun – sozusagen im zweiten Anlauf auf die Million – das **LG Göttingen**[2749] 1.000.000 EUR zu und dies wiederum in einem Arzthaftungsfall, bei dem während der Geburt des verletzten Kindes sowohl dem Arzt als auch der Hebamme grobe Behandlungsfehler in gravierendem Umfang unterlaufen waren. In der Folge erlitt das Neugeborene schwerste, irreversible Gehirnschäden, die ihm bereits im Zeitpunkt der Geburt jede Chance auf ein zumindest mit einer gewissen Lebensqualität und Eigenständigkeit verbundenes Leben genommen hatte. Das Mädchen *„wird ihr ganzes Leben lang rund um die Uhr vollumfänglich auf intensive Pflege angewiesen sein"*, so das LG Göttingen.[2750] Leider ist auch dieses Urteil noch nicht rechtkräftig.

Zum besseren Verständnis für die Dimensionen des Leids für die Opfer und deren Angehörige seien hier sechs der oben → **Rn. 271** aufgeführten Entscheidungen etwas näher beleuchtet: **272**

Als erster Fall sei dabei zunächst das aktuelle **Urteil des OLG Frankfurt a. M. vom 18.2.2025 – 8 U 8/21** vorgestellt,[2751] bei dem der Kläger – als Geburtsschaden bei einer Hochrisiko-Zwillingsschwangerschaft – als Neugeborener eine *„vollständige unwiderrufliche Zerstörung der Persönlichkeit"* erlitten hatte, an der er – so das OLG – *„zusätzlich dauerhaft leidet"*.

Dem Fall lagen mehrere grobe Behandlungsfehler, darunter die fehlerhafte Bewertung der Ultraschallbefunde und eine verspätete Notfallentbindung per Kaiserschnitt (sog. Notsectio) zugrunde. Infolgedessen trug der Kläger zu 1 schwere irreversible Hirnschäden mit mannigfachen gravierenden Auswirkungen davon, wie eine spastische bilaterale Cerebralparese GMFCS Level V, eine Mikrozephalie, eine periventrikuläre Leukomalazie, eine ausgeprägte globale Entwicklungsstörung, Blindheit und starke Hörschwäche, Störungen der Schluckfähigkeit und der Kontrolle der Blase und dies alles verbunden mit Dauerschmerzen, weshalb ihm eine sog. Baclofenpumpe, dh eine Medikamentenpumpe, die das Schmerz- und Muskelspastikhemmungsmedikament Baclofen direkt in die Rückenmarksflüssigkeit abgibt, implantiert wurde. Zum besseren Verständnis einer „Cerebralparese GMFCS Level V" muss man wissen, dass das sog. Gross Motor Function Classification System (GMFCS) für Kinder mit Cerebralparesen fünf Schweregrade umfasst. Die Einstufung erfolgt nach der Fähigkeit zu eigenständiger Mobilität und dem Bedarf an Unterstützung durch Hilfsmitteltechnologien und Mobilitätshilfen und bedeutet in der fünften und damit schwersten Stufe eine völlige Rollstuhlgebundenheit. Der Kläger zu 1 musste sich zudem infolge seiner schweren Hirnschädigungen bereits in seinen ersten Lebensjahren mehreren operativen Eingriffen, wie der Anlage eines Gastrostomas, eines Cochlearimplantats, einer Baclofenpumpe und einer Hüft-OP unterziehen, um die vielfältigen mittelbar durch seine Hirnschäden ausgelösten Beschwerden zu bekämpfen und – dies wurde auch in der Berufungsinstanz vom OLG betont – leidet unter seinem Zustand dauerhaft, zumal er *„niemals in der Lage sein* [wird], *ein eigenständiges und selbstbestimmtes Leben zu führen oder auch nur in Ansätzen eine eigene Persönlichkeit zu entwickeln, sondern stattdessen lebenslang rund um die Uhr von Angehörigen, Helfern und Pflegepersonen abhängig"* ist.[2752]

LG Frankfurt a. M.[2753] hatte für diese kaum schwerer vorstellbare Verletzungshäufung mit massivsten irreversiblen Schäden, die das OLG selbst in einem seiner Amtlichen Leitsätze als eine *„vollständige unwiderrufliche Zerstörung der Persönlichkeit"* des Klägers zu 1 bezeichnet hatte, ein Schmerzensgeld von lediglich 600.000 EUR zuzüglich einer Schmerzensgeldrente mit einem „Barwert von 120.000 EUR" und somit insgesamt 720.000 EUR als angemessen erachtet.

Das OLG Frankfurt a. M. bestätigte dies, indem es dazu ausführte, das LG habe *„den immateriellen Schaden des Klägers zu 1 … zutreffend bemessen."*

Weshalb das OLG Frankfurt a. M. zu dieser Ansicht gelangte, bleibt offen, zumal es sehr zutreffend darauf hingewiesen hatte, dass bei der Schmerzensgeldbemessung stets *„die Höhe und das Maß der Lebensbeeinträchtigung*

[2747] OLG Frankfurt a. M. BeckRS 2023, 9478.
[2748] OLG Hamburg BeckRS 2024, 22768 → Nr. 7441.
[2749] LG Göttingen BeckRS 2025, 20834.
[2750] LG Göttingen BeckRS 2025, 20834 Rn. 105.
[2751] OLG Frankfurt a. M. BeckRS 2025, 2439 → Nr. 7645.
[2752] OLG Frankfurt a. M. BeckRS 2025, 2439, → Nr. 7645.
[2753] LG Frankfurt a. M. 18.1.2021 – 2-04 O 19/11.

ganz im Vordergrund" stehe und sodann – auf den Kläger zu 1 bezogen – darauf, dass es *„unmittelbar einleuchtend* [sei], *dass das Leben des Klägers zu 1 auch über seine Behinderungen im engeren Sinne hinaus in ungewöhnlicher Weise beschwerlich oder mitunter sogar qualvoll*" ist. Abschließend hatte das OLG Frankfurt a. M. sogar noch – ebenfalls zutreffend – betont, dass bei der Schmerzensgeldbemessung auch die *„mittlerweile wieder in den Fokus gerückte Geldentwertung"* zu berücksichtigen sei.[2754] All diese guten Argumente in Verbindung mit den allerschwersten Verletzungen und einer geradezu schrecklichen Kombination von Rollstuhlgebundenheit, Erblindung, starker Hörschwäche und extremen Schmerzen hätten – unter Einbeziehung des hinzukommenden schweren Verschuldens durch mehrere grobe Behandlungsfehler – durchaus für ein sehr viel höheres Schmerzensgeld ggf. sogar in Höhe von 1.000.000 EUR ausgereicht.

Zu dem vom OLG Frankfurt a. M. zurückgewiesenen Mitverschuldenseinwand der Beklagten, die insofern auf die Fachkompetenz der Mutter als Fachärztin für Frauenheilkunde bzw. Gynäkologie verwiesen hatten, s. → **Rn. 102c.**

Als zweiter Fall wird das Urteil des **OLG München aus dem Jahr 2020**[2755] vorgestellt, bei dem das OLG, wie dies heute leider noch häufig praktiziert wird,[2756] trotz schwerster Verletzungen und Verletzungsdauerfolgen nur 500.000 EUR für angemessen erachtet hatte.

Klägerin war eine erst 14 Jahre junge Frau, die infolge eines groben Behandlungsfehlers eine irreversible Tetraplegie unterhalb des vierten Halswirbels erlitten hatte und somit an Armen und Beinen weitgehend gelähmt und intensivpflegebedürftig ist. Das OLG schildert die Begegnung mit der zum Urteilszeitpunkt 27-Jährigen und deren Vortrag über ihr aktuelles Leben wie folgt:

„Sie saß in einem Elektrorollstuhl und war mit einem Tracheostoma versorgt, dessen Klappe sie mit dem Finger verschließen musste, um sprechen zu können. Sie hat erklärt, dass sie das Tracheostoma für eine künstliche Beatmung oder das Absaugen brauche. Ihr Alltag sei natürlich gekennzeichnet durch ihren Zustand. Das bedeute, dass sie rund um die Uhr Hilfe benötige. Der Pflegedienst komme maximal 11 Stunden am Tag und die übrige Zeit müssten ihre Eltern abdecken, in deren Haushalt sie zusammen mit ihrem 21 Jahre alten Bruder lebe. Nach dem Aufstehen bekomme sie verschiedene Therapien. Sie brauche für alles Hilfe, natürlich könne sie nicht mehr laufen und man müsse ihr bei der Toilette, beim Waschen und sogar beim Schminken helfen. Wenn sie jemanden besuchen wolle, sei das sehr aufwändig. Sie hätten ein rollstuhlgerechtes Fahrzeug, aber sie brauche immer die Begleitung von zwei Personen (einen Betreuer und einen Fahrer). Den Kontakt zu ihren alten Freunden habe sie weitgehend verloren. Die beste Freundin sei jetzt die Krankenschwester geworden. In geringem Umfang könne sie einen Laptop und ein Telefon benutzen, aber nur mit einem Finger bedienen. In der Nacht wache sie fünf bis sechsmal auf. Da sie sich nicht alleine umdrehen könne, müssten dann ihre Eltern kommen, um sie umzulagern oder abzusaugen. Sie habe eine Ausbildung als Bürokauffrau, finde aber keine Arbeit, auch nicht als Schwerbehinderte. Das Absaugen sei deswegen notwendig, weil ihre rechte Lunge gelähmt sei und sie damit den Schleim nicht abhusten könne. An schlechten Tagen sei es so, dass sie nur liegen könne und alle paar Minuten abgesaugt werden müsse, und besonders schlimm sei es natürlich, wenn sie einmal erkältet sei. Der Rücken sei völlig steif, weshalb sie sich auch im Rollstuhl gerade halten könne – deswegen könne sie auch den Hals nur sehr eingeschränkt bewegen. Die Wirbelsäule sei jetzt weiter nach oben hin versteift als bei der Operation geplant und ausgeführt. Sie sei so schmal, weil sie sehr wenig esse; sie wiege derzeit ungefähr 50 Kilo und hätte mehrere Jahre auch nur über eine Sonde ernährt werden können. Psychisch habe sie ihre Höhen und Tiefen, natürlich auch abhängig davon, wie es ihr gerade gesundheitlich gehe. Das könne auch mal innerhalb von ein paar Minuten ganz schlecht werden. Es hänge unter anderem damit zusammen, ob sie gerade künstliche Beatmung und Absaugen brauche oder vorübergehend ohne solche Unterstützung auskomme".[2757]

Weshalb in einem solchen Extremfall damals nur 500.000 EUR zuerkannt wurden, begründet das OLG München – nahezu wortgleich mit dem vergleichbaren Fall des OLG Hamm[2758] – lapidar damit, dass *„auch noch schwerere, etwa auch die Sinne und geistige Fähigkeiten erfassende Beeinträchtigungen als die der Klägerin denkbar sind und im Einzelfall auch vorkommen".*

Auch wenn dem OLG zuzustimmen ist, dass es noch gravierendere Fälle gibt (wie die nachfolgenden Beispiele zeigen), waren bereits damals 500.000 EUR deutlich zu gering angesetzt und zudem mutet diese Begründung zynisch an. Zudem beging das OLG den Fehler davon auszugehen, dass ein Schmerzensgeld iHv

[2754] OLG Frankfurt a. M. BeckRS 2025, 2439, → Nr. 7645.
[2755] OLG München BeckRS 2020, 901; OLG Hamm NJW-RR 2002, 1604; OLG Hamm VersR 2004, 386; OLG Hamm BeckRS 2018, 7534.
[2756] OLG München BeckRS 2020, 901; OLG Bamberg BeckRS 2016, 20624; OLG Hamm BeckRS 2018, 7534; LG Offenburg BeckRS 2017, 157369.
[2757] OLG München BeckRS 2020, 901.
[2758] OLG Hamm BeckRS 2018, 7534.

500.000 EUR eine quasi normierte Obergrenze – das OLG München[2759] spricht wörtlich von einer „Schallgrenze" – darstelle, die nur *„allerschwersten Beeinträchtigungen"* vorzubehalten sei. Dies ist schlicht unzutreffend, denn es gibt keine derartige Obergrenze.

Der dritte Fall, der hier näher vorgestellt werden soll, wurde 2015 vom **OLG Köln**[2760] entschieden und behandelte ebenfalls einen Arzthaftungsfall. Der Patient, ein 2-jähriger Junge, hatte dabei eine extrem schwere Gehirnschädigung erlitten, infolge derer er „lebenslänglich rund um die Uhr" intensivster Pflege bedurfte. Das vom LG zuerkannte, kapitalisierte Schmerzensgeld von 603.978,0 EUR wurde vom OLG Köln nicht beanstandet. Zur Begründung insofern führte das OLG aus:

„Ein Schmerzensgeld in diesem Umfange ist erforderlich, um den massiven vom Kläger erlittenen geistigen und körperlichen Schäden angemessen Rechnung zu tragen, an denen der Kläger sein Leben lang ohne Hoffnung auf Besserung leiden wird, aufgrund derer er lebenslänglich rund um die Uhr auf fremde Hilfe angewiesen sein wird, durch die ihm jede Chance auf ein selbstbestimmtes Leben genommen worden ist und die seine Persönlichkeit weitgehend zerstört haben. Das erstinstanzlich zuerkannte Schmerzensgeld ist aber als Ersatz für die immateriellen Schäden des Klägers mit den Erwägungen des Landgerichts, auf die hier zur Vermeidung von Wiederholungen Bezug genommen wird, auch ausreichend. Bei dieser Beurteilung steht dem Senat vor Augen, dass es eine absolut angemessene Entschädigung für nicht vermögensrechtliche Nachteile nicht geben kann, weil diese letztlich in Geld nicht messbar sind, dass der Tatrichter bei der Schmerzensgeldbemessung von Gesetzes wegen keinen betragsmäßigen Beschränkungen unterliegt, dass auch Präjudizien keine verbindlichen Vorgaben darstellen, und dass bei dem Heranziehen von Präjudizien neben einer Prüfung der Vergleichbarkeit der jeweiligen Sachverhalte und der Berücksichtigung eventueller Divergenzen insoweit auch der Zeitablauf seit den jeweiligen Entscheidungen, die zwischenzeitliche Geldentwertung sowie der Umstand zu berücksichtigen ist, dass die Rechtsprechung bei der Bemessung von Schmerzensgeld nach gravierenden Verletzungen inzwischen großzügiger verfährt als früher".

Die vorbenannte Entscheidung des OLG Köln ist jedoch zudem wegen einer weiteren – bei der Bemessung thematisierten – Frage erwähnenswert. Der Kläger war insofern der Ansicht, dass es bei der Bemessung einen Unterschied machen müsse, ob ein Mensch bereits **von Geburt an** (zB wegen eines Geburtshilfefehlers) oder **erst später,** – hier im Alter von zwei Jahren – derart schwer geschädigt wird. Im erstbenannten Fall habe der Geschädigte nie ein unbeschwertes Leben kennenlernen können; in seinem Falle habe er dies jedoch – wenn auch nur während der ersten beiden Jahre – erlebt. Dieser Argumentation wollte das OLG jedoch nicht folgen und begründete dies damit, dass es gerichtsbekannt sei, *„dass sich auch gesunde Menschen an ihre Empfindungen und Erlebnisse in den ersten beiden Lebensjahren später nicht mehr erinnern können, dass eine Erinnerung insoweit vielmehr erst im Verlaufe des dritten Lebensjahres einsetzt. Dementsprechend ergibt sich hinsichtlich des Empfindens der massiven Behinderungen kein erheblicher, bei der Schmerzensgeldbemessung berücksichtigungsfähiger Unterschied zwischen einem durch Geburtsschaden geschädigten Betroffenen und einem Betroffenen, der vor seiner Schädigung für die Dauer von zwei bis drei Lebensjahren ein normales und gesundes Leben hat kennenlernen können".*

Mit der gleichen Argumentation versuchten übrigens die Beklagten im oben bereits erwähnten Falle des LG Gießen[2761] das Schmerzensgeld zu mindern, drangen damit jedoch zutreffend, nicht durch. *„Dass der Kläger eine gewöhnliche Kindheit mit dem Besuch des Kindergartens und der Schule erleben konnte, rechtfertigt keine Reduktion des Schmerzensgelds im Vergleich mit Fällen schwerer Hirnschädigungen bei Säuglingen oder Kleinkindern"*, so das LG zutreffend.

Im vierten Fall – des **LG Aachen aus dem Jahr 2011,**[2762] – hatte dieses erstmals zur damaligen Zeit einen Schmerzensgeldkapitalbetrag von 700.000 EUR zuerkannt und war damit im positiven Sinne seiner Zeit voraus. Wiederum handelte es sich um einen Arzthaftungsfall, bei dem das Gericht den behandelnden Ärzten nicht nur einen fundamentalen Diagnoseirrtum, sondern zudem grobe Behandlungsfehler vorwarf. Um sich von der ganzen Schwere der Verletzungsfolgen und dem nahezu unvorstellbaren Leid ein Bild zu machen, zitiert das LG richtigerweise aus einem insofern sehr plastischen Bericht, in dem der massiv gehirngeschädigte und sensomotorisch schwer mehrfachbehinderte (zum Berichtszeitpunkt ca. sechseinhalbjährige) Junge wie folgt beschrieben wird:

„… Durch die umfangreiche Entwicklungsstörung steht [er] … auf dem Niveau eines 3–4 Monate alten Kindes. Während des Kindergartenalltages sitzt [er] … in einem Rollstuhl mit Sitzschale oder liegt …. Er wird über eine PEG-Sonde alle zwei Stunden mit Tee versorgt. … äußert sein Wohl- und Missempfinden durch mimische Aktivität und Tönen in unterschiedlicher Tonart und Lautstärke. Er braucht bei allen Lebensbereichen die Unterstützung einer Pflegeperson. (…) … dreht [in Rückenlage] den Kopf zu beiden Seiten. Er zeigt mit der linken Hand eine Hand-Mund-Aktivität im

2759 OLG München BeckRS 2020, 901.
2760 OLG Köln BeckRS 2015, 07692.
2761 LG Gießen BeckRS 2019, 34307.
2762 LG Aachen BeckRS 2012, 02052.

Sinne der Berührung (...). Er kann seine Körperlage nicht selbstständig ändern und ist somit auf die regelmäßige Umlagerung durch Pflegepersonen angewiesen. (...) ... liegt [in Bauchlage] flach auf dem Bauch. Der Kopf ist vorzugsweise nach links gedreht, die Arme liegen in einer physiologischen mittleren Beugehaltung. (...) Bei dem gelegentlichen Versuch [in Bauchlage] den Kopf zu heben, aktiviert [er] ... kurzfristig die Stützaktivität seines Schultergürtels. (...) so schwungvoll wie er den Kopf hebt, so abrupt fällt er wieder auf die Unterlage zurück. (...) Schmerzhaft eingeschränkt sind bds. die Hüftflexion und Adduktion/Außenrotation. Die Beweglichkeit der Wirbelsäule ist (...) schmerzhaft eingeschränkt. (...) Zur Kontrakturprophylaxe trägt [er] ... am Tag und in der Nacht Unterschenkelorthesen. (...) Die zentrale Steuerung der Körpertemperatur ist bei [ihm] ... gestört, so dass er außergewöhnlich schnell auskühlt (...). Das erfordert eine aufmerksame Versorgung im Sinne eines kontinuierlichen Wärmens von außen. Die Belüftung der Lungen ist durch seine körperliche Inaktivität deutlich reduziert. (...) Jeder bronchiale Infekt bedeutet ... ein gesundheitliches Risiko. (...) In seinen Wachphasen zeigt [er] ... mimisch und stimmlich seine Freude und sein Bedürfnis, mit Menschen in Kontakt zu treten. Er reagiert auf die Ansprache von Kindern und Erwachsenen. (...) Körperliches Unbehagen äußert [er] ... durch Jammern und Weinen ....“[2763]

Praxishinweis:

Persönliches Leid des Klägers berücksichtigt das Gericht bei der Bemessung des Schmerzensgeldes nicht, wenn dazu nichts vorgetragen ist.[2764] Es ist daher für Rechtsanwälte nicht nur sinnvoll, sondern notwendig, derartige erschütternde Berichte auch so plastisch zu verfassen, damit in solchen besonderen Extremfällen, in denen das bis zum „Unfallereignis“ normale und unbeschwerte Leben eines (jungen) Menschen (sowie deren Angehörige, was häufig vergessen wird!) komplett und nachhaltig zerstört wurde und ihm dieser Zustand ggf. jeden Tag aufs Neue bewusst ist,[2765] die Schmerzensgeldbeträge nicht an irrationalen Grenzen fixiert werden, sondern sich an der in jedem Einzelfall erneut zu erfassenden Dimension des auszugleichenden Leids orientieren. Schließlich ist es die Kernaufgabe der Rechtsanwältinnen und Rechtsanwälte dem jeweiligen Gericht diejenigen Fakten zu vermitteln, die für eine dem Fall angemessene Schmerzensgeldbemessung maßgebend sind. Der Vortrag rein medizinischer Fakten, die aus Arztbriefen oder medizinischen Gutachten abgeschrieben werden, vermag das persönliche Leid niemals nachvollziehbar wiederzugeben. Insofern sollte, ja muss – sofern dies der medizinische Zustand des jeweiligen Mandanten im konkreten Falle zulässt – vor Gericht auf die **Anhörung** des **Mandanten** gedrängt werden. Insofern weist Jaeger[2766] sehr zutreffend darauf hin, dass die Anhörung des Verletzten nicht nur prozessrechtlich zulässig ist, sondern sich zudem auch aus dem Hinweis des BGH[2767] rechtfertigt, wonach die Aufgabe der Tatsacheninstanz in der Gewinnung einer fehlerfreien und überzeugenden und damit „richtigen“ Entscheidung des Einzelfalles besteht.

Als fünften Fall möchte ich kurz die Entscheidungen des **LG Aurich**[2768] und – in zweiter Instanz – des **OLG Oldenburg**[2769] aus dem Jahr 2020 näher betrachten: Es ging dabei um einen 5 Jahre alten Jungen, dem infolge eines groben Behandlungsfehlers beide Unterschenkel amputiert werden mussten und der nach einem wahren Behandlungsmartyrium von mehr als drei Jahren und über 20 Operationen nun – inzwischen vierzehnjährig – dauerhaft im Rollstuhl sitzt. Von einem Martyrium ist deshalb zu sprechen, da der Kläger während der Behandlungszeit täglich für die Dauer von 22,5 Stunden und somit auch für die Schulbesuche einen Ganzkörperkompressionsanzug mit Gesichtsmaske tragen musste, den er nur drei Mal täglich für eine halbe Stunde ausziehen durfte, damit das Narbengewebe eingecremt werden konnte. Inzwischen besucht er eine Regelschule in Begleitung eines Integrationshelfers und lebt ansonsten zurückgezogen im Kreis seiner Familie. Innerhalb des Hauses bewegt er sich auf den Beinstümpfen unter Zuhilfenahme der Arme, wobei er über den Beinstümpfen Silikonkurzprothesen (sog. Stuppis) trägt; außerhalb des Hauses benutzt der Kläger einen Rollstuhl zur Fortbewegung.

Vor diesem Hintergrund hatte das LG Aurich,[2770] bestätigt durch das OLG Oldenburg,[2771] völlig zutreffend ein Schmerzensgeld iHv **800.000 EUR** zuerkannt und sich damit von vermeintlich vorgegebenen Rahmen anderer Gerichtsentscheidungen[2772] frei gemacht. Stattdessen betonte das LG, dass der Kläger die Verletzungen in einem Alter erlitten hat, zu welchem er *„gerade die notwendige Reife erlangt, den Verlust in seiner Gesamtheit zu begreifen“*. Zudem verwies das LG sehr zutreffend darauf, dass der inzwischen vierzehnjährige junge Mann durch seine Verletzungen in allen fünf das Leben maßgeblich ausmachenden Bereichen, nämlich

2763 LG Aachen BeckRS 2012, 02052.
2764 Jaeger DAR 2020, 710.
2765 LG Kleve ZfS 2005, 135; vgl. auch LG Ansbach BeckRS 2009, 139977.
2766 Jaeger DAR 2020, 710.
2767 BGH BeckRS 2020, 7523.
2768 LG Aurich BeckRS 2018, 40197.
2769 OLG Oldenburg BeckRS 2020, 5200.
2770 LG Aurich BeckRS 2018, 40197.
2771 OLG Oldenburg BeckRS 2020, 5200.
2772 OLG München BeckRS 2010, 23467; OLG Hamm BeckRS 2002, 30290119; OLG Köln BeckRS 2015, 14338.

- Fortbewegung/Mobilität,
- Kommunikation,
- Psyche und kognitive Fähigkeiten,
- Sehen, Hören, Riechen, Tasten, Schmecken sowie
- Aussehen und Aussicht auf Partnerschaft

erheblich beeinträchtigt wurde und dies zudem in einem Alter, bei dem er *„gleichsam sein gesamtes Leben noch vor sich"* hat.

Mit diesem Urteil setzte das LG Aurich – wie zuvor bereits das LG Gießen und das LG Aachen – und später zudem das OLG Schleswig[2773] sowie aktuell das OLG Hamburg[2774] – einen Fuß voran in eine Richtung und auf einen Weg, der noch lange nicht am Ziel angelangt ist. Denn erheblich höhere Schmerzensgeldbeträge sind in derartigen und ähnlichen Extremfällen heute[2775] angemessen, vermeintliche *„Schallmauern"* sind einzureißen und Beträge auch oberhalb von mehr als 1.000.000 EUR dürfen in Zukunft in Ausnahmefällen der oben benannten Art kein Tabu sein!

Als sechster und letzter hinsichtlich der Schmerzensgeldhöhe hier vorgestellter Fall sei hier – trotz der Aufhebung in der Berufungsinstanz durch das OLG Frankfurt a. M.,[2776] die jedoch nicht wegen der Schmerzensgeldbemessung bzw. des (bislang außergewöhnlich) hohen Schmerzensgeldbetrages erfolgte – kurz auch die Entscheidungen des oben bereits mehrfach erwähnten **LG Limburg** vom **28.6.2021**[2777] näher vorgestellt:

Wie in den meisten Fällen, bei denen Schmerzensgeld im Bereich oberhalb von 500.000 EUR zuerkannt wurde, handelt es sich auch hier um einen Arzthaftungsfall. Kläger war ein einjähriges Kind, dass wegen einer Bronchitis und fieberhaftem Infekt in die Klinik der Beklagten zu 1) eingewiesen und dort durch die weiteren Beklagten (Belegärzte und Krankenschwester) behandelt und gepflegt worden war. Am Unglückstag saß die Mutter am Bett ihres Kindes und hatte diesem „Äpfel und Chips" zu essen gegeben. Unstreitig hielt das Kind beim Betreten des Krankenzimmers durch die Krankenschwester noch Chips in seiner Hand und auch die Apfelspalten lagen erkennbar auf dem Nachttisch; beides – so das LG – gab den konkreten Anlass zu der Vermutung, dass der Kläger kurz vor dem Betreten des Zimmers noch Nahrung aufgenommen hatte. In dieser Situation verabreichte die Krankenschwester dem Kind in Anwesenheit der Mutter eine Spritze, was dazu führte, dass das Kind schrie und sich an der zuvor aufgenommenen Nahrung so massiv verschluckte, dass seine Atmung aussetzte, wodurch es schließlich zu einem schweren hypoxischen Gehirnschaden, einer infantilen Zerebralparese, Epilepsie, Tetraspastik, Hüftluxation, Dysphagie, Intelligenzminderung und weiteren schweren Verletzungen kam. In deren Folge wurde der Kläger zum Intensivpflegefall, da er sich kaum bewegen und weder laufen noch sprechen, noch sich waschen kann und daher rund um die Uhr auf fremde Hilfe angewiesen ist. Selbst Essen und Schlafen sind für ihn infolge von Schluckbeschwerden und Epilepsie mit Angstzuständen verbunden, so das LG, dass abschließend noch darauf verwies, dass die besondere Tragik des Falles darin liege, *„dass einem noch so jungen Menschen jegliche Perspektive auf ein normales Leben genommen wurde. Dass sich an diesem Zustand etwas Wesentliches ändern wird, hält die Kammer infolge der vorgelegten Arztberichte und ihres persönlichen Eindrucks für ausgeschlossen"*, so das LG, das vor diesem Hintergrund ein Schmerzensgeld iHv **1.000.000 EUR** für angemessen erachtet hatte.[2778] Das OLG Frankfurt a. M.[2779] wertete das Verhalten der Kinderkrankenschwester im Rahmen der Medikamentengabe – anders als zuvor das LG Limburg – nicht als behandlungsfehlerhaft. Die Krankenschwester habe lediglich die allgemein der Verminderung des Aspirationsrisikos im Behandlungsalltag zu beachtenden Vorsichtsmaßnahmen ergreifen müssen. Dementsprechend habe sie, den insofern geltenden Standards folgend, vor der Medikamentengabe eine Zeit mit der Mutter des Klägers gesprochen und das Kind dabei beobachtet, jedoch keine Kau- oder Schluckbewegungen festgestellt. Auch habe das Kind während ihrer Anwesenheit keine Nahrung zu sich genommen. Zudem könnten Aspirationen, dh ein Sich-Verschlucken gerade bei Kleinkindern in praktisch jeder Lebenslage auftreten. Aufwändige und zeitraubende Sicherheitsmaßnahmen vor typischen Behandlungs- und Pflegemaßnahmen seien deshalb im Klinikalltag undurchführbar. Eine absolute Sicherheit sei weder erreichbar noch als Behandlungsstandard gefordert. Da somit bereits der Haftungsgrund weggefallen war, musste sich das OLG weder mit dem Einwand der Beklagten zum Mitverschulden der Mutter noch zur Schmerzensgeldhöhe befassen.

Wie bereits die kurze Darstellung dieser fünf Fälle zeigt, sind die Schmerzensgeldbeträge – darin besteht weitgehend Einigkeit – gerade in derartigen Fällen schwerer und schwerster Verletzungen oft „unerträg-

[2773] OLG Schleswig BeckRS 2021, 28579.
[2774] OLG Hamburg BeckRS 2024, 22768.
[2775] Vgl. oben → Rn. 269.
[2776] OLG Frankfurt a. M. BeckRS 2023, 9478.
[2777] LG Limburg BeckRS 2021, 16550.
[2778] Vgl. dazu auch die Anm. von Jaeger MedR 2021, 1090.
[2779] OLG Frankfurt a. M. BeckRS 2023, 9478.

lich“[2780] gering oder zumindest nicht angemessen für die unwiderruflichen Dauerfolgen und das extreme Maß an Lebensbeeinträchtigung bzw. besser Lebenszerstörung.

Dies gilt in ganz besonderem Maße für **Fälle sexueller Gewalt,** deren Dauerfolgen für die Opfer ebenfalls nicht selten massiv lebensverändernd oder gar lebenszerstörend sind; s. hierzu nachfolgend unter → **Rn. 305** und **zur Thematik der kirchlichen Missbrauchsfälle** → **Rn. 307c.** Insofern bedarf es nicht nur einer Fortführung der jüngeren Rechtsprechung des LG Aurich, des LG Gießen, des OLG Schleswig und des LG Limburg, sondern auch einer Erstreckung derartiger Schmerzensgeldbeträge auf Fälle schwerer dauerhafter psychischer Verletzungen, insbesondere als Folge sexueller Gewalttaten. Bei der Schmerzensgeldbemessung sind daher auch bei diesen Fällen die Auswirkungen der Verletzungsfolgen auf das weitere private und berufliche Leben der Betroffenen sowohl mit Blick auf deren Dauer als auch auf die individuell wahrgenommene Intensität noch stärker zu berücksichtigen. Zudem muss vor dem Hintergrund der in den beiden oben behandelten Fallkonstellationen oftmals bestehenden lebenslangen massiven Dauerschädigungen – unabhängig davon, ob diese physischen oder psychischen Ursprungs sind – endlich eine Gleichstellung hinsichtlich des Schmerzensgeldes erfolgen.[2781]

273 Nicht nur in Deutschland, sondern ebenso in **Österreich** ist in den letzten Jahren etwas Bewegung in die Schmerzensgeldbemessung bei schwersten Verletzungen gekommen. Im Vergleich zur deutschen Judikatur bewegen sich die Zusprüche des **Obersten Gerichtshofs in Österreich (OGH)** bei Schwerstverletzungen jedoch auf einem traditionell deutlich niedrigeren Niveau. Wer die Rechtsprechung des OGH betrachtet, muss daher berücksichtigen, dass das Schmerzengeld[2782] in Österreich vorrangig als Ausgleich für tatsächlich erlittene Schmerzen (… Tage starke, … Tage mittelstarke, … Tage leichte Schmerzen)[2783] dient und daher deutlich geringer bemessen wird als in Deutschland.[2784] Aktuell liegt der bislang zuerkannte Höchstbetrag – jedenfall bzgl. veröffentlichter Gerichtsentscheidungen – im Bereich der Schwerstverletzungen in der österreichischen Praxis bei einem vom OGH judizierten Globalbetrag von 320.000 EUR, wie die nachfolgenden beiden Beispiele aufzeigen:

- So billigte der OGH Österreich erstmals am 18.3.2021[2785] **320.000 EUR** und bestätigte insofern die vorausgegangene Entscheidung des **OLG Wien.**[2786] Kläger war ein zum Unfallzeitpunkt 53-jähriger sehr sportlicher Mann, der sich bei einem Sturz vom Mountainbike eine **hohe Tetraplegie** mit Bewegungsunfähigkeit von Armen und Beinen sowie eine, regelmäßig damit einhergehende, Blasen- und Mastdarmfunktionslosigkeit sowie eine Lähmung der Atemmuskulatur zugezogen hatte. Zudem besteht bei ihm seither aufgrund einer massiven Thermoregulationsbeeinträchtigung eine extreme Thromboembolie-Gefährdung und die Gefahr von Überhitzung. Er sitzt im Rollstuhl und kann sich auch damit nur sehr eingeschränkt bewegen.
- Ebenfalls **320.000 EUR** Schmerzensgeld erachtete der OGH Österreich 2025[2787] im Falle einer **völlig mangelhaft ausgeführten Schönheitsoperation** für angemessen. Hierfür hatte sich die zum Zeitpunkt der Operation 51-jährige Frau beim Beklagten, einem niedergelassenen Facharzt für plastische, ästhetische und rekonstruktive Chirurgie, einer sog. Mini-Abdomen-Plastik (Bauchdeckenstraffung) sowie einer Liposuction (Fettabsaugung) am Abdomen und an der Flanke unterzogen. Die Folge war jedoch das nahezu vollständige Fehlen ihrer vorderen Bauchwand; das gänzliche Fehlen des Bauchnabels, das Sichtbarwerden von Gekrösebewegungen im Stehen, begünstigt durch die Dünne der Bauchdecke, eine L-förmige 33cm lange, leicht hypertroph und verbreiterte Narbe am Rücken, demzufolge der Muskelbesatz am Rücken nicht symmetrisch ist; zudem eine 36 cm lange, leicht hypertroph verheilte Narbe am rechten Oberschenkel. Seitdem leidet die Klägerin aufgrund der Schönheits-OP infolge von Muskelentnahme deutlich an Kraft und hat zudem beim Sitzen ein Streckdefizit von 50° am rechten Kniegelenk. Zudem ist die Beweglichkeit in beiden Hüftgelenken in allen Bewegungsachsen schmerzbedingt reduziert und der Allgemeinzustand der Klägerin aufgrund des nahezu vollständigen Fehlens ihrer vorderen Bauchwand deutlich reduziert. Bei der Bemessung der Höhe des Schmerzensgeldes erschwerend berücksichtigte der OGH neben diesen gravierenden Entstellungen auch die extrem langwierige Heilbehandlung mit insgesamt 39 Operationen (davon 23 unter Vollnarkose) sowie die massiven Gesundheitsbeeinträchtigungen in nahezu allen Alltagstätigkeiten, dh beim Schlafen, Liegen, Sitzen, Stehen, Gehen etc. bis hin zum Stuhlgang sowie auch, dass die Klägerin auf Dauer mit der Situation wird leben müssen, da sich *„kein weiterer Heilverlauf im Sinne einer Verbesserung einstellen“*[2788] wird.

[2780] OLG Frankfurt a. M. BeckRS 2020, 21948.
[2781] Vgl. dazu auch die Ausführungen in Kapitel V. 8. → Rn. 305 sowie Slizyk NJW 2021, 3757.
[2782] In Österreich spricht man nicht vom Schmerzensgeld, sondern (ohne „s“) vom Schmerzengeld.
[2783] vgl. dazu beispielsweise OGH Beschl. v. 16.12.2025 – 4 Ob 163/25m, Danzl ZVR 2026, 187 sowie → Nr. 7898.
[2784] Vgl. dazu umfassend Danzl Handbuch Schmerzensgeld, Update 1/2026 (Stand 15.12.2025).
[2785] OGH 18.3.2021 – 5 Ob 202/20x, ZVR 2021, 213 mAnm Danzl.
[2786] OLG Wien 29.7.2020 – 15 R 60/20h.
[2787] OGH Urt. v. 16.10.2025 – 6 Ob 132/25t, BeckRS 2025, 29555, vgl. dazu auch Danzl ZVR 2026, 8 sowie Danzl ZVR 2026, 182.
[2788] OGH Urt. v. 16.10.2025 – 6 Ob 132/25t, BeckRS 2025, 29555 Rn. 11.

Ebenso wie bei uns der BGH[2789] wies auch der OGH in seiner Urteilsbegründung darauf hin, dass die Beurteilung der Höhe des Schmerzensgeldes stets von den Umständen des Einzelfalles abhängig sei und sich *„nicht nach starren Regeln, etwa nach Tagessätzen oder Schmerzperioden zu erfolgen"* habe. In seiner Anmerkung zu dieser für Österreich bahnbrechenden Entscheidung sprach **Danzl** von einem „neuen historischen Sprung" in der Entwicklung des Schmerzensgeldes, „dessen Höchstzusprüche bei Schwerstverletzungen mit irreparablen Dauerfolgen in den letzten Jahr(zehnt)en von den Gerichten kontinuierlich und spürbar angehoben worden waren" (1987 LG Innsbruck[2790] 1 Mio Schilling;[2791] 1999 OLG Wien[2792] 2 Mio Schilling; 2021 OGH[2793] 3 Mio Schilling; 2016 LG Innsbruck 250.000 EUR und nun gleich mit zwei Entscheidungen[2794] OGH 320.000 EUR).[2795]

Damit – so *Danzl* – hätten die Instanzgerichte der Aufforderung des OGH *„sichtbar und nachhaltig"* Folge geleistet, der bereits Ende 2001 und seither bis heute mehrfach betont hatte, dass es *„tendenziell geboten erscheint, das Schmerzensgeld nicht zu knapp zu bemessen"*.[2796] Zwar weist ***Danzl*** insofern auf die deutlich höheren Schmerzensgeldbeträge in Deutschland hin, kommentiert dies jedoch zutreffend mit: ***„Aber die Tendenz nach oben stimmt"***.

Der häufig – gerade von den Medien – mit kritischem Unterton geäußerte Vergleich unserer Schmerzensgeldbeträge mit denen in **Amerika**[2797] sollte eher abschrecken als (falsche) Hoffnungen zu wecken. Absurde Forderungen und Entschädigungen machen immer wieder – auch diesseits des Atlantiks – von sich Reden. **274**

- So sprach bereits im Jahr 2019 ein kalifornisches Geschworenengericht[2798] einem Ehepaar rund zwei Milliarden Dollar (umgerechnet etwa 1,78 Milliarden EUR) zu. Die jeweils über 70 Jahre alten Kläger waren beide an Lymphdrüsenkrebs erkrankt und hatten dafür die jahrzehntelange Anwendung des glyphosathaltigen Unkrautvernichtungsmittels „Roundup" (Hersteller: Bayer bzw. vormals Monsanto) als Ursache vorgetragen.
- Mehr als das Zehnfache – nämlich 23 Milliarden Dollar – sprach 2014 ein Geschworenengericht der Witwe eines Kettenrauchers zu, die gegen den Tabakkonzern R.J.Reynolds – der Lieblingsmarke ihres an Lungenkrebs verstorbenen Mannes – geklagt hatte.
- Der Klassiker ist jedoch das Urteil, bei dem einem McDonalds-Kunden, der sich am heißen Kaffee verbrannt hatte, ein Schmerzensgeld (besser gesagt, eine Entschädigung) von 2,7 Mio. Dollar zuerkannt worden war.

Die Liste der Beispiele ließe sich beliebig erweitern.

Durch ein derartiges Rechtssystem und deren Auswüchse im Schadensersatzrecht werden viele kleinere und mittelständige Betriebe gezwungen, ohne Haftpflichtversicherungsschutz zu arbeiten und zu produzieren. Versicherungen sind nämlich nicht nur wegen der ausufernden Summen, sondern vorrangig auch wegen der völligen Unkalkulierbarkeit der Risiken verständlicherweise nicht bereit, auch normale betriebliche oder berufliche Risiken einzudecken. Oder sie fordern hierfür meist unbezahlbare Prämien.[2799] Dass dies in erheblichem Maße zu Lasten der Geschädigten geht, die oftmals ihre Forderungen gegenüber den nur selten so vermögenden, wenn nicht gar teilweise mittellosen Schädigern nicht durchsetzen können, liegt ebenfalls auf der Hand. Zudem wird beim verklärten Blick Richtung USA häufig verkannt, dass ein Großteil derartiger Schadensersatzsummen auf den sogenannten Strafschadensersatz entfallen, für den es im deutschen Recht keine Entsprechung gibt und weitere erhebliche Anteile (bis zu 50 %) auf die Anwaltshonorare anzurechnen sind. Zudem handelt es sich bei den zuerkannten Summen nicht nur um den immateriellen, sondern auch den materiellen Schadensersatz. Aus diesen Gründen fehlt insofern jede Art von Vergleichbarkeit mit bundesdeutschen Rechtsverhältnissen.

Ungeachtet der immer wieder erwähnten „Umverteilung" – wie bereits oben → **Rn. 267** beschrieben – ist in jedem Falle eine deutliche Weiterentwicklung bzw. Anhebung der Schmerzensgelder im Bereich von Extremverletzungen erforderlich und würde bei uns die Situation der Schwerstverletzten verbessern helfen. *„Von amerikanischen Verhältnissen sind wir sehr weit entfernt, auch weil es uns an einer vergleichbaren Rechtstradition*

[2789] BGH BeckRS 2022, 8564.
[2790] Danzl zu LG Insbruck ZVR 1988/8.
[2791] Anm.: 1 Mio. Schilling entsprachen damals etwa 72.700 EUR.
[2792] Danzl ZVR 2021, 214 mit Hinweis auf OLG Wien 12 R 141/99i.
[2793] OGH ZVR 202/66.
[2794] OGH Urt. v. 16.10.2025 – 6 Ob 132/25t, BeckRS 2025, 29555 und OGH 18.3.2021 – 5 Ob 202/20x, ZVR 2021, 213 mAnm Danzl.
[2795] Danzl Anm. zu OGH 18.3.2021 – 5 Ob 202/20x, ZVR 2021, 213 (214).
[2796] Danzl Anm. zu OGH 18.3.2021 – 5 Ob 202/20x, ZVR 2021, 213 (215).
[2797] Vgl. Wenker NZV 2014, 241.
[2798] Vgl. Becklink 2013099.
[2799] Vgl. auch Scheffen, 420.

und Dogmatik fehlt.", so äußerte sich zutreffend *Vogeler* in einem Interview mit der NJW und, so mag man hinzufügen, amerikanische Verhältnisse sind zudem nicht wünschenswert.[2800] Denn bei derart hohen Summen, wie den nur beispielhaft oben aufgezeigten, würde Schmerzensgeld – anders als dies unter → **Rn. 270b** dargestellt wurde – sehr wohl eine erhebliche Rolle beim Anteil des Gesamtschadenaufwandes spielen und deshalb dazu führen, dass sich Unternehmen, Ärzte, Handwerksbetriebe und Privatpersonen etc. dagegen extrem hoch versichern müssten und dies zu entsprechend hohen Prämien.

Insoweit fehlgeschlagen ist daher auch der Versuch einer jungen, extrem schwer verletzten Frau, einen einmaligen Gesamtentschädigungsbetrag von nahezu 7 Mio. EUR vom KH-Versicherer zu erhalten. Sie hatte verkehrsunfallbedingt – als Mitfahrerin im Pkw ihres Ehemannes – schwerste Gehirnschädigungen erlitten, ist seither rollstuhlgebunden und wird rund um die Uhr gepflegt. Ihre hierauf gerichtete Klage wies das LG Hamburg[2801] zurück und sprach der Klägerin vielmehr lediglich ein Schmerzensgeld von 430.000 EUR sowie eine Rente für ihre daneben bestehenden materiellen Ansprüche zu. War die ursprüngliche Forderung unzweifelhaft überzogen, so fiel das nun zugesprochene Schmerzensgeld angesichts der extremen Verletzungen und Dauerfolgen zu gering aus.

275 Abschließend sei hier noch auf die Thematik des **Reha-Managements,**[2802] teilweise auch als **Care-Management** bezeichnet, hingewiesen, dessen Ziel es ist – unter Einschaltung eines anerkannten Rehabilitations-Dienstleistungsunternehmens und in enger Abstimmung zum einen mit dem, den Geschädigten vertretenden Rechtsanwalt und zum anderen dem regulierenden Haftpflichtversicherer – den Geschädigten in beruflicher und/oder medizinischer Hinsicht frühzeitig zu unterstützen, um dessen Rückkehr in das Erwerbsleben zu erreichen.

Bereits mehrfach[2803] war das Reha-Management **Thema des Deutschen Verkehrsgerichtstages** (VGT), der sich zuletzt 2022 unter der Überschrift „Optimierung der Akut- und Anschlussheilbehandlung nach schweren Unfällen durch die Möglichkeit des Reha-Managements" mit dieser Thematik befasst hat. Dabei wurden sowohl Fachärzte, Fachanwälte, Großschadenspezialisten der Versicherungswirtschaft sowie Geschäftsführer privatwirtschaftlich praktizierender Rehabilitations-Dienstleistungsunternehmen gehört. Einigkeit bestand dabei in der grundsätzlichen Befürwortung[2804] des Reha-Managements Schwerstverletzter nach Verkehrsunfällen sowie darin, dass das Reha-Management umso erfolgversprechender ist, je früher die geeigneten Maßnahmen zur Unterstützung des Geschädigten ergriffen werden. Wichtig hierfür ist zum einen die frühzeitige Einschaltung eines in der Personengroßschadenbearbeitung erfahrenen Rechtsanwaltes, der sich auch in der Thematik des Reha-Managements auskennt, sowie die zeitnahe Information des betroffenen Versicherers durch diesen.[2805]

Auch nach den Erkenntnissen der Fachmediziner hat sich für die Rehabilitation Schwerstverletzter das Reha-Management bewährt, worauf Raschke – Chefarzt der Klinik für Unfall, Hand- und Wiederherstellungschirurgie, Universitätsklinikum Münster und damals Präsident der Deutschen Gesellschaft für Unfallchirurgie – auf dem 60. VGT hingewiesen und dazu erläutert hatte. *„dass bei gesetzlich versicherten Patienten die Vorgabe „Rehafähigkeit" der Deutschen Rentenversicherung zur Verlegung in eine Rehaeinrichtung zu beachten ist. Da viele Schwerverletzte diese Voraussetzung – kurz nach einem Unfall – nicht erfüllen, müssen die Patienten in die häusliche Versorgung oder in eine Pflegeeinrichtung gegeben werden. Besser ist es, Patienten mit einer hochwertigen Akutversorgung zu betreuen, damit sie besser und frühzeitiger in einer Rehaeinrichtung aufgenommen werden können."*[2806]

Bei der Einschaltung eines Reha-Dienstleister sollte aus anwaltlicher Sicht stets darauf geachtet werden, dass der Reha-Dienst den **Code of Conduct** der **ARGE Verkehrsrecht** einhält und dafür auch durch die ARGE Verkehrsrecht anerkannt ist. Eine **Liste der insofern anerkannten Dienstleistungsunternehmen,** wie beispielsweise die Reha Assist GmbH, die RehaCare GmbH oder die Reintra GmbH findet sich unter **https://www.verkehrsanwaelte.de/fuer-anwaelte/reha-dienste/** und kann als pdf.-Dokument dort heruntergeladen werden.

[2800] Vogeler im Interview mit Spiekermann (NJW) „Schmerzensgeld „unlimited"? 1.10.2025; Hirte/Otte/Willamowski VersR 2002, 678 und 806.
[2801] LG Hamburg BeckRS 2011, 78634.
[2802] Vgl. dazu Alemeroth Schadensersatz Rn. 232 sowie Jahnke/Burmann PersSchadensR-HdB Rn. 153 und MAH StraßenVerkehrsR/Höke, 6. Aufl. 2025, § 26 Rn. 461–466 sowie Castro/Becke/Nugel Personenschäden D 252 ff.
[2803] 38. Dt. VGT, 46. Dt. VGT, 56 Dt. VGT und 60. Dt. VGT.
[2804] Vgl. hierzu Wehrl DAR 2022, 651 (654).
[2805] Janeczek 60. Dt. Verkehrsgerichtstag 2022, Arbeitskreis V, 106.
[2806] Wehrl DAR 2022, 651 (654). Grützner 56. Dt. Verkehrsgerichtstag 2018, Arbeitskreis VII, 257 – 263.

4. Zerstörung der Persönlichkeit/vita minima

Die Zerstörung der Persönlichkeit stellt eine **eigenständige Fallgruppe der Schmerzensgeldbemessung** dar, bei der diese Beeinträchtigung (Zerstörung der Persönlichkeit, Vorenthalten der Empfindungsfähigkeit) angemessen zu entschädigen ist. Diese heute selbstverständliche Rechtsansicht wurde jedoch erst 1992 vom BGH[2807] vorgegeben, indem er im Bereich der Zerstörung der Persönlichkeit bzw. Wahrnehmungs- und Empfindungsfähigkeit eine – aus damaliger Sicht – beachtliche Wende vollzogen hatte. Während er zuvor[2808] mit der Begründung des Wegfalles der Ausgleichs- und Genugtuungsfunktion lediglich ein „symbolisches Schmerzensgeld" zuerkannt hatte, gelangte er seither zutreffend zur Auffassung, dass sich „eine lediglich symbolhafte Wiedergutmachung verbietet". **276**

Mit Blick auf die verfassungsrechtliche Wertentscheidung in Art. 1 GG führte der BGH[2809] sozusagen als Unterstreichung seiner oben genannten Wende vier Monate später erneut aus, es handle sich „bei Schäden dieser Art um eine eigenständige Fallgruppe", bei der die Zerstörung der Persönlichkeit durch den Wegfall der Empfindungsfähigkeit geradezu im Mittelpunkt stehe und deshalb auch bei der Bemessung der Entschädigung gemäß dem damals geltenden „Schmerzensgeldparagraphen" § 847 BGB „einer eigenständigen Bewertung zugeführt" werden müsse und deutlicher:

„Ein immaterieller Schaden, wie ihn § 847 BGB aF erfasst, besteht nicht nur in körperlichen oder seelischen Schmerzen, also in Missempfindungen oder Unlustgefühlen als Reaktion auf die Verletzung des Körpers oder die Beschädigung der Gesundheit. Vielmehr stellt die Einbuße der Persönlichkeit, der Verlust an personaler Qualität infolge schwerer Hirnschädigung schon für sich einen auszugleichenden immateriellen Schaden dar, unabhängig davon, ob der Betroffene die Beeinträchtigung empfindet".

1998 betonte der BGH[2810] erneut und mit Verweis auf seine Entscheidung aus dem Jahr 1992, *„die Zubilligung eines Schmerzensgeldes setzt nicht stets voraus, daß der Geschädigte die ihm zugefügten Verletzungen empfunden hat. Vielmehr kann nach den Grundsätzen des Senatsurteils vom 13.10.1992 (…) in den schon erwähnten Fällen schwerster Schädigung eine ausgleichspflichtige immaterielle Beeinträchtigung gerade darin liegen, dass die Persönlichkeit ganz oder weitgehend zerstört und hiervon auch die Empfindungsfähigkeit des Verletzten betroffen ist, wobei freilich ein völliger Mangel an Empfindungsfähigkeit auch in solchen Fällen die Höhe des Schmerzensgeldes mindern kann."*[2811]

Als eines der ersten hierzu ergangenen Entscheidungen nach dieser Rechtsprechungsänderung schloss sich das OLG Hamm[2812] – so wörtlich – *„nach Überprüfung dieser Grundsätze"* der neuen Rechtsprechung des BGH an und ergänzte: *„Angesichts der existentiellen Bedeutung der Empfindungs-, Ausdrucks- und Kommunikationsmöglichkeit für das Wesen der Persönlichkeit … erscheint dem Senat im vorliegenden Fall (schwerste Gehirnschädigung mit Tetraparese und weitgehender Beeinträchtigung der Wahrnehmungs-, Erlebnis- und Leidensfähigkeit bei einem 15-jährigen Schüler) auch unter Berücksichtigung des überwiegenden Mitverschuldens des Kl., das verlangte Schmerzensgeld von 150.000 DM (Anmerkung: heute 76.693 EUR) als Entschädigung für den immateriellen Verlust „billig" iSd (Anmerkung: damals geltenden) § 847 BGB. Dabei diente ihm ein Betrag zwischen 350.000 DM und 400.000 DM (Anmerkung: heute 178.952 – 204.516 EUR) für den Fall der vollen Haftung"* als Vergleichsmaßstab. **277**

Inzwischen sind weitere Urteile hierzu ergangen.[2813]

So hatte 2009 das OLG Zweibrücken[2814] bei einem infolge eines ärztlichen Behandlungsfehlers durch eine Sauerstoffunterversorgung schwer hirngeschädigten Säugling ausgeführt, die Höhe des Schmerzensgeldes erfordere *„bei Beeinträchtigungen dieses Ausmaßes, die zu einer weitgehenden **Zerstörung der Persönlichkeit** des Klägers geführt"* hätten, *„eine herausragende Entschädigung."* Das Gericht sah das Schmerzensgeld mit – kapitalisiert – nahezu 620.000 EUR völlig zutreffend als „keinesfalls" zu hoch an. Ähnlich hinsichtlich des Sachverhalts und der Schmerzensgeldbemessung (Schmerzensgeldkapital 500.000 EUR + Schmerzensgeldrente von 650 EUR mtl.) sowie deren Begründung lag das Urteil des KG.[2815]

2807 BGH BeckRS 1992, 41.
2808 BGH NJW 1976, 1147 sowie auch noch BGH NJW 1982, 2123.
2809 BGH BeckRS 1992, 41.
2810 BGH BeckRS 1998, 5101.
2811 BGH BeckRS 1998, 5101.
2812 OLG Hamm BeckRS 1993, 5002.
2813 OLG Köln BeckRS 2025, 1623 (dort Rn. 43); OLG Naumburg BeckRS 2015, 10441; KG BeckRS 2012, 6990; OLG Naumburg BeckRS 2011, 17581; OLG Zweibrücken BeckRS 2008, 11967; OLG München BeckRS 2005, 30362746; OLG Braunschweig BeckRS 2004, 30341716; OLG Nürnberg BeckRS 1997, 4033; OLG Oldenburg BeckRS 1994, 8379; OLG Hamm BeckRS 1993, 5002; LG Oldenburg DAR 1995, 294; vgl. auch Küppersbusch/Höher Ersatzansprüche Personenschaden Rn. 286.
2814 OLG Zweibrücken BeckRS 2008, 11967.
2815 KG BeckRS 2012, 6990.

2019 sprach das LG Gießen[2816] – wiederum einem infolge eines ärztlichen Behandlungsfehlers durch eine Sauerstoffunterversorgung schwer Hirngeschädigten (**apallisches Syndrom,**[2817] Tetraparese ua schwerste Dauerfolgen) – 800.000 EUR zu und kommentierte dies selbst mit dem Hinweis, die Kammer erachte *„das von ihr zuerkannte Schmerzensgeld daher nicht als Sprengung des allgemeinen Entschädigungsgefüges, sondern vielmehr als eine gebotene Fortschreibung"*.

Hinsichtlich der jüngsten Entscheidung des OLG Frankfurt a. M.[2818] aus dem Jahr 2025, bei dem dieses ebenfalls bei Zerstörung der Persönlichkeit eines Neugeborenen kapitalisiert 720.000 EUR zugesprochen hatte, sei oben auf → **Rn. 272** verwiesen.

278 **Wahrnehmungsfähigkeit:** Neben dem Verletzungsumfang, mag dieser noch so groß sein, muss jedoch – dies betonte der BGH in seiner oben bereits zitierten Entscheidung von 1992 – grundsätzlich auch die Wahrnehmungs- und somit insbesondere die Leidensfähigkeit in die Betrachtung der Gesamtschau aller maßgeblichen Kriterien mit einfließen,[2819] jedoch – dies sei insofern nochmals hervorgehoben – nicht zur Verminderung, sondern, stets einzelfallabhängig, zur Anhebung des jeweiligen Schmerzensgeldbetrages. Denn der BGH führte aus, *„es [sei] dem Richter nicht erlaubt, sich an einem nur gedachten Schadensbild, das von einer ungeschmälerten Empfindungs- und Leidensfähigkeit gekennzeichnet ist, zu orientieren und sodann mit Rücksicht auf den vollständigen oder weitgehenden Wegfall der Empfindungsfähigkeit Abstriche vorzunehmen"*[2820]

Bei der Frage, ob und wie ein derart schwer Geschädigter seine Umwelt und die daraus entstehenden Reize wahrnimmt und darauf reagiert und wie seine Fähigkeit zu Empfindungen ausgeprägt ist, geht es – worauf zutreffend das OLG München[2821] hingewiesen hatte – nicht so sehr darum, primär mit den Methoden der Wissenschaft messbare Resultate zu erzielen als vielmehr darum, Erkenntnisse aus der vertrauten Beobachtung des Kindes und aus der intensiven Beschäftigung mit ihm zu gewinnen, die bei einer Beantwortung der Frage nach dem Empfindungsvermögen hilfreich sein können. *„Niemand kann solche Erkenntnisse besser vermitteln als die Mutter des Kindes, die sich in regelmäßiger, täglich vielstündiger Zuwendung mit ihrem Kind beschäftigt. Deshalb ist es auch sachgerecht, wenn das Landgericht deren Angaben entscheidend berücksichtigt, hat"*,[2822] so das OLG München angesichts der Schwere der Beeinträchtigungen des Klägers, die der Sachverständige zusammenfassend als **„vita minima"** beschrieben hatte.

279 **Negative Beispiele:** In keinem Fall – dies sei an dieser Stelle nochmals (vgl. oben → Rn. 36) angemerkt – kann der Argumentation des OLG Oldenburg[2823] gefolgt werden, welches es, wenn auch nicht explizit, aber dennoch aus dem Kontext der Urteilsbegründung erkennbar als schmerzensgeldmindernd ansah, dass ein geburtshilfeschadensbedingt schwer geistig Behinderter aufgrund seiner seit Geburt bestehenden geistigen Behinderung kein anders Leben kenne. Dies ist sowohl zynisch als auch gem. Art. 3 III 2 GG inadäquat.[2824]

Nicht gefolgt werden kann insofern auch der Entscheidung des OLG Hamm,[2825] das das vom LG zuvor mit 100.000 EUR und einer Schmerzensgeldrente von monatlich 170 EUR festgesetzte Schmerzensgeld auf lediglich 50.000 EUR und ohne Rente herabgesetzt und dies wie folgt begründet hatte: *„Unter Berücksichtigung dieser das Leben des Klägers prägenden schwersten Schädigung kann nicht davon ausgegangen werden, dass sich die – hinzukommende – Erblindung für ihn in gleicher Weise schwerwiegend oder – wovon das Landgericht ausgeht – sogar gravierender auswirkt, als für ein gesundes Kind"*. Dieser Argumentation kann deshalb nicht gefolgt werden, da sich zum einen im Laufe des Lebens stets individuelle Veränderungen auch bei erheblich hirngeschädigten Personen ergeben können und zum anderen der **medizinische Fortschritt** und sich daraus in der Zukunft ggf. doch ergebende Verbesserungen für derart geschädigte Menschen. Beides wurde jedoch vom OLG Hamm in keiner Weise erwähnt oder gar berücksichtigt. Zudem wird bei einer solchen Argumentation das Leben des Klägers quasi als „sowieso" schon derart geschädigt dargestellt, dass sich eine völlige Erblindung nicht mehr auswirke, was einer „völligen Abschreibung" des Klägers als Individuum gleichkommt, die selbstverständlich so nicht akzeptiert werden kann, worauf der BGH[2826] bereits 1992 unmissverständlich hingewiesen hatte.

2816 LG Gießen BeckRS 2019, 34307.
2817 Apallische Syndrom ist ein Symptomkomplex aus dem Bereich der Neurologie, bei dem alle Funktionen des Großhirns ganz oder weitgehend ausgeschaltet sind.
2818 OLG Frankfurt a. M. BeckRS 2025, 2439 → Nr. 7645.
2819 So auch Lemcke r+s 1993, 341.
2820 BGH BeckRS 1992, 00041; ebenso wörtlich OLG München BeckRS 2005, 30362746.
2821 OLG München BeckRS 2005, 30362746.
2822 OLG München BeckRS 2005, 30362746.
2823 OLG Oldenburg 28.11.2012 – 5 U 182/11 → Nr. 4773.
2824 Neuner JuS 2013, 577 (581).
2825 OLG Hamm BeckRS 2014, 12035.
2826 BGH BeckRS 1992, 41.

Zu kritisieren ist insofern auch die Entscheidung des LG Schwerin.[2827] Dieses hatte der im Wachkoma befindlichen Klägerin, deren Gehirnfunktionen derart schwer geschädigt wurden, dass „das Großhirn die Verbindung zu den einzelnen Nerven zu Körperteilen verloren hat" und somit kein Bewusstsein mehr vorhanden war, ein Schmerzensgeld von nur 200.000 EUR zuerkannt und dazu ausgeführt: „Eben aus diesem Grund rechtfertigt sich auch nicht die höhere Schmerzensgeldforderung der Klägerseite von 400.000 EUR. Denn – so das LG – die Opfer der aufgeführten Vergleichsfälle hätten, anders als die Klägerin, „noch Wahrnehmungen, Schmerzempfindungen und geringe Reaktionsmöglichkeiten … Diesen Opfern ist neben ihrer Schwerstbehinderung also auch noch ihre Situation bewusst, was zu einer deutlichen Erhöhung des Schmerzensgeldbetrages führen muss. Denn auch dieses unvorstellbare seelische Leiden muss – wenn auch unvollkommen – durch das Schmerzensgeld ausgeglichen werden. Die Klägerin hat aber … kein Bewusstsein mehr, so dass diese Funktion des Schmerzensgeldes entfällt". Damit verkennt oder übersieht das LG Schwerin die oben mehrfach zitierte BGH-Entscheidung, zu der der BGH ua auch argumentiert hatte, dass *„ein solcher Schaden … nicht nur in körperlichen oder seelischen Schmerzen, also in Missempfindungen oder Unlustgefühlen als Reaktion auf die Verletzung des Körpers oder die Beschädigung der Gesundheit [besteht]. Vielmehr stellt die Einbuße der Persönlichkeit, der Verlust an personaler Qualität infolge schwerer Hirnschädigung schon für sich einen auszugleichenden immateriellen Schaden dar, unabhängig davon, ob der Betroffene die Beeinträchtigung empfindet"*.[2828] Ein Bemessen bzw. „Berechnen" des Schmerzensgeldes nach der Formel: Hauptverletzung + Verletzungsfolgen – Wahrnehmbarkeit der Verletzungsfolgen = angemessenes Schmerzensgeld verbietet sich nicht nur wegen der unmissverständlichen BGH-Vorgabe, sondern auch aus ethischen Gründen.

Positive Beispiele: Einige wichtige Urteile, deren Schmerzensgeldbemessung bzw. Höhe aus heutiger Sicht – gerade vor dem Hintergrund des oben unter → **Rn. 268** Ausgeführten – keine Zustimmung[2829] finden kann, die sich jedoch zum Grunde mit dieser Thematik zutreffend auseinandergesetzt hatten, seien nachfolgend kurz skizziert: **280**

- LG Münster:[2830] Das LG erkannte im Jahr 2009 in seiner in mehrfacher Hinsicht begrüßens- und bemerkenswerten Entscheidung auf 500.000 EUR Schmerzensgeld in einem Fall, bei welchem das gesamte Leben der Klägerin auf die primitivsten Existenzzustände reduziert und ihre Persönlichkeit weitgehend zerstört worden war und sich ihr Leben *„aufgrund des Unfalls weitgehend auf die Aufrechterhaltung vitaler Funktionen, die Bekämpfung von Krankheiten und die Vermeidung von Schmerzen beschränkt"*. Bemerkenswert an dieser Entscheidung sind insbesondere die Ausführungen des LG zum Bewusstsein der Klägerin in Bezug auf ihren Zustand. Das LG führte hierzu aus: *„Aufgrund der der Klägerin obliegenden Beweislast geht dieses negative Beweisergebnis zu ihren Lasten. Dies führt jedoch nicht etwa dazu, dass das ihr zustehende Schmerzensgeld verringert werden müsste, wie die Beklagten meinen. Der … auszugleichende immaterielle Schaden besteht nämlich nicht nur in körperlichen oder seelischen Schmerzen. Vielmehr stellen die Einbuße der Persönlichkeit und der Verlust an personaler Qualität infolge schwerster Hirnschädigungen schon für sich genommen einen auszugleichenden immateriellen Schaden dar, und zwar unabhängig davon, ob der Betroffene die Beeinträchtigung empfindet oder nicht"*.
- OLG Naumburg:[2831] Das OLG befasste sich mit der Frage der Schmerzensgeldbemessung bei einem auf das Schwerste gehirngeschädigten Kind, bei welchem die Persönlichkeit ganz oder weitgehend zerstört wurde, und sprach der Antragstellerin Prozesskostenhilfe für eine auf Schmerzensgeld gerichtete Klage zu, dessen Höhe es – nach sorgfältiger Auseinandersetzung mit der Thematik – mit 400.000 EUR bemaß.
- KG:[2832] Kann jedoch, so argumentierte das KG, die Möglichkeit, dass eine – wenn auch rudimentäre – Erinnerung besteht, nicht ausgeschlossen werden, so rechtfertigt dies ein höheres Schmerzensgeld.
- OLG Oldenburg:[2833] Das OLG sprach einem seit 2010 – infolge eines grob fahrlässig von seinem Arbeitskollegen herbeigeführten Verkehrsunfalles – im Wachkoma liegenden 35-jährigen dreifachen Familienvater (ihm sei – so das OLG – *„die Basis für eine eigene Persönlichkeit genommen"*) 500.000 EUR Schmerzensgeld zu.
- LG Gießen:[2834] Das oben → **Rn. 268** und → **Rn. 269** bereits mehrfach zitierte LG Gießen hatte über die Klage eines 17-jährigen Schülers zu befinden, der wegen einer geringen Sportverletzung ins Krankenhaus kam und dieses als Schwerstgeschädigter (Apallisches Syndrom, spastische Tetraparese, Epilepsie, Aphasie, Dysphagie, chronische Gastroparese, Subileus, künstliche Ernährung und Verdacht der kortikalen Blindheit) wieder verließ. Bei der Bemessung des Schmerzensgelds hat sich die Kammer aber auch davon leiten lassen, dass Gerichte im Falle schwerster Hirnschäden einen Betrag von 500.000 EUR bereits vor mehr als zehn Jahren zuerkannt haben, ohne dass sich die Schmerzensgeldbeträge seitdem – auch nicht vor dem Hintergrund der Niedrigzinsphase – signifikant gesteigert hätten und sprach deshalb 800.000 EUR zu.

2827 LG Schwerin BeckRS 2010, 19177.
2828 BGH BeckRS 1992, 00041.
2829 Da auch in diesen Fällen noch durchaus höhere Schmerzensgeldbeträge möglich gewesen wären.
2830 LG Münster BeckRS 2009, 12491.
2831 OLG Naumburg BeckRS 2011, 17581.
2832 KG BeckRS 2012, 6990.
2833 OLG Oldenburg BeckRS 2014, 125376, OLG Hamm BeckRS 2000, 3731.
2834 LG Gießen BeckRS 2019, 34307.

Es muss somit – wie mehrfach bereits erwähnt – bei allen schmerzensgeldrelevanten Betrachtungen gerade hier stets eine **Gesamtschau aller Umstände** vorgenommen und dabei quasi, als zentraler Bestandteil berücksichtigt werden, dass der **Verlust** der **Wahrnehmungs-** und **Empfindungsfähigkeit** im wahrsten Sinne des Wortes „existentielle Bedeutung"[2835] für den Verletzten sowie seine nächsten Angehörigen oder Lebenspartner hat und somit grundsätzlich nicht schmerzensgeldmindernd angesetzt werden darf.

Insofern sind die Entscheidungen des OLG Naumburg[2836] und des OLG München[2837] nur vor dem Hintergrund zu verstehen, dass dort die jeweiligen Unfallopfer bereits sechs bzw. 22 Monate nach dem jeweiligen Verkehrsunfall ohne Wiedererlangung des Bewusstseins verstarben, weshalb das OLG Naumburg 60.000 EUR und das OLG München[2838] 75.000 EUR als angemessen angesehen hatten. Das OLG München führte dazu aus: *„Bei tödlichen Verletzungen ist, weil der Tod als solcher kein Schmerzensgeld auslöst, auf die Dauer der Beeinträchtigung vor dem Tod abzustellen und zu klären, ob die Körperverletzung eine immaterielle Beeinträchtigung darstellt, die einen Ausgleich in Geld erforderlich macht. Es wirkt schmerzensgeldmindernd, wenn sich der Verletzte bis zu seinem Tod durchgehend oder überwiegend in einem Zustand der Empfindungsunfähigkeit oder Bewusstlosigkeit befunden hat"* Das OLG München betonte jedoch zugleich zutreffend, dass derartige Fälle *„nicht mit Sachverhalten verglichen werden* [können], *bei denen etwa wegen schwerster Hirnschädigung bei der Geburt (noch dazu aufgrund grober Behandlungsfehler) sich das Leben der Geschädigten zeitlebens auf die Aufrechterhaltung vitaler Funktionen und die Bekämpfung von Krankheiten beschränkt und das bei Wahrnehmung von Zuwendung naher Angehöriger und Erhalt des Unterscheidungsvermögens zwischen unangenehmen/angenehmen Empfindungen."*[2839]

Die beiden Urteile können somit als Überleitung zum nächsten Kapitel dienen.

5. Kurze Überlebenszeit

281 Grundsätzlich sind im Bereich dieser Thematik[2840] zwei Fallgruppen zu unterscheiden:

- Zum einen die Fälle – nachfolgend unter a) dargestellt – in denen das Opfer ohne Bewusstsein kurz nach dem Unfallereignis, stirbt.
- Zum anderen die Fälle – nachfolgend unter b) dargestellt – in denen das Opfer die Tat (meist eine Straftat) und auch deren Folgen bis zum Tode bei Bewusstsein miterlebt und erleidet.

282 **a) Kurze Überlebenszeit ohne Bewusstsein.** Verstirbt das sofort bewusstlose Unfallopfer infolge seiner schweren Verletzungen kurze Zeit nach dem Unfall, womöglich noch an der Unfallstelle, ohne das Bewusstsein wiederzuerlangen, so stellen sich vor dem Hintergrund des Schmerzensgeldanspruchs zwei Fragen:

- Zum einen, ob in einem solchen Falle ein Schmerzensgeldanspruch überhaupt besteht, und falls dies bejaht werden kann,
- zum anderen, in welcher Höhe.

Fallbeispiele ohne Zuspruch von Schmerzensgeld: Urteile, bei denen wegen sehr kurzer Überlebenszeit bzw. dem sofortigen Todeseintritt kein Schmerzensgeld zuerkannt wurde, sind in der jüngeren Rechtsprechung eher selten, aber dennoch gegeben, wie die sechs unten aufgeführten Beispiele zeigen:

- BGH:[2841] Der BGH hatte sich bereits im Jahr 1998 mit dieser Thematik befasst und bereits damals darauf hingewiesen, dass es dabei darauf ankomme, ob der das Bewusstsein des Verletzten auslöschenden Körperverletzung gegenüber dem alsbald und ohne zwischenzeitliche Wiedererlangung der Wahrnehmungsfähigkeit eintretenden Tod *„überhaupt noch die Bedeutung einer abgrenzbaren immateriellen Beeinträchtigung"* zukommt. Dies wäre jedoch vorauszusetzen, weil nach den grundsätzlichen Wertungen des Gesetzgebers *„weder für den Tod noch für die Verkürzung der Lebenserwartung Schmerzensgeld verlangt werden"* könne. Deshalb aber – so argumentiert der BGH weiter – komme es in solchen Fällen darauf an, *„ob die Körperverletzung gegenüber dem … Tod eine immaterielle Beeinträchtigung darstellt, die … einen Ausgleich in Geld erforderlich macht"*, was zu verneinen wäre, wenn die Verletzungshandlung sofort zum Tode führt oder – selbst bei schweren Verletzungen – sofern diese Verletzungen bei durchgängiger Empfindungslosigkeit des Geschädigten alsbald den Tod zur Folge haben und dieser derart im Vordergrund steht, dass eine immaterielle Beeinträchtigung nicht fassbar ist. Dabei wies der BGH – mit Blick auf den konkreten Sachverhalt, bei

[2835] Vgl. ebenso Bamberger/Roth BGB § 253 Rn. 32.
[2836] OLG Naumburg BeckRS 2015, 10441.
[2837] OLG München BeckRS 2019, 31111. vgl. dazu auch Figgener/Quisser NJW-Spezial 2020, 74.
[2838] OLG München BeckRS 2019, 31111.
[2839] OLG München BeckRS 2019, 31111.
[2840] Vgl. erweiternd auch Diederichsen NJW 2013, 641.
[2841] BGH NJW 1998, 2741 (2743); vgl. dazu auch OLG Köln BeckRS 2025, 1623 (Rn. 43).

dem ua die Mutter der Klägerin verkehrsunfallbedingt sofort bewusstlos wurde und innerhalb einer Stunde verstarb – darauf hin, dass *„ein solcher Ausnahmefall"* bei diesem Sachverhalt *„angenommen werden könne"*.[2842]

- OLG Naumburg:[2843] Das OLG verneinte dementsprechend das Bestehen eines auf die hinterbliebenen Kläger übergegangenen Schmerzensgeldanspruchs in einem Falle, bei dem der im Wachkoma liegende Geschädigte für „einige Stunden" nicht die erforderliche intensivmedizinische Behandlung erhalten hatte und deshalb verstarb. Das OLG führte hierzu aus: *„Tritt der Tod alsbald nach der Verletzung ein, ist eine Gesamtbetrachtung aller Beeinträchtigungen erforderlich unter besonderer Berücksichtigung von Art und Schwere der Verletzung und des Zeitraums zwischen Verletzung und Tod … Vor diesem Hintergrund muss ein Schmerzensgeldanspruch des Patienten schon deshalb ausscheiden, weil eine Abgrenzung zwischen der Grunderkrankung und den (möglichen) Verletzungsfolgen nicht möglich ist. Der Sachverständige … hat ausdrücklich festgestellt, dass der Patient mit sehr hoher Wahrscheinlichkeit im Hinblick auf das apallische Syndrom zu keiner bewussten Wahrnehmung in der Lage war. Schmerzensgeld wird nicht für den Tod an sich oder die Verkürzung des Lebens geschuldet, sondern für die zugefügten Leiden. Dass solche beim Erblasser abgrenzbar von der Grunderkrankung durch den Fehler gegeben waren, lässt sich nicht feststellen"*.[2844]
- OLG Köln:[2845] Das OLG wies die Parteien auf die beabsichtigte Zurückweisung der Berufung der Klägerin hin. Dem Beschl. lag ein Fall zugrunde, bei welchem die Mutter der Klägerin im Krankenhaus liegend an einem sogenannten Re-Infarkt plötzlich verstorben war. Das OLG betonte daraufhin, dass sich *„eine vom Versterben abgrenzbare Beeinträchtigung der Gesundheit … im Falle eines plötzlichen Herztodes, wie er hier gegeben ist, nicht feststellen"* lasse.
- LG Erfurt:[2846] Das LG wies die Klage der Eltern ihres verkehrsunfallbedingt noch am Unfallort nach wenigen Minuten verstorbenen Sohnes mit folgender Begründung zurück: *„Ein Anspruch auf Schmerzensgeld kann … zu verneinen sein, wenn die Körperverletzung nach den Umständen des Falles gegenüber dem alsbald eintretenden Tod keine abgrenzbare immaterielle Beeinträchtigung darstellt, sondern vielmehr ein notwendiges Durchgangsstadium ist, welches auch unter Billigkeitsgesichtspunkten einen Ausgleich in Geld nicht erforderlich macht"*.
- LG Duisburg:[2847] Das LG hatte damals einen Schmerzensgeldanspruch zurückgewiesen, da *„die Schwester der Kl. binnen kürzester Zeit nach dem Unfallereignis um 23.15 Uhr verstorben ist, ohne zuvor das Bewusstsein wiedererlangt zu haben … Dementsprechend entfällt nach der Rechtsprechung des BGH der Anspruch auf Zahlung eines Schmerzensgeldes selbst bei schwersten Verletzungen dann, wenn diese bei durchgehender Empfindungslosigkeit des Verletzten alsbald den Tod zur Folge gehabt haben …"*, so das LG.
- OLG Karlsruhe:[2848] Das OLG hatte – noch nach altem Recht im Jahr 2000 – ein Schmerzensgeld bei sofortigem Tod mit der folgenden Begründung abgelehnt: „Gemäß § 847 BGB Abs. 1 BGB (aF) kann im Falle der Verletzung des Körpers oder der Gesundheit sowie im Falle der Freiheitsentziehung der Verletzte auch wegen eines Schadens, der nicht Vermögensschaden ist, eine billige Entschädigung in Geld verlangen. Das Leben ist in § 847 Abs. 1 BGB (aF) nicht genannt. Der Eintritt des Todes als solcher führt also nicht zu einem Schmerzensgeldanspruch." Kläger in diesem Rechtsstreit waren die Kinder (als Erben) der – bei einer Motorbootkollision über Bord gefallenen und augenblicklich durch Herz-Kreislaufversagen – verstorbenen Mutter.
- KG:[2849] Im Ergebnis gleich entschied im selben Jahr das KG ebenfalls zu einem Sachverhalt mit einer nur kurzen Phase (vorliegend 11 Minuten) zwischen Unfallverletzung und Todeseintritt.

Da § 253 Abs. 2 BGB das **Leben** als insofern **geschütztes Rechtsgut** nicht benennt, hilft nun jedoch – wenn auch nicht mehr dem Primärgeschädigten – das Hinterbliebenengeld (vgl. **zum Hinterbliebenengeld s. nachfolgend → Rn. 342 ff.**).

Trotz der eindeutigen Vorgabe des BGH[2850] und der – heute und auch bereits vor der Reform des Schadenser- **283**
satzrechtes – unveränderten, klaren Gesetzeslage, wird ein Schmerzensgeld in derartigen Fällen häufig noch immer – selbst bei nur siebenminütiger bewusstloser Phase[2851] zwischen Unfallverletzung und Todeseintritt – nicht verweigert.[2852] Mag dies auch kritisiert werden mit der Begründung, es werde in derartigen Fällen übersehen, dass zumindest bei einer durchgängigen Bewusstlosigkeit und einer nur sehr kurzer „Übergangsphase"[2853] zwischen dieser und dem Unfalltod die **Ausgleichsfunktion** nicht zur Begründung eines Schmer-

2842 BGH NJW 1998, 2741 (2743).
2843 OLG Naumburg BeckRS 2013, 22072.
2844 OLG Naumburg BeckRS 2013, 22072.
2845 OLG Köln BeckRS 2013, 03957.
2846 LG Erfurt r+s 2010, 532.
2847 LG Duisburg 5.9.2005 – 2 O 143/03.
2848 OLG Karlsruhe VersR 2001, 1123; ebenso – mit fast wortgleicher Begründung – OLG Düsseldorf r+s 1996, 228; OLG Stuttgart VersR 1994, 736.
2849 KG NZV 2002, 38; OLG München BeckRS 2000, 31163153; OLG Koblenz NJW-RR 2001, 318.
2850 BGH BeckRS 1992, 41.
2851 So OLG Rostock ZfS 2003, 73; OLG Karlsruhe OLGR 1997, 20; vgl. auch OLG Köln BeckRS 2018, 6927.
2852 KG NJW-RR 1995, 91; vgl. grundlegend Küppersbusch/Höher Ersatzansprüche Personenschaden Rn. 290; Jaeger VersR 1996, 1177.
2853 So nahezu wörtlich OLG Düsseldorf r+s 1997, 159.

zensgeldanspruches herangezogen werden könne,[2854] so gilt aber auch hier, dass zur Bemessung des Schmerzensgeldes stets sämtliche individuellen Details des Einzelfalles herangezogen werden müssen und sich hieraus durchaus Situationen des jeweiligen Sachverhaltes ergeben, die doch ein Schmerzensgeld rechtfertigen oder gar erfordern, wie dies gerade bei einer länger andauernden Bewusstlosigkeit 2019 vom OLG München[2855] entschieden worden war; dort lag das Verkehrsunfallopfer 22 Monate im Koma bevor es verstarb. Zur Schmerzensgeldbemessung (75.000 EUR) in derartigen Fällen führte das OLG aus: *„Bei der Bemessung des Schmerzensgeldes bei einem Unfall mit tödlichem Ausgang ist auf die Dauer der Beeinträchtigung vor dem Tod abzustellen. Dabei wirkt es schmerzensgeldmindernd, wenn sich der Verletzte bis zu seinem Tod durchgehend in einem Zustand der Empfindungsunfähigkeit oder Bewusstlosigkeit befunden hat"*.

Fallbeispiele mit Zuspruch von Schmerzensgeld: Nachfolgend seien dementsprechend auch einige Urteile aufgezeigt, bei denen trotz sehr kurzer Überlebenszeit ohne Bewusstsein bzw. dem (nahezu) sofortigen Todeseintritt ein Schmerzensgeld zuerkannt wurde:

- OLG Köln:[2856] Das OLG Köln sprach 2025 den Hinterbliebenen als Erben nach dem Tod infolge mehrerer grober Behandlungsfehler ein geringes Schmerzensgeld zu. Zur Dauer und Empfindung führte das OLG aus: *„Bei dem hier in Rede stehenden Fall ist nach den Ausführungen der Sachverständigen, insbesondere des Anästhesisten Dr. J., davon auszugehen, dass die Patientin vom Beginn der Operation an bis zu ihrem Tod, der am … um 11:53 Uhr und damit fast exakt 24 Stunden nach Eintritt des Kreislaufzusammenbruchs eintrat, durchgehend bewusstlos war."* Das OLG sah insofern 2.000 EUR für angemessen, erhöhte diesen Betrag jedoch um weitere 2.000 EUR aufgrund der *„subjektiv schlechthin unentschuldbaren Pflichtverletzung"* der behandelnden Ärzte.
- LG Osnabrück:[2857] In dem vom LG Osnabrück 2023 mit 10.000 EUR bemessenen Fall erlitt ein Kleinkind infolge des Schüttelns durch den Beklagten eine Gehirnschädigung, fiel dadurch bedingt ins Koma und verstarb etwa drei Tage nach der Tat.
- OLG Koblenz:[2858] In diesem bereits länger zurückliegenden Fall, bei dem 6.136 EUR (damals 12.000 DM) zuerkannt worden waren, hatte der Verunglückte ein Schädelhirntrauma mit Gehirnblutungen erlitten, infolgedessen er sofort das Bewusstsein verloren und es bis zum Tode nach acht Tagen nicht wiedererlangt hatte.
- OLG Oldenburg:[2859] In dem vom OLG Oldenburg entschiedenen und mit 800 EUR (unter Berücksichtigung einer Mithaftung von 20 %) bemessenen Fall war hier das auf einer Luftmatratze treibende Unfallopfer von einem sog. Jetski getroffen und erheblich verletzt worden, so dass die Vermutung nahe lag, dass es bereits bewusstlos war, als es unter Wasser geriet, und dadurch ertrunken ist.

284 **b) Kurze Überlebenszeit in vollem Bewusstsein der Verletzungen/des Todes.** Völlig anders zu bewerten sind dagegen die Fälle, in denen die Opfer ihre ausweglose Situation bei vollem Bewusstsein miterleben und – insbesondere bei den nachfolgend geschilderten Straftaten – unvorstellbare, wenn auch zeitlich begrenzte, **Todesqualen** durchleiden mussten. Hierzu nachfolgend – neben dem Urteil des OLG Düsseldorf vom 20.8.2018[2860] – einige Entscheidungen:

- Einen grauenvollen Fall erpresserischen Menschenraubs mit Todesfolge hatte 2016 der BGH[2861] zu entscheiden. Auf der Anklagebank (Straf- und Adhäsionsverfahren) saßen insgesamt fünf Mittäter, die ihr Opfer in einem Wald mit massiver Gewalt schwer verletzt und anschließend an Händen und Füssen gefesselt auf der Ladefläche eines Transporters zurückgelassen hatten, wo das Opfer 24 Stunden nach der Tat qualvoll verstarb. Aus übergegangenem Recht wurde den Hinterbliebenen vorinstanzlich im Adhäsionsverfahren ein Schmerzensgeld von 50.000 EUR zuerkannt, wobei der BGH – in Bezug auf einen der fünf Täter – die Adhäsionsentscheidung änderte, da diesem gegenüber die gesamtschuldnerische Zurechnung nicht gerechtfertigt erschien.
- LG Bochum:[2862] In einem Sachverhalt, über den das LG Bochum zu entscheiden hatte, lag eine tätliche Auseinandersetzung zwischen Gymnasiasten während einer Klassenfahrt zu Grunde. Dabei stieß der Angeklagte dem zur Tatzeit 17-jährigen Mitschüler ein sogenanntes Butterfly-Messer zunächst in den Oberschenkel und sodann in den Hals, so dass dieser vor Ort nach kurzer (jedoch nicht genau bemessener) Zeit das Bewusstsein verlor und später verstarb. Hierzu führte das LG Bochum aus, es sei aus Sicht des erkennenden Richters offenkundig, dass ein junger Mann, der fühlt, dass mit dem Blut auch das Leben aus ihm weicht, um sein Leben fürchtet und Todesängste ausstehen müsse. Dies sowie die Tatsache, dass

[2854] Vgl. auch Küppersbusch/Höher Ersatzansprüche Personenschaden Rn. 290.
[2855] OLG München BeckRS 2019, 31111 → Nr. 6297.
[2856] OLG Köln BeckRS 2025, 1623, → Nr. 7617.
[2857] LG Osnabrück BeckRS 2023, 10077.
[2858] OLG Koblenz BeckRS 2002, 9387, → Nr. 3050.
[2859] OLG Oldenburg BeckRS 2016, 135439, → Nr. 5038.
[2860] OLG Düsseldorf BeckRS 2018, 43147 (Brutaler Totschlag innerhalb der Familie, bei der das Opfer seinen unausweichlichen Tod für kurze Zeit miterlebt hat) → Nr. 5557.
[2861] BGH BeckRS 2016, 03376.
[2862] LG Bochum BeckRS 2015, 18726.

der Schüler erst nach vier Tagen vergeblicher intensiv-medizinischer Behandlung verstarb, wertete das LG schmerzensgelderhöhend und sprach den Eltern aus übergegangenem Recht des getöteten Sohnes ein Schmerzensgeld von 50.000 EUR[2863] zu. Hervorzuheben ist in Bezug auf diese – hinsichtlich der Schmerzensgeldhöhe durchschnittliche – Entscheidung des LG Bochum, die in dieser Klarheit nur selten zu findende Auseinandersetzung und Kritik hinsichtlich der Schmerzensgeldhöhe in derartigen Fällen:

„Ohne Leben und körperliche Unversehrtheit sind alle anderen Rechte nichts wert ....“

„Billig“ iSd § 253 BGB ist im Falle der Verletzung der körperlichen Unversehrtheit einer Person nur eine Geldentschädigung, die diesem überragenden Stellenwert des Grundrechts aus Art. 2 Abs. 2, S. 1 GG Rechnung trägt. Die höchstrichterliche Rechtsprechung und die Rechtsprechung der Instanzgerichte verkennen vielfach die überragende Bedeutung, die dem Schutz von Leben und körperlicher Unversehrtheit im Rahmen der Drittwirkung der Grundrechte zukommt .... Der erkennende Richter ist der Auffassung, dass insbesondere bei vorsätzlichen Körperverletzungen die in der höchstrichterlichen Rechtsprechung angesetzten Schmerzensgeldbeträge viel zu niedrig bemessen sind und deutlich angehoben werden müssen“.[2864]

- Das LG Frankenthal[2865] hatte einen ebenso tragischen wie grausamen Fall von **Selbstjustiz eines Vaters** (er war zuvor wegen Mordes verurteilt worden) an seiner Tochter (deren Erben das LG 50.000 EUR Schmerzensgeld zusprach) entschieden. Die Tochter musste „sehenden Auges“ miterleben „wie der Beklagte sie in Brand gesteckt und ihr dadurch schwerste innere (Inhalationstrauma) und äußere Verbrennungen (70 % der Hautoberfläche) zugefügt hat. Zudem hat sie danach für einen Zeitraum von mindestens 30 Minuten die erlittenen Schmerzen bewusst, in Todesangst und ohne Linderung wahrnehmen müssen, bevor nach dem Eintreffen des Notarztes und Verabreichung schmerzstillender Medikamente wenigstens eine gewisse Linderung und schließlich der Zustand der Bewusstlosigkeit eingetreten ist“, so das LG.
- Ähnlich grausame Sachverhalte lagen beispielsweise dem OLG Bremen[2866] im Jahr 2012 sowie dem OLG Naumburg[2867] im Jahr 2005 vor. Im Falle des OLG Bremen ermordete der Beklagte die Tochter der Klägerin auf bestialische Weise und versetzte diese dabei in **„schwerste Todesängste“**, wobei das bewusst erlebte Martyrium nach „ca. 30 Minuten“ mit dem Tod der jungen Frau endete; das OLG Bremen sprach hierfür ein Schmerzensgeld von 50.000 EUR zu. Im Falle des OLG Naumburg wurde das Opfer, ein junger Mann, am Tattag gegen 18:00 Uhr brutal zusammengeschlagen, schleppte sich noch eineinhalb km weit zu seinem Elternhaus und verstarb in der übernächsten Nacht im Krankenhaus; das OLG Naumburg hielt insofern – auch wenn es hierüber nicht abschließend zu entscheiden hatte – 20.000 EUR für angemessen.
- Ohne nähere Details seien insofern noch zwei bereits ältere Entscheidungen (OLG Saarbrücken[2868] und LG Heilbronn[2869]) erwähnt, bei denen die Opfer ebenfalls bei vollem Bewusstsein schreckliche Todesqualen durchleiden mussten, bevor sie nach kurzer Zeit schließlich verstarben.

Neben den aufgezeigten Beispielen, die alle einen strafrechtlichen Hintergrund haben, sind es auch tragische Unfälle, bei denen die Verunglückten Verletzungen mit Todesfolgen mit entsprechenden Todesängsten erleiden, wie der Fall eines tragischen Bergwanderunfalls, den das OLG Stuttgart[2870] zu entscheiden hatte, zeigt. Dieser Fall und eine Vielzahl **weiterer Gerichtsentscheidungen dazu finden Sie im Teil 2 des Buches im Kapitel C. 18. *Verletzungen mit Todesfolge.***

Praxishinweis: 285

Musste das Opfer seine Todesqualen miterleben, so sind – sofern im Einzelfall gegeben – neben der reinen Verletzung und Leidenszeit nach dem Unfall/der Tat stets auch folgende vier Aspekte schmerzensgelderhöhend zu beachten:
1. die Leidenszeit des Opfers während der Tatbegehung,
2. die vorsätzliche Tatausführung,
3. die Nichtigkeit des Anlasses und eine
4. übergroße Brutalität der Täter.

Hierzu ist somit ausführlich vorzutragen, denn insofern wird auch der **Genugtuungsfunktion** Bedeutung beigemessen.

2863 Zudem erhielten die Eltern sowie die Schwester jeweils 20.000 EUR aus eigenem Recht wegen der infolge der Tötung des Sohnes/Bruders selbst erlittenen Körperverletzungen in Form psychischer Beeinträchtigungen.
2864 LG Bochum BeckRS 2015, 18726.
2865 LG Frankenthal BeckRS 2014, 11448.
2866 OLG Bremen BeckRS 2012, 07689.
2867 OLG Naumburg NZV 2005, 530.
2868 OLG Hamm NZV 1997, 233.
2869 LG Heilbronn VersR 1994, 443.
2870 OLG Stuttgart BeckRS 2006, 14515, → Nr. 5741.

286 Unter Beibehaltung der oben getroffenen Differenzierung zwischen Fällen des

- sofortigen Todes und des für das Opfer **unbewusst** bleibenden, kurze Zeit andauernden, Todeskampfes einerseits und
- des **bewussten** Miterlebens der Todesqualen über einen mehr oder weniger langen Zeitraum andererseits,

lässt sich die Ansicht vertreten, dass in der erstgenannten Fallgruppe ein Schmerzensgeld auf der Basis geltenden Rechts – der Gesetzgeber hat sich eindeutig gegen ein Schmerzensgeld „für das Leben", auf welches eine andere Handhabung klar hinauslaufen würde, entschieden – grundsätzlich nicht zugesprochen werden kann.[2871] Hier hilft (allerdings nicht den Primärgeschädigten, sondern lediglich deren Hinterbliebenen) nun jedoch das **Hinterbliebenengeld,** auf das nachfolgend → **Rn. 340** näher eingegangen wird.

287 In der zweiten Fallgruppe – dem bewussten Miterleben des unausweichlichen Todes, wie ua im Falle, den das LG Frankenthal[2872] 2014 entschieden hatte und den damit verbundenen psychischen und physischen Qualen – muss jedoch meiner Ansicht nach und in klarer Abgrenzung zur ersten Fallgruppe ein nicht nur symbolisches, sondern vielmehr gerade vor dem Aspekt der **Genugtuungsfunktion,** der hier durchaus *noch*[2873] eine Bedeutung zukommt, angemessenes hohes Schmerzensgeld zugesprochen werden. Auch wenn der Ausgleichsfunktion aufgrund des Todeseintritts keine nennenswerte Bedeutung im eigentlichen Sinne mehr zukommen kann, so können über die Genugtuungsfunktion – in Verbindung mit der Schwere und Dauer der Verletzungen, der Leidenszeit des Opfers während der Tat, dem ggf. vorliegenden Vorsatz, der ggf. vorliegenden Nichtigkeit des Tatanlasses und einer möglicher Weise (und leider oftmals vorliegenden) bestehenden übergroßen Brutalität – sehr wohl Bemessungsfaktoren vorliegen, die ein hohes Schmerzensgeld rechtfertigen. Insofern sind die Entscheidungen des LG Frankenthal,[2874] OLG Düsseldorf[2875] sowie des OLG Naumburg[2876] Wegweiser, an welchen sich auch das OLG Bremen[2877] orientiert hatte.

288 Mit der hypothetischen Frage, ob und inwieweit die Tatsache, dass die **Heilbehandlungsdauer im Falle des Überlebens** deutlich länger gedauert hätte, schmerzensgelderhöhend bewertet werden kann, hatte sich das LG Wuppertal[2878] zu befassen. Das LG hat dies mit der Begründung abgelehnt, dass *„für die Bemessung des Schmerzensgeldes … nur tatsächlich vom Geschädigten zu seinen Lebzeiten erlittene und wahrgenommene Unfallfolgen zu berücksichtigen"* seien.

Mit der konkreten Frage, ob sich die **Verkürzung der Leidenszeit durch Selbstmord** – als letztes Mittel des Entkommens aus der ausweglosen Situation – sich schmerzensgeldmindernd auszuwirken habe, hatte sich 2019 das OLG Celle[2879] als Berufungsgericht zu befassen und diese Frage zutreffend verneint. Kläger waren die Witwe und deren Kinder, deren Ehemann/Vater infolge eines Spritzenabszesses ein multiples Organversagen und dauerhaft eine weitgehende Körperlähmung erlitten hatte. Das septische Infektionsgeschehen war für die Ärzte im Krankenhaus nicht zu beherrschen. Es schloss sich ein mehr als ein Jahr andauernder dramatischer Leidensprozess an, während dessen der Patient ohne Aussicht auf eine Besserung dauerhaft künstlich beatmet werden musste und weitgehend gelähmt blieb. Am Ende dieses Leidensprozesses stand der ärztlich begleitete Freitod des Patienten, der seinen Sterbewunsch über Monate hinweg geäußert und diesen auch in Ethikgesprächen mit den behandelnden Ärzten bekräftigt hatte. *„Das vom Landgericht zugesprochene Schmerzensgeld sei auch in der ausgeurteilten Höhe angemessen, denn es müsse insbesondere das extreme Leiden des verstorbenen Patienten berücksichtigt werden, der sich seiner Beeinträchtigungen bewusst gewesen sei und deshalb in besonderem Maße darunter gelitten habe. Dass sich dieser Leidensprozess über einen Zeitraum von etwas mehr als einem Jahr erstreckt und nicht länger gedauert habe, rechtfertige es nicht, ein geringeres Schmerzensgeld festzusetzen. Der Dauer des Leidens komme wegen der besonderen Umstände des Todes des Patienten bei der Bemessung des Schmerzensgeldes keine Bedeutung zu, denn dieser habe den Freitod nur gewählt, um sein Leiden zu beenden".* Die von dem Hausarzt eingelegte Beschwerde gegen die Nichtzulassung der Revision hat der Bundesgerichtshof durch Beschl. vom 12.3.2019 zurückgewiesen (Az. VI ZR 355/18). Damit ist das Urteil des Landgerichts Lüneburg, das den Klägern 500.000 EUR zusprach, rechtskräftig.

[2871] So auch OLG Naumburg BeckRS 2013, 22072.
[2872] LG Frankenthal BeckRS 2014, 11448; vgl. auch OLG Düsseldorf BeckRS 2013, 18320 (Todesangst während eines Flugzeugabsturzes).
[2873] S. insofern (noch) Jaeger/Luckey Schmerzensgeld Rn. 1184; aA Almeroth Schadensersatz Rn. 235.
[2874] LG Frankenthal BeckRS 2014, 11448.
[2875] OLG Düsseldorf BeckRS 2010, 3031.
[2876] OLG Naumburg NZV 2005, 530.
[2877] OLG Bremen BeckRS 2012, 07689.
[2878] LG Wuppertal SP 2013, 1.
[2879] OLG Celle FD-MedizinR 2019, 416984 vgl. hierzu auch → Nr. 5494.

6. Posttraumatische Belastungsstörungen und Unfallneurosen

Der Begriff der Posttraumatischen Belastungsstörung, kurz **PTBS**– Symptomatik oder auch nur PTBS, taucht – wie nachfolgend beschrieben wird – immer häufiger in der Literatur[2880] und Rechtsprechung[2881] des Schadensersatzrechts auf und gelangt immer stärker in das Bewusstsein unserer Gesellschaft. Es handelt sich dabei – wie der BGH[2882] ausführte – *„um eine verzögerte Reaktion auf ein belastendes Ereignis oder eine Situation kürzerer oder längerer Dauer mit außergewöhnlicher Bedrohung oder katastrophenartigem Ausmaß, die bei fast jedem eine tiefe Verzweiflung hervorrufen würde."* **289**

Die Ersatzpflicht für psychisch bedingte Folgeschäden beschäftigt somit auch immer häufiger den BGH, zuletzt mit den Urteilen des BGH vom 27.1.2015,[2883] 10.2.2015[2884] und 20.5.2014[2885] sowie die Instanzgerichte.[2886] Aus der Vielzahl der früheren Fälle einerseits und der erneuten Befassung des BGH mit diesem Thema andererseits ist bereits abzulesen, dass psychische Fehlverarbeitungen nicht nur höchste Aktualität besitzen, sondern stetig und stark zunehmen.[2887] Insgesamt mit der Thematik der „Psychischen Schäden im Haftpflichtprozess" befassen sich ua *Quaisser,*[2888] *Schneider*[2889] sowie *Burmann* und *Jahnke* in ihrem sehr lesenswerten, gleichnamigen Aufsatz[2890] sowie ua die beiden Entscheidungen des OLG Celle[2891] sowie die Urteile des OLG Schleswig,[2892] des OLG Düsseldorf,[2893] des OLG Hamm,[2894] des OLG Düsseldorf[2895] sowie des LG Darmstadt.[2896]

Zur Posttraumatischen Belastungsstörung als (verneinte) Unfallfolge eines Feuerwehrmannes (freiwillige Feuerwehr) und den Voraussetzungen zur Gewährung von Leistungen aus der gesetzlichen Unfallversicherung sei an dieser Stelle – wenn auch rechtsdogmatisch nicht ganz korrekt – eine Entscheidung des LSG Nordrhein-Westfalen erwähnt, das in diesem Zusammenhang darauf hingewiesen hatte, dass *„insbesondere im Bereich psychischer Störungen die Gesundheitsschäden genau zu definieren* [sind]. *Dies setzt zwingend voraus, dass die Störung durch Einordnung in eines der gängigen Diagnosesysteme (z.B. ICD-10, DSM-V) unter Verwendung der dortigen Schlüssel und Bezeichnungen exakt beschrieben wird."* Dies gilt, wie nachfolgend aufgezeigt wird, auch im Themenbereich des Schmerzensgeldes.[2897]

Diagnose gemäß ICD-10: Was die rechtlichen Fragen zur – bisher oft mit erheblicher Unsicherheit verbundenen – Diagnose derartiger psychischer Beeinträchtigungen bzw. Belastungsstörungen betrifft, hat der BGH[2898] – wie zuvor bereits das BSG[2899] – nun klargestellt, dass eine gestellte Diagnose den anerkannten **Diagnosekriterien** bzw. **Diagnoseschlüsseln** ICD – 10 (WHO) und ICD-11 sowie dem aktuellen DSM IV/V (American Psychiatric Association) entsprechen müsse. Je genauer und klarer die Gesundheitsstörungen bestimmt seien – so der BGH – umso einfacher seien ihre Ursachen zu erkennen und zu beurteilen. Die genaue Diagnosestellung sei zudem auch insoweit erforderlich, als bei vielen psychischen Erkrankungen eine erhöhte Vulnerabilität des Geschädigten eine Rolle spiele.[2900] **290**

2880 Figgener/Quaisser NJW-Spezial 2025, 170; Balke SVR 2022, 361; Schneider/Nugel NJW 2014, 2977; Halm/Staab DAR 2009, 677; Stöhr NZV 2009, 161.

2881 OLG Schleswig BeckRS 2025, 3004; OLG Brandenburg BeckRS 2024, 40512; LG Bremen BeckRS 2021, 50715; OLG Celle BeckRS 2020, 422; OLG Schleswig BeckRS 2019, 18671; OLG Düsseldorf BeckRS 2016, 05486; OLG Frankfurt a. M. BeckRS 2016, 9116; OLG Schleswig BeckRS 2016, 114220; OLG Karlsruhe BeckRS 2016, 16825; lesenswert hierzu auch LG Darmstadt SVR 2016, 62 sowie OLG Schleswig BeckRS 2012, 6586.

2882 BGH BeckRS 2015, 05264.

2883 BGH NZV 2015, 214.

2884 BGH BeckRS 2015, 05264.

2885 BGH NJW 2014, 2190; vgl. auch BGH NZV 2012, 527 sowie BGH NJW 2004, 1945; NZV 2000, 121; NJW 1996, 2425.

2886 OLG Celle BeckRS 2020, 422; OLG Schleswig BeckRS 2019, 18671; OLG Düsseldorf BeckRS 2018, 38629; OLG Frankfurt a. M. BeckRS 2017, 135880; OLG Koblenz SP 2013, 217; LG Leipzig NZV 2012, 329; AG Schwerin SP 2009, 433; OLG Celle SP 2007, 320.

2887 So ausdrücklich auch NJW-Spezial 2015, 2012 (2013).

2888 Quaisser NZV 2015, 465 – s. zum Thema der Schockschäden auch nachfolgend → Rn. 301.

2889 Schneider NJW 2014, 2977; vgl. zu psychischen Belastungen wegen fehlerhafter Gesundheitsleistungen Nebe VuR 2009, 459.

2890 NZV 2012, 505 ff.; Lesenswert auch Wellner r+s-Beilage 2011, 127.

2891 OLG Celle BeckRS 2022, 23481 und OLG Celle BeckRS 2020, 422.

2892 OLG Schleswig BeckRS 2019, 18671.

2893 OLG Düsseldorf BeckRS 2018, 38629.

2894 OLG Hamm BeckRS 2016, 113265.

2895 OLG Düsseldorf NZV 2014, 34.

2896 LG Darmstadt SVR 2016, 62.

2897 LSG Nordrhein-Westfalen BeckRS 2023, 51928.

2898 BGH BeckRS 2015, 5264.

2899 BSG NZV 2011, 910 und BSG NZV 2007, 212.

2900 Vgl. dazu ausführlich CBN Personenschäden/Huber/Verlinden Kap. C. Rn. 490 ff.

Berücksichtigt man diese Diagnoseschlüssel und deren Kriterien, so ist festzustellen, dass durchaus auch nach einem Verkehrsunfall eine PTBS als kausale Folge auftreten kann, allerdings grundsätzlich – aufgrund der strengen Diagnosekriterien – jedoch nur bei objektiv schwerwiegenden Ereignissen. Ob im konkreten Einzelfall solche schwerwiegenden Ereignisse im Zusammenhang mit einem Verkehrsunfall vorliegen, muss der Geschädigte beweisen. Dafür genügt es bei alltagstypischen Verkehrsunfällen, wie beispielsweise Auffahrunfällen nicht, einen Arztbericht mit der Diagnose „posttraumatische Belastungsstörung" vorzulegen, denn damit alleine ist die plastische Grenze zur objektiven „eigenen Bedrohung von Leib und Leben" nicht erreicht. Vielmehr muss der Geschädigte als erste Voraussetzung für das Vorliegen einer nachweislichen Diagnose einer PTBS das Vorliegen der sog. **A-Kriterien nachweisen.**[2901]

290a Zum sog. **A-Kriterium (Traumakriterium)** nach ICD-10 bzw. ICD-11 erläuterte **Balke**[2902] in seinem insofern sehr gelungenen Beitrag zu dieser Gesamtthematik,[2903] dass nach den A-Kriterien *„eine posttraumatische Belastungsstörung (PTBS) gemäß ICD-10 F 43.1 als eine verzögerte Reaktion auf ein belastendes Ereignis oder eine Situation kürzerer oder längerer Dauer mit außergewöhnlicher, (potenziell) lebensbedrohlicher bzw. mit schweren Verletzungen einhergehender Bedrohung oder katastrophenartigem Ausmaß [entsteht], die bei fast jedem eine tiefe Verzweiflung hervorrufen würde. Die ICD-10 vernachlässigen vollständig das subjektive Erleben des traumatischen Ereignisses und setzen gleichzeitig hohe Anforderungen an dessen objektive Schwere."*

Das OLG Schleswig[2904] führte 2025 dazu aus (Amtlicher Leitsatz): *„Nach der AWMF-S2k-Leitlinie 051-029 ist notwendige Bedingung für die medizinische Diagnose einer **PTBS (F43.1) das Vorliegen des sog. A-Kriteriums,** d.h. das auslösende Trauma muss objektiv eine solche **außergewöhnliche Bedrohung von katastrophalem Ausmaß** darstellen, dass nahezu bei jedem Menschen eine tiefgreifende Verzweiflung ausgelöst werden würde."*

Das LG Bremen[2905] betonte – mit Verweis auf ein diesbezüglich eingeholtes Gutachten – dass es bei der Frage, wann eine Unfallsituation als Anlass bzw. Auslöser für eine posttraumatische Belastungsstörung zu qualifizieren sei, immer auch **„Graubereiche"** gebe und betonte sodann, dass Verkehrsunfälle mit einem Linienbus schon grundsätzlich kaum geeignet seien, eine posttraumatische Belastungsstörung auszulösen und nur ein **Unfall mit einem grauenhaften Ausmaß** Anlass für eine posttraumatische Belastungsstörung nach dem ICD-10 sein könne. Der vom Kläger als Busfahrer geschilderte Unfall, an dem er selbst nicht beteiligt war *„sei nicht von dieser Qualität, insbesondere, wenn man dessen Schilderung berücksichtige, wonach ein Kind zwar geblutet habe, es aber nicht nötig gewesen sei, deshalb den Erste-Hilfe-Kasten zu holen. Das Ereignis müsse aber eben gerade geeignet sein, nahezu bei jedem eine tiefgreifende Verzweiflung auszulösen."*

Insbesondere **bei Verkehrsunfällen** ist vor dem oben aufgeführten Hintergrund ein **vorsichtiger Umgang mit dem Begriff der PTBS** geboten.[2906] Allerdings ist ein Unfallereignis in Verbindung mit dem Miterleben des **Versterbens eines Menschen** durchaus geeignet, eine PTBS auszulösen (sog. A-Kriterium).[2907]

„Die PTBS [Posttraumatische Belastungsstörung] **ist von einer posttraumatischen Belastungsreaktion abzugrenzen."**[2908]

„Nach dem **seit dem 1.1.2022 geltenden ICD-11** (6B40 – Post traumatic stress disorder) heißt es, eine PTBS *„may develop following exposure to an extremely threatening or horrific event or series of events"*. Danach handelt es sich also, wie auch bereits im ICD-10, um eine mögliche Folgeerscheinung eines extrem bedrohlichen oder entsetzlichen Ereignisses oder einer Reihe von Ereignissen. Daneben sehen die ICD-11 (6B41 – Complex post traumatic stress disorder) nun auch die komplexe PTBS vor, welche gekennzeichnet ist durch ein extrem bedrohliches oder entsetzliches Ereignis oder eine Reihe von Ereignissen, meistens längerdauernde oder wiederholte Ereignisse, bei denen Flucht schwierig oder unmöglich war (zB Folter, Sklaverei, Genozidversuche, länger andauernde häusliche Gewalt, wiederholter sexueller oder körperlicher Kindesmissbrauch)", so Balke zutreffend.[2909] Trotz der seit Januar 2022 in Kraft getretenen neuen Version ICD-11 steht jedoch – worauf im März 2025 das OLG Schleswig[2910] (s. oben) hingewiesen hatte – der offizielle Einführungszeit-

2901 OLG Köln BeckRS 2023, 22087 → 7265.
2902 Balke SVR 2022, 361; ebenso Figgener/Quaisser NJW-Spezial 2025, 170.
2903 Balke SVR 2022, 361.
2904 OLG Schleswig BeckRS 2025, 3004; OLG Brandenburg BeckRS 2024, 40512 und ebenso LG Bremen BeckRS 2021, 50715.
2905 LG Bremen BeckRS 2021, 50715.
2906 OLG Brandenburg BeckRS 2024, 40512 mAnm Figgener/Quaisser NJW-Spezial 2025, 170; vgl. auch LG Bremen BeckRS 2021, 50715 und OLG Schleswig BeckRS 2012, 6586.
2907 OLG Brandenburg BeckRS 2024, 40512.
2908 Figgener/Quaisser NJW-Spezial 2025, 170 – Hervorhebungen durch den Autor.
2909 Balke SVR 2022, 361 (364).
2910 OLG Schleswig BeckRS 2025, 3004.

punkt hierfür in den klinischen Alltag in Deutschland noch nicht fest, weshalb sich derzeit die Diagnose noch an dem ICD-10 Standard orientiert.

Die in der Leitlinie zu den **ICD-10/-11** aufgelisteten Beispiele wie Krieg, Geiselnahme oder Vergewaltigung und Naturkatastrophen und ebenso die **Ereigniskriterien nach DSM-IV und DSM-V** wie Kriegserfahrung als Soldat oder Zivilist, drohender oder tatsächlicher körperlicher Angriff, Raubüberfall, Überfall auf der Straße, körperliche Misshandlung in der Kindheit, drohende oder tatsächliche sexuelle Gewalt, Entführung, Geiselnahme, Terroranschlag, Folterung, Kriegsgefangenschaft, Natur- oder durch Menschen verursachte Katastrophen und schwere Verkehrsunfälle zeigen, dass ein vorsichtiger Umgang mit dem Begriff der PTBS im Zusammenhang mit vergleichbar harmlosen alltäglichen Verkehrsunfällen geboten ist. Ein Unfallereignis ohne besondere belastende Umstände ist daher in den allermeisten Fällen nicht geeignet, eine PTBS hervorzurufen.[2911]

Mit den **Anforderungen an den Nachweis psychischer Schäden und insbesondere posttraumatischen Belastungsstörungen als Primärverletzungen** hatten sich in jüngerer Zeit das OLG Hamm[2912] sowie das OLG Celle[2913] befasst: **290b**

In seiner geradezu lehrbuchartigen Entscheidung betonte das **OLG Hamm** zunächst, dass ein Kläger zum Vorliegen unfallbedingter Primärschäden psychischer Art stets zunächst hinreichend hierzu vorzutragen bzw. dem Gericht eine schlüssige Darlegung vorzulegen habe und – um ggf. die Einholung eines Sachverständigengutachtens zu erreichen – relevante Anknüpfungstatsachen für die Einholung eines solchen darlegen müsse.[2914] Dabei verwies das OLG Hamm zum **Begriff der Primärverletzung** auf **BGH, Urt. v. 26.7.2022 – VI ZR 58/21**[2915] und hob insofern nochmals die Wichtigkeit einer klaren Differenzierung hervor.

S. hierzu zudem vorstehend → **Rn. 64** sowie nachstehend → **Rn. 409.**

Zu den Anforderungen an den Nachweis einer posttraumatischen Belastungsstörung nach einem Auffahrunfall hat das **OLG Celle**[2916] in einer zu dieser Thematik ebenfalls sehr lesenswerten Entscheidung zudem ausgeführt, dass ein **gerichtliches Sachverständigengutachten** zum Nachweis einer posttraumatischen Belastungsstörung nur geeignet ist, wenn es **wissenschaftlichen Standards** genügt, insbesondere nach der anerkannten medizinischen Definition eines posttraumatischen Belastungssyndroms **(ICD10: F43.1)** darlegt, dass dessen medizinische Voraussetzungen vorliegen. Das Gericht dürfe pauschale und nicht begründete Aussagen in einem **Sachverständigengutachten nicht ungeprüft übernehmen,** sondern müsse den Sachverhalt durch ergänzende Nachfragen weiter aufklären, wenn es sein Urteil hierauf stützen will. Die Abgrenzung psychisch vermittelter Folgeschäden von etwaigen Vorschäden, erfordere eine vollständige und kritische Sachverhaltswürdigung sowohl durch den Sachverständigen als auch durch das Gericht, die nicht allein auf ungeprüften Angaben des Geschädigten beruhen dürfe, so das OLG Celle.

An dieser Stelle sei jedoch nochmals (s. dazu bereits oben → **Rn. 66**) darauf hingewiesen, dass der Tatrichter nicht ohne Darlegung eigener Sachkunde und ohne Beratung durch einen – ggf. anderen – Sachverständigen von den fachkundigen Feststellungen und Einschätzungen des von ihm gerade wegen fehlender eigener Sachkunde beauftragten Gutachters abweichen darf. Zudem muss der Tatrichter, wenn er bei seiner Entscheidung eigene Sachkunde in Anspruch nehmen will, den Parteien zuvor einen entsprechenden Hinweis erteilen. Missachtet der Tatrichter dies, so liegt darin eine Verletzung des Anspruchs eines jeden Klägers auf Gewährung rechtlichen Gehörs gemäß Art. 103 Abs. 1 GG; darauf hatte der BGH[2917] in 2024 erneut hingewiesen.

Zur Frage eines **Mitverschuldens bei Nichtdurchführung einer Psychotherapie** s. → Rn. 147 und → Rn. 300.[2918]

[2911] OLG Schleswig BeckRS 2023, 1199; OLG Celle BeckRS 2022, 23481; OLG Celle BeckRS 2022, 422; Figgener/Quaisser NJW-Spezial 2022, 682; Balke SVR 2022, 361 mwN.
[2912] OLG Hamm BeckRS 2025, 36392 → Nr. 7785.
[2913] OLG Celle BeckRS 2022, 23481.
[2914] OLG Hamm BeckRS 2025, 36392 Rn. 50 und 51.
[2915] BGH BeckRS 2022, 23045 mAnm Figgener NJW-Spezial 2022, 617 und mAnm Kääb FD-StrVR 2022, 451768.
[2916] OLG Celle BeckRS 2022, 23481, NJW 2023, 78 mAnm Kääb FD-StrVR 2022, 451785; vgl. auch OLG Hamm BeckRS 2025, 36392 sowie hierzu auch Figgener/Quaisser NJW-Spezial 2026, 106.
[2917] BGH BeckRS 2024, 21912 mAnm Figgener NJW-Spezial 2024, 650.
[2918] OLG Frankfurt a. M. BeckRS 2016, 9116.

291 **a) Haftungsbegründend oder haftungsausfüllend.** Der BGH[2919] – zuletzt mit Urteil des VI Senats vom 26.7.2022 – und die Instanzgerichte[2920] halten zutreffend bis heute daran fest, dass der Schädiger grundsätzlich auch für eine psychische Fehlverarbeitung als haftungsausfüllende Folgewirkung des Unfallgeschehens einzustehen hat, jedoch „durch den Schutzzweck der Norm begrenzt".

„Der Senat hat wiederholt ausgesprochen, dass die Schadensersatzpflicht für Beeinträchtigungen der körperlichen Befindlichkeit nicht voraussetzt, dass sie eine organische Ursache haben. Auch eine nur psychisch vermittelte Körperverletzung ist dem verantwortlichen Schädiger grundsätzlich zuzurechnen. Dies gilt auch dann, wenn sie auf einer psychischen Anfälligkeit des Verletzten oder in sonstiger Weise auf einer neurotischen Fehlverarbeitung beruht. Insbesondere entlastet es den Schädiger grundsätzlich nicht, wenn der Geschädigte durch frühere Unfälle in seiner seelischen Widerstandskraft soweit vorgeschädigt war, dass nur noch ein geringfügiger Anlass genügte, um psychische Fehlreaktionen auszulösen", betonte der BGH unter mehrfachem Verweis auf eine insofern wichtige Entscheidung ebenfalls des VI. Senats aus dem Jahre 1996.[2921] Dort hatte der BGH dies – meines Erachtens nach noch prägnanter – wie folgt dargelegt:

„Hat jemand schuldhaft die Körperverletzung oder Gesundheitsbeschädigung eines anderen verursacht, für die er haftungsrechtlich einzustehen hat, so erstreckt sich die Haftung grundsätzlich auch auf die daraus resultierenden Folgeschäden. Dies gilt, gleichviel ob es sich dabei um organisch oder psychisch bedingte Folgewirkungen handelt",

so leitete der BGH[2922] seine Entscheidung ein und erläutert dann den Unterschied zwischen den zwei maßgeblichen Fallgruppen:

- **Fallgruppe 1:** Aus einer – haftungsbegründenden – Verletzungshandlung (zB Verkehrsunfall mit dadurch verursachtem HWS-Syndrom) resultieren – haftungsausfüllend – psychische Folgeschäden (zB psychogene Schmerzreaktionen/Traumafolgestörung).
- **Fallgruppe 2:** Aus einer – haftungsbegründenden – psychischen Reaktion (zB Schock), deren Ursache im Unfallgeschehen (zB Miterleben des Todes eines Insassen) liegt, resultieren psychische Folgewirkungen in der Form einer traumatischen Gesundheitsschädigung (zB Psychosyndrom).

292 **Fallgruppe 1:** Für die erste Fallgruppe,[2923] zu der auch der Sachverhalt der oben benannten BGH Entscheidungen zählte und mit der sich beispielsweise auch das OLG Schleswig,[2924] OLG Celle,[2925] das OLG Schleswig,[2926] OLG Düsseldorf,[2927] das OLG Hamm[2928] und ebenso das LG Leipzig[2929] sowie das OLG Saarbrücken[2930] in den ihnen vorliegenden Fällen zu befassen hatten, bedeutet dies, dass regelmäßig lediglich für die „Erstverletzung" bzw. „Primärverletzung" der Strengbeweis des § 286 ZPO erforderlich ist, für die nachfolgende psychische Fehlverarbeitung jedoch die Beweiserleichterung des § 287 ZPO gilt. Zu derartigen psychischen Folgen kann auch die **Erinnerung an vergangene belastende Ereignisse,** die möglicherweise zu Schmerzen führten, zählen. Die Rechtsansicht, sie fiele nicht unter den Schutzzweck der einschlägigen deliktischen Sorgfaltspflichten, trifft nicht zu.[2931]

Nicht erforderlich ist in dieser Fallgruppe, dass die aus der Verletzungshandlung resultierenden haftungsausfüllenden Folgeschäden für den Schädiger vorhersehbar waren.[2932] Allerdings hat der Geschädigte noch zwei Einschränkungen des BGH zu beachten:[2933]

- Eine Zurechnung des Schadens soll dann entfallen, wenn die psychische Fehlverarbeitung sich aus einer „Bagatellverletzung im Sinne ... des Senats"[2934] ableitet[2935] oder aber
- eine „reine Renten- oder Begehrensneurose" vorliegt.[2936]

2919 BGH BeckRS 2022, 23045; BGH NJW 2004, 1945.

2920 OLG Celle BeckRS 2022, 23481; OLG Celle BeckRS 2020, 422; OLG Düsseldorf BeckRS 2018, 38629; OLG Frankfurt a. M. BeckRS 2017, 135880; OLG Koblenz SP 2013, 217 sowie auch LG Leipzig NZV 2012, 329; AG Schwerin SP 2009, 433; OLG Celle SP 2007, 320; Küppersbusch/Höher Ersatzansprüche Personenschaden Rn. 12 und 221.

2921 BGH NJW 1996, 2425 sowie OLG Frankfurt a. M. BeckRS 2017, 135880.

2922 BGH DAR 1996, 351.

2923 Vgl. hierzu auch BGH BeckRS 2019, 7656 sowie FD-StrVR 2019, 417517 mAnm Kääb.

2924 OLG Schleswig BeckRS 2024, 5395.

2925 OLG Celle BeckRS 2020, 422, lesenswert zu den Anforderungen an Vortrag und Nachweis einer PTBS.

2926 OLG Schleswig BeckRS 2019, 18671.

2927 OLG Düsseldorf BeckRS 2018, 38629.

2928 OLG Hamm BeckRS 2016, 113265.

2929 LG Leipzig NZV 2012, 329.

2930 OLG Saarbrücken SP 2007, 174.

2931 BGH BeckRS 2022, 23045 (Rn. 21).

2932 OLG Celle DAR 1998, 473.

2933 BGH BeckRS 2022, 38714; BGH BeckRS 2018, 18775; BGH BeckRS 2015, 05264; BGH BeckRS 1997, 9122.

2934 So erneut BGH BeckRS 2015, 05264; ebenso bereits BGH NJW 2004, 1945 (1946); OLG Frankfurt a. M. BeckRS 2005, 05641; OLG Düsseldorf NZV 2014, 34.

2935 OLG Schleswig BeckRS 2024, 5395; OLG Düsseldorf NZV 2014, 34.

2936 BGH BeckRS 2015, 05264; BGH NJW 2012, 2964 und BGH NJW 2004, 1945 (1946); NZV 2000, 121 (122); VersR 1997, 752; sowie OLG Hamm NZV 2014, 462; OLG Frankfurt a. M. BeckRS 2013, 02533; vgl. auch Burmann/Jahnke NZV 2012, 505.

Fallgruppe 2: Für die zweite Fallgruppe, mit der sich das LG Köln[2937] – mit Verweis auf den BGH,[2938] der damals bereits diese Fallgruppe von der oben benannten ersten Fallgruppe abgegrenzt hatte – zu befassen hatte, kommt es haftungsbegründend stets darauf an, ob die psychische Folgewirkung selbst Krankheitswert besitzt und für den Schädiger vorhersehbar war. Im Falle des LG Köln scheiterte der Anspruch der Klägerin an der fehlenden Vorhersehbarkeit ihrer psychischen Schädigung. Die Frage der Vorhersehbarkeit eines Schadens ist dabei – so das LG Köln – *„nach objektiven Maßstäben zu beurteilen, die sich an der Erfahrung des täglichen Lebens orientieren. Ausreichend ist dabei, dass eine Schädigung überhaupt vorhersehbar ist – auf die Vorhersehbarkeit des konkreten Kausalverlaufs und der konkret eingetretenen Verletzungsfolge kommt es nicht an. Die Möglichkeit einer entsprechenden Schädigung darf nicht ganz fernliegen"*. Beruht jedoch – wie dies im konkreten Falle gegeben war – der Eintritt der Folge auf einer ganz außergewöhnlichen, dem Schädiger unbekannten Disposition der Geschädigten, so fehle es an der Zurechenbarkeit, so das LG Köln.[2939] 293

b) Zur Entschädigung von Unfall- oder Konversionsneurosen. Bei der Frage der Erstattungsfähigkeit von unfallbedingten Neurosen unterscheidet die Rechtsprechung[2940] nach wie vor einerseits zwischen entschädigungspflichtigen **Unfall- bzw. Aktualneurosen**[2941] **oder Konversionsneurosen** und andererseits den entschädigungslosen **Renten-, Begehrens- oder Tendenzneurosen,**[2942] wobei an die entschädigungslosen Grenzen der haftungsrechtlichen Zurechnung psychischer Folgeschäden strenge Anforderungen zu stellen sind.[2943] 294

Differenziert wird danach, ob die **psychische Fehlverarbeitung** des Unfalles noch der Verantwortungssphäre des Schädigers zuzurechnen ist oder nicht.

Unstreitig ist, dass die Tatsache, dass der Geschädigte psychisch labil ist und möglicherweise eine zur Entwicklung neurotischer und psychosomatischer Beschwerden disponierte **Persönlichkeitsstruktur** hat, den Schädiger nicht entlasten kann.[2944] Der BGH[2945] stellt hierzu bereits mehrfach deutlich heraus,

„die Zurechnung von Folgeschäden scheitere nicht daran, dass sie auf einer konstitutiven Schwäche des Verletzten beruht" und somit könne der Schädiger sich nicht darauf berufen, dass der Schaden nur deshalb eingetreten sei oder ein besonderes Ausmaß erlangt habe, weil der Verletzte infolge von körperlichen Anomalien oder Dispositionen zur Krankheit besonders anfällig gewesen sei. Die psychische Fehlverarbeitung, die ihre Grundlage in der seelischen Anomalie oder Disposition hat, ist dem Schaden zuzurechnen, da der Schädiger keinen Anspruch darauf habe, so gestellt zu werden, als habe er einen Gesunden getroffen.[2946] Sind die bei einem Unfall erlittenen Verletzungen als *„Auslöser iSe Mitverursachung zu sehen, muss der Schädiger für die Beschwerden (insgesamt) aufkommen.*[2947]

Ebenso äußerte sich nachfolgend ua auch das OLG Schleswig,[2948] OLG Düsseldorf,[2949] das OLG Zweibrücken[2950] und das OLG Hamm.[2951] Dem ist unbedingt zuzustimmen.

Allerdings können sich *„seelische Fehlreaktionen, die durch eine **psychische Prädisposition** des Verletzten mitbedingt sind"*, bei der Bemessung des Schmerzensgeldes mindernd auswirken.[2952] So hatte das LG Hamburg in einem solchen Falle das Schmerzensgeld wegen psychischer Prädisposition von 30.000 EUR um 2/3 auf lediglich 10.000 EUR gekürzt und dazu ausgeführt:

„Maßgeblich für die Höhe der Kürzung ist einerseits, dass die Manifestation der Schmerzstörung nach dem Gutachten des Sachverständigen Dr. M. ganz wesentlich auf der Grunderkrankung der Kl. beruht, die zum Zeitpunkt des Unfalles bereits anhaltend seelisch erschüttert und besonders vulnerabel war, und dass andererseits ein Unfallereignis vorliegt, dass

---

2937 LG Köln BeckRS 2014, 09470; ebenso OLG Köln NJW 2007, 1757 und BGH NJW 1971, 1883.
2938 BGH VersR 1976, 639; ebenso bereits BGH NJW 1971, 1883.
2939 LG Köln BeckRS 2014, 09470; ebenso OLG Köln NJW 2007, 1757.
2940 BGH NJW 2004, 1945 (1946).
2941 Vgl. zur Aktualneurose in einem Extremfall OLG Nürnberg NZV 1996, 367.
2942 Vgl. BGH NJW 2004, 1945 (1946); OLG Celle BeckRS 2001, 164139; Burmann/Heß ZfS 2004, 348.
2943 BGH BeckRS 2012, 16258; BGH NJW 1998, 810.
2944 OLG Brandenburg BeckRS 2016, 1599; BGH NZV 2005, 461; BGH NJW 2002, 504; VersR 1996, 990 (991); VersR 86, 240 (242); KG NZV 1999, 329 (330).
2945 BGH NZV 2012, 527.
2946 BGH NZV 2005, 461; BGH NJW 2002, 504; BGH NZV 2000, 121; KG NZV 2003, 329.
2947 BGH VRS Bd. 96, 406; BGH NJW 1996, 2425 (2426) sowie BGH r+s 2012, 456 (457 Rn. 3).
2948 OLG Schleswig BeckRS 2019, 20082.
2949 OLG Düsseldorf BeckRS 2018, 38629.
2950 OLG Zweibrücken, BeckRS 2018, 40198 zur Beachtlichkeit von Vorerkrankungen.
2951 OLG Hamm BeckRS 2018, 13382 zur Beachtlichkeit von Vorerkrankungen (bzw. FD-StrVR 2018, 407191 mAnm Kääb FD-StrVR 2018, 407191) und zuvor bereits OLG Hamm NZV 2014, 462.
2952 So zuletzt OLG Celle BeckRS 2007, 335 sowie bereits BGH VersR 1997, 122 (123); VersR 1998, 201 (202).

die Grenze eines bloßen „Bagatellunfalles" im Straßenverkehr durch die konkrete Bedrohungssituation für die Kl. gerade eben übersteigt ...".[2953]

Ebenfalls eine erhebliche Schmerzensgeldkürzung (nur 100.000 EUR Kapital und 125 EUR Schmerzensgeldrente für einen im „fortgeschrittenen Alter" stehenden Mann für eine paraplegieähnliche Lähmung mit Rollstuhlgebundenheit) bestätigte das OLG Frankfurt a. M.; auch das OLG Schleswig[2954] betonte dies und führte hierzu sehr klar aus: *„Bei der Schmerzensgeldbemessung wirkt sich eine spezielle Schadensanfälligkeit oder eine unangemessene Erlebnisverarbeitung des Geschädigten jedoch in der Regel anspruchskürzend (vgl. Halm/Staab DAR 2009, 677, 79) aus. Zur Legitimation einer Kürzung des Schmerzensgeldes für seelische Fehlreaktionen, die durch psychische Prädisposition mit verursacht worden sind, ist auf die „Billigkeit" als Bemessungsfaktor abzustellen (BGH-Urt. v. 30.4.1996 – VI ZR 55/95, BGHZ 132, 341–353 = NJW 1996, 2425ff., 2427)."*[2955]

295 Stellt sich dagegen – wie in seltenen Fällen gegeben – das Schadenereignis als eine, seinem Wesen nach auswechselbare Ursache (Kristallisationspunkt) dergestalt dar, dass auch ein beliebig anderes somatisches oder psychisches Trauma zu dieser **neurotischen Fehlverarbeitung** oder **unangemessenen Erlebnisverarbeitung** geführt hätte, so wird die Neurose allein der Sphäre des Geschädigten als dessen allgemeinem Lebensrisiko zugerechnet.[2956] So soll ein Zurechnungszusammenhang zwischen dem schädigenden Ergebnis und der Neurose dann verneint werden, wenn zwischen dem Unrechtsgehalt der Körperverletzung und der daran anknüpfenden **Begehrensneurose** keine einleuchtende Zweckverbindung besteht.[2957] Dies bedeutet, dass die primären Schädigungen ihrer Art nach geeignet sein müssen, eine Neurose auszulösen.[2958] In seiner Entscheidung aus dem Jahr 2012 betonte der BGH hierzu, dass es für die Verneinung des Zurechnungszusammenhangs zwischen unfallbedingten Verletzungen und Folgeschäden wegen einer Begehrensneurose erforderlich, aber auch ausreichend sei, dass die Beschwerden entscheidend durch eine neurotische Begehrenshaltung geprägt wurden.[2959]

Abschließend sei auf die oben bereits erwähnte Entscheidung des BGH[2960] hingewiesen, der – allerdings im Zusammenhang mit der in diesem Falle vorrangig zu beantwortenden Frage des haftungsrechtlichen Zurechnungszusammenhangs bei einem Zweitunfall – hierzu ausführte, dass in Fällen, bei denen der Erstunfall die Schadenanfälligkeit des Geschädigten nicht geschaffen habe, sondern nur dessen allgemeine Anfälligkeit für neurotische Fehlentwicklungen verstärkt worden sei, der Schädiger grundsätzlich nicht einzustehen hat.

296 **aa) Bagatellverletzung.**[2961] Wenn bei einem Unfall nur ganz geringfügige Verletzungen erlitten wurden (die nicht gerade speziell eine besondere Schadenanlage des Verletzten trafen) und die psychische Reaktion des Verletzten im konkreten Fall schlechterdings nicht mehr verständlich ist, soll zutreffend eine haftungsrechtliche Zurechnung entfallen.[2962]

Insofern wies auch das KG[2963] darauf hin, dass selbst dann, wenn ein psychisch vermittelter Gesundheitsschaden feststehe, ein Schmerzensgeldanspruch ausgeschlossen sei, „wenn die neurotische Fehlhaltung in einem groben Missverhältnis zum schädigenden Ereignis steht, zu dem sie keinen inneren Bezug mehr hat, sondern Ausdruck einer offensichtlich unangemessenen Erlebnisverarbeitung ist".

Die **Beweislast** dafür, dass die Unfallfolgen in keinem inneren Zusammenhang stehen, sondern sich durch den Unfall letztlich nur das allgemeine Lebensrisiko des Geschädigten verwirklicht hat, trägt der Schädiger.

297 Derartige Fälle sind jedoch – zumindest was das Vorliegen einer Bagatellverletzung anbelangt – sehr selten, da für die Geringfügigkeit der Verletzungen die gleichen Grundsätze gelten, die der Senat zur Versagung des Schmerzensgeldes nach § 253 Abs. 2 BGB (bzw. der alten Fassung gem. § 847 BGB) bei „Bagatellverletzungen" entwickelte. Der BGH spricht hier deutlich von *„strengen Anforderungen"* an die Haftungsbegrenzung

---

[2953] LG Hamburg BeckRS 2010, 27848.
[2954] OLG Schleswig BeckRS 2019, 20082, SVR 2020, 24 mAnm Schröder.
[2955] OLG Schleswig BeckRS 2019, 20082.
[2956] Vgl. hierzu BGH NZV 2004, 344 sowie LG Hamburg BeckRS 2010, 27848; LG Bonn BeckRS 2010, 20185; AG Betzdorf SP 2009, 401 mit Verweis auf OLG Nürnberg VersR 1999, 1117; BGH VersR 1979, 718 (718).
[2957] BGH VersR 1979, 718 (719).
[2958] Vgl. hierzu auch OLG Stuttgart BeckRS 2012, 16448.
[2959] BGH NJW 2012, 2964.
[2960] BGH NJW 2004, 1945.
[2961] S. dazu auch oben Kapitel V. 2. unter → Rn. 147.
[2962] Grundlegend BGH VersR 1996, 991; NJW 2004, 1945 (1946); vgl. auch Küppersbusch/Höher Ersatzansprüche Personenschaden Rn. 14. vgl. auch BGH NZV 2012, 527; zuletzt bestätigt durch BGH BeckRS 2015, 05264.
[2963] KG NZV 2003, 328 (329).

des so genannten Bagatellfalles[2964] und betonte – zuletzt in einer Entscheidung vom 16.3.2004[2965] – erneut, dass mit einer

„Bagatelle im Sinne der Rechtsprechung nur solche Beeinträchtigungen gemeint sind, die sowohl von der Intensität als auch der Art der Primärverletzung her nur ganz geringfügig sind und üblicherweise den Verletzten nicht nachhaltig beeindrucken, weil er schon auf Grund des Zusammenlebens mit anderen Menschen daran gewöhnt ist, vergleichbaren Störungen seiner Befindlichkeit ausgesetzt zu sein".[2966]

In den bislang zu entscheidenden Fällen lagen jeweils leichte HWS-Schleudertraumen[2967] bzw. in einem Falle eine kräftige Ohrfeige[2968] vor, – nach Auffassung des BGH allesamt keine „Bagatellverletzungen", die eine Zurechnung ausschließen würden. (Die Vorinstanzen hatten dies zumeist anders bewertet). Mit Urt. v. 16.3.2004 hat der BGH seine Auffassung bekräftigt, wonach im Falle eines HWS-Syndroms mit allerdings dauerhafter Minderung der MdE von 10 % und behaupteter psychischer Fehlverarbeitung das Gericht sich nicht darauf beschränken dürfe, die objektiv messbare Verletzungsfolgen abzuklären und zum Gegenstand seiner Entscheidung zu machen. Stattdessen müsse auch ein **psychiatrisches Sachverständigengutachten** eingeholt werden, um abzuklären, ob eine unfallveranlasste psychische Beeinträchtigung[2969] eingetreten ist.[2970] Knapper fiel der Kommentar des BGH in seiner Entscheidung insofern aus: *„Das vom Kl. erlittene HWS-Schleudertrauma, das … zu einer sechswöchigen Arbeitsunfähigkeit … führte, geht darüber* (ergänze: über eine „Bagatellverletzung") *hinaus".*[2971]

bb) Zielrichtung der Neurose. Entscheidende Bedeutung kommt auch der „Zielrichtung"[2972] der Neurose zu. Erhält die seelische Störung durch eine auch unbewusste Begehrensvorstellung oder die Ausnutzung einer vermeintlichen Rechtsposition ihr Gepräge und wird der Unfall zum Anlass genommen, *„latente innere Konflikte zu kompensieren und flüchtet (der Geschädigte) sich so in eine Neurose, die keinen inneren Bezug zu dem Unfallgeschehen mehr aufweist, sondern bei der sich dieses Geschehen nur als ein durch beliebige andere Ereignisse auswechselbarer Kristallisationspunkt für neurotische Fehlverarbeitung darstellt"*, so sieht man eine nicht erstattungsfähige **Renten-** oder **Begehrensneurose** als gegeben an.[2973] Für diese Fälle „des Strebens nach Versorgung" wird der Zurechnungszusammenhang mit dem Unfallereignis verneint, worauf der BGH[2974] erneut hingewiesen hatte und in der Entscheidung aus 2012 noch ergänzend ausführte, dass dieser Ansicht auch nicht entgegenstehe, dass *„der Begriff der Unfalls- oder Rentenneurose in medizinischen Fachkreisen abgelehnt"* werde. Kurz und prägnant formulierte dies auch 2024 das OLG Schleswig mit dem Amtlichen Leitsatz: ***„Eine Begehrensneurose lässt den Kausalzusammenhang für einen unfallbedingten psychischen Dauerschaden entfallen."***[2975] 298

Ist die Fehlverarbeitung des Unfallereignisses dagegen auf einen Punkt beschränkt (Beispiel: Lkw-Unternehmer fühlt sich außerstande, einen Lkw zu führen, versucht aber im Übrigen sein Gewerbe aufrechtzuerhalten[2976]) oder liegt allgemein eine psychische Störung vor, in der sich die Austragung neurotischer Konflikte auf der somatischen Ebene abspielt, ohne dass dabei der Versorgungscharakter eine Rolle spielt,[2977] so sei noch von einer dem Schädiger zuzurechnenden **„Konversionsneurose"** auszugehen. Dabei dürfen an den Nachweis des Vorliegens einer zurechenbaren Konversionsneurose keine zu hohen Anforderungen gestellt werden. So spricht der BGH[2978] – auf den sich auch das OLG Stuttgart[2979] bezog – im Umkehrschluss auch von „den strengen Anforderungen, die hiernach an die Ausgrenzung psychischer Schadenfolgen aus der Ersatzpflicht des Schädigers zu stellen sind …".

Bereits im Jahr 1998 hatte der BGH[2980] hierzu ausgeführt:

„Insoweit kann sich nach der erforderlichen genauen Erfassung der neurotischen Störung des Kl. die Frage stellen, wie sich angesichts dieser komplizierten psychischen Zusammenhänge, die die Revision für den Streitfall geltend macht und

2964 BGH VersR 1998, 201.
2965 BGH NZV 2004, 344 (345).
2966 Vgl. im Übrigen auch Kapitel V. 2. → Rn. 266 ff.
2967 BGH NJW 2004, 1945; VersR 2000, 372; VersR 1998, 200.
2968 BGH VersR 1997, 752.
2969 Vgl. Stevens NZV 2008, 383.
2970 BGH NZV 2000, 121.
2971 BGH NJW 2004, 1945 (1946).
2972 BGH BeckRS 2015, 05264.
2973 Brandt VersR 2005, 616; BGH NJW 2004, 1945 (1946); ZfS 1993, 190 (191).
2974 BGH NJW 2012, 2964.
2975 OLG Schleswig BeckRS 2024, 14619.
2976 BGH VersR 1963, 261 (262).
2977 OLG Braunschweig VersR 1991, 557.
2978 BGH NJW 1993, 1523.
2979 OLG Stuttgart BeckRS 2012, 16448.
2980 BGH VersR 1998, 201 (203).

die jedenfalls aufgrund der bisherigen Tatsachenfeststellung auch nicht von der Hand zu weisen sind, eine etwa festgestellte Anfälligkeit des Kl. für Begehrensvorstellungen auswirkt. Sollte sich unter Berücksichtigung dieser Überlegungen ergeben, dass die vom Kl. behaupteten Beschwerden ihre Grundlage nicht nur in unbewussten Begehrensvorstellungen, sondern auch in einer konversionsneurotischen Entwicklung haben, so kann die haftungsrechtliche Zurechenbarkeit auch nicht unter dem Gesichtspunkt der Renten- oder Begehrensneurose verneint werden."

In diesem Zusammenhang auch noch erwähnenswert ist ein Urteil des OLG Frankfurt a. M., welches über einen Fall zu entscheiden hatte, bei dem die Klägerin infolge eines Auffahrunfalls nachweislich ua ein HWS-Syndrom sowie darüber hinaus und in dessen Folge massive psychische Beeinträchtigungen erlitten hatte. Die Besonderheit des Falles lag darin, dass die Kl. sich hierauf nicht berief, da sie selbst bezüglich der Folgewirkungen von einer organischen Schädigung ausging. Hierzu führte das OLG aus:

„Das erkennende Gericht sieht sich … nicht dadurch an der Berücksichtigung einer psychischen Erkrankung gehindert, dass die Kl. sich nicht selbst auf eine solche beruft" und begründet dies wie folgt: *„In Anbetracht dessen, dass nach den festgestellten Tatsachen aber eine psychische Erkrankung die einzige verbleibende denkbare Möglichkeit ist, wenn die Beschwerden der Kl. weder eine physische Ursache haben noch simuliert sind, reicht es für einen entsprechenden Schadensersatzanspruch der Kl. aus, dass sie die Symptome ihrer Erkrankung (die geschilderten Beschwerden) und die daraus resultierenden Folgen (teilweise Erwerbsunfähigkeit; Verlust ihres Arbeitsplatzes) nachgewiesen hat."* [2981]

299 **Übergang von zurechenbarer zu nicht mehr zuzurechnender Neurose:** Denkbar ist bei dieser Thematik auch der fließende Übergang von einer zunächst zurechenbaren neurotischen Fehlverarbeitung oder einer psychischen Prädisposition des Geschädigten hin zu einer außerhalb des haftungsrechtlichen Zurechnungszusammenhanges liegenden Begehrensneurose.[2982] Über einen solchen Fall hatte das OLG Brandenburg[2983] zu entscheiden.

300 **Mitverschulden bei Therapieverweigerung oder Therapieabbruch**

Grundsätzlich darf eine verletzte Person nicht anders handeln, als ein verständiger Mensch, der die vermögensnachteiligen Folgen seiner Verletzungen selbst zu tragen hätte. Diese **Obliegenheit** ergibt sich **aus § 254 Abs. 2 Satz 1 BGB** und kann zu einer Herabsetzung seines Schadensersatzanspruch oder Schmerzensgeldanspruch führen, wenn der Geschädigte es **schuldhaft** unterlassen hat, den Schaden abzuwenden oder zu mindern; s. dazu auch oben → **Rn. 147.**

Hierzu hatte sich der **BGH** 2015[2984] (es ging um die **PTBS** mit nachfolgender **Magersucht** einer Mutter als Folge des Verkehrsunfalles ihres 4-jährigen Kindes) klar positioniert: Lasse sich die Geschädigte nach einem Unfall wegen psychischer Beeinträchtigungen trotz günstiger Prognose nicht weiter therapieren, müsse sie sich ein Mitverschulden anrechnen lassen, wenn die weitere Therapie zumutbar wäre. Wörtlich führte der BGH dazu aus: *„Von dem Verletzten muss nämlich verlangt werden, dass er, soweit er dazu imstande ist, zur Heilung oder Besserung seiner Krankheit oder Schädigung die nach dem Stande der ärztlichen Wissenschaft sich darbietenden Mittel anwendet; er darf in der Regel nicht anders handeln, als ein verständiger Mensch, der die Vermögensnachteile selbst zu tragen hat, es bei gleicher Gesundheitsstörung tun würde."*

2023 führte das OLG Schleswig[2985] dazu in einem Fall, bei dem der durch einen Motorradunfall schwer verletzte Kläger an **Depressionen** litt, aus: *„Allerdings muss sich der Kläger … eine Anspruchskürzung wegen fehlender ärztlicher Behandlung seiner depressiven Störungen gefallen lassen, denn insoweit liegt ein Mitverschulden des Klägers vor, nämlich ein Verstoß gegen die Schadensminderungspflicht (§ 254 Abs. 2 Satz 1 BGB)."*

Ebenso betonte das OLG Celle:[2986] *„Die Nichtdurchführung einer erforderlichen Psychotherapie kann ein Mitverschulden nach § 254 BGB begründen"*. Auch das OLG Düsseldorf wertete das Unterlassen von Therapieversuchen im Falle einer schweren Anpassungsstörung, die sich mit zumutbaren und ernsthaften Therapieversuchen hätte verringern lassen können,[2987] schmerzensgeldmindernd und das OLG Frankfurt a. M.[2988] sah in der nicht durchgeführten Psychotherapie einer PTBS ein hälftiges Mitverschulden, da die Geschädigte eine begonnene und auch für sie erkennbar erfolgversprechende Psychotherapie entgegen dem ärztlichen Rat

[2981] OLG Frankfurt a. M. BeckRS 2005, 05641; aA KG NZV 2003, 328.
[2982] BGH BeckRS 2022, 38714; BGH BeckRS 2018, 18775; BGH BeckRS 2015, 05264; BGH BeckRS 1997, 9122.
[2983] OLG Brandenburg BeckRS 2016, 1599.
[2984] BGH BeckRS 2015, 05264; vgl auch OLG Celle BeckRS 2022, 23481 sowie BGH BeckRS 2021, 31788 mAnm Kääb FD-StrVR 2021, 443418.
[2985] OLG Schleswig BeckRS 2023, 1199 mit Verweis auf BGH BeckRS 2015, 5264.
[2986] OLG Celle BeckRS 2022, 23481.
[2987] OLG Düsseldorf BeckRS 2018, 38629.
[2988] OLG Frankfurt a. M. BeckRS 2016, 9116.

nicht fortsetzt habe, obwohl mit hinreichender Sicherheit davon ausgegangen werden konnte, dass bei Fortsetzung der Therapie die volle Arbeitsfähigkeit wieder erreicht worden wäre.

Mit der Begründung, dass der Kläger von der ihm von der Beklagten angebotenen Traumatherapie keinen Gebrauch gemacht hatte, wies auch das VG Schleswig[2989] die Klage eines 49-jährigen Postzustellers ab, der sich im Dienst ein HWS-Syndrom und Prellungen zugezogen hatte und in der Folge die Anerkennung psychischer Beeinträchtigungen als Dienstunfallfolgen begehrte. Ebenso wertete das OLG Düsseldorf[2990] die Tatsache, dass die Klägerin im Falle schwerwiegender Anpassungsstörungen nach einem Verkehrsunfall „keine ernsthaften Therapieversuche unternommen" hatte als „deutlich anspruchsmindernd".

Zu den **Voraussetzungen der Obliegenheitsverletzung nach § 254 Abs. 2 S. 1 BGB** äußerte sich der BGH und die Instanzgerichte mehrfach:[2991]

Der Vorwurf der oben benannten Obliegenheitsverletzung nach § 254 Abs. 2 S. 1 BGB setze voraus, dass der Geschädigte ordnungsgemäß über die Risiken und den Verlauf der Therapie aufgeklärt wurde,[2992] und dem Geschädigten die Therapie oder sonstige ärztliche Behandlung zumutbar war.[2993] Zu den für die Frage der Zumutbarkeit wesentlichen Gesichtspunkten gehört dabei auch die Ermittlung der konkreten therapeutischen Maßnahmen. Denn neben deren Erfolgsaussichten im Sinne einer sicheren Aussicht auf wesentliche Besserung muss auch beurteilt werden können, welche Eingriffe in die körperliche Unversehrtheit und das Selbstbestimmungsrecht hinsichtlich der psychischen Verfasstheit hingenommen werden sollen und ob sie gemessen an den Erfolgsaussichten auch verhältnismäßig sind.[2994]

Um die medizinische Behandlung einer unfallbedingten psychischen Erkrankung durch eine stationäre oder medikamentöse Therapie als zumutbar erachten zu können, wird regelmäßig die sichere Aussicht einer wesentlichen Besserung zu fordern sein.[2995]

Für die Frage, ob und inwieweit sich das Mitverschulden bei der Ermittlung des Schadensumfangs ausgewirkt hat (Haftungsausfüllung), gilt generell das reduzierte Beweismaß des § 287 ZPO.[2996]

Zur Schadenminderungspflicht s. auch oben → **Rn. 147** und unter → Rn. 102.

7. Schock und Fernwirkungsschaden

Ungeachtet des Hinterbliebenengeldes (vgl. hierzu nachfolgend → **Rn. 340**) bestehen weiterhin – unter gewissen, nachfolgend näher dargelegten Voraussetzungen – Schmerzensgeldansprüche für Schockschäden und sogenannten Fernwirkungsschäden. Sowohl bei Schockschäden als auch bei sog. Fernwirkungsschäden macht der Geschädigte dabei grundsätzlich einen eigenen Gesundheitsschaden geltend, der sich in unterschiedlichen Beschwerdebildern (Posttraumatische Belastungsstörung, Angststörung, Depression oder somatoforme Störung) darstellen kann.[2997] **301**

Der Geschädigte muss jedoch in einem solchen Fall den von ihm erlittenen Schockschaden und dessen „pathologische Fassbarkeit" im Einzelnen darlegen und kann sich nicht darauf zurückziehen, dass ohne weiteres davon auszugehen sei, dass er, der Kläger, durch die Todesnachricht gesundheitlichen Schaden erlitten hätte.[2998]

Mit dem Verhältnis des sog. Schockschadens zum Hinterbliebenengeld, hatte sich 2025 der **63. Deutsche Verkehrsgerichtstag** (AK III) befasst; s. dazu nachfolgend → **Rn. 341.**

Schockschaden: Der **BGH** hat mit seinem **Urt. v. 6.12.2022 (VI ZR 168/21)**[2999] gewissermaßen den **301a**
Begriff des „Schockschadens" – zumindest hinsichtlich der Intensität – neu definiert und seine bisherige

[2989] VG Schleswig BeckRS 2017, 123100.
[2990] OLG Düsseldorf BeckRS 2018, 38629.
[2991] BGH BeckRS 2021, 31788; BGH BeckRS 2015, 05264; vgl ua OLG Celle BeckRS 2022, 23481; OLG Düsseldorf BeckRS 2018, 38629; OLG Frankfurt a. M. BeckRS 2016, 9116 und OLG Naumburg BeckRS 2015, 10369.
[2992] OLG Naumburg BeckRS 2015, 10369.
[2993] BGH BeckRS 2015, 05264.
[2994] BGH BeckRS 2021, 31788 mAnm Kääb FD-StrVR 2021, 443418.
[2995] BGH BeckRS 2021, 31788; vgl. dazu auch Figgener/Quaisser NJW-Spezial 2021, 681.
[2996] OLG Schleswig BeckRS 2023, 1199 mit Verweis auf BGH BeckRS 2008, 4820.
[2997] CBN Personenschäden/Huber/Verlinden Kap. C. Rn. 490 ff.; Huber SVR 2008, 1; Burmann/Jahnke NZV 2012, 5050.
[2998] OLG Hamm BeckRS 2021, 26185 mwN.
[2999] BeckRS 2022, 38714, NJW 2023, 983 mAnm Thora, R+S 2023, 130 mAnm Slizyk.

Rechtsansicht ausdrücklich aufgegeben. *„Bei sogenannten „Schockschäden" stellt – wie im Falle einer unmittelbaren Beeinträchtigung – eine psychische Störung von Krankheitswert eine Gesundheitsverletzung im Sinne des § 823 Abs. 1 BGB dar, auch wenn sie beim Geschädigten mittelbar durch die Verletzung eines Rechtsgutes bei einem Dritten verursacht wurde. Ist die psychische Beeinträchtigung pathologisch fassbar, hat sie also Krankheitswert, ist für die Bejahung einer Gesundheitsverletzung nicht erforderlich, dass die Störung über die gesundheitlichen Beeinträchtigungen hinausgeht, denen Betroffene bei der Verletzung eines Rechtsgutes eines nahen Angehörigen in der Regel ausgesetzt sind"* (amtlicher Leitsatz).[3000]

Nahezu zeitgleich entschied der EuGH,[3001] dass immaterieller Schadensersatz für Angehörige von Unfallopfern weiter davon abhängig gemacht werden dürfe, dass ihre psychischen Beeinträchtigungen zu einer pathologischen Schädigung geführt haben und somit die deutsche Praxis europarechtskonform sei.

Eine psychische Gesundheitsverletzung, die jemand durch direkte Beteiligung an einem Unfall oder das direkte Miterleben[3002] eines **Unfalls** oder auch durch einen **ärztlichen Behandlungsfehler**[3003] gegenüber einem nahen Angehörigen erleidet, wird in diesem Zusammenhang üblicher Weise als „Schockschaden" bezeichnet.

Definition: Als sog. **Schockschaden** wird ein Gesundheitsschaden bezeichnet, der beim Schock-Geschädigten dadurch verursacht wurde, dass dieser unmittelbar an einem Unfall beteiligt war, diesen unmittelbar miterlebt oder zeitlich unmittelbar nach dem Unfall das Geschehene vor Ort selbst wahrgenommen hatte und dabei sozusagen hautnah miterlebt, wie eine Person getötet oder schwer verletzt wurde und in der Folge des so Erlebten eine psychische Erkrankung erleidet.[3004] Als Schockschaden wird somit – um es akademisch zu formulieren – eine psychisch vermittelte Beeinträchtigung bezeichnet, bei welcher es sich nicht um die schadensausfüllenden Folgewirkungen einer Verletzung handelt, sondern um eine solche, die haftungsbegründend durch die psychische Reaktion auf ein (Unfall)Geschehen eintritt und bei welcher die Beeinträchtigungen selbst Krankheitswert besitzen, also eine **Gesundheitsbeschädigung** iSd § 823 Abs. 1 BGB darstellen.[3005] Nachdem der Gesetzgeber in § 253 Abs. 2 BGB ausdrücklich die „Verletzung des Körpers, der Gesundheit…" als eine Voraussetzung für das Erlangen „einer billigen Entschädigung in Geld", sprich eines Schmerzensgeldes, normiert hat, war die verschärfende und anspruchserschwerende Hürde, wonach diese Gesundheitsverletzung über den „normalen" Rahmen von Trauer oder eigenem Leid hinaus zu gehen habe,[3006] nie ganz verständlich, hob sie doch auf den rechtlich sehr diffusen Bereich der allgemeinen Verkehrsanschauung dessen ab, was als noch „normaler Trauerschmerz" und was als darüber hinausgehend anzusehen ist.

Die oben benannte Entscheidung des BGH vom 6.12.2022[3007] ist daher sehr zu begrüßen.[3008] Nicht nur aus den soeben benannten Gründen, sondern insbesondere auch deshalb, weil der BGH damit psychischen Schäden und deren oftmals ebenso erheblichen oder noch gravierenderen (in Bezug auf physische Verletzungen) Folgewirkungen nun einen höheren Stellenwert und damit eine stärkere Berücksichtigung bei der Schmerzensgeldbemessung einräumt. Letzteres ist nicht nur beim Miterleben von schweren oder gar tödlichen Unfällen, sondern auch beim geteilten Leid in Bezug auf kunstfehlerhaft behandelte nahe Angehörige[3009] sowie darüber hinaus auch für Opfer von Gewalttaten und insbesondere für Missbrauchs- oder Vergewaltigungsopfer relevant. Denn die Schmerzensgeldbeträge für letztgenannte Fälle sind bis heute für die oftmals lebenslänglich traumatisierten, meist jungen, Opfer unerträglich gering. Es kann und darf aber keinen Unterschied bei der Schmerzensgeldbemessung machen, ob dem Opfer eines Unfalles (z. B. eines Motorradunfalles) die Wirbelsäule gebrochen und es somit gezwungen ist, sich fortan im Rollstuhl zu bewegen oder ob einem Missbrauchsopfer mit der Folge lebenslang schwerer psychischer Dauerschäden quasi im übertragenen Sinne „das Rückgrat gebrochen" wird (vgl. dazu nachfolgend → Rn. 307).[3010]

Die Gefahr, dass durch das aktuelle Urteil des **BGH**[3011] nun in Bezug auf Schockschäden eine Lawine losgetreten wird, besteht nicht, wie auch die beiden unten erwähnten Urteile des LG Potsdam sowie des

3000 BeckRS 2022, 38714.
3001 EuGH 15.12.2022 – C-577/21.
3002 OLG Schleswig BeckRS 2019, 18671.
3003 BGH BeckRS 2019, 12512.
3004 Vgl. beispielsweise LG Osnabrück BeckRS 2023, 10077 → Nr. 7198; OLG Frankfurt a. M. BeckRS 2020, 19453 → Nr. 6530, BeckRS 2017, 135880 → Nr. 5409; LG Bochum BeckRS 2015, 18726 → Nr. 7342; s. zur Thematik auch Huber SVR 2025, 4; Küppersbusch/Höher Ersatzansprüche bei Personenschaden Rn. 304.
3005 BeckRS 2020, 38702.
3006 Anm.: So die bisherige Rechtsprechung des BGH bis zum Urt. v. 6.12.2022.
3007 BGH BeckRS 2022, 38714 mAnm Thora NJW 2023, 983 und Anm. Vogeler MedR 2023, 554.
3008 Vgl. Slizyk R+S 2023, 130.
3009 BeckRS 2019, 12512.
3010 Slizyk NJW 2021, 3757 (3760).
3011 BGH BeckRS 2022, 38714.

OLG Dresden aufzeigen. Denn – selbst wenn psychische Befunde, auf die eine Diagnose gestützt werden soll, oft nicht oder nur schwer objektivierbar sind –[3012] gilt auch weiterhin, dass psychische Beeinträchtigungen nur dann geltend gemacht werden können, wenn die Beeinträchtigung einen Krankheitswert aufweist bzw. bewiesenermaßen „pathologisch fassbar" und dem strengen Beweismaß der freien Beweiswürdigung (§ 286 ZPO) genügt, so der BGH.[3013] Zudem hat der VI. Zivilsenat erwogen, den Anspruch zumindest in solchen Fällen zu versagen, in denen der Geschädigte auf Ereignisse, die das objektiv jedoch nicht rechtfertigen und die im Allgemeinen ohne nachhaltige und tiefe seelische Erschütterungen toleriert zu werden pflegen, besonders empfindlich und „schockartig" reagiert.

Auf diese Entscheidung des BGH[3014] verweisend und nach sorgfältiger Auseinandersetzung mit deren Inhalten hat das **LG Potsdam**[3015] 2023 die Klage der Eltern eines Schülers, der als Motorradsozius schwer verunglückt war, abgewiesen und betont, dass seelische Erschütterungen und depressive Verstimmungen nach der Übermittlung schwerwiegender Nachrichten nicht ausreichen, um eine Gesundheitsschädigung anzunehmen.

Ebenfalls auf diese BGH-Entscheidung unmittelbar bezugnehmend betonte das **OLG Dresden**[3016] 2023, dass jedoch – „um einer uferlosen Haftung des Schädigers zu begegnen" – „*die Kausalität einer kritischen Überprüfung zu unterziehen [sei].*" Danach, so das OLG, müsse „*mit dem strengen Beweismaßstab des § 286 ZPO feststehen, dass eine als pathologisch einzustufende, psychische Gesundheitsbeeinträchtigung gerade aufgrund des haftungsbegründenden Ereignisses eingetreten ist. Denkbare und mögliche Alternativursachen stehen der Feststellung des notwendigen mittelbaren Kausalzusammenhangs damit regelmäßig entgegen (vgl. BGH NJW 2023, 983 mit Anm. Hans-Joseph Scholten, ZfSch 2023, 136 – 142). Beweiserleichterungen, die bei schweren Behandlungsfehlern eingreifen können, sind zu Gunsten des nur mittelbar Geschädigten nicht anwendbar.*"

Mit der Frage, ob bei Bestehen einer außergewöhnlich engen Nähebeziehung – wie sie üblicherweise zwischen engen Familienmitgliedern besteht – auch bei **formal fehlender Angehörigeneigenschaft** ein Ersatz von Schockschäden gegeben sein könne, hatte sich 2023 der **OGH**[3017] befasst und sie bejaht:

Im konkreten Fall ging es um den Schockschaden durch das unmittelbare Miterleben des Todes eines engen Freundes. Der Kläger hatte den besonders schrecklichen Unfall mit mehreren Opfern und dem „Herumfliegen" der Körper durch die Luft aus räumlicher Nähe (45 bis 50 Meter von der Unfallstelle entfernt) zur Gänze mitangesehen und war „in Sekunden" am Unfallort, um seinen besten Freund zu retten, musste aber dessen Versterben hautnah miterleben.

Der **OGH** führte dazu aus: „*Nach Ansicht des Senats bedarf die Zuerkennung eines Schockschadenersatzes an Dritte, die nicht als nahe Angehörige anzusehen sind, eines der rechtlichen Sonderbeziehung gleichwertigen Zurechnungsgrundes. Dies setzt nach den überzeugenden Ausführungen Karners (Karner, Zur Ersatzfähigkeit von Schock- und Trauerschäden – eine Bilanz, in: FS Danzl [2017] 87 [94 ff]) voraus, dass der Dritte der Erstschädigung „objektiv in gravierender Weise direkt ausgesetzt" war. Eine derart qualifizierte Unfallbeteiligung kann nicht nur bei ganz unmittelbarer Involviertheit etwa als Unfallgegner oder bei Gefährdung der eigenen körperlichen Sicherheit durch den Schädiger, sondern nach Ansicht des Senats auch in anderen, wertungsmäßig vergleichbaren Sachverhaltskonstellationen anzunehmen sein. … Umgelegt auf den vorliegenden Fall führt dies zur Bejahung der Haftung der Beklagten*".[3018]

Fernwirkungsschaden: Eine Variante der „Schockschäden" ist – nach der Rechtsprechung des BGH[3019] – der sog. Fernwirkungsschaden, bei dem der Geschädigte nicht am Unfall beteiligt war und diesen auch nicht hautnah miterlebt hat, aber dennoch eine eigene psychische Gesundheitsschädigungen infolge des **Erhalts einer Horrornachricht** erlitten hat, wie beispielsweise der **Nachricht vom Tod,**[3020] von einem **schweren Behandlungsfehler** oder einer **schweren Verletzung** eines Angehörigen **infolge eines Unfalles oder einer Straftat** – wie im Fall, des aktuellen BGH Urteils vom 6.12.2022,[3021] bei dem der Vater erfuhr, dass seine Tochter im Kindergartenalter über einen längeren Zeitraum hinweg vom Beklagten mehrfach sexuell missbraucht worden war. Wird hierdurch eine traumatisch bedingte psychische Störung von Krankheitswert ausgelöst, so muss diese nun – nachdem der BGH an seiner bisherigen Rechtsprechung ausdrücklich „nicht **301b**

3012 Thora NJW 2023, 986.
3013 BGH BeckRS 2022, 38714.
3014 BGH BeckRS 2022, 38714.
3015 LG Potsdam SVR 2023, 461 mAnm Balke.
3016 OLG Dresden BeckRS 2023, 33290.
3017 OGH Österreich 14.12.2023 – 2 Ob 208/23, BeckRS 2023, 38790 → Nr. 7376; vgl. auch BGH BeckRS 2018.
3018 OGH Österreich 14.12.2023 – 2 Ob 208/23, BeckRS 2023, 38790.
3019 BGH BeckRS 2022, 38714 (Rn. 29); vgl. auch Hager JA 2023, 424.
3020 Aktuelles Beispiel: LG Hamburg BeckRS 2024, 38998 → Nr. 7560.
3021 BGH BeckRS 2022, 38714.

länger fest"[3022] hält – nicht mehr über das normale Maß an Trauer oder Betroffenheit hinausgehen; vielmehr genügt auch hier künftig, im Sinne einer konsequenten Gleichstellung von physischen und psychischen Beeinträchtigungen, jede psychische **Störung von Krankheitswert** und somit eine Gesundheitsverletzung im Sinne des § 823 Abs. 1 BGB.

Dennoch abgelehnt wurde die Klage der Eltern eines bei einem Motorradunfall schwer verletzten Kindes. Das LG Potsdam[3023] begründete dies so: „*Die Nachricht über den schweren Unfall ihres Sohnes hat die Kläger erschüttert und bei der Klägerin zu 1 möglicherweise zu einer auf die unmittelbare Zeit nach dem Unfall begrenzte* ***Anpassungsstörung*** *geführt. Diese habe aber nicht den Rahmen dessen überschritten, was an Beschwerden bei einem solchen Erlebnis normalerweise auftritt*"; zudem betonte das LG, dass seelische Erschütterungen und depressive Verstimmungen nach der Übermittlung schwerwiegender Nachrichten nicht ausreichten, um eine schmerzensgeldbegründende Gesundheitsschädigung anzunehmen.

Schmerzensgeld für eine psychische Beeinträchtigung (Schock/PTBS) kann in Ausnahmefällen auch ein **Unfallhelfer** (vgl. dazu → **Rn. 151**) erhalten. Einen solchen Fall hatte das AG Berlin-Mitte[3024] zu entscheiden und einem Lkw-Fahrer 2.900 EUR Schmerzensgeld zuerkannt. Der Lkw-Fahrer, der zunächst unbeteiligt in einem Stau stand, musste im Rahmen des sich hinter seinem Fahrzeug ereigneten massiven Auffahrunfalles mehrerer Lkws (bei dem er selbst nur ein leichtes HWS-Syndrom erlitt) unmittelbar miterleben, wie ein anderer Fernfahrer – in seinem Führerhaus eingeklemmt – verstarb, während er (der Kläger als Unfallhelfer) dessen Hand hielt.

Die bis dahin in Rechtsprechung[3025] und Literatur[3026] umstrittene Frage, wie das Berufsrisiko von **Polizeibeamten und professionellen Rettungskräften,** psychische Gesundheitsverletzungen zu erleiden, haftungsrechtlich zu werten ist, hat der BGH[3027] zugunsten der Einsatzkräfte entschieden.

Kläger war ein **Polizeibeamter,** der **bei einem Einsatz** vom Beklagten, der dem zuvor ausgesprochenen Platzverweis nicht nachgekommen war, verletzt wurde. Das Berufungsgericht verneinte den Schmerzensgeldanspruch des Beamten, „weil es an dem für eine Haftung erforderlichen Zurechnungszusammenhang zwischen den Handlungen des Bekl. und der geltend gemachten Gesundheitsverletzung fehle, da sich in der Erkrankung des Polizeibeamten lediglich ein spezifisches Berufsrisiko verwirklicht habe". Das sah der **BGH**[3028] 2021anders und führte dazu aus: „*Das Risiko einer psychischen Gesundheitsverletzung eines Polizeibeamten oder einer professionellen Rettungskraft ist bei der gebotenen wertenden Betrachtung jedenfalls bei unmittelbarer aufgezwungener Beteiligung an einem traumatisierenden Geschehen grundsätzlich auch bei Verwirklichung eines berufsspezifischen Risikos dem Schädiger zuzuordnen. Auch wenn es zur Ausbildung und zum Beruf von Polizeibeamten gehört, sich auf derartige Belastungssituationen vorzubereiten, mit ihnen umzugehen, sie zu bewältigen und zu verarbeiten, gebietet eine solche Vorbereitung und etwaige Stärkung ihrer Psyche regelmäßig nicht, ihnen beim dennoch erfolgenden Eintritt einer psychischen Erkrankung den Schutz des Deliktsrechts zu versagen*".

2007 noch hatte der BGH allerdings die Klage des Saarlandes abgelehnt, das von der beklagten Versicherung, aus übergegangenem Recht, Ersatz von Leistungen für zwei in seinem Dienst stehende Polizeibeamte, die nach einem Verkehrsunfall, zu dem sie gerufen worden waren, posttraumatische Belastungssyndrome erlitten hatten, nachdem sie aus nächster Nähe miterleben mussten, wie eine vierköpfige Familie in einem Unfallauto verbrannte. „*Wegen der behaupteten posttraumatischen Belastungssyndrome bestehe kein Schadensersatzanspruch. Auch wenn man durch den Unfall psychisch vermittelte Gesundheitsschädigungen mit Krankheitswert unterstelle, fielen diese nicht in den Schutzbereich der § 823 I BGB, § 7 I StVG; sie seien vielmehr Teil des allgemeinen Lebensrisikos, das jeder grundsätzlich selbst zu tragen habe*", so der BGH damals.[3029]

Ebenfalls **zu Gunsten der Rettungskräfte,** diesmal der freiwilligen Feuerwehr entschied[3030] im Jahr 2019 das LG Darmstadt[3031] und sprach dem **Mitglied einer freiwilligen Feuerwehr** Schmerzensgeld zu und führte zur Differenzierung zwischen der Berufsfeuerwehr und der freiwilligen Feuerwehr aus: „*Bei allem Respekt für die Ausbildung und die Einsatzbereitschaft freiwilliger Feuerwehrleute kann von diesen nicht erwartet werden,*

3022 BGH BeckRS 2022, 38714 (Rn. 14).
3023 LG Potsdam BeckRS 2023, 34890, → Nr. 7416.
3024 AG Berlin-Mitte BeckRS 2012, 21740.
3025 Pro Zuerkennung eines Schmerzensgeldes: LG Darmstadt BeckRS 2019, 5918; OLG Koblenz BeckRS 2010, 12923; Kontra: OLG Celle BeckRS 2019, 43669; OLG Schleswig BeckRS 2019, 1867; LG Duisburg BeckRS 2016, 03526; sowie auch noch BGH NJW 2007, 2764.
3026 Wagner NJW 2021, 897; Jahnke r+s 2021, 170 (174); Luckey JR 2019, 400; Hager Ja 2018, 706.
3027 BGH NJW 2021, 925; vgl. auch BGH 2018, 3250.
3028 BGH NJW 2021, 925.
3029 BeckRS 2007, 10890.
3030 BGH NJW 2021, 925; vgl. auch BGH 2018, 3250.
3031 LG Darmstadt BeckRS 2019, 5918.

sich auf mögliche Gefahren und Belastungen im Zusammenhang mit ihren Einsätzen ähnlich intensiv vorzubereiten bzw. ggf. im Nachgang auseinanderzusetzen, wie dies hauptberuflichen Feuerwehrleuten möglich und zumutbar sein mag".

In seinem aktuellen Urteil betont der BGH[3032] sowohl für Schock als auch Fernwirkungsschäden, dass der **haftungsrechtliche Zurechnungszusammenhang** zwischen der dem Unfallereignis, dem Behandlungsfehler oder der Straftat gerade in Fällen psychischer Gesundheitsbeeinträchtigungen einer gesonderten Prüfung bedarf. Dazu führt der BGH aus: *„Dabei ist zu berücksichtigen, dass die Schadensersatzpflicht durch den Schutzzweck der verletzten Norm begrenzt wird. Eine Schadensersatzpflicht besteht nur, wenn die Tatfolgen, für die Ersatz begehrt wird, aus dem Bereich der Gefahren stammen, zu deren Abwendung die verletzte Norm erlassen worden ist. Hierfür muss die Norm den Schutz des Rechtsguts gerade gegen die vorliegende Schädigungsart bezwecken; die geltend gemachte Rechtsgutsverletzung bzw. der geltend gemachte Schaden müssen also auch nach Art und Entstehungsweise unter den Schutzzweck der verletzten Norm fallen. Daran fehlt es in der Regel, wenn sich eine Gefahr realisiert hat, die dem allgemeinen Lebensrisiko und damit dem Risikobereich des Geschädigten zuzurechnen ist. Der Schädiger kann nicht für solche Verletzungen oder Schäden haftbar gemacht werden, die der Betroffene in seinem Leben auch sonst üblicherweise zu gewärtigen hat."*[3033] **301c**

Der **Zurechnungszusammenhang wird zudem verneint,** im Falle einer Begehrensneurose oder auch, wenn „das schädigende Ereignis ganz geringfügig ist (Bagatelle), nicht gerade speziell eine Schadensanlage des Verletzten trifft und die psychische Reaktion deshalb im konkreten Fall schlechterdings nicht mehr verständlich ist, weil sie in grobem Missverhältnis zum Anlass steht", so der BGH.[3034]

Grundsätzlich scheitert die Zurechnung psychischer Schäden aber nicht daran, dass der Verletzte infolge körperlicher oder seelischer Dispositionen besonders schadensanfällig ist, weil der Schädiger keinen Anspruch darauf hat, so gestellt zu werden, als habe er einen bis dahin Gesunden verletzt.[3035]

Pathologische Gesundheitsbeeinträchtigung von gewisser Dauer/Intensität: Immer wieder wird auch die zeitliche Komponente hervorgehoben und insofern eine gewichtige psycho-pathologischen Beeinträchtigung – mit Rücksicht auf die BGH-Urteile[3036] unter Anwendung der ICD-10 diagnostiziert[3037] – von einiger **Dauer** gefordert. So hat das AG Hagen[3038] dem Kläger trotz messbarer körperlicher Beeinträchtigungen (Kreislaufschwäche) kein Schmerzensgeld zugesprochen, da die gesundheitliche Störung lediglich vorübergehend und nicht sonderlich schwerwiegend gewesen sei. Ebenso entschied das OLG Köln.[3039] Die Ausführungen des BGH schufen somit keine völlig neue Erkenntnisse, denn zahlreiche Instanzgerichte – wie beispielsweise das KG Urteil,[3040] das OLG Karlsruhe[3041] oder das LG Essen[3042] – sowie die überwiegende Literaturmeinung waren zuvor bereits dieser Ansicht[3043] und lehnten einen eigenen Schmerzensgeldanspruch der Angehörigen ab, sofern es nicht zu „gewichtigen psychopathologischen Ausfällen von einiger Dauer"[3044] gekommen ist. **301d**

Zum **Nachweis einer posttraumatischen Belastungsstörung (PTBS)** s. auch → Rn. 147 sowie → **Rn. 290.**

Personale Sonderbeziehung/Angehörige: Weiterhin wird regelmäßig ein Schmerzensgeld nur dann zugesprochen, wenn zwischen dem Kläger und dem Getöteten eine „personale Sonderbeziehung" bestand, dh wenn das Opfer ein naher Angehöriger war.[3045] In Ausnahmefällen[3046] wird auf die **Voraussetzung der Angehörigeneigenschaft** verzichtet, sofern der Geschädigte am Unfall beteiligt war. Auf die insofern relevante Entscheidung des **OGH Österreich** vom 14.12.2023 – 2 OB 208/23m, die oben unter → **Rn. 301a** vorgestellt wurde, sei hier verwiesen. **301e**

3032 BGH BeckRS 2022, 38714 (Rn. 24).
3033 BGH BeckRS 2022, 38714 (Rn. 24).
3034 BGH BeckRS 2022, 38714 (Rn. 25).
3035 Ständige Rspr. des BGH: BGH BeckRS 2022, 38714; BGH BeckRS 2018, 18775; BGH BeckRS 1997, 9122.
3036 BGH NZV 2015, 214 und BGH BeckRS 2015, 05264.
3037 Vgl. hierzu sehr ausführlich und anschaulich: Schneider NJW 2014, 2977.
3038 AG Hagen ZfS 1990, 223; vgl. dazu auch OLG Celle BeckRS 2022, 21824.
3039 OLG Köln VersR 1989, 519.
3040 KG BeckRS 2014, 05272.
3041 OLG Karlsruhe NJW-Spezial 2012, 41.
3042 OLG Karlsruhe NJW-Spezial 2012, 41; LG Essen SP 2009, 249; OLG Naumburg NZV 2005, 530.
3043 Vgl. OLG Naumburg NZV 2005, 530; KG NZV 2002, 38; OLG Hamm VersR 1998, 730; Schneider NJW 2014, 2977; Diederichsen VersR 2005, 433 (438); Bamberger/Roth BGB § 253 Rn. 12, Küppersbusch/Höher Ersatzansprüche Personenschaden Rn. 304; Heß ZfS 2001, 532.
3044 Vgl. Stevens NZV 2008, 383.
3045 BGH BeckRS 2022, 38714. OLG Köln 9.6.1993 – 2 U 204/92 mit Verweis auf BGH NJW 1986, 777 (778); vgl. auch BGH NJW 2007, 2764; aA LG Frankfurt a. M. NJW 1969, 2286.
3046 OLG Oldenburg BeckRS 2014, 18160; AG Berlin BeckRS 2012, 21740 → Nr. 4578. Vgl. Hager JA 2023, 424.

Fraglich ist jedoch, – vor dem Hintergrund der oben mehrfach zitierten aktuellen Entscheidung des BGH (vom 6.12.2022) – ob diese Einschränkung wonach der Betroffene am Ort der Verletzung des Opfers gewesen sein muss, noch Bestand hat.[3047]

301f **Schockschaden für Tod eines Haustieres, Sachschäden oder gescheiterte Verhandlungen:**

Stets muss es sich jedoch bei der Verletzung oder Tötung um eine Person gehandelt haben. **Die Tötung des geliebten Haustiers genügt nicht,** denn die oben dargestellte Rechtsprechung zu Schmerzensgeldansprüchen in Fällen psychisch vermittelter Gesundheitsbeeinträchtigungen mit Krankheitswert bei der Verletzung oder Tötung von Angehörigen oder sonst nahestehenden Personen ist nicht auf Fälle psychischer Gesundheitsbeeinträchtigungen im Zusammenhang mit der Verletzung oder Tötung von Tieren zu erstrecken, worauf sowohl der BGH als auch der OGH Gelegenheit hatten, hinzuweisen.[3048]

Für einen **Schockschaden im Zusammenhang mit einer Sachbeschädigung** gibt es kein Schmerzensgeld. Ganz aktuell hatte sich damit der **OGH (Urt. v. 25.3.2025)**[3049] zu befassen, nachdem ihm die Frage vorgelegt worden war, *„ob der Ersatz von Schockschäden infolge der (massiven) Beschädigung eines Wohnhauses zustehe"*. Hintergrund war der Absturz eines Kleinflugzeuges auf das Haus der beiden Kläger (Ehepaar), die zwar zum Unfallzeitpunkt nicht zu Hause waren, jedoch durch den Vorfall geschockt, da sie sich vorgestellt hatten, was passiert wäre, wenn sie zu Hause gewesen wären. Zudem hatten sie existenzielle Ängste wegen der Schäden an ihrem Haus. Diese Umstände führten bei beiden Klägern zu einer psychischen Beeinträchtigung von Krankheitswert. Das Erstgericht gab dem Zahlungsbegehren der beiden Kläger mit 13.550 EUR bzw.16.050 EUR statt. Das Berufungsgericht gab der Berufung der Beklagten Großteils Folge und sprach den Klägern lediglich jeweils 50 EUR an Generalunkosten zu. Der OGH musste nun zur Frage eines zu ersetzenden Schockschadens im Zusammenhang mit einer Sachbeschädigung Stellung nehmen und führte dazu aus: *„Eine von der Rechtsordnung zu schützende Sonderbeziehung zwischen Mensch und Sache, die der Beziehung zu einem nahen Angehörigen wertungsmäßig auch nur annähernd gleichzuhalten wäre, ist aber auch im Fall der Beschädigung eines Wohnhauses nicht anzunehmen. Wenngleich die hier vorliegende Sachbeschädigung aufgrund ihrer unvorhersehbaren Dramatik und der im höchstpersönlichen Lebensbereich der Kläger hinterlassenen Spuren keine alltägliche und ein daraus resultierender Schock auch nachvollziehbar ist, ist eine Ausweitung der Haftung eines Schädigers für Schockschäden aufgrund der Beschädigung einer Sache weiterhin abzulehnen."*

Ebenso hatte der OGH bereits 2005 die Zuerkennung eines **Schockschadens im Zusammenhang mit der Beschädigung eines Kfz** abgelehnt, weil *„eine von der Rechtsordnung anerkannte Sonderbeziehung zwischen Mensch und Auto nicht evident sei. Es stelle keine nach dem gewöhnlichen Lauf der Dinge auch nur einigermaßen zu erwartende Folge der Sachbeschädigung eines PKWs dar, wenn diese bei der Eigentümerin des PKWs zu einer psychischen Schädigung geführt habe.*[3050]

Somit lässt sich auch kein Schmerzensgeldanspruch damit begründen, dass jemand einen **Schock** bzw. einen Zusammenbruch **wegen einer gescheiterten Abfindungsverhandlung** erleidet.[3051]

302 Es ist anerkannt, dass der „Schockgeschädigte" sich nicht nur eigenes Mitverschulden (beispielsweise Aufsichtspflichtverletzung, die zum Unfall eines Kindes führt),[3052] sondern auch das **Mitverschulden des Getöteten** anrechnen lassen muss.[3053] Der BGH begründete dies bereits im Jahr 1971 damit, dass es sich um einen „mittelbaren" Schaden handele. Die Ursachenverbindung zwischen dem beim Geschädigten eingetretenen Gesundheitsschaden und dem Unfalltod des nahen Angehörigen werde nur dadurch hergestellt, dass sich der Schockgeschädigte infolge der engen persönlichen Bindung zu dem unmittelbaren Opfer das diesem zugestoßene Unglück sich selbst zu Eigen mache.[3054] Dies resultiert nicht aus § 846 BGB, sondern lt. BGH aus einer entsprechenden Anwendung der §§ 254, 242 BGB. Denn das Mitverschulden des nahen Angehörigen sei im Billigkeitsinteresse dem Verantwortungsbereich des Schockgeschädigten zuzurechnen. Die Anschauung, wonach der Ersatzanspruch eines Dritten (ergänze: des Angehörigen oder Hinterbliebenen) gegen den Schädiger ein vollkommen selbständiger Anspruch sei, wäre eine Übertreibung der logischen Konsequenzen, so die Argumentation des BGH.[3055] Die Auffassung des BGH findet keine ungeteilte Zustimmung und stammt zudem bereits aus dem Jahr 1971. Dennoch gibt sie im Kern den bis heute geltenden

[3047] Vgl. dazu Hager JA 2023, 424, der dies verneint.
[3048] BGH BeckRS 2012, 8198; OGH Österreich 27.11.2020 – 2 Ob 142/20a, BeckRS 2020, 6607.
[3049] OGH Österreich. 25.3.2025 – 2 Ob 12/25s, BeckRS 2025, 5524.
[3050] OGH Österreich 12.5.2005 – 2 Ob 100/05b, erwähnt in BeckRS 2025, 5524 und BeckRS 2020, 66067.
[3051] OLG Hamm BeckRS 2005, 14514.
[3052] OLG Köln BeckRS 2024, 4504, ebenso bereits OLG Karlsruhe VersR 1978, 575.
[3053] OLG Oldenburg 8.3.2016 – 13 U 69/15; KG NZV 1999, 329; LG Freiburg NZV 1996, 476; AG Passau ZfS 1984, 36; Hager JA 2023, 424.
[3054] BGH NJW 1971, 1883.
[3055] BGH NJW 1971, 1883.

Stand der Rechtsprechung wieder.[3056] Allerdings führte der BGH in einer Entscheidung aus dem Jahr 2007[3057] hierzu aus, diese Zurechnung (ergänze: des Mitverschuldens des unmittelbaren Verletzten des Angehörigen, der einen Schockschaden erlitten hat) beruhe *„allein auf Billigkeitserwägungen"* und rechtfertige *„keine ausdehnende Anwendung des Haftungsausschlusses von § 105 I SGB VII auf Ansprüche, die Angehörigen von Versicherten auf Grund eigener Gesundheitsbeeinträchtigungen zustehen. … Der Grundsatz von Treu und Glauben (§ 242 BGB) gebietet in Fällen der vorliegenden Art nicht die vollständige Haftungsfreistellung des Schädigers. Soweit den Versicherten ein Mitverschulden an dem Arbeitsunfall trifft, wird Billigkeitserwägungen in hinreichendem Maße dadurch Rechnung getragen, dass der Ersatzanspruch des geschädigten Angehörigen gem. § 254 I BGB in der Höhe nach gemindert ist."*

Zur Schmerzensgeldhöhe in Fällen von Schock- und Fernwirkungsschäden: Selbst wenn jedoch die Voraussetzungen für einen Schmerzensgeldanspruch – sei es in Fällen des unmittelbaren Miterlebens oder des Erhalts der Nachricht des Todesfalles – gegeben sind, verfahren zahlreiche Gerichte in Bezug zur Schmerzensgeldhöhe äußerst restriktiv[3058] und sprechen meist nur sehr geringe Schmerzensgelder zu wie die nachfolgend nur beispielhaft ausgewählten zehn **Beispiele** der letzten 25 Jahre zeigen (weitere Entscheidungen im Tabellenteil → **Kapitel C. 8.**). **303**

Lediglich in Ausnahmefällen, bei denen die Angehörigen (zu Fällen formal fehlender Angehörigeneigenschaft s. OGH Österreich BeckRS 2023, 38790 sowie ua BGH BeckRS 2018) den Tod des Ehe- oder Lebenspartners oder Kindes miterleben musste, oder beim Verlust des einzigen Kindes (s. dazu LG Hamburg 40.000 EUR für alleinerziehende Mutter),[3059] werden inzwischen – wenn auch sehr selten – Schmerzensgelder bis zu 100.000 EUR zugesprochen.[3060]

Bei der Bemessung der Schmerzensgeldbeträge ist auffällig, dass sich über die Jahrzehnte die Höhe der Schmerzensgeldbeträge kaum verändert hat – selbst bei tragischen Erlebnissen der Angehörigen werden meist (Ausnahmen s. oben) nur 5.000 bis 25.000 EUR zuerkannt; eine Größenordnung an der sich auch das nachfolgend unter → Rn. 304 beschriebene Hinterbliebenengeld bewusst orientieren:

- LG Osnabrück:[3061] Schock und PTBS bzw. posttraumatische Belastungsstörung in Form einer Traumafolgestörung nach ICD-10 F43.1 und einer zeitweisen Alkoholabhängigkeit (ICD-10 F10.2) nach gewaltsamer Tötung ihres Sohnes durch Schütteln. Das LG sprach 25.000 EUR zu.
- LG Hamburg:[3062] Die Klägerin verlor ihren Sohn – ihr einziges Kind – weil der Beklagte mit 153 km/h durch die Hamburger Innenstadt gerast war. Sie erlitt Depressionen (ICD-10: F32.1) und erhielt 20.000 EUR.
- LG Bochum:[3063] Die Kläger mussten mitansehen, wie ihr Sohn und Bruder nach den todbringenden Stichverletzungen, die ihm der Beklagte beigebracht hatte, nach fehlgeschlagener intensivmedizinischer Behandlung verstarb. Das LG sprach jedem Kläger 20.000 EUR zu.
- OLG Düsseldorf:[3064] Den Eltern (Depressionen ICD F.32.1) des vorsätzlich getöteten Mannes sprach das OLG Düsseldorf jeweils 15.000 EUR zu.
- OLG Oldenburg:[3065] Sohn tödlich verunglückt: Die Mutter des durch einen Jet-Ski-Unfall auf der Ems getöteten Mannes war durch die Todesnachricht und den Unfalltod ihres Sohnes über eine „normale" Trauerreaktion hinaus in eine schwere depressive Krise geraten. Das OLG sprach 10.000 EUR zu.
- OLG Frankfurt a. M.:[3066] Tochter tödlich verunglückt: Das OLG wies den Anspruch einer Mutter, die ihre Tochter „infolge eines groben Verkehrsverstoßes des VN der Beklagten" verloren hatte, auf 35.000 EUR zurück und reduzierte den Anspruch auf 15.000 EUR. Mehr sei „derzeit" nicht erforderlich, zumal „der Verlust eines nahen Angehörigen … durch eine Geldzahlung schon vom gedanklichen Ansatz her nicht ausgeglichen" werde. Eine Begründung, die – da „gedanklich" auf jeden immateriellen Schaden anwendbar – nicht zu überzeugen vermag und sogar zynisch erscheint.
- LG Bonn:[3067] Posttraumatische Belastungsstörung eines 8j. Kindes, nachdem dieses durch Schüsse im Nebenzimmer aufgeweckt wurde und dort seinen Vater erschossen vorfand.

[3056] Vgl. Scheffen/Pardey Schadensersatz Rn. 956.
[3057] BGH NZV 2007, 453 (454).
[3058] S. OLG Naumburg NZV 2005, 530.
[3059] LG Hamburg BeckRS 2024, 38998, → Nr. 7560.
[3060] OLG Frankfurt a. M. BeckRS 2017, 135880 → Nr. 5409; OLG Koblenz BeckRS 2023, 6293 → Nr. 3156.
[3061] LG Osnabrück BeckRS 2023, 10077.
[3062] LG Hamburg BeckRS 2018, 39544.
[3063] LG Bochum BeckRS 2015, 18726 → Nr. 7342.
[3064] OLG Düsseldorf BeckRS 2018, 43147.
[3065] OLG Oldenburg BeckRS 2016, 135439.
[3066] OLG Frankfurt a. M. BeckRS 2012, 16163.
[3067] LG Bonn BeckRS 2006, 3439.

- OLG Köln:[3068] Sohn ertrunken: Die Klägerin – Mutter eines 11-jährigen ertrunkenen Sohnes – litt über Jahre hinweg weit über das normale Maß an Trauer unter gewichtigen psycho-pathologischen Ausfällen. Das OLG sprach sowohl der Mutter als auch dem ebenso beeinträchtigten Vater jeweils 20.000 EUR zu.
- OLG Frankfurt a. M.:[3069] Mutter verstorben: Ein ebenfalls tragischer Fall lag auch der Entscheidung zugrunde, in der einem zum Unfallzeitpunkt 6-jährigen Kind nach dem Tod der Mutter wegen eines Behandlungsfehlers des Arztes ebenfalls ein Schmerzensgeld von umgerechnet 10.225 EUR zugesprochen wurde, da es für das Kleinkind eine schlimme, die gesamte Zeit des Heranwachsens negativ beeinflussende Erfahrung gewesen sei, die eigene Mutter über einen langen Zeitraum immer stärker körperlich verfallen zu sehen.
- OLG Oldenburg:[3070] Tochter tödlich verunglückt: Umgerechnet 10.225 EUR sprach das OLG Oldenburg einem Vater zu, dessen Frau bereits vor dem Unfallereignis an Krebs gestorben war und der bei dem Unfall nun auch seine bei ihm wohnende Tochter verloren hatte.[3071] Allerdings war dieser Fall auch deshalb besonders gravierend, als der Vater wegen Selbstmordgefahr über 2 Monate in einer psychosomatischen Klinik verbrachte und wegen chronischer Depressionen weitere Jahre in psychiatrischer Behandlung war.
- OLG Nürnberg:[3072] Mutter erschossen: Das OLG Nürnberg hielt in einem Fall, in dem die beiden minderjährigen Kinder Zeugen der Erschießung ihrer Mutter wurden und durch den Schock deutliche und länger andauernde psycho-pathologische Verhaltensänderungen in Form von nächtlichen Angst- und Schreizuständen, Albträumen, Schweißausbrüchen etc zeigten und möglicherweise ihr Leben lang die sich ihnen dargebotenen Bilder in belastender Weise nicht vergessen werden, lediglich ein Schmerzensgeld von jeweils umgerechnet 5.112 EUR für angemessen.
- KG:[3073] Sohn tödlich verunglückt: Bei einer attestierten „protrahierten Trauerreaktion“ vor dem Hintergrund einer erregbaren Persönlichkeit und bei Verdacht auf ein hirnorganisches Psychosyndrom sprach das Kammergericht einem türkischen Vater eines bei einem Verkehrsunfall ums Leben gekommenen zehnjährigen Jungen unter Berücksichtigung der eigenen Schadenveranlagung und des hälftigen Mitverschuldens seines Sohnes ein Schmerzensgeld von 500 EUR zu.[3074]**Weitere Entscheidungen hierzu sind im Tabellenteil unter → Kapitel C. 8. aufgeführt.**

304 Nachfolgend seien nun noch einige **besondere Fallkonstellationen** im Zusammenhang mit der hier erörterten Thematik kurz skizziert:

- Personenschäden der Bahn: Das OLG Hamm[3075] sprach einem Lokführer, der an einem unbeschrankten Bahngleis mit einem Kleinlaster kollidierte und dadurch einen Schock erlitten hatte, 5.112 EUR zu. Zur Problematik in Suizidfällen auf Bahngleisen vgl. LG Oldenburg BeckRS 2023, 16065.
- Arzthaftung/Krebsfehldiagnose:[3076] Anerkannt wurde auch der Anspruch eines Patienten im Falle einer gravierenden Fehldiagnose (Krebs) und seines daraus resultierenden medizinisch nachgewiesenen Schockzustands. Das OLG Bamberg[3077] sprach dem Patienten ein Schmerzensgeld zu und hielt insofern 2.556 EUR für angemessen. Zutreffend wies das OLG Hamm insofern darauf hin, dass auch in derartigen Fällen die Zurechnung ausgeschlossen sein könne, *„wenn das schädigende Ereignis ganz geringfügig (Bagatelle) war und nicht gerade speziell die Schadensanlage des Verletzten getroffen hat und wenn deshalb die psychische Reaktion im konkreten Fall, weil in einem groben Missverhältnis zum Anlass stehend, nicht mehr verständlich ist“.*[3078]
- Durch den Anblick eines Exhibitionisten, der völlig nackt an ihrem Fahrzeug lehnte, erlitt eine Frau einen Schock, der sich zu einer mittelgradigen posttraumatischen Belastungsstörung entwickelte. Das AG Westerstede[3079] sprach ihr insofern sowie für die sich daraus ergebende vorübergehende Verschlimmerung der bereits zuvor bestehenden Neurodermitis ein Schmerzensgeld von 2.000 EUR zu.
- Tod eines vertrauten Haustieres: Mit der Frage, ob ein haftungsrechtlich relevanter Schockschaden auch im Falle des Miterlebens des Todes eines Tieres, insbesondere eines Haustieres entstehen könne, hatte der BGH zu entscheiden und dies verneint.[3080] *„Die Rechtsprechung zu Schmerzensgeldansprüchen in Fällen psychisch vermittelter Gesundheitsbeeinträchtigungen mit Krankheitswert bei der Verletzung oder Tötung von Angehörigen oder sonst nahestehenden Personen (sog. Schockschäden) ist nicht auf Fälle psychischer Gesundheitsbeeinträchtigungen*

[3068] OLG Köln BeckRS 2005, 10662.
[3069] OLG Frankfurt a. M. BeckRS 1998, 13097.
[3070] OLG Oldenburg BeckRS 1999, 772.
[3071] OLG Oldenburg BeckRS 1999, 772.
[3072] OLG Nürnberg BeckRS 1998, 3755.
[3073] KG BeckRS 2008, 14292.
[3074] KG BeckRS 2008, 14292.
[3075] OLG Hamm BeckRS 2001, 7460.
[3076] Zum sozusagen umgekehrten Fall der verspäteten Krebsdiagnose s. OLG Hamm MedR 2014, 103, BeckRS 2013, 15892.
[3077] OLG Bamberg BeckRS 2003, 30312911, OLG Celle BeckRS 1998, 153609; OLG Braunschweig 7.10.1988 – 4 U 28, VersR 1990, 57.
[3078] OLG Hamm BeckRS 2001, 7460.
[3079] AG Westerstede BeckRS 2020, 846.
[3080] BGH BeckRS 2012, 8198.

im Zusammenhang mit der Verletzung oder Tötung von Tieren zu erstrecken", so lautet der amtliche Leitsatz des BGH, der sich hinsichtlich seiner Begründung auf seine frühere Rechtsprechung[3081] bezog, wonach *„die Zurechnung psychischer Beeinträchtigungen wie Trauer und Schmerz nicht nur eine … pathologisch fassbare Gesundheitsbeschädigung voraus[setzt], sondern auch eine besondere personale Beziehung des solcherart mittelbar Geschädigten zu einem schwer verletzten oder getöteten Menschen"*. Eine Ausweitung dieser Rechtsansicht auch auf Schockschäden infolge der Verletzung oder Tötung von Tieren komme – so der BGH – nicht in Betracht. *„Derartige Beeinträchtigungen bei der Verletzung oder Tötung von Tieren, mögen sie auch als schwerwiegend empfunden werden und menschlich noch so verständlich erscheinen, gehören zum allgemeinen Lebensrisiko und vermögen damit Schmerzensgeldansprüche nicht zu begründen.*[3082]

- Raubüberfall auf den Hund: Ebenfalls mit einem – etwas grob tituliert – „tierbezogenen" Schock – diesmal infolge des „Eindrucks eines Raubüberfalls auf den Hund" der Klägerin – hatte sich das LG Köln[3083] zu befassen und die auf Schmerzensgeld ausgerichtete Klage als unbegründet abgewiesen. Der Schockschaden sei vorliegend „im Hinblick auf den Anlass" nicht verständlich und „eine Überempfindlichkeit gegen unerfreuliche Ereignisse" gehe „bei Schockschäden nicht zulasten des Schädigers", so das LG.

8. Verletzung der sexuellen Selbstbestimmung, Vergewaltigung und Missbrauch

Die Anzahl der polizeilich erfassten Straftaten gegen die sexuelle Selbstbestimmung stieg in Deutschland in **305**
der Zeit von 2014 bis 2024 von 46.982 (2014) auf 127.775 (2024) und somit um 171,9 %[3084] und im Jahr 2025 kamen laut der Polizeilichen Kriminalstatistik (PKS) des Bundeskriminalamts weitere 131.335 Straftaten dazu. Dabei ist zu beachten, dass es neben dem statistisch erfassten „Hellfeld" stets auch – und insbesondere bei den Missbrauchsfällen im kirchlichen Umfeld – ein sehr großes „Dunkelfeld" nicht erfasster Taten gibt.[3085]

Trotz dieser sehr erschreckenden Bilanz, und der bestialischen Missbrauchsfälle in Bergisch Gladbach (2019), Lüdge und Münster (2020) oder den nicht minder bestialischen Missbrauchsfällen der Pfarrer und Priester, auf die nachfolgend unter der → **Rn. 307c** noch ausführlich eingegangen wird, kam leider nur wenig Bewegung in dieses dunkle Schmerzensgeldthema.

Lediglich das Urteil des **LG Köln v. 13.6.2023,**[3086] das einem Missbrauchsopfer der katholischen Kirche, die bisher hunderte von Missbrauchsopfer mit einem diese verhöhnenden Pauschalschmerzensgeld von 5.000 EUR[3087] abgefunden hatte, **300.000 EUR** zuerkannte, stellt einen, wenn auch noch sehr kleinen Schritt nach vorne dar und darf als schwacher Hoffnungsschimmer interpretiert werden. Dies ändert nichts an der berechtigten und in allen Punkten zutreffenden Kritik, die **Lothar Jaeger** in seinem Aufsatz „Vergewaltigung – Die Bemessung von Schmerzensgeld und Geldentschädigung im Zivilprozess"[3088] sowie in seinem jüngsten Fachbuch „Sexueller Missbrauch und Gewalt"[3089] zu dieser Thematik sorgfältig zusammengestellt und hervorgehoben hat. Mehr dazu nachstehend unter → **Rn. 307c.**

Auch die im Mai 2024 beim LG Hildesheim[3090] gegen das Bistum Hildesheim und beim LG Trier[3091] gegen das Bistum Trier eingereichten sowie auch die weiteren vor dem LG Köln[3092] anhängigen Klagen auf Schmerzensgeld halten dieses Thema in Bewegung. Vor dem LG Köln klagt derzeit eine Betroffene im Wege der Amtshaftung auf 850.000 EUR Entschädigung und wirft dem Erzbistum Köln vor, als Kind mehrere Jahre von einem Messdienstleiter sexuell missbraucht worden zu sein.[3093] Ebenso sind Klagen gegen das Bistum Trier bereits anhängig oder auf dem Weg.[3094] Zu den beiden insofern jüngsten – jeweils hinsichtlich

3081 BGH BeckRS 2009, 20953.
3082 BGH NJW 2012, 1730.
3083 LG Köln BeckRS 2014, 09470.
3084 Quelle: Statista 202, https://de.statista.com/statistik/daten/studie/550357; vgl. auch Bundeskriminalamt, Polizeiliche Kriminalstatistik 2024 und 2025.
3085 Jaeger Sexueller Missbrauch und Gewalt, 16.
3086 LG Köln BeckRS 2023, 13315.
3087 FAZ.net – aktualisiert am 25.9.2019.
3088 Jaeger MDR 2024, 818 ff.; Schmitz SRa 2024, 156 ff. sowie für Österreich s. Fenyves/Kerschner/Vonkilch/Danzl ABGB: Großkommentar §§ 1328–1329. ABGB, S. 16 ff.; s. zur Thematik auch Echterhoff/Kranig NZS 2023, 561; Putzke SRa 2024, 137 und Schmitz SRa 2024, 156.
3089 Jaeger Sexueller Missbrauch und Gewalt, 185 bis 197.
3090 Quelle: ARD Mediathek – Betroffener von sexuellem Missbrauch verklagt Bistum. 24.5.2024 Hallo Niedersachsen und SR info – Beitrag v. 23.5.2024/12:17 Uhr.
3091 Quelle: ARD Mediathek – Erste Klage eines Opfers sexuellen Missbrauchs gegen das Bistum Trier 23.5.2024.
3092 LG Köln 27.1.2025 – 5 O 192/24.
3093 LG Köln 27.1.2025 – 5 O 192/24.
3094 Quelle: Neumann Wochenspiegel Kreis Trier-Saarburg 23.5.2024 und SR info – Beitrag v. 23.5.2024/12:17 Uhr.

der Schmerzensgeldansprüche klagabweisenden – Urteilen des LG Köln vom 1.7.2025[3095] und des LG Essen vom 25.4.2025[3096] wird nachfolgend unter → Rn. 307c näher ausgeführt.

Ebenso befassen sich in unserem Nachbarland Österreich die Zivilgerichte[3097] und jüngst erneut auch der **OGH mit Beschl. vom 22.1.2025**[3098] mit dieser Thematik, wobei der OGH insofern zu Gunsten der Kläger zu deren **Einwand der Verjährung**[3099] Stellung bezogen hatte; s. dazu nachfolgend unter → **Rn. 429c.** Dass die Opfer nun den Weg zu den Zivilgerichten beschreiten, nachdem das kirchliche Verfahren zur „Anerkennung des Leids" (vgl. dazu unter → **Rn. 307c)** selbst für die schweren Folgeschäden nur lächerlich geringfügige Summen zugestanden hatte, ist richtig und notwendig, da speziell das Thema des Missbrauchs und der Vergewaltigung von meist sehr jungen oder jugendlichen Mitgliedern (nicht nur) der katholischen Kirche durch deren Priester über viele Jahrzehnte hinweg mehr oder weniger totgeschwiegen wurde und sich auch heute nur langsam und meist nur aus erneut konkreten weiteren Missbrauchsfällen in das Bewusstsein der Öffentlichkeit und die Arbeit der Justiz drängt. Ob sich künftig nachhaltige Verbesserungen der Tataufklärung, Strafverfolgung, Bestrafung und auch in Bezug auf die zivilrechtliche Entschädigung und somit auf die Höhe des Schmerzensgeldes ergeben, bleibt weiterhin sehr zu hoffen. Diese Hoffnung basiert auch auf Beiträgen, wie dem von **Lothar Jaeger,**[3100] „Bemessung des Schmerzensgeldes nach Vergewaltigung und sexuellem Missbrauch Minderjähriger durch Kleriker",[3101] mit welchem der Autor dieses Thema nicht nur vor dem Hintergrund der Missbrauchsfälle im kirchlichen Bereich, sondern darüber hinaus auch im Bereich der allgemeinen zivilrechtlichen und strafrechtlichen Rechtsprechung umfassend darstellt und deren Schmerzensgeldbemessung anhand vielfältiger Fallbeispiele anprangert.

Hatte 2017 das LG Köln[3102] (2018 vom OLG Köln aufgehoben vgl. oben → **Rn. 167**) dem verstorbenen Altbundeskanzler Helmut Kohl für die von diesem erlittene Persönlichkeitsrechtsverletzung und als „spürbare Konsequenz" für die Beklagten eine Million EUR Entschädigung als angemessen erachtet und zugesprochen, so muten die üblicher Weise von Deutschen Gerichten zuerkannten Schmerzensgeldbeträge geradezu lächerlich an und verhöhnen in eklatantem Maße die Opfer.[3103] Denn welche Verletzung der Persönlichkeit eines Menschen ist so allumfassend psychisch und physisch wie die eines sexuellen Missbrauchs[3104] oder gar einer Vergewaltigung? Obwohl dies bekannt ist und ebenso die Tatsache, dass die allermeisten Opfer nach der Tat oder gar den Taten dauerhaft nicht nur massive psychische und zum Teil auch physische Beeinträchtigungen, sondern „eine vollständige Veränderung ihres Lebens"[3105] erleiden, werden selbst für brutalste Vergewaltigungen meist nur Beträge zwischen 10.000 EUR und 50.000 EUR zuerkannt.

Lediglich in zwei – nachfolgend noch näher beleuchteten – Ausnahmefällen wurden in Zivilverfahren dem jeweiligen Opfer zum einen vor dem LG Wuppertal[3106] 100.000 EUR und nun aktuell vor dem LG Köln[3107] 300.000 EUR zugesprochen. Bei einem dritten Ausnahmefall in einem Straf- und Adhäsionsverfahren im Zusammenhang mit der Verurteilung des Angeklagten wegen Geiselnahme in Tateinheit mit schwerem Menschenhandel, mit besonders schwerer Vergewaltigung, mit schwerer Vergewaltigung in acht rechtlich zusammentreffenden Fällen, mit Vergewaltigung in sechs rechtlich zusammentreffenden Fällen und weiteren schweren Straftaten sprach das LG Verden[3108] dem insofern extrem gepeinigten Opfer 150.000 EUR zu.

306 Seit dem Urteil des **LG Wuppertal,**[3109] mit welchem dieses die bisher vermeintliche Obergrenze verdoppelt und dem Opfer einer schweren Vergewaltigung ein Schmerzensgeld von 100.000 EUR zuerkannt hatte, sind

3095 LG Köln BeckRS 2025, 14822 → Nr. 7723.
3096 LG Essen BeckRS 2025, 9575 → Nr. 7716.
3097 S. dazu auch Fenyves/Kerschner/Vonkilch/Danzl ABGB: Großkommentar §§ 1328–1329 ABGB – Bemessungsjudikatur Rn. 42.
3098 OGH 22.1.2025 – 9 Ob 69/24y, BeckRS 2025, 2125; vgl. bereits zuvor OGH 26.1.2022 – 7 Ob 25/21h, BeckRS 2022, 1331.
3099 S. dazu auch Hohlbein NJOZ 2026, 289.
3100 Vorsitzender Richter am OLG Köln a.D. und Fachbuchautor.
3101 Jaeger VersR 2023, 209; vgl. zu klerikalem Missbrauch Jaeger Sexueller Missbrauch und Gewalt.
3102 LG Köln 27.4.2017 – 14 O 286/14, 14 O 323/15 und 14 O 261/16, Becklink 2006475.
3103 Sajuntz NJW 2019, 1567 (1572).
3104 Bereits der bedauerlicherweise etablierte Begriff des „Missbrauchs" verharmlost derartige Straftaten und deren zumeist lebenslang psychische Leiden auslösenden Folgen massiv. „Missbrauch" ist – im Sinne seiner Wortbedeutung – die negative Form des „Gebrauchs"; Gebrauch ist wiederum grundsätzlich ein auf Sachen und nicht auf Menschen bezogener Begriff. Damit wird sicherlich jedem sensiblen Betrachter die hier grob fehlerhafte Wortwahl des „Missbrauchs" einleuchten, die jedoch – da fest etabliert – auch in diesem Buch Verwendung findet.
3105 LG Bielefeld NJW-RR 2006, 746 – das LG sprach dennoch nur ein Schmerzensgeld iHv 40.000 EUR zu.
3106 LG Wuppertal BeckRS 2013, 03421; VersR 2013, 591.
3107 LG Köln Urt. v. 23.6.2023 – 5 O 197/22, BeckRS 2023, 13315.
3108 LG Verden 2.7.2008 die Revision der Angeklagten wurde im wesentlichen verworfen vgl. BGH BeckRS 2010, 4244; ob jedoch gg die Entscheidung im Adhäsionsverfahren ebenfalls Revision eingelegt worden war und wenn ja, mit welchem Ergebnis, ist nicht bekannt.
3109 LG Wuppertal BeckRS 2013, 03421; VersR 2013, 591.

bis zur nachfolgend unter → **Rn. 307c** näher erläuterten Entscheidung des **LG Köln**[3110] **vom 13.6.2023** nahezu 10 Jahre vergangen, ohne dass sich auch nur ansatzweise eine Neuerung im Sinne einer weiteren Anhebung ergab, was insofern eine positive Nachricht wäre, wenn davon ausgegangen werden könnte, dass es seither keinen derart gravierenden Fall mehr gab. Letzteres ist jedoch angesichts der allein an Kindern registrierten 15.520 Fälle im Jahr 2022[3111] und einer extremen Zunahme bei den Missbrauchsdarstellungen von Kinder- und Jugendpornografie (lt. Polizeilicher Kriminalstatistik des Jahres 2022 48.800 Fälle) leider unwahrscheinlich. Zutreffend weist der Deutsche Kinderverein[3112] darauf hin, dass „das Dunkelfeld insgesamt und auch der Anteil an Straftaten, von denen die Polizei keine Kenntnis erhält, um ein Vielfaches größer" ist.

Die Urteile aus Wuppertal und Köln bleiben somit – bedauerlicher Weise – eine absolute Ausnahmeentscheidung; davon, dass nun *„Bewegung in die Rechtsprechung"*[3113] gekommen sei, kann leider keine Rede sein.[3114] Das **Urteil des LG Köln**[3115] stellt allenfalls einen kleinen **Hoffnungsschimmer** für die große Zahl der in früheren Zeiten, insbesondere von Klerikern, schwer missbrauchten und vergewaltigten Opfer dar.

Bevor daher auf diese wichtigen beiden Urteil und deren Begründung näher eingegangen wird, sei zunächst darauf verwiesen, dass Verletzungen der sexuellen Selbstbestimmung – gleich welchen Geschlechts[3116] – und insbesondere Vergewaltigungen im Bereich der Schmerzensgeldfälle insoweit eine Sonderstellung einnehmen, als in der Regel der aus der Tat resultierende unmittelbare körperliche Schaden relativ gering ist, jedoch die psychischen Verletzungen oft umso schwerer wiegen und die Opfer oft ihr Leben lang massiv begleiten. Ersteres gilt selbstverständlich nicht in Bezug auf die unvorstellbar brutal ausgeführten Fälle, die das LG Frankfurt a. M.[3117] sowie das OLG Stuttgart[3118] oder auch das LG Bielefeld[3119] zu entscheiden hatten.[3120] Insoweit kommt der Genugtuungsfunktion eine entscheidende Rolle zu. In diesem Zusammenhang besonders begrüßenswert ist die oben[3121] ausführlich dargestellte BGH-Rechtsprechung, wonach eine **strafrechtliche Verurteilung des Täters** sich für das Opfer **nicht schmerzensgeldmindernd** auswirken darf,[3122] auch wenn zuvor bereits die Rechtsprechung zur Vergewaltigungsproblematik, soweit ersichtlich, trotz Bestrafung des Täters, dem Genugtuungsgedanken des Opfers bereits stärkere Beachtung zuteilwerden ließ.[3123] Hierbei wurde und wird mit Rücksicht auf den vorgenannten BGH-Entscheid künftig jedoch noch stärker zu berücksichtigen sein, dass das Strafverfahren selbst, an dem das Opfer sehr häufig teilnehmen muss, regelmäßig wegen des hierdurch notwendigen nochmaligen Nacherlebens und dem für das Opfer nur unzureichenden Schutz vor harter Befragung, den Geschädigten keinesfalls Genugtuung bringt, sondern für diese vielmehr eine weitergehende erhebliche Beeinträchtigung darstellt.[3124] Dies gilt umso mehr, zumal heute gerade bei Sexualdelikten gegenüber Kindern die oftmals verhängten geringen Strafen in keiner Weise dem Rechtsempfinden (nicht nur) der Betroffenen gerecht werden, sondern – wie oben bereits erwähnt – diese geradezu verhöhnen. Insofern werden in gravierenden Fällen (beispielsweise in einem Extremfall mit „Entführung über mehrere Tage, wiederholte Vergewaltigung mit Defloration" und der Folge starker Depressionen) noch immer völlig inakzeptabel niedrige Schmerzensgeldbeträge zugesprochen (hier: Im oben erwähnten Fall des LG Frankfurt a. M. lediglich 20.451 EUR).[3125]

Zum rechtlichen und sachlichen Zusammenhang von Zivil- und Strafverfahren und dem Grundsatz der freien Beweiswürdigung gemäß § 286 ZPO sei an dieser Stelle auf eine Entscheidung des OLG Brandenburg[3126] hingewiesen.

Beachtenswert ist an dieser Stelle auch noch die Entscheidung des **KG** zur Unfreiwilligkeit des Oralverkehrs des Opfers an dem Täter, indem das KG[3127] – entgegen einer starken Meinung in der Literatur –[3128] betont

[3110] LG Köln Urt. v. 23.6.2023 – 5 O 197/22, BeckRS 2023, 13315.
[3111] Deutscher Kinderverein, Pressemitteilung vom 23.5.2023 mit Verweis auf die PKS bzw. die Polizeiliche Kriminalstatistik des BKA 2022 – leider liegen noch keine aktuelleren Zahlen vor (2021: 15.507, 2019: 15.936 und 2016: 13.210 Fälle).
[3112] Deutscher Kinderverein Essen e.V. www.deutscher-kinderverein.de – Aktuelles 23.5.2023.
[3113] So jedoch Jaeger/Luckey Schmerzensgeld Rn. 388, der jedoch im Übrigen meine Kritik teilt; ebenso Neuner JuS 2013, 577 sowie bereits Foerste NJW 1999, 2951.
[3114] Vgl. dazu Jaeger VersR 2023, 209 (212).
[3115] LG Köln Urt. v. 23.6.2023 – 5 O 197/22, BeckRS 2023, 13315.
[3116] OLG Bamberg NJW-RR 2001, 1316; vgl. auch die ausführliche Besprechung von Henne JURA 2002, 335.
[3117] LG Frankfurt a. M. NJW 1998, 2294.
[3118] OLG Stuttgart NJW-RR 1998, 534.
[3119] LG Bielefeld NJW-RR 2006, 746.
[3120] Foerste NJW 1999, 2951.
[3121] Vgl. oben → Rn. 76 in Kapitel II. 2. a).
[3122] BGH NJW 1996, 1591.
[3123] Vgl. LG Stuttgart NJW 1978, 595 sowie OLG Hamm NJW-RR 1994, 94.
[3124] LG Flensburg VersR 1988, 704.
[3125] OLG Hamm ZfS 1992, 156.
[3126] OLG Brandenburg BeckRS 2025, 28617 Rn. 15.
[3127] KG BeckRS 2023, 44156.
[3128] KG BeckRS 2023, 44156 Rn. 13.

hatte, dass *„es … für die Verwirklichung des § 177 I Var. 2 StGB [genügt], dass eine vor der Tathandlung zum Ausdruck gebrachte Ablehnung des Opfers so nachhaltig ist, dass sie die Kraft hat, den durch die Vornahme der sexuellen Handlung entstehenden Eindruck der „Freiwilligkeit" zu überwinden. Die Beweiswürdigung hat sich in diesen Fällen besonders sorgfältig mit dem gewichtigen Umstand auseinanderzusetzen."* Insofern betont das KG, dass der Wille des Opfers als wertende innere Einstellung hinsichtlich des Gesamtgeschehens stets das Ergebnis **sexueller Selbstbestimmung** sei und vom Handlungsentschluss abzugrenzen ist. Hat das Opfer seinen entgegenstehenden Willen, wie in § 177 Abs. 1 StGB gefordert, eindeutig zum Ausdruck gebracht, erschließe sich nicht, – so das KG – *„wieso zusätzlich eine Drohung, Gewalt oder eine schutzlose Lage erforderlich sein sollte. Denn gerade hiervon wollte der Gesetzgeber mit der neuen Vorschrift abrücken (vgl. BT-Drs. 18/9097 S. 23) und hat sie Absatz 2 vorbehalten. Die weiteren Tatbestände in § 177 Abs. 2 StGB sind dementsprechend nicht Ausprägung des* ***„Nein-heißt-Nein"****-Ansatzes, sondern dessen notwendige Ergänzung für Konstellationen, in denen es dem Opfer entweder objektiv nicht möglich oder aber unzumutbar ist, seinen entgegenstehenden Willen zu erklären (vgl. BT-Drs. 18/9097 S. 23)."*[3129]

307 Wenn auch heute noch in Extremfällen – wie beispielsweise dem des LG Oldenburg,[3130] bei welchem das Gericht die Tat selbst als **„unvorstellbares Horrorszenario"** kommentierte oder dem LG Münster,[3131] das bei dem ihm vorliegenden Sachverhalt vom „Durchleben dieser albtraumartigen Behandlungen" sprach – nur 20.000 EUR bzw. 25.000 EUR, im Fall des sechsundsiebzigfachen sexuellen Missbrauchs einer 6-jährigen Schülerin, den ebenfalls das LG Münster[3132] entschieden hatte, nur 8.000 EUR zuerkannt werden, so sind derart geringe Schmerzensgeldbeträge – angesichts des unglaublichen Martyriums, das die Betroffenen zu erleiden hatten – völlig unverständlich, **opfermissachtend und absolut inakzeptabel.** Ebenso die Tatsache, dass die **Schmerzensgeldbeträge** in den letzten 20 Jahren (ausgenommen in den oben → Rn. 305 benannten Fällen) weiterhin stagnierten.[3133] In seinem für Österreich insofern herausragenden Beitrag, in dem **Danzl** sich äußerst umfassend mit dieser Thematik befasst und die **Bemessungsjudikatur in Österreich**[3134] anhand einer große Anzahl von Gerichtsentscheidungen darstellt, deren Schmerzensgeldgefüge jedoch ähnlich niedrig bemessen ist wie in Deutschland, unterstützt Danzl meine Kritik explizit: *„Dem ist auch für Österreich, da – wie die vorstehende Urteilssammlung zeigt – die Zusprüche oftmals auch hier erschreckend niedrig auszufallen pflegen, durchaus beizupflichten und wäre* ***mehr Mut*** *zu höheren Klagebegehren bzw Zusprüchen (auch an Privatbeteiligte im Strafverfahren) durchaus nicht unangebracht"*, so Danzl.[3135]

307a Geradezu grotesk ist insofern der Hinweis des LG Münster[3136] im Fall sechsundsiebzigfachen Sexualmissbrauchs, davon 26 Fälle schweren sexuellen Missbrauchs an Kindern im Grundschulalter, es habe sich in diesem Fall bei der Schmerzensgeldbemessung (das LG sprach der sechsjährigen Schülerin 8.000 EUR zu) *„von den Maßstäben der veröffentlichten Rechtsprechung entfernt und höhere, angemessene Schmerzensgelder verhängt"*.

Hier muss auf der Basis der umgekehrten Argumentation der Bundesverfassungsgerichtsentscheidung[3137] (s. oben → **Rn. 344**) und mit Rücksicht auf die Tatsache, dass der Gesetzgeber in § 253 Abs. 2 BGB das Recht auf sexuelle Selbstbestimmung wohl auch deshalb als neues Tatbestandsmerkmal eingefügt hat, *„um dem gewandelten Verständnis in der Bevölkerung vom Wert des allgemeinen Persönlichkeitsrechts besser Geltung zu verschaffen",*[3138] dringend über eine **deutliche Anhebung** des **Gesamtrahmens**[3139] der Schmerzensgeldbeträge in völlig neue Dimensionen nicht nur nachgedacht, sondern eine solche aktiv umgesetzt werden, die sich – wohlgemerkt in extremen Fällen – an schwersten körperlicher Dauerfolgen (wie bei hohen Querschnittlähmungen oder schweren Gehirnschädigungen und vergleichbar schweren Körperverletzungen) orientieren sollte; ebenso wie dort sollten in ganz besonders schweren Missbrauchsfällen mit lebenslangen schweren Dauerfolgen, wie beispielsweise im Fall Georg Menne (vgl. dazu → Rn. 307c), ebenfalls 800.000 bis 1.000.000 EUR zuerkannt werden.[3140]

Denn es kann – schmerzensgeldrechtlich betrachtet – grds. keinen Unterschied machen, ob dem Opfer eines Verkehrsunfalles die Fortführung seines bisherigen Lebens infolge einer zB Paraplegie unmöglich gemacht wurde oder ob dem Opfer einer Vergewaltigung infolge der hieraus dauerhaft resultierenden, gravierenden psychischen Schäden, ein Weiterleben wie vor dieser Tat unmöglich gemacht wurde und es sich im schlimms-

3129 KG BeckRS 2023, 44156 Rn. 17.
3130 LG Oldenburg 24.4.2016 – 4 KLs 80/15.
3131 LG Münster BeckRS 2017, 136653; LG Münster BeckRS 2012, 23111; vgl. auch Jaeger VersR 2023, 209 (213).
3132 LG Münster 28.1.2011 – 010 O 187/10.
3133 So auch Bamberger/Roth BGB § 253 Rn. 6.
3134 Fenyves/Kerschner/Vonkilch/Danzl ABGB: Großkommentar §§ 1328–1329 ABGB – Bemessungsjudikatur Rn. 61.
3135 Fenyves/Kerschner/Vonkilch/Danzl ABGB: Großkommentar §§ 1328–1329 ABGB – Bemessungsjudikatur Rn. 62.
3136 LG Münster 28.1.2011 – 14 O 187/10 → Nr. 5173.
3137 BVerfG NJW 2000, 2187.
3138 So OLG Köln NJW-RR 2003, 743 (744).
3139 So auch Jaeger VersR 2013, 594.
3140 So nun auch Jaeger MDR 2024, 818 (825); vgl. auch Jaeger VersR 2023, 209 (217 und 218).

ten (aber nicht seltenen!) Falle dauerhaft in psychotherapeutischer Behandlung begeben muss und privat und beruflich nicht mehr an das Leben vor der Tat anknüpfen kann. Dabei ist auf der Basis der BGH-Rechtsprechung[3141] bei der Bemessung die meist gerade bei jüngeren Opfern lebenslange und lebensverändernde psychische Schädigung mit zum Teil wesensverändernden Auswirkungen und somit der erhebliche Eingriff in die Persönlichkeit des Opfers deutlich mehr zu berücksichtigen als dies bislang der Fall war.

Jaeger zitiert in seinem oben unter → **Rn. 305** zitierten Aufsatz eine Frau, die zu einer Vergewaltigung und deren Folgen betont: „*Was ein Vergewaltiger einer Frau raubt, ist ihre Zukunft. Die Person, die sie geworden wäre, die sie werden sollte, die gibt es nicht mehr. Das ist in vielerlei Hinsicht schlimmer als Mord, denn es hat diese potentielle Person getötet, dieses potentielle Leben ausgelöscht, und doch lebt sie und atmet immer noch und muss einen anderen Weg finden, etwas aus sich zu machen.*“[3142] Das Gesagte gilt selbstverständlich auch für andere Opfer unabhängig von deren Geschlecht und insbesondere auch für Kinder.

Vor diesem Hintergrund muss das Schmerzensgeld neben der oben bereits beschriebenen besonderen Würdigung der Genugtuungsfunktion[3143] deutlich stärker als bisher auch hierfür einen Ausgleich schaffen!

Die Instanzgerichte sollten sich vor der Schmerzensgeldbemessung künftig sehr viel intensiver mit dieser Thematik und der Intensität und dem Ausgleich der psychischen Folge- und Dauerschäden der Opfer befassen und diese in die Schmerzensgeldhöhe einbeziehen. Ausgleich und Genugtuung sind die Basis des Schmerzensgeldes und in beiden Bereichen wird dies bei der Schmerzensgeldbemessung von Opfern sexueller Gewalt bislang nicht ansatzweise ausreichend berücksichtigt. Jaeger schreibt dazu – insbesondere in Bezug auf den Missbrauch an Kindern – sehr zutreffend: „*Durch das Schmerzensgeld soll dem Geschädigten Ausgleich und Genugtuung verschafft werden. Der Ausgleich für erlittenes Leid, für die durch den Gesundheitsschaden ausgelösten Beeinträchtigungen kann dadurch erfolgen, dass der Geschädigte die finanziellen Mittel erhält, positive Erlebnisse zu finanzieren. Insoweit besteht nicht nur bei vergewaltigten Frauen, sondern auch bei Missbrauchsopfern ein hoher Bedarf, denn deren Verlust eines Teiles der Kindheit, der Verlust der Persönlichkeitsbildung in der Pubertät, die versäumte Zeit des fröhlichen Zusammenlebens in der Oberstufe des Gymnasiums und im Studium, verbunden mit der ersten Jugendliebe und fröhlichen und ungezwungenen Stunden mit Freunden, all das gilt es auszugleichen. Auszugleichen sind aber auch die psychischen und seelischen Schmerzen, die ein Missbrauchsopfer erlitten hat, die quälenden Gedanken, die eigenen Vorwürfe wegen des sexuellen Fehlverhaltens, die Ängste, die Qualen, die Träume und die innere Zerrissenheit. Unter diesen quälenden Gedanken haben andere Geschädigte wie Unfallopfer oder Opfer ärztlicher Behandlungsfehler in aller Regel nicht zu leiden. Sie quält in erster Linie der Körperschaden, und ihr psychisches Leid besteht oft „nur“ in entgangener Lebensfreude. Daraus folgt, dass der psychische Schaden von Missbrauchsopfern deutlich schwerer wiegt als in den zuvor genannten Entscheidungen, so dass das Schmerzensgeld deutlich höher ausfallen muss als bei verletztem Körper, aber intakter Seele.*“[3144]

Hier sind Opferanwälte und Gerichte in Zukunft gleichermaßen noch stärker gefordert[3145] und seien insofern **307b**
ermutigt, zumal der **BGH** mit seinem auch insofern sehr begrüßenswerten Urt. v. 6.12.2022[3146] psychischen Schäden und deren oftmals ebenso erheblichen oder noch gravierenderen (in Bezug auf physische Verletzungen) Folgewirkungen nun einen höheren Stellenwert und damit eine stärkere Berücksichtigung bei der Schmerzensgeldbemessung eingeräumt hat. Auf dem Weg hin zu einer **Gleichbehandlung und Gleichstellung physischer und psychischer Fallkonstellationen** mit ihren oftmals gleichermaßen bestehenden lebenslangen massiven Dauerschädigungen ist mit diesem BGH-Urteil insofern ein nicht unerheblicher Schritt getan worden, dem die Instanzgerichte bei der künftigen Schmerzensgeldbemessung in Fällen von Vergewaltigungs- und Missbrauchsfällen mit weiteren großen Schritten folgen sollten.

Als erstes und bislang einziges Gericht hat – unter direkter Bezugnahme auf meine oben → **Rn. 307a** aufgeführte Argumentation und diese nahezu wörtlich übernehmend – das **LG Wuppertal**[3147] in dem ihm zugrunde liegenden Fall schwerer, mehrfacher Vergewaltigung einer jungen, schwangeren Frau den bisherigen Rahmen, dessen „Obergrenze“ bislang unverständlicher Weise bei lediglich 50.000 EUR[3148] lag, verlassen und ausgeführt: „*Der vorliegende Fall gebietet eine solche deutliche Abweichung* (genauer: eine Verdopplung) *der bisher in Fällen sexueller Gewalt zugesprochenen maximalen Schmerzensgeldbeträge*“. Das LG Wuppertal sprach somit der Klägerin 100.000 EUR zu und hob in seiner ausführlichen Begründung darauf ab, dass sich die

[3141] Vgl. BGH NJW 1996, 1591, bei welcher der BGH in einem schweren Fall 30.677 EUR als „nicht aus dem Rahmen fallend“ ansah.
[3142] Jaeger MDR 2024, 818 (824).
[3143] Vgl. dazu auch Jaeger VersR 2022, 1129 sowie VersR 2023, 209 (220).
[3144] Jaeger VersR 2023, 209 (220).
[3145] So auch Jaeger VersR 2023, 209 (2010).
[3146] BGH BeckRS 2022, 38714 sowie r+s 2023, 130 mAnm Slizyk.
[3147] LG Wuppertal BeckRS 2013, 03421; VersR 2013, 591.
[3148] Jeweils 50.000 EUR sprachen zu: LG Münster 16.7.2008 – 2 O 567/07; LG Stuttgart 16.4.2003 – 27 O 113/03; LG Frankfurt a. M. NJW 1998, 2294.

erst 16 Jahre alte und im vierten Monat schwangere Frau 72 Stunden in der Gewalt ihres Peinigers befand und dabei mehrfach vergewaltigt und permanent bedroht worden war, weshalb sie *„unter fortwirkenden psychischen Beeinträchtigungen leidet"* und die *„Gefahr … besteht, dass der Kontakt der Klägerin zu anderen Menschen, vor allem intimer Art, dauerhaft gestört bleibt"*.

307c **Sexueller Missbrauch durch Kleriker:**[3149]

Obwohl der Missbrauchsskandal der katholischen wie auch der evangelischen Kirche[3150] spätestens seit Anfang 2010 einer breiten Öffentlichkeit bekannt ist, ist bis heute dazu mit dem Urteil des **LG Köln vom 13.6.2023**[3151] erst ein einziges Urteil ergangen, mit dem einem Missbrauchsopfer vor einem deutschen Zivilgericht ein Schmerzensgeld zuerkannt wurde. Kläger war **Georg Menne,** der als Kind von einem Priester über einen Zeitraum von mindestens zehn Jahren während seiner Zeit als Messdiener und darüber hinaus nach eigenen Angaben mehr als 300-mal missbraucht und gequält worden war. Obwohl der Priester die Taten gestanden hatte, bevor er verstarb, erinnert der Fall Menne an den Kampf Davids gegen Goliath. Nicht nur, weil Georg Menne mit seinem Fall an die mediale Öffentlichkeit[3152] ging, sondern insbesondere, weil er den Mut hatte, das mächtige und mit einem Vermögen von mehr als 4,2 Milliarden EUR[3153] zugleich auch zu den reichsten Diözesen der Welt zählende **Erzbistum Köln** als Anstellungskörperschaft[3154] des Missbrauchstäters auf ein Schmerzensgeld in Höhe von 725.000 EUR zu verklagen. Damit brachte er das Thema des systematischen Missbrauchs Ende 2022 nicht nur in die Schlagzeilen, sondern schaffte auch die Möglichkeit für einen Präzedenzfall. Ein Präzedenzfall auch bereits deshalb, denn es ist die deutschlandweit erste Schmerzensgeldklage eines Missbrauchsopfers gegen die „Kirche" als Institution, die **Georg Menne** mit 25.000 EUR abzufinden versucht hatte, ein Betrag, der angesichts des körperlichen und seelischen Schadens, der Georg Mennes gesamtes Leben massiv überschattet und der deshalb auch mit einem Behinderungsgrad von 50 % und unter Begleitung mehrerer Therapien lebt, in keiner Weise akzeptabel ist, sondern vielmehr das Missbrauchsopfer auf diese Weise erneut verhöhnt.

Das **LG Köln**[3155] sprach Georg Menne 300.000 EUR Schmerzensgeld zu und betonte dabei, dass in Fällen sexuellen Missbrauchs von Kindern und Jugendlichen durch Geistliche die Anstellungskörperschaft *„in entsprechender Anwendung von § 839 Abs. 1 Satz 1 BGB iVm Art. 34 GG"* hafte. Voraussetzung der Amtshaftung sei insofern, so das LG Köln mit Verweis auf eine Entscheidung des BGH aus dem Jahr 1961zur Haftung eines kirchlichen Mitarbeiters bei einem Verkehrsunfall,[3156] *„dass der Schädiger, mag er auch kein Beamter im kirchenbeamtenrechtlichen Sinne sein, im Rahmen von kirchlichen Aufgaben tätig geworden ist, die außerhalb des rein fiskalischen Tätigkeitsbereiches der Kirche liegen und deren Erfüllung sich mithin als Ausübung eines öffentlichen Amtes im Sinne von Art. 34 GG darstellt* (BGH Entscheidung vom 30.1.1961 – III ZR 227/59 VersR 1961, 437; BGH Urteil vom 20.2.2003 – III ZR 224/01, BGHZ 154, 54-64, Rn. 7).[3157]

Auch wenn das LG Köln durch die **analoge Anwendung von § 839 Abs. 1 S. 1 BGB iVm Art. 34 GG** dankenswerterweise damit den Weg für ua auf Schmerzensgeld gerichtete Klagen gegen ein Erzbistum aufgrund des sexuellen Missbrauchs durch dessen **Kirchenbedienstete**[3158] geebnet und – mit seinem aktuellen Hinweisbeschluss vom 27.1.2025[3159] nun auch für **ehrenamtliche Mitarbeiter** als „verlängerter Arm des Pfarrers" (hier: Leiter einer Messdienergruppe) erweitert hat, wurde jedoch bei der Schmerzensgeldbemessung leider erneut nicht der Schwerpunkt auf die schweren Dauerfolgen, nämlich eine völlig zerstörte Kindheit des Klägers und das sich daran anschließend auf das allerschwerste belastete Leben konzentriert, sondern auf die zum Zeitpunkt der Urteilsverkündung mehr als 40 Jahre zurückliegenden Taten. Zudem hat sich das LG Köln

- weder mit der aktuellen Rechtsprechung des BGH befasst, der mit Urt. v. 6.12.2022 erstmals in dieser Deutlichkeit betont hatte, dass er an seiner *„bisherigen einschränkenden Auslegung"* des Tatbestandsmerkmals

[3149] Jaeger, Sexueller Missbrauch und Gewalt – Wege zu hohen Anerkennungsleistungen und Entschädigungen; Jaeger MDR 2024, 818 ff.; Schmitz SRa 2024, 156 ff.; Jaeger VersR 2023, 209 sowie für Österreich s. Fenyves/Kerschner/Vonkilch/Danzl ABGB: Großkommentar §§ 1328–1329 ABGB Rn. 43–45.

[3150] Bis 2021 wurden auch mehr als 800 Missbrauchsfälle der evangelischen Kirche und der Diakonie bekannt; der Abschlussbericht des von der EKD beauftragten Forschungsverbundes ForuM geht „als Spitze der Spitze des Eisbergs" jedoch von bundesweit 9.355 Kindern und Jugendlichen aus; – nur für die evangelische Kirche.

[3151] LG Köln BeckRS 2023, 13315 → Nr. 7204.

[3152] ZDF Missbrauch-Entschädigung „Ein Tropfen auf den heißen Stein" Beitrag vom 2.11.2022; WDR „Schmerzensgeld-Prozess gegen das Erzbistum Köln – Richter bietet Vergleich an", Beitrag v. 6.12.2022; WDR aktuell „Geld oder Moral: Das Dilemma der Kirche im Missbrauchs-Skandal", Beitrag v. 5.12.2022.

[3153] Quelle: Finanzbericht 2022 des Erzbistums Köln.

[3154] Vgl. dazu Jaeger VersR 2022, 1129 (1132).

[3155] LG Köln BeckRS 2023, 13315 → Nr. 7204.

[3156] BGH BeckRS 1961, 30384015.

[3157] LG Köln BeckRS 2023, 13315 → Nr. 7204.

[3158] Vgl. dazu auch OGH BeckRS 2025, 2125 Rn. 35 (der OGH spricht von „Organ" oder „organschaftliche Funktion").

[3159] LG Köln 27.1.2025 – 5 O 192/24.

der Gesundheitsverletzung nicht länger festhält und vielmehr eine psychische Störung von Krankheitswert ebenso als eine Gesundheitsverletzung im Sinne des § 823 Abs. 1 BGB betrachtet wie eine physische Verletzung und wörtlich ausführte, er halte *„diese Änderung im Sinn einer konsequenten Gleichstellung von physischen und psychischen Beeinträchtigungen im Rahmen des § 823 Abs. 1 BGB für geboten;"*[3160]

- noch hat sich das LG Köln vor diesem rechtlichen Hintergrund ausreichend mit der aktuellen Rechtsprechung zur Schmerzensgeldbemessung auseinandergesetzt, denn andernfalls hätte sich das LG Köln nicht an den vermeintlich bislang höchsten Schmerzensgeldbeträgen von 500.000 EUR orientiert, sondern an den Fällen des LG Limburg oder des OLG Oldenburg bzw. LG Aurich, die in schwersten physischen Verletzungen (s. dazu oben → **Rn. 268**) 1.000.000 EUR bzw. 800.000 EUR zuerkannt hatten.
- Auch eine Berücksichtigung der individuellen Folgen der vom Kläger erlittenen seelischen Qualen fand durch das LG Köln ebenso wenig statt[3161] wie die Berücksichtigung der Genugtuungskomponente, der gerade in derartigen Missbrauchsfällen eine prägende Bedeutung zukommt.[3162]

Das LG Köln hat somit die erste Chance nicht genutzt, in einem solch extrem schweren Fall, wie dem des Georg Menne, nach hundertfach erlittenem Missbrauch und den daraus zwangsläufig resultierenden und im konkreten Fall auch bewiesener Maßen vorhandenen extremen psychischen Dauerfolgen einen Schmerzensgeldbetrag zuzusprechen, der der aktuellen Rechtsprechung für lebenszerstörende Dauerfolgen nach bzw. wegen allerschwerster physischer Körperverletzungen entspricht. Insofern bleibt zu hoffen, dass die Instanzgerichte und aktuell die Landgerichte Hildesheim und Trier (s. oben → Rn. 305) sich künftig bei der Schmerzensgeldbemessung an der oben unter → **Rn. 271** aufgezeigten aktuellen Rechtsprechung in Fällen schwerster Dauerfolgen bei körperlich verletzten Personen orientieren.

Schwer erneut enttäuscht wurde diese Erwartungshaltung vieler Betroffener und insbesondere der jeweiligen Kläger jedoch in den vom **LG Köln mit Urteil vom 1.7.2025** – 5 O 220/23[3163] und **LG Essen mit Urteil vom 25.4.2025** – 16 O 204/24[3164] entschiedenen Missbrauchsfällen. Beide Klagen wurden hinsichtlich der Anträge auf Schmerzensgeldzahlungen als unbegründet abgewiesen.

Die beiden Fälle seien nachfolgend näher erläutert:

Im Fall, über den das **LG Köln** zu entscheiden hatte und dessen widerliche Einzelheiten unter → Nr. 7723 auch nur ansatzweise dargelegt werden konnten, begründete das LG seine Klagabweisung damit, dass der Kleriker, der sein Opfer über viele Jahre hinweg mindestens 300mal, überwiegend im Pfarrhaus, vergewaltigt und missbraucht hatte, dabei stets als Privatmann gehandelt habe, denn es habe insofern „die Besonderheit" bestanden, dass die Klägerin dem ehemaligen Priester als Pflegekind anvertraut gewesen sei. Dabei sei die Sorge für ein Pflegekind, die vom damaligen Kardinal und Erzbischof von Köln, Joseph Höffner unter der *„Auflage, dass die Kinder katholisch getauft würden und B.H. [ergänze: der Täter] eine Haushälterin einstellen werde"*,[3165] zwar genehmigt, jedoch letztendlich durch einen staatlichen Akt begründet worden. *„Die Sorge für ein Pflegekind wird durch einen staatlichen Akt begründet. Ein Zusammenhang zur kirchlichen Tätigkeit scheidet aus Sicht der Kammer bereits deshalb aus"*, so das LG, das sodann betonte, dass auch *„eine Haftung des beklagten Erzbistums… nicht deshalb [bestehe], weil es den Täter nicht hinreichend überwacht hat"*.[3166]

Das LG weist dabei unter Verweis auf eine BGH-Entscheidung aus dem Jahr 2003[3167] zunächst daraufhin, dass mit Bezug auf Religionsgemeinschaften die Ausübung eines öffentlichen Amtes nicht nur in Fällen angenommen werden könne, in denen die Kirche „Staatsaufgaben" erfülle oder auf dem „Gebiet des Kirchensteuerrechts" tätig werde, Bedienstete der Kirche können vielmehr in Ausübung eines öffentlichen Amtes iSd § 839 BGB tätig sein, auch wenn sie insoweit „keine Hoheitsgewalt" ausüben, die mit der staatlichen vergleichbar ist. Sodann bezieht sich das LG auf eine BGH-Entscheidung aus dem Jahr 1961, bei der es um die Haftung eines kirchlichen Mitarbeiters bei einem Verkehrsunfall und die damit verbundene Frage ging, ob dieser in Ausübung eines öffentlichen Amtes gehandelt hatte, wobei der BGH bereits damals festgestellt hatte, dass die Anwendung des § 839 BGB und Art. 34 GG auf kirchliche Beamte möglich sei, wenn diese in Ausübung eines öffentlichen Amtes handeln. Vor diesem Hintergrund schlägt das LG sodann den Bogen auf die Haftung der Kirche im konkreten Missbrauchsfall und betont insofern: *„Voraussetzung ist indes stets, dass die Tat als Ausübung eines öffentlichen Amtes qualifiziert werden kann. Entscheidend ist, ob die eigentliche Zielsetzung, mit der die handelnde Person tätig wird, kirchlicher Tätigkeit im Sinne ihres Auftrags in der Gesellschaft*

[3160] BGH BeckRS 2022, 38714 sowie r+s 2023, 130 mAnm Slizyk.
[3161] Jaeger Sexueller Missbrauch und Gewalt, 186 (187).
[3162] Jaeger Sexueller Missbrauch und Gewalt, 191.
[3163] LG Köln BeckRS BeckRS 2025, 14822 → Nr. 7723.
[3164] LG Essen BeckRS 2025, 9575 → Nr. 7716.
[3165] LG Köln BeckRS BeckRS 2025, 14822.
[3166] LG Köln BeckRS BeckRS 2025, 14822.
[3167] BGH BeckRS 2003, 2423.

zuzurechnen ist und ob zwischen dieser Zielsetzung und schädigender Handlung ein enger äußerer und innerer Zusammenhang besteht." Um dies zu bestärken, zitiert das LG nun eine aktuelle Entscheidung des LG Aachen, bei der der Kläger als Schüler von einem Lehrer während erteilter Nachhilfestunden im Fach Deutsch missbraucht worden war. Der Lehrer stand zugleich auch als Kaplan in den Diensten des beklagten Bistums. Das LG Aachen sah deshalb das beklagte Bistum als nicht passivlegitimiert an und begründete dies: *„Dass Herr C. als Kaplan für das beklagte Bistum, also auch als Kleriker tätig war, reicht für sich genommen nicht aus, um eine Haftung der Beklagten zu begründen. Die Amtsinhaberschaft allein lässt nicht sämtliches Handeln des Klerikers „kirchlich" werden; vielmehr bedarf es stets einer Würdigung der Umstände des Einzelfalls, insbesondere des Kontexts der konkreten Handlung. Im hiesigen Fall zeigen die tatsächlichen Umstände des sexuellen Missbrauchs zu Lasten des Klägers keinen hinreichenden Zusammenhang zu der klerikalen Tätigkeit des Herrn C. für das beklagte Bistum auf. … Das Nachhilfeangebot stand nicht in Zusammenhang mit der Religionsausübung des Klägers oder des Herrn C., sondern in Zusammenhang mit der schulischen Bildung des Klägers an einer staatlichen Schule. Herr C. war für den Kläger angesichts dessen nicht aufgrund seiner Stellung bei dem beklagten Bistum eine Vertrauensperson, sondern aufgrund seiner Stellung an Lehrer. Am Tag des Missbrauchs holte Herr C. den Kläger sodann auch an der Berufsschule in H. am Ende des Schultages in seinem privaten Fahrzeug ab und fuhr ihn, nachdem er ihn missbraucht hatte, wieder zur Berufsschule zurück. Der Missbrauch fand in der privaten Wohnung des Herrn C. statt, nicht in kirchlichen Räumen. Herr C. hat insofern das Vertrauen missbraucht, das der Kläger ihm in seiner Stellung als sein Lehrer entgegengebracht hat, nicht hingegen ein Vertrauen, das Herr C. ihm als Seelsorger vermittelt hätte."*[3168] Im Wesentlichen vor dem Hintergrund dieser Entscheidung begründete das LG Köln sodann seine Klagabweisung lapidar damit, dass ein Zusammenhang zur kirchlichen Tätigkeit bereits aus dem Grund ausscheide, da die Sorge für ein Pflegekind durch einen staatlichen Akt begründet werde.

Das LG Aachen, auf das sich das LG Köln insofern maßgebend bezog, hatte mit seinem Urteil zwei **wesentliche Kriterien** für die Beantwortung der Frage, ob Missbrauchstaten dem „Handeln des Klerikers" zuzuordnen sind und somit „kirchlich" werden,[3169] geliefert: Zum einen den **Ort des Missbrauchs** (private Wohnung versus kirchliche Räume) und die **Basis des Vertrauens als Grundlage für die Taten** (Stellung als Lehrer versus Vertrauen als Seelsorger). Dies scheint das LG Köln jedoch übersehen zu haben. Denn beide Kriterien wurden in dem vom LG Köln entschiedenen Fall in geradezu beispielhafter Weise und mehr als eindeutig als „kirchlich" erfüllt:

- **Zum Ort der Taten:** Der Missbrauch bzw. die insgesamt rund 300 Vergewaltigungen und Missbrauchshandlungen fanden ganz überwiegend **im Pfarrhaus** der kleinen Gemeinde Alfter (Rhein-Sieg-Kreis) statt, in der er damals zunächst als Diakon tätig war. Die Wohnung des Klerikers, der damals zunächst als Diakon tätig war, befand sich im zweiten Stock des Pfarrhauses und bestand aus zwei Schlafzimmern mit je einem Bett. In einem Schlafzimmer übernachtete der Junge (der Kleriker hatte zwei Minderjährige in diese Wohnung aufgenommen; einen Jungen sowie die Klägerin). Das zweite Schlafzimmer teilte sich der Täter mit der Klägerin, die inzwischen 13 Jahre alt war. Im unteren Bereich des Pfarrhauses befand sich das Büro der Pfarrei und die Wohnung des Zeugen A. (damaliger Priester der Gemeinde), der damals der Vorgesetzte des Diakons war; der Zeuge A gab vor dem LG Köln an, *„er sei zwar der Dienstvorgesetzte von* B.U. [= Täter] *gewesen, habe es aber nicht als seine Pflicht angesehen, zu schauen, wie dieser mit den Kindern im Pfarrhaus gelebt habe."*[3170]
- **Zum Vertrauen als Grundlage für die Taten:** Der Kleriker hatte sich der Klägerin, die damals als Waisenkind im katholischen Waisenhaus „Maria im Walde" in Bonn lebte, bereits während seiner Studienzeit, in der er auch als Erzieher in diesem Heim beschäftigt war, genähert und ihr Vertrauen durch intensive Zuneigung und das Geschenk einer kleinen Katze gewonnen. Dabei baute er über Jahre hinweg – der Zeitraum der Missbrauchstaten erstreck sich über mehr als acht Jahre – planmäßig und unter Ausnutzung seiner wachsenden klerikalen Position (1977/78 Erzieher im kirchlichen Waisenheim, 1979 Diakon, ab 1980 Priester/Kaplan) eine asymmetrische Vertrauensbeziehung zu dem minderjährigen Mädchen auf. Noch während ihres Heimaufenthaltes vergewaltigte und missbrauchte der Kleriker die damals Elfjährige. Sodann zog er mit ihr und einem ebenfalls minderjährigen Jungen in das Pfarrhaus in Alfter, wo er zunächst als Diakon tätig war. Die Übernahme der beiden Kinder als Pflegekinder war dem zu dieser Zeit 28-jährigen Diakon durch das Jugendamt Bonn und den damaligen Kardinal und Erzbischof von Köln, Joseph Höffner, genehmigt worden, – jedoch unter der *„Auflage, dass die Kinder katholisch getauft würden und B.U. [ergänze: der Täter] eine Haushälterin einstellen werde"*.[3171] Der Auflage des Erzbischofs entsprechend wurde die Klägerin getauft, – eine Haushälterin wurde jedoch nie eingestellt. Der Kleriker lebte somit allein im Obergeschoss des Pfarrhauses, in dem unter ihm der Priester wohnte, mit den beiden Kindern und vergewaltigte die Klägerin dort regelmäßig nahezu wöchentlich.

3168 LG Aachen BeckRS 2024, 26920 Rn. 17.
3169 LG Aachen BeckRS 2024, 26920 Rn. 17.
3170 LG Köln BeckRS BeckRS 2025, 14822.
3171 LG Köln BeckRS BeckRS 2025, 14822.

Vor dem Hintergrund dieser Fakten, die sich zum einen aus der Beweisaufnahme des LG Köln sowie auch aus der Strafakte[3172] – der Kleriker wurde 2022 wegen dieser und einer großen Anzahl weiterer Missbrauchstaten an acht weiteren Mädchen, die er in einem Gesamtzeitraum von insgesamt ca. 40 Jahren begangen hatte, zu einer Freiheitsstrafe von 12 Jahren verurteilt – ergeben, ist es nicht nachvollziehbar, dass das LG Köln hier keinen *„Zusammenhang zur kirchlichen Tätigkeit"* erkannt hat. Dies gilt insbesondere vor dem Hintergrund der Begehung einer Vielzahl der Vergewaltigungen und Missbrauchstaten im Pfarrhaus, das die katholische Kirche selbst so definiert: ***„Das Pfarrhaus hat eine eminent seelsorgliche Funktion. Denn es ist Wohnung des Priesters und zugleich eine wichtige Kontaktstelle für die Pfarrgemeinde, ein Ort, wo Menschen einander begegnen."***[3173]

Ebenfalls unverständlich ist die weitere Beurteilung des LG Köln hinsichtlich des Sachverhaltes, in Bezug auf die Haftung des beklagten Bistums wegen nicht hinreichender Überwachung ihres Mitarbeiters, dh des Täters. Zwar seien, so das LG in seiner Pressemitteilung, im Grundsatz Handlungspflichten des Erzbistums Köln im Zusammenhang mit der Aufklärung eines beruflichen oder persönlichen Fehlverhaltens eines Priesters denkbar. Würden einzelne Missbrauchsfälle den Leitungspersonen des Bistums bekannt werden und würden diese dann nicht eingreifen, um dem Missbrauchstäter Einhalt zu gebieten, käme ein Haftungsanspruch wegen Amtspflichtverletzung der Leitungspersonen des Bistums durch Unterlassen deliktischer Sorgfaltspflichten sowie Fürsorgepflichten durchaus in Betracht. *„Eine Amtspflichtverletzung wäre ausgehend von diesen Grundsätzen also anzunehmen, wenn Organe oder andere Amtsträger des beklagten Erzbistums Anhaltspunkte für die Begehung von Straftaten durch B.U [= der Kleriker/Täter] hatten, aber dennoch nicht eingeschritten sind."*[3174]

Anhaltspunkte für die Begehung von sexuellen Übergriffen und Missbrauch gab es in diesem konkreten Fall massenhaft, nachfolgend seien nur einige benannt:

1. Übernachtungen der Klägerin (noch zur Zeit, als sie im Waisenheim lebte) im Priesterseminar und dort im Schlafraum des Klerikers, der damals noch Theologiestudent war. Dazu heißt es im Urteil: *„Diese Besuche waren auch nicht geheim. Vielmehr haben die Klägerin und der Zeuge G. [= der minderjährige Junge, der später ebenfalls im Pfarrhaus lebte] geschildert, dass jeweils ihre Namen am Eingang erfasst worden seien. Beide haben übereinstimmend berichtet, dass sich andere Seminaristen über ihr Verhalten beschwert hätten…"*.[3175]
2. Gemeinsamer Besuch des Klerikers (noch als Erzieher) und der Klägerin im Schwimmbad und anschließendes gemeinsames Duschen.
3. Einzug der beiden minderjährigen Waisenheimkinder, dh der Klägerin und des bereits erwähnten Jungen, in die aus nur zwei Schlafräumen bestehende Dachgeschosswohnung im Pfarrhaus der Gemeinde Alfter, in deren Erdgeschoss der Pfarrer und Vorgesetzte des damaligen Diakons lebte.
4. Regelmäßige Vergewaltigungen, insbesondere an Samstagen und dabei häufig in der Badewanne der Dachgeschosswohnung im Pfarrhaus.
5. Schwangerschaft der Klägerin im Alter von 15 Jahren; sie lebte damals noch immer im benannten Pfarrhaus.
6. Magersucht mit Selbstverletzungen und
7. Rauschgiftkonsum als Folge des auch nach dem vom Kleriker gemeinsam mit einem illegal arbeitenden Frauenarzt auf perfide Weise heimlich durchgeführten Schwangerschaftsabbruchs (s. zu diesem im Tabellenteil unter → Nr. 7723 und dort unter „Verletzungen").

Das LG Köln spricht in seinem Urteil selbst nicht von Beweisen, sondern von „Anhaltspunkten" für die Begehung von Straftaten. Selbst wenn die ersten beiden Anhaltspunkte bei den „Organen oder anderen Amtsträgern" noch nicht ausgereicht hatten, um einzugreifen, so hätte doch spätestens der Einzug eines Diakons (hier des Täters) – der nach dem Verständnis der katholischen Kirche als Diener, Helfer und Bote in der Pfarrei den Priester oder Pfarrer als Leiter einer Pfarrgemeinde in vielen seiner Aufgaben unterstützt – mit zwei minderjährigen Waisenheimkindern in das Pfarrhaus in Alfter ausreichen müssen, um das schändliche und strafrechtlich relevante Treiben des Klerikers zu stoppen. Dies gilt insbesondre vor dem Hintergrund der im Urteil des LG beschriebenen Wohnung, die der Diakon zusammen mit den beiden Minderjährigen damals bezogen hatte und die nur aus zwei Schlafzimmern mit je einem Bett bestanden; sich dabei – wie dies das LG tat – darauf zurückzuziehen, dass in einem der beiden Zimmer auch noch eine Schlafcouch gestanden habe, so dass *„ein Besucher … nicht zwangsläufig den Rückschluss ziehen [musste], dass der B.U.* [ergänze: Diakon/Täter] *mit der Klägerin in einem Bett übernachtet"*, mutet absurd an. Ebenso wie die offensichtlich – eine Auseinandersetzung mit dieser Aussage ist dem Urteil nicht zu entnehmen – unbewertete Einlassung des Pfarrers, wonach er *„zwar der Dienstvorgesetzte von B.U. [= Täter]"* gewesen sei, es *„aber nicht als seine Pflicht angesehen [habe] zu schauen, wie dieser mit den Kindern im Pfarrhaus gelebt habe."* Dazu hätte der Hinweis

[3172] LG Köln 25.2.2022 – 102 Kls 17/20. Lt. Impressum dieser website ist pastoral.at „eine Initiativ-Website der Katholischen Kirche in Österreich." Hervorhebungen durch den Autor.
[3173] www.pastoral.at → Pfarrhaushälterin.
[3174] LG Köln BeckRS BeckRS 2025, 14822.
[3175] LG Köln BeckRS BeckRS 2025, 14822.

genügt, dass ihm als Leiter der Pfarrei und des Pfarrhauses sehr wohl die Pflicht oblag, sich um die Einhaltung der rechtlichen und sittlichen Regeln im Zusammenhang mit dauerhaften Bewohnern des Pfarrhauses zu kümmern, zumal ihm insofern bereits zwei Kriterien hätten leiten müssen: Die beengten Verhältnisse der vom Diakon bezogenen Wohnung und der Einzug von ihm nebst zwei minderjährigen Kindern. Ebenfalls nicht entgangen sein konnte dem Pfarrer, dass der Einzug der beiden Minderjährigen an die Auflage des Erzbischofs geknüpft worden war, dass die beiden Kinder getauft würden und eine Haushälterin in das Pfarrhaus einzieht.

Neben den oben benannten Gründen, die durchaus ausreichen, eine Haftung des beklagten Erzbistums zu begründen, war auch das Ignorieren bzw. die fehlende Umsetzung und die fehlende Kontrolle bzw. Überwachung der Durchführung der zweiten Auflage des Erzbischofs, deren Realisierung dem Pfarrer als Leiter der Pfarrei und des Pfarrhauses oblag, zusätzlich mitursächlich dafür, dass der Diakon in der Dachgeschosswohnung über mehrere Jahre hinweg ungestört und nahezu wöchentlich seine Missbrauchstaten an der Klägerin durchführen konnte. Denn alleine vor dem Hintergrund der Tatsache, dass es einem 28-jährigen Mann vom Bistum „genehmigt" wurde, ein erst 13-jähriges Mädchen als Pflegekind bei sich bzw. im Pfarrhaus und dort in seinem Schlafzimmer aufzunehmen, widerspricht allen Regeln der Vernunft sowie auch den auch damals bereits geltenden rechtlichen Regeln und stellte eine ganz erhebliche und sich geradezu aufdrängende Gefahr für die Schutzbefohlene, dh für die Klägerin, dar. Ungeachtet des Fehlverhaltens des staatlichen Jugendamtes hätte der Erzbischof dies sowohl nach kirchlichem wie auch nach staatlichem Recht nicht genehmigen dürfen und – wenn er die Genehmigung schon aufgrund eigener Bedenken an die Auflage des Hinzuziehens einer Haushälterin knüpft – diese Auflage eng überwachen und im Falle der Nichteinhaltung einschreiten müssen.

Die Betroffenen-Initiative „Eckiger Tisch e.V." zitiert das Urteil des LG Köln als *„schweren Schlag für die Betroffenen"* im Kampf um einen gerechten Ausgleich für das durch die katholische Kirche und ihre Priester angerichtetes Leid; der gemeinnützige Verein, der sich um Menschen kümmert, die in ihr Kindheit von Klerikern der katholischen Kirche missbraucht worden waren, weist darauf hin, dass das Urteil *„eine Schande für den Rechtsstaat"* sei und führte dazu sehr zutreffend aus: *„Fortgesetzter sexueller Missbrauch, Abtreibungen ohne Wissen und gegen den Willen des betroffenen Mädchens, unter den Augen seiner Vorgesetzten, im Pfarrhaus, quasi auf offener Bühne einer Gemeinde, durch einen jungen Mann, der versprochen hatte zölibatär zu leben und seine ganze Kraft der Verkündung der frohen Botschaft von der Liebe Gottes zu den Menschen zu widmen – dies zur Privatangelegenheit zu erklären, zeugt von einer bemerkenswerten Unkenntnis der katholischen Amtskirche und ihrer Lehre. Dass die Richter nicht bereit waren anzuerkennen, dass diese Verbrechen nur möglich waren, weil der Täter ein Priester der katholischen Kirche war, zeugt entweder von einer Voreingenommenheit zugunsten der Kölner Kirche oder von einer Verweigerung logischen Denkens. Kein Jugendamt hätte es einem 28-jährigen unverheiratetem Mann ohne abgeschlossene Berufsausbildung und unsicheren Einkommensverhältnissen erlaubt, ein minderjähriges Mädchen in seine Wohnung aufzunehmen. Sein Wunsch hätte Verdacht erregt. Dies war nur möglich, weil es sich um einen katholischen Priester handelte. Der automatisch und qua Amt in gesicherten Verhältnissen lebt, und der eingebettet in eine amtskirchliche Struktur, zusammen mit einem Dienstvorgesetzten in einer Dienstwohnung wohnt. Das Priesteramt hat diese Verbrechen erst ermöglicht."*[3176]

Im Fall, den das **LG Essen** zu entscheiden hatte, verwies das LG Essen hinsichtlich der auf mindestens 300.000 EUR gerichtete Klage darauf, dass die vorgerichtlich durch die „Unabhängige Kommission für Anerkennungsleistungen (UKA)" – s. dazu nachfolgend unter → **Rn. 307d** –[3177] vorgeschlagene und von der Beklagten gezahlte Anerkennungsleistung iHv 45.000 EUR ausreichend und angemessen sei und wies den diesbezüglichen Klagantrag des Missbrauchsopfers als unbegründet ab.

Der Kläger, Wilfried Fesselmann, war 1979 als Schüler vom damaligen Kaplan mittels einer List in das Pfarrhaus gelockt und dort schwer sexuell missbraucht bzw. oral vergewaltigt worden, nachdem dieser ihn zuvor mit Alkohol willens- und wehrlos gemacht und sodann die Zimmertüre verschlossen hatte. Das LG sah den Tathergang durch die Beweisaufnahme als bestätigt und die Darstellung des Klägers als glaubhaft und widerspruchsfrei an, wies die Klage jedoch ab und führte dazu aus: *„Ein höheres Schmerzensgeld über 45.000,00 € erachtet die Kammer hingegen auch nach dem klägerischen Vortrag nicht für angemessen. Nach dem eigenen Vortrag des Klägers ist es diesem gelungen, sich ein Leben aufzubauen. Er ist verheiratet und hat drei Kinder. Er hat sich, wenn auch unter Einschränkungen, wieder in das Berufsleben eingegliedert und konnte auch bezüglich einzelner psychischen Beeinträchtigungen eine Besserung beschreiben. Insoweit hat der Kläger mit Ausnahme der kurzzeitigen Therapie mit 10 Sitzungen im Jahr 2006 keine weitere Therapie begonnen und sieht offenkundig selbst keine Veranlassung eine weitere therapeutische Aufarbeitung vornehmen zu müssen. Zudem ist es dem Kläger selbst gelungen, sein als problematisch wahrgenommenes Trinkverhalten mit Unterstützung seiner Ehefrau im Griff zu behalten. Die beschrieben psychischen Beeinträchtigungen sowie die vorgetragenen emotionalen Belastungen als Opfer einer kirchlichen Missbrauchstat*

[3176] Eckiger Tisch e. V., www.eckiger-tisch.de → Aktuelles v. 3.7.2025.
[3177] S. dazu Jaeger Sexueller Missbrauch und Gewalt, 89 ff.

sind insoweit auch nicht geeignet ein höheres Schmerzensgeld zu begründen." Abschließend verwies das LG darauf, dass es sich im *„Rahmen seines Ermessens ...mit vergleichbaren Referenzentscheidungen auseinandergesetzt"* habe, wobei danach eine *„anderweitige Bemessung des Schmerzensgeldes ... nicht angezeigt"* gewesen sei.

Die Entscheidung des LG Essen ist in mehrfacher Hinsicht unzutreffend und in der Beurteilung des Falles sowie der Bemessung des Schmerzensgeldes fehlerhaft und dies aus folgenden Gründen:

Bei der Schmerzensgeldbemessung von Vergewaltigungs- und Missbrauchsfällen der vorliegenden Art ist nicht nur der eigentliche Tathergang und dessen unmittelbare Folgen, wie Panik, Angst, Ekel, Ohnmacht, Scham- und Schuldgefühle, Selbstvorwürfe etc. zu berücksichtigen, sondern und in besonderem Maße auch die Persönlichkeitsänderung und Lebensbeeinträchtigung in all ihren Ausprägungen bis hin zu den unter ICD 10 F60 ff.[3178] Beschriebenen. Für die Schmerzensgeldbemessung kommt dabei der Dauer bzw. dem zeitlichen Rahmen, über welchen sich eine solche Veränderung und/oder Beeinträchtigung erstreckt, eine ganz entscheidende Rolle zu. Dabei ist stets auch die Beeinträchtigung der Lebensführung und die Reduzierung von Entfaltungsmöglichkeiten als solche mit in die Bemessung einzubeziehen, und zwar unabhängig von einem damit einhergehenden Verlust an Lebensfreude.[3179] Und schließlich gilt es bei derartigen Fällen – wie auch dem, der dem LG Essen zur Entscheidung vorlag – die Genugtuungsfunktion nicht nur als solche, dh aufgrund der am Kläger vorsätzlich begangenen Straftat deutlich schmerzensgelderhöhend zu berücksichtigen, sondern vor dem Hintergrund der klerikalen Machtstrukturen und des Machtmissbrauchs des einzelnen Täters, der – wie im Fall des LG Essen – den Jungen nach einer Ferienfreizeit, die er als Pfarrer organisiert und anschließend mit einer List in das Pfarrhaus gelockt hatte und ihm nach der oralen Vergewaltigung schriftlich befahl, *„mit niemanden darüber zu sprechen und alles schnell zu vergessen"*.

All dies hatte das LG in keiner Weise berücksichtigt. Nach Angaben des Klägers, die das LG als *„glaubhaft"* bezeichnet hatte, fing dieser, dessen Alter in der veröffentlichten Entscheidung des LG Essen unverständlicherweise ausgeixt wurde, *„unmittelbar nach der Tat mit dem Alkoholkonsum"* an und war *„seit seiner Jugend alkoholabhängig"* und konnte *„in dem Zeitraum von 1999 bis 2015 wegen starker Panikattacken nicht arbeiten"*. Demnach erstreckte sich der Leidenszeitraum, der mit dem Jahr 2015 jedoch nicht als beendet angesehen werden kann, da der Kläger *„bis heute ... unter einer posttraumatischen Belastungsstörung, Schlafstörungen mit nächtlichen Flashbacks, Angstzuständen, Anpassungsstörungen, einer Sexualstörung, Migräneattacken und Depressionen"* leidet, über nahezu seine gesamte Lebenszeit, gemessen ab der Tatzeit im Jahr 1979. Dass sich das LG Essen damit und mit der Dimension dieser Lebensbeeinträchtigung auseinandergesetzt hat, lässt sich dem Urteil ebenso wenig entnehmen, wie eine angemessene Berücksichtigung der Genugtuungsfunktion vor dem Hintergrund der oben benannten Ausgangsbasis der Tat und des dabei täterseits eingesetzten Machtmissbrauchs und Nachtatverhaltens. Stattdessen führt das LG – quasi als schmerzensgeldmindernd anzusehenden Aspekt an – dass *„es dem Kläger selbst gelungen* [sei], *sein als problematisch wahrgenommenes Trinkverhalten mit Unterstützung seiner Ehefrau im Griff zu behalten"* und dass *„allerdings eine öffentliche Aufarbeitung stattgefunden hat, die eine erhebliche Rufschädigung der katholischen Kirche zur Folge hatte"*. Eine völlig unverständliche Argumentation, die zudem auch noch äußerst zynisch ist, was deutlich wird, sofern ein Gericht gegenüber einem Querschnittsgelähmten argumentieren würde, er habe seine problematische Mobilität durch Unterstützung mittels seines Rollstuhls wieder in den Griff bekommen.

Auch der Hinweis des LG Essen, es habe sich *„mit vergleichbaren Referenzentscheidungen auseinandergesetzt"* und eine *„Sichtung dieser Referenzentscheidungen"* in die Schmerzensgeldbemessung einbezogen, wirft – vorsichtig formuliert – Fragen auf. Das LG ließ nämlich offen, um welche „Referenzentscheidungen" es sich dabei gehandelt haben soll. Dem Autor sind, trotz eigener Urteilssammlung von mehr als 7.700 Gerichtsentscheidungen, keine Referenzentscheidungen deutscher Instanzgerichte zu vergleichbaren Missbrauchsfällen bekannt. Auch Jaeger weist in seinem Buch „Sexueller Missbrauch und Gewalt" 1. Aufl. 2024 auf S. 56 darauf hin, dass es bislang *„keine einzige vergleichbare Entscheidung [gibt], die ein Schmerzensgeld nach einem sexuellen Missbrauch von Minderjährigen ... durch Kleriker zuerkennt."* Trotz aller berechtigter Kritik an den soeben vorgestellten beiden Entscheidung kann die Entscheidung des LG Köln aber dennoch als ein weiterer, wenn auch nur sehr kleiner Schritt auf dem wohl noch langen Weg zur konsequenten Gleichstellung von physischen und psychischen Beeinträchtigungen[3180] im Zusammenhang mit Missbrauchs- und Vergewaltigungsfällen, nicht nur seitens der Kirche, angesehen werden und stellt somit, wie dies Lothar Jaeger unmittelbar nach der Urteilsverkündung gegenüber dem ARD[3181] kommentierte, einen Hoffnungsschimmer für diejenigen Missbrauchsopfer dar, die bislang mit 20.000, 30.000 oder 50.000 EUR abgefunden worden sind, auch wenn

[3178] ICD 10 F ICD 10 F ist eine international geltende Klassifizierung von psychischen Erkrankungen, posttraumatischen Belastungsstörungen und Verhaltensstörungen.

[3179] Vgl. dazu auch BGH BeckRS 2022, 6623; Jaeger VersR 2021, 84 (88) sowie Slizyk NJW 2021, 3757 (3760).

[3180] Vgl. dazu BGH BeckRS 2022, 38714 sowie r+s 2023, 130 mAnm Slizyk sowie Jaeger Sexueller Missbrauch und Gewalt, 76.

[3181] Tagesschau vom 13.6.2023.

es für den Kläger Georg Menne bei Weitem nicht das ergab, was gerade ihm zugestanden hätte. Dass das LG Essen nun wie oben dargestellt entschieden hat und die von der UKA festgelegte Anerkennungsleistung iHv 45.000 EUR als ausreichend ansah, dämpft jedoch diese Hoffnung sehr, zumal vor dem Hintergrund, dass das LG Essen insofern bei der Bemessung des immateriellen Schadensersatzes auf *„vergleichbare Referenzentscheidungen anderer Gerichte"* verwiesen hatte und dabei unbeachtet ließ oder es übersah, dass die psychischen Folgen derartiger Missbrauchsfälle für die Opfer eine extreme Zäsur bedeuten und es für die Opfer nach den an ihnen verübten Gewalttaten in vielen Fällen nicht mehr möglich ist, in ein normales Leben zurückzufinden, Die **lebenslaufvernichtenden Folgen solcher Taten** müssen, sofern diese gegeben sind, zu einer **Gleichstellung von Schmerzensgeldbeträgen mit den Fällen schwerer Körperschäden**(vgl. dazu oben → **Rn. 307a**) führen, für welche inzwischen Beträge zwischen 800.000 EUR bis 1.000.000 EUR zugesprochen werden.

307d Am 1.1.2021 hat die katholische Kirche die **„Neue Ordnung für das Verfahren zur Anerkennung des Leids für Betroffene sexuellen Missbrauchs im kirchlichen Kontext"** als Grundlage für „Anerkennungsleistungen" geschaffen, ohne den Betroffenen insofern ein Recht auf Akteneinsicht zu gewähren; dieses wurde nun, gut zwei Jahre später, durch eine Änderung der Verfahrensordnung zum 1.3.2023 nachgeholt. Dabei lässt bereits der Begriff **„Anerkennungsleistung"** aufhorchen, mit der die Kirche die Anerkennung des oftmals ihr gesamtes weiteres Leben massiv belastende Leid der Missbrauchsopfer zunächst in Frage stellt und erst nach einem aufwendigen Anerkennungsverfahren zu einer geringen Leistung bereit ist.

Nach dieser „neuen Ordnung" – so behauptet die katholische Kirche – könnten die Opfer bis zu 50.000 EUR Schmerzensgeld erhalten, wobei man sich „grundsätzlich an Urteilen staatlicher Gerichte zu Schmerzensgeldern orientieren" wolle. Letzteres ist schon im Ansatz falsch, denn bis zur Verkündung des Urteils des LG Köln am 13.6.2023 existierte nicht ein einziges Urteil staatlicher Gerichte zum sexuellen Missbrauch durch Kleriker, an welchem sich die katholische Kirche hätte orientieren können.[3182] Doch auch im Weiteren erfolgte diese Aussage der UKA wider besseres Wissen, weil bereits lange zuvor für Sexualstraftaten Schmerzensgeldbeträge von 100.000 EUR (LG Wuppertal)[3183] und 150.000 EUR (Verden)[3184] veröffentlicht wurden und somit den Verantwortlichen der Deutschen Bischofskonferenz bekannt waren bzw. bekannt sein mussten.

Dafür hat der Vorsitzende der Bischofskonferenz, Bischof Georg Bätzing, eine sogenannte **„Unabhängige Kommission für Anerkennungsleistung" (kurz: UKA)** geschaffen und mit der Durchführung des Anerkennungsverfahrens beauftragt, das sich jedoch – wie die nachfolgende Kurzdarstellung des Verfahrens zeigt – mehr als ein Bürokratiemonster als ein den Opfern zugewandtes Entschädigungsverfahren darstellt.

Das „neue Verfahren zur Anerkennung des Leids" gliedert sich nach Angaben der Bischofskonferenz in fünf Schritte:[3185]

1. Personen, die als minderjährige oder erwachsene Schutzbefohlene sexuellen Missbrauch erlebt haben, wenden sich an die unabhängigen Ansprechpersonen eines (Erz-)Bistums.
2. Diese führen ein Gespräch und können beim Ausfüllen des Antragsformulars unterstützen.
3. Der Antrag wird von der Ansprechperson oder der Diözese an die UKA weitergeleitet.
4. Die UKA legt eine Leistungshöhe fest und weist die Auszahlung an Betroffene an.
5. Die Geschäftsstelle der UKA informiert die betroffene Person sowie das zuständige Bistum und zahlt die festgelegte Summe direkt aus.

Der **Sprecher des Betroffenenbeirats bei der Deutschen Bischofskonferenz, Johannes Norpoth** – selbst Missbrauchsopfer und somit Betroffener – kritisiert dieses Verfahren deutlich und führt dazu aus: *„Gegenwärtig wird den Betroffenen abverlangt, den eigenen Fall nochmals sehr dezidiert vorzutragen. Ich persönlich habe das ganz bewusst nicht getan. Ich habe insgesamt gegenüber fünf Kirchengerichten und anderen Stellen meinen Vorgang sehr ausführlich und kleinteilig dargestellt und musste mich dafür sehr umfassend offenbaren. Ich mache das kein weiteres Mal. Um aber eine höhere Anerkennungsleistung zu erzielen, wäre das wahrscheinlich notwendig. Den Fall noch einmal so ausführlich schildern zu müssen – und das auch noch gegenüber einem Personenkreis, den sie nicht kennen – bedeutet für viele Betroffene unweigerlich eine Retraumatisierung."*

Gut fünf Jahre gibt es sie nun, die „Unabhängige Kommission für Anerkennungsleistungen". In dieser Zeit hat die UKA laut eigenen Angaben 1.839 Anträge bearbeitet[3186] und insgesamt – Stand März 2023 – über

[3182] Ebenso Jaeger Sexueller Missbrauch und Gewalt, 56.
[3183] LG Wuppertal BeckRS 2013, 3421 → Nr. 4500.
[3184] LG Verden 2.7.2008 – 101 Js 35958/09-1-6/07, bestätigt durch den BGH BeckRS 2010, 4244 → Nr. 7196.
[3185] Www.katholisch.de – Zahlung an Missbrauchsopfer: DBK stellt Unabhängige Kommission vor – Beitrag vom 29.12.2020; 1. Tätigkeitsbericht der UKA 2021, 9.
[3186] Quelle: Tätigkeitsbericht der UKA vom 3.2.2023.

Leistungen von 40.879.900 EUR entschieden. Die UKA führt in ihrer Pressemitteilung vom 3.2.2023 selbst dazu aus, dass die *„Entscheidung über die Höhe der Anerkennungsleistungen … das zentrale Element der Tätigkeit der UKA* [ist]. *Uns ist jederzeit bewusst, welche Bedeutung diese Entscheidung für die Betroffenen hat und welches Leid hinter einem jeden Antrag steht*". Aus den mit dem 2. Tätigkeitsbericht (2022) vorgelegten Zahlen ergibt sich, dass sich die Leistungshöhe für die Missbrauchten, die sich dem Verfahren gestellt hatten und denen es gelungen ist, das mehrstufige Verfahren erfolgreich zu absolvieren, zwar etwas nach oben verschoben hat, jedoch in besonders schweren Fällen noch immer weit von dem entfernt ist, was für lebenslange und massiv lebensverändernde Dauerfolgen (s. oben → **Rn. 307a**) als angemessen angesehen wird. Erhielten Betroffene, die als solche anerkannt worden waren, bis Ende 2020 durchschnittlich eine Zahlung von nur 5.000 EUR, so hat sich der Durchschnittsbetrag nun auf rund 22.230 EUR[3187] erhöht. In einigen Fällen von besonders schwerem Missbrauch – meist begangen an Frauen –[3188] erhielten die Opfer tatsächlich 50.000 EUR oder ganz vereinzelt auch mehr. In mehr als 50 % der Fälle lag die bewilligte Summe jedoch bei nur 15.000 EUR oder weit darunter.[3189]

Johannes Norpoth kommentiert dies, verbunden mit der Forderung einer Systemveränderung, zutreffend wie folgt: *„Wenn man einen Antrag an die UKA schickt, der dann mit 1.000 Euro beschieden wird, dann stellt man sich schon die Frage, ob da nicht schon Retraumatisierung anfängt: Ich bin Opfer einer Straftat, und mir wird nur eine Leistung von 1.000 Euro anerkannt. Das ist nicht nur einmal passiert. Wenn ich jedoch ein wirkliches Anerkennungssystem will und breit in der Presse vermittle, dass das System bis zu 50.000 Euro vorsieht, diese Höhe aber nur in einem sehr geringen Anteil erreicht wird, dann gibt es ein Problem im System."*[3190]

Dabei rechtfertigt sich bereits aus der **Ausgleichsfunktion** in ganz besonders schweren Missbrauchsfällen durch Kleriker (aber selbstverständlich auch durch andere Täter), wie beispielsweise im Fall von Georg Menne, bereits ein Schmerzensgeldbetrag im oberen sechsstelligen Bereich. Zudem kommt, worauf Jaeger in seinem oben bereits erwähnten Beitrag hinweist,[3191] dem **Genugtuungsbedürfnis des Opfers** bei der Haftung des Bistums anstelle des – wie im Fall Menne inzwischen verstorbenen – Missbrauchstäters oder bei Amtspflichtverletzungen der Bistumsleitung ein besonders hoher Stellenwert bei der Schmerzensgeldbemessung zu, das sich deutlich schmerzensgelderhöhend auswirken muss. In diesem Zusammenhang ist auch das ganz besondere Abhängigkeitsumfeld zu berücksichtigen, in welchem die Kleriker ihre Taten ausgeführt hatten. Die **Priester missbrauchten und vergewaltigten gezielt die ihnen in ganz besonderem, mit der Taufe begründeten, Maße anvertrauten Kirchenmitglieder** und dies in der über Jahrzehnte fest verwurzelten Erkenntnis, die Opfer würden es niemals wagen, im Lebensmilieu[3192] der Kirche ihre Peiniger anzuzeigen. Dazu heißt es bei Frings[3193] *„Die Person des Priesters war dabei in der Gemeinde hervorgehobener Repräsentant der Kirche oder sogar der Repräsentant Christi. Gerade innerhalb des katholischen Milieus des ländlichen Raums mit einer großen Geschlossenheit kamen den Priestern besondere, hervorgehobene Stellungen im sozialen Kosmos zu. Priester genossen enormes Ansehen und einen Vertrauensvorschuss. Kapläne, waren bis in die 1980er Jahre häufig für die Jugendarbeit zuständig. Die Zugriffsmöglichkeiten auf Kinder waren groß…"*.[3194] Auch und gerade die Ausnutzung dieser Machtstellung und der dementsprechende **Machtmissbrauch der Kirche** und ihrer Kleriker **zur Tatausführung** ist ebenfalls **deutlich schmerzensgelderhöhend** zu berücksichtigen.

Schließlich ist, wie von der Rechtsprechung zur Unfallschadenregulierung anerkannt (vgl. → **Rn. 128**) auch das unverständlich verzögerte und unangemessen niedrige **Regulierungsverhalten** durch die Kirche bei der Bemessung ebenfalls deutlich erhöhend zu berücksichtigen, zumal die Kirche, wie es Jaeger formuliert, *„durch Verzögerung der Aufklärung und durch Begrenzung der Entschädigung ihre Machtstellung ausgenutzt hat"*[3195] und, so könnte man ergänzen, auch weiterhin ausnutzt.

Die **Kirche und die von ihr geschaffene UKA sollte** all dies berücksichtigen und muss **aufhören, von „Anerkennung des Leids" zu sprechen** oder das „Ausfüllen eines Antragsformulars" zu fordern. Vielmehr sollte sie von sich aus für schwere Missbrauchsfälle, – ohne den sowieso schon auf das Ärgste Gepeinigten den Gang durch die Instanzen abzuverlangen – Schmerzensgelder zahlen, die sich an solchen Fällen orientieren, bei denen schwere lebenslange Dauerschäden das Leben der Opfer tiefgreifend negativ beeinflusst oder

---

[3187] Quelle: Pressemitteilung der UKA vom 3.2.2023.
[3188] Quelle: Tätigkeitsbericht der UKA vom 3.2.2023.
[3189] Quelle: Tätigkeitsbericht der UKA vom 3.2.2023.
[3190] Quelle: katholisch.de – Anerkennungsleistungen für Missbrauchsbetroffene: Problem im System – Beitrag vom 1.3.2022.
[3191] Jaeger VersR 2023, 209 (220 und 221).
[3192] Frings/Großbölting/Kracht/Powroznik/Rüschenschmidt Macht und sexueller Missbrauch in der katholischen Kirche – Betroffene, Beschuldigte und Vertuscher im Bistum Münster seit 1945, 342.
[3193] Frings/Großbölting/Kracht/Powroznik/Rüschenschmidt Macht und sexueller Missbrauch in der katholischen Kirche – Betroffene, Beschuldigte und Vertuscher im Bistum Münster seit 1945.
[3194] Frings/Großbölting/Kracht/Powroznik/Rüschenschmidt Macht und sexueller Missbrauch in der katholischen Kirche – Betroffene, Beschuldigte und Vertuscher im Bistum Münster seit 1945, 534 und 547.
[3195] Jaeger VersR 2023, 209 (224).

gar nachhaltig zerstört haben und in besonderen Fällen auch deutlich darüber hinausgehen.[3196] Dann jedoch liegt die Messlatte nicht bei 50.000 EUR, sondern derzeit bei 800.000 EUR bis 1.000.000 EUR.

Ebenso stünde es insbesondere der katholischen Kirche auch gut an bzw. ist es zu fordern, hinsichtlich der gerade in den Medien viel zitierten Fällen (Georg Menne, Wilfried Fesselmann oder „Hardy") – aber nicht nur dort, sondern auf breiter Front – absolute **Transparenz hinsichtlich des Fortgangs der Aufarbeitung** zu schaffen.

Dies ist jedoch leider nicht der Fall. Als insofern inakzeptables **Negativbeispiel** sei hier der **Fall „Hardy"** benannt, der als Opfer und als Zeuge die schweren Folgen von sexuellem Missbrauch durch Kleriker öffentlichkeitswirksam angeprangert hatte. Der heute über 70 Jahre alte Mann, der sich zum Schutz seiner Persönlichkeitsrechte „Hardy" nannte, wurde in seiner Kindheit von mehreren Priestern sexuell schwer missbraucht und erlitt infolgedessen massive psychische und körperliche Dauerschäden. Seine deshalb gegenüber dem Erzbistum Köln auf 1.000.000 EUR immateriellen Schadensersatz gerichtete Klage wurde vom Erzbistum Köln im April 2026 auf dem Weg eines außergerichtlichen Vergleichs zu einem für den Kläger *„zufriedenstellenden"*[3197] Ergebnis beendet, allerdings unter der „Auflage", über die genaue Summe des Schmerzensgeldbetrags absolutes Stillschweigen zu bewahren.

Die Kirche fährt auf diese Weise also mit ihrer **Vertuschungstaktik und gelebten Intransparenz** weiter, denn ein Stillschweigeabkommen als Teil eines außergerichtlichen Vergleiches ist ein übliches Mittel in einem ungleichen Kampf, bei dem die Machtverhältnisse von vornherein völlig zulasten der Opfer verteilt sind. Solche Knebelklauseln und Schweigeabkommen gehören zum Standardrepertoire von Großkonzernen und übermächtigen Institutionen, zu denen auch die Kirchen zu zählen sind. Sie werden immer dann eingesetzt, wenn ein David gegen einen Goliath antritt. Das Kalkül dahinter ist strategisch: Durch den vertraglichen Ausschluss der Öffentlichkeit soll verhindert werden, dass der außergerichtliche Vergleich als faktischer Präzedenzfall oder Orientierungsmaßstab für gleichgelagerte Haftungsansprüche weiterer Geschädigter herangezogen werden kann. Für die beklagten Riesen (*Goliath)* ist das eine lohnende Investition zur Risikominimierung, geht es ihnen bzw. im konkreten Fall der katholischen Kirche doch darum, um jeden Preis einen Präzedenzfall zu verhindern und den Deckel in Bezug auf die Aufarbeitung und insofern insbesondere auf die damit verbundene Entschädigungspraxis weiterhin auf dem Missbrauchsskandal zu halten.

Ebenso muss die Kirche klar und unmissverständlich **auf die Einrede der Verjährung verzichten.** Und dies nicht nur in medial bereits bekannten Einzelfällen, wie dem oben näher dargestellten Fall Georg Menne (dort hatte Kardinal Rainer Woelki ausnahmsweise *„in diesem besonderen Fall"*[3198] auf die Einrede der Verjährung verzichtet), sondern auch **bei allen laufenden und künftigen Fällen.**

In den allermeisten derzeit anhängigen Klagen, wie beispielsweise dem des Missbrauchsopfers **Jens Windel** und dessen Klage vor dem LG Hildesheim gegen das Bistum Hildesheim,[3199] verschanzen sich die Bistümer jedoch nach wie vor hinter der Verjährungseinrede. (Vgl. hierzu auch den **Praxishinweis unter → Rn. 432a.**)

Die Erklärung der katholischen Kirche in der Präambel ihrer sog. „Anerkennungs-VO" genügt hierfür in keiner Weise, denn sie sieht allenfalls „freiwillige Leistungen" für den Fall vor, dass *„nach staatlichem Recht… Ansprüche … wegen Verjährung… nicht mehr geltend gemacht werden können"*,[3200] und setzt somit eine Verjährung sogar als grundsätzlich gegeben an.[3201]

Leider zeigt auch der Blick über die Grenze nach **Österreich** deutlich, dass die Kirche und die in die Missbrauchsfälle verstrickten bzw. für diese verantwortlichen Institutionen im Falle von gegen sie gerichteten Schadensersatzklagen auch dort nicht auf die Einrede der Verjährung verzichten und sich damit unanständiger Weise anders verhalten als dies Jaeger im 5. Abschnitt seines sehr lesenswerten Buchs, *Sexueller Missbrauch und Gewalt,* hoffnungsfroh dahingehend zum Ausdruck gebracht hatte, dass es *„nicht auszuschließen sei, dass die Bistümer … generell auf die Einrede der Verjährung verzichten werden."*[3202] Unanständig, ja verwerflich – aber bislang leider rechtlich zulässig – ist diese Praxis der Einrede der Verjährung auch deshalb, da die Opfer

3196 S. dazu Jaeger Sexueller Missbrauch und Gewalt, 208.

3197 Kölnische Rundschau v. 17.4.2026 – Kölner Missbrauchsopfer „Hardy" erzielt Einigung mit Erzbistum; WDR.de Millionenklage: Außergerichtliche Einigung im Kölner Missbrauchsfall, 16.4.2026, 20:51 Uhr.

3198 Erzbistum Köln Erzbischof verzichtet auf Einrede der Verjährung, 5.12.2022 pek221205-uni.

3199 Katholisch.de (Internetportal der katholischen Kirche in Deutschland) Bericht vom am 8.11.2024 um 14:30 Uhr „Forderung nach 400.000 Euro auf dem Rechtsweg wohl ohne Erfolg".

3200 Präambel der „Ordnung für das Verfahren zur Anerkennung des Leides" des Rats der Deutschen Bischofskonferenz vom 24.11.2020.

3201 Ebenso sowie zu dieser Thematik sehr ausführlich Jaeger VersR 2022, 1129 (1140 ff).

3202 Jaeger Sexueller Missbrauch und Gewalt, 99.

nahezu immer deren Mitglieder waren oder sogar noch sind. Statt sich also hinter das Schutzschild der Einrede der Verjährung zu ducken, sind die Kirchen und alle insofern Verantwortlichen anderen Institutionen aufgefordert, das unendliche Leid der Opfer, so zu entschädigen, wie dies die staatliche Rechtsprechung praktiziert und somit in schweren und schwersten Missbrauchsfällen mit bleibenden schweren Dauerfolgen sich an der aktuellen Rechtsprechung bei Fällen schwerster Dauerfolgen bei körperlich verletzten Personen zu orientieren. Dort liegen die Schmerzensgelder inzwischen bei bis zu 1 Million EUR (LG Limburg Urt. v. 28.6.2021 BeckRS 2021, 16550 – ein Urteil, das trotz seiner Aufhebung durch die Berufungsinstanz insofern weiterhin genannt werden darf).

Zur Thematik der **Verjährungsfragen** im Zusammenhang mit Ansprüchen aus sexuellem Missbrauch durch Geistliche verweise ich auf die nachfolgenden Anmerkungen im **Kapitel X. 4.** ***Verjährung*** und dort auf die Randnummern → **Rn. 429c,** → **Rn. 432a** und → **Rn. 441.** und die Entscheidungen des LG Aachen[3203] zum Verjährungseinwand eines Bistums gegen Ansprüche aus sexuellem Missbrauch durch einen Geistlichen und des OLG Schleswig[3204] sowie auf das oben mehrfach erwähnte Buch von Jaeger.[3205]

Zudem sei auf den **Aufsatz von *Hohlbein* Missbrauch Minderjähriger – Verjährungsdilemma und unionsrechtliche Reformperspektiven, NJOZ 2026, 289** hingewiesen, der darin zutreffend fordert, dass Zivilrecht müsse hinsichtlich des § 199 BGB dahingehend weiterentwickelt werden, dass absolute Höchstfristen bei Verletzungen der sexuellen Selbstbestimmung Minderjähriger nicht greifen, wenn eine „traumabedingte Nichterkenntnis" vorliegt. Zudem plädiert er für eine Angleichung der Altersgrenze des § 208 S. 1 BGB (21 Jahre) an § 78b StGB (30 Jahre). Darüberhinaus fordert Hohlbein die vollständige Abschaffung aller zivil- und strafrechtlichen Verjährungsfristen für besonders schwere Kerndelikte und nachgewiesene Traumata.

Dem ist uneingeschränkt zuzustimmen.

Dringender Appell in Bezug auf die Schmerzensgeldbemessung bei Vergewaltigung und Missbrauch: 308

Den bislang vier Stufen

1. vom OLG Hamm,[3206] welches bereits vor über 30 Jahren festgestellt hatte, dass *„die Schmerzensgelder, die Opfern von Gewalttaten mit sexuellem Hintergrund zugesprochen wurden, … unangemessen niedrig"* sind und
2. über das OLG München, welches im Jahr 2002 zaghaft formulierte, dass die *„Rechtsprechung, … in Vergewaltigungsfällen deutlich höhere Schmerzensgelder als früher zuspricht"*[3207]
3. und dem klaren Bekenntnis des LG Wuppertal,[3208] wonach eine *„generelle Anhebung des Schmerzensgeldes in Fällen extremer sexueller Gewalt"* … *„notwendig"* sei und der insofern konsequenten Folge der Verdopplung der bisherigen vermeintlichen „Obergrenze",
4. bis zum derzeit jüngsten Urteil des LG Köln[3209] mit einem Schmerzensgeld von 300.000 EUR

und unter argumentativer Einbeziehung der oben → Rn. 307b erwähnten aktuellen Rechtsprechung des BGH[3210] müssen in Zukunft rasch weitere Stufen folgen. Hin zu einem auf Augenhöhe mit **anderen lebenslangen, schweren Verletzungsfolgen,** wie zB Gehirnschädigungen oder Querschnittslähmung liegenden Schmerzensgeld, denn auch die vom LG Wuppertal zuerkannten 100.000 EUR sind für derartige, massive psychische wie physische Verletzungen und deren regelmäßig lebenslang andauernden oder zumindest lebenslang präsenten psychischen Folgen eines sexuellen Missbrauchs/einer Vergewaltigung noch lange nicht ausreichend,[3211] – hier darf und muss in Extremfällen durchaus noch eine *Null* hinzugefügt werden und somit die Million kein Tabu sein.[3212]

Sehr zutreffend weist Jaeger in seinem aktuellen Aufsatz „Sexueller Missbrauch durch katholische Kleriker – Anerkennung und Entschädigung" darauf hin, dass „Die Schmerzensgeldbeträge … wesentlich höher ausfallen [würden], wenn vom Klägeranwalt eingehend dargelegt und vom Gericht geprüft würde, welche psychischen Schäden beim Opfer zurückgeblieben sind".[3213]

3203 LG Aachen BeckRS 2024, 19157.
3204 OLG Schleswig BeckRS 2013, 4667, vgl. dazu nachstehend unter → Rn. 441.
3205 Jaeger Sexueller Missbrauch und Gewalt, 99 ff.
3206 OLG Hamm NJW-RR 1994, 94 (95).
3207 OLG Köln NJW-RR 2003, 743.
3208 LG Wuppertal BeckRS 2013, 03421.
3209 LG Köln Urt. v. 23.6.2023 – 5 O 197/22, BeckRS 2023, 13315.
3210 BGH BeckRS 2022, 38714 sowie r+s 2023, 130 mAnm Slizyk.
3211 Ebenso Jaeger VersR 2023, 209 (218).
3212 Ebenso Jaeger VersR 2023, 209 (218).
3213 Jaeger VersR 2023, 209 (2010).

Dabei muss auch der ansonsten bei der Schmerzensgeldbemessung in Fällen ohne strafrechtliche Relevanz eher unberücksichtigten **Genugtuungsfunktion eine deutlich höhere Bedeutung** zugemessen werden. Bereits 1955 führte der Große Zivilsenat des BGH[3214] in seiner bis heute für die Schmerzensgeldbemessung maßgeblichen Entscheidung aus, der besondere Schadensersatzanspruch des Schmerzensgeldes *„soll dem Geschädigten einen angemessenen Ausgleich für diejenigen Schäden bieten, die nicht vermögensrechtlicher Art sind, und zugleich dem Gedanken Rechnung tragen, daß der Schädiger dem Geschädigten Genugtuung schuldet für das, was er ihm angetan hat"*. **Wenn nicht bei Vergewaltigungs- und Missbrauchsfällen, wo dann?,** könnte man ausrufen, darf und muss diese seit dieser klaren Aussage des BGH zu den Bemessungskriterien gehörende **Genugtuungsfunktion** zur Anwendung kommen und sich gerade vor dem Hintergrund der vorsätzlichen, strafrechtlichen und menschenverachtenden Vergewaltigungs- und Missbrauchstaten deutlich und **ganz erheblich schmerzensgelderhöhend auswirken.**[3215]

Abschließend sei an dieser Stelle auch auf die **sehr guten wirtschaftlichen Verhältnisse beider Kirchen** hingewiesen und darauf, dass zu den zu berücksichtigenden Bemessungskriterien des Schmerzensgeldes auch die wirtschaftlichen Verhältnisse gehören.[3216] Alleine das Erzbistum Köln verfügt als nur eines von insgesamt sieben Erzbistümern der katholischen Kirche in Deutschland über ein Vermögen von über 4,2 Milliarden EUR[3217] und – auf Basis des von ihm selbst veröffentlichten 170 Seiten umfassenden Wirtschaftsplan 2024[3218] – jährliche Erträge in Höhe von rund 890 Million EUR, die sich zusammensetzen aus Kirchensteuererträgen von 658.110.000 EUR, Erträgen aus Beteiligungen von 4.444.620 EUR, Erträgen aus Wertpapiervermögen von 55.600.000 EUR sowie Erträgen aus Zinsen und ähnlichen Erträgen von 22.260.492 EUR sowie weiteren Ertragsposten. Damit nimmt das Erzbistum Köln jedoch nur den dritten Rang hinter dem Erzbistum München-Freising und Paderborn ein, deren Vermögen noch deutlich größer sind.

309 Nicht zugestimmt werden kann dem Beschl. des OLG Hamm,[3219] in welchem sich dieses mit dem Prozesskostenhilfeantrag einer geistig und körperlich schwerbehinderten (Lähmung beider Beine und eines Armes) jungen Frau zu befassen hatte, die von ihrem Vater massiv sexuell „missbraucht", vergewaltigt und geschwängert worden war. Das OLG sah hier „ein … Schmerzensgeld von mindestens 7.500 EUR" … als „angemessen" an und wies den Antrag des beklagten Vaters, der sich auch noch gegen die Höhe dieses Schmerzensgeldes gewandt hatte, zurück. Besonders zu kritisieren ist insofern die Begründung, mit der das OLG Hamm dieses extrem und inakzeptabel geringe Schmerzensgeld als „angemessen" bezeichnete. Das OLG hob nämlich – absurder Weise – darauf ab, dass die Klägerin infolge ihrer Behinderung *„weder die Verletzung ihres Rechts auf sexuelle Selbstbestimmung noch die Austragung des dabei gezeugten Kindes als solche verstandesmäßig überhaupt wahrgenommen hat, und aus dem Erhalt eines Schmerzensgeldes keine Genugtuung empfinden kann"*. Mühsam konstruiert das Gericht sodann einen Weg über das der Klägerin dennoch „aus ihrer Menschenwürde" gegebene Selbstbestimmungsrecht. Dieses **Selbstbestimmungsrecht** habe die Klägerin *„jedenfalls soweit, dass sie trotz ihrer Widerstandsunfähigkeit nicht als Objekt für sexuelle, noch weniger für inzestuöse Übergriffe zur Verfügung stand"*. Anschließend verwies das OLG auf die BGH-Rechtsprechung in Fällen fast vollständiger Zerstörung der Persönlichkeit (vgl. insofern oben Kapitel V Ziff. 4 → **Rn. 276**), ohne dabei zu berücksichtigen, dass der BGH[3220] dort unmissverständlich das Verbot einer „lediglich symbolhaften Wiedergutmachung" betont hatte, an das sich seither alle Amts-, Land- und Oberlandesgerichte gehalten haben. Es wäre wünschenswert, wenn künftig in Fällen wie dem vorliegenden, nicht nur die Parallelität dem Grunde nach, sondern insofern auch der Höhe nach erkannt wird und in derart extremen Missbrauchsfällen,[3221] geistig und körperlich behinderter Personen angemessen hohe Schmerzensgelder zuerkannt werden würden. Insofern sind jedoch – mit Verweis auf die Ausführungen des OLG Karlsruhe[3222] zum dort beschriebenen „Ankereffekt" (s. unten → **Rn. 400**) – die Opferanwälte gefordert, den ersten Schritt zu tun und den „Anker" deutlich weiter zu werfen, als dies offensichtlich der Klägervertreter in dem Prozesskostenhilfeverfahren vor dem OLG Hamm getan hatte.[3223]

Zum Thema **Sexting** sei an dieser Stelle auf die Ausführungen zu → **Rn. 219** und dem dort ausführlich kommentierten Urteil des LG Frankfurt a. M.[3224] verwiesen, welches der minderjährigen Klägerin – insofern in das Bild geringer Schmerzensgeldbeträge passend – statt der geforderten 10.000 EUR nur 1.000 EUR für die Veröffentlichung von Nacktbildern jugendpornografischen Inhalts zusprach.

[3214] BGH NJW 1955, 1675.
[3215] So auch Jaeger VersR 2023, 209 (221).
[3216] BGH BeckRS 2016, 21466; BeckRS 1955, 104026.
[3217] Quelle: Finanzbericht 2022 des Erzbistums Köln.
[3218] Wirtschaftsplan des Erzbistums Köln, unterzeichnet vom Ökonom des Erzbistums Köln Gordon Sobbeck.
[3219] OLG Hamm NJW-RR 2009, 959.
[3220] BGH NJW 1993, 781.
[3221] Zum Thema der Sexuelle Belästigung am Arbeitsplatz s. Köhler BB 2015, 2807.
[3222] OLG Karlsruhe NZV 2011, 258.
[3223] Vgl. dazu auch Jaeger DAR 2020, 710.
[3224] LG Frankfurt a. M. GRUR-RS 2014, 19319.

Zur Thematik des **Exhibitionismus** sei abschließend noch auf ein aktuelles Urteil des AG Westerstede[3225] hingewiesen, das einer Frau ein Schmerzensgeld iHv 2.000 EUR zuerkannt hatte, die sich auf dem Weg von ihrer Arbeitsstelle zu ihrem Pkw einem Exhibitionisten gegenüber sah, der völlig nackt an ihrem Fahrzeug lehnte und seinen Penis manipulierte. Auch wenn das AG sich dabei nicht weiter mit dem Tatbestand des Exhibitionismus auseinandergesetzt hatte, sondern das Schmerzensgeld lediglich für die vorübergehenden psychischen und physischen Beeinträchtigungen zusprach, sei insofern auf die Anmerkung von Heger[3226] hingewiesen, der zutreffend darlegt, dass ein Exhibitionist durch sein Verhalten sein Gegenüber „gleichsam zum ungewollten, unberührten Partner sexueller (Inter-)Aktion" macht. Dies kann bei diesem – wie im Falle des AG Westerstede – psychische Belastungsstörungen und Ängste auslösen und somit schmerzensgeldrelevant sein.[3227]

Zum **Täter-Opfer-Ausgleich** iSd § 46a StGB wird auf die nachfolgenden → **Rn. 493** (Kapitel XIII.) getroffenen Ausführungen verwiesen. **310**

Zum **Adhäsionsverfahren** (§ 403 StPO), das der Gesetzgeber mit Einführung des am 1.9.2004 in Kraft getretenen Opferrechtsreformgesetzes stärker ausbauen wollte, sei ebenfalls auf Kapitel XIII. und die nachfolgenden → Rn. 489 dort getroffenen Ausführungen verwiesen. Gerade in Vergewaltigungsfällen[3228] wird das Adhäsionsverfahren jedoch auch weiterhin nur eine unbedeutende Rolle[3229] spielen, zumal es den Opfern in der Regel nicht mehr, sondern eher (noch) weniger zu ihrem Recht auch auf ein tatausführungs- und tatfolgeangemessenes Schmerzensgeld verhilft, wie die jüngeren Entscheidungen des BGH[3230] hierzu erkennen lassen. **311**

Aufmerksam gemacht werden soll an dieser Stelle noch auf einen Hinweis des BGH[3231] zum Opferschutz und in diesem Zusammenhang zur Achtung der menschlichen Würde und zur Beweiserhebung zu dessen Privat- und Intimleben, zu dem sich der BGH im Zusammenhang mit einem Vergewaltigungsprozess veranlasst sah. **312**

Der BGH führte aus:

„Aufgabe eines sozialen Rechtsstaates ist es nicht allein darauf zu achten, dass die Straftat aufgeklärt und Schuld oder Unschuld in einem rechtsstaatlichen Verfahren festgestellt wird, sondern auch, dass die Belange des Opfers gewahrt werden" und zitiert dabei – mit ausdrücklichem Verweis *„auf die besondere Bedeutung dieser Grundsätze"* den Rahmenbeschluss der Europäischen Union über die Stellung des Opfers im Strafverfahren.[3232]

Doch nicht nur der Opferschutz, sondern auch die erforderliche Präventionsarbeit (um erst gar nicht zu einem Opfer zu werden), zählen zu den Aufgaben des Staates. Bei Nichtbeachtung kann einem Betroffenen ein Schmerzensgeldanspruch zustehen: So sprach der EGMR[3233] im Jahr 2018 einer jungen Italienerin, die Opfer einer Gruppenvergewaltigung wurde, ein Schmerzensgeld von 30.000 EUR – zu zahlen vom italienischen Staat – zu, da die italienischen Behörden sie wegen Nichtaufnahme in ein Heim nicht ausreichend vor sexueller Ausbeutung und Kinderprostitution geschützt hatten.

Abschließend sei noch – wenn auch dogmatisch nicht ganz korrekt – auf ein Urteil des Landessozialgerichts Baden-Württemberg[3234] hingewiesen, mit dem dieses einer zum Tatzeitpunkt 31-jährigen Frau eine **Rente** nach dem **Opferentschädigungsgesetz** zugesprochen hatte. Die Frau hatte geltend gemacht, durch die Strafverhandlung und den dabei vorgenommenen „Deal" (Bewährungsstrafe gegen Geständnis der Vergewaltigung) erneut traumatisiert worden zu sein. Das LSG hat der Klägerin Recht gegeben, die erstinstanzliche Entscheidung geändert und das Landesversorgungsamt dazu verurteilt, der Klägerin eine Beschädigtenrente nach einem GdS von 30 zu zahlen, da es durch die für das Opfer demütigenden Erlebnisse im Strafverfahren zu einer Verstärkung der posttraumatischen Belastungsstörung gekommen sei, wie medizinische Sachverständige bestätigt hätten. Der Deal zugunsten des Täters, der das Gericht als freier Mann verlassen habe können und die fehlende Aufarbeitung und Genugtuung für das Opfer, das im Strafverfahren nicht einmal angehört

[3225] AG Westerstede BeckRS 2020, 846, Tabellen → Nr. 6326.
[3226] Heger ZRP 2018, 118.
[3227] Vgl. dazu auch den bereits mehr als 20 Jahre alten Beitrag von Foerste NJW 1999, 2951.
[3228] Vgl. BGH BeckRS 2018, 4761; insofern begrüßenswert ist das Urt. des LG Erfurt 17.12.2010 – 190 JS 10741/10, auch wenn dort die Höhe des Schmerzensgeldes offensichtlich infolge der völligen Mittellosigkeit des Täters unter der ansonsten erforderlichen Größenordnung blieb.
[3229] Haller NJW 2011, 970.
[3230] BGH BeckRS 2020, 3855; BGH BeckRS 2019, 21731 sowie BGH BeckRS 2019, 9581.
[3231] BGH NJW 2005, 1519.
[3232] BGH NJW 2005, 1519 (1520).
[3233] EGMR 1.2.2018 – 54227/14, Becklink 2008973.
[3234] LSG Baden-Württemberg 7.12.2017 – L 6 VG 6/17.

worden sei, obwohl Gutachter ihre Aussagefähigkeit bescheinigt hätten, seien für die Verschlechterung des Gesundheitszustands verantwortlich. Der erforderliche Ursachenzusammenhang liege vor. Denn ohne die Vergewaltigung wäre es nicht zu den sich anschließenden weiteren traumatisierenden Erlebnissen im Strafprozess gekommen. Diese Bewertung erfolge nach sozialrechtlichen Maßstäben, losgelöst vom Strafverfahren, betont das LSG.[3235]

9. Missglückte Sterilisation und missglückter oder unterbliebener indizierter Schwangerschaftsabbruch und Tod der Leibesfrucht; „Wrongful Life"-Anspruch

313 In der Vergangenheit hatten das BVerfG,[3236] der BGH[3237] und das BSG[3238] sich mit der Frage zu beschäftigen, ob ein ungewolltes oder „nicht so gewolltes" Kind einen Schadensersatzanspruch der Mutter oder des (behinderten) Kindes auslösen kann.

Da sich die Instanzgerichte vorrangig an der BGH-Rechtsprechung orientieren, sollen nachfolgend ganz überwiegend die für die Fragen des Schmerzensgeldes relevanten Argumente des BGH erläutert werden, wobei hier zwischen den

- Schmerzensgeldansprüchen der Eltern, insbesondere der Frau/Mutter und
- denen des Kindes (Stichwort: „Wrongful Life") zu unterscheiden ist.

Fragen des Unterhalts-[3239] oder Opferentschädigungsgesetzes[3240] werden daher in diesem Zusammenhang hier nicht behandelt.

314 **a) Schmerzensgeldanspruch der Eltern/Mutter.** Nach inzwischen gefestigter Ansicht der Literatur[3241] und Rechtsprechung gehen der BGH[3242] und die Instanzgerichte[3243] von einem Schmerzensgeldanspruch der Frau in Fällen einer ungewollten Schwangerschaft selbst bei komplikationslosem Verlauf aus.[3244]

Der **OGH Österreich**[3245] hat nun mit Beschl. vom 20.5.2026 die damit verbundenen **Fragen zur Vorabentscheidung** – sowohl in Bezug auf die Schwangerschaft als solche als auch auf einen Schwangerschaftsabbruch (nach ungewollter Schwangerschaft) im Zusammenhang produktfehlerhafter Verhütungsspiralen **dem EuGH gemäß Art. 267 AEUV vorgelegt,** ob bei einer infolge der fehlenden Verhütungsleistung der defekten Spirale erfolgten ungewollten **Schwangerschaft** diese **als „Körperverletzung"** im Sinne von Artikel 9 lit. a RL 85/374/EWG anzusehen ist und die ungewollt Schwangere wegen der damit verbundenen physischen und psychischen Schäden ua Schmerzensgeld beanspruchen kann.

Zudem soll der EuGH darüber befinden, ob zudem die Beendigung einer ungewollten Schwangerschaft durch einen **Schwangerschaftsabbruch** eine **„Körperverletzung"** im Sinne von Artikel 9 lit. a RL 85/374/EWG darstellt, – mit ebensolchen Ansprüchen, insbesondere auf Schmerzensgeld für **psychische Beeinträchtigungen wegen des Schwangerschaftsabbruchs**?

Der Entscheidung des OGH vorausgegangen war der Fall einer 32j. Frau, die infolge einer produktfehlerhaften (vgl. dazu unter → **Rn. 355**) und deshalb wirkungslosen Verhütungsspirale ungewollt schwanger geworden war und die Schwangerschaft aus in der Vergangenheit liegenden privaten Gründen der Klägerin hatte

[3235] Zitat aus beck-aktuell vom 18.12.2017.
[3236] BVerfG NJW 1993, 1751.
[3237] BGH ZfS 2002, 468; hierzu ausführlich bereits BGH NJW 1995, 2412; NJW 1995, 1609.
[3238] BSG NJW 2002, 3123.
[3239] Vgl. hierzu ausführlich BGH NJW 1994, 788; VersR 1995, 1099; NJW 1995, 1609; grundlegend BVerfG NJW 1993, 1751 und BVerfG NJW 1998, 519.
[3240] Das BSG (NJW 2002, 3123) kam in einem Fall von jahrelangem gewaltsamen Inzest und daraus resultierender Geburt eines behinderten Kindes zum Ergebnis, dass dem Kind ein Anspruch auf Versorgung nach dem Opferentschädigungsgesetz zukomme.
[3241] Geigel Haftpflichtprozess/Pardey 7. Kap. Rn. 77 mwN.
[3242] Vgl. – wenn auch nicht speziell zur Frage des Schmerzensgeldes – BGH NJW 2008, 2846. Dort hatte der BGH die Haftung eines Gynäkologen nach kunstfehlerhafter Tubensterilisation grundsätzlich bejaht. Die Kl. gebar nach dem Eingriff eine gesunde Tochter.
[3243] OLG Köln VersR 2011, 1325; OLG Celle NJW 2007, 1000; OLG Hamm 23.6.1997 – 3 U 206/96; vgl. zudem Terbille Rn. 231c.
[3244] BGH ZfS 2002, 468; VersR 1994, 425; VersR 1980, 558 (559); NJW 1985, 671 (673); OLG Hamm VersR 1999, 1111; LG Freiburg 14.1.1997 – 2 O 72/96; OLG Oldenburg VersR 1993, 1357; OLG München VersR 1993, 1413; LG Berlin ZfS 1985, 295; LG Duisburg VersR 1978, 262; aA jedoch – bei Aufklärung über „Versagerquote" – OLG Hamm BeckRS 2014, 14419; kritisch hierzu auch Schiemann JuS 1980, 709.
[3245] OGH Österreich, Beschl. v. 20.5.2026 – 8 Ob 52/26v, BeckRS 2026, 10997.

abbrechen lassen. Dem vorangegangen war das Urteil des **Bezirksgerichts Bezau,**[3246] dass in diesem Fall der Klägerin sowohl für die während der Schwangerschaft als auch nach dem Schwangerschaftsabbruch erlittenen erheblichen – insbesondere psychischen – Verletzungen ein Schmerzengeld[3247] von 11.000 EUR zuerkannt hatte.

Fehlgeschlagene Verhütung: Dies gilt selbst dann, wenn es nach Sterilisation des Mannes infolge fehlender bzw. nicht ausreichender Aufklärung über die Notwendigkeit eines Spermiogramms zur Geburt eines Kindes kommt.[3248] Ebenso bei der fehlerhaften Behandlung mit einem empfängnisverhütenden Mittel[3249] sowie auch bei fehlerhafter Beratung über die Sicherheit der empfängnisverhütenden Wirkung eines vom Arzt verordneten Hormonpräparats, wie der BGH[3250] nochmals deutlich gemacht hat. In ständiger Rechtsprechung[3251] begründet der BGH seine Entscheidung – und damit, das grundsätzliche Bestehen eines Schmerzensgeldanspruches in derartigen Fällen – mit dem Vorliegen einer Körperverletzung im zivilrechtlichen Sinne. Eine solche sei schon bei jeglichem unbefugten Eingriff in das körperliche Befinden bzw. in die Integrität der körperlichen Befindlichkeit gegeben, da bei anderer Sichtweise das Recht am eigenen Körper als gesetzlich ausgeformter Teil des allgemeinen Persönlichkeitsrechts nicht hinreichend und angemessen geschützt wäre.[3252]

Im Ergebnis und auch in der Begründung ist dem BGH zuzustimmen, sofern dieser sehr differenziert auf die insofern gegebene Ausformung des allgemeinen Persönlichkeitsrechts hinweist.

Komplikationslose Schwangerschaft: 315

Die Frage, ob auch eine **komplikationslose Schwangerschaft gegen den Willen der betroffenen Frau,** zu welcher es beispielsweise durch eine **fehlgeschlagene Sterilisation** kam und die somit gegen den Willen der Frau erfolgte, einen Schmerzensgeldanspruch begründen kann, hatte der **BGH**[3253] schon früh bejaht und betont, dass *„die Herbeiführung einer Schwangerschaft und Geburt gegen den Willen der betroffenen Frau, auch wenn es sich um einen normalen physiologischen Ablauf ohne Komplikationen handelte, als Körperverletzung ein Schmerzensgeld rechtfertigen kann. Eine Verletzung des Körpers, die § 823 I BGB ausdrücklich neben der Verletzung der Gesundheit erwähnt, muß nämlich im zivilrechtlichen Sinne schon in jedem unbefugten Eingriff in die Integrität der körperlichen Befindlichkeit erblickt werden, da anders das Recht am eigenen Körper als gesetzlich ausgeformter Teil des allgemeinen Persönlichkeitsrechts nicht angemessen geschützt wäre.“*[3254]

Insofern nicht im Vordergrund stehen die mit der Entbindung regelmäßig einhergehenden, zum Teil extremen[3255] Schmerzen (das OLG Düsseldorf[3256] sprach insofern von den mit der „Entbindung verbundenen Unzuträglichkeiten und Missempfindungen") oder arzthaftungsbedingte Komplikationen bei Schwangerschaft und/oder Geburt; beide Fallgruppen sind jedoch bei ihrem Vorliegen schmerzensgelderhöhend in die Bemessung einzubeziehen.

Bei der Gesamtschau dieser Thematik liegen – kumulativ und nicht nur alternativ – zumindest zwei, in Einzelfällen sogar drei anspruchsbegründende Sachverhalte vor:[3257]

1. Zum einen die Persönlichkeitsrechtsverletzung der Eltern und damit vorrangig der Frau sowie
2. die mit der Austragung des Kindes und dessen Entbindung verbundene oder im Rahmen einer ggf. notwendigen ärztlichen Behandlung bestehende Belastungen und Schmerzen[3258] und
3. die psychischen Beeinträchtigungen (zB Depressionen, Suizidgefahr[3259]), die ggf. erst nach der Entbindung – ebenfalls eindeutig Körperverletzung bzw. Gesundheitsverletzung – oftmals mit derartigen Situationen verbunden sind.

[3246] Bezirksgericht Bezau Urt. v. 8.9.2025 – GZ 5 C 223/22s-100.1 → Nr. 7905 bestätigt durch LG Feldkirch Urt. v. 16.12.2025 – 2 R 357/25b erwähnt unter BeckRS 2026, 10997.

[3247] Anm.: In Österreich wird dies ohne „s" geschrieben.

[3248] BGH NJW 1995, 2412.

[3249] Vgl. hierzu LG Köln BeckRS 2009, 07422. Das LG wies die Klage allerdings ab, da der Kl. der Beweis eines Behandlungsfehlers nicht gelungen sei.

[3250] BGH NJW 2008, 2846.

[3251] BGH VersR 1995, 1099 (1100).

[3252] BGH VersR 1980, 558 (559); vgl. auch OLG München VersR 1992, 1413; vgl. auch nahezu wortgleich BGH VersR 1995, 1099 (1100).

[3253] BGH NJW 1980, 1452.

[3254] BGH NJW 1980, 1452.

[3255] BGHZ 86, 240, (248).

[3256] OLG Düsseldorf NJW 1995, 788.

[3257] Vgl. auch BVerfG NJW 1995, 2412 und NJW 1998, 519. Das BVerfG differenziert zwischen dem „Persönlichkeitsrecht (der) Eltern" sowie deren „persönliche Selbstbestimmung", der „körperlichen Unversehrtheit der Frau" sowie dem „Persönlichkeitsrecht (des) Kind(es)" und sieht in Bezug auf die ergangene Rechtsprechung keinen Verstoß gegen Art. 1 I GG.

[3258] OLG Düsseldorf NJW 1995, 788.

[3259] BGH ZfS 2002, 468.

Verkennung einer Schwangerschaft: Anders ist die Rechtslage bei Verkennung einer Schwangerschaft, worauf das OLG Oldenburg[3260] in einem Arzthaftungsfall hingewiesen hatte, bei dem eine Frau schwanger und dies von ihrer Frauenärztin – infolge nicht ausreichender Diagnose zunächst – verkannt wurde. Im konkreten Falle begehrte die Klägerin – die ihre Schwangerschaft erst in der 15 Woche erfuhr – mit der Begründung einer andernfalls gem. § 218a I StGB legal möglichen **Abtreibung** ein Schmerzensgeld von 25.000 EUR. Das OLG wies diesen Anspruch zurück. Ein Schwangerschaftsabbruch, der allein über die Beratungs- und Fristenlösung des § 218a I StGB erfolgen solle, sei lediglich straflos, jedoch nicht rechtmäßig. Rechtmäßig sei er nur dann, wenn medizinische oder kriminologische Gründe hierfür vorlägen. Beides war vorliegend nicht gegeben.

Angst vor der Geburt eines behinderten Kindes: Einen Sonderfall bilden insofern wiederum Arzthaftungsfälle, bei denen es – meist infolge ärztlicher Fehldiagnosen oder fehlender Untersuchungen[3261] – während der Schwangerschaft zu Ängsten und sonstigen psychischen Belastungen mit Krankheitswert kommt, wie dies zutreffend der BGH für den Fall feststellte, bei welchem die 44-jährige Klägerin derartige Ängste (bzgl. der Geburt eines behinderten Kindes) deshalb erlitt, weil die Schwangerschaft zunächst nicht festgestellt und ihre Beschwerden längere Zeit medikamentös behandelt wurden.[3262] Dem berechtigten Schmerzensgeldanspruch der Mutter, ausgelöst durch die Ängste vor der Ungewissheit über die Geburt eines behinderten Kindes, könne hier nicht entgegengehalten werden, ihr wäre ein Schwangerschaftsabbruch (aus sozialer Indikation) erspart worden,[3263] so argumentierte zutreffend der BGH.

Mit einem Fall, bei dem sich diese **Angst realisiert** hat, weil die behandelnden Ärzte über das im Rahmen einer pränatalen Diagnostik festgestellte Risiko der schweren Behinderung die Eltern nicht aufgeklärt hatten, befasste sich 2020 das OLG Karlsruhe.[3264] Dieses war nach Anhörung der Mutter (Klägerin) davon überzeugt, dass die Mutter bei Kenntnis des Risikos einer schweren Behinderung die Schwangerschaft abgebrochen hätte und – nach sachverständiger Beratung durch einen Psychiater – dass der Schwangerschaftsabbruch im vorliegenden Ausnahmefall aufgrund der zum damaligen Zeitpunkt bereits absehbaren, außergewöhnlich schweren gesundheitlichen Folgen für die Mutter gem. § 218a Abs. 2 StGB gerechtfertigt gewesen wäre. Das OLG sprach somit der Mutter im Hinblick auf die bei ihr eingetretenen, schwerwiegenden psychischen Folgen, die ebenfalls durch einen psychiatrischen Sachverständigen festgestellt worden seien, ein Schmerzensgeld iHv 20.000 EUR zu. Ferner hätten die Eltern – so das OLG Karlsruhe – Anspruch auf Schadensersatz wegen der gegenüber einem gesunden Kind entstehenden vermehrten Unterhaltsleistungen und des vermehrten Pflegeaufwandes. Dabei sei insbesondere berücksichtigt worden, dass das Kind unter einer Fehlbildung der Augen leide, nicht laufen, krabbeln, sprechen und greifen könne, der Schluckreflex schwer gestört sei und eine starke, therapieresistente Epilepsie eine erhöhte Fürsorge und dauernde Rufbereitschaft erfordere.[3265]

Bei der **Bemessung** des **Schmerzensgeldes** in einem solchen Falle hat der den/die Kläger(in) vertretende Anwalt stets alle drei Aspekte darzulegen, damit diese bei der gerichtlichen Bemessung des Schmerzensgeldes Berücksichtigung finden. Selbstverständlich sollte ein solches Schmerzensgeld nicht nur 500 oder 1.000 EUR betragen, doch auch die teilweise deutlich höheren Schmerzensgeldbeträge (zB 10.225 EUR in dem der BGH-Entscheidung[3266] zugrunde liegenden OLG Urteil) erscheinen mir – zumindest bei Extremfällen, bei denen die Frauen oft mit schweren Depressionen oder gar Selbstmordabsichten psychisch erkrankt und nicht selten ihr Leben lang beeinträchtigt sind – deutlich zu gering. Dies gilt jedenfalls für die Fälle, wie den oben erwähnten Fall des OLG Karlsruhe,[3267] bei denen es um die Folgen der Geburt eines behinderten Kindes[3268] geht und die seelische Belastung der Mutter Krankheitswert mit Dauerfolgen erreicht.

316 **Tod der Leibesfrucht:** Ob der durch Dritte verursachte Tod der Leibesfrucht der Mutter einen Anspruch auf Schmerzensgeld gibt, ist in der Rechtsprechung umstritten. Während das OLG Düsseldorf[3269] einen solchen Anspruch selbst beim Tod kurz vor der Geburt ablehnt, kommt das OLG Oldenburg[3270] insofern völlig zutreffend zum Ergebnis, dass die Schädigung der Leibesfrucht zugleich auch eine Gesundheitsbeeinträchtigung der Mutter bedingt.

3260 OLG Oldenburg NJW 2015, 1832.
3261 LG München I NJW-RR 2009, 898.
3262 BGH VersR 1995, 1060.
3263 So aus dem amtlichen Leitsatz zu BGH BeckRS 1995, 3754.
3264 OLG Karlsruhe BeckRS 2020, 1916.
3265 OLG Karlsruhe BeckRS 2020, 1916; vgl. zu dieser Thematik auch OLG Köln BeckRS 2016, 118278, OLG Stuttgart NJW-RR 2003, 1256 sowie Spickhoff NJW 2019, 1718 und von Pentz MedR 2019, 351.
3266 BGH ZfS 2002, 468.
3267 OLG Karlsruhe 19.2.2020 – 7 U 139/16, BeckRS 2020, 1916.
3268 OLG Saarbrücken 30.6.2004 – 1 U 386/02 – ZfS 2005, 20, vgl. zur Thematik auch Mörsdorf-Schulte NJW 2006, 3105 (3107).
3269 OLG Düsseldorf NJW 1988, 777.
3270 OLG Oldenburg NJW 1991, 2355.

b) Schmerzensgeldanspruch des (behinderten) Kindes: „Wrongful Life"-Anspruch.[3271] Ein Schmerzensgeld des mit einer Behinderung geborenen Kindes scheidet dann aus, wenn die Behinderung nicht auf ein fehlerhaftes Produkt/Medikament und/oder einen Fehler des Arztes oder einer Hebamme, wie sie – zumindest bzgl. der Geburtshilfe – leider sehr häufig und mit meist gravierenden Folgen für das Kind vorkommen, zurückzuführen ist. Dies ergibt sich daraus, dass – worauf 2019 der BGH[3272] nochmals deutlich hingewiesen hat – das Urteil über den Wert des Lebens keinem Dritten zusteht. Deshalb, so der BGH wörtlich, *„verbietet es sich, das Leben – auch ein leidensbehaftetes Weiterleben – als Schaden anzusehen. Aus dem durch lebenserhaltende Maßnahmen ermöglichten Weiterleben eines Patienten lässt sich daher ein Anspruch auf Zahlung von Schmerzensgeld nicht herleiten"*.[3273] 317

Allein die Tatsache, dass durch einen Fehler oder durch ein Unterlassen des Arztes die genetisch bedingte Behinderung des gewollten, noch ungeborenen Kindes nicht rechtzeitig entdeckt, die Schwangerschaft somit nicht abgebrochen und das Kind deshalb behindert geboren wurde, kann keinen Schmerzensgeldanspruch des Kindes auslösen, weil die Behandlung des Arztes in keinem Ursachenzusammenhang mit der Behinderung steht und die „Alternative" für das Kind – nämlich der Schwangerschaftsabbruch – der *„Tod des ungeborenen Lebens"* gewesen wäre.[3274] Einen Anspruch – oder wie es *Reinhart*[3275] – ausdrückte, ein **Recht auf Nichtexistenz** kennt jedoch unser Recht nicht. Ausdrücklich wies der BGH bereits 1983 im sogenannten „Röteln-Fall" insofern darauf hin, dass der Mensch „grundsätzlich sein Leben so hinzunehmen (habe), wie es von der Natur gestaltet ist, und keinen Anspruch auf seine Verhütung oder Vernichtung durch andere (habe)".[3276]

Ungeachtet dessen sah sich das BSG[3277] nicht daran gehindert, der Klägerin, einem aus **gewaltsamer Inzestbeziehung** stammenden schwer behinderten Kind, einen eigenen Anspruch gem. § 10a in Verbindung mit § 1 Opferschutzgesetz anzuerkennen und begründete dies in einer durchaus nachvollziehbaren und schlüssigen Weise.[3278] Es bleibt abzuwarten, ob dies nicht auch eines Tages von der Rechtsprechung der Zivilgerichte und insbesondere des BGH aufgegriffen wird.

Abschließend sei – wenn auch dogmatisch ungenau – auf einen Beschl. des OLG Hamm[3279] zur Einwilligung in den Schwangerschaftsabbruch durch Minderjährige und den diesbezüglichen Beitrag von Lugani[3280] hingewiesen.

10. Schmerzensgeldanspruch wegen Sterilisation ohne Einwilligung

Mit diesem Thema hatten sich im Jahr 2014 das OLG Köln[3281] sowie bereits im Jahr 2006 das OLG Koblenz[3282] und das OLG Oldenburg[3283] befasst.[3284] 318

Dabei sprach das OLG Köln[3285] einer 39-jährigen Frau, Mutter von vier Kindern, die sich nach entsprechender Beratung für eine Sterilisation mittels Eileiterdurchtrennung entschieden hatte, der jedoch – entgegen dem so erklärten Willen – die Eileiter völlig entfernt worden waren, für diese ohne Einwilligung vorgenommene Eileiterentfernung ein Schmerzensgeld von 4.000 EUR zu. *„Besondere Bedeutung kommt dabei dem Umstand zu, dass das Selbstbestimmungsrecht der Klägerin in einer essentiellen, für die Lebensplanung und das Selbstwertgefühl wichtigen Frage beeinträchtigt wurde"*,[3286] so das OLG in Bezug auf die Bemessung des Schmerzensgeldes.

Im Falle des OLG Koblenz[3287] sterilisierte der Arzt eine 22-jährige Klägerin im Rahmen einer Kaiserschnittentbindung (med.: Sectio), ohne zuvor deren Einwilligung hierfür eingeholt zu haben; das Motiv des Arztes lag in einer befundspezifischen Prävention. Die Klägerin erhielt ein Schmerzensgeld iHv 15.000 EUR.

3271 Vgl. MüKoBGB/Wagner, 7. Auflage 2017, § 823 Rn. 204; Reis NJW 1986, 904.
3272 BGH NJW 2019, 1741 (auch wenn es in diesem Falle nicht um ein Kind, sondern um die Haftung wegen lebenserhaltender Maßnahmen ging, ist der Leitsatz des BGH auch für das hier behandelte Thema gültig); vgl. auch Finn MedR 2019, 695.
3273 BGH NJW 2019, 1741.
3274 Vgl. BGH VersR 1983, 396 (398); aA Reinhart VersR 2001, 1081.
3275 Reinhart VersR 2001, 1081.
3276 BGH NJW 1983, 1371 vgl. auch Laufs/Katzenmeier/Lipp ArztR Kap. VII Rn. 61.; s. auch OLG München BeckRS 2017, 146433.
3277 BSG NJW 2002, 3123.
3278 BSG NJW 2002, 3123 (3125 dort mit Verweis auf BGH NJW 1983, 1371).
3279 OLG Hamm 29.11.2019 – 12 UF 236/19, NJW 2020, 1373.
3280 Lugani NJW 2020, 1330.
3281 OLG Köln BeckRS 2015, 14300.
3282 OLG Koblenz NJW 2006, 2928.
3283 OLG Oldenburg NJW-RR 2007, 1468.
3284 Vgl. auch Geigel Haftpflichtprozess/Wellner Rn. 252.
3285 OLG Köln BeckRS 2015, 14300.
3286 OLG Köln BeckRS 2015, 14300.
3287 OLG Koblenz NJW 2006, 2928.

Im Falle, den das OLG Oldenburg[3288] zu entscheiden hatte, sprachen die Richter einer Türkin jesidischen Glaubens ein Schmerzensgeld von 45.000 EUR zu und führten hierzu aus:

„Der Umstand, dass eine Türkin jesidischen Glaubens der Geburt eines männlichen Nachkommens besondere Bedeutung zumisst und es bei Ausbleiben weiteren Nachwuchses in Zukunft zu ehelichen und familiären Problemen kommen kann, die mit starken psychischen Belastungen verbunden sind, kann bei der Bemessung des Schmerzensgeldes zu berücksichtigen sein".

Das OLG begründete die Höhe des Schmerzensgeldes sorgfältig unter Heranziehung ähnlicher – wenn auch weiter zurückliegender – Gerichtsentscheidungen.[3289]

11. Schmerzensgeldanspruch im Zusammenhang von Samenspenden

319 **„Falsche" Samenspende:** Mit der Frage, ob einer Frau, die sich mit dem Samen eines von ihr hierfür nicht ausgewählten Mannes mittels einer heterologe Insemination befruchten ließ und ein gesundes Kind gebar, ein Schmerzensgeldanspruch gegenüber dem für die Insemination verantwortlichen Arzt zusteht, hatte sich das LG Münster[3290] und in der Berufungsinstanz das OLG Hamm[3291] zu befassen.

Die Frau, die in einer gleichgeschlechtlichen Partnerschaft lebte, hatte nach einer heterologen Insemination durch Ärzte einer Gemeinschaftspraxis ein Mädchen geboren. Anschließend beauftragte sie die Ärzte mit einer zweiten künstlichen Befruchtung unter Verwendung des Samens desselben Spenders, damit die Kinder Vollgeschwister würden. Nachdem sie auf diese Weise auch einen Sohn bekommen hatte, erfuhr sie wegen der unterschiedlichen Blutgruppen beider Kinder, dass diese doch nicht denselben Vater hatten und somit eine „falsche" Samenspende Verwendung gefunden hatte.

Die Frau verklagte die Ärzte auf Schmerzensgeld.

Im Einklang mit dem LG sah das OLG einen solchen Anspruch als möglich und im konkreten Falle auch als gegeben an und führte hierzu aus: *„Trägt eine mit „falschem" Sperma, weil nicht vom richtigen Samenspender stammend, durchgeführte heterologe Insemination zu einer körperlich-psychischen Belastung der Mutter bei, kann der Mutter ein Schmerzensgeldanspruch gegen den für die Insemination verantwortlichen Arzt zustehen".*

Die von den Beklagten vertretene Auffassung, dass bei der Klägerin kein unmittelbarer Körperschaden vorliege, sondern die Situation der eines „Schockschadens" vergleichbar sei, so dass die Zuerkennung eines Schmerzensgeldes ohnehin zweifelhaft sei, teilte das OLG nicht.

Dabei könne letztlich offenbleiben, ob die pflichtwidrig mit dem „falschen" Sperma durchgeführte zweite Insemination und die anschließende Schwangerschaft nicht von der Einwilligung der Klägerin gedeckt war, so dass der haftungsbegründende Primärschaden bereits in der Insemination läge. Jedenfalls sei, so das OLG, die Situation der Klägerin nicht mit einem Schockschaden vergleichbar, der etwaige Beeinträchtigungen aus dem Miterleben der Schädigung eines anderen erfasst. Denn die von der Klägerin geltend gemachten und vom Landgericht zugrunde gelegten psychischen Auswirkungen der beanstandeten Pflichtverletzung – die abredewidrige Insemination mit nicht vom identischen Spender stammendem Sperma – hätten die Klägerin selbst betroffen.

Vernichtung einer Spermakonserve: Mit der Frage, ob und wieweit die Vernichtung einer Spermakonserve einen Schmerzensgeldanspruch zu begründen vermag, befasste sich der BGH schon 1994.[3292] Mit einem Analogieschluss, wonach das Persönlichkeitsrecht des Klägers *„durch die Vernichtung … nicht geringer betroffen ist als das Persönlichkeitsrecht der Frau durch die Vernichtung einer ihrem Körper entnommenen und zur Reimplantation bestimmten Eizelle"*, bejahte der BGH den Anspruch und erachtet das vorinstanzlich zuerkannte Schmerzensgeld von 12.780 EUR *„für angemessen"*.

3288 OLG Oldenburg NJW-RR 2007, 1468.
3289 OLG Oldenburg NJW-RR 2007, 1468; zur Frage, ob und ggf. wie viel Schmerzensgeld an den Partner eines durch ärztlicher Fehlbehandlung Impotenten zu leisten ist, vgl. Ziegler/Rektorschek VersR 2009, 181.
3290 LG Münster 19.2.2018 – 3 U 66/16, BGH BeckRS 2015, 01802.
3291 OLG Hamm BeckRS 2018, 4594.
3292 BGH NJW 1994, 127.

12. Schmerzensgeldanspruch bei Impotenz des (Ehe)Partners

Schmerzensgeldentscheidungen, bei der die Verletzungsfolge einer Impotenz für die Schmerzensgeldbemessung im Vordergrund steht, sind eher selten.[3293] Meist tritt diese Verletzungsfolge vielmehr bei Wirbelsäulenverletzungen, Querschnittslähmungen[3294] oder im Zusammenhang mit Amputationen[3295] auf. **319a**

Da in einer Partnerschaft die Impotenz des einen (Ehe)Partners zwangsläufig auch Auswirkungen auf den anderen (Ehe)Partner hat, ist die Frage, ob auch dieser insofern einen eigenen Schmerzensgeldanspruch hat, grundsätzlich nicht völlig abwegig.

Nach dem OLG Köln hatte sich 2017 nun auch das **OLG Hamm**[3296] mit dieser Frage zu befassen, weshalb die Thematik hier näher vorgestellt wird. Auch im Falle des OLG Hamm war Klägerin die Ehefrau, deren Mann im Zusammenhang mit der Behandlung bzw. Operationen an der Wirbelsäule impotent wurde. Deshalb begehrte sie Schmerzensgeld iHv mindestens 20.000 EUR. Die Klägerin trug jedoch nicht vor, dass die Impotenz ihres Ehemanns bei ihr zu körperlichen oder psychischen Schäden geführt habe. Sie macht lediglich einen faktischen „Verlust der Sexualität" geltend. Das LG Hagen wies die Klage ab und auch das OLG Hamm sah die Klage bereits deshalb als unschlüssig an, da die Klägerin nicht zu ihrem ehelichen Sexualleben vor Beginn der streitgegenständlichen Behandlung vorgetragen hatte, woraufhin die Beklagte ein „erfülltes Sexualleben" mit Nichtwissen bestritt.

Im Weiteren führte das OLG Hamm in seinem Hinweisbeschluss sodann zum Kern der Forderung aus: *„Entgegen der Ansicht der Klägerin stellt der (teilweise) Verlust ihrer ehelichen Sexualität keine Verletzung des Körpers, der Gesundheit oder des Rechts auf sexuelle Selbstbestimmung dar (vgl. OLG Köln VersR 2016, 796 Rn. 5). Es handelt sich lediglich um eine Auswirkung der behaupteten Impotenz auf das Leben der Klägerin, nicht aber um einen Eingriff in ihre Rechtsstellung. Insbesondere hat die Klägerin weiterhin die Möglichkeit, selbst über ihre Sexualität zu bestimmen. Dieses Recht der Klägerin wird durch die behauptete, rein faktische Einschränkung ihrer sexuellen Betätigungsmöglichkeiten nicht verletzt. Die Rechtsauffassung der Klägerin hätte wohl zur Konsequenz, dass grundsätzlich in allen Fällen einer rechtswidrig und schuldhaft verursachten Einschränkung der Fähigkeit zur sexuellen Betätigung auch der Ehepartner des Geschädigten eigene Ansprüche geltend machen könnte. Dies würde etwa Verkehrsunfälle betreffen, bei denen der verheiratete Geschädigte eine Querschnittslähmung erleidet, ins Koma fällt oder gar stirbt. Dem Senat ist indes keine Gerichtsentscheidung bekannt, die einen entsprechenden Anspruch des Ehepartners bejahen würde."*

In der vom OLG Hamm zitierten Entscheidung des **OLG Köln**[3297] ging es ebenfalls um die Frage, ob *„die faktische Beschränkung des ehelichen Geschlechtsverkehrs infolge der Erkrankung des Ehemanns"* – so das OLG Köln – eine Verletzung des Körpers der Ehefrau darstellt. Auch hier fehle es bereits an der Schlüssigkeit, da die Klägerin es versäumt hatte, ihren eigenen Schaden näher zu definieren bzw. nichts dazu vorgetragen hatte. Zudem, so das OLG, bestehe *„weder unter dem Gesichtspunkt eines Vertrags mit Schutzwirkung zugunsten Dritter noch unter dem Gesichtspunkt deliktischer Haftung … für eine Ehefrau ein Schmerzensgeldanspruch wegen dauerhafter Impotenz des Ehemanns, die dieser aufgrund einer Fehlmedikation erleidet.* (amtlicher Leitsatz)".

Sodann führte das OLG Köln aus, die Körperfunktionen der Klägerin seien durch die Behandlung des Beklagten nicht beeinträchtigt und die Einschränkung der eigenen sexuellen Selbstbestimmung reiche nicht aus, einen Schmerzensgeldanspruch zu begründen. Das Recht auf sexuelle Selbstbestimmung sei dem allgemeinen Persönlichkeitsrecht zuzuordnen und keine Verletzung der körperlichen Unversehrtheit.

13. Schmerzensgeldanspruch im Zusammenhang von Organspenden

Bedingt durch die wieder zunehmende Akzeptanz von Organspenden in der Bevölkerung und aufgrund der beiden Urteile des BGH vom 29.1.2019[3298] sind diese Fälle wieder aktuell. **319b**

Grundsätzlich lassen sich die Fälle zu dieser Thematik in zwei Gruppen unterteilen: Organspende unter Lebenden und Organspende durch Entnahme aus einem Toten für einen Lebenden.

[3293] OLG Koblenz BeckRS 2005, 14744.
[3294] OLG Zweibrücken BeckRS 2021, 17258.
[3295] OLG Hamm BeckRS 2007, 16913.
[3296] OLG Hamm BeckRS 2017, 119218.
[3297] OLG Köln BeckRS 2016, 6006.
[3298] BGH BeckRS 2019, 1956 und BGH BeckRS 2019, 1867.

320 **a) Organspende unter Lebenden.** Bei den Verfahren, die der BGH entschieden hat, lagen Fälle von Organspenden (jeweils Nierenspenden) unter Verwandten bzw. Eheleuten zugrunde. Beide Spender verklagten anschließend das jeweilige Klinikum sowie die behandelnden Ärzte und forderten Schadensersatz, Schmerzensgeld sowie Feststellung für künftige Schäden. Hierfür trugen beide – völlig unabhängig voneinander – vor, an einem chronischen Fatigue-Syndrom und im erstbenannten Falle zudem an einer Niereninsuffizienz zu leiden und machten jeweils eine formal wie inhaltlich ungenügende Aufklärung bezüglich des Eingriffs geltend.

In beiden Fällen wiesen sowohl das Landgericht als auch das Berufungsgericht die Klage ab.

Der BGH hat den Revisionen stattgegeben und die Sachen zur Feststellung des Schadenumfangs an das Berufungsgericht zurückverwiesen. Zwar seien die Klagen nicht bereits wegen der festgestellten Verstöße gegen die Vorgaben des § 8 Abs. 2 S. 3 (Anwesenheit eines neutralen Arztes beim Aufklärungsgespräch) und Satz 4 (von den Beteiligten zu unterschreibende Niederschrift über das Aufklärungsgespräch) TPG begründet. Bei den unbeachtet gebliebenen Regelungen handele es sich um Form- und Verfahrensvorschriften, welche die Pflicht des Arztes zur Selbstbestimmungsaufklärung des Spenders begleiteten. Verstöße hiergegen führten nicht per se zur Unwirksamkeit der Einwilligung der Spender in die Organentnahme und zu deren Rechtswidrigkeit, sondern seien erst im Rahmen der Beweiswürdigung als starkes Indiz dafür heranzuziehen, dass eine Aufklärung durch die – insoweit beweisbelastete – Behandlungsseite nicht oder jedenfalls nicht in hinreichender Weise stattgefunden habe.[3299]

Der BGH wies insofern besonders darauf hin, dass

- die zum Arzthaftungsrecht entwickelten Grundsätze der hypothetischen Einwilligung nicht auf die Lebendorganspende übertragen werden könnten, so dass der Einwand der Beklagten, die Kläger hätten auch bei ordnungsgemäßer Aufklärung in die Organentnahme eingewilligt, nicht zulässig sei.
- Zudem betonte der BGH, dass gerade in Fällen – wie den beiden vorliegenden – bei welchen ein nicht regenerierungsfähiges Organ unter sich besonders nahestehenden Personen gespendet werde und sich dadurch die Spender in einer besonderen Konfliktsituation[3300] befänden, die Vorgaben des Transplantationsgesetzes (TPG) in besonders hohem Maße einzuhalten sind. Dies gelte somit gerade auch für die bewusst streng formulierten und in § 19 Abs. 1 Nr. 1 TPG gesondert strafbewehrten Aufklärungsvorgaben. Denn diese dienten dem „Schutz des Spenders vor sich selbst“ und sollten potenzielle Organspender davor schützen, sich selbst einen größeren persönlichen Schaden zuzufügen.
- In Fällen wie dem erstbenannten,[3301] bei dem der Vater die ihm von der Tochter gespendete Niere aufgrund von Vorerkrankungen wieder verloren hatte, müssten Spender auf das Vorhandensein eines erhöhten Risikos eines Transplantatverlusts separat aufgeklärt werden.

Da vorliegend diese Vorgaben nicht beachtet wurden und somit eine ausreichende Aufklärung nicht erfolgt sei, sah der BGH die von den beiden Klägern jeweils erteilten Einwilligungen in die Organentnahme als unwirksam und die Eingriffe jeweils als rechtswidrig an.

Über die Feststellungen der Berufungsgerichte hinsichtlich des jeweiligen Schadensersatzes und Schmerzensgeldes wird noch zu berichten sein.

321 **b) Organspende durch Entnahme aus einem Toten für einen Lebenden.** Ein weiteres Thema in diesem Zusammenhang resultiert aus der unbefugten **Organentnahme** zu Transplantationszwecken **nach dem Tod** des „Spenders“. Insofern spielt die Definition des Begriffs „Tod“ eine maßgebliche Rolle. Ganz überwiegend[3302] wird insofern auf den Gehirntod abgestellt und somit auf Entschädigungsansprüche bei der unbefugten Organentnahme zu Transplantationszwecken. Stellt man dagegen bei der Definition auf den gemeinsamen Ausfall von Gehirn, Herz und Lunge ab und wird ein Organ ohne Einwilligung der hirntoten Person entnommen, kommt sehr wohl ein Schadensersatz- und Schmerzensgeldanspruch – diesmal aus Verletzung des allgemeinen Persönlichkeitsrechts in Betracht.[3303]

14. Kinderunfall

322 Diesem ungemein wichtigen Thema hatte sich im Jahr 2013 der **51. Verkehrsgerichtstag** (Arbeitskreis II) angenommen und sich zur Empfehlung durchgerungen, dass sowohl der Gesetzgeber als auch die Rechtspre-

3299 So wörtlich aus BGH RDG 2018, 173.
3300 Vgl. auch OLG Köln BeckRS 2019, 2369 zur Einwilligung in einer „persönlich schwierigen Situation“.
3301 S. hierzu OLG Hamm 7.9.2016 – 3 U 6/16.
3302 Grüneberg BGB/Ellenberger § 1 Rn. 3; MüKoBGB/Schmitt § 1 Rn. 21 ff.
3303 So Neuner JuS 2013, 577 (582).

chung sich stärker um den Schutz von Kindern – auch über das 10. Lebensjahr hinaus – kümmern müssen.[3304] Das starre Festhalten an der Grenze des § 828 Abs. 2 BGB müsse einer **Überprüfung** der **individuellen Einsichtsfähigkeit** weichen und zwar auch und gerade bei Kindern, die das 10. Lebensjahr bereits überschritten haben. Diese Prüfung sei sorgfältig vorzunehmen, ggf. auch durch ein entwicklungspsychologisches Gutachten.

Insofern sind Gesetzgeber und Rechtsprechung[3305] auch in Zukunft noch gefordert.

Statistische Zahlen – individuelle Unglücksfälle: Der oben aufgeführte Appell ist nach wie vor hoch aktuell, denn auch wenn laut den Ergebnissen des Statistisches Bundesamt (Destatis)[3306] – bezogen auf Straßenverkehrsunfälle – „die Zahl der verunglückten Kinder … in den letzten drei Jahrzehnten deutlich geringer geworden" ist, verunglücken weiterhin jährlich mehr als 1,90 Millionen[3307] Kinder im privaten Umfeld, in der Schule oder anderen Betreuungseinrichtungen, auf dem Spielplatz oder in Sporteinrichtungen so schwer, dass ärztliche Hilfe notwendig ist, davon etwa 167.419 verletzte Kinder mit Krankenhausaufenthalt. 163 Kinder starben.[3308]

Im Straßenverkehr[3309] wurden 2025 nach einem pandemiebedingten Rückgang in den beiden Vorjahren insgesamt mehr als 27.000 Kinder unter 15 Jahren verletzt, davon rund ein Drittel bei Fahrradunfällen. Noch immer verunglückt ca. alle 19 Minuten ein Kind im Alter unter 15 Jahren im Straßenverkehr, die meisten von ihnen auf dem Schulweg.[3310]

Da Unfälle mit Kindern zu den traurigsten Kapiteln nicht nur des Verkehrsalltages gehören, soll auch weiterhin dem Kinderunfall ein eigenes Kapitel gewidmet werden, wohl wissend, dass dieses Thema in seiner Gesamtdimension hier nur gestreift werden kann.

Weiterführende Literatur: Für eine ausführliche Auseinandersetzung mit dieser Thematik sei auf die Ausführungen von Spindler[3311] (2017) und Jahnke/Thinesse-Wiehofsky[3312] (2013) sowie die Aufsätze und Literaturbeiträge von Buller (2016)[3313] Unfälle von Kindern im Straßenverkehr; Buhrmann (2016),[3314] Mitverantwortung der Eltern bei einem Kinderunfall im Verkehr; Kreuter-Lanage/Gau-Bischofsheim,[3315] Grüneberg Unfälle mit Kindern und Jugendlichen (2015)[3316] sowie Die (Mit-)Haftung von Kindern und Jugendlichen bei Verkehrsunfällen;[3317] Lang (2013) Minderjährigenschutz versus Schutz der anderen Unfallbeteiligten – zwei sich ausschließende Prinzipien?[3318] und Lang (2011) Beteiligung von Kindern an Verkehrsunfällen,[3319] den nahezu gleichlautend betitelten Aufsatz von Huber (2013) Kinderschutz versus Opferschutz im Straßenverkehr,[3320] den als Checkliste aufbereiteten Artikel von Ernst (2013) Kinder als Unfallgeschädigte[3321] sowie den – sich aber ebenfalls lediglich mit dem straßenverkehrsrechtlichen Teil der Thematik befassenden – Beitrag von Ternig (2008)[3322] Kinder im Straßenverkehr und das Schadensersatzrecht und das bereits seit 2003 in 2. Auflage verharrte Standardwerk von Scheffen/Pardey Schadensersatz bei Unfällen mit Kindern und Jugendlichen (NJW-Schriftenreihe, Band 59) verwiesen,[3323] welches sich – auch wenn nicht mehr aktuell – dennoch in besonders umfassender Weise diesem Thema widmet.

Literaturhinweis: Aktuell befasste sich zudem Almeroth,[3324] Hamann,[3325] MAH StraßenVerkehrsR/Hamann § 23 Rn. 224 sowie auch Heuermann in BeckOF Verkehrsrecht[3326] mit dieser Thematik.

3304 Vgl. hierzu, sich ausführlich mit der jüngeren Rechtsprechung befassend OLG Stuttgart RuS 2017, 265.
3305 In die richtige Richtung gehen insofern das OLG Saarbrücken NZV 2012, 483 (485) sowie das OLG Karlsruhe NJW 2012, 3042 und das OLG Oldenburg 19.8.2011 – 6 U 26/11.
3306 Verkehrsunfälle – Kinderunfälle im Straßenverkehr 2019 vom 25.8.2020.
3307 Quelle: www.kindersicherheit.de, Abfragestand: 3.7.2025 (Zahlen aus 2021), neuere Zahlen lagen zum Zeitpunkt der Überarbeitung für diese Auflage leider noch immer nicht vor.
3308 Quelle: www.kindersicherheit.de, Abfragestand: 3.7.2025 (Zahlen aus 2021).
3309 www.destatis.de Straßenverkehrsunfallstatistik (Zahlen aus 2024).
3310 www.destatis.de Verkehrsunfälle – Kinderunfälle im Straßenverkehr 2023, 11.
3311 BeckOK BGB/Spindler, 42. Edition, Stand: 1.5.2018, § 828 Rn. 1.
3312 Jahnke/Thinesse-Wiehofsky Unfälle mit Kindern.
3313 Buller NJW-Spezial 2016, 137.
3314 Buhrmann NJW-Spezial 2014, 9.
3315 Kreuter-Lanage/Gau-Bischofsheim SVR 2016, 167.
3316 Grüneberg Haftungsquoten bei Verkehrsunfällen, 2015.
3317 Grüneberg NJW 2013, 2705.
3318 Lang NZV 2013, 161.
3319 Lang r+s 2011, 409.
3320 Huber NZV 2013, 6 sowie Kuhn SVR 2013, 321.
3321 Ernst Verkehrsrecht Aktuell 2013, 6.
3322 Ternig SVR 2008, 250.
3323 MAH StraßenVerkehrsR/Hamann § 23 Rn. 224; Heß/Buller ZfS 2003, 218.
3324 Almeroth Rn. 1083 ff. sowie Rn. 1104 ff.
3325 MAH StraßenVerkehrsR/Hamann § 23 Rn. 224.
3326 BeckOF VerkehrsR/Ulf Heuermann Form. 1.6.16 Anm. 1-10 – zum Entwurf einer Haftungsklage bei Kinderunfall.

323 Lediglich flankierend sei an dieser Stelle der berechtigte Hinweis von Lang[3327] aufgegriffen, der bereits 2011 auf die Erfolge und positiven Ergebnisse eines sogenannten **Reha-Managements** – speziell bei verletzten Kindern – hinweist, mit dessen Hilfe die Reintegration in Schule, Ausbildung oder Beruf durch spezielle individuell-zielgerichtete Maßnahmen, ggf. in Spezialeinrichtungen (Kliniken; Therapiezentren) oft deutlich besser gelingt als bei herkömmlichen Maßnahmen. Um den Rahmen dieser Kommentierung an dieser Stelle jedoch nicht zu sprengen, sei auf die Ausführungen unter → **Rn. 275** sowie auf den oben bereits erwähnten Aufsatz von Lang[3328] und dessen zahlreiche Fundstellen sowie einen Beitrag von Scholz/Gräfenstein[3329] sowie den Aufsatz hierzu von Lachner[3330] aus dem Jahr 2015 verwiesen, der zudem eine Reihe von Empfehlungen für Rechtsanwälte zum Umgang mit Reha-Diensten gibt.

324 **a) Die haftungsbegründenden Voraussetzungen des Schmerzensgeldanspruchs.** Das haftungsbegründende Tatbestandsmerkmal des Verschuldens führte in der Vergangenheit im Bereich des Kinderunfalles häufig dazu, dass ein Schmerzensgeld gar nicht oder nur in geringem Maße zugesprochen wurde; dies galt insbesondere bei Verkehrsunfällen mit Kinderbeteiligung.[3331] Die auch heute noch mangelnde Erforschung und somit unbefriedigende Kenntnis der physikalisch-technischen Besonderheiten bei Kollisionen mit (Klein)Kindern führen nicht selten zur Benachteiligung derselben, auch wenn die Rechtsprechung schon immer an das Verhalten von Kraftfahrern gegenüber Kindern einen besonders hohen Sorgfaltsmaßstab angelegt hat. Die Notwendigkeit einer **analytischen Begutachtung**[3332] des Unfallgeschehens sei an dieser Stelle betont und insofern auf das Urteil des OLG München[3333] verwiesen, welches sich ausführlich mit den Anforderungen an Sachverhaltsaufklärung befasst hatte.

325 **Sorgfaltspflicht gegenüber Kindern im Straßenverkehr:** Durch **§ 3 IIa StVO** wurde diese Sorgfaltspflicht gesetzlich normiert:

„Wer ein Fahrzeug führt, muss sich gegenüber Kindern, hilfsbedürftigen und älteren Menschen, insbesondere durch Verminderung der Fahrgeschwindigkeit und durch Bremsbereitschaft, so verhalten, dass eine Gefährdung dieser Verkehrsteilnehmer ausgeschlossen ist".

Der Gesetzgeber stellt in der Begründung hierzu klar, dass „die Verminderung der Geschwindigkeit und Bremsbereitschaft" für sich allein nicht genügen; vielmehr wird durch die Formulierung **„Gefährdung der Verkehrsteilnehmer ausgeschlossen"** deutlich gemacht, dass von dem Fahrzeugführer das **Äußerste an Sorgfalt** verlangt wird, um eine Gefährdung der Kinder, Hilfsbedürftigen und älteren Menschen zu vermeiden. Das setzt allerdings voraus, dass der Fahrzeugführer die geschützten Personen sieht oder bei dem hier zu fordernden Maß an Sorgfalt hätte sehen oder nach den Umständen mit ihnen hätte rechnen müssen.[3334]

Dem „Damit-Rechnen-Müssen" in Bezug auf Kinder und deren häufig gerade in Gruppen vorkommenden unberechenbaren Verhalten wird jedoch nach meiner Ansicht noch häufig nicht[3335] in hinreichendem Maße Rechnung getragen.

Kinder im Sinne des § 3 Abs. 2a StVO sind alle diejenigen, die das 14. Lebensjahr noch nicht vollendet haben.[3336]

Insofern zu begrüßen ist die Entscheidung des OLG Celle[3337] aus dem Jahr 2021. Dabei hätte ein Pkw-Führer – obwohl er morgens vor Schulbeginn und in der Nähe mehrerer Schulen unterwegs war – eine Gruppe von Kindern wahrnehmen müssen, denn zumindest ein Kind war mit einer gelb reflektierenden Jacke bekleidet. Dennoch erfasste der Pkw-Führer die elfjährige Klägerin, die als letztes Kind der Gruppe versucht hatte, die Fahrbahn zu überqueren. Die KH-Versicherung des Beklagten wandte insofern ein Mitverschulden der Klägerin ein. Dem trat das OLG entschieden entgegen und führte in seltener Deutlichkeit aus: *„Der Beklagte zu 1 hätte bereits zu diesem Zeitpunkt [ergänze: 40 Meter vor dem Kollisionsort] damit rechnen müssen, dass sich noch weitere Kinder auf der Fahrbahn befinden und dies zum Anlass nehmen müssen, sein Fahrverhalten sofort*

[3327] Lang r+s 2011, 409 (417 und 418).
[3328] Lang r+s 2011, 409. Vgl. auch Scholz/Gräfenstein Versicherungswirtschaft 14/2013, 56.
[3329] Scholz/Gräfenstein Versicherungswirtschaft 2013, 56.
[3330] Lachner NJW 2015, 679.
[3331] BGH NJW 1994, 941.
[3332] Vgl. hierzu die äußerst umfangreichen und anschaulichen Ausführungen von CBN Personenschäden/Becke B Rn. 1 ff.
[3333] OLG München BeckRS 2016, 06076 mAnm Kääb FD-StrVR 2016, 377347; vgl. auch OLG Köln BeckRS 2017, 106458 wenn auch nicht zum Straßenverkehr, sondern – dennoch lesenswert – zum Sturz eines Kindes bei einer ergotherapeutischen Übung.
[3334] Begründung zur ÄndVO v. 21.7.1980, Hentschel/König/Dauer/Hentschel StVO § 3 Rn. 29b.
[3335] BGH NJW 2001, 152; OLG Celle NJW-RR 2004, 1611.
[3336] OLG Hamm BeckRS 2024, 12415.
[3337] OLG Celle BeckRS 2021, 11763.

anzupassen und die Geschwindigkeit so deutlich zu reduzieren, dass eine Gefährdung der sich auf der Straße befindlichen Kinder ausgeschlossen wäre – notfalls hätte der Beklagte zu 1 sofort anhalten müssen, bis er eine Übersicht über die Situation gehabt hätte".[3338]

Erfreulich, weil die Rechte der schwächsten Verkehrsteilnehmer stärkend, ist auch das **Urteil des BGH**[3339] **vom 4.4.2023** zum Vertrauensgrundsatz eines Kraftfahrers und dessen Ausnahmen bzw. Einschränkungen, – nicht nur gegenüber Kindern:

Grundsätzlich kann ein Kraftfahrer darauf vertrauen, dass sich auch die anderen Verkehrsteilnehmer an die verkehrsrechtlichen Regelungen halten. Zu diesen Regeln gehört auch, dass Fußgänger den gem. **§ 25 III StVO** bestehenden Vorrang des Fahrzeugverkehrs beachten. **Dieser Vertrauensgrundsatz kann aber eingeschränkt sein. Dies gilt nicht nur gegenüber Kindern, sondern allgemein, wenn die Verkehrssituation bei dem Kraftfahrer Zweifel aufkommen lassen muss, dass sich der Fußgänger verkehrsgerecht verhält.**[3340] Dem Urteil des BGH, in welchem zudem die maßgeblichen «Fußgänger-Entscheidungen» des BGH enthalten sind, lag folgender Sachverhalt zu Grunde: Der Kläger querte zu Fuß nachts eine Fahrbahn. Dabei näherte er sich „rennend" der Straße, auf der der Beklagte heranfuhr und lief auf den – aus Sicht des Beklagten linken – Fahrstreifen. Der BGH ging in dieser Situation, anders als zuvor das KG, nicht davon aus, dass der Beklagten erwarten konnte, der *rennende* Fußgänger werde an der Mittelinie anhalten und ihn durchfahren lassen. Vielmehr hätte, so der BGH, der Beklagte angesichts des Verhaltens des Klägers zumindest die Möglichkeit berücksichtigen müssen, dass der Kläger *durchläuft* und sein Fahrverhalten als Kraftfahrer darauf einstellen müssen. Da das KG dies bei seiner Klageabweisung nicht berücksichtigt hatte, hob der BGH das Urteil auf und verwies die Sache zurück."[3341]

Ebenfalls mit dem Vertrauensgrundsatz hatte sich das **OLG Celle**[3342] 2023 befasst und ausgeführt: „Auch gegenüber Kindern gilt der Vertrauensgrundsatz. „Ein Fahrzeugführer muss daher auch bei Annäherung an einen Fußgängerüberweg ohne erkennbare Umstände nicht damit rechnen, dass ein zwölfjähriges Kind ohne seine Absicht deutlich anzuzeigen, auf dem Fahrrad fahrend den Fußgängerweg überquert." Dann betonte das OLG Celle jedoch: *„Allerdings hat die Beklagte den **Entlastungsbeweis nach § 18 Abs. 1 Satz 2 StVG** nicht geführt. Sie hätte sich nur dadurch entlasten können, dass sie die Beachtung der im Verkehr erforderlichen Sorgfalt bewiesen hätte. Erforderlich ist hier die Feststellung, dass der Fahrzeugführer alles einem ordentlichen Kraftfahrer Zumutbare getan hat, den Unfall zu vermeiden. Hierzu bedarf es also des Nachweises, dass der Fahrzeugführer sich so verhalten hat, wie dies jeder andere ordentliche Kraftfahrzeugführer unter den gegebenen Umständen auch gemacht hätte. Maßgebend ist das Maß an Umsicht und Sorgfalt, das nach dem Urteil besonnener und gewissenhafter Verkehrsteilnehmer zu fordern ist. Diesen Nachweis kann die Beklagte schon deshalb nicht führen, weil sie mit der höchsten gerade noch zulässigen Geschwindigkeit auf einen Fußgängerüberweg zugefahren ist, während ein Fahrradfahrer parallel neben ihr auch auf diesen zufuhr, auch wenn dies kein Verschulden der Beklagten zu begründen vermag."*[3343]

Der BGH hat seine Rechtsprechung, Urt. v. 4.4.2023,[3344] in einer nachfolgenden Entscheidung (BGH Urt. v. 12.12.2023)[3345] auf die **besondere Gefahrensituation für Personen** (im konkreten Fall des BGH ging es um einen Müllwerker) erweitert und ausgeführt: *„Es ist die typischerweise zu erwartende besondere Gefährdung von Personen (hier: Müllwerkern), die es rechtfertigt, besondere Vorsicht in der genannten Art und Weise zu verlangen."*[3346]

Auf die beiden oben benannten Urteile des BGH[3347] verweisend, betonte das OLG Hamm 2024 im Zusammenhang mit der Kollision eines PKW-Führers, der im **Gegenverkehr** an einem **haltenden Bus** „mit etwa 15 bis 20 km/h vorbeifuhr und dabei ein 12-jähriges Kind schwer verletzt hatte: *„Zwar darf ein Kraftfahrzeugführer nach § 20 Abs. 1 StVO im Gegenverkehr an sich vorsichtig an einem noch haltenden Bus vorbeifahren, muss sich dabei aber im Einzelfall – wie hier im Hinblick auf eine erkennbare Vielzahl von aussteigenden Kindern – nach § 3 Abs. 2a StVO so verhalten, dass eine Gefährdung eines plötzlich hinter dem Bus auf die Fahrbahn tretenden Kindes ausgeschlossen ist; dazu muss der Kraftfahrzeugführer die Geschwindigkeit im Zweifel so weit drosseln, dass er sein Fahrzeug **notfalls sofort zum Stehen bringen** kann."*[3348]

3338 OLG Celle BeckRS 2021, 11763.
3339 BGH BeckRS 2023, 9120; vgl. dazu Heß/Burmann NJW 2023, 3060 sowie Kääb FD-StrVR 2023, 457523.
3340 BGH BeckRS 2023, 9120; vgl. dazu in Bezug auf ältere Menschen Sänger-Männel NJW-Spezial 2023, 585.
3341 BGH BeckRS 2023, 9120.
3342 OLG Celle BeckRS 2023, 29994; vgl. auch OLG Celle BeckRS 2024, 32381 mAnm Figgener/Quaisser NJW-Spezial 2025, 10.
3343 OLG Celle BeckRS 2023, 29994.
3344 BGH BeckRS 2023, 9120.
3345 BGH BeckRS 2023, 40253 mAnm Kääb FD-StrVR 2024, 803093.
3346 BGH BeckRS 2023, 40253.
3347 BGH BeckRS 2023, 40253 und BGH BeckRS 2023, 9120.
3348 OLG Hamm BeckRS 2024, 12415 Hervorhebung durch den Verfasser.

Sehr zutreffend verweist Kääb auf die entscheidende Bedeutung dieser Rechtsprechung hin und darauf, dass über kleine Geschwindigkeiten häufig sehr großzügig mit dem leider unzutreffenden Argument hinweggegangen werde, *„bei 13 oder 14 km/h könne man ja sein Fahrzeug sofort anhalten. Das aber ist eben nicht so. Erkennen, reagieren, Bremsdruck aufbauen um schließlich zu bremsen, das braucht seine Zeit, auch schon bei 13 km/h.“*, so Kääb.[3349] Dabei wird zudem, dies sei ergänzt, von vielen Fahrzeugführern der Brems- und Anhalteweg gleichgesetzt; ein fataler Fehler, der sich mit steigender Geschwindigkeit potenziert.

Zum Vertrauensgrundsatz bei einem **gemeinsamen Fuß- und Radweg gemäß Zeichen 240 zu § 41 StVO** und den dort für Radfahrer grundsätzlich höheren Sorgfaltspflichten gegenüber den Fußgängern und **insbesondere Kindern**[3350] führte das LG Wiesbaden[3351] 2024 in bemerkenswerter Deutlichkeit aus: *„Sie brauchen, da dort Radfahrer keinen Vorrang haben, nicht fortwährend nach Radfahrern, die etwa von hinten herankommen könnten, Umschau zu halten, sondern dürfen darauf vertrauen, dass Radfahrer rechtzeitig durch Glockenzeichen auf sich aufmerksam machen, um dann aber eine Passage freizugeben (…). Radfahrer haben die Belange der Fußgänger auf solchen Wegen besonders zu berücksichtigen und insbesondere bei unklaren Verkehrslagen gegebenenfalls Schrittgeschwindigkeit zu fahren, um ein sofortiges Anhalten sicherzustellen; mit Unaufmerksamkeiten oder Schreckreaktionen muss der Radfahrer rechnen.“*[3352] Gleiches gilt in **Fußgängerzonen.**[3353]

Auf Geh- und Radwegen schließt die von Autofahrern im Bereich von Ein- und Ausfahrten zu beachtende Sorgfalt neben Fußgängern auch **radfahrende Kinder** mit ein, auch wenn diese den Radweg rechtswidrig – beispielsweise entgegen der vorgesehenen Richtung – befahren.[3354]

326 Das „Zweite Gesetz zur Änderung schadensersatzrechtlicher Vorschriften“ hat viel zur Verbesserung der Situation von Kindern – vorrangig im Straßenverkehr – beigetragen. Insoweit ist Folgendes zu benennen:

- Zum einen wurde durch eine grundlegende Änderung des **§ 828 BGB** die Haftung und damit auch grds. der Mithaftungseinwand innerhalb der genannten Altersgruppen ausgeschlossen.
- Indem gem. **§ 828 Abs. 1 BGB** Kinder, die „nicht das siebente Lebensjahr vollendet“ haben, für einen Schaden, den sie anderen zugefügt haben, nicht verantwortlich sind und indem
- gem. **§ 828 Abs. 2 BGB** Kinder, die „noch nicht das zehnte Lebensjahr vollendet“ haben, für Schäden, die sie bei einem Unfall mit einem Kfz, einer Schienenbahn oder einer Schwebebahn einem anderen zufügen, nicht verantwortlich sind (sog. sektorale Deliktsfähigkeit[3355]), hat der Gesetzgeber – zumindest in diesem Punkt – den seit langem gehegten Erwartungen[3356] nunmehr weitgehend entsprochen.
- Zum zweiten hat der Gesetzgeber die früher wohl bekannteste Entlastungsmöglichkeit des Fahrzeughalters, nämlich den Einwand, der Unfall sei auf ein „unabwendbares Ereignis“ gem. § 7 II StVG aF zurückzuführen, gestrichen und durch den heute geltenden **§ 7 Abs. 2 StVG** und den dort eingefügten Begriff der **„höheren Gewalt“** ersetzt.

Dadurch wurde diese Entlastungsmöglichkeit von ihren – früher (vor dem 1.8.2002) vorhandenen – Sorgfalts- und Verschuldenskriterien entkoppelt. Die heutige Fassung des § 7 Abs. 2 StVG kommt damit gerade den nicht motorisierten Verkehrsteilnehmern und somit vorrangig den Kindern zugute, deren besondere Situation über den oben bereits erwähnten § 3 Abs. 2a StVO nunmehr noch unterstützt wird.[3357]

327 Aufgrund dieser beiden Gesetzesänderungen[3358] wird Kindern – als den regelmäßig schwächsten Verkehrsteilnehmern – mehr gesetzgeberische Hilfe bei der Durchsetzung berechtigter Schadensersatzansprüche zuteil. Dies wird sich, sofern Anwaltschaft, Versicherungen und Gerichte dem Wortlaut und Willen[3359] des Gesetzgebers Rechnung tragen, auch positiv auf die Schmerzensgeldbemessung auswirken.

328 Erwähnenswert ist insofern hinsichtlich der Verantwortlichkeit eines Kindes, welches gerade das siebte Lebensjahr vollendet hatte, die Entscheidung des OLG Nürnberg.[3360] Infolge der Verkettung unglücklicher

[3349] Kääb FD-StrVR 2024, 803093.
[3350] Vgl. Sorgfaltspflicht von Radfahrern NJW-Spezial 2004, 162.
[3351] LG Wiesbaden BeckRS 2024, 15718.
[3352] LG Wiesbaden BeckRS 2024, 15718; ebenso OLG Oldenburg BeckRS 2004, 3960 mAnm NJW-Spezial 2004, 162.
[3353] OLG München BeckRS 2013, 18459.
[3354] LG Lübeck BeckRS 2024, 33072 mAnm Bachmor SVR 2025, 151; KG BeckRS 2008, 1431 mwN.
[3355] BGH NJW 2005, 354 (356), der BGH kam dort zum Ergebnis, dass das Haftungsprivileg des neugefassten § 828 Abs. 2 nach dem Sinn und Zweck der Vorschrift nur dort greift, wo sich „bei der gegebenen Fallkonstellation eine typische Überforderungssituation des Kindes durch die spezifischen Gefahren des motorisierten Straßenverkehrs realisiert hat“, und sah dies nicht gegeben, wenn – im ersten Falle – ein Neunjähriger beim Kickbordfahren stürzt und dabei einen parkenden Pkw beschädigt bzw. – im zweiten Falle – wenn eine Neunjährige mit ihrem Fahrrad gegen ein geparktes Kfz kippt und dabei dieses leicht beschädigt (vgl. auch → Rn. 339).
[3356] Vgl. Steffen VersR 1998, 1449.
[3357] Vgl. hierzu LG Münster NJOZ 2004, 3749.
[3358] Vgl. hierzu Wagner NJW 2002, 2049 (2060 f.); Müller ZfS 2003, 433.
[3359] Vgl. BT-Drs. 14/7752, 30.
[3360] OLG Nürnberg NZV 2006, 580.

Umstände flog der vom Beklagten (gerade acht Jahre alt) auf dem Garagenvorplatz seines Elternhauses in Richtung Hauswand gekickte Ball zunächst gegen das Geländer der Hauseingangstreppe und von dort gegen die Außenlampe über der Haustüre, die daraufhin zersplitterte; just in diesem Moment sah der Kläger (gerade sieben Jahre alt) durch das Geräusch aufgeschreckt nach oben, wo ihn ein Glassplitter mitten in das rechte Auge traf. Das OLG kam hier – meiner Ansicht nach unzutreffend – zu der Ansicht, dass der achtjährige Junge nach seiner individuellen Verstandesentwicklung fähig war, die Gefährlichkeit seines Tuns zu erkennen und sich der Verantwortung für die Folgen seines Tuns bewusst war. Es sei – so das OLG – „Kindern im Alter des Beklagten auch möglich und zumutbar, dieses Spielgerät (hier: Ball) so zu benutzen, dass eine solche Beschädigung vermieden wird". Die Begründung des Gerichts ist – insbesondere da es am Ende derselben selbst einräumt, dass es sich vorliegend um „eine Verkettung unglücklicher Umstände" gehandelt habe, rechtlich kaum nachvollziehbar und allenfalls vor dem Hintergrund erklärbar, dass dem ansonsten „leer ausgegangenen" Kläger mit der vorliegenden Entscheidung ein finanzieller Ausgleich für die von ihm erlittenen Verletzungsfolgen zukommen sollte.

b) Eingeschränkte Sinneswahrnehmung von Kindern unter zehn Jahren. Bei den sieben bis vierzehn- 329
jährigen Kindern ging die Rechtsprechung davon aus, der Fahrer könne verstärkt darauf vertrauen, dass Kinder sich im Rahmen der zu erwartenden Einsichtsfähigkeit verkehrsgerecht verhalten, es sei denn, es stelle sich eine besondere Verkehrssituation dar, bei der der Fahrer auch mit unbedachtem oder gefährdendem Verhalten rechnen musste.[3361] Nach der Reform des Schadensersatzrechtes wurde – wie oben dargelegt – hier insbesondere die Gruppe der unter 10-jährigen Kinder[3362] privilegiert, worauf der BGH[3363] hingewiesen hatte. Dies entspricht den seit langem bekannten – vom Gesetzgeber jedoch erst sehr spät aufgegriffenen – **medizinisch-psychologischen Erkenntnissen,** wonach bei Kindern die Entwicklung bzgl. der visuellen Wahrnehmungsfähigkeit und der Verarbeitung des Gesehenen sowie das Verhalten im Straßenverkehr nicht linear verläuft.[3364] Die diesbezüglichen Fähigkeiten und damit auch das Verhalten ändern sich zwischen dem sechsten und dem achten Lebensjahr nicht oder nur gering, nehmen dann bis zum 10. Lebensjahr etwas zu und verbessern sich erst wieder stärker ab etwa dem 10. Lebensjahr,[3365] wobei es je nach Entwicklungsstand des Kindes insofern Unterschiede geben kann.

Dass aber auch erst achtjährige Kinder für Schäden im Straßenverkehr haften können, wenn sie bei der Begehung der schädigenden Handlung die zur Erkenntnis der Verantwortlichkeit erforderliche Einsicht besitzen, wozu es ausreichend sei, dass das Kind erkenne, dass es in irgendeiner Weise für sein Verhalten zur Verantwortung gezogen werden kann, hatte 2020 das OLG Celle[3366] betont. Der Fall ereignete sich an der Uferpromenade eines Ortes am Gardasee. Das Verkehrsgeschehen war zum Unfallzeitpunkt *ruhig und überschaubar und von nur wenigen Fußgängern geprägt.* Das Kind radelte – rückwärts zu seinen Eltern schauend – dabei gegen die dort promenierende Klägerin. Diese kam zu Fall und stürzte ins Hafenbecken, wobei sie sich verletzte. Vor dem Hintergrund dieser Situation sah das OLG zutreffend keine Überforderungssituation des Kindes mit der Folge eines (möglichen) Augenblickversagens. Ein achtjähriges Kind habe wissen müssen, dass es gefahrträchtig ist, während einer Vorwärtsfahrt den Kopf rückwärtig zu halten. Das OLG sah daher die Haftung des Kindes zu 100 % als gegeben an und sprach der Klägerin 6.000 EUR Schmerzensgeld für ihre Fußfraktur zu.

2006 stellte der BGH[3367] mit Hinweis auf die „bisherige Senatsrechtsprechung" fest, *„dass durch die Änderung des § 828 BGB die Anforderungen an die Sorgfaltspflicht von Verkehrsteilnehmern ab dem beginnenden 10. Jahr nicht geringer anzusetzen sind als nach der bisherigen Rechtslage".* Ferner – so der BGH weiter – folge *„daraus, dass eine Abwägung dahin, dass der Jugendliche alleine haftet, weiterhin möglich ist, wenn ihm objektiv und subjektiv ein erhebliches Verschulden zur Last fällt, welches die Betriebsgefahr des Kraftfahrzeuges als völlig untergeordnet erscheinen lässt."* 330

Ebenso entschied das OLG Naumburg[3368] im Falle einer Kollision eines Pkw mit einem außerorts die Landstraße hinter einem Bus überquerenden 11-jährigen Kind sowie bereits am 9.1.2013[3369] im Falle einer

[3361] Näheres Ternig SVR 2008, 250; Scheffen VersR 1987, 116.
[3362] Konkret: Kinder die das 10. Lebensjahr noch nicht vollendet haben.
[3363] BGH SP 2008, 3; LG Oldenburg NZV 2009, 36; grundlegend BGH NJW 2007, 2113 und NZV 2005, 137; vgl. auch Scheffen VersR 1987, 116.
[3364] Lang r+s 2011, 409 (412).
[3365] Lang r+s 2011, 409; Neuhaus Arbeitskreis II. des 29. Deutschen Verkehrsgerichtstages, 1991.
[3366] OLG Celle BeckRS 2020, 1808.
[3367] BGH BeckRS 2006, 17424.
[3368] OLG Naumburg r+s 2017, 267.
[3369] OLG Naumburg NZV 2013, 244; OLG Hamm NZV 2010, 464 – jeweils kritisch hierzu zutreffend Grüneberg SVR 2014, 256 (259).

Kollision zwischen einem ebenfalls 11-jährigen Kind, das bei Dunkelheit von rechts zwischen parkenden Fahrzeugen auf die Straße lief und von einem langsam fahrenden Pkw erfasst wurde.[3370]

331 Ungeachtet dessen bleibt – insbesondere im Zusammenhang mit § 3 IIa StVO – auch die Gruppe der **Kinder bis 14,** genauer: der 10 bis 14-jährigen Kinder weiterhin nicht ausreichend geschützt, denn der Gesetzgeber nennt in **§ 3 IIa StVO** keine Altersgruppe, sondern lediglich drei Personengruppen:

- Hilfsbedürftige,
- ältere Menschen und
- Kinder.

Literatur und Rechtsprechung haben insofern eine Geltung für Kinder bis zur Vollendung des vierzehnten Lebensjahres herausgearbeitet.[3371] Dies hilft jedoch den betroffenen Kindern dieser Altersgruppe häufig nicht. Denn die überwiegende Rechtsprechung[3372] geht davon aus, dass der Autofahrer – quasi um ein Kind in den Schutzbereich dieser Norm zu bringen – beim Wahrnehmen des Kindes dieses in die geschützte Personengruppe einstufen können muss bzw. – um es mit den Worten des OLG Schleswig zu formulieren: *„Ein Verstoß gegen die erhöhten Sorgfaltspflichten des § 3 IIa StVO setzt voraus, dass der Betreffende als zu dem geschützten Personenkreis gehörig erkennbar war“.*[3373]

Dem ist mit Nachdruck zu widersprechen, denn es ist völlig praxisfremd – und insofern erstaunlich, dass die hM anderer Auffassung ist – man könne von einem Pkw oder gar Lkw-Fahrer verlangen, bei erstem Wahrnehmen von Menschen am Straßenrand als ersten Schritt zu prüfen und für sich zu beschließen, ob bzw. dass der wahrgenommene Mensch ein Kind im Sinne des § 3 IIa StVO ist, um sodann als zweiten Schritt den Entschluss zu fassen, präventive Unfallverhütungsmaßnahmen – etwa Verlangsamen oder Bremsen – einzuleiten und diese dann in einem dritten Schritt umzusetzen. Bis ein Pkw-Führer oder gar Lkw-Fahrer – letztere seien deshalb besonders erwähnt, da sich ihre Blickposition oftmals (entgegen der Annahme von vielen Verkehrsteilnehmern) negativ auf das Überschauen einer Verkehrssituation auswirkt – diese drei Stufen umgesetzt hat, ist er oftmals, rein physikalisch betrachtet gar nicht mehr in der Lage, sein Fahrzeug rechtzeitig vor dem – „echten“ oder vermeintlichen – Kind zum Stehen zu bringen.

Verkehrsteilnehmer haben vielmehr die Verpflichtung des § 3 Abs. 2a StVO so lange zu erfüllen, bis sie ausschließen können, dass es sich um eine Person unter 14 Jahren handelt[3374] und müssen sich daher im Zweifel so verhalten, als gehöre die wahrgenommene Person zu der vom Gesetzgeber als besonders schützenswert benannten.

332 Daher sollten die Gerichte vor dem Hintergrund des allgemeinen Bestrebens, die Rechte der Kinder im Straßenverkehr zu stärken und im Einklang mit dem Wortlaut des Gesetzes, nach dem „eine Gefährdung … *ausgeschlossen*“ werden muss, darüber nachdenken (und die Opferanwälte hierauf hinwirken!), sich der Ansicht des OLG München[3375] anzuschließen, welches meiner Meinung nach – im Falle eines 11-jährigen Kindes – zutreffend argumentierte:

„Es kann den Beklagten nicht entlasten, wenn die Kl. im Unfallzeitpunkt wie eine 15- bis 16-Jährige ausgesehen haben sollte. § 3 IIa StVO könnte den mit ihm verfolgten Zweck nicht erreichen, wenn es zur Entpflichtung schon genügen würde, dass eine möglicherweise zu gefährdende jugendliche Person nicht den Eindruck eines Kindes, also zumindest 14-Jährigen, machen würde. Es ist bekannt, dass das Aussehen von Kindern, zumal, wenn sie – wie hier, nur aus relativ weiter Entfernung und nur ganz kurz beobachtet werden können – sehr leicht Täuschungen über ihr Alter hervorrufen kann. Die übrigen Verkehrsteilnehmer haben demnach die Verpflichtung des § 3 Abs. 2a StVO so lange zu erfüllen, bis sie ausschließen können, dass es sich um eine Person unter 14 Jahren handelt.“[3376]

Unfall mit dicht an Bordsteinkante wartendem Kind: Hierzu hat das OLG Zweibrücken[3377] darauf hingewiesen, dass ein Fahrzeugführer, der sein Fahrzeug mit weniger als einem Meter an der Bordsteinkante vorbeisteuert und dabei einen Fußgänger – im konkreten Falle einen elfjährigen Schüler – erfasst, ganz überwiegend haftet.

3370 Vgl. dazu auch Grüneberg NJW 2013, 2705.
3371 Vgl. Scheffen/Pardey Schadensersatz Rn. 469 ff. sowie auch Balke SVR 2013, 223.
3372 Vgl. BGH VersR 2000, 1556; BGH NZV 2007, 205 (207).
3373 OLG Schleswig VersR 1998, 241.
3374 OLG München BeckRS 9998, 37793.
3375 OLG München BeckRS 9998, 37793.
3376 OLG München BeckRS 9998, 37793.
3377 OLG Zweibrücken BeckRS 2021, 13327 → Nr. 7285.

Insofern zu kritisieren: Bedauerlicherweise entschieden insofern sowohl das OLG Naumburg[3378] als auch das OLG Hamm,[3379] dass auch bei einem Verkehrsunfall mit einem 11-jährigen (OLG Naumburg) oder gar erst seit sieben Tagen zehn Jahre alten (OLG Hamm) Kind, dessen Verschulden (in beiden Fällen rannte das Kind unachtsam über die Straße) so schwer wiegen könne, dass die Betriebsgefahr des das Kind erfassenden Kraftfahrzeuges im Rahmen der Abwägung dahinter völlig zurücktrete. 333

Im Falle eines 11 Jahre alten Kindes entschied das OLG Hamm[3380] erneut klar und mit Verweis auf § 828 Abs. 3 BGB, dass *„der im Unfallzeitpunkt 11-jährige Beklagte … für sein Fehlverhalten (ergänze: als Radfahrer) auch verantwortlich"* ist. *„Dabei obliegt es dem Beklagten darzulegen und zu beweisen, dass ihm die erforderliche Einsicht zur Erkenntnis der Verantwortlichkeit gefehlt hat"*. Im konkreten Falle habe der Junge erkennen können, dass er – wenn ihm ein Queren der bevorrechtigten Fahrbahn nicht in einem Zuge möglich sei –, mit seinem Fahrrad ein Hindernis für andere Fahrradfahrer bilde. Diese Situation sei *„auch nicht so komplex und unübersichtlich, dass der Beklagte damit überfordert gewesen wäre"*, so das OLG. Im konkreten Fall mag dies zugetroffen haben; gerade die Komplexität von – hintereinander geschachtelten Geschehensabläufen ist es jedoch gerade, was Kinder – auch noch im Alter über zehn Jahren – schnell überfordert; weshalb jeder Einzelfall sehr sorgfältig zu prüfen ist.

Hinweis und Appell: Die drei benannten Fälle bestätigte damit einmal mehr die meinerseits oben getroffene Aussage, wonach die Gruppe der 10- bis 14-jährigen Kinder weiterhin nicht ausreichend geschützt ist. Es wäre wünschenswert, dies würde sich in naher Zukunft ändern.

Insofern zu begrüßen: Sehr erfreulich – und in die vom 51. Verkehrsgerichtstag empfohlene Richtung gehend – ist insofern die oben → **Rn. 325** bereits erwähnte Rechtsansicht des OLG Celle[3381] aus dem Jahr 2021, dass im Falle eines 11-jährigen Kindes, das auf dem Schulweg angefahren wurde, klar ausführte, dass der Autofahrer *„sein Fahrverhalten sofort anzupassen und die Geschwindigkeit so deutlich zu reduzieren [hat], dass eine Gefährdung der sich auf der Straße befindlichen Kinder ausgeschlossen wäre – notfalls hätte der Beklagte zu 1 sofort anhalten müssen, bis er eine Übersicht über die Situation gehabt hätte."*[3382] 334

Gleiches gilt hinsichtlich der Entscheidungen des OLG Saarbrücken[3383] und des OLG Karlsruhe:[3384] Das OLG Saarbrücken führt insofern aus, dass selbst bei elementaren Verkehrsverstößen – hinsichtlich der Beantwortung der Frage, ob und inwieweit einem über 10-jährigen Kind oder Jugendlichen die zu Erkenntnis der Verantwortlichkeit erforderliche Einsicht fehlt – stets *„die altersbedingte Entwicklung des Kindes oder Jugendlichen einzubeziehen"* sei, denn die Ursachen und Motive, die Kinder an der richtigen Gefahreneinschätzung hindern, werde *„nicht gewissermaßen punktuell mit Erreichen des zehnten Lebensjahres abgestellt"*. Ebenso entschied auch das OLG Stuttgart,[3385] es könne den stets eine Alleinhaftung der Kinder annehmenden Urteilen (explizit auch dem des OLG Hamm) *„nicht gefolgt werden"*; vielmehr seien – auch bei einem fast 13-jährigen Kind, welches *„intelligent ist und die Verkehrsregeln im Unfallzeitpunkt kannte"* individuelle Aspekte (hier: 1. langer Ausflugstag, 2. die späte Stunde und 3. die auf der anderen Straßenseite wartende Mutter) zu berücksichtigen. Dem ist uneingeschränkt zuzustimmen.

Zu begrüßen ist insofern auch das Urteil des LG Kaiserslautern,[3386] welches einem elf Jahre alten Kind, das zu dicht am Bordstein stehend von einem Fahrzeug erfasst worden war, das seinerseits zur Bordsteinkante keinen genügenden Abstand eingehalten hatte, abgesehen von einer 20 %igen Mithaftung, ein Schmerzensgeld iHv 8.000 EUR für eine Unterschenkelfraktur zusprach und dabei betonte: *„Auch wenn der Kl. vorliegend die Altersgrenze des § 828 Abs. BGB § 828 Abs. 2 BGB gerade überschritten hatte, ist zu berücksichtigen, dass die kindlichen Eigenheiten, die ein Kind an der hinreichenden Einschätzung der Gefahren des Straßenverkehrs hindern, nicht gewissermaßen punktuell mit dem Erreichen des zehnten Lebensjahres abgestellt werden. Daher ist bei der Bewertung von Verkehrsverstößen die altersbedingte Entwicklung des Kindes oder Jugendlichen in die Bewertung einzubeziehen und vorliegend insbes. zu berücksichtigen, dass das verletzte Kind im Zeitpunkt des Unfalls die Altersgrenze des § 828 Abs. BGB § 828 Abs. 2 BGB erst um 15 Monate überschritten hatte und der konkrete Sachverhalt ein alterstypisches Fehlverhalten erkennen lässt"*.

[3378] OLG Naumburg r+s 2017, 267.
[3379] OLG Hamm BeckRS 2010, 15578; vgl. hierzu Burmann NJW 2011, 1124 (1126) und ebenso, wenn auch bei einem 11-jährigen Kind, OLG Naumburg r+s 2017, 267.
[3380] OLG Hamm BeckRS 2016, 113206.
[3381] OLG Celle BeckRS 2021, 11763.
[3382] OLG Celle BeckRS 2021, 11763.
[3383] OLG Saarbrücken NZV 2012, 483 (485).
[3384] OLG Karlsruhe NJW 2012, 3042; ebenso OLG Oldenburg 19.8.2011 – 6 U 26/11.
[3385] OLG Stuttgart RuS 2017, 265.
[3386] LG Kaiserslautern BeckRS 2019, 12968; vgl. dazu auch OLG Zweibrücken BeckRS 2021, 13327.

Gerade der Hinweis darauf, dass sich die Gefahreneinschätzung und ein dementsprechendes Verhalten eines Kindes sich nicht gewissermaßen punktuell mit dem Erreichen des zehnten Lebensjahres ändert, ist sehr zutreffend und muss stets bedacht und beachtet werden.

334a Läuft allerdings – wie man dies heutzutage permanent beobachten kann – ein (junger) Mensch mit konzentriertem **Blick auf ein Smartphone** durch den Straßenverkehr und dabei gegen einen anderen Verkehrsteilnehmer und erleidet dabei selbst Verletzungen, so hat er keinen Anspruch auf Schadensersatz und somit auch keinen Schmerzensgeldanspruch; so jedenfalls entschied zutreffend das OLG Brandenburg[3387] in einem Fall, bei dem eine 15-jährige Fußgängerin von ihrem Smartphone abgelenkt zwischen parkenden Autos hindurch gegen einen Bus gelaufen war. *„Dass die Kl. trotz des unmittelbar herannahenden Busses gleichwohl kurzerhand auf die Straße getreten ist, lässt nur den Rückschluss zu, dass sie dem Straßenverkehr nicht die geringste Aufmerksamkeit gewidmet hat … Mithin steht der grobe Verkehrsverstoß der Kl. fest, ohne dass es der Heranziehung der Grundsätze des Anscheinsbeweises bedarf …“.*[3388]

Nach der Rechtsprechung des BGH[3389] ist bzgl. der Haftungsbeurteilung bei Kindern und Jugendlichen jedoch stets zu beachten, inwieweit der Sorgfaltsverstoß altersspezifisch auch subjektiv besonders vorwerfbar ist. *„Hierbei kann“,* so der BGH, *„das äußere Erscheinungsbild des Kl.* [ergänze: eines 14jährigen Radfahrers, der sich grob verkehrswidrig verhalten hatte] *keine Rolle spielen, sondern allenfalls für die Frage von Bedeutung sein, ab welchem Zeitpunkt der Bekl. zu 1) mit einem Fehlverhalten des Kl. im Rahmen des § 3 IIa StVO rechnen musste.“*

335 **c) „Schmerzensgeldfähigkeit“ und Erinnerungsvermögen bei Kleinkindern.** Einigen Gerichten bereitet bei Säuglingen und Kleinkindern hinsichtlich der Schmerzensgeldbemessung noch immer die Frage der Anwendbarkeit der üblichen Bemessungskriterien Probleme. Vor dem Hintergrund, dass angeblich Kinder entweder keine ausgleichenden Wohltaten, von der sowieso im Schadenfall geschuldeten Pflege abgesehen, wahrnehmen würden oder die Bedeutung von Genugtuung nicht zu erfassen in der Lage seien, werden Schmerzensgelder reduziert oder gar abgelehnt. So schreckte das AG Bochum im Jahre 1994[3390] nicht zurück, Kleinkindern im Alter von einem und ebenso von drei Jahren gar die „Schmerzensgeldfähigkeit“ mit der Begründung abzusprechen, auf Personen diesen Alters fänden die „Vorschriften über das Schmerzensgeld nach ihrem Sinn und Zweck nur eingeschränkte Anwendung“; da Kleinkinder zudem das „**Bewusstsein** für das **Schmerzensgeld**“ fehle, sei ein solches überhaupt nicht zuzusprechen. Derartige Entscheidungen entbehren nicht nur jeder Rechtsgrundlage, sondern verkennen auch die gerade insofern gewandelte jüngere BGH-Rechtsprechung sowie die Tatsache, dass der Mensch als solcher, gleich welchen Alters, stets schmerzensgeldfähig ist. Geradezu erschreckend ist insoweit, dass auch noch zehn Jahre später ein deutsches Landgericht sinngemäß ebenso argumentierte; die Entscheidung wurde jedoch vom OLG Celle[3391] – wenn auch in meiner Ansicht nach nicht ausreichender Deutlichkeit – gerügt: *„Richtigerweise ist es jedoch allenfalls von untergeordneter Bedeutung, ob der Kläger (ergänze: ein dreijähriger Junge) verstanden hat, weshalb er solange im Krankenhaus sein musste“,* so das OLG zu den Ausführungen des LG Lüneburg, aus denen das OLG zutreffend entnommen hatte, *„dass sich diese Gesichtspunkte schmerzensgeldmindernd ausgewirkt haben“.* Soweit dem OLG Celle auch zuzustimmen ist, es wäre wünschenswert gewesen, wenn es die Worte „allenfalls von untergeordneter Bedeutung“ weggelassen hätte. Denn zum einen gibt es keine gesicherten wissenschaftlichen Erkenntnisse darüber, wie Kinder in derartigen Situationen empfinden – wobei aus Erfahrung allgemein bekannt ist, dass Kinder zumeist einen Krankenhausaufenthalt, zumal einen solchen, bei dem sie, wie im konkreten Fall der Dreijährige, in einem Streckverband nahezu bewegungslos liegen müssen, als Tortur[3392] wahrnehmen – und zum anderen kommt es auf die, wie auch immer ausgestaltete Empfindung des Kindes in Bezug auf die Hintergründe eines Krankenhausaufenthaltes in keiner schmerzensgeldrelevanten Art und Weise an.

Das Landgericht Lüneburg gab – neben der völligen Unkenntnis vom Umgang mit einer Schmerzensgeldtabelle – dem OLG jedoch einen weiteren berechtigten Anlass zur Kritik. Es verstieg sich nämlich zu der Annahme, dass es dem Kind schmerzensgeldmindernd anzurechnen sei, dass es in „behüteten Verhältnissen“ lebte und dass sich dessen Eltern während des vierwöchigen Krankenhausaufenthaltes mit regelmäßigen Besuchen gut um das Kind kümmerten. Dazu das OLG:

„Die Besuche der Eltern sind für die Höhe des Schmerzensgeldes nicht relevant, weil es den Schädiger nicht entlasten kann, zufälligerweise jemanden zu schädigen, der in behüteten Verhältnissen lebt …“.[3393]

[3387] OLG Brandenburg BeckRS 2019, 2720.
[3388] OLG Brandenburg BeckRS 2019, 2720.
[3389] BGH NZV 2004, 187.
[3390] AG Bochum ZfS 1994, 165; Scheffen/Pardey Schadensersatz Rn. 641.
[3391] OLG Celle NJW-RR 2004, 827.
[3392] OLG Celle NJW-RR 2004, 827.
[3393] OLG Celle NJW-RR 2004, 827.

Dies ist – selbstredend – zutreffend.[3394]

In diesem Zusammenhang positiv zu erwähnen ist eine – wenn auch bereits ältere – Entscheidung des OLG Nürnberg,[3395] welches sich mit der Schmerzensgeldbemessung im Falle eines schwer geburtsgeschädigten Kindes zu befassen hatte. Für die erheblichen Leiden des Kindes, das sechseinhalb Jahre lang bis zu seinem Tode fast täglich unter Krämpfen litt und dabei die Schmerzen wie ein Neugeborenes empfand, jedoch diese – so die Ausführungen – nicht verarbeiten konnte, sprach das OLG 46.016 EUR zu. Auch hier befasste sich das OLG zwar mit der Frage des Bewusstseins des schwerbehinderten Kleinkindes für das Schmerzensgeld und seine Ausgleichswirkung. Sehr sorgfältig und ohne die notwendige Sensibilität vermissen zu lassen, beantwortete das OLG die Frage zutreffend dahingehend, dass es ausreichend sei, wenn die Eltern das „Geld dafür bereithielten … um das Beste für das Kind zu tun".[3396]

Mit dem **Erinnerungsvermögen** von **Kleinkindern** befasste sich die – oben in → **Rn. 272** – bereits ausführlich dargestellte Entscheidung des OLG Köln.[3397] Der Kläger – ein zweijähriger und auf das Schwerste dauerhaft geschädigter Junge – war insofern der Ansicht, dass es bei der Bemessung einen Unterschied machen müsse, ob ein Mensch bereits von Geburt an (zB wegen eines Geburtshilfefehlers) oder – wie in seinem Falle gegeben – erst im Alter von zwei Jahren geschädigt wird. Im erstbenannten Fall habe der Geschädigte nie ein unbeschwertes Leben kennenlernen können; in seinem Falle habe er dies jedoch – wenn auch nur während der ersten beiden Jahre – erlebt. Dieser Argumentation wollte das OLG jedoch nicht folgen und verwies darauf, dass sich ein Kleinkind an die ersten beiden Lebensjahre insofern später nicht mehr erinnern könne und dass eine Erinnerung insoweit vielmehr erst im Verlaufe des dritten Lebensjahres einsetze.

Zur Frage der Geldentschädigung bei **Beleidigungen in kommerziellen YouTube-Kanälen** bei der **„Vermarktung" von Kindern** bzw. mit der Frage der Zuerkennung einer Geldentschädigung im Zusammenhang mit der Verbreitung von Videos des Babys einer professionellen YouTuberin auf deren kommerziellen YouTube-Kanal s. oben → Rn. 218 und die dort insofern begrüßenswerte erwähnte Entscheidung des LG Karlsruhe.[3398]

d) Berücksichtigung des Mitverschuldens bei Aufsichtspflichtverletzungen und Haftung der Eltern für den ihrem Kind entstandenen Schaden. Nach allgemeiner Auffassung[3399] haben die Eltern bzw. Aufsichtspflichtigen – dem Alter und Leistungsvermögen des Kindes angepasst – zu gewährleisten, dass aufgrund des unberechenbaren und einem Erwachsenen noch nicht vergleichbaren, also *kindestypischen Verhaltens*[3400] daraus entstehende Gefahren (nicht nur für den Straßenverkehr) im Rahmen des Zumutbaren verhütet werden.[3401] Der Umfang der gebotenen Aufsicht über Minderjährige bestimmt sich – so der BGH[3402] und mit Verweis darauf 2024 das OLG Köln[3403] sowie 2023 das OLG Oldenburg[3404] – nach deren Alter, Eigenart und Charakter, wobei sich die Grenze der erforderlichen und zumutbaren Maßnahmen danach richtet, was verständige Eltern nach vernünftigen Anforderungen in der konkreten Situation tun müssen, um Schädigungen zu verhindern. Das Maß der geschuldeten Aufsicht erhöht sich mit der Gefahrträchtigkeit der konkreten Situation.[3405] „*Die Anforderungen an die geschuldete Aufsicht wird demnach zu einem durch die Eigenschaften des aufsichtsbedürftigen Kindes, zum anderen durch die Gefahrträchtigkeit der konkreten Situation bestimmt: je gefahrträchtiger die objektiven Umstände, desto größere Anforderungen sind an die Eigenschaften und Fähigkeiten des Kindes zu stellen, um es unbeaufsichtigt lassen zu können. Umgekehrt müssen Defizite im Bereich der subjektiven Elemente zu größeren Anforderungen an die Aufsichtspflicht führen, und zwar auch dann, wenn sich das Kind in einem objektiv überschaubaren und vertrauten Bereich ohne besondere Gefahrenlage befindet*", so das OLG Köln.[3406] 336

Berührt ein Kleinkind in einem Schuhgeschäft einen nicht ausreichend befestigten Spiegel, der ihm daraufhin auf den Fuß fällt und das Kind verletzt, so trifft die anwesende Mutter keine Aufsichtspflichtverletzung:

3394 Vgl. Jaeger VersR 2004, 526.
3395 OLG Nürnberg VersR 1993, 1365.
3396 OLG Nürnberg VersR 1993, 1365.
3397 OLG Köln BeckRS 2024, 7692.
3398 LG Karlsruhe BeckRS 2018, 43947, → Nr. 6558.
3399 Buhrmann NJW-Spezial 2014, 9.
3400 OLG Köln BeckRS 2017, 106458 wenn auch nicht zum Straßenverkehr, sondern – dennoch lesenswert – zum Sturz eines Kindes bei einer ergotherapeutischen Übung.
3401 OLG Saarbrücken BeckRS 2022, 40173; BGH BeckRS 2021, 1443; OLG München BeckRS 2016, 06076; BGH NJW-RR 1987, 1430.
3402 BGH BeckRS 2021, 1443.
3403 OLG Köln BeckRS 2024, 4504.
3404 OLG Oldenburg BeckRS 2023, 10949 (2j. Kind startet PKW und verletzt Angehörige).
3405 OLG Saarbrücken BeckRS 2022, 40173.
3406 OLG Köln BeckRS 2024, 4504.

„Dass Kinder in Geschäftsräumen Gegenstände berührten, müsse durch Eltern nicht verhindert werden, es sei denn, die Gegenstände seien beispielsweise durch besondere Verbotsschilder gekennzeichnet,“ so das LG Koblenz.[3407]

Im Einzelfall ist – für den Anspruch auf Schmerzensgeldanspruch und dessen Höhe – eine Aufsichtspflichtverletzung,[3408] dh eine Missachtung dieser Verpflichtung durch die so Verpflichteten (meist Eltern oder Verwandte), nachzuweisen und zudem die Frage zu prüfen, ob und inwieweit diese Missachtung in Bezug auf die Haftungsquote zu berücksichtigen ist.

Bei **Kindern unter sieben Jahren** – sowie nach dem 1.8.2002 in Bezug auf Unfälle mit Kraftfahrzeugen, Schienen- oder Schwebebahnen (vgl. § 828 Abs. 2 BGB) auch **unter zehn Jahren** – haften in Fällen der gemeinsam verursachten Verletzung des Kindes sowohl der Schädiger wie auch der Aufsichtspflichtige als Gesamtschuldner, so dass das geschädigte Kind Anspruch auf ein „volles“ Schmerzensgeld hat.[3409] Eine Anspruchsverkürzung durch Zurechnung des Verursachungsanteils der Eltern braucht das deliktsunfähige oder sektoral deliktsunfähige Kind mit Rücksicht auf das „Haftungsprivileg“ der Eltern nicht hinzunehmen,[3410] da das „Haftungsprivileg“ der Eltern durch Beschränkung ihrer Einstandspflicht auf solche Schäden, die infolge Missachtung der eigenüblichen Sorgfalt eintreten – s. § 1164 BGB – dem entgegenstehen. Dies gilt auch bei der Teilnahme am allgemeinen Straßenverkehr bzw. bei entsprechenden Unfällen mit Verletzung des Kindes.[3411]

Hinweis: Ersatzansprüche von Kindern dieser Altersgruppen lassen sich somit nie im Wege der Zurechnungseinheit kürzen! Gekürzt werden kann allerdings – worauf Jahnke[3412] hinweist – der Regressanspruch des Drittleistungsträgers.

337 Einem deliktsfähigen Kind[3413] kann dagegen das Mitverschulden des Aufsichtspflichtigen im Falle einer bestehenden Haftungs- und Zurechnungseinheit direkt angerechnet werden.[3414] So entschied der BGH in einem Fall, in dem die Großmutter und die bereits zehnjährige Enkelin bei Dunkelheit die Straße überquerten und die Großmutter wegen des herannahenden Pkw zurücktrat, das Kind aber ins Auto lief, dass wegen der Tatbeiträge Großmutter und Enkelin „wie eine Person“ (= Zurechnungseinheit) zu behandeln seien.[3415] Daraus folgt zum einen, dass bei der Bemessung des Schmerzensgeldes der Mitverschuldensanteil der beaufsichtigenden Person zu berücksichtigen ist, und zum anderen, dass kein Gesamtschuldnerausgleich stattfinden kann, da die Aufsichtsperson nicht „Dritte“ ist, sondern mit dem verletzten Kind eine (Zurechnungs-)Einheit bildet.[3416]

Eltern haften gemäß § 1664 Abs. 1 BGB für Verletzungen ihrer Kinder und können insofern auch vom KH-Versicherer des Unfallverursachers in Regress genommen werden:[3417] Dass auch die Eltern bei Verletzung ihrer Aufsichtspflicht ihrem aus diesem Grunde verletzten Kind auf Schadensersatz und Schmerzensgeld haften, wird häufig übersehen. Grundlage für einen solchen Anspruch des Kindes gegen seine Eltern ist § 1664 Abs. 1 BGB;[3418] danach haften die Eltern auf Schadensersatz und Schmerzensgeld aber **nur bei Verschulden und nur dann, wenn sie diejenige Sorgfalt verletzt haben, die sie auch in eigenen Angelegenheiten anzuwenden pflegen.**[3419]

Im Bereich leichter/einfacher Fahrlässigkeit gilt insofern ein subjektiver, konkreter Maßstab. Jeder Elternteil haftet dabei nur für sein eigenes Verschulden, jedoch grundsätzlich nicht auch für das des anderen Elternteils und zwar nach seinem eigenen (subjektiven) Sorgfaltsmaßstab. Objektive (Ober-)Grenze individueller Sorglosigkeit ist dabei gem. § 277 BGB die Haftung für Vorsatz und grobe Fahrlässigkeit. Für das Vorliegen grober Fahrlässigkeit müsste der jew. Elternteil die ihm obliegende verkehrserforderliche Sorgfalt in besonders schwerem Maße verletzt haben, dh schon einfachste, ganz nahe liegende Überlegungen nicht angestellt haben.[3420]

[3407] LG Koblenz Urt. v. 16.5.2018 – 13 S 10/18 → Nr. 7392.
[3408] Vgl. hierzu BGH NZV 2009, 383; NZV 2009, 384; LG Hamburg BeckRS 2021, 37541; OLG Oldenburg BeckRS 2004, 11710 sowie LG Köln NZV 2015, 43; zur Frage der elterlichen Aufsichtspflicht bei einem knapp 14 Jahre alten Jungen vgl. OLG Frankfurt a. M. NZV 2006, 152; Bernau NZV 2005, 234; Scheffen/Pardey Schadensersatz Rn. 167.
[3409] So auch das LG Nürnberg-Fürth BeckRS 2015, 01373 sowie bereits BGH VersR 1980, 938; BGH VersR 1982, 441 (442).
[3410] OLG Köln VersR 1994, 1082.
[3411] LG Nürnberg BeckRS 2015, 01373; OLG Hamm NJW-RR 1994, 415.
[3412] Burmann/Jahnke NJW-Spezial 2022, 137.
[3413] Konkret: Ab Vollendung des 7. bzw. bei – Unfällen mit Kraftfahrzeugen, Schienen- oder Schwebebahnen (vgl. § 828 Abs. 2 BGB) – mit Vollendung des 10. Lebensjahres.
[3414] Vgl. hierzu ausführlich Scheffen/Pardey Schadensersatz Rn. 138 sowie insbesondere Rn. 158.
[3415] BGH VersR 1978, 735.
[3416] Vgl. zu der Problematik der „Zurechnungseinheit“ BGH VersR 1983, 131; Scheffen/Pardey Schadensersatz Rn. 158.
[3417] Vgl. dazu OLG Köln BeckRS 2024, 4504; OLG Saarbrücken BeckRS 2022, 40173.
[3418] OLG Saarbrücken BeckRS 2022, 40173.
[3419] Vgl. dazu BGH BeckRS 2020, 39757 mAnm Pardey SVR 2021, 310.
[3420] Vgl. dazu auch Eitzinger NZFam 2023, 384.

In dem nicht selten anzutreffenden Fall, in welchem ein Elternteil sein Kind in seinem Pkw transportiert und es dabei zu einem – vom Elternteil mitverschuldeten – Verkehrsunfall mit Verletzung des Kindes kommt, muss sich das Kind das **Mitverschulden des Elternteils** als gesetzlichen Vertreter jedoch nicht zurechnen lassen. „*Eine Verschuldenszurechnung der Mutter als gesetzliche Vertreterin … und Fahrerin im haftungsbegründenden Vorgang … scheitert mangels rechtlicher Sonderverbindung im Zeitpunkt der Schadensentstehung (BGH 12.11.1991 – NJW 1992, 560)*“, so LG Nürnberg-Fürth.[3421]

Das **Haftungsprivileg des § 1664 BGB** findet bei Unfällen im Straßenverkehr jedoch **keine Anwendung, zumindest wenn die Eltern ihr Kind als Kraftfahrer unter Verstoß gegen Verkehrsvorschriften schädigen.**[3422]

Geht dagegen eine Mutter mit ihrem (sechsjähriges) Kind entlang einer Bundesstraße, um diese sodann zu überqueren und verhält sich dabei so ungenau (kurze Vorwärtsbewegung mit anschließendem abrupten Stehenbleiben), dass das Kind – dadurch irritiert – vor ein herannahendes Auto läuft, so gilt – nach Auffassung des insofern unbedingt lesenswerten Urteils des OLG Bamberg –[3423] das Haftungsprivileg bzw. der Haftungsmaßstab des § 1664 Abs. 1 BGB.

Abschließend sei darauf aufmerksam gemacht, dass – worauf das OLG Oldenburg[3424] und im Ergebnis auch das OLG Koblenz[3425] sowie aktuell auch das LG Wuppertal[3426] zutreffend hingewiesen haben – durch die seit 2002 geltende und somit inzwischen etablierte Rechtslage die Voraussetzungen der Aufsichtspflicht der Eltern in Bezug auf ihre Kinder und deren Heranführung an eine eigenverantwortliche Teilnahme am Straßenverkehr, nicht verschärft wurden. Es stellt somit – wie das OLG Oldenburg im konkreten Fall anmerkte – **keine Aufsichtspflichtverletzung** der Eltern dar, ihren neunjährigen Sohn alleine mit einem Fahrrad am Straßenverkehr teilnehmen zu lassen.[3427] Denn es könne – so wird zutreffend argumentiert – davon ausgegangen werden, dass Kinder im Alter von acht oder neun Jahren sicher Fahrrad fahren können, Unterricht über Verkehrsregeln hatten und schon einige Zeit am Straßenverkehr teilgenommen haben und deshalb auch ohne die Eltern auf bekannten Wegen (Schule etc) Fahrrad fahren können. Ebenso bestand auch in dem oben → Rn. 329 vom OLG Celle[3428] 2019 entschiedenen Fall keine Aufsichtspflichtverletzung. Dort liefen die Eltern unmittelbar hinter ihrem elf Jahre alten und auf einer Hafenpromenade radelnden Kind her, das – zu seinen Eltern zurückschauend – versehentlich eine Fußgängerin anfuhr. *Die Eltern seien zwar kraft Gesetzes zur Führung der Aufsicht über die Beklagte zu 1) verpflichtet, allerdings trete die Ersatzpflicht nicht ein, wenn der Aufsichtspflicht genügt wurde. Dies sei hier der Fall. Die 8-Jährige sei gewandt gewesen im Radfahren. Sie fahre seit Jahren auch selbstständig mit dem Fahrrad. Es bedürfe daher nicht in jedem Moment der unmittelbaren Zugriffsmöglichkeit der Eltern auf das Kind. Die Erziehung der Kinder zu verantwortungsbewussten Verkehrsteilnehmern liege im Übrigen auch im Gemeinschaftsinteresse und es komme nicht stets auf die Alleinverantwortung der Eltern an, dass diese immer «für ihre Kinder» haften,* so das OLG.[3429] 338

Überholt ein 8-jähriges Kind – das vor seiner ebenfalls fahrradfahrenden Mutter auf seinem Fahrrad – einen Fußgänger im Bereich einer Verengung des Gehweges und wurde der Fußgänger nicht zuvor gewarnt oder das Kind zum Anhalten bewegt, so kann darin eine Aufsichtspflichtverletzung der Mutter gesehen werden, denn der Aufsichtspflichtige muss in einer konkreten Gefahrensituation die richtigen Anweisungen geben, die ihm zumutbar sind und nach der Lebenserfahrung geeignet sind, die Schädigung einer dritter Personen zu verhindern.[3430]

Eine Aufsichtspflichtverletzung kann auch darin begründet sein, dass die Eltern dem Kind ein defektes oder zumindest technisch nicht einwandfreies Fahrrad überlassen; in dem vom LG Wuppertal[3431] zu entscheidenden Falle war dies ein fehlender Kettenschutz, in dem sich die Hose des neunjährigen Kindes verfing, wodurch es gegen einen Pkw fiel.

3421 LG Nürnberg-Fürth 15.1.2015 – 8 O 5750/14 ebenso Saarländisches OLG NZV 2002, 511.

3422 LG Frankfurt a. M. (Oder) BeckRS 2020, 57813, OLG Bamberg BeckRS 2012, 8311; OLG Karlsruhe BeckRS 2008, 18922; BeckRS 2012, 8311; vgl. dazu auch BGH BeckRS 2020, 39757 sowie MüKoBGB/Huber § 1664 Rn. 11, 12; Almeroth Schadensersatz bei Verkehrsunfällen Rn. 977.

3423 OLG Bamberg BeckRS 2012, 8311 mAnm Kääb FD-StrVR 2012, 331842 sowie von Hoffmann FamFR 2012, 239.

3424 OLG Oldenburg BeckRS 2004, 11710; OLG Koblenz NJW-RR 2012, 274; vgl. hierzu auch BGH NJW 2009, 1952; 2009, 1954.

3425 OLG Koblenz NJW-RR 2012, 274; NJW-Spezial 2011, 747.

3426 LG Wuppertal BeckRS 2017, 132100.

3427 Dies kann selbstverständlich nicht allein am Alter des Kindes festgemacht werden, sondern hängt von der Gesamtentwicklung und den individuellen Fähigkeiten eines jeden Kindes ab.

3428 OLG Celle BeckRS 2020, 1808.

3429 OLG Celle BeckRS 2020, 1808, FD-StrVR 2020, 427747 mAnm Kääb FD-StrVR 2020, 427747.

3430 LG Hamburg BeckRS 2021, 37541.

3431 LG Wuppertal BeckRS 2017, 132100.

339 Der BGH hatte sich in mehreren[3432] – einmal in Bezug auf einen fünfjährigen und im Parallelfalle bzgl. eines siebenjährigen Kindes sowie im Zusammenhang mit einem Unfall während eines Reitturniers in Bezug auf ein erst drei Jahre altes Kleinkind – ausführlich zum **Umfang** der **Aufsichtspflicht** geäußert:

Im Falle eines **vier- bis sechsjährigen** Kindes müsse dem Kind bereits ein Freiraum zugestanden werden, „wobei allerdings eine regelmäßige Kontrolle in kurzen Zeitabständen für erforderlich gehalten" wird, so der BGH und weiter:

„Kinder in diesem Alter dürfen also ohne ständige Überwachung im Freien, etwa auf einem Spielplatz oder Sportgelände, oder in einer verkehrsarmen Straße auf dem Bürgersteig spielen und müssen dabei nur gelegentlich beobachtet werden. Dabei wird ein ***Kontrollabstand von 15 bis 30 Minuten*** *als zulässig angesehen, um das Spiel von bisher unauffälligen fünfjährigen Kindern außerhalb der Wohnung bzw. des elterlichen Hauses zu überwachen".*

Dagegen gelte im Falle eines **sieben- bis achtjährigen** Kindes ein weiterer Maßstab. In diesem Alter ist weder eine Überwachung „auf Schritt und Tritt" noch eine regelmäßige Kontrolle in kurzen, etwa halbstündigen Zeitabständen wie bei kleineren Kindern erforderlich. Grundsätzlich muss Kindern in diesem Alter, wenn sie normal entwickelt sind, das Spielen im Freien auch ohne Aufsicht in einem räumlichen Bereich gestattet sein, der den Eltern ein sofortiges Eingreifen nicht ermöglicht. Zum Spiel der Kinder gehört auch, Neuland zu entdecken und zu „erobern", so der BGH.[3433] *„Bei Kindern dieser Altersstufe, die in der Regel den Schulweg allein zurücklegen"*, genüge es, so der BGH in seiner Parallelentscheidung, *„dass die Eltern sich über das Tun und Treiben in großen Zügen einen Überblick verschaffen, sofern nicht konkreter Anlass zu besonderer Aufsicht besteht."*

Im Falle des **dreijährigen Kindes,** dass während eines Reitturniers unbeobachtet in einen Pferdeanhänger geklettert und dort von einem Pferd am Kopf verletzt worden war, hatte der BGH 2021 betont: *„Ein Kleinkind hätte unter Berücksichtigung der Art der besuchten Veranstaltung und der örtlichen Gegebenheiten so beaufsichtigt werden müssen, dass es jedenfalls nicht aus dem Blick gelassen wird und gegebenenfalls sofort an die Hand genommen werden kann. Wird eine Beaufsichtigung von Kleinkindern nicht lückenlos durchgeführt, dann handelt es sich grundsätzlich um ein Aufsichtsversagen der Eltern oder anderer mit der Beaufsichtigung betrauter Personen."*[3434]

In diesem Falle des BGH[3435] – auf dessen Entscheidung 2024 das OLG Köln[3436] explizit Bezug nahm – ging es zudem um die Frage der **Haftung der Eltern** – die sich in solchen Fällen einerseits aus **§ 1664 BGB** und andererseits aus **§ 823 I BGB** ergeben kann – für den infolge der Verletzung ihrer **Aufsichtspflicht ihrem Kind entstandenen Schaden.** Die Eltern hatten mit ihrem knapp drei Jahre alten Kind und weiteren Verwandten das Reitturnier besucht und sich dort im Bereich zwischen dem Springplatz und der Reithalle aufgehalten, wo sie verschiedene Verwandte und Bekannte getroffen und sich an einen Biertisch gesetzt hatten, während sich ihr Kind mit einem anderen, etwa vier Jahre alten Kind unbemerkt zu einem Pferdeanhänger begeben hatte. Dort fütterte das Kind zunächst von außen eines der Pferde. Dann stieg es in den Pferdeanhänger, wo es von einem Huf des Pferdes am Kopf getroffen und verletzt worden war.

Zur Haftung der Eltern führte der BGH aus (Amtlicher Leitsatz): *„Bei einer Aufsichtspflichtverletzung der Eltern kann sich ein Anspruch des Kindes gegen diese aus § 1664 Abs. 1 BGB ergeben. Daneben kann eine Körperverletzung im Sinne des § 823 Abs. 1 BGB auch durch Verletzung einer (familienrechtlich begründeten) Obhutspflicht begangen werden".*[3437]

Insofern weist Wellenhofer[3438] in seiner Anmerkung zu diesem Urteil des BGH in Bezug auf § 1664 BGB allerdings darauf hin, dass diese Norm eine **Haftungsprivilegierung zu Gunsten der Eltern** enthält, die insofern nur für die Sorgfalt, die sie in eigenen Angelegenheiten anzuwenden pflegen (§ 277 BGB), haften. Diese Haftungsprivilegierung gilt nach herrschender Lehre[3439] insbesondere in Bezug auf die Aufsichtspflicht bzw. diesbezügliche Pflichtenverstöße, wobei eine Minderheitsmeinung hingegen eine Einschränkung von § 1664 BGB vornehmen und insoweit in gleicher Weise wie im Außenverhältnis zu Dritten gem. § 832 BGB auch im Innenverhältnis zwischen Eltern und Kind den objektiven Sorgfaltsmaßstab des § 276 BGB zur Anwendung bringen will. Der BGH ließ diese Streitfrage offen. Denn auf das Haftungsprivileg kam es vorliegend gar nicht an, da die Eltern nicht den Beweis führen konnten, dass sie bei der Aufsicht ihres Kindes

[3432] BGH NJW 2009, 1952 und BGH NJW 2009, 1954 sowie BGH BeckRS 2021, 1443.
[3433] BGH NJW 2009, 1954 (1955).
[3434] BGH BeckRS 2021, 1443.
[3435] BGH BeckRS 2021, 1443; vgl. auch BGH BeckRS 2020, 39757.
[3436] OLG Köln BeckRS 2024, 4504.
[3437] BGH BeckRS 2021, 1443; vgl. auch Hausleiter/Schramm NJW-Spezial 2021, 164 sowie Ludyga NZFam 2021, 328.
[3438] Wellenhofer JuS 2021, 556; vgl. dazu auch Wellenhof JuS 2001, 556.
[3439] Wellenhofer JuS 2021, 556 mwN (Fn. 6).

sorgloser umgingen, als dies objektiv geboten war. *„Wenn sich Eltern auf den Maßstab der Sorgfalt in eigenen Angelegenheiten berufen, trifft sie die* ***Darlegungs- und Beweislast*** *dafür, dass sie in eigenen Angelegenheiten eine geringere als die im Verkehr erforderliche Sorgfalt anzuwenden pflegen … Abzustellen ist auf das generelle Verhalten des Schädigers in dem entsprechenden Pflichtenkreis … Da Eltern sich nicht selbst beaufsichtigen, bestände die eigene Angelegenheit iSd § 1664 Abs. 1 BGB in Fallgestaltungen wie der vorliegenden in der Ausübung der Aufsicht über ihr Kind.“*[3440]

An dieser Stelle ist nochmals darauf hinzuweisen, dass das Haftungsprivileg des § 1664 BGB bei Unfällen im Straßenverkehr grds. keine Anwendung findet, wenn die Eltern ihr Kind als Kraftfahrer unter Verstoß gegen Verkehrsvorschriften schädigen.[3441]

Abschließend sei insofern noch auf den eingangs zu diesem Unterkapitel erwähnten Fall des OLG Oldenburg, Urt. v. 20.4.2023 eingegangen. Klägerin war die gesetzlicher Krankenversicherer der Mutter der Beklagten, die die Beklagte wegen einer Aufsichtspflichtverletzung in Anspruch nahm. Dies deshalb weil sie ihren zweijährigen Jungen in ihrem PKW zurückgelassen und den Autoschlüssel auf dem Armaturenbrett vergessen hatte. Der Bub sah den Fahrzeugschlüssel auf dem Armaturenbrett, steckte ihn ins Zündschloss und drehte ihn, so dass der Pkw einen Satz nach vorne machte und die vor dem Fahrzeug auf einer Bank sitzende Mutter der Beklagten schwer verletzte. Das OLG sah hier eine Aufsichtspflichtverletzung als gegeben an und begründete dies damit, dass sich das Maß der erforderlichen Aufsicht mit der Gefahrträchtigkeit der konkreten Situation verändere bzw. erhöhe. Kleinkinder bedürften ständiger Aufsicht, damit sie sich nicht Gefahren in ihrer Umgebung aussetzen, die sie aufgrund ihrer Unerfahrenheit und Unbesonnenheit noch nicht erkennen. Diese Gefahren seien allgegenwärtig, so dass erst ab einem Alter von etwa vier Jahren Kindern ein gewisser Freiraum für sich zugestanden werden könne. Wird jedoch ein zweieinhalbjähriges Kind in der Nähe eines Autoschlüssels und eines Autos unbeaufsichtigt zurückgelassen, liege eine gefährliche Verschmelzung von gefahrenträchtigen Umständen vor. Es liege insofern eine spezifische Gefährdung vor, der der Gesetzgeber auch Rechnung getragen habe, indem er für Fahrzeuge eine Gefährdungshaftung eingeführt habe, da Jedermann gewahr sein müsse, dass der Umgang mit einem Fahrzeug und dessen Nähe erhebliche Gefahren in sich berge.

15. Corona/SARS-CoV-2

Im April 2023 erklärte der damalige Gesundheitsminister Karl Lauterbach die Corona/SARS-CoV-2-Pandemie für beendet und am 5.5.2023 hob die WHO die internationale Gesundheitsnotlage auf, nachdem am 27.1.2020 erstmals in Bayern die erste bestätigte Infektion des von China ausgehenden Coronavirus festgestellt worden war. Damals forderte die Pandemie alleine in Deutschland über 100.000 Todesopfer, die mit oder an dieser Erkrankung verstarben. Wie auch in anderen Ländern reagierte auch die Bundesregierung mit einer groß angelegten Impfkampagne mit nahezu 180.000.000 in Deutschland verabreichten Impfungen[3442] und einer Vielzahl weiterer Gegenmaßnahmen in Form einer zeitlich und räumlich definierten Masken- und Quarantänepflicht sowie mit begrenzten Lockdowns, Einreiseverboten und Impf- und Genesungsnachweisen. Über die Wirksamkeit und Sinnhaftigkeit einiger dieser Maßnahmen herrschte von Anfang an sowohl in der Politik, der Wirtschaft, den Medien und auch der gesamten Bevölkerung – nicht nur bundesweit, sondern nahezu weltweit – Uneinigkeit. Dies insbesondere deshalb, weil viele dieser Maßnahmen, um ihre jeweilige Wirkung zu erzielen, zwangsläufig Grundrechtseingriffe bedeuteten, – Maskenpflicht und Kontaktbeschränkungen in Bezug auf die Allgemeine Handlungsfreiheit, Restaurantschließungen und Veranstaltungsverbote bzgl. der Berufsfreiheit von Künstlern oder Restaurantbetreibern, Einreiseverbote bzw. Reisebeschränkungen hinsichtlich des Rechts auf Freizügigkeit. **339a**

Insofern dauerte es nicht lange, bis die ersten Klagen eingereicht wurden, in denen es ua auch um die Forderung nach Schmerzensgeld ging, wobei dabei inzwischen Impfschäden[3443] im Fokus stehen.

Maskenpflicht bzw. Pflicht zum Tragen einer Mund-Nasen-Bedeckung:

„Ein Unternehmer darf in seinen Geschäftsräumen von einem Kunden das Tragen einer Mund-Nasen-Bedeckung einfordern. Dies gilt auch für Betroffene, denen eine Maskenunverträglichkeit attestiert wurde. Sogenannte ***Maskenverwei-***

[3440] BGH BeckRS 2021, 1443.

[3441] LG Frankfurt a. M. (Oder) BeckRS 2020, 57813, OLG Bamberg BeckRS 2012, 8311; OLG Karlsruhe BeckRS 2008, 18922; BeckRS 2012, 8311; vgl. dazu auch BGH BeckRS 2020, 39757 sowie MüKoBGB/Huber § 1664 Rn. 11, 12; Almeroth Schadensersatz bei Verkehrsunfällen Rn. 977.

[3442] Quelle: Corona-in-Zahlen.de auf Basis der Statistik des Robert Koch-Instituts (Stand: 27.2.2024).

[3443] Bis Anfang April 2025 wurden mind. 573 dauerhafte Corona-Impfschäden bundesweit anerkannt; Quelle: www.krankenkassenzentrale.de/magazin/corona-impfschaeden.

***gerer** werden durch die privatrechtliche Durchsetzung der geltenden Corona-Regeln nicht diskriminiert.*", so lautet der Amtliche Leitsatz einer Entscheidung des AG Bremen.[3444] Der Kläger, der in einem Bio-Markt von der Kassiererin den Hinweis auf die Maskenpflicht erhalten hatte, war der Ansicht, dass er diskriminiert worden sei; aufgrund „eines Machtmissbrauchs in der Kindheit" leide er – so seine Argumentation – an Ängsten und könne keine Masken tragen, wobei durch „Zwang und Willkür" seine Angst noch verstärkt würde.

Das AG Bremen wies die Klage ab und führte dabei zu den Zwängen, durch die sich der Kläger angeblich diskriminiert sah, aus: *„Zulässigen Zwängen sind Bürger in einer sozialen Gesellschaft aber in vielfältiger Weise ausgesetzt, weil ein geordnetes Zusammenleben andernfalls unmöglich wäre. Zugespitzt formuliert: Eine durch staatlichen Zwang bewirkte – und entsprechend attestierte – Angststörung entbindet den Betroffenen auch nicht von den Einschränkungen, welche die Regeln des Straßenverkehrs für die Freiheit des Einzelnen tagtäglich bedeuten. Denn die unbeschränkte Freiheit des Einzelnen darf berechtigterweise dort enden, wo sie mit der Freiheit des anderen in Konflikt gerät. Die Einzelheiten regelt der demokratisch legitimierte Gesetzgeber".*[3445]

Ebenso wurde die Klage einer älteren Dame abgewiesen, die während des Fluges im Rahmen einer Pauschalreise von Düsseldorf nach Rhodos sowohl von der Flugbegleiterin als auch vom später hinzugerufenen Piloten darauf hingewiesen worden war, zur Vermeidung von Infektion mit dem SARS-CoV-2-Virus anstelle des mitgeführten Gesichtsvisiers während des Fluges eine Mund-Nasen-Bedeckung zu tragen. Die Klägerin verweigerte dies mit Hinweis auf ihre Asthma- und Herzerkrankung und erlitt sodann einen Kollaps. Ebenso – wenn auch ohne Kollaps – verhielt es sich beim Rückflug; einen **ärztlichen Attest** für einen von der Maskenpflicht befreiten Rückflug konnte die Klägerin innerhalb der kurzen Urlaubsdauer in Griechenland nicht beibringen. Für die erlittenen Unannehmlichkeiten forderte sie ua ein Schmerzensgeld iHv 1.000 EUR. Das AG Hannover[3446] sah die Klage als unbegründet an, da das beklagte Luftfahrtunternehmen als Erfüllungsgehilfin der Pauschalreiseveranstalterin weder aus Vertrag noch aus gesetzlichen Ansprüchen hafte. Ein gesetzlicher Anspruch folge nicht aus Art. 17 Abs. 1 des Montrealer Übereinkommens (MÜ), da ein „Unfall" im Sinne dieser Vorschrift nicht schon bei Eintritt eines jedweden Ereignisses vorliege, welches äquivalente Ursache einer daraus folgenden, an Bord eines Flugzeuges erlittenen Körperverletzung ist. Gleiches gelte für einen Anspruch auf Grundlage von § 33 LuftVG oder § 45 LuftVG. Schließlich – so das AG Hannover – stehe der Klägerin auch kein deliktischer Anspruch gem. § 823, § 831 BGB zu, denn dafür fehle es bereits an der Rechtswidrigkeit der Handlung der Beklagten, da diese privatrechtlich das Hausrecht im Flugzeug habe. Letzteres könne zu Zeiten der Corona-Pandemie dahin ausgeübt werden, dass den Flugpassagieren ein Zutritt und ein Verbleib nur unter der Bedingung gestattet wird, dass eine Mund-Nasen-Bedeckung getragen wird. Eine Ausnahmekonstellation, die ein solches Verlangen hier als gleichwohl widerrechtlich erscheinen ließe, sei im Streitfall nicht erkennbar.

Mit den Schadensersatz- und Schmerzensgeldansprüchen einer Krankenschwester, die bei der Beklagten in deren Pflegeheim angestellt und im März 2020 in der Essensausgabe tätig war, hatte sich das ArbG Siegburg[3447] 2022 zu befassen Von der Beklagten habe sie – so der Vortrag der Klägerin, die sich im April mit dem Corona-Virus infiziert hatte – keine Atemmaske erhalten und sei deshalb schwer erkrankt. Das ArbG wies die Klage ab, da die Klägerin nicht den Nachweis geführt habe, dass eine Pflichtverletzung ihres Arbeitgebers für ihre Erkrankung kausal war.

Zur Haftung aus dem Inverkehrbringen von fehlerhaften Schutzmasken vgl. unten → **Rn. 352.**

Quarantäne- bzw. Absonderungspflicht:

Es besteht **keine Amtshaftung,** aus dem – aus Sicht eines Corona-Erkrankten – behaupteten **Unterlassen von staatlichen Maßnahmen, wie Ein- oder Ausreisesperren, oder Quarantänemaßnahmen** wie Restaurantschließungen etc. zur Verhinderung der Ausbreitung des SARS-CoV-2-Virus; dies entschied 2023 der OGH Österreich[3448] im Zusammenhang mit der Corona-Ausbreitung am Ski-Ort Ischgl. Auf ua 10.000 EUR Schmerzensgeld geklagt hatte eine deutsche Urlauberin, die sich im März 2020 positiv auf SARS-CoV-2 getestet und anschließend für zumindest 14 Tage in häusliche Quarantäne begeben hatte.

Anders als in dem vom OGH entschiedenen Fall, bei dem sich die Betroffene rechtzeitige Quarantänemaßnahmen gewünscht hatte, richten sich die meisten Klagen gegen derartige freiheitseinschränkende Maßnahmen; doch auch insofern ohne Erfolg, denn es besteht **kein Amtshaftungsanspruch nach § 839 BGB,**

3444 AG Bremen BeckRS 2021, 5720.
3445 AG Bremen BeckRS 2021, 5720.
3446 AG Hannover BeckRS 2021, 25056.
3447 ArbG Siegburg 30.3.2022 – 3 Ca 1848/21.
3448 OGH Österreich Beschl. vom 27.6.2023 – 1 Ob 10/23m, BeckRS 2023, 19707; OLG Wien Beschl. v. 7.11.2022 – 14 R 174/22v.

wenn die Bewegungsfreiheit einer Kontaktperson durch eine Quarantäneanordnung zeitweilig eingeschränkt wird, denn die Anordnung der häuslichen Absonderung verstößt mangels erfolgter Freiheitsentziehung (als qualifizierter bzw. schärfster Form der Freiheitsbeschränkung) nicht gegen Art. 104 Abs. 2 S. 1, 2 GG. Vielmehr handelt es sich bei der Anordnung der häuslichen Absonderung lediglich um „einfache" Freiheitsbeschränkung. Mit dieser Begründung wies das LG Oldenburg[3449] die Klage einer Lehrerin ab, die sich aufgrund eines Kontakts zu einer infizierten Schülerin in häusliche Quarantäne bzw. Absonderung zu begeben hatte. Sie hielt diese Maßnahme für eine rechtswidrig Freiheitsentziehung und forderte wegen „psychischer Belastungen, fehlendem Zugang zu öffentlichen Einrichtungen, Hinderung zur Teilnahme an Gottesdiensten, fehlendem Zugang zur Natur und unterbundener Möglichkeit, im Freien Sport zu betreiben" ein Schmerzensgeld iHv 250 EUR pro Tag der Quarantäne".

Der Beklagte musste die Absonderung der Klägerin nicht nach deren negativen PCR-Test vorzeitig beenden. Denn – so das LG Oldenburg – durfte die Behörde *„trotz negativen PCR-Tests der Klägerin davon ausgehen, dass eine Infektion bei ihr bis zum Ende der Zeitspanne der Absonderung nicht sicher ausgeschlossen war und daher auch weiterhin potentiell ein Infektionsrisiko von ihr ausging. Auch die Ende März/Anfang April 2021 geltenden Empfehlungen des RKI sahen – aus diesem Grund – wohlweislich keine Verkürzungsmöglichkeit durch ein negatives Testergebnis vor"*.[3450]

Gleiches gilt auch für präventiv in Quarantäne genommene **Reiserückkehrer** aus einem Risikogebiet.[3451] Im Falle des LG Hannover hatte ein Polizeibeamter Schmerzensgeld wegen einer ihm gegenüber als Reiserückkehrer aus einem Risikogebiet erteilten Quarantäneanordnung begehrt und laut seiner persönlichen Anhörung wegen der Quarantäne „ziemlich schlechte Laune" und zudem hätten „die Beklagten ... bei den Quarantänevorschriften vorsätzlich und in Schädigungsabsicht gehandelt". Beides überzeugte das LG Hannover zutreffend nicht.

Kein Schmerzensgeldanspruch besteht für **Kreuzfahrtpassagiere,** wenn die Fahrtroute aufgrund einer Warnung durch die Weltgesundheitsorganisation geändert und auf einer Alternativroute durchgeführt wird. In dem vom LG Koblenz[3452] klagabweisend entschiedenen Fall begehrte der Kläger Schmerzensgeld iHv 25.000 EUR wegen behaupteter freiheitsentziehender Maßnahmen. Er sei der Freiheit beraubt worden, da seitens des Kapitäns auch **keine Landgänge** mehr gestattet worden waren. Das LG verwies darauf, dass das Verbot des Kapitäns, aufgrund der gegebenen Pandemielage an mehreren Häfen das Schiff zu verlassen, keine freiheitsentziehende Maßnahme im Rechtssinne darstelle und zudem genüge eine Beeinträchtigung der allgemeinen Handlungs- und Entschlussfreiheit nicht, einen Schmerzensgeldanspruch zu begründen.

Auch die Frage, ob einem dreijährigen **Kindergartenkind,** das – aufgrund einer Corona-Infektion anderer Kinder in der besuchten Kindertagesstätte (Kita) – eine 12-tägige häusliche Quarantäne bzw. Absonderung zu absolvieren hatte und deshalb die Kita vorübergehend nicht mehr besuchen konnte, ein Schmerzensgeldanspruch zusteht, beschäftigte die Gerichte. Das LG Köln wies die Klage ab.

Vom LG Aachen[3453] abgewiesen wurde die Klage der Eltern, deren Schwiegertochter während eines gemeinsamen Urlaubs in ein Krankenhaus eingeliefert und positiv auf Covid-19 getestet worden war. Die Beklagte hatte daraufhin gegenüber den Klägern als **Begleit- und Kontaktpersonen** eine häusliche Quarantäne angeordnet, weshalb diese auf 5.000 EUR Schmerzensgeld klagten.

Für einen Schmerzensgeldanspruch aus § 839 BGB iVm Art. 34 Abs. 1 S. 1 GG iVm § 253 Abs. 2 BGB fehle es bereits an der dafür erforderlichen Amtspflichtverletzung. Die Stadt Köln habe sich bei der Anordnung an die **Richtlinien des RKI** gehalten und die Klägerin zutreffend als „Ansteckungsverdächtige" eingestuft, da sie innerhalb ihrer Kita-Gruppe Kontakt zu einer nachgewiesenermaßen infizierten Person hatte. Eine solche Quarantäne stelle auch keinen Verstoß gegen den Richtervorbehalt iSv Art. 104 Abs. 2 GG iVm Art. 2 Abs. 2 Satz 2 GG dar, da es sich hierbei um eine Absonderung gem. § 30 IfSG handele, die keinen Eingriff in das Grundrecht auf körperliche Bewegungsfreiheit darstelle. Die Maßnahme sei zudem sowohl ermessensfehlerfrei als auch verhältnismäßig gewesen, da sich das Kind während der Quarantäne in der gewohnten Umgebung mit seinen Eltern als Vertrauenspersonen befand.

Selbst wenn man zugunsten der Klägerin von einer Rechtsgutverletzung iSv § 253 Abs. 2 BGB ausgegangen wäre, würde dies nicht automatisch zur Bejahung eines Schmerzensgeldanspruchs führen (vgl. oben

[3449] LG Oldenburg BeckRS 2021, 40416.
[3450] LG Oldenburg BeckRS 2021, 40416.
[3451] LG Hannover BeckRS 2021, 23341; zur Quarantäne/Absonderung vgl. auch LG Köln BeckRS 2021, 36053, LG Frankfurt a. M. BeckRS 2021, 40919 und LG Berlin BeckRS 2022, 5626.
[3452] LG Koblenz BeckRS 2021, 33429.
[3453] LG Aachen BeckRS 2022, 55592.

→ Rn. 266), worauf 2021 auch das LG Hannover[3454] im oben erwähnten Fall nochmals hingewiesen hatte. Es entspricht nicht der Billigkeit, für jede erlittene Beeinträchtigung ein Schmerzensgeld zuzuerkennen – darauf verwies bereits 1992 der BGH.[3455] Auch der klägerische Vortrag, die dreijährige Klägerin habe eine posttraumatische Belastungsstörung erlitten, verfängt nicht. Der bei Schmerzensgeldklagen inzwischen teilweise inflationär eingesetzte Begriff einer PTBS setzt nach anerkannter medizinischer Definition (ICD10: F43.1) eine – so der BGH[3456] – *„verzögerte oder protrahierte Reaktion auf ein belastendes Ereignis oder eine Situation kürzerer oder längerer Dauer mit außergewöhnlicher Bedrohung oder katastrophenartigem Ausmaß voraus, die bei fast jedem eine tiefe Verzweiflung hervorrufen würde"*. Davon konnte im Falle der Dreijährigen, die während der häuslichen Quarantäne bei ihren Eltern in ihrer gewohnten Umgebung lebte, keine Rede sein.

339b **Vorsätzliches Anspucken und Anhusten:**

Anders verhält es sich dagegen bei **vorsätzlichem Anspucken oder Anhusten Dritter,** um bei diesen Angst oder andere psychische Beeinträchtigungen in Bezug auf eine Corona-Ansteckung auszulösen. So sprach das AG Braunschweig[3457] dem Mitarbeiter des Ordnungsamtes 250 EUR Schmerzensgeld zu, da diesem vom Beklagten absichtlich ins Gesicht gehustet worden war, nachdem er ihn gebeten hatte, die vorgeschriebenen Sicherheitsabstände in einer Warteschlange einzuhalten. Da nicht bekannt war, ob der Beklagte tatsächlich mit Corona infiziert war, musste sich der Kläger 14 Tage in Quarantäne begeben. Das AG sah darin zutreffend eine nicht mehr als Bagatellverletzung anzusehende Körperverletzung, da sich der Vorfall im April 2020 und somit in der ersten Hochphase der Corona-Pandemie ereignet hatte. Nach Auffassung des Gerichts habe eine hohe Gefahr einer Infektion mit einer möglicherweise schweren bis potenziell tödlich verlaufenden Krankheit (Corona) bestanden.

339c **Impfschäden als Folge von SARS-CoV-2-mRNA-Impfstoffen:**

Seit dem 7.4.2023 gilt die Corona-Pandemie in Deutschland offiziell als beendet. Etwa 65 Millionen Personen hatten sich bis dahin gegen den Virus impfen lassen; bei 573 von diesen haben die Behörden einen Impfschaden anerkannt. Über 14.000 Anträge auf Anerkennung eines Impfschadens wurden inzwischen gestellt, wobei die Anerkennungsquote bei rund sechs Prozent liegt.[3458] Insofern kam und kommt es vermehrt zu Klagen:

- Zum einen auf **Gewährung von Beschädigtenversorgung,** zu der jedoch – um den Rahmen dieses Buches nicht zu sprengen – mit Ausnahme des kurzen Hinweises auf die Entscheidung des LSG Bayern nicht näher eingegangen werden kann.
- Zum anderen nach ua dem Arzneimittelgesetz **gegen die Corona-Impfstoffhersteller** in Deutschland mit dem Ziel eines **Schmerzensgeldes sowie Ersatz der materiellen Schäden;**
- aber auch – mit demselben Ziel – **gegen die Ärzte (Impfärzte und Hausärzte),** die eine Impfung verabreicht hatten sowie auch
- wegen möglicher **Pflichtverletzungen des Arbeitgebers** gegen diesen.

Zur Gewährung von Beschädigtenversorgung betonte das LSG Bayern[3459] 2024 in seinen amtlichen Leitsätzen die gesundheitliche Schädigung als Primärschädigung, dh die Impfkomplikation müsse neben der Impfung und dem Impfschaden, dh der dauerhaften gesundheitlichen Schädigung, im Vollbeweis nachgewiesen sein. Für die Annahme eines ursächlichen Zusammenhangs zwischen einer Impfung und einer Impfkomplikation bzw. einem Impfschaden sei ein Nachweis fehlender konkurrierender Ursachen nicht ausreichend. Zudem führte das LSG Bayern geradezu lehrbuchartig aus,[3460] die Anerkennung als Impfschaden setze eine dreigliedrige Kausalkette voraus, bei der alle drei nachbenannten Glieder im Vollbeweis, dh mit an Sicherheit grenzender Wahrscheinlichkeit, nachgewiesen sein müssen; die drei Glieder beschrieb das LSG so: *„Ein schädigender Vorgang in Form einer „Schutzimpfung oder einer anderen Maßnahme der spezifischen Prophylaxe", der die Voraussetzungen des § 60 Abs. 1 Satz 1 IfSG erfüllt (1. Glied), muss zu einer „gesundheitlichen Schädigung" (2. Glied), also einem Primärschaden in Form einer Impfkomplikation geführt haben, die wiederum den „Impfschaden", d.h. die dauerhafte gesundheitliche Schädigung, also den Folgeschaden (3. Glied), bedingt."*[3461]

[3454] LG Hannover BeckRS 2021, 23341.
[3455] BGH NJW 1992, 1043.
[3456] BGH BeckRS 2015, 5264; BGH BeckRS 2012, 16258; vgl. dazu auch oben → Rn. 289.
[3457] AG Braunschweig BeckRS 2020, 36895; vgl. dazu auch die Anm Slizyk COVuR 2022, 89 sowie – wenn auch ohne Bezug zur Corona-Pandemie – VG Augsburg BeckRS 2020, 2418 und LG Münster BeckRS 2002, 7634.
[3458] Quelle: www.krankenkassenzentrale.de/magazin/corona-impfschaeden; ARD Medienbericht Tagesschau.de – 22.1.2024.
[3459] LSG Bayern BeckRS 2024, 9902.
[3460] LSG Bayern BeckRS 2024, 9902.
[3461] LSG Bayern BeckRS 2024, 9902.

Zur Thematik der Klagen gegen Impfstoffhersteller/Schmerzensgeld und Auskunftsanspruch im Zusammenhang mit einer Impfung gegen das Corona-Virus: 339d

Zur Thematik der Schmerzensgeldklagen gg. die Impfstoffhersteller liegen inzwischen mehr als 110 veröffentlichte Urteile[3462] vor, die bislang in Bezug auf das **Schmerzensgeldbegehren** alle mit einer Klagabweisung endeten.

Beispielhaft sei hier eine auf 150.000 EUR Schmerzensgeld gerichtete Klage angeführt, die das LG Frankfurt a. M.[3463] bereits 2024 als unbegründet abgewiesen hatte und die in 2025 vom OLG Frankfurt a. M. bestätigt wurde;[3464] die Klägerin, so das LG Frankfurt a. M., habe keinen Anspruch auf Schadensersatz und Schmerzensgeld gemäß des hier einschlägigen § 84 AMG, da der Impfstoff nach einer eindeutig positiven Nutzen-Risiko-Abwägung zugelassen worden sei bzw. kein unvertretbares Nutzen-Risiko-Verhältnis aufweise. Zudem habe die Klägerin nicht beweisen können, dass sie vor der ersten Impfung noch nicht an den behaupteten Beschwerden gelitten habe; auch habe sie nicht ausreichend dargelegt, dass ein zeitlicher Zusammenhang zwischen der Arzneimittelanwendung und dem Schaden bestanden habe.

In diesem Zusammenhang hatte das LG Würzburg[3465] 2025 zutreffend auch auf das tatbestandliche Vorliegen der rechtswirksamen **Zulassung des Impfstoffs „Comirnaty" durch die Europäische Kommission** nach Empfehlung der EMA hingewiesen und auf die **Bindungswirkung für die Zivilgerichte,** die so lange gilt, wie *„sie nicht zurückgenommen, im Rahmen einer Nichtigkeitsklage für nichtig erklärt oder infolge eines Vorabentscheidungsersuchens oder einer Rechtswidrigkeitseinrede für ungültig erklärt"* wird.

Zur Darlegungslast und Beweislast der Geschädigten betonte das OLG Stuttgart[3466] 2025, dass diese ihren **Gesundheitsschaden** detailliert und substantiiert darlegen und beweisen müssen, ebenso wie den **zeitlichen Zusammenhang zwischen der Arzneimittelanwendung und dem vorgetragenen Gesundheitsschaden.** Hierzu – so das OLG Stuttgart – habe der Kläger *„insbesondere seine physische oder psychische Verfassung vor und nach der Arzneimittelanwendung darzulegen und damit jedwede Tatsache, die in seinem Fall für, aber auch gegen eine Schadensverursachung spricht. Der Geschädigte muss also die nur ihm bekannten Umstände offenlegen, wie zum Beispiel Grund- und Parallelerkrankungen, Risikofaktoren oder die Einnahme anderer Arzneimittel"*.

Allerdings dürfe, worauf das OLG Stuttgart ebenfalls hingewiesen hatte, von einem Geschädigten nicht verlangt werden, dass er im Prozess zur Substantiierung der Verletzungseignung Studien oder Anwendungsbeobachtungen vorlegt.

Mit Urteil vom 9.3.2026 hat der **BGH**[3467] nun darauf hingewiesen, dass gemäß § 84a Abs. 1 S. 1 AMG derjenige, der insofern Auskunft begehrt, Tatsachen darlegen und gegebenenfalls beweisen müsse, die die Annahme begründen, dass ein Arzneimittel den Schaden verursacht hat und dass diese Tatsachen auch die Ursächlichkeit des Arzneimittels für den Schaden plausibel erscheinen lassen müssen. Sodann betonte der BGH jedoch, dass die Anforderungen an den Auskunftsanspruch nicht strenger sein dürfen als die Anforderungen an die Kausalitätsvermutung nach § 84 Abs. 2 AMG.

Der Auskunftsanspruch setzt nicht voraus, dass die Schadensverursachung durch das Arzneimittel überwiegend wahrscheinlich ist; Plausibilität reicht aus, so der BGH.

Der Ansicht des Berufungsgerichts (OLG Koblenz),[3468] wonach ein Auskunftsanspruch voraussetze, dass die Schadensverursachung durch das Arzneimittel überwiegend wahrscheinlich sei, lehnte der BGH ab, – dem sei *„nicht beizutreten"*. *„Dass der Auskunftsanspruch in § 84a AMG nicht voraussetzt, dass der Anspruchsteller eine überwiegende Wahrscheinlichkeit darlegt und im Bestreitensfall nachweist, folgt eindeutig aus der Begründung des Gesetzentwurfs (BT-Drucks. 14/7752) und der Systematik in § 84 AMG und § 84a AMG. …* Vor *diesem Hintergrund setzt der Auskunftsanspruch nach § 84a AMG nicht voraus, dass der Anspruchsteller Tatsachen vorträgt und gegebenenfalls nachweist, die die Annahme begründen, dass ein Arzneimittel den Schaden überwiegend wahrscheinlich*

[3462] LG Freiburg BeckRS 2025, 5311; LG Potsdam BeckRS 2025, 6421; BeckRS 2025, 4212; BeckRS 2025, 5312; BeckRS 2025, 4211; BeckRS 2025, 4210; LG Berlin II BeckRS 2024, 38566; LG Hannover BeckRS 2024, 31611; BeckRS 2025, 4212; BeckRS 2025, 5312; BeckRS 2025, 4211; BeckRS 2025, 4210; LG Limburg BeckRS 2025, 6422; LG Frankenthal BeckRS 2024, 2342; LG Frankfurt a. M. BeckRS 2024, 2004; LG Düsseldorf BeckRS 2023, 38491 und BeckRS 2023, 38498 sowie LG Mainz BeckRS 2023, 21094 und BeckRS 2024, 1199; LG Koblenz BeckRS 2024, 1981; LG Rottweil BeckRS 2023, 34883. **Mehr Urt.e dazu im Tabellenteil unter dem Kapitel C. 2. Corona/SARS-CoV-2.**

[3463] LG Frankfurt a. M. BeckRS 2024, 2004.

[3464] OLG Frankfurt a. M. BeckRS 2025, 2209.

[3465] LG Würzburg BeckRS 2025, 25047.

[3466] OLG Stuttgart BeckRS 2025, 33579 → Nr. 7786.

[3467] BGH GRUR-RS 2026, 3617.

[3468] OLG Koblenz BeckRS 2024, 27414 → Nr. 7536.

verursacht hat. Plausibel kann eine auf Tatsachen gestützte Kausalitätsbehauptung vielmehr auch dann sein, wenn mehr gegen als für das Arzneimittel als Schadensursache spricht. “[3469]

Der Entscheidung des BGH lag die Berufungsentscheidung des OLG Koblenz zugrunde, das die Klagabweisung seitens des LG Mainz bestätigt und dazu betont hatte, dass **kein arzneimittelrechtlicher Schadensersatzanspruch bei SARS-CoV-2-Impfstoffen mit positivem Nutzen-Risiko-Verhältnis** bestehe. Zudem habe die Klägerin nicht darlegen können, dass sie sich bei richtiger Information nicht hätte impfen lassen. *„Eine Haftung des pharmazeutischen Unternehmers nach § 84 Abs. 1 Satz 2 Nr. 2 AMG setzt voraus, dass der Schaden auf der Anwendung des Arzneimittels beruht und zugleich infolge einer fehlerhaften Arzneimittelinformation eingetreten ist (doppelte Kausalität). Der Geschädigte hat darzulegen und zu beweisen, dass der Schaden nicht eingetreten wäre, wenn die Arzneimittelinformation erschöpfend und zutreffend gewesen wäre"*, betonte das OLG Koblenz mit Verweis auf BGH BeckRS 1989, 1429.

Vor dem Hintergrund dieser aktuellen BGH-Entscheidung sind die bisher dazu ergangenen Entscheidungen der Berufungsgerichte[3470] in neuem Licht zu betrachten; gleiches gilt für die nachfolgenden Ausführungen zur Nutzen-Kosten-Abwägung im Zusammenhang mit dem Begehren auf Auskunft gegenüber den Impfstoffherstellerunternehmen.

Zur Nutzen-Kosten-Abwägung im Rahmen der Arzneimittelhaftung hatten bereits 2013 das OLG Schleswig und 1989 das OLG Stuttgart zu entscheiden.[3471]

Hinsichtlich des Begehrens auf Auskunft sei auf die Entscheidungen des OLG Dresden[3472] sowie des OLG Bamberg[3473] verwiesen, nach welchen der Impfstoffhersteller Astrazeneca jeweils verurteilt wurde, Auskunft zu erteilen über sämtliche der Beklagten bekannten Wirkungen und Nebenwirkungen hinsichtlich des in Deutschland vertriebenen Corona-Impfstoffs „Vaxzevria" und zudem auch sämtliche weiteren Erkenntnissen über mögliche schädliche Wirkungen offenlegen muss, jedoch nur *„soweit diese das Thrombose-mit-Thrombozytopenie-Syndrom (TTS) betreffen"*. Eine darüberhinausgehende und nicht nur auf die Erkrankungen der Klägerinnen bezogene Auskunft lehnten jedoch sowohl das OLG Dresden als auch das OLG Bamberg dabei ab.

Im Fall des OLG Bamberg begehrte die Klägerin neben der Auskunft und umfangreichen materiellen Schadensersatzforderungen zudem ein Schmerzensgeld von mindestens 250.000 EUR. In erster Instanz hatte das **LG Hof**[3474] die Klage als unbegründet abgewiesen und ausgeführt, dass zum einen kein Produktfehler nach § 84 Abs. 1 S. 2 Nr. 1 AMG vorliege und zum zweiten auch kein Informationsfehler gemäß § 84 Abs. 1 S. 2 Nr. 2 AMG und zwar (a) weder ein Informationsfehler im eigentlichen Sinne noch (b) ein Entscheidungskonflikt der Klägerin. Drittens komme auch ein Anspruch aus keiner sonstigen Anspruchsgrundlage in Betracht, insbesondere nicht aus § 823 Abs. 1 BGB, da weder eine Verkehrssicherungspflichtverletzung noch ein Verschulden vorliegend ersichtlich sei, so das LG Hof.

In der Berufungsinstanz wies das **OLG Bamberg**[3475] (Hinweisbeschluss vom 14.8.2023) zur Frage eines Informationsfehlers im Rahmen der Haftung nach § 84 Abs. 1 S. 1, S. 2 Nr. 2 AMG darauf hin, dass es beabsichtige, dazu ein Sachverständigengutachten einzuholen und begründete dies so: *„Die Haftung besteht nach § 84 Abs. 1 Satz 2 Nr. 2 AMG nur, wenn der Schaden infolge einer fehlerhaften Instruktion eingetreten ist. Es genügt also nicht, dass der Schaden durch das Arzneimittel verursacht wurde und die Arzneimittelinformation fehlerhaft war. Vielmehr muss der Schaden gerade auf die fehlerhafte Arzneimittelinformation zurückgehen (doppelte Kausalität). Damit stellt sich die Frage, ob der Schaden bei ordnungsgemäßer Arzneimittelinformation mit an Sicherheit grenzender Wahrscheinlichkeit vermieden worden wäre"*.[3476] Nun erging am 8.4.2024 insofern das eingangs erwähnte **Teilurteil.**[3477]

Damit war dieser, auf ein hohes Schmerzensgeld gerichtete, Zivilprozess wohl in Deutschland der erste gegen einen Corona-Impfstoffhersteller, der auf dieser Etappe angelangt ist.

[3469] BGH GRUR-RS 2026, 3617.
[3470] OLG Frankfurt a. M. BeckRS 2025, 2209; OLG München BeckRS 2024, 31623; BeckRS 2024, 36083 und BeckRS 2024, 36083; OLG Koblenz BeckRS 2024, 27414 und BeckRS 2024, 16169; OLG Oldenburg BeckRS 2024, 36092; OLG Hamm BeckRS 2024, 16818; OLG Stuttgart BeckRS 2024, 14555.
[3471] OLG Schleswig BeckRS 2014, 8210; OLG Stuttgart BeckRS 1989, 4400.
[3472] OLG Dresden BeckRS 2024, 35032.
[3473] OLG Bamberg BeckRS 2024, 7784.
[3474] LG Hof BeckRS 2023, 830.
[3475] OLG Bamberg BeckRS 2023, 20834; vgl. auch OLG Dresden BeckRS 2024, 35032.
[3476] OLG Bamberg BeckRS 2023, 20834.
[3477] OLG Bamberg BeckRS 2024, 7784.

Zur Thematik der Schmerzensgeldklagen gegen die Impfärzte: Auch hierzu hat nun der **BGH**[3478] 2026 klargestellt, dass Corona-Impfungen als Ausübung eines öffentlichen Amtes anzusehen sind und somit **Staatshaftung statt Arzthaftung** gegeben sei: *„Verletzt jemand in Ausübung eines ihm anvertrauten öffentlichen Amtes die ihm einem Dritten gegenüber obliegende Amtspflicht, so trifft gemäß Art. 34 Satz 1 GG die Verantwortlichkeit grundsätzlich den Staat oder die Körperschaft, in deren Dienst er steht. Bedienstete in diesem Sinne können auch Private oder private Unternehmer sein, wenn sie von einem Verwaltungsträger im Wege der Beleihung mit hoheitlichen Aufgaben betraut oder als Verwaltungshelfer zur Erledigung hoheitlicher Aufgaben herangezogen worden sind.“*, so der BGH.[3479] **339e**

Der **„hoheitliche“ Charakter der Corona-Impfungen** ergebe sich, so der BGH,[3480] daraus, dass diese wesentlicher Bestandteil der staatlichen „Corona-Impfkampagne“ waren und dem übergeordneten Ziel des Gesundheitsschutzes sowie der Aufrechterhaltung zentraler staatlicher Funktionen und zentraler Bereiche der Daseinsfürsorge gedient hätten.

Gegen **Impfärzte oder impfende Hausärzte,** die während der Pandemie die diversen Corona-Impfstoffe verabreicht hatten, sind daher Klagen wegen Impfschäden erfolglos, denn diese Ärzte sind insofern **„nicht passivlegitimiert“,** weil ausschließlich Amtshaftungsansprüche gemäß § 839 BGB in Verbindung mit Art. 34 Satz 1 GG in Betracht kommen.

Damit hat der BGH den gegen Impfärzte, die im Rahmen der staatlichen Corona-Impfkampagne Schutzimpfungen gegen SARS-CoV-2 durchgeführt hatten, gerichteten Klagen zunächst einen Riegel vorgeschoben.

Bereits vor Verkündung dieses BGH-Urteils hatten eine Vielzahl von Instanzgerichten wie beispielsweise das OLG Stuttgart,[3481] das LG Detmold,[3482] das LG Dortmund[3483] und das LG Heilbronn[3484] bereits ebenso – dh klagabweisend – entschieden.

Zur Gesamtthematik von Impfschäden bzw. der Haftung und Entschädigung bei Corona-Impfungen seien darüber hinaus an dieser Stelle noch die insofern weiterführenden Beiträge von Heiden,[3485] Hart,[3486] Aligbe[3487] und der Aufsatz von Dutta[3488] empfohlen sowie – insbesondere zum Rechtsweg – auf ein Urteil des VG Köln[3489] hingewiesen, bei dem sich der Kläger gegen die Rechtmäßigkeit des § 3 Abs. 4 der Verordnung zur Sicherstellung der Versorgung der Bevölkerung mit Produkten des medizinischen Bedarfs bei der durch das Coronavirus verursachten Epidemie gewandt hatte.

Zur letzten der oben vier benannten Themen (Klage gegen den Arbeitgeber) sei hier noch auf das Urteil des ArbG Siegburg[3490] verwiesen, das die Klage einer Krankenschwester gegen ihren Arbeitgeber mit der Begründung abgewiesen hatte, dass nach deren Vortrag nicht feststehe, wann sich die Klägerin bei wem genau angesteckt hat und *„ob und inwieweit hierfür welche der verschiedensten von der Klägerin behaupteten Pflichtverletzungen der Beklagten, selbst wenn man eine solche einmal unterstellt, für ihre eigene Erkrankung ursächlich geworden ist. Dies wäre jedoch Voraussetzung für eine Haftung der Beklagten, die nicht das allgemeine Lebensrisiko der Klägerin zu tragen hat.“* **339f**

Abschließend betonte das ArbG Siegburg, dass alleine die **Erhöhung der Ansteckungsgefahr** durch die behaupteten Pflichtverletzungen keine Haftung begründet, wenn sich die Gefahr nicht im konkreten Fall verwirklicht hat.[3491]

Weitere Entscheidungen zur Corona-Thematik und insofern auch das Urteil des OGH vom 15.5.2023 (→ Nr. 7212) **finden Sie im Tabellenteil im Kapitel C. 2. Corona/SARS-CoV-2,** in welchem aktuell über 100 Entscheidungen, davon über 90 Urteile zur Impfschadenthematik vorgestellt werden.[3492]

[3478] BGH Urt. v. 15.1.2026 – III ZR 88/25, BeckRS 2026, 778.
[3479] BGH BeckRS 2026, 778.
[3480] BGH BeckRS 2026, 778 Rn. 10.
[3481] OLG Stuttgart 25.6.2024 – 1 U 34/24 → Nr. 7482; vgl. auch OLG Hamm 19.6.2024 – 3 U 119/23 mwN → Nr. 7489.
[3482] LG Detmold BeckRS 2024, 19965.
[3483] LG Dortmund BeckRS 2023, 18589.
[3484] LG Heilbronn BeckRS 2023, 1660.
[3485] Heiden r+s 2023, 433 sowie NJW 2022, 3737.
[3486] Hart MedR 2023, 515.
[3487] Aligbe NJW 2023, 3457.
[3488] Dutta NJW 2022, 649.
[3489] VG Köln BeckRS 2023, 35353.
[3490] ArbG Siegburg BeckRS 2022, 10314.
[3491] ArbG Siegburg BeckRS 2022, 10314.
[3492] Vgl. auch Woitkewitsch NJW 2022, 1134.

16. Unfälle bei Gastflügen mit Hobbyflugpiloten/-Luftfahrzeugführern

339g Auf rund 660 Flugplätzen (davon 158 Verkehrslandeplätze, 258 Sonderlandeplätze und 246 Segelfluggelände)[3493] starten und landen jährlich Hobbypiloten und nehmen dabei gerne auch Gäste mit. Gerade an Wochenenden bieten fast alle Flugvereine sogenannte **Gastflüge** an, bei denen jeder gegen ein, meist von der Flugdauer abhängiges, Entgelt einen Rund- oder Streckenflug oder einen Tandemsprung[3494] oder eine Ballonfahrt mit mehr oder weniger erfahrenen Piloten, Ballonfahrern oder Fallschirmspringern unternehmen kann.

Kommt es im Rahmen eines solchen Gastfluges (bei Ballonfahrten spricht man insofern von Fahrgästen) jedoch zu einer Verletzung des Gastes bzw. Passagiers, so bestimmt sich die Haftung grundsätzlich nach dem **Luftverkehrsgesetz (LuftVG),** es sei denn, es handelte sich bei dem Flug um eine reine Gefälligkeit oder außervertragliche Beförderung.[3495]

Dabei kommt bei den hier erörterten Unfällen bei Gastflügen mit Hobbyflugpiloten der Regelung des § 45 LuftVG eine besondere Bedeutung zu, die in aller Regel denjenigen unbekannt ist, die unbedarft in ein Flugzeug einsteigen, um beispielsweise den Gutschein für einen Rundflug einzulösen, den sie zum Geburtstag geschenkt bekommen hatten. Mit § 45 Abs. 1 LuftVG hat der Gesetzgeber eine verschuldensunabhängige sogenannte **Gefährdungshaftung** geschaffen, die zunächst ein großer Vorteil für jeden Fluggast bzw. Passagiere ist: Verunglückt ein Luftfahrzeug (wozu rechtlich auch Heißluftballone zählen), haftet der **„Luftfrachtführer" verschuldensunabhängig.** Das Opfer, dh ein Passagier oder Fluggast, muss somit zunächst nicht beweisen, dass der Luftfrachtführer einen Fehler gemacht hat. „Luftfrachtführer" ist dabei grundsätzlich der vertragliche Partner des Passagiers (dh bei Linienflügen oder gewerblichen Ballonfahrten also stets die Fluggesellschaft bzw. das Ballonfahrtunternehmen) und somit grundsätzlich nicht der Pilot – er wird als **„Luftfahrzeugführer"** bezeichnet. Im Gegenzug für diese „scharfe" Haftung schützt das Luftverkehrsgesetz den „Luftfrachtführer" jedoch vor einer übermäßigen Beanspruchung, indem gemäß **§ 45 Abs. 2 LuftVG** die verschuldensunabhängige Haftung pro Fluggast gedeckelt wurde. Die Haftungshöchstgrenze bzw. der **Höchstbetrag liegt derzeit bei 128.821 „Rechnungseinheiten"** bzw. sogenannten „Sonderziehungsrechten", kurz: SZR (vgl. dazu § 49b LuftVG Umrechnung von Rechnungseinheiten), einer künstlichen Währungseinheit des Internationalen Währungsfonds. Dabei entspricht der derzeitige Höchstbetrag in SZR – je nach Wechselkurs – **ca. 151.000 EUR.**

Gerade bei Flugunfällen und den im havarierten Flugzeug oder Ballon oft schwer verletzten Gästen bzw. Passagiere reichen rund 151.000 EUR jedoch bei weitem nicht aus. Erleidet der Fluggast beispielsweise infolge einer Bruchlandung eine Querschnittslähmung in Form einer Paraplegie und muss fortan im Rollstuhl sitzen, so fallen für seinen materiellen Schadensersatz (Heilungskosten, Pflegekosten, vermehrte Bedürfnisse, Erwerbsschaden, Haushaltsführungsschaden etc.) sowie ein angemessenes Schmerzensgeld leicht insgesamt mehrere Millionen Euro an.

Besonderheit bei sog. Gastflügen:

Steuert ein **Hobbypilot** bzw. Privatflieger seinen eigenen Ballon oder sein eigenes Flugzeug selbst, vereint er beide oben benannten Rollen in einer Person, dh er **ist gleichzeitig** der Pilot bzw. **Luftfahrzeugführer und** zugleich der haftende **Luftfrachtführer.** Für ihn gilt im Falle einer Bruchlandung somit die in § 45 Abs. 1 und 2 LuftVG angelegte zweistufigen Haftung
1. summenmäßig begrenzte Gefährdungshaftung und
2. summenmäßig unbegrenzte Haftung für vermutetes Verschulden (als Luftfrachtführer).

Ein ggf. schwer verletzter Fluggast muss in einem solchen Fall – um seinen umfassenden materiellen und immateriellen Schadensersatz in voller Höhe vom Piloten zu erhalten – zunächst über die erste Stufe bzw. Hürde des § 45 Abs. 1 iVm Abs. 2 S. 1 LuftVG hinwegkommen und sodann auf der 2. Stufe im Rahmen der **Verschuldenshaftung** seinen Schadensersatzanspruch über den gesetzlich (§ 45 Abs. 2 LuftVG) verankerten **Haftungshöchstbetrag** hinaus durchsetzen.

Um als Unfallopfer diese Haftungsgrenze § 45 Abs. 2 LuftVG zu überwinden, muss der verletzte Fluggast/Passagier dazu **vortragen,** dass der Schaden durch das rechtswidrige und schuldhafte Handeln oder Unterlas-

[3493] Quelle: Wikipedia.
[3494] LG Köln BeckRS 2022, 37959 → Nr. 7089.
[3495] Vgl. zu dieser Thematik ua OLG Hamm BeckRS 2019, 38318; OLG Düsseldorf BeckRS 2016, 120841; OLG Hamm BeckRS 2015, 20702; OLG Hamm BeckRS 2013, 7895; LG Aurich BeckRS 2002, 31140854; OLG Celle BeckRS 2014, 7906; OLG Köln BeckRS 2000, 167055; OLG Düsseldorf BeckRS 1993, 380; vgl. dazu auch Geigel/Strauch Rn. 260–312.

sen des Luftfrachtführers oder „seiner Leute" (so der Gesetzeswortlaut § 45 Abs. 2 S. 1 LuftVG) verursacht wurde **(Verschuldenshaftung).** Der Luftfrachtführer, der in der hier geschilderten Situation eines Gastfluges mit einem Hobbypiloten identisch ist oder zumindest – je nach Einzelfallsituation – personengleich sein kann, wird sodann versuchen, sich zu entlasten und seine Haftung auf den Haftungshöchstbetrag der Gefährdungshaftung zu beschränken. Dies gelingt ihm jedoch nur, wenn er nachweist, dass der Schaden nicht durch sein eigenes rechtswidriges und schuldhaftes, das heißt vorsätzliches oder fahrlässiges, Handeln oder Unterlassen verursacht worden ist (vermutetes Verschulden nach § 45 Abs. 2 S. 1 LuftVG).

Steuert der **Pilot als Mitglied eines Luftsportvereins** ein Fluggerät des Vereins (Segelflugzeug, Ultraleichtflugzeug oder die klassische Cessna 172) und kommt dadurch der von ihm mitgenommene Fluggast zu Schaden, kann dieser sich wegen seiner Ansprüche sowohl an den **Verein (als Halter)** als auch an den Hobbypiloten halten. Beide haften als Gesamtschuldner; im Hintergrund reguliert dies jedoch – sofern Deckung besteht – die sog. **CSL-Haftpflichtversicherung** (vgl. dazu § 43 Abs. 2 LuftVG und § 50 LuftVG), die die obligatorische Halter-Haftpflichtversicherung und die Passagier-Haftpflichtversicherung (Luftfrachtführer-Haftpflichtversicherung) kombiniert.

Ohne fachanwaltliche Unterstützung und die Begleitung versierter Sachverständige lässt sich bei einem Flugunfall der Beweis, dass der Personenschaden des Fluggastes durch das rechtswidrige und schuldhafte Handeln oder Unterlassen des „Luftfrachtführers… oder seiner Leute" (§ 45 Abs. 2 S. 1 LuftVG) verursacht wurde in der Regel nicht führen.

Zudem sind Flugunfälle bzw. **Ansprüche aus Flugunfällen** vom Geschädigten bzw. Ersatzberechtigten gemäß **§ 40 LuftVG spätestens drei Monate nachdem er von dem Schaden und der Person des Ersatzpflichtigen Kenntnis erhalten hat, dem Ersatzpflichtigen gegenüber anzuzeigen.** Andernfalls gilt der Anspruch als verwirkt. Die Verwirkung bzw. der damit einhergehende Rechtsverlust tritt gemäß § 40 S. 2 LuftVG nicht ein, wenn die Anzeige infolge eines Umstandes unterblieben ist, den der Ersatzberechtigte nicht zu vertreten hat, oder wenn der Ersatzpflichtige innerhalb der Frist auf andere Weise von dem Unfall Kenntnis erhalten hat.

Ein insofern **typischer Flugunfall** lag der Entscheidung des LG Arnsberg[3496] zu Grunde: Der 75-jährige Kläger war bei einer Ballonfahrt, die er zum 75. Geburtstag von Freunden geschenkt bekommen hatte, schwer verletzt worden, nachdem der Ballon hart gelandet war, so dass mehrere Insassen auf den Kläger stürzten. Das LG sah ein Schmerzensgeld in Höhe von 250.000 EUR als angemessen an, konnte diesen Betrag jedoch aufgrund der summenmäßigen Haftungshöchstgrenze aus § 45 Abs. 2 LuftVG nicht zuerkennen.

Völlig untypisch war dagegen der Sachverhalt – nicht aber die Ursache für den Unfall – mit dem sich das OLG Brandenburg[3497] zu befassen hatte. Während einer Fahrt mit einem **Heißluftballon fiel der Pilot aus dem Ballonkorb** und der Kläger sah nach dem Herausfallen und dem Wiederanstieg des Ballons den Piloten „nur noch als kleiner werdenden Punkt" auf der Erde aufschlagen und blieb als „unerfahrener Ballonpassagier" im Korb des somit führerlosen Ballons zurück. Ursache war – wie sehr häufig bei Flugunfällen – das Unterlassen des Piloten, sich über das Flugwetter am Tag der Ballonfahrt umfassend zu erkundigen. Für die erlittene **Todesangst** sprach das OLG dem Kläger, dem es offensichtlich gelungen war, den Ballon zu landen, 5.500 EUR Schmerzensgeld zu. Zur Begründung der beklagtenseits bestrittenen Todesangst führte das OLG aus, dass es *„bereits nach der allgemeinen Lebenserfahrung nachvollziehbar"* sei, dass *„ein Passagier nach dem Überbordgehen des Piloten und dem plötzlichen Wiederaufstieg eines Freiluftballons in Todesangst gerät"* und verwies zudem zutreffend darauf, *„dass der Beklagte zu 2) als Pilot zuvor selbst bereits mehrere Landeversuche wegen der vor Ort herrschenden Windbedingungen erfolglos abgebrochen hatte, so dass sich für die zurückgebliebenen Passagiere der Eindruck aufdrängen musste, dass ihnen eine sichere Landung des Freiluftballons erst recht nicht gelingen wird."*[3498]

Extrem nachteilig für das Unfallopfer bzw. den Gast bei derartigen Gastflügen, Ballonfahrten[3499] oder Fallschirmsprüngen oder – wie in dem Fall, den 2022 das LG Köln[3500] entschieden hatte, mit einem Gleitschirm – ist somit bei allen derartigen Fällen stets die **Haftungsbegrenzung des § 45 Abs. 2 Nr. 1 LuftVG,** der die Haftung des Flugzeugführers/Luftfrachtführers und „seiner Leute" – so der Gesetzeswortlaut § 45 Abs. 2 Ziff. 1 – auf einen Betrag von **128.821 Rechnungseinheiten,** deren Umrechnung gemäß § 49b LuftVG erfolgt und derzeit ca. 163.000 EUR beträgt, begrenzt, sofern diesem der Entlastungsbeweis gelingt, dass der

[3496] LG Arnsberg BeckRS 2019, 44035 → Nr. 6755.
[3497] OLG Brandenburg BeckRS 2024, 28445 → Nr. 7562.
[3498] OLG Brandenburg BeckRS 2024, 28445.
[3499] LG Arnsberg BeckRS 2019, 44035 → Nr. 6755.
[3500] LG Köln BeckRS 2022, 37959.

Unfall nicht durch sein Verschulden oder das „seiner Leute" herbeigeführt worden ist. Dabei kann – so der BGH –,[3501] sofern sich *„der Gegner eines Anspruchs aus § 45 I LuftVG"* auf das Eingreifen der Haftungsbeschränkung aus § 45 Abs. 2 LuftVG beruft, ihm dabei nicht verwehrt werden, eine tatsächliche Aufklärung auch hinsichtlich solcher Punkte zu verlangen, über die er kein zuverlässiges Wissen besitzt und auch nicht erlangen kann.[3502] *„Der Anspruchsgegner ist deshalb grundsätzlich nicht gehindert, den von ihm nur vermuteten technischen Defekt zu behaupten und unter Sachverständigenbeweis zu stellen. Darin liegt weder eine Verletzung der prozessualen Wahrheitspflicht noch ein unzulässiger Ausforschungsbeweis".*[3503] Das Berufungsgericht habe, so der BGH, daher die an eine hinreichende Substantiierung des dem Beklagten obliegenden Entlastungsbeweises nach § 45 Abs. 2 1 Nr. 1 LuftVG zu stellenden Anforderungen überspannt und den vom Beklagten angebotenen Sachverständigenbeweis zu Unrecht nicht erhoben, weshalb die Sache an das OLG Hamm als Berufungsgericht zurückverwiesen worden war.

Der verletzte Fluggast oder seine Hinterbliebenen haben es in solchen Fällen bezüglich der „Gegner eines Anspruchs aus § 45 Abs. 1 LuftVG" – neben dem **Piloten** meist zudem den jeweiligen **Flugverein** als Flugzeughalter sowie (wenn auch ohne Direktanspruch) im Hintergrund deren **Haftpflichtversicherer** – mit meist starken Kontrahenten zu tun, die mit allen ihnen zur Verfügung stehenden Mitteln eine Inanspruchnahme verhindern wollen und dabei in aller Regel einen vermuteten **technischen Defekt** behaupten und unter Sachverständigenbeweis stellen werden, der nicht durch sein rechtswidriges und schuldhaftes Handeln oder Unterlassen oder das rechtswidrige und schuldhafte Handeln oder Unterlassen seiner Leute verursacht wurde (vgl. § 45 Abs. 2 Nr. 1 LuftVG).

Aus diesem Grunde ist in solchen, meist tragischen, Fällen unbedingt erforderlich, sich umgehend an einen **auf Flugunfälle spezialisierten Rechtsanwalt** zu wenden und über diesen veranlasst stets sofort – idealer Weise unmittelbar nach dem Unfall – die technische Ursache des Unfalls durch einen insofern **geeigneten Sachverständigen** ermitteln zu lassen, denn gerade bei Gastflügen, die von Fliegerclubs oder Flugvereinen oft am Wochenende angeboten werden, sind häufig weder die Fluggerätewartung noch der Umgang mit dem Fluggerät ausreichend dokumentiert, weshalb stets das **Handbuch, Flugbuch,** die **Checkliste zur Vorflugkontrolle** etc. einzusehen und fachkundig auszuwerten sind.

Nur mittels eines erfahrenen Sachverständigen kann es jedoch gelingen, den Entlastungsbeweis des Flugzeugführers/Luftfrachtführers und *„seiner Leute"*, wozu auch die für den Flugbetrieb und die Flugzeugwartung zuständigen Vereinsmitglieder zählen, zu durchbrechen und damit den Weg frei zu machen, materielle Ansprüche sowie ein angemessenes Schmerzensgeld durchsetzen zu können, die in ihrer Summe ansonsten auf 128.821 Rechnungseinheiten bzw. umgerechnet derzeit ca. 151.000 EUR begrenzt sind, was – wie oben bereits erwähnt – oftmals weder für ein angemessenes Schmerzensgeld noch die daneben stets relevanten materiellen Ansprüche ausreicht.

Praxishinweise:

- Aus den vorbenannten Gründen sind derartige sog. **Gastflüge stets nur mit besonders erfahrenen Piloten und nur mit gut gewarteten Fluggeräten** vorzunehmen; **bei auch nur geringsten Zweifeln** insofern sollte man nicht mitfliegen. Schlendert der Hobbypilot in cooler Pose vor dem Start einmal um sein Flugzeug und tritt dabei (zur vermeintlichen Prüfung des Fahrwerks) locker gegen die Reifen, um anschließend ebenso lässig an den Tragflächen zu wackeln (zur vermeintlichen Prüfung derselben) und besteigt er nach diesem „Check" sodann sein Fluggerät, sollte man als Fluggast – sofern man bereits vor dem Piloten im Flugzeug Platz genommen hat – wieder aussteigen oder erst gar **nicht einsteigen!**
- Häufig filmen oder fotografieren bei derartigen Gastflügen die am Boden zurückbleibenden Angehörigen sowie die Fluggäste selbst die Flugvorbereitungen, den Start und den Flug und damit (ungewollt) auch den Flugunfall mit ihren Smartphones; da dabei automatisch auch die Aufnahmezeiten auf die Zehntelsekunde genau aufgezeichnet werden, helfen diese Fotodokumentationen einem Sachverständigen bei der Rekonstruktion des Ablaufs des Fluges sowie des Zeitpunkts der aufgetretenen Probleme, die ggf. zum Absturz oder der Bruchlandung geführt hatten. Derartige Fotos oder Videos sollten daher unverzüglich dem eigenen auf Flugunfälle spezialisierten Rechtsanwalt und dem von diesem beauftragten und ebenso spezialisieren Sachverständigen überlassen werden.

[3501] BGH BeckRS 2020, 2199; vgl. zur Vorinstanz OLG Hamm BeckRS 2019, 38318.
[3502] BGH BeckRS 2020, 2199.
[3503] BGH BeckRS 2020, 2199.

VI. Hinterbliebenengeld nach § 844 Abs. 3 BGB

Am **22.7.2017** trat das Gesetz zur Einführung eines Anspruchs auf **Hinterbliebenengeld** in Kraft.[3504] Kommen bei Unfällen Menschen zu Tode, so können seitdem die Angehörigen des Opfers Schadensersatz in Geld wegen des ihnen entstandenen immateriellen Schadens verlangen. Dieser liegt dabei jedoch nicht im Wert des getöteten Lebens, sondern alleine in der Anerkennung des seelischen Leids der anspruchsberechtigten Hinterbliebenen.[3505] Mit der Entschädigung soll der Hinterbliebene in die Lage versetzt werden, seine durch den Verlust eines besonders nahestehenden Menschen verursachte Trauer und sein seelisches Leid zu lindern.[3506] **340**

Nach gut acht Jahren liegt inzwischen eine Vielzahl von Entscheidungen zum Grund und zur Höhe des Hinterbliebenengeldes vor und auch der BGH[3507] hatte sich in den letzten Jahren bereits mehrmals mit der Thematik befasst und viele der bis dahin ungeklärten Fragen zur Bemessung,[3508] zum Verhältnis des Hinterbliebenengeldes zum Schmerzensgeld wegen Schockschadens sowie zur Haftungsbeschränkung durch § 104, § 105 SGB VII[3509] beantwortet und in diesem Zusammenhang auch eine Haftungserleichterung bei Schockschäden nach Verletzung nahestehender Personen geschaffen.[3510]

Aufgrund der inzwischen mehr als 70 veröffentlichten Entscheidungen zur Höhe des Hinterbliebenengeldes werden diese mit der hier vorliegenden 22. Auflage im Tabellenteil unter dem ***Kapitel D. Hinterbliebenengeld*** in einer besonders praxisgerecht untergliederten Form aufgeführt.[3511]

Nach einem kurzen Rückblick werden nachfolgend unter den → Rn. 340a–343 die Voraussetzungen zur Geltendmachung eines Anspruchs auf Hinterbliebenengeld sowie die damit verbundenen – zum Teil noch umstrittenen – Rechtsfragen näher erläutert: **Kurzer Rückblick:** Während im europäischen Ausland (so in Österreich,[3512] der Schweiz,[3513] Belgien, Luxemburg, Frankreich, England,[3514] Schottland,[3515] Irland, Italien,[3516] Griechenland, Türkei, Serbien, Slowenien, Kroatien, Ungarn, Polen[3517] sowie Schweden)[3518] für den seelischen Schaden der Hinterbliebenen beim Tode naher Angehöriger schon zum Teil seit Jahrzehnten ein Hinterbliebenengeldanspruch etabliert war, kannte das BGB – selbst nach der umfassenden Reform des Jahres 2002 – einen solchen Anspruch bis 2017 nicht,[3519] obwohl es eines der Motive dieser Reform war, das deutsche Schadensersatzrecht und insofern auch das Schmerzensgeldrecht an internationale und europäische Haftungstatbestände anzupassen.[3520] Eine kurze tabellarische Übersicht über die Höhe des Hinterbliebenengeldes in anderen europäischen Ländern gibt Bergmann.[3521]

In Österreich wurde der Hinterbliebenengeldanspruch 2001 in einer Leitentscheidung des OGH begründet, wobei der OGH den in Österreich als **Trauerschmerzensgeld** oder Seelenschmerzensgeld seither bekannten Anspruch über den Verlust naher Angehöriger, der zu keiner eigenen Gesundheitsschädigung im Sinne des

---

3504 BGBl. 2017 I 2421 v. 17.7.2017; der Parallelentwurf der Bundesregierung (BT-Drs. 18/11615) wurde nicht weiterverfolgt, weil man – wohl wegen des bevorstehenden Endes der 18. WP – den interfraktionellen Entwurf auf Basis der BT-Drs. 18/11397 verabschiedet hat.

3505 Liborius NJW-Spezial 2020, 713; Burmann/Jahnke NZV 2017, 401 mit Verweis auf den Bayerischen Entwurf eines „Gesetzes zur Verbesserung der zivilrechtlichen Rechtsstellung der Angehörigen von Unfallopfern und zur Änderung des § 1374 Abs. 2 BGB".

3506 BT- Drs. 18/11397, 8 I.

3507 BGH BeckRS 2023, 16328; BGH BeckRS 2022, 4972 und BGH BeckRS 2022, 40243 mAnm Figgener/Quaisser NJW-Spezial 2023, 105 und Kääb FD-StrVR 2023, 455463; BGH BeckRS 2020, 12822 sowie BGH BeckRS 2020, 12771 (Vorinstanz LG Potsdam BeckRS 2019, 44385).

3508 BGH 6.12.2021 – VI ZR 73/21 BeckRS 2022, 40243 sowie BGH BeckRS 2023, 16328 ua mAnm Figgener NJW-Spezial 2023, 522; Rapp LMK 2024, 811459.

3509 BGH BeckRS 2022, 4972 mAnm Kääb, FD-StrVR 2023, 455463; Wagner NJW 2023, 1438.

3510 BGH 6.12.2021 – VI ZR 168/21 BeckRS 2022, 38714 mAnm Thora NJW 2023, 983 und Slizyk r+s 2023, 130.

3511 S. dazu in der Einleitung des Handbuchs unter → Rn. 7. Zu den Bemessungsfaktoren s. auch Geigel Haftpflichtprozess Pardey 7. Kap. Rn. 23.

3512 Seit OGH 16.5.2001 – 2 Ob 84/01v, BeckRS 2001, 168050; Danzl NZV 2002, 26, DAR 2004, 181 (183) und ZVR 2000, 398 sowie Danzl/Gutiérrez-Lobos/Müller/Danzl, 179; HKL Hinterbliebenengeld/Huber Teil 2 § 1.

3513 HKL Hinterbliebenengeld/Kadner Graziano Teil 2 § 2.

3514 HKL Hinterbliebenengeld/Tettenborn Teil 2 § 4.

3515 HKL Hinterbliebenengeld/Tettenborn Teil 2 § 4.

3516 HKL Hinterbliebenengeld/Gallmetzer Teil 2 § 3.

3517 Vgl. hierzu sowie zum Schmerzensgeld nach polnischem Recht de Vries WiRO 2022, 101.

3518 Vgl. hierzu auch Klinger NZV 2005, 290.

3519 S. hierzu HKL Hinterbliebenengeld/Teil 2 §§ 1–4; Hoppenstedt/Stern ZRP 2015, 18; Neuner JuS 2013, 577 (583); umfassend Diederichsen NJW 2013, 641; Pflüger Band 228 mAnm hierzu in FamRZ 2006, 996; OLG Hamm BeckRS 2021, 26185.

3520 So Heß/Jahnke Neues SchadensR, 2.

3521 Bergmann DAR 2025, 8 (12 – 13); vgl. auch Wagner r+s 2025, 241 Rn. 31.

§ 1325 ABGB (Österreich) geführt hat, nur bei grober Fahrlässigkeit oder Vorsatz des Schädigers in Betracht zieht und darauf verwiesen hatte, dass bei nur leichter Fahrlässigkeit oder im Fall bloßer Gefährdungshaftung es an der erforderlichen Schwere des Zurechnungsgrundes fehle.[3522]

Der deutsche Gesetzgeber ließ sich sehr viel Zeit und stand im europäischen Vergleich zunehmend isoliert da. Um sich aus dieser Isolation zu lösen, bedurfte es zahlreicher – extrem gravierender – Fälle; das **Flugunglück der Germanwings-Maschine** vom 24.3.2015 – vgl. dazu OLG Hamm BeckRS 2021, 26185 – sowie das **Zugunglück von Bad Aibling** am 9.2.2016 waren Gedankenanstoß und Weckruf zugleich.[3523]

Hinweis: Zu Flugunfällen mit Privatpiloten und Ballonfahrern s. unter → **Rn. 339g.**

340a **Anspruchsgrundlage und Grundvoraussetzung für den Hinterbliebenengeldanspruch:**

Die Anspruchsgrundlage des Hinterbliebenengeldes[3524] findet sich im BGB (§ 844 Abs. 3) und im StVG (§ 10 Abs. 3) sowie in einer Reihe weiterer Gesetze.[3525]

Der jeweils neu eingefügte dritte Absatz lautet:

„Der Ersatzpflichtige hat dem Hinterbliebenen, der zur Zeit der Verletzung zu dem Getöteten in einem besonderen persönlichen Näheverhältnis stand, für das dem Hinterbliebenen zugefügte seelische Leid eine angemessene Entschädigung in Geld zu leisten. Ein besonderes persönliches Näheverhältnis wird vermutet, wenn der Hinterbliebene der Ehegatte, der Lebenspartner, ein Elternteil oder ein Kind des Getöteten war."

Der Gesetzgeber unterscheidet in den § 844 Abs. 3 BGB und § 10 Abs. 3 StVG somit
1. zwischen den **privilegierten Hinterbliebenen** (Ehegatte, Lebenspartner, Elternteil oder Kind), bei denen ein „besonderes persönliches Näheverhältnis" vermutet wird und
2. allen anderen ggf. anspruchsberechtigten **nicht privilegierten Hinterbliebenen,** die ein solches Verhältnis darlegen und ggf. beweisen müssen.[3526]

Somit sollen Ersatzpflichtige den Hinterbliebenen – insbesondere sofern diese zu den **nächsten Angehörigen,** aber vorrangig auch zu Personen, die mit dem Getöteten in einem besonderen persönlichen Näheverhältnis gestanden hatten,[3527] zählen – für das ihnen zugefügte seelische Leid eine angemessene Entschädigung in Geld leisten, wobei dieser Anspruch sowohl bei der Gefährdungs- als auch Verschuldenshaftung gewährt werden soll und auch im Adhäsionsverfahren (s. nachfolgend → Rn. 489) Bedeutung erlangen kann.[3528]

Bezüglich der vom Gesetzgeber privilegierten Hinterbliebenen ist jedoch zu beachten, dass es sich bei **§ 844 Abs. 3 S. 2 BGB** um keine Fiktion des besonderen persönlichen Näheverhältnisses, sondern lediglich um eine **gesetzliche Vermutung iSd § 292 ZPO** handelt und somit die **Privilegierung keinen Automatismus** für das Bestehen eines Hinterbliebenengeldanspruchs darstellt. Die Vermutung kann auch widerlegt werden.

Dazu hatte der BGH[3529] in einem Mordfall hinsichtlich des Adhäsionsverfahren in Bezug auf die Beziehung des Antragstellers zu den Mordopfern ausgeführt, dass die Vermutung des § 844 Abs. 3 S. 2 BGB hinsichtlich aller Adhäsionskläger als widerlegt angesehen werden müsse, weil sich deren Beziehung zu den Mordopfern *„gerade in den Jahren vor deren Tod als schwierig und nicht eng im Sinne eines regelmäßig gelebten persönlichen Kontakts und besonderen persönlichen Näheverhältnisses gestaltet"* habe.[3530] Damit fehle es, so der BGH, an den Anspruchsvoraussetzungen.

Die nicht privilegierten Hinterbliebenen – wie beispielsweise die Schwiegertochter beim Tod der Schwiegermutter oder die Enkel beim Tod der Großeltern –[3531] müssen ohne die Hilfestellung der gesetzlichen Vermutung stets zum Vorliegen eines besonderen und tatsächlich gelebten Näheverhältnisses umfassend und überzeugend vortragen und dieses plausibel darlegen und im Bestreitensfalle auch beweisen. Luckey

[3522] Vgl. aktuell auch OGH Österreich 29.4.2025 – 2 Ob 30/25p, BeckRS 2025, 10872 → Nr. 7713.
[3523] Vgl. dazu Huber SVR 2025, 4; Wagner FD-StrVR 2025, 801764 sowie r+s 2025, 241 Rn. 3.
[3524] Becker JA 2020, 96; Schwab DAR 2018, 284.
[3525] So in § 86 Abs. 3 ArzneimittelG, § 28 Abs. 3 AtomG, § 32 Abs. 5 u. 6 GentechnikG, § 5 Abs. 3 HaftpflichtG, § 35 Abs. 3 LuftverkehrsG, § 7 Abs. 3 ProdHaftG und § 12 Abs. 3 UmwelthaftungsG.
[3526] OLG Brandenburg BeckRS 2024, 15054 → Nr. 7439.
[3527] BGH BeckRS 2020, 12822.
[3528] BGH BeckRS 2020, 12822; HKL Hinterbliebenengeld/Luckey § 2 Rn. 45; Liborius NJW-Spezial 2020, 713 (714).
[3529] BGH BeckRS 2020, 12822; BeckRS 2020, 12771, BeckRS 2020, 12779.
[3530] BGH BeckRS 2020, 12822; BeckRS 2020, 12771, BeckRS 2020, 12779.
[3531] Vgl. dazu OLG Schleswig BeckRS 2026, 2591 mAnm Figgener/Quaisser NJW-Spezial 2026, 202 → Nr. 6919.

kritisiert dies als „Seelenstriptease"[3532] und merkt dazu an, *„dass derjenige, der besonders laut dokumentiert und öffentlichkeitswirksam trauert, eine höhere Entschädigung bekommen mag als derjenige, der sich nicht mitteilt und verkriecht."* Da ist etwas dran, mag man zustimmend sagen, aber den vom Gesetzgeber nicht privilegierten Hinterbliebenen hilft diese Kritik ebenso wenig, wie der Hinweis von Luckey, dass eine pauschalere und vor allem ausreichende Bemessung des Hinterbliebenengeldes gut getan hätte; es ist ihnen, sofern sie ihren Hinterbliebenengeldanspruch nicht nur im Grundsatz durchsetzen, sondern auch zur Höhe ein ihrem individuellen Leid wirklich angemessenes Hinterbliebenengeld erzielen wollen, anzuraten, dies – wie oben bereits gesagt – umfassend und überzeugend vorzutragen; ein Hinweis, den nun 2026 auch das **OLG Schleswig** mit seinem 2. Amtlichen Leitsatz nochmals knapp zusammengefasst hat: ***„Eine „besondere Nähebeziehung" zu dem Getöteten ist vom Geschädigten in umso stärkerem Umfang darzulegen, je entfernter der Verwandtschaftsgrad zu dem Getöteten ist."***[3533]

Beschreibt die Schwiegertochter insofern lediglich *„ein gutes Verhältnis zueinander, das im Wesentlichen durch die Teilnahme an Feierlichkeiten und nicht näher beschriebenen Urlauben sowie regelmäßigen Besuchen charakterisiert wird, wie sie in intakten Familien üblich sind"*, so genügt dies nicht für die Annahme eines solchen anspruchsbegründenden Näheverhältnisses, so entschied 2024 das OLG Brandenburg.[3534]

Fehlt seitens des nicht privilegierten Hinterbliebenen der Nachweis eines besonderen Näheverhältnisses zum Getöteten, dass den Grad erreicht, wie er für ein besonderes Näheverhältnis im Sinne des § 844 Abs. 3 BGB bzw. § 10 Abs. 3 StVG prägend ist, bleibt dem Hinterbliebenen der Anspruch auf ein Hinterbliebenengeld verwehrt.

Zur Ermittlung bzw. zum Beweis der tatsächlich gelebten familiären Beziehung im Sinne eines besonderen persönlichen Näheverhältnisses hilft die informatorische **Parteianhörung gemäß § 141 Abs. 1 S. 1 ZPO,** die auch als Teilnahme per Videoschaltung nach § 128a ZPO möglich ist, zur Aufklärung des Sachverhalts ggf. sehr. Zwar ist die Parteianhörung kein Beweismittel iSd ZPO, dennoch ist allgemein anerkannt, dass das Gericht auch den Inhalt einer Parteianhörung im Rahmen der Beweiswürdigung verwerten kann und im Einzelfall auch verwerten muss.[3535]

Hervorzuheben ist insofern die Urteilsbegründung des LG Itzehoe:[3536] Nach dem **Unfalltod ihres Stiefvaters** und ihrer leiblichen Mutter begehrte die Tochter ein Hinterbliebenengeld auch für den Tod des Stiefvaters. Nachdem die Beklagten dies abgelehnt hatten, klagte sie. Das LG Itzehoe zeigte dabei auf, wie präzise und umfassend der klägerische Vortrag zur Begründung des Anspruchs auf Hinterbliebenengeld zu sein hat, um darzulegen und zu beweisen, dass ein besonderes Näheverhältnis besteht und führte dazu aus: *„Gemessen an dem Beweisthema ist zweifelsfrei zu berücksichtigen, dass es sich bei einer zwischenmenschlichen Beziehung um etwas Flüchtiges handelt, welche – insbesondere bei Ableben eines Beteiligten der Beziehung – nur nach Anhaltspunkten beurteilt werden kann, welche im Rahmen der Beweisaufnahme als Indizien hervortreten. Und selbst bei Vorliegen entsprechender Indizien stellt sich wohl die berechtigte Frage angesichts der offenen Formulierung des § 844 III 1 BGB unter Berücksichtigung der Vergleichsgruppe des § 844 III 2 BGB und der einschlägigen höchstrichterlichen Rechtsprechung, was eine „typische" Eltern-Kind-Beziehung ist. In diesem konkreten Einzelfall lag nach dem Ergebnis der Beweisaufnahme zur Überzeugung des Gerichts jedenfalls ein solches besonderes Näheverhältnis der Kl. zu ihrem Stiefvater im Zeitpunkt des für diesen tödlichen Verkehrsunfalls vor."*

Nach der offensichtlich umfassenden Anhörung und unter Einbeziehung deren Inhalte betonte das LG Itzehoe zur von der Klägerin nachzuweisenden Intensität der **tatsächlich gelebten sozialen Beziehung:** *„Dies genügt den Anforderungen des persönlichen Näheverhältnisses im Sinne einer tatsächlich gelebten sozialen Beziehung und ist nach Maß der Intensität und Verbundenheit mit der Beziehung einer leiblichen Tochter zu ihrem leiblichen Vater vergleichbar. Es muss sogar festgestellt werden – wenn man auf die Bezeichnung der „typischen" Beziehung zwischen leiblichen Eltern und Kindern zurückkommen möchte – dass es sich wohl um eine überdurchschnittlich positive Beziehung gehandelt hat, selbst gemessen an einem „typischen" Verhältnis leiblich Verwandter."*[3537] Die Klägerin erhielt, wie von ihr beantragt, 10.000 EUR.

Dagegen verneinte das LG Traunstein[3538] ein solches Näheverhältnis und damit den Anspruch auf Hinterbliebenengeld, weil sich die Ehepartner – trotz weiterhin bestehender freundschaftlicher Verbundenheit – vier

[3532] Luckey DAR 2023, 202; Rapp LKM 2024, 811459.
[3533] OLG Schleswig BeckRS 2026, 2591 (Hervorhebung erfolgte durch den Autor).
[3534] OLG Brandenburg BeckRS 2024, 15054 → Nr. 7439; vgl. auch Huber/Kadner Graziano/Luckey Hinterbliebenengeld/Huber § 1 Rn. 74.
[3535] BGH 27.9.2017 – XII ZR 48/17; LG Köln 16.5.2017 – 11 S 333/16; vgl. dazu auch Biller-Bomhardt/Steinbock NJW 2025, 113 (115).
[3536] LG Itzehoe BeckRS 2023, 19913 → Nr. 7636.
[3537] LG Itzehoe BeckRS 2023, 19913 → Nr. 7636.
[3538] Vgl. dazu BGH BeckRS 2022, 40243 sowie ua OLG Celle BeckRS 2022, 21824; LG Traunstein BeckRS 2020, 7861.

Jahre vor dem tödlichen Unfall getrennt hatten und anschließend geschieden worden waren und der Kläger zum Zeitpunkt des Unfalles bereits eine neue Lebenspartnerschaft eingegangen war.

Ebenfalls lehnte das LG Limburg[3539] wegen fehlendem Näheverhältnis ab. Die Getötete war die Ehefrau des Bruders des Ehemanns der Klägerin (sog. Schwippschwägerin). Dass die beiden Frauen durch einen besonders engen Familienverbund, gemeinsame Freizeit und familiäre Alltagsverrichtungen verbunden waren, sah das Gericht nicht als ausreichend an.

Bei den vom Gesetzgeber nicht privilegierten Hinterbliebenen genügt somit alleine die Trauer über den Tod eines Angehörigen den gesetzlichen Vorgaben für das Vorliegen eines Hinterbliebenengeldanspruchs nicht.[3540] Hier muss – wie bereits oben dargelegt – vielmehr zum Vorliegen eines besonderen und tatsächlich gelebten Näheverhältnisses zum Zeitpunkt des Todes vorgetragen werden.

Bei privilegierten Hinterbliebenen hingegen wird die Entstehung eines seelischen Leides aufgrund des Todes durch Bestehen eines Näheverhältnisses indiziert.

Zur Bemessung der Höhe des Hinterbliebenengeldanspruchs:

340b 2023 hatte der BGH[3541] nochmals die Gelegenheit darauf hinzuweisen, dass bei der Festsetzung der Hinterbliebenenentschädigung **nicht lediglich eine schematische Bemessung** vorgenommen werden darf, sondern die konkrete seelische Beeinträchtigung des betroffenen Hinterbliebenen zu bewerten ist und hierbei die Besonderheiten des jeweiligen Einzelfalls zu berücksichtigen sind; dies betonten. ebenso und unter Hinweis auf diese BGH-Entscheidung 2024 auch das OLG Celle,[3542] das OLG Frankfurt a. M.[3543] sowie das OLG Brandenburg.[3544]

Zur Überprüfung der Bemessung der Hinterbliebenenentschädigung s. → **Rn. 420.**

Besteht ein anspruchsbegründendes „besonderes persönliches Näheverhältnis", entweder weil die Hinterbliebenen zur Gruppe der Privilegierten (§ 844 Abs. 3 S. 2 BGB; § 10 Abs. 3 S. 2 StVG) gehören oder weil – bzgl. der Nichtprivilegierten – der insofern erforderliche Nachweis gelungen ist, so kommt es zur Bemessung der Höhe des Hinterbliebenengeldes grundsätzlich nicht mehr auf den Verwandtschaftsgrad an, sondern auf das nachweislich (die Beweislast obliegt dabei stets dem Anspruchsteller) **tatsächlich gelebte besondere Näheverhältnis** und auf die **Bedeutung des Verstorbenen für den Anspruchsteller** sowie auf die **Qualität der tatsächlich gelebten Beziehung** und die **konkrete seelische Beeinträchtigung** des betroffenen Hinterbliebenen, wobei – wie bei der Bemessung des Schmerzensgeldes – hierbei stets sämtliche Besonderheiten des jeweiligen Einzelfalles zu berücksichtigen sind. Hierauf hat sowohl der Gesetzgeber[3545] als auch der BGH[3546] – s. dazu nachfolgend – hingewiesen.

Der BGH[3547] befasste sich in seinem Urt. v. 6.12.2022 – VI ZR 73/21 umfassend mit Fragen zur Höhe des Hinterbliebenengeldes und führte dazu aus (amtlicher Leitsatz): „***Die Bemessung der Höhe der Hinterbliebenenentschädigung ist grundsätzlich Sache des nach § 287 ZPO besonders frei gestellten Tatrichters.*** *Er hat die konkrete seelische Beeinträchtigung des betroffenen Hinterbliebenen zu bewerten und hierbei die Besonderheiten des jeweiligen Einzelfalles zu berücksichtigen. Ähnlich wie beim Schmerzensgeld sind dabei sowohl der Ausgleichs- als auch der Genugtuungsgedanke in den Blick zu nehmen*". Die Höhe des Hinterbliebenengeldes wird somit in das Ermessen der Gerichte gestellt und nicht – wie in anderen europäischen Ländern – festgeschrieben.

Ähnlich wie beim Schmerzensgeld sei, so der BGH weiter „*maßgebend für die Höhe der Hinterbliebenenentschädigung … im Wesentlichen die Intensität und Dauer des erlittenen seelischen Leids und der Grad des Verschuldens des Schädigers. Dabei lassen sich aus der Art des Näheverhältnisses, der Bedeutung des Verstorbenen für den Anspruchsteller und der Qualität der tatsächlich gelebten Beziehung indizielle Rückschlüsse auf die Intensität des seelischen Leids ableiten*".[3548]

[3539] LG Limburg BeckRS 2019, 22666; vgl. dazu auch Balke SVR 2020, 346.
[3540] Küppersbusch/Höher Ersatzansprüche Personenschaden Rn. 307.
[3541] BGH BeckRS 2023, 16328 Rn. 12; vgl. dazu auch Balke/Frese/Koehl NJW 2025, 241 (253) sowie auch Geigel Haftpflichtprozess/Pardey 7. Kap. Rn. 23.
[3542] OLG Celle BeckRS 2024, 37160.
[3543] OLG Frankfurt a. M. BeckRS 2024, 34401.
[3544] OLG Brandenburg BeckRS 2024, 15054; vgl. auch Balke/Frese/Koehl NJ 2025, 241 (253).
[3545] BT-Drucks. 18/11397, 12 B.
[3546] BGH BeckRS 2022, 40243 und BGH BeckRS 2020, 12822 und BGH BeckRS 2023, 16328.
[3547] BGH BeckRS 2022, 40243; vgl. auch BGH BeckRS 2023, 16328 mAnm Wagner NJW 2023, 1438.
[3548] BGH BeckRS 2022, 40243 (2. amtlicher Leitsatz); ebenso OLG Frankfurt a. M. BeckRS 2024, 34401 → Nr. 7515.

Zudem äußerte sich der BGH mit diesem Urteil auch zu der immer wieder aufkommenden (zuletzt 2022 vom OLG Celle[3549]) Frage,[3550] inwieweit die vom Gesetzgeber[3551] wiederholt vorgenommene Nennung eines Betrags von 10.000 EUR als Maßstab, Richtschnur oder gar Anker[3552] zu Bemessung der Höhe zu verwenden ist und verneinte dies. *„Ein im allgemeinen Teil der Gesetzesbegründung im Rahmen der Gesetzesfolgenbewertung genannter und ausdrücklich als Durchschnittsbetrag bezeichneter Wert kann aber keine verbindliche Aussage über die Angemessenheit der Hinterbliebenenentschädigung im konkreten Fall treffen"*, so der BGH.[3553]

Ungeachtet dessen hat sich der vom Gesetzgeber genannte Betrag von **10.000 EUR** inzwischen weitgehend als **Orientierungsmarke** oder **Orientierungshilfe** etabliert, von der aus die Gerichte im Einzelfall und mit entsprechender Begründung nach oben oder unten abweichen.[3554] Zutreffend hat insofern das OLG München[3555] jedoch hingewiesen, dass der vom Gesetzgeber benannte Orientierungsbetrag aufgrund der **Preisentwicklung** anzuheben sei: *„allein die Preisentwicklung von 2017–2023 führt zu einer Anpassung auf 12.000 EUR"*, so das OLG München.[3556] In Österreich ist eine solche Anpassung, zumindest beim Schmerzensgeld, seit Jahren gemäß RIS-Justiz RS0031402 [T2 und T4] üblich, indem sich dort *„die Höhe des Schmerzengeldes am Geldwert zum Zeitpunkt des Schlusses der Verhandlung in erster Instanz maßgeblich"* zu orientieren hat.[3557]

In Deutschland wurde beim Hinterbliebenengeld soweit bekannt derzeit ein Betrag von 25.000 EUR[3558] nicht überschritten. Bei allen derartig hoch bemessenen Fällen handelte es sich bislang regelmäßig um Straftaten, bei denen die Hinterbliebenen ein Mord- oder Totschlagsopfer zu beklagen hatten; der Hinweis von Bergmann in der DAR 2025, 10, wonach das LG Osnabrück insofern sogar 25.000 EUR zuerkannt habe, trifft nicht zu, denn das LG Osnabrück hat in dem nachfolgend zur Abgrenzung des Hinterbliebenengeldanspruchs zum Schmerzensgeldanspruch noch zu erwähnenden Urteil ausdrücklich kein Hinterbliebenengeld zuerkannt, sondern der Mutter des von ihrem Lebensgefährten zu Tode geschüttelten Babys für den erlittenen Schockschaden ein Schmerzensgeld iHv 25.000 EUR zuerkannt.[3559]

25.000 EUR sprach nun 2026 allerdings das LG Ellwangen der Ehefrau zu, deren Ehemann vom Beklagten ermordet worden war und begründete die hohe Bemessung wie folgt: *„Hierbei hat das Gericht anspruchserhöhend gewürdigt, dass es nach den Ergebnissen der empirischen Glücksforschung für den Einzelnen nichts Schlimmeres gibt, als den Ehe- oder Lebenspartner zu verlieren (vgl. MüKoBGB/Wagner, 9. Aufl. 2024, BGB § 844 Rn. 107). Anders als beispielsweise Kinder verbringen Ehegatten jedenfalls nach dem Idealtypus einer harmonisch verlaufenden Ehe ihr gesamtes zukünftiges Leben gemeinsam, wohingegen Kinder regelmäßig spätestens nach Erreichen der Volljährigkeit beginnen, ein eigenes Familienleben aufzubauen."*[3560]

Nach unten wurden bislang bei 100 %ger Haftung soweit bekannt 2.000 EUR nicht unterschritten.[3561]

Um die Höhe des Hinterbliebenengeldes im konkreten Einzelfall angemessen festzulegen, bedarf es stets – auch für die Gruppe der vom Gesetzgeber privilegierten Hinterbliebenen – einer möglichst umfangreichen **Darlegung der besonderen familiären Konstellation.** Dies stellt sich oftmals, gerade wenn sich die Beziehung zwischen den betroffenen Familienmitgliedern im Verhältnis zum Verstorbenen mehr nach innen als nach außen sichtbar dargestellt hat, als schwierig dar. Auch hier hilft die oben unter → **Rn. 340a** bereits erwähnte informatorische Parteianhörung gemäß § 141 Abs. 1 S. 1 ZPO.

Stets kommt es jedoch – wie auch bei der Bemessung des Schmerzensgeldes – auf sämtliche Besonderheiten des jeweiligen Einzelfalles an.[3562] Dies zeigen die nachfolgend ausgewählten Fälle anschaulich:

[3549] OLG Celle BeckRS 2022, 26489.

[3550] OLG Celle BeckRS 2022, 26489; OLG Koblenz BeckRS 2020, 37036; LG Leipzig BeckRS 2019, 50107; LG Wiesbaden BeckRS 2018, 51562; vgl. auch Balke SVR 2018, 207; Burmann/Jahnke NZV 2017, 401 (411), ähnlich HKL Hinterbliebenengeld/Huber § 1 Rn. 118.

[3551] Vgl. BT-Drs.18/11397, 11 VII Ziff. 5, wo von Beträgen „von etwa 10.000 EUR" gesprochen wurde.

[3552] So unter anderen OLG Schleswig BeckRS 2021, 2588.

[3553] BGH BeckRS 2022, 40243.

[3554] So die Empfehlung des 63. Deutschen Verkehrsgerichtstages im Jan. 2025, NZV 2025, 69 (70); vgl. auch OLG Köln BeckRS 2022, 10167 → Nr. 7570 mit einer sehr sorgfältigen Urteilsbegründung sowie dazu nachfolgend BGH BeckRS 2023, 16328.

[3555] OLG München BeckRS 2024, 6647 mAnm Balke SVR 2024, 347.

[3556] OLG München BeckRS 2024, 6647; ebenso Wagner r+s 2025, 241 Rn. 23 und 29.

[3557] OGH 24.8.2011 – 3 Ob 128/11m, BeckRS 2012, 81197 Ziffer 2.1.

[3558] LG Dessau-Roßlau BeckRS 2021, 50025 → Nr. 7516 (Straftat); LG Nürnberg-Fürth BeckRS 2021, 54607 → Nr. 7541 (Straftat); LG Potsdam BeckRS 2020, 53088 → Nr. 7543 (Straftat); LG Rottweil BeckRS 2018, 59026 → Nr. 7544 (Straftat).

[3559] LG Osnabrück BeckRS 2023, 10077 → Nr. 7198.

[3560] LG Ellwangen BeckRS 2026, 1093 Rn. 86 → Nr. 7889.

[3561] LG Osnabrück SVR 2020, 139 → Nr. 7551; LG Landshut BeckRS 2023, 55447 → Nr. 7673.

[3562] BGH BeckRS 2022, 40243; vgl. dazu auch LG Tübingen BeckRS 2019, 10953.

So hatte sich 2023 der **BGH** mit einer besonderen, wenn auch nicht ganz ungewöhnlichen familiären Konstellation zu befassen.[3563] Bei einem Verkehrsunfall wurde der Vater der 19-jährigen Klägerin getötet; sie und ihr autistischer Bruder gehörten zu den privilegierten Hinterbliebenen. Die Bekl. zahlten vorgerichtlich 7.500 EUR als Hinterbliebenengeld. Dies sah die Klägerin zutreffend als nicht angemessen an. Sie begehrte mindestens 22.500 EUR. Das LG Aachen verurteilte die Bekl. sodann zur Zahlung von weiteren 4.500 EUR. Die Berufung der Klägerin vor dem OLG Köln[3564] blieb ohne Erfolg. Zur – auch für den BGH – nachvollziehbaren Begründung für die Höhe des von ihr geforderten Betrages führte die Klägerin aus, dass für sie der Unfalltod des Vaters deshalb eine besondere Beeinträchtigung sei, da ihr Vater der Mittelpunkt der Familie und insbesondere die maßgebliche **Respekts- und Bezugsperson für ihren autistischen Bruder** gewesen sei. Der Tod des Vaters stelle aus diesem Grund für ihren autistischen Bruder und damit verstärkt nun auch für sie selbst eine ganz besondere zusätzliche Beeinträchtigung dar. Die Revision der Klägerin hatte hinsichtlich der Bemessung der Hinterbliebenenentschädigung durch das Berufungsgericht Erfolg und führte zur Aufhebung und Zurückverweisung der Sache, da das Berufungsgericht bei der Bemessung den besonderen Vortrag der Klägerin nicht berücksichtigt hatte.

Auch das OLG Brandenburg[3565] hatte sich 2022 ausführlich mit den Besonderheiten der **familiären Konstellation** zu befassen und führte dazu aus: „*Zu berücksichtigen ist einerseits, dass die Mutter der Klägerin bereits 82 Jahre und damit in einem Alter war, in dem die verbliebene Lebenserwartung und damit die Aussicht auf weitere gemeinsam verbrachte Jahre naturgemäß geringer war als etwa in dem vom LG Tübingen zu beurteilenden Fall, in dem der bei einem Verkehrsunfall getötete Vater erst 60 Jahre alt war, so dass durchaus davon auszugehen war, dass der Vater ohne den Unfall – anders als hier – noch mindestens 10 – 15 Jahre gelebt hätte. Die Klägerin wiederum war zum Unfallzeitpunkt bereits 52 Jahre alt und hatte sich vom Elternhaus gelöst und ihre eigene Familie gegründet, so dass sich ihr Verlust – bei aller Tragik – angesichts des fortgeschrittenen Alters der Mutter weniger drastisch und einschneidend ausgewirkt hat als bei minderjährigen oder auch volljährigen Kindern, die noch im elterlichen Haushalt leben oder noch auf die Fürsorge der Eltern angewiesen sind, oder bei Ehegatten, die mit dem Getöteten – möglicherweise über viele Jahre hinweg – in einem Haushalt zusammengelebt haben und für die der Verlust daher besonders schwerwiegend wirkt. Zu berücksichtigen ist einerseits, dass die Mutter der Klägerin bereits 82 Jahre und damit in einem Alter war, in dem die verbliebene Lebenserwartung und damit die Aussicht auf weitere gemeinsam verbrachte Jahre naturgemäß geringer war als etwa in dem vom LG Tübingen zu beurteilenden Fall, in dem der bei einem Verkehrsunfall getötete Vater erst 60 Jahre alt war, so dass durchaus davon auszugehen war, dass der Vater ohne den Unfall – anders als hier – noch mindestens 10 – 15 Jahre gelebt hätte. Die Klägerin wiederum war zum Unfallzeitpunkt bereits 52 Jahre alt und hatte sich vom Elternhaus gelöst und ihre eigene Familie gegründet, so dass sich ihr Verlust – bei aller Tragik – angesichts des fortgeschrittenen Alters der Mutter weniger drastisch und einschneidend ausgewirkt hat als bei minderjährigen oder auch volljährigen Kindern, die noch im elterlichen Haushalt leben oder noch auf die Fürsorge der Eltern angewiesen sind, oder bei Ehegatten, die mit dem Getöteten – möglicherweise über viele Jahre hinweg – in einem Haushalt zusammengelebt haben und für die der Verlust daher besonders schwerwiegend wirkt.*“[3566]

Ebenso berücksichtigte das OLG Koblenz[3567] 2020 die individuelle „familiären Konstellation" in Bezug auf den „*20-jährigen Sohn, der zum Unfallzeitpunkt im Haushalt seiner Mutter, der geschiedenen Ehefrau des Klägers, lebte*" und unterstrich in seiner Urteilsbegründung die für die Gerichte herausfordernde Aufgabe ein angemessenes Hinterbliebenengeld festzulegen und führte dazu aus: „*Allerdings kommt den Gerichten – nach dem Willen des Gesetzgebers sogar ausdrücklich – die schwierige Aufgabe zu, Kriterien zu finden, die – angewendet auf den jeweiligen Einzelfall – geeignet sind, tendenziellen Unterschieden in den zu beurteilenden Fällen gerecht zu werden.*"

Zurückgewiesen wurde der Anspruch auf Hinterbliebenengeld für die beiden **Enkel** aufgrund des Todes ihres Großvaters. Für die Bejahung eines solchen wäre – so das LG Köln –[3568] daher erforderlich, dass eine über ein „gewöhnliches" Großeltern-Enkel-Verhältnis hinausgehende Beziehung vorliegt.

In seinem Urt. v. 6.12.2022 – VI ZR 73/21wies der BGH[3569] zudem die im konkreten Fall auch vom Berufungsgericht[3570] vertretene Ansicht zurück, das Hinterbliebenengeld müsse sich der Höhe nach in das **Gesamtgefüge der europäischen Rechtsprechung** zum Schmerzens- und Hinterbliebenengeld einfügen. Die Frage, welcher Betrag „angemessen" ist, sei **ausschließlich in Ansehung der in Deutschland geltenden Lebensverhältnisse und der deutschen Gesamtrechtsordnung** zu beantworten. Zieht man die

[3563] BGH BeckRS 2023, 16328.
[3564] OLG Köln BeckRS 2022, 10167 → Nr. 7570.
[3565] OLG Brandenburg BeckRS 2022, 32137.
[3566] OLG Brandenburg BeckRS 2022, 32137; zum Alter des Getöteten vgl. auch OLG München BeckRS 2024, 6647 sowie LG Landshut BeckRS 2023, 55447 → Nr. 7673.
[3567] OLG Koblenz BeckRS 2020, 26206; vgl. dazu auch LG Trier BeckRS 2020, 37036; vgl. auch LG Limburg BeckRS 2019, 22666; vgl. dazu auch Balke SVR 2020, 346.
[3568] LG Köln BeckRS 2024, 36202 → Nr. 7633.
[3569] BGH BeckRS 2022, 40243.
[3570] OLG Schleswig BeckRS 2021, 2588.

„Gesamtrechtsordnung" mit heran, so ließen sich – mit Blick auf die Entwicklung zum Opferschutzgesetz (OEG), auch wenn es sich bzgl. des § 844 Abs. 3 BGB und dem OEG um divergierende Entschädigungssysteme handelt – auch deutlich über die nach wie vor häufig zitierten 10.000 EUR begründen.[3571]

Allerdings – so der BGH mit Verweis auf den Gesetzesentwurf –[3572] diente die Einführung eines Anspruchs auf Hinterbliebenengeld *„dem Zweck, den Hinterbliebenen für immaterielle Beeinträchtigungen unterhalb der Schwelle einer Gesundheitsverletzung einen Anspruch auf angemessene Entschädigung in Geld einzuräumen. Der dem Hinterbliebenen im Einzelfall zuerkannte Betrag muss deshalb im Regelfall hinter demjenigen zurückbleiben, der ihm zustände, wenn das von ihm erlittene seelische Leid die Qualität einer Gesundheitsverletzung hätte"*.

Auch wenn im Gesetzentwurf darauf hingewiesen werde, dass die Höhe des Schmerzensgeldes bei Schockschäden auch für die Bemessung der Höhe des Hinterbliebenengeldes eine gewisse Orientierung geben könne, sei jedoch zu berücksichtigen, dass der Anspruch auf Hinterbliebenengeld in Bezug auf die nur mittelbar betroffenen Hinterbliebenen selbst keine eigene Rechtsgutsverletzung voraussetze[3573] und der für die Tötung Verantwortliche dem Hinterbliebenen unabhängig vom Nachweis einer medizinisch fassbaren Gesundheitsbeeinträchtigung eine Entschädigung für dessen seelisches Leid zu leisten habe (vgl. BT-Drs. 18/11397, 8). Aus diesen Gründen müsse, so der BGH, *„zur Vermeidung von Wertungswidersprüchen … deshalb der dem Hinterbliebenen im Einzelfall zuerkannte Betrag im Regelfall hinter demjenigen zurückbleiben, der ihm zustände, wenn das von ihm erlittene seelische Leid die Qualität einer Gesundheitsverletzung hätte"*. Im Klartext: Das Hinterbliebenengeld fällt grundsätzlich niedriger aus, als ein Schockschadenschmerzensgeld.

Die **Dauer des persönlichen Näheverhältnisses** ist, worauf auch das OLG Celle[3574] hingewiesen hatte, für den Anspruch auf Hinterbliebenengeld nach § 844 Abs. 3 BGB grundsätzlich nicht relevant, sie wirkt sich aber gegebenenfalls bei der Höhe der angemessenen Entschädigung aus.[3575]

Wirtschaftliche Verhältnisse (beim Schmerzensgeld vgl. dazu oben → Rn. 139) sind – wie der BGH 2023 explizit festgestellt hat – bei der Bemessung des Hinterbliebenengeldes im Rahmen der umfassenden Würdigung aller Umstände des Einzelfalls nur dann zu berücksichtigen, wenn sie sich auf die seelische Verfassung des Hinterbliebenen in prägender Weise ausgewirkt haben.[3576] Die aufgrund eines Studiums bestehende wirtschaftliche Abhängigkeit vom Verstorbenen ist per se noch kein erhöhender Faktor bei der Bemessung der Hinterbliebenenentschädigung, urteilte der BGH.[3577]

Zum Hinterbliebenengeld grundsätzlich sowie auch zu dessen Höhe ist allerdings – mit dem deutschen Richterbund[3578] übereinstimmend – festzustellen, dass durch die Einführung des Hinterbliebenengeldes nicht suggeriert werden darf, es lasse sich jeder Schicksalsschlag[3579] durch einen angemessenen Ausgleich in Geld kompensieren.

Verliert der Sohn seine Mutter durch einen Verkehrsunfall und war zudem kurz zuvor auch dessen Vater (an einer Krebserkrankung) gestorben, so verfängt der Einwand des KH-Versicherers des Unfallgegners nicht, der Tod des Vaters habe einen Großteil der Beeinträchtigungen und des seelischen Leids des Klägers verursacht und den Unfalltod der Mutter gleichsam überlagert, weshalb ihm nur ein geringes Hinterbliebenengeld für den Tod der Mutter zustehe.

Zutreffend wies das **OLG Frankfurt a. M.**[3580] 2025 darauf hin, dass diese Annahme *„spekulativ und neben der Sache liegend"* sei und man könnte noch ergänzen, ja geradezu pietätlos und schändlich!

Zur Abgrenzung und zum Verhältnis des Hinterbliebenengeldanspruchs gegenüber dem Schmerzensgeldanspruch wegen eines Schockschadens:

Mit dieser Thematik hatte sich der Arbeitskreis III des 63. Deutschen Verkehrsgerichtstags im Januar 2025 befasst und dabei die Auffassung vertreten, *„dass im Falle einer eigenen psychischen Gesundheitsverletzung des* **341**

[3571] Staudinger DAR 2019, 601.

[3572] Gesetzentwurf der Bundesregierung vom 22.3.2017 zur Herbeiführung der Beschlussfassung des Deutschen Bundestages, BT-Drs. 18/11615, 6; Gesetzentwurf der Fraktionen der CDU/CSU und SPD, Entwurf eines Gesetzes zur Einführung eines Anspruchs auf Hinterbliebenengeld, BT-Drs. 18/11397, 8, 14; BT-Plenarprotokoll 18/234, 23801 B.

[3573] Vgl. BT-Drs. 18/11397, 14.

[3574] OLG Celle BeckRS 2022, 26489 → Nr. 7194.

[3575] OLG Celle BeckRS 2022, 26489 → Nr. 7194; vgl. auch Oppermann NZV 2023, 180.

[3576] BGH BeckRS 2023, 16328; Höher/Küppersbusch Ersatzansprüche bei Personenschaden Rn. 307.

[3577] BGH BeckRS 2023, 16328 mwN zu der unterschiedlichen Rechtsauffassung der Literatur; vgl. dazu Huber NZV 2023, 510 (512).

[3578] Stellungnahme des Dt. Richterbundes Nr. 4/17 zum Gesetzesentwurf des Hinterbliebenengeldanspruchs.

[3579] OLG München BeckRS 2018, 11573 – Polizei findet verunglückte Tochter nicht.

[3580] OLG Frankfurt a. M. BeckRS 2025, 27827 Rn. 25 → Nr. 7755.

Hinterbliebenen infolge der Tötung einer nahestehenden Person (Schockschaden) der Anspruch auf Hinterbliebenengeld im Anspruch auf Schmerzensgeld wegen des Schockschadens aufgeht. Folglich können nicht beide Ansprüche nebeneinander gewährt werden."[3581]

Gut drei Jahre zuvor, am 6.12.2022, hatte sich der VI. Zivilsenat des BGH gleich in zwei Urteilen (VI ZR 73/21 und VI ZR 168/21) zum einen (VI ZR 73/21) umfassend zur Bemessung der Höhe des Hinterbliebenengeldes und zur Auslegung des Tatbestandsmerkmals der Gesundheitsverletzung bei sog. „Schockschäden" sowie auch zum Verhältnis des Hinterbliebenengeldanspruchs zum Anspruch auf Schmerzensgeld wegen eines Schockschadens geäußert und zugleich (VI ZR 168/21 vgl. dazu → Rn. 301) seine bisherige restriktive Rechtsprechung[3582] zu sog. Schockschäden aufgegeben. Damit hatte er die Voraussetzungen für den Schmerzensgeldanspruch für Schockschäden infolge des Todes einer Person durch den Verzicht auf das Erfordernis einer „über das normale Maß an Trauer" hinausgehenden Gesundheitsbeeinträchtigung deutlich herabgesetzt.[3583]

In der für die Thematik des Hinterbliebenenanspruchs sehr wichtigen Grundsatzentscheidung des **BGH vom 6.12.2022 – VI ZR 73/12**[3584] betonte der BGH zunächst, dass es sich bei dem Hinterbliebenengeld einerseits und dem Schockschadensersatz andererseits zwar um „unterschiedliche Rechtsinstitute" handelt, dass jedoch ungeachtet der unterschiedlichen dogmatischen Herleitung *„in beiden Fällen dem Erstverletzten nahestehende Personen eine finanzielle Entschädigung für eigene immaterielle Beeinträchtigungen erhalten"* und dass dabei das Hinterbliebenengeld dem Zweck dient, den Hinterbliebenen für immaterielle Beeinträchtigungen „unterhalb der Schwelle einer Gesundheitsverletzung"[3585] einen Anspruch auf angemessene Entschädigung in Geld einzuräumen.[3586] Der BGH bestätigte damit die vom Gesetzgeber vorgegebene Absicht, durch Einführung des Hinterbliebenengeldes den Hinterbliebenen eine Abgeltung für ihre Trauer und Betroffenheit ohne pathologische Beeinträchtigung zu verschaffen. Anders als der Schmerzensgeldanspruch beim Schockschaden, für den auch nach dieser Grundsatzentscheidung des BGH[3587] weiterhin stets eine psychische Beeinträchtigung von Krankheitswert bzw. eine pathologisch fassbare Gesundheitsverletzung erforderlich ist, setzt der Anspruch auf Hinterbliebenengeld somit keine über Trauer und seelisches Leid hinausgehende gesundheitliche Beeinträchtigung des Hinterbliebenen im Sinne einer eigenen Gesundheitsverletzung voraus.

Somit kann zunächst kein Zweifel daran bestehen, dass beide Anspruchsgrundlagen nebeneinander bestehen können,[3588] womit jedoch per se die Frage zum Verhältnis dieser beiden Anspruchsgrundlagen im konkreten Rechtsstreit noch nicht beantwortet wurde, weshalb der BGH auch dazu noch weiter ausgeführt hatte:

Da beide Anspruchsgrundlagen – § 823 Abs. 1 iVm § 253 Abs. 2 einerseits sowie § 844 Abs. 3 BGB andererseits – im Falle des Todes einer nahestehenden Person dem Hinterbliebenen für das ihm zugefügte seelische Leid ***eine*** angemessene Entschädigung in Geld, dh einen immateriellen Schadensersatz einräumen, erscheint es nur folgerichtig, wenn der BGH[3589] in dieser Grundsatzentscheidung folgerte, der dem Hinterbliebenen im Einzelfall zuerkannte Betrag müsse „im Regelfall" hinter demjenigen zurückbleiben, der ihm zustände, wenn das von ihm erlittene seelische Leid die Qualität einer Gesundheitsverletzung hätte oder einfach formuliert: Das Hinterbliebenengeld solle geringer ausfallen als das Schmerzensgeld für einen Schockschaden, sofern dessen weitere Voraussetzungen gegeben wären.[3590] Aus dem Urteil des BGH lässt sich somit ableiten, dass dann, wenn ein Hinterbliebener, der durch den Tod oder die Todesnachricht eines nahen Angehörigen psychisch erkrankt ist und in seinem Fall sowohl die Voraussetzungen auf Ersatz eines „Schockschadens" nach § 823 Abs. 1 in Verbindung mit § 253 Abs. 2 BGB als auch die Voraussetzungen nach § 844 Abs. 3 BGB vorliegen, sein Anspruch auf Ersatz des Schockschadens dem Anspruch auf Hinterbliebenengeld vorgeht bzw. sein Anspruch auf Hinterbliebenengeld im Anspruch auf Schmerzensgeld wegen des Schockschadens aufgeht,[3591] oder, so Wagner: **Der Anspruch auf Schockschadensersatz „konsumiert" den Anspruch auf Hinterbliebenengeld.**[3592]

3581 2. Empfehlung des AK III des 63. Dt. VGT ua veröffentlicht in NZV 2025, 69 (70).

3582 BGH BeckRS 2019, 12512.

3583 S. dazu Werner DAR 2025, 530; Thora NJW 2023, 983 und Slizyk r+s 2023, 130.

3584 BGH BeckRS 2022, 40243 mAnm ua Wagner NJW 2023, 1441, Kääb FD-StrVR 2023, 455463; Schrader JA 2023, 1042 sowie Huber SVR 2025, 4; **für Österreich** s. OGH 16.5.2001 – 2 Ob 84/01v, BeckRS 2001, 168050 und aktuell OGH 29.4.2025 – 2 Ob 30/25p, BeckRS 2025, 10872.

3585 BGH BeckRS 2022, 38714.

3586 BGH BeckRS 2022, 40243.

3587 BGH BeckRS 2022, 38714.

3588 So auch Eichelberger NJW 2022, 1526 (1531); HKL Hinterbliebenengeld/Huber Rn. 189; ebenso Biller-Bomhardt/Steinbock NJW 2025, 113 (118) und Küppersbusch/Höher Ersatzansprüche Personenschaden Rn. 304.

3589 BGH BeckRS 2022, 38714.

3590 Vgl. dazu kritisch Luckey DAR 2023, 202.

3591 So auch die Empfehlung des 63. Dt. VGT 2025, NZV 2025, 69 (70); LG Osnabrück BeckRS 2023, 10077 mit Verweis auf OLG Oldenburg BeckRS 2023, 10076; vgl. auch BT-Drs. 18/11397, 12 Abschnitt B.

3592 Wagner, r+s 2024, 241 Rn. 34; Quaisser NZV 2025, 8 (12); so auch BT-Drs. 18/11397, 12; krit. dazu Luckey DAR 2023, 202 (206).

Aus den vorgenannten Gründen ist es somit ausgeschlossen, nach dem Tod eines Angehörigen den Hinterbliebenen sowohl ein Hinterbliebenengeld auf der Grundlage von § 844 Abs. 3 BGB als auch ein Schmerzensgeld als Primäropfer einer Gesundheitsverletzung gemäß § 253 Abs. 2 BGB zuzusprechen.[3593]

Dies hatte 2023 – erstmals in dieser Deutlichkeit – sowohl das OLG Oldenburg[3594] als auch das **LG Osnabrück**[3595] befolgt und 2026 das **LG Ellwangen**[3596] nochmals in seinem 3. Leitsatz hervorgehoben: *„Erleidet ein nach § 844 Abs. 3 S. 1 BGB Anspruchsberechtigter aufgrund des Todesfalls einen "Schockschaden", geht das Hinterbliebenengeld in dem immateriellen Schadensersatzanspruch nach § 823 Abs. 1 BGB auf. Der immaterielle Schadensersatz ist sodann höher zu bemessen als ein bloßes Hinterbliebenengeld in demselben Fall. Ob ein Anspruch nach § 844 Abs. 3 S. 1 BGB oder nach § 823 Abs. 1 BGB besteht, hat das Gericht ungeachtet rechtlicher Ausführungen der Parteien anhand des ihm vorgetragenen Sachverhalts selbst zu entscheiden."*

Bei dem Sachverhalt, der dem LG Osnabrück vorlag, hatte der Beklagte, der auf die beiden Kleinkinder der Klägerin aufpassen sollte, eines der Kinder so stark geschüttelt, dass es daraufhin einige Tage später an den Folgen des Schütteltraumas mit erheblichen Gehirnverletzungen verstarb. Nach Auseinandersetzung mit der aktuellen Rechtsprechung des BGH[3597] und unter Verweis auf die insofern kurz zuvor ergangene Entscheidung des OLG Oldenburg[3598] betonte das LG Osnabrück, *„dass eine Addition eines Hinterbliebenengeldes mit einem Schmerzensgeld wegen eines Schockschadens ausscheidet. Beide Anspruchsgrundlagen haben dabei die gleiche Zielrichtung, nämlich einem Geschädigten eine angemessene Entschädigung in Geld für eine immaterielle Beeinträchtigung zu gewähren. Das Hinterbliebenengeld geht vielmehr in dem Anspruch auf Schmerzensgeld wegen eines Schockschadens auf"*.

Was dies – zumindest aus heutiger Sicht – künftig für die Instanzgerichte bedeutet, soll folgendes **Praxisbeispiel** verdeutlichen:

Eine Ehefrau klagt – aufgrund des tragischen Unfalltodes ihres Ehemannes, mit dem sie in harmonischer Ehe zusammengelebt hatte – sowohl auf die Zahlung eines in das Ermessen des Gerichts gestellten Schmerzensgeldes von mindestens 25.000 EUR und zudem auf ein ebenfalls in das Ermessen des Gerichts gestelltes Hinterbliebenengeld von 10.000 EUR.

Für das Instanzgericht sind in diesem Fall mit Rücksicht auf die beiden vorliegenden BGH-Urteile und die dazu nachfolgend ergangenen Urteile des OLG Oldenburg und des LG Osnabrück nun grundsätzlich die folgenden beiden Entscheidungsmöglichkeiten denkbar:

Variante 1: Das Gericht weist die Klage auf Schmerzensgeld wegen Schockschadens ab, sofern die Voraussetzungen, die nach dem BGH Urteil VI ZR 168/21 für das Vorliegen eines Schockschadens verblieben sind, fehlen und spricht nur das Hinterbliebenengeld unter Berücksichtigung der oben benannten Ausführungen des BGH (VI ZR 73/21) mit beispielsweise 15.000 EUR zu (das Gericht kann – wie beim Schmerzensgeld – auch über den als Mindestbetrag genannten Betrag hinausgehen). So geschehen auch beim LG Tübingen[3599] in Bezug auf das Schmerzensgeldbegehren des Bruders des bei einem Motorradunfall Getöteten, das insofern ausgeführt hatte: *„Beim Bruder, der am Unfall unmittelbar beteiligt war, fehlte es für die Annahme eines Schockschadens an der Vorlage eines ärztlichen Attests sowie an einem Vortrag bezüglich des Bestehens von Einschränkungen infolge des Miterlebens des Unfalls. Letztlich kommt es auf letzteres an, nämlich die psychische Erkrankung von einigem Gewicht. Zum Nachweis ist ein ärztliches Attest zwar nicht unabdingbar erforderlich; ohne ein solches wird die ohnehin schon hohe Beweishürde noch schwerer zu nehmen sein. Auch beim Bruder blieb somit als Anspruchsgrundlage nur das Hinterbliebenengeld."*

Variante 2: Das Gericht spricht bei Vorliegen der Voraussetzungen für einen Schockschaden, die nach dem BGH Urteil VI ZR 168/21 erforderlich sind, der Ehefrau ein Schmerzensgeld wegen ihres Schockschadens zu und erachtet insofern beispielsweise 30.000 EUR für angemessen und ausreichend. Zudem erachtet es auch den Anspruch auf Hinterbliebenengeld für begründet, führt jedoch zur diesbezüglichen Höhe aus, dass der insofern der Ehefrau zustehende Hinterbliebenengeldbetrag in dem bereits festgestellten Schmerzensgeldbetrag aufgeht bzw. von diesem „konsumiert" wurde.[3600]

Die Variante einer Zurückweisung des Hinterbliebenengeldes bei gleichzeitiger Zuerkennung des Schmerzensgeldes für den erlittenen Schockschaden verbietet sich in meinem Beispielsfall, weil der Gesetzgeber in § 844

3593 So auch Wagner 63. VGT, Referat AK III: Hinterbliebenengeld und Schockschaden, 14; aA Lenz r+s 2025, 1122.
3594 OLG Oldenburg BeckRS 2023, 10076.
3595 LG Osnabrück BeckRS 2023, 10077; aA – jedoch 2018 – LG Rottweil BeckRS 2018, 59026, → Nr. 7195.
3596 LG Ellwangen BeckRS 2026, 1093, → Nr. 7889.
3597 BGH BeckRS 2022, 40243 und BGH BeckRS 2022, 38714.
3598 OLG Oldenburg 30.3.2023 – 8 U 200/22.
3599 LG Tübingen BeckRS 2019, 10953 → Nr. 6340.
3600 LG Ellwangen BeckRS 2026, 1093 → Nr. 7889; OLG Oldenburg BeckRS 2023, 10076 sowie LG Osnabrück BeckRS 2023, 10077; Wagner, r+s 2024, 241 Rn. 34.

Abs. 2 S. 2 BGB die hinterbliebene Ehefrau als privilegiert ansieht. Auch die Variante des Zuspruchs aus beiden Anspruchsgrundlagen – Hinterbliebenengeld und Schmerzensgeld wegen Schockschadens – und der anschließenden Addition der jeweiligen Beträge, wie dies vom LG Rottweil[3601] 2018, jedoch vor den beiden oben benannten BGH-Entscheidungen, noch vorgenommen worden war, ist nicht möglich. Besteht ein Schmerzensgeldanspruch wegen eines Schockschadens, den ein Hinterbliebener des durch Unfall oder Straftat Getöteten erleidet, muss dieser jedoch grundsätzlich höher ausfallen als – im Falle des Fehlens einer solchen eigenen Körperverletzung – das Hinterbliebenengeld. Denn wenn in einem solchen Fall zur Trauer und Betroffenheit noch eine eigene psychisch vermittelte Beeinträchtigung von Krankheitswert hinzukommt, muss sich dies auch in der Angemessenheit des immateriellen Entschädigungsbetrages niederschlagen. Das Niveau des Hinterbliebenengelds muss somit zur Vermeidung von Wertungswidersprüchen im Regelfall hinter dem des Schmerzensgelds für Schockschäden infolge des Todes eines nahen Angehörigen zurückbleiben.[3602]

342 **Weitere Feststellungen zum Hinterbliebenengeld:** Die deliktische Lösung, mit der über § 844 Abs. 3 BGB das Hinterbliebenengeld eingeführt wurde, ist eine eigene Anspruchsgrundlage und schafft damit – zumindest hinsichtlich der nachfolgend aufgezählten weiteren **Punkte** – Klarheit:

- Hinterbliebene haben ab dem 22.7.2017[3603] – im Sinne einer Anerkennung ihres seelischen Leids – wegen der Tötung eines ihnen besonders nahestehenden Menschen gegenüber dem hierfür Verantwortlichen einen eigenen Rechtsanspruch auf Entschädigung. Das Gesetz zur Einführung eines Anspruchs auf Hinterbliebenengeld gilt gem. Art. 229 § 43 EGBGB für Schäden aus Unfällen, die sich nach seinem Inkrafttreten und somit **nach dem 22.7.2017** ereignet haben.[3604] Maßgebend ist stets der Eintritt der zum Tode führenden Primärverletzung.
- „Eine Übertragung der in der „Richtlinie zur Zahlung von Härteleistungen für Opfer terroristischer und extremistischer Taten aus dem Bundeshaushalt (Kapitel 0718 Titel 681 02 und 681 01)" des Bundesministeriums der Justiz für Härtefälle vorgesehenen Pauschalbeträge kommt nicht in Betracht."[3605]
- Der Anspruch gilt sowohl für Fälle der Verschuldenshaftung nach den §§ 823 ff. BGB als auch für solche der verschuldensunabhängigen Gefährdungshaftung nach Maßgabe des § 833 S. 1 BGB sowie der diesbezüglichen Sondergesetze (Arzneimittelgesetz, Atomgesetz, Gentechnikgesetz, Haftpflichtgesetz, Luftverkehrsgesetz, Produkthaftungsgesetz, Straßenverkehrsgesetz, Umwelthaftungsgesetz etc).
- Der Anspruch gilt **nicht in Fällen bloßer Vertragsverletzungen,**[3606] auch wenn dies grundsätzlich der Methodik des Zweiten Schadensersatzrechtsänderungsgesetzes widerspricht, durch welche die Bestimmung über den immateriellen Schadensersatz aus dem Deliktsrecht (§ 847 BGB aF) in das allgemeine Schadensersatzrecht *vorverlegt* wurde (§ 253 Abs. 2 BGB nF). Der Gesetzgeber argumentierte insofern, die Hinterbliebenen würden häufig nicht in den Schutzbereich eines zwischen dem Getöteten und dem für die Tötung Verantwortlichen abgeschlossenen Vertragsverhältnisses einbezogen sein, so dass sie aus diesem Vertrag auch keine eigenen Ansprüche herleiten können.[3607]
- Der Anspruch auf Hinterbliebenengeld setzt – wie auch alle übrigen Ansprüche (Beerdigungskosten und Unterhaltsausfall) gem. § 844 BGB – das Verhältnis von drei Beteiligten[3608] voraus: Unfallverantwortlicher – Unfallopfer – Hinterbliebener. Bei Personenidentität von Unfallverantwortlichem (zB Mutter als Pkw-Führerin) und Unfallopfer (zB Kind im Pkw) hat die Mutter keinen Anspruch auf Hinterbliebenengeld.
- Der Anspruch auf Hinterbliebenengeld setzt stets den fremdverursachten Tod eines Menschen voraus und greift somit nicht bei Körper- und Gesundheitsverletzungen, die das Unfallopfer überlebt hat.
- Die **Dauer des persönlichen Näheverhältnisses** ist für den Anspruch auf Hinterbliebenengeld nach § 844 Abs. 3 BGB grundsätzlich irrelevant, sie wirkt sich aber gegebenenfalls bei der Höhe der angemessenen Entschädigung aus.[3609] Nur am Rande sei insofern erwähnt, dass das schweizerische BG[3610] im Falle einer Beziehung zu einer Geliebten während einer weiterhin bestehenden Ehe sowohl der Ehefrau als auch der Geliebten eine Genugtuung (vergleichbar mit dem deutschen Hinterbliebenengeld) zuerkannte. Insofern weist Huber zutreffend darauf hin, dass diesbezüglich bestehende Bedenken wegen des *ordre public* nicht relevant seien, da das Hinterbliebenengeld keine Geschlechtergemeinschaft voraussetzt.[3611]
- **Die (eingeschränkte) Darlegungslast in Arzthaftungsprozessen gilt auch für den Dritten, der einen Anspruch auf Hinterbliebenengeld verlangt.** Im konkreten Fall, über welchen das OLG Frankfurt

---

3601 LG Rottweil BeckRS 2018, 59026 → Nr. 7195.
3602 BGH BeckRS 2022, 40243; Wagner r+s 2025, 241 Rn. 34; so auch Balke/Frese/Koehl NJW 2025, 241 (253) sowie Huber SVR 2025, 4.
3603 OLG München BeckRS 2021, 5395.
3604 Vgl. dazu OLG München BeckRS 2021, 5395.
3605 OLG Köln BeckRS 2022, 10167 → Nr. 7570; BGH BeckRS 2023, 16328.
3606 Biller-Bomhardt/Steinbock NJW 2025, 113 (115); Huber SVR 2025, 4.
3607 BT-Drs. 18/11397, 9 Abs. 3.
3608 Quaisser NZV 2025, 8 (9).
3609 OLG Celle BeckRS 2022, 26489.
3610 BG v. 2.2.2012 – 6B_368/2011, BGE 138 III 157.
3611 Huber VersR 2020, 385 (387).

a. M.[3612] 2025 hierbei zu entscheiden hatte, ging es um den Antrag auf Prozesskostenhilfe für eine Klage des Ehemannes auf Hinterbliebenengeld nach dem Suizid seiner Ehefrau in einer psychiatrischen Klinik.

- Ein **Mitverschulden des Unfallopfers** müssen sich die anspruchsberechtigten Hinterbliebenen anspruchsmindernd anrechnen lassen.[3613] Keine Anspruchsminderung ergibt sich jedoch daraus, dass der Sohn den tödlichen Unfall, bei dem die Ehefrau des Klägers verstarb, verursacht hat.[3614]
- Bei der Bemessung der Höhe des Hinterbliebenengeldes kann ggf. auch das **Alter des Hinterbliebenen und des Getöteten** berücksichtigt werden, da sich im Einzelfall auch die verbliebene Lebenserwartung und damit die Aussicht auf weitere gemeinsam verbrachte Jahre als einer von mehreren Bewertungsfaktoren darstellen kann.[3615] Das hohe Alter (77 Jahre) einer unfallbedingt Verstorbenen stellt jedoch für sich genommen grundsätzlich keinen Grund dar, das Hinterbliebenengeld zu reduzieren; insbesondere wenn – wie das OLG München betonte – *„die Verstorbene noch fit gewesen"* und *„jeden Tag 10 km Fahrrad gefahren"* sei.[3616]
- Ein **Hinterbliebenengeld steht grundsätzlich auch Kleinkindern zu.**[3617] Dies ergibt sich bereits daraus, dass der Gesetzgeber diese nicht aus dem Kreis der Anspruchsberechtigten herausgenommen hat. Das LG Ellwangen verweist zudem auf medizinische Erkenntnisse, wonach Babys – auch wenn sie noch keine Vorstellung vom Tod haben – dennoch Veränderungen in ihrer Umgebung, beispielsweise durch den Tod von Geschwistern, sehr wohl wahrnehmen und mit dem reagieren würden, was sie zur Verfügung hätten und beispielsweise andauernd weinen oder Nahrung verweigern.[3618] Bei der Bemessung der Höhe des Anspruchs ist jedoch auf das Verständnis des Anspruchsberechtigten im Zeitpunkt des Eintritts des Todesfalls abzustellen. (Zum – grundsätzlich verneinten – Hinterbliebenengeldanspruch der Enkelkinder beim Tod der Großeltern s. OLG Schleswig BeckRS 2026, 2591.)
- Ebenso kann im Einzelfall die **geringe Lebenserwartung** von nur noch wenigen Monaten bei einem bereits schwer erkrankten Menschen bei der Bemessung des Hinterbliebenengeldes berücksichtigt werden. In einem insofern vom LG Köln[3619] entschiedenen Fall hatten die Kläger zwar einen um 6–12 Monate vorgezogenen Verlust ihres Vaters erlitten und somit einen Anspruch auf Hinterbliebenengeld; der Verlust an sich, so das LG Köln, sei jedoch als *„Teil der conditio humana" einzuordnen, mit dem jeder Mensch früher oder später konfrontiert wird."*
- Der Anspruch auf Hinterbliebenengeld kann auch im **Adhäsionsverfahren** geltend gemacht werden.[3620] Dabei setzt jedoch der Erlass eines Grundurteils nach § 406 Abs. 1 S. 2 StPO in Verbindung mit § 304 ZPO stets voraus, dass die klagende Partei einen bezifferten Anspruch geltend macht. Wenn der Umfang einer beantragten Geldleistung – wie beim Hinterbliebenengeld – im richterlichen Ermessen steht, verlangt § 253 Abs. 2 Nr. 2 ZPO zumindest die Angabe einer Größenordnung, um das Gericht und den Gegner darüber zu unterrichten, welchen Umfang der Streitgegenstand haben soll.[3621]
- Der Anspruch auf Hinterbliebenengeld verjährt gem. den Vorschriften der § 195, § 199 BGB, wobei die für Personenschäden geltenden Bestimmungen des § 199 Abs. 2 BGB maßgeblich sind.[3622] Vgl. zur **Verjährung** unter → **Rn. 425.**
- Das Hinterbliebenengeld ist als Schadenersatzanspruch – und nicht als Anspruch sui generis – ausgestaltet. **Haftungsausschlüsse** (zB § 7 Abs. 2 und 3 StVG) oder Haftungsbegrenzungen (zB § 12 StVG) greifen somit auch hier. Auch besteht insofern versicherungsvertragliche Deckung durch AKB und AHB.[3623]
- Der Haftungsausschluss gemäß § 104 Abs. 1 SGB VII und § 105 Abs. 1 SGB VII erfasst auch die Ansprüche der Hinterbliebenen auf Hinterbliebenengeld gemäß § 844 Abs. 3 BGB; dies entschied 2022 der BGH[3624] und schaffte damit Rechtssicherheit in Bezug auf die bis zur Vorauflage noch umstrittenen Frage.[3625] Dies gilt auch für den Pannenhelfer, der auf dem versicherten Weg nach oder von der Arbeitsstätte (§ 8 Abs. 2 SGB VII) versucht hatte, das Fahrzeug des Pannenopfers wieder zum Laufen zu bringen und dabei dessen Tod verursacht hat.[3626] Vgl. dazu auch oben unter → **Rn. 151.**

3612 OLG Frankfurt a. M. BeckRS 2021, 54607 → Nr. 7552.

3613 OLG Brandenburg BeckRS 2024, 15054, → Nr. 7438; vgl. auch LG Köln BeckRS 2024, 10511.

3614 LG Köln BeckRS 2024, 10511.

3615 OLG Brandenburg BeckRS 2022, 32137; LG Heidelberg BeckRS 2023, 11772 → Nr. 7547; LG Landshut BeckRS 2023, 55447 → Nr. 7673; LG Neuruppin BeckRS 2022, 32138 → Nr. 7546; OLG München BeckRS 2024, 6647 → Nr. 7545 mAnm Balke SVR 2024, 347; vgl. dazu auch Huber SVR 2025, 4 (13).

3616 OLG München BeckRS 2024, 6647.

3617 LG Ellwangen BeckRS 2026, 1093 → Nr. 7889 mit Verweis auf OLG München BeckRS 2021, 21112 Rn. 34.

3618 LG Ellwangen BeckRS 2026, 1093 Rn. 78.

3619 LG Köln BeckRS 2024, 36202 → Nr. 7631.

3620 BGH BeckRS 2020, 12822; LG Rottweil BeckRS 2018, 59026 → Nr. 7195; Huber/Kadner Graziano/Luckey Hinterbliebenengeld/Luckey § 2 Rn. 45; Liborius NJW-Spezial 2020, 713 (714).

3621 BGH BeckRS 2023, 27561.

3622 Vgl. BT-Drs. 18/11397, 12 B. Abs. 3.

3623 Burmann/Jahnke NZV 2017, 401 (413); Huber/Kadner Graziano/Luckey Hinterbliebenengeld/Huber Rn. 207; aA wohl Schwab DAR 2018, 284.

3624 BGH BeckRS 2022, 4972; vgl. dazu auch die Anm. Eichelberger NJW 2022, 1256 sowie Kääb FD-StrVR 2022, 447987.

3625 Pro: LG Koblenz BeckRS 2020, 11607 und LG Mainz 2.9.2020 – 5 O 249/19 kontra: OLG Koblenz BeckRS 2020, 37505 mAnm Burmann RuS 2021, 116.

3626 OLG Saarbrücken BeckRS 2024, 16600 mAnm Figgener/Quaisser NJW-Spezial 2024, 490; Ricke NZV 2024, 599.

343 **Noch offene Fragen zum Hinterbliebenengeld:** Ungeachtet dieser – sicher bei noch genauerer Analyse nicht abschließenden – Betrachtung bleiben noch viele Fragen offen, die erst durch die Rechtsprechung in den nächsten Jahren zu beantworten sein werden; insofern sind ua anzuführen:

- **Vererbbarkeit:** Obwohl der Gesetzgeber in seinem interfraktionellen Gesetzentwurf eindeutig formulierte *„Der Anspruch ist nicht höchstpersönlich, sondern übertragbar und vererbbar“,*[3627] hat er dies gesetzlich nicht normiert, so dass bereits wenige Wochen nach Inkrafttreten Streit über die Vererblichkeit aufkam.[3628] Diejenigen,[3629] die eine Vererbbarkeit ablehnen, berufen sich dabei auf die unter → Rn. 167 und → Rn. 465 näher erläuterte Rechtsprechung des BGH[3630] zur Unvererblichkeit des Anspruchs auf immateriellen Schadensersatz im Falle von Persönlichkeitsrechtsverletzungen. Die wohl herrschende Meinung nimmt jedoch eine Vererbbarkeit an; Pardey führt dazu überzeugend aus: *„Der Anspruch ist zudem vererblich, auf die Erfüllung eines Genugtuungszwecks kommt es nicht an, das Ende eines seelischen Leids lässt den wegen Leids zuvor gegebenen Anspruch nicht entfallen.“*[3631]
- Fraglich ist zudem die Vererblichkeit in Fällen, in denen beispielsweise ein Kind durch einen Unfall beide Elternteile verliert. Hier wäre – sofern man die Vererbbarkeit des Anspruchs auf Hinterbliebenengeld bejaht,[3632] – es grundsätzlich denkbar, dass das Kind nicht nur den eigenen Anspruch auf Hinterbliebenengeld (für jeden der beiden Elternteile addiert) geltend macht, sondern zudem noch die jeweils geerbten Ansprüche auf Hinterbliebenengeld seiner Eltern untereinander. Ob dies vom Gesetzgeber bedacht wurde, ist zu bezweifeln. Auch hier werden die Gerichte für Klarheit zu sorgen haben.[3633]
- **Kann der Nasciturus,** also das noch ungeborene Kind bei späterer Lebendgeburt einen **Anspruch auf Hinterbliebenengeld haben,** wenn es einen oder beide Elternteile verliert? Auch diese Frage ist streitig, wird aber von der wohl herrschenden Meinung in der Literatur befürwortet.[3634]
- Im Einklang mit dem Bundesverfassungsgericht,[3635] das bereits 1993 betont hatte „ *es* [ergänze: das ungeborene Leben] *zu achten und zu schützen bedingt, daß die Rechtsordnung die rechtlichen Voraussetzungen seiner Entfaltung im Sinne eines eigenen Lebensrechts des Ungeborenen gewährleistet*“, sind die – einen solchen Anspruch zurückweisenden – Meinungen nicht tragfähig, wie beispielsweise der Hinweis des OLG München,[3636] das in einem solchen Falle nach dem Tod des Vaters darauf hingewiesen hatte, *„dass keine Anhaltspunkte dafür vor*[lägen], *dass der Gesetzgeber das ungeborene Kind bei der Einführung des Hinterbliebenengeldes planwidrig übersehen hat*“ und dass die Rechtsfähigkeit des Menschen gemäß § 1 BGB erst mit der Vollendung der Geburt beginne und einer analogen Anwendung von § 844 Abs. 2 S. 2 BGB zur Begründung eines Anspruchs des ungeborenen Kindes auf Hinterbliebenengeld bereits entgegenstehe. *„Zudem“* – so das OLG München weiter – *„fehlt es an dem besonderen persönlichen Näheverhältnis, welches – wie § 844 Abs. 3 S. 1 BGB ausdrücklich bestimmt – zur Zeit der Verletzung des Getöteten bestanden haben muss“.*
- In seinem Vortrag im Rahmen des 63. Deutschen Verkehrsgerichtstages argumentierte Wagner für einen Ersatzanspruch des Nasciturus und führte vor den Teilnehmenden des III Arbeitskreises aus: *„Man stelle sich vor, die bereits im 9. Monat schwangere Frau verliert den Nasciturus durch ein Unfallereignis. Sie erhält kein Hinterbliebenengeld, wie wohl eine besondere Nähe der werdenden Mutter zu dem Kind und umgekehrt man kaum wird abstreiten können und das ungeborene Kind nach der Rechtsprechung des BVerfG (BVerfG Urt. v. 25.2.1975 NJW 1975, 573) bereits Träger der nach Art. 1 Abs. 1 GG Menschenwürde ist und nach Art. 2 Abs. 2 GG Anspruch auf körperliche Unversehrtheit und Leben hat.“* Dem ist zuzustimmen.
- Ebenso argumentieren Huber mit Hinweis auf die „Wertungsgesichtspunkte“ in seiner in der SVR 2025, 4 präsentierten Zwischenbilanz nach sieben Jahren der Normierung des Hinterbliebenenanspruchs.[3637]
- Auch im umgekehrten Falle, dh beim **Tod des Nasciturus,** wird argumentiert, dass aufgrund der fehlenden Rechtsfähigkeit des Nasciturus die Eltern keinen Hinterbliebenengeldanspruch hätten.[3638] Zudem wird angeführt, dass das Näheverhältnisses iSd § 844 Abs. 3 Ausfluss der beiderseitig tatsächlich gelebten sozialen Beziehung sein solle, an der es vor der Geburt ebenso fehle wie an der Fähigkeit, sich des Todes eines Angehörigen bewusst zu werden und Leid zu empfinden;[3639] ob beides tatsächlich zutrifft, insbesondere ab einem Entwicklungsstadium (ca. 25 Schwangerschaftswoche), in dem heute mit moderner medizinischer

---

[3627] Vgl. BT-Drs. 18/11397, 12 B. Abs. 3.
[3628] Vgl. dazu Bredemeyer ZEV 2022, 476.
[3629] Burmann/Jahnke NZV 2017, 401.
[3630] BGH BeckRS 2017, 118928.
[3631] Geigel Haftpflichtprozess/Pardey Kapitel 7 Rn. 19.
[3632] BeckOGK/Eichelberger BGB § 844 Rn. 224; MüKoBGB/Wagner, 9. Aufl. 2024, § 844 Rn. 111.
[3633] Geigel Haftpflichtprozess/Pardey Kapitel 7 Rn. 19.
[3634] Vgl. **pro** Hinterbliebenengeld: Huber SVR 2025, 4 (11); ebenso Wagner in seinem Vortrag auf dem 63. Dt. VGT am 29.1.2025 sowie in NJW 2017, 2641 (2644) und MüKoBGB/Wagner § 844 Rn. 101, sowie Greger/Zwickel/Zwickel Haftungsrecht Straßenverkehr, 6. Aufl. 2021, Tötung Rn. 31.195 sowie tendenziell auch Lenz r+s 2025, 1122; **kontra:** Quaisser NZV 2025, 8 (9); Burmann r+s 2021, 598; Burmann/Jahnke NZV 2017, 401; OLG München BeckRS 2021, 21112 mwN.
[3635] BVerfG BeckRS 1993, 120804.
[3636] OLG München BeckRS 2021, 21112.
[3637] Huber SVR 2025, 4 (11).
[3638] So Burmann/Jahnke NZV 2017, 404; Steenbuck r+s 2017, 449.
[3639] So Burmann/Jahnke NZV 2017, 401; Steenbuck r+s 2017, 449; aA Huber JuS 2018, 744 und Wagner NJW 2017, 2641; ebenso Bretzigheimer JuS 2019, 231 (236).

Unterstützung bereits eine Frühgeburt möglich ist, kann zuverlässig sicherlich nicht so einfach gesagt werden. Blickt man zur Beantwortung der Frage jedoch ins Ausland und insofern nach **Österreich,** so ist die einen solchen Anspruch bejahende Entscheidung des **OGH** (Österreich) aus dem Jahr 2016 – im Falle des Todes drei Wochen vor dem Geburtstermin – und die darin aufgeführte Begründung des OGH nicht von der Hand zu weisen. Der OGH weist deutlich darauf hin, dass es insofern auf die Betroffenheit der (werdenden) Eltern und nicht auf die Rechtsfähigkeit des ungeborenen Kindes ankommt.[3640] Bei einem „Wunschkind", so der OGH, sei ein solcher Anspruch zudem nicht erst ab diesem späten Zeitpunkt, sondern bereits früher möglich. Hier zeigt sich einmal mehr, dass beim Hinterbliebenengeldanspruch stets sämtliche individuelle Besonderheiten des Einzelfalles sorgfältig zu berücksichtigen sind.

- Ebenso stellt sich die Frage der Anspruchsberechtigung, wenn es sich um einen Hinterbliebenen handelt, der keine innere Beziehung zum Getöteten hatte oder aus besonderen Gründen dessen Tod nicht als Verlust empfindet oder empfinden kann.[3641] Hier könnte mit der Argumentation des OLG Hamburg[3642] geholfen werden, welches ausführte, dass – hier im Falle schwerer Persönlichkeitsrechtsverletzungen – es nicht auf die Wahrnehmung des Opfers (das im konkreten Falle im Koma lag) ankomme, „*denn die Geldentschädigung findet ihre sachliche Berechtigung auch in dem Gedanken, dass das Persönlichkeitsrecht gegenüber erheblichen Beeinträchtigungen anderenfalls ohne ausreichenden Schutz bliebe*[3643]". Ob die Gerichte künftig diese Argumentationsbrücke begehen, wird sich zeigen.
- Lösungen sind zudem für die Fälle zu finden, bei denen die Verletzung und der daraus resultierende Tod zeitlich weit auseinanderliegen, was in Fällen von schweren Gehirnschädigungen durchaus nicht selten (Koma/apallisches Syndrom) vorkommt. Es wird bereits derzeit die Frage aufgeworfen, ob nicht dann, wenn das primäre Unfallopfer bereits ein (hohes) Schmerzensgeld erhalten hat, die Hinterbliebenen kein Hinterbliebenengeld mehr erhalten sollen.[3644]
- Umstritten ist auch, ob es sich bei dem Anspruch auf Hinterbliebenengeld um einen *Schadensersatzanspruch* handelt – so die wohl herrschende Meinung[3645] – oder nicht.[3646] Der BGH[3647] führte dazu aus: „*Die Bestimmungen in § 844 Abs. 3 BGB und § 10 Abs. 3 StVG gewähren einen Anspruch auf Ersatz eines Nichtvermögensschadens*". Die Mindermeinung geht von einem *Anspruch sui generis* aus und leitet daraus ab, dass für einen Versicherungsnehmer gegenüber seinem Haftpflichtversicherer kein Anspruch auf Freistellung (vgl. § 100 VVG) wegen der Inanspruchnahme auf Hinterbliebenengeld besteht. Dies überzeugt nicht, zumal § 100 VVG lediglich von „Ansprüchen" spricht. Daher ist der herrschenden Meinung zuzustimmen, so dass eine versicherungsvertragliche Deckung sowohl durch die AKB als auch die AHB besteht.
- Zur Problematik der Anrechenbarkeit von kongruenten Leistungen von Sozialversicherungsträgern und sonstigen Drittleistungsträgern vor dem Hintergrund, dass das Hinterbliebenengeld auch als immaterieller Schadensersatzanspruch anzusehen ist, sei auf → **Rn. 480** und den insofern umfassenden Aufsatz von Schwab „Das versicherungsrechtliche Problem beim Hinterbliebenengeld", verwiesen.[3648]

Es bleiben also auch nach den inzwischen ergangenen Urteilen des BGH (s. → **Rn. 340**) Fragen zu diesem Thema offen, die noch von den mit der Schadenregulierung befassten Berufsgruppen zu klären sein werden und sich – auch wenn sich der Deutsche Verkehrsgerichtstag inzwischen bereits zweimal (50. Dt. VGT 2012 und 63. Dt. VGT 2025) in Goslar mit dem Hinterbliebenengeldanspruch befasst hatte – als Betätigungsfeld für nachfolgende Dt. Verkehrsgerichtstage eignen.

VII. Ansprüche gegenüber Entschädigungsfonds und aus Opferentschädigungsrecht gem. SGB XIV

§ 12 PflVG Leistungspflicht des Entschädigungsfonds/Verkehrsopferhilfe e.V.: 344

In Fällen unaufgeklärter Fahrerflucht oder fehlendem Versicherungsschutz eines Kraftfahrzeuges[3649] sowie vorsätzlicher[3650] – auch terroristischer, wie in Mannheim, München und Magdeburg und jüngst im Frühjahr

[3640] OGH Österreich Urt. v. 30.8.2016 – 1 Ob 114/16w mAnm Danzl ZVR 2016, 456.
[3641] Vgl. dazu LG Heidelberg BeckRS 2023, 11772 Rn. 27 → Nr. 7547; Quaisser NZV 2025, 8 (10).
[3642] OLG Hamburg BeckRS 2017, 109789.
[3643] OLG BeckRS 2017, 109789.
[3644] Burmann/Jahnke NZV 2017, 401 (413); aA Balke SVR 2018, 207.
[3645] HKL Hinterbliebenengeld/Huber § 1 Rn. 207.
[3646] Schwab DAR 2018, 284 ff.
[3647] BGH BeckRS 2022, 40243.
[3648] Schwab DAR 2018, 284 ff; vgl. auch HKL Hinterbliebenengeld/Huber § 1 Rn. 213 sowie Burmann/Jahnke NZV 2017, 401 (412).
[3649] Zur Thematik von E-Rollern vgl. Kräger DAR 2022, 16; Figgener/Quaisser NJW-Spezial 2020, 203; Jahnke NZV 2019, 601 sowie Tomson/Wieland NZV 2019, 446.

2026 in Leipzig[3651] – Schadensverursachung durch den Gebrauch eines Kraftfahrzeuges oder Anhängers oder dessen Verwendung als Tatwerkzeug steht dem Geschädigten ein Entschädigungsanspruch gem. § 12 Pflichtversicherungsgesetz (PflVG) gegen den Entschädigungsfonds zu, der 1955 als „Fahrerfluchtfond" gegründet worden war.[3652]

Der **Verein Verkehrsopferhilfe e.V.** (kurz: **VOH**) ist eine Einrichtung der deutschen Autohaftpflichtversicherer und wird von diesen finanziert und hat folgende Kontaktdaten:

Verkehrsopferhilfe e. V. Wilhelmstr. 43/43 G 10117 Berlin Telefon: +49 30 20 20 5858 E-Mail: voh@verkehrsopferhilfe.de Internet: www.verkehrsopferhilfe.de.

Der VOH ist nach § 12 Abs. 1 S. 3 PflVG jedoch nur in den Fällen zu Leistungen verpflichtet, in denen die Opfer bzw. Schadensersatzberechtigten nicht in der Lage sind, anderweitig Schadensersatz zu erlangen; dabei gilt als „anderweitig" auch, wenn die Opfer bzw. Schadensersatzberechtigten Ersatz ihres Schadens durch die Härtefallleistungen nach dem Opferentschädigungsgesetz aF bzw. (seit 1.1.2024) „soziale Entschädigung" gemäß SGB XIV vom zuständigen Bundesland erhalten haben. Dies hatte der BGH[3653] 2023 vor dem Hintergrund der Amokfahrt vom April 2018 am Kiepenkerl-Denkmal in Münster betont.

Für die Entschädigung der durch den missbräuchlichen Kraftfahrzeugbetrieb geschädigten **Terroropfer** hat der Gesetzgeber im SGB XIV, in dem seit dem 1.1.2024 alle Regelungen der sozialen Entschädigung zusammengefasst werden und welches das Opferentschädigungsgesetz (kurz: OEG) somit abgelöst hat, normiert, dass auch beim Gebrauch eines Kraftfahrzeugs oder Anhängers als Tatwerkzeug Ansprüche der Terroropfer nach dem Sozialen Entschädigungsrecht bestehen, wenn auch gegenüber den Ansprüchen gegenüber dem VOH nur subsidiär.[3654]

Hat der Fahrzeughalter die Amokfahrt des Fahrers fahrlässig ermöglicht, richtet sich der Anspruch jedoch gegen den primär haftenden Kfz-Haftpflichtversicherer und nicht gegen die nur subsidiär haftende VOH.[3655]

Bei einem Unfall mit einem nicht-versicherten oder unerkannt entkommenen **E-Bike** iSd § 39 Abs. 7 StVO[3656] oder einem sog. **E-Scooter** tritt die Verkehrsopferhilfe ebenfalls ein.[3657]

Zur Unfallflucht von E-Scooterfahrern führt Kräger[3658] zutreffend aus, dass diese dadurch begünstigt wird, dass es aufgrund der Größe des Versicherungsklebekennzeichens schon im Stand schwierig sei, dieses abzulesen. *„Während der Fahrt, aber gerade dann auch noch in einer Ausnahmesituation wie einem Verkehrsunfall ist das ein Ding der Unmöglichkeit. Daher würden zwar grundsätzlich Ansprüche gegenüber der Verkehrsopferhilfe in Berlin bestehen. Aber auch für deren nachrangige Haftung müsste der Nachweis des Verschuldens des flüchtigen eScooter-Fahrers geführt werden können. Gleiches gilt, wenn das Kennzeichen noch abgelesen werden konnte gegenüber dem Kfz-Haftpflichtversicherer."*[3659]

Beteiligung eines fremden Fahrzeugs: Hierfür muss der Geschädigte jedoch – um insofern *Missbrauch des Fonds*[3660] zu vermeiden – zunächst anhand objektiver Anhaltspunkte ausreichend vortragen, dass er durch Beteiligung eines fremden Fahrzeugs geschädigt wurde,[3661] für welches keine Haftpflichtdeckung besteht, denn **§ 12 Abs. 1 Art. 1 PflVG.** stellt darauf ab, dass „das Fahrzeug", das den Schaden verursacht hat, nicht ermittelt werden kann und für den Unfallverursacher keine KH-Versicherung besteht. Das Gesetz setzt also die Gewissheit voraus, dass ein anderes Fahrzeug beteiligt war.[3662]

[3650] Vgl. dazu auch Burmann/Jahnke DAR 2020, 128 sowie – speziell zu Terroranschlägen mittels Fahrzeuggebrauch – Krücker DAR 2020, 18.

[3651] Die Verkehrsopferhilfe e.V. führt die Schadensfälle dieses Ereignisses unter dem Sonder-Aktenzeichen VOH-230.451-2026-300.

[3652] Vgl. Engelke DAR 2022, 193; Berz/Burmann/Heß Handbuch des Straßenverkehrsrechts, 6. F Rn. 111; Lemor DAR 2014, 248; Balke SVR 2011, 423.

[3653] BGH BeckRS 2023, 45529 mit sehr guten Anm. Kranig NZV 2024, 387.

[3654] Vgl. dazu Kranig NZV 2024, 387.

[3655] Vgl. dazu Kranig NZV 2020, 21.

[3656] Berz/Burmann StraßenverkehrsR-HdB/Jahnke 10. G. Rn. 9; vgl. aber EuGH BeckRS 2023, 27356 sowie nochmals zu den besonderen Fahrradtypen Burmann/Jahnke NZV 2024, 464 (465).

[3657] Koch NJW 2020, 183 (184).

[3658] Kräger DAR 2022, 16 (18).

[3659] Kräger DAR 2022, 16 (18).

[3660] OLG Celle NZV 2016, 130.

[3661] LG Berlin II 11.1.2024 – 44 O 282/22 mAnm FD-StrVR 2024, 824077; OLG Stuttgart BeckRS 2012, 20797; LG Landshut 4.4.2014 – 54 O 1954/13 ebenso AG Hannover BeckRS 2014, 12231.

[3662] LG Landshut 4.4.2014 – 54 O 1954/13.

Beweislast: Zudem hat derjenige, der die Verkehrsopferhilfe in Anspruch nimmt, für das Vorliegen der Voraussetzungen des § 12 Abs. 1 die Darlegungs- und Beweislast und muss somit auch beweisen, dass – sofern der Unfallverursacher ermittelt werden konnte – für diesen keine Haftpflichtversicherung Deckung gewährt.[3663]

2024 hatte sich das LG Berlin II[3664] insofern mit einem Fall zu befassen, bei dem der Kläger nach einer durchzechten Nacht stark betrunken mit erheblichen Verletzungen an Schädel, Brustkorb und Becken neben einer 2,5 Meter hohen Felsensteinmauer gefunden worden war und seine Verletzungen mit einer Unfallflucht begründet hatte. Das LG betonte insofern, dass dem Kläger keine Beweiserleichterung zugestanden werden können. Dies gelte auch, wenn er sich – nach der von ihm lediglich behaupteten Unfallflucht – angesichts des unbekannt gebliebenen anderen Fahrers in besonderer Beweisnot befände. Es müsse auch in solchen Fällen stets nach dem **Maßstab von § 286 ZPO** die Verursachung durch ein Kfz bewiesen werden. Da dem Kläger dies nicht gelang und zudem der vom Gericht hinzugezogene Sachverständige in seinem Gutachten logisch nachvollziehbar und überzeugend dargestellt hatte, dass die Verletzungen des Klägers mit einem Sturz von der Mauer „sehr gut vereinbar" seien, wurde die Klage abgewiesen.

Doch auch die weiteren Anforderungen hinsichtlich der Beanspruchung von Schmerzensgeld in derartigen Fällen sind hoch, wie einige noch jüngere Fälle (vgl. LG Gießen[3665] und OLG Düsseldorf[3666]) einmal mehr aufzeigen.

Während in den Fällen der vorsätzlichen Schadenverursachung und dem fehlenden Versicherungsschutz für das Fahrzeug das Gesetz beim Schmerzensgeld keine Beschränkung vorsieht, regelt **§ 12 Abs. 2 Satz 1 PflVG** für den Fall der Fahrerflucht, dass ein Schmerzensgeldanspruch nur geltend gemacht werden kann, wenn die Leistung einer Entschädigung wegen der besonderen Schwere der Verletzung zur Vermeidung einer groben Unbilligkeit erforderlich ist.[3667]

Exkurs – OLG Celle:[3668] Die Bestimmung des § 12 Abs. 2 Art. 3 PflVersG ist dahingehend auszulegen, dass ein Sachschaden des Halters an seinem Fahrzeug auch dann gem. § 12 Abs. 1 Art. 1 Nr. 1 PflVersG vom Bekl. zu ersetzen ist, wenn ausschließlich ein Beifahrer in seinem Pkw eine erhebliche Verletzung erlitten hat und der Entschädigungsfonds diesem Beifahrer gegenüber nur deshalb nicht tatsächlich zur Zahlung verpflichtet ist, weil dieser Fahrzeuginsasse von dem Halter desselben Fahrzeugs und dessen Versicherung Ersatz seines Personenschadens beanspruchen kann.

Hieraus ergibt sich eine Beschränkung, sowohl bei den Voraussetzungen zum Grund als auch zur Höhe des Schmerzensgeldes:

Vorliegen von besonders schweren Verletzungen: Nur unter der Voraussetzung, dass der Verletzte besonders schwere Verletzungen erlitten hat, kann ein Anspruch überhaupt geltend gemacht werden. Die Verletzungen müssen „deutlich und drastisch"[3669] über das hinausgehen, was bei den täglichen Unfällen im Straßenverkehr an Verletzungen auftritt. So sind Riss- und Schnittwunden, Knochenbrüche, Gehirnerschütterungen und dergleichen, trotz möglicherweise anfänglicher Lebensgefährdung des Verletzten, gerade keine aus der Masse der Personenschäden herausragende Verletzungen.[3670] Erfasst werden sollen nur solche Schäden, die eine dauernde und erhebliche Beeinträchtigung der körperlichen Funktionen darstellen. Hierzu gehören Querschnittslähmungen, Zerstörung von Sinnesorganen, Amputationen, Entstellungen und Wesensveränderungen[3671] oder Verletzungen, die dem Verletzungsbild der benannten gleichkommen.[3672]

Weniger schwere Verletzungen können nur dann berücksichtigt werden, wenn sie dauernden Charakter haben und die Berufs- oder Erwerbsfähigkeit ernstlich mindern. Das Landgericht Darmstadt[3673] hatte das Vorliegen des Tatbestandsmerkmals der schweren Verletzung abgelehnt in einem Fall, in dem die Verletzte neben folgenlos ausgeheilten inneren und äußeren Verletzungen einen Lendenwirbelbruch erlitten hatte. Dieser habe zwar zu einer MdE von 30 % geführt und zu einer Einschränkung des Wohlbefindens und

[3663] AG Hannover BeckRS 2014, 12231; AG Grimma NJW-Spezial 2005, 547.
[3664] LG Berlin II 11.1.2024 – 44 O 282/22 mAnm FD-StrVR 2024, 824077.
[3665] LG Gießen BeckRS 2014, 03967.
[3666] OLG Düsseldorf BeckRS 2011, 10656.
[3667] Vgl. Engelke DAR 2022, 193 (195).
[3668] OLG Celle NZV 2016, 130.
[3669] LG Gießen BeckRS 2014, 03967; LG Verden VersR 2001, 1152; LG Hamburg VersR 1977, 674.
[3670] LG Darmstadt VersR 80, 365; LG Hamm VersR 77, 674.
[3671] Eckardt VersR 1970, 1090 (1092); ebenso Böhme/Biela N 1 (N 8).
[3672] LG Gießen BeckRS 2014, 03967.
[3673] LG Darmstadt VersR 1980, 365.

Beschränkung der Erwerbsfähigkeit, jedoch sei der Verletzten nicht die Möglichkeit der Berufstätigkeit überhaupt genommen worden.

Vorliegen grober Unbilligkeit: Steht fest, dass eine schwere Verletzung im Sinne des Gesetzes vorliegt, ist weitere Voraussetzung, dass eine Entschädigung dem Grunde nach und der Höhe nach erforderlich ist, um eine grobe Unbilligkeit zu vermeiden. Grobe Unbilligkeit liegt dann vor, wenn die Versagung eines Schmerzensgeldes dem Gerechtigkeitsempfinden in unerträglicher Weise widersprechen würde.[3674] Die Leistungen des Fonds sind auf den Schaden beschränkt, der bei dem Geschädigten zu Härten führt und gegen den er sich am wenigsten schützen kann.[3675] So finden stärker als sonst die Vermögensverhältnisse des Betroffenen Berücksichtigung bei der Frage, ob und in welcher Höhe hier ein Schmerzensgeld zu zahlen ist. Auch berücksichtigt die Rechtsprechung, dass der dem Schmerzensgeld innewohnende Genugtuungsgedanke wegfällt, da der Schädiger nicht ermittelt werden kann.

Geringere Schmerzensgeldbeträge: Da die vom Fonds zu zahlenden Schmerzensgelder lediglich die größten Härten lindern sollen, ist das Schmerzensgeld in jedem Falle deutlich niedriger anzusetzen als in ansonsten vergleichbaren Fällen, in denen der Schädiger bekannt ist. So sah im Jahr 2000 das LG Lüneburg[3676] im ihm zur Entscheidung vorliegenden Fall zwar 17.895 EUR für angemessen, führte jedoch aus:

„Hinsichtlich der Höhe des Schmerzensgeldanspruchs ist jedoch auch zu berücksichtigen, dass die Kl. vom Bekl. … lediglich etwa ein Drittel des ihr gegenüber dem eigentlichen Unfallverursacher zustehenden Schmerzensgeldanspruch geltend machen kann. Bei dem Anspruch gem. § 12 Abs. 1 und 2 PflVG gegenüber der Beklagten geht es nämlich lediglich um die Kompensation unbilliger Härten“.

Ebenso entschied bereits im Jahr 1969 das LG Regensburg,[3677] auf welches das LG Lüneburg Bezug nahm, da in der Tat insofern nicht viele Entscheidungen vorliegen.

Literaturhinweis: Zur Klage gegen die Entschädigungsstelle nach § 12a PflVG bei Fahrerflucht, § 12 Abs. 1 Nr. 1 PflVG sowie nach Verkehrsunfall mit Auslandsbezug s. Böhmer Beck'sche Online-Formulare Verkehrsrecht, 38. Edition 2026 Stand: 1.2.2026

345 **Opferentschädigungsrecht nach SGB XIV (vormals Opferentschädigungsgesetz)**

Das Opferentschädigungsgesetz wurde zum 31.12.2023 außer Kraft gesetzt; Art und Umfang der Leistungen für Opfer im In- und Ausland richten sich seit dem 1.1.2024 nach dem Vierzehnten Buch des Sozialgesetzbuchs (SGB XIV). Demnach können Personen, die auf dem Hoheitsgebiet der Bundesrepublik Deutschland Opfer einer vorsätzlichen Gewalttat wurden und dadurch eine gesundheitliche Schädigung erlitten haben, einen Anspruch auf Opferentschädigung geltend machen.

Dies gilt auch für Hinterbliebene von Personen, die infolge der Gewalttat verstorben sind.

Ein Schmerzensgeldanspruch hieraus besteht jedoch nicht, worauf das LSG Sachsen 2025 Gelegenheit hatte, hinzuweisen.[3678]

Im Weiteren hierzu und insbesondere zur **Entschädigung** von Opfern nach terroristischen Anschlägen und hierbei speziell der **durch Kraftfahrzeugbetrieb geschädigten Terroropfer,** wie zuletzt in Leipzig, Mannheim, München und Magdeburg, sei, um den Rahmen dieses Handbuchs nicht zu sprengen, abschließend auf folgende hierzu weiterführende Aufsätze und Fundstellen verwiesen und dabei insbesondere auf den Aufsatz von **Kranig Subsidiarität der Inanspruchnahme des Entschädigungsfonds gegenüber Versorgungsbezügen nach dem Opferentschädigungsrecht** – Anm. zu BGH Urt. v. 12.12.2023 – VI ZR 297/22, NZV 2024, 387 aber auch auf die weiterführenden Beiträge von Engelke „Der Schutz des Unfallopfers durch Leistungen des Entschädigungsfonds gem. §§ 12–14 PflVersG“ in DAR 2022, 193; Balke „Entschädigung von Opfern nach terroristischen Anschlägen“ in SVR 2020, 16 (18) sowie auch auf die Ausführungen von Kranig in der NZV 2020, 21, dort zum Arbeitskreis VII des 58. Deutschen Verkehrsgerichtstages, der sich im Januar 2020 mit diesem Thema befasst hatte.

Zur Neufassung der Opferentschädigung im SGB XIV zum 1.1.2024 und dem Verhältnis der Träger der Sozialen Entschädigung im Zusammenhang mit Entschädigungsleistungen aufgrund der Leistungspflicht nach

3674 Vgl. zu grober Unbilligkeit BGH NJW 1973, 749.
3675 OLG Koblenz VersR 1985, 1165.
3676 LG Lüneburg VersR 2001, 1152.
3677 LG Regensburg 9.5.1969 – 4 O 26/69.
3678 LSG Sachsen BeckRS 2025, 36250.

§ 18 SGB XIV einerseits und dem Entschädigungsfond (VOH) andererseits verweise ich ebenfalls auf die insoweit sehr guten Ausführungen von Kranig NZV 2024, 387 (390).[3679]

VIII. Schmerzensgeld bei Vertragsverletzungen, Gefährdungshaftung und aus öffentlichem Recht

Seit 2002 besteht auch bei schuldrechtlichen Ansprüchen die Möglichkeit, Schmerzensgeld geltend zu machen, sofern sich aus dem Grundsatz der jeweiligen Anspruchsgrundlage ergibt, dass Schadensersatz geschuldet wird.[3680] Seither besteht somit die Möglichkeit in Fällen von vertraglichen Schadensersatzansprüchen auch Schmerzensgeld zu verlangen, soweit die übrigen Voraussetzungen hierfür vorliegen. **346**

Auch wenn Wagner[3681] im Jahre der Reform darauf hinwies, dass die praktische Bedeutung dieser „Neuregelung" „relativ gering (ist), weil bei Verletzungen der in § 253 Abs. 2 BGB aufgezählten Rechtsgüter ohnehin regelmäßig eine unerlaubte Handlung vorliegt", so ergeben sich dennoch einige praxisrelevante Verbesserungen, die – sofern sie nicht bereits oben skizziert wurden – nachfolgend dargestellt werden:

1. Verstoß gegen vertragliche Pflichten/Gehilfenhaftung

Gemäß § 253 Abs. 1 BGB kann in Bezug auf die in § 253 Abs. 2 BGB aufgeführten Rechtsgüter infolge eines **Verstoßes gegen vertragliche Pflichten** (§ 280 Abs. 1 BGB) oder **vertragliche Schutzpflichten** (§ 241 Abs. 2 BGB) – worauf der 2019 der BGH[3682] erneut hingewiesen hatte – Schmerzensgeld gefordert werden, ohne insofern ein deliktisches Verhalten und ein diesbezügliches Verschulden seines Vertragspartners nachweisen zu müssen. **347**

So haftet beispielsweise ein **Fahrlehrer** aus dem (Fahrschul-)Ausbildungsvertrag gemäß § 611 BGB iVm § 280 BGB sowie aus § 823 Abs. 1, § 253 Abs. 2 BGB gegenüber seinem Fahrschüler, wenn dieser während einer Motorradfahrstunde deshalb stürzt und sich verletzt, weil ihm ein Ausbildungsmotorrad zur Verfügung gestellt worden war, das seinem fahrerischen Können, aber auch seinen körperlichen Gegebenheiten nicht entsprach[3683] oder von der noch unerfahrenen Fahrschülerin fordert, auf einem verschneiten Parkplatz eine Gefahrenbremsung mit einem Motorroller auszuführen.[3684]

Erwähnenswert im Zusammenhang mit der vertraglichen Haftung auch auf immateriellen Schadensersatz ist eine zur Anwaltshaftung ergangene Entscheidung des BGH.[3685] Dabei hatte sich der BGH mit der Frage zu befassen, ob und inwieweit die **Schlechterfüllung eines Anwaltsvertrages,** der nicht den Schutz der Rechtsgüter des § 253 Abs. 2 BGB zum Gegenstand hatte, einen Schmerzensgeldanspruch wegen posttraumatischer Belastungsstörung in Form von „Dauerpanik" begründet. Grundsätzlich, so der BGH, „*schließt… auch die vertragliche Haftung des rechtlichen Beraters aus § 675 I iVm § 280 I BGB einen Anspruch auf eine billige Entschädigung in Geld (Schmerzensgeld) mit ein*". Die Kriterien der äquivalenten und adäquaten Verursachung führen jedoch – so der BGH – nicht in allen Fällen zu einer sachgerechten Eingrenzung der Haftung für schadenursächliches Verhalten. Dem Anspruchsgegner dürfe deshalb nur der Schaden zugerechnet werden, der innerhalb des Schutzzweckes der verletzten Norm eingetreten sei. Diese Wertung gelte auch im Vertragsrecht. Die Haftung des Schädigers sei dort durch den Schutzzweck der verletzten vertraglichen Pflicht beschränkt.[3686] Dies bedeute für den Bereich der Anwalts- (und Steuerberater-) haftung, dass der Berater vertraglich nur für solche Nachteile einzustehen hat, zu deren Abwendung er die aus dem Mandat folgenden Pflichten übernommen habe. „*Der Schutzzweck der Beratung ergibt sich hierbei aus dem für den Anwalt erkennbaren Ziel, das der Mandant mit der Beauftragung verfolgt und ist objektiv aus Inhalt und Zweck der vom Anwalt geschuldeten Tätigkeit zu bestimmen*". Nach diesen Grundsätzen scheide ein Schmerzensgeldanspruch im vorliegenden Falle, bei dem es um die Regulierung eines Gebäudebrandschadens ging, aus. Grundsätzlich, so der BGH, werde angenommen, „*dass ein Anwaltsauftrag nicht auf die Wahrnehmung oder*

[3679] Vgl. auch Küppersbusch/Höher Ersatzansprüche Personenschaden Rn. 710.
[3680] Diederichsen VersR 2005, 453.
[3681] Wagner NJW 2002, 2049 (2055).
[3682] BGH BeckRS 2019, 20304 sowie zuvor bereits BGH BeckRS 2005, 5858 sowie BGH NJW 2009, 3025.
[3683] OLG Naumburg BeckRS 2022, 33133 mAnm Kleine-König NZV 2023, 278; OLG Brandenburg BeckRS 2023, 37560 → Nr. 7291; OLG Schleswig BeckRS 2016, 9127; LG Bonn BeckRS 2008, 11343; sowie LG Osnabrück BeckRS 9998, 40398.
[3684] LG Bonn BeckRS 2008, 11343 → Nr. 5791.
[3685] BGH NJW 2009, 3025.
[3686] Vgl. hierzu, wenn auch in Bezug auf einen völlig anderen Sachverhalt: OLG Oldenburg BeckRS 2013, 05155.

Förderung eines Interesses zur Wahrnehmung der Körperintegrität oder Gesundheit gerichtet ist". Anders – so ergänzte der BGH jedoch sogleich, sei dies in Fällen, in denen der Schutz der in § 253 Abs. 2 BGB benannten Rechtsgüter in den Bereich der vom Anwalt übernommenen Pflicht falle und der Mandant beispielsweise infolge eines Anwaltsfehlers in Haft genommen wird oder ihm die beantragte Haftverschonung versagt werde. Ausführlich mit dieser Thematik befasst sich Bernhard in seinem Beitrag in der JuS 2014, 205.

Mit einem umgekehrten Sachverhalt, in welchem ein Rechtsanwalt seinen Mandanten auf Schmerzensgeldzahlung verklagte, weil dieser ihm eine fehlerhafte Beratung vorgehalten und Regressforderungen angekündigt hatte, was bei ihm – ohne dass insofern ein Kausalzusammenhang nachgewiesen worden wäre – zu einem Zusammenbruch und stationärer Aufnahme geführt hatte, musste sich das OLG Düsseldorf[3687] befassen, wies jedoch den Schmerzensgeldanspruch des Rechtsanwaltes als unbegründet zurück.

348 Die in der Nähe der §§ 823 ff. BGB angesiedelten Schutz- und **Verkehrssicherungspflichten**[3688] (zu den Verkehrssicherungspflichten auf Straßen, Wegen und Plätzen s. auch nachfolgend unter → **Rn. 363** sowie die zahlreichen Fallbeispiele unter → **Rn. 365**) werden damit für die Forderung von Schmerzensgeld zwar nicht bedeutungslos, sind aber leichter durchsetzbar. In den häufig vorkommenden und die Gerichte immer wieder beschäftigenden *Klassikern* (Sturz im Supermarkt wegen eines Salatblattes; Verletzung im Schwimmbad[3689] wegen baulicher Mängel; Tinnitus wegen zu lautem Rockkonzert, Stromschlag im Hotel wegen Mängel des Elektroboilers; Glatteissturz vor einem Hotel,[3690] Verletzung des Zutrittverschaffungsrechts bzw. der Zutrittsgewährleistungspflicht, welche sich aus dem Beherbergungsvertrag ergibt[3691] oder der Sturz über ein Versorgungskabel eines Kirmesbetriebes,[3692] dem Fehlen der erforderlichen Sicherheitsvorkehrungen bei einem Vergnügungsgeschäft (Laufband mit Wackelboden/„Space Shot") eines Kirmesbetriebes[3693] etc) haften die Betreiber derartiger Unternehmen, Anlagen und Einrichtungen – also beispielsweise der Inhaber des Supermarktes, der Hotel- oder Schwimmbadbetreiber, der Veranstalter der Musikveranstaltung oder der Betreiber eines Freizeitparks[3694] etc – selbst bereits aus Vertrag. Zudem haftet er gem. § 278 BGB[3695] auch für das Verhalten seiner Mitarbeiter oder anderer Personen, „derer er sich zur Erfüllung seiner Verbindlichkeiten bedient". Dies gilt selbstverständlich auch für **vorvertragliche Schutzpflichten;** im konkreten – vom OLG Hamm[3696] entschiedenen – Falle stürzte (noch vor dem Kauf) ein Kleiderständer in einem Modegeschäft um, als das vierjährige Kind, welches das Geschäft zusammen mit seinen Eltern besucht hatte, an einem der Gürtel zog, die an diesem Kleiderständer hingen und verletzte das Kind.

Das Gesagte gilt gleichermaßen für **Vermieter,** worauf der BGH im Zusammenhang mit **Legionellen im Trinkwasser** eines Miethauses[3697] und 2025 erneut in seiner klarstellenden Entscheidung zur **Räum- und Streupflicht** des vermietenden Wohnungseigentümers, BGH Urt. v. 6.8.2025 – VIII ZR 250/23[3698] ausdrücklich hingewiesen hat.

Hinsichtlich der Legionellen treffe den Vermieter „unter dem Gesichtspunkt der Verkehrssicherungspflicht" eine Kontrollpflicht[3699] und hinsichtlich des Winterdienstes muss der vermietende Wohnungseigentümer sich ein Verschulden des mit dem Winterdienst in der Gemeinschaft der Wohnungseigentümer beauftragten Dienstleisters – als seines Erfüllungsgehilfen – wie eigenes Verschulden zurechnen lassen, wenn sein Mieter glättebedingt auf einem Zugangsweg zu Fall kommt und sich verletzt. *„Denn für das Bestehen der … (miet-) vertraglichen Pflichten des Vermieters kommt es grundsätzlich nicht auf die Eigentumsverhältnisse an, sondern auf dessen Stellung als Partei des Mietvertrags"*, so der BGH.[3700]

Aber auch andere Vertragsformen (Anwaltsvertrag,[3701] Arztvertrag,[3702] Beförderungsvertrag,[3703] Dienstvertrag,[3704] Mietvertrag,[3705] Reisevertrag,[3706] Werkvertrag[3707] etc) sind insofern selbstredend nicht ausgeschlos-

[3687] OLG Düsseldorf NJOZ 2013, 453.
[3688] Vgl. BGH NJW-RR 2003, 1459 und OLG Hamm BeckRS 2014, 09145.
[3689] LG Köln BeckRS 2019, 4036.
[3690] LG Berlin BeckRS 2015, 12427 (nicht rechtskräftig).
[3691] Vgl. vorstehend Kapitel IV. 1. g) aa) → Rn. 55.
[3692] OLG Hamm BeckRS 2015, 06842.
[3693] OGH Österreich 25.6.2024 – 1 Ob 80/24g BeckRS 2024, 16612; vgl. auch OGH Österreich 28.8.2024 – 7 Ob 83/24t, BeckRS 2024, 25077.
[3694] OLG Oldenburg 10.4.2014 – 17 O 167/12.
[3695] Vgl. zum Bereich der Haftungsfrage des Arbeitgebers wegen angeblichem Mobbing BAG NZA 2007, 1154.
[3696] OLG Hamm BeckRS 2014, 09145 – das OLG sah insofern keine Mithaftung der Eltern wegen Aufsichtspflichtverletzung.
[3697] BGH NJW 2015, 2111; vgl. dazu auch Blank IMR 2015, 265.
[3698] BGH NJW 2026, 69.
[3699] BGH NJW 2015, 2111.
[3700] BGH NJW 2026, 69.
[3701] BGH NJW 2009, 3025.
[3702] OLG Naumburg BeckRS 2012, 15495.
[3703] LG Darmstadt BeckRS 2015, 11895; LG Saarbrücken BeckRS 2014, 12180; LG Bonn BeckRS 2012, 21487.
[3704] OLG Köln BeckRS 2020, 8660; OLG Frankfurt a. M. BeckRS 2009, 11208.
[3705] AG Hamburg-Blankenese BeckRS 2019, 40525.

sen, was in jüngerer Zeit immer häufiger in Bezug auf **Schönheitsoperationen,**[3708] sowie **Tätowierungs- und Piercingverträge**[3709] relevant wird. Da ein invasiver körperlicher Eingriff nur bei einer wirksamen Einwilligung rechtmäßig ist, treffen den Studiobetreiber spezifische Aufklärungspflichten über die Risiken und die Eignung der gewählten Körperstelle für das gewünschte Motiv, dies hatte 2022 das **LG Osnabrück**[3710] in einer insofern führenden Entscheidung betont.

Zum Bereich, der sich ggf. aus dem **Reisevertrag** ergebenden Möglichkeiten einer Schmerzensgeldbeanspruchung sei – um Wiederholungen zu vermeiden – auf die oben in → **Rn. 47 ff.** getroffenen Ausführungen verwiesen.

Schutzbereich eines Vertrages auch für Dritte: Auch nicht an einem Vertrag als Vertragspartner Beteiligte **349** können – hergeleitet aus ergänzender Vertragsauslegung (§ 133, § 157) bzw. basierend auf richterlicher Rechtsfortbildung – in den Schutzbereich eines Vertrages einbezogen werden und ggf. Schmerzensgeld von einem der Vertragspartner verlangen. Dies gilt typischer Weise in der Vielzahl der Fälle, in denen ein Dritter (zB der Lebenspartner eines Mieters) bestimmungsgemäß mit der vertraglichen Hauptleistung des Vertrags in Berührung kommt und sich somit die vertraglichen Schutzpflichten des Schuldners (zB des Vermieters) nach Inhalt und Zweck des Vertrags nicht nur auf den Vertragspartner (zB den Mieter) beschränken, sondern – für den Schuldner erkennbar – solche Dritte (zB Lebenspartner, der nicht Mietvertragspartei ist) eingeschlossen sind, denen der Gläubiger (zB Mieter) seinerseits Schutz und Fürsorge schuldet. Im oben geschilderten Salmonellenfall könnte somit nicht nur der Mieter, sondern ggf. auch dessen Lebenspartner Schmerzensgeld vom Vermieter verlangen.

Dies trifft jedoch nicht nur auf Mietverhältnisse, sondern üblicher Weise auf alle Fälle zu, bei denen zwischen dem Gläubiger und dem Dritten eine Rechtsbeziehung mit privatrechtlichem Einschlag, das heißt etwa ein familienrechtliches, arbeitsrechtliches oder mietvertragsrechtliches Verhältnis, bestand.[3711] Es gilt jedoch auch, wenn der Gläubiger am Schutz des Dritten ein besonderes Interesse hat; dies wird angenommen, wenn der Inhalt und der Zweck des Vertrags erkennen lassen, dass diesem Interesse Rechnung getragen werden sollte und wenn die Parteien den Willen hatten, zu Gunsten dieser Dritten eine Schutzpflicht zu begründen.[3712] Allerdings beschränkt sich der Kreis der Einbezogenen in diesem Fall auf solche Dritte, in deren Interesse die Leistung des Schuldners nach der ausdrücklichen oder stillschweigenden Vereinbarung der Parteien zumindest auch erbracht werden soll, denn der Schuldner soll für Schäden Dritter nicht einstehen müssen, wenn ihm nach Treu und Glauben und unter Berücksichtigung des Vertragszwecks nicht zugemutet werden kann, sich ohne zusätzliche Vergütung auf das Risiko einer erweiterten Haftung einzulassen.[3713]

Eine Exkulpation – wie bei § 831 BGB gegeben – hilft dem Unternehmer beim Versagen seiner Gehilfen **350** nicht mehr. Die so geschaffene Rechtslage gibt dem in solchen Fällen Verletzten heute einen direkten Schadensersatzanspruch gem. § 280 Abs. 1; § 278, § 253 Abs. 2 BGB; das Deliktsrecht muss er nicht mehr „bemühen".

Die Regelung des § 253 Abs. 2 und die faktisch damit verbundene **Verschärfung** der **Gehilfenhaftung** kann somit durchaus auch als eine **Verschärfung** der **Unternehmerhaftung** bezeichnet werden.

In diesem Zusammenhang soll nicht unerwähnt blieben, dass auch durch das von der Rechtsprechung vor Jahrzehnten entwickelte und inzwischen in das BGB übernommene (§ 311 Abs. 2, § 241 Abs. 2; § 280 Abs. 1 BGB) Instrument der *culpa in contrahendo* nunmehr auch ein Schmerzensgeldanspruch begründet werden kann.

Im Zusammenhang mit einem zahnärztlichen Behandlungsvertrag und einem sich hieraus ergebenden Schmerzensgeldanspruch des Patienten hatte das OLG Jena[3714] die Frage zu entscheiden, ob der Patient dem Arzt zuvor eine Aufforderung zur Nacherfüllung gewähren muss und diese mit Hinweis auf den BGH[3715] verneint und ausgeführt, dass *„weder für einen einfachen Schadensersatzanspruch nach § 280 I BGB noch für einen*

[3706] Vgl. BGH NJW 2019, 3374 und JuS 2020, 176 sowie auch oben → Rn. 47.
[3707] LG Köln BeckRS 2019, 26430.
[3708] Vgl. ua OLG Köln BeckRS 2020, 8660; OLG Dresden BeckRS 2019, 32221; OLG Naumburg BeckRS 2015, 19836.
[3709] Vgl. dazu LG Osnabrück BeckRS 2022, 4752; LG Coburg BeckRS 2012, 16067; OLG Hamm BeckRS 2014, 6215 sowie nachfolgend im Tabellenteil Kapitel C. 22. Verletzungen infolge von Tätowierungen und Piercing.
[3710] LG Osnabrück BeckRS 2022, 4752 Rn. 20–23.
[3711] So bereits BGH 28.4.1952 – II ZR 118/51.
[3712] BGH NJW 1998, 1948.
[3713] BGH NJW 2004, 3035.
[3714] OLG Jena NJW 2012, 2357.
[3715] BGH NJW 2011, 1674.

Schmerzensgeldanspruch nach § 253 II BGB … das Gesetz die Notwendigkeit eines Nacherfüllungsverlangens [normiert], so dass dessen Fehlen die Entstehung des Anspruchs nicht hindert".[3716]

Auch wenn dogmatisch nicht korrekt, sei an dieser Stelle auf ein Urteil des BGH[3717] aus dem Jahr 2017 hingewiesen, bei welchem der BGH – nach **Verkennung** eines **akuten Notfalles** seitens eines **Hausnotrufbetreibers** – den Hinterbliebenen der Geschädigten durch die Anwendung der Beweislastumkehr analog zum Arzthaftungsrecht half und dies damit begründete, dass wegen der Vergleichbarkeit der Interessenlage dies entsprechend auch bei grober Verletzung sonstiger Berufs- oder Organisationspflichten gelte, sofern diese, ähnlich wie beim Arztberuf, dem Schutz von Leben und Gesundheit anderer dienen; letzteres sei unzweifelhaft bei einem Hausnotrufvertrag der Fall. Ebenso entschied der BGH im Falle der Verletzung der **Aufsichtspflicht eines Bademeisters**[3718] und stellte in diesem Zusammenhang nochmals klar, dass derjenige, der *„eine besondere Berufs- oder Organisationspflicht, andere vor Gefahren für Leben und Gesundheit zu bewahren, grob vernachlässigt hat, … die Nichtursächlichkeit festgestellter Fehler beweisen [muss], die allgemein als geeignet anzusehen sind, einen Schaden nach Art des eingetretenen herbeizuführen".*

Erneut hatte der BGH[3719] sich mit der Frage der Anwendung der Beweislastumkehr analog zum Arzthaftungsrecht im April 2019 zu befassen und sie diesmal jedoch verneint. Der diesem Urteil zugrunde liegende Sachverhalt (die pflichtwidrig unterlassene **Erste-Hilfe-Maßnahme eines Sportlehrers** bei einem Unglücksfall während des Sportunterrichts) sei insofern mit dem eines ärztlichen Fehlers nicht vergleichbar. Bei grober Fahrlässigkeit seien in einem solchen Fall die im Arzthaftungsrecht entwickelten Beweisgrundsätze bei groben Behandlungsfehlern (Beweislastumkehr), die nach der Senatsrechtsprechung entsprechend bei grober Verletzung von spezifisch dem Schutz von Leben und Gesundheit dienenden Berufs- oder Organisationspflichten (Kernpflichten) gelten, nicht anwendbar, da es sich bei der Amtspflicht der Sportlehrer zur Ersten Hilfe nicht um eine Haupt-, sondern nur eine Nebenpflicht der Lehrkräfte handelt.

2. Produkthaftung und Garantiehaftung

351 Die Zusammenlegung der zwei Begriffe innerhalb dieser Überschrift erscheint rechtsdogmatisch ggf. verfehlt, rechtfertigt sich jedoch vor dem Hintergrund, dass mit der hier vorgenommenen Kurzkommentierung vorrangig Wert auf den Praxisbezug genommen werden soll und begründet vor diesem Hintergrund im Bereich des Schmerzensgeldrechts ein „Zusammenziehen" der beiden genannten Haftungsarten.

352 **Produkthaftung:**

Ob bei abgebrochenen Fahrrad- oder Motorradlenkern, Konstruktionsfehlern beim Verschluss von Grillanzünderflaschen, explodierten Mineralwasserflaschen, fehlender Instruktion eines Papierreißwolfs oder lediglich einer „scharfen Kante" an einer bestellten Maschine,[3720] Formaldehydbelastung eines Möbelstücks[3721] oder einer zum Schutz vor Coronaviren untauglichen FFP2- oder FFP3-Maske[3722] gesundheitsschädigenden Beatmungsgeräten zur Behandlung von Schlafapnoe,[3723] wegen des Bruchs einer Verhütungsspirale,[3724] oder einer nicht ausreichend sicher aufgebauten Wasserrutsche in einem Schwimmbad[3725] – in derartigen Fällen kann ein Geschädigter bzw. Verletzter Schadensersatz und Schmerzensgeld sowohl aus der – im Bereich der Produkthaftung nur noch eine sehr untergeordnete Rolle spielenden – deliktischen Haftung gemäß der §§ 823 ff. BGB oder **auf der stets vorrangigen Basis des Produkthaftungsgesetzes** (Produkthaftung) verlangen, wobei die Produkthaftung dabei eine verschuldensunabhängige **Gefährdungshaftung** ist.

Das Produkthaftungsgesetz (ProdHaftG) definiert dabei sehr konkret die zentralen Begriffe „Produkt" (§ 2 ProdHaftG), „Fehler" (§ 3 ProdHaftG) und „Hersteller" (§ 4 ProdHaftG) und regelt ebenso klar die Ersatzpflichten bei einer Körper- oder Gesundheitsverletzung (§ 8, § 9 ProdHaftG) oder im Falle einer Tötung (§ 7 Abs. 1 S. 1 ProdHaftG).

[3716] OLG Jena NJW 2012, 2357.
[3717] BGH BeckRS 2017, 112880.
[3718] BGH NJW 2018, 301.
[3719] BGH BeckRS 2019, 6469.
[3720] Vgl. zur Haftung nach dem Gerätesicherheitsgesetz (GSG) in Bezug auf eine aus China importierte Tapetenkleistermaschine BGH NJW 2006, 1589.
[3721] LG Essen BeckRS 2020, 4536 (Klage unbegründet Fehler gem. § 3 Abs. 1 ProdHaftG nicht nachgewiesen).
[3722] Schlucht NJW 2020, 1551 – hierzu gibt es jedoch derzeit noch keine Rechtsprechung.
[3723] OGH Österreich 22.10.2024 – 4 Ob 109/24v, BeckRS 2024, 29142 → Nr. 7585.
[3724] OLG Frankfurt a. M. BeckRS 2025, 6721 → Nr. 7658; vgl. hierzu auch OGH Österreich Beschl. v. 20.5.2026 – 8 Ob 52/26v, BeckRS 2026, 10997; Bezirksgericht Bezau (Österreich) → Nr. 7905 vgl. dazu → Rn. 314.
[3725] OLG Oldenburg BeckRS 2025, 9693 (nicht rechtskräftig BGH, VI ZR 104/25).

Übergeordnet regelt die **Produkthaftungsrichtlinie 2024/2853 der EU** die Haftung für fehlerhafte Produkte in der EU mit der die bereits seit Juli 1985 geltende Richtlinie 85/374/EWG ersetzt wurde. Auch hier gilt das **Prinzip der Gefährdungshaftung,** so dass auch ohne Nachweis eines Verschuldens Hersteller, Quasihersteller (dh, Einzelhandelsketten, die ein Produkt als „Eigenmarke" anbieten) und ggf. sogar Einzelhändler sowie Online-Plattformbetreiber und Online-Marktplatzbetreiber haftbar gemacht werden können. Dabei erstreckt sich die Produkthaftung nicht nur auf Fabrikationsfehler, sondern daneben auch auf Konstruktionsfehler und Instruktionsfehler und umspannt zudem den gesamten Bereich der Produktion und von der Betriebsorganisation bis zur Produktbeobachtung. Dabei gelten für die Verbraucher eine Reihe von **Beweislasterleichterungen.**

Literaturempfehlung: Um den Rahmen dieses Buches nicht noch weiter auszudehnen, sei insofern auf die gelungenen Ausführungen von Jäschke/Seidel im Stichwortkommentar Schadenrecht Rn. 108 Ziff. 1 bis 96, auf Standardwerke zur Produkthaftung wie beispielsweise Foerste/Graf von Westphalen, Produkthaftungshandbuch oder auf die Ausführungen von Piovano/Schucht/Wiebe, Produkthaftungs- und Produktsicherheitsrecht verwiesen.

Grundlage der deliktsrechtlichen Produzentenhaftung aus § 823 Abs. 1 BGB, die stets in Verbindung mit **353a** den Grundsätzen zur Produkthaftung verstanden werden muss und die insofern wegen der dadurch gegebenen erheblichen Entlastungsbeweise nur noch selten Bedeutung hat,[3726] ist die Vorstellung, dass mit dem Inverkehrbringen eines Produkts eine Gefahrenquelle eröffnet wird, zu deren vorheriger und begleitender Sicherung der Hersteller als Nutznießer der aus der Gefahrenquelle resultierenden Vorteile verpflichtet ist. Die deliktsrechtliche Produkthaftung ist damit ein Unterfall der Haftung für die Verletzung der allgemeinen Verkehrssicherungspflichten. Den Hersteller trifft dabei die Pflicht, das Produkt unter Einhaltung des erforderlichen Sicherheitsstandards so in den Verkehr zu bringen, dass es Dritte nicht in ihren Rechtsgütern verletzt[3727] und insofern auch die Beweislast.[3728] Der im Verkehr erforderlichen Sorgfalt (§ 276 Abs. 2 BGB) ist dabei genügt, wenn im Ergebnis derjenige Sicherheitsgrad erreicht ist, den die in dem entsprechenden Bereich herrschende Verkehrsauffassung für erforderlich hält. Daher reicht es aus, diejenigen Sicherheitsvorkehrungen zu treffen, *„die ein verständiger, umsichtiger, vorsichtiger und gewissenhafter Angehöriger der betroffenen Verkehrskreise für ausreichend halten darf, um andere Personen vor Schäden zu bewahren, und die ihm den Umständen nach zuzumuten sind."*[3729]

In Fällen der **Produkthaftung**[3730] bzw. darauf gestützter **Schmerzensgeldansprüche** (ProdHaftG § 1, 4 **353b** und § 8 S. 2) muss der Anspruchsteller dafür jedoch zunächst einen **Fehler**[3731] im Sinne des § 3 Abs. 1 ProdHaftG und die **Herstellereigenschaft** nachweisen, denn nicht jeder, der ein Gerät, Werkzeug oder einen Gebrauchsgegenstand in den Verkehr bringt, ist auch Hersteller. Denn der Schutzzweck des Produkthaftungsgesetzes ist der Schutz vor dem Inverkehrbringen eines fehlerhaften Produkts durch denjenigen, in dessen Sphäre und Einflussbereich der Fehler durch Konstruktion, Instruktion oder Fabrikation passiert ist. Wenn aber der Vertragshändler – beispielsweise ein Fahrradhändler oder Supermarktinhaber – lediglich einzelne Teile eines Gebrauchsgegenstandes auf Anleitung des – oft im außereuropäischen Ausland sitzenden – Herstellers zusammenfügt und die Funktionsfähigkeit und Sicherheit der Gesamtsache dabei nicht oder nicht wesentlich beeinflusst, wird ein eigenständiger Herstellungsbeitrag gerade nicht erbracht; eine Herstellereigenschaft im Sinne des Produkthaftungsgesetzes besteht in solchen Fällen somit grundsätzlich nicht. Aus diesem Grunde wies das OLG Hamm[3732] die Berufung des Käufers eines Fahrrades zurück, der dieses transportbedingt im nichtmontierten Zustand von einem Händler erworben hatte und bei welchem unstreitig ein nicht erkennbarer Materialfehler an einer Sattelschraube vorlag. Der Kläger stürzte, verletzte sich und begehrte vom Händler Schmerzensgeld. Auch das Anbringen eines Aufklebers mit seinem Namensschriftzug mache den Händler im konkreten Falle nicht zu einem Hersteller im Sinne eines sogenannten Quasiherstellers. Zum **Quasihersteller** wird ein Händler/Verkäufer nur, sofern er sich durch Anbringen seines Namens, seiner Marke oder eines anderen entscheidungskräftigen Kennzeichens als Hersteller ausgibt. *„Ansatz ist dabei der typischerweise erweckte Rechtsschein besonderer Verantwortung für die Produktsicherheit (BGH, NJW 2005, 2695, 2696; Oechsler, aaO, § 4 ProdHaftG, Rn. 54, 59). Erkennt der Rechtsverkehr dagegen, dass der Händler die Ware mit einer als solcher eindeutig erkennbaren Handelsmarke kennzeichnet, so ist die Quasi-Herstellereigenschaft abzulehnen"*, so das OLG.

3726 Vgl. jedoch OLG Brandeburg BeckRS 2026, 2029 sowie BGH r+s 2023, 570.
3727 BGH BeckRS 2004, 2776; OLG Oldenburg BeckRS 2025, 9693 Rn. 46 mit Verweis auf T. Voigt in BeckOGK zu BGB § 823 Rn. 633 f., Stand 1.7.2024.
3728 Grundlegend dazu BGH BeckRS 2009, 19761 Rn. 29; vgl. auch BGH Urt. v. 21.3.2023 – VI ZR 1369/20, r+s 2023, 570 sowie BGH NJW 1969, 269.
3729 OLG Oldenburg BeckRS 2025, 9693 Rn. 47.
3730 S. dazu Geigel Haftpflichtprozess/Pardey Rn. 89 ff.
3731 Vgl. dazu BGH NJW 2009, 2952; LG Essen BeckRS 2020, 4536; LG Freiburg BeckRS 2019, 16657; s. zur Gehörsverletzung bei der Feststellung eines Produktfehlers auch BGH BeckRS 2019, 11765.
3732 OLG Hamm BeckRS 2016, 16820.

Auf die Ausnahmen insofern und die verschärften Vorgaben, die sich aus der Produkthaftungsrichtlinie 2024/2853 der EU für die Haftung für fehlerhafte Produkte in der EU ergeben, kann jedoch aus den oben erwähnten Gründen hier nicht näher eingegangen werden; insofern sei auf die obige Literaturempfehlung hingewiesen.

In diesem Zusammenhang erwähnenswert ist zudem ein Urteil des KG.[3733] Dem 1922 geborenen Kläger wurde 1993 eine Hüft-TEP rechts und im Jahr 2004 eine Hüft-TEP links implantiert. Nachfolgend kam es zu wiederholten Auskugelungen (dh Luxationen). Eine Revisionsoperation mit Teilaustausch der Hüftprothese führte schließlich zu einem Prothesenbruch, für den der Kläger den Arzt und das Krankenhaus ua mit der Begründung einer **unzulässigen Produktkombination** verantwortlich gemacht und auf Schmerzensgeld verklagt hatte. Der Kläger führte hierzu aus, die „Beklagten [seien] im vorliegenden Fall durch die Kombination von Produkten unterschiedlicher Firmen **Hersteller im Sinne des Medizinproduktgesetzes** geworden und hafteten dementsprechend auch nach dem ProdHaftG". Dem widersprach das OLG in einer sehr sorgfältig gegliederten und dargelegten Begründung, auf die hier verwiesen werden soll und wies die Berufung des Klägers gegen das ebenfalls abweisende Urteil des LG Berlin zurück, denn durch den Austausch einzelner Komponenten einer bereits implantierten Prothese werde der „Arzt nicht zum Hersteller eines neuen Produktes, es handelt sich vielmehr um eine Reparatur der Hüftprothetik", so das KG.[3734] Dies gilt selbstverständlich auch für nationale Marktakteure, die **Corona-Schutzmasken** aus EU-Drittstaaten beschaffen, in die EU importieren und sodann mit ihrem Namen, ihrer Marke oder einem anderen unterscheidungskräftigen Kennzeichen vermarkten. Im Fall des Inverkehrbringens von fehlerhaften Schutzmasken kann der so als Quasi-Hersteller auftretende Händler daher auch ohne Verschulden gem. § 4 Abs. 1 2 ProdHaftG auf Schadensersatz und/oder Schmerzensgeld in Anspruch genommen werden.[3735]

354 Auch wenn durch das – seit dem 1.1.1990 geltende – Produkthaftungsgesetz eine verschuldensunabhängige Gefährdungshaftung geschaffen wurde, die private Endverbraucher schützt und ihre Schadensersatz- und Schmerzensgeldansprüche dadurch leichter durchsetzbar macht, gilt dies nicht für sämtliche Schäden und nicht unter allen Umständen.[3736]

354a So genügt beispielsweise eine psychische Beeinträchtigung ohne eigenständigen Krankheitswert wie eine **Verärgerung, eine Aufregung, ein Schrecken oder diffuse Angstgefühle,** die bloß in Unbehagen und Unlustgefühlen bestehen, per se nicht aus, um als Verletzung am Körper angesehen oder einer Verletzung gleichgestellt zu werden und begründen somit in der Regel keinen Schmerzensgeldanspruch. Im konkreten, vom OGH Österreich[3737] 2024 entschiedenen Fall ging es um die Ängste eines Mannes, der zur Behandlung seiner Schlafapnoe ein Beatmungsgerät erworben und genutzt und zu einem späteren Zeitpunkt sodann erfahren hatte, dass das Gerät aufgrund einer „dringenden Sicherheitsmeldung" des Herstellers schädliche Schaumstoffemissionen freisetzen konnte. Der Kläger befürchtete nun aufgrund dieser Sicherheitsmitteilung schädliche Schaumstoffemissionen eingeatmet zu haben, ohne dass jedoch ein solcher Körperschaden gegeben war bzw. Verletzungen vorlagen. S. dazu auch unter → **Rn. 355.**

354b **Haftung nur im Rahmen der Zumutbarkeit:** Im Jahr 2009 hatte sich der BGH[3738] mit der Schmerzensgeldklage eines Verbrauchers wegen **Produkthaftung im Lebensmittelbereich** zu befassen. Der Kläger hatte sich beim Verzehr eines Kirschkuchens an einem im Kuchen verbliebenen Kern eine Zahnverletzung zugezogen. Das AG hatte der Klage stattgegeben. Die Berufung des Beklagten hatte kein Erfolg; jedoch die Revision. Zunächst bestätigte der BGH, dass das Berufungsgericht „rechtlich einwandfrei davon aus (gegangen sei), dass ein Produkt gem. § 3 Abs. 1 ProdHaftG einen Fehler hat, wenn es nicht die Sicherheit bietet, die unter Berücksichtigung aller Umstände berechtigterweise erwartet werden kann." Auch müsse, so der BGH weiter das Produkt (hier: der Kirschkuchen) „zwar grundsätzlich erhöhten Sicherheitsanforderungen genügen" … „da es sich bei einem Gebäckstück um ein für den Endverbraucher bestimmtes Lebensmittel handelt". Auch dürfe der Verbraucher, der ein verarbeitetes Naturprodukt verzehrt, davon ausgehen, „dass sich der Hersteller im Rahmen des Verarbeitungsprozesses eingehend mit dem Naturprodukt befasst und dabei Gelegenheit gehabt hat, von dem Naturprodukt ausgehende Gesundheitsrisiken zu erkennen und zu beseitigen, soweit dies möglich und zumutbar ist." An der **Zumutbarkeit** ließ der BGH dann jedoch die Klage scheitern bzw. gab der Revision des Beklagten Recht, denn es sei dem Hersteller eben nicht zumutbar, „jede einzelne Kirsche … zu untersuchen"; außerdem müsse der Verbraucher bei einem derartigen Gebäckstück auch damit rechnen, dass es „einen Stein (Kirschkern) enthält", so der BGH.

[3733] KG BeckRS 2014, 08802.
[3734] KG BeckRS 2014, 08802.
[3735] Schucht NJW 2020, 1551 (1553).
[3736] Bomsdorf/Finkelmeier NJW 2023, 3159 (3164).
[3737] OGH Österreich 22.10.2024 – 4 Ob 109/24v, BeckRS 2024, 29142 → Nr. 7585.
[3738] BGH BeckRS 2009, 09702.

Haftung nur für Fälle vorhersehbarer und üblicher Nutzung bzw. Verwendung unter Beachtung der jeweils vorliegenden und korrekt verfassten Gebrauchsanweisung und ggf. Installationsanweisung: Ebenfalls ablehnend äußerte sich der BGH[3739] in Bezug auf die auf Schadensersatz- und Schmerzensgeld gerichtete Klage des Käufers eines in China hergestellten und in einem deutschen Baumarkt vertriebenen Heißwasseruntertischgerätes (Boiler). Dieses hatte der Kläger – entgegen der ausdrücklichen und „klaren Instruktionen" der Bedienungsanleitung – vor der Inbetriebnahme nicht vollständig mit Wasser befüllt, so dass dieser infolge des sich bildenden Dampfdrucks explodierte und dadurch den Kläger verletzt hatte. Der BGH führte insofern sinngemäß aus, dass kein Produkt so konstruiert sein müsse, dass „alleine die theoretische Möglichkeit" von Verletzungen völlig ausgeschlossen sind. Ein Produkt – hier der Boiler – müsse lediglich so beschaffen sein, dass bei vorhersehbarer und üblicher Nutzung bzw. Verwendung unter Beachtung der vorliegenden und korrekt verfassten Gebrauchsanweisung und ggf. Installationsanweisung (beides war hier gegeben) kein Schaden entsteht. Der BGH hebt mit diesem Urteil die haftungsrechtliche Bedeutung einer korrekten, das heißt klar und unmissverständlich formulierten **Bedienungsanleitung** in besonderem Maße hervor. **354c**

Haftung jedoch nicht für Fehlgebrauch, zumindest dann nicht, wenn der Hersteller auf die drohenden potenziellen Gefahren eines Fehlgebrauchs deutlich hingewiesen hat. Reinigt beispielsweise ein Landwirt seinen Düngerstreuer bei laufendem Motor desselben und wird dadurch schwer an der rechten Hand verletzt, haftet dessen Hersteller hierfür nicht. So entschied das LG Regensburg[3740] im Falle dieses völlig eindeutigen und vorhersehbaren *(„bereits Schulkindern steht hier klar vor Augen, dass man sich hierdurch in die Gefahr begibt ... ")* Fehlgebrauchs einer landwirtschaftlichen Maschine, an der unstreitig vorhandene Piktogramme angebracht waren, die selbst einer unkundigen Person die Gefahren ausreichend deutlich machten. **354d**

Auch das OLG Naumburg[3741] hatte sich mit der Thematik des Fehlgebrauchs zu befassen und betont, der Hersteller eines Produktes müsse nicht nur auf die aus der Verwendung einer Sache resultierenden Gefahren hinweisen, sondern auch auf einen innerhalb des allgemeinen Verwendungszwecks naheliegenden und für den Hersteller erkennbaren Fehlgebrauch. Dabei seien besonders strenge Maßstäbe dort anzulegen, wo Körper- und Gesundheitsschäden drohen. Im konkreten Falle erhielt der Kläger für Verbrennungen, die er wegen eines Fehlgebrauchs einer Tischfeuerstelle erlitten hatte, Schmerzensgeld.

Keine Haftung des Herstellers sah dagegen das OLG Saarbrücken[3742] in Bezug auf einen zum **Selbstaufbau** vertriebenen Swimmingpool (mit scharfkantiger Blechumwandung). Zur Begründung führte das OLG an, dass es zum *„allgemeinen Gefahrenwissen des jeweiligen Benutzerkreises gehöre"*, dass man sich an einem solchermaßen scharfkantigen Blech schneiden könne und wies die auf Schmerzensgeld gerichtete Berufung zurück. Mit Verweis auf das zuvor erwähnte Urteil des OLG Naumburg könnte man dies allerdings auch anders sehen, zumal der Hersteller nach diesem Unfall in der Aufbauanleitung auf das Tragen von Handschuhen und Sicherheitsschuhen hinwies.

Produkthaftung bei Medizinprodukten: Zur Nichtzulassungsbeschwerde und Aufhebung des Urteils des OLG Stuttgart[3743] in einem auf Schmerzensgeld wegen Produkthaftung (hier: Metallabrieb bei Hüftprothese) gerichteten Klage s. **BGH BeckRS 2019, 11765.** Der BGH führte dazu aus, die Beurteilung des Berufungsgerichts, dem Kläger sei der Beweis dafür nicht gelungen, dass die streitgegenständliche **Hüftprothese** einen **Konstruktions- oder Instruktionsfehler** aufweise, beruhe auf einer entscheidungserheblichen Verletzung des Anspruchs des Klägers auf Gewährung rechtlichen Gehörs aus Art. 103 Abs. 1 GG. **355**

Erneut zur Frage eines Produktfehlers bei einem **Bruch einer Hüftendoprothese,** konkret ging es um die Frage des Vorliegens eines Produktfehlers bei einem gebrochenen Keramikinlay einer Hüftendoprothese, hatte sich der **BGH 2023**[3744] geäußert und die Klagabweisung der Vorinstanz bestätigt, ua weil es *„nach den tatbestandlichen Feststellungen des Berufungsgerichts ... unstreitig [ist], dass zum Zeitpunkt der Implantation der Hüftprothese bei der Klägerin im August 2007 bei Keramik/Keramik-Gleitpaarungen Brüche der Pfannen nicht gänzlich ausgeschlossen waren und es deshalb auch nicht den berechtigten Sicherheitserwartungen im Sinne des § 3 Abs. 1 ProdHaftG entsprach, dass Brüche des Keramikinlays niemals vorkommen würden."*[3745]

[3739] BGH NJW 2013, 1302.

[3740] LG Regensburg BeckRS 2014, 09544; vgl. auch oben → Rn. 98, wo auf dieses Urt. – vor dem Hintergrund des überwiegenden Mitverschuldens des Kl. – nochmals eingegangen wurde. Zur Thematik von Instruktionsfehlern/Gebrauchsanleitungen vgl. auch LG Freiburg BeckRS 2017, 103344.

[3741] OLG Naumburg BeckRS 2014, 05588.

[3742] OLG Saarbrücken BeckRS 2013, 17061.

[3743] OLG Stuttgart BeckRS 2018, 44295.

[3744] BGH BeckRS 2023, 23211 mAnm Bomsdorf/Finkelmeier NJW 2023, 3159 sowie Hager JA 2024, 252; vgl. dazu auch EuGH NJW 2015, 1163.

[3745] BGH BeckRS 2023, 23211 Rn. 36.

Der Fall, dessen BGH-Entscheidung (BGH Urteil vom 1.8.2023 – VI ZR 82/22) laut Bomsdorf und Finkelmeier[3746] *„für jeden mit Verbraucherprodukten befassten Praktiker zur Pflichtlektüre gehört"*, zeigt, wie schwer für die Geschädigten, insbesondere bei **Medizinprodukten,** die notwendige Beweisführung für Konstruktions- oder Instruktionsfehler ist.

Zur erfolgreichen Klage auf Schmerzensgeld wegen **fehlerhafter Hüftprothesen** bzw. Hüfttotalendoprothesen (Durom-Metasul-LDH Großkopfprothese) s. ua das Urteil des OLG Karlsruhe BeckRS 2020, 15041, das die Entscheidung des LG Freiburg BeckRS 2018, 26020 bestätigt und insofern ausgeführt hatte, dass eine Hüfttotalendoprothese, die zu erhöhten und gesundheitlich bedenklichen Metallabscheidungen in der Konussteckverbindung führt, fehlerhaft ist. Lesenswert dazu sind auch die weiteren Urteile des LG Freiburg BeckRS 2019, 16657; BeckRS 2019, 16656; LG Freiburg BeckRS 2019, 16655; BeckRS 2019, 10631; BeckRS 2018, 37601 und BeckRS 2017, 103344.

Zu dem – sehr häufig in derartigen Fällen von den Herstellern der fehlerbehafteten Produkte – vorgetragenen Einwand, dass nicht das Produkt, sondern der fehlerhafte Einbau den Schaden verursacht habe, betonte das OLG Karlsruhe: *„Soweit der Hersteller die Kausalität zwischen fehlerhaftem Produkt und Schaden mit der Behauptung verneinen will, das von ihm in Verkehr gegebene Produkt sei nachträglich durch falschen Einbau oder Reinigung negativ beeinflusst worden, trägt er die Beweislast (§ 1 Abs. 2 Nr. 2 und Abs. 4 S. 2 ProdHaftG).“*[3747]

Erfolgreich war jedoch die Klage einer Frau, die sich 2016 eine **Spirale zur Empfängnisverhütung** eines spanischen Herstellers hatte implantieren lassen, die jedoch nach einigen Jahren gebrochen war und ihr operativ und unter Vollnarkose entfernt werden musste. Die Spirale hatte sie – veranlasst durch eine Warnmeldung des Herstellers – 2021 wieder entfernen lassen. Anders als zuvor das LG, dass die Klage abgewiesen hatte, sah es das **OLG Frankfurt a. M.**[3748] als erwiesen an, dass der Klägerin tatsächlich eine fehlerhafte Spirale der Beklagten eingesetzt worden war, die zu den Komplikationen geführt hatte und wertete den Bruch der Spirale sowie das Zurückbleiben einzelner Bruchfragmente in der Gebärmutter zutreffend als Gesundheitsverletzung und sprach ihr 2025 ein Schmerzensgeld iHv 1.000 EUR zu.

Der OGH Österreich[3749] hat im Zusammenhang fehlerhafter Verhütungsspiralen nun dem EuGH gemäß Art. 267 AEUV die Fragen vorgelegt, ob bei einer infolge der fehlenden Verhütungsleistung der defekten Spirale erfolgten ungewollten **Schwangerschaft** diese **als „Körperverletzung"** im Sinne von Artikel 9 lit. a RL 85/374/EWG anzusehen ist und die ungewollt Schwangere wegen der damit verbundenen physische und/oder psychische Schäden ua Schmerzensgeld beanspruchen kann. Zudem soll der EuGH darüber befinden, ob zudem die Beendigung einer ungewollten Schwangerschaft durch einen **Schwangerschaftsabbruch** eine **„Körperverletzung"** im Sinne von Artikel 9 lit. a RL 85/374/EWG darstellt, – mit ebensolchen Ansprüchen, insbesondere auf Schmerzensgeld für **psychische Beeinträchtigungen wegen des Schwangerschaftsabbruchs.**

Der Entscheidung des OGH vorausgegangen war der Fall einer 32j. Frau, die infolge einer defekten Spirale ungewollt schwanger geworden war und die Schwangerschaft aus in der Vergangenheit liegenden privaten Gründen der Klägerin hatte abbrechen lassen. (vgl. dazu unter → **Rn. 314).**

Ebenfalls um ein Medizinprodukt in Form eines **Beatmungsgerätes zur Behandlung von Schlafapnoe** ging es in dem vom **OGH Österreich**[3750] 2024 entschiedenen Sachverhalt. Der Kläger hatte von der Beklagten ein nicht kontinuierliches Beatmungsgerät zur Behandlung seiner Schlafapnoe erworben und regelmäßig beim Schlafen verwendet. Der in diesem Gerät verbaute Schaumstoff (PE-PUR) wurde – worauf die Beklagte 2021 den Kläger in einer „dringenden Sicherheitsmeldung" hingewiesen hatte – als gesundheitsschädlich eingestuft, da er „dauerhafte bis hin zu lebensbedrohliche Schädigungen nach sich ziehen" könnte. Mit seiner im Anschluss hieran eingereichten Klage begehrte der Kläger, vorrangig gestützt auf Produkthaftung nach dem Österreichischen PHG, 7.000 EUR Schmerzensgeld für erlittene körperliche Schmerzen sowie seelische Beeinträchtigungen und erhob ein Feststellungsbegehren. Vor dem Erst- und Berufungsgericht scheiterte der Kläger damit weitgehend, erhielt jedoch hinsichtlich seines weitergehenden Feststellungsbegehrens in Bezug auf künftige Schäden Recht. Auch der Revision des Klägers war im Ergebnis nicht Folge zu leisten, so der OGH, der insofern betont hatte, dass eine bloße *„psychische Beeinträchtigung (ohne eigenständigen Krankheitswert), die bloß in Unbehagen und Unlustgefühlen besteht, … für sich nicht aus[reiche], um als Verletzung am Körper angesehen oder einer Verletzung gleichgestellt zu werden"*. Dazu führte der OGH aus: *„Nach den erstgerichtlichen Feststellungen hat sich der Gesundheitszustand des Klägers durch die Verwendung des Geräts nicht*

[3746] BGH BeckRS 2023, 23211 mAnm Bomsdorf/Finkelmeier NJW 2023, 3159 (3164).
[3747] OLG Karlsruhe BeckRS 2020, 15041.
[3748] OLG Frankfurt a. M. 9.4.2025 – 17 U 181/23 → Nr. 7658; ebenso LG Limburg BeckRS 2022, 38722 → 7151.
[3749] OGH Österreich Beschl. v. 20.5.2026 – 8 Ob 52/26v, BeckRS 2026, 10997.
[3750] OGH Österreich 22.10.2024 – 4 Ob 109/24v, BeckRS 2024, 29142 → Nr. 7585.

verschlechtert. Insbesondere trat bislang weder eine Erkrankung der Lunge oder Atemwege noch eine Leistungsminderung ein. Der Kläger befürchtete aufgrund der Sicherheitsmitteilung zwar schädliche Schaumstoffemissionen und hatte beim Aufsetzen der Maske „ein ungutes Gefühl bzw Angst, dass er dadurch erkranken könnte", eine psychiatrische Gesundheitsstörung mit Krankheitswert lag aber zu keinem Zeitpunkt vor, und er verwendete das Gerät weiter, ohne sich nach Alternativen zu erkundigen."[3751]

Die Thematik der Produkthaftungsfälle in Bezug auf Medizinprodukte kann hier nicht annähernd vollständig dargestellt werden.

Abschließend hierzu sei dennoch der Skandal um **Silikonbrustimplantate** der französischen Firma Poly Implant Prothèse **(PIP)** erwähnt und insofern noch auf das hierzu **2020** ergangene Urteil des **EuGH**[3752] hingewiesen, mit dem nun endgültig ein – für deutsche Brustimplantat-Patientinnen negativer – Schlussstrich unter ein Verfahren gezogen wurde, mit welchem sich 2017 bereits der BGH[3753] befasst und dabei dem TÜV Rheinland in letzter Instanz Recht gegeben und die Klage einer deutschen Patientin abgewiesen hatte. Diese hatte sich im Jahr 2008 Silikonbrustimplantate der Firma Poly Implant Prothèse (PIP) einsetzen lassen, die – statt mit speziell für medizinische Produkte zugelassenem Spezialsilikon – mit gewöhnlichem Industriesilikon hergestellt worden waren und die die Klägerin später auf ausdrücklichen ärztlichen Rat wieder hatte entfernen lassen, um einem ansonsten möglichen erhöhten Krebsrisiko zu entgehen. Zur Begründung führte der BGH an, der TÜV Rheinland sei – nach den revisionsrechtlich nicht zu beanstandenden Feststellungen des Berufungsgerichts – nicht dazu verpflichtet gewesen, bei seinem Auftraggeber (dem Hersteller der Implantate PIP) unangemeldete Inspektionen durchzuführen oder Produkte zu prüfen oder Geschäftsunterlagen zu sichten, denn es hätten keine Hinweise vorgelegen, wonach PIP die Anforderungen der insofern relevanten Richtlinie 93/42/EWG nicht erfüllt habe.[3754]

Die Klage, die auch in den Vorinstanzen (LG Frankenthal[3755] und OLG Zweibrücken[3756]) bereits als unbegründet abgewiesen worden war, wurde gegen den **TÜV Rheinland** geführt, da dieser die Produktion der Implantate zuvor auditiert und zertifiziert hatte, damit die Implantate das Europäische **Qualitätssiegel CE** tragen durften. Das LG Frankenthal sah allein in der als Begründung vorgetragenen, möglicherweise gegebenen erhöhten Krebsgefahr noch keine Gesundheitsbeschädigung iSd § 253 Abs. 2 BGB und war zudem der Ansicht, dass allein aus der Explantation des schadhaften Brustimplantates und der Reimplantation eines korrekten Implantats sich bereits deshalb kein Schmerzensgeldanspruch ergebe, weil die Klägerin nicht vorgetragen habe, inwieweit sie durch diese Operation Schmerzen oder Einschränkungen erlitten habe. Eine unfassbare und ebenso arrogante wie rechtswidrige Argumentation.

Das OLG Zweibrücken[3757] hat die Berufung der Klägerin gegen das Urteil des LG Frankenthal zurückgewiesen, da der TÜV-Rheinland nur das **Qualitätssicherungssystem** der Firma PIP, jedoch nicht die Qualität der Implantate selbst geprüft habe.[3758] Der BGH wollte angesichts der Dimension des nicht nur auf Deutschland beschränkten Falles (allein in Deutschland und Frankreich sind insgesamt ca. 40.000 Frauen betroffen) *auf Nummer sicher* gehen und legte 2015 dem Gerichtshof der Europäischen Union (EuGH) eine Reihe – sich aus dem Sachverhalt ergebenden – europarechtlicher Fragen zur Entscheidung vor. Der EuGH[3759] hat diese Fragen inzwischen, jedoch ebenfalls durchaus nicht im Sinne der betroffenen Frauen, beantwortet.

Im Kern ging es um zwei Fragen des BGH an den EuGH:
1. Ob es Zweck und Intention der Richtlinie 93/42 ist, dass die mit dem Audit des Qualitätssicherungssystems der Prüfung der Produktauslegung und der Überwachung beauftragte Stelle (des TÜV Rheinland) bei Medizinprodukten der Klasse III zum Schutz aller potenziellen Patienten tätig wird und deshalb bei schuldhafter Pflichtverletzung den betroffenen Patienten unmittelbar und uneingeschränkt haften kann?
2. Ob sich aus der Medizinproduktrichtlinie eine generelle oder zumindest anlassbezogene Produktprüfungspflicht der benannten Stelle (hier: TÜV Rheinland) ergebe und ob diese generell oder anlassbezogen verpflichtet sei, Geschäftsunterlagen des Herstellers zu sichten und/oder unangemeldete Inspektionen durchzuführen?

3751 OGH Österreich 22.10.2024 – 4 Ob 109/24v, BeckRS 2024, 29142.
3752 EuGH BeckRS 2020, 11911, vgl. dazu auch OLG Frankfurt a. M. NJW 2019, 525.
3753 BGH BeckRS 2017, 117821.
3754 Mehr zum Thema Schadensersatz bei Produkthaftung von medizinischen Implantaten: EuGH NJW 2015, 1163 mAnm Schaub LMK 2015, 368607 sowie LG Freiburg BeckRS 2018, 37601.
3755 LG Frankenthal BeckRS 2013, 5012.
3756 OLG Zweibrücken BeckRS 2014, 02372.
3757 OLG Zweibrücken BeckRS 2014, 02372.
3758 Vgl. hierzu Rott VuR 2019, 41.
3759 EuGH BeckRS 2017, 494982.

Zur ersten Frage führte der EuGH im Jahr 2017 aus, dass die benannte Stelle im Rahmen des Verfahrens der EG-Konformitätserklärung zum Schutz der Endempfänger der Medizinprodukte tätig wird. Sofern man daraus die Hoffnung eines Schadensersatzanspruchs schöpfen wollte, wurde man jedoch durch den Hinweis des EuGH enttäuscht, der betonte, dass die Voraussetzungen, unter denen eine Haftung begründet werden könne – vorbehaltlich der Grundsätze der Äquivalenz und der Effektivität – dem nationalen Recht unterlägen.

Die zweite Frage beantwortete der EuGH dahingehend, dass dem TÜV Rheinland

„keine generelle Pflicht obliegt, unangemeldete Inspektionen durchzuführen, Produkte zu prüfen und/oder Geschäftsunterlagen des Herstellers zu sichten“. Lediglich dann, wenn konkrete *„Hinweise darauf vorlägen, dass ein Medizinprodukt die Anforderungen der Richtlinie 93/42 möglicherweise nicht erfüllt, muss die benannte Stelle alle erforderlichen Maßnahmen ergreifen, um ihren Verpflichtungen aus Art. 16 Abs. 6 dieser Richtlinie und den Abschnitten 3.2, 3.3, 4.1 bis 4.3 und 5.1 des Anhangs II der Richtlinie nachzukommen“*, so der EuGH.

In Frankreich verurteilte das Handelsgericht von Toulon[3760] dagegen den TÜV Rheinland, der sich – groteskerweise – selbst als Opfer des Herstellers PIP darstellte und dieses Urteil dementsprechend scharf kritisierte, vorläufig zu insgesamt 60 Millionen EUR (20.000 Klägerinnen je 3.000 EUR) Schadensersatz. Abgewiesen wurden jedoch – ebenfalls vom Handelsgericht Toulon[3761] – die Anträge von 35 betroffenen Frauen aus der Gruppe von mehr als 5.100 Frauen, die sich als Nebenklägerinnen in dem gegen den Inhaber der Firma PIP, Jean-Claude Mas, und weitere vier seiner Mitarbeiter gerichteten Strafprozess registrieren ließen; auch der TÜV Rheinland trat dabei als Nebenkläger auf.

In seiner oben bereits erwähnten Entscheidung vom 11.6.2020 befasste sich der **EuGH**[3762] mit der Frage, ob es nicht gegen **Art. 18 AEUV** verstoße, der eine **Diskriminierung aus Gründen der Staatsangehörigkeit** verbietet, wenn der Haftpflichtversicherer der Fa. PIP, die Allianz Versicherung, zwar französischen Patientinnen eine Entschädigung leiste, nicht jedoch Patientinnen aus Deutschland oder anderen EU-Ländern. Eine solche Diskriminierung sah der EuGH jedoch nicht. Dies deshalb, da lediglich Frankreich dem Brustimplantathersteller PIP aufgegeben hatte, für die von diesem im französischen Staatsgebiet verwendeten Medizinprodukte eine Haftpflichtversicherung abzuschließen, um ggf. Ansprüche von Patientinnen zu decken. Deutschland hat es dagegen versäumt, dies für deutsche Patientinnen ebenfalls vorzuschreiben, was – in Ermangelung einer Harmonisierung innerhalb der EU für derartige versicherungsrechtliche Vorgaben – möglich gewesen wäre; nicht nur für Frankreich, sondern auch für Deutschland. Aufgrund dieses Versäumnisses gehen nun deutsche Patientinnen leer aus.

356 Aus der der Vielzahl dazu vorliegender Entscheidungen seien nachfolgend – über die oben bereits vorgestellten Entscheidungen hinaus – einige wenige besonders interessante Urteile benannt, bei denen jeweils ebenfalls Schmerzensgeld gefordert wurde:

- OLG Koblenz[3763] kein Produktfehler, § 84 Abs. 1 S. 2 Nr. 1 AMG wg. Corona-Impfung in Hinblick auf den Impfstoff „Comirnaty“.
- OLG Zweibrücken[3764] Vortrags- und Beweislast bei der Produkthaftung des Herstellers eines Motorrades wegen möglicherweise unzureichend funktionierender Bremsen („wandernder Bremspunkt“).
- BGH[3765] Verletzung des Anspruchs des Klägers auf Gewährung rechtlichen Gehörs aus Art. 103 Abs. 1 GG in Bezug auf Konstruktions- und Instruktionsfehler bei Metallabrieb der Hüftprothese.
- LG Freiburg[3766] 17.500 EUR Schmerzensgeld für fehlerhafte Hüftprothesen.
- LG Freiburg[3767] 25.000 EUR Schmerzensgeld für fehlerhafte Hüftprothesen.
- OLG Brandenburg[3768] wegen angeblichem Mangel an einem Motorradhelm.
- OLG Hamm,[3769] das dem Kläger für dessen Zahnfrakturen infolge eines verunreinigten Fruchtgummis der Fa. Haribo ein Schmerzensgeld zusprach.
- BGH[3770] zur Frage der Haftung für Fehler einer aus China importierten Maschine.
- OLG Koblenz[3771] zur Frage der Haftung für einen Prototyp (hier in der Landwirtschaft eingesetzte Windschutzanlage, in deren Rollmechanik der sechsjährige Kläger hineingezogen worden war).

3760 Handelsgericht Toulon 20.1.2017.
3761 Handelsgericht Toulon 4.6.2014.
3762 EuGH BeckRS 2020, 11911.
3763 OLG Koblenz BeckRS 2026, 7880; vgl. dazu auch auf der Heiden NJW 2022, 3737.
3764 OLG Zweibrücken BeckRS 2022, 25706.
3765 BGH BeckRS 2019, 11765.
3766 LG Freiburg BeckRS 2019, 16657; s. dazu auch BGH BeckRS 2019, 11765.
3767 LG Freiburg BeckRS 2019, 10631 und LG Freiburg BeckRS 2017, 103344.
3768 OLG Brandenburg NJW-RR 2016, 220–221.
3769 OLG Hamm 23.5.2013 – 21 U 64/12.
3770 BGH NJW 2006, 1589.
3771 OLG Koblenz BeckRS 2009, 00578.

- OLG Oldenburg[3772] zur Ursächlichkeit des Konstruktions- und Fabrikationsfehlers eines Fahrzeugbauteils (hier: Fahrradtretkurbel) sowie
- OLG Hamm[3773] (Sicherheitsanforderungen an den Verschluss einer Grillanzünderflasche; konstruktionsfehlerbedingt erlitt ein Kleinkind schwerste Gesichtsverbrennungen).

Zu der Vielzahl der weiteren Entscheidungen zur Thematik des – aufgrund von Corona bzw. COVID-19 – hergestellten Impfstoffe wie Comirnaty der AstraZeneca gegen deren Hersteller, aber auch gegen Impfärzte, sei auf die Ausführungen unter → **Rn. 339a** sowie in der Urteilssammlung (bzw. den Tabellen) und dort auf die **Tabelle C. 2. „Corona/SARS-CoV-2"** verwiesen.

Zur **Zuständigkeit der Deutschen Gerichtsbarkeit** in solchen Fällen hat der EuGH in einer grundlegenden Entscheidung die Auslegung des Schadenseintrittsortes dahingehend präzisiert, dass einerseits auf den Ort des dem Schadenseintritt zu Grunde liegenden ursächlichen Ereignisses **(Handlungsort = Ort, an dem das Schadensereignis im Herstellungsprozess seine Ursache hat)** abgestellt werden kann sowie andererseits auch auf den Ort, an dem der Schaden letztlich eingetreten ist **(Erfolgsort = Ort, an dem das auslösende Ereignis konkret seine schädigende Wirkung entfaltet).** 357

Art. 7 Nr. 2 EuGVVO stellt auf das Gericht des Ortes ab, an dem das schädigende Ereignis eingetreten ist oder einzutreten droht.[3774]

Garantiehaftung: 358

Schmerzensgeld kann zudem auch über eine verschuldensunabhängige Garantiehaftung, beispielsweise für anfängliche Mängel einer Mietsache (§ 536a Abs. 1 Var. 1 iVm § 253 Abs. 2 BGB), begründet werden.[3775]

Mit einem solchen Fall hatte sich 2021 das OLG Frankfurt a. M.[3776] im Zusammenhang mit der Anmietung eines PKW mit erheblichen Mängeln an Lenkung und Bremsen, in deren Folge die Klägerin ihren linken Oberarm verloren hatte, zu befassen und 2024 das OLG Oldenburg[3777] im Zusammenhang mit der Anmietung einer Ferienwohnung (vgl. dazu auch oben unter → **Rn. 47**). Die Eltern der Klägerin hatten eine Ferienwohnung angemietet. Beim Tragen der mit heißem Kaffee gefüllten Kanne aus dem Ferienhausmobiliar, brach der Kaffeekannengriff gerade in dem Moment ab, als die Mutter an ihrem Kind vorbeilief. Das Kind wurde schwer dadurch verletzt. Da die Klägerin jedoch nicht beweisen konnte, dass ein Mangel im Sinne des § 536 BGB an der Kaffeekanne bereits bei Vertragsschluss vorhanden war, wurde die Klage abgewiesen.

Eine Garantiehaftung kann sich jedoch auch aus § 276 Abs. 1 Art. 1 BGB ergeben, wenn beispielsweise eine technische Schutzvorkehrung oder Einrichtung ausfällt und es deshalb zu einem Schaden oder einer Schadenerhöhung kommt; beispielsweise indem ein Notrufgerät in einem Altenheim wegen fehlerhafter Installation im Notfall (Sturz mit daraus resultierender Oberschenkelhalsfraktur) nicht funktioniert und ein Bewohner des Heims, der auf die Funktionstüchtigkeit vertraute, somit einen zusätzlichen Schaden (Herzinfarkt) erleidet.

Auch in diesen Fällen einer vertraglichen Pflichtverletzung (zur Einbeziehung Dritter s. oben → Rn. 346) setzt der Anspruch auf Schmerzensgeld stets die Beeinträchtigung bestimmter Rechtsgüter (Körper, Gesundheit, Freiheit, sexuelle Selbstbestimmung) voraus. Insofern muss der Geschädigte stets eine erste Verletzungsfolge sowie die Kausalität nach dem Maß des § 286 ZPO beweisen. Geigel[3778] vertritt hierbei die Auffassung, dass es sich bei dieser Folge nicht zwingend um die Verletzung des Körpers oder der Gesundheit handeln müsse; vielmehr genüge im Einzelfall uU auch eine Eigentumsverletzung, *„in deren weiteren Folge eine Gesundheitsbeschädigung sowie der immaterielle Schaden als weiterer Folgeschaden auftreten und zu der der Zusammenhang mit der Erstbeeinträchtigung insofern lediglich nach dem Maß des § 287 ZPO zu beweisen ist"*.

Zur Garantiehaftung sei im Übrigen auf die Ausführungen von Busche[3779] verwiesen.

3772 OLG Oldenburg NJOZ 2008, 582.
3773 OLG Hamm VersR 2011, 1195.
3774 EuGH BeckRS 2009, 70811; LG Aachen BeckRS 2023, 46106 → 7608.
3775 Geigel Haftpflichtprozess/Pardey Kapitel 6 Rn. 91.
3776 OLG Frankfurt a. M. BeckRS 2021, 43481 → Nr. 7273 mAnm Schnell BB 2022, 974.
3777 OLG Oldenburg BeckRS 2024, 32749 mAnm Drasdo NJW-Spezial 2025, 98.
3778 Geigel Haftpflichtprozess/Pardey Rn. 81.
3779 MüKoBGB/Busche § 634 Rn. 95.

3. Besondere Gefährdungshaftungstatbestände

359 **Gefährdungshaftung:** Die Gefährdungshaftung findet sich nicht nur im StVG in § 833 BGB, § 1 und 2 HPflG, § 7 StVG oder in § 1 ProdHaftG, sondern in einer Vielzahl von Normen, die stets das Ziel haben, Gefahrenquellen haftungsrechtlich zu beherrschen, wie in den Bereichen der Energie- und Rohrleitungsanlagen (§ 2 HPflG), der Bergwerke (§ 114 BBergG), der Luftfahrzeuge (§ 45 LuftVG – vgl. hierzu → **Rn. 339a**), der Kernanlagen (§§ 25 ff. AtG) und der Medikamente (§ 84 AMG). Nachfolgend (→ **Rn. 359**) wird nun auf einen kleinen Teil dieser Gefährdungshaftungstatbestände im Zusammenhang mit der Geltendmachung von Schmerzensgeldansprüchen näher eingegangen.

Insofern beschränke ich mich hier auf einige kurze Hinweise aus den Bereichen der Arzthaftung, der Haftung von Pflegeheimträgern sowie der straßenverkehrsrechtlichen Haftung nach StVG, wobei zu letzterer auch auf die obigen Ausführungen in → **Rn. 121** – → **Rn. 119** sowie **Kap. V. 14. a**) hingewiesen werden soll.

360 Eine insofern häufig, auch von Rechtsanwälten und Richtern, übersehene[3780] Norm ist **§ 2 Haftpflichtgesetz,** wonach der **„Inhaber der Anlage"** in den Fällen verschuldensunabhängig haftet **(Gefährdungshaftung),** bei welchen *„durch die Wirkungen von Elektrizität, Gasen, Dämpfen oder Flüssigkeiten, die von einer Stromleitungs- oder Rohrleitungsanlage oder einer Anlage zur Abgabe der bezeichneten Energien oder Stoffe ausgehen, ein Mensch getötet, der Körper oder die Gesundheit eines Menschen verletzt oder eine Sache beschädig"* wurde. Gemäß § 6 Satz 2 HaftPflG kann im Fall einer Körperverletzung insofern auch Schmerzensgeld beansprucht werden.

Auf den ersten Blick erscheint § 2 Abs. 1 HaftPflG aufgrund der umfassenden technischen Bezüge im Alltag wenig praxisrelevant zu sein. Doch der Begriff der **„Anlage"** iSd des § 2 Abs. 1 HaftPflG wird sehr weit ausgelegt und ist rein funktionell zu verstehen. Nach der Rechtsprechung des **BGH**[3781] ist unter einer Anlage im Sinne des § 2 HPflG **eine technische Einrichtung im weitesten Sinne** zu verstehen. Zudem setzt eine Anlage iSd § 2 Abs. 1 HaftPflG keine bauliche Umschlossenheit voraus, sondern erfasst jeden durch menschliche Einrichtung geschaffenen Zustand, der durch die Beherrschung von Energien, Gasen oder Flüssigkeiten eine gesteigerte Gefährdungslage begründet.

Vor diesem Hintergrund kommt eine **Haftung gemäß § 2 Abs. 1 HaftPflG auch in alltäglichen Sachverhalten** – wie nachfolgende Beispiele zeigen – zum Tragen, wobei solche Fälle dann jedoch nicht selten als Verkehrssicherungspflichtverletzungsfälle (Verschuldenshaftung) verstanden werden. Dabei wird der einfachere Weg über das Haftpflichgesetz (Gefährdungshaftung) dann übersehen.

Somit ist bereits ein **Gullydeckel in einem Grünstreifen,**[3782] oder ein **unterspülter Gully- bzw. Kanaldeckel einer Straße,**[3783] oder auch ein aufgrund einer Absenkung der Pflasterung um 4,5 cm **nicht mehr ordnungsgemäß eingebetteter Kanaldeckel**[3784] Teil einer Anlage, für die die zuständige Gemeinde oder der zuständige Landkreis verschuldensunabhängig haftet und ihrer Verantwortung für einen Personenschaden nicht mit dem Argument begegnen können, eine Haftung sei bereits dem Grunde nach mangels Verletzung der Verkehrssicherungspflicht nicht gegeben.

Im Fall, den das OLG Celle[3785] 2025 insofern entschieden hatte, war der Kläger beim Überqueren eines Grünstreifens auf einen dort vorhandenen Gullydeckel bzw. Sickerschachtdeckel getreten, der daraufhin zur Seite wegbrach, wodurch sich der Kläger eine schwere Kniefraktur zugezogen hatte. Die verantwortliche Gemeinde verwies unter dem Stichwort der Verkehrssicherungspflichtverletzung auf ihr insofern fehlendes Verschulden, woraufhin das LG Verden die Klage als unbegründet abgewiesen hatte. Das OLG Celle korrigierte diese Entscheidung jedoch mit den einleitenden Worten *„Die Bekl. hat für die Folgen des Sturzgeschehens gemäß der vom LG nicht geprüften Haftungsnorm des § 2 I HaftPflG einzustehen."* und sprach dem Kläger ein Schmerzensgeld (§ 2 Abs. 1 iVm. § 6 Haftpflichtgesetz) von 12.500 EUR zu.

Praxishinweis:

In vielen Fällen, deren Ursache vermeintlich als Verkehrssicherungspflichtverletzung bezeichnet wird und bei denen es auf den ersten Blick auch so aussieht, als habe der Schadenverursacher seine Verkehrssiche-

[3780] Hier nur drei von zahlreichen Beispielen: OLG Celle BeckRS 2025, 14299 Rn. 25; OLG Brandenburg BeckRS BeckRS 2024, 36124 Rn. 50; OLG Hamm BeckRS 2024, 36124 Rn. 56.

[3781] BGH BeckRS 2014, 18458 Rn. 14.

[3782] OLG Celle BeckRS 2025, 14299; OLG Saarbrücken BeckRS 2021, 13836; OLG Frankfurt a. M. BeckRS 2008, 18438. Vgl. dazu auch BGH BeckRS 2008, 10391.

[3783] OLG Karlsruhe BeckRS 2010, 5078; LG Ingolstadt BeckRS 2014, 22539.

[3784] OLG Frankfurt a. M. BeckRS 2008, 18438.

[3785] OLG Celle BeckRS 2025, 14299.

rungspflicht verletzt, was grundsätzlich dem Verletzten den Nachweis auferlegt, das Verschulden des Schadenverursachers zu beweisen, lässt sich eine auf Schmerzensgeld gerichtete Klage ohne diese gravierende Hürde erfolgreich mit dem Haftpflichtgesetz und insofern mit § 2 Abs. 1 iVm § 6 HaftPflG durchsetzen. Der stets von den Beklagten vorgetragene Einwand des fehlenden Verschuldens geht dann vollständig ins Leere, da die Haftung nach dem Haftpflichtgesetz als reine **Gefährdungshaftung** kein Verschulden des Anlagenbetreibers voraussetzt. Für den Kläger genügt in solchen Fällen der Nachweis, dass sich eine anlagenimmanente Betriebsgefahr im öffentlichen Raum realisiert hat. An die sodann dem Beklagten noch offene Möglichkeit der Argumentation mit „höherer Gewalt" (§ 2 Abs. 3 Ziff. 3 HaftPflG) werden jedoch hohe Anforderungen gestellt, weshalb *„die Anwendung dieses Haftungsausschlusses … auf ganz seltene Ausnahmefälle beschränkt"*[3786] ist bzw. diese Argumentation nur selten erfolgreich greift.[3787]

Arzthaftung/Haftung des Krankenhausträgers: Konnten früher (vor der Reform in 2002) *kunstfehlergeschädigte* Patienten ihre Schadensersatz- und Schmerzensgeldansprüche meist nur gegen den deliktisch handelnden Arzt durchsetzen und wegen des § 831 BGB und der dort normierten Exkulpationsmöglichkeit (meist[3788]) nicht gegen den Krankenhausträger, so ist dies heute möglich. Denn nun kann, wie oben bereits dargelegt, infolge der Möglichkeit den Schmerzensgeldanspruch – am § 831 BGB vorbei – unmittelbar über die Verpflichtungen aus dem **Vertrag mit dem Krankenhausträger** iVm den § 280 Abs. 1, § 278 iVm § 253 Abs. 2 BGB zu begründen, auf den meist erfolglosen (Um)-Weg über das Deliktsrecht verzichtet werden. Der Krankenhausträger haftet dem durch ein Fehlverhalten seiner Ärzte verletzten Patienten nun auch neben den Ärzten – aus Vertrag – auf Schmerzensgeld,[3789] wie das OLG Jena[3790] ausgeführt hat. In seinem dritten Leitsatz hob es dabei hervor: **361a**

„Ist dies nicht der Fall [ergänze: eine ärztliche Behandlung nach medizinischem Standard], haftet im Rahmen eines Behandlungsvertrages mit dem Krankenhaus der Krankenhausträger unabhängig von dem subjektiven Verschulden des Arztes; § 280 Abs. 1 Satz 2 BGB ist im Arzthaftungsrecht nur eingeschränkt anwendbar".

Gebot eines fairen Verfahrens: Dass in jedem Arzthaftungsprozess das zuständige Gericht stets in besonderem Maße für ein faires Verfahren zu sorgen hat, weil es typischerweise immer ein Informationsgefälle zwischen Arzt und Patienten gibt, betonte dankenswerterweise das OLG Hamm.[3791] Der Grundsatz gilt auch in Bezug auf die vorgerichtlichen Verhandlungen.

Zu den weiteren prozessualen Grundsätzen für Arzthaftungssachen sei hinsichtlich der Definition **medizinischer Standards** und deren Abgrenzung zu **Handlungsanweisungen in Leitlinien ärztlicher Fachgremien** auf das Urteil des BGH[3792] verwiesen. Darüber hinaus – als kleiner Auszug aus der Fülle der Urteile – auf die Entscheidungen des OLG Brandenburg,[3793] des OLG Hamm,[3794] des OLG Naumburg[3795] und des OLG Nürnberg[3796] sowie des OLG Celle.[3797]

Zur **Kausalität eines ärztlichen Behandlungsfehlers für den Gesundheitsschaden** des Patienten s. BGH Urt. v. 2.7.2024 – VI ZR 363/23.[3798]

Das OLG Nürnberg hat sich insofern – häufig schmerzensgeldrelevant und daher hier erwähnt – konkret zu den Anforderungen an die **Aufklärungspflicht** von Ärzten geäußert und hierzu ausgeführt:

„Die Angaben in ärztlichen Aufklärungsgesprächen und in standardisierten Aufklärungsbögen zur Wahrscheinlichkeit des Eintritts bestimmter Komplikationen (Komplikationsdichte) haben sich an der Häufigkeitsdefinition des Medical Dictionary for Regulatory Activities (MedDRA), die in Medikamenten-Beipackzetteln Verwendung findet, zu orientieren. Eine hiervon abweichende Verwendung der Risikobeschreibungen kann eine verharmlosende Risikoaufklärung darstellen" und – so könnte ergänzt werden – zu berechtigten Schmerzensgeldansprüchen des Patienten führen.

3786 OLG Karlsruhe BeckRS 2010, 5078.
3787 Vgl. dazu BGH BeckRS 2004, 4800; OLG Zweibrücken BeckRS 2023, 31268; Rn. 68; OLG Saarbrücken BeckRS 2021, 13836 Rn. 33; OLG Karlsruhe BeckRS 2010, 5078; LG Ingolstadt BeckRS 2014, 22539 mit hierzu weiterführender Anm. Lehmeier NZV 2015, 343 (347 ff).
3788 Vgl. BGH NJW 2005, 888; NJW 2005, 2614.
3789 Vgl. Heß/Jahnke Neues SchadensR, 78.
3790 OLG Jena BeckRS 2012, 13115.
3791 OLG Hamm BeckRS 2015, 06909; zu Beweiserleichterungen s. BGH BeckRS 2019, 28671 mwN.
3792 BGH BeckRS 2014, 09625.
3793 OLG Brandenburg NJOZ 2005, 2369.
3794 OLG Hamm BeckRS 2014, 06945.
3795 OLG Naumburg NJW-RR 2012, 1375.
3796 OLG Nürnberg MDR 2015, 708.
3797 OLG Celle BeckRS 2021, 35800 → Nr. 7337.
3798 BGH BeckRS 2024, 21075.

Dem trat jedoch der BGH mit Urteil vom 29.1.2019[3799] entgegen und führte aus:

„Wahrscheinlichkeitsangaben im Rahmen der Selbstbestimmungsaufklärung vor einer ärztlichen Behandlung haben sich grundsätzlich nicht an den in Beipackzetteln für Medikamente verwendeten Häufigkeitsdefinitionen des Medical Dictionary for Regulatory Activities zu orientieren. Dies gilt auch, wenn die Wahrscheinlichkeitsangaben in einem (schriftlichen) Aufklärungsbogen enthalten sind."

Kein Anspruch auf Schmerzensgeld wegen Aufklärungspflichtverletzung besteht, sofern ein bestehendes Risiko dem aufklärenden Arzt nicht bekannt war und ihm auch nicht bekannt sein musste.[3800]

Bei erheblichen Operationen, wie beispielsweise einem Hüftersatz, bestehen zudem gerade bei einer jugendlichen Patientin *„besondere Anforderungen an die Aufklärung bei einer Hüft-TEP, wenn es im Vergleich zu einer normalen Hüftendoproblematik zu vermehrten Beschwerden kommen kann. Der aufklärende Arzt muss in der Lage sein, diese besonderen Risiken zu vermitteln. Verfügt der aufklärende Arzt nicht über den entsprechenden Kenntnisstand, bleibt die Aufklärung defizitär."*[3801]

Die Wahrung des Selbstbestimmungsrechts des Patienten erfordert stets auch eine **Aufklärung über eine alternative Behandlungsmöglichkeit,**[3802] wenn für eine medizinisch sinnvolle und indizierte Therapie mehrere gleichwertige Behandlungsmöglichkeiten zur Verfügung stehen, die zu jeweils unterschiedlichen Belastungen des Patienten führen oder unterschiedliche Risiken und Erfolgschancen bieten. Obgleich primär die Ärzte die Wahl der Behandlungsmethode treffen, sind gleichwertige echte Behandlungsalternativen auch deshalb darzustellen, um dem Patienten in diesen Fällen nach entsprechend vollständiger ärztlicher Aufklärung die Entscheidung darüber zu überlassen, auf welchem Wege die Behandlung erfolgen soll und auf welches Risiko er sich einlassen will. Hierauf wiesen zuletzt das LG Hannover[3803] sowie auch das OLG Hamm hin. Im Falle des OLG Hamm[3804] ging es um alternative Methoden einer Herzoperation; das OLG sprach dem Kläger 20.000 EUR Schmerzensgeld zu, nachdem der – wegen der fehlenden Aufklärung rechtswidrige – Eingriff fehlgeschlagen und der Kläger fortan berufsunfähig war.

Die **Beweislast für eine ordnungsgemäße Aufklärung** trägt die Behandlerseite bzw. der Träger des Krankenhauses oder auch der behandelnde Arzt. Demgegenüber muss der Patient darlegen und beweisen, dass der von ihm behauptete Gesundheitsschaden gerade auf der Behandlung beruht, die mangels ordnungsgemäßer Aufklärung rechtswidrig war.[3805]

Auch wenn in deutschen Krankenhäusern der Anteil an Diagnosen einer Infektion mit Methicillin-resistenter Staphylococcus aureus **(MRSA)** – besser bekannt als **multiresistenter Krankenhauskeim** – abnimmt, sterben dennoch jährlich mehrere hundert Patienten an den Folgen einer solchen, meist durch Hygienemängeln innerhalb von Krankenhäusern verursachten Infektion.[3806] Meist können die betroffenen Patienten oder deren Hinterbliebene selbst nicht den Nachweis führen, dass eine im Krankenhaus festgestellte MRSA-Infektion tatsächlich auf einem Hygienemangel beruhte.

Nach zwei insofern kontrovers ergangenen oberlandesgerichtlichen Entscheidungen – zum einen des **OLG Hamm**[3807] (40.000 EUR Schmerzensgeld für den betroffenen Patienten) und zum anderen des **OLG Naumburg**[3808] (Klagabweisung aufgrund fehlender Beweise für die Kausalität) – entschied 2019 der **BGH,**[3809] dass hinsichtlich der von einer Betroffenen (Klägerin) behaupteten Hygienemängel in ihrem Krankenzimmer *„die Anforderungen an die **Darlegungslast des Patienten im Arzthaftungsprozess**"* **nicht überspannt** (§ 286 Abs. 1 ZPO) werden dürfen. *„Nach der gefestigten Rechtsprechung des Senats sind an die Substantiierungspflichten des Patienten im Arzthaftungsprozess nur maßvolle Anforderungen zu stellen. Vom Patienten kann keine genaue Kenntnis der medizinischen Vorgänge erwartet und gefordert werden. Ihm fehlt die genaue Einsicht in das Behandlungsgeschehen und das nötige Fachwissen zur Erfassung und Darstellung des Konfliktstoffs; er ist nicht verpflichtet,*

3799 BGH NJW 2019, 1283; zum Umfang der ärztlichen Aufklärung über das Risiko des Misserfolgs eines beabsichtigten Eingriffs s. OLG Naumburg NJW 2010, 1758.

3800 OLG Dresden BeckRS 2023, 33341.

3801 OLG Hamm BeckRS 2022, 43522 (amtlicher Leitsatz) → Nr. 7674.

3802 LG Mannheim 17.12.2021 – 6 O 121/19 → Nr. 6829.

3803 LG Hannover BeckRS 2019, 54269 mit Verweis auf BGH BeckRS 9998, 164771.

3804 OLG Hamm BeckRS 2018, 8832 mit Hinweis auf BGH MDR 2005, 988.

3805 OLG Dresden BeckRS 2018, 10791; OLG Hamm BeckRS 2018, 7527.

3806 Robert Koch-Institut Epidemiologisches Bulletin 44/2023: ARS MRSA-Daten Deutschland bzw. Layer-Nicolaou/Strommenger/Cuny/Werner Eigenschaften, Häufigkeit und Verbreitung von MRSA in Deutschland – Zur Situation 2021/2022, Robert Koch-Institut – Epidemiologisches Bulletin 2023;44:3-14 | DOI 10.25646/11743.

3807 OLG Hamm BeckRS 2018, 8832 mit Hinweis auf BGH MDR 2005, 988.

3808 OLG Naumburg NJW-RR 2012, 1375.

3809 BGH BeckRS 2019, 3036.

sich zur ordnungsgemäßen Prozessführung medizinisches Fachwissen anzueignen." Dies gilt insbesondere, wenn der betroffene Patient einen Hygieneverstoß als Grund für seine Infektion vorträgt und dieser Vortrag *„die Vermutung eines fehlerhaften Verhaltens der Behandlungsseite gestattet"* – so der BGH.[3810] In einem solchen Fall führt dies zur sog. **„sekundären Darlegungslast der Behandlerseite"** (Krankenhausträger/behandelndes Personal).[3811] Die Behandlerseite und insofern grds. der **Träger des Krankenhauses** muss in diesem Falle sodann darlegen, welche konkreten Maßnahmen zum Infektionsschutz im konkreten Fall ergriffen worden waren und entsprechende Unterlagen wie **Reinigungs- und Desinfektionspläne** sowie **Durchführungshinweise- und Anordnungen des Hygieneplanes** vorlegen, so dass das Gericht in der Lage ist, durch Einholung eines Sachverständigengutachtens die Einhaltung der gebotenen Hygienemaßnahmen zu überprüfen. Die rechtliche Konstruktion der sog. erweiterten sekundären Darlegungslast der Behandlerseite bzw. des Krankenhauses brauchte das OLG Hamm[3812] in dem oben benannten und zu Gunsten des Patienten entschiedenen Fall jedoch nicht bemühen, da dort bereits ein grober Behandlungsfehler vorlag, bei dem grds. von einer Beweislastumkehr auszugehen war: Das OLG Hamm sah eine solche Beweislastumkehr zu Gunsten des Klägers als gegeben an, da dieser im Krankenhaus gerügt hatte, *„dass ein Pfleger ohne Handschuhe zuvor an einem anderen Patienten tätig gewesen sei und dort eine Infusion abgestöpselt habe"*, dies sei ein grober Behandlungsfehler, der hinsichtlich der Kausalität zu einer Beweislastumkehr führe, so das OLG Hamm[3813] zutreffend.

Zur **Genugtuungsfunktion** des Schmerzensgelds im Arzthaftungsrecht und der Berücksichtigung eines dem Arzt aufgrund grober Fahrlässigkeit unterlaufenen Behandlungsfehlers, der dem Schadensfall sein besonderes Gepräge geben kann, vgl. **BGH BeckRS 2022, 5498** sowie oben **→ Rn. 79.** Der BGH betonte hierzu, dass auch bei der Bemessung des Schmerzensgeldes in Arzthaftungssachen der Gesichtspunkt der Genugtuung nicht grundsätzlich außer Betracht bleiben könne. *„Auch wenn bei der ärztlichen Behandlung das Bestreben der Behandlungsseite im Vordergrund steht, dem Patienten zu helfen und ihn von seinen Beschwerden zu befreien, stellt es unter dem Blickpunkt der Billigkeit einen wesentlichen Unterschied dar, ob dem Arzt grobes – möglicherweise die Grenze zum bedingten Vorsatz berührendes – Verschulden zur Last fällt oder ob ihn nur ein geringfügiger Schuldvorwurf trifft. Ein dem Arzt aufgrund grober Fahrlässigkeit unterlaufener Behandlungsfehler kann dem Schadensfall sein besonderes Gepräge geben."*[3814]

Insofern betonte das OLG Naumburg[3815] zutreffend, dass die Genugtuungsfunktion im Fall einer medizinisch *„sinnlosen Maßnahme"* mit gravierenden Dauerfolgen für die Klägerin ausnahmsweise zum Tragen komme, da der *„Schaden am Nervus lingualis … zweifelsohne grob fahrlässig verursacht [wurde], wenn man nicht sogar auch insoweit bedingten Vorsatz annehmen muss."*

Literaturhinweis: Zur Auswirkung einer strafrechtlichen Verurteilung des Arztes auf die Höhe des Schmerzensgeldanspruchs im Zivilverfahren sei an dieser Stelle auf den gleichnamigen Aufsatz von Sadek/De Bie Kreusch verwiesen.[3816]

Zu den Voraussetzungen einer **Wiederholung der Beweisaufnahme im Berufungsverfahren** s. OLG Dresden.[3817] In erster Instanz holte das AG mehrere medizinische Gutachten ein, die der Kläger in Zweifel zog, ohne jedoch ein Privatgutachten vorzulegen oder zumindest selbst medizinische Fundstellen oder Leitlinien zur Begründung seiner Ablehnung vorzulegen, weshalb das OLG einer Wiederholung der Beweisaufnahme widersprach.

Mit der Frage der Haftung einer Hausärztin für Behandlungsfehler und **Behandlungsverzögerungen im Falle der Überweisung an einen Facharzt** hatte sich das OLG Brandenburg[3818] 2023 zu befassen und ausgeführt, dass eine solche Haftung dann nicht besteht, wenn die Hausärztin aufgrund der Gegebenheiten des konkreten Falles davon ausgehen durfte, dass der Facharzt die weitere Behandlung übernommen hat und keine Zweifel an der Richtigkeit dessen Behandlung bestehen. Anders sei dies jedoch stets dann zu beurteilen, dies betonte das OLG, *„wenn die Beklagte zu 1. ohne besondere weitere Untersuchungen aufgrund der bei ihr vorauszusetzenden Kenntnisse und Erfahrungen erkennt oder erkennen muss, dass ernste Zweifel an der Richtigkeit der Behandlung bestehen. Dasselbe muss gelten, wenn sie nach den bei ihr vorauszusetzenden Erkenntnissen und Erfahrungen jedenfalls gewichtige Zweifel und Bedenken hat, ob die Behandlung richtig ist. Auch diese hat sie, ggf. nach Rücksprache*

[3810] BGH BeckRS 2019, 3036 Rn. 15.
[3811] BGH BeckRS 2019, 3036 Rn. 18.
[3812] OLG Hamm BeckRS 2018, 8832.
[3813] OLG Hamm BeckRS 2018, 8832.
[3814] BGH BeckRS 2022, 5498; LG Köln 17.4.2024 – 25 O 156/21 → Nr. 7629.
[3815] OLG Naumburg BeckRS 2024, 26540.
[3816] Sadek/De Bie Kreusch NJOZ 2026, 1.
[3817] OLG Dresden BeckRS 2018, 10798.
[3818] OLG Brandenburg BeckRS 2023, 355519 mit Verweis auf BGH NJW 2020, 2467, BGH BeckRS 1988, 3253; BGH NJW 1991, 1539 und BGH NJW 1999, 1779.

mit dem Kollegen, mit der Patientin zu erörtern. Kein Arzt, der es besser weiß, darf sehenden Auges eine Gefährdung seines Patienten hinnehmen, wenn ein anderer Arzt seiner Ansicht nach etwas falsch gemacht hat oder er jedenfalls den dringenden Verdacht haben muss, es könne ein Fehler vorgekommen sein. Das gebietet der Schutz des dem Arzt anvertrauten Patienten... Eine gegenseitige Überwachungspflicht bestehe insoweit jedoch nicht."[3819]

Zum Schmerzensgeldanspruch infolge einer rechtswidrigen Therapie durch die Gabe unterdosierter Arzneimittelzubereitungen s. LG Essen Urteil vom 28.1.2022.[3820]

Zum grundsätzlich seltenen Fall einer **Behandlung durch einen nicht approbierten Arzt** s. OLG Köln Urteil vom 13.5.2020.[3821]

Praxishinweis:
Da es einem Patienten mit hoher Wahrscheinlichkeit nur schwer gelingen wird, den Kausalzusammenhang zwischen seiner Infektion mit MRSA-Keimen und der generellen Handhabung der Hygiene innerhalb eines Krankenhauses beweisen zu können, lehrt der oben vorgestellte Fall des OLG Hamm[3822] – und ist es jedem Patienten nur dringend anzuraten – jede beobachtete **Missachtung der Hygiene sofort** gegenüber der Leitung der jew. Station konkret und mit Nachdruck zu reklamieren und darauf zu achten, dass seine Reklamation aktenkundig wird; gleiches gilt natürlich für die Angehörigen des Patienten, da dieser selbst oftmals hierzu nicht in der Lage sein wird. Im konkreten Fall, den das OLG Hamm zu entscheiden hatte, war dies geschehen und erfolgreich.

361b **Haftung der Träger von Alten- und Pflegeheimen:** Aus einem Heimvertrag erwachsen dem Heimträger Obhutspflichten gem. § 241 Abs. 2 BGB und inhaltsgleiche allgemeine Verkehrssicherungspflicht zum Schutze der Bewohner vor Schädigungen, die diesen wegen Krankheit oder einer sonstigen körperlichen oder geistigen Einschränkung durch sie selbst oder durch die Einrichtung und bauliche Gestaltung des Heims drohen, wobei sich diese Pflichten anhand einer individuellen Betrachtung der Gefahren bestimmen, der ein Bewohner auf Grund seiner individuellen körperlichen und geistigen Verfassung ausgesetzt ist. Maßgebend ist, ob im Einzelfall wegen der Verfassung des pflegebedürftigen Bewohners aus der ex-ante-Sicht ernsthaft damit gerechnet werden musste, dass er sich ohne Sicherungsmaßnahmen selbst schädigen könnte. Dies hatte 2024 das LG Lübeck[3823] mit Verweis auf die *Fenstersturz-Entscheidung* des BGH[3824] nochmals betont.

Der BGH hatte sich zuvor bereits mehrfach zu Haftungsfragen in Bezug auf die Träger von Pflegeheimen geäußert[3825] und dabei darauf hingewiesen, dass man insofern stets zwischen den unterschiedlichen Arten der Heime (Pflegeheim, Altenheim, betreutes Wohnen etc) und auch hinsichtlich der individuellen vertraglichen Vereinbarungen sowie der individuellen körperlichen und geistigen Verfassung/der „konkreten Pflegesituation" des jeweiligen Heimbewohners im Einzelfalle achten und insofern auch differenzieren müsse.[3826] Auch seien diese Pflichten auf die in vergleichbaren Heimen üblichen (gebotenen) Maßnahmen begrenzt, die mit einem vernünftigen finanziellen und personellen Aufwand realisierbar sind. Maßstab ist dabei stets das Erforderliche und das für die Heimbewohner und das Pflegepersonal Zumutbare.[3827]

Dementsprechend dürfe jedoch – so der BGH im *Fenstersturzfall*[3828] – *„bei erkannter oder erkennbarer Selbstschädigungsgefahr ein (hochgradig) an Demenz erkrankter Heimbewohner, bei dem unkontrollierte und unkalkulierbare Handlungen jederzeit möglich erscheinen, nicht in einem – zumal im Obergeschoss gelegenen – Wohnraum mit unproblematisch erreichbaren und einfach zu öffnenden Fenstern untergebracht werden. Ohne konkrete Anhaltspunkte für eine Selbstgefährdung besteht hingegen keine Pflicht zu besonderen (vorbeugenden) Sicherungsmaßnahmen"*.[3829]

Hinzuweisen ist in derartigen Fällen (Verletzung von Heimbewohnern im räumlichen Verantwortungsbereich des jeweiligen Heims) noch zur Beweisthematik darauf, dass dem verletzten Heimbewohner grundsätzlich **keine Beweislastumkehr** hilft, da – so der BGH – der normale Heimwohnraum im Regelfalle nicht dem

3819 OLG Brandenburg BeckRS 2023, 355519.
3820 LG Essen BeckRS 2022, 56428 → Nr. 7853.
3821 OLG Köln BeckRS 2020, 8671 sowie → Nr. 6532.
3822 OLG Hamm BeckRS 2018, 8832 → Nr. 5418.
3823 LG Lübeck BeckRS 2024, 34473 → Nr. 7499.
3824 BGH BeckRS 2021, 183.
3825 BGH BeckRS 2021, 183 (Fenstersturz) mAnm Förster NJW 2021, 1463; BGH NJW 2019, 3516 (Verbrühung beim Baden); BGH BeckRS 2005, 5858 (Sturz aus Bett), vgl. hierzu die Besprechung von Herkenhoff/Lang NJW 2005, 1905; vgl. auch OLG Hamm BeckRS 2011, 28421; OLG München BeckRS 2009, 14647 und OLG Dresden BeckRS 1999, 30067760.
3826 BGH BeckRS 2021, 183.
3827 BGH NJW 2019, 3516.
3828 BGH BeckRS 2021, 183.
3829 BGH BeckRS 2021, 183.

voll beherrschbaren Gefahrenbereich des Heimträgers zuzuordnen ist. *„Die mit der Unterbringung in einem üblichen Heimwohnraum verbundenen Gefahren gehören grundsätzlich zum allgemeinen Lebensrisiko und betreffen nicht den vom Heimträger voll beherrschbaren Gefahrenbereich"*, so der BGH[3830] wörtlich.

Mit der Frage, ob ein Schmerzensgeldanspruch wegen einer posttraumatischen Belastungsstörung (PTBS) und einer depressiven Störung infolge des **Mitansehenmüssens der mangelhaften Pflege** der eigenen Mutter in einem Pflegeheim besteht, hatte sich 2023 das OLG Dresden[3831] befasst und die darauf gerichtete Klage abgewiesen. Das OLG sah die von der Klägerin geltend gemachten Ansprüche als nicht begründet an, betonte jedoch, dass die **zum „Schockschaden" entwickelten Grundsätze** nicht nur bei Unfallereignissen, sondern auch in Fällen einer behandlungsfehlerhaften Pflege eines nahen Angehörigen anwendbar sind, wenn – wie hier behauptet – bei dem Anspruchsteller selbst eine psychische Gesundheitsverletzung eingetreten sei. *„Um einer uferlosen Haftung des Schädigers zu begegnen, ist allerdings die Kausalität einer kritischen Überprüfung zu unterziehen. Danach muss mit dem strengen Beweismaßstab des § 286 ZPO feststehen, dass eine als pathologisch einzustufende, psychische Gesundheitsbeeinträchtigung gerade aufgrund des haftungsbegründenden Ereignisses eingetreten ist. Denkbare und mögliche Alternativursachen stehen der Feststellung des notwendigen mittelbaren Kausalzusammenhangs damit regelmäßig entgegen (vgl. BGH NJW 2023, 983 mit Anm. Hans-Joseph Scholten, ZfSch 2023, 136 – 142). Beweiserleichterungen, die bei schweren Behandlungsfehlern eingreifen können, sind zu Gunsten des nur mittelbar Geschädigten nicht anwendbar."*[3832]

Straßenverkehrshaftpflicht gem. §§ 7 ff. StVG s. → Rn. 121. 362

4. Schmerzensgeld auf der Basis öffentlich-rechtlicher Vorschriften

Die Reform[3833] sowie inzwischen der BGH[3834] haben den durch Organe des Staates geschädigten Personen – neben der Amtshaftung gem. Art. 34 GG iVm § 839 BGB,[3835] – drei weitere Wege zum Schmerzensgeld eröffnet: 363

1. **Gefährdungshaftung:** Gem. § 253 Abs. 2 BGB besteht ein genereller Schmerzensgeldanspruch aus Gefährdungshaftung.
2. **Öffentlich-rechtliche Sonderbeziehungen:** Auch aus öffentlich-rechtlichen Sonderbeziehungen (hierzu zählen insbesondere Leistungs- und Benutzungsverhältnisse, Obhuts- und Verwahrungsverhältnisse sowie besondere Fürsorgebeziehungen) sind Schmerzensgeldansprüche bei Verletzungen bestimmter Rechtsgüter über § 253 Abs. 2 BGB möglich.[3836] Zur Amtshaftung wegen fehlerhafter notärztlicher Behandlung vgl. OLG Brandenburg Urt. v. 12.8.2025 – 2 U 36/23.[3837] Zur Amtshaftung (6.000 EUR Schmerzensgeld) durch Abbruch von Jugendhilfeleistungen vgl. OLG Brandenburg Urt. v. 1.12.2025.[3838] Zur Amtshaftung (48.000 EUR Schmerzensgeld) für unzureichender Bereitstellung stationärer Pflegeplätze für schwerstbehinderte Kinder vgl. OGH Österreich Urt. v. 27.1.2026.[3839]
3. **Allgemeine Aufopferung:** Der BGH[3840] stellte insofern mit seinem aktuellen Urteil klar, dass Fälle der allgemeinen Aufopferung, bei denen eine Person im Rahmen von rechtmäßigen Behördenmaßnahmen verletzt wird, ebenfalls einen Schmerzensgeldanspruch nach sich ziehen können (vgl. nachfolgend → Rn. 366).

Zum **Verhältnis von Art. 82 DS-GVO zu § 839 BGB** und der Feststellung, dass § 839 BGB die Anwendung des Art. 82 DS-GVO nicht ausschließt[3841] vgl. → **Rn. 248b.**

An dieser Stelle soll – wenn auch in der gebotenen Kürze – nun zunächst auf die **Verkehrssicherungspflichten von Bund, Ländern und Gemeinden sowie Kirchen**[3842] als Körperschaften des öffentlichen Rechts 364

3830 BGH BeckRS 2021, 183.
3831 OLG Dresden BeckRS 2023, 33290 → Nr. 7298.
3832 OLG Dresden BeckRS 2023, 33290 mAnm Wever MedR 2024, 180.
3833 Einführung des Zweiten Schadensersatzrechtsänderungsgesetzes, das am 1.8.2020 in Kraft trat; vgl. Wagner NJW 2002, 2049.
3834 BGH NJW 2017, 3384.
3835 Vgl. hierzu BGH NVwZ-RR 2019, 245; BGH DAR 2012, 572 sowie auch BGH NJW 2005, 68.
3836 So auch Dötsch NVwZ 2003, 185 (185).
3837 OLG Brandenburg BeckRS 2025, 21774 → Nr. 7736.
3838 OLG Brandenburg BeckRS 2025, 35516 → Nr. 7782.
3839 OGH Österreich, Urt. v. 27.1.2026 – 1 Ob 143/25y, BeckRS 2026, 1684 → Nr. 7878.
3840 BGH NJW 2017, 3384.
3841 OLG Hamm 20.1.2023 – 11 U 88/22, GRUR-RS 2023, 1263.
3842 Vgl. dazu Hentschel/König StVO § 45 Rn. 53; 2025 SWK-SchadenR Verkehrssicherungspflicht Rn. 1 – 49; OLG Schleswig BeckRS 2016, 115271.

im Zusammenhang mit den heutzutage immer mehr vernachlässigten Straßenoberflächen (Stichwort: Schlaglöcher[3843] und Streupflicht) eingegangen werden.

365 **Schlaglöcher, Stolperstellen, Streu- und Winterdienst sowie mobile Verkehrsschilder:** Grundsätzlich obliegt – je nach Art der Straße – Bund, Ländern, Landkreisen, Städten oder Gemeinden als **Träger der Straßenbaulast** auch die Verkehrssicherungspflicht. Der konkrete Inhalt einer Verkehrssicherungspflicht hängt stets von den Umständen des Einzelfalls ab. Diese öffentlich-rechtliche Amtspflicht entspricht inhaltlich der allgemeinen Verkehrssicherungspflicht, worauf der BGH bereits 1979,[3844] 2015 sowie erneut 2020[3845] hingewiesen hatte.

Demnach gilt folgender **Grundsatz:**[3846]

- **Für den Benutzer:** Der Benutzer einer Straße, eines Weges oder einer sonstigen Vorrichtung[3847] muss diese so hinnehmen, wie sie für ihn erkennbar vorliegt und hat seine Nutzung dem jew. Zustand anzupassen und bei der Begehung Vorsicht walten zu lassen.[3848] Kommt der Benutzer zu Schaden beispielsweise durch einen Sturz, so trägt er die volle Beweislast für den deliktsrechtlichen Anspruch aus § 823 Abs. 1 BGB.[3849] Die Beweislast gilt dabei für sämtliche Tatbestandsmerkmale und somit sowohl für die Rechtsgutsverletzung als auch für die Sorgfaltspflichtverletzung und für die haftungsbegründende Kausalität zwischen Pflichtverletzung und Rechtsgutsverletzung; insoweit gilt das Regelbeweismaß des § 286 Abs. 1 ZPO (vgl. dazu unter → **Rn. 408**).
- **Für den Verkehrssicherungspflichtigen:** Der Verkehrssicherungspflichtige hat die Straße oder den Weg, wozu in räumlicher Hinsicht auch das angrenzende, den Straßenkörper unmittelbar umgebende Böschungsgelände sowie die entlang der Straße/des Wegs angebrachten Einrichtungen wie Leitplanken, Schutzgeländer und andere zur Fahrbahnbegrenzung eingesetzte Vorrichtungen gehören,[3850] im Rahmen seiner Leistungsfähigkeit so zu unterhalten, dass diese dem regelmäßigen Verkehrsbedürfnis genügen[3851]
- und – sofern kein verkehrssicherer Zustand gegeben ist – dafür sorgen, dass bis zur Wiederherstellung eines verkehrssicheren Zustands eine Gefährdung für die Benutzer der Straße ausgeschlossen ist, auf die sie sich nicht oder nicht rechtzeitig einrichten können.[3852] Zutreffend wies jedoch insofern das LG Wiesbaden darauf hin, dass „*eine Verkehrssicherung, die jede Schädigung ausschließt, … im praktischen Leben nicht erreichbar*" ist.[3853] Dementsprechend betonte der BGH[3854] – wenn auch in Bezug auf die Streupflicht auf einem privaten Parkplatz (Lebensmittelmarkt-Parkfläche) –, dass „*die Streupflicht als Teil der Verkehrssicherungspflicht nur wirkliche Gefahren beseitigen, nicht aber bloßen Unbequemlichkeiten vorbeugen soll*". Zudem wies der BGH[3855] 2021 – wenn auch in einem ganz anderen Zusammenhang (Kinderunfall bei einem Reitturnier) – hinsichtlich des grundsätzlichen Umfangs einer Verkehrssicherungspflicht darauf hin, „*dass nicht jeder abstrakten Gefahr vorbeugend begegnet werden kann. Ein allgemeines Verbot, andere nicht zu gefährden, wäre utopisch. Eine Verkehrssicherung, die jede Schädigung ausschließt, ist im praktischen Leben nicht erreichbar. Haftungsbegründend wird eine Gefahr erst dann, wenn sich für ein sachkundiges Urteil die nahe liegende Möglichkeit ergibt, dass Rechtsgüter anderer verletzt werden. Deshalb muss nicht für alle denkbaren Möglichkeiten eines Schadenseintritts Vorsorge getroffen werden. Es sind vielmehr nur die Vorkehrungen zu treffen, die geeignet sind, die Schädigung anderer tunlichst abzuwenden. Der im Verkehr erforderlichen Sorgfalt ist genügt, wenn im Ergebnis derjenige Sicherheitsgrad erreicht ist, den die in dem entsprechenden Bereich herrschende Verkehrsauffassung für erforderlich hält. Daher reicht es anerkanntermaßen aus, diejenigen Sicherheitsvorkehrungen zu treffen, die ein verständiger, umsichtiger, vorsichtiger und gewissenhafter Angehöriger der betroffenen Verkehrskreise für ausreichend halten darf, um andere Personen vor Schäden zu bewahren und die den Umständen nach zuzumuten sind*".[3856]

[3843] S. hierzu BGH NZV 2012, 533; OLG Jena BeckRS 2015, 12645; LG Rostock BeckRS 2012, 25489 sowie auch das – wenn auch nicht schmerzensgeldrelevante – Urt. des LG Heilbronn 5.6.2014 – 4 O 215/13.

[3844] BGH VRS Bd. 57, 330; OLG Jena BeckRS 2015, 12645.

[3845] BGH BeckRS 2020, 10339; LG München II BeckRS 2020, 6363; OLG Jena BeckRS 2015, 12645; LG Rostock BeckRS 2012, 25489; vgl. auch Diehl ZfS 2012, 685.

[3846] Vgl. hierzu mit ausführlicher Begründung zu dieser Thematik (wenn auch auf privatem Gelände eines Supermarktes) OLG Hamm r+s 2017, 271.

[3847] LG Ellwangen BeckRS 2024, 36614; OLG Hamm BeckRS 2018, 7693.

[3848] Ständige Rechtsprechung, vgl. statt vieler OLG Köln BeckRS 2019, 39010; OLG Hamm BeckRS 2018, 7693; OLG Hamm BeckRS 2014, 16552; OLG Hamm BeckRS 2006, 5523; AG Offenbach BeckRS 2018, 4566; OLG München BeckRS 2011, 25816; LG Braunschweig BeckRS 2004, 31163234.

[3849] Vgl. dazu OLG Frankfurt a. M. BeckRS 2026, 3155 Rn. 78 mit Verweis auf MühKoZPO/Wagner, 9. Auflage 2024, § 823 Rn. 90, 93.

[3850] OLG Koblenz Beschl. v. 11.3.2020, DAR 2020, 261.

[3851] BGH NVwZ-RR 2012, 831; OLG Bremen BeckRS 2018, 8151; OLG Celle BeckRS 2007, 11542.

[3852] Zu den grundsätzlichen Anforderungen an die Verkehrssicherungspflicht vgl. BGH r+s 2014, 96.

[3853] LG Wiesbaden BeckRS 2020, 4850; ebenso LG Köln BeckRS 2020, 1364; OLG Köln 8.4.2020, OLG Celle NJOZ 2007, 3881.

[3854] BGH BeckRS 2019, 18560.

[3855] BGH BeckRS 2021, 1443.

[3856] BGH BeckRS 2021, 1443.

2025 hat der **BGH**[3857] nun – wenn auch nur zur Räum- und Streupflicht – ausgeführt, es sei *„grundsätzlich … davon auszugehen, dass der die Räum- und Streupflicht Verletzende und für die Sicherheit eines Verkehrswegs Verantwortliche durch die Pflichtverletzung die maßgebliche Ursache für einen Unfall setzt, der sich infolge der nicht beseitigten Gefahrenlage ereignet. Ein die Haftung des Verkehrssicherungspflichtigen ausschließender, weit überwiegender Verursachungsbeitrag des Geschädigten kann nur angenommen werden, wenn das Handeln des Geschädigten von einer ganz besonderen, schlechthin unverständlichen Sorglosigkeit gekennzeichnet ist.“*[3858] Im konkreten Fall war die 80jährige Klägerin bei Eisglätte zu Fall gekommen, indem sie die Glätte nicht schon vor dem Betreten der Eisfläche erkannt hatte, sondern erst, als sie sich auf dieser befand.

Grundsätzlich wird somit von einem Benutzer der Straßen und Wege erwartet, dass er die objektiv gebotene Sorgfalt walten lässt. Ist es für den Benutzer – auch trotz objektiver Sorgfalt – nicht möglich, die **Gefahrenquelle** (zB die Eisplatte oder Eisfleck,[3859] das Schlagloch oder die Stolperstelle) rechtzeitig zu erkennen und sich hierauf rechtzeitig einzustellen, also die Gefahr zu beherrschen, dann ist eine Verkehrssicherungspflichtverletzung anzunehmen und der Weg für einen Schmerzensgeldanspruch frei. Erkennt der Benutzer jedoch die Gefahrenstelle und stolpert später – nach einer kurzen Unterhaltung mit einer Passantin – dann doch noch über diese, so geht dieses **Vergessen der zuvor bereits erkannten Gefahrenstelle** zu seinen Lasten, worauf 2020 das OLG Köln hingewiesen hatte.[3860]

Wenn der Geschädigte sehenden Auges ein für jedermann erkennbares Risiko eingegangen ist und die Sorgfaltspflichtverletzung des Verkehrssicherungspflichtigen als gering einzustufen ist, kann bei einem Sturzgeschehen die Gewichtung und Abwägung der jeweiligen Verursachungsanteile ausnahmsweise dazu führen, dass kein Schmerzensgeldanspruch besteht, so das OLG Nürnberg.[3861]

Allerdings ist auch hier nochmals auf das oben bereits benannte Urteil des BGH (Sturz der 80jährigen auf vereister Fläche) hinzuweisen, der dazu ausgeführt hat: *„Mindest-, aber nicht alleinige Voraussetzung für die Annahme einer schlechthin **unverständlichen Sorglosigkeit des Geschädigten**[3862] bei „Glätteunfällen“ wegen Verletzung der Streupflicht ist demnach, dass sich dieser einer von ihm erkannten erheblichen Gefahr bewusst ausgesetzt hat. Für ein die Haftung minderndes oder gar ausschließendes Mitverschulden des Geschädigten* [Anmerkung: Ein solches hatten die die Klage der 80jährigen abweisenden beiden Vorinstanzen angenommen] *das ist dabei nach allgemeinen Beweislastregeln und ständiger Rechtsprechung des BGH regelmäßig der Schädiger darlegungs- und beweispflichtig (…). Dies hat das BerGer. grundlegend verkannt. Es hat zwar zunächst als Voraussetzung für die Annahme einer Alleinverantwortung des Geschädigten für einen glättebedingten Sturz im Ansatz zutreffend ausgeführt, dass der Geschädigte sich jedenfalls **„sehenden Auges“ den Gefahren** eines nicht oder schlecht gestreuten Weges **ausgesetzt** haben muss. Wie die folgende Begründung im Rahmen der Subsumtion zeigt, hat es seiner Entscheidung dann aber einen anderen, von der Rechtsprechung des BGH abweichenden Obersatz zugrunde gelegt. Denn es hat ausgeführt, die Kl. habe „bei der gebotenen Achtsamkeit in eigenen Angelegenheiten“ bereits vor Betreten der Eisfläche „damit rechnen müssen“, dass diese sehr glatt gewesen sei. Damit ist es **rechtsfehlerhaft** davon ausgegangen, dass die bloße Erkennbarkeit der Eisglätte genüge, den Verursachungsbeitrag des die Gefahr durch eine Pflichtverletzung begründenden Schädigers gegenüber dem Verursachungsbeitrag des Geschädigten vollständig zurücktreten zu lassen. Dieser **Fehler ist entscheidungserheblich,** weil die Kl. nach den tatbestandlichen Feststellungen des BerGer. vorgetragen hat, dass sie in dem Moment, als sie bemerkt habe, dass die Fläche glatt gewesen sei und deshalb unverzüglich die Straßenseite habe wechseln wollen, schon ausgerutscht sei. Ihrem Vortrag zufolge hat sie die Glätte also nicht schon vor dem Betreten der Eisfläche erkannt, sondern erst, als sie sich auf dieser befand. Darüber hinaus hat das BerGer. der Kl. für ihr Vorbringen, die Gefahrstelle sei für sie im Vorhinein nicht erkennbar gewesen und es habe keine Möglichkeit gegeben, den Sturz zu verhindern, näheren Tatsachenvortrag abverlangt. Damit hat es die Darlegungs- und Beweislast des Schädigers für das Mitverschulden verkannt. Schließlich hat es mit seinen Ausführungen dazu, welche Schlüsse die Kl. aus der örtlichen Satzung zum zu verwendenden Streugut hätte ziehen müssen, die Anforderungen an die dem Geschädigten in eigenen Angelegenheiten obliegende Sorgfalt überspannt.*[3863]

Hinzuweisen ist in diesem Kontext noch, dass sich der Verkehrssicherungspflichtige nicht für alle von ihm geschaffenen Gefahren vollständig durch Aushängung des Schildes „Auf eigene Gefahr“ von seiner Haftung freizeichnen kann.[3864]

[3857] BGH BeckRS 2025, 21841.
[3858] BGH BeckRS 2025, 21841.
[3859] OGH Österreich Urt. v. 13.12.2022 – 2 Ob 198/22i, BeckRS 2022, 40203.
[3860] OLG Köln 4.2.2020, OLG Düsseldorf BeckRS 2008, 17762.
[3861] OLG Nürnberg BeckRS 2023, 5953.
[3862] vgl. hierzu auch OLG Hamm BeckRS 2025, 1950.
[3863] BGH BeckRS 2025, 21841 Rn. 20 – 22. (Hervorhebungen durch den Autor).
[3864] Vgl. dazu SWK-SchadenR Verkehrssicherungspflicht Rn. 49; OLG Bamberg BeckRS 2004, 30337254.

Nachfolgend einige **Fallbeispiele:**

- **E-Scooter/Gehweg:** Die Beklagte besaß eine straßenrechtliche Sondernutzung (SNE) für das Aufstellen von E-Scootern. Darin wurden Regelungen zur Auf-/Abstellweise der Roller getroffen, indem eine Mindestrestgehwegbreite festlegte, ein Abstandsgebot einführte und auch die Anzahl der an einem Ort auf-/abgestellten Roller begrenzt wurde. Der von Geburt an blinde Kläger stürzte über einen von zwei parallel zueinander auf dem Gehweg abgestellten E-Scootern und brach sich den Oberschenkelhals. Das OLG Bremen[3865] bestätigte das Urteil des LG Bremen, das die auf 20.000 EUR Schmerzensgeld gerichtete Klage abgewiesen und dazu ausgeführt hatte: *„Das Abstellen der zwei Roller parallel zueinander, im 90-Grad-Winkel zur Hauswand und mit von der Hauswand abgewandtem Lenker hat nur mittelbar zur Verletzung des Klägers geführt, ohne dass darin eine Verletzung der Verkehrssicherungspflicht gesehen werden kann. … Kommt es in Fällen, in denen hiernach keine Schutzmaßnahmen getroffen werden mussten, zu einem Schaden, so muss der Geschädigte – so hart dies im Einzelfall sein mag – den Schaden selbst tragen (st. Rspr., vgl. BGH NJW 2021, 1090 [1091] mwN)“.*[3866]
- **Mountainbiker/Feldweg:** Die Gemeinde hatte einem Jagdpächter erlaubt, zum Schutz des Wildes einen Feldweg abzusperren. Dieser hatte unbefugter Weise dafür das Verkehrszeichen 260 (Verbot für Kraftfahrzeuge) aufgestellt und zudem den Weg durch zwei waagerecht verlaufende verzinkte Stacheldrähte in der Höhe von etwa 60 cm und 90 cm gesperrt, die der Kläger bei einer Fahrt mit seinem Mountainbike übersah, schwer stürzte und eine hohe Querschnittlähmung davontrug. Der BGH[3867] betonte, das Berufungsgericht habe zutreffend festgestellt, dass die Drahtabsperrung mit dem daran angebrachten – von der Straßenverkehrsbehörde nicht genehmigten – Verkehrszeichen „ungewöhnlich“ war und eine Gefahrenquelle für Fußgänger und Radfahrer darstellte; die Stacheldrähte seien dünn und daher zwangsläufig leicht zu übersehen gewesen. Ohne Schwierigkeiten sei es möglich gewesen, besser erkennbare und einfacher zu handhabende Absperrmittel zu verwenden. Er rügte jedoch das vom Berufungsgericht überwiegend dem Kläger angelastete Mitverschulden (75 %) und wies deshalb die Sache zurück mit dem Hinweis: *„Der Geschädigte musste sich auch nicht im Hinblick darauf, dass es sich bei dem Feldweg um eine Sackgasse handelte, auf eine quer über diesen gespannte Drahtabsperrung einstellen. Da das Ende des Weges für den Geschädigten nicht sichtbar war, vielmehr das Schild, das nur für Kraftfahrzeuge die Weiterfahrt verbot, suggerierte, Radfahrer hätten freie Durchfahrt, bot der Umstand, dass der Weg eine Sackgasse war, keinen Anlass für besondere Vorsicht bereits an dieser Stelle.“*[3868]
- **Radfahrer/Stadtpark:** Die Gemeinde hatte auf einem Rundweg im Stadtpark einen Amphibientunnel errichtet, der aussah, wie ein überdachter Abwasserkanal und nach ca. acht m abrupt an einer Kante endete, die in eine 83 cm tiefer liegende Kuhle mündete. Diese Einrichtung brachte eine Fahrradfahrerin zu Fall, die – wie im zuvor geschilderten Fall – eine Querschnittlähmung erlitt (Klägerin war die gesetzliche Krankenkasse gem. § 116 SGB X). In Bezug auf den Amphibientunnel hätten nicht die Sicherheitsvorkehrungen vorgelegen, *„die ein verständiger, umsichtiger, vorsichtiger und gewissenhafter Angehöriger des betroffenen Verkehrskreises für ausreichend halten darf, um andere Personen vor Schäden zu bewahren und die ihm nach den Umständen auch zuzumuten sind.“*, so das OLG Schleswig.[3869]
- **Radfahrer/Parkplatz:** Ein Radfahrer, so entschied das OLG München,[3870] muss „nicht damit rechnen … , dass sich im Einfahrtsbereich eines Parkplatzes … eine ca. fünf cm bis sieben cm tiefe muldenförmige Vertiefung in einer Länge von 145 cm und einer Breite von 40/50/52 cm befindet“. Die Beweislast dafür, dass „die Straße regelmäßig und ordnungsgemäß kontrolliert“[3871] wurde, liegt in solchen Fällen beim verkehrssicherungspflichtigen Straßenbauträger.[3872]
- **Radfahrer/bekanntes Schlagloch:** Anders entschied das OLG Jena.[3873] Das OLG wies die auch auf Schmerzensgeld gerichtete Klage eines Radfahrers zurück, der beim Durchfahren eines ihm schon länger bekannten Schlaglochs zu Fall kam. Das Schlagloch befand sich 60 cm neben der Bordsteinkannte. Das OLG verwies darauf, dass die bloße Erkennbarkeit einer Gefahrenquelle als solche nicht ausreiche, eine Verkehrssicherungspflicht entfallen zu lassen. Es sei vielmehr darüber hinaus notwendig, dass sich der Benutzer auch auf die Gefahr einstellen könne. Nur wenn diese beiden Voraussetzungen – Erkennbarkeit und Beherrschbarkeit – in Bezug auf die Gefahr kumulativ vorliegen, stelle der jeweilige Zustand der Straße keine Verletzung der Verkehrssicherungspflicht dar, so das OLG.[3874]
- **Radfahrer/unbekanntes Schlagloch:** Stürzt ein Radfahrer beim nächtlichen Überfahren von zwei bis zu fünf Zentimeter tiefen und ihm nicht bekannten Schlaglöcher und verletzt sich, so haftet die Gemeinde

[3865] OLG Bremen BeckRS 2023, 31723, → Nr. 7296.
[3866] LG Bremen BeckRS 2023, 4342.
[3867] BGH BeckRS 2020, 10339.
[3868] BGH BeckRS 2020, 11406.
[3869] OLG Schleswig BeckRS 2019, 7035; vgl. auch OLG Hamm NJW 2018, 1890 (Landschaftspark).
[3870] OLG München BeckRS 2013, 05408.
[3871] OLG München BeckRS 2013, 05408.
[3872] Vgl. – wenn auch ohne Bezug zu öffentlich-rechtlichen Sonderbeziehungen – AG Augsburg 5.9.2018 – 74 C 1611/18 zum Thema: Sturz mit E-Bike bei winterlichen Verhältnissen auf nicht gestreutem Parkplatz.
[3873] OLG Jena BeckRS 2015, 12645.
[3874] OLG Jena BeckRS 2015, 12645.

nicht, sofern *„in dem vom Kl. angegebenen Unfallbereich keine für den Fahrradverkehr nicht beherrschbaren Gefahrenquellen auf[traten], die ein Einschreiten der Bekl. erforderlich machten"*, so das OLG Hamm,[3875] das sodann weiter ausgeführt hatte: *„Der Umstand, dass zum Unfallzeitpunkt bereits Dunkelheit herrschte, rechtfertigt schließlich ebenfalls keine abweichende Beurteilung, weil ein Radfahrer bei Dunkelheit sein Fahrrad mit einer ausreichenden Beleuchtung zu versehen und seine Fahrweise so einzurichten hat, dass er den Straßenzustand berücksichtigen kann; notfalls muss er anhalten oder so langsam fahren, dass er zur Wahrnehmung möglicher Hindernisse in der Lage ist."*[3876]

- **Radfahrer (E-Bike)/leicht erhöhtes graues Zierpflaster zwischen Fahrbahn und Gehweg:** Die Klägerin fuhr mit ihrem E-Bike spitzwinklig über ein leicht erhöhtes graues Zierpflaster zwischen Fahrbahn und Gehweg, verfing sich an der Kante und stürzte schwer. Die Klage auf Schmerzensgeld wurde abgewiesen, da die Gemeinde laut OLG Schleswig keine Verkehrssicherungspflicht verletzt habe. *„In touristisch erschlossenen, verkehrsberuhigten Gebieten ist ein farblich identisches Klinkerpflaster von Fahrbahn und Gehweg, das nur durch graue Rinnen- und Tiefbordsteine mit einem Höhenunterschied von allenfalls wenigen Zentimetern voneinander getrennt ist, nicht unüblich. In derartigen Grenzbereichen ist immer mit baulich bedingten Unebenheiten zu rechnen."*[3877]
- **Radfahrer/Herbstlaub auf Radweg:** Weil er wegen des massiven Herbstlaubbefalls den Verlauf des Radweges und den angrenzenden Bordstein im Kreuzungsbereich nicht erkennen konnte, kam der Kläger mit seinem Fahrrad zu Fall und verletzte sich. Das OLG Bremen[3878] wies jedoch die auf Schmerzensgeld gerichtete Klage mit dem Hinweis ab, *„eine Gemeinde schulde im Rahmen ihrer Verkehrssicherungspflichten nicht ein generelles ständiges Reinhalten sämtlicher Straßen- und Wegeflächen von jeglichem Laubfall"*.
- **Rollstuhlfahrer/Behindertenparkplatz:** Die Verkehrssicherungspflicht einer Kommune für den von ihr eingerichteten und als solchen gekennzeichneten Behindertenparkplatz ist im Lichte der grundgesetzlichen Bestimmung des Art. 3 III 2 GG zu sehen – so kann die insofern relevante Entscheidung des BVerfG[3879] aus dem Jahr 2016 zusammengefasst werden. Im konkreten Falle war die heute 58-jährige Frau im Jahr 2009 beim Umsteigen von ihrem Rollstuhl in ihren Pkw auf dem städtischen Behindertenparkplatz der Stadt Ratzeburg weggerutscht und hatte sich eine Unterschenkelfraktur zugezogen. Die Stadt Ratzeburg wies die Ansprüche mit der Begründung zurück, die Klägerin habe als Bürgerin der Stadt Ratzeburg die Örtlichkeit gekannt, denn sie habe sich zuvor selbst aktiv für eine behindertengerechte Gestaltung der Parkplätze der Stadt engagiert und zwang die Frau in einen bis heute sieben Jahre andauernden Rechtsstreit, dessen Ende ihr nun doch noch die Hoffnung auf ein Obsiegen gibt, nachdem das Bundesverfassungsgericht die Begründung der Stadt als einen krassen Verstoß gegen das Gebot, dass niemand wegen seiner Behinderung benachteiligt werden dürfe, wertete. Die Stadt habe vielmehr die Pflicht, einen ausgewiesenen Behindertenparkplatz sicher zu gestalten und auch dementsprechend zu unterhalten.
- **Fußgänger (in seiner Mobilität eingeschränkt)/Kanaldeckel:** *„Eine Kanalanlage befindet sich noch in einem ordnungsgemäßen Zustand im Sinne des § 2 Abs. 1 S. 3 HaftpflG, wenn ein Kanaldeckel lediglich auf der rechten Seite einen – auch nur teilweise – fehlenden Anschluss zur ihn umgebenden Asphaltdecke aufweist, wobei die Tiefe des dadurch entstehenden Loches ca. 7 cm beträgt; dies gilt insbesondere, wenn sich der Kanaldeckel nicht auf dem Bürgersteig, sondern auf der Straße und damit auf einer vorrangig dem fließenden (Straßen-)Verkehr gewidmeten Verkehrsfläche befindet."*, so das OLG Köln.[3880]
- **Fußgänger/Gehweg mit Schlagloch:** Mit dem Sturz einer Fußgängerin über ein Schlagloch im Gehweg befasste sich der BGH[3881] und betonte, dass *„öffentliche Straßen … so zu unterhalten* [seien], *dass sie dem regelmäßigen Verkehrsbedürfnis genügen"*, wobei auch *„die Belange der im Straßenverkehr besonders gefährdeten Personen sowie von Menschen mit Behinderungen zu berücksichtigen"* seien. Daran ändere auch die Erkennbarkeit der Gefahrenlage nichts; vielmehr sei es *„notwendig, dass sich der Benutzer auf die Gefahr einstellen kann"*, was beispielsweise dann gegeben sei, wenn der Benutzer der Gefahr *„unproblematisch ausweichen"* könne.[3882] Letzteres sah der BGH jedoch angesichts des insgesamt und auf der ganzen Breite „desolaten Zustandes" des Gehweges zutreffend als nicht gegeben an. Die 70-jährige auf einem Gehweg in Berlin gestürzte Frau erhielt somit Schmerzensgeld und Schadensersatz. Im Übrigen sei zu dieser Thematik auf den Aufsatz von Scheidler,[3883] „Haftung der Gemeinde als Straßenbaulastträger für Schlaglochschäden aus der Verkehrssicherungspflicht" hingewiesen.
- **Fußgänger/Gehweg mit Vertiefung:** Eine auf einem innerstädtischen Gehweg in Gehrichtung verlaufende scharfkantige Aussparung mit einer Tiefe von bis zu 3,2 cm kann eine abhilfebedürftige Gefahrenstelle sein, ua weil Fußgänger beim Betreten der Kante mit dem Fuß seitlich umknicken und sich dadurch

[3875] OLG Hamm BeckRS 2014, 16552.
[3876] OLG Hamm BeckRS 2014, 16552.
[3877] OLG Schleswig, BeckRS 2025, 8605.
[3878] OLG Bremen BeckRS 2018, 8151.
[3879] BVerfG NJW 2016, 3013.
[3880] OLG Köln BeckRS 2019, 39010.
[3881] BGH NZV 2012, 533, SP 2012, 385.
[3882] Vgl. hierzu auch OLG Karlsruhe BeckRS 2019, 1998.
[3883] Scheidler LKRZ 2013, 273.

verletzen können. Wenn die Stelle für einen Fußgänger, der durch sie gestürzt ist, bei der Einhaltung der von ihm zu fordernden Eigensorgfalt als Gefahrenstelle erkennbar war, begründet dies in der Regel sein Mitverschulden. Eine Einschränkung der Verkehrssicherungspflicht für scharfkantige Höhenunterschiede im Gehwegbereich allein wegen ihrer Erkennbarkeit kommt allenfalls für außergewöhnlich hohe Niveauunterschiede in Betracht, die schon mit beiläufigem Blick als für die Gehsicherheit gefährliche Unebenheit erkannt werden können.[3884]

- **Fußgänger/winterglatter Gehweg:** Stürzt ein Fußgänger auf einer winterglatten Straße, die von der Gemeinde wegen Dauerschneefalls nicht gestreut wurde, so hat er gegenüber der Gemeinde keinen Anspruch auf Schadensersatz oder Schmerzensgeld. Denn – so das LG München II[3885] – eine Gemeinde ist – sofern keine großflächigen Vereisungen vorliegen – während Dauerschneefalls nicht verpflichtet, Rollsplitt auf die Straßen aufzubringen, da *„der Streupflichtige … ausnahmsweise nicht streuen (muss), wenn dies aufgrund der Wetterbedingungen sinnlos ist, was insbesondere auch bei Dauerschneefall gilt"*, so das LG in seiner zutreffend pragmatischen Begründung.
- **Fußgänger/Metallplatte mit Riffelmuster bzw. Riffelblech auf dem Gehweg:** Keine Haftung der Gemeinde besteht auch für die Knieverletzung einer Fußgängerin, die auf einem nassen Riffelblech gestürzt war. *„Eine mit einem sichernden Riffelmuster versehene Metallplatte ist an vielen Orten üblich und zugelassen. Es ist Allgemeinwissen, dass auf einer derartigen Metallplatte stehendes Wasser zu einer gewissen Rutschigkeit der Oberfläche führen kann, man daher bei der Begehung Vorsicht zu walten lassen hat"*.[3886]
- **Fußgänger/Holzplatte auf dem Gehweg:** Mit dem Sturz einer Fußgängerin über ein gut sichtbares Hindernis (Sperrholzplatte als Baustellenabdeckung) hatte sich 2020 das OLG Köln[3887] zu befassen. Die Besonderheit des Falles lag darin, dass die Klägerin das Hindernis zunächst erkannt, vor diesem angehalten und es sodann – wegen eines Gesprächs mit einer Passantin – wieder vergessen hatte und beim erneuten weitergehen zu Fall kam. Deshalb wies das OLG die Klage zurück, denn eine weitere Absicherung hätte allenfalls dazu dienen können, das bereits sehr gut sichtbare Hindernis noch besser erkennbar zu machen. Dies hätte im vorliegenden Fall allerdings nichts genutzt, da die Klägerin es auch so erkannt hatte; die Klägerin habe zwar ein „Unglück" erlitten, könne jedoch der Beklagten kein „Unrecht" vorhalten.[3888]
- **Fußgänger/Grünfläche mit Pfahllöchern:** Keine Verkehrssicherungspflichtverletzung der Gemeinde, wenn ein Fußgänger auf einem kommunalen Grünstreifen, der jedoch weder für den Fußgängerverkehr bestimmt noch durch ihn genutzt worden war – nach der Entfernung von 15 cm breiten Pfählen – in ein nicht verfülltes Loch stolpert. *„Der Grünstreifen zeigt aber weder eine die Verkehrssicherheit auf der Gemeindestraße selbst beeinträchtigende Gestaltung, noch begründet er für sich eine Gefahr für den Verkehr. Das gilt auch mit Blick auf das nach der Auffassung der Klägerin unzureichend verfüllte bzw. gekennzeichnete Loch, das nach dem Entfernen des Pfostens verblieb"*, so das OLG Brandenburg.[3889]
- **Wanderer/Wanderweg einer Gemeinde:** Die Verkehrssicherungspflicht von Gemeinden in Bezug auf Wanderwege war Gegenstand der Entscheidung des LG Marburg.[3890] Als Verkehrssicherungspflichtige sei – so das LG – eine Gemeinde in Bezug auf touristisch-wirtschaftlich genutzte Wanderwege nur dazu verpflichtet, Vorkehrungen vor solchen Gefahren des Weges zu treffen, mit denen ein „Durchschnittswanderer" nicht zu rechnen braucht. Umstände, die möglicherweise in der Person des Benutzers und dessen hohem Alter (der Kläger war 75 Jahre alt) begründet lägen, erhöhten die Anforderung an die Verkehrssicherungspflicht nicht.
- **Wanderer/Wanderweg bzw. Loipe in einem Nationalpark:** Die Haftung des beklagten Landes resultiert daraus, dass es auf dem Weg bzw. der Loipe, für die weder in der Übersichtskarte des Loipenverbundes Hochharz noch vor Ort ein Hinweis auf ein *Begehungsverbot* vorhanden war, eine zusätzliche besondere Gefahrenquelle für Wanderer dadurch geschaffen hat, dass Mitarbeiter der Nationalparkverwaltung dort Gummimatten auf einer abschüssigen Strecke verlegt haben, die dazu führen konnten, dass Wanderer auf diesen ausrutschen.[3891]
- **Badegast/öffentliches Schwimmbad – heiße Metallplatte in Beckennähe:** Ein Schwimmbadbetreiber ist verpflichtet, Schutzvorkehrungen zu treffen, um Schwimmbadbesucher vor den Gefahren, die von einer bei Sonneneinstrahlung stark erhitzten Metallplatte ausgehen, zu schützen. Ein Schwimmbadbesucher, insbesondere Kinder, müssen nicht damit rechnen, dass sie sich in einem Bereich, der uneingeschränkt genutzt werden dürfe, die Fußsohlen verbrennen.[3892]

3884 OLG Hamm BeckRS 2023, 9882 amtl. Leitsatz.
3885 LG München II BeckRS 2018, 35405.
3886 LG Ellwangen BeckRS 2024, 36614; OLG Hamm BeckRS 2018, 7693; vgl. dazu aber auch OLG Bamberg BeckRS 2004, 30337254.
3887 OLG Köln 4.2.2020, OLG Düsseldorf BeckRS 2008, 17762.
3888 OLG Köln 4.2.2020, OLG Düsseldorf BeckRS 2008, 17762.
3889 OLG Brandenburg BeckRS 2024, 37973.
3890 LG Magdeburg BeckRS 2014, 23003, das LG wies die Klage auf Schmerzensgeld ab.
3891 LG Magdeburg BeckRS 2019, 1546.
3892 LG Koblenz, Urt. v. 30.11.2020 – 1 O 62/20 → Nr. 7390.

- **Badegast/öffentlicher Meeresstrand:** Zu den Anforderungen an die Verkehrssicherungspflicht einer Gemeinde in Bezug auf den in ihrem Gebiet liegenden öffentlichen Meeresstrand[3893] und den sich bei Verletzung dieser Pflichten ergebenden Schmerzensgeldansprüchen sei auf die Urteile des OLG Rostock[3894] und OLG Schleswig[3895] verwiesen. Im erstbenannten Falle fand der Kläger am Strand ein Phosphorstück aus einer Brandbombe aus dem Zweiten Weltkrieg, steckte es – im Glauben, einen Bernstein gefunden zu haben – in seine Hosentasche, wo dieses sich nach einiger Zeit selbst entzündete und dem Kläger eine schwere Brandverletzung am Oberschenkel einbrachte. Das OLG Rostock sprach dem Kläger umgerechnet 1.000 EUR Schmerzensgeld zu, da die Gemeinde es – trotz früherer, wiederholter derartiger **Kampfmittelfunde** – unterlassen hatte, entsprechende Warnschilder aufzustellen. Im zweitbenannten Falle wurde die Klägerin während eines Strandspazierganges von einem Strandsegelfahrzeug von hinten angefahren und schwer verletzt. Die Gemeinde hatte dem örtlichen Yachtclub die Durchführung eines Strandrennens als Sondernutzung genehmigt, ohne dies – was das OLG Schleswig-Holstein als ihre Pflicht ansah – ausreichend zu überwachen und sprach deshalb der Klägerin ein Schmerzensgeld von 70.000 EUR zu.
- **Fußgänger/Eisglätte auf Straßen, Gehwegen und an Bushaltestellen:** Die Anforderungen an den **Winterdienst** der **Gemeinden** und die damit einhergehende **Streupflicht** – bei der „hinsichtlich der Anforderungen … zwischen Fahrbahnen und Gehwegen zu unterscheiden" sei – standen im Fokus der Entscheidung des OLG Frankfurt a. M.[3896] Das OLG sprach der Klägerin, die auf eisglatter Straße gestürzt war, ein Schmerzensgeld iHv 4.000 EUR zu. Zu den Voraussetzungen der Anwendung eines Anscheinsbeweises für eine Haftung des Verkehrssicherungspflichtigen in Glatteisfällen hatte 2020 das OLG Karlsruhe Stellung bezogen.[3897] Eine winterliche Räum- und Streupflicht kann nicht nur bei allgemeiner Glätte, sondern auch bei einer ernsthaften lokalen Glättegefahr bestehen. Ob eine ernsthafte lokale Glättegefahr besteht, hängt von den Umständen des Einzelfalls ab. Dabei kommt es stets auf den Pflichtenmaßstab an, der an den primär Verkehrssicherungspflichtigen zu stellen ist, der den Verkehr auf der in Rede stehenden Fläche eröffnet hat. Dieser Maßstab gilt auch für einen Dritten, auf den der primär Verkehrssicherungspflichtige die Räum- und Streupflicht übertragen hat.[3898]
  Zur Verkehrssicherungspflicht und Streupflicht an **Bushaltestellen** verwies das OLG Brandenburg[3899] darauf, dass für die eine kommunale Räum- und Streupflicht begründende Glätte von den Verantwortlichen die **Wettervorhersagen zu beachten** und **Kontrollfahrten durchzuführen** sind. Da dies im konkreten Fall nicht erfolgt war, hafte die Stadt für die Sturzverletzungen der Klägerin.
  Das **Streumaterial muss** für die jeweilige Situation **geeignet sein:** *„Ist eine Salzstreuung ungeeignet, um einer Schnee- und Eisglätte auf Fußgängerwegen zu begegnen, kann der Verkehrssicherungspflichtige zum Winterdienst mit abstumpfenden Streustoffen wie Splitt, Sand oder Granulat verpflichtet sein"*, betonte das OLG Hamm.[3900] (Zur Frage des **Umfangs der Streupflicht bei Dauerschneefall** s. OLG Brandenburg, Urt. v. 5.11.2025 – 4 U 96/24.[3901])
- **Privater Winterdienst/Delegierung hoheitlicher Aufgaben:** Die Delegierung des als hoheitliche Aufgabe gesetzlich geregelten Winterdienstes in Berlin auf ein Privatunternehmen und die sich hieraus ergebenden Haftungsfragen waren Gegenstand des BGH.[3902] Der BGH stellte fest, dass die Mitarbeiter des Privatunternehmens in einem solchen Falle in Ausübung des ihnen anvertrauten öffentlichen Amtes iSv Art. 34 S. 1 GG mit der Folge handelten, dass das Privatunternehmen für Verletzungen der Räum- und Streupflicht dritten Geschädigten gegenüber deliktsrechtlich nicht hafte. Wird der Schnee durch den Räumdienst am Rand eines Gehweges oder in die Ecke einer Gehwegkreuzung zu einem **Schneehaufen** zusammengeschoben und rinnt sodann wegen der steigenden Temperatur das Schmelzwasser von diesem (vom Räumdienstmitarbeiter geschaffenen) Schneehaufen zur späteren Unfallstelle, wobei sich in der Nacht **Glatteis** bildete, so haftet der Räumdienst dafür, da *„von einem kontrollierenden Repräsentanten eines Winterdienstunternehmens ist zu erwarten, dass er über einschlägige Probleme und Gefahren bei der Schneeräumung Bescheid weiß"*, so der OGH Österreich.[3903]
- **Kirchgänger/Kirche:** Ebenso haften auch die Kirchen als Körperschaft des öffentlichen Rechts, wenn ein Kirchgänger auf oder – wie im aktuellen Fall – nach dem Kirchgang auf dem Gelände der Kirche stürzt, weil dort eine unzureichend beleuchtete Stufe eine Gefahrenstelle darstellte. Der am Heiligabend

---

[3893] Zur Haftung der Betreiber für die – recht häufigen – Unfälle bei der Nutzung von Wasserrutschen in öffentlichen Schwimmbädern vgl. OLG Hamm BeckRS 2014, 10859, welches sich sowohl mit der Frage der ordnungsgemäßen Nutzung als auch der Beschilderung mit klaren Verhaltensregeln – namentlich der Rutschhaltung – auseinandersetzt.
[3894] OLG Rostock OLG-NL 2001, 109; OLG Schleswig BeckRS 2011, 13674.
[3895] OLG Schleswig BeckRS 2011, 13674.
[3896] OLG Frankfurt a. M. BeckRS 2014, 04638.
[3897] OLG Karlsruhe BeckRS 2020, 37579.
[3898] KG BeckRS 2022, 35593.
[3899] OLG Brandenburg BeckRS 2023, 25313.
[3900] OLG Hamm BeckRS 2023, 43688.
[3901] OLG Brandenburg BeckRS 2025, 31294.
[3902] BGH NZV 2015, 72, NJW 2014, 3580.
[3903] OHG Österreich BeckRS 2022, 40203.

insofern zu Fall gekommenen 70-jährigen Klägerin sprach das OLG Schleswig[3904] ein Schmerzensgeld von 8.000 EUR zu, wobei es der alten Dame eine Mithaftung von 40 % anlastete.

- **Mobiles Verkehrsschild/privater Bauunternehmer:** Mit der Frage der Haftung eines privaten Bauunternehmers, der – mit Genehmigung der Stadt Baden-Baden – ein mobiles Verkehrsschild so aufgestellt hatte, dass sich die Klägerin dadurch verletzte, befasste sich das OLG Karlsruhe.[3905] Ob sich danach die Errichtung eines mobilen Verkehrsschilds durch ein Bauunternehmen als hoheitliche Maßnahme eines Verwaltungshelfers darstellt, wird in der instanzgerichtlichen Rechtsprechung nicht einheitlich beantwortet. Das OLG verneinte dies; der private Bau- oder Umzugsunternehmer sei nicht als Verwaltungshelfer und damit nicht als Beamter im haftungsrechtlichen Sinn tätig geworden. Er hafte daher aus Verkehrssicherungspflichtverletzung und müsse der Klägerin ein Schmerzensgeld bezahlen.
- **Sporthalle/Notausgangstüre:** Hinter einer Notausgangstüre bzw. einer als solche gekennzeichneten Außentüre dürfen sich keine erheblichen Niveauunterschiede befinden, vielmehr müssen der Notausgang und der Bereich außerhalb der Notausgangstür so beschaffen sein, dass Menschen auch in einer Ausnahmesituation das Gebäude sicher verlassen können, so entschied zutreffend das OLG Celle.[3906]

366 **Aufopferung:** Zur Frage, ob Schmerzensgeld auch für Verletzungen bei **rechtmäßigen Behördenmaßnahmen** und somit auch aus Aufopferungsansprüchen hergeleitet werden kann, nahm 2017 der BGH[3907] Stellung und bejahte diese – bis dahin umstrittene und überwiegend ablehnend beantwortete – Frage, nachdem zuvor das OLG Frankfurt a. M.[3908] die Klage eines Mannes abgewiesen hatte, der – von der Polizei versehentlich als Tatverdächtiger angesehen – von den Beamten zu Boden geworfen worden war und dabei eine Schulterluxation erlitten hatte. Das OLG hatte in seiner umfassenden Urteilsbegründung dazu ausgeführt, der Aufopferungsanspruch sei kein Schadensersatzanspruch, sondern ein „einheitlicher Ausgleichsanspruch", der auf Leistung eines billigen, angemessenen Ausgleichs für die erlittene Einbuße gerichtet sei und bei dem daher keine Einzelposten mit rechtlicher Selbstständigkeit und somit auch kein Schmerzensgeld zu leisten sei.

Dies sah der BGH[3909] im Jahr 2017 anders und änderte die Rechtsprechung, indem er seine frühere Grundsatzentscheidung[3910] aufgab und hierzu in seinem aktuellen Leitsatz ausführte:

„Der allgemeine Aufopferungsanspruch wegen eines hoheitlichen Eingriffs in die körperliche Unversehrtheit ist nicht auf den Ersatz materieller Schäden begrenzt, sondern umfasst auch nichtvermögensrechtliche Nachteile des Betroffenen."

Zur Begründung dieser begrüßungswerten[3911] Entscheidung führte der BGH aus, der Gesetzgeber habe durch die Regelung des Zweiten Gesetzes zur Änderung schadensersatzrechtlicher Vorschriften den bisher in § 253 BGB normierten Grundsatz, auf den der Senat sein Urteil wesentlich gestützt hat, verlassen. Dies ergebe sich bereits aus der schon 1971 erfolgten Änderung der Vorschriften über die Entschädigung für Strafverfolgungsmaßnahmen, nach welchen für zu Unrecht erlittene Haft Schmerzensgeld bzw. eine immaterielle Entschädigung gewährt werde. Zudem habe mittlerweile eine Vielzahl von Bundesländern Bestimmungen eingeführt, nach denen Ersatz auch des immateriellen Schadens bei Verletzung des Körpers oder der Gesundheit infolge präventiv-polizeilicher Maßnahmen geschuldet werde.

Zum letztbenannten Argument des BGH passend, hatte das OLG Frankfurt a. M.[3912] bereits 2013 einem Demonstranten ein Schmerzensgeld von 300 EUR zuerkannt, der – infolge der „unglücklichen Verkettung von Umständen" – von einem Polizeihund gebissen worden war. Auch hier wurden die allgemeinen Aufopferungsgrundsätze herangezogen und – mit Hinweis auf die „Neuregelung in § 253 Abs. 2 BGB" und die spezialgesetzlichen Aufopferungsansprüche nach StrEG und dem HessSOG – der Anspruch bejaht, wobei das OLG zudem bereits darauf hinwies, die Gesetzeslage stehe der Gewährung eines Ausgleichs für immaterielle Nachteile im Rahmen des allgemeinen Aufopferungsanspruchs nicht mehr entgegen, sondern fordere sie in den Fällen des § 253 Abs. 2 BGB sogar.

367 Mit der Frage, ob jugoslawische Staatsangehörige Ansprüche auf Schadensersatz und Schmerzensgeld für die Folgen einer während des Krieges in Jugoslawien durchgeführten **NATO-Luftoperation** gegen die Bundesrepublik Deutschland haben, hatte sich zunächst im Jahr 2004 das LG Bonn sowie nachfolgend das

3904 OLG Schleswig BeckRS 2016, 115271.
3905 OLG Karlsruhe BeckRS 2017, 101493.
3906 OLG Celle NJW-RR 2019, NJW-RR Jahr 2019, 1043.
3907 BGH BeckRS 2017, 125886 mAnm NJW 2017, 3384 (2286).
3908 OLG Frankfurt a. M. BeckRS 2017, 102200.
3909 BGH BeckRS 2017, 125886 mAnm NJW 2017, 3384 (2286).
3910 BGH NJW 1956, 629, BGHZ 20, 61 (68).
3911 Kritisch sehen dies Singbartl und Zintl in ihrer Anm. NJW 2017, 3384 (3386).
3912 OLG Frankfurt a. M. NVwZ-RR 2014, 142.

OLG Köln sowie der BGH[3913] und bis heute das Bundesverfassungsgericht[3914] zu befassen. Die Ansprüche wurden jeweils zurückgewiesen, da kein individuell durchsetzbarer **Schadensersatzanspruch** für **zivile Opfer** wegen des Nato-Luftangriffs bestehe. Auf die gesamte Rechtslage und Begründung hier einzugehen, sprengte den Rahmen dieser Kommentierung. Das BVerfG führte jedoch als eine „Kernthese" aus, dass es – *„anders als von den Beschwerdeführern ... behauptet – weder im Jahr* **1999** [ergänze: als der Angriff auf die **Brücke in Varvarin** erfolgte, bei der die inzwischen verstorbene Beschwerdeführerin verletzt worden war] *„noch gegenwärtig eine allgemeine Regel des Völkerrechts* [gab], *nach der dem Einzelnen bei Verstößen gegen das humanitäre Völkerrecht ein Anspruch auf Schadensersatz oder Entschädigung gegen den verantwortlichen Staat zusteht. Derartige Ansprüche wegen völkerrechtswidriger Handlungen eines Staates gegenüber fremden Staatsangehörigen stehen – nach wie vor – grundsätzlich nur dem Heimatstaat des Geschädigten zu oder sind von diesem geltend zu machen".* Am Rande dieser Entscheidung stellte das BVerfG nochmals klar, dass in derartigen Fällen, bei welchen es um die *„Regeln über die Haftung des Staates für die Folgen einer pflichtwidrigen Ausübung öffentlicher Gewalt* [geht] *... der Rechtsweg zu den ordentlichen Gerichten eröffnet ist und daher die Zivilprozessordnung Anwendung findet".*

Für Furore in den Medien und Empörung in der Öffentlichkeit sorgte 2012 das juristisch jedoch zutreffende Urteil des OLG Frankfurt a. M.[3915] Es gab der Klage des Kindsmörders Magnus Gäfgen anlässlich der diesem widerfahrenen **Folterandrohung** während einer polizeilichen Vernehmung zum Teil statt und gewährte ihm ein Schmerzensgeld iHv 3.000 EUR, da durch diese Vernehmungsmaßnahme *„in die Menschenwürde, die das höchste Verfassungsgut darstellt (...), eingegriffen"* worden war. **368**

Hierzu seien auch die Klagen von Häftlingen gegen das jew. Bundesland wegen **menschenunwürdiger Haftunterbringung**[3916] zu erwähnen: Damit hatte sich das OLG Hamm[3917] befasst und der Klage stattgegeben. Das OLG wies bzgl. der Entschädigung darauf hin, dass nach der Rechtsprechung des Bundesgerichtshofs[3918] der geltend gemachte Schaden einerseits kein Vermögensschaden, andererseits auch kein bloßes Schmerzensgeld im Sinne des § 253 Abs. 2 BGB sei. Es gehe vielmehr um den Ausgleich einer Verletzung der Menschenwürde gem. Art. 1 Abs. 1 GG und des aus Art. 1 und Art. 2 Abs. 1 GG hergeleiteten allgemeinen Persönlichkeitsrechts. Die Zubilligung einer Geldentschädigung in bestimmten Fällen der Beeinträchtigung des allgemeinen Persönlichkeitsrechts beruhe auf dem Gedanken, dass ohne einen solchen Anspruch Verletzungen der Würde und Ehre des Menschen häufig ohne Sanktion blieben, mit der Folge, dass der Rechtsschutz der Persönlichkeit verkümmern[3919] würde. **369**

Ein Schmerzensgeldanspruch kann auch gemäß § 839a Abs. 1, § 253 Abs. 2 BGB begründet sein, wenn ein vom Gericht ernannter Sachverständiger vorsätzlich oder grob fahrlässig ein unrichtiges Gutachten erstellt und eingereicht hat und einem Verfahrensbeteiligten durch eine gerichtliche Entscheidung, welche auf diesem Gutachten beruht, ein materieller oder immaterieller Schaden entsteht. Dabei muss für den Vorwurf der groben Fahrlässigkeit jedoch eine Pflichtverletzung vorliegen, die sowohl in objektiver als auch in subjektiver Hinsicht besonders schwer wiegt. Allerdings entfällt der Vorwurf der groben Fahrlässigkeit, wenn das in Auftrag gebende Gericht die Vorgehensweise und das methodische Vorgehen des Sachverständigen billigt.[3920] **369a**

5. Schadensersatzansprüche für immaterielle Nachteile wegen überlanger Verfahrensdauer

Nach § 198 GVG kann ein Kläger, der infolge **unangemessener Dauer eines Gerichtsverfahrens** als Verfahrensbeteiligter einen Nachteil erleidet, eine angemessene Entschädigung verlangen.[3921] Die Angemessenheit der Verfahrensdauer richtet sich nach den Umständen des Einzelfalles, insbesondere nach der Schwierigkeit und Bedeutung des Verfahrens und nach dem Verhalten der Verfahrensbeteiligten und Dritter. Die Entschädigung beträgt grundsätzlich 1.200 EUR für jedes Jahr der Verzögerung, kann jedoch nach den Umständen des Einzelfalles auch höher oder niedriger ausfallen, wie im Fall, den 2026 das OLG Brandenburg[3922] zur überlangen Dauer – konkret 44 Monate – eines familiengerichtlichen Umgangsverfahrens ent- **370**

[3913] Zu den diesbezüglichen Fundstellen s. → Nr. 3272 unter „Einzelheiten".
[3914] BVerfG BeckRS 2013, 55213.
[3915] OLG Frankfurt a. M. NJW 2013, 75, welches das Urt. der Vorinstanz (LG Frankfurt a. M. FD-StrafR 2011, 321102) bestätigte.
[3916] Hofmann NK-Ausländerrecht AufenthG § 62 Rn. 118–120.
[3917] OLG Hamm BeckRS 2009, 08493.
[3918] BGH NJW 2005, 58.
[3919] BGH NJW 2005, 58.
[3920] LG Würzburg BeckRS 2025, 7790 Rn. 50 – 51 mit Verweis auf OLG Köln Urt. v. 27.3.2012 – I-4 U 11/11.
[3921] OVG Lüneburg BeckRS 2025, 344.
[3922] OLG Brandenburg BeckRS 2026, 9888 → Nr. 7950.

schieden hatte und insofern betonte, *„dass grobe Rechtsverstöße des Familiensenats im Hinblick auf die gesetzlichen Bearbeitungsfristen für Beschleunigungsrügen und Beschleunigungsbescheide als essentielles Verfahrensrecht vorliegen."*

Als Entschädigungsbetrag für immaterielle Nachteile sah das OLG gemäß § 198 Abs. 2 S. 4 GVG, § 287 ZPO insgesamt 7.000 EUR als angemessen an und begründete dies wie folgt: *„Aufgrund besonderer Umstände im Sinne von § 198 Abs. 2 Satz 4 GVG des vorliegenden Einzelfalles ist zugunsten des Klägers ein höherer Entschädigungsbetrag als billig anzusehen, nämlich insbesondere aufgrund der Bedeutung des Verfahrens, den nachteiligen Auswirkungen der Dauer und zeitlichen Lage der unangemessenen Verfahrensdauer sowie der Missachtung der Fristen der §§ 155b, 155c FamFG."*[3923]

Die Verfahrensdauer ist, worauf das **BVerwG**[3924] bereits 2013 in zwei Entscheidungen hingewiesen hatte, *„unangemessen iSv § 198 I 1 GVG, wenn eine insbesondere an den Merkmalen des § 198 I 2 GVG ausgerichtete Gewichtung und Abwägung aller bedeutsamen Umstände des Einzelfalls ergibt, dass die aus konventions- und verfassungsrechtlichen Normen folgende Verpflichtung des Staates, Gerichtsverfahren in angemessener Zeit zum Abschluss zu bringen, verletzt ist."*

Die **Erkrankung eines Richters** kann in diesem Zusammenhang als Fall höherer Gewalt nur eine kurzfristige Verzögerung des Rechtsstreits rechtfertigen, da in einem solchen Falle grundsätzlich die zur Vertretung berufenen Richter zur Förderung des Verfahrens verpflichtet sind.[3925] Wird jedoch die **Verfahrensverzögerung von der Beschwerdeführerin selbst mitverursacht** oder hat sie selbst mit ihrem Prozessverhalten zu einer relevanten Verzögerung des Rechtsstreits beigetragen, kann zur Wiedergutmachung der Verzögerung die Feststellung des Entschädigungsgerichts ausreichen, dass die Verfahrensdauer unangemessen war; für eine Entschädigung in Geld ist dann daneben kein Raum.[3926]

Zur Thematik der Schadensersatzansprüche für immaterielle Nachteile wegen überlanger Verfahrensdauer hatte der **BGH** 2022[3927] klargestellt, dass die **Entschädigungsklage nach § 198 GVG** eine auf Zahlung gerichtete **Leistungsklage** darstellt. Soweit die Höhe des Entschädigungsanspruchs maßgeblich durch die Dauer der Verzögerung bestimmt wird (§ 198 Abs. 2 Satz 3 und 4 GVG), ist es dem Entschädigungskläger zuzumuten, sich auf die Annahme einer bestimmten Dauer der Verzögerung festzulegen und seinen Antrag danach auszurichten. Anders als bei einer Klage auf Schmerzensgeld bei Personenschäden, kann bei der **Klage auf immateriellen Schadensersatz wegen überlanger Verfahrensdauer** der Antrag des Klägers nicht dahingehend ausgelegt werden, dass er die Höhe der Entschädigung in das Ermessen des Gerichts stellen wollte und es sich bei den von ihm genannten Beträgen lediglich um eine Größenordnung der geltend gemachten Entschädigung (etwa einen Mindestbetrag) handeln sollte, so der BGH, der zudem nochmals betonte, dass der Entschädigungsanspruch aus § 198 Abs. 1 S. 1 GVG dabei die unangemessene Dauer eines Gerichtsverfahrens voraussetze und dass sich insofern die Beurteilung, ob die Dauer eines Gerichtsverfahrens unangemessen ist, stets nach den Umständen des Einzelfalles, insbesondere nach der Schwierigkeit und Bedeutung des Verfahrens und nach dem Verhalten der Verfahrensbeteiligten und Dritter richtet. Dabei – so der BGH – seien die in § 198 Abs. 1 S. 2 GVG genannten Kriterien zwar besonders bedeutsam, jedoch nur beispielhaft („insbesondere") und nicht abschließend zu verstehen. Die Verfahrensführung des Richters wird im Entschädigungsprozess entsprechend den im Amtshaftungsprozess entwickelten Grundsätzen nicht auf ihre Richtigkeit und somit auch nicht auf ihre sachliche Richtigkeit überprüft, sondern nur auf ihre Vertretbarkeit.

Insofern sprach das OVG Lüneburg[3928] 2025 den Klägern jeweils 2.500 EUR Schmerzensgeld wegen der unangemessenen Verfahrensdauer eines einbürgerungsrechtlichen Klageverfahrens zu und das OLG Celle, Urt. v. 23.6.2011[3929] erachtete 10.000 EUR wegen amtspflichtwidriger **Verfahrensverzögerung** für angemessen: Kläger war ein Insolvenzverwalter, der dem Land Niedersachen eine amtspflichtwidrige Verfahrensverzögerung von 15 Monaten bis zum Freispruch in dem gegen den Kläger gerichteten Strafverfahren vorgeworfen hatte, wobei die Rechtsgrundlage in diesem Verfahren noch auf § 839 Abs. 2 BGB iVm Art. 34 GG und Art. 6 EMRK basierte, da für derartige Ansprüche erst seit dem 3.12.2011 auf § 198 GVG abzustellen ist.

Derartige Verzögerungen sind zudem auch *„verfassungsrechtlich nicht hinnehmbar"*, worauf das **BVerfG**[3930] im Rahmen der Verfassungsbeschwerde der insofern Betroffenen Gelegenheit hatte hinzuweisen und in der

[3923] OLG Brandenburg BeckRS 2026, 9888 Rn. 155.
[3924] BVerwG BeckRS 2013, 55758 sowie BVerwG BeckRS 2013, 56027.
[3925] BVerwG BeckRS 2013, 56027.
[3926] OVG Lüneburg BeckRS 2024, 23626.
[3927] BGH BeckRS 2022, 41221; vgl. dazu auch OVG Lüneburg BeckRS 2025, 343 → Nr. 7568.
[3928] OVG Lüneburg BeckRS 2025, 343.
[3929] OLG Celle NJW-Spezial 2012, 250.
[3930] BVerfG BeckRS 2014, 45903.

überlangen Verfahrensdauer infolge der *„Untätigkeit des Sozialgerichts"* eine Verletzung des **Grundrechts auf effektiven Rechtsschutz** aus Art. 19 Abs. 4 GG sah.

In diesem Zusammenhang ist auch auf das Urteil des **EGMR**[3931] hinzuweisen, mit welchem dieser den Beschwerdeführern wegen überlanger Verfahrensdauer im Rahmen mehrerer Umgangs- und Sorgerechtsverfahren – in einem Fall dauerte das Verfahren insgesamt *„etwa vier Jahre und drei Monate, wobei zwei Instanzen, einschließlich einer Zurückverweisung, durchlaufen wurden"* – jew. 2.000 EUR bzw. 2.500 EUR als *„Entschädigung für immateriellen Schaden"* zugesprochen hatte.

Wegen **überlanger Wartezeit** auf die offizielle **Änderung des Namens** sprach der EGMR[3932] auch einer italienischen Transsexuellen immateriellen Schadensersatz iHv 2.500 EUR zu, da bei der jungen Frau – die als Mann geboren worden war, jedoch bereits seit vielen Jahren als Frau lebte und nun auch einen weiblichen Namen tragen wollte – ein Gefühl der Verletzlichkeit und Erniedrigung ausgelöst wurde. Die Straßburger Richter sahen dadurch das Menschenrecht auf Achtung des Privatlebens verletzt und verurteilten Italien zu Entschädigungszahlungen.

Zuletzt sei im weitesten Sinne in diesem Zusammenhang auf eine Entscheidung des BGH[3933] verwiesen, **371**
wonach dieser sich mit der Frage zu befassen hatte, ob für die „Bergbau-Phobie" der Klägerin aus den Gesichtspunkten des **Bergrechts** sowie des **Nachbarrechts** ein Schmerzensgeldanspruch gegeben sein könne. Der BGH verneinte dies mit der Begründung, ein solcher Anspruch könne nach § 253 Abs. 2 BGB nur gegeben sein, wenn Schadensersatz wegen der Verletzung unter anderem des Körpers oder der Gesundheit zu leisten sei. Daran fehle es jedoch vorliegend, denn § 114 BBergG stelle zwar eine Norm des Schadensersatzrechts dar, dieses erfasse jedoch gesundheitliche Beeinträchtigungen nicht als Bergschaden. Auch könne der Anspruch nicht aus dem Nachbarrecht hergeleitet werden, denn nach § 906 Abs. 2 BGB stelle der zwischen Grundstückseigentümern für bergbaubedingte Schäden zu leistende Ausgleich keinen Schadensersatzanspruch dar.

Als unbegründet zurückgewiesen wurde auch die Klage eines Soldaten der Bundeswehr auf Schadensersatz **372**
und Schmerzensgeld. Er warf der Bekl. vor, die gebotenen Sicherungsvorkehrungen beim **Radargeräteeinsatz** unterlassen zu haben und dadurch verantwortlich für seine strahlenbedingten gesundheitlichen Beeinträchtigungen zu sein. Das OLG München[3934] begründete dies damit, dass der Kläger Schmerzensgeld erfolgreich nur für derartige Beeinträchtigungen von der Bundesrepublik Deutschland verlangen könne, wenn er eine vorsätzliche Amtspflichtverletzung der Verantwortlichen nachweise; dies sei ihm nicht gelungen.

Ebenfalls abgelehnt wurde der Antrag auf Prozesskostenhilfe für eine auf Schmerzensgeld gerichtete Klage eines Mitglieds der freiwilligen Feuerwehr gegen Kollegen der Berufsfeuerwehr, mit denen er an einer gemeinsamen **Feuerwehrübung** teilgenommen hatte, wobei er verletzt worden war. Da diese Einsatzübung als *„Ausübung eines öffentlichen Amtes iSd Art. 34 GG anzusehen ist"*, scheide *„eine persönliche Haftung aus Anlass eines mit einem solchen Einsatzes eingetretenen Schadenfall für die Beklagten"* aus. Der Kläger habe somit keinen Anspruch auf Schmerzensgeld, so das OLG Naumburg[3935] mit Verweis auf die insofern damals herrschende Rechtsprechung des BGH.

Ebenso als unbegründet sah das LG Duisburg[3936] die Klage eines verbeamteten Hauptbrandmeisters, der während der **Loveparade** in Duisburg, bei der 21 Menschen ums Leben kamen, traumatisiert worden war.

Amtshaftung im Zusammenhang mit dem Schusswaffengebrauch bei einem Polizeieinsatz: Der **372a**
Schusswaffengebrauch ist im Polizeirecht des Bundes (für Bundesbehörden) bzw. den 16 Polizeigesetzen der Bundesländer (für Länderpolizeien) geregelt; für den Freistaat Bayern beispielsweise in Art. 84 Abs. 1 Nr. 1 PAG; er ist nur gerechtfertigt und auch notwendig, um eine gegenwärtige Gefahr für Leib oder Leben abzuwenden.

Mit der Frage, ob ein Polizeibeamter, der zur Abwehr einer ihn mit einem Messer in einem engen Raum bedrohenden Person von der Schusswaffe gebraucht und die Person schwer verletzt hat, amtspflichtwidrig gehandelt hat, befasste sich 2023 das LG München I.[3937] Das LG wies die auf Schmerzensgeld gerichtete Klage ab, da eine Notwehrlage vom beklagten Land nachgewiesen werden konnte und es in der konkreten

[3931] EGMR BeckRS 2009, 22678.
[3932] EGMR 11.10.2018 – 55216/08, Becklink 2011183.
[3933] BGH NJW-Spezial 2010, 643.
[3934] OLG München NVwZ 2009, 857.
[3935] OLG Naumburg NZV 2011, 189.
[3936] LG Duisburg BeckRS 2016, 03526.
[3937] LG München I BeckRS 2023, 7593; vgl. auch OLG Köln BeckRS 2022, 8821.

Situation keine andere effektive Abwehrmöglichkeit mehr gab. Auch sei das für Polizeieinsätze geltende Übermaßverbot nicht verletzt worden; dazu führte das LG aus: „Mildere Maßnahmen sind nur dann anzuwenden, wenn sie eine sofortige und endgültige Beseitigung der Gefahr mit Sicherheit erwarten lassen, ohne dass Zweifel über die Wirkung des Verteidigungsmittels verbleiben. Polizeibeamte müssen sich nicht auf das Risiko einer ungenügenden Abwehrhandlung einlassen." Ebenso entschied in einem vergleichbaren Fall das OLG Köln.[3938]

Kann das insofern beweisbelastete Land den Nachweis einer Notwehrlage nicht erbringen, wie im Fall, den das LG Kiel[3939] zu entscheiden hatte, kann unter Berücksichtigung eines ggf. vorhandenen Mitverschuldens des Opfers ein Schmerzensgeldanspruch gegeben sein. Insofern ist jedoch möglicherweise eine Putativnotwehr gegeben; dh dass der Polizeibeamte sich in einer Notwehrsituation glaubte, die jedoch nicht gegeben war. Die Putativnotwehr aber bewirkt keine Rechtfertigung der Notwehrhandlung. Der Irrtum über das Vorliegen eines Erlaubnistatbestandes (Putativnotwehr) lässt allerdings den Fahrlässigkeitsvorwurf (§ 276 Abs. 1 S. 2 BGB) unberührt, sofern der Irrtum vermeidbar war. Zu prüfen ist daher in solchen Fällen, ob ein besonnener und umsichtiger Angehöriger des betroffenen Verkehrskreises in der Situation des Polizeibeamten die Realität erkannt hätte. Die Beweislast für die Unvermeidbarkeit des Irrtums liegt beim beklagten Land.

Zum Post-Shooting-Syndrom eines Polizeibeamten nach Schusswaffengebrauch vergleiche oben → **Rn. 301.**

372b **Amtshaftung im Zusammenhang mit einer Wehrdienstverrichtung:** Nach § 91a Abs. 1 SVG haben Soldatinnen und Soldaten bzw. die nach diesem Gesetz versorgungsberechtigten Personen aus Anlass einer Wehrdienstbeschädigung oder einer gesundheitlichen Schädigung im Sinne der §§ 81a bis 81f SVG gegen den Bund nur die auf diesem Gesetz beruhenden Ansprüche und können diese gegen den Bund oder einen anderen öffentlich-rechtlichen Dienstherrn im Bundesgebiet oder gegen die in deren Dienst stehenden Personen nur dann geltend machen, wenn die Wehrdienstbeschädigung oder die gesundheitliche Schädigung im Sinne der §§ 81a bis 81f SVG durch eine vorsätzliche unerlaubte Handlung einer solchen Person verursacht worden ist. Nach der Rechtsprechung des BGH[3940] ist für eine vorsätzliche unerlaubte Handlung iSv § 839 BGB ausreichend, dass sich

1. der Vorsatz auf die Verletzung der Amtspflicht bezieht und der handelnde Soldat/Beamte
2. Kenntnis der Tatsachen hatte, aus denen sich die Pflichtverletzung objektiv ergibt sowie auch
3. das Bewusstsein der Pflichtwidrigkeit, dh das Bewusstsein, gegen die Amtspflicht zu verstoßen. Zumindest muss der Amtsträger mit der Möglichkeit eines solchen Verstoßes rechnen und diesen billigend in Kauf nehmen

Nicht erforderlich ist jedoch, dass der Soldat/Beamte einen Schaden vorausgesehen hat oder auch nur voraussehen konnte.[3941]

Vor diesem Hintergrund sprach das LG Bonn[3942] einem Soldaten 25.000 EUR Schmerzensgeld zu; er wurde von seinem Zimmerkollegen versehentlich schwer verletzt, in dem dieser unter vorsätzlicher Missachtung der Dienstvorschrift ZD 3/15 Nr. 612 (Verbot des spielerischen Umgangs mit Schusswaffen) eine geladene Pistole spielerisch auf den Kläger gerichtet und versehentlich abgedrückt hatte.

Dagegen blieb die Klage einer jungen Bundespolizistin aus den oben genannten Gründen ohne Erfolg. Die Beamtin hatte infolge eines Hubschrauberabsturzes bzw. einer fehlerhaften Landung im Rahmen einer **Hubschrauberübung** der **Bundespolizei** einen Unterschenkel verloren. Das LG Berlin[3943] hat die Klage abgewiesen. Der Hubschrauberpilot hafte bereits deshalb nicht, weil er den Hubschrauber in seiner Eigenschaft als Bundesbeamter gelenkt und damit hoheitlich gehandelt habe. Die Klägerin als Geschädigte könne ihn nicht direkt in Anspruch nehmen. Aber auch die Bundesrepublik Deutschland sei nicht verpflichtet, ein Schmerzensgeld zu zahlen. Nach dem Beamtenversorgungsgesetz käme dies nur in Betracht, wenn das Unfallereignis vorsätzlich herbeigeführt worden oder im allgemeinen Verkehr eingetreten wäre. Letzteres sei nicht der Fall, da es sich um einen Dienstunfall gehandelt habe. Die Klägerin habe im Rahmen ihres Dienstes an einer Einsatzübung teilgenommen. Zum Rechtsweg in solchen Fällen s. nachfolgend → Rn. 374.

Zur Haftung des Trägers einer Schule oder der betreffenden Anstellungskörperschaft einer Privatschule gem. Art. 34 GG iVm § 839 Abs. 1 BGB s. oben → Rn. 159

[3938] OLG Köln BeckRS 2022, 8821.
[3939] LG Kiel BeckRS 2020, 14180.
[3940] BGH BeckRS 9998, 29744.
[3941] BGH BeckRS 9998, 82514.
[3942] LG Bonn BeckRS 2015, 18403 → Nr. 6656.
[3943] LG Berlin BeckRS 2017, 119556; vgl. auch LSG Berlin-Brandenburg BeckRS 2019, 13987.

Zur **Amtshaftung im Falle von Verkehrsunfällen unter Beteiligung von Polizeifahrzeugen oder Rettungsfahrzeugen (Notarztwagen, Rettungswagen, Feuerwehrfahrzeugen):** 372c

Rettungswagen sind, ebenso wie Fahrzeuge der Bundeswehr, der Bundespolizei, der Feuerwehr, des Katastrophenschutzes, der Polizei und des Zolldienstes gemäß § 35 StVO von den Vorschriften der Straßenverkehrsordnung befreit, „soweit das zur Erfüllung hoheitlicher Aufgaben dringend geboten ist." Diese Rechtsfolge tritt auch dann ein, wenn das Sonderrechtsfahrzeug weder Horn noch Blaulicht führt, oder diese zwar vorhanden sind, aber nicht betätigt werden.[3944]

Dies gilt nicht, worauf das OLG Naumburg[3945] ausdrücklich hingewiesen hatte, für ein in seinem Privatfahrzeug zum Einsatz eilendes Mitglied der freiwilligen Feuerwehr; auf der Fahrt zum Feuerwehrhaus muss sich ein Mitglied an die Regeln der Straßenverkehrsordnung und somit auch an die örtlichen Geschwindigkeitsbegrenzungen halten.

Eine Einsatzfahrt im Sinne des § 35 Abs. 5a StVO liegt vor, wenn sich der Fahrer des Einsatzfahrzeuges nach der ihm bekannten Lage für berechtigt halten durfte (ex ante), Sonderrechte in Anspruch zu nehmen. Auf eine spätere (ex post) objektive Betrachtung nach Beendigung der Einsatzfahrt kommt es nicht an.

„Wenn höchste Eile geboten ist, um Menschenleben zu retten oder schwere gesundheitliche Schäden abzuwenden" (so § 35 Abs. 5a StVO), darf daher ein Rettungs- oder Notarztfahrzeugführer sich über allgemeine Verkehrsregeln hinwegsetzen, auch wenn er dadurch die Unfallgefahren erhöht; stets hat dies jedoch unter gebührender Berücksichtigung der öffentlichen Sicherheit und Ordnung (§ 35 Abs. 8 StVO) sowie «unter größtmöglicher Sorgfalt»" zu erfolgen, betonte das OLG Schleswig 2024.[3946]

Demnach darf sich der Fahrer eines Einsatzfahrzeugs unter Einschaltung von Blaulicht und Martinshorn (§ 38 StVO) *„nicht dabei beruhigen, dass er die Warnzeichen gegeben habe und gebe; denn die anderen Verkehrsteilnehmer sind zur Gewährung freier Bahn grundsätzlich nur nach der Wahrnehmung dieser Zeichen verpflichtet. Der Fahrer eines Einsatzwagens darf nur dann auf die Gewährung freier Fahrt vertrauen, wenn Anhaltspunkte dafür vorliegen, dass die anderen Verkehrsteilnehmer die besonderen Zeichen auch bemerkt haben."*[3947]

Auf welche Weise „freie Bahn" zu schaffen ist, hängt von den Umständen des Einzelfalles ab, wobei der Ausschluss einer Behinderung des Einsatzfahrzeugs alleinige Richtschnur für das Verhalten der übrigen Verkehrsteilnehmer sein muss. Im Zweifel müssen andere Verkehrsteilnehmer stehen bleiben, sofern für das Ausweichen nach links oder rechts kein genügender Platz vorhanden ist.

Die **Beweislast für das Vorliegen einer Einsatzfahrt** trägt derjenige, der sich auf das Vorliegen einer Einsatzfahrt beruft.

Zur besonderen haftungsrechtlichen Fallkonstellation nach einem Verkehrsunfall, den ein nach dem SGB VII Versicherter [hier: der Schmerzensgeld beanspruchende Beifahrer im verkehrswidrig wendenden Fahrzeug seines Arbeitskollegen] erlitten hattet und dabei nicht allein von einem haftungsprivilegierten Arbeitgeber oder Arbeitskollegen, sondern zugleich auch von einem außerhalb des Arbeitsverhältnisses stehenden Dritten (hier: mit Blaulicht aber ohne Martinshorn herannahenden Notarztwagen) verursacht wurde, vgl. OLG Brandenburg BeckRS 2024, 1568.

Um den Rahmen des Handbuchs insofern nicht zu sprengen, sei an dieser Stelle auf die nachfolgenden Entscheidungen verwiesen: OLG Schleswig BeckRS 2024, 1356, OLG Brandenburg BeckRS 2024, 1568, OLG Oldenburg BeckRS 2021, 45084, OLG Hamm. BeckRS 2018, 1369 sowie auch OLG Düsseldorf BeckRS 2018, 1905 und zum Fall eines Polizeibeamten, der als Kradfahrer während eines Staatsbesuchs Mitglied einer Motorradeskorte war und dabei mit einem anderen Verkehrsteilnehmer kollidierte KG BeckRS 2003, 30312474.

Mit der **Kumulation** mehrerer **voneinander unabhängiger Persönlichkeitsrechtsverletzungen** hatte sich das OLG Düsseldorf[3948] zu befassen. Es entschied, dass *„unabhängig voneinander begangene Persönlichkeitsrechtsverletzungen mehrerer Amtsträger ... gegenüber demselben Rechtsträger ... nicht durch ihre Kumulation zur Haftung der allen Amtsträgern gemeinsamen Anstellungskörperschaft nach § 839 BGB iVm Art. 34 GG wegen einer schweren Persönlichkeitsrechtsverletzung führen"*. Dies gelte auch dann, *„wenn sie für sich genommen nicht eine Schwere* 373

[3944] NK-GVR/Koehl StVO § 35 Rn. 7; KG BeckRS 2003, 30312474 → Nr. 6224.
[3945] OLG Naumburg BeckRS 2014, 23378.
[3946] OLG Schleswig BeckRS 2024, 1356.
[3947] BGH NJW 1971, 616.
[3948] OLG Düsseldorf BeckRS 2005, 30355236; NJW 2005, 1791.

erreichen, welche die Zubilligung einer Geldentschädigung rechtfertigt", betonte das OLG Düsseldorf im damaligen auf Schmerzensgeld iHv 100.000 EUR gerichteten Rechtsstreit des ehemaligen Vorstandsvorsitzenden der Mannesmann AG gegen das Land NRW.

Nicht unerwähnt bleiben soll an dieser Stelle ein Urteil des OLG Koblenz,[3949] welches sich mit der Schmerzensgeldklage der Klägerin gegen eine vom **Jugendamt** beauftragte **Gutachterin** zu befassen und diese zurückgewiesen hatte, da es an der Passivlegitimation des Gutachters fehlte. Nach überkommenem Rechtsverständnis haftete der Sachverständige zwar bei einem schwerwiegenden Eingriff in das allgemeine Persönlichkeitsrecht oder sonst ein absolutes Rechtsgut bei einer leichtfertig unrichtigen, der Sachkunde völlig entbehrenden Begutachtung (vgl. BGH, NJW 1989, 2941 = NJW-RR 1989, 1367); jedoch fehle der Beklagten die Passivlegitimation, *„da sie in Ausübung eines ihr anvertrauten öffentlichen Amtes gehandelt hat und daher eine befreiende Haftungsübernahme durch den Landkreis als Träger des zuständigen Jugendamtes (§ 2 I AGKJHG [GVBl. 1993, 632, BS 216-1]) eingetreten ist (§ 839 I BGB iVm Art. 34 S. 1 GG). In seinem Anwendungsbereich verdrängt § 839 BGB als vorrangige Spezialregelung konkurrierende Ansprüche aus §§ 823 ff. BGB wie auch aus § 839a BGB (BGHZ 200, 253 – NJW 2014, 1665 – DS 2014, 155 Rn. 29)"*, so das OLG.

Abschließend sei noch ein Urteil des LG Lübeck[3950] erwähnt, bei welchem es um die Klage gegen eine gesetzliche Krankenversicherung auf Zahlung eines Schmerzensgeldes wegen Verschlechterung des Gesundheitszustandes infolge **nicht (rechtzeitig) gewährter Kur** ging.

Die Klägerin, Mutter eines schwerbehinderten Kindes, beantragte bei der Beklagten, ihrer Krankenversicherung, eine Mutter-Kind-Kur, die ihr die Beklagte jedoch verweigerte. Die Klägerin verklagte letztendlich ihre Krankenversicherung und führte aus, sie habe aufgrund der durch die Ablehnung der Beklagten eingetretenen Verzögerung ... im Zeitraum von Oktober 2005 bis Mai 2007 eine deutliche Steigerung des psychosomatischen Erschöpfungssyndroms mit erheblicher depressiver Komponente, eine Verschlimmerung des Wirbelsäulenleidens mit Verstärkung von Schmerzen in Beinen, Rücken und Schultern mit der Folge der Notwendigkeit der Einnahme von morphinähnlichen Schmerzmitteln und eine Steigerung bzw. erhebliche Fixierung ihres Bluthochdrucks erlitten. Das LG, dass zunächst die Zulässigkeit des Rechtswegs zu den ordentlichen Gerichten prüfte und insofern zum Ergebnis kam, dass dieser gem. § 13 GVG, § 40 Abs. 2 S. 1 Alt. 2 VwGO und Art. 34 S. 3 GG eröffnet sei, kam zum Ergebnis, dass die Klägerin gem. § 839 Abs. 1, § 253 Abs. 2 BGB iVm Art. 34 GG Anspruch auf Zahlung eines Schmerzensgeldes iHv 4.000 EUR hat. Schmerzensgeldmindernd berücksichtigte das LG jedoch im Rahmen der Schadenminderungspflicht gem. § 254 Abs. 2 S. 1 Alt. 2 BGB, dass die Klägerin den Schaden hätte mindern können, wenn sie von den von der Beklagten angebotenen ambulanten Maßnahmen Gebrauch gemacht hätte.

374 **Anmerkungen zum Rechtsweg:** Wenn auch rechtsdogmatisch nicht ganz korrekt zugeordnet, sei an dieser Stelle ein Beschl. des VG Regensburg[3951] erwähnt, mit welchem das Verwaltungsgericht den klägerischerseits auf Amtshaftung gestützten Schmerzensgeldanspruch eines Beamten gegen seinen Dienstherren gem. der § 83 S. 1 VwGO iVm § 17a Abs. 2, § 71 Abs. 2 Nr. 2 GVG und § 32 ZPO an das Landgericht verwies und insofern den Verwaltungsrechtsweg für unzulässig erklärt hatte.

Die Frage, ob dies anders zu beurteilen sei, sofern der Schmerzensgeldanspruch auf einer Verletzung der beamtenrechtlichen Fürsorgepflicht gegründet worden wäre, ließ das Verwaltungsgericht ausdrücklich offen. Hierzu äußerte sich jedoch das VG Augsburg[3952] bejahend:

„Für das Klagebegehren auf Verpflichtung des Beklagten auf Gewährung von Schadensersatz und Schmerzensgeld wegen Verletzung der beamtenrechtlichen Fürsorgepflicht ist der Rechtsweg zu den Verwaltungsgerichten nach § 40 I 1 VwGO eröffnet. Es liegt eine öffentlich-rechtliche Streitigkeit nichtverfassungsrechtlicher Art iSv § 40 I S. 1 VwGO vor."

Ebenso entschied das VG München[3953] zum Rechtsweg bei Rechtsschutz gegen repressives Verhalten der Polizei.

Zur **Erfüllungsübernahme bei Schmerzensgeldansprüchen** bzw. im konkreten Falle zur Übernahme der Erfüllung eines Schmerzensgeldanspruchs eines Polizeibeamten gegen einen Dritten (Schädiger) durch den Dienstherrn gem. Art. 97 BayBG sei hier auf die Entscheidungen des VGH München[3954] verwiesen. S. dazu umfassend unten → **Rn. 488.**

3949 OLG Koblenz NJW-RR 2016, 796.

3950 LG Lübeck BeckRS 2009, 20318.

3951 VG Regensburg BeckRS 2013, 47962 vgl. auch VG Regensburg BeckRS 2013, 50735 sowie auch VG München 23.1.2014 – 17 K 13.3148 und 17 K 13.3147.

3952 VG Augsburg BeckRS 2016, 42186 mit Verweis auf weitere Entscheidungen.

3953 VG München BeckRS 2016, 51270.

3954 VGH München BeckRS 2021, 9494; VGH München BeckRS 2021, 4343.

Zum Rechtsweg und Klagegegner bei Schadensersatzklagen nach Art. 82 DS-GVO bei Datenschutzverstößen durch Mitarbeiter öffentlicher Stellen sei auf den hierzu sehr gut weiterführenden Aufsatz von Simon Diethelm Meyer ZD 2025, 200 verwiesen.

Zur Thematik der Persönlichkeitsrechtsverletzungen wegen Verstoß gegen die DS-GVO s. oben unter → **Rn. 244 ff.**)

IX. Schmerzensgeldbemessungsformen

1. Kapitalentschädigung und Schmerzensgeldrente

Schmerzensgeld wird grundsätzlich als Kapitalbetrag verstanden, kann jedoch bei schweren Dauerfolgen wie bleibende physische oder psychische Verletzungen auch als Rente – anstatt oder ergänzend zum Kapital – ausbezahlt werden, sofern dies vom Kläger beantragt wurde. 375

Bereits in seiner Grundsatzentscheidung von 1955 hat der Große Senat[3955] eine Rentenzahlung explizit für den Fall vorgesehen, dass aufgrund der schlechten wirtschaftlichen Verhältnisse des Schädigers dieser nicht in der Lage sei oder man es ihm nicht zumuten wolle, die billige Entschädigung durch eine einmalige Kapitalabfindung zu leisten. Im Anschluss an diese Entscheidung hat der BGH klargestellt, dass es im freien tatrichterlichen Ermessen stehe, welche Form der Entschädigung den Zwecken des Schmerzensgeldes am besten gerecht wird.[3956] Trotz dieses Grundsatzes des tatrichterlichen Ermessens im jeweiligen Einzelfall hat sich bis heute in Rechtsprechung und Literatur ein Regel- und Ausnahmeverhältnis dergestalt manifestiert, die „billige" Entschädigung regelmäßig als einmalige **Kapitalentschädigung** und nur ausnahmsweise als **Schmerzensgeldrente** festzusetzen.[3957] Andererseits hat der BGH wiederholt in seinen Entscheidungen angedeutet, dass der Gesetzgeber möglicherweise bei der „billigen" Entschädigung ausschließlich an eine einmalige Kapitalabfindung dachte.

Die Frage, ob bzw. unter welchen Voraussetzungen das Gericht eine Schmerzensgeldrente zusprechen kann und soll, ist in Rechtsprechung und Literatur umstritten, wobei – wie oben bereits erwähnt – sich inzwischen eine deutlich vorherrschende Meinung[3958] herausgebildet hat, auf die nachfolgend unter → **Rn. 379** noch näher einzugehen ist. Doch zunächst zum pro und contra:

Für eine **Schmerzensgeldrente** wird angeführt, dass sie dem **Zeitmoment des Leidens** am konsequentesten entspricht: Solange der Verletzte unter seinen Verletzungen leidet, soll er eine immer wiederkehrende Entschädigung für die immer wiederkehrenden Lebensbeeinträchtigungen erhalten.[3959] Der laufenden nichtvermögensrechtlichen Beeinträchtigung wird als Ausgleich und Genugtuung auch eine laufende finanzielle Entschädigung in Form einer Rente gegenübergestellt.[3960] Auch kann eine Rente gerade für junge[3961] Verletzte wegen der Möglichkeit der Abänderungsklage nach § 323 ZPO günstiger sein.[3962] Dazu hatte der BGH[3963] 2007 darauf in zwei Amtlichen Leitsätzen betont, dass *„Eine Schmerzensgeldrente … im Hinblick auf den gestiegenen Lebenshaltungskostenindex abgeändert werden [kann], wenn eine Abwägung aller Umstände des Einzelfalls ergibt, dass die bisher gezahlte Rente ihre Funktion eines billigen Schadensausgleichs nicht mehr erfüllt. Falls nicht besondere zusätzliche Umstände vorliegen, ist die Abänderung einer Schmerzensgeldrente bei einer unter 25% liegenden Steigerung des Lebenshaltungskostenindexes in der Regel nicht gerechtfertigt"* und zudem in seinem 2. amtlichen Leitsatz, dass *„Eine auf Abänderung einer Schmerzensgeldrente gerichtete Klage, welche auf die Steigerung der Lebenshal-* 376

[3955] BGHZ 18, 149 (167).
[3956] BGH VersR 1957, 66.
[3957] So bereits BGH VersR 1976, 967; OLG Hamm ZfS 2005, 122; OLG Karlsruhe BeckRS 2005, 10645; LG Hannover NJW-RR 2002, 1253; OLG Hamm r+s 2002, 285; LG München NZV 2001, 263; LG Würzburg DAR 2002, 74; LG Aachen DAR 2000, 313; Wenker NZV 2014, 241 (244); Heß/Burmann NJW-Spezial 2012, 265; Küppersbusch/Höher Ersatzansprüche Personenschaden § 103 Rn. 297; Notthoff VersR 2003, 966.
[3958] Rechtsprechungsnachweise von Jahnke/Burmann PersSchadensR-HdB/Müller Rn. 1317 ff., s. auch OLG München BeckRS 2017, 112372.
[3959] KG VersR 1979, 624, wobei dieses Argument wenig überzeugt, denn denselben Effekt kann der Geschädigte dadurch erzielen, indem er das ihm im Wege einer Einmalzahlung überlassene Schmerzensgeld in einer entspr. Anlageform platziert, die ihm eine regelmäßige monatliche Auszahlung – als Ergebnis von Zins und Kapital – auskehrt.
[3960] BGH VersR 1957, 66.
[3961] BGH NJW 1998, 3411.
[3962] BGH BeckRS 2007, 9503 und BGH Urt. v. 8.6.1976 – VI ZR 216/74, BeckRS 2009, 20627.
[3963] BGH BeckRS 2007, 9503.

tungskosten gestützt wird, … in der Regel nicht mit der Begründung abgewiesen werden [kann], der bei der Berechnung der Rente zugrunde gelegte gesamte Kapitalbetrag des Schmerzensgeldes sei inzwischen ausbezahlt worden.“[3964]

Daneben ist möglicherweise in Fällen, in denen „hinter“ dem Schädiger kein Haftpflichtversicherer steht, eine Rentenzahlung die für beide Seiten verträglichste Möglichkeit der Entschädigung.[3965]

377 Gegen die Zubilligung einer Schmerzensgeldrente wird teilweise vorgebracht, dass durch die Rentenzahlung die **Störung des Rechtsfriedens** aufrechterhalten werde. Sowohl Schädiger als auch Geschädigter würden so fortlaufend an das Unfallereignis erinnert. Dies sei für den Schädiger, insbesondere dann, wenn er nur leicht fahrlässig gehandelt habe, eine unnötige Härte.[3966] Andererseits werde auch der Geschädigte ständig an seine Verletzungen erinnert. Die lebenslange Rente könne sich so negativ auf die Selbsteinschätzung des Geschädigten auswirken.[3967] Zudem könnten bei wachsendem Geldwertschwund, der allein noch keine Abänderungsklage nach § 323 ZPO stützt,[3968] die monatlichen Beträge als inadäquat empfunden werden. Unter Berücksichtigung des Umstandes, dass die einmalige Kapitalabfindung und die kapitalisierte Schmerzensgeldrente gleich hoch sein sollen, könne die Zahlung eines Einmalbetrages dem Geschädigten einen größeren Vorteil verschaffen als die Zahlung kleiner monatlicher Geldbeträge.[3969] Auch bestehe die Gefahr, dass der Rentenzahlung ein „Versorgungscharakter“ zugemessen wird, der dem Schmerzensgeld aber wegen seiner Anknüpfung an immaterielle Werte gerade nicht zukommt.[3970] Schließlich sieht der BGH ein weiteres Argument für den Ausnahmecharakter der Schmerzensgeldrente auch darin, dass eine nachträgliche inflationsbedingte Verteuerung der Rentenbeträge für die betroffenen Haftpflichtversicherer zu ernsten kalkulatorischen Schwierigkeiten führen könnte, wodurch die Versichertengemeinschaft in ihrer Gesamtheit betroffen wäre.[3971]

Jaeger/Luckey weisen zutreffend darauf hin, dass die Zuerkennung einer Schmerzensgeldrente **„für beide Seiten ein Risiko“**[3972] (sowohl für den Geschädigten als auch für den Schädiger und dessen Haftpflichtversicherer) darstelle, da der Geschädigte – je nachdem, wie lange er als Schmerzensgeldrentenbeziehender lebt – mehr als ursprünglich bemessen erhält oder weniger (sog. **Vorversterblichkeitsrisiko**).

378 Die Berücksichtigung dieses Vorversterblichkeitsrisikos bei Schwerstverletzten – insbesondere Gehirngeschädigten – führte das OLG Celle[3973] im Jahr 1998 als Argument gegen eine Rentenzahlung in dem Fall an, bei welchem das OLG einem im Schädigungszeitpunkt erst sechs Monate alten schwerstgeschädigten Kind wegen eines Behandlungsfehlers des Arztes ein Schmerzensgeld von damals 400.000 DM (heute 204.516 EUR) zugesprochen hatte. Die Vorinstanz hatte neben einem Kapitalbetrag auch eine Rente zuerkannt. Das OLG führte an, dass wegen der Besonderheit der Verletzung das geschädigte Kind sich der schweren Dauerschäden gerade nicht immer wieder neu und schmerzlich bewusst werde und zudem ein erhebliches Vorversterblichkeitsrisiko bestehe; aus beiden Gründen sei eine Rentenzahlung nicht angemessen. Die von beiden Seiten eingelegte Revision wurde wegen Versterbens des Kindes nicht durchgeführt.

379 Ungeachtet dieses „pro- und contra“ ist jedenfalls wohl allgemeine Ansicht[3974] – wie auch die Urteile des OLG Oldenburg,[3975] OLG München,[3976] des LG Karlsruhe[3977] und des OLG Frankfurt a. M.[3978] zeigen – dass eine Schmerzensgeldrente grundsätzlich nur in **besonderen Ausnahmefällen** und nur dann in Betracht kommen kann, wenn der Geschädigte eine schwere Verletzung mit besonders **gravierenden Dauerfolgen** erlitten hat. Hierzu zählen beispielsweise der Verlust oder die Lähmung wichtiger Gliedmaßen, der Verlust von Sinnesorganen ebenso wie bleibende Gehirnschädigungen, gravierende Narben oder schwere Entstellungen infolge von Brandverletzungen, denn bei all' diesen gravierenden Verletzungen und Dauerfolgen erlebt der Geschädigte die daraus resultierende Lebensbeeinträchtigung permanent und schmerzlich aufs Neue.[3979] Die Zubilligung einer Schmerzensgeldrente ist – insofern sicher kein gravierendes Argument – auch deshalb

[3964] BGH BeckRS 2007, 9503.
[3965] BGHZ 18, 149 (167).
[3966] KG VersR 1969, 624 (625).
[3967] OLG Frankfurt a. M. VersR 1981, 1131.
[3968] Vgl. hierzu LG Hannover NJW-RR 2002, 1253; OLG Nürnberg VersR 1992, 623.
[3969] KG VersR 1979, 624 (625).
[3970] So auch Ciupka VersR 1976, 226 (228).
[3971] BGH VersR 1973, 1067 (1069); dieser Ansicht kann mE nach nicht mehr zugestimmt werden.
[3972] Jaeger/Luckey Handbuch Schmerzensgeld, 13. Auflage, Kap. 3 Rn. 40.
[3973] OLG Celle 23.2.1998 – 1 U 1/97.
[3974] Heß/Burmann NJW-Spezial 2012, 265; s. auch Balke SVR 2013, 166 (189).
[3975] OLG Oldenburg BeckRS 2020, 5200 (das OLG erachtete insofern eine Rentenzahlung als vorzugswürdig).
[3976] OLG München BeckRS 2017, 112372.
[3977] LG Karlsruhe SVR 2013, 186.
[3978] OLG Frankfurt a. M. BeckRS 2013, 02533.
[3979] LG München NZV 2001, 263; OLG Frankfurt a. M. VersR 1978, 874; OLG Düsseldorf NJW-RR 1993, 156; VersR 1997, 65; Küppersbusch/Höher Ersatzansprüche Personenschaden Rn. 297.

auf schwerste Verletzungen beschränkt, da der sich bei einer Kapitalisierung ergebende Betrag zuzüglich des als Einmalbetrag ausgezahlten Schmerzensgeldkapitals dem ansonsten – ohne Schmerzensgeldrente – festgesetzten Schmerzensgeldkapitalbetrag für vergleichbare Verletzungen entsprechen muss, wie nachfolgend[3980] noch näher dargestellt wird.[3981] Die Gewährung von Schmerzensgeldrenten iHv 25 bis 50 EUR monatlich wird von der Rechtsprechung somit zutreffend mehrheitlich abgelehnt und wird auch dem Zweck des Schmerzensgeldes, einen spürbaren Ausgleich für entgangene Lebensfreude zu ermöglichen, nicht gerecht.[3982]

Der Umstand, dass ein Geschädigter in finanziellen Dingen unerfahren ist und so einen einmaligen Kapitalbetrag zu „verwirtschaften" drohe, reicht allein noch nicht aus, um eine Schmerzensgeldrente zuzubilligen.[3983]

Auch die Besorgnis einer Entwertung des Kapitals infolge allgemeiner Wirtschafts- und Währungsverhältnisse kann kein Kriterium für die Zubilligung einer Schmerzensgeldrente sein.[3984] Dies folgt zum einen aus dem Grundsatz, dass ein Urteil regelmäßig abschließend über die Schmerzensgeldhöhe befinden soll und zum anderen, dass das Schmerzensgeld wegen besonderen Charakters nicht direkt an Vermögenswerte gekoppelt ist, sondern eine eigene Wertigkeit besitzt.

Letztendlich ist in jedem Falle – unter Beachtung der oben genannten Kriterien – herauszufinden, welche **380**
Form der Entschädigung im konkreten Fall angemessen ist.

Bei einer Gesamtentschädigung aus Schmerzensgeldkapital und einer Schmerzensgeldrente ist bei der **Bemessung** der beiden **Entschädigungsarten** stets darauf zu achten, dass der Kapitalbetrag in Addition mit dem kapitalisierten Rentenbetrag ein Gesamtschmerzensgeld ergibt, dass in seiner Größenordnung „zumindest annähernd"[3985] einem lediglich als Einmalbetrag (Schmerzensgeldkapital) ausgezahlten Schmerzensgeld entspricht. Stets ist deshalb bei der Schmerzensgeldbemessung zunächst – gedanklich – von einem angemessenen Einmalbetrag auszugehen. Sofern dieser feststeht, ist zu prüfen, welcher Anteil hiervon verrentet werden soll. Dieser Anteil entspricht – in etwa[3986] – dem kapitalisierten Rentenbetrag. Aus diesem wird dann die monatlich zu zahlende Rente unter Beachtung der statistischen, aber auch individuellen **Lebenserwartung**[3987] „zurückerrechnet". Sofern somit eine Schmerzensgeldrente beantragt wird, sollte bezüglich der Lebenserwartung Folgendes beachten werden: Ist beispielsweise absehbar, dass unfallbedingt ein frühes Versterben des Geschädigten zu erwarten ist (wie im Falle der Erkrankung an Aids, den das OLG Hamburg entschieden hatte[3988]) und soll neben dem Kapitalbetrag dennoch die Zahlung einer monatlichen Schmerzensgeldrente erfolgen, so ist bei der Feststellung der Größenordnung des zuzusprechenden Gesamtschmerzensgeldes nicht von einem Kapitalwert der Rente auszugehen, wie er sich aufgrund einer statistischen Durchschnittslebenserwartung der Gesamtbevölkerung errechnet.[3989] Dies bedeutet, dass der Geschädigte – angesichts einer ggf. kürzeren Lebenserwartung – einen höheren monatlichen Rentenbetrag erhält. Andernfalls würde der Geschädigte unbillig benachteiligt.

Nicht zugestimmt werden kann der Ansicht von Jaeger/Luckey,[3990] die empfehlen, dass „alte Menschen … eher als junge Menschen … eine Schmerzensgeldrente beantragen" sollten. Einem älteren Verletzten würde ich eher das Gegenteil – nämlich eine reine Kapitalabfindung des Schmerzensgeldanspruches – empfehlen, da dieser Betrag ihm dann in jedem Falle in voller Höhe zum sofortigen Einsatz für den eigentlichen Zweck des Schmerzensgeldes zur Verfügung steht: Sich Erleichterung und Annehmlichkeiten an Stelle derer zu verschaffen, deren Genuss ihm durch die Verletzung unmöglich gemacht wurde.[3991] Zudem sollte insofern auch beachtet werden, dass ein Schmerzensgeldrentenanspruch nicht vererblich ist, so dass im Falle des

3980 S. unten → Rn. 308 ff.

3981 BGH VersR 1976, 967 (969); OLG Düsseldorf VersR 1985, 291 (293); OLG Frankfurt a. M. VersR 1987, 1140 (1142); OLG Bamberg BeckRS 1992, 121408; OLG Koblenz BeckRS 1994, 123172; OLG Hamm NZV 1997, 182.

3982 So bereits OLG Celle VersR 1977, 1009; Scheffen/Pardey Schadensersatz Rn. 960.

3983 BGH VersR 1976, 967 (968).

3984 BGH VersR 1976, 967 (968).

3985 OLG Hamm ZfS 2005, 122, ebenso sinngemäß OLG Oldenburg BeckRS 2020, 5200.

3986 Da Schmerzensgeldrenten üblicherweise in „glatten" Beträgen (200 EUR, 350 EUR oder ähnliches) ausbezahlt werden, kann – nach Rückberechnung des Monatsbetrages – dieser auf den nächstgelegenen „glatten" Betrag gerundet werden, so dass sich – wenn man dann diesen gerundeten Monatsrentenbetrag erneut kapitalisiert, kleine Abweichungen ergeben können. Vermutlich aus diesem Grunde geht Küpperbusch Rn. 300 den umgekehrten Weg; kommt jedoch zu gleichen Ergebnissen.

3987 Darauf, dass die Schmerzensgeldrente von der statistischen Lebenserwartung auszugehen hat, weist auch Scholten NJW 2018, 1302 hin.

3988 OLG Hamburg NJW 1990, 2322–2324.

3989 OLG Hamburg NJW 1990, 2322–2324; zur Bemessung der Rente BGH VersR 1993, 327 (330).

3990 Jaeger/Luckey Schmerzensgeld Rn. 1272c; gegenteiliger Ansicht ist insofern zutreffend das OLG Hamm VersR 2002, 499; Schaden-Praxis 2001, 267 f.

3991 BMF, BGBl. I 1995, 705 f.

Versterbens des Verletzten während des Rechtsstreits den Erben nur der Schmerzensgeldkapitalbetrag verbleibt.[3992]

Zuzustimmen ist insofern Almeroth,[3993] der darauf hinweist, gerade bei Kindern oder Schwerstverletzten, die nicht selbst über die Verwendung des Kapitals verfügen können, neben einem kleineren Kapitalbetrag eine möglichst hohe Schmerzensgeldrente anzustreben, um sicherzustellen, dass die Zahlungen im Ergebnis auch wirklich dem Verletzten zufließen.

Umstritten ist auch, ob eine **Schmerzensgeldrente nur auf Antrag** des Klägers zugebilligt werden kann. Die wohl hM[3994] geht inzwischen davon aus, dass hierfür grundsätzlich ein **Antrag** vorliegen muss. Allerdings kann der Richter jedenfalls nicht gegen den Willen des Geschädigten eine Schmerzensgeldrente statt des begehrten Kapitalbetrages zusprechen.

In einer Entscheidung aus dem Jahr 1998 zu diesem Problemkomplex hat der BGH ausdrücklich offengelassen, ob bei einem Klageantrag mit Benennung von Mindestbeträgen das Gericht frei ist, neben dem Kapital auch eine Rente zuzusprechen. Der BGH hat jedoch deutlich gemacht, dass viel dafürspreche, dass die Zuerkennung einer Rente stets einen dahingehenden Antrag voraussetze.[3995] Allerdings dürfe jedenfalls dann, wenn in erster Instanz und bei unbeziffertem Antrag mit Mindestbetragsnennung das Gericht einen Kapitalbetrag zugesprochen hat, das Berufungsgericht, sofern vom Kläger lediglich die Zurückweisung der Berufung beantragt wird, keine Rente zusprechen.[3996]

381 Mit der Frage, ob in einem Falle schwerster Unfallverletzungen (Tetraplegie) ein wichtiger Grund für eine Kapitalabfindung vorliege, hatte sich das OLG Celle[3997] zu befassen und dies verneint und dabei sehr sorgfältig alle Argumente (Motiv der Eltern, eine für die Klägerin besonders geeignete Immobilie zu erwerben; Lebenserwartung; Geldentwertung; finanzielle Sicherheit bei Versterben der pflegenden Eltern etc) behandelt und abgewogen.

Die Frage, ob die Gewährung einer „dynamischen", an den Lebenshaltungsindex gekoppelte, Schmerzensgeldrente" möglich ist, hat der BGH bereits 1973 verneint.[3998]

2. Schmerzensgeldrente und Abänderungsklage

382 Der BGH hat hierzu – bis heute gültig und 2007 bestätigt[3999] – bereits 1973 entschieden, dass eine „dynamische" Schmerzensgeldrente (zB Kopplung an den amtlichen Lebenshaltungsindex) nicht zulässig ist, da sie die Funktion der Rente als billigen Ausgleich in Geld nicht zu gewährleisten vermag.[4000] So seien Vermögenswerte einerseits, der Wert von Gesundheit und Wohlbefinden andererseits ihrer Natur nach unvergleichbar.[4001] Die Bemessung der Entschädigung für immaterielle Schäden richte sich nach anderen Gesichtspunkten und sei anderen Schwankungen unterworfen als der Lebenshaltungsindex.[4002]

Der Geschädigte wird auf die allgemeine Abänderungsklage nach § 323 ZPO verwiesen, wobei sich aber bereits aus den obigen Ausführungen ergibt, dass der bloße Kaufkraftschwund per se noch nicht notwendigerweise eine Abänderungsklage stützt. Hierzu hat sich im Jahr 2002 – in einem vom BGH durch Nichtannahme der Revision bestätigten Urteil – das LG Hannover[4003] geäußert. Es führte aus, dass zumindest in Fällen, in denen eine Schmerzensgeldrente zuerkannt wurde und durch die sodann erfolgten Schmerzensgeldrentenzahlungen bereits die Höhe des kapitalisierten Rentenbetrages erreicht worden ist, *„jedenfalls ab diesem Zeitpunkt eine auf gewöhnliche Veränderungen der Lebenshaltungskosten gestützte Abänderungsklage nicht durchdringen* (könne), *da der dem Geschädigten zustehende Anspruch im Prinzip abgegolten ist"*.[4004]

[3992] MAH StraßenVerkehrsR/Schacht Rn. 370.
[3993] Almeroth Schadensersatz Rn. 285.
[3994] Vgl. Küppersbusch/Höher Ersatzansprüche Personenschaden Rn. 317; Almeroth Schadensersatz Rn. 283; Jahnke r+s 2006, 228; OLG Brandenburg.
[3995] BGH NJW 1998, 4311.
[3996] BGH NJW 1998, 4311.
[3997] OLG Celle BeckRS 2012, 23482.
[3998] BGH NJW 1973, 1653; vgl. dazu auch Heß Burmann NJW-Spezial 2012, 265.
[3999] BGH NJW 2007, 2475.
[4000] So zuletzt BGH SP 2007, 282 (282); VersR 1973, 1067; OLG Karlsruhe VersR 1969, 1023.
[4001] BGH VersR 1970, 136; VersR 1973, 1067 (1068).
[4002] OLG Düsseldorf ZfS 1986, 5; aA OLG Nürnberg VersR 1992, 623.
[4003] LG Hannover BeckRS 2002, 6084.
[4004] So das LG BeckRS 2002, 6084.

Mit seinem Urteil hat der BGH jedoch zugebilligt, dass eine Schmerzensgeldrente auch im Hinblick auf den gestiegenen **Lebenshaltungskostenindex** abgeändert werden könne, *„wenn eine Abwägung aller Umstände des Einzelfalles ergibt, dass die bisher gezahlte Rente ihre Funktion eines billigen Schadensausgleiches nicht mehr erfüllt"*; dabei betonte der BGH jedoch, *„erforderlich* (sei), *dass eine* ***ganz erhebliche Steigerung*** *der* ***Lebenshaltungskosten*** *vorliegt …"*.[4005] Eine Abkehr der oben benannten Entscheidung liegt somit nicht vor; vielmehr eine konkretisierende Fortführung. **383**

Da die Höhe des Schmerzensgeldes sich aus einer Summe von Faktoren zusammensetzt, die das Gericht in den Urteilsgründen auch zum Ausdruck bringen sollte, hat eine Klage nach § 323 ZPO nur dann Aussicht auf Erfolg, wenn eine Änderung bei den das Schmerzensgeld bestimmenden Faktoren eingetreten ist und die Abänderung für den Schädiger zumutbar erscheint.[4006] Solche Faktoren können beispielsweise eine nicht vorhersehbare Verschlimmerung der Verletzungen und damit des Leidens sein, weiterhin eine gravierende Änderung der wirtschaftlichen Verhältnisse von Schädiger oder Geschädigtem.[4007] Auch eine wesentliche Änderung der Rechtsprechung zur Schmerzensgeldbemessung sollte hier zu berücksichtigen sein.[4008]

3. Teilschmerzensgeld und immaterieller Vorbehalt

Der Wortlaut des § 253 BGB, wonach dem Geschädigten eine billige Entschädigung in Geld zustehe, lässt vermuten, dass der Gesetzgeber, anders als in den Regelungen der § 843, § 845 BGB, keine irgend gearteten Teilentschädigungen im Auge hatte. So hat auch die Rechtsprechung – zuletzt bestätigte dies der BGH[4009] 2025 sowie das OLG Oldenburg,[4010] das OLG Hamm[4011] ebenso wie das OLG München[4012] – den **Grundsatz der Einheitlichkeit** des **Schmerzensgeldes** aufgestellt.[4013] **384**

Dass das Schmerzensgeld einheitlich zu bemessen sei, betonte dabei der BGH bereits zuvor mehrfach[4014] und führte dazu aus:

„Verlangt ein Kläger für erlittene Körperverletzungen uneingeschränkt ein Schmerzensgeld, so werden nach dem Grundsatz der Einheitlichkeit des Schmerzensgeldes davon alle Schadensfolgen erfasst, die entweder bereits eingetreten und objektiv erkennbar sind oder deren Eintritt jedenfalls vorhergesehen und bei der Entscheidung berücksichtigt werden konnten.", so der BGH 2024 [4015]

Bereits 2015 hatte der BGH[4016] betont, dass

„lediglich solche Verletzungsfolgen, die zum Beurteilungszeitpunkt noch nicht eingetreten waren und deren Eintritt objektiv nicht vorhersehbar war, mit denen also nicht oder nicht ernstlich gerechnet werden musste und die deshalb zwangsläufig bei der Bemessung des Schmerzensgeldes unberücksichtigt bleiben müssen, werden von der vom Gericht ausgesprochenen Folge nicht umfasst und können deshalb die Grundlage für einen Anspruch auf weiteres Schmerzensgeld sein".[4017]

Dennoch haben es die Rechtsprechung und teilweise auch das Schrifttum **in Ausnahmefällen** für angemessen erachtet, das Schmerzensgeld teilbar zu machen.[4018] Hierbei gibt es drei Varianten:

4005 Vgl. hierzu auch: Heß/Burmann NJW-Spezial 2012, 265 (266).

4006 OLG Celle BeckRS 2020, 15576 Rn. 44; OLG Bremen Urt. v. 24.8.1988 – 3 U 64/88 r+s 1989, 399; KG BeckRS 1978, 109187 Rn. 14; vgl. dazu Berz/Burmann StraßenverkehrsR-HdB/Heß/Burmann/Quaisser 6. F. Rn. 75, 76; Halm/Scheffler DAR 2004, 71.

4007 BGH Beschl. v. 6.7.1955 – GSZ 1/55 BeckRS 1955, 30402368; OLG Nürnberg ZFS 1992, 115.

4008 Vgl. wohl ebenso Küppersbusch/Höher Ersatzansprüche Personenschaden Rn. 301.

4009 BGH BeckRS 2024, 10092; BGH BeckRS 2022, 37837; BGH BeckRS 2021, 32689, BGH BeckRS 2018, 26257, BGH BeckRS 2015, 5263.

4010 OLG Oldenburg BeckRS 2021, 45084.

4011 OLG Hamm BeckRS 2016, 113206.

4012 OLG München NJW-Spezial 2013, 266 vgl. jedoch zur Ausnahme (Teilschmerzensgeld): OLG München BeckRS 2014, 10204.

4013 BGH BeckRS 2025, 26299; BGH BeckRS 2024, 2240; BGH VersR 1995, 741 (742); OLG Hamm NZV 2001, 40; LG Lübeck SP 2014, 159; Küppersbusch/Höher Ersatzansprüche Personenschaden Rn. 302; OLG Düsseldorf NJW-RR 1996, 927; OLG Braunschweig VersR 1992, 621 und OLG Koblenz VersR 1989, 598.

4014 BGH NJW 2004, 1243 mAnm Jaeger; VersR 2004, 1334, sowie BGH NZV 2006, 408.

4015 BGH BeckRS 2024, 10092; BGH BeckRS 2022, 37837; BGH BeckRS 2021, 32689; BGH BeckRS 2015, 05263; BGH BeckRS 2006, 3663 und BGH BeckRS 2004, 2240 ebenso OGH Österreic Beschl. v. 20.1.2026 – 2 Ob 181/25v, BeckRS 2026, 1075 sowie OLG Schleswig BeckRS 2026, 2665.

4016 BGH BeckRS 2015, 05263.

4017 BGH BeckRS 2015, 05263 Rn. 8.

4018 Vgl. OLG Köln BeckRS 2026, 3244 Rn. 68.

1. So kann das Gericht einen Schmerzensgeldbetrag zusprechen, diesen aber in eine Kapitalabfindung und eine Geldrente unterteilen (vgl. hierzu → **Rn. 375**),
2. in **Ausnahmefällen** (vgl. OLG Köln,[4019] OLG München,[4020] oder OLG Saarbrücken[4021]) ein echtes Teilschmerzensgeld zuerkennen (vgl. dazu nachfolgend unter → **Rn. 385** oder
3. die Feststellung eines immateriellen Vorbehalts (neben dem Kapital und/oder der Rente) aussprechen.

Die Notwendigkeit einer zeitlichen Begrenzung in Form eines Teilschmerzensgeldes einerseits und des immateriellen Vorbehalts andererseits wird damit begründet, dass bei schwerwiegenden Verletzungen der weitere Heilungsverlauf und die Möglichkeit der Realisierung vieler Risiken nicht vorhersehbar sind.[4022] So seien zwar regelmäßig bestimmte Folgeschäden als medizinisch möglich voraussehbar, ob sie aber tatsächlich eintreten und welche Auswirkungen sie gerade auf die Lebensverhältnisse des Verletzten hätten, könne erst bei Eintritt der bisher lediglich abstrakt bestehenden Risiken festgestellt werden.

Allerdings darf nach ständiger Rechtsprechung – vgl. insofern OLG Stuttgart,[4023] LG Köln,[4024] OLG Saarbrücken,[4025] OLG Köln;[4026] BGH[4027] – auch bei der grundsätzlichen Teilbarkeit des Streitgegenstands ein Teilurteil (§ 301 ZPO) nur ergehen, wenn die **Gefahr einander widersprechender Entscheidungen** – auch in Folge abweichender Beurteilung durch das Rechtsmittelgericht – ausgeschlossen ist. Eine Gefahr sich widersprechender Entscheidungen ist namentlich dann gegeben, wenn in einem Teilurteil eine Frage entschieden wird, die sich dem Gericht im weiteren Verfahren über andere Ansprüche oder Anspruchsteile noch einmal stellt oder stellen kann. Ein solcher Fall und somit ein unzulässiges Teilurteil ist – wegen der Gefahr sich widersprechender Entscheidungen – auch dann gegeben, wenn das Gericht über einen Feststellungsantrag nicht entschieden hat und es sich dabei nicht um ein der Urteilsergänzung zugängliches offensichtliches Versehen handelt.[4028]

Insofern führte das OLG Hamm[4029] 2018 zum **Erlass eines Teilurteils** nochmals aus: *„Der Erlass eines Teilurteils ist unzulässig, wenn das Gericht in Bezug auf einen einheitlichen Anspruch (hier Schmerzensgeld) durch echtes und unechtes Versäumnisurteil entscheidet, gegen das sich Einspruch und Berufung richten (Bestätigung von OLG Hamm[4030] Urt. v. 4.12.2015 – I-9 U 116/15, 9 U 116/15).“*[4031]

385 **a) Das zeitlich begrenzte Teilschmerzensgeld/(offene) Teilklage.** Schmerzensgeld ist, wie der Begriff „Geld" bereits suggeriert, grundsätzlich teilbar und kann somit – trotz des **Grundsatzes der Einheitlichkeit des Schmerzensgeldes** –[4032] auch als Teilbetrag eingeklagt werden, sofern der Kläger seinen Schmerzensgeldanspruch nicht in unzulässiger Weise auf einzelne Verletzungsfolgen beschränkt, sondern – ausgehend von einem umfassenden Schmerzensgeldbetrag – **in begründeten Ausnahmefällen** einen Teilbetrag desselben geltend macht. Man spricht dann von der **offenen Teilklage**[4033] oder auch nur von der **Teilklage.**[4034]

Solche Ausnahmefälle[4035] liegen immer dann vor, wenn die zukünftige Entwicklung noch nicht überschaubar ist bzw. – wie dies bereits 2004 der BGH[4036] sowie jüngst das OLG Köln[4037] und das OLG Saarbrücken[4038] formulierte – *„wenn die ernsthafte Möglichkeit weiterer, bereits in der Entwicklung angelegter, aber noch nicht absehbarer*

4019 OLG Köln BeckRS 2026, 3244 mit Verweis auf BGH BeckRS 2004, 2240; lesenswert dazu auch die Anm. Lemcke r + s 2004, 216.
4020 OLG München BeckRS 2014, 10204 mAnm Kääb FD-StrVR 2014, 359148.
4021 OLG Saarbrücken BeckRS 2023, 8582.
4022 OLG Hamm BeckRS 2000, 3731.
4023 OLG Stuttgart BeckRS 2020, 3662.
4024 LG Köln BeckRS 2017, 132854.
4025 OLG Saarbrücken BeckRS 2017, 133752.
4026 OLG Köln BeckRS 2016, 5950.
4027 BGH BeckRS 2011, 14711.
4028 OLG Köln BeckRS 2016, 5950; vgl. auch OLG München BeckRS 2019, 25923; sowie OLG München BeckRS 2016, 16752.
4029 OLG Hamm BeckRS 2018, 4122.
4030 OLG Hamm BeckRS 2016, 5815.
4031 OLG Hamm BeckRS 2018, 4122.
4032 BGH BeckRS 2025, 26299; BGH BeckRS 2024; BGH BeckRS 2018, 26257; OLG Schleswig BeckRS 2026, 2665 sowie auch OGH Österreich, Beschl. v. 20.1.2026 – 2 Ob 181/25v, BeckRS 2026, 1075.
4033 OLG Saarbrücken BeckRS 2023, 8582 Rn. 10.
4034 OLG Köln BeckRS 2026, 3244 Rn. 68; OLG Köln BeckRS 2016, 16888.
4035 BGH BeckRS 2004, 2240 (Rn. 5); MAH StraßenVerkehrsR/Schacht § 26 Rn. 375, 376.
4036 BGH BeckRS 2004, 2240 (Rn. 5).
4037 OLG Köln BeckRS 2026, 3244.
4038 OLG Saarbrücken BeckRS 2023, 8582; OLG Karlsruhe BeckRS 2016, 16824; OLG Saarbrücken BeckRS 2011, 16040 mAnm Kääb FD-StrVR 2011, 319948; OLG Jena NJW-Spezial 2008, 426; zu den Voraussetzungen der offenen Teilklage vgl. auch OLG Frankfurt a. M. 22.2.2010 – 16 U 146/08; OLG Düsseldorf SP 255 (257).

Folgen besteht,"[4039] wie dies gerade bei schweren oder schwersten Verletzungen mit weitreichenden Dauerfolgen gar nicht so selten der Fall ist. In solchen Fällen lässt sich eine Teilklage zulässigerweise damit begründen, dass Dauerfolgen oder Spätschäden zum Zeitpunkt der letzten mündlichen Verhandlung (vgl. dazu aber unten → **Rn. 386**) hinsichtlich ihrer Gesamtheit zwar bereits angelegt, jedoch Teile davon in ihren künftigen einzelnen Ausprägungen noch ungewiss und nicht präzisierbar sind und deshalb bei der anstehenden Entscheidung nicht berücksichtigt werden können. Lässt sich somit zum Zeitpunkt der letzten mündlichen Verhandlung nicht endgültig absehen, welche Spätfolgen des gesundheitlichen Zustands in der Zukunft noch eintreten können, so ist es zulässig, den Teilbetrag des insgesamt fallangemessenen Schmerzensgeldes zuzusprechen, der dem Kläger zum Zeitpunkt der Entscheidung mindestens zusteht und später den zuzuerkennenden Betrag auf den vollen Schmerzensgeldbetrag zu erhöhen, der dem Kläger auf Grund einer ganzheitlichen Betrachtung der für den immateriellen Schaden maßgeblichen Umstände dann noch zusteht.[4040]

Einen solchen **Ausnahmefall** und somit eine auf Schmerzensgeld gerichtete zulässige „Teilklage" sah das **OLG Köln**[4041] in einem Arzthaftungsfall (Geburtshilfefehler mit Sauerstoffunterversorgung und daraus resultierender hypoxischischämischen Enzephalopathie, in deren Folge zu den zahlreichen schweren gesundheitlichen Schäden des Klägers kam) als gegeben an. Das OLG führte dazu –

in jedoch schwer verständlicher Formulierung – aus: *„Im vorliegenden Fall ist eine auf Schmerzensgeld gerichtete Teilklage zulässig. Solches ist der Fall, wenn sich aus dem Vorbringen der klagenden Partei klar und eindeutig ergibt, ob die in Rede stehenden und in die Zeit nach der letzten mündlichen Verhandlung fallenden einzelnen Schadensfolgen als Dauerfolge oder als nach konkretem Eintritt und Umfang ungewiss anzusehen sein sollen. Nur dann kann ermittelt werden, was Gegenstand der konkreten Klage ist, durch ein Urteil abgegolten wird und in materieller Rechtskraft erwächst oder was bewusst aus dem Gegenstand der Klage ausgeklammert wird und wegen der Ungewissheit maßgeblicher konkreter Einzelheiten die Nachforderung eines weiteren Schmerzensgeldes ermöglicht und rechtfertigt".*[4042]

Vereinfacht formuliert heißt dies: Sofern die behaupteten künftigen Schadenfolgen bereits jetzt (dh zum Zeitpunkt der letzten mündlichen Verhandlung) vorhersehbar sind, aber der Umfang und die weiteren, sich hieraus ergebenden Folgebeeinträchtigungen noch nicht, ist eine Teilklage möglich und zulässig und rechtfertigte im konkreten Fall des OLG Köln die Zubilligung eines Teilschmerzensgeldes von 500.000 EUR.

Hinsichtlich der **zeitlichen Abgrenzung** ist ein Geschädigter jedoch nicht gezwungen, für die Abgrenzung des Teilschmerzensgelds den Zeitpunkt der letzten mündlichen Verhandlung im Rechtstreit heranzuziehen. Solange eine hinreichende Individualisierung des Streitgegenstands gewährleistet ist, kann der Geschädigte die Teilklage vielmehr auch anders abgrenzen.[4043] So führte das OLG Karlsruhe zum konkreten Fall aus, bei dem der weitere Verlauf des Gesundheitszustandes der Klägerin erst nach der Entfernung des Metallimplantats absehbar war, dass es auch zulässig sei, *„wenn die Kl. im vorliegenden Fall für die Abgrenzung des Teilschmerzensgelds sämtliche immateriellen Beeinträchtigungen herangezogen hat, soweit diese bis zum 23.2.2015 (vor der dritten Operation) eintreten".*[4044] **386**

Deutlich klarer hatte dies 2016 das **OLG Karlsruhe**[4045] in einem Fall formuliert, bei dem der weitere Verlauf des Gesundheitszustandes der Klägerin erst nach der Entfernung des Metallimplantats absehbar war: „Wird *bei einem gesundheitlichen Dauerschaden der Schmerzensgeld-Leistungsantrag in der Klagebegründung ausschließlich mit denjenigen immateriellen Beeinträchtigungen begründet, die der Kl. bis zu einem bestimmten Zeitpunkt erlitten hat, handelt es sich um eine offene Teilklage. Sämtliche immateriellen Folgen in der Zeit nach diesem Zeitpunkt (Schmerzen, Bewegungseinschränkungen, ärztliche Behandlungen etc) werden von dem im Urteil zuerkannten Teilschmerzensgeld nicht erfasst"*.[4046]

Das Teilurteil deckt also die aktuellen Schäden einschließlich der bereits eingetretenen und objektiv erkennbaren Dauerfolgen bis zum definierten Zeitpunkt (zB letzte mündliche Verhandlung oder konkret benanntes Datum) ab. Sämtliche immateriellen Folgen in der Zeit nach diesem Zeitpunkt (Schmerzen, Bewegungseinschränkungen, ärztliche Behandlungen etc) werden von dem im Teilurteil zuerkannten Teilschmerzensgeld nicht erfasst. Dies bedeutet für den Betroffenen, dass ihm für die späteren, noch ungewissen Verschlimmerungen und damit verbundenen weiteren Folgen, die bei der Teilurteilentscheidung noch nicht berücksichtigt

[4039] OLG Saarbrücken Urt. v. 20.4.2023 – 3 U 7/23; vgl. dazu auch Jaeger/Luckey Schmerzensgeld, 13. Auflage, Kapitel 7 Rn. 87 sowie MAH StraßenVerkehrsR/Schacht § 26 Rn. 375, 376.
[4040] BGH BeckRS 2004, 2240 (Rn. 14); NK-BGB/Huber, 3. Aufl. 2016, BGB § 253 Rn. 244, 245.
[4041] OLG Köln BeckRS 2026, 3244 Rn. 68.
[4042] OLG Köln BeckRS 2026, 3244 Rn. 69.
[4043] OLG Karlsruhe BeckRS 2016, 16824 Rn. 31 mit Verweis auf BGH BeckRS 2004, 2240; OLG Brandenburg BeckRS 2008, 9570.
[4044] OLG Karlsruhe BeckRS 2016, 16824 Rn. 31.
[4045] OLG Karlsruhe BeckRS 2016, 16824.
[4046] OLG Karlsruhe BeckRS 2016, 16824 4. amtlicher Leitsatz.

werden konnten – und nur für diese – die Tür offenbleibt und er in einem Folgeprozess das Schmerzensgeld auf die volle Summe erhöhen kann, die aufgrund der dann verlässlichen Beurteilung der weiteren Entwicklung angemessen ist.

Der BGH hatte jedoch zur **Zulässigkeit der zeitlichen Begrenzung** darauf hingewiesen, dass für die Zukunft nur dann ein Schmerzensgeld zugesprochen werden könne, wenn die zukünftigen Beeinträchtigungen auch überschaubar seien.[4047] Wenn aber zu viele Unsicherheiten über Ausmaß und Auswirkung bestünden, könne keine sachgemäße Zukunftsprognose, die in die Schmerzensgeldsumme eingearbeitet werde, getroffen werden. So hat es der BGH im Jahr 1965 ausnahmsweise für zulässig erachtet, eine Schmerzensgeldrente zunächst bis zum vollendeten fünfzigsten Lebensjahr zu befristen (im konkreten Fall ungefähr 17 Jahre), um dann erneut prüfen zu können, ob der Kläger tatsächlich lebenslang an den Aufbrüchen in seiner, durch Röntgenstrahlen geschädigten Haut zu leiden habe und ob es dem Kläger gelinge oder gelungen sei, trotz seiner Körperschäden eine Frau zu finden, was ihm alleine – so der BGH dem damaligen Zeitgeist entsprechend – Geborgenheit und Betreuung im Alter sichere.[4048]

Diese Ansicht erweiterte der BGH[4049] und machte – unter Hinweis auf eine Entscheidung[4050] – deutlich, dass eine sog. offene Teilklage bereits bei **quantitativer Abgrenzbarkeit** und **eindeutiger Individualisierbarkeit** des Schmerzensgeldanspruchs möglich ist. Dies sah er in einem Fall als gegeben an, in welchem dem Geschädigten die Gefahr verschiedener Nekrosen und Arthrosen drohte und „jedenfalls die Möglichkeit eines weiteren Schadenseintritts" bestand. Der BGH – grammatikalisch etwas „holprig" – wörtlich:

„Diesen Vortrag hätte das Berufungsgericht der Beurteilung zugrunde legen müssen, ob unter diesen Voraussetzungen die geltend gemachte offene Teilklage zulässig war, was zu bejahen ist".[4051]

387 Allerdings – und dies sollte vor dem Hintergrund der nachfolgenden kritischen Anmerkungen zur (offenen) Teilklage in der **anwaltlichen Praxis** beachtet werden – wies der **BGH** in dieser Entscheidung auf die bessere Möglichkeit des **immateriellen Vorbehaltes** hin, indem er ausführte:

„So hat er (ergänze: der *Senat) für den Fall, dass mit dem Eintritt weiterer Schäden zu rechnen ist, die letztlich noch nicht absehbar sind, das nach § 256 ZPO erforderliche Feststellungsinteresse für die Feststellung der Ersatzpflicht zukünftiger Schäden bejaht, wenn aus der Sicht des Geschädigten bei verständiger Würdigung Grund besteht, mit dem Eintritt eines weiteren Schadens wenigstens zu rechnen. Auch im Fall eines solchen Feststellungsantrages bleibt offen, wie hoch das Schmerzensgeld letztlich sein wird, und der zu zahlende Betrag wird nach den gegenwärtigen Umständen und unter Außerachtlassung der noch nicht absehbaren Folgen in gewisser Weise vorläufig als Teilbetrag festgesetzt. Im Hinblick darauf hätte es der offenen Teilklage nicht bedurft. Der Kl. hätte sich auch durch einen Antrag auf Feststellung der Ersatzpflicht des Bekl. für zukünftige immaterielle Schäden* (ergänze: sog. immaterieller Vorbehalt) *seinen Anspruch sichern können."*[4052]

Entscheidend dabei ist jedoch der leicht zu übersehende Teilsatz *„die letztlich noch nicht absehbar sind"*. Es muss sich somit – worauf auch das OLG München[4053] und aktuell das OLG Düsseldorf[4054] erneut hingewiesen hatte – um nach objektiven Gesichtspunkten noch nicht vorhersehbare Schadenfolgen handeln! Dem ist – auch vor den nachfolgenden Gründen – unbedingt zuzustimmen, denn der zuvor dargelegten Praxis eines echten Teilschmerzensgeldes begegnen in der Praxis sowohl aus rechtlichen Erwägungen als auch wegen der praktischen Handhabung erhebliche Bedenken. So sieht das Gesetz explizit ein einheitliches Schmerzensgeld vor, in das dann gegebenenfalls die Risiken für das weitere Leben, soweit überschaubar, einzuarbeiten sind. Zutreffend stellt daher auch das OLG Koblenz fest, das Schmerzensgeld umfasse *„grundsätzlich auch die zukünftigen Schäden"*.[4055]

388 Die Klage auf ein Teilschmerzensgeld sollte – vor dem Hintergrund der oben näher dargestellten Besonderheiten – wohl überlegt und nur in den Ausnahmefällen erhoben werden, in denen erhebliche Spätschäden zu befürchten sind. Dies gilt nicht nur wegen der drohenden **Verjährung**[4056] (vgl. dazu → **Rn. 425** und → **Rn. 448**), die hinsichtlich der durch ein Teilurteil offengehaltenen späteren, noch ungewissen Verschlim-

4047 BGH BeckRS 2004, 2240.
4048 BGH VersR 1966, 144.
4049 BGH BeckRS 2024, 2240.
4050 BGH VersR 2001, 876.
4051 BGH BeckRS 2024, 2240.
4052 BGH BeckRS 2004, 2240.
4053 OLG München NJW-Spezial 2013, 266.
4054 OLG Düsseldorf BeckRS 2021, 10049.
4055 OLG Koblenz BeckRS 2008, 18496; OLG Braunschweig BeckRS 1990, 10035.
4056 Vgl. dazu Jaeger/Luckey Schmerzensgeld Kapitel 7 Rn. 99; Lemke Anm. zu BGH Urt. v. 20.1.2004 – VI ZR 70/03 in r+s 2004, 216 (219).

merungen und damit verbundenen weiteren Folgen droht, sondern auch, da der Geschädigte sich immer wieder, ggf. über Jahre hinweg (aber stets unter Beachtung der Verjährung), mit der Frage beschäftigen muss, ob etwa eine Verschlechterung seines Gesundheitszustandes eingetreten ist oder eintreten könnte, die möglicherweise ein weiteres Schmerzensgeld rechtfertigen könnte.

Problematisch wird es auch, wenn sich aus der Urteilsbegründung nicht eindeutig ergibt, welcher weitere Heilungsverlauf und welche zukünftigen Schmerzen durch das bereits festgesetzte Teilschmerzensgeld abgegolten sein sollen und welche Beeinträchtigungen bzw. Spätschäden ein weiteres Schmerzensgeld gerechtfertigt erscheinen lassen. Dies ist jedoch wichtig, insbesondere vor dem Hintergrund, dass nur diejenigen Spätschäden, die zum Zeitpunkt der letzten mündlichen Verhandlung **nach objektiven Gesichtspunkten** von einem medizinischen Sachverständigen (in der Regel von einem Facharzt)[4057] nicht als denkbar bzw. möglich erkannt und somit auch nicht erwähnt wurden (aber dann später leider doch eingetreten sind), von der grundsätzlich dreijährigen Verjährungsfrist ab Kenntnis von Schaden und Schädiger (§ 195 BGB) ausgenommen sind. Für diejenigen Spätschäden, die objektiv bereits erkennbar waren, aber bei der Entscheidung (Teilurteil) noch nicht berücksichtigt werden konnten, läuft die Verjährung ab Kenntnis von Schaden und Schädiger weiter.[4058]

Bei der Anwendung der Möglichkeiten einer Teilklage sollte auch bedacht werden, dass der zunächst gefor- **389** derte bzw. zuerkannte Teilbetrag stets Teilbetrag des umfassenden Schmerzensgeldanspruchs ist und somit der zum endgültigen Fallabschluss insgesamt zugesprochene Betrag grundsätzlich nicht höher sein wird, als er dies bei einer einmaligen Kapitalabfindung im Rahmen eines Endurteils gewesen wäre.[4059] Dies kann dazu führen, dass der bei weiteren zukünftigen Beeinträchtigungen zu zahlende restliche Schmerzensgeldbetrag je nach Intensität der Beeinträchtigung möglicherweise relativ gering ausfällt, was bei dem Geschädigten bzw. Kläger leicht ein Gefühl von Verbitterung aufkommen lässt. Allerdings ist das dem Kläger zu einem späteren Zeitpunkt – aufgrund des Eintritts der Spätschäden, bei der Entscheidung (Teilurteil) noch nicht berücksichtigt werden konnten – zustehende weitere Schmerzensgeld stets nach den Verhältnissen zu der Zeit zu bemessen, in der die Spätfolgen eingetreten sind,[4060] wodurch der Kläger von einer ggf. sich ergebenden Verschiebung des allgemeinen Schmerzensgeldgefüges nach oben profitieren kann.

Von größter Wichtigkeit ist jedenfalls, dass das jeweilge Instanzgericht – wie im Falle des OLG Köln[4061] oder des OLG München[4062] – in den Urteilsgründen deutlich macht, was mit dem Teilschmerzensgeld abgefunden sein soll und welche weiteren Beschwerden oder Verschlimmerungen einen weiteren Schmerzensgeldantrag stützen. Nur dann kann zu einem späteren Zeitpunkt ermittelt werden, was Gegenstand der konkreten Klage war bzw. durch ein Teilurteil bereits abgegolten wurde und in materieller Rechtskraft erwachsen ist oder was bewusst aus dem Gegenstand der Klage ausgeklammert worden war, um wegen der Ungewissheit maßgeblicher konkreter Einzelheiten die Nachforderung eines weiteren Schmerzensgeldes zu ermöglichen.

Lässt sich den Entscheidungsgründen eines Teilurteils nicht entnehmen, in welchem Umfang bereits über die geltend gemachten Ansprüche, hier ua Schmerzensgeld, entschieden worden ist und inwieweit der Rechtsstreit als noch anhängig betrachtet werden soll, liegt ein unzulässiges Teilurteil vor, entschied zutreffend das OLG Schleswig.[4063]

b) Immaterieller Vorbehalt. Weitaus häufiger als das zeitlich begrenzte Teilschmerzensgeld im oben **390** beschriebenen Sinne findet sich in Schmerzensgeldurteilen der so genannte immaterielle Vorbehalt,[4064] für den – worauf der BGH[4065] explizit hinwies – *„gewöhnlich der Begriff des Teilschmerzensgeldes gebraucht wird"*.

Bei ihm wird ein zeitlich unbegrenztes Teilschmerzensgeld für die gegenwärtigen Verletzungen einschließlich der aktuell überschaubaren Folgerisiken festgesetzt und, bezüglich etwaiger darüberhinausgehender Verschlimmerungen und Unwägbarkeiten, die Feststellung einer künftigen Option in die Entscheidung aufgenommen. Hilfreich ist auch hier, wenn im Urteil bereits deutlich gemacht wird, welche weiteren Verschlechterungen oder welche Realisierung von bereits angelegten Risiken ein weiteres Schmerzensgeld rechtfertigen

[4057] BGH BeckRS 2006, 3663 Rn. 8 sowie → Rn. 462.
[4058] Vgl. dazu auch NK-BGB/Huber, 3. Aufl. 2016, BGB § 253 Rn. 246.
[4059] Vgl. OLG Hamm VersR 1977, 773 (774).
[4060] OLG München BeckRS 1998, 11252.
[4061] OLG Köln BeckRS 2026, 3244.
[4062] OLG München BeckRS 2014, 10204.
[4063] OLG Schleswig ZfS 1996, 93; OLG Hamm NZV 1997, 230.
[4064] Vgl. Küppersbusch/Höher Ersatzansprüche Personenschaden Rn. 303; Kleine-König NZV 2021, 534; vgl. auch → Rn. 450 und → Rn. 454.
[4065] BGH BeckRS 2004, 2240.

soll.[4066] Der immaterielle Vorbehalt kann hierbei als die Zuerkennung eines Anspruchs auf Feststellung der Verpflichtung des Schädigers zum Ersatz zukünftiger immaterieller Schäden definiert werden.

391 Zum **Feststellungsinteresse** kann als gefestigte Rechtsprechung[4067] angesehen werden, dass bei in Betracht kommendem, aber noch ungewissem Eintritt zukünftiger immaterieller Beeinträchtigungen der Geschädigte die Wahl hat, *„ob er hinsichtlich etwaiger Zukunftsschäden für die Schmerzensgeldforderung einen immateriellen Vorbehalt geltend machen will oder ob er einen alle immateriellen Zukunftsschäden umfassenden Schmerzensgeldantrag stellen will“.*[4068]

Noch prägnanter äußerte sich hierzu das KG,[4069] indem es betonte:

„Ein Feststellungsinteresse bezüglich künftiger immaterieller Schäden ist daher nur gegeben, wenn die Möglichkeit der Änderung/Verschlimmerung des Schadensbildes und somit auch eine Änderung/Verschlimmerung des immateriellen Schadens bestehen.“[4070]

Literatur und Rechtsprechung sind sich jedoch weitgehend einig, dass hinsichtlich der Anforderungen bzgl. des Vorliegens eines Feststellungsinteresses *„ein großzügiger Maßstab“*[4071] bzw. nur ***„maßvolle Anforderungen“***[4072] zu stellen sind, die jedoch auch ihre Grenzen[4073] haben. *„Nur in den Fällen, in denen der Eintritt künftiger Schäden „mit Sicherheit ausgeschlossen“ oder „mit an Sicherheit grenzender Wahrscheinlichkeit auszuschließen“ oder „mit der in der Medizin möglichen Sicherheit ausschließbar“ ist, fehlt ein rechtliches Interesse an der alsbaldigen Feststellung einer potentiellen Haftung für zukünftige Schäden“,* betonte insofern auch der OGH Österreich[4074] und das OLG Dresden[4075] führte im Zusammenhang mit der nicht gänzlich auszuschließenden Gefahr einer Borrelioseinfektion aus:

„Kann wegen der Eigenart einer Erkrankung der Eintritt künftiger Beeinträchtigungen jedenfalls nicht gänzlich ausgeschlossen werden, besteht das Feststellungsinteresse für einen immateriellen Vorbehalt.“

392 Zum Feststellungsinteresse bei der bloßen Möglichkeit von Spätschäden hat das BVerfG[4076] 2019 darauf hingewiesen, dass es mit Art. 3 Abs. 1 GG in seiner Ausprägung als **Willkürverbot** nicht im Einklang stehe und somit rechtlich nicht vertretbar sei, wenn ein Gericht *„die festzustellenden Ansprüche des Beschwerdeführers unter Hinweis darauf auf die Feststellung „künftiger“ Ansprüche beschränkt, dass die beklagten Schmerzen permanent seien und die dauerhaft sportliche Einschränkung sicher vorhersehbar sei, so dass das ausgeurteilte Schmerzensgeld diese Schmerzen abschließend abdecke und mit dem Feststellungsantrag nur Raum für ungewisse – immaterielle – Zukunftsschäden verbleibe … Der Hinweis auf einen Gleichlauf materieller* (ergänze: Verdienstausfall) *und immaterieller Schadensersatzansprüche sei insoweit nicht nachvollziehbar*“.

Der BGH hat bereits im Jahr 2001 zwei hier zu erwähnende Entscheidungen getroffen und auch nachfolgend[4077] immer wieder hierauf Bezug genommen:
- Zum einen stellte der BGH fest, dass in Fällen, in denen zur Verjährungsunterbrechung wegen noch nicht absehbarer Spätfolgen (Sekundärschäden) Feststellungsklage erhoben wird, vom Feststellungsinteresse bereits dann auszugehen sei, wenn auch nur die Möglichkeit eines solchen Sekundärschadens bestehe. Dies dürfe nur dann verneint werden, wenn aus Sicht des Klägers bei verständiger Würdigung kein Grund besteht, mit dem Schadenseintritt wenigstens zu rechnen.[4078]
- Zum anderen verneinte der BGH die Frage, ob ein bestehendes Grundurteil dem begehrten Feststellungsanspruch entgegensteht[4079] und führte aus, ein Feststellungsinteresse in Bezug auf immaterielle Folgeschäden könne auch dann gegeben sein, wenn der Schmerzensgeldanspruch dem Grunde nach bereits für gerechtfertigt erklärt wurde.

4066 Sehr instruktiv OLG Hamm r+s 2000, 326; s. aber auch BGH VersR 2004, 1334.
4067 BGH NJW-RR 2006, 712, BGH NZV 2001, 167, BGH NJW 2001, 3414; OLG München NJW-Spezial 2013, 266.
4068 OLG Köln VersR 1992, 975; zum Inhalt des immat. Vorbehalts OLG Frankfurt a. M. DAR 1994, 119.
4069 KG NZV 2012, 445, VersR 2012, 766.
4070 KG NZV 2012, 445, VersR 2012, 766 (768).
4071 So Geigel Haftpflichtprozess Kap. 39 Rn. 19 und 35.
4072 BGH VersR 2004, 1334; OLG Dresden BeckRS 2018, 9547; LG Kleve BeckRS 2012, 11928; OLG München BeckRS 2006, 12835.
4073 BGH BeckRS 2016, 113213.
4074 OGH Österreich 28.8.2024 – 7 Ob 83/24t, BeckRS 2024, 25077.
4075 OLG Dresden BeckRS 2018, 9547.
4076 BVerfG BeckRS 2019, 6150.
4077 Vgl. unter anderem BGH BeckRS 2018, 26257 und BGH BeckRS 2007, 3540.
4078 BGH BeckRS 2001, 1462.
4079 BGH BeckRS 2001, 03692.

Voraussetzungen einer Entscheidung per Grundurteil/Unzulässiges Grundurteil bei nicht bezifferter Feststellungsklage: In Bezug auf die Entscheidung per **Grundurteil** ist jedoch wichtig darauf zu achten, dass ein solches gem. § 304 ZPO nur ergehen darf, wenn ein Anspruch nach Grund und Höhe streitig ist, alle Fragen, die zum Grund des Anspruchs gehören, erledigt sind und wenn nach dem Sach- und Streitstand der Anspruch mit hoher Wahrscheinlichkeit in irgendeiner Höhe besteht.[4080] Werden jedoch – wie im Fall, den das OLG München 2019 zu entscheiden hatte – nicht nur Zahlungsanträge (auf Schadensersatz und Schmerzensgeld) gestellt, sondern zudem beantragt, die Klägerin zu verurteilen *„alle weiteren materiellen und immateriellen Schäden zu ersetzen, die der Klägerin aufgrund des Schadensereignisses … künftig noch entstehen werden"*, so ist in diesem Falle ein Grundurteil unzulässig; allenfalls könnte in einem solchen Falle das Erstgericht ein **Teilgrundurteil** und – in Bezug auf den nicht bezifferten Feststellungsantrag – ein **Teilendurteil** erlassen können. Andernfalls – dh wenn nur ein Grundurteil ergeht – stellt dieses zugleich ein „verstecktes" Teilurteil iSv § 301 ZPO dar; dies ist unzulässig, weil dadurch die Gefahr einander widersprechender Entscheidungen besteht.[4081] 392a

Ein **außergerichtliches schriftliches Anerkenntnis** lässt das Feststellungsinteresse für künftige immaterielle Schäden jedoch entfallen, wenn der Betreffende seine Ersatzpflicht für künftige noch entstehende Schäden dem Grunde nach anerkennt und er zugleich uneingeschränkt auf die Einrede der Verjährung verzichtet, so entschied das das OLG Hamm[4082] sowie zwei Jahre zuvor das LG Karlsruhe.[4083] 393

Nicht zugestimmt werden kann der nunmehr bereits sehr alten Entscheidung des OLG Köln, welches seinerzeit ausführte, im Regelfall könne bei einer Kapitalabfindung trotz bestehender Wahrscheinlichkeit weiterer zukünftiger immaterieller Beeinträchtigungen *„eine Erhöhung des ohne Berücksichtigung der Zukunftsrisiken geschuldeten Schmerzensgeldes um 25 % angemessen sein"*.[4084] Diese **pauschalisierte Erhöhung** widerspricht dem mehrfach dargestellten Grundsatz, dass in jedem Einzelfall stets eine individuelle Prüfung stattzufinden hat. 394

Realisiert sich ein Risiko, das vorbehalten wurde, so ist das weitere Schmerzensgeld nach den Verhältnissen zu der Zeit zu bemessen, in der die vorbehaltene Folge eintritt. Darauf hatte bereits 1998 das OLG München[4085] hingewiesen und insofern zutreffend angemerkt, dass dadurch der Geschädigte von einer ggf. sich ergebenden Verschiebung des allgemeinen Schmerzensgeldgefüges nach oben profitieren kann.

Praxishinweise: 395

Beansprucht der Verletzte uneingeschränkt ein Schmerzensgeld, so werden dem Grundsatz der Einheitlichkeit des Schmerzensgeldes entsprechend durch den außergerichtlich (im Rahmen eines Abfindungsvergleiches → **Rn. 450**) oder gerichtlich zuerkannten Betrag alle diejenigen Schadensfolgen abgegolten, die entweder bereits eingetreten und objektiv erkennbar waren oder deren Eintritt jedenfalls vorhergesehen und bei der Abfindung/Entscheidung berücksichtigt werden konnten.[4086] Vor dem Hintergrund dieses Grundsatzes ist für die Praxis aus Sicht des Geschädigten und seines Anwaltes/seiner Anwältin dringend anzuraten, sich mit den Ausführungen des OLG München[4087] sowie dem Urteil des BGH[4088] vom 14.2.2006 (vgl. nachfolgend auch → **Rn. 454 und 461**) sorgfältig auseinanderzusetzen.
Insofern ist stets durch einen medizinischen Sachverständigen prüfen zu lassen, ob und inwieweit im konkreten Falle mit Verschlechterungen zu rechnen ist, denn der BGH hat 2025 nochmals betont: „*Eine bloß abstrakte theoretische Möglichkeit genügt nicht.*":[4089]

- Kommt der medizinische Sachverständige zum Ergebnis, dass mit künftigen Verschlechterungen nicht zu rechnen ist, macht es Sinn – für den Fall, dass solche dann doch unvorhersehbar eintreten sollten – einen immateriellen Vorbehalt in eine Abfindung bzw. einen entsprechenden Feststellungsantrag in die Klagschrift aufzunehmen. Zumal der BGH mit seinen oben genannten Entscheidungen hinsichtlich des Feststellungsinteresses insofern auch die letzten Steine aus dem Weg geräumt hat.
- Kommt der Sachverständige zum Ergebnis, dass – wie im Falle des OLG München – es mit nicht ganz geringer Wahrscheinlichkeit (im Falle des OLG ging der Sachverständige von einer 30 %igen Wahrscheinlichkeit aus) zu späteren Komplikationen oder Verschlechterungen kommen könnte, so muss

[4080] BGH BeckRS 2019, 15904, vgl. dazu auch Schmidt JA 2019, 947; OLG München BeckRS 2019, 31105.
[4081] BGH BeckRS 2009, 22799; OLG München BeckRS 2019, 31105.
[4082] OLG Hamm BeckRS 2015, 06845.
[4083] LG Karlsruhe BeckRS 2013, 9237.
[4084] OLG Köln BeckRS 9998, 38688, r+s 1992, 273, VersR 1992, 975.
[4085] OLG München BeckRS 1998, 11252.
[4086] StRspr. des BGH vgl. BGH BeckRS 2025, 26299 sowie BGH BeckRS 2024, 10092; BGH BeckRS 2019, 23110; BGH BeckRS 2018, 26257; vgl. dazu Jaeger VersR 2022, 326.
[4087] OLG München BeckRS 2013, 4908, NJW-Spezial 2013, 266.
[4088] BGH BeckRS 2006, 3663.
[4089] BGH BeckRS 2025, 26299 Rn. 10.

der Geschädigte oder sein Anwalt diese zukünftige schlechte Prognose bereits heute in seine Schmerzensgeldforderung aktiv einbringen. Es ist somit ein deutlich höheres Schmerzensgeld einzufordern.
Bei der **Formulierung des Vorbehaltes** ist zudem stets darauf zu achten, das Gewollte ganz konkret zu formulieren; beispielsweise *„für den Fall, dass die Minderung der Erwerbsfähigkeit aufgrund der Belastungsverminderung des Sprunggelenks einen Grad von 60 % überschreitet, ist ....“.* Unzureichend und wegen mangelnder Bestimmtheit risikoreich wäre es, lediglich auszuführen, *„für den Fall, dass sich der Gesundheitszustand bezüglich der Belastungsverminderung des Sprunggelenks wesentlich verschlechtern sollte, ist ....“.*
Zudem ist stets die **Verjährungsregelung des § 115 Abs. 2 VVG** (s. nachfolgend → **Rn. 439**) zu beachten!

Zur Feststellungsklage s. nachfolgend → Rn. 404.

Zu den Grenzen der Nachforderung von Schmerzensgeld s. nachfolgend → Rn. 454.

X. Prozessuales

1. Der Schmerzensgeldantrag

396 Grundsätzlich hat jeder Anwalt, bevor er für den Geschädigten einen Schmerzensgeldanspruch geltend macht, neben der **Aufstellung** der **Verletzungen** und deren **individueller Belastung** für den Mandanten, sorgfältig[4090] – meist zumindest unter Zuhilfenahme der behandelnden Ärzte oder zudem eines medizinischen Sachverständigen – Folgendes zu prüfen:

- Ist die Heilbehandlung des Mandanten abgeschlossen und
- sind dessen Verletzungen vollständig ausgeheilt oder
- ist mit Dauer- und/oder Spätfolgen zu rechnen und wenn ja,
- welcher Art und Ausprägung können diese sein und
- mit welchem Wahrscheinlichkeitsgrad ist mit deren Eintritt zu rechnen?

Voraussetzungen für eine hinsichtlich von Grund und Höhe erfolgreiche Schmerzensgeldklage

„Es ist Aufgabe des Rechtsanwalts, der einen Anspruch seines Mandanten klageweise geltend machen soll, die zu Gunsten seiner Partei sprechenden tatsächlichen und rechtlichen Gesichtspunkte so umfassend wie möglich darzustellen, damit sie das Gericht bei seiner Entscheidung berücksichtigen kann“, dies betonte bereits 2013 der BGH.[4091] In der einen Schmerzensgeldantrag begründenden Klage sind daher stets folgende zehn Punkte zu beachten und sorgfältig und anschaulich aufbereitet, hierzu vorzugetragen:

1. **Grundsätzliches:** Neben dem vom BGH betonten Grundsatz gehört es in Bezug auf die nachfolgend aufgeführten neun Punkte stets zur vordringlichen Aufgabe der Rechtsanwältin oder des Rechtsanwaltes **alle Fakten aktiv** zu **ermitteln.** Der Rechtsanwalt darf sich dabei nicht mit dem begnügen, was seine Mandantin oder sein Mandant ihm an Informationen liefert. Vielmehr muss der Rechtsanwalt stets aktiv um zusätzliche Aufklärung bemüht sein, wenn den Umständen nach für eine zutreffende rechtliche Einordnung die Kenntnis weiterer Fakten erforderlich und deren Bedeutung für den Mandanten nicht ohne Weiteres ersichtlich ist. Bestehen beim späteren Vortrag derselben aus anwaltlicher Sicht auch nur die geringsten Zweifel an der ausreichenden Substantiierung, ist die **Bitte um einen gerichtlichen Hinweis** (§ 139 ZPO) dem Gericht gegenüber zu äußern, ob das Gericht den Sachvortrag für ausreichend erachte, um daraufhin ein gerichtliches **Sachverständigengutachten** einzuholen (hierzu sehr lesenswert **OLG Hamm BeckRS 2025, 36392)** oder eine vorherige weitere Substantiierung für geboten hält. Auch die Einholung eines privaten Gutachtens ist ggf. ein probates Mittel zum Ausgleich oder zur Ergänzung nicht ausreichender eigener Sachkenntnis.
2. **Vortrag zum Unfallhergang bzw. Beschreibung des Sachverhaltes,** der ursächlich war für die Verletzungen. Dabei ist gerade der Begründung der Kausalität ausreichendes Gewicht beizumessen. Zum Unfallhergang (zB KFZ-Unfall, Hundebiss, Verkehrssicherungspflichtverletzung etc) oder zum Hergang des zu den Verletzungen geführten Vorganges (zB ärztliche Behandlung) gehört dabei auch, auf ein ggf. erhebliches Verschulden des Verursachers bzw. des oder der Handelnden hinzuweisen und darauf, dass dieses bei der späteren Schmerzensgeldbemessung erhöhend (Genugtuungsfunktion

[4090] S. hierzu: BGH NJW 2013, 2965.
[4091] BGH BeckRS 2013, 12256.

des Schmerzensgeldes) berücksichtigt wird. Schließlich gehören auch Angaben zum Versicherungsschutz des Unfallverursachers und das vorprozessuale Regulierungsverhalten dessen Haftpflichtversicherers zu den vorzutragenden Punkten.

3. **Detaillierte Angaben aller physischen Verletzungen** auf Basis von Arztberichten und den persönlichen Schilderungen des Mandanten, soweit der Mandant verletzungsbedingt dazu in der Lage ist. Allerdings können – auch hinsichtlich physischer Verletzungen – insofern vom Kläger keine genauen Kenntnisse medizinischer Zusammenhänge erwartet und gefordert werden.[4092]
4. **Detaillierte Angaben der psychischen Beeinträchtigungen** auf Basis von Arztberichten und den persönlichen Schilderungen des Mandanten. Diese sind von anwaltlicher Seite **aktiv** zu ergründen, wozu es auch gehört, dass der Rechtsanwalt sich beim Mandanten zu Einzelheiten dessen psychischer Beeinträchtigungen oder Verletzungen zu **erkundigen** und zeitnah dazu vorzutragen hat. Insofern hat der **BGH**[4093] jedoch 2025 darauf hingewiesen, dass vor dem Hintergrund des Art. 103 Abs. 1 GG (Anspruch auf rechtliches Gehör) gerade an die **Substanziierungspflicht zum Krankheitswert** psychischer Beeinträchtigungen **keine** „offenkundig unrichtig **überhöhten Anforderungen**" gestellt werden dürfen.
5. **Detaillierte und zeitlich chronologische Angaben zur Heilbehandlung:** Bestand Lebensgefahr? Wie lange war der Mandant ggf. auf Intensivstation? Wie lange war er stationär in Behandlung und welche Operationen wurden dabei durchgeführt? Was musste er währenddessen und in der Folge erdulden (zB einen externen Armfixateur oder einen Gipsverband tragen, an Krücken gehen, im Rollstuhl sitzen etc.). Welche sehr starken, starken, schwächeren etc. Schmerzen hatte er und wie lange sowie in welchen Bereichen seines Körpers? War der Mandant anschließend in ambulanter Behandlung (Ergotherapie, Physiotherapie, Psychotherapie etc.) und wenn ja, weshalb und wie lange?
6. **Vortrag zu Dauerfolgen:** Sind aufgrund der Unfallverletzungen/physischen oder psychischen Schäden bleibende Folgen bzw. Dauerfolgen zurückgeblieben? Wenn ja, welche (genaue Beschreibung)? Insofern sollte im Prozess auf eine persönliche Anhörung und Anschauung (§ 141 ZPO) hingewiesen werden, die auch als Teilnahme an einer Videoverhandlung nach § 128a ZPO möglich ist. Dies ist, worauf bereits im Praxishinweis unter → **Rn. 272** hingewiesen wurde, wichtig, damit das Instanzgericht die psychischen und physischen Dauerschäden persönlich wahrnehmen und sich somit im wahrsten Wortsinne ein *„Bild vom Zustand des Mandanten"* machen kann.
7. **Plastische Schilderung der Lebensbeeinträchtigung:** Wie stark ist die Lebensbeeinträchtigung infolge der Verletzungsfolgen und wie bzw. in welcher Intensität wirken sich die Dauerschäden auf das Privatleben des Mandanten sowie auf dessen Berufsleben aus? Was kann der Mandant aufgrund der bleibenden Beeinträchtigungen nicht mehr bewerkstelligen? Muss er auf gewohnte oder für die Zukunft geplante Vorhaben verzichten und welche sind das? Ist ggf. sogar eine berufliche Einschränkung, eine Umschulung oder gar ein Berufsverlust gegeben? Wie alt ist der Mandant und inwieweit spielt das Alter des Mandanten in Bezug auf die individuelle Lebensbeeinträchtigungen eine ggf. wichtige Rolle bzw. wie wirkt es sich insofern aus (Stichwort: Schmerzensgeldrente vgl. dazu unter → **Rn. 375**). All dies ist plastisch und anschaulich der Beklagtenseite sowie dem Instanzgericht zu vermitteln bzw. vorzutragen.
8. **Anschaulicher Vortrag zur ggf. bestehenden Pflegeintensität:** Muss der Mandant auf Dauer gepflegt werden und wenn ja, in welchem Umfang (zB Unterstützung im Haushalt, Unterstützung bei der Grundpflege, regelmäßige, tägliche Hilfe bei der Körperpflege, Rund-um-die-Uhr-Hilfe bei fast allen Verrichtungen des Alltags oder gar intensivste Vollpflege und Überwachung bei Tag und bei Nacht). Insofern sind im Bestreitensfalle seitens des Unfallgegners oder seiner Haftpflichtversicherung auch **die pflegenden Angehörigen** im Prozess als **Zeugen** einzubringen.
9. **Hohen Mindestbetrag als „Anker" in das Ermessen des Instanzgerichts stellen:** Als Folge der Summe dieser Angaben, die auch als **Schmerzensgeldbemessungskriterien** bezeichnet werden, wird sodann ein dementsprechend angemessen **hoher Mindestbetrag,** der vor dem Hintergrund des § 308 ZPO stets ausdrücklich **in das Ermessen des Instanzgerichts** zu stellen ist –[4094] sozusagen als psychologischer „Anker" –[4095] (zum sog. **„Ankereffekt"** s. → Rn. 400) für die spätere Ermessensausübung der Instanzgerichte beziffert. Dabei sind – gerade bei schweren und schwersten Verletzungen – unbedingt die Hinweise auf das in den letzten Jahren gestiegene Schmerzensgeldgefüge vorzutragen. Da sich die Instanzgerichte in der Regel an der bisher in vergleichbaren Fällen ergangenen Rechtsprechung orientieren (vgl. dazu → **Rn. 23**) sollten stets auch auf entsprechende – möglichst aktuelle – Urteile hingewiesen werden. Ebenso sind – falls dies fallbezogen angebracht erscheint – auch die Aspekte nachdrücklich zu benennen, die dafür sprechen, im konkreten Fall von dem bisherigen

[4092] Vgl. dazu BGH BeckRS 2019, 21878 mAnm Heßeler NJW 2019, 3236; BGH BeckRS 2025, 3289; Figgener/Quaisser NJW-Spezial 2025, 203.

[4093] So BGH BeckRS 2025, 3289.

[4094] Vgl. für den Fall des Unterbleibens → Rn. 401 sowie OLG Stuttgart BeckRS 51078 Rn. 42.

[4095] Zum sog. „Ankereffekt" vgl. OLG Frankfurt a. M. Beschl. v. 21.11.2024 – 3 U 103/24, BeckRS 2024, 34401 Rn. 39; Jaeger DAR 2020, 710 (713); OLG Karlsruhe Beschl. v. 16.2.2011 – 4 W 108/10, BeckRS 2011, 6249.

„Rahmen" (den es genau genommen ebenso wenig gibt, wie eine Obergrenze – vgl. dazu → **Rn. 269b**) nach oben abzuweichen. Denn – ohne derartige „Vorstöße" gibt es keine weitere Entwicklung der Schmerzensgeldrechtsprechung; doch diese ist gerade bei schweren und schwersten Verletzungen geboten. Abschließend sollte – je nach Situation – auch auf den Einfluss einer ggf. bestehenden Niedrigzinsphase (vgl. dazu → **Rn. 269**) hingewiesen werden.

10. Abschließend sei an dieser Stelle abermals (vgl. dazu → Rn. 270a) auf die Gleichbewertung von schweren physischen mit schweren psychischen Dauerschäden und Spätfolgen hingewiesen, damit es mit der nach wie vor vorhandenen extremen Ungleichbehandlung von Opfern schwerer und schwerster Missbrauchstaten (vgl. dazu → **Rn. 272** und → **Rn. 307c**) bald ein Ende hat. Aber auch darauf, dass auch bei zB Verkehrsunfällen oder anderen Unfällen der psychischen Problematik eine ggf. hohe Bedeutung beizumessen und hierzu vorzutragen ist, was nicht selten versäumt wird (vgl. dazu die Anmerkungen zu BGH Urt. v. 13.6.2013 – IX ZR 155/11 in NJW-Spezial 2013, 522).

Nur wenn dazu klar und deutlich sowie ggf. auch drastisch anschaulich vorgetragen wird, ist eine Gesamtbetrachtung des Falles und seines Umfanges vor dem Hintergrund der zahlreichen, oben bereits geschilderten Bemessungskriterien, bei der neben den Schmerzen, deren Intensität und zeitlichem Umfang stets die **Höhe und das Ausmaß der Lebensbeeinträchtigung** ganz im Vordergrund steht, möglich, so dass erst dann ein korrekter Schmerzensgeldantrag gestellt werden kann.[4096]

Zu den **Pflichten** des **Rechtsanwalts** bei gerichtlicher Geltendmachung psychischer Schädigungen (ua PTBS) des Mandanten, äußerte sich bereits 2013 der BGH[4097] sehr deutlich und führte dazu sinngemäß aus, das **Gebot** des **sichersten Weges** verlange, dass ein Rechtsanwalt, der mit der gerichtlichen Geltendmachung eines Unfallschadens beauftragt ist, den Vortrag zu unfallbedingten psychischen Schäden nicht wegen deren vermeintlich mangelnder Beweisbarkeit zurückhalte, sondern sich beim Mandanten nach allen Einzelheiten der psychischen Schäden erkundigen müsse und zeitnah dazu vorzutragen und gegebenenfalls auch auf die Einholung eines gerichtlichen Sachverständigengutachtens hinwirken habe. Sei ihm mangels eigener Sachkenntnis ein substantiiertes Vorbringen nicht möglich, müsse er auch die Notwendigkeit der Einholung eines privaten Gutachtens in Erwägung ziehen.

397 **a) Zur Zulässigkeit eines unbezifferten Antrags und der BGH-Rspr. zur Beschwer.** Die Rechtsprechung lässt einen Klageantrag, der die Höhe des Schmerzensgeldes in das Ermessen des Gerichts stellt, aus Gewohnheitsrecht zu.[4098] Dies gilt auch für einen Antrag auf Hinterbliebenengeld, denn insofern bestehen zwischen dem Hinterbliebenengeld und dem Schmerzensgeld keine Unterschiede, da auch das Hinterbliebenengeld eine immaterielle Einbuße ersetzt.[4099] Ebenso kann auch der Klageantrag auf Ersatz wegen nutzlos aufgewendeter Urlaubszeit unbeziffert gestellt werden, denn der Ersatzanspruch nach § 651n Abs. 2 BGB ist seiner Rechtsnatur nach ein immaterieller Schadensersatzanspruch.[4100]

Grundlegend dazu hat der **BGH bereits 1996** darauf hingewiesen, dass bei Ansprüchen, die wie das Schmerzensgeld auf eine angemessene und billige Entschädigung für erlittene Beeinträchtigungen gerichtet sind, die Anbringung unbezifferter Anträge, durch die die Bemessung der begehrten Leistung in das Ermessen des Gerichts gestellt wird, grundsätzlich zulässig sind. Der BGH betonte insofern jedoch auch, dass der Kläger, um dem **Bestimmtheitsgebot des § 253 Abs. 2 Nr. 2 ZPO** zu genügen, nicht nur die tatsächlichen Grundlagen, sondern auch die ***„Größenordnung"*** des geltend gemachten Betrages so genau wie möglich anzugeben hat.[4101] In diesem Zusammenhang wies der **BGH** sodann **1999** darauf hin, dass die Angabe *„eines Mindestbetrages oder einer Größenordnung … jedenfalls zur Bestimmung der Beschwer und zur Sicherung einer Rechtsmittelmöglichkeit [erforderlich sei]. Will sich der Kl. die Möglichkeit eines Rechtsmittels offenhalten, so muss er den Betrag nennen, den er auf jeden Fall zugesprochen haben will und bei dessen Unterschreitung er sich als nicht befriedigt ansehen würde."*[4102] Auf dies Urteil ausdrücklich verweisend äußerte sich der **BGH** sodann **2016**[4103] erneut zu dieser Thematik und stellte nochmals klar, dass stets dann, wenn *„der Kläger ein angemessenes Schmerzensgeld [verlangt], … für seine Beschwer als Rechtsmittelkläger nicht der angemessene Schmerzensgeldbetrag, sondern die vom Kläger geäußerte Größenvorstellung maßgebend [ist]… Gibt der Kläger einen Mindestbetrag an, was*

[4096] Selbstverständlich sollte ggf. bereits zuvor – in der außergerichtlichen Korrespondenz – gegenüber dem Schädiger oder seinem Haftpflichtversicherer ein Vorschuss auf das bis dahin nur grob einzuschätzende Schmerzensgeld gefordert werden, der in der Regel von den Versicherungen vor dem Hintergrund der Rspr. zur Regulierungsverzögerung auch bezahlt wird. S. hierzu Prölss/Martin/Lücke zu § 100 VVG Rn. 78 sowie Schellenberg VersR 2006, 878.

[4097] BGH BeckRS 2013, 12256.

[4098] BGH BeckRS 1996, 04031 Rn. 33; Jaeger VersR 2022, 326; OLG Frankfurt a. M. NJW 1960, 390.

[4099] Vgl. HKL Hinterbliebenengeld/Luckey Teil 1 § 2 Rn. 16 sowie LG Tübingen BeckRS 2019, 10953.

[4100] Daßbach NJ 2019, 6.

[4101] BGH BeckRS 1996, 04031 Rn. 33; BGH BeckRS 1999, 30045221; MAH StraßenVerkehrsR/Vater § 37 Rn. 74–78; Huber JuS 2019, 209, 211.

[4102] BGH BeckRS 1999, 30045221.

[4103] BGH BeckRS 2016, 06846.

nicht im Klageantrag selbst geschehen muss, so ist für die Berechnung der Beschwer des Klägers von diesem Mindestbetrag auszugehen. Eine Beschwer besteht nur, soweit dieser unterschritten wurde.“[4104]

Mindestbetrag oder Größenordnung: Nennt der Kläger nur eine **„Größenordnung“** in Bezug auf das von ihm begehrte Schmerzensgeld und bleibt das Gericht bei seiner Schmerzensgeldbemessung noch am unteren Rand der vom Kläger benannten „Größenordnung“ (zum Teil werden insofern 20% Abweichung als zu tolerieren benannt),[4105] ist die Klage nicht „im Übrigen" abzuweisen, mit der Folge, dass der Kläger dann nicht beschwert ist. Weicht das vom Gericht zuerkannte Schmerzensgeld jedoch noch weiter von der „Größenordnung“ nach unten ab, so ist die Klage „im Übrigen" abzuweisen. Die Beschwer ergibt sich in diesem Falle aus der Differenz zwischen dem unteren Rahmen der Größenordnung und dem Zugesprochenen.[4106]

Nennt der Kläger dagegen einen konkreten **Mindestbetrag,** den er in das Ermessen des Gerichtsgestellt hat und wird ihm dieser Mindestbetrag zuerkannt, besteht keine Beschwer, da der Kläger das bekommen hat, was er beantragt hatte.[4107]

Daran ändert sich auch nichts, wenn das Gericht – anders als der Kläger bei der Benennung des Mindestbetrages – nicht von einer Haftungsquote von 100 %, dh von einem alleinigen Verschulden des Beklagten ausging, sondern von einem **Mitverschulden** auch des Klägers. Der Kläger, der ein angemessenes Schmerzensgeld unter Angabe eines Mindestbetrags begehrt hat, ist somit, worauf der BGH 2001 deutlich hingewiesen hatte *„nicht beschwert, wenn das Gericht ihm diesen Betrag zugesprochen, aber abweichend von seiner Auffassung ein Mitverschulden bejaht hat.“*[4108]

Wird dem Kläger dagegen ein unter dem geäußerten Mindestbetrag liegendes Schmerzensgeld zugesprochen, ergibt sich die Beschwer aus der Differenz zwischen dem Mindestbetrag und dem Zugesprochenen.

Wird die Klage jedoch insgesamt abgewiesen, so ist der Kläger in voller Höhe des geäußerten Mindestbetrages beschwert.[4109]

Vor diesem Hintergrund ist stets zu bedenken, ob dem Gericht lediglich eine Größenordnung benannt wird (wovon grds. abzuraten wäre), oder ein konkret bezifferter – selbstverständlich stets in das Ermessen des Gerichts gestellter! – Mindestbetrag.

Eine Obergrenze bzw. einen Maximalbetrag muss (und sollte) der Kläger hinsichtlich des Schmerzensgeldbetrags nicht benennen! (zu den fatalen Folgen vgl. unter → **Rn. 401**).

Denn wird ein Mindestbetrag oder eine Größenordnung benannt und in das Ermessen des Gerichts gestellt, sind dem Gericht im Hinblick auf § 308 ZPO bei der Ausübung seines Ermessens bei der Festlegung des Schmerzensgeldes keine Grenzen gesetzt und selbst die Zuerkennung eines den Mindestbetrag oder die Größenvorstellung um das Doppelte übersteigenden Schmerzensgeldbetrags wäre vom Antrag des Klägers gedeckt.[4110] Nennt der Kläger weder eine „Größenordnung“ noch einen Mindestbetrag, kann die Bestimmtheit ausnahmsweise dann bejaht werden, wenn der Kläger einen konkreten Streitwert beziffert, Gerichtskosten (etwa über eine elektronische Kostenmarke) entsprechend diesem Streitwert einzahlt und dieser Wert im Laufe des Prozesses nicht erhöht wird.[4111]

Wird neben dem Schmerzensgeldkapital auch eine **Schmerzensgeldrente** begehrt, so muss dies vom Kläger beantragt werden.[4112] Weist das Gericht diesen Antrag ab, ist der Kläger hierdurch materiell beschwert. Dies gilt selbst dann, wenn das stattdessen zugesprochene Schmerzensgeldkapital wertmäßig dem kapitalisierten Rentenbetrag entspricht. Die Versagung der beantragten Schmerzensgeldrente kann daher stets mit dem zulässigen Rechtsmittel angegriffen werden.

Im Weiteren dazu s. → **Rn. 419.**

4104 BGH BeckRS 2016, 06846 Rn. 6.
4105 Elzer FD-ZVR 2016, 378061.
4106 BGH BeckRS 2003, 9268.
4107 BGH BeckRS 2004, 4077 mit Verweis auf BGH BeckRS 1999, 30045221 und BGH BeckRS 1996, 04031.
4108 BGH BeckRS 2001, 9157.
4109 BGH BeckRS 2003, 9268 sowie BGH BeckRS 2016, 06846 Rn. 6 mit Verweis auf BGH BeckRS 2003, 9268.
4110 BGH BeckRS 1996, 04031 Rn. 34; OLG Stuttgart BeckRS 2024, 12618; Rn. 40 Zöller ZPO, 35. A. 2024, 308 ZPO Rn. 2.
4111 So BGH BeckRS 1974, 30402782.
4112 BGH NJW 1998, 3411.

Praxishinweis:

Spätestens seit dem BGH-Urteil vom 2.2.1999,[4113] widerspruchsfrei fortgeschrieben durch BGH 2002,[4114] und erneut bekräftigt 2016[4115] empfiehlt es sich jedoch für jeden Kläger davon abzusehen, einen unbezifferten Schmerzensgeldantrag – ebenso wie den Anspruch auf Hinterbliebenengeld – dergestalt zu stellen, „den Beklagten (dazu) zu verurteilen, an ihn ein Schmerzensgeld zu zahlen, dessen Höhe in das Ermessen des Gerichts gestellt wird",[4116] ohne einen Mindestbetrag zu nennen.

398 Vielmehr sollte der Antrag – will der Kläger sich *„die* ***Möglichkeit eines Rechtsmittels*** *offenhalten"*[4117] *– präzise „den Betrag nennen, den er auf jeden Fall zugesprochen haben will und bei dessen Unterschreitung er sich nicht als befriedigt ansehen würde".*[4118] Die **Benennung eines** (angemessenen) **Mindestbetrags** ist unbedingt zu empfehlen zur Bestimmung der Beschwer und zur Sicherung der Rechtsmittelmöglichkeiten, wie nachfolgend noch näher erläutert wird.

Praxishinweis:

Richtigerweise sollten daher die Anträge lauten:[4119]

1. *Der Beklagte wird verurteilt, an den Kläger ein in das Ermessen des Gerichts gestelltes Schmerzensgeld, mindestens jedoch (Mindestschmerzensgeldbetrag) … EUR, nebst Zinsen von 5 Prozentpunkten*[4120] *über dem Basissatz seit dem (TT.MM.JJJJ) zu zahlen*
   und sofern es wie häufig gegeben und unbedingt zu empfehlen, um die Verjährung künftiger Ansprüche – im Rahmen von § 197 Abs. 1 Nr. 3 BGB – zu verhindern noch eines immateriellen Vorbehaltes und somit einer Feststellungsklage bedarf, ist zudem zu beantragen:
2. *Es wird festgestellt, dass der Beklagte verpflichtet ist, dem Kläger allen weiteren immateriellen Schaden zu ersetzen, der ihm aus dem Schadenereignis mit dem Beklagten am (TT.MM.JJJJ) in (genaue Ortsbezeichnung) zukünftig noch entstehen wird.*
   Und um möglichst rasch in Erfahrung bringen zu können, wo aus Sicht des Gerichts die ungefähre Größenordnung liegt, kann zudem beantragt werden,
3. den Streitwert bezüglich der beiden Anträge zu 1 und 2 möglichst bald festzusetzen.
   Auf die Beachtung der **Haftungshöchstgrenzen (§ 12 StVG** – 5 Mio. EUR für Personenschäden) bzw. die Gefahr deren Überschreitung bei Fällen **schwerster Personenschäden** weist zutreffend *Luckey*[4121] hin und darauf, bei Klagen insofern – neben dem Leistungsantrag auch – einen Feststellungsantrag wie folgt zu stellen:
   Es wird beantragt, festzustellen, dass die Beklagte über die Haftungshöchstgrenze des § 12 StVG hinaus verpflichtet ist, dem Kläger den materiellen und immateriellen Zukunftsschaden aus dem Unfall vom …. zu ersetzen.[4122]

Zu den Anforderungen an die Substantiierung bei Verletzung äußerte sich der BGH sowohl in Bezug auf physische wie auch auf psychische Verletzungen:

Zu den **physischen Verletzungen** führte der BGH[4123] 2019 aus:

„Sachvortrag zur Begründung eines Anspruchs ist dann schlüssig und erheblich, wenn die Partei Tatsachen vorträgt, die in Verbindung mit einem Rechtssatz geeignet und erforderlich sind, das geltend gemachte Recht als in der Person der Partei entstanden erscheinen zu lassen. Die Angabe näherer Einzelheiten ist nicht erforderlich, soweit diese für die Rechtsfolgen nicht von Bedeutung sind. Das Gericht muss nur in die Lage versetzt werden, aufgrund des tatsächlichen Vorbringens der Partei zu entscheiden, ob die gesetzlichen Voraussetzungen für das Bestehen des geltend gemachten Rechts vorliegen. Sind diese Anforderungen erfüllt, ist es Sache des Tatrichters, in die Beweisaufnahme einzutreten und dabei gegebenenfalls die benannten Zeugen oder die zu vernehmende Partei nach weiteren Einzelheiten zu befragen oder einem Sachverständigen die beweiserheblichen Streitfragen zu unterbreiten. Von einem Kläger, der Schadensersatz wegen Verletzung seines Körpers oder seiner Gesundheit verlangt, kann keine genaue Kenntnis medizinischer Zusammenhänge

[4113] BGH NJW 1999, 1339.
[4114] BGH NJW 2002, 3769.
[4115] BGH BeckRS 2016, 06846.
[4116] Vgl. umfassend Gerlach VersR 2000, 525.
[4117] So BGH 2.2.1999 – VI ZR 25/98.
[4118] So BGH 2.2.1999 – VI ZR 25/98; Gerlach VersR 2000, 525; Geigel Haftpflichtprozess Rn. 13 (15).
[4119] Vgl. Heuermann in BeckOF Verkehrsrecht/Heuermann, Form. 1.7.2.2 Anm. 1-8, 37. Edition 2025; Jahnke/Burmann PersSchadensR-HdB Rn. 1739 mwN.
[4120] Vgl. hierzu oben → Rn. 384 im Kapitel IX. 3.
[4121] FA-VerkehrsR/Luckey Rn. 9.
[4122] FA-VerkehrsR/Luckey Rn. 10.
[4123] BGH NJW 2019, 3236.

erwartet und gefordert werden. Ihm fehlt insoweit das nötige Fachwissen. Er ist nicht verpflichtet, sich zur ordnungsgemäßen Prozessführung medizinisches Fachwissen anzueignen.“[4124]

Zu den **psychischen Verletzungen** führte der BGH[4125] 2025 im Falle einer Klägerin, die als Mitglied einer Gruppe von Fußgängern auf einem Gehweg von einem PKW erfasst und verletzt worden war, aus:

„Die Klägerin hat nicht nur ihre psychischen Beschwerden beschrieben. In der Berufungsbegründung …hat sie auch ausdrücklich die Behauptung aufgestellt, dass es sich bei diesen Beschwerden um „pathologisch feststellbare Gesundheitsbeeinträchtigungen im psychischen Bereich“ handle. Sie hat weiter in der Klageschrift … aus dem von ihr vorgelegten I-Bericht zitiert, wonach ihre psychische Situation das „gesundheitliche Hauptproblem“ sei. …Eine weitere Substantiierung kann von einem medizinischen Laien, der in seinen Beschwerden die Symptome einer unfallbedingten psychischen Erkrankung vermutet, nicht erwartet werden. Insbesondere musste die Klägerin nicht, wie vom Berufungsgericht erwartet, vortragen, dass eine fachkundige Person bereits eine Diagnose aus dem Katalog des Kapitels V des Klassifikationssystems ICD-10 gestellt habe, und auch nicht entsprechende Bescheinigungen ihrer Psychotherapeutinnen vorlegen. Der Behauptung der Klägerin, dass es sich bei ihren Beschwerden um „pathologisch feststellbare Gesundheitsbeeinträchtigungen im psychischen Bereich“ handle, war vielmehr durch die Einholung eines Sachverständigengutachtens nachzugehen.“[4126]

Praxishinweis:
Trotz dieser „Hilfestellungen“ des BGH sollte von anwaltlicher Seite stets so detailliert und umfassend wie möglich zu den sowohl physischen wie insbesondere auch psychischen Verletzungen vorgetragen und im Zweifel die Bitte um einen gerichtlichen Hinweis (§ 139 ZPO) dem Gericht gegenüber geäußert werden, ob dieses den Sachvortrag für ausreichend erachtet.
(vgl. dazu den **Praxishinweis → Rn. 396**).

Anpassung des Klagantrags: Im Zweifel muss der Antrag angepasst werden, worauf das LG Naumburg[4127] **399**
hinwies:

„Stellt der Kläger den Antrag, ein in das Ermessen des Gerichts gestelltes Schmerzensgeld, mindestens jedoch 75.000 EUR zu zahlen, ist er durch eine Verurteilung zu 150.000 EUR nicht beschwert. Dies gilt auch, wenn er im Laufe des Verfahrens ein Schmerzensgeld von 200.000 EUR für angemessen hält, jedoch seinen Antrag unverändert stellt“.

Zur Thematik einer wirksamen **Klageerhöhung** in diesem Zusammenhang äußerte sich im Jahr 2016 auch der BGH[4128] und betonte, eine wirksame Klageerhöhung liege nicht vor, wenn im Anwaltsprozess der Prozessbevollmächtigte das Gericht lediglich darum bittet, den „Sachvortrag“ in einem von der Partei selbst verfassten Schriftsatz bei der Entscheidungsfindung zu berücksichtigen.

Praktische Hinweise zum **Mindestbetrag** liefert insofern die soeben benannte Entscheidung des BGH[4129] **400**
sowie das OLG Karlsruhe[4130] mit seinem Hinweis auf den sogenannten **Ankereffekt** und dessen praktische Auswirkungen. Der Ankereffekt besagt, dass Richter bei ihrer Entscheidung nicht nur rational abwägen, sondern gleichzeitig intuitiv (unbewusst) psychologische „Anker“ berücksichtigen. Ein solcher „Anker“ ist für einen Richter, der darüber entscheiden soll, in welcher Höhe eine Forderung berechtigt ist, insbesondere der vom Kl. geforderte Betrag. Durch den Ankereffekt kann ein Kläger, der Schmerzensgeld geltend macht, seine Chancen signifikant verbessern, wenn er einen relativ hohen Betrag mit der Klage geltend macht.[4131] Mit Rücksicht auf den Ankereffekt würden *„erfahrene Rechtsanwälte“* bei Schmerzensgeldklagen in der Regel einen Betrag geltend machen, *„der sich im oberen Bereich des Vertretbaren bewegt“*,[4132] so argumentierte 2011 das OLG Karlsruhe sowie 2024 erneut auch das OLG Frankfurt a. M.[4133] Ebenso betonte auch Lothar Jaeger, Richter am OLG a.D., dies nochmals sehr deutlich und führte dazu aus, dass zu beachten sei, dass *„der vom Kläger genannte Mindestbetrag wegen des sogenannten Ankereffekts und wegen des Kompromisseffekts immer ein angemessen hoher Betrag sein“* müsse, *„zumal, wenn er sich die Berufung im Falle eines zu niedrig zuerkannten Betrages offenhalten will“*.[4134]

4124 BGH NJW 2019, 3236.
4125 BGH BeckRS 2025, 3289.
4126 BGH BeckRS 2025, 3289.
4127 OLG Naumburg BeckRS 2014, 02838.
4128 BGH BeckRS 2016, 06846.
4129 BGH BeckRS 2016, 06846.
4130 OLG Karlsruhe NZV 2011, 258.
4131 Jaeger DAR 2020, 710 (713) sowie Hinweis dort in Fn. 30; OLG Karlsruhe NZV 2011, 258 (260); Geipel/Nill ZfS 2007, 6; Schweizer Betrifft Justiz 2010, 239 (240).
4132 OLG Karlsruhe NZV 2011, 258 (259).
4133 OLG Frankfurt a. M. BeckRS 2024, 34401.
4134 Jaeger DAR 2020, 710.

401 Das **Risiko** eines **fehlerhaften Antrages** im Hinblick auf ggf. gravierende Verluste hinsichtlich des tatsächlich angemessenen Schmerzensgeldes wird in den beiden nachfolgend näher beschriebenen Fällen des BGH[4135] sowie auch des OLG Stuttgart[4136] besonders plastisch deutlich:

Zum Urteil des BGH[4137] (fehlende Beschwer): Bei einem Unfall in Griechenland hatte der Verletzte eine Querschnittlähmung erlitten. Kurz vor Ablauf der Verjährungsfrist hatte dessen Rechtsanwalt vor dem LG das Schmerzensgeld mit einem unbezifferten Antrag eingeklagt und lediglich in der Begründung der Klage deutlich gemacht, dass der tatsächliche Anspruch aber ein Vielfaches als die genannten 20.451 EUR betragen dürfte. Das LG sprach exakt die geforderten 20.451 EUR zu. Auf Berufung des Klägers korrigierte das OLG das Schmerzensgeld auf insgesamt 107.371 EUR. Dagegen legten der Kl. und der Bekl. Revision ein. Der BGH stellte daraufhin das Landgerichtliche Urteil wieder her und wies die Revision des Kl. mit der Begründung zurück, der Kl. habe das bekommen, was er begehrt habe. Nach der Grundsatzentscheidung des BGH[4138] wäre das Landgericht berechtigt gewesen, einen weit über die als Vorstellung genannten 20.451 EUR hinausgehenden Betrag zuzusprechen, was es jedoch im konkreten Fall – aus unerklärlichen Gründen – unterließ. Der BGH macht deutlich, dass auch ein etwaiger Fehler des Gerichts bei der Ermittlung des „richtigen" Betrages nicht mit einem Rechtsmittel überprüft werden könne, wenn – wie hier – die Beschwer fehle.

Ebenso entschied das OLG Frankfurt a. M. in einem Fall, bei dem der Kläger das Schmerzensgeld nicht in das Ermessen des Gerichts gestellt, sondern einen exakt bestimmten Antrag gestellt hatte, ohne Einschränkung dahingehend, dass es sich dabei um eine vorgestellte Größenordnung oder um einen Mindestbetrag handeln solle.[4139]

Zum Urteil des OLG Stuttgart[4140] (unrichtig bezifferter Antrag nach vorgerichtlicher Schmerzensgeldteilzahlung): Der Kläger erlitt infolge einer Medikamentenverwechslung schwere Gehirnschädigungen. Die Berufshaftpflichtversicherung des beklagten Apothekers hatte vorgerichtlich 200.000 EUR auf das Schmerzensgeld gezahlt. Das LG sah 250.000 EUR als angemessen an. Beide Parteien gingen in die Berufung. Dabei beantragte der Kläger „Die Beklagte wird verurteilt, an den Kläger weiteres Schmerzensgeld iHv 100.000 EUR … zu bezahlen". Dies war – wie das OLG nachfolgend herausstellte – ein gravierender Fehler des Klägervertreters, denn das OLG wies zutreffend darauf hin, dass das somit insgesamt begehrte Schmerzensgeld (iHv 300.000 EUR nämlich 200.000 EUR vorgerichtlich + 100.000 EUR beantragt) deutlich zu gering sei und selbst Beträge von 500.000 EUR (insofern verwies das OLG auf einige Vergleichsfälle) „noch für an der unteren Grenze liegend", anzusehen seien und führte insofern aus: *„Da der Kläger allerdings die Höhe des Schmerzensgeldes nicht in das Ermessen des Gerichts gestellt (vgl. BGH, Urt. v. 28. Februar 1984 – VI ZR 70/82 …),[4141] sondern zweitinstanzlich mit einem bezifferten Antrag auf die Summe von 300.000 EUR begrenzt hat, ist eine Verurteilung zu einem höheren, vom Senat als angemessenen zu schätzenden Betrag nicht zulässig (§ 308 ZPO)."*[4142]

Praxishinweis:
In derartigen Fällen, in denen versicherungsseitig vorgerichtlich bereits ein Schmerzensgeldbetrag zuerkannt bzw. bezahlt wurde, ist tunlichst darauf zu achten, im nachfolgenden Prozess nicht nur den darüber hinaus begehrten restlichen Schmerzensgeldbetrag zu beantragen, sondern den insgesamt den Verletzungen und Verletzungsfolgen angemessenen Schmerzensgeldgesamtbetrag in der oben → unter **Rn. 398** dargelegten Form.

402 Um zu vermeiden, bei Benennung eines Mindestbetrages und dessen Zuerkennung seitens des Gerichts nicht beschwert zu sein[4143] und somit selbst ein fehlerhaftes Urteil akzeptieren zu müssen, muss der Klägervertreter – unter Abwägung des Prozess- und Kostenrisikos – einen angemessen **hohen Betrag** als **Mindestbetrag**[4144] beantragen. Wird dieser – weil ggf. zu hoch – vom Gericht unterschritten, besteht für den – entsprechend beschwerten – Kläger dann zumindest die Möglichkeit, die Bemessung in der nächsten Instanz erneut prüfen und vornehmen zu lassen. In diesem Falle kann der Kläger(vertreter) die Vorstellung über das angemessene Schmerzensgeld durchaus noch (auch nach oben) korrigieren. Fordert der Kläger in der

4135 BGH BeckRS 1999, 30045221, NJW 1999, 1339.
4136 OLG Stuttgart BeckRS 2018, 51078.
4137 BGH BeckRS 1999, 30045221.
4138 BGH VersR 1999, 902.
4139 OLG Frankfurt a. M. BeckRS 2005, 5641.
4140 OLG Stuttgart BeckRS 2018, 51078.
4141 BGH BeckRS 9998, 101358.
4142 OLG Stuttgart BeckRS 2018, 51078.
4143 Vgl. BGH BeckRS 1999, 30045221.
4144 OLG Karlsruhe NZV 2011, 258.

nachfolgenden Instanz tatsächlich einen – von der Erstinstanz nach oben – abweichenden Schmerzensgeldbetrag, so kann ihm insofern nicht der Einwand der Verjährung entgegengehalten werden. Denn dies ist – so der BGH[4145] – *„nicht als Änderung des Streitgegenstandes anzusehen, an die selbständige verjährungsrechtliche Folgen geknüpft werden könnten“. „Es fehlt“* – so der BGH weiter – *„damit auch die Grundlage für die Annahme einer in erster Instanz* ***verdeckten Teilklage.*** *Hätte der durch das erstinstanzliche Urteil beschwerte Kläger in der Berufung seinen früheren Antrag unverändert weiterverfolgt, hätten keine Rechtsgründe entgegengestanden, ihm einen Anspruch zuzuerkennen, der über die angegebene Größenordnung hinausging“*, so dass in konsequenter Fortführung dieser Argumentation der BGH zum Ergebnis gelangte, dass dann auch der Kläger selbst in zweiter Instanz einen höheren Schmerzensgeldbetrag fordern könne als im ersten Rechtszug.

Zur Thematik der sog. **offenen Teilklage** und der Zulässigkeit s. oben → **Rn. 385** sowie aktuell OLG Saarbrücken[4146] Urt. v. 20.4.2023 – 3 U 7/23 mwN.

Ungeachtet des somit stets zu benennenden Mindestbetrages sind die Gerichte frei, davon nach oben deutlich **403**
abzuweichen. Dies gilt zumindest seit der BGH im Jahr 1996 entschieden hat,

„dass die Angabe eines Mindestbetrages oder einer Größenvorstellung dem Ermessen des Gerichts bei Festsetzung des für angemessen gehaltenen Schmerzensgeldes im Hinblick auf § 308 ZPO keine Grenzen zieht und deshalb auch die Zuerkennung eines den Mindestbetrag (oder die Größenordnung) um das Doppelte übersteigenden Betrages von dem Antrag des Klägers gedeckt ist“.[4147]

Stets Probleme bereitet – gerade Neulingen in dieser kasuistischen Rechtsmaterie – die zur oben beschriebenen Vorgehensweise notwendige Orientierung dessen, was als angemessenes Schmerzensgeld im konkreten Sachverhalt anzusehen ist. Insofern liefern *Schmerzensgeldtabellen* oder besser *Schmerzensgeldurteilssammlungen* unter der Prämisse des Gleichheitsgrundsatzes einen gewissen Orientierungsrahmen.[4148]

b) Antrag im Insolvenzverfahren über das Vermögen des Schädigers. Mit einer **gegen den Insolvenzverwalter gerichteten Klage** und der Art und Weise, wie insofern die Anträge zu formulieren sind, **403a**
hatte sich 2020 das OLG Köln zu befassen:

Klägerin war eine Patientin, die von einem noch in der Ausbildung stehenden und insofern noch nicht approbierten „Arzt“ (Beklagter zu 1) fehlerhaft behandelt worden war und dies in der Praxis des Dr. S., der jedoch kurz darauf verstarb. Im Rahmen des anschließend über seinen Nachlass eröffneten Insolvenzverfahrens wurde der Beklagte zu 2) als Insolvenzverwalter bestellt. Mit anwaltlichem Schreiben hatte die Klägerin ihre Forderungen angemeldet. Der Beklagte zu 2) hat die angemeldeten Forderungen bestritten. Die Klägerin hat daraufhin Klage auch gegen den Beklagten zu 2)[4149] eingereicht. Die diesbezüglichen Klaganträge lauteten:
1. *zur Insolvenztabelle festzustellen, dass ihr in dem Insolvenzverfahren … als Insolvenzforderung gegen die Insolvenzmasse ein angemessenes Schmerzensgeld aufgrund der Körperverletzung durch den Beklagten zu 1) … zusteht, dessen Höhe in das Ermessen des Gerichts gestellt wird,*
1a. *hilfsweise zur Insolvenztabelle festzustellen, dass ihr in dem Insolvenzverfahren … als Insolvenzforderung ein angemessenes Schmerzensgeld aufgrund der Körperverletzung durch den Beklagten zu 1) zusteht, iHv 20.000 EUR nebst Zinsen ab dem 10.2.2015,*
2. *zur Insolvenztabelle festzustellen, dass ihr in dem Insolvenzverfahren … als Insolvenzforderung gegen die Insolvenzmasse ein Anspruch auf Ersatz sämtlicher materiellen und weiteren immateriellen Schäden zusteht, die ihr aufgrund der Körperverletzungshandlungen durch den Beklagten zu 1) an ihren Knien … in der Vergangenheit bereits entstanden sind und zukünftig noch entstehen werden, soweit solche Ansprüche nicht auf Sozialversicherungsträger oder sonstige Dritte übergegangen sind oder übergehen werden,*
2a. *hilfsweise zur Insolvenztabelle festzustellen, dass ihr in dem Insolvenzverfahren … als Insolvenzforderung ein Anspruch auf Ersatz sämtlicher materieller und weiterer immaterieller Schäden zusteht iHv 20.000 EUR.*

Die Anträge 1 und 2 sind – so das OLG Köln[4150] – deshalb unzulässig, da der Gläubiger (hier: die Klägerin) eine bezifferte Insolvenzforderung zur Insolvenztabelle anmelden muss und im Falle eines Bestreitens durch den Insolvenzverwalter nur die gerichtliche Feststellung der angemeldeten Insolvenzforderung begehren kann. Ersteres – so das OLG – *„ergibt sich aus § 45 InsO, nach der Forderungen, deren Geldbetrag unbestimmt ist, mit dem Wert geltend zu machen sind, der für die Zeit der Eröffnung des Insolvenzverfahrens geschätzt werden kann,*

4145 BGH NJW 2002, 3769.
4146 OLG Saarbrücken BeckRS 2023, 8582 mit Verweis auf BGH BeckRS 2004, 2240.
4147 BGH NJW 1996, 2425.
4148 OLG München BeckRS 2015, 09712; LG Lübeck BeckRS 2015, 07605; Grüneberg BGB/Sprau § 253 Rn. 15; Luckey SVR 2014, 125.
4149 Bekl. zu 1) war der nicht approbierte „Arzt“ und Bekl. zu 3) die Haftpflichtversicherung des Verstorbenen.
4150 OLG Köln BeckRS 2020, 8671.

und dem Gedanken, dass der Insolvenzverwalter nur eine bezifferte Forderung bei der Verteilung der Insolvenzmasse berücksichtigen kann. Letzteres ergibt sich unmittelbar aus § 181 InsO.“ Auch entsprächen diese beiden Berufungsanträge *„nicht der Forderungsanmeldung der Klägerin, weil sie keine Bezifferung oder Schätzung enthalten. Sie sind ohne Betragsangabe auf ein angemessenes Schmerzensgeld oder auf Ersatz sämtlicher materiellen und weiteren immateriellen Schäden gerichtet.“*[4151]

Zulässig sind dagegen die beiden Hilfsanträge (Ziff. 1a. und 2a.), da sie der Vorgabe entsprechen, wonach ein Gläubiger stets eine bezifferte Insolvenzforderung zur Insolvenztabelle anmelden muss und – im Falle eines Bestreitens durch den Insolvenzverwalter – nur die gerichtliche Feststellung der angemeldeten Insolvenzforderung begehren kann.

Praxishinweise:
In einem solchen – zugegebenermaßen sehr seltenen Fall – muss der Gläubiger darauf achten, bereits eine **bezifferte Insolvenzforderung zur Insolvenztabelle anzumelden** und kann sich im Falle einer Klage hinsichtlich der Formulierung der korrekten Anträge an den oben – aus diesem Grunde hier so ausführlich dargelegten – Hilfsanträgen orientieren. Die Lektüre des unter BeckRS 2020, 8671 vollständig abgedruckten Urteils empfiehlt sich insofern.

Zur Insolvenz des Geschädigten (Schmerzensgeldempfänger) s. nachfolgend → **Rn. 474.**

404 **c) Feststellungsklage.** *„Nach der Rechtsprechung des Bundesgerichtshofs erfordert bei – wie hier – teilweise bereits entstandenen Schäden das für die Zulässigkeit einer Feststellungsklage gemäß § 256 Abs. 1 ZPO erforderliche Feststellungsinteresse keine Wahrscheinlichkeit weiterer Schäden, vielmehr reicht insofern die bloße Möglichkeit weiterer Schäden aus. Diese fehlt nur dann, wenn aus Sicht des Klägers bei verständiger Würdigung kein Grund besteht, mit dem Eintritt eines weiteren Schadens wenigstens zu rechnen (vgl. z.B. BGH, Urteil vom 6. Februar 2023 – VIa ZR 419/21 Rz. 12, MDR 2023, 772).“* so entschied 2024 das KG[4152] in einer hinsichtlich der Haftung streitigen Verkehrsunfallsache, bei der die Klägerin ein Schädelhirntrauma mit Schädelfraktur sowie weitere Frakturen erlitten hatte.

Wenn somit die Schadensentwicklung zum Zeitpunkt der Klageerhebung noch nicht abgeschlossen ist, besteht keine Verpflichtung des Klägers, die Klage in einen schon bezifferten Teil (Leistungsklage) und einen noch nicht zu beziffernden Teil (Feststellungsklage) aufzuspalten.[4153]

Ist beispielsweise aus Sicht eines Mediziners nicht völlig auszuschließen, dass aus den vorliegenden Verletzungen oder darüber hinaus Spätfolgen eintreten können, kann nur durch ein **titelersetzendes Anerkenntnis** (s. nachfolgend → **Rn. 452**) oder durch eine **Feststellungsklage** die ansonsten eintretende kurze Verjährung verhindert werden. Bereits aus anwaltlicher Vorsicht und um sich nicht selbst einem Regress auszusetzen, hat der den Verletzten vertretende Rechtsanwalt neben der Leistungsklage auch einen Feststellungsantrag zu stellen. Sofern die Instanzgerichte hier in Bezug auf das Vorliegen eines Feststellungsinteresses ggf. zurückhaltend reagieren sollten, sei auf die Rechtsprechung des BGH[4154] verwiesen.

Insofern erscheint zudem ein Hinweis einer Entscheidung des OLG Frankfurt a. M.[4155] aus dem Jahr 2015 weiterführend, das sich mit den Voraussetzungen der Feststellungsklage gegenüber dem Haftpflichtversicherer des Unfallverursachers befasst hatte. Laut Sachverhalt begehrte der Kläger die Feststellung von Schadensersatz- und Schmerzensgeldansprüchen aus einem Verkehrsunfall. Nach Einreichung der Feststellungsklage hatte die Beklagte den Anspruch teilweise – hinsichtlich der zukünftigen Schäden – anerkannt. Das LG erließ ein Teilanerkenntnisurteil und wies im Übrigen die Klage ab, da diese – zumindest in Form einer Feststellungsklage – nun nicht mehr zulässig sei. Die gegen diese Rechtsansicht vor dem OLG Frankfurt a. M. eingereichte Berufung hatte Erfolg. Das OLG führte zunächst lehrbuchartig aus, nach der BGH-Rechtsprechung bestehe keine allgemeine **Subsidiarität** der Feststellungsklage gegenüber der Leistungsklage.[4156] Sodann wies es darauf hin, dass es grundsätzlich zwei Arten von Feststellungsklagen gibt:

1. die **allgemeine Feststellungsklage** zur Klärung des Haftungsgrundes und Verjährungsunterbrechung und
2. die **besondere Feststellungsklage** zur Klärung einzelner Schadenspositionen.[4157]

[4151] BeckRS 2020, 8671.
[4152] KG BeckRS 2024, 43072 Rn. 4.
[4153] BGH BeckRS 2016, 8733 sowie NJW-Spezial 2016, 361.
[4154] BGH BeckRS 2016, 8733; BGH NJW-RR 2007, 601; BGH BeckRS 9998, 77381; ebenso KG BeckRS 2018, 7504.
[4155] OLG Frankfurt a. M. BeckRS 2015, 08019.
[4156] So auch LG Frankfurt a. M. (Oder) BeckRS 2020, 57813 und KG BeckRS 2018, 7504.
[4157] Vgl. BGH NZV 2000, 40.

Nun – auf den konkreten Fall eingehend – verwies das OLG Frankfurt a. M.[4158] darauf, dass eine große Versicherung begründete Ansprüche regulieren und deshalb eine Feststellungsklage grundsätzlich ausreichen würde. Dies würde jedoch hier der Klägerin nicht weiterhelfen, da die Beklagte nicht ihre grundsätzliche Einstandspflicht, sondern nur das Vorliegen bestimmter Schadenspositionen bestreitet. *„Es kommt deshalb auf die Frage an, ob die Klägerin, obwohl ein Großteil der von ihr geltend gemachten Schäden bereits bezifferbar ist, dennoch die allgemeine Feststellungsklage erheben kann?“*, so das OLG, das sodann diese Frage bejaht. Dies sei nämlich bereits deshalb der Fall, weil im Zeitpunkt der Klageerhebung die Schadensentwicklung noch nicht vollständig abgeschlossen war. *„Soweit eine Schadensentwicklung noch nicht abgeschlossen ist, kann der Geschädigte in vollem Umfang die Feststellung der Ersatzpflicht begehren und nicht wegen des bereits entstandenen Schadens auf eine Leistungsklage verwiesen werden“.*[4159]

Zur Frage der Zulässigkeit und Begründetheit eines Feststellungsantrags, wenn der beklagte KH-Versicherer zunächst ein „diffuses Anerkenntnis“ im Rahmen der Haftungsquote (ohne diese zu beziffern!) mit dem Hinweis auf die „Wirkung eines rechtskräftigen Feststellungsurteils“ abgibt, jedoch die Ansprüche nicht anerkennt, sondern insoweit nur einen „Vorbehalt“ erklärt und anschließend – in einem zweiten Schreiben – mit den Worten „nochmals“ dann doch die Haftungsquote mit 100 % beziffert, hatte sich das OLG München[4160] 2021 zu befassen. In einem solchen Falle, so das OLG zutreffend, müsse sich der Kläger *„nicht auf die Ungewissheit einlassen, wie in einem etwaigen späteren Rechtsstreit ein Gericht die beiden Schreiben auslegen würde, falls die Beklagte die Haftung bestreiten oder sich auf Verjährung berufen würde“.*[4161]

Das rechtliche Interesse des Klägers an der Feststellung weiterer materieller und (nicht vorhersehbarer) immaterieller Schäden entfällt somit nur, wenn der KH-Versicherer bzw. der/die Ersatzpflichtige(n) ein **eindeutiges, vorbehaltloses Anerkenntnis** abgegeben haben.

Mit der Frage der **Wiedereinführung** eines **in erster Instanz übergangenen Feststellungsantrags** hatte der BGH[4162] zu befinden und sinngemäß ausgeführt:

„Hat das Erstgericht über den vom Kläger gestellten Feststellungsantrag nicht entschieden und ihn auch nicht in den Tatbestand seines insofern unvollständigen Urteils aufgenommen (ihn sozusagen übersehen oder übergangen), so kann der Kläger Tatbestandsberichtigung oder Urteilsergänzung beantragen. Erfolgt dies nicht, so entfällt mit Ablauf der Antragsfrist gem. § 321 Abs. 2 ZPO die Rechtshängigkeit der Klage, soweit sie Gegenstand des übergangenen Antrags war. Der Kläger kann jedoch in diesem Falle“ – so der BGH – *„den vom Erstgericht übergangenen Feststellungsantrag in der Berufungsinstanz erneut stellen und damit sein Feststellungsbegehren durch zulässige Klageerweiterung erneut in den Prozess einführen. Ist dies geschehen, so kann und muss das Berufungsgericht über diesen Feststellungsantrag sodann selbst entscheiden; eine Zurückverweisung an das Erstgericht ist unzulässig“.*

Die nach unbeschränkt eingelegter Berufung in der Berufungsbegründung isolierte Stellung eines Schmerzensgeldantrages steht der **Nachholung** des in erster Instanz gestellten **Feststellungsantrages** bis zum Ende der mündlichen Verhandlung in der Berufungsinstanz nicht entgegen, sofern die Berufungsbegründung auch einen Angriff gegen die Abweisung des Feststellungsantrages deckt (OLG Hamm[4163]).

Zum Feststellungsantrag und dessen Umfang sowie des zugehörigen Tenors hinsichtlich zukünftiger Forderungsübergänge nach eingetretenem Sach- und Personenschaden weist Kemperdiek[4164] darauf hin, dass die oft verwendete Klausel in prozessualen Feststellungsanträgen, der Antrag solle nur gelten, *„soweit die Ansprüche nicht auf Sozialversicherungsträger oder Dritte übergegangen sind oder* ***übergehen werden****“* und somit auch zukünftige Forderungsübergänge einschließe, hohe Risiken berge. Dies deshalb, so Kemperdiek zutreffend, da die Formulierung *„… oder übergehen* ***werden…****“* zumindest dem Wortlaut nach solche Ansprüche ausschließe, die nicht im Zeitpunkt des Unfalls, sondern erst bei späterer Leistung, etwa durch einen privaten Unfallversicherer, übergehen. Auf diese Einschränkung sollte daher vor dem Hintergrund etwaiger Nachteile hinsichtlich der Verjährung, aber auch versicherungsrechtlicher Art (Cessio legis gemäß § 116 Abs. 1 SGB X und Obliegenheit gemäß § 86 Abs. 2 VVG) verzichtet werden. Bei der Fassung eines Feststellungsantrages, so Kemperdiek, *„empfiehlt es sich daher dringend, nur solche Ansprüche von der gerichtlichen Entscheidung auszunehmen, hinsichtlich derer der Mandant aufgrund schon eingetretenen Forderungsübergangs nicht aktivlegitimiert ist und darüber hinaus keine Beschränkungen vorzunehmen.“*[4165]

[4158] OLG Frankfurt a. M. BeckRS 2015, 08019.
[4159] OLG Frankfurt a. M. BeckRS 2015, 08019.
[4160] OLG München – BeckRS 2021, 8714.
[4161] OLG München BeckRS 2021, 8714.
[4162] BGH BeckRS 2015, 02574.
[4163] OLG Hamm BeckRS 2016, 18652.
[4164] Kemperdiek ZfS 2022, 543; OLG Bamberg BeckRS 2021, 49508 mAnm Bergmann GuP 2022, 38; ebenso Almeroth Schadensersatz Rn. 231.
[4165] Kemperdiek ZfS 2022, 543.

Noch deutlicher hatte dies 2021 bereits das OLG Bamberg[4166] formuliert: *„Hinsichtlich der zukünftigen Forderungsübergänge („oder noch übergehen werden") sei die Klägerin – anders als hinsichtlich der Ansprüche, die gem. § 116 SGB X bereits zum Zeitpunkt des Schadensereignisses auf den leistungspflichtigen Sozialversicherungsträger übergehen – aktiv legitimiert. Es gäbe keinen Grund, diese Ansprüche von der Haftung der Beklagten auszunehmen. Zudem treffe den Versicherungsnehmer nach § 86 Abs. 2 VVG eine Obliegenheit zur Wahrung des Ersatzanspruchs. Der Zusatz habe daher zu entfallen."*

Praxishinweise:

„Während in einem Abfindungsvergleich zwingend zu formulieren ist, dass von der durch Leistung eines Abfindungsbetrages vollumfänglichen Abgeltung der Ansprüche eines Geschädigten die Ansprüche ausgenommen seien sollen, die auf Sozialleistungsträger oder sonstige Dritte übergegangen sind oder noch übergehen werden (wie etwa Ansprüche privater Krankenversicherer oder Ansprüche des Arbeitgebers aus geleisteter Lohnfortzahlung), ist eine analoge Formulierung im Feststellungsantrag der Klage falsch und birgt die vom OLG Bamberg benannten Haftungsrisiken. Im Feststellungsantrag muss der Zusatz „oder noch übergehen werden" gerade entfallen, weil diese Ansprüche andernfalls, wenn sie also fälschlich von der Feststellungswirkung des Urteils ausgenommen würden, gerade nicht von dem 30-jährigen Verjährungsschutz des Feststellungsurteils umfasst wären. Das erkennende Gericht hat diesen Antrag auch nicht von Amts wegen auszulegen oder zu korrigieren, weil es dann mehr zusprechen würde, als beantragt wurde, vgl. § 308 Abs. 1 Satz 1 ZPO."[4167]

Bergmann[4168] schlägt insofern in seiner Anmerkung zum Urteil des OLG Bamberg[4169] folgenden **Formulierungsvorschlag** (ohne den fälschlichen Einschluss zukünftiger Forderungsübergänge) **für die Praxis** vor:

„Es wird festgestellt, dass die Beklagte verpflichtet ist, dem Kläger sämtliche materiellen sowie immateriellen Schäden zu ersetzen, welche ihm aus [dem schädigenden Ereignis (Unfall/Behandlungsfehler/...] entstanden sind und/oder noch entstehen werden, soweit die hierauf gerichteten Ansprüche nicht auf Sozialversicherungsträger oder sonstige Dritte übergegangen sind".[4170]

Zum Gegenstand eines **Prozessvergleichs** im Hinblick auf an Dritte übergegangene Ansprüche sowie zur nicht statthaften Berichtigung oder Ergänzung eines solchen Vergleichs durch ein Gericht vgl. zudem OLG Braunschweig BeckRS 2024, 30063.

405 **d) Streitwert und Kostenverteilung nach § 92 Abs. 2 ZPO.** Durch das „Gesetz zur Änderung des Zuständigkeitsstreitwerts der Amtsgerichte, zum Ausbau der Spezialisierung der Justiz in Zivilsachen sowie zur Änderung weiterer prozessualer Regelungen"[4171] wurden die seit 1993 geltenden Streitwertgrenzen in der Zivilprozessordnung (ZPO) mit Wirkung zum 1.1.2026 angehoben.[4172] Im Zentrum der damit verbundenen Reform stand die Anhebung des **Zuständigkeitsstreitwerts der Amtsgerichte** gemäß § 23 GVG von bisher 5.000 EUR auf **10.000 EUR,** womit auch die Grenze des Anwaltszwangs gleichermaßen angehoben wurde. Dies hat somit auch Auswirkungen auf die erstinstanzliche Zuständigkeit bei Schmerzensgeldklagen.

Maßgeblich für die Anwendung der neuen Zuständigkeitsregelung ist der Zeitpunkt des Eingangs der Sache beim Streitgericht[4173]

(Zur gleichzeitigen Änderung der **Wertgrenze für Berufung gem. § 511 ZPO** von bisher 600 EUR auf 1.000 EUR s. → **Rn. 419**).

Durch die Anhebung des Zuständigkeitsstreitwerts der Amtsgerichte ändert sich an der nachfolgenden Problematik grundsätzlich nichts.

Die Hauptschwierigkeit bei Stellung eines unbestimmten Schmerzensgeldantrages liegt in der – oben → **Rn. 401** dargestellten – Beschwerproblematik und der nachfolgend nur kurz skizzierten Streitwert- und Kostenlastermittlung.[4174]

Wird ein Mindestbetrag vorgegeben und das Schmerzensgeld im Übrigen in das Ermessen des Gerichts gestellt, so bemisst sich der **Streitwert** in der Regel nach dem vom Gericht dem Kläger zugesprochenen

4166 OLG Bamberg BeckRS 2021, 49508.
4167 Bergmann GuP 2022, 38.
4168 Bergmann GuP 2022, 38.
4169 OLG Bamberg BeckRS 2021, 49508.
4170 Bergmann GuP 2022, 38.
4171 BGBl I Nr. 318 v. 11.12.2025.
4172 Wittschier ZRP 2023, 44 (vor der Reform mit kritischem Blick nach vorn); Schneider ErbR 2026, 10.
4173 LG Stuttgart BeckRS 2026, 11175.
4174 Beck'sches Prozessformularbuch/Tonner Kap. I. D. 4. Anm. 1–19.

Betrag, wenn dieser höher ist als der in der Mindestsumme genannte Betrag. Allerdings weist *Gerstenberg*[4175] darauf hin, dass der Streitwert in dieser Fallkonstellation auch oberhalb des ausgeurteilten Betrages liegen könne, denn maßgeblich sei *„allein der Betrag, den das Gericht bei Unterstellung des anspruchsbegründenden Tatsachenvortrages des Klägers für angemessen hält"*.

Wird die **Mindestsumme** zugesprochen, so wird als Streitwert in der Regel diese Mindestsumme genommen, mit der Konsequenz, dass der Kläger einerseits nicht mit den Kosten belastet wird, andererseits aber auch keine – so → **Rn. 398** – Rechtsmittelmöglichkeit hat, da keine Beschwer festgestellt werden kann.

Wird **weniger als die Mindestsumme** zugesprochen, so ist der Kläger grundsätzlich beschwert. In diesen Fällen wird der Streitgegenstand in der Regel die Mindestsumme sein, so dass ein teilweise abweichendes Urteil gefällt werden wird.[4176]

In den Fällen, in denen das vom Gericht zugesprochene Schmerzensgeld von der klägerischerseits benannten „Größenordnung" nach unten abweicht, kommt der Vorschrift des § 92 Abs. 2 ZPO, nach der das Gericht einer Partei die gesamten Prozesskosten auferlegen kann, *„wenn der Betrag der Forderung der anderen Partei von der Festsetzung durch richterliches Ermessen…abhängig war"*, eine im Einzelfall ggf. große Bedeutung zu. Dies wird jedoch nicht selten übersehen, weshalb *Gerlach*[4177] zutreffend darauf hingewiesen hat, dass diese Norm *„aus ihrem Dornröschenschlaf erweckt werden"*[4178] müsse; eine Aufgabe, die stets dem den Geschädigten vertretenden Rechtsanwalt obliegt.

Mit Verweis hierauf muss eine teilweise Klageabweisung im Schmerzensgeldprozess nicht notwendig eine Kostenbelastung des Klägers bedeuten. Das Gericht kann vielmehr entscheiden, dass der vom Kläger genannte Mindestbetrag innerhalb der Spannbreite liegt, die wegen der Unsicherheit jeder Schätzung als angemessen zu betrachten ist, und ggf. dem Beklagten sämtliche Kosten auferlegen.[4179]

An dieser Stelle sei insofern nochmals der oben unter → **Rn. 307c** vorgestellte Fall Georg Menne/Erzbistum Köln erwähnt, da der Kläger dort 725.000 EUR Schmerzensgeld gefordert, jedoch vor dem LG Köln[4180] nur 300.000 EUR erlangt hattet. Das LG Köln legte dem Kläger mit Hinweis auf § 91 ZPO 60 % der Kosten auf, ohne die Bestimmung des § 92 Abs. 2 ZPO zu erwähnen oder, im Idealfalle, dementsprechend zu verfahren. Gerade in diesem besonderen Falle wäre dies jedoch angemessen gewesen. Bei einer so großen Diskrepanz kann allerdings auch eine „Mischkalkulation" erfolgen: Angenommen, der Kläger nennt als Mindestvorstellung für ein angemessenes Schmerzensgeld 100.000 EUR. Das Gericht hält jedoch maximal 80.000 EUR als noch im Toleranzbereich liegend für angemessen und spricht jedoch letztlich nur 60.000 EUR zu. Dadurch übersteigt das – als Mindestbetrag im Antrag des Klägers benannte – Schmerzensgeld den Bereich eines verständlichen Schätzfehlers. In diesem Falle kann das Gericht aus einer kombinierten Anwendung der Abs. 1 und 2 des § 92 eine Mischkalkulation dergestalt vornehmen, dass dem Kläger statt 2/5 der Kosten lediglich zB 1/5 der Kosten auferlegt werden.[4181]

e) Gebührenstreitwert nach dem Gerichtskostengesetz (GKG). In Literatur und Rechtsprechung ist umstritten, ob bei unbezifferter Leistungsklage die Streitwertfestsetzung für die Gerichtsgebühren den vom Kläger genannten (echten) Mindestbetrag nicht unterschreiten darf[4182] oder ob das Gericht den Streitwert ohne Berücksichtigung der Mindestangaben allein unter objektiver Würdigung des Klägervorbringens nach billigem Ermessen festsetzt,[4183] wobei die erstgenannte Ansicht inzwischen als die vorherrschende Meinung gewertet werden kann. **406**

Dieser Ansicht folgte beispielsweise das OLG Naumburg[4184] sowie – hierauf verweisend – das KG,[4185] welches hierzu ausführte:

[4175] Gerstenberg NJW 1988, 1352.
[4176] Gerlach VersR 2000, 525; Mertins VersR 2006, 47 sowie BGH NJW 1999, 1339.
[4177] Gerlach VersR 2000, 525.
[4178] Gerlach VersR 2000, 525.
[4179] Vgl. dazu beispielsweise OLG Frankfurt a. M. BeckRS 2025, 2439 Rn. 96 und OLG München BeckRS 2022, 3851 Rn. 48–49; BGH JZ 1985, 411 (413); OLG Köln NJW 1989, 720; OLG Koblenz DAR 1990, 138; Jaeger/Luckey Schmerzensgeld, 13. Aufl. 2026, Kapitel 7 Rn. 187; Berz/Burmann StraßenverkehrsR-HdB/Heß/Burmann/Quaisser 6. F. Rn. 78-81 und Gerstenberg NJW 1988, 1352.
[4180] LG Köln Urt. v. 23.6.2023 – 5 O 197/22 – BeckRS 2023, 13315.
[4181] Gerstenberg NJW 1988, 1352 (1358); OLG Köln VersR 1995, 358.
[4182] So KG NZV 2011, 88; OLG Saarbrücken BeckRS 2010, 00450; OLG München BeckRS 2007, 10323; BGH NJW 1996, 2425.
[4183] So OLG Koblenz BeckRS 2004, 2625.
[4184] OLG Naumburg BeckRS 2013, 18241, NJOZ 2014, 52.
[4185] KG NZV 2011, 88.

„Der Gebührenstreitwert eines unbezifferten Antrags mit Angabe eines Mindestbetrages (hier: Schmerzensgeld) ist der Betrag, der aufgrund des klagebegründenden Sachvortrags zuzusprechen wäre, wenn sich dieser als richtig erweist; maßgeblicher Zeitpunkt der Beurteilung ist der Eingang der Klagebegründung (§ 40 GKG), nicht das Ergebnis der Beweisaufnahme; regelmäßig ist bei dieser „Schlüssigkeitsprüfung" der festzusetzende Wert nicht geringer als der vom Kläger angegebene Mindestbetrag, den der Kläger jedenfalls erstrebt".

Das OLG Saarbrücken[4186] führt dazu aus, es entspreche anerkannten Grundsätzen, dass sich die Streitwertfestsetzung nach dem in der Klage verkörperten Rechtschutzbegehren eines Klägers, nicht aber am Prozesserfolg orientiert. Rechtschutzinteresse und Streitwert würden sich nach der Dogmatik der §§ 3 ff. ZPO decken. Der Kläger könne die Mindestsumme vorsichtig benennen, um Kostennachteile zu vermeiden. Er könne allgemeine Angaben zur Größenordnung machen und zugleich zum Ausdruck bringen, dass er das Gericht in seiner Sachentscheidung weder nach unten noch nach oben binden wolle. Entschließe sich der Kläger stattdessen, eine möglichst hohe Summe als verbindliche Untergrenze zu nennen, sei es nicht unbillig, den Kläger im Falle einer unangemessen hohen Mindestsumme mit den anteiligen Kosten des Gebührenstreitwerts zu belasten.[4187]

Bei unbeziffertem Antrag sollte der Kläger stets auf umgehende **Streitwertfestsetzung** durch das Gericht drängen. Der Kläger kann sich dann überlegen, ob er sich aus Kostengründen den Betragsvorstellungen des Gerichts anschließt oder an seinen abweichenden Vorstellungen festhält und erforderlichenfalls sein Begehren abweichend formuliert, um sich die Möglichkeit einer Berufung offenzuhalten, so Tonner.[4188]

407a **f) Kostentragung von Privatgutachten (BGH VI ZB 41/17).** Nach § 91 Abs. 1 S. 1 ZPO hat stets die unterliegende Partei die Kosten des Rechtsstreits zu tragen. Dies betrifft insbesondere die Kosten, die dem Gegner zur zweckentsprechenden Rechtsverfolgung oder Rechtsverteidigung notwendig waren. Nach ständiger Rechtsprechung des BGH[4189] gehören dazu auch die Kosten für die Einholung eines Privatsachverständigengutachtens,[4190] wenn das Gutachten unmittelbar prozessbezogen und zur „zweckentsprechenden Rechtsverfolgung notwendig" war. Dies ist dann der Fall, wenn eine verständige und wirtschaftlich vernünftig denkende Partei die Kosten auslösende Maßnahme ex ante als sachdienlich ansehen durfte. Dabei darf die Partei die zur vollen Wahrnehmung ihrer Belange erforderlichen Schritte ergreifen.[4191]

Dabei kann dem Beklagten die Festsetzung der für den Privatgutachter angefallenen Kosten nicht mit der Begründung versagt werden, die Kosten seien nicht ihm, sondern seinem Haftpflichtversicherer entstanden.[4192]

Damit sei – so der BGH – *„freilich nicht gesagt, dass der in der Hand der Partei entstandene und auf den Ersatz der Kosten des Privatgutachtens gerichtete prozessuale Kostenerstattungsanspruch nicht aufgrund einer an die Zahlung eines Dritten anknüpfenden Sondervorschrift* (Anmerkung: Gemeint ist § 86 Abs. 1 S. 1 VVG der nach allgemeiner Meinung[4193] auch prozessuale Kostenerstattungsansprüche erfasst) *auf diesen übergeht".*

Insofern ist in derartigen Fällen stets zu klären, ob der Beklagte den Ersatz der Kosten des Privatgutachters aus eigenem Recht oder in gewillkürter Prozessstandschaft für seinen Haftpflichtversicherer geltend macht und ob die dafür jeweils erforderlichen Voraussetzungen vorliegen.[4194]

407b **g) Leistungsklage bzgl. eines beamtenrechtlichen Schadensersatz- bzw. Schmerzensgeldanspruchs.** Begehrt ein Beamter (im konkreten Fall ein Lehrer) immateriellen Schadensersatz wegen „Mobbings" durch seine Schulleiterin hat er zunächst ein **Verwaltungsverfahren** durch einen beim beklagten Land zu stellenden Antrag auf Schadensersatz in Gang zu setzen. Erfolgt dies nicht, führt dies dazu, dass – wie im Fall, den das OVG Berlin-Brandenburg[4195] 2024 zu entscheiden hatte – die **Leistungsklage** des Klägers auf immateriellen Schadensersatz wegen „Mobbings" bereits als **unzulässig** abgewiesen wird, soweit er den beamtenrechtlichen Schadensersatzanspruch aus Sachverhalten in Form von behaupteten Verletzungshandlungen herleiten will, für die er ein Verwaltungsverfahren durch einen beim Dienstherrn zu stellenden

---

[4186] OLG Saarbrücken BeckRS 2010, 450; FD-StrVR 2010, 298526 mAnm Kääb; vgl. dazu auch BGH NJW 1996, 2425 (2427) sowie Mes Beck'sches Prozessformularbuch/Tonner, 15. Auflage 2022, Rn. 11.
[4187] FD-StrVR 2010, 298526 mAnm Kääb zu OLG Saarbrücken BeckRS 2010, 00450.
[4188] Mes Beck'sches Prozessformularbuch/Tonner, 15. Auflage 2022 Rn. 11.
[4189] BGH BeckRS 2019, 11582 sowie bereits BGH NJW 2013, 1823.
[4190] Zur Relevanz eines Privatgutachtens vgl. OLG Dresden BeckRS 2019, 12938.
[4191] BGH NJW 2013, 1823.
[4192] BGH NJW 2017, 672.
[4193] Prölss/Martin/Armbruster VVG § 86 Rn. 7.
[4194] BGH BeckRS 2019, 11582.
[4195] OVG Berlin-Brandenburg BeckRS 2024, 5934.

Antrag auf Schadensersatz nicht in Gang gesetzt hat, und es damit an einer nicht nachholbaren Klagevoraussetzung fehlt.

Voraussetzung des beamtenrechtlichen Schadensersatzanspruchs ist, dass der Dienstherr eine dem Beamten gegenüber bestehende Pflicht (Fürsorgepflicht des Dienstherrn aus § 45 BeamtStG) schuldhaft verletzt hat, die Rechtsverletzung adäquat kausal für den Schadenseintritt war und der Beamte es nicht unterlassen hat, den Schaden durch Gebrauch eines ihm zumutbaren Rechtsmittels abzuwenden.[4196]

h) Schlichtungsobliegenheit bei Streitigkeiten über Ansprüche wegen der Verletzung der persönlichen Ehre unter Nachbarn im Bundesland Bayern. Begehrt eine Partei im Bundesland **Bayern**[4197] auf der Basis einer nachbarrechtlichen Grundlage (dh beide Parteien sind Nachbarn) in Streitigkeiten über Ansprüche wegen der Verletzung der persönlichen Ehre, die nicht in Presse oder Rundfunk begangen worden ist, Schmerzensgeld, so ist stets die sog. **Schlichtungsobliegenheit** bei Streitigkeiten über Ansprüche wegen der Verletzung der persönlichen Ehre zu beachten. Art. 1 Nr. 2 BaySchlG erfasst auch Zahlungsansprüche auf Ersatz des immateriellen Schadens.[4198] Gleiches gilt auch bei Streitigkeiten unter Nachbarn über einen Geldentschädigungsanspruch wegen einer Verletzung des allgemeinen Persönlichkeitsrechts[4199] und auch für Ansprüche nach Abschnitt 3 des Allgemeinen Gleichbehandlungsgesetzes.[4200] 407c

Hat der klagende Nachbar das nach § 15a Abs. 1 S. 1 Nr. 3 EGZPO iVm Art. 1 Nr. 2 BaySchlG erforderliche Schlichtungsverfahren nicht durchgeführt, wird die Klage auf Schmerzensgeld bereits für unzulässig erklärt und abgewiesen, betonte das **BayObLG** 2024.[4201] **In allen anderen Bundesländern gilt dies nicht,** worauf der BGH mehrfach Gelegenheit hatte, hinzuweisen.[4202]

Laut der Entscheidung des OLG Frankfurt a. M.[4203] ist in Hessen die Durchführung eines Schlichtungsverfahrens vor Klageerhebung keine Zulässigkeitsvoraussetzung, wenn die Klagepartei einen schlichtungspflichtigen Antrag nach § 1 Abs. 1 Nr. 2 des Hessischen Schlichtungsgesetzes mit einem nicht schlichtungspflichtigen Antrag kombiniert, sofern diese Kombination nicht mutwillig und nicht zur bloßen Umgehung erfolgt.

Für andere Bundesländer ist dies stets zu prüfen.

i) Internationale Zuständigkeit nach Art. 7 Nr. 1, 7 Nr. 2 EuGVVO. Gemäß **Art. 7 Abs. 1 S. 1 EUGVVO (Besondere Gerichtsstände)** kann eine Person, die ihren Wohnsitz im Hoheitsgebiet eines Mitgliedstaats hat, in einem anderen Mitgliedstaat verklagt werden, wenn (Abs. 2:) „*eine unerlaubte Handlung oder eine Handlung, die einer unerlaubten Handlung gleichgestellt ist, oder wenn Ansprüche aus einer solchen Handlung den Gegenstand des Verfahrens bilden, vor dem Gericht des Ortes, an dem das schädigende Ereignis eingetreten ist oder einzutreten droht*". 407d

Somit kommt es bei einem Verkehrsunfall auf den Ort, an dem das schädigende Ereignis eingetreten ist, dh auf den **Unfallort** und nicht auf den Ort, der dem Unfall nachfolgenden medizinischen Behandlung an. Dazu sei auf eine Entscheidung des OLG Naumburg[4204] verwiesen, dass sich 2023 mit der Frage der **internationalen Zuständigkeit nach Art. 18, 7 Nr. 1, 7 Nr. 2 EuGVVO für Schmerzensgeldansprüche einer Deutschen aus einem Verkehrsunfall in Österreich gegen einen dort lebenden Beklagten** zu befassen hatte. Die Frau hatte vor dem LG Dessau Klage erhoben und dabei darauf verwiesen, dass dort eine erste Untersuchung im Städtischen Klinikum Dessau nach ihrer Heimkehr erfolgte sei. Sowohl das LG Dessau als auch in zweiter Instanz das OLG Naumburg verwiesen jedoch darauf, die Klage sei unzulässig, da das Landgericht Dessau-Roßlau nicht international zuständig ist. Eine internationale Zuständigkeit des LG Dessau ergebe sich weder aus Art. 18 EuGVVO (1.) noch aus Art. 7 Nr. 1 EuGVVO (2.) noch aus Art. 7 Nr. 2 EuGVVO (3.). Das OLG Naumburg stellte insofern sehr deutlich klar: „*Es ist irrelevant, durch wen, wann und vor allem wo die aus dem Unfall resultierende Verletzung behandelt worden ist. Nach Art. 7 Nr. 2 EuGVVO kommt es darauf an, wo das schädigende Ereignis eingetreten ist oder einzutreten droht. Das ist hier Wien, Österreich. Hier ereignete sich unstreitig der Verkehrsunfall und durch diesen Verkehrsunfall ist die Primärverletzung entstanden. Dass diese operativ erst in Dessau versorgt wurde, ist unerheblich*".[4205]

[4196] BVerwG BeckRS 2023, 6389.
[4197] BayObLG BeckRS 2024, 342.
[4198] BayObLG BeckRS 2024, 342. Rn. 23.
[4199] BayObLG BeckRS 2024, 342. Rn. 36.
[4200] BayObLG BeckRS 2024, 342. Rn. 46.
[4201] BayObLG BeckRS 2024, 342.
[4202] BGH BeckRS 2017, 102707; BGH BeckRS 2016, 6850; BGH BeckRS 2016, 6850; BGH BeckRS 2012, 8197.
[4203] OLG Frankfurt a. M. BeckRS 2025, 31463.
[4204] OLG Naumburg BeckRS 2023, 35413.
[4205] OLG Naumburg BeckRS 2023, 35413.

2. Beweiserleichterungen des § 287 ZPO bei Personenschäden

408 Gerade im **Haftungsrecht** und dabei insbesondere bei den hier relevanten Personenschäden können die hohen Anforderungen gem. **§ 286 ZPO** (sog. **Vollbeweis**) für die Feststellung einer streitigen Tatsache problematisch sein (vgl. hierzu BGH[4206] sowie aus den zahlreichen, sich mit der HWS-Thematik befassenden Entscheidungen, Urteil des AG Husum[4207] sowie – speziell für Fälle grober Verletzung von Berufs- oder Organisationspflichten, sofern diese, ähnlich wie beim Arztberuf, dem Schutz von Leben und Gesundheit anderer dienen – BGH[4208]), da häufig nicht mit letzter Sicherheit geklärt werden kann, ob und inwieweit ein Fehlverhalten auch schadenursächlich war.[4209] Hier zu helfen ist Normzweck des **§ 287 ZPO** (sog. **freie Schadenschätzung**), der den Richtern unter gewissen Voraussetzungen mit einem geringeren Beweismaß für den Schadensnachweis und mit einer größeren Freiheit bei der Beweisaufnahme sowie – worauf der BGH[4210] erneut hingewiesen hatte – bei der Bemessung des Schmerzensgeldes hilft.[4211] Die damit verbundene Problematik, die sich gerade auch bei schweren und schwersten Verletzungen (s. die Beispiele unter → **Rn. 272**) stellt, ist es, den primären Verletzungserfolg von Folgeschäden abzugrenzen.

- **§ 286 ZPO**[4212] betrifft insofern die Kausalität des schädigenden Ereignisses (zB Aufprall des gegnerischen Fahrzeugs) in Bezug auf die Rechtsgutverletzung (zB Kniefraktur) und somit die haftungsbegründende Kausalität, denn hierfür bedarf es des Strengbeweises nach § 286 ZPO, zu dessen Anforderungen sich 2025 das OLG Hamm[4213] und das OLG Schleswig[4214] sowie ua 2016 das OLG Brandenburg[4215] und der BGH[4216] mehrfach und umfassend geäußert hat.[4217]
- Ein im Rahmen eines Strafverfahrens abgegebenes Geständnis kann – darauf verwies das OLG Bamberg[4218] 2025 im Zusammenhang mit dem Fall Peggy –[4219] als Urkundsbeweis in das Zivilverfahren eingeführt und sodann bei der Beweiswürdigung vollumfänglich berücksichtigt werden; ihm kommt jedoch nicht die Beweiswirkung nach § 288, § 290 ZPO zu.
- **§ 287 ZPO** betrifft dagegen die haftungsausfüllende Kausalität zwischen der Rechtsgutverletzung und dem (Folge-) Schaden, wie beispielsweise die Ursächlichkeit einer Körperverletzung (zB Kniegelenkfraktur) für eine dauerhafte Gesundheitsbeeinträchtigung (zB Gehbehinderung); für sie gelten – s. insofern OLG Hamm[4220] – die Beweiserleichterungen des § 287 ZPO. Diese dürfen von den Instanzgerichten nicht durch zu hohe Anforderungen – wie beispielsweise an die Substanziierung hinreichender Schätzgrundlagen beim Nachweis eines Haushaltsführungsschadens – überspannt werden, dies hatte der BGH bereits mehrfach, zuletzt mit **BGH Beschl. vom 14.10.2025**[4221] betont und insofern die Verletzung des Anspruchs auf Gewährung rechtlichen Gehörs gemäß **Art. 103 Abs. 1 GG** gerügt. Das Urteil ist – gerade bei schweren und schwersten Verletzungen – auch für den Vortrag von Angehörigen in Bezug auf die Folgen schwerer und schwerster Verletzungen mit längerem Heilungsverlauf (zum Hinweis insofern ein „Schadentagebuch/Schmerztagebuch" zu führen, in welchem regelmäßig die Schmerzen, Leiden, Beeinträchtigungen, aber auch deren Heilungserfolge protokolliert werden s. unter → **Rn. 26b**) relevant.

Weiterführend dazu ist die aktuelle Entscheidung des OLG Hamm (v. 14.11.2025)[4222] und der Praxishinweis von Figgener/Quaisser, die zutreffend darauf hinweisen, dass das *„lesenswerte Urteil … die Grundsätze der Beweisführung bei Primär- und Sekundärverletzungen lehrbuchartig dar*[stellt] *und verdeutlicht, wie wichtig es für die Praxis ist, hier sauber zu trennen und juristische Laien, im konkreten Fall die medizinischen Sachverständigen, anzuleiten. Hier ist nicht nur das Gericht gefordert, das den Beweisbeschluss erlässt, sondern auch die Prozessbevollmächtigten der*

[4206] OLG Frankfurt a. M. BeckRS 2026, 3155 Rn. 78 mit Verweis auf MüKoZPO/Wagner, 9. Auflage 2024, § 823 Rn. 90, 93; BGH BeckRS 2020, 15991, NJW 2020, 3176 und BGH BeckRS 2013, 17403, NJW 2013, 3634; BeckRS 2003, 10256, vgl. dazu auch NJW-Spezial 2004, 18.
[4207] AG Husum SVR 2019, 64 mAnm von Bachmor.
[4208] BGH BeckRS 2017, 112880.
[4209] Vgl. hierzu auch oben → Rn. 54 im Kapitel IV. g).
[4210] BGH NJW 2015, 2246. Der BGH spricht insofern vom „nach § 287 ZPO besonders frei gestellten Tatrichter"; vgl. auch OLG Frankfurt a. M. BeckRS 2015, 09146 Rn. 56.
[4211] Huber JuS 2019, 209 und Musielak ZPO § 287 Rn. 1.
[4212] Zum Grundsatz der freien Beweiswürdigung s. Geigel Haftpflichtprozess/Schmidt Kap. 35 Rn. 27–36.
[4213] OLG Hamm BeckRS 2025, 36392 Rn. 21–23.
[4214] OLG Schleswig BeckRS 2025, 13760 Rn. 15.
[4215] OLG Brandenburg BeckRS 2016, 20870; NZV 2017, 141 mAnm Slizyk.
[4216] BGH BeckRS 2022, 23045; BGH BeckRS 2020, 15991; BGH BeckRS 2013, 07851; vgl. hierzu auch BGH 8.7.2008 – VI ZR 274/07; BGH SP 2008, 321 (323); OLG Hamm VersR 2012, 833; KG BeckRS 2010, 19939; OLG Saarbrücken BeckRS 2010, 16905; LG Coburg SP 2008, 325; LG Ravensburg SP 2008, 326.
[4217] Zur Verletzung des Rechts auf gerichtliches Gehör durch unvollständige Beweisbeschlussumsetzung s. die dazu wichtigen Entscheidungen des BGH BeckRS 2014, 15090 und BGH BeckRS 2013, 22511.
[4218] OLG Bamberg BeckRS 2025, 24556.
[4219] Vgl. dazu auch im Tabellenteil unter → Nr. 7934.
[4220] OLG Hamm BeckRS 2016, 113280; OLG Hamm BeckRS 2022, 38552 sowie ebenso OLG Schleswig BeckRS 2018, 21374.
[4221] BGH NJW 2026, 233 mAnm Almeroth; s. dazu auch Fahl NZV 2026, 236; BGH BeckRS 2025, 21841.
[4222] OLG Hamm BeckRS 2025, 36392 → Nr. 7785 mAnm Figgener/Quaisser NJW-Spezial 2026, 106.

Parteien, die aufmerksam prüfen müssen, dass die richtigen Maßstäbe angelegt werden. Das Verkennen des Beweismaßes kann zur Unvollständigkeit des Gutachtens und damit zu Zweifeln an der Richtigkeit der Feststellungen führen (BGH NJW-RR 2009, 1193 Rn. 19)."[4223]

Gerade in Bezug auf die nur schwer oder – wie im Fall, den der BGH[4224] im Jahr 2022 und 2020 zu entscheiden hatte – **nicht verifizierbare HWS-Diagnose** (zum Wert eines ärztlichen Attests s. auch oben → Rn. 64) wies der BGH zum einen darauf hin, dass der Begriff der Körperverletzung iSv § 823 Abs. 1 BGB, § 7 Abs. 1, § 11 STVG weit auszulegen ist und jeden Eingriff in die Integrität der körperlichen Befindlichkeit umfasst. Daher können – sofern sich die Diagnose HWS-Distorsion nicht verifizieren lässt – auch glaubhaft bekundete starke **Nacken- und Kopfschmerzen** eine Rechtsgutsverletzung im Sinne einer **Primärverletzung** und nicht nur einen Verletzungsverdacht begründen.[4225] *„Für die Annahme der haftungsbegründenden Kausalität ist dann entscheidend, ob die Beschwerden durch den Unfall hervorgerufen wurden. Ob dies der Fall ist oder nicht, lässt sich den vom BerGer. getroffenen Feststellungen nicht entnehmen, so dass diese insoweit unvollständig sind"*, so der BGH, der deshalb das Berufungsgericht darauf hinwies, es habe zunächst *„Feststellungen zur Frage des Vorliegens unfallbedingter starker Nacken- und Kopfschmerzen nachzuholen"*. Wenn diese bejaht würden, müsse die Frage geklärt werden, ob die Beschwerden zur krankheitsbedingten Arbeitsunfähigkeit und damit zu Schadensersatzansprüchen führten (haftungsausfüllende Kausalität); hierbei habe das Berufungsgericht, *„das erleichterte Beweismaß des § 287 ZPO anzuwenden"* und müsse berücksichtigen, *„dass der Tatrichter den Beweis, dass krankheitsbedingte Arbeitsunfähigkeit vorlag, normalerweise als erbracht ansehen kann, wenn eine ärztliche Arbeitsunfähigkeitsbescheinigung vorliegt"*.[4226] 409

In seiner dazu jüngsten Entscheidung führte der **BGH**[4227] dazu nochmals unmissverständlich aus, dass der **Begriff der Primärverletzung** die für die Erfüllung der Haftungstatbestände des § 823 Abs. 1 BGB und des § 7 Abs. 1 StVG erforderliche Rechtsgutsverletzung bezeichne und kein kausalitätsbezogenes Element enthalte. **Die Schadensersatzpflicht für Beeinträchtigungen der körperlichen Befindlichkeit setze somit nicht voraus, dass sie eine organische Ursache haben.** Auch eine nur psychisch vermittelte Körperverletzung ist dem verantwortlichen Schädiger grundsätzlich zuzurechnen. Dies gelte auch dann, wenn sie auf einer psychischen Anfälligkeit des Verletzten oder in sonstiger Weise auf einer neurotischen Fehlverarbeitung beruhe, so der BGH.[4228]

Erneut stellten der BGH[4229] damit nochmals die Beweisgrundsätze dar, wonach die Frage, ob eine unfallbedingte Verletzung vorliegt, die haftungsbegründende Kausalität betrifft und damit dem Strengbeweis des **§ 286 ZPO** unterliegt.[4230]

Dies betonte 2022 zudem auch das OLG Schleswig[4231] und führte dazu aus (Amtlicher Leitsatz): *„Zum Nachweis unfallbedingter Primärverletzungen genügt keine überwiegende Wahrscheinlichkeit iSv § 287 ZPO sondern es bedarf der richterlichen Überzeugung nach § 286 ZPO. Ebenso wenig wie es auf Tatsachenebene keine absolute Sicherheit im medizinischen Sinne gibt, bedarf es im Rahmen der richterlichen Beweiswürdigung jedoch nicht absoluter Gewissheit, vielmehr reicht die subjektive Überzeugung des Gerichts aus."*

Dies hatte der BGH[4232] bereits 2003 in ähnlicher Form in folgendem Fall betont: Die Klägerin nahm die Beklagte wegen einer Handversteifung (nach Morbus Sudeck) auf Schmerzensgeld in Anspruch. Da sie jedoch nach dem Unfall keine Beschwerden verspürt und erst ca. zwei Monate nach dem Unfall – als sie zu diesem Zeitpunkt ein leichtes Kribbeln in der Hand bemerkte – einen Arzt konsultiert hatte, bestritt die Beklagte die haftungsbegründende Kausalität. Die Klägerin hatte insofern auch lediglich vorgetragen, sie habe sich beim Unfall mit der Hand am Armaturenbrett abgestützt; daraus sei dann die Verletzung entstanden. Das OLG Celle (Berufungsgericht) wies die Klage zurück.[4233] Die Klägerin – so das OLG – müsse die Primärverletzung (zB Prellung, Verstauchung) nach den Grundsätzen des § 286 zur vollen Überzeugung des Gerichts beweisen. Dies sei ihr nicht gelungen. Der BGH stimmte dem zu und beantwortete die Frage, ob § 287 ZPO für den Beweis einer Primärverletzung zumindest in den Fällen angewandt werden könne, in denen der Vollbeweis wegen der Art der Unfallfolge nicht geführt werden kann, ablehnend.

4223 Figgener/Quaisser NJW-Spezial 2026, 106.
4224 BeckRS 2022, 23045; BGH BeckRS 2020, 15991 mAnm Almeroth NJW 2020, 3176.
4225 BGH BeckRS 2022, 23045; BGH BeckRS 2020, 15991 im Verweis auf BGH BeckRS 2008, 14743.
4226 BGH BeckRS 2020, 15991.
4227 BGH BeckRS 2022, 23045; NZV 2022, 516 (mAnm Drewes).
4228 BGH BeckRS 2022, 23045.
4229 BGH BeckRS 2022, 23045; vgl. auch bereits BGH BeckRS 2020, 15991.
4230 Vgl. dazu auch Werner DAR 2025, 530 (531).
4231 OLG Schleswig BeckRS 2022, 30169, ebenso OLG Celle Beschl. v. 28.3.2025 – 14 U 163/24 → Nr. 7729; OLG München BeckRS 2021, 41925; vgl. auch OLG Hamm BeckRS 2025, 36392 → Nr. 7785.
4232 BGH BeckRS 2003, 1025; BGH BeckRS 2008, 14743.
4233 Ebenso entschied KG BeckRS 2010, 19939; OLG Koblenz SP 2006, 6.

Sofern jedoch **§ 287 Abs. 1 ZPO** greift, ist die Anwendung – worauf der BGH[4234] im Jahr 2008 Gelegenheit hatte hinzuweisen – nicht auf Folgeschäden einer Verletzung beschränkt, sondern umfasst neben einer festgestellten oder unstreitigen Verletzung des Körpers nach § 823 Abs. I BGB auch entstehende weitere Körperschäden aus derselben Schädigungsursache. Dies gelte, so der BGH[4235] im Jahr 2019 in seinem jüngsten, hierzu ergangenen Urteil, mit dem er sich von der vorbenannten Entscheidung distanzierte, *„nicht für alle … behaupteten Verletzungen"*. Um die insofern aufgetretenen Missverständnisse über die bisherige Trennung dieser Beweismaßstäbe zu beseitigen, stellte der BGH zunächst alle hierzu vorangegangenen wesentlichen acht Entscheidungen nochmals vor und stellte klar, dass das erleichterte Beweismaß des § 287 ZPO nur Anwendung finde, soweit es um die Frage geht, ob eine haftungsbegründende Primärverletzung (im konkreten Falle eine HWS-Verletzung) noch weitere vom Kl. geltend gemachte Gesundheitsbeeinträchtigungen (sog Sekundärschäden) zur Folge hatte (haftungsausfüllende Kausalität). *„Werden unabhängig davon aus der zugrundeliegenden Verletzungshandlung weitere unfallursächliche Primärverletzungen (im konkreten Falle neben der HWS-Verletzung zusätzlich auch noch eine Knieverletzung) geltend gemacht, unterfallen diese dem Beweismaß des § 286 ZPO."* Dies sei jedoch hier nicht gegeben, denn die Revision habe keinen in der Instanz übergangenen Sachvortrag aufgezeigt, wonach der Kläger geltend gemacht hat, die behauptete Knieschädigung sei eine Folge der HWS-Distorsion. Ob der Kläger im Streitfall durch den genannten Verkehrsunfall neben einer vom Berufungsgericht festgestellten HWS-Distorsion zudem auch noch eine Verletzung des linken Knies erlitten hat, sei – so der BGH[4236] – jedoch keine Frage der haftungsausfüllenden Kausalität, sondern betrifft die Frage, ob der Kläger durch den Unfall eine weitere Primärverletzung in Form einer Knieschädigung erlitten habe. Dies unterfalle – wie das Berufungsgericht nach Auffassung des BGH richtig gesehen hat – dem Beweismaß des § 286 ZPO.

410 Mit der **Einstandspflicht** des **erstbehandelnden Arztes** für die **Folgen** des **Eingriffs eines zweiten Arztes,** der den Patienten nach ihm behandelt hatte, befasste sich der BGH[4237] und bestätigte das Urteil des Berufungsgerichts, welches dem Kläger Schadensersatz und Schmerzensgeld gegen den erstbehandelnden Arzt zuerkannt hatte. Der BGH führte hierzu aus: *„Das Berufungsgericht hat den haftungsbegründenden Primärschaden zu Recht in den unmittelbar mit dem Zweiteingriff verbundenen gesundheitlichen Belastungen der Kl. (Bauchschnitt, Darmresektion mit der Notwendigkeit des Legens weiterer Anastomosen) gesehen und die in der Folgezeit eingetretenen Komplikationen (Nahtinsuffizienz, Fistelbildung, misslungene Stoma-Rückverlagerung) der haftungsausfüllenden Kausalität zugeordnet. Nach den Feststellungen des BG wären diese Folgeschäden in ihrer konkreten Ausprägung ohne den zweiten Eingriff nicht eingetreten. Seine Beurteilung, die Folgeschäden seien adäquat kausal auf die Primärschädigung zurückzuführen, begegnet keinen Bedenken.[4238]"*

411 Hat der Geschädigte jedoch nach dem Maßstab des § 286 ZPO (zu den Anforderungen bei HWS-Verletzungen und der sog. **„Harmlosigkeitsgrenze"** s. unter → Rn. 63 ff.) eine Primärverletzung als unfallursächlich bewiesen und steht die Primärverletzung als vom Schädiger verursacht fest, ist der Weg zu § 287 ZPO frei. Die Beweiserleichterung des § 287 ZPO kann dabei bereits nach seinem Wortlaut sowohl bezüglich der Kausalitätsfrage zwischen dem konkreten Haftungsgrund und der Schadenfolge als auch hinsichtlich der Klärung der Anspruchshöhe Anwendung finden.[4239]

Hierzu äußerte sich OLG Saarbrücken[4240] im Falle eines selbständigen Elektroinstallationsmeisters, der aufgrund eines nur mittelgradigen HWS-Syndroms eine sehr erhebliche Verletzungsfolge vortrug. Das Gericht schenkte dem Kläger – auch wegen seiner Selbständigkeit und dem mit Blick hierauf bestehenden „nachhaltigen Interesse daran, den Ausfall seiner Arbeitskraft so gering wie möglich zu halten" – Glauben. Es führte insofern – unter umfassender Heranziehung von Rechtsprechung und Literatur und daher unbedingt lesenswert – aus:

„Ist das medizinisch-technische Erfahrungswissen zum sicheren Nachweis leichtgradiger Verletzungsfolgen nicht in der Lage, so begegnet es keinen Bedenken, wenn das Gericht die forensische Überzeugung von der Wahrheit der zu beweisenden Tatsache insbesondere auf die Glaubhaftigkeit und Plausibilität des Klägervortrags stützt" oder – wie *Krumbholz*[4241] – treffend formuliert: *„Steht einmal eine unfallbedingte Primärverletzung* (ergänze: nach dem Strengbeweis des § 286 ZPO festgestellt) *fest, so können Folgebeschwerden als Unfallfolgen mit einer Wahrscheinlichkeit von 51 % (ergänze: unter Anwendung des § 287 ZPO) geschätzt werden"*.[4242]

4234 BGH BeckRS 2008, 24072.
4235 BGH BeckRS 2019, 7656 mAnm Kääb FD-StrVR 2019, 417517, vgl. auch BGH NJW 2019, 3236.
4236 BGH BeckRS 2019, 7656 sowie NJW-Spezial 2019, 330.
4237 BGH NJW 2012, 2024.
4238 BGH NJW 2012, 2024.
4239 Zöller ZPO § 287 Rn. 2 und 3.
4240 OLG Saarbrücken BeckRS 2013, 06163.
4241 Buck/Krumbholz SachverständigenbeweisVerkehrsR, 2. Aufl., 2013, 275.
4242 Vgl. insofern auch OLG Hamm NJW 2013, 1458 und OLG München BeckRS 2013, 06223 sowie OLG Saarbrücken BeckRS 2011, 8485.

412 Allerdings hilft § 287 ZPO nicht über alle Ungewissheiten hinweg, wie das OLG Saarbrücken[4243] ein Jahr zuvor aufzeigte. Besteht nämlich die „ernsthafte Möglichkeit", dass sich die Krankheit oder die Beschwerden als **„schicksalhafte Entwicklung"**[4244] darstellen – so das OLG Saarbrücken – kann die nach § 287 ZPO erforderliche Wahrscheinlichkeit – auch wenn an diese in Bezug zu § 286 ZPO geringere Anforderungen gestellt werden – nicht gegeben sein; in einem solchen Falle reicht auch allein die zeitliche Nähe zwischen dem Unfallereignis und der Entstehung der Beschwerde nicht aus.[4245]

413 Einen interessanten Abgrenzungsfall – **Abgrenzung** von **Erst- und Zweitunfall** – hatte der BGH[4246] zu entscheiden. Es ging dabei ebenfalls um Verkehrsunfallhaftung: Die Klägerin erlitt zwei zeitlich hintereinander (1987 und 1988) liegende Verkehrsunfälle. Sie erlitt beim ersten Unfall ein HWS-Syndrom und wurde auch beim zweiten Unfall verletzt. Es entwickelte sich – nach dem zweiten Unfall – eine rezidivierende HWS-Blockierung mit einer 20 % Dauer-MdE. Die Klägerin begehrte nun von allen vier Beklagten (zwei aus jedem Unfall) hierfür ua Schmerzensgeld. Das OLG München (BerGer.) lehnte dies ab, da die Kl. – iSd § 286 ZPO – weder nachgewiesen habe, dass die schweren Folgen ausschließlich aus dem Erstunfall herrührten, noch, dass sie ausschließlich dem Zweitunfall zuzurechnen sind. Hierbei – so das OLG – könne § 287 ZPO nicht zur Anwendung kommen. Dies sah der BGH anders und leitete dies rechtsdogmatisch wie folgt her:

- Die **haftungsbegründende Kausalität** sei bereits dadurch festgestellt, *„dass der Körper der Kl. beim Unfall am 2.8.1987* (ergänze: Erstunfall) *verletzt worden ist"*, in dem sie nachgewiesenermaßen ein HWS-Syndrom erlitten hatte.
- Es sei dagegen eine Frage der **haftungsausfüllenden Kausalität** zu klären, ob die vom OLG als bewiesen angesehene schwere Dauerfolge (rezidivierende HWS-Blockierung) auf dieser Primärverletzung beruhe, so der BGH,[4247] der sodann hierzu näher ausführte:
- *„Im Rahmen des hier maßgeblichen § 287 ZPO ist keine sichere Gewissheit im Sinne einer vollen Überzeugung des Gerichts für eine Mitursächlichkeit der durch den zweiten Unfall erlittenen Verletzung der Kl. für den heute noch vorliegenden Dauerschaden erforderlich. Eine Haftung der Bekl. … scheitert daher nicht zwingend, wenn … lediglich nicht auszuschließen ist, dass allein der erste Unfall die beklagten Folgen herbeigeführt hat. Das BerGer. wird deshalb unter Berücksichtigung dieser Grundsätze erneut zu prüfen haben, ob es mit der nach § 287 I ZPO ausreichenden Wahrscheinlichkeit feststellen kann, dass die Verletzung der Kl. beim zweiten Unfall zumindest mitursächlich für den festgestellten Dauerschaden war."*

Hat jedoch der Erstunfall nicht – wie in dem der soeben dargestellten BGH-Entscheidung (NJW 2002, 504) zu Grunde liegenden Fall – die Schadensanfälligkeit des Klägers erst geschaffen, sondern nur die allgemeine Anfälligkeit für neurotische Fehlentwicklungen verstärkt, für die der Schädiger grundsätzlich nicht einzustehen hat, reicht dies nicht aus, um den erforderlichen haftungsrechtlichen Zurechnungszusammenhang zwischen dem Erstunfall und den Folgen des Zweitunfalls zu begründen. Dies betonte 2004 der BGH[4248] in ausdrücklicher Ergänzung seiner zwei Jahre zuvor getroffenen Entscheidung.

Gerade im Zusammenhang mit Dauerschäden als – umstrittene – Folge einer meist einfachen Primärverletzung (HWS-Syndrom, Prellungen etc) haben sich bis heute regelmäßig die Gerichte[4249] zu befassen, wobei aus jüngerer Zeit insbesondere auf die interessanten Entscheidungen des OLG München[4250] und des OLG Frankfurt a. M.[4251] hinzuweisen ist. Das Urteil des OLG Frankfurt a. M. wurde jedoch bereits oben unter → **Rn. 72** näher dargestellt.

414 Mit dieser Thematik befasste sich auch der BGH[4252] und führte hierzu aus, dass die Annahme eines Kausalzusammenhangs im zivilen Haftungsrecht – im Rahmen der haftungsausfüllenden Kausalität – *„nicht die Feststellung einer richtunggebenden Veränderung"* erfordere. Um einen Kausalzusammenhang zu bejahen, genüge vielmehr bereits eine *„bloße Mitverursachung"*. In dem zugrundeliegenden Fall klagte ein querschnittgelähmter Student, der vier Jahre nach dem lähmungsauslösenden Vorfall verkehrsunfallbedingt ein HWS-Syndrom erlitten hatte, auf Schmerzensgeld wegen der sich durch diesen Verkehrsunfall ergebenden erheblichen Verschlechterungen seines Gesundheitszustandes. Das KG als Berufungsgericht war insofern jedoch der Ansicht, es sei – auch unter Bemühung des § 287 ZPO – keine dauerhafte Beeinträchtigung des Kl. im Sinne einer

4243 OLG Saarbrücken NJW-Spezial 2011, 297.
4244 S. zu dieser Thematik OLG Brandenburg BeckRS 2010, 29953; KG NZV 2010, 624; BGH NJW 2004, 777.
4245 So nahezu wörtlich OLG Brandenburg BeckRS 2010, 29953; KG NZV 2010, 624.
4246 BGH NJW 2002, 504.
4247 BGH NJW 2002, 504; vgl. auch BGH NJW 2004, 1945.
4248 BGH NJW 2004, 1945.
4249 Vgl. OLG Frankfurt a. M. BeckRS 2013, 07214; OLG Brandenburg SP 2011, 141; OLG Düsseldorf SP 2008, 145; OLG Saarbrücken SP 2006, 134.
4250 OLG München BeckRS 2012, 22131.
4251 OLG Frankfurt a. M. BeckRS 2013, 07214.
4252 BGH BeckRS 2005, 6269.

richtunggebenden Verschlechterung des Gesundheitszustandes nach der Querschnittlähmung zu begründen und nachzuweisen, es habe sich somit nicht überzeugen können, dass der Verkehrsunfall zu einem anhaltenden Dauerschaden des Kl. geführt habe. Dies rügte der BGH wie folgt:

„Den Erwägungen des BerGer. zur haftungsausfüllenden Kausalität nach § 287 ZPO liegt aber ein rechtsfehlerhaftes Verständnis des Ursachenzusammenhanges im Haftungsrecht zu Grunde ...,“

denn, die aus dem Sozialversicherungsrecht stammende Formulierung einer richtungsgebenden Verschlechterung, *„gibt für die Beurteilung der für die zivilrechtliche Haftung notwendigen Ursächlichkeiten im juristischen Sinne nichts her. Haftungsrechtlich ist eine richtungsgebende Veränderung nicht erforderlich, vielmehr kann auch die Mitverursachung einer Verschlechterung im Befinden ausreichen, um die volle Haftung auszulösen. Deshalb kommt es nicht darauf an, ob ein Ereignis die ausschließliche oder alleinige Ursache einer Gesundheitsbeeinträchtigung ist; auch eine Mitursächlichkeit, sei sie auch nur Auslöser neben erheblichen anderen Umständen, steht einer Alleinursächlichkeit in vollem Umfange gleich“.*[4253]

Der BGH wies sodann das BerGer. darauf hin, dass es – im Rahmen des § 287 ZPO – bei seiner erneuten Beweiswürdigung zu prüfen habe, ob und ggf. welche Beschwerden nach dem Verkehrsunfall ausgelöst, mitverursacht oder neu hinzugekommen sind und dass dabei die **Kausalität** nicht im medizinisch-naturwissenschaftlichen, sondern vielmehr nur **im juristischen Sinne** und nach juristischen Maßstäben vorzunehmen sei. Eine Überzeugung des Gerichts erfordert demnach – so der BGH – *„lediglich die Beseitigung vernünftiger Zweifel“.*[4254]

415 Da sich – auch heute[4255] nach wie vor – die Gerichte regelmäßig mit der Anwendung der Beweiserleichterung des § 287 ZPO im Zusammenhang mit der Frage des Nachweises eines Dauerschadens in Bezug auf ein unfallbedingt erlittenes HWS-Syndrom zu befassen haben, sei ein insofern typischer – wenn auch bereits älterer – Fall[4256] hier stellvertretend genannt:

Der Kläger hatte infolge eines Verkehrsunfalles ein HWS-Syndrom als Primärverletzung erlitten. Die haftungsbegründende Kausalität stand somit für das Gericht fest. Fraglich blieb jedoch, ob diese Verletzung zu dem vom Kläger behaupteten Dauerschaden geführt hatte (= haftungsausfüllende Kausalität). Obwohl eine medizinische Begutachtung[4257] weder einen Nachweis für knöcherne noch für ligamentäre (dh bänderbezogene) Verletzungen ergab, sah das OLG für die Kausalität eine **überwiegende Wahrscheinlichkeit** als gegeben und ausreichend an. Das OLG wertete hierzu besonders die schweren Fahrzeugbeschädigungen, neurologische sowie neurochirurgische Aussagen, ferner die Tatsache, dass der Geschädigte vor dem Unfall ein sportlich aktives Leben geführt habe und somit degenerative Vorschäden wenig wahrscheinlich waren sowie gerade die besondere Problematik der Abgrenzung unfallbedingter von unfallunabhängigen Schäden vor dem Hintergrund der Bezeichnung von Wirbelsäulen- und Bandscheibenschäden als „regelrechter Volkskrankheit“.

„Die Beweiserleichterungen des § 287 ZPO dürfen dem Geschädigten nicht dadurch genommen werden, dass im Rahmen der Beweiserhebung medizinische Sachverständige einen strengeren Beweismaßstab anlegen; eine Wahrscheinlichkeit, die auch medizinisch-wissenschaftlichen Kriterien standhält ist nicht Voraussetzung für den Nachweis der haftungsausfüllenden Kausalität“,

urteilte das OLG und hob das Schmerzensgeld von 2.556 EUR (vorprozessual) auf 12.782 EUR an. Das OLG – war damit – im Hinblick auf das soeben skizzierte BGH-Urteil vom 19.4.2005 seiner Zeit voraus.

Zur aktuellen Rechtsprechung s. auch oben → **Rn. 63.**

Liegen in solchen Verfahren **unterschiedliche** oder sich gar **widersprechende Partei-** und **Gerichtsgutachten**[4258] vor, so ist der Tatrichter nicht verpflichtet, ein Obergutachten einzuholen, sofern er sich innerhalb des ihm zustehenden Ermessens verhält. Dies ist gegeben, sofern der Tatrichter sich von der Sachkunde des gerichtlich beauftragten Sachverständigen überzeugt hat und logisch nachvollziehbar und überzeugend begründet, weshalb er dem gerichtlichen Gutachten den Vorzug eingeräumt hat. Ein Obergutachten kann gem. § 412 Abs. 1 ZPO – ja muss sogar – in solchen Fällen eingeholt werden, in welchen das gerichtliche

[4253] BGH BeckRS 2005, 6269.
[4254] BGH BeckRS 2005, 6269, NZV 2005, 461 (463).
[4255] Vgl. beispielsweise OLG Saarbrücken NJW-Spezial 2011, 297; OLG Düsseldorf SP 2008, 145; OLG Celle SP 2008, 104; NZV 2005, 313; OLG Saarbrücken SP 2006, 134; KG NZV 2005, 311.
[4256] OLG Hamm NJW-RR 1994, 481.
[4257] Ziegert DAR 1994, 257.
[4258] Vgl. Auer/Krumbholz NZV 2007, 273.

Gutachten von unzutreffenden Voraussetzungen ausgeht, widersprüchlich begründet wurde oder wenn der neue Sachverständige hinsichtlich seiner Erkenntnismöglichkeiten dem bisherigen Gutachter überlegen erscheint.[4259]

Ausführlich mit der Vorgehensweise in Bezug auf die Einholung von Gutachten gerade bei behaupteten Verletzungen und Verletzungsfolgen hat sich das OLG München[4260] befasst und dort – auch die vorzunehmende Reihenfolge wie folgt definiert: 416

1. unfallanalytisch,
2. biomechanisch,
3. orthopädisch/chirurgisch,
4. neurologisch,
5. HNO und schließlich
6. psychiatrisch.

Zudem hatte das OLG betont, dass Fragen an den behandelnden Arzt auch schriftlich gestellt werden könnten und – insoweit besonders begrüßenswert, zumal das OLG hierfür eigens eine sachverständigen Stellungnahme eingeholt hatte – zudem auch zur Sinnhaftigkeit und **Aussagekraft** von **MRTs**[4261] (bereits von der Deutschen Gesellschaft für Neurologie in der Leitlinie „Beschleunigungstrauma der Halswirbelsäule" wurden MRTs nicht zur Diagnose empfohlen) in Bezug auf lange Zeit zurückliegende Unfälle ausgeführt, dass MRT-Untersuchungen zwar morphologische Veränderung aufzeigen, jedoch nicht auf ein bestimmtes Trauma zurückführen können und somit insofern nicht zur Beweisführung geeignet sind. 417

Sofern sich in ärztlichen Attesten (zur **Aussagekraft von ärztlichen Attesten** s. oben → **Rn. 64** mwN sowie auch das oben → **Rn. 409** benannte BGH-Urteil) keine konkreten Befunde finden oder es um die Feststellung der im Einzelnen durchgeführten Untersuchungen oder der Äußerungen des Patienten geht, ist einem Beweisantrag auf Einvernahme der Ärzte als sachverständige Zeugen nachzukommen. Ein ärztlicher Befundbericht, der sich nicht auf eine Wiedergabe der Angaben des Verletzten beschränkt, sondern eigene Feststellungen des Arztes enthält, erfordert daher regelmäßig eine Vernehmung dieses Arztes.[4262]

Beweise müssen auch erhoben werden, wenn das Gericht der Ansicht ist, dass sich aus der Beweisaufnahme keine neuen Erkenntnisse bzw. weitere Aufschlüsse ergeben. Andernfalls verstößt dies gegen das grundrechtlich (Art. 103 Abs. GG) geschützte rechtliche Gehör und stellt in unzulässiger Weise eine vorweggenommene Beweiswürdigung dar, so der BGH,[4263] dem die Schmerzensgeldklage einer HWS-Verletzten zugrunde lag. Ein Befundbericht – im konkreten Falle ein HWS-Schleudertrauma mittlerer Schwere mit weiteren Verletzungen – der sich nicht lediglich auf die Angaben des Unfallverletzten beschränkt, sondern auf eigene konkrete Feststellungen dessen Arztes, „gebietet eine weitere Beweisaufnahme zur Feststellung einer behaupteten HWS-Verletzung", so der BGH,[4264] der im klagabweisenden Urteil der Vorinstanz – ohne vorherige Einholung eines Gutachtens – einen entscheidungserheblichen Verstoß gegen Art. 103 Abs. 1 GG gesehen hatte. Erneut betonte der BGH[4265] diese Rechtsansicht und wies darauf hin, die Anforderungen an die **Substantiierungsanforderungen** des Klägers dürften bei der Geltendmachung von Schmerzensgeldansprüchen nicht überspannt werden. 418

„Ein Sachvortrag zur Begründung eines Anspruchs ist dann schlüssig und erheblich, wenn Tatsachen vorgetragen werden, die in Verbindung mit einem Rechtssatz geeignet sind, das geltend gemachte Recht als entstanden erscheinen zu lassen. Die Angabe näherer Einzelheiten ist nicht erforderlich, soweit sie für die Rechtsfolgen nicht von Bedeutung sind. Die Prüfung der vorgebrachten Tatsachen hat dann im Rahmen der Beweiserhebung und der Beweiswürdigung durch das Gericht zu erfolgen".[4266]

3. Überprüfung durch Berufungs- und Revisionsgericht

a) Überprüfung durch das Berufungsgericht. Durch das „Gesetz zur Änderung des Zuständigkeitsstreitwerts der Amtsgerichte, zum Ausbau der Spezialisierung der Justiz in Zivilsachen sowie zur Änderung weiterer 419

[4259] OLG Saarbrücken SP 2006, 134.
[4260] OLG München BeckRS 2012, 22131 mAnm Kääb FD-StrVR 2012, 339582; s. zur Thematik auch Dierks VersMed 2005, 20.
[4261] MRT dh Magnet-Resonanz-Tomografie oder auch Kernspintomographie genannt. Mit ihr können Schnittbilder des menschlichen Körpers gefertigt werden.
[4262] OLG München BeckRS 2016, 13051.
[4263] BGH BeckRS 2013, 22511 sowie ebenso bzgl. Ausführungen der Prozessbeteiligten BGH BeckRS 2019, 27794 und BGH BeckRS 2019, 13439.
[4264] BGH BeckRS 2013, 22511; vgl. dazu auch LG Krefeld BeckRS 2024, 9340.
[4265] BGH FD-StrVR 2016, 377011 mAnm Kääb FD-StrVR 2016, 377011.
[4266] BGH FD-StrVR 2016, 377011 mAnm Kääb FD-StrVR 2016, 377011.

prozessualer Regelungen“ wurden die seit 1993 geltenden Streitwertgrenzen in der Zivilprozessordnung (ZPO) mit Wirkung zum 1. Januar 2026 angehoben. Im Kern der damit verbundenen Reform stand die Anhebung des Zuständigkeitsstreitwerts der Amtsgerichte gemäß § 23 GVG von bisher 5.000 EUR auf 10.000 EUR und die damit verbundene Anhebung der Grenze des Anwaltszwangs. Zudem erfolgte damit aber auch eine moderate **Erhöhung der Rechtsmittelstreitwerte von einer Wertgrenze für Berufung gem. § 511 ZPO von bisher 600 EUR auf 1.000 EUR** und einer Änderung bei der **Nichtzulassungsbeschwerde zum Bundesgerichtshof,** die damit erst ab **25.000 EUR** eröffnet wird und damit deutlich seltener verfügbar ist.

Nach § 529 Abs. 1 Nr. 1 ZPO hat das Berufungsgericht seiner Verhandlung und Entscheidung stets die vom Gericht des ersten Rechtszugs **festgestellten Tatsachen** zugrunde zu legen, soweit nicht konkrete Anhaltspunkte Zweifel an der Richtigkeit oder Vollständigkeit der entscheidungserheblichen Feststellungen begründen und deshalb eine erneute Feststellung erforderlich wird.[4267] Die **Beweiswürdigung** des Landgerichts ist nur insoweit überprüfbar, als konkrete Anhaltspunkte erkennbar sind, insbesondere mit der Berufung schlüssig aufgezeigt werden, die Zweifel an der Richtigkeit der erstinstanzlichen Feststellungen dergestalt begründen, dass sich eine erneute Beweisaufnahme zur Ausräumung dieser Zweifel gebietet. Dabei beschränkt sich die Prüfung des Berufungsgerichts nicht darauf, ob das Gericht in erster Instanz den Prozessstoff und die Beweisergebnisse umfassend und widerspruchsfrei geprüft hat und seine Würdigung vollständig und rechtlich möglich ist, ohne gegen Denkgesetze und Erfahrungssätze zu verstoßen. Das Berufungsgericht hat den vorgelegten Prozessstoff auf der Grundlage der nach § 529 ZPO berücksichtigungsfähigen Tatsachen vielmehr auch dahin zu überprüfen, ob die Beweiswürdigung des Landgerichts bei Berücksichtigung aller Gesichtspunkte **sachlich überzeugend** ist.[4268]

Hierauf sowie zu den weiteren Befugnissen des Berufungsgerichts wies 2023 das OLG Schleswig[4269] sowie zuvor 2022 der BGH[4270] sehr ausführlich hin vgl. dazu oben → **Rn. 64** und → **Rn. 408**).

Um jedoch zu einer Überprüfung durch das Berufungsgericht zu gelangen, muss diese zunächst zugelassen werden.[4271] Die Berufung war bis zum 31.12.2025 gemäß § 511 Abs. 2 Nr. 1 ZPO nur zulässig, wenn der Wert des Beschwerdegegenstandes 600 EUR übersteigt. Hieran scheiterte der Kläger einer – auf 1.200 EUR gerichteten und vom Amtsgericht nur mit 600 EUR nebst Zinsen abzüglich geleisteter Zahlungen von insgesamt 250 EUR zuerkannten – Schmerzensgeldklage zunächst; doch der BGH[4272] öffnete ihm die Türe zur nächsten Instanz. Das Landgericht begründete seine Zurückweisung damit, dass der Wert des Beschwerdegegenstands 600 EUR nicht übersteige und der Kläger somit nur iHv 600 EUR beschwert sei. Der BGH sah dies anders und gab dem Kläger Recht. Zur Wertbestimmung könne mangels gegenteiliger Anhaltspunkte im Hinblick auf die Interessenlage des Klägers und unter Berücksichtigung der Regelung des § 367 Abs. BGB der Klageantrag nur dahingehend zu interpretieren sein, dass die dort in Abzug gebrachte Zahlungen des Beklagten zunächst auf die Zinsen und erst danach auf die geltend gemachte Schmerzensgeld-Hauptforderung angerechnet werden sollen.

„Somit entfielen nach dem Klageantrag von den in Abzug gebrachten Zahlungen des Bekl. 72,52 EUR auf die bis zum 28.8.2013 aufgelaufenen Zinsen und 177,48 EUR auf die Hauptforderung; die mit dem Klageantrag geltend gemachte Schmerzensgeldforderung umfasste danach 1022,52 EUR. Die Annahme des BerGer., der Kl. habe erst mit der Berufungsbegründung Zinsen ab dem 28.8.2013 geltend gemacht, ist daher unzutreffend. Vielmehr hat sein Schmerzensgeldantrag bei zutreffendem Verständnis schon in erster Instanz nur noch Zinsen ab diesem Datum umfasst“, so der BGH.[4273]

Zum Wert des Beschwerdegegenstands bei einem Grundurteil über einen Schmerzensgeldanspruch äußerte sich 2024 der BGH und führte dazu aus, dass sich der für die Zulässigkeit der Berufung maßgebliche Wert des Beschwerdegegenstands nach dem Betrag beurteilt, um den der Berufungskläger durch das Urteil erster Instanz in seinem Recht verkürzt zu sein behauptet und in dessen Höhe er mit seinem Berufungsantrag Abänderung des Urteils beantragt und konkretisierte dies wie folgt:

- „Bei einer unbeschränkt eingelegten Berufung des Beklagten ist der Wert des Beschwerdegegenstands nach dem Umfang der erstinstanzlichen Verurteilung zu bemessen.“[4274]

[4267] OLG Köln BeckRS 2024, 30889 mit Verweis auf BGH BeckRS 2015, 11580.
[4268] OLG Schleswig BeckRS 2023, 14317.
[4269] OLG Schleswig BeckRS 2023, 14317.
[4270] BGH BeckRS 2022, 23045; BGH BeckRS 2020, 15991, NJW 2020, 3176.
[4271] Jahnke/Burmann PersSchadenR-HdB Rn. 1767 mwN.
[4272] BGH NJW-RR 2016, 759.
[4273] BGH NJW-RR 2016, 759 (761).
[4274] BGH BeckRS 2024, 4567 mit Verweis auf BGH BeckRS 2011, 11250 sowie BGH BeckRS 1982, 854.

- „Bei einem Grundurteil gemäß § 304 ZPO bemisst sich der Wert des Beschwerdegegenstands im Fall der unbeschränkt eingelegten Berufung des Beklagten nach der Höhe der Klageforderung bzw. dem Bruchteil derselben, zu dem der Klage dem Grunde nach stattgegeben worden ist."[4275]

Auch wenn ein solcher Fall nur sehr selten vorkommt, sei an dieser Stelle auf ein Urteil des OLG Nürnberg[4276] hingewiesen, dass hinsichtlich der Beschwer betont hatte, dass der Kläger auch dann beschwert sei, wenn zwar im Ersturteil auf ein Schmerzensgeld in der Höhe seiner Vorstellungen erkannt wurde, aber nach Verkündung dieses Urteils infolge einer Änderung der Rechtsprechung des BGH neue Beurteilungskriterien (es ging damals um die oben unter → Rn. 276 vom BGH vollzogene Wende bei der Schmerzensgeldbemessung in Fällen der Zerstörung der Persönlichkeit) ein höheres Schmerzensgeld begründen können. Die geänderte Beurteilung durch den BGH wirke – so das OLG Nürnberg – im vorliegenden Verfahren zurück, weil der Fall bei Erlass der BGH-Entscheidung noch nicht rechtskräftig abgeschlossen war. Das OLG bejahte somit eine Beschwer des 27-jährigen Klägers und hob das Schmerzensgeld sowie die Schmerzensgeldrente an.

Zum Überprüfungsmaßstab des Berufungsgerichts in Bezug auf ein erstinstanzlich zuerkanntes Schmerzensgeld gilt:

Sofern der Geschädigte/Kläger – aus seiner Sicht bzw. der seines Rechtsanwaltes – in der Vorinstanz kein angemessenes Schmerzensgeld erhalten hat, wird er ein über den bereits zuerkannten Schmerzensgeldbetrag hinausgehendes, angemessenes weiteres Schmerzensgeld geltend machen und dies in seinem Berufungsantrag entsprechend vortragen und begründen. Nach ständiger Rechtsprechung des Bundesgerichtshofs[4277] darf das Berufungsgericht jedoch bei der Ermittlung des prozessualen Begehrens nicht beim Wortlaut der Anträge verharren, sondern muss stets auch die Berufungsbegründung zur Auslegung des Klagebegehrens heranziehen. Dabei ist das Vorbringen einer Partei so auszulegen, wie es nach den Maßstäben der Rechtsordnung vernünftig ist und ihrem Interesse entspricht.[4278] Allerdings – darauf verwies 2023 das OLG Oldenburg – liegt es aber fern, dass eine Prozesspartei im Berufungsverfahren Ansprüche weiterverfolgt, mit denen sie schon in erster Instanz obsiegt hatte.[4279]

Das Berufungsgericht hat die erstinstanzliche Schmerzensgeldbemessung auf der Grundlage der nach § 529 ZPO maßgeblichen Tatsachen gemäß § 513 Abs. 1, § 546 ZPO in vollem Umfang darauf zu überprüfen, ob sie überzeugt. Hält das Berufungsgericht die Schmerzensgeldbemessung für zwar vertretbar, letztlich aber bei Berücksichtigung aller Gesichtspunkte nicht für sachlich überzeugend, so darf und muss es nach eigenem Ermessen einen eigenen, dem Einzelfall angemessenen Schmerzensgeldbetrag finden.[4280] Das Berufungsgericht darf es nicht dabei belassen, zu prüfen, ob die Bemessung Rechtsfehler enthält, insbesondere ob das Gericht sich mit allen maßgeblichen Umständen ausreichend auseinandergesetzt und um eine angemessene Beziehung der Entschädigung zu Art und Dauer der Verletzungen bemüht hat.[4281] Geht es im Berufungsverfahren um die Bemessung von Schmerzensgeld gemäß § 253 Abs. 2 BGB, muss das Berufungsgericht somit – ohne Bindung an die Ermessensausübung des erstinstanzlichen Gerichts, allerdings im Rahmen seiner Bindung an die Tatsachenfeststellungen gemäß **§ 529 Abs. 1 ZPO** – selbst über die Bemessung des im Einzelfall angemessenen Schmerzensgeldes befinden.[4282]

Noch einen Schritt weiter ging der BGH[4283] 2021 und entschied, das Berufungsgericht sei bei der Überprüfung eines erstinstanzlichen Grundurteils selbst dann befugt, über den Betrag des Klageanspruchs zu entscheiden, wenn es das **Grundurteil nicht beanstandet** und der Streit über den Betrag zur Entscheidung reif ist. Hierfür bedürfe es weder einer Anschlussberufung des Klägers noch einer Zustimmung der Parteien noch einer Wiederholung des erstinstanzlichen Sachantrags des Klägers. Eigentlich müsste das Berufungsgericht zwar gem. § 538 Abs. 2 1 Nr. 4 ZPO das Verfahren des Gerichts des ersten Rechtszugs aufheben und die Sache an dieses zurückverweisen. Aber: Der in § 538 Abs. 2 1 Nr. 4 Hs. 2 ZPO geregelten Gegenausnahme sei jedoch der allgemeine Grundsatz zu entnehmen, dass das BerGer. bei der Überprüfung eines erstinstanzlichen Grundurteils befugt ist, auch über den Betrag zu entscheiden, wenn der Streit insoweit zur Entscheidung reif ist, so der BGH.

4275 BGH BeckRS 2024, 4567 mit Verweis auf BGH BeckRS 2009, 88955.
4276 OLG Nürnberg BeckRS 1997, 4033.
4277 BGH BeckRS 2005, 9323 mit Verweis auf BGH BeckRS 1992, 6672.
4278 BGH BeckRS 1995, 4578.
4279 OLG Oldenburg BeckRS 2023, 10076 → Nr. 7626.
4280 BGH BeckRS 2006, 5179.
4281 OLG Saarbrücken BeckRS 2022, 36761.
4282 OLG Hamm BeckRS 2023, 48957 mit Verweis auf BGH BeckRS 2006, 5179.
4283 BGH NJW 2021, 1303.

Beim Schmerzensgeld gilt somit, dass das Berufungsgericht nicht an die Erstentscheidung der Vorinstanz gebunden ist und diese nicht nur auf Rechtsfehler zu überprüfen hat.[4284] Denn das **richterliche Schätzungsermessen** ist **keine Tatsachenfeststellung.** Das Berufungsgericht muss also die Höhe des Schmerzensgeldes aufgrund der maßgebenden Tatsachen selbst sachlich für überzeugend halten und hat ggf. nach eigenem Ermessen das im Einzelfall gerecht erscheinende Schmerzensgeld zu bestimmen.[4285] Dementsprechend hatte das OLG Frankfurt das ursprünglich vom LG Darmstadt mit 50.000 EUR bemessene Schmerzensgeld auf 100.000 EUR angehoben und darauf verwiesen, der Kl., der *„zunächst angemessenes Schmerzensgeld mit Angabe eines Mindestbetrags von 50.000 Euro gefordert"* habe, hätte *„sowohl erstinstanzlich als auch im Rahmen der Berufung das von ihm als angemessen erachtete Schmerzensgeld mit 80.000 Euro angegeben."*[4286]

Bei der Überprüfung sind jedoch Kleinlichkeiten ebenso zu vermeiden, wie die letztlich nicht begründbare Abänderung um Kleinbeträge. Eine **Abänderung** erfordert vielmehr eine **„grobe Fehlbewertung"**, so das OLG München.[4287]

Einen solchen Fall sah das OLG Brandenburg[4288] 2024 als gegeben an, da die Schmerzensgeldermittlung durch das Landgericht verfahrensfehlerhaft erfolgte. Das Landgericht habe nur in einem einzigen Satz unter Verweis auf die unstreitigen Verletzungen und Verletzungsfolgen der Klageschrift Bezug genommen, und **ohne jegliche Auseinandersetzung mit dem Vortrag der Parteien zu vergleichbaren Entscheidungen** ein Schmerzensgeld iHv 100.000 EUR als angemessen bezeichnet. Die fehlende Auseinandersetzung mit dem Vortrag der Parteien stelle – so das OLG Brandenburg – *„eine **Verletzung des Anspruchs der Parteien auf Gewährung rechtlichen Gehörs iSv Art. 103 Abs. 1 GG** dar, zumal die Vorstellungen der Parteien von der Höhe eines angemessenen Schmerzensgeldes ohne Berücksichtigung der Mithaftungsquote erheblich differieren."*[4289]

Gebunden ist das Berufungsgericht jedoch an die Bemessungsform (Kapital/Rente); macht – wie im vom LG Aurich[4290] entschiedenen Fall – das LG von der Möglichkeit, eine monatliche Rente zuzusprechen, keinen Gebrauch, so bindet dieser Umstand den Senat für den Berufungsrechtszug insoweit, als der Senat gehindert ist, einen Teil des Schmerzensgeldes als monatliche Rente zu bemessen, obgleich er dies in Fällen wie dem vorliegenden für vorzugswürdig erachtet.[4291]

Zur möglichen Abänderung des Schmerzensgeldes durch das Berufungsgericht führte das OLG Hamm[4292] aus, dass der Senat grundsätzlich gemäß § 529 ZPO an die tatsächlichen Feststellungen des Landgerichts gebunden sei, wenn nicht konkrete Anhaltspunkte Zweifel an der Richtigkeit oder Vollständigkeit der entscheidungserheblichen Tatsachen begründen, die eine neue Tatsachenfeststellung gebieten und hob – in einem Fall, bei dem der Kläger nachweislich eine Posttraumatische Belastungsstörung (PTBS) erlitten hatte – den vom Landgericht zuerkannten Schmerzensgeldbetrag von 6.000 EUR auf 8.000 EUR an. Das OLG Hamm begründete dies damit, dass das Landgericht fehlerhaft davon ausgegangen sei, dass die infolge des Unfalls entstandene Posttraumatische Belastungsstörung so weit abgeklungen gewesen sei, dass sie sich auf die psychische Situation des Klägers nicht mehr – auch nicht mehr mitursächlich – ausgewirkt habe, weshalb insofern eine Bindungswirkung gem. § 529 ZPO nicht bestehe.

Darauf, dass Anhaltspunkte für die **Unrichtigkeit** der **Beweiswürdigung** des Erstgerichts vorgetragen werden müssen und was darunter zu verstehen ist – nämlich: *„… ein unrichtiges Beweismaß, Verstöße gegen Denk- und Naturgesetze oder allgemeine Erfahrungssätze, Widersprüche zwischen einer protokollierten Aussage und den Urteilsgründen sowie Mängel der Darstellung des Meinungsbildungsprozesses wie Lückenhaftigkeit oder Widersprüche"* – wies das OLG München[4293] hin und betonte zudem für das Berufungsgericht in Bezug auf die **Änderung der Schmerzensgeldbemessung** in erster Instanz: *„Es ist bei der Schmerzensgeldbemessung jede Kleinlichkeit ebenso zu vermeiden wie die letztlich nicht begründbare Abänderung erstinstanzlicher Entscheidungen um Kleinbeträge (Senat in st. Rspr., zuletzt Beschl. vom 12.8.2015 – 10 U 1995/15). Eine **Abänderung erfordert vielmehr eine „greifbare" Fehlbewertung;** insoweit lassen sich keine festen Beträge oder Prozentsätze angeben, maßgeblich ist vielmehr, ob sich der Erstrichter sich „in der Oktave vergriffen" hat".*[4294]

Begründet ein Instanzgericht seine Einschätzung, wonach die vom Kläger vorgetragenen Beschwerden nicht unfallbedingt seien mit **eigener Sachkunde,** so muss es die Parteien insofern nicht nur informieren, sondern

[4284] So auch OLG Koblenz r+s 2017, 164.
[4285] Saarländisches OLG SVR 2018, 59.
[4286] OLG Frankfurt a. M. NJW 2021, 3791 Rn. 52.
[4287] OLG München BeckRS 2015, 13775.
[4288] OLG Brandenburg BeckRS 2024, 1568 → Nr. 7368.
[4289] OLG Brandenburg BeckRS 2024, 1568 (Hervorhebung durch den Verfasser).
[4290] LG Aurich BeckRS 2018, 40197.
[4291] OLG Oldenburg BeckRS 2020, 5200.
[4292] OLG Hamm BeckRS 2016, 113265.
[4293] OLG München BeckRS 2014, 2552.
[4294] OLG München BeckRS 2015, 124283 Rn. 14.

insbesondere darlegen, woraus sich diese eigene Sachkunde ergibt. Andernfalls wird das rechtliche Gehör des Klägers missachtet und das Urteil ist revisionsbedingt aufzuheben, wie dies zutreffend das BSG[4295] ausführte. Die Hinweise des BSG und deren Rechtsfolgen bezüglich der eigenen Sachkunde eines Richters sind auch über das Sozialgerichtsverfahren hinaus in Zivilverfahren von großer Bedeutung, denn es kommt gerade dort nicht selten vor, dass Richter der Ansicht sind, sie könnten selbst komplexe medizinische oder technische Zusammenhänge und Fragen aus eigener Sachkunde entscheiden, obwohl ihnen die dafür erforderliche forensische Erfahrung fehlt.

„Die Würdigung eines nicht einfachen medizinischen Sachverhalts … erfordert …" – darauf wies bereits der BGH[4296] ausdrücklich hin – *„eine spezielle Sachkunde und wird nicht schon durch die Kenntnis allgemeiner Erfahrungssätze ermöglicht, die sich das Gericht in anderen Verfahren oder aus vorgelegten schriftlichen Gutachten angeeignet haben mag."*

Dies betonte auch das OLG München[4297] und hob das erstinstanzliche Urteil samt zugrunde liegenden Verfahren – neben weiteren gravierenden prozessualen Regelverstößen[4298] – auf, da der Richter am LG ohne die Einholung eines medizinischen Gutachtens und stattdessen auf der Basis eigener Erfahrungswerte aus vier selbst erlebten Auffahrunfällen die auf Schmerzensgeld gerichtete Klage eines HWS-Unfallopfers abgewiesen hatte.

Mit den **Grenzen** der **Bindung** an die **Tatsachenfeststellungen** gem. § 529 Abs. 1 ZPO und der Frage des Vorliegens eines Zurückweisungsgrundes gem. § 538 Abs. 2 ZPO hatte sich das OLG München[4299] ausführlich in einem Fall befasst, in welchem vom LG *„gegen die Verpflichtung verstoßen wurde, den zur Entscheidung unterbreiteten Sachverhalt auszuschöpfen und sämtliche Unklarheiten, Zweifel oder Widersprüchen von Amts wegen nachzugehen (BGH NJW-RR 2011, 428 …)"*. Vor diesem Hintergrund sei der Senat – so führte das OLG aus – nach § 529 Abs. 1 Nr. 1 ZPO nicht an die Beweiswürdigung des Erstgerichts gebunden. Zwar, so führte das OLG aus, habe es *„eine eigene Sachentscheidung nach § 538 I ZPO erwogen, sich aber – entgegen seiner sonstigen Praxis – … dagegen entschieden, da die „mangelhafte Beweiserhebung"* einen Zurückverweisungsgrund nach § 538 Abs. 2 Art. 1 Nr. 1 ZPO darstelle und – je nach Ergebnis der Beweiserhebung – auch zur Höhe des Schmerzensgeldes erstmals entschieden werden müsse. Abschließend führte das OLG ins Feld, dass *„den Parteien die vom Gesetz zur Verfügung gestellten zwei Tatsachenrechtszüge erhalten bleiben sollen"*.[4300]

Zum erstmals in der Berufung geltend gemachten Vortrag, durch den Unfall in seiner Lebensführung deshalb erheblich beeinträchtigt worden zu sein, weil bislang ausgeübte sportliche Betätigungen wie Joggen und Tennis spielen nicht mehr möglich sind, verwies das KG auf **§ 531 Abs. 2 Ziff. 3 ZPO** und ließ dieses neue Vorbringen nicht mehr zu.[4301]

Eine offensichtliche Unrichtigkeit (beispielsweise unrichtige Jahreszahlen etc) des mit einem Rechtsmittel angegriffenen Urteils kann vom Rechtsmittelgericht nach § 319 Abs. 1 ZPO jederzeit von Amts wegen berichtigt werden.[4302]

Hinsichtlich der Überprüfung im Rahmen der Revision bestand eine solche Unsicherheit nicht.

b) Überprüfung durch das Revisionsgericht. Zur revisionsrechtlichen Überprüfung der Bemessung der 420
Höhe eines Schmerzensgeld- oder immateriellen Geldentschädigungsbetrages hat sich der BGH[4303] mehrfach geäußert und dabei stets betont, dass die Bemessung der Höhe der Geldentschädigung in erster Linie Sache des Tatrichters sei und *„revisionsrechtlich nur daraufhin überprüfbar, ob der Tatrichter Rechtsgrundsätze der Bemessung verkannt, wesentliche Bemessungsfaktoren außer Betracht gelassen oder seiner Schätzung unrichtige Maßstäbe zugrunde gelegt hat."*

Ebenso verwies der BGH[4304] darauf, dass auch die Beweiswürdigung grundsätzlich Sache des Tatrichters sei und das Revisionsgericht sei an dessen Feststellungen nach § 559 Abs. 2 ZPO gebunden. Revisionsrechtlich

[4295] BSG NJW-Spezial 2011, 330.
[4296] BGH NJW 2000, 1946.
[4297] OLG München NJW 2004, 959 mAnm Kääb FD-StrVR 2011, 325200.
[4298] So hatte der Erstrichter – unter Nichtbeachtung der Grundsätze des § 404a ZPO (Leitung der Tätigkeit des Sachverständigen – nach bereits erfolgter Urteilsaufhebung „samt dem ihm zugrunde liegenden Verfahren" erneut ein biomechanisches Gutachten in Auftrag gegeben und dabei akzeptiert, dass der Gutachter als Grundlage seines erneuten Gutachtens auch die Gutachten des aufgehobenen Verfahrens wertete.
[4299] OLG München BeckRS 2015, 10738; vgl. auch OLG München BeckRS 2015, 10737.
[4300] OLG München BeckRS 2015, 10738 vgl. auch OLG München BeckRS 2015, 10737.
[4301] KG NZV 2007, 308.
[4302] BGH BeckRS 2019, 19469; ebenso bereits BGH BeckRS 9998, 164823.
[4303] BGH BeckRS 2014, 02045 Rn. 46; BGH BeckRS 1995, 308; BGH BeckRS 1996, 1594; vgl. dazu auch BeckOK ZPO/Kessal-WulfZPO § 546 Rn. 10, 11, 60. Edition, Stand: 1.12.2025.
[4304] BGH BeckRS 2019, 19469; ebenso bereits BGH BeckRS 9998, 164823.

sei somit lediglich zu überprüfen, ob sich der Tatrichter mit dem Prozessstoff und den Beweisergebnissen umfassend und widerspruchsfrei auseinandergesetzt hat und seine Würdigung vollständig und rechtlich möglich sei und nicht gegen Denkgesetze oder Erfahrungssätze verstoßen habe. Zur Ermessensausübung führte der BGH[4305] aus: *„Wo das Gesetz dem Tatrichter ein Ermessen einräumt (§ 847 BGB aF, § 287 ZPO), kann das Revisionsgericht lediglich überprüfen, ob das Ermessen ausgeübt worden ist, ob die Grenzen der Ermessensausübung eingehalten wurden und ob alle wesentlichen Umstände Beachtung gefunden haben (vgl. Senat, VersR 1976, 967; Zöller/Gummer, ZPO, 27. Aufl., § 546 Rn. 14 ZPO). Fehler dieser Art in Bezug auf das festgesetzte Schmerzensgeld (§ 847 aF BGB) beanstandet die Revision nicht; solche sind auch nicht ersichtlich."*

Gleiches gilt für die **Bemessung des Hinterbliebenengeldes,** dessen Höhe grundsätzlich Sache des nach § 287 ZPO besonders freigestellten Tatrichters. Die Höhe des Hinterbliebenengeldes ist daher vom Revisionsgericht ebenfalls nur darauf zu überprüfen, ob die Festsetzung Rechtsfehler enthält, insbesondere ob das Gericht sich mit allen für die Bemessung der Hinterbliebenenentschädigung maßgeblichen Umständen ausreichend auseinandergesetzt und sich um eine angemessene Beziehung der Entschädigung zu Art und Ausmaß des durch den Tod zugefügten seelischen Leids bemüht hat. *„Die Bemessung der Hinterbliebenenentschädigung kann in aller Regel nicht schon deshalb beanstandet werden, weil sie als zu dürftig oder als zu reichlich erscheint; insoweit ist es der Revision verwehrt, ihre Bewertung an die Stelle des Tatrichters zu setzen."* betonte der BGH 2023.[4306]

Zur Festlegung der Haftungsquote bzw. eines Mitverschuldens des Geschädigten führte 2020 der BGH[4307] aus, dass die Abwägung der Verantwortlichkeiten zwischen den Parteien eines Schadensersatzanspruchs im Rahmen der **Prüfung des Mitverschuldens** gem. § 287 ZPO zwar einem weiten tatrichterlichen Entscheidungsspielraum unterliege. Dennoch sei es Aufgabe des Revisionsgerichts zu prüfen, *„ob alle in Betracht kommenden Umstände richtig und vollständig berücksichtigt und der Abwägung rechtlich zulässige Erwägungen zugrunde gelegt worden sind, hierbei insbesondere nicht gegen Denkgesetze und Erfahrungssätze verstoßen wurde."*[4308]

Hinsichtlich der **Rechtsmittelbeschwer** im Zusammenhang mit einer Klage auf Schmerzensgeldkapital und Schmerzensgeldrente hat der BGH[4309] – noch nach altem Recht, dh auf Basis der bis zum 31.12.2025 gültigen Regelung des EGZPO – entschieden, dass bei der Berechnung des **Zuständigkeitsstreitwerts** die nach Einreichung der Klage fällig gewordenen Beträge nicht mitzurechnen sind. Der BGH addierte im konkreten Falle:

- Wert des auf Schmerzensgeldkapital gerichteten Antrags: 10.000 EUR.
- Wert der beantragten Schmerzensgeldrente (nach § 9 ZPO der 3½-fache Jahresbetrag): 4.200 EUR.
- Wert des Feststellungsantrages: 2.000 EUR (wie vom Kl. in der Klagschrift angegeben!).
- Bis zur Klageeinreichung aufgelaufene Rückstände: 1.500 EUR.

Insgesamt kam der BGH – inkl. des zudem geltend gemachten materiellen Schadensersatzanspruchs – auf nur 19.000 EUR, so dass – entgegen der Ansicht des Klägers – die gem. § 26 Nr. 8 EGZPO (seit dem 1.1.2026 nicht mehr gültig!) erforderliche Mindestbeschwer von 20.000 EUR nicht erreicht wurde. Die Ansicht des Klägers, dass bei der Addition auch noch diejenigen monatlichen Rentenbeträge hinzugerechnet werden müssten, die nach Einreichung der Klage fällig wurden, teilte der BGH nicht. Dies – darauf weist *Toussaint*[4310] – hin, gilt auch für den Kostenstreitwert.

Neuregelung ab dem 1.1.2026: Abschließend sei darauf hingewiesen, dass eine **Nichtzulassungsbeschwerde** unzulässig ist, wenn der erforderliche Mindestwert der mit der beabsichtigten Revision geltend zu machenden Beschwer nicht erreicht wird. Bis zum 31.12.2025 galt hierfür eine Wertgrenze von mehr als 20.000 EUR gemäß § 26 Nr. 8 S. 1 EGZPO. Durch das am 11.12.2025 verkündete „Gesetz zur Änderung des Zuständigkeitsstreitwerts der Amtsgerichte, zum Ausbau der Spezialisierung der Justiz in Zivilsachen sowie zur Änderung weiterer prozessualer Regelungen" (BGBl. 2025 I Nr. 318) wurden jedoch zahlreiche Rechtsmittelstreitwerte (vgl. dazu → **Rn. 419**) angehoben. Mit Inkrafttreten dieser **Reform zum 1.1.2026** ist die Regelung dauerhaft in die ZPO überführt und verschärft worden: Nach **§ 544 Abs. 2 Nr. 1 ZPO** muss der Wert der Beschwer nunmehr mehr als **25.000 EUR** betragen."

Zur Möglichkeit einer **Verfassungsbeschwerde** gem. § 93a Abs. 2 Buchst. b BVerfGG wird auf den Beschl. des BVerfG v. 16.3.2019[4311] verwiesen, welches sich – in Bezug auf eine Klage auf Feststellung der Verpflichtung zum Ersatz bereits eingetretener und künftiger Schäden – mit der Frage des Verstoßes eines Urteils

4305 BGH NJW 2009, 993–997.
4306 BGH BeckRS 2023, 16328.
4307 BGH BeckRS 2020, 11406.
4308 BGH BeckRS 2020, 11406.
4309 BGH BeckRS 2015, 14969.
4310 Toussaint FD-ZVR 2015, 372341.
4311 BVerfG BeckRS 2019, 6150.

gegen Art. 3 Abs. 1 GG in seiner Ausprägung als Willkürverbot zu befassen und diese im konkreten Falle bejaht hatte.

4. Zinsen

a) Zinsanspruch auch bei unbeziffertem Antrag. Das Schmerzensgeld gilt als von Anfang an geschuldet. 421
Eine Verzinsung tritt aber erst ab dem Zeitpunkt ein, von dem der Schuldner sich anhand von objektiven Unterlagen, die er sich allerdings nach besten Kräften baldmöglichst zu beschaffen hat, eine für die Bezifferung des Anspruchs ausreichende Gewissheit über den tatsächlich eingetretenen und in Zukunft in etwa zu erwartenden Schaden verschafft hat und er in Verzug gesetzt wurde.[4312] Wird somit eine völlig unrealistisch hohe Forderung gestellt, so tritt der Verzug nicht ein.[4313] Die Verzinsungspflicht der Schmerzensgeldforderung ab Rechtshängigkeit setzt allerdings aus materiell-rechtlichen Gründen deren Bezifferung nicht voraus.[4314]

Trotz fristgerecht gezahltem **Schmerzensgeldvorschuss** gerät der Beklagte in Verzug, wenn er den Vorschuss unter dem Vorbehalt der Rückforderung leistet und somit der Zahlung keine endgültige Tilgungswirkung zukommt, worauf das OLG München[4315] hingewiesen hatte.

Auch wenn eine unbezifferte Schmerzensgeldklage erhoben wird, so ist das Schmerzensgeld **ab Rechtshängigkeit** zu verzinsen.[4316] Allerdings darf das Gericht auch nur dann Zinsen zusprechen, wenn diese ausdrücklich begehrt – sprich: beantragt[4317] – werden. Unterlässt dies die klagende Partei, darf das Gericht keinen Hinweis nach § 139 ZPO geben, selbst wenn der Zinsrückstand wegen der langen Dauer des Prozesses an die Höhe des Schmerzensgeldes heranreicht (im dort entschiedenen Fall Schmerzensgeld von 25.564 EUR, bei fiktivem Zinsrückstand von 15.338 EUR).[4318] 422

Mit der Frage, ab wann im Rahmen eines **Adhäsionsverfahrens** (s. hierzu nachfolgend → **Rn. 489 ff.**) 423
Zinsen auf das der Adhäsionsklägerin zuerkannte Schmerzensgeld zu zahlen sind, hatte sich der BGH[4319] zu befassen und die Meinung des Generalbundesanwaltes bestätigt, der die Ansicht vertrat, Zinsen seien „erst ab dem, auf die Bewilligung der Prozesskostenhilfe und anschließende mündliche Antragstellung in der Hauptverhandlung … folgenden Tag zu zahlen". Im Jahr 2020 bestätigte der BGH dies erneut.[4320]

b) Zur Höhe der Zinsen. Im Rahmen des am 1.1.2002 in Kraft getretenen Gesetzes zur Modernisierung 424
des Schuldrechts (kurz: SCHRMODG) wurde die bisher im Diskontsatzüberleitungsgesetz[4321] enthaltene Regelung als § 247 (Basissatz) in das BGB eingeführt. Auf den sich halbjährlich verändernden (§ 247 Abs. 1 Satz 2: „Er verändert sich zum 1.1. und 1.7. eines jeden Jahres …") Basiszinssatz nehmen die §§ 288 BGB (Verzugszinsen) und 291 BGB (Prozesszinsen) Bezug.

Der Basiszins gem. § 247 BGB liegt derzeit – Stand 30.6.2026 – bei 1,27 %.[4322]

Dementsprechend wird im korrekt formulierten Klagantrag die Hauptforderung *„nebst Zinsen von 5 Prozentpunkten über dem Basiszinssatz seit dem TT.MM.JJJJ"* beantragt.

Wie bisher steht der Verzugszins dem Gläubiger als objektiver Mindestschaden zu.[4323]

Mit der Frage der Anforderungen an die Darlegungs- und Beweislast bei einer höheren Zinsforderung befasste sich der BGH.[4324]

Das Berufungsgericht bewertete die Vorlage einer Bankbestätigung bezüglich der reinen Möglichkeit, bei langfristiger Kapitalanlage einen höheren Zinssatz zu erhalten (damals 6 %), für nicht ausreichend, da der

---

4312 So schon OLG Celle NJW 1963, 1205.
4313 Jaeger/Luckey Schmerzensgeld Rn. 247.
4314 OLG Brandenburg BeckRS 2020, 34693.
4315 OLG München BeckRS 2013, 07721.
4316 BGH NJW 1965, 531.
4317 Küppersbusch/Höher Ersatzansprüche Personenschaden Rn. 318; vgl. zum Antrag oben → Rn. 398.
4318 Musielak ZPO § 139 Rn. 13; Zöller ZPO § 139 Rn. 8; OLG Saarbrücken BeckRS 2022, 36761; OLG Köln VersR 1972, 1150 (1152).
4319 BGH BeckRS 2014, 11009.
4320 BGH BeckRS 2020, 506; ebenso bereits BGH BeckRS 2019, 33319.
4321 BGBl. I, 1242.
4322 Bekanntgabe der Deutschen Bundesbank (s. unter https://www.bundesbank.de/de/bundesbank/organisation/agb-und-regelungen/basiszinssatz-607820.
4323 OLG Köln BeckRS 2009, 09228.
4324 BGH NJW 1995, 733.

Kläger keinen Nachweis dafür erbringen konnte, dass er eine solche Kapitalanlage tatsächlich getätigt hatte. Der BGH sah diese Anforderung als zu hoch gesetzt an. *„Der Kl. konnte davon ausgehen, dass das Berufungsgericht seinen Prozessvortrag dahin verstehen werde, dass er, hätte ihm der Schmerzensgeldbetrag zur Verfügung gestanden, die in der Bescheinigung der X.-Bank aufgezeigte Anlagemöglichkeit wahrgenommen hätte"*, urteilte zutreffend der BGH.

Zur Berücksichtigung von Zinsschwankungen bei der Kapitalisierung von Schadensersatzrenten sei auf den Aufsatz von *Schneider/Schneider* verwiesen.[4325]

5. Verjährung

425 Auch die Verjährungsregelung wurde im Rahmen des am 1.1.2002 in Kraft getretenen Gesetzes zur Modernisierung des Schuldrechts (kurz: SCHRMODG) grundlegend überarbeitet und reformiert. Drei Basisaspekte zeichnen diese Überarbeitung aus: Eine – wenn auch nicht durchgängig eingehaltene und meiner Ansicht nach überhaupt nicht erfolgreich gelöste – Vereinheitlichung der Verjährungsfristen, eine im Grundsatz vorgenommene Verkürzung derselben sowie grundsätzlich eine Subjektivierung des Fristbeginns.

Ausgangsbasis und Kernstück des neuen Verjährungsrechts sind die § 195 und § 199 BGB. Demgemäß beträgt die regelmäßige Verjährungsfrist für alle Schadensersatzansprüche, und somit auch für solche auf Schmerzensgeld, drei Jahre. Sie beginnt entsprechend den in § 199 BGB getroffenen Fristen und Kenntniserlangungstatbeständen. Dabei wählte der Gesetzgeber bezüglich der Verjährungsfristen eine Kombination von kurzen kenntnisabhängigen (subjektiven) und langen kenntnisunabhängigen (objektiven) Fristen.

Für Schmerzensgeldansprüche hat sich infolge dieser Reform die Rechtssituation jedoch nicht einfacher gestaltet, weshalb nachfolgend versucht werden soll, die Rechtslage möglichst verständlich zu vermitteln:[4326]

426 **a) Grundsatz.** Im Grundsatz gibt es – für das Schmerzensgeldrecht relevant – zwei Verjährungsfristen:
1. Eine kurze, dreijährige Regelfrist (§ 195 BGB) und
2. eine lange, dreißigjährige Höchstfrist (§ 199 Abs. 2 BGB).

Hierzu nunmehr im Einzelnen:
- Die kurze **dreijährige Verjährung** gem. **§ 195 BGB**[4327] (Regelmäßige Verjährungsfrist) gilt grundsätzlich für alle Schadensersatzansprüche, Ansprüche auf regelmäßig wiederkehrende Leistungen, den Direktanspruch gegen den KH-Versicherer,[4328] übergegangene Ansprüche eines Rechtsnachfolgers (um nur einige hier wichtige Bereiche zu benennen) und auch für **Schmerzensgeldansprüche.**[4329] Dabei spielt es keine Rolle, ob die Schadensersatzansprüche aus Vertrag oder Delikt herrühren. Hiernach geltend gemachte Schmerzensgeldansprüche verjähren grundsätzlich – **kenntnisabhängig** – gem. der § 195, § 199 Abs. 1 Nr. 2 BGB in drei Jahren, beginnend *„mit dem Schluss des Jahres, in dem der Anspruch entstanden ist und der Geschädigte von den, den Anspruch begründenden Umständen und der Person des Schuldners Kenntnis erlangt oder ohne grobe Fahrlässigkeit erlangen müsste"* (§ 199 Abs. 1 Nr. 2 BGB), worauf das OLG Düsseldorf[4330] im Zusammenhang mit Schadensersatz- und Schmerzensgeldansprüchen im Zusammenhang mit dem Loveparade-Unglück von 2010 hingewiesen hatte. Die regelmäßige, dreijährige Verjährungsfrist gilt selbst dann, wenn für das Stammrecht eine längere Verjährungsfrist besteht. Ist allerdings *„das Stammrecht ... verjährt, (werden) davon ... auch die Ansprüche auf wiederkehrende Leistungen erfasst"*, so urteilte erneut[4331] der BGH.[4332] Zum Streit, ob Schmerzensgeldrenten zu den „regelmäßig wiederkehrender Leistungen" nach § 197 Abs. 2 BGB zu zählen sind, s. nachfolgend unter → **Rn. 429.**
- Die lange, **30-jährige Verjährungsfrist** gem. **§ 199 Abs. 2 BGB** (Höchstfrist) gilt für die dort enumerativ aufgezählten Rechtsgüter. § 199 Abs. 2 BGB legt somit eine „Höchstfrist" fest, innerhalb derer ein solcher Anspruch – abweichend von der dreijährigen Regelfrist (s. oben) – spätestens verjährt, sofern der Schmerzensgeldanspruch nicht bereits zuvor – nämlich nach drei Jahren gem. der § 195, § 199 Abs. 1 BGB –

4325 Schneider/Schneider NZV 2005, 497.
4326 Zur Gesamtthematik s. auch SWK-SchadenR/Balke – Verjährung im Schadensersatzrecht Rn. 1–87 sowie bzgl. des Verkehrsrechts Marburger NZV 2015, 218.
4327 Bamberger/Roth BGB § 195 Rn. 1.
4328 Zu beachten ist insofern jedoch, dass sich hier die Verjährung nach der Verjährung des Haftpflichtanspruchs (§ 115 Abs. 2 VVG) richtet, jedoch spätestens nach zehn Jahren endet und sich die Verjährung des Direktanspruchs gegen den Haftpflichtversicherer nicht zugunsten des Schädigers auswirkt; vgl. BGH SP 2007, 136; Küppersbusch/Höher Ersatzansprüche Personenschaden Rn. 782.
4329 Vgl. OLG Düsseldorf BeckRS 2016, 05488.
4330 OLG Düsseldorf BeckRS 2016, 05488.
4331 Vgl. BGH NJW 2002, 1878; VersR 2000, 116; NJW 1999, 1782.
4332 BGH NJW 2003, 1524.

verjährt ist. Sofern dies jedoch gegeben ist, hilft die Höchstfristenregelung des § 199 Abs. 2 BGB dem Geschädigten nicht mehr.[4333] Dabei spielt es wiederum keine Rolle, ob die Schadensersatzansprüche aus Vertrag oder Delikt herrühren. Der Begriff **„Höchstfrist"** ist dabei jedoch nur cum grano salis[4334] – dh nicht ganz wörtlich – zu verstehen, denn da *„hierfür die Vorschriften über Hemmung und Ablaufhemmung und Neubeginn der Verjährung nach neuem Recht anwendbar"* sind,[4335] kann bis zur Vollendung der Verjährung eine *„erheblich längere Zeitspanne als … 30 Jahre vergehen"*.[4336] Auf diese Thematik wird jedoch nachfolgend unter → **Rn. 441** noch näher einzugehen sein.

Beruht der Schmerzensgeldanspruch – wie meistens gegeben – auf einer „Verletzung … des Körpers, der Gesundheit oder Freiheit" (so der Wortlaut des § 199 Abs. 2 BGB), verjährt dieser Anspruch – wie oben im Gliederungspunkt eins dargelegt – **kenntnisabhängig** in drei Jahren (gem. § 195, § 199 Abs. 1 BGB). **427**

In jedem Falle ist er aber spätestens nach 30 Jahren[4337] verjährt (Höchstfrist). Diese Höchstfrist beginnt – **kenntnisunabhängig**[4338] – mit Vornahme der Handlung, die den Schadensersatzanspruch und somit auch den Schmerzensgeldanspruch begründet. Insofern nahm der Gesetzgeber zum Schutz des Geschädigten eine deutliche Fristverlängerung vor; berücksichtigte jedoch auch den Schutz des Schuldners, der – unabhängig von Verhaltensweisen und Kenntnissen des Geschädigten – irgendeinmal Klarheit über eine mögliche Inanspruchnahme seiner Person haben muss. Deshalb wurde hier ein rein objektiv bestimmbarer Verjährungsablauf (*„von der Begehung der Handlung, Pflichtverletzung oder dem sonstigen, den Schaden auslösenden Ereignis an"*, so § 199 Abs. 2 BGB letzter Teilsatz) eingefügt. Für den Fristbeginn genügt somit – insofern vergleichbar mit dem alten § 852 BGB – dass der Schädiger die Schadenursache setzt, ohne Rücksicht darauf, wann der Schaden selbst eintritt (wichtig bei so genannten gestreckten Kausalverläufen). Die Höchstfrist gilt jedoch nur für Schmerzensgeldansprüche, die auf Rechtsgütern basieren, für die der Gesetzgeber in der abschließenden Aufzählung des § 199 Abs. 2 BGB eine Ausnahme geschaffen hat; es sind dies die Rechtsgüter Leben, Körper, Gesundheit und Freiheit.

Sie gilt somit nicht, wenn beispielsweise Schmerzensgeld in Fällen von Persönlichkeitsrechtsverletzungen (Beleidigungen, Verletzungen des Rechts am eigenen Bild; etc[4339]) und Verletzungen des Rechts auf sexuelle Selbstbestimmung[4340] – um nur zwei Beispiele zu benennen – gefordert wird.

Das **Verhältnis** des **§ 199 Abs. 1** zu **§ 199 Abs. 2 BGB** ist in der Praxis vorrangig vor dem Hintergrund des subjektiven Elements (Kenntnis) bezüglich der Regelverjährung und dem objektiven Element (ohne Rücksicht auf … Kenntnis) bezüglich der Höchstfrist zu verstehen. **428**

Der Ablauf der nur dreijährigen und damit recht kurzen Verjährungsfrist des § 195 BGB würde sich – da die Verjährungsuhr erst mit der Kenntniserlangung zu schlagen beginnt – ohne die Stoppmarke der Höchstfrist des Abs. 2 ansonsten über Jahrzehnte hinziehen können, sofern der Geschädigte beispielsweise erst nach Jahren Kenntnis über die Ursache und Herkunft einer, ihn zeitlebens beeinträchtigenden Gesundheitsverletzung erlangt, deren schadensauslösendes Ereignis bereits lange zurückliegt. Hier hilft nun § 199 Abs. 2 BGB mit der Höchstfrist und sagt somit sinngemäß aus:

- Ist die kurze Regelverjährung noch gar nicht angelaufen, die Höchstfrist von 30 Jahren jedoch bereits abgelaufen, so ist der Schmerzensgeldanspruch gem. § 199 Abs. 2 BGB verjährt.
- Ist die kurze Regelverjährung noch nicht abgelaufen (Beispiel: Der Geschädigte erlangt im 29. Jahr nach dem schadenauslösenden Ereignis erstmals Kenntnis[4341]), so begrenzt jedoch in jedem Falle die Höchstfrist von 30 Jahren die Möglichkeit den Schmerzensgeldanspruch geltend zu machen, denn spätestens nach 30 Jahren ist der Schmerzensgeldanspruch gem. § 199 Abs. 2 BGB kenntnisunabhängig verjährt.

Maßgeblich ist somit immer die zuerst ablaufende Frist!

Lediglich am Rande sei an dieser Stelle auf einen Beschl. des OLG Hamm[4342] aus dem Jahr 2018 zur Verjährung der Schmerzensgeldansprüche der ausländischen Opfer eines sich im Ausland (hier: Pakistan)

[4333] Bamberger/Roth BGB § 199 Rn. 1 und 2; MüKoBGB/Grothe § 199 Rn. 47.
[4334] Grüneberg BGB/Ellenberger § 199 Rn. 42.
[4335] LG Köln BeckRS 2012, 19374. bzgl. diverser Missbrauchsfälle in Kinderheim während der 1960er Jahre.
[4336] Grüneberg BGB/Ellenberger § 199 Rn. 42.
[4337] Vgl. Jauernig BGB § 199 Rn. 10; Huber/Faust SchuldRMod 11. Kap. Rn. 14.
[4338] Die kenntnisunabhängige Frist wird auch als „relative Verjährungsfrist" bezeichnet; vgl. Grüneberg BGB/Ellenberger § 199 Rn. 1.
[4339] Nicht aber in Fällen von Freiheitsentziehung, da dieses Rechtsgut wiederum in § 199 Abs. 2 explizit aufgeführt wird.
[4340] Bei Verletzungen des Rechts auf sexuelle Selbstbestimmung (dh vorrangig bei sexuellem Missbrauch oder Vergewaltigung) hilft den Opfern jedoch § 208 BGB mit der Verjährungshemmung, sofern das Opfer entweder noch nicht das 21. Lebensjahr vollendet hat oder mit dem Täter in häuslicher Gemeinschaft lebt.
[4341] Und auch grob fahrlässige Unkenntnis kann ihm nicht entgegengehalten werden.
[4342] OLG Hamm Becklink 2013196.

ereignenden Unglücksfalles und der möglichen Verantwortlichkeit eines deutschen Textildiscounters (hier: Kik) verwiesen. Das OLG hielt die Ansprüche nach dem hier anwendbaren pakistanischen Recht für verjährt.

429 **b) Ausnahmen/Besonderheiten.** Von der Vielzahl der Details im Rahmen dieser Thematik, die hier nicht in allen Facetten durchleuchtet werden kann,[4343] seien noch einige mir wichtig erscheinende Besonderheiten, von denen die erste jedoch umstritten ist, aufgeführt sowie auf ein Urteil des OLG Oldenburg hingewiesen:

429a Gemäß **§ 197 Abs. 2 BGB** gilt für Ansprüche wegen „regelmäßig wiederkehrender Leistungen" die kurze Verjährung des § 195 BGB. Insofern ist – zumindest nach der oa Rechtsreform – umstritten,[4344] ob Schmerzensgeldrenten „regelmäßig wiederkehrende Leistungen" iSd § 197 Abs. 2 BGB sind.[4345] Wer – wie Heß und Küppersbusch – diese Frage bejaht, hat zu beachten, dass dies unabhängig davon gilt, ob das Stammrecht – etwa durch ein Feststellungsurteil oder eine entsprechende Abfindungserklärung – auf 30 Jahre „abgesichert"[4346] ist. Der Meinung von Heß und Küppersbusch[4347] ist zuzustimmen, da nach herrschender Rechtsprechung grundsätzlich von einem einheitlichen Schmerzensgeld – s. insofern in Bezug auf die hier aufgeworfene Fragestellung BGH-Urteil[4348] – auszugehen ist und der Schmerzensgeldrente insofern kein eigener Rechtscharakter zukommt und zudem – worauf Küppersbusch zutreffend hinweist – der Begriff der „wiederkehrenden Leistung" über den Begriff einer technischen Rente hinausgeht. Ungeachtet dieses Streits muss anwaltsseitig – gerade bei einem außergerichtlichen Vergleich – stets sehr darauf geachtet werden, dass auch die Schmerzensgeldrente mittels entsprechender Maßnahmen vor dem Eintritt der Verjährung geschützt wird.[4349]

429b Der Gesetzgeber hat in **§ 199 Abs. 2 BGB** nicht explizit als geschütztes bzw. privilegiertes Rechtsgut die sexuelle Selbstbestimmung aufgeführt. Sofern daher im Einzelfall zur **Verletzung des Rechts auf sexuelle Selbstbestimmung** – was jedoch kaum vorstellbar ist – nicht noch eine Verletzung des Körpers oder der Gesundheit hinzukommt, so gilt insofern nicht die lange Verjährung des § 199 Abs. 2 BGB. Mit **§ 208 Abs. 2 BGB** hilft der Gesetzgeber jedoch den Opfern von sexuellen Übergriffen, – zumindest sofern das Opfer entweder noch nicht das 21. Lebensjahr vollendet hat oder mit dem Täter in häuslicher Gemeinschaft lebt. Durch ein insofern richtungsweisendes Urteil half das OLG Oldenburg[4350] einem 34-jährigen Missbrauchsopfer und sprach diesem – 23 Jahre nach dessen Vergewaltigung – ein Schmerzensgeld zu. Der damals elfjährige Kläger hatte die 1988 an ihm begangene Tat bis zum Jahr 2005 völlig verdrängt. Der Vergewaltiger berief sich deshalb auf Verjährung und legte gegen das der Klage des Opfers stattgegebene Schmerzensgeldurteil Berufung ein. Das OLG wertete jedoch die vollständige Verdrängung – für die der Kläger die volle Beweislast trage – als nachvollziehbar; es fehle somit an der „erforderlichen Kenntnis, wenn der Geschädigte infolge einer durch die Verletzung erlittene retrograden Amnesie keine Erinnerungen mehr an das Geschehen" habe. Das OLG bestätigte somit das Schmerzensgeldurteil des Landgerichts, welches dem Kläger 7.500 EUR Schmerzensgeld zuerkannt hatte und wies die dagegen gerichtete Berufung des Vergewaltigers zurück. Der BGH[4351] bestätigte die Entscheidung des OLG Oldenburg und wies die Revision des Beklagten zurück.

Im Jahr 2016 befasste sich das OLG Celle[4352] in dem mehrfach in einer Vielzahl von Medien erwähnten und kontrovers kommentierten Fall der im November 1981 vergewaltigten und anschließend getöteten Frederike. Deren Vater – der Kläger – begehrte vor dem OLG Celle in zweiter Instanz Schmerzensgeld wegen seiner Traumatisierung. Das OLG wies die Berufung des Vaters mit dem Hinweis auf den Ablauf der 30-jährigen Verjährungsfrist zurück und bestätigte damit das Urteil des LG Lüneburg.

Ebenfalls mit der **Verjährungsproblematik bei Fällen von Sexualmissbrauch und Vergewaltigungen** hatte sich – wenn auch noch auf der Basis des vor dem 1.8.2002 geltenden Rechts – das **OLG Schleswig**[4353]

4343 Vgl. hierzu Human NJW-Spezial 2005, 399; Heß NZV 2002, 65; Grüneberg BGB/Ellenberger § 199.

4344 Vgl. Luckey SVR 2015, 41 sowie – ohne Lösung – OLG Stuttgart BeckRS 2018, 2257; NJW 2018, 1554.

4345 So ausdrücklich Heß NZV 2002, 65 (66), der zutreffend von einer „Haftungsfalle" spricht; ebenso Luckey NZV 2019, 9 und Küppersbusch/Höher Ersatzansprüche Personenschaden Rn. 784; MAH StraßenVerkehrsR § 26 Rn. 255; aA jedoch MüKoBGB/Grothe § 197 Rn. 31 f.

4346 So Heß NZV 2002, 65.

4347 Ebenso Luckey SVR 2015, 41.

4348 BGH NJW 2001, 1063.

4349 Vgl. hierzu nachfolgend → Rn. 450.

4350 OLG Oldenburg BeckRS 2011, 18398.

4351 BGH NJW 2013, 939.

4352 OLG Celle BeckRS 2016, 105651 (Die Pikanterie des Falles liegt darin, dass der heute 57-jährige Mörder im Jahr 1882 zunächst verurteilt, dann jedoch aus Mangel an Beweisen vom BGH freigesprochen wurde. 2012 konnte er jedoch – aufgrund der nun gegebenen DNA-Analyse- Möglichkeiten definitiv überführt werden, aber – nach herrschender Rechtsauslegung nun (wegen des Freispruchs) nicht erneut angeklagt werden. So läuft der Mörder heute frei herum und gewann zudem (wegen Verjährung) den gegen ihn gerichteten zivilrechtlichen Prozess. Der Vater verlor seine Tochter, ist seither traumatisiert und hat nun auch noch die Kosten des Rechtsstreits zu tragen.).

4353 OLG Schleswig BeckRS 2013, 4667.

befasst. Da dabei die Thematik der Verjährungshemmung der zentrale Punkt war, wird das Urteil nachfolgend unter → **Rn. 441** näher behandelt. Ebenfalls an dieser Stelle hinzuweisen ist auf die Entscheidung des **LG Aachen,**[4354] zu der unter → **Rn. 432a** kritisch Stellung bezogen wird.

Zur Frage, ob ein kirchlicher Orden in Österreich als sog. „Institut des geweihten Lebens" für das strafbare Verhalten seiner Ordensschwestern, welches diese in den 1990er Jahren an den damals zwei, knapp vier und fünf Jahre alten Kläger begangen hatten, noch zur Haftung herangezogen werden kann und ob somit die 30-jährige Verjährungsfrist gemäß dem österreichischen § 1489 Abs. 2 S. 2 ABGB auch insofern anwendbar ist, hatte sich 2025 der OGH[4355] befasst. Der OGH hatte insofern zunächst betont, dass Normzweck des § 1489 Abs. 2 S. 2 ABGB vorrangig der Schutz des Opfers im Zusammenhang mit qualifizierten Sexual- und anderen Gewaltdelikten sei. Den Opfern solle aufgrund der damit verbundenen Belastung, Scham, Angst, Verdrängung oder aus anderen Gründen die Anspruchsverfolgung innerhalb der kurzen Frist nicht zugemutet werden. Sodann bejahte der OGH die oben benannte Frage im Grundsatz dahingehend, dass diese Verjährungsnorm auch für den Fall gelte, in dem die eine juristische Person selbst treffende Pflicht – im vorliegenden Fall die Pflicht der Pflege und Erziehung von aufgrund einer vertraglichen Vereinbarung ihr anvertrauten Kinder – durch die Begehung von Delikten gegen die körperliche Unversehrtheit verletzt wurde. Der Begriff des „Schadens" in § 1489 S. 2 Fall 2 ABGB ist somit nicht auf materielle Schäden, sondern auch auf immaterielle Schäden bezogen. **429c**

Auch wenn sich diese Rechtsfrage nach deutschem Recht vor dem Hintergrund der Formulierung des § 199 Abs. 2 BGB so nicht stellt, zeigt der vom OGH entschiedene Fall eines recht deutlich: Die Kirche und die in die Missbrauchsfälle verstrickten bzw. für diese verantwortlichen Institutionen verzichten leider nicht auf die Einrede der Verjährung und verhalten sich damit unanständiger Weise anders als dies Jaeger im 5. Abschnitt seines sehr lesenswerten Buchs *Sexueller Missbrauch und Gewalt* hoffnungsfroh dahingehend zum Ausdruck gebracht hatte, dass es *„nicht auszuschließen sei, dass die Bistümer … generell auf die Einrede der Verjährung verzichten werden."*[4356]

Vgl. dazu im weiteren oben unter → **Rn. 305** und → **Rn. 307c** sowie nachfolgend unter → **Rn. 432a.**

c) Fristbeginn der regelmäßigen Verjährung iSd § 195 iVm § 199 Abs. 1 BGB (Verjährung bezogen auf das Ende eines Kalenderjahres). Fristbeginn gem. § 199 Abs. 1 BGB ist der „Schluss des Jahres, in dem der Anspruch entstanden ist und der Gläubiger von den Anspruch begründenden Umständen und der Person des Schuldners Kenntnis erlangt oder ohne grobe Fahrlässigkeit erlangen musste". Das ist bei Verkehrsunfällen oder sonstigen Unfällen in der Regel das Ende des Jahres, in dem sich der Unfall ereignet hat oder – wenn der Geschädigte erst später Kenntnis vom Unfallschaden erlangt hatte und keine grobe Fahrlässigkeit insofern vorliegt – das Ende des Jahres in dem er diese Kenntnis erlangt hat. **430**

Praxishinweise: **431**
Produkthaftung: Aber Achtung! Im Produkthaftungsrecht gilt gem. § 12 Produkthaftungsgesetz keine „Ultimoverjährung" [= Verjährungsbeginn mit dem Schluss des Jahres, in dem der Anspruch entstanden ist], sondern ein „taggenauer" Verjährungsbeginn im Zeitpunkt der Kenntnis oder fahrlässigen Unkenntnis und zudem reicht in Bezug auf die Unkenntnis – anders als gemäß § 199 Abs. 1 Nr. 2 BGB – bereits einfache Fahrlässigkeit aus!
Mobbing: Bei Ansprüchen aus vorsätzlicher Persönlichkeitsrechtsverletzung in Form von Mobbing (s. hierzu ausführlich Kapitel V 1. d) beträgt die Verjährungsfrist ebenfalls drei Jahre (§§ 195; 199 BGB), wobei hinsichtlich des Fristbeginns auf den Abschluss der zeitlich letzten vorgetragenen Mobbinghandlung abzustellen ist (LAG Mecklenburg-Vorpommern[4357]).
Stalking: Ansprüchen aus vorsätzlicher Persönlichkeitsrechtsverletzung in Form von Stalking nach § 823 Abs. 1 BGB beziehungsweise ab 1.4.2007 auch § 823 Abs. 2 BGB iVm § 238 StGB unterliegt ebenfalls gem. § 195 BGB der regelmäßigen Verjährungsfrist von drei Jahren. Die Besonderheit von Stalking ist dabei die Bündelung von mehreren zeitlich getrennten Einzelhandlungen, die erst in ihrer Gesamtheit zum Stalking werden. Für wiederholte Handlungen ist aber von einer für jede Handlung eigenen Verjährung auszugehen. Deshalb kam das OLG Karlsruhe[4358] in einem sich über mehrere Jahre hinweg erstreckenden Stalkens der Klägerin durch den Beklagten zum Ergebnis, dass die Ansprüche für die Jahre 2005 und 2006 verjährt sind, wogegen sie für das Jahr 2007 rechtzeitig geltend gemacht wurden und sprach der Klägerin daher nur ein – so wörtlich – „kleines Schmerzensgeld" iHv 1.000 EUR zu.

[4354] LG Aachen BeckRS 2024, 19157.
[4355] OGH Österreich 22.1.2025 – 9 Ob 69/24y, BeckRS 2025, 2125; vgl. auch OGH Österreich 26.1.2022 – 7 Ob 25/21h, BeckRS 2022, 1331.
[4356] Jaeger Sexueller Missbrauch und Gewalt, 99.
[4357] LAG Mecklenburg-Vorpommern BeckRS 2015, 73174.
[4358] OLG Karlsruhe BeckRS 2016, 12211.

432 **d) Kenntnis des Schadens und Zeitpunkt der Kenntnis iSd § 199 Abs. 1 BGB.** Für die Durchsetzung eines Schmerzensgeldanspruchs bedeutet dies, dass der Geschädigte oder seine Hinterbliebenen zumindest so viel Kenntnisse über den Schadeneintritt und die Verletzungshandlung haben müssen, dass sie eine Feststellungsklage erheben können bzw. *„wenn dem Geschädigten die Erhebung einer Schadensersatzklage, sei es auch nur in Form der Feststellungsklage, Erfolg versprechend, wenn auch nicht risikolos, möglich ist"*, so der BGH im Jahr 2020.[4359] Da der Schaden grundsätzlich als Einheit (Grundsatz der Schadeneinheit) anzusehen ist, genügt es insofern, wenn der Geschädigte überhaupt vom Eintritt der Schädigung Kenntnis besitzt. Dabei ist weder notwendig, dass der Geschädigte alle Einzelumstände kennt, die für die Beurteilung möglicherweise Bedeutung haben, noch muss er bereits hinreichend sichere Beweismittel in der Hand haben, um einen Rechtsstreit im Wesentlichen risikolos führen zu können. Die erforderliche Kenntnis ist vielmehr bereits vorhanden, wenn die dem Geschädigten bekannten Tatsachen ausreichen, um den Schluss auf ein schuldhaftes Fehlverhalten des Anspruchsgegners als naheliegend erscheinen zu lassen.[4360]

Auf den Schadenumfang, dessen Höhe oder gar einzelne Schadenpositionen muss sich seine Kenntnis zu diesem Zeitpunkt nicht erstrecken. Seine Kenntnis muss sich allerdings zumindest darauf erstrecken, dass er selbst geschädigt ist und daher als Inhaber einer Schadensersatzforderung in Frage kommt, wie dies der BGH – bereits vor Jahren,[4361] aber auch insofern noch gültig – deutlich machte.

2024 hat der **OGH Österreich**[4362] dies nochmals in sehr klaren Worten – wenn auch selbstverständlich auf § 1489 ABGB bezogen, aber dennoch auf die Thematik des § 199 BGB übertragbar und eng an der Formulierung des BGH[4363] – verdeutlicht und ausgeführt: *„Die kurze Verjährungsfrist nach § 1489 ABGB beginnt mit dem Zeitpunkt zu laufen, in dem der Ersatzberechtigte sowohl den Schaden als auch den Ersatzpflichtigen so weit kennt, dass eine Klage* [Anmerkung: Lt. BGH[4364] genügt insofern eine Feststellungsklage] *mit Aussicht auf Erfolg erhoben werden kann (...). Die Kenntnis muss dabei den ganzen anspruchsbegründenden Sachverhalt umfassen, insbesondere auch die Kenntnis des Ursachenzusammenhangs zwischen dem Schaden und einem bestimmten, dem Schädiger anzulastenden Verhalten, in Fällen der Verschuldenshaftung daher auch jene Umstände, aus denen sich das Verschulden des Schädigers ergibt (....). Der anspruchsbegründende Sachverhalt muss dem Geschädigten zwar nicht in allen Einzelheiten, aber doch so weit bekannt sein, dass er in der Lage ist, das zur Begründung seines Anspruchs erforderliche Sachvorbringen konkret zu erstatten (...). Bloße Mutmaßungen über die angeführten Umstände genügen hingegen nicht (...). Hat der Geschädigte als Laie keinen Einblick in die für das Verschulden maßgeblichen Umstände, so beginnt die Verjährung nicht zu laufen (...).*"

432a **Praxishinweis:**

Opfer von Kindesmissbrauch können auch Jahrzehnte später noch Ansprüche auf Schmerzensgeld geltend machen, wenn sie das Geschehen aufgrund einer schweren posttraumatischen Belastungsstörung komplett verdrängt hatten, wobei das Missbrauchsopfer durch ein fachärztliches Sachverständigengutachten zu beweisen hat, dass es aufgrund einer schweren posttraumatischen Belastungsstörung, einer durch die Verletzung erlittenen retrograden Amnesie oder infolge vergleichbarer psychischer Beeinträchtigungen direkt nach den Vorfällen das Geschehen komplett verdrängt hatte. Aufgrund einer solchen Verdrängung fehlt es in einem solchen Fall an der für den Beginn der Verjährungsfrist erforderliche Kenntnis. Erlangt das Opfer durch ein Erinnerungstrigger – in dem vom BGH[4365] 2012 entschiedenen Fall war dies die Erzählung der Schwester des Klägers, wonach auch sie von dem Beklagten sexuell missbraucht worden sei – zu einem beliebigen Zeitpunkt nach der Missbrauchstat wieder Kenntnis von den ggf. lange zurückliegenden Ereignissen, so beginnt erst ab diesem Zeitpunkt die Verjährung.
Da die Täter und insbesondere die für ihre Kleriker haftenden Bistümer sich regelmäßig auf die Verjährung der zumeist Jahrzehnte zurückliegenden Straftaten berufen,[4366] ist es für eine erfolgreiche gerichtliche Durchsetzung der materiellen und immateriellen Schadensersatzansprüche dringend geboten, frühzeitig (spätestens ab der wiedererlangten Kenntnis) die Hilfe von – in diesem besonderen Fachgebiet erfahrenen – Fachärzten und Rechtsanwälten in Anspruch zu nehmen.

[4359] So BGH BeckRS 2020, 37753; BGH BeckRS 2016, 21188; BGH BeckRS 2016, 18819; BGH BeckRS 2009, 15702; BGH NJW 2000, 1498.

[4360] BGH BeckRS 2020, 37753; vgl. auch SWK-SchadenR/Balke Zeitpunkte zur Berechnung und Erfassung des Schadens Rn. 1 Verjährung im Schadensersatzrecht Rn. 28.

[4361] BGH VersR 1996, 76; OLG Hamm ZfS 1994, 397; vgl. ebenso – wenn auch in gänzlich anderem Zusammenhang – BGH BeckRS 2005, 12487 Rn. 10.

[4362] OGH Österreich 24.4.2024 – 9 Ob 33/24d BeckRS 2024, 11510; vgl. auch OGH Österreich 22.1.2025 – 9 Ob 69/24y, BeckRS 2025, 2125.

[4363] BGH BeckRS 2020, 37753.

[4364] BGH BeckRS 2020, 37753; BGH BeckRS 2009, 15702; BGH NJW 2000, 1498 (1500).

[4365] BGH 4.12.2012 – VI ZR 217/11; OLG Oldenburg BeckRS 2011, 18398 (Vorinstanz); vgl. zum Verjährungsbeginn bei später Kenntnis auch BGH BeckRS 2005, 12487.

[4366] Jaeger Sexueller Missbrauch und Gewalt, 99 ff.

Zur unterstützenden Literatur verweise ich auf das 2024 erschienene Fachbuch von **Lothar Jaeger, Sexueller Missbrauch und Gewalt** (zu den Verjährungsfragen insbesondere Seite 99 ff) sowie die beiden Entscheidungen des OGH (Urt. v. 26.1.2022 – 7 Ob 25/21h[4367] und Beschl. vom 22.1.2025 – 9 Ob 69/24y)[4368] sowie die Ausführungen unter → **Rn. 305.**

Wird – wie dies häufig seitens der Kirche in Missbrauchsfällen geschieht – die Einrede der Verjährung erhoben, so kann dem gegenüber die **Treuewidrigkeit der Verjährungseinrede** mit dem Argument angegriffen werden, dass die Erhebung der Verjährungseinrede unter gewissen Umständen eine nach **§ 242 BGB** unzulässige Rechtsausübung darstellt und folglich unbeachtlich ist. Insofern ist auf das besondere Näheverhältnis zwischen Kirche und Gläubigen hinzuweisen. So verlange das Kirchenrecht Gehorsam vom Gläubigen, mithin ein ähnliches Verhältnis wie zwischen Eltern und Kleinkindern. Insbesondere dann, wenn die Kirche bzw. das jew. Bistum ihre Missbrauchstaten – wie dies umfassend und systematisch jahrzehntelang geschah und zum Teil heute noch[4369] geschieht – **vertuscht oder verschleiert** haben und – wie dies in solchen Fällen, gerade gegenüber Kindern oder jugendlichen Missbrauchsopfern häufig geschah – durch **Drohungen** der Kleriker wie beispielsweise sinngemäß mit Sätzen wie *„Du weißt, dass Du in die Hölle kommst, wenn Du Deinen Eltern etwas sagst"*[4370] ihre Missbrauchstaten über Jahre oder Jahrzehnte im Verborgenen halten konnten, ist der Einwand der Treuwidrigkeit gegenüber der Verjährungseinrede gegeben.[4371]

Dem Urteil des **LG Aachen,**[4372] dass insofern die Erhebung der Verjährungseinrede durch das beklagte Bistum nicht als treuwidrig im Sinne des § 242 BGB ansah, ist scharf zu widersprechen, da es die fundamentale, systemisch bedingte Asymmetrie zwischen Kirche und Gläubigen verkennt. Völlig unerträglich und nicht nachvollziehbar ist zudem die Argumentation des Gerichts, wonach sakrale Drohungen – wie die Drohung mit der Hölle – nach dem Ende des aktiven Missbrauchs mit der Zeit ihre lähmende Wirkung auf das Opfer verloren hätten. Das LG Aachen führte hierzu explizit aus, es sei *„nicht erkennbar, dass solche Drohungen ‚in einer Art und Weise fortgewirkt hätten, die den Kläger auch im Erwachsenenalter von einer Klageerhebung hätten abhalten können"*.[4373] Diese Sichtweise blendet die anerkannte medizinische und traumatherapeutische Realität vollständig aus: Die in der Kindheit durch eine absolute moralische Autorität gesetzte existentielle Todes- und Verdammungsangst führt zu einer tiefgreifenden, lebenslangen Traumatisierung. Ein solches seelisches Druckszenario schlägt gerade im Erwachsenenalter in permanente Blockaden und Verdrängungsmechanismen um.

Das nachträgliche Berufen der Kirche auf die Verjährung muss daher im Lichte des § 242 BGB weiterhin als zutiefst treuwidrig und rechtsmissbräuchlich bewertet werden.

An dieser Stelle sei nochmals (vgl. dazu → **Rn. 307**) auf den Aufsatz von Hohlbein, Missbrauch Minderjähriger – Verjährungsdilemma und unionsrechtliche Reformperspektiven, NJOZ 2026, 289 hingewiesen, der darin zutreffend fordert, dass Zivilrecht müsse hinsichtlich des § 199 BGB dahingehend weiterentwickelt werden, dass absolute Höchstfristen bei Verletzungen der sexuellen Selbstbestimmung Minderjähriger nicht greifen, wenn eine „traumabedingte Nichterkenntnis" vorliegt. Zudem plädiert er für eine Angleichung der Altersgrenze des § 208 S. 1 BGB (21 Jahre) an § 78b StGB (30 Jahre). Darüberhinaus fordert Hohlbein die vollständige Abschaffung aller zivil- und strafrechtlichen Verjährungsfristen für besonders schwere Kerndelikte und nachgewiesene Traumata. Dem ist uneingeschränkt zuzustimmen.

Zur **Kenntnis der Person des Schuldners bzw. Schädigers** gehört neben der Kenntnis von dessen Identität und Name auch die Kenntnis von dessen **ladungsfähiger Adresse,** wobei es sich bei Krankenhausärzten nicht um die Privatadresse handeln muss, sondern die Adresse des Krankenhauses ausreicht. Bei Verkehrsunfall- oder Arzthaftungssachen lassen sich derartige Daten aus der Ermittlungsakte oder den Behandlungsunterlagen entnehmen.[4374] **432b**

Neben der Kenntnis von den, den Anspruch begründenden Umständen und der Person des Schuldners, setzt auch die **grob fahrlässige Unkenntnis** die Verjährungsfrist in Gang, worauf nachfolgend unter → **Rn. 434** näher eingegangen wird. Im Todesfall kommt es für den Anspruch auf **Hinterbliebenengeld** (§ 844 Abs. 3 BGB) auf die **Kenntnis der Hinterbliebenen** an.

[4367] OGH Österreich 26.1.2022 – 7 Ob 25/21h, BeckRS 2022, 1331.

[4368] OGH Österreich 22.1.2025 – 9 Ob 69/24y, BeckRS 2025, 2125.

[4369] S. dazu katholische.de Missbrauchsaufarbeitung in Orden stößt auf Abwehr und blinde Flecken, veröffentlicht am 30.3.2026 um 14:16 Uhr – https://katholisch.de/artikel/67918-missbrauchsaufarbeitung-in-orden-stoesst-auf-abwehr-und-blinde-flecken.

[4370] Vgl. dazu sinngemäß ua LG Aachen BeckRS 2024, 19157 Rn. 47; vgl. auch Jaeger Sexueller Missbrauch und Gewalt, 102.

[4371] Vgl. dazu Gerecke/Roßmüller NJW 2022, 1911 (1914–1915).

[4372] LG Aachen BeckRS 2024, 19157 Rn. 36.

[4373] LG Aachen BeckRS 2024, 19157 Rn. 47.

[4374] Küppersbusch/Höher Ersatzansprüche Personenschaden Rn. 788.

Bei **Minderjährigen oder geschäftsunfähigen Personen** kommt es auf die Kenntnis oder grob fahrlässige Unkenntnis deren gesetzlicher Vertreter an.

Zur **Kenntnis eines Rechtsanwaltes:** Bei einem Rechtsanwalt, der vom Geschädigten oder dessen Erziehungsberechtigten oder dessen gesetzlichen Vertreters beauftragt wurde, ist unter Heranziehung des Rechtsgedankens des § 166 I BGB zum sogenannten Wissensvertreter grundsätzlich die Kenntnis des Rechtsanwalts ausschlaggebend.[4375]

Die für den Verjährungsbeginn erforderliche Kenntnis von einer Aufklärungspflichtverletzung (s. dazu nachfolgend → **Rn. 433** und → **Rn. 437**) ist jedenfalls ab dem Zeitpunkt anzunehmen, in dem sich der Rechtswalt einer Partei gegenüber dem Arzt auf verschiedene, im Einzelnen bezeichnete Aufklärungsmängel beruft.[4376]

433 Bei Verletzung der ärztlichen Aufklärungspflicht, die häufig per se Ausgangspunkt eines Schmerzensgeldanspruches ist, genügt insofern allerdings nicht die bloße Kenntnis der Schädigung, vielmehr muss sich die Kenntnis auch auf Tatsachen beziehen, aus denen sich die **ärztliche Aufklärungspflichtverletzung** ergibt.[4377] Darauf wies auch das OLG Köln[4378] hin und führte aus, dass Kenntnis bei **ärztlichen Behandlungsfehlern** voraussetzt, *„dass der betroffene Patient Kenntnis von solchen Tatsachen erlangt hat, aus denen sich für einen medizinischen Laien ergibt, dass der behandelnde Arzt von dem üblichen medizinischen Vorgehen abgewichen ist oder Maßnahmen nicht getroffen hat, die nach dem ärztlichen Standard zur Vermeidung oder Beherrschung von Komplikationen erforderlich waren"*; so auch Ziegler/Oynar, die zu dieser Thematik 2017 einen lesenswerten Aufsatz unter dem Titel, *Der Beginn der Verjährung im Arzthaftungsrecht,* verfasst haben.[4379]

Die **Kenntnis einer Komplikation** bei einer Operation steht ebenfalls nicht der Kenntnis eines Behandlungsfehlers gleich. *„Als medizinischer Laie ist der Patient in aller Regel nicht zu weiteren Ermittlungen verpflichtet"*, so urteilte 2020 das OLG Brandenburg.[4380]

Ebenfalls auf die **„Laiensicht"** stellt das OLG München[4381] ab und führt aus, die Kenntnis vom Schaden iSd § 199 Abs. 2 Nr. 2 BGB könne nicht schon dann bejaht werden, wenn dem Patienten lediglich der negative Ausgang der ärztlichen Behandlung bekannt ist. Denn das Ausbleiben des Erfolgs ärztlicher Maßnahmen könne in der Eigenart der Erkrankung oder in der Unzulänglichkeit ärztlicher Bemühungen seinen Grund haben. Deshalb gehöre zur Kenntnis der den Anspruch begründenden Tatsachen das Wissen, dass sich in dem Misslingen der ärztlichen Tätigkeit das Behandlungs- und nicht das Krankheitsrisiko verwirklicht, wobei es hierzu nicht schon genüge, dass der Patient Einzelheiten des ärztlichen Tuns oder Unterlassens kennt. Vielmehr müsse ihm aus seiner Laiensicht der Stellenwert des ärztlichen Vorgehens für den Behandlungserfolg bewusst sein.

In Bezug auf einen ärztlichen Behandlungsfehler führte das OLG Koblenz[4382] – und unter Hinweis auf die ständige Rechtsprechung des BGH[4383] – aus:

„Die Kenntnis der anspruchsbegründenden Tatsachen kann … nicht schon bejaht werden, wenn dem Patienten lediglich der negative Ausgang der ärztlichen Behandlung bekannt ist. Er muss vielmehr auch auf einen ärztlichen Behandlungsfehler als Ursache dieses Misserfolges schließen können".

In einem seltenen Fall, bei dem der behandelnde (noch in der Ausbildung stehende) „Arzt" noch keine Approbation hatte und somit nicht als Arzt hätte praktizieren dürfen, hatte sich 2020 das OLG Köln zu befassen und zur Frage der „Kenntnis" zutreffend ausgeführt, dass ein Patient grundsätzlich darauf vertrauen dürfe, dass derjenige, der als Arzt arbeitet oder ärztlich tätig wird, eine Approbation hat und somit – wenn diese Tatsache erst aufgrund eines Zeitungsartikels ihm zur Kenntnis gelangt sei, auf diesen Zeitpunkt abzustellen ist.[4384]

[4375] BGH BeckRS 1989, 568; vgl. dazu auch Küppersbusch/Höher Ersatzansprüche Personenschaden Rn. 798; SWK-SchadenR/Balke Zeitpunkte zur Berechnung und Erfassung des Schadens Rn. 1 Verjährung im Schadensersatzrecht Rn. 28.
[4376] OLG Dresden BeckRS 2025, 3215.
[4377] MüKoBGB/Grothe § 199 Rn. 11 f.; zur Frage der Verjährung im Falle eines ärztlichen Behandlungsfehlers. vgl. OLG Frankfurt a. M. NJW-RR 2009, 1103.
[4378] OLG Köln BeckRS 2013, 01614.
[4379] Ziegler/Oynar NJW 2017, 2438.
[4380] OLG Brandenburg BeckRS 2020, 34693.
[4381] OLG München BeckRS 2015, 2165.
[4382] OLG Koblenz BeckRS 2011, 00276, VersR 2011, 403.
[4383] BGH NJW 2001, 885; ebenso BGH BeckRS 2020, 37753; BGH BeckRS 2009, 15702.
[4384] OLG Köln BeckRS 2020, 8671.

Für die Kenntnis ist der Wissensstand des **gesetzlichen Vertreters** maßgebend, sofern der Geschädigte selbst geschäftsunfähig ist.[4385]

Zum Verjährungsbeginn bei Schadensersatzansprüchen wegen Aufklärungsmängeln führte 2024 das OLG Dresden[4386] mit Verweis auf die Rechtsprechung des BGH[4387] aus, dass bei Schadensersatzansprüchen wegen Aufklärungsmängeln die Verjährung in der Regel nicht schon dann beginnt, wenn der Patient einen Schaden aufgrund der medizinischen Behandlung festgestellt hat, sondern erst, wenn der Patient auch die Kenntnis darüber hatte, dass der ihm entstandene Schaden nicht auf einem Behandlungsfehler beruht, sondern eine spezifische Komplikation der medizinischen Behandlung ist, über die er als Patient – was dem behandelnden Arzt bekannt sein musste – hätte aufgeklärt werden müssen.

Zugleich betonte das OLG Dresden,[4388] dass die kenntnisabhängige regelmäßige **Verjährungsfrist nach § 195, § 199 Abs. 1 BGB** sich **für jeden Behandlungs- oder Aufklärungsfehler gesondert berechnet** und somit die Voraussetzungen des § 199 Abs. 1 Nr. 2 BGB getrennt für jede Pflichtverletzung zu prüfen sind und jede Pflichtverletzung in dieser Hinsicht verjährungsrechtlich selbständig zu behandeln ist. Die verjährungsrechtlich gesonderte Prüfung mehrerer Pflichtverletzungen setzt jedoch nicht voraus, dass jede dieser Pflichtverletzungen eine eigenständige oder zusätzliche Schadensfolge nach sich gezogen hat. Vielmehr genügt es, dass mehrere, voneinander abgrenzbare, Pflichtverletzungen zum Gesamtschaden beigetragen haben und ein Schadensersatzanspruch auf mehrere, voneinander abgrenzbare, Fehler gestützt wird. Auch dazu verwies das OLG Dresden auf den BGH, der dies – wenn auch in Bezug auf einen nicht dem Medizinrecht zuzurechnenden Sachverhalt – so nahezu wörtlich ausgeführt hatte.[4389]

Bei „Behörden und juristischen Personen des öffentlichen Rechts (ist) auf die positive Kenntnis des für die Vorbereitung und Verfolgung des Regressanspruchs zuständigen Bediensteten abzustellen", so entschied der BGH 2009[4390] und 2006[4391] sowie – in Bezug auf die **Regressabteilung** einer **Ortskrankenkasse** – auch das OLG Schleswig.[4392] Zur grob fahrlässigen Unkenntnis bei Mitarbeitern der Regressabteilung eines Sozialversicherungsträgers äußerte sich der BGH.[4393]

Die Verjährungsfrist der § 195, § 199 Abs. 1 BGB beginnt auch dann zu laufen, wenn die Adresse des Schädigers zwar nicht bekannt ist, aber ohne großen Aufwand durch den beauftragten Rechtsanwalt herausgefunden[4394] werden kann. Der Lauf beginnt in der Regel schon mit Anklageerhebung oder dem Erlass eines Strafbefehls.[4395]

Da **§ 199 Abs. 1 Nr. 2 Alt. 2 BGB die grob fahrlässige Unkenntnis der Kenntnis gleichstellt,** beginnt **434**
die Verjährungsfrist eines entstandenen Anspruchs aber auch dann, wenn die den Anspruch begründenden Umstände und die Person des Schuldners dem Gläubiger nur deshalb nicht bekannt sind, weil er die im Verkehr erforderliche Sorgfalt in ungewöhnlich großem Maße verletzt und unbeachtet lässt, was im gegebenen Fall jedem hätte einleuchten müssen. Hierauf hinzuweisen hatte der BGH[4396] 2025 erneut die Gelegenheit.

Kennt der Verletzte das polizeiliche Kennzeichen des beteiligten Fahrzeugs oder kann er sich diese Kenntnis ohne Mühe beschaffen, liegt regelmäßig grobe Fahrlässigkeit vor, wenn er den KH-Versicherer nicht über den Zentralruf der Autoversicherer[4397] ermittelt.[4398]

Mit der Frage der Verjährung des Schmerzensgeldanspruchs bei einer **Inhaftierung** unter **menschenunwürdigen Haftbedingungen** befasste sich das KG[4399] und führte hierzu aus: **435**

„Die Inhaftierung unter menschenunwürdigen Haftbedingungen stellt keine einheitliche Dauerhandlung dar, bei der die Verjährung erst mit deren Beendigung beginnt. Deswegen entstehen Ansprüche wegen des amtspflichtwidrig menschenun-

4385 OLG München VersR 1996, 63 (64); BGH VersR NJW 1991, 2350.
4386 OLG Dresden BeckRS 2025, 3215 sowie bereits OLG Dresden BeckRS 2024, 1175 → Nr. 7374.
4387 BGH BeckRS 2006, 13859.; BGH BeckRS 1990, 1251.
4388 OLG Dresden BeckRS 2024, 1175.
4389 BGH BeckRS 2011, 19375 (Rn. 15).
4390 BGH SP 2012, 69; SP 2009, 343 – zur grob fahrlässigen Unkenntnis bei Mitarbeitern der Regressabteilung eines Sozialversicherungsträgers s. BGH NJW 2012, 2644.
4391 BGH SP 2007, 101; BGH SP 2007, 136.
4392 OLG Schleswig NZV 2012, 388.
4393 BGH NJW 2012, 2644.
4394 Über den Halter (und den KH-Versicherer) ist dies leicht über den Zentralruf der KH-Versicherer möglich.
4395 OLG München r+s 1998, 463.
4396 BGH BeckRS 2025, 4897; BGH BeckRS 2022, 24054; BGH NJW 2012, 1789 sowie auch – bei Ansprüchen von Sozialversicherungsträgern – BGH NJW 2012, 2644; NZV 2013, 25; SP 2012, 251; vgl. dazu auch. BT-Drs. 14/6040, 108.
4397 Zentralruf der KH-Versicherer: https://www.zentralruf.de oder 08002-502600.
4398 Küppersbusch/Höher Ersatzansprüche Personenschaden Rn. 788.
4399 KG BeckRS 2015, 10010.

würdigen Vollzugs von Haft iSd § 199 I 1 BGB mit dem Vollzug der Haft taggenau, so dass die einschlägige dreijährige Verjährungsfrist aus § 195 BGB regelmäßig mit dem Ende des Kalenderjahrs der vollzogenen Haft zu laufen beginnt".

Eine einheitliche Dauerhandlung läge deshalb nicht vor, weil jede Zuweisung einer neuen (menschenunwürdigen) Zelle – in Verbindung mit der Umsetzung der Zuweisung – ein selbstständiges verjährungsrechtliches Folgen auslösendes Verhalten sei.

436 **Praxishinweis:**
Auch hier muss im Falle der Geltendmachung der Ansprüche auf Basis des **Produkthaftungsgesetzes** nochmals auf die entscheidenden Abweichungen von den Vorschriften des BGB hingewiesen werden, denn anders als nach BGB genügt im ProdHaftG bereits die leicht fahrlässige Unkenntnis, um den Verjährungsbeginn gem. **§ 12 ProdHaftG** auszulösen.

437 **Bei schmerzensgeldauslösenden Arzthaftungsfällen** ist der Zeitpunkt der Kenntnis vom Schaden und der Person des Ersatzpflichtigen für die verjährungsrechtliche Prüfung entscheidend, weshalb sich immer wieder auch die Instanzgerichte damit zu befassen haben.[4400]

Zu dieser Problematik führte das OLG München in einer sehr klaren Formulierung aus:

„Nach der Rechtsprechung des Bundesgerichtshofs kann die Kenntnis vom Schaden i. S § 199 Abs. 2 Nr. 2 BGB nicht schon dann bejaht werden, wenn dem Patienten lediglich der negative Ausgang der ärztlichen Behandlung bekannt ist. Denn das Ausbleiben des Erfolgs ärztlicher Maßnahmen kann in der Eigenart der Erkrankung oder in der Unzulänglichkeit ärztlicher Bemühungen seinen Grund haben. Deshalb gehört nach der Rechtsprechung des Bundesgerichtshofs zur Kenntnis der den Anspruch begründenden Tatsachen das Wissen, dass sich in dem Misslingen der ärztlichen Tätigkeit das Behandlungs- und nicht das Krankheitsrisiko verwirklicht, wobei es hierzu nicht schon genügt, dass der Patient Einzelheiten des ärztlichen Tuns oder Unterlassens kennt. Vielmehr muss ihm aus seiner Laiensicht der Stellenwert des ärztlichen Vorgehens für den Behandlungserfolg bewusst sein. Deshalb beginnt die Verjährungsfrist nicht zu laufen, bevor nicht der Patient als medizinischer Laie Kenntnis von Tatsachen erlangt, aus denen sich ergibt, dass der Arzt von dem üblichen ärztlichen Vorgehen abgewichen war oder Maßnahmen nicht getroffen hatte, die nach ärztlichem Standard zur Vermeidung oder Beherrschung von Komplikationen erforderlich gewesen wären.".[4401]

Ebenso entschieden das OLG Frankfurt a. M.[4402] mit Verweis auf BGH[4403] und das OLG Dresden[4404] sowie 2020 das OLG Braunschweig.[4405] Das OLG Braunschweig betonte dabei nochmals, dass eine derartige Kenntnis nicht schon vorliege, wenn dem Patienten lediglich der negative Ausgang der ärztlichen Behandlung bekannt sei. Er müsse vielmehr auch auf einen ärztlichen Behandlungsfehler als Ursache dieses Misserfolges schließen können; und wörtlich:

„Die wertende Kenntnis der Abweichung vom ärztlichen Standard gehört – ebenso wie das vollständige medizinische Verstehen des vorliegend angezeigten Behandlungskonzeptes – gerade nicht zum zur Kenntniserlangung erforderlichen Grundwissen des Patienten. Ausreichend ist vielmehr die positive Kenntnis (oder grob fahrlässige Unkenntnis) der Tatsachen, aus denen der Patient mit einer Parallelwertung in der Sphäre des medizinischen Laien erkennen kann, dass eine Abweichung vom medizinischen Standard vorlag, die zum Schaden geführt hat; die in der Literatur vereinzelt vertretene Auffassung, ohne positives, einen Behandlungsfehler bejahendes Gutachten laufe die Verjährung stets nicht, ist deshalb abzulehnen."[4406]

Eine, die Verjährungsfrist anlaufen lassende Kenntnis liegt jedoch vor, wenn beispielsweise ein nachbehandelnder qualifizierter Arzt die bisherige Behandlung als unzulänglich bezeichnet und somit dem geschädigten Patienten klar gemacht hat, dass der zuvor behandelnde Arzt einen schweren Fehler begangen hat und der Patient durch diesen Hinweis die dafür maßgeblichen Umstände kennt, betonte das OLG Saarbrücken[4407] in einem Fall, bei dem der nachbehandelnde Arzt gegenüber dem Patienten eindeutig zum Vorgehen des Vorbehandlers geäußert hatte „dem gehört in den Arsch getreten".

[4400] OLG Schleswig BeckRS 2022, 33661; OLG Dresden BeckRS 2022, 13550; OLG Braunschweig BeckRS 2020, 7924; OLG Saarbrücken BeckRS 2016, 13054; OLG Frankfurt a. M. BeckRS 2015, 13299; OLG München BeckRS 2015, 2165.
[4401] OLG München BeckRS 2015, 2165 mit Verweis auf BGH BeckRS 2009, 87218; nahezu wörtlich bereits OLG München VersR 1996, 63 (65); BGH NJW 1991, 2350.
[4402] OLG Frankfurt a. M. BeckRS 2015, 13299.
[4403] BGH NJW 2012, 1789–1792; VersR 2012, 738–742.
[4404] OLG Dresden BeckRS 2022, 13550.
[4405] OLG Braunschweig BeckRS 2020, 7924.
[4406] OLG Braunschweig BeckRS 2020, 7924.
[4407] OLG Saarbrücken BeckRS 2016, 13054.

Ebenso liegt Kenntnis für den Beginn der Verjährungsfrist im Rahmen der Arzthaftung vor, wenn ein Patient bzw. sein Bevollmächtigter bereits über die naheliegenden Erkenntnismöglichkeiten aus ihm vorliegenden Informationen verfügt oder sogar schon die gebildete Überzeugung hat, dass ein bestimmter ärztlicher Behandlungs- oder Risikoaufklärungsfehler schadenkausal vorliegt; auf besonderes medizinisches Fachwissen kommt es nicht an.[4408]

Das OLG Dresden[4409] betonte 2025 insofern, dass sich die kenntnisabhängige regelmäßige Verjährungsfrist nach § 195, § 199 Abs. 1 BGB *„für jeden Behandlungs- oder Aufklärungsfehler gesondert"* berechnet, dh die Voraussetzungen des § 199 Abs. 1 Nr. 2 BGB getrennt für jede Pflichtverletzung zu prüfen sind und jede Pflichtverletzung in dieser Hinsicht verjährungsrechtlich selbständig zu behandeln ist. Das OLG führte dazu aus: *„Die verjährungsrechtlich gesonderte Prüfung mehrerer Pflichtverletzungen setzt nicht voraus, dass jede dieser Pflichtverletzungen eine eigenständige oder zusätzliche Schadensfolge nach sich gezogen hat. Es genügt vielmehr, dass mehrere (voneinander abgrenzbare) Pflichtverletzungen zum Gesamtschaden beigetragen haben und ein Schadensersatzanspruch auf mehrere (voneinander abgrenzbare) Fehler gestützt wird."* Dies könne, so das OLG Dresden, zu unterschiedlichen Verjährungsfristen führen.[4410]

Nach der Reform des SCHRMODG hätte – und hatte (s. oben OLG Frankfurt a. M.[4411]) – sich ein OLG mit dieser Problematik ebenso auseinandersetzen müssen, es sei denn, die Höchstfrist des § 199 Abs. 2 BGB wäre bereits abgelaufen. Denn, da es sich bei dem Anspruch des Patienten um einen Schadensersatzanspruch im Sinne des § 199 Abs. 2 BGB handelt – verletzte Rechtsgüter sind Körper und Gesundheit – verjährt der Schmerzensgeldanspruch in 30 Jahren nach dem ärztlichen Eingriff, der den Schaden ausgelöst hat. Auf die Kenntnis oder grob fahrlässige Unkenntnis des Patienten kommt es in Bezug auf die Höchstfrist von 30 Jahren nicht mehr an. Sein Schmerzensgeldanspruch verjährt kenntnisunabhängig spätestens „in 30 Jahren von der Begehung der Handlung, der Pflichtverletzung oder sonstigen, den Schaden auslösenden Ereignis".[4412]

In dem seltenen Fall, bei dem der behandelnde (noch in der Ausbildung stehende) „Arzt" noch keine Approbation hatte und sein Patient dies erst viel später aus der Zeitung erfuhr, ist auf diesen späten Zeitpunkt abzustellen; vgl. dazu oben → **Rn. 433.**

Zur Verjährung des Anspruchs auf Zahlung eines Schmerzensgeldes bzw. eines immateriellen Schadensersatzes **438**
wegen der **Verletzung des allgemeinen Persönlichkeitsrechts** führte das OLG Frankfurt a. M.[4413] 2025 aus: *„Die Verjährungsfrist beginnt mit Ablauf des Jahres, in dem der Anspruch entstanden ist, § 199 Abs. 1 Nr. 1 BGB. Die erste Handlung, die der Kläger dem Beklagten vorwirft, soll im Jahr 2019 stattgefunden haben, so dass die dreijährige Regelverjährungsfrist des § 195 BGB mit Ablauf des Jahres 2019 begann und mit Ablauf des 31.12.2022 endete."*[4414]

Da der Kläger bereits mit Schriftsatz vom 31.5.2022 seine Klage auf die hier zur Entscheidung stehenden Ansprüche erweitert hatte, war dieser Anspruch auch nicht verjährt.

Zur Verjährungsproblematik bei Schadensersatzansprüchen wegen **Persönlichkeitsrechtsverletzungen** durch die **Medien,** wenn sich die Veröffentlichung – von hier 86 Beiträgen mit unwahren Tatsachenbehauptungen – über einen Zeitraum von mehreren Jahren erstreckt, und dies für die im Ausland lebende Klägerin (hier: Prinzessin Madeleine von Schweden) zunächst unbemerkt blieb, weil die Zeitschriftenartikel (hier: *Welt der Frau* und *Frau mit Herz*) in Deutschland erschienen sind, s. OLG Hamburg.[4415]

Zur Frage der Verjährung des Anspruchs auf Löschung gemäß Art. 17 Abs. 1 DS-GVO gegenüber dem Meta-Konzern hatte sich 2026 das **OLG Dresden**[4416] mit Verweis auf die Rechtsprechung des BGH[4417] geäußert und betonte insofern, dass der Anspruch auf Löschung aus Art. 17 DS-GVO seiner Natur nach nicht verjähren könne, sofern der Anspruch sich auf die von der Beklagten (im Fall des OLG Dresden war die der Meta-Konzern) aktuell – zum Zeitpunkt des Löschungsverlangens bzw. zum Zeitpunkt der letzten mündlichen Verhandlung – gespeicherten personenbezogenen Daten beziehe. Dazu führte das OLG Dresden aus: *„Auf den Zeitpunkt der erstmaligen Speicherung kommt es nicht an (vgl. hierzu BGH, Urteil vom 3.5.2022 –*

[4408] OLG Braunschweig BeckRS 2020, 7924; SWK-SchadenR/Balke Zeitpunkte zur Berechnung und Erfassung des Schadens Rn. 1 Verjährung im Schadensersatzrecht Rn. 30.
[4409] OLG Dresden BeckRS 2025, 3215 mit Verweis auf BGH BeckRS 2011, 19375.
[4410] OLG Dresden BeckRS 2025, 3215.
[4411] OLG Frankfurt a. M. BeckRS 2015, 13299.
[4412] Näher hierzu s. MüKoBGB/Grothe § 199 Rn. 1 ff.; Jauernig BGB § 199 Rn. 4 ff.
[4413] OLG Frankfurt a. M. BeckRS 2025, 31463.
[4414] OLG Frankfurt a. M. BeckRS 2025, 31463 Rn. 43.
[4415] OLG Hamburg NJW-RR 2010, 624.
[4416] OLG Dresden BeckRS 2026, 1139 → Nr. 7876.
[4417] BGH NJW 2022, 2476.

VI ZR 832/20 – juris: zum Anspruch auf Auslistung eines 30 Jahre zurückliegenden Ereignisses gegen einen Suchmaschinenbetreiber). Das in Art. 17 Abs. 1 DS-GVO niedergelegte „Recht auf Löschung" ist schon aufgrund der stetem Entwicklungsfortschritt unterworfenen technischen Voraussetzungen der beanstandeten Datenverarbeitung nicht auf das schlichte Löschen von Daten zu verengen, sondern – entsprechend der zielorientierten weiteren Artikelüberschrift – als „Recht auf Vergessen" normativ zu verstehen (vgl. BGH, Beschl. vom 4.6.2024 – II ZB 10/23 …). Damit wäre eine Verjährung des Löschungsanspruches für Daten, die vor einem bestimmten Stichtag erhoben wurden, unvereinbar." so das OLG Dresden.[4418]

439 **e) Die Einreden der Hemmung der Verjährung.** Hemmung der Verjährung bedeutet, dass der Hemmungszeitraum nicht in die Verjährungsfrist eingerechnet wird. Sofern die Voraussetzungen eines der Hemmungstatbestände der **§§ 203 ff. BGB** oder des nachfolgend unter → **Rn. 439d behandelten § 115 Abs. 2 S. 3 VVG** vorliegen, wird die Verjährung zum Zeitpunkt des Vorliegens der Voraussetzungen eines Hemmungstatbestands gestoppt.[4419] Sobald der Hemmungsgrund wegfällt, beginnt die Verjährung wieder zu laufen, allerdings nicht von vorn, sondern mit den verbleibenden Tagen der Verjährung, die bis vor dem Eintritt der Verjährung bestanden.[4420]

Ein Zeitraum, währenddessen die Verjährung gehemmt ist (§ 209 BGB), wird in die Verjährungsfrist nur dann nicht eingerechnet, wenn er nach deren Beginn verstrichen ist. Liegen die Voraussetzungen eines Hemmungstatbestands ausschließlich oder auch während eines Zeitraums vor Beginn der Verjährung vor, ist dieser bei Berechnung der Verjährungsfrist nicht zu berücksichtigen.[4421]

439a Bevor im Weiteren (vgl. dazu nachfolgend → **Rn. 439b)** die Thematik der Verjährungshemmung ganz vorrangig aus dem Blickwinkel des Verkehrsunfallrechts und insofern der Verhandlungen mit dem KH-Versicherer beleuchtet wird, sei kurz auf die für Eheleute wichtige Vorschrift des **§ 207 Abs. 1 Satz 1 BGB** eingegangen, der die **Hemmung der Verjährung für die Dauer des Bestands der Ehe** anordnet.[4422] Zwar wird die Annahme eingetretener Verwirkung während der gemäß § 207 BGB gehemmten Verjährung nicht grundsätzlich ausgeschlossen.[4423] Die Vorschrift des 207 BGB wäre aber, worauf das OLG Nürnberg hinweist, *„sinnentleert, wenn bereits bei Vorliegen eines Versöhnungsversuchs die Verwirkung bis dahin entstandener Ansprüche einträte. § 207 BGB soll den Familienfrieden vor Störungen durch klageweise Geltendmachung von Ansprüchen schützen."*[4424] *„Dazu stünde im Widerspruch, wenn der Geschädigte nach einem erfolgten Versöhnungsversuch zur Vermeidung des Eintritts von Verwirkung gleichwohl zur zeitnahen Geltendmachung seiner Ansprüche angehalten wäre. Hinzutreten müssen für die Annahme des Verwirkungseintritts daher weitere aus dem Verhalten der Ast. abgeleitete Umstände, die beim Ag. berechtigtes Vertrauen dahingehend auslösten, dass er nicht mehr mit Ansprüchen aus dem Schadensereignis konfrontiert werde." Im konkreten Falle, den das OLG Nürnberg insofern zu entscheiden hatte, ging es um die Verwirkung des Schmerzensgeldanspruchs eines Ehegatten bei Versöhnungsversuch und insoweit die Frage, ob die Schmerzensgeldansprüche der Ehefrau des Beklagten bzw. Anspruchsgegners, der der Ast. durch einen Schlag ins Gesicht die Nase gebrochen hatte, deshalb verwirkt waren, weil die Ehefrau ihrem Ehemann „noch einmal eine Chance gab". „Der Ag. konnte in diesem Moment nicht erwarten, dass allein der Versuch erneuten Zusammenlebens zu einem Verzicht auf bisher entstandene Ansprüche führen würde. Vielmehr konnte die erfolgte Versöhnung allenfalls den Ausgangspunkt für eine Entwicklung setzen, die bei Hinzutreten weiterer Ereignisse gegebenenfalls diese Annahme begründen könnte",* so das OLG.[4425]

439b **Hemmung der Verjährung bei Verhandlungen:** Nach **§ 203 S. 1 BGB** wird die Verjährung gehemmt, wenn zwischen dem Schuldner und dem Gläubiger über den Anspruch oder die ihn begründenden Umstände Verhandlungen schweben, wobei der Begriff der „Verhandlung" weit auszulegen ist. Um von einer Verhandlung iSd § 203 S. 1 BGB ausgehen zu können, muss der Geschädigte zum Ausdruck bringen, dass er einen Anspruch gegen den Schuldner geltend macht und worauf er diesen Anspruch stützt. Hat der Gläubiger dies getan, so genügt zur Annahme von Verhandlungen jegliche Art eines Dialogs über den Anspruch oder seine tatsächlichen Grundlagen, es sei denn, dass der Schuldner sofort erkennbar jegliche Verhandlungen mit dem Gläubiger zurückweist.

Sofern der Rechtsanwalt des Geschädigten – beispielsweise in einem Betriebs- oder Privathaftpflichtschaden – dem Schädiger lediglich mitteilt, er sei beauftragt worden, das Bestehen von Ansprüchen zu prüfen und bitte deshalb um Mitteilung der Haftpflichtversicherung des Schädigers, ist dies noch keine Verhandlung iSd § 203

4418 OLG Dresden BeckRS 2026, 1139 Rn. 64.
4419 OLG Celle BeckRS 2024, 960 Rn. 14.
4420 Jorzig NJW 2021, 461 (463).
4421 BGH BeckRS 2017, 110712.
4422 Vgl. dazu Wever Vermögensauseinandersetzung der Ehegatten außerhalb des Güterrechts Rn. 682.
4423 OLG Nürnberg BeckRS 2022, 1915 mit Hinweis auf BGH NJW 2018, 1013, FamRZ 2018, 589 Rn. 17.
4424 OLG Nürnberg BeckRS 2022, 1915 mit Verweis auf BGH NJW 1980, 1517.
4425 Fußnote: OLG Nürnberg BeckRS 2022, 1915; vgl. auch Budzikjewicz NZFam 2022, 475.

S. 1 BGB. Insofern lag dem BGH[4426] ein Sachverhalt vor, bei welchem sich die Klägerin, Trägerin einer gesetzlichen Unfallversicherung, mit der Bitte um Bekanntgabe des zuständigen Haftpflichtversicherers an die Beklagte gewandt und diese in einem am folgenden Tag geführten Telefonat gegenüber einem Mitarbeiter der Klägerin geäußert hatte, man wolle zunächst das gerichtliche Verfahren abwarten und werde die Versicherung eventuell später mitteilen. Der BGH wertete die Anfrage nur als Vorbereitung einer Kontaktaufnahme mit dem Haftpflichtversicherer und nicht als Meinungsaustausch mit der Beklagten über den Schadensfall. Entsprechendes gelte, so der BGH, auch für das am folgenden Tag mit der Beklagten geführte Telefonat.

Neben den Anforderungen seitens des Geschädigten oder seines Rechtsanwaltes sind auch auf der Seite des Schädigers oder dessen KH- oder Haftpflichtversicherers gewisse Mindestanforderungen an das Vorliegen einer Verhandlung iSd § 203 S. 1 BGB zu stellen. So ist ein Verhalten erforderlich, das dem Gläubiger die Annahme gestattet, er lasse sich auf Erörterungen ein. Hierfür genügt es, wenn der zuständige Versicherer mitteilt, er werde beispielsweise nach Abschluss des Strafverfahrens oder anderer Verfahren unaufgefordert auf die Sache zurückkommen. Gleiches gilt, wenn der Schuldner bzw. Schädiger einen Besichtigungstermin vereinbart und eine Besichtigung erfolgt.[4427] Ebenfalls als Verhandlung angesehen wurde vom BGH[4428] folgender Sachverhalt: Die anwaltlich vertretene Beklagte, Herstellerin eines Unkrautvernichtungsmittels, hatte als Antwort auf ein Schreiben der Klägerin, Betriebshaftpflichtversicherer eines Landwirts, dessen Pflanzen durch das Mittel geschädigt worden waren, ausgeführt, sie sei selbstverständlich gerne bereit, zur Aufklärung des angesprochenen Sachverhaltes beizutragen; dies setze jedoch voraus, dass die Klägerin ihr den zu Grunde liegenden Sachverhalt zunächst im Detail schildere und belege, da ihr erst dann sachdienliche Auskünfte möglich wären.

Ausreichend für die Annahme von schwebenden Verhandlungen ist es auch, wenn der Schuldner von sich aus an den Gläubiger mit der Frage herantritt, ob bzw. welche Ansprüche dieser geltend mache, und der Gläubiger hierauf nicht völlig ablehnend antwortet. Denn, so der BGH, genüge nach ständiger Rechtsprechung des Senats „für den – weit auszulegenden – Begriff des Verhandelns iSd § 852 II BGB jeder Meinungsaustausch über den Schadensfall zwischen dem Berechtigten und dem Verpflichteten, sofern nicht sofort und eindeutig jeder Ersatz abgelehnt wird."[4429]

Der BGH[4430] hatte 2013 im Rahmen einer Nichtzulassungsbeschwerde darüber zu befinden, ob die Verjährungshemmung gem. § 203 S. 1 BGB bereits mit der Geltendmachung des Anspruchs eintritt, aufgrund derer es schließlich zu Verhandlungen gekommen ist, oder ob auf einen späteren, an die Reaktion des Schuldners anknüpfenden Zeitpunkt abzustellen ist. Der BGH entschied sich für ersteres und führte aus, dass dann, wenn zwischen dem Schuldner und dem Gläubiger Verhandlungen iSd § 203 S. 1 BGB schweben, die Verjährung rückwirkend ab dem Zeitpunkt gehemmt ist, in dem der Gläubiger den Anspruch gegenüber dem Schuldner geltend gemacht hat. Sollte der Schuldner die Initiative ergriffen haben, beginnt die Hemmung entsprechend zu dem Zeitpunkt, in dem sich der Schuldner erstmals an den Gläubiger gewandt hat.

Hemmung der Verjährung durch Streitbeilegungs- und Schlichtungsstellen 439c

Gemäß **§ 204 Abs. 1 Nr. 4 BGB** wird die Verjährung auch gehemmt durch die Veranlassung der Bekanntgabe eines Antrags, mit dem der Anspruch entweder bei einer staatlichen oder staatlich anerkannten Streitbeilegungsstelle bzw. Schlichtungsstelle geltend gemacht wird. Gleiches gilt ebenso in Bezug auf eine andere Streitbeilegungs- oder Schlichtungsstelle, wenn das Verfahren im Einvernehmen mit dem Antragsgegner betrieben wird. In beiden Varianten wird die Verjährung bereits durch den Eingang des Antrags bei der Streitbeilegungsstelle gehemmt, wenn der Antrag demnächst bekannt gegeben wird.

„Die Verjährungshemmung infolge Anrufung der Schlichtungsstelle endet im Falle fehlenden Einverständnisses der Gegenseite mit Ablauf des Tages, an dem die Schlichtungsstelle veranlasst, dass das fehlende Einverständnis dem Antragsteller bekannt gegeben wird. Dieser Zeitpunkt wird regelmäßig durch das Datum des Schreibens der Schlichtungsstelle gekennzeichnet, in welchem diese dem Antragsteller diesen Umstand mitteilt. Es kommt demgegenüber im Regelfall für das Ende der Hemmung nicht darauf an, wann das Schreiben tatsächlich bei der Schlichtungsstelle in den Postausgang gelangt oder wann es zur Post gelangt ist."[4431]

Insofern ist bei Anrufung einer Schlichtungsstelle – wie beispielsweise bei Arzthaftungsfällen die **Anrufung der Schlichtungsstelle für Arzthaftpflichtfragen** der zuständigen Ärztekammern – stets äußerste Vorsicht

[4426] BGH BeckRS 2016, 4894.
[4427] BGH BeckRS 2006, 14989 (Hemmung der Verjährung eines Schadensersatzanspruchs gegen Architekten durch Verhandeln).
[4428] BGH BeckRS 2001, 4804.
[4429] BGH BeckRS 2001, 3295.
[4430] BGH BeckRS 2014, 822.
[4431] OLG Oldenburg BeckRS 2025, 7530 – amtliche Leitsätze; vgl. dazu auch BGH BeckRS 2015, 18765.

und die fristgerechte Klagerhebung geboten. In dem vom OLG Oldenburg[4432] 2025 dazu entschiedenen Fall wurde die in einem Arzthaftungsfall auf ua Schmerzensgeld gerichtete Klage nach zuvor erfolgloser Anrufung der Schlichtungsstelle drei Tage zu spät erhoben, denn das OLG erachtete es als hinsichtlich des **Endes der Hemmung als maßgeblich,** an welchem Tag *„der Sachbearbeiter der Schlichtungsstelle das entsprechende Schreiben verfasst und sich dessen mit dem Ziel der Übermittlung an die Beklagte entäußert hat"*. Demgegenüber – so das OLG – sei es unerheblich, wann das Schreiben tatsächlich die Poststelle der Schlichtungsstelle erreicht habe oder gar, wann es einem Zustelldienst übergeben worden ist. Hierfür spreche bereits der Wortlaut des § 204 Abs. 1 Ziff. 4, denn *veranlassen* bedeutet lediglich, dass ein Kausalverlauf final in Gang gesetzt wird, nicht dass er auch vollendet sein müsste.

439d **Praxishinweis:**

Da die Aufnahme der Verhandlungen iSd § 203 S. 1 BGB nicht an die Einhaltung einer besonderen Form geknüpft ist und die Darlegungs- und Beweislast für den Beginn der Verhandlungen stets der Gläubiger bzw. Geschädigte trägt, ist es dem Geschädigten im Falle einer mündlichen oder telefonischen Anmeldung seiner Schadensersatzansprüche – zur Vermeidung späterer Beweisschwierigkeiten – unbedingt anzuraten, den Zeitpunkt der mündlichen Anspruchsanmeldung ebenso wie Zeitpunkt und Inhalt der Reaktion des Schuldners in einer nachfolgenden E-Mail oder einem dementsprechenden Schreiben gegenüber dem Schuldner bzw. Schädiger oder dessen Haftpflichtversicherer in Form eines Protokolls zu dokumentieren oder zumindest mit einem das Gesprochene bestätigenden Brief (… auf unser Telefonat vom … Bezug nehmend halte ich fest, dass …) an den Schuldner bzw. Schädiger oder dessen Haftpflichtversicherer festzuhalten.

439e **f) Hemmungswirkung durch den Direktanspruch gem. § 115 VVG.** Die Verjährung eines **Direktanspruchs (§ 115 Abs. 1 VVG)** gegen einen KH-Versicherer: Für diesen Direktanspruch sieht das VVG in **§ 115 Abs. 2 S. 3 VVG** eine Sonderregelung vor, die für den Geschädigten die Anforderungen an das Vorliegen einer Hemmung erleichtern. Demnach ist, sobald der Anspruch des Geschädigten bei dem Versicherer angemeldet wurde, die Verjährung bis zu dem Zeitpunkt gehemmt, zu dem die Entscheidung des Versicherers dem Anspruchsteller in Textform zugeht.

Insofern hatte das OLG Köln[4433] betont, die Verjährung des Direktanspruchs gegen einen KH-Versicherer sei ab der Anmeldung des Anspruchs durch den Geschädigten oder dessen Rechtsanwalt/Rechtsanwältin bis zu dem Zeitpunkt gehemmt, zu dem die eindeutige und endgültige positive oder negative Entscheidung des Versicherers dem Anspruchsteller in Textform zugeht. Das heißt, solange Verhandlungen schweben, ist die Verjährung gehemmt.[4434]

Die Anforderungen an den Begriff „Verhandlungen" sind dabei, wie oben → **Rn. 439b** bereits ausgeführt wurde, gering; es genügt bereits ein Gespräch über die Ansprüche oder den Eintritt der Verjährung,[4435] nicht jedoch die „reine Schadensmeldung".[4436]

Was als **Schadensmeldung** zu verstehen ist, darüber gehen die Ansichten der Gerichte auseinander. Eine *„reine Schadensanmeldung"* genüge (zunächst) nicht, so das OLG (Rheinschifffahrtsgericht) Karlsruhe.[4437] Es wies jedoch zutreffend darauf hin, dass sich dies ändere, und zwar *„mit Rückwirkung auf den Zeitpunkt der Schadenmeldung, sobald der derart in Anspruch Genommene nicht sofort und eindeutig den Ersatz ablehnt, sondern sich im weiteren Verlauf auf eine Erörterung einlässt und sei es auch nur, indem er darauf hinweist, noch nicht über die erforderlichen Entscheidungsgrundlagen für eine Haftungsanerkennung zu verfügen …"*.

Ausreichend ist jedoch die Anmeldung eines Schadenersatzanspruchs beim Schädiger bzw. dessen Haftpflichtversicherer. Insoweit zu beachten ist jedoch, dass gem. § 115 Abs. 2 VVG ein beim Versicherer konkret angemeldeter Anspruch des Geschädigten nur so lange gehemmt ist, bis eine **schriftliche Entscheidung** des **Versicherers** vorliegt.

Wichtig insofern ist dabei zu beachten, dass eine solche schriftliche Entscheidung des Versicherers nicht nur eine **Ablehnung,** sondern auch eine die Ansprüche dem Grunde nach **anerkennende, dh positive Mitteilung** sein kann.[4438] Letzteres wird hin und wieder übersehen! Allerdings beendet eine positive Entscheidung

[4432] OLG Oldenburg BeckRS 2025, 7530.
[4433] OLG Köln BeckRS 2015, 1547.
[4434] OLG Köln BeckRS 2015, 1547; OLG Frankfurt a. M. BeckRS 2011, 5224 mAnm NJW-Spezial 2011, 202.
[4435] MüKoBGB/Grothe § 203 Rn. 5, 6.
[4436] OLG Karlsruhe NZV 2009, 605.
[4437] OLG Karlsruhe NZV 2009, 605.
[4438] S. hierzu OLG Frankfurt a. M. NJW-Spezial 2011, 202; OLG Rostock ZfS 2001, 548.

des Versicherers die Hemmung (§ 115 Abs. 2 S. 3 VVG) nur, wenn der Geschädigte aufgrund dieser Entscheidung sicher sein kann, dass der Versicherer auch künftige Forderungen aus dem Schadensfall freiwillig bezahlt, sofern er als Anspruchsteller seine Ansprüche der Höhe nach ausreichend belegt. Demgemäß muss die Erklärung des Versicherers zu den Ansprüchen des Geschädigten erschöpfend, umfassend und endgültig sein.[4439]

Diese – im Bereich des Schadenersatzrechts und somit auch im Schmerzensgeldrecht sehr wichtige – Regelung, die sich früher im § 852 Abs. 2 BGB alte Fassung fand, wurde nunmehr in den **§ 203 BGB** überführt. Die Verjährung tritt frühestens drei Monate nach dem Ende der Hemmung ein, so dass – sofern von der Verjährungsfrist beispielsweise nur noch ein Tag übrig ist – dem Anspruchsteller noch nahezu drei Monate gewährt werden.[4440]

Praxishinweis: 440

Auch hier gilt es jedoch wieder die **Besonderheiten des Produkthaftungsrechts** zu beachten, denn gem. § 12 Abs. 2 ProdHaftG wird dem Anspruchsteller dort die Fristverlängerung des § 203 S. 2 BGB nicht zuteil; hier gilt vielmehr wiederum[4441] das **„taggenaue" Fristende!**

Weitere Praxishinweise: 441

- Trotz grundsätzlicher Kenntnis von dem Schaden und der Person des Ersatzpflichtigen kann gerade bei lange zurückliegenden Fällen von **Sexualmissbrauch und Vergewaltigungen** den Opfern auch über das Instrument der Hemmung geholfen werden, worauf das OLG Schleswig[4442] zutreffend hinwies. Die Klägerin war im Alter von sechs bis zwölf Jahren (1978–1984) vom Beklagten sexuell missbraucht worden, jedoch „vor Mitte April 2009 auf Grund der erlittenen posttraumatischen Belastungsstörung" nicht in der Lage, *„sich sachgemäß für oder gegen die Durchsetzung eines Anspruchs gegen den Bekl. zu entscheiden und dessen Durchsetzung zu betreiben"*, so das OLG Schleswig. Das OLG führte weiter aus: *„Gemäß § 203 II BGB aF und **§ 206 BGB** in der seither geltenden Fassung ist die Verjährung gehemmt, solange der Berechtigte innerhalb der letzten sechs Monate der Verjährungsfrist durch höhere Gewalt an der Rechtsverfolgung gehindert ist. Nach § 205 BGB aF und **§ 209 BGB** nF wird der Zeitraum, währenddessen die Verjährung gehemmt ist, in die Verjährungsfrist nicht eingerechnet. Ein solcher Fall der höheren Gewalt ist nach Auffassung des Senats anzunehmen, wenn und solange der Geschädigte psychisch außer Stande gewesen ist, die eigenen Rechte wahrzunehmen"*.[4443] Einen solchen Fall sah das OLG vorliegend als gegeben an, wies den Einwand der Verjährung zurück und sprach dem Opfer 15.000 EUR Schmerzensgeld zu.
- Man muss allerdings – gerade in **Arzthaftungsfällen – mit der richtigen Person verhandeln,** worauf das OLG Koblenz[4444] hingewiesen hat. Im konkreten Falle verhandelte der Anwalt der geschädigten Patientin über die Haftungsfrage mit dem Belegkrankenhaus (Erstbeklagte) statt mit der behandelnden Ärztin (Zweitbeklagte), die eine eigene Berufshaftpflichtversicherung besaß. Die Erstbeklagte und deren Haftpflichtversicherer waren jedoch nicht bevollmächtigt, namens der Zweitbeklagten Verhandlungen über deren Haftung zu führen, weshalb das OLG – wegen fehlender Hemmungswirkung – die dreijährige Verjährungsfrist in Bezug auf die gegen die Ärztin gerichteten Schadensersatzansprüche als vollendet angesehen hatte.

Was die Herbeiführung der **Hemmungswirkung mittels Mahnbescheid** an eine – zB wegen einer schweren Unfallverletzung – prozessunfähige Person betrifft, so hat der BGH[4445] bestätigt, dass die Zustellung (eines Mahnbescheids) an eine prozessunfähige Person eine Hemmung der Verjährung eines Anspruchs nicht herbeiführt, jedoch gem. § 189 ZPO geheilt werden kann, sofern der Zustellungsadressat oder ein Empfangsberechtigter (im konkreten Fall der als Betreuer seiner im Koma liegenden Ehefrau bestellte Ehemann) das Dokument tatsächlich erhalten hat. 442

Zur **Hemmungswirkung** einer **Klage** gilt nach der ständigen Rechtsprechung des BGH, dass durch die Erhebung der Klage die Verjährung gem. **§ 204 Abs. 1 Nr. 1 BGB** nur für Ansprüche in der Gestalt und in dem Umfang gehemmt wird, wie sie mit der Klage geltend gemacht wurden, also nur für den streitgegenständlichen prozessualen Teil.[4446] Allerdings kann die Verjährungshemmung in Einzelfällen auch

[4439] OLG Frankfurt a. M. BeckRS 2017, 132378 mit Verweis auf BGH BeckRS 2017, 111508.
[4440] Vgl. Grüneberg BGB/Ellenberger § 203 Rn. 2.
[4441] Wie auch beim Beginn der Verjährung, die – wie oben dargelegt – nicht erst am Schluss des Jahres, sondern gem. § 12 ProdHaftG bereits „taggenau" anläuft.
[4442] OLG Schleswig BeckRS 2013, 4667.
[4443] OLG Schleswig BeckRS 2013, 4667.
[4444] OLG Koblenz VersR 2011, 759.
[4445] BGH NJW 2015, 1760.
[4446] BGH NJW 2005, 2004; OLG München BeckRS 2009, 87185.

über den Streitgegenstand hinaus später geltend gemachte Ansprüche erfassen, wenn diese dasselbe Ziel wie der zunächst erhobene Anspruch verfolgen.[4447] Nach § 167 ZPO tritt die Hemmungswirkung mit der Einreichung der Klageschrift bei Gericht ein, wenn die Zustellung demnächst, dh in nicht allzu erheblichen zeitlichen Abstand[4448] vom Fristablauf erfolgt. Maßgeblich ist dabei, ob der Zustellungsbetreiber alles ihm Zumutbare getan hat und der Rückwirkung keine schutzwürdigen Interessen des Gegners entgegenstehen.[4449]

Die verjährungshemmende Wirkung einer Klageerhebung gemäß § 204 Abs. 1 Art. 1 1 Nr. 1 BGB setzt voraus, dass die Klageschrift den wesentlichen Erfordernissen des § 253 ZPO entspricht. Danach muss der Tatsachenvortrag jedenfalls so viel enthalten, wie zur Identifizierung im Sinne einer Abgrenzung des Prozessgegenstandes vom Gegenstand eines anderen Prozesses erforderlich ist, wobei auch auf den Empfängerhorizont des konkreten Beklagten abzustellen ist. Es kann auch auf Anlagen Bezug genommen werden, wenn diese aus sich heraus verständlich sind. Diesen Anforderungen wird eine Klageschrift, mit der Schadensersatzansprüche aus einem Verkehrsunfallereignis geltend gemacht werden, nicht gerecht, wenn die Angaben in der Klageschrift es dem beklagten Kfz-Haftpflichtversicherer nicht ermöglichen, den geltend gemachten Anspruch einem bestimmten Versicherungsverhältnis zuzuordnen. Die bloße Angabe eines Aktenzeichens der das Unfallereignis betreffenden polizeilichen Ermittlungsakte genügt nicht, wenn die Akte nicht als Anlage beigefügt wird, – dies betonte das LG München.[4450]

Auch durch einen **Prozesskostenhilfeantrag** kann die Hemmungswirkung erreicht werden, selbst wenn der Kläger die Erklärung zu seinen persönlichen und wirtschaftlichen Verhältnissen erst später nachreicht.[4451]

Zur Hemmungswirkung durch eine **Güteverhandlung vor einer staatlichen oder staatlich anerkannten Streitbeilegungsstelle** gem. § 204 Abs. 1 Nr. 4 BGB und dem Erfordernis einer insofern „hinreichenden Individualisierung des geltend gemachten prozessualen Anspruch" sei auf die beiden Entscheidungen des BGH[4452] aus dem Jahr 2016 verwiesen.

Dass eine bereits verjährte Forderung auf Schadensersatz durch den erst danach beantragten Mahnbescheid nicht mehr gem. § 204 Abs. 1 Nr. 3, Abs. 2 BGB, § 167 ZPO gehemmt werden kann, versteht sich von selbst, wurde jedoch in der oben bereits mehrfach zitierten aktuellen Entscheidung des **BGH**[4453] dennoch hervorgehoben.

443 Wurde oben → **Rn. 436** darauf hingewiesen, dass an die Anforderungen der Anmeldung des Schadenersatzanspruchs gemäß § 115 VVG beim KH-Versicherer und die dadurch gemäß **§ 115 Abs. 2 S. 3 VVG** ausgelöste Hemmungswirkung nur geringe Anforderungen gestellt werden und auch der Begriff „Verhandlung" iSd **§ 203 S. 1 BGB** weit ausgelegt wird, so sind dagegen die Anforderungen an die **Beendigung der Verhandlungen sehr streng,** da durch diese die Hemmungswirkung beendet wird und die durch die Hemmungswirkung zunächst „gestoppte Verjährungsfrist" wieder anläuft. Das Ende der Hemmung tritt ein bei Verweigerung der Fortsetzung der Verhandlung (§ 203 S. 1, letzter Halbsatz, BGB) oder bei Verhandlungen mit einer Versicherung, wenn diese eine abschließende schriftliche Entscheidung getroffen hat (§ 115 Abs. 2 VVG).[4454]

Zur Anmeldung des Anspruchs gegenüber einer Versicherung genügt – wie oben mit Hinweis auf die unterschiedlichen Ansichten (OLG – Rheinschifffahrtsgericht Karlsruhe)[4455] ausgeführt wurde – grundsätzlich eine formlose Schadenmeldung.

Die Hemmung endet dann erst, wenn die Versicherung sich abschließend und eindeutig schriftlich – oder wie es der BGH[4456] ausgeführt hatte **– „erschöpfend und endgültig"** über den Anspruch bzw. dessen Regulierung **positiv oder negativ geäußert** hat.[4457] Dabei wird Ersteres zum Teil übersehen, so dass zu betonen ist, dass eben auch die positive Entscheidung der Schadenabteilung eines Versicherers die Hemmung wieder beendet; Freud und Leid liegen hier ggf. also ganz eng zusammen!

[4447] OLG München BeckRS 2009, 87185.
[4448] Als insofern tolerabel werden bis zu 14 Tage angesehen – vgl. OLG Köln BeckRS 2020, 8671.
[4449] Zöller ZPO/Greger § 167 Rn. 10; OLG Köln BeckRS 2020, 8671.
[4450] LG München BeckRS 2018, 28533.
[4451] Grüneberg BGB/Ellenberger§ 204 Rn. 30; OLG Nürnberg BeckRS 2010, 10163.
[4452] BGH BeckRS 2016, 18945 und BGH BeckRS 2016, 3678.
[4453] BGH BeckRS 2017, 110712.
[4454] BGH NZV 1997, 228; OLG Düsseldorf SP 2012, 360.
[4455] OLG Karlsruhe NZV 2009, 605.
[4456] BGH BeckRS 2017, 110712.
[4457] Vgl. hierzu OLG Frankfurt a. M. BeckRS 2017, 132378 mit Verweis auf BGH BeckRS 2017, 111508 sowie OLG Düsseldorf SP 2012, 360.

Eine Entscheidung ist nicht abschließend, wenn die Versicherung mitteilt, nach Sachlage könne der Anspruch nicht anerkannt werden, man sei aber bereit, nochmals zu prüfen, wenn die angegebenen Mitverschuldensvorwürfe nachvollziehbar vorgelegt bzw. ausreichen begründet seien.[4458] Die rechtliche Wirkung eines Schreibens eines Haftpflichtversicherers hinsichtlich der Auswirkungen auf die Verjährungshemmung nach § 115 Abs. 2 VVG ist für den Fall, dass das Schreiben unterschiedliche Streitgegenstände (im konkreten Fall zum einen den Schmerzensgeldanspruch sowie zudem den Anspruch auf materiellen Schadensersatz) zum Inhalt hat, in Bezug auf diese einzelnen Streitgegenstände differenziert zu betrachten.[4459] Als Beispiel für eine diesen strengen Anforderungen genügendes „eindeutiges und endgültiges" Schreiben wertete das OLG Düsseldorf[4460] den folgenden Brief einer Versicherung: *„In vorbezeichneter Angelegenheit haben wir uns nun eingehender mit der Haftungsfrage bezüglich des Unfalles vom 30.8.1992 beschäftigt. Danach können wir eine Haftung unseres Versicherungsnehmers nicht erkennen … Wir bedauern, daher nicht in die Regulierung eintreten zu können und verbleiben mit freundlichen Grüßen".*

Vorsicht geboten ist in solchen, nicht selten vorkommenden Fällen, in denen die **Verhandlungen** – oder zutreffender gesagt, die Verhandlungspartner – **„einschlafen"**, dh auf ein Schreiben des einen hin der andere nicht mehr antwortet. „Schläft" der Geschädigte oder dessen Anwalt, so hat dies die fatale Folge, dass die Hemmungswirkung endet und somit die Verjährung wieder anläuft, und zwar zu dem Zeitpunkt, in dem eine Antwort des Geschädigten bei normalem Geschäftsverlauf hätte erwartet werden können (vgl. hierzu – wenn auch nicht auf das Schmerzensgeldrecht bezogen – BGH[4461] sowie BGH[4462]).[4463] Einen solchen Fall hatte 2023 das LG Magdeburg entschieden.[4464] Der diesem Urteil zu Grunde liegende Verkehrsunfall hatte sich am 15.3.2017 ereignet, worauf die Klägerin am 11.7.2018 gegenüber der KH-Versicherung des Beklagten ihre Schadensersatz- und Schmerzensgeldansprüche dem Grunde nach angemeldet hatte. Diese hatte daraufhin am 31.7.2018 ein Anerkenntnis dem Grunde nach iHv 60 % zugunsten der Klägerin erklärt. Die weitere Korrespondenz zwischen der Klägerin und der KH-Versicherung des Beklagten befasste sich mit der Anforderung von Formularen, Fragebögen und Arztberichten und wurde von der Klägerin nur sehr schleppend durchgeführt; so antwortete die Klägerin auf die Frage nach der Übermittlung von weiteren Arztberichten erst nach mehr als 12 Monaten. Als die Klägerin schließlich mit Schreiben vom 22.12.2022 ihre Ansprüche bezifferte, erhob die KH-Versicherung des Beklagten die Einrede der Verjährung. Die Klägerin erhob daraufhin Feststellungsklage bezüglich der bereits entstandenen und noch künftig entstehenden materiellen und immateriellen Schadensersatzansprüche. Das LG wies die Klage jedoch als unbegründet ab, da der Feststellungsantrag verjährt sei. Zur Begründung verwies das LG Magdeburg darauf, dass die dreijährige Verjährungsfrist (§ 195 BGB) gemäß § 199 Abs. 1 Nr. 1 BGB mit dem Ende des Jahres 2017 zu laufen begonnen habe und sodann – mit dem Teilanerkenntnis der Beklagten vom 31.7.2018 – für den Feststellungsanspruch gemäß § 212 Abs. 1 Nr. 1 ab diesem Tage neu in Gang gesetzt worden sei. Den Einwand der Klägerin, dass ab diesem Tage auch eine Hemmung der Verjährung nach § 203 S. 1 BGB eingetreten sei, wies das LG zurück: Zwar sei der Begriff der Verhandlungen weit auszulegen, doch hätte die Klägerin nicht erst nach über einem Jahr auf die Nachfrage der KH-Versicherung des Beklagten nach den Arztberichten reagieren dürfen. *„Diese Reaktion erfolgte deutlich zu spät. Vielmehr hätte der Klägervertreter spätestens innerhalb von 3 Monaten nach Erhalt des Schreibens der Haftpflichtversicherung des Beklagten vom 21.2.2029 bezüglich des noch fehlenden Arztbriefes… nachfragen müssen"*, so das LG.[4465] Somit habe die „verjährungshemmende Wirkung der Verhandlungen durch **klägerseitiges „Einschlafenlassen"** am 30.11.2020" geendet. 444

Insofern sei jedoch auf eine Entscheidung des OLG Oldenburg[4466] aus dem Jahr 2017 hingewiesen, dass im Anwendungsbereich des Direktanspruchs gegen den KH-Versicherer nach § 115 Abs. 2 VVG die Einrede der Verjährung wegen „Einschlafenlassen" von Verhandlungen nicht akzeptiert hatte. S. dazu die Urteilsbesprechung von Kääb.[4467]

Die (verspätete) **Wiederaufnahme abgebrochener Verhandlungen** führt nicht zu einer auf den Beginn der Verhandlungen rückwirkenden Hemmung der Verjährung.[4468]

4458 BGH VersR 1998, 1295.
4459 OLG Celle SP 2009, 9.
4460 OLG Düsseldorf SP 2012, 360.
4461 BGH BeckRS 2016, 112253; BGH BeckRS 2009, 76.
4462 BGH BeckRS 2014, 13046 mAnm Schwab JuS 2015, 458.
4463 Schwab JuS 2015, 458 – Anm. zu BGH 5.6.2014 – VII ZR 285/12 mit sehr anschaulichen und lehrreichen Ausführungen.
4464 LG Magdeburg BeckRS 2023, 48982; vgl. zu § 203 BGB und zum „Einschlafenlassen" auch OLG Frankfurt a. M. BeckRS 2023, 40393 Rn. 49.
4465 LG Magdeburg BeckRS 2023, 48982.
4466 OLG Oldenburg BeckRS 2017, 129874.
4467 Kääb FD-StrVR 2017, 398411 Anm. zu OLG Oldenburg BeckRS 2017, 129874.
4468 BGH ZfBR 2017, 253.

445 Zudem kann in derartigen Fällen die Hemmungswirkung zwar noch nicht beendet, aber es dem Kläger dennoch nach Treu und Glauben (§ 242 BGB) verwehrt sein, *„sich auf die Hemmung der Verjährung … zu berufen"*, so urteilte das OLG Hamm:[4469] *„Wenn er durch die unterbliebene Verfolgung seiner Ansprüche über einen Zeitraum von 28 Jahren den Anschein erweckt, er betrachte die Schadenregulierung als erledigt"*. Im konkreten Falle hatte die beklagte Versicherung bzw. ihre Rechtsvorgängerin im Jahr 1980 zwar nicht schriftlich abschließend über die Ansprüche des Klägers wegen einer unfallbedingten (Sturz mit Kleinkraftrad) Gehirnerschütterung entschieden, sondern die Zahlung von weiteren 1.000 DM gegen Unterzeichnung einer Abfindungserklärung angeboten. Dieses Angebot hatte der Kläger nicht angenommen, war jedoch im Weiteren *„über einen Zeitraum von rund 28 Jahren untätig geblieben"*.[4470] Dies – so das OLG – *„legt aber die Annahme nahe, dass er die Regulierung … für erledigt betrachtete"*.[4471]

446 Schließen die Parteien am Ende einer Verhandlung einen außergerichtlichen Abfindungsvergleich, so endet damit auch die Hemmung der Verjährung. Dies gilt jedoch – was leicht übersehen wird – auch in den Fällen, in welchem die Parteien einen Abfindungsvergleich mit einem sogenannten Vorbehalt (zB immateriellen Vorbehalt) abgeschlossen haben bezüglich der vorbehaltenen Ansprüche.[4472] Das bedeutet, dass mit dem Vergleichsabschluss die Verjährungsuhr wieder zu ticken beginnt und unweigerlich nach drei Jahren abgelaufen ist, auch wenn für die Parteien (oder jedenfalls den Anspruchsteller oder seinen Anwalt/seine Anwältin) zum Zeitpunkt des Vergleichsabschlusses klar war, dass der Vorbehalt in den nächsten drei Jahren sicher nicht relevant werden wird. Hier ist also äußerste Vorsicht geboten und zur Vermeidung dieser Gefahrensituation der außergerichtliche Abfindungsvergleich so zu formulieren, dass er einem titelersetzenden Anerkenntnis (näheres hierzu s. nachfolgend → **Rn. 450**) gleichkommt.

Allerdings wirkt – wie der BGH[4473] bereits 1997 deutlich machte – die Verjährungshemmung des § 203 BGB für einen abtrennbaren Teil der gesamten Ansprüche dann nicht, wenn die Parteien nur über einen anderen Teil verhandelt haben. Der BGH schränkt jedoch ein, *„an eine solche Annahme (seien) jedoch strenge Anforderungen zu stellen"*.[4474]

446a Erklärt der Schuldner – um Gläubiger von der Notwendigkeit der alsbaldigen gerichtlichen Geltendmachung seines Anspruchs zu entheben – einen befristeten **Verjährungsverzicht,** so wird dadurch der Ablauf der Verjährung nicht beeinflusst; die Verjährungsvollendung wird nicht hinausgeschoben. Dies betonte im Jahr 2020 der BGH[4475] und führte aus: *„Der Verjährungsverzicht hat regelmäßig nur zum Inhalt, dass die Befugnis des Schuldners, die Einrede der Verjährung zu erheben, bis zum Ende des vereinbarten Zeitraums ausgeschlossen wird"*.[4476]

Sobald die vereinbarte Verjährungsverzichtsfrist jedoch abgelaufen ist, kann der Schuldner sich wieder auf die Einrede der Verjährung berufen.

Erhebt der Gläubiger innerhalb des Zeitraums, in dem auf die Einrede der Verjährung verzichtet wird, Klage, bleibt der Verzicht auch nach Fristablauf wirksam. Dies gilt aber – worauf der BGH 2020 ausdrücklich hingewiesen hatte – nicht für andere Hemmungstatbestände.[4477]

447 Die frühere **Unterbrechung** der **Verjährung** bzw. deren Gründe wurden nach der oa Rechtsreform vom Gesetzgeber im Wesentlichen in den Hemmungsgründen „untergebracht".

Zu einem **Neubeginn** der **Verjährung** führen gem. § 212 BGB lediglich noch zwei Gründe:
1. Das Anerkenntnis des Schuldners, insbesondere das durch Zahlung herbeigeführte Anerkenntnis sowie
2. die Vornahme der Vollstreckungshandlung.

Der BGH[4478] bejahte die Frage, ob das Anerkenntnis seitens des KH-Versicherers und dessen regelmäßige Zahlung an den Geschädigten die Verjährung auch für den Teil der Ansprüche unterbricht, für den der KH-Versicherer wegen Überschreitung der Deckungssumme (im konkreten Falle 3.834.689 EUR) nicht einzustehen hat. Das Urteil wird – da es noch nach altem Recht erging – noch dem § 208 BGB aF zugeordnet. Es betrifft jedoch – auf die aktuelle Rechtslage übertragen – auch § 212 Abs. 1 Nr. 1 BGB. Dies bedeutet, dass im vorliegenden Fall das Anerkenntnis des KH-Versicherers, der regelmäßig seiner Zahlungsverpflichtung

[4469] OLG Hamm NJW 2013, 1458 (1459).
[4470] OLG Hamm NJW 2013, 1458 (1459).
[4471] OLG Hamm NJW 2013, 1458.
[4472] OLG Koblenz NZV 2012, 233; OLG Rostock NJW-Spezial 2011, 169.
[4473] BGH NZV 1998, 108.
[4474] BGH NZV 1998, 108.
[4475] BeckRS 2020, 32844.
[4476] BeckRS 2020, 32844.
[4477] BeckRS 2020, 32844.
[4478] BGH NJW-RR 2004, 1475 mAnm Human NJW-Spezial 2005, 399.

aus dem Verkehrsunfall gegenüber dem schwer geschädigten Kläger nachgekommen war, auch für den Versicherungsnehmer Rechtswirkung (= Neubeginn der Verjährung) im Sinne des § 212 Abs. 1 Nr. 1 BGB erzeugt. Dies gilt auch gegenüber den mitversicherten Personen, insbesondere dem Fahrzeugführer. Dies führt im Ergebnis dazu, dass *„von dem Neubeginn der Verjährung auch Ansprüche erfasst werden, die der Anspruchsberechtigte gegen den Versicherungsnehmer geltend machen kann, für die der Haftpflichtversicherer aber wegen der Erschöpfung der Deckungssumme nicht einzustehen hat"*.[4479]

Der BGH[4480] wies erneut darauf hin, dass – im Falle bereits eingetretener Verjährung – ein Schreiben des Beklagten, er wolle die Angelegenheit „nochmals prüfen", nicht dazu führen kann, *„die bereits abgelaufene Verjährung erneut in Gang zu setzen, selbst wenn die vom Beklagten gewählte Formulierung grundsätzlich geeignet gewesen wäre, den Ablauf der Verjährung zu hemmen"*. Auf diese Problematik wird nachfolgend unter → **Rn. 450** noch näher einzugehen sein.

g) Spätfolgen und Verjährung. Schwierigkeiten bereitet die Verjährungsproblematik bei Spätfolgen, da auch hier für die Bestimmung des Anfangs der Frist die „Kenntnis" des Schadens entscheidend ist. Prinzipiell ist – wie oben bereits dargelegt und 2020 vom BGH[4481] sowie jüngst auch vom OGH Österreich[4482] bestätigt – zur Kenntnis des Schadens im Sinne der Verjährungsregeln nicht volle Überschaubarkeit vom Umfang des Schadens erforderlich; ausreichend ist vielmehr die allgemeine Kenntnis. Wer diese erlangt hat und somit in der Lage ist, Feststellungsklage zu erheben, dem gelten auch solche Schadenfolgen als bekannt, die zum Zeitpunkt der Erlangung jener Kenntnis lediglich als möglich voraussehbar waren (Grundsatz der Schadeneinheit).[4483] Allein solche Schadenfolgen, die auch für einen Fachmann bzw. Sachkundigen[4484] nicht voraussehbar waren, sondern sich erst später nach anscheinend ganz leichten Verletzungen unerwartet einstellen, sind von der allgemeinen Kenntnis nicht erfasst. Für diese unerwarteten Folgeschäden beginnt die Verjährung dann in der Regel erst mit dem Ende des Jahres, in dem der Geschädigte vom nachträglich eingetretenen Schaden und dessen ursächlichem Zusammenhang mit der den Schaden verursachenden Handlung Kenntnis erlangt hat.[4485] Die Beweislast obliegt insofern dem Kläger, der sich darauf beruft, dass es sich bei den nunmehr klageauslösenden Beschwerden um unfallbedingte Spätschäden handelt, die seinerzeit für einen medizinischen Sachverständigen nicht vorhersehbar gewesen wären.[4486] 448

Das OLG Schleswig[4487] führte dazu 2022 aus: *„Für den Verjährungsbeginn von unfallbedingten Spätschäden ist der Zeitpunkt maßgebend, ab dem sich die Verletzungsfolge als derart naheliegend darstellt, dass sie im Rahmen einer Feststellungsklage hätte geltend gemacht werden können. Die Erkennbarkeit der Verletzungsfolgen beurteilt sich dabei nicht nach der subjektiven Sicht des Geschädigten, sondern allein nach objektiven Gesichtspunkten, d. h. nach den Kenntnissen und Erfahrungen eines medizinisch Sachkundigen."* Vgl. dazu noch nachfolgend → **Rn. 449.**

Insofern sind neben dem oben → **Rn. 448** erwähnten BGH[4488] Urteil aus dem Jahr 2016 auch zwei bereits ältere BGH-Entscheidungen bis heute relevant:[4489] 449

- Im ersten Fall hatte der Kläger bei einem Unfall 1985 eine HWS-Distorsion erlitten, die röntgenologisch abgeklärt wurde. Im Krankenhaus habe man ihm damals mitgeteilt, dass nicht mit weiteren Folgen zu rechnen sei. Der Kläger hatte aber fortlaufend Beschwerden, erst 1991 habe ein Orthopäde ihn dann auf die Möglichkeit des Zusammenhangs der Beschwerden mit der damaligen Verletzung hingewiesen. 1994 wurde schließlich Klage erhoben. Der BGH stellte fest, dass dann, wenn zum Unfallzeitpunkt auch die relevanten Fachleute keine Kenntnis über mögliche Folgeschäden hätten, diese aber anschließend (im streitigen Fall Ende der 80er Jahre) heranwüchsen, es für den Beginn der Verjährung nicht (mehr) auf den (fehlenden) Kenntnisstand in Fachkreisen ankomme, sondern darauf, wann der Geschädigte selbst Kenntnis von der Verknüpfung der Folge mit dem Unfallereignis erhalte.[4490]
- Noch weitergehend war insofern die zweite Entscheidung des BGH.[4491] In diesem Fall hatte die Klägerin 1984 bei einem Unfall eine Unterschenkeltrümmerfraktur und eine Oberschenkelschaftfraktur erlitten.

4479 Human NJW-Spezial 2005, 399 (400).
4480 BGH NZV 2003, 225.
4481 BGH BeckRS 2020, 37753; BGH BeckRS 2016, 21188; BGH BeckRS 2016, 18819; BGH BeckRS 2009, 15702; BGH NJW 2000, 1498.
4482 OGH Österreich Beschl. v. 24.4.2024 – 9 Ob 33/24d BeckRS 2024, 11510.
4483 BGH NJW 2000, 861; VersR 1973, 371; OLG Frankfurt a. M. VersR 1993, 579; OLG Köln VersR 1993, 580; Grüneberg BGB/Ellenberger § 199 Rn. 34.
4484 OLG München BeckRS 2020, 26945.
4485 So Küppersbusch/Höher Ersatzansprüche Personenschaden Rn. 790; Grüneberg BGB/Ellenberger § 199 Rn. 34; BGH NJW 2000, 861; VersR 1973, 371; VersR 1966, 234.
4486 LG Ingolstadt NJW-RR 2012, 1110–1112.
4487 OLG Schleswig BeckRS 2022, 33661 mAnm Slizyk NJW 2023, 528; vgl. auch OLG München BeckRS 2020, 26945.
4488 BGH BeckRS 2016, 21188.
4489 Grüneberg BGB/Ellenberger § 199 Rn. 34.
4490 BGH BeckRS 1997, 5138.
4491 BGH BeckRS 2000, 110.

Seit 1990 suchte sie wegen der Folgen dieser Frakturen Ärzte auf. Im Januar 1994 wurde bei einer Arthroskopie eine Gonarthrose im Kniegelenk festgestellt und 1997 eine sekundäre Arthrose des rechten Sprunggelenks. Im Oktober 1997 erhob sie schließlich Klage. Das OLG hatte die Klage abgewiesen, da jedenfalls wegen der Schadeneinheit durch Kenntnis des möglichen Zusammenhangs von Kniearthrose und Unfall die Ansprüche bei Klageerhebung verjährt gewesen seien. Dies sah der BGH anders: Bei Folgeschäden gebe es keine Schadeneinheit, erst ab Kenntnis jeden einzelnen nicht vorhersehbaren Folgeschadens laufe für diesen Schaden die Verjährung neu. Der BGH verwies zurück, da nicht geklärt war, ob tatsächlich – wie von der Klägerin behauptet – die Arthrosen nicht vorhersehbar gewesen seien. Festzuhalten bleibt, dass der BGH in dieser Entscheidung an seiner bisherigen Grundentscheidung festhält, wonach für die Frage der Vorhersehbarkeit von Unfallfolgen weiterhin das **Wissen in Fachkreisen entscheidend** ist, zumindest soweit ein solches Wissen – anders als im oben genannten ersten Fall – möglich und vorhanden ist.[4492]

Über Verjährung in einem ähnlich gelagerten Fall hatte das OLG Köln[4493] zu entscheiden. Dort waren die Spätfolgen (unter anderem eine Immunschwäche) der Primärverletzung (Milzverlust) eindeutig – und insoweit vom OLG zutreffend – als vorhersehbar anzusehen. *„Nur für solche Ansprüche, die außerhalb des Vorhersehbaren liegen"* könne, so das OLG *„gegebenenfalls eine Ausnahme von dem Grundsatz gemacht werden, dass mit dem einheitlichen Schmerzensgeldanspruch sämtliche Schmerzensgeldansprüche abgegolten werden"*, doch eine solche Ausnahme lag hier nicht vor. Der Anspruch war somit verjährt.

Ebenfalls erfolglos blieb auch die Berufung einer Klägerin, die nach zuvor erfolgter Abfindung ihrer materiellen und immateriellen Schadensersatzansprüche aus einem Verkehrsunfall aus dem Jahr 1992 nun in 2020 auf ein weiteres Schmerzensgeld klagte, da sich unfallbedingte Spätschäden an der HWS sowie am Oberschenkel ergeben hatten. Das **OLG Schleswig**[4494] wies im Jahr 2022 insofern darauf hin, dass die Geschädigte *„bei einer unfallbedingt erfolgten operativen Verblockung der HWS-Fraktur… immer mit dem Spätfolgenrisiko einer Arthrose im Operationsbereich rechnen"* müsse und dass „das Risiko einer Rezidivbildung von hypertrophen Ossifikationen nach einer operativen Materialentfernung im Oberschenkel … spätestens nach der erstmaligen operativen Resektion der Ossifikation erkennbar [sei], wenn in diesem Zusammenhang ausdrücklich auf das „hohe Risiko einer Rezidivbildung" hingewiesen wurde". Dabei betonte der Senat unter Verweis auf eine Entscheidung des OLG München,[4495] dass es bei der Frage der Erkennbarkeit insofern stets auf objektive Gesichtspunkte, d. h. auf Kenntnisse und Erfahrungen eines insoweit Sachkundigen ankomme und dabei stets maßgebend sei, *„ob sich bereits zu einem früheren Zeitpunkt eine Verletzungsfolge als derart naheliegend darstellte, dass sie schon damals im Rahmen der Erhebung einer Feststellungsklage hätte berücksichtigt werden können"*, was vorliegend sowohl für die Verblockung der HWS-Fraktur als auch in Bezug auf die Oberschenkelverletzung der Fall gewesen sei.[4496]

Vor dem Hintergrund dieser Rechtsprechung ist jedem Klägervertreter dringend anzuraten, in allen Fällen nicht hundertprozentig auszuschließender Spätschäden stets neben der Leistungsklage auch eine entsprechende Feststellungsklage anhängig zu machen und im Falle des Mandatsabschlusses mittels einer Abfindungserklärung dafür Sorge zu tragen, dass künftige Ansprüche des Geschädigten nicht in die **Verjährungsfalle** laufen. Dazu kann er entweder einen Verjährungsverzicht oder aber ein sogenanntes „titelersetzendes Anerkenntnis" in den Abfindungsvergleich aufnehmen lassen. Bei letzterem handelt es sich um eine Formulierung, die zumindest die verjährungsrechtlichen Wirkungen eines Feststellungsurteils sicherstellen soll; mehr dazu s. nachfolgend unter → **Rn. 452.**[4497]

450 **h) Abfindungsvergleich, außergerichtlicher[4498] und immaterieller Vorbehalt.**[4499] Von großer Wichtigkeit ist die Verjährungsproblematik bei außergerichtlichen Abfindungsvergleichen, weshalb auf diese Form der Beilegung eines Schadenfalles nachfolgend näher eingegangen werden soll.

Der weit überwiegende Anteil von Schadenfällen, insbesondere sofern diese von Versicherern reguliert werden (KH- und AH-Schäden), wird in der Form von **außergerichtlichen Abfindungsvergleichen**[4500] (mittels so genannter Abfindungserklärungen – s. dazu oben → **Rn. 393,** → **Rn. 395** sowie nachfolgend

4492 Vgl. zu diesem Themenkomplex auch Küppersbusch/Höher Ersatzansprüche Personenschaden Rn. 782, 788; OLG Celle SP 2009, 9.
4493 OLG Köln BeckRS 2012, 21086.
4494 OLG Schleswig BeckRS 2022, 33661 und NJW 2023, 528 mAnm Slizyk.
4495 OLG München BeckRS 2020, 26945.
4496 OLG Schleswig BeckRS 2022, 33661.
4497 Slizyk NJW 2023, 528 (530).
4498 Vgl. hierzu auch Günter SVR 2014, 54.
4499 Küppersbusch/Höher Ersatzansprüche Personenschaden Rn. 823–852; Nugel ZfS 2006, 190; Heß NJW-Spezial 2004, 207.
4500 S. hierzu Luckey NZV 2019, 9; Scholten NJW 2018, 1302.

→ **Rn. 452**) beigelegt. Regelmäßig werden Abfindungsvergleiche dabei vorbehaltslos abgeschlossen. Sofern jedoch die in Zukunft eintretenden Dauerschäden nicht abschätzbar sind, etwa weil die weitere gesundheitliche Entwicklung noch im Ungewissen liegt, empfiehlt sich, ein Abfindungsvergleich mit Vorbehalt (immateriellem und/oder materiellem Vorbehalt). Um einen späteren Streit über die Reichweite des Vorbehalts zu vermeiden, muss dieser möglichst präzise bezeichnet werden (s. dazu nachfolgend → **Rn. 451**).

Eine solche Vergleichs- und Abfindungsvereinbarung ist grundsätzlich ein deklaratorisches Schuldanerkenntnis und kein selbstständiger abstrakter Schuldgrund mit titelersetzender Wirkung und einer dann 30-jährigen Verjährungsfrist. Daher beendet ein solcher Abfindungsvergleich in der Regel die bis dahin – während der Verhandlungen gem. § 115 Abs. 2 VVG (für KH-Schäden) oder gem. § 203 S. 1 BGB – laufende Verjährungshemmung.[4501] Und zwar – wie oben → **Rn. 439 ff.** bereits dargelegt und vom LG Münster[4502] sowie dem OLG Koblenz[4503] nochmals anschaulich erläutert – auch in Bezug auf die vorbehaltenen Ansprüche, auch wenn für die Beteiligten feststeht, dass der Vorbehalt in den nächsten drei Jahren gar nicht zur Geltung kommen wird.

Bereits 2002 beantwortete der BGH die zuvor umstrittene[4504] Frage, ob die Verjährungshemmung nach dem damals insofern geltenden § 3 PflVG (heute § 115 Abs. 2 VVG) auch für vorbehaltene Ansprüche durch den Abfindungsvergleich ohne die sonst erforderliche Mitteilung über die Entscheidung des Versicherers endet und bejahte das Ende der Hemmung in diesen Fällen: *„Wollte man eine Fortdauer der Verjährungshemmung für die in einem Abfindungsvergleich vorbehaltenen Ansprüche annehmen, müsste sie selbst dann andauern, wenn mögliche Folgeschäden ausblieben. Das erscheint nicht sinnvoll"*.

Der BGH wies allerdings darauf hin, dass dies ggf. anders zu sehen sei, wenn – wie im vom BGH zitierten Fall des OLG Hamm[4505] – *„nach Abschluss des Abfindungsvergleiches … über die vorbehaltenen Ansprüche weiterverhandelt wird, so dass noch eine abschließende Entscheidung des Versicherers in Betracht"* kommt.

Entscheidend ist in derartigen Fällen also, ob im Abfindungsvergleich klar zum Ausdruck gebracht wurde, dass die Schadenregulierung endgültig abgeschlossen ist. Ist dies – wie im vom BGH entschiedenen Fall – seitens des KH-Versicherers durch die Formulierung, der Geschädigte erkläre sich „wegen aller Ersatzansprüche aus dem Unfall, auch hinsichtlich etwaiger unvorhersehbarer Schäden, die sich künftig ergeben sollten" für abgefunden, gegeben, so beendet dies die Hemmung der Verjährung gem. § 115 Abs. 2 VVG auch für die vorbehaltenen Ansprüche, soweit diese von der Anspruchsanmeldung umfasst sind.

Vor Abschluss eines **Abfindungsvergleiches** muss sich der Geschädigte über dessen **Inhalt** und **Folgen** **451** deutlich im Klaren sein. Der den Geschädigten vertretende Rechtsanwalt darf, wie der BGH bereits 1994[4506] und 2012[4507] erneut sowie 2019 auch das OLG Frankfurt a. M.[4508] hervorhob, *„einen bindenden Abfindungsvergleich mit nicht unerheblicher Tragweite regelmäßig nur schließen, wenn sein Mandant hierüber belehrt ist und zugestimmt hat"*.[4509]

Dabei ist der Mandant insbesondere darüber aufzuklären, dass Fehleinschätzungen über die künftige Entwicklung der unfallbedingten Körperschäden zu den von ihm in dem Abfindungsvergleich zu übernehmenden Risiken gehören und dass er bei Verwirklichung dieser Risiken grundsätzlich keine Schadensersatzansprüche mehr geltend machen kann.[4510] Schwere Verletzungen und dadurch bedingte Behinderungen sowie die ärztlich attestierte Gefahr einer Verschlimmerung können gerade bei jüngeren Geschädigten insofern ein Anlass sein, „von einer Abfindungserklärung dringend abzuraten".[4511] Dies kann jedoch nicht pauschal verstanden werden, sondern ist allenfalls wie im Falle des OLG Köln[4512] dann angebracht, wenn der Vergleich den Geschädigten dadurch benachteiligt, dass der Schadensersatzbetrag unzureichend ist und zudem kein Vorbehalt für etwaige Verschlechterungen vereinbart wurde.

Eine Vielzahl von Arzthaftungssachen wird beigelegt, indem Patient und Arzt einen Vergleich schließen. Wenn an der Behandlung mehrere Ärzte oder auch ein Krankenhaus beteiligt sind, kann man den Vergleich

4501 BGH NJW 2002, 1878.
4502 LG Münster BeckRS 2021, 39910.
4503 OLG Koblenz BeckRS 2012, 3850.
4504 AA OLG Frankfurt a. M. ZfS 2002, 277.
4505 OLG Hamm VersR 1996, 78.
4506 BGH NJW 1994, 2085.
4507 BGH BeckRS 2012, 3733.
4508 OLG Frankfurt a. M. BeckRS 2019, 31492.
4509 BGH NJW 1994, 2085.
4510 BGH DAR 1994, 322 (323); vgl. auch Jorzig NJW 2022, 2234 (2236) und Luckey NZV 2019, 9.
4511 OLG Köln NJW-RR 1995, 1529–1530.
4512 OLG Köln NJW-RR 1995, 1529–1530.

so formulieren, dass er nur die Ansprüche gegen den einen (beklagten) Arzt abdeckt oder dass er gleich für und gegen alle Ärzte und Krankenhäuser gilt (sog. **Gesamtwirkung**). In einem vom Landgericht Oldenburg[4513] 2019 entschiedenen Fall ist dem Rechtsanwalt des von diesem vertretenen Patienten seine insofern nicht ganz eindeutige Formulierung des Vergleichs, den er gegen ein Krankenhaus errungen hat, *auf die Füße gefallen,* als er in einem zweiten Verfahren auch gegen die Krankenhausärzte geklagt hat. Vergleiche sind also vom Anwalt stets mit Bedacht zu formulieren. Eine Gesamtwirkung kann durch einen einfachen Hinweis im Vergleich aufgehoben werden.

Zum Umfang der vom Abfindungsvergleich erfassten Beteiligten s. nachfolgend → **Rn. 452** Punkt zehn und die dort vorgestellten Entscheidungen des BGH[4514] sowie des LG Saarbrücken.[4515]

452 Bei derartigen Vergleichs- und Abfindungsvereinbarungen handelt es sich – wie bereits erwähnt – grundsätzlich um deklaratorische Schuldanerkenntnisse.[4516] Wie bei jeder Vereinbarung ist es gerade bei dem einen Schadenersatzanspruch auf Dauer erledigenden Abfindungsvergleich von besonderer Wichtigkeit, alle Vertragspunkte exakt zu klären, zu regeln und verständlich festzuschreiben.

Häufig nicht hinreichend Beachtung findet beim Abschluss eines außergerichtlichen Abfindungsvergleiches die Notwendigkeit der exakten Beschreibung des so genannten **immateriellen Vorbehaltes.** Formulierungen wie „vorbehalten bleiben künftig eintretende Verschlechterungen der Knieverletzung" reichen im Falle einer Kniescheibenfraktur und Bänderverletzung mit Wackelkniebildung sicher nicht aus; ein weiterer Rechtsstreit ist – wie im soeben kurz skizzierten Fall des OLG Frankfurt a. M.,[4517] ebenso wie im Falle, den das OLG Koblenz zu entschieden hatte, in dem die vermeintliche Abfindungserklärung ungenügend formuliert worden war – vorprogrammiert, wie die Entscheidungen des LG Wiesbaden[4518] und des LG Berlin[4519] anschaulich zeigen. Hier hilft es dem Kläger auch nicht, wenn er später vorträgt, er sei mit der Vereinbarung „überrumpelt"[4520] oder gar von seinem Anwalt schlecht beraten worden. Gegenüber dem Schädiger bzw. dessen Versicherung muss sich der Kläger jegliche Fehler seines Anwaltes anrechnen lassen; zu einer Anfechtung oder einem Rücktritt vom Vertrag berechtigt dies nicht.[4521]

Zudem sind folgende zehn Punkte im Zusammenhang mit einem **Abfindungsvergleich** zu beachten:

1. Der Vergleich ist ein gegenseitiger Vertrag iSd § 779 BGB.[4522] Daher gelten für ihn die allgemeinen Regeln über Rechtsgeschäfte.
2. Ist der Geschädigte zum Zeitpunkt des Vergleichsabschluss noch minderjährig, bedarf es somit der Mitwirkung der gesetzlichen Vertreter und zwar – sofern vorhanden – beider Elternteile (§ 1629 Abs. 1 BGB). Bei Schwerstverletzten oder bei psychisch Erkrankten ist erforderlichenfalls zunächst eine Betreuung einzurichten. Dabei ist jedoch die gem. § 1822 Nr. 12 und § 1908i BGB geltende Obergrenze von 3.000 EUR zu beachten, oberhalb welcher ein Vormund und Betreuer stets zunächst die Genehmigung durch das Vormundschaftsgericht einholen muss, es sei denn, der Vergleich wurde gerichtsseitig vorgeschlagen.[4523] Allerdings ist insofern zu beachten, dass ein vom Betreuer für den Betreuten mit einem Dritten geschlossener Vergleich nur dann einem gerichtlichen Vergleichsvorschlag iSd § 1822 Nr. 12 Hs. 2 BGB entsprechen kann, wenn die Vergleichsgrundlage unverändert geblieben ist, dh wenn sich die für die Beurteilung der Angemessenheit des Vergleichs maßgeblichen Risiken und Tatsachen nicht anders darstellen.[4524]
3. Bei einem Kraftfahrzeugunfall schließt der KH-Versicherer einen Vergleich stets im eigenen Namen (§ 115 VVG),
4. während bei einem Schadenfall, für den der Schädiger seine Privat-, Betriebs- oder Berufshaftpflichtversicherung in Anspruch nimmt, der Haftpflichtversicherer einen Vergleich stets für seinen Versicherungsnehmer (kurz: VN) gem. der geltenden Allgemeinen Versicherungsbedingungen abschließt. Bei einem mit einer Haftpflichtversicherung (s. oben → Punkt zwei) abgeschlossenen Abfindungsvergleich sind – aus Sicht der Schadenregulierer des Versicherers – die Anordnungen des Bundesamtes für Versicherungswesens in VerBAV 80, 242 zu beachten, wonach Form und Inhalt vorgegeben sind und dessen formularmäßigen Regelungen dem AGBG unterliegen.[4525]

[4513] LG Oldenburg MedR 2019, 1002.
[4514] BGH BeckRS 2021, 43482.
[4515] LG Saarbrücken BeckRS 2018, 29572.
[4516] LG Münster BeckRS 2021, 39910; OLG Koblenz BeckRS 2012, 3850.
[4517] OLG Frankfurt a. M. ZfS 2002, 277.
[4518] LG Wiesbaden VersR 2015, 368.
[4519] LG Berlin ZfS 2015, 317–321.
[4520] S. hierzu Dressler NZV 2000, 507 (508).
[4521] Burghart NZV 2005, 441; Dressler NZV 2000, 507.
[4522] Köck DAR 2015, 557.
[4523] OLG Köln BeckRS 2017, 146679.
[4524] OLG Köln BeckRS 2017, 146679.
[4525] Näher hierzu Küppersbusch/Höher Ersatzansprüche Personenschaden Rn. 823 (830–835).

5. Wichtig ist als Basis eines Vergleichs, das zum Zeitpunkt des Vergleichs fachärztlich attestierte Verletzungsbild sehr genau zu beschreiben bzw. durch Verweis auf den fachärztlichen Abschlussbericht festzuhalten, um für hiervon abweichende Verschlechterungen (zB für den Fall der Knieversteifung, für den Fall einer erheblichen Zunahme der Minderung der Erwerbsfähigkeit um x-Prozent bzw. bei Anstieg derselben oder für den Fall einer späteren kosmetischen Narbenkorrekturoperation etc), die ebenfalls im Rahmen des konkret Möglichen näher zu beschreiben sind, einen immateriellen Vorbehalt zu formulieren.[4526]
6. Für den Fall, dass der Vergleich in Form eines deklaratorischen Anerkenntnisses erfolgt, sollte gem. § 202 Abs. 2 BGB die Verjährungsfrist vertraglich auf 30 Jahre verlängert werden, da andernfalls mit dem Vergleichsabschluss und der Abfindungszahlung die während der Verhandlungen gehemmte nur dreijährige Verjährungsfrist wieder weiter- bzw. abläuft.
7. Sofern die Form eines konstitutiven Anerkenntnisses iSd § 781 BGB gewählt wird, wodurch der Vorbehalt gem. § 197 Abs. 1 Nr. 3 BGB der dreißigjährigen Verjährung unterliegt, muss er einem rechtskräftigen Feststellungsurteil in seiner Wirkung gleichgestellt werden, dh „titelersetzend" sein.[4527] Formulierungsvorschlag:
   „Einem heute rechtskräftigen Feststellungsurteil in seiner Wirkung gleichgestellt, schließen die Parteien heute Freitag, den 15.6.2018 folgenden Abfindungsvergleich: …",[4528]
   oder, wie von Luckey[4529] am Beispiel vorbehaltener Amputation dargestellt:
   „Mit Wirkung eines am … rechtskräftigen Urteils stellen die Parteien fest, dass der Versicherer … verpflichtet ist, einen hier nicht abgefundenen weiteren Schmerzensgeldbetrag zu zahlen, wenn es zu einer unfallbedingten Amputation des … kommen sollte".
8. Vor dem Hintergrund einer bereits im Jahr 2000 vom OLG Düsseldorf[4530] getroffenen Entscheidung ist stets auch darauf zu achten, ob in den Vergleich auch *„nicht unmittelbar an diesem beteiligte Gesamtschuldner"* mit einbezogen werden sollen. Dies war im Fall des OLG Düsseldorf wohl geschehen, ohne dass dies der Geschädigte – ein Motorradfahrer, bei dem der behandelnde Arzt eine Gazekompresse in der Wunde vergessen hatte – vollinhaltlich verstanden hatte. Seine anschließende – gegen den Arzt gerichtete – Schmerzensgeldklage wurde vom OLG mit Verweis auf den Vergleich abgewiesen und ausgeführt: *„Durch diesen Vergleich hat sich der Kläger nicht nur hinsichtlich seiner gegenüber dem Unfallverursacher und dessen Haftpflichtversicherer bestehenden Ansprüche, sondern ausdrücklich auch hinsichtlich seiner Ansprüche gegenüber etwaigen weiteren Gesamtschuldnern umfassend für abgefunden erklärt."*[4531] Dabei muss der Rechtsanwalt bei der Abfassung eines Vergleichs alle Interessen seines Mandanten wahren und zudem darauf achten, dass der Vergleich keine falsche Interpretation zulässt, betonte der BGH 2021.[4532]
9. Aufklärung des Rechtsanwaltes:[4533] Der den Geschädigten vertretende Rechtsanwalt ist, – worauf der BGH[4534] sowie aktuell auch das OLG Frankfurt a. M.[4535] erneut hingewiesen hatte – verpflichtet, seinen Mandanten vor einem von diesem gewünschten Vergleichsabschluss
   - *„dessen Vor- und Nachteile dar[zu]legen. Dies gilt in besonderem Maße, wenn es sich … um einen Abfindungsvergleich handelt"*, so der BGH.
   - Dabei muss der Rechtsanwalt stets auf den Empfängerhorizont seines Mandanten eingehen und darauf achten, dass dieser die Dimension des Abfindungsvergleiches erfasst. Zur Verdeutlichung, aber auch zur eigenen Absicherung im Regress-Fall empfiehlt es sich, dass der Anwalt über dieses Aufklärungsgespräch einen ausführlichen Aktenvermerk fertigt; besser noch, er fasst das Ergebnis dieser Aufklärung in einem Schreiben an den Mandanten zusammen und bittet um Erteilung einer ausdrücklichen Weisung; darauf weist zutreffend Scholten[4536] in seinem lesenswerten Beitrag, Merkpunkte bei der Abfindung von Personenschäden hin.[4537]
10. Abschließend sei hier – mit Rücksicht auf die Rechtsprechung des BGH[4538] sowie eine Entscheidung des LG Saarbrücken[4539] – noch zu erwähnen, dass selbstverständlich nur die Ansprüche in den Vergleich einbezogen werden dürfen, über die der Geschädigte bei Vergleichsabschluss verfügen konnte. Regelmäßig also nicht auf etwaige Ersatzansprüche der Unterhaltsberechtigten aus § 844 BGB für den Fall des

---

[4526] Vgl. Jahnke VersR 1995, 1145 (1148).
[4527] BGH BeckRS 2003, 2219.
[4528] LG Wiesbaden BeckRS 2015, 5187; OLG Hamm r+s 1999, 107 sowie grundsätzlich zum Abfindungsvergleich und seinen Risiken bzw. typischen Anwaltsfehlern Veith/Gräfe Teil 1 VI „Beendigung des Prozesses durch Abschluss eines Abfindungsvergleiches" sowie auch Luckey SVR 2015, 41 (49).
[4529] Luckey NZV 2019, 9.
[4530] OLG Düsseldorf VersR 2002, 54.
[4531] OLG Düsseldorf VersR 2002, 54.
[4532] BGH BeckRS 2021, 43482.
[4533] Luckey DAR-Extra 2013, 772; Burghart NZV 2005, 441.
[4534] BGH BeckRS 2012, 03733.
[4535] OLG Frankfurt a. M. BeckRS 2019, 31492.
[4536] Scholten NJW 2018, 1302.
[4537] Vgl. dazu auch Küppersbusch/Höher Ersatzansprüche Personenschaden Rn. 828 ff.; Jaeger/Luckey Schmerzensgeld Rn. 1847; Geigel Haftpflichtprozess/Bacher Rn. 84.
[4538] BGH BeckRS 2021, 43482.
[4539] LG Saarbrücken BeckRS 2018, 29572; BGH BeckRS 2021, 43482.

unfallbedingten Versterbens[4540] oder auf die nach § 116, § 119 SGB X, § 86 VVG auf Sozialversicherungsträger übergegangenen Ansprüche. Letzteres hatte die den Kläger vertretende Rechtsanwältin übersehen und sämtliche materiellen und immateriellen Ansprüche des Klägers gegen die Beklagte endgültig als erledigt und abgefunden erklärt, was das LG Saarbrücken als vorsätzliche Obliegenheitsverletzung iSv § 86 Abs. 2 S. 1 VVG gegenüber seinem privaten Krankenversicherer wertete, so dass der Krankenversicherer ab dem Zeitpunkt des Vergleichsschlusses von seiner Leistungspflicht entbunden wurde (§ 86 Abs. 2 S. 2 VVG). Gegenstand der BGH-Entscheidung[4541] war ein Abfindungsvertrag zwischen Patient (Mandant) und Ärztin nach einem Behandlungsfehler bei welchem aus dem Kontext zwar erkennbar war, dass Ersatzansprüche der privaten Krankenversicherung vom Abfindungsvergleich nicht mit erfasst sein sollten; allerdings stand dies nicht so im Vergleichstext, weshalb die private Krankenversicherung des Mandanten sich zutreffend ihrer Regressansprüche beschnitten sah.

Zur Ermittlung des Abfindungsbetrages und insofern insbesondere auf den Ansatz des zutreffenden Zinsfußes, sei auf die Ausführungen von Buschbell[4542] sowie den Aufsatz von Köck verwiesen.[4543]

Zum Gegenstand eines **Prozessvergleichs** im Hinblick auf an Dritte übergegangene Ansprüche sowie zur nicht statthaften Berichtigung oder Ergänzung eines Prozessvergleichs durch ein Gericht vgl. OLG Braunschweig BeckRS 2024, 30063.

453 Sofern der Vergleich auch eine **Schmerzensgeldrente** enthält, gilt hinsichtlich der Verjährung die nur **dreijährige Frist** der § 197 Abs. 2 iVm § 195 BGB, da es sich bei einer Schmerzensgeldrente um eine „wiederkehrende Leistung" iSd § 197 Abs. 2 BGB handelt.[4544]

Abschließend sei nochmals zusammengefasst festzuhalten: Um sich nicht auf Interpretationen – wie sie immer wieder erst infolge von Prozessen[4545] erfolgt sind – und die damit verbundenen Unsicherheiten einlassen zu müssen, sind entsprechend konkrete Formulierungen der relevanten Aspekte, ein Anerkenntnis iSd § 781 BGB und die entsprechende Anknüpfung an die Wirkung (§ 197 Abs. 1 Nr. 3 BGB) eines rechtskräftigen Feststellungsurteils bei Abschluss eines Abfindungsvergleiches mit Vorbehalt unbedingt notwendig.

454 **i) Nachforderung wegen Verschlechterung des Gesundheitszustandes/Grenzen der Schmerzensgeldnachforderung nach Vergleich und Urteil. Schmerzensgeldnachforderung nach einem vorbehaltlosen Abfindungsvergleich:** Haben die Parteien – im KH-Schaden in der Regel der Rechtsanwalt des Geschädigten mit dem KH-Versicherer des Unfallverursachers – einen vorbehaltlosen Abfindungsvergleich abgeschlossen, so gehen beide Parteien grundsätzlich davon aus, dass damit alle materiellen und immateriellen Schadensersatzansprüche ein für alle Mal abgegolten und der Fall erledigt ist. Streitig ist in diesem Zusammenhang sind – trotz der Eigenschaft derartiger Vereinbarungen als deklaratorisches Schuldanerkenntnis –[4546] jedoch immer wieder[4547] die Bindungswirkung bzw. Nachforderungsmöglichkeit für den Fall, in welchem nach vorbehaltslosem Abfindungsvergleich eine Verschlechterung bzw. Verschlimmerung der Leiden und ihrer Folgewirkungen eintritt.

Grundsätzlich besteht in solchen Fällen kein Anspruch auf ein weiteres Schmerzensgeld.

Hiervon sind in begründeten Einzelfällen jedoch – worauf das OLG München[4548] 2022 sowie das OLG Düsseldorf 2021[4549] Gelegenheit zu entsprechenden Hinweisen hatte – vier Ausnahmen möglich, wobei die Rechtsprechung an die beiden zuletzt genannten und zudem häufigste Möglichkeit strenge Anforderungen stellt:

1. Im Falle einer irrtümlich vorhandenen Regelungslücke (derartige Fälle sind jedoch selten und hinsichtlich des immateriellen Schadens kaum denkbar).[4550]

4540 Burmann NJW-Spezial 2013, 713.
4541 BGH BeckRS 2021, 43482.
4542 Buschbell/Schacht Buschbell/Höke MAH Straßenverkehrsrecht, 5. Auflage 2020, Rn. 57–65.
4543 Köck DAR 2015, 557.
4544 So ausdrücklich Heß NZV 2002, 65 (66); Küppersbusch/Höher Ersatzansprüche Personenschaden Rn. 784; aA MüKoBGB/Grothe § 197 Rn. 21, 26; ebenso MAH StraßenVerkehrsR/Schacht § 26 Rn. 358–365.
4545 OLG Frankfurt a. M. ZfS 2002, 277; OLG Düsseldorf NZV 1999, 290; OLG Hamm NZV 1994, 72; BGH VersR 1995, 62.
4546 BGH BeckRS 2002, 2167.
4547 OLG Düsseldorf BeckRS 2021, 10040; LG Münster BeckRS 2021, 39910; vgl. hierzu auch oben → Rn. 305 f., Kapitel VIII. 2.
4548 OLG München BeckRS 2022, 751.
4549 OLG Düsseldorf BeckRS 2021, 10040, vgl. dazu auch Kleine-König NZV 2021, 534; BGH BeckRS 2021, 32689 (Adhäsionsverfahren); OLG München BeckRS 2013, 04908; OLG Jena BeckRS 2011, 21364; OLG München NZV 2007, 423; OLG Jena NJW-RR 2007, 605 sowie BGH BeckRS 2006, 3663.
4550 BGH NJW 2002, 1878; OLG Hamm r+s 1994, 300.

2. Im Falle einer Abänderungsklage bezüglich eines Vergleichs, der (ua auch) eine Schmerzensgeldrente beinhaltet. Hier kann in Ausnahmefällen ex nunc eine Anpassung erfolgen.[4551]
3. Im ebenso Fälle, in denen die jetzigen Verletzungsfolgen bzw. die aktuelle Beschwerdesymptomatik zum Beurteilungszeitpunkt noch nicht eingetreten und deren Eintritt objektiv (dh durch einen „Sachkundigen")[4552] nicht vorhersehbar waren, mit denen also nicht oder nicht ernstlich gerechnet werden musste und die deshalb zwangsläufig bei der ursprünglichen Bemessung des Schmerzensgeldes nicht berücksichtigt werden konnten[4553] und schließlich in
4. den Fällen von objektiv **unvorhersehbaren Spätschäden** oder bei welchen von einem so ungewöhnlichen Verlauf auszugehen ist, mit dem damals nach objektiven Aspekten nicht oder nicht ernstlich gerechnet werden musste, sofern Abfindungsleistung und Spätschaden in einem „krassen Missverhältnis" zueinanderstehen würden.[4554]

Nachfolgend soll diese – zuletzt benannte – Thematik näher skizziert werden: 455

Wurde durch rechtskräftiges Urteil in einem gerichtlichen oder außergerichtlichen Vergleich vereinbart, dass durch Zahlung der vereinbarten Summe der Schmerzensgeldanspruch insgesamt erledigt sein sollte, so ist fraglich, ob überhaupt und wenn ja, unter welchen Voraussetzungen ein weiterer Schmerzensgeldanspruch entstehen kann. Die Rechtsprechung hat die Möglichkeit eines weiteren Schmerzensgeldes wegen Wegfalls der Geschäftsgrundlage oder wegen Verstoßes gegen Treue und Glauben zwar prinzipiell bejaht, allerdings deutlich gemacht, dass ein weiteres Schmerzensgeld nur dann anfallen kann, wenn außergewöhnliche, nicht vorhersehbare Verschlechterungen und Komplikationen eintreten.[4555] *„Bei der Schmerzensgeldbemessung sind alle diejenigen Verletzungsfolgen abgegolten, die zum Zeitpunkt der letzten mündlichen Verhandlung bereits eingetreten und für einen Sachkundigen erkennbar waren oder deren Eintritt vorhersehbar war."* So urteilte bereits das OLG Frankfurt a. M. und stellte hiermit den herrschenden Grundsatz innerhalb der Rechtsprechung dar.[4556]

Dem Festhalten am Vergleich kann der **Einwand der unzulässigen Rechtsausübung** nur entgegengehalten werden, *„wenn ihm* (ergänze: dem Kläger) *ein Festhalten an der Abfindungsvereinbarung nach Treu und Glauben (§ 242 BGB) nicht zuzumuten ist, weil sich aufgrund der von den Parteien nicht vorhergesehenen Spätfolgen zwischen Schaden und Vergleichssumme ein so krasses Missverhältnis ergibt, dass es für den Kl. eine außergewöhnliche und unzumutbare Härte bedeuten würde, wenn ihm Nachforderungsansprüche versagt blieben"*, so urteilte zutreffend das OLG Oldenburg[4557] im Einklang mit der Rechtsprechung des BGH,[4558] welcher hierzu ausgeführt hatte, der Kläger müsse in einem solchen Falle *„dartun, dass ihm ein Festhalten am Vergleich nach Treu und Glauben nicht zumutbar ist, weil entweder die Geschäftsgrundlage für den Vergleich weggefallen ist oder sich geändert hat, so dass eine Anpassung an die veränderten Umstände erforderlich erscheint, oder weil nachträglich erhebliche Äquivalenzstörungen in den Leistungen der Parteien eingetreten sind, die für den Geschädigten nach den gesamten Umständen des Falles eine ungewöhnliche Härte bedeuten würden"*.[4559]

In einem beispielhaften Fall, den das OLG Oldenburg[4560] entschieden hatte, griff es nahezu exakt diese Formulierung des BGH auf. Es prüfte dann die **Vorhersehbarkeit** und kam zum Ergebnis, dass – da sachverständigenseitig mit der Hüftkopfnekrose und der damit verbundenen Implantation eines künstlichen Hüftgelenks bei Abschluss des Vergleichs objektiv bereits zu rechnen war – diese bestand. Sodann heilte das OLG jedoch die sich daraus eigentlich für den Geschädigten ergebende negative Folge (nachdem das LG die Klage abgewiesen hatte) dadurch, dass es zwischen Schaden und Vergleichssumme ein dem Kläger unzumutbares – weil so **krasses – Missverhältnis** vorliegen sah. Da in der Tat das dem Kläger im Rahmen eines 1997 abgeschlossenen Abfindungsvergleichs für eine schwere Oberschenkelfraktur mit Hüftgelenksbeeinträchtigung überlassene Schmerzensgeld iHv umgerechnet etwa 10.000 EUR unangemessen gering war, kam das OLG zutreffend zu dem Ergebnis, dass – wären diese erst später festgestellten Verletzungsfolgen (künstl. Hüftgelenk; starke Gehbehinderung; schmerzfreies Sitzen nur eine Stunde; Dauer-MdE 30 % etc) auch schon bei Abschluss des Abfindungsvergleiches bekannt gewesen, *„hätte dies ein erheblich höheres Schmer-*

[4551] BGH NJW 1989, 289.
[4552] OLG München BeckRS 2022, 751.
[4553] OLG München BeckRS 2022, 751 und OLG München r+s 2017, 383.
[4554] OLG Düsseldorf BeckRS 2021, 10049; BGH BeckRS 2018, 26257; OLG München r+s 2017, 383; OLG Jena r+s 2012, 147, BeckRS 2011, 21364; OLG Frankfurt a. M. ZfS 2004, 16; OLG Oldenburg VersR 2004, 64; OLG Nürnberg NZV 2000, 507.
[4555] BGH VersR 1957, 532.
[4556] OLG Frankfurt a. M. ZfS 1992, 225; OLG Köln ZfS 1992, 82; OLG Koblenz VersR 1989, 598.
[4557] OLG Oldenburg VersR 2004, 64; BGH VersR 1966, 243 (244); OLG Schleswig VersR 2001, 983 (984); VersR 1978, 187 (188).
[4558] BGH NJW-RR 2008, 1716.
[4559] BGH NJW-RR 2008, 1716; vgl. hierzu LG Stendal SP 2008, 290; BGH SP 2008, 180.
[4560] OLG Oldenburg VersR 2004, 64; mit ähnlicher Begründung im Grundsatz, jedoch konkret ein weiteres Schmerzensgeld versagend OLG Nürnberg VersR 2001, 982; OLG Schleswig NJOZ 2001, 2340.

zensgeld … gerechtfertigt". Abschließend prüfte das OLG die Frage der **Zumutbarkeit** und verneinte diese, so dass der Weg frei war, dem Geschädigten doch noch ein weiteres Schmerzensgeld zuzusprechen.

456 Die Entscheidung des BGH[4561] zur Thematik einer möglichen **Auslegung** und **Anpassung** einer **umfassenden Abfindungsvereinbarung** bestätigt insofern die bisherige Rechtsprechung, auch wenn sich der BGH im konkreten Falle nicht mit der Frage des immateriellen, sondern des materiellen Schadensersatzes zu befassen hatte.

Nach einem Abfindungsvergleich sind somit im Falle der Nachforderung von Schmerzensgeld wegen Verschlechterung des Gesundheitszustandes mehrere Voraussetzung zu erfüllen: Zum einen die **Nichtvorhersehbarkeit,** zum anderen das Bestehen eines krassen Missverhältnisses von Spätfolgen und Entschädigungen sowie die **Unzumutbarkeit** für den Geschädigten, wie dies bereits im Jahr 2000 das OLG Nürnberg[4562] (der BGH[4563] hat die Revision der Kl. nicht angenommen) unter Verweis auf die herrschende Rechtsprechung festgestellt hatte.

457 Wann insofern von einer Vorhersehbarkeit ausgegangen werden kann, hat der BGH in mehreren Entscheidungen bis heute herausgearbeitet,[4564] von denen die wichtigsten nachfolgend benannt werden sollen:

So hatte der der BGH bereits 1967 im Zusammenhang mit der Verjährungsproblematik bei Spätschäden entschieden, dass die Vorhersehbarkeit dann nicht gegeben sei, wenn *„sich wider Erwarten aus leichten Verletzungen schwere Folgeumstände herausbilden, aus anscheinend vorübergehenden Krankheiten sich* ***chronische Leiden*** *entwickeln oder später neue Wirkungen einer unerlaubten Handlung hervortreten, die erst in Folge nachträglich eingetretener Umstände dem Verletzten weitere Nachteile bereiten"*.[4565] 1973 entschied der BGH einschränkender, dass nur in solchen Fällen Nichtvorhersehbarkeit von Spätschäden vorliege, in denen sich nach anscheinend leichten Verletzungen unerwartete Schadenfolgen einstellen, die offensichtlich nicht durch den bereits gezahlten Betrag mit abgegolten sein sollten.[4566]

458 1980 spezifizierte der BGH die Vorhersehbarkeit weiter. Nur bei solchen Verletzungsfolgen, an die auch ein (mit der Beurteilung des Ausmaßes und der voraussichtlichen weiteren Entwicklung eines unfallursächlichen Körperschadens des Verletzten beauftragter) Sachverständiger nicht zu denken brauchte, die aber entgegen aller Wahrscheinlichkeit schließlich doch eingetreten sind, soll die Rechtskraft nicht entgegenstehen, da sie nicht Streit- und Entscheidungsgegenstand des Prozesses oder Vergleiches gewesen seien.[4567] Grundsätzlich jedoch stelle der Kläger alle Unfallverletzungen zur Entscheidung.[4568]

Im jeweiligen Einzelfall stellt sich somit stets die Frage, ob und ggf. inwieweit aufgrund der konkreten Verletzungen und der damit verbundenen fachärztlichen Erkenntnisse mit Spätfolgen zu rechnen ist und wann solche nicht mehr als vorhersehbar anzusehen sind.

459 Nach ständiger Rechtsprechung zählen Knochenbrüche zu den eher schweren Verletzungen, bei denen der Geschädigte Spätfolgen stets als möglich voraussehen und bei der Vorgehensweise hinsichtlich seiner Schmerzensgeldforderung (s. dazu auch den Praxishinweis → **Rn. 463**) berücksichtigen muss.[4569]

So hat der BGH entschieden, dass eine schwere Coxarthrose, die den Verletzten 13 Jahre nach dem Unfall im Alter von nunmehr 23 Jahren zu einer beruflichen Rehabilitationsmaßnahme zwang, eine voraussehbare Folge des bei dem Unfall erlittenen Schambein- und Oberschenkelbruches sei.[4570] Das Landgericht Hamburg hat in einem Fall, in dem zunächst Beinbrüche festgestellt und bei einer Vergleichsverhandlung berücksichtigt wurden, festgestellt, dass kein weiterer Schmerzensgeldanspruch bestehe, wenn als Folge einer Verletzung am Knie ein so genanntes „Wackelknie" mit positivem Schubladenphänomen und daraus resultierender 20 %iger Minderung der Erwerbsfähigkeit entstehe.[4571] Es sei jedenfalls bekannt gewesen, dass es zu einer erheblichen Gewalteinwirkung auf das Bein gekommen sei, so dass auch nicht erkannte Verletzungen beim Abfindungsvergleich mit eingeschlossen seien.

4561 BGH NJW-RR 2008, 1716; SP 2008, 431.
4562 OLG Nürnberg NZV 2000, 507.
4563 BGH NZV 2000, 507.
4564 BGH BeckRS 2006, 3663; BeckRS 2004, 2240; BGH BeckRS 9998, 98755.
4565 BGH VersR 1967, 1093 (1094); OLG Köln NJW-RR 1993, 601.
4566 BGH VersR 1973, 371.
4567 BGH VersR 1980, 975.
4568 BGH NJW 1988, 2301; OLG Frankfurt a. M. ZfS 1992, 225 (226); OLG Frankfurt a. M. DAR 1994, 119.
4569 BGH VersR 1957, 534; VersR 1969, 921.
4570 BGH BeckRS 9998, 79932 ebenso OLG München 14.9.2018 – 10 U 629/17.
4571 OLG Hamburg ZfS 1984, 193.

Im Ergebnis ebenso urteilte das OLG München.[4572] In diesem – vom OLG München hinsichtlich dieser Thematik geradezu lehrbuchartig herausgearbeiteten Fall begehrte der als Radfahrer nicht unerheblich verletzte Kläger nach vorheriger vergleichsweiser Abfindung mit immateriellem Vorbehalt nun, nachdem das vormals verletzte Kniegelenk durch ein künstliches Gelenk ersetzt werden musste, weiteres Schmerzensgeld und verlor den hierauf gerichteten Prozess, da das OLG – auf der Basis eines medizinischen Gutachtens – zur Überzeugung gelangt war, dass die Implantation der Kniegelenksprothese bereits zum Zeitpunkt des Vergleichsabschlusses „weit überwiegend erkennbar" war und im konkreten Falle „eine Gesamtkomplikationsrate von 30 %" bestand.

Erneut bestätigte das OLG München[4573] diese Rechtsansicht und betonte abermals, dass mit einem uneingeschränkten Schmerzensgeld für Körperverletzungen alle diejenigen Schadensfolgen abgegolten sind, die entweder bereits eingetreten und objektiv erkennbar waren oder deren Eintritt jedenfalls vorhergesehen und bei der Entscheidung berücksichtigt werden konnten. Lediglich solche Verletzungsfolgen, mit denen nicht oder nicht ernstlich gerechnet werden musste, könnten Grundlage für einen Anspruch auf weiteres Schmerzensgeld sein; ob letzteres der Fall sei, beurteile sich nach den Kenntnissen und Erfahrungen von Sachkundigen.

Das **OLG Schleswig**[4574] versagte **2022** weitere Ansprüche wegen Gesundheitsverschlechterungen (Knochenwucherungen); die Klägerin hatte bei einem Unfall eine komplizierten Oberschenkelfraktur erlitten. 12 Jahre nach dem Abfindungsvergleich traten Knochenwucherungen (sog. Rezidivbildung von hypertrophen Ossifikationen) auf. Das OLG wies die Klage ab und führte dazu aus: *„Für den Verjährungsbeginn von unfallbedingten Spätschäden ist der Zeitpunkt maßgebend, ab dem sich die Verletzungsfolge als derart naheliegend darstellt, dass sie im Rahmen einer Feststellungsklage hätte geltend gemacht werden können. Die Erkennbarkeit der Verletzungsfolgen beurteilt sich dabei nicht nach der subjektiven Sicht des Geschädigten, sondern allein nach objektiven Gesichtspunkten, das heißt nach den Kenntnissen und Erfahrungen eines medizinisch Sachkundigen. Das Risiko einer Rezidivbildung von hypertrophen Ossifikationen nach einer operativen Materialentfernung im Oberschenkel ist spätestens nach der erstmaligen operativen Resektion der Ossifikation erkennbar, wenn in diesem Zusammenhang ausdrücklich auf das „hohe Risiko einer Rezidivbildung" hingewiesen wurde. Bei einer unfallbedingt erfolgten operativen Verblockung der HWS-Fraktur muss der Geschädigte immer mit dem Spätfolgenrisiko einer Arthrose im Operationsbereich rechnen. "*.[4575]

Ebenso entschied das OLG Köln, wenn auch zur Thematik eines weiteren Schmerzensgeldes nach rechtskräftigem Urteil.[4576] Zutreffend führte es aus: *„Da bei der Bemessung des Schmerzensgeldes auch eine Prognose über künftige, auf die Körperverletzung oder Gesundheitsbeeinträchtigung zurückzuführende Einbuße an Lebensfreude vorzunehmen ist, werden hier bereits die erkennbaren und vorhersehbaren Unfallfolgen berücksichtigt."*

Schmerzensgeldnachforderung nach bereits rechtskräftigem Schmerzensgeldurteil: Der Grundsatz 460
der Einheitlichkeit des Schmerzensgelds[4577] gebietet es, die Höhe des dem Geschädigten zustehenden Schmerzensgelds aufgrund einer ganzheitlichen Betrachtung der den Schadensfall prägenden Umstände unter Einbeziehung der absehbaren künftigen Entwicklung des Schadensbilds zu bemessen. Verlangt ein Kläger für erlittene Körperverletzungen uneingeschränkt ein Schmerzensgeld, so werden durch den Klageantrag alle diejenigen Schadensfolgen erfasst, die entweder bereits eingetreten und objektiv erkennbar waren oder deren Eintritt jedenfalls vorhergesehen und bei der Entscheidung berücksichtigt werden konnten.[4578] Grundlage für einen Anspruch auf weiteres Schmerzensgeld und Gegenstand eines Feststellungsantrags können somit nur solche Verletzungsfolgen sein, die zum Beurteilungszeitpunkt noch nicht eingetreten waren und deren Eintritt objektiv nicht vorhersehbar war, mit denen also nicht oder nicht ernstlich gerechnet werden musste und die deshalb zwangsläufig bei der Bemessung des Schmerzensgelds unberücksichtigt bleiben mussten.[4579]

Hierzu hatte der BGH[4580] bereits 1995 zu entscheiden: Die Klägerin vertrat dabei die Auffassung, dass das Wiederaufflackern einer Osteomyelitis (Knochenmarkentzündung) in ihrem Falle untypisch sei. Der BGH führte mit Hinweis auf seine ständige Rechtsprechung hierzu nochmals aus, es komme hinsichtlich dieser

---

4572 OLG München 15.3.2013 – 10 U 4171/12 mAnm Kääb NJW-Spezial 2013, 266.
4573 OLG München BeckRS 2017, 102679.
4574 OLG Schleswig NJW 2023, 528 mAnm Slizyk.
4575 OLG Schleswig NJW 2023, 528 mAnm Slizyk.
4576 OLG Köln ZfS 1992, 82.
4577 BGH BeckRS 2025, 26299; BGH BeckRS 2024, 10092; BGH BeckRS 2022, 37837; BGH BeckRS 2021, 32689; BGH BeckRS 2015, 05263; BGH BeckRS 2006, 3663 und BGH BeckRS 2004, 2240 ebenso OGH Österreich, Beschl. v. 20.1.2026 – 2 Ob 181/25v, BeckRS 2026, 1075 sowie OLG Schleswig BeckRS 2026, 2665; OLG Düsseldorf BeckRS 2021, 10049 mit Praxishinweis Kleine-König NZV 2021, 534.
4578 BGH BeckRS 2021, 32689, BGH BeckRS 2018, 26257; BGH BeckRS 2015, 05470; OLG Düsseldorf BeckRS 2021, 10049 mAnm Kleine-König NZV 2021, 534.
4579 BGH BeckRS 2018, 26257 ebenso OLG Düsseldorf BeckRS 2021, 10049.
4580 BGH NJW 1995, 1614.

Frage zunächst entscheidend auf den Umfang der Rechtskraft des vorangegangenen Urteils an. Diese richte sich nach dem Streitgegenstand des damaligen Verfahrens, der wiederum durch den Klagantrag und den zu seiner Begründung vorgetragenen Lebenssachverhalt umgrenzt werde.

„Wird, wie hier, für erlittene Körperverletzungen uneingeschränkt ein Schmerzensgeld verlangt, so werden durch den zuerkannten Betrag alle diejenigen Schadensfolgen abgegolten, die entweder bereits eingetreten und objektiv erkennbar waren oder deren Eintritt jedenfalls vorhergesehen und bei der Entscheidung berücksichtigt werden konnten. … Zu folgen ist der Revision auch dahin, dass die Frage, welche Verletzungsfolgen im Zeitpunkt der Zuerkennung eines Schmerzensgeldes zu erkennen sind, nicht nach der subjektiven Sicht der Parteien oder der Vollständigkeit der Erfassung des Streitstoffes durch das Gericht, sondern nach objektiven Gesichtspunkten, dh nach den Kenntnissen und Erfahrungen eines insoweit Sachkundigen, zu beurteilen ist“.[4581]

Auf die Osteomyelitis näher eingehend fügte der BGH – insofern wichtig – hinzu, es sei nicht ausreichend, um das jetzige Rezidiv zum Gegenstand des damaligen Verfahrens zu machen, dass damals ein Sachverständiger die Möglichkeit eines späteren Wiederaufflackerns nicht auszuschließen vermochte. Maßgebend sei vielmehr, *„ob sich bereits in jenem Verfahren die jetzt zur Entscheidung stehende Verletzungsfolge als derart naheliegend darstellte, dass sie schon damals bei der Bemessung des Schmerzensgeldes berücksichtigt werden konnte“.*[4582]

In seinen nachfolgenden Beschlüssen hat der BGH – zuletzt 2025[4583] – betont, dass hinsichtlich zukünftiger immaterieller Schäden eine *„bloß abstrakte theoretische Möglichkeit“* nicht genüge.[4584]

Demnach ist eine Schmerzensgeldnachforderung nach einem rechtskräftigen Urteil nur in dem Ausnahmefall möglich sei, bei welchem *„sich nach dem Auftreten nicht vorhergesehener Spätfolgen ein krasses und unzumutbares Missverhältnis, eine so ungewöhnliche Diskrepanz zwischen Schaden einerseits und Abfindungssumme andererseits ergibt, dass der Schädiger gegen Treu und Glauben verstieße, wenn er an dem Vergleich festhielte“.*[4585]

Zur Voraussehbarkeit von Spätschäden heißtes in diesem BGH-Beschl. weiter: *„Die tatsächlich eingetretene Entwicklung muss außerhalb der bei dem Abschluss des Vergleiches vorhandenen Erkenntnis, Voraussicht und Berechnung der Vergleichsparteien liegen …“.* Mit dieser Begründung wurde die Revision des Klägers nicht angenommen.[4586]

461 Die Vorhersehbarkeit von Spätschäden und die Frage des **Umfangs der Rechtskraft eines bestehenden Schmerzensgeldurteils** unter Abweisung einer erneuten Klage auf Feststellung der Verpflichtung zur Zahlung eines weiteren Schmerzensgeldes stand auch bereits im Mittelpunkt der Entscheidung des BGH[4587] im Jahr 2006; ebenso wie bei denen des OLG München aus 2013[4588] und 2017.[4589]

Dazu lesenswert ist auch das Urteil des OLG Düsseldorf,[4590] das sich ebenfalls mit dieser Thematik im Zusammenhang der **Chronifizierung der unfallbedingten Erkrankung** einer Klägerin befasst hatte, die deshalb ein weiteres Schmerzensgeld begehrte. Das OLG sah insofern die Rechtskraft des vorangegangenen Schmerzensgeldurteils als Hürde und führte insofern aus: *„Ob sich Verletzungsfolgen im Zeitpunkt der Zuerkennung eines Schmerzensgeldes im Vorprozess nach den Kenntnissen und Erfahrungen eines insoweit Sachkundigen als derart naheliegend darstellten, dass sie schon dort bei der Bemessung des Schmerzensgeldes berücksichtigt werden konnten, beurteilt sich nicht nach der prozentualen Wahrscheinlichkeit des Eintretens dieser Verletzungsfolgen. Entscheidend ist allein die objektive Möglichkeit des Geschädigten, das diesbezügliche Risiko zu diesem Zeitpunkt schmerzensgelderhöhend geltend zu machen. Nur dann, wenn eine Berücksichtigung der Verletzungsfolge so gut wie ausgeschlossen erscheint, weil die Möglichkeit ihres Eintritts eher theoretischer Natur, ohne jegliche konkrete Anhaltspunkte ist, weswegen sie ein Sachkundiger nicht in eine Darstellung möglicher Verletzungsfolgen aufnehmen würde, fehlt es an der objektiven Möglichkeit in dem vorgenannten Sinne. Ist die Behandlung der unfallbedingten Verletzung noch nicht abgeschlossen und lässt sich – wie regelmäßig – der Behandlungserfolg nicht sicher vorhersagen, besteht für den Geschädigten bei Erhebung seiner*

[4581] BGH NJW 1995, 1614 (1614).
[4582] BGH NJW 1995, 1614 (1614).
[4583] BGH BeckRS 2025, 26299; BGH BeckRS 2024, 10092; BGH BeckRS 2022, 37837; BGH BeckRS 2021, 32689; BGH BeckRS 2015, 05263; BGH BeckRS 2006, 3663 und BGH BeckRS 2004, 2240 ebenso OGH Österreich, Beschl. v. 20.1.2026 – 2 Ob 181/25v, BeckRS 2026, 1075 sowie OLG Schleswig BeckRS 2026, 2665; OLG Düsseldorf BeckRS 2021, 10049.
[4584] BGH BeckRS 2025, 26299 Rn. 10.
[4585] BGH Beschl. 11.4.2000 – VI ZR 427/99 (vorinstanzlich OLG Nürnberg BeckRS 1999, 14496); vgl. auch Jaeger VersR 2022, 282.
[4586] BGH Beschl. 11.4.2000 – VI ZR 427/99 (vorinstanzlich OLG Nürnberg BeckRS 1999, 14496).
[4587] BGH NZV 2006, 408 – vgl. hierzu auch BGH NJW 2015, 1252, der ausdrücklich auf dieses Urt. verweist.
[4588] OLG München NJW-Spezial 2013, 266.
[4589] OLG München BeckRS 2017, 102679.
[4590] OLG Düsseldorf BeckRS 2021, 10049 mAnm Kleine-König NZV 2021, 534; BGH BeckRS 2006, 3663 sowie BGH NJW 2015, 1252, der ausdrücklich auf dieses Urt. verweist.

Schmerzensgeldklage die Gelegenheit wie auch der Anlass, entweder einen Aufschlag auf das Schmerzensgeld wegen des fortbestehenden Risikos geltend zu machen oder aber sich auf eine offene Teilklage zu beschränken, mit der die mögliche, aber noch nicht eingetretene Schadensfolge aus der Schmerzensgeldbemessung herausgenommen wird".[4591]

Das OLG Düsseldorf befindet sich dabei im völligen Einklang mit der ständigen Rechtsprechung des BGH.

Im Falle des BGH aus dem Jahr 2006[4592] stritt die Klägerin dabei mit der beklagten Haftpflichtversicherung **462**
um weiteres Schmerzensgeld, nachdem ihr in einem Vorprozess das LG insgesamt 70.000 EUR zuerkannt, ihren Feststellungsantrag jedoch abgewiesen hatte. Die Klägerin klagte später erneut auf Schmerzensgeld, verlor aber, da nach Ansicht des LG diesmal die Rechtskraft der die vorherige Feststellungsklage abweisenden Entscheidung dem entgegenstehe. In der anschließenden Berufung vor dem OLG Stuttgart war die Klägerin jedoch erfolgreich und erhielt ein weiteres Schmerzensgeld von 20.000 EUR und konnte nunmehr sogar ihren erneut erhobenen Feststellungsantrag durchsetzen. Der BGH bestätigte die Entscheidung des OLG Stuttgart mit folgender – zusammengefassten – Begründung:

Zunächst betonte der BGH erneut den Grundsatz der einheitlichen Bemessung[4593] und führte aus, dass hiervon jedoch solche Verletzungsfolgen nicht umfasst sind und somit Grundlage für einen Anspruch auf weiteres Schmerzensgeld sein können, die zum Beurteilungszeitraum noch nicht eingetreten waren und deren Eintritt objektiv auch nicht vorhersehbar war, mit denen also nicht oder nicht ernstlich gerechnet werden musste und die deshalb zwangsläufig bei der Schmerzensgeldbemessung unberücksichtigt bleiben mussten. Sodann fokussierte der BGH den Maßstab für die Erkennbarkeit und wies erneut auf den objektiven Ansatz, wonach es nicht auf die subjektive Sicht der Parteien, sondern auf die **Kenntnisse** und **Erfahrungen** eines insoweit **Sachkundigen** ankomme.[4594]

Die Kernfrage der **Rechtskrafterstreckung** beantwortete der BGH sodann wie folgt: **463**

„Grundsätzlich ist eine erneute Klage unzulässig, wenn ihr Streitgegenstand mit dem eines rechtskräftig entschiedenen Rechtsstreites identisch ist. … Diese Grundsätze erfahren jedoch eine Einschränkung in zeitlicher Hinsicht. Die Entscheidung des Gerichts stellt die Rechtslage im Regelfall nur für den Zeitpunkt zum Schluss der letzten mündlichen Verhandlung fest. Einigkeit besteht deshalb darüber, dass die Rechtskraft nicht daran hindert, sich zur Begründung einer neuen Klage auf Tatsachen zu berufen, die erst nach diesem Zeitpunkt entstanden sind".[4595] *Allerdings"* – so der BGH weiter – *„könne die Entscheidung über einen Feststellungsantrag im Vorprozess auch nicht vorhersehbare Spätschäden umfassen, die auf einer Prognose beruhen. Dies setze allerdings einen entsprechenden Vortrag des Klägers voraus. Nicht zum Klagegrund rechnen somit Tatsachen, die im Klagevortrag nicht vorgetragen wurden, aber auch solche, die aus Sicht des Klägers nicht vorgetragen werden mussten oder konnten, weil sie selbst sachkundigen Personen objektiv noch nicht bekannt waren".*

So aber lag der Fall hier, so dass der BGH – mit dem Berufungsgericht – zum Ergebnis gelangte, dass die Klägerin nicht gehindert war, geltend zu machen, dass entgegen der im Vorprozess gestellten Prognose damals sogar für einen Sachkundigen **nicht vorhersehbare Spätschäden** (hier: Bildung von Zysten mit Verbindung zum Rückenmark und mit „attackeartigen Rückenschmerzen" nach einer Armverletzung) tatsächlich entstanden und durch den Unfall verursacht sind.

Praxishinweise:

Vor dem Hintergrund des Grundsatzes der Einheitlichkeit des Schmerzensgeldes[4596] ist daher auch und gerade beim Abschluss eines (außergerichtlichen) **Abfindungsvergleichs** mit dem KH-Versicherer der Wert eines häufig und gerne in einen solchen Vergleich mit aufgenommenen **immateriellen Vorbehalts** (kurz i.V.) nur gering und eröffnet den Mandanten keineswegs den jederzeitigen späteren Zugriff in Bezug auf eine Schmerzensgeldnachforderung gegenüber dem KH-Versicherer. Dies gilt selbstredend auch ggü. anderen Haftpflichtversicherern. Denn auch bei einem solchen Vergleich unter immat. Vorbehalt sind stets all diejenigen Schadenfolgen mit abgegolten, die beim Vergleichsschluss entweder bereits eingetreten oder objektiv schon erkennbar oder deren Eintritt aus Sicht eines Sachkundigen vorhersehbar waren.[4597]

[4591] OLG Düsseldorf BeckRS 2021, 10049.
[4592] BGH BeckRS 2006, 3663.
[4593] Vgl. oben → Rn. 311 ff. Kapitel IX. Ziff. 3 bzw. → Rn. 384.
[4594] Vgl. dazu aktuell BGH BeckRS 2025, 26299.
[4595] BGH NZV 2006, 408 (409).
[4596] BGH BeckRS 2025, 26299; BGH BeckRS 2024, 10092; BGH BeckRS 2022, 37837; BGH BeckRS 2021, 32689; BGH BeckRS 2015, 05263; BGH BeckRS 2006, 3663 und BGH BeckRS 2004, 2240 ebenso OGH Österreich, Beschl. v. 20.1.2026 – 2 Ob 181/25v, BeckRS 2026, 1075 sowie OLG Schleswig BeckRS 2026, 2665.
[4597] Kleine-König NZV 2021, 534.

Im Falle einer auf Schmerzensgeld gerichteten **Klage** zu einem Zeitpunkt, zu dem die Behandlung der unfallbedingten Verletzung noch nicht abgeschlossen und lässt sich – wie regelmäßig – der Behandlungserfolg nicht sicher vorhersagen lässt, hat der Kläger die Möglichkeit entweder einen Aufschlag auf das Schmerzensgeld wegen des fortbestehenden Risikos geltend zu machen oder aber sich auf eine **(offene) Teilklage** (→ **Rn. 384**) zu beschränken, bei der die mögliche, aber noch nicht eingetretene Schadensfolge aus der Schmerzensgeldbemessung herausgenommen wird. Eine solche Schmerzensgeld-Teilklage ist – worauf das OLG Düsseldorf 2021[4598] explizit hingewiesen hatte – zulässig, wenn erkennbar und hinreichend individualisierbar ist, um welchen Teil des Gesamtanspruchs es sich handelt.

464 Auf die Thematik des **Anspruchsübergangs** bei **Sozialleistungen** eines Sozialversicherungsträgers hier näher einzugehen, würde den Rahmen dieser Kurzkommentierung sprengen; insofern sei jedoch auf das Urteil des BGH[4599] sowie die Entscheidung des OLG Hamm[4600] verwiesen.

6. Vererblichkeit, Übertragbarkeit, Pfändbarkeit, Verpfändbarkeit und Behandlung des Schmerzensgeldanspruchs bei Privatinsolvenz

465 **Der Schmerzensgeldanspruch ist grundsätzlich vererblich.**[4601] Voraussetzung für ein Vererben ist, dass dem Verletzten ein solcher Anspruch noch zustand, er – zumindest für eine kurze Zeit – noch lebte.[4602] Zur Vererblichkeit eines Schmerzensgeldrentenanspruches ist jedoch anzumerken, dass ein Rentenanspruch zu versagen ist, wenn der Verletzte während eines Rechtsstreites stirbt. In diesem Fall steht den Erben nur der sich ergebende Kapitalbetrag zu.[4603]

Zur Ausnahme bei Ansprüchen auf Schmerzensgeld wegen einer Persönlichkeitsrechtsverletzungen s. nachfolgend → Rn. 466.

466 **Das allgemeine Persönlichkeitsrecht endet jedoch mit dem Tod,** denn es *„setzt die Existenz einer wenigstens potenziell oder zukünftig handlungsfähigen Person als unabdingbar voraus. Daran vermag auch die Erwägung nichts zu ändern, dass die Rechtslage nach dem Tode für die freie Entfaltung der Person zu ihren Lebzeiten nicht ohne Belang sei. Die Versagung eines Persönlichkeitsschutzes nach dem Tode stellt keinen Eingriff dar, der die in Art. 2 I GG gewährleistete Handlungs- und Entscheidungsfreiheit beeinträchtigt"*, so entschied 2022 das **BVerfG.**[4604]

Mit der Vererblichkeit von Geldentschädigungsansprüchen wegen Persönlichkeitsrechtsverletzungen hatte sich zuvor der **BGH**[4605] bereits mehrfach – zuletzt 2021 im Zusammenhang mit den Memoiren des Altbundeskanzlers **Helmut Kohl**[4606] – befasst und stellte stets fest, dass dieser Anspruch aufgrund seiner ganz überwiegend in der Genugtuung begründeten Funktion **„grundsätzlich nicht vererblich"** ist. Dies gelte selbst dann, wenn der Erblasser erst nach Rechtshängigkeit, aber noch vor Rechtskraft, stirbt, dh wenn der wegen einer Persönlichkeitsrechtsverletzung Geschädigte einen Geldentschädigungsanspruch bereits rechtshängig gemacht hat und dann jedoch während des Gerichtsverfahrens verstirbt; selbst in diesem Falle ist dieser Anspruch nicht vererblich und kann von den Erben nicht mehr weiterverfolgt werden.[4607]

Der BGH-Rechtsprechung folgend wies das OLG Köln[4608] im Jahr 2018 die Klage der Witwe des verstorbenen ehemaligen Bundeskanzlers Helmut Kohl ab und sah es zutreffend auch im Fall Helmut Kohls nicht als gerechtfertigt an, hiervon eine Ausnahme zu machen (vgl. hierzu oben → Rn. 167).

Bereits 2014 hatte sich der BGH[4609] – im Fall des Schlagersängers Peter Alexander – mit den widerstreitenden Meinungen auseinandergesetzt und sich auf die Seite derer[4610] gestellt, die bereits damals der Ansicht waren,

---

4598 OLG München BeckRS 2022, 751; OLG Düsseldorf BeckRS 2021, 10049.
4599 BGH BeckRS 2012, 11294.
4600 Trotz der eigentlich klaren Rechtslage hatte sich der BGH NJW 1995, 783 nochmals mit der Frage des Erfordernisses einer Willensbekundung als Voraussetzung für die Übertragbarkeit und Vererblichkeit des Schmerzensgeldanspruchs zu befassen und klargestellt, dass ein solches Erfordernis nach der Rechtsänderung nicht mehr existiert. OLG Hamm BeckRS 2010, 18914, VersR 2010, 1058.
4601 Vgl. dazu BGH BeckRS 9998, 95098.
4602 OLG München BeckRS 2017, 146433; Küppersbusch/Höher Ersatzansprüche Personenschaden Kap. V. 9 → Rn. 307.
4603 So MAH StraßenVerkehrsR/Schacht Rn. 370.
4604 BVerfG NJW 2023, 755 (Kohl-Protokolle I) und NJW 2023, 757 (Kohlprotokolle II).
4605 BGH NJW 2017, 3004; BGH BeckRS 2014, 10271 (Schlagersänger Peter Alexander); BGH NJW 2017, 3004 (KZ-Schergen Demjanjuk).
4606 BGH NJW 2022, 847; BGH NJW 2022, 868; BGH BeckRS 2014, 10271.
4607 So bereits BGH NJW 2017, 3004 sowie NJW-Spezial 2017, 583.
4608 OLG Köln 29.5.2018 – 15 U 64/17.
4609 BGH BeckRS 2014, 10271.
4610 Wenzel Wort-/BildberichterstattungsR-HdB, 5. Aufl. 2003, Kap. 14 Rn. 140.

„dass die ideellen Bestandteile des Persönlichkeitsrechts unauflöslich an die Person ihres Trägers gebunden und als höchstpersönliche Rechte unverzichtbar und unveräußerlich, also nicht übertragbar und nicht vererblich sind". Ergänzend führte der BGH aus, dass bei schweren Persönlichkeitsrechtsverletzungen der Genugtuungsgedanke im Vordergrund stehe; da jedoch *„einem Verstorbenen Genugtuung für die Verletzung seiner Persönlichkeit nicht mehr verschafft werden kann, scheidet nach der Rechtsprechung des erkennenden Senats die Zuerkennung einer Geldentschädigung im Falle der Verletzung des postmortalen Persönlichkeitsschutzes aus"*, so der BGH. Opfer einer Persönlichkeitsrechtsverletzung ist daher – zumindest in schweren Fällen – anzuraten, „für eine möglichst zügige Rechtshängigkeit ihres Begehrens auf immaterielle Entschädigung zu sorgen", so Spickhoff.[4611]

Diese Rechtsprechung des BGH wird in der Literatur kritisch betrachtet und diese **Kritik berechtigt:** So kritisiert Spickhoff[4612] den an dieser Stelle wieder aufkommenden „Wettlauf mit der Zeit" und weist zutreffend darauf hin, den Opfern von Persönlichkeitsrechtsverletzungen – zumindest in schweren Fällen – „anzuraten, für eine möglichst zügige Rechtshängigkeit ihres Begehrens auf immaterielle Entschädigung zu sorgen".[4613] Die Haltung des BGH spielt zudem auch der Regenbogenpresse in die Karten,[4614] wenn sie einem solchen gerichtlich angemeldeten Anspruch ausgesetzt ist. Denn sie kann dann, gerade wenn sie von älteren Betroffenen auf immateriellen Schadensersatz verklagt wird, das Gerichtsverfahren durch den Instanzenzug in die Länge ziehen und letztendlich darauf „warten", dass der von ihr (angeblich) Geschädigte während des Prozessverlaufs stirbt. Zuzustimmen ist auch der Kritik von Mehmel/Timmann, die dazu ausführen, derzeit könnten Erben, deren verstorbener Angehöriger einen Schmerzensgeldanspruch wegen einem Tritt gegen das Schienbein geltend machen kann, diesen Anspruch gerichtlich auch nach seinem Tod weiterverfolgen, hingegen nicht, wenn der Anspruchsinhaber beispielsweise durch Cybermobbing seelisch aufs Stärkste gelitten hat.[4615] Diese Unterscheidung und Gewichtung der Bedeutung von seelischer und körperlicher Gesundheit ist nicht zeitgemäß und es bleibt – im Hinblick auf das jüngste Urteil des BGH[4616] zur Haftungserleichterung bei Schockschäden nach Verletzung nahestehender Personen, bei dem der BGH psychischen Schäden und deren oftmals ebenso erheblichen oder noch gravierenderen (in Bezug auf physische Verletzungen) Folgewirkungen nun einen höheren Stellenwert einräumt – zu hoffen, dass sich die höchstrichterliche Rechtsprechung zur Vererblichkeit von Geldentschädigungsansprüchen wegen Persönlichkeitsrechtsverletzungen auch insofern weiterentwickelt oder der Gesetzgeber aktiv wird. **466a**

Im Einklang mit der oben → **Rn. 466** vorgestellten Rechtsansicht des BGH steht auch der Beschl. des BGH,[4617] bei dem es um die Frage der Pfändbarkeit von Zahlungen kirchlicher Körperschaften an Opfer sexuellen Missbrauchs und sexueller Gewalt ging. Bereits die Vorinstanz hatte – nun vom BGH bestätigt – argumentiert, *„der Anspruch sei gem. § 851 I ZPO, § 399 BGB nicht pfändbar, weil die Leistung an einen Dritten – hier den Treuhänder zur Masse – nicht ohne Veränderung ihres Inhalts erfolgen könne"*. Der BGH stellte insofern und mit Verweis auf seine frühere Rechtsprechung nochmals **die drei Ausnahmekategorien,** in denen eine Übertragbarkeit oder Pfändbarkeit ausgeschlossen ist, dar und stufte den ihm vorliegenden Sachverhalt in die Gruppen 2 und 3 ein: **467**

1. *„wenn die Leistung auf höchstpersönlichen Ansprüchen des Berechtigten beruht, die er nur selbst erheben kann"*,
2. *„wenn – anders als bei höchstpersönlichen Ansprüchen – ein Gläubigerwechsel zwar rechtlich vorstellbar, das Interesse des Schuldners an der Beibehaltung einer bestimmten Gläubigerperson aber besonders schutzwürdig ist"*, oder
3. *„wenn ohne Veränderung des Leistungsinhalts die dem Gläubiger gebührende Leistung mit seiner Person derart verknüpft ist, dass die Leistung an einen anderen Gläubiger als eine andere Leistung erschiene"*.[4618]

Abgesehen von diesen beiden wichtigen BGH-Entscheidungen hat sich aktuell keine signifikante Weiterentwicklung der zur Vererblichkeit des Schmerzensgeldanspruchs bislang erfolgten Rechtsprechung ergeben.[4619]

„Ererbte Schmerzensgeldansprüche nach einem Elternteil können eine persönliche Angelegenheit im Sinne des ***§ 1360a Abs. IV BGB*** *analog darstellen"*.[4620] **468**

Darauf hat das KG[4621] in einem Beschl. hingewiesen und dem Prozesskostenhilfeantrag der minderjährigen Anspruchstellerin stattgegeben. Diese begehrte Prozesskostenhilfe zur Verfolgung eines Anspruchs aus übergegangenem Recht. Als Erbin ihrer Mutter verfolgt sie deren Schmerzensgeldanspruch wegen behaupteter

4611 Spickhoff, Anm. zu BGH LMK 2014, 359158.
4612 Spickhoff LMK 2014, 359158.
4613 Spickhoff LMK 2014, 359158.
4614 Vgl. NJW-Spezial 2017, 583.
4615 Mehmel/Timmann ZRP 2022, 208.
4616 BGH NJW 2023, 983 mAnm Slizyk.
4617 BGH BeckRS 2014, 11171.
4618 BGH BeckRS 2014, 11171.
4619 BVerfG NJW 2005, 879.
4620 KG NJW-RR 2018, 712.
4621 KG NJW-RR 2018, 712.

grober ärztlicher Behandlungsfehler anlässlich einer Wirbelsäulenoperation mit anschließender hypoxischer Hirnschädigung gegenüber dem damals von der Mutter aufgesuchten Krankenhaus. Das LG Berlin hatte daraufhin der Antragstellerin Prozesskostenhilfe ohne Ratenzahlung bewilligt. Gegen diesen Beschl. wandte sich die Bezirksrevisorin – gegenüber dem LG Berlin erfolglos – mit sofortiger Beschwerde mit der Begründung, der Kindesvater schulde der Ast. im Rahmen seiner Unterhaltspflicht analog § 1360a Abs. 4 BGB Prozesskostenvorschuss für erfolgversprechende Rechtsverfolgung in persönlicher Angelegenheit.

Das KG ging vorliegend von einer analogen Anwendung des § 1360a Abs. 4 BGB aus und begründete dies damit, dass es zu den Voraussetzungen einer analogen Anwendung des § 1360a Abs. 4 BGB gehöre, dass die persönlichen Angelegenheiten insbesondere solche Ansprüche umfassen, *„die ihre Wurzel in dem gemeinsamen Lebensbereich des Unterhaltsberechtigten und -verpflichteten haben. Die Angelegenheit muss somit neben dem persönlichen Gewicht für den Unterhaltsberechtigten auch eine genügend enge Verbindung zur Person des Unterhaltsverpflichteten aufzeigen"*. Im Weiteren führte das KG aus, dass die zum Todeszeitpunkt der Mutter erst sieben Jahre alte Ast. mit der engen Mutter-Kind-Bindung sowie *„damit, dass die Sorge für die Tochter nicht mehr habe wahrgenommen werden können, obgleich das Kind die Sorge der Mutter gebraucht habe"*, begründet. In einem solchen Falle könne es *„offenbleiben"* – so das KG – *„ob die durch den Erziehungsberechtigten vertretene Ast. den Rechtsstreit neben finanziellen Aspekten auch deshalb anstrebt, weil sie sich insoweit ihrer Mutter verpflichtet fühlt oder, weil die Klärung, ob ärztliche Fehler oder ein schicksalhafter Verlauf vorliegen, für sie selbst einen Unterschied bei der Verarbeitung des Geschehens machen könnte. Denn beide Varianten sind auf persönlich bedeutsame Entscheidungen zurückzuführen"*.

469 Eine mit dem geltenden Recht verstärkt aufgetretene Schwierigkeit, mit der sich die Gerichte seither beschäftigen, ist die **Höhe des Anspruchs bei kurzer und kürzester Überlebenszeit.**[4622]

Da die neuere Rechtsprechung und Literaturmeinung ausführlich bereits oben → **Rn. 281** ff. erörtert wurde, wird auf eine Darstellung an dieser Stelle verzichtet und – zumal hinsichtlich der Gliederungsstruktur korrekter – auf die dortigen Ausführungen verwiesen. Hinsichtlich des mit dieser Thematik eng zusammenhängenden Anspruchs auf Hinterbliebenengeld sei oben auf Kapitel VI → Rn. 340 ff. verwiesen.

470 Eine sicher nicht beabsichtigte (zumal hinsichtlich des hierfür notwendigen Sachverhaltes wohl mehr theoretische) Nebenwirkung der Gesetzesnovelle könnte übrigens dann eintreten, wenn der Geschädigte – beispielsweise wegen verwandtschaftlicher oder freundschaftlicher Beziehungen – den Schädiger nicht in Anspruch nehmen wollte. In diesen Fällen müsste er zur Beweiserleichterung mit dem Schädiger einen Erlassvertrag nach § 397 BGB schließen, um seine Erben wirksam daran zu hindern, den Schädiger gegen seinen Willen in Anspruch zu nehmen. Insgesamt bedarf es hinsichtlich der sich um den Themenbereich des Schmerzensgeldes bei kurzer Überlebenszeit rankenden Fragen trotz der zum Teil bereits inzwischen erfolgten BGH-Entscheidungen weiterer Klärung.

471 Der Anspruch auf **Hinterbliebenengeld** (vergleiche oben im Kapitel VI. unter → **Rn. 340** ff.) ist nach dem Willen des Gesetzgebers[4623] nicht höchstpersönlich und somit ebenfalls **vererbbar.**

Da der Gesetzgeber es jedoch versäumt hat, dies gesetzlich zu regeln, herrscht **Streit**[4624] über diesen Punkt. Die wohl hM vertritt jedoch die Ansicht, dass auch der Anspruch auf Hinterbliebenengeld vererbbar ist; vgl. ausführlich dazu oben unter → **Rn. 343.**

Diejenigen, die eine Vererbbarkeit ablehnen, berufen sich darauf, dass das Hinterbliebenengeld keinen Ausgleich für erlittenen Verletzungen, sondern lediglich eine Anerkennung des seelischen Leids der anspruchsberechtigten Hinterbliebenen darstelle. Insofern müsse das Hinterbliebenengeld ebenso behandelt werden, wie der Anspruch auf Schmerzensgeld wegen Persönlichkeitsrechtsverletzung. Stirbt das primäre Opfer somit, bevor sein Entschädigungsanspruch erfüllt ist (wie im Falle Helmut Kohls, s. oben → **Rn. 167**), verlöre nach dieser Rechtsansicht die mit der Geldentschädigung bezweckte Genugtuung an Bedeutung. Insofern bleibt abzuwarten, wie die Gerichte künftig entscheiden werden.

472 Der Schmerzensgeldanspruch ist – ebenso wie der Anspruch auf Hinterbliebenengeld sowie auch der Anspruch auf Entschädigung wegen eines immateriellen Schadens infolge eines Verstoßes gegen das Benachteiligungsverbots gem. § 15 Abs. 2 AGG[4625] – auch **übertragbar, pfändbar** (§ 851 Abs. 2 ZPO), **verpfändbar** (§ 1274 Abs. 2 BGB) und auch eine **Aufrechnung** (§ 394 BGB) mit ihm ist möglich,[4626] es sei denn,

[4622] Vgl. hierzu OLG Bamberg NZV 2005, 530.
[4623] BT-Drs. 18/11397, 12 B. Abs. 3.
[4624] Balke SVR 2018, 207 (211) mit Verweis auf Ansichten für eine Vererbbarkeit: Jaeger VersR 2017, 1041 (1054) und Wagner NJW 2017, 2641 (2646) und gegen eine Vererbbarkeit: Burmann/Jahnke NZV 2017, 401 (412) sowie Balke selbst.
[4625] BGH BeckRS 2020, 15813; vgl. auch Dahl/Taras NJW-Spezial 2020, 565.
[4626] Küppersbusch/Höher Ersatzansprüche Personenschaden Rn. 272; Almeroth Schadensersatz Rn. 288; Bamberger/Roth BGB § 253 Rn. 63.

- der Anspruch entstand aus einem immateriellen Schadensersatzanspruch bei Persönlichkeitsrechtsverletzungen (s. oben BGH Urteil v. 29.4.2014),
- einer vorsätzlich begangenen unerlaubten Handlung (s. § 393 BGB) oder
- aus einer Menschenrechtsverletzung gem. Art. 6 EMRK bzw. – allgemeiner formuliert – wenn die dem Gläubiger zustehende Leistung (zB eine kirchliche Entschädigungszahlungen für sexuellen Missbrauch) derart mit ihm verknüpft ist, dass die Zuwendung an eine andere Person als eine andere Leistung erscheinen würde.[4627]

Zur umstrittenen Frage, ob der immaterielle Schadensersatzanspruch nach Art. 82 Abs. 1 DS-GVO an Dritte nach den §§ 398 ff. BGB abgetreten werden kann, die vom LG Essen[4628] und einem erheblichen Teil der Literatur[4629] bejaht, dagegen vom AG Hannover[4630] verneint wurde, sei auf die Aufsätze von Veeck/Stepanova[4631] und von Leibold/Wybitul verwiesen.[4632] Der überwiegende Teil der Literatur[4633] und insofern auch Veeck/Stepanova, sprechen sich für eine Abtretbarkeit von immateriellen Schadensersatzansprüchen nach Art. 82 DS-GVO aus. Der BGH entschied 2020,[4634] dass der Anspruch auf Entschädigung wegen eines immateriellen Schadens nach § 15 Abs. 2 AGG nach einem Verstoß gegen das Benachteiligungsverbot abgetreten und gepfändet werden kann; ob der BGH dies auch in Bezug auf Art. 82 DS-GVO so sehen wird, bleibt abzuwarten.

Den oben zu → Rn. 472 letztgenannten Sachverhalt – kirchliche Entschädigungszahlungen für sexuellen **473** Missbrauch – hatte der BGH[4635] in jüngerer Zeit gleich zweimal zu entscheiden. Bei der Entscheidung aus dem Jahr 2011 war der Kläger ein Insolvenzverwalter, der über das Vermögen des Schuldners bestellt worden war. Dem Schuldner war zuvor wegen der langen Dauer eines von ihm betriebenen Amtshaftungsprozesses ein Schmerzensgeld von 45.000 EUR zuerkannt worden. Der Pfändung dieses immateriellen Schadensersatzanspruchs stehe – so der BGH – gem. Art. 41 EMRK jedoch § 851 ZPO sowie § 399 BGB entgegen. Hier läge ansonsten eine Veränderung des Leistungsinhaltes vor, da die geschuldete Leistung andernfalls als eine andere Leistung erscheine, würde sie nicht an den Schuldner, sondern an den Insolvenzverwalter erbracht. Zudem entstünde der Anspruch nach Art. 41 EMRK auch nicht von Gesetzes wegen, sondern sei eine konstitutive Ermessensentscheidung des Europäischen Gerichtshofs, die auf den Ausgleich des immateriellen Schadens des Schuldners für die erlittene Menschenrechtsverletzung gerichtet sei. Außerhalb dieser besonderen Anspruchsgrundlage – so betonte der BGH jedoch in dieser Entscheidung – gelte grundsätzlich die Pfändbarkeit und Übertragbarkeit des Schmerzensgeldanspruches.

In diesem Zusammenhang zu erwähnen ist noch der Beschl. des OLG Düsseldorf[4636] zur Frage der Anfechtung einer Erbausschlagung bei Irrtum über einen auf den Erben übergegangenen, werthaltigen Schmerzensgeldanspruch. Dem Urteil lag folgender Sachverhalt zu Grunde: Die Erben zweier beim Absturz des Flugzeugs der Germanwings GmbH auf dem Flug von Barcelona nach Düsseldorf ums Leben gekommenen Passagiere schlugen – im Glauben an die Geringwertigkeit des Erbes – das Erbe aus. Später beantragten sie, dies wegen der zu erwartenden Entschädigung rückgängig zu machen. Das Nachlassgericht wies den Erbscheinantrag der Beteiligten mit der Begründung zurück, es liege kein Anfechtungsgrund gem. § 119 Abs. 2 BGB vor. Gegen diesen Beschl. wandte sich die Klägerin mit ihrer Beschwerde. Das OLG gab ihr Recht und führte aus, der Irrtum eines potentiellen Erben über die Zugehörigkeit eines Gegenstands bzw. einer Forderung zum Nachlass (hier: Schmerzensgeldansprüche der Erblasserin aufgrund ihrer im Zusammenhang mit dem Absturz eines Flugzeugs der Germanwings[4637] auf dem Flug von Barcelona nach Düsseldorf erlittenen Todesangst) könne zur Anfechtung der Erbausschlagung berechtigen, wenn sich der Irrtum auf wertbildende Faktoren besonderen Gewichts beziehe, denen im Verhältnis zur gesamten Erbschaft eine erhebliche und für den Wert des Nachlasses wesentliche Bedeutung zukomme.

Privatinsolvenz: Schmerzensgeld ist – ebenso wie Hinterbliebenengeld – in der Privatinsolvenz nicht **474** geschützt (§ 36 Abs. 1 Art. 1, § 304 Abs. 1 Art. 1 InsO) und kann somit auch in die Insolvenzmasse fallen, worauf der BGH[4638] sowie das AG Kassel[4639] mit Verweis auf die frühere BGH-Rechtsprechung hingewiesen hatte.

[4627] BGH NZI 2014, 656; hierzu Hergenröder VuR 2015, 301.
[4628] LG Essen GRUR-RS 2021, 31764; vgl. dazu Leibold/Wybitul ZD-Aktuell 2021, 05520.
[4629] Vgl. dazu Leibold/Wybitul ZD-Aktuell 2021, 05520 Ziffer 3. Bewertung und Einordnung.
[4630] AG Hannover BeckRS 2019, 43221.
[4631] Veeck/Stepanova ZD 2023, 317.
[4632] Leibold/Wybitul ZD-Aktuell 2021, 05520.
[4633] Vgl. dazu Leibold/Wybitul ZD-Aktuell 2021, 05520 mwN.
[4634] BGH BeckRS 2020, 15813.
[4635] BGH NZI 2014, 656; BGH BeckRS 2011, 14371.
[4636] OLG Düsseldorf ZEV 2017, 92, OLG Düsseldorf BeckRS 2016, 110185.
[4637] OLG Hamm BeckRS 2021, 26185.
[4638] BGH BeckRS 2014, 11171.
[4639] AG Kassel BeckRS 2014, 10630.

Ein Prozess über ein Schmerzensgeld wegen Körperverletzung wird durch die Eröffnung des Insolvenzverfahrens unterbrochen.[4640]

Mit Fragen der Verjährung des Schadensersatzanspruchs des Schuldners gegen den Insolvenzverwalter befasste sich der BGH[4641] und kam zum Ergebnis, dass die Verjährung eines Anspruchs des Schuldners gegen den Insolvenzverwalter auf Ersatz eines Gesamtschadens frühestens mit der Aufhebung oder Einstellung des Insolvenzverfahrens beginnt.

Wenn auch dogmatisch nicht korrekt sei an dieser Stelle auch auf ein Urteil des BGH[4642] verwiesen, der über die Fragen zu entscheiden hatte, ob eine Körperverletzung, die der Täter dem Kläger zugefügt hatte, vom Privathaftpflichtversicherungsschutz gem. BBR Nr. 1.1.2 (ungewöhnlich und gefährliches Tun) ausgeschlossen ist und ob – weil der Versicherungsnehmer/Täter Privatinsolvenz angemeldet hatte – die Forderungsausfallversicherung zu leisten habe, wobei in diesem Zusammenhang entscheidend war, ob eine Eintragung in die Insolvenztabelle einem rechtskräftigen Vollstreckungstitel nach Nr. 10.1.4 BBR PHV gleichgestellt ist. Zum Verständnis: Kläger war das Opfer, welches innerhalb seiner eigenen Privathaftpflichtversicherung eine Forderungsausfallversicherung abgeschlossen hatte, die dann zahlen sollte, wenn – wie hier – in einem, von einem Dritten verursachten Schadenfalle, der Dritte wegen Zahlungsunfähigkeit ausfällt. Der BGH half dem Opfer und verneinte die erste Frage und bejahte die zweite und bestätigte somit das der Klage auf Schmerzensgeld stattgebende Urteil des OLG Koblenz.

Zur Insolvenz des Schädigers (Schmerzensgeldschuldners) s. oben → **Rn. 403a.**

475 Wegen fehlender Kongruenz findet jedoch kein Übergang des Schmerzensgeldanspruchs auf einen Sozialversicherungsträger nach § 116 SGB X statt.[4643]

XI. Steuerrechtliche Betrachtung des Schmerzensgeldes und Anrechnungsfragen in Bezug auf Asylleistungen, Sozialhilfe, Grundsicherung, Wohngeld; Prozesskostenhilfe, Kindergeld und Zugewinn

1. Steuerrechtliche Betrachtung des Schmerzensgeldes

476 Grundsätzlich unterliegen Schadenersatzleistungen nur dann der Einkommensteuer, wenn die Ersatzleistung beim Empfänger dem Bereich der Einkünfteerzielung unterfällt und daher als steuerlich relevante Einnahme zu qualifizieren ist. Dienen Schadensersatzzahlungen nur dem Ausgleich von zuvor erlittenen privaten Vermögenseinbußen des Geschädigten, sind sie nicht zu versteuern.[4644]

Die zugegebenermaßen nicht sehr häufig, dennoch insbesondere bezüglich einer Schmerzensgeldrente immer wieder einmal gestellte Frage, ob und ggf. inwieweit Schmerzensgeldkapital oder -rente zu versteuern sind, rechtfertigt ein kurzes Eingehen hierauf, zumal der Bundesfinanzminister (Bundessteuerblatt 1995 Teil 1 S. 705/706) insofern eine klare und im Ergebnis begrüßenswerte Aussage getroffen hat.

477 Danach gilt: Weder **Schmerzensgeldkapital** noch eine **Schmerzensgeldrente** unterliegen der Einkommensteuer und sind somit **nicht steuerpflichtig im Sinne des EStG.**[4645] Dies gilt nun auch für das **Hinterbliebenengeld** und ebenso – wenn auch dogmatisch hier nicht passend – für den Haushaltsführungsschaden.[4646]

Eine hinsichtlich der Rente gegenteilige und mit Rücksicht auf die Aussage des Bundesfinanzministeriums als überholt anzusehende Ansicht[4647] verkennt, dass es sich bei der Schmerzensgeldrente ihrer Natur nach nicht um Unterhalt, sondern um Schadensersatz handelt. Dementsprechend hatte der BFH, wenn auch nicht

4640 AG Kassel BeckRS 2014, 10630.
4641 BGH NJW 2015, 3299.
4642 BGH BeckRS 2015, 19373 mAnm Günther FD-VersR 2015, 374393.
4643 S. Bamberger/Roth BGB § 253 Rn. 63.
4644 Geigel Haftpflichtprozess Kap. 5. Steuern Rn. 2.
4645 BFH NJW 1995, 1238; Heß/Burmann NJW-Spezial 2012, 265; Jahnke r+s 1996, 205 (206).
4646 Zum Haushaltsführungsschaden vgl. Küppersbusch/Höher Ersatzansprüche Personenschaden Kap. II. 14.
4647 MüKoBGB/Oetker § 253 Rn. 64 mwN.

zur Schmerzensgeldrente, aber vergleichbar zur Frage der Steuerbarkeit von Mehrbedarfsrenten gem. § 843 Abs. 1 BGB, die Steuerbarkeit verneint und ausgeführt:

„Die Besteuerung von Schadensersatzleistungen aus unerlaubter Handlung (§§ 823ff. BGB) richtet sich nach der bisherigen Betrachtung allein nach der äußeren Form. Nicht ersichtlich ist, wodurch allein die Wiederkehr von Leistungen eine erhöhte wirtschaftliche Leistungsfähigkeit indizieren soll, insbesondere im Vergleich zur nichtsteuerbaren Einmalzahlung".[4648] Die Schadensersatzrente zum Ausgleich vermehrter Bedürfnisse sei daher weder als Leibrente noch als sonstige wiederkehrende Bezüge einkommensteuerbar. Diese Argumentation, mit der der BFH selbst seine bisherige Rechtsprechung einschränkt, ist, nach einer hierzu ergangenen Erklärung des Bundesfinanzministers, auch auf die Schmerzensgeldrente vollinhaltlich zu übertragen. Das Ministerium führt zutreffend aus: *„Ebenso wie die Mehrbedarfsrente ist die Schmerzensgeldrente Ersatz für den durch die Verletzung höchstpersönlicher Güter eingetretenen Schaden. Der Geschädigte soll durch das Schmerzensgeld in die Lage versetzt werden, sich Erleichterung und Annehmlichkeiten an Stelle derer zu verschaffen, deren Genuss ihm durch die Verletzung unmöglich gemacht wurde. Die Schmerzensgeldrente erhöht die wirtschaftliche Leistungsfähigkeit des Empfängers demnach ebenso wenig wie die lediglich zum Ausgleich für verletzungsbedingt entstandenen zusätzliche Bedürfnisse gezahlten Ersatzleistungen nach § 843 I 2. Alt. BGB."*[4649]

Dies gilt auch hinsichtlich **„schmerzensgeldartiger Leistungen"**, wie sie beispielsweise durch das Programm „Humanitäre Soforthilfe"[4650] an AIDS-Erkrankte gezahlt werden.[4651]

Der aus einem Schmerzensgeldkapital- oder Rentenbetrag durch entsprechende Anlage der Gelder erzielte **Zinsgewinn** (nicht zu verwechseln mit einem in der Schmerzensgeldrente laut Bundesfinanzministerium (s. oben BStBl. 1995 Teil 1 S. 705/706) nicht enthaltenen steuerpflichtigen Zinsanteil) – unterliegt dagegen selbstverständlich der **Einkommenssteuer** sowie ggf. der Zinsabschlags- und Kapitalertragssteuer, wie das BVerwG bestätigt hatte.[4652] **478**

Erneut befasste sich **der BFH**[4653] mit der Thematik des Schmerzensgeldes; diesmal mit der Frage, ob die **Kosten eines Zivilprozesses** wegen Schmerzensgeld, mit dem der steuerpflichtige Kläger seine Ansprüche wegen eines ärztlichen Behandlungsfehlers geltend gemacht hatte, von diesem erfolgreich als **außergewöhnliche Belastungen** iSd § 33 EStG geltend gemacht werden können. Der BFH verneinte dies mit der Begründung, Zivilprozesskosten seien nur insoweit abziehbar, als der Prozess existenziell wichtige Bereiche oder den Kernbereich menschlichen Lebens berührt und der Steuerpflichtige gezwungen ist, einen Zivilprozess zu führen. Sofern – wie im Urteilsfall – Ansprüche wegen immaterieller Schäden geltend gemacht würden, sei dies nicht der Fall.

Abschließend sei noch – erneut etwas vom Thema des Schmerzensgeldes abschweifend – der Hinweis erlaubt, dass Entschädigungsleistungen für erlittenen und künftigen Verdienstausfalls sehr wohl versteuert werden und daher im Jahr der Auszahlung dem Finanzamt angezeigt werden müssen. Deshalb ist beim Abschluss eines Abfindungsvergleichs, der neben Schmerzensgeld und Haushaltsführung ua auch den Verdienstausfall umfasst, darauf zu achten, dass der Teil der Abfindungssumme, der auf den Verdienstausfall entfällt, im Text des Vergleichs exakt beziffert wird. *„Anderenfalls riskiert man, dass das Finanzamt diesen Anteil schätzt, was zur Besteuerung eines höheren Betrags führen kann, als bei den Verhandlungen für den Verdienstausfall kalkuliert war."*[4654]

2. Anrechnung auf Asylleistungen, Arbeitslosengeld II, Sozialhilfe/„Grundsicherung" Wohngeld und BAföG

Nach herrschender Meinung in Rechtsprechung[4655] und Literatur[4656] gehört Schmerzensgeld zum **Schonvermögen** im Sinne des Sozialhilferechts (§ 1880 Abs. 2 BGB iVm § 90 Abs. 3 SGB XII). 2006 wurde dies **479**

[4648] BFH NJW 1995, 1238 (1239); VersR 1995, 206.
[4649] BGBl. 1995 I, 705.
[4650] Vgl. BAnz 1994 Nr. 116, 6568.
[4651] BMF Schreiben v. 27.12.94 – IV B3 S. 225515/94, BB 1995, 341.
[4652] BVerwG NJW 2012, 1305; Jahnke r+s 1996, 205 (207).
[4653] BFH BeckRS 2016, 94501 ebenso – wenn auch ohne Bezug zum Schmerzensgeld – BFH NJW 2015, 3054; vgl. jedoch – ebenfalls nicht in Bezug auf Schmerzensgeld – FG Düsseldorf BeckRS 2014, 95968.
[4654] Scholten NJW 2018, 1302.
[4655] BVerfG NVwZ 2007, 436; BGH BeckRS 2021, 31932 Rn. 15; BGH BeckRS 2020, 3259; BSG Urt. v. 30.4.2020 – B 8 SO 12/18 R, BeckRS 2020, 19979; BSG Urt. v. 15.4.2008 – B 14/7b AS 6/07 R, BeckRS 2008, 53442 Rn. 19; BeckRS 2009, 51059 Rn. 6; OLG Karlsruhe BeckRS 2024, 21380; BVerwG BeckRS 2011, 51679 (bezogen auf Prozesskostenhilfe); OLG Saarbrücken BeckRS 2014, 4662 (dto); OLG Stuttgart OLGR 2008, 664; SG Karlsruhe BeckRS 2010, 66112; OLG Frankfurt a. M. BeckRS 2008, 17158.
[4656] Jaeger/Luckey Schmerzensgeld Kapitel 3 Rn. 123; BHHJJ/Jahnke Rn. 71; Fichtner/Wenzel SGB XII/Wolf Kommentar, 4. Aufl. 2009, § 90 Rn. 22.

auch vom Bundesverfassungsgericht[4657] so beschlossen. Diese anrechnungsfreie Rechtslage gilt nach **§ 11a Abs. 2 SGB II** auch weiterhin für Empfänger des zum 1.7.2026 eingeführten **„Grundsicherungsgeldes"** (s. → **Rn. 480**), welches das bisherige Bürgergeld ablöst. Zudem wurde 2020 vom Bundessozialgericht (BSG)[4658] betont, dass auch der Einsatz von Vermögen – das aus Entschädigungsleistungen nach der ehemals als Opferentschädigungsgesetz bezeichneten Norm, die nunmehr im **SGB XIV** integriert wurde – unter dem Aspekt einer besonderen Härte gem. § 90 Abs. 3 S. 1 SGB XII geschützt ist und insofern auch *„ein aus Schmerzensgeldzahlungen gebildetes Vermögen … nach § 90 Abs. 3 SGB XII aus diesem Gesichtspunkt grundsätzlich einsatzfrei"* ist.[4659] Dies gilt nicht nur für das **Schmerzensgeldkapital,** sondern auch – wie dies 2021 der **BGH** nochmals betont hatte – „einschließlich der erwirtschafteten **Zinsen**"[4660]

Zur **Ausnahme hiervon bei der Berechnung des Wohngeldes** s. → **Rn. 481.**

Zur Situation bei Prozesskostenhilfe s. nachfolgend → **Rn. 484**).

479a Das BVerfG[4661] stellt sich klar auf die Seite der Befürworter und erweiterte diese Rechtsansicht auch auf **Asylleistungsempfänger** und führte insofern aus:

„Die mit der Verfassungsbeschwerde angegriffene Regelung [ergänze: § 7 Abs. I 1 AsylbLG] *bewirkt, dass Asylbewerber anders behandelt werden als Personen, die Sozialhilfe erhalten. Sie haben Schmerzensgeld für ihren Lebensunterhalt einzusetzen, bevor sie Leistungen auf asylrechtlicher Grundlage erhalten. Für Empfänger von Leistungen der Sozialhilfe gilt dies nicht. … Es ist mit dem Gleichheitssatz des Art. 3 I GG unvereinbar, dass Asylbewerber auf Grund von § 7 I 1 AsylbLG Schmerzensgeld nach § 253 II BGB für ihren Lebensunterhalt einsetzen müssen, bevor sie staatliche Leistungen erhalten."*[4662]

Diese opferfreundliche Linie hat der Gesetzgeber nun im neuen Sozialen Entschädigungsrecht kodifiziert: Gemäß § 28 Abs. 2 iVm § 108 Abs. 1 SGB XIV sind derartige Entschädigungszahlungen und deren Nachzahlungen explizit von der Anrechnung als Einkommen oder Vermögen auf andere Sozialleistungen ausgeschlossen. Weiterhin schützt **§ 11a Abs. 2 SGB II** das Schmerzensgeld insofern vor der Einkommensanrechnung. (vgl. dazu auch → **Rn. 480**). Dazu heißt es ausdrücklich in der **Fachlichen Weisungen SGB II** der Bundesagentur für Arbeit: *„Leistungen, die wegen eines immateriellen Schadens gezahlt werden, sind gemäß § 11a Absatz 2 nicht als Einkommen zu berücksichtigen. Hierunter fällt insbesondere das Schmerzensgeld nach § 253 BGB, das aufgrund einer Verletzung des Körpers, der Gesundheit, der Freiheit oder der sexuellen Selbstbestimmung gewährt wird."*[4663]

Auch wenn dogmatisch nicht korrekt, sei hier noch das Urteil des LSG Thüringen[4664] erwähnt, welches darauf hinwies, dass – anders als beim Schmerzensgeld – eine **Rente wegen vermehrter Bedürfnisse** nach § 843 BGB (hier: aufgrund eines schweren Geburtsschadens) als Einkommen im Rahmen des AsylbLG bedarfsdeckend anzurechnen sei.

Ebenso sei an dieser Stelle auf ein Urteil des OLG Hamm[4665] hingewiesen, dass sich mit der Frage der Aktivlegitimation eines Asylanten in Bezug auf die Klage auf Schadensersatz und Schmerzensgeld anlässlich eines Verkehrsunfalles, bei dem der Asylant verletzt wurde, befasst und – mit Verweis auf den Grundsatz des Nachranges der Sozialhilfe die Frage zu Gunsten des Asylanten – bejaht hatte.

479b **Keine Anrechnung auf Arbeitslosengeld II:** Vor dem Hintergrund des oben (→ **Rn. 479**) benannten *„umfassenden Schutz des Schmerzensgeldes"*[4666] hatte das BSG[4667] bereits 2008 die Frage zu klären, ob Vermögen, welches aus Schmerzensgeldzahlungen stammte, im Rahmen der Gewährung von ALG II zu berücksichtigen ist und dies verneint und dazu ausgeführt. *„Das Schmerzensgeld ist jeweils in seiner ganzen noch vorhandenen Höhe geschützt (vgl. BVerwGE 98, 256). Auch „angespartes" Schmerzensgeld ist insofern gemäß § 12 Abs. 3 Satz 1 Nr. 6 SGB II privilegiert. Es liegt innerhalb der Dispositionsfreiheit des Geschädigten, wie er mit den aus einem Schadensereignis resultierenden Beträgen zum Ausgleich des immateriellen Schadens umgeht (zur vergleichbaren Wertung bei „angespartem" Blindengeld vgl. BSG, Urteil vom 11. Dezember 2007 – B 8/9b SO 20/06 R -)."*[4668]

[4657] BVerfG NVwZ 2007, 436; Jaeger/Luckey Schmerzensgeld Rn. 236; Burmann/Heß/Hühnermann/Jahnke/Janker/Jahnke Rn. 71.
[4658] BSG Urt. v. 30.4.2020 – B 8 SO 12/18 R, BeckRS 2020, 19979.
[4659] BSG BeckRS 2020, 19979 Rn. 17.
[4660] BGH BeckRS 2021, 31932 Rn. 15; SG Karlsruhe BeckRS 2010, 66112.
[4661] BVerfG NVwZ 2007, 573; vgl. hierzu auch Hohm NVwZ 2007, 419.
[4662] BVerfG NVwZ 2007, 573; aA Hüttenbrink/Kilz Sozialhilfe und Arbeitslosengeld II, 13. Aufl. 2018.
[4663] BA Zentrale FGL 21 Stand 24.10.2024; Fachliche Weisungen §§ 11–11b SGB II S. 31 Nr. 5.7.
[4664] LSG Thüringen BeckRS 2016, 66205 mAnm Plagemann FD-SozVR 2016, 377299.
[4665] OLG Hamm BeckRS 2008, 5175.
[4666] OLG Frankfurt a. M. BeckRS 2009, 26386.
[4667] BSG Urt. v. 15.4.2008 – B 14-7b AS 6/07, BeckRS 2008, 53442: BeckRS 2009, 51059.
[4668] BSG BeckRS 2008, 53442 Rn. 19.

In den letzten 20 Jahren wurde das Recht der Grundsicherung für Arbeitsuchende im SGB II mehrfach tiefgreifend reformiert und jeweils neu benannt: „Harz IV", „Bürgergeld" und nun seit dem 1. Juni 2026 „Grundsicherung", ohne dass der Gesetzgeber jedoch den prinzipiellen **Schutz des Schmerzensgeldes** vor staatlichem Zugriff geschmälert hat. **480**

- Für **„Hartz IV"**-Empfänger regelte bis zum 31.12.2022 § 11 Abs. 3 Ziff. 2 SGB II, dass Entschädigungen wegen eines Schadens, die nach § 253 Abs. 2 des Bürgerlichen Gesetzbuches geleistet werden, nicht als Einkommen zu berücksichtigen sind; ausdrücklich stellt das Bundesverfassungsgericht in seiner Entscheidung klar, dass Schmerzensgeld insofern auch in Bezug auf Hartz-IV-Leistungen anrechnungsfrei bleibt."[4669]
- Hieran ändert sich durch das *Zwölfte Gesetz zur Änderung des Zweiten Buches Sozialgesetzbuch und anderer Gesetze – Einführung eines Bürgergeldes* vom 16.12.2022 (kurz: **Bürgergeld-Gesetz**) für die seither Bürgergeldempfänger benannten Personen nichts.[4670] Das Gesetz trat zum 1.1.2023 in Kraft.
- Das bisherige Bürgergeld wurde nun wiederum durch das 13. SGB II-Änderungsgesetz im Jahr 2026 offiziell abgelöst und durch das neue **„Grundsicherungsgeld"** ersetzt.

Die anrechnungsfreie Rechtslage hat auch im Zuge der nachfolgenden grundlegenden Systemreform im Jahr 2026 **weiterhin Bestand.** Mit dem Dreizehnten Gesetz zur Änderung des Zweiten Buches Sozialgesetzbuch (13. SGB II-ÄndG) hat der Gesetzgeber das Bürgergeld verabschiedet und zum 1. Juli 2026 das sogenannte **„Grundsicherungsgeld"** eingeführt. Trotz dieser strukturellen und begrifflichen Umgestaltung der Grundsicherung für Arbeitsuchende bleibt der Kern des Schmerzensgeldschutzes unangetastet: Die maßgebliche **Privilegierungsnorm des § 11a Abs. 2 SGB II** wurde unverändert fortgeführt. Entschädigungen, die wegen eines Schadens, der nicht Vermögensschaden ist, nach § 253 Abs. 2 BGB geleistet werden, sind somit auch beim Bezug von Grundsicherungsgeld ausdrücklich nicht als Einkommen anzurechnen.

Dies gilt gleichermaßen für eine **Entschädigung nach § 198 GVG** für den immateriellen Schaden **wegen überlanger Verfahrensdauer** (vgl. dazu oben → **Rn. 138b**). Entgegen der älteren Instanzenrechtsprechung (wie noch LSG Niedersachsen-Bremen, Urt. v. 26.11.2019 – L 11 AS 1044/18)[4671] hat das **BSG** 2021[4672] klargestellt, dass solche Entschädigungszahlungen anrechnungsfrei bleiben (BSG, Urt. v. 11.11.2021 – B 14 AS 15/20 R). Die Zahlung nach § 198 GVG dient einem gesetzlich vorgegebenen, immateriellen Kompensationszweck und ist daher über die schützende Auffangnorm des § 11a Abs. 3 Satz 1 SGB II von der Einkommensberücksichtigung bei der Rechtsnachfolge des heutigen Grundsicherungsgeldes ausgeschlossen. **480a**

Differenzierte Rechtslage beim Hinterbliebenengeld: **480b**

- Im Bereich des rein zivilrechtlichen Schadensersatzes (zB nach einem einfachen Verkehrsunfall) fehlt für das **Hinterbliebenengeld nach § 844 Abs. 3 BGB** weiterhin eine ausdrückliche sozialrechtliche Freistellungsnorm. In diesen Konstellationen gilt das zugesprochene Kapital mangels Zweckidentität im Sinne des § 11a SGB II als anrechenbares Einkommen und ist somit nicht vor dem Zugriff der Sozialleistungsträger (zB beim heutigen Grundsicherungsgeld, der Sozialhilfe oder Leistungen nach dem AsylbLG) geschützt. Eine Analogie zum Schmerzensgeld kommt mit Blick auf den Ausnahmecharakter der Privilegierungsregelungen nicht in Betracht.[4673]
- Gänzlich anders liegt der Fall hingegen, wenn das Hinterbliebenengeld seine Grundlage im Sozialen Entschädigungsrecht (SGB XIV) hat – etwa als Ausgleich für die Folgen einer Gewalttat: Mit dem Inkrafttreten des SGB XIV hat der Gesetzgeber eine explizite Schutzlücke geschlossen. Gemäß **§ 106 Abs. 1 Nr. 2 SGB XIV** ist das dort geleistete Hinterbliebenengeld bei der Gewährung anderer Sozialleistungen ausdrücklich einkommensunabhängig gestellt und von jeder Anrechnung freigestellt.

Bezüglich der **Berechnung** von **Wohngeld** (BVerwG) entschied das BVerwG[4674] und auch das BSG,[4675] dass **Zinseinkünfte** aus entsprechend angelegtem Schmerzensgeldkapital als Einkommen zu berücksichtigen sind. Im konkreten Falle bezog der Kläger eine Erwerbsunfähigkeitsrente von monatlich 638 EUR und hatte zudem Zinseinkünfte iHv jährlich 2.400 EUR, die aus dem von ihm angelegten Schmerzensgeldkapital (insgesamt 107.500 EUR) herrührten. Seine auf Wohngeld gerichtete Klage wurde in allen drei Instanzen abgewiesen. Das BVerwG bestätigte insofern die Ansicht des OVG, dass es sich bei den „hier in Rede stehenden Zinsen … einkommensteuerrechtlich um steuerbare Einkünfte" handele und führte weiterhin aus, es könne auch aus der Ausgleichs- und Genugtuungsfunktion des Schmerzensgeldes *„nicht geschlossen* **481**

[4669] BVerfG BeckRS 2011, 49743.
[4670] Vgl. zum Bürgergeld Groth/Güssow NJW 2023, 184.
[4671] LSG Niedersachsen-Bremen BeckRS 2019, 38300; der dazu noch in der Vorauflage empfohlene Aufsatz von Stotz NZS 2015, 410 hat somit nur noch rechtshistorische Bedeutung.
[4672] BSG BeckRS 2021, 39879 mAnm Kellner NJW 2022, 1124.
[4673] Burmann/Jahnke NZV 2017, 401 (412); Schwab DAR 2018, 284; aA Huber § 1 Rn. 213.
[4674] BVerwG NJW 2012, 1305.
[4675] BSG BeckRS 2013, 66568.

werden, dass die aus dem Schmerzensgeld erzielten Kapitalerträge hinsichtlich der Steuerbarkeit genauso wie der Kapitalstock behandelt werden müssten, weil es dem Betroffenen ohne für ihn negative steuerliche Folgen möglich sein müsse, die Früchte des Schmerzensgeldkapitals zu ziehen. … Die Steuerfreiheit des Kapitalvermögens setzt sich nämlich … nicht bei den daraus erzielten Kapitaleinkünften fort. Das gilt auch dann, wenn diese Einkünfte einem sozialen oder sozialrechtlichen Zweck dienen. …"

Nach dieser steuerrechtlichen Wertung widmete sich das BVerwG der konkreten Frage der Wohngeldberechtigung und kam insofern zu einer unterschiedlichen Betrachtungsweise im Verhältnis zum **Sozialhilfe-** und **Grundsicherungsrecht.** *„Während etwa im Recht der Grundsicherung und Sozialhilfe die Nichtberücksichtigung von Schmerzensgeld als Einkommen ausdrücklich normiert ist (§ 11a SGB Abs. 2, § 83 Abs. 2 SGB XII), findet sich hierzu im Wohngeldgesetz weder eine eigene Regelung noch ein Verweis auf die zuvor genannten Rechtsgebiete. Es beschränkt sich vielmehr auf die allgemeine Bezugnahme (§ 14 I 1 WoGG) auf das Einkommensteuergesetz. Gleiches gilt für die Frage, ob und in welchem Maße Kapitalerträge als Einkommen Berücksichtigung finden"*, so das BVerwG.[4676] Somit sind die Zinsen bei der Berücksichtigung des Wohngeldes als Einkommen zu berücksichtigen und hierauf anzurechnen. Diese dogmatische Spaltung der Rechtsgebiete besteht auch unter dem im Jahr 2026 geltenden Grundsicherungsgeld fort.

481a Bezüglich der **Anrechnung auf BAföG-Leistungen** ist eine strikte Trennung der Schadenspositionen erforderlich. Grundsätzlich ist Schmerzensgeldkapital im BAföG-Recht geschützt: Gemäß § 29 Abs. 3 BAföG iVm den hierzu ergangenen Verwaltungsvorschriften (VwV 29.3.2 f)[4677] stellt die Anrechnung von Vermögen, das der Kompensation von Personenschäden dient, eine unbillige Härte dar. Dies gilt im Rahmen der Surrogatstheorie grundsätzlich auch für einen Pkw, der aus solchen zweckgebundenen Schmerzensgeldmitteln erworben wurde. Mit einem solchen Sachverhalt hatte sich 2012 das **VG München** befasst: Die Parteien stritten darüber, ob der Wert eines Pkw, den die Klägerin nach einem Motorradunfall aus der Abfindung ihres Schmerzensgeldes seitens des KH-Versicherers des Unfallgegners erworben und eine Woche nach dem BAföG-Antrag wieder verkauft hat, bei der Ausbildungsförderung teilweise als Vermögen der Klägerin angerechnet werden durfte. Die Klägerin war der Ansicht, dass insofern keine Anrechnung zulässig sei und trug vor, der Wert des Pkw müsse nach § 29 Abs. 3 BAföG anrechnungsfrei bleiben, denn der Betrag wäre nicht angerechnet worden, wenn sie damit nicht den Pkw gekauft, sondern das Geld auf ihrem „Schmerzensgeldkonto" belassen hätte. Das VG gab ihr jedoch nicht Recht und versagte die Freistellung. Zur Begründung verwies das VG darauf, dass die von den Förderämtern anzustellende Ermessensentscheidung von den Gerichten nur daraufhin überprüfbar sei, ob diese von einem zutreffenden Sachverhalt ausgegangen sind, die gesetzlichen Grenzen des Ermessens überschritten wurden oder von dem Ermessen in einer dem Zweck der Ermächtigung nicht entsprechenden Weise Gebrauch gemacht wurde (§ 114 S. 1 VwGO). All dies sei vorliegend nicht der Fall gewesen. Daran ändere auch die Darlegung der Klägerin nichts, wonach sie den Pkw mit dem Geld ihres **„Schmerzensgeldkontos"** bezahlt habe. Denn zum einen sei auf diesem Konto nicht nur Schmerzensgeld, sondern auch die Abfindungszahlung des KH-Versicherers des Unfallverursachers eingezahlt worden. Der von der Klägerin begangene Fehler lag somit letztendlich darin, dass die Klägerin auf dem von ihr gegenüber dem KH-Versicherer für die Entschädigungszahlungen angegebenen Konto das privilegierte Schmerzensgeld mit materiellen Abfindungszahlungen des Haftpflichtversicherers vermischt hatte.

Praxishinweis:
Für die Mandantenberatung folgt daraus die Empfehlung gegenüber dem Mandanten, die sich in einer solchen Ausgangssituation befinden, **Schmerzensgeldzahlungen** stets getrennt von materiellen Schadensersatzleistungen **auf einem separaten Sonderkonto,** das dem Schädiger oder seinem Haftpflichtversicherer hierfür auch frühzeitig zu benennen ist, anzulegen, um den Schutz im Sozial- und Ausbildungsförderungsrecht nicht zu gefährden.
Die Notwendigkeit einer Kontentrennung gilt jedoch nicht nur im Verhältnis zu Sozialleistungsträgern, sondern auch innerhalb der Ehe, zumindest, sofern diese nicht stabil ist und einer der Ehepartner einen (größeren) Schadensersatz- oder Schmerzensgeldbetrag erwartet. In der anwaltlichen Beratung sollte die Mandantin oder der Mandant deshalb in einem solchen Fall darauf hingewiesen werden, die erwartete Schmerzensgeldsumme nicht auf ein Gemeinschaftskonto (sog. Oder-Konto) oder auf das Alleinkonto des anderen Ehegatten einzuzahlen bzw. ein solches Konto nicht dem die Entschädigung auszahlenden Haftpflichtversicherer zu benennen. Zwar verliert das Schmerzensgeld dadurch im Falle einer Scheidung nicht seine Eigenschaft als privilegierte Position im Zugewinnausgleich (§ 1374 Abs. 2 BGB) und begründet auch keine Schenkung oder hälftige materielle Berechtigung des nicht geschädigten Ehegatten. Jedoch entsteht dadurch ein schuldrechtliches Auftrags- oder Vermögensverwaltungsverhältnis im Sinne der

[4676] BVerwG NJW 2012, 1305 (1307).
[4677] Allgemeine Verwaltungsvorschrift zum Bundesausbildungsförderungsgesetz (BAföGVwV 1991) Zuletzt geändert durch Verwaltungsvorschrift vom 5.3.2026 (GMBl. 2026 Nr. 10/11, 194).

§ 1413, § 662 ff. BGB bzw. gilt als konkludent vereinbart. Die einem Ehegatten überlassene Vermögensverwaltung kann zwar von dem anderen (geschädigten) Ehegatten jederzeit, auch vor der Trennung, widerrufen werden. Im Streit- oder Trennungsfall muss der geschädigte Ehegatte seinen Rückerstattungsanspruch jedoch mühsam ggf. auf dem Klageweg zurückfordern, wie im Fall, den das **OLG Hamm**[4678] 2025 zu entscheiden hatte. Um dies von vornherein zu vermeiden, sollte **Schmerzensgeldkapital stets auf einem exklusiven Einzelkonto des verletzten Mandanten** eingezahlt werden und dafür nur dieses Konto gegenüber dem, den Schaden regulierenden Haftpflichtversicherer angegeben werden.

Dem **Erblasser oder dem Nachlass zugeflossenes Schmerzensgeld** ist dem für den Kostenersatz nach § 102 SGB XII maßgebenden Rohnachlass zuzurechnen. Nach dem Tod der leistungsberechtigten Person ist dieser Vermögensbestandteil weder nach § 83 Abs. 2 SGB XII noch über die Härtefallregelung des § 90 Abs. 3 SGB XII geschützt. Das BSG[4679] hat insofern bereits 2019 klargestellt, dass die Zweckbestimmung des Schmerzensgeldes (Ausgleich und Genugtuung) ein höchstpersönliches Recht darstelle, welches mit dem Erbfall endet. *„§ 90 Abs. 2 Nr. 8 SGB XII begründet aber kein „postmortales Schonvermögen" zugunsten des Erben"*,[4680] sodass der Sozialhilfeträger die Erstattung der zu Lebzeiten erbrachten Leistungen bis zur Höhe des Nachlasswertes einfordern kann, sofern die Freibeträge des § 102 Abs. 3 SGB XII überschritten sind. **481b**

3. Kindergeld und Betreuervergütung

Sowohl im Kindergeldrecht als auch im Betreuungsrecht ist die rechtliche Behandlung von Schmerzensgeldzahlungen und den daraus resultierenden Erträgen von dem Grundsatz geprägt, dass diese als zweckgebundene Leistungen den Kernbereich des immateriellen Schadensersatzes schützen und daher weder zu einer Minderung von Ansprüchen noch zu einer Heranziehung des Betroffenen führen dürfen. **482**

Das auf das Kind entfallende **Kindergeld** ist zur Deckung seines Barbedarfs zu verwenden (§ 1612b BGB) und Einkommen des Kindes und nicht der Eltern.[4681] **482a**

Im Jahr 2016[4682] und bereits zuvor im Jahr 2002 entschied der BFH,[4683] dass für ein behindertes Kind, welches das 18. Lebensjahr vollendet hat und infolge seiner Behinderung nicht in der Lage ist, sich selbst zu unterhalten, trotz des Bezugs einer **Schmerzensgeldrente** grundsätzlich auch weiterhin ein **Kindergeldanspruch** besteht, *„denn eine Schmerzensgeldrente ist bei der Ermittlung der dem Kind zur Verfügung stehenden Mittel nicht zu berücksichtigen, da sie nicht zur Bestreitung des Lebensunterhalts des Kindes bestimmt oder geeignet ist"*.[4684]

Zur Frage, wann davon auszugehen ist, dass ein behindertes Kind nicht in der Lage ist, **sich selbst zu unterhalten,** führte der BFH hierzu bereits 2002 aus:

„§ 32 Abs. 4 S. 1 Nr. 3 EStG stellt nicht allein darauf ab, dass ein Kind körperlich, geistig oder seelisch behindert ist; vielmehr muss es wegen seiner Behinderung außerstande sein, sich selbst zu unterhalten. Ist das Kind trotz seiner Behinderung (zB aufgrund hoher Einkünfte oder Bezüge) in der Lage, selbst für seinen Lebensunterhalt zu sorgen, kommt der Behinderung keine Bedeutung zu. Nur diese Auslegung entspricht dem gesetzgeberischen Willen, bei hinreichender Leistungsfähigkeit des behinderten Kindes kein Kindergeld bzw. keinen Kinderfreibetrag zu gewähren (BFH-Urteil v. 15.10.1999 VI R 183/97, BFHE 189, 442, BStBl II 2000, 72). Nach der Rechtsprechung des BFH ist ein behindertes Kind erst dann imstande, sich selbst zu unterhalten, wenn es über eine wirtschaftliche Leistungsfähigkeit verfügt, die zur Bestreitung seines gesamten notwendigen Lebensbedarfs ausreicht (vgl. Urteile in BFHE 189, 442, BStBl II 2000, 72, und v. 15.10.1999 VI R 40/98, BFHE 189, 449, BStBl II 2000, 75). Die Fähigkeit des Kindes zum Selbstunterhalt ist folglich anhand eines Vergleichs zweier Bezugsgrößen, nämlich des gesamten Lebensbedarfs des Kindes einerseits und seiner finanziellen Mittel andererseits, zu prüfen".

Dies wiederholte der BFH mit dem oben bereits erwähnten Urteil nahezu wörtlich, nachdem das FG Nürnberg[4685] den BFH speziell mit der Frage konfrontiert hatte, ob die Zahlung von Schmerzensgeld (im konkreten Falle ging es um eine Schmerzensgeldrentenzahlung iHv 205 EUR) – die unstreitig nicht der Unterhaltssicherung dient – bei der Berechnung des Kindergeldanspruchs eines volljährigen behinderten

[4678] OLG Hamm BeckRS 2025, 10500.
[4679] BSG BeckRS 2019, 16330.
[4680] BSG BeckRS 2019, 16330 Rn. 20; SG Freiburg BeckRS 2020, 23412.
[4681] BeckOK BGB/Reinken, 61. Edition, Stand: 1.2.2022, § 1612b Rn. 1; Jahnke NJW-Spezial 2021, 521.
[4682] BFH BeckRS 2016, 94892.
[4683] BFH BeckRS 2002, 24001296.
[4684] BFH BeckRS 2016, 94892.
[4685] FG Nürnberg BeckRS 2015, 94519.

Kindes zu berücksichtigen ist, da der Wortlaut des § 32 Abs. 4 Art. 1 Nr. 3 – so das FG Nürnberg – insofern „nicht eindeutig" sei.

Nach der Rechtsprechung des BFH ist ein behindertes Kind erst dann imstande, sich selbst zu unterhalten, wenn es über eine wirtschaftliche Leistungsfähigkeit verfügt, die zur Bestreitung seines gesamten notwendigen Lebensbedarfs ausreicht Das Vermögen des Kindes – und damit auch das dem Kind geleistete Schmerzensgeld – ist dabei nicht zu berücksichtigen.

482b Im Zuge der am 1.1.2023 in Kraft getretenen **Betreuungsrechtsreform** ist der vormalige § 1836c BGB entfallen. Die Voraussetzungen für die Betreuervergütung und den Aufwendungsersatz bei fehlender Leistungsfähigkeit des Betroffenen richten sich seither nach den neu gefassten §§ 1879 und 1880 BGB, mit denen der Gesetzgeber den unbestimmten Rechtsbegriff der **„Mittellosigkeit"** erstmals auf eine klare, gesetzlich definierte Basis gestellt hat.

An der inhaltlichen Rechtslage hat sich durch diese strukturelle Neuordnung im BGB jedoch nichts geändert; die etablierten Grundsätze zur Privilegierung des Schmerzensgeldes beanspruchen unter den neuen Vorschriften uneingeschränkt fortlaufende Gültigkeit.

Keine Anrechnung auf Betreuungsvergütung: Zur Frage der Anrechnung auf Betreuungsvergütung äußerte sich der BGH[4686] mit Beschl. vom 29.1.2020 eindeutig und betonte, es sei *„einhelliger Auffassung in Rechtsprechung und Schrifttum zur Betreuervergütung, dass der Betroffene ein aus Schmerzensgeldzahlungen angespartes Vermögen einschließlich der erwirtschafteten Zinsen nicht für die Betreuervergütung einsetzen muss, weil dies für ihn eine Härte iSv § 90 III SGB XII darstellen würde".*[4687] *Im Rahmen der Betreuervergütung sind bei der Prüfung der Mittellosigkeit Zinsen, die dem Betroffenen aus der Geldanlage eines ihm wegen eines Unfalles gezahlten Schmerzensgeldes zufließen, nicht zu berücksichtigen.*

Kein Einsatz von Schmerzensgeld für die Vergütung des Vormunds: Aufgrund seiner Eigenschaft als Schonvermögen iSd § 1880 Abs. 2 BGB iVm § 90 Abs. 3 SGB XII stellt der Einsatz des an den Mündel gezahlten Schmerzengeldes für die Vergütung des Vormunds eine unzumutbare Härte iSd § 90 III SGB XII dar und muss somit nicht für die Vergütung des Vormundes eingesetzt werden, weil es vorrangig einen immateriellen Ausgleich für das erlittene Leid darstellt, dies betonte 2024 das **OLG Karlsruhe**[4688] im Einklang mit den – noch nach altem Recht (§ 1836c Nr. 2 BGB) ergangenen – Entscheidungen des OLG Jena[4689] und des OLG Frankfurt a. M.[4690]

Dementsprechend ist auch ein dem Betreuten nach Abschluss eines Vergleichs wegen einer durch einen Unfall erlittenen Verletzung gezahltes Schmerzensgeld im Rahmen der Betreuervergütung bei der Prüfung der Mittellosigkeit nicht zu berücksichtigen und kann deshalb auch keinen späteren Regress der Staatskasse begründen.[4691]

4. Zugewinnausgleich

483 Erhält ein Ehegatte im Rahmen einer Unfallregulierung eine Schmerzensgeldzahlung, so fließt diese – sofern dies nicht grob unbillig ist (§ 1381 BGB – s. unten) – grundsätzlich in den Zugewinn. Dementsprechend urteilte bereits 1981 der BGH,[4692] dass Schmerzensgeld, das während der intakten Ehe einem der Ehepartner zufließt, in die Bilanz für die Berechnung des Zugewinnausgleiches einzustellen ist.[4693]

Für die Berechnung des Anfangsvermögens sowie des Endvermögens eines Ehegatten gilt dabei das strenge Stichtagsprinzip.

Regel: Schmerzensgeldansprüche sind in Bezug auf den Zugewinn im Endvermögen anzusetzen.

4686 BGH BeckRS 2020, 3259 Rn. 12 und sowie BGH FamRZ 2015, 488 Rn. 13 mwN.
4687 BGH BeckRS 2020, 3259.
4688 OLG Karlsruhe BeckRS 2024, 21380 mAnm Felix NZFam 2024, 1048.
4689 OLG Jena BeckRS 2007, 997.
4690 OLG Frankfurt a. M. BeckRS 2008, 17158.
4691 OLG Frankfurt a. M. BeckRS 2008, 17158.
4692 BGH 27.5.1981 – IV b ZR 577/80, BeckRS 9998, 103695; AG Hersbruck JuS 2003, 94; vgl. auch Finger FamFR 2011, 145; MAH StraßenVerkehrsR/Schacht Rn. 371.
4693 AA Herr NJW 2008, 262.

Demnach ist grundsätzlich davon auszugehen, dass auch der Ehepartner von den Folgen der Verletzung des anderen Ehepartners betroffen war und somit eine Teilhabe an dem Anspruch über den Zugewinnausgleich gerechtfertigt ist.[4694]

Ausnahme: Anderes kommt nur in Betracht, wenn der Ausgleichspflichtige (zu dessen Gunsten § 1381 BGB gilt) einen Anspruch auf Schmerzensgeld auf Grund eines Ereignisses hat, das **nicht während des ehelichen Zusammenlebens** stattgefunden hat.[4695] Dies ist beispielsweise dann gegeben, wenn der Anspruch erst Jahre nach der Trennung entstand und für den Geschädigten eine besondere Härte bedeuten würde. Eine solche kann beispielsweise darin bestehen, dass der Geschädigte (ehemalige Ehepartner) durch den Unfall seinen Arbeitsplatz verloren hat und es unbillig im Sinne des § 1381 BGB wäre, angesichts der Gesamtbetrachtung der wirtschaftlichen Situation des Geschädigten, das Schmerzensgeld dem Endvermögen des Schmerzensgeldberechtigten zuzurechnen.[4696]

Kreativ-kritisch befasst sich mit diesem Thema Thomas Herr in seinem Aufsatz „Das Schmerzensgeld im Zugewinnausgleich"[4697] und schlägt vor, es bleibe vor dem Hintergrund der unterschiedlichen Lösungsansätze zurzeit letztlich der Weg über „eine Korrektur des Vermögensbegriffs und die Anwendung von § 1374 Abs. 2 BGB entweder über ein sinnhaftes Gesetzesverständnis oder aber analog,"[4698] wobei er für die erste Lösung plädiert.

Vermögenserträgnisse (zB Zinsen), die einem getrenntlebenden Ehegatten aus der Anlage des Schmerzensgeldkapitals oder des Kapitals einer kapitalisierten Schmerzensgeldrente zufließen, hat er stets für seinen Unterhaltsbedarf einzusetzen.[4699]

XII. Prozesskostenhilfe und Schmerzensgeld

Gemäß **§ 114 ZPO** kann für eine Klage auf Schmerzensgeld oder immateriellen Schadensersatz Prozesskostenhilfe gewährt werden, sofern neben der vom Gesetz geforderten Bedürftigkeit und der fehlenden Mutwilligkeit die beabsichtigte Rechtsverfolgung, bezogen auf die vom Beklagten verursachten physischen oder psychischen Verletzungen „hinreichende Aussicht auf Erfolg bietet". **484**

Demnach hat der Antrag auf Gewährung von Prozesskostenhilfe hinsichtlich des Begehrens von Schmerzensgeld grundsätzlich Aussicht auf Erfolg, sofern der verlangte Betrag – so das BVerfG 2019 und 2022 das LAG Berlin-Brandenburg – „noch vertretbar" erscheint, dh wenn der geltend gemachte Schmerzensgeldanspruch sich im Rahmen des Vertretbaren bewegt.[4700]

Die Entscheidung über den tatsächlich angemessenen Betrag bleibt dabei selbstverständlich dem Hauptsacheverfahren vorbehalten.

Die oben (→ **Rn. 397**) zum Schmerzensgeldantrag getroffenen Ausführungen gelten demnach in ihren Grundsätzen auch für eine zunächst nur auf Prozesskostenhilfe (für eine Schmerzensgeldklage) gerichtete Klage, jedoch in abgeschwächter Form: Insofern wird es bereits für ausreichend erachtet, wenn sich der geltend gemachte Schmerzensgeldbetrag innerhalb eines gedachten Rahmens noch in einer vertretbaren Höhe befindet. Denn die Prozesskostenhilfe setzt nur voraus, dass die beabsichtigte Rechtsverfolgung „hinreichende" Aussicht auf Erfolg bietet, was jedoch nur im Rahmen einer **summarischen Prüfung** der **Sach- und Rechtslage** abzuklären ist, ohne insofern eine vollständige Prüfung und Abwägung sämtlicher für die Entscheidung maßgeblichen Gesichtspunkte vorzunehmen. Dabei ist bei der Bemessung des Schmerzensgeldes im Bereich der Prozesskostenhilfe ***„ein großzügiger Maßstab"*** – *„bis hin zum doppelten des vom Gericht für angemessen erachteten Betrags"* – anzulegen, weil mangels näherer Aufklärung überhaupt noch nicht absehbar ist, wie sich die tatsächliche Beeinträchtigung im Ergebnis darstellen wird.[4701]

4694 Knoop NZFam 2016, 54.
4695 Knoop NZFam 2016, 54.
4696 AG Hersbruck JuS 2003, 94; vgl. auch MAH StraßenVerkehrsR/Buschbell Rn. 371.
4697 Herr NJW 2008, 262.
4698 Herr NJW 2008, 262.
4699 OLG Karlsruhe FamRZ 2002, 750.
4700 BVerfG BeckRS 2019, 32776; LAG Berlin-Brandenburg BeckRS 2022, 2789.
4701 OLG Frankfurt a. M. BeckRS 2020, 45064.

„Schwierige Fragen sind nicht im Prozesskostenhilfeverfahren, sondern im Hauptverfahren zu klären“, so betonte das BVerfG[4702] sowie in einer hierzu sehr ausführlichen Entscheidung das OLG Karlsruhe[4703] und rechnete hierzu auch die Klärung *„der Frage, welcher Schmerzensgeldbetrag letztlich richtig oder angemessen erscheint“* und das OLG Naumburg[4704] fasste dies mit dem treffenden Satz zusammen:

„Das Prozesskostenhilfeverfahren soll den Rechtsschutz ermöglichen und ihn nicht bieten“

und führte ergänzend aus, dass dort, wo eine Beweisaufnahme ernsthaft in Betracht komme, sie dem Hauptsacheverfahren vorbehalten bleibe.[4705]

485 **Prozesskostenhilfe und Einsatz von Einkommen und Vermögen (§ 115 ZPO):** Nach dieser Norm hat der die Prozesskostenhilfe beantragende Geschädigte grundsätzlich *„alle Einkünfte in Geld oder Geldwert“* einzusetzen. **Schmerzensgeldkapital** ist insofern kein Vermögen und **Schmerzensgeldrentenleistungen** sind **kein Einkommen iSd § 115 ZPO.**

Hat der Geschädigte bereits **außergerichtlich einen Schmerzensgeldvorschuss** oder einen -teilbetrag, beispielsweise von der gegnerischen Haftpflichtversicherung, erhalten, so stellt sich die teilweise umstrittene[4706] Frage der Auswirkung auf ein anschließendes Prozesskostenhilfeverfahren.

485a In der Rechtsprechung des BGH,[4707] des BVerwG[4708] und der Oberlandesgerichte,[4709] zuletzt 2026 des OLG Dresden,[4710] ist jedoch insofern inzwischen anerkannt, dass ein solcher **Vorschuss bei auf Schmerzensgeld gerichteten Klagen grundsätzlich nicht als einzusetzendes Vermögen im Sinne des § 115 Abs. 3 ZPO zu berücksichtigen** ist, da es dem Ausgleich verletzungsbedingt erlittener, weiter bestehender sowie ggf. auch vorhersehbarer künftiger Beeinträchtigungen dient.[4711]

Im konkreten Fall, der dem **BVerwG** 2011 vorlag, verfügte der die Prozesskostenhilfe beantragende Kläger über ein nicht unbeträchtliches Bankguthaben von ca. 97.000 EUR, das jedoch aus einer Schmerzensgeldzahlung stammte. Der Einsatz dieses Vermögens – so das BVerwG – *„ist dem Kläger aber nicht zumutbar (§ 115 Abs. 3 S. 1 ZPO), weil dies für ihn eine Härte bedeuten würde (§ 115 Abs. 3 S. 2 ZPO iVm § 90 Abs. 3 S. 1 SGB XII entsprechend) … Der Ausgleichsfunktion des Schmerzensgeldes entspricht es, dass das Leben des Geschädigten dadurch in gewissem Umfang erleichtert werden soll. Dies alles ist aber nur gewährleistet, wenn der Geschädigte das Schmerzensgeld zur freien Verfügung behält und nicht für Prozesskosten oder seinen notwendigen Lebensunterhalt aufwenden muss (BGH Beschl. v. 10.1.2006 – VI ZB 26/05, VersR 2006, 673 f.).“*[4712]

Das OLG Naumburg[4713] betonte dazu in seinem amtlichen Leitsatz: *„Eine Berücksichtigung von Schmerzensgeld als anrechenbares Einkommen ist jedenfalls dann ausgeschlossen, wenn das gezahlte Schmerzensgeld in unmittelbarem Zusammenhang mit dem geltend gemachten Anspruch steht. Dies gilt umso mehr, wenn mit dem Schmerzensgeld eine lebenslange Behinderung ausgeglichen werden soll, die eigentlich materiell überhaupt nicht auszugleichen ist.“*[4714]

Da Schmerzensgeld keinen Versorgungscharakter besitzt, sondern als Vermögen eigener Art ausschließlich der Kompensation immaterieller Schäden dient, ändert auch eine vorzeitige Teilzahlung nichts an seiner Zweckbindung. Der Einsatz dieses Kapitals für die Prozesskosten würde folglich eine unzumutbare Härte nach § 90 Abs. 3 SGB XII darstellen und den vom materiellen Recht garantierten Schutz unterlaufen. Dies gilt jedoch in dieser Eindeutigen Form nur für auf Schmerzensgeld gerichteten Klagen; im Gegensatz zu Klagen, die – wie in dem vom BGH (Beschl. v. 10.1.2006 – VI ZB 26/05) entschiedenen Fall – auf

---

4702 BVerfG BeckRS 2019, 32776.
4703 OLG Karlsruhe NZV 2011, 258; NJW 2011, 2143.
4704 OLG Naumburg BeckRS 2013, 01884.
4705 OLG Naumburg BeckRS 2013, 01884.
4706 BGH BeckRS 2006, 1879; OLG Naumburg NJOZ 2003, 662; BVerwG BeckRS 2011, 51679; BVerwG BeckRS 1995, 22120; OLG Oldenburg, Beschl. v. 27.1.1995 – 8 W 10/95; Burmann/Heß/Hühnermann/Jahnke/Jahnke Straßenverkehrsrecht BGB § 253 Rn. 84a–86; Hüttenbrink/Kilz Sozialhilfe und Arbeitslosengeld II, 13. Aufl. 2018; Musielak ZPO § 115 Rn. 49.
4707 BGH BeckRS 2006, 1879 Rn. 13.
4708 BVerwG BeckRS 2011, 51679; BVerwG BeckRS 1995, 22120.
4709 OLG Dresden BeckRS 2026, 3150; OLG Saarbrücken BeckRS 2014, 4662; OLG Naumburg BeckRS 2012, 21468; OLG Oldenburg, Beschl. vom 27.1.1995 – 8 W 10/95; OLG Köln BeckRS 1994, 335.
4710 OLG Dresden BeckRS 2026, 3150.
4711 Vgl. auch MüKoZPO/Wache ZPO § 115 Rn. 85; Burmann/Heß/Hühnermann/Jahnke/Jahnke Straßenverkehrsrecht BGB § 253 Rn. 84a–86; Jaeger/Luckey Schmerzensgeld 2026 Kapitel 7 Rn. 198.
4712 BVerwG BeckRS 2011, 51679; vgl. auch OLG Saarbrücken BeckRS 2014, 4662; OLG Oldenburg 27.1.1995 – 8 W 10/95.
4713 OLG Naumburg BeckRS 2012, 21468.
4714 OLG Naumburg BeckRS 2012, 21468.

immateriellen Schadensersatz wegen Persönlichkeitsrechtsverletzungen gerichtet sind; vgl. dazu unter → **Rn. 486.**

Einige Gerichte[4715] wollen hiervon für die Fälle eine Ausnahme machen, in denen die Prozesskosten verhältnismäßig gering sind und dem Kläger der wesentliche Anteil des Schmerzensgeldes zu dessen eigentlichem Zwecke verbleibt. Das OLG Oldenburg wollte sich in der zitierten Entscheidung[4716] insofern nicht grundsätzlich festlegen und ließ die Frage nach einer solchen Ausnahmemöglichkeit offen. Zutreffend sah es jedoch bei einem außergerichtlichen Vorschuss von immerhin umgerechnet 5.112 EUR vor dem Hintergrund einer weiteren Klageforderung von umgerechnet 15.338 EUR einen derartigen Ausnahmefall nicht als gegeben an und lehnte mit der herrschenden Meinung eine Anrechnung ab.

Anrechnungsfreiheit von Entschädigungen nach § 15 Abs. 2 AGG: War zunächst umstritten, ob eine immaterielle Entschädigung wegen Diskriminierung nach § 15 Abs. 2 AGG im Rahmen der Prozesskostenhilfe als Einkommen bzw. als Vermögen einzusetzen ist – die ältere Instanzenrechtsprechung wie beispielsweise noch des LAG Rheinland-Pfalz[4717] lehnte eine Privilegierung unter Verweis auf den präventiven Charakter der Norm ab – hat das BAG jedoch diese restriktive Auffassung ausdrücklich verworfen.[4718] Das BAG stellte klar, dass Entschädigungen nach § 15 Abs. 2 AGG im PKH-Recht weder als Einkommen nach § 115 Abs. 1 ZPO noch regelmäßig als einzusetzendes Vermögen nach § 115 Abs. 3 ZPO zu berücksichtigen sind. Sie erfüllen eine dem zivilrechtlichen Schmerzensgeld (§ 253 Abs. 2 BGB) vergleichbare Ausgleichs- und Genugtuungsfunktion, weshalb deren Verwertung für die Prozesskosten eine unzumutbare Härte darstellen würde. Dies gelte, so das BAG, selbst dann, „*wenn die Vorgehensweise des Klägers ein „Geschäftsmodell“* [ergänze: Stichwort „AGG-Hopper“ bzw. „AGG-Hopping“ vgl. dazu **Rn.** → **246b**] *darstellen sollte, das darauf gerichtet ist, mit der Durchsetzung von Entschädigungsansprüchen nach § 15 Abs. 2 AGG Einnahmen zu generieren (vgl. dazu BAG 19. September 2024 – 8 AZR 21/24 – Rn. 48ff.), hat dies keinen Einfluss auf die Bewertung früherer oder zukünftiger Zahlungen als Vermögen oder Einkommen. Erhält der Kläger Zahlungen aufgrund eines Verstoßes gegen das Benachteiligungsverbot nach § 15 Abs. 2 AGG, ist nicht von einer rechtsmissbräuchlichen Vorgehensweise des Klägers auszugehen.*“[4719] 485b

Unberührt hiervon bleibt jedoch die formelle Mitwirkungspflicht des Klägers nach § 118 Abs. 2 ZPO. Besteht der begründete **Verdacht eines rechtsmissbräuchlichen Verhaltens** (sog. **„AGG-Hopping“**),[4720] darf das Gericht dem Antragsteller aufgeben, den Verbleib früherer Entschädigungszahlungen offenzulegen. Verweigert der Kläger – im Vertrauen auf die generelle Anrechnungsfreiheit – pauschal jede Auskunft über seine wirtschaftlichen Verhältnisse, ist der PKH-Antrag mangels Glaubhaftmachung der Bedürftigkeit zu Recht abzuweisen (vgl. LAG Düsseldorf Beschl. v. 5.7.2024 – 9 SLa 272/24).

Insofern abschließend sei noch darauf hingewiesen, dass ein Anspruch auf Schmerzensgeld eine persönliche Angelegenheit darstellt, für die grundsätzlich **vorrangig** eine **Prozesskostenvorschusspflicht unterhaltspflichtiger Angehöriger** besteht und somit Eltern ihren minderjährigen Kindern nach **§ 1360a Abs. 4 BGB analog** Prozesskostenvorschuss für erfolgversprechende Rechtsstreitigkeiten in persönlichen Angelegenheiten zu gewähren haben.[4721]

Zur Klärung der Frage, ob die Eltern insofern leistungsfähig sind oder leistungsfähige Angehörige vorhanden sind, hat der Betroffene/Antragsteller in der **Erklärung über die persönlichen und wirtschaftlichen Verhältnisse nach § 117 Abs. 2 ZPO** Angaben über das durchschnittliche monatliche Bruttoeinkommen der unterhaltsverpflichteten Personen zu machen und darüber hinaus Aufschluss darüber zu geben, ob diese Personen über Vermögensgegenstände verfügen, deren Einsatz oder Verwertung zur Bestreitung eines Prozesskostenvorschusses in Betracht kommt.[4722]

Bei eingeschränkter Leistungsfähigkeit des unterhaltspflichtigen Elternteils ist zu prüfen, ob der Elternteil den Prozesskostenvorschluss ohne Gefährdung seines eigenen Selbstbehalts ratenweise leisten kann. Wenn dies der Fall ist, erlangt das unterhaltsberechtigte Kind mit den Raten auf seinen Anspruch auf Prozesskostenvorschuss Vermögen iSv § 115 ZPO, das es für die Prozesskosten einsetzen muss. Nach unterhaltsrechlichen

[4715] OLG Köln BeckRS 1994, 335.
[4716] OLG Oldenburg 27.1.1995 – 8 W 10/95, NdsRpfl 1995, 160.
[4717] LAG Rheinland-Pfalz BeckRS 2022, 4871.
[4718] BAG BeckRS 2025, 7495; vgl. dazu auch OLG Hamm BeckRS 2021, 14586 Rn. 13.
[4719] BAG BeckRS 2025, 7495.
[4720] ArbG Berlin Urt. v. 28.5.2026 – 42 Ca 3438/26 → Nr. 7942.
[4721] BAG BeckRS 2025, 7495; vgl. dazu auch OLG Hamm BeckRS 2021, 14586; vgl. dazu auch Jahnke/Burmann PersSchadensR-HdB/Müller Kap. 5 Rn. 1753-1761.
[4722] KG KG, Beschl. v. 19.3.2018 – 20 W 6/18; NJW-RR 2018, 712; LG Koblenz BeckRS 1999, 8022; BGH BeckRS 2004, 8436.

Grundsätzen schuldet der Unterhaltsverpflichtete jedoch keinen Prozesskostenvorschuss, wenn dadurch sein notwendiger **Selbstbehalt verletzt** würde.[4723]

486 Mit dieser Frage – allerdings nicht auf Schmerzensgeld im eigentlichen Sinne, sondern auf eine **Geldentschädigung** wegen **Persönlichkeitsrechtsverletzung** bezogen (vgl. dazu ausführlich oben → **Rn. 257**) – hatte sich der BGH[4724] zu befassen und hielt insofern den Einsatz von Entschädigungszahlungen für Persönlichkeitsrechtsverletzungen zur Begleichung von Prozesskosten nicht in jedem Fall für unzumutbar. Eine Entschädigung wegen einer Verletzung des allgemeinen Persönlichkeitsrechts sei – so der BGH – nicht mit dem Schmerzensgeld vergleichbar.[4725] Beim Schmerzensgeld stünden vor allem die schadensausgleichende Funktion und opferbezogene Merkmale wie Umfang und Dauer der Schmerzen, Entstellungen, Leiden und Eingriffe in das Leben des Opfers im Vordergrund. Das sei nur gewährleistet, wenn das Opfer das Schmerzensgeld zur eigenen freien Verfügung behält und nicht für Prozesskosten oder seinen notwendigen Lebensunterhalt aufwenden müsse.

Damit bestätigt der BGH die herrschende Meinung (s. oben), differenziert jedoch sogleich in Bezug auf Geldentschädigungen für Persönlichkeitsrechtsverletzungen und führt aus:

„Diese Bedeutung des Schmerzensgelds (für das Opfer) kann nicht ohne weiteres auf Entschädigungszahlungen für Verletzungen des Persönlichkeitsrechts übertragen werden. So besteht ein Unterschied darin, dass die Beeinträchtigung, für die Entschädigung beansprucht wird, nicht in anderer Weise – etwa durch Widerruf – befriedigend ausgeglichen werden. Auch sind die zugebilligten Beträge zur Entschädigung einer Persönlichkeitsrechtsverletzung im Vergleich etwa zu Schmerzensgeldansprüchen bei schwersten Körperschäden oder anderen Eingriffen mit tragischen Folgen deutlich höher … Aus den dargelegten Gründen steht bei der Entschädigung wegen Persönlichkeitsrechtsverletzungen anders als beim Schmerzensgeld weniger im Vordergrund, dass dem Geschädigten finanzielle Mittel zur Verfügung stehen, um die mit der Rechtsverletzung verbundenen Einbußen in seiner Lebensführung ausgleichen zu können. Vielmehr ist vorrangiger Zweck der Geldentschädigung, dem Geschädigten Genugtuung für die Eingriffe in seine Persönlichkeitssphäre zu verschaffen und weiteren Rechtsverletzungen vorzubeugen.“

Aus diesen Gründen rechtfertige sich eine unterschiedliche Behandlung, bei der jedoch stets die Umstände des Einzelfalles zu berücksichtigen seien.

Diese auf den ersten Blick überzeugende Differenzierung des BGH hält jedoch bei genauer Betrachtung der tatsächlichen und rechtlichen Gegebenheiten in Bezug auf Persönlichkeitsrechtsverletzungen nicht Stand, zumindest so weit nicht, wie hiervon der „Normalbürger“ (im Gegensatz zu im Lichte der Öffentlichkeit stehenden Prominenten iSv absoluten Personen der Zeitgeschichte) erfasst wird. Denn weder hilft einem als „Arschloch“ und „Scheiß Ausländer“ beleidigten Taxifahrer[4726] oder dem als „Neger“[4727] rassistisch beleidigten Mitbürger afrikanischer Herkunft ein Widerruf, noch ist ein in diesen Fällen zuerkanntes Schmerzensgeld von 1.500 bzw. 2.500 EUR besonders hoch, (vgl. dazu oben → **Rn. 250 sowie im Tabellenteil unter C. 10. c)**). Eine Genugtuung, die in solchen Fällen im Vordergrund steht, ist hier nur über ein Schmerzensgeld und die Erlangung desselben nicht selten nur über einen erfolgreichen Prozesskostenhilfeantrag möglich; deshalb sollte zumindest hinsichtlich der Frage des Einsatzes von Entschädigungszahlungen für Persönlichkeitsrechtsverletzungen zur Begleichung von Prozesskosten keine Differenzierung zwischen einer körperlichen und einer die Persönlichkeitsrechte betreffenden Verletzung gemacht werden. Bei „Personen der Zeitgeschichte“ und nur zu Auflagensteigerung erfundenen Berichten seitens der Medien (s. hierzu ausführlich oben → **Rn. 167 ff.**) mag dies – im Einklang mit dem BGH – anders beurteilt werden.

487 Dass der „erstmalige“ **Antrag** auf **Prozesskostenhilfe** gem. § 204 Abs. 1 Nr. 14[4728] zur **Hemmung** der **Verjährung** führt, sei hier nur der Vollständigkeit halber erwähnt, der Antragsteller muss allerdings auf Bekanntgabe iSd § 118 Abs. 1 Art. 1 ZPO hinwirken und diese veranlassen, damit die Wirkung der Hemmung entsteht.[4729]

Der Prozesskostenhilfeantrag ist nur erfolgreich, wenn die Klage hinreichend genau den anspruchsbegründenden Sachverhalt darstellt, ohne dass ein Mindestbetrag oder eine Größenbenennung des Schmerzensgeldes notwendig ist.

4723 OLG Hamm BeckRS 2021, 14586 Rn. 9 und Rn. 11.
4724 BGH NJW 2006, 1068.
4725 BVerfG NJW 2000, 2187.
4726 AG Charlottenburg BeckRS 2007, 145001.
4727 OLG Köln BeckRS 2010, 1507.
4728 Vgl. auch BGH NJW 2009, 1137 mAnm Fischer LMK 2009, 274183.
4729 So Fischer LMK 2009, 274183; Jauernig BGB § 204 Rn. 16.

Eine hinreichende Erfolgsaussicht liegt vor – so entschied das LAG Rheinland-Pfalz[4730] in einer wegen Mobbing auf Schmerzensgeld gerichteten Klage –

„wenn das Gericht den Rechtsstandpunkt des Antragstellers anhand des vorgetragenen Sachverhalts für zutreffend oder vertretbar hält und von der Möglichkeit ausgegangen werden kann, der Antragsteller könne ggf. streitige Tatsachen auch beweisen. Hinreichende Erfolgsaussicht bedeutet nicht Erfolgsgewissheit, so dass die Erfolgsaussichten nicht überspannt werden dürfen, weil das Hauptsacheverfahren nicht in das summarische Verfahren der Prozesskostenhilfe verlagert werden darf".

Im konkreten Fall sah das LAG dennoch keine hinreichenden Erfolgsaussichten iSd § 114 ZPO und wies den Antrag auf Bewilligung von Prozesskostenhilfe daher zurück.

Zur Schlüssigkeitsprüfung in einem auf Schmerzensgeld wegen Körperverletzung gerichteten Prozesskostenhilfeprüfungsverfahren vgl. aktuell auch OLG Brandenburg.[4731]

XIII. Erfüllungsübernahme bei Schmerzensgeldansprüchen

Immer häufiger gibt es Fälle, in denen Beamtinnen und Beamte auf Grund ihrer Eigenschaft als Amtsträger im Rahmen ihrer Dienstausübung oder außerhalb derselben wegen ihrer Eigenschaft als Amtsträger Opfer von Gewalttaten werden; besonders gefährdet sind dabei Polizeivollzugsbeamte und Mitarbeiter der Bundesagentur für Arbeit sowie Lehrer.[4732] **488**

Wird ein Beamter in Ausübung seiner Arbeit bzw. wegen seiner Eigenschaft als Amtsträger vorsätzlich verletzt und hat er gegen den Schädiger ein **Schmerzensgeldurteil im Wege eines Zivil- oder Adhäsionsverfahrens** erstritten (die Titulierung eines Schmerzensgeldanspruchs durch einen Vollstreckungsbescheid genügt insofern nicht)[4733] oder insofern einen gerichtlichen Vergleich (§ 794 Abs. 1 Nr. 1 ZPO) geschlossen, so kommt es nicht selten vor, dass der Beamte dennoch keine Schmerzensgeldzahlung erlangt, da der Schädiger zahlungsunfähig ist oder einer Vollstreckung dadurch entgeht, dass er sich „nach unbekannt abgemeldet" hat,[4734] wobei bei einem unbekannten Aufenthalt in Deutschland oder in einem Mitgliedstaat der Europäischen Union an den Nachweis zumutbarer Eigenbemühungen seitens des geschädigten Beamten strengere Maßstäbe anzulegen sind als bei Drittländern.[4735]

In einigen Bundesländern, wie beispielsweise in Bayern,[4736] setzt die Erfüllungsübernahme einen „tätlichen rechtswidrigen Angriff" voraus.

Ein insofern **klassischer Sachverhalt** lag der Entscheidung des VG Düsseldorf[4737] zugrunde: Dabei war der Kläger in seiner Funktion als nordrhein-westfälischer Justizvollzugsbeamter von dem Inhaftierten R. angegriffen und durch einen Kopfstoß verletzt worden. Mit Versäumnisurteil des AG Wuppertal wurde der Häftling R. dazu verurteilt, an den Kläger 3.800 EUR als Schmerzensgeld zu zahlen. Der Kläger beauftragte daraufhin die Gerichtvollzieherin J. mit der Vollstreckung des Urteils gegenüber R., der jedoch über keinerlei vollstreckbares Vermögen verfügte.

Vor diesem Hintergrund beantragte der Kläger deshalb bei seinem Dienstherren die Zahlung des Schmerzensgelds und verklagte diesen, nach dessen Weigerung vor dem VG Düsseldorf.

Das VG gab dem Kläger Recht und verpflichtete den Beklagten, gemäß LBG NRW § 82a Abs. 1 S. 1 auf die Übernahme des Schmerzensgeldanspruchs in Höhe von 3.800 EUR.

Eine vergleichbare Rechtslage sah der VGH[4738] 2024 im – wenn auch keineswegs typischen – Fall der Überprüfung eines Polizeibeamten auf dessen Drogenkonsum im Dienst nicht als gegeben an, da der Beamte

[4730] LAG Rheinland-Pfalz NZA-RR 2004, 232.
[4731] OLG Brandenburg BeckRS 2017, 102980.
[4732] Vgl. dazu auch BeckOK BeamtenR Bund/Badenhausen-Fähnle § 78a Rn. 2–9; Strunz PdK Bay zu Art. 97 BayBG.
[4733] BVerwG BeckRS 2023, 5322.
[4734] So geschehen im Fall des VGH Mannheim BeckRS 2023, 36272; vgl. dazu auch VGH München BeckRS 2022, 3146.
[4735] VGH München BeckRS 2022, 3146.
[4736] Art. 97 Abs. 1 S. 1 BayBG.
[4737] VG Düsseldorf BeckRS 2025, 34099.
[4738] VGH München BeckRS 2022, 3146.

dafür – nach Eröffnung der Vorwürfe – freiwillig Urin-, Blut- und Haarproben für das Drogenscreening abgab und zudem seine Waffe und sein Handy konfisziert wurden. Ein „Angriff" iSd Art. 97 Abs. 1 S. 1 BayBG erfordert eine objektive unmittelbare räumlich-zeitliche Gefährdung (objektives Element) aufgrund einer zielgerichteten Verletzungshandlung (subjektives Element). „Tätlich" ist er, wenn er auf einen physischen Schaden gerichtet ist; damit werden grundsätzlich nur vollendete körperliche Beeinträchtigungen oder Gesundheitsschädigungen erfasst.[4739]

Aus Fürsorgegründen bzw. als Resultat der den Dienstherren gegenüber ihren Beamten obliegenden Fürsorgepflicht sollen Beamte in derartigen Fällen nicht alleine gelassen werden. Vielmehr schafft – für Bundesbeamte **§ 78a BBG** sowie für Landesbeamte die jeweilige dementsprechende Regelung der Landesbeamtengesetze[4740] – für die von einer solchen Situation betroffenen Beamten eine Möglichkeit, den Schmerzensgeldbetrag doch noch und nun von ihrem Dienstherren zu erlangen. Auch wenn dabei in § 78a Abs. 1 S. 1 normiert wird, der Dienstherr *„soll ...auf Antrag die Zahlung des zuerkannten Schmerzensgeldes übernehmen"*, besteht dennoch für den insofern betroffenen Beamten ein Anspruch gegen seinen Dienstherrn.[4741] *„Die Ausgestaltung als Sollvorschrift bringt zum Ausdruck, dass bei Vorliegen der Voraussetzung ein Zahlungsanspruch gegen den Dienstherrn besteht; es sei denn, dass ein atypischer Ausnahmefall vorliegt."*[4742]

Entscheidend ist in diesen Fällen stets allein das vom Beamten im Moment der Verletzungshandlung erbrachte **Sonderopfer.** Eine spätere Entlassung hebt dieses Sonderopfer nicht auf.[4743]

Eine Erfüllungsübernahme gilt jedoch nur für solche Beamte, die sich in einem aktiven Beamtenverhältnis befinden; Ruhestandsbeamte (der Kläger war Polizeihauptkommissar a. D.) fallen nicht darunter.[4744]

Ein solcher Anspruch muss jedoch vom geschädigten bzw. verletzten Beamten bei seinem Dienstherrn beantragt werden. Der **Antrag muss innerhalb einer Ausschlussfrist von zwei Jahren** nach Eintritt der Rechtskraft des Urteils oder nach Eintritt der Unwiderruflichkeit des Vergleichs schriftlich oder elektronisch gegenüber der obersten Dienstbehörde oder der von ihr bestimmten Behörde unter Nachweis des (erfolglosen) Vollstreckungsversuchs eingereicht werden.[4745] Die für den Antrag auf Erfüllungsübernahme vorgegebene Ausschlussfrist wird auch dann in Gang gesetzt, wenn die Vollstreckung zum Zeitpunkt des Inkrafttretens der die Erfüllungsübernahme regelnden Norm (hier: § 76a Abs. 3 SBG) noch nicht als erfolglos anzusehen war.[4746]

Soweit der geltend gemachte immaterielle Anspruch nicht auf einem bereits vom geschädigten Beamten erstrittenen zivilrechtlichen Titel beruht, sondern im Rahmen der beamtenrechtlichen Fürsorge die Verletzung von Beteiligungs- oder Gleichstellungsrechten im Raum steht, kann (je nach Landesrecht) die jeweilige Behörde in Fällen von immateriellem Schadensersatz wegen behördlicher Verstöße (zB. Verletzung von Gleichstellungs-, Beteiligungs- oder Ombudsverfahrensrechten nach dem Landesgleichstellungsgesetz) eine eigene Festsetzungskompetenz besitzen. Wie das OVG Münster[4747] mit Beschl. v. 28.7.2025 (6 A 789/23) klargestellt hat, obliegt es in solchen Konstellationen dem Dienstherrn, die Entschädigungssumme für das erlittene Sonderopfer in eigener Entscheidung festzusetzen. Dem Gericht kommt insoweit lediglich eine Überprüfung auf Ermessensfehler zu.

Soweit es um die klassische Erfüllungsübernahme von Schmerzensgeld nach Gewalttaten geht (§ 78a BBG/ § 82a LBG NRW/Art. 97 BayBG), gibt es eine solche behördliche Festsetzungskompetenz für die Schadenshöhe jedoch nicht. Eine eigenständige behördliche Schmerzensgeldbemessung findet in diesem Rahmen nicht statt.

Der Dienstherr prüft in diesen Fällen nur, ob die Vollstreckung seitens seines geschädigten Beamten gegenüber dem Täter erfolglos war und ob eine **unbillige Härte** vorliegt; letztere Voraussetzung hat der Gesetzgeber vorgegeben, um sich nicht mit Schmerzensgeldbeträgen nahe eines Bagatellbereichs (vgl. dazu oben → Rn. 266) befassen zu müssen. So wurde beispielsweise für Bundesbeamte in § 78a Abs. 2 BBG bestimmt, dass der Schmerzensgeldbetrag mindestens 250 EUR betragen muss und eine unbillige Härte insbesondere

4739 Vgl. dazu VG Würzburg BeckRS 2023, 37676.
4740 § 80 a LBG BW; Art. 97 BayBG; § 74 a LBG Berlin; § 67 a LBG Brdbg, § 83 a BremBG; 83 a HambBG; § 81 a HessBG; § 83 a LBG M-V; § 83 a NdsBG; § 82 a LBG NRW; § 71 a LBG RP; § 76 a SaarlBG; § 81 a SächsBG; 3 83 a LBG LSA; § 83 a LBG SH; § 74 a ThürBG.
4741 BT-Drs. 18/8517, zu Nr. 9 Abs. 4 S. 2.
4742 BT-Drs. 18/8517, zu Nr. 9 Abs. 4 S. 2.
4743 VG Düsseldorf BeckRS 2025, 34099 Rn. 39.
4744 OVG Münster BeckRS 2025, 18720.
4745 § 78a BBG Abs. 4 – in den Bundesländern finden sich insofern nahezu wortgleiche Vorschriften.
4746 OVG Saarlouis BeckRS 2024, 454.
4747 OVG Münster BeckRS 2025, 18720.

dann vorliegt, wenn ein Versuch der **Vollstreckung erfolglos** war oder nicht zu einer vollständigen Befriedigung der Beamtin oder des Beamten geführt hat. Der Betrag (250 EUR) gilt nach Bundesrecht und wird von Bundesland zu Bundesland unterschiedlich angesetzt und beträgt beispielsweise in Bayern, 500 EUR.[4748]

Eine weitere Voraussetzung für das Vorliegen einer „unbilligen Härte" ist der Versuch des geschädigten Beamten, seine Schadensersatz- und Schmerzensgeldforderung gegenüber dem Täter zu vollstrecken. Ohne einen Vollstreckungsversuch seitens des geschädigten Beamten fehlt es an dem Vorliegen einer „unbilligen Härte". Denn vorrangig hat der Beamte selbst alles ihm rechtlich und tatsächlich Mögliche zu tun, um seinen Anspruch durchzusetzen. Auf die Kosten und Erfolgsaussichten hierfür kommt es nicht an. Scheut er das Kostenrisiko, das er im Wege der Erfüllungsübernahme nicht auf den Dienstherrn abwälzen kann, verzichtet er freiwillig auf die Erfüllung seines Schmerzensgeldanspruchs.[4749]

In diesen Fällen der sog. Erfüllungsübernahme hat der Dienstherr grundsätzlich kein Recht zur Prüfung der Angemessenheit des – durch das Zivilurteil oder das im Rahmen des Adhäsionsverfahrens zugesprochenen – **Schmerzensgeldes.** Eine solche Prüfung durch den Bund oder das jeweilige Bundesland ist somit ermessensfehlerhaft.[4750] Eine Prüfungskompetenz des Dienstherrn zur Angemessenheit der Schmerzensgeldhöhe besteht nur, wenn der Zahlungsanspruch auf einem gerichtlichen Vergleich beruht.[4751]

Der Anspruch gegen den Dienstherrn geht dem Anspruch gegen die **Verkehrsopferhilfe** (vgl. dazu oben → Rn. 344) vor.[4752]

XIV. Adhäsionsverfahren und Täter-Opfer-Ausgleich

Adhäsionsverfahren gem. §§ 403 ff. StPO: 489

Das bis heute oftmals als Mauerblümchen[4753] geschmähte Adhäsionsverfahren der §§ 403 ff. StPO – zuletzt reformiert durch das Opferschutzreformgesetz vom 1.9.2004 – dient der Beschleunigung[4754] und Vereinfachung der Rechtsdurchsetzung insbesondere bei Straftaten gegen die körperliche Unversehrtheit.

Trotz der Wiederbelebungsversuche[4755] durch die jüngste Reform ist das Adhäsionsverfahren zum Teil aus rechtlichen Gründen (zB im Strafbefehlsverfahren) und zum Teil aus praktischen (zB in Kfz-Haftpflicht- oder Privathaftpflichtschadensfällen, s. nachfolgend → **Rn. 490**) Gründen nicht anwendbar und wird daher auch heute noch in nur ca. 5 % aller Strafverfahren eingesetzt, wobei die Anzahl der Fälle bei Landgerichten leicht zunimmt, während sie bei Amtsgerichten im Bereich der Ein-Prozent-Linie vor sich hin „dümpelt".[4756]

Das Adhäsionsverfahren wird gem. **§ 404 Abs. 1 StPO** durch **Antrag** in Gang gesetzt und übt insofern „dieselben Wirkungen … wie die Erhebung der Klage im bürgerlichen Rechtsstreit" aus (§ 404 Abs. 2 StPO). Eines Anwaltes bedarf es hierzu nicht, obgleich sich die Hinzuziehung eines Anwaltes stets unbedingt empfiehlt.

Anforderungen an den Adhäsionsantrag: § 404 Abs. 1 S. 2 StPO verlangt, ebenso wie § 253 Abs. 2 Nr. ZPO, die bestimmte Angabe des Gegenstandes und des Grundes des erhobenen Anspruchs sowie einen bestimmten Antrag, dies betonte erneut der BGH 2022.[4757] Um den Zulässigkeitsanforderungen insofern zu genügen, muss der Antrag auf Zahlung eines Schmerzensgeldes, dessen Höhe im Ermessen des Gerichts steht, den Umfang der beantragten Geldleistung durch Angabe einer Größenordnung eingrenzen, um dadurch klarzustellen, welchen Umfang der Streitgegenstand hat.[4758] Ist der Adhäsionsantrag nicht beziffert und enthält er auch sonst keinen Hinweis auf die Größenordnung oder einen Mindestbetrag, den der Adhäsionskläger

4748 Art. 97 BayBG; vgl. insofern VG Ansbach BeckRS 2019, 20662, bestätigt durch VGH München BeckRS 2021, 4343; ebenso § 81a HBG.
4749 So VGH München BeckRS 2022, 3146.
4750 VGH Mannheim BeckRS 2023, 36272.
4751 Geigel Haftpflichtprozess/Pardey Kapitel 6 Rn. 12 mit Verweis auf VG Würzburg BeckRS 2022, 7233.
4752 Jahnke/Burmann Handbuch Personenschadenrecht/Jahnke Rn. 428a.
4753 Vgl Saenger ZPO § 253 Rn. 34.
4754 Vgl. insofern Jaeger VersR 2017, 449.
4755 Jaeger/Luckey Rn. 1603 sprechen sogar von „totem Recht".
4756 Haller NJW 2011, 970.
4757 BGH BeckRS 2022, 8056.
4758 BGH BeckRS 2019, 35160; BGH BeckRS 2019, 14497 (5. Strafsenat) sowie auch BGH BeckRS 2019, 1263(2. Strafsenat).

als Schmerzensgeld anstrebt, genügt er nicht den **Bestimmtheitsanforderungen der §§ 404 Abs. 1 Art. 2 stopp, 253 Abs. 2 Nr. 2 ZPO, worauf der BGH wiederholt hingewiesen hatte.**[4759] Der Mangel kann jedoch bis zum Ende der Hauptverhandlung geheilt werden kann, etwa durch eine Streitwertangabe oder eine vor Urteilserlass unwidersprochen hingenommene Streitwertfestsetzung seitens des Gerichts, dies betonte der BGH[4760] erneut im September 2018.

Hinweise des BGH zur richtigen Tenorierung:

- Spricht das Gericht im Adhäsionsverfahren ein geringeres Schmerzensgeld als beantragt zu (im konkreten Falle 3.000 EUR statt 5.000 EUR), so ist zu tenorieren, dass „im Übrigen von einer Entscheidung abgesehen wird" (§ 406 Abs. 1 S. 3 StPO); dies betonte 2021 der 1. Strafsenat des BGH.[4761]
- Gibt das Landgericht dem vom Nebenkläger (hier: Tatopfer) geltend gemachten Schmerzensgeldanspruch nur teilweise statt, muss das teilweise Absehen von der Entscheidung im Hinblick auf § 406 Abs. 3 S. 3 StPO ausdrücklich tenoriert werden, so der BGH.[4762]

Im Bereich von Verkehrsunfällen oder anderen Schadenfällen, in welchen regelmäßig Schadensersatzansprüche gegen Haftpflichtversicherer (KH, AH) geltend gemacht werden, ist von der Anwendung des Adhäsionsverfahrens abzusehen, denn der Geschädigte kann hier seinen insbesondere im KH-Schaden bestehenden Direktanspruch (§ 115 Abs. 1 VVG) nicht geltend machen.

489a 2020 entschied das **BVerfG,**[4763] dass das Absehen von einer Entscheidung über einen Adhäsionsantrag verfassungswidrig sei, wenn sich dies als willkürlich iSv Art. 3 Abs. 1 GG darstelle. Dies ist der Fall, so das BVerfG, wenn das Absehen unter keinem denkbaren Aspekt rechtlich vertretbar war, von einer Entscheidung über den gestellten Schmerzensgeldantrag auch nur dem Grunde nach abzusehen bzw. diese Möglichkeit nicht einmal erwogen wurde, die eingeschränkte Möglichkeit des Absehens von einer Entscheidung nach § 406 Abs. 1 S. 6 StPO nicht erörtert wurde, die Parteien zudem vorab nicht auf das geplante Absehen hingewiesen wurden und nicht nach § 406 Abs. 5 StPO durch Beschl. entschieden wurde.

489b Neben dem Schmerzensgeld ist auch die **Zuerkennung eines Hinterbliebenengeldes** im Adhäsionsverfahren möglich; dies ergibt sich bereits aus dem Wortlaut des § 403 wonach der Verletzte oder sein Erbe gegen den Beschuldigten einen „aus der Straftat erwachsenen vermögensrechtlichen Anspruch" geltend machen kann.[4764]

Zum Hinterbliebenengeld vgl. oben → **Rn. 340.**

490 Für Versicherungsnehmer birgt, sofern sie ihren Versicherungsschutz nicht bereits wegen vorsätzlicher Tatbegehung verloren haben, das Adhäsionsverfahren einige Risiken. So gerät der Schädiger als Versicherungsnehmer auch in den Gefahrenbereich der Obliegenheitsverletzung, sofern er im Adhäsionsverfahren Ansprüche akzeptiert bzw. anerkennt oder insofern einem Vergleich zustimmt.

Zudem spricht gegen das Adhäsionsverfahren in derartigen Fällen, dass – worauf der BGH[4765] ausdrücklich hingewiesen hatte – eine im Adhäsionsverfahren ergehende Entscheidung keine Rechtskraft gegenüber dem Haftpflichtversicherer des Schädigers entfaltet, wenn dieser, wie regelmäßig gegeben, an dem Adhäsionsverfahren nicht beteiligt war. Kääb[4766] kommentiert dies in seinem Praxishinweis: Die Entscheidung *„zeigt deutlich, dass von der Wahl eines Adhäsionsverfahrens in all den Fällen dringend abgeraten werden muss, wo ein Haftpflichtversicherer auf Seiten des Angeklagten (Beklagten) steht. Im Adhäsionsverfahren kann gegen einen solchen (Kfz-Pflicht-) Versicherer nicht vorgegangen werden. Aber der Pflichtversicherer ist der, von dem der Geschädigte sein Geld jedenfalls sicher erhält. In die Problematik der Rechtskraft und der Bindungswirkungen führt diese umfassende Entscheidung des BGH mit einleuchtender Begründung ein."*

Die Zuerkennung eines höheren Schmerzensgeldes (hier: 40.000 EUR) steht es nicht entgegen, wenn ein Strafgericht lediglich einen geringeren Betrag (hier: 20.000 EUR) zugesprochen hat. *„Die Vorschrift des § 124 Abs. 1 VVG ist schon deshalb nicht anwendbar, weil im Adhäsionsverfahren gemäß § 406 Abs. 1 S. 3 StPO eine – vollständige oder teilweise – Klagabweisung nicht möglich ist"*, betonte das LG Hamburg.[4767]

[4759] BGH BeckRS 2019, 35160 und BGH BeckRS 2018, 28278 sowie zuletzt BGH BeckRS 2022, 8056.
[4760] BGH BeckRS 2018, 28278 mit Verweis auf BGH BeckRS 2016, 16406.
[4761] BGH BeckRS 2021, 24830.
[4762] BGH BeckRS 2019, 30111 mit Verweis auf BGH BeckRS 2009, 26713.
[4763] BVerfG 27.5.2020 – 2 BvR 2054/19, BeckRS 2020, 11535.
[4764] HKL Hinterbliebenengeld/Luckey § 1 Rn. 45.
[4765] BGH BeckRS 2013, 2365 mAnm Elzer FD-ZVR 2013, 342508.
[4766] Kääb FD-StrVR 2013, 343121.
[4767] LG Hamburg BeckRS 2024, 39501 mAnm Kääb FD-StrVR 2025, 802788 vgl. zum selben Ausgangsfall LG Hamburg BeckRS 2024, 38998 → Nr. 7560.

Zum Gegenstandswert von Adhäsionsanträgen auf Schmerzensgeld sei auf einen Beschl. des BGH[4768] verwiesen, wonach sich der Gegenstandswert nach dem wirtschaftlichen Interesse der Antragsteller, insbesondere nach den in den Anträgen genannten Beträgen bemisst, wobei im Rechtsmittelverfahren stets der Antrag des Rechtsmittelführers maßgeblich ist. Hierbei wird jedoch der Wert durch denjenigen des Streitgegenstands im ersten Rechtszug beschränkt. **491**

Zur Vertiefung der Thematik des Adhäsionsverfahrens sei auf die vorhandene Literatur und Rechtsprechung verwiesen[4769] und insofern insbesondere auf folgende Entscheidungen des BGH,[4770] mit welcher der BGH (entgegen der bisherigen Rechtsprechung der Strafsenate) seine Ansicht in Bezug auf die Berücksichtigung der wirtschaftlichen Verhältnisse der Beteiligten (Täter und Opfer) änderte und hierzu ausführte: **492**

„Die Nichtberücksichtigung der wirtschaftlichen Verhältnisse von Angeklagten und Tatopfer stellt entgegen der bisherigen Rechtsprechung der Strafsenate des Bundesgerichtshofs regelmäßig keinen Rechtsfehler dar. Ausnahmsweise ist eine Berücksichtigung vonnöten, wenn die wirtschaftlichen Verhältnisse dem Fall ein „besonderes Gepräge" geben. Dies ist etwa bei einem wirtschaftlichen Gefälle anzunehmen. Ausführungen dazu, dass die wirtschaftlichen Verhältnisse dem Fall kein besonderes Gepräge geben, sind regelmäßig nicht erforderlich".

Es bleibt zu hoffen, dass sich diese Ansicht auch dahingehend positiv auf die Höhe insbesondere auch der Schmerzensgeldbeträge von Opfern von Sexualstraftaten auswirkt (s. insofern oben → Rn. 309 ff.).

Erwähnenswert ist zudem noch der Beschl. des OLG Braunschweig[4771] zum Thema „Grundurteil über Schmerzensgeld und Feststellungsausspruch im Adhäsionsverfahren" sowie die nachfolgend nur mit einem Hinweis auf ein Kernthema benannten BGH-Entscheidungen:

- Beschl. des BGH[4772] Zu den Anforderungen des Tatgerichts an die Beweiswürdigung und dem Anspruch des Angeklagten auf Gewährung rechtlichen Gehörs sowie zum Grundsatz der Einheitlichkeit des Schmerzensgelds.
- Beschl. des BGH[4773] mit ergänzendem Hinweis, dass das Verschlechterungsverbot einer Änderung der Zinsentscheidung auf das rechtlich zutreffende frühere und für die Angeklagte ungünstigere Datum nicht entgegensteht.
- Beschl. des BGH[4774] zur Unzuständigkeit des BGH bzgl. Beschwerde gg. Streitwertfestsetzung.
- Beschl. des BGH[4775] zum Zinsanspruch auf Schmerzensgeld, der erst mit der Rechtshängigkeit, also dem Eingang des Antrags des Adhäsionsklägers bei Gericht beginnt.
- Beschl. des BGH[4776] Unzureichende Ausschöpfung der Adhäsionsanträge seitens des LG.
- Beschl. des BGH[4777] Zum Grundsatz der Einheitlichkeit des Schmerzensgeldes.
- Beschl. des BGH[4778] Ergänzung der Adhäsionsentscheidung durch das Revisionsgericht
- Beschl. des BGH[4779] zu Schmerzensgeld und Prozesszinsen im Adhäsionsverfahren
- Beschl. des BGH[4780] zur Klarstellung des Umfangs der Adhäsionsentscheidung im Urteilstenor;
- Beschl. des BGH[4781] zum Feststellungsanspruch auf Schmerzensgeldzahlung (vgl. dazu auch oben → Rn. 461);
- Beschl. des BGH[4782] zur fehlerhaften Begründung des Absehens von der Entscheidung über einen Adhäsionsantrages;
- Beschl. des BGH[4783] zur Rechtsfolge, wenn ein Adhäsionskläger nicht in der Lage ist, seine Schmerzensgeldforderung zu beziffern;
- Beschl. des BGH[4784] zum nur teilweise stattgegebenen Schmerzensgeldanspruch und der daraus resultierenden Tenorierung (§ 406 Abs. 3 S. 3 StPO);

4768 BGH BeckRS 2023, 29240.
4769 Vgl. Dallmeyer JuS 2005, 327; Prechtel ZAP 2005, 197; BGH BeckRS 2005, 10993; zur Rechtskraftwirkung des „Adhäsionsurteils" OLG Karlsruhe BeckRS 2011, 14155; zur Bemessung des Schmerzensgeldes durch den Strafrichter BGH NStZ 1999, 260.
4770 BGH BeckRS 2017, 112675.
4771 OLG Braunschweig BeckRS 2014, 07758.
4772 BGH BeckRS 2025, 26299.
4773 BGH BeckRS 2025, 12343.
4774 BGH BeckRS 2025, 8185.
4775 BGH BeckRS 2025, 7683; vgl. auch BGH BeckRS 2021, 12309; BGH BeckRS 2021, 3074.
4776 BGH BeckRS 2024, 9255.
4777 BGH BeckRS 2025, 26299; BGH BeckRS 2024, 10092.
4778 BGH BeckRS 2023, 3264.
4779 BGH BeckRS 2022, 37837.
4780 BGH BeckRS 2021, 2409.
4781 BGH BeckRS 2019, 30865.
4782 BGH BeckRS 2019, 393.
4783 BGH BeckRS 2019, 9746.
4784 BGH BeckRS 2019, 30111; BGH BeckRS 2009, 26713.

- Beschl. des BGH[4785] zum Konkurrenzverhältnis bei mehrfach hintereinander begangenen Vergewaltigungen und zu den Anforderungen an die Bestimmtheit eines Adhäsionsantrags auf Schmerzensgeld;
- Urteil des BGH[4786] zur Gesamtschuld im Adhäsionsausspruch;
- Urteil des BGH[4787] zur Genugtuungsfunktion bei mehreren Mittätern und Gehilfen;
- Urteil des BGH[4788] zur Rechtskraftwirkung eines im Adhäsionsverfahren ergangenen rechtskräftigen Urteils über einen unbezifferten Schmerzensgeldantrag;
- Beschl. des BGH[4789] zur Zulässigkeit der Adhäsionsentscheidung;
- Urteil des BGH[4790] zur Bindungswirkung des strafrechtlichen Adhäsionsverfahrens im Zivilprozess;
- Beschl. des BGH[4791] zur Zulässigkeit eines Feststellungsausspruchs im Adhäsionsverfahren sowie zur Bemessung des Schmerzensgeldes;
- Beschl. des BGH[4792] zu den im Adhäsionsverfahren regelmäßig auch zu berücksichtigenden wirtschaftlichen Verhältnisse von Täter und Opfer und dem Hinweis auf die Abkehr von der bisherigen Rechtsprechung der Strafsenate des BGH, mit der diese nun die Nichtberücksichtigung der wirtschaftlichen Verhältnisse von Angeklagtem und Tatopfer bei der Zuerkennung von Schmerzensgeld regelmäßig nicht mehr als Rechtsfehler ansehen.

493 **Täter-Opfer-Ausgleich gem. § 46a StGB:**

§ 46a Nr. 1 StGB bzw. der Täter-Opfer-Ausgleich dient vor allem dem Ausgleich der immateriellen Folgen der Tat und setzt voraus, dass der Täter in dem Bemühen, einen Ausgleich mit dem Opfer zu erreichen, die Tat ganz oder zum überwiegenden Teil wiedergutmacht oder dieses Ziel jedenfalls ernsthaft verfolgt. Voraussetzung hierfür ist stets ein kommunikativer Prozess zwischen Täter und Opfer, bei dem das Bemühen des Täters Ausdruck der Übernahme von Verantwortung ist und das Opfer die Leistung des Täters als friedensstiftenden Ausgleich akzeptieren muss. Dabei muss die Wiedergutmachung „auf einen umfassenden Ausgleich der durch die Straftat verursachten Folgen gerichtet sein", so der BGH.[4793]

Dabei bezieht sich § 46a Nr. 1 StGB vorrangig – jedoch nicht ausschließlich – auf den Ausgleich immaterieller Schäden (Schmerzensgeld). Was die Höhe des Schmerzensgeldes betrifft, – das insofern in der Regel deutlich geringer ausfällt, als in einem zivilrechtlichen Verfahren, da ein vollständiger Schadensausgleich (im zivilrechtlichen Sinn) keine zwingende Voraussetzung für die Anwendung des § 46a Nr. 1 StGB ist[4794] –, bleibt entscheidend, ob der konkret erfolgte oder ernsthaft angebotene Betrag des Täters nach einem objektivierenden Maßstab als so erheblich anzusehen ist, *„dass damit das Unrecht der Tat oder deren materielle und immaterielle Folgen als „ausgeglichen" erachtet werden können; dies folgt schon daraus, dass überhaupt nur angemessene und nachhaltige Leistungen die erlittenen Schädigungen ausgleichen und zu einer Genugtuung für das Opfer führen können"*.[4795]

Standen dem Tatopfer aus dem der Verurteilung zugrunde liegenden Tatgeschehen sowohl ein materieller Schadensersatz- wie auch ein Schmerzensgeldanspruch zu und ist seitens des Täters eine Ausgleichszahlung erfolgt, so ist im Urteil mitzuteilen, ob diese Zahlung dem Ersatz des durch die Tat entstandenen Vermögensschadens diente, auf die Befriedigung eines Schmerzensgeldanspruchs zielte oder gleichermaßen zur Begleichung materieller und immaterieller Schäden geleistet worden ist.[4796]

Werden durch eine Straftat mehrere Opfer betroffen, muss hinsichtlich jedes Geschädigten zumindest eine Alternative des § 46a StGB erfüllt sein.[4797]

Zur Frage möglicher Ausnahmen hiervon führte der BGH[4798] aus:

„… Denn eine solche Ausnahme kommt jedenfalls dann nicht in Betracht, wenn ein Täter, wie hier der Angeklagte, eine ihm mögliche vollständige Schadenswiedergutmachung unterlässt, indem er Teile der Beute für sich behält und der Schaden nur dadurch vollständig ausgeglichen wird, dass eine Versicherung Entschädigung in Höhe des verbleibenden

4785 BGH BeckRS 2018, 4761.
4786 BGH BeckRS 2018, 7660.
4787 BGH BeckRS 2016, 03376.
4788 BGH NJW 2015, 1252.
4789 BGH BeckRS 2008, 20802.
4790 BGH NJW 2013, 1163 mAnm Höher/Mergner NZV 2013, 373.
4791 BGH BeckRS 2013, 04495 zu den Voraussetzungen des § 46b StGB.
4792 BGH BeckRS 2017, 118215; vgl. dazu auch BGH BeckRS 2014, 07854, NZV 2014, 278.
4793 BGH BeckRS 2021, 922; stRspr vgl. BGH BeckRS 2019, 32725; BGH BeckRS 2019, 17579, BeckRS 2019, 17577 und BGH BeckRS 2017, 111442 sowie BGH BeckRS 2002, 5325.
4794 BGH BeckRS 2019, 32725.
4795 BGH BeckRS 2020, 11445 mit Verweis auf BGH BeckRS 2019, 32725.
4796 BeckRS 2019, 32725.
4797 BGH BeckRS 2014, 08316.
4798 BGH BeckRS 2014, 08316.

Restschadens leistet. Bei dieser Sachlage fehlt es trotz Zustimmung zur Aushändigung der bei dem Angeklagten fast vollständig sichergestellten Tatbeute jedenfalls an der nach dem Willen des Gesetzgebers erforderlichen Übernahme von Verantwortung für die Tat, auf die grundsätzlich auch in Fällen vollständiger Entschädigung des materiell Geschädigten ohne erhebliche persönliche Leistungen oder persönlichen Verzicht des Täters nicht verzichtet werden kann".

Hinsichtlich des oben benannten Erfordernisses eines *„kommunikativen Prozesses zwischen Täter und Opfer"* bedarf es – worauf der BGH[4799] bereits 2015 und zuletzt 2022 Gelegenheit hatte, hinzuweisen – keines persönlichen Kontakts des Täters mit dem oder den Opfer(n); vielmehr genügt hierfür auch eine digitale Korrespondenz, beispielsweise via Internet. Ebenso kann der Ausgleich zwischen Täter und Opfer auch durch dritte Personen vermittelt werden. Somit steht es der Annahme eines kommunikativen Prozesses iSd § 46 Nr. 1 StGB nicht entgegen, wenn eine Entschuldigung bei dem Opfer und das für einen Täter-Opfer-Ausgleich in aller Regel erforderliche Geständnis des Täters über dessen Verteidiger erfolgt.[4800]

Ein umfassendes Geständnis ist zwar regelmäßig, aber nicht unabdingbar Voraussetzung des § 46a Abs. 1 StGB; stets ist eine wertende Betrachtung nach den Umständen des Einzelfalls erforderlich.[4801]

Die Beschönigung einzelner Umstände der Tatbegehung (hier: Bestreiten der Tötungsabsicht) schließt es nicht aus, dass der Täter sich im Sinne des § 46a StGB zur Verantwortung für die Tat bekennt. Entscheidend ist vielmehr die Feststellung des Tatgerichts, dass der Verletzte die zugesagten Leistungen als „friedensstiftenden Ausgleich" akzeptiert hat und es sich bei der Zusage nicht lediglich um ein taktisches Vorgehen handelt.[4802] Eine fehlende Einwilligung bzw. Akzeptanz des Opfers ist in ganz besonderen Ausnahmefällen möglich, „wenn etwa die Weigerung des Tatopfers insgesamt nicht mehr nachvollziehbar erscheint".[4803]

Ein Vergleichsabschluss muss jedoch nicht zwingend bedeuten, dass das Opfer mit seiner Zustimmung diesen als friedensstiftenden Ausgleich ansieht.[4804]

Abschließend sei auf eine sicher einmalige Entscheidung des LG München[4805] verwiesen, bei der die Täter, zwei gewalttätige Fußballfans, im Rahmen des Täter-Opfer-Ausgleichs im Fanshop des FC Bayern neue Kleidungsstücke für das Opfer kaufen und an dieses jeweils 500 EUR Schmerzensgeld zahlen mussten. Die jungen Männer, beide Fans des Fußballclubs TSV 1860 München, hatten ihr Opfer am Münchener Hauptbahnhof bedroht und ihm die Fan-Kleidung vom Leib gerissen.

Diese Entscheidung zeigt, dass der Täter-Opfer-Ausgleich und seine im Kern wesentliche friedensstiftende Zielrichtung durchaus auch pragmatisch gelöst bzw. vollzogen werden kann.

Abschließend sei an dieser Stelle noch auf eine aktuelle Entscheidung des **BGH**[4806] hingewiesen, mit der der BGH klargestellt hat, dass es seitens des Gerichts **keine Hinweispflicht auf Unzulänglichkeit von Bemühungen um Täter-Opfer-Ausgleich** gibt. Das Gericht, so der BGH, müsse den Angeklagten nicht darauf hinweisen, dass dessen Ausgleichsbemühungen mit dem Opfer den Anforderungen des § 46a Nr. 1 StGB nicht gerecht werden. Der – ua wegen gefährlicher Körperverletzung in Tateinheit mit Freiheitsberaubung – Angeklagte hatte sich wegen eines Täter-Opfer-Ausgleichs an den Nebenklagevertreter gewandt und eine Zahlung von 3.000 EUR angeboten. Der Nebenkläger, der nach eigenen Angaben infolge der Tat seinem Beruf nicht mehr nachgehen konnte und zudem seine Hochzeitsfeier habe absagen müssen, wodurch ihm ein finanzieller Schaden von 4.000 EUR entstanden war, hatte sich dennoch in der Verhandlung mit dem ihm angebotenen Schmerzensgeld iHv 3.000 EUR einverstanden erklärt und zudem die Entschuldigung des Angeklagten angenommen.

Im Urteil, mit dem das LG den Angeklagten zu einer Freiheitsstrafe von zwei Jahren und neun Monaten verurteilt hatte, verneinte das LG dennoch die Voraussetzungen des § 46a StGB insbesondere deshalb, weil der Angeklagte für den mit 9.310 EUR bezifferten materiellen Schaden des Nebenklägers keinen adäquaten Ausgleich geleistet und die Folgen seiner Tat daher nicht überwiegend wiedergutgemacht habe. Mit seiner Revision rügte der Angeklagte das Vorgehen des Gerichts hinsichtlich des Täter-Opfer-Ausgleichs: Da das Gericht nach § 155a S. 2 StPO in geeigneten Fällen auf einen Ausgleich zwischen Beschuldigtem und Verletztem hinwirken solle, dürfe es in einer solchen Situation nicht *„in sich hineinschweigen"* und die Möglich-

[4799] BGH BeckRS 2022, 28377; BGH BeckRS 2016, 2550.
[4800] BGH BeckRS 2021, 922.
[4801] BGH BeckRS 2022, 28377.
[4802] BGH BeckRS 2016, 2550.
[4803] BGH BeckRS 2020, 11445.
[4804] BGH BeckRS 2022, 28377.
[4805] LG München 5.8.2015 = NJW 2015, 1642.
[4806] BGH BeckRS 2025, 23797 mAnm Beukelmann/Heim NJW-Spezial 2025, 664.

keit eines Täter-Opfer-Ausgleichs *„sehenden Auges … versanden lassen"*; das ergebe sich in diesen Fällen aus der „gesetzlichen Hinwirkungspflicht".

Dies sah der BGH anders. *„Eine derartige, von der Revision aus der Vorschrift des § 155a Satz 2 StPO abgeleitete Hinweispflicht sieht § 265 Abs. 2 StPO nicht vor; sie ist der Norm auch nicht im Wege einer Analogie zu entnehmen. Es fehlt schon an einer vergleichbaren Sachlage, nämlich an der dort vorausgesetzten Situation einer Veränderung gegenüber einem zuvor begründeten Informationsstand des Angeklagten."*, so der BGH.[4807]

[4807] BGH BeckRS 2025, 23797 Rn. 5.

A. Entscheidungen: Von Kopf bis Fuß

Vorbemerkung:

Die Gerichtsentscheidungen dieser Zusammenstellung sind – ausgehend von der jeweils schwersten Verletzung – den nachstehenden Unterkapiteln 1 (Kopf mit Sinnesorganen) bis 12 (Sprunggelenke und Füße) zugeordnet. **Beispiel:** Die Anspruchstellerin / Klägerin erlitt unfallbedingt eine Handprellung und Handschürfwunden links sowie zudem eine Ellenbogen- und Knieprellung. Als Linkshänderin leidet sie auf Dauer unter geringfügigen Störungen der Feinmotorik der linken Hand. Dieses Urteil finden Sie somit unter A.5-d Handverletzungen – siehe → Nr. 4576.

Soweit möglich wird zu jeder Entscheidung die **BeckRS**-Fundstelle oder eine andere, in Beck-online verfügbare, Fundstelle angegeben. Sofern dies zur Zeit der Erfassung der Gerichtsentscheidung nicht möglich war, wurde die Entscheidung mit dem Hinweis „unveröffentlicht" versehen. Dies bedeutet jedoch nicht, dass das Urteil sich nicht doch in anderen Datenbanken oder -sammlungen finden lässt oder dort ggf. auch später noch veröffentlicht wird.

Wichtiger Hinweis zur Anwendung von Urteilssammlungen oder Schmerzensgeldtabellen:

Der Blick in diese oder auch andere Entscheidungssammlungen darf grundsätzlich **nicht schematisch** erfolgen und daher nicht nur in der jeweiligen Verletzungsrubrik (wie etwa Becken- und Hüftverletzungen) verharren. Vielmehr sollte sich der Anwender stets auch – da für ein wirklich angemessenes Schmerzensgeld stets die aus den Verletzungen resultierende **Höhe und das Ausmaß der Lebensbeeinträchtigung wesentlich** ist – übergreifend auf solche Entscheidungen konzentrieren, bei denen (unabhängig von den ursprünglichen Verletzungen) die **Auswirkungen der Verletzungsfolgen auf das weitere private und berufliche Leben der Betroffenen** sowohl hinsichtlich deren Dauer als auch deren individuell wahrgenommene Intensität vergleichbar sind.

Mehr dazu im Handbuch (Teil 1 des Buches) Kapitel II. 1. unter → Rn. 23 und unter → Rn. 269b.

Alle Arzthaftungsfälle wurden zur besseren Erkennbarkeit im Tabellenteil grau hinterlegt.

1. Kopf mit Sinnesorganen

a) Haarverletzungen

Vorbemerkung: Die „Verletzung" bzw. Beschädigung des Kopfhaars durch eine missratene Frisur stellt grundsätzlich keinen schmerzensgeldauslösenden Schaden im Sinne des § 253 Abs. 2 BGB dar, – so entschied ua das AG Hamburg (→ Nr. 1667). Sofern in Ausnahmefällen dennoch ein Schmerzensgeld zugesprochen wurde, so wird dies meist mit der „psychischen Beeinträchtigung", bedingt durch den Anblick der zerstörten Frisur (so AG Siegen → Nr. 1213) begründet.

In gravierenden Fällen, in welchen verletzungsbedingt vorübergehend eine Perücke getragen werden muss (siehe OLG Bremen → Nr. 4379), sind Schmerzensgeldbeträge von 5.000 EUR durchaus angemessen. Lediglich für noch extremere „Haarverletzungen", wie der **Skalpierungsverletzung,** bei der einer jungen Frau ein 12 x 15 cm großes Stück der Kopfhaut bei einem Gokart-Unfall abgerissen worden war (OLG Saarbrücken → Nr. 3395) oder dem **fast völligen Haarverlust** nach einer **missglückten Haarfärbung** (OLG Koblenz → Nr. 4691) gibt es Schmerzensgeldbeträge, die knapp an die 20.000 EUR heranreichen, im Falle des OLG Köln → Nr. 5037 sogar 20.000 EUR.

6692

Haarverletzung nach missglückter Haarfärbung.

Frau. Kein Schmerzensgeldanspruch gegen die Frisörsaloninhaberin wenn bei einer (aus subjektiver Sicht) nicht zufriedenstellenden Behandlung (hier: Haarfärbung nach der sog. „Balayage-Technik") dem Frisör vor der Geltendmachung von Schadensersatz keine angemessenen Frist zur Nacherfüllung gesetzt wurde (§ 281 Abs. 1 S. 1 BGB).

Betrag: – **Haftung: –**
immVorb: – **MdE: –**

AG München 15.2.2019 – 312 C 8595/18 = BeckRS 2019, 54825

6688

Haarverletzung wegen angeblich zu kurz geschnittenem Haar.

Frau. Kein Schmerzensgeldanspruch wegen aus subjektiver Sicht zu kurz geschnittenem Haar. Die Klägerin hatte die beklagte Frisörin zunächst um eine geringfügige Kürzung um ca. 0,5 Zentimeter gebeten und auch währenddessen keine Einwände erhoben. Zwei Tage später reklamierte sie jedoch den zu kurzen Haarschnitt und verklagte die Frisörin auf Schmerzensgeld. Das AG wies die Klage als unbegründet zurück.

Betrag: – **Haftung: –**
immVorb: – **MdE: –**

AG München 16.4.2010 – 173 C 15875/11 = BeckRS 2012, 215340

6691

Haarverletzung in Form von angegriffenen Haarspitzen, die deshalb gekürzt werden mussten.

Frau. Die Klägerin, die sich ein Schmerzensgeld von mindestens 1.000 EUR vorgestellt hatte, begehrte vom beklagten Frisör, ihre Haarspitzen lila zu färben. Der Frisör hatte es vor der Umsetzung dieses Wunsches versäumt, die Klägerin darauf hinzuweisen, dass dies aufgrund ihrer ursprünglichen Haarfarbe so nicht möglich sei. Trotz mehrfacherer Frisörbesuche bzw. Färbeversuche misslang daher das Ergebnis. Die Haarspitzen mussten somit gekürzt werden, da sie durch die Behandlungen angegriffen waren.

Betrag: 100 € **Haftung: 100 %**
immVorb: – **MdE: –**

AG Coburg 6.2.2015 – 12 C 1023/13 = BeckRS 2015, 131782

4398

Haarverletzung, hier: Misslungene Haarfärbung mit der Folge, dass das sehr lange Kopfhaar der Klägerin sehr kurz (bis zum Kinn) zurückgeschnitten werden musste.

Frau (Fernsehmoderationsassistentin). Die Kl. forderte 2.500 EUR sowie eine künstliche Haarverlängerung. Dies lehnte das LG mit dem Hinweis ab, dass die Haare wieder nachwachsen würden.

Betrag: 250 € **Haftung: 100 %**
immVorb: – **MdE: –**

LG Berlin 12.8.2002 – 23 O 593/01 = VersR 2004, 1326

3584

Haarverletzung (hier: Haarstrukturverletzung und starker Haarabbruch [vgl. auch unter Haarausfall] nach missglückter Dauerwellenbehandlung).

Frau. Missglückte Dauerwellenbehandlung. Bei der Schmerzensgeldbemessung wurde berücksichtigt, dass die Klägerin in einem Kulturkreis lebt, in dem lange und schöne Haare (hier: mit einer Länge von 65 cm) als besonders positiv empfunden werden. Das Gesamterscheinungsbild wurde jedoch nicht nachhaltig negativ beeinflusst, sodass ein Auftreten in der Öffentlichkeit gleichwohl möglich war.

Betrag: 256 € **Haftung: 100 %**
immVorb: – **MdE: –**

AG Köln 8.8.2001 – 141 C 5/01 = BeckRS 2001, 7371

4399

Haarverletzung, hier: Misslungene Haarfärbung mit der Folge einer schmerzhaften Kopfhautreizung und optischen Beeinträchtigung der Klägerin.

Frau. Keine ambulante Behandlung. Die Klägerin verreiste 2 Tage nach dem Friseurbesuch.

Betrag: 300 € **Haftung: 100 %**
immVorb: – **MdE: –**

OLG Köln 25.10.2010 – 19 U 75/10 = BeckRS 2011, 4162

4088

Haarverletzung, hier: Misslungene Haarfärbung mit der Folge, dass des Abbruchs der Haare mit Beeinträchtigung des äußeren Erscheinungsbildes der Klägrerin.)

Frau. [Anmerkung: Inwieweit durch diese geringfügige und vorübergehende Beeinträchtigung eine psychische Beeinträchtigung von schmerzensgeldrelevantem Umfang eingetreten ist, kann bei derartigen Fällen grundsätzlich infrage gestellt werden. Insoweit wies das LG zutreffend darauf hin, dass ein Schmerzensgeld jedenfalls nicht für die Verletzung oder Beeinträchtigung des eigenen Schönheitsideals beansprucht werden könne. Vgl. auch AG Ulm → Nr. 2645; AG Hamburg → Nr. 1667 sowie AG Frankfurt a.M → Nr. 1834 und AG Koblenz → Nr. 1172].

Betrag: 300 € **Haftung: 100 %**
immVorb: – **MdE: –**

LG Mönchengladbach 9.10.2009 – 5 S 59/09 = BeckRS 2009, 28566

4400

Haarverletzung, hier: Misslungene Haarfärbung mit der Folge, dass das sehr lange Kopfhaar der Klägerin sehr kurz (bis zum Kinn) zurückgeschnitten werden musste.

Frau. Aufklärungspflichtverletzung des Friseurs vor der Behandlung mit dem Blondiermittel. Das LG wies jedoch das Begehren der Kl. auf künstliche Haarverlängerung zurück.

Betrag: 500 € **Haftung: 100 %**
immVorb: – **MdE: –**

LG Berlin 12.8.2002 – 23 O 539/01 = BeckRS 2002, 15360

5001

Haarverletzung infolge fehlerhafter Waschtönung. (hier: allergisches Kontaktekzem im Hals- und Kopfbereich, „erhebliche allergische Symptome wie Fieber, Schüttelfrost, Brennen und Jucken der Kopfhaut bis in den Nacken- und Halsbereich mit starken Rötungen", so das AG).

Frau. Notfallbehandlung. [Lesenswert zur Friseurhaftung bei Haarfärbung / Haartönung. Das AG hierzu: „Dabei war die Beklagte im Rahmen ihrer vertraglichen Pflichten aus dem beratenden Teil der gemischt-vertraglichen Friseurdienstleistung nach § 611 BGB dazu verpflichtet, die Klägerin über mögliche Allergiegefahren durch die fragliche Farbbehandlung aufzuklären. Denn insoweit bestand bei der Beklagten aufgrund ihres Berufs als Friseurin eine besondere Qualifikation, die ein dem Kunden überlegenes Wissen bedingt, und auch eine entsprechende Vertrauensstellung, die zur Beratung und Aufklärung verpflichtet".].

Betrag: 700 € **Haftung: 100 %**
immVorb: – **MdE: –**

AG Rüdesheim 3.7.2014 – 3 C 344/12 = unveröffentlicht

5332

Haarverletzung / Haarverbrennung durch Färben / Frisur, unerwünschte (hier: Erhebliche Kürzung [„auf Boblänge" – Zitat AG] der Haare und Erhalt einer unerwünschten Frisur nach Haarverbrennung infolge fehlerhaft durchgeführter Komplettblondierung).

Frau. Komplettblondierung, missglückte; Haarverbrennung durch Färben. Komplettblondierung mittels der sog. Painting-Methode. Noch während der Behandlung klagte die Kl. jedoch über Hitze im Nackenbereich, woraufhin die Zeugin L die Haare umgehend ausspülte. Dennoch waren die Haare bereits angesengt bzw. verbrannt und mussten daraufhin gekürzt werden. Die Kl. begehrte 4.000 EUR. Dies sah das AG als zu hoch an, berücksichtigte jedoch, dass die Kl. „eine vollständig andere Frisur" bekommen hatte, als die, sie sich gewünscht hatte und „mit der sie auch nicht zufrieden war" [Zitat AG]. Für die erhebliche Kürzung der Haare stehe ihr deshalb grundsätzlich Schmerzensgeld zu wobei zu berücksichtigen sei, dass es Jahre dauere, bis sie ihre ursprüngliche Haarlänge wieder habe.

Betrag: 1.000 € **Haftung: 100 %**
immVorb: – **MdE: –**

AG Rheine 12.5.2016 – 14 C 391/14 = BeckRS 2016, 10059

4559

Haarverletzung infolge einer misslungenen Haarglättung infolge derer die Haare „unnatürlich oder besenartig strohig" aussahen und dies trotz der „zur Rettung der Haare" erfolgten starken Kürzung.

Frau. Das AG führte zutreffend aus, dass der natürliche Zustand der Haare ein Teil der körperlichen Integrität sei und somit vom Schutzgut „Körper" in den §§ 823 Abs. 1, 253 Abs. 2 BGB umfasst sei.

Betrag: 1.000 € **Haftung: 100 %**
immVorb: – **MdE: –**

AG Berlin-Charlottenburg 3.4.2012 – 216 C 270/11 = BeckRS 2013, 2771

4402

Haarverletzung, hier: Misslungene Haarfärbung mit der Folge, dass das die Haare sehr kurz abbrachen und verfilzten.

Frau. Fehlerhafte Haarbehandlung.

Betrag: 1.000 € **Haftung: 100 %**
immVorb: – **MdE: –**

AG Erkelenz 7.5.2009 – 8 C 351/08 = BeckRS 2009, 13669

4401

Haarverletzung (hier: Haarbüschelausriss am Hinterkopf). Prellungen und Blutergüsse.

74j. Frau. Dauerschaden: Runde kahle Stelle am Hinterkopf. Vorsätzliche Körperverletzung.

Betrag: 1.000 € **Haftung: 100 %**
immVorb: – **MdE: –**

AG Dortmund 25.3.2009 – 421 C 12030/08 = BeckRS 2009, 86471

7075

Haarverletzung bzw. Kopfhautverletzung nach behandlungsfehlerhafter Entkrausung. Es kam zur Verätzung der Kopfhaut und zu Haarausfall sowie zur vorübergehenden völligen Haarrasur, um nachfolgend neues Haar wachsen zu lassen.

Frau. Die Klägerin war zur Entkrausung ihrer Haare in den Frisörsalon der Beklagten gekommen, die das dafür eingesetzte Mittel nicht korrekt ausgespült hatte, so dass es zu einer Vorübergehenden Verätzung kam. Die Klägerin hatte in der Folge für die Dauer von „mehr als 15 Wochen" unter den Folgen zu leiden, trug kurzzeitig eine Perücke und ließ sich schließlich auf ärztlichen Rat hin die Haare vollständig vom Kopf entfernen. Sie forderte 5.000 Euro. Zur Bemessung führte das LG aus, dass gegen ein über 1.500,00 Euro hinausgehendes Schmerzensgeld auch der Umstand spreche, dass bei der Klägerin aufgrund der Verletzungshandlung keine dauernden Schäden zurückgeblieben sind.

Betrag: 1.500 € **Haftung: 100 %**
immVorb: – **MdE: –**

LG Bremen 22.10.2010 – 3 O 476/10 = BeckRS 2011, 28190

2844

Haarverletzung (hier: Misslungene Haarfärbung mit der Folge, dass das die Haare an der Wurzel abbrachen. Dies erforderte es, dass die Kl. „über einen längeren Zeitraum" eine Perücke zu tragen. musste.)

Frau (Dozentin). Dauerwellenbehandlung, Färbung und Extensionsfrisur führten zum Haarverlust mit Perückenerfordernis.

Betrag: 1.534 € **Haftung: 100 %**
immVorb: – **MdE: –**

OLG Köln 7.1.2000 – 19 U 62/99 = BeckRS 9998, 17461

2883

Haar (hier: Fehlerhafte Frisur bzw. „missglückte Haarbehandlung" mit Abbruch der Haare an der Wurzel und dem Erfordernis eine Perücke zu tragen).

Frau (Universitätsdozentin). Musste Perücke tragen, da sie sich „ohne psychische Belastung" nicht mehr den Studenten zeigen konnte.

Betrag: 1.534 € **Haftung: 100 %**
immVorb: – **MdE: –**

OLG Köln 7.1.2000 – 19 U 62/99 = BeckRS 9998, 17461

7071

Haarverletzung bzw. Kopfhautverletzung in Form von allergischer Kontaktdermatitis nach einer Haarfärbung mit Henna. Es kam zu Rötungen und Juckreiz mit Papeln und Bläschen im Bereich der Kopfhaut sowie zu einer Anschwellung aufgrund der ausgeprägten Entzündungsreaktion (Kontaktsensibilisierung Typ IV Sensibilisierung) im Kopfbereich sowie im Bereich des linken Auges.

Frau. MdE ca. „5 bis 10 Tage" 100 %. Die vollständige Abheilung – insbesondere im Bereich der Kopfhaut der Klägerin – erfolgte erst nach ca. 4 Wochen; während dieser Zeit verspürte die Klägerin „nicht unwesentliche Schmerzen". Die Klägerin hatte sich bei der Beklagten, die einen Friseursalon betreibt, die Haare färben zu lassen; dabei hatte sie darauf hingewiesen, gegen Amoniak und Henna allergisch zu sein. Ungeachtet dessen färbte die Beklagte die Haare mit Mitteln, deren Inhalt sie nicht kannte, so dass es zu starken allergischen Folgen bei der Klägerin kam. [Anmerkung: Das AG Brandenburg verurteilte die Beklagte zudem zur Zahlung eines weiteren Schmerzensgeldes von 500 Euro wegen Persönlichkeitsrechtsverletzung durch falsche Verdächtigung, siehe dazu nachfolgend → Nr. 7072].

Betrag: 2.000 € **Haftung: 100 %**
immVorb: – **MdE: –**

AG Brandenburg 19.12.2022 – 34 C 20/20 = BeckRS 2022, 36631

7263

Totaler Haarverlust: Aufgrund der Hitzeeinwirkung durch einen Starkstromschlag mussten die miteinander verschmolzenen Kopfhaare vollständig abgenommen werden. Zudem erlitt die Klägerin Verbrennungen 2. Grades von insgesamt 4 % der Körperoberfläche im Bereich von Gesicht, Ohr, Hals, Schulter, Schlüsselbein und Dekolleté sowie psychische Beeinträchtigungen infolge der erlittenen Brandverletzung.

Frau (Pflegerin). 2 Wochen stationär; anschließend mehrere Wochen Arbeitsunfähigkeit mit ambulanter ärztlicher Behandlung. In der ersten Zeit verletzungsbedingt erhebliche Schmerzen und darüber hinausgehend im Hinblick auf den durch die Verletzung betroffenen Körperbereich sowie den völligen Verlust des Kopfhaars zusätzlich erhebliche Beeinträchtigung in ihrem Wohlbefinden, „wobei eine besondere Empfindlichkeit der betroffenen Hautareale wie auch eine Verunsicherung in psychischer Hinsicht aufgrund des überfallartigen Unfallhergangs auch nachfolgend vorhanden war und, sich weiter abschwächend, noch bis in die Gegenwart vorhanden ist." Die Klägerin hielt ein Schmerzensgeld von 7.500 EUR für angemessen. Ursache: Verkehrssicherungspflichtverletzung im Zusammenhang mit einer freiwilligen Unterstützungshandlung im Rahmen eines engen familiären Verhältnisses; die Klägerin erhielt einen Starkstromschlag.

Betrag: 3.000 € **Haftung: 50 %**
immVorb: Ja **MdE: –**

LG Lübeck 23.8.2023 – 6 O 161/22 = BeckRS 2023, 29193

5890

Haarverletzung und Kopfhautverletzung nach missglückter Blondierung. Es kam zu „schwerwiegenden und schmerzhaften Verletzung der Kopfhaut"; zudem musste die Klägerin ihre „zuvor 10 cm langen Haare auf 6 mm kürzen zu lassen" und eine Perücke tragen.

Frau. 3 Wochen ambulante Heilbehandlung. „Über mehr als ein halbes Jahr" trug die Klägerin eine Perücke. Friseurhaftung: „Die Klägerin ließ sich … ihre damals 10 cm langen braunen Haare blondieren. … Beim Auswaschen des Blondierungsmittels hatte die Klägerin starke Schmerzen an der Kopfhaut, die zudem stark geschwollen war. Während der Behandlung ließ sich die Klägerin von ihrer Tochter … aus der benachbarten Apotheke Schmerzmittel holen. Am Schluss der Behandlung brach die Klägerin in Tränen aus, die Kopfhaut blutete. Als Farbton zeigte sich statt blond orange. Des Abends hatte die Klägerin an der Kopfhaut nach der Aussage der Zeugin O. offene Stellen", so aus dem Urteil zitiert.

Betrag: 3.000 € **Haftung: 100 %**
immVorb: – **MdE: –**

LG Arnsberg 26.10.2010 – 3 S 111/10 = BeckRS 2010, 27902

6306

Haarverletzung / Kopfhautverletzung (hier: Handtellergroße Verbrennungen bzw. Verätzungen 1. – 2. Grades am Hinterkopf mit Ausbildung einer mykotische Superinfektion und Haarverlust am Hinterkopf).

Frau (junge Frau). 7 ambulante Heilbehandlungen. Wegen starker Schmerzen hatte die Klägerin nach dem Friseurtermin am gleichen Tag den ärztlichen Notdienst des Krankenhauses G. aufgesucht. Drei Monate unter erheblichen Schmerzen. Schlafstörungen. Dauerschaden: Irreversibler Haarverlust am Hinterkopf, der jedoch ggf. operativ behoben werden kann. „Selbst wenn sich die Klägerin gegen eine derartige Operation entscheiden sollte, kann die Stelle bei Tragen ihres von Natur aus dicken und jedenfalls zum Zeitpunkt des Friseurbesuchs langen Haares, mit den umliegenden Haaren überdeckt werden. Das Gericht hat gleichwohl berücksichtigt, dass das Tragen einer Kurzhaarfrisur aus ästhetischen Gründen ohne die Durchführung der Operation kaum möglich sein wird", so das LG. Vgl. auch OLG Bremen, → Nr. 4379.

Betrag: 4.000 € **Haftung: 100 %**
immVorb: Ja **MdE: –**

LG Köln 11.10.2019 – 7 O 216/17 = BeckRS 2019, 26430

4681

Haarentfernung im Intimbereich mit nachfolgender Hypopigmentierung und daraus resultierender Verminderung der Melanozyten, sodass die Haut an den betroffenen Stellen auf Dauer deutlich heller ist, als an den unbetroffenen Hautstellen.

24j. Frau. Haarentfernung im Intimbereich ohne vorherige Aufklärung (Aufklärungspflichtverletzung) und Erfahrung. Dauerschaden: Hypopigmentierung mit daraus resultierender Verminderung der Melanozyten, sodass die Haut an den betroffenen Stellen deutlich heller ist, als an den unbetroffenen Hautstellen. Das AG wertete es zutreffend als schmerzensgelderhöhend, dass sich die Klägerin – wegen der fehlenden Regulierungsbereitschaft – zu Beweiszwecken entblössen musste.

Betrag: 4.000 € **Haftung: 100 %**
immVorb: Ja **MdE: –**

AG Wuppertal 27.4.2013 – 94 C 28/11 = BeckRS 2013, 777

4379

Haarverlust, vollständiger … sowie Kopfhautverätzungen nach Friseurbesuch, bei welchem sich die Kl. die Haare entkrausen lassen wollte.

Frau. Die Kl. hatte „über einen nicht unerheblichen Zeitraum an Schmerzen durch die akute Verletzung gelitten. Wenn diese auch im Folgenden abgeklungen sind, so war sie doch über Monate gezwungen, wegen der Notwendigkeit, die Haare ganz entfernen zu lassen, eine Perücke zu tragen. Entgegen der Rechtsauffassung der Bekl. geht der Senat davon aus, dass ein kompletter Haarverlust gerade nicht ohne weiteres durch das Tragen einer Perücke ausgeglichen werden kann. Vielmehr stellt das Erfordernis, eine Perücke zu tragen, offensichtlich eine erhebliche psychische Belastung dar", so das OLG.

Betrag: 4.000 € **Haftung: 100 %**
immVorb: – **MdE: –**

OLG Bremen 11.7.2011 – 3 U 69/10 = BeckRS 2011, 24498

6662

Haarausfall bzw. kahle Stelle am Hinterkopf auf einer Fläche von 3 x 5 cm nach einer Haarblondierung.

Frau. Langwierige Heilbehandlung mit mehreren Arztbesuchen und Einnahme von Schmerzmitteln, Antibiotika und Kortison. Dauerschaden: Haarausfall bzw. kahle Stelle am Hinterkopf auf einer Fläche von 3 x 5 cm. Bei der Bemessung des Schmerzensgeldes berücksichtigte das OLG, die langwierige Heilbehandlung mit mehreren Arztbesuchen sowie die erheblichen Schmerzen, die eine mehrwöchige Einnahme von Schmerzmitteln erforderlich werden ließ und Beeinträchtigungen sowie den dauerhaften Haarausfall am Hinterkopf. Eine Schmerzensgelderhöhung aus dem Grund, dass die Beklagte über eine Betriebshaftpflichtversicherung verfügte, lehnte das OLG ab.

Betrag: 5.000 € **Haftung: 100 %**
immVorb: – **MdE: –**

OLG Köln 16.9.2020 – 20 U 28/19 = BeckRS 2020, 46788

6737

Haarverletzung (hier: Haarverlust bzw. dauerhaft kahle Stelle am Hinterkopf mit einem Ausmaß von ca. 3 cm x 5 cm, in der Haar nicht mehr wachsen) durch fehlerhafte Blondierung mit daraus resultierenden Verätzungen 1. bis 2. Grades.

Frau. Ambulante Behandlung; die Akutphase nach dem umstrittenen Friseurbesuch war für die Klägerin mit zahlreichen Arztbesuchen und erheblichen Beeinträchtigungen verbunden. Insofern sind insbesondere Schmerzen, eine bakterielle Infektion und die mehrwöchige regelmäßige Einnahme von Schmerzmitteln, Antibiotika und Kortikoiden hervorzuheben. Dauerschaden: Irreversible Kahle Stelle am Kopf. Bei der Schmerzensgeldbemessung orientierte sich das OLG an den Urteilen des AG Erkelenz BeckRS 2011, 18743, des LG Coburg BeckRS 2010, 2039 sowie auch an des OLG Bremen BeckRS 2011, 24498, die ebenfalls in den hiesigen Tabellen unter A. 1. a) aufgeführt sind. Insofern berücksichtigte das OLG, dass die kahle Stelle zwar mit einer geeigneten Frisur – etwa mit dem Zusammenbinden der Haare zu einen Pferdeschwanz – durch das umliegende und von Natur aus dicke und jedenfalls zum Zeitpunkt des Friseurbesuchs lange Haar der Klägerin überdeckt werden kann; gleichwohl die Einschränkung in der Wahl der Frisur verbleibt, weil die Klägerin aus ästhetischen Gründen zum einen eine Kurzhaarfrisur wohl kaum tragen und sich zum anderen auch mit offenen Haaren nicht ungehindert bewegen kann, weil durch bestimmte Bewegungen des Kopfes die in der Umgebung der kahlen Stelle liegenden Haare zur Seite fallen und die Stelle freigeben. [Ursache: Fehlerhafte Blondierung bzw. missglückte Blondierung].

Betrag: 5.000 € **Haftung: 100 %**
immVorb: Ja **MdE: –**

OLG Köln 19.6.2020 – 20 U 287/19 = BeckRS 2020, 25640

4403

Haarverletzung, hier: Misslungene Haarfärbung mit der Folge, dass das auf Dauer eine kahle Stelle am Hinterkopf verblieb.

Frau. Ambulante Heilbehandlung. Schwerer Behandlungsfehler beim Haarfärben. Die Frisöse trug das Blondiermittel auf die Kopfhaut auf. Dauerschaden: ca. 5 x 5 cm große kahle Stelle am Hinterkopf.

Betrag: 5.000 € **Haftung: 100 %**
immVorb: – **MdE: –**

LG Coburg 29.7.2009 – 21 O 205/09 = BeckRS 2010, 2039

3395

Haarverletzung (hier: Skalpierungsverletzung: Der Kl. wurde ein ca. 12 x 15 cm großes Stück Kopfhaut mitsamt der Haare abgerissen).

Frau, junge. Die Haare der Kl., die ihr bis zum unteren Rückenbereich reichten, wickelten sich auf der Hinterachse des Karts auf und rissen der Kl. ein ca. 12 x 15 cm großes Stück Kopfhaut ab. [Verkehrssicherungspflichtverletzung beim Betrieb einer Gokartbahn / Kart-Bahn]

Betrag: 8.000 € **Haftung: 100 %**
immVorb: – **MdE: –**

OLG Saarbrücken 2.3.2005 – 1 U 156/04 = BeckRS 2005, 5794

4691

Haarverlust, massiver … (hier: Dauernde Schädigung der Kopfhaut durch toxische Kontaktdermatitis bei wahrscheinlich irreversiblem Haarverlust als Folge einer Blondierung. Erhebliche psychische Beeinträchtigung in Form einer Anpassungsstörung.

17j. Frau. Die Kl. ließ ihre dunklen Haare im Friseursalon der Bekl. blond färben. Obwohl sie äußerte, dass ihre Kopfhaut jucke und brenne, wurde die Behandlung fortgesetzt. Während der folgenden Tage schwoll das Gesicht der Kl. an. Alsdann starb in mehreren Bereichen der Kopfhaut Gewebe ab mit der Folge des Verlustes sämtlicher dort vorhandener Haare. Im Universitätsklinikum Y. wurde eine toxische Kontaktdermatitis diagnostiziert. Dauerschaden: „Schädigung der Kopfhaut bei wahrscheinlich irreversiblem Haarverlust". Da die Kl. zudem eine Latexallergie hat, kann sie sehr wahrscheinlich auch keine Perücke tragen. Schon jetzt leidet die junge Frau an einer „erheblichen seelischen Belastung" in Form einer sog. Anpassungsstörung.

Betrag: 18.000 € **Haftung: 100 %**
immVorb: – **MdE: –**

OLG Koblenz 22.7.2013 – 12 U 71/13 = BeckRS 2013, 12962

5037

Haarverlust, nahezu völliger (hier: Nach einer Chemotherapie trat bei der Klägerin ein dauerhafter Haarverlust ein. Das Kopfhaar wächst nur spärlich und partiell. Körperbehaarung, Wimpern und Augenbrauen fehlen seitdem fast vollständig). Erhebliche psychische Beeinträchtigungen.

44j. Frau. Arzthaftung: Aufklärungspflichtverletzung über die Risiken des verwandten Krebsmedikamentes (Chemotherapie wegen Brustkrebs) durch die Klinikärzte. Bei der Höhe des Schmerzensgeldes hat das OLG besonders berücksichtigt, dass es bei der Klägerin zu erheblichen und nachhaltigen psychischen Folgen und seelischen Belastungen aufgrund des Haarverlustes gekommen ist.

Betrag: 20.000 € **Haftung: 100 %**
immVorb: Ja **MdE: –**

OLG Köln 21.3.2016 – 5 U 76/14 = BeckRS 2016, 5696

b) Schädelprellungen in Kap.-A

Vorbemerkung: Aufgrund der Häufigkeit von Prellungen (auch Schädelprellungen) und der somit großen Anzahl von Gerichtsentscheidungen wurde diesen Urteilen ein eigenes Kapitel gewidmet. Sie finden diese Entscheidungen im Kapitel B unter Ziffer 4.

4860

Prellung (hier: Kopfprellung in Form einer „Prellmarke frontal rechts" am Kopf).

1j. Kind. 1 Tag stationär zur Beobachtung. „Es wurde berücksichtigt, dass eine Schädelprellung gerade bei einem 1-jährigen Kind keine unerhebliche Körperverletzung darstellt"… andererseits – so das LG – „liegt im untersten denkbaren Bereich, wo der Ansatz eines Schmerzensgeldes überhaupt noch geboten und gerechtfertigt erscheint".

Betrag: 250 € **Haftung: 100 %**
immVorb: – **MdE: –**

LG Nürnberg-Fürth 15.1.2015 – 8 O 5750 = BeckRS 2015, 01373

3588

Schädelprellung mit einem kleinen Hämatom an der Stirn.

1j. Kind. Trotz sehr geringfügiger Verletzungen wurde zutreffend die Tatsache berücksichtigt, dass ein Kleinkind Schmerzen intensiver empfindet, als ein Erwachsener.

Betrag: 256 € **Haftung: 100 %**
immVorb: – **MdE: –**

LG Augsburg 17.2.2000 – 1 O 420/00 = unveröffentlicht

5957

Schädelprellung mit Kopfplatzwunde und posttraumatische Spannungskopfschmerzen.

Mann. MdE 2 Tage mit ambulanter Heilbehandlung. [Ursache: Schmerzensgeld anlässlich eines Gebrauchtwagenkaufs, bei dem die Heckklappe wegen defekter Dämpfer dem Kläger an den Kopf schlug].

Betrag: 600 € **Haftung: 100 %**
immVorb: – **MdE: –**

AG Kassel 13.3.2012 – 435 C 4225/11 = BeckRS 2012, 16573

4514

Gehirnerschütterung / Schädelprellung mit neurologischen Beschwerden und Sehbeeinträchtigung, vorübergehende in Form von zeitweise verzerrtem Sehen im linken Gesichtsfeld; HWS-Syndrom und diverse Prellungen an Schulter, Ellenbogen und Bauchbereich.

Frau. 7 Tage stationär, zwei Aufenthalte; 5 ambulante Heilbehandlungen. MdE 3 ½ Monate 100 %. [Ursache: Busvollbremsung aus 60 km/h und daraus resultierender Sturz der Klägerin].

Betrag: 2.000 € **Haftung: 100 %**
immVorb: – **MdE: –**

AG Bad Segeberg 14.2.2013 – 17 C 219/12 = BeckRS 2013, 3014

c) Schädelfrakturen

aa) Schädelfrakturen

3496

Schädelfraktur mit Hämatom, welches operativ entleert werden musste. Unterschenkelfraktur (hier: Schienbeinfraktur).

7j. Kind (Junge). Stationärer Aufenthalt mit Hämatomentleerungsoperation am Schädel. Folgenlose Verheilung ohne bleibende Folgen.

Betrag: 2.200 € **Haftung: 100 %**
immVorb: – **MdE: –**

OLG Koblenz 9.2.2004 – 12 U 113/03 = BeckRS 2004, 153191

341

Schädelfrakturen (hier: dreifache Schädelfraktur).

Mann. (Unfallursache: Verkehrssicherungspflichtverletzung).

Betrag: 2.556 € **Haftung: 25 %**
immVorb: – **MdE: –**

OLG Hamm 15.9.1998 – 9 U 110/98 = BeckRS 1998, 08510

3709

Schädelfraktur / Palacosplastik (hier: „Subjektive Missempfindung" infolge des Einsetzens einer Schädeldeckenersatzplastiks nach unsachgemäßer Lagerung des körpereigenen Implantatsückes).

Mann. Arzthaftung: Dem unfallbedingt Verletzten musste ein Stück künstliche Schädeldecke (sog. Palacosplastik) implantiert werden, nachdem wegen eines Kühltruhendefektes das körpereigene Implantat verdorben war. Die Palacosplastik wuchs jedoch fest und stabil ein.

Betrag: 3.000 € **Haftung: 100 %**
immVorb: – **MdE: –**

LG Koblenz 22.8.2007 – 10 O 50/05 = BeckRS 2007, 15361

6909

Schädelfraktur (hier: Kalottenfraktur rechts temporal bis parietal und traumatische Kontusionsblutungen links frontal mit Schädelhirntrauma).

Mann (Fernfahrer). 5 Tage stationär. MdE ca. 4 Monate 100 %. Bei der Schmerzensgeldbemessung berücksichtigte das OLG die vorsätzliche Körperverletzung, deren Handlung „konkret lebensgefährlich" war sowie, dass dass der Kläger von Beruf Fernfahrer ist und ihm durch die behandelnden Ärzte ein vierwöchiges Fahrverbot ausgesprochen wurde.

Betrag: 6.000 € **Haftung: 100 %**
immVorb: Ja **MdE: –**

OLG Zweibrücken 27.2.2019 – 1 U 122/17 = BeckRS 2019, 45593

4687

Schädelfraktur und Schädelhirntrauma mit Narbe am Kopf, die jedoch vier Jahre nach dem Bootsunfall als „verheilt" bezeichnet wurde.

11j. Junge. 11 Tage stationär. Der Kläger wird „knapp vier Jahre nach dem Unfall in der Woche – je nach Wetterlage – drei bis vier Mal von Kopfschmerzen geplagt ..., die jedoch mit homöopathischen Mitteln behandelt werden können", so das OLG. [Ursache: Überbordgehen während einer Bootsfahrt].

Betrag: 7.000 € **Haftung: 100 %**
immVorb: Ja **MdE: –**

OLG München 26.6.2013 – 3 U 479/13 = BeckRS 2013, 10959

5236

Schädelfraktur / Schädelhirntrauma / Gehirnblutung (hier: Schädelhirntrauma mit Stirnbeinfraktur und Scheitelbeinfraktur und epiduralem Hämatom von 2 cm. Dazu hat sich ein nicht verschobener, glatter Bruch des Daches der rechten Augenhöhle und ein Bluterguss am rechten Auge eingestellt.)

5j. Kind. 9 Tage stationärer. Besonders in den ersten Tagen hatte sie starke Schmerzen und konnte durch die geschwollenen Augen kaum sehen. 3 Monate kein Sport. Aus chirurgischer komplikationsloser Heilungsverlauf und folgenlose Verheilung. Die Klägerin litt jedoch bis zum Zeitpunkt der letzten mündlichen Verhandlung in erster Instanz unter dem Trauma des Sturzes. [Ursache: Verkehrssicherungspflichtverletzung, Sturz von einem Hochbett kopfüber auf den gefliesten Boden in einer Ferienwohnung/-hütte; keine Absicherung, Verstoß gegen die Norm EN 747-1 – für Etagenbetten und Hochbetten für den Wohnbereich].

Betrag: 10.000 € **Haftung: 100 %**
immVorb: – **MdE: –**

OLG Karlsruhe 28.9.2016 – 7 U 196/15 = BeckRS 2016, 21197

3296

Schädelfraktur mit Verdacht auf Kleinhirnkontusion (Gehirnquetschung; Gehirnschädigung) sowie Schädelhirntrauma 1. bis 2.Grades und Felsenbeinquerfraktur sowie Gehörverletzung (hier: Trommelfellverletzung links).

18j. Mann. 57 Tage stationär, 4 Aufenthalte. Dauerschaden: Schwerhörigkeit links. Das OLG wertete die Verletzung zutreffend als „äußerst schwere Kopfverletzung" berücksichtigte jedoch schmerzensgeldmindernd die Tatsache, dass es sich um eine Gefälligkeitsfahrt handelte. [Ursache: Traktorfahrt; der Kl. saß auf der Ladefläche des Anhängers als dieser Umkippte.]

Betrag: 10.226 € **Haftung: 33 %**
immVorb: – **MdE: –**

OLG Oldenburg 17.3.1999 – 3 U 2/99 = BeckRS 1999, 158816

4834

Schädelfraktur (hier: … mit Krampfanfall jedoch nur „temporären kognitiven Defiziten" und nur vorübergehenden „neuropsychologischen Beeinträchtigungen").

69j. Mann. 29 Tage stationäre Heilbehandlung; insgesamt 2 Aufenthalte. Wegen des Krampfanfalles durfte der Kl. 6 Monate kein KFZ führen. [Anmerkung: Das OLG Celle verneint – im Gegensatz zum OLG Schleswig BeckRS 2013, 10226 und im Einklang mit der kurze Zeit später ergangenen BGH BeckRS 2014, 14140 eine Mithaftung für ohne Fahrradhelm fahrende Radler, sofern diese sich nicht „als sportlich ambitionierte Fahrer" betätigen].

Betrag: 12.000 € **Haftung: 100 %**
immVorb: – **MdE: –**

OLG Celle 12.2.2014 – 14 U 113/13 = BeckRS 2014, 3723

4201

Schädelfraktur mit kleiner Einblutung und Gehirnerschütterung sowie nachfolgend mehrere Monate andauernde Kopfschmerzen und Schwindelsymptome.

54j. Frau. 10 Tage stationär. Langwierige Heilbehandlung; es vergingen mehrere Monate bis zur völligen Wiederherstellung. Dauerschaden: Geruchsinnverlust. Ursache: Verkehrssicherungspflichtverletzung einer Stadtverwaltung bzgl. deren Streupflicht. Regulierungsverzögerung.

Betrag: 12.000 € **Haftung: 100 %**
immVorb: Ja **MdE: 15 %**

LG Düsseldorf 18.2.2009 – 2b O 213/06 = BeckRS 2009, 7790

4203

Schädelfraktur mit Gehirnerschütterung und Schädelprellungen.

16j. Mann (Schüler). 6 Tage stationär. Operation mit Metallteileimplantat in die Schädeldecke. MdE 2 Wochen 100 %. 6 Monate kein Sport. Vorsätzliche Körperverletzung / Schlägerei. Der Kläger litt unter berechtigter Todesangst und nachfolgend unter erheblichen Angstzuständen und massiven Schlafstörungen. Dauerfolgen sind nicht ausgeschlossen.

Betrag: 15.000 € **Haftung: 100 %**
immVorb: Ja **MdE: –**

LG Berlin 9.3.2009 – 19 O 293/08 = BeckRS 2009, 140004

2979

Schädelfraktur mit dauerndem Geschmackverlust (vgl. auch Geschmacksinnbeeinträchtigung) und Anosmie (Geruchsinnverlust) mit häufigen Kopfschmerzen, Lichtempfindlichkeit und Konzentrationsschwäche nach Faustschlag.

33j. Mann. Dauerschaden: Geruchsinnverlust, Geschmacksinnverlust. Zudem häufige Kopfschmerzen. Vorsätzliche Körperverletzung durch Faustschlag ins Gesicht.

Betrag: 15.339 € **Haftung: 100 %**
immVorb: – **MdE: –**

OLG Düsseldorf 10.12.1999 – 22 U 98/99 = VersR 2001, 251

6518

Schädelfraktur (hier: Kalottenfraktur links okzipital, eine Subarachnoidalblutung frontbasal beidseits, eine Kopfplatzwunde okzipital; verletzungsbedingt verblieb ein dauerhafter Geruchssinnverlust). Zudem erlitt die Klägerin eine Lendenwirbelsäulenprellung.

27j. Frau. 9 Tage stationär. MdE 23 Tage 100 %. Dauerschaden: Geruchssinnverlust. [Ursache: Fahrradunfall] Anmerkung: Das OLG sah kein Mitverschulden der Klägerin, weil sie Kopfverletzungen erlitt und beim Sturz vom Fahrrad keinen Fahrradhelm getragen hatte. „Zwar sei zu bemerken, dass die Zahl der Helmträger unter den Radfahrern von Jahr zu Jahr deutlich zunehme, aber eine allgemeine Pflicht in der Form einer Gesetzesnovelle oder in der Form des «Übereinkommens der Verkehrsteilnehmer» sei noch nicht festzustellen", so das OLG. [Vorinstanz: LG Nürnberg-Fürth BeckRS 2020, 22427].

Betrag: 20.000 € **Haftung: 100 %**
immVorb: – **MdE: –**

OLG Nürnberg 28.8.2020 – 13 U 1187/20 = BeckRS 2020, 22426

7185

Schädelfraktur (hier: Kalottenfraktur links okzipital mit Gehirnblutung in Form einer Subarachnoidalblutung frontobasal beidseits und eine Kopfplatzwunde okzipital) mit dauerhaftem Geruchsinnverlust und Geschmacksinnbeeinträchtigung sowie LWS-Prellung.

Frau („noch junge"). 8 Tage stationär. MdE 27 Tage 100 %. Dauerschaden: Geruchsinnverlust und Geschmacksinnbeeinträchtigung bzw. Beeinträchtigung des Schmeckvermögens in den Feinausprägungen. [Kein Mitverschulden wegen des Fehlens eines Fahrradhelms bei der Klägerin, die als Fahrradfahrerin verunfallt war. Das LG führte dazu aus: „Es gibt nach wie vor keine allgemeine, gesetzlich normierte „Helmpflicht" für Fahrradfahrer und innerhalb der Bevölkerung stark divergierende Ansichten darüber, ob und inwiefern das Tragen eines Fahrradhelms bei der Teilnahme am Straßenverkehr angezeigt oder gar notwendig ist". Vgl. dazu auch im Handbuch → Rn. 108].

Betrag: 25.000 € **Haftung: 100 %**
immVorb: – **MdE: –**

LG Nürnberg-Fürth 13.3.2020 – 8 O 2688/19 = BeckRS 2020, 22427

3193

Schädelfraktur mit frakturbedingter Gehirnschädigung. Es kam zu motorischen Ausfällen als Folge einer linksseitigen leichten Hemiparese, die jedoch später wieder verheilten.

Kind (Säugling). Arzthaftung (Die Schädelfraktur wurde dem Kind bei der Geburt mittels Geburtszange zugefügt [Geburtshilfefehler]), jedoch zunächst nicht erkannt. Dauerschaden: leicht herabgesetzter Muskeltonus mit einer etwas schwerfälligen Spontanmotorik.

Betrag: 70.000 € **Haftung: 100 %**
immVorb: – **MdE: –**
Rente: 200 €

LG Duisburg 21.11.2002 – 8 U 155/00 = BeckRS 2003, 6567

5149

Schädelfraktur, schwere (hier: Schwere Schädelvorderwandfraktur und schwere Schädelhinterwandfraktur, Geschmackssinnverlust und Geruchssinnverlust).

51j. Mann. Stationäre Heilbehandlung; länger anhaltende, neurogene Schluckstörungen wegen der der Kläger für die Dauer von fast 3 1/2 Jahren nur flüssige Nahrung zu sich nehmen konnte. Dauerschaden: Erwerbsunfähigkeit, Geschmacksinnverlust, Geruchsinnverlust, kognitive Leistungsminderung wobei – so das OLG – „alltagsrelevante Funktionsbeeinträchtigung im psychischen Bereich", ganz im Vordergrund standen. [Ursache: Sturz vom Barhocker auf den Fliesenboden in einer Bar während einer Weihnachtsfeier].

Betrag: 100.000 € **Haftung: 100 %**
immVorb: – **MdE: 60 %**

OLG Brandenburg 11.3.2015 – 4 U 93/14 = BeckRS 2015, 7893

bb) Schädelimpressionsfrakturen

5524

Schädelfraktur in Form einer nicht dislozierte Schädelimpressionsfraktur rechts mit einer diskreten bifrontalen, schmalen Subarachnoidalblutung sowie einem schmalen subduralen Hämatom rechts und ein Schädelhirntrauma.

81j. Mann. 9 Tage stationär. Anschließend drei Wochen in einer Kurzzeitpflegeeinrichtung und anschließend vier Wochen in einer neurologischen Reha. Ursache: Kollision eines Fahrradfahrers mit der sich öffnenden Fahrertür eines geparkten Pkw. Hierzu das OLG: „Ein die Alleinhaftung des PKW-Fahrers ausschließendes Mitverschulden des Radfahrers kann in einem zu geringen seitlichen Abstand des Fahrradfahrers zum geparkten PKW liegen, der – je nach den örtlichen Verhältnissen – mindestens 50 cm betragen sollte". Vergleiche hierzu auch LG Potsdam → Nr. 5527.

Betrag: 12.000 € **Haftung: 100 %**
immVorb: – **MdE: –**

OLG Celle 6.11.2018 – 14 U 61/18 = BeckRS 2018, 39527

3876

Schädelfraktur / Schädelimpressionsfraktur (hier: Schädelhirntrauma, temporale Kalottenmehrfragmentfraktur rechts mit zentraler Impression, temporopolare Kalottenfraktur links mit Epiduralhämatom, multiple Mittelgesichtsfrakturen, Nasenbeinmehrfragmentfraktur) sowie erstgradig offene Ellenbogenluxationsfraktur rechts, offene Grundgliedfraktur des rechten Kleinfingers, eingestauchte körpernahe Femurschaftfraktur rechts, isolierte proximale Figulafraktur rechts).

Mann. Stationäre Heilbehandlung. Langwierige Heilbehandlung. MdE 13 Monate 100 %. Dauerschaden: zentralvegetative Störungen in Form von Kopfschmerzen sowie Störungen des verbalen Gedächtnisses; Bewegungseinschränkung des re. Ellenbogengelenkes, Herabsetzung der groben Kraft des Armes und der Hand, Muskelminderung im Bereich des Ober- und Unterarmes, Taubheitsgefühl im Bereich des Ring- und kleinen Fingers sowie Bewegungseinschränkung des Hüftgelenks mit Außenrotations-Fehlstellung.

Betrag: 60.000 € **Haftung: 100 %**
immVorb: – **MdE: –**

OLG Rostock 26.9.2008 – 5 U 115/08 = BeckRS 2008, 20892

5910

Schädelhirntrauma 3. Grades mit Schädelfraktur / Gesichtschädelfraktur (hier: Schädelimpressionsfraktur links bis temporobasal, Augenhöhlenfraktur links und Gehirnquetschung links-frontobasal und links-tempoparietal). Zudem erlitt der Kläger eine Wirbelkörperfraktur in Form einer Dachfraktur des 7. Wirbelkörpers ohne Einengung des Wirbelkanals.

19j. Mann. 180 Tage stationär mit zwei Aufenthalten. Anschließend 14 Tage ambulante Folgebehandlung. Dauerschaden: stark verminderte psychische und körperliche Belastbarkeit, erhebliche Affektlabilität, welche sich durch zeitweise ungehemmte Aggression auszeichnet, stark erhöhte psycho-physische Erschöpfbarkeit, Kopfschmerzsymptomatik, Antriebslosigkeit und depressive Störungen in erheblichem Ausmaß.

Betrag: 100.000 € **Haftung: 100 %**
immVorb: Ja **MdE: –**

LG Coburg 19.1.2011 – 12 O 541/08 = BeckRS 2011, 2789

cc) Schädeldach- und Kalottenfrakturen

4504

Schädelverletzung / Gehirnschaden (hier: Zweifache Schädeldachfraktur am Stirnbein und am hohen Scheitelbein linksseitig und Blutungen sowei Hirnquetschungen rechtsseitig).

Frau (selbstständige Physiotherapeutin). 2 Monate stationär; langwierige Heilbehandlung. Nach 1 1/2 Jahren übt die Klägerin „mittlerweile wieder vollumfänglich" ihren Beruf aus. [Anmerkung: Der BGH hat mit Urteil vom 17.6.2014 – BeckRS 2014, 14140 – die Entscheidung des OLG Schleswig aufgehoben und der Klage in vollem Umfange stattgegeben. Das OLG hatte noch argumentiert, dass einem Radfahrer im Fall einer schweren Schädel-Hirnverletzung alleine wegen des fehlenden Fahrradhelms ein Mitverschulden von 20 % anzurechnen sei, denn – trotz nach wie vor fehlender Helmpflicht – könne heutzutage grundsätzlich davon ausgegangen werden, dass ein verständiger Mensch zu seinem eigenen Schutz auch beim Fahrradfahren im öffentlichen Straßenverkehrt einen Helm trägt. Dies sah nun der BGH anders. Ebenso entschied vier Monate zuvor auch das OLG Celle BeckRS 2014, 03723.] Zur Höhe des Schmerzensgeldes war vorliegend nicht zu befinden.

Betrag: – **Haftung: 80 %**
immVorb: Ja **MdE: –**

OLG Schleswig 5.6.2013 – 7 U 11/12 = BeckRS 2013, 10226

4110

Schädelfraktur in Form einer Schädeldachfraktur mit Schädelhirntrauma 1.Grades und kurzer Bewusstlosigkeit.

4j. Kind. 4 Tage stationär sowie weitere 7 Tage Bettruhe. Langwierige Heilbehandlung von gut 6 Monaten Dauer, bei der der Kläger zu Beginn für die Dauer von etwa 14 Tagen sich nicht intensiv bewegen durfte (für ein vierjähriges Kind besonders belastend). Schmerzensgelderhöhend wurde grobes Verschulden bzw. grobe Fahrlässigkeit des Bekl. gewertet.

Betrag: 3.000 € **Haftung: 100 %**
immVorb: Ja **MdE: –**

KG 12.7.2010 – 12 U 193/09 = BeckRS 2011, 3908

4207

Schädelfraktur in Form einer Schädeldachfraktur mit Gehirnblutungen und Schädelhirntrauma 2.Grades.

Mann. 16 Tage stationär. MdE nahezu 6 Monate arbeitsunfähig. 5 Wochen Reha. Dauerschaden: Gehirnleistungsschwäche und entsprechende Behinderung von 30 %; insbesondere leidet der Kläger unter Gedächtnisproblemen und Aufmerksamkeitsstörungen. [Anmerkung: Da der Kläger als Fahrer eines sog. Quad (= kleines, vierrädriges offenes Geländefahrzeug mit Motorradmotor) keinen Helm trug, wurde ihm ein Mitverschulden von 1/3 angerechnet].

Betrag: 20.000 € **Haftung: 66 %**
immVorb: Ja **MdE: –**

LG Neuruppin 26.2.2009 – 1 O 106/07 = BeckRS 2009, 140289

6039

Schädelfraktur in Form einer Schädelkalottenfraktur frontal rechts und links mit traumatischer Hirnverletzung sowie neun weitere Mittelgesichtsfrakturen. Der Kläger wurde in ein Krankenhaus verbracht und lag dort fast zwei Wochen in einem künstlichen Koma.

Mann (Arzt / Kieferorthopäde). 14 Tage künstliches Koma, 21 Tage Intensivstation und insgesamt 30 Tage stationärer Aufenthalt. MdE 60 tage 100 % und 60 Tage 70 %. Dauerschaden: MdE 20 %, Schmerzattacken bzgl. des linken Fußes mit Neuropathie des Nervus ischiadicus links und nahezu vollständiger Geruchssinnverlust. [Ursache: Unfall bei Fahrt mit einem Speed-Pedelec [V-max. = 45 km/h]. Dazu führte das LG bzgl. der Mithaftungsfrage aus: „Wer ohne Helm mit einem "Speed-Pedelec„ fährt, muss sich im Falle unfallbedingter Kopfverletzungen, die durch das Nichttragen des Helmes entstanden sind, ein Mitverschulden von 50 % anrechnen lassen"]. Vgl. hierzu auch das Urteil der Berufungsinstanz: OLG Köln BeckRS 2015, 122624 → Nr. 6045, welches ein unfallursächliches Mitverschulden, weil der Kläger ohne Schutzhelm mit dem Speed-Pedelec unterwegs war, nicht sah und somit das Schmerzensgeld auf 60.000 EUR anhob.

Betrag: 30.000 € **Haftung: 50 %**
immVorb: Ja **MdE: 20 %**

LG Bonn 11.12.2014 – 18 O 388/12 = BeckRS 2015, 4095

6045

Schädelfraktur in Form einer Schädelkalottenfraktur frontal rechts und links mit traumatischer Hirnverletzung sowie neun weitere Mittelgesichtsfrakturen. Der Kläger wurde in ein Krankenhaus verbracht und lag dort fast zwei Wochen in einem künstlichen Koma.

Mann (Arzt / Kieferorthopäde). 14 Tage künstliches Koma, 21 Tage Intensivstation und insgesamt 30 Tage stationärer Aufenthalt. MdE 60 Tage 100 % und 60 Tage 70 %. Dauerschaden: MdE 20 %, Schmerzattacken bzgl. des linken Fußes mit Neuropathie des Nervus ischiadicus links und nahezu vollständiger Geruchssinnverlust. [Ursache: Unfall bei Fahrt mit einem Speed-Pedelec [V-max. = 45 km/h] bei dem ein Reifen wegen eines Montagefehlers versagte]. Zur Frage des Mitverschuldens wegen des Nichttragens eines Fahrradhelms führte das OLG – entgegen der Ansicht des LG [→ Nr. 6039] aus: „Es mag sein, dass mit dem Pedelec Geschwindigkeiten erreicht werden, die eher dem Bereich des sportlichen Radfahrens zuzuordnen sind und dadurch auch die Gefahrensituation eine ähnliche ist wie in Fällen sportlicher Betätigung. ... Es bleibt aber dabei, dass es nach der Rechtsprechung des Bundesgerichtshofs auf das allgemeine Verkehrsbewusstsein ankommt. Danach war die Benutzung eines Pedelecs im Bewusstsein der Verkehrsteilnehmer dem Freizeitradfahren zuzuordnen. Ein Bewusstsein dahingehend, dass mit dem E-Bike-Fahren aufgrund der hohen Geschwindigkeiten besondere Risiken verbunden waren, kann im Jahr 2010 gerade nicht angenommen werden ...".

Betrag: 60.000 € **Haftung: 100 %**
immVorb: – **MdE: –**

OLG Köln 23.12.2015 – 27 U 1/15 = BeckRS 2015, 122624

dd) Schädelbasisfrakturen

6311

Schädelbasisfraktur / Schädelfraktur und Gehirnverletzung (hier: Schädelbasisfraktur, Felsenbeinfraktur und Claviafraktur sowie ein traumatisches akutes Subduralhämatom links).

Frau. Keine weiteren Angaben. Grundurteil daher noch keine Schmerzensgeldbemessung. [Ursache: Anschieben einer Fahrradfahrerin von einem neben dieser fahrenden Motorrad aus. Das OLG sah darin einen Unfall beim Betrieb im Sinne von § 7 Abs. 1 StVG. Für eine Anwendung des § 8 Nr. 2 StVG reiche es nicht aus, da die Radfahrerin nicht in „in irgendeiner – sei es auch nur rein verbaler – Art und Weise in den eigentlichen Betriebsvorgang des Kraftfahrzeuges eingegriffen bzw. auf diesen spürbaren Einfluss genommen hat."]

Betrag: – **Haftung: 75 %**
immVorb: Ja **MdE: –**

OLG Koblenz 19.8.2019 – 12 U 1444/18 = BeckRS 2019, 23356

6146

Schädelfraktur mit Gehörschädigung (hier: Schädelbasisfarktur in Form einer Felsenbeinfraktur [= Schädelbasisfraktur, bei der häufig auch das Innenohr und Mittelohr geschädigt werden] mit an Taubheit grenzenden Schwerhörigkeit des rechten Ohrs).

11j. Kind (Schüler). 30 Tage stationärer Krankenhausaufenthalt. Dauerschaden: „An Taubheit grenzende Schwerhörigkeit des rechten Ohrs". [Ursache: Fahrradunfall – Mitverschulden eines elfjährigen Radfahrers bei Zebrastreifenunfall].

Betrag: 6.136 € **Haftung: 33 %**
immVorb: – **MdE: –**

OLG Oldenburg 26.9.1997 – 6 U 136/97 = BeckRS 9998, 3156

4751

Schädelfraktur in Form einer Schädelbasisfraktur mit Persönlichkeitsveränderungen und epileptischer Anfallsneigung und Störungen der Konzentrationsfähigkeit sowie kognitive und sprachliche Störungen.

Frau (aus dem Kontext – „Lebensplanung" – ist zu entnehmen, dass es sich um eine noch junge Frau gehandelt hat). Stationärer Aufenthalt mit 34 Tagen künstlicher Beatmung. Mehrere Operationen und eine bilaterale Schädeltrepanation zur Hirnentlastung mit Implantation des Knochendeckels in den Bauchraum. Dauerschaden: Persönlichkeitsveränderungen, epileptischer Anfallsneigung, die Dauermedikation erfordert, Störungen der Konzentrationsfähigkeit, kognitive und sprachliche Störungen[Weitere Fundstelle: BeckRS 2012, 23568 sowie VersR 2013, 776].

Betrag: 25.000 € **Haftung: 25 %**
immVorb: Ja **MdE: –**

KG 13.9.2012 – 20 U 193/11 = BeckRS 2012, 23568

6124

Schädelfraktur (hier: Schädelbasisfraktur mit Schädelhirntrauma 2. Grades) und Brustkorbverletzung (hier: Rippenserienfraktur rechts, Pneumothorax und eine akute respiratorische Insuffizienz mit Antrum-Gastritis) sowie psychische Beeinträchtigungen mit anhaltenden depressiven Verstimmungen.

59j. Mann. 21 Tage Intensivstation mit Luftröhrenschnitt und künstlicher Beatmung und weitere 7 Tage stationär. Dauerschaden: Psychische Beeinträchtigungen.

Betrag: 35.000 € **Haftung: 100 %**
immVorb: Ja **MdE: –**

OLG Düsseldorf 7.11.2017 – 1 U 70/16 = BeckRS 2017, 152064

d) Schädelhirntraumen

Vorbemerkung: Schädelhirntrauma ist ein medizinischer „Sammelbegriff" für durch Gewalteinwirkung verursachte Beeinträchtigungen und Schädigungen des Gehirns. Der Begriff umfasst dabei ebenso die traumatisch bedingte, reversible „Commotio" (Gehirnerschütterung) wie auch die irreversiblen Gehirnschädigungen. Nachfolgend sind nur solche Gerichtsentscheidungen aufgeführt, die in ihrer Urteilsbegründung den Begriff „Schädelhirntrauma" als Verletzungsbezeichnung verwenden. Weitere Entscheidungen zu diesem Verletzungskomplex finden Sie in den Kapiteln A.1e (Gehirnerschütterung), A.1f (Gehirnquetschung) und A.1g (Gehirnschädigung).

aa) Schädelhirntraumata ohne Schweregradangaben

4906

Schädelhirntrauma (hier: massive Schädelquetschung bzw. Schädelkontusion mit Kopfschmerzen, Nackenschmerzen, vorübergehende Anpassungsstörung sowie geringe Schlafstörungen). Zudem erlitt der Kläger eine Gesichtsverletzung (hier: oberflächliche Glassplitterverletzung) und ein HWS-Syndrom 1. Grades.

Mann (LKW-Fahrer). Ambulante Heilbehandlung. MdE 6 Wochen 50 % sowie für die Dauer eines Jahres eine geringe Minderung der Erwerbsfähigkeit von 20 % und 10 %, die sich jedoch nicht mehr erhöhend auf das angemessene Schmerzensgeld auswirken, weil sie nicht 50 % erreichen, so das OLG nahezu wörtlich.

Betrag: 3.000 € **Haftung: 100 %**
immVorb: – **MdE: –**

OLG Naumburg 21.1.2013 – 1 U 90/12 = BeckRS 2013, 22077

3560

Schädelhirntrauma und zahlreiche Quetschungen (Brustkorbquetschung mit Verdacht auf Lungenquetschung; Beckenquetschung).

Mann. 5 Wochen ambulante Behandlung. Während dieser Zeit schmerzhafte Beeinträchtigungen am Hals und im Beckenbereich.

Betrag: 3.323 € **Haftung: 100 %**
immVorb: – **MdE: –**

AG Perleberg 7.2.2002 – 11 C 255/01 = unveröffentlicht

6387

Schädelhirntrauma nach „schwerer Schädelprellung" mit Störungen der Konzentrationsfähigkeit, Müdigkeit und Kopfschmerzen. Zudem erlitt die Klägerin „eine Platzwunde, ein schwappendes Hämatom darunter sowie ein großes Hämatom rechts occipital".

Frau. 3 Tage stationär zur neurologischen Überwachung. Anschließend 30 Tage ambulante Behandlung. Anschließend „war sie … weitgehend beschwerdefrei".

Betrag: 3.500 € **Haftung: 100 %**
immVorb: – **MdE: –**

OLG Brandenburg 16.11.2006 – 12 U 91/06 = BeckRS 2006, 134767

2604

Schädelhirntrauma / Kopfverletzung (hier: „große Skalpierungsverletzung der Kopfschwarte"); Rückenquetschung und Sprunggelenkquetschung.

73j. Mann. Gut 1 Monat stationär und 1 Monat Rehaklinikaufenthalt. Vorschaden: Kopfschmerzen. Dauerschaden: verstärkte Kopfschmerzen.

Betrag: 5.113 € **Haftung: 100 %**
immVorb: – **MdE: –**

LG Stralsund 26.5.1998 – 4 O 266/97 = BeckRS 1998, 153669

2395

Schädelhirntrauma / leichte Gehirnschädigung (hier: gedecktes Schädelhirntrauma mit „leichter reversibler Hirnfunktionsstörung" und „Tinnitus … bei Verdacht einer commotio labyrinthii", Hautnervschädigung!); Rippenfrakturen [5.-9.]; Prellungen.

55j. Frau. 15 Tage stationär. Operative Hämatomentfernung und Hämatompunktion. Dauerschaden: Hautnervschädigung an Schläfen /Kopfhaut. Teilweise starke Kopfschmerzen!

Betrag: 5.113 € **Haftung: 100 %**
immVorb: – **MdE: 10 %**

OLG Hamm 1.10.1997 – 32 U 58/97 = BeckRS 1997, 31165066

5408

Schädelhirntrauma / Gehirnblutungen (hier: Schädelhirntrauma mit Kontusionen links fronto-basal und links temporal sowie kleine Kontusionen rechts temporopolar, persistierende Cephalgien sowie subdurales Hämatom links und dezente Subarachnoidalblutung links) sowie Schädelprellung und Unterlippenplatzwunde nach Faustschlag ins Gesicht.

Mann (Student). 17 Tage stationär. Möglicher Dauerschaden: Kopfschmerzen (hierzu führt das LG drei Jahre nach dem Vorfall aus: „Noch heute leidet der Nebenkläger an starken Kopfschmerzen, die er dem Vorfall zuschreibt".) Bei der Bemessung berücksichtigte das LG schmerzensgeldmindernd „die wirtschaftliche Situation der Parteien, denen Prozesskostenhilfe gewährt worden ist".

Betrag: 10.000 € **Haftung: 100 %**
immVorb: Ja **MdE: –**

LG Bonn 2.12.2016 – 1 O 154/15 = BeckRS 2016, 116629

5236

Schädelhirntrauma / Schädelfraktur / Gehirnblutung (hier: Schädelhirntrauma mit Stirnbeinfraktur und Scheitelbeinfraktur und epiduralem Hämatom von 2 cm. Dazu hat sich ein nicht verschobener, glatter Bruch des Daches der rechten Augenhöhle und ein Bluterguss am rechten Auge eingestellt.)

5j. Kind. 9 Tage stationärer. Besonders in den ersten Tagen hatte sie starke Schmerzen und konnte durch die geschwollenen Augen kaum sehen. 3 Monate kein Sport. Aus chirurgischer komplikationsloser Heilungsverlauf und folgenlose Verheilung. Die Klägerin litt jedoch bis zum Zeitpunkt der letzten mündlichen Verhandlung in erster Instanz unter dem Trauma des Sturzes. [Ursache: Verkehrssicherungspflichtverletzung, Sturz von einem Hochbett kopfüber auf den gefliesten Boden in einer Ferienwohnung/-hütte; keine Absicherung, Verstoß gegen die Norm EN 747-1 – für Etagenbetten und Hochbetten für den Wohnbereich].

Betrag: 10.000 € **Haftung: 100 %**
immVorb: – **MdE: –**

OLG Karlsruhe 28.9.2016 – 7 U 196/15 = BeckRS 2016, 21197

2971

Gehirnschädigung nach „Schädelhirntrauma 1.Grades mit einem geringen Hirnödem". „Es kam zu einem Hörverlust links mit subjektivem Rauschen und Tinnitus" [Pfeiftonhören]). Unterarmfraktur, verschobene rechts mit vorübergehender Metallplattenimplantierung.

26j. Mann. 15 Tage stationär, zwei Aufenthalte. Dauerschaden: Hörfähigkeitsverminderung um 50 %; Versteifung des Zeigefingerendgliedes rechts. Narben am Unterarm.

Betrag: 15.339 € **Haftung: 100 %**
immVorb: – **MdE: –**

OLG Hamm 11.9.2000 – 13 U 93/00 = BeckRS 2000, 30130783

5881

Schädelhirntrauma mit hirnorganischem Psychosyndrom und Gehirnquetschung im Bereich des Hirnstamms. Unfallbedingten Lähmung der Gesichtsnerven und Tinnitus. Zudem erlitt der Junge noch eine Armplexusparese.

9j. Kind (Schüler). 3 Tage Intensivstation mit 2-tägiger künstlicher Beatmung und weitere 47 Tage stationär. Posttraumatischer Tinnitus. Langwierige Heilbehandlung mit zahlreichen Arztbesuchen und Physiotherapie. Möglicher Dauerschaden: Motorische Schwächen im rechten Arm sowie Konzentrations- und Koordinationsstörungen. „Aufgrund einer Minderung der groben Kraft im rechten Arm und der Bewegungsflüssigkeit geht der Sachverständige Prof. Dr. U bei seiner Begutachtung vier Jahre nach dem Unfall noch von einer Minderung der Erwerbsfähigkeit … von 30 % aus", so das LG. [Ursache: Verkehrssicherungspflichtverletzung – dem Kläger fiel auf dem Schulhof beim Fußballspiel ein dort aufgebautes instabiles Tor auf den Kopf].

Betrag: 15.339 € **Haftung: 100 %**
immVorb: – **MdE: –**

LG Bonn 8.3.1999 – 1 O 528/96 = BeckRS 2010, 22476

7752

Schädelhirntrauma / Gehirnschädigung (hier: penetrierendes Schädelhirntrauma und damit einhergehend eine mehrfragmentäre Impressionsfraktur des linken Schläfenbeines mit zarten streifigen Hämorrhagien im angrenzenden Hirnparenchym im Schläfen- und Scheitellappenbereich mit passagerer Wortfindungsstörung und eine Eröffnung der harten Hirnhaut mit Weichteilschaden, eine Einblutung unter die weiche Hirnhaut sowie eine Einblutung im betroffenen Hirngewebe mit umgebender, passagerer wässriger Schwellung. Zudem erlitt der Kläger eine Stichverletzung am Rücken bzw im Nackenbereich links der Körpermittellinie.

Mann (Restaurantinhaber). Lebensgefahr. Stationäre Behandlung. Der Kläger hatte ein bis zwei Tage schwere, zwei Tage mittelschwere und 29 Tage leichte Schmerzen zu erdulden gehabt. Zur Schmerzensgeldbemessung betonte der OGH einleitend, dass bei der Bemessung des Schmerzensgeldes einerseits auf die Umstände des Einzelfalls abzustellen und andererseits zur Vermeidung einer völligen Ungleichmäßigkeit der Rechtsprechung ein objektiver Maßstab anzulegen sei wobei „der von der Judikatur ganz allgemein gezogene Rahmen für die Bemessung im Einzelfall nicht gesprengt werden (RS0031075)" dürfe. Sodann führte der OGH aus: „Der Kläger hat hier durch mehrere Stiche des Beklagten mit Lebensgefahr verbundene schwerste Verletzungen an Kopf und Gehirn erlitten, die eine – wenn auch vorübergehende – Wortfindungsstörung und eine noch andauernde posttraumatische Belastungsstörung mit Panikattacken sowie Schlafstörung zur Folge hatten. Aufgrund der besonderen Belastungen und Ängste, die derartig massive Verletzungen des Kopfes und des Gehirns sowie die konkret beim Kläger damit einhergegangenen Beeinträchtigungen nachvollziehbar auslösen, ist selbst unter Berücksichtigung des Umstands, dass der Kläger in Anbetracht der konkreten Verletzungen außergewöhnlich geringere Schmerzen bzw Schmerzperioden zu erdulden hatte, aufgrund der Schwere der Verletzungen und des Maßes der psychischen und physischen Beeinträchtigung (RS0031040) im Wege einer Globalbemessung ein Schmerzensgeld von 18.000 EUR als angemessen anzusehen." Berücksichtigt wurde auch, dass der Kläger vorfallskausal an einer posttraumatischen Belastungsstörung leidet, welche sich etwa durch erhöhte Schreckhaftigkeit mit immer wieder auftretenden Angst- und Panikattacken sowie Schlafstörungen mit dem Auftreten von Albträumen äußert. Kein Mitverschulden des Klägers unter dem Stichwort der Provokation. [Ursache: Vorsätzliche Körperverletzung nach vorheriger verbaler Auseinandersetzung zwischen dem Kläger und dem, in seinem Restaurant beschäftigten Koch].

Betrag: 18.000 € **Haftung: 100 %**
immVorb: – **MdE: –**

OGH Österreich 25.9.2025 – 7 Ob 80/25b = BeckRS 2025, 27305

3494

Schädelhirntrauma mit Gehirnblutung und Gehirnquetschungen. Rippenserienfraktur und beidseitige Lungenquetschung.

Mann. 3 stationäre Aufenthalte von insgesamt gut 2 Monaten. Anschließend ambulante häusliche Pflege. Dauerschaden: Erwerbsunfähigkeit; Gedächtnisstörungen; Einschränkungen der Lebensfreude. Regelmäßige Bewegungstherapie. [Ursache: Motorradunfall]

Betrag: 51.129 € **Haftung: 100 %**
immVorb: – **MdE: –**

OLG Nürnberg 11.10.2002 – 6 U 2114/02 = BeckRS 2002, 30287726

bb) Schädelhirntrauma 1. Grades

6157

Schädelhirntrauma 1. Grades, „es fand sich ein Cephalhämatom, und es kam zu einem dreimaligen Erbrechen", so das AG.

4j. Kind (Mädchen). [Ursache: Verkehrssicherungspflichtverletzung des Hallenbadbetreibers – wegen einer Fehlkonstruktion des Fliesenbodens mit negativem Gefälle, weshalb sich dort eine ca. 2 cm tiefe Pfütze gebildet hatte].

Betrag: 383 € **Haftung: 100 %**
immVorb: – **MdE: –**

AG St. Wendel 29.3.2000 – 14 C 844/99 = BeckRS 9998, 17590

6806

Schädelhirntrauma 1. Grades „sowie Abschürfungen und Hämatombildungen im Gesichts-, Oberkörper und Extremitätenbereich".

9j. Kind. 3 Tage stationär. Körperliche Folgeschäden wurden, abgesehen von der Nachkontrolle und erforderlicher häuslicher Pflege für eine Woche, nicht festgestellt, so das AG, dass deshalb statt der geforderten 1.000 EUR nur 500 EUR zusprach. [Lesenswert zur alleinigen Haftung des Fahrradfahrers bei Zusammenstoß mit einem Kind auf einem für Radfahrer zugelassenen Fußgängerweg].

Betrag: 500 € **Haftung: 100 %**
immVorb: – **MdE: –**

AG Erfurt 19.8.2020 – 5 C 1402/19 = BeckRS 2020, 47961

2864

Schädelhirntrauma 1.Grades; Prellungen (hier: Knieprellung rechts; Ellenbogengelenkprellung links) sowie HWS-Syndrom.

Mann. MdE 4 Tage 100 % sowie 6 Wochen 10 %. [Ursache: Motorradunfall].

Betrag: 682 € **Haftung: 66 %**
immVorb: – **MdE: –**

AG Königstein 16.7.2001 – 21 C 261/01 = BeckRS 2001, 161809

6035

Schädelhirntrauma 1. Grades. mit kurzer Bewusstlosigkeit. Insofern heisst es im Urteil: „Der Kläger schlug mit seinem Kopf auf den Hallenfußboden, war fünf Minuten bewusstlos und litt etwa 4 Minuten lang unter Streckkrämpfen".

Mann (junger Mann). Lebensgefahr, Intensivstation, Beatmung und insgesamt 6 Tage stationär. [Ursache: Sportunfall – regelwidriger Tritt an den Hals und den Unterkiefer beim Karatewettkampf]. Bei der Bemessung berücksichtigte das AG schmerzensgeldmindernd, dass „der Kläger die Verletzungen im Rahmen eines Sportwettkampfes erlitten hat und sich dadurch der Gefahrensituation bewusst und gewollt ausgesetzt hat und der Beklagte seinerseits im vermeintlichen Eifer des sportlichen Wettkampfes gehandelt haben mag".

Betrag: 1.023 € **Haftung: 100 %**
immVorb: – **MdE: –**

AG Berlin-Lichtenberg 13.10.1999 – 8 C 284/99 = BeckRS 2014, 8506

5116

Schädelhirntrauma, eine Kopfplatzwunde sowie eine HWS-Distorsion.

Frau. Das AG führte aus, dass die Klägerin „nach dem Unfall starke Schmerzen hatte und in der Bewegung eingeschränkt"war.

Betrag: 1.333 € **Haftung: 66 %**
immVorb: – **MdE: –**

AG Bautzen 25.3.2015 – 20 C 747/14 = BeckRS 2015, 120052

7005

Schädel-Hirn-Trauma mit kurzer Bewusstlosigkeit.

Frau. Kein weiterer, über das von der Tierhaftpflichtversicherung des Beklagten gezahlten Schmerzensgeldes. [Ursache: Reitfehler; Sturz vom vermeintlich plötzlich und unerwartet losgaloppierenden („durchgegangenen") Pferd].

Betrag: 2.000 € **Haftung: 100 %**
immVorb: – **MdE: –**

OLG Oldenburg 21.4.2021 – 2 U 106/21 = BeckRS 2021, 31774

4903

Schädelhirntrauma 1.Grades sowie HWS-Distorsion mit nachfolgenden Schwindelattacken. „Diese standen in Zusammenhang mit einer nachträglich diagnostizierten Gehirnerschütterung", so das OLG.

Mann. 7 Tage stationär, 2 Aufenthalte. MdE 4 Tage 100 % [Anmerkung: Sicherlich waren es 7 Tage, denn während es zweiten stationären Aufenthaltes kann von einer Erwerbsfähigkeit wohl kaum ausgegangen werden] sowie weitere ca. 30 Tage zu 30 %. Folgenlose Verheilung. Bei der Bemessung berücksichtigte das OLG – ausgehend von ansonsten nur 750 EUR – ausdrücklich die lange Heilbehandlung bzw. Beeinträchtigung.

Betrag: 2.500 € **Haftung: 100 %**
immVorb: – **MdE: –**

OLG Düsseldorf 8.10.2013 – I-1 U 226/12 = BeckRS 2014, 2420

3729

Schädelhirntrauma 1.Grades sowie Gesichtverletzungen in Form von Prellungen und Schürfwunden im Gesicht sowie einem Bluterguss im Bereich des linken Auges.

Mann. 3 Tage stationär. Vorsätzliche Körperverletzung. Der Beklagte schlug mit großer Brutalität auf das am Boden liegende Opfer ein; dies wurde zutreffend schmerzensgelderhöhend bewertet.

Betrag: 2.556 € **Haftung: 100 %**
immVorb: – **MdE: –**

AG Wildeshausen 22.5.2001 – 4 C 41/01 = BeckRS 2001, 161830

5062

Schädelhirntrauma 1.Grades bzw. Gehirnerschütterung mit „Lagerungsschwindel" und Kopfplatzwunde.

Frau (Szenenbildassistentin). Ambulante Behandlung. Die Kl. war etwa 6 Wochen hierdurch beruflich eingeschränkt. In der Urteilsbegründung heisst es: „Die Klägerin erlitt eine Platzwunde und wurde mit einem Krankenwagen in ein Krankenhaus verbracht, wo die Wunde mit mehreren Stichen genäht werden musste. Nach vier Stunden konnte die Klägerin das Krankenhaus wieder verlassen". [Ursache: 25 cm große und 1 KG schwere Holzfigur fiel von Fensterbank und traf die Kl. am Kopf; außergerichtlich zahlte die Haftpflichtversicherung bereits 1.000 EUR, so dass weitere 2.000 EUR zuerkannt wurden].

Betrag: 3.000 € **Haftung: 100 %**
immVorb: – **MdE: –**

OLG München 6.4.2016 – 20 U 4602/15 = BeckRS 2016, 6809

3747

Gehirnerschütterung, schwere … mit Kopfplatzwunden, HWS-Distorsion und zahlreichen Prellungen.

Mann. Ambulante, langwierige Heilbehandlung. Der Kläger musste mehrere Wochen eine Schanz'sche Krawatte tragen und hatte währenddessen starke Kopfschmerzen, die auch 18 Monate nach dem Vorfall noch auftraten. Ursache: Vorsätzliche Körperverletzung durch Schlag mit einem schweren Aschenbecher.

Betrag: 3.000 € **Haftung: 100 %**
immVorb: – **MdE: –**

AG Laufen 12.4.2001 – 1 C 0418/00 = unveröffentlicht

7586

Schädelhirntrauma und Prellungen sowie massive Beleidigung mit „immensen" psychischen Folgen. Vorsätzliche Körperverletzung.

18j. Mann. Adhäsionsverfahren. Das LG sah es als erwiesen an, dass der zur Tatzeit 17j. Syrer mit Schlägen und „gezielten Tritten gegen den Kopf" verletzt und zudem „menschenverachtend" beleidigt worden war. Dass der junge Mann keine schwereren Verletzungen als ein Schädel-Hirn-Trauma und Prellungen erlitt, sei pures Glück gewesen – für beide, dh auch für den 41j. deutschen Angeklagten, der zur Tatzeit auf Bewährung war und wegen dieser erneuten Tat nun zu vier Jahren und neun Monaten Haftstrafe verurteilt wurde.

Betrag: 5.000 € **Haftung: 100 %**
immVorb: – **MdE: –**

LG Erfurt 26.10.2021 – 3 KLs 501 Js 13526/21 = BeckRS 2021, 62647

3057

Schädelhirntrauma 1.Grades mit nachfolgendem 5 x 8 mm großem lakunärem Hirninfarkt und in dessen Folge hirnorganische Wesensveränderung ähnlich einem hirnorganischen Psychosyndrom.

Mann. 81 Tage stationär; mehrere Aufenthalte, Operationen und Untersuchungen; MdE 11 Monate 100 %. Dauerschaden: Wesensveränderung und Leistungsstörung.

Betrag: 23.000 € **Haftung: 100 %**
immVorb: Ja **MdE: 100 %**

OLG Dresden 26.7.2002 – 11 U 556/02 = BeckRS 2002, 12466

2993

Schädelhirntrauma 1.Grades mit Durchgangssyndrom und posttraumatischen epileptischen Anfällen.

70j. Frau (US-Amerikanerin). 19 Tage stationär. Unfallbedingt kam es 6 Monate später zu epileptischen Anfällen. Wortfindungsstörungen und Paraphsien. [Anmerkung: Lesenswert zur Problematik ausländischen Rechts: Es bleibt bei der Schmerzensgeldbemessung unbeachtlich, dass der Verletzte Ausländer in seinem Heimatlande ein deutlich höheren Schadensausgleich erhalten würde, so das KG.]

Betrag: 38.347 € **Haftung: 100 %**
immVorb: – **MdE: –**

KG 23.4.2001 – 12 U 971/00 = BeckRS 2001, 30175806

cc) Schädelhirntrauma 1. bis 2. Grades

4797

Schädelhirntrauma 1.–2.Grades mit Sehbeeinträchtigung, vorübergehender. Zahlreiche Prellungen sowie HWS-Syndrom.

72j. Mann. Stationäre Behandlung. Komplikationsloser Heilungsverlauf. Bei einer ärztlichen Nachuntersuchung 5 Tage nach dem Unfall war der Kläger subjektiv wieder beschwerdefrei. [Kein Mitverschulden des Fahrradfahrers, wegen des Fahrens ohne Fahrradhelm].

Betrag: 1.100 € **Haftung: 100 %**
immVorb: – **MdE: –**

AG Wesel 9.1.2014 – 5 C 56/13 = BeckRS 2014, 5557

dd) Schädelhirntrauma 2. Grades

6910

Schädelhirntrauma 2. Grades mit Gehirnblutung in Form einer frontobasalen und temporale Kontusionsblutung links und eine Contusio labyrinthi.

Mann (Zimmermann). Stationäre Behandlung. Dauerschaden: MdE 60 %; „Minderung basiert zu 10 % auf halsnasen und ohrenärztlichem Gebiet, zu 40 % auf neurologischem Gebiet und zu 20 % auf psychologischem Gebiet", so das LG. Berufsunfähigkeit als Zimmermann. Nach den eigenen unbestrittenen Ausführungen des Klägers kann dieser nur noch vier Stunden täglich arbeiten. [Ursache: Sturz von Baugerüst aus ca. 3 m Höhe].

Betrag: 10.000 € **Haftung: 100 %**
immVorb: Ja **MdE: 60 %**

LG Dessau-Roßlau 17.2.2020 – 4 O 617/14 = BeckRS 2020, 45504

7101

Schädel-Hirn-Trauma II. Grades und 8 cm lange klaffende Kopfplatzwunde mit der Folge einer Gehörschädigung (hier: Hörminderung rechts und ein Tinnitus beidseits) sowie verbleibenden Kopfschmerzen, Hitzegefühlen, Schwindel, Konzentrations- und Merkfähigkeitsstörungen. Zudem erlitt der Kläger eine Rippenfraktur der achten Rippe, eine Knieprellung rechts, eine Brustkorbprellung sowie Stauchung der Halswirbelsäule mit Bewegungseinschränkungen.

Mann. 3 Tage stationäre Behandlung. Dauerschaden: Gehörminderung, Tinnitus sowie – wegen der Schmerzen im Nackenbereich – dauerhaft unter schweren Ein- und Durchschlafstörungen leidet und lediglich 3 bis 4 Stunden schläft, sowie dass es bei einer schnellen Bewegung oder Drehung des Kopfes zur Schwindelanfällen beim Kläger kommen kann, die zu Stürzen führen können. [Ursache: Der Kläger war bei Bauarbeiten von der Laufkatze eines Krans seitlich an der rechten Kopfhälfte getroffen. Anmerkung: Das OLG befasst sich in diesem Urteil umfassend mit den Fragen des zudem vorliegenden ärztlichen Behandlungsfehlers und insofern mit den Besonderheiten der Behandlung durch einen Durchgangsarzt – siehe OLG Brandenburg BeckRS 2022, 39965 Rn. 17].

Betrag: 15.000 € **Haftung: 100 %**
immVorb: Ja **MdE: –**

OLG Brandenburg 10.11.2022 – 12 U 45/17 = BeckRS 2022, 39965

4585

Schädelhirntrauma 2.Grades mit Gehirnqetschung und subduralem Bluterguss und traumatischer Subarachnoidalblutung (Gerhirnblutung) und „Abriss der Riechfäden an der Riechzwiebel“ mit der Folge von Geruchsinnbeeinträchtigung udn Geschmacksinnbeeinträchtigung sowie einemleichten Aufmerksamkeitsdefizit.).

35j. Frau. 7 Tage stationär. MdE nahezu 6 Wochen 100 %. Dauerschaden: Geruchsinnbeeinträchtigung und Geschmackssinnbeeinträchtigung. Sie kann jedoch noch süß, sauer, salzig etc zu schmecken jedoch keine Aromen mehr. Aufmerksamkeitsdefizit. [Ursache: Sturz auf den Betonboden im Rahmen eines Stuntworkshops bei dem ihr kein Helm überlassen worden war].

Betrag: 20.000 € **Haftung: 100 %**
immVorb: Ja **MdE: –**

OLG Brandenburg 17.1.2012 – 6 U 96/10 = BeckRS 2012, 4236

7881

Schädelhirntrauma 2. Grades sowie eine Schädelfraktur in Form einer sog. Kalottenfraktur links und subdurale und subarachnoidale Gehirnblutungen.

Mann (junger Mann). 2 1/2 Wochen stationär. Anschließend 5 Wochen Rehabilitationsaufenthalt. Arbeitsunfähigkeit rund 5 1/2 Monate. Folgen und Dauerschaden: Der Kläger litt ca. ein Jahr an kognitiven Einschränkungen und behielt einen Behinderungsgrad von 30 %. [Ursache: Unfall mit einem sog. Quad, wobei der Kläger als Fahrer desselben keinen Helm getragen hatte, was bereits das LG in erster Instanz – und bestätigt durch das OLG – als Mitverschulden gewertet hatte].

Betrag: 20.000 € **Haftung: 66 %**
immVorb: Ja **MdE: 30 %**

OLG Brandenburg 10.9.2009 – 12 U 49/09 = BeckRS 2009, 26179

4207

Schädelhirntrauma 2.Grades mit Schädelfraktur (hier: Schädeldachfraktur) und Gehirnblutungen.

Mann. 16 Tage stationär. MdE nahezu 6 Monate arbeitsunfähig. 5 Wochen Reha. Dauerschaden: Gehirnleistungsschwäche und entsprechende Behinderung von 30 %; insbesondere leidet der Kläger unter Gedächtnisproblemen und Aufmerksamkeitsstörungen. [Anmerkung: Da der Kläger als Fahrer eines sog. Quad (= kleines, vierrädriges offenes Geländefahrzeug mit Motorradmotor) keinen Helm trug, wurde ihm ein Mitverschulden von 1/3 angerechnet].

Betrag: 20.000 € **Haftung: 66 %**
immVorb: Ja **MdE: –**

LG Neuruppin 26.2.2009 – 1 O 106/07 = BeckRS 2009, 140289

3657

Gehirnschädigung / Gehirnleistungsminderung (hier: Schädelhirntrauma mit subduralem Hämatom und „Beeinträchtigungen der Intelligenzfunktionen, Aufmerksamkeits-, Gedächtnis- und Lernleistungen“).

10j. Junge (Schüler). Stationärer Aufenthalt. 3 Operationen. Rehabilitationsmaßnahmen. 4 Monate andauernde Bewegungsstörungen. Dauerschaden: Beeinträchtigungen der Intelligenzfunktionen, Aufmerksamkeits-, Gedächtnis- und Lernleistungen. Kein Mitverschulden wegen fehlendem Fahrradhelm.

Betrag: 25.000 € **Haftung: 75 %**
immVorb: – **MdE: –**

OLG Düsseldorf 14.8.2006 – 1 U 9/06 = BeckRS 2006, 11675

2751

Schädelhirntrauma 2.Grades mit posttraumatischem hirnorganischen Psychosyndrom; Oberschenkelfraktur, zweifache; Kniefraktur in Form einer Kniescheibentrümmerfraktur und Sprunggelenkfraktur in Form einer Sprunggelenktrümmerfraktur; Ellenbogenfraktur.

Mann. 2 Monate intensivstationär; Dauerschaden: Bewegungsbeeinträchtigungen, Fußlähmungserscheinungen; Gleichgewichtsstörungen; Schmerzen im Knie / Oberschenkel. [Lesenswert zum Thema Feststellungsklage / Feststellungsantrag und Teilschmerzensgeld; vgl. auch DAR 2000, 307 und NJW-RR 2000, 1623 zum Teilschmerzensgeld im Zusammenhang mit diesem Urteil]

Betrag: 30.678 € **Haftung: 100 %**
immVorb: – **MdE: –**

OLG Hamm 11.2.2000 – 9 U 204/99 = BeckRS 9998, 17558

7880

Schädelhirntrauma 2. Grades mit mit Schädelriss, Gehirnblutungen und Gedächtnisverlust bzgl. des Unfallereignisses (Amnesie). Zudem erlitt die Klägerin eine Schultereckgelenksprengung sowie diverse Prellungen.

20j. Frau. Die Klägerin war nach dem Unfall zunächst bewusstlos und wurde mit dem Rettungshubschrauber ins Krankenhaus gebracht und befand sich zwei Tage auf der Intensivstation und weitere vier Tage auf der Normalstation. Insgesamt absolvierte sie 29 Arzttermine. Arbeitsunfähigkeit „rund zehn Monate“; sie konnte ihre – kurz vor dem Unfall begonnene – Ausbildung erst ein Jahr nach dem Unfall wieder fortsetzen, „sodass sie effektiv ein Jahr verlor.“ Das OLG berücksichtigte dies sowie die besondere Rücksichtslosigkeit des Beklagten beim Überholvorgang schmerzensgelderhöhend. [Ursache: Fahrradunfall]. Anmerkung: Das Urteil ist zudem sehr lesenswert zur – bejahten – Frage, ob Risikozuschläge für eine Berufsunfähigkeitsversicherung auch dann erstattungsfähig sind, wenn der Geschädigte die Versicherung zur Zeit des Unfalls noch nicht abgeschlossen hatte, er aber nachvollziehbar darlegen kann, sich bereits für eine bestimmte Versicherung entschieden zu haben und es nur wegen des Unfalls nicht zu dem Abschluss der Versicherung gekommen ist.

Betrag: 32.000 € **Haftung: 100 %**
immVorb: – **MdE: –**

OLG Schleswig 20.1.2026 – 7 U 57/25 = BeckRS 2026, 2665

2754

Schädelhirntrauma 2.Grades / Gehirnschädigung mit Dauerschäden, insbesondere Gehirnleistungsschwäche und Wesensveränderung; desweiteren erlitt der Kl. „schwere Verletzungen von Auge, Leber, Niere, Kniegelenk“.

26j. Mann. Dauerschaden: Gehirnleistungsschwäche mit Zeichen hirnorganischer Wesensveränderung. [Lesenswertes Urteil zum Thema: Schätzung des Verdienstausfalles / Rentenalters].

Betrag: 40.903 € **Haftung: 100 %**
immVorb: – **MdE: –**

OLG Hamm 25.10.1999 – 13 U 1/98 = BeckRS 2008, 23280

5153

Schädelhirntrauma 2.Grades mit frontaler Gehirnquetschungsblutung / Gehirnblutung und daraus resultierender

Gehirnschädigung in Form einer dauerhaften „hirnorganischer Wesensveränderung", so das OLG.

Frau (alleinerziehnde Mutter von drei Kindern). 3 Wochen stationär. 4 Wochen Rehabilitationsaufenthalt. MdE 100 % [zunächst „nur" 70 %]. Dauerschaden: Gehbehinderung bzw. „Berührungsempfinden des linken Beines sowie eine Gangunsicherheit mit Schwindel, welche auf eine Hirnstammbeteiligung zurückgeführt" wird sowie „ausgeprägtes hirnorganisches Psychosyndrom, eine Beeinträchtigung des Geruchs- und Geschmackssinns sowie Kopfschmerzen". Gut 2 1/2 Jahre nach dem Unfall wurde der Klägerin – mit Bescheid der Deutschen Rentenversicherung – „eine Rente wegen voller Erwerbsminderung gewährt".

Betrag: 55.000 € **Haftung: 100 %**
immVorb: Ja **MdE: 100 %**

OLG Köln 12.12.2014 – 19 U 39/14 = BeckRS 2015, 10250

3047

Schädelhirntrauma 2.Grades; Gesichtschädelfrakturen, zahlreiche sowie beids.Oberschenkelfraktur.

Frau; „lange" stationär. Dauerschaden: Entstellungen durch Augapfelveränderung (der Augapfel ist zurückgesetzt) sowie Narben über der Augenhöhle. Zudem besteht eine leichte Gehbehinderung und eine Gehörschädigung sowie psychische Beeinträchtigung. Mithaftung wegen Nichtanlegen des Sicherheitsgurtes.

Betrag: 56.242 € **Haftung: 80 %**
immVorb: Ja **MdE: –**

LG München 13.1.1999 – 7 O 4576/98 = unveröffentlicht

3493

Schädelhirntrauma 2.Grades mit nachfolgender Epilepsie und Fußheberlähmung.

15j. Mann. 11 Monate stationär. Nach über einem Jahr waren erstmals mittels Gehhilfen erste Schritte möglich. Zwei Jahre später erlangte der Kl. – inzwischen wieder schulfähig – die mittlere Reife und erlernte den Beruf des Bauzeichners. Er kann seinen eigenen Hausstand weitgehend selbstständig führen. Dauerschaden: Epilepsie, die jedoch medikamentös eingestellt werden konnte. Leichte Gehbehinderung.

Betrag: 60.000 € **Haftung: 80 %**
immVorb: – **MdE: –**

OLG Hamm 25.9.2002 – 13 U 62/02 = BeckRS 2004, 11501

4065

Gehirnschädigung / Schädelhirntrauma 2.Grades mit Gehirnblutung und subduralem Hämatom.

Mann. Stationäre Heilbehandlung. Dauerschaden: Konzentrationsstörung mit Verminderung der Sprachleistung und kognitiven Kontrollfunktionen sowie Beeinträchtigung der Aufmerksamkeitsleistung. Bewegungsbeeinträchtigung des rechten Beines; dadurch sind gewisse Sportarten (Ski, Reiten oder Fliegen etc) nicht mehr möglich. Insgesamt musste der zuvor sportliche Kläger seine Lebensplanung unfallbedingt umstellen.

Betrag: 70.000 € **Haftung: 100 %**
immVorb: – **MdE: 40 %**

LG München I 12.12.2005 – 19 O 6509/04 = unveröffentlicht

3235

Schädelhirntrauma 2.Grades mit posttraumatischen Störungen.

Mann. Dauerschaden. Keine weiteren Angaben in der Fundstelle.

Betrag: 70.000 € **Haftung: 75 %**
immVorb: – **MdE: –**

OLG Koblenz 5.2.2003 – 7 U 228/00 = BeckRS 2003, 30305095

ee) Schweres Schädelhirntrauma

4580

Schädelhirntrauma, schweres (hier: Schädelhirntrauma mit Gehirnblutung und nachfolgend epileptischen Anfällen sowie Angsstörungen und eine retrograde Amnesie und eine schwere Traumatisierung).

Frau. ca. 25 Tage stationäre Heilbehandlung; anschließend mehrwöchige Rehabilitationsmaßnahme. [Ursache: Fahrradunfall ohne Helm. Das hohe Mitverschulden sah das Gericht in der Tatsache begründet, dass die Kl. einen Gehweg und zudem auf der falschen Seite befahren.] Bei voller Haftung sah das LG ein Schmerzensgeld von 30.000 EUR für angemessen. Dies ist angesichts der ggf. auf Dauer bestehenden Unfallfolgen deutlich zu gering!

Betrag: 3.000 € **Haftung: 10 %**
immVorb: Ja **MdE: –**

LG Köln 8.5.2012 – 4 O 403/09 = BeckRS 2012, 16338

2814

Schädelhirntrauma 3.Grades (hier: Hirnquetschung, Augennervlähmung mit Blutung und Stauchungspapille); Hüftfraktur (hier: Hüftgelenkpfannenfraktur).

Mann. 5 Wochen stationär. Dauerschaden: Geringe Sehstörung, Aufmerksamkeitsstörung, Merkstörung und Konzentrationsstörung; Hüftgelenkbewegungseinschränkung.

Betrag: 3.068 € **Haftung: 30 %**
immVorb: Ja **MdE: –**

OLG Köln 23.8.2000 – 11 U 16/00 = BeckRS 2000, 30128304

3162

Schädelhirntrauma 3.Grades (hier: mit Hirnquetschung und traumatischer Augennervlähmung mit Blutung und einer Stauungspapille); Hüftfraktur / Hüftgelenkfraktur (hier: Hüftgelenkpfannenfraktur).

Mann. 5 Wochen stationär. Dauerschaden: Sehschwäche; Aufmerksamkeitsstörung, Konzentrationsstörung; Bewegungsbeeinträchtigung wegen eingeschränkter Beweglichkeit des Hüftgelenks. Ursache: Fahrradunfall.

Betrag: 3.068 € **Haftung: 30 %**
immVorb: – **MdE: –**

OLG Köln 23.8.2000 – 27 U 93/00 = DAR 2001, 35

7415

Schädelhirntrauma mit Gehirnquetschung (Hirnkontusion parietal.) und Gehirnblutung bzw. Subarachnoidalblutung in Verbindung mit einer Arterienverletzung der Arteria vertebralis, die eines der wichtigsten Gefäße zur Blutversorgung des Gehirns zählt; Schwindel. Zudem erlitt der Kläger eine offene Unterschenkelfraktur, eine Beckenringfraktur, eine Halswirbelfraktur und eine Milzruptur sowie eine Platzwunde und Hautabschürfungen.

Mann. 15 Tage stationär. Unmittelbar anschließend 41 Tage stationäre Reha-Behandlung. Anschließend musste der Kläger aufgrund von Komplikationen erneut operiert werden. 365 Tage MdE 100 %. Dauerschaden: Belastungsabhängige Schmerzen im linken Bein, Bewegungseinschränkung des linken Sprunggelenks, diskrete Halbseitenlähmung links, Schwindel, Kopfschmerzen, eine Antriebsstörung und eine starke Einschränkung der Konzentrationsfähigkeit. [Ursache: Verkehrsunfall – Kläger kollidierte als Fußgänger mit dem KFZ des Beklagten, als er eine sechsspurige Straße „an einer für die Querung von Fußgängern nicht vorgesehenen Stelle" zu überqueren versucht hatte. Die Bewertung des grob fahrlässigen Verschuldensbeitrags des Klägers mit 80 % seitens des des LG „begegnet keinen Bedenken", so das OLG. Anmerkung: Das Urteil ist für die Personenschadenpraxis zum Thema Haushaltsführungsschaden sehr relevant, da das OLG die Begrenzung des Haushaltsführungsschadens auf das 75. Lebensjahr ablehnt und dies damit begründet, dass sich die Lebensverhältnisse in den vergangenen Jahrzehnten geändert hätten. Senioren seien auch über das 75. Lebensjahr hinaus fit und würden den Haushalt selbst erledigen. Völlig unangemessen sei es daher, „zugunsten" eines Schädigers dessen Ersatzpflicht mit dem 75. Lebensjahr des Geschädigten enden zu lassen.]

Betrag: 6.000 € **Haftung: 20 %**
immVorb: Ja **MdE: –**

OLG Frankfurt a. M. 23.11.2023 – 26 U 61/22 = BeckRS 2023, 42364

6698

Schädelhirntrauma Typ III mit Bewusstlosigkeit, schwerste Gesichtsverletzungen mit massivsten Hämatomen an beiden Augen und Nasenbeinfraktur sowie Trittverletzungen mit Hämatomen am Rücken, zahlreiche Prellungen und Schürfungen.

Mann. Bewusstlosigkeit. 8 Tage stationäre Behandlung. Vorsätzliche Körperverletzung: Die Ehefrau des Beklagten zu 2) schlug den Kläger mehrfach mit einem gläsernen Bierkrug ins Gesicht. Der Beklagte zu 1) schlug den Kläger sodann mit der Faust ins Gesicht. Nachdem der Kläger zu Boden gegangen war, tragen beide Beklagten abwechselnd auf den Kläger ein. Zur Bemessung führte das LG aus: „Bei der Bemessung des Schmerzensgeldes wiegt vorliegend zudem der Umstand, dass der Kläger von den Beklagten gemeinschaftlich und vorsätzlich angegriffen wurde, besonders schwer, ebenso wie die Tatsache, dass die Beklagte zu 2) mit einem Bierkrug, d. h. einem gefährlichen Werkzeug, gezielt auf den Kopf des Klägers eingeschlagen hat".

Betrag: 6.000 € **Haftung: 100 %**
immVorb: – **MdE: –**

LG Paderborn 8.2.2012 – 3 O 83/10 = BeckRS 2012, 21624

4872

Schädelhirntrauma sowie Hirninfarkt und schwerem Schock nach Vakuumextraktion, die statt einer Kaiserschnittentbindung erfolgt war.

Kind bzw. Neugeborener. Arzthaftung / Geburtshilfefehler. Das mit Rücksicht auf die extremen, jedoch nicht nachweislich kausalen Dauerschäden (hier: ua Tetraparese) geringe Schmerzensgeld basierte lediglich auf den oben unter Verletzungen aufgeführten Kriterien und berücksichtigte zudem den nach der Geburt erforderlichen Klinikaufenthalt.

Betrag: 7.000 € **Haftung: 100 %**
immVorb: – **MdE: –**

OLG Hamm 17.1.2011 – 3 U 112/10 = BeckRS 2011, 13921

5318

Schädelhirntrauma, schweres mit behandlungsfehlerbedingter Entwicklung einer Meningitis und eines Hydrocephalus.

Mann (selbständiger Installateur). ca. 30 Tage intensivstationär, Lebensgefahr. Arzthaftung (hier: Behandlungsfehler nach Schädelhirntrauma wegen einer Liquorabflussstörung die ärztlicherseits übersehen wurde wodurch sodann Reste eines Vertikalkatheders verblieben, den sich der Geschädigte während eines Verwirrtheitszustandes selbst herausgezogen hatte). Erstursache: Sturz von Gerüst. Hierzu führte das OLG aus: „Auch wenn allein aufgrund des Unfalls eine schwerwiegende Verletzung vorlag, die ihrerseits Schmerzen verursachte, wurde in dieser Zeit das Leiden des Klägers durch die Meningitis in erheblichem Maße mitgeprägt … [zudem] haften die Beklagten wie oben dargelegt auch für die Liquorabflussstörungen, den damit verbundenen Hydrocephalus und die deshalb erforderliche Shunt-Anlage".

Betrag: 10.000 € **Haftung: 100 %**
immVorb: – **MdE: –**

OLG Karlsruhe 21.5.2008 – 7 U 158/07 = BeckRS 2009, 22911

5916

Schädelhirntrauma mit ausgedehntem subduralen Hämatom über der ganzen linken Hemisphäre, chronischem subduralen Hämatom rechts hemisphärisch (ICD 852.0) (ICD 852.0) sowie ein Hydrocephalus internus (ICD 331.3). Zudem wurden beim Kläger folgende Verletzungen diagnostiziert: „Thorax / Flankenprellung rechts, eine Beckenprellung, Verdacht auf Nasenbeinfraktur sowie multiple Schürfungen".

Mann (Student). 35 Tage stationär; zwei Aufenthalte. Nach 98 Tagen „konnte der Patient zur weiteren Behandlung an die Hausärzte … entlassen werden", Dauerschaden: Kopfschmerzen. Bei der Bemessung berücksichtigte das LG, dass der Kläger infolge seiner Verletzungen sein Studium erst mit einem Jahr Verzug abschließen konnte zudem „seine Beeinträchtigung durch ein Fahrverbot und das Alkoholverbot, die Notwendigkeit einer laufenden medizinischen Überwachung und die Beeinträchtigung durch regelmäßige Arztbesuche und Einnahme von Medikamenten sowie die eingeschränkte Leistungsunfähigkeit gerade in einer Examensphase".

Betrag: 11.500 € **Haftung: 100 %**
immVorb: – **MdE: –**

LG Heilbronn 20.4.2005 – 1 O 155/03 St = BeckRS 2011, 10871

4621

Schädelhirntrauma 2. und 3. Grades mit geringfügiger Gehirnblutung mit linksseitigem Halbseitensymptom und Gesichtverletzungen und Oberkieferfrontzahntrauma mit Alveolarfortsatzfraktur und Zahnverlust von 3 bleibenden Zähnen sowei einem weiteren Zahn.

9j. Kind (Schülerin). 3 Wochen stationär, davon 5 Tage Intensivstation. 18 Monate ambulante Nachbehandlung. Langwierige Heilbehandlung. Dauerschaden: Doppelbildsehen, weshalb die Kl. auf Dauer eine Brille tragen muss. [Ursache: Pferdetritt ins Gesicht der Kl.].

Betrag: 12.782 € **Haftung: 100 %**
immVorb: Ja **MdE: –**

OLG Oldenburg 9.11.2000 – 8 U 120/00 = BeckRS 2000, 9624

7164

Schädelhirntrauma 3. Grades mit Gehirnblutungen und einer Gehirnschädigung in Form einer organischen Wesensveränderung mit Wortfindungsstörungen bzw. ausgeprägten Schwächen des Wortgedächtnisses und in der Wortflüssigkeit mit Aufmerksamkeitseinbußen, Herabsetzung in der Informationsverarbeitungsgeschwindigkeit sowie Doppelbildersehen nach Lähmung des 3. und 4. Hirnnervs und Schielstellung der Augen. ZUdem erlitt der Kläger folgende Verletzungen: Kniegelenkverletzung mit Bewegungseinschränkung im rechten Kniegelenk mit funktioneller Beinverkürzung rechts und unsicherem Gangbild mit rechts betontem Hinken, Schädigung des Wadenbeinnervs rechts, Sensibilitätsstörungen im Bereich des rechten Unterschenkels sowie am rechten Fußrücken und fortgeschrittenen Verschleißerscheinungen im rechten Kniegelenk nach Schienbeinkopftrümmerfraktur rechts und hoher Wadenbeinfraktur rechts mit Weichteilschäden und Hautdefekten.

Mann (Elektromeister). 69 Tage stationär. Anschließend 3 Monate vollstationärer Aufenthalt in einer Rehabilitationsklinik und sodann eine teilstationäre Reha-Behandlung von weiteren 4 Monaten. Dauerschaden: MdE 70 % aufgrund von „erheblichen bleibenden psychischen und physischen Beeinträchtigungen". Schmerzensgeldmindernd wertete das OLG das extrem grob fahrlässige Verhalten des Klägers, der „in einer nicht mehr nachvollziehbar leichtfertigen Weise gehandelt und sich selbst einer offen zu Tage liegenden schwersten Gesundheits- und Lebensgefahr ausgesetzt" habe. [Ursache: Verkehrssicherungspflichtverletzung / Absturz mit einem defekten Lastenaufzug in den Aufzugsschacht].

Betrag: 15.000 € **Haftung: 33 %**
immVorb: Ja **MdE: 70 %**

OLG Frankfurt a. M. 16.4.2008 – 17 U 270/05 = BeckRS 2011, 22162

5678

Schädelhirntrauma dritten Grades mit multiplen Kontusionen und einem subduralen Hämatom und posttraumatischer Recurrensparese. Die Klägerin war unmittelbar nach dem Sturz zunächst fünf Minuten bewusstlos).

Frau (Chefsekretärin). 46 Tage stationär, anschließende sechswöchige Rehabilitationsmaßnahmen. [Ursache: Inlineskater kollidiert mit Radfahrerin / Klägerin. Sturz auf den Hinterkopf]. Postoperativ stellte sich eine Recurrensparese mit „organischer Dysphonie bei Stimmlippenstillstand" heraus. Dies ist der Grund dafür, dass die Kl. auch heute nur recht leise, schwach und leicht belegt sprechen kann.Berufsunfähigkeit. Bei besonderen Belastungen ist sie schnell erschöpft und leidet unter Kopfschmerzen und Schwindel. Auch kann sie ihre früheren sportlichen Aktivitäten, insbesondere Bergsteigen, nicht mehr ausüben. Flugreisen sind ihr nicht mehr möglich, der Besuch von Konzerten uä führt schnell zu Kopfschmerzen.

Betrag: 15.339 € **Haftung: 100 %**
immVorb: Ja **MdE: –**

OLG Hamm 30.10.2000 – 6 U 63/00 = BeckRS 9998, 3912

4213

Schädelhirntrauma 3.Grades mit Gehirnblutung, Schädeldachfraktur; Felsenbeinfraktur mit Blutung im Mittelohr. Zudem erlitt der Kläger noch folgende Frakturen / Verletzungen: Schlüsselbeinfraktur; Innenknöchelfraktur sowie ein Brustkorbtrauma und Prellungen.

73j. Mann. 5 Wochen intensivstationär, davon 2 Wochen im Koma. 6 Monate Frührehabilitation. der Kläger verstarb nach 2 Jahren in einem Altenpflegeheim. [Anmerkung: Mitverschulden wegen Befahren eines Radweges entgegen der vorgeschriebenen Fahrtrichtung.].

Betrag: 20.000 € **Haftung: 66 %**
immVorb: – **MdE: –**

OLG Celle 12.2.2009 – 5 U 133/08 = unveröffentlicht

3528

Schädelhirntrauma, schweres und Unterschenkelfraktur. Fußnervverletzung (hier: Operation des Fußhebenerves). Posttraumatisches Psychosyndrom.

11j. Kind. „Mehrwöchig" stationär. Der Kl. musste verletzungsbedingt ein Schuljahr wiederholen. Dauerschaden: „Deutliche Narbe" am Kopf. [Lesenswert zur Haftung eines Elfjährigen im Straßenverkehr].

Betrag: 20.000 € **Haftung: 40 %**
immVorb: Ja **MdE: –**

OLG Hamm 11.4.2005 – 13 U 133/04 = BeckRS 2005, 13047

6144

Schädelhirntrauma, schweres (hier: Schädelhirntrauma mit psychoorganisches Hirn-Syndrom und Gehirnschädigung in Form von zeitweise ausgeprägten hirnorganischen Veränderungen und leichten Gehirnleistungsstörungen, die die Konzentration und Merkfähigkeit sowie das Durchhaltevermögen betreffen), Handgelenkfraktur rechts mit erheblichen Bewegungseinschränkungen. Zudem erlitt der Kläger noch Beckenringfrakturen und Rippenfrakturen.

Mann (Facharbeiter). Stationäre Heilbehandlung. Mehrere Operationen. Dauerschaden: MdE 40 % durch die zeitweise ausgeprägten hirnorganischen Veränderungen und die leichten Gehirnleistungsstörungen, die die Konzentration und Merkfähigkeit sowie das Durchhaltevermögen betreffen sowie durch eine erhebliche Bewegungseinschränkungen der rechten Hand. Verschlechterungstendenz: „Epilepsiegefahr von 5 vH als den Kl. belastender Umstand". Zur Bemessung führte das OLG aus: „Bei der Festsetzung des Schmerzensgeldes ist eine Epilepsiegefahr von 5 vH als den Kl. belastender Umstand einzubeziehen, nicht aber das (nicht naheliegende) Auftreten der Epilepsie selbst. Die schweren Unfallfolgen einschließlich der überschaubaren künftigen Auswirkungen, die Krankenhausaufenthalte (zT Intensivstation) mit operativen Eingriffen, die langandauernden Bewegungsbeeinträchtigungen und Schmerzen, Komplikationen (Tumor der Stimmbänder infolge Beatmungsgranuloms) sowie berufliche Beeinträchtigungen rechtfertigen ein Schmerzensgeld in dem vorgestellten Rahmen". [Ursache: Verkehrsunfall aufgrund überalterter runderneuerter Fahrzeugreifen].

Betrag: 20.452 € **Haftung: 100 %**
immVorb: Ja **MdE: 40 %**

OLG München 5.3.1998 – 24 U 611/97 = BeckRS 9998, 3081

7222

Schweres offenes Hirntrauma bzw. Schädel-Hirn-Trauma mit Einblutungen sowie weitere Verletzungen: Felsenbeinfraktur rechts, Schlüsselbeinfraktur rechts und multiple Prellungen sowie Schürfungen an beiden Kniegelenken.

12j. Junge (Schüler). 6 Tage Intensivstation bei der der Kläger eine Hirndrucksonde erhielt und künstlich beatmet wurde. Zehn Tage nach dem Unfall wurde er von der Intensiv- auf die Normalstation verlegt und anschließend in die H.-Klinik G. zur Anschlussheilbehandlung, die ursprünglich drei bis sechs Monate dauern sollte. Da der Kläger starkes Heimweh hatte, blieb er nur bis zum 12. April 2017 [Anmerkung: Der Unfall ereignete sich am 7.3.] und absolvierte in der Folgezeit von zuhause aus eine Vielzahl von Behandlungen und Therapien. Ursache: Fahrradunfall – vgl. dazu im Handbuch Rn. 325. Anmerkung: Das LG hatte unter Berücksichtigung des Mitverschuldensanteils von 40 % ein Schmerzensgeld in Höhe von 40.000 Euro zuerkannt und begründete dies wie folgt: „Der Kläger habe unstreitig erhebliche lebensbedrohliche Verletzungen erlitten und sei durch diesen aus seinem Leben komplett herausgerissen worden. Die Tage des zum Unfallzeitpunkt erst 12-jährigen Klägers seien anschließend durch Schmerzen, körperliche Einschränkungen und Therapien geprägt gewesen und nur mit Kraft und Energie und dank der Unterstützung durch seine Familie habe er es trotz der schwersten Verletzungen geschafft, ins Leben zurückzufinden. Es würden gleichwohl physische und psychische Einschränkungen verbleiben und im Bereich der knöchernen Verletzungen könnten zukünftig Verschleißschäden auftreten, wie etwa Arthrose." Das OLG Celle wertete die Mithaftungsquote jedoch höher und führte dazu aus: „Der Fahrer eines PKW muss besondere Vorkehrungen für seine Fahrweise gemäß § 3 Abs. 2a StVO nur dann treffen, wenn das Verhalten der Kinder oder die Situation, in der sie sich befinden, Auffälligkeiten zeigt, die zu einer konkreten Gefährdung führen können, und das Kind nach dem äußeren Erscheinungsbild als solches erkennbar war".

Betrag: 22.220 € **Haftung: 33 %**
immVorb: Ja **MdE: –**

OLG Celle 11.10.2023 – 14 U 157/22 = BeckRS 2023, 29994

6039

Schädelfraktur in Form einer Schädelkalottenfraktur frontal rechts und links mit traumatischer Hirnverletzung sowie neun weitere Mittelgesichtsfrakturen. Der Kläger wurde in ein Krankenhaus verbracht und lag dort fast zwei Wochen in einem künstlichen Koma.

Mann (Arzt / Kieferorthopäde). 14 Tage künstliches Koma, 21 Tage Intensivstation und insgesamt 30 Tage stationärer Aufenthalt. MdE 60 Tage 100 % und 60 Tage 70 %. Dauerschaden: MdE 20 %, Schmerzattacken bzgl. des linken Fußes mit Neuropathie des Nervus ischiadicus links und nahezu vollständiger Geruchssinnverlust. [Ursache: Unfall bei Fahrt mit einem Speed-Pedelec [V-max. = 45 km/h]. Dazu führte das LG bzgl. der Mithaftungsfrage aus: „Wer ohne Helm mit einem "Speed-Pedelec„ fährt, muss sich im Falle unfallbedingter Kopfverletzungen, die durch das Nichttragen des Helmes entstanden sind, ein Mitverschulden von 50 % anrechnen lassen"]. Vgl. hierzu auch das Urteil der Berufungsinstanz: OLG Köln BeckRS 2015, 122624 → Nr. 6045, welches ein unfallursächliches Mitverschulden, weil der Kläger ohne Schutzhelm mit dem Speed-Pedelec unterwegs war, nicht sah und somit das Schmerzensgeld auf 60.000 EUR anhob.

Betrag: 30.000 € **Haftung: 50 %**
immVorb: Ja **MdE: 20 %**

LG Bonn 11.12.2014 – 18 O 388/12 = BeckRS 2015, 4095

2385

Schädelhirntrauma 3.Grades mit Schädelfraktur und Gehirnblutung links frontal. Danach „Halbseitensymptomatik rechts sowie Sprachstörung und Psychosyndrom". Keine Krampfpotentiale. Nach 4 Monaten Sprachstörung „nicht mehr nachweisbar"

57j. Frau. 42 Tage stationär. (hier: vorübergehende Sprachstörung nach Bohrlochtrepanation). Dauerschaden: MdE 100 % wegen Psychosyndrom.

Betrag: 35.790 € **Haftung: 100 %**
immVorb: – **MdE: 100 %**

OLG Celle 22.7.1997 – 5 U 118/96 = BeckRS 1997, 127029

5261

o.Schädelhirntrauma 3.Grades mit Gesichtsschädelfraktur sowie Oberarmfraktur, inkomplette Unterarmfraktur und Schürfungen sowie Risswunden. Neurologisch besteht zudem die Gefahr der Verschlechterung eines bereits bestehenden Anfallleidens.

21j. Mann (Bürokaufmann-Azubi). Bei der Schmerzensgeldbemessung berücksichtigte das OLG, die chirurgisch gute – nahezu folgenlose Verheilung, die leichten kognitiven Einschränkungen sowie die zwei epileptischen Anfälle, die jedoch medikamentös eingestellt werden konnten und dass der Kläger seine Ausbildung fortsetzen konnte.

Betrag: 40.000 € **Haftung: 30 %**
immVorb: Ja **MdE: –**

OLG Celle 1.6.2016 – 14 U 74/15 = BeckRS 2016, 12029

3495

Schädelhirntrauma 3.Grades mit akutem subduralem Hämatom und axonale Mittelhinschädigung / Gehirnschädigung.

Mann. Mehrere Tage Bewusstlosigkeit! 3 Monate stationär. Dauerschaden: Aufmerksamkeitsdefizit; Gedächtnisstörungen und Rechenschwäche. Der Kl. ist in seiner gesamten Aufmerksamkeit verlangsamt.

Betrag: 40.000 € **Haftung: 100 %**
immVorb: – **MdE: –**

LG Düsseldorf 10.1.2003 – 13 O 306/00 = BeckRS 2008, 4697

3252

Schädelhirntrauma, schweres sowie Hüftfraktur und Unterschenkelfraktur.

33j. Mann. Dauerschaden: MdE 30 %. Die Verletzungsfolgen bedeuten für den Kl. „einen erheblichen Einschnitt in die berufliche Planung". Regulierungsverzögerung und Verweigerungshaltung der Haftpflichtversicherung des Beklagten!

Betrag: 45.000 € **Haftung: 100 %**
immVorb: – **MdE: 30 %**

OLG Naumburg 13.11.2003 – 4 U 136/03 = BeckRS 2003, 30333284

3046

Schädelhirntrauma, schweres, gedecktes (hier: mit traumatischer Subarachnoidalblutung und Hirnquetschung linksseitig).

21j. Mann. Stationär. MdE 18 Monate 100 %. Dauerschaden: Geruchsinnverlust und Harninkontinenzstörungen. Gehirnschädigungsbedingte Verschlechterungstendenzen im Alter wurden mitberücksichtigt.

Betrag: 46.016 € **Haftung: 60 %**
immVorb: – **MdE: –**

LG Dortmund 4.11.1999 – 15 O 110/97 = BeckRS 2000, 7517

7368

Schädelhirntrauma, schweres / Polytrauma (hier: Schädelhirntrauma 3. Grades mit einer intrazerebralen Blutung, die allerdings nicht interventionspflichtig war und in einer Verlaufskontrolle 10 Tage nach ihrer Entdeckung nicht mehr nachweisbar war und eine posttraumatische Enzephalopathie mit anhaltenden leichtgradigen kognitiven Störungen). Zudem erlitt der Kläger schwere Organverletzungen (hier: eine Lungenkontusion mit akutem Lungenversagen / traumatischer Pneumothorax und lateral auslaufender Pleuraerguss, eine Milzruptur mit operativer Milzentfernung, und eine Rissverletzung der Leber), eine Rippenserienfraktur sowohl links als auch rechts, eine komplexe Schulterverletzung bzw. Schulterfraktur rechtsseitig in Form einer mehrfragmentären Scapulafraktur, eine Mittelgesichtsfraktur, Frakturen der Lendenwirbelkörper Nr. 1 bis 4 (Abrissfraktur) sowie multiple Prellungen und Abschürfungen.

Mann (Arbeiter). Intensivstation, künstliche Beatmung, Luftröhrenschnitt. Komplizierte Heilbehandlung mit Komplikationen; es kam zu einem Blutgerinsel im Herz (Endokarditis und kardialen Thrombusbildung) und einer beidseitigen Lungenarterienembolie mit dauerhafter Antikoagulationspflichtigkeit sowie auch zu einer Erkrankung des peripheren Nervensystems mit Lähmungserscheinungen (Critical-Illness Polioneuropathie). 51 Tage stationär und 110 Tage in stationärer neurologischer Rehabilitationsbehandlung. Auch nach seiner Krankenhausentlassung befand sich der Kläger unfallbedingt weiterhin in ambulanter Behandlung, die zahlreiche physiotherapeutische Behandlungen sowie Ergotherapie und Krankengymnastik in der Zeit bis Oktober 2014 (Unfalldatum: 20.3.2013) umfasste. Dauerschaden: 40 %ige Minderung der Erwerbsfähigkeit und eine 80 %ige Schwerbehinderung; Standunsicherheit, Gangunsicherheit, Bewegungseinschränkung insbesondere im Bereich der Lendenwirbelsäule und des rechten Schultergelenks, leichtgradige Belastungseinschränkung, Gedächtnisschwäche mit Beeinträchtigungen der Gedächtnisleistung, der Aufmerksamkeit und Reaktionsschnelligkeit und ein Psychosyndrom mit kognitiven Defiziten leichten bis mittleren Ausmaßes. Zudem bestehen auf Dauer belastungsabhängige Schmerzen an verschiedenen Körperregionen, insbesondere an den Beinen, Kribbelmissempfindungen an den Beinen sowie ein positionsabhängiger Narbenschmerz an der Bauchwand. Eine dauerhafte Medikamentenbehandlung wegen der Thrombusbildung im Herzen und der bilateralen Lungenarterienembolie ist erforderlich. [Ursache: Verkehrsunfall zwischen dem wendenden KFZ, in dem der Kläger als Beifahrer gesessen hatte und einem mit Blaulicht aber ohne Martinshorn herannahenden Notarztwagen. Lesenswert zur Thematik: §§ 104 ff. SGB VII / Arbeitsunfall / Versicherungsfall, den ein nach dem SGB VII Versicherter erleidet und der nicht allein von einem haftungsprivilegierten Arbeitgeber oder Arbeitskollegen des Geschädigten, sondern zugleich von einem außerhalb des Versicherungsverhältnisses stehenden Dritten verursacht wurde. Vgl. zudem OLG Schleswig BeckRS 2024, 1356 und OLG Oldenburg BeckRS 2021, 45084].

Betrag: 50.000 € **Haftung: 50 %**
immVorb: – **MdE: 40 %**

OLG Brandenburg 18.1.2024 – 12 U 116/22 = BeckRS 2024, 1568

5570

Schädelhirntrauma, schweres / Epilepsie (hier: Frontallapenepilepsie mit epileptischen Anfällen nach Schädelhirntrauma mit Substanzverlust am Schädeldach und mit akutem Subduralhämatom links, traumatischer Subarachnoidalblutung und Kontusionsblutungen links sowie ein Entlastungsepiduralhämatom rechts und Luxation des Gehörknöchelchens und daraus resultierender dauerhafter Verringerung des Hörvermögens um 60 dB gegenüber dem linken Ohr und eine unvollständige Halbseitenlähmung rechts mit fazialer Mundastschwäche, die sich in der Folge indes vollständig zurückgebildet hat. Zudem erlitt die Klägerin eine instabile Wirbelsäulenfraktur in Form einer Wirbelkörperfraktur BWK-12.

32j. Frau (Assistenzärztin). Insgesamt 45 Tage stationär. Zunächst zur Ertsbehandlung der Verletzungen 23 Tage stationär. Anschließend 15 Tage Reha. Danach weitere 14 Tage stationär zur Implantation einer künstlichen Schädelplatte mit nachfolgender weitere stationärer Nachbehandlung für die Dauer von 8 Tagen. Kognitive Einschränkungen (Wortfindungsstörungen, Konzentrations- und Aufmerksamkeitsstörungen sowie einer Dyslexie, also Schwierigkeiten beim Lesen und Verstehen von Wörtern), die aufgrund einer erhöhten Kompensationsleistung der Klägerin gering ausfielen sowie zudem sekundäre psychische Symptome wie eine depressive Stimmungslage und eine erhöhte Zwanghaftigkeit, ohne dass diese Symptome gegenwärtig Krankheitswert erreicht haben. Möglicher Dauerschaden: „Eine strukturelle Epilepsie, welche im Hinblick auf die fortbestehende Gefahr erneuter Anfallsleiden eine erhebliche Einschränkung in der Lebensführung in beruflicher und sozialer Hinsicht mit sich bringt und eine Minderung der Erwerbsfähigkeit von 40 vom Hundert zur Folge hat", so das LG, das – basierend auf der Aussage eines Sachverständigen – davon ausging, dass insofern eine Ausheilung nicht zu erwarten sei. Die Klägerin hat – so das LG weiter – „ihr Leben lang unter den Folgen des Unfallgeschehens zu leiden, was mit einer enormen Einschränkung in der Lebensführung und einem Verlust von Lebensfreude im Alltags- und Sozialleben einhergeht" und auch beruflich erhebliche Einschränkungen, da „ihre Erwerbsfähigkeit … ist massiv gemindert" ist. [Ursache: Kamelausritt auf einer Kamelfarm. Die Kamele erschraken durch das Verhalten von Hunden und vollführten wegen der vom Beklagten festgehaltenen Führungsleine eine abrupte Wendung nach links, wobei die Klägerin kopfüber auf den Boden fiel].

Betrag: 50.000 € **Haftung: 100 %**
immVorb: Ja **MdE: 40 %**

LG Hechingen 23.11.2017 – 2 O 193/13 = BeckRS 2017, 149956

6127

Schädelhirntrauma, schweres mit Gehirnschädigung (hier: Offenes Schädelhirntrauma 3. Grades mit subduralen und duralen Hämatomen [Gehirnblutung unter der Kopfhaut]) und Schädelfrakturen (hier: Felsenbeinlängsfraktur, Kalottenmehrfachfraktur), Austritt von Gehirnflüssigkeit [Liquorrhoe] und Auftreten einer bakteriellen Hirnhautentzündung).

4j. Kind. Lebensgefahr. 31 Tage intensivstationär. Nahezu 190 Tage Rehablititationsaufenthalt. Schwerpunkte der Rehabilitation waren die Behandlung der cerebralen Bewegungsstörungen mit Spastik links, der Ataxie rechts und der Rumpfhypotonie, der Koordinationsstörungen, der kombinierten Schwerhörigkeit rechts aufgrund der Felsenbeinlängsfraktur sowie die Behandlung des Strabismus am rechten Auge. Dauerschaden: Erhebliche Sehstörungen, an Taubheit grenzende Schwerhörigkeit mit Wahrnehmungsstörung, cerebrale Bewegungsstörung mit Koordinationsstörung, Verhaltensauffälligkeiten mit Ablenkbarkeit, Ermüdbarkeit, Jähzorn und Wutanfällen, unwillkürliches Einnässen [= Enuresis] sowie eine seitliche Verkrümmung der Wirbelsäule [= Skoliose] und ein Knick-Senk-Fuß. [Ursache: Verkehrssicherungspflichtverletzung – Sturz aus einem knapp 4 Meter hoch gelegenen Fenster].

Betrag: 51.129 € **Haftung: 100 %**
immVorb: Ja **MdE: –**

OLG Hamm 29.10.1998 – 6 U 208/96 = BeckRS 2000, 173

6045

Schädelfraktur in Form einer Schädelkalottenfraktur frontal rechts und links mit traumatischer Hirnverletzung sowie neun weitere Mittelgesichtsfrakturen. Der Kläger wurde in ein Krankenhaus verbracht und lag dort fast zwei Wochen in einem künstlichen Koma.

Mann (Arzt / Kieferorthopäde). 14 Tage künstliches Koma, 21 Tage Intensivstation und insgesamt 30 Tage stationärer Aufenthalt. MdE 60 Tage 100 % und 60 Tage 70 %. Dauerschaden: MdE 20 %, Schmerzattacken bzgl. des linken Fußes mit Neuropathie des Nervus ischiadicus links und nahezu vollständiger Geruchssinnverlust. [Ursache: Unfall bei Fahrt mit einem Speed-Pedelec [V-max. = 45 km/h] bei dem ein Reifen wegen eines Montagefehlers versagte]. Zur Frage des Mitverschuldens wegen des Nichttragens eines Fahrradhelms führte das OLG – entgegen der Ansicht des LG [→ Nr. 6039] aus: „Es mag sein, dass mit dem Pedelec Geschwindigkeiten erreicht werden, die eher dem Bereich des sportlichen Radfahrens zuzuordnen sind und dadurch auch die Gefahrensituation eine ähnliche ist wie in Fällen sportlicher Betätigung. … Es bleibt aber dabei, dass es nach der Rechtsprechung des Bundesgerichtshofs auf das allgemeine Verkehrsbewusstsein ankommt. Danach war die Benutzung eines Pedelecs im Bewusstsein der Verkehrsteilnehmer dem Freizeitradfahren zuzuordnen. Ein Bewusstsein dahingehend, dass mit dem E-Bike-Fahren aufgrund der hohen Geschwindigkeiten besondere Risiken verbunden waren, kann im Jahr 2010 gerade nicht angenommen werden …“.

Betrag: 60.000 € **Haftung: 100 %**
immVorb: – **MdE: –**

OLG Köln 23.12.2015 – 27 U 1/15 = BeckRS 2015, 122624

4360

Gehirnschädigung / o.Schädelhirntrauma 3.Grades (hier: offenes Schädelhirntrauma 3.Grades mit Gehirnblutung, subdural sowie Gehirnquetschungsblutungen und Hirnödem sowie Felsenbeinfraktur rechts); zudem erlitt der Kläger eine Oberschenkelfraktur und eine Blutvergiftung.

3j. Kind. 7 1/2 Monate stationär; mehrere Operationen. Dauerschaden: Mittelschwere Halbseitenlähmung links mit Bewegungsbeeinträchtigungen; Psychosyndrom; Gesichtsfeldreduktion; Gehörschaden; Sprachstörung. Erhebliche Regulierungsverzögerung.

Betrag: 60.000 € **Haftung: 100 %**
immVorb: – **MdE: –**

LG Itzehoe 20.7.2006 – 7 O 88/04 = BeckRS 2011, 10975

5533

Schädelhirntrauma, schweres mit der Folge von Wortfindungsschwierigkeiten und „verschiedene Spät- und Dauerfolgen des Unfalls, insbesondere im Bereich des Sehvermögens und der Fahrtüchtigkeit“ und Kieferverletzung sowie Rippenverletzung (offen, ob Prellung oder Fraktur); insofern, so das OLG, leidet die Klägerin unter „Schmerzen im Kiefergelenk und im rechten Rippenbereich“.

Frau. Stationärer Aufenthalt und anschließender Rehabilitationsaufenthalt. Anmerkung zur Höhe: Das OLG führte zur Höhe des Schmerzensgeldes aus, es schließe sich dem vom LG auf 61.000 EUR festgesetzten Betrag an, „so dass sich der in der Berufung zuerkannte Betrag unter Berücksichtigung der entsprechenden Haftungsquote errechnet“. Insofern läge (dies geht jedoch konkret aus der Urteilsveröffentlichung so nicht hervor) der vom OLG unter Berücksichtigung der Mithaftung von 1/3 „errechnete“ Betrag bei 40.667 EUR. [Ursache: Kollision zweier Fahrradfahrer]. Dauerschaden: Sehschwäche.

Betrag: 61.000 € **Haftung: 66 %**
immVorb: Ja **MdE: –**

OLG Bremen 14.2.2018 – 1 U 37/17 = BeckRS 2018, 2527

6855

Schädelhirntrauma, schweres mit Hauptschlagaderruptur / rupturiertes Aortenaneurysma. Zudem distale Unterschenkelfraktur, Rippenserienfraktur links sowie Schnittverletzungen an der Stirn.

Mann (Metallbauer). 16 Tage stationär mit zwei Aufenthalten. Dauerschaden: Schwere Depressionen sowie Sensibilitätsstörungen in Armen und Beinen sowie Blasenentleerungsstörung und erektile Dysfunktion. [Mitverschulden wegen Verstoß gegen die Anschnallpflicht und wegen des Mitfahrens mit einem erkennbar ebenfalls – auch der Kläger war betrunken – betrunkenen Fahrers; vgl. dazu auch Kraft, Mitverschulden des Beifahrers bei Alkoholisierung des Fahrzeugführers, NZV 2014, 245].

Betrag: 66.500 € **Haftung: 66 %**
immVorb: Ja **MdE: –**

OLG Schleswig 8.4.2021 – 7 U 2/20 = BeckRS 2021, 12044

6280

Schädelhirntrauma, schweres und damit einhergehende intrazerebrale Gehirnblutungen, die zu axonalen Schädigungen führten in Verbindung mit mehreren Gesichtsschädelfrakturen. Intensivpflegefall: Künstliche Ernährung, kein Kontakt mit der Außenwelt, nicht ansprechbar). Infolge der schweren Verletzungen verstarb der Kläger sechs Jahre nach dem Unfall.

Mann. 13 Wochen stationär. Anschließend wurde er in ein Pflegefachzentrum verlegt, wo er bis zu seinem Tode rund um die Uhr versorgt und gepflegt wurde, ohne dass sich sein Gesundheitszustand in dieser Zeit verändert hat [Intensivpflegefall]. Haftung eines Eisenbahninfrastrukturunternehmens nach § 1 Abs. 1 HPflG – Gestörter Gesamtschuldnerausgleich führt zur Herabsetzung des ansonsten mit 100.000 EUR angemessenen Schmerzensgeldes: Der Erblasser – Klägerinnen vor dem OLG waren die Hinterbliebenen – war bei der Rückwärtsfahrt der Lokomotive beim Hinausschauen mit seinem Kopf gegen eine ordnungswidrige und nicht eingeschaltete in dem Tunnel angebrachte Lampe gestoßen und hatte sich hierbei und / oder durch einen hierdurch verursachten weiteren Anprall gegen die Außenhaut oder sonstige Bestandteile der Lokomotive eine schwere Kopfverletzung zugezogen.

Betrag: 70.000 € **Haftung: 70 %**
immVorb: – **MdE: –**

OLG Hamm 28.8.2018 – 24 U 127/16 = BeckRS 2018, 45594

7605

Schädelhirntrauma II. Grades mit ausgedehnten Gesichtsweichteilverletzungen und Gesichtsschädelfrakturen in Form von Kiefer- und Mittelgesichtsfrakturen. Zudem erlitt der Kl. frontale Kontusionsblutungen und multiple oberflächliche Hautabschürfungen im Bereich der Extremitäten. In der Folge kam es zu „Starken bis stärksten

Kopfschmerzen", die dreimal bis viermal im Monat auftreten. Sensibilitätsstörungen (Dysästhesien) „vor allem im Bereich des rechten Fußes" sowie der rechten Gesichtshälfte, die eine dauerhafte Medikation erforderlich machen. Der Kläger leidet zudem an einer „unspezifischen Schwankschwindel-Symptomatik, die nur bei schnellen Bewegungen auftritt" sowie unter „gelegentlichen Muskelzuckungen rechts", die „etwa für eine ¼ Stunde auf"treten sowie unter nicht vollständigem Geruchsinnverlust (Anosmie) „Die Feinabstimmung des Geschmacks ist deshalb eingeschränkt. Die Fähigkeit zu riechen ist fast aufgehoben."

43j. Mann. Dauerschaden: MdE 100 % „dauerhaft erwerbsunfähig" wegen folgender bleibender Beeinträchtigungen: Chronische Kopf- und Gesichtsschmerzen mit Schmerzmedikation, Sensibilitätsstörungen sog. Dysästhesien im Fuß- und Gesichtsbereich mit Taubheitsgefühlen, Schwankschwindel-Symptomatik bei schnellen Bewegungen, Trittunsicherheit, die jedoch durch angepasste Schuhe kompensiert werden kann, gelegentliche Muskelzuckungen rechts sowie weitgehendem Geruchsinnverlust und Beeinträchtigungen des Geschmacksinnes. Aufgrund der dauerhaft einzunehmenden Schmerzmittel besteht „ein geringes Risiko der psychischen und physischen Abhängigkeit, einer Leberentzündung, einer Nierenschädigung und Nebenwirkungen der Medikamente." Unfallbedingt hat der Kläger seine früheren Hobbies wie Hockeyspielen, Motorradfahren und Training im Sportstudio aufgegeben. Bei der Bemessung des Schmerzensgeldes orientierte sich das OLG an folgenden Entscheidungen: OLG Hamm → Nr. 3493 und → Nr. 5788, OLG Nürnberg → Nr. 3494 sowie OLG Koblenz → Nr. 4770 und führte abschließend dazu aus: „Der Senat verkennt nicht, dass der Kläger auch dauerhaft erwerbsunfähig ist. Er ist aber in der Lage, sein Leben inkl. neu gefundener Hobbies selbst zu gestalten. Die dauerhaft erforderliche Schmerzmitteleinnahme konnte reduziert werden. Die Gefahr einer Abhängigkeit ist sehr gering." [Ursache: Motorradunfall].

Betrag: 70.000 € **Haftung: 100 %**
immVorb: Ja **MdE: 100 %**

OLG Hamm 9.2.2016 – 7 U 68/16 = BeckRS 2018, 48766

5922

Schädelhirntrauma, schweres (hier: offenes Schädelhirntrauma 3. Grades).

49j. Mann. Ca. 67 Tage stationär. Dauerschaden: MdE 80 %. Berufsunfähigkeit. Gehörschaden, er muss für beide Ohren Hörgeräte tragen, Sehstörungen mit Doppelsichtigkeit und Anstrengungssymptomen, Spannungsgefühlen im Kopf und Schädelbereich sowie eine Wesensänderung dahingehend, dass der Kläger reizbar geworden ist. [Ursache: Montagefehler in Reifenbetrieb; eine Felge wurde dem Kläger an den Kopf geschleudert].

Betrag: 76.694 € **Haftung: 100 %**
immVorb: Ja **MdE: 80 %**

OLG Nürnberg 14.3.2006 – 9 U 2087/05 = BeckRS 2011, 18330

4771

Schädelhirntrauma, schweres ... mit Gehirnblutung. Der Kläger leidet dauerhaft unter einer Einschränkung seiner kongnitiven Leistungsfähigkeit insbesondere an Gedächtnisschwäche und Konzentrationsschwäche. Zudem erlitt der Kläger einen Tinnitus sowie diverse Prellungen, Schürfwunden und eine Kopfplatzwunde.

20j. Mann (Student). 7 Tage stationär, anschließend ambulante Heilbehandlung. MdE gut 8 Wochen 100 %. Dauerschaden: Gedächtnisschwäche, Konzentrationsschwäche, migräneähnlich Kopfschmerzen sowie eine große Rückennarbe. [Anmerkung: Schmerzensgelderhöhend wurde gewertet: Das junge Alter des Klägers, das schuldhafte Verhalten des Beklagten, der den Kläger unversorgt an der Unfallstelle zurückgelassen hatte sowie die Regulierungsverzögerung des KH-Versicherers].

Betrag: 90.000 € **Haftung: 100 %**
immVorb: Ja **MdE: –**

LG Karlsruhe 17.2.2012 – 5 O 32/09 = unveröffentlicht

7330

Schweres offenes Schädelhirntrauma mit frontobasaler Fraktur links und frontobasalem Kontusionsherd sowie perifokalem Hirnödem mit der Folge einer Gehirnschädigung, die zu einer völligen Wesensveränderung und Intelligenzminderung auf einen Gesamt-IQ von 57 führte. „Bei den durchgeführten Tests habe die Klägerin in allen Leistungsbereichen unterdurchschnittliche Ergebnisse mit einem Prozentrangwert von kleiner / gleich 0,4 gezeigt. Damit seien in ihrer Altersgruppe bei der von 2012 erstellten Normstichprobe 99 % besser als sie (die Klägerin) in ihren Leistungen." (Zitat aus der Urteilsbegründung des LG. Das OLG Brandenburg – siehe unter Einzelheiten – sprach von erheblichen kognitiven Defizite mit einem Intelligenzquotienten im Bereich der Debilität).

2j. Kind (Mädchen). Intensivstation mit künstlicher Beatmung für die Dauer von 9 Tagen; weitere 11 Tage stationär. Dauerschaden: Wesensveränderung und mittelschwere Intelligenzminderung. Hierzu führt das LG aus: „„„...Völlig wesenverändert (sic!), ganz ängstlich, still, vorgealtert, fast greisenhaft, halonierte Augen, kahl geschorener Kopf mit Stirnnarbe (vom Schädelbruch) und Kahlstellen mit Nekrose am Hinterkopf. Das Lachen war verschwunden, das Plappern blieb aus. Ich sah das Kind nur hinter den Beinen oder mit dem Gesicht W den großen Bauch der Mutter gedrückt. Sie konnte nicht mehr frei stehen und gehen. Jegliche Kommunikation war unmöglich. Mundsabber war auffallend. Eine Untersuchung bzw. das Anfassen des Kindes war ebenso unmöglich". Bei der Schmerzensgeldbemessung berücksichtigte das LG zum einen, dass die Mutter der Zweijährigen den Verkehrsunfall als Fahrzeugführerin selbst verursacht hatte und führte dazu aus, dass im Fall einer intakten familienrechtlichen, hier Mutter-Kind-Beziehung die Schädigerin, auch wenn sie haftpflichtversichert ist, eine geringere Entschädigung in Geld schuldet als ein Fremdschädiger. Zum anderen führte das LG aus: „Angesichts des jungen Alters der Klägerin zum Zeitpunkt des Schadenseintritts und der nicht unerheblichen Beeinträchtigung der hierdurch verursachten Intelligenzminderung (IQ bei 57 bzw. 65) – bei der Klägerin wäre angesichts des akademischen Hintergrunds der Familie ein IQ von mindestens 100 zu erwarten gewesen – sowie der ebenfalls festgestellten Wesensveränderung hält das Gericht unter Berücksichtigung vorgenannter Urteil ein Schmerzensgeld von 100.000 EUR für angemessen" und erachtete die weitergehende Schmerzensgeldvorstellungen der Klägerin von mindestens 150.000 EUR als „deutlich übersetzt". „Die Klägerin ist ... weitgehend selbständig. Nach ihren Angaben gegenüber den Sachverständigen Prof. Dr. G... und Dipl.-Psych. H... stehe sie auf und mache sich ihr Frühstück. Sie wird anschließend mit dem Bus abgeholt und zu ihrer Ausbildungsstelle gefahren, einer Gärtnerei, in der sie u.a. mit Pflanzen Gestecke erstellt und Laubarbeiten durchführt. In körperlicher Hinsicht bestehen bei ihrer Freizeitgestaltung keine Einschränkungen", so das LG in seiner weiteren Begründung. [Anmerkung: Angesichts der oben sehr eindrucksvoll geschilderten Auswirkungen des Schädelhirntraumas auf das weitere Leben des Kindes ist das hier zuerkannte Schmerzensgeld deutlich zu gering bemessen. Vgl. dazu im Handbuch zu Kapitel V. 3. → Rn. 268 ff]. Anmerkung: Das OLG Brandenburg, BeckRS 2022, 11601 bestätigte das vom Landgericht ausgeurteilte Schmerzensgeld und führte dazu aus, das „sich zwar im oberen Rahmen des noch vertretbaren bewegt, jedoch letztlich noch als angemessen betrachtet werden kann.“ (Rn. 21 a.a.O.).

Betrag: 100.000 € **Haftung: 100 %**
immVorb: – **MdE: 40 %**

LG Frankfurt (Oder) 8.10.2020 – 13 O 183/16 = BeckRS 2020, 57813

5910

Schädelhirntrauma 3. Grades mit Schädelfraktur / Gesichtschädelfraktur (hier: Schädelimpressionsfraktur links bis temporobasal, Augenhöhlenfraktur links und Gehirnquetschung links-frontobasal und links-tempoparietal). Zudem erlitt der Kläger eine Wirbelkörperfraktur in Form einer Dachfraktur des 7. Wirbelkörpers ohne Einengung des Wirbelkanals.

19j. Mann. 180 Tage stationär mit zwei Aufenthalten. Anschließend 14 Tage ambulante Folgebehandlung. Dauerschaden: stark verminderte psychische und körperliche Belastbarkeit, erhebliche Affektlabilität, welche sich durch zeitweise ungehemmte Aggression auszeichnet, stark erhöhte psycho-physische Erschöpfbarkeit, Kopfschmerzsymptomatik, Antriebslosigkeit und depressive Störungen in erheblichem Ausmaß.

Betrag: 100.000 € **Haftung: 100 %**
immVorb: Ja **MdE: –**

LG Coburg 19.1.2011 – 12 O 541/08 = BeckRS 2011, 2789

4142

Schädelhirntrauma 3.Grades mit Gesichtschädelfraktur und Monokelhämatom; Gehirnblutung; Gehirnödem; Gehirnleistungsminderung und posttraumatischer Epilepsie. Der Kl. lag mehrere Wochen im Koma.

45j. Mann. 45 Tage stationär / Intensivstation / Neurologie. Lebensgefahr. MdE auf Dauer 100 %. Dauerschaden: Geistige Leistungsschwäche; Sprachstörungen; Gehbehinderung. Ursache: Vorsätzliche Körperverletzung.

Betrag: 110.000 € **Haftung: 100 %**
immVorb: Ja **MdE: 80 %**

LG Köln 6.5.2010 – 29 O 4/09 = BeckRS 2011, 2435

5896

Schädelhirntrauma 3. Grades, eine laterale Mittelgesichtsfraktur links, eine Unterkieferfraktur links, eine Klavikulafraktur links und ein posttraumatisches Psychosyndrom nach dem Schädelhirntrauma.

Mann (junger Mann). 2 1/2 Jahre stationär in Kliniken bzw. in Einrichtungen zur Rehabilitation. Dauerschaden: 70 % schwerbeschädigt und nur noch in der Lage, in einer abgeschirmten Tätigkeit am Erwerbsleben teilzunehmen, etwa in einer Werkstatt für Behinderte. Daneben beeinträchtigen die Störungen des Handlungs- und Planungsverhaltens auch die Entwicklung des Privatlebens des Klägers. Schließlich bestehen durch den Hirnschaden motorische Einschränkungen des Klägers. Gleichwohl ist der Kläger durchaus in der Lage, sich selbst zu versorgen und lebt auch allein bzw. zusammen mit seiner Freundin. Er steht zwar infolge des Unfalls unter Betreuung und ist wegen der schweren Defizite im Bereich der kognitiven Leistungs- und Lernfähigkeit an einer Arbeitsausübung sehr weitgehend gehindert, die Verrichtungen des täglichen Lebens bewältigt er jedoch ohne fremde Hilfe.

Betrag: 115.000 € **Haftung: 100 %**
immVorb: Ja **MdE: –**

OLG Brandenburg 4.11.2010 – 12 U 35/10 = BeckRS 2010, 29954

3063

Gehirnschädigung, schwerste (hier: Schädelhirntrauma, schweres; Tetraspastik rechts mit Rollstuhlgebundenheit; die Kl. wird künstlich ernährt; Polytrauma; Epiduralhämatom; Apallisches Syndrom; Intensivpflegefall).

11j. Kind (Mädchen). Dauerschaden: „Zustand nach apallischem Syndrom“! „Aus der vormals gesunden elfjährigen Kl., die das Gymnasium besuchte, ist … ein schwer geistig und körperlich behinderter Mensch geworden, ohne Zukunft“, schreibt das OLG in seiner Urteilsbegründung! [Urteil noch nichts rechtskräftig]. Kapitalisiert ergeben sich bei voller Haftung 450.000 + rund 120.000 Rente = 570.000 DM bzw. 291.436 Euro.

Betrag: 115.041 € **Haftung: 50 %**
immVorb: – **MdE: 100 %**
Rente: 128 €

OLG Köln 5.3.2002 – 15 U 117/01 = BeckRS 2002, 162249

3492

Schädelhirntrauma 3.Grades mit Schädelfraktur; Hirnödem; Subarachnoidalblutung sowie Lungenverletzung und Wirbelsäulenverletzung.

20j. Mann. Längerer stationärer Aufenthalt. Dauerschaden: Pflegefall. [Ursache: Der in einer Psychiatrie untergebrachte Kläger stürzte sich aus einem Fenster].

Betrag: 125.000 € **Haftung: 100 %**
immVorb: – **MdE: 100 %**
Rente: 250 €

OLG Hamburg 14.2.2003 – 1 U 186/00 = BeckRS 2014, 2780

2928

Schädelhirntrauma, schweres / Gehirnschädigung (hier: Schädelfraktur in Form einer Schädelbasisfraktur, beids.Felsenbeinfraktur und Pneumencephalus; einmaliger Krampfanfall, Facialisparese, Diabetes insipidus).

Frau („sehr junge“). Dauerschaden: Wesensveränderung! Sehschwäche, Hörschwäche, Diabetes, Leistungsminderung, Facialisparese. Extreme Regulierungsverzögerung: Weitere 50.000 DM!

Betrag: 153.388 € **Haftung: 100 %**
immVorb: Ja **MdE: 100 %**

LG Saarbrücken 31.8.2000 – 15 O 121/97 = BeckRS 2000, 13496

7030

Schädelhirntraumas 3. Grades mit organischem Psychosyndrom sowie einer organischen Persönlichkeitsstörung als Folge sowie zahlreiche weitere schwere Verletzungen (Polytrauma) wie ein stumpfes Thoraxtrauma mit einer Rippenserienfraktur rechts, eine Wirbelsäulenverletzung mit instabiler BWK 3 und 4 Fraktur mit inkomplettem Querschnittssyndrom, eine Beckenringfraktur, eine laterale Tibiakopffraktur sowie eine Läsion des Bandapparates des rechten Kniegelenkes.

53j. Kläger. Lebensgefahr. „Der … Kläger lag nach dem Unfallereignis 6-7 Wochen im Koma und wurde insg. 9 Monate stationär behandelt“. Zum Dauerschaden führt das LG aus: „Der Kläger hat nicht unerhebliche unfallbedingte Defizite, ist allerdings von der Teilhabe am Leben nicht vollständig ausgeschlossen. Er bedarf der eingeschränkten Unterstützung und hat eine Intelligenzminderung sowie eine Beeinträchtigung des Seh- und Hörvermögens nicht davongetragen. Er ist nicht bettlägerig." Bei der Schmerzensgeldbemessung berücksichtigte das LG insbesondere die Befunde eines organisches Psychosyndroms sowie einer organischen Persönlichkeitsstörung als Folge des Schädel-Hirn-Traumas 3. Grades sowie ergänzend die dauerhaften Auswirkungen der Unfallfolgen auf die Mobilität nach diversen Brüchen unter Berücksichtigung einer unfallunabhängigen Pereoneusschädigung. [Ursache: Motorradunfall].

Betrag: 155.000 € **Haftung: 100 %**
immVorb: – **MdE: 100 %**

LG Saarbrücken 27.7.2018 – 10 O 16/14 = BeckRS 2018, 56086

3447

Schädelhirntrauma 3.Grades / Gehirnschädigung, schwerste (hier: Apallisches Syndrom [Enthirnung]; Wachkoma).

24j. Mann. Dauerschaden: Wachkoma; apallisches Syndrom, Intensivpflegefall. [Anmerkung: Angesichts der völligen Zerstörung des kl. Lebens erscheint das Schmerzensgeld zu gering.]

Betrag: 175.000 € **Haftung: 66 %**
immVorb: – **MdE: 100 %**

LG Landshut 3.2.2004 – 72 O 402/00 = BeckRS 2004, 153797

3308

Schädelhirntrauma, schweres offenes Schädelhirntrauma (hier: o.Schädelhirntrauma mit Gehirnschädigung und ausgedehnter Schädelbasisverletzung; Teilerblindung und Geruchsinnverlust).

19j. Mann. Der Kl. lag zunächst im Koma; Lebensgefahr; Intensivstation. 4 Monate stationär. Dauerschaden: MdE 100 %, Teilerblindung, Geruchsinnverlust. dennoch ist – so das OLG – von einer vollständigen Hilflosigkeit und Pflegebedürftigkeit nicht auszugehen. Er kann zwar kein PKW fahren, jedoch im elterlichen Handwerksbetrieb bis zu 8 Stunden / Woche arbeiten. [über vorprozessual gezahlte 250.000 DM sprach das OLG noch 50.000 EUR zu].

Betrag: 177.822 € **Haftung: 100 %**
immVorb: Ja **MdE: 100 %**

OLG München 11.4.2003 – 10 U 5096/02 = BeckRS 2003, 154469

3378

Schädelhirntrauma, schweres (hier: Schädelhirntrauma 3. Grades mit deutlicher Tetraparese und linksbetonter Ataxie; Dysarthrie und Zungenataxie).

8j. Kind (Schüler). Dauerschaden: Rollstuhl; deutlich eingeschränktes Leistungsvermögen. Der Kl. besucht daher die Sonderschule und hat nur eingeschränkte soziale Kontakte. Hat Erinnerung an das Leben vor dem Unfall!! Pflegefall.

Betrag: 194.291 € **Haftung: 66 %**
immVorb: Ja **MdE: 100 %**
Rente: 230 €

OLG Hamm 24.1.2002 – 6 U 169/01 = BeckRS 2002, 10554

6857

Schweres Schädelhirntrauma in Form eines offenen Schädelhirntraumas dritten Grades mit multiplen Kalottenfrakturen und Sprengung der großen Fontanelle mit Zerreißung der harten Hirnhaut (sog. Duraperforation), eine beiderseitige Lungenkontusion, eine Knieprellung links und eine Hemiparese (Lähmung) der rechten Körperhälfte.

1j. Kind. Stationäre Behandlung mittels Trepanation (operative Schädelöffnung) links und rechts; zudem wurde eine Spiegelbergsonde zur Messung des Hirndrucks und eine externe Ventrikeldrainage sowie zum Ausgleich erhöhten Hirndrucks und zur Ableitung erhöhter Hirnflüssigkeit ein subduroperitoneler Shunt angelegt. Am 29.11.2013 wurde der Klägerin in Rahmen einer weiteren Operation ein eigens angefertigtes, künstliches Schädeldeckenfragment implantiert. Danach musste die Klägerin zunächst rund um die Uhr einen Schutzhelm tragen. Die angestrebte Verwachsung mit dem natürlichen Schädelteil erfolgte jedoch nur teilweise, nämlich vorne am Schädel. Langwierige stationäre Behandlung in diversen Krankenhäusern. Dauerschaden: Hemiparese rechts mit MdE von 60 – 80 %. Dies ist „noch nicht sicher einzuschätzen und hängt von der kognitiven Weiterentwicklung der Klägerin ab, was dauerhaft erst im Zeitpunkt des Abschlusses der Pubertät sicher einzuschätzen sein wird", so das OLG. Zudem bestehe „ein zehn Jahre lang erhöhtes Risiko posttraumatischer Epilepsie, wobei sie am 29.6.2017 bereits einen posttraumatischen Anfall erlitten habe. Ferner bestehe weiterhin eine einseitige Körperlähmung, die sich zwar gebessert habe, nach dessen Feststellungen aber lebenslang bestehen werde". [Ursache: Flugzeugabsturz – hierzu lesenswert äußert sich das OLG ua wie folgt: „Es ist nicht zu beanstanden, einen Privatpiloten, der ein Hobby betreibt und – in seinem eigenen Interesse – zur (kostengünstigeren oder kostenfreien) Ausübung dieses Hobbies dritte Personen befördert, der Haftung als Luftfrachtführer nach den gesetzlichen Vorgaben des LuftVG zu unterwerfen. Auch in derartigen Sachverhalten greift regelmäßig der Gesichtspunkt, dass die Flugpassagiere sich hinsichtlich der technischen Bewältigung des Fluges in die Obhut derartiger Personen als Luftfrachtführer begeben haben, was es insbesondere als berechtigt erscheinen lässt, sie vom Nachweis des Verschuldens zu entlasten".].

Betrag: 200.000 € **Haftung: 100 %**
immVorb: Ja **MdE: –**

OLG Hamm 18.3.2021 – 27 U 34/18 = BeckRS 2021, 9014

4843

Schädelhirntrauma, schweres mit Gehirnschädigung und Hirnödem sowie diversen Frakturen.

Mann. Er wurde bewusstlos stationär aufgenommen. Belastende und langwierige Heilbehandlung. Dauerschaden: Deutliche Sprachstörung, Gedächtnisstörung und Störung der affektiven Kontrolle, Feinmotorik der rechten Hand aufgehoben, deutliche Spastik des rechten Beins. Ursache: Brutale vorsätzliche Körperverletzung bei Diskotheksschlägerei. [Anmerkung: Das OLG hob das zuvor vom LG Aurich auf 170.000 EUR festgesetzte Schmerzensgeld wegen der Schwere der Verletzungen und Dauerfolgen deutlich an].

Betrag: 200.000 € **Haftung: 100 %**
immVorb: – **MdE: –**

OLG Oldenburg 7.1.2014 – 12 U 130/13 = BeckRS 2014, 125375

3544

Schädelhirntrauma 3.Grades / Gehirnschädigung (hier: Schädelhirntrauma 3.Grades mit Schädelfraktur in Form einer Schädelimpressionsfraktur; Hemiparese).

21j. Mann (Azubi.). Zweieinhalb Jahre stationär! Dauerschaden: Inkomplette Lähmung. Zeugungsunfähigkeit. Inkontinenz, die jedoch medikamentös verhindert werden kann. Sehstörung, psychische Beeinträchtigungen. Symptomverbesserung nicht zu erwarten. Verlust des Ausbildungsplatzes und auf Dauer arbeitsunfähig [vgl. auch unter Berufsunfähigkeit].

Betrag: 200.000 € **Haftung: 100 %**
immVorb: – **MdE: 100 %**

LG Paderborn 28.7.2005 – 3 O 33/04 = BeckRS 2006, 6691

6858

Schädelhirntrauma, schweres … mit Subarachnoidalblutung und Tetraparese, schweres hirnorganisches Psychosyndrom mit Wachheit, fehlender Orientierung für alle Qualitäten, Kontaktaufnahme mit Blickwendung sowie hochgradige Störungen der Aufmerksamkeit und der Wahrnehmungen sowie Muskelkraftminderung und eine zunehmende Spitzfußstellung beidseitig. Zudem erlitt die Klägerin Organverletzungen in Form von Lungenkontusion mit Pneumothorax, Bauchtrauma mit Leber- und Milzkontusion, Rhabdomyolyse mit Nieren- und Harnwegsbeeinträchtigungen.

17j. Frau (Schülerin). 39 Tage Intensivstation und anschließend 15 Monate stationäre Behandlung in der neurologischen Rehabilitationsklinik Geesthacht. [Mitverschulden wegen Verstoß gegen die Anschnallpflicht]. Dauerschaden: Pflegefall. Der Klägerin steht eine „Assistentin … zur Unterstützung der täglichen Abläufe in den Bereichen Körperpflege, Nahrungsaufnahme, Haushaltsführung, Einkäufe und Teilhabe am gesellschaftlichen Leben" zur Seite. „Die Klägerin sei – so die Betreuerin – zwar körperlich imstande, diese Dinge durchzuführen. Durch das Schädel-Hirn-Trauma sei aber die zeitliche Orientierung gestört, weshalb sie im Alltag an einfachste Dinge (schlafengehen, aufstehen, Mahlzeiten einnehmen, trinken) erinnert werden müsse. Seit dem 10.11.2017 besucht die Klägerin die Tagesförderstätte „…" in Rostock; eine Einrichtung zur Förderung von behinderten Menschen, die nicht werkstattfähig sind. Der Besuch wurde bis August 2019 von zunächst drei auf fünf Tage je Woche gesteigert. Als langfristiges Ziel hat die Betreuerin die Aufnahme in den Berufsbildungsbereich und anschließender Tätigkeit in einer Werkstatt für behinderte Menschen angegeben. Die Beklagten haben diese Lebensumstände der Klägerin nicht in Frage gestellt", so das OLG.

Betrag: 240.000 € **Haftung: 66 %**
immVorb: Ja **MdE: –**

OLG Rostock 11.6.2021 – 5 U 55/17 = BeckRS 2021, 14788

3444

Schädelhirntrauma 3.Grades mit Gehirnschädigung und spastischer linksbetonter Lähmung.

5j. Kind (Junge). Langwierige Heilbehandlung. Dauerschaden: Erhebliche Bewegungsbeeinträchtigung und Sprechunfähigkeit, der Kl. kann weder laufen noch sprechen.

Betrag: 250.000 € **Haftung: 100 %**
immVorb: – **MdE: 100 %**

OLG Celle 13.2.2003 – 14 U 11/01 = BeckRS 2003, 154258

3952

Schädelhirntrauma 3.Grades / Gehirnschädigung: Der Kläger kann weder gehen noch stehen und auch die Arme und Hände nur sehr eingeschränkt einsetzen. Er sit zudem geistig sehr zurückgeblieben und kann nur mit kurzen einfachsten Sätzen geringfügig kommunizieren. Intensivpflegefall.

4j. Kind. Mehrere Wochen Intensivstation wegen Koma; insgesamt 8 Monate stationär mit zahlreichen Operationen. Dauerschaden: Massive zentralmotorische Störung aller Gliedmaßen. Stark eingeschränkte Kommunikationsfähigkeit. Intensivpflegefall.

Betrag: 250.000 € **Haftung: 100 %**
immVorb: Ja **MdE: 100 %**
Rente: 500 €

OLG München 20.2.2000 – 10 U 2081/99 = unveröffentlicht

2952

Schädelhirntrauma (Schädelkalottenfraktur; traumatische Subarachnoidalblutung, Stammhirnquetschung, Kleinhirnquetschung, Balkenläsion, ausgeprägtes Hirnödem); apallisches Syndrom, spastische Tetraparese u.a. Verletzungen.

17j. Mann. 4 Wochen Intensivstation. Anschließend mehrfach stationär und Reha. Dauerschaden: „Weitgehende Lähmung". Intensivpflegefall. Geistige Behinderung. [Kap.: 725.264 DM]

Betrag: 255.646 € **Haftung: 100 %**
immVorb: Ja **MdE: 100 %**
Rente: 1.000 €

LG Würzburg 3.12.2001 – 22 O 713/99 = BeckRS 2001, 31154536

2912

Schädelhirntrauma, schweres / Gehirnschädigung (hier: Schädelfraktur, Hirnstamm- und Kleinhirnquetschung, Hirnblutung, Balkenläsion und Hirnödem; posttraumat. Anfallsleiden [Epilepsie], spast. Tetraparese m. ausgeprägter Rumpfhypotonie u.w.Verletzungen).

17j. Mann. Dauerschaden: Lähmung, seelisch, geistig und körperlich „außerordentlich schwer" beeinträchtigt; Intensivpflegefall! (Kapitalisiert insgesamt: 725.264 DM = ca. 362.635 EUR)

Betrag: 255.646 € **Haftung: 100 %**
immVorb: Ja **MdE: 100 %**
Rente: 511 €

LG Würzburg 3.12.2001 – 22 O 713/99 = BeckRS 2001, 31154536

3355

Schädelhirntrauma, schweres mit linksbetonter Tetraparese sowie neurologischen Defekten und Dysarthrie, cerebralen Tonus- und Bewegungsstörungen u.a. Verletzungsfolgen.

4j. Kind (Junge). Dauerschaden: Intensivpflegefall. Rollstuhl. Der Junge, dessen Gliedmaßen (Spitzfußstellung der Füße; linke Hand in Faustsstellung; rechter Arm nicht belastbar etc) nahezu nicht funktionell einsetzbar sind ist zudem geistig zurückgeblieben und kann nur eingeschränkt sprechen.

Betrag: 255.646 € **Haftung: 100 %**
immVorb: Ja **MdE: 100 %**
Rente: 511 €

LG München I 9.10.1998 – 17 O 12684/98 = unveröffentlicht

3250

Schädel-Hirntrauma, schweres (hier: Schädel-Hirntrauma 3. Grades mit generalisiertem Hirnoedem, zahlreichen

Gehirnblutungen und einer spastischen Tetraparese, apallisches Syndrom und Locked-in-Syndrom).

19j. Mann. Dauerschaden: Intensivpflegefall, apallisches Syndrom, Locked-in-Syndrom, künstliche Ernährung über eine Sonde; Harninkontinenz; Sprachlosigkeit, der Kl. kann weder schlucken noch sprechen; er kann nur mittels Zeichensprache zwischen „ja" und „nein" unterscheiden! Nahezu vollständige Persönlichkeitszerstörung! Der Kl. weiß um seine hilflose Lage sowie seine Beeinträchtigungen! [Anmerkung: Kapitalisiert beträgt das keineswegs überhöhte Schmerzensgeld 350.000 EUR.]

Betrag: 265.316 € **Haftung: 70 %**
immVorb: Ja **MdE: 100 %**
Rente: 410 €

LG Detmold 15.5.2003 – 9 O 265/98 = BeckRS 2005, 14383

3998

Gehirnschädigung, schwerste nach „extrem traumatischer Hirnschädigung".

9j. Mädchen. Dauerschaden: Bewegungsunfähigkeit, fehlende Kopfkontrolle, eine an Blindheit grenzende Sehstörung, schmerzhafte Krampfanfälle, Inkontinenz, Wachkomaähnliche Zustände, Intensivpflegefall. Das Gericht betonte, dass insofern der ausgeurteilt Betrag gerechtfertigt sei und zwar auch dann, wenn nicht sicher sei, dass sich die Verletzte ihres Zustands bewusst ist.

Betrag: 500.000 € **Haftung: 100 %**
immVorb: Ja **MdE: 100 %**

LG Münster 17.4.2009 – 16 O 532/07 = BeckRS 2009, 12491

e) Gehirnerschütterung

6380

Gehirnerschütterung mit Commotio-Symptomatik in Form von Kopfschmerzen, Übelkeit und Schwindel und Kopfprellung.

Mann (Schüler). 2 Tage stationär „zur Überwachung". Der Kläger wurde eine Woche krankgeschrieben und besuchte in dieser Zeit die Schule nicht. Das AG betonte, dass es sich vorliegend um eine entschädigungslose Bagatellverletzung gehandelt habe und der Schmerzensgeldzuspruch nur deshalb erfolgen könne, weil es sich um eine vorsätzliche Körperverletzung [Schlag mit einer kleinen Flasche] gehandelt hatte.

Betrag: 250 € **Haftung: 100 %**
immVorb: – **MdE: –**

AG Menden 10.3.2004 – 4 C 229/03 = BeckRS 2004, 17127

6363

Gehirnerschütterung mit initialer Bewusstlosigkeit und Gesichtsprellungen sowie HWS-Syndrom.

Mann (Polizeibeamter). 3 Tage stationär. „Die bei dem Unfall und noch während des stationären Aufenthalts erlittenen Beeinträchtigungen, zu denen auch der stationäre Aufenthalt selbst gehört, rechtfertigen das geltend gemachte moderate Schmerzensgeld", so das LG.

Betrag: 450 € **Haftung: 100 %**
immVorb: – **MdE: –**

LG Wuppertal 11.1.2007 – 16 O 156/06 = BeckRS 2007, 655

7473

Gehirnerschütterung, leichte mit „Benommenheit mit Schwindel". Zudem erlitt der Kläger eine leichte Ohrverletzung und eine Schürfung bzw. Exkoriation am Kieferwinkel.

Mann. 1 Tag stationär zur „intravenösen Analgesie sowie stationären Überwachung". Das LG sah den Kläger als „für den streitgegenständlichen Unfall mitverantwortlich an", ohne jedoch das Mitverschulden zu beziffern und auch ohne es bei der Schmerzensgeldbemessung zu erwähnen, weshalb hier eine Haftungsquote von 100 % ausgewiesen wird. [Ursache: Verkehrsunfall zwischen dem Kläger als Jogger und dem Beklagten als Rennradfahrer. Anmerkung: Das sehr lesenswerte Urteil befasst sich eingehend mit den hohen Anforderungen, die ein Radfahrer gegenüber Fußgängern zu beachten hat, wenn er (der Radfahrer) sich auf einem gemeinsamen Fuß- und Radweg gemäß Zeichen 240 zu § 41 StVO bewegt.]

Betrag: 500 € **Haftung: 100 %**
immVorb: – **MdE: –**

LG Wiesbaden 2.7.2024 – 9 S 3/24 = BeckRS 2024, 15718

5270

Gehirnerschütterung, mittelschwere mit Bewusstlosigkeit und retrograde Amnesie bzw. Erinnerungslücken (der Kläger konnte sich nicht an den Unfall erinnern). Zudem erlitt der Kläger Prellungen an Armen und Beinen.

Mann. Der bewusstlose Kläger wurde mit einem Rettungswagen in das C-Krankenhaus verbracht. 6 Tage stationär. MdE 6 Tage 100 %. [Motorradunfall].

Betrag: 500 € **Haftung: 25 %**
immVorb: – **MdE: –**

OLG Frankfurt a. M. 20.3.2014 – 2 U 238/13 = BeckRS 2016, 12235

6054

Gehirnerschütterung mit starken Kopfschmerzen und Schwindelgefühlen sowie einer Augenprellung.

Mann. 3 Tage stationär. MdE 14 Tage 100 %. Ursache: Vorsätzliche Körperverletzung mittels mehrere wuchtiger Faustschläge ins Gesicht. [Zum Feststellungsinteresse führte das LG aus: „Ein Antrag auf Feststellung der Haftung für künftige Schäden ist bereits dann begründet, wenn künftige Schäden in Folge des schädigenden Ereignisses bloß möglich sind. Einer (gewissen) Wahrscheinlichkeit des künftigen Schadenseintritts bedarf es nicht. Nur so kann Art. 19 Abs. 4 GG im Hinblick auf die Rechtsprechung des Bundesgerichtshofs zum Beginn der Verjährung Rechnung getragen werden. (amtlicher Leitsatz)"].

Betrag: 650 € **Haftung: 100 %**
immVorb: Ja **MdE: –**

LG Fulda 21.10.2013 – 4 O 277/12 = BeckRS 2015, 13457

6573

Gehirnerschütterung und Kopfplatzwunde mit Kopfschmerzen, Übelkeit und Lagerungsschwindel sowie eine Beckenprellung und eine Handgelenkprellung links.

47j. Frau. 5 Tage stationär. Der Lagerungsschwindel bestand für die Dauer von etwa sechs Wochen. Zudem berücksichtigte das OLG, „dass alle Beschwerden zeitnah ausgeheilt und keine Dauerfolgen verblieben sind".

Betrag: 700 € **Haftung: 33 %**
immVorb: – **MdE: –**

OLG Hamm 22.11.2019 – 6 u 2/16 = BeckRS 2017, 112204

4889

Gehirnerschütterung, schwere … mit vorübergehender Gehirnleistungsschwäche in Form von Konzentrationsstörungen, Sprachstörung und Gedächtnisstörungen. Zudem: HWS-Syndrom.

40j. Mann. Ambulante Heilbehandlung. MdE knapp 30 Tage 100 %. Das AG berücksichtigte zudem, die Geburtstagsfeierbeeinträchtigung des Klägers sowie dessen Hobbyaufgabe; der Kläger gab aufgrund des traumatischen Erlebens der vorübergehenden Hirnleistungsschwäche den Boxsport auf.

Betrag: 1.400 € **Haftung: 100 %**
immVorb: – **MdE: –**

AG Aschaffenburg 29.10.2013 – 123 C 774/13 = BeckRS 2013, 200492

3685

Gehirnerschütterung mit Kopfschmerzen sowie zahlreiche Prellungen und Hautabschürfungen sowie HWS-Syndrom.

Mann. MdE ca. 6 Wochen 100 %.

Betrag: 1.534 € **Haftung: 100 %**
immVorb: – **MdE: –**

AG Greifswald 14.9.2001 – 44 C 904/01 = BeckRS 2001, 30825

399

Gehirnerschütterung mit Kopfschmerzen und Kopfplatzwunde; Blutergüsse (hier: Zahlreiche … insbesondere am rechten Oberschenkel und Unterschenkel).

53j. Frau. 9 Tage stationär. Die Klägerin befand sich für die Dauer von ca. 2 Jahren in ärztlicher Behandlung wegen Kopfschmerzen und Wirbelsäulenschmerzen.

Betrag: 1.534 € **Haftung: 100 %**
immVorb: – **MdE: –**

AG Ludwigshafen 7.1.2000 – 2 EC 32/89 = unveröffentlicht

7754

Gehirnerschütterung.

Mann. MdE 4 Monate arbeitsunfähig. Zur Schmerzensgeldbemessung führte das OLG aus, dass das in erster Instanz zugesprochene Schmerzensgeld iHv 2.000 EUR zu hoch erscheine und reduzierte dieses auf 1.600 EUR. Anmerkung: Zum Anspruch des Klägers auf ein Hinterbliebenengeld wegen des Unfalltodes seiner Mutter vgl. → Nr. 7755 [Ursache: Der Bekl. fuhr mit einem Bus bei rot über eine Kreuzung auf der der Kl. ein Wendemanöver fuhr].

Betrag: 1.600 € **Haftung: 80 %**
immVorb: – **MdE: –**

OLG Frankfurt a. M. 23.9.2025 – 10 U 213/22 = BeckRS 2025, 27827

261

Gehirnerschütterung, starke „sowie eine stark blutende Kopfplatzwunde …, die geklammert werden musste“. Zudem: „erhebliche Prellungen an der gesamten rechten Körperseite, die zum Teil punktiert werden mussten“.

71j. Frau. 19 Tage stationär. Punktion der Prellungen. Vorübergehende Gehbehinderung.

Betrag: 1.917 € **Haftung: 75 %**
immVorb: – **MdE: –**

LG Dessau 7.5.1998 – 7 S 552/97 = BeckRS 1998, 153682

4514

Gehirnerschütterung / Schädelprellung mit neurologischen Beschwerden und Sehbeeinträchtigung, vorübergehende in Form von zeitweise verzerrtem Sehen im linken Gesichtsfeld; HWS-Syndrom und diverse Prellungen an Schulter, Ellenbogen und Bauchbereich.

Frau. 7 Tage stationär, zwei Aufenthalte; 5 ambulante Heilbehandlungen. MdE 3 ½ Monate 100 %. [Ursache: Busvollbremsung aus 60 km/h und daraus resultierender Sturz der Klägerin].

Betrag: 2.000 € **Haftung: 100 %**
immVorb: – **MdE: –**

AG Bad Segeberg 14.2.2013 – 17 C 219/12 = BeckRS 2013, 3014

3140

Gehirnerschütterung; HWS-Syndrom; Steißbeinprellung.

Frau. 10 Tage stationär; eine Schanz'sche Krawatte musste 2 Monate lang getragen werden. Die Kl. versuchte darüber hinaus nach 5 Jahren weiteres Schmerzensgeld für ein angebliches Belastungssyndrom zu erlangen. Dies lehnte das OLG zutreffend mit der Begründung ab, die Kl. habe 3 Jahre nach dem Unfall die Fahrerlaubnis erworben und nehme seitdem selbst als Fahrzeugführerin am Straßenverkehr teil; dies aber stehe im Widerspruch zu den behaupteten posttraumatischen Störungen.

Betrag: 2.556 € **Haftung: 100 %**
immVorb: – **MdE: –**

OLG Braunschweig 7.5.2002 – 3 U 78/01 = NVZ 2003, 479

4784

Gehirnerschütterung / Schädelprellung und Nasenfraktur bzw. Nasenbeinfraktur. Es kam zu Übelkeit, Erbrechen, Schlaflosigkeit und starken Schmerzen, die Nahrungsaufnahme war in den ersten Tagen sehr eingeschränkt).

Frau. 13 Tage stationär, zwei Aufenthalte mit insges. 2 Operationen. MdE „viele Wochen“ 100 %. Erhebliche Schmerzen; auch das Fädenziehen nach der 2. OP war sehr schmerzhaft. Ursache: Verkehrssicherungspflicht im Zusammenhang mit einer automatischen Eingangstüre [Automatische Eingangstüre]. Die Kl. lief gegen die sich schließende Türe und verletzte sich erheblich im Gesicht. „Bei der Bemessung des Schmerzensgeldes ist letztlich auch zu berücksichtigen, dass gerade ausweislich der eindrucksvollen Angaben des Zeugen C. die Verkehrssicherungspflichtverletzung sich nicht nur als einfach fahrlässig, sondern als grob fahrlässig im Grenzbereich zum bedingten Vorsatz darstellt“, so die Urteilsbegründung.

Betrag: 5.000 € **Haftung: 100 %**
immVorb: Ja **MdE: –**

LG Bielefeld 17.3.2014 – 5 O 8/13 = BeckRS 2014, 6329

6540

Gehirnerschütterung und Kopfplatzwunde sowie Oberarmverletzung (hier: Kopfplatzwunde mit nachfolgend auftretenden chronischen Kopfschmerzen; Kurzzeitgedächtnisstörungen und Aufmerksamkeitsstörungen). Verletzung des Oberarmnervs sowie diverse Prellungen.

Mann. Langwierige Heilbehandlung. Dauerschaden: MdE 30 %. Spannungsschmerzen im Bereich der Nackenmuskeln; chronische Kopfschmerzen; Kurzzeitgedächtnisstörungen und Aufmerksamkeitsstörungen. [Ursache: Verletzung im Rahmen eines rechtswidrigen Polizeieinsatzes].

Betrag: 10.000 € **Haftung: 100 %**
immVorb: – **MdE: 30 %**

OLG Naumburg 3.11.2016 – 42 U 8/16 = BeckRS 2016, 126023

f) Gehirnquetschung

Zu dieser Verletzung liegen in der Printversion derzeit keine aktuellen Urteile vor. In der Datenbank finden sich jedoch einige, wenn auch ältere Entscheidungen hierzu.

g) Gehirnschädigungen

Vorbemerkung: Verletzungen des Gehirns zählen – insbesondere, sofern sie mit Dauerfolgen im Bereich des Wesens, des Sehvermögens, des Gehörs, der Sprache oder der motorischen Fähigkeiten verbunden sind – zu den gravierendsten Verletzungen mit meist lebenslangen irreversiblen Dauerschäden. Die häufigste Ursache für derartige Verletzungen finden sich im Bereich der Arzthaftungsfälle (häufig Geburtshilfefehler) sowie im Bereich von Verkehrsunfällen (Motorradunfälle). Seit 2018 ist nun Bewegung in die Schmerzensgeldrechtsprechung gekommen; zu nennen sind insofern die Entscheidungen des LG Aurich (2020 bestätigt durch das OLG Oldenburg → Nr. 6426), des LG Gießen → Nr. 6274, des OLG Schleswig → Nr. 6815 sowie des LG Limburg → Nr. 6812, das mit 1.000.000 EUR den bislang höchsten Betrag für eine besonders schwere Gehirnschädigung mit lebenslangen Dauerfolgen zuerkannt hat, jedoch inzwischen vom OLG Frankfurt a.M. aufgehoben wurde, da ein Behandlungsfehler, anders als dies vom LG seiner Entscheidung zugrunde gelegt worden .war, nicht bestand. Inzwischen erging nun 2025 ein weiteres Millionen-Urteil, diesmal vom LG Göttingen, Urt. v. 14.8.2025 (→ Nr. 7726), das in einem tragischen Arzthaftungsfall, bei dem sowohl der Hebamme als auch dem Arzt bei der Geburt des Klägers gravierende Fehler unterlaufen waren, diesem 1.000.000 EUR Schmerzensgeld zugesprochen hatte. Der Neugeborene erlitt dadurch irreversible Gehirnschäden, die ihm schon im Zeitpunkt seiner Geburt jede Chance auf ein mit einer gewissen Lebensqualität und Eigenständigkeit verbundenes Leben zunichtegemacht hatten. Das Urteil ist jedoch noch nicht rechtkräftig und kann damit – ebenso wie das bereits 2021 ergangene das Millionen-Urteil des LG Limburg in der Berufung noch scheitern. Ungeachtet dessen bilden diese beiden Entscheidungen Meilensteine auf dem Weg der Anhebung des Schmerzensgeldniveaus bei schwersten cerebralen Gehirnschäden oder anderen – hinsichtlich der extrem gravierenden Lebensbeeinträchtigung – vergleichbaren Fällen. (Siehe dazu im Handbuchteil unter → **Rn. 271** und → **Rn. 272**).

aa) Gehirnschädigung mit Wesensveränderung

3057

Gehirnschädigung (hier: Schädelhirntrauma 1.Grades mit nachfolgendem 5 x 8 mm großem lakunärem Hirninfarkt und in dessen Folge hirnorganische Wesensveränderung ähnlich einem hirnorganischen Psychosyndrom.)

Mann. 81 Tage stationär; mehrere Aufenthalte, Operationen und Untersuchungen; MdE 11 Monate 100 %. Dauerschaden: Wesensveränderung und Leistungsstörung.

Betrag: 23.000 € **Haftung: 100 %**
immVorb: Ja **MdE: 100 %**

OLG Dresden 26.7.2002 – 11 U 556/02 = BeckRS 2002, 12466

4751

Gehirnschädigung nach Schädelfraktur in Form einer Schädelbasisfraktur mit Persönlichkeitsveränderungen und epileptischer Anfallsneigung und Störungen der Konzentrationsfähigkeit sowie kognitive und sprachliche Störungen.

Frau (aus dem Kontext – „Lebensplanung" – ist zu entnehmen, dass es sich um eine noch junge Frau gehandelt hat). Stationärer Aufenthalt mit 34 Tagen künstlicher Beatmung. Mehrere Operationen und eine bilaterale Schädeltrepanation zur Hirnentlastung mit Implantation des Knochendeckels in den Bauchraum. Dauerschaden: Persönlichkeitsveränderungen, epileptischer Anfallsneigung, die Dauermedikation erfordert, Störungen der Konzentrationsfähigkeit, kognitive und sprachliche Störungen[Weitere Fundstelle: BeckRS 2012, 23568 sowie VersR 2013, 776].

Betrag: 25.000 € **Haftung: 25 %**
immVorb: Ja **MdE: –**

KG 13.9.2012 – 20 U 193/11 = BeckRS 2012, 23568

2754

Gehirnschädigung mit Dauerschäden, insbesondere Gehirnleistungsschwäche und Wesensveränderung als Folge eines Schädelhirntraumas 2.Grades; desweiteren erlitt der Kl. „schwere Verletzungen von Auge, Leber, Niere, Kniegelenk".

26j. Mann. Dauerschaden: Gehirnleistungsschwäche mit Zeichen hirnorganischer Wesensveränderung. [Lesenswertes Urteil zum Thema: Schätzung des Verdienstausfalles / Rentenalters].

Betrag: 40.903 € **Haftung: 100 %**
immVorb: – **MdE: –**

OLG Hamm 25.10.1999 – 13 U 1/98 = BeckRS 2008, 23280

4988

Schädelhirntrauma zweiten Grades mit frontaler Kontusionsblutung und hirnorganischer Wesensänderung sowie eine Dissoziationsstörung mit psychogener Amnesie infolge eines unfallbedingten Traumas.

Frau (Hausfrau und Mutter von drei im Haushalt lebenden Kindern). 24 Tage stationär; weitere ca. 35 Tage stationäre Reha-Maßnahme. Dauerschaden: Gehbehinderung bzw. Gangunsicherheit mit Schwindel, welche auf eine Hirnstammbeteiligung zurückgeführt und aus neurologischer Sicht mit einer Minderung der Erwerbsfähigkeit (MdE) von 30 % bewertet wurde. „Die neuro-psychologische Zusatzbegutachtung zeigte multiple kognitive und amnestische Einbußen von leichter bis mittlerer Ausprägung, eine depressive Symptomatik mit ausgeprägter Antriebsminderung sowie eine ausgeprägte emotionale Labilität. Der Zustand der Klägerin wurde mit einer Gesamt-MdE von 60 % bewertet", so das OLG.

Betrag: 55.000 € **Haftung: 100 %**
immVorb: Ja **MdE: 60 %**

OLG Köln 12.12.2014 – 19 U 39/14 = BeckRS 2015, 10250

5153

Gehirnschädigung in Form einer dauerhaften „hirnorganischer Wesensveränderung“, so das OLG, als Folge von: Schädelhirntrauma 2.Grades mit frontaler Gehirnquetschungsblutung / Gehirnblutung.

Frau (alleinerziehnde Mutter von drei Kindern). 3 Wochen stationär. 4 Wochen Rehabilitationsaufenthalt. MdE 100 % [zunächst „nur“ 70 %]. Dauerschaden: Gehbehinderung bzw. „Berührungsempfinden des linken Beines sowie eine Gangunsicherheit mit Schwindel, welche auf eine Hirnstammbeteiligung zurückgeführt“ wird sowie „ausgeprägtes hirnorganisches Psychosyndrom, eine Beeinträchtigung des Geruchs- und Geschmackssinns sowie Kopfschmerzen“. Gut 2 1/2 Jahre nach dem Unfall wurde der Klägerin – mit Bescheid der Deutschen Rentenversicherung – „eine Rente wegen voller Erwerbsminderung gewährt“.

Betrag: 55.000 € **Haftung: 100 %**
immVorb: Ja **MdE: 100 %**

OLG Köln 12.12.2014 – 19 U 39/14 = BeckRS 2015, 10250

5788

Gehirnschädigung, schwerste (hier: hirnorganisches Psychosyndrom mit frontalbetonten posstraumatischen Substanzdefekten und deutlicher Erweiterung der Liquorräume, Strabismus mit Zerstörung der persönlichkeitsformenden Hirnstrukturen im Bereich des Großhirns verbunden mit mit einer Störung des Antriebs und Affekts, Wesensänderung, Epilepsie, Apraxie und Aphasie, hochgradige Sehschwäche beidseits, Schwerhörigkeit links und Trommelfellperforation).

Mann (Asylbewerber). Dauerschaden: Intensivpflegefall. Wesensveränderung bei Zustand nach SHT III, posttraumatischem Hydrozephalus internus mit Shunt-Anlage sowie posttraumatischer Epilepsie. [Lesenswert zur Frage der Aktivlegitimation des Klägers hinsichtlich des Schmerzensgeldanspruchs. Das OLG bejahte dies, denn insofern „wäre wegen des Grundsatzes des Nachranges der nach dem AsylbLG erbrachten Leistungen bei dem Kläger als Geschädigtem trotz Überganges seines Anspruchs auf die Stadt F auch weiterhin eine Ermächtigung verblieben, das Schmerzensgeld gerichtlich einzufordern. Dieser von dem Bundesgerichtshof wegen des Nachranges der Sozialhilfe entwickelte Grundsatz (BGH NJW 1996, 726 und BGH NJW 1996, 2509) gilt auch gegenüber Asylbewerbern. Wegen der Unklarheit darüber, ob die Schmerzensgeldforderungen letztlich dem Kläger oder der Stadt F zustehen, ist der Antrag des Klägers auf Hinterlegung der Forderungsbeträge sachgerecht“].

Betrag: 76.694 € **Haftung: 100 %**
immVorb: – **MdE: –**
Rente: 200 €

OLG Hamm 12.9.2003 – 9 U 50/99 = BeckRS 2008, 5175

2619

Gehirnschädigung (hier: „... weitgehende Einbuße seiner Persönlichkeit“. Bis zu seinem nach 22 Monaten eingetretenen Tod bestand „eine gewisse Erlebnis- und Empfindungsfähigkeit“. Polytraumatische Verletzungen mit zahlreichen schweren Frakturen etc.).

Mann (Facharzt). „Langwierige Krankenhausaufenthalte“. Persönlichkeitsverlust und Verlust der „personalen Qualität“ für die Dauer von 21 Monaten, danach verstarb der Kläger. [weitere Fundstelle: VersR 1998, 1256)

Betrag: 76.694 € **Haftung: 100 %**
immVorb: – **MdE: –**

OLG Karlsruhe 11.7.1997 – 10 U 15/97 = BeckRS 9998, 39863

7330

Gehirnschädigung, schwere (hier: Schweres offenes Schädelhirntrauma mit frontobasaler Fraktur links und frontobasalem Kontusionsherd sowie perifokalem Hirnödem mit der Folge einer völligen Wesensveränderung und Intelligenzminderung auf einen Gesamt-IQ von 57. „Bei den durchgeführten Tests habe die Klägerin in allen Leistungsbereichen unterdurchschnittliche Ergebnisse mit einem Prozentrangwert von kleiner / gleich 0,4 gezeigt. Damit seien in ihrer Altersgruppe bei der von 2012 erstellten Normstichprobe 99 % besser als sie (die Klägerin) in ihren Leistungen.“ (Zitat aus der Urteilsbegründung des LG. Das OLG Brandenburg – siehe unter Einzelheiten – sprach von erheblichen kognitiven Defizite mit einem Intelligenzquotienten im Bereich der Debilität).

2j. Kind (Mädchen). Intensivstation mit künstlicher Beatmung für die Dauer von 9 Tagen; weitere 11 Tage stationär. Dauerschaden: Wesensveränderung und mittelschwere Intelligenzminderung. Hierzu führt das LG aus: „,,,...Völlig wesenverändert (sic!), ganz ängstlich, still, vorgealtert, fast greisenhaft, halonierte Augen, kahl geschorener Kopf mit Stirnnarbe (vom Schädelbruch) und Kahlstellen mit Nekrose am Hinterkopf. Das Lachen war verschwunden, das Plappern blieb aus. Ich sah das Kind nur hinter den Beinen oder mit dem Gesicht W den großen Bauch der Mutter gedrückt. Sie konnte nicht mehr frei stehen und gehen. Jegliche Kommunikation war unmöglich. Mundsabber war auffallend. Eine Untersuchung bzw. das Anfassen des Kindes war ebenso unmöglich“. Bei der Schmerzensgeldbemessung berücksichtigte das LG zum einen, dass die Mutter der Zweijährigen den Verkehrsunfall als Fahrzeugführerin selbst verursacht hatte und führte dazu aus, dass im Fall einer intakten familienrechtlichen, hier Mutter-Kind-Beziehung die Schädigerin, auch wenn sie haftpflichtversichert ist, eine geringere Entschädigung in Geld schuldet als ein Fremdschädiger. Zum anderen führte das LG aus: „Angesichts des jungen Alters der Klägerin zum Zeitpunkt des Schadenseintritts und der nicht unerheblichen Beeinträchtigung der hierdurch verursachten Intelligenzminderung (IQ bei 57 bzw. 65) – bei der Klägerin wäre angesichts des akademischen Hintergrunds der Familie ein IQ von mindestens 100 zu erwarten gewesen – sowie der ebenfalls festgestellten Wesensveränderung hält das Gericht unter Berücksichtigung vorgenannter Urteil ein Schmerzensgeld von 100.000 EUR für angemessen“ und erachtete die weitergehende Schmerzensgeldvorstellungen der Klägerin von mindestens 150.000 EUR als „deutlich übersetzt“. „Die Klägerin ist ... weitgehend selbständig. Nach ihren Angaben gegenüber den Sachverständigen Prof. Dr. G... und Dipl.-Psych. H... stehe sie auf und mache sich ihr Frühstück. Sie wird anschließend mit dem Bus abgeholt und zu ihrer Ausbildungsstelle gefahren, einer Gärtnerei, in der sie u.a. mit Pflanzen Gestecke erstellt und Laubarbeiten durchführt. In körperlicher Hinsicht bestehen bei ihrer Freizeitgestaltung keine Einschränkungen“, so das LG in seiner weiteren Begründung. [Anmerkung: Angesichts der oben sehr eindrucksvoll geschilderten Auswirkungen des Schädelhirntraumas auf das weitere Leben des Kindes ist das hier zuerkannte Schmerzensgeld deutlich zu gering bemessen. Vgl. dazu im Handbuch zu Kapitel V. 3. → Rn. 268 ff]. Anmerkung: Das

OLG Brandenburg, BeckRS 2022, 11601 bestätigte das vom Landgericht ausgeurteilte Schmerzensgeld und führte dazu aus, das „sich zwar im oberen Rahmen des noch vertretbaren bewegt, jedoch letztlich noch als angemessen betrachtet werden kann." (Rn. 21 a.a.O.).

Betrag: 100.000 € **Haftung: 100 %**
immVorb: – **MdE: 40 %**

LG Frankfurt (Oder) 8.10.2020 – 13 O 183/16 = BeckRS 2020, 57813

4143

Gehirnschädigung infolge eines – durch eine Embolie aufgetretenem – Hirninfarkt. Persönlichkeits- bzw. Wesensveränderung; Halbseitenlähmung; Fehlen eines koordinierten Gangbildes [= sogn. Gangataxie]; Sprachstörungen sowie Gehirnleistungsminderung.

45j. Mann (Arzt). 4 Monate stationär, zwei Aufenthalte sowie anschließend gut 10 Monate Rehabilitationsklinikaufenthalt. Dauerschaden: Persönlichkeitsveränderung / Wesensveränderung. Berufsunfähigkeit; Erwerbsunfähigkeit. Der Kl. muss sich voraussichtlich dauerhaft psychotherapeutischen Behandlungen unterziehen. Ursache: Arzthaftung (hier: Behandlungsfehler im Rahmen der Behandlung einer Herzerkrankung mit Herztransplantation.

Betrag: 100.000 € **Haftung: 100 %**
immVorb: Ja **MdE: 100 %**

OLG Hamm 23.11.2009 – 3 U 41/09 = BeckRS 2010, 10751

5727

Gehirnschädigung, schwerste (hier: Apallisches Syndrom).

Mann. Zum Dauerschaden un zum Umfang der Gehirnschädigung führt das LG aus: „Mit dieser Hirnschädigung geht eine vollständige Lähmung im Sinne eines appallischen Syndroms und damit ein Verlust der gesamten Persönlichkeit einher. Nach dem Ergebnis der Beweisaufnahme ist insbesondere davon auszugehen, dass dem Kläger auch die Erlebnisfähigkeit vollständig verlorengegangen ist. Wie der Sachverständige … in seinem überzeugenden Gutachten dargestellt hat, ist die Beantwortung der Frage, ob der Kläger noch äußere Reize wahrnehmen kann und ihm damit seine Situation bewusst ist, nicht einfach. Dies liegt insbesondere daran, dass der Kläger durch die Schwere seiner Hirnverletzung daran gehindert ist, sich in irgendeiner Weise zu äußern. Nach den Untersuchungsbefunden des Sachverständigen sind aber bei dem Kläger praktisch keine Zeichen erkennbar, dass er auf Sinnesreize unterschiedlicher Art in bedeutsamen Umfang reagiert. Angesichts der Tatsache, dass der Kläger sich seit sehr langem und in unveränderterweise in dem vorgenannten Zustand befindet, ist jedenfalls nach den nachvollziehbaren Ausführungen des Sachverständigen nicht davon auszugehen, dass er in wesentlichem Umfang Gefühlsregungen verspürt und sich seiner Situation bewusst ist". Schmerzensgeldmindernd bewertete das LG die geringere Lebenserwartung des Klägers.

Betrag: 100.000 € **Haftung: –**
immVorb: Ja **MdE: –**

LG Lüneburg 26.1.2005 – 5 O 302/03 = BeckRS 2005, 31162589

2669

Gehirnschädigung (hier: Ausgedehnte Gehirnblutungen mit deutlicher Gehirnquetschung. Folgen sind: Störungen der konzentrativ-mnestischen Funktionen, psychomotorische Verlangsamung, Wesensveränderung mit Affektstörungen, Sprachstörungen; Hyperhidrosis).

Mann. Intensivstation, mehrere Wochen stationär, 3 Monate Reha, mehrere Nachbehandlungen. Dauerschaden: Wesensveränderung. Könnte allenfalls als Pförtner etc arbeiten.

Betrag: 115.041 € **Haftung: 100 %**
immVorb: Ja **MdE: –**

LG Dortmund 30.6.1999 – 21 O 82/98 = BeckRS 1999, 8012

2856

Gehirnschädigung (hier: schweres Schädelhirntrauma mit multiplen Kontusionsblutungen; Schädelbasisfraktur mit Liquorleck; Gesichtsverletzung (Le-Fort-III-Fraktur); Oberschenkelfraktur sowie Handfrakturen.

33j. Mann; 4 Monate stationär. Dauerschaden: Wesensveränderung; Intensivpflegefall; Rollstuhl; Neurologische Ausfallerscheinungen; Sprachstörung. [Schmerzensgeld sehr gering!]

Betrag: 122.710 € **Haftung: 100 %**
immVorb: Ja **MdE: 100 %**
Rente: 153 €

OLG Oldenburg 7.5.2001 – 15 U 6/01 = BeckRS 2001, 30721

2928

Schädelhirntrauma, schweres / Gehirnschädigung (hier: Schädelfraktur in Form einer Schädelbasisfraktur, beids.Felsenbeinfraktur und Pneumencephalus; einmaliger Krampfanfall, Facialisparese, Diabetes insipidus).

Frau („sehr junge"). Dauerschaden: Wesensveränderung! Sehschwäche, Hörschwäche, Diabetes, Leistungsminderung, Facialisparese. Extreme Regulierungsverzögerung: Weitere 50.000 DM!

Betrag: 153.388 € **Haftung: 100 %**
immVorb: Ja **MdE: 100 %**

LG Saarbrücken 31.8.2000 – 15 O 121/97 = BeckRS 2000, 13496

2888

Gehirnschädigung, schwerste (hier: Apallisches Syndrom mit „fast vollständigem" Fortfall der Wahrnehmungs- und Empfindungsfähigkeit: Es blieb nur die Hirnstammtätigkeit erhalten! Nahezu keine Kommunikation möglich! Intensivpflegefall).

Baby (4 Monate alt). OLG sah die 300.000 DM als angemessen an und bewertete mindernd die geringere Lebenserwartung und die fehlende Empfindung der Persönlichkeitszerstörung.

Betrag: 153.388 € **Haftung: 100 %**
immVorb: – **MdE: 100 %**

OLG München 15.6.2000 – 8 U 147/99 = VersR 2001, 1384

5050

Gehirnschädigung (hier: Vollständige Wesensveränderung. der Kläger ist „emotional verflacht bis nivelliert" und leidet unter Konzentrationsstörungen, Gedächtnisverlust und Orientierungslosigkeit, vollständigem Geruchssinnverlust und weitgehendem Geschmackssinnverlust sowie ständiger Erschöpfung, Antriebslosigkeit, Entschlussunfähigkeit, Anhedonie [= Allgemeine Unfähigkeit, Freude und Lust zu empfinden], extremer Interesselosigkeit und Libidoverlust.)

42j. Mann. Arzthaftung im Zusammenhang mit Nasenscheidenwandbegradigung sowie Nasennebenhöhlenbehandlung.Nach der Operation wachte der Kläger zunächst nicht auf. Eine durchgeführte Computertomographie zeigte eine Einblutung im Gehirn. Dauerschaden bzw. Dauerschäden: Völlige Wesensveränderung sowie die oben aufgeführten, dauerhaften Beeinträchtigungen, unter welchen der Kläger dauerhaft massiv leidet.

Betrag: 200.000 € **Haftung: 100 %**
immVorb: Ja **MdE: –**

OLG Köln 13.4.2016 – 5 U 107/15 = BeckRS 2016, 7695

5988

Gehirnschädigung, schwerste (hier: Schwerer hypoxischer Hirnschaden bzw. schwere Hypoxie mit Tetraspastik, keine Kommunikation möglich).

33j. Mann. Arzthaftung (hier: Behandlungsfehler im Zusammenhang mit einer Knieoperation bei der es zu „einer spontanen Luftnot und einem akuten Schockereignis" kam). Dauerschaden: MdE 100 %, Intensivpflegefall. Schwerste Tetraspastik, keine Kommunikation möglich. Hierzu heißt es im Urteil: „In Bezug auf die geistigen Fähigkeiten des Klägers gibt es nicht einmal einen Hinweis auf ein Verständnis verbaler Sprache oder die Zugänglichkeit von Außenreizen. Der Kläger ist zwar wach, er ist aber nicht kommunikationsfähig".

Betrag: 200.000 € **Haftung: 100 %**
immVorb: Ja **MdE: 100 %**

OLG Düsseldorf 15.3.2012 – I-8 U 161/10 = BeckRS 2013, 18153

3174

Apallisches Syndrom nach hypoxischer Gehirnschädigung mit weitgehender Zerstörung der Persönlichkeit. Es können lediglich geringe akustische und optische Reize wahrgenommen werden. Eine Kommunikation ist nicht möglich.

14j. Mädchen. Arzthaftung (hier: Behandlungsfehler im Zusammenhang mit Magersucht. Angesichts des schlechten Zustandes der Patientin wäre der Arzt verpflichtet gewesen, regelmäßig Blutzucker, Puls und Blutdruck zu messen und trotz Weigerung der Patientin einen erneuten Antrag beim Vormundschaftsgericht auf Genehmigung einer künstlichen Ernährung zu stellen. Das LG verurteilte die Stadt München als Träger des Krankenhauses zur Schmerzensgeldzahlung.

Betrag: 200.000 € **Haftung: 100 %**
immVorb: – **MdE: 100 %**

LG München I 13.8.2003 – 9 O 5933/94 = beck-aktuell

3357

Gehirnschädigung, schwere (hier: Tetraparese; Persönlichkeitszerstörung; apallisches Syndrom).

21j. Mann (Mechaniker). Dauerschaden: Intensivpflegefall; Persönlichkeitszerstörung; apallisches Syndrom.

Betrag: 204.517 € **Haftung: 100 %**
immVorb: – **MdE: 100 %**
Rente: 256 €

OLG Brandenburg 13.10.1998 – 2 U 198/97 = BeckRS 1998, 153603

5643

Gehirnschädigung, schwerste / Apallisches Syndrom (hier: Persönlichkeitszerstörung, vollständige Lähmung, künstliche Ernährung über eine Sonde, Inkontinenz, Intensivpflegefall rund um die Uhr).

21. Mann (Industriemechaniker). Nachdem der Kläger zunächst in verschiedenen Kliniken behandelt wurde, befand er sich seit Januar 1996 [der Unfall war im Juni 1994] zur Pflege in der elterlichen Wohnung. Dauerschaden: Intensivpflegefall und Persönlichkeitszerstörung; zutreffend führte das LG aus, dass die weitgehende Zerstörung der Grundlagen für die Wahrnehmungs- und Empfindungsfähigkeit den Verletzten in seiner Wurzel treffe und für ihn deshalb existentielle Bedeutung habe und der Kläger nie wieder in der Lage sein werde, ein normales und eigenverantwortliches Leben ohne fremde Hilfe zu führen. Das Argument des KH-Versicherers wonach „wegen des ... erheblichen Vorversterbensrisikos ... die Höhe des Schmerzensgeldes im unteren Bereich anzusetzen sei und ein Rentenanspruch nicht bestehe", wies das LG zutreffend zurück. [Lesen Sie zu derartigen Fällen auch → Rn. 276]

Betrag: 204.517 € **Haftung: 100 %**
immVorb: – **MdE: 100 %**
Rente: 256 €

LG Frankfurt (Oder) 13.8.1997 – 13 O 440/96 = BeckRS 1997, 127026

7404

Gehirnschädigung, schwere (hier: Hypoxisch-ischämische Enzephalopathie, zentrale Tonus- und Koordinationsstörungen, allgemeiner Entwicklungsstörung und zentralen Bewegungsstörungen sowie einer expressive Sprachstörung. Pflegefall: Er „benötigt auf Dauer Begleitung und Betreuung. Dies betrifft nach der Einschätzung der Sachverständigen sowohl alltägliche Verrichtungen wie Körperhygiene und Teilnahme am Straßenverkehr als auch später die Geschäftsfähigkeit. Durch die autistische Störung sei die Fähigkeit, am sozialen Leben teilzunehmen deutlich eingeschränkt", so das LG.

Kind (Neugeborenes). Arzthaftung im Zusammenhang mit der Geburt des Kindes. Dauerschaden: zentrale Tonus- und Koordinationsstörung, muskuläre Hypotonie, kombinierte Störung der Entwicklung mit sprachlicher und kognitiver Retardierung, Störung der Aufmerksamkeit und Hyperaktivität, tiefgreifende Störung der Entwicklung im Sinne einer Störung aus dem autistischen Spektrum und Hyperopie und Astigmatismus. Der Kläger hat einen Schwerbehindertenausweis mit 100 GdB, Merkzeichen B, G und H, ihm wurde die Pflegestufe 2 bewilligt. Der Kläger besucht eine inklusive Klasse und wird zusätzlich 9 Stunden die Woche begleitend betreut. Er muss regelmäßig Verhaltenstherapie, Physiotherapie, Galileotraining und Logopädie durchführen. Es bestehen weiterhin Beeinträchtigungen in der Ernährung mit der Gefahr des Verschluckens. Grob- und feinmotorisch bestehen Beeinträchtigungen. Zudem liegen eine Minderung der kognitiven Fähigkeiten sowie eine Einschränkung der Aufmerksamkeitsleistung und Konzentration sowie eine Autismus-Spektrum-Störung vor. Hiermit verbunden sind eine erhöhte Verletzungsgefahr im Alltag, milde Einschränkungen der motorischen Fähigkeiten z.B. beim Fahrradfahren, Sport. Im Alltag und der selbständigen Lebensführung ist der Kläger beeinträchtigt und benötigt auf Dauer Begleitung und Betreuung. Dies betrifft nach der Einschätzung der Sachverständigen sowohl alltägliche Verrichtungen wie Körperhygiene und Teilnahme am Straßenverkehr als auch später die Geschäftsfähigkeit. Durch die autistische Störung sei die Fähigkeit, am sozialen Leben teilzunehmen deutlich eingeschränkt. ... „Es handelt sich zudem um Dauerschäden, die den Kläger sowohl im täglichen Leben, im sozialen Umfeld, bei der Partner- und Berufssuche beeinträchtigen werden. Ein normales Berufs- und Familienleben wird dem Kläger kaum möglich sein", so das LG. [Anmerkung: Das Urteil des LG Heidelberg wurde im Berufungsverfahren vor dem OLG Karlsruhe – BeckRS 2017, 153042 – aufgehoben, das das OLG, anders als zuvor das LG, keine Behandlungsfehler der Beklagten im Zusammenhang mit der Entbindung des Klägers festgestellt hatte].

Betrag: 250.000 € **Haftung: 100 %**
immVorb: – **MdE: 100 %**

LG Heidelberg 24.3.2016 – 4 O 28/08 = BeckRS 2016, 134285

3381

Gehirnschädigung, schwere (hier: Aphasie; Dysphagie; hirnorganisches Syndrom sowie Tetraspastik).

22j. Mann. Dauerschaden: Sprachlosigkeit; keine Kommunikation möglich. Intensivpflegefall! Wesensveränderung! Arzthaftung (hier: Verkennung der Suizidgefahr / Selbstmordgefahr. Der Kläger stürzte sich aus einem Fenster.)

Betrag: 255.646 € **Haftung: 100 %**
immVorb: Ja **MdE: 100 %**

LG Koblenz 26.4.2002 – 10 O 361/00 = unveröffentlicht

6690

Gehirnschädigung, schwer. Beim Kläger wurde ein schwerer Hirnschaden in Form einer hypoxische Hirnschädigung festgestellt, einhergehend mit einem anamnestischen Syndrom, einem hirnorganischen Psychosyndrom mit Orientierungsstörungen, einer links- bzw. armbetonten Tetraparese, einer rechtsseitigen Hemianopsie und einer schweren Antriebstörung.

63j. Mann. 3 Wochen Intensivstation und weitere 77 Tage stationär. Anschließend ca. 8 Monate Rehabilitationsaufenthalt. Dauerschaden: 100 %ige Schwerbehinderung; Intensivpflegefall. Ursache: Apothekerhaftung wegen einer, der Beklagten anzurechnenden Medikamentenverwechslung mit hierdurch ausgelöstem multiplen Organversagen, schwerer Blutvergiftung und einer durch den Magensaft verursachte Lungenentzündung. Anmerkung zur Schmerzensgeldhöhe: Die Berufshaftpflichtversicherung des Beklagten hatte vorgerichtlich 200.000 EUR Schmerzensgeld gezahlt. Das LG sah 250.000 EUR als angemessen an. In seiner Berufung beantragte der Kläger „Die Beklagte wird verurteilt, an den Kläger weiteres Schmerzensgeld in Höhe von 100.000 Euro ... zu bezahlen. Dies war – wie das OLG nachfolgend herausstellte – ein gravierender Fehler des Klägervertreters, denn das OLG wies zutreffend darauf hin, dass das somit insgesamt begehrte Schmerzensgeld (in Höhe von 300.000 EUR) deutlich zu gering sei und selbst Beträge von 500.000 EUR (insofern verwies das OLG auf einige Vergleichsfälle) "noch für an der unteren Grenze liegend„, anzusehen seien und führte insofern aus: "Da der Kläger allerdings die Höhe des Schmerzensgeldes nicht in das Ermessen des Gerichts gestellt (vgl. BGH BeckRS 9998, 101358 Rn. 21), sondern zweitinstanzlich mit einem bezifferten Antrag auf die Summe von 300.000,00 Euro begrenzt hat, ist eine Verurteilung zu einem höheren, vom Senat als angemessenen zu schätzenden Betrag nicht zulässig (§ 308 ZPO)." [Praxishinweis: In derartigen Fällen, in denen versicherungsseitig vorgerichtlich bereits ein Schmerzensgeldbetrag zuerkannt bzw. bezahlt wurde, ist tunlichst darauf zu achten, im nachfolgenden Prozess nicht nur den darüber hinaus begehrten restlichen Schmerzensgeldbetrag zu beantragen sondern den insgesamt den Verletzungen und Verletzungsfolgen angemessenen Schmerzensgeldgesamtbetrag in der im Handbuch unter → Rn. 398 dargelegten Form.].

Betrag: 300.000 € **Haftung: 100 %**
immVorb: – **MdE: –**

OLG Stuttgart 21.1.2020 – 2 U 119/17 = BeckRS 2018, 51078

4365

Persönlichkeitszerstörung Gehirnschädigung, schwerste (hier: Persönlichkeitszerstörung; der Kl. liegt im Wachkoma).

54j. Mann. Dauerschaden: Persönlichkeitszerstörung. Der Kl., der im Wachkoma liegt, ist nicht ansprechbar und kann selbst ebenfalls nicht sprechen. Die Ehefrau des Klägers kann lediglich aus unwillkürlichen Zeichen Rückschlüsse auf das Befinden des Klägers ziehen. Der Kläger kann sich auch nicht bewegen. Intensivpflegefall.

Betrag: 300.000 € **Haftung: 100 %**
immVorb: – **MdE: 100 %**

OLG München 15.12.2011 – 1 U 1913/10 = BeckRS 2011, 28841

3100

Gehirnschädigung, schwerste (hier: Mittelhirnsyndrom 2.Grades. „Dieser Befund entspricht in seinen Auswirkungen dem Bild eines apallischen Syndroms", so das LG. Hochgradige Hinschädigung, Wachkoma. Gelenkstarre wegen Muskelverkürzung. Künstliche Ernährung. Verschlechterungstendenz. Intensivpflegefall.

24j. Mann. Dauerschaden: siehe oben. Der im Wachkoma liegende Kl. wird auf Dauer als Intensivpflegefall in Kliniken und Heimen verbringen. „Eine Besserung sei unwahrscheinlich", so das Gericht. [Kapitalisiert beläuft sich das Schmerzensgeld auf 764.574 DM bzw. 390.920 Euro, womit – so das LG – „der aus der bisherigen Rechtsprechung ersichtliche Rahmen ... nicht gesprengt wird".

Betrag: 306.775 € **Haftung: 100 %**
immVorb: – **MdE: 100 %**
Rente: 383 €

LG Dessau 9.2.2001 – 2 O 1185/98 = unveröffentlicht

7216

Gehirnschädigung, schwerste (hier: Die Persönlichkeitszerstörung, – die Persönlichkeit des Klägers ist, so das OLG, „unwiederbringlich zerstört, er hat Intelligenz verloren, insbesondere aber hat er unfallbedingt die integrative Gesamtleistung des Gehirns verloren." Schädel-Hirn-Trauma Grad IV, multiple offene Wunden des Kopfes, Impressionsfraktur der Kalotte rechts parietal, Bewusstlosigkeit bei Schädel-Hirn-Trauma, akute Blutungsanämie, arterielle Hypotonie, Pupillenfunktionsstörungen, traumatisches epidurales Hämatom, Erbrechen, Mittelhirnsyndrom, Durchgangssyndrom, Pupillenfunktionsstörung und -erweiterung, Ventrikulitis, Medikamentenentzugssyndrom sowie lumbale Liquordrainage. In der Folge bildete sich eine Epilepsie aus.

5j. Kind. Intensivstation; der Kläger wurde im Wachkoma eingeliefert. Stationäre Behandlung mit zahlreichen Operationen im Zeitraum von nahezu zwei Jahren. Dauerschaden: Intensivpflegefall 24 Stunden täglich! Vollständiger Verlust der Persönlichkeit, wobei der Kläger "leidvoll wahr[nimmt], dass sein Leben sich gravierend von dem eines nicht beeinträchtigten Gleichaltrigen unterscheidet. Hirnorganisches Psychosyndrom mit exekutiven Funktionsstörungen und Intelligenzverlust, sodass das kognitiv-emotional-soziale Funktionsniveau einer „mentalen Retardierung / geistigen Behinderung" gegeben ist. Zum anderen hat er aufgrund des Unfalls schwere Beeinträchtigungen im Bereich der Motorik und Mobilität durch eine vorwiegend ataktische Bewegungsstörung mit muskulärer Hypotonie mit einer ausgeprägten Gangstörung mit einer Haltungsinstabilität des Rumpfes und generalisierte Ataxie, kombiniert mit Spastik, weshalb der Kläger einen Rollator benötigt; erhebliche Behinderungen in der Grobmotorik. Schließlich ist bei ihm unfallbedingt eine massive Störung des Sehvermögens und der Orientierung gegeben mit einer nicht aufhebbaren Augenmuskellähmung. In deren Folge kann der Kläger keine vertikale Blickwendung mehr leisten und ist somit in seinem Gesichtsfeld eingeschränkt, so dass er diese Bewegungsstörungen immer mit Kopfbewegungen ausgleichen muss. Außerdem besteht infolge dieser Augenmuskellähmung eine Lähmung der Pupillen, die somit weit gestellt seien, was zu einer erhöhten Lichtempfindlichkeit führt sowie eine ganz auffällige Schiel-Auswärtsblickrichtung, wodurch ein unmittelbarer Blickkontakt nicht möglich ist. Entstellung: Die Narben und die Fehlstellung der Augen haben eine dauerhafte Entstellung zur Folge. Verschlechterungsgefahr: In allen drei Bereichen ist ferner mit einer Verschlimmerung der Situation zu rechnen. Zur Schmerzensgeldbemessung: Das OLG sah das vom LG zuerkannte Schmerzensgeld von kapitalisiert 856.094 EUR als überhöht an und reduzierte es – sehr sorgfältig begründet – auf kapitalisiert nur noch 669.777,60 EUR. [Ursache: Verkehrssicherungspflichtverletzung].

Betrag: 375.000 € **Haftung: 100 %**
immVorb: – **MdE: –**
Rente: 1.300 €

OLG München 23.12.2022 – 13 U 1972/18 = BeckRS 2022, 44868

4467

Gehirnschädigung, schwerste (hier: „ausgeprägte mentale und statomotorische Retardierung" mit schwersten Beeinträchtigungen der geistigen und sprachlichen Entwicklung. Das inzwischen 11j. Kind befindet sich intellektuell auf dem Stand eines Zweijährigen. Zudem sitzt sie im Rollstuhl und trägt ein Korsett. Die Verständigung erfolgt über Mimik, Gestik und Lautäußerungen. Sie kann weder frei sitzen noch gehen oder stehen. Sie bedarf der Intensivpflege rund um die Uhr (d.h. waschen, wickeln, füttern etc.).

Säugling. Arzthaftung / Geburtshilfefehler. Dauerschaden: Intensivpflegefall (s.o.) Das OLG führte in seiner auf Prozesskostenhilfe gerichteten Klage aus: In Fällen schwerster Persönlichkeitszerstörung handele es sich „um eine eigenständige Fallgruppe, bei der die Einbuße der Persönlichkeit bzw. der Wegfall der Basis für ihre Entfaltung durch den Verlust der Empfindungs- und Wahrnehmungsfähigkeit im Vordergrund" stehe.

Betrag: 400.000 € **Haftung: 100 %**
immVorb: – **MdE: 100 %**

OLG Naumburg 10.12.2010 – 1 W 57/10 = BeckRS 2011, 17581

3950

Gehirnschädigung, schwerste (hier: Schädelhirmtrauma mit diffusem Hirnödem nach starker Gehirnblutung mit massiven dauerschäden (siehe unter Einzelheiten). Hinzu kamen diverse Organverletzungen (u.a. Leberlappenriss) und Frakturen (u.a. Mittelgesichtfraktur).

20j. Frau (Studentin). 18 Tage Intensivstation; 8 Monate stationär; Lebensgefahr. Dauerschaden: Intensivpflegefall. Kann nicht gehen oder stehen. Völlige Harninkontinenz und Stuhlinkontinenz. Künstliche Ernährung. Kommunikation nur mittels Kopfbewegung. Verlust des Kurzzeitgedächtnisses. Ursache: Beifahrerin im PKW eines für die Kl. nicht erkennbar mit 1,2 Promille betrunkenen Fahrers.

Betrag: 400.000 € **Haftung: 100 %**
immVorb: – **MdE: 100 %**
Rente: 250 €

OLG Naumburg 9.3.2006 – 6 U 141/05 = BeckRS 2006, 138117

5127

Gehirnschädigung, schwerste (hier: Persönlichkeitszerstörung bzw. Wesensveränderung „durch die ihm jede Chance auf ein selbstbestimmtes Leben genommen worden ist" sowie Intensivpflegefall.).

2j. Kind (Junge). Arzthaftung (hier: Grober Behandlungsfehler nach schwerem Autounfall). Dauerschaden: Persönlichkeitszerstörung, Intensivpflegefall „lebenslänglich rund um die Uhr". [Anmerkung: Die in anderen Urteilssammlungen benannte Schmerzensgeldhöhe „Betrag EUR 600.000 und EUR 550 Rente monatlich … " ist unrichtig. Das OLG bestätigte vielmehr das vom LG auf 450.000 EUR Schmerzensgeldkapital und 550 EUR Schmerzensgeldrente festgesetzte Schmerzensgeld, welches kapitalisiert einen Gesamtbetrag von 603.978 EUR ergibt]. Vorinstanz: LG Koblenz v. 30.7.2014 – 10 O 35/10. Weitere Fundstelle: MedR 2015, 737; LSK 2016, 030033.

Betrag: 450.000 € **Haftung: 100 %**
immVorb: Ja **MdE: –**
Rente: 550 €

OLG Köln 10.12.2014 – 5 U 75/14 = BeckRS 2015, 7692

5981

Gehirnschädigung, allerschwerste (hier: „Weitgehenden Zerstörung der Grundlagen für die Wahrnehmungs- und Empfindungsfähigkeit, die den Verletzten in seiner Wurzel trifft und für ihn deshalb existentielle Bedeutung … hypoxisch-ischämischen Enzephalopathie mit multiplen Hirnsubstanzdefekten rechts frontal, beidseits parietal sowie links temporal und vermutlich im Bereich des Kleinhirns, einem Hydrozephalus internus mit ventrikulo-peritonealer Shuntanlage, einer spastischen Tetraparese, einer symptomatisch multifokalen therapieresistenten Epilepsie mit häufigen, teils mehrfach täglich auftretenden tonisch-myoklonischen Anfällen und Absencen, schwersten motorischen Störungen mit einem motorischen Entwicklungsstand von ca. 3 Monaten, schwersten kognitiven Störungen mit einem kognitiven Entwicklungsstand von maximal 3 Monaten, schwersten Störungen der kommunikativen Entwicklung und des Sozialverhaltens mit lediglich rudimentären Interaktionsmöglichkeiten, schwerster Beeinträchtigung der Selbstständigkeitsentwicklung mit vollständiger Hilflosigkeit. Der Kläger kann nicht sprechen und hat keinerlei Eigenmobilität entwickelt. Es besteht keine Kopfkontrolle. Er reagiert lediglich auf Geräusche und Licht. Er ist bei allen Verrichtungen des täglichen Lebens dauerhaft und ausschließlich auf fremde Hilfe angewiesen", so das LG.

1j. Kind. Arzthaftung (hier: Grober Behandlungsfehler: Blutverlust und Sauerstoffunterversorgung im Rahmen einer Operation. „Fehlerhaft sei im Aufwachraum die Kreislauffunktion nicht überwacht worden, obwohl sich der Kläger noch in einem kompensierten Schockzustand befunden habe. Auch der Blutdruck sei nicht gemessen worden und keine klinische Untersuchung durchgeführt worden. Grob fehlerhaft seien Laborwerte nicht bestimmt worden. Deren Ergebnisse hätten zwingend eine weitere Bluttransfusion nach sich ziehen müssen. Diese Versäumnisse seien unbegreiflich. Unfassbar sei weiter, dass ein so schwer beeinträchtigtes Kind mit einer Schwester ohne Arztbegleitung im Kinderwagen in die Kinderklinik transportiert worden sei", so das LG). Dauerschaden: Intensivpflegefall, Inkontinenz, nahezu völlige Bewegungslosigkeit. „Innerhalb der letzten 5 Jahre hat der Kläger nur in sehr geringem Umfang Fähigkeiten wieder erlangt, bzw. Entwicklungsfortschritte gemacht. Er zeigt elementare motorische und kognitive Fähigkeiten, die etwa dem Entwicklungsstand eines Kindes von 3 Monaten entsprechen. Nach den Feststellungen des Sachverständigen C ist nicht zu erwarten, dass er zukünftig stehen oder laufen lernen könne oder selbstständig einen Rollstuhl bedienen könne. Er werde allenfalls einfache Greif- und Zeigefunktionen erlernen können, die bestenfalls für einfache Möglichkeiten der unterstützten Kommunikation genutzt werden könnten, der funktionelle Umgang mit Stiften werde nicht möglich sein. An- und Ausziehen, Körperpflege ebenfalls nicht. Es sei nicht zu erwarten, dass der Kläger elementare Kulturtechniken erlernen könne", so das LG.

Betrag: 450.000 € **Haftung: 100 %**
immVorb: Ja **MdE: 100 %**

LG Köln 23.3.2011 – 25 O 65/08 = BeckRS 2013, 13670

4867

Gehirnverletzung, schwerste (hier: Wachkoma) nach Polytrauma

35j. Mann. Stationäre Heilbehandlung. Sehr langwierige Heilbehandlung. Dauerschaden: Wachkoma mit künstlicher Ernährung, Intensivpflegefall. Das OLG bestätigte das bereits vom LG zuerkannte Schmerzensgeld, mit der Begründung, „der Kläger, ein damals 35-jähriger, verheirateter Familienvater von drei Kindern im Alter von 3, 8 und 9 Jahren" liege seit vier Jahren im Wachkoma. Er sei nicht ansprechbar und könne sich nicht mitteilen. Ihm sei damit die Basis für eine eigene Persönlichkeit genommen und er sei nicht mehr in der Lage ein normales Leben zu führen. Zudem hatte der Beklagte, der bewusst auf den Kläger zufuhr, die Verletzungen zumindest grob fahrlässig herbeigeführt.

Betrag: 500.000 € **Haftung: 100 %**
immVorb: – **MdE: 100 %**

OLG Oldenburg 2.9.2014 – 12 U 50/14 = BeckRS 2014, 125376

5862

Gehirnschädigung, schwerste (hier: Microcephalie, schwerster hirnorganischer Schädigung infolge einer Sauerstoffunterversorgung bei der Geburt. Intensivpflegefall).

Kind (Säugling). Arzthaftung (hier: Geburtshilfefehler mit Sauerstoffunterversorgung). Dauerschaden: Schwerste geistige Behinderung, Mikrocephalie, spastische Tetraparese, Epilepsie, Schluckstörung, schwere chronische Ateminsuffienz und Zerstörung der Persönlichkeit.

Betrag: 500.000 € **Haftung: 100 %**
immVorb: – **MdE: –**

OLG Stuttgart 12.1.2010 – 1 U 107/09 = BeckRS 2010, 143929

3042

Gehirnschädigung, schwerste (hier: sekundäre Mikrozephalie schwersten Ausmaßes mit schwerster Tetraspastik. Völlige zerstörung der Persönlichkeit. Ständige Intensivpflege erforderlich. Der Kläger ist „in der Wurzel seiner Persönlichkeit getroffen"!).

Kind (Säugling). Geburtsfehler / Geburtshilfefehler / Arzthaftung (hier: grober Behandlungsfehler). Dauerschaden: „Denkbar schwerste Schädigung ... mit Zerstörung der Persönlichkeit". „Beeinträchtigungen derartigen Ausmaßes verlangen angesichts des hohen Wertes, den das GG in Art. 1 und 2 der Persönlichkeit und der Würde des Menschen beimisst, eine herausragende Entschädigung", so das OLG, welches das Schmerzensgeld von 300.000 Euro auf 500.000 Euro anhob.

Betrag: 500.000 € **Haftung: 100 %**
immVorb: Ja **MdE: 100 %**

OLG Hamm 16.1.2002 – 3 U 156/00 = BeckRS 2002, 4761

7645

Gehirnschädigung, schwerste mit lebenslanger Pflegebedürftigkeit (hier: Irreversibele spastische bilaterale Cerebralparese GMFCS Level V, Microcephalus, periventrikuläre Leukomalazie, ausgeprägte globale Entwicklungsstörung, Blindheit und starke Hörschwäche sowie Störungen der Schluckfähigkeit, Gastrostoma, Blasenentleerungsstörung und Niereninsuffizienz. Zur Bekämpfung von Dauerschmerzen wurde bei ihm eine Baclofenpumpe implantiert. Zusammengefasst sprach das OLG von einer „vollständigen unwiderruflichen Zerstörung der Persönlichkeit" und betonte dabei, dass der Kläger unter seinem Zustand zusätzlich dauerhaft leidet."

Neugeborenes. Arzthaftung als Folge eines fehlerhaften medizinische Gesamtkonzepts im Zusammenhang mit einer hochriskanten eineiigen Zwillingsschwangerschaft, wobei der behandelnde Arzt in einer Klinik, die über keine Neugeborenenstation bzw. ohne direkt angeschlossene neonatologische Kinderklinik verfügte, die 37jährige Mutter während ihrer Erstschwangerschaft über Wochen stationär behandelt hatte. Das OLG bewertete „die fortgesetzte stationäre Betreuung einer Hochrisikozwillingsschwangerschaft in einer Geburtsklinik ohne direkt angeschlossene neonatologische Kinderklinik als grob behandlungsfehlerhaft" und ebenso die „katastrophale Fehlbewertung des Ultraschalls ...". Während der eine Zwilling noch im Mutterleib verstarb, erlitt der andere Zwilling (= Kläger) die oben unter Verletzungen beschriebenen schwersten Gehirnschäden mit gravierenden Dauerschäden: Er wird „niemals in der Lage sein, ein eigenständiges und selbstbestimmtes Leben zu führen oder auch nur in Ansätzen eine eigene Persönlichkeit zu entwickeln, sondern stattdessen lebenslang rund um die Uhr von Angehörigen, Helfern und Pflegepersonen abhängig sein.", so das OLG. Bei der Schmerzensgeldbemessung (600.000 EUR zzgl. einer Schmerzensgeldrente mit einem Barwert von 120.000 EUR) berücksichtigte das OLG dies sowie die Tatsache, dass der Kläger auch eine Reihe von teilweise sehr schmerzhaften Folgeerkrankungen erlitten hatte, die ihn ganz erheblich belast hatten. „So musste er sich bereits in seinen ersten Lebensjahren mehreren operativen Eingriffen, wie der Anlage eines Gastrostomas, eines Cochlearimplantats, einer Baclofenpumpe und einer Hüft-OP unterziehen, um die vielfältigen mittelbar durch seine Hirnschäden ausgelösten Beschwerden zu bekämpfen. Es ist vor diesem Hintergrund unmittelbar einleuchtend, dass das Leben des Klägers zu 1 auch über seine Behinderungen im engeren Sinne hinaus in ungewöhnlicher Weise beschwerlich oder mitunter sogar qualvoll gewesen und deshalb ein besonders hohes Schmerzensgeld gerechtfertigt ist", so das OLG. Das OLG verwies diesbezüglich ua auf die Entscheidungen des OLG Hamburg BeckRS 2024, 22768 → Nr. 7441 (800.000 EUR) und des OLG München BeckRS 2022, 44868 → Nr. 7216 (kapitalisiert 669.777,60 EUR). [Anmerkung: Zu dem vom OLG zurückgewiesenen Mitverschuldenseinwand der Beklagten, die insofern auf die Fachkompetenz der Mutter als Fachärztin für Frauenheilkunde verwiesen hatten, siehe im Handbuch → Rn. 102c; zur Urteilskritik → Rn. 272].

Betrag: 720.000 € **Haftung: 100 %**
immVorb: – **MdE: 100 %**

OLG Frankfurt a. M. 18.2.2025 – 8 U 8/21 = BeckRS 2025, 2439

6274

Gehirnschädigung, schwerste (hier: Schwerste zerebrale Schäden nach Sauerstoffunterversorgung. Der Kläger ist nicht mehr in der Lage ein selbstbestimmtes Leben zu führen und hat – so das LG – seine Persönlichkeit eingebüßt. Er ist auf Dauer lebenslang auf intensive Pflege angewiesen.

23j. Mann. Intensivstation. Arzthaftung (hier: Schwerer Gehirnschaden im Zusammenhang mit der medizinischen Versorgung einer Nasenbeinfraktur, die normalerweise ca. 15 Minuten dauert. Während der Vollnarkose kam es zu einer etwa 25 Minuten währenden Sauerstoffunterversorgung, da die Schläuche des verwendeten Beatmungsgeräts fehlerhaft angeschlossen worden waren). Zur Begründung für dieses – bislang höchste – Schmerzensgeld in vergleichbaren Fällen verwies das Gericht zum einen auf die schlimmen Folgen für den heute 23j. Mann, der zu einem selbstbestimmten Leben nicht mehr in der Lage ist und seine Persönlichkeit eingebüßt hat. Zudem verwies das Gericht auf dessen jugendliches Alter und darauf, dass die Hirnschädigung aus einer fehlerhaften Bedienung des Beatmungsgeräts und damit aus dem „Bereich eines voll beherrschbaren Risikos" resultierte. Schließlich berücksichtigte das LG bei der Bemessung die extreme Niedrigzinsphase und die Tatsache, dass sich aus dem Schmerzensgeldkapital derzeit und auch in der überschaubaren Zukunft keine nennenswerten Zinsen mehr erzielen lassen. Anmerkung: Mit diesem – noch nicht rechtskräftigen – Urteil setzt das LG Gießen einen Fuß voran in eine Richtung und auf einen Weg, der noch lange nicht am Ziel angelangt ist: Deutlich höhere Schmerzensgeldbeträge in derartigen und ähnlichen Fällen, – denn auch der Betrag von 1.000.000 EUR darf insofern künftig keine Hemmschwelle sein! Begrüßenswert insofern OLG Oldenburg BeckRS 2020, 5200, welches in einem Fall beids. Unterschenkelamputation eines Fünfjährigen ebenfalls 800.000 EUR zuerkannt hatte.

Betrag: 800.000 € **Haftung: 100 %**
immVorb: – **MdE: 100 %**

LG Gießen 6.11.2019 – 5 O 376/18 = BeckRS 2019, 34307

bb) Gehirnschädigung mit schweren hirnorganischen Leistungsstörungen

7330

Gehirnschädigung, schwere (hier: Schweres offenes Schädelhirntrauma mit frontobasaler Fraktur links und frontobasalem Kontusionsherd sowie perifokalem Hirnödem mit der Folge einer völligen Wesensveränderung und Intelligenzminderung auf einen Gesamt-IQ von 57. „Bei den durchgeführten Tests habe die Klägerin in allen Leistungsbereichen unterdurchschnittliche Ergebnisse mit einem Prozentrangwert von kleiner / gleich 0,4 gezeigt. Damit seien in ihrer Altersgruppe bei der von 2012 erstellten Normstichprobe 99 % besser als sie (die Klägerin) in ihren Leistungen." (Zitat aus der Urteilsbegründung des LG. Das OLG Brandenburg – siehe unter Einzelheiten – sprach von erheblichen kognitiven Defizite mit einem Intelligenzquotienten im Bereich der Debilität).

2j. Kind (Mädchen). Intensivstation mit künstlicher Beatmung für die Dauer von 9 Tagen; weitere 11 Tage stationär. Dauerschaden: Wesensveränderung und mittelschwere Intelligenzminderung. Hierzu führt das LG aus: „„„…Völlig wesenverändert (sic!), ganz ängstlich, still, vorgealtert, fast greisenhaft, halonierte Augen, kahl geschorener Kopf mit Stirnnarbe (vom Schädelbruch) und Kahlstellen mit Nekrose am Hinterkopf. Das Lachen war verschwunden, das Plappern blieb aus. Ich sah das Kind nur hinter den Beinen oder mit dem Gesicht W den großen Bauch der Mutter gedrückt. Sie konnte nicht mehr frei stehen und gehen. Jegliche Kommunikation war unmöglich. Mundsabber war auffallend. Eine Untersuchung bzw. das Anfassen des Kindes war ebenso unmöglich". Bei der Schmerzensgeldbemessung berücksichtigte das LG zum einen, dass die Mutter der Zweijährigen den Verkehrsunfall als Fahrzeugführerin selbst verursacht hatte und führte dazu aus, dass im Fall einer intakten familienrechtlichen, hier Mutter-Kind-Beziehung die Schädigerin, auch wenn sie haftpflichtversichert ist, eine geringere Entschädigung in Geld schuldet als ein Fremdschädiger. Zum anderen führte das LG aus: „Angesichts des jungen Alters der Klägerin zum Zeitpunkt des Schadenseintritts und der nicht unerheblichen Beeinträchtigung der hierdurch verursachten Intelligenzminderung (IQ bei 57 bzw. 65) – bei der Klägerin wäre angesichts des akademischen Hintergrunds der Familie ein IQ von mindestens 100 zu erwarten gewesen – sowie der ebenfalls festgestellten Wesensveränderung hält das Gericht unter Berücksichtigung vorgenannter Urteil ein Schmerzensgeld von 100.000 EUR für angemessen" und erachtete die weitergehende Schmerzensgeldvorstellungen der Klägerin von mindestens 150.000 EUR als „deutlich übersetzt". „Die Klägerin ist … weitgehend selbständig. Nach ihren Angaben gegenüber den Sachverständigen Prof. Dr. G… und Dipl.-Psych. H… stehe sie auf und mache sich ihr Frühstück. Sie wird anschließend mit dem Bus abgeholt und zu ihrer Ausbildungsstelle gefahren, einer Gärtnerei, in der sie u.a. mit Pflanzen Gestecke erstellt und Laubarbeiten durchführt. In körperlicher Hinsicht bestehen bei ihrer Freizeitgestaltung keine Einschränkungen", so das LG in seiner weiteren Begründung. [Anmerkung: Angesichts der oben sehr eindrucksvoll geschilderten Auswirkungen des Schädelhirntraumas auf das weitere Leben des Kindes ist das hier zuerkannte Schmerzensgeld deutlich zu gering bemessen. Vgl. dazu im Handbuch zu Kapitel V. 3. → Rn. 268 ff]. Anmerkung: Das OLG Brandenburg, BeckRS 2022, 11601 bestätigte das vom Landgericht ausgeurteilte Schmerzensgeld und führte dazu aus, das „sich zwar im oberen Rahmen des noch vertretbaren bewegt, jedoch letztlich noch als angemessen betrachtet werden kann." (Rn. 21 a.a.O.).

Betrag: 100.000 € **Haftung: 100 %**
immVorb: – **MdE: 40 %**

LG Frankfurt (Oder) 8.10.2020 – 13 O 183/16 = BeckRS 2020, 57813

3412

Gehirnschädigung, schwerste (hier: Die Kl. ist „geistig wie körperlich mehrfach schwerstbehindert ohne Aussicht auf nachhaltige Besserung seines Zustandes", so das Gericht).

Säugling. Arzthaftung (Grob fahrlässiger Geburtshilfefehler. Es kam „unmittelbar vor der Geburt … [zu einer] … hypoxischen Versorgungslage des Fetus …, die durch eine ausgeprägte fetale Anämie bei schwerer Blutgruppenunverträglichkeit zwischen Mutter und Kind entstanden ist"). [vgl. hierzu auch das Urteil des LAG Köln BeckRS 2005, 42315].

Betrag: 250.000 € **Haftung: 100 %**
immVorb: – **MdE: 100 %**

LG Aachen 9.4.2002 – 11 O 211/99 = BeckRS 2002, 160685

3255

Gehirnschädigung, schwerste (hier: spastische Tetraparese, Wasserkopf, hochgradiger Sehbehinderung, BNS-Epilepsie und ist mental massiv retardiert).

Kind (Säugling). Arzthaftung (hier: Geburtshilfefehler). Dauerschaden: Totalerblindung, nahezu; Intensivpflegefall; harn- und Stuhlinkontinenz; ohne Gleichgewichtskontrolle; Sprachlosigkeit; eine Rehabilitation ist ausgeschlossen. Wegen des Wasserkopfes musste ein Shunt-Implantat als Drainage gelegt werden. Nahezu völlige Persönlichkeitszerstörung! „Angesichts des hohen Wertes, den Art. 1 und 2 GG der Persönlichkeit und Menschenwürde einräumen, ist eine herausragende Entschädigung … gerechtfertigt", so das OLG zutreffend.

Betrag: 350.000 € **Haftung: 100 %**
immVorb: Ja **MdE: 100 %**

OLG Braunschweig 22.4.2004 – 1 U 55/03 = BeckRS 2004, 30341716

3819

Gehirnschädigung, schwerste (hier: Schwere spastische Tetraparese, therapieresistente Epilepsie mit bis zu 15 Anfällen täglich, Totalerblindung). Intensivpflegefall.

Säugling. Dauerschaden: Intensivpflegefall sowie s.o. Arzthaftung / Geburtshilfefehler. „Erleidet ein Kind wegen ärztlicher Behandlungsfehler vor und unmittelbar nach der Geburt schwerste hypoxische Hirnschäden, die in einem Bereich liegen, der die denkbar schwerste Schädigung eines Menschen charakterisiert, rechtfertigt dies ein Schmerzensgeld von 500.000,- EUR", so das OLG.

Betrag: 500.000 € **Haftung: 100 %**
immVorb: Ja **MdE: 100 %**

OLG Stuttgart 9.9.2008 – 1 U 152/07 = BeckRS 2008, 20175

5346

Gehirnschädigung, schwerste… nach Schädelfraktur in Form einer mehrfragmentären Schädelkalottenfraktur mit Schädelhirntrauma und bifrontalen Kontusionsblutungen mit generalisiertem Hirnödem sowie traumatischer Subarachnoidalblutung (sogn. SAB), das / die … "von den Beklagten (angestellten Ärzten der Bekl. zu 1.) nicht erkannt" worden war. Insgesamt wurde beim Kläger – neben einer Totalerblindung – eine neurokognitive Behinderung anhand der Glasgow Outcome Scale (GOSE) im Wert von 3 attestiert, was einer schweren Behinderung im unteren Niveau (Punktwert 1 = Tod; Punktwert 2= vegetativer Zustand) entspricht und gerichtsseitig betont, dass sich aus neurologischer und rehabilitationsmedizinischer Sicht der erreichte Reha.-Stand „nicht zum Positiven ändern" wird.

21j. Mann. Arzthaftung (hier: Grober Behandlungsfehler, die – so das OLG – „schwerwiegend falsch und schlechterdings nicht nachvollziehbar" waren. Dauerschaden: Totalerblindung; schwere Hirnnervparesen mit 100 %iger geistiger Behinderung und Gesichtslähmung; linksbetonte Tetraspastik mit einem Kraftgrad von etwa 4/5, wobei spontanmotorisch die linke Körperhälfte nicht benutzt werden kann; deutliche Rumpfataxie und Standataxie mit ungerichteter Fallneigung; fortwährend bestehende Schmerzen und zunehmender Konkrakturen aller Gelenke und Osteoporose und Arthrose in den Gelenken. Depressionen und Wirbelsäulendauerschäden. Intensivpflegefall: Der Kläger benötigt rund um die Uhr (365 Tage/24 Stunden) Pflege für alle täglichen Verrichtungen (Nahrungsaufnahme, An- und Auskleiden, Toilettengang etc). Seine „Lebensperspektive" wurde – im jungen Alter von nur 21 Jahren – „vollständig zerstört", so das OLG wörtlich. Das OLG wies zutreffend darauf hin, dass durch das von ihm bestätigte Schmerzensgeld in Höhe von 560.000 EUR „das in Schmerzensgeldtabellen angelegte allgemeine Entschädigungsgefüge nicht gesprengt, sondern fortgeschrieben" werde und wies auch die – in derartigen Fällen leider stets unsinniger Weise strapazierte – Behauptung der Beklagten zurück, dass durch derart hohe Schmerzensgeldbeträge die „Versichertengemeinschaft" in unzumutbarer Weise belastet werde. Anmerkung: Zutreffend stellte sich das OLG dem unzutreffenden Argument der Beklagten entgegen, die vorgetragen hatten, ein Betrag in Höhe der bereits vom Landgericht zuerkannten 560.000 EUR sei deshalb viel zu hoch, da Beträge „in dieser Größenordnung … nur Neugeborenen zuerkannt" werden würde. Das Urteil wurde vorgelegt von Rechtsanwalt Peter Schwab aus Frankfurt am Main.

Betrag: 560.000 € **Haftung: 100 %**
immVorb: Ja **MdE: 100 %**

OLG Frankfurt a. M. 31.1.2017 – 8 U 155/16 = BeckRS 2017, 139887

cc) Gehirnschädigung mit Pflegefall als Folge

5517

Gehirnschädigung, schwerste (hier: hypoxischer Hirnschaden nach Kammerflimmern wegen mangelnder Sauerstoffversorgung des Gehirns, die – dies ist streitig – ggf. infolge unterlassener Reanimationsmaßnahmen seitens des Lehrers eingetreten war).

17j. Mann (Schüler). Amtspflichtverletzung des Sportlehrers, der sich in einem Notfall darauf beschränkt hatte, den Puls des kollabierten Schülers zu fühlen, der beim Eintreffen des Notarztes „bereits 8 Minuten Bewusstlosigkeit ohne jegliche Laienreanimation" erlitten hatte. Die amtlichen Leitsätze des BGH hierzu lauten: 1.Bei pflichtwidrig unterlassenen Erste-Hilfe-Maßnahmen von Sportlehrern bei einem Unglücksfall während des Sportunterrichts beschränkt sich die Haftung (§ 839 BGB, Art. 34 S. 1 GG) nicht auf Vorsatz und grobe Fahrlässigkeit, da das Haftungsprivileg für Nothelfer § 680 BGB) nicht eingreift. 2. Bei grober Fahrlässigkeit sind in einem solchen Fall die im Arzthaftungsrecht entwickelten Beweisgrundsätze bei groben Behandlungsfehlern (Beweislastumkehr), die nach der Senatsrechtsprechung entsprechend bei grober Verletzung von spezifisch dem Schutz von Leben und Gesundheit dienenden Berufs- oder Organisationspflichten (Kernpflichten) gelten, nicht anwendbar, da es sich bei der Amtspflicht der Sportlehrer zur Ersten Hilfe nicht um eine Haupt-, sondern nur eine Nebenpflicht der Lehrkräfte handelt. Der BGH verwies die Sache demnach, da sie noch nicht zur Entscheidung reif war, an das Berufungsgericht zurück (§ 563 Abs. 1, 3 ZPO). [Anmerkung zur Höhe des möglichen Schmerzensgeldes: Im Falle eines Obsiegens des Klägers zum Grunde wird das OLG ein Schmerzensgeld in Höhe von mindestens 500.000 EUR zusprechen, wobei es insofern keine Obergrenze gibt!

Betrag: – **Haftung: –**
immVorb: – **MdE: 100 %**

BGH 4.4.2019 – III ZR 35/18 = BeckRS 2019, 6469

5504

Gehirnschädigung, schwerste (hier: Massive „mindestens drei Minuten" andauernde Sauerstoffunterversorgung).

12j. Kind (Schülerin). Dauerschaden: Massive, irreparable Hirnschädigungen. Sie ist infolgedessen schwerstbehindert und wird zeitlebens pflegebedürftig bleiben. Sie wurde über Monate hinweg stationär und ambulant behandelt und lebt aufgrund ihrer Behinderungen nunmehr in einem Pflegeheim. Ursache: Verletzung der Aufsichts- und Überwachungspflichten als Bademeister. [Anmerkung: Lesenswert zur Beweislastumkehr: „Die Verletzung dieser Kernpflichten der Schwimmaufsicht ist, wenn ein Badegast einen Gesundheitsschaden erleidet – nicht anders als bei ärztlichen Pflichtverstößen – dazu geeignet, aufgrund der im Nachhinein nicht mehr exakt rekonstruierbaren Vorgänge im menschlichen Organismus erhebliche Aufklärungserschwernisse in das Geschehen hineinzutragen, so dass es der Billigkeit entspricht, für den Fall einer groben Pflichtverletzung dem Geschädigten die regelmäßige Beweislastverteilung nicht mehr zuzumuten". Vergleiche hierzu auch oben im Kommentarteil unter Rn. 347]. Der BGH wies – da die Sache nicht zur Endentscheidung reif war – diese gem. § ZPO § 563 ZPO § 563 Abs. 1 S. 1, ZPO § 563 Abs. 3 ZPO an das Berufungsgericht zurück.

Betrag: – **Haftung: 100 %**
immVorb: Ja **MdE: –**

BGH 23.11.2017 – III ZR 60/16 = BeckRS 2017, 135004

5882

Gehirnschädigung (hier: subdurales Hämatom, „ welches weite Bereiche des Großhirns zerstört hatte") und Oberschenkelhalsfraktur.

77j. Mann. Stationäre Behandlung mit mehreren Schädeloperationen sowie einer Oberschenkeloperation mit einem Metallimplantat. Dauerschaden: Pflegefall. Der Kläger wurde aufgrund unfallbedingter Verletzungsfolgen in einem Heim untergebracht und verstarb dort nach 5 Jahren. [Lesenswert zum Thema „Regulierungsverzögerung". Hierzu führte das OLG im konkreten Falle aus: „Eine Erhöhung des Schmerzensgeldes wegen verzögerter Regulierung scheidet aus, solange der Haftpflichtversicherer berechtigte Zweifel hegen darf, dass das eigene Verschulden des Versicherungsnehmers vollständig hinter das grobe Mitverschulden des Geschädigten zurücktreten werde"].

Betrag: 25.000 € **Haftung: 25 %**
immVorb: – **MdE: 100 %**

OLG Saarbrücken 27.7.2010 – 4 U 585/09-166 = BeckRS 2010, 24045

4012

Gehörschädigung, schwere (hier: schweres gedecktes Schädelhirntrauma mit ausgedehnter Gehirnquetschung links fronto-temporal, traumatische Subarachnoidalblutung, Epiduralhämatom, Kalottenfraktur) sowie Ulkus duodendi und Bronchopneumonie.

Frau (Friseurin und Fitnesstrainerin). 6 Monate intensivstationäre Behandlung mit zahlreichen Operationen. Dauerschaden: Verlangsamung der Sprache und Reaktionszeiten; deutlich reduzierte Umstellungsfähigkeit. Berufsaufgabe. Ursache: Motorradunfall; die Kl. saß als Beifahrerin ohne Helm auf dem Krad und prallte sturzbedingt mit dem Kopf gegen einen Zaunpfahl.

Betrag: 46.200 € **Haftung: 100 %**
immVorb: Ja **MdE: 80 %**

LG Stralsund 19.12.2006 – 7 O 354/05 = BeckRS 2006, 33543

3393

Gehirnschädigung (hier: subduralen Hämatom über der rechten Hirnhälfte mit Gehirnquetschung. Hierdurch ist es zu einem apallischen Syndrom gekommen, bei dem das Großhirn vom Stammhirn in Höhe des Mittelhirns abgekoppelt wird; vgl. auch unter apallisches Syndrom).

Frau (ältere Frau in Pflegeheim). Vorschaden: „Schmerzensgeldmindernd ist zu berücksichtigen, dass bei der Kl. zum Zeitpunkt des Sturzes noch ausgeprägte Ausfallerscheinungen vorhanden waren. So litt sie unter psychischen Schäden wie gelegentlicher Verwirrtheit und Halluzinationen". Erhöhend berücksichtigt wurde, dass „das Vorliegen der Pflegestufe III als Schwerstpflegefall … auf den Sturz zurückzuführen. Vor dem Unfallereignis konnte die Kl. nach dem Verlegungsbericht an die Klinik B. mit Gehwagen auf dem Stationsflur laufen. Sie aß und trank mit wenig Hilfe". [Lesenswert zur Umsturzsicherheit eines im Krankenhaus verwendeten Rollstuhls]

Betrag: 50.000 € **Haftung: 100 %**
immVorb: Ja **MdE: 100 %**

KG 20.1.2005 – 20 U 401/01 = BeckRS 2005, 9658

3141

Gehirnschädigung, schwere nach Schädelhirntrauma mit Gehirnblutungen; „anfangs sog. apallisches Syndrom"; posstraumatische spastische Halbseitenlähmung mit sehr erheblichen Bewegungsstörungen und Sprachstörungen. Organverletzungen: Lungenquetschung; Bauchtrauma; Thoraxtrauma.

10j. Kind (Schüler – „10 Jahre und 7 Monate alte Kl."). 25 Tage Intensivstation mit komatöser Intubierung und künstlicher Beatmung, 245 Tage stationär, „seither ist eine ständige ambulante Behandlung erforderlich". Dauerschaden: Rollstuhlgebundenheit, spastische Halbseitenlähmung und Ataxie [Störung im geordneten Ablauf und in der Koordination von Muskelbewegungen], massive Sprachstörungen mit unverständlicher Sprache, Schluckstörungen, Sehstörungen, Beeinträchtigungen der intellektuellen Fähigkeiten, Intensivpflegefall. [Ursache: Straßenbahnunfall – Kollision mit Fahrradfahrer. Er wurde von dem Straßenbahnzug erfaßt, geriet unter das Führerhaus und wurde 17 m bis zum Stillstand des Straßenbahnzuges mitgeschleift]. Anmerkung: Das vollständige Urteil ist veröffentlicht in VersR 2003, 606. Kapitalisiert und ohne

Mitverschulden ging das KG von 280.000 DM [= 143.161 Euro] aus.

Betrag: 51.129 € **Haftung: 75 %**
immVorb: Ja **MdE: 100 %**
Rente: 266 €

KG 2.9.2002 – 12 U 1969/00 = BeckRS 2002, 8343

5782

Gehirnschädigung (hier: Hirnorganisches Psychosyndrom durch Unterlassen der rechtzeitigen Syphilis-Therapie – einer sog. Neuro-Lues Infektion III. Grades – wegen Fehldiagnose].

42j. Mann. Arzthaftung (hier: Diagnosefehler und Behandlungsfehler im Zusammenhang mit der Therapie einer sog. Neuro-Lues). Dauerschaden: Pflegebedürftigkeit; der Kläger ist nur noch mit erheblicher Fremdhilfe in der Lage ist, den alltäglichen Anforderungen gerecht zu werden; er lebt von EU-Rente; der Kläger leidet vermehrt an epileptischen Anfällen.

Betrag: 60.000 € **Haftung: 100 %**
immVorb: – **MdE: 60 %**

OLG Frankfurt a. M. 6.9.2005 – 8 U 79/04 = BeckRS 2011, 19367

6280

Schädelhirntrauma, schweres und damit einhergehende intrazerebrale Gehirnblutungen, die zu axonalen Schädigungen führten in Verbindung mit mehreren Gesichtsschädelfrakturen. Intensivpflegefall: Künstliche Ernährung, kein Kontakt mit der Außenwelt, nicht ansprechbar). Infolge der schweren Verletzungen verstarb der Kläger sechs Jahre nach dem Unfall.

Mann. 13 Wochen stationär. Anschließend wurde er in ein Pflegefachzentrum verlegt, wo er bis zu seinem Tode rund um die Uhr versorgt und gepflegt wurde, ohne dass sich sein Gesundheitszustand in dieser Zeit verändert hat [Intensivpflegefall]. Haftung eines Eisenbahninfrastrukturunternehmens nach § 1 Abs. 1 HPflG – Gestörter Gesamtschuldnerausgleich führt zur Herabsetzung des ansonsten mit 100.000 EUR angemessenen Schmerzensgeldes: Der Erblasser – Klägerinnen vor dem OLG waren die Hinterbliebenen – war bei der Rückwärtsfahrt der Lokomotive beim Hinausschauen mit seinem Kopf gegen eine ordnungswidrige und nicht eingeschaltete in dem Tunnel angebrachte Lampe gestoßen und hatte sich hierbei und / oder durch einen hierdurch verursachten weiteren Anprall gegen die Außenhaut oder sonstige Bestandteile der Lokomotive eine schwere Kopfverletzung zugezogen.

Betrag: 70.000 € **Haftung: 70 %**
immVorb: – **MdE: –**

OLG Hamm 28.8.2018 – 24 U 127/16 = BeckRS 2018, 45594

5788

Gehirnschädigung, schwerste (hier: hirnorganisches Psychosyndrom mit frontalbetonten posttraumatischen Substanzdefekten und deutlicher Erweiterung der Liquorräume, Strabismus mit Zerstörung der persönlichkeitsformenden Hirnstrukturen im Bereich des Großhirns verbunden mit mit einer Störung des Antriebs und Affekts, Wesensänderung, Epilepsie, Apraxie und Aphasie, hochgradige Sehschwäche beidseits, Schwerhörigkeit links und Trommelfellperforation).

Mann (Asylbewerber). Dauerschaden: Intensivpflegefall. Wesensveränderung bei Zustand nach SHT III, posttraumatischem Hydrozephalus internus mit Shunt-Anlage sowie posttraumatischer Epilepsie. [Lesenswert zur Frage der Aktivlegitimation des Klägers hinsichtlich des Schmerzensgeldanspruchs. Das OLG bejahte dies, denn insofern „wäre wegen des Grundsatzes des Nachranges der nach dem AsylbLG erbrachten Leistungen bei dem Kläger als Geschädigtem trotz Überganges seines Anspruchs auf die Stadt F auch weiterhin eine Ermächtigung verblieben, das Schmerzensgeld gerichtlich einzufordern. Dieser von dem Bundesgerichtshof wegen des Nachranges der Sozialhilfe entwickelte Grundsatz (BGH NJW 1996, 726 und BGH NJW 1996, 2509) gilt auch gegenüber Asylbewerbern. Wegen der Unklarheit darüber, ob die Schmerzensgeldforderungen letztlich dem Kläger oder der Stadt F zustehen, ist der Antrag des Klägers auf Hinterlegung der Forderungsbeträge sachgerecht"].

Betrag: 76.694 € **Haftung: 100 %**
immVorb: – **MdE: –**
Rente: 200 €

OLG Hamm 12.9.2003 – 9 U 50/99 = BeckRS 2008, 5175

5644

Gehirnschädigung, schwerste (hier: Gehirnschädigung nach Sauerstoffunterversorgung während der Geburt. Spastische Lähmung mit späterer Rollstuhlgebundenheit. Intensivpflegefall, das Opfer wird auch später beim Essen, Ankleiden, Waschen etc. stets auf intensive fremde Hilfe angewiesen sein. „Dennoch verfügt es über eine relativ gute geistige Kapazität, so dass es die Behinderung auf das schmerzlichste empfinden kann", so das OLG.

Kind (Säugling). Arzthaftung im Zusammenhang mit der Geburtshilfe. Einen Geburtshilfefehler der Hebamme, die nicht hinreichend mit dem CTG vertraut ist, muss sich ein Belegarzt anrechnen lassen. Dauerschaden: Geistige und körperliche allerschwerste Schädigung, Intensivpflegefall, spastische Lähmung mit daraus resultierender späterer Rollstuhlgebundenheit und dies alles bei vorhandener Empfindungsfähigkeit. [Anmerkung: Kapitalisiert belief sich das Schmerzensgeld auf ca. 410.000 DM]

Betrag: 92.033 € **Haftung: 100 %**
immVorb: – **MdE: –**
Rente: 511 €

OLG Celle 28.7.1997 – 1 U 19/96 = VersR 1999, 486

7756

Gehirnschädigung, schwere (hier: ärztlicherseits nicht erkannter Herzinfarkt mit Tetraspastik und zerebraler Krampfneigung infolge derer der Patient intensivpflegebedürftig wurde und unter anderem künstlich ernährt und künstlich beatmet werden musste. Infolgedessen verstarb der Patient nach einer Leidenszeit von ca. 3 ½ Jahren.

Mann (Verstorbener / geklagt hatte die Erbengemeinschaft). Arzthaftung in Form eines groben Befunderhebungsfehlers durch die 42j., unterlassene vollständige Befunderhebung bei Verdacht auf ein Herzinfarktereignis durch Nichtbestimmung des Troponinwerts. Das OLG ging davon aus, dass „bei einer sachgerechten rechtzeitigen Behandlung nach den Ausführungen des Sachverständigen G. vollständig und ohne Einschränkung der Herzleistung wieder genesen" wäre. Bei der Schmerzensgeldbemessung berücksichtigte das OLG, die ca. 3,5 Jahre Leidenszeit bis zu seinem Tod und dass er -wegen des im Verlauf der Behandlung entwickelten hypoxischen

Hirnschadens mit Tetraspastik und zerebraler Krampfneigung – künstlich beatmet und ernährt werden musste, weshalb eine Tracheotomie und eine endoskopische Gastrostomie-Anlage erforderlich wurden, so dass der Patient, der im Zeitpunkt der streitgegenständlichen Behandlung erst 42 Jahre alt war und ein normales Leben führte, nicht mehr in der Lage war, ein selbstbestimmtes Leben zu führen und somit umfassend hilfs- und pflegebedürftig war.

Betrag: 100.000 € **Haftung: 100 %**
immVorb: – **MdE: –**

OLG Düsseldorf 18.9.2025 – 8 U 112/22 = BeckRS 2025, 28455

5137

Gehirnschädigung, schwere (hier: „spastische Tetraparese … [als] Ausdruck einer cerebralen Schädigung" sowie „neurologischen Symptomen mit ausgeprägten Schluckstörungen", so das OLG).

74j. Frau. Arzthaftung (hier: Grober Behandlungsfehler / fehlerhafte Verordung eines Medikaments / Therapievorschlagsfehler) Dauerschaden: Tetraparese sowie ausgeprägte Schluckstörungen, künstliche Ernährung mittels einer Ernährungssonde. Intensivpflegefall. Die Klägerin – so das OLG „leidet unter unkontrollierten Bewegungen der Extremitäten und vermutlich schmerzhaften Streckkontrakturen der Beine. Sie ist infolge der Fehlbehandlung vollständig immobil und kann nicht ohne fremde Hilfe aufstehen".

Betrag: 100.000 € **Haftung: 100 %**
immVorb: – **MdE: –**

LG Hamburg 7.3.2013 – 323 O 323/10 = BeckRS 2013, 200469

4568

Gehirnschädigung, schwerste (hier: schweres Schädelhirntrauma mit Gehirnquetschungen und Gehirnblutungen in deren Folge es zu einem hirnorganischen Psychosyndrom, einem tetraspastischen Syndrom einer Mastdarm- und Blaseninkontinenz u.a. schweren Beeinträchtigungen kam. Verletzte verstarb viereinhalb Jahre nach dem Unfall unfallunabhängig an Darmkrebs.

59j. Mann (Werkzeugmacher). 16 Wochen stationär, 14 Tage künstliche Beatmung. Rehabiliationsmaßnahme. Dauerschaden: Intensivpflegefall. Bei der Schmerzensgeldbemessung wurde die Schwere der Verletzungen und deren Folgen aber auch die Gesamtleidenszeit des Klägers von 4 1/2 Jahren und dessen Vorschädigungen (chronische-obstruktive Lungenerkrankung und Alkoholmissbrauch) berücksichtigt.

Betrag: 100.000 € **Haftung: 100 %**
immVorb: – **MdE: –**

LG Koblenz 21.1.2013 – 5 O 185/12 = BeckRS 2013, 23100

6057

Gehirnschädigung nach zweitem Schlaganfall mit nachfolgender Hemiparese bzw. Halbseitenlähmung.

50j. Frau. Arzthaftung (hier: Befunderhebungsfehler im Zusammenhang mit einem Schlaganfall, der verkannt worden war und einen zweiten Schlaganfall nach sich zog, der jedoch bei einer rechtzeitigen Befunderhebung und dann eingeleiteten Therapie „sehr gut … verhindert worden wäre", so das LG). Infolge des zweiten Schlaganfalles konnte „die Klägerin zunächst weder laufen noch sprechen, nicht alleine Wasserlassen, weder essen noch schlucken. Der Zustand besserte sich bis August 2006 [der Befunderhebungsfehler datierte vom 13. Januar 2006] dahin, dass weiterhin eine rechtsseitige armbetonte Hemiparese sowie eine aphasische Störung bestanden. Aus diesem Grunde wurden ergotherapeutische und orthopädische Behandlungsmaßnahmen fortgesetzt. Im Januar 2007 wurde nochmals eine ambulante Rehabilitationsmaßnahme in der Klinik … für einen Monat durchgeführt". Dauerschaden: Pflegefall, Sprachstörungen, motorische Beeinträchtigungen, benötigt einen Rollator. Zur Schmerzensgeldbemessung hat das LG, berücksichtigt, „dass die Klägerin, die ein selbstständiges und eigenständiges Leben vor den erlittenen Schlaganfällen führen konnte, nunmehr für die Dauer ihres restlichen Lebens auf erhebliche Hilfestellungen in sämtlichen Bereichen und damit auf eine erhebliche Einschränkung in ihrer Lebensqualität angewiesen sein wird".

Betrag: 100.000 € **Haftung: 100 %**
immVorb: Ja **MdE: –**

LG Dortmund 25.2.2010 – 4 O 165/07 = BeckRS 2015, 14738

4228

Gehirnschädigung, schwerste … /Verletzungen mit Todesfolge 42 Monate nach einem Herzinfarkt.

45j. Mann. Intensivpflegefall; keine Verständigung möglich. Der Kläger verstarb 42 Monate nach der Verletzung. Arzthaftung (hier: Sauerstoffmangel wegen grobem Diagnosefehler und Behandlungsfehler im Zusammenhang mit einem Herzinfarkt des Klägers).

Betrag: 100.000 € **Haftung: 100 %**
immVorb: – **MdE: –**

OLG Hamm 1.9.2008 – 3 U 245/07 = BeckRS 2008, 22048

2917

Gehirnschädigung, schwere (hier: „Zerebralparese mit hypotonem Muskeltonus und einer leichten muskulären Spastik", Dystrophie [körperl. Mangelentwicklung]; er kann weder greifen noch sitzen und ist psychomotorisch stark entwicklungsverzögert und gestört.

Säugling. Arzthaftung Geburtshilfefehler; Überwachungspflichtverletzung bei erhöhtem Risiko einer Neugeboreneninfektion. Dauerschaden: Intensivpflegefall!

Betrag: 102.258 € **Haftung: 100 %**
immVorb: – **MdE: 100 %**
Rente: 358 €

OLG Stuttgart 4.1.2000 – 14 U 31/98 = BeckRS 2000, 30089186

2856

Gehirnschädigung (hier: schweres Schädelhirntrauma mit multiplen Kontusionsblutungen; Schädelbasisfraktur mit Liquorleck; Gesichtsverletzung (Le-Fort-III-Fraktur); Oberschenkelfraktur sowie Handfrakturen.

33j. Mann; 4 Monate stationär. Dauerschaden: Wesensveränderung; Intensivpflegefall; Rollstuhl; Neurologische Ausfallerscheinungen; Sprachstörung. [Schmerzensgeld sehr gering!]

Betrag: 122.710 € **Haftung: 100 %**
immVorb: Ja **MdE: 100 %**
Rente: 153 €

OLG Oldenburg 7.5.2001 – 15 U 6/01 = BeckRS 2001, 30721

2794

Gehirnschädigung, schwerste (hier: Erblindung und andere schwere Verletzungsfolgen).

27j. Mann. Dauerschaden: Intensivpflegefall. [Lesenswert: „Fehlende Beschwer", „Korrektur eines Rechenfehlers". LG kapitalisierte fehlerhaft!].

Betrag: 127.823 € **Haftung: 100 %**
immVorb: – **MdE: 100 %**
Rente: 256 €

OLG Hamm 14.6.1999 – 6 U 116/98 = BeckRS 1999, 6093

2712

Gehirnschädigung, schwerste! Weitgehender Verlust der Wahrnehmungs- und Empfindungsfähigkeit; Sprachverlust; künstliche Ernährung wegen fehlendem Schluckvermögen! „Pflegebedürftig wie ein Säugling" [Intensivpflegefall!]

Säugling (zum Urteilszeitpunkt 13 Jahre alt). Arzthaftung (Sauerstoffmangel bei Entbindung [Geburtshilfefehler]). Dauerschaden: Wesensveränderung, Intensivpflegefall!

Betrag: 127.823 € **Haftung: 100 %**
immVorb: – **MdE: –**
Rente: 307 €

OLG Schleswig 11.11.1998 – 4 U 211/92 = BeckRS 1998, 13400

2468

Gehirnschädigung, schwerste (hier: Erblindung und Rollstuhlgebundenheit nach kunstfehlerhafter Verabreichung eines Schlafmittels. Aufgrund der unzureichenden Analyse kam es zu einem völligen Atem- und Herzstillstand mit nachfolgender Gehirnschädigung.

9j. Kind (Junge). Dauerschaden: Rollstuhlabhängig; Erblindung. Pflegefall. Arzthaftung (hier: „Grober Behandlungsfehler"). Vorschaden: Herzrhythmusstörung seit seiner Geburt. [Anmerkung: Das Verkündungsdatum wurde – da nicht genaue bekannt – lediglich als „Platzhalter" mit 1.1.1998 angegeben]

Betrag: 127.823 € **Haftung: 100 %**
immVorb: – **MdE: –**
Rente: 409 €

LG Lüneburg 1.1.1998 – 1 U 2/97 = unveröffentlicht

3953

Gehirnschädigung, schwere mit rechtsbetonter Tetraparese und damit verbundener inkompletter Lähmung der Arme und Beine sowie erhebliche Sprachstörung und Beeinträchtigung der Merkfähigkeit und der Konzentrationsfähigkeit. Intensivpflegefall.

5j. Junge. Längere stationäre Heilbehandlung. Arzthaftung: Behandlungsfehler während einer Narkose. Dauerschaden: Tetraparese mit erheblicher Bewegungseinschränkung. Der Junge kann nur kurze Strecken an Krücken gehen und sitzt ansonsten im Rollstuhl. Psychosomatische Verlangsamung und erhebliche Sprachstörung.

Betrag: 150.000 € **Haftung: 100 %**
immVorb: Ja **MdE: 100 %**
Rente: 255 €

OLG Naumburg 14.9.2004 – 1 U 97/03 = BeckRS 9998, 5217

4861

Gehirnschädigung / Schädelhirntrauma mit intrakranieller Blutung, Halswirbelsäulenfraktur in Form einer „nicht dislozierten Dens-Fraktur" in der von Effendi vorgenommenen Klassifikationsstufe „Effendi-II"; Beckenfraktur (Hier: Beckenschaufelfraktur) sowie Brustkorbquetschung.

66j. Frau. 1 Monat stationär, mehr als 4 Monate neurologische Frührehabilitation; Implantation eines Shuntsystems (Shunt-Implantat) unter die Schädeldecke zur Ableitung des Hirnwassers. Dauerschaden: Armbetonte Halbseitenlähmung rechts. Erhebliche Hirnleistungsdefekte und kognitive Leistungseinbußen, Gedächtnisdefizite, psychomotorische Verlangsamung, Antriebslosigkeit. Pflegefall. Regulierungsverzögerung, – „erheblicher Schmerzensgeldaufschlag wegen des ungebührlich zögerlichen Regulierungsverhaltens". [weitere Fundstellen: SP 2015, 114].

Betrag: 150.000 € **Haftung: 100 %**
immVorb: Ja **MdE: 100 %**

OLG Naumburg 10.7.2014 – 2 U 101/13 = BeckRS 2014, 16163

6547

Gehirnschädigung, schwere. Wachkoma, keine Kommunikation möglich. Intensivpflegefall. [Weitere Angaben zu den Verletzungen liegen nicht vor].

12j. Kind (Schülerin). „Durch den Reitunfall erlitt die Kl. schwerste Verletzungen insbesondere des Schädels. Die Kl. befindet sich im Wachkoma. Eine Kommunikation mit der Kl. ist nicht möglich". (Zitat aus dem Urteil). Langwierige Heilbehandlung. Dauerschaden: Intensivpflegefall. [Ursache: Reitunfall – sehr lesenswert zur Tierhütereigenschaft].

Betrag: 150.000 € **Haftung: –**
immVorb: – **MdE: 100 %**

OLG Frankfurt a. M. 25.2.2009 – 4 U 210/08 = BeckRS 2009, 9327

3362

Gehirnschädigung, schwere (hier: Apallisches Syndrom und Tetraspastik nach hypoxischem Hirnschaden).

3j. Kind (Mädchen). Arzthaftung (Narkosefehlbehandlung). Dauerschaden: Sprachlosigkeit; muss auf Dauer gewickelt und gefüttert werden und kann weder gehen noch sitzen. Intensivpflegefall.

Betrag: 150.000 € **Haftung: 100 %**
immVorb: Ja **MdE: 100 %**
Rente: 325 €

OLG Schleswig 11.2.2002 – 4 U 62/00 = unveröffentlicht

2888

Gehirnschädigung, schwerste (hier: Apallisches Syndrom mit „fast vollständigem" Fortfall der Wahrnehmungs- und Empfindungsfähigkeit: Es blieb nur die Hirnstammtätigkeit erhalten! Nahezu keine Kommunikation möglich! Intensivpflegefall).

Baby (4 Monate alt). OLG sah die 300.000 DM als angemessen an und bewertete mindernd die geringere Lebenserwartung und die fehlende Empfindung der Persönlichkeitszerstörung.

Betrag: 153.388 € **Haftung: 100 %**
immVorb: – **MdE: 100 %**

OLG München 15.6.2000 – 8 U 147/99 = VersR 2001, 1384

3081

Gehirnschädigung, schwerste (hier: Linksseitig komplette Lähmung, rechtsseitig inkomplette Lähmung, Gesichtentstellung wegen Kieferlähmung mit unkontrolliertem Speicherausfluss. Die Kl. ist an den Rollstuhl gebunden und bedarf permanenter Pflege und kann nicht sprechen oder selbstständig Nahrung aufnehmen.)

10j. Kind (Mädchen). Lebensgefahr. Intensivstationär. Gut 4 Monate stationär. Langwierige Heilbehandlung. Dauerschaden: Rollstuhlgebundenheit; Pflegefall; Entstellungen; muss gefüttert werden. [Lesenswert: Schmerzensgeldminderung wegen dauerndem Aufenthalt in einem Land mit niedriger Wirtschaftskraft (hier: Ungarn). Vgl. hierzu: Becksche Schmerzensgeldtabelle 4. Auflage S. 28 sowie OLG Köln in ZfS 94, 47. Der Kl. wurde das Schmerzensgeld um 1/3 gekürzt.]

Betrag: 153.388 € **Haftung: 100 %**
immVorb: Ja **MdE: 100 %**
Rente: 205 €

LG Stuttgart 18.11.1997 – 24 O 265/97 = BeckRS 1997, 127038

4773

Gehirnschädigung (hier: Intensivpflegefall nach Geburtshilfefehler).

Embryo / Kind im Mutterleib. Arzthaftung / Geburtshilfefehler. Dauerschaden: Intensivpflegefall. der Kläger ist auf dem Stand eines 2-3jährigen Kindes und muss rund um die Uhr gepflegt (gefüttert, gewickelt etc) werden; er kann etwas laufen, ist aber in seiner Feinmotorik sehr eingeschränkt. Weitere Dauerfolgen sind: Gehörschaden / Schwerhörigkeit. Sehstörung / Schielen sowie eine Spastik. [Anmerkung: Das OLG bewertete es als schmerzensgeldmindernd, dass der Kläger Lebensfreude entwickelt und erleben kann und zudem – meiner Ansicht nach nicht vertretbar – dass ihm wegen seiner Schädigung von Geburt an kein anderes Leben bekannt ist.]

Betrag: 175.000 € **Haftung: 100 %**
immVorb: – **MdE: –**

OLG Oldenburg 28.11.2012 – 5 U 182/11 = unveröffentlicht

3447

Gehirnschädigung Schädelhirntrauma 3.Grades / Gehirnschädigung, schwerste (hier: Apallisches Syndrom [Enthirnung]; Wachkoma).

24j. Mann. Dauerschaden: Wachkoma; apallisches Syndrom, Intensivpflegefall. [Anmerkung: Angesichts der völligen Zerstörung des kl. Lebens erscheint das Schmerzensgeld zu gering.]

Betrag: 175.000 € **Haftung: 66 %**
immVorb: – **MdE: 100 %**

LG Landshut 3.2.2004 – 72 O 402/00 = BeckRS 2004, 153797

5290

Gehirnschädigung mit einer beidseitigen Facialisparese, Abducensparese links, Unfähigkeit zu schlucken [neurogene Dyshagie], Atemstörungen [neurogene Ateminsuffizienz], unvollständigen Tetraparese, Sehkraftminderung durch Hornhautschäden, plastischen Luftröhrenöffnung (Tracheostoma), künstliche Ernährung über eine PEG-Sonde, Kieferverschiebung, Ataxie,

– einem Paukenerguss beidseits,

– häufigen Infekten und

– einer Panzytopenie.

(OLG Naumburg Urt. v. 23.10.2014 – 1 U 136/12, BeckRS 2015, 10369, beck-online)

8j. Kind. Die Klägerin durchlitt und durchleidet ein Martyrium und musste sich vielen Rezidivoperationen unterziehen. Extrem langwierige kunstfehlerhafte Behandlung. Unter anderem wurde ein ventrikulo-peritonealer Shunt gesetzt, das ist eine chirurgisch geschaffene Verbindung [Shunt] zwischen dem Ventrikelsystem des Gehirns und der Bauchhöhle [Peritonealhöhle], die der permanenten Ableitung des Liquors dient. Schwerster Dauerschaden: Intensivpflegefall, Berufsunfähigkeit, künstliche Ernährung, Panzytopenie [= Mangel in allen drei Zellreihen der Blutbildung, also eine Leukozytopenie, Anämie und Thrombozytopenie]. Arzthaftung (hier: Behandlungsfehler im Zusammenhang mit einer Gehirntumorentfernung. Der Beklagte schuf insofern eine zu kleine Öffnung des Schädelknochens, so dass der Tumor nicht vollständig entfernt werden konnte). Den von der Beklagten erhobene Vorwurf des Mitverschuldens der Klägerin wegen unterlassener weiterer Operationen widersprach das OLG deutlich und führte aus: „Ein Mitverschulden durch fehlende Mitwirkung des Patienten an der dringend indizierten Operation kommt nur nach ordnungsgemäßer Therapieaufklärung in Betracht. Im Falle eines Kindes müssen den sorgeberechtigten Eltern hierzu mit Nachdruck die medizinische Notwendigkeit und die drohenden einschneidenden Folgen einer unterbleibenden Operation und damit der Ernst der Lage vor Augen geführt werden. Eine telefonische Benachrichtigung oder eine Mitteilung an den Hausarzt genügen nicht".

Betrag: 200.000 € **Haftung: 100 %**
immVorb: – **MdE: –**
Rente: 200 €

OLG Naumburg 23.10.2014 – 1 U 136/12 = BeckRS 2015, 10369

4775

Gehirnschädigung, schwere (hier: Hypoxischen Gehirnschaden als Folge einer minutenlangen Sauerstoffunterversorgung mit der Folge einer Tetraparese; der Kläger befindet sich im Wachkoma).

23j. Mann. Arzthaftung (hier: Behandlungsfehler im Zusammenhang mit einer Behandlung nach Herzrhythmusstörungen; es kam während der Behandlung zu minutenlanger Sauerstoffunterversorgung). Dauerschaden: Tetraparese. [Anmerkung: Weitere Fundstellen: MedR 2013, 98 und VersR 2013, 237]

Betrag: 200.000 € **Haftung: 100 %**
immVorb: Ja **MdE: 100 %**

OLG Köln 6.6.2012 – 5 U 28/10 = BeckRS 2012, 12874

4774

Gehirnschädigung, schwere (hier: Schwerste Tetraspastik, Sitzen, Gehen, Stehen sind nicht möglich; keine Kommunikation; Intensivpflegefall).

33j. Mann (Parkettleger). Arzthaftung (hier: Behandlungsfehler im Zusammenhang mit einer Kniegelenksverletzung, bei der der Arzt eine Bursektomie durchführte. Dauerschaden: schwerste Tetraspastik, Intensivpflegefall. „In Bezug auf die geistigen Fähigkeiten des Klägers gibt es nicht einmal einen Hinweis auf ein Verständnis verbaler Sprache oder die Zugänglichkeit von Außenreizen. Der Kläger ist zwar wach, er ist aber nicht kommunikationsfähig“, so das OLG. [Anmerkung: Lesenswert zur Beweislast im Patient-Arzt-Verhältnis unter dem Gesichtspunkt des „einfachen Befunderhebungsfehlers“ mit Verweis auf BGH – VI ZR 144/19]

Betrag: 200.000 € **Haftung: 100 %**
immVorb: Ja **MdE: 100 %**

OLG Düsseldorf 15.3.2012 – 8 U 161/10 = BeckRS 2013, 18153

5988

Gehirnschädigung, schwerste (hier: Schwerer hypoxischer Hirnschaden bzw. schwere Hypoxie mit Tetraspastik, keine Kommunikation möglich).

33j. Mann. Arzthaftung (hier: Behandlungsfehler im Zusammenhang mit einer Knieoperation bei der es zu „einer spontanen Luftnot und einem akuten Schockereignis“ kam). Dauerschaden: MdE 100 %, Intensivpflegefall. Schwerste Tetraspastik, keine Kommunikation möglich. Hierzu heißt es im Urteil: „In Bezug auf die geistigen Fähigkeiten des Klägers gibt es nicht einmal einen Hinweis auf ein Verständnis verbaler Sprache oder die Zugänglichkeit von Außenreizen. Der Kläger ist zwar wach, er ist aber nicht kommunikationsfähig“.

Betrag: 200.000 € **Haftung: 100 %**
immVorb: Ja **MdE: 100 %**

OLG Düsseldorf 15.3.2012 – I-8 U 161/10 = BeckRS 2013, 18153

4008

Gehirnschädigung, schwerste (hier: Gehirnstammquetschung mit Schädelbasisfraktur in Form einer „offenen temporo-paratialen Fraktur mit leichter Impremierung links und linkshemiphäriellem Ödem ohne Mittellinienverlagerung“; Apallisches Syndrom; Wachkoma) sowie Polytrauma mit zahlreichen Frakturen.

18j. Frau. Dauerschaden: Wachkoma; apallisches Syndrom. Nicht ansprechbar; keine Kommunikation. Kein Bewusstsein, „da das Großhirn die Verbindung zu den einzelnen Nerven zu Körperteilen verloren hat“. Das LG sah diese Verletzungsfolge dann jedoch als schmerzensgeldmindernd an, da die Ausgleichsfunktion somit entfalle. [Vgl. hierzu ausführlich: Beck'sche Schmerzensgeldtabelle Kap. VII 4 „Teilweise oder völlige Zerstörung der Persönlichkeit“]

Betrag: 200.000 € **Haftung: 100 %**
immVorb: – **MdE: 100 %**

LG Schwerin 30.4.2010 – 4 O 161/06 = BeckRS 2010, 19177

5721

Gehirnschädigung, schwerste (hier: Apallisches Syndrom und Intensivpflegefall als Folge einer Sauerstoffunterversorgung).

19j. Frau. Arzthaftung (hier: Grober Behandlungsfehler im Zusammenhang mit der künstlichen Ernährung der magersüchtigen Klägerin gegen ihren Willen. Die Kl. hatte einen Body-Maß-Index unter 13. Ein solcher stellt, wie einhellig anerkannt ist und der Sachverständige Prof. Dr. E. auch näher dargelegt hat, eine absolute Lebensgefahr dar). Regulierungsverzögerung. Zur Bemessung führte das OLG aus: „Bei der Schmerzensgeldbemessung war auch nicht entscheidend zu berücksichtigen, dass die Kl. auf Grund ihrer schweren Grunderkrankung auch ohne den gegenständlichen Vorfall mit einem lang dauernden und ungünstigen weiteren Verlauf ihrer Störung sowohl hinsichtlich der psychischen Probleme als auch der damit verbundenen körperlichen Risiken hätte rechnen müssen“.

Betrag: 200.000 € **Haftung: 100 %**
immVorb: Ja **MdE: –**

OLG München 8.7.2004 – 1 U 3882/03 = BeckRS 2005, 12289

3418

Gehirnschädigung, schwerste (hier: ischämische Hirnschädigung. Der Kl. kann nicht laufen, liegt viel und ist im Übrigen auf den Rollstuhl angewiesen. Eine gewisse Verständigung ist über Mimik möglich, wobei Lachen „ja“ bedeutet und Verziehen des Mundes als „nein“ zu deuten ist.)

Säugling. Dauerschaden: Rollstuhlgebundenheit. Intensivpflegefall. Nahezu keine Kommunikationsfähigkeit. Arzthaftung (hier: Geburtshilfefehler da der Arzt es unterlassen hatte einen Kaiserschnitt einzuleiten. Das Gericht sprach von einem groben ärztlichen Organisationsfehler).

Betrag: 204.517 € **Haftung: 100 %**
immVorb: Ja **MdE: 100 %**

OLG Hamm 30.5.2005 – 3 U 297/04 = BeckRS 2005, 8778

3358

Gehirnschädigung, schwere (hier: Spastische Tetraplegie u.a. Verletzungsfolgen, deren Schwere zum Urteilszeitpunkt noch nicht abschätzbar waren).

Kind (Säugling). Arzthaftung (hier: Geburtshilfefehler). Dauerschaden: Keine eigene Fortbewegung möglich; Rollstuhl; Keine Sprachfähigkeit möglich. Intensivpflegefall.

Betrag: 204.517 € **Haftung: 100 %**
immVorb: – **MdE: 100 %**
Rente: 256 €

LG München I 9.5.2001 – 9 O 11540/98 = unveröffentlicht

2890

Gehirnschädigung, schwere … nach Thrombose und Lungenembolie.

26j. Frau. Intensivstation; mehrmonatiges Wachkoma nach Reanimation. Arzthaftung (Aufklärungspflichtverletzung. Übergewichtsbedingt hätte sie auf das erhöhte Thromboserisiko während der Schönheitsoperation bzw. Durchführung einer Bauchdeckenplastik nebst Liposuktion hingewiesen werden müssen). Dauerschaden: Intensivpflegefall. Schwerste physische und psychische Schäden. Die Klägerin liegt „ständig im Bett, muß alle zwei

Stunden umgelagert werden und kann nur mit Hilfe Dritter in einen Rollstuhl gesetzt werden. Ihr Sprachvermögen ist nahezu vollständig zerstört. Ohne fremde Hilfe kann sie weder essen noch trinken. Sie muß Windeln und einen Blasenkatheter tragen".

Betrag: 204.517 € **Haftung: 100 %**
immVorb: – **MdE: 100 %**

OLG Oldenburg 30.5.2000 – 5 U 218/99 = BeckRS 2000, 30115343

3356

Gerhirnschädigung, schwere (hier: Großhirnnekrose! Gehirnsubstanzverlust, spastische Tetraplegie, Totalerblindung infolge Gehirnrindenschädigung; Wasserkopfbildung).

Kind (Säugling). Arzthaftung (hier: Geburtshilfefehler; kein Kaiserschnitt). Dauerschaden: Intensivpflegefall. Totalerblindung; Wasserkopf; Lähmung.

Betrag: 204.517 € **Haftung: 100 %**
immVorb: Ja **MdE: 100 %**
Rente: 511 €

LG München 22.1.1998 – 1 O 924/94 = unveröffentlicht

5643

Gehirnschädigung, schwerste / Apallisches Syndrom (hier: Persönlichkeitszerstörung, vollständige Lähmung, künstliche Ernährung über eine Sonde, Inkontinenz, Intensivpflegefall rund um die Uhr).

21. Mann (Industriemechaniker). Nachdem der Kläger zunächst in verschiedenen Kliniken behandelt wurde, befand er sich seit Januar 1996 [der Unfall war im Juni 1994] zur Pflege in der elterlichen Wohnung. Dauerschaden: Intensivpflegefall und Persönlichkeitszerstörung; zutreffend führte das LG aus, dass die weitgehende Zerstörung der Grundlagen für die Wahrnehmungs- und Empfindungsfähigkeit den Verletzten in seiner Wurzel treffe und für ihn deshalb existentielle Bedeutung habe und der Kläger nie wieder in der Lage sein werde, ein normales und eigenverantwortliches Leben ohne fremde Hilfe zu führen. Das Argument des KH-Versicherers wonach „wegen des ... erheblichen Vorversterbensrisikos ... die Höhe des Schmerzensgeldes im unteren Bereich anzusetzen sei und ein Rentenanspruch nicht bestehe", wies das LG zutreffend zurück. [Lesen Sie zu derartigen Fällen auch → Rn. 276]

Betrag: 204.517 € **Haftung: 100 %**
immVorb: – **MdE: 100 %**
Rente: 256 €

LG Frankfurt (Oder) 13.8.1997 – 13 O 440/96 = BeckRS 1997, 127026

6907

Gehirnschädigung, schwerste (hier: schwerwiegende Gehirnschäden in Form eines „schwersten hirnorganisches Psychosyndroms mit ganz erheblicher Beeinträchtigung aller höheren kognitiven Funktionen". Die weiteren Untersuchungen ergaben als Ursache des Herz-Kreislaufstillstands ein medikamentös induziertes Long-QT-Syndrom bzw. Herzrhythmusstörung).

43j. Frau. Arzthaftung. Die Kl. wurde wegen stark erhöhtem Blutdruck auf der Intensivstation der Beklagten aufgenommen. Da in der weiteren Behandlung die Anfertigung des neuen EKGs und somit die sich daraus ableitenden Daten nicht vermerkt waren, wurde die Kl. fälschlicher Weise auf die Normalstation verlegt, wo sie das Medikament Aponal erhielt. Am nächsten Morgen wurde die Kl. leblos neben ihrem Bett gefunden. Sie konnte wiederbelebt werden, erlitt aber schwerwiegende Gehirnschäden mit Pflegegrad 5. Dauerschaden und Verletzungsfolgen: „Die Kl. ist harn- und stuhlinkontinent und muss gewickelt werden. Sie ist orientierungslos und würde ohne Beaufsichtigung weglaufen. Sie ist am Tag und in der Nacht aktiv. Da die Betreuung in einer Pflegeeinrichtung nicht ohne Ruhigstellung zu leisten wäre, wird sie von ihrem Mann, den drei inzwischen erwachsenen Kindern und tagsüber den 91-jährigen Schwiegervater beaufsichtigt und betreut. Der Ehemann kommt tagsüber von seiner nahe gelegenen Arbeitsstelle, um das Wickeln zu übernehmen. Die Schwerbehinderung der Kl. ist schon seit 17.2.2009 mit einem GdB von 100 und den Merkzeichen B, G, H und RF anerkannt. Sie ist in Pflegestufe III, nach der Umstellung durch das 3. Pflegestärkungsgesetz in Pflegegrad 5 eingestuft. Mit einer Besserung ist nicht zu rechnen", so das OLG, das hinsichtlich der Schmerzensgeldbemessung sich an exakt an die Forderung der Kl. hielt, obwohl angesichts des Alters und der schweren Dauerfolgen ein deutlich höheres Schmerzensgeld möglich gewesen wäre. [Anmerkung: Der Schmerzensgeldanspruch des Ehemannes wurde abgewiesen, da der zwischen der Kl. und der Bekl. bestehende Behandlungsvertrag keine Schutzwirkung zugunsten des Kl. zu 2, ihrem Ehemann umfasst und deliktische Ansprüche nur der Kl. als der Verletzten zustehen. Lesenswert zur Problematik Mitverursachung / Ursachenzusammenhang sowie zum Thema „Fundamentaler Verstoß gegen interne Weisung durch Pflegekraft"].

Betrag: 225.000 € **Haftung: 100 %**
immVorb: – **MdE: –**

OLG München 6.8.2020 – 24 U 1360/19 = BeckRS 2020, 39322

3185

Gehirnschädigung, schwerste. Totalerblindung, der Kläger kann lediglich hell und dunkel unterscheiden. Sprachstörung bzw. Sprachlosigkeit. Der Kl. kann zudem nicht schlucken und wird über eine durch die Bauchdecke geführte Magensonde ernährt. Keine willkürlichen Bewegungen möglich!

Kind. Arzthaftung (hier: Geburtshilfefehler / Behandlungsfehler. Die Mutter des Kl. erhielt auf fernmündliche Anweisung des Arztes und ohne Untersuchung, krampflösende Medikamente [Spasdilsin], wodurch beim Säugling die Herzfrequenz stark beeinträchtigt wurde.) Dauerschaden: Intensivpflegefall, Totalerblindung, Sprachlosigkeit, Harninkontinenz, Stuhlinkontinenz ua Folgen. Regulierungsverzögerung!

Betrag: 230.000 € **Haftung: 100 %**
immVorb: – **MdE: 100 %**
Rente: 360 €

OLG Brandenburg 9.10.2002 – 1 U 7/02 = BeckRS 2002, 30287166

5328

Gehirnschädigung, schwere und Epilepsie (hier: Nach straffer Nabelschnurumschlingung kam es zu folgenden schweren Schädigungen: „allgemeine Entwicklungsstörung, expressive Spracheentwicklungsstörung, ebenfalls motorische Koordinationsstörungen und mittlerweile auch eine Epilepsie", so das OLG).

7j. Kind. Arzthaftung / Geburtshilfefehler / sehr straffe Nabelschnurumschlingung (hier: Grober Behandlungsfehler durch Unterlassen einer gebotenen dauernden CTG-Überwachung und Überschreiten der sogen. EE-Zeit von 20 Minuten um fast das Doppelte). Dauerschaden (Zitat aus dem Urteil): „Die körperlichen Beeinträchtigungen zeigten sich als Beeinträchtigung der Mobilität im Bereich der Grob-und Feinmotorik, in der Notwendigkeit der Windelversorgung und in der Hilfe beim Anziehen, bei den Sprachfähigkeiten durch schwere Verständlichkeit und einen Entwicklungsrückstand um über die Hälfte des biologischen Alters und einer nunmehr diagnostizierten Epilepsie. Hinsichtlich der geistigen Behinderung seien Entwicklungsrückstände im Bereich der Kognition und sprachlichen Entwicklung festzustellen. Er habe einen lediglich eingeschränkten und auf elementare Begriffe beschränken Wortschatz. Er sei leicht ablenkbar und könne nicht im üblichen Sinne lesen und schreiben. Ihm fehle die Fähigkeit, logisch aufeinanderfolgende Arbeitsschritte zu planen und ausführen. Er werde niemals in der Lage sein, ein selbstständiges Leben zu führen". Vom Intellekt her – so das OLG – wird der Kläger „bei entsprechender Förderung allenfalls die Stufe eines 7 bis 8-jährigen Kindes erreichen können. … Im motorischen Bereich wird der Kläger nicht einmal die Stufe eines 7 bis 8-jährigen Kindes erreichen können". Der Kläger kann jedoch „Laufen und auch Fahrradfahren" ermüdet jedoch „schneller als andere Kinder". Eine Verschlechterungstendenz bzgl. der Epilepsie „erscheint möglich". Mit diesem Urteil bestätigte das OLG weitgehend die Entscheidung des LG Paderborn.

Betrag: 250.000 € **Haftung: 100 %**
immVorb: Ja **MdE: –**

OLG Hamm 4.4.2017 – 26 U 88/16 = BeckRS 2017, 108821

7404

Gehirnschädigung, schwere (hier: Hypoxisch-ischämische Enzephalopathie, zentrale Tonus- und Koordinationsstörungen, allgemeiner Entwicklungsstörung und zentralen Bewegungsstörungen sowie einer expressive Sprachstörung. Pflegefall: Er „benötigt auf Dauer Begleitung und Betreuung. Dies betrifft nach der Einschätzung der Sachverständigen sowohl alltägliche Verrichtungen wie Körperhygiene und Teilnahme am Straßenverkehr als auch später die Geschäftsfähigkeit. Durch die autistische Störung sei die Fähigkeit, am sozialen Leben teilzunehmen deutlich eingeschränkt", so das LG.

Kind (Neugeborenes). Arzthaftung im Zusammenhang mit der Geburt des Kindes. Dauerschaden: zentrale Tonus- und Koordinationsstörung, muskuläre Hypotonie, kombinierte Störung der Entwicklung mit sprachlicher und kognitiver Retardierung, Störung der Aufmerksamkeit und Hyperaktivität, tiefgreifende Störung der Entwicklung im Sinne einer Störung aus dem autistischen Spektrum und Hyperopie und Astigmatismus. Der Kläger hat einen Schwerbehindertenausweis mit 100 GdB, Merkzeichen B, G und H, ihm wurde die Pflegestufe 2 bewilligt. Der Kläger besucht eine inklusive Klasse und wird zusätzlich 9 Stunden die Woche begleitend betreut. Er muss regelmäßig Verhaltenstherapie, Physiotherapie, Galileotraining und Logopädie durchführen. Es bestehen weiterhin Beeinträchtigungen in der Ernährung mit der Gefahr des Verschluckens. Grob- und feinmotorisch bestehen Beeinträchtigungen. Zudem liegen eine Minderung der kognitiven Fähigkeiten sowie eine Einschränkung der Aufmerksamkeitsleistung und Konzentration sowie eine Autismus-Spektrum-Störung vor. Hiermit verbunden sind eine erhöhte Verletzungsgefahr im Alltag, milde Einschränkungen der motorischen Fähigkeiten z.B. beim Fahrradfahren, Sport. Im Alltag und der selbständigen Lebensführung ist der Kläger beeinträchtigt und benötigt auf Dauer Begleitung und Betreuung. Dies betrifft nach der Einschätzung der Sachverständigen sowohl alltägliche Verrichtungen wie Körperhygiene und Teilnahme am Straßenverkehr als auch später die Geschäftsfähigkeit. Durch die autistische Störung sei die Fähigkeit, am sozialen Leben teilzunehmen deutlich eingeschränkt. … „Es handelt sich zudem um Dauerschäden, die den Kläger sowohl im täglichen Leben, im sozialen Umfeld, bei der Partner- und Berufssuche beeinträchtigen werden. Ein normales Berufs- und Familienleben wird dem Kläger kaum möglich sein", so das LG. [Anmerkung: Das Urteil des LG Heidelberg wurde im Berufungsverfahren vor dem OLG Karlsruhe – BeckRS 2017, 153042 – aufgehoben, das das OLG, anders als zuvor das LG, keine Behandlungsfehler der Beklagten im Zusammenhang mit der Entbindung des Klägers festgestellt hatte].

Betrag: 250.000 € **Haftung: 100 %**
immVorb: – **MdE: 100 %**

LG Heidelberg 24.3.2016 – 4 O 28/08 = BeckRS 2016, 134285

4536

Gehirnschädigung / hirnorganisches Psychosyndrom (hier: sehr schwere Gehirnschädigung. Wörtlich heißt es hierzu: „Die Kl. erlitt hypoxische Hirnschäden mit Critical illness-Polyneuropathie" mit tetraspastischer Parese und den unten unter Einzelheiten aufgeführten weiteren Verletzungfolgen).

63j. Frau. Arzthaftung (hier: Narkosefehler im Zusammenhang mit einer Nasenbeinfraktur. Die Klägerin erlitt einen anaphylaktischen Schock und nachfolgend ein hypoxisches Hirnödem). Dauerschaden: 100 % Schwerbehinderung in Form ua einer tetraspastischen Parese mit Betonung der Spastik in den oberen Extremitäten, massive Vigilanzstörung, massive kognitive Einschränkungen; Rollstuhlgebundenheit und somit Intensivpflegefall.

Betrag: 250.000 € **Haftung: 100 %**
immVorb: – **MdE: 100 %**

LG Frankfurt a. M. 18.1.2011 – 2-18 O 230/04 = BeckRS 2013, 8733

4220

Gehirnschädigung, schwerste / Epilepsie

Säugling. Dauerschaden: Der Kläger kann nonverbal kommunizieren und beispielsweise Freude zu zeigen. Im Übrigen ist er jedoch auf das Schwerste behindert. Er kann sich nicht selbstständig bewegen, nicht sprechen und ist auf Dauer ein Intensivpflegefall. Arzthaftung (hier: Geburtshilfefehler; Sauerstoffmangel während der Geburt.)

Betrag: 250.000 € **Haftung: 100 %**
immVorb: Ja **MdE: 100 %**

LG Münster 22.1.2009 – 111 O 1067/06 = unveröffentlicht

3712

Gehirnschädigung, schwere (Das Kind wurde – infolge garvierender Geburtshilfefehler – „mit einer schwersten Schädigung geboren").

Kind (Säugling). Arzthaftung / Geburtshilfefehler. Dauerschaden: „Ganz erhebliche körperliche und geistige Beeinträchtigungen, die ihr die Führung eines normalen Lebens auf Dauer unmöglich machen".

Betrag: 250.000 € **Haftung: 100 %**
immVorb: Ja **MdE: 100 %**

LG Freiburg 3.8.2007 – 5 O 10/05 = BeckRS 2007, 12878

3168

Gehirnschädigung, schwere (hier: spastische Tetraplegie nach schwerem Schädelhirntrauma mit sub- und epiduralem Hämatom rechtsseitig und weiteren Verletzungen. Teilblindheit, keine Kommunikation mit Worten, Gesichtslähmung, Schluckmuskellähmung).

37j. Frau. Intensivstation. Lebensgefahr. 27 Tage künstliche Beatmung. Dauerschaden: Sprachlosigkeit; Verständigungslosigkeit (die Kl. kann weder sprechen noch Gesprochenes verstehen!); Gesichtslähmung, Lähmung der Schluckmuskeln und anderer Muskeln sowie spastische Lähmung beider Arme und Beine. Kontaktaufnahme zu Mitmenschen nur mit dem rechten Auge. Erblindung des linken Auges! Intensivpflegefall. [Anmerkung: Angesichts der nahezu völligen Zerstörung der Person erscheint das Schmerzensgeld insgesamt als eher zu gering und markiert keineswegs die Obergrenze.]

Betrag: 250.000 € **Haftung: 100 %**
immVorb: – **MdE: 100 %**

LG Berlin 11.11.2003 – 24 O 119/00 = unveröffentlicht

3178

Gehirnschädigung infolge einer während der Geburt eingetretenen hypoxisch-ischämische Hirnschädigung, die ein extrem psychoneurales Restschadensyndrom zur Folge hatte.

Kind. Arzthaftung (hier: Behandlungsfehler bei der Geburt /Geburtshilfefehler). Dauerschaden: schwere, irreversible Gesundheitsbeschädigung, erhebliche Bewegungseinschränkung, Wahrnehmungs- und Äußerungsfähigkeiten äußerst eingeschränkt, Intensivpflegefall. Er kann nur mühsam Kontakt zu seiner Umwelt aufzunehmen. Sehstörungen, gelegentliche Aspirationspneumonien, teilweise künstliche Ernährung, erhöhte Krampfbereitschaft. zudem wies das OLG darauf hin: „Bei einer schweren Hirnschädigung, wie sie vorliegend eingetreten ist, stellt die Einbuße der Persönlichkeit, der Verlust an personaler Qualität schon für sich einen auszugleichenden immateriellen Schaden dar, und zwar unabhängig davon, ob der Betroffene die Beeinträchtigung selbst als solche empfindet".

Betrag: 250.000 € **Haftung: 100 %**
immVorb: – **MdE: 100 %**

OLG Bremen 26.11.2002 – 3 U 23/02 = BeckRS 9998, 18941

3952

Schädelhirntrauma 3.Grades / Gehirnschädigung: Der Kläger kann weder gehen noch stehen und auch die Arme und Hände nur sehr eingeschränkt einsetzen. Er sit zudem geistig sehr zurückgeblieben und kann nur mit kurzen einfachsten Sätzen geringfügig kommunizieren. Intensivpflegefall.

4j. Kind. Mehrere Wochen Intensivstation wegen Koma; insgesamt 8 Monate stationär mit zahlreichen Operationen. Dauerschaden: Massive zentralmotorische Störung aller Gliedmaßen. Stark eingeschränkte Kommunikationsfähigkeit. Intensivpflegefall.

Betrag: 250.000 € **Haftung: 100 %**
immVorb: Ja **MdE: 100 %**
Rente: 500 €

OLG München 20.2.2000 – 10 U 2081/99 = unveröffentlicht

3354

Gehirnschädigung / Tetraplegie (hier: ausgeprägte hypoxische Encephalopathie; spastische tetraplege; zentrale Totalerblindung; Wirbelsäulenkyphose u.a. Verletzungen)

Kind / Säugling (Junge). Arzthaftung (hier: Geburtshilfefehler). Dauerschaden: Intensivpflegefall. Der Junge kann weder sehen noch hören, muss künstlich ernährt werden; zudem kann er nicht weder sitzen und ist sein Leben lang auf fremde Hilfe angewiesen.

Betrag: 255.646 € **Haftung: 100 %**
immVorb: – **MdE: 100 %**
Rente: 511 €

LG Lübeck 22.7.2002 – 10 O 316/98 = unveröffentlicht

2952

Schädelhirntrauma (Schädelkalottenfraktur; traumatische Subarachnoidalblutung, Stammhirnquetschung, Kleinhirnquetschung, Balkenläsion, ausgeprägtes Hirnödem); apallisches Syndrom, spastische Tetraparese u.a. Verletzungen.

17j. Mann. 4 Wochen Intensivstation. Anschließend mehrfach stationär und Reha. Dauerschaden: „Weitgehende Lähmung". Intensivpflegefall. Geistige Behinderung. [Kap.: 725.264 DM]

Betrag: 255.646 € **Haftung: 100 %**
immVorb: Ja **MdE: 100 %**
Rente: 1.000 €

LG Würzburg 3.12.2001 – 22 O 713/99 = BeckRS 2001, 31154536

2912

Schädelhirntrauma, schweres / Gehirnschädigung (hier: Schädelfraktur, Hirnstamm- und Kleinhirnquetschung, Hirnblutung, Balkenläsion und Hirnödem; posttraumat. Anfallsleiden [Epilepsie], spast. Tetraparese m. ausgeprägter Rumpfhypotonie u.w.Verletzungen).

17j. Mann. Dauerschaden: Lähmung, seelisch, geistig und körperlich „außerordentlich schwer" beeinträchtigt; Intensivpflegefall! (Kapitalisiert insgesamt: 725.264 DM = ca. 362.635 EUR)

Betrag: 255.646 € **Haftung: 100 %**
immVorb: Ja **MdE: 100 %**
Rente: 511 €

LG Würzburg 3.12.2001 – 22 O 713/99 = BeckRS 2001, 31154536

3048

Gehirnschädigung, schwerste (hier: Kleinhirnatrophie und daher Intensivpflegefall! Totalerblindung, extreme Sprachstörung, spastische Diplegie d.h. beids.Beinlähmung; Inkontinenz.)

Kind. Arzthaftung (Hier: Geburtshilfefehler, schwerster mit mehrfachen groben Behandlungsfehlern). Extreme

Regulierungsverzögerung! Dauerschaden: Totalerblindung, Rollstuhl, Sprachstörung, Inkontinenz ua Kapitalisiert beträgt das Schmerzensgeld 328.760 Euro.

Betrag: 255.646 € **Haftung: 100 %**
immVorb: Ja **MdE: 100 %**
Rente: 307 €

OLG Naumburg 28.11.2001 – 1 U 161/99 = BeckRS 2001, 30223120

3250

Gehirnschädigung, schwerste (hier: Schädel-Hirntrauma 3. Grades mit generalisiertem Hirnoedem, zahlreichen Gehirnblutungen und einer spastischen Tetraparese, apallisches Syndrom und Locked-in-Syndrom).

19j. Mann. Dauerschaden: Intensivpflegefall, apallisches Syndrom, Locked-in-Syndrom, künstliche Ernährung über eine Sonde; Harninkontinenz; Sprachlosigkeit, der Kl. kann weder schlucken noch sprechen; er kann nur mittels Zeichensprache zwischen „ja" und „nein" unterscheiden! Nahezu vollständige Persönlichkeitszerstörung! Der Kl. weiß um seine hilflose Lage sowie seine Beeinträchtigungen! [Anmerkung: Kapitalisiert beträgt das keineswegs überhöhte Schmerzensgeld 350.000 EUR.]

Betrag: 265.316 € **Haftung: 70 %**
immVorb: Ja **MdE: 100 %**
Rente: 410 €

LG Detmold 15.5.2003 – 9 O 265/98 = BeckRS 2005, 14383

7336

Gehirnschädigung, schwere mit zentraler Tonusstörung und Koordinationsstörung, gravierende Fehlsichtigkeit mit unkontrollierter Augenbewegung sowie Hypertropie; Astigmatismus; Strabismus; Visusentwicklungsstörung, Entwicklungsstörungen, zerebralen Krampfanfällen und weiteren für eine Sauerstoffunterversorgung typischen Folgeschäden. Pflegefall auf Dauer.

Kind (Kleinkind, Alter nicht bekannt). Arzthaftung: Behandlungsfehler im Zusammenhang mit einer Operation wegen eines Hämangions an der rechten Stirnseite, bei der ein Kühlmittelschlauch falsch angeschlossen worden war, wodurch es zunächst zu einer Luftembolie und sodann zu einem schweren Sauerstoffmangelschaden mit zerebralen Krampfanfällen und zentralen Tonus- und Koordinationsstörungen kam. Bei der Schmerzensgeldbemessung berücksichtigte das LG besonders, „dass der Kläger nicht nur aufgrund der Entwicklungsverzögerung und der damit zusammenhängenden geistigen Beeinträchtigungen, sondern vor allem wegen der gravierenden Beeinträchtigung seiner Sehfähigkeit lebenslänglich auf Hilfe angewiesen sein wird. Gleichermaßen wird ihm zu Bewusstsein kommen, dass seine Entwicklung und Fähigkeiten nicht denjenigen altersentsprechender Kinder gleichen. Insbesondere gilt dies deshalb, weil ein Zwillings-Geschwisterkind vorhanden ist." Zudem berücksichtige das LG die Pflegebedürftigkeit, die alleine während der Nachtzeit (22:00 – 6:00 Uhr) die Notwendigkeit einer Bereitschaft erfordert. Das LG erhöhte schließlich das Schmerzensgeld noch um 10 % aufgrund der vermeidbaren Regulierungsverzögerung.

Betrag: 275.000 € **Haftung: 100 %**
immVorb: – **MdE: –**

LG Siegen 20.8.2021 – 2 O 257/16 = BeckRS 2021, 62294

7336

Gehirnschädigung, schwere mit zentraler Tonusstörung und Koordinationsstörung, gravierende Fehlsichtigkeit mit unkontrollierter Augenbewegung sowie Hypertropie; Astigmatismus; Strabismus; Visusentwicklungsstörung, Entwicklungsstörungen, zerebralen Krampfanfällen und weiteren für eine Sauerstoffunterversorgung typischen Folgeschäden. Pflegefall auf Dauer.

Kind (Kleinkind, Alter nicht bekannt). Arzthaftung: Behandlungsfehler im Zusammenhang mit einer Operation wegen eines Hämangions an der rechten Stirnseite, bei der ein Kühlmittelschlauch falsch angeschlossen worden war, wodurch es zunächst zu einer Luftembolie und sodann zu einem schweren Sauerstoffmangelschaden mit zerebralen Krampfanfällen und zentralen Tonus- und Koordinationsstörungen kam. Bei der Schmerzensgeldbemessung berücksichtigte das LG besonders, „dass der Kläger nicht nur aufgrund der Entwicklungsverzögerung und der damit zusammenhängenden geistigen Beeinträchtigungen, sondern vor allem wegen der gravierenden Beeinträchtigung seiner Sehfähigkeit lebenslänglich auf Hilfe angewiesen sein wird. Gleichermaßen wird ihm zu Bewusstsein kommen, dass seine Entwicklung und Fähigkeiten nicht denjenigen altersentsprechender Kinder gleichen. Insbesondere gilt dies deshalb, weil ein Zwillings-Geschwisterkind vorhanden ist." Zudem berücksichtige das LG die Pflegebedürftigkeit, die alleine während der Nachtzeit (22:00 – 6:00 Uhr) die Notwendigkeit einer Bereitschaft erfordert. Das LG erhöhte schließlich das Schmerzensgeld noch um 10 % aufgrund der vermeidbaren Regulierungsverzögerung.

Betrag: 275.000 € **Haftung: 100 %**
immVorb: – **MdE: –**

LG Siegen 20.8.2021 – 2 O 257/16 = BeckRS 2021, 62294

7097

Gehirnschädigung, schwere nach Polytrauma (hier: Hirnnervenfunktionsstörung im Sinne einer zentralen Facialisparese links gekommen. Hierdurch ist der Kläger auf einen Rollstuhl angewiesen und leidet unter einer unvollständigen Lähmung der linken Gesichtshälfte, insbesondere der mimischen Muskulatur, einer ausgeprägten Sprechstörung im Sinne einer Dysarhrophonie, einer Sprechstörung wegen einer fehlerhaften Artikulation und Koordination der Sprechmuskeln. Harn- und Stuhlinkontinenz. Intensivpflegefall.

31j. Mann. Langwierige Heilbehandlung. Dauerschaden: Rollstuhlgebundenheit, Intensivpflegefall. Insgesamt, so das OLG sei dem Kläger dauerhaft ein selbständiges Leben – und voraussichtlich auch eine Erwerbstätigkeit – nicht mehr möglich.

Betrag: 300.000 € **Haftung: 75 %**
immVorb: Ja **MdE: –**

OLG Stuttgart 16.11.2022 – 19 U 40/22 = BeckRS 2022, 37692

7337

Gehirnschädigung, schwere wegen Sauerstoffunterversorgung nach der Geburt.

Kind (Neugeborenes). Arzthaftung / Krankenhaushaftung wegen eines groben Behandlungs- bzw. Versorgungsfehler durch fehlende Notrufmöglichkeit (keine Notrufklingel) im Kreißsaal: Es stellt eine Verletzung geburtshilflicher Standards dar, wenn in der Überwachungsphase zwei Stunden nach der Geburt eine Mutter nicht die Möglichkeit hat, durch eine vom Bett erreichbare Klingelvorrichtung kurzfristig Hilfestellung anzufordern bzw. die Hebamme herbeizurufen. Da diese Möglichkeit fehlte, war es der Mutter, der die Hebamme nach der komplikationslosen Entbindung ihr Kind auf die Brust gelegt und anschließend den Kreißsaal verlassen hatte, keine Hilfe rufen als sie bemerkte, dass das Kind „zu ruhig" wirkte. In der Folge kam es zu einer sog. Atemdepression – auch „Fast-Kindstod" genannt – und trotz der dann (völlig verspäteten) Reanimation zu einer schweren Gehirnschädigung wegen Sauerstoffunterversorgung des Gehirns. [Anmerkung: Siehe auch MDR 2022, 582 m. Anm. Vogeler].

Betrag: 300.000 € **Haftung: 100 %**
immVorb: – **MdE: –**

OLG Celle 20.9.2021 – 1 U 32/20 = BeckRS 2021, 35800

6690

Gehirnschädigung, schwer. Beim Kläger wurde ein schwerer Hirnschaden in Form einer hypoxische Hirnschädigung festgestellt, einhergehend mit einem anamnestischen Syndrom, einem hirnorganischen Psychosyndrom mit Orientierungsstörungen, einer links- bzw. armbetonten Tetraparese, einer rechtsseitigen Hemianopsie und einer schweren Antriebstörung.

63j. Mann. 3 Wochen Intensivstation und weitere 77 Tage stationär. Anschließend ca. 8 Monate Rehabilitationsaufenthalt. Dauerschaden: 100 %ige Schwerbehinderung; Intensivpflegefall. Ursache: Apothekerhaftung wegen einer, der Beklagten anzurechnenden Medikamentenverwechslung mit hierdurch ausgelöstem multiplen Organversagen, schwerer Blutvergiftung und einer durch den Magensaft verursachte Lungenentzündung. Anmerkung zur Schmerzensgeldhöhe: Die Berufshaftpflichtversicherung des Beklagten hatte vorgerichtlich 200.000 EUR Schmerzensgeld gezahlt. Das LG sah 250.000 EUR als angemessen an. In seiner Berufung beantragte der Kläger „Die Beklagte wird verurteilt, an den Kläger weiteres Schmerzensgeld in Höhe von 100.000 Euro ... zu bezahlen. Dies war – wie das OLG nachfolgend herausstellte – ein gravierender Fehler des Klägervertreters, denn das OLG wies zutreffend darauf hin, dass das somit insgesamt begehrte Schmerzensgeld (in Höhe von 300.000 EUR) deutlich zu gering sei und selbst Beträge von 500.000 EUR (insofern verwies das OLG auf einige Vergleichsfälle) "noch für an der unteren Grenze liegend,,, anzusehen seien und führte insofern aus: "Da der Kläger allerdings die Höhe des Schmerzensgeldes nicht in das Ermessen des Gerichts gestellt (vgl. BGH BeckRS 9998, 101358 Rn. 21), sondern zweitinstanzlich mit einem bezifferten Antrag auf die Summe von 300.000,00 Euro begrenzt hat, ist eine Verurteilung zu einem höheren, vom Senat als angemessenen zu schätzenden Betrag nicht zulässig (§ 308 ZPO)." [Praxishinweis: In derartigen Fällen, in denen versicherungsseitig vorgerichtlich bereits ein Schmerzensgeldbetrag zuerkannt bzw. bezahlt wurde, ist tunlichst darauf zu achten, im nachfolgenden Prozess nicht nur den darüber hinaus begehrten restlichen Schmerzensgeldbetrag zu beantragen sondern den insgesamt den Verletzungen und Verletzungsfolgen angemessenen Schmerzensgeldgesamtbetrag in der im Handbuch unter → Rn. 398 dargelegten Form.].

Betrag: 300.000 € **Haftung: 100 %**
immVorb: – **MdE: –**

OLG Stuttgart 21.1.2020 – 2 U 119/17 = BeckRS 2018, 51078

6921

Gehirnschädigung, schwere (hier: Tetraspastik mit linksbetonter spastischen Diplegie, kloniform gesteigerte Eigenreflexe, hypotoner Rumpf, cerebrales Anfallsleiden, eingeschränkte Mundmotorik, sprachliche Entwicklungsverzögerung, stark eingeschränkte Konzentrationsfähigkeit und Merkfähigkeit, eingeschränkten Wahrnehmung, schweren Depressionen und Angststörung sowie Schlafstörungen. Sehfähigkeit stark eingeschränkt. Zudem leidet die Kl. unter einer erhöhten Infektanfälligkeit. Mastdarm- und Blasenlähmung mit Stuhl- und Harninkontinenz. Zur Fortbewegung ist sie auf einen Rollstuhl angewiesen, da ihr freies Gehen, Stehen oder sitzen unmöglich ist. Pflegefall: Die Kl. ist hilflos und pflegebedürftig bei allen alltäglichen Verrichtungen).

Kind. Arzthaftung wegen eines groben Behandlungsfehlers vor der Geburt. Bei der Aufnahme der Mutter der Klägerin lag eine „eitrig-fötiden Kolpitis" vor, bei welcher eine Antibiotika-Therapie und ein bakteriologischer Abstrich aus der Scheide angezeigt gewesen sei. Diese unterblieb, so dass die Infektion auf das noch ungeborene Kind übergriff. Nach ihrer Geburt befand sich die Klägerin noch 135 Tage in stationärer Behandlung. Dauerschaden: Rollstuhlgebundenheit, Intensivpflegefall, Tetraspastik, neurologisch bedingte Dysartie (Sprachstörung) und einer Entwicklungsverzögerung. Die Kl. wird Zeit ihres Lebens auf fremde Hilfe angewiesen sein und nie ein beschwerdefreies, eigenständiges, bewusst erlebtes Leben führen können, so das OLG. Jedoch können sie, so das OLG weiter, „trotz ihrer Behinderung zumindest eingeschränkt und mit Hilfestellung am sozialen Leben teilnehmen. Sie kann sich mit Hilfe fortbewegen, sehen, hören und mit anderen Menschen kommunizieren. Auch ist ihr zumindest der Besuch einer Schule für Menschen mit Behinderung möglich".

Betrag: 300.000 € **Haftung: 100 %**
immVorb: – **MdE: 100 %**

OLG Hamm 28.1.2019 – 3 U 63/17 = BeckRS 2019, 39238

5293

Gehirnschädigung, schwerste (hier: Gehirnblutung, Schlaganfälle, schwerste spastische Lähmung aller Extremitäten und Ernährung über eine Magensonde [künstliche Ernährung], Wasserkopf, Bettlägerigkeit, Intensivpflegefall, Inkontinenz).

38j. Frau. 3 Monate stationär; 8 Monate Rehabilitationsaufenthalt. Dauerschaden: Gehirnschädigung, schwerste spastische Lähmung aller Extremitäten und Ernährung über eine Magensonde [künstliche Ernährung], Bettlägerigkeit, Inkontinenz. Die Klägerin ist ein Intensivpflegefall und wird von ihrer Mutter betreut. Bei der Bemessung berücksichtigte das OLG dies alles und führte zudem aus: „Für die Höhe des Schmerzensgeldes ist auch mitbestimmend, dass die unter Betreuung ihrer Mutter stehende Klägerin nach dem unstreitigen Tatbestand des landgerichtlichen Urteils mit sehr hoher Wahrscheinlichkeit zeitlebens schwerst geschädigt und ein Pflegefall bleiben wird." Arzthaftung (hier: Grober Befunderhebungsfehler im ärztlichen Notdienst).

Betrag: 300.000 € **Haftung: 100 %**
immVorb: – **MdE: –**

OLG Frankfurt a. M. 11.2.2014 – 8 U 201/11 = BeckRS 2016, 10203

4776

Gehirnschädigung, schwerste (hier: Lance-Adams-Syndrom mit taktil auslösbaren generalisierten Myoklonien / Epilepsie, Tetraparese, Dysarthrie, Schluckstörung, Visusminderung / Sehstörung, Apraxie, neuropsychologische Defizite mit Verlangsamung und Gedächtnisstörungen etc.)

34j. Frau. Lebensgefahr, Intensivstationär, 4 Monate im Koma; sehr langwierige Heilbehandlung – insgesamt war die Klägerin gut 2 Jahre in stationärer Behandlung und erfuhr während dieser Zeit durchgehend eine künstliche Ernährung. Arzthaftung (hier: Schilddrüsenoperation in deren Durchführung es zu einer langen Sauerstoffunterversorgung während der postoperativen Phase kam). Dauerschaden: Schwerste Girnschädigung; Myoklonien dh Epilepsie bzw. epileptischen Muskelzuckungen. Die Klägerin, die früher ein traumhaft schönes und sehr wohlhabendes Leben geführt hatte und unmittelbar vor ihrer Familiengründung stand, ist nun alleine und sozial fast vollständig isoliert und ein Intensivpflegefall. „Die langsamen Fortschritte in der REHA und die psychische Auseinandersetzung mit ihrem Zustand sowie die Akzeptanz ihres Schicksals sei weiterhin ein schmerzhafter und von tiefen Depressionen begleiteter Prozess. Die Nebenwirkungen der verabreichten Medikamente seien ebenfalls beträchtlich, sie habe alle Haare verloren und am ganzen Körper und im Gesicht Ekzeme bekommen", so das LG. Neben diesen Aspekten wertete das LG jedoch auch, dass „bei der Klägerin … glücklicherweise auch keine maximale Beeinträchtigung der physischen und psychischen Persönlichkeit vorliegt, denn diese hat sich, wovon sich die Kammer im Verhandlungstermin auch überzeugen konnte, in vielen Bereichen wieder erholt, mag dies auch auf ihrer hohen Eigenmotivation, ihrer Disziplin und ihrem festen Willen beruhen".

Betrag: 300.000 € **Haftung: 100 %**
immVorb: Ja **MdE: 100 %**

LG Bochum 4.7.2012 – 6 O 217/10 = BeckRS 2012, 16390

5955

Gehirnschädigung, schwerste (hier: Gehirnschädigung wegen Sauerstoffunterversorgung mit folgenden Auswirkungen: „Einschränkungen in sämtlichen intellektuellen und kognitiven Fähigkeiten wie auch den basalen Funktionen wie Sehen, Sprechen, Verstehen und sämtlichen Bewegungsformen, sei es Feinmotorik oder Grobmotorik gekommen sei, welche noch einmal durch das ausgeprägte Lance-Adams-Syndrom, also die aktionsinduzierten Myoklonien geprägt seien").

34j. Frau (Fremdsprachenkorrespondentin). 120 Tage im Koma mit künstlicher Beatmung; Intensivstation. Anschließend weitere 600 Tage stationär. Dauerschaden: MdE 100 %. Rollstuhlgebundenheit. Intensivpflegefall Die wohlhabende und in sehr guten, luxuriösen Verhältnissen lebende junge Frau wurde durch den groben Behandlungsfehler völlig aus dem Leben gerissen und ist heute noch sozial fast vollständig isoliert und kann auch nicht an einem normalen sozialen oder gar kulturellen Leben teilnehmen. Ihr Lebenspartner, mit dem sie bereits die Hochzeit geplant hatte, trennte sich von ihr. Außer ihrer Mutter und den Therapeuten habe sie kaum Kontakte. Arzthaftung (hier: Grober Behandlungsfehler im Zusammenhang mit einer Schilddrüsenoperation. „Durch die lange Sauerstoffunterversorgung während der postoperativen Phase trat bei der Klägerin ein hypoxischer Hirnschaden ein; Folge waren starke Myoklonien"]. Regulierungsverzögerung: Trotz der unstreitigen Haftung erfolgte fast sechs Jahre lang keine Zahlung! [Anmerkung: Dass ein derartiges Verhalten der Haftpflichtversicherer gerade bei Arzthaftungsfällen häufig (siehe ua → Nr. 3048, → Nr. 3185, → Nr. 4225, → Nr. 4975 oder → Nr. 5721) vorkommt, ist inakzeptabel und sollte künftig von den Gerichten bezüglich der Anhebung der Schmerzensgelder noch massiver berücksichtigt werden. Die Führungskräfte der Großschadenabteilungen sind aufgerufen, derartiges Verhalten ihrer Mitarbeitenden zu unterbinden.]

Betrag: 300.000 € **Haftung: 100 %**
immVorb: Ja **MdE: 100 %**

LG Bochum 4.7.2012 – I-6 O 217/10 = BeckRS 2012, 16390

6246

Gehirnschädigung, die, wenn sie auch nicht als Locked-In-Syndrom zu bezeichnen war – so das KG – da der inzwischen Verstorbene „nicht bewusstlos wirkte und sich, wenn auch in äußerst eingeschränktem Maß, nach dem Unfall über Mimik und Gestik seiner Umwelt mitteilen konnte. Er konnte sich jedoch nach den Feststellungen des Landgerichts kaum bewegen, seinen Kopf nicht eigenständig halten". „Bei dem Erblasser lag mithin auch kein apallisches Syndrom vor, sondern ihm war seine Situation bewusst, was neben den Schwerstbehinderungen die Festsetzung eines höheren Schmerzensgeldes rechtfertigt".

Mann. Längere Zeit stationär. Der Mann verstarb 5 Jahre und 7 Monate nach dem schweren Unfall. Bis dahin war er ein Intensivpflegefall und zu 100 % pflegebedürftig und somit bei allen Verrichtungen des Lebens auf fremde Hilfe angewiesen und lebte deshalb getrennt von seiner Familie in einem Pflegeheim.

Betrag: 300.000 € **Haftung: 100 %**
immVorb: – **MdE: 100 %**
Rente: 200 €

KG 7.5.2012 – 12 U 122/10 = BeckRS 2013, 21543

4591

Gehirnschädigung, schwere (hier: Schwere motorische und kommunikative Störungen. Der Kl. ist von Anbeginn seines Lebens ein Intensivpflegefall).

Kind / Säugling. Dauerschaden: Intensivpflegefall. Kommunikation nur mit einem speziellen Sprachcomputer möglich. Kaum selbstständige Mobilität; der Kl. kann lediglich wenige Meter mit einem speziellen Gehwagen „gehen", die Handhabung eines Rollstuhls ist nicht möglich. Geburtshilfefehler / Arzthaftung bei sogenanntem Nabelschnurvorfall durch welchen es zu einer Sauerstoffunterversorgung während der Geburt kam. [Anmerkung: Das Schmerzensgeld ist unerträglich gering – was wohl zum Teil das OLG selbst festgestellt hat, wenn es ausführt, dass „sich das Schmerzengeld im unteren Bereich des von Gerichten bei schwersten Hirnschädigungen zugesprochenen Schmerzensgeld einordnet"! Auch fragt sich wiederum bei diesem Urteil, was angesichts der extremen umfassenden Verletzungen mit dem immateriellen Vorbehalt bezweckt werden soll.]

Betrag: 300.000 € **Haftung: 100 %**
immVorb: Ja **MdE: 100 %**

OLG München 23.12.2011 – 1 U 3410/09 = BeckRS 2012, 115

5786

Gehirnschädigung, schwerste (hier: Sauerstoffunterversorgung während der Geburt).

Kind (Säugling). Arzthaftung (hier: Geburtshilfefehler bei sogenannter Wannengeburt. Bei einer ordnungsgemäßen Geburtsleitung und postpartaler Betreuung wäre der Klägerin der schwere Hirnschaden erspart geblieben). Dauerschaden: Intensivpflegefall: Aufgrund der Hirnschädigung ist sie zeitlebens auf intensive pflegerische Betreuung 24 Stunden am Tag angewiesen. Sie kann weder essen, noch sitzen oder stehen, ist hochgradig sehbehindert, kann ihre Umwelt nicht wahrnehmen, sich nicht orientieren und leidet unter lebensbedrohlichen sehr schmerzhaften spastischen Krampfanfällen. Sie sei zu 100 % schwerbehindert, liegt ständig im Bett und muss gewickelt werden. Im Alter von 2 1/2 Jahren musste sie sich einer Hüftoperation unterziehen, um die Spastik im Beinbereich zu lindern.

Betrag: 300.000 € **Haftung: 100 %**
immVorb: – **MdE: 100 %**
Rente: 300 €

OLG Düsseldorf 26.4.2007 – I-8 U 37/05 = BeckRS 2008, 4420

5918

Gehirnschädigung, schwerste (hier: „schweres Residualsyndrom mit spastischer Tetraparese – also der inkompletten Lähmung aller Extremitäten – und schwerer psychomotorischer und mentaler Retardierung … Die Sehfähigkeit der Klägerin liegt bei unter 20 %, eine visuelle Kontaktaufnahme sei ihr nicht möglich. Die Klägerin könne auf Geräusche reagieren, aber nicht sprechen. Sie müsse gefüttert werden und trage wegen der bestehenden Inkontinenz Windeln". Weiterhin betont das OLG, „die heute 9 Jahre alte Klägerin habe bislang keine Entwicklungsfortschritte gemacht; diese seien auch zukünftig nicht zu erwarten").

Kind (Säugling). Arzthaftung (hier: Grober Behandlungsfehler / Geburtshilfefehler bei Frühgeburt [33. Woche] – In der Kinderklinik, in die die Klägerin anschließend verlegt wurde, lautete die Diagnose: „Frühgeburt in der 34. Schwangerschaftswoche, perinatale Asphyxie, Hirnblutung, Nebennierenblutung, post-hämorrhagischer Hydrozephalus, periventrikuläre Leukomalazie"). Dauerschaden: Intensivpflegefall wegen inkompletter Lähmung aller Extremitäten und schwerer psychomotorischer und mentaler Retardierung ohne jegliche Aussicht auf Besserung.

Betrag: 300.000 € **Haftung: 100 %**
immVorb: – **MdE: 100 %**

OLG Celle 27.2.2006 – 1 U 68/05 = BeckRS 2011, 14526

5925

Gehirnschädigung, schwerste (hier: Gehirnschädigung wegen Sauerstoffunterversorgung bei der Geburt mit schwersten Folgen, Intensivpflegefall).

Kind / Säugling. Arzthaftung (hier: Geburtshilfefehler). Dauerschaden: Intesivpflegefall und schwerste Behinderungen. Zur Bemessung führte das LG aus: „Für die ganz erheblichen Beeinträchtigungen der Klägerin, die sich als schwerer Dauerschaden zeigten, ihr die Kindheit raubten und zu lebenslanger vollständiger Abhängigkeit führten, sei wegen des sich daraus ergebenden massiven Ausmaßes der Einbuße an Lebensqualität ein Schmerzensgeld in Höhe von 300.000 EUR angemessen und notwendig. Dieser Betrag rechtfertige sich auch aufgrund der zwischenzeitlich festgestellten erheblichen Sehbehinderung der Klägerin".

Betrag: 300.000 € **Haftung: 100 %**
immVorb: – **MdE: 100 %**

LG Stade 6.7.2005 – 5 O 275/04 = BeckRS 2011, 19636

6180

Gehirnschädigung, schwerste (hier: „Schwerste psychomotorische Retardierung mit Tetraspastik" und „homonyme Hemianopsie rechts mit linksseitiger Schädigung des Gehirns (Hirninfarkt) im Bereich des Stromgebiets der Arteria cerebri posterior links unter Einbeziehung der Sehrinde" mit Halbseitenblindheit.

Kleinkind / Säugling. Arzthaftung (hier: Geburtshilfefehler / Behandlungsfehler bei Zwillingsgeburt. Es kam zur kritischen Unterzuckerung [= Hypoglykämie] und infolge dessen zu einer „schwersten psychomotorische Retardierung mit Tetraspastik und linksseitiger Hirnschädigung"). Dauerschaden: Sprachlosigkeit, Teilerblindung, Rollstuhlgebundenheit, Intensivpflegefall rund um die Uhr („zeitlebens auf die Hilfe anderer in höchstem Maße angewiesen", so das OLG).

Betrag: 300.000 € **Haftung: 100 %**
immVorb: – **MdE: 100 %**

OLG Koblenz 5.7.2004 – 12 U 572/97 = BeckRS 9998, 54218

3352

Gehirnschädigung, schwere/ o.Schädelhirntrauma (hier: mit Nasennebenhöhlenzerstörung; Teilerblindung / Augenverletzung bzw. Augapfelzerstörung; Gerhirnverletzung, linksseitige sowie Fersenbeinverletzung und Schläfenlappenverletzung infolge einer Schussverletzung)

38j. Mann (Kraftfahrer). Dauerschaden: Intensivpflegefall. Der Kläger bedarf ständiger Pflege da er neben seiner halbseitigen Lähmung weder sehen noch sprechen kann. Die Genugtuungsfunktion wurde – trotz der Tatsache, dass der Kläger im Rahmen einer Familienfeier durch einen Schusswechsel (Schussverletzung; vorsätzliche Körperverletzung) verletzt wurde – hoch angesetzt.

Betrag: 300.000 € **Haftung: 100 %**
immVorb: – **MdE: 100 %**
Rente: 270 €

LG Krefeld 17.10.2002 – 2-12 O 68/02 = unveröffentlicht

3234

Gehirnschädigung (hier: Cerebralparese, extrapyramidale … in Form einer Tetraparese mit multifocaler Epilepsie).

Kind (Säugling). Arzthaftung (hier: Geburtshilfefehler; grober Behandlungsfehler durch Übersehen der Symptome eines Spannungspneumothorax). Dauerschaden: Schwere körperliche und geistige Behinderungen.

Betrag: 325.000 € **Haftung: 100 %**
immVorb: – **MdE: 100 %**

OLG Schleswig 28.2.2003 – 4 U 10/01 = BeckRS 2003, 9711

3951

Gehirnverletzung, schwerste (hier: Gravierender Sauerstoffmangel während der Geburt mit massiven, dauernden Folgen).

Säugling. Arzthaftung (hier: Massiver Sauerstoffmangel bei der Geburt mit extremem Dauerschaden: geistige Entwicklung der zum Urteilszeitpunkt 10j. Klägerin verharrte auf dem Stand eines Zweijährigen. Rollstuhlgebundenheit; sie sitzt in einem Spezialrollstuhl mit Sitzschale und Stützweste und erlebt ihren völlig hilflosen und permanent auf fremde Hilfe angewiesenen Zustand bewusst. Intensivpflegefall. Entschädigung

Betrag: 350.000 € **Haftung: 100 %**
immVorb: – **MdE: –**
Rente: 500 €

LG München I 8.3.2006 – 9 O 12986/04 = BeckRS 2008, 2774

6521

Gehirnschädigung, schwerste (hier: Dyskinetischen koreoatetoiden Cerebralparese mit einer Hyperkinesie und Rumpfhypotonie sowie Hypotonie der unteren Extremitäten).

Säugling. Arzthaftung im Zusammenhang mit der Behandlung der mit dem Kläger in der 28. Schwangerschaftswoche schwangeren Frau. Diese wurde im Hause der Beklagten wegen eines Darmverschlusses operiert. Hierbei unterließ das Personal der Beklagten eine hinreichende Überwachung des ungeborenen Klägers, bemerkte infolge dessen zu spät dessen lebensbedrohliche Vitalparameter und ging auch nach Entdeckung der für das Ungeborene lebensbedrohlichen Situation nicht standardgemäß vor. Dauerschaden: Bewegungseinschränkungen in Form einer dyskinetischen koreoatetoiden Cerebralparese mit einer Hyperkinesie und Rumpfhypotonie sowie Hypotonie der unteren Extremitäten, was dazu führt, dass eine willkürlich gesteuerte Motorik allenfalls im Bereich der rechten Hand, aber auch hier mit erheblichen Einschränkungen möglich ist, wobei die Einschränkungen sowohl in Form einer Spastik im Sinne einer hohen Tonisierung der Finger als auch einer Volarflexion vorliegen. Im Bereich der unteren Extremitäten sind ebenfalls deutliche Zeichen einer Spastik erkennbar. Selbstständig laufen kann der Kläger nicht und wird es voraussichtlich auch niemals können. Aufrecht sitzen kann er ebenfalls nur mit Hilfsmitteln. Eine Umlagerung ist ebenfalls nur unter Hilfestellung möglich. Allerdings ist der Kläger „derzeit in vollem Umfang emotional schwingungsfähig, könne Freude empfinden und zeigen". „Es sei zwar zu befürchten, dass es durch die Wahrnehmung dieser Einschränkungen beginnend ab der Adoleszenz zu psychischen Fehlentwicklungen bis hin zu Depressionen komme, eine sichere Prognose sei jedoch derzeit nicht möglich". Bei der Schmerzensgeldbemessung „zu berücksichtigen" sei, so das OLG, „dass der Kläger als Integrationskind mit erheblicher Unterstützung die Regelschule besuchen kann und ebenfalls mit fachkundiger Begleitung an Ferienfreizeiten teilnimmt". [Anmerkung: Kapitalisiert geht das OLG von einem Gesamtschmerzensgeld von 425.000 EUR aus, was angesichts der extrem schweren Dauerfolgen meiner Ansicht nach als zu gering anzusehen ist].

Betrag: 350.000 € **Haftung: 100 %**
immVorb: – **MdE: 100 %**
Rente: 250 €

OLG Dresden 18.8.2020 – 4 U 1242 = BeckRS 2020, 21238

5098

Gehirnschädigung, schwerste (hier: hypoxischen Hirnschädigung nach Sauerstoffunterversorgung und nachfolgendem Zustand des Wachkomas bei völliger Kommunikationsunfähigkeit. Der Kläger ist ein Intensivpflegefall und insofern „bei allen Aktivitäten des täglichen Lebens auf pflegerische Hilfe angewiesen", so das OLG).

42j. Mann. Arzthaftung nach Motorradunfall, bei dem der Kläger nur mittelschwer verletzt wurde und insofern „nur" eine rechtsseitige Rippenserienfraktur mit beidseitiger Lungenkontusion und Riss-Quetschwunde am Unterschenkel erlitten hatte. Dauerschaden: Im „Zustand des Wachkomas"; Intensivpflegefall. [„Der Verursacher eines Verkehrsunfall wird nicht von der Haftung für Folgeschäden des verletzten Unfallopfers (hier: hypoxischer Hirnschaden) frei, nur weil diese in weiten Teilen durch einen groben Behandlungsfehler des nach dem Unfall erstbehandelnden Krankenhauses verursacht sind". (amtlicher Leitsatz des OLG)]; vgl. auch die Anmerkungen von Kääb in FD-StrVR 2015, 373103.

Betrag: 350.000 € **Haftung: –**
immVorb: – **MdE: 100 %**

OLG Oldenburg 8.7.2015 – 5 U 28/15 = BeckRS 2015, 16474

4973

Gehirnschädigung, schwerste (hier: Hypoxisch-ischämische Enzephalopathie d.h. Sauerstoffunterversorgung des Gehirns mit „besonders stark ausgeprägt"er Gehirnschädigung, die im Weiteren unter Einzelheiten ausführlich dargelegt werden).

Kind (Neugeborenes). Arzthaftung (hier: Geburtshilfefehler). Dauerschaden: „Die Klägerin ist nach den Ausführungen des Sachverständigen Dr. H … nicht in der Lage, sich eigenständig fortzubewegen, zu sitzen, zu stehen, zu essen, zu trinken oder zu sprechen. Die Nahrungsaufnahme ist auf pürierte oder flüssige Kost beschränkt wobei für jede Mahlzeit ca. 50-60 Minuten anfallen und bei der Klägerin erhebliche Schluckbeschwerden bestehen. Die Klägerin kann auch nicht gezielt nach Gegenständen greifen und diese festhalten. Sie ist angesichts dessen rund um die Uhr hinsichtlich aller Lebensfunktionen auf die Hilfe und Unterstützung ihrer Eltern angewiesen und sie wird nie ein selbstbestimmtes eigenes Leben führen können. Dabei ist sie kognitiv zwar in der Lage, ihr bekannte Personen zu erkennen und auf diese zu reagieren. Sie kann sich jedoch nur in einem geringen Umfang durch Lautieren und Grimassieren äußern und dadurch im Sinne von Ja / Nein-Äußerungen gewisse Wünsche artikulieren oder Ablehnung signalisieren. Zustimmung oder Zufriedenheit kann sie gegenüber ihren Eltern durch ein Lächeln zum Ausdruck bringen. Insgesamt ist die Persönlichkeit der Klägerin damit in einem ganz erheblichen Umfang durch die fehlerhafte geburtshilfliche Behandlung in der Klinik des Beklagten zu 3) zerstört worden", so das OLG anschaulich. [Nicht zugestimmt werden kann der Argumentation des OLG, wonach sich der „fehlende Leidensdruck", den das OLG deshalb sah, weil die Klägerin von Geburt an geschädigt wurde und sozusagen kein anderes Leben kenne, vermindernd auf die Schmerzensgeldhöhe auswirkt – siehe insofern zutreffend anderer Ansicht KG BeckRS 2017, 137499. Das KG sprach daher der Klägerin in diesem – mit dem vorliegenden Fall durchaus vergleichbaren – Falle 500.000 Euro zu].

Betrag: 350.000 € **Haftung: 100 %**
immVorb: Ja **MdE: 100 %**

OLG Düsseldorf 18.4.2013 – 8 U 24/12 = BeckRS 2014, 17075

4223

Gehirnschädigung, schwerste

Säugling. Dauerschaden: Intensivpflegefall. Völlige Immobilität (kann weder greifen noch sich bewegen). Arzthaftung (hier: Geburtshilfefehler mit daraus resultierender Sauerstoffunterversorgung). Verschlechterungstendenz.

Betrag: 350.000 € **Haftung: 100 %**
immVorb: Ja **MdE: 100 %**

OLG Koblenz 26.2.2009 – 5 U 1212/07 = BeckRS 2010, 1176

3566

Gehirnschädigung, schwerste (hier: Dystone Tetraparese; starke körperliche und geistige Behinderung; kann weder Essen noch sprechen; Stuhlinkontinenz; Harninkontinenz; Intensivpflegefall).

Kind (Säugling). Dauerschaden: Der Kl. ist auf Dauer auf das schwerste körperlich und geistig geschädigt und kann weder Essen noch sprechen; es besteht Stuhl- und Harninkontinenz; Intensivpflegefall. Ursache: Arzthaftung / Geburtshilfefehler. Die Mutter erlitt während der Geburt einen Kreislaufschock.

Betrag: 350.000 € **Haftung: 100 %**
immVorb: Ja **MdE: 100 %**
Rente: 500 €

OLG München 19.9.2005 – 1 U 2640/05 = BeckRS 2005, 30362746

3379

Gehirnschädigung, schwerste (hier: Spastische Tetraplegie; zentrale sehstörung und massive Gehirnschädigung mit Auswirkung auf nahezu alle Funktionen).

Kind / Säugling (Mädchen). Dauerschaden: Bewegungsunfähigkeit! Kann weder sitzen noch stehen. Die Kl. hat keinerlei Entwicklungsmöglichkeit und ist ein Intensivpflegefall. [vgl. auch unter: Persönlichkeitszerstörung.]Arzthaftung (hier: Grober Behandlungsfehler / Geburtshilfefehler mit Sauerstoffunterversorgung). [vgl. auch Urteil des OLG Karlsruhe → Nr. 5362].

Betrag: 350.000 € **Haftung: 100 %**
immVorb: Ja **MdE: 100 %**

LG München I 10.3.2003 – 9 O 6490/96 = BeckRS 2003, 154205

3443

Gehirnschädigung, schwerste (hier: Irreversible Gehirnschädigung mit Totalerblindung und Bewegungslosigkeit infolge spastischer Tetraplegie).

Säugling. Arzthaftung (Geburtshilfefehler). Dauerschaden: schwerste vollstellbare Schädigung mit gravierenden Auswirkungen auf das gesamte, der Kl. verbleibende Leben; Intensivpflegefall. [Anmerkung: Angesichts der extremen Dauerfolgen erscheint das Schmerzensgeld zu gering! vgl. auch unter vita minima].

Betrag: 350.000 € **Haftung: 100 %**
immVorb: – **MdE: 100 %**

OLG München 20.6.2002 – 1 U 3930/96 = BeckRS 2002, 30267255

4840

Gehirnschädigung, schwerste (hier: Apallisches Syndrom zu dessen Ausprägung ausgeführt wird, es handele sich um einn „Mischbild aus apallischem Syndrom und einem sogenannten apallischen Durchgangssyndrom"; Tetraspastik; hochgradige spastische Tetrapharese bis Tetraplegie. Es besteht noch ein „gewisser Kontakt" zwischen der Kl. und ihrer Mutter der sich so darstellt, dass beim Sprechen der Mutter es zu Lippenbewegungen seitens der Kl. kommt.

19j. Frau. 20 Monate stationär oder in stationärer Pflege. Anschließend erfolgte die Pflege durch die Eltern der Klägerin. Dauerschaden: Intensivpflegefall; wach aber nicht ansprechbar (Coma Vigile), künstliche Ernährung durch die Bauchdecke, Tetraspastik. Das LG fasste die Situation der Kl. wie folgt zusammen: „Durch den Unfall wurde das Leben der damals 19-jährigen Klägerin total zerstört".

Betrag: 357.904 € **Haftung: 100 %**
immVorb: – **MdE: 100 %**

LG München I 16.1.2003 – 19 O 20638/01 = BeckRS 2003, 32611

7216

Gehirnschädigung, schwerste (hier: Die Persönlichkeitszerstörung, – die Persönlichkeit des Klägers ist, so das OLG, „unwiederbringlich zerstört, er hat Intelligenz verloren, insbesondere aber hat er unfallbedingt die integrative Gesamtleistung des Gehirns verloren." Schädel-Hirn-Trauma Grad IV, multiple offene Wunden des Kopfes, Impressionsfraktur der Kalotte rechts parietal, Bewusstlosigkeit bei Schädel-Hirn-Trauma, akute Blutungsanämie, arterielle Hypotonie, Pupillenfunktionsstörungen, traumatisches epidurales Hämatom, Erbrechen, Mittelhirnsyndrom, Durchgangssyndrom, Pupillenfunktionsstörung und -erweiterung, Ventrikulitis, Medikamentenentzugssyndrom sowie lumbale Liquordrainage. In der Folge bildete sich eine Epilepsie aus.

5j. Kind. Intensivstation; der Kläger wurde im Wachkoma eingeliefert. Stationäre Behandlung mit zahlreichen Operationen im Zeitraum von nahezu zwei Jahren. Dauerschaden: Intensivpflegefall 24 Stunden täglich! Vollständiger Verlust der Persönlichkeit, wobei der Kläger "leidvoll wahr[nimmt], dass sein Leben sich gravierend von dem eines nicht beeinträchtigten Gleichaltrigen unterscheidet. Hirnorganisches Psychosyndrom mit exekutiven Funktionsstörungen und Intelligenzverlust, sodass das kognitiv-emotional-soziale Funktionsniveau einer „mentalen Retardierung / geistigen Behinderung" gegeben ist. Zum anderen hat er aufgrund des Unfalls schwere Beeinträchtigungen im Bereich der Motorik und Mobilität durch eine vorwiegend ataktische Bewegungsstörung mit muskulärer Hypotonie mit einer ausgeprägten Gangstörung mit einer Haltungsinstabilität des Rumpfes und generalisierte Ataxie, kombiniert mit Spastik, weshalb der Kläger einen Rollator benötigt; erhebliche Behinderungen in der Grobmotorik. Schließlich ist bei ihm unfallbedingt eine massive Störung des Sehvermögens und der Orientierung gegeben mit einer nicht aufhebbaren Augenmuskellähmung. In deren Folge kann der Kläger keine vertikale Blickwendung mehr leisten und ist somit in seinem Gesichtsfeld eingeschränkt, so dass er diese Bewegungsstörungen immer mit Kopfbewegungen ausgleichen muss. Außerdem besteht infolge dieser Augenmuskellähmung eine Lähmung der Pupillen, die somit weit gestellt seien, was zu einer erhöhten

Lichtempfindlichkeit führt sowie eine ganz auffällige Schiel-Auswärtsblickrichtung, wodurch ein unmittelbarer Blickkontakt nicht möglich ist. Entstellung: Die Narben und die Fehlstellung der Augen haben eine dauerhafte Entstellung zur Folge. Verschlechterungsgefahr: In allen drei Bereichen ist ferner mit einer Verschlimmerung der Situation zu rechnen. Zur Schmerzensgeldbemessung: Das OLG sah das vom LG zuerkannte Schmerzensgeld von kapitalisiert 856.094 EUR als überhöht an und reduzierte es – sehr sorgfältig begründet – auf kapitalisiert nur noch 669.777,60 EUR. [Ursache: Verkehrssicherungspflichtverletzung].

Betrag: 375.000 € **Haftung: 100 %**
immVorb: – **MdE: –**
Rente: 1.300 €

OLG München 23.12.2022 – 13 U 1972/18 = BeckRS 2022, 44868

6922

Gehirnschädigung, schwere (hier: Schwere hypoxische Schädigung mit schwerer geistiger Behinderung. Pflegefall).

Kind. Arzthaftung im Zusammenhang wegen Behandlungsfehler bei der Geburt. Bei der Klägerin war vorgeburtlich ein Herzfehler (kardiale Fehlbildung im Sinne eines membranösen Ventrikelseptumdefekts „double outlet right ventricle" = DORF) festgestellt worden. Nach der Geburt wurde sie deshalb am Herz operiert; später wurde ua festgestellt, dass die Klägerin unter einer Chromosomenanomalie in Form eine Mikrodeletionssyndroms 22 q 11 („Catch 22-Syndrom") leidet. Dies wurde auf eine Sauerstoffunterversorgung / Asphyxie während der Herz-OP zurückgeführt. Dauerschaden: Gehirnschädigung, keine zeitliche und räumliche Orientierung, keine selbständige Nahrungsaufnahme (die Kl. muss gefüttert werden), keine normale Fortbewegung / Laufen möglich, die Klägerin muss Windeln tragen, Erfordernis von Logopädie, Ergotherapie und Physiotherapie. Die Klägerin bedarf dauerhafter Pflege und kann ihr „alltägliches Leben nicht alleine meistern", so das KG. Bei der Schmerzensgeldbemessung berücksichtigte das KG mindernd, den bereits vorhandenen erheblichen Vorschaden infolge des 22 q11-Deletions-Syndroms, ohne welches das Schmerzensgeld „im Bereich von rd. 500.000 EUR" gelegen hätte.

Betrag: 375.000 € **Haftung: 100 %**
immVorb: Ja **MdE: –**

KG 1.7.2019 – 20 U 103/13 = BeckRS 2019, 51092

4087

Gehirnschädigung, schwerste (hier: schwerer hypotoxischer Gehirnschaden mit Epilepsie).

Kleinkind / Säugling. Arzthaftung in Form eines groben Behandlungsfehlers bei der Geburtshilfe. Sauerstoffunterversorgung. Dauerschaden: Intensivpflegefall. Nahezu Totalerblindung; nahezu Hörverlust; Geringe Kommunikationsmöglichkeit, kann jedoch bei Wohlbefinden lachen und Störgefühle äußern.

Betrag: 375.000 € **Haftung: 100 %**
immVorb: Ja **MdE: 100 %**

LG Dortmund 24.9.2008 – 4 O 159/04 = BeckRS 2009, 10118

2842

Gehirnschädigung, schwerste (hier: Funktionsausfall der Großhirnrinde [vgl. Großhirnrinde, Funktionsausfall der …]; inkomplette Lähmung aller 4 Extremitäten; Sprachverlust; keine Kommunikation! Intensivpflegefall!

48j. Hauptschullehrer. Dauerschaden: „… Stufe eines Kleinkindes"; „Persönlichkeit weitgehend zerstört"; „größere Zerstörung der Gesundheit … kaum vorstellbar"! Kapital.: 1,006 Mio. DM bzw. umgerechnet ca. 511.000 EUR!

Betrag: 383.469 € **Haftung: 100 %**
immVorb: – **MdE: 100 %**
Rente: 767 €

LG München I 29.5.2001 – 19 O 8647/00 = NZV 2001, 263

6044

Gehirnschädigung, schwerste (hier: Microzepahlie und Enzephalopathie [= Schädigungen des gesamten Gehirns mit Funktionsstörung] und infolgedessen „körperlich und geistig schwerstbehindert und ein lebenslanger Pflegefall, weil sie nicht in der Lage ist zu sprechen, sich selbständig zu ernähren oder auch zu laufen, darüber hinaus regelmäßig orthopädische Übungen absolvieren").

Kind / Säugling. Arzthaftung (hier: Mehrere Behandlungsfehler bei der Geburt. Es kam zu einer Sauerstoffunterversorgung). Dauerschaden: Intensivpflegefall. Körperlich und geistig schwerstbehindert.

Betrag: 400.000 € **Haftung: 100 %**
immVorb: Ja **MdE: –**

OLG Hamm 30.10.2015 – 26 U 130/08 = BeckRS 2015, 122522

5266

Gehirnschädigung, schwerste (hier: Hypoxische Gehirnschädigung durch Sauerstoffunterversorgung wegen Ertrinkens).

1j. Kind. Lebensgefahr. Intensivstationär. Langwierige Heilbehandlung und schwerster Dauerschaden: Intensivpflegefall, Gehirnschädigung, Epilepsie. [Ursache: Sturz in privates Schwimmbad].

Betrag: 400.000 € **Haftung: 100 %**
immVorb: Ja **MdE: 100 %**

OLG Naumburg 17.9.2014 – 1 U 38/14 = BeckRS 2014, 124917

4464

Gehirnschädigung, schwerste (hier: „Schwere zerebrale Schäden" nach Sauerstoffunterversorgung mit schweren Dauerfolgen, die nachfolgend unter „Einzeheiten" aufgeführt wurden. Die Kl. nimmt jedoch „ihre Umgebung durchaus wahr").

Säugling. Arzthaftung (hier: Grober Diagnose- und Behandlungsfehler). Dauerschaden: Intensivpflegefall! Die Kl. kann „nach Vollendung des vierten Lebensjahres weder sprechen, richtig sitzen, noch laufen" und muss „gefüttert und gewickelt werden" und wird „voraussichtlich niemals ein selbstbestimmtes Leben in eigener, den Lebensunterhalt ermöglichenden Erwerbstätigkeit führen können", so das LG. Eine Verringerung des Schmerzensgeldes wegen einer weiteren, arzthaftungsunabhängigen Körperbehinderung des Klägers lehnte das LG zutreffend ab.

Betrag: 400.000 € **Haftung: 100 %**
immVorb: – **MdE: 100 %**

LG München I 27.7.2011 – 9 O 24797/07 = VersR 2011, 1576

4080

Gehirnschädigung, schwerste nach massiver Sauerstoffunterversorgung.

Säugling. Dauerschaden: Intensivpflegefall. Künstliche Ernährung mittels einer Sonde. Sehstörung. Dennoch kann die Klägerin ihre Umwelt eingeschränkt erfassen und Wünsche kommunizieren. Arzthaftung: Grober Behandlungsfehler bei der Geburtshilfe (Geburtshilfefehler).

Betrag: 400.000 € **Haftung: 100 %**
immVorb: Ja **MdE: 100 %**
Rente: 500 €

LG Ansbach 7.8.2009 – 2 O 259/04 = BeckRS 2009, 139977

3950

Gehirnschädigung, schwerste (hier: Schädelhirmtrauma mit diffusem Hirnödem nach starker Gehirnblutung mit massiven dauerschäden (siehe unter Einzelheiten). Hinzu kamen diverse Organverletzungen (u.a. Leberlappenriss) und Frakturen (u.a. Mittelgesichtfraktur).

20j. Frau (Studentin). 18 Tage Intensivstation; 8 Monate stationär; Lebensgefahr. Dauerschaden: Intensivpflegefall. Kann nicht gehen oder stehen. Völlige Harninkontinenz und Stuhlinkontinenz. Künstliche Ernährung. Kommunikation nur mittels Kopfbewegung. Verlust des Kurzzeitgedächtnisses. Ursache: Beifahrerin im PKW eines für die Kl. nicht erkennbar mit 1,2 Promille betrunkenen Fahrers.

Betrag: 400.000 € **Haftung: 100 %**
immVorb: – **MdE: 100 %**
Rente: 250 €

OLG Naumburg 9.3.2006 – 6 U 141/05 = BeckRS 2006, 138117

3565

Gehirnschädigung, schwerste (hier: Zerebralparese mit ausgedehnter Krampfneigung. Weder Sitzen noch Fortbewegung möglich; kein Sprechen oder andersartiges verbales äußern möglich; Persönlichkeitszerstörung).

Kind (Säugling). Langwierige Heilbehandlung über mehrere Jahre! Dauerschaden: Intensivpflegefall; vita minima; Persönlichkeitszerstörung! Dem Kl. sind alle Möglichkeiten einer körperlichen oder geistigen Entwicklung vollständig genommen sodass sich das weitere Leben auf die Aufrechterhaltung der Grundfunktionen des Lebens beschränkt. Ursache: Arzthaftung / Geburtshilfefehler. Grob fahrlässiges Verhalten des Arztes!

Betrag: 400.000 € **Haftung: 100 %**
immVorb: – **MdE: 100 %**
Rente: 500 €

LG Kleve 9.2.2005 – 2 O 370/01 = BeckRS 2005, 2412

4224

Gehirnschädigung, schwere.

Kleinkind. Arzthaftung (hier: Behandlungsfehler im Zusammenhang mit einer Darmoperation. Infolge einer fehlerhaft eingerichteten Infusion kam es zu einer Zuckerüberversorgung). Dauerschaden: Massive Gehbehinderung und Stehbehinderung; beides nur mithilfe möglich. Massive Sehbehinderung (kann nur Umrisse und hell / dunkel erkennen). Kauen nur eingeschränkt möglich. Ergotherapie etc auf Dauer erforderlich.

Betrag: 405.000 € **Haftung: 100 %**
immVorb: Ja **MdE: 100 %**

LG Köln 4.3.2009 – 25 O 498/05 = BeckRS 2009, 140128

3080

Gehirnschädigung, schwerste (hier: Strangulationstrauma mit posttraumatischer Apallisches Syndrom, Tetraspastik, Epilepsie. Schwerste denkbare Verletzungsfolgen mit völliger Wesenszerstörung, künstlicher Ernährung und „rund-um-die-Uhr-Intensivpflege").

6j. Kind (Junge). Lebensgefahr; Intensivstation. über 2 Monate stationär mit anschließendem Rehabilitationsaufenthalt. Dauerschaden: Persönlichkeitszerstörung. Intensivpflegefall. Der Kläger verfügt über nahezu keine Körperreaktionen mehr! Permanent künstliche Ernährung!.

Betrag: 409.034 € **Haftung: 100 %**
immVorb: Ja **MdE: 100 %**

LG Flensburg 1.2.1999 – 4 O 263/98 = BeckRS 2016, 14663

6876

Gehirnschädigung, schwerste (hier: Schwerste Gehirnschädigung bei der Geburt mit Gehirnrindenschwund [Gehirnrindenatrophie] und zerebralem Anfalleiden, spastische Tetraparese sowie Scherhörigkeit.

Kind/ Säugling. Arzthaftung im Zusammenhang mit der Geburt des Kinds; Geburtshilfefehler. Dauerschaden: Intensivpflegfall rund um die Uhr sowie eine Vielzahl extrem gravierender motorischer (wie eine „leblose Puppe") und intellektueller – so kann sich das Kind nur primitive Laute von sich geben – Dauerschäden mit nahezu vollständiger Zerstörung der Persönlichkeit.

Betrag: 410.000 € **Haftung: 100 %**
immVorb: Ja **MdE: 100 %**

OLG München 30.5.2007 – 1 U 3999/06 = BeckRS 2007, 150974

4301

Gehinschädigung, schwerste … nach Polytrauma mit zahlreichen Frakturen und Organverletzungen (Lungenquetschung).

19j. Frau. Langwierige Heilbehandlung. Dauerschaden: Rollstuhlgebundenheit; künstliche Ernährung; Sprachlosigkeit, sie kann sich nur über Laute und Gebärden mit vertrauten Personen verständlich machen; Intensivpflegefall. [Anmerkung: Die Klägerin hatte eine einmalige Kapitalabfindung iHv 7,2 Mio. EUR für den materiellen und immateriellen Schaden eingeklagt. Sie war – im von ihrem Ehemann gesteuerten PKW – sitzend und ggf. nicht angegurtet, verkehrsunfallbedingt aus dem KFZ geschleudert worden].

Betrag: 430.000 € **Haftung: 100 %**
immVorb: – **MdE: 100 %**

LG Hamburg 27.7.2011 – 302 O 192/08 = FD-StrVR 2011, 320995

6923

Gehirnschädigung, schwere mit motorischen Defiziten sowie der kognitiven Einschränkungen, so dass die Klägerin „weder jetzt noch in Zukunft die Fähigkeit zu einer eigenständigen Lebensführung gegeben sein wird, insgesamt wird die Klägerin also Zeit ihres Lebens auf eine dauerhafte Pflege und Hilfe angewiesen sein. Demnach wird sie dauerhaft und damit ihr gesamtes Leben eine Betreuung bedürfen und aufgrund ihrer Behinderungen sowie der bei ihr gegebenen Einschränkungen in ihrem Leben nie eine eigene Selbständigkeit entwickeln können", so das LG.

Kind. Arzthaftung im Zusammenhang mit der Geburt der Klägerin. Der Arzt der Beklagten stellte bei der Mutter der Klägerin zunächst eine unauffällige Plazenta und einen unauffälligen Schwangerschaftsverlauf bei einer nach seiner Einschätzung „High-Risk-Schwangerschaft" bei mütterlichem Alter von 41 Jahren fest. Da eine normale Geburt jedoch nicht möglich war, wurde ein Kaiserschnitt in Form einer Notsectio durchgeführt. Dabei kam es zu einer Sauerstoffunterversorgung bzw. einer schweren Asphyxie bei Zustand nach Reanimation. Dauerschaden: Schwerste Gehirnschädigung, Rollstuhlgebundenheit und Intensivpflegefall. Die Klägerin kann weder sitzen noch stehen noch gehen und sich noch nicht einmal im Liegen selbst umdrehen; die gesamte Motorik ist erheblich gestört. „Da die Mundmotorik betroffen sei, müsse sie weiterhin mit der Flasche oder dem Löffel gefüttert werden und könne nicht normal essen, wobei allerdings auch die Schluckmotorik beeinträchtigt sei. Weiterhin könne sie nicht sprechen. Sie gebe zwar Laute von sich, eine aktive Sprache könne aber nicht in Gang kommen", so das LG.

Betrag: 450.000 € **Haftung: 100 %**
immVorb: Ja **MdE: 100 %**

LG Bochum 12.2.2020 – 6 O 336/17 = BeckRS 2020,32966

4974

Gehirnschädigung, schwerste (hier: Hirnorganisches Psychosyndrom, spastische Tetraparese, Mastdarm- und Blasenlähmung, keine Rumpfkontrolle).

22j. Frau. Arzthaftung bzw. Haftung des Krankenhausträgers für Arztfehler eines Konsiliararztes (hier: Befunderhebungsfehler bei zeitlicher Verzögerung weiterer Befunderhebungen im Bezug auf eine Hirnvenenthrombose). Dauerschaden: Tetraparese mit Mastdarm- und Blasenlähmung, schwere geistige Behinderung, Rollstuhlgebundenheit. Intensivpflegefall. [Anmerkung: Das OLG geht kapitalisiert von ca. 600.000 EUR aus].

Betrag: 450.000 € **Haftung: 100 %**
immVorb: Ja **MdE: –**
Rente: 500 €

OLG Schleswig 31.1.2013 – 4 U 132/11 = unveröffentlicht

5981

Gehirnschädigung, allerschwerste (hier: „Weitgehenden Zerstörung der Grundlagen für die Wahrnehmungs- und Empfindungsfähigkeit, die den Verletzten in seiner Wurzel trifft und für ihn deshalb existentielle Bedeutung … hypoxisch-ischämischen Enzephalopathie mit multiplen Hirnsubstanzdefekten rechts frontal, beidseits parietal sowie links temporal und vermutlich im Bereich des Kleinhirns, einem Hydrozephalus internus mit ventrikulo-peritonealer Shuntanlage, einer spastischen Tetraparese, einer symptomatisch multifokalen therapieresistenten Epilepsie mit häufigen, teils mehrfach täglich auftretenden tonisch-myoklonischen Anfällen und Absencen, schwersten motorischen Störungen mit einem motorischen Entwicklungsstand von ca. 3 Monaten, schwersten kognitiven Störungen mit einem kognitiven Entwicklungsstand von maximal 3 Monaten, schwersten Störungen der kommunikativen Entwicklung und des Sozialverhaltens mit lediglich rudimentären Interaktionsmöglichkeiten, schwerster Beeinträchtigung der Selbstständigkeitsentwicklung mit vollständiger Hilflosigkeit. Der Kläger kann nicht sprechen und hat keinerlei Eigenmobilität entwickelt. Es besteht keine Kopfkontrolle. Er reagiert lediglich auf Geräusche und Licht. Er ist bei allen Verrichtungen des täglichen Lebens dauerhaft und ausschließlich auf fremde Hilfe angewiesen", so das LG.

1j. Kind. Arzthaftung (hier: Grober Behandlungsfehler: Blutverlust und Sauerstoffunterversorgung im Rahmen einer Operation. „Fehlerhaft sei im Aufwachraum die Kreislauffunktion nicht überwacht worden, obwohl sich der Kläger noch in einem kompensierten Schockzustand befunden habe. Auch der Blutdruck sei nicht gemessen worden und keine klinische Untersuchung durchgeführt worden. Grob fehlerhaft seien Laborwerte nicht bestimmt worden. Deren Ergebnisse hätten zwingend eine weitere Bluttransfusion nach sich ziehen müssen. Diese Versäumnisse seien unbegreiflich. Unfassbar sei weiter, dass ein so schwer beeinträchtigtes Kind mit einer Schwester ohne Arztbegleitung im Kinderwagen in die Kinderklinik transportiert worden sei", so das LG). Dauerschaden: Intensivpflegefall, Inkontinenz, nahezu völlige Bewegungslosigkeit. „Innerhalb der letzten 5 Jahre hat der Kläger nur in sehr geringem Umfang Fähigkeiten wieder erlangt, bzw. Entwicklungsfortschritte gemacht. Er zeigt elementare motorische und kognitive Fähigkeiten, die etwa dem Entwicklungsstand eines Kindes von 3 Monaten entsprechen. Nach den Feststellungen des Sachverständigen C ist nicht zu erwarten, dass er zukünftig stehen oder laufen lernen könne oder selbstständig einen Rollstuhl bedienen könne. Er werde allenfalls einfache Greif- und Zeigefunktionen erlernen können, die bestenfalls für einfache Möglichkeiten der unterstützten Kommunikation genutzt werden könnten, der funktionelle Umgang mit Stiften werde nicht möglich sein. An- und Ausziehen, Körperpflege ebenfalls nicht. Es sei nicht zu erwarten, dass der Kläger elementare Kulturtechniken erlernen könne", so das LG.

Betrag: 450.000 € **Haftung: 100 %**
immVorb: Ja **MdE: 100 %**

LG Köln 23.3.2011 – 25 O 65/08 = BeckRS 2013, 13670

5267

Gehirnschädigung, schwerste (hier: Hypoxische Gehirnschädigung durch Sauerstoffunterversorgung wegen fehlerhafter Geburtshilfe) mit schweren motorischen Störungen, Atemfunktionsstörungen, Schluckstörungen, Inkontinenz, Anfallleiden und weitere typische Verletzungsfolgen].

1j. Kind (Säugling). Arzthaftung / Geburtshilfefehler (Hier: Fehlerhafte Überwachung des CTG und dadurch fehlerhafte Überwachung und Aufzeichnung der fetalen Herztätigkeit des Ungeborenen). Dauerschaden: Schwerste Gehirnschädigung, der Kläger, der zur Urteilsverkündung 9 Jahre alt war, ist ein Intensivpflegefall und kann nicht verbal kommunizieren sondern nur wenige Laute geben; er ist jedoch in der Lage, Gesichter zu erkennen, Emotionen zu äußern (zB durch Lächeln) und sich eingeschränkt nonverbal zu verständigen. Die Persönlichkeit des Klägers sei – so die Sachverständigen – nicht völlig zerstört. Zu den weiteren Dauerfolgen vgl. oben unter Verletzungen.

Betrag: 475.000 € **Haftung: 100 %**
immVorb: Ja **MdE: 100 %**

LG Koblenz 30.7.2014 – 10 O 35/10 = unveröffentlicht

7869

Gehirnschädigung nach Sauerstoffunterversorgung während der Geburt. Intensivpflegefall, Rollstuhlgebundenheit, Epilepsie, Gehirnschädigung mit Betonung der oberen Extremitäten, Schluckstörung und Sprachentwicklungsstörung. Zu den Verletzungsfolgen führt das OLG anschaulich aus: „Der Kläger [ist] schwerstbehindert und wird niemals ein selbständiges und selbstbestimmtes Leben führen können. Er ist auf einen Rollstuhl angewiesen, den er jedoch nicht selbst bewegen kann, und benutzt zweitweise eine Laufhilfe, in der er angeschnallt werden muss. Der Kläger trägt Orthesen an den Beinen und Händen sowie eine Korsage, um eine Schiefstellung des Rumpfes zu vermeiden. Selbständiges Sitzen und Greifen ist dem Kläger nicht möglich, er hat auch das Sprechen nicht erlernen können, sondern lautiert nur. Gegenüber seiner Familie und bekannten Personen kann er mit Mimik und Gestik seine Bedürfnisse ausdrücken. Selbständig essen kann der Kläger nicht, aufgrund der bestehenden Dysphagie muss er Speisen in grob pürierter Form zu sich nehmen. Mahlzeiten sind mühsam und langwierig. Der Kläger erhält seit Geburt kontinuierlich Physiotherapie, Ergotherapie und Logotherapie. Er muss regelmäßig antiepileptische Medikamente einnehmen; dennoch treten mehrmals täglich Absencen auf."

Säugling / Kind. Arzthaftung im Zusammenhang mit der Entbindung (Geburtshilfefehler) durch das Unterlassen der Notsectio [Kaiserschnitt als Notfallmaßnahme in der Geburt], die das OLG als einen groben Behandlungsfehler wertete. Die Beklagten hatten die Mutter des Klägers – obwohl die Situation während der Geburt sowie auch die CTG-Befunde dies erfordert und die Mutter sich bei ordnungsgemäßer Aufklärung für einen Kaiserschnitt entschieden hätte – nicht über die notwendige Alternative eines Kaiserschnitts aufgeklärt, wodurch es zu einer hypoxischischämischen Enzephalopathie und in deren Folge zu den zahlreichen schweren gesundheitlichen Schäden des Klägers gekommen war. Dauerschaden: Intensivpflegefall, Rollstuhlgebundenheit, Epilepsie, Gehirnschädigung mit Betonung der oberen Extremitäten, Schluckstörung und Sprachentwicklungsstörung. Der Kläger besucht nach Absolvierung eines integrativen Kindergartens nunmehr eine Förderschule für Gehbehinderte. Das Urteil umfasst – als Teilschmerzensgeld – nur die in die Zeit nach der letzten mündlichen Verhandlung fallenden einzelnen Schadenfolgen als Dauerfolge [siehe oben unter Dauerschaden aufgeführt], jedoch nicht die behaupteten künftigen Schadenfolgen, zu denen die klägerischerseits aufgeführten möglichen Kontrakturen der Wirbelsäule und Gliedmaßen, die bei weiterem Wachstum des Klägers auftreten und operative Maßnahmen erfordern können sowie auch eine mögliche Versteifung des Körpers des Klägers zählen. Diese möglichen Spätfolgen sind nach dem bereits jetzt bestehenden Beschwerdebild zwar ab- und vorhersehbar, ihr Umfang und die weiteren daraus resultierenden Beeinträchtigungen jedoch noch ungewiss, weshalb dem Kläger die Option offensteht, in einem Folgeprozess das Schmerzensgeld auf die volle Summe zu erhöhen, die der Verletzte aufgrund der dann verlässlichen Beurteilung der weiteren Entwicklung beanspruchen kann [Anmerkung: vgl. dazu BGH BeckRS 2004, 2240 sowie im Handbuch unter → Rn. 384).

Betrag: 500.000 € **Haftung: 100 %**
immVorb: Ja **MdE: 100 %**

OLG Köln 9.3.2026 – 5 U 5/24 = BeckRS 2026, 3244

7601

Gehirnschädigung, schwerste (hier: infantile globalen dyskinetische Cerebralparese mit Störung des Bewegungsapparats und gravierenden Koordinationsstörungen. "Epilepsie. Die Klägerin kann nicht sprechen, nicht ohne Hilfe essen, nicht lesen und schreiben. Sie kann keine gezielten Bewegungen ausführen, nicht laufen, nicht stehen und nur mit Hilfsmitteln sitzen, es bestehen Gelenkdeformationen sowie Versteifungen. Auch eine Inkontinenz liegt vor. Aufgrund einer Fehlkoordination der Zunge stößt sie Speisen aus der Mundhöhle aus und muss gefüttert werden. Sowohl die Nahrungsaufnahme als auch die Flüssigkeitszufuhr müssen sorgfältig überwacht werden. Dennoch ist die Kl. erheblich unterernährt. Sie leidet an einer ausgeprägten Intelligenzminderung. Die Sehkoordination und Hörfähigkeit ist herabgesetzt. Die Kl. kann ihren Kopf nicht länger als 60 Sekunden gerade halten, bevor er zur Seite oder nach vorne fällt.

Kind. Kind / Säugling. Arzthaftung wegen der grob fehlerhaften Behandlung und unzureichenden Aufklärung im Zusammenhang mit der Geburt der Klägerin (Geburtshilfefehler). Der BGH äußerte sich erneut zur Höhe des Schmerzensgelds bei schwerem Geburtsfehler und betonte in diesem Zusammenhang ebenfalls erneut [vgl. BGH BeckRS 2022, 6623] die Ungeeignetheit der Methode der „taggenauen Berechnung" des Schmerzensgelds auch als „Plausibilitätskontrolle" in Fällen von Dauerschäden. Zudem befasste er sich mit der Unterscheidung zwischen „grobem Behandlungsfehler" und „grob fahrlässigem Handeln eines Arztes" bei der Bemessung des Schmerzensgelds in Arzthaftungsfällen (im Anschluss an BGH BeckRS 2022, 5498) und betonte dabei, dass es bei schweren Dauerschäden keinen Automatismus im Sinne einer regelhaften Erhöhung des Schmerzensgelds bei verbliebener Einsichtsfähigkeit in die eigene, auf das schwerste beeinträchtigte Lebenssituation gibt, sondern der Tatrichter – je nach dem Ausmaß der jeweiligen Beeinträchtigung und dem Grad der dem Verletzten verbliebenen Erlebnis- und Empfindungsfähigkeit – eine Abstufungen vornehmen könne. [Die Berufungsentscheidung hierzu des OLG Koblenz BeckRS 2020, 41636 finden Sie auch unter → Nr. 6852].

Betrag: 500.000 € **Haftung: 100 %**
immVorb: – **MdE: –**

BGH 22.3.2022 – VI ZR 16/21 = BeckRS 2022, 8564

7290

Gehirnschädigung, schwere (hier: Mikrozephalie mit einem Kopfumfang von 33,8 cm mit symptomatischer fokaler Epilepsie, schwerer psychosomatischer Retardierung und einer zentralen Sehminderung. Insgesamt ist der Kläger „schwer geistig behindert" und „körperlich beeinträchtigt" sowie „niemals in der Lage …, ein eigenständiges und selbstbestimmtes Leben zu führen.", so das OLG.

Kind (Säugling). Arzthaftung im Zusammenhang mit der Geburtshilfe in deren Folge es zu einer akuten Sauerstoffunterversorgung des Neugeborenen kam (Amtlicher

Leitsatz: „Wirkt ein Gynäkologe bei einem pathologischen CTG nicht auf die sofortige Einweisung der Kindesmutter in ein Krankenhaus hin, so kann darin ein grober Behandlungsfehler vorliegen."); grober Behandlungsfehler. Zum Dauerschaden führte das OLG aus: „Der Kläger ist in seiner täglichen Lebensführung maximal beeinträchtigt und wird sein ganzes Leben lang auf die Hilfe Außenstehender angewiesen sein. Dabei wird es die notwendige dauerhafte Anwesenheit von Angehörigen, Helfern und Pflegepersonen dem Kläger unmöglich machen, sich eine eigene, intime Sphäre aufzubauen. Hinzu kommen die immer wiederkehrenden epileptischen Anfälle, welche die Befindlichkeit des Klägers zusätzlich beeinträchtigen und weshalb er regelmäßig Medikamente einnehmen muss. Er leidet unter Krämpfen, Spastiken und Schmerzen. Derartig umfassende geistige und körperliche Beeinträchtigungen ab dem Zeitpunkt der Geburt rechtfertigen zur Überzeugung des Senats eine in der Höhe herausragende Entschädigung."

Betrag: 500.000 € **Haftung: 100 %**
immVorb: – **MdE: –**

OLG Hamm 17.12.2021 – 26 U 102/20 = BeckRS 2021, 43388

6852

Gehirnschädigung, schwere; hierzu führte das OLG aus: „Die Klägerin leidet seit ihrer Geburt unter einer infantilen globalen dyskinetischen Cerebralparese mit Störung des Bewegungsapparates und gravierenden Koordinationsstörungen. Betroffen sind die psychischen und kognitiven Bereiche sowie die Persönlichkeitsbildung. Es liegt eine deutliche Mikrozephalie vor und sie leidet unter Epilepsie. Sie kann nicht sprechen, nicht ohne Hilfe essen, nicht lesen und schreiben. Sie kann keine gezielten Bewegungen ausführen, nicht laufen, nicht stehen und nur mit Hilfsmitteln sitzen. Die Klägerin leidet an Inkontinenz und Gelenkdeformationen sowie Versteifungen. Aufgrund einer Fehlkoordination der Zunge stößt sie Speisen aus der Mundhöhle aus und muss gefüttert werden. Sowohl Nahrungsaufnahme als auch die Flüssigkeitszufuhr muss sorgfältig überwacht werden. Dennoch ist sie erheblich unterernährt. Sie leidet an einem ausgeprägten Intelligenzverlust und hat einen Intelligenzquotienten von 30. Die Sehkoordination und Hörfähigkeit ist gemindert".

Kind / Säugling. Arzthaftung wegen der grob fehlerhaften Behandlung und unzureichenden Aufklärung im Zusammenhang mit der Geburt der Klägerin (Geburtshilfefehler). Zum Umfang des verbliebenen Dauerschadens führte das OLG aus: „Die trotz der schweren Hirnschädigung noch vorhandenen kognitiven Fähigkeiten machen es der Klägerin nachvollziehbar sicher schmerzhaft bewusst, dass sie gegenüber anderen Kindern stark eingeschränkt ist. Andererseits ermöglichen diese Fähigkeiten ihr aber auch in begrenztem Umfang eine Teilhabe am sozialen Leben und – mit Hilfsmitteln – auch eine Kommunikation mit ihrer Umgebung. So ergibt sich insbesondere aus dem von der Klägerin vorgelegten Vorsorgebedarfserhebung der r. GmbH vom 11.3.2018, Bl. 1478 ff. GA, dass die Klägerin Dank der ihr zuteil gewordenen Förderung mit Hilfe des „Tobii Talkers" ihre Bedürfnisse äußern kann, wenn sie dafür auch sehr viel Zeit benötigt. Sie pflegt soziale Kontakte auch außerhalb der engeren Familie und trifft sich mit Freunden. Sie wird in Berichten auch als von der Grundstimmung her fröhliches Kind beschrieben. Von ihrem Entwicklungsstand bleibt die Klägerin zwar hinter gleichaltrigen Kindern aufgrund ihrer Behinderung deutlich zurück, erreicht aber immerhin den Stand eines Kleinkinds". [Das Urteil ist rechtskräftig – siehe dazu BGH BeckRS 2022, 8564 → Nr. 7601].

Betrag: 500.000 € **Haftung: 100 %**
immVorb: – **MdE: 100 %**

OLG Koblenz 16.12.2020 – 5 U 836/18 = BeckRS 2020, 41636

6368

Gehirnschädigung, schwerste (hier: Ausgeprägte bilaterale Zerebralparese, schwere spastische Tetraparese, schwere Epilepsie, welche der medikamentösen Behandlung bedarf, und eine fehlende Willkürmotorik, Totalerblindung, eine psychoneurologische Weiterentwicklung ist nicht möglich).

Kind / Säugling. Arzthaftung bzw. Hebammenhaftung / Haftung einer Beleghebamme (hier: Grober Behandlungsfehler während der Geburt / Geburtshilfefehler / Geburtsschaden. Es kam zur Sauerstoffunterversorgung mit „einer schwersten Hirnschädigung" und „einer schweren kombinierten körperliche und geistige Entwicklungsstörung". Dauerschaden: „Die Klägerin kann nämlich selbstständig atmen, Nahrung zu sich nehmen und Reaktionen zeigen, die etwa auf Entspannung oder Aufmerksamkeit hindeuten, – mehr nicht! Sie ist Bewegungsunfähig, blind, psychoneurologisch nicht weiterentwicklungsfähig und leidet unter schwerer Epilepsie". [Lesenswert zur Geburt mit einer Beleghebamme und zur Haftung einer Beleghebamme].

Betrag: 500.000 € **Haftung: 100 %**
immVorb: Ja **MdE: 100 %**

LG Dortmund 16.1.2020 – 4 O 430/16 = BeckRS 2020, 1350

6301

Gehirnschädigung, schwerste hier: Sauerstoffunterversorgung. Hypoxisch-ischämische Enzephalopathie, schwere peripartale Asphyxieund, zerebrale Krampfanfälle, Saugstörung, Schluckstörung, rezidivierende Apnoen und Kreislaufinsuffizienz. Intensivpflegefall.

Kind / Säugling. Arzthaftung: Grober Befunderhebungsfehler / Behandlungsfehler vor und während der Geburt [vorgeburtlicher Behandlungsfehler – Im Verlauf der Geburt fiel die Herzfrequenz des Kindes ab. Die behandelnden Ärzte verwechselten sodann im CTG den Herzschlag des Kindes mit dem der Mutter und reagierten daher trotz stark abgefallener Herzfrequenz des Kindes nicht]. Dauerschaden: Die Klägerin zu 1. ist tetraspastisch und aufgrund der massiven Hirnschädigung dauerhaft auf Hilfe und Pflege angewiesen (Intensivpflegefall). Ihre Ernährung erfolgt durch PEG-Sonde. Sie benötigt umfassende Therapien, insbesondere Physiotherapie und Ergotherapie aufgrund einer ausgeprägten Spastik der Extremitäten. Der Grad der Behinderung ist mit 100 festgestellt, daneben die Merkzeichen G, B, RF und H. [Anmerkung: Das OLG Oldenburg argumentiert und begründet bezüglich seiner Bemessung diese mit einem Urteil des OLG Celle (Urt. v. 22.10.2007 – 1 U 24/06) sowie einem Urteil des OLG Hamm (Urt. v. 16.1.2002 – 3 U 156/00) in denen jeweils in Fällen, die das OLG für vergleichbar erachtet hatte, jeweils ein Betrag in Höhe von 500.000 EUR zuerkannt worden waren. Eine eigene Auseinandersetzung mit der Frage der Angemessenheit und mit der aktuellen Diskussion in Rechtsprechung und Literatur (siehe → Rn. 268) findet nicht statt. Das OLG verharrt somit an der alten Schmerzensgeldgrenze von 500.000 EUR – die es jedoch nicht gibt! Vielmehr wäre bei derartigen Fällen, in denen das Opfer lebenslang extreme Verletzungsfolgen zu erleiden hat, nie ein selbstbestimmtes Leben wird führen können und stets rund um die Uhr intensiver Pflege bedarf, heute im Jahr 2020 durchaus ein Schmerzensgeld von 1.000.000 EUR angemessen.]

Betrag: 500.000 € **Haftung: 100 %**
immVorb: Ja **MdE: 100 %**

OLG Oldenburg 13.11.2019 – 5 U 108/18 = BeckRS 2019, 27994

5501

Gehirnschädigung, schwerste (hier: hypoxischer Hirnschaden in dessen Folge der Kläger auf Dauer geistig und körperlich schwerbehindert und lebenslang auf Hilfe und Pflege angewiesen ist. Er wird wegen einer Schluck- und Ernährungsstörung durch eine PEG-Sonde versorgt. Speichel und anfallendes Sekret müssen regelmäßig abgesaugt werden. Es besteht eine hochgradige Sehstörung in Form einer so genannten „zentralen Blindheit". Dies bedeutet, dass visuelle Reize von den Augen zwar wahrgenommen, vom Gehirn aber nicht adäquat verarbeitet werden. Es liegt eine schwere globale Entwicklungsstörung und eine Pflegebedürftigkeit in maximaler Ausprägung rund um die Uhr vor. Eine freie Fortbewegung aus eigener Kraft ist ihm nicht möglich. Der Kläger wird zeitlebens auf den Rollstuhl angewiesen sein.

Kind / Säugling. Arzthaftung (hier: Grober Behandlungsfehler während der Geburt). Dauerschaden der für die Bemessung maßgeblich war: „Ist einem Kind infolge eines geburtsbedingten und den Behandlern anzulastenden hypoxischen Hirnschadens (der dazu führt, dass das Kind weder jemals selbständig essen und trinken noch sprechen noch sich selbständig fortbewegen kann und dass eine maximale geistige Beeinträchtigung gegeben ist) jegliche Basis für die Entfaltung einer Persönlichkeit genommen, so ist ein Schmerzensgeld an der Obergrenze – die der Senat bei einem rein als Kapital geforderten Schmerzensgeld bei derzeit 500.000.- EUR ansetzt – per se gerechtfertigt. Eine im Rahmen einer derartigen Schwerstschädigung vorgenommene weitere „Ausdifferenzierung" (hier dahin, dass bei vergleichbaren Gerichtsentscheidungen etwa noch eine Tetraspastik oder eine Epilepsie hinzuträten) und eine damit begründete Reduzierung des Schmerzensgeldes um 50.000.- EUR sind nicht gerechtfertigt", so das OLG Köln, das hier irrtümlich von einer Obergrenze in Höhe von 500.000 Euro ausgeht, die es jedoch nicht gibt. Weder der Gesetzgeber noch die höchstrichterliche Rechtsprechung kennen eine (derartige) Obergrenze.

Betrag: 500.000 € **Haftung: 100 %**
immVorb: Ja **MdE: –**

OLG Köln 5.12.2018 – 5 U 24/18 = BeckRS 2018, 39188

5500

Gehirnschädigung, schwerste (hier: hypoglykämische Schädigung [Unterzuckerung] mit ausgeprägter statomotorischer Störung mit geistiger Behinderung sowie einer therapieresistenten symptomatischen Epilepsie und der Folge, dass das Kind wegen der schweren geistigen und körperlichen Beeinträchtigung niemals ein eigenständiges und selbstbestimmtes Leben führen werden kann.

Kind / Säugling. Arzthaftung (hier: Grober Behandlungsfehler durch unterlassene Blutzuckerbestimmung in einer lebensbedrohlichen Situation am ersten Lebenstag eines Kindes). Dauerschaden der für die Bemessung maßgeblich war: „Bei der Klägerin liegt eine kombinierte Entwicklungsstörung mit schwerer geistiger Behinderung vor. Sie versteht nach Angabe der Sachverständigen lediglich einfache Ansprachen und Aufforderungen und ist insoweit in der Lage, ihr Einverständnis durch Nicken zu verstehen zu geben. Zu einer aktiven Wortbildung und Sprache ist die Klägerin nicht in der Lage. Weiterhin besteht eine so gravierende Störung der Wahrnehmung akustischer und visueller Reize, dass diese einer funktionellen Hör- und Sehbehinderung gleichkommt. Sie geht mit kleinen Trippelschritten und produziert den Pinzettengriff. Die mittlerweile 12 Jahre alte Klägerin besucht in Begleitung einer Integrationshelferin eine Schule für geistig behinderte Kinder. Dabei ist als Ausdruck der Schwere der geistigen Behinderung allerdings keine aktive Kommunikation mit der Klägerin möglich. Bei der Klägerin wurde eine GdB von 100 festgestellt, daneben die gesundheitlichen Voraussetzungen der Merkzeichen „G" (erhebliche Gehbehinderung), „B" (Notwendigkeit ständiger Begleitung) und „H" (Hilflosigkeit). Hinzu kommt, dass bei der Klägerin weiterhin eine medikamentös nicht beherrschbare Epilepsie mit unvorhersehbaren großen Anfällen besteht, wobei es nach Angabe der Kindesmutter zuletzt noch im November 2018 zu einem schweren Krampfanfall gekommen ist. Neben der Schwere der geistigen Behinderung ist für die Höhe des Schmerzensgeldes bestimmend, dass die Klägerin ihr gesamtes Leben lang massiv durch die Epilepsie beeinträchtigt ist und ihr gesamtes weiteres Leben lang vollumfänglich auf fremde Hilfe angewiesen sein wird. Es fällt dabei insbesondere ins Gewicht, dass sie niemals in der Lage sein wird, ein selbstbestimmtes Leben zu führen und mit ihrer Umwelt – außer durch einfaches Nicken – aktiv zu kommunizieren", so das OLG Hamm.

Betrag: 500.000 € **Haftung: 100 %**
immVorb: Ja **MdE: 100 %**

OLG Hamm 4.12.2018 – 26 U 9/16 = BeckRS 2018, 33312

5505

Gehirnschädigung, schwerste (hier: Cerebrale und fieberinduzierte Krampfanfälle, schwere Sehbehinderung, schwere Tetraspastik mit entsprechenden orthopädischen Folgen und Störungen bei der Nahrungsaufnahme, Inkontinenz, hochgradige Sprachbehinderung).

1j. Kind. Arzthaftung aufgrund von Behandlungsfehlern und Befunderhebungsfehlern in deren Folge es zu einem unzureichend behandelten Herz-Kreislauf-Stillstand und einem damit verbundenen hypoxisch-ischämischen Geschehen (Sauerstoffunterversorgung) gekommen war. Die Klägerin ist ein Intensivpflegefall und kann nur in einem Schrägbett bei etwa 30 Grad liegen und nur in einem Rollstuhl mit speziell gefertigter Sitzschale fortbewegt werden. Sie muss regelmäßig gewickelt, gewindelt und umgelagert werden und bedarf einer ständigen Fütterung und Überwachung zur Nahrungsaufnahme. Anmerkungen zur Schmerzensgeldbemessung: Zutreffend wies das OLG die Argumentation der Beklagten zurück, die eine Herabsetzung des Schmerzensgeldes darin begründet sah, dass die Klägerin keine Erinnerung an ihr Leben vor den streitgegenständlichen Geschehnissen habe. Vielmehr – so das bereits das LG – würden der Klägerin durch die mit ihr lebende (gesunde) Zwillingsschwester tagtäglich ihre Einschränkungen im Vergleich zu dieser vor Augen geführt.

Betrag: 500.000 € **Haftung: 100 %**
immVorb: Ja **MdE: 100 %**

KG 11.12.2017 – 20 U 19/14 = BeckRS 2017, 137499

5503

Gehirnschädigung, schwerste (hier: Hypoxischer Hirnschaden mit linksbetonter Parese mit Spasmen, Sprachstörungen und Schluckstörungen aufgrund Sauerstoffunterversorgung).

47j. Frau. Arzthaftung (hier Grober Behandlungsfehler). Dauerschaden: Intensivpflegefall. Die Klägerin ist stark körperlich und geistig behindert und dauerhaft auf fremde Hilfe und Pflege angewiesen. Überdies zeigen sich erhebliche Hirnleistungsstörungen mit agnostischen und apraktischen Komponenten sowie Einschränkungen des Gedächtnisses. Die Situation verschlechtert sich dabei schleichend. Das Erinnerungsvermögen der Klägerin hält nur 60 – 90 Minuten an. Es kommt zu Stürzen und Inkontinenz.

Betrag: 500.000 € **Haftung: 100 %**
immVorb: Ja **MdE: –**

OLG Hamm 21.3.2017 – 26 U 122/09 = BeckRS 2017, 109307

5362

Gehirnschädigung, schwerste (hier: Schwerster hypoxisch-ischämischer Gehirnschädigung mit Mikrozephalus, schwerer spastischer Tetraparese und Totalerblidnung sowie Sprachlosigkeit. Zudem leidet der Kläger der Kläger unter einer sogenannten Blitz-Nick-Salaam-Epilepsie (= BNS-Epilepsie), die auch West-Syndrom benannt wird.

Kind / Säugling. Arzthaftung (hier: Grober Behandlungsfehler / Geburtshilfefehler mit Sauerstoffunterversorgung nach Plazentaablösung). Dauerschaden: Erblindung und Bewegungsunfähigkeit! Der Kläger kann weder sitzen noch stehen noch greifen oder Laute von sich geben und ist zudem völlig blind. Er hat keinerlei Entwicklungsmöglichkeit und ist ein Intensivpflegefall. [vgl. auch unter: Persönlichkeitszerstörung]. vgl. hierzu auch OLG Hamm BeckRS 2002, 4761.

Betrag: 500.000 € **Haftung: 100 %**
immVorb: – **MdE: 100 %**

OLG Karlsruhe 3.3.2016 – 7 U 28/15 = unveröffentlicht

6046

Gehirnschädigung, schwerste (hier: Gehirnschädigung nach Sauerstoffunterversorgung während der Geburt mit schwersten geistigen und körperlichen Schäden).

Säugling. Arzthaftung (hier: Grober Behandlungsfehler und Befunderhebungsfehler bei der Geburt / Geburtshilfefehler. Zweimalige Gabe von Oxytocin und das Unterlassen einer Wehenaufzeichnung während der Oxytocin-Gabe. Es kam zu einer Sauerstoffunterversorgung). Dauerschaden: Intensivpflegefall wegen der „schwersten körperlichen und geistigen Schäden, die die Klägerin für das ganze Leben zu erleiden hat“, so das OLG.

Betrag: 500.000 € **Haftung: 100 %**
immVorb: Ja **MdE: 100 %**

OLG Frankfurt a. M. 11.6.2015 – 15 U 189/13 = BeckRS 2015, 123722

6641

Gehirnschädigung, schwerste (hier: 95 % des Gehirns sind abgestorben. „Praktisch vollständiger Verlust ihrer Persönlichkeit, bevor sie die Vorstellung von einem eigenen Ich überhaupt jemals entwickeln konnte“, so das LG. Vollständige Erblindung. Intensivpflege vergleichbar mit einer Wach-Koma-Patientin).

Kind (3 Wochen alt). Dauerschaden: Intensivpflegefall 7/24 und Reduzierung der Lebenserwartung auf maximal 25 Jahre. Das LG Gießen (Adhäsionsverfahren) verurteilte den Angeklagten zu einer Jugendstrafe von 6 Jahren und 3 Monaten und führte in seiner Urteilsbegründung zur Bemessung des Schmerzensgeldes zutreffend aus, dass der Betrag praktisch den wirtschaftlichen Ruin für den Angeklagten bedeute, aber dennoch so zu entscheiden sei, da sich die Berücksichtigung der wirtschaftlichen Leistungsfähigkeit in Fällen, wie dem vorliegenden, verbiete, da hier der Schädiger keinen fahrlässig begangenen Kleinschaden verursacht habe, sondern vielmehr einen vorsätzlich herbeigeführten Maximalschaden, der die Geschädigte bereits im Alter von nur 3 Wochen faktisch um ihr gesamtes Leben gebracht habe. [Ursache: Vorsätzliche Körperverletzung: Der 19jährige Angeklagte schüttelte die Nebenklägerin massiv und schlug ihren Kopf mehrfach gegen den Türrahmen.]

Betrag: 500.000 € **Haftung: 100 %**
immVorb: Ja **MdE: –**

LG Gießen 7.5.2015 – 1 KLs – 604 Js 29856/14 = BeckRS 2016, 5044

5128

Gehirnschädigung, schwerste (hier: Hypoxie, d.h. Sauerstoffmangel im arteriellen Blut mit daraus resultierender schwerer Gehirnschädigung und Organschädigung; Intensivpflegefall).

1j. Kind. Dauerschaden: Intensivpflegefall. [Ursache: Aufsichtspflichtverletzung: Das Kind, welches 13 Minuten unbeaufsichtigt und außerhalb eines Laufstalles war, hatte eine Schraube verschluckt und litt dadurch ca. 15 bis 20 Minuten unter einer Sauerstoffunterversorgung bzw. Hypoxie].

Betrag: 500.000 € **Haftung: 100 %**
immVorb: Ja **MdE: –**

OLG Koblenz 25.2.2015 – 12 W 753/14 = BeckRS 2015, 6558

4867

Gehirnverletzung, schwerste (hier: Wachkoma) nach Polytrauma.

35j. Mann. Stationäre Heilbehandlung. Sehr langwierige Heilbehandlung. Dauerschaden: Wachkoma mit künstlicher Ernährung, Intensivpflegefall. Das OLG bestätigte das bereits vom LG zuerkannte Schmerzensgeld, mit der Begründung, „der Kläger, ein damals 35-jähriger, verheirateter Familienvater von drei Kindern im Alter von 3, 8 und 9 Jahren" liege seit vier Jahren im Wachkoma. Er sei nicht ansprechbar und könne sich nicht mitteilen. Ihm sei damit die Basis für eine eigene Persönlichkeit genommen und er sei nicht mehr in der Lage ein normales Leben zu führen. Zudem hatte der Beklagte, der bewusst auf den Kläger zufuhr, die Verletzungen zumindest grob fahrlässig herbeigeführt.

Betrag: 500.000 € **Haftung: 100 %**
immVorb: – **MdE: 100 %**

OLG Oldenburg 2.9.2014 – 12 U 50/14 = BeckRS 2014, 125376

4460

Gehirnschädigung; schwerste (hier: Apallisches Syndrom mit Tetraspastik und küsnstlicher Ernährung mittels PEG-Sonde).

4j. Kind. Arzthaftung (Hier: Behandlungsfehler bei Narkotisierung des Kindes, welches wegen einer Unterarmfraktur stationär behandelt werden musste). Dauerschaden: Apallisches Syndrom; Tetraspastik; Intensivpflegefall. Die Kl. hat jedoch noch emotionale Fähigkeiten und kann Freude, Unwohlsein und Angst empfinden und äußern; auch erkennt sie ihr nahestehende Personen. Das KG schließt daher nicht aus, „dass der Kl. … die Ausweglosigkeit der jetzigen Situation in gewisser Weise bewusst ist. … Das Alter der Geschädigten im Zeitpunkt des Schadensereignisses und die Möglichkeit, dass eine – wenn auch rudimentäre – Erinnerung besteht, rechtfertigen ein höheres Schmerzensgeld", so das KG, welches daher den vom LG zuvor zuerkannten Schmerzensgeldbetrag – auf kapitalisiert insgesamt ca. 650.000 Euro – deutlich anhob. [Anmerkung: Weitere Fundstellen sind ua NJW-RR 2012, 920; NZV 2012, 445 und VersR 2012, 766].

Betrag: 500.000 € **Haftung: 100 %**
immVorb: – **MdE: 100 %**
Rente: 650 €

KG 16.2.2012 – 20 U 157/10 = BeckRS 2012, 6990

4587

Gehirnschädigung, schwere (hier: Schwere Gehirnschädigung mit der Folge intensiver Betreuung in allen Bereichen).

Kind / Säugling. Arzthaftung / schwerer Geburtshilfefehler. Dauerschaden: Intensivpflegefall; der Versuch, die Kl. im Alter von 10 Jahren in einer Förderschule zu bringen, schlug wegen „emotionaler Blockierung" fehl. Es erfolgte deshalb ein Jahr später eine Hausbeschulung in Gegenwart einer von der kl. angestellten Assistenz.

Betrag: 500.000 € **Haftung: 100 %**
immVorb: Ja **MdE: 100 %**

OLG Dresden 23.6.2011 – 4 U 1409/10 = BeckRS 2011, 27538

4589

Gehirnschädigung, schwerste (hier: bilaterale spastische Zerebralparese 5.Grades; keine Motorik; keine Kommunikation; täglich epileptische Anfälle; Wasserkopf etc.)

Kind / Säugling. Arzthaftung / Geburtshilfefehler. Dauerschaden: Intensivpflegefall 24 h /365 Tage. Die Kl. kann sich noch nicht einmal selbstständig in ihrem Bett drehen. Eine Kommunikation ist unmöglich, sie kann nur einen Zischlaut von sich geben. [Anmerkung: Angesichts dieser schwersten Verletzung erscheint das Schmerzensgeld von 500.000 EUR nicht angemessen; offensichtlich schreckte auch das LG Ansbach wie viele Gerichte vor einem Überschreiten der vermeintlichen 500.000 EUR-Grenze zurück. Was der immaterielle Vorbehalt bei einer solch umfänglichen Extremverletzung bezwecken soll, bleibt unerklärlich.]

Betrag: 500.000 € **Haftung: 100 %**
immVorb: Ja **MdE: 100 %**

LG Ansbach 6.4.2011 – 2 O 1381/07 = BeckRS 2011, 142368

5862

Gehirnschädigung, schwerste (hier: Microcephalie, schwerster hirnorganischer Schädigung infolge einer Sauerstoffunterversorgung bei der Geburt. Intensivpflegefall).

Kind (Säugling). Arzthaftung (hier: Geburtshilfefehler mit Sauerstoffunterversorgung). Dauerschaden: Schwerste geistige Behinderung, Mikrocephalie, spastische Tetraparese, Epilepsie, Schluckstörung, schwere chronische Ateminsuffienz und Zerstörung der Persönlichkeit.

Betrag: 500.000 € **Haftung: 100 %**
immVorb: – **MdE: –**

OLG Stuttgart 12.1.2010 – 1 U 107/09 = BeckRS 2010, 143929

6875

Gehirnschädigung, schwerste (hier: Schwerste hypoxische Gehirnschädigung infolge von Sauerstoffunterversorgung bei der Geburt. Nahezu vollständige Persönlichkeitszerstörung.

Kind/ Säugling. Arzthaftung im Zusammenhang mit der Geburt des Kinds; Geburtshilfefehler. Dauerschaden: Intensivpflegefall rund um die Uhr sowie eine Vielzahl extrem gravierender motorischer und intellektueller Dauerschäden mit nahezu vollständiger Zerstörung der Persönlichkeit.

Betrag: 500.000 € **Haftung: 100 %**
immVorb: Ja **MdE: 100 %**

OLG Hamm 14.9.2009 – I-3 U 9/08 = BeckRS 3280

3998

Gehirnschädigung, schwerste nach „extrem traumatischer Hirnschädigung".

9j. Mädchen. Dauerschaden: Bewegungsunfähigkeit, fehlende Kopfkontrolle, eine an Blindheit grenzende Sehstörung, schmerzhafte Krampfanfälle, Inkontinenz, Wachkomaähnliche Zustände, Intensivpflegefall. Das Gericht betonte, dass insofern der ausgeurteilt Betrag gerechtfertigt sei und zwar auch dann, wenn nicht sicher sei, dass sich die Verletzte ihres Zustands bewusst ist.

Betrag: 500.000 € **Haftung: 100 %**
immVorb: Ja **MdE: 100 %**

LG Münster 17.4.2009 – 16 O 532/07 = BeckRS 2009, 12491

4086

Gehirnschädigung, schwerste (hier: schwerer hypotoxischer Gehirnschaden mit Epilepsie).

Säugling. Arzthaftung in Form eines groben Behandlungsfehlers bei der Geburtshilfe (Geburtshilfefehler). Sauerstoffunterversorgung. Dauerschaden: Intensivpflegefall. Nahezu Totalerblindung; nahezu Hörverlust; Geringe Kommunikationsmöglichkeit.

Betrag: 500.000 € **Haftung: 100 %**
immVorb: Ja **MdE: 100 %**

LG Marburg 11.2.2009 – 5 O 45/02 = unveröffentlicht

3949

Gehirnschädigung, schwerste … nach Geburtshilfefehler. Fast völlige Erblindung; Epilepsie; extreme Tetraspastik mit völliger Rumpfinstabilität; eine Kopf- oder Haltungskontrolle und ein Drehen und Fortbewegen ist nicht möglich; Greifen mit den Händen nicht möglich; künstliche Ernährung; Intensivpflegefall.

Säugling. MdE auf Dauer 100 %. Arzthaftung: Der inzwischen 12j. Kläger, der auf dem Entwicklungsstand eines Säuglings verblieben ist, erlitt während seiner Geburt eine Sauerstoffunterversorgung und wird als Intensivpflegefall in einem sozialpädagogischen heim versorgt. Dauerschaden: Kann weder gehen noch stehen; Totalerblindung, nahezu völlige. Er kann nur flüssige Nahrung zu sich nehmen und leidet permanent unter Epilepsie. [Anmerkung: Lesenswert auch zum Thema des Pflegemehraufwandes bzw. „Schadensersatzes wegen eines vermehrten Bedürfnisses für Pflege und Betreuung eines durch einen ärztlichen Behandlungsfehler bei der Geburt schwer geschädigten Kindes durch Eltern im Rahmen häuslicher Gemeinschaft sowie bei anderweitigem stationärem Aufenthalt, insbesondere zur Bewertung so genannter „Bereitschaftszeiten“ der Eltern“].

Betrag: 500.000 € **Haftung: 100 %**
immVorb: – **MdE: 100 %**
Rente: 500 €

OLG Zweibrücken 22.4.2008 – 5 U 6/07 = BeckRS 2008, 11967

6209

Gehirnschädigung, schwerste (hier: schwerste geistige und körperliche Behinderung vor mit einem absoluten Hilfebedarf und der Notwendigkeit einer 24-Stunden-Betreuung voraussichtlich für das gesamte Leben. Motorisch erhebliche Schädigung, kann sich nicht alleine bewegen, Spastiken, Kommunikation kann lediglich über Gestik und Mimik, teilweise über Lautäußerungen erfolgen).

6j. Kind (Junge). Arzthaftung (hier: Grober Behandlungsfehler im Zusammenhang mit einem nicht erkannten Hirnödem, bei dem der Beklagte mit einer Insulintherapie die Entstehung noch begünstigt hatte, anstatt dieser mit geeigneten Maßnahmen entgegen zu wirken. Es kam zu einer schweren Gehirnschädigung). Dauerschaden: Intensivpflegefall. „Der Kl. wurde als Kind an seiner Gesundheit schwerstgeschädigt. Nach dem vorliegenden Enwicklungsbericht des Einzelfallbetreuers des Kl. liegt eine schwerste geistige und körperliche Behinderung vor mit einem absoluten Hilfebedarf und der Notwendigkeit einer 24-Stunden-Betreuung voraussichtlich für das gesamte Leben. Die Kommunikation kann lediglich über Gestik und Mimik, teilweise über Lautäußerungen erfolgen. Das zugesprochene Schmerzensgeld soll diese erheblichen, das gesamte Leben des Kl. ändernden Beeinträchtigungen ausgleichen und dem Kl. gleichzeitig Genugtuung verschaffen“.

Betrag: 500.000 € **Haftung: 100 %**
immVorb: – **MdE: 100 %**

LG Berlin 20.11.2003 – 6 O 272/01 = VersR 2005, 1247

3101

Gehirnschädigung (hier: Schwerste hypoxisch-ischämische Enzephalopathie Grad II bis III mit der Folge, dass der Kl. kein „annähernd normales Leben ... führen“ kann und „schwerstbehindert, nahezu blind und taub“ ist. Das OLG betonte dazu: „Ein schlechterer Zustand ist nicht vorstellbar“! Intensivpflegefall!)

5j. Kind (Junge). Arzthaftung; Geburtshilfefehler (hier: Grober Behandlungsfehler bei der Geburt). Atemstillstand. Schwerste Behinderung als Dauerschaden. [Anmerkung: Das LG Arnsberg hatte lediglich 200.000 Euro zuerkannt. Das OLG hob zutreffend auf den oben genannten Betrag an; dies ist einer der höchsten bislang ausgeurteilten Schmerzensgeldbeträge und zeigt den Trend der Rspr. auf, bei schwersten Schäden auch höhere Schmerzensgeldbeträge zuzuerkennen!]

Betrag: 500.000 € **Haftung: 100 %**
immVorb: – **MdE: 100 %**

OLG Hamm 21.5.2003 – 3 U 122/02 = BeckRS 2003, 13088

3042

Gehirnschädigung, schwerste (hier: sekundäre Mikrozephalie schwersten Ausmaßes mit schwerster Tetraspastik. Völlige zerstörung der Persönlichkeit. Ständige Intensivpflege erforderlich. Der Kläger ist „in der Wurzel seiner Persönlichkeit getroffen“!).

Kind (Säugling). Geburtsfehler / Geburtshilfefehler / Arzthaftung (hier: grober Behandlungsfehler). Dauerschaden: „Denkbar schwerste Schädigung ... mit Zerstörung der Persönlichkeit“. „Beeinträchtigungen derartigen Ausmaßes verlangen angesichts des hohen Wertes, den das GG in Art. 1 und 2 der Persönlichkeit und der Würde des Menschen beimisst, eine herausragende Entschädigung“, so das OLG, welches das Schmerzensgeld von 300.000 Euro auf 500.000 Euro anhob.

Betrag: 500.000 € **Haftung: 100 %**
immVorb: Ja **MdE: 100 %**

OLG Hamm 16.1.2002 – 3 U 156/00 = BeckRS 2002, 4761

6756

Gehirnschädigung, schwerste (hier: Schwerste hypoxische Gehirnschädigungen durch eine Sauerstoffunterversorgung während der Geburt. Rollstuhlgebundenheit, der Kläger ist auf einen Rollstuhl angewiesen und bettlägrig und kann sich noch nicht einmal selbst auf den Rücken oder den Bauch drehen. Er hat keine Kontrolle über seine Kopfhaltung und muss gefüttert werden. Die Kommunikation ist extrem eingeschränkt und nur eine geringe Kontaktfähigkeit vorhanden. Zudem besteht eine Epilepsie. Die Lebenserwartung des Klägers ist verkürzt. Er benötigt eine Intensivpflege rund um die Uhr.

Kind / Säugling. Arzthaftung im Zusammenhang mit der Geburtshilfe [Geburtshilfefehler] durch Sauerstoffunterversorgung. Dauerschaden: Intensivpflegefall mit Einstufung in Pflegestufe 5. Insofern wies das OLG darauf hin, dass der Kläger zwar noch über gewisse kognitive Fähigkeiten verfüge, jedoch sei ihm wegen der fehlenden Kommunikationsmöglichkeiten „die Basis für die Entwicklung einer eigenen Persönlichkeit genommen“ worden. Anhaltspunkte für ein höheres Schmerzensgeld bzw. für eine „Ausreißerentscheidung“ lägen nicht vor.

Betrag: 550.000 € **Haftung: 100 %**
immVorb: Ja **MdE: 100 %**

OLG Koblenz 15.1.2020 – 5 U 1599/18 = BeckRS 2020, 47719

4975

Gehirnschädigung, schwerste ... infolge von Bradycardie und Hypoxie (hier: hypoxische Gehirnschädigung, apallisches Syndrom, schwere psychomotorische Retardierung und Tetraparese und Tetraplegie, symptomatische Epilepsie, Gesichtsnervlähmung, Totalerblindung, Schwerhörigkeit etc.)

KInd / Säugling. Hebammenhaftung / grob fahrlässiger Geburtshilfefehler während einer sog. Hausgeburt. Dauerschaden: Intensivpflegfall, Tetraplegie, Totalerblindung,

Epilepsie, künstliche Ernährung etc. Die Regulierungsverzögerung der Berufshaftpflichtversicherung der Hebamme wirkte sich erhöhend aus.

Betrag: 550.000 € **Haftung: 100 %**
immVorb: Ja **MdE: –**

LG Düsseldorf 12.12.2013 – 3 O 389/08 = BeckRS 2014, 17286

5346

Gehirnschädigung, schwerste… nach Schädelfraktur in Form einer mehrfragmentären Schädelkalottenfraktur mit Schädelhirntrauma und bifrontalen Kontusionsblutungen mit generalisiertem Hirnödem sowie traumatischer Subarachnoidalblutung (sogn. SAB), das / die … "von den Beklagten (angestellten Ärzten der Bekl. zu 1.) nicht erkannt" worden war. Insgesamt wurde beim Kläger – neben einer Totalerblindung – eine neurokognitive Behinderung anhand der Glasgow Outcome Scale (GOSE) im Wert von 3 attestiert, was einer schweren Behinderung im unteren Niveau (Punktwert 1 = Tod; Punktwert 2= vegetativer Zustand) entspricht und gerichtsseitig betont, dass sich aus neurologischer und rehabilitationsmedizinischer Sicht der erreichte Reha.-Stand „nicht zum Positiven ändern" wird.

21j. Mann. Arzthaftung (hier: Grober Behandlungsfehler, die – so das OLG – „schwerwiegend falsch und schlechterdings nicht nachvollziehbar" waren. Dauerschaden: Totalerblindung; schwere Hirnnervparesen mit 100 %iger geistiger Behinderung und Gesichtslähmung; linksbetonte Tetraspastik mit einem Kraftgrad von etwa 4/5, wobei spontanmotorisch die linke Körperhälfte nicht benutzt werden kann; deutliche Rumpfataxie und Standataxie mit ungerichteter Fallneigung; fortwährend bestehende Schmerzen und zunehmender Konkrakturen aller Gelenke und Osteoporose und Arthrose in den Gelenken. Depressionen und Wirbelsäulendauerschäden. Intensivpflegefall: Der Kläger benötigt rund um die Uhr (365 Tage/24 Stunden) Pflege für alle täglichen Verrichtungen (Nahrungsaufnahme, An- und Auskleiden, Toilettengang etc). Seine „Lebensperspektive" wurde – im jungen Alter von nur 21 Jahren – „vollständig zerstört", so das OLG wörtlich. Das OLG wies zutreffend darauf hin, dass durch das von ihm bestätigte Schmerzensgeld in Höhe von 560.000 EUR „das in Schmerzensgeldtabellen angelegte allgemeine Entschädigungsgefüge nicht gesprengt, sondern fortgeschrieben" werde und wies auch die – in derartigen Fällen leider stets unsinniger Weise strapazierte – Behauptung der Beklagten zurück, dass durch derart hohe Schmerzensgeldbeträge die „Versichertengemeinschaft" in unzumutbarer Weise belastet werde. Anmerkung: Zutreffend stellte sich das OLG dem unzutreffenden Argument der Beklagten entgegen, die vorgetragen hatten, ein Betrag in Höhe der bereits vom Landgericht zuerkannten 560.000 EUR sei deshalb viel zu hoch, da Beträge „in dieser Größenordnung … nur Neugeborenen zuerkannt" werden würde. Das Urteil wurde vorgelegt von Rechtsanwalt Peter Schwab aus Frankfurt am Main.

Betrag: 560.000 € **Haftung: 100 %**
immVorb: Ja **MdE: 100 %**

OLG Frankfurt a. M. 31.1.2017 – 8 U 155/16 = BeckRS 2017, 139887

7338

Gehirnschädigung, schwere: Cerebralparese / Zerebralparese mit „einer deutlichen geistigen Behinderung" sowie Spastik und starker Skoliose, die dazu geführt hat, dass der Kläger mehrere Operationen zur Versteifung der Wirbelsäule über sich ergehen lassenmusste. Zerebrale Krampfanfälle, die etwa zweimal im Jahr auftreten. Sehbehinderung durch Augenzittern [= Nystagmus] und ausgeprägtes Innenschielen. Sprachstörungen bzw. eingeschränktes Sprachvermögen; „die Sprachfähigkeiten des Klägers haben sich über die Jahre gebessert, sodass eine Kommunikation – gerade mit ihm vertrauten Personen – in eingeschränktem Maße möglich ist. Inwieweit eine Unterhaltung jenseits von kurzen Bedürfnisformulierungen jemals möglich sein wird, bleibt jedoch offen". Intensivpflegefall: „… er [braucht] komplette Assistenz bei allen Alltagsbedürfnissen. Er ist damit Zeit seines Lebens auf fremde Hilfe und intensive Pflege angewiesen."

Kind (Neugeborenes). Arzthaftung: Grober Behandlungsfehler im Rahmen der Geburt des Kindes. Dauerschaden: Zerebralparese, Sehbehinderung, Minderwuchs. ZU den Folgen des Behandlungsfehlers führte das LG aus: „Der Kläger zu 1) wurde zunächst in erster Linie von seinen Eltern zu Hause betreut und versorgt. Seit August 2011 besuchte er werktags zunächst von 9.00 bis 14.00 Uhr, später werktags von 9.00 bis 16.00 Uhr die integrative Kindertagesstätte …….Seit 2016 besucht er wochentags von 08:00 Uhr bis 16.00 Uhr die ……-Schule, eine spezielle Schule für Behinderte mit Förderschwerpunkt körperliche und motorische Entwicklung. Er wird von seinen nunmehr getrennt lebenden Eltern abwechselnd betreut. Bei der Schmerzensgeldbemessung berücksichtigte das LG explizit, dass der Kläger zu 1) "zusätzlich zu den unstreitigen Gesundheitsschäden … an einer expressiven Sprachstörung sowie anderen entwicklungsbedingten Intelligenzminderungen [leidet]. Im Hinblick darauf, dass er körperlich und geistig mehrfach schwerstbehindert sei und bleiben werde, er sich seiner motorischen und kognitiven Defizite mit zunehmenden Alter auch zunehmend bewusst werden werde". [Anmerkung: Kapitalisiert beläuft sich das Schmerzensgeld auf nahezu 720.000 EUR (exakt: 718.938 EUR)].

Betrag: 600.000 € **Haftung: 100 %**
immVorb: – **MdE: –**
Rente: 500 €

LG Mönchengladbach 25.2.2022 – 6 O 347/12 = BeckRS 2022, 54878

6997

Gehirnschädigung, schwerste (hier: Dystrophie, Mikrozephalie, Tetraspastik, schwerste statomotorische und geistige Entwicklungsstörung, zentrale Sehstörung, fehlende Sprachentwicklung ohne gezielte Kommunikationsfähigkeit, schwere cerebrale Bewegungsstörung mit einschließender Spastik, vorhandene symptomatische Epilepsie, permanente Harn- und Stuhlinkontinenz, Verbleib einer Rest-Stenose, Hörstörung, schwere Ernährungsproblematik mit Schluckstörungen (oropharyngeale Dysphagie) und Verdauungsstörungen mit über zwei Jahre andauernder Ernährung über eine PEG-Sonde.

Kind. Arzthaftung im Zusammenhang mit der Geburt der Klägerin, die in der Kinderklinik der Beklagten als Zwillingsfrühgeburt in der 36. Schwangerschaftswoche per Kaiserschnitt entbunden worden war. Das Geburtsgewicht lag bei 1.310 Gramm. Im Weiteren erlitt die Klägerin nach intensiven therapeutischen Maßnahme bei schwerwiegender hypoxisch-ischämischer Enzephalopathie einen hypoxisch-ischämischen Gehirnschaden. Dauerschaden: Zentrale Sehstörung, schwerste motorische und geistige Entwicklungsstörungen, Intensivpflegefall. Zu alldem führt das LG aus: „Die Klägerin hat einen

Grad der Behinderung von 100 und erhält Blindengeld" … „Die Klägerin hat eine komplexe Behinderung mit schwerster motorischer und geistiger Entwicklungsstörung, bisher fehlender Sprachentwicklung und gezielter Kommunikationsfähigkeit, schwerer Ernährungsproblematik mit Schluckstörungen und Verdauungsstörungen, Schluckstörungen und Ernährung über eine PEG-Sonde bis Dezember 2010, schwerer cerebraler Bewegungsstörung mit einschließender Spastik, symptomatischer Epilepsie, permanenter Harn- und Stuhlinkontinenz, zentraler Sehstörung, intermittierender, respiratorischer Insuffizienz mit Beatmung über Tracheostoma bis zum Tracheostomaverschluss im Dezember 2009, Hörstörung, Dystrophie, Mikrozephalie, Tetraspastik, oropharyngeale Dysphagie mit folgenden Aspirations- und Penetrationsgraden nach PAS. Sie weist schwere Beeinträchtigungen in allen Bereichen des täglichen Lebens, bei der Nahrungsaufnahme und Körperpflege, bei der Mobilität, bei der Kommunikation, bei der Selbstständigkeit und bei der sozialen Interaktion auf. Zwar schafft sie es, sich im Vierfüßlerstand zielgerichtet zu bewegen und an Möbeln aufzurichten. Es kommt aber häufig zu Stürzen. Für korrekte Positionswechsel und flüssige Bewegungsübergänge sowie für das Stehen ist sie auf Hilfe angewiesen. Die Klägerin hat frühzeitig mit krankengymnastischer, ergotherapeutischer und logopädischer Förderung begonnen. Die aktive Sprache hat sich jedoch bisher nicht effektiv entwickelt, sondern es besteht lediglich eine nonverbale Kommunikationsfähigkeit durch Mimik und Lautieren. Die gegen Krampfanfälle gerichtete medikamentöse Behandlung muss dauerhaft fortgeführt werden. Wegen der weiter bestehenden Schluckstörungen gestaltet sich die Ernährungssituation schwierig. In Anbetracht ihrer gesundheitlichen Situation hat die Klägerin seit ihrer Geburt in verschiedenen Einrichtungen und bei verschiedenen Ärzten und Therapeuten fortlaufend medizinische und therapeutische Hilfe in Anspruch genommen". [Anmerkung: Kapitalisiert ergibt sich ein Betrag von insgesamt 713.433,60 EUR, so das LG, das sich insofern auf die Entscheidungen des OLG Zweibrücken → Nr. 3949 und des OLG Hamm → Nr. 3042 bezog. Unter Bezugnahme auf neuere Entscheidungen zB LG Gießen → Nr. 6274 und die erhöhend zu berücksichtigende Thematik der Niedrig- bzw. Nullzinsphase hätte das Schmerzensgeld noch etwas höher ausfallen dürfen; vgl. dazu LG Limburg → Nr. 6812; das LG Limburg hatte in einem vergleichbaren Fall mit Urt. vom 28.6.2021 1.000.000 EUR zu].

Betrag: 600.000 € **Haftung: –**
immVorb: – **MdE: 100 %**
Rente: 350 €

LG Paderborn 9.6.2021 – 4 O 334/12 = BeckRS 2021, 20162

4082

Gehirnschädigung, schwerste (hier: Hypoxisch-ischämische Gehirnschädigung. Totalerblindung. Wachkoma.)

Kleinkind. Arzthaftung in Form eines groben Behandlungsfehlers bei der Geburtshilfe infolge derer es zu einer massiven Sauerstoffunterversorgung kam. Dauerschaden: Intensivpflegefall; Totalerblindung; keine Kommunikation möglich.

Betrag: 600.000 € **Haftung: 100 %**
immVorb: – **MdE: 100 %**

OLG Jena 14.8.2009 – 4 U 459/09 = BeckRS 2009, 89212

4225

Gehirnschädigung, schwerste (hier: Wachkoma; Totalerblindung, Bettlägrigkeit; künstliche Beatmung; eine schlimmere geistige und körperliche Beeinträchtigung ist – so das LG zutreffend – kaum vorstellbar!).

Säugling. Dauerschaden: Intensivpflegefall im Wachkoma. Arzthaftung: Grober Behandlungsfehler / Geburtshilfefehler mit daraus resultierender Sauerstoffunterversorgung. Massive Regulierungsverzögerung ohne jegliche Vorschusszahlung, die – bei klarer Haftung – in solchen Fällen absolut üblich und zu praktizieren ist!

Betrag: 600.000 € **Haftung: 100 %**
immVorb: – **MdE: 100 %**

LG Gera 6.5.2009 – 2 O 15/05 = BeckRS 2009, 24736

4485

Gehirnschädigung, schwerste (hier: „Mehrfachbehinderung infolge schwerer cerebraler Schädigung mit rechtsbetonter spastischer Tetraplegie, einer Oculomotoriusparese, therapieresistenten Krampfanfällen und schweren Bewusstseinsstörungen mit vegetativer Dysregulation. Er befindet sich motorisch auf dem Entwicklungsstand eines drei bis vier Monate alten Kindes", so das LG)

2j. Kind. Arzthaftung (hier: Fundamentaler Diagnoseirrtum und grober Behandlungsfehler). Dauerschaden: Intensivpflegefall; Rollstuhl mit Sitzschale; Künstliche Ernährung mittels PEG-Sonde; kann Körperlage nicht selbst ändern! In seinen Wachphasen zeigt das Kind mimisch und stimmlich seine Freude und sein Bedürfnis, mit Menschen in Kontakt zu treten. Das LG setzte den Streitwert auf 950.000 EUR fest (Schmerzensgeld 700.000 EUR; Feststellung: 250.000 EUR).

Betrag: 700.000 € **Haftung: 100 %**
immVorb: Ja **MdE: 100 %**

LG Aachen 30.11.2011 – 11 O 478/09 = BeckRS 2012, 2052

7645

Gehirnschädigung, schwerste mit lebenslanger Pflegebedürftigkeit (hier: Irreversibele spastische bilaterale Cerebralparese GMFCS Level V, Microcephalus, periventrikuläre Leukomalazie, ausgeprägte globale Entwicklungsstörung, Blindheit und starke Hörschwäche sowie Störungen der Schluckfähigkeit, Gastrostoma, Blasenentleerungsstörung und Niereninsuffizienz. Zur Bekämpfung von Dauerschmerzen wurde bei ihm eine Baclofenpumpe implantiert. Zusammengefasst sprach das OLG von einer „vollständigen unwiderruflichen Zerstörung der Persönlichkeit" und betonte dabei, dass der Kläger unter seinem Zustand zusätzlich dauerhaft leidet."

Neugeborenes. Arzthaftung als Folge eines fehlerhaften medizinische Gesamtkonzepts im Zusammenhang mit einer hochriskanten eineiigen Zwillingsschwangerschaft, wobei der behandelnde Arzt in einer Klinik, die über keine Neugeborenenstation bzw. ohne direkt angeschlossene neonatologische Kinderklinik verfügte, die 37jährige Mutter während ihrer Erstschwangerschaft über Wochen stationär behandelt hatte. Das OLG bewertete „die fortgesetzte stationäre Betreuung einer Hochrisikozwillingsschwangerschaft in einer Geburtsklinik ohne direkt angeschlossene neonatologische Kinderklinik als grob behandlungsfehlerhaft" und ebenso die „katastrophale Fehlbewertung des Ultraschalls …". Während der eine Zwilling noch im Mutterleib verstarb, erlitt der andere

Zwilling (= Kläger) die oben unter Verletzungen beschriebenen schwersten Gehirnschäden mit gravierenden Dauerschäden: Er wird „niemals in der Lage sein, ein eigenständiges und selbstbestimmtes Leben zu führen oder auch nur in Ansätzen eine eigene Persönlichkeit zu entwickeln, sondern stattdessen lebenslang rund um die Uhr von Angehörigen, Helfern und Pflegepersonen abhängig sein.“, so das OLG. Bei der Schmerzensgeldbemessung (600.000 EUR zzgl. einer Schmerzensgeldrente mit einem Barwert von 120.000 EUR) berücksichtigte das OLG dies sowie die Tatsache, dass der Kläger auch eine Reihe von teilweise sehr schmerzhaften Folgeerkrankungen erlitten hatte, die ihn ganz erheblich belast hatten. „So musste er sich bereits in seinen ersten Lebensjahren mehreren operativen Eingriffen, wie der Anlage eines Gastrostomas, eines Cochlearimplantats, einer Baclofenpumpe und einer Hüft-OP unterziehen, um die vielfältigen mittelbar durch seine Hirnschäden ausgelösten Beschwerden zu bekämpfen. Es ist vor diesem Hintergrund unmittelbar einleuchtend, dass das Leben des Klägers zu 1 auch über seine Behinderungen im engeren Sinne hinaus in ungewöhnlicher Weise beschwerlich oder mitunter sogar qualvoll gewesen und deshalb ein besonders hohes Schmerzensgeld gerechtfertigt ist“, so das OLG. Das OLG verwies diesbezüglich ua auf die Entscheidungen des OLG Hamburg BeckRS 2024, 22768 → Nr. 7441 (800.000 EUR) und des OLG München BeckRS 2022, 44868 → Nr. 7216 (kapitalisiert 669.777,60 EUR). [Anmerkung: Zu dem vom OLG zurückgewiesenen Mitverschuldenseinwand der Beklagten, die insofern auf die Fachkompetenz der Mutter als Fachärztin für Frauenheilkunde verwiesen hatten, siehe im Handbuch → Rn. 102c; zur Urteilskritik → Rn. 272].

Betrag: 720.000 € **Haftung: 100 %**
immVorb: – **MdE: 100 %**

OLG Frankfurt a. M. 18.2.2025 – 8 U 8/21 = BeckRS 2025, 2439

7776

Gehirnschädigung, schwerste (hier: Der Kläger kann nicht sprechen, nicht laufen, muss gefüttert werden und ist inkontinent). [Anmerkung: Wird noch vervollständigt, sobald das Urteil vorliegt.]

Kind (Neugeborenes, zum Verkündungszeitpunkt 7j. Junge). Arzthaftung. Grober Behandlungsfehler im Rahmen der Geburt des Klägers. Das LG wertete die Behandlung vor und nach der Geburt als grob fehlerhaft bzw. als einen Fehler, der aus „objektiver Sicht nicht mehr verständlich erscheint, weil er einem Arzt von der Fachlichkeit des Beklagten“ [Anmerkung: Chefarzt der Abteilung Gynäkologie und Geburtshilfe des B. Hospitals in Leer] „schlechterdings nicht unterlaufen darf“. Das Kind kam nach einer Risikoschwangerschaft im April 2018 nach einer Notsectio bzw. einem Notkaiserschnitt zunächst leblos zur Welt und erlitt bis zur Wiederbelebung eine schwere Sauerstoffunterversorgung des Gehirns. Dauerschaden: Schwere Gehirnschädigung. [Anmerkung: Das Urteil ist noch nicht rechtskräftig].

Betrag: 800.000 € **Haftung: 100 %**
immVorb: – **MdE: –**

LG Aurich 5.12.2025 – 5 O 609/22 = BeckRS 2025, 35194

7441

Gehirnschädigung, schwerste (hier: Hirnschädigung aufgrund eines schweren Sauerstoffmangels in Form einer hypoxischischämischen Encephalopathie mit spastischdystonischer Cerebralparese, ausgeprägte Tetraspastik mit hoher Spastizität, strukturelle Epilepsie, Schluck- und Essstörung, neurogene Skoliose.

Neugeborenes Kind. Der Kläger wurde unmittelbar nach seiner Geburt fünf Tage maschinell beatmet. Es erfolgten eine Kopfkühlung sowie eine sedidative und eine antibiotische Therapie. Zudem wurde eine Pleuradrainage angelegt wegen eines Pneumotorax und Verdacht auf Pleuraerguss, auch wurde Hydrokortison wegen einer Nebennierenblutung gegeben. Arzthaftung – grober Behandlungsfehler – im Zusammenhang mit der Geburt des Kindes bzw. Geburtshilfefehler. Infolge der Epilepsie erfolgte die Implantation einer intrathekalen Baclofenpumpe und in Folge der Schluck- und Essstörung erhielt der Kläger seit Ende 2020 nahezu ausschließliche seine Ernährung über eine PEG-Sonde [Künstliche Ernährung]. Dauerschaden: „Der Kläger kann nur mit Hilfsmitteln bzw. Unterstützung sitzen, stehen und sich bewegen. Er muss mehrfach nachts umgelagert werden und es erfolgt eine nächtliche kontinuierliche Sauerstoffgabe von mindestens ein bis zwei Litern pro Nacht – bei häufig auftretenden Atemwegsinfektionen bis zu fünf Liter. Er war mehrfach in stationärer Behandlung wegen zahlreicher schwerer Bronchitiden und Pneumonien und leidet unter häufiger Übelkeit und wiederholtem, auch heftigem Erbrechen. Ständig und bei sämtlichen Verrichtungen und Situationen des täglichen Lebens ist er auf die Unterstützung durch ein oder sogar zwei Pflegekräfte angewiesen. Auch in der Schule ist die ständige Betreuung durch mindestens eine medizinisch ausgebildete Pflegefachkraft erforderlich. Er benötigt umfassende Therapien. Der Grad der Behinderung ist mit 100 festgestellt, daneben die Merkzeichen G, aG und H.“ Zur Schmerzensgeldhöhe: Das OLG hatte dem Kläger – über die bereits vorgerichtlich gezahlten 25.000 Euro hinaus – ein weiteres Schmerzensgeld iHv 775.000 EUR zugesprochen und dabei betont, der „Kläger sei schwerstbehindert und die damit täglich und ständig verbundenen Einschränkungen sowie Beeinträchtigungen erreichten ein Ausmaß an Belastung, das für einen Außenstehenden kaum zu erfassen sein dürfte.“ Zudem wies das OLG darauf hin, dass der Tatrichter nicht gehindert sei, „die in der Rechtsprechung in vergleichbaren Fällen bisher gewährten Beträge zu unterschreiten oder über sie hinauszugehen, wenn dies durch die wirtschaftliche Entwicklung oder veränderte allgemeine Wertvorstellungen gerechtfertigt ist“; hierbei sei „auch in Rechnung zu stellen, dass die Rechtsprechung bei der Bemessung von Schmerzensgeld nach gravierenden Verletzungen großzügiger verfährt als früher (vgl. Slizyk Schmerzensgeld 2024).“

Betrag: 800.000 € **Haftung: 100 %**
immVorb: Ja **MdE: –**

OLG Hamburg 5.9.2024 – 1 U 95/23 = BeckRS 2024, 22768

6274

Gehirnschädigung, schwerste (hier: Schwerste zerebrale Schäden nach Sauerstoffunterversorgung. Der Kläger ist nicht mehr in der Lage ein selbstbestimmtes Leben zu führen und hat – so das LG – seine Persönlichkeit eingebüßt. Er ist auf Dauer lebenslang auf intensive Pflege angewiesen.

23j. Mann. Intensivstation. Arzthaftung (hier: Schwerer Gehirnschaden im Zusammenhang mit der medizinischen Versorgung einer Nasenbeinfraktur, die normalerweise ca. 15 Minuten dauert. Während der Vollnarkose kam es zu einer etwa 25 Minuten währenden Sauerstoffunterversorgung, da die Schläuche des verwendeten Beatmungsgeräts fehlerhaft angeschlossen worden waren). Zur Begründung für dieses – bislang höchste – Schmerzensgeld in vergleichbaren Fällen verwies das Gericht zum einen auf die schlimmen Folgen für den heute 23j. Mann, der zu einem selbstbestimmten Leben nicht mehr in der Lage ist und seine Persönlichkeit eingebüßt hat. Zudem verwies das Gericht auf dessen jugendliches Alter und darauf, dass die Hirnschädigung aus einer fehlerhaften Bedienung des Beatmungsgeräts und damit aus dem „Bereich eines voll beherrschbaren Risikos“ resultierte. Schließlich berücksichtigte das LG bei der Bemessung die extreme Niedrigzinsphase und die Tatsache, dass sich aus dem Schmerzensgeldkapital derzeit und auch in der überschaubaren Zukunft keine nennenswerten Zinsen mehr erzielen lassen. Anmerkung: Mit diesem – noch nicht rechtskräftigen – Urteil setzt das LG Gießen einen Fuß voran in eine Richtung und auf einen Weg, der noch lange nicht am Ziel angelangt ist: Deutlich höhere Schmerzensgeldbeträge in derartigen und ähnlichen Fällen, – denn auch der Betrag von 1.000.000 EUR darf insofern künftig keine Hemmschwelle sein! Begrüßenswert insofern OLG Oldenburg BeckRS 2020, 5200, welches in einem Fall beids. Unterschenkelamputation eines Fünfjährigen ebenfalls 800.000 EUR zuerkannt hatte.

Betrag: 800.000 € **Haftung: 100 %**
immVorb: – **MdE: 100 %**

LG Gießen 6.11.2019 – 5 O 376/18 = BeckRS 2019, 34307

7726

Gehirnschädigung, schwerste (hier: Schwerste zerebrale Schäden infolge von Sauerstoffunterversorgung während der Geburt mit schwersten körperlichen und geistigen Einschränkungen. Die Klägerin kann weder sprechen noch selbstständig essen und benötigt rund um die Uhr Betreuung.

Neugeborenes. Arzthaftung und Haftung der Hebamme (Geburtshilfefehler); sowohl dem Arzt als auch der Hebamme waren grobe Behandlungsfehler in gravierendem Umfang unterlaufen. Trotz des erkennbar schlechten Zustands des ungeborenen Kindes war kein Notkaiserschnitt eingeleitet worden und auch nach der Geburt war das Mädchen nach Ansicht des LG nicht ausreichend überwacht worden, habe zu wenig Sauerstoff erhalten und sei zudem nicht rechtzeitig durch den spezialisierten Notdienst der Universitätsmedizin Göttingen behandelt worden. Dauerschaden: Intensivpflegefall und schwerste körperliche und geistige Einschränkungen ohne dass – so das LG – insofern Hoffnung auf künftige Besserung bestehe. Bei der Schmerzensgeldbemessung orientierte sich das LG Göttingen an den Entscheidungen des OLG Hamburg → Nr. 7441 sowie des LG Aachen → Nr. 4485 und berücksichtigte dass die Klägerin von Geburt an „schwerste Schäden“ erlitten hat, deren Folgen sie ihr Leben lang beeinträchtigen werden und ihr somit eine „adäquate Persönlichkeitsentwicklung … hierdurch verwehrt“ wird,,. Zudem verwies das LG zutreffend auch darauf, dass “die Genugtuungsfunktion eines Schmerzensgeldes im vorliegenden Fall nicht vollends vernachlässigt werden,, könne, da “den Behandlern der Beklagten in Verlauf der Geburt der Klägerin zumindest sechs grobe Behandlungsfehler unterlaufen, zu denen noch weitere einfache Behandlungsfehler" hinzukamen. [Anmerkung: Bereits 2021 hatte das LG Limburg BeckRS 2021, 16550 bzw. → Nr. 6812 in einem hinsichtlich der bleibenden Gesundheitsschäden des Kindes ähnlichen Fall ebenfalls ein Schmerzensgeld von 1 Millon EUR zugesprochen, doch das OLG Frankfurt a.M. BeckRS 2023, 9478 hob dieses Urteil auf, da es – anders als zuvor das LG – keinen Behandlungsfehler erkannt hatte. Es bleibt daher abzuwarten, ob das Urteil des LG Göttingen Rechtskraft erlangt; es wäre dann jedoch das bundesweit erste Schmerzensgeldurteil in dieser Höhe. Sie zu diesem Thema auch im Handbuch unter → Rn. 268].

Betrag: 1.000.000 € **Haftung: 100 %**
immVorb: – **MdE: –**

LG Göttingen 14.8.2025 – 12 O 85/21 = BeckRS 2025, 20834

6812

Gehirnschädigung, schwerste (hier: Hypoxischer Gehirnschaden, infantile Zerebralparese, Epilepsie, Tetraspastik, Hüftluxation, Dysphagie (Schluckstörung), Intelligenzminderung ohne aktive Sprache. Der Kläger kann sich kaum bewegen, schon gar nicht laufen, nicht selbst essen oder sich waschen und pflegen und ist daher rund um die Uhr auf fremde Hilfe angewiesen. auch Laufen ist nicht möglich. Intensivpflegefall.

1j. Kind. [! Das Urteil wurde vom OLG Frankfurt a.M. BeckRS 2023, 9478 aufgehoben! Begründung: Siehe am Ende des Textes sowie → Rn. 268 – siehe jedoch insofern nun Urt. des LG Göttingen vom 14.8.2025 – 12 O 85/21 → Nr. 7726]. Arzthaftung im Zusammenhang mit der intravenösen Verabreichung eines Antibiotikums. Durch das Verabreichen der „Spritze“ schrie das Kind so massiv, dass es sich an zuvor gegessenen Apfelspalten und Chips verschluckt hatte. Diese Nahrungsstücke gerieten in die Luftröhre, so dass es zu einer „ausgeprägten respiratorischen Azidose auf eine Ventilationsstörung bei massiver bronchialer Obstruktion“ und schließlich zu einem Atem- und Kreislaufstillstand kam. Dauerschaden: Intensivpflegefall; hypoxischer Hirnschaden, infantile Zerebralparese, Epilepsie, Tetraspastik, Hüftluxation, Dysphagie (Schluckstörung), Intelligenzminderung ohne aktive Sprache. Die Schmerzensgeldbemessung begründete das LG damit, dass der Kläger kein „auch nur näherungsweise normales Leben“ wird führen können. „Er kann nicht sprechen, nicht laufen. Eine normale Kindheit ist ihm weitgehend verwehrt geblieben. Er hat sie und wird auch seine Jugend- und Erwachsenenzeit zu großen Teilen in Krankenhäusern, Reha-Einrichtungen und mit sonstigen ärztlichen oder physiotherapeutischen Behandlungen und damit auch mit Schmerzen verbringen. Spielen mit seinen Eltern, Geschwistern oder anderen Kindern, der Besuch eines Kindergartens oder einer normalen Schule, der Aufbau von regulären Sozialbeziehungen zu Gleichaltrigen sind ihm verwehrt. Er kann sich kaum bewegen, nicht selbst essen oder sich waschen und pflegen. Rund um die Uhr ist er auf fremde Hilfe angewiesen. Seine Gefühle und Gedanken kann er nur eingeschränkt äußern. Selbst Essen und Schlafen sind für ihn infolge von Schluckbeschwerden und Epilepsie mit Angstzuständen verbunden. Zwar kann er an der Gesellschaft teilhaben, indem er eine Förderschule besucht und über seine Familie gepflegt und versorgt wird, sein Zustand ist damit bspw. von dem eines Wachkomapatienten noch weit entfernt; doch lässt sich nicht sagen, was er aus den ihm gegebenen Möglichkeiten im Laufe seines Lebens ohne das Schadensereignis gemacht hätte. Die besondere Tragik liegt darin, dass einem noch so jungen Menschen jegliche Perspektive auf ein normales Leben genommen wurde.“, so das LG, dass sich insofern an der Entscheidung des LG Gießen BeckRS 2019, 34307, → Nr. 6274 orientierte. Das LG sah in der Tatsache, dass die Mutter des erst einjährigen Jungen, diesem am Krankenbett selbst die Kartoffelchips und Apfelstücke zu essen gegeben hatte, von denen das LG zutreffend der Meinung war, dass dies „für ein Kind dieses Alters ungeeignete Nahrung" sei, kein Mitverschulden und wies insofern auf § 1664 BGB und eine diesbezügliche Entscheidung des BGH BeckRS 2008, 17039 hin. [Wichtiger Hinweis: Das Urteil des LG Limburg wurde vom OLG Frankfurt a.M. BeckRS 2023, 9478 aufgehoben; nicht jedoch, weil das Schmerzensgeld zu hoch bemessen worden wäre sondern weil ein Behandlungsfehler nicht erwiesen sei. Vielmehr, so das OLG, könnten „Aspirationen bei Kleinkindern in praktisch jeder Lebenslage auftreten", so dass es auch „in jeder Klinik täglich in unzähligen Alltagssituationen zu Aspirationen kommen" könne. „Vor diesem Hintergrund ist nachvollziehbar, dass beide Sachverständigen betont haben, dass aufwändige und zeitraubende Sicherheitsmaßnahmen vor typischen Behandlungs- oder Pflegemaßnahmen im Klinikalltag undurchführbar sind und eine absolute Sicherheit weder erreichbar noch als Behandlungsstandard gefordert ist.", so das OLG Frankfurt a.M. Vgl. dazu auch die Entscheidungsbesprechung von Lucia Kretschmer, Fachdienst Medizinrecht 2023, 458647].

Betrag: 1.000.000 € **Haftung: 100 %**
immVorb: Ja **MdE: 100 %**

LG Limburg 28.6.2021 – 1 O 45/15 = BeckRS 2021, 16550

dd) Gehirnschädigung mit Sehbehinderung

3618

Gehirnschädigung mit daraus resultierendem Sehfehler (hier: Doppelbildsehen nach Gehirnerschütterung und HWS-Distorsionstrauma).

Mann (Goldschmiedemeister). Dauerschaden: Doppelbildsehen im Nahbereich, daher Berufsunfähigkeit als Goldschmied. Die MdE auf dem allgemeinen Arbeitsmarkt beträgt 30 %. Der Kl. bezieht eine Berufsunfähigkeitsrente.

Betrag: 15.339 € **Haftung: 100 %**
immVorb: – **MdE: 30 %**

OLG München 2.8.2002 – 10 U 1755/02 = BeckRS 2002, 162256

7800

Gehirnschädigung nach Sauerstoffunterversorgung mit der Folge von ausgeprägter Weitsichtigkeit von fast 10 Dioptrien; Hochtonschwerhörigkeit und Konzentrationsschwierigkeiten.

Kind / Neugeborenes. Arzthaftung im Rahmen der Geburt / Geburtshilfefehlerwegen grob behandlungsfehlerhafter verzögerter Kaiserschnittentbindung. Es kam zu einer Sauerstoffunterversorgung. Dauerschaden: Ausgeprägte Weitsichtigkeit von fast 10 Dioptrien; Hochtonschwerhörigkeit, wobei eine Verbesserung mittels Hörgerät bisher keinen Erfolg gezeigt hat, Konzentrationsschwierigkeiten. Bei der Schmerzensgeldbemessung berücksichtigte das OLG – neben dem „gesteigerten persönlichen Verschulden" der Ärzte – schmerzensgelderhöhend die notwendigen Frühfördermaßnahmen, die bei dem Kläger durchgeführt werden mussten, aber auch mindernd, „dass der Kläger seine Einschränkungen – sicherlich auch aufgrund früher und kontinuierlicher, zeitintensiver Förderung – überwiegend gut kompensieren kann" und „gravierende Einschränkungen der Teilhabe am sozialen Leben nicht bestehen." Zudem berücksichtigte das OLG Köln aber auch, dass „Sicherlich ... die Beeinträchtigungen des Hörens, Sehens und der Konzentration im späteren Leben die Berufswahlmöglichkeiten des Klägers in gewissen Bereichen (Pilot, Polizist, Soldat, Chirurg, Zahnarzt, Musiker, Tontechniker uÄ) einschränken [werden]; sie sind allerdings nicht so gravierend, dass nicht eine Vielzahl von Berufsfeldern dem Kläger weiter offen stünde."

Betrag: 50.000 € **Haftung: 100 %**
immVorb: Ja **MdE: –**

OLG Köln 8.10.2025 – 5 U 169/19 = BeckRS 2025, 30162

6127

Schädelhirntrauma, schweres mit Gehirnschädigung (hier: Offenes Schädelhirntrauma 3. Grades mit subduralen und duralen Hämatomen [Gehirnblutung unter der Kopfhaut]) und Schädelfrakturen (hier: Felsenbeinlängsfraktur, Kalottenmehrfachfraktur), Austritt von Gehirnflüssigkeit [Liquorrhoe] und Auftreten einer bakteriellen Hirnhautentzündung).

4j. Kind. Lebensgefahr. 31 Tage intensivstationär. Nahezu 190 Tage Rehablititationsaufenthalt. Schwerpunkte der Rehabilitation waren die Behandlung der cerebralen Bewegungsstörungen mit Spastik links, der Ataxie rechts und der Rumpfhypotonie, der Koordinationsstörungen, der kombinierten Schwerhörigkeit rechts aufgrund der Felsenbeinlängsfraktur sowie die Behandlung des Strabismus am rechten Auge. Dauerschaden: Erhebliche Sehstörungen, an Taubheit grenzende Schwerhörigkeit mit Wahrnehmungsstörung, cerebrale Bewegungsstörung mit Koordinationsstörung, Verhaltensauffälligkeiten mit Ablenkbarkeit, Ermüdbarkeit, Jähzorn und Wutanfällen, unwillkürliches Einnässen [= Enuresis] sowie eine seitliche Verkrümmung der Wirbelsäule [= Skoliose] und ein Knick-Senk-Fuß. [Ursache: Verkehrssicherungspflichtverletzung – Sturz aus einem knapp 4 Meter hoch gelegenen Fenster].

Betrag: 51.129 € **Haftung: 100 %**
immVorb: Ja **MdE: –**

OLG Hamm 29.10.1998 – 6 U 208/96 = BeckRS 2000, 173

2794

Gehirnschädigung, schwerste (hier: Erblindung und andere schwere Verletzungsfolgen).

27j. Mann. Dauerschaden: Intensivpflegefall. [Lesenswert: „Fehlende Beschwer", „Korrektur eines Rechenfehlers". LG kapitalisierte fehlerhaft!].

Betrag: 127.823 € **Haftung: 100 %**
immVorb: – **MdE: 100 %**
Rente: 256 €

OLG Hamm 14.6.1999 – 6 U 116/98 = BeckRS 1999, 6093

2468

Gehirnschädigung, schwerste (hier: Erblindung und Rollstuhlgebundenheit nach kunstfehlerhafter Verabreichung eines Schlafmittels. Aufgrund der unzureichenden Analyse kam es zu einem völligen Atem- und Herzstillstand mit nachfolgender Gehirnschädigung.

9j. Kind (Junge). Dauerschaden: Rollstuhlabhängig; Erblindung. Pflegefall. Arzthaftung (hier: „Grober Behandlungsfehler"). Vorschaden: Herzrhythmusstörung seit seiner Geburt. [Anmerkung: Das Verkündungsdatum wurde – da nicht genaue bekannt – lediglich als „Platzhalter" mit 1.1.1998 angegeben]

Betrag: 127.823 € **Haftung: 100 %**
immVorb: – **MdE: –**
Rente: 409 €

LG Lüneburg 1.1.1998 – 1 U 2/97 = unveröffentlicht

5929

Gehirnschädigung, schwere (hier: Die Überfütterung des Säuglings war geeignet, eine sogenannte periventrikuläre Leukomalazie (PVL) hervorzurufen, die von allen Gutachtern als Ursache für die jetzigen Behinderungen ausgemacht worden ist. Die Überfütterung hat eine sogenannte Wasserintoxikation hervorgerufen, die mit einem Hirnödem, Atemstillstand und Hirnspastiken einher gehe).

Kind / Säugling. Arzthaftung (hier: Grober Behandlungsfehler weil der Klägerin auf der Geburtsstation über eine Magensonde die 10-fach überhöhte Menge an Tee oder Glucose zugeführt worden ist). Dauerschaden: Schwere Gehbehinderung, spastischen Tetraparese, Sehstörungen, Kleinwuchs und Lernschwierigkeiten.

Betrag: 175.000 € **Haftung: 100 %**
immVorb: Ja **MdE: 100 %**

OLG Frankfurt a. M. 24.5.2005 – 8 U 129/04 = BeckRS 2011, 20305

3185

Gehirnschädigung, schwerste. Totalerblindung, der Kläger kann lediglich hell und dunkel unterscheiden. Sprachstörung bzw. Sprachlosigkeit. Der Kl. kann zudem nicht schlucken und wird über eine durch die Bauchdecke geführte Magensonde ernährt. Keine willkürlichen Bewegungen möglich!

Kind. Arzthaftung (hier: Geburtshilfefehler / Behandlungsfehler. Die Mutter des Kl. erhielt auf fernmündliche Anweisung des Arztes und ohne Untersuchung, krampflösende Medikamente [Spasdilsin], wodurch beim Säugling die Herzfrequenz stark beeinträchtigt wurde.) Dauerschaden: Intensivpflegefall, Totalerblindung, Sprachlosigkeit, Harninkontinenz, Stuhlinkontinenz ua Folgen. Regulierungsverzögerung!

Betrag: 230.000 € **Haftung: 100 %**
immVorb: – **MdE: 100 %**
Rente: 360 €

OLG Brandenburg 9.10.2002 – 1 U 7/02 = BeckRS 2002, 30287166

3865

Gehirnschädigung, schwerste mit der Folge einer ausgeprägten Tetraspastik mit Epilepsie und nahezu völliger Erblindung (Totalerblindung).

Säugling (Mädchen). Arzthaftung / Geburtshilfefehler. Der Säugling erlitt eine Sauerstoffunterversorgung. Dauerschaden: Tetraspastik; Epilepsie; Intensivpflegefall.

Betrag: 300.000 € **Haftung: 100 %**
immVorb: – **MdE: 100 %**
Rente: 300 €

OLG Düsseldorf 26.4.2007 – 8 U 37/05 = BeckRS 2008, 4420

5786

Gehirnschädigung, schwerste (hier: Sauerstoffunterversorgung während der Geburt).

Kind (Säugling). Arzthaftung (hier: Geburtshilfefehler bei sogenannter Wannengeburt. Bei einer ordnungsgemäßen Geburtsleitung und postpartaler Betreuung wäre der Klägerin der schwere Hirnschaden erspart geblieben). Dauerschaden: Intensivpflegefall: Aufgrund der Hirnschädigung ist sie zeitlebens auf intensive pflegerische Betreuung 24 Stunden am Tag angewiesen. Sie kann weder essen, noch sitzen oder stehen, ist hochgradig sehbehindert, kann ihre Umwelt nicht wahrnehmen, sich nicht orientieren und leidet unter lebensbedrohlichen sehr schmerzhaften spastischen Krampfanfällen. Sie sei zu 100 % schwerbehindert, liegt ständig im Bett und muss gewickelt werden. Im Alter von 2 1/2 Jahren musste sie sich einer Hüftoperation unterziehen, um die Spastik im Beinbereich zu lindern.

Betrag: 300.000 € **Haftung: 100 %**
immVorb: – **MdE: 100 %**
Rente: 300 €

OLG Düsseldorf 26.4.2007 – I-8 U 37/05 = BeckRS 2008, 4420

5918

Gehirnschädigung, schwerste (hier: „schweres Residualsyndrom mit spastischer Tetraparese – also der inkompletten Lähmung aller Extremitäten – und schwerer psychomotorischer und mentaler Retardierung … Die Sehfähigkeit der Klägerin liegt bei unter 20 %, eine visuelle Kontaktaufnahme sei ihr nicht möglich. Die Klägerin könne auf Geräusche reagieren, aber nicht sprechen. Sie müsse gefüttert werden und trage wegen der bestehenden Inkontinenz Windeln". Weiterhin betont das OLG, „die heute 9 Jahre alte Klägerin habe bislang keine Entwicklungsfortschritte gemacht; diese seien auch zukünftig nicht zu erwarten").

Kind (Säugling). Arzthaftung (hier: Grober Behandlungsfehler / Geburtshilfefehler bei Frühgeburt [33. Woche] – In der Kinderklinik, in die die Klägerin anschließend verlegt wurde, lautete die Diagnose: „Frühgeburt in der 34. Schwangerschaftswoche, perinatale Asphyxie, Hirnblutung, Nebennierenblutung, post-hämorrhagischer Hydrozephalus, periventrikuläre Leukomalazie"). Dauerschaden: Intensivpflegefall wegen inkompletter Lähmung aller Extremitäten und schwerer psychomotorischer und mentaler Retardierung ohne jegliche Aussicht auf Besserung.

Betrag: 300.000 € **Haftung: 100 %**
immVorb: – **MdE: 100 %**

OLG Celle 27.2.2006 – 1 U 68/05 = BeckRS 2011, 14526

6180

Gehirnschädigung, schwerste (hier: „Schwerste psychomotorische Retardierung mit Tetraspastik" und „homonyme Hemianopsie rechts mit linksseitiger Schädigung des Gehirns (Hirninfarkt) im Bereich des Stromgebiets der Arteria cerebri posterior links unter Einbeziehung der Sehrinde" mit Halbseitenblindheit.

Kleinkind / Säugling. Arzthaftung (hier: Geburtshilfefehler / Behandlungsfehler bei Zwillingsgeburt. Es kam zur kritischen Unterzuckerung [= Hypoglykämie] und infolge dessen zu einer „schwersten psychomotorische

Retardierung mit Tetraspastik und linksseitiger Hirnschädigung"). Dauerschaden: Sprachlosigkeit, Teilerblindung, Rollstuhlgebundenheit, Intensivpflegefall rund um die Uhr („zeitlebens auf die Hilfe anderer in höchstem Maße angewiesen", so das OLG).

Betrag: 300.000 € **Haftung: 100 %**
immVorb: – **MdE: 100 %**

OLG Koblenz 5.7.2004 – 12 U 572/97 = BeckRS 9998, 54218

3443

Gehirnschädigung, schwerste (hier: Irreversible Gehirnschädigung mit Totalerblindung und Bewegungslosigkeit infolge spastischer Tetraplegie).

Säugling. Arzthaftung (Geburtshilfefehler). Dauerschaden: schwerste vollstellbare Schädigung mit gravierenden Auswirkungen auf das gesamte, der Kl. verbleibende Leben; Intensivpflegefall. [Anmerkung: Angesichts der extremen Dauerfolgen erscheint das Schmerzensgeld zu gering! vgl. auch unter vita minima].

Betrag: 350.000 € **Haftung: 100 %**
immVorb: – **MdE: 100 %**

OLG München 20.6.2002 – 1 U 3930/96 = BeckRS 2002, 30267255

7216

Gehirnschädigung, schwerste (hier: Die Persönlichkeitszerstörung, – die Persönlichkeit des Klägers ist, so das OLG, „unwiederbringlich zerstört, er hat Intelligenz verloren, insbesondere aber hat er unfallbedingt die integrative Gesamtleistung des Gehirns verloren." Schädel-Hirn-Trauma Grad IV, multiple offene Wunden des Kopfes, Impressionsfraktur der Kalotte rechts parietal, Bewusstlosigkeit bei Schädel-Hirn-Trauma, akute Blutungsanämie, arterielle Hypotonie, Pupillenfunktionsstörungen, traumatisches epidurales Hämatom, Erbrechen, Mittelhirnsyndrom, Durchgangssyndrom, Pupillenfunktionsstörung und -erweiterung, Ventrikulitis, Medikamentenentzugssyndrom sowie lumbale Liquordrainage. In der Folge bildete sich eine Epilepsie aus.

5j. Kind. Intensivstation; der Kläger wurde im Wachkoma eingeliefert. Stationäre Behandlung mit zahlreichen Operationen im Zeitraum von nahezu zwei Jahren. Dauerschaden: Intensivpflegefall 24 Stunden täglich! Vollständiger Verlust der Persönlichkeit, wobei der Kläger "leidvoll wahr[nimmt], dass sein Leben sich gravierend von dem eines nicht beeinträchtigten Gleichaltrigen unterscheidet. Hirnorganisches Psychosyndrom mit exekutiven Funktionsstörungen und Intelligenzverlust, sodass das kognitiv-emotional-soziale Funktionsniveau einer „mentalen Retardierung / geistigen Behinderung" gegeben ist. Zum anderen hat er aufgrund des Unfalls schwere Beeinträchtigungen im Bereich der Motorik und Mobilität durch eine vorwiegend ataktische Bewegungsstörung mit muskulärer Hypotonie mit einer ausgeprägten Gangstörung mit einer Haltungsinstabilität des Rumpfes und generalisierte Ataxie, kombiniert mit Spastik, weshalb der Kläger einen Rollator benötigt; erhebliche Behinderungen in der Grobmotorik. Schließlich ist bei ihm unfallbedingt eine massive Störung des Sehvermögens und der Orientierung gegeben mit einer nicht aufhebbaren Augenmuskellähmung. In deren Folge kann der Kläger keine vertikale Blickwendung mehr leisten und ist somit in seinem Gesichtsfeld eingeschränkt, so dass er diese Bewegungsstörungen immer mit Kopfbewegungen ausgleichen muss. Außerdem besteht infolge dieser Augenmuskellähmung eine Lähmung der Pupillen, die somit weit gestellt seien, was zu einer erhöhten Lichtempfindlichkeit führt sowie eine ganz auffällige Schiel-Auswärtsblickrichtung, wodurch ein unmittelbarer Blickkontakt nicht möglich ist. Entstellung: Die Narben und die Fehlstellung der Augen haben eine dauerhafte Entstellung zur Folge. Verschlechterungsgefahr: In allen drei Bereichen ist ferner mit einer Verschlimmerung der Situation zu rechnen. Zur Schmerzensgeldbemessung: Das OLG sah das vom LG zuerkannte Schmerzensgeld von kapitalisiert 856.094 EUR als überhöht an und reduzierte es – sehr sorgfältig begründet – auf kapitalisiert nur noch 669.777,60 EUR. [Ursache: Verkehrssicherungspflichtverletzung].

Betrag: 375.000 € **Haftung: 100 %**
immVorb: – **MdE: –**
Rente: 1.300 €

OLG München 23.12.2022 – 13 U 1972/18 = BeckRS 2022, 44868

4224

Gehirnschädigung, schwere.

Kleinkind. Arzthaftung (hier: Behandlungsfehler im Zusammenhang mit einer Darmoperation. Infolge einer fehlerhaft eingerichteten Infusion kam es zu einer Zuckerüberversorgung). Dauerschaden: Massive Gehbehinderung und Stehbehinderung; beides nur mithilfe möglich. Massive Sehbehinderung (kann nur Umrisse und hell / dunkel erkennen). Kauen nur eingeschränkt möglich. Ergotherapie etc auf Dauer erforderlich.

Betrag: 405.000 € **Haftung: 100 %**
immVorb: Ja **MdE: 100 %**

LG Köln 4.3.2009 – 25 O 498/05 = BeckRS 2009, 140128

5127

Gehirnschädigung, schwerste (hier: Persönlichkeitszerstörung bzw. Wesensveränderung „durch die ihm jede Chance auf ein selbstbestimmtes Leben genommen worden ist" sowie Intensivpflegefall.).

2j. Kind (Junge). Arzthaftung (hier: Grober Behandlungsfehler nach schwerem Autounfall). Dauerschaden: Persönlichkeitszerstörung, Intensivpflegefall „lebenslänglich rund um die Uhr". [Anmerkung: Die in anderen Urteilssammlungen benannte Schmerzensgeldhöhe „Betrag EUR 600.000 und EUR 550 Rente monatlich … " ist unrichtig. Das OLG bestätigte vielmehr das vom LG auf 450.000 EUR Schmerzensgeldkapital und 550 EUR Schmerzensgeldrente festgesetzte Schmerzensgeld, welches kapitalisiert einen Gesamtbetrag von 603.978 EUR ergibt]. Vorinstanz: LG Koblenz v. 30.7.2014 – 10 O 35/10. Weitere Fundstelle: MedR 2015, 737; LSK 2016, 030033.

Betrag: 450.000 € **Haftung: 100 %**
immVorb: Ja **MdE: –**
Rente: 550 €

OLG Köln 10.12.2014 – 5 U 75/14 = BeckRS 2015, 7692

7290

Gehirnschädigung, schwere (hier: Mikrozephalie mit einem Kopfumfang von 33,8 cm mit symptomatischer fokaler Epilepsie, schwerer psychosomatischer Retardierung und einer zentralen Sehminderung. Insgesamt ist der Kläger „schwer geistig behindert" und „körperlich beeinträchtigt" sowie „niemals in der Lage …, ein eigenständiges und selbstbestimmtes Leben zu führen.", so das OLG.

Kind (Säugling). Arzthaftung im Zusammenhang mit der Geburtshilfe in deren Folge es zu einer akuten Sauerstoffunterversorgung des Neugeborenen kam (Amtlicher Leitsatz: „Wirkt ein Gynäkologe bei einem pathologischen CTG nicht auf die sofortige Einweisung der Kindesmutter in ein Krankenhaus hin, so kann darin ein grober Behandlungsfehler vorliegen."); grober Behandlungsfehler. Zum Dauerschaden führte das OLG aus: „Der Kläger ist in seiner täglichen Lebensführung maximal beeinträchtigt und wird sein ganzes Leben lang auf die Hilfe Außenstehender angewiesen sein. Dabei wird es die notwendige dauerhafte Anwesenheit von Angehörigen, Helfern und Pflegepersonen dem Kläger unmöglich machen, sich eine eigene, intime Sphäre aufzubauen. Hinzu kommen die immer wiederkehrenden epileptischen Anfälle, welche die Befindlichkeit des Klägers zusätzlich beeinträchtigen und weshalb er regelmäßig Medikamente einnehmen muss. Er leidet unter Krämpfen, Spastiken und Schmerzen. Derartig umfassende geistige und körperliche Beeinträchtigungen ab dem Zeitpunkt der Geburt rechtfertigen zur Überzeugung des Senats eine in der Höhe herausragende Entschädigung."

Betrag: 500.000 € **Haftung: 100 %**
immVorb: – **MdE: –**

OLG Hamm 17.12.2021 – 26 U 102/20 = BeckRS 2021, 43388

6368

Gehirnschädigung, schwerste (hier: Ausgeprägte bilaterale Zerebralparese, schwere spastische Tetraparese, schwere Epilepsie, welche der medikamentösen Behandlung bedarf, und eine fehlende Willkürmotorik, Totalerblindung, eine psychoneurologische Weiterentwicklung ist nicht möglich).

Kind / Säugling. Arzthaftung bzw. Hebammenhaftung / Haftung einer Beleghebamme (hier: Grober Behandlungsfehler während der Geburt / Geburtshilfefehler / Geburtsschaden. Es kam zur Sauerstoffunterversorgung mit „einer schwersten Hirnschädigung" und „einer schweren kombinierten körperliche und geistige Entwicklungsstörung". Dauerschaden: „Die Klägerin kann nämlich selbstständig atmen, Nahrung zu sich nehmen und Reaktionen zeigen, die etwa auf Entspannung oder Aufmerksamkeit hindeuten, – mehr nicht! Sie ist Bewegungsunfähig, blind, psychoneurologisch nicht weiterentwicklungsfähig und leidet unter schwerer Epilepsie". [Lesenswert zur Geburt mit einer Beleghebamme und zur Haftung einer Beleghebamme].

Betrag: 500.000 € **Haftung: 100 %**
immVorb: Ja **MdE: 100 %**

LG Dortmund 16.1.2020 – 4 O 430/16 = BeckRS 2020, 1350

5501

Gehirnschädigung, schwerste (hier: hypoxischer Hirnschaden in dessen Folge der Kläger auf Dauer geistig und körperlich schwerbehindert und lebenslang auf Hilfe und Pflege angewiesen ist. Er wird wegen einer Schluck- und Ernährungsstörung durch eine PEG-Sonde versorgt. Speichel und anfallendes Sekret müssen regelmäßig abgesaugt werden. Es besteht eine hochgradige Sehstörung in Form einer so genannten „zentralen Blindheit". Dies bedeutet, dass visuelle Reize von den Augen zwar wahrgenommen, vom Gehirn aber nicht adäquat verarbeitet werden. Es liegt eine schwere globale Entwicklungsstörung und eine Pflegebedürftigkeit in maximaler Ausprägung rund um die Uhr vor. Eine freie Fortbewegung aus eigener Kraft ist ihm nicht möglich. Der Kläger wird zeitlebens auf den Rollstuhl angewiesen sein.

Kind / Säugling. Arzthaftung (hier: Grober Behandlungsfehler während der Geburt). Dauerschaden der für die Bemessung maßgeblich war: „Ist einem Kind infolge eines geburtsbedingten und den Behandlern anzulastenden hypoxischen Hirnschadens (der dazu führt, dass das Kind weder jemals selbständig essen und trinken noch sprechen noch sich selbständig fortbewegen kann und dass eine maximale geistige Beeinträchtigung gegeben ist) jegliche Basis für die Entfaltung einer Persönlichkeit genommen, so ist ein Schmerzensgeld an der Obergrenze – die der Senat bei einem rein als Kapital geforderten Schmerzensgeld bei derzeit 500.000.- EUR ansetzt – per se gerechtfertigt. Eine im Rahmen einer derartigen Schwerstschädigung vorgenommene weitere „Ausdifferenzierung" (hier dahin, dass bei vergleichbaren Gerichtsentscheidungen etwa noch eine Tetraspastik oder eine Epilepsie hinzuträten) und eine damit begründete Reduzierung des Schmerzensgeldes um 50.000.- EUR sind nicht gerechtfertigt", so das OLG Köln, das hier irrtümlich von einer Obergrenze in Höhe von 500.000 Euro ausgeht, die es jedoch nicht gibt. Weder der Gesetzgeber noch die höchstrichterliche Rechtsprechung kennen eine (derartige) Obergrenze.

Betrag: 500.000 € **Haftung: 100 %**
immVorb: Ja **MdE: –**

OLG Köln 5.12.2018 – 5 U 24/18 = BeckRS 2018, 39188

5505

Gehirnschädigung, schwerste (hier: Cerebrale und fieberinduzierte Krampfanfälle, schwere Sehbehinderung, schwere Tetraspastik mit entsprechenden orthopädischen Folgen und Störungen bei der Nahrungsaufnahme, Inkontinenz, hochgradige Sprachbehinderung).

1j. Kind. Arzthaftung aufgrund von Behandlungsfehlern und Befunderhebungsfehlern in deren Folge es zu einem unzureichend behandelten Herz-Kreislauf-Stillstand und einem damit verbundenen hypoxisch-ischämischen Geschehen (Sauerstoffunterversorgung) gekommen war. Die Klägerin ist ein Intensivpflegefall und kann nur in einem Schrägbett bei etwa 30 Grad liegen und nur in einem Rollstuhl mit speziell gefertigter Sitzschale fortbewegt werden. Sie muss regelmäßig gewickelt, gewindelt und umgelagert werden und bedarf einer ständigen Fütterung und Überwachung zur Nahrungsaufnahme. Anmerkungen zur Schmerzensgeldbemessung: Zutreffend wies das OLG die Argumentation der Beklagten zurück, die eine Herabsetzung des Schmerzensgeldes darin begründet sah, dass die Klägerin keine Erinnerung an ihr Leben vor den streitgegenständlichen Geschehnissen habe. Vielmehr – so das bereits das LG – würden der Klägerin durch die mit ihr lebende (gesunde) Zwillingsschwester tagtäglich ihre Einschränkungen im Vergleich zu dieser vor Augen geführt.

Betrag: 500.000 € **Haftung: 100 %**
immVorb: Ja **MdE: 100 %**

KG 11.12.2017 – 20 U 19/14 = BeckRS 2017, 137499

5362

Gehirnschädigung, schwerste (hier: Schwerster hypoxisch-ischämischer Gehirnschädigung mit Mikrozephalus, schwerer spastischer Tetraparese und Totalerblindung sowie Sprachlosigkeit. Zudem leidet der Kläger der Kläger unter einer sogenannten Blitz-Nick-Salaam-Epilepsie (= BNS-Epilepsie), die auch West-Syndrom benannt wird.

Kind / Säugling. Arzthaftung (hier: Grober Behandlungsfehler / Geburtshilfefehler mit Sauerstoffunterversorgung nach Plazentaablösung). Dauerschaden: Erblindung und Bewegungsunfähigkeit! Der Kläger kann weder sitzen noch stehen noch greifen oder Laute von sich geben und ist zudem völlig blind. Er hat keinerlei Entwicklungsmöglichkeit und ist ein Intensivpflegefall. [vgl. auch unter: Persönlichkeitszerstörung]. vgl. hierzu auch OLG Hamm BeckRS 2002, 4761.

Betrag: 500.000 € **Haftung: 100 %**
immVorb: – **MdE: 100 %**

OLG Karlsruhe 3.3.2016 – 7 U 28/15 = unveröffentlicht

6641

Gehirnschädigung, schwerste (hier: 95 % des Gehirns sind abgestorben. „Praktisch vollständiger Verlust ihrer Persönlichkeit, bevor sie die Vorstellung von einem eigenen Ich überhaupt jemals entwickeln konnte", so das LG. Vollständige Erblindung. Intensivpflege vergleichbar mit einer Wach-Koma-Patientin).

Kind (3 Wochen alt). Dauerschaden: Intensivpflegefall 7/24 und Reduzierung der Lebenserwartung auf maximal 25 Jahre. Das LG Gießen (Adhäsionsverfahren) verurteilte den Angeklagten zu einer Jugendstrafe von 6 Jahren und 3 Monaten und führte in seiner Urteilsbegründung zur Bemessung des Schmerzensgeldes zutreffend aus, dass der Betrag praktisch den wirtschaftlichen Ruin für den Angeklagten bedeute, aber dennoch so zu entscheiden sei, da sich die Berücksichtigung der wirtschaftlichen Leistungsfähigkeit in Fällen, wie dem vorliegenden, verbiete, da hier der Schädiger keinen fahrlässig begangenen Kleinschaden verursacht habe, sondern vielmehr einen vorsätzlich herbeigeführten Maximalschaden, der die Geschädigte bereits im Alter von nur 3 Wochen faktisch um ihr gesamtes Leben gebracht habe. [Ursache: Vorsätzliche Körperverletzung: Der 19jährige Angeklagte schüttelte die Nebenklägerin massiv und schlug ihren Kopf mehrfach gegen den Türrahmen.]

Betrag: 500.000 € **Haftung: 100 %**
immVorb: Ja **MdE: –**

LG Gießen 7.5.2015 – 1 KLs – 604 Js 29856/14 = BeckRS 2016, 5044

3819

Gehirnschädigung, schwerste (hier: Totalerblindung, schwere spastische Tetraparese, therapieresistente Epilepsie mit bis zu 15 Anfällen täglich). Intensivpflegefall.

Säugling. Dauerschaden: Intensivpflegefall sowie s.o. Arzthaftung / Geburtshilfefehler. „Erleidet ein Kind wegen ärztlicher Behandlungsfehler vor und unmittelbar nach der Geburt schwerste hypoxische Hirnschäden, die in einem Bereich liegen, der die denkbar schwerste Schädigung eines Menschen charakterisiert, rechtfertigt dies ein Schmerzensgeld von 500.000,- EUR", so das OLG.

Betrag: 500.000 € **Haftung: 100 %**
immVorb: Ja **MdE: 100 %**

OLG Stuttgart 9.9.2008 – 1 U 152/07 = BeckRS 2008, 20175

3949

Gehirnschädigung, schwerste ... nach Geburtshilfefehler. Fast völlige Erblindung; Epilepsie; extreme Tetraspastik mit völliger Rumpfinstabilität; eine Kopf- oder Haltungskontrolle und ein Drehen und Fortbewegen ist nicht möglich; Greifen mit den Händen nicht möglich; künstliche Ernährung; Intensivpflegefall.

Säugling. MdE auf Dauer 100 %. Arzthaftung: Der inzwischen 12j. Kläger, der auf dem Entwicklungsstand eines Säuglings verblieben ist, erlitt während seiner Geburt eine Sauerstoffunterversorgung und wird als Intensivpflegefall in einem sozialpädagogischen heim versorgt. Dauerschaden: Kann weder gehen noch stehen; Totalerblindung, nahezu völlige. Er kann nur flüssige Nahrung zu sich nehmen und leidet permanent unter Epilepsie. [Anmerkung: Lesenswert auch zum Thema des Pflegemehraufwandes bzw. „Schadensersatzes wegen eines vermehrten Bedürfnisses für Pflege und Betreuung eines durch einen ärztlichen Behandlungsfehler bei der Geburt schwer geschädigten Kindes durch Eltern im Rahmen häuslicher Gemeinschaft sowie bei anderweitigem stationärem Aufenthalt, insbesondere zur Bewertung so genannter „Bereitschaftszeiten" der Eltern"].

Betrag: 500.000 € **Haftung: 100 %**
immVorb: – **MdE: 100 %**
Rente: 500 €

OLG Zweibrücken 22.4.2008 – 5 U 6/07 = BeckRS 2008, 11967

3101

Gehirnschädigung (hier: Schwerste hypoxisch-ischämische Enzephalopathie Grad II bis III mit der Folge, dass der Kl. kein „annähernd normales Leben ... führen" kann und „schwerstbehindert, nahezu blind und taub" ist. Das OLG betonte dazu: „Ein schlechterer Zustand ist nicht vorstellbar"! Intensivpflegefall!)

5j. Kind (Junge). Arzthaftung; Geburtshilfefehler (hier: Grober Behandlungsfehler bei der Geburt). Atemstillstand. Schwerste Behinderung als Dauerschaden. [Anmerkung: Das LG Arnsberg hatte lediglich 200.000 Euro zuerkannt. Das OLG hob zutreffend auf den oben genannten Betrag an; dies ist einer der höchsten bislang ausgeurteilten Schmerzensgeldbeträge und zeigt den Trend der Rspr. auf, bei schwersten Schäden auch höhere Schmerzensgeldbeträge zuzuerkennen!]

Betrag: 500.000 € **Haftung: 100 %**
immVorb: – **MdE: 100 %**

OLG Hamm 21.5.2003 – 3 U 122/02 = BeckRS 2003, 13088

5345

Gehirnschädigung, schwerste (hier: Totalerblindung, schwere Bewegungsstörungen mit Rollstuhlgebundenheit und Epilepsie)

8j. Kind. Arzthaftung (hier: Geburtshilfefehler; schwerer Behandlungsfehler bei einer Frühgeburt des Mädchens). Dauerschaden: Epilepsie, Blindheit und Bewegungsstörungen. Das Kind sitzt im Rollstuhl und kann weder sprechen noch sehen.

Betrag: 550.000 € **Haftung: 100 %**
immVorb: Ja **MdE: –**

LG Offenburg 1.9.2017 – 3 O 386/14 = BeckRS 2017, 157369

4975

Gehirnschädigung, schwerste ... infolge von Bradycardie und Hypoxie (hier: hypoxische Gehirnschädigung, apallisches Syndrom, schwere psychomotorische Retardierung und Tetraparese und Tetraplegie, symptomatische Epilepsie, Gesichtsnervlähmung, Totalerblindung, Schwerhörigkeit etc.)

KInd / Säugling. Hebammenhaftung / grob fahrlässiger Geburtshilfefehler während einer sog. Hausgeburt. Dauerschaden: Intensivpflegfall, Tetraplegie, Totalerblindung, Epilepsie, künstliche Ernährung etc. Die Regulierungsverzögerung der Berufshaftpflichtversicherung der Hebamme wirkte sich erhöhend aus.

Betrag: 550.000 € **Haftung: 100 %**
immVorb: Ja **MdE: –**

LG Düsseldorf 12.12.2013 – 3 O 389/08 = BeckRS 2014, 17286

5346

Gehirnschädigung, schwerste... nach Schädelfraktur in Form einer mehrfragmentären Schädelkalottenfraktur mit Schädelhirntrauma und bifrontalen Kontusionsblutungen mit generalisiertem Hirnödem sowie traumatischer Subarachnoidalblutung (sogn. SAB), das / die ... "von den Beklagten (angestellten Ärzten der Bekl. zu 1.) nicht erkannt" worden war. Insgesamt wurde beim Kläger – neben einer Totalerblindung – eine neurokognitive Behinderung anhand der Glasgow Outcome Scale (GOSE) im Wert von 3 attestiert, was einer schweren Behinderung im unteren Niveau (Punktwert 1 = Tod; Punktwert 2= vegetativer Zustand) entspricht und gerichtsseitig betont, dass sich aus neurologischer und rehabilitationsmedizinischer Sicht der erreichte Reha.-Stand „nicht zum Positiven ändern" wird.

21j. Mann. Arzthaftung (hier: Grober Behandlungsfehler, die – so das OLG – „schwerwiegend falsch und schlechterdings nicht nachvollziehbar" waren. Dauerschaden: Totalerblindung; schwere Hirnnervparesen mit 100 %iger geistiger Behinderung und Gesichtslähmung; linksbetonte Tetraspastik mit einem Kraftgrad von etwa 4/5, wobei spontanmotorisch die linke Körperhälfte nicht benutzt werden kann; deutliche Rumpfataxie und Standataxie mit ungerichteter Fallneigung; fortwährend bestehende Schmerzen und zunehmender Konkrakturen aller Gelenke und Osteoporose und Arthrose in den Gelenken. Depressionen und Wirbelsäulendauerschäden. Intensivpflegefall: Der Kläger benötigt rund um die Uhr (365 Tage/24 Stunden) Pflege für alle täglichen Verrichtungen (Nahrungsaufnahme, An- und Auskleiden, Toilettengang etc). Seine „Lebensperspektive" wurde – im jungen Alter von nur 21 Jahren – „vollständig zerstört", so das OLG wörtlich. Das OLG wies zutreffend darauf hin, dass durch das von ihm bestätigte Schmerzensgeld in Höhe von 560.000 EUR „das in Schmerzensgeldtabellen angelegte allgemeine Entschädigungsgefüge nicht gesprengt, sondern fortgeschrieben" werde und wies auch die – in derartigen Fällen leider stets unsinniger Weise strapazierte – Behauptung der Beklagten zurück, dass durch derart hohe Schmerzensgeldbeträge die „Versichertengemeinschaft" in unzumutbarer Weise belastet werde. Anmerkung: Zutreffend stellte sich das OLG dem unzutreffenden Argument der Beklagten entgegen, die vorgetragen hatten, ein Betrag in Höhe der bereits vom Landgericht zuerkannten 560.000 EUR sei deshalb viel zu hoch, da Beträge „in dieser Größenordnung ... nur Neugeborenen zuerkannt" werden würde. Das Urteil wurde vorgelegt von Rechtsanwalt Peter Schwab aus Frankfurt am Main.

Betrag: 560.000 € **Haftung: 100 %**
immVorb: Ja **MdE: 100 %**

OLG Frankfurt a. M. 31.1.2017 – 8 U 155/16 = BeckRS 2017, 139887

6997

Gehirnschädigung, schwerste (hier: Dystrophie, Mikrozephalie, Tetraspastik, schwerste statomotorische und geistige Entwicklungsstörung, zentrale Sehstörung, fehlende Sprachentwicklung ohne gezielte Kommunikationsfähigkeit, schwere cerebrale Bewegungsstörung mit einschließender Spastik, vorhandene symptomatische Epilepsie, permanente Harn- und Stuhlinkontinenz, Verbleib einer Rest-Stenose, Hörstörung, schwere Ernährungsproblematik mit Schluckstörungen (oropharyngeale Dysphagie) und Verdauungsstörungen mit über zwei Jahre andauernder Ernährung über eine PEG-Sonde.

Kind. Arzthaftung im Zusammenhang mit der Geburt der Klägerin, die in der Kinderklinik der Beklagten als Zwillingsfrühgeburt in der 36. Schwangerschaftswoche per Kaiserschnitt entbunden worden war. Das Geburtsgewicht lag bei 1.310 Gramm. Im Weiteren erlitt die Klägerin nach intensiven therapeutischen Maßnahme bei schwerwiegender hypoxisch-ischämischer Enzephalopathie einen hypoxisch-ischämischen Gehirnschaden. Dauerschaden: Zentrale Sehstörung, schwerste motorische und geistige Entwicklungsstörungen, Intensivpflegefall. Zu alldem führt das LG aus: „Die Klägerin hat einen Grad der Behinderung von 100 und erhält Blindengeld" ... „Die Klägerin hat eine komplexe Behinderung mit schwerster motorischer und geistiger Entwicklungsstörung, bisher fehlender Sprachentwicklung und gezielter Kommunikationsfähigkeit, schwerer Ernährungsproblematik mit Schluckstörungen und Verdauungsstörungen, Schluckstörungen und Ernährung über eine PEG-Sonde bis Dezember 2010, schwerer cerebraler Bewegungsstörung mit einschließender Spastik, symptomatischer Epilepsie, permanenter Harn- und Stuhlinkontinenz, zentraler Sehstörung, intermittierender, respiratorischer Insuffizienz mit Beatmung über Tracheostoma bis zum Tracheostomaverschluss im Dezember 2009, Hörstörung, Dystrophie, Mikrozephalie, Tetraspastik, oropharyngeale Dysphagie mit folgenden Aspirations- und Penetrationsgraden nach PAS. Sie weist schwere Beeinträchtigungen in allen Bereichen des täglichen Lebens, bei der Nahrungsaufnahme und Körperpflege, bei der Mobilität, bei der Kommunikation, bei der Selbstständigkeit und bei der sozialen Interaktion auf. Zwar schafft sie es, sich im Vierfüßlerstand zielgerichtet zu bewegen und an Möbeln aufzurichten. Es kommt aber häufig zu Stürzen. Für korrekte Positionswechsel und flüssige Bewegungsübergänge sowie für das Stehen ist sie auf Hilfe angewiesen. Die Klägerin hat frühzeitig mit krankengymnastischer, ergotherapeutischer und logopädischer Förderung begonnen. Die aktive Sprache hat sich jedoch bisher nicht effektiv entwickelt, sondern es besteht lediglich eine nonverbale Kommunikationsfähigkeit durch Mimik und Lautieren. Die gegen Krampfanfälle gerichtete medikamentöse Behandlung muss dauerhaft fortgeführt werden. Wegen der weiter bestehenden Schluckstörungen gestaltet sich die Ernährungssituation schwierig. In Anbetracht ihrer gesundheitlichen Situation hat die Klägerin seit ihrer Geburt in verschiedenen Einrichtungen und bei verschiedenen Ärzten und Therapeuten fortlaufend medizinische und therapeutische Hilfe in Anspruch genommen". [Anmerkung: Kapitalisiert ergibt sich ein Betrag von insgesamt 713.433,60 EUR, so das LG, das sich insofern auf die Entscheidungen des OLG

Zweibrücken → Nr. 3949 und des OLG Hamm → Nr. 3042 bezog. Unter Bezugnahme auf neuere Entscheidungen zB LG Gießen → Nr. 6274 und die erhöhend zu berücksichtigende Thematik der Niedrig- bzw. Nullzinsphase hätte das Schmerzensgeld noch etwas höher ausfallen dürfen; vgl. dazu LG Limburg → Nr. 6812; das LG Limburg hatte in einem vergleichbaren Fall mit Urt. vom 28.6.2021 1.000.000 EUR zu].

Betrag: 600.000 € **Haftung: –**
immVorb: – **MdE: 100 %**
Rente: 350 €

LG Paderborn 9.6.2021 – 4 O 334/12 = BeckRS 2021, 20162

4225

Gehirnschädigung, schwerste (hier: Wachkoma; Totalerblindung, Bettlägrigkeit; künstliche Beatmung; eine schlimmere geistige und körperliche Beeinträchtigung ist – so das LG zutreffend – kaum vorstellbar!).

Säugling. Dauerschaden: Intensivpflegefall im Wachkoma. Arzthaftung: Grober Behandlungsfehler / Geburtshilfefehler mit daraus resultierender Sauerstoffunterversorgung. Massive Regulierungsverzögerung ohne jegliche Vorschusszahlung, die – bei klarer Haftung – in solchen Fällen absolut üblich und zu praktizieren ist!

Betrag: 600.000 € **Haftung: 100 %**
immVorb: – **MdE: 100 %**

LG Gera 6.5.2009 – 2 O 15/05 = BeckRS 2009, 24736

7645

Gehirnschädigung, schwerste mit lebenslanger Pflegebedürftigkeit (hier: Irreversibele spastische bilaterale Cerebralparese GMFCS Level V, Microcephalus, periventrikuläre Leukomalazie, ausgeprägte globale Entwicklungsstörung, Blindheit und starke Hörschwäche sowie Störungen der Schluckfähigkeit, Gastrostoma, Blasenentleerungsstörung und Niereninsuffizienz. Zur Bekämpfung von Dauerschmerzen wurde bei ihm eine Baclofenpumpe implantiert. Zusammengefasst sprach das OLG von einer „vollständigen unwiderruflichen Zerstörung der Persönlichkeit" und betonte dabei, dass der Kläger unter seinem Zustand zusätzlich dauerhaft leidet."

Neugeborenes. Arzthaftung als Folge eines fehlerhaften medizinische Gesamtkonzepts im Zusammenhang mit einer hochriskanten eineiigen Zwillingsschwangerschaft, wobei der behandelnde Arzt in einer Klinik, die über keine Neugeborenenstation bzw. ohne direkt angeschlossene neonatologische Kinderklinik verfügte, die 37jährige Mutter während ihrer Erstschwangerschaft über Wochen stationär behandelt hatte. Das OLG bewertete „die fortgesetzte stationäre Betreuung einer Hochrisikozwillingsschwangerschaft in einer Geburtsklinik ohne direkt angeschlossene neonatologische Kinderklinik als grob behandlungsfehlerhaft" und ebenso die „katastrophale Fehlbewertung des Ultraschalls …". Während der eine Zwilling noch im Mutterleib verstarb, erlitt der andere Zwilling (= Kläger) die oben unter Verletzungen beschriebenen schwersten Gehirnschäden mit gravierenden Dauerschäden: Er wird „niemals in der Lage sein, ein eigenständiges und selbstbestimmtes Leben zu führen oder auch nur in Ansätzen eine eigene Persönlichkeit zu entwickeln, sondern stattdessen lebenslang rund um die Uhr von Angehörigen, Helfern und Pflegepersonen abhängig sein.", so das OLG. Bei der Schmerzensgeldbemessung (600.000 EUR zzgl. einer Schmerzensgeldrente mit einem Barwert von 120.000 EUR) berücksichtigte das OLG dies sowie die Tatsache, dass der Kläger auch eine Reihe von teilweise sehr schmerzhaften Folgeerkrankungen erlitten hatte, die ihn ganz erheblich belast hatten. „So musste er sich bereits in seinen ersten Lebensjahren mehreren operativen Eingriffen, wie der Anlage eines Gastrostomas, eines Cochlearimplantats, einer Baclofenpumpe und einer Hüft-OP unterziehen, um die vielfältigen mittelbar durch seine Hirnschäden ausgelösten Beschwerden zu bekämpfen. Es ist vor diesem Hintergrund unmittelbar einleuchtend, dass das Leben des Klägers zu 1 auch über seine Behinderungen im engeren Sinne hinaus in ungewöhnlicher Weise beschwerlich oder mitunter sogar qualvoll gewesen und deshalb ein besonders hohes Schmerzensgeld gerechtfertigt ist", so das OLG. Das OLG verwies diesbezüglich ua auf die Entscheidungen des OLG Hamburg BeckRS 2024, 22768 → Nr. 7441 (800.000 EUR) und des OLG München BeckRS 2022, 44868 → Nr. 7216 (kapitalisiert 669.777,60 EUR). [Anmerkung: Zu dem vom OLG zurückgewiesenen Mitverschuldenseinwand der Beklagten, die insofern auf die Fachkompetenz der Mutter als Fachärztin für Frauenheilkunde verwiesen hatten, siehe im Handbuch → Rn. 102c; zur Urteilskritik → Rn. 272].

Betrag: 720.000 € **Haftung: 100 %**
immVorb: – **MdE: 100 %**

OLG Frankfurt a. M. 18.2.2025 – 8 U 8/21 = BeckRS 2025, 2439

ee) Gehirnschädigung mit Gehörschädigung

4128

Gehirnschädigung nach Schädelfraktur mit Gehirnblutung (hier: Gehirnschädigung mit dauerhafter Gehörschädigung und Tinnitus sowie Geruchsinnbeeinträchtigung).

Mann. 19 Tage stationär. Dauerschaden: Gehörschaden; Geruchsinnverminderung. Ursache: Der Kläger wurde von einem Pferd zu Boden gestoßen.

Betrag: 10.000 € **Haftung: 75 %**
immVorb: Ja **MdE: 15 %**

OLG Celle 10.5.2010 – 20 U 164/09 = BeckRS 2010, 144482

2971

Gehirnschädigung nach „Schädelhirntrauma 1.Grades mit einem geringen Hirnödem". „Es kam zu einem Hörverlust links mit subjektivem Rauschen und Tinnitus" [Pfeiftonhören]). Unterarmfraktur, verschobene rechts mit vorübergehender Metallplattenimplantierung.

26j. Mann. 15 Tage stationär, zwei Aufenthalte. Dauerschaden: Hörfähigkeitsverminderung um 50 %; Versteifung des Zeigefingerendgliedes rechts. Narben am Unterarm.

Betrag: 15.339 € **Haftung: 100 %**
immVorb: – **MdE: –**

OLG Hamm 11.9.2000 – 13 U 93/00 = BeckRS 2000, 30130783

5855

Gehirnschädigung / Gesichtschädelfraktur (hier: Gesichtschädelfraktur mit Kieferhöhlenvorderwandfraktur und Kieferhöhlenhinterwandfraktur links, Orbitaboden- und Orbitawandfraktur links sowie Jochbogenfraktur links und daraus resultierender beidseitiger komplett aromatischer Anosmie mit Gesichtssensibilitätsstörungen. Zudem erlitt der Kläger eine Gehirnquetschung bzw. eine rechtsbetonte bifrontale Hirnkontusion und ein rechtsbetontes Hirnödem sowie einen Hörstörung rechts).

Mann. 55 Tage stationär mit zwei Krankenhausaufenthalten. MdE 240 Tage 100 %. Dauerschaden: MdE 70 %, Depressionen, Geruchsinnverlust, Gehörschaden mit Hörminderung mit Tinnitusgeräuschen, Sensibilitätsstörung im Bereich der linken Wange sowie Kopfschmerzen mit Konzentrationsstörungen, Gleichgewichtsstörungen. [Ursache: Vorsätzliche Körperverletzung mittels Faustschlag in das Gesicht des Klägers, der dadurch rücklings zu Boden fiel und mit dem Hinterkopf auf die Straße aufschlug].

Betrag: 20.452 € **Haftung: 100 %**
immVorb: Ja **MdE: 70 %**

LG Dortmund 6.12.2002 – 3 O 323/02 = BeckRS 2010, 13051

7800

Gehirnschädigung nach Sauerstoffunterversorgung mit der Folge von ausgeprägter Weitsichtigkeit von fast 10 Dioptrien; Hochtonschwerhörigkeit und Konzentrationsschwierigkeiten.

Kind / Neugeborenes. Arzthaftung im Rahmen der Geburt / Geburtshilfefehlerwegen grob behandlungsfehlerhafter verzögerter Kaiserschnittentbindung. Es kam zu einer Sauerstoffunterversorgung. Dauerschaden: Ausgeprägte Weitsichtigkeit von fast 10 Dioptrien; Hochtonschwerhörigkeit, wobei eine Verbesserung mittels Hörgerät bisher keinen Erfolg gezeigt hat, Konzentrationsschwierigkeiten. Bei der Schmerzensgeldbemessung berücksichtigte das OLG – neben dem „gesteigerten persönlichen Verschulden" der Ärzte – schmerzensgelderhöhend die notwendigen Frühfördermaßnahmen, die bei dem Kläger durchgeführt werden mussten, aber auch mindernd, „dass der Kläger seine Einschränkungen – sicherlich auch aufgrund früher und kontinuierlicher, zeitintensiver Förderung – überwiegend gut kompensieren kann" und „gravierende Einschränkungen der Teilhabe am sozialen Leben nicht bestehen." Zudem berücksichtigte das OLG Köln aber auch, dass „Sicherlich … die Beeinträchtigungen des Hörens, Sehens und der Konzentration im späteren Leben die Berufswahlmöglichkeiten des Klägers in gewissen Bereichen (Pilot, Polizist, Soldat, Chirurg, Zahnarzt, Musiker, Tontechniker uÄ) einschränken [werden]; sie sind allerdings nicht so gravierend, dass nicht eine Vielzahl von Berufsfeldern dem Kläger weiter offen stünde."

Betrag: 50.000 € **Haftung: 100 %**
immVorb: Ja **MdE: –**

OLG Köln 8.10.2025 – 5 U 169/19 = BeckRS 2025, 30162

6127

Schädelhirntrauma, schweres mit Gehirnschädigung (hier: Offenes Schädelhirntrauma 3. Grades mit subduralen und duralen Hämatomen [Gehirnblutung unter der Kopfhaut]) und Schädelfrakturen (hier: Felsenbeinlängsfraktur, Kalottenmehrfachfraktur), Austritt von Gehirnflüssigkeit [Liquorrhoe] und Auftreten einer bakteriellen Hirnhautentzündung).

4j. Kind. Lebensgefahr. 31 Tage intensivstationär. Nahezu 190 Tage Rehablititationsaufenthalt. Schwerpunkte der Rehabilitation waren die Behandlung der cerebralen Bewegungsstörungen mit Spastik links, der Ataxie rechts und der Rumpfhypotonie, der Koordinationsstörungen, der kombinierten Schwerhörigkeit rechts aufgrund der Felsenbeinlängsfraktur sowie die Behandlung des Strabismus am rechten Auge. Dauerschaden: Erhebliche Sehstörungen, an Taubheit grenzende Schwerhörigkeit mit Wahrnehmungsstörung, cerebrale Bewegungsstörung mit Koordinationsstörung, Verhaltensauffälligkeiten mit Ablenkbarkeit, Ermüdbarkeit, Jähzorn und Wutanfällen, unwillkürliches Einnässen [= Enuresis] sowie eine seitliche Verkrümmung der Wirbelsäule [= Skoliose] und ein Knick-Senk-Fuß. [Ursache: Verkehrssicherungspflichtverletzung – Sturz aus einem knapp 4 Meter hoch gelegenen Fenster].

Betrag: 51.129 € **Haftung: 100 %**
immVorb: Ja **MdE: –**

OLG Hamm 29.10.1998 – 6 U 208/96 = BeckRS 2000, 173

5378

Gehirnschädigung, schwere (hier: Bewegungseinschränkungen: körperlich sehr eingeschränkt, völlig kraftlos. Gehen nur mit Orthese. Essen sei nur mit Hilfe möglich, – er erkennt nur seine Eltern / nahe Angehörige. Interaktion und Kommunikation mit Dritten ist aber nicht möglich. Epileptische Anfälle. Er werde nie Lesen, Rechnen oder Schreiben lernen können. Hörschädigung: Auf einem Ohr mittelschwerhörig und auf dem anderen Ohr schwersthörig.).

Kind / Neugeborenes. Dauerschaden: siehe oben. Gegen die epileptischen Anfälle erhält er Medikamente. Bei der Bemessung ging das OLG unzutreffender Weise von einer Obergrenze von 500.000 EUR aus, die für „allerschwerste Beeinträchtigungen" vorbehalten seien. Der Kläger müsse jedoch beispielsweise nicht über eine Sonde ernährt werden und könne „zumindest eingeschränkt am Leben teilnehmen", weshalb 400.000 EUR ausreichend seien. Arzthaftung: Grober Behandlungsfehler / Geburtshilfefehler mit daraus resultierender Sauerstoffunterversorgung. Ein im November 2008 in der Praxis des Beklagten erstelltes CTG ergab einen auf eine Sauerstoffunterversorgung des Kindes hinweisenden pathologischen Befund, so dass der Kläger schnellstmöglich hätte entbunden werden müssen. Der beklagte Arzt nahm das CTG allerdings erst nach circa 50 Minuten zur Kenntnis, führte zur Überprüfung des pathologischen Befundes – was nicht zu beanstanden war – eine Doppler-Ultraschalluntersuchung durch und veranlasste die Mutter sodann, zunächst mit dem eigenen Pkw nach Hause zu fahren, ihre Tasche zu holen und sodann eine Entbindungsklinik in Münster aufzusuchen. Aufgrund dieses grob fehlerhaften Behandlungsgeschehens sei der Kläger mit einer Verzögerung von jedenfalls 45 Minuten entbunden worden, was für den bei ihm eingetretenen Hirnschaden jedenfalls mitursächlich geworden sei. Der aufgrund der grob fehlerhaften Behandlung nunmehr dem Beklagten obliegende Beweis dafür, dass der Hirnschaden auch ohne Behandlungsfehler eingetreten wäre, sei nicht erbracht. Dauerschaden: Schwere körperliche und geistige Schäden. [Lesenswert zu den Fragen, wie ein niedergelassener Gynäkologe die Auswertung eines routinemäßig geschriebenen CTG einer Schwangeren organisieren muss und wie auf ein silentes CTG mit einem im Doppler-Ultraschall erkennbaren Reverse Flow in der Nabelschnurarterie zu reagieren ist.]

Betrag: 400.000 € **Haftung: 100 %**
immVorb: Ja **MdE: 100 %**

OLG Hamm 19.3.2018 – 3 U 63/15 = BeckRS 2018, 7534

3101

Gehirnschädigung (hier: Schwerste hypoxisch-ischämische Enzephalopathie Grad II bis III mit der Folge, dass der Kl. kein „annähernd normales Leben … führen" kann und „schwerstbehindert, nahezu blind und taub" ist. Das OLG betonte dazu: „Ein schlechterer Zustand ist nicht vorstellbar"! Intensivpflegefall!)

5j. Kind (Junge). Arzthaftung; Geburtshilfefehler (hier: Grober Behandlungsfehler bei der Geburt). Atemstillstand. Schwerste Behinderung als Dauerschaden. [Anmerkung: Das LG Arnsberg hatte lediglich 200.000 Euro zuerkannt. Das OLG hob zutreffend auf den oben genannten Betrag an; dies ist einer der höchsten bislang ausgeurteilten Schmerzensgeldbeträge und zeigt den Trend der Rspr. auf, bei schwersten Schäden auch höhere Schmerzensgeldbeträge zuzuerkennen!]

Betrag: 500.000 € **Haftung: 100 %**
immVorb: – **MdE: 100 %**

OLG Hamm 21.5.2003 – 3 U 122/02 = BeckRS 2003, 13088

ff) Gehirnschädigung mit Geruchsinnbeeinträchtigung

2979

Schädelfraktur mit dauerndem Geschmackverlust (vgl. auch Geschmacksinnbeeinträchtigung) und Anosmie (Geruchsinnverlust) mit häufigen Kopfschmerzen, Lichtempfindlichkeit und Konzentrationsschwäche nach Faustschlag.

33j. Mann. Dauerschaden: Geruchsinnverlust, Geschmacksinnverlust. Zudem häufige Kopfschmerzen. Vorsätzliche Körperverletzung durch Faustschlag ins Gesicht.

Betrag: 15.339 € **Haftung: 100 %**
immVorb: – **MdE: –**

OLG Düsseldorf 10.12.1999 – 22 U 98/99 = VersR 2001, 251

5855

Gehirnschädigung /Gesichtschädelfraktur (hier: Gesichtschädelfraktur mit Kieferhöhlenvorderwandfraktur und Kieferhöhlenhinterwandfraktur links, Orbitaboden- und Orbitawandfraktur links sowie Jochbogenfraktur links und daraus resultierender beidseitiger komplett aromatischer Anosmie mit Gesichtssensibilitätsstörungen. Zudem erlitt der Kläger eine Gehirnquetschung bzw. eine rechtsbetonte bifrontale Hirnkontusion und ein rechtsbetontes Hirnödem sowie einen Hörstörung rechts).

Mann. 55 Tage stationär mit zwei Krankenhausaufenthalten. MdE 240 Tage 100 %. Dauerschaden: MdE 70 %, Depressionen, Geruchsinnverlust, Gehörschaden mit Hörminderung mit Tinnitusgeräuschen, Sensibilitätsstörung im Bereich der linken Wange sowie Kopfschmerzen mit Konzentrationsstörungen, Gleichgewichtsstörungen. [Ursache: Vorsätzliche Körperverletzung mittels Faustschlag in das Gesicht des Klägers, der dadurch rücklings zu Boden fiel und mit dem Hinterkopf auf die Straße aufschlug].

Betrag: 20.452 € **Haftung: 100 %**
immVorb: Ja **MdE: 70 %**

LG Dortmund 6.12.2002 – 3 O 323/02 = BeckRS 2010, 13051

5149

Schädelfraktur, schwere (hier: Schwere Schädelvorderwandfraktur und schwere Schädelhinterwandfraktur, Geschmackssinnverlust und Geruchssinnverlust).

51j. Mann. Stationäre Heilbehandlung; länger anhaltende, neurogene Schluckstörungen wegen der der Kläger für die Dauer von fast 3 1/2 Jahren nur flüssige Nahrung zu sich nehmen konnte. Dauerschaden: Erwerbsunfähigkeit, Geschmacksinnverlust, Geruchsinnverlust, kognitive Leistungsminderung wobei – so das OLG – „alltagsrelevante Funktionsbeeinträchtigung im psychischen Bereich", ganz im Vordergrund standen. [Ursache: Sturz vom Barhocker auf den Fliesenboden in einer Bar während einer Weihnachtsfeier].

Betrag: 100.000 € **Haftung: 100 %**
immVorb: – **MdE: 60 %**

OLG Brandenburg 11.3.2015 – 4 U 93/14 = BeckRS 2015, 7893

5050

Gehirnschädigung (hier: Vollständige Wesensveränderung. der Kläger ist „emotional verflacht bis nivelliert" und leidet unter Konzentrationsstörungen, Gedächtnisverlust und Orientierungslosigkeit, vollständigem Geruchssinnverlust und weitgehendem Geschmackssinnverlust sowie ständiger Erschöpfung, Antriebslosigkeit, Entschlussunfähigkeit, Anhedonie [= Allgemeine Unfähigkeit, Freude und Lust zu empfinden], extremer Interesselosigkeit und Libidoverlust.)

42j. Mann. Arzthaftung im Zusammenhang mit Nasenscheidenwandbegradigung sowie Nasennebenhöhlenbehandlung.Nach der Operation wachte der Kläger zunächst nicht auf. Eine durchgeführte Computertomographie zeigte eine Einblutung im Gehirn. Dauerschaden bzw. Dauerschäden: Völlige Wesensveränderung sowie die oben aufgeführten, dauerhaften Beeinträchtigungen, unter welchen der Kläger dauerhaft massiv leidet.

Betrag: 200.000 € **Haftung: 100 %**
immVorb: Ja **MdE: –**

OLG Köln 13.4.2016 – 5 U 107/15 = BeckRS 2016, 7695

5009

Gehirnschädigung in Form eines hirnorganischen Psychosyndrom mit Geruchsinnverlust und Geschmackverlust und Querschnittlähmung mit Mastdarm- und Blasenlähmung.

Mann (Zimmermann). Dauerschaden: Intensivpflegefall. Berufsunfähigkeit. Ursache: Arbeitsunfall; der Kläger fiel 5,50 m tief auf den Betonboden. „Entgegen der Auffassung des Beklagten entspricht es schließlich der einschlägigen höchstrichterlichen Rechtsprechung, auch den fiktiven Schmerzensgeldanspruch bei der Ermittlung des zivilrechtlichen Schadensersatzanspruchs mit zu berücksichtigen (vgl. etwa BGH, Urteile vom 27.6.2006 – VI ZR 143/05 – NJW 2006, 3563 sowie vom 29.1.2008 – VI ZR 70/07 – NJW 2008, 323; vgl. auch Schmitt, aaO; § 110 Rn. 13 mwN). Die landgerichtliche Bemessung des (fiktiven) Schmerzensgeldes mit 300.000,- EUR ist unter den gegebenen Umständen nicht zu beanstanden", so das OLG.

Betrag: 300.000 € **Haftung: 100 %**
immVorb: – **MdE: 100 %**

OLG Koblenz 22.5.2014 – 2 U 574/12 = BeckRS 2014, 14961

gg) Gehirnschädigung mit Sprachstörung

2623

Gehirnschädigung nach Schädelfraktur mit Gehirnblutungen. Der Kl. musste „die 5. Klasse … wiederholen und hat … noch Probleme im Sprachlichen Bereich, beispielsweise dem Lesevorgang". Oberarmfraktur (Oberarmtrümmerfraktur) und Unterarmtrümmerfraktur.

11j. Kind (Schüler). 27 Tage stationär; 7 Monate Neurorehabilitation. [Verkehrssicherungspflichtverletzung in Bezug auf eine unverschlossene Falltür in einer Schule].

Betrag: 16.873 € **Haftung: 66 %**
immVorb: Ja **MdE: –**

OLG Karlsruhe 7.5.1998 – 4 U 20/97 = BeckRS 9998, 3110

7752

Schädelhirntrauma / Gehirnschädigung (hier: penetrierendes Schädelhirntrauma und damit einhergehend eine mehrfragmentäre Impressionsfraktur des linken Schläfenbeines mit zarten streifigen Hämorrhagien im angrenzenden Hirnparenchym im Schläfen- und Scheitellappenbereich mit passagerer Wortfindungsstörung und eine Eröffnung der harten Hirnhaut mit Weichteilschaden, eine Einblutung unter die weiche Hirnhaut sowie eine Einblutung im betroffenen Hirngewebe mit umgebender, passagerer wässriger Schwellung. Zudem erlitt der Kläger eine Stichverletzung am Rücken bzw im Nackenbereich links der Körpermittellinie.

Mann (Restaurantinhaber). Lebensgefahr. Stationäre Behandlung. Der Kläger hatte ein bis zwei Tage schwere, zwei Tage mittelschwere und 29 Tage leichte Schmerzen zu erdulden gehabt. Zur Schmerzensgeldbemessung betonte der OGH einleitend, dass bei der Bemessung des Schmerzensgeldes einerseits auf die Umstände des Einzelfalls abzustellen und andererseits zur Vermeidung einer völligen Ungleichmäßigkeit der Rechtsprechung ein objektiver Maßstab anzulegen sei wobei „der von der Judikatur ganz allgemein gezogene Rahmen für die Bemessung im Einzelfall nicht gesprengt werden (RS0031075)" dürfe. Sodann führte der OGH aus: „Der Kläger hat hier durch mehrere Stiche des Beklagten mit Lebensgefahr verbundene schwerste Verletzungen an Kopf und Gehirn erlitten, die eine – wenn auch vorübergehende – Wortfindungsstörung und eine noch andauernde posttraumatische Belastungsstörung mit Panikattacken sowie Schlafstörung zur Folge hatten. Aufgrund der besonderen Belastungen und Ängste, die derartig massive Verletzungen des Kopfes und des Gehirns sowie die konkret beim Kläger damit einhergegangenen Beeinträchtigungen nachvollziehbar auslösen, ist selbst unter Berücksichtigung des Umstands, dass der Kläger in Anbetracht der konkreten Verletzungen außergewöhnlich geringere Schmerzen bzw Schmerzperioden zu erdulden hatte, aufgrund der Schwere der Verletzungen und des Maßes der psychischen und physischen Beeinträchtigung (RS0031040) im Wege einer Globalbemessung ein Schmerzensgeld von 18.000 EUR als angemessen anzusehen." Berücksichtigt wurde auch, dass der Kläger vorfallskausal an einer posttraumatischen Belastungsstörung leidet, welche sich etwa durch erhöhte Schreckhaftigkeit mit immer wieder auftretenden Angst- und Panikattacken sowie Schlafstörungen mit dem Auftreten von Albträumen äußert. Kein Mitverschulden des Klägers unter dem Stichwort der Provokation. [Ursache: Vorsätzliche Körperverletzung nach vorheriger verbaler Auseinandersetzung zwischen dem Kläger und dem, in seinem Restaurant beschäftigten Koch].

Betrag: 18.000 € **Haftung: 100 %**
immVorb: – **MdE: –**

OGH Österreich 25.9.2025 – 7 Ob 80/25b = BeckRS 2025, 27305

2385

Gehirnschädigung / Schädelhirntrauma 3.Grades mit Schädelfraktur und Gehirnblutung links frontal. Danach „Halbseitensymptomatik rechts sowie Sprachstörung und Psychosyndrom". Keine Krampfpotentiale. Nach 4 Monaten Sprachstörung „nicht mehr nachweisbar"

57j. Frau. 42 Tage stationär. (hier: vorübergehende Sprachstörung nach Bohrlochtrepanation). Dauerschaden: MdE 100 % wegen Psychosyndrom.

Betrag: 35.790 € **Haftung: 100 %**
immVorb: – **MdE: 100 %**

OLG Celle 22.7.1997 – 5 U 118/96 = BeckRS 1997, 127029

5668

Gehirnschädigung nach Schädelhirntrauma mit epiduralem und subduralem Hämatom links fronto-temporal und einem epileptischen Anfall. In der Folge kam es zu dauerhaften Kopfschmerzen und Konzentrationsschwächen und Gedächtnisschwächen und hirnorganisch neuropsychologische Defiziten. Zum Anfalleiden führt das OLG aus: „Der Kläger steht zur Zeit unter Medikamentenschutz. Bei einem Absetzen der Medikamente besteht die massive Gefahr, dass es erneut zu einem epileptischen Anfall kommt. Wie lange die Einnahme der Medikamente erforderlich ist, lässt sich gegenwärtig nicht beurteilen. Das Risiko ist nach Angaben des Sachverständigen hoch".

17j. Mann (Auszubildender). 30 Tage stationär. Trepanationsoperation [Öffnung der Schädeldecke]. Dauerschaden: Gehirnleistungsschwäche, Konzentrationsschwäche und Gedächtnisschwäche. Die Gehirnleistung ist beim Kläger verletzungsbedingt erhebliche unterdurchschnittlich und pathologisch auffällig, was sich insbesondere durch Gedächtnisstörungen des verbalen Gedächtnisses (Wortfindungsstörung) und durch ein erheblich vermindertes Denkvermögen / vermindertes kognitives Verarbeitungstempo zeigt, so das OLG sinngemäß wiedergegeben. Der Kläger musste deshalb auch seine Ausbildung abbrechen. Bei der Bemessung berücksichtigte das OLG auch die „fehlende Aussicht auf eine Besserung" und „auch das hohe Risiko epileptischer Anfälle und die Ungewissheit darüber, wie lange der Kläger noch auf Medikamente angewiesen sein wird".

Betrag: 46.016 € **Haftung: 100 %**
immVorb: Ja **MdE: 45 %**

OLG Hamm 2.2.2000 – 13 U 115/99 = BeckRS 2000, 2632

3141

Gehirnschädigung, schwere nach Schädelhirntrauma mit Gehirnblutungen; „anfangs sog. apallisches Syndrom"; posstraumatische spastische Halbseitenlähmung mit sehr erheblichen Bewegungsstörungen und Sprachstörungen. Organverletzungen: Lungenquetschung; Bauchtrauma; Thoraxtrauma.

10j. Kind (Schüler – „10 Jahre und 7 Monate alte Kl."). 25 Tage Intensivstation mit komatöser Intubierung und künstlicher Beatmung, 245 Tage stationär, „seither ist eine ständige ambulante Behandlung erforderlich". Dauerschaden: Rollstuhlgebundenheit, spastische Halbseitenlähmung und Ataxie [Störung im geordneten Ablauf und in der Koordination von Muskelbewegungen], massive Sprachstörungen mit unverständlicher Sprache, Schluckstörungen, Sehstörungen, Beeinträchtigungen der intellektuellen Fähigkeiten, Intensivpflegefall. [Ursache: Straßenbahnunfall – Kollision mit Fahrradfahrer. Er wurde von dem Straßenbahnzug erfaßt, geriet unter das Führerhaus und wurde 17 m bis zum Stillstand des Straßenbahnzuges mitgeschleift]. Anmerkung: Das vollständige Urteil ist veröffentlicht in VersR 2003, 606. Kapitalisiert und ohne Mitverschulden ging das KG von 280.000 DM [= 143.161 Euro] aus.

Betrag: 51.129 € **Haftung: 75 %**
immVorb: Ja **MdE: 100 %**
Rente: 266 €

KG 2.9.2002 – 12 U 1969/00 = BeckRS 2002, 8343

5465

Gehirnschädigung (hier: Endovaskulären Behandlung eines zerebralen Aneurysmas mit nachfolgender sich nur langsam verbessernder rechtsseitiger Lähmung des rechten Arms und anfänglich starker Sprachstörung und verbleibender leichtgradiger globaler Aphasie bzw. Sprachstörung).

34j. Frau. Ca. 8 Wochen stationäre Reha. Langwierige Heilbehandlung mit mehrjähriger Therapie. Dauerschaden: Funktionsbeeinträchtigung des rechten Arms sowie leichtgradige globale Sprachstörung bzw. Aphasie. Arzthaftung (hier: Aufklärungspflichtverletzung im Rahmen einer Gehirnoperation – Behandlung eines zerebralen Aneurysmas bzw. einer Ausstülpung in der Wand eines Blutgefäßes im Gehirn Aufklärungsdefizit bei Anwendung einer Neulandmethode). Die Beeinträchtigungen, die sich aus der Funktionsstörung des rechten Arms sowie der Sprachstörung für die noch junge Klägerin ergeben wertete das OLG zutreffend als erheblich.

Betrag: 65.000 € **Haftung: 100 %**
immVorb: Ja **MdE: –**

OLG Hamm 15.2.2016 – 3 U 59/15 = BeckRS 2016, 14113

4359

Sprachstörung, erhebliche ... nach Gehirnschädigung infolge eines Schlaganfalles. Zudem erlitt der Kläger eine Armlähmung (hier: Armbetonte rechtsseitige Halbseitenlähmung) und eine Gehbehinderung.

34j. Mann. Arzthaftung (Behandlungsfehler bei Tumor-OP). Dauerschaden: Erhebliche Sprachbehinderung; Funktionsverlust des rechten Arms sowie Gehbehinderung.

Betrag: 75.000 € **Haftung: 100 %**
immVorb: – **MdE: 100 %**

OLG Hamm 5.2.2007 – 3 U 155/06 = BeckRS 2007, 17421

3347

Gehirnschädigung, schwere (hier: Es blieb eine Sprachstörung sowie weitere schwere Behinderungen mit daraus resultierender Pflegebedürftigkeit zurück).

Frau. 6 Monate Bewusstlosigkeit. Dauerschaden: Pflegefall; Sprachstörung. Der BGH hatte sich mit der Frage der Vereinshaftung zu befassen. Ein Verein (hier: Bergfreunde) hat seine Mitglieder (hier: Bergführer) grds. von der Haftung freizustellen, wenn sich bei Durchführung der satzungsgemäßen Aufgaben eine typische Gefahr (hier: Absturz des Führers samt Gruppe) verwirklicht. Dies gelte auch – so der BGH – wenn das Vereinsmitglied (hier: der Bergführer) verstorben und sein Nachlass erschöpft sei.

Betrag: 102.258 € **Haftung: 100 %**
immVorb: – **MdE: 100 %**
Rente: 409 €

BGH 13.12.2004 – II ZR 17/03 = BeckRS 2005, 1183

3367

Gehirnschädigung, schwere (hier: Locked-in-Syndrom sowie Tetraspastik)

18j. Mann. Dauerschaden: Extreme, nahezu völlig zerstörte Bewegungsbeeinträchtigung und Sprachlosigkeit, die sich gerade bei einem jungen Menschen besonders gravierend auswirkt. [Ursache: Fahrradunfall].

Betrag: 102.258 € **Haftung: 30 %**
immVorb: – **MdE: 100 %**
Rente: 256 €

BGH 28.4.1998 – VI ZR 175/97 = BeckRS 1998, 153644

4142

Schädelhirntrauma 3.Grades mit Gesichtschädelfraktur und Monokelhämatom; Gehirnblutung; Gehirnödem; Gehirnleistungsminderung und posttraumatischer Epilepsie. Der Kl. lag mehrere Wochen im Koma.

45j. Mann. 45 Tage stationär / Intensivstation / Neurologie. Lebensgefahr. MdE auf Dauer 100 %. Dauerschaden: Geistige Leistungsschwäche; Sprachstörungen; Gehbehinderung. Ursache: Vorsätzliche Körperverletzung.

Betrag: 110.000 € **Haftung: 100 %**
immVorb: Ja **MdE: 80 %**

LG Köln 6.5.2010 – 29 O 4/09 = BeckRS 2011, 2435

5831

Gehirnschädigung, schwere (hier: Sauerstoffunterversorgung durch Nabelschnurverschlingung nach monochorisch-monoamniotische Zwillingsschwangerschaft [Entwicklung der Zwillinge in einer Fruchtblase]).

Kind (Säugling). Langwierige stationäre Heilbehandlung. Arzthaftung (hier: Grober Behandlungsfehler / Geburtshilfefehler. „Liegt bei einem ersten, die spätere Aufnahme in das Krankenhaus vorbereitendem Gespräch dieser Befund vor und spricht die Schwangere die Frage einer Kaiserschnittentbindung an, so stellt es einen groben Behandlungsfehler dar, wenn die das Gespräch führende Hebamme daraufhin nichts besonderes veranlasst und auch keinen Arzt hinzuzieht", so der amtliche Leitsatz). Dauerschaden: Andauernde Mehrfachbehinderung, die vor allem in einer rechtsbetonten Bewegungsstörung, sowie einer deutlichen Störung des Sprachvermögens, der intellektuellen Leistungsfähigkeit und der Wahrnehmung besteht. Extreme Regulierungsverzögerung durch den Haftpflichtversicherer.

Betrag: 110.000 € **Haftung: 100 %**
immVorb: Ja **MdE: 100 %**

OLG Naumburg 11.3.2010 – 1 U 36/09 = BeckRS 2010, 10561

3081

Gehirnschädigung, schwerste (hier: Linksseitig komplette Lähmung, rechtsseitig inkomplette Lähmung, Gesichtentstellung wegen Kieferlähmung mit unkontrolliertem Speicherausfluss. Die Kl. ist an den Rollstuhl gebunden und bedarf permanenter Pflege und kann nicht sprechen oder selbstständig Nahrung aufnehmen.)

10j. Kind (Mädchen). Lebensgefahr. Intensivstationär. Gut 4 Monate stationär. Langwierige Heilbehandlung. Dauerschaden: Rollstuhlgebundenheit; Pflegefall; Entstellungen; muss gefüttert werden. [Lesenswert: Schmerzensgeldminderung wegen dauerndem Aufenthalt in einem Land mit niedriger Wirtschaftskraft (hier: Ungarn). Vgl. hierzu: Becksche Schmerzensgeldtabelle 4. Auflage S. 28 sowie

OLG Köln in ZfS 94, 47. Der Kl. wurde das Schmerzensgeld um 1/3 gekürzt.]

Betrag: 153.388 € **Haftung: 100 %**
immVorb: Ja **MdE: 100 %**
Rente: 205 €

LG Stuttgart 18.11.1997 – 24 O 265/97 = BeckRS 1997, 127038

4843

Gehirnschädigung nach schwerem Schädelhirntrauma mit Hirnödem und diversen Frakturen.

Mann. Er wurde bewusstlos stationär aufgenommen. Belastende und langwierige Heilbehandlung. Dauerschaden: Deutliche Sprachstörung, Gedächtnisstörung und Störung der affektiven Kontrolle, Feinmotorik der rechten Hand aufgehoben, deutliche Spastik des rechten Beins. Ursache: Brutale vorsätzliche Körperverletzung bei Diskotheksschlägerei. [Anmerkung: Das OLG hob das zuvor vom LG Aurich auf 170.000 EUR festgesetzte Schmerzensgeld wegen der Schwere der Verletzungen und Dauerfolgen deutlich an].

Betrag: 200.000 € **Haftung: 100 %**
immVorb: – **MdE: –**

OLG Oldenburg 7.1.2014 – 12 U 130/13 = BeckRS 2014, 125375

7404

Gehirnschädigung, schwere (hier: Hypoxisch-ischämische Enzephalopathie, zentrale Tonus- und Koordinationsstörungen, allgemeiner Entwicklungsstörung und zentralen Bewegungsstörungen sowie einer expressive Sprachstörung. Pflegefall: Er „benötigt auf Dauer Begleitung und Betreuung. Dies betrifft nach der Einschätzung der Sachverständigen sowohl alltägliche Verrichtungen wie Körperhygiene und Teilnahme am Straßenverkehr als auch später die Geschäftsfähigkeit. Durch die autistische Störung sei die Fähigkeit, am sozialen Leben teilzunehmen deutlich eingeschränkt“, so das LG.

Kind (Neugeborenes). Arzthaftung im Zusammenhang mit der Geburt des Kindes. Dauerschaden: zentrale Tonus- und Koordinationsstörung, muskuläre Hypotonie, kombinierte Störung der Entwicklung mit sprachlicher und kognitiver Retardierung, Störung der Aufmerksamkeit und Hyperaktivität, tiefgreifende Störung der Entwicklung im Sinne einer Störung aus dem autistischen Spektrum und Hyperopie und Astigmatismus. Der Kläger hat einen Schwerbehindertenausweis mit 100 GdB, Merkzeichen B, G und H, ihm wurde die Pflegestufe 2 bewilligt. Der Kläger besucht eine inklusive Klasse und wird zusätzlich 9 Stunden die Woche begleitend betreut. Er muss regelmäßig Verhaltenstherapie, Physiotherapie, Galileotraining und Logopädie durchführen. Es bestehen weiterhin Beeinträchtigungen in der Ernährung mit der Gefahr des Verschluckens. Grob- und feinmotorisch bestehen Beeinträchtigungen. Zudem liegen eine Minderung der kognitiven Fähigkeiten sowie eine Einschränkung der Aufmerksamkeitsleistung und Konzentration sowie eine Autismus-Spektrum-Störung vor. Hiermit verbunden sind eine erhöhte Verletzungsgefahr im Alltag, milde Einschränkungen der motorischen Fähigkeiten z.B. beim Fahrradfahren, Sport. Im Alltag und der selbständigen Lebensführung ist der Kläger beeinträchtigt und benötigt auf Dauer Begleitung und Betreuung. Dies betrifft nach der Einschätzung der Sachverständigen sowohl alltägliche Verrichtungen wie Körperhygiene und Teilnahme am Straßenverkehr als auch später die Geschäftsfähigkeit. Durch die autistische Störung sei die Fähigkeit, am sozialen Leben teilzunehmen deutlich eingeschränkt. … „Es handelt sich zudem um Dauerschäden, die den Kläger sowohl im täglichen Leben, im sozialen Umfeld, bei der Partner- und Berufssuche beeinträchtigen werden. Ein normales Berufs- und Familienleben wird dem Kläger kaum möglich sein“, so das LG. [Anmerkung: Das Urteil des LG Heidelberg wurde im Berufungsverfahren vor dem OLG Karlsruhe – BeckRS 2017, 153042 – aufgehoben, das das OLG, anders als zuvor das LG, keine Behandlungsfehler der Beklagten im Zusammenhang mit der Entbindung des Klägers festgestellt hatte].

Betrag: 250.000 € **Haftung: 100 %**
immVorb: – **MdE: 100 %**

LG Heidelberg 24.3.2016 – 4 O 28/08 = BeckRS 2016, 134285

3168

Gehirnschädigung, schwere (hier: spastische Tetraplegie nach schwerem Schädelhirntrauma mit sub- und epiduralem Hämatom rechtsseitig und weiteren Verletzungen. keine Kommunikation mit Worten, weder Sprache noch Verständnis für Worte vorhanden, Teilerblindung, Gesichtslähmung, Schluckmuskellähmung).

37j. Frau. Intensivstation. Lebensgefahr. 27 Tage künstliche Beatmung. Dauerschaden: Sprachlosigkeit; Verständigungslosigkeit (die Kl. kann weder sprechen noch Gesprochenes verstehen!); Gesichtslähmung, Lähmung der Schluckmuskeln und anderer Muskeln sowie spastische Lähmung beider Arme und Beine. Kontaktaufnahme zu Mitmenschen nur mit dem rechten Auge. Erblindung des linken Auges! Intensivpflegefall. [Anmerkung: Angesichts der nahezu völligen Zerstörung der Person erscheint das Schmerzensgeld insgesamt als eher zu gering und markiert keineswegs die Obergrenze.]

Betrag: 250.000 € **Haftung: 100 %**
immVorb: – **MdE: 100 %**

LG Berlin 11.11.2003 – 24 O 119/00 = unveröffentlicht

7097

Gehirnschädigung, schwere nach Polytrauma (hier: Hirnnervenfunktionsstörung im Sinne einer zentralen Facialisparese links gekommen. Hierdurch ist der Kläger auf einen Rollstuhl angewiesen und leidet unter einer unvollständigen Lähmung der linken Gesichtshälfte, insbesondere der mimischen Muskulatur, einer ausgeprägten Sprechstörung im Sinne einer Dysarhrophonie, einer Sprechstörung wegen einer fehlerhaften Artikulation und Koordination der Sprechmuskeln. Harn- und Stuhlinkontinenz. Intensivpflegefall.

31j. Mann. Langwierige Heilbehandlung. Dauerschaden: Rollstuhlgebundenheit, Intensivpflegefall. Insgesamt, so das OLG sei dem Kläger dauerhaft ein selbständiges Leben – und voraussichtlich auch eine Erwerbstätigkeit – nicht mehr möglich.

Betrag: 300.000 € **Haftung: 75 %**
immVorb: Ja **MdE: –**

OLG Stuttgart 16.11.2022 – 19 U 40/22 = BeckRS 2022, 37692

5955

Gehirnschädigung, schwerste (hier: Gehirnschädigung wegen Sauerstoffunterversorgung mit folgenden Auswirkungen: „Einschränkungen in sämtlichen intellektuellen und kognitiven Fähigkeiten wie auch den basalen Funktionen wie Sehen, Sprechen, Verstehen und sämtlichen

Bewegungsformen, sei es Feinmotorik oder Grobmotorik gekommen sei, welche noch einmal durch das ausgeprägte Lance-Adams-Syndrom, also die aktionsinduzierten Myoklonien geprägt seien").

34j. Frau (Fremdsprachenkorrespondentin). 120 Tage im Koma mit künstlicher Beatmung; Intensivstation. Anschließend weitere 600 Tage stationär. Dauerschaden: MdE 100 %. Rollstuhlgebundenheit. Intensivpflegefall Die wohlhabende und in sehr guten, luxuriösen Verhältnissen lebende junge Frau wurde durch den groben Behandlungsfehler völlig aus dem Leben gerissen und ist heute noch sozial fast vollständig isoliert und kann auch nicht an einem normalen sozialen oder gar kulturellen Leben teilnehmen. Ihr Lebenspartner, mit dem sie bereits die Hochzeit geplant hatte, trennte sich von ihr. Außer ihrer Mutter und den Therapeuten habe sie kaum Kontakte. Arzthaftung (hier: Grober Behandlungsfehler im Zusammenhang mit einer Schilddrüsenoperation. „Durch die lange Sauerstoffunterversorgung während der postoperativen Phase trat bei der Klägerin ein hypoxischer Hirnschaden ein; Folge waren starke Myoklonien"]. Regulierungsverzögerung: Trotz der unstreitigen Haftung erfolgte fast sechs Jahre lang keine Zahlung! [Anmerkung: Dass ein derartiges Verhalten der Haftpflichtversicherer gerade bei Arzthaftungsfällen häufig (siehe ua → Nr. 3048, → Nr. 3185, → Nr. 4225, → Nr. 4975 oder → Nr. 5721) vorkommt, ist inakzeptabel und sollte künftig von den Gerichten bezüglich der Anhebung der Schmerzensgelder noch massiver berücksichtigt werden. Die Führungskräfte der Großschadenabteilungen sind aufgerufen, derartiges Verhalten ihrer Mitarbeitenden zu unterbinden.]

Betrag: 300.000 € **Haftung: 100 %**
immVorb: Ja **MdE: 100 %**

LG Bochum 4.7.2012 – I-6 O 217/10 = BeckRS 2012, 16390

6180

Gehirnschädigung, schwerste (hier: „Schwerste psychomotorische Retardierung mit Tetraspastik" und „homonyme Hemianopsie rechts mit linksseitiger Schädigung des Gehirns (Hirninfarkt) im Bereich des Stromgebiets der Arteria cerebri posterior links unter Einbeziehung der Sehrinde" mit Halbseitenblindheit.

Kleinkind / Säugling. Arzthaftung (hier: Geburtshilfefehler / Behandlungsfehler bei Zwillingsgeburt. Es kam zur kritischen Unterzuckerung [= Hypoglykämie] und infolge dessen zu einer „schwersten psychomotorische Retardierung mit Tetraspastik und linksseitiger Hirnschädigung"). Dauerschaden: Sprachlosigkeit, Teilerblindung, Rollstuhlgebundenheit, Intensivpflegefall rund um die Uhr („zeitlebens auf die Hilfe anderer in höchstem Maße angewiesen", so das OLG).

Betrag: 300.000 € **Haftung: 100 %**
immVorb: – **MdE: 100 %**

OLG Koblenz 5.7.2004 – 12 U 572/97 = BeckRS 9998, 54218

5363

Gehirnschädigung, schwere (hier: Schwere hypoxisch-ischämischer Gehirnschädigung mit Mikrozephalus, spastischer Tetraparese und fehlender Sprachentwicklung.

Kind / Säugling. Arzthaftung (hier: Grober Behandlungsfehler / Geburtshilfefehler mit Sauerstoffunterversorgung „weil der Geburtshelfer grob pflichtwidrig auf alarmierende und in der Schlussphase durchgehend hochpathologische Befunde der CTG-Aufzeichnungen bis zur Entbindung nicht bzw. nicht angemessen reagiert hatte"). Dauerschaden: … Die Klägerin wurde jedoch – im Rahmen des Möglichen – recht gut therapiert; insofern führt das OLG aus: Die Klägerin „besucht … einen heilpädagogischen Kindergarten der Lebenshilfe, in dem sie gut integriert sei. Zusätzlich gehen die Eltern mit ihr schwimmen und nehme sie am therapeutischen Reiten teil. Sie habe hierbei „viel Spaß" und sei „insgesamt ein sehr zufriedenes Kind". In einer einmal im Jahr für mehrere Wochen besuchten Rehabilitationseinrichtung nutze sie auch ein Bewegungsgerät zur Einübung in Schrittfolgen. Die Klägerin lautiere ein bisschen, spreche nicht, aber höre gut. Sie könne ihre Emotionen sehr gut zeigen; Wut und Freude, Tränen könne sie in adäquaten Situationen einbringen. Insgesamt habe man den Eindruck, dass sie deutlich mehr versteht als sie durch ihr Lautieren äußern kann. Die Klägerin muss mit dem Löffel gefüttert werden, sie kann weiche Sachen essen und kleine Stücke abbeißen. Sie kann nicht selbst das Essen greifen und zum Mund führen." [Lesenswert zur Differenzierung der Ausprägung schwerster Verletzungsfolgen in derartigen Fällen. „Von einer solchen extremen Fallgestaltung unterscheidet sich die Situation der Klägerin grundlegend", so das OLG bei seiner Begründung der Bemessung auf 350.000 EUR].

Betrag: 350.000 € **Haftung: 100 %**
immVorb: Ja **MdE: 100 %**

OLG Bamberg 19.9.2016 – 4 U 38/15 = BeckRS 2016, 20624

4973

Gehirnschädigung, schwerste (hier: Hypoxisch-ischämische Enzephalopathie d.h. Sauerstoffunterversorgung des Gehirns mit „besonders stark ausgeprägt"er Gehirnschädigung, die im Weiteren unter Einzelheiten ausführlich dargelegt werden).

Kind (Neugeborenes). Arzthaftung (hier: Geburtshilfefehler). Dauerschaden: „Die Klägerin ist nach den Ausführungen des Sachverständigen Dr. H … nicht in der Lage, sich eigenständig fortzubewegen, zu sitzen, zu stehen, zu essen, zu trinken oder zu sprechen. Die Nahrungsaufnahme ist auf pürierte oder flüssige Kost beschränkt wobei für jede Mahlzeit ca. 50-60 Minuten anfallen und bei der Klägerin erhebliche Schluckbeschwerden bestehen. Die Klägerin kann auch nicht gezielt nach Gegenständen greifen und diese festhalten. Sie ist angesichts dessen rund um die Uhr hinsichtlich aller Lebensfunktionen auf die Hilfe und Unterstützung ihrer Eltern angewiesen und sie wird nie ein selbstbestimmtes eigenes Leben führen können. Dabei ist sie kognitiv zwar in der Lage, ihr bekannte Personen zu erkennen und auf diese zu reagieren. Sie kann sich jedoch nur in einem geringen Umfang durch Lautieren und Grimassieren äußern und dadurch im Sinne von Ja / Nein-Äußerungen gewisse Wünsche artikulieren oder Ablehnung signalisieren. Zustimmung oder Zufriedenheit kann sie gegenüber ihren Eltern durch ein Lächeln zum Ausdruck bringen. Insgesamt ist die Persönlichkeit der Klägerin damit in einem ganz erheblichen Umfang durch die fehlerhafte geburtshilfliche Behandlung in der Klinik des Beklagten zu 3) zerstört worden", so das OLG anschaulich. [Nicht zugestimmt werden kann der Argumentation des OLG, wonach sich der „fehlende Leidensdruck", den das OLG deshalb sah, weil die Klägerin von Geburt an geschädigt wurde und sozusagen kein anderes Leben kenne, vermindernd auf die Schmerzensgeldhöhe auswirkt – siehe insofern zutreffend anderer Ansicht KG BeckRS 2017, 137499. Das KG sprach daher der Klägerin in diesem – mit dem vorliegenden Fall durchaus vergleichbaren – Falle 500.000 Euro zu].

Betrag: 350.000 € **Haftung: 100 %**
immVorb: Ja **MdE: 100 %**

OLG Düsseldorf 18.4.2013 – 8 U 24/12 = BeckRS 2014, 17075

2842

Gehirnschädigung, schwerste (hier: Funktionsausfall der Großhirnrinde [vgl. Großhirnrinde, Funktionsausfall der…]; inkomplette Lähmung aller 4 Extremitäten; Sprachverlust; keine Kommunikation! Intensivpflegefall!

48j. Hauptschullehrer. Dauerschaden: „… Stufe eines Kleinkindes"; „Persönlichkeit weitgehend zerstört"; „größere Zerstörung der Gesundheit … kaum vorstellbar"! Kapital.: 1,006 Mio. DM bzw. umgerechnet ca. 511.000 EUR!

Betrag: 383.469 € **Haftung: 100 %**
immVorb: – **MdE: 100 %**
Rente: 767 €

LG München I 29.5.2001 – 19 O 8647/00 = NZV 2001, 263

5378

Gehirnschädigung, schwere (hier: Bewegungseinschränkungen: körperlich sehr eingeschränkt, völlig kraftlos. Gehen nur mit Orthese. Essen sei nur mit Hilfe möglich, – er erkennt nur seine Eltern / nahe Angehörige. Interaktion und Kommunikation mit Dritten ist aber nicht möglich. Epileptische Anfälle. Er werde nie Lesen, Rechnen oder Schreiben lernen können. Hörschädigung: Auf einem Ohr mittelschwerhörig und auf dem anderen Ohr schwersthörig.).

Kind / Neugeborenes. Dauerschaden: siehe oben. Gegen die epileptischen Anfälle erhält er Medikamente. Bei der Bemessung ging das OLG unzutreffender Weise von einer Obergrenze von 500.000 EUR aus, die für „allerschwerste Beeinträchtigungen" vorbehalten seien. Der Kläger müsse jedoch beispielsweise nicht über eine Sonde ernährt werden und könne „zumindest eingeschränkt am Leben teilnehmen", weshalb 400.000 EUR ausreichend seien. Arzthaftung: Grober Behandlungsfehler / Geburtshilfefehler mit daraus resultierender Sauerstoffunterversorgung. Ein im November 2008 in der Praxis des Beklagten erstelltes CTG ergab einen auf eine Sauerstoffunterversorgung des Kindes hinweisenden pathologischen Befund, so dass der Kläger schnellstmöglich hätte entbunden werden müssen. Der beklagte Arzt nahm das CTG allerdings erst nach circa 50 Minuten zur Kenntnis, führte zur Überprüfung des pathologischen Befundes – was nicht zu beanstanden war – eine Doppler-Ultraschalluntersuchung durch und veranlasste die Mutter sodann, zunächst mit dem eigenen Pkw nach Hause zu fahren, ihre Tasche zu holen und sodann eine Entbindungsklinik in Münster aufzusuchen. Aufgrund dieses grob fehlerhaften Behandlungsgeschehens sei der Kläger mit einer Verzögerung von jedenfalls 45 Minuten entbunden worden, was für den bei ihm eingetretenen Hirnschaden jedenfalls mitursächlich geworden sei. Der aufgrund der grob fehlerhaften Behandlung nunmehr dem Beklagten obliegende Beweis dafür, dass der Hirnschaden auch ohne Behandlungsfehler eingetreten wäre, sei nicht erbracht. Dauerschaden: Schwere körperliche und geistige Schäden. [Lesenswert zu den Fragen, wie ein niedergelassener Gynäkologe die Auswertung eines routinemäßig geschriebenen CTG einer Schwangeren organisieren muss und wie auf ein silentes CTG mit einem im Doppler-Ultraschall erkennbaren Reverse Flow in der Nabelschnurarterie zu reagieren ist.]

Betrag: 400.000 € **Haftung: 100 %**
immVorb: Ja **MdE: 100 %**

OLG Hamm 19.3.2018 – 3 U 63/15 = BeckRS 2018, 7534

6044

Gehirnschädigung, schwerste (hier: Microzepahlie und Enzephalopathie [= Schädigungen des gesamten Gehirns mit Funktionsstörung] und infolgedessen „körperlich und geistig schwerstbehindert und ein lebenslanger Pflegefall, weil sie nicht in der Lage ist zu sprechen, sich selbständig zu ernähren oder auch zu laufen, darüber hinaus regelmäßig orthopädische Übungen absolvieren").

Kind / Säugling. Arzthaftung (hier: Mehrere Behandlungsfehler bei der Geburt. Es kam zu einer Sauerstoffunterversorgung). Dauerschaden: Intensivpflegefall. Körperlich und geistig schwerstbehindert.

Betrag: 400.000 € **Haftung: 100 %**
immVorb: Ja **MdE: –**

OLG Hamm 30.10.2015 – 26 U 130/08 = BeckRS 2015, 122522

4464

Gehirnschädigung, schwerste (hier: „Schwere zerebrale Schäden" nach Sauerstoffunterversorgung mit schweren Dauerfolgen, die nachfolgend unter „Einzeheiten" aufgeführt wurden. Die Kl. nimmt jedoch „ihre Umgebung durchaus wahr").

Säugling. Arzthaftung (hier: Grober Diagnose- und Behandlungsfehler). Dauerschaden: Intensivpflegefall! Die Kl. kann „nach Vollendung des vierten Lebensjahres weder sprechen, richtig sitzen, noch laufen" und muss „gefüttert und gewickelt werden" und wird „voraussichtlich niemals ein selbstbestimmtes Leben in eigener, den Lebensunterhalt ermöglichenden Erwerbstätigkeit führen können", so das LG. Eine Verringerung des Schmerzensgeldes wegen einer weiteren, arzthaftungsunabhängigen Körperbehinderung des Klägers lehnte das LG zutreffend ab.

Betrag: 400.000 € **Haftung: 100 %**
immVorb: – **MdE: 100 %**

LG München I 27.7.2011 – 9 O 24797/07 = VersR 2011, 1576

4467

Gehirnschädigung, schwerste (hier: „ausgeprägte mentale und statomotorische Retardierung" mit schwersten Beeinträchtigungen der geistigen und sprachlichen Entwicklung. Das inzwischen 11j. Kind befindet sich intellektuell auf dem Stand eines Zweijährigen. Zudem sitzt sie im Rollstuhl und trägt ein Korsett. Die Verständigung erfolgt über Mimik, Gestik und Lautäußerungen. Sie kann weder frei sitzen noch gehen oder stehen. Sie bedarf der Intensivpflege rund um die Uhr (d.h. waschen, wickeln, füttern etc.).

Säugling. Arzthaftung / Geburtshilfefehler. Dauerschaden: Intensivpflegefall (s.o.) Das OLG führte in seiner auf Prozesskostenhilfe gerichteten Klage aus: In Fällen schwerster Persönlichkeitszerstörung handele es sich „um eine eigenständige Fallgruppe, bei der die Einbuße der Persönlichkeit bzw. der Wegfall der Basis für ihre Entfaltung durch den Verlust der Empfindungs- und Wahrnehmungsfähigkeit im Vordergrund" stehe.

Betrag: 400.000 € **Haftung: 100 %**
immVorb: – **MdE: 100 %**

OLG Naumburg 10.12.2010 – 1 W 57/10 = BeckRS 2011, 17581

4301

Gehinschädigung, schwerste ... nach Polytrauma mit zahlreichen Frakturen und Organverletzungen (Lungenquetschung).

19j. Frau. Langwierige Heilbehandlung. Dauerschaden: Rollstuhlgebundenheit; künstliche Ernährung; Sprachlosigkeit, sie kann sich nur über Laute und Gebärden mit vertrauten Personen verständlich machen; Intensivpflegefall. [Anmerkung: Die Klägerin hatte eine einmalige Kapitalabfindung iHv 7,2 Mio. EUR für den materiellen und immateriellen Schaden eingeklagt. Sie war – im von ihrem Ehemann gesteuerten PKW – sitzend und ggf. nicht angegurtet, verkehrsunfallbedingt aus dem KFZ geschleudert worden].

Betrag: 430.000 € **Haftung: 100 %**
immVorb: – **MdE: 100 %**

LG Hamburg 27.7.2011 – 302 O 192/08 = FD-StrVR 2011, 320995

6923

Gehirnschädigung, schwere mit motorischen Defiziten sowie der kognitiven Einschränkungen, so dass die Klägerin „weder jetzt noch in Zukunft die Fähigkeit zu einer eigenständigen Lebensführung gegeben sein wird, insgesamt wird die Klägerin also Zeit ihres Lebens auf eine dauerhafte Pflege und Hilfe angewiesen sein. Demnach wird sie dauerhaft und damit ihr gesamtes Leben eine Betreuung bedürfen und aufgrund ihrer Behinderungen sowie der bei ihr gegebenen Einschränkungen in ihrem Leben nie eine eigene Selbständigkeit entwickeln können", so das LG.

Kind. Arzthaftung im Zusammenhang mit der Geburt der Klägerin. Der Arzt der Beklagten stellte bei der Mutter der Klägerin zunächst eine unauffällige Plazenta und einen unauffälligen Schwangerschaftsverlauf bei einer nach seiner Einschätzung „High-Risk-Schwangerschaft" bei mütterlichem Alter von 41 Jahren fest. Da eine normale Geburt jedoch nicht möglich war, wurde ein Kaiserschnitt in Form einer Notsectio durchgeführt. Dabei kam es zu einer Sauerstoffunterversorgung bzw. einer schweren Asphyxie bei Zustand nach Reanimation. Dauerschaden: Schwerste Gehirnschädigung, Rollstuhlgebundenheit und Intensivpflegefall. Die Klägerin kann weder sitzen noch stehen noch gehen und sich noch nicht einmal im Liegen selbst umdrehen; die gesamte Motorik ist erheblich gestört. „Da die Mundmotorik betroffen sei, müsse sie weiterhin mit der Flasche oder dem Löffel gefüttert werden und könne nicht normal essen, wobei allerdings auch die Schluckmotorik beeinträchtigt sei. Weiterhin könne sie nicht sprechen. Sie gebe zwar Laute von sich, eine aktive Sprache könne aber nicht in Gang kommen", so das LG.

Betrag: 450.000 € **Haftung: 100 %**
immVorb: Ja **MdE: 100 %**

LG Bochum 12.2.2020 – 6 O 336/17 = BeckRS 2020,32966

7869

Gehirnschädigung nach Sauerstoffunterversorgung während der Geburt. Intensivpflegefall, Rollstuhlgebundenheit, Epilepsie, Gehirnschädigung mit Betonung der oberen Extremitäten, Schluckstörung und Sprachentwicklungsstörung. Zu den Verletzungsfolgen führt das OLG anschaulich aus: „Der Kläger [ist] schwerstbehindert und wird niemals ein selbständiges und selbstbestimmtes Leben führen können. Er ist auf einen Rollstuhl angewiesen, den er jedoch nicht selbst bewegen kann, und benutzt zweitweise eine Laufhilfe, in der er angeschnallt werden muss. Der Kläger trägt Orthesen an den Beinen und Händen sowie eine Korsage, um eine Schiefstellung des Rumpfes zu vermeiden. Selbständiges Sitzen und Greifen ist dem Kläger nicht möglich, er hat auch das Sprechen nicht erlernen können, sondern lautiert nur. Gegenüber seiner Familie und bekannten Personen kann er mit Mimik und Gestik seine Bedürfnisse ausdrücken. Selbständig essen kann der Kläger nicht, aufgrund der bestehenden Dysphagie muss er Speisen in grob pürierter Form zu sich nehmen. Mahlzeiten sind mühsam und langwierig. Der Kläger erhält seit Geburt kontinuierlich Physiotherapie, Ergotherapie und Logotherapie. Er muss regelmäßig antiepileptische Medikamente einnehmen; dennoch treten mehrmals täglich Absencen auf."

Säugling / Kind. Arzthaftung im Zusammenhang mit der Entbindung (Geburtshilfefehler) durch das Unterlassen der Notsectio [Kaiserschnitt als Notfallmaßnahme in der Geburt], die das OLG als einen groben Behandlungsfehler wertete. Die Beklagten hatten die Mutter des Klägers – obwohl die Situation während der Geburt sowie auch die CTG-Befunde dies erfordert und die Mutter sich bei ordnungsgemäßer Aufklärung für einen Kaiserschnitt entschieden hätte – nicht über die notwendige Alternative eines Kaiserschnitts aufgeklärt, wodurch es zu einer hypoxischischämischen Enzephalopathie und in deren Folge zu den zahlreichen schweren gesundheitlichen Schäden des Klägers gekommen war. Dauerschaden: Intensivpflegefall, Rollstuhlgebundenheit, Epilepsie, Gehirnschädigung mit Betonung der oberen Extremitäten, Schluckstörung und Sprachentwicklungsstörung. Der Kläger besucht nach Absolvierung eines integrativen Kindergartens nunmehr eine Förderschule für Gehbehinderte. Das Urteil umfasst – als Teilschmerzensgeld – nur die in die Zeit nach der letzten mündlichen Verhandlung fallenden einzelnen Schadenfolgen als Dauerfolge [siehe oben unter Dauerschaden aufgeführt], jedoch nicht die behaupteten künftigen Schadenfolgen, zu denen die klägerischerseits aufgeführten möglichen Kontrakturen der Wirbelsäule und Gliedmaßen, die bei weiterem Wachstum des Klägers auftreten und operative Maßnahmen erfordern können sowie auch eine mögliche Versteifung des Körpers des Klägers zählen. Diese möglichen Spätfolgen sind nach dem bereits jetzt bestehenden Beschwerdebild zwar ab- und vorhersehbar, ihr Umfang und die weiteren daraus resultierenden Beeinträchtigungen jedoch noch ungewiss, weshalb dem Kläger die Option offensteht, in einem Folgeprozess das Schmerzensgeld auf die volle Summe zu erhöhen, die der Verletzte aufgrund der dann verlässlichen Beurteilung der weiteren Entwicklung beanspruchen kann [Anmerkung: vgl. dazu BGH BeckRS 2004, 2240 sowie im Handbuch unter → Rn. 384).

Betrag: 500.000 € **Haftung: 100 %**
immVorb: Ja **MdE: 100 %**

OLG Köln 9.3.2026 – 5 U 5/24 = BeckRS 2026, 3244

7601

Gehirnschädigung, schwerste (hier: infantile globalen dyskinetische Cerebralparese mit Störung des Bewegungsapparats und gravierenden Koordinationsstörungen. "Epilepsie. Die Klägerin kann nicht sprechen, nicht ohne Hilfe essen, nicht lesen und schreiben. Sie kann keine gezielten Bewegungen ausführen, nicht laufen, nicht stehen und nur mit Hilfsmitteln sitzen, es bestehen Gelenkdeformationen sowie Versteifungen. Auch eine Inkontinenz liegt vor. Aufgrund einer Fehlkoordination der Zunge stößt sie Speisen aus der Mundhöhle aus und muss gefüttert werden. Sowohl die Nahrungsaufnahme als auch die Flüssigkeitszufuhr müssen sorgfältig überwacht werden. Dennoch ist die Kl. erheblich unterernährt. Sie leidet an einer ausgeprägten Intelligenzminderung. Die Sehkoordination und Hörfähigkeit ist herabgesetzt. Die Kl. kann ihren Kopf nicht länger als 60 Sekunden gerade halten, bevor er zur Seite oder nach vorne fällt.

Kind. Kind / Säugling. Arzthaftung wegen der grob fehlerhaften Behandlung und unzureichenden Aufklärung im Zusammenhang mit der Geburt der Klägerin (Geburtshilfefehler). Der BGH äußerte sich erneut zur Höhe des Schmerzensgelds bei schwerem Geburtsfehler und betonte in diesem Zusammenhang ebenfalls erneut [vgl. BGH BeckRS 2022, 6623] die Ungeeignetheit der Methode der „taggenauen Berechnung" des Schmerzensgelds auch als „Plausibilitätskontrolle" in Fällen von Dauerschäden. Zudem befasste er sich mit der Unterscheidung zwischen „grobem Behandlungsfehler" und „grob fahrlässigem Handeln eines Arztes" bei der Bemessung des Schmerzensgelds in Arzthaftungsfällen (im Anschluss an BGH BeckRS 2022, 5498) und betonte dabei, dass es bei schweren Dauerschäden keinen Automatismus im Sinne einer regelhaften Erhöhung des Schmerzensgelds bei verbliebener Einsichtsfähigkeit in die eigene, auf das schwerste beeinträchtigte Lebenssituation gibt, sondern der Tatrichter – je nach dem Ausmaß der jeweiligen Beeinträchtigung und dem Grad der dem Verletzten verbliebenen Erlebnis- und Empfindungsfähigkeit – eine Abstufungen vornehmen könne. [Die Berufungsentscheidung hierzu des OLG Koblenz BeckRS 2020, 41636 finden Sie auch unter → Nr. 6852].

Betrag: 500.000 € **Haftung: 100 %**
immVorb: – **MdE: –**

BGH 22.3.2022 – VI ZR 16/21 = BeckRS 2022, 8564

5500

Gehirnschädigung, schwerste (hier: hypoglykämische Schädigung [Unterzuckerung] mit ausgeprägter statomotorischer Störung mit geistiger Behinderung sowie einer therapieresistenten symptomatischen Epilepsie und der Folge, dass das Kind wegen der schweren geistigen und körperlichen Beeinträchtigung niemals ein eigenständiges und selbstbestimmtes Leben führen werden kann.

Kind / Säugling. Arzthaftung (hier: Grober Behandlungsfehler durch unterlassene Blutzuckerbestimmung in einer lebensbedrohlichen Situation am ersten Lebenstag eines Kindes). Dauerschaden der für die Bemessung maßgeblich war: „Bei der Klägerin liegt eine kombinierte Entwicklungsstörung mit schwerer geistiger Behinderung vor. Sie versteht nach Angabe der Sachverständigen lediglich einfache Ansprachen und Aufforderungen und ist insoweit in der Lage, ihr Einverständnis durch Nicken zu verstehen zu geben. Zu einer aktiven Wortbildung und Sprache ist die Klägerin nicht in der Lage. Weiterhin besteht eine so gravierende Störung der Wahrnehmung akustischer und visueller Reize, dass diese einer funktionellen Hör- und Sehbehinderung gleichkommt. Sie geht mit kleinen Trippelschritten und produziert den Pinzettengriff. Die mittlerweile 12 Jahre alte Klägerin besucht in Begleitung einer Integrationshelferin eine Schule für geistig behinderte Kinder. Dabei ist als Ausdruck der Schwere der geistigen Behinderung allerdings keine aktive Kommunikation mit der Klägerin möglich. Bei der Klägerin wurde eine GdB von 100 festgestellt, daneben die gesundheitlichen Voraussetzungen der Merkzeichen „G" (erhebliche Gehbehinderung), „B" (Notwendigkeit ständiger Begleitung) und „H" (Hilflosigkeit). Hinzu kommt, dass bei der Klägerin weiterhin eine medikamentös nicht beherrschbare Epilepsie mit unvorhersehbaren großen Anfällen besteht, wobei es nach Angabe der Kindesmutter zuletzt noch im November 2018 zu einem schweren Krampfanfall gekommen ist. Neben der Schwere der geistigen Behinderung ist für die Höhe des Schmerzensgeldes bestimmend, dass die Klägerin ihr gesamtes Leben lang massiv durch die Epilepsie beeinträchtigt ist und ihr gesamtes weiteres Leben lang vollumfänglich auf fremde Hilfe angewiesen sein wird. Es fällt dabei insbesondere ins Gewicht, dass sie niemals in der Lage sein wird, ein selbstbestimmtes Leben zu führen und mit ihrer Umwelt – außer durch einfaches Nicken – aktiv zu kommunizieren", so das OLG Hamm.

Betrag: 500.000 € **Haftung: 100 %**
immVorb: Ja **MdE: 100 %**

OLG Hamm 4.12.2018 – 26 U 9/16 = BeckRS 2018, 33312

5503

Gehirnschädigung, schwerste (hier: Hypoxischer Hirnschaden mit linksbetonter Parese mit Spasmen, Sprachstörungen und Schluckstörungen aufgrund Sauerstoffunterversorgung).

47j. Frau. Arzthaftung (hier Grober Behandlungsfehler). Dauerschaden: Intensivpflegefall. Die Klägerin ist stark körperlich und geistig behindert und dauerhaft auf fremde Hilfe und Pflege angewiesen. Überdies zeigen sich erhebliche Hirnleistungsstörungen mit agnostischen und apraktischen Komponenten sowie Einschränkungen des Gedächtnisses. Die Situation verschlechtert sich dabei schleichend. Das Erinnerungsvermögen der Klägerin hält nur 60 – 90 Minuten an. Es kommt zu Stürzen und Inkontinenz.

Betrag: 500.000 € **Haftung: 100 %**
immVorb: Ja **MdE: –**

OLG Hamm 21.3.2017 – 26 U 122/09 = BeckRS 2017, 109307

5362

Gehirnschädigung, schwerste (hier: Schwerster hypoxisch-ischämischer Gehirnschädigung mit Mikrozephalus, schwerer spastischer Tetraparese und Totalerblidnung sowie Sprachlosigkeit. Zudem leidet der Kläger der Kläger unter einer sogenannten Blitz-Nick-Salaam-Epilepsie (= BNS-Epilepsie), die auch West-Syndrom benannt wird.

Kind / Säugling. Arzthaftung (hier: Grober Behandlungsfehler / Geburtshilfefehler mit Sauerstoffunterversorgung nach Plazentaablösung). Dauerschaden: Erblindung und Bewegungsunfähigkeit! Der Kläger kann weder sitzen noch stehen noch greifen oder Laute von sich geben und ist zudem völlig blind. Er hat keinerlei Entwicklungsmöglichkeit und ist ein Intensivpflegefall.

[vgl. auch unter: Persönlichkeitszerstörung]. vgl. hierzu auch OLG Hamm BeckRS 2002, 4761.

Betrag: 500.000 € **Haftung: 100 %**
immVorb: – **MdE: 100 %**

OLG Karlsruhe 3.3.2016 – 7 U 28/15 = unveröffentlicht

6209

Gehirnschädigung, schwerste (hier: schwerste geistige und körperliche Behinderung vor mit einem absoluten Hilfebedarf und der Notwendigkeit einer 24-Stunden-Betreuung voraussichtlich für das gesamte Leben. Motorisch erhebliche Schädigung, kann sich nicht alleine bewegen, Spastiken, Kommunikation kann lediglich über Gestik und Mimik, teilweise über Lautäußerungen erfolgen).

6j. Kind (Junge). Arzthaftung (hier: Grober Behandlungsfehler im Zusammenhang mit einem nicht erkannten Hirnödem, bei dem der Beklagte mit einer Insulintherapie die Entstehung noch begünstigt hatte, anstatt dieser mit geeigneten Maßnahmen entgegen zu wirken. Es kam zu einer schweren Gehirnschädigung). Dauerschaden: Intensivpflegefall. „Der Kl. wurde als Kind an seiner Gesundheit schwerstgeschädigt. Nach dem vorliegenden Enwicklungsbericht des Einzelfallbetreuers des Kl. liegt eine schwerste geistige und körperliche Behinderung vor mit einem absoluten Hilfebedarf und der Notwendigkeit einer 24-Stunden-Betreuung voraussichtlich für das gesamte Leben. Die Kommunikation kann lediglich über Gestik und Mimik, teilweise über Lautäußerungen erfolgen. Das zugesprochene Schmerzensgeld soll diese erheblichen, das gesamte Leben des Kl. ändernden Beeinträchtigungen ausgleichen und dem Kl. gleichzeitig Genugtuung verschaffen".

Betrag: 500.000 € **Haftung: 100 %**
immVorb: – **MdE: 100 %**

LG Berlin 20.11.2003 – 6 O 272/01 = VersR 2005, 1247

7338

Gehirnschädigung, schwere: Cerebralparese / Zerebralparese mit „einer deutlichen geistigen Behinderung" sowie Spastik und starker Skoliose, die dazu geführt hat, dass der Kläger mehrere Operationen zur Versteifung der Wirbelsäule über sich ergehen lassenmusste. Zerebrale Krampfanfälle, die etwa zweimal im Jahr auftreten. Sehbehinderung durch Augenzittern [= Nystagmus] und ausgeprägtes Innenschielen. Sprachstörungen bzw. eingeschränktes Sprachvermögen; „die Sprachfähigkeiten des Klägers haben sich über die Jahre gebessert, sodass eine Kommunikation – gerade mit ihm vertrauten Personen – in eingeschränktem Maße möglich ist. Inwieweit eine Unterhaltung jenseits von kurzen Bedürfnisformulierungen jemals möglich sein wird, bleibt jedoch offen". Intensivpflegefall: „… er [braucht] komplette Assistenz bei allen Alltagsbedürfnissen. Er ist damit Zeit seines Lebens auf fremde Hilfe und intensive Pflege angewiesen."

Kind (Neugeborenes). Arzthaftung: Grober Behandlungsfehler im Rahmen der Geburt des Kindes. Dauerschaden: Zerebralparese, Sehbehinderung, Minderwuchs. ZU den Folgen des Behandlungsfehlers führte das LG aus: „Der Kläger zu 1) wurde zunächst in erster Linie von seinen Eltern zu Hause betreut und versorgt. Seit August 2011 besuchte er werktags zunächst von 9.00 bis 14.00 Uhr, später werktags von 9.00 bis 16.00 Uhr die integrative Kindertagesstätte …….Seit 2016 besucht er wochentags von 08:00 Uhr bis 16.00 Uhr die ……-Schule, eine spezielle Schule für Behinderte mit Förderschwerpunkt körperliche und motorische Entwicklung. Er wird von seinen nunmehr getrennt lebenden Eltern abwechselnd betreut. Bei der Schmerzensgeldbemessung berücksichtigte das LG explizit, dass der Kläger zu 1) "zusätzlich zu den unstreitigen Gesundheitsschäden … an einer expressiven Sprachstörung sowie anderen entwicklungsbedingten Intelligenzminderungen [leidet]. Im Hinblick darauf, dass er körperlich und geistig mehrfach schwerstbehindert sei und bleiben werde, er sich seiner motorischen und kognitiven Defizite mit zunehmenden Alter auch zunehmend bewusst werden werde". [Anmerkung: Kapitalisiert beläuft sich das Schmerzensgeld auf nahezu 720.000 EUR (exakt: 718.938 EUR)].

Betrag: 600.000 € **Haftung: 100 %**
immVorb: – **MdE: –**
Rente: 500 €

LG Mönchengladbach 25.2.2022 – 6 O 347/12 = BeckRS 2022, 54878

6997

Gehirnschädigung, schwerste (hier: Dystrophie, Mikrozephalie, Tetraspastik, schwerste statomotorische und geistige Entwicklungsstörung, zentrale Sehstörung, fehlende Sprachentwicklung ohne gezielte Kommunikationsfähigkeit, schwere cerebrale Bewegungsstörung mit einschließender Spastik, vorhandene symptomatische Epilepsie, permanente Harn- und Stuhlinkontinenz, Verbleib einer Rest-Stenose, Hörstörung, schwere Ernährungsproblematik mit Schluckstörungen (oropharyngeale Dysphagie) und Verdauungsstörungen mit über zwei Jahre andauernder Ernährung über eine PEG-Sonde.

Kind. Arzthaftung im Zusammenhang mit der Geburt der Klägerin, die in der Kinderklinik der Beklagten als Zwillingsfrühgeburt in der 36. Schwangerschaftswoche per Kaiserschnitt entbunden worden war. Das Geburtsgewicht lag bei 1.310 Gramm. Im Weiteren erlitt die Klägerin nach intensiven therapeutischen Maßnahme bei schwerwiegender hypoxisch-ischämischer Enzephalopathie einen hypoxisch-ischämischen Gehirnschaden. Dauerschaden: Zentrale Sehstörung, schwerste motorische und geistige Entwicklungsstörungen, Intensivpflegefall. Zu alldem führt das LG aus: „Die Klägerin hat einen Grad der Behinderung von 100 und erhält Blindengeld" … „Die Klägerin hat eine komplexe Behinderung mit schwerster motorischer und geistiger Entwicklungsstörung, bisher fehlender Sprachentwicklung und gezielter Kommunikationsfähigkeit, schwerer Ernährungsproblematik mit Schluckstörungen und Verdauungsstörungen, Schluckstörungen und Ernährung über eine PEG-Sonde bis Dezember 2010, schwerer cerebraler Bewegungsstörung mit einschließender Spastik, symptomatischer Epilepsie, permanenter Harn- und Stuhlinkontinenz, zentraler Sehstörung, intermittierender, respiratorischer Insuffizienz mit Beatmung über Tracheostoma bis zum Tracheostomaverschluss im Dezember 2009, Hörstörung, Dystrophie, Mikrozephalie, Tetraspastik, oropharyngeale Dysphagie mit folgenden Aspirations- und Penetrationsgraden nach PAS. Sie weist schwere Beeinträchtigungen in allen Bereichen des täglichen Lebens, bei der Nahrungsaufnahme und Körperpflege, bei der Mobilität, bei der Kommunikation, bei der Selbstständigkeit und bei der sozialen Interaktion auf. Zwar schafft sie es, sich im Vierfüßlerstand zielgerichtet zu bewegen und an Möbeln aufzurichten. Es kommt aber häufig zu Stürzen. Für korrekte Positionswechsel und flüssige Bewegungsübergänge sowie für das Stehen ist sie auf Hilfe angewiesen. Die Klägerin hat frühzeitig mit krankengymnastischer, ergotherapeutischer und logopädischer Förderung begonnen. Die aktive Sprache hat sich jedoch bisher nicht effektiv entwickelt, sondern es besteht lediglich eine nonverbale Kommunikationsfähigkeit durch Mimik und Lautieren. Die gegen Krampfanfälle gerichtete medikamentöse Behandlung muss dauerhaft fortgeführt werden. Wegen der weiter bestehenden Schluckstörungen gestaltet sich die Ernährungssituation schwierig. In Anbetracht ihrer gesundheitlichen Situation hat die Klägerin seit ihrer Geburt in verschiedenen Einrichtungen und bei verschiedenen Ärzten und Therapeuten fortlaufend medizinische und therapeutische Hilfe in Anspruch genommen". [Anmerkung: Kapitalisiert ergibt sich ein Betrag von insgesamt 713.433,60 EUR, so das LG, das sich insofern auf die Entscheidungen des OLG Zweibrücken → Nr. 3949 und des OLG Hamm → Nr. 3042 bezog. Unter Bezugnahme auf neuere Entscheidungen zB LG Gießen → Nr. 6274 und die erhöhend zu berücksichtigende Thematik der Niedrig- bzw. Nullzinsphase hätte das Schmerzensgeld noch etwas höher ausfallen dürfen; vgl. dazu LG Limburg → Nr. 6812; das LG Limburg hatte in einem vergleichbaren Fall mit Urt. vom 28.6.2021 1.000.000 EUR zu].

Betrag: 600.000 € **Haftung: –**
immVorb: – **MdE: 100 %**
Rente: 350 €

LG Paderborn 9.6.2021 – 4 O 334/12 = BeckRS 2021, 20162

7776

Gehirnschädigung, schwerste (hier: Der Kläger kann nicht sprechen, nicht laufen, muss gefüttert werden und ist inkontinent). [Anmerkung: Wird noch vervollständigt, sobald das Urteil vorliegt.]

Kind (Neugeborenes, zum Verkündungszeitpunkt 7j. Junge). Arzthaftung. Grober Behandlungsfehler im Rahmen der Geburt des Klägers. Das LG wertete die Behandlung vor und nach der Geburt als grob fehlerhaft bzw. als einen Fehler, der aus „objektiver Sicht nicht mehr verständlich erscheint, weil er einem Arzt von der Fachlichkeit des Beklagten" [Anmerkung: Chefarzt der Abteilung Gynäkologie und Geburtshilfe des B. Hospitals in Leer] „schlechterdings nicht unterlaufen darf". Das Kind kam nach einer Risikoschwangerschaft im April 2018 nach einer Notsectio bzw. einem Notkaiserschnitt zunächst leblos zur Welt und erlitt bis zur Wiederbelebung eine schwere Sauerstoffunterversorgung des Gehirns. Dauerschaden: Schwere Gehirnschädigung. [Anmerkung: Das Urteil ist noch nicht rechtskräftig].

Betrag: 800.000 € **Haftung: 100 %**
immVorb: – **MdE: –**

LG Aurich 5.12.2025 – 5 O 609/22 = BeckRS 2025, 35194

7726

Gehirnschädigung, schwerste (hier: Schwerste zerebrale Schäden infolge von Sauerstoffunterversorgung während der Geburt mit schwersten körperlichen und geistigen Einschränkungen. Die Klägerin kann weder sprechen noch selbstständig essen und benötigt rund um die Uhr Betreuung.

Neugeborenes. Arzthaftung und Haftung der Hebamme (Geburtshilfefehler); sowohl dem Arzt als auch der Hebamme waren grobe Behandlungsfehler in gravierendem Umfang unterlaufen. Trotz des erkennbar schlechten Zustands des ungeborenen Kindes war kein Notkaiserschnitt eingeleitet worden und auch nach der Geburt war das Mädchen nach Ansicht des LG nicht ausreichend überwacht worden, habe zu wenig Sauerstoff erhalten und sei zudem nicht rechtzeitig durch den spezialisierten Notdienst der Universitätsmedizin Göttingen behandelt worden. Dauerschaden: Intensivpflegefall und schwerste körperliche und geistige Einschränkungen ohne dass – so das LG – insofern Hoffnung auf künftige Besserung bestehe. Bei der Schmerzensgeldbemessung orientierte sich das LG Göttingen an den Entscheidungen des OLG Hamburg → Nr. 7441 sowie des LG Aachen → Nr. 4485 und berücksichtigte dass die Klägerin von Geburt an „schwerste Schäden" erlitten hat, deren Folgen sie ihr Leben lang beeinträchtigen werden und ihr somit eine „adäquate Persönlichkeitsentwicklung … hierdurch verwehrt" wird,,. Zudem verwies das LG zutreffend auch darauf, dass "die Genugtuungsfunktion eines Schmerzensgeldes im vorliegenden Fall nicht vollends vernachlässigt werden,, könne, da "den Behandlern der Beklagten in Verlauf der Geburt der Klägerin zumindest sechs grobe Behandlungsfehler unterlaufen, zu denen noch weitere einfache Behandlungsfehler" hinzukamen. [Anmerkung: Bereits 2021 hatte das LG Limburg BeckRS 2021, 16550 bzw. → Nr. 6812 in einem hinsichtlich der bleibenden Gesundheitsschäden des Kindes ähnlichen Fall ebenfalls ein Schmerzensgeld von 1 Millon EUR zugesprochen, doch das OLG Frankfurt a.M. BeckRS 2023, 9478 hob dieses Urteil auf, da es – anders als zuvor das LG – keinen Behandlungsfehler erkannt hatte. Es bleibt daher abzuwarten, ob das Urteil des LG Göttingen Rechtskraft erlangt; es wäre dann jedoch das bundesweit erste Schmerzensgeldurteil in dieser Höhe. Sie zu diesem Thema auch im Handbuch unter → Rn. 268].

Betrag: 1.000.000 € **Haftung: 100 %**
immVorb: – **MdE: –**

LG Göttingen 14.8.2025 – 12 O 85/21 = BeckRS 2025, 20834

6812

Gehirnschädigung, schwerste (hier: Hypoxischer Gehirnschaden, infantile Zerebralparese, Epilepsie, Tetraspastik, Hüftluxation, Dysphagie (Schluckstörung), Intelligenzminderung ohne aktive Sprache. Der Kläger kann sich kaum bewegen, schon gar nicht laufen, nicht selbst essen oder sich waschen und pflegen und ist daher rund um die Uhr auf fremde Hilfe angewiesen.

1j. Kind. [! Das Urteil wurde vom OLG Frankfurt a.M. BeckRS 2023, 9478 aufgehoben! Begründung: Siehe am Ende des Textes sowie → Rn. 268 – siehe jedoch insofern nun Urt. des LG Göttingen vom 14.8.2025 – 12 O 85/21 → Nr. 7726]. Arzthaftung im Zusammenhang mit der intravenösen Verabreichung eines Antibiotikums. Durch das Verabreichen der „Spritze" schrie das Kind so massiv, dass es sich an zuvor gegessenen Apfelspalten und Chips verschluckt hatte. Diese Nahrungsstücke gerieten in die Luftröhre, so dass es zu einer „ausgeprägten respiratorischen Azidose auf eine Ventilationsstörung bei massiver bronchialer Obstruktion" und schließlich zu einem Atem- und Kreislaufstillstand kam. Dauerschaden: Intensivpflegefall; hypoxischer Hirnschaden, infantile Zerebralparese, Epilepsie, Tetraspastik, Hüftluxation, Dysphagie (Schluckstörung), Intelligenzminderung ohne aktive Sprache. Die Schmerzensgeldbemessung begründete das LG damit, dass der Kläger kein „auch nur näherungsweise normales Leben" wird führen können. „Er kann nicht sprechen, nicht laufen. Eine normale Kindheit ist ihm weitgehend verwehrt geblieben. Er hat sie und wird auch seine Jugend- und Erwachsenenzeit zu großen Teilen in Krankenhäusern, Reha-Einrichtungen und mit sonstigen ärztlichen oder physiotherapeutischen Behandlungen und damit auch mit Schmerzen verbringen. Spielen mit seinen Eltern, Geschwistern oder anderen Kindern, der Besuch eines Kindergartens oder einer normalen Schule, der Aufbau von regulären Sozialbeziehungen zu Gleichaltrigen sind ihm verwehrt. Er kann sich kaum bewegen, nicht selbst essen oder sich waschen und pflegen. Rund um die Uhr ist er auf fremde Hilfe angewiesen. Seine Gefühle und Gedanken kann er nur eingeschränkt äußern. Selbst Essen und Schlafen sind für ihn infolge von Schluckbeschwerden und Epilepsie mit Angstzuständen verbunden. Zwar kann er an der Gesellschaft teilhaben, indem er eine Förderschule besucht und über seine Familie gepflegt und versorgt wird, sein Zustand ist damit bspw. von dem eines Wachkomapatienten noch weit entfernt; doch lässt sich nicht sagen, was er aus den ihm gegebenen Möglichkeiten im Laufe seines Lebens ohne das Schadensereignis gemacht hätte. Die besondere Tragik liegt darin, dass einem noch so jungen Menschen jegliche Perspektive auf ein normales Leben genommen wurde.", so das LG, dass sich insofern an der Entscheidung des LG Gießen BeckRS 2019, 34307, → Nr. 6274 orientierte. Das LG sah in der Tatsache, dass die Mutter des erst einjährigen Jungen, diesem am Krankenbett selbst die Kartoffelchips und Apfelstücke zu essen gegeben hatte, von denen das LG zutreffend der Meinung war, dass dies „für ein Kind dieses Alters ungeeignete Nahrung" sei, kein Mitverschulden und wies insofern auf § 1664 BGB und eine diesbezügliche Entscheidung des BGH BeckRS 2008, 17039 hin. [Wichtiger Hinweis: Das Urteil des LG Limburg wurde vom OLG Frankfurt a.M. BeckRS 2023, 9478 aufgehoben; nicht jedoch, weil das Schmerzensgeld zu hoch bemessen worden wäre sondern weil ein Behandlungsfehler nicht erwiesen sei. Vielmehr, so das OLG, könnten „Aspirationen bei Kleinkindern in praktisch jeder Lebenslage auftreten", so dass es auch „in jeder Klinik täglich in unzähligen Alltagssituationen zu Aspirationen kommen" könne. „Vor diesem Hintergrund ist nachvollziehbar, dass beide Sachverständigen betont haben, dass aufwändige und zeitraubende Sicherheitsmaßnahmen vor typischen Behandlungs- oder Pflegemaßnahmen im Klinikalltag undurchführbar sind und eine absolute Sicherheit weder erreichbar noch als Behandlungsstandard gefordert ist.", so das OLG Frankfurt a.M. Vgl. dazu auch die Entscheidungsbesprechung von Lucia Kretschmer, Fachdienst Medizinrecht 2023, 458647].

Betrag: 1.000.000 € **Haftung: 100 %**
immVorb: Ja **MdE: 100 %**

LG Limburg 28.6.2021 – 1 O 45/15 = BeckRS 2021, 16550

hh) Gehirnschädigung mit motorischen Störungen

3087

Gehirnschädigung (hier: Epilepsie; Schwindelgefühle und Konzentrationsschwäche; lebenslange Medikamenteneinnahme.)

Mann. Stationäre Heilbehandlung. Arzthaftung (Behandlungsfehler. Ein Gehirntumor wurde nicht vollständig entfernt. Es kam daher später zu Epilepsieanfälligkeit.). Das Gericht wies auf die Differenzierung der „Grunderkrankung" und der in jedem Fall notwendigen operativen Entfernung (nicht bewertbar) und den bewertbaren Zusatzfolgen hin.

Betrag: 10.000 € **Haftung: 100 %**
immVorb: Ja **MdE: –**

OLG Köln 16.12.2002 – 5 U 166/01 = BeckRS 2002, 30298515

2746

Gehirnschädigung (hier: Geistige Behinderung mit motorischen Störungen, infolge derer der Junge sich nur mit Hilfsmitteln fortbewegen kann und dauerhaft auf [die] Pflege [seiner Eltern] angewiesen ist).

13j. Junge. (Geburtshilfefehler / Arzthaftung: Der Mutter wurde bei der Geburt ein lokales Schmerzmittel gespritzt, dass zur Sauerstoffunterversorgung des Kindes führte.)

Betrag: 12.782 € **Haftung: 100 %**
immVorb: – **MdE: –**

LG Bielefeld 7.12.2004 – 4 O 572/97 = unveröffentlicht

3929

Gehirnschädigung (hier: Gehirnschädigung in Form von Dyskinesien, d.h. motorischen Fehlfunktionen, die Folge einer behandlungsfehlerhaften Überdosierung der Neuroleptika waren, die auch bei unterstellter, vertretbarer Diagnose Hebephrenie in dieser Form so nicht hätte erfolgen dürfen.).

52j. Frau. Arzthaftung (hier: Überdosierung von Neuroleptika). [Lesenswert zur Frage der Verjährung von Schadensersatzansprüchen wegen Freiheitsentziehung durch unzulässiges Festhalten in einer psychiatrischen Klinik].

Betrag: 20.000 € **Haftung: 100 %**
immVorb: – **MdE: –**

OLG Frankfurt a. M. 23.12.2008 – 8 U 146/06 = BeckRS 2009, 408

3716

Gehirnschädigung, schwere mit erheblichen motorischen Dauerfolgen wie Sprachstörung, Inkontinenz und Gehbehinderung.

Frau. Arzthaftung: Aufklärungspflichtverletzung bzgl. der OP-Risiken und insbesondere des Schlaganfallrisikos. Die Kl. erlitt 12 Jahre nach einer Gehirn-OP einen Schlaganfall mit folgendem Dauerschaden: Gesichtslähmung und Sprachstörung sowie Inkontinenz und Gehbehinderung. Das OLG führte aus, dass der Einwand, die Patientin hätte sich auch bei korrekter Aufklärung für den Eingriff entschieden, nicht erstmals in der Berufung vorgetragen werden könne.

Betrag: 25.000 € **Haftung: 100 %**
immVorb: Ja **MdE: 100 %**

OLG Oldenburg 4.7.2007 – 5 U 106/06 = BeckRS 2007, 12673

4231

Gehirnverletzung (hier: Nervverletzung / Verletzung des nervus vagus. Dieser größte Nerv des Parasympathikus ist an der Regulierung nahezu sämtlicher inneren Organe beteiligt und steuert diese vegetativ und motorisch. Beim Kläger wurde insofern die Magen- und Darmfunktion erheblich und auf Dauer beeinträchtigt. [daher die Einsortierung unter Kapitel A.08-c].

47j. Mann. Stationäre Heilbehandlung mit drei Aufenthalten. Dauerschaden: Stets sehr spontane Darmentleerung; Darmfunktionsstörung; psychische Beeinträchtigung.

Betrag: 40.000 € **Haftung: 100 %**
immVorb: Ja **MdE: –**

LG Osnabrück 17.9.2008 – 2 O 2889/06 = unveröffentlicht

5051

Gehirnschädigung, schwerse (hier: schwere Nerven- und Gefäßverletzungen und litt bis zu ihrem Tod unter einer schweren Tetraplegie mit fast vollständiger Lähmung, Fehlstellungen der Hand- und Fußgelenke und einer Schluckstörung. Sie war blind und konnte nicht sprechen).

12j. Kind. Arzthaftung (hier: Operation, die über die von den Klägern erklärte Einwilligung weit hinausging und zudem zu den oben genannten, schweren Beeinträchtigungen führte; das Kind verstarb schließlich 11 Jahre nach dieser OP). [Leitsatz: Hat eine – mangels wirksamer Einwilligung – rechtswidrig ausgeführte Operation zu einer Gesundheitsbeschädigung des Patienten geführt, so ist es Sache der Behandlungsseite zu beweisen, dass der Patient ohne den rechtswidrig ausgeführten Eingriff dieselben Beschwerden haben würde, weil sich das Grundleiden in mindestens ähnlicher Weise ausgewirkt haben würde. – Stichwort: Beweislast bei – mangels wirksamer Einwilligung – rechtswidrig ausgeführte Operation.]

Betrag: 50.000 € **Haftung: 100 %**
immVorb: – **MdE: –**

BGH 22.3.2016 – VI ZR 467/14 = BeckRS 2016, 7597

4362

Gehirnschädigung (hier: Spastische Halbseitenlähmung mit mäßiggradiger Intensität. Koordinationsstörung beim Gebrauch der Hände; Nachzihen des linken Beines beim Gehen; mangelnde Standfestigkeit / ständige Sturzgefahr)

4 monatige altes Kind. Arzthaftung (hier: Fehlfunktion der Herz-Lungen-Maschine mit daraus resultierender Luftimplementierung in den Blutkreislauf). Dauerschaden: Halbseitenlähmung mit Funktionsbeeinträchtigung der Hände und Beine.

Betrag: 50.000 € **Haftung: 100 %**
immVorb: Ja **MdE: –**

LG Köln 19.12.2007 – 25 O 598/03 = BeckRS 2007, 146426

3141

Gehirnschädigung, schwere nach Schädelhirntrauma mit Gehirnblutungen; „anfangs sog. apallisches Syndrom"; posstraumatische spastische Halbseitenlähmung mit sehr erheblichen Bewegungsstörungen und Sprachstörungen. Organverletzungen: Lungenquetschung; Bauchtrauma; Thoraxtrauma.

10j. Kind (Schüler – „10 Jahre und 7 Monate alte Kl."). 25 Tage Intensivstation mit komatöser Intubierung und künstlicher Beatmung, 245 Tage stationär, „seither ist eine ständige ambulante Behandlung erforderlich". Dauerschaden: Rollstuhlgebundenheit, spastische Halbseitenlähmung und Ataxie [Störung im geordneten Ablauf und in der Koordination von Muskelbewegungen], massive Sprachstörungen mit unverständlicher Sprache, Schluckstörungen, Sehstörungen, Beeinträchtigungen der intellektuellen Fähigkeiten, Intensivpflegefall. [Ursache: Straßenbahnunfall – Kollision mit Fahrradfahrer. Er wurde von dem Straßenbahnzug erfaßt, geriet unter das Führerhaus und wurde 17 m bis zum Stillstand des Straßenbahnzuges mitgeschleift]. Anmerkung: Das vollständige Urteil ist veröffentlicht in VersR 2003, 606. Kapitalisiert und ohne Mitverschulden ging das KG von 280.000 DM [= 143.161 Euro] aus.

Betrag: 51.129 € **Haftung: 75 %**
immVorb: Ja **MdE: 100 %**
Rente: 266 €

KG 2.9.2002 – 12 U 1969/00 = BeckRS 2002, 8343

3664

Gehirnschädigung, schwere (hier: Schweres Schädelhirntrauma mit Subduralhämatom und Gehirnquetschung mit Contusionsblutung und nachfolgender Epilepsie); Schädelfraktur; Oberarmfraktur sowie Schnittwunden am Oberschenkel.

33j. Frau. Dauerschaden: Symptomatische Epilepsie mit großen und kleineren Anfällen mittleren Schweregrades nach Hirnsubstanzschädigung. Ausgeprägte Gangstörung / Gehbehinderung. [ohne Mitverschulden von 30 % hätte das LG „170.000 DM … erforderlich" erachtet].

Betrag: 61.355 € **Haftung: 70 %**
immVorb: – **MdE: 100 %**

LG Saarbrücken 21.10.2004 – 1 O 407/96 = BeckRS 2004, 153579

3193

Gehirnschädigung, leichte nach Schädelfraktur. Es kam zu motorischen Ausfällen als Folge einer linksseitigen leichten Hemiparese, die jedoch später wieder verheilten.

Kind (Säugling). Arzthaftung (Die Schädelfraktur wurde dem Kind bei der Geburt mittels Geburtszange zugefügt [Geburtshilfefehler]), jedoch zunächst nicht erkannt. Dauerschaden: leicht herabgesetzter Muskeltonus mit einer etwas schwerfälligen Spontanmotorik.

Betrag: 70.000 € **Haftung: 100 %**
immVorb: – **MdE: –**
Rente: 200 €

LG Duisburg 21.11.2002 – 8 U 155/00 = BeckRS 2003, 6567

4359

Gehirnschädigung nach Schlaganfall (hier: Erhebliche Sprachbehinderung; Armlähmung in Form einer armbetonten rechtsseitigen Halbseitenlähmung und Gehbehinderung).

34j. Mann. Arzthaftung (Behandlungsfehler bei Tumor-OP). Dauerschaden: Erhebliche Sprachbehinderung; Funktionsverlust des rechten Arms sowie Gehbehinderung.

Betrag: 75.000 € **Haftung: 100 %**
immVorb: – **MdE: 100 %**

OLG Hamm 5.2.2007 – 3 U 155/06 = BeckRS 2007, 17421

5927

Gehirnschädigung, schwere (hier: Gehirnschädigung motorische Ausfallerscheinungen und weiteren Dauerfolgen [siehe unter Einzelheiten] wegen Sauerstoffunterversorgung).

Kind / Säugling. Arzthaftung (hier: Grober Behandlungsfehler / Geburtshilfefehler – Sauerstoffunterversorgung). Dauerschaden: Hirnfunktionsstörung, motorische Ausfallerscheinungen, Lernbehinderung – der Kläger kann lediglich eine Sonderschule besuchen kann, ohne das Aussicht auf einen Schulabschluss. Zur Bemessung führte das OLG, das das Schmerzensgeld von 100.000 DM auf 150.000 DM anhob, aus: „Das Ausmaß der nicht schwersten, aber doch erheblichen und spürbaren Beeinträchtigungen intellektueller und körperlicher Art, die der Kläger in Kindheit und Jugend zu bewältigen hatte und die Tatsache, dass dem Beklagten zu 1. ein grobes Behandlungsverschulden zur Last zu legen ist, rechtfertigen nach Auffassung des Senats die höhere Bemessung".

Betrag: 76.694 € **Haftung: 100 %**
immVorb: Ja **MdE: 100 %**

OLG Frankfurt a. M. 21.6.2005 – 8 U 152/01 = BeckRS 2011, 19969

2773

Gehirnschädigung / Epilepsie mit „mild ausgeprägter Körperbehinderung mit Einschränkungen der Grob- und Feinmotorik", ... „kognitiven Einschränkungen, die sich im Rahmen einer Lernbehinderung bewegen", ... Verhaltensauffälligkeiten: Distanzlos, impulsiv.

Kleinkind. Arzthaftung (hier: Grober Diagnosefehler und grober Behandlungsfehler bzgl. des Nichterkennens eines Wasserkopfes). Dauerschaden: Gehirnschädigung; Epilepsie.

Betrag: 81.807 € **Haftung: 100 %**
immVorb: Ja **MdE: –**

OLG Oldenburg 20.4.1999 – 5 U 188/98 = BeckRS 9998, 17711

5644

Gehirnschädigung, schwerste (hier: Gehirnschädigung nach Sauerstoffunterversorgung während der Geburt. Spastische Lähmung mit späterer Rollstuhlgebundenheit. Intensivpflegefall, das Opfer wird auch später beim Essen, Ankleiden, Waschen etc. stets auf intensive fremde Hilfe angewiesen sein. „Dennoch verfügt es über eine relativ gute geistige Kapazität, so dass es die Behinderung auf das schmerzlichste empfinden kann", so das OLG.

Kind (Säugling). Arzthaftung im Zusammenhang mit der Geburtshilfe. Einen Geburtshilfefehler der Hebamme, die nicht hinreichend mit dem CTG vertraut ist, muss sich ein Belegarzt anrechnen lassen. Dauerschaden: Geistige und körperliche allerschwerste Schädigung, Intensivpflegefall, spastische Lähmung mit daraus resultierender späterer Rollstuhlgebundenheit und dies alles bei vorhandener Empfindungsfähigkeit. [Anmerkung: Kapitalisiert belief sich das Schmerzensgeld auf ca. 410.000 DM]

Betrag: 92.033 € **Haftung: 100 %**
immVorb: – **MdE: –**
Rente: 511 €

OLG Celle 28.7.1997 – 1 U 19/96 = VersR 1999, 486

5137

Gehirnschädigung, schwere (hier: „spastische Tetraparese ... [als] Ausdruck einer cerebralen Schädigung" sowie „neurologischen Symptomen mit ausgeprägten Schluckstörungen", so das OLG).

74j. Frau. Arzthaftung (hier: Grober Behandlungsfehler / fehlerhafte Verordung eines Medikaments / Therapievorschlagsfehler) Dauerschaden: Tetraparese sowie ausgeprägte Schluckstörungen, künstliche Ernährung mittels einer Ernährungssonde. Intensivpflegefall. Die Klägerin – so das OLG „leidet unter unkontrollierten Bewegungen der Extremitäten und vermutlich schmerzhaften Streckkontrakturen der Beine. Sie ist infolge der Fehlbehandlung vollständig immobil und kann nicht ohne fremde Hilfe aufstehen".

Betrag: 100.000 € **Haftung: 100 %**
immVorb: – **MdE: –**

LG Hamburg 7.3.2013 – 323 O 323/10 = BeckRS 2013, 200469

4568

Gehirnschädigung, schwerste (hier: schweres Schädelhirntrauma mit Gehirnquetschungen und Gehirnblutungen in deren Folge es zu einem hirnorganischen Psychosyndrom, einem tetraspastischen Syndrom einer Mastdarm- und Blaseninkontinenz u.a. schweren Beeinträchtigungen kam. Verletzte verstarb viereinhalb Jahre nach dem Unfall unfallunabhängig an Darmkrebs.

59j. Mann (Werkzeugmacher). 16 Wochen stationär, 14 Tage künstliche Beatmung. Rehabiliationsmaßnahme. Dauerschaden: Intensivpflegefall. Bei der Schmerzensgeldbemessung wurde die Schwere der Verletzungen und deren Folgen aber auch die Gesamtleidenszeit des Klägers von 4 1/2 Jahren und dessen Vorschädigungen (chronische-obstruktive Lungenerkrankung und Alkoholmissbrauch) berücksichtigt.

Betrag: 100.000 € **Haftung: 100 %**
immVorb: – **MdE: –**

LG Koblenz 21.1.2013 – 5 O 185/12 = BeckRS 2013, 23100

6057

Gehirnschädigung nach zweitem Schlaganfall mit nachfolgender Hemiparese bzw. Halbseitenlähmung.

50j. Frau. Arzthaftung (hier: Befunderhebungsfehler im Zusammenhang mit einem Schlaganfall, der verkannt worden war und einen zweiten Schlaganfall nach sich zog, der jedoch bei einer rechtzeitigen Befunderhebung und dann eingeleiteten Therapie „sehr gut ... verhindert worden wäre", so das LG). Infolge des zweiten Schlaganfalles konnte „die Klägerin zunächst weder laufen noch sprechen, nicht alleine Wasserlassen, weder essen noch schlucken. Der Zustand besserte sich bis August 2006 [der Befunderhebungsfehler datierte vom 13. Januar 2006] dahin, dass weiterhin eine rechtsseitige armbetonte Hemiparese sowie eine aphasische Störung bestanden. Aus diesem Grunde wurden ergotherapeutische und orthopädische Behandlungsmaßnahmen fortgesetzt. Im Januar 2007 wurde nochmals eine ambulante Rehabilitationsmaßnahme in der Klinik ... für einen Monat durchgeführt". Dauerschaden: Pflegefall, Sprachstörungen, motorische Beeinträchtigungen, benötigt einen Rollator. Zur Schmerzensgeldbemessung hat das LG, berücksichtigt, „dass die Klägerin, die ein selbstständiges und eigenständiges Leben vor den erlittenen Schlaganfällen führen konnte, nunmehr für die Dauer ihres restlichen Lebens auf erhebliche Hilfestellungen in sämtlichen Bereichen und damit auf eine erhebliche Einschränkung in ihrer Lebensqualität angewiesen sein wird".

Betrag: 100.000 € **Haftung: 100 %**
immVorb: Ja **MdE: –**

LG Dortmund 25.2.2010 – 4 O 165/07 = BeckRS 2015, 14738

4143

Gehirnschädigung infolge eines – durch eine Embolie aufgetretenem – Hirninfarkt. Persönlichkeits- bzw. Wesensveränderung; Halbseitenlähmung; Fehlen eines koordinierten Gangbildes [= sogn. Gangataxie]; Sprachstörungen sowie Gehirnleistungsminderung.

45j. Mann (Arzt). 4 Monate stationär, zwei Aufenthalte sowie anschließend gut 10 Monate Rehabilitationsklinikaufenthalt. Dauerschaden: Persönlichkeitsveränderung / Wesensveränderung. Berufsunfähigkeit; Erwerbsunfähigkeit. Der Kl. muss sich voraussichtlich dauerhaft psychotherapeutischen Behandlungen unterziehen. Ursache: Arzthaftung (hier: Behandlungsfehler im Rahmen der Behandlung einer Herzerkrankung mit Herztransplantation.

Betrag: 100.000 € **Haftung: 100 %**
immVorb: Ja **MdE: 100 %**

OLG Hamm 23.11.2009 – 3 U 41/09 = BeckRS 2010, 10751

5572

Schlaganfall mit nachfolgender Halbseitenlähmung.

39j. Mann. Arzthaftung (hier: Diagnosefehler im Zusammenhang mit einem Schlaganfall, den der behandelnde Arzt „nicht richtig" zunächst als „komplizierte Migräne" diagnostiziert hatte, so dass es zu einem zweiten Schlaganfall kam, durch den der Kläger halbseitig gelähmt wurde. Die ärztlicherseits erst für den Folgetag geplante Kernspintomographie des Klägers kam somit zu spät. Der zweite Schlaganfall hätte nach Ansicht der Richter durch korrektes Verhalten des Mediziners – d.h. durch eine sofortige Kernspintomographie – verhindert werden können. Dauerschaden: Halbseitige Lähmung.

Betrag: 100.000 € **Haftung: 100 %**
immVorb: – **MdE: –**

LG München I 15.10.2003 – 9 O 5889/99 = BeckRS 2003, 154809

3368

Gehirnschädigung, schwere (hier: Halbseitenlähmung und Gesichtslähmung rechtsseitige; Lähmung des rechten Beines und Armes; neuropsychologische Ausfälle).

40j. Mann (Ingenieur). Dauerschaden: Depressionen; Sprachstörungen; Gehbehinderung; reduzierte Kommunikation; Bewegungseinschränkungen der rechten Hand; Störung der Feinmotorik. Arzthaftung (hier: grober Behandlungsfehler durch Fehldiagnose).

Betrag: 102.258 € **Haftung: 100 %**
immVorb: Ja **MdE: 80 %**
Rente: 102 €

OLG München 15.10.2003 – 1 U 5250/0 = unveröffentlicht

2917

Gehirnschädigung, schwere (hier: „Zerebralparese mit hypotonem Muskeltonus und einer leichten muskulären Spastik", Dystrophie [körperl. Mangelentwicklung]; er kann weder greifen noch sitzen und ist psychomotorisch stark entwicklungsverzögert und gestört.

Säugling. Arzthaftung Geburtshilfefehler; Überwachungspflichtverletzung bei erhöhtem Risiko einer Neugeboreneninfektion. Dauerschaden: Intensivpflegefall!

Betrag: 102.258 € **Haftung: 100 %**
immVorb: – **MdE: 100 %**
Rente: 358 €

OLG Stuttgart 4.1.2000 – 14 U 31/98 = BeckRS 2000, 30089186

3367

Gehirnschädigung, schwere (hier: Locked-in-Syndrom sowie Tetraspastik)

18j. Mann. Dauerschaden: Extreme, nahezu völlig zerstörte Bewegungsbeeinträchtigung und Sprachlosigkeit, die sich gerade bei einem jungen Menschen besonders gravierend auswirkt. [Ursache: Fahrradunfall].

Betrag: 102.258 € **Haftung: 30 %**
immVorb: – **MdE: 100 %**
Rente: 256 €

BGH 28.4.1998 – VI ZR 175/97 = BeckRS 1998, 153644

5831

Gehirnschädigung, schwere (hier: Sauerstoffunterversorgung durch Nabelschnurverschlingung nach monochorisch-monoamniotische Zwillingsschwangerschaft [Entwicklung der Zwillinge in einer Fruchtblase]).

Kind (Säugling). Langwierige stationäre Heilbehandlung. Arzthaftung (hier: Grober Behandlungsfehler / Geburtshilfefehler. „Liegt bei einem ersten, die spätere Aufnahme in das Krankenhaus vorbereitendem Gespräch dieser Befund vor und spricht die Schwangere die Frage einer Kaiserschnittentbindung an, so stellt es einen groben Behandlungsfehler dar, wenn die das Gespräch führende Hebamme daraufhin nichts besonderes veranlasst und auch keinen Arzt hinzuzieht", so der amtliche Leitsatz). Dauerschaden: Andauernde Mehrfachbehinderung, die vor allem in einer rechtsbetonten Bewegungsstörung, sowie einer deutlichen Störung des Sprachvermögens, der intellektuellen Leistungsfähigkeit und der Wahrnehmung besteht. Extreme Regulierungsverzögerung durch den Haftpflichtversicherer.

Betrag: 110.000 € **Haftung: 100 %**
immVorb: Ja **MdE: 100 %**

OLG Naumburg 11.3.2010 – 1 U 36/09 = BeckRS 2010, 10561

3063

Gehirnschädigung, schwerste (hier: Schädelhirntrauma, schweres; Tetraspastik rechts mit Rollstuhlgebundenheit; die Kl. wird künstlich ernährt; Polytrauma; Epiduralhämatom; Apallisches Syndrom; Intensivpflegefall).

11j. Kind (Mädchen). Dauerschaden: „Zustand nach apallischem Syndrom"! „Aus der vormals gesunden elfjährigen Kl., die das Gymnasium besuchte, ist … ein schwer geistig und körperlich behinderter Mensch geworden, ohne Zukunft", schreibt das OLG in seiner Urteilsbegründung! [Urteil noch nichts rechtskräftig]. Kapitalisiert ergeben sich bei voller Haftung 450.000 + rund 120.000 Rente = 570.000 DM bzw. 291.436 Euro.

Betrag: 115.041 € **Haftung: 50 %**
immVorb: – **MdE: 100 %**
Rente: 128 €

OLG Köln 5.3.2002 – 15 U 117/01 = BeckRS 2002, 162249

2856

Gehirnschädigung (hier: schweres Schädelhirntrauma mit multiplen Kontusionsblutungen; Schädelbasisfraktur mit Liquorleck; Gesichtsverletzung (Le-Fort-III-Fraktur); Oberschenkelfraktur sowie Handfrakturen.

33j. Mann; 4 Monate stationär. Dauerschaden: Wesensveränderung; Intensivpflegefall; Rollstuhl; Neurologische Ausfallerscheinungen; Sprachstörung. [Schmerzensgeld sehr gering!]

Betrag: 122.710 € **Haftung: 100 %**
immVorb: Ja **MdE: 100 %**
Rente: 153 €

OLG Oldenburg 7.5.2001 – 15 U 6/01 = BeckRS 2001, 30721

3448

Gehirnschädigung (hier: Tetraspastik und Polyneuropathie).

Mann. Dauerschaden: Gehbehinderung, Gehén nur mit Gehwagen; Arme sind benutzbar; Willkürkontrolle über Darm und Blase ist vorhanden; Epilepsie ist medikamentös beherrschbar.

Betrag: 127.823 € **Haftung: 100 %**
immVorb: – **MdE: 100 %**

OLG Bamberg 10.12.2001 – 4 U 132/01 = BeckRS 2001, 30225562

3365

Gehirnschädigung, schwere (hier: Gehirndruckstörung und linksbetonte Tetraparese, die zwar bereits geburtsbedingt vorhanden war, jedoch unfallbedingt erheblich verstärkt wurde. Nahezu völlige Erblindung.

4j. Kind. Dauerschaden: Hirnleistungsschwäche; starke Sehschwäche bzw. nahezu Totalerblindung. Nahezu keine eigene Bewegungsfähigkeit. Intensivpflegefall. Arzthaftung (Unterlassen eines Computertomogramms).

Betrag: 127.823 € **Haftung: 100 %**
immVorb: Ja **MdE: 100 %**
Rente: 307 €

LG Trier 22.10.1999 – 4 O 242/91 = unveröffentlicht

2468

Gehirnschädigung, schwerste (hier: Erblindung und Rollstuhlgebundenheit nach kunstfehlerhafter Verabreichung eines Schlafmittels. Aufgrund der unzureichenden Analyse kam es zu einem völligen Atem- und Herzstillstand mit nachfolgender Gehirnschädigung.

9j. Kind (Junge). Dauerschaden: Rollstuhlabhängig; Erblindung. Pflegefall. Arzthaftung (hier: „Grober Behandlungsfehler"). Vorschaden: Herzrhythmusstörung seit seiner Geburt. [Anmerkung: Das Verkündungsdatum wurde – da nicht genaue bekannt – lediglich als „Platzhalter" mit 1.1.1998 angegeben]

Betrag: 127.823 € **Haftung: 100 %**
immVorb: – **MdE: –**
Rente: 409 €

LG Lüneburg 1.1.1998 – 1 U 2/97 = unveröffentlicht

4219

Gehirnschädigung (hier: mehrfache Gehirnquetschung und Gehirnödem mit posttraumatischer, dauerhafter Gehirnleistungsschwäche); Organverletzungen (hier: Leberriss und Milzriss mit Bauchraumverwachsungen und Darmverletzung). Hüftfraktur und zeifache Unterkieferfraktur.

15j. Mann (Schüler). Stationäre, langwierige Heilbehandlung mit zahlreichen Gehirnoperationen (ua Shuntrevisionen, Vertikalkatheder) und Bauchraumoperation wegen starker Verwachsungen. Therapeutische ambulante Heilbehandlung. Dauerschaden: MdE 60 % wegen motorischer, sprachlicher und kognitiver Gehirnleistungsschwäche. Verschlechterungstendenz.

Betrag: 130.000 € **Haftung: 100 %**
immVorb: Ja **MdE: 60 %**

OLG Celle 16.9.2009 – 14 U 71/06 = BeckRS 2009, 26933

3953

Gehirnschädigung, schwere mit rechtsbetonter Tetraparese und damit verbundener inkompletter Lähmung der Arme und Beine sowie erhebliche Sprachstörung und Beeinträchtigung der Merkfähigkeit und der Konzentrationsfähigkeit. Intensivpflegefall.

5j. Junge. Längere stationäre Heilbehandlung. Arzthaftung: Behandlungsfehler während einer Narkose. Dauerschaden: Tetraparese mit erheblicher Bewegungseinschränkung. Der Junge kann nur kurze Strecken an Krücken gehen und sitzt ansonsten im Rollstuhl. Psychosomatische Verlangsamung und erhebliche Sprachstörung.

Betrag: 150.000 € **Haftung: 100 %**
immVorb: Ja **MdE: 100 %**
Rente: 255 €

OLG Naumburg 14.9.2004 – 1 U 97/03 = BeckRS 9998, 5217

7331

Gehirnschädigung in Form einer Hirnstammläsion mit „zentrale Tetraparese" mit Koordinationsstörung, Gleichgewichtsstörung, Schwindel; Sprech- und Sprachstörung; kognitiven Beeinträchtigungen und Konzentrationsstörung sowie psychischen Beeinträchtigungen.

Mann (junger Mann, – jedoch ohne Altersangabe). Arzthaftung (grober Behandlungsfehler) im Zusammenhang mit einer Darmverschlussbehandlung in deren Folge es zu einer Hirnstammläsion kam. Durch die Standardunterschreitung bei dieser Behandlung „sind zunächst die Durchgangsperitonitis, der septische Schock und das abdominelle Kompartmentsyndrom entstanden", das letztlich zur Gehirnschädigung führte. Dauerschaden: mäßiges kognitives Defizit, leichtgradige dysarthrische Beschwerden mit geringen funktionellen Beeinträchtigungen im Alltag sowie leichtgradige Schwäche im Bereich der unteren Extremität bzgl. Hüftbeugung und Kniebeugung. Bei der Schmerzensgeldbemessung, die zu einer Anhebung der vorinstanzlichen Betrages führte, betonte das OLG: „Es ist eine Erhöhung insofern vorzunehmen, als die Beeinträchtigung der beruflichen Tätigkeit gerade aufgrund der physischen Einschränkungen des Klägers durch das vom Landgericht zugesprochene Schmerzensgeld nicht ausreichend berücksichtigt wird. Dabei ist auch die Überlegung mit einbezogen, dass es sich bei den geltend gemachten Beeinträchtigungen wie Koordinationsstörung und Gleichgewichtsstörung bzw. Gangunsicherheit und Schwindel nach Einstellung des Senats um „Primärschäden" handelt, die mit der Hirnstammläsion in ganz engem Zusammenhang stehe".

Betrag: 150.000 € **Haftung: 100 %**
immVorb: Ja **MdE: 40 %**

OLG Celle 30.11.2020 – 1 U 48/19 = BeckRS 2020, 53193

4861

Gehirnschädigung / Schädelhirntrauma mit intrakranieller Blutung, Halswirbelsäulenfraktur in Form einer „nicht dislozierten Dens-Fraktur" in der von Effendi vorgenommenen Klassifikationsstufe „Effendi-II"; Beckenfraktur (Hier: Beckenschaufelfraktur) sowie Brustkorbquetschung.

66j. Frau. 1 Monat stationär, mehr als 4 Monate neurologische Frührehabilitation; Implantation eines Shuntsystems (Shunt-Implantat) unter die Schädeldecke zur Ableitung des Hirnwassers. Dauerschaden: Armbetonte Halbseitenlähmung rechts. Erhebliche Hirnleistungsdefekte und kognitive Leistungseinbußen, Gedächtnisdefizite, psychomotorische Verlangsamung, Antriebslosigkeit. Pflegefall. Regulierungsverzögerung, – „erheblicher Schmerzensgeldaufschlag wegen des ungebührlich zögerlichen Regulierungsverhaltens". [weitere Fundstellen: SP 2015, 114].

Betrag: 150.000 € **Haftung: 100 %**
immVorb: Ja **MdE: 100 %**

OLG Naumburg 10.7.2014 – 2 U 101/13 = BeckRS 2014, 16163

3081

Gehirnschädigung, schwerste (hier: Linksseitig komplette Lähmung, rechtsseitig inkomplette Lähmung, Gesichtentstellung wegen Kieferlähmung mit unkontrolliertem Speicherausfluss. Die Kl. ist an den Rollstuhl gebunden und bedarf permanenter Pflege und kann nicht sprechen oder selbstständig Nahrung aufnehmen.)

10j. Kind (Mädchen). Lebensgefahr. Intensivstationär. Gut 4 Monate stationär. Langwierige Heilbehandlung. Dauerschaden: Rollstuhlgebundenheit; Pflegefall; Entstellungen; muss gefüttert werden. [Lesenswert: Schmerzensgeldminderung wegen dauerndem Aufenthalt in einem Land mit niedriger Wirtschaftskraft (hier: Ungarn). Vgl. hierzu: Becksche Schmerzensgeldtabelle 4. Auflage S. 28 sowie OLG Köln in ZfS 94, 47. Der Kl. wurde das Schmerzensgeld um 1/3 gekürzt.]

Betrag: 153.388 € **Haftung: 100 %**
immVorb: Ja **MdE: 100 %**
Rente: 205 €

LG Stuttgart 18.11.1997 – 24 O 265/97 = BeckRS 1997, 127038

5929

Gehirnschädigung, schwere (hier: Die Überfütterung des Säuglings war geeignet, eine sogenannte periventrikuläre Leukomalazie (PVL) hervorzurufen, die von allen Gutachtern als Ursache für die jetzigen Behinderungen ausgemacht worden ist. Die Überfütterung hat eine sogenannte Wasserintoxikation hervorgerufen, die mit einem Hirnödem, Atemstillstand und Hirnspastiken einher gehe).

Kind / Säugling. Arzthaftung (hier: Grober Behandlungsfehler weil der Klägerin auf der Geburtsstation über eine Magensonde die 10-fach überhöhte Menge an Tee oder Glucose zugeführt worden ist). Dauerschaden: Schwere Gehbehinderung, spastischen Tetraparese, Sehstörungen, Kleinwuchs und Lernschwierigkeiten.

Betrag: 175.000 € **Haftung: 100 %**
immVorb: Ja **MdE: 100 %**

OLG Frankfurt a. M. 24.5.2005 – 8 U 129/04 = BeckRS 2011, 20305

4843

Gehirnschädigung nach schwerem Schädelhirntrauma mit Hirnödem und diversen Frakturen.

Mann. Er wurde bewusstlos stationär aufgenommen. Belastende und langwierige Heilbehandlung. Dauerschaden: Deutliche Sprachstörung, Gedächtnisstörung und Störung der affektiven Kontrolle, Feinmotorik der rechten Hand aufgehoben, deutliche Spastik des rechten Beins. Ursache: Brutale vorsätzliche Körperverletzung bei Diskotheksschlägerei. [Anmerkung: Das OLG hob das zuvor vom LG Aurich auf 170.000 EUR festgesetzte Schmerzensgeld wegen der Schwere der Verletzungen und Dauerfolgen deutlich an].

Betrag: 200.000 € **Haftung: 100 %**
immVorb: – **MdE: –**

OLG Oldenburg 7.1.2014 – 12 U 130/13 = BeckRS 2014, 125375

4775

Gehirnschädigung, schwere (hier: Hypoxischen Gehirnschaden als Folge einer minutenlangen Sauerstoffunterversorgung mit der Folge einer Tetraparese; der Kläger befindet sich im Wachkoma).

23j. Mann. Arzthaftung (hier: Behandlungsfehler im Zusammenhang mit einer Behandlung nach Herzrhythmusstörungen; es kam während der Behandlung zu minutenlanger Sauerstoffunterversorgung). Dauerschaden: Tetraparese. [Anmerkung: Weitere Fundstellen: MedR 2013, 98 und VersR 2013, 237]

Betrag: 200.000 € **Haftung: 100 %**
immVorb: Ja **MdE: 100 %**

OLG Köln 6.6.2012 – 5 U 28/10 = BeckRS 2012, 12874

4774

Gehirnschädigung, schwere (hier: Schwerste Tetraspastik, Sitzen, Gehen, Stehen sind nicht möglich; keine Kommunikation; Intensivpflegefall).

33j. Mann (Parkettleger). Arzthaftung (hier: Behandlungsfehler im Zusammenhang mit einer Kniegelenksverletzung, bei der der Arzt eine Bursektomie durchführte. Dauerschaden: schwerste Tetraspastik, Intensivpflegefall. „In Bezug auf die geistigen Fähigkeiten des Klägers gibt es nicht einmal einen Hinweis auf ein Verständnis verbaler Sprache oder die Zugänglichkeit von Außenreizen. Der Kläger ist zwar wach, er ist aber nicht kommunikationsfähig", so das OLG. [Anmerkung: Lesenswert zur Beweislast im Patient-Arzt-Verhältnis unter dem Gesichtspunkt des „einfachen Befunderhebungsfehlers" mit Verweis auf BGH – VI ZR 144/19]

Betrag: 200.000 € **Haftung: 100 %**
immVorb: Ja **MdE: 100 %**

OLG Düsseldorf 15.3.2012 – 8 U 161/10 = BeckRS 2013, 18153

5988

Gehirnschädigung, schwerste (hier: Schwerer hypoxischer Hirnschaden bzw. schwere Hypoxie mit Tetraspastik, keine Kommunikation möglich).

33j. Mann. Arzthaftung (hier: Behandlungsfehler im Zusammenhang mit einer Knieoperation bei der es zu „einer spontanen Luftnot und einem akuten Schockereignis" kam). Dauerschaden: MdE 100 %, Intensivpflegefall. Schwerste Tetraspastik, keine Kommunikation möglich. Hierzu heißt es im Urteil: „In Bezug auf die geistigen Fähigkeiten des Klägers gibt es nicht einmal einen Hinweis auf ein Verständnis verbaler Sprache oder die Zugänglichkeit von Außenreizen. Der Kläger ist zwar wach, er ist aber nicht kommunikationsfähig".

Betrag: 200.000 € **Haftung: 100 %**
immVorb: Ja **MdE: 100 %**

OLG Düsseldorf 15.3.2012 – I-8 U 161/10 = BeckRS 2013, 18153

4593

Gehirnschädigung (hier: Schädelhirntrauma, schweres mit Tetraspastik).

10j. Kind. Das Kind verstarb während des Rechtsstreites. Erhöhend wurde insofern die Regulierungsverzögerung bewertet; verringernd das frühe Versterben durch welches die Leidenszeit erheblich reduziert wurde. Ohne diesen Sachverhalt wäre das Schmerzensgeld auf 400.000 EUR als angemessen festgelegt worden. [Obwohl der Kläger zum Unfallzeitpunkt das 10. Lebensjahr bereits leicht überschritten hatte, wurde ihm aufgrund der durch einen Sachverständigen attestierten Entwicklungsretardierung / Reifeverzögerung kein Mitverschulden angerechnet.

Betrag: 200.000 € **Haftung: 100 %**
immVorb: – **MdE: –**

OLG Oldenburg 19.8.2011 – 6 U 26/11 = unveröffentlicht

4595

Gehirnschädigung (hier: Tetraparese, spastisch-beinbetonte sowie geistige Behinderung und Epilepsie).

Kind / Säugling. Dauerschaden: Intensivpflegefall; Epilepsie bedingt durch zerebrale Krampfanfälle. Arzthaftung infolge Behandlungsfehler bei der Geburtshilfe. [Anmerkung: Das Schmerzensgeld ist bei Weitem zu gering. Die Kl. wird stets ein fremdbestimmtes Leben führen und die Tatsache, dass sie noch selbstständig Kontakt zu ihrer Umwelt aufnehmen kann, rechtfertigt nicht eine Reduzierung in der hier gegebenen Art und Weise].

Betrag: 200.000 € **Haftung: 100 %**
immVorb: Ja **MdE: 100 %**

OLG Düsseldorf 17.3.2011 – 8 U 108/09 = BeckRS 2014, 6886

3544

Gehirnschädigung / Schädelhirntrauma 3.Grades (hier: Schädelhirntrauma 3.Grades mit Schädelfraktur in Form einer Schädelimpressionsfraktur; Hemiparese).

21j. Mann (Azubi.). Zweieinhalb Jahre stationär! Dauerschaden: Inkomplette Lähmung. Zeugungsunfähigkeit. Inkontinenz, die jedoch medikamentös verhindert werden kann. Sehstörung, psychische Beeinträchtigungen. Symptomverbesserung nicht zu erwarten. Verlust des Ausbildungsplatzes und auf Dauer arbeitsunfähig [vgl. auch unter Berufsunfähigkeit].

Betrag: 200.000 € **Haftung: 100 %**
immVorb: – **MdE: 100 %**

LG Paderborn 28.7.2005 – 3 O 33/04 = BeckRS 2006, 6691

3187

Gehirnschädigung nach Herzinfarkt (hier: Hinterwandinfarktes mit akutem Nierenversagen, septischen Schüben, Refluxösiophagitis, Gastritis, Pankreatitis, hypoxischen Hirnschaden mit Lähmung aller vier Extremitäten [Tetraparese].

34j. Mann (Servicepräsident). Arzthaftung (hier: grober Behandlungsfehler. Die vom Bekl. ergriffenen Maßnahmen, nämlich Blutdruckmessen, Pulsfühlen und Auskultation des Herzens und der Lunge sah das LG zutreffend nicht als ausreichenden Maßnahmen an, um einen manifesten oder drohenden Herzinfarkt auszuschließen.). Dauerschaden: Intensivpflegefall. „Sein gesamtes Leben ist auf die primitivsten Existenzzustände reduziert."

Betrag: 200.000 € **Haftung: 100 %**
immVorb: – **MdE: 100 %**
Rente: 150 €

LG München I 28.5.2003 – 9 O 14993/99 = BeckRS 9998, 18917

3418

Gehirnschädigung, schwerste (hier: ischämische Hirnschädigung. Der Kl. kann nicht laufen, liegt viel und ist im Übrigen auf den Rollstuhl angewiesen. Eine gewisse Verständigung ist über Mimik möglich, wobei Lachen „ja" bedeutet und Verziehen des Mundes als „nein" zu deuten ist.)

Säugling. Dauerschaden: Rollstuhlgebundenheit. Intensivpflegefall. Nahezu keine Kommunikationsfähigkeit. Arzthaftung (hier: Geburtshilfefehler da der Arzt es unterlassen hatte einen Kaiserschnitt einzuleiten. Das Gericht sprach von einem groben ärztlichen Organisationsfehler).

Betrag: 204.517 € **Haftung: 100 %**
immVorb: Ja **MdE: 100 %**

OLG Hamm 30.5.2005 – 3 U 297/04 = BeckRS 2005, 8778

5643

Gehirnschädigung, schwerste / Apallisches Syndrom (hier: Persönlichkeitszerstörung, vollständige Lähmung, künstliche Ernährung über eine Sonde, Inkontinenz, Intensivpflegefall rund um die Uhr).

21. Mann (Industriemechaniker). Nachdem der Kläger zunächst in verschiedenen Kliniken behandelt wurde, befand er sich seit Januar 1996 [der Unfall war im Juni 1994] zur Pflege in der elterlichen Wohnung. Dauerschaden: Intensivpflegefall und Persönlichkeitszerstörung; zutreffend führte das LG aus, dass die weitgehende Zerstörung der Grundlagen für die Wahrnehmungs- und Empfindungsfähigkeit den Verletzten in seiner Wurzel treffe und für ihn deshalb existentielle Bedeutung habe und der Kläger nie wieder in der Lage sein werde, ein normales und eigenverantwortliches Leben ohne fremde Hilfe zu führen. Das Argument des KH-Versicherers wonach „wegen des ... erheblichen Vorversterbensrisikos ... die Höhe des Schmerzensgeldes im unteren Bereich anzusetzen sei und ein Rentenanspruch nicht bestehe", wies das LG zutreffend zurück. [Lesen Sie zu derartigen Fällen auch → Rn. 276]

Betrag: 204.517 € **Haftung: 100 %**
immVorb: – **MdE: 100 %**
Rente: 256 €

LG Frankfurt (Oder) 13.8.1997 – 13 O 440/96 = BeckRS 1997, 127026

6907

Gehirnschädigung, schwerste (hier: schwerwiegende Gehirnschäden in Form eines „schwersten hirnorganisches Psychosyndroms mit ganz erheblicher Beeinträchtigung aller höheren kognitiven Funktionen“. Die weiteren Untersuchungen ergaben als Ursache des Herz-Kreislaufstillstands ein medikamentös induziertes Long-QT-Syndrom bzw. Herzrhythmusstörung).

43j. Frau. Arzthaftung. Die Kl. wurde wegen stark erhöhtem Blutdruck auf der Intensivstation der Beklagten aufgenommen. Da in der weiteren Behandlung die Anfertigung des neuen EKGs und somit die sich daraus ableitenden Daten nicht vermerkt waren, wurde die Kl. fälschlicher Weise auf die Normalstation verlegt, wo sie das Medikament Aponal erhielt. Am nächsten Morgen wurde die Kl. leblos neben ihrem Bett gefunden. Sie konnte wiederbelebt werden, erlitt aber schwerwiegende Gehirnschäden mit Pflegegrad 5. Dauerschaden und Verletzungsfolgen: „Die Kl. ist harn- und stuhlinkontinent und muss gewickelt werden. Sie ist orientierungslos und würde ohne Beaufsichtigung weglaufen. Sie ist am Tag und in der Nacht aktiv. Da die Betreuung in einer Pflegeeinrichtung nicht ohne Ruhigstellung zu leisten wäre, wird sie von ihrem Mann, den drei inzwischen erwachsenen Kindern und tagsüber den 91-jährigen Schwiegervater beaufsichtigt und betreut. Der Ehemann kommt tagsüber von seiner nahe gelegenen Arbeitsstelle, um das Wickeln zu übernehmen. Die Schwerbehinderung der Kl. ist schon seit 17.2.2009 mit einem GdB von 100 und den Merkzeichen B, G, H und RF anerkannt. Sie ist in Pflegestufe III, nach der Umstellung durch das 3. Pflegestärkungsgesetz in Pflegegrad 5 eingestuft. Mit einer Besserung ist nicht zu rechnen“, so das OLG, das hinsichtlich der Schmerzensgeldbemessung sich an exakt an die Forderung der Kl. hielt, obwohl angesichts des Alters und der schweren Dauerfolgen ein deutlich höheres Schmerzensgeld möglich gewesen wäre. [Anmerkung: Der Schmerzensgeldanspruch des Ehemannes wurde abgewiesen, da der zwischen der Kl. und der Bekl. bestehende Behandlungsvertrag keine Schutzwirkung zugunsten des Kl. zu 2, ihrem Ehemann umfasst und deliktische Ansprüche nur der Kl. als der Verletzten zustehen. Lesenswert zur Problematik Mitverursachung / Ursachenzusammenhang sowie zum Thema „Fundamentaler Verstoß gegen interne Weisung durch Pflegekraft“].

Betrag: 225.000 € **Haftung: 100 %**
immVorb: – **MdE: –**

OLG München 6.8.2020 – 24 U 1360/19 = BeckRS 2020, 39322

3185

Gehirnschädigung, schwerste. Totalerblindung, der Kläger kann lediglich hell und dunkel unterscheiden. Sprachstörung bzw. Sprachlosigkeit. Der Kl. kann zudem nicht schlucken und wird über eine durch die Bauchdecke geführte Magensonde ernährt. Keine willkürlichen Bewegungen möglich!

Kind. Arzthaftung (hier: Geburtshilfefehler / Behandlungsfehler. Die Mutter des Kl. erhielt auf fernmündliche Anweisung des Arztes und ohne Untersuchung, krampflösende Medikamente [Spasdilsin], wodurch beim Säugling die Herzfrequenz stark beeinträchtigt wurde.) Dauerschaden: Intensivpflegefall, Totalerblindung, Sprachlosigkeit, Harninkontinenz, Stuhlinkontinenz ua Folgen. Regulierungsverzögerung!

Betrag: 230.000 € **Haftung: 100 %**
immVorb: – **MdE: 100 %**
Rente: 360 €

OLG Brandenburg 9.10.2002 – 1 U 7/02 = BeckRS 2002, 30287166

3445

Gehirnschädigung mit spastischer Tetraparese, Stuhlinkontinenz, Harninkontinenz, Dysarthrie.

Frau. Arzthaftung (hier: Grober Behandlungsfehler bei Sterilisation). Dauerschaden: schwerste physische und psychische Störungen: Affektstörung, Ataxie; Lähmung aller Gliedmaßen. Erkennt ihre Kinder teilweise nicht. Weinkrämpfe etc

Betrag: 230.081 € **Haftung: 100 %**
immVorb: – **MdE: 100 %**

OLG Hamm 27.1.1999 – 3 U 26/98 = BeckRS 9998, 54647

5328

Gehirnschädigung, schwere (hier: Nach straffer Nabelschnurumschlingung kam es zu folgenden schweren Schädigungen: „allgemeine Entwicklungsstörung, expressive Spracheentwicklungsstörung, ebenfalls motorische Koordinationsstörungen und mittlerweile auch eine Epilepsie“, so das OLG).

7j. Kind. Arzthaftung / Geburtshilfefehler / sehr straffe Nabelschnurumschlingung (hier: Grober Behandlungsfehler durch Unterlassen einer gebotenen dauernden CTG-Überwachung und Überschreiten der sogen. EE-Zeit von 20 Minuten um fast das Doppelte). Dauerschaden (Zitat aus dem Urteil): „Die körperlichen Beeinträchtigungen zeigten sich als Beeinträchtigung der Mobilität im Bereich der Grob-und Feinmotorik, in der Notwendigkeit der Windelversorgung und in der Hilfe beim Anziehen, bei den Sprachfähigkeiten durch schwere Verständlichkeit und einen Entwicklungsrückstand um über die Hälfte des biologischen Alters und einer nunmehr diagnostizierten Epilepsie. Hinsichtlich der geistigen Behinderung seien Entwicklungsrückstände im Bereich der Kognition und sprachlichen Entwicklung festzustellen. Er habe einen lediglich eingeschränkten und auf elementare Begriffe beschränken Wortschatz. Er sei leicht ablenkbar und könne nicht im üblichen Sinne lesen und schreiben. Ihm fehle die Fähigkeit, logisch aufeinanderfolgende Arbeitsschritte zu planen und ausführen. Er werde niemals in der Lage sein, ein selbstständiges Leben zu führen“. Vom Intellekt her – so das OLG – wird der Kläger „bei entsprechender Förderung allenfalls die Stufe eines 7 bis 8-jährigen Kindes erreichen können. … Im motorischen Bereich wird der Kläger nicht einmal die Stufe eines 7 bis 8-jährigen Kindes erreichen können“. Der Kläger kann jedoch „Laufen und auch Fahrradfahren“ ermüdet jedoch „schneller als andere Kinder“. Eine Verschlechterungstendenz bzgl. der Epilepsie „erscheint möglich“. Mit diesem Urteil bestätigte das OLG weitgehend die Entscheidung des LG Paderborn.

Betrag: 250.000 € **Haftung: 100 %**
immVorb: Ja **MdE: –**

OLG Hamm 4.4.2017 – 26 U 88/16 = BeckRS 2017, 108821

7404

Gehirnschädigung, schwere (hier: Hypoxisch-ischämische Enzephalopathie, zentrale Tonus- und Koordinationsstörungen, allgemeiner Entwicklungsstörung und zentralen Bewegungsstörungen sowie einer expressive Sprachstörung. Pflegefall: Er „benötigt auf Dauer Begleitung und Betreuung. Dies betrifft nach der Einschätzung der Sachverständigen sowohl alltägliche Verrichtungen wie Körperhygiene und Teilnahme am Straßenverkehr als auch später die Geschäftsfähigkeit. Durch die autistische Störung sei die Fähigkeit, am sozialen Leben teilzunehmen deutlich eingeschränkt", so das LG.

Kind (Neugeborenes). Arzthaftung im Zusammenhang mit der Geburt des Kindes. Dauerschaden: zentrale Tonus- und Koordinationsstörung, muskuläre Hypotonie, kombinierte Störung der Entwicklung mit sprachlicher und kognitiver Retardierung, Störung der Aufmerksamkeit und Hyperaktivität, tiefgreifende Störung der Entwicklung im Sinne einer Störung aus dem autistischen Spektrum und Hyperopie und Astigmatismus. Der Kläger hat einen Schwerbehindertenausweis mit 100 GdB, Merkzeichen B, G und H, ihm wurde die Pflegestufe 2 bewilligt. Der Kläger besucht eine inklusive Klasse und wird zusätzlich 9 Stunden die Woche begleitend betreut. Er muss regelmäßig Verhaltenstherapie, Physiotherapie, Galileotraining und Logopädie durchführen. Es bestehen weiterhin Beeinträchtigungen in der Ernährung mit der Gefahr des Verschluckens. Grob- und feinmotorisch bestehen Beeinträchtigungen. Zudem liegen eine Minderung der kognitiven Fähigkeiten sowie eine Einschränkung der Aufmerksamkeitsleistung und Konzentration sowie eine Autismus-Spektrum-Störung vor. Hiermit verbunden sind eine erhöhte Verletzungsgefahr im Alltag, milde Einschränkungen der motorischen Fähigkeiten z.B. beim Fahrradfahren, Sport. Im Alltag und der selbständigen Lebensführung ist der Kläger beeinträchtigt und benötigt auf Dauer Begleitung und Betreuung. Dies betrifft nach der Einschätzung der Sachverständigen sowohl alltägliche Verrichtungen wie Körperhygiene und Teilnahme am Straßenverkehr als auch später die Geschäftsfähigkeit. Durch die autistische Störung sei die Fähigkeit, am sozialen Leben teilzunehmen deutlich eingeschränkt. ... „Es handelt sich zudem um Dauerschäden, die den Kläger sowohl im täglichen Leben, im sozialen Umfeld, bei der Partner- und Berufssuche beeinträchtigen werden. Ein normales Berufs- und Familienleben wird dem Kläger kaum möglich sein", so das LG. [Anmerkung: Das Urteil des LG Heidelberg wurde im Berufungsverfahren vor dem OLG Karlsruhe – BeckRS 2017, 153042 – aufgehoben, das das OLG, anders als zuvor das LG, keine Behandlungsfehler der Beklagten im Zusammenhang mit der Entbindung des Klägers festgestellt hatte].

Betrag: 250.000 € **Haftung: 100 %**
immVorb: – **MdE: 100 %**

LG Heidelberg 24.3.2016 – 4 O 28/08 = BeckRS 2016, 134285

5174

Gehirnschädigung, schwerste (hier: Cerebralparese, schwere Wahrnehmungsverarbeitungsstörung sowie mentaler Retardierung im Sinne einer geistigen Behinderungschwerer, deutlicher Visuseinschränkung, Gesichtsfeldeinschränkung rechts, Ataxie, Partialepilepsie) sowie rechtskonvexe Skoliose, Hüftverletzung (hier: Kontrakturen der Hüfte und endgradiger Beugekontraktur Hüfte beidseits) und Sprunggelenkverletzung (hier: endgradiger Beugekontraktur Hüfte beidseits Sprunggelenke).

Kind / Säugling. Arzthaftung (hier: Arzthaftung. Geburtshilfefehler, der einem Arzt schlechterdings nicht unterlaufen darf. „Er hat auf eindeutige Frühgeburtsbestrebungen nicht reagiert", so das OLG). Dauerschaden: Rollstuhlgebundenheit. Die Klägerin besucht eine Schule für Körperbehinderte. „Ihr ist kein Lesen und Schreiben möglich, Rechnen nur im Zahlenraum bis 10 und ihr Sprechen ist deutlicher verlangsamt. Eine Teilnahme am sozialen Leben ist der Klägerin unmöglich. Der gesamte Lebensweg der Klägerin ist und wird von ihrer Behinderung geprägt sein. Die individuellen Entfaltungsmöglichkeiten eines gesunden Menschen werden ihr verschlossen bleiben. Sie wird kein eigenständiges, selbstbestimmendes Leben führen können, einen Beruf erlernen oder eine Familie gründen können", so das OLG.

Betrag: 250.000 € **Haftung: 100 %**
immVorb: Ja **MdE: 100 %**

OLG Frankfurt a. M. 1.11.2011 – 8 U 184/09 = BeckRS 2013, 22733

4285

Gehirnschädigung (wörtlich heißt es: „Der neurologische Befund von F. zeigt eine diffuse Hirnschädigung, die alle Teilbereiche der Entwicklung betrifft", möglicherweise werden Krampfanfälle auftreten.).

Säugling. Arzthaftung (hier: Schwerer Geburtshilfefehler von Arzt und Hebamme.). Dauerschaden: Erhebliche Retardierung dh Verzögerung der Entwicklung, insbesondere im Bereich der Motorik; Epilepsiegefahr.

Betrag: 250.000 € **Haftung: 100 %**
immVorb: – **MdE: 100 %**

OLG Nürnberg 25.3.2011 – 5 U 1786/10 = BeckRS 2011, 10586

4536

Gehirnschädigung / hirnorganisches Psychosyndrom (hier: sehr schwere Gehirnschädigung. Wörtlich heißt es hierzu: „Die Kl. erlitt hypoxische Hirnschäden mit Critical illness-Polyneuropathie" mit tetraspastischer Parese und den unten unter Einzelheiten aufgeführten weiteren Verletzungfolgen).

63j. Frau. Arzthaftung (hier: Narkosefehler im Zusammenhang mit einer Nasenbeinfraktur. Die Klägerin erlitt einen anaphylaktischen Schock und nachfolgend ein hypoxisches Hirnödem). Dauerschaden: 100 % Schwerbehinderung in Form ua einer tetraspastischen Parese mit Betonung der Spastik in den oberen Extremitäten, massive Vigilanzstörung, massive kognitive Einschränkungen; Rollstuhlgebundenheit und somit Intensivpflegefall.

Betrag: 250.000 € **Haftung: 100 %**
immVorb: – **MdE: 100 %**

LG Frankfurt a. M. 18.1.2011 – 2-18 O 230/04 = BeckRS 2013, 8733

4220

Gehirnschädigung, schwerste / Epilepsie

Säugling. Dauerschaden: Der Kläger kann nonverbal kommunizieren und beispielsweise Freude zu zeigen. Im Übrigen ist er jedoch auf das Schwerste behindert. Er kann sich nicht selbstständig bewegen, nicht sprechen und ist auf Dauer ein Intensivpflegefall. Arzthaftung (hier: Geburtshilfefehler; Sauerstoffmangel während der Geburt.)

Betrag: 250.000 € **Haftung: 100 %**
immVorb: Ja **MdE: 100 %**

LG Münster 22.1.2009 – 111 O 1067/06 = unveröffentlicht

3168

Gehirnschädigung, schwere (hier: spastische Tetraplegie nach schwerem Schädelhirntrauma mit sub- und epiduralem Hämatom rechtsseitig und weiteren Verletzungen. Teilblindheit, keine Kommunikation mit Worten, Gesichtslähmung, Schluckmuskellähmung).

37j. Frau. Intensivstation. Lebensgefahr. 27 Tage künstliche Beatmung. Dauerschaden: Sprachlosigkeit; Verständigungslosigkeit (die Kl. kann weder sprechen noch Gesprochenes verstehen!); Gesichtslähmung, Lähmung der Schluckmuskeln und anderer Muskeln sowie spastische Lähmung beider Arme und Beine. Kontaktaufnahme zu Mitmenschen nur mit dem rechten Auge. Erblindung des linken Auges! Intensivpflegefall. [Anmerkung: Angesichts der nahezu völligen Zerstörung der Person erscheint das Schmerzensgeld insgesamt als eher zu gering und markiert keineswegs die Obergrenze.]

Betrag: 250.000 € **Haftung: 100 %**
immVorb: – **MdE: 100 %**

LG Berlin 11.11.2003 – 24 O 119/00 = unveröffentlicht

3444

Gehirnschädigung / Schädelhirntrauma 3.Grades mit spastischer linksbetonter Lähmung.

5j. Kind (Junge). Langwierige Heilbehandlung. Dauerschaden: Erhebliche Bewegungsbeeinträchtigung und Sprechunfähigkeit, der Kl. kann weder laufen noch sprechen.

Betrag: 250.000 € **Haftung: 100 %**
immVorb: – **MdE: 100 %**

OLG Celle 13.2.2003 – 14 U 11/01 = BeckRS 2003, 154258

3178

Gehirnschädigung infolge einer während der Geburt eingetretenen hypoxisch-ischämische Hirnschädigung, die ein extrem psychoneurales Restschadensyndrom zur Folge hatte.

Kind. Arzthaftung (hier: Behandlungsfehler bei der Geburt /Geburtshilfefehler). Dauerschaden: schwere, irreversible Gesundheitsbeschädigung, erhebliche Bewegungseinschränkung, Wahrnehmungs- und Äußerungsfähigkeiten äußerst eingeschränkt, Intensivpflegefall. Er kann nur mühsam Kontakt zu seiner Umwelt aufzunehmen. Sehstörungen, gelegentliche Aspirationspneumonien, teilweise künstliche Ernährung, erhöhte Krampfbereitschaft. zudem wies das OLG darauf hin: „Bei einer schweren Hirnschädigung, wie sie vorliegend eingetreten ist, stellt die Einbuße der Persönlichkeit, der Verlust an personaler Qualität schon für sich einen auszugleichenden immateriellen Schaden dar, und zwar unabhängig davon, ob der Betroffene die Beeinträchtigung selbst als solche empfindet".

Betrag: 250.000 € **Haftung: 100 %**
immVorb: – **MdE: 100 %**

OLG Bremen 26.11.2002 – 3 U 23/02 = BeckRS 9998, 18941

3952

Schädelhirntrauma 3.Grades / Gehirnschädigung: Der Kläger kann weder gehen noch stehen und auch die Arme und Hände nur sehr eingeschränkt einsetzen. Er sit zudem geistig sehr zurückgeblieben und kann nur mit kurzen einfachsten Sätzen geringfügig kommunizieren. Intensivpflegefall.

4j. Kind. Mehrere Wochen Intensivstation wegen Koma; insgesamt 8 Monate stationär mit zahlreichen Operationen. Dauerschaden: Massive zentralmotorische Störung aller Gliedmaßen. Stark eingeschränkte Kommunikationsfähigkeit. Intensivpflegefall.

Betrag: 250.000 € **Haftung: 100 %**
immVorb: Ja **MdE: 100 %**
Rente: 500 €

OLG München 20.2.2000 – 10 U 2081/99 = unveröffentlicht

3048

Gehirnschädigung, schwerste (hier: Kleinhirnatrophie und daher Intensivpflegefall! spastische Diplegie d.h. beids.Beinlähmung. Totalerblindung, extreme Sprachstörung. Inkontinenz.)

Kind. Arzthaftung (Hier: Geburtshilfefehler, schwerster mit mehrfachen groben Behandlungsfehlern). Extreme Regulierungsverzögerung! Dauerschaden: Totalerblindung, Rollstuhl, Sprachstörung, Inkontinenz ua Kapitalisiert beträgt das Schmerzensgeld 328.760 Euro.

Betrag: 255.646 € **Haftung: 100 %**
immVorb: Ja **MdE: 100 %**
Rente: 307 €

OLG Naumburg 28.11.2001 – 1 U 161/99 = BeckRS 2001, 30223120

3355

Schädelhirntrauma, schweres mit linksbetonter Tetraparese sowie neurologischen Defekten und Dysarthrie, cerebralen Tonus- und Bewegungsstörungen u.a. Verletzungsfolgen.

4j. Kind (Junge). Dauerschaden: Intensivpflegefall. Rollstuhl. Der Junge, dessen Gliedmaßen (Spitzfußstellung der Füße; linke Hand in Fauststellung; rechter Arm nicht belastbar etc) nahezu nicht funktionell einsetzbar sind ist zudem geistig zurückgeblieben und kann nur eingeschränkt sprechen.

Betrag: 255.646 € **Haftung: 100 %**
immVorb: Ja **MdE: 100 %**
Rente: 511 €

LG München I 9.10.1998 – 17 O 12684/98 = unveröffentlicht

3515

Gehirnschädigung, schwerste (hier: „Der Kl. zeigte nach der Geburt ein schweres neurologisches Durchgangssyndrom mit schwerwiegenden Störungen. Er ist körperlich und geistig schwerst behindert", so das OLG wörtlich.)

Kind. Arzthaftung (hier: Geburtshilfefehler, den das OLG als „grob fehlerhaft" bewertete). Dauerschaden: Intensivpflegefall. Keine eigenständige Nahrungsaufnahme möglich. Kommunikation nur sehr eingeschränkt. Körperlich „fast keinerlei Aktivitäten" möglich.

Betrag: 260.000 € **Haftung: 100 %**
immVorb: Ja **MdE: 100 %**

OLG Hamm 16.1.2006 – 3 U 207/02 = BeckRS 2006, 1202

5836

Gehirnschädigung (hier: Sauerstoffunterversorgung während der Geburt mit erheblichen dauerhaften motorischen Beeinträchtigungen und leichten mentalen Retardierungen).

Kind (Säugling). Zahlreiche stationäre Aufenthalte. Langwierige Heilbehandlung mittels ergo- und physiotherapeutische Behandlungen. Arzthaftung (hier: Grober Geburtshilfefehler). Dauerschaden: Massive spastisch-kinetische doppelte Hemiparese, Hüftdysplasie, universelle Dyslalie sowie Störungen in der Zungen- und Lippenkoordination und Dysphonie. Die Klägerin ist „mittlerweile“ [inzwischen 12 Jahre alt] in der Lage frei zu laufen, mit Innenrotation und Vorfußadduktion. Ihr Fußgelenk müsse aber mit angepasstem Schuhwerk und Orthesen stabil gehalten werden, und sie sei beim Treppensteigen auf Hilfe angewiesen. Sie könne ihren linken Arm nur eingeschränkt zum Halten oder Gegenhalten einsetzen, Drehbewegungen im Unterarm seien links nur eingeschränkt möglich. Feinmotorische Bewegungsabläufe seien schwierig auszuführen, und es bestünden Störungen der Hand-Mund, Hand-Hand-Koordination sowie der Hand-Augen-Koordination, was zu erheblichen Einschränkungen der Selbstständigkeit führe. Sie benötige beim Anziehen Hilfe, Essen sei nur mit Löffel oder Gabel möglich, nicht jedoch mit Messer und Gabel. Es zeigten sich Defizite in der Lippen-Zunge-Koordination, wobei sich die Klägerin trotz bestehender universeller Dyslalie unter Einsatz nonverbaler Mittel gut verständigen könne. Ihr kognitives Niveau liege im unterdurchschnittlichen Bereich, wobei sie in der Lage sei, ihre Situation zu reflektieren. Sie sei demnach insgesamt in ihrer Entwicklung und ihrem täglichen Leben erheblich eingeschränkt und werde nicht nur physisch, sondern auch psychisch ihr Leben lang unter ihrer Behinderung leiden. Leichte mentale Retardierung.

Betrag: 275.000 € **Haftung: 100 %**
immVorb: Ja **MdE: –**

OLG Brandenburg 25.2.2010 – 12 U 60/09 = BeckRS 2010, 8975

7097

Gehirnschädigung, schwere nach Polytrauma (hier: Hirnnervenfunktionsstörung im Sinne einer zentralen Facialisparese links gekommen. Hierdurch ist der Kläger auf einen Rollstuhl angewiesen und leidet unter einer unvollständigen Lähmung der linken Gesichtshälfte, insbesondere der mimischen Muskulatur, einer ausgeprägten Sprechstörung im Sinne einer Dysarhrophonie, einer Sprechstörung wegen einer fehlerhaften Artikulation und Koordination der Sprechmuskeln. Harn- und Stuhlinkontinenz. Intensivpflegefall.

31j. Mann. Langwierige Heilbehandlung. Dauerschaden: Rollstuhlgebundenheit, Intensivpflegefall. Insgesamt, so das OLG sei dem Kläger dauerhaft ein selbständiges Leben – und voraussichtlich auch eine Erwerbstätigkeit – nicht mehr möglich.

Betrag: 300.000 € **Haftung: 75 %**
immVorb: Ja **MdE: –**

OLG Stuttgart 16.11.2022 – 19 U 40/22 = BeckRS 2022, 37692

6977

Gehirnschädigung, schwere … nach Sauerstoffunterversorgung während der Geburt. Armbetonte infantile Zerebralparese mit motorischen Koordinationsstörungen. Erhebliche kognitive Einschränkung sowie Epilepsie; näheres siehe nachfolgend unter Einzelheiten.

1j. Kind. Hebammenhaftung im Zusammenhang mit der Geburt des Klägers. Behandlungsfehler in Form eines Befunderhebungsfehlers. Bereits in den ersten Stunden nach der Geburt des Klägers ist es zu Krampfanfällen gekommen, die unter medikamentöser Behandlung sistierten. Seit einem heftigen Krampfanfall Ende Januar 2010 erhält der Kläger eine Dauermedikation, die 2014 wegen erneuter epileptische Anfälle umgestellt worden sei. Dauerschaden: Epilepsie mit diesbezüglicher Dauermedikation. Motorischen Koordinationsstörungen. Betroffen ist vor allem die Feinmotorik, was beim Schreiben Probleme macht. Erhebliche kognitive Einschränkung mit einem MDI – Mental Developmental Index – von 66 und einem IQ von 73, was dem Niveau einer Lernbehinderung entspricht. Laut Einschätzung der Physiotherapeuten von April 2018 leidet der Kläger unter großen Einschränkungen in der visuellen und taktil-propriozeptiven Wahrnehmung, der Handgeschicklichkeit, der Balance und teilweise der vestibulär-propriozeptiven Wahrnehmung, was sich in fehlendem Raum-Zeit-Gefühl, fehlender Orientierung, Stolpergefahr und unzuverlässiger Wahrnehmung des Harndrangs äußert.

Betrag: 300.000 € **Haftung: 100 %**
immVorb: Ja **MdE: 70 %**

OLG Rostock 5.11.2021 – 5 U 119/13 = BeckRS 2021, 34755

6690

Gehirnschädigung, schwer. Beim Kläger wurde ein schwerer Hirnschaden in Form einer hypoxische Hirnschädigung festgestellt, einhergehend mit einem anamnestischen Syndrom, einem hirnorganischen Psychosyndrom mit Orientierungsstörungen, einer links- bzw. armbetonten Tetraparese, einer rechtsseitigen Hemianopsie und einer schweren Antriebstörung.

63j. Mann. 3 Wochen Intensivstation und weitere 77 Tage stationär. Anschließend ca. 8 Monate Rehabilitationsaufenthalt. Dauerschaden: 100 %ige Schwerbehinderung; Intensivpflegefall. Ursache: Apothekerhaftung wegen einer, der Beklagten anzurechnenden Medikamentenverwechslung mit hierdurch ausgelöstem multiplen Organversagen, schwerer Blutvergiftung und einer durch den Magensaft verursachte Lungenentzündung. Anmerkung zur Schmerzensgeldhöhe: Die Berufshaftpflichtversicherung des Beklagten hatte vorgerichtlich 200.000 EUR Schmerzensgeld gezahlt. Das LG sah 250.000 EUR als angemessen an. In seiner Berufung beantragte der Kläger „Die Beklagte wird verurteilt, an den Kläger weiteres Schmerzensgeld in Höhe von 100.000 Euro … zu bezahlen. Dies war – wie das OLG nachfolgend herausstellte – ein gravierender Fehler des Klägervertreters, denn das OLG wies zutreffend darauf hin, dass das somit insgesamt begehrte Schmerzensgeld (in Höhe von 300.000 EUR) deutlich zu gering sei und selbst Beträge von 500.000 EUR (insofern verwies das OLG auf einige Vergleichsfälle) “noch für an der unteren Grenze liegend„, anzusehen seien und führte insofern aus: “Da der Kläger allerdings die Höhe des Schmerzensgeldes nicht in das Ermessen des Gerichts gestellt (vgl. BGH BeckRS 9998, 101358 Rn. 21), sondern zweitinstanzlich mit einem bezifferten Antrag auf die Summe von 300.000,00 Euro begrenzt hat, ist eine Verurteilung zu einem höheren, vom Senat als angemessenen zu schätzenden Betrag nicht zulässig (§ 308 ZPO)." [Praxishinweis: In derartigen Fällen, in denen versicherungsseitig vorgerichtlich bereits ein Schmerzensgeldbetrag zuerkannt bzw. bezahlt wurde, ist tunlichst darauf zu achten, im nachfolgenden Prozess nicht nur den darüber hinaus begehrten restlichen Schmerzensgeldbetrag zu beantragen sondern den insgesamt den Verletzungen und Verletzungsfolgen angemessenen Schmerzensgeldgesamtbetrag in der im Handbuch unter → Rn. 398 dargelegten Form.].

Betrag: 300.000 € **Haftung: 100 %**
immVorb: – **MdE: –**

OLG Stuttgart 21.1.2020 – 2 U 119/17 = BeckRS 2018, 51078

6921

Gehirnschädigung, schwere (hier: Tetraspastik mit linksbetonter spastischen Diplegie, kloniform gesteigerte Eigenreflexe, hypotoner Rumpf, cerebrales Anfallsleiden, eingeschränkte Mundmotorik, sprachliche Entwicklungsverzögerung, stark eingeschränkte Konzentrationsfähigkeit und Merkfähigkeit, eingeschränkten Wahrnehmung, schweren Depressionen und Angststörung sowie Schlafstörungen. Sehfähigkeit stark eingeschränkt. Zudem leidet die Kl. unter einer erhöhten Infektanfälligkeit. Mastdarm- und Blasenlähmung mit Stuhl- und Harninkontinenz. Zur Fortbewegung ist sie auf einen Rollstuhl angewiesen, da ihr freies Gehen, Stehen oder sitzen unmöglich ist. Pflegefall: Die Kl. ist hilflos und pflegebedürftig bei allen alltäglichen Verrichtungen).

Kind. Arzthaftung wegen eines groben Behandlungsfehlers vor der Geburt. Bei der Aufnahme der Mutter der Klägerin lag eine „eitrig-fötiden Kolpitis“ vor, bei welcher eine Antibiotika-Therapie und ein bakteriologischer Abstrich aus der Scheide angezeigt gewesen sei. Diese unterblieb, so dass die Infektion auf das noch ungeborene Kind übergriff. Nach ihrer Geburt befand sich die Klägerin noch 135 Tage in stationärer Behandlung. Dauerschaden: Rollstuhlgebundenheit, Intensivpflegefall, Tetraspastik, neurologisch bedingte Dysartie (Sprachstörung) und einer Entwicklungsverzögerung. Die Kl. wird Zeit ihres Lebens auf fremde Hilfe angewiesen sein und nie ein beschwerdefreies, eigenständiges, bewusst erlebtes Leben führen können, so das OLG. Jedoch können sie, so das OLG weiter, „trotz ihrer Behinderung zumindest eingeschränkt und mit Hilfestellung am sozialen Leben teilnehmen. Sie kann sich mit Hilfe fortbewegen, sehen, hören und mit anderen Menschen kommunizieren. Auch ist ihr zumindest der Besuch einer Schule für Menschen mit Behinderung möglich“.

Betrag: 300.000 € **Haftung: 100 %**
immVorb: – **MdE: 100 %**

OLG Hamm 28.1.2019 – 3 U 63/17 = BeckRS 2019, 39238

5293

Gehirnschädigung, schwerste (hier: Gehirnblutung, Schlaganfälle, schwerste spastische Lähmung aller Extremitäten und Ernährung über eine Magensonde [künstliche Ernährung], Wasserkopf, Bettlägerigkeit, Intensivpflegefall, Inkontinenz).

38j. Frau. 3 Monate stationär; 8 Monate Rehabilitationsaufenthalt. Dauerschaden: Gehirnschädigung, schwerste spastische Lähmung aller Extremitäten und Ernährung über eine Magensonde [künstliche Ernährung], Bettlägerigkeit, Inkontinenz. Die Klägerin ist ein Intensivpflegefall und wird von ihrer Mutter betreut. Bei der Bemessung berücksichtigte das OLG dies alles und führte zudem aus: „Für die Höhe des Schmerzensgeldes ist auch mitbestimmend, dass die unter Betreuung ihrer Mutter stehende Klägerin nach dem unstreitigen Tatbestand des landgerichtlichen Urteils mit sehr hoher Wahrscheinlichkeit zeitlebens schwerst geschädigt und ein Pflegefall bleiben wird.“ Arzthaftung (hier: Grober Befunderhebungsfehler im ärztlichen Notdienst).

Betrag: 300.000 € **Haftung: 100 %**
immVorb: – **MdE: –**

OLG Frankfurt a. M. 11.2.2014 – 8 U 201/11 = BeckRS 2016, 10203

5955

Gehirnschädigung, schwerste (hier: Gehirnschädigung wegen Sauerstoffunterversorgung mit folgenden Auswirkungen: „Einschränkungen in sämtlichen intellektuellen und kognitiven Fähigkeiten wie auch den basalen Funktionen wie Sehen, Sprechen, Verstehen und sämtlichen Bewegungsformen, sei es Feinmotorik oder Grobmotorik gekommen sei, welche noch einmal durch das ausgeprägte Lance-Adams-Syndrom, also die aktionsinduzierten Myoklonien geprägt seien“).

34j. Frau (Fremdsprachenkorrespondentin). 120 Tage im Koma mit künstlicher Beatmung; Intensivstation. Anschließend weitere 600 Tage stationär. Dauerschaden: MdE 100 %. Rollstuhlgebundenheit. Intensivpflegefall Die wohlhabende und in sehr guten, luxuriösen Verhältnissen lebende junge Frau wurde durch den groben Behandlungsfehler völlig aus dem Leben gerissen und ist heute noch sozial fast vollständig isoliert und kann auch nicht an einem normalen sozialen oder gar kulturellen Leben teilnehmen. Ihr Lebenspartner, mit dem sie bereits die Hochzeit geplant hatte, trennte sich von ihr. Außer ihrer Mutter und den Therapeuten habe sie kaum Kontakte. Arzthaftung (hier: Grober Behandlungsfehler im Zusammenhang mit einer Schilddrüsenoperation. „Durch die lange Sauerstoffunterversorgung während der postoperativen Phase trat bei der Klägerin ein hypoxischer Hirnschaden ein; Folge waren starke Myoklonien“]. Regulierungsverzögerung: Trotz der unstreitigen Haftung erfolgte fast sechs Jahre lang keine Zahlung! [Anmerkung: Dass ein derartiges Verhalten der Haftpflichtversicherer gerade bei Arzthaftungsfällen häufig (siehe ua → Nr. 3048, → Nr. 3185, → Nr. 4225, → Nr. 4975 oder → Nr. 5721) vorkommt, ist inakzeptabel und sollte künftig von den Gerichten bezüglich der Anhebung der Schmerzensgelder noch massiver berücksichtigt werden. Die Führungskräfte der Großschadenabteilungen sind aufgerufen, derartiges Verhalten ihrer Mitarbeitenden zu unterbinden.]

Betrag: 300.000 € **Haftung: 100 %**
immVorb: Ja **MdE: 100 %**

LG Bochum 4.7.2012 – I-6 O 217/10 = BeckRS 2012, 16390

4591

Gehirnschädigung, schwere (hier: Schwere motorische und kommunikative Störungen. Der Kl. ist von Anbeginn seines Lebens ein Intensivpflegefall).

Kind / Säugling. Dauerschaden: Intensivpflegefall. Kommunikation nur mit einem speziellen Sprachcomputer möglich. Kaum selbstständige Mobilität; der Kl. kann lediglich wenige Meter mit einem speziellen Gehwagen „gehen", die Handhabung eines Rollstuhls ist nicht möglich. Geburtshilfefehler / Arzthaftung bei sogenanntem Nabelschnurvorfall durch welchen es zu einer Sauerstoffunterversorgung während der Geburt kam. [Anmerkung: Das Schmerzensgeld ist unerträglich gering – was wohl zum Teil das OLG selbst festgestellt hat, wenn es ausführt, dass „sich das Schmerzengeld im unteren Bereich des von Gerichten bei schwersten Hirnschädigungen zugesprochenen Schmerzensgeld einordnet"! Auch fragt sich wiederum bei diesem Urteil, was angesichts der extremen umfassenden Verletzungen mit dem immateriellen Vorbehalt bezweckt werden soll.]

Betrag: 300.000 € **Haftung: 100 %**
immVorb: Ja **MdE: 100 %**

OLG München 23.12.2011 – 1 U 3410/09 = BeckRS 2012, 115

3785

Gehirnschädigung, schwerste (hier: „schwere infantile Cerebralparese i.V.m. einer ausgeprägten geistigen Behinderung" mit rechtsbetonter Tetraparese und entsprechend massiven motorischen und sprachlichen Defiziten. Im Alter von 8 Jahren sind lediglich Bewegungen eines 18 Monate alten Jungen möglich und kann lediglich „Mama" gesagt werden.

Kind (Säugling). Arzthaftung / Geburtshilfefehler. Dauerschaden: Intensivpflegefall. Erwerbsunfähigkeit. [Anmerkung: Dem Kläger half bzgl. der Beweisführung das Urteil des BGH VersR 2004, 909 und die dort begründete Beweiserleichterung bei leichten Befunderhebungsfehlern]

Betrag: 300.000 € **Haftung: 100 %**
immVorb: Ja **MdE: 100 %**

OLG Oldenburg 28.5.2008 – 5 U 28/06 = BeckRS 2008, 11208

3865

Gehirnschädigung, schwerste mit der Folge einer ausgeprägten Tetraspastik mit Epilepsie und nahezu völliger Erblindung (Totalerblindung).

Säugling (Mädchen). Arzthaftung / Geburtshilfefehler. Der Säugling erlitt eine Sauerstoffunterversorgung. Dauerschaden: Tetraspastik; Epilepsie; Intensivpflegefall.

Betrag: 300.000 € **Haftung: 100 %**
immVorb: – **MdE: 100 %**
Rente: 300 €

OLG Düsseldorf 26.4.2007 – 8 U 37/05 = BeckRS 2008, 4420

5786

Gehirnschädigung, schwerste (hier: Sauerstoffunterversorgung während der Geburt).

Kind (Säugling). Arzthaftung (hier: Geburtshilfefehler bei sogenannter Wannengeburt. Bei einer ordnungsgemäßen Geburtsleitung und postpartaler Betreuung wäre der Klägerin der schwere Hirnschaden erspart geblieben). Dauerschaden: Intensivpflegefall: Aufgrund der Hirnschädigung ist sie zeitlebens auf intensive pflegerische Betreuung 24 Stunden am Tag angewiesen. Sie kann weder essen, noch sitzen oder stehen, ist hochgradig sehbehindert, kann ihre Umwelt nicht wahrnehmen, sich nicht orientieren und leidet unter lebensbedrohlichen sehr schmerzhaften spastischen Krampfanfällen. Sie sei zu 100 % schwerbehindert, liegt ständig im Bett und muss gewickelt werden. Im Alter von 2 1/2 Jahren musste sie sich einer Hüftoperation unterziehen, um die Spastik im Beinbereich zu lindern.

Betrag: 300.000 € **Haftung: 100 %**
immVorb: – **MdE: 100 %**
Rente: 300 €

OLG Düsseldorf 26.4.2007 – I-8 U 37/05 = BeckRS 2008, 4420

5918

Gehirnschädigung, schwerste (hier: „schweres Residualsyndrom mit spastischer Tetraparese – also der inkompletten Lähmung aller Extremitäten – und schwerer psychomotorischer und mentaler Retardierung ... Die Sehfähigkeit der Klägerin liegt bei unter 20 %, eine visuelle Kontaktaufnahme sei ihr nicht möglich. Die Klägerin könne auf Geräusche reagieren, aber nicht sprechen. Sie müsse gefüttert werden und trage wegen der bestehenden Inkontinenz Windeln". Weiterhin betont das OLG, „die heute 9 Jahre alte Klägerin habe bislang keine Entwicklungsfortschritte gemacht; diese seien auch zukünftig nicht zu erwarten").

Kind (Säugling). Arzthaftung (hier: Grober Behandlungsfehler / Geburtshilfefehler bei Frühgeburt [33. Woche] – In der Kinderklinik, in die die Klägerin anschließend verlegt wurde, lautete die Diagnose: „Frühgeburt in der 34. Schwangerschaftswoche, perinatale Asphyxie, Hirnblutung, Nebennierenblutung, post-hämorrhagischer Hydrozephalus, periventrikuläre Leukomalazie"). Dauerschaden: Intensivpflegefall wegen inkompletter Lähmung aller Extremitäten und schwerer psychomotorischer und mentaler Retardierung ohne jegliche Aussicht auf Besserung.

Betrag: 300.000 € **Haftung: 100 %**
immVorb: – **MdE: 100 %**

OLG Celle 27.2.2006 – 1 U 68/05 = BeckRS 2011, 14526

6180

Gehirnschädigung, schwerste (hier: „Schwerste psychomotorische Retardierung mit Tetraspastik" und „homonyme Hemianopsie rechts mit linksseitiger Schädigung des Gehirns (Hirninfarkt) im Bereich des Stromgebiets der Arteria cerebri posterior links unter Einbeziehung der Sehrinde" mit Halbseitenblindheit.

Kleinkind / Säugling. Arzthaftung (hier: Geburtshilfefehler / Behandlungsfehler bei Zwillingsgeburt. Es kam zur kritischen Unterzuckerung [= Hypoglykämie] und infolge dessen zu einer „schwersten psychomotorische Retardierung mit Tetraspastik und linksseitiger Hirnschädigung"). Dauerschaden: Sprachlosigkeit, Teilerblindung, Rollstuhlgebundenheit, Intensivpflegefall rund um die Uhr („zeitlebens auf die Hilfe anderer in höchstem Maße angewiesen", so das OLG).

Betrag: 300.000 € **Haftung: 100 %**
immVorb: – **MdE: 100 %**

OLG Koblenz 5.7.2004 – 12 U 572/97 = BeckRS 9998, 54218

3064

Gehirnschädigung, schwerste (hier: Apallisches Syndrom; der Kl. kann weder sprechen, noch sich bewegen, ist Muskelrefelexen ausgeliefert, selbst Mimik ist ihm nicht möglich! Er leidet an einem sogn. Locked-in-Syndrom.)

24j. Mann. Dauerschaden: apallisches Syndrom; Funktionsausfall der Großhirnrinde! Intensivpflegefall. „Der Unfall" – so bereits das LG – habe das „Leben des … Kl. für immer zerstört"! [Anmerkung: Das Urteil ist mit BGH Beschl. v. 17.9.2002 – VI ZR 426/01 rechtskräftig].

Betrag: 306.775 € **Haftung: 80 %**
immVorb: – **MdE: 100 %**
Rente: 383 €

OLG Naumburg 25.10.2001 – 3 U 24/01 = BeckRS 2001, 30214749

3100

Gehirnschädigung, schwerste (hier: Mittelhirnsyndrom 2.Grades. „Dieser Befund entspricht in seinen Auswirkungen dem Bild eines apallischen Syndroms", so das LG. Hochgradige Hinschädigung, Wachkoma. Gelenkstarre wegen Muskelverkürzung. Künstliche Ernährung. Verschlechterungstendenz. Intensivpflegefall.

24j. Mann. Dauerschaden: siehe oben. Der im Wachkoma liegende Kl. wird auf Dauer als Intensivpflegefall in Kliniken und Heimen verbringen. „Eine Besserung sei unwahrscheinlich", so das Gericht. [Kapitalisiert beläuft sich das Schmerzensgeld auf 764.574 DM bzw. 390.920 Euro, womit – so das LG – „der aus der bisherigen Rechtsprechung ersichtliche Rahmen … nicht gesprengt wird".

Betrag: 306.775 € **Haftung: 100 %**
immVorb: – **MdE: 100 %**
Rente: 383 €

LG Dessau 9.2.2001 – 2 O 1185/98 = unveröffentlicht

3234

Gehirnschädigung (hier: Cerebralparese, extrapyramidale … in Form einer Tetraparese mit multifocaler Epilepsie).

Kind (Säugling). Arzthaftung (hier: Geburtshilfefehler; grober Behandlungsfehler durch Übersehen der Symptome eines Spannungspneumothorax). Dauerschaden: Schwere körperliche und geistige Behinderungen.

Betrag: 325.000 € **Haftung: 100 %**
immVorb: – **MdE: 100 %**

OLG Schleswig 28.2.2003 – 4 U 10/01 = BeckRS 2003, 9711

3951

Gehirnverletzung, schwerste (hier: Gravierender Sauerstoffmangel während der Geburt mit massiven, dauernden Folgen).

Säugling. Arzthaftung (hier: Massiver Sauerstoffmangel bei der Geburt mit extremem Dauerschaden: geistige Entwicklung der zum Urteilszeitpunkt 10j. Klägerin verharrte auf dem Stand eines Zweijährigen. Rollstuhlgebundenheit; sie sitzt in einem Spezialrollstuhl mit Sitzschale und Stützweste und erlebt ihren völlig hilflosen und permanent auf fremde Hilfe angewiesenen Zustand bewusst. Intensivpflegefall. Entschädigung

Betrag: 350.000 € **Haftung: 100 %**
immVorb: – **MdE: –**
Rente: 500 €

LG München I 8.3.2006 – 9 O 12986/04 = BeckRS 2008, 2774

6521

Gehirnschädigung, schwerste (hier: Dyskinetischen koreoatetoiden Cerebralparese mit einer Hyperkinesie und Rumpfhypotonie sowie Hypotonie der unteren Extremitäten).

Säugling. Arzthaftung im Zusammenhang mit der Behandlung der mit dem Kläger in der 28. Schwangerschaftswoche schwangeren Frau. Diese wurde im Hause der Beklagten wegen eines Darmverschlusses operiert. Hierbei unterließ das Personal der Beklagten eine hinreichende Überwachung des ungeborenen Klägers, bemerkte infolge dessen zu spät dessen lebensbedrohliche Vitalparameter und ging auch nach Entdeckung der für das Ungeborene lebensbedrohlichen Situation nicht standardgemäß vor. Dauerschaden: Bewegungseinschränkungen in Form einer dyskinetischen koreoatetoiden Cerebralparese mit einer Hyperkinesie und Rumpfhypotonie sowie Hypotonie der unteren Extremitäten, was dazu führt, dass eine willkürlich gesteuerte Motorik allenfalls im Bereich der rechten Hand, aber auch hier mit erheblichen Einschränkungen möglich ist, wobei die Einschränkungen sowohl in Form einer Spastik im Sinne einer hohen Tonisierung der Finger als auch einer Volarflexion vorliegen. Im Bereich der unteren Extremitäten sind ebenfalls deutliche Zeichen einer Spastik erkennbar. Selbstständig laufen kann der Kläger nicht und wird es voraussichtlich auch niemals können. Aufrecht sitzen kann er ebenfalls nur mit Hilfsmitteln. Eine Umlagerung ist ebenfalls nur unter Hilfestellung möglich. Allerdings ist der Kläger „derzeit in vollem Umfang emotional schwingungsfähig, könne Freude empfinden und zeigen". „Es sei zwar zu befürchten, dass es durch die Wahrnehmung dieser Einschränkungen beginnend ab der Adoleszenz zu psychischen Fehlentwicklungen bis hin zu Depressionen komme, eine sichere Prognose sei jedoch derzeit nicht möglich". Bei der Schmerzensgeldbemessung „zu berücksichtigen" sei, so das OLG, „dass der Kläger als Integrationskind mit erheblicher Unterstützung die Regelschule besuchen kann und ebenfalls mit fachkundiger Begleitung an Ferienfreizeiten teilnimmt". [Anmerkung: Kapitalisiert geht das OLG von einem Gesamtschmerzensgeld von 425.000 EUR aus, was angesichts der extrem schweren Dauerfolgen meiner Ansicht nach als zu gering anzusehen ist].

Betrag: 350.000 € **Haftung: 100 %**
immVorb: – **MdE: 100 %**
Rente: 250 €

OLG Dresden 18.8.2020 – 4 U 1242 = BeckRS 2020, 21238

6807

Gehirnschädigung, schwere (hier: Dyskinetischen koreoatetoiden Cerebralparese mit einer Hyperkinesie und Rumpfhypotonie sowie Hypotonie der unteren Extremitäten und erheblichen Folge- und Dauerschäden, die nachfolgend unter Einzelheiten näher beschrieben werden. „Von einem weiteren Fortschreiten des nachgewiesenen „Hydrocephalus e vacuo" sei mit sehr hoher Wahrscheinlichkeit nicht auszugehen", so das OLG).

Säugling. Arzthaftung im Zusammenhang mit der Behandlung eines Darmverschlusses der in der 28. Woche schwangeren Mutter des Klägers; hierbei unterließ das Personal der Beklagten eine hinreichende Überwachung des ungeborenen Klägers, bemerkte infolge dessen zu spät dessen lebensbedrohliche Vitalparameter und ging auch nach Entdeckung der für das Ungeborene lebensbedrohlichen Situation nicht standardgemäß vor, worin das

OLG einen groben Behandlungsfehler sah. Zu den Verletzungsfolgen und dem Dauerschaden führt das OLG aus: „Der Kl. leidet nach wie vor und voraussichtlich auch dauerhaft an erheblichen Bewegungseinschränkungen in Form einer dyskinetischen koreoatetoiden Cerebralparese mit einer Hyperkinesie und Rumpfhypotonie sowie Hypotonie der unteren Extremitäten, was dazu führt, dass eine willkürlich gesteuerte Motorik allenfalls im Bereich der rechten Hand, aber auch hier mit erheblichen Einschränkungen möglich ist, wobei die Einschränkungen sowohl in Form einer Spastik im Sinne einer hohen Tonisierung der Finger als auch einer Volarflexion vorliegen. Im Bereich der unteren Extremitäten sind ebenfalls deutliche Zeichen einer Spastik erkennbar. Selbstständig laufen kann der Kl. nicht und wird es voraussichtlich auch niemals können. Aufrecht sitzen kann er ebenfalls nur mit Hilfsmitteln. Eine Umlagerung ist ebenfalls nur unter Hilfestellung möglich. Nach derzeitigem Stand der Medizin werden diese Einschränkungen sich im weiteren Verlaufe des Lebens des Kl. auch in der gesteigerten Wahrscheinlichkeit von Folgeerkrankungen niederschlagen. Dies betrifft die aufgrund der Bewegungseinschränkungen gestörte Atemmechanik, die das Risiko für die Entstehung von Pneumonien begünstigt und auch einen schwereren Verlauf solcher Krankheiten nach sich zieht. Ebenfalls wahrscheinlich sind Schäden im Bereich der Wirbelsäule wegen der bestehenden Rumpfhypotonie und der damit einhergehenden Destabilisierung der Wirbelsäule. Auch Scoliosen sind nicht unwahrscheinlich, operative Versorgungen können möglich werden. Die Hypotonie der unteren Extremitäten kann zu äußerst schmerzhaften Fehlstellungen des Hüftgelenkes bis hin zu einer vollständigen Luxation kommen, was ebenfalls orthopädischer Operationen bedarf. Fußdeformitäten und eine erhöhte Neigung von Knochenbrüchen sind ebenfalls im Bereich des Wahrscheinlichen. Darüber hinaus leidet der Kl. an kognitiven Einschränkungen, auch wenn man hier – anders als der Sachverständige angenommen hat – einen Gesamt-IQ von rechnerisch 74 zugrunde legt“. Kapitalisiert beläuft sich das Schmerzensgeld auf 425.000 EUR.

Betrag: 350.000 € **Haftung: 100 %**
immVorb: – **MdE: –**
Rente: 250 €

OLG Dresden 18.8.2020 – 4 U 1242/18 = BeckRS 2020, 21238

5363

Gehirnschädigung, schwere (hier: Schwere hypoxisch-ischämischer Gehirnschädigung mit Mikrozephalus, spastischer Tetraparese und fehlender Sprachentwicklung.

Kind / Säugling. Arzthaftung (hier: Grober Behandlungsfehler / Geburtshilfefehler mit Sauerstoffunterversorgung „weil der Geburtshelfer grob pflichtwidrig auf alarmierende und in der Schlussphase durchgehend hochpathologische Befunde der CTG-Aufzeichnungen bis zur Entbindung nicht bzw. nicht angemessen reagiert hatte“). Dauerschaden: … Die Klägerin wurde jedoch – im Rahmen des Möglichen – recht gut therapiert; insofern führt das OLG aus: Die Klägerin „besucht … einen heilpädagogischen Kindergarten der Lebenshilfe, in dem sie gut integriert sei. Zusätzlich gehen die Eltern mit ihr schwimmen und nehme sie am therapeutischen Reiten teil. Sie habe hierbei „viel Spaß“ und sei „insgesamt ein sehr zufriedenes Kind“. In einer einmal im Jahr für mehrere Wochen besuchten Rehabilitationseinrichtung nutze sie auch ein Bewegungsgerät zur Einübung in Schrittfolgen. Die Klägerin lautiere ein bisschen, spreche nicht, aber höre gut. Sie könne ihre Emotionen sehr gut zeigen; Wut und Freude, Tränen könne sie in adäquaten Situationen einbringen. Insgesamt habe man den Eindruck, dass sie deutlich mehr versteht als sie durch ihr Lautieren äußern kann. Die Klägerin muss mit dem Löffel gefüttert werden, sie kann weiche Sachen essen und kleine Stücke abbeißen. Sie kann nicht selbst das Essen greifen und zum Mund führen.“ [Lesenswert zur Differenzierung der Ausprägung schwerster Verletzungsfolgen in derartigen Fällen. „Von einer solchen extremen Fallgestaltung unterscheidet sich die Situation der Klägerin grundlegend“, so das OLG bei seiner Begründung der Bemessung auf 350.000 EUR].

Betrag: 350.000 € **Haftung: 100 %**
immVorb: Ja **MdE: 100 %**

OLG Bamberg 19.9.2016 – 4 U 38/15 = BeckRS 2016, 20624

4973

Gehirnschädigung, schwerste (hier: Hypoxisch-ischämische Enzephalopathie d.h. Sauerstoffunterversorgung des Gehirns mit „besonders stark ausgeprägt“er Gehirnschädigung, die im Weiteren unter Einzelheiten ausführlich dargelegt werden).

Kind (Neugeborenes). Arzthaftung (hier: Geburtshilfefehler). Dauerschaden: „Die Klägerin ist nach den Ausführungen des Sachverständigen Dr. H … nicht in der Lage, sich eigenständig fortzubewegen, zu sitzen, zu stehen, zu essen, zu trinken oder zu sprechen. Die Nahrungsaufnahme ist auf pürierte oder flüssige Kost beschränkt wobei für jede Mahlzeit ca. 50-60 Minuten anfallen und bei der Klägerin erhebliche Schluckbeschwerden bestehen. Die Klägerin kann auch nicht gezielt nach Gegenständen greifen und diese festhalten. Sie ist angesichts dessen rund um die Uhr hinsichtlich aller Lebensfunktionen auf die Hilfe und Unterstützung ihrer Eltern angewiesen und sie wird nie ein selbstbestimmtes eigenes Leben führen können. Dabei ist sie kognitiv zwar in der Lage, ihr bekannte Personen zu erkennen und auf diese zu reagieren. Sie kann sich jedoch nur in einem geringen Umfang durch Lautieren und Grimassieren äußern und dadurch im Sinne von Ja / Nein-Äußerungen gewisse Wünsche artikulieren oder Ablehnung signalisieren. Zustimmung oder Zufriedenheit kann sie gegenüber ihren Eltern durch ein Lächeln zum Ausdruck bringen. Insgesamt ist die Persönlichkeit der Klägerin damit in einem ganz erheblichen Umfang durch die fehlerhafte geburtshilfliche Behandlung in der Klinik des Beklagten zu 3) zerstört worden“, so das OLG anschaulich. [Nicht zugestimmt werden kann der Argumentation des OLG, wonach sich der „fehlende Leidensdruck“, den das OLG deshalb sah, weil die Klägerin von Geburt an geschädigt wurde und sozusagen kein anderes Leben kenne, vermindernd auf die Schmerzensgeldhöhe auswirkt – siehe insofern zutreffend anderer Ansicht KG BeckRS 2017, 137499. Das KG sprach daher der Klägerin in diesem – mit dem vorliegenden Fall durchaus vergleichbaren – Falle 500.000 Euro zu].

Betrag: 350.000 € **Haftung: 100 %**
immVorb: Ja **MdE: 100 %**

OLG Düsseldorf 18.4.2013 – 8 U 24/12 = BeckRS 2014, 17075

4223

Gehirnschädigung, schwerste

Säugling. Dauerschaden: Intensivpflegefall. Völlige Immobilität (kann weder greifen noch sich bewegen). Arzthaftung (hier: Geburtshilfefehler mit daraus resultierender Sauerstoffunterversorgung). Verschlechterungstendenz.

Betrag: 350.000 € **Haftung: 100 %**
immVorb: Ja **MdE: 100 %**

OLG Koblenz 26.2.2009 – 5 U 1212/07 = BeckRS 2010, 1176

3255

Gehirnschädigung, schwerste (hier: spastische Tetraparese, Wasserkopf, hochgradiger Sehbehinderung, BNS-Epilepsie und ist mental massiv retardiert).

Kind (Säugling). Arzthaftung (hier: Geburtshilfefehler). Dauerschaden: Totalerblindung, nahezu; Intensivpflegefall; harn- und Stuhlinkontinenz; ohne Gleichgewichtskontrolle; Sprachlosigkeit; eine Rehabilitation ist ausgeschlossen. Wegen des Wasserkopfes musste ein Shunt-Implantat als Drainage gelegt werden. Nahezu völlige Persönlichkeitszerstörung! „Angesichts des hohen Wertes, den Art. 1 und 2 GG der Persönlichkeit und Menschenwürde einräumen, ist eine herausragende Entschädigung … gerechtfertigt", so das OLG zutreffend.

Betrag: 350.000 € **Haftung: 100 %**
immVorb: Ja **MdE: 100 %**

OLG Braunschweig 22.4.2004 – 1 U 55/03 = BeckRS 2004, 30341716

3379

Gehirnschädigung, schwerste (hier: Spastische Tetraplegie; zentrale sehstörung und massive Gehirnschädigung mit Auswirkung auf nahezu alle Funktionen).

Kind / Säugling (Mädchen). Dauerschaden: Bewegungsunfähigkeit! Kann weder sitzen noch stehen. Die Kl. hat keinerlei Entwicklungsmöglichkeit und ist ein Intensivpflegefall. [vgl. auch unter: Persönlichkeitszerstörung.]Arzthaftung (hier: Grober Behandlungsfehler / Geburtshilfefehler mit Sauerstoffunterversorgung). [vgl. auch Urteil des OLG Karlsruhe → Nr. 5362].

Betrag: 350.000 € **Haftung: 100 %**
immVorb: Ja **MdE: 100 %**

LG München I 10.3.2003 – 9 O 6490/96 = BeckRS 2003, 154205

3443

Gehirnschädigung, schwerste (hier: Irreversible Gehirnschädigung mit Totalerblindung und Bewegungslosigkeit infolge spastischer Tetraplegie).

Säugling. Arzthaftung (Geburtshilfefehler). Dauerschaden: schwerste vollstellbare Schädigung mit gravierenden Auswirkungen auf das gesamte, der Kl. verbleibende Leben; Intensivpflegefall. [Anmerkung: Angesichts der extremen Dauerfolgen erscheint das Schmerzensgeld zu gering! vgl. auch unter vita minima].

Betrag: 350.000 € **Haftung: 100 %**
immVorb: – **MdE: 100 %**

OLG München 20.6.2002 – 1 U 3930/96 = BeckRS 2002, 30267255

4840

Gehirnschädigung, schwerste (hier: Apallisches Syndrom zu dessen Ausprägung ausgeführt wird, es handele sich um einn „Mischbild aus apallischem Syndrom und einem sogenannten apallischen Durchgangssyndrom"; Tetraspastik; hochgradige spastische Tetrapharese bis Tetraplegie. Es besteht noch ein „gewisser Kontakt" zwischen der Kl. und ihrer Mutter der sich so darstellt, dass beim Sprechen der Mutter es zu Lippenbewegungen seitens der Kl. kommt.

19j. Frau. 20 Monate stationär oder in stationärer Pflege. Anschließend erfolgte die Pflege durch die Eltern der Klägerin. Dauerschaden: Intensivpflegefall; wach aber nicht ansprechbar (Coma Vigile), künstliche Ernährung durch die Bauchdecke, Tetraspastik. Das LG fasste die Situation der Kl. wie folgt zusammen: „Durch den Unfall wurde das Leben der damals 19-jährigen Klägerin total zerstört".

Betrag: 357.904 € **Haftung: 100 %**
immVorb: – **MdE: 100 %**

LG München I 16.1.2003 – 19 O 20638/01 = BeckRS 2003, 32611

7216

Gehirnschädigung, schwerste (hier: Die Persönlichkeitszerstörung, – die Persönlichkeit des Klägers ist, so das OLG, „unwiederbringlich zerstört, er hat Intelligenz verloren, insbesondere aber hat er unfallbedingt die integrative Gesamtleistung des Gehirns verloren." Schädel-Hirn-Trauma Grad IV, multiple offene Wunden des Kopfes, Impressionsfraktur der Kalotte rechts parietal, Bewusstlosigkeit bei Schädel-Hirn-Trauma, akute Blutungsanämie, arterielle Hypotonie, Pupillenfunktionsstörungen, traumatisches epidurales Hämatom, Erbrechen, Mittelhirnsyndrom, Durchgangssyndrom, Pupillenfunktionsstörung und -erweiterung, Ventrikulitis, Medikamentenentzugssyndrom sowie lumbale Liquordrainage. In der Folge bildete sich eine Epilepsie aus.

5j. Kind. Intensivstation; der Kläger wurde im Wachkoma eingeliefert. Stationäre Behandlung mit zahlreichen Operationen im Zeitraum von nahezu zwei Jahren. Dauerschaden: Intensivpflegefall 24 Stunden täglich! Vollständiger Verlust der Persönlichkeit, wobei der Kläger "leidvoll wahr[nimmt], dass sein Leben sich gravierend von dem eines nicht beeinträchtigten Gleichaltrigen unterscheidet. Hirnorganisches Psychosyndrom mit exekutiven Funktionsstörungen und Intelligenzverlust, sodass das kognitiv-emotional-soziale Funktionsniveau einer „mentalen Retardierung / geistigen Behinderung" gegeben ist. Zum anderen hat er aufgrund des Unfalls schwere Beeinträchtigungen im Bereich der Motorik und Mobilität durch eine vorwiegend ataktische Bewegungsstörung mit muskulärer Hypotonie mit einer ausgeprägten Gangstörung mit einer Haltungsinstabilität des Rumpfes und generalisierte Ataxie, kombiniert mit Spastik, weshalb der Kläger einen Rollator benötigt; erhebliche Behinderungen in der Grobmotorik. Schließlich ist bei ihm unfallbedingt eine massive Störung des Sehvermögens und der Orientierung gegeben mit einer nicht aufhebbaren Augenmuskellähmung. In deren Folge kann der Kläger keine vertikale Blickwendung mehr leisten und ist somit in seinem Gesichtsfeld eingeschränkt, so dass er diese Bewegungsstörungen immer mit Kopfbewegungen ausgleichen muss. Außerdem besteht infolge dieser Augenmuskellähmung eine Lähmung der Pupillen, die somit weit gestellt seien, was zu einer erhöhten Lichtempfindlichkeit führt sowie eine ganz auffällige Schiel-Auswärtsblickrichtung, wodurch ein unmittelbarer Blickkontakt nicht möglich ist. Entstellung: Die Narben und die Fehlstellung der Augen haben eine dauerhafte Entstellung zur Folge. Verschlechterungsgefahr: In allen drei Bereichen ist ferner mit einer Verschlimmerung der Situation zu rechnen. Zur Schmerzensgeldbemessung: Das OLG sah das vom LG zuerkannte Schmerzensgeld von kapitalisiert 856.094 EUR als überhöht an und reduzierte es – sehr sorgfältig begründet – auf kapitalisiert nur noch

669.777,60 EUR. [Ursache: Verkehrssicherungspflichtverletzung].

Betrag: 375.000 € **Haftung: 100 %**
immVorb: – **MdE: –**
Rente: 1.300 €

OLG München 23.12.2022 – 13 U 1972/18 = BeckRS 2022, 44868

6922

Gehirnschädigung, schwere (hier: Schwere hypoxische Schädigung mit schwerer geistiger Behinderung. Pflegefall).

Kind. Arzthaftung im Zusammenhang wegen Behandlungsfehler bei der Geburt. Bei der Klägerin war vorgeburtlich ein Herzfehler (kardiale Fehlbildung im Sinne eines membranösen Ventrikelseptumdefekts „double outlet right ventricle" = DORF) festgestellt worden. Nach der Geburt wurde sie deshalb am Herz operiert; später wurde ua festgestellt, dass die Klägerin unter einer Chromosomenanomalie in Form eine Mikrodeletionssyndroms 22 q 11 („Catch 22-Syndrom") leidet. Dies wurde auf eine Sauerstoffunterversorgung / Asphyxie während der Herz-OP zurückgeführt. Dauerschaden: Gehirnschädigung, keine zeitliche und räumliche Orientierung, keine selbständige Nahrungsaufnahme (die Kl. muss gefüttert werden), keine normale Fortbewegung / Laufen möglich, die Klägerin muss Windeln tragen, Erfordernis von Logopädie, Ergotherapie und Physiotherapie. Die Klägerin bedarf dauerhafter Pflege und kann ihr „alltägliches Leben nicht alleine meistern", so das KG. Bei der Schmerzensgeldbemessung berücksichtigte das KG mindernd, den bereits vorhandenen erheblichen Vorschaden infolge des 22 q11-Deletions-Syndroms, ohne welches das Schmerzensgeld „im Bereich von rd. 500.000 EUR" gelegen hätte.

Betrag: 375.000 € **Haftung: 100 %**
immVorb: Ja **MdE: –**

KG 1.7.2019 – 20 U 103/13 = BeckRS 2019, 51092

2842

Gehirnschädigung, schwerste (hier: Funktionsausfall der Großhirnrinde [vgl. Großhirnrinde, Funktionsausfall der…]; inkomplette Lähmung aller 4 Extremitäten; Sprachverlust; keine Kommunikation! Intensivpflegefall!

48j. Hauptschullehrer. Dauerschaden: „… Stufe eines Kleinkindes"; „Persönlichkeit weitgehend zerstört"; „größere Zerstörung der Gesundheit … kaum vorstellbar"! Kapital.: 1,006 Mio. DM bzw. umgerechnet ca. 511.000 EUR!

Betrag: 383.469 € **Haftung: 100 %**
immVorb: – **MdE: 100 %**
Rente: 767 €

LG München I 29.5.2001 – 19 O 8647/00 = NZV 2001, 263

5378

Gehirnschädigung, schwere (hier: Bewegungseinschränkungen: körperlich sehr eingeschränkt, völlig kraftlos. Gehen nur mit Orthese. Essen sei nur mit Hilfe möglich, – er erkennt nur seine Eltern / nahe Angehörige. Interaktion und Kommunikation mit Dritten ist aber nicht möglich. Epileptische Anfälle. Er werde nie Lesen, Rechnen oder Schreiben lernen können. Hörschädigung: Auf einem Ohr mittelschwerhörig und auf dem anderen Ohr schwersthörig.).

Kind / Neugeborenes. Dauerschaden: siehe oben. Gegen die epileptischen Anfälle erhält er Medikamente. Bei der Bemessung ging das OLG unzutreffender Weise von einer Obergrenze von 500.000 EUR aus, die für „allerschwerste Beeinträchtigungen" vorbehalten seien. Der Kläger müsse jedoch beispielsweise nicht über eine Sonde ernährt werden und könne „zumindest eingeschränkt am Leben teilnehmen", weshalb 400.000 EUR ausreichend seien. Arzthaftung: Grober Behandlungsfehler / Geburtshilfefehler mit daraus resultierender Sauerstoffunterversorgung. Ein im November 2008 in der Praxis des Beklagten erstelltes CTG ergab einen auf eine Sauerstoffunterversorgung des Kindes hinweisenden pathologischen Befund, so dass der Kläger schnellstmöglich hätte entbunden werden müssen. Der beklagte Arzt nahm das CTG allerdings erst nach circa 50 Minuten zur Kenntnis, führte zur Überprüfung des pathologischen Befundes – was nicht zu beanstanden war – eine Doppler-Ultraschalluntersuchung durch und veranlasste die Mutter sodann, zunächst mit dem eigenen Pkw nach Hause zu fahren, ihre Tasche zu holen und sodann eine Entbindungsklinik in Münster aufzusuchen. Aufgrund dieses grob fehlerhaften Behandlungsgeschehens sei der Kläger mit einer Verzögerung von jedenfalls 45 Minuten entbunden worden, was für den bei ihm eingetretenen Hirnschaden jedenfalls mitursächlich geworden sei. Der aufgrund der grob fehlerhaften Behandlung nunmehr dem Beklagten obliegende Beweis dafür, dass der Hirnschaden auch ohne Behandlungsfehler eingetreten wäre, sei nicht erbracht. Dauerschaden: Schwere körperliche und geistige Schäden. [Lesenswert zu den Fragen, wie ein niedergelassener Gynäkologe die Auswertung eines routinemäßig geschriebenen CTG einer Schwangeren organisieren muss und wie auf ein silentes CTG mit einem im Doppler-Ultraschall erkennbaren Reverse Flow in der Nabelschnurarterie zu reagieren ist.]

Betrag: 400.000 € **Haftung: 100 %**
immVorb: Ja **MdE: 100 %**

OLG Hamm 19.3.2018 – 3 U 63/15 = BeckRS 2018, 7534

6044

Gehirnschädigung, schwerste (hier: Microzepahlie und Enzephalopathie [= Schädigungen des gesamten Gehirns mit Funktionsstörung] und infolgedessen „körperlich und geistig schwerstbehindert und ein lebenslanger Pflegefall, weil sie nicht in der Lage ist zu sprechen, sich selbständig zu ernähren oder auch zu laufen, darüber hinaus regelmäßig orthopädische Übungen absolvieren").

Kind / Säugling. Arzthaftung (hier: Mehrere Behandlungsfehler bei der Geburt. Es kam zu einer Sauerstoffunterversorgung). Dauerschaden: Intensivpflegefall. Körperlich und geistig schwerstbehindert.

Betrag: 400.000 € **Haftung: 100 %**
immVorb: Ja **MdE: –**

OLG Hamm 30.10.2015 – 26 U 130/08 = BeckRS 2015, 122522

4464

Gehirnschädigung, schwerste (hier: „Schwere zerebrale Schäden" nach Sauerstoffunterversorgung mit schweren Dauerfolgen, die nachfolgend unter „Einzeheiten" aufgeführt wurden. Die Kl. nimmt jedoch „ihre Umgebung durchaus wahr").

Säugling. Arzthaftung (hier: Grober Diagnose- und Behandlungsfehler). Dauerschaden: Intensivpflegefall! Die Kl. kann „nach Vollendung des vierten Lebensjahres weder sprechen, richtig sitzen, noch laufen" und muss „gefüttert und gewickelt werden" und wird „voraussichtlich niemals ein selbstbestimmtes Leben in eigener, den Lebensunterhalt ermöglichenden Erwerbstätigkeit führen können", so das LG. Eine Verringerung des Schmerzensgeldes wegen einer weiteren, arzthaftungsunabhängigen Körperbehinderung des Klägers lehnte das LG zutreffend ab.

Betrag: 400.000 € **Haftung: 100 %**
immVorb: – **MdE: 100 %**

LG München I 27.7.2011 – 9 O 24797/07 = VersR 2011, 1576

4590

Gehirnschädigung, schwere (hier: Tetraplegie und statomotorische Entwicklungsverzögerung).

Kind / Säugling. Dauerschaden: Intensivpflegefall. Geburtshilfefehler / Hebammenhaftung bei sogenanntem Nabelschnurvorfall durch welchen es zu einer Sauerstoffunterversorgung während der Geburt kam.

Betrag: 400.000 € **Haftung: 100 %**
immVorb: – **MdE: 100 %**

KG 4.4.2011 – 20 U 111/08 = unveröffentlicht

4467

Gehirnschädigung, schwerste (hier: „ausgeprägte mentale und statomotorische Retardierung" mit schwersten Beeinträchtigungen der geistigen und sprachlichen Entwicklung. Das inzwischen 11j. Kind befindet sich intellektuell auf dem Stand eines Zweijährigen. Zudem sitzt sie im Rollstuhl und trägt ein Korsett. Die Verständigung erfolgt über Mimik, Gestik und Lautäußerungen. Sie kann weder frei sitzen noch gehen oder stehen. Sie bedarf der Intensivpflege rund um die Uhr (d.h. waschen, wickeln, füttern etc.).

Säugling. Arzthaftung / Geburtshilfefehler. Dauerschaden: Intensivpflegefall (s.o.) Das OLG führte in seiner auf Prozesskostenhilfe gerichteten Klage aus: In Fällen schwerster Persönlichkeitszerstörung handele es sich „um eine eigenständige Fallgruppe, bei der die Einbuße der Persönlichkeit bzw. der Wegfall der Basis für ihre Entfaltung durch den Verlust der Empfindungs- und Wahrnehmungsfähigkeit im Vordergrund" stehe.

Betrag: 400.000 € **Haftung: 100 %**
immVorb: – **MdE: 100 %**

OLG Naumburg 10.12.2010 – 1 W 57/10 = BeckRS 2011, 17581

4080

Gehirnschädigung, schwerste nach massiver Sauerstoffunterversorgung.

Säugling. Dauerschaden: Intensivpflegefall. Künstliche Ernährung mittels einer Sonde. Sehstörung. Dennoch kann die Klägerin ihre Umwelt eingeschränkt erfassen und Wünsche kommunizieren. Arzthaftung: Grober Behandlungsfehler bei der Geburtshilfe (Geburtshilfefehler).

Betrag: 400.000 € **Haftung: 100 %**
immVorb: Ja **MdE: 100 %**
Rente: 500 €

LG Ansbach 7.8.2009 – 2 O 259/04 = BeckRS 2009, 139977

3950

Gehirnschädigung, schwerste (hier: Schädelhirmtrauma mit diffusem Hirnödem nach starker Gehirnblutung mit massiven dauerschäden (siehe unter Einzelheiten). Hinzu kamen diverse Organverletzungen (u.a. Leberlappenriss) und Frakturen (u.a. Mittelgesichtfraktur).

20j. Frau (Studentin). 18 Tage Intensivstation; 8 Monate stationär; Lebensgefahr. Dauerschaden: Intensivpflegefall. Kann nicht gehen oder stehen. Völlige Harninkontinenz und Stuhlinkontinenz. Künstliche Ernährung. Kommunikation nur mittels Kopfbewegung. Verlust des Kurzzeitgedächtnisses. Ursache: Beifahrerin im PKW eines für die Kl. nicht erkennbar mit 1,2 Promille betrunkenen Fahrers.

Betrag: 400.000 € **Haftung: 100 %**
immVorb: – **MdE: 100 %**
Rente: 250 €

OLG Naumburg 9.3.2006 – 6 U 141/05 = BeckRS 2006, 138117

3565

Gehirnschädigung, schwerste (hier: Zerebralparese mit ausgedehnter Krampfneigung. Weder Sitzen noch Fortbewegung möglich; kein Sprechen oder andersartiges verbales äußern möglich; Persönlichkeitszerstörung).

Kind (Säugling). Langwierige Heilbehandlung über mehrere Jahre! Dauerschaden: Intensivpflegefall; vita minima; Persönlichkeitszerstörung! Dem Kl. sind alle Möglichkeiten einer körperlichen oder geistigen Entwicklung vollständig genommen sodass sich das weitere Leben auf die Aufrechterhaltung der Grundfunktionen des Lebens beschränkt. Ursache: Arzthaftung / Geburtshilfefehler. Grob fahrlässiges Verhalten des Arztes!

Betrag: 400.000 € **Haftung: 100 %**
immVorb: – **MdE: 100 %**
Rente: 500 €

LG Kleve 9.2.2005 – 2 O 370/01 = BeckRS 2005, 2412

4224

Gehirnschädigung, schwere.

Kleinkind. Arzthaftung (hier: Behandlungsfehler im Zusammenhang mit einer Darmoperation. Infolge einer fehlerhaft eingerichteten Infusion kam es zu einer Zuckerüberversorgung). Dauerschaden: Massive Gehbehinderung und Stehbehinderung; beides nur mithilfe möglich. Massive Sehbehinderung (kann nur Umrisse und hell / dunkel erkennen). Kauen nur eingeschränkt möglich. Ergotherapie etc auf Dauer erforderlich.

Betrag: 405.000 € **Haftung: 100 %**
immVorb: Ja **MdE: 100 %**

LG Köln 4.3.2009 – 25 O 498/05 = BeckRS 2009, 140128

4301

Gehinschädigung, schwerste … nach Polytrauma mit zahlreichen Frakturen und Organverletzungen (Lungenquetschung).

19j. Frau. Langwierige Heilbehandlung. Dauerschaden: Rollstuhlgebundenheit; künstliche Ernährung; Sprachlosigkeit, sie kann sich nur über Laute und Gebärden mit vertrauten Personen verständlich machen; Intensivpflegefall. [Anmerkung: Die Klägerin hatte eine einmalige Kapitalabfindung iHv 7,2 Mio. EUR für den materiellen und immateriellen Schaden eingeklagt. Sie war – im von ihrem Ehemann gesteuerten PKW – sitzend und ggf. nicht angegurtet, verkehrsunfallbedingt aus dem KFZ geschleudert worden].

Betrag: 430.000 € **Haftung: 100 %**
immVorb: – **MdE: 100 %**

LG Hamburg 27.7.2011 – 302 O 192/08 = FD-StrVR 2011, 320995

6923

Gehirnschädigung, schwere mit motorischen Defiziten sowie der kognitiven Einschränkungen, so dass die Klägerin „weder jetzt noch in Zukunft die Fähigkeit zu einer eigenständigen Lebensführung gegeben sein wird, insgesamt wird die Klägerin also Zeit ihres Lebens auf eine dauerhafte Pflege und Hilfe angewiesen sein. Demnach wird sie dauerhaft und damit ihr gesamtes Leben eine Betreuung bedürfen und aufgrund ihrer Behinderungen sowie der bei ihr gegebenen Einschränkungen in ihrem Leben nie eine eigene Selbständigkeit entwickeln können", so das LG.

Kind. Arzthaftung im Zusammenhang mit der Geburt der Klägerin. Der Arzt der Beklagten stellte bei der Mutter der Klägerin zunächst eine unauffällige Plazenta und einen unauffälligen Schwangerschaftsverlauf bei einer nach seiner Einschätzung „High-Risk-Schwangerschaft" bei mütterlichem Alter von 41 Jahren fest. Da eine normale Geburt jedoch nicht möglich war, wurde ein Kaiserschnitt in Form einer Notsectio durchgeführt. Dabei kam es zu einer Sauerstoffunterversorgung bzw. einer schweren Asphyxie bei Zustand nach Reanimation. Dauerschaden: Schwerste Gehirnschädigung, Rollstuhlgebundenheit und Intensivpflegefall. Die Klägerin kann weder sitzen noch stehen noch gehen und sich noch nicht einmal im Liegen selbst umdrehen; die gesamte Motorik ist erheblich gestört. „Da die Mundmotorik betroffen sei, müsse sie weiterhin mit der Flasche oder dem Löffel gefüttert werden und könne nicht normal essen, wobei allerdings auch die Schluckmotorik beeinträchtigt sei. Weiterhin könne sie nicht sprechen. Sie gebe zwar Laute von sich, eine aktive Sprache könne aber nicht in Gang kommen", so das LG.

Betrag: 450.000 € **Haftung: 100 %**
immVorb: Ja **MdE: 100 %**

LG Bochum 12.2.2020 – 6 O 336/17 = BeckRS 2020,32966

4974

Gehirnschädigung, schwerste (hier: Hirnorganisches Psychosyndrom, spastische Tetraparese, Mastdarm- und Blasenlähmung, keine Rumpfkontrolle).

22j. Frau. Arzthaftung bzw. Haftung des Krankenhausträgers für Arztfehler eines Konsiliararztes (hier: Befunderhebungsfehler bei zeitlicher Verzögerung weiterer Befunderhebungen im Bezug auf eine Hirnvenenthrombose). Dauerschaden: Tetraparese mit Mastdarm- und Blasenlähmung, schwere geistige Behinderung, Rollstuhlgebundenheit. Intensivpflegefall. [Anmerkung: Das OLG geht kapitalisiert von ca. 600.000 EUR aus].

Betrag: 450.000 € **Haftung: 100 %**
immVorb: Ja **MdE: –**
Rente: 500 €

OLG Schleswig 31.1.2013 – 4 U 132/11 = unveröffentlicht

5981

Gehirnschädigung, allerschwerste (hier: „Weitgehenden Zerstörung der Grundlagen für die Wahrnehmungs- und Empfindungsfähigkeit, die den Verletzten in seiner Wurzel trifft und für ihn deshalb existentielle Bedeutung … hypoxisch-ischämischen Enzephalopathie mit multiplen Hirnsubstanzdefekten rechts frontal, beidseits parietal sowie links temporal und vermutlich im Bereich des Kleinhirns, einem Hydrozephalus internus mit ventrikulo-peritonealer Shuntanlage, einer spastischen Tetraparese, einer symptomatisch multifokalen therapieresistenten Epilepsie mit häufigen, teils mehrfach täglich auftretenden tonisch-myoklonischen Anfällen und Absencen, schwersten motorischen Störungen mit einem motorischen Entwicklungsstand von ca. 3 Monaten, schwersten kognitiven Störungen mit einem kognitiven Entwicklungsstand von maximal 3 Monaten, schwersten Störungen der kommunikativen Entwicklung und des Sozialverhaltens mit lediglich rudimentären Interaktionsmöglichkeiten, schwerster Beeinträchtigung der Selbstständigkeitsentwicklung mit vollständiger Hilflosigkeit. Der Kläger kann nicht sprechen und hat keinerlei Eigenmobilität entwickelt. Es besteht keine Kopfkontrolle. Er reagiert lediglich auf Geräusche und Licht. Er ist bei allen Verrichtungen des täglichen Lebens dauerhaft und ausschließlich auf fremde Hilfe angewiesen", so das LG.

1j. Kind. Arzthaftung (hier: Grober Behandlungsfehler: Blutverlust und Sauerstoffunterversorgung im Rahmen einer Operation. „Fehlerhaft sei im Aufwachraum die Kreislauffunktion nicht überwacht worden, obwohl sich der Kläger noch in einem kompensierten Schockzustand befunden habe. Auch der Blutdruck sei nicht gemessen worden und keine klinische Untersuchung durchgeführt worden. Grob fehlerhaft seien Laborwerte nicht bestimmt worden. Deren Ergebnisse hätten zwingend eine weitere Bluttransfusion nach sich ziehen müssen. Diese Versäumnisse seien unbegreiflich. Unfassbar sei weiter, dass ein so schwer beeinträchtigtes Kind mit einer Schwester ohne Arztbegleitung im Kinderwagen in die Kinderklinik transportiert worden sei", so das LG). Dauerschaden: Intensivpflegefall, Inkontinenz, nahezu völlige Bewegungslosigkeit. „Innerhalb der letzten 5 Jahre hat der Kläger nur in sehr geringem Umfang Fähigkeiten wieder erlangt, bzw. Entwicklungsfortschritte gemacht. Er zeigt elementare motorische und kognitive Fähigkeiten, die etwa dem Entwicklungsstand eines Kindes von 3 Monaten entsprechen. Nach den Feststellungen des Sachverständigen C ist nicht zu erwarten, dass er zukünftig stehen oder laufen lernen könne oder selbstständig einen Rollstuhl bedienen könne. Er werde allenfalls einfache Greif- und Zeigefunktionen erlernen können, die bestenfalls für einfache Möglichkeiten der unterstützten Kommunikation genutzt werden könnten, der funktionelle Umgang mit Stiften werde nicht möglich sein. An- und Ausziehen, Körperpflege ebenfalls nicht. Es sei nicht zu erwarten, dass der Kläger elementare Kulturtechniken erlernen könne", so das LG.

Betrag: 450.000 € **Haftung: 100 %**
immVorb: Ja **MdE: 100 %**

LG Köln 23.3.2011 – 25 O 65/08 = BeckRS 2013, 13670

7869

Gehirnschädigung nach Sauerstoffunterversorgung während der Geburt. Intensivpflegefall, Rollstuhlgebundenheit, Epilepsie, Gehirnschädigung mit Betonung der oberen Extremitäten, Schluckstörung und Sprachentwicklungsstörung. Zu den Verletzungsfolgen führt das OLG anschaulich aus: „Der Kläger [ist] schwerstbehindert und wird niemals ein selbständiges und selbstbestimmtes Leben führen können. Er ist auf einen Rollstuhl angewiesen, den er jedoch nicht selbst bewegen kann, und benutzt zweitweise eine Laufhilfe, in der er angeschnallt werden muss. Der Kläger trägt Orthesen an den Beinen und Händen sowie eine Korsage, um eine Schiefstellung des Rumpfes zu vermeiden. Selbständiges Sitzen und Greifen ist dem Kläger nicht möglich, er hat auch das Sprechen nicht erlernen können, sondern lautiert nur. Gegenüber seiner Familie und bekannten Personen kann er mit Mimik und Gestik seine Bedürfnisse ausdrücken. Selbständig essen kann der Kläger nicht, aufgrund der bestehenden Dysphagie muss er Speisen in grob pürierter Form zu sich nehmen. Mahlzeiten sind mühsam und langwierig. Der Kläger erhält seit Geburt kontinuierlich Physiotherapie, Ergotherapie und Logotherapie. Er muss regelmäßig antiepileptische Medikamente einnehmen; dennoch treten mehrmals täglich Absencen auf."

Säugling / Kind. Arzthaftung im Zusammenhang mit der Entbindung (Geburtshilfefehler) durch das Unterlassen der Notsectio [Kaiserschnitt als Notfallmaßnahme in der Geburt], die das OLG als einen groben Behandlungsfehler wertete. Die Beklagten hatten die Mutter des Klägers – obwohl die Situation während der Geburt sowie auch die CTG-Befunde dies erfordert und die Mutter sich bei ordnungsgemäßer Aufklärung für einen Kaiserschnitt entschieden hätte – nicht über die notwendige Alternative eines Kaiserschnitts aufgeklärt, wodurch es zu einer hypoxischischämischen Enzephalopathie und in deren Folge zu den zahlreichen schweren gesundheitlichen Schäden des Klägers gekommen war. Dauerschaden: Intensivpflegefall, Rollstuhlgebundenheit, Epilepsie, Gehirnschädigung mit Betonung der oberen Extremitäten, Schluckstörung und Sprachentwicklungsstörung. Der Kläger besucht nach Absolvierung eines integrativen Kindergartens nunmehr eine Förderschule für Gehbehinderte. Das Urteil umfasst – als Teilschmerzensgeld – nur die in die Zeit nach der letzten mündlichen Verhandlung fallenden einzelnen Schadenfolgen als Dauerfolge [siehe oben unter Dauerschaden aufgeführt], jedoch nicht die behaupteten künftigen Schadenfolgen, zu denen die klägerischerseits aufgeführten möglichen Kontrakturen der Wirbelsäule und Gliedmaßen, die bei weiterem Wachstum des Klägers auftreten und operative Maßnahmen erfordern können sowie auch eine mögliche Versteifung des Körpers des Klägers zählen. Diese möglichen Spätfolgen sind nach dem bereits jetzt bestehenden Beschwerdebild zwar ab- und vorhersehbar, ihr Umfang und die weiteren daraus resultierenden Beeinträchtigungen jedoch noch ungewiss, weshalb dem Kläger die Option offensteht, in einem Folgeprozess das Schmerzensgeld auf die volle Summe zu erhöhen, die der Verletzte aufgrund der dann verlässlichen Beurteilung der weiteren Entwicklung beanspruchen kann [Anmerkung: vgl. dazu BGH BeckRS 2004, 2240 sowie im Handbuch unter → Rn. 384).

Betrag: 500.000 € **Haftung: 100 %**
immVorb: Ja **MdE: 100 %**

OLG Köln 9.3.2026 – 5 U 5/24 = BeckRS 2026, 3244

7601

Gehirnschädigung, schwerste (hier: infantile globalen dyskinetische Cerebralparese mit Störung des Bewegungsapparats und gravierenden Koordinationsstörungen. "Epilepsie. Die Klägerin kann nicht sprechen, nicht ohne Hilfe essen, nicht lesen und schreiben. Sie kann keine gezielten Bewegungen ausführen, nicht laufen, nicht stehen und nur mit Hilfsmitteln sitzen, es bestehen Gelenkdeformationen sowie Versteifungen. Auch eine Inkontinenz liegt vor. Aufgrund einer Fehlkoordination der Zunge stößt sie Speisen aus der Mundhöhle aus und muss gefüttert werden. Sowohl die Nahrungsaufnahme als auch die Flüssigkeitszufuhr müssen sorgfältig überwacht werden. Dennoch ist die Kl. erheblich unterernährt. Sie leidet an einer ausgeprägten Intelligenzminderung. Die Sehkoordination und Hörfähigkeit ist herabgesetzt. Die Kl. kann ihren Kopf nicht länger als 60 Sekunden gerade halten, bevor er zur Seite oder nach vorne fällt.

Kind. Kind / Säugling. Arzthaftung wegen der grob fehlerhaften Behandlung und unzureichenden Aufklärung im Zusammenhang mit der Geburt der Klägerin (Geburtshilfefehler). Der BGH äußerte sich erneut zur Höhe des Schmerzensgelds bei schwerem Geburtsfehler und betonte in diesem Zusammenhang ebenfalls erneut [vgl. BGH BeckRS 2022, 6623] die Ungeeignetheit der Methode der „taggenauen Berechnung" des Schmerzensgelds auch als „Plausibilitätskontrolle" in Fällen von Dauerschäden. Zudem befasste er sich mit der Unterscheidung zwischen „grobem Behandlungsfehler" und „grob fahrlässigem Handeln eines Arztes" bei der Bemessung des Schmerzensgelds in Arzthaftungsfällen (im Anschluss an BGH BeckRS 2022, 5498) und betonte dabei, dass es bei schweren Dauerschäden keinen Automatismus im Sinne einer regelhaften Erhöhung des Schmerzensgelds bei verbliebener Einsichtsfähigkeit in die eigene, auf das schwerste beeinträchtigte Lebenssituation gibt, sondern der Tatrichter – je nach dem Ausmaß der jeweiligen Beeinträchtigung und dem Grad der dem Verletzten verbliebenen Erlebnis- und Empfindungsfähigkeit – eine Abstufungen vornehmen könne. [Die Berufungsentscheidung hierzu des OLG Koblenz BeckRS 2020, 41636 finden Sie auch unter → Nr. 6852].

Betrag: 500.000 € **Haftung: 100 %**
immVorb: – **MdE: –**

BGH 22.3.2022 – VI ZR 16/21 = BeckRS 2022, 8564

7290

Gehirnschädigung, schwere (hier: Mikrozephalie mit einem Kopfumfang von 33,8 cm mit symptomatischer fokaler Epilepsie, schwerer psychosomatischer Retardierung und einer zentralen Sehminderung. Insgesamt ist der Kläger „schwer geistig behindert" und „körperlich beeinträchtigt" sowie „niemals in der Lage …, ein eigenständiges und selbstbestimmtes Leben zu führen.", so das OLG.

Kind (Säugling). Arzthaftung im Zusammenhang mit der Geburtshilfe in deren Folge es zu einer akuten Sauerstoffunterversorgung des Neugeborenen kam (Amtlicher Leitsatz: „Wirkt ein Gynäkologe bei einem pathologischen CTG nicht auf die sofortige Einweisung der Kindesmutter in ein Krankenhaus hin, so kann darin ein grober Behandlungsfehler vorliegen."); grober Behandlungsfehler. Zum Dauerschaden führte das OLG aus: „Der Kläger ist in seiner täglichen Lebensführung maximal beeinträchtigt und wird sein ganzes Leben lang auf die Hilfe Außenstehender angewiesen sein. Dabei wird es die notwendige dauerhafte Anwesenheit von Angehörigen, Helfern und Pflegepersonen dem Kläger unmöglich machen, sich eine eigene, intime Sphäre aufzubauen. Hinzu kommen die immer wiederkehrenden epileptischen Anfälle, welche die Befindlichkeit des Klägers zusätzlich beeinträchtigen und weshalb er regelmäßig Medikamente einnehmen muss. Er leidet unter Krämpfen, Spastiken und Schmerzen. Derartig umfassende geistige und körperliche Beeinträchtigungen ab dem Zeitpunkt der Geburt rechtfertigen zur Überzeugung des Senats eine in der Höhe herausragende Entschädigung."

Betrag: 500.000 € **Haftung: 100 %**
immVorb: – **MdE: –**

OLG Hamm 17.12.2021 – 26 U 102/20 = BeckRS 2021, 43388

6851

Gehirnschädigung, schwerste ... in Form einer hypoxischischämischen Enzephalopathie mit Krampfanfällen und zerebralen Bewegungsstörungen mit spastischer Tonuserhöhung sowie neurogener Dysphagie. Zu den schweren Dauerfolgen siehe unter Einzelheiten.

Kind / Säugling. Arzthaftung wegen der grob fehlerhaften Behandlung und unzureichenden Aufklärung im Zusammenhang mit der Geburt der Klägerin (Geburtshilfefehler). Dauerschaden: Globalen Entwicklungsstörung, Schlafstörungen, Epilepsie struktureller Ursache, fokale Anfälle mit Gesichtsmyoklonien und Extremitätenmyoklonien, tonische Anfällen mit Schulteranhebung und gepresster Atmung, bilateale konvulsive Anfällen, atypischen Absencen, spastisch dystone Cerebralparese, Dysphagie. Eine PEG-Sonde ist angelegt doch die Ernährungssituation gestaltet sich schwierig bei häufigen Bauchschmerzen und Durchfall. Es bestehen immer wieder Schwierigkeiten bei Unverträglichkeiten diverser Sondennahrungen. Es besteht der Verdacht auf ein Dumping-Syndrom und eine zentrale Sehstörung. Die Klägerin kann sich nicht alleine fortbewegen und hat keine Kontrolle über Blase und Darm bei Zustand nach gastroesophagealer Refluxoperation. Die Klägerin ist rollstuhlpflichtig und wird dies auch in Zukunft bleiben, auch wenn sie aus therapeutischen und medizinischen Gründen temporär einen sog. NF-Walker nutzt. Sie kann nicht sprechen und normal kommunizieren, sie lautiert teilweise. Sie reagiert auf Ansprache und Geräusche, teils mit Kopfzuwendung und kann Zustimmung und Freude durch Lächeln ausdrücken. Eine auch nur ansatzweise normale Kommunikation ist ihr jedoch ersichtlich nicht möglich. Auch freies Sitzen ist ihr nicht möglich. Sie wird danach nie ein selbstständiges Leben führen können, sondern Tag und Nacht auf umfassende Unterstützung angewiesen sein. Insgesamt ist es der Klägerin nahezu unmöglich, eine eigene Persönlichkeit im herkömmlichen Sinne zu entwickeln, sich körperlich zu bewegen und zu kommunizieren; sie ist auf Dauer ein Intensivpflegefall und insofern ständig auf fremde Hilfe angewiesen. [Anmerkung: Weshalb das OLG bei derart schweren Verletzungsfolgen und trotz inzwischen deutlich höherer Schmerzensgeldentscheidungen lediglich 500.000 EUR zuerkennt, ist unverständlich].

Betrag: 500.000 € **Haftung: 100 %**
immVorb: Ja **MdE: 100 %**

OLG Karlsruhe 3.2.2021 – 7 U 2/19 = BeckRS 2021, 18119

6852

Gehirnschädigung, schwere; hierzu führte das OLG aus: „Die Klägerin leidet seit ihrer Geburt unter einer infantilen globalen dyskinetischen Cerebralparese mit Störung des Bewegungsapparates und gravierenden Koordinationsstörungen. Betroffen sind die psychischen und kognitiven Bereiche sowie die Persönlichkeitsbildung. Es liegt eine deutliche Mikrozephalie vor und sie leidet unter Epilepsie. Sie kann nicht sprechen, nicht ohne Hilfe essen, nicht lesen und schreiben. Sie kann keine gezielten Bewegungen ausführen, nicht laufen, nicht stehen und nur mit Hilfsmitteln sitzen. Die Klägerin leidet an Inkontinenz und Gelenkdeformationen sowie Versteifungen. Aufgrund einer Fehlkoordination der Zunge stößt sie Speisen aus der Mundhöhle aus und muss gefüttert werden. Sowohl Nahrungsaufnahme als auch die Flüssigkeitszufuhr muss sorgfältig überwacht werden. Dennoch ist sie erheblich unterernährt. Sie leidet an einem ausgeprägten Intelligenzverlust und hat einen Intelligenzquotienten von 30. Die Sehkoordination und Hörfähigkeit ist gemindert".

Kind / Säugling. Arzthaftung wegen der grob fehlerhaften Behandlung und unzureichenden Aufklärung im Zusammenhang mit der Geburt der Klägerin (Geburtshilfefehler). Zum Umfang des verbliebenen Dauerschadens führte das OLG aus: „Die trotz der schweren Hirnschädigung noch vorhandenen kognitiven Fähigkeiten machen es der Klägerin nachvollziehbar sicher schmerzhaft bewusst, dass sie gegenüber anderen Kindern stark eingeschränkt ist. Andererseits ermöglichen diese Fähigkeiten ihr aber auch in begrenztem Umfang eine Teilhabe am sozialen Leben und – mit Hilfsmitteln – auch eine Kommunikation mit ihrer Umgebung. So ergibt sich insbesondere aus dem von der Klägerin vorgelegten Vorsorgebedarfserhebung der r. GmbH vom 11.3.2018, Bl. 1478 ff. GA, dass die Klägerin Dank der ihr zuteil gewordenen Förderung mit Hilfe des „Tobii Talkers" ihre Bedürfnisse äußern kann, wenn sie dafür auch sehr viel Zeit benötigt. Sie pflegt soziale Kontakte auch außerhalb der engeren Familie und trifft sich mit Freunden. Sie wird in Berichten auch als von der Grundstimmung her fröhliches Kind beschrieben. Von ihrem Entwicklungsstand bleibt die Klägerin zwar hinter gleichaltrigen Kindern aufgrund ihrer Behinderung deutlich zurück, erreicht aber immerhin den Stand eines Kleinkinds". [Das Urteil ist rechtskräftig – siehe dazu BGH BeckRS 2022, 8564 → Nr. 7601].

Betrag: 500.000 € **Haftung: 100 %**
immVorb: – **MdE: 100 %**

OLG Koblenz 16.12.2020 – 5 U 836/18 = BeckRS 2020, 41636

6368

Gehirnschädigung, schwerste (hier: Ausgeprägte bilaterale Zerebralparese, schwere spastische Tetraparese, schwere Epilepsie, welche der medikamentösen Behandlung bedarf, und eine fehlende Willkürmotorik, Totalerblindung, eine psychoneurologische Weiterentwicklung ist nicht möglich).

Kind / Säugling. Arzthaftung bzw. Hebammenhaftung / Haftung einer Beleghebamme (hier: Grober Behandlungsfehler während der Geburt / Geburtshilfefehler / Geburtsschaden. Es kam zur Sauerstoffunterversorgung mit „einer schwersten Hirnschädigung" und „einer schweren kombinierten körperliche und geistige Entwicklungsstörung". Dauerschaden: „Die Klägerin kann nämlich selbstständig atmen, Nahrung zu sich nehmen und Reaktionen zeigen, die etwa auf Entspannung oder Aufmerksamkeit hindeuten, – mehr nicht! Sie ist Bewegungsunfähig, blind, psychoneurologisch nicht weiterentwicklungsfähig und leidet unter schwerer Epilepsie".

[Lesenswert zur Geburt mit einer Beleghebamme und zur Haftung einer Beleghebamme].

Betrag: 500.000 € **Haftung: 100 %**
immVorb: Ja **MdE: 100 %**

LG Dortmund 16.1.2020 – 4 O 430/16 = BeckRS 2020, 1350

6301

Gehirnschädigung, schwerste hier: Sauerstoffunterversorgung. Hypoxisch-ischämische Enzephalopathie, schwere peripartale Asphyxieund, zerebrale Krampfanfälle, Saugstörung, Schluckstörung, rezidivierende Apnoen und Kreislaufinsuffizienz. Intensivpflegefall.

Kind / Säugling. Arzthaftung: Grober Befunderhebungsfehler / Behandlungsfehler vor und während der Geburt [vorgeburtlicher Behandlungsfehler – Im Verlauf der Geburt fiel die Herzfrequenz des Kindes ab. Die behandelnden Ärzte verwechselten sodann im CTG den Herzschlag des Kindes mit dem der Mutter und reagierten daher trotz stark abgefallener Herzfrequenz des Kindes nicht]. Dauerschaden: Die Klägerin zu 1. ist tetraspastisch und aufgrund der massiven Hirnschädigung dauerhaft auf Hilfe und Pflege angewiesen (Intensivpflegefall). Ihre Ernährung erfolgt durch PEG-Sonde. Sie benötigt umfassende Therapien, insbesondere Physiotherapie und Ergotherapie aufgrund einer ausgeprägten Spastik der Extremitäten. Der Grad der Behinderung ist mit 100 festgestellt, daneben die Merkzeichen G, B, RF und H. [Anmerkung: Das OLG Oldenburg argumentiert und begründet bezüglich seiner Bemessung diese mit einem Urteil des OLG Celle (Urt. v. 22.10.2007 – 1 U 24/06) sowie einem Urteil des OLG Hamm (Urt. v. 16.1.2002 – 3 U 156/00) in denen jeweils in Fällen, die das OLG für vergleichbar erachtet hatte, jeweils ein Betrag in Höhe von 500.000 EUR zuerkannt worden waren. Eine eigene Auseinandersetzung mit der Frage der Angemessenheit und mit der aktuellen Diskussion in Rechtsprechung und Literatur (siehe →Rn. 268) findet nicht statt. Das OLG verharrt somit an der alten Schmerzensgeldgrenze von 500.000 EUR – die es jedoch nicht gibt! Vielmehr wäre bei derartigen Fällen, in denen das Opfer lebenslang extreme Verletzungsfolgen zu erleiden hat, nie ein selbstbestimmtes Leben wird führen können und stets rund um die Uhr intensiver Pflege bedarf, heute im Jahr 2020 durchaus ein Schmerzensgeld von 1.000.000 EUR angemessen.]

Betrag: 500.000 € **Haftung: 100 %**
immVorb: Ja **MdE: 100 %**

OLG Oldenburg 13.11.2019 – 5 U 108/18 = BeckRS 2019, 27994

5501

Gehirnschädigung, schwerste (hier: hypoxischer Hirnschaden in dessen Folge der Kläger auf Dauer geistig und körperlich schwerbehindert und lebenslang auf Hilfe und Pflege angewiesen ist. Er wird wegen einer Schluck- und Ernährungsstörung durch eine PEG-Sonde versorgt. Speichel und anfallendes Sekret müssen regelmäßig abgesaugt werden. Es besteht eine hochgradige Sehstörung in Form einer so genannten „zentralen Blindheit". Dies bedeutet, dass visuelle Reize von den Augen zwar wahrgenommen, vom Gehirn aber nicht adäquat verarbeitet werden. Es liegt eine schwere globale Entwicklungsstörung und eine Pflegebedürftigkeit in maximaler Ausprägung rund um die Uhr vor. Eine freie Fortbewegung aus eigener Kraft ist ihm nicht möglich. Der Kläger wird zeitlebens auf den Rollstuhl angewiesen sein.

Kind / Säugling. Arzthaftung (hier: Grober Behandlungsfehler während der Geburt). Dauerschaden der für die Bemessung maßgeblich war: „Ist einem Kind infolge eines geburtsbedingten und den Behandlern anzulastenden hypoxischen Hirnschadens (der dazu führt, dass das Kind weder jemals selbständig essen und trinken noch sprechen noch sich selbständig fortbewegen kann und dass eine maximale geistige Beeinträchtigung gegeben ist) jegliche Basis für die Entfaltung einer Persönlichkeit genommen, so ist ein Schmerzensgeld an der Obergrenze – die der Senat bei einem rein als Kapital geforderten Schmerzensgeld bei derzeit 500.000.- EUR ansetzt – per se gerechtfertigt. Eine im Rahmen einer derartigen Schwerstschädigung vorgenommene weitere „Ausdifferenzierung" (hier dahin, dass bei vergleichbaren Gerichtsentscheidungen etwa noch eine Tetraspastik oder eine Epilepsie hinzuträten) und eine damit begründete Reduzierung des Schmerzensgeldes um 50.000.- EUR sind nicht gerechtfertigt", so das OLG Köln, das hier irrtümlich von einer Obergrenze in Höhe von 500.000 Euro ausgeht, die es jedoch nicht gibt. Weder der Gesetzgeber noch die höchstrichterliche Rechtsprechung kennen eine (derartige) Obergrenze.

Betrag: 500.000 € **Haftung: 100 %**
immVorb: Ja **MdE: –**

OLG Köln 5.12.2018 – 5 U 24/18 = BeckRS 2018, 39188

5500

Gehirnschädigung, schwerste (hier: hypoglykämische Schädigung [Unterzuckerung] mit ausgeprägter statomotorischer Störung mit geistiger Behinderung sowie einer therapieresistenten symptomatischen Epilepsie und der Folge, dass das Kind wegen der schweren geistigen und körperlichen Beeinträchtigung niemals ein eigenständiges und selbstbestimmtes Leben führen werden kann.

Kind / Säugling. Arzthaftung (hier: Grober Behandlungsfehler durch unterlassene Blutzuckerbestimmung in einer lebensbedrohlichen Situation am ersten Lebenstag eines Kindes). Dauerschaden der für die Bemessung maßgeblich war: „Bei der Klägerin liegt eine kombinierte Entwicklungsstörung mit schwerer geistiger Behinderung vor. Sie versteht nach Angabe der Sachverständigen lediglich einfache Ansprachen und Aufforderungen und ist insoweit in der Lage, ihr Einverständnis durch Nicken zu verstehen zu geben. Zu einer aktiven Wortbildung und Sprache ist die Klägerin nicht in der Lage. Weiterhin besteht eine so gravierende Störung der Wahrnehmung akustischer und visueller Reize, dass diese einer funktionellen Hör- und Sehbehinderung gleichkommt. Sie geht mit kleinen Trippelschritten und produziert den Pinzettengriff. Die mittlerweile 12 Jahre alte Klägerin besucht in Begleitung einer Integrationshelferin eine Schule für geistig behinderte Kinder. Dabei ist als Ausdruck der Schwere der geistigen Behinderung allerdings keine aktive Kommunikation mit der Klägerin möglich. Bei der Klägerin wurde eine GdB von 100 festgestellt, daneben die gesundheitlichen Voraussetzungen der Merkzeichen „G" (erhebliche Gehbehinderung), „B" (Notwendigkeit ständiger Begleitung) und „H" (Hilflosigkeit). Hinzu kommt, dass bei der Klägerin weiterhin eine medikamentös nicht beherrschbare Epilepsie mit unvorhersehbaren großen Anfällen besteht, wobei es nach Angabe der Kindesmutter zuletzt noch im November 2018 zu einem schweren Krampfanfall gekommen ist. Neben der Schwere der geistigen Behinderung ist für die Höhe des Schmerzensgeldes bestimmend, dass die Klägerin ihr gesamtes Leben lang massiv durch die Epilepsie beeinträchtigt ist und ihr gesamtes weiteres Leben lang vollumfänglich auf fremde Hilfe angewiesen sein wird. Es fällt dabei insbesondere ins Gewicht, dass sie niemals in der Lage sein wird, ein selbstbestimmtes Leben zu führen und mit ihrer Umwelt – außer durch einfaches Nicken – aktiv zu kommunizieren", so das OLG Hamm.

Betrag: 500.000 € **Haftung: 100 %**
immVorb: Ja **MdE: 100 %**

OLG Hamm 4.12.2018 – 26 U 9/16 = BeckRS 2018, 33312

5505

Gehirnschädigung, schwerste (hier: Cerebrale und fieberinduzierte Krampfanfälle, schwere Sehbehinderung, schwere Tetraspastik mit entsprechenden orthopädischen Folgen und Störungen bei der Nahrungsaufnahme, Inkontinenz, hochgradige Sprachbehinderung).

1j. Kind. Arzthaftung aufgrund von Behandlungsfehlern und Befunderhebungsfehlern in deren Folge es zu einem unzureichend behandelten Herz-Kreislauf-Stillstand und einem damit verbundenen hypoxisch-ischämischen Geschehen (Sauerstoffunterversorgung) gekommen war. Die Klägerin ist ein Intensivpflegefall und kann nur in einem Schrägbett bei etwa 30 Grad liegen und nur in einem Rollstuhl mit speziell gefertigter Sitzschale fortbewegt werden. Sie muss regelmäßig gewickelt, gewindelt und umgelagert werden und bedarf einer ständigen Fütterung und Überwachung zur Nahrungsaufnahme. Anmerkungen zur Schmerzensgeldbemessung: Zutreffend wies das OLG die Argumentation der Beklagten zurück, die eine Herabsetzung des Schmerzensgeldes darin begründet sah, dass die Klägerin keine Erinnerung an ihr Leben vor den streitgegenständlichen Geschehnissen habe. Vielmehr – so das bereits das LG – würden der Klägerin durch die mit ihr lebende (gesunde) Zwillingsschwester tagtäglich ihre Einschränkungen im Vergleich zu dieser vor Augen geführt.

Betrag: 500.000 € **Haftung: 100 %**
immVorb: Ja **MdE: 100 %**

KG 11.12.2017 – 20 U 19/14 = BeckRS 2017, 137499

5362

Gehirnschädigung, schwerste (hier: Schwerster hypoxisch-ischämischer Gehirnschädigung mit Mikrozephalus, schwerer spastischer Tetraparese und Totalerblidnung sowie Sprachlosigkeit. Zudem leidet der Kläger der Kläger unter einer sogenannten Blitz-Nick-Salaam-Epilepsie (= BNS-Epilepsie), die auch West-Syndrom benannt wird.

Kind / Säugling. Arzthaftung (hier: Grober Behandlungsfehler / Geburtshilfefehler mit Sauerstoffunterversorgung nach Plazentaablösung). Dauerschaden: Erblindung und Bewegungsunfähigkeit! Der Kläger kann weder sitzen noch stehen noch greifen oder Laute von sich geben und ist zudem völlig blind. Er hat keinerlei Entwicklungsmöglichkeit und ist ein Intensivpflegefall. [vgl. auch unter: Persönlichkeitszerstörung]. vgl. hierzu auch OLG Hamm BeckRS 2002, 4761.

Betrag: 500.000 € **Haftung: 100 %**
immVorb: – **MdE: 100 %**

OLG Karlsruhe 3.3.2016 – 7 U 28/15 = unveröffentlicht

6046

Gehirnschädigung, schwerste (hier: Gehirnschädigung nach Sauerstoffunterversorgung während der Geburt mit schwersten geistigen und körperlichen Schäden).

Säugling. Arzthaftung (hier: Grober Behandlungsfehler und Befunderhebungsfehler bei der Geburt / Geburtshilfefehler. Zweimalige Gabe von Oxytocin und das Unterlassen einer Wehenaufzeichnung während der Oxytocin-Gabe. Es kam zu einer Sauerstoffunterversorgung). Dauerschaden: Intensivpflegefall wegen der „schwersten körperlichen und geistigen Schäden, die die Klägerin für das ganze Leben zu erleiden hat", so das OLG.

Betrag: 500.000 € **Haftung: 100 %**
immVorb: Ja **MdE: 100 %**

OLG Frankfurt a. M. 11.6.2015 – 15 U 189/13 = BeckRS 2015, 123722

4460

Gehirnschädigung; schwerste (hier: Apallisches Syndrom mit Tetraspastik und küsnstlicher Ernährung mittels PEG-Sonde).

4j. Kind. Arzthaftung (Hier: Behandlungsfehler bei Narkotisierung des Kindes, welches wegen einer Unterarmfraktur stationär behandelt werden musste). Dauerschaden: Apallisches Syndrom; Tetraspastik; Intensivpflegefall. Die Kl. hat jedoch noch emotionale Fähigkeiten und kann Freude, Unwohlsein und Angst empfinden und äußern; auch erkennt sie ihr nahestehende Personen. Das KG schließt daher nicht aus, „dass der Kl. … die Ausweglosigkeit der jetzigen Situation in gewisser Weise bewusst ist. … Das Alter der Geschädigten im Zeitpunkt des Schadensereignisses und die Möglichkeit, dass eine – wenn auch rudimentäre – Erinnerung besteht, rechtfertigen ein höheres Schmerzensgeld", so das KG, welches daher den vom LG zuvor zuerkannten Schmerzensgeldbetrag – auf kapitalisiert insgesamt ca. 650.000 Euro – deutlich anhob. [Anmerkung: Weitere Fundstellen sind ua NJW-RR 2012, 920; NZV 2012, 445 und VersR 2012, 766].

Betrag: 500.000 € **Haftung: 100 %**
immVorb: – **MdE: 100 %**
Rente: 650 €

KG 16.2.2012 – 20 U 157/10 = BeckRS 2012, 6990

4589

Gehirnschädigung, schwerste (hier: bilaterale spastische Zerebralparese 5.Grades; keine Motorik; keine Kommunikation; täglich epileptische Anfälle; Wasserkopf etc.)

Kind / Säugling. Arzthaftung / Geburtshilfefehler. Dauerschaden: Intensivpflegefall 24 h / 365 Tage. Die Kl. kann sich noch nicht einmal selbstständig in ihrem Bett drehen. Eine Kommunikation ist unmöglich, sie kann nur einen Zischlaut von sich geben. [Anmerkung: Angesichts dieser schwersten Verletzung erscheint das Schmerzensgeld von 500.000 EUR nicht angemessen; offensichtlich schreckte auch das LG Ansbach wie viele Gerichte vor einem Überschreiten der vermeintlichen 500.000 EUR-Grenze zurück. Was der immaterielle Vorbehalt bei einer solch umfänglichen Extremverletzung bezwecken soll, bleibt unerklärlich.]

Betrag: 500.000 € **Haftung: 100 %**
immVorb: Ja **MdE: 100 %**

LG Ansbach 6.4.2011 – 2 O 1381/07 = BeckRS 2011, 142368

5862

Gehirnschädigung, schwerste (hier: Microcephalie, schwerster hirnorganischer Schädigung infolge einer

Sauerstoffunterversorgung bei der Geburt. Intensivpflegefall).

Kind (Säugling). Arzthaftung (hier: Geburtshilfefehler mit Sauerstoffunterversorgung). Dauerschaden: Schwerste geistige Behinderung, Mikrocephalie, spastische Tetraparese, Epilepsie, Schluckstörung, schwere chronische Ateminsuffienz und Zerstörung der Persönlichkeit.

Betrag: 500.000 € **Haftung: 100 %**
immVorb: – **MdE: –**

OLG Stuttgart 12.1.2010 – 1 U 107/09 = BeckRS 2010, 143929

6875

Gehirnschädigung, schwerste (hier: Schwerste hypoxische Gehirnschädigung infolge von Sauerstoffunterversorgung bei der Geburt. Nahezu vollständige Persönlichkeitszerstörung.

Kind/ Säugling. Arzthaftung im Zusammenhang mit der Geburt des Kinds; Geburtshilfefehler. Dauerschaden: Intensivpflegfall rund um die Uhr sowie eine Vielzahl extrem gravierender motorischer und intellektueller Dauerschäden mit nahezu vollständiger Zerstörung der Persönlichkeit.

Betrag: 500.000 € **Haftung: 100 %**
immVorb: Ja **MdE: 100 %**

OLG Hamm 14.9.2009 – I-3 U 9/08 = BeckRS 3280

3998

Gehirnschädigung, schwerste nach „extrem traumatischer Hirnschädigung".

9j. Mädchen. Dauerschaden: Bewegungsunfähigkeit, fehlende Kopfkontrolle, eine an Blindheit grenzende Sehstörung, schmerzhafte Krampfanfälle, Inkontinenz, Wachkomaähnliche Zustände, Intensivpflegefall. Das Gericht betonte, dass insofern der ausgeurteilt Betrag gerechtfertigt sei und zwar auch dann, wenn nicht sicher sei, dass sich die Verletzte ihres Zustands bewusst ist.

Betrag: 500.000 € **Haftung: 100 %**
immVorb: Ja **MdE: 100 %**

LG Münster 17.4.2009 – 16 O 532/07 = BeckRS 2009, 12491

3819

Gehirnschädigung, schwerste (hier: Schwere spastische Tetraparese, therapieresistente Epilepsie mit bis zu 15 Anfällen täglich, Totalerblindung). Intensivpflegefall.

Säugling. Dauerschaden: Intensivpflegefall sowie s.o. Arzthaftung / Geburtshilfefehler. „Erleidet ein Kind wegen ärztlicher Behandlungsfehler vor und unmittelbar nach der Geburt schwerste hypoxische Hirnschäden, die in einem Bereich liegen, der die denkbar schwerste Schädigung eines Menschen charakterisiert, rechtfertigt dies ein Schmerzensgeld von 500.000,- EUR", so das OLG.

Betrag: 500.000 € **Haftung: 100 %**
immVorb: Ja **MdE: 100 %**

OLG Stuttgart 9.9.2008 – 1 U 152/07 = BeckRS 2008, 20175

4085

Gehirnschädigung, schwerste (hier: Massive Microcephalie mit spastischer Tetraparese, erheblichen Sehstörungen, massiven Sprachstörungen etc.).

Kleinkind / Säugling. Arzthaftung wegen Behandlungsfehler bei der Geburt. Dauerschaden. Intensivpflegefall. Tetraspastik. Kann nur mit Einzellauten kommunizieren. Sehstörung.

Betrag: 500.000 € **Haftung: 100 %**
immVorb: Ja **MdE: 100 %**

LG Köln 12.12.2007 – 25 O 592/01 = BeckRS 2012, 3862

4083

Gehirnschädigung, schwerste (hier: Zerebralparese mit Epilepsie).

Kleinkind / Säugling. Arzthaftung durch groben Behandlungsfehler während der Schwangerschaft. Dauerschaden: Intensivpflegefall; Epilepsie; Sprache nicht erlernbar. Sehr eingeschränkte Kommunikation über Berührungen und Geräusche.

Betrag: 500.000 € **Haftung: 100 %**
immVorb: – **MdE: 100 %**

OLG Celle 22.10.2007 – 1 U 24/06 = BeckRS 2009, 11729

3335

Gehirnschädigung (hier: Geburtsfehlerbedingte schwerste Gehirnschädigung mit schwerster tetraspastischer dystoner Bewegungsstörung und Epilepsiesyndrom sowie den unten aufgeführten Dauerfolgen).

Säugling. Arzthaftung (hier: Geburtsfehler bzw. Geburtshilfefehler durch unzureichende Geburtsüberwachung). Dauerschaden, schwerster: Schwerste tetraspastische dystone Bewegungsstörung. Der Kl. ist weder einer aktiven Kommunikation zugänglich, noch kann er sprechen oder sich gezielt äußern. Ebenso wenig kann er sich aktiv fortbewegen. Des weiteren leidet er unter einem Epilepsiesyndrom bei weiterhin pathologischem EEG, wobei dieses Syndrom allerdings derzeit medikamentös mit der Folge anfallsfreien Zustandes des Kl. eingestellt ist. In der Folge ist der Kläger auf Dauer ein Intensivpflegefall „rund um die Uhr" und kann keine motorischen Handlungen ausführen und somit weder greifen, sitzen, laufen noch sprechen.

Betrag: 500.000 € **Haftung: 100 %**
immVorb: Ja **MdE: 100 %**

OLG Köln 20.12.2006 – 5 U 130/01 = BeckRS 2007, 1708

6209

Gehirnschädigung, schwerste (hier: schwerste geistige und körperliche Behinderung vor mit einem absoluten Hilfebedarf und der Notwendigkeit einer 24-Stunden-Betreuung voraussichtlich für das gesamte Leben. Motorisch erhebliche Schädigung, kann sich nicht alleine bewegen, Spastiken, Kommunikation kann lediglich über Gestik und Mimik, teilweise über Lautäußerungen erfolgen).

6j. Kind (Junge). Arzthaftung (hier: Grober Behandlungsfehler im Zusammenhang mit einem nicht erkannten Hirnödem, bei dem der Beklagte mit einer Insulintherapie die Entstehung noch begünstigt hatte, anstatt dieser mit geeigneten Maßnahmen entgegen zu wirken. Es kam zu einer schweren Gehirnschädigung). Dauerschaden: Intensivpflegefall. „Der Kl. wurde als Kind an seiner Gesundheit schwerstgeschädigt. Nach dem vorliegenden Enwicklungsbericht des Einzelfallbetreuers des Kl. liegt eine schwerste geistige und körperliche Behinderung vor mit einem absoluten Hilfebedarf und der Notwendigkeit einer 24-Stunden-Betreuung voraussichtlich für das gesamte Leben. Die Kommunikation kann lediglich über Gestik und Mimik, teilweise über Lautäußerungen erfolgen. Das zugesprochene Schmerzensgeld soll diese erheblichen, das gesamte Leben des Kl. ändernden Beeinträchtigungen ausgleichen und dem Kl. gleichzeitig Genugtuung verschaffen".

Betrag: 500.000 € **Haftung: 100 %**
immVorb: – **MdE: 100 %**

LG Berlin 20.11.2003 – 6 O 272/01 = VersR 2005, 1247

4084

Gehirnschädigung, schwerste (hier: Zerebralparese)

Kleinkind / Säugling. Hebammenhaftung / Geburtshilfefehler (hier: Grober Behandlungsfehler). Dauerschaden: Intensivpflegefall. Künstliche Ernährung mittels einer Sonde. Lähmung aller vier Gliedmaßen; Apallisches Syndrom. Epilepsie.

Betrag: 500.000 € **Haftung: 100 %**
immVorb: Ja **MdE: 100 %**

LG Münster 7.8.2003 – 11 O 1004/03 = BeckRS 2016, 14758

6756

Gehirnschädigung, schwerste (hier: Schwerste hypoxische Gehirnschädigungen durch eine Sauerstoffunterversorgung während der Geburt. Rollstuhlgebundenheit, der Kläger ist auf einen Rollstuhl angewiesen und bettlägrig und kann sich noch nicht einmal selbst auf den Rücken oder den Bauch drehen. Er hat keine Kontrolle über seine Kopfhaltung und muss gefüttert werden. Die Kommunikation ist extrem eingeschränkt und nur eine geringe Kontaktfähigkeit vorhanden. Zudem besteht eine Epilepsie. Die Lebenserwartung des Klägers ist verkürzt. Er benötigt eine Intensivpflege rund um die Uhr.

Kind / Säugling. Arzthaftung im Zusammenhang mit der Geburtshilfe [Geburtshilfefehler] durch Sauerstoffunterversorgung. Dauerschaden: Intensivpflegefall mit Einstufung in Pflegestufe 5. Insofern wies das OLG darauf hin, dass der Kläger zwar noch über gewisse kognitive Fähigkeiten verfüge, jedoch sei ihm wegen der fehlenden Kommunikationsmöglichkeiten „die Basis für die Entwicklung einer eigenen Persönlichkeit genommen" worden. Anhaltspunkte für ein höheres Schmerzensgeld bzw. für eine „Ausreißerentscheidung" lägen nicht vor.

Betrag: 550.000 € **Haftung: 100 %**
immVorb: Ja **MdE: 100 %**

OLG Koblenz 15.1.2020 – 5 U 1599/18 = BeckRS 2020, 47719

5345

Gehirnschädigung, schwerste (hier: Schwere Bewegungsstörungen mit Rollstuhlgebundenheit, Totalerblindung und Epilepsie)

8j. Kind. Arzthaftung (hier: Geburtshilfefehler; schwerer Behandlungsfehler bei einer Frühgeburt des Mädchens). Dauerschaden: Epilepsie, Blindheit und Bewegungsstörungen. Das Kind sitzt im Rollstuhl und kann weder sprechen noch sehen.

Betrag: 550.000 € **Haftung: 100 %**
immVorb: Ja **MdE: –**

LG Offenburg 1.9.2017 – 3 O 386/14 = BeckRS 2017, 157369

4975

Gehirnschädigung, schwerste … infolge von Bradycardie und Hypoxie (hier: hypoxische Gehirnschädigung, apallisches Syndrom, schwere psychomotorische Retardierung und Tetraparese und Tetraplegie, symptomatische Epilepsie, Gesichtsnervlähmung, Totalerblindung, Schwerhörigkeit etc.)

KInd / Säugling. Hebammenhaftung / grob fahrlässiger Geburtshilfefehler während einer sog. Hausgeburt. Dauerschaden: Intensivpflegfall, Tetraplegie, Totalerblindung, Epilepsie, künstliche Ernährung etc. Die Regulierungsverzögerung der Berufshaftpflichtversicherung der Hebamme wirkte sich erhöhend aus.

Betrag: 550.000 € **Haftung: 100 %**
immVorb: Ja **MdE: –**

LG Düsseldorf 12.12.2013 – 3 O 389/08 = BeckRS 2014, 17286

7338

Gehirnschädigung, schwere: Cerebralparese / Zerebralparese mit „einer deutlichen geistigen Behinderung" sowie Spastik und starker Skoliose, die dazu geführt hat, dass der Kläger mehrere Operationen zur Versteifung der Wirbelsäule über sich ergehen lassenmusste. Zerebrale Krampfanfälle, die etwa zweimal im Jahr auftreten. Sehbehinderung durch Augenzittern [= Nystagmus] und ausgeprägtes Innenschielen. Sprachstörungen bzw. eingeschränktes Sprachvermögen; „die Sprachfähigkeiten des Klägers haben sich über die Jahre gebessert, sodass eine Kommunikation – gerade mit ihm vertrauten Personen – in eingeschränktem Maße möglich ist. Inwieweit eine Unterhaltung jenseits von kurzen Bedürfnisformulierungen jemals möglich sein wird, bleibt jedoch offen". Intensivpflegefall: „… er [braucht] komplette Assistenz bei allen Alltagsbedürfnissen. Er ist damit Zeit seines Lebens auf fremde Hilfe und intensive Pflege angewiesen."

Kind (Neugeborenes). Arzthaftung: Grober Behandlungsfehler im Rahmen der Geburt des Kindes. Dauerschaden: Zerebralparese, Sehbehinderung, Minderwuchs. ZU den Folgen des Behandlungsfehlers führte das LG aus: „Der Kläger zu 1) wurde zunächst in erster Linie von seinen Eltern zu Hause betreut und versorgt. Seit August 2011 besuchte er werktags zunächst von 9.00 bis 14.00 Uhr, später werktags von 9.00 bis 16.00 Uhr die integrative Kindertagesstätte …….Seit 2016 besucht er wochentags von 08:00 Uhr bis 16.00 Uhr die ……-Schule, eine spezielle Schule für Behinderte mit Förderschwerpunkt körperliche und motorische Entwicklung. Er wird von seinen nunmehr getrennt lebenden Eltern abwechselnd betreut. Bei der Schmerzensgeldbemessung berücksichtigte das LG explizit, dass der Kläger zu 1) "zusätzlich zu den unstreitigen Gesundheitsschäden … an einer expressiven Sprachstörung sowie anderen entwicklungsbedingten Intelligenzminderungen [leidet]. Im Hinblick darauf, dass er körperlich und geistig mehrfach schwerstbehindert sei und bleiben werde, er sich seiner motorischen und kognitiven Defizite mit zunehmenden Alter auch zunehmend bewusst werden werde". [Anmerkung: Kapitalisiert beläuft sich das Schmerzensgeld auf nahezu 720.000 EUR (exakt: 718.938 EUR)].

Betrag: 600.000 € **Haftung: 100 %**
immVorb: – **MdE: –**
Rente: 500 €

LG Mönchengladbach 25.2.2022 – 6 O 347/12 = BeckRS 2022, 54878

6997

Gehirnschädigung, schwerste (hier: Dystrophie, Mikrozephalie, Tetraspastik, schwerste statomotorische und geistige Entwicklungsstörung, zentrale Sehstörung, fehlende Sprachentwicklung ohne gezielte Kommunikationsfähigkeit, schwere cerebrale Bewegungsstörung mit einschließender Spastik, vorhandene symptomatische Epilepsie, permanente Harn- und Stuhlinkontinenz, Verbleib einer Rest-Stenose, Hörstörung, schwere Ernährungsproblematik mit Schluckstörungen (oropharyngeale Dysphagie) und Verdauungsstörungen mit über zwei Jahre andauernder Ernährung über eine PEG-Sonde.

Kind. Arzthaftung im Zusammenhang mit der Geburt der Klägerin, die in der Kinderklinik der Beklagten als Zwillingsfrühgeburt in der 36. Schwangerschaftswoche per Kaiserschnitt entbunden worden war. Das Geburtsgewicht lag bei 1.310 Gramm. Im Weiteren erlitt die Klägerin nach intensiven therapeutischen Maßnahme bei schwerwiegender hypoxisch-ischämischer Enzephalopathie einen hypoxisch-ischämischen Gehirnschaden. Dauerschaden: Zentrale Sehstörung, schwerste motorische und geistige Entwicklungsstörungen, Intensivpflegefall. Zu alldem führt das LG aus: „Die Klägerin hat einen Grad der Behinderung von 100 und erhält Blindengeld“ … „Die Klägerin hat eine komplexe Behinderung mit schwerster motorischer und geistiger Entwicklungsstörung, bisher fehlender Sprachentwicklung und gezielter Kommunikationsfähigkeit, schwerer Ernährungsproblematik mit Schluckstörungen und Verdauungsstörungen, Schluckstörungen und Ernährung über eine PEG-Sonde bis Dezember 2010, schwerer cerebraler Bewegungsstörung mit einschließender Spastik, symptomatischer Epilepsie, permanenter Harn- und Stuhlinkontinenz, zentraler Sehstörung, intermittierender, respiratorischer Insuffizienz mit Beatmung über Tracheostoma bis zum Tracheostomaverschluss im Dezember 2009, Hörstörung, Dystrophie, Mikrozephalie, Tetraspastik, oropharyngeale Dysphagie mit folgenden Aspirations- und Penetrationsgraden nach PAS. Sie weist schwere Beeinträchtigungen in allen Bereichen des täglichen Lebens, bei der Nahrungsaufnahme und Körperpflege, bei der Mobilität, bei der Kommunikation, bei der Selbstständigkeit und bei der sozialen Interaktion auf. Zwar schafft sie es, sich im Vierfüßlerstand zielgerichtet zu bewegen und an Möbeln aufzurichten. Es kommt aber häufig zu Stürzen. Für korrekte Positionswechsel und flüssige Bewegungsübergänge sowie für das Stehen ist sie auf Hilfe angewiesen. Die Klägerin hat frühzeitig mit krankengymnastischer, ergotherapeutischer und logopädischer Förderung begonnen. Die aktive Sprache hat sich jedoch bisher nicht effektiv entwickelt, sondern es besteht lediglich eine nonverbale Kommunikationsfähigkeit durch Mimik und Lautieren. Die gegen Krampfanfälle gerichtete medikamentöse Behandlung muss dauerhaft fortgeführt werden. Wegen der weiter bestehenden Schluckstörungen gestaltet sich die Ernährungssituation schwierig. In Anbetracht ihrer gesundheitlichen Situation hat die Klägerin seit ihrer Geburt in verschiedenen Einrichtungen und bei verschiedenen Ärzten und Therapeuten fortlaufend medizinische und therapeutische Hilfe in Anspruch genommen“. [Anmerkung: Kapitalisiert ergibt sich ein Betrag von insgesamt 713.433,60 EUR, so das LG, das sich insofern auf die Entscheidungen des OLG Zweibrücken → Nr. 3949 und des OLG Hamm → Nr. 3042 bezog. Unter Bezugnahme auf neuere Entscheidungen zB LG Gießen → Nr. 6274 und die erhöhend zu berücksichtigende Thematik der Niedrig- bzw. Nullzinsphase hätte das Schmerzensgeld noch etwas höher ausfallen dürfen; vgl. dazu LG Limburg → Nr. 6812; das LG Limburg hatte in einem vergleichbaren Fall mit Urt. vom 28.6.2021 1.000.000 EUR zu].

Betrag: 600.000 € **Haftung: –**
immVorb: – **MdE: 100 %**
Rente: 350 €

LG Paderborn 9.6.2021 – 4 O 334/12 = BeckRS 2021, 20162

7441

Gehirnschädigung, schwerste (hier: Hirnschädigung aufgrund eines schweren Sauerstoffmangels in Form einer hypoxischischämischen Encephalopathie mit spastisch-dystonischer Cerebralparese, ausgeprägte Tetraspastik mit hoher Spastizität, strukturelle Epilepsie, Schluck- und Essstörung, neurogene Skoliose.

Neugeborenes Kind. Der Kläger wurde unmittelbar nach seiner Geburt fünf Tage maschinell beatmet. Es erfolgten eine Kopfkühlung sowie eine sedidative und eine antibiotische Therapie. Zudem wurde eine Pleuradrainage angelegt wegen eines Pneumotorax und Verdacht auf Pleuraerguss, auch wurde Hydrokortison wegen einer Nebennierenblutung gegeben. Arzthaftung – grober Behandlungsfehler – im Zusammenhang mit der Geburt des Kindes bzw. Geburtshilfefehler. Infolge der Epilepsie erfolgte die Implantation einer intrathekalen Baclofenpumpe und in Folge der Schluck- und Essstörung erhielt der Kläger seit Ende 2020 nahezu ausschließliche seine Ernährung über eine PEG-Sonde [Künstliche Ernährung]. Dauerschaden: „Der Kläger kann nur mit Hilfsmitteln bzw. Unterstützung sitzen, stehen und sich bewegen. Er muss mehrfach nachts umgelagert werden und es erfolgt eine nächtliche kontinuierliche Sauerstoffgabe von mindestens ein bis zwei Litern pro Nacht – bei häufig auftretenden Atemwegsinfektionen bis zu fünf Liter. Er war mehrfach in stationärer Behandlung wegen zahlreicher schwerer Bronchitiden und Pneumonien und leidet unter häufiger Übelkeit und wiederholtem, auch heftigem Erbrechen. Ständig und bei sämtlichen Verrichtungen und Situationen des täglichen Lebens ist er auf die Unterstützung durch ein oder sogar zwei Pflegekräfte angewiesen. Auch in der Schule ist die ständige Betreuung durch mindestens eine medizinisch ausgebildete Pflegefachkraft erforderlich. Er benötigt umfassende Therapien. Der Grad der Behinderung ist mit 100 festgestellt, daneben die Merkzeichen G, aG und H.“ Zur Schmerzensgeldhöhe: Das OLG hatte dem Kläger – über die bereits vorgerichtlich gezahlten 25.000 Euro hinaus – ein weiteres Schmerzensgeld iHv 775.000 EUR zugesprochen und dabei betont, der „Kläger sei schwerstbehindert und die damit täglich und ständig verbundenen Einschränkungen sowie Beeinträchtigungen erreichten ein Ausmaß an Belastung, das für einen Außenstehenden kaum zu erfassen sein dürfte.“ Zudem wies das OLG darauf hin, dass der Tatrichter nicht gehindert sei, „die in der Rechtsprechung in vergleichbaren Fällen bisher gewährten Beträge zu unterschreiten oder über sie hinauszugehen, wenn dies durch die wirtschaftliche Entwicklung oder veränderte allgemeine Wertvorstellungen gerechtfertigt ist“; hierbei sei „auch in Rechnung zu stellen, dass die Rechtsprechung bei der Bemessung von Schmerzensgeld nach gravierenden Verletzungen großzügiger verfährt als früher (vgl. Slizyk Schmerzensgeld 2024)."

Betrag: 800.000 € **Haftung: 100 %**
immVorb: Ja **MdE: –**

OLG Hamburg 5.9.2024 – 1 U 95/23 = BeckRS 2024, 22768

6274

Gehirnschädigung, schwerste (hier: Schwerste zerebrale Schäden nach Sauerstoffunterversorgung. Der Kläger ist nicht mehr in der Lage ein selbstbestimmtes Leben zu führen und hat – so das LG – seine Persönlichkeit eingebüßt. Er ist auf Dauer lebenslang auf intensive Pflege angewiesen.

23j. Mann. Intensivstation. Arzthaftung (hier: Schwerer Gehirnschaden im Zusammenhang mit der medizinischen Versorgung einer Nasenbeinfraktur, die normalerweise ca. 15 Minuten dauert. Während der Vollnarkose kam es zu einer etwa 25 Minuten währenden Sauerstoffunterversorgung, da die Schläuche des verwendeten Beatmungsgeräts fehlerhaft angeschlossen worden waren). Zur Begründung für dieses – bislang höchste – Schmerzensgeld in vergleichbaren Fällen verwies das Gericht zum einen auf die schlimmen Folgen für den heute 23j. Mann, der zu einem selbstbestimmten Leben nicht mehr in der Lage ist und seine Persönlichkeit eingebüßt hat. Zudem verwies das Gericht auf dessen jugendliches Alter und darauf, dass die Hirnschädigung aus einer fehlerhaften Bedienung des Beatmungsgeräts und damit aus dem „Bereich eines voll beherrschbaren Risikos" resultierte. Schließlich berücksichtigte das LG bei der Bemessung die extreme Niedrigzinsphase und die Tatsache, dass sich aus dem Schmerzensgeldkapital derzeit und auch in der überschaubaren Zukunft keine nennenswerten Zinsen mehr erzielen lassen. Anmerkung: Mit diesem – noch nicht rechtskräftigen – Urteil setzt das LG Gießen einen Fuß voran in eine Richtung und auf einen Weg, der noch lange nicht am Ziel angelangt ist: Deutlich höhere Schmerzensgeldbeträge in derartigen und ähnlichen Fällen, – denn auch der Betrag von 1.000.000 EUR darf insofern künftig keine Hemmschwelle sein! Begrüßenswert insofern OLG Oldenburg BeckRS 2020, 5200, welches in einem Fall beids. Unterschenkelamputation eines Fünfjährigen ebenfalls 800.000 EUR zuerkannt hatte.

Betrag: 800.000 € **Haftung: 100 %**
immVorb: – **MdE: 100 %**

LG Gießen 6.11.2019 – 5 O 376/18 = BeckRS 2019, 34307

7726

Gehirnschädigung, schwerste (hier: Schwerste zerebrale Schäden infolge von Sauerstoffunterversorgung während der Geburt mit schwersten körperlichen und geistigen Einschränkungen. Die Klägerin kann weder sprechen noch selbstständig essen und benötigt rund um die Uhr Betreuung.

Neugeborenes. Arzthaftung und Haftung der Hebamme (Geburtshilfefehler); sowohl dem Arzt als auch der Hebamme waren grobe Behandlungsfehler in gravierendem Umfang unterlaufen. Trotz des erkennbar schlechten Zustands des ungeborenen Kindes war kein Notkaiserschnitt eingeleitet worden und auch nach der Geburt war das Mädchen nach Ansicht des LG nicht ausreichend überwacht worden, habe zu wenig Sauerstoff erhalten und sei zudem nicht rechtzeitig durch den spezialisierten Notdienst der Universitätsmedizin Göttingen behandelt worden. Dauerschaden: Intensivpflegefall und schwerste körperliche und geistige Einschränkungen ohne dass – so das LG – insofern Hoffnung auf künftige Besserung bestehe. Bei der Schmerzensgeldbemessung orientierte sich das LG Göttingen an den Entscheidungen des OLG Hamburg → Nr. 7441 sowie des LG Aachen → Nr. 4485 und berücksichtigte dass die Klägerin von Geburt an „schwerste Schäden" erlitten hat, deren Folgen sie ihr Leben lang beeinträchtigen werden und ihr somit eine „adäquate Persönlichkeitsentwicklung … hierdurch verwehrt" wird„. Zudem verwies das LG zutreffend auch darauf, dass "die Genugtuungsfunktion eines Schmerzensgeldes im vorliegenden Fall nicht vollends vernachlässigt werden„ könne, da "den Behandlern der Beklagten in Verlauf der Geburt der Klägerin zumindest sechs grobe Behandlungsfehler unterlaufen, zu denen noch weitere einfache Behandlungsfehler" hinzukamen. [Anmerkung: Bereits 2021 hatte das LG Limburg BeckRS 2021, 16550 bzw. → Nr. 6812 in einem hinsichtlich der bleibenden Gesundheitsschäden des Kindes ähnlichen Fall ebenfalls ein Schmerzensgeld von 1 Millon EUR zugesprochen, doch das OLG Frankfurt a.M. BeckRS 2023, 9478 hob dieses Urteil auf, da es – anders als zuvor das LG – keinen Behandlungsfehler erkannt hatte. Es bleibt daher abzuwarten, ob das Urteil des LG Göttingen Rechtskraft erlangt; es wäre dann jedoch das bundesweit erste Schmerzensgeldurteil in dieser Höhe. Sie zu diesem Thema auch im Handbuch unter → Rn. 268].

Betrag: 1.000.000 € **Haftung: 100 %**
immVorb: – **MdE: –**

LG Göttingen 14.8.2025 – 12 O 85/21 = BeckRS 2025, 20834

6812

Gehirnschädigung, schwerste (hier: Hypoxischer Gehirnschaden, infantile Zerebralparese, Epilepsie, Tetraspastik, Hüftluxation, Dysphagie (Schluckstörung), Intelligenzminderung ohne aktive Sprache. Der Kläger kann sich kaum bewegen, schon gar nicht laufen, nicht selbst essen oder sich waschen und pflegen und ist daher rund um die Uhr auf fremde Hilfe angewiesen.

1j. Kind. [! Das Urteil wurde vom OLG Frankfurt a.M. BeckRS 2023, 9478 aufgehoben! Begründung: Siehe am Ende des Textes sowie → Rn. 268 – siehe jedoch insofern nun Urt. des LG Göttingen vom 14.8.2025 – 12 O 85/21 → Nr. 7726]. Arzthaftung im Zusammenhang mit der intravenösen Verabreichung eines Antibiotikums. Durch das Verabreichen der „Spritze" schrie das Kind so massiv, dass es sich an zuvor gegessenen Apfelspalten und Chips verschluckt hatte. Diese Nahrungsstücke gerieten in die Luftröhre, so dass es zu einer „ausgeprägten respiratorischen Azidose auf eine Ventilationsstörung bei massiver bronchialer Obstruktion" und schließlich zu einem Atem- und Kreislaufstillstand kam. Dauerschaden: Intensivpflegefall; hypoxischer Hirnschaden, infantile Zerebralparese, Epilepsie, Tetraspastik, Hüftluxation, Dysphagie (Schluckstörung), Intelligenzminderung ohne aktive Sprache. Die Schmerzensgeldbemessung begründete das LG damit, dass der Kläger kein „auch nur näherungsweise normales Leben" wird führen können. „Er kann nicht sprechen, nicht laufen. Eine normale Kindheit ist ihm weitgehend verwehrt geblieben. Er hat sie und wird auch seine Jugend- und Erwachsenenzeit zu großen Teilen in Krankenhäusern, Reha-Einrichtungen und mit sonstigen ärztlichen oder physiotherapeutischen Behandlungen und damit auch mit Schmerzen verbringen. Spielen mit seinen Eltern, Geschwistern oder anderen Kindern, der Besuch eines Kindergartens oder einer normalen

Schule, der Aufbau von regulären Sozialbeziehungen zu Gleichaltrigen sind ihm verwehrt. Er kann sich kaum bewegen, nicht selbst essen oder sich waschen und pflegen. Rund um die Uhr ist er auf fremde Hilfe angewiesen. Seine Gefühle und Gedanken kann er nur eingeschränkt äußern. Selbst Essen und Schlafen sind für ihn infolge von Schluckbeschwerden und Epilepsie mit Angstzuständen verbunden. Zwar kann er an der Gesellschaft teilhaben, indem er eine Förderschule besucht und über seine Familie gepflegt und versorgt wird, sein Zustand ist damit bspw. von dem eines Wachkomapatienten noch weit entfernt; doch lässt sich nicht sagen, was er aus den ihm gegebenen Möglichkeiten im Laufe seines Lebens ohne das Schadensereignis gemacht hätte. Die besondere Tragik liegt darin, dass einem noch so jungen Menschen jegliche Perspektive auf ein normales Leben genommen wurde.", so das LG, dass sich insofern an der Entscheidung des LG Gießen BeckRS 2019, 34307, → Nr. 6274 orientierte. Das LG sah in der Tatsache, dass die Mutter des erst einjährigen Jungen, diesem am Krankenbett selbst die Kartoffelchips und Apfelstücke zu essen gegeben hatte, von denen das LG zutreffend der Meinung war, dass dies „für ein Kind dieses Alters ungeeignete Nahrung" sei, kein Mitverschulden und wies insofern auf § 1664 BGB und eine diesbezügliche Entscheidung des BGH BeckRS 2008, 17039 hin. [Wichtiger Hinweis: Das Urteil des LG Limburg wurde vom OLG Frankfurt a.M. BeckRS 2023, 9478 aufgehoben; nicht jedoch, weil das Schmerzensgeld zu hoch bemessen worden wäre sondern weil ein Behandlungsfehler nicht erwiesen sei. Vielmehr, so das OLG, könnten „Aspirationen bei Kleinkindern in praktisch jeder Lebenslage auftreten", so dass es auch „in jeder Klinik täglich in unzähligen Alltagssituationen zu Aspirationen kommen" könne. „Vor diesem Hintergrund ist nachvollziehbar, dass beide Sachverständigen betont haben, dass aufwändige und zeitraubende Sicherheitsmaßnahmen vor typischen Behandlungs- oder Pflegemaßnahmen im Klinikalltag undurchführbar sind und eine absolute Sicherheit weder erreichbar noch als Behandlungsstandard gefordert ist.", so das OLG Frankfurt a.M. Vgl. dazu auch die Entscheidungsbesprechung von Lucia Kretschmer, Fachdienst Medizinrecht 2023, 458647].

Betrag: 1.000.000 € **Haftung: 100 %**
immVorb: Ja **MdE: 100 %**

LG Limburg 28.6.2021 – 1 O 45/15 = BeckRS 2021, 16550

ii) Gehirnschädigungen nach Schlaganfall

4996

Gehirnschädigung, schwerste … (Hier: Gehirnblutung / Schlaganfall).

57j. Mann. Kein Schmerzensgeldanspruch / keine Zahnarzthaftung. Leitsätze: „Es stellt keinen Behandlungsfehler in Form eines Übernahmeverschuldens dar, wenn ein niedergelassener Zahnarzt mit dem Schwerpunkt Implantologie einen vier- bis fünfstündigen Eingriff in Lokalanästhesie durchführt, bei dem neun Implantate in den Oberkiefer eingesetzt werden sollen, sofern keine Umstände vorliegen, die eine stationäre Behandlung zwingend gebieten. Ein anästhesiologisches "Stand-by„ ist bei Patienten der Risikostufe 1 (nach der Klassifikation der American Society of Anesthesiologists) bei einem solchen Eingriff nicht geboten. Über das äußerst seltene Risiko, einen Schlaganfall während der Implantatbehandlung zu erleiden, muss der Implantologe nicht aufklären".

Betrag: – **Haftung: –**
immVorb: – **MdE: –**

OLG Köln 13.8.2014 – I-5 U 104/13 = VersR 2015, 330

3636

Schlaganfall nach Information über die Unfallbeteiligung der Tochter, die mit dem Motorrad verunglückt war, jedoch noch selbst den Vater zur Unfallstelle bat und beim Eintreffen des Vaters gerade in die Klinik gefahren wurde. Der Vater erlitt anschließend einen Schock sowie einen schweren Schlaganfall.

Mann. Kein Schmerzensgeldanspruch wegen fehlender Zurechenbarkeit der Verletzung des unbeteiligten Vaters nach einem Unfall der Tochter. „Denn im Rahmen der zur Eingrenzung der Kausalität vorzunehmenden wertenden Betrachtungsweise ist auf den durchschnittlich empfindenden Geschädigten abzustellen. Eine Überempfindlichkeit geht hier nicht zulasten des Schädigers", so das OLG.

Betrag: – **Haftung: –**
immVorb: – **MdE: –**

OLG Nürnberg 24.5.2005 – 1 U 558/05 = BeckRS 2005, 153103

4854

Schlaganfall (hier: Durch das ruckhafte Bewegen des Kopfes des Klägers wurden kleine Blutgerinnsel, sog. Thromben gelöst, die die Blutgefäße im Gehirn verstopften und so zu einer Sauerstoffunterversorgung führten, die wiederum insgesamt 5 Schlaganfälle ausgelöst hatten).

Mann. Stationäre Heilbehandlung; langwierige Heilbehandlung. MdE 4 Jahre 100 %. Dauerschaden: MdE 50 %. Chiropraktikerhaftung. Der als Chiropraktiker ohne entsprechende Heilpraktikerzulassung tätige Reiki-Meister hatte im Zusammenhang einer Rückenbehandlung den Kopf des Klägers ruckartig einmal nach links und einmal nach rechts bewegte und dabei insgesamt fünf Schlaganfälle ausgelöste. [vgl. auch den vom Sachverhalt sehr ähnlichen Fall, den das OLG Hamm (becklink 1037555) zu entscheiden hatte].

Betrag: 20.000 € **Haftung: –**
immVorb: Ja **MdE: 50 %**

LG Oldenburg 26.1.2015 – 5 U 71/13 = unveröffentlicht

4600

Gehirnschädigung als Folge eines Schlaganfalls, der durch eine Halsschlagaderdurchtrennung hervorgerufen wurde.

34j. Mann. 2 Wochen stationär. Anschließend Rehabilitation in Fachklinik und Sprachtherapie. Dauerschaden: Gebrauchsminderung der Arme. Neigung zu Epilepsie mit deshalb notwendiger dauerhafter Medikamenteneinnahme. Kognitive Störungen sowie Sprachstörungen und Konzentrationsstörungen. [Ursache: Verkehrsunfallbedingt ausgelöster Schlaganfall].

Betrag: 50.000 € **Haftung: 100 %**
immVorb: Ja **MdE: –**

OLG Hamm 10.5.2011 – 9 U 217/09 = BeckRS 2015, 19255

5132

Gehirnschädigung (hier: Hirninfarkt) nach Herzverletzung in Form eines – durch Behandlungsfehler verursachten – Verschlusses der linken Koronar- bzw. Herzkranzgefäße. [Die Verletzung ist einem Schlaganfall sehr ähnlich, weshalb sie in IMM-DAT auch dort einsortiert wird].

Frau. Arzthaftung im Zusammenhang mit der „Durchführung einer Herzkatheteruntersuchung“, bei der es zu einer „rechtshirnigen Ischämie mit beinbetonter linksseitiger Hemiparese“ kam. [Ursache: Nicht funktionsfähiges medizinisches Gerät / Austreten von Luft aus der Spülleitung bei Durchführung der Herzkatheteruntersuchung]. Praxistipp am Ende der Fundstelle: „Die operativen Aufbau- und Vorbereitungsarbeiten müssen dokumentiert werden. Ereignet sich ein medizintechnischen Vorkommnis müssen die (defekten) Zubehörteile aufbewahrt werden; das Vorkommnis ist unverzüglich anzuzeigen“ gemäß Medizinprodukte-Sicherheitsplanverordnung – kurz: MPSV.

Betrag: 60.000 € **Haftung: 100 %**
immVorb: Ja **MdE: –**

OLG Schleswig 29.8.2014 – 4 U 21/13 = BeckRS 2014, 19538

4598

Gehirnschädigung nach Schlaganfall (hier: Die rechte Hirnhälfte ist strukturell geschädigt).

32j. Mann. langwierige Heilbehandlung. Schwere Depressionen. Dauerschaden: Gedächtnisstörungen, kognitive Retardierung, Konzentrationstörungen, räumliches Vorstellungsvermögen eingeschränkt, Neigung zu Depressionen. Arzthaftung: Grober Behandlungsfehler / Diagnosefehler in Bezug auf einen Schlaganfall.

Betrag: 80.000 € **Haftung: 100 %**
immVorb: Ja **MdE: –**

OLG Düsseldorf 17.11.2011 – 8 U 1/08 = BeckRS 2012, 10385

6057

Gehirnschädigung nach zweitem Schlaganfall mit nachfolgender Hemiparese bzw. Halbseitenlähmung.

50j. Frau. Arzthaftung (hier: Befunderhebungsfehler im Zusammenhang mit einem Schlaganfall, der verkannt worden war und einen zweiten Schlaganfall nach sich zog, der jedoch bei einer rechtzeitigen Befunderhebung und dann eingeleiteten Therapie „sehr gut ... verhindert worden wäre“, so das LG). Infolge des zweiten Schlaganfalles konnte „die Klägerin zunächst weder laufen noch sprechen, nicht alleine Wasserlassen, weder essen noch schlucken. Der Zustand besserte sich bis August 2006 [der Befunderhebungsfehler datierte vom 13. Januar 2006] dahin, dass weiterhin eine rechtsseitige armbetonte Hemiparese sowie eine aphasische Störung bestanden. Aus diesem Grunde wurden ergotherapeutische und orthopädische Behandlungsmaßnahmen fortgesetzt. Im Januar 2007 wurde nochmals eine ambulante Rehabilitationsmaßnahme in der Klinik ... für einen Monat durchgeführt“. Dauerschaden: Pflegefall, Sprachstörungen, motorische Beeinträchtigungen, benötigt einen Rollator. Zur Schmerzensgeldbemessung hat das LG, berücksichtigt, „dass die Klägerin, die ein selbstständiges und eigenständiges Leben vor den erlittenen Schlaganfällen führen konnte, nunmehr für die Dauer ihres restlichen Lebens auf erhebliche Hilfestellungen in sämtlichen Bereichen und damit auf eine erhebliche Einschränkung in ihrer Lebensqualität angewiesen sein wird“.

Betrag: 100.000 € **Haftung: 100 %**
immVorb: Ja **MdE: –**

LG Dortmund 25.2.2010 – 4 O 165/07 = BeckRS 2015, 14738

3955

Gehirnschädigung (hier: Halbseitenlähmung nach Schlaganfall).

40j. Mann (Ingenieur). Arzthaftungsfall. Hier Diagnosefehler. Grobe Fahrlässigkeit. Der Arzt diagnostizierte eine Migräne, obwohl ein Schlaganfall vorlag. Dauerschaden: Halbseitenlähmung mit erheblicher Bewegungseinschränkung der rechten Gliedmaßen sowie der rechten Gesichtshälfte. Sprachstörung. Kann mit der rechten Hand nicht mehr schreiben. Depressionen.

Betrag: 100.000 € **Haftung: 100 %**
immVorb: Ja **MdE: 80 %**
Rente: 100 €

LG München I 15.10.2003 – 1 U 5250/03 = VersR 2005, 657

5572

Schlaganfall mit nachfolgender Halbseitenlähmung.

39j. Mann. Arzthaftung (hier: Diagnosefehler im Zusammenhang mit einem Schlaganfall, den der behandelnde Arzt „nicht richtig“ zunächst als „komplizierte Migräne“ diagnostiziert hatte, so dass es zu einem zweiten Schlaganfall kam, durch den der Kläger halbseitig gelähmt wurde. Die ärztlicherseits erst für den Folgetag geplante Kernspintomographie des Klägers kam somit zu spät. Der zweite Schlaganfall hätte nach Ansicht der Richter durch korrektes Verhalten des Mediziners – d.h. durch eine sofortige Kernspintomographie – verhindert werden können. Dauerschaden: Halbseitige Lähmung.

Betrag: 100.000 € **Haftung: 100 %**
immVorb: – **MdE: –**

LG München I 15.10.2003 – 9 O 5889/99 = BeckRS 2003, 154809

6001

Gehirnschädigung, schwere (hier: Durch Thromben, nach der Kardioversion kam es zu einem Schlaganfall mit Hemiparese rechts (Halbseitenlähmung), Peronäuslähmung rechts, Aphasie mit Sinnerfassungsstörungen und weiteren Verletzungen bzw. Verletzungsfolgen [siehe unter Einzelheiten]).

63j. Frau. Arzthaftung (hier: Grober Behandlungsfehler bei der Behandlung von Herzrhythmusstörungen wegen eines Herzklappenschadens mittels Elektroschocks – sog Elektrokardioversionsbehandlung in deren Folge die Klägerin einen „ischämischen Mediainfarkt links mit Hemiparese rechts und sensomotorischer Aphasie“ erlitt). Dauerschaden: Halbseitenlähmung rechts mit Wahrnehmungsstörungen, Wortfindungsstörungen, Sprachstörungen und Konzentrationsstörungen. Dauerpflegefall. Bei der Bemessung berücksichtigte das Gericht, dass die Klägerin im Alter von erst 63 Jahren „unter ganz gravierenden Einschränkungen ihrer körperlichen und geistigen Fähigkeiten [leide]. Der Behandlungsfehler hat dazu geführt, dass sie halbseitig gelähmt ist, erhebliche geistige Defizite aufweist und auch für einfache Tätigkeiten ständig auf fremde Hilfe angewiesen ist“.

Betrag: 250.000 € **Haftung: 100 %**
immVorb: Ja **MdE: 100 %**

LG Münster 26.2.2004 – 11 O 1027/02 = BeckRS 2013, 8152

jj) Gehirnschädigung, sonstige

4504

Gehirnschädigung (hier: Zweifache Schädeldachfraktur am Stirnbein und am hohen Scheitelbein linksseitig und Blutungen sowei Hirnquetschungen rechtsseitig).

Frau (selbstständige Physiotherapeutin). 2 Monate stationär; langwierige Heilbehandlung. Nach 1 1/2 Jahren übt die Klägerin „mittlerweile wieder vollumfänglich" ihren Beruf aus. [Anmerkung: Der BGH hat mit Urteil vom 17.6.2014 – BeckRS 2014, 14140 – die Entscheidung des OLG Schleswig aufgehoben und der Klage in vollem Umfange stattgegeben. Das OLG hatte noch argumentiert, dass einem Radfahrer im Fall einer schweren Schädel-Hirnverletzung alleine wegen des fehlenden Fahrradhelms ein Mitverschulden von 20 % anzurechnen sei, denn – trotz nach wie vor fehlender Helmpflicht – könne heutzutage grundsätzlich davon ausgegangen werden, dass ein verständiger Mensch zu seinem eigenen Schutz auch beim Fahrradfahren im öffentlichen Straßenverkehrt einen Helm trägt. Dies sah nun der BGH anders. Ebenso entschied vier Monate zuvor auch das OLG Celle BeckRS 2014, 03723.] Zur Höhe des Schmerzensgeldes war vorliegend nicht zu befinden.

Betrag: – **Haftung: 80 %**
immVorb: Ja **MdE: –**

OLG Schleswig 5.6.2013 – 7 U 11/12 = BeckRS 2013, 10226

3897

Austrocknung (Exikkose) mit drohender Ablagerung von Harnsalzen und einer dauerhaften Wachsamkeitsstörung (Viglianzminderung).

71j. Frau. Längerer stationärer Aufenthalt; danach 3 Jahre Pflegeheimaufenthalt. Arzthaftung: Grober Behandlungsfehler. Dauerschaden: Bewusstseinsverminderung in Form einer Verminderung der Wachsamkeit.

Betrag: 5.100 € **Haftung: 100 %**
immVorb: – **MdE: –**

LG Paderborn 21.11.2005 – 3 O 25/05 = BeckRS 2010, 13886

2395

Gehirnschädigung, leichte (hier: gedecktes Schädelhirntrauma mit „leichter reversibler Hirnfunktionsstörung" und „Tinnitus ... bei Verdacht einer commotio labyrinthii", Hautnervschädigung!); Rippenfrakturen [5.-9.]; Prellungen.

55j. Frau. 15 Tage stationär. Operative Hämatomentfernung und Hämatompunktion. Dauerschaden: Hautnervschädigung an Schläfen /Kopfhaut. Teilweise starke Kopfschmerzen!

Betrag: 5.113 € **Haftung: 100 %**
immVorb: – **MdE: 10 %**

OLG Hamm 1.10.1997 – 32 U 58/97 = BeckRS 1997, 31165066

3821

Meningitis (hier: Leidensverlängerung infolge verspäteter medikamentöser Therapie. Der Kläger erlitt über einen Zeitraum von ca. 4 Wochen, bis zu seinem Tode, vermeidbare zusätzliche Schmerzen).

Mann. Arzthaftung in Form eines Behandlungsfehlers im Rahmen einer tuberkulösen Hirnhautentzündung. Leidensverlängerung um ca. 4 Wochen.

Betrag: 10.000 € **Haftung: 100 %**
immVorb: – **MdE: –**

OLG München 21.8.2008 – 1 U 1654/08 = BeckRS 2008, 19439

507

Gehirnschädigung (hier: „Leichtgradige Gehirnleistungsminderung" ... nach „lebensgefährlichen Verletzungen im Wesentlichen im Kopfbereich").

Mann. MdE 8 Monate 100 %. Dauerschaden: Geistige Leistungsschwäche [Das urspr. auf 25.000 DM festgesetzte Schmerzensgeld wurde um 5.800 DM (überzahlter mat. Anspruch) ergänzt.]

Betrag: 15.748 € **Haftung: 75 %**
immVorb: – **MdE: –**

OLG Oldenburg 30.6.1998 – 5 U 46/98 = BeckRS 1998, 8110

3719

Gehirnschädigung bzw. neurologische Beeinträchtigungen im Zusammenhang mit einem HWS-Syndrom (hier: Lt. neurologischem Gutachten handelt es sich um eine „leichte zentrale Okulomotorikstörung, pathologische akustisch evozierte Hirnstammpotentiale sowie krankhaft veränderte click-evozierte vestibuläre myogene Potentiale rechtsseitig", wobei – so das OLG unter Bezugnahme auf das Gutachten des Sachverständigen – „dabei aber keine contusionelle Hirnschädigung bzw. keine bleibende substantielle Schädigung des Gehirns festzustellen" gewesen sei.)

54j. Mann (Dipl.-Kaufmann). Der Kl. erlitt durch den Unfall ein HWS-Schleudertrauma sowie eine Gehirnerschütterung (commotio cerebri) streitiger Stärke. Über gesundheitliche Unfallfolgen, die über eine Minderung der Erwerbsfähigkeit (MdE) von 20 % im 1. Halbjahr und von 10 % im 2. Halbjahr nach dem Unfall hinausgehen, bestand Streit. Der Kl. saß zum Unfallzeitpunkt im Jahr 1987 in einem Schalensitz seines Porsches und war mit Hosenträgergurten gesichert; er trug vor, dass hierdurch die Verletzung verschlimmert worden seien. „Durch die massiven Pendelbewegungen des Kopfes – so trug er vor – ergäben sich naturgemäß Überdehnungen, Zerrungen, Verrenkungen ...". Er begehrte deshalb mindestens 50.000 EUR. Dauerschaden: Konversionsneurose und neurologische Beeinträchtigungen, deren Auswirkungen auf das Erwerbsleben mit einer MdE von 20 % zu bewerten sind. Das Gericht hielt unter Einbeziehung der vorgerichtlich bereits gezahlten 8.000 EUR ein Schmerzensgeld von 18.000 EUR für die nun „seit 20 Jahren" erlittenen Beeinträchtigungen für ausreichend.

Betrag: 18.000 € **Haftung: 100 %**
immVorb: – **MdE: –**

OLG München 29.6.2007 – 10 U 4379/01 = BeckRS 2007, 12189

6144

Gehirnschädigung / Schädelhirntrauma (hier: Schädelhirntrauma mit psychoorganisches Hirn-Syndrom und

Gehirnschädigung in Form von zeitweise ausgeprägten hirnorganischen Veränderungen und leichten Gehirnleistungsstörungen, die die Konzentration und Merkfähigkeit sowie das Durchhaltevermögen betreffen), Handgelenkfraktur rechts mit erheblichen Bewegungseinschränkungen. Zudem erlitt der Kläger noch Beckenringfrakturen und Rippenfrakturen.

Mann (Facharbeiter). Stationäre Heilbehandlung. Mehrere Operationen. Dauerschaden: MdE 40 % durch die zeitweise ausgeprägten hirnorganischen Veränderungen und die leichten Gehirnleistungsstörungen, die die Konzentration und Merkfähigkeit sowie das Durchhaltevermögen betreffen sowie durch eine erhebliche Bewegungseinschränkungen der rechten Hand. Verschlechterungstendenz: „Epilepsiegefahr von 5 vH als den Kl. belastender Umstand". Zur Bemessung führte das OLG aus: „Bei der Festsetzung des Schmerzensgeldes ist eine Epilepsiegefahr von 5 vH als den Kl. belastender Umstand einzubeziehen, nicht aber das (nicht naheliegende) Auftreten der Epilepsie selbst. Die schweren Unfallfolgen einschließlich der überschaubaren künftigen Auswirkungen, die Krankenhausaufenthalte (zT Intensivstation) mit operativen Eingriffen, die langandauernden Bewegungsbeeinträchtigungen und Schmerzen, Komplikationen (Tumor der Stimmbänder infolge Beatmungsgranuloms) sowie berufliche Beeinträchtigungen rechtfertigen ein Schmerzensgeld in dem vorgestellten Rahmen". [Ursache: Verkehrsunfall aufgrund überalterter runderneuerter Fahrzeugreifen].

Betrag: 20.452 € **Haftung: 100 %**
immVorb: Ja **MdE: 40 %**

OLG München 5.3.1998 – 24 U 611/97 = BeckRS 9998, 3081

6790

Gehirnschädigung nach Schädelhirntrauma mit Störung der Entwicklung der kognitiven Funktionen wobei ein Dauerschaden aufgrund der noch nicht abgeschlossenen Hirnreifung nicht ausgeschlossen werden kann. Zudem erlitt die Klägerin psychische Beeinträchtigungen (hier: Angst- und Belastungssymptome).

11. Kind (Schülerin). Stationäre Behandlung. Ein möglicher Dauerschaden in Form von Entwicklungsstörungen der kognitiven Funktionen des Gehirns können nicht ausgeschlossen werden. Schmerzensgelderhöhend berücksichtigte das OLG das junge Alter der Schülerin und führte dazu aus: „Ein junger Mensch, der einen schweren Schaden erlitten hat, muss wegen seines Alters im Verhältnis mehr Schmerzensgeld bekommen, weil er noch lange an den Verletzungsfolgen zu tragen hat. Dauerschäden rechtfertigen bei jungen Menschen, die ihr Leben weitgehend noch vor sich haben, ein deutlich höheres Schmerzensgeld als bei älteren Menschen mit einem kürzeren Leidensweg" Insofern verwies das OLG auf BGH Urt. v. 22.9.1977 – III ZR 117/75 sowie auf OLG Hamm BeckRS 2008, 16228. [Anmerkung: Das Urteil ist sehr lesenswert in Bezug auf die Frage der Mithaftung von Kindern bei Unfällen im Straßenverkehr und nahm vorliegend eine erfreulich kinderfreundliche Haltung ein, indem es bei der erst 11 Jahre alten Klägerin kein Mitverschulden angerechnet hat].

Betrag: 35.000 € **Haftung: 100 %**
immVorb: Ja **MdE: –**

OLG Celle 19.5.2021 – 14 U 129/20 = BeckRS 2021, 11763

5561

Behandlungsfehlerhafte Implantation eines Hirnimpulsgenerators mit „tiefe Hirnstimulation".

Frau (Lehrerin). Die Antragstellerin hatte „seit der Operation im Jahr 2008 immer wieder beschwerdefreie Intervalle ..., so dass sie zwischendurch sogar wieder ihrem Beruf als Lehrerin nachgehen konnte ..., bevor sie dann im Jahr 2011 dauerhaft erwerbsunfähig wurde. Vorerkrankung: Parkinsonerkrankung. [Anmerkung: Der Beschluss des OLG befasste sich mit der sofortige Beschwerde der Antragstellerin gegen den Beschluss des Landgerichts Leipzig, welches dem Antrag auf Prozesskostenhilfe lediglich teilweise stattgegeben hatte und insofern – zutreffend (so das OLG) – hinreichende Erfolgsaussichten der beabsichtigten Klage lediglich bezogen auf den geltend gemachten Anspruch auf Zahlung eines Schmerzensgeldes iHv 35.000 EUR bejaht hatte]. Das OLG bezog sich bei seinen Äußerungen zum Schmerzensgeld auf den seiner Ansicht nach "vergleichbaren" Fall des OLG Köln → Nr. 4760.

Betrag: 35.000 € **Haftung: 100 %**
immVorb: – **MdE: –**

OLG Dresden 1.6.2018 – 4 W 448/18 = BeckRS 2018, 17733

2938

Gehirnschädigung, schwere (hier: „schwer Kopfverletzungen").

17j.Frau. Dauerschaden. [In dem BGH-Urteil zum Erwerbsschaden wird der Schmerzensgeldentscheid des OLG Düsseldorf nur am Rande erwähnt. Daher keine weiteren Angaben.]

Betrag: 35.790 € **Haftung: 100 %**
immVorb: – **MdE: –**

BGH 6.6.2000 – VI ZR 172/99 = BeckRS 2000, 6987

5692

Gehirnschädigung im Zusammenhang mit einem Polytrauma (hier: Hirnverletzung in Form einer Gehirnquetschung mit dauerhafter Gehirnleistungsschwäche. Kieferfraktur mit Zahnschäden. Schulterverletzung Form einer Schultereckgelenksprengung rechts. Eine komplexe Handverletzung rechts und eine schwere Knieverletzung in Form einer Kniekontusion bzw. Kniegelenkquetschung mit Sehnenteildurchtrennung rechts).

Mann (Unfallchirurg /Arzt). Stationäre Heilbehandlung. Dauerschaden: Berufsaufgabe als Unfallchirurg. Erhebliche Auswirkungen auch auf das Privatleben. [Ursache: Motorradunfall].

Betrag: 40.903 € **Haftung: 50 %**
immVorb: – **MdE: –**

LG Bonn 13.3.2002 – 9 O 430/01 = BeckRS 2002, 16638

7800

Gehirnschädigung nach Sauerstoffunterversorgung mit der Folge von ausgeprägter Weitsichtigkeit von fast 10 Dioptrien; Hochtonschwerhörigkeit und Konzentrationsschwierigkeiten.

Kind / Neugeborenes. Arzthaftung im Rahmen der Geburt / Geburtshilfefehlerwegen grob behandlungsfehlerhafter verzögerter Kaiserschnittentbindung. Es kam zu einer Sauerstoffunterversorgung. Dauerschaden: Ausgeprägte Weitsichtigkeit von fast 10 Dioptrien; Hochtonschwerhörigkeit, wobei eine Verbesserung mittels Hörgerät bisher keinen Erfolg gezeigt hat, Konzentrationsschwierigkeiten. Bei der Schmerzensgeldbemessung berücksichtigte das OLG – neben dem „gesteigerten persönlichen Verschulden" der Ärzte – schmerzensgelderhöhend die notwendigen Frühfördermaßnahmen, die bei dem Kläger durchgeführt werden mussten, aber auch mindernd, „dass der Kläger seine Einschränkungen – sicherlich auch aufgrund früher und kontinuierlicher, zeitintensiver Förderung – überwiegend gut kompensieren kann" und „gravierende Einschränkungen der Teilhabe am sozialen Leben nicht bestehen." Zudem berücksichtigte das OLG Köln aber auch, dass „Sicherlich ... die Beeinträchtigungen des Hörens, Sehens und der Konzentration im späteren Leben die Berufswahlmöglichkeiten des Klägers in gewissen Bereichen (Pilot, Polizist, Soldat, Chirurg, Zahnarzt, Musiker, Tontechniker uÄ) einschränken [werden]; sie sind allerdings nicht so gravierend, dass nicht eine Vielzahl von Berufsfeldern dem Kläger weiter offen stünde."

Betrag: 50.000 € **Haftung: 100 %**
immVorb: Ja **MdE: –**

OLG Köln 8.10.2025 – 5 U 169/19 = BeckRS 2025, 30162

6408

Gehirnschädigung (hier: Retardierung, „Kopfschlagen" und Essstörungen).

Kind. Nach der Geburt des Klägers entwickelte sich bei ihm ein Wasserkopf, weshalb dem Neugeborenen ein Katheder gelegt werden musste, der jedoch fehlerhaft war. Dauerschaden: Gehirnschädigung mit Retardierung, „Kopfschlagen" und Essstörungen durch die immer wieder notwendig werdende künstliche Ernährung bzw. Sondenernährung. [Ursache: Produkthaftung eines Medizinunternehmens für einen fehlerhaften Katheter].

Betrag: 50.000 € **Haftung: 100 %**
immVorb: Ja **MdE: –**

OLG Hamm 23.2.2000 – 3 U 133/99 = BeckRS 2000, 30097901

5320

Gehirnschädigung, schwerste / apallisches Syndrom mit Verlust des Bewusstseins und der Empfindungsfähigkeit sowie der Zerstörung der Persönlichkeit. Das Unfallopfer verstarb etwa sechs Monate nach dem Unfall.

48j. Mann (inzw. verstorben, Kläger sind die Erben). Bei der Bemessung des Schmerzensgeldes setzte sich das OLG mit der Thematik der kurzen Überlebenszeit auseinander und führte dazu aus: „Insoweit ist zu beachten, dass bei der Bemessung des immateriellen Schadens nicht schmerzensgelderhöhend zu berücksichtigen ist, dass das Leben des Erblassers frühzeitig beendet worden ist. Der Schmerzensgeldanspruch soll dem Geschädigten selbst einen Ausgleich für die erlittenen immateriellen Beeinträchtigungen gewähren. Dementsprechend gibt es nach dem Gesetz auch lediglich im Falle der Verletzung des Körpers oder der Gesundheit, nicht aber im Falle der Tötung einen Anspruch auf eine billige Entschädigung. Tritt aber der Tod nicht unmittelbar mit dem Unglücksfall, sondern erst nach einiger Zeit ein, kann die Tatsache der Lebensverkürzung nicht schmerzensgeldrelevant werden; in diesen Fällen ist die Leidenszeit bis zum Tod zu entschädigen". Das OLG orientierte sich an der Entscheidung des OLG München (→ Nr. 5321).

Betrag: 60.000 € **Haftung: 100 %**
immVorb: – **MdE: –**

OLG Naumburg 26.3.2015 – 2 U 62/14 = BeckRS 2015, 10441

5132

Gehirnschädigung (hier: Hirninfarkt) nach Herzverletzung in Form eines – durch Behandlungsfehler verursachten – Verschlusses der linken Koronar- bzw. Herzkranzgefäße. [Die Verletzung ist einem Schlaganfall sehr ähnlich, weshalb sie in IMM-DAT auch dort einsortiert wird].

Frau. Arzthaftung im Zusammenhang mit der „Durchführung einer Herzkatheteruntersuchung", bei der es zu einer „rechtshirnigen Ischämie mit beinbetonter linksseitiger Hemiparese" kam. [Ursache: Nicht funktionsfähiges medizinisches Gerät / Austreten von Luft aus der Spülleitung bei Durchführung der Herzkatheteruntersuchung]. Praxistipp am Ende der Fundstelle: „Die operativen Aufbau- und Vorbereitungsarbeiten müssen dokumentiert werden. Ereignet sich ein medizintechnischen Vorkommnis müssen die (defekten) Zubehörteile aufbewahrt werden; das Vorkommnis ist unverzüglich anzuzeigen" gemäß Medizinprodukte-Sicherheitsplanverordnung – kurz: MPSV.

Betrag: 60.000 € **Haftung: 100 %**
immVorb: Ja **MdE: –**

OLG Schleswig 29.8.2014 – 4 U 21/13 = BeckRS 2014, 19538

4065

Gehirnschädigung / Schädelhirntrauma 2.Grades mit Gehirnblutung und subduralem Hämatom.

Mann. Stationäre Heilbehandlung. Dauerschaden: Konzentrationsstörung mit Verminderung der Sprachleistung und kognitiven Kontrollfunktionen sowie Beeinträchtigung der Aufmerksamkeitsleistung. Bewegungsbeeinträchtigung des rechten Beines; dadurch sind gewisse Sportarten (Ski, Reiten oder Fliegen etc) nicht mehr möglich. Insgesamt musste der zuvor sportliche Kläger seine Lebensplanung unfallbedingt umstellen.

Betrag: 70.000 € **Haftung: 100 %**
immVorb: – **MdE: 40 %**

LG München I 12.12.2005 – 19 O 6509/04 = unveröffentlicht

4770

Gehirnschädigung / Schädelhirntrauma (hier: schwers Schädelhirntrauma mit Gehinschädigung durch Gehirnquetschung und Schädigung der Faserverbindungen zwischen den beiden Gehirnhälften, es bildete sich ein Apallisches Syndrom. Zudem erlitt der Kläger eine Oberschenkelfraktur in Form einer Oberschenkeltrümmerfraktur und eine Lungenquetschung.

15j. Junge. Lebensgefahr. Intensivstation. 2 Wochen im Koma. Langwierige Heilbehandlung mit Rehabilitationsaufenthalten. Dauerschaden: Apallisches Syndrom. der Kläger ist in seiner privaten und beruflichen Entwicklung stark beeinträchtigt. Eine MdE auf dauer ist sehr wahrscheinlich.

Betrag: 80.000 € **Haftung: 66 %**
immVorb: Ja **MdE: –**

OLG Koblenz 20.6.2012 – 12 U 1474/10 = BeckRS 2012, 214071

5321

Gehirnschädigung, schwerste / Polytrauma (hier: schweres Schädel-Hirn-Trauma mit Gehirnblutungen und nachfolgendem Verlust der Empfindungsfähigkeit, Wachkoma; zudem erlitt der Kläger eine Kontusion des Herzens, eine

Rippenserienfraktur, eine Lungenkontusion beidseitig, Scapulatrümmerfrakturen beidseitig sowie Thrombosen an verschiedenen Venen).

62j. Mann. Bei der Bemessung des Schmerzensgeldes setzte sich das OLG mit der Thematik der fehlenden Empfindungsfähigkeit und der Überlebenszeit auseinander und führte dazu aus: „Ein Schmerzensgeld steht auch dann einem Geschädigten zu, dessen Empfindungsfähigkeit durch das schadenstiftende Ereignis aufgehoben ist. Die Einbuße der Persönlichkeit und der Verlust an personaler Qualität infolge einer schweren Hirnschädigung stellt für sich einen auszugleichenden immateriellen Schaden dar, unabhängig davon, ob der Betroffene die Beeinträchtigung empfindet (BGH, VersR 1993, 585/586). Die völlige Zerstörung der geistigen Persönlichkeit stellt neben der Genugtuungs- und Ausgleichsfunktion des Schmerzensgelds eine eigenständige Fallgruppe dar. Bei der Bemessung ist zu berücksichtigen, dass der Kläger einerseits bereits mehr als 4 Jahre im Wachkoma liegt und seine Lebensdauer nicht absehbar ist, andererseits aber mit 62 Jahren im Unfallzeitpunkt nicht wie ein junger Mensch noch sein ganzes Leben vor sich hat". (vgl. auch OLG Naumburg → Nr. 5320). Ursache: Motorradunfall.

Betrag: 80.000 € **Haftung: 60 %**
immVorb: Ja **MdE: –**

OLG München 13.2.2004 – 10 U 5381/02 = BeckRS 2015, 13498

6911

Gehirnverletzung „mit der künftigen Gefahr eines Gehirnabszesses mit lebensbedrohlichen Auswirkungen", chronische Kopfschmerzen mit somatischen psychischen Folgen, deutliche Verminderung der Hirnleistung mit erheblicher Reduzierung der Gedächtnisleistung und mangelhafter Konzentrations- und Merkfähigkeit sowie depressive Anpassungsstörung. Hinzu kamen „wiederkehrenden Meningitiserkrankungen". Die Kommunikation mit der Kl. ist uneingeschränkt möglich, jedoch sind das Sprachverständnis und Ausdrucksvermögen „einfach und unbeholfen".

Frau. Arzthaftung im Zusammenhang mit einer Nasennebenhöhlenentzündung (Pansinusitis); Bei dem insofern begangenen Behandlungsfehler handelt es sich um eine grobe Pflichtverletzung; auch die Nachbehandlung war zudem fehlerhaft. Dauerschaden: Erhebliche jedoch nicht schwerwiegende Beeinträchtigung der kognitiven Leistungen (siehe oben unter Verletzungen) mit daraus resultierender depressiver Stimmungslage. [Anmerkung zur Thematik: Verjährung / Kenntnis einer Komplikation bei einer Operation / Kenntnis eines Behandlungsfehlers. Beides sei, so das OLG nicht identisch; als medizinischer Laie sei ein Patient nicht zu weiteren Ermittlungen verpflichtet].

Betrag: 90.000 € **Haftung: 100 %**
immVorb: Ja **MdE: –**

OLG Brandenburg 8.10.2020 – 12 U 97/20 = BeckRS 2020, 34693

6916

Gehirnschädigung mit depressiven Anpassungsstörungen und deutlicher Minderung der Hirnleistungsfähigkeit nach schwerer bakterieller Meningo-Enzephalitis (Gehirnhautentzündung).

44j. Frau. Arzthaftung im Zusammenhang mit einer Pansinus-Operation, bei der es zu Komplikationen in Form einer Infrakturierung des Siebbeindaches mit Austritt von Gehirnflüssigkeit kam, weshalb eine sog. Duraplastik eingesetzt wurde. 8 Jahre später – als sich die Klägerin wegen einer akuten bakteriellen Meningoencphlitis in stationärer Behandlung der Beklagten befand – wurde der Schädelbasisdefekt erneut operativ durch eine Duraplastik verschlossen. Dauerschaden: Gehirnleistungsschwäche mit mangelhafter Konzentrationsfähigkeit und Merkfähigkeit und „notwendige Fürsorge bis ans Lebensende". Kopfschmerzens und depressive Anpassungsstörungen. Gefahr eines Gehirnabszesses.

Betrag: 90.000 € **Haftung: –**
immVorb: Ja **MdE: –**

LG Neuruppin 7.2.2020 – 3b O 25/14 = BeckRS 2020, 34694

4771

Gehirnschädigung nach Schädelhirntrauma mit Gehirnblutung. Der Kläger leidet dauerhaft unter einer Einschränkung seiner kongnitiven Leistungsfähigkeit insbesondere an Gedächtnisschwäche und Konzentrationsschwäche. Zudem erlitt der Kläger einen Tinnitus sowie diverse Prellungen, Schürfwunden und eine Kopfplatzwunde.

20j. Mann (Student). 7 Tage stationär, anschließend ambulante Heilbehandlung. MdE gut 8 Wochen 100 %. Dauerschaden: Gedächtnisschwäche, Konzentrationsschwäche, migräneähnlich Kopfschmerzen sowie eine große Rückennarbe. [Anmerkung: Schmerzensgelderhöhend wurde gewertet: Das junge Alter des Klägers, das schuldhafte Verhalten des Beklagten, der den Kläger unversorgt an der Unfallstelle zurückgelassen hatte sowie die Regulierungsverzögerung des KH-Versicherers].

Betrag: 90.000 € **Haftung: 100 %**
immVorb: Ja **MdE: –**

LG Karlsruhe 17.2.2012 – 5 O 32/09 = unveröffentlicht

3202

Gehirnschädigung, hypoxische wegen fehlerhafter Thrombosepropylaxe nach einer offenen Fraktur am Unterschenkel.

53j. Mann. Arzthaftung (grober Behandlungsfehler wegen fehlerhafter Thrombosepropyhlaxe). Dauerschaden: Gehirnschädigung.

Betrag: 102.258 € **Haftung: 100 %**
immVorb: – **MdE: 100 %**

OLG Hamm 6.5.2002 – 3 U 31/01 = BeckRS 2002, 30257789

2715

Gehirnschädigung nach kunstfehlerhaft verspätet erkannter Hirnhautentzündung (Meningitis).

5j. Kind (Junge). Arzthaftung: Diagnosefehler und Behandlungsfehler, grobe Fahrlässigkeit des Arztes! Dauerschaden: Pflegefall, dauernde schwere Beeinträchtigungen.

Betrag: 102.258 € **Haftung: 100 %**
immVorb: Ja **MdE: –**

OLG Hamm 28.1.1998 – 3 U 3/97 = BeckRS 1998, 31165058

6548

Gehirnschädigung nach Gehirnblutung mit Entwicklungsstörungen und Ausbildung einer Epilepsie.

Kind / Säugling. Arzthaftung wegen Aufklärungspflichtverletzung im Zusammenhang mit einer Herzoperation nach der Geburt. Hierdurch kam es zu einer Gehirnblutung mit Gehirnschädigung und infolgedessen zu einer Epilepsie. Dem Kläger wurde ein sogenannter VP-Shunt [= Ableitungssystem für überschüssige Gehirnflüssigkeit] eingesetzt. Dauerschaden: Epilepsie und Entwicklungsstörungen.

Betrag: 125.000 € **Haftung: 100 %**
immVorb: – **MdE: –**

OLG Frankfurt a. M. 24.2.2009 – 8 U 103/08 = BeckRS 2009, 10888

3448

Gehirnschädigung (hier: Tetraspastik und Polyneuropathie).

Mann. Dauerschaden: Gehbehinderung, Gehén nur mit Gehwagen; Arme sind benutzbar; Willkürkontrolle über Darm und Blase ist vorhanden; Epilepsie ist medikamentös beherrschbar.

Betrag: 127.823 € **Haftung: 100 %**
immVorb: – **MdE: 100 %**

OLG Bamberg 10.12.2001 – 4 U 132/01 = BeckRS 2001, 30225562

3362

Gehirnschädigung, schwere (hier: Apallisches Syndrom und Tetraspastik nach hypoxischem Hirnschaden).

3j. Kind (Mädchen). Arzthaftung (Narkosefehlbehandlung). Dauerschaden: Sprachlosigkeit; muss auf Dauer gewickelt und gefüttert werden und kann weder gehen noch sitzen. Intensivpflegefall.

Betrag: 150.000 € **Haftung: 100 %**
immVorb: Ja **MdE: 100 %**
Rente: 325 €

OLG Schleswig 11.2.2002 – 4 U 62/00 = unveröffentlicht

3164

Gehirnschädigung, schwere mit Anfallleiden, Krampfanfällen.

Kind (Säugling). Arzthaftung (Geburtshilfefehler / Arzthaftung: Überbeatmung nach Sauerstoffmangel durch Erdrosselung mittels der Nabelschnur). Dauerschaden: Krampfanfälle / hypoxische Hirnschädigung

Betrag: 153.388 € **Haftung: 100 %**
immVorb: Ja **MdE: 100 %**

OLG Stuttgart 11.6.2002 – 14 U 83/01 = BeckRS 2002, 7724

4520

Gehirnschädigung (hier: Gehirnblutung in Form einer Subarachnoidalblutung / subarachnoidaler Blutungen sowie Rückenmarkquetschungen in Form einer zervikalen Rückenmarkkontusion mit nachfolgenden Krampfzuständen bzw. Spastiken); Wirbelsäulenverletzung (hier: Halswirbelsäulenverletzung in Form einer Schädigung des zentralen Halsrückenmarks und Halswirbelkörperfraktur HWK 5/6 und daraus resultierende inkomplette Querschnittlähmung) sowie weitere Verletzungen (Bandscheibenriss, Kopfplatzwunde und Gerhirnerschütterung).

Mann. 60 Tage stationär. Dauerschaden: Krampfzustände (sog. Spastiken) insbesondere schmerzhafte Spastiken im urologischen Bereich mit Erektionsstörungen und Schmerzen beim Urinieren. Abnormen Empfindungen (sog. Parästhesien) insbesondere im Bereich der Berührungsempfindung und der Temperaturempfindung; die MdE auf Dauer wird mit „mindestens ...80 %" ggf. auch 100 % angegeben. [Anmerkung: Die Entscheidung wurde zunächst veröffentlicht und kommentiert von Kääb in FD-StrVR 2013, 346278, dort wird das Schmerzensgeld mit 320.000 EUR angegeben. In einer späteren Veröffentlichung unter NJW-Spezial 2013, 363 wird ein Schmerzensgeld von 250.000 EUR angegeben. In der Urteilsbegründung des OLG heisst es hierzu: „Im Hinblick auf die vom Erstgericht bereits zutreffend dargestellten unfallbedingten Beschwerden und Leiden des Klägers, hält der Senat über die bereits bezahlten 50.000,- EUR (...) ein weiteres Schmerzensgeld in Höhe von 200.000,- EUR für angemessen". Lesenswert sind die weiteren Ausführungen des OLG zur Verzinsung bzw. den Zinsansprüchen bzgl. des Schmerzensgeldes]. Ursache: Fahrradunfall.

Betrag: 250.000 € **Haftung: 100 %**
immVorb: Ja **MdE: 80 %**

OLG München 26.4.2013 – 10 U 4118/11 = BeckRS 2013, 7721

4221

Verletzungen mit Todesfolge 19 Monate nach einer grob fehlerhaft erfolgten Operation. Es kam wegen erheblicher Sauerstoffunterversorgung zu einer massiven Gehirnschädigung.

46j. Frau. Die Klägerin verstarb – im Koma liegend – 19 Monate nach dem Arzthaftungsfall (hier: Grober Behandlungsfehler im Rahmen einer Schilddrüsenoperation).

Betrag: 250.000 € **Haftung: 100 %**
immVorb: – **MdE: –**

LG Paderborn 12.12.2009 – 2 O 467/06 = BeckRS 2016, 20880

6246

Gehirnschädigung, die, wenn sie auch nicht als Locked-In-Syndrom zu bezeichnen war – so das KG – da der inzwischen Verstorbene „nicht bewusstlos wirkte und sich, wenn auch in äußerst eingeschränktem Maß, nach dem Unfall über Mimik und Gestik seiner Umwelt mitteilen konnte. Er konnte sich jedoch nach den Feststellungen des Landgerichts kaum bewegen, seinen Kopf nicht eigenständig halten". „Bei dem Erblasser lag mithin auch kein apallisches Syndrom vor, sondern ihm war seine Situation bewusst, was neben den Schwerstbehinderungen die Festsetzung eines höheren Schmerzensgeldes rechtfertigt".

Mann. Längere Zeit stationär. Der Mann verstarb 5 Jahre und 7 Monate nach dem schweren Unfall. Bis dahin war er ein Intensivpflegefall und zu 100 % pflegebedürftig und somit bei allen Verrichtungen des Lebens auf fremde Hilfe angewiesen und lebte deshalb getrennt von seiner Familie in einem Pflegeheim.

Betrag: 300.000 € **Haftung: 100 %**
immVorb: – **MdE: 100 %**
Rente: 200 €

KG 7.5.2012 – 12 U 122/10 = BeckRS 2013, 21543

3379

Gehirnschädigung, schwerste (hier: Spastische Tetraplegie; zentrale sehstörung und massive Gehirnschädigung mit Auswirkung auf nahezu alle Funktionen).

Kind / Säugling (Mädchen). Dauerschaden: Bewegungsunfähigkeit! Kann weder sitzen noch stehen. Die Kl. hat keinerlei Entwicklungsmöglichkeit und ist ein Intensivpflegefall. [vgl. auch unter: Persönlichkeitszerstörung.]Arzthaftung (hier: Grober Behandlungsfehler / Geburtshilfefehler mit Sauerstoffunterversorgung). [vgl. auch Urteil des OLG Karlsruhe → Nr. 5362].

Betrag: 350.000 € **Haftung: 100 %**
immVorb: Ja **MdE: 100 %**

LG München I 10.3.2003 – 9 O 6490/96 = BeckRS 2003, 154205

3042

Gehirnschädigung, schwerste (hier: sekundäre Mikrozephalie schwersten Ausmaßes mit schwerster Tetraspastik. Völlige zerstörung der Persönlichkeit. Ständige Intensivpflege erforderlich. Der Kläger ist „in der Wurzel seiner Persönlichkeit getroffen"!).

Kind (Säugling). Geburtsfehler / Geburtshilfefehler / Arzthaftung (hier: grober Behandlungsfehler). Dauerschaden: „Denkbar schwerste Schädigung ... mit Zerstörung der Persönlichkeit". „Beeinträchtigungen derartigen Ausmaßes verlangen angesichts des hohen Wertes, den das GG in Art. 1 und 2 der Persönlichkeit und der Würde des Menschen beimisst, eine herausragende Entschädigung", so das OLG, welches das Schmerzensgeld von 300.000 Euro auf 500.000 Euro anhob.

Betrag: 500.000 € **Haftung: 100 %**
immVorb: Ja **MdE: 100 %**

OLG Hamm 16.1.2002 – 3 U 156/00 = BeckRS 2002, 4761

h) Gesichtsverletzungen

Vorbemerkung: Als „Gesichtsverletzung" werden nachfolgend diejenigen Verletzungen aufgeführt, bei denen das Gesicht als „charakteristisches Körperteil" äußerlich erkennbar geschädigt wurde. Aus Gründen der besseren Übersichtlichkeit werden insofern jedoch Augen-, Zahn- und Kieferverletzungen – auch sofern sie das Erscheinungsbild des Gesichts beeinträchtigen – ausgegliedert und den Kapiteln A.1 i, k und n zugeordnet.

aa) Gesichtsschädelfraktur

3680

Gesichtschädelfraktur (hier: Orbitabodenfraktur und Orbitawandfraktur sowie Kiefernhöhlenfraktur).

Mann. 3 Tage stationär. Operation mit Metallimplantat. Vorsätzliche Körperverletzung durch Faustschlag in das Gesicht des Klägers.

Betrag: 1.278 € **Haftung: 83 %**
immVorb: – **MdE: –**

AG Norden 27.10.2000 – 5 C 720/99 = BeckRS 2000, 10047

3546

Gesichtschädelfraktur (hier: geringgradig dislozierte Orbitadachimpressionsfraktur bis in den Sinus frontalis reichend. 3 cm große Platzwunde über der rechten Augenbraue) sowie Prellungen an der Hand.

Frau. 5 Tage stationär. MdE 14 Tage 100 %. Die vom Gericht als schwer bezeichneten Verletzungen „sind jedoch überdurchschnittlich schnell verheilt" und die Klägerin habe sich „erfreulicherweise ... schnell erholt", so das AG, welches den Antrag auf mehr als 1.500 Euro Schmerzensgeld zurückwies.

Betrag: 1.534 € **Haftung: 100 %**
immVorb: – **MdE: –**

AG Gelnhausen 27.3.2003 – 53 C 1134/01 = unveröffentlicht

4710

Gesichtsschädelfraktur (hier: Orbitadachfraktur bzw. Augenhöhlenfraktur, „welche grundsätzlich als erheblich einzustufen ist, da sie in Verbindung mit dem Monokelhämatom das Gesichtsfeld betrifft", so das AG) und Gehirnerschütterung.

Frau. 9 Tage stationär. MdE 15 Tage 100 %. [Weitere Fundstelle: SP 2013, 143]

Betrag: 2.250 € **Haftung: 75 %**
immVorb: Ja **MdE: –**

AG Düsseldorf 22.3.2012 – 22 S 68/12 = BeckRS 2012, 14616

5954

Gesichtschädelfraktur (hier: Orbitadachfraktur rechts bei Schädelhirntrauma 1. Grades).

Frau. 5 Tage stationär. MdE 14 Tage 100 %.

Betrag: 2.250 € **Haftung: 75 %**
immVorb: – **MdE: –**

AG Düsseldorf 22.3.2012 – 232 C 13779/11 = BeckRS 2012, 14616

6656

Gesichtsschädelfraktur / Gesichtsverletzung / Augenverletzung (hier: Schussverletzungsbedingte Jochbeinfraktur, Nasenseptumfraktur, Querfortsatzfraktur HWK 1 links, Augenverletzung rechts mit Sehbehinderung und Tränenkanalverletzung sowie ausgedehntes Weichteiltrauma und Lufteinschüsse bis oberes Mediastinum). Zudem erlitt der Kläger die unten unter Einzelheiten aufgeführten psychischen Beeinträchtigungen (PTBS) und Dauerfolgen.

Mann (Soldat). 14 Tage stationär. MdE ca. 220 tage 100 %. Dauerschaden: Sehbehinderung in Form einer Visusminderung des rechten Auges von 50 % wobei der Kläger auf dem rechten Auge unten nur schwarz sieht. Psychische Beeinträchtigungen / Posttraumatische Belastungsstörungen (PTBS) mit Albträumen und Flashbacks sowie Sensibilitätsstörungen im Gesicht mit Spannungsschmerzen und Wetterfühligkeit. [Ursache: Versehentlich ausgelöster Pistolenschuss seitens des Kollegen in das Gesicht des Klägers wobei die Kugel den Kläger im Gesicht unterhalb des rechten Auges traf und Geschoss ca. 6 cm unterhalb des linken Ohres wieder austrat.] Lesenswert zur Überwindung des einem Schmerzensgeldanspruch zunächst entgegenstehenden § 91a Abs. 1 SVG (Sperrwirkung / Begrenzung der Ansprüche aus einer Wehrdienstbeschädigung).

Betrag: 2.500 € **Haftung: 100 %**
immVorb: Ja **MdE: –**

LG Bonn 18.3.2015 – 1 O 348/14 = BeckRS 2015, 18403

4194

Gesichtschädelfraktur rechts (hier: Orbitabodenfraktur / Augenhöhlenfraktur sowie Jochbeinfraktur und Nasenbeinfraktur).

38j. Frau (Physiotherapeutin). 11 Tage stationär. 2 Aufenthalte. MdE knapp 9 Wochen 100 %. Schmerzhafte Verletzung! Dauerschaden: Psychische Beeinträchtigungen, wie emotionale Instabilität sowie Gesichtsnarbe mit Sensibilitätsverlust der rechten Wange. Regulierungsverzögerung, die das LG mit einem Zuschlag von 10 % berücksichtigt hatte.

Betrag: 2.750 € **Haftung: 33 %**
immVorb: – **MdE: –**

LG Bückeburg 15.1.2009 – 1 O 86/06 = BeckRS 2009, 140011

4459

Gesichtsschädelfraktur (hier: Jochbeinfraktur; Orbitabodenfraktur) sowie diverse Prellungen „am ganzen Körper").

Mann. 1 Woche stationär. Metallteileimplantat mit späterer Entfernung (hierfür erneut 3 Tage stationär). Komplikationsloser Heilungsverlauf. Ursache: Rennradunfall

Betrag: 4.000 € **Haftung: 50 %**
immVorb: Ja **MdE: –**

OLG Frankfurt a. M. 28.10.2011 – 24 U 134/11 = BeckRS 2011, 28420

5818

Gesichtschädelfraktur / Gesichtsverletzung (hier: Komplizierte Kieferfrakturen am Ober- und Unterkiefer und Nasenbeinfraktur sowie Weichteilschwellungen im Gesicht) und Knieprellungen.

Mann. Stationärer Aufenthalt. Für die Dauer von gut vier Wochen waren der Ober- und der Unterkiefer geschient. „Damit sind Ess- und Trinkbeschwerden und auch Schwierigkeiten beim Sprechen unausweichlich", so das OLG, das die Verletzung zudem zutreffend als „äußerst schmerzhaft" bezeichnete. MdE 14 Tage 100 %. Noch nach drei jahren „fortbestehende Sensibilitätsstörungen im Kieferbereich". [Ursache: Verkehrssicherungspflichtverletzung hinsichtlich einer sehr schlecht erkennbaren grauen Pfostenkette durch die der Kläger als Fahrradfahrer zu Fall kam].

Betrag: 4.000 € **Haftung: 100 %**
immVorb: Ja **MdE: –**

OLG Hamm 3.2.2009 – I-9 U 101/07 = BeckRS 2009, 12008

4246

Gesichtverletzung (hier: Augenhöhlenbodenfraktur rechts mit erheblichem Bluterguss und Einblutung in das rechte Auge) sowie Halsverletzung in Form von Würgemalen und Blutergüssen.

22j. Frau (Azubi des Handwerks). 7 Tage stationär. MdE 6 Wochen 100 %. Dauerschaden: Doppelbildsehen bei extrem nach oben gerichtetem Blick sowie Sensibilitätseinschränkungen an der Oberlippe sowie – geringfügig – auch an der rechten Wange. Vorsätzliche Körperverletzung (hier: Schlägerei). Die Regulierungsverzögerung des Beklagten wurde mit 10 % erhöhend berücksichtigt.

Betrag: 4.300 € **Haftung: 100 %**
immVorb: – **MdE: –**

LG Bückeburg 31.7.2008 – 1 O 106/06 = BeckRS 2008, 142297

6255

Gesichtschädelfraktur (hier: Mittelgesichtsfraktur links mit Jochbeinfraktur und Orbitalbodenfraktur sowie Schwellungen und Hämatome an Jochbogen und Augenhöhle und ein beginnendes Taubheitsgefühl links. Anschließend kam es auch zu Wundheilungsstörungen und Schlafstörungen infolge der Schmerzen).

Frau. 5 Tage stationär mit zwei Operationen und Metallimplantat, dass nach etwa 6 Monaten wieder entfernt werden musste. Außerdem war eine Behandlung mit Antibiotika erforderlich. Des weiteren bestanden „über längere Zeit" Schmerzen. MdE 18 Tage 100 %. Dauerschaden: Sensibilitätsstörungen mit Taubheitsgefühl im Bereich der linken Gesichtshälfte und der Zähne. [Ursache: Kollision von zwei Fahrradfahrern – ein vorausfahrender Fahrradfahrer hat den rückwärtigen Verkehr vor dem Abbiegen nach links sorgfältig zu beobachten].

Betrag: 4.500 € **Haftung: 50 %**
immVorb: Ja **MdE: –**

LG Kempten 12.6.2015 – 22 O 72/14 = BeckRS 2015, 122153

7770

Gesichtsschädelfraktur und Gesichtsverletzung in Form einer Augenhöhlenfraktur mit Kieferfrakturbeteiligung (sog. Orbitabodenfraktur) mit Gesichtsschwellungen und Augenverletzung in Form eines sog. Monokelhämatoms nach einem Faustschlag ins Gesicht.

Mann (junger Mann). Ambulante Behandlung mit zunächst einer Operation. Erhebliche Schmerzen. Im Rahmen einer nach der Abheilung erfolgten Operation wurde Narbengewebe entfernt, dass sich aufgrund der Orbitabodenfraktur gebildet hatte und auf den sog. Unteraugennerv, einen wichtigen Gesichtsnerv gedrückt hatte. Dauerschaden / Spätfolgen: Tote Zähne im Bereich des linken Oberkiefers (Zähne 21-24).

Betrag: 6.000 € **Haftung: 100 %**
immVorb: Ja **MdE: –**

LG Freiburg 22.12.2017 – 6 O 186/17 = BeckRS 2017, 169052

5536

Gesichtsschädelfraktur in Form einer Mittelgesichtsfraktur (Jochbeinfraktur) mit Hämatombildungen der linken Gesichtshälfte nach Faustschlägen.

Mann. 3 Tage stationär. 2 Operationen. Dabei wurde zunächst das Jochbein durch Mikroplatten stabilisiert. Im Rahmen einer weiteren Operation wurden die Platten wieder entfernt. Vorsätzliche Körperverletzung. Dauerschaden: Fortdauernde Taubheit in der rechten Gesichtshälfte von der Schläfe bis zum Ohr sowie eine fortdauernde Gefühllosigkeit des Zahnfleisches des rechten Oberkiefers. Dies und die Tatsache, dass der Beklagte den Kläger körperlich angegriffen hat, ohne dass dieser ihm Anlass für diese Gewalttätigkeit gegeben hatte, führte – so das LG – zur festgesetzten Schmerzensgeldhöhe.

Betrag: 6.500 € **Haftung: 100 %**
immVorb: – **MdE: –**

LG Köln 27.4.2018 – 22 O 444/13 = BeckRS 2018, 9509

4870

Gesichtsschädelfraktur (hier: Jochbeinfraktur linksseitig mit Orbitabodenfraktur und Orbitawandfraktur und späterer verbleibender reizloser Oberlippennarbe sowie Gehirnerschütterung und Schneidezahnteilfraktur). Beids.Knieverletzung (hier: Knieplatzwunde und Kniegelenkprellung mit Knochenödem im Bereich der Oberschenkelknochengelenkknorpel), die jedoch bis auf eine Narbe am Knie folgenlos verheilte.

Frau. 6 Tage stationär und weitere 180 Tage ambulante Heilbehandlung. Dauerschaden: Narbe im Gesicht (hier:

Reizlose Oberlippennarbe) sowie Narben am linken Unterschenkel und am rechten Knie. Berücksichtigt wurde zudem das grob verkehrswidrige Verhalten des Beklagten.

Betrag: 6.500 € **Haftung: 100 %**
immVorb: – **MdE: –**

LG München II 7.3.2011 – 5 O 1837/09 = BeckRS 2011, 8215

6367

Gesichtsschädelfraktur und Gesichtverletzungen (hier: Komplexe Mittelgesichtsfraktur LeFort II mit Schnittverletzungen an Lid, Mund, Lippe und Kinn), Unterarmfraktur in Form einer distalen Radiusfraktur rechts sowie Schädelhirntrauma 1. Grades und Prellungen an Thorax, Becken und Oberschenkel.

Mann. Stationäre Behandlung. 4 Tage Intensivstation; während dieser Zeit lag der Kläger im Koma. 14 Tage stationäre Heilbehandlung. MdE nahezu 90 Tage 100 %. Möglicherweise erneute OP zur Osteosynthesematerialentfernung erforderlich. Dauerschaden: geringgradige Bewegungseinschränkung der rechten Hand. Bei der Bemessung orientierte sich das OLG an einem Urteil des OLG Köln Nr. → 5755 und führte dazu aus: „Die Orientierung an in anderen Fällen von der Rechtsprechung zugebilligten Beträgen ist dabei nicht nur zulässig, sondern wenigstens als Ausgangspunkt auch erforderlich, weil sich eine unmittelbare Relation zwischen einer Geldentschädigung und nur im seelischen Bereich liegenden Beeinträchtigungen nicht gewinnen lässt". [Lesenswert auch zum Thema „Rechtsanwaltsgebührenansatz bei komplexem Personenschaden"/RVG]. Ursache: Motorradunfall.

Betrag: 10.000 € **Haftung: 80 %**
immVorb: – **MdE: –**

OLG Brandenburg 3.2.2020 – 12 U 98/19 = BeckRS 2020, 3351

5755

Gesichtsschädelfrakturen, schwere (hier: Mittelgesichtsfraktur und multiple Gesichtsschädelfrakuren, Orbitabodenfraktur, Kalottenfraktur, Stirnhöhlenvorderwandfraktur, Nasenbeinfraktur und Kieferfrakturen mit Alveolarfortsatzfraktur) und Zahnverlust (hier: Verlust von vier Zähnen).

7j. Kind (Schüler). 23 Tage stationär. Langwierige ambulante Heilbehandlung. Dauerschaden: Leichter Gesichtsschiefstand bzw. Gesichtsasymmetrie. [Ursache: Verkehrssicherungspflichtverletzung auf einer Skateranlage].

Betrag: 10.000 € **Haftung: 100 %**
immVorb: – **MdE: –**

OLG Köln 17.3.2005 – 7 U 126/04 = BeckRS 2007, 1152

2548

Gesichtsschädelfraktur (hier: Jochbeinfraktur und Orbitabodenfraktur links. Es blieben „gelegentliche Zuckungen in dortigen Bereich" und Kopfschmerzen). Psychische Beeinträchtigung / Schock, durch Miterleben des Todes der Freundin.

23j. Frau. 1 Operation. Länger anhaltende Bewegungseinschränkung des Armes. Gelegentlich Zuckungen in linker Gesichtshälfte sowie Schwellneigung. Psychotherapeutische Behandlung.

Betrag: 11.504 € **Haftung: 100 %**
immVorb: – **MdE: –**

OLG Hamm 23.3.1998 – 6 U 191/97 = BeckRS 9998, 15899

5439

Gesichtsschädelfraktur (hier: Stirnhöhlenvorderwandfraktur und Schädelprellungen).

15j. Mann. Stationärer Aufenthalt mit zwei Operationen. Dauerschaden: Rezidivierende Kopfschmerzen. [Vorsätzliche Körperverletzung in brutaler Ausführung. Die zuvor seitens des Klägers erfolgte Beleidigung des Beklagten wertete das OLG nicht als schmerzensgeldmindernd, da der Beklagte es nach der Beweisaufnahme ohnehin auf die körperliche Auseinandersetzung mit dem jungen Mann abgesehen hatte].

Betrag: 13.000 € **Haftung: 100 %**
immVorb: – **MdE: –**

OLG Hamm 4.11.2016 – 9 U 135/15 = BeckRS 2016, 113064

4532

Gesichtsschädelfraktur (hier: Augenhöhlenfraktur und Jochbeinfraktur rechts mit Einblutung in das Bindegewebe des rechten Auges); Schädelhirntrauma mit Gehirnerschütterung sowie Hämatome / Bluterguss bzw. Blutergüsse der rechten Gesichtshälfte

Mann. 2 Wochen stationär. Operation der Gesichtsschädelfraktur mittels Metallteilimplantat. Vorsätzliche Körperverletzung nach Diskothekenbesuch. Das LG berücksichtigte bei der Bemessung auch die Brutalität der Beklagten und die „Einbuße an persönlicher Würde" durch den Kläger.

Betrag: 15.000 € **Haftung: 100 %**
immVorb: – **MdE: –**

LG Bremen 22.3.2012 – 2 O 2044/08 = BeckRS 2013, 2766

6686

Gesichtsschädelfraktur in Form einer Jochbeintrümmerfraktur sowie einer Oberkieferfraktur und Unterkieferfraktur.

29j. Mann. Mehrere Wochen stationär. Langwierige Heilbehandlung. Vorsätzliche Körperverletzung; der Kläger wurde von den Beklagten zusammengeschlagen und am Boden liegend mehrfach ins Gesicht getreten.

Betrag: 15.000 € **Haftung: 100 %**
immVorb: – **MdE: –**

OLG Jena 4.5.2010 – 4 U 696/09 = BeckRS 2010, 145908

7761

Gesichtsschädelfraktur in Form einer Orbitawandfraktur und Orbitabodenfraktur (= Fraktur des Augenhöhlenbodens zur Kieferhöhle auch Blow-out-Fraktur oder Überdruckfraktur genannt), Nasenbeinfraktur, Monokelhämatom, Schnittverletzungen an der Stirn sowie multiple schwerste Schürfwunden an Rumpf, Becken, Rücken, beiden Beinen und Armen sowie am rechten Handrücken mit Ablederung / Verbrennungen dritten Grades an Hüfte und Bein infolge des Sturzes vom Motorrad ohne Schutzkleidung.

Mann. 30 Tage stationär. Der Kläger musste sich insgesamt fünf Operationen zum großflächigen Wunddebridement mit Wunddesinfektion und Verbandswechsel unterziehen, zwei davon in Vollnarkose. Zwei große Hautdefekte am Rücken mussten mit Spalthaut versorgt werden. MdE 137 Tage 100 %. Ausgenommen die bei Wetterumschwüngen empfundenen leichten Schmerzen in den Narben lägen, so das OLG, keine „nennenswerten" Dauerfolgen vor. Bei der Schmerzensgeldbemessung orientierte sich das OLG ua an der Entscheidung des OLG Celle → Nr. 3639. [Ursache: Motorradunfall, – Kollision mit einem fliegenden Fasan, wodurch der Sozius, der einen Helm trug, verletzt worden war. In erster Instanz hatte der Kläger keinen Erfolg, weil sich der Unfall nicht „bei dem Betrieb" des Motorrads ereignet habe, so das LG Osnabrück. Das sah das OLG anders und zudem auch keinen Fall „höherer Gewalt" nach § 7 Abs. 2 StVG. Die Alkoholisierung des Sozius und das Fehlen spezieller weiterer Motorradschutzkleidung wertete das OLG bei diesem besonderen Sachverhalt nicht als Grund für ein Mitverschulden des Sozius, obwohl die massiven Schürfwunden durch eine Lederkombi hätten abgemildert werden können. Das OLG betonte dazu, dass „jedenfalls für Beifahrer … kein allgemeines Verkehrsbewusstsein, nur mit solcher Schutzkleidung mitzufahren" bestünde und verwies hierzu auf eine Entscheidung des OLG Celle BeckRS 2024, 7994. [Anmerkung: Siehe hierzu die Entscheidungsbesprechung von Kleine-König in NZV 2026, 237 sowie zur Thematik der Motorradschutzkleidung im Handbuch unter → Rn. 109 und zudem zur Frage des (bejahten) Mitverschuldens bei bei fehlendem Schutzhelm: OGH Österreich, Urteil vom 25.3.2025 – 2 Ob 15/25g, BeckRS 2025, 7392.]

Betrag: 17.000 € **Haftung: 100 %**
immVorb: – **MdE: –**

OLG Oldenburg 10.9.2025 – 5 U 30/25 = BeckRS 2025, 29570

6245

Gesichtverletzungen, schwerste (hier: Massive Zersplitterung des gesamten Gesichts mit Mittelgesichtsfraktur Le Fort II beidseitig sowie eine Orbitabodenfraktur beidseitig) und eine HWS-Distorsion mit Streckfehlhaltung und schweren Dauerfolgen.

Mann. Mehrere Wochen stationär mit zwei Aufenthalten und zwei Operationen, davon eine siebenstündige schweren Operation zur Wiederherstellung des Gesichts, von dem der Chirurg ausführte, dass das ganze Gesicht derart zersplittert gewesen sei, dass es äußerst schwierig gewesen sei, die Operation durchzuführen. Dauerschaden: Dyssymetrie des Gesichts, Kieferbewegungseinschränkung, so dass der Kläger seinen Mund nicht vollständig öffnen kann, beim Beugen nach vorne treten ziehende Schmerzen im Bereich des Gesichts auf. Zudem leidet der Kläger an unter Schmerzen im Bereich der Halswirbelsäule mit Bewegungsknacken über C5 sowie unter Knackgeräuschen im Kiefer, Knackgeräuschen am Nacken und ziehenden Schmerzen an der linken Wange bei Wetterumschwung und beim Heben von schweren Sachen. [Ursache: Vorsätzliche Körperverletzung durch zwei gezielte Faustschläge in das Gesicht des Klägers sowie einen nachfolgenden Tritt in das Gesicht].

Betrag: 18.000 € **Haftung: 100 %**
immVorb: Ja **MdE: –**

LG Frankenthal 16.5.2013 – 6 O 52/13 = BeckRS 2013, 198728

7858

Schädelfraktur / Gesichtsschädelfraktur (hier: Kalottenfraktur mit subarachnoidaler Blutung (Subarachnoidalblutung – kurz: SAB) frontal links in Verbindung mit einer Mittelgesichtsfraktur in Form einer Le Fort I Fraktur rechts und eine Nasenbeinfraktur.) und Geruchssinnbeeinträchtigung und Geschmacksinnbeeinträchtigung. Zudem erlitt der Kläger eine Schulterverletzung links in Form einer AC-Schultergelenkssprengung und Jochbeinfraktur links. Weitere Verletzungen waren eine Riss-/Quetschwunde frontal links und ein Bluterguss bzw. ein subkutanes Hämatom nach Hüftprellung links.

68j. Mann. Stationäre Behandlung. Dauerschaden: Belastungseinschränkung / Funktionseinschränkung des Schultergelenks; insofern führte das LG aus, die Ehefrau des Klägers habe „anschaulich und lebensnah beschrieben, dass die Schulter die „Baustelle" sei und ihr Mann zum Beispiel keine Wasserkisten mehr tragen könne; ebenso "das Tragen schwerer Gegenstände als auch wegen einer Funktionseinschränkung im Handgelenk das Öffnen einer Flasche„, das "nicht mehr möglich bzw. mit erhöhter Kraftanstrengung eingehe.„ Ebenso bereite ihm das Öffnen einer Wasserflasche Probleme." Zudem blieb aufgrund der Schädelfraktur eine Geruchssinnbeeinträchtigung und Geschmacksinnbeeinträchtigung zurück. [Fahrradunfall. Der Kläger trug keinen Fahrradhelm, doch dies wertete das Gericht nicht als Grund für ein Mitverschulden. Vgl. jedoch dazu im Handbuch unter → Rn. 108].

Betrag: 19.000 € **Haftung: 100 %**
immVorb: Ja **MdE: –**

OLG Hamm 22.11.2022 – 7 U 8/22 = BeckRS 2022, 47090

3626

Gesichtsschädelfraktur (hier: Jochbeinfraktur, Kieferhöhlenfraktur und Orbitafraktur mit erheblicher Beeinträchtigung – Verkleinerung – des rechten Auges und geringer Beeinträchtigung der Empfindungsfähigkeit in der Oberlippe.)

Mann. Stationärer Aufenthalt. MdE 6 Wochen 100 %. Dauerschaden: Verkleinerung des rechten Auges. Spätere Folgeoperationen sind nicht auszuschließen.

Betrag: 20.000 € **Haftung: 100 %**
immVorb: Ja **MdE: –**

LG Göttingen 30.12.2003 – 4 O 98/03 = BeckRS 2003, 154777

5855

Gesichtsschädelfraktur / Gehirnschädigung (hier: Gesichtschädelfraktur mit Kieferhöhlenvorderwandfraktur und Kieferhöhlenhinterwandfraktur links, Orbitaboden- und Orbitawandfraktur links sowie Jochbogenfraktur links und daraus resultierender beidseitiger komplett aromatischer Anosmie mit Gesichtssensibilitätsstörungen. Zudem erlitt der Kläger eine Gehirnquetschung bzw. eine rechtsbetonte bifrontale Hirnkontusion und ein rechtsbetontes Hirnödem sowie einen Hörstörung rechts).

Mann. 55 Tage stationär mit zwei Krankenhausaufenthalten. MdE 240 Tage 100 %. Dauerschaden: MdE 70 %, Depressionen, Geruchsinnverlust, Gehörschaden mit Hörminderung mit Tinnitusgeräuschen, Sensibilitätsstörung im Bereich der linken Wange sowie Kopfschmerzen mit Konzentrationsstörungen, Gleichgewichtsstörungen. [Ursache: Vorsätzliche Körperverletzung mittels Faustschlag in das Gesicht des Klägers, der dadurch rücklings zu Boden fiel und mit dem Hinterkopf auf die Straße aufschlug].

Betrag: 20.452 € **Haftung: 100 %**
immVorb: Ja **MdE: 70 %**

LG Dortmund 6.12.2002 – 3 O 323/02 = BeckRS 2010, 13051

6700

Gesichtsschädelfraktur, schwere … und weitere Gesichtsverletzungen (hier: zentrale Mittelgesichtsfraktur in der Le Fort II-Ebene beidseits mit Impression des gesamten zentralen Mittelgesichtsfragmentes nach dorsal, verbunden mit einer Nasengerüstfraktur und Orbitabodenfraktur beidseits sowie multiplen Gesichtsverletzungen. Zahnfraktur der

Zähne 12 und 21. Zerstörung der Tränenwege links und Gehirnerschütterung).

Mann (Polizist). 22 Tage stationäre Behandlung (3 Aufenthalte) mit aufwändiger Operation. Bei der OP wurde „zunächst das Mittelgesicht durch Herausziehen mit einem Haken in die richtige Lage gebracht, sodann eine Vielzahl von Knochenfragmenten mit beidseits infraorbital eingesetzten Osteosyntheseplatten fixiert und schließlich die zertrümmerte und dadurch extrem verbreiterte Nasenpyramide mit Gips außen und Tamponade innen in Form gebracht". Langwierige Heilbehandlung. MdE 91 Tage 100 %. Dauerschaden: Eine mäßig sichtbare Narbe am Nasenrücken, eine leichte Schiefstellung der Nase nach links sowie ein leichtes Herabhängen des rechten Unterlides davongetragen, ferner eine Hypästhesie (Taubheitsgefühl) des Nervus infraorbitalis links. Die Gesamt-MdE wurde auf 10 % beziffert. [Ursache: Vorsätzliche Körperverletzung durch einen aus dem Lauf heraus durchgeführten sehr heftiger Tritt gegen den ungeschützten Kopf des am Boden knieenden Beamten (Nebenkläger). Durch die Wucht des Trittes fiel der Nebenkläger sofort nach hinten über; er schrie vor Schmerz laut auf und blieb mit schwersten, ihn beinahe bis zur Unkenntlichkeit entstellenden Gesichtsverletzungen, aber bei vollem Bewusstsein am Boden liegen. Entsetzt stellte er fest, dass seine Nase nicht mehr zu tasten war und er auf dem rechten Auge nichts sehen konnte. Die Entscheidung über das Schmerzensgeld erging im Adhäsionsverfahren; der Angeklagte wurde wegen versuchten Totschlags mit gefährlicher Körperverletzung und anderen Straftaten verurteilt. Sowohl die Freiheitsstrafe (5 Jahre), die unter Einbeziehung von 4 weiteren, zum Teil schwerwiegenden Straftaten verhängt wurde, als auch das Schmerzensgeld sind angesichts der Tat, der Tatumstände sowie der schweren Verletzungen und Verletzungsfolgen unangemessen niedrig].

Betrag: 25.000 € **Haftung: 100 %**
immVorb: – **MdE: 10 %**

LG Düsseldorf 25.1.2013 – 7 Ks 12/12 = BeckRS 2013, 197347

3912

Gesichtsschädelfraktur sowie Schädelfraktur und Unterkieferfraktur. Zudem erlitt der Kl. eine Beckenfraktur sowie Verbrennungen am rechten Oberschenkel.

39j. Mann. Stationärer Aufenthalt. Mehrere Operationen. Hauttransplantationen. MdE 2 Monate 100 %; 2 Wochen 80 % sowie weitere 2 1/2 Monate 70 %. Bei der Schmerzensgeldbemessung berücksichtigte das OLG erhöhend, dass es in einem solchen Fall (siehe Anmerkung) der materiellen Gerechtigkeit entspicht, dem Unfallopfer eine Genugtuung für das erlittene Unrecht zukommen zu lassen, ebenso wie bei Fällen der schweren Körperverletzung, die sich außerhalb des Straßenverkehrs ereignen. Schmerzensgeldmindernd wurde jedoch berücksichtigt, dass der Kläger den Beklagten vor dem Unfall provoziert hatte, in dem er diesem den erhobenen Mittelfinger zeigte. [Anmerkung: Fahrradunfall, der vom Beklagten vorsätzlich herbeigeführt worden war; vorsätzliche Körperverletzung. Der Beklagte wurde wegen vorsätzlichem gefährlichen Eingriff in den Straßenverkehr in Tateinheit mit schwerer Körperverletzung zu einer Freiheitsstrafe von 18 Monaten verurteilt, deren Vollstreckung zur Bewährung ausgesetzt wurde].

Betrag: 25.000 € **Haftung: 100 %**
immVorb: – **MdE: –**

OLG Saarbrücken 27.11.2007 – 4 U 276/07 = BeckRS 2008, 1755

5683

Gesichtsschädelfrakturen / Gesichtverletzungen (hier: Stirnhöhlenvorderwandfraktur in Form einer Stirnhöhlenimpressionsfraktur, beidseitige Augenhöhlenfraktur in Form einer beidseitigen Orbitawandfraktur und einer beidseitigen Orbitadachfraktur mit Knochenfragmentverlagerung und Augenmuskelverletzung bzw. Verletzung des Muskulus rectus superior in Verbindung mit einer Risswunde an der linken Augenbraue, Nasenbeinfraktur und beidseitige Kieferhöhlenfrakturen). Zudem erlitt der Kläger noch eine schwere Ellenbogenfraktur in Form einer Ellenbogentrümmerfraktur sowie zahlreiche Risswunden und Quetschwunden.

Mann (junger Mann). 19 Tage stationär mit zwei Aufenthalten. Dauerschaden: Entstellende Narbe am Kopf. Wörtlich führt das OLG dazu aus: „Bügelschnittnarbe, die sich über dem gesamten vorderen Kopfbereich zieht, deutlich sichtbar ist. Sie wird den noch jungen Kläger Zeit seines Lebens begleiten und sein Aussehen beeinträchtigen". Feststellungsinteresse wegen: „noch nicht absehbare Beschwerden ... wie etwa eine künftig einsetzende Arthrose im Ellenbogengelenk".

Betrag: 25.565 € **Haftung: 100 %**
immVorb: Ja **MdE: –**

OLG Stuttgart 31.5.2001 – 19 U 22/2001 = BeckRS 2001, 17779

2742

Gesichtsverletzung, schwere / Oberkieferfraktur (hier: Schwerste Gesichtschädeltrümmerfraktur mit Knochen-, Knorpel- und Weichteilverletzungen im Bereich der Stirn, der Wangen, der Nase und Oberlippe. Zahnverlust [ein Zahn]. Oberkieferfraktur.

Frau („junge ..."). 6 Wochen stationär; 6 weitere Wochen arbeitsunfähig. Langwierige Heilbehandlung; Dauerschaden: Gesicht nicht entstellend; aber Narbe, hasenschartenähnlich.

Betrag: 33.234 € **Haftung: 100 %**
immVorb: – **MdE: –**

OLG Koblenz 31.5.1999 – 12 U 729/98 = unveröffentlicht

2572

Gesichtschädelfraktur / Gesichtverletzung (hier: Stirnhöhlenfraktur / Kiefernhöhlenfraktur, Nasenbeintrümmerfraktur [vgl. Mittelgesichtfraktur]. Folge: Tinnitus, Geruchssinnverlust [Anosmie], Geschmackssinnbeeinträchtigung [Hypogeusie]), Bissfehlstellung.

22j. Mann. 7 Wochen stationär, 8 Monate Behandlung. Dauerschaden: Tinnitus. Geruchssinnverlust, Kopfschmerzen. Extreme Regulierungsverzögerung! [Billigkeitshaftung gem. 829].

Betrag: 33.234 € **Haftung: 100 %**
immVorb: – **MdE: –**

OLG Nürnberg 30.10.1997 – 8 U 1741/97 = BeckRS 9998, 15578

5864

Kopfverletzungen, schwere / Gesichtschädelfrakturen und weitere Verletzungen (hier: „Linksseitig kam es zur Ausprägung eines Bruches des Jochbeines sowie des Schläfenbeines mit Blutung unter die harte Hirnhaut, welche operativ entfernt werden musste. Rechtsseitig erlitt die Klägerin eine massive Unterblutung der Haut der rechten Gesichtshälfte. Der rechte Unterkiefer und das Nasenbein waren gebrochen. Der Nasenbeinbruch führte zu einer massiven Unterblutung der Augenober- und -unterlider auf beiden Seiten. Durch Einwirkungen auf den Hals erlitt die Klägerin einen mehrfachen Zungenbeinbruch. Die Außenseite der rechten Schulter sowie des Oberarmbereichs und der rechten Rückenseite waren aufgrund stumpfer Gewalteinwirkung durch Schläge oder hierdurch verursachte Stürze ebenfalls massiv unterblutet. Ferner wiesen beide Brustdrüsen Unterblutungen auf, die durch Gewalteinwirkung verursacht wurden. Die Verletzungen des Kopfes mit der Unterblutung unter die harte Hirnhaut begründeten eine akute Lebensgefahr für die Klägerin").

Frau. Die Klägerin musste 16 Tage stationär – zunächst intensivmedizinisch – behandelt werden. Infolge der Kopfverletzungen musste sich die Klägerin anschließend 75 Tage einer Rehabilitationsmaßnahme unterziehen. Dauerschaden: „Die Klägerin leidet noch heute unter dem Geschehen".Zur Bemessung führte das OLG aus: „Vorliegend erachtet der Senat aufgrund der oben aufgeführten Verletzungsfolgen, insbesondere aber auch wegen der im Hinblick auf die Art und Weise der Tatbegehung – erhebliche und vorsätzliche Misshandlungen – besonders ins Gewicht fallenden Genugtuungsfunktion ein Schmerzensgeld in der Größenordnung von 35.000,00 EUR auch unter Einbeziehung vergleichbarer Entscheidungen in der Rechtsprechung … für angemessen". [Ursache: Vorsätzliche Körperverletzung und massive und gewaltsame Misshandlung durch den Ehemann].

Betrag: 35.000 € **Haftung: 100 %**
immVorb: – **MdE: –**

OLG Brandenburg 30.9.2010 – 12 W 28/10 = BeckRS 2010, 24172

4140

Gesichtschädelfraktur / Gesichtverletzung (hier: Mittelgesichtfraktur Le Fort II mit Oberkieferfraktur und Jochbeinfraktur; Zahnverlust: 12 Zähne und massive Quetschungen und Risswunden im Mundbereich sowie Gehirnerschütterung.)

24j. Mann (Kraftfahrer). 2 Wochen stationär, davon eine Woche Intensivstation. MdE nahezu 2 Jahre 100 %. Sehr langwierige Heilbehandlung mit zahlreichen Gesichtsoperationen und Zahnbehandlungen. Dauerschaden: Gesichtsnarben; – gering sichtbare Narben im Gesicht. Ursache: Der Kl. wurde von einem Kanaldeckel im Gesicht getroffen. Dieser war von einem vorausfahrenden LKW hochgeschleudert worden. Die beklagte Stadt war dem Kl. gemäß § 2 I 2 iVm § 6 HaftPflG zum Ersatz des diesem entstandenen materiellen und immateriellen Schadens verpflichtet. [Anmerkung: Zum als Anspruchsgrundlage häufig übersehenen § 2 iVm § 6 Haftpflichtgesetz siehe im Handbuch unter → Rn. 14].

Betrag: 40.000 € **Haftung: 100 %**
immVorb: – **MdE: –**

OLG Karlsruhe 1.2.2010 – 1 U 137/09 = BeckRS 2010, 5078

3047

Gesichtschädelfrakturen, zahlreiche. Schädelhirntrauma 2.Grades; sowie beids.Oberschenkelfraktur.

Frau; „lange" stationär. Dauerschaden: Entstellungen durch Augapfelveränderung (der Augapfel ist zurückgesetzt) sowie Narben über der Augenhöhle. Zudem besteht eine leichte Gehbehinderung und eine Gehörschädigung sowie psychische Beeinträchtigung. Mithaftung wegen Nichtanlegen des Sicherheitsgurtes.

Betrag: 56.242 € **Haftung: 80 %**
immVorb: Ja **MdE: –**

LG München 13.1.1999 – 7 O 4576/98 = unveröffentlicht

3876

Gesichtsschädelfraktur: Multiple Mittelgesichtsfrakturen, Nasenbeinmehrfragmentfraktur. Schädelfraktur: Schädelhirntrauma, temporale Kalottenmehrfragmentfraktur rechts mit zentraler Impression. Weitere Verletzungen: Erstgradig offene Ellenbogenluxationsfraktur rechts, offene Grundgliedfraktur des rechten Kleinfingers, eingestauchte körpernahe Femurschaftfraktur rechts, isolierte proximale Figulafraktur rechts).

Mann. Stationäre Heilbehandlung. Langwierige Heilbehandlung. MdE 13 Monate 100 %. Dauerschaden: zentralvegetative Störungen in Form von Kopfschmerzen sowie Störungen des verbalen Gedächtnisses; Bewegungseinschränkung des re. Ellenbogengelenkes, Herabsetzung der groben Kraft des Armes und der Hand, Muskelminderung im Bereich des Ober- und Unterarmes, Taubheitsgefühl im Bereich des Ring- und kleinen Fingers sowie Bewegungseinschränkung des Hüftgelenks mit Außenrotations-Fehlstellung.

Betrag: 60.000 € **Haftung: 100 %**
immVorb: – **MdE: –**

OLG Rostock 26.9.2008 – 5 U 115/08 = BeckRS 2008, 20892

3037

Gesichtschädelfraktur, schwere; Mittelgesichtfraktur, Augenverlust (Teilerblindung) mit peripherer Fazialisparese, Felsenbeinfraktur, Schädelhirntrauma; Surditas rechts; Oberarmschaftfraktur und Oberschenkelfraktur.

Mann („noch sehr jung"). Dauerschaden: Entstellungen und psychische Schäden. Spätfolgen: Gefahr von Fazialparese und Hornhautschäden im Bereich des gesunden Auges.

Betrag: 76.694 € **Haftung: 100 %**
immVorb: Ja **MdE: –**

OLG Köln 1.6.2001 – 19 U 158/00 = BeckRS 2002, 5914

6695

Gesichtsschädelfrakturen und Gesichtsschädelverletzungen, schwere … mit bleibender Asymmetrie des Gesichtsschädels, Verlust eines Auges, Geruchsinnverlust, Geschmacksinnverlust sowie Narben im Gesicht.

23j. Mann. Stationäre Behandlung. Langwierige Heilbehandlung. Dauerschaden: Entstellung bzw. Verunstaltung des Gesichts und Geruchsinnverlust. Der junge Kläger erhielt nach österreichischem Recht ein Schmerzensgeld von 100.000 EUR sowie zudem eine sogenannte Verunstaltungsentschädigung in Höhe von 25.000 EUR.

Betrag: 125.000 € **Haftung: 100 %**
immVorb: – **MdE: –**

OGH Österreich 22.3.2018 – 2 Ob 218/17y = ZVR 2019, 127

3864

Gesichtverletzung, schwerste mit völliger Fragmentation des rechten Auges mit späterer Teilerblindung; o.Oberschenkelfraktur; drittgradige o.Unterschenkelfraktur.; Mittelfußfraktur; Schlüsselbeinfraktur; Unterarmfraktur.

39j. Frau (Bankkauffrau). Mehrere Monate stationär. In den ersten 3 Monaten wurden die Frakturen versorgt. Später mussten die Tränenkanäle wiederhergestellt werden. Erheblicher Dauerschaden: Nahezu völlige Erblindung – „bis auf die Unterscheidung hell-dunkel sowie der gelegentlichen schattenhaften Wahrnehmung größerer Gegenstände". Geruchsinnverlust, Geschmacksinnverlust, Gesichtsentstellung. Erhebliche Bewegungseinschränkungen und Belastungseinschränkungen. Pflegefall. Rollstuhlgebundenheit. Kapitalisiert beträgt das Schmerzensgeld ca. 313.000 EUR.

Betrag: 255.000 € **Haftung: 100 %**
immVorb: – **MdE: 100 %**
Rente: 200 €

OLG Frankfurt a. M. 15.2.2007 – 16 U 70/06 = BeckRS 2008, 4229

bb) Augenhöhlenverletzung

3757

Augenhöhlenfraktur mit Einblutungen in den Bereich der Siebbeinzelle und Schädelhirntrauma 1. Grades sowie zahlreiche Prellungen am Kopf und Körper. Schwere posttraumatische psychische Beeinträchtigungen.

8j. Kind (Schüler). 10 Tage stationär mit zwei Tagen auf der Intensivstation. MdE 18 Monate 30 % wegen psychischen Beeinträchtigungen die ggf. in einem Dauerschaden münden können.

Betrag: 5.113 € **Haftung: 100 %**
immVorb: – **MdE: –**

LG München I 17.10.2002 – 19 O 23908/00 = BeckRS 2002, 163093

4295

Augenverletzung (hier: Erhöhte Blendungserscheinungen / Blendempfindlichkeit, erhöhte nach LASIK-Operation).

21j. Mann. Zwei Folgeoperationen. Arzthaftung (hier: Aufklärungspflichtverletzung vor LASIK-Operation). Dauerschaden: Blendempfindlichkeit, erhöhte. der Kläger fährt infolge dieses Handicap nicht mehr selbst Auto. Zutreffend hat das OLG unberücksichtigt gelassen, dass der Kl. die Blendwirkung durch weitere Augenoptische Maßnahmen (Kontaktlinsen / Augenklappe) reduzieren könnte.

Betrag: 10.000 € **Haftung: 100 %**
immVorb: – **MdE: –**

OLG Köln 10.2.2010 – 5 U 120/09 = BeckRS 2010, 13580

3913

Augenhöhlenfraktur sowie Augenlidskalpierungsverletzung, bei welcher das rechte Augenlid bzw. die Kopfhaut bis zur Stirn aufgeschnitten und nach rechts weggeklappt worden war. Beckenringfraktur links mit Hüftverletzung; Rippenserienfraktur.

Mann. 3 Wochen stationär. MdE 3 Monate 100 % sowie weitere vier Wochen 60 %. Starke Schmerzen. Langwierige Heilbehandlung von über vier Monaten Dauer. Zudem waren weitere augenärztliche und zahnärztliche Behandlungen erforderlich. Dauerschaden: Taubheitsgefühl im verletzten Gesichtsbereich; Sehstörungen.

Betrag: 20.000 € **Haftung: 100 %**
immVorb: Ja **MdE: –**

LG Wiesbaden 3.5.2007 – 3 O 116/04 = BeckRS 2007, 32506

cc) Augenlidverletzung

6118

Augenlidverletzung durch fehlerhaftes Permanent Make-ups mit „einer leichten Narbenbildung„. Zu den Folgen hatte ein vom Senat beigezogener SV ausgeführt, "dass sich diese Spuren infolge der weiteren Laserbehandlungen verringert haben bzw. noch verringern werden, auch wenn es keine Garantie dafür gibt, dass der grünlich-weiße Farbumschlag restlos entfernt werden kann. Es besteht daher auch keine – ohnehin streitige – Notwendigkeit für die Klägerin, diese Spuren „ein Leben lang“ aufwendig zu überschminken".

Frau. Schönheitsbehandlung. Hierzu führte das OLG aus: „Gehen – geringfügige – Beeinträchtigungen nicht über das hinaus, was die übliche Folge der Erstellung eines Permanent Make-ups (oder einer sonstigen Tätowierung) ist, und rechtfertigen sie überhaupt nur deshalb ein Schmerzensgeld, weil die Ausführung des Permanent Make-ups mangelhaft war und deshalb keine wirksame Einwilligung der Klägerin vorlag, ist unter Berücksichtigung der Laserbehandlungen zur Korrektur der Lidstriche bzw. Entfernung der Farbausläufe und des Umstands, dass sich die mangelhafte Leistung im Augenbereich befand, ein Schmerzensgeld iHv 600 EUR angemessen“. Erhöhend wertete das OLG die Regulierungsverzögerung, verursacht durch ein beharrliches Leugnen eines Behandlungsfehlers seitens der Beklagten. [vgl. auch OLG Frankfurt a.M. → Nr. 7042].

Betrag: 600 € **Haftung: 100 %**
immVorb: – **MdE: –**

OLG Köln 28.7.2017 – 19 U 50/17 = BeckRS 2017, 131645

3913

Augenhöhlenfraktur sowie Augenlidskalpierungsverletzung, bei welcher das rechte Augenlid bzw. die Kopfhaut bis zur Stirn aufgeschnitten und nach rechts weggeklappt worden war. Beckenringfraktur links mit Hüftverletzung; Rippenserienfraktur.

Mann. 3 Wochen stationär. MdE 3 Monate 100 % sowie weitere vier Wochen 60 %. Starke Schmerzen. Langwierige Heilbehandlung von über vier Monaten Dauer. Zudem waren weitere augenärztliche und zahnärztliche Behandlungen erforderlich. Dauerschaden: Taubheitsgefühl im verletzten Gesichtsbereich; Sehstörungen.

Betrag: 20.000 € **Haftung: 100 %**
immVorb: Ja **MdE: –**

LG Wiesbaden 3.5.2007 – 3 O 116/04 = BeckRS 2007, 32506

6457

Gesichtverletzung in Form eines Horner-Syndroms [= Pupillenverengung (Miosis), Herabhängen des Oberlids (Ptosis) und einem gering in die Augenhöhle eingesunkenen Augapfel (Enophthalmus)] sowie Schulterdystokie / Schulterverletzung mit Schulterschiefstand, linksseitiger Armplexuslähmung und Armverschmächtigung links.

Kind (Mädchen). Arzthaftung (hier: Behandlungsfehler bei der Geburt der Klägerin. Es kam zu einer Schulterdystokie und einem Horner-Syndrom da sich die Schulter im Geburtskanal verkeilt hatte). Dauerschaden: Entstellung im Gesicht als Folge des Horner-Syndroms [= Pupillenverengung, Herabhängen des Oberlids bzw. Augenlidlähmung und einem gering in die Augenhöhle eingesunkenen Augapfel] sowie Funktionsbeeinträchtigung durch Verschmächtigung des linken Arms. Hierzu führt das LG aus, dass „der linke Arm ein vermindertes Wachstum aufweist" und die Klägerin „in der Motorik stark beschränkt ist und die Hand nur noch iS einer Hilfshand eingesetzt werden kann, dauerhaft und erheblich in ihrem Alltagsleben, in der Schule, bei sportlicher Betätigung, zB beim Fahrradfahren, sowie in ihrer künftigen Berufswahl beeinträchtigt. Sie wird darauf angewiesen sein, in regelmäßiger krankengymnastischer Behandlung zu bleiben, um ihren Status nicht zu verschlechtern, insbesondere auch Beschwerden etwa im Bereich der Wirbelsäule zu vermeiden". Bezüglich der Entstellung betonte das LG zutreffend, dass diese „für ein heranwachsendes Mädchen im gesellschaftlichen Bereich nachteilig und belastend ist".

Betrag: 40.000 € **Haftung: 100 %**
immVorb: Ja **MdE: –**

LG Hechingen 15.10.2004 – 2 O 285/02 = BeckRS 2004, 12738

dd) Nasenverletzungen

4848

Risswunde am Nasenbein.

Frau. Ambulante Heilbehandlung (die Wunde wurde mit einem Pflaster versorgt) noch an Bord des Kreuzfahrtschiffes. Die Klägerin begehrte 600 EUR, da sie – neben der Verletzung – auch in der Ausübung ihres Urlaubes beeinträchtigt worden war und weder den bordeigenen Swimmingpool nutzen noch an einem Landgang nach Luxor teilnehmen konnte. Das AG sah wegen der Geringfügigkeit der entgangenen Urlaubsfreuden hierfür keinen Schmerzensgeldanspruch als gegeben und halbierte die Forderung der Klägerin.

Betrag: 300 € **Haftung: 100 %**
immVorb: – **MdE: –**

AG Rostock 14.5.2014 – 47 C 135/12 = unveröffentlicht

6499

Nasenverletzung (hier: Risswunde und Schürfwunde an der Nase. Die Nase war einige Tage lang geschwollen und schmerzte).

Frau. Ambulante Behandlung an Bord mittels eines Pflasters; zudem bekam die Klägerin dort Schmerztabletten verabreicht. [Urlaubsbeeinträchtigung: Die Klägerin wurde auf einem Kreuzfahrtschiff von einem Steward versehentlich mit dem von diesem gehaltenen Tablett verletzt. Sie konnte deshalb an einem geplanten Ausflug nach Luxor nicht teilnehmen und zudem nicht mehr schwimmen. Siehe zur Thematik der Reisemängel bei Kreuzfahrten auch Stamer, Reisemängel bei Kreuzfahrten, DAR 2024, 709, 713].

Betrag: 300 € **Haftung: 100 %**
immVorb: – **MdE: –**

AG Rostock 25.10.2010 – 47 C 135/13 = BeckRS 2014, 8348

3838

Nasenverletzung (hier Haarrissam Nasenbeinknochen mit Nasenschwellung nach Fausschlag in das Gesicht der Klägerin).

Frau. MdE 3 Tage 100 %. Anmerkung: Daneben wurde der Kl. ein Schmerzensgeld von 250,- EUR wegen Beleidigung als „Scheiß Lesbe" zuerkannt.

Betrag: 500 € **Haftung: 100 %**
immVorb: – **MdE: –**

AG Düsseldorf 3.6.2008 – 43 C 2072/07 = BeckRS 2008, 12557

3200

Nasenverletzung / Nasenplatzwunde, die stark blutete.

Frau; MdE 5 Tage 100 %. Dauerschaden: Sichtbare Narbe auf dem Nasenrücken. (Ursache / Verkehrssicherungspflichtverletzung: Die Klägerin lief gegen eine automatische Glastüre, die sich nicht rechtzeitig geöffnet hatte).

Betrag: 600 € **Haftung: 100 %**
immVorb: – **MdE: –**

AG Bad Oldesloe 3.5.2002 – 2 C 245/01 = BeckRS 2002, 162096

5515

Gesichtsverletzung (hier: Ca. 2 cm lange Platzwunde an der Nasenwurzel des Klägers und eine 1 cm langen Wunde im Bereich des linken Mundwinkels) nach Schlägerei.

Mann. Vorsätzliche Körperverletzung: Der Beklagte schlug dem Kläger „nach sehr kurzer verbaler Auseinandersetzung mindestens zweimal ins Gesicht, wodurch dieser über der Nase und im Mundwinkel verletzt wurde".

Betrag: 700 € **Haftung: 100 %**
immVorb: – **MdE: –**

LG Köln 26.10.2016 – 1 S 261/16 = BeckRS 2018, 418

3766

Nasenverletzung (hier: Risswunde vom linken Nasenloch zur Nasenspitze).

4j. Kind / Junge. Ambulante Heilbehandlung mittels Vernähen der Wunde. Es blieb eine kleine Narbe zurück.

Betrag: 700 € **Haftung: 100 %**
immVorb: – **MdE: –**

AG Bonn 29.1.2003 – 11 C 339/02 = unveröffentlicht

3501

Nasenverletzung

Frau. Arzthaftung: Fehlgeschlagene Schönheitsoperation. Es sollten Gesichtsfalten beseitigt werden. Dauerschaden: Nasenflügelnarben.

Betrag: 1.000 € **Haftung: 100 %**
immVorb: – **MdE: –**

OLG Düsseldorf 1.8.2002 – 8 U 206/01 = BeckRS 2002, 30276026

7378

Nasenverletzung (hier: Nasenschiefstand in Form eines kantigen Huckels mit Behinderung der Nasenatmung).

Mann. Arzthaftung im Zusammenhang mit der Behandlung einer Nasenbeinfraktur. Das OLG bewilligte den Antrag auf Prozesskostenhilfe und führte dazu sowie zur Schmerzensgeldhöhe aus: „Die behaupteten Sekundärschäden aus dem vermeintlichen Behandlungsfehler beschränken sich hier schon nach der Darstellung des Antragstellers neben einem „unangenehmen Druck auf dem Nasenbein" und einer Behinderung der Nasenatmung im Wesentlichen auf optische Beeinträchtigungen (kantiger Huckel, Nasenschiefstand), deren Erheblichkeit angesichts der zur Begründung des Anspruchs erhobenen

Behauptung, die zugrundeliegende Fraktur sei von dem behandelnden Arzt übersehen worden, zweifelhaft ist. Auf dieser Grundlage kommt ein Schmerzensgeld von nicht mehr als 5000,- EUR in Betracht".

Betrag: 5.000 € **Haftung: 100 %**
immVorb: – **MdE: –**

OLG Dresden 20.5.2022 – 4 W 245/22 = BeckRS 2022, 12462

4724

Nasenverletzung / Hundebiss (hier: tiefe, bis in die Unterhaut [= Subkutis] reichende Nasenrückenverletzung in Form einer ca. 4 cm langen Bisswunde die sich „triangelförmig" über den Nasenflügel erstreckte).

Frau. Ambulante Heilbehandlung, bei der die Bisswunde genäht wurde. Hundebissverletzung.

Betrag: 5.000 € **Haftung: 100 %**
immVorb: Ja **MdE: –**

LG Hamburg 26.3.2012 – 307 O 429/10 = BeckRS 2012, 214226

3500

Nasenverletzung (hier: „Nachhaltige Verunstaltung" der Nase).

Mann. Arzthaftung: Fehlgeschlagene Schönheitsoperation. Es wurde eine Revisionsoperation notwendig.

Betrag: 6.000 € **Haftung: 100 %**
immVorb: – **MdE: –**

OLG Düsseldorf 6.3.2003 – 8 U 72/02 = BeckRS 2003, 6557

7106

Nasenverletzung (hier: multiple oberflächliche Bisspuren am Nasenbein sowie eine ca. 2x2 cm große Hautablederung der Nasenspitze mit verbleibender Narbe).

Frau. Ambulante Behandlung mit Lasertechnik. Dauerschaden: Narbe an der Nase. Hierzu führte das LG aus: „Diese wird sich wahrscheinlich nicht mehr vollständig zurückbilden. Eine solche Gesichtsverletzung beeinträchtigt das Erscheinungsbild und kann auch eine psychische Belastung darstellen." [Ursache: Tierhalterhaftung – Hundebiss beim „Verabschieden" des Hundes].

Betrag: 7.000 € **Haftung: 70 %**
immVorb: – **MdE: –**

LG Köln 3.11.2022 – 14 O 304/21 = BeckRS 2022, 36160

6535

Nasenverletzung und Gesichtsverletzung (hier: Massive Schnittwunde von der Nase über die Nasolabiafalte rechts infolge derer die Nasenspitze rekonstruiert werden musste sowie eine massive Risswunde im oberen Stirnbereich, knapp unterhalb des Haaransatzes und zwar im oberen Stirnbereich mit Skalpierung). Hinzu kamen die starken Schmerzen unmittelbar am Unfalltag und der Schock unter dem die Klägerin stand, die nach dem Unfall um ihr Leben bangte.

13j. Kind (Schülerin). 4 Tage stationäre Behandlung mit Operation zur Rekonstruktion der Nasenspitze. Die Schnittwunden bzw. Risswunden mussten genäht werden; im oberen Bereich mit bis zu 13 Stichen. Dauerschaden: Narben im Gesicht, zu der das LG ausführte: „Auch wenn die zum Unfallzeitpunkt 13 Jahre alte Klägerin die Narbe im Stirnbereich beim Tragen einer entsprechenden Frisur verdecken kann, so verbleibt möglicherweise ihr Leben lang noch die hellere Narbe im Nasenbereich. Denn zumeist verblassen Narben erst nach Jahren und sind oft ein Leben lang zu erkennen. Dies stellt für die Klägerin eine nicht unerhebliche Lebensbeeinträchtigung, insbesondere hinsichtlich ihres Soziallebens dar". [Ursache: Verkehrssicherungspflichtverletzung].

Betrag: 7.000 € **Haftung: 70 %**
immVorb: – **MdE: –**

LG Kaiserslautern 19.6.2020 – 3 O 639/19 = BeckRS 2020, 14125

3425

Nasenabriss / Gesichtsverletzung (hier: Durch Hundebiss wurde die Nasenspitze mit Knorpel abgerissen). Weitere Bisswunden am Ohr und Ellenbogen.

Frau (Tierärztin). Stationäre Behandlung. Mehrere Operationen zur Nasenrekonstruktion, die jedoch nicht vollständig möglich war. Dauerschaden: Entstellung infolge der sichtbaren Verletzungsfolgen / Narben von 3 mal 3 cm.

Betrag: 15.339 € **Haftung: 100 %**
immVorb: Ja **MdE: –**

OLG Hamm 26.9.2002 – 6 U 14/02 = BeckRS 2002, 9873

ee) Nasenbeinfraktur

7380

Nasenbeinfraktur in Verbindung mit „der damit einhergehenden Schwellung" sowie LWS-Syndrom und eine LWS-Blockierung.

Frau. Ambulante Behandlung der Nasenbeinfraktur; anschließend Physiotherapie wegen des LWS-Syndroms. Die Kl. litt „etwa 10 tage" unter Schmerzen. Folgenlose Verheilung. Bei der Schmerzensgeldbemessung orientierte sich das LG an den Entscheidungen des AG Langen → Nr. 1261 sowie an einem ebenfalls bereits mehr als 30 Jahre alten Urteil des AG Augsburg. Schmerzensgelderhöhend wertete das LG, dass die Klägerin anfangs Schwierigkeiten hatte, nachts zu schlafen. Mindernd wertete es, dass die Klägerin erst nach mehreren Tagen zum Arzt gegangen war und insgesamt nur 10 Tage Schmerzen erleiden musste.

Betrag: 700 € **Haftung: 100 %**
immVorb: – **MdE: –**

LG Lübeck 26.4.2024 – 3 O 158/22 = BeckRS 2024, 12619

2780

Gesichtverletzung (hier:Nasenbeinfraktur), Gehirnerschütterung, Brustkorbprellung und weitere Prellungen und Schürfungen [Schürfwunden].

Frau. 1 Woche stationär und längere Zeit arbeitsunfähig.

Betrag: 767 € **Haftung: 33 %**
immVorb: – **MdE: –**

OLG Celle 29.7.1997 – 5 U 166/96 = BeckRS 1997, 127030

6065

Nasenbeinfraktur, schwere / Gesichtschädelfraktur (hier: Nasenbeinmehrfragmentfraktur mit Dislokation und Nasenscheidewandfraktur mit absteigender Fraktur von der Nasenwurzel in den Orbitalboden links im Sinne einer

Mittelgesichtsfraktur), Monokelhämatom links sowie eine Sehstörung mit Doppelbildern bei Blick nach oben und nach unten.

Mann (Jugendlicher). 1 Tag stationär. 6 Tage ambulante Heilbehandlung mit Nasengipsverband, den der Kläger für weitere 14 Tage zu tragen hatte. [Ursache: Vorsätzliche Körperverletzung bei kurzer Rangelei – Faustschlag ins Gesicht].

Betrag: 1.250 € **Haftung: 100 %**
immVorb: Ja **MdE: –**

AG Aachen 18.11.2003 – 10 C 320/03 = BeckRS 2015, 18974

3948

Nasenbeinfraktur (hier: o.Nasenbeinfraktur und Halsverletzung in Form einer Weichteilverletzung am Hals.)

Mann. Langwierige Heilbehandlung; es dauerte insgesamt 6 Monate, bis der Kläger beschwerdefrei war. Vorsätzliche Körperverletzung durch massiven Faustschlag ins Gesicht und erhebliches Würgen am Hals.

Betrag: 1.278 € **Haftung: 100 %**
immVorb: – **MdE: –**

AG Flensburg 10.8.2000 – 68 C 88/00 = BeckRS 2000, 30467

7494

Nasenbeinfraktur sowie Gesichtsprellung und Prellungen an der rechten Schulter.

Frau. „Die Klägerin war zunächst teilweise hilflos, blutete stark, musste (ambulant) behandelt werden." Für die Dauer von 14 Tagen litt sie unter „erheblichen Schmerzen" und nahm „gängige Schmerzmittel". „Bei voller Haftung" erachtete das AG 3.000 EUR für „angemessen". [Ursache: Verkehrssicherungspflichtverletzung im Baumarkt; die Kl. fiel über einen Stapel Fliesen, der in einem Gang, hinter einer Abzweigung stand].

Betrag: 1.500 € **Haftung: 50 %**
immVorb: – **MdE: –**

AG Cloppenburg 7.11.2024 – 21 C 462/24 = BeckRS 2024, 37440

6502

Nasenbeinfraktur und Schürfungen.

Mann. Ambulante Heilbehandlung. Vorsätzliche Körperverletzung durch einen gezielten Faustschlag in das Gesicht des Klägers.

Betrag: 1.500 € **Haftung: 100 %**
immVorb: – **MdE: –**

AG Rudolstadt 7.2.2012 – 380 Js 10174/11 = BeckRS 2012, 4301

4165

Nasenbeinfraktur / Gesichtverletzung nach Schlag in's Gesicht.

Mann. Sehr schmerzhafte Verletzung. Langwierige Heilung. Vorsätzliche Körperverletzung.

Betrag: 1.500 € **Haftung: 100 %**
immVorb: – **MdE: –**

AG Brilon 24.7.2009 – 8 C 175/09 = BeckRS 2009, 139911

3688

Gesichtverletzung (hier: Nasenbeinfraktur sowie zahlreiche kleine Verletzungen im Gesicht). Prellungen und Bluterguss und Quetschungen (hier: Oberschenkelprellung, Dauemverletzung, Schulterquetschung).

Mann. Ambulante Heilbehandlung. Ursache: Vorsätzliche Körperverletzung durch Schlag in das Gesicht.

Betrag: 1.534 € **Haftung: 100 %**
immVorb: – **MdE: –**

AG Freiburg 19.9.2000 – 11 C 1707/00 = unveröffentlicht

7310

Nasenbeinfraktur nach Schlag ins Gesicht.

Frau. Die Fraktur musste mittels eines operativen Eingriffs medizinisch behandelt werden. Gegenstand des Verfahrens sind Schmerzensgeldansprüche der Ast. einschließlich Nebenforderungen aufgrund eines Nasenbeinbruchs nach einer häuslichen Auseinandersetzung unter Ehegatten. [Anmerkung: Zur Verwirkung des Schmerzensgeldanspruchs eines Ehegatten bei Versöhnungsversuch vgl. auch die Urteilsbesprechung von Budzikiewicz NZFam 2022, 475.]

Betrag: 1.900 € **Haftung: 100 %**
immVorb: – **MdE: –**

OLG Nürnberg 25.1.2022 – UF 801/21 = BeckRS 2022, 1915

7311

Nasenbeinfraktur nach Schlag ins Gesicht (vorsätzliche Körperverletzung).

Frau. Die Fraktur musste mittels eines operativen Eingriffs medizinisch behandelt werden. Gegenstand des Verfahrens sind Schmerzensgeldansprüche der Ast. einschließlich Nebenforderungen aufgrund eines Nasenbeinbruchs nach einer häuslichen Auseinandersetzung unter Ehegatten. [Anmerkung: Zur Verwirkung des Schmerzensgeldanspruchs eines Ehegatten bei Versöhnungsversuch vgl. auch die Urteilsbesprechung von Budzikiewicz NZFam 2022, 475 sowie im Handbuch ab Aufl. 21 unter → Rn. 439a]

Betrag: 1.900 € **Haftung: 100 %**
immVorb: – **MdE: –**

OLG Nürnberg 25.1.2022 – 11 UF 801/21 = BeckRS 2022, 1915

6902

Nasenbeinfraktur / Gesichtsverletzungen (hier: Nasenbeinfraktur und Gesichtsverletzungen durch zwei massive Faustschläge in das Gesicht, wodurch die Adhäsionsklägerin in Ohnmacht fiel).

Frau. Einen Tag stationär. Anschließend ambulante Heilbehandlung durch ihren Hausarzt sowie Fachärzte. Sie litt unter Schmerzen, die medikamentös und physiotherapeutisch behandelt werden mussten. MdE 21 Tage 100 %. Schmerzensgeldmindernd berücksichtigte das LG die sehr schlechten finanzielle Situation des Angeklagten, der „kaum über finanzielle Mittel verfügt". [Vorsätzliche Körperverletzung].

Betrag: 2.000 € **Haftung: 100 %**
immVorb: – **MdE: –**

LG Detmold 20.3.2020 – 23 KLs-31 Js 457/19-2/20 = BeckRS 2020, 44452

4897

Nasenbeinfraktur.

Mann. Ambulante Heilbehandlung mit Operation der Nase. Für eine Woche musste eine Schiene zum Schutz der Nase getragen werden. Folgenlose Verheilung. Vorsätzliche Körperverletzung.

Betrag: 2.000 € **Haftung: 100 %**
immVorb: – **MdE: –**

LG Itzehoe 26.3.2013 – 1 S 211/11 = BeckRS 2013, 7066

4707

Nasenbeinfraktur; Backenzahnfraktur mit Backenzahnverlust, Monokelhämatom bzw. Augapfelprellung sowie zahlreiche Prellungen und Schürfungen am gesamten Körper.

Mann (Taxifahrer). Ambulante Heilbehandlung. Vorsätzliche Körperverletzung: der Beklagte schlug und trat den Kläger.

Betrag: 2.000 € **Haftung: 100 %**
immVorb: – **MdE: –**

AG Mannheim 19.4.2012 – 12 C 208/10 = BeckRS 2012, 214156

4291

Nasenbeinfraktur / Gesichtverletzung (hier: Nasenbeinfraktur und Mundplatzwunde nach massiven Faustschlägen in das Gesicht). Zudem Unterarmverletztung (Hier: Brandwunde durch am Arm ausgedrückte Zigarette).

Mann (Auszubildender). Ursache: Vorsätzliche Körperverletzung durch brutalen Überfall.

Betrag: 2.000 € **Haftung: 100 %**
immVorb: – **MdE: –**

AG Berlin-Köpenick 6.4.2006 – 2 C 469/05 = BeckRS 2006, 138016

7269

Nasenbeinfraktur, dislozierte. Weiter hat der Kläger ein leichtes Schädelhirntrauma (Grad 1) und eine Daumenprellung erlitten.

Mann. Der Kläger musste an der Nase operiert werden und ein Nasenschutzschild tragen. „Die Verletzungen haben für die Dauer von etwa fünf Wochen typische Beschwerden verursacht“, so das OLG. [Ursache. Motorradunfall bzw. Kollision zwischen einem Motorroller und einem nach links abbiegenden Traktor].

Betrag: 2.500 € **Haftung: 50 %**
immVorb: – **MdE: –**

OLG Schleswig 26.7.2023 – 7 U 42/23 = BeckRS 2023, 20889

7425

Nasenbeinfraktur sowie Prellungen (hier: Schädelprellung, Oberschenkelprellung sowie Knieprellung).

Frau. Ambulante Behandlung der Nasenbeinfraktur. MdE 12 Tage 100 %. Die Hämatome im Gesicht und am linken Bein waren nach zwei Wochen fast vollständig ausgeheilt.

Betrag: 2.500 € **Haftung: 100 %**
immVorb: – **MdE: –**

AG Schwandorf 19.4.2023 – 2 C 263/22 = BeckRS 2023, 35552

5295

Nasenbeinfraktur und Nasenplatzwunde.

Mann. 7 Tage stationär, eine Operation. Dauerschaden: Deutliche Narbe im Bereich der Nase. [Ursache: Vorsatztat / Faustschlag]

Betrag: 2.500 € **Haftung: 100 %**
immVorb: – **MdE: –**

AG Koblenz 27.8.2014 – 161 C 3089/13 = unveröffentlicht

4902

Nasenbeinfraktur (hier: Nasengerüstfraktur in Form einer dislozierten Nasenbeinmehrfragmentfraktur).

25j. Mann. 2 Tage stationär. Anschließend ambulante Heilbehandlung. MdE ca. 2 Wochen 100 %. Infolge des für zwei Wochen zu tragenden Nasenstützverbandes litt der Kläger in dieser Zeit sowie weitere zwei Wochen an starken Atembeschwerden. Dauerschaden: Nasenschiefstand, der ggf. operativ korrigiert werden kann. Vorsätzliche Körperverletzung.

Betrag: 2.500 € **Haftung: 100 %**
immVorb: Ja **MdE: –**

AG Dülmen 16.7.2013 – 3 C 33/13 = unveröffentlicht

3877

Nasenbeinfraktur in Form einer Nasengerüstfraktur und einer Septumfraktur mit Dauerfolgen.

Mann. Zwei Operationen. Nasenatmung zeitweise nicht möglich. Mehrere Wochen starke Schmerzen. Vorsätzliche Körperverletzung: Faustschlag in das Gesicht. Das OLG, welches über den Prozesskostenhilfeantrag des Verletzten zu entscheiden hatte, sah vorliegend einen Schmerzensgeldrahmen von 2.000 bis „allenfalls 2.500,– EUR“ als ausreichend an.

Betrag: 2.500 € **Haftung: 100 %**
immVorb: – **MdE: –**

OLG Schleswig 9.9.2008 – 14 W 54/08 = BeckRS 2008, 25338

3736

Gesichtverletzung in Form einer Nasenbeinfraktur und einer Platzwunde am Nasenrücken.

Mann (Schüler). Ambulante Behandlung ohne Operation; die Nase wurde jedoch mittels Nasentampon und Nasengipsverband fixiert. MdE 16 Tage 100 %. Vorsätzliche Körperverletzung.

Betrag: 2.556 € **Haftung: 100 %**
immVorb: – **MdE: –**

OLG München 9.8.2001 – 19 U 2623/01 = unveröffentlicht

6718

Nasenbeinfraktur und Nasenseptumfraktur sowie Prellung im Stirnbereich nach vorsätzlicher Körperverletzung mittels einer „Kopfnuss“.

Mann (keine Angaben zu Beruf und Alter). Ambulante Behandlung mit zwei ambulant durchgeführten Operationen, wobei die Nase um Nachgang zur ersten Operation aufgrund eines erneut eingetretenen Schiefstandes des Septums ein zweites Mal operiert werden musste. MdE 12 Tage 100 %. Vorschaden: Atemprobleme im Bereich der Nase. Bei der Schmerzensgeldhöhe orientierte sich das LG an den Urteilen des OLG München → Nr. 3736, OLG Schleswig → Nr. 3877 und AG Dülmen → Nr. 4902. Ursache: Vorsätzliche Körperverletzung im Rahmen einer Auseinandersetzung in einer Diskothek, im Rahmen derer der Kläger dem Beklagten eine „Kopfnuss“ versetzt hatte.

Betrag: 3.000 € **Haftung: 100 %**
immVorb: Ja **MdE: –**

LG Osnabrück 18.12.2020 – 11 O 130/20 = BeckRS 2020, 48284

4579

Nasenbeinfraktur sowie Gehirnerschütterung und Schneidezahnteilfraktur an einem Schneidezahn sowei eine Hüftprellung.

Mann. Stationäre Heilbehandlung. MdE 1 Woche 100 % und eine weitere Woche 50 %. Regulierungsverzögerung.

Betrag: 3.000 € **Haftung: 100 %**
immVorb: – **MdE: –**

LG Berlin 22.5.2012 – 42 O 219/11 = BeckRS 2012, 214174

6696

Nasenbeinfraktur sowie Gehirnerschütterung und Hüftprellung.

Mann. 5 Tage stationär. MdE 5 Tage 100 % sowie weitere 7 Tage 50 %. Das LG berücksichtigte schmerzensgelderhöhend die Regulierungsverzögerung des KH-Versicherers.

Betrag: 3.000 € **Haftung: 100 %**
immVorb: – **MdE: –**

LG Berlin 22.5.2012 – 42 O 403/09 = BeckRS 2012, 215341

4476

Nasenbeinfraktur, die als „schmerzhaft" bezeichnet wurde sowie „mehrere Schürfwunden".

Frau. Langwierige Heilbehandlung über einen Zeitraum von 2 Monaten hinweg. Ursache: Verkehrssicherungspflichtverletzung (hier: „Stolperstelle" in der Fußgängerzone der Beklagten Gemeinde).

Betrag: 3.000 € **Haftung: 100 %**
immVorb: – **MdE: –**

LG Bonn 4.4.2012 – 1 O 424/11 = BeckRS 2012, 8542

4784

Nasenfraktur / Nasenbeinfraktur sowie Gehirnerschütterung und Schädelprellung. Es kam zu Übelkeit, Erbrechen, Schlaflosigkeit und starken Schmerzen, die Nahrungsaufnahme war in den ersten Tagen sehr eingeschränkt).

Frau. 13 Tage stationär, zwei Aufenthalte mit insges. 2 Operationen. MdE „viele Wochen" 100 %. Erhebliche Schmerzen; auch das Fädenziehen nach der 2. OP war sehr schmerzhaft. Ursache: Verkehrssicherungspflicht im Zusammenhang mit einer automatischen Eingangstüre [Automatische Eingangstüre]. Die Kl. lief gegen die sich schließende Türe und verletzte sich erheblich im Gesicht. „Bei der Bemessung des Schmerzensgeldes ist letztlich auch zu berücksichtigen, dass gerade ausweislich der eindrucksvollen Angaben des Zeugen C. die Verkehrssicherungspflichtverletzung sich nicht nur als einfach fahrlässig, sondern als grob fahrlässig im Grenzbereich zum bedingten Vorsatz darstellt", so die Urteilsbegründung.

Betrag: 5.000 € **Haftung: 100 %**
immVorb: Ja **MdE: –**

LG Bielefeld 17.3.2014 – 5 O 8/13 = BeckRS 2014, 6329

3692

Nasenbeinfraktur mit der Folge einer dauerhaften Nasenatmungsbehinderung. Zudem Zahnverletzungen durch Zahnschmelzfrakturen der Zähne 11 und 12 und eine Mittelhandfraktur.

Mann (Modelbauer). 6 Wochen stationär. MdE 6 Wochen 100 %. Langwierige Heilbehandlung bzgl. der Zahnverletzungen. Dauerschaden: Beeinträchtigung der Nasenatmung.

Betrag: 5.113 € **Haftung: 100 %**
immVorb: Ja **MdE: 10 %**

LG Münster 15.11.2001 – 19 O 21405/98 = unveröffentlicht

5018

Nasenbeinfraktur, schwere / Gesichtverletzung (hier: Nasenbeinmehrfragmentfraktur / Dreifachfraktur mit Nasenscheidewandverschiebung und Nasenmuschelverletzung [ohne Angaben, ob es sich dabei um die obere, mittlere oder untere handelte] und massiven Nasenrückenschwellungen).

17j. Frau. 3 Tage stationär. MdE 5 Wochen 100 %. Dauerschaden: Sensibilitätsstörung in der linken Gesichtshälfte sowie psychische Beeinträchtigung, da das zuvor „ebenmäßige Gesicht" der Klägerin verletzungsbedingt erheblich negativ beeinträchtigt wurde. Um den ursprünglichen Zustand wieder zu erlangen, bedürfte es laut Aussage eines Sachverständigen einer weiteren Operation, wozu sich die Klägerin jedoch bislang nicht entschieden hat. Vorsätzliche Körperverletzung (Schlägerei).

Betrag: 8.000 € **Haftung: 100 %**
immVorb: Ja **MdE: –**

OLG Celle 24.11.2011 – 5 U 157/11 = BeckRS 2011, 142250

3555

Nasenbeinfraktur und Armverletzung (hier: Rotatorenmanschettenabriss am linken Arm).

Mann. Vorsätzliche Körperverletzung. Erschwerend wurde berücksichtigt, dass der Beklagte Arzt ist und ihm somit oblag, Menschen zu helfen. „Ein Mediziner, der sich über diesen Auftrag hinwegsetzt und vorsätzlich auf einen am Boden liegenden Menschen … tritt, … trifft eine besonders schwere Schuld", so das KG zutreffend.

Betrag: 8.500 € **Haftung: 100 %**
immVorb: – **MdE: –**

KG 21.3.2006 – 7 U 95/05 = BeckRS 2006, 4376

2936

Gesichtschädelfraktur /Polytrauma (hier: Schädelhirntrauma 2. Grades mit Stirnhöhlenvorderwandfraktur, Stirnhöhlenhinterwandfraktur; Nasenbeinfraktur mit dauerhafter Geruchsinnbeeinträchtigung); Lungenquetschung Schnittwunden und Prellungen.

Mann (Kraftfahrer, Tauchlehrer). 14 Tage stationär. Metallimplantate. Dauerschaden: Anosmie / Geruchsinnbeeinträchtigung, unvollständige; Kopfschmerzsyndrom.

Betrag: 15.339 € **Haftung: 100 %**
immVorb: – **MdE: 10 %**

LG Hamburg 17.8.2000 – 306 O 333/97 = BeckRS 2000, 168118

5899

Nasenbeinfraktur und Mittelgesichtsprellung, Kleinfingerfraktur rechts sowie diverse Prellung (Brustkorbprellung), Schürfwunden und Schwellungen im gesamten Körperbereich sowie psychische Beeinträchtigungen und Ängste.

Frau. Dauerschaden: Psychische Beeinträchtigungen und Angstzustände. [Ursache: Vorsätzliche Körperverletzung – Raubüberfall in der eigenen Wohnung. Die Klägerin wurde von den Tätern bedroht und mit Fäusten geschlagen worden].

Betrag: 23.000 € **Haftung: 100 %**
immVorb: – **MdE: –**

OLG Brandenburg 2.9.2010 – 12 W 42/10 = BeckRS 2010, 22199

ff) Nasenbeintrümmerfraktur

3737

Gesichtverletzung (hier: Nasenbeinfraktur in Form einer Nasenbeintrümmerfraktur mit Nasenbeatmungsbehinderung).

Mann. Dauerschaden: Nasenbeatmungsbehinderung mit der Folge häufiger Halsentzündungen.

Betrag: 2.556 € **Haftung: 66 %**
immVorb: – **MdE: 10 %**

LG München I 30.3.2000 – 19 S 1719/99 = unveröffentlicht

3129

Nasenbeinfraktur (Hier: Nasenbeintrümmerfraktur). Platzwunden (hier: Oberlippenverletzung und Unterlippenverletzung innen und außen); Blutergüsse (hier: Beckenquetschung mit Bluterguss, Nasenrückenbluterguss, beids.Oberlidbluterguss).

Frau. 25 Tage stationär. MdE 9 Monate 100 %. Dauerschaden: Geruchsinnverlust, vollständiger. „Mit dem Verlust der Riechfähigkeit geht … der Kl. ein wesentliches Element der Orientierung … verloren. Gerade diesen Riechverlust wird die Kl. … als erheblichen Einschnitt in Ihre Lebensqualität empfinden, der irreparabel ist", so das AG.

Betrag: 6.647 € **Haftung: 100 %**
immVorb: – **MdE: –**

AG Annaberg 2.10.2001 – 4 C 0625/00 = unveröffentlicht

gg) Jochbeinverletzung

5705

Jochbeinfraktur / lateralen Mittelgesichtsfraktur und Schulterverletzungen in Form von Schnittwunden.

26j. Mann. Stationäre Heilbehandlung mit einer Operation. Dauerschaden: Narbe im Bereich des Schlüsselbeins, die jedoch „bei einem 26jährigen Mann keine psychisch belastende Entstellung dar"stelle. Die „verminderte Arbeitsfähigkeit von 10 %" könne, so das LG – „durch Gewöhnung auf Dauer ausgeglichen" werden.

Betrag: 2.000 € **Haftung: 66 %**
immVorb: – **MdE: 10 %**

LG Berlin 1.9.2003 – 58 S 129/03 = BeckRS 2003, 31165626

4034

Gesichtverletzung (hier: Jochbeinfraktur sowie Augenhöhlenfraktur [sogn. Orbitafraktur] und beids.Unterkieferfraktur sowie Zahnverlust [Eckzahn unten rechts]).

18j. Mann. 18 Tage stationär. Komplizierte Operation. Der Kläger konnte operationsbedingt einen Monat lang nur flüssige Nahrung aufnehmen und litt unter massiven Sprachstörungen. Dauerschaden: Ca. 3 cm lange Gesichtsnarbe unter dem linken Auge.

Betrag: 5.000 € **Haftung: 100 %**
immVorb: – **MdE: –**

LG Düsseldorf 1.12.2006 – 15 O 488/05 = BeckRS 2010, 15035

3327

Jochbeinfraktur, massive Jochbein-Orbitalfraktur mit massivem Stirnbeinhämatom; Ellenbogenfraktur; kleinflächige Gehirnquetschungen; Unterkieferverletzung in Form einer Unterkieferverschiebung; Unterarmfraktur; Zehenfraktur; Gehirnerschütterung.

14 j. Mann (Schüler). 3 Tage stationär. Unter den psychischen Folgen (es wurden mehrere Beteiligte getötet, andere schwer verletzt) leidet der Kl. „heute nicht mehr". Körperliche Dauerschäden sind jedoch nicht auszuschließen. [Ursache: Mitfahrt auf einer „Spritztour" eines Mitschülers, der ohne Führerschein fuhr, vor der Polizei flüchtete und mit mehreren Insassen mehrfach verunfallte.]

Betrag: 5.400 € **Haftung: 60 %**
immVorb: Ja **MdE: –**

LG Duisburg 22.3.2005 – 8 O 406/02 = BeckRS 2005, 5835

7334

Jochbeinfraktur / Jochbeintrümmerfraktur (hier: Vorsätzlicher Faustschlag in das Gesicht mit der Folge einer dreifachen Jochbeinfraktur, einer Mehrfachfragmentfraktur am Jochbeinkörper sowie einer Fraktur der Augenhöhle).

Mann. Insgesamt zwei mehrtägige stationäre Behandlung mit mehreren Operationen unter Einsetzung von Metallimplantaten, von denen eine später wieder entfernt wurde. Nach den vorgelegten Attesten stellten sich beim Kläger Sehstörungen und Taubheitsgefühle ein, er hatte sechs Wochen lang flüssige bis weiche Kost zu sich zu nehmen und vier Wochen ein Schnäuzverbot. Dauerschaden: „ästhetischen Pupilleninfraposition links …, die auch sein äußeres Erscheinungsbild beeinträchtigt." Das OLG gewährte dem Beklagten Prozesskostenhilfe, der sich gegen ein Schmerzensgeld iHv 10.500 EUR, wie es der Kläger gefordert hatte, zur Wehr setzte. Das OLG führte dazu aus, die vom Beklagten offenbar nicht mehr infrage gestellten Verletzungen erfordere zwar einen deutlichen Ausgleich durch ein nennenswertes Schmerzensgeld wobei auch die Genugtuungsfunktion des Schmerzensgeldes einzubeziehen sei, die durch die strafrechtliche Verurteilung des Beklagten nicht entfalle; dennoch habe die vom Beklagten jetzt beabsichtigte Rechtsverteidigung „hinreichende Aussicht auf Erfolg, § 114 ZPO. Dem Kläger steht nicht zwingend ein Schmerzensgeld von mehr als 7.500 EUR zu.", so das OLG, das sich insofern ua an einem Urteil des LG Göttingen → Nr. 7335 orientierte.

Betrag: 7.500 € **Haftung: 100 %**
immVorb: – **MdE: –**

OLG Hamm 1.2.2023 – 11 W 1/23 = BeckRS 2023, 44862

2548

Gesichtverletzung (hier: Jochbeinfraktur und Orbitabodenfraktur links), Prellungen und Quetschungen des rechten Armes mit Funktionsstörung. Psychischer Schock durch Miterleben des Todes der Freundin.

23j. Frau. 1 Operation. Länger anhaltende Bewegungseinschränkung des Armes. Gelegentlich Zuckungen in linker Gesichtshälfte sowie Schwellneigung. Psychotherapeutische Behandlung.

Betrag: 11.504 € **Haftung: 100 %**
immVorb: – **MdE: –**

OLG Hamm 23.3.1998 – 6 U 191/97 = BeckRS 9998, 15899

hh) Wangenverletzung

3338

Gesichtverletzung (hier: 2 cm lange Risswunde).

Kind. Kein Schmerzensgeld wegen Kitzeln unter Kinder. Die Beklagte (Kind) kitzelte die Klägerin (Kind), wobei Letztere auswich und sich an einer Kante des Treppengeländers verletzte. Das AG verneinte den Schmerzensgeldanspruch: Kitzeln unter Kindern sei keine Körperverletzung; die daraus resultierende Gesichtsverletzung stelle „einen bedauerlichen Unglücksfall dar, der jedoch nicht durch eine Körperverletzungshandlung der Bekl. verursacht wurde".

Betrag: – **Haftung: –**
immVorb: – **MdE: –**

AG Prüm 19.1.2005 – 6 C 381/04 = BeckRS 9998, 19562

6286

Gesichtsverletzung (hier: Verbrennungen 2. Grades an beiden Wangen sowie im Kinnbereich im Rahmen einer Gesichtshaarentfernung in einem Kosmetikstudio).

Frau. Bei der Bemessung hat die Kammer berücksichtigt, dass die Verbrennungen der Klägerin zweiten Grades waren und sich im Gesicht – und damit in einem für jedermann sichtbaren Bereich – befanden, jedoch nach kurzer Zeit bereits wieder abgeklungen waren. [Ursache: IPL-Behandlung zum Zwecke der Entfernung von Gesichtshaaren im Kosmetikstudio der Beklagten].

Betrag: 500 € **Haftung: 100 %**
immVorb: – **MdE: –**

LG Köln 16.8.2019 – 25 O 117/16 = BeckRS 2019, 19290

2592

Gesichtverletzung / Wangenverletzung (hier: „5 cm lange Schnittwunde … der linken Wange …" mit „deutlich sichtbarer" Narbe!) [vgl. auch unter Wange.]

7j. Kind (Mädchen). „3 Operationen … mehrfach ärztlich versorgt". Dauerschaden: Narbe, die „gerade für ein junges Mädchen … eine nicht unwesentliche Beeinträchtigung" bedeutet.

Betrag: 1.534 € **Haftung: 100 %**
immVorb: – **MdE: –**

AG Weiden 17.11.1997 – 3 C 1342/97 = unveröffentlicht

5974

Wangenverletzung / Gesichtverletzung (hier: Blutende Schnittwunde an der Wange mit bleibender Narbe).

Mann. Ambulante Heilbehandlung. Die Wunde musste genäht werden. Dauerschaden: Gesichtsnarben. [Vorsätzliche Körperverletzung – Adhäsionsverfahren].

Betrag: 1.800 € **Haftung: 100 %**
immVorb: – **MdE: –**

AG Aachen 19.11.2007 – 43 Ds 806 Js 526/07 – 146/07 = BeckRS 2012, 25343

3722

Gesichtverletzung (hier: gut 2 Euro großer roter Fleck im Gesicht, im Bereich des Wangenknochens. Erhebliche psychische Beeinträchtigung).

Frau. Arzthaftung / Heilpraktikerhaftung. Aufklärungspflichtverletzung und Behandlungsfehler im Zusammenhang mit einer Laserbehandlung, mit der versucht wurde, der Klägerin bereits vorhandene Schwangerschaftsflecken im Gesicht zu entfernen. Dies misslang; es kam der neue oben beschriebene Fleck an der Wange hinzu.

Betrag: 2.500 € **Haftung: 100 %**
immVorb: – **MdE: –**

AG Büdingen 22.1.2004 – 2 C 698/02 = BeckRS 2004, 153089

5714

Wangenverletzung (hier: „Hautveränderungen" in Form von „ca. 5-D-Mark-Stück großen, gut sichtbaren Flecken im Bereich der Wangenknochen …").

Frau (junge Frau). Heilpraktikerhaftung (hier: Behandlungsfehler bei Laserbehandlung zur Beseitigung von Schwangerschaftsflecken. Diese Hautveränderungen im Gesicht der Klägerin hätte der Beklagte verhindern können, wenn er zunächst die gebotene Probebehandlung durchgeführt hätte). Die Klägerin nimmt die Flecken als Entstellung war. Hierzu führte das AG aus: „Die ungefähr 5-D-Mark-Stück großen roten Flecken im Bereich der Wangenknochen des Gesichts der Klägerin sind gut sichtbar und nur durch Schminken abzudecken. Die Vergrößerung der. Schwangerschaftsflecken belastet die Klägerin psychisch schwer. Nach Bekundungen der Zeugin … wird die Klägerin unter anderem auch auf der Straße auf die Flecken in ihrem Gesicht angesprochen. Eine operative Entfernung der Flecken ist der Klägerin aufgrund der Gefahr der Verschlimmerung durch Narbenbildung ebenfalls nicht zumutbar".

Betrag: 2.500 € **Haftung: 100 %**
immVorb: – **MdE: –**

AG Büdingen 22.1.2004 – 2 C 698/02 (21) = BeckRS 2004, 153089

3225

Gesichtverletzung (hier: Wangenverletzung in Form einer Risswunde von ca. 9 cm, die sich vom linken Auge aus über die Wange erstreckt); Gehirnerschütterung sowie Prellungen.

Frau (die vom LG als „gut aussehend" bezeichnet wurde). Dauerschaden: Narbe im Gesicht, die jedoch nur sehr gering sichtbar ist und durch eine Narbenkorrekturoperation voraussichtlich völlig beseitigt werden kann.

Betrag: 2.500 € **Haftung: 50 %**
immVorb: Ja **MdE: –**

LG München I 11.7.2003 – 19 O 1714/02 = unveröffentlicht

3499

Gesichtverletzung / Wangenverletzung (hier: 15 cm lange Gesichtsnarbe vom rechten Unterkiefer, quer über die Wange bis zum rechten Ohr).

Mann. Dauerschaden: „Gut verheilte und erst bei genauem Hinsehen erkennbare" 15 cm lange Gesichtsnarbe, die „keinen entstellenden Eindruck vermittelt", so das OLG nach Inaugenscheinnahme des Klägers. Vorsätzliche Körperverletzung bei einer Wirtshausschlägerei, bei der der Bekl. den Kl. mit einem Bierglas in das Gesicht schlug.

Betrag: 2.500 € **Haftung: 100 %**
immVorb: – **MdE: –**

OLG Hamm 4.2.2003 – 9 U 155/02 = BeckRS 2003, 4156

3733

Gesichtverletzung (hier: Wangenschnittwunde mit Entstellung infolge einer entstellenden Narbe an der linken Wange.)

30j. Mann. Ambulante Behandlung. Die Verletzung musste mit insgesamt 7 Stichen vernäht werden. Vorsätzliche Körperverletzung: Schlag mit einem Bierkrug in das Gesicht des Klägers. Dauerschaden: entstellende Narbe im Gesicht.

Betrag: 2.556 € **Haftung: 100 %**
immVorb: – **MdE: –**

LG München I 31.1.2000 – 2 C 320/99 = unveröffentlicht

5204

Gesichtverletzung (hier: Oberflächliche Schürfwunden im Unterkieferbereich; reiskorngroße offene Wunde unter dem linken Auge, diese blutete zwar kaum, war jedoch – so das OLG – tief. Im Bereich der linken Wange zeigte sich zudem eine Schwellung).

Frau. Drei ambulante Heilbehandlungen: Die Wunde wurde gespült und mit Hautkleber geklebt. Dauerschaden: Es verblieb „eine schwach rötliche halbmondförmige Narbe unter dem linken Auge". Zudem litt die Klägerin unter Ängsten, die sich jedoch immer mehr verringert hätten, so dass zuletzt nur noch ein deutliches Unbehagen in Gegenwart von fremden großen Hunden verblieben sei, das als solches aber eher als sozialadäquat denn als psychische Fehlverarbeitung zu qualifizieren sei, so das OLG. [Lesenswert zum Thema: Verkehrssicherungspflicht des Führers mehrerer Hunde aus Gefälligkeit – cane corso].

Betrag: 3.000 € **Haftung: 100 %**
immVorb: – **MdE: –**

OLG Hamm 3.2.2015 – I-9 U 91/14 = NJW-RR 2016, 97

4179

Gesichtverletzung / Wangenverletzung (hier: Missglückte Schönheitsoperation zur Wangenstraffung mit Silikonimplantaten).

Frau. Arzthaftung wegen Aufklärungspflichtverletzung im Rahmen einer Schönheitsoperation (hier: Wangenstraffung mit Silikonimplantaten).

Betrag: 4.000 € **Haftung: 100 %**
immVorb: Ja **MdE: –**

OLG Frankfurt a. M. 12.5.2009 – 8 U 255/08 = BeckRS 2013, 22841

2547

Gesichtverletzung, erhebliche, mit triangelförmig deutlich sichtbarer Narbe [„ihre Schenkellänge beträgt jeweils mehrere Zentimeter"] bis zum linken unteren Augenwinkel. Durchtrennung des Parotisausführungsganges.

Mann. Stationäre Behandlung mit Operation. Dauerschaden: Deutlich sichtbare Narbe am linken Auge; Beeinträchtigung des Speichelflusses, Schmerzen bei Witterungswechsel.

Betrag: 5.113 € **Haftung: 100 %**
immVorb: – **MdE: –**

OLG Frankfurt a. M. 30.4.1998 – 15 U 129/97 = BeckRS 9998, 15732

5140

Gesichtsverletzung (hier: Wangenverletzung nach Faustschlag an die linke Wange; es bildete sich eine gerötete Stelle auf der linken Wange … und [eine] … kreisrunde Stelle über dem linken Jochbein bzw. um das linke Jochbein herum).

Mann. Ambulante Heilbehandlung. MdE 14 Monate 100 % („Arbeitsunfähigkeit von ca. 14 Monaten" (so das LG) wegen depressiver Reaktion des Beklagten und die in dieser Folge eingetretene Arbeitsunfähigkeit. Vorsätzliche Körperverletzung als Folge einer zunächst verbalen Auseinandersetzung.

Betrag: 8.000 € **Haftung: 100 %**
immVorb: – **MdE: –**

LAG Niedersachsen 20.5.2016 – 9 Sa 1914/08 = unveröffentlicht

4506

Gesichtverletzung / Wangenverletzung (hier: „Dauerhaft sichtbare vom medialen Augenwinkel bis zum seitlichen linken Nasenflügel reichende Narbe mit verbleibender Wetterfühligkeit".)

Mann. MdE „nur wenige Tage" andauernd; jedoch langwierige Heilbehandlung mit insgesamt zweijähriger Bewegungseinschränkung sowie Schmerzen und Belastungen im Allgemeinen Alltagsleben. Das OLG wertete die Narbe als „deutlich sichtbar, aber nicht entstellend" und schmerzensgelderhöhend, dass der Kläger auch 2 1/4 Jahre nach der Tat „Schmerzen aufgrund Wetterwechsels" verspürt.

Betrag: 9.000 € **Haftung: 100 %**
immVorb: – **MdE: –**

OLG München 21.11.2012 – 3 U 2072/12 = BeckRS 2012, 23950

3539

Gesichtverletzung / Wangenverletzung, schwere nach Hundebiss. Es handelte sich um eine enstellende ausgedehnte, perforierende Zerreißung der Wange und Unterlippe mit asymetrischer Mundspaltenbidung und Fehlstellung des Nasenflügels sowie Zahnverletzungen. Psychische Beeinträchtigungen.

7j. Kind (Junge). 9 Tage stationär. Schulunfähigkeit 14 Tage 100 %, weitere 30 Tage 70 % und im Weiteren 30 % „wegen Hänseleien und andauernder Schmerzen". Dauerschaden: Entstellung! Ursache: Hundebiss. Die massive Regulierungsverzögerung und das treuwidrige Verhalten der Tierhalterhaftpflichtversicherung führten zu einer Erhöhung um 3.000 Euro. [Anmerkung: Die Versicherung verzögerte nicht nur sondern versuchte den Fall unter Umgehung des Anwaltes des Kindes zu lösen].

Betrag: 22.000 € **Haftung: 100 %**
immVorb: – **MdE: –**

LG Berlin 6.12.2005 – 10 O 415/05 = BeckRS 2006, 1403

ii) Oberlippenverletzung

6985

Oberlippenverletzung (hier: Fehlpositionierung des Oberlippenbändchens mit dadurch seither bestehendem Lippenbändchenversatz).

50j. Frau (Künstlerin). Zahnarzthaftung im Zusammenhang mit einer prothetischen Neuversorgung des Oberkiefers, bei welcher es im Rahmen der Wurzelspitzenresektion zu einer Fehlpositionierung des Lippenbändchens der Klägerin gekommen ist. Die nicht mittige Positionierung des Lippenbändchens erweise sich – so das

LG – für manche – besonders empfindliche – Patienten als lästig. Schmerzen verursache dieser Umstand allerdings nicht. Bei der Bemessung berücksichtigte das LG dies „sowie die optische Beeinträchtigung, die allerdings äußerst geringfügig ist, weil der Lippenbändchenversatz optisch nur wahrnehmbar ist, wenn die Klägerin – wie auf zahlreichen zur Akte gereichten Fotos geschehen – ihre Oberlippe mit den Fingern nach außen klappt".

Betrag: 500 € **Haftung: 100 %**
immVorb: – **MdE: –**

LG Köln 28.11.2017 – 3 O 425/15 = BeckRS 2017, 155101

3198

Oberlippenverletzung / Gesichtverletzung (hier: Klaffende Oberlippenplatzwunde; Nackenschmerzen und Kopfschmerzen sowie kurze Bewusstlosigkeit).

40j. Mann. MdE 10 Tage (der Kläger ging dennoch seiner Arbeit nach). Erhöhend wurde gewertet: Vorsätzliche Körperverletzung durch Faustschläge gegen das Gesicht des Klägers.

Betrag: 750 € **Haftung: 100 %**
immVorb: – **MdE: –**

AG Bad Segeberg 29.5.2002 – 9 C 98/02 = unveröffentlicht

6648

Vorsätzliche Körperverletzung mit Faustschlägen und einigen Tritten gegen den Kopf mit der Folge einer Platzwunde an der Oberlippe, einer Kieferprellung, multiplen Kopfprellungen, einer Prellung am Auge, einer Schürfwunde am rechten Haaransatz und einer Halswirbeldistorsion. Zudem blutete das Opfer aus dem rechten Ohr.

Mann (Polizeibeamter). Ursache: Faustschläge in das Gesicht des Opfers und einige Tritten gegen den Kopf / gewaltsame Auseinandersetzung zwischen Polizeibeamten nach einer Party der Polizeigewerkschaft wobei die außerdienstlich begangene Straftat dennoch einen Bezug zum Amt eines Polizeibeamten aufwies. Vorsätzliche Körperverletzung.

Betrag: 1.000 € **Haftung: 100 %**
immVorb: – **MdE: –**

VG Düsseldorf 8.4.2019 – 35 K 8702/18.O = BeckRS 2019, 7052

3888

Gesichtverletzung (hier: Zahnverletzung in Form einer Schneidezahnlockerung; Oberlippenplatzwunde und Gesichtsschädelprellung) sowie Beleidigung als „Scheiß Ausländer".

Mann. Keine MdE. Die Zahnverletzung war nach 3 Wochen folgenlos ausgeheilt. Vorsätzliche Körperverletzung durch Faustschläge in das Gesicht des Klägers.

Betrag: 1.278 € **Haftung: 100 %**
immVorb: – **MdE: –**

AG Singen 2.8.2001 – 8 C 62/01 = unveröffentlicht

6901

Oberlippenverletzung im Zusammenhang mit einer Schönheitsoperation (Fettwegspritze / Lippenunterspritzung).

Frau. 2 Tage stationäre Behandlung; Verabreichung einer Infusion mit Antibiotikum. Sehr starke Schmerzen. Weiter ambulante Behandlung. Nach einer Woche war sie weitgehend schmerzfrei. Schwellung und Verfärbung hatten sich ebenfalls zurückgebildet. [Anmerkung: Gegenstand des Urteils sind Unterspritzungen im Bereich der Lippen, Nase und Kinn mit Hyaluronsäurepräparaten bzw. in einem Fall mit einer sogenannten „Fettwegspritze", welche die Angeklagte in 36 Fällen im Tatzeitraum vom 1.1.2017 bis 3.4.2019 durchführte, obwohl sie weder approbierte Ärztin noch zugelassene Heilpraktikerin ist.]

Betrag: 1.500 € **Haftung: 100 %**
immVorb: – **MdE: –**

LG Bochum 13.11.2019 – 10 KLs-49 Js 123/18-12/19 = BeckRS 2019, 44588

6010

Gesichtverletzung (hier: Oberlippenverletzung und Nasenverletzung mit zum Teil deutlich sichtbaren Gewebeverlusten im Bereich der Oberlippe und Nase.

Mann. Mehrere Tage stationär. MdE 30 Tage 100 %. Dauerschaden: Gesichtsbeeinträchtigung, denn „Nase und Oberlippe des Klägers weisen Substanzverluste" auf. [Tierhalterhaftung – Hundebiss. Der Kläger wurde bei einer Auseinandersetzung zwischen zwei Hunden vom Hund seiner Ehefrau ins Gesicht gebissen wobei der Hund der Ehefrau des Klägers bei seinem Biss noch unter dem Eindruck der vorausgegangenen Auseinandersetzung mit dem Hund der Beklagten gestanden hatte und das Verhalten des Hundes der Beklagten deshalb mitursächlich für die Verletzung des Klägers geworden war. Das Landgericht hat insoweit zutreffend hervorgehoben, dass für die Tierhalterhaftung eine Mit- oder mittelbare Verursachung des Körper-, Gesundheits- oder Sachschadens ausreichen].

Betrag: 6.000 € **Haftung: 75 %**
immVorb: Ja **MdE: –**

OLG Naumburg 23.4.2014 – 1 U 115/13 = BeckRS 2014, 19292

jj) Unterlippenverletzung

3291

Gesichtverletzung (hier: Unterlippenplatzwunde, schmerzhafte. Wörtlich: „T-förmige Platzwunde an der Unterlippeninnenseite"); HWS-Syndrom und Blockierung im Bereich C2/3.

Frau. Ambulante Behandlung. MdE 9 Tage 100 %. Das AG betonte, es seien schmerzhafte Verletzungen gewesen, die die Kl. zu erleiden hatte. Nach 9 Tagen bestanden jedoch lediglich „geringe Restbeschwerden". Folgenlose Verheilung.

Betrag: 614 € **Haftung: 100 %**
immVorb: – **MdE: –**

AG Neuwied 4.1.2001 – 19 C 757/00 = unveröffentlicht

kk) Mundverletzung

3504

Mundverletzung (hier: Osteolyse mit sehr schmerzhafter lang andauernder Mundraumentzündung). Zudem wurden dem Kläger während der insgesamt fünfjährigen Zahnarztbehandlung ein bis zwei Zähne gezogen, die jedenfalls zu diesem Zeitpunkt nicht hätten gezogen werden müssen und noch 10 bis 15 Jahre hätten genutzt werden können.

Mann. Zahnarzthaftung (hier: Behandlungsfehler bei Wurzelkanalbehandlung). Infolge der Osteolyse kam es zu einer „äußerst schmerzhaften Entzündung im Mundraum“.

Betrag: 2.045 € **Haftung: 100 %**
immVorb: – **MdE: –**

OLG München 28.11.2002 – 1 U 1973/00 = BeckRS 2002, 30296076

3503

Mundverletzung / Speiseröhrenverletzung (hier: Speiseröhrenperforation).

55j. Mann. 2 Wochen stationär, 4 Tage intravenöse Ernährung. Arzthaftung (hier: Behandlungsfehler bei Schluckschalluntersuchung). Dauerschaden: 15 cm lange Operationsnarbe am Hals.

Betrag: 7.669 € **Haftung: 100 %**
immVorb: – **MdE: –**

OLG Düsseldorf 1.8.2002 – 8 U 198/01 = BeckRS 2002, 8925

6449

Craniomandibuläre Dysfunktion (CMD = Fehlfunktion im Bereich zwischen Schädel [Cranium] und Kiefer [Mandibula] und somit im Bereich des für Kauen und Sprechen zuständigen Craniomandibuläre Systems sowie alle Beschwerden, die darauf zurückgeführt werden können). Das OLG bezeichnete die CMD als schwerwiegend.

Frau. Zahnarzthaftung (hier: Behandlungsfehler im Zusammenhang mit einer umfangreichen Zahnsanierung. Die Beklagte hatte dabei „den Biss der Klägerin zu niedrig eingestellt und damit gegen den fachzahnärztlichen Behandlungsstandard verstoßen“, so dass es „zu einer Überlastung der Muskulatur und in der Folge zu Verspannungen gekommen [war], die eine akute und schwerwiegende CMD bei der Klägerin ausgelöst“ hatte. Im Zusammenhang mit der Schmerzensgeldbemessung führte das OLG aus, dass: „die Klägerin infolge der CMD-Erkrankung über einen Zeitraum von ungefähr fünf Jahren unter Kopf-, Zahn- Kiefergelenks-, Nacken-, Rücken- und Muskelbeschwerden litt. Diese hat die Klägerin glaubhaft vorgetragen und diese werden bestätigt durch die Unterlagen der Behandler A, B und E sowie die zahlreichen Besuche bei Ärzten und Physiotherapeuten. Zu den Schmerzen kommen weitere Beschwerden wie eine eingeschränkte Mundöffnung, Taubheitsgefühle im Gesichtsbereich, Beschwerden beim Kauen, das Tragen der Aufbissschienen u.ä. Der lange Zeitraum ergibt sich dabei aus dem Zeitraum der Behandlung, der insbesondere bei Frau Dr. B als derjenigen, die gezielt die CMD therapierte, bis in das Jahr 2016 andauerte. Der Senat geht dabei davon aus, dass die Schmerzen und sonstigen Beschwerden keineswegs über den gesamten Zeitraum in gleicher Weise vorlagen, sondern sicherlich zu Beginn deutlich heftiger waren als im späteren Verlauf der Behandlung. Der Senat geht ferner davon aus, dass besonders belastende bzw. eingreifende zahnärztliche Maßnahmen wie die Wurzelspitzenresektion bei Dr. E und zuletzt die Einbringung der Implantate unten rechts erforderlich wurden, die schmerzensgelderhöhend zu berücksichtigen sind (insbesondere die Wurzelspitzenresektion hätte für sich betrachtet bereits ein durchaus nennenswertes separates Schmerzensgeld gerechtfertigt). Vor allem aber ist die enorme Zahl an Zahnbehandlungen, die über diesen Zeitraum anfielen, zu berücksichtigen, die in ihrer Summe eine beträchtliche Einschränkung der Lebensqualität mit sich brachten. Für nachvollziehbar und glaubhaft erachtet der Senat auch die psychischen Auswirkungen der CMD-Erkrankung auf die Klägerin und die darauf beruhenden Einschränkungen des beruflichen wie privaten Lebens“.

Betrag: 10.000 € **Haftung: 100 %**
immVorb: Ja **MdE: –**

OLG Köln 8.4.2020 – 5 U 64/16 = BeckRS 2020, 7255

5073

Mundverletzung / Unterkieferverletzung in Form einer massiven CMD craniomandibuläre Dysfunktion (CMD – bezeichnet eine Erkrankung des Kauorgans und der umliegenden Strukturen wodurch es zur Verschiebung des Unterkiefers und damit der Kiefergelenke kommt) nach erheblicher Fehlokklusion der Zähne.

Frau. Zahnarzthaftung (hier: grober Behandlungsfehler). Die Klägerin litt für die Dauer von zweieinviertel Jahren unter „erheblichen, das übliche Maß weit übersteigenden und den gesamten Körper erfassenden Schmerzen“, insbesondere Dauerkopfschmerzen und Schwindel, so das OLG. Die „chronisch anhaltenden Schmerzen bei jeder Kieferbewegung und Ausstrahlung in den Nacken und Schulterbereich“ (so das OLG) belasteten die Klägerin nachvollziehbarer Weise erheblich, so dass die Klägerin – wie sie vortrug – sich in einer ausweglosen Situation wähnte und „ihre Energie und Lebensfreude vollends verloren habe“. [vgl. die ähnliche – wenn auch hinsichtlich des Beeinträchtigungszeitraums schwerwiegendere und daher im Schmerzensgeldbetrag um 100 % höhere – Entscheidung des OLG Köln unter → Nr. 5072]

Betrag: 10.000 € **Haftung: 100 %**
immVorb: Ja **MdE: –**

OLG Köln 8.5.2013 – 5 U 71/12 = BeckRS 2014, 18447

5072

Mundverletzung in Form einer massiven CMD craniomandibuläre Dysfunktion (CMD – bezeichnet eine Erkrankung des Kauorgans und der umliegenden Strukturen wodurch es zur Verschiebung des Unterkiefers und damit der Kiefergelenke kommt). Im konkreten Falle konnte der Kläger infolge des nicht behandelten offenen Bisses nur erschwert sprechen und Essen und es entwickelte sich sodann die ausgeprägte CMD.

Mann. Arzthaftung (hier: Behandlungsfehler). 4 Jahre andauernde Beschwerden, die zu ausstrahlenden Schmerzen und damit verbundenen erheblichen Schlafstörungen führten; zudem litt der Kläger infolge der CMD unter Sprachstörungen und Essstörungen. [vgl. auch das Urteil des OLG Köln unter → Nr. 5073, an welchem sich das LG im hier beschriebenen Fall orientiert hatte].

Betrag: 20.000 € **Haftung: 100 %**
immVorb: Ja **MdE: –**

OLG Köln 18.11.2015 – 5 U 117/15 = BeckRS 2016, 6002

4763

Mundverletzung, schwere (hier: Zweifache Schussverletzung in den Mund mit erheblicher Oberkieferverletzung und Zahnverlust).

Mann. 10 Tage stationär mit einer Operation und nachfolgend knapp 40 ambulante Heilbehandlungen (Arzt / Zahnarzt). Dauerschaden: Schlafstörungen, Kopfschmerzen, Angstzustände sowie Taubheitsgefühl im Gaumen.

Vorsätzliche Körperverletzung / Schussverletzung durch aus nächster Nähe abgefeuerter Waffe. Der Beklagte wurde wegen versuchtem Mord verurteilt.

Betrag: 50.000 € **Haftung: 100 %**
immVorb: Ja **MdE: –**

LG Münster 29.8.2012 – 12 O 112/12 = BeckRS 2016, 18507

ll) Sonstige Gesichtsverletzungen

7391

Gesichtsverletzungen (hier: Schnittverletzungen im Bereich des Gesichts).

Mann. Kein Schmerzensgeldanspruch für Verletzungen durch eine von einem abgesperrten Denkmal im Rahmen eines Firmenlaufs herabgefallene ca. 60 cm x 40 cm große Box bzw. Kiste, die ursprünglich von der für die Beleuchtung zuständige Firma (Bekl.) dort abgestellt worden war.

Betrag: – **Haftung: –**
immVorb: – **MdE: –**

LG Koblenz 29.6.2020 – 6 S 258/19 = BeckRS 2020, 64218

5315

Gesichtsverletzungen (ohne nähere Angaben).

Mann. Kein Schmerzensgeldanspruch bei Verletzung durch Wettrennen der Maskottchen auf der Eisfläche. „Nimmt jemand in Kenntnis der Bedingungen für das Tragen von Schutzkleidung freiwillig ohne Schutzkleidung an einem "Maskottchenrennen„ auf einer Eishockey-Eisfläche teil, kann er kein Schmerzensgeld verlangen, wenn er bei einem Sturz Verletzungen erleidet". In einem solchen Falle könne sich der Kläger „nicht im Nachhinein darauf berufen, dass sich eine (Rutsch- und Sturz-)Gefahr verwirklicht habe, die ihm im Zeitpunkt seiner Zusage bewusst gewesen sein müsse", so das LG.

Betrag: – **Haftung: –**
immVorb: – **MdE: –**

LG Köln 16.1.2017 – 20 O 258/16 = BeckRS 2017, 100670

4313

Gesichtverletzung (hier: Gesichtprellung im Nasenbereich sowie an der Oberlippe und Unterlippe sowie sehr leichte Verbrennungen und Schürfungen am Kinn bis zum Hals reichend).

Frau. Ambulante Heilbehandlung mit Heilsalbe sowie Brandsalbe. MdE 7 Tage 100 %. Folgenlose Verheilung. [Ursache: Verletzungen im Gesicht durch Airbag].

Betrag: 250 € **Haftung: 50 %**
immVorb: – **MdE: –**

AG Minden 7.12.2007 – 26 C 215/06 = unveröffentlicht

3940

Gesichtverletzung (hier: Gesichtschnittwunden infolge von Glassplittern) sowie eine schmerzhafte Schulterprellung.

Mann. MdE 9 Monate 100 % sowie knapp zwei Wochen 50 %. Folgenlose Ausheilung der zahlreichen Splitterverletzungen.

Betrag: 400 € **Haftung: 66 %**
immVorb: – **MdE: –**

AG Gelsenkirchen-Buer 21.10.2003 – 29 C 381/02 = BeckRS 2007, 19652

6475

Gesichtverletzung nach kosmetischer Haarentfernungsbehandlung. Es kam kurzzeitig zu einer „postinflammatorische Hyperpigmentierung" mit Bläschenbildung im Gesicht.

Frau. Beeinträchtigungen nur für kurze Zeit in Form von „Bläschenbildung", die jedoch ärztlich nicht dokumentiert worden waren. [Schmerzensgeld aus einem Dienstvertrag zu kosmetischen Behandlung / Schönheitsoperation; hier: grob fehlerhafte Behandlung im Zusammenhang mit einer kosmetischen Gesichtshaarentfernung mittels IPL (Intense Pulsed Light).

Betrag: 500 € **Haftung: 100 %**
immVorb: – **MdE: –**

OLG Köln 6.4.2020 – 5 U 175/19 = BeckRS 2020, 8660

5103

Schlag in das Gesicht / Augapfelprellung und Kieferprellung (wörtlich: „... Schwellung der rechten Gesichtshälfte mit Prellung des Augapfels rechts und einer Kiefergelenksprellung mit Bewegungsschmerzen").

Mann. Das AG berücksichtigte bei der Bemessung neben der Verletzung auch die „zwischen den beiden Parteien bestehenden Anfeindungen" [Der Schlag wurde auf der Straße unmittelbar nach einer Gerichtsverhandlung geführt].

Betrag: 500 € **Haftung: –**
immVorb: – **MdE: –**

AG Pfaffenhofen 15.1.2016 – 1 C 291/15 = unveröffentlicht

4089

Schürfwunde (hier: Gesichtsverletzung infolge Schürfungen an der rechten Gesichtshälfte sowie an der linken Schulter); Bluterguss am linken Oberarm sowie Brustkorbprellung.

Frau. MdE 2 Wochen 100 %. Folgenlose Ausheilung.

Betrag: 500 € **Haftung: 100 %**
immVorb: – **MdE: –**

OLG Brandenburg 13.7.2010 – 2 U 13/09 = BeckRS 2010, 17080

4309

Gesichtverletzung (hier: Zahlreiche kleine Schnittwunden mit Glassplittereinlagerung im Bereich der Stirn) sowie Knieverletzung in Form einer Schürfung.

Mann. Ambulante Heilbehandlung. Kopfschmerzen. [Ursache: Der nicht angegurtete Kläger stieß unfallbedingt gegen die Windschutzscheibe seines PKW.]

Betrag: 500 € **Haftung: 50 %**
immVorb: – **MdE: –**

AG Dorsten 11.12.2006 – 3 C 170/06 = BeckRS 2010, 4144

5398

Schädelprellung verbunden mit Druckschmerzen im linken Kieferköpfchen und Kauschmerzen nach Faustschlägen in das Gesicht des Klägers.

Mann. 3 Tage ambulante Heilbehandlung. Vorsätzliche Körperverletzung. Der Kläger wurde – nachdem er auf das Fahrzeug des Beklagten aufgefahren war – von diesem mehrfach ins Gesicht geschlagen.

Betrag: 600 € **Haftung: 100 %**
immVorb: – **MdE: –**

AG Dresden 8.2.2018 – 110 C 2689/17 = BeckRS 2018, 1712

6235

Gesichtverletzung (hier: Schürfwunden mit Schwellungen links frontal im Gesicht in Augenhöhe) sowie weitere Schürfwunden und Prellungen am Hals und am linken Ellenbogen.

20j. Mann. Ambulante Behandlung in einem Krankenhaus. Das OLG bezeichnete die Verletzungen unter Hinweis auf im Gerichtstermin eingesehene „eindrucksvolle" Lichtbilder als „erhebliche Verletzungen". [Ursache: Der Kläger fiel beim Fußballspiel ungebremst in einen verwahrlosten Drahtzaun. Verkehrssicherungspflichtverletzung bzw. Verkehrssicherungspflicht für Bolzplatz-Umzäunung bzw. Spielplatzumzäunung].

Betrag: 1.000 € **Haftung: 50 %**
immVorb: – **MdE: –**

OLG Jena 10.2.2010 – 4 U 594/09 = BeckRS 2010, 18682

3217

Gesichtsverletzung (hier: Jochbeinprellung, Augenlidhämatom); Fingerfraktur (hier: Kleinfingerfraktur); Schürfwunden an der Brust.

Mann (technischer Zeichner). MdE 2 Wochen 100 %. Vorsätzliche Körperverletzung: Schlägerei.

Betrag: 1.200 € **Haftung: 100 %**
immVorb: – **MdE: –**

AG Radolfzell 16.8.2003 – 2 C 347/02 = unveröffentlicht

5115

Gesichtsverletzung / Zahnverletzung (hier: Gezielter Fausschlag ins Gesicht mit Gesichtsprellung und Bluterguss im Gesicht [Hämatombildung] sowie Zahnlockerung); zudem erlitt die Klägerin eine HWS-Zerrung.

Frau. Möglicher Dauerschaden: Bezüglich des gelockerten Zahns werden „weitere konservierende Maßnahmen und gegebenenfalls eine prothetische Neuanfertigung erforderlich", so das AG. Ursache: Die Klägerin wurde beim Versuch einer Streitschlichtung während einer Karnevalveranstaltung verletzt. Vorsätzliche Körperverletzung: „gezielten Schlag in Richtung des Gesichts der Klägerin ausgeführt hat und dies noch unterstrich mit den Worten >Hier hast du noch einen<".

Betrag: 1.500 € **Haftung: 100 %**
immVorb: Ja **MdE: –**

AG Düren 28.4.2015 – 46 C 299/14 = BeckRS 2015, 17198

4388

Gesichtsverletzung (hier: starker allergischer Hautausschlag im Gesicht mit Rötungen und Pusteln und Schwellungen, die sich später auch auf andere Körperteile ausbreiteten).

Frau. Zahnarzthaftung (hier: Behandlungsfehler. Obwohl die Kl. unter einer, dem Arzt bekannten Penicillinallergie litt, behandelte er sie mit einem Penicilillinpräparat und verursachte dadurch die starken Hautreaktionen, die sich über mehrere Wochen hinzog).

Betrag: 1.500 € **Haftung: 100 %**
immVorb: – **MdE: –**

LG Stade 4.1.2007 – 4 O 328/04 = unveröffentlicht

3674

Gesichtplatzwunde; Handverletzung in Form einer Schnittverletzung. Beinverletzung durch Bluterguss am Bein. HWS-Syndrom.

Frau. 3 Tage stationär. Schmerzhafte Verletzung. Das Gericht bewertete die erhebliche Alkoholisierung der Beklagten erhöhend.

Betrag: 1.500 € **Haftung: 100 %**
immVorb: – **MdE: –**

LG Berlin 9.2.2005 – 8 O 61/04 = BeckRS 2005, 154442

3677

Gesichtverletzung (hier: Jochbeinverletzung bzw. Schürfwunde von ca. 2,5 cm über dem linken Jochbein, leichte Lippenverletzungen an Oberlippe und Unterlippe; leichte Zahnverletzung eines Milchzahnes).

4j. Kind. [Ursache: Überfahren des Kopfes mit einem Fahrrad]

Betrag: 1.534 € **Haftung: 100 %**
immVorb: – **MdE: –**

AG Ulm 27.3.2000 – 1 C 380/00 = BeckRS 2000, 168057

2891

Gesichtsverletzungen (hier: „vielfache Schürfungen und Risswunden im Gesicht"); zahlreiche Prellungen (Brustwirbelsäulenprellung, Schulterprellung, Oberarmprellung, Schädelprellung) und HWS-Syndrom.

Mann. MdE 26 Tage 100 %. Der Kl. War nach „mehr als 13 Monaten" noch in ambulanter Behandlung!

Betrag: 1.790 € **Haftung: 100 %**
immVorb: – **MdE: –**

LG Darmstadt 3.5.2001 – 10 O 494/00 = BeckRS 2001, 11219

3928

Gesichtverletzung (hier: „Weichteilverletzungen des gesamten Gesichtsbereiches")

Frau. Dauerschaden: Narbe, „knapp einen Zentimeter lang". Ursache: Verkehrssicherungspflichtverletzung

Betrag: 1.800 € **Haftung: 100 %**
immVorb: – **MdE: –**

LG Coburg 31.12.2008 – 22 O 588/08 = BeckRS 2009, 10472

5303

Gesichtsverletzung / Hautverletzungen (hier: „Die Klägerin litt in der Nacht nach der Anwendung unter einem Brennen und Schmerzen im Gesicht, es traten blutende Wunden auf, die in einem größeren Bereich um den Mund und das Kinn herum bis zur Wange zu entstellenden Hautausschlägen geführt haben. Zur Linderung der Schmerzen musste die Klägerin ihr Gesicht über einen längeren Zeitraum hinweg kühlen. Die Hautschäden sind an exponierter Stelle im Gesicht der Klägerin eingetreten, was sie nach ihrer glaubhaften Schilderung zunächst 17 Tage lang überhaupt gehindert hat, in die Öffentlichkeit zu gehen. Bis heute belastet sie ihr Aussehen und die Notwendigkeit, die Langzeitschäden durch mehrere Laserbehandlungen zu beseitigen. Andererseits hat sich die Gesichtshaut der Klägerin bis zur mündlichen Verhandlung am 7.4.2016 ersichtlich teilweise erholt, weshalb zumindest das geschminkte Gesicht keine besonders extremen Auffälligkeiten mehr aufweist.").

Frau. Langwierige Beeinträchtigungen. Ursache: Produkthaftung „Besteht bei großflächiger Anwendung einer Gesichtshaarentfernungscreme nach erfolgreichem Vortest und Beachtung der Gebrauchshinweise die Gefahr starker Hautirritationen mit Langzeitschäden, so entspricht das Produkt nicht den Sicherheitserwartungen der Personen, die damit in Berührung kommen. (amtlicher Leitsatz)".

Betrag: 2.000 € **Haftung: 100 %**
immVorb: – **MdE: –**

LG Heidelberg 25.11.2016 – 3 O 5/16 = BeckRS 2016, 20530

4707

Gesichtsverletzungen, diverse: Nasenbeinfraktur; Backenzahnfraktur mit Backenzahnverlust, Monokelhämatom bzw. Augapfelprellung) sowie zahlreiche Prellungen und Schürfungen am gesamten Körper.

Mann (Taxifahrer). Ambulante Heilbehandlung. Vorsätzliche Körperverletzung: der Beklagte schlug und trat den Kläger.

Betrag: 2.000 € **Haftung: 100 %**
immVorb: – **MdE: –**

AG Mannheim 19.4.2012 – 12 C 208/10 = BeckRS 2012, 214156

4651

Gesichtsverletzungen (hier: Erhebliche, vorübergehend entsellende Gesichtswunden); Mittelfingerfraktur, rechts sowie Fußdistorsion.

19j. Frau. Ambulante Heilbehandlung. MdE 3 Wochen 100 %. Folgenlose Verheilung.

Betrag: 2.500 € **Haftung: 100 %**
immVorb: – **MdE: –**

AG Aachen 2.2.2011 – 115 C 462/10 = BeckRS 2011, 142132

3499

Gesichtverletzung / Wangenverletzung (hier: 15 cm lange Gesichtsnarbe vom rechten Unterkiefer, quer über die Wange bis zum rechten Ohr).

Mann. Dauerschaden: „Gut verheilte und erst bei genauem Hinsehen erkennbare" 15 cm lange Gesichtsnarbe, die „keinen entstellenden Eindruck vermittelt", so das OLG nach Inaugenscheinnahme des Klägers. Vorsätzliche Körperverletzung bei einer Wirtshausschlägerei, bei der der Bekl. den Kl. mit einem Bierglas in das Gesicht schlug.

Betrag: 2.500 € **Haftung: 100 %**
immVorb: – **MdE: –**

OLG Hamm 4.2.2003 – 9 U 155/02 = BeckRS 2003, 4156

3532

Gesichtverletzung, zahlreiche … mit offenen Schnittwunden sowie Kopfschmerzen und Nackenschmerzen. Prellungen und Stauchungen „am ganzen Körper".

85j. Frau. Eine Woche stationär. Weitere ambulante Heilbehandlung. 3 Wochen andauernde Kopfschmerzen und Nackenschmerzen.

Betrag: 2.500 € **Haftung: 100 %**
immVorb: – **MdE: –**

LG Schwerin 29.12.1999 – 7 O 600/97 = unveröffentlicht

5491

Gesichtsverletzung mit einer auf Dauer sichtbaren Narbe im Gesicht und Berührungsschmerzen im Bereich der Augenbrauen, Kopfprellung, HWS-Distorison. Psychische Beeinträchtigungen: posttraumatischen Belastungsstörung in Form von Angst, Fahrrad zu fahren.

Frau. Ursache: Fahrradunfall. Insofern sah das LG keinen Grund, dem Kläger für das Nichttragen eines Fahrradhelms eine Mithaftung anzurechnen. Hierzu führte das LG aus: „Ein Verschulden der volljährigen Klägerin lag nicht darin, dass sie keinen Fahrradhelm trug. Für die Zeit bis 2011 hat dies der Bundesgerichtshof bereits entschieden (NJW 2014, 2493). Der Beklagte hat nicht dargetan, dass die Erforderlichkeit des Tragens eines Fahrradhelms inzwischen allgemein angenommen werde. Nach einer Veröffentlichung der Bundesanstalt für Straßenwesen".

Betrag: 3.000 € **Haftung: 100 %**
immVorb: – **MdE: –**

LG Kiel 18.12.2018 – 12 O 177/18 = BeckRS 2018, 34544

4808

Gesichtsverletzung / Kopfverletzung (hier: großflächige Hämatome im Stirn- und Augenbereich und ein weiteres Hämatom am Hinterkopf) sowie Schürfwunden an den Händen.

Frau. Ambulante Heilbehandlung. Die Klägerin war Ehefrau des Beklagten. Am Tage der Trennung kam es zu einem Streit, in dessen Verlauf der Antragsgegner der Antragstellerin ua einen Kopfstoß gegen die Stirn versetzte. [Anmerkung: Derartige Urteile zu tätlichen Auseinandersetzung unter Ehegatten sind – verständlicher Weise – sehr selten. Weitere Fundstelle: BeckRS 2013, 17563].

Betrag: 3.000 € **Haftung: 100 %**
immVorb: – **MdE: –**

OLG Zweibrücken 2.8.2013 – 2 UF 30/13 = BeckRS 2013, 17563

5719

Gesichtverletzung (hier: Platzwunde an der linken Augenbraue mit verbleibender Narbe), Knieprellung des rechten Knies, HWS-Distorsion, Gehirnerschütterung und zahlreiche Abschürfungen.

19j. Mann. Ambulante Heilbehandlung. Langwierige Heilbehandlung mit einer MdE von ca. 19 Tagen 100 %, ca. 180 Tagen 20 % und insgesamt ca. 120 Tagen 10 %. Dauerschaden: 3 cm lange und 0,2 bis 0,3 cm breite Narbe über der linken Augenbraue.

Betrag: 3.000 € **Haftung: 100 %**
immVorb: – **MdE: –**

AG Waldshut-Tiengen 12.11.2004 – 7 C 163/04 = BeckRS 2005, 4797

3744

Gesichtverletzung (hier: Brandwunde).

Mann (Apotheker). Ambulante Heilbehandlung der schmerzhaften Gesichtsbrandwunde, die der Kläger durch eine Stichflamme aus einem Feuerzangenbowlenbrenner erlitten hatte.

Betrag: 3.000 € **Haftung: 100 %**
immVorb: – **MdE: –**

AG Berlin-Charlottenburg 10.3.2004 – 231 C 701/03 = BeckRS 2004, 16559

6699

Gesichtsverletzungen (hier: Ablederungsverletzungen im Gesicht, Oberlippenverletzung und Unterlippenverletzung in Form von Risswunden an Oberlippe und Unterlippe sowie am Kinn. Zudem eine Zahnfraktur und diverse Schürfwunden.

Frau. Die Verletzungen hatten einen verzögerten Heil- und Regenerationsverlauf und Herz-/Kreislaufstörungen sowie Bluthochdruck zur Folge. Zudem konnte die Klägerin zunächst keine feste Nahrung zu sich nehmen.

Betrag: 3.500 € **Haftung: 100 %**
immVorb: – **MdE: –**

LG Konstanz 26.2.2016 – D 2 O 290/14 = BeckRS 2016, 130475

4804

Gesichtsnervverletzung (hier: Verletzung des Nervus trigeminus, es kam durch vermeidbaren Punktion der Arteria Carotis interna mit arterieller Blutung, Hämatombildung und Druck auf den Nervus trigeminus. Es kam zu einer leichten Neuropathie des Nervus trigeminus in Form einer Hypästhesie / Algesie im sensiblen Innervationsareal auf der linken Seite sowie einer in ihrer Prognose unklaren Trigeminusneuralgie [Anmerkung: Eine solche verursacht sehr extreme Schmerzen!]).

43j. Mann. Zahnarzthaftung (hier: Behandlungsfehler im Zusammenhang mit der Versorgung der Zähne 35 bis 37 mit einer Brücke und einer deshalb vorgenommenen eine Leitungsanästhesie im linken Unterkiefer. Dabei verspürte die Klägerin „einen heftigen Schmerz auf der linken Gesichtsseite, dem eine vorübergehende Lähmung der gesamten Gesichtshälfte folgte. Sie erblindete für wenige Minuten auf dem linken Auge".). Die Kl. begehrte mit der Klage ein weiteres Schmerzensgeld, konnte aber die Verschlechterungen ihres Gesundheitszustandes nicht als kausal auf dem Behandlungsfehler basierend beweisen.

Betrag: 3.500 € **Haftung: 100 %**
immVorb: Ja **MdE: –**

OLG Köln 13.1.2014 – 5 U 66/10 = BeckRS 2014, 1695

6505

Gesichtverletzungen (hier: Prellungen und eine Platzwunde an der Stirn sowie Schürfwunden im Bereich der Nase, der Oberlippe sowie der Stirn). Zudem erlitt die Klägerin ein HWS-Syndrom sowie ein BWS-Syndrom mit Schmerzen und Verspannungen im Brustbereich sowie Prellungen am rechten Unterarm und am rechten Fuß.

Frau. Stationäre Heilbehandlung. MdE 11 Tage 100 %. Weitere 5 Monaten litt die Klägerin unter Beeinträchtigungen. Urlaubsvereitelung: Ein bereits gebuchter Urlaub musste storniert werden. [Ursache: Fahrradunfall].

Betrag: 4.000 € **Haftung: 100 %**
immVorb: – **MdE: –**

LG Bonn 5.10.2018 – 1 O 165/18 = BeckRS 2018, 43239

6964

Gesichtsverletzung / Schnittwunden (hier: 1 cm lange glattrandige und oberflächliche Schnittwunde unterhalb der Lippe knapp rechtsseitig der Mittellinie des Gesichts sowie rechtsseitig unterhalb der Unterlippe weitere drei parallel verlaufende Wunden im Abstand von wenigen Millimetern. Zudem behauptet die Klägerin, dass sie Zahnfrakturen bzw. Zahnabsplitterungen sowie eine Schädelprellung erlitten habe.

Frau („sehr jung"). Ambulante Behandlung. Dauerschaden: Mehrere deutlich sichtbare Narben von ca. 1 cm Länge im Gesicht. „Dieser massive Nachteil ist entsprechend zu kompensieren", so das AG. [Ursache: Verkehrssicherungspflichtverletzung. Die Kl. stürzte in der Bäckerei der Bekl. gegen eine Glasscheibe der Verkaufstheke, die nicht – wie es hätte sein müssen – aus Sicherheitsglas bestand].

Betrag: 4.000 € **Haftung: 100 %**
immVorb: – **MdE: –**

AG Nürnberg 14.11.2015 – 22 c 134/14 = BeckRS 2015, 121829

4180

Gesichtverletzungen (hier: Unterkieferfraktur, die als „kompliziert" attestiert und vom OLG als sehr schmerzhaft bezeichnet worden war. Nasenbeinfraktur sowie Prellungen und Schwellungen im Gesicht).

Mann. Ursache: Verkehrssicherungspflichtverletzung: Der Kläger stürzte mit seinem Fahrrad über eine nur unzureichend gekennzeichnete Absperrkette innerhalb einer Fußgängerzone.

Betrag: 4.000 € **Haftung: 100 %**
immVorb: – **MdE: –**

OLG Hamm 3.2.2009 – 9 U 101/07 = BeckRS 2009, 12008

4248

Gesichtverletzung in Form von Gesichtschnittwunden sowie Gehirnerschütterung und Prellungen.

Mann. Die Schnittverletzungen ließen sich gut behandeln. Dauerschaden: Leichtgradige Lidhebeschwäche links. [Mithaftung wegen Nichtanlagens des Sicherheitsgurtes, weshalb der Kläger unfallbedingt durch die Windschutzscheibe geschleudert worden war. Das OLG ging davon aus, dass die Gesichtsverletzungen „nahezu ausnahmslos dadurch hervorgerufen worden" sind.].

Betrag: 4.000 € **Haftung: 60 %**
immVorb: – **MdE: –**

LG Oldenburg 9.7.2008 – 1 O 879/08 = BeckRS 2011, 12557

3921

Gesichtsverletzungen (hier: Glassplitterverletzungen im Gesicht; Gesichtsprellung mit Bluterguss durch welchen zunächst die Gesichts- und Augenbewegungen schmerzhaft waren); schwere Schädelprellung und HWS-Kontusion sowie weitere Prellungen an der Schulter, den Armen und Knieen.

Mann. Schmerzhafte Verletzung, die jedoch – bis auf die Narbe – verheilt sind. Dauerschaden: Narbe an der Stirn.

Betrag: 4.500 € **Haftung: 90 %**
immVorb: – **MdE: –**

LG München II 26.8.2008 – 12 O 140/07 = SP 2009, 10

7046

Gesichtsverletzung und Kieferverletzung durch Hundebiss (hier: Zwei Wunden im Bereich der Wange und eine Wunde im Bereich des Halses, die genäht werden mussten. Zudem hatte sich der Kiefer der Klägerin durch den Biss verschoben und drei Keramikkronen der Klägerin brachen ab, so das LG).

Frau. Ambulante Heilbehandlung bei der die Bisswunden genäht wurden. Die Narbe im Bereich des Jochbeins auf der rechten Wange der Klägerin war auch neun Monate nach dem Vorfall „sichtbar und schmerzempfindlich“. Darüber hinaus hatte sich durch den Biss der Kiefer der Klägerin verschoben und drei Kronen brachen ab, sodass sie sich in zahnmedizinische Behandlung begeben und sich in insgesamt neun Terminen einer Exzision eines blutreichen ausgedehnten Geschwulstes unterziehen musste. [Ursache: Hundebissverletzung / Tierhalterhaftung. Die Klägerin hatte sich zu dem neben ihr stehenden Hund, den sie aus vorangegangenen Besuchen bereits kannte, in Richtung seines Hinterteiles hinuntergebeugt worauf dieser sie plötzlich in das Gesicht gebissen hatte. Entgegen der Ansicht des Amtsgerichts muss sich die Klägerin deshalb jedoch kein Mitverschulden in Höhe von 1/3 anrechnen lassen. Das LG begründete dies zutreffend wie folgt: „Bei einem bekannten Hund, bei dem es zuvor nie zu Auffälligkeiten in Bezug auf aggressives oder ängstliches Verhalten gekommen ist, darf eine Person davon ausgehen, dass der Hund – sollte er sich bedroht fühlen – nicht sofort zubeißt, sondern zumindest vorher durch ein Knurren eine Warnung ausstößt, auf die die Person sodann angemessen reagieren kann“.]

Betrag: 4.500 € **Haftung: 100 %**
immVorb: – **MdE: –**

LG Wiesbaden 24.3.2022 – 2 S 10/21 = BeckRS 2022, 23776

4244

Gesichtverletzung in Form von zahlreichen Gesichtsschnittwunden und Augenverletzung.

Mann. Dauerschaden: Gesichtsnarben, deutlich sichtbar. Ursache: Wurf einer Glasflasche gegen den Kläger. [Adhäsionsverfahren].

Betrag: 5.000 € **Haftung: 100 %**
immVorb: Ja **MdE: –**

AG Duisburg 13.11.2008 – JS 5608-94/08 = unveröffentlicht

3693

Gesichtverletzung mit Kieferfraktur in Form einer Unterkiefergelenkfraktur; Oberlippenverletzung in Form einer gravierenden Platzwunde und Zahnverlust (Zahn 22) sowie Zahnverletzung (Zähne 11 und 21).

Mann. Ambulante Heilbehandlung mit mehrschichtigem Vernähen der Oberlippenverletzung. Sehr langwierige Heilbehandlung bzgl. der Zahnverletzungen.

Betrag: 5.000 € **Haftung: 100 %**
immVorb: – **MdE: –**

LG Offenburg 2.2.2005 – 3 O 498/04 = unveröffentlicht

4039

Gesichtverletzung (hier: Verbernnungen 1. und 2. Grades); ebenso Verbernnungen am rechten handgelenk. Vorübergehender Tinnitus.

Mann (Arbeiter). MdE 6 Wochen 100 %. Gut 12 Tage andauernder Tinnitus. Ursache: Arbeitsunfall. Komplikationsloser Heilungsverlauf.

Betrag: 5.000 € **Haftung: 100 %**
immVorb: – **MdE: –**

LG Frankfurt a. M. 30.9.2002 – 2/23 O 129/02 = VersR 2004, 660

3701

Gesichtsverletzung / Jochbogenfraktur (hier: Jochbogenfraktur, zahlreiche Gesichtsplatzwunden, Schnittwunden an den Ohren.) sowie Gehirnerschütterung und Fingerverletzung.

Mann. 4 Tage stationär. Metallteileimplantat zur Stabilisierung der Jochbogenfraktur. Dauerschaden: Geringe Entstellung durch 5 cm lange Gesichtsnarbe. Vorsätzliche Körperverletzung durch Faustschläge.

Betrag: 5.000 € **Haftung: 100 %**
immVorb: Ja **MdE: –**

OLG Hamm 8.5.2000 – 13 U 7/00 = BeckRS 2007, 2179

3692

Gesichtsverletzungen, hier: Nasenbeinfraktur mit der Folge einer dauerhaften Nasenatmungsbehinderung und Zahnverletzungen durch Zahnschmelzfrakturen der Zähne 11 und 12. Zudem erlitt der Kläger eine Mittelhandfraktur.

Mann (Modelbauer). 6 Wochen stationär. MdE 6 Wochen 100 %. Langwierige Heilbehandlung bzgl. der Zahnverletzungen. Dauerschaden: Beeinträchtigung der Nasenatmung.

Betrag: 5.113 € **Haftung: 100 %**
immVorb: Ja **MdE: 10 %**

LG Münster 15.11.2001 – 19 O 21405/98 = unveröffentlicht

3327

Gesichtverletzung (hier: Jochbeinfraktur, massive Jochbein-Orbitalfraktur mit massivem Stirnbeinhämatom; Unterkieferverletzung in Form einer Unterkieferverschiebung); Ellenbogenfraktur; kleinflächige Gehirnquetschungen; Unterarmfraktur; Zehenfraktur; Gehirnerschütterung.

14 j. Mann (Schüler). 3 Tage stationär. Unter den psychischen Folgen (es wurden mehrere Beteiligte getötet, andere schwer verletzt) leidet der Kl. „heute nicht mehr“. Körperliche Dauerschäden sind jedoch nicht auszuschließen. [Ursache: Mitfahrt auf einer „Spritztour“ eines Mitschülers, der ohne Führerschein fuhr, vor der Polizei flüchtete und mit mehreren Insassen mehrfach verunfallte.]

Betrag: 5.400 € **Haftung: 60 %**
immVorb: Ja **MdE: –**

LG Duisburg 22.3.2005 – 8 O 406/02 = BeckRS 2005, 5835

4733

Nervverletzung (hier: Nervschädigung, Verletzung des nervus lingualis).

Frau. Zahnarzthaftung. Aufklärungspflichtverletzung im Bezug auf die dann tatsächlich erfolgte Nervschädigung im Rahmen der Implantatversorgung. Dauerschaden: Sensibilitätsstörung, deren Umfang in der Urteilsbegründung nicht angegeben wird.

Betrag: 7.000 € **Haftung: 100 %**
immVorb: Ja **MdE: –**

OLG Koblenz 6.7.2012 – 5 U 496/12 = BeckRS 2012, 19653

3482

Gesichtverletzung (hier: Abbruch des rechten oberen Schneidezahns, Nasenverletzung, Mundverletzung) sowie weitere Stichverletzungen in den Hinterkopf und oberflächlich am Hals.

Mann (Strafgefangener). Längere Heilbehandlung wegen der Zahnverletzung! Ursache: Der Kläger wurde von einem Mithäftling mit einem 12 cm langen Schraubenzieher in das Gesicht gestochen. Der Schraubenzieher durchbohrte den rechten Nasenflügel, die Mundhöhle und brach einen Schneidezahn ab. Der Kläger begehrte Schmerzensgeld vom Mithäftling und den Staat als Träger der JVA (§ 847 BGB aF, § 839 Abs. 1 BGB iVm Art. 34 GG). Vorsätzliche Körperverletzung. Die Rente wurde ihm wegen „der Fortdauer der Traumatisierung" zuerkannt.

Betrag: 7.700 € **Haftung: 100 %**
immVorb: – **MdE: –**
Rente: 128 €

OLG Dresden 27.2.2002 – 6 U 3073/01 = VersR 2003, 1041

4583

Gesichtsverletzung (hier: Narbe im oberen Gesichtsbereich / Haaransatz mit Haarlosigkeit in einem Segment von 22 mm x 33 mm).

Kleinkind (sog. Frühchen). Arzthaftung (hier: Unmittelbar nach der Frühgeburt kam es zu einem Behandlungsfehler infolge paravenös verabreichter TRIS-Lösung als lebensrettender Eingriff wodurch es zu einer Gesichtsnarbe ohne weitere konkrete Gesundheitsbeeinträchtigungen kam).

Betrag: 10.000 € **Haftung: 100 %**
immVorb: Ja **MdE: –**

OLG München 14.6.2012 – 1 U 160/12 = BeckRS 2012, 12687

4628

Gesichtsverletzung (hier: Granulome im Gesicht).

Frau (aus dem Kontext – ältere Frau). Stationäre Heilbehandlung mit 2 Operationen. Dauerschaden: Gesichtsnarben und Knoten unter denen die Klägerin, die mit dem Mittel eigentlich ihr Äußeres verbessern wollte, sehr zu leiden hat. [Ursache: Unverträgliche Faltenbehandlung mit Dermalive.].

Betrag: 10.000 € **Haftung: 100 %**
immVorb: Ja **MdE: –**

LG Duisburg 1.8.2011 – 2 O 366/10 = BeckRS 2011, 142413

5897

Gesichtsverletzung (hier: Hundebiss in das Gesicht).

Frau. [Tierhalterhaftung: Hundebiss. „Ein Tierhalter, der auf einer Gartenparty seinen Hund frei herumlaufen lässt, muss davon ausgehen, dass dieser von den Gästen als gänzlich ungefährlich angesehen wird und sich gegebenenfalls auch im Umgang mit Hunden nicht erfahrene Gäste dem Tier annähern. Eine schuldlose Mitverursachung durch den Geschädigten wird im Rahmen der Gefährdungshaftung nicht berücksichtigt. Für ein Mitverschulden muss der Geschädigte gegen Gebote des eigenen Interesses vorwerfbar verstoßen haben (hier verneint)", so der amtliche Leitsatz].

Betrag: 10.000 € **Haftung: 100 %**
immVorb: Ja **MdE: –**

OLG Naumburg 11.10.2010 – 10 U 25/09 = BeckRS 2010, 30184

4197

Gesichtverletzungen (hier: Nasenbeinfraktur; Augenverletzung mit Augenlidhämatom und Blutungen unter der Bindehaut; Zahnfrakturen und Zahnschmelzrisse; Jochbeinprellung und Schädelprellung) sowie Handgelenkdistorsion.

Frau. 2 Tage stationär. MdE 5 Wochen 100 %. Langwierige Zahnheilbehandlung. Dauerschaden: Geringe Gesichtsasymmetrie. Vorsätzliche Körperverletzung mit massiven Schlägen und Fußtritten auch in das Gesicht der Klägerin.

Betrag: 10.000 € **Haftung: 100 %**
immVorb: Ja **MdE: –**

LG Ravensburg 8.1.2009 – 3 O 321/08 = BeckRS 2009, 139982

4620

Gesichtsverletzung / Kieferfraktur (hier: Schwere Gesichtsverletzung mit Alveolarfraktur und zahnverlust von 5 Zähnen sowie erheblichen Gesichtsschwellungen nach Pferdetritt ins Gesicht.)

12j. Kind (Schülerin). Langwierige Heilbehandlung zahn- und kieferorthopädischer Art. Dauerschaden: Zahnschäden. [Ursache: Pferdetritt ins Gesicht]. Bei der Bemessung bezog sich das OLG auf eine Entscheidung des OLG Oldenburg [siehe unter → Nr. 4621].

Betrag: 12.000 € **Haftung: 100 %**
immVorb: – **MdE: –**

OLG Stuttgart 24.1.2011 – 5 U 114/10 = BeckRS 2011, 16754

6245

Gesichtverletzungen, schwerste (hier: Massive Zersplitterung des gesamten Gesichts mit Mittelgesichtsfraktur Le Fort II beidseitig sowie eine Orbitabodenfraktur beidseitig) und eine HWS-Distorsion mit Streckfehlhaltung und schweren Dauerfolgen.

Mann. Mehrere Wochen stationär mit zwei Aufenthalten und zwei Operationen, davon eine siebenstündige schweren Operation zur Wiederherstellung des Gesichts, von dem der Chirurg ausführte, dass das ganze Gesicht derart zersplittert gewesen sei, dass es äußerst schwierig gewesen sei, die Operation durchzuführen. Dauerschaden: Dyssymetrie des Gesichts, Kieferbewegungseinschränkung, so dass der Kläger seinen Mund nicht vollständig öffnen kann, beim Beugen nach vorne treten ziehende Schmerzen im Bereich des Gesichts auf. Zudem leidet der Kläger an unter Schmerzen im Bereich der Halswirbelsäule mit Bewegungsknacken über C5 sowie unter Knackgeräuschen im Kiefer, Knackgeräuschen am Nacken und ziehenden Schmerzen an der linken Wange bei Wetterumschwung und beim Heben von schweren Sachen. [Ursache: Vorsätzliche Körperverletzung durch zwei gezielte Faustschläge in das Gesicht des Klägers sowie einen nachfolgenden Tritt in das Gesicht].

Betrag: 18.000 € **Haftung: 100 %**
immVorb: Ja **MdE: –**

LG Frankenthal 16.5.2013 – 6 O 52/13 = BeckRS 2013, 198728

3386

Gesichtverletzung (hier: ausgedehnte Weichteilverletzungen im Gesicht mit verschiedenen klaffenden, tief in das Gewebe reichenden Riss- und Quetschwunden, ferner weitere kleinere, das Aussehen beeinträchtigende Riss-/

Quetschwunden im linken Gesichtsbereich sowie Narben).

1j. Kind. 10 Tage stationär, zwei Operationen. Dauerschaden: Missempfindungen und Gefühlsstörungen im Bereich der linken Gesichtshälfte, Schmerzen besonders bei Kälte und Temperaturwechsel und eine Abschwächung der mimischen Gesichtsmotorik im Bereich des linken Mundwinkels. Ursache: Hundebiss in das Gesicht des Kindes.

Betrag: 18.000 € **Haftung: 100 %**
immVorb: Ja **MdE: –**

LG Essen 17.3.2005 – 12 O 307/03 = BeckRS 2005, 6978

3628

Gesichtverletzung (hier: Gesichtschnittwunden linksseitig, tiefe Stirnplatzwunde 8 cm lang, Verletzung des linken Augenlids, Zahnverletzung der Zähne 11, 21 und 24) sowie Gehirnerschütterung und HWS-Syndrom.

38j. Frau. 4 Tage stationär. Starke Kopfschmerzen auch noch 6 Wochen nach dem Verkehrsunfall, bei welchem der Beklagte unter Drogeneinfluss gefahren war. Dauerschaden: Erhebliche, 8 cm lange Narbe auf der Stirn [vgl. auch unter Entstellung].

Betrag: 20.000 € **Haftung: 100 %**
immVorb: – **MdE: –**

LG Heidelberg 23.11.2004 – 2 O 199/03 = BeckRS 2004, 153757

2614

Gesichtverletzung (hier: Gesichtnervverletzung; „Gefühlsstörung in der rechten Gesichtshälfte, wobei diese … i.S. eines völligen Gefühlsverlustes über 3 Monate Bestand gehabt hat." Es verblieb „ein etwa 5 DM großes Areal auf der rechten Wange".

35j. Mann. Arzthaftung (Erst Operation an der falschen Gesichtshälfte; dann fehlerhafte Operation). Dauerschaden: Chronischer Dauerschmerz mit rezidivierenden Schmerzattacken!

Betrag: 20.452 € **Haftung: 100 %**
immVorb: – **MdE: –**

OLG Köln 3.11.1997 – 5 U 137/97 = BeckRS 9998, 3160

5899

Nasenbeinfraktur und Mittelgesichtsprellung, Kleinfingerfraktur rechts sowie diverse Prellung (Brustkorbprellung), Schürfwunden und Schwellungen im gesamten Körperbereich sowie psychische Beeinträchtigungen und Ängste.

Frau. Dauerschaden: Psychische Beeinträchtigungen und Angstzustände. [Ursache: Vorsätzliche Körperverletzung – Raubüberfall in der eigenen Wohnung. Die Klägerin wurde von den Tätern bedroht und mit Fäusten geschlagen worden].

Betrag: 23.000 € **Haftung: 100 %**
immVorb: – **MdE: –**

OLG Brandenburg 2.9.2010 – 12 W 42/10 = BeckRS 2010, 22199

4958

Gesichtsverletzung / Kieferverletzung / Zahnverletzung (Auszug aus der Urteilsbegründung: „Der Kiefer wurde vom Schädel getrennt und gebrochen, die Gaumenarterien rissen, es bildete sich ein Loch in der Gaumenschleimhaut und es traten erhebliche Wundheilungsstörungen mit weiteren operativen Eingriffen ein. Dies war zweifelsohne mit erheblichen Schmerzen und Beeinträchtigungen verbunden, die sich zumindest bis zur Behandlung durch die C. ein Jahr hinzogen").

64j. Frau. Arzthaftung (hier: Aufklärungspflichtverletzung. „Wendet sich der Patient an den Arzt, hier einen Kieferchirurgen, mit der Bitte ihn über Alternativen zu seiner bestehenden prothetischen Versorgung zu beraten, so hat der Arzt ihn über alle infrage kommenden Alternativen aufzuklären. Er darf nicht von vorneherein dem Patienten nur die im Erfolgsfall optimale Methode vorstellen, wenn diese mit erheblichen Risiken belastet ist und es dazu eine weniger belastende Alternative gibt", so ein Leitsatz der Entscheidung.

Betrag: 25.000 € **Haftung: 100 %**
immVorb: Ja **MdE: –**

OLG Naumburg 6.6.2013 – 1 U 108/12 = BeckRS 2013, 14026

4611

Gesichtsverletzungen, schwere (hier: Augenhöhlenbodenfraktur, Nasenbeinfraktur mit Nasenatmungsstörung und geringfügigem Nasenschiefstand, Oberkieferfraktur mit Oberlippenverletzung und daraus folgender sensibilitätsstörung, Unterkieferfraktur, Zahnverletzungen an 3 Zähnen).

Mann. 6 Monate stationär; 4 Operationen. Ambulante Heilbehandlung. MdE 24 Monate, gut 6 Monate 100 % später abfallend. Dauerschaden: Chronische Kopfschmerzen, kognitive und neurologische Beeintrigungen sowie Sensibilitätsirritationen im Bereich der Oberlippe, die als störend wahrgenommen wird. [Vorsätzliche Körperverletzung mit großer Brutalität].

Betrag: 25.000 € **Haftung: 100 %**
immVorb: Ja **MdE: –**

LG Bayreuth 10.5.2011 – 32 O 849/10 = BeckRS 2011, 142408

3982

Gesichtnervlähmung (hier: Gesichtsverletzung infolge einer fehlerhaften Zahnbehandlung / Wurzelspitzenresektion. Die linke Gesichtshälfte sowie die Lippen sind nahezu taub und auch die Zunge ist ohne Empfindung für Temperatureunterschiede).

57j. Frau. Arzthaftung: Aufklärungspflichtverletzung im Rahmen einer sodann kunstfehlerhaft durchgeführten Wurzelspitzenresektion. Dauerschaden: Taubheit im Gesicht sowie Unempfindlichkeit der Zunge für heiß und kalt, was sich im alltäglichen Leben als eine schwerwiegende Beeinträchtigung darstellt.

Betrag: 25.565 € **Haftung: 100 %**
immVorb: Ja **MdE: –**

OLG Koblenz 4.4.2000 – 1 U 1295/98 = BeckRS 2000, 30105144

3802

Gesichtsverletzung (hier: Gesichtnervverletzung. „nahezu Komplettdurchtrennung des für die sensitive Versorgung der Stirngegend maßgeblichen Nervus supraorbitalis" mit der Folge von Taubheit in der linken Kopfhälfte und Hängen des linken Augenlids).

Frau. Dauerschaden: Taubheitsgefühle im Bereich des Kopfes, mangelnde Empfindung … insbesondere im Gesicht). Arzthaftung (hier: Fehldiagnose im Zusammenhang mit einer Schönheitsoperation im Bereich der Augenlider und Nase. Die Operation erfolgte „ohne einschlägige Indikation".).

Betrag: 30.000 € **Haftung: 100 %**
immVorb: – **MdE: –**

OLG Koblenz 14.6.2007 – 5 U 1370/06 = BeckRS 2007, 10321

6457

Gesichtverletzung in Form eines Horner-Syndroms [= Pupillenverengung (Miosis), Herabhängen des Oberlids (Ptosis) und einem gering in die Augenhöhle eingesunkenen Augapfel (Enophthalmus)] sowie Schulterdystokie / Schulterverletzung mit Schulterschiefstand, linksseitiger Armplexuslähmung und Armverschmächtigung links.

Kind (Mädchen). Arzthaftung (hier: Behandlungsfehler bei der Geburt der Klägerin. Es kam zu einer Schulterdystokie und einem Horner-Syndrom da sich die Schulter im Geburtskanal verkeilt hatte). Dauerschaden: Entstellung im Gesicht als Folge des Horner-Syndroms [= Pupillenverengung, Herabhängen des Oberlids bzw. Augenlidlähmung und einem gering in die Augenhöhle eingesunkenen Augapfel] sowie Funktionsbeeinträchtigung durch Verschmächtigung des linken Arms. Hierzu führt das LG aus, dass „der linke Arm ein vermindertes Wachstum aufweist" und die Klägerin „in der Motorik stark beschränkt ist und die Hand nur noch iS einer Hilfshand eingesetzt werden kann, dauerhaft und erheblich in ihrem Alltagsleben, in der Schule, bei sportlicher Betätigung, zB beim Fahrradfahren, sowie in ihrer künftigen Berufswahl beeinträchtigt. Sie wird darauf angewiesen sein, in regelmäßiger krankengymnastischer Behandlung zu bleiben, um ihren Status nicht zu verschlechtern, insbesondere auch Beschwerden etwa im Bereich der Wirbelsäule zu vermeiden". Bezüglich der Entstellung betonte das LG zutreffend, dass diese „für ein heranwachsendes Mädchen im gesellschaftlichen Bereich nachteilig und belastend ist".

Betrag: 40.000 € **Haftung: 100 %**
immVorb: Ja **MdE: –**

LG Hechingen 15.10.2004 – 2 O 285/02 = BeckRS 2004, 12738

4468

Gesichtsverletzung, schwere (hier: Verbrennungen 2.Grades und Verbrennungen 3.Grades im Gesicht, „insbesondere in der rechten Gesichtshälfte, hinter dem rechten Ohr, an der rechtenb und linken Ohrmuschel") und „am rechten Handgelenk". Insgesamt waren 15 % der Körperoberfläche verbrannt.

1j. Kind. Stationäre, langwierige Heilbehandlung mit mehreren Eigen- und Fremdhauttransplantationen. Zwei Jahre musste eine Gesichtsmaske getragen werden! Dauerschaden: Entstellende Narben im Gesicht, die einer ständigen Pflege und Behandlung bedürfen. Die bislang nur „geringen" psychischen Auswirkungen führt das Gericht auf „das kindliche Alter des Klägers zurück …". Ursache: Produkthaftung bzgl. einer Flasche mit Grillbrennpaste. [Anmerkung: Das Schmerzensgeld ist mit nur 50.000 EUR deutlich zu gering bemessen! Hier wären, angesichts der Schwere unvorstellbaren Schmerzen (Verbrennung 3. Grades!), der Beeinträchtigung des Kindes (Gesichtsmaske!) und der lebenslangen gravierenden Folgen der Entstellung, gerade in unserer heutigen, sehr extrovertierten Einstellung mindestens 100.000 EUR oder mehr angemessen.]

Betrag: 50.000 € **Haftung: 100 %**
immVorb: Ja **MdE: –**

OLG Hamm 21.12.2010 – I-21 U 14/08 = BeckRS 2011, 1327

4481

Gesichtsverletzung / Gesichtnervverletzung (hier: Gesichtnervverlust linksseitig).

38j. Mann. Arzthaftung (hier: Diagnosefehler: „Unauffälliges Schädel-MRT. Insbesondere unauffällige Darstellung des schmerzhaften Areals" obwohl ein „bösartiger Tumor" vorlag, bei dessen Entfernung der Gesichtsnerv – nervus facialis – entfernt werden musste. Der Nerv wäre ggf. bei rechtzeitiger und richtiger Diagnose zu „retten" gewesen). Dauerschaden: Komplette periphere Gesichtsnervlähmung der linken Seite.

Betrag: 60.000 € **Haftung: 100 %**
immVorb: Ja **MdE: –**

OLG München 16.2.2012 – 1 U 2798/11 = BeckRS 2012, 4398

3434

Gesichtverletzung, nachhaltige (hier: Verlust eines Auges sowie des Geschmacksinns [Geschmacksinnverlust] und des Geruchsinns [Geruchsinnverlust]. Zudem erlitt der Kl. eine Unterschenkelverletzung / Fußverletzung rechts.

Mann. Längerer stationärer Aufenthalt mit mehreren Operationen. Dauerschaden: Geschmacksinnverlust; Geruchsinnverlust, Sehstörung; Entstellung, insbesondere wegen der Augenverletzung und einer Beeinträchtigung der Kieferbeweglichkeit. [Kapitalisiert beläuft sich das Gesamtschmerzensgeld auf rund 90.000 Euro].

Betrag: 72.000 € **Haftung: 100 %**
immVorb: – **MdE: –**
Rente: 100 €

OLG Jena 12.8.1999 – 1 U 1622/98 = BeckRS 1999, 11496

6702

Gesichtsverletzung, schwere (hier: Hundebiss in das Gesicht mit der Folge von schweren Gesichtsnervverletzungen, Gesichtsnervlähmung in Form einer inkompletten Lähmung des Nervus fascialis. Die Klägerin ist dauerhaft entstellt und kann ein Auge nicht mehr schließen, so dass sie dauerhaft Augentropfen verwenden muss. Zudem kann sie einen Mundwinkel nicht mehr heben und somit auch nicht mehr richtig lachen.

2j. Kind. Stationäre Behandlung mit mehreren Operationen. Langwierige Heilbehandlung; das Gericht führte aus, dass die Kindheit der Klägerin im wesentlichen von Krankenhausaufenthalten, Arztbesuchen sowie dem Umgang mit den Verletzungsfolgen geprägt sei. Dauerschaden: Entstellung. [Ursache: Hundebiss / Tierhalterhaftungsfall mit grob fahrlässigem Verhalten der Hundehalterin, deren Hund zuvor bereits andere Kinder gebissen hatte].

Betrag: 90.000 € **Haftung: 100 %**
immVorb: Ja **MdE: –**

OLG München 16.12.2016 – 32 U 2167/16 = BeckRS 2016, 139940

i) Augenverletzungen

Vorbemerkung: Bei den Augenverletzungen und hierbei insbesondere bei den Teil- und Totalerblindungen ist seit der Vorauflage in die Schmerzensgeldbeträge bislang keine „Bewegung" gekommen. Sehr häufig werden für diese sehr gravierenden Verletzungen und deren Dauerfolgen Beträge von 100.000 EUR zuerkannt (vgl. nachfolgend die Urteile des OLG Bremen → Nr. 4335; OLG Koblenz → Nr. 4336, des OLG Düsseldorf → Nr. 4337). Allerdings sollten die Gerichte sich insofern öfter an der bereits sehr alten Entscheidung des LG Hanau (Urteil vom 21.3.1995, IMM-DAT Nr. 3354, bestätigt durch das OLG Frankfurt, vgl. IMM-DAT Nr. 1418) orientieren. Das LG Hanau sprach damals bereits umgerechnet 250.000 EUR zuzüglich 250 EUR Schmerzensgeldrente zu. Leider markiert diese Entscheidung seither die vermeintliche Obergrenze, die auch im Jahr 2016 durch das Urteil des OLG Stuttgart oder des OLG Stuttgart → Nr. 5177 mit 200.000 EUR oder 2004 durch das Kammergericht → Nr. 3259 mit 230.000 EUR zzgl. einer Rente von monatlich 332 EUR nicht nennenswert verändert wurde.

aa) Augenverletzung, leichte

6611

Augenverletzungen durch Reizgas.

Mann (Pizzabote). Vorsätzliche Körperverletzung mittels eines Sprühstoßes aus einer Reizgassprühdose in das Gesicht des Klägers, um sich dadurch der Bezahlung der angelieferten Pizza zu entziehen. Der Sprühstoß traf den Geschädigten insbesondere in die Augen und in den Mund. Der Beklagte erlitt Schmerzen und Reizungen im Gesicht, die am nächsten Tag vollständig abgeklungen waren. [Lesenswert zur Frage des Täter-Opfer-Ausgleichs und der Schadenswiedergutmachung gem. § 46a StGB, wenn der Täter dem Opfer (hier: Pizzaboten) zwar ein Schmerzensgeld zukommen lässt, jedoch dem darüber hinaus geprellten und somit ebenfalls geschädigten Inhaber der Pizzaria nichts gibt. „Sind durch eine Straftat Rechtsgüter mehrerer Personen verletzt, muss nach st. Rspr. hinsichtlich jedes Geschädigten zumindest eine Variante des § 46a StGB erfüllt sein", so der BGH.]

Betrag: 500 € **Haftung: 100 %**
immVorb: – **MdE: –**

LG Deggendorf 7.2.2018 – 5 StR 535/17 = BeckRS 2018, 1753

4655

Augenverletzung, leichte (hier: Brennen und Juckreiz der Augen infolge eines Pfeffersprayangriffs).

Mann. Ambulante Heilbehandlung. Der Kläger hatte dem Beklagten „Pfefferspray ins Gesicht und in die Augen gesprüht … Die Augen mussten mehrfach gespült werden". Folgenlose Verheilung „nach einigen Tagen". Erhöhend bewertete das AG die vorsätzliche Körperverletzung, „ohne jeden Anlass".

Betrag: 500 € **Haftung: 100 %**
immVorb: – **MdE: –**

AG Menden 27.2.2013 – 4 C 363/12 = BeckRS 2013, 196865

6618

Augenverletzung durch Versprühen von Pfefferspray in das Gesicht des Opfers. Vorsätzliche Körperverletzung.

Mann (Hotelportier). Der Kläger wurde von den Tätern, die deshalb wegen besonders schweren Raubes in Tateinheit mit gefährlicher Körperverletzung verurteilt worden waren, überfallen und mit Pfefferspray besprüht. Erlitt dadurch Schmerzen in den Augen und Atemnot und konnte vorübergehend nichts sehen und war zwei Wochen krankgeschrieben.

Betrag: 1.000 € **Haftung: 100 %**
immVorb: – **MdE: –**

BGH 6.11.2019 – 2 StR 203/19 = BeckRS 2019, 35913

3656

Augenverletzung / Sehstörung (hier: Durch eine sogenannte Lasik-Operation verursachte Schmerzen und Leiden. Zu einer Verschlechterung der Sehvermögens kam es infolge der OP nicht; jedoch blieb die Verbesserung aus; zeitweise bestand zeitweise auch die Angst einer Beeinträchtigung des Sehvermögens).

Frau. Arzthaftung (hier: Aufklärungspflichtverletzung).

Betrag: 1.500 € **Haftung: 100 %**
immVorb: – **MdE: –**

LG Köln 16.8.2006 – 25 O 335/03 = BeckRS 2006, 11660

5797

Augenverletzung (hier: Sehschwäche durch Akkomodationsverlustes bzw. Verlust der Akkomodationsfähigkeit nach kunstfehlerhafter Operation am sogenannten grauen Star).

38j. Mann (Jurist). Arzthaftung (hier: Behandlungsfehler bei Augenoperation; die Kunstlinse wurde falsch berechnet; eine Folgeoperation war nicht indiziert). Dauerschaden: Sehschwäche – der Kläger hat seine Akkomodationsfähigkeit auf dem linken Auge verloren. Er sieht im Ergebnis schlechter als vor der Behandlung durch den Beklagten. Er braucht nunmehr Brillen jeweils für Fern- und Nahsicht, während er zuvor nur eine Fernbrille gebraucht hatte. Seine Augen ermüdeten schneller als zuvor.

Betrag: 1.500 € **Haftung: 100 %**
immVorb: – **MdE: –**

LG Köln 30.11.2005 – 25 O 304/02 = BeckRS 2008, 16694

6624

Augenverletzung durch Sprühen von Pfefferspray direkt in das Gesicht, wodurch das Opfer eine Augenverätzung beider Augen erlitt. Zudem schlug der Angeklagte seinem Opfer noch mit einem harten Gegenstand, vermutlich mit der Pfefferspraydose in der Größe einer Haarspraydose auf den Hinterkopf und fügte ihm dadurch eine Gehirnerschütterung und eine 2 cm große blutende Kopfplatzwunde zu. Vorsätzliche Körperverletzung im Zusammenhang mit einem Raubüberfall.

Mann (Versicherungsagenturmitarbeiter). Ambulante Heilbehandlung; die Kopfplatzwunde wurde genäht und die Augenverletzungen durch Spülen sowie Augentropfen behandelt. Am Folgetag wurde das Opfer nochmals bei seinem Hausarzt vorstellig. Über etwaige gesundheitliche Spätfolgen wurde nichts bekannt, so das LG. Bei der Bemessung der Schmerzensgeldhöhe im Rahmen des Adhäsionsverfahrens berücksichtigte das LG, „ dass der Verletzte entgegen ärztlichem Rat die stationäre Krankenhausaufnahme ablehnte. Außerdem wurde die eingeschränkte

Leistungsfähigkeit des Schädigers berücksichtigt". Vorsätzliche Körperverletzung.

Betrag: 3.000 € **Haftung: 100 %**
immVorb: – **MdE: –**

LG Zwickau 4.6.2019 – 2 KLs 530 Js 1706/18 = BeckRS 2019, 37407

3208

Augenverletzung (hier: Zweifache Augenoperation, die keinen Erfolg brachten sondern „mit Schmerzen und Unannehmlichkeiten verbunden waren").

58j. Frau. Arzthaftung (hier: Aufklärungspflichtverletzung bei Einsatz eines „experimentellen, wissenschaftlich noch nicht anerkannten Verfahrens", hier: Keratektomie, photorefraktive); die Kl. musste 2 Operationen erleiden, die ihre Weitsichtigkeit verbessern sollte. Die Operationen erbrachten jedoch nicht den erwünschten Erfolg, sodass sie dennoch wieder eine Brille tragen musste.

Betrag: 3.000 € **Haftung: 100 %**
immVorb: – **MdE: –**

OLG Düsseldorf 21.3.2002 – 8 U 117/01 = BeckRS 9998, 19239

6439

Augenverletzung (hier: Vorübergehende Lähmung und kurzzeitige Erblindung auf dem linken Auge).

Frau. Zahnarzthaftung im Zuge einer Leitungsanästhesie. [vgl. dazu BGH BeckRS 2019, 11582].

Betrag: 3.750 € **Haftung: 100 %**
immVorb: Ja **MdE: –**

OLG Köln 30.4.2019 – 17 W 255/15 = BeckRS 2019, 11582

5059

Augenverletzung (hier: kurzzeitige Erblindung auf dem linken Auge) sowie vorübergehende Lähmung (ohne nähere Angaben).

Frau. Zahnarzthaftung im Zusammenhang mit einer Leitungsanästhesie. [Anmerkung: [Anmerkung: Das Verkündungsdatum wurde – da nicht genaue bekannt – lediglich als „Platzhalter" mit 1.1.2006 angegeben; das Urteil wurde – ohne Angabe des genauen Datums – im „Sommer 2006" erwähnt bei BeckRS 2016, 02678].

Betrag: 3.750 € **Haftung: 100 %**
immVorb: – **MdE: –**

OLG Köln 1.1.2006 – 5 U 255/05 = unveröffentlicht

3910

Augenverletzung (hier: Durch Glassplitter verursachte „mittig gelegene, ca. 3,5 cm lange, waagerecht verlaufende" Verletzung am linken Auge mit einer „nur sehr hauchigen, oberflächlich gelegenen Hornhaut-Trübung … außerhalb der optischen Achse".

Mann. Mit Spätfolgen ist nicht zu rechnen; auch bestehen keine Dauerfolgen.

Betrag: 4.000 € **Haftung: 100 %**
immVorb: – **MdE: –**

LG Köln 27.3.2007 – 16 O 314/04 = BeckRS 2008, 8576

6070

Augenverletzung (hier: Entfernung der natürlichen Augenlinsen und Implantation intraokularer Hinterkammerlinsen zur Verbesserung einer bestehenden Sehschwäche. Diese konnte verbessert werden, es verblieb aber eine Verschlechterung des Dämmerungssehvermögens mit der Wahrnehmung von Halos sowie von Blendungseffekten).

Mann (Kraftfahrer). Arzthaftung (hier: Aufklärungspflichtverletzung bei Schönheitsoperation bzw. kosmetischer Operation am Auge. „Bei der Entfernung der natürlichen Augenlinsen und Implantation intraokularer Hinterkammerlinsen handelt es sich um keinen medizinisch indizierten Eingriff, sondern um eine kosmetisch-ästhetische Operation, womit erhöhten Anforderungen an die Aufklärung des Patienten zu genügen ist". Die Aufklärung umfasste jedoch nicht die Möglichkeit einer eintretenden Verschlechterung des Dämmerungssehvermögens mit der Wahrnehmung von Halos sowie von Blendungseffekten). Dauerschaden: Blendempfindlicheit, die den Kläger jedoch „im beruflichen Alltag nur unwesentlich" beeinträchtigt. „Fahrten bei Dunkelheit sind möglich, außerdem ist es dem Kläger nach seiner Darstellung möglich, hauptsächlich Fahrten bei Tage zu erledigen".

Betrag: 4.000 € **Haftung: 100 %**
immVorb: Ja **MdE: –**

OLG Naumburg 20.11.2014 – 1 U 1/14 = BeckRS 2015, 19836

3700

Augenverletzung (hier: Postoperativ vergessener Faden am Oberlid mit der Folge von Schwellungen und Schmerzen des dadurch bedingt meist tränenden Auges).

Frau (Rentnerin). Sehr schmerzhafte Beeinträchtigung des Sehvermögens infolge des postoperativ vergessenen Fadens. Dieser wurde erst 10 Wochen nach der ansonsten korrekten OP entfernt.

Betrag: 5.000 € **Haftung: 100 %**
immVorb: – **MdE: –**

OLG Frankfurt a. M. 13.8.2002 – 8 U 84/02 = BeckRS 2002, 162157

2547

Augenverletzung / Gesichtverletzung, erhebliche, mit triangelförmig deutlich sichtbarer Narbe [„ihre Schenkellänge beträgt jeweils mehrere Zentimeter"] bis zum linken unteren Augenwinkel. Durchtrennung des Parotisausführungsganges.

Mann. Stationäre Behandlung mit Operation. Dauerschaden: Deutlich sichtbare Narbe am linken Auge; Beeinträchtigung des Speichelflusses, Schmerzen bei Witterungswechsel.

Betrag: 5.113 € **Haftung: 100 %**
immVorb: – **MdE: –**

OLG Frankfurt a. M. 30.4.1998 – 15 U 129/97 = BeckRS 9998, 15732

6620

Augenverletzung nach einer endonasalen Siebbeinoperation ohne nähere Angaben zum Verletzungsumfang des betroffenen Auges.

Mann. Arzthaftung durch Aufklärungspflichtverletzung (hier: Verharmlosung der Risiken) im Zusammenhang mit einer Kieferhöhlenbehandlung wegen einer Siebbeinverletzung infolge derer es zu einer Augenverletzung kam.

Betrag: 7.000 € **Haftung: 100 %**
immVorb: – **MdE: –**

OLG Koblenz 12.1.2010 – 5 U 967/09 = BeckRS 2010, 145841

bb) Augenverletzung, schwere

7744

Augenverletzung (hier: erhebliche Hornhautverletzungen am rechten Auge, die in der Folge eine Hornhauttransplantation erforderlich gemacht hatte).

Frau. Kein Schmerzensgeld wegen der Augenverletzung, die sich die Klägerin bei der Anprobe eines Kleidungsstücks im Outlet Store der Beklagten dadurch zugezogen hatte, dass ihr ein an der Kleidung angebrachtes Preisschild an das rechte Auge schlug. Das LG sah keine Verkehrssicherungspflichtverletzung der Beklagten und führte dazu aus: „Der Verkehrssicherungspflichtige muss nicht, … vor leicht erkennbaren und ohne weiteres vermeidbaren Gefährdungen Vorsorge treffen. Es kann und muss vom Bürger verlangt werden, dass er derartige geringe und leicht erkennbare Schwierigkeiten ohne jede erdenkliche Vorsorge eigenverantwortlich meistert. Vor diesem Hintergrund musste die Beklagte auch nicht an jedem einzelnen Kleidungsstück einen Hinweis auf das im Kleidungsstück angebrachte Preisschild anbringen. Dies wäre in der Gesamtschau lebensfremd und nicht zumutbar. Gleiches gilt für das Anbringen eines Hinweisschilds am Kleidungsständer." [Anmerkung: Zur Verkehrssicherungspflicht von Gemeinden vgl. im Handbuch unter → Rn. 363 ff.]

Betrag: – **Haftung: –**
immVorb: – **MdE: –**

OLG München 28.5.2024 – 29 O 13848/23 = BeckRS 2024, 11930

7292

Augenverletzung als vermeintliche Folge einer Coronaimpfung, hier: Diagnose des Verdachts auf anteriore ischämische Optikneuropathie, eines akuten Verschlusses einer den Sehnerven versorgenden Augenarterie (sogenannter Augeninfarkt) mit Verlust des totalen Sehfeldes am rechten Auge.

58j. Mann (Diplom-Ingenieur). Kein Schmerzensgeldanspruch für einen Augeninfarkt, den der Kläger auf eine Coronaschutzimpfung mit dem von der Beklagten hergestellten Impfstoff Comirnaty zurückgeführt hatte; der Kläger hatte 150.000 EUR gefordert. Zum Vortrag des Klägers, wonach der Impfstoff ein negatives Nutzen-Risiko-Verhältnis habe und sich dieses bereits daraus ergeben würde, dass für den Impfstoff keine Langzeitstudien existieren, betonte das LG aus, dass dies „für die rechtliche Beurteilung nach § 84 Abs. 1 S. 2 Nr. 1 AMG irrelevant sei. Der Kläger ist darlegungs- und beweisbelastet für die Anspruchsvoraussetzung des negativen Nutzen-Risiko-Verhältnisses.". Abschließend führte das LG aus: „Nachdem weder § 84 Abs. 1 S. 2 Nr. 1 noch Nr. 2 AMG erfüllt sind, kommt es auf die individuellen Umstände des Klägers, also ob der erlittene Augeninfarkt auf dem Impfstoff der Beklagten beruht, nicht an, wobei der Kläger den Vollbeweis der Kausalität hätte führen müssen. Die Beweisvermutung des § 84 Abs. 2 S. 1 AMG wäre durch § 84 Abs. 2 S. 3 AMG ausgeschlossen gewesen, da beim Kläger nach den von ihm vorgelegten Einschätzungen der ihn behandelnden Ärzte mehrere Risikofaktoren für einen Augeninfarkt bestanden. Die Voraussetzungen weiterer Anspruchsgrundlagen liegen ebenfalls nicht vor."

Betrag: – **Haftung: –**
immVorb: – **MdE: –**

LG Rottweil 6.12.2023 – 2 O 325/22 = BeckRS 2023, 34883

6292

Augenverletzung (hier: perforierende Hornhaut-Iris-Linsenverletzung, die mehrfach operativ versorgt werden musste. Das rechte Auge ist dauerhaft geschädigt).

9j. Kind (Mädchen). [Ursache: Verkehrssicherungspflichtverletzung. „Bei einer Verkehrssicherungspflicht gilt einerseits, dass zugunsten von Kindern ein strenger Sicherheitsmaßstab anzulegen ist, andererseits aber auch, dass ein vollständiges Maß an Sicherheit nicht erreichbar ist und Kinder im Alter von sieben bis acht Jahren schon ein gewisses Maß an Selbständigkeit haben und nicht „auf Schritt und Tritt" überwacht werden müssen"]. Die Höhe des Schmerzensgeldes wurde im Verfahren nicht bemessen (Feststellungsurteil).

Betrag: – **Haftung: 100 %**
immVorb: – **MdE: –**

OLG München 29.7.2019 – 21 U 2981/18 = BeckRS 2019, 16171

4812

Augenverletzung, schwere (hier: Orbitabodenfraktur, eine beids.Augapfelquetschung mit ausgeprägtem Bluterguss bzw. Hämatom am rechten Auge und Augenmuskelverletzung in Form eines eingeklemmten Augenmuskels); schwere Gehirnerschütterung.

14j. Junge (Hauptschüler). Stationäre Behandlung mit Operation am Augenmuskel. Ambulante Heilbehandlung. [Anmerkung: Zum Tema Schulunfall führte das OLG im konkreten Falle aus, dass es wegen der anzuwendenden Vorschriften der §§ SGB VII, § 104 SGB VII, § 105 SGB VII – um Ersatzansprüche zu begründen – ein doppelter Vorsatz erforderlich sei, „der nicht nur die vorsätzliche Handlung, sondern auch die vorsätzlich herbeigeführte Schadensfolge erfordert (BGH VersR 2003, VersR Jahr 2003 Seite 595f) … Erleidet ein Schüler in der Schule durch zwei Schläge eines Mitschülers eine schwerwiegende Augenverletzung, kann der Geschädigte vom Schädiger ein Schmerzensgeld verlangen, das den vom Schädiger billigend in Kauf genommen Verletzungen Rechnung trägt. Weitergehende, vom Vorsatz des Schädigers nicht umfasste Verletzungsfolgen sind bei der Bemessung des Schmerzensgeldes nicht zu berücksichtigen". (amtlicher Leitsatz). Vor diesem Hintergrund sprach das OLG dem Kl. nur für die Verletzungen des „blauen Auges und der Gehirnerschütterung" ein geringes Schmerzensgeld zu, nicht aber für die übrigen, nicht vom Vorsatz umfassten Verletzungen bzw. Verletzungsfolgen]

Betrag: 1.000 € **Haftung: 100 %**
immVorb: – **MdE: –**

OLG Hamm 8.11.2013 – 26 U 31/13 = BeckRS 2013, 22201

6880

Augenverletzung (hier: Kapselruptur am linken Auge mit Glaskörperprolaps).

77j. Frau. Arzthaftung wegen behandlungsfehlerhafter Augenoperation. Dauerschaden: Die Operation hatte eine Minderung des Sehvermögens von Frau M. auf dem rechten Auge mit der Folge verursacht, dass dieses nach der Operation lediglich 70 % betrug. Die vom Angeklagten durchgeführte Operation hat zudem einen irreguläreren Brechkraftfehler der Hornhaut und einen ausgeprägten Astigmatismus am linken Auge verursacht. [Anmerkung: Lesenswert zur bislang obergerichtlich noch nicht entschiedenen Frage der Strafbarkeit eines Arztes bei eigenen schwerwiegenden Gesundheitsproblemen, die er vor der Behandlung gegenüber dem Patienten verschweigt. Der insofern angeklagte Arzt hatte einen Schlaganfall erlitten, in dessen Folge aufgrund der Schwere der Hirnschädigung bei ihm Feinmotorik- und Koordinationsstörungen vorlagen. Dies hatte er gegenüber der Klägerin vor der Augenoperation verschwiegen].

Betrag: 3.500 € **Haftung: 100 %**
immVorb: – **MdE: –**

LG Kempten 8.10.2020 – 3 Ns 111 Js 10508/14 = BeckRS 2020, 35198

6677

Augenverletzung in Form einer Augapfelprellung, einer Bindehauteinblutung mit vorübergehend eingeschränkter Sehfähigkeit, einem Augenlidhämatom sowie Augenhöhlenprellungen und Schürfwunden am Auge). Zudem erlitt der Kläger eine Schädelprellung sowie zahlreiche Prellungen am Jochbein, an der Nase an der Schulter sowie eine HWS-Distorsion und Schürfungen und Kratzspuren u.a. im Bereich des Brustbeins. Vorsätzliche Körperverletzung.

Mann. Ambulante Behandlungen. Schmerzhafte Verletzungen als Folge einer brutalen vorsätzlichen Körperverletzung durch den Beklagten, der den Kläger beim Verlassen seines Hauses überfiel und zusammenschlug. Das OLG berücksichtigte bei der Schmerzensgeldbemessung die Verletzungen sowie die brutale Tatausführung. Unberücksichtigt blieb, dass der Beklagte wegen eines Formfehlers im Strafverfahren straffrei blieb.

Betrag: 5.000 € **Haftung: 100 %**
immVorb: – **MdE: –**

OLG Saarbrücken 5.2.2020 – 1 U 40/19 = BeckRS 2020, 46785

3711

Augenverletzung (hier: Schweres Augapfeltrauma mit Sehkraftminderung).

12j. Kind (Schülerin). 14 Tage stationär; Augenoperation unter Vollnarkose. Infolgedessen besteht eine Hornhautnaht am rechten Auge. Das Sehvermögen sank zunächst auf nur noch 12 % und besserte sich später auf 50 %. „Auch befindet sich eine Veränderung am Augenhintergrund mit Visusminderung". Ursache: Die Kl. wurde auf dem Schulhofgelände von einem mit rohen Eiern werfenden Schüler direkt im Auge getroffen.

Betrag: 5.000 € **Haftung: 100 %**
immVorb: Ja **MdE: –**

LG Münster 24.5.2007 – 12 O 61/07 = unveröffentlicht

3992

Augenverletzung / Augenlinsenentfernung nach Augapfelprellung.

57j. Frau. Stationärer Aufenthalt bei welchem die Linse des verletzten Auges entfernt wurde; es kam zu einer Komplikation infolge einer Virusinfektion des verletzten Auges.

Betrag: 5.113 € **Haftung: 100 %**
immVorb: – **MdE: –**

OLG Celle 3.5.2001 – 14 U 226/00 = unveröffentlicht

4653

Augenverletzung, schwere (hier: Glaskörperabhebung und Glaskörpertrübung mit Gefahr einer Netzhautablösung, „die im schlimmsten Falle auch zukünftig zu einer Erblindung des rechten Auges führen könne". Aktuell wird das Sehen des Klägers durch „Schlieren" beeinträchtigt).

Mann. Ambulante Heilbehandlung. Erhöhend wertete das Gericht die Beeinträchtigung des Klägers bei dessen Hobby, dem Schießsport sowie den Einschränkungen bei der Arbeit am Bildschirm. [Sehr lesenswertes Urteil zur Thematik der Verkehrssicherungspflichtverletzung von Gebäuden. Konkret ging es um das Risiko der Dachlawinen. Der Kläger wurde von einem herabfallenden Eisbrocken am rechten Auge getroffen und verletzt.].

Betrag: 7.000 € **Haftung: 100 %**
immVorb: Ja **MdE: –**

OLG München 28.6.2013 – 1 U 4539/12 = BeckRS 2013, 11248

5083

Augenverletzung in Form einer erhöhten Blendempfindlichkeit sowie einem chronischen Reizzustand mit dauerhaftem Brennen und leichten Schmerzen.

66j. Mann. Arzthaftung. Der Kläger stieß – infolge der Mißachtung der Sicherungspflicht des Krankenhauses beim Toilettengang des bereits vorschadenbedingt, sehbehinderten Patienten – mit seinem rechten Auge gegen den Metallbügel eines am Waschbecken befindlichen Seifenspenders und erlitt Verletzungen am rechten Auge. Dauerschaden: Blendempfindlichkeit sowie einem chronischen Reizzustand mit dauerhaftem Brennen und leichten Schmerzen bei der erforderlichen Dauerapplikation von Augentropfen

Betrag: 7.500 € **Haftung: 100 %**
immVorb: Ja **MdE: –**

OLG Koblenz 28.9.2015 – 5 U 810/15 = BeckRS 2016, 4544

5100

Augenverletzung, schwere (hier: „fast vollständiger" Verlust der Sehfähigkeit auf dem rechten Auge sowie chronischer Reizzustand und Verwachsung der Regenbogenhaut mit der Hornhautrückfläche sowie einer Hornhautdekompensation mit Eintrübung der Hornhaut).

67j. Mann. Vorschaden: Hornhautdystrophie. Diese hat sich jedoch erheblich verschlechtert. Der Kläger kann aufgrund erhöhter Blendempfindlichkeit und Schmerzhaftigkeit keinen PKW mehr fahren. Arzthaftung bzw. Krankenhaushaftung im Zusammenhang mit einem Prostatakarzinoms un der nachfolgend erforderlichen stationären Unterbringung. [Ursache: Der Kläger wurde nach der OP von einem Pfelger auf einem fahrbaren Toilettenstuhl sitzend gegen einen seifenspender geschoben und verletzte sich „im Bereich des rechten Auges"].

Betrag: 7.500 € **Haftung: 100 %**
immVorb: Ja **MdE: –**

LG Trier 26.6.2015 – 4 O 267/11 = BeckRS 2016, 5795

5186

Augenverletzung (hier: Visusminderung links. Der Kläger trug vor, „er könne mit dem linken Auge nur noch Umrisse erkennen, weshalb er nicht mehr selbst ein Kraftfahrzeug führen könne. Infolge einer massiven Beeinträchtigung des räumlichen Sehens habe er im Alltag vielerlei Probleme").

Mann. Arzthaftung / Aufklärungspflichtverletzung im Zusammenhang mit einer Operation zur Beseitigung des sogenannten „grauen Stars" [=Kataraktoperation]. Es bildete sich ein Makulaödem. Dauerschaden: Sehbehinderung.

Betrag: 8.000 € **Haftung: 100 %**
immVorb: Ja **MdE: –**

OLG Frankfurt a. M. 29.1.2015 – 8 U 25/14 = BeckRS 2015, 9146

4193

Augenlinsenverlust / Augenverletzung rechts.

Mann. Stationärer Aufenthalt mit einer Operation. Komplikationsloser Heilungsverlauf. Dauerschaden: Augenlinsenverlust mit Sehschwäche auf dem rechten Auge von 60 %, die auch durch das Tragen einer Brille nicht beseitigt werden kann.

Betrag: 8.000 € **Haftung: 100 %**
immVorb: Ja **MdE: –**

OLG Frankfurt a. M. 7.5.2009 – 1 U 264/08 = BeckRS 2009, 12795

7056

Augenverletzung (hier: Wesentliche Verschlechterung der Sehfähigkeit auf nur noch 25 % nach einer Linsen-Operation.)

Frau. Arzthaftung wegen Aufklärungspflichtverletzung; das ärztliche Aufklärungsgespräch wurde erst eine halbe Stunde vor der Operation während der OP-Vorbereitung geführt. In einem solchen Fall, so das LG, sei die durchgeführte Operation mangels Wirksamkeit der Einwilligung rechtswidrig.

Betrag: 10.000 € **Haftung: 100 %**
immVorb: – **MdE: –**

LG Frankenthal 30.5.2022 – 4 O 147/21 = BeckRS 2022, 25909

4338

Augenverletzung (hier: Perforierte Hornhautverletzung / Irisverletzung).

7j. Junge. Stationärer Aufenthalt. Dauerschaden: Der Kläger muss eine Brille tragen und sein Leben lang regelmäßig augenärztlich behandelt werden. Gefahr einer Netzhautablösung sowie einer Nachblindheit. [Ursache: Glassplitterverletzung infolge eines Fußballspiels].

Betrag: 10.000 € **Haftung: 100 %**
immVorb: – **MdE: –**

OLG Nürnberg 28.4.2006 – 5 U 130/06 = BeckRS 2006, 5858

235

Augenverletzung (hier: Implantat einer Kunstlinse mit ungenügendem Erfolg. Anschließend Implantatentfernung und Augenlinsenentfernung. Nach Implantat der 2. Kunstlinse kam es praktisch zum völligen Verlust des Nahsehens [Lesefähigkeit]).

53j. Mann (Geschäftsführer). Vorschaden: Starke Kurzsichtigkeit /Fernsehschwäche. Arzthaftung (Aufklärungspflichtverletzung). Schmerzensgeld nur für Zeit „von 3 bis 4 Jahren"!

Betrag: 10.226 € **Haftung: 100 %**
immVorb: – **MdE: –**

OLG Köln 16.12.1998 – 5 U 155/97 = BeckRS 1998, 153054

2543

Augenverletzung, schwere (hier: Verlust des räumlichen Sehens nach Verletzung des rechten Auges, dessen Sehschärfe zudem infolge einer Netzhautnarbe auf 1/20 gemindert wurde. Eine erhöhte Blendungsempfindlichkeit war eine zusätzliche Folge).

10j. Kind (Mädchen). MdE 25 %. Minderung der Gebrauchsfähigkeit des rechten Auges auf 20/25. Regelmäßige Kontrollen erforderlich. Entstehung künftiger Schäden ist wahrscheinlich!

Betrag: 10.226 € **Haftung: 100 %**
immVorb: Ja **MdE: 25 %**

OLG Düsseldorf 17.7.1997 – 10 U 11/95 = BeckRS 9998, 3203

2723

Augenverletzung, schwere (hier: Iriswurzelabriss, Netzhautverletzung mit zentraler Lochbildung. Die Pupille ist leicht entrundet. Sehschärfe beträgt nur noch 10 %. Räumliches Sehen eingeschränkt. Zeitweise Doppelbildsehen und Auswärtsschielen.

8j. Junge. Dauerschaden! Keine Therapiemöglichkeit! Brille zum Schutze des unverletzten Auges. [Zu Feuerwerkskörperunfällen: NJW 98, 2436 und 2905]. ! Nur Teilschmerzensgeld!

Betrag: 10.256 € **Haftung: 100 %**
immVorb: Ja **MdE: –**

OLG Schleswig 12.11.1998 – 5 U 123/97 = BeckRS 9998, 17107

5057

Augenverletzung (hier: Verlust der Lesefähigkeit eines Auges verbunden mit einem fortgeschrittenen Gesichtsfeldausfall nach Verzögerung der erforderlichen Augenoperation im Zusammenhang mit der Indikation „Grüner Star" um vier Jahre. Durch eine frühere Operation hätten – so das OLG – „die Verschlechterung der Nervenstruktur sowie das Auftreten von größeren Gesichtsfelddefekten hinausgezögert werden können"; zudem bestand eine erhöhte Erblindungsgefahr.

69j. Mann. Arzthaftung (hier: teilweise grober Befunderhebungsfehler und Behandlungsfehler im Zusammenhang mit einer Augenerkrankung bzw. Glaukomkrankheit des Sehnervs [sog. Grüner Star]; diese wurde vom Beklagten nicht erkannt und dementsprechend nicht ausreichend kontrolliert und versorgt). Erblindungsgefahr.

Betrag: 15.000 € **Haftung: –**
immVorb: Ja **MdE: –**

OLG Hamm 15.1.2016 – 26 U 48/14 = BeckRS 2016, 3348

4990

Augenverletzung, schwere (hier: „schwere Augapfelprellung und eine Impressionsfraktur verbunden mit einer Einblutung" mit der Folge einer teilerblindungsähnlichen Dauerschädigung).

23j. Frau. 11 Tage stationär. 9 ambulante Heilbehandlungen. Dauerschaden: Die Klägerin ist auf einem Auge nahezu erblindet. Mögliche Spätkomplikationen: sekundäres Glaukom, sekundäre Linsentrübung und Netzhautablösung. [Ursache: der Haken eines Expandergurts, mit dem beim Umzug eine Waschmaschine fixiert worden war, löste sich und schnellte der Klägerin ins Auge. Lesenswert zum Thema „Gefälligkeitshandlungen". „Kein stillschweigender Haftungsausschluss aufgrund eines Gefälligkeitsverhältnisses, wenn ein solcher lediglich die Haftpflichtversicherung des Schädigers entlasten würde", so der Leitsatz des LG.].

Betrag: 15.000 € **Haftung: 75 %**
immVorb: Ja **MdE: 25 %**

LG Nürnberg-Fürth 21.11.2014 – 10 O 552/13 = BeckRS 2014, 100005

6250

Augenverletzung (hier: Sehschwäche bzw. Sehschärfenreduzierung mit dezenter Nebelbildung und trockenen Augen).

Frau. Arzthaftung (hier: Aufklärungspflichtverletzung und Behandlungsfehler im Zusammenhang mit einer Augenoperation wodurch es auf dem rechten Auge zu einer Faltenbildung in der Peripherie des sogenannten Flaps gekommen und darüber hinaus zu intrastromalen Veränderungen gekommen war. Bei ordnungsgemäßer Aufklärung – so das LG – „wären der Klägerin also zumindest zwei Operationen erspart geblieben. Zudem hätten sich die Dauerschäden … nicht verwirklicht"). Dauerschaden: Sehschwäche bzw. Sehschärfenreduzierung mit dezenter Nebelbildung und trockenen Augen.

Betrag: 15.000 € **Haftung: 100 %**
immVorb: Ja **MdE: –**

LG Bochum 24.7.2013 – I-6 O 252/12 = BeckRS 2013, 21764

5834

Augenverletzung, schwere (hier: Netzhautabriss / Netzhautverletzung nach Prellung und Quetschung des linken Augapfels mit Aderhautruptur am hinteren Pol neben der Stelle des schärfsten Sehens).

38j. Mann (Zahnarzt). 3 Tage stationär mit schmerzhafter Laserkoagulationsabriegelung des Netzhauteinrisses. MdE 4 Monate 100 % und weitere 3 Monate 50 %. Dauerschaden: Die Gebrauchsfähigkeit des linken Auges ist auf Dauer um 17/30 gemindert. Durch die unfallbedingt erforderliche Sehbrille kann der Sehfehler nicht vollständig korrigiert werden. Der Kläger leidet unter Blendungsempfindlichkeit wegen ständiger Erweiterung der linken Pupille, einer damit einhergehenden leichten äußeren Entstellung sowie einer Sicht wie durch eine Gardine. Der Kläger muss mit einer Verschlechterung der Sehfähigkeit des linken Auges und daraus möglicherweise resultierenden Folgen für seine berufliche Tätigkeit als Zahnarzt rechnen. [Ursache: Tennisunfall].

Betrag: 15.339 € **Haftung: –**
immVorb: – **MdE: –**

OLG Hamm 15.11.1999 – 6 U 32/99 = BeckRS 1999, 14520

3623

Augenverletzung (hier: Netzverletzung am linken Auge) sowie Prellungen am gesamten Körper.

32j. Mann (Dachdecker). MdE 3 Wochen 100 %. Dauerschaden: Erhebliche Sehschwäche, links nur noch 10 %, die nicht – auch nicht mittels einer Brille – korrigiert werden kann. Spätfolgen in Form einer völligen Erblindung des linken Auges sind möglich.

Betrag: 17.500 € **Haftung: 100 %**
immVorb: Ja **MdE: 10 %**

LG Göttingen 30.12.2003 – 4 O 99/03 = BeckRS 2003, 154778

2841

Augenverletzung (hier: schwere Augenverletzung nach Schussverletzung mit einer Gaspistole. Wird später „mit Sicherheit" am grünen Star erkranken!

Jüngerer Mann. 16 Tage stationär, mehrere Operationen. Gesamtbehandlung 1 1/2 Jahre. Fixation mit „Cevelage". Dauerschaden: Sehbehinderung. „Leichte Entstellung". Schussverletzung.

Betrag: 17.895 € **Haftung: 100 %**
immVorb: Ja **MdE: –**

LG Köln 23.3.2001 – 16 O 555/00 = BeckRS 2001, 161958

6654

Augenverletzung in Form einer Sehbehinderung bzw. nicht unerheblichen Sehbeeinträchtigungen (Sehschärfe reduziert auf 0,63), die das Sehvermögen und damit zwangsläufig auch die persönliche Lebensführung und die Lebensqualität beeinträchtigt.

Frau (Verkaufsleiterin). Arzthaftung wegen gravierender Aufklärungspflichtverletzung im Zusammenhang mit einer Augenoperation zur Verbesserung der Weitsichtigkeit der Klägerin. Insofern erfolgte vom Beklagten die „Implantation von positiven irisfixierten Linsen" auf beiden Augen. Bei dieser Behandlungsmethode handelte es sich jedoch „im Jahre 2005 … noch nicht um ein etabliertes Verfahren". Aufgrund von Komplikationen erfolgte eine weitere Augenoperation bei der eine Augeninnendruckerhöhung festgestellt wurde. Es musste eine Hornhauttransplantation durchgeführt werden. Dauerschaden: Sehbehinderung auf dem rechten Auge, auf dem die Kl. nur noch mit einer „reduzierten Sehschärfe von 0,63" sehen kann. Zur Bemessung führte das LG aus, dass ausgehend von den dargestellten Folgen, Beeinträchtigungen und der Vielzahl überflüssiger … Eingriffe an beiden Augen ein Schmerzensgeld von 20.000 EUR angemessen sei.

Betrag: 20.000 € **Haftung: 100 %**
immVorb: Ja **MdE: –**

LG Bochum 25.7.2012 – 6 O 47/10 = BeckRS 2013, 21596

6642

Augenverletzung, schwere … und in seinen Auswirkungen dem Verlust der Sehkraft entsprechenden Verletzung (hier: Nahezu vollständige Erblindung eines Auges nach unfallbedingtem Makula-Ödem mit massiven Einblutungen). Zudem erlitt die Klägerin eine Handgelenkfraktur in Form einer Ellengriffelfortsatzfraktur in Verbindung mit einer Handgelenksausrenkung der rechten Hand).

Frau. Stationäre Heilbehandlung. Dauerschaden: Teilerblindung bzw. nahezu vollständige Erblindung auf einem

Auge sowie Bewegungseinschränkung der rechten Hand mit einer diesbezüglichen MdE von 10 % auf Dauer. [Anmerkung: Das Schmerzensgeld, bei dessen Bemessung sich das LG auf zwei bereits sehr alte Entscheidungen aus den Jahren 1992 und 1987 bezogen hatte, ist – angesichts der schweren und insbesondere dauerhaften Verletzungsfolgen – bei weitem zu gering].

Betrag: 20.000 € **Haftung: 100 %**
immVorb: Ja **MdE: –**

LG Dortmund 6.2.2009 – 21 W 473/03 = unveröffentlicht

2849

Augenverletzung (hier: schwere Augenverletzung nach Laserbehandlung. Es können Bilder nur noch „aus unmittelbarer Nähe und undeutlich" wahrgenommen werden.)

49j. Mann. Arzthaftung: Behandlungsfehler. Dauerschaden: Erhebliche Sehbehinderung. Kein Autofahren; regelmäßig Augentropfenbehandlung ua!

Betrag: 20.452 € **Haftung: 100 %**
immVorb: Ja **MdE: –**

OLG Düsseldorf 11.11.1999 – 8 U 184/98 = BeckRS 9998, 54612

2542

Augenverletzung (hier: Teilerblindung nach perforierender Hornhautverletzung mit Iris-Einklemmung, die schließlich – nach Linseneintrübung und Hornhautentzündung – zum völligen Verlust des rechten Auges führte, welches operativ entfernt wurde.

3j. Kind (Junge). Mehrere Krankenhausaufenthalte mit Operationen (über 3 Jahre). Erhebliche Belastungen durch Komplikationen. Pfeilschussverletzung! [Aufsichtspflichtverletzung!].

Betrag: 20.452 € **Haftung: 100 %**
immVorb: – **MdE: –**

OLG Düsseldorf 18.7.1997 – 22 U 5/97 = BeckRS 9998, 3172

5376

Augenverletzung, schwere (hier: Hornhautverletzung und Linsenverletzung des linken Auges infolge von Glassplittern. Die Funktion des Auges konnte durch Einfügen einer neuen Linse erhalten werden. Es verbleib jedoch eine Hornhautnarbe mit den sich daraus ergebenden Dauerfolgen – siehe unter Einzelheiten).

18j. Mann. Stationäre Heilbehandlung. Dauerschaden: Herabsetzung der Sehschärfe auf dem linken Auge von 1,0 auf 0,2 sowie Sehbehinderung und Sehfehler in Form fehlenden Stereosehens, einer Stabsichtigkeit sowie einer eingeschränkten Akkomodationsfähigkeit des linken Auges sowohl im Zusammenhang mit reduziertem Dämmerungssehvermögen als auch erhöhter Blendungsempfindlichkeit, was sich insbesondere beim Autofahren negativ bemerkbar macht. Ursache: Vorsätzliche Körperverletzung durch Wurf eines Glases in das Gesicht des Klägers.

Betrag: 25.000 € **Haftung: 100 %**
immVorb: Ja **MdE: –**

OLG Karlsruhe 23.3.2016 – 14 U 138/14 = BeckRS 2016, 137230

4752

Augenverletzung, schwere (hier: Stichverletzung mit Wurfmesser im Gesicht und insbesondere am linken Auge mit erheblicher Sehstörung).

17j. junger Mann. 6 Tage stationär. Langwierige Heilbehandlung / ambulante Heilbehandlung durch den Augenarzt des Klägers von 7 Monaten Dauer. Dauerschaden: Schwere Sehbehinderung / schwere Sehstörung links; es ist auf dem linken Auge nur eine unscharfe Wahrnehmung mit eingeschränkter Farberkennung möglich. Gesichtsnarben an der Wange und zwischen Lid und Nase. [Anmerkung: Angesichts der Schwere der Verletzung und des Alters des Verletzten erscheint das Schmerzensgeld zu gering].

Betrag: 25.000 € **Haftung: 100 %**
immVorb: Ja **MdE: –**

LG Bochum 20.8.2012 – I-2 O 540/11 = BeckRS 2013, 13444

5967

Augenverletzung, schwere (hier: Sehr erheblicher Sehkraftverlust auf dem linken Auge).

Mann. Stationäre Behandlung mit Operation am Auge. Dauerschaden: Nahezu völlige Teilerblindung in Form einer ganz erheblichen Sehbehinderung von 90 % für den Fernsicht- und 80 % im Nahsichtbereich. [Ursache: Vorsätzliche Körperverletzung durch einen Faustschlag gegen das Gesicht wobei der Kläger zudem ein Glas in der Schlaghand hielt]. Bei der Bemessung orientierte sich das OLG an den Entscheidungen des OLG Oldenburg BeckRS 2007, 364 und des OLG Hamm OLGR 2001, 42.

Betrag: 25.000 € **Haftung: 100 %**
immVorb: – **MdE: –**

OLG Köln 10.6.2008 – 20 U 54/08 = BeckRS 2012, 22830

3805

Augenverletzung, schwere (hier: Verminderung der Sehfähigkeit des linken Auges auf 20 %).

Mann. Dauerschaden: Verlust der Sehfähigkeit eines Auges um 80 % mit möglicher weiterer Verschlechterungstendenz. Vorsätzliche Körperverletzung mittels eines Faustschlages in das Gesicht des Klägers.

Betrag: 25.000 € **Haftung: 100 %**
immVorb: – **MdE: –**

OLG Oldenburg 4.1.2007 – 15 W 51/06 = BeckRS 2007, 364

3211

Augenverletzung, schwerere (hier: Starke Sehbehinderung).

21j. Mann (KFZ-Mechaniker). Arzthaftung (hier: Kontraindizierte Laserbehandlung zur Behebung einer Weitsichtigkeit; Keratektomie, photorefraktive). Dauerschaden: Sehschwäche: Visus rechts: 10 bis 20 % und links: 30 bis 50 %. Berufsunfähigkeit! Der Kl. ist auch „bei der sonstigen Lebensgestaltung erheblich eingeschränkt", so das OLG.

Betrag: 25.565 € **Haftung: 100 %**
immVorb: – **MdE: –**

OLG Karlsruhe 11.9.2002 – 7 U 102/01 = BeckRS 2002, 30281869

3783

Augenverletzung (hier: Hornhauteintrübung und starke Sehschwäche nach fehlerhafter Laserbehandlung).

Frau (wohl ältere Frau). Arzthaftung (hier: „grober Behandlungsfehler" wegen unterlassener weiterer Befunderhebung in Form einer Serientopografie an beiden Augen anlässlich einer Augenoperation wegen Kurzsichtigkeit. Bei der Bemessung der Schmerzensgeldhöhe wurde berücksichtigt, dass die Augenbeeinträchtigung „nicht korrigierbar ist und weiter im Laufe der Zeit eingetretene … Verformungen der Hornhaut zum Auftreten von Aberrationen höherer Ordnung geführt haben".

Betrag: 30.000 € **Haftung: 100 %**
immVorb: Ja **MdE: –**

OLG München 29.5.2008 – 1 U 4499/07 = BeckRS 2008, 10593

3399

Augenverletzung (hier: Augapfelverletzung)

11j. Junge. Längerer stationärer Aufenthalt mit drei Operationen. Dauerschaden: Visusminderung des rechten Auges; erhöhte Lichtempfindlichkeit; fehlendes Akkommodationsvermögen [vgl. auch unter Sehschwäche oder Sehstörung]. Ursache: Verkehrssicherungspflichtverletzung durch aus einer Mauer einer Schule herausragender Metallteile.

Betrag: 30.000 € **Haftung: 80 %**
immVorb: Ja **MdE: –**

OLG Celle 14.7.2005 – 14 U 17/05 = BeckRS 2005, 10227

3159

Augenverletzung (hier: Sehkraftminderung des linken Auges bei bereits seit Geburt bestehender Sehschwäche des rechten Auges).

6j. Kind (Mädchen). Dauerschaden: Sehschwäche; Sehkraftverminderung von vorher 1,0 auf nun 0,2 am linken Auge. Gefahr einer Netzhautablösung. Ursache (Tierhalterhaftung: Das Kind näherte sich dem Pferd von hinten, dieses trat das Kind gegen den Kopf).

Betrag: 30.678 € **Haftung: 100 %**
immVorb: Ja **MdE: –**

OLG München 23.10.2001 – 30 U 424/01 = BeckRS 2001, 15331

3556

Augenverletzung (hier: Lasik-Operation, die „streng kontraindiziert" war und zu einer Verstärkung der Sehschwäche der Kl. führte).

Frau. Arzthaftung für kontraindizierte Augenoperation (Astigmatismusoperation). Nach der Operation war das Sehvermögen der Kl. deutlich schlechter als zuvor. Dadurch hat die Operation eine „gravierende Schädigung" der Kl. nach sich gezogen, so das OLG.

Betrag: 40.000 € **Haftung: 100 %**
immVorb: Ja **MdE: –**

OLG Koblenz 2.3.2006 – 5 U 1052/04 = BeckRS 2006, 3687

6617

Augenverletzung, schwere (hier: Fast völlige Erblindung auf dem rechten Auge mit „allenfalls noch 8 % der normalen Sehschärfe"). Zudem erlitt der Kläger schwere psychische Beeinträchtigungen in Form schwerer Depressionen. Vorsätzliche Körperverletzung.

Mann (Konstruktionsmechaniker). Der Ast. (PKH) wurde im Rahmen einer vorsätzlichen Körperverletzung schwer verletzt, „insbesondere konnte auch durch mehrere Operationen ein Sehverlust auf dem rechten Auge – allenfalls noch 8 % der normalen Sehschärfe – nicht vermieden werden und besteht die Gefahr einer Verschlechterung durch Überbeanspruchung des gesunden linken Auges". Der Kläger wurde auf Grund des Vorfalls wegen schwerer Depressionen nervenärztlich behandelt. Dauerschaden: Berufsaufgabe als Konstruktionsmechaniker. Zur Schmerzensgeldhöhe führte das OLG aus: „Zu Recht hält auch das LG bei fehlender Mitverursachung einen Betrag von 50 000 Euro der Höhe nach für noch angemessen. Dabei ist zu berücksichtigen, dass der Ast. hier offensichtlich nicht etwa eine so genannte offene Schmerzensgeldteilklage beabsichtigt, bei der sich die Bemessung des Schmerzensgeldes nach den bis zum Schluss der letzten mündlichen Verhandlung bekannten Auswirkungen des Schadens richtet, sondern eine so genannte uneingeschränkte Schmerzensgeldklage".

Betrag: 50.000 € **Haftung: 100 %**
immVorb: – **MdE: –**

OLG Karlsruhe 26.5.2011 – 7 W 8/11 = BeckRS 2011, 14155

5171

Augenverletzung / Sehkraftminderung, schwere (hier: starke Einschränkung der Sehkraft auf beiden Augen auf Werte unterhalb von 30 % bzw. 16 % sowie erheblichem Gesichtsfeldschaden [Sehen „wie durch eine Röhre"] bei zugleich bestehender Erblindungsgefahr).

11j. Kind (zum Urteilszeitpunkt 19 Jahre alt). Arzthaftung im Zusammenhang mit einem sogenannten „Grünen Star" [= dekompensiertes juveniles Glaumkom mit Kammerwinkeldysgenisie]; Behandlungsfehler / grober Befunderhebungsfehler: Es wurde versäumt, „eine Augeninnendruck- und eine Gesichtsfeldmessung durchzuführen". In der Folgezeit musste sich die Klägerin operativen Eingriffen am rechten und linken Auge unterziehen, die jedoch eine hochgradige Verschlechterung ihrer Sehfähigkeit von zuvor noch über 60 % auf Werte unterhalb von 30 % (rechts) bzw. unter 16 % (links) nicht mehr verhindern konnten. Dauerschaden: Starke Sehbehinderung; das Führen eines PKW ist nicht möglich, ebenso ist die Klägerin bei sportlichen Aktivitäten und der Berufswahl stark eingeschränkt. Erblindungsgefahr! Immaterieller Vorbehalt für den Fall der tatsächlichen vollständigen Erblindung.

Betrag: 80.000 € **Haftung: 100 %**
immVorb: Ja **MdE: –**

OLG Hamm 10.5.2016 – 26 U 107/15 = BeckRS 2016, 10021

cc) Teilerblindung (ein Auge)

3103

Augenverletzung (hier: Teilerblindung durch Verlust des rechten Auges) sowie Zahnfraktur.

15j. Kind (Junge). Kein Schmerzensgeld wegen schulbezogenem Haftungsprivileg nach 106 SGB VII sowie §§ 104 und 105 SGB VII. „Bei einem durch schülertypisches Verhalten verursachten Schulunfall muss sich der Vorsatz [ergänze: hier das Verschießen von Aluminiumkügelchen mithilfe eines wie ein Tennisschläger geführten Sägeblattes, welches abbrach und dem Kl. ins Auge flog] insbesondere darauf erstreckt haben, dass bei dem geschädigten Mitschüler ernsthafte Verletzungsfolgen eintreten".

Betrag: – **Haftung: –**
immVorb: – **MdE: –**

BGH 11.2.2003 – VI ZR 34/02 = BeckRS 2003, 2455

2613

Augenverletzung (hier: Beim Austausch der Augenlinse kam es zur „Kapselruptur" [vgl. Augenkapselabriss] mit Verbleib von Teilen der alten Linse. Infolgedessen Erblindung auf dem vorgeschädigten Auge).

Frau. Arzthaftung (hier: Aufklärungspflichtverletzung. Auch wenn Operation der Verhinderung einer Erblindung dient, muss über Erblindungsrisiko aufgeklärt werden!)

Betrag: 3.579 € **Haftung: 100 %**
immVorb: Ja **MdE: –**

OLG Oldenburg 8.12.1998 – 5 U 116/98 = BeckRS 9998, 17242

5059

Kurzzeitige Erblindung auf dem linken Auge sowie vorübergehende Lähmung (ohne nähere Angaben).

Frau. Zahnarzthaftung im Zusammenhang mit einer Leitungsanästhesie. [Anmerkung: [Anmerkung: Das Verkündungsdatum wurde – da nicht genaue bekannt – lediglich als „Platzhalter" mit 1.1.2006 angegeben; das Urteil wurde – ohne Angabe des genauen Datums – im „Sommer 2006" erwähnt bei BeckRS 2016, 02678].

Betrag: 3.750 € **Haftung: 100 %**
immVorb: – **MdE: –**

OLG Köln 1.1.2006 – 5 U 255/05 = unveröffentlicht

6214

Teilerblindung durch den Verlust des linken Auges.

7j. Kind (Schüler). Dauerschaden: Augenverlust, Glasauge, Teilerblindung. Er muss besondere hygienische Vorkehrungen treffen, um der durch das Tragen der Prothese erhöhten Infektionsgefahr zu begegnen und es bleiben ihm „viele Sportarten verschlossen". [Ursache: Verkehrssicherungspflichtverletzung – Bolzplatz / Spielplatz. Im Bereich eines auf dem Platz befindlichen Mastes stürzte der Junge mit dem Rad und fiel hierbei mit dem linken Auge gegen einen der ca. 5 cm hervorstehenden Enden eines Bolzens]. Kapitalisiert entspricht das Schmerzensgeld etwa 60.000 DM bzw. 30.678 EUR.

Betrag: 5.113 € **Haftung: 100 %**
immVorb: – **MdE: –**
Rente: 102 €

OLG Schleswig 15.3.2001 – 11 U 5/00 = BeckRS 2000, 167995

3377

Augenverletzung / Teilerblindung infolge Verlustes des linken Auges nach Augapfelperforation.

7j. Kind (Schüler). Dauerschaden: Teilerblindung; Glasauge. Eingeschränkte Sportbetätigung; psychische Beeinträchtigung. „Dies führt zu deutlichen Beeinträchtigungen der Lebensqualität über den bloßen teilweisen Verlust des Sehvermögens hinaus. Der Kläger muss über das normale Maß hinaus besondere Vorsicht aufwenden, um Verletzungen im Augenbereich zu meiden, er muss besondere hygienische Vorkehrungen treffen, um der durch das Tragen der Prothese erhöhten Infektionsgefahr zu begegnen. Viele Sportarten werden ihm verschlossen bleiben. Außerdem ist die besondere psychische Beeinträchtigung einer auch äußerlich erkennbaren Behinderung bei einem jungen Menschen bei der Bemessung eines angemessenen Schmerzensgeldes besonders zu berücksichtigen", so das OLG. [Ursache: Spielplatzunfall / Verkehrssicherungspflichtverletzung.]

Betrag: 5.113 € **Haftung: 100 %**
immVorb: Ja **MdE: –**
Rente: 102 €

OLG Schleswig 15.3.2000 – 11 U 5/00 = BeckRS 2000, 167995

3246

Teilerblindung, Augenverletzung, schwere (hier: Erblindung des rechten Auges nach Netzhautablösung).

12j. Junge (Schüler). Dauerschaden: Teilerblindung mit Verlust der räumlichen Sehfähigkeit; der Junge ist in seiner allgemeinen Lebensführung und möglicherweise auch in seiner Berufswahl stark eingeschränkt. [Anmerkung: Das Schmerzensgeld ist – angesichts der sehr gravierenden Verletzung des sehr jungen Menschen sehr deutlich viel zu gering]. Unfallursache: Explosion einer Glasflasche, die der etwas ältere Beklagte mit Trockeneis befüllt hatte, das die Jugendlichen in einem Supermarkt entdeckt hatten].

Betrag: 12.500 € **Haftung: 66 %**
immVorb: Ja **MdE: –**

OLG Koblenz 18.3.2004 – 5 U 1134/03 = BeckRS 2004, 4524

6657

Teilerblindung des rechten Auges, auf dem die Klägerin – entsprechend vorgeschädigt – vor der OP zumindest noch verschwommen habe sehen können.

Frau (ältere Frau). Arzthaftung in Form einer Aufklärungspflichtverletzung im Zusammenhang mit einer Augenoperation. Bei der Bemessung berücksichtigte das LG, „dass die Klägerin sich den Strapazen und Risiken der Operation ausgesetzt hat und in der Folgezeit weitere operative Eingriffe sowie weitere Behandlungen durch die Beklagte und Nachbehandler erforderlich wurden. Auch ist zu berücksichtigen, dass die Klägerin als Dauerschaden eine weitere Verschlechterung der Sehkraft auf dem rechten Auge davongetragen hat." Vorschaden: Frühkindliche perforierenden Verletzung des rechten Auges mit einer Schere im Alter von 7 Jahren.

Betrag: 15.000 € **Haftung: 100 %**
immVorb: – **MdE: –**

LG Detmold 27.4.2016 – 12 O 47/14 = BeckRS 2016, 10914

4790

Augenverletzung infolge Netzhautablösung / Teilerblindung (Der vom Gericht hinzugezogene Sachverständige hat dazu ausgeführt, „dass der Kläger eine Chance auf vollständige Wiederherstellung der Sehfähigkeit gehabt hätte", wenn die ärztliche Behandlung fehlerfrei verlaufen wäre).

58j. Mann. Dauerschaden: Teilerblindung nach zentraler Netzhautablösung. Arzthaftung (Hier: Grober Behandlungsfehler. „Vor einer Laserbehandlung an der Netzhaut hat der Augenarzt die Indikationsvoraussetzungen sicher abzuklären. Hierzu dient insbesondere die Ultraschalluntersuchung. Unterlässt der Augenarzt die gebotene Abklärung, so kann das als grober Behandlungsfehler zu werten sein". Der Kläger hätte somit deutlich früher an einen Facharzt – hier: Augenchirurgen – überwiesen werden müssen.)

Betrag: 15.000 € **Haftung: 100 %**
immVorb: – **MdE: –**

OLG Hamm 21.2.2014 – 26 U 28/13 = BeckRS 2014, 6945

5658

Teilerblindung (hier: Erblindung auf dem rechten Auge ohne Augenverlust).

Mann. Stationäre Behandlung. Dauerschaden: Teilerblindung. Bei der Bemessung führte das OLG aus, der Kläger habe „mit der Erblindung auf einem Auge – nicht dem Verlust des Auges – … zwar einen schweren nicht aber einen … Schwerstschaden" erlitten. [Ursache: Motorradreparatur bei der der Beklagte mit dem Schraubenzieher abrutschte und den Kläger, der sich über den geöffneten Motor gebeugt hatte, versehentlich im Auge traf].

Betrag: 15.339 € **Haftung: 66 %**
immVorb: Ja **MdE: 30 %**

OLG Koblenz 12.5.1999 – 1 U 1067/98 = BeckRS 1999, 12111

5257

Teilerblindung (hier: Völlige Erblindung des – vor der Tat – gesunden, linken Auges).

Mann. Vorsatztat. Der Beklagte schlug dem Kläger während einer Schlägerei, bei der beide Kontrahenten stark betrunken waren, dermaßen stark auf das linke Auge, dass dieses funktional zerstört wurde, jedoch nicht entfernt werden musst. Dauerschaden: Teilerblindung. [Angesichts der Schwere der Verletzung ist das Schmerzensgeld sehr gering].

Betrag: 20.000 € **Haftung: 100 %**
immVorb: Ja **MdE: –**

OLG Schleswig 8.4.2015 – 9 U 61/13 = unveröffentlicht

3961

Augenverletzung (hier: nahezu vollständige Teilerblindung. Wörtlich heißt es: „Die Beweisaufnahme hat ergeben, dass die Kl. unfallbedingt am rechten Auge praktisch die Sehkraft eingebüßt hat".). Zudem erlitt die Kl. eine Handgelenkverletzung / Handgelenkfraktur durch Ausrenkung der körperfernen Elle und Speiche sowie eine Ellengriffelfortsatzfraktur.

21j. Frau (Bürofachangestellte in Ausbildung). MdE mehrere Wochen 100 %; weitere 4 Wochen 20 %. [Anmerkung: Das LG zog zur Bemessung völlig veraltete Urteile aus Hacks 26. Auflage heran und kam somit zu einem völlig unzureichenden Ergebnis. 20.000 Euro sind angesichts der vorliegenden Verletzungen, insbesondere der nahezu völligen Erblindung auf einem Auge inakzeptabel gering!]

Betrag: 20.000 € **Haftung: 100 %**
immVorb: Ja **MdE: 10 %**

LG Dortmund 6.2.2009 – 21 O 473/03 = BeckRS 2009, 25826

4339

Teilerblindung / Augenverletzung, schwere (hier: Makulaödem mit starker Einblutung und nachfolgendem Sehkraftverlust auf einem Auge). Zudem kam es zu einer Handgelenkverletzung mit Handgelenkausrenkung und Ellengriffelfortsatzfraktur.

Frau. Stationärer Aufenthalt. Dauerschaden: Teilerblindung sowie Bewegungseinschränkung der rechten Hand; wegen der Handverletzung wurde eine MdE von 10 % festgelegt.

Betrag: 20.000 € **Haftung: 100 %**
immVorb: – **MdE: 10 %**

LG Dortmund 6.2.2009 – 21 O 473/03 = BeckRS 2009, 25826

6642

Augenverletzung, schwere … und in seinen Auswirkungen dem Verlust der Sehkraft entsprechenden Verletzung (hier: Nahezu vollständige Erblindung eines Auges nach unfallbedingtem Makula-Ödem mit massiven Einblutungen). Zudem erlitt die Klägerin eine Handgelenkfraktur in Form einer Ellengriffelfortsatzfraktur in Verbindung mit einer Handgelenksausrenkung der rechten Hand).

Frau. Stationäre Heilbehandlung. Dauerschaden: Teilerblindung bzw. nahezu vollständige Erblindung auf einem Auge sowie Bewegungseinschränkung der rechten Hand mit einer diesbezüglichen MdE von 10 % auf Dauer. [Anmerkung: Das Schmerzensgeld, bei dessen Bemessung sich das LG auf zwei bereits sehr alte Entscheidungen aus den Jahren 1992 und 1987 bezogen hatte, ist – angesichts der schweren und insbesondere dauerhaften Verletzungsfolgen – bei weitem zu gering].

Betrag: 20.000 € **Haftung: 100 %**
immVorb: Ja **MdE: –**

LG Dortmund 6.2.2009 – 21 W 473/03 = unveröffentlicht

4332

Teilerblindung (vollständiger Verlust der Sehfähigkeit auf einem Auge).

Frau. Produzentenhaftung / Produkthaftung (hier: Aufklärungspflichtverletzung bzw. Instruktionspflichtverletzung bzgl. weicher Kontaktlinsen hinsichtlich der Risiken an einer Hirnhautentzündung zu erkranken).

Betrag: 20.000 € **Haftung: 100 %**
immVorb: – **MdE: –**

OLG Brandenburg 13.12.2006 – 13 U 156/05 = BeckRS 2006, 19436

2542

Augenverletzung (hier: Teilerblindung nach perforierender Hornhautverletzung mit Iris-Einklemmung, die schließlich – nach Linseneintrübung und Hornhautentzündung – zum völligen Verlust des rechten Auges führte, welches operativ entfernt wurde.

3j. Kind (Junge). Mehrere Krankenhausaufenthalte mit Operationen (über 3 Jahre). Erhebliche Belastungen durch Komplikationen. Pfeilschussverletzung! [Aufsichtspflichtverletzung!].

Betrag: 20.452 € **Haftung: 100 %**
immVorb: – **MdE: –**

OLG Düsseldorf 18.7.1997 – 22 U 5/97 = BeckRS 9998, 3172

4341

Teilerblindung / Augenverletzung, schwere (hier: Augapfelzerreißung nach Faustschlag).

Mann. Dauerschaden: nahezu völlige Erblindung auf einem Auge. Vorsätzliche Körperverletzung.

Betrag: 23.000 € **Haftung: 75 %**
immVorb: – **MdE: –**

OLG Karlsruhe 7.4.2004 – 7 U 219/02 = BeckRS 2004, 18608

4849

Teilerblindung, Augenverletzung, schwere (hier: Erblindung des rechten Auges mit Einsatz einer Kunstlinse und Verlust der räumlichen Sehfähigkeit)

17j. Auszubildender (Azubi in KFZ-Handel. 10 Tage stationär. Mehrere Operationen. Künstliche Augenlinse / Kunstlinse. Dauerschaden: Sehstörung und Sehschwäche. Da sich auch über dem linken Auge eine Narbe bildete, wird der 17-Jährige nie wieder so sehen, wie früher und verlor zudem sein räumliches Sehvermögen (vgl. Sehvermögen, räumliches). [Lesenswert zum Thema der betrieblichen Veranlassung der Verletzungshandlung (hier: Unbedachter Wurf mit einem Auswuchtgewicht aus Blei).

Betrag: 25.000 € **Haftung: 100 %**
immVorb: – **MdE: –**

BAG 19.3.2015 – 8 AZR 67/14 = BeckRS 2015, 68246

4956

Teilerblindungsähnliche Augenverletzung in Form einer Sehschärfeverminderung auf lediglich noch 0,16 exzentrisch.

64j. Frau. Keine Angaben zur Heilbehandlung. Dauerschaden: Teilerblindungsähnliche Sehbehinderung (Visus links nur noch 0,16 exzentrisch) mit Verlust des räumlichen Sehens. Das OLG berücksichtigte bei der Bemessung, dass dies gerade für einen älteren tendenziell unsicherer werdenden Menschen belastend ist.

Betrag: 25.000 € **Haftung: 100 %**
immVorb: – **MdE: –**

OLG Jena 27.8.2013 – 4 U 136/12 = BeckRS 2013, 200729

4955

Teilerblindungsähnliche Augenverletzung links (hier: Hornhautverletzung, Oberlidrandverletzung und Verlust des räumlichen Sehens).

18j. Mann (Auszubildender). 12 Tage stationär. 2 Operationen mit Einsatz eines Hinterkammerlinsenimplantats. Dauerschaden: Teilerblindungsähnliche Sehverminderung des linken Auges. [Ursache: Wurf eines Auswuchtgewichts während der Arbeit in einem KFZ-Betrieb. Der Beklagte – so das LAG – „sei auch nicht von seiner Haftung befreit gewesen, weil es sich bei dem Wurf gerade nicht um eine betriebliche Tätigkeit im Rechtssinne gehandelt habe, bei der für Personenschäden nur für Vorsatz, nicht aber für Fahrlässigkeit gehaftet wird. Das Herumwerfen von Wuchtgewichten in einem Kfz-Betrieb sei vielmehr dem persönlich-privaten Bereich zuzuordnen, für den ein Arbeitnehmer in vollem Umfang hafte"). Die Berufung des Beklagten wurde vom BAG Urt. v. 19.3.2015 – 8 ZR 67/14 verworfen

Betrag: 25.000 € **Haftung: 100 %**
immVorb: Ja **MdE: –**

LAG Hessen 20.8.2013 – 13 Sa 269/13 = BeckRS 2013, 72722

5776

Teilerblindung durch völligen Verlust des rechten Auges nach einer Schlägerei.

25j. Mann. 4 Tage stationär mit mehreren Augenoperationen. Dauerschaden: Es besteht die Gefahr, dass durch die Erblindung des rechten Auges das linke Auge überbeansprucht wird und auch insoweit eine Schädigung eintreten kann. Auch hat die eingesetzte Augenprothese zur einer wahrnehmbaren ästhetischen Beeinträchtigung der optischen Erscheinung des Gesichts des (jungen) Klägers geführt.

Betrag: 25.565 € **Haftung: 100 %**
immVorb: Ja **MdE: –**

OLG Hamm 8.3.2000 – 13 U 195/99 = BeckRS 2007, 2177

2982

Augenverletzung (hier: Teilerblindung durch Verlust eines Auges).

Keine Angaben zur Person. Arzthaftung (hier: Behandlungsfehler).

Betrag: 25.565 € **Haftung: 100 %**
immVorb: – **MdE: –**

OLG Stuttgart 27.7.1999 – 14 U 3/99 = BeckRS 2000, 1713

5666

Augenverletzung / Teilerblindung (hier: Nahezu vollständige Erblindung des rechten Auges nach Stichverletzung mit einem Küchenmesser).

5j. Kind (Junge). Stationäre Behandlung. Dauerschaden: Teilerblindung nach Stichverletzung mit einem Küchenmesser. [Ursache: Aufsichtspflichtverletzung: „Ein zum Kartoffelschälen benutztes Schälmesser darf auch bei nur kurzfristiger Abwesenheit nicht in der Nähe spielender fünfjähriger Kinder liegen bleiben, auch dann nicht, wenn zwar eine weitere aufsichtspflichtige Person anwesend ist, diese aber mit anderen Aufgaben beschäftigt ist und nichts von der Gefahrenlage weiß. Verletzt ihr Sohn in ihrer Abwesenheit einen gleichaltrigen Spielkameraden mit dem Messer, ist die Mutter zum Schadensersatz verpflichtet"]. Das OLG wertete schmerzensgelderhöhend, dass die Beklagte über einen Privathaftpflichtversicherungsschutz verfügte.

Betrag: 25.565 € **Haftung: 100 %**
immVorb: – **MdE: –**

OLG Hamm 1.10.1998 – 6 U 92/98 = BeckRS 9998, 17409

4755

Teilerblindung (hier: Sehnervverletzung links nach Schädelbasisfraktur infolge eines Fausschlages). Vorsätzliche Körperverletzung.

Mann. Dauerschaden: Teilerblindung dh nahezu vollständige Erblindung auf dem verletzten Auge. Vorsätzliche Körperverletzung nach vorausgegangenem Streit.

Betrag: 30.000 € **Haftung: 66 %**
immVorb: – **MdE: –**

OLG Bamberg 9.2.2012 – 1 U 100/11 = BeckRS 2012, 213907

1580

Augenverletzung (hier: Teilerblindung durch Verlust des rechten Auges nach Schlägerei; Entstellung des Gesichts durch Glasauge).

Mann („junger Mann"). Dauerschaden: Teilerblindung; Gesichtsentstellung durch Glasauge. Der Bekl. handelte im Vollrausch, in den er sich schuldhaft versetzt hatte.

Betrag: 30.678 € **Haftung: 100 %**
immVorb: Ja **MdE: –**

OLG Zweibrücken 17.12.1998 – 4 U 66/98 = BeckRS 1998, 13633

4340

Teilerblindung / Augenverletzung, schwere (hier: Glassplitterverletzung des linken Auges mit nahezu vollständigem Sehkraftverlust auf dem linken Auge).

15j. Junge. Dauerschaden: Verlust der Sehkraft auf dem linken Auge zu 90 %. Augenschielstellung; kein räumliches Sehen möglich. Erhöhend wurde die Beeinträchtigung des noch sehr jungen Klägers im Privat- und Berufsleben berücksichtigt. [Ursache: Glassplitter].

Betrag: 35.790 € **Haftung: 100 %**
immVorb: – **MdE: 20 %**

OLG Nürnberg 21.11.2000 – 1 U 2923/00 = BeckRS 2000, 31152869

3023

Augenverletzung (hier: Teilerblindung wegen Verlust eines Auges); zudem erlitt der Kläger eine Gehirnschädigung durch Liquorfistelverletzungen und offene Schädelfrakturen).

14j. Junge. Notoperation; stationär. Das linke Auge musste entfernt werden. Ursache: Versehentliches Auslösen einer Schreckschusspistole unmittelbar vor dem Gesicht des Jungen. [Anmerkung: Lesenswert zur Problematik der Verurteilung eines ebenfalls Minderjährigen – 14j. Jungen – zur Schmerzensgeldzahlung, wenn von dritter Seite Zahlungen nicht zu erwarten sind.]

Betrag: 38.347 € **Haftung: 100 %**
immVorb: – **MdE: –**

OLG Celle 17.10.2001 – 9 U 159/01 = BeckRS 2002, 1103

4333

Teilerblindung / Totalerblindung (hier: Erblindung des – noch – gesunden Auges und somit fast völlige Erblindung).

65j. Frau. Arzthaftung (hier: Aufklärungspflichtverletzung bzgl. Laserbehandlung. Die Kl. war auf dem rechten Auge nahezu vollständig blind. Das linke Auge verfügte noch über eine Sehkraft von 0,8. Nach der LASIK-OP war sie auch auf dem linken Auge mit lediglich 0,2 fast völlig erblindet. Auf die Risiken einer solchen OP war sie – unter Berücksichtigung ihrer Vorschädigung – nicht ausreichend hingewiesen worden.).

Betrag: 40.000 € **Haftung: 100 %**
immVorb: – **MdE: –**

OLG Köln 12.8.2009 – 5 U 47/09 = BeckRS 2010, 13643

4214

Augenverletzung (hier: nahezu vollständige und einer Teilerblindung nahezu gleichkommende Sehschwäche auf dem linken Auge mit wiederkehrender Hornhautablösung).

65j. Frau. Dauerschaden: Teilerblindungsähnliche Sehschwäche des linken Auges. Arzthaftung: Behandlungsfehler bei laserchirurgischer Augenoperation.

Betrag: 40.000 € **Haftung: 100 %**
immVorb: Ja **MdE: –**

LG Köln 4.3.2009 – 25 O 164/07 = BeckRS 2010, 27613

4342

Teilerblindung (hier: Fast völlige Erblindung auf einem Auge).

Mann. 3 Wochen stationär sowie weitere 3 Monate ambulante, langwierige Heilbehandlung. Dauerschaden: Teilerblindung; Augenschiefstand. Psychische Beeinträchtigungen. Ursache: Produkthaftung: Bruch des Spatenstiels mit Einbohren in das Auges des Klägers.

Betrag: 45.000 € **Haftung: 100 %**
immVorb: – **MdE: 30 %**

LG Dortmund 15.10.2004 – 3 O 292/03 = BeckRS 2005, 2802

5653

Teilerblindung (hier: Erblindung der Klägerin auf dem rechten Auge und der etwa 60 %igen Einschränkung der Sehkraft auf dem linken Auge).

Kind (Säugling). Arzthaftung (hier: Grober Behandlungsfehler / Geburtshilfefehler im Zusammenhang mit einer Frühgeborenenretinopathie und Sauerstoffbehandlung der Klägerin mit „Abweichungen vom Behandlungsstandard“). Dauerschaden: Erblindung auf dem rechten Auge und der etwa 60 %igen Einschränkung der Sehkraft auf dem linken Auge.

Betrag: 61.355 € **Haftung: 100 %**
immVorb: Ja **MdE: –**

OLG Karlsruhe 11.3.1998 – 7 U 214/96 = BeckRS 1998, 31162741

5966

Teilerblindung durch völlige Erblindung des linken Auges nach Glassplitterverletzungen und schwerste Augapfelverletzung bzw. Augapfelquetschung.

Mann (selbstständiger Mineralölunternehmer). Vor Ort wurden dem Kläger Glassplitter aus dem linken Augapfel gezogen. Stationäre Behandlung mit mehreren Operationen am Auge. Dauerschaden: Teilerblindung infolge der völligen Erblindung des linken Auges. [Ursache: Vorsätzliche Körperverletzung durch einen Faustschlag gegen das Gesicht wobei der Kläger zudem ein Glas in der Schlaghand hielt].

Betrag: 65.000 € **Haftung: 100 %**
immVorb: Ja **MdE: –**

OLG Köln 13.8.2013 – 9 U 65/12 = BeckRS 2015, 14126

3434

Augenverlust / Teilerblindung. Infolge einer nachhaltigen Gesichtverletzung verlor der Kl. ein Auge sowie den Geschmacksinn [Geschmacksinnverlust] und den Geruchsinn [Geruchsinnverlust]. Zudem erlitt er eine Unterschenkelverletzung / Fußverletzung rechts.

Mann. Längerer stationärer Aufenthalt mit mehreren Operationen. Dauerschaden: Geschmacksinnverlust; Geruchsinnverlust, Sehstörung; Entstellung, insbesondere wegen der Augenverletzung und einer Beeinträchtigung der Kieferbeweglichkeit. [Kapitalisiert beläuft sich das Gesamtschmerzensgeld auf rund 90.000 Euro].

Betrag: 72.000 € **Haftung: 100 %**
immVorb: – **MdE: –**
Rente: 100 €

OLG Jena 12.8.1999 – 1 U 1622/98 = BeckRS 1999, 11496

4343

Teilerblindung (hier: Erblindung auf einem Auge) sowie Ploytrauma (Schädelfraktur, Mittelgesichtfraktur mit Unterkieferfraktur; Oberschenkelfraktur; Unterarmfraktur sowie beids.Handgelenkfraktur).

Mann. Stationärer Aufenthalt; langwierige Heilbehandlung. Dauerschaden: Teilerblindung und Beinverkürzung um 1,5 cm. Wegen schmerzhafter Arthrosen sind erneute Operationen wahrscheinlich.

Betrag: 75.000 € **Haftung: 100 %**
immVorb: – **MdE: –**
Rente: 200 €

OLG Celle 22.5.2003 – 14 U 221/02 = unveröffentlicht

3037

Augenverletzung (hier: Augenverlust; Teilerblindung mit peripherer Fazialisparese), Felsenbeinfraktur, Schädelhirntrauma; Surditas rechts; Gesichtschädelfraktur, schwere; Mittelgesichtfraktur, Oberarmschaftfraktur und Oberschenkelfraktur.

Mann („noch sehr jung"). Dauerschaden: Entstellungen und psychische Schäden. Spätfolgen: Gefahr von Fazialparese und Hornhautschäden im Bereich des gesunden Auges.

Betrag: 76.694 € **Haftung: 100 %**
immVorb: Ja **MdE: –**

OLG Köln 1.6.2001 – 19 U 158/00 = BeckRS 2002, 5914

4334

Teilerblindung / Totalerblindung (hier: Erblindung auf einem und Verlust der sehkraft von 80 % auf dem anderen Auge; kein räumliches Sehen möglich; psychische Beeinträchtigungen).

Säugling / Frühchen. Arzthaftung (hier: Behandlungsfehler bzgl. Frühgeborenenretinopathie).

Betrag: 80.000 € **Haftung: 100 %**
immVorb: – **MdE: –**

OLG Nürnberg 24.6.2005 – 5 U 1046/04 = BeckRS 2005, 30358674

4344

Teilerblindung (hier: völliger Verlust eines Auges).

Mann. Der Kläger erlitt tagelang nahezu unerträgliche Schmerzen. Dauerschaden: Augenverlust mit Verlust des räumlichen Sehens und damit verbunden eine lebenslange Beeinträchtigung in Bezug auf die Berufswahl sowie das eigene Erscheinungsbild. Ursache: Vorsätzliche, brutale Körperverletzung, die das LG bei der Bemessung erhöhend berücksichtigte.

Betrag: 100.000 € **Haftung: 100 %**
immVorb: – **MdE: –**

LG Osnabrück 21.2.2005 – 1 O 2232/04 = unveröffentlicht

3232

Augenverletzung (hier: Nahezu Teilerblindung des linken Auges durch erhebliche Gesichtsfeldeinschränkung).

36j. Mann. Arzthaftung (hier: Behandlungsfehler und dadurch hervorgerufener Ausfall des Gesichtsfeldes des linken Auges nach rechts mit der Konsequenz, dass das bereits vorgeschädigte Auge nunmehr nahezu erblindet ist und der / die Kl. dem ausgeübten Beruf nicht mehr nachgehen konnte. (vgl. Teilerblindung; Berufsaufgabe).

Betrag: 100.000 € **Haftung: 100 %**
immVorb: – **MdE: –**

OLG Stuttgart 18.3.2003 – 1 U 81/02 = BeckRS 2003, 7636

3308

Schädelhirntrauma, schweres offenes Schädelhirntrauma (hier: o.Schädelhirntrauma mit Gehirnschädigung und ausgedehnter Schädelbasisverletzung; Teilerblindung und Geruchsinnverlust).

19j. Mann. Der Kl. lag zunächst im Koma; Lebensgefahr; Intensivstation. 4 Monate stationär. Dauerschaden: MdE 100 %, Teilerblindung, Geruchsinnverlust. dennoch ist – so das OLG – von einer vollständigen Hilflosigkeit und Pflegebedürftigkeit nicht auszugehen. Er kann zwar kein PKW fahren, jedoch im elterlichen Handwerksbetrieb bis zu 8 Stunden / Woche arbeiten. [über vorprozessual gezahlte 250.000 DM sprach das OLG noch 50.000 EUR zu].

Betrag: 177.822 € **Haftung: 100 %**
immVorb: Ja **MdE: 100 %**

OLG München 11.4.2003 – 10 U 5096/02 = BeckRS 2003, 154469

7197

Erblindung (her: Schädigung des Sehnervs mit daraus resultierender Erblindung).

33j. Mann. Arzthaftung im Zusammenhang mit der Behandlung einer Zyste, die der Kläger von Geburt an im Bereich des Schädels hatte. Im Zusammenhang mit der Einrichtung eines sog. Shunt-Systems zur Druckentlastung des Gehirns und Ableitung der Flüssigkeit in der Zyste wurde der Sehnerv derart geschädigt, dass der Kläger erblindete. Der Kläger hatte ursprünglich 100.000 EUR Schmerzensgeld gefordert. Wegen der gravierenden Behandlungsfehler der Ärzte in den beiden Krankenhäusern, in denen der Kläger behandelt worden war, verdoppelte die Kammer den Schmerzensgeldbetrag. [Anmerkung: Weitere Angaben zum Umfang der Verletzung und den Einzelheiten des Falles liegen derzeit nicht vor, da zum Zeitpunkt der Erfassung das Urteil noch nicht veröffentlicht vorlag].

Betrag: 200.000 € **Haftung: 100 %**
immVorb: – **MdE: –**

LG Bonn 31.5.2023 – 9 O 109/20 = BeckRS 2023, 12063

dd) Totalerblindung (beide Augen)

6613

Totalerblindung eines zudem neurologisch schwerstbehinderten Kindes.

Kind / Säugling. Dauerschaden: Vollständige Erblindung. Unabhängig davon leidet er an weiteren schweren Behinderungen; seine geistige und motorische Entwicklung ist erheblich eingeschränkt. Der Kläger ist demnach aufgrund seiner extremen Frühgeburtlichkeit und der

Alkoholintoxikation seiner Mutter in einem Ausmaß neurologisch schwerstbehindert, „dass davon auszugehen ist, dass er auch in Zukunft auf dem … Entwicklungsstand eines drei Monate alten Kindes verbleiben wird". Das OLG setzte das zuvor vom LG mit 100.000 EUR und einer Rente von monatlich 170 EUR festgesetzte Schmerzensgeld auf nun 50.000 EUR (zudem keine Rente) herab und begründete dies wie folgt: „Unter Berücksichtigung dieser das Leben des Klägers prägenden schwersten Schädigung kann nicht davon ausgegangen werden, dass sich die – hinzukommende – Erblindung für ihn in gleicher Weise schwerwiegend oder – wovon das Landgericht ausgeht – sogar gravierender auswirkt, als für ein gesundes Kind. Natürlich stellt das Fehlen jeder optischen Wahrnehmungsfähigkeit eine schwere Behinderung dar. Allerdings ist es hier so, dass die Erblindung von dem Kläger wegen seiner geistigen Retardierung schon nicht in der Weise als schmerzlich empfunden werden kann, wie von einem geistig gesunden Kind; es ist daher auch nicht möglich, ihm zum Ausgleich des Verlustes des Augenlichtes bestimmte Annehmlichkeiten zu verschaffen; die aufgezeigte Möglichkeit der Verbesserung der wohnlichen und der sanitären Ausstattung der väterlichen Wohnung steht ausschließlich im Zusammenhang mit den sich aufgrund der neurologischen Schädigung ergebenden Behinderungen und nicht mit der Erblindung. Es ist auch auszuschließen, dass der Kläger durch die Erblindung in seiner körperlichen und / oder geistigen Entwicklung eingeschränkt sein könnte. Prof. Dr. K. hat keinen Zweifel daran gelassen, dass die geistige Behinderung der Gestalt ausgeprägt ist, dass ein intaktes Augenlicht zwar eine visuelle Wahrnehmung, nicht jedoch eine intellektuelle Einordnung des Gesehenen durch den Kläger ermöglichen würde. Die Schwere der intellektuellen Schädigung lässt eine Entwicklung des Klägers praktisch nicht zu, weshalb sich auch die Erblindung auf eine – ohnehin nicht vorhandene – Lernfähigkeit nicht messbar auswirken kann". [Anmerkung: Dieser Argumentation kann nicht gefolgt werden, da sich zum einen stets individuelle Veränderungen auch bei erheblich hirngeschädigten Personen ergeben können und zum anderen der medizinische Fortschritt und sich daraus in der Zukunft ggf. doch ergebende Verbesserungen für derart geschädigte Menschen in keiner Weise erwähnt oder gar berücksichtigt werden. Zudem wird das Leben des Klägers quasi als „sowieso" schon so geschädigt dargestellt, dass sich eine völlige Erblindung aus Sicht des OLG nicht mehr auswirkt; dies kommt einer völligen Abschreibung des Klägers als Individuum gleich, die so nicht akzeptiert werden kann. [Anmerkung: Bereits 1992 hatte der BGH – vgl. dazu auch BGH BeckRS 1992, 41 → Nr. 2212 – insofern betont, dass der Ausgleich für extreme körperliche und geistige Behinderungen „nicht in der Weise vorzunehmen [sei], dass der weitgehende Wegfall der Empfindungsfähigkeit des Verletzten bei der Bemessung des Schmerzensgeldes mindernd berücksichtigt wird".]

Betrag: 50.000 € **Haftung: 100 %**
immVorb: Ja **MdE: –**

OLG Hamm 23.10.2008 – I-8 U 75/07 = BeckRS 2014, 12035

5806

Totalerblindung (hier: Erblindung auf beiden Augen nach eintretender Sehfunktionsstörung nach Heparininfusion).

73j. Frau. Arzthaftung (hier: grober Behandlungsfehler im Zusammenhang mit der Behandlung einer tiefen Beinvenenthrombose). Dauerschaden: Totalerblindung auf beiden Augen. Die Klägerin verstarb zwei Jahre nach dem Eingriff. Zutreffend führte das OLG dazu aus: „Gerade für ältere Menschen mit einer gewissen retadierten Anpassungsfähigkeit an veränderte Umstände bedeutet die plötzliche Blindheit einen ganz erheblichen Eingriff in die gewohnte Lebensführung und eine starke Beeinträchtigung der Lebensqualität".

Betrag: 51.129 € **Haftung: 100 %**
immVorb: – **MdE: –**

OLG Hamm 4.2.1998 – 3 U 143/97 = BeckRS 2008, 23285

3770

Totalerblindung nach ärztlichem Diagnosefehler.

2j. Kind. Arzthaftung / Diagnosefehler. Dem Kind wurden im 2. Lebensjahr beide Augen operativ entfernt, nachdem die Diagnose Retionoblastom erst verspätet – und durch einen seitens der Eltern nachträglich hinzugezogenen Arzt – festgestellt worden war. Ohne diesen Fehler hätte dem Kind das Sehvermögen zumindest auf einem Auge zu 30 % erhalten werden können. [vgl. auch LG Koblenz BeckRS 2006, 8747, welches in einem ähnlichen Falle ein Schmerzensgeldkapital von 100.000 EUR zusprach. Kapitalisiert beläuft sich der vom OLG Karlsruhe zuerkannte Gesamtbetrag allerdings auf ca. 151.000 EUR.]

Betrag: 90.000 € **Haftung: 100 %**
immVorb: – **MdE: –**
Rente: 260 €

OLG Karlsruhe 14.11.2007 – 7 U 251/06 = BeckRS 2008, 1780

6658

Totalerblindung bzw. Erblindung auf beiden Augen.

Mann. Arzthaftung im Zusammenhang mit der grob fehlerhaften Behandlung eines fortgeschrittenen Glaukoms mit einer Gesichtsfeldeinengung auf unter 5°. Dauerschaden: Totalerblindung auf beiden Augen. [Anmerkung: Das hier angegebene Schmerzensgeld, welches angesichts der gravierenden Dauerfolgen wesentlich zu gering bemessen wurde, beruht auf einem zwischen dem Kläger und der Berufshaftpflichtversicherung des Arztes geschlossenen Vergleichs].

Betrag: 100.000 € **Haftung: 100 %**
immVorb: – **MdE: –**

LG Bonn 16.12.2015 – I-6 O 205/15 = BeckRS 2015, 120834

4337

Totalerblindung (nahezu völliger Verlust der sehfähigkeit beider Augen).

Mann. Arzthaftung (hier: Behandlungsfehler im Zusammenhang mit der beim Kläger vorliegenden, jedoch ärztlicherseits nicht erkannten Retinopathie). Dauerschaden: Totalerblindung; Berufsunfähigkeit.

Betrag: 100.000 € **Haftung: 100 %**
immVorb: – **MdE: –**

OLG Düsseldorf 22.2.2007 – 8 U 17/05 = BeckRS 2008, 5778

4336

Totalerblindung (nahezu vollständiger Verlust der Sehfähigkeit auf beiden Augen).

53j. Mann. Arzthaftung (hier: Behandlungsfehler im Zusammenhang mit der beim Kläger vorliegenden diabetischen Retinopathie). Dauerschaden: Totalerblindung; Berufsunfähigkeit. Regulierungsverzögerung!

Betrag: 100.000 € **Haftung: 100 %**
immVorb: – **MdE: –**

OLG Koblenz 24.3.2006 – 10 O 244/04 = BeckRS 2006, 8747

4335

Totalerblindung (hier: Nahezu völliger Verlust der Sehfähigkeit beider Augen).

Säugling. Arzthaftung (hier: Behandlungsfehler bei der Geburtshilfe. es kam wegen fehlerhafter Nachsorge zu einer massiven Unterzuckerung mit Herzversagen). Dauerschaden: Totalerblindung.

Betrag: 100.000 € **Haftung: 100 %**
immVorb: – **MdE: –**

OLG Bremen 13.1.2006 – 4 U 23/05 = BeckRS 2011, 16440

3365

Gehirnschädigung, schwere (hier: Nahezu völlige Erblindung nach Gehirndruckstörung sowie linksbetonte Tetraparese, die zwar bereits geburtsbedingt vorhanden war, jedoch unfallbedingt erheblich verstärkt wurde.

4j. Kind. Dauerschaden: Hirnleistungsschwäche; starke Sehschwäche bzw. nahezu Totalerblindung. Nahezu keine eigene Bewegungsfähigkeit. Intensivpflegefall. Arzthaftung (Unterlassen eines Computertomogramms).

Betrag: 127.823 € **Haftung: 100 %**
immVorb: Ja **MdE: 100 %**
Rente: 307 €

LG Trier 22.10.1999 – 4 O 242/91 = unveröffentlicht

3363

Augenverletzung (hier: Totalerblindung).

23j. Frau (Bürokauffrau). Dauerschaden: Totalerblindung. Das Gericht befasste sich ausführlich und zutreffend mit den gravierenden Folgen einer totalen dauernden Erblindung unter der die Kl. psychisch dauerhaft leiden muss. [Ursache: Pferdetritt gegen den Kopf der Kl.]

Betrag: 153.388 € **Haftung: 66 %**
immVorb: – **MdE: 100 %**
Rente: 205 €

OLG Köln 26.5.1998 – 22 U 254/97 = BeckRS 1998, 10321

5177

Totalerblindung (hier: Komplette Netzhautablösung / unumkehrbare Totalerblindung nach kompletter Netzhautablösung)

1j. Kind / Säugling. Arzthaftung: Grober Behandlungsfehler im Zusammenhang mit der erheblichen Überschreitung der bei Frühgeborenen, wie der Klägerin, vorgeschriebenen Untersuchungsintervalle. Infolgedessen wurde – nach verspäteter Überweisung in eine Fachklinik – eine Linsentrübung festgestellt; es kam schließlich zu einer kompletten Netzhautablösung. Dauerschaden: Totalerblindung. Das OLG berücksichtigte neben der Unumkehrbarkeit der völligen Erblindung auch das schwere Verschulden des Augenarztes und dessen grob behandlungsfehlerhaftes Handeln.

Betrag: 200.000 € **Haftung: 100 %**
immVorb: Ja **MdE: –**

OLG Stuttgart 3.2.2016 – 1 U 135/15 = unveröffentlicht

3259

Augenverletzung (hier: Totalerblindung nach Gehirnschädigung infolge behandlungsfehlerbedingt zu hohem Hirndruck).

4j. Kind (Junge). Dauerschaden: Totalerblindung. Arzthaftung (hier: Grober Behandlungsfehler; das KG sprach sogar von zwei ganz erheblichen groben Fehlern). [Lesenswert auch zur Heranziehung von vergleichbaren Entscheidungen; diese, so das KG, könnten zwar „im Vorfeld der Entscheidungsfindung Orientierungspunkte bieten, jedoch nicht Grundlage der Schmerzensgeldbemessung des konkreten Falles im Urteil sein". Das KG bestätigte das vom LG ausgewiesene Schmerzensgeld von 450.000 DM + 650 DM Rente].

Betrag: 230.081 € **Haftung: 100 %**
immVorb: – **MdE: 100 %**
Rente: 332 €

KG 15.3.2004 – 20 U 19/03 = BeckRS 9998, 4950

3864

Nahezu völlige Erblindung – „bis auf die Unterscheidung hell-dunkel sowie der gelegentlichen schattenhaften Wahrnehmung größerer Gegenstände" ist die Klägerin infolge ihrer schweren Unfallverletzungen mit Polytrauma (unter anderem Gesichtverletzung, schwerste mit völliger Fragmentation des rechten Auges mit späterer Teilerblindung; o.Oberschenkelfraktur; drittgradige o.Unterschenkelfraktur.; Mittelfußfraktur; Schlüsselbeinfraktur; Unterarmfraktur) blind.

39j. Frau (Bankkauffrau). Mehrere Monate stationär. In den ersten 3 Monaten wurden die Frakturen versorgt. Später mussten die Tränenkanäle wiederhergestellt werden. Erheblicher Dauerschaden: Nahezu völlige Erblindung – „bis auf die Unterscheidung hell-dunkel sowie der gelegentlichen schattenhaften Wahrnehmung größerer Gegenstände". Geruchsinnverlust, Geschmacksinnverlust, Gesichtsentstellung. Erhebliche Bewegungseinschränkungen und Belastungseinschränkungen. Pflegefall. Rollstuhlgebundenheit. Kapitalisiert beträgt das Schmerzensgeld ca. 313.000 EUR.

Betrag: 255.000 € **Haftung: 100 %**
immVorb: – **MdE: 100 %**
Rente: 200 €

OLG Frankfurt a. M. 15.2.2007 – 16 U 70/06 = BeckRS 2008, 4229

3354

Gehirnschädigung / Tetraplegie (hier: ausgepägte hypoxische Encephalopathie; spastische tetraplege; zentrale Totalerblindung; Wirbelsäulenkyphose u.a. Verletzungen)

Kind / Säugling (Junge). Arzthaftung (hier: Geburtshilfefehler). Dauerschaden: Intensivpflegefall. Der Junge kann weder sehen noch hören, muss künstlich ernährt werden; zudem kann er nicht weder sitzen und ist sein Leben lang auf fremde Hilfe angewiesen.

Betrag: 255.646 € **Haftung: 100 %**
immVorb: – **MdE: 100 %**
Rente: 511 €

LG Lübeck 22.7.2002 – 10 O 316/98 = unveröffentlicht

3048

Gehirnschädigung, schwerste (hier: Kleinhirnatrophie mit Totalerblindung, extreme Sprachstörung, spastische Diplegie d.h. beids.Beinlähmung; Inkontinenz. Intensivpflegefall)

Kind. Arzthaftung (Hier: Geburtshilfefehler, schwerster mit mehrfachen groben Behandlungsfehlern). Extreme Regulierungsverzögerung! Dauerschaden: Totalerblindung, Rollstuhl, Sprachstörung, Inkontinenz ua Kapitalisiert beträgt das Schmerzensgeld 328.760 Euro.

Betrag: 255.646 € **Haftung: 100 %**
immVorb: Ja **MdE: 100 %**
Rente: 307 €

OLG Naumburg 28.11.2001 – 1 U 161/99 = BeckRS 2001, 30223120

5346

Gehirnschädigung, schwerste... nach Schädelfraktur in Form einer mehrfragmentären Schädelkalottenfraktur mit Schädelhirntrauma und bifrontalen Kontusionsblutungen mit generalisiertem Hirnödem sowie traumatischer Subarachnoidalblutung (sogn. SAB), das / die ... "von den Beklagten (angestellten Ärzten der Bekl. zu 1.) nicht erkannt" worden war. Insgesamt wurde beim Kläger – neben einer Totalerblindung – eine neurokognitive Behinderung anhand der Glasgow Outcome Scale (GOSE) im Wert von 3 attestiert, was einer schweren Behinderung im unteren Niveau (Punktwert 1 = Tod; Punktwert 2= vegetativer Zustand) entspricht und gerichtsseitig betont, dass sich aus neurologischer und rehabilitationsmedizinischer Sicht der erreichte Reha.-Stand „nicht zum Positiven ändern" wird.

21j. Mann. Arzthaftung (hier: Grober Behandlungsfehler, die – so das OLG – „schwerwiegend falsch und schlechterdings nicht nachvollziehbar" waren. Dauerschaden: Totalerblindung; schwere Hirnnervparesen mit 100 %iger geistiger Behinderung und Gesichtslähmung; linksbetonte Tetraspastik mit einem Kraftgrad von etwa 4/5, wobei spontanmotorisch die linke Körperhälfte nicht benutzt werden kann; deutliche Rumpfataxie und Standataxie mit ungerichteter Fallneigung; fortwährend bestehende Schmerzen und zunehmender Konkrakturen aller Gelenke und Osteoporose und Arthrose in den Gelenken. Depressionen und Wirbelsäulendauerschäden. Intensivpflegefall: Der Kläger benötigt rund um die Uhr (365 Tage/24 Stunden) Pflege für alle täglichen Verrichtungen (Nahrungsaufnahme, An- und Auskleiden, Toilettengang etc). Seine „Lebensperspektive" wurde – im jungen Alter von nur 21 Jahren – „vollständig zerstört", so das OLG wörtlich. Das OLG wies zutreffend darauf hin, dass durch das von ihm bestätigte Schmerzensgeld in Höhe von 560.000 EUR „das in Schmerzensgeldtabellen angelegte allgemeine Entschädigungsgefüge nicht gesprengt, sondern fortgeschrieben" werde und wies auch die – in derartigen Fällen leider stets unsinniger Weise strapazierte – Behauptung der Beklagten zurück, dass durch derart hohe Schmerzensgeldbeträge die „Versichertengemeinschaft" in unzumutbarer Weise belastet werde. Anmerkung: Zutreffend stellte sich das OLG dem unzutreffenden Argument der Beklagten entgegen, die vorgetragen hatten, ein Betrag in Höhe der bereits vom Landgericht zuerkannten 560.000 EUR sei deshalb viel zu hoch, da Beträge „in dieser Größenordnung ... nur Neugeborenen zuerkannt" werden würde. Das Urteil wurde vorgelegt von Rechtsanwalt Peter Schwab aus Frankfurt am Main.

Betrag: 560.000 € **Haftung: 100 %**
immVorb: Ja **MdE: 100 %**

OLG Frankfurt a. M. 31.1.2017 – 8 U 155/16 = BeckRS 2017, 139887

ee) Augenverletzung, sonstige

7446

Augenbewegungsstörung, die „mittlerweile zwei Mal am Tag für die Dauer von 15 Sekunden auf"tritt als Folge einer Wirbelsäulenverletzung mit Prellung des Rückenmarks / Rückenmarkprellung "mit nachfolgenden sensomotorischen Defiziten im Bereich der ersten drei Finger der linken Hand, die sich in Form einer Bewegungs-, Gefühls- und Wahrnehmungsstörung sowie einer Störung des Temperatursinns äußerten. Aufgrund der Beschwerden in der linken Hand, Missempfindungen und Schmerzen, die in einer subjektiven Verunsicherung mündeten, entwickelte sich beim Kläger eine maladaptive Anpassung mit somatoformer Störung.

Junger Mann (Schüler). Krankheitssymptome mit insgesamt 13 Tage mittelstarken und 42 Tage leichten Schmerzen. Dauerschaden: Die Augenbewegungsstörung, die sich „deutlich gebessert" hat, „tritt mittlerweile zwei Mal am Tag für die Dauer von 15 Sekunden auf. Der Kläger hat beim Lesen teilweise Schwierigkeiten, die Zeile in den Augen zu behalten, er kann sich dabei aber mit einem Lineal behelfen. Er konnte seinen schulischen Verpflichtungen stets nachkommen; das von ihm davor lange Jahre praktizierte Klavierspielen ist jedoch nicht mehr möglich." Anmerkung: Lesenswert auch bezüglich der Anforderungen des OGH an das Feststellungsbegehren / Feststellungsinteresse; siehe dazu auch im Handbuch unter → Rn. 391. [Ursache: Verkehrssicherungspflichtverletzung: Der Kläger wurde während einer Fahrt mit dem von der Beklagten betriebenen und behördlich genehmigten Vergnügungsgerät „Space Shot" verletzt, bei dem die Wägen beim Start mit einer Beschleunigung von ca 4,5 g und einer Geschwindigkeit von bis zu 80 km/h in die Luft geschossen werden. Vor dem Start teilte der Mitarbeiter der Beklagten mit, er werde von 5 abwärts zählen und bei 0 starten. Der Kläger wollte diese Zeit nutzen, um nochmals den Haltebügel zu prüfen; konnte jedoch seinen Kopf nicht mehr rechtzeitig an die Kopfstütze pressen, da der Mitarbeiter bereits bei 2 den Startknopf gedrückt hatte.]

Betrag: 10.000 € **Haftung: 100 %**
immVorb: Ja **MdE: –**

OGH Österreich 28.8.2024 – 7 Ob 83/24t = BeckRS 2024, 25077

j) Gehörschädigung / Ohrverletzung

3654

Gehörschädigung (hier: Tinnitus).

18j. Frau. Kein Schmerzensgeldanspruch: Ein Diskjockey ist für einen Hörschaden einer Besucherin „nicht verantwortlich, wenn allenfalls ein Sachverständiger nach Durchführung einer Reihe von Tests die Gefährlichkeit der beanstandeten Tonfrequenzen für das menschliche Gehör hätte erkennen können", so das OLG. [vgl. auch BGH NJW 2006, 610 zum Abfeuern einer Schreckschusspistole in einer Theateraufführung].

Betrag: – **Haftung: –**
immVorb: – **MdE: –**

OLG München 23.10.2006 – 17 U 3944/06 = BeckRS 2006, 14018

3350

Gehörschädigung (hier: Tinnitus / Pfeiftonhören nach Innenohrverletzung).

Frau. Treten bei einer Rockkonzertveranstaltung (hier: Bon Jovi) Gesundheitsschäden durch Lärm ein, so haben hierfür die Veranstalter wegen Verkehrssicherungspflichtverletzung einzustehen. Es kommt dabei nicht darauf an, ob die Grenzwerte der DIN 1595-5 überschritten wurden! [Das Schmerzensgeld wurde nicht bekannt. Gefordert wurden jedoch 4.000 EUR, was angemessen sein dürfte].

Betrag: – **Haftung: 100 %**
immVorb: – **MdE: –**

LG Nürnberg-Fürth 1.12.2004 – 6 O 4537/03 = BeckRS 9998, 19553

3238

Gehörschädigung.

Verletzt ein Schüler durch einen Feuerwerkskörper, den er während einer Pause auf dem Schulhof in Richtung einer Gruppe von Mitschülern wirft, einen Schüler, so kann dies als schulbezogen gewertet werden (Haftungsprivileg des Mitschülers; §§ 105, 106 SGB VII).

Betrag: – **Haftung: –**
immVorb: – **MdE: –**

BGH 30.3.2004 – VI ZR 163/03 = BeckRS 2004, 4680

2767

Gehörschädigung (hier: Hörsturz / Gehörsturz).

Frau. Keine Beweislastumkehr, wenn vom Rockkonzertveranstalter gegen DIN 15905 Teil 5 verstoßen wird; Verletzung auch durch Pfeifen der Besucher mit Pegel bis zu 120 db möglich.

Betrag: – **Haftung: –**
immVorb: – **MdE: –**

OLG Karlsruhe 30.3.2000 – 19 U 93/99 = BeckRS 2000, 31162759

4495

Ohrverletzung (hier: beids.Stechen von Ohrlöchern für Ohrringe).

3j. Kind. Ohrlöcherstechen als Körperverletzung. Das Kind – vertreten durch seine Eltern – begehrte Schmerzensgeld wegen des misslungenen Stechens von Ohrlöchern in einem Tattoo-Studio. Das AG Berlin hatte im Zivilprozess in einem rechtlichen Hinweis und unter Bezugnahme auf das „Beschneidungs-Urteil" des LG Köln (BeckRS 2012, 13647) auch die Prüfung strafrechtlicher Fragen aufgeworfen. Die Parteien verglichen sich daraufhin mit dem oa Ergebnis. [Kurze Info unter becklink 1022203].

Betrag: 70 € **Haftung: 100 %**
immVorb: – **MdE: –**

AG Berlin-Lichtenberg 31.8.2012 – 14 C 58/12 = BeckRS 2012, 214016

4490

Ohrfeige und Gehörverletzung (hier: Trommelfellperforation nach Ohrfeige auf das linke Ohr mit nachfolgendem, vorübergehenden Tinnitus)

Junge (Realschüler). Ambulante Heilbehandlung. Die Verletzung wurde mit einer Trommelfellschienung unter lokaler Betäubung versorgt. Der Kläger litt längere Zeit (mindestens 80 Tage) an einem „wechselnden Pfeifton … der vom Kläger zwischen 2 – 3 kHZ schwellennah empfunden wurde", so das AG. Bei der Bemessung wertete das AG zum einen die Tatsache, dass vorliegend eine vorsätzliche Körperverletzung vorlag; aber auch die Provokation des Vorfalles durch den Kläger selbst.

Betrag: 600 € **Haftung: 100 %**
immVorb: – **MdE: –**

AG Menden 7.9.2011 – 4 C 177/11 = BeckRS 2011, 142390

5112

Gehörschädigung (hier: „lärmbedingte Hörminderung festgestellt. Im Tonschwellenaudiogramm fand sich eine umschriebene Senke links bei 4000 Hz auf 30 dB").

Frau. Bei der Bemessung berücksichtigte das AG, dass „mit einem Hörschaden auch hierfür typische Symptome, wie Kopfschmerzen, Übelkeit, Schwindelgefühle, einhergehen". Ursache und weitere Hinweise vgl. das den selben Sachverhalt betreffende Urteil des AG Meschede unter → Nr. 5110 und → Nr. 5111 [Suchwort: Rockkonzert].

Betrag: 800 € **Haftung: 100 %**
immVorb: Ja **MdE: –**

AG Meschede 13.5.2015 – 6 C 411/13 = BeckRS 2016, 3727

4434

Ohrfeige und Persönlichkeitsrechtsverletzung (hier: Ohrfeige durch den Vorgesetzten; es kam zu keinen Verletzungsfolgen).

Mann (Arbeiter). Vorsätzliche Köperverletzung: „Versetzt ein vorgesetzter Schichtleiter im Rahmen einer verbalen Auseinandersetzung über Arbeitspflichten einen Mitarbeiter eine Ohrfeige, hat er an den Arbeitnehmer ein angemessenes Schmerzensgeld zu zahlen", so das LAG, das zur Bemessung noch folgendes ergänzte: „Führt die Ohrfeige zu keinerlei weiteren Verletzungsfolgen, ist ein Schmerzensgeld von 800,00 EUR als Mindestbetrag angemessen; muss sich der Geschlagene hingegen in ärztliche Behandlung begeben, ist ein mehrfach höheres Schmerzensgeld angemessen".

Betrag: 800 € **Haftung: 100 %**
immVorb: – **MdE: –**

LAG Köln 27.10.2008 – 5 Sa 827/08 = BeckRS 2009, 52079

6989

Ohrverletzung / Tätowierungsverletzung. Ohrverletzung im Zusammenhang mit dem Anbringen eines – anschließend wieder zu entfernenden – Tattoos einer „farbigen Pfauenfeder" in der linken Ohrmuschel. Zur Entfernung musste sich die Klägerin „mehrerer Laserbehandlungen" unterziehen. „Dabei ist nach 6 Laserbehandlungen … immer noch ein deutlich sichtbarer, nunmehr jedoch blauer bogenförmiger Strich mit Ausfransungen am Ohr der Klägerin zu erkennen, der … als optischer Makel zu bewerten ist", so das LG.

Frau. Ambulante Behandlung / Laserbehandlung zur Tattoo-Entfernung am linken Ohr. Die Klägerin hatte der

Beklagten insofern eine Vorlage für ein Tattoo „Farbige Pfauenfeder" vorgelegt und diesen beauftragt, das Tattoo an der Innenseite ihrer linken Ohrmuschel anzubringen. Obwohl laut dem vom LG hinzugezogenen Sachverständigen ein solches Tattoo „für die gewünschte Körperstelle vollkommen unrealistisch und nahezu unmöglich durchzuführen sei", führte die Beklagte den Auftrag aus, der allerdings „ästhetisch weit von der Vorlage" abwich aber dennoch technisch „als ordnungsgemäß bewertet" wurde, so dass „nicht per se auf eine Mangelhaftigkeit der Tätowierung geschlossen" werden konnte. Da die Beklagte jedoch die Klägerin in erforderlichem Maß aufgeklärt hatte, insbesondere die Aufklärung nicht so ausgeführt hatte, „dass der Kunde einen zutreffenden Eindruck von der Art oder der vorzunehmenden Leistungserbringung sowie von den wahrscheinlich bzw. vorhersehbaren Folgen erlangen kann ..., hat die Beklagte den sich aus der Pflichtverletzung resultierenden Schaden der Klägerin zu ersetzen", so das LG. Bei der Schmerzensgeldbemessung orientierte sich das LG an den Entscheidungen des AG München → Nr. 6628 und OLG Hamm → Nr. 5272.

Betrag: 1.000 € **Haftung: 100 %**
immVorb: – **MdE: –**

LG Osnabrück 18.3.2022 – 7 O 2619/21 = BeckRS 2022, 4752

7402

Ohrfeige mit einer kurzfristigen Hörminderung und unmittelbar durch den Schlag auf das linke Ohr verursachten Schmerzen. Zudem erlitt die Klägerin Schlafstörungen und Ängste in Verbindung mit einer mittelgradigen depressiven Episode als Reaktion auf eine schwere Belastung unter Berücksichtigung der besonderen „Kränkungsanfälligkeit" der dem türkischen Kulturkreis angehörenden Klägerin.

Frau. Bei der Schmerzensgeldbemessung hatte in der Vorinstanz das LG zum einen erhöhend die besondere „Kränkungsanfälligkeit" der dem türkischen Kulturkreis angehörenden Klägerin berücksichtigt sowie zum anderen auch den Umstand, dass der Beklagte – Ehemann der Klägerin – ihr körperlich überlegen gewesen sei. Schmerzensgeldmindernd hatte es angesehen, dass die Tat im Affekt und im Rahmen einer gegenseitig geführten zunächst verbalen Auseinandersetzung zwischen den Eheleuten geschah und, dass sich der Beklagte bei der Klägerin anschließend entschuldigt hatte. Das Urteil hatte auch vor dem OLG München Bestand. [Anmerkung: Das Schmerzensgeld ist vor dem Hintergrund der Entscheidungen des LG Konstanz → Nr. 4574, AG Menden → Nr. 4490 und LAG Köln → Nr. 4434 vergleichsweise hoch. Vgl. auch im Handbuch ab der 21. Auflage 2025 unter Kapitel II. 1. h)].

Betrag: 1.000 € **Haftung: 100 %**
immVorb: – **MdE: –**

OLG München 17.11.2016 – 3 U 3662/16 = unveröffentlicht

3837

Ohrverletzung (hier: postoperative Schmerzen an beiden Ohren).

Mann. Arzthaftung: Aufklärungspflichtverletzung im Zusammenhang mit einer Akupunkturbehandlung, bei der Nadeln dauerhaft in beiden Ohren implantiert wurden.

Betrag: 1.000 € **Haftung: 100 %**
immVorb: – **MdE: –**

OLG Naumburg 5.6.2008 – 1 U 104/07 = BeckRS 2008, 18590

5110

Gehörschädigung (hier: „Hochfrequenten diffusen Tinnitus diagnostiziert. Tonschwellenaudiometrisch wurde ein Tinnitus rechts bei 4 kHz mit 15 dB und links bei 8 kHz mit 30 dB verdeckt").

Mann. Verkehrssicherungspflichtverletzung im Zusammenhang mit öffentlicher Musikdarbietung: „Der Veranstalter einer Karnevalsveranstaltung" – so das AG – „ hat durch fortlaufende Messungen und Aufzeichnungen der Schallpegel und der Lärmdosis sicherzustellen, dass bei der Nutzung der Musikanlage keine gesundheitsschädlichen Frequenzen für die Besucher erreicht werden". [siehe auch unter Rockkonzert / vgl. BGH NJW 2006, 610-613].

Betrag: 1.500 € **Haftung: 100 %**
immVorb: Ja **MdE: –**

AG Meschede 13.5.2015 – 6 C 411/13 = BeckRS 2016, 3727

3498

Ohrverletzung (hier: 2 cm lange Risswunden und Quetschungen am Ohrläppchen)

4j. Kind. Das Kind war erlitt einige Wochen psychische Beeinträchtigungen. Ursache: Verkehrssicherungspflichtverletzung in einem Einkaufszentrum.

Betrag: 1.500 € **Haftung: 100 %**
immVorb: – **MdE: –**

OLG Naumburg 10.4.2001 – 1 U 22/01 = BeckRS 2001, 30174321

2977

Ohrverletzung (hier: Ohrdeformierung bzw. Verunstaltung des Ohrs und der für die Ohrform wichtigen Anthelixfalte [vgl. Anthelixfaltenverletzung am Ohr] infolge einer Schönheitsoperation an der Nase, für welche häufig dem Ohr die notwendige Knorpelmasse entnommen wird).

45j. Mann (ehemaliger Boxer). Arzthaftung im Zusammenhang mit einer Nasenkorrektur; es kam zum Abbrechen und Zurücklassen einer Kanülenspitze und somit nachfolgend zu Korrekturoperationen. Allerdings hatte der zuvor bereits vielfach aus kosmetischen Gründen operierte Patient wahrheitswidrig angegeben, vor der schadenursächlichen OP lediglich zwei oder drei Gesichtsoperationen erlebt zu haben.

Betrag: 1.534 € **Haftung: 100 %**
immVorb: – **MdE: –**

OLG Düsseldorf 19.10.2000 – 8 U 116/99 = BeckRS 2000, 30138113

4290

Trommelfellperforation.

12j. Kind (Schüler). Stationärer Aufenthalt. Eine Operation. Ob Dauerschäden zurück bleiben, blieb offen. Ursache: Vorsätzliche Körperverletzung durch Schlag in das Gesicht des Klägers.

Betrag: 1.790 € **Haftung: 100 %**
immVorb: – **MdE: –**

AG Fürstenwalde 29.7.1999 – 12 C 613/98 = unveröffentlicht

6276

Ohrverletzung (hier: Hundebiss in das Ohr. Die Bisswunde musste genäht werden. Zudem erlitt der Kläger auch eine leichte Bisswunde unterhalb eines Auges, die ärztlich versorgt, aber nicht genäht werden musste).

Mann. Ambulante Heilbehandlung. Ein Tierhalter (hier: die Halterin eines Terriers / Beklagte) kann auch für die Bissverletzungen haften, die einem anderen Tierhalter (hier: dem Halter einer Bulldogge / Kläger) dadurch entstanden sind, dass sich beide Hunde balgten und insofern nicht geklärt werden konnte, ob dessen eigener Hund (Bulldogge) zugebissen hatte oder der (Terrier) des nun schadensersatzpflichtigen anderen Hundehalters. Der Terrier der Beklagten habe die Verletzung des Klägers jedenfalls verursacht, indem er auf den Kläger und dessen Hund knurrend und bellend zugestürmt sei und mit dem Hund des Klägers, den der Terrier nach Angaben seiner Halterin „nicht mochte", eine Rauferei begonnen habe. Der Hundehalterin sei in diesem Fall vorzuwerfen, dass ihr die Aggressivität ihres Terriers bekannt war, da dieser wenige Wochen vor dem Ereignis einen anderen Hund angegriffen und dessen Halterin in die Hand gebissen hatte. Zwar war nicht klar, ob dessen eigener Hund zugebissen hatte oder der des nun schadensersatzpflichtigen anderen Hundehalters. Doch sei das nicht maßgeblich, so die Richter, da die Aggression von dessen freilaufenden Hund ausgegangen sei, so das OLG. [Hundebiss durch eigenen Hund – vgl. hierzu auch OLG Karlsruhe, 18.9.2019 – 7 U 24/19]

Betrag: 2.000 € **Haftung: 100 %**
immVorb: – **MdE: –**

OLG Karlsruhe 10.10.2019 – 7 U 86/18 = BeckRS 2019, 34450

5111

Gehörschädigung (hier: „Hochfrequenten Tinnitus links … Der Arzt hat bei seiner Untersuchung nämlich eine Innenohrsenke links im Bereich von 3 bis 4 kHz von 20 bis 30 dB feststellen können. Der Tinnitus war linksseitig mit 30 dB bei 4 kHz verdeckbar").

Mann. Bei der Bemessung berücksichtigte das AG, dass „mit einem Hörschaden auch hierfür typische Symptome, wie Kopfschmerzen, Übelkeit, Schwindelgefühle, einhergehen". Ursache und weitere Hinweise vgl. das den selben Sachverhalt betreffende Urteil des AG Meschede unter → Nr. 5110 und → Nr. 5112 [Suchwort: Rockkonzert].

Betrag: 2.000 € **Haftung: 100 %**
immVorb: – **MdE: –**

AG Meschede 13.5.2015 – 6 C 411/13 = BeckRS 2016, 3727

6684

Gehörschädigung in Form einer Trommelfellperforation mit der Folge von Schwerhörigkeit rechts. Zudem erlitt der Kläger eine Unterkieferfraktur in Form einer komplizierten Kieferwinkelfraktur recht mit der Folge eines Taubheitsgefühls im Bereich des Kiefers.

45j. Mann (Hartz IV Empfänger). 32 Tage stationäre Heilbehandlung mit insgesamt drei Aufenthalten. Die Heilung des komplizierten Kieferbruchs verlief nicht komplikationsfrei. Möglicher Dauerschaden: Zur Zeitpunkt der Urteilsverkündung litt der Kl. noch Schwerhörigkeit auf dem rechten Ohr und einem Taubheitsgefühlen in der rechten Gesichtshälfte. Das erhebliche Mitverschulden des Klägers resultierte daraus, dass dieser dem damals 17-jährigen, dunkelhäutigen Bekl. auf einem Bahnsteig eines S-Bahnhofs in Berlin den Hitlegruß gezeigt hatte worauf dieser dem Kl. zunächst mit der Faust ins Gesicht schlug und gegen den Bauch trat. [Zur Frage der Anrechnung von Schmerzensgeld auf Hartz IV-Geld siehe im Handbuch → Rn. 479].

Betrag: 2.000 € **Haftung: 33 %**
immVorb: – **MdE: –**

OLG Celle 9.7.2009 – 5 O 390/07 = BeckRS 2010, 792

6430

Ohrmuschelverletzung (hier: Entzündungen infolge von Piercing mit dauerhafter Veränderung der Ohrmuschel in Form von Ohrmuschelverwachsungen).

Frau. Die Klägerin hat dem Piercing zwar zugestimmt, diese Zustimmung entlastet die Beklagten jedoch nicht, denn es steht nicht fest, dass die Klägerin wirksam in die Verletzung eingewilligt hat. Aufklärungspflichtverletzung im Zusammenhang mit Piercing. „Mangels Aufklärung durch die Beklagten war der Klägerin jedoch nicht bewusst, dass die Entzündung nicht nur vorübergehend schmerzlich ist, sondern zu dauerhaften Veränderungen an der Ohrmuschel führen kann. Gerade die unterbliebene Aufklärung hat maßgeblich mitverursacht, dass die Klägerin den Verlauf der Entzündung nicht richtig einschätzen konnte", so das OLG.

Betrag: 2.000 € **Haftung: 100 %**
immVorb: Ja **MdE: –**

OLG Nürnberg 9.11.2006 – 2 U 1145/06 = BeckRS 2011, 18293

7855

Gehörschädigung (hier: Knalltrauma mit nachfolgend geringgradig ausgeprägter Hochtonschwerhörigkeit links mit Tinnitus, „welcher zwischenzeitlich chronifiziert sei", so das LG). Zudem erlitt der Kläger eine HWS-Distorsion.

Mann. Ambulante medikamentöse Behandlung „mittels einer zweiwöchigen Cortisontherapie". Bei der Schmerzensgeldbemessung berücksichtigte das LG zum einen, dass keine genauen Angaben hinsichtlich der weiteren Entwicklung der Tinnitusbeschwerden gemacht werden können, – insofern sind „lebenslange Beschwerden … möglich, was sich für den Kläger … belastend auswirkt. Auf der anderen Seite sei, so das LG weiter, "dagegen zu berücksichtigen, dass die (Tinnitus-)Beschwerden des Klägers nicht durchgehend, sondern immer wieder vereinzelt, insbesondere in Stresssituationen (bei Adrenalinstößen), bei besonderen Situationen im Straßenverkehr (beispielsweise bei sich dem Kläger annähernden Fahrzeugen) und in Momenten der Erinnerung an den streitgegenständlichen Unfall, auftreten. Auch befindet sich der Kläger – mangels anderweitigen Angaben – nicht in (weiterer) ärztlicher Behandlung." [Ursache für den Tinnitus war ein Knalltrauma infolge der Auslösung des Airbags des klägerischen Fahrzeugs].

Betrag: 3.000 € **Haftung: 100 %**
immVorb: Ja **MdE: –**

LG Stuttgart 8.7.2021 – 7 O 187/19 = BeckRS 2021, 65673

5205

Ohrenschmerzen und Zahnschmerzen (hier: Eine fehlerhafte zahnärztliche Behandlung führte zu dauerhaften Ohrenschmerzen mit Ansätzen von Tinnitusgeräuschen und zu dauerhaften Kieferschmerzen, insbesondere bei Berührungen, insbesondere beim Zähneputzen, zu Knacken des Kiefergelenks, einem blockierenden Kiefergelenk bei Reizung (Öffnen und Schließen des Mundes) und Schlaflosigkeit.)

Frau. Langwierige Heilbehandlung von ca. 28 Wochen Dauer. Arzthaftung. Dauerschaden: Ohrenschmerzen mit Ansätzen von Tinnitusgeräuschen und Kieferschmerzen. [Anmerkung: Weshalb der Senat das von der Klägerin geltend gemachte weitere Schmerzensgeld von 6.000,- EUR für „überhöht" ansah, bleibt offen; gerade mit dem Hinweis darauf, dass die Ohrgeräusche und Beeinträchtigung als Dauerschäden anzusehen seien, wäre ein höheres Schmerzensgeld durchaus gerechtfertigt gewesen.]

Betrag: 3.000 € **Haftung: 100 %**
immVorb: – **MdE: –**

OLG Köln 4.8.2015 – 9 U 91/14 = BeckRS 2016, 9120

4114

Gehörschädigung (hier: Tinnitus).

Mann (Schreiner). Dauerschaden: Tinnitus. Ursache: Pfiff der Beklagten mit einer sogenannten „Trillerpfeife" unmittelbar neben dem Kläger.

Betrag: 3.500 € **Haftung: 100 %**
immVorb: Ja **MdE: –**

OLG Hamm 13.7.2010 – 9 U 89/09 = BeckRS 2010, 17315

5873

Gehörschädigung (hier: Lärmtrauma bzw. Innenohrverletzungen und dauerhafter Tinnitus aufgrund von Pfiffen mit einer Trillerpfeife).

Mann (Schreiner). Ambulante Heilbehandlung mit vier Voruntersuchungen und Arztgespräche sowie anschließend acht Infusionen, drei Akkupunkturbehandlungen und neun Druckkammerbehandlungen. Dauerschaden: Tinnitus. Zur Schmerzensgeldbemessung führte das OLG aus, es sei zu berücksichtigen, dass „ein dauerhafter Tinnitus nicht mehr als leichte Hörschädigung einzuordnen ist, zumal der Kläger glaubhaft geschildert hat, dass ihn die ständigen Hörgeräusche erheblich belasten. Darüber hinaus liegt dieser Hörschädigung eine mindestens grobfahrlässige, wenn nicht bedingt vorsätzliche Körperverletzung zugrunde, so dass die Genugtuungsfunktion des Schmerzensgeldes zu berücksichtigen ist". [Ursache: Pfiffe mit einer Trillerpfeife].

Betrag: 3.500 € **Haftung: 100 %**
immVorb: – **MdE: –**

OLG Hamm 13.7.2010 – I-9 U 89/09 = BeckRS 2010, 17315

2846

Gehörschaden / Hörverlust rechts 20 % und links 10 % sowie „nicht sehr belastender Tinnitus" (= Pfeiftonhören)

Mann. Dauerschaden: Gehörverlust nach sogenanntem Knalltrauma, wie oben beschrieben. Ursache: Platzen des Airbags.

Betrag: 3.579 € **Haftung: 100 %**
immVorb: – **MdE: –**

OLG Hamm 23.10.2000 – 13 U 76/00 = BeckRS 2000, 12792

4249

Gehörschädigung durch Tinnitus links und Verstärkung eines rechts bereits vorhandenen Tinnitus.

Mann. Ambulante Behandlung. MdE 9 Tage 100 % Vorschaden: Tinnitus rechts.

Betrag: 3.750 € **Haftung: 100 %**
immVorb: – **MdE: –**

AG Pforzheim 3.7.2008 – 9 C 107/08 = BeckRS 2008, 142239

3957

Tinnitus als Folge einer traumatischen Innenohrerschütterung.

Mann. Dauerschaden: Tinnitus. [Zur Haftung des Theaterbetreibers für einen Tinnitus infolge eines Platzpatronenschusses in einer Faus-Aufführung siehe BGH NJW 2006, 610; Ergebnis: Keine Haftung. Zur Haftung eines Diskjockey siehe OLG München NJW 2006, 704]

Betrag: 4.000 € **Haftung: 100 %**
immVorb: – **MdE: –**

KG 13.10.2008 – 12 U 43/06 = BeckRS 2009, 12579

7421

Gehörschädigung / Tinnitus in Form einer Hörminderung sowie einem links stärker als rechts ausgeprägten Tinnitus, also einer knalltraumatischen Innenohrschädigung nach einem Verkehrsunfall bei welchem die Airbags im Fahrzeug des Klägers ausgelöst worden waren. Zudem erlitt der Kläger ein HWS-Syndrom.

Mann, „um die 60 Jahre" alt. Der Kläger wurde vor Ort unfallärztlich und im weiteren ambulant behandelt. Bei der Bemessung orientierte sich das LG an einer Entscheidung des OLG Düsseldorf → Nr. 4453.

Betrag: 4.000 € **Haftung: 100 %**
immVorb: Ja **MdE: –**

LG Aschaffenburg 14.11.2023 – 61 O 63/22 = BeckRS 2023, 49041

6984

Gehörschädigung in Form eines Tinnitus nach explosionsbedingtem Knalltrauma.

Mann (ehemaliger Bundeswehrsoldat und ehrenamtlicher Helfer). Dauerschaden: Dauerhafte Hörminderung. Außerdem leidet der Geschädigte unter einem dauerhaften Schmerz im linken Ohr, der ohne Erfolg mit einer Kortisontherapie behandelt wurde. [Anmerkung: Der Angeklagte ist wegen des Herbeiführens einer Sprengstoffexplosion – verursacht durch sog. Polen-Böller – im Kölner RheinEnergieSTADION während des Bundesligaspiels des 1. FC Köln gegen Borussia Mönchengladbach in Tateinheit mit gefährlicher Körperverletzung zu einer Freiheitsstrafe verurteilt worden – vgl. auch unter → Nr. 6898].

Betrag: 4.000 € **Haftung: 100 %**
immVorb: – **MdE: –**

LG Köln 3.12.2020 – 113 KLs 23/19 = BeckRS 2020, 48423

5905

Gehörverletzung in Form einer traumatischen Trommelfellperforation und Tinnitus. Die Trommelfellperforation wurde in der Hals-Nasen-Ohren-Klinik … operativ versorgt. Im weiteren Verlauf kam es zu einer Mittelohrentzündung auf dem linken Ohr. Hierdurch wurde der Heilungsverlauf verzögert.

Mann. Operative Behandlung. 5 Wochen Rehabilitationsaufenthalt. Vorsätzliche Körperverletzung (heftige Ohrfeige). Dauerschaden: Tinnitus bzw. „störenden Ohrgeräuschen linksseitig" mit daraus resultierender Schlafstörung und erhebliche Körperverletzung.

Betrag: 4.000 € **Haftung: 100 %**
immVorb: Ja **MdE: –**

OLG München 31.3.2010 – 20 U 4805/09 = BeckRS 2010, 8025

6407

Gehörschädigung (hier: Hörminderung, Tinnitus und Schwindel nach Kopfplatzwunde und Schädelprellung. Die Hörminderung ist zwar vorhanden, wird aber vom Kläger subjektiv nicht wahrgenommen. Der Tinnitus ist als mittelgradig aber weitgehend kompensiert einzuordnen, d.h. er wird regelmäßig von Alltagsgeräuschen überlagert. Nach der glaubhaften Schilderung des Klägers wird das Ohrgeräusch aber etwa zwei Mal wöchentlich so laut, dass er es trotz Umgebungsgeräuschen wahrnimmt. Grundrauschen und Pfeifton seien zudem hörbar, wenn es um ihn herum ruhig sei und er hinhöre).

Mann. Ambulante Behandlung. Dauerschaden: Beidseitiger Tinnitus. [Ursache: Riss des Zugseils eines Sportgeräts in einem Fitnessstudio].

Betrag: 4.000 € **Haftung: 100 %**
immVorb: Ja **MdE: –**

LG Coburg 3.2.2009 – 23 O 249/06 = BeckRS 2009, 8681

3545

Tinnitus / Gehörschädigung (hier: Beidseitig Tinnitus nach Auffahrunfall) sowie HWS-Syndrom. Rechsseitig wurde eine „Schwerhörigkeit von bis zu 40 dB bei 6 kHz und links von bis zu 20 dB bei 6 kHz fest"gestellt.

Frau. Die Verletzungen „ machten über einen längeren Zeitraum zahlreiche ärztliche Konsultationen erforderlich". [Lesenswert zur Harmlosigkeitsgrenze, die – so das Gericht – nicht relevant sei, „vielmehr wird von der höchstrichterlichen Rspr. verlangt, dass bei der Prüfung, ob ein Unfall eine HWS-Verletzung verursacht hat, stets die Umstände des Einzelfalles zu berücksichtigen sind".

Betrag: 4.000 € **Haftung: 100 %**
immVorb: – **MdE: –**

LG Frankfurt a. M. 17.1.2006 – 2-10 O 422/03 = BeckRS 2006, 138724

3318

Gehörschädigung wegen zu lautem Rockkonzert.

Frau. Die Kl. hielt sich während eines Rockkonzertes der Gruppe „Bon Jovi" drei bis fünf Meter vor einer Lautsprecherbox auf. Der Konzertveranstalter habe – so das LG – nicht dafür gesorgt, dass die Lautstärke auf ein gesundheitlich verträgliches Maß begrenzt werde.

Betrag: 4.000 € **Haftung: 100 %**
immVorb: – **MdE: –**

LG Nürnberg-Fürth 9.12.2004 – 6 O 4537/04 = unveröffentlicht

3039

Gehörschaden (hier: Innenohrschaden, der als „hochgradigg und lärmtraumatisch" bezeichnet wurde; Tinnitus und Schwindel).

13j. Frau. Längerfristige, zum Teil stationäre Heilbehandlung. Die Kl. hielt sich auf einem Rock-Konzert der Gruppe „N'Sync" unmittelbar in der Nähe einer der Lautsprecherboxen auf und war dabei über 90 Minuten einem Schalldruck von bis zu 104 Dezibel ausgesetzt. Zwei Tage nach dem Konzert traten die zum Teil erheblichen Beschwerden auf.

Betrag: 4.602 € **Haftung: 75 %**
immVorb: – **MdE: –**

OLG Koblenz 13.9.2001 – 5 U 1324/00 = BeckRS 2001, 30205164

3075

Gehörschädigung (hier: rezidiver Hörsturtz / Gehörsturz mit akuten Durchblutungsstörungen und Hörminderung.

Frau. 11 Tage stationär. 8 Monate später erneut für 8 Tage stationär. Anschließend Sauerstofftherapie. Es muss uU mit Spätfolgen gerechnet werden.

Betrag: 4.602 € **Haftung: 100 %**
immVorb: Ja **MdE: –**

AG Braunschweig 7.2.2001 – 114 C 3669/98 = unveröffentlicht

6898

Gehörschädigung in Form eines Tinnitus nach explosionsbedingtem Knalltrauma.

Mann (Ordner im Bereich des Stadions). Dauerschaden: „Der Zeuge leidet in Folge der Explosion an einem dauerhaften Tinnitus sowie an einer Hörminderung, die linksseitig 10 %, rechtsseitig 30 % des Hörvermögens beträgt. Bestimmte Frequenzbereiche der durch das menschliche Gehör wahrnehmbaren Hörfläche kann der Zeuge nicht mehr wahrnehmen. Der Tinnitus ist für den Zeugen vornehmlich bei Ruhe belastend und hindert ihn insbesondere beim Einschlafen. Verschiedene Therapieversuche blieben ohne Erfolg. So bewirkten weder eine Tinnitracks-Therapie noch ein operativer Eingriff, mit dem ein Platinröhrchen zur Zufuhr von Kortison in das Ohr eingesetzt wurde, eine Verbesserung des Zustandes. Der Zeuge trägt nunmehr beidseitig ein Hörgerät und hat sich einen Zimmerbrunnen gekauft, der ihm beim Einschlafen hilft, indem das Brunnengeräusch den Tinnitus akustisch überdeckt. Einschlägige Vorerkrankungen hatte der Zeuge nicht. Auch hatte er vor der Explosion nach seinem subjektiven Empfinden ein normales Hörvermögen." [Anmerkung: Der Angeklagte ist wegen des Herbeiführens einer Sprengstoffexplosion – verursacht durch sog. Polen-Böller – im Kölner RheinEnergieSTADION während des Bundesligaspiels des 1. FC Köln gegen Borussia Mönchengladbach in Tateinheit mit gefährlicher Körperverletzung zu einer Freiheitsstrafe verurteilt worden – vgl. auch unter → Nr. 6984].

Betrag: 5.000 € **Haftung: 100 %**
immVorb: – **MdE: –**

LG Köln 3.12.2020 – 113 KLs 23/19 = BeckRS 2020, 48423

3694

Ohrverletzung in Form einer Ohrmuschelverletzung des linken Ohres mit erheblichen Schmerzen.

Mann. Sehr starke Operationsfolgeschmerzen. Arzthaftung wegen Aufklärungspflichtverletzung / Einwilligung.

Betrag: 5.000 € **Haftung: 100 %**
immVorb: Ja **MdE: –**

LG Nürnberg-Fürth 8.4.2004 – 4 O 9922/00 = unveröffentlicht

3698

Gehörschädigung (hier: Posttraumatischer Tinnitus mit hochtonbetonter Schwerhörigkeit nach Schlag gegen den Hinterkopf des Klägers).

Mann (Arzt). Längere ambulante Behandlung. Vorsätzliche Körperverletzung. Verschlechterungstendenz.

Betrag: 5.000 € **Haftung: 100 %**
immVorb: Ja **MdE: –**

LG Ulm 25.6.2002 – 3 O 149/02 = BeckRS 2002, 162190

2848

Gehörschaden (hier: „geringgradige Schallempfindungsschwerhörigkeit mit Tinnitus" [= Pfeiftonhören] nach nicht rechtzeitig erkannter Mittelohrentzündung). Zudem: minimale Funktionseinschränkung des linksseitigen Gesichtsnervs [vgl. Gesichtsnervlähmung].

36j. Mann. Arzthaftung: Diagnosefehler / Verkennung einer Mittelohrentzündung. Dauerschaden: Schwerhörigkeit und Tinnitus.

Betrag: 5.113 € **Haftung: 100 %**
immVorb: – **MdE: –**

OLG Düsseldorf 2.11.2000 – 8 U 125/99 = BeckRS 9998, 4049

3759

Gehörschädigung in Form einer Hörminderung nach Tinnitus. HWS-Syndrom.

Frau. Ambulante Heilbehandlung. Dauerschaden: Hörminderung.

Betrag: 6.136 € **Haftung: 100 %**
immVorb: – **MdE: –**

AG Merzig 15.4.2002 – 3 C 768/00 = BeckRS 2002, 162399

2425

Gehörschädigung (hier: Trommelfellhämatom mit posttraumatischem Pfeiftonhören [Tinnitus] / Ohrgeräusche als Dauerschaden); Gehirnerschütterung und Prellungen.

Frau. Dauerschaden: Tinnitus / Ohrgeräusche. Verschlechterungstendenz!

Betrag: 6.136 € **Haftung: 100 %**
immVorb: Ja **MdE: –**

LG Dortmund 18.5.2000 – 1 U 229/94 = unveröffentlicht

3761

Gehörschädigung (hier: langanhaltender Tinnitus).

Frau. Es besteht die Gefahr eines Dauerschadens in Form eines auf Dauer zu vernehmenden Pfeiftones infolge des Tinnitus.

Betrag: 6.136 € **Haftung: 100 %**
immVorb: Ja **MdE: –**

LG Dortmund 18.5.2000 – 15 O 52/99 = BeckRS 2010, 1257

6146

Gehörschädigung, schwere / Schädelfraktur (hier: An Taubheit grenzende Schwerhörigkeit des rechten Ohrs in Verbindung mit einer Schädelbasisfarktur in Form einer Felsenbeinfraktur [= Schädelbasisfraktur, bei der häufig auch das Innenohr und Mittelohr geschädigt werden]).

11j. Kind (Schüler). 30 Tage stationärer Krankenhausaufenthalt. Dauerschaden: „An Taubheit grenzende Schwerhörigkeit des rechten Ohrs". [Ursache: Fahrradunfall – Mitverschulden eines elfjährigen Radfahrers bei Zebrastreifenunfall].

Betrag: 6.136 € **Haftung: 33 %**
immVorb: – **MdE: –**

OLG Oldenburg 26.9.1997 – 6 U 136/97 = BeckRS 9998, 3156

4453

Gehörschädigung / Tinnitus (hier: beids.Tinnitus) sowie HWS-Syndrom.

Frau (Lehrerin). Ambulante Heilbehandlung; langwierige Heilbehandlung. Dauerschaden: beids. Tinnitus. [vgl. auch LG Aschaffenburg → Nr. 7421].

Betrag: 6.500 € **Haftung: 100 %**
immVorb: – **MdE: –**

OLG Düsseldorf 14.7.2003 – I-1 U 221/02 = BeckRS 2004, 11359

3497

Ohrverletzung (hier: Andersfarbige Ohren und Schamhaarwuchs an den Ohren).

11j. Junge. Arzthaftung (gravierender wiederholter Behandlungsfehler [kurz und etwas grob formuliert: Pfusch!] bei Schönheitsoperation. Der Kläger wurde zweimal wegen Anlegen von Segelohren operiert. Nach der ersten OP waren die Ohren wie angeklebt sodass keine Brille getragen werden konnte. Beim zweiten Mal waren die Ohren andersfarbig und es wuchsen dort – infolge der Hauttransplantation – Schamhaare!).

Betrag: 7.000 € **Haftung: 100 %**
immVorb: – **MdE: –**

LG Hagen 19.12.2002 – 4 O 358/02 = unveröffentlicht

3106

Ohrverletzung (hier: Keloidnarben / Wulstnarben an den Nahtstellen. Der Kl. war wegen abstehender Ohren operiert worden. Es kam zu einer „schüsselförmigen Ohrform …, die auch als Telefonohr bezeichnet wird". Nach einer zweiten Operation sind auch die Ohrmuscheln nun steif, unbeweglich und enganliegend.)

10j. Kind (Junge). Arzthaftung (hier: Behandlungsfehler bei Ohranlegeoperation / Anlegen von Segelohren). Der Junge wurde wegen seiner Telefonohren gehänselt und fiel in seinen schulischen Leistungen stark ab; zu Letzterem konnte jedoch keine schmerzensgeldrelevante Ursächlichkeit bejaht werden. Maßgeblich für das Schmerzensgeld war die zweite Operation sowie die letztlich enganliegenden und unbeweglichen Ohrmuscheln mit denen der Kl. auf Dauer leben muss.

Betrag: 7.500 € **Haftung: 100 %**
immVorb: Ja **MdE: –**

LG Aachen 18.6.2003 – 11 O 72/00 = BeckRS 2010, 15419

6122

Gehörverletzung, vorübergehende (hier: Mittelohrentzündung im rechten Ohr infolge der Bildung eines sogenannten Cholesteatoms [= Einwucherung von mehrschichtig verhornendem Plattenepithel in das Mittelohr mit nachfolgender chronisch-eitriger Entzündung des Mittelohrs]).

Frau. Arzthaftung (hier: Grober Behandlungsfehler im Zusammenhang mit einer Vestibularisprüfung zur Prüfung des Gleichgewichtssystem im Innenohr.). Das Cholesteatoms musste durch eine ambulante Operation entfernt werden.

Betrag: 8.000 € **Haftung: 100 %**
immVorb: – **MdE: –**

OLG Köln 24.7.2017 – 5 U 12/17 = BeckRS 2017, 145860

7025

Gehörschädigung in Form eines Tinnitus mit Konzentrationsstörungen und Niedergeschlagenheit bzw. depressiven Verstimmungen.

45j. Frau (Kreativdirektorin für Strategieentwicklung im Medienbereich). Ambulante Behandlungen mit mehrfachen schmerzhaften Hals-Nasen-Ohrenärztlichen Untersuchungen. MdE 21 Tage 100 %. „Die Unfallfolgen sind nicht unerheblich, denn die Klägerin ist vulnerabel und leidet nach wie vor unter den Unfallfolgen, wie sich unter anderem aus ihren Äußerungen in den mündlichen Verhandlungen ergibt", so das LG. Dauerschaden: Tinnitus.

Betrag: 10.000 € **Haftung: 100 %**
immVorb: – **MdE: –**

LG München I 8.9.2021 – 20 O 22654/15 = BeckRS 2021, 27917

3078

Gehörschädigung (hier: Schwerhörigkeit / Gehörverminderung mit Tinnitus [Pfeiftonhören]); HWS-Syndrom.

Mann. 3 Tage stationär. MdE 6 Wochen 100 % sowie 1 Woche 40 %. Die mit 10 % angegebene Gehörverminderung / Gehörschaden hat – so das OLG – zu einer erheblichen Beschneidung der allgemeinen Lebensqualität geführt.

Betrag: 10.226 € **Haftung: 100 %**
immVorb: – **MdE: –**

OLG Koblenz 1.3.1999 – 12 U 97/98 = BeckRS 1999, 2212

4939

Gehörschädigung nach HWS-Syndrom (hier: „mittelschweren Tinnitus, der zweifelsohne im Zusammenhang mit dem Unfall zu sehen ist und für den Kl. ein erhebliches Störpotenzial in Form der Beeinträchtigung der Konzentrationsfähigkeit, der Kommunikation, der Dauerbelastbarkeit und der Leistungsfähigkeit bedeutet", so das OLG. Prellungen (hier: „Prellungen der Wirbelsäule, des Thorax und des Unterschenkels", so das OLG.)

Mann. 6 Wochen stationär. Tinnitus-Rehabilitationsmaßnahme im Tinnitus-Zentrum W. MdE ca. 5 1/2 Monate 100 %. Dauerschaden: MdE 10 % wegen Tinnitus mit Beeinträchtigungen „in Form leichter psychischer, sozialer und körperlicher Einschränkungen", so das OLG.

Betrag: 12.000 € **Haftung: 100 %**
immVorb: Ja **MdE: 10 %**

OLG Naumburg 28.3.2013 – 1 U 97/12 = BeckRS 2013, 14031

7101

Gehörschädigung (hier: Hörminderung rechts und ein Tinnitus beidseits) sowie Schädel-Hirn-Trauma II. Grades, 8 cm lange klaffende Kopfplatzwunde, mit verbleibenden Kopfschmerzen, Hitzegefühlen, Schwindel, Konzentrations- und Merkfähigkeitsstörungen. Zudem erlitt der Kläger eine Rippenfraktur der achten Rippe, eine Knieprellung rechts, eine Brustkorbprellung sowie Stauchung der Halswirbelsäule mit Bewegungseinschränkungen.

Mann. 3 Tage stationäre Behandlung. Dauerschaden: Gehörminderung, Tinnitus sowie – wegen der Schmerzen im Nackenbereich – dauerhaft unter schweren Ein- und Durchschlafstörungen leidet und lediglich 3 bis 4 Stunden schläft, sowie dass es bei einer schnellen Bewegung oder Drehung des Kopfes zur Schwindelanfällen beim Kläger kommen kann, die zu Stürzen führen können. [Ursache: Der Kläger war bei Bauarbeiten von der Laufkatze eines Krans seitlich an der rechten Kopfhälfte getroffen. Anmerkung: Das OLG befasst sich in diesem Urteil umfassend mit den Fragen des zudem vorliegenden ärztlichen Behandlungsfehlers und insofern mit den Besonderheiten der Behandlung durch einen Durchgangsarzt – siehe OLG Brandenburg BeckRS 2022, 39965 Rn. 17].

Betrag: 15.000 € **Haftung: 100 %**
immVorb: Ja **MdE: –**

OLG Brandenburg 10.11.2022 – 12 U 45/17 = BeckRS 2022, 39965

6088

Gehörschädigung, schwere (hier: Ärztlicherseits nicht erkannte hochgradige Schwerhörigkeit beidseits und daraus resultierende Sprachentwicklungsstörung).

1j. Kind. Arzthaftung (hier: Befunderhebungsfehler und Behandlungsfehler im Rahmen der üblichen Regeluntersuchungen durch einen Kinderarzt, der die gravierende beidseitige Schwerhörigkeit bei einer HNO-Untersuchung nicht erkannte). „Bei frühzeitigerer Feststellung und entsprechender Behandlung wäre die Sprachentwicklungsstörung und die Schwerhörigkeit nicht in dem gravierendem Maße vorhanden. Aufgrund der verzögerten Sprachentwicklung sei die gesamte allgemeine und geistige Entwicklung des Klägers verlangsamt gelaufen. Bis heute habe die Verzögerung der Sprachentwicklung trotz Förderung noch nicht aufgeholt werden können", so das LG. Zur Schmerzensgeldbemessung und dem Ansatz einer nur 70 %igen Haftung der Beklagten führte das LG aus: „Unter Berücksichtigung all dieser Umstände ist das Gericht der Auffassung, dass die Beklagte nur zu 70 % für die beim Kläger vorhandenen Beeinträchtigungen herangezogen werden kann. Bei einer 100-prozentigen Verantwortung käme nach Auffassung der Kammer ein Schmerzensgeld im Hinblick auf die hohe Lebenserwartung und der damit verbundenen langjährigen Beeinträchtigungen und der Ungewissheit, ob und in welchem Maße sie beseitigt oder gemindert werden können, ein Schmerzensgeld in Höhe von 40.000 EUR in Betracht … Unter Berücksichtigung des von der Beklagten zu tragenden Verantwortungsanteils ergibt sich ein Schmerzensgeldbetrag von 28.000 EUR".

Betrag: 28.000 € **Haftung: 70 %**
immVorb: Ja **MdE: –**

LG Mönchengladbach 12.3.2008 – 6 O 134/04 = BeckRS 2016, 9803

6258

Gehörschädigung, schwere (hier: Völlige Ertaubung bzw. Taubheit auf beiden Ohren wobei das rechte Ohr bereits zuvor ertaubt war, während das linke Ohr infolge des Behandlungsfehler ertaubte).

49j. Frau. Arzthaftung (hier: Aufklärungspflichtverletzung und grober Behandlungsfehler in Form eines groben Befunderhebungsfehlers im Zusammenhang mit einer Facialisparese im Zusammenhang mit einer Felsenbeinfraktur wegen der die Klägerin rechts faktisch taub war. Nach der OP war sie nun auch auf dem linken

Ohr taub). Zur Schmerzensgeldbemessung führte das KG aus: „Die Klägerin kann nur über Cochlea-Implantate am Leben teilnehmen, während ihr ohne die Ertaubung links ein Hörvermögen verblieben wäre, das einen – wenn auch wegen Angewiesenseins auf ein Hörgerät, so der Sachverständige Prof. Dr. G…, eingeschränkten – noch „normalen" Kontakt zur Umwelt ermöglicht hätte. Allerdings muss die Klägerin, die sich die doppelte Summe vorgestellt hatte, in Rechnung stellen, dass sie bereits durch den Unfall und seine Folgen erheblich eingeschränkt war, ihr Leben wie vor dem Unfall weiter zu führen. Insbesondere der Verlust des Arbeitsplatzes, der die Klägerin, wie aus den beigezogenen Rentenakten ersichtlich ist, erheblich in ihrem Selbstwertgefühl getroffen und aus einem erfüllten Leben mit Ende 40 gerissen hat, ist dem Beklagten nicht zuzurechnen". Dauerschaden: Ertaubung bzw. Taubheit auf beiden Ohren.

Betrag: 30.000 € **Haftung: 100 %**
immVorb: Ja **MdE: –**

KG 12.12.2016 – 20 U 90/13 = BeckRS 2016, 130175

4762

Gehörschädigung (hier: Trommelfellverletzung mit nachfolgend eingesetztem und reizfrei eingewachsenem Trommelfelltransplantat. Hörminderung, Schwindel).

Frau. Ambulante Heilbehandlung / langwierige Heilbehandlung mit ca. 250 Einzelbehandlungen. Psychische Beeinträchtigung. Dauerschaden: Trommelfelltransplantat; Hörminderung links mit dadurch hervorgerufenem leicht eingeschränktem Richtungshören und leichtes, jedoch nicht beeinträchtigendes Schwindelgefühl; diese Dauerfolgen sind jedoch nur zum Teil unfallursächlich und lagen bereits in Ansätzen als Vorschaden vor. Arzthaftung (hier: Diagnosefehler und Behandlungsfehler).

Betrag: 45.000 € **Haftung: 100 %**
immVorb: Ja **MdE: –**

OLG Nürnberg 11.5.2012 – 5 U 1791/11 = unveröffentlicht

6105

Gehörschädigung (hier: Beidseitiger Tinnitus mit einer Intensität rechts von 31 dB und links von 30 dB; die Verdeckbarkeit liegt links bei 90 dB während rechts keine Verdeckbarkeit möglich ist), Prellungen (Schädelprellung und Schulterprellung), Großzehenstauchung links, multiple Schürfwunden, HWS-Syndrom.

Frau (Studentin). Dauerschaden: Schwerer Tinnitus ohne die Möglichkeit der Verdeckbarkeit. „Die Klägerin leidet aufgrund des Dauerpfeiftons in ihren Ohren unter Konzentrationsstörungen und Schlafstörungen. Sie hat mindestens ein Semester an der Universität verloren. Ferner hat sie Probleme einem Gespräch zwischen mehreren Beteiligten zu folgen und leidet im Straßenverkehr unter Angst", so das LG, das jedoch im weiteren noch ergänzte: „Ob eine Linderung oder eine Art Gewöhnungseffekt eintreten wird, erscheint dabei sehr zweifelhaft. Andererseits hat die Klägerin trotz des Tinnitus inzwischen ihr Studium abgeschlossen und einen Beruf ergriffen, so dass sich die Folgen des Unfalls insoweit als nicht ganz so schwerwiegend herausgestellt haben".

Betrag: 51.129 € **Haftung: 100 %**
immVorb: Ja **MdE: –**

LG Hamburg 5.9.1997 – 306 O 212/96 = BeckRS 2016, 21498

k) Zahnverletzungen

aa) Zahnschmerzen und Zahnverletzungen

7010

Zahnverletzung behauptete (hier: Farbabweichungen einer Zahnprothese von den vertraglichen Vereinbarungen).

Frau. Kein Schmerzensgeldanspruch bei abweichender Farbgestaltung einer Zahnprothese. Die von den vertraglichen Vereinbarungen abweichende Farbgestaltung einer Zahnprothese stellt lediglich einen ästhetischen Mangel dar. Die Zuerkennung eines Schmerzensgelds kommt hierfür auch dann nicht in Betracht, wenn der Patient wegen dieses Mangels den Austausch des Zahnersatzes begehrt. Für Verarbeitungsfehler eines Zahnlabors gilt auch bei Eingliederung durch den Zahnarzt das werkvertragliche Gewährleistungsrecht. Für einen werkvertraglichen Schadensersatz- oder Schmerzensgeldanspruch nach den §§ 631, 633, 634 Nr. 4 in Verbindung mit 281 BGB muss gem. § 633 BGB bei der Verschaffung des Werkes, dh in der Regel bei der Abnahme, das Werk frei von Sach- und Rechtsmängeln sein.

Betrag: – **Haftung: –**
immVorb: – **MdE: –**

OLG Dresden 11.5.2021 – 4 U 1122/20 = BeckRS 2021, 17350

6478

Zahnverlust im Rahmen einer prothetischen Behandlung (hier: Verluste der Pfeilerzähne; „von den vom Beklagten präparierten Zähnen sei" – so die Klägerin – „nur noch der Zahn 45 im Mund … vorhanden".)

Frau. Keine Zahnarzthaftung. Kein Schmerzensgeldanspruch da für den Arzt keine Aufklärungspflicht hinsichtlich der verschiedenen Präparationsmethoden (hier: Stufenpräparation versus Hohlkehlpräparation) gegenüber der Patientin bestand. Die Wahl der Behandlungsmethode obliegt vorrangig der Entscheidung des behandelnden Arztes. Besteht insofern eine echte Wahlmöglichkeit für den Patienten – gibt es also mehrere medizinisch gleichermaßen indizierte und übliche Behandlungsmethoden, die wesentlich unterschiedliche Risiken und Erfolgschancen aufweisen – dann muss jedoch dem Patienten – nach umfassender und vollständiger ärztlicher Aufklärung – die Entscheidung überlassen bleiben, auf welchem Wege die Behandlung erfolgen soll und auf welches Risiko er sich einlassen will; diese sogenannte Selbstbestimmungsaufklärung bzw. Risikoaufklärung unterscheidet sich hierbei von der sogenannten therapeutische Aufklärung (Sicherungsaufklärung). [Anmerkung: Das LG hatte der Klägerin ein Schmerzensgeld von 9.000 EUR zuerkannt; das OLG gab jedoch dem beklagten Zahnarzt Recht und wies die Klage ab.]

Betrag: – **Haftung: –**
immVorb: – **MdE: –**

OLG Karlsruhe 31.7.2019 – 7 U 118/18 = BeckRS 2019, 16206

5054

Keine Zahnverletzung bei Verwendung von Amalgamfüllungen.

55j. Frau. Keine Zahnarzthaftung wegen Amalgam. „Die Verwendung von Amalgam bei Zahnfüllungen ist grundsätzlich unbedenklich", so der Leitsatz des OLG. Die Klägerin begehrte Schmerzensgeld wegen der ihr im Zeitraum von 1987 bis 2009 eingesetzten Amalgamfüllungen und den – aus ihrer Sicht – hieraus resultierenden Allergien.

Betrag: – **Haftung: –**
immVorb: – **MdE: –**

OLG Hamm 4.3.2016 – 26 U 16/15 = BeckRS 2016, 6154

6990

Zahnschmerzen und Zahnverletzungen im Zusammenhang mit dem Einsetzen von Implantaten und einer Brücke.

Mann. Kein Schmerzensgeldanspruch wegen angeblich fehlerhafter Einsetzung von Implantate in den linken Oberkiefer und Einsatz einer Brückenkrone. „Hinweise auf eine fehlerhafte Behandlung lägen insoweit nicht vor. Insbesondere können hier auch Gesichtspunkte der Mundhygiene bedeutsam sein. Im Rahmen der vom Sachverständigen vorgenommenen Untersuchung des Klägers beurteilte er die Mundhygiene zumindest als nicht optimal. Dies könne auch der Grund für eine Entzündung gewesen sein, wobei auch eine Reihe von anderen Ursachen in Betracht zu ziehen seien. Anhaltspunkte für das Hervorrufen einer Entzündung durch einen Behandlungsfehler des Beklagten bestehen nach den Angaben des Sachverständigen jedoch nicht.", so das LG.

Betrag: – **Haftung: –**
immVorb: – **MdE: –**

LG Mönchengladbach 2.7.2008 – 6 O 511/04 = BeckRS 2009, 28700

7382

Zahnverletzung (hier: Behauptung einer fehlenden Aufklärung im Zusammenhang mit dem Setzen von drei Implantaten, von denen zwei Implantate einer Periimplantitis [= bakterielle Entzündung] wieder entfernt werden mussten.)

Frau. Aufklärungsanforderungen bei Zahnimplantatbehandlung. Keine Zahnarzthaftung im Zusammenhang mit einer Zahnimplantatbehandlung, wenn der Zahnarzt die Patientin nicht über die Möglichkeit einer Titanallergie aufgeklärt hatte, da es sich bei Titan um kein Allergien auslösendes Metall handelt. Demgegenüber ließ das OLG die Frage offen, ob der Zahnarzt die Klägerin über die Verwendung von Bio Oss, einem aus Rinderknochen gewonnen Produkt) überhaupt hätte aufklären müssen. Der Sachverständige, den das OLG München zu dieser Frage gehört hatte, hat angesichts der Herstellungsweise von Bio Oss … eine Aufklärungspflicht über die Herkunft der Substanz verneint, da eine Gefährdung der Patienten auszuschließen sei, weil es sich um anorganisches Material handele. Damit setzte er sich in Gegensatz zu dem namentlich nicht bekannten Sachverständigen, den das OLG Stuttgart BeckRS 2005, 9593, → Nr. 3397 angehört hat. Letzterer bejahte ebenso wie im Anschluss daran das LG und das OLG Stuttgart eine Hinweispflicht, weil (im Jahr 1999) hinsichtlich der Therapiesicherheit von Ersatzmaterialien bovinen Ursprungs keine eindeutige Meinung bestanden habe. [vgl. hierzu OLG Oldenburg → Nr. 7383 und → Nr. 7383 sowie auch OLG Stuttgart → Nr. 3397]

Betrag: – **Haftung: –**
immVorb: – **MdE: –**

OLG München 11.6.2007 – 1 U 4742/06 = BeckRS 2007, 9950

7384

Zahnverletzungen, behauptete hier: Unverträglichkeit / Allergie infolge der bei einer implantatgetragenen Zahnersatzkonstruktion eingesetzten Metalle.

Frau. Keine Zahnarzthaftung nach allergischer Reaktion auf Zahnersatz. Liegen keine konkreten Anhaltspunkte für etwaige Unverträglichkeiten vor, so besteht für den Zahnarzt keine Verpflichtung zur Durchführung von Allergietests vor dem Einbringen von Zahnersatz. Denn es liege, so das OLG, auf der Hand, dass der Zahnarzt nicht vor jeder Behandlung einen Allergietest veranlassen kann, um sicherzustellen, dass der Patient auf die Materialien oder auch die Medikamente, die er – der Zahnarzt – heranzuziehen beabsichtigt, nicht allergisch reagiert. Dass es bei einer implantatgetragenen Zahnersatzkonstruktion zu galvanischen Strömungen geringster Stärke im Mund kommt, stellt keinen Behandlungsfehler dar, sondern ist regelmäßige Folge der notwendigen Verwendung unterschiedlicher Metalle, ohne dass hiermit medizinisch relevante Auswirkungen verbunden wären. [Vgl. dazu auch OLG München → Nr. 7382, OLG Oldenburg → Nr. 7383 und OLG Stuttgart → Nr. 3397].

Betrag: – **Haftung: –**
immVorb: – **MdE: –**

OLG Oldenburg 28.2.2007 – 5 U 147/05 = BeckRS 2007, 14834

6405

Zahnfleischwunde, blutende … sowie Unterkieferschwellung nach Faustschlag in das Gesicht des Klägers.

Mann (Bauarbeiter). Zur Schmerzensgeldvorstellung des Klägers in Höhe von 4.000 EUR und dem Hinweis darauf, dass das vom LG zuerkannte Schmerzensgeld unangemessen niedrig sei, führte das OLG sinngemäß aus, dass die Bestimmung des angemessenen Schmerzensgeldes Aufgabe des Tatrichters und vom Berufungsgericht nur eingeschränkt überprüfbar sei und erachtete das Schmerzensgeld für zumindest ausreichend. Zudem wies es darauf hin, dass die Verletzungen sehr rasch verheilt sind. [Ursache: Vorsätzliche Körperverletzung durch Faustschlag unter Bauarbeitern. [Vergleiche dazu IBRNews 5271 „Kein Faustrecht auf dem Bau"].

Betrag: 400 € **Haftung: 100 %**
immVorb: – **MdE: –**

OLG Bamberg 12.8.2004 – 6 U 20/04 = unveröffentlicht

6877

Zahnschmerzen, durch Extraktion einer instabilen Zahnbrücke, deren Herausnahme die Klägerin als „Gewaltakt" bezeichnet hatte. „Die Mundwinkel seien eingerissen, das Zahnfleisch entzündet und die Zähne gelockert gewesen; sie habe dann nur noch flüssige Nahrung zu sich nehmen können", so die Ausführungen der Klägerin, auf welche das OLG Bezug nahm.

Frau. Zahnarzthaftung im Zusammenhang mit der Eingliederung einer keramikverblendete Oberkieferbrücke. Insofern kam es innerhalb einer kurzen Zeitspanne an einer Zahnbrücke wiederholt zu Keramikschäden und letztlich zu deren Lockerung, weshalb die instabile Brücke wieder entfernt werden musste. Die Instabilität bzw. Lockerung wertete das OLG jedoch nicht als Behandlungsfehler und führte daher in Bezug auf das geforderte Schmerzensgeld aus: „Beruhen Beeinträchtigungen und Schmerzen des Patienten nicht auf einem Behandlungsfehler, sondern auf Materialschwächen, schuldet der Zahnarzt insoweit kein Schmerzensgeld. Die einmalig schmerzhafte Entfernung einer instabilen Brücke kann ein Schmerzensgeld von 500 EUR rechtfertigen". (amtlicher Leitsatz).

Betrag: 500 € **Haftung: 100 %**
immVorb: – **MdE: –**

OLG Koblenz 23.1.2019 – 5 U 542/13 = BeckRS 2014, 9557

5372

Zahnschmerzen / Behandlungsverzögerung (hier: Fehlerhafte zahnprothetische Versorgung mit daraus resultierender Verlängerung der Behandlungsdauer. Insbesondere bei guter Mundhygiene seien, so das OLG „die nachteiligen Folgen begrenzt". Dies gelte ungeachtet des Umstands, dass sich in dem durch die Keramikabplatzungen bedingten gaumenseitigen Spaltraum Speisereste sammeln können, die ihrerseits zu Plaquebildung, Mundgeruch und zu Blutungen des Zahnfleischs beim Zähneputzen führen können.)

Frau. Zahnarzthaftung / Behandlungsfehler: Der Beklagte „hatte die … inserierte Brücke in behandlungsfehlerhafter Weise ohne sachlichen Grund niemals endgültig eingegliedert und zementiert, was zu einer Beweglichkeit der Brücke, Keramikabplatzungen an der hinteren Seite der Kronen im unteren Bereich und dazu geführt hat, dass die Brücke neu angefertigt werden muss", so das OLG.

Betrag: 500 € **Haftung: 100 %**
immVorb: – **MdE: –**

OLG Köln 2.5.2016 – 5 U 168/15 = BeckRS 2016, 16958

4879

Zahnschmerzen (hier: Unnötige Zahnschmerzen infolge nicht dem zahnärztlichen Behandlungsstandard entsprechender verzögerter Behandlung).

Frau. Arzthaftung / Zahnarzthaftung (hier: Behandlungsfehler beim Einsetzen einer Brücke, die – im Laufe der in mehreren zeitlichen Intervallen erfolgten zahnbehandlung – immer wieder ein- und ausgebaut worden war, was nicht dem behandlungsstandard entspricht).

Betrag: 500 € **Haftung: 100 %**
immVorb: – **MdE: –**

AG Tostedt 23.10.2013 – 231 C 259/12 = unveröffentlicht

3779

Zahnverletzung (hier: Leichte Schneidezahnverletzung, die durch Zahnkantenglättung behoben werden konnte).

Mann. Auch im Bierzelt muss der Besucher (des Oktoberfestes) sich sorgfältig und umsichtig verhalten. Wer dort auf eine Bierbank steige und beim Herunterfallen einen Dritten anstößt, der sich hierdurch verletzt, haftet diesem auf Schadensersatz, so das AG zutreffend. [siehe dazu auch OLG Stuttgart BeckRS 2017, 105057, → 6714 zum Tanz auf Bierbänken während der „Cannstatter Wasen"].

Betrag: 500 € **Haftung: 100 %**
immVorb: – **MdE: –**

AG München 12.6.2007 – 155 C 4107/07 = BeckRS 2007, 17824

5865

Zahnverletzungen (hier: Fehlerhafte Überkronung. Bei der Krone am Zahn 46 lag eine positive Stufe vor, die nicht regelrecht ist).

Frau. Zahnarzthaftung (hier: Behandlungsfehler im Zusammenhang mit der Überkronung der Zähne 45, 46 und 47. Die zunächst eingesetzten Metallkeramikkronen wurden wieder entfernt und neue Kronen aus Glasfaser, sogenannte Targis Vektris Kronen, eingesetzt, die jedoch minderwertig aber „nicht fehlerhaft" waren). Zur Bemessung führte das LG aus: „Nach den Ausführungen des Sachverständigen ist es möglich, diese Krone nachzuarbeiten. Ob dies jedoch den gewünschten Erfolg für die Klägerin bringt, bleibt ungewiss. Angesichts der Notwendigkeit einer Nachbearbeitung mit ungewissem Erfolgsausgang hält die Kammer ein Schmerzensgeld in Höhe von 1.000 DM für angemessen, aber auch ausreichend".

Betrag: 511 € **Haftung: 100 %**
immVorb: – **MdE: –**

LG Aachen 2.11.1999 – 11 O 115/99 = BeckRS 2010, 15721

4158

Zahnschäden (hier: Lockerung und nachfolgende Verblockung der Schneidezähne im Unterkiefer nach Faustschlag).

Mann. Ambulante Heilbehandlung. Schmerzhafte Verletzung. Vorsätzliche Körperverletzung, die der Beklagte zunächst hartnäckig bestritt.

Betrag: 600 € **Haftung: 100 %**
immVorb: – **MdE: –**

AG Düsseldorf 18.3.2009 – 37 C 3951/08 = BeckRS 2009, 139919

6163

Zahnschmerzen, die bei richtiger Behandlung nicht so lange gedauert hätten.

Frau. Operation unter Vollnarkose. Zahnarzthaftung (hier: Behandlungsfehler im Zusammenhang mit einer Notfallbehandlung, bei der der Zahnarzt den Bruch des Instruments, dessen Spitze in der Wurzel des Zahns 26 stecken geblieben war, nicht bemerkt hatte. Dazu das OLG: „Ein Zahnarzt ist verpflichtet, die Vollständigkeit und Unversehrtheit seiner Instrumente nach der Behandlung eines Patienten zu kontrollieren, um sicherzustellen, dass keine Teile im Körper des Patienten zurückgeblieben sind". Zur Bemessung führte das OLG aus: „Hätte der Bekl. seiner Verpflichtung zur sorgfältigen Überprüfung des benutzten Instrumentes genügt, hätte er den Bruch bemerkt und die Kl. entsprechend unterrichten können. Dann wäre die – als solche hier nicht zu vermeidende – Extraktion des Zahnes 26 früher vorgenommen worden, weil die Kl. einen Hinweis des Bekl. auf ein im Wurzelkanal zurückgebliebenes Instrumententeil mit Sicherheit zum Anlass genommen hätte, ihren Hauszahnarzt früher aufzusuchen. Dann wären ihr Schmerzen erspart geblieben".

Betrag: 767 € **Haftung: 100 %**
immVorb: – **MdE: –**

OLG Köln 16.6.1999 – 5 U 160/97 = BeckRS 9998, 18411

6763

Zahnverletzung (hier: Querverlaufende Schmelzrisse an den Zähnen 11 und 21). Zudem erlitt der Kläger Prellungen (hier: Knieprellung rechts und Brustkorbprellung).

Mann. [Ursache: Auffahrunfall]. Dauerschaden: Überempfindlichkeiten gegen heiß und kalt, die das AG jedoch nicht als „Schmerzen“ sondern lediglich als eine „Überempfindlichkeit“ betrachtete. Entgegen dem höchstrichterlich anerkannten Grundsatz der Einheitlichkeit des Schmerzensgeldes [BGH BeckRS 2006, 3663 mit Verweis auf BGH BeckRS 2004, 2240] teilte das AG bei der Schmerzensgeldbemessung die Verletzungen auf und sprach für die Zahnverletzungen 400 EUR und für die Prellungen weitere 400 EUR zu und addierte anschließend diese Beträge.

Betrag: 800 € **Haftung: 100 %**
immVorb: – **MdE: –**

AG Rheinbach 24.3.2021 – 26 C 193/16 = BeckRS 2021, 10434

5188

Zahnschmerzen, vorübergehende.

Frau. Zahnarzthaftung (hier: Behandlungsfehler im Zusammenhang mit dem Einsatz eines Provisoriums aus einem Material, gegen das die Klägerin allergisch reagierte. Die Klägerin war unter anderem gegen Kunststoffe allergisch, die Metylmethacrylat enthalten, was zum Zeitpunkt der streitgegenständlichen Behandlung auch in ihrem Allergieausweis eingetragen und dem Beklagten bekannt war.) [Die Kl. hatte ein Schmerzensgeld in Höhe von 12.750 Euro beansprucht.].

Betrag: 800 € **Haftung: 100 %**
immVorb: – **MdE: –**

OLG Köln 3.8.2015 – 5 U 149/14 = BeckRS 2016, 12215

6840

Zahnschmerzen infolge der Überkronung der Zähne 24 und 25, die dadurch „extrem kälteempfindlich“ wurden.

Mann. Zahnarzthaftung im Zusammenhang mit der Fertigung einer Zahnprothese, welche nicht den Regeln der ärztlichen Kunst entsprochen hat. Dass der Fehler vom Zahntechniker der Zahnärztin begangen wurde, ändert an der Rechtslage nichts, da sich die Beklagte … „das – von dem Sachverständigen zweifelsfrei festgestellte – Fehlverhalten des Zahntechnikers nach § 278 BGB zurechnen lassen muss, da dieser bei der Erstellung des streitgegenständlichen Zahnersatzes als Erfüllungsgehilfe der Beklagten aufgetreten ist“. Die Prothetik musste neu angefertigt werden.

Betrag: 1.000 € **Haftung: 100 %**
immVorb: – **MdE: –**

LG Köln 26.10.2021 – 3 O 6/20 = BeckRS 2021, 33043

7166

Zahnverletzung (hier: Schneidezahnfraktur. Dem Kläger wurde „ein Teilstück seines mittleren Schneidezahns im linken Oberkiefer herausgeschlagen“).

17j. Mann. Der Zahn musste überkront werden. [Ursache: Rangeleien auf der sog. „Schwimmkrake“ in einem Schwimmbad].

Betrag: 1.000 € **Haftung: 66 %**
immVorb: Ja **MdE: –**

AG Bremen 23.10.2014 – 9 C 5/14 = BeckRS 2014, 23228

4852

Zahnverletzung im Zusammenhang mit dem Einsetzen einer Brücke im Oberkiefer. Das OLG berücksichtigte, dass der Kläger unangenehme Beeinträchtigungen beim Essen gehabt habe, weil er nicht schmerzfrei hat kräftig zubeißen können. Hinzu komme die durch die Entzündung hervorgerufenen Schmerzen, Rötungen, Reizungen und Schwellungen, die behandelt werden mussten. Schließlich seien die Unannehmlichkeiten im Zusammenhang mit der Anfertigung der prothetischen Versorgung zu berücksichtigen.

Mann. Zahnarzthaftung / Behandlungsfehler: Abstehende Kronenränder (eine Stufe zwischen den natürlichen Zähnen und der künstlichen Krone) entsprechen nicht dem zahnärztlichen Standard. Ein Zahnarzt handelt grob behandlungsfehlerhaft, wenn er einen Patienten ohne ausdrücklichen Hinweis darauf entlässt, dass eine von ihm eingegliederte Brücke nachbesserungsbedürftig ist. [amtlicher Leitsatz]

Betrag: 1.000 € **Haftung: 100 %**
immVorb: – **MdE: –**

OLG Hamm 12.9.2014 – 26 U 56/13 = BeckRS 2014, 19578

5136

Zahnschmerzen infolge einer – bei korrekter Behandlung nicht erforderlichen – zahnärztlichen Nachbehandlung.

Frau. Zahnarzthaftung / behandlungsfehlerhafte zahnärztliche Behandlung. Schmerzen infolge der dadurch erforderlichen Nachbehandlung. [Anmerkung: Leider liegen keine genaueren Angaben zu Art und Dauer vor].

Betrag: 1.000 € **Haftung: 100 %**
immVorb: – **MdE: –**

OLG Köln 17.2.2014 – 5 U 102/13 = BeckRS 2014, 3986

6239

Zahnschmerzen und Unannehmlichkeiten, „die allgemein bekannt mit einer umfangreichen prothetischen Arbeit inklusive Implantatsetzung verbunden sind und die der Kläger wegen der Unbrauchbarkeit der Leistungen des Beklagten nun zweimal (durch den Beklagten und den Nachbehandler) erdulden musste“).

Mann. Zahnarzthaftung (hier: Behandlungsfehler im Zusammenhang mit einer umfangreichen prothetischen Arbeit inklusive Implantatsetzung).

Betrag: 1.000 € **Haftung: 100 %**
immVorb: – **MdE: –**

KG 6.9.2010 – 20 U 221/08 = BeckRS 2010, 27707

3999

Zahnverletzung infolge eines zahnärztlichen Planungsfehlers, infolgedessen sich eine „Zahnfehlstellung sämtlicher Zähne herausgebildet“ hatte. Die Zähne wurden asymmetrisch verschoben, was vorübergehend zu Kiefergelenkschmerzen und Kopfschmerzen geführt hatte.

20j. Frau. Zahnarzthaftung. Hier: Planungsfehler und Behandlungsfehler im Zusammenhang mit einer kieferorthopädischen Maßnahme. Es kam zu „schon erheblichen, aber nicht gravierenden Beeinträchtigungen des Gesamteindrucks des Gesichts durch die Verschiebung der Zahnmittellinie“, so das OLG, welches zudem und verzögerter Schadensregulierung berücksichtigte. Die Klägerin begehrte 10.000,- EUR.

Betrag: 1.000 € **Haftung: 100 %**
immVorb: Ja **MdE: –**

OLG Naumburg 25.6.2009 – 1 U 27/09 = BeckRS 2009, 29078

3715

Zahnbehandlungsbedingt ausgelöste allergische Lokalreaktion nach grob behandlungsfehlerhaft implantiertem Palladiumimplantat trotz entsp. bekannter Allergie.

Frau. Arzthaftung; hier grober Behandlungsfehler. „Ist einem Zahnarzt bekannt, dass eine Patientin unter Palladiumallergie leidet und setzt er gleichwohl Brücken mit einer Edelmetalllegierung ein, die 36 % Palladium enthält, so liegt ein grober Behandlungsfehler vor“, so das Gericht. Die Klägerin begehrte allerdings 45.000 Euro. Das Gericht sah den Großteil der Beschwerden als nicht kausal und wertete lediglich eine 14tägige „Lokalreaktion“ mit insgesamt 1.000 Euro

Betrag: 1.000 € **Haftung: 100 %**
immVorb: – **MdE: –**

OLG Oldenburg 4.7.2007 – 5 U 31/05 = BeckRS 2007, 12674

7383

Zahnschmerzens / Allergische Reaktionen nach Zahnbehandlung (hier: vorübergehende, ca. 2 Wochen andauernde allergische Reaktionen im Mundraum und im Gesicht).

Frau. Zahnarzthaftung nach allergischer Reaktion auf Zahnersatz. Ist einem Zahnarzt bekannt, dass eine Patientin unter einer Palladium-Allergie leidet und setzt er gleichwohl Brücken mit einer Edelmetalllegierung ein, die 36,4 % Palladium enthält, so liegt ein grober Behandlungsfehler vor. (amtlicher Leitsatz). Kommt es nach dem Einbringen eines Zahnersatzes zu allergischen Reaktionen beim behandelten Patienten, haftet der Zahnarzt auf Schmerzensgeld, wenn die allergischen Reaktionen Folge eines Behandlungsfehlers sind. Dennoch sprach das OLG der Klägerin nur 1.000 Euro Schmerzensgeld zu. Zwar führe ein grober Behandlungsfehler regelmäßig zur Umkehr der Beweislast, so dass in diesem Fall der Zahnarzt zu beweisen hatte, dass der Behandlungsfehler für Reaktionen im Körper der Patientin nicht ursächlich war. Ein Sachverständiger war jedoch zu dem Ergebnis gekommen, dass eine Ursächlichkeit des Behandlungsfehlers für fast alle von der Klägerin angeführten Beeinträchtigungen wie zum Beispiel eine Vorwölbung der Bandscheibe, Gallenblasensteine, Virusgrippe oder eine Handgelenksversteifung gänzlich unwahrscheinlich oder gar auszuschließen war. Die Verurteilung zur Zahlung von Schmerzensgeld erfolgte daher nur im Hinblick auf vorübergehende allergische Reaktionen im Mundraum und im Gesicht. Die Klägerin hatte 45.000 EUR Schmerzensgeld gefordert. [Vgl. dazu auch OLG München → Nr. 7382, OLG Oldenburg → Nr. 7384 und OLG Stuttgart → Nr. 3397].

Betrag: 1.000 € **Haftung: 100 %**
immVorb: – **MdE: –**

OLG Oldenburg 4.7.2007 – 5 U 31/05 = BeckRS 2007, 14834

6484

Zahnverletzung (hier: Zahnschmerzen wegen des unzureichenden Prothesensitzes und der damit verbundenen Kaubeschwerden und Druckstellen); zudem wurde eine „unzureichende Ästhetik“ berücksichtigt.

Frau. Zahnarzthaftung im Zusammenhang mit einer mangelhaften prothetischen Behandlung; laut Angaben des vom LG hinzugezogenen Sachverständigen war „kein suffizienter Prothesensitz erreicht worden, die Prothese habe durchgängig geschaukelt, was zu Kaubeschwerden und Druckstellen geführt habe. Zusätzlich sei kein ansprechendes ästhetisches Ergebnis erzielt worden“.

Betrag: 1.500 € **Haftung: 100 %**
immVorb: – **MdE: –**

LG Köln 23.7.2019 – 3 O 62/18 = BeckRS 2019, 17074

5115

Zahnverletzung /Gesichtsverletzung (hier: Gezielter Fausschlag ins Gesicht mit Gesichtsprellung und Bluterguss im Gesicht [Hämatombildung] sowie Zahnlockerung); zudem erlitt die Klägerin eine HWS-Zerrung.

Frau. Möglicher Dauerschaden: Bezüglich des gelockerten Zahns werden „weitere konservierende Maßnahmen und gegebenenfalls eine prothetische Neuanfertigung erforderlich“, so das AG. Ursache: Die Klägerin wurde beim Versuch einer Streitschlichtung während einer Karnevalveranstaltung verletzt. Vorsätzliche Körperverletzung: „gezielten Schlag in Richtung des Gesichts der Klägerin ausgeführt hat und dies noch unterstrich mit den Worten >Hier hast du noch einen<“.

Betrag: 1.500 € **Haftung: 100 %**
immVorb: Ja **MdE: –**

AG Düren 28.4.2015 – 46 C 299/14 = BeckRS 2015, 17198

6079

Zahnschmerzen (hier: Einsatz eines nicht funktionstüchtigen Zahnersatzes. Es kam zum Herausfallen von vier Kronen im Oberkiefer im Bereich der Zähne 13 bis 21. Zudem war „die Verblendkeramik der Krone auf Zahn 43 … frakturiert und der Zahn 35 war bis auf Zahnfleischniveau herunter gebrochen“).

Mann. Schmerzhafte langwierige zahnärztliche Behandlung und Nachbehandlung. Arzthaftung (hier: Aufklärungspflichtverletzung und Behandlungsfehler im Zusammenhang mit einer Obterkieferprothese). Zur Schmerzensgeldbemessung führte das OLG aus: „Bei der Bemessung des Schmerzensgeldes sind die feststehenden Folgen des Behandlungsfehlers und der infolge des Aufklärungsfehlers insgesamt als rechtswidrig anzusehenden Behandlung zu berücksichtigen. Als Folgen sind jedenfalls der Verlust der ursprünglich intakten Kronen im Bereich der Zähne 13 und 12 und die Beschädigungen der Kronen bzw. Zähne 43 und 35 anzusehen. Diese Zähne übten bei dem insgesamt desolaten Gebiss mit einer Vielzahl von Zahnlücken im Bereich der Seitenzähne eine wichtige Funktion aus, so dass der jetzige Zustand eine erhebliche Verschlechterung des vorherigen Zustandes bedeutet. Als Ausgleich für diese damit verbundenen Beeinträchtigungen hält der Senat mit dem Landgericht ein Schmerzensgeld in Höhe von 1.500 EUR für angemessen".

Betrag: 1.500 € **Haftung: 100 %**
immVorb: Ja **MdE: –**

OLG Köln 10.12.2014 – 5 U 121/14 = BeckRS 2015, 5650

4705

Zahnverletzung (hier: Extrahieren des mangelhaften Zahnersatzes und erneute Behandlung zur Einbringung des neuen Zahnersatzes).

Frau. Langwierige Heilbehandlung mit erheblichen Zahnschmerzen. Zahnarzthaftung (hier: Behandlungsfehler; der Zahnersatz musste erneut angefertigt werden).

Betrag: 1.500 € **Haftung: 100 %**
immVorb: – **MdE: –**

OLG Frankfurt a. M. 27.11.2012 – 14 U 8/12 = BeckRS 2013, 22585

4105

Zahnverletzung (hier: Schneidezahnlockerung, vorübergehende ...).

Mann. Vorsätzliche Körperverletzung mittels Faustschlag in das Gesicht des jugendlichen Klägers.

Betrag: 1.500 € **Haftung: 100 %**
immVorb: – **MdE: –**

OLG Koblenz 29.6.2010 – 5 U 545/10 = BeckRS 2010, 23817

5148

Zahnschmerzen / Druckschmerzen wegen schlecht sitzender Prothese; die Beschwerden beschränkten sich jedoch „auf wenige Behandlungstage bei dem Beklagten und der sich noch anschließenden Behandlung", so das LG.

Frau. Zahnarzthaftung im Zusammenhang mit einer Behandlung an der Unterkieferprothese der Klägerin, an der sich die Porzellanverbelndung der Teleskopkrone gelöst hatte. Die Klägerin suchte – weil sie mit dem Behandlungsergebnis unzufrieden war – die Zahnarztpraxis mehrfach auf, wo es schließlich zum Streit mit dem Arzt kam, nach dem der Arzt die Prothase der Klägerin ohne weitere Behandlungen aushändigte. Bei einer Behandlung durch einen anderen Arzt wurde eine scharfe Kante festgestellt.

Betrag: 1.500 € **Haftung: 100 %**
immVorb: Ja **MdE: –**

LG Dortmund 11.2.2009 – 4 O 243/06 = BeckRS 2009, 9710

5937

Zahnschmerzen nach fehlerhafter Zahnkronenbehandlung.

Frau („junge" Frau). „Rund zwei Jahre" Zahnschmerzen durch die gelockerte Teilkrone und insgesamt 11 umfangreiche Nachbehandlungen. Zahnarzthaftung (hier: Behandlungsfehler durch unzureichende Präparation eines Zahnstumpfs, was zur Unbrauchbarkeit einer Prothese führte).

Betrag: 1.500 € **Haftung: 100 %**
immVorb: – **MdE: –**

OLG Frankfurt a. M. 18.8.2006 – 8 U 118/05 = BeckRS 2011, 25423

3220

Zahnverletzung (hier: Frontzahntrauma an beiden oberen Schneidezähnen); weitere Gesichtsverletzungen (hier: Jochbeinprellung, Lippenverletzung in Form einer Platzwunde) sowie zahlreiche Schürfwunden.

17j. Frau (Schülerin). Das AG berücksichtigte zutreffend, die besonderen Schmerzen des Zahntraumas und die Tatsache, dass die Klägerin 7 Tage nur flüssige Nahrung zu sich nehmen konnte. Verschlimmerungstendenz: Gefahr, dass eine Zahnwurzel abstirbt.

Betrag: 1.500 € **Haftung: 100 %**
immVorb: – **MdE: –**

AG Tettnang 31.1.2003 – 3 C 1043/02 = BeckRS 2003, 154664

3163

Zahnverletzung (hier: Beschädigung der Keramikverblendung bei 2 Zähnen).

Mann. Zahnarzthaftung: Durch Einschleifmaßnahmen im Unterkiefer konnte keine korrekte Okklusion erzielt werden und die Keramikverblendung der Zähne 21 und 14 wurde beschädigt. Zum Ausgleich der nachbehandlungsbedingt erlittenen Beschwerden sind 3.000 DM ausreichend, so das OLG in seiner Begründung.

Betrag: 1.534 € **Haftung: 100 %**
immVorb: – **MdE: –**

OLG Oldenburg 14.8.2001 – 5 U 36/01 = BeckRS 2001, 30199208

5656

Zahnschmerzen nach bzw. im Zusammenhang mit der fehlerhaften Eingliederung der Brücke von Zahn 21 bis 26.

Frau. Zahnarzthaftung (hier: Fehlerhafte Eingliederung der Brücke von Zahn 21 bis 26, die nach dem Urteil des Sachverständigen eine Neuversorgung erforderlich machten).

Betrag: 1.534 € **Haftung: 100 %**
immVorb: – **MdE: –**

OLG Stuttgart 9.1.1998 – 14 U 15/97 = BeckRS 1999, 2030

6827

Zahnschmerzen, Zahnnervschädigung und Behandlungsverzögerung im Zusammenhang mit einer behandlungsfehlerhaften Zahnkronenbehandlung. Infolge einer behandlungsfehlerhaft festen Einzementieren der Krone des Zahns Nr. 17 kam es zu einem „Mehr an Schmerzen (insbesondere durch die hierdurch verursachte Nervschädigung und Entzündung) von etwa 3 Monaten", so das LG.

Frau. Zahnarzthaftung in Form zweier Behandlungsfehler. Zum einen hatte der Beklagte bei der Klägerin eine Krone bei Zahn 17 fest eingegliedert, obwohl dieser

Zahn noch kurz zuvor wegen einer erhöhten Schmerzempfindlichkeit von ihm selbst behandelt worden war. Des Weiteren hatte der Beklagte trotz festgestellter Verkürzung des mesialen Wurzelkanals es unterlassen, eine Röntgenaufnahme zu fertigen. Zudem lag infolge der zunächst nicht bzw. erst mit ca. zwei Monaten Verspätung vorgenommenen Röntgenaufnahme auch eine Behandlungsverzögerung von „knapp 2 Monaten" vor, die ebenfalls bei der Schmerzensgeldbemessung berücksichtigt wurde. Insgesamt ging die Kammer „von einem durch das behandlungsfehlerhafte feste Einzementieren der Krone verursachten Mehr an Schmerzen (insbesondere durch die hierdurch verursachte Nervschädigung und Entzündung) von etwa 3 Monaten aus, die jedenfalls zuletzt auch derart erheblich waren, dass eine nahezu tägliche Schmerzmitteleinnahme erforderlich war", so das LG. [Anmerkung: In erster Instanz hatte das AG Eschweiler (Urt. v. 10.1.2017 – 27 C 167/16) 3.500 EUR zuerkannt.] Das Urteil wurde eingereicht von Ra., Fachanwalt für Medizinrecht, Rudolf Günter, Aachen.

Betrag: 2.000 € **Haftung: 100 %**
immVorb: Ja **MdE: –**

LG Aachen 21.11.2017 – 3 S 22/17 = BeckRS 2017, 164668

5343

Zahnverletzung (hier: Fehlerhaftes Einschleifen von zwei Zähnen in Vorbereitung einer Implantierung mit der Folge von Schmerzen, behandlungsbedürftigen Dentinwunden, Temperaturempfindlichkeit, Kariesbildung an den zwei Zähnen und einer verschlechterten Langzeitprognose).

18j. Frau (Alter fraglich, aber so in der Fundstelle angegeben). Zahnarzthaftung (hier: Grober Behandlungsfehler bei kieferorthopädischer Behandlung bzw. Implantatsetzung. Die beklagte Zahnärztin habe dabei die erforderlichen Schleifmaßnahmen (= Slicen) an den Milchzähnen grob fehlerhaft ausgeführt. Die Milchzähne wurden in ihrer Breite reduziert, was aus Sicht der Beklagten geboten war, um später passgenaue Implantate einsetzen zu können.

Betrag: 2.000 € **Haftung: 100 %**
immVorb: Ja **MdE: –**

OLG Hamm 4.7.2017 – 26 U 3/17 = BeckRS 2017, 119092

7007

Zahnschmerzen (hier: Schmerzen sowie Kariesbefall an zwei der abgeschliffenen Milchzähne. Diese waren nach dem Beschleifen nicht versiegelt worden, weshalb sich Karies gebildet hatte und die Zähne temperarturempfindlich waren).

17j. Frau. [Anmerkung zum Alter. Dieses ist vermutlich nicht korrekt. Da es vorliegend um die Behandlung der Milchzähne geht, war die Klägerin vermutlich eher ca. 7 Jahre alt]. Zahnarzthaftung im Zusammenhang mit einer zahnärztlichen udn kieferorthopädischen Behandlung der Kl., bei der die Zähne 15, 35, 38, 45, 48 „nicht angelegt" waren. Die verbliebenen Zähne, „die Milchzähne 55, 75, 85" wurden von der Beklagten zur Vorbereitung von Überkronungen / Brücken beschliffen. „Die Klägerin bzw. ihre Mutter … [wurden] über mögliche Behandlungsalternativen nicht aufgeklärt"; ebenso nicht über die Risiken des Slicens der Milchzähne. Außerdem erfolgte das Beschleifen behandlungsfehlerhaft.

Betrag: 2.000 € **Haftung: 100 %**
immVorb: Ja **MdE: –**

LG Detmold 14.12.2016 – 12 O 34/15 = BeckRS 2016, 128019

5206

Zahnbehandlung, verzögerte. Der Kläger musste für die Dauer von zwei Jahren mit der Schiefstellungen seiner Zähne leben und daneben einen Bionator tragen.

14j. Junge. Zahnarzthaftung (hier: Behandlungsverzögerung, die dazu führte, dass der Kläger längerfristig mit Schiefstellungen seiner Zähne leben und daneben einen sogenannten Bionator tragen musste, den die Beklagten therapeutisch einsetzten.). Der Bionator besteht aus einem Kunststoffgestell, einem Lippen-Wangen-Bogen und einem Zungenbügel aus Edelstahl und ist dementsprechend unangenehm zu tragen.)

Betrag: 2.000 € **Haftung: 100 %**
immVorb: – **MdE: –**

OLG Koblenz 27.1.2016 – 5 U 811/15 = BeckRS 2016, 5004

4708

Zahnschmerzen durch schleche Mundhygiene / Zahnfleischentzündungen wegen schlecht sitzender Zahnprothese bzw. Platte im Oberkiefer.

Frau. Zahnarzthaftung / schlecht sitzende Zahnprothese bzw. Kunststoffplatte einer Oberkieferbrücke, durch welche die ordnungsgemäße Mundhygiene gestört wurde, was zu Zahnfleischentzündungen führte und einen Knochenabbau begünstigte. Mitverschulden, da die Klägerin es abgelehnt hatte, die Prothese nachzubessern.

Betrag: 2.000 € **Haftung: 80 %**
immVorb: – **MdE: –**

OLG Koblenz 10.10.2012 – 5 U 1505/11 = BeckRS 2013, 955

3402

Zahnbehandlung, fehlerhafte. Im Zusammenhang mit einer Zahnüberkronung wurden mehrere Behandlungsfehler begangen, in deren Folge es zu „deutlichen Entzündungserscheinungen in den Kronenrandbereichen" kam.

Frau (Studentin). Arzthaftung (hier: Behandlungsfehler bei Sanierung ihrer Gebisssituation. Sie hatte deshalb „Schmerzen, Misshelligkeiten und Beeinträchtigungen unnötigerweise zweimal hinnehmen müssen … Zusätzlich ist bei der Bemessung des Schmerzensgeldes zu berücksichtigen, dass bei der Kl. ein wohl nicht mehr zu revidierender Rückgang des Zahnfleischsaums zu verzeichnen ist und auch die dauernde Erhaltbarkeit von Zahn 22 fraglich erscheint", so das OLG. [Siehe auch LG Mönchengladbach → Nr. 6912].

Betrag: 2.000 € **Haftung: 100 %**
immVorb: – **MdE: –**

OLG Köln 16.3.2005 – 5 U 45/03 = BeckRS 2005, 4187

3274

Zahnverletzung im Zusammenhang mit einer Zahnbehandlung (hier: Versorgung einer Zahnlücke).

Mann. Arzthaftung / Zahnarzthaftung wegen Aufklärungspflichtverletzung hinsichtlich bestehender Behandlungsalternativen in Bezug auf die Versorgung einer Zahnlücke. Das OLG sah darin eine Verletzung des Selbstbestimmungsrechts des Klägers. Bei der Höhe bewertete es die dreimonatige Behandlungsdauer sowie eine sechswöchige experimentelle Brückenkonstruktion, die entbehrlich hätte sein können.

Betrag: 2.000 € **Haftung: 100 %**
immVorb: Ja **MdE: –**

OLG Naumburg 5.4.2004 – 1 U 105/03 = BeckRS 2004, 30341376

5337

Zahnverletzung (hier: Backenzahnlockerung nach behandlungsfehlerhafter Zahnkronenbehandlung).

Frau. Arzthaftung (hier: Behandlungsfehler im Zusammenhang mit dem Einsätzen von drei Kronen in Regio 14, 15 und 16. Kronen. Bei einem Nachbesserungstermin … „verkeilte sich Krone des Zahns 15 derart, dass sie nach dem Einpassen nicht mehr entfernt werden konnte. Der Versuch …, die Krone dennoch zu entfernen, … war mit erheblichen Schmerzen verbunden", so das AG. Dies führte im Endergebnis zu einem auf Dauer gelockerten Zahn 15 (= Backenzahn oben rechts) und somit zu spürbaren Irritation. Dauerschaden: Backenzahnlockerung. Bei der Bemessung wies das AG zutreffend darauf hin, dass „der endgültige Zahnverlust nicht mit der hier vorliegenden Lockerung gleichgesetzt werden" könne. Dem Feststellungsantrag bzgl. eines materiellen Vorbehalts wurde stattgegeben. [Urteil zum Zeitpunkt der Erfassung noch nicht rechtskräftig]. Das Urteil wurde eingereicht von Rechtsanwalt Guido G. Adam-Tauer, Fachanwalt für Medizinrecht, Frankfurt am Main.

Betrag: 2.200 € **Haftung: 100 %**
immVorb: – **MdE: –**

AG Frankfurt a. M. 26.5.2017 – 29 C 1950/15 = BeckRS 2017, 158488

6912

Zahnschmerzen und Zahnverletzungen (hier: fehlerhaft eingebrachten Brücken der Zähne 16-14, 13-11, 21 und 35-37 sowie fehlerhaft eingebrachter Krone an Zahn 46 mit Erhöhung des Kariesrisikos).

14j. Kind. Zahnarzthaftung im Zusammenhang mit fehlerhaft eingebrachten Brücken sowie einer Krone. Bei der Schmerzensgeldbemessung berücksichtigte das LG, „dass die Beklagte an der zum Behandlungszeitpunkt noch 14-jährigen Klägerin sämtlichen Brücken und Kronen behandlungsfehlerhaft eingebracht hat, was zu einer Erhöhung des Kariesrisikos führte und umfangreiche Folgebehandlungen nach sich ziehen wird. Ebenso ist jedoch zu berücksichtigen, dass es sich aufgrund der schweren vorhandenen Defekte und der noch im Wachstum befindlichen Klägerin um eine anspruchsvolle Behandlung handelte" und orientierte sich an den Entscheidung des OLG Oldenburg → Nr. 2258 und OLG Köln → Nr. 3402.

Betrag: 2.500 € **Haftung: –**
immVorb: Ja **MdE: –**

LG Mönchengladbach 19.2.2020 – 6 O 85/18 = BeckRS 2020, 12022

5253

Zahnschmerzen, erhebliche [Zur Ursache siehe unter Einzelheiten].

Frau. Zahnarzthaftung durch Behandlungsfehler. Der Arzt hatte „die umstrittene Brücke eingegliedert …, ohne zuvor den Zahn 15 [ergänze: mittels Wurzelspitzenresektion] zu behandeln", so dass es zu einer schmerzhaften und unnötigen Nachbehandlung kam.

Betrag: 2.500 € **Haftung: 100 %**
immVorb: – **MdE: –**

OLG Köln 2.3.2015 – 5 U 105/14 = BeckRS 2015, 7005

3848

Zahnimplantat, welches in erheblichem Maße fehlerhaft hergestellt und angepasst worden war weshalb die Klägerin 6 Monate Zahnschmerzen zu erleiden hatte.

Frau (Arzthelferin). Zahnarzthaftung. Verzögerung der Heilbehandlung.

Betrag: 2.500 € **Haftung: 100 %**
immVorb: – **MdE: –**

AG Erkelenz 16.5.2006 – 6 C 184/03 = BeckRS 2006, 138052

6712

Zahnschmerzen und Behandlungsverlängerung im Zusammenhang mit einer Implantatsetzung. Insofern bedurfte es aufgrund des festgestellten Behandlungsfehlers auch der Neusetzung eines Implantats in Regio 24 und als Folgeeingriffe der Entfernung der Implantate in Regio 25 sowie 26 mit den dadurch verbundenen Schmerzen.

Frau. Zahnarzthaftung im Zusammenhang mit einer Implantatsetzung. Bei der Bemessung orientierte sich das OLG an der Entscheidung des OLG Dresden → Nr. 6719, bei der „die Folgen der fehlerhaften Behandlung deutlich schwerwiegender (behandlungsfehlerhaftes Setzen von drei Implantaten und behandlungsfehlerhafter Knochenaufbau mit der Folge von Entzündungen, Kieferknochenschwund sowie dem Erfordernis des Entfernens aller drei Implantate und entsprechender Neuversorgung, behandlungsfehlerhafte Nachbehandlung)" waren.

Betrag: 3.000 € **Haftung: 100 %**
immVorb: Ja **MdE: –**

OLG Dresden 14.1.2020 – 4 U 1562/19 = BeckRS 2020, 617

6619

Zahnschmerzen im Zusammenhang mit zahnärztliche Behandlungen in Form der Entfernung der Implantate 25 und 26 sowie Neusetzung eines Implantates bei 24.

Frau. Zahnarzthaftung im Zusammenhang mit dem Einsetzen von Implantaten. Hierzu führte das LG aus: „Der Mindestabstand zwischen zwei benachbarten Implantaten soll mindestens 3 mm betragen. Bei 25 und 26 ist zudem eine Abweichung von der idealen Lage festzustellen. Auch ist die Implantatlänge zumindest grenzwertig. Angesichts des Knochenrückganges und der zu erwartenden mechanischen Belastung ist die Prognose einer solchen Versorgung eher ungünstig". Das Schmerzensgeld wurde letztlich für die „Notwendigkeit zweier Eingriffe (Entfernung der Implantate 25 und 26 sowie Neusetzung eines Implantates bei 24)“ zuerkannt.

Betrag: 3.000 € **Haftung: 100 %**
immVorb: – **MdE: –**

LG Chemnitz 14.6.2019 – 4 O 1222/18 = BeckRS 2019, 36041

7493

Zahnverletzungen und Zahnschmerzen (hier: Unbrauchbarer zahnärztliche Behandlung mit einer generalisierten akuten Parodontitis mit Schwellung der Marginalräume, pathologischen Taschen und erheblicher Blutung bei Sondierung, einer generalisierten Gingivitis mit deutlicher Ausprägung der unteren Front sowie Eiterbildung im Zahnfleischsaum (lat. Sulcus) und einer“ Nonokklusion im Bereich der oberen Front“. Insofern fehlt es hierbei „an einer gleichmäßigen, dh seiten- und zeitgleichen zentrischen Okklusion rechts / frontal / links bei normalem Zahnreihenschluss.“ Die Beklagte leidet ferner unter massiv überstehenden Kronenrändern, was bei einer Sondierung der Taschentiefen bei allen Zähnen messial und distal zu deutlich vertieften Zahntaschen geführt hat. Auch der Randschluss sämtlicher Kronen war nicht kunstgerecht, denn bei sämtlichen vom Kläger eingegliederten Kronen bestanden massiv überstehende Kronenränder iSv positiven Stufen. Dies führte zu einer Erschwerung der interdentale Reinigung sowie zu einer Sprechbeeinträchtigung, insbesondere bei S-Lauten.

Frau. Zahnarzthaftung im Zusammenhang mit der prothetischen Versorgung mittels mehrerer Zahnimplantate, die – so das LG Hanau in seinen Entscheidungsgründen – sowohl in in parodontalhygienischer als auch in funktioneller Hinsicht „unbrauchbar“ waren. Bei der Schmerzensgeldbemessung berücksichtigte das LG, dass eine vollständige Neuversorgung notwendig ist, welche weitere Behandlungen und Schmerzen nach sich zieht und zudem „schmerzensgelderhöhend zu beachten [sei], dass bei der Beklagten Schmerzen und Missempfindungen durch die fehlerhafte Prothetik im Mund-, Hals- und Kopfbereich oder auch Schmerzen beim Kauen und Sprechen entstanden sind, so dass sie sich ständig auf die Zunge beißt und hierdurch Bissverletzungen und der Mundschleimhaut entstehen, die sich entzünden. Allerdings, so das LG, sei auch zu berücksichtigen, dass die Widerklägerin den Zahnersatz “über 3,5 Jahre genutzt„ habe. [Lesenswert zur Differenzierung zwischen einer “unbrauchbaren„ und einer “völlig unbrauchbaren" (vgl. zu letzterer auch BGH BeckRS 2011, 11774) zahnärztlichen Behandlung].

Betrag: 3.000 € **Haftung: 100 %**
immVorb: – **MdE: –**

LG Hanau 11.4.2019 – 7 O 383/16 = BeckRS 2019, 69233

5470

Zahnschmerzen (hier: Einsatz von unbrauchbaren Zahnprothesen (Oberkieferprothese und Unterkieferprothese). Infolge dessen kam es zu Sprachstörungen (Lispeln) und Problemen mit der Zahnhygiene.

Frau. Zahnarzthaftung. Das AG kam zum Ergebnis, dass die Zahnarztbehandlung – hier: Oberkieferprothese und Unterkieferprothese nicht lege artis erfolgt und „unbrauchbar“ war und es zudem zu Sprachproblemen (Lispeln) gekommen sei. Der OK-Zahnersatz müsse vollständig neu angefertigt werden, so der Gutachter, dem das AG folgte. Auch der UK-Ersatz sei mängelbehaftet, da die Unterkieferprothese im Bereich der Zähne 35/36 und 42 bis 32 nicht dem Kieferkamm anliegt.

Betrag: 3.000 € **Haftung: 100 %**
immVorb: – **MdE: –**

AG Hamburg-Blankenese 23.1.2019 – 531 C 147/16 = BeckRS 2019, 612

5205

Zahnschmerzen und Ohrenschmerzen (hier: Eine fehlerhafte zahnärztliche Behandlung führte zu dauerhaften Kieferschmerzen, insbesondere bei Berührungen, insbesondere beim Zähneputzen, zu Knacken des Kiefergelenks, zu dauerhaften Ohrenschmerzen mit Ansätzen von Tinnitusgeräuschen, einem blockierenden Kiefergelenk bei Reizung (Öffnen und Schließen des Mundes) und Schlaflosigkeit.)

Frau. Langwierige Heilbehandlung von ca. 28 Wochen Dauer. Arzthaftung. Dauerschaden: Ohrenschmerzen mit Ansätzen von Tinnitusgeräuschen und Kieferschmerzen. [Anmerkung: Weshalb der Senat das von der Klägerin geltend gemachte weitere Schmerzensgeld von 6.000,- EUR für „überhöht“ ansah, bleibt offen; gerade mit dem Hinweis darauf, dass die Ohrgeräusche und Beeinträchtigung als Dauerschäden anzusehen seien, wäre ein höheres Schmerzensgeld durchaus gerechtfertigt gewesen.]

Betrag: 3.000 € **Haftung: 100 %**
immVorb: – **MdE: –**

OLG Köln 4.8.2015 – 9 U 91/14 = BeckRS 2016, 9120

5305

Zahnschmerzen / Zahnfleischschmerzen, erhebliche.

Frau. Erhebliche Schmerzen. Zahnarzthaftung (Behandlungsfehler im Zusammenhang mit dem Einsetzen einer Zahnbrücke, die beim Einsetzen das Zahnfleisch verletzte).

Betrag: 3.000 € **Haftung: 100 %**
immVorb: – **MdE: –**

OLG Koblenz 8.10.2014 – 5 U 624/14 = BeckRS 2015, 10899

6064

Zahnschmerzen und Rückenschmerzen durch Blockaden der Wirbelsäule wegen einer fehlerhaften Zahnbehandlung mit „Bisserhöhung im Seitenzahnbereich um 2 bis 3 mm, ohne Austestung der Aufhebung der Okklusion der Front- und Eckzähne“ bzw. ohne „Aufbiss-Schiene“.

50j. Frau. MdE ca. 180 Tage 100 %. Physiotherapeutische Behandlung. Arzthaftung (hier: Behandlungsfehler im Zusammenhang mit der Versorgung mit Zahnersatz und einer Korrektur der Bisslage). Nach den Ausführungen des Sachverständigen Dr. T war die Behandlung des Beklagten im Kern deshalb fehlerhaft und bei im Ergebnis verschlechterter Beschwerdesymptomatik für die Klägerin unbrauchbar, weil der Beklagte eine Bisserhöhung im Seitenzahnbereich um 2 bis 3 mm vorgenommen hat, ohne deren Auswirkungen, insbesondere die Aufhebung der Okklusion der Front- und Eckzähne, ausreichend lang durch eine Aufbissschiene oder ein Provisorium auszutesten.

Betrag: 3.000 € **Haftung: 100 %**
immVorb: – **MdE: –**

OLG Köln 14.7.2014 – 5 U 156/13 = BeckRS 2014, 19494

5996

Zahnschmerzen (hier: Kiefergelenkdislozierung und Okklusionsstörung mit erheblichen Beschwerden im Bereich der Kiefer-Gesichtsmuskulatur und der Kiefergelenke. Erhebliche Schmerzen im Bereich der rechten und linken Gesichtshälfte, die sie bis hinunter in die Füße. Probleme beim Abbeißen. Die gesamte Kiefermuskulatur sei verzogen. „Ab und zu" Sprachprobleme).

Frau. Zahnarzthaftung (hier: Behandlungsfehler im Zusammenhang mit eingepassten Kronen und dem Bemühen um eine störungsfreie Okklusion. Hierzu äußerte das OLG: „Vorzuwerfen ist ihm nicht, dass eine solche nicht auf Anhieb zu erreichen war. Gerade bei der Einpassung von Zahnersatz müssen einem Zahnarzt Nachbesserungsmöglichkeiten eingeräumt werden. Erst wenn diese ein zumutbares Maß überschreiten, kann der Vorwurf eines Behandlungsfehlers erhoben werden. So liegen die Dinge hier").

Betrag: 3.000 € **Haftung: 100 %**
immVorb: – **MdE: –**

OLG Frankfurt a. M. 1.6.2010 – 8 U 126/09 = BeckRS 2013, 22839

3749

Hypersensivität im Zahnbereich / Zahnverletzung nach Amalgamentfernung an zwei Zähnen.

Mann. Arzthaftung / Zahnarzthaftung (hier: Aufklärungspflichtverletzung im Zusammenhang mit der Amagamfüllungsentfernung, die durch Keramik ersetzt worden waren, ohne dass der Kläger auf die Gefahr einer Hypersensivität aufgeklärt wurde).

Betrag: 3.000 € **Haftung: 100 %**
immVorb: – **MdE: –**

AG Nürnberg 14.10.2002 – 20 C 3234/01 = BeckRS 2002, 162064

677

Zahnverletzung / Fehlerhafte zahnprothetische Behandlung durch nicht indizierte und kunstfehlerhaft ausgeführte (Passungenauigkeiten etc.) Zahnverblockung.

Mann. Arzthaftung (Fehlerhafte zahnprothetische Behandlung; Zahnverblockung bei „fehlender Indikation"; Passungenauigkeiten; mehrjährige Nachbehandlung). Gefordert: 20.000 DM.

Betrag: 3.068 € **Haftung: 100 %**
immVorb: – **MdE: –**

LG Hildesheim 16.12.1998 – 2 O 438/97 = BeckRS 1998, 153709

5832

Zahnverletzungen und Zahnschmerzen durch fehlerhafte zahnärztliche Behandlung von insgesamt 7 kariösen Zähnen.

30j. Frau. Zahnarzthaftung (hier: Behandlungsfehler: „Wären die bereits zu Behandlungsbeginn vorhandenen kariösen Läsionen an den klägerischen Zähnen vom Beklagten erkannt und sachgerecht behandelt worden, wären mit an Sicherheit grenzender Wahrscheinlichkeit die späteren Behandlungsmaßnahmen in Form von Wurzelfüllungen an den Zähnen 16, 25 und 36 sowie Überkronung der Zähne 16, 25, 36, 37, 46 und 47 nicht in dem letztlich notwendigen Umfang erforderlich geworden", so das LG). Zur Bemessung führte das LG aus: „Für die sowohl endodontisch behandelten und mit einer Krone versehenen Zähne 16, 25 und 36 hielt die Kammer ein Schmerzensgeld in Höhe von jeweils 600 EUR für erforderlich und angemessen, und für die (bislang) „nur" überkronten Zähne 37, 46 und 47 ein solches in Höhe von jeweils 450 EUR. Insgesamt ergibt sich daher ein Schmerzensgeldanspruch der Klägerin in Höhe von 3.150 EUR".

Betrag: 3.150 € **Haftung: 100 %**
immVorb: – **MdE: –**

LG Köln 31.7.2007 – 3 O 535/05 = BeckRS 2009, 28846

4804

Gesichtsnervverletzung (hier: Verletzung des Nervus trigeminus, es kam durch vermeidbaren Punktion der Arteria Carotis interna mit arterieller Blutung, Hämatombildung und Druck auf den Nervus trigeminus. Es kam zu einer leichten Neuropathie des Nervus trigeminus in Form einer Hypästhesie / Algesie im sensiblen Innervationsareal auf der linken Seite sowie einer in ihrer Prognose unklaren Trigeminusneuralgie [Anmerkung: Eine solche verursacht sehr extreme Schmerzen!]).

43j. Mann. Zahnarzthaftung (hier: Behandlungsfehler im Zusammenhang mit der Versorgung der Zähne 35 bis 37 mit einer Brücke und einer deshalb vorgenommenen eine Leitungsanästhesie im linken Unterkiefer. Dabei verspürte die Klägerin „einen heftigen Schmerz auf der linken Gesichtsseite, dem eine vorübergehende Lähmung der gesamten Gesichtshälfte folgte. Sie erblindete für wenige Minuten auf dem linken Auge".). Die Kl. begehrte mit der Klage ein weiteres Schmerzensgeld, konnte aber die Verschlechterungen ihres Gesundheitszustandes nicht als kausal auf dem Behandlungsfehler basierend beweisen.

Betrag: 3.500 € **Haftung: 100 %**
immVorb: Ja **MdE: –**

OLG Köln 13.1.2014 – 5 U 66/10 = BeckRS 2014, 1695

5056

Zahnverletzung (hier: Explantation von vier fehlerhaft gesetzten Implantaten und deren Neuimplantation).

54j. Frau. Zahnarzthaftung im Zusammenhang mit dem Einsetzen und wieder herausnehmen von Implantaten der Zähne 23, 25, 28 und 36. „Berücksichtigt seien die Beschwerden, die durch die Explantation der fehlerhaft gesetzten Implantate und die dadurch erforderlich werdende Neuimplantation entstanden seien, sowie die Beeinträchtigungen in dem Zeitraum, in dem die Versorgung des Beklagten eingesetzt gewesen sei", so das LG. [Anmerkung: Lesenswert zum Thema der Zulässigkeit eines Teilurteils. Das Urteil wurde wegen des vom LG übersehenen Feststellungsantrags aufgehoben – OLG Köln BeckRS 2016, 5950].

Betrag: 4.000 € **Haftung: 100 %**
immVorb: – **MdE: –**

LG Köln 24.2.2015 – 3 O 473/11 = unveröffentlicht

6082

Zahnschmerzen und Nackenschmerzen. Nackenschmerzen wegen der Veränderung der Okklusion und des Aufbisses.

Mann. Zahnarzthaftung (hier: Behandlungsfehler im Zusammenhang mit der – mit Ausnahme des Zahnes 34 – nicht erforderlichen Sanierung des gesamten Gebisses). Zur Schmerzensgeldbemessung führte das OLG aus: „Das vom Landgericht auf die Widerklage zuerkannte Schmerzensgeld von 4.000 EUR ist angemessen und reicht aus, um die beim Beklagten infolge der fehlerhaften Behandlung durch den Kläger eingetretenen immateriellen Beeinträchtigungen angemessen auszugleichen. Das Landgericht hat die für die Bemessung des Schmerzensgeldes wesentlichen Gesichtspunkte berücksichtigt, das heißt die – vom Zahn 34 abgesehen – nicht erforderliche Sanierung des gesamten Gebisses, die damit unvermeidlich einhergehenden Schmerzen und Beeinträchtigungen, die Notwendigkeit einer umfassenden Neuversorgung vor allem infolge fehlerhafter Kauflächen und Schneidekanten und die auf einen fehlerhaften Aufbiss zurückzuführenden Nackenschmerzen".

Betrag: 4.000 € **Haftung: 100 %**
immVorb: – **MdE: –**

OLG Köln 8.12.2014 – 5 U 122/14 = BeckRS 2015, 7682

4118

Zahnverletzung / Zahnschmerzen (hier: Kieferknochenresorption nach kunstfehlerhafter Implantierung. Später erneutes Setzen der Implantate erforderlich).

Frau. Zahnarzthaftung (hier: Behandlungsfehler beim Einsatz von Zahnimplantaten mit der Folge von Kieferknochenrückbildung und späterer Implantatentfernung mit allen damit verbundenen erneuten Beeinträchtigungen).

Betrag: 4.000 € **Haftung: 100 %**
immVorb: – **MdE: –**

OLG Oldenburg 17.2.2010 – 5 U 156/09 = BeckRS 2011, 10924

6018

Zahnschmerzen über eine Dauer von ca. 8 Monaten infolge von Entzündungen im Bereich des Zahns 45 wegen massiver Periimplantitis mit deutlicher Taschenbildung. Diese hätte vor Eingliederung eines neuen Zahnersatzes unbedingt behandelt werden müssen, was grob fehlerhaft unterlassen wurde. Zudem wurde dem Kläger ein unbrauchbares Provisorium eingesetzt, was eine komplette Neuanfertigung der Prothetik erforderte.

Mann. Zahnarzthaftung (hier: Grober Behandlungsfehler im Zusammenhang mit einer komplette Gebisssanierung mit Implantaten mit folgenden Mängeln: „Biss deutlich zu hoch eingestellt, andererseits sind die Verblendungen parodontal ungünstig gestaltet, parodontale Verhältnisse haben sich deutlich verschlechtert, bei 45 massive Periimplantitis mit deutlicher Taschenbildung und freiliegendem Implantatkörper, drohender Verlust der Implantate 44 und 45, Verblendung 21 fehlt zur Hälfte sowie OPG zeigt sehr voluminöse Kronen und Brückenglieder"). Bei der Bemessung „hat die Kammer berücksichtigt, dass der Kläger bis heute, dh über einen Zeitraum von ca. 2 ½ Jahren, nicht richtig kauen kann".

Betrag: 4.500 € **Haftung: 100 %**
immVorb: Ja **MdE: –**

LG Dortmund 2.4.2014 – 4 O 42/12 = BeckRS 2014, 122239

6719

Zahnschmerzen und Beeinträchtigungen durch das behandlungsfehlerhafte Setzen von drei Implantaten und behandlungsfehlerhaftem Knochenaufbau mit der Folge von Entzündungen, Kieferknochenschwund sowie dem Erfordernis des Entfernens aller drei Implantate und entsprechender Neuversorgung sowie eine behandlungsfehlerhafte Nachbehandlung.

Frau. Zahnarzthaftung im Zusammenhang mit einer Implantatsetzung. Bei der Bemessung berücksichtigte das OLG, dass die Klägerin aufgrund der aufgetretenen Entzündungen bzw. des Kieferknochenschwundes unter massiven Schmerzen und erheblichen Einschränkungen in ihrer Lebensführung durch Probleme bei der Nahrungsaufnahme und der beeinträchtigten Optik – wie durch die vorgelegten Lichtbilder belegt – gelitten hat, starke Schmerzmittel einnehmen sowie zahlreiche Zahnarztbehandlungen wahrnehmen musste. [Vergleiche auch die ebenfalls vom OLG Dresden ergangene Entscheidung unter → Nr. 6712].

Betrag: 5.000 € **Haftung: 100 %**
immVorb: – **MdE: –**

OLG Dresden 5.6.2018 – 4 U 597/17 = BeckRS 2018, 17739

4803

Zahnschmerzen / Implantatversorgung, fehlerhafte (hier: Der Zahnarzt hatte eine falsche Bezugsebene für die Längenbestimmung gewählt und ein zu großes Implantat eingebracht, was zu starken Nervenschmerzen und hiernach zu einer dauerhaften Gefühlsbeeinträchtigung im Behandlungsbereich führte).

Mann. 7 Tage starke Nervenschmerzen. Zahnarzthaftung (hier: Behandlungsfehler bei Implantatversorgung; es wurde „ein zu großes Implantat eingebracht" und „leicht in den Nervenkanal hinein projiziert", so das OLG). Dauerschaden: Sensibilitätsstörung / Gefühlsbeeinträchtigung.

Betrag: 5.000 € **Haftung: 100 %**
immVorb: – **MdE: –**

OLG Koblenz 25.11.2013 – 5 U 1202/13 = BeckRS 2013, 22260

5936

Zahnschmerzen (hier: Entfernung eines Zahnes und sogleich Implantatsetzung trotz persistierender Infektion infolge der Einbringung des Implantats in eine infektbeladene Region Wundheilungsstörungen und Schmerzen in einem Ausmaß, die bei korrekter Behandlung nicht entstanden wären).

Frau. 2 Operationen, zu denen es bei korrektem zumindest zweizeitigen Vorgehen des Beklagten in dieser Form nicht gekommen wäre. Mehr als 150 Tage „erhebliche Einschränkungen in der Lebensführung". Zahnarzthaftung (hier: Behandlungsfehler. Einzeitiges Vorgehen, also das Entfernung eines Zahnes und eine sogleich erfolgte Implantatsetzung kann wegen persistierender Infektion im Einzelfall behandlungsfehlerhaft sein).

Betrag: 5.000 € **Haftung: 100 %**
immVorb: Ja **MdE: –**

OLG Frankfurt a. M. 7.8.2007 – 8 U 108/05 = BeckRS 2011, 25422

3397

Zahnverletzung / Angst (hier: fehlende Aufklärung im Zusammenhang mit Implantat sowie unnötige Behandlungsschmerzen).

Mann. Aufklärungsanforderungen bei Zahnimplantatbehandlung. Arzthaftung (hier: Behandlungsfehler und Aufklärungspflichtverletzung: „Im Rahmen der Alternativenaufklärung bei der Einbringung von Zahnimplantaten bedarf es der Aufklärung darüber, dass die Einbringung künstlichen Knochenersatzmaterials (Bio-Oss) durch die Transplantation von Beckenknochen oder die Verwendung lateraler Zahnimplantate entbehrlich sein kann. Der Patient ist darauf hinzuweisen, dass dieses Knochenersatzmaterial aus Rinderknochen gewonnen wird und deshalb das Risiko, an der Kreutzfeld-Jacob-Krankheit zu erkranken, nicht vollständig ausgeschlossen werden kann". Erhöhend wurde berücksichtigt, dass „sich die implantologische Versorgung der Kl. – neben der Duldung von zwei überflüssigen operativen Eingriffen – um 13 Monate verzögerte". [vgl. hierzu auch OLG München → Nr. 7382, OLG Oldenburg → Nr. 7383 und → Nr. 7383 sowie auch OLG Stuttgart → Nr. 3397]

Betrag: 5.000 € **Haftung: 100 %**
immVorb: – **MdE: –**

OLG Stuttgart 12.7.2005 – 1 U 25/05 = BeckRS 2005, 9593

3695

Zahnverletzung (hier: Lockerung sämtlicher Zähne im Oberkiefer und Luxation der Zähne 11 und 21). Oberlippenplatzwunde. Prellungen (hier: Knieprellungen beidseitig sowie Schulterprellung).

Mann. Sehr langwierige ambulante Heilbehandlung der Zähne. MdE 32 Tage 100 % sowie 10 Tage 20 %. Der Kläger musste für die Dauer von 1 1/2 Jahren eine Zahnschiene zur Stabilisierung der Oberkieferzähne tragen. Dies wertete das LG zutreffend als erhebliche Lebensbeeinträchtigung sowie optische Beeinträchtigung.

Betrag: 5.000 € **Haftung: 100 %**
immVorb: Ja **MdE: –**

LG München I 1.12.2004 – 19 O 10924/04 = unveröffentlicht

6142

Zahnverletzungen und Zahnverlust von drei Zähnen (hier: Verletzungen an zehn Zähnen wobei die „Beschädigung der Zähne 13 bis 22 im Frontbereich" am „schwerwiegendsten" waren. „Ein Zahn (22), bei dem eine Totalluxation mit Wurzelfraktur vorlag, musste sofort gezogen werden. Die anderen Zähne wurden mit einer Schiene fixiert und ruhiggestellt, um wieder einzuheilen. Die Schiene musste der Kl. drei Monate lang tragen. Zwei Zähne wuchsen nicht fest an, sie mussten ebenfalls entfernt, die Lücken müssen prothetisch ausgeglichen werden"). Zudem erlitt der Kläger Prellungen (hier: Lendenwirbelsäulenprellung, Beckenprellung und Ellenbogenprellung) sowie einen Bluterguß an der Nasenwurzel.

Mann. MdE 21 Tage 100 %. Für die Dauer von 90 Tagen musste der Kläger eine Zahnschiene tragen, Sprache, Kauvermögen und Ästhetik waren in dieser Zeit beeinträchtigt. Langwierige Heilbehandlung, sehr schmerzhafte Verletzung. Dauerschaden: Verlust von drei Zähnen. [Ursache: Pkw-Führer-Haftung bei Radweg-Kollision mit Rennradfahrer].

Betrag: 5.113 € **Haftung: 100 %**
immVorb: – **MdE: –**

OLG Hamm 27.4.1998 – 32 U 1/98 = BeckRS 9998, 3043

3755

Nervverletzungen: Verletzung des Nervus lingualis und des Nervus inferior nach kunstfehlerhafter Weisheitszahnextraktion.

Frau. Arzthaftung wegen Aufklärungspflichtverletzung und Behandlungsfehler bei Zahnbehandlung. Durch eine bessere Planung der Operation hätte die Verletzung des Nervus lingualis und des Nervus inferior verhindert werden können.

Betrag: 5.113 € **Haftung: 100 %**
immVorb: – **MdE: –**

LG Marburg 12.5.2004 – 5 O 47/01 = unveröffentlicht

7001

Zahnschmerzen bzw. Zahnbeschwerden wegen nicht fachgerechtem Knochenaufbau vor der Einbringung von Zahnimplantaten.

Frau (Lehrerin). Zahnarzthaftung im Zusammenhang mit dem Einbringen von Implantaten in den Kieferknochen. „Beschwerden von fast fünf Jahren" waren die Folge. Insofern sah das OLG ein Schmerzensgeld von 5.000 EUR als angemessen und ausreichend an und erhöhte diesen Betrag jedoch wegen der Regulierungsverzögerung durch die Berufshaftpflichtversicherung des Beklagten, der dieser den Schadenfall zunächst nicht gemeldet hatte, auf insgesamt 6.000 EUR. [Das Urteil wurde eingereicht von Dr. Martin Riemer, Fachanwalt für Medizinrecht].

Betrag: 6.000 € **Haftung: 100 %**
immVorb: – **MdE: –**

OLG Düsseldorf 16.2.2022 – I-18 U 4/21 = BeckRS 2022, 3883

5135

Zahnschmerzen, chronische

37j. Frau. Zahnarzthaftung / grober Behandlungsfehler wegen „zu früh eingebrachten Langzeitprovisorien". Nach der Behandlung erlitt die Klägerin „eine Knochenentzündung im Oberkiefer, die … stationär behandelt werden musste" zudem leidet die KLägerin unter chronischen Zahnschmerzen.

Betrag: 6.000 € **Haftung: 100 %**
immVorb: – **MdE: –**

OLG Hamm 6.6.2014 – 26 U 14/13 = BeckRS 2014, 13403

4798

Zahnverletzungen (hier: Verblockung von Zähnen im Oberkiefer statt Einzelkronen. Es kam zu Beschwerden bei der Nahrungsaufnahme wegen mangelnder Mundöffnung und zu Überempfindlichkeit sämtlicher Zähne sowie zu Ohrenschmerzen rechts).

67j. Frau. Zahnarzthaftung (Aufklärungspflichtverletzung: „Ein Zahnarzt hat einen Patienten über eine prothetische Versorgung mittels Einzelkronen oder einer Verblockung vollständig aufzuklären, wenn beide Behandlungsmethoden medizinisch gleichermaßen indiziert und üblich sind und wesentlich unterschiedliche Risiken und Erfolgschancen aufweisen, sodass der Patient eine echte Wahlmöglichkeit hat", so das OLG. [Anmerkung: Das OLG bemaß das Schmerzensgeld nach serbischem Recht und verdoppelte es, da „der Kläger die Verletzungsfolgen im Umfeld seines inländischen gewöhnlichen Aufenthalts zu verarbeiten habe", so das OLG].

Betrag: 6.000 € **Haftung: 100 %**
immVorb: Ja **MdE: –**

OLG Hamm 17.12.2013 – 26 U 54/13 = BeckRS 2014, 4366

6068

Zahnschmerzen, die das OLG als „gravierend" bezeichnet hatte wegen Verletzung der Wurzelspitze eines Zahnes und nicht indiziertem wiederholten Aufschneiden des Zahnfleisches während einer fehlerhaften Zahnimplantatversorgung weswegen zwei bereits eingesetzte Implantate wieder entfernt und neue Implantate eingefügt werden mussten. Die prothetische Versorgung der insgesamt sechs Implantate wurde vollständig neu durchgeführt.

Frau. Ca. 12 Monate Behandlung durch die Beklagten und anschließend – wegen der Fehlbehandlung – prothetische Neuversorgung durch den nachbehandelnden Arzt. Zahnarzthaftung (hier: Aufklärungspflichtverletzung und Behandlungsfehler vor bzw. bei kieferchirurgischer Behandlung). Bei der Bemessung des Schmerzensgeldes „hat der Senat insbesondere berücksichtigt, dass die Klägerin durch die Behandlungsfehler des Beklagten zu 1. in gravierendem Maße zusätzliche Schmerzen sowie sonstige gesundheitliche und anderweitige Beeinträchtigungen erlitten hat, die mit einer von Anfang an ordnungsgemäßen Behandlung nicht verbunden gewesen wären … Besonders zu gewichten waren im Rahmen der Schmerzensgeldzumessung ferner die vergleichsweise sehr lange Dauer der Behandlung und der Umstand, dass die Klägerin während dieser Zeit teilweise erhebliche Beeinträchtigungen ihres allgemeinen Lebens in Kauf nehmen musste".

Betrag: 6.000 € **Haftung: 100 %**
immVorb: Ja **MdE: –**

OLG Köln 27.10.2010 – 5 U 90/07 = BeckRS 2015, 19605

5766

Zahnverletzungen (hier: „Die prothetischen Leistungen des Bekl. waren irreparabel fehlerhaft und haben die Kl. nachhaltig beeinträchtigt. Das ergibt sich ohne weiteres daraus, dass die implantierten Kronen nicht bündig auf ihren Trägerzähnen aufsitzen, sondern in den Randbereichen abstehen. Dadurch sind schwere Schäden an den marginalen Weichgeweben entstanden, und die Kl. hatte und hat unter schmerzhaften Entzündungen zu leiden. Deshalb müssen die Kronen ersetzt und dann neue angepasste bewegliche Teilprothesen erstellt werden", so das OLG).

Frau. Zahnarzthaftung (hier: Behandlungsfehler im Zusammenhang mit einer Prothetik. „Ist eine Prothetik mangelhaft, muss der erstbehandelnde Zahnarzt Fehler und Versäumnisse nachbehandelnder Kollegen substanziiert darlegen, wenn deren Verantwortlichkeit nach der Art des Mangels fernliegt", so das OLG).

Betrag: 6.000 € **Haftung: 100 %**
immVorb: – **MdE: –**

OLG Koblenz 19.6.2007 – 5 U 467/07 = BeckRS 2007, 15783

6009

Zahnschmerzen, über mehrere Jahre andauernde Schmerzen und Kaubeschwerden (hier: „craniomandibuläre Dysfunktion" [kurz: CMD] ohne zuvor erfolgte funktionelle Therapie. Auf der Basis des objektiven Vorliegens einer CMD hätte der Kläger vor der endgültigen prothetischen Versorgung selbst bei subjektiver Beschwerdefreiheit eine mehrmonatige funktionelle Therapie bis zur Behebung der CMD vornehmen müssen, weil sonst der Erfolg der zahnärztlichen Behandlung insgesamt gefährdet gewesen ist).

Mann. Langjährige zahnärztliche Behandlung. Zahnarzthaftung (hier: Grober Behandlungsfehler im Zusammenhang mit einer prothetischen Versorgung, dadurch, „dass zwischen der Bissanhebung und der definitiven Eingliederung des endgültigen Zahnersatzes ein zu kurzer Zeitraum für die notwendige funktionelle Vorbehandlung der vorhandenen cranio-mandibulären Dysfunktion gelegen habe. Das begründe den groben Behandlungsfehler und die daraus gezogene Schlussfolgerung der Haftung des Klägers"). Dauerschaden: „langjährigen andauernden Schmerzen und Kaubeschwerden".

Betrag: 7.000 € **Haftung: 100 %**
immVorb: – **MdE: –**

OLG Hamm 4.7.2014 – 26 U 131/13 = BeckRS 2014, 15447

5935

Zahnschmerzen (hier: „Die Klägerin ist seit nunmehr knapp fünf Jahren ohne eine fachgerechte Versorgung, so dass der Beklagte für die Verlängerung ihrer Leidenszeit einstehen muss", so das OLG).

Frau. Heilungsverzögerung für die Dauer von „knapp fünf Jahren". Zahnarzthaftung (hier: Behandlungsfehler – die „Behandlung mit Freiendbrücken war von vornherein unbrauchbar und auch durch Nachbesserungsarbeiten nicht funktionstüchtig zu machen").

Betrag: 7.000 € **Haftung: 100 %**
immVorb: – **MdE: –**

OLG Frankfurt a. M. 23.1.2007 – 8 U 199/05 = BeckRS 2011, 24432

3049

Zahnverletzung (hier: Einsatz eines subperiostalen statt eines enossalen Zahnimplantat mit der Folge von erheblicher Leidensverzögerung, Zahnfleischvereiterung etc.)

Mann. Arzthaftung (hier Zahnarzthaftung wegen Aufklärungspflichtverletzung bzgl. Behandlungsalternativen). Leidensverlängerung um nahezu 2 Jahre im Zusammenhang mit der Zahnimlantation. Erhebliche Schmerzen in dieser Zeit! Einnahme von Antibiotika.

Betrag: 7.669 € **Haftung: 100 %**
immVorb: – **MdE: –**

OLG Stuttgart 17.4.2001 – 14 U 74/00 = BeckRS 2001, 30175181

6683

Zahnschmerzen im Zusammenhang mit einer Zahnwurzelfraktur und zwar noch in der Zukunft liegendem, jedoch bereits feststehenden Zahnverlust des Zahnes 14. Infolge des Behandlungsfehlers kam zu gravierenden Strukturschäden im Bereich der Zahnwurzel und des Zahnhalteapparates, so dass der Kontakt der Zahnwurzel zum Knochen und zum Weichgewebe nahezu verloren gegangen war sowie zu einem sehr langwierigen und über einen Zeitraum von über einem Jahr andauernden eitrigen Entzündungsprozess.

Frau. Zahnarzthaftung im Zusammenhang mit der nicht indizierten Eingliederung eines Wurzelstiftes bei Zahn 14. Indem die Achsrichtung der Wurzel verlassen wurde, kam es zu einer Wurzelfraktur und zu einer irreversiblen Schädigung des Zahnes 14. „Im vorliegenden Fall kommt erschwerend hinzu, dass der Verlust des Zahnes 14 bereits feststeht und nicht nur als möglich erscheint, so dass dieser Umstand bei der Bemessung des Schmerzensgeldes Eingang finden musste und nicht dem Feststellungsantrag vorbehalten bleibt". Bei der Bemessung berücksichtigte das OLG dies sowie, dass eine Neuversorgung der Region notwendig und auch „der Fortbestand des Zahnes 15 zumindest fraglich ist". Insofern orientierte sich das OLG ua an den Entscheidungen des OLG Hamm → Nr. 5019 und → Nr. 4798.

Betrag: 8.000 € **Haftung: 100 %**
immVorb: Ja **MdE: –**

OLG Brandenburg 11.3.2021 – 12 U 112/20 = BeckRS 2021, 5646

7358

Zahnverletzung und Zahnschmerzen (hier: grob fehlerhafte Zahnimplantation).

Mann. Zahnarzthaftung in Form eines groben Behandlungsfehlers beim Einsetzen eines Zahnimplantats.

Betrag: 8.000 € **Haftung: 100 %**
immVorb: – **MdE: –**

LG Hamburg 4.9.2014 – 323 O 421/12 = BeckRS 2014, 131891

4465

Zahnverletzung (hier: Zahnmarkentzündung, d.h. Pulpitis).

60j. Frau. Zahnarzthaftung (hier: Aufklärungspflichtverletzung in Bezug auf das Risiko einer Pulpitis, dh einer Zahnmarkentzündung). Es kam zweimal zu schmerzhaften Abszessbildungen. Dauerschaden: Zahnüberempfindlichkeit in Form einer thermischen Empfindlichkeit der behandelten Frontzähne; die Kl. muss ihre Nahrung kleinschneiden, da es sonst zu Rötungen und Schwellungen des Zahnfleischs kommt.

Betrag: 8.000 € **Haftung: 100 %**
immVorb: Ja **MdE: –**

OLG Hamm 30.5.2011 – I-3 U 205/10 = BeckRS 2011, 15374

5019

Zahnschmerzen / Zahnmarkentzündung (hier: Pulpitis bzw. Entzündung des Zahnmarks mit erheblichen Zahnschmerzen zumal die Pulpitis „schon in eine Wurzelkanalentzündung übergegangen" war, so das OLG. Ferner habe „der Sachverständige ausgeführt, dass die dauerhafte, teils hochgradige thermische Empfindlichkeit der behandelten Frontzähne und die dann nachfolgenden Abszedierungen, die im … und im … im Bereich des Zahnes 21 und im … im Bereich der Zähne 11 und 12 aufgetreten und von dem Zahnarzt Dr. Dr. M behandelt worden sind, als Folgen der Pulpitis zu bewerten sind" und „dass es nach wie vor zu Rötungen und Schwellungen im Bereich der behandelten Frontzähne komme, insbesondere beispielsweise bei der Nahrungsaufnahme, wenn es zu einem schmerzhaften Kontakt der Nahrung mit den Zähnen kommt", so das OLG.)

56j. Frau. Zahnarzthaftung wegen Aufklärungspflichtverletzung im Zusammenhang mit dem Einsatz sogenannter Veneers bzw. Keramikverblendschalen, die „im Wesentlichen auch aus kosmetischen Gründen erfolgte", so das OLG. Dauerschaden: „Bei der Schmerzensgeldbemessung fällt … ins Gewicht, dass die Klägerin … unter einer dauerhaften thermischen Empfindlichkeit der behandelten Frontzähne leidet und dass bei ihr im Bereich dieser behandelten Zähne regelmäßig Rötungen und Schwellungen, beispielsweise bei der Nahrungsaufnahme, eintreten, sodass die Klägerin gehalten ist, sich ihre Nahrung kleinzuschneiden, um möglichst eine Kontaktaufnahme der Nahrung mit den Frontzähnen zu vermeiden … [und], dass die Klägerin mit der Sorge leben muss, dass … die behandelten Frontzähne möglicherweise dauerhaft … nicht zu erhalten sind. Dagegen war für die Schmerzensgeldbemessung nicht zu berücksichtigen, dass es tatsächlich zu dem genannten Verlust der Frontzähne kommen kann. Ein solcher zwar möglicher, aber derzeit nicht absehbarer Verlust der Frontzähne ist dem Feststellungsausspruch vorbehalten", so das OLG.

Betrag: 8.000 € **Haftung: 100 %**
immVorb: Ja **MdE: –**

OLG Hamm 30.5.2011 – 3 U 205/10 = BeckRS 2011, 15374

7069

Zahnschmerzen in Form von „Kälte-Wärme-Empfindlichkeit" nach dem behandlungsfehlerhaften Einsatz von vier Keramik-Inlays mit dadurch verursachter „dauerhafter Schädigung der Zahnsubstanz". Die Schmerzen ließen auch trotz Nachbehandlung mit Flourlack und Flourpasten nicht nach, so dass dem jungen Mann von der Zahnärztin Schmerzmittel verschrieben wurden.

Mann (junger Mann). Zahnarzthaftung, hier: Aufklärungspflichtverletzung und Behandlungsfehler im Zusammenhang vom Einsatz von vier Keramik-Inlays. Bei der Bemessung des Schmerzensgeldes hatte das Berufungsgericht – so der OGH – zutreffend im Sinne einer Globalbemessung nicht nur auf die festgestellten Schmerzperioden, sondern insbesondere auch auf das (junge) Alter des Klägers und die dauerhafte Schädigung der Zahnsubstanz berücksichtigt.

Betrag: 10.000 € **Haftung: 100 %**
immVorb: – **MdE: –**

OGH Österreich 20.12.2022 – 1 Ob 238/22i = BeckRS 2022, 39998

6674

Zahnschmerzen, Kiefergelenkschmerzen mit Beschwerden beim Schlucken, Kauen, Sprechen oder Gähnen sowie Kopfschmerzen, Nacken-, Rücken und Muskelbeschwerden als Folge einer schwerwiegenden akute CMD

[= Craniomandibuläre Dysfunktion] im zeitlichen Zusammenhang mit der Behandlung

Frau. Zahnarzthaftung im Zusammenhang mit einer umfassenden Zahnsanierung. Durch die Eingliederung der Versorgung rechts unten im Februar / März 2011 kam es unter anderem „zu einer gänzlich unzureichenden bzw. fehlenden Abstützung des Bisses …, die buchstäblich „das Fass zum Überlaufen" gebracht hatte, ferner zu einem Abrutschen der Zähne, was in Verbindung mit starkem Bruxismus das Entstehen einer akuten CMD als typischer Folge zwanglos erkläre", so das OLG. Im zeitlichen Zusammenhang damit bildetet sich eine eine schwerwiegende akute CMD mit erheblichen typischen Schmerzen und Beeinträchtigungen (siehe oben unter Verletzungen) zu deren Vermeidung die Klägerin eine Aufbissschiene tragen musste. Zu den Schmerzen kommen weitere Beschwerden wie eine eingeschränkte Mundöffnung, Taubheitsgefühle im Gesichtsbereich, Beschwerden beim Kauen, das Tragen der Aufbissschienen u.ä. Langwierige Heilbehandlung über einen Zeitraum von etwa 3 Jahren mit zahlrechen zahnärztlichen Nachbehandlungen.

Betrag: 10.000 € **Haftung: 100 %**
immVorb: Ja **MdE: –**

OLG Köln 8.4.2020 – 5 U 64/16 = BeckRS 2020, 7255

5087

Zahnschmerzen / Kiefergelenkbeschwerden (hier: „grob fehlerhafte" prothetische Versorgung, weshalb „die Krone in regio 33 erneuert und sämtliche Brücken überarbeitet bzw. erneuert werden" müssen. Zudem hatte sich infolge der Behandlung eine sog. CND-Problematik mit schweren Kiefergelenksbeschwerden entwickelt. Langwierige Folgebehandlung).

Frau. 10 jahre andauernde Folgebehandlung! Zahnarzthaftung (hier: Behandlungsfehler im Zusammenhang mit der prothetischen Versorgung auf Implantatbasis). Laut dem vom Gericht gehörten Sachverständigen musste die gesamte Suprakonstruktion erneuert werden. Die von den Beklagten angefertigte prothetische Versorgung sei – so der SV – „in ihrer okklusalen Gestaltung völlig untauglich gewesen".

Betrag: 10.000 € **Haftung: 100 %**
immVorb: – **MdE: –**

OLG Oldenburg 12.8.2015 – 5 U 27/15 = BeckRS 2016, 4533

4935

Zahnschmerzen (hier: Zahlreiche Behandlungsfehler bei insgesamt 91 Behandlungen in einem Zeitraum von 3 Jahren mit dem Ziel einer umfassenden Implantatversorgung im Oberkiefer und Unterkiefer.).

Frau. Zahnarzthaftung (hier: Behandlungsfehler. Die Klägerin erduldete 91 Behandlungstermine. Der Beklagte war „… mit der Herstellung einer umfänglichen Prothese betraut, die nach der individuellen Situation … konzipiert und … eingepasst werden musste", so das OLG. Die Klägerin brach jedoch die Behandlung vor der Eingliederung der Prothese ab. Das LG sprach ihr 10.000 EUR zu. Das OLG wies die Berufung der Klägerin, die 20.000 EUR begehrte zurück.).

Betrag: 10.000 € **Haftung: 100 %**
immVorb: – **MdE: –**

OLG Koblenz 30.1.2013 – 5 U 406/12 = BeckRS 2013, 15820

6829

Zahnverlust und Verlust mehrerer Implantate in Verbindung mit erheblichen Zahnschmerzen bzw. massiven Schmerzen im Implantatsbereich. Zudem erlitt die Klägerin über einen Zeitraum von mehreren Jahren Kiefergelenkschmerzen, Nackenschmerzen, Schulterschmerzen, Kopfschmerzen, Verspannungen und Schmerzen im Bereich der Sklettmuskulatur sowie hieraus folgend psychische Beeinträchtigungen.

Frau. Zahnarzthaftung (Aufklärungspflichtverletzung und Behandlungsfehler) im Zusammenhang mit einer vom Beklagten, der eine Praxis mit Schwerpunkt auf einer „ganzheitlichen und biologischen" Zahnmedizin betreibt, durchgeführten zahnmedizinischen Behandlung bei der der Klägerin, die – was der Beklagte wusste – zudem unter einer craniomandibulären Dysfunktion (CDM) litt, zunächst einige Zähne gezogen worden waren, die sodann durch Implantate mit Suprakonstruktion ersetzt wurden. Zwar führe, so das LG mit Verweis auf BGH BeckRS 2017, 117820, das Verlassen des Bereichs der Schulmedizin nicht von vornherein zu einem behandlungsfehlerhaften Verhalten des Arztes; ungeachtet dessen liege hier ein Behandlungsfehler vor, da der Beklagte vor der Einbringung der Implantate nicht zunächst die ihm bekannte CMD der Klägerin behandelt hatte. Zudem habe die Extraktion des vitalen Zahnes in Regio 11 einen groben Behandlungsfehler dargestellt; gleiches gelte auch für das dort eingesetzte Implantat. Auch der in Regio 45 und 46 unterbliebene Knochenaufbau war behandlungsfehlerhaft. Auch fehlte es an der nötigen Aufklärung (BGH BeckRS 2007, 11518). MdE „über 18 Monate" 100 %, anschließend gab die Klägerin ihren Beruf auf. Bei der Schmerzensgeldbemessung half der Klägerin zunächst ihr „sehr detailliertes Gedächtnisprotokoll" sowie die sachverständigen Feststellungen hinsichtlich der Schmerzen im Implantatsbereich sowie der Kiefergelenkschmerzen, Nackenschmerzen, Schulterschmerzen, Kopfschmerzen, Verspannungen und Schmerzen im Bereich der Sklettmuskulatur. Das LG sprach insofern vom Vorliegen „jahrelanger erheblich verschlimmerter Schmerzen". Dauerschaden: Funktionelle Schmerzen und Verlust des eigenen vitalen Zahns in Regio 11 sowie Schmerzen beim Sprechen, da die Zunge den Schmerzbereich des Implantats (Regio 11) stets erneut „triggert". Auch vier Jahre nach der Behandlung sei „noch nicht absehbar, ob und wenn ja wann die Klägerin einen Schmerzzustand erreicht, den sie vor der Behandlung beim Beklagten hatte", so das LG, dass sich hinsichtlich der Höhe ua am Urteil des OLG Zweibrücken → Nr. 5047 = BeckRS 2016, 8667 orientierte. [Das Urteil wurde eingereicht von Fachanwalt für Medizinrecht Guido G. Adam-Tauer, Frankfurt a.M.]

Betrag: 15.000 € **Haftung: 100 %**
immVorb: – **MdE: –**

LG Mannheim 17.12.2021 – 6 O 121/19 = BeckRS 2021, 41649

4950

Zahnschmerzen und Zahnverletzungen (hier: Periimplantitis bzw. Entzündung des Implantatbetts von Zahnimplantaten mit mehrjährige Zahnschmerzen).

Mann. Zahnarzthaftung (hier: Erhebliche Behandlungsfehler im Zusammenhang mit einer Gebisssanierung, bei der die einzusetzenden Implante fehlerhaft positioniert und zudem bei der Korrekturbehandlung erneut Fehler begangen wurden; es kam zu einer Implantatbettentzündung (= Periimplantitis bzw. Entzündung des Implantatbetts von Zahnimplantaten); mehrjährige Zahnschmerzen. Dauerschaden: Zahnverletzungen durch unsachgemäßes Abschleifen. Regulierungsverzögerung.

Betrag: 20.000 € **Haftung: 100 %**
immVorb: – **MdE: –**

LG Memmingen 22.10.2013 – 25 O 745/10 = unveröffentlicht

4958

Zahnverletzung / Kieferverletzung / Gesichtsverletzung (Auszug aus der Urteilsbegründung: „Der Kiefer wurde vom Schädel getrennt und gebrochen, die Gaumenarterien rissen, es bildete sich ein Loch in der Gaumenschleimhaut und es traten erhebliche Wundheilungsstörungen mit weiteren operativen Eingriffen ein. Dies war zweifelsohne mit erheblichen Schmerzen und Beeinträchtigungen verbunden, die sich zumindest bis zur Behandlung durch die C. ein Jahr hinzogen").

64j. Frau. Arzthaftung (hier: Aufklärungspflichtverletzung. „Wendet sich der Patient an den Arzt, hier einen Kieferchirurgen, mit der Bitte ihn über Alternativen zu seiner bestehenden prothetischen Versorgung zu beraten, so hat der Arzt ihn über alle infrage kommenden Alternativen aufzuklären. Er darf nicht von vorneherein dem Patienten nur die im Erfolgsfall optimale Methode vorstellen, wenn diese mit erheblichen Risiken belastet ist und es dazu eine weniger belastende Alternative gibt", so ein Leitsatz der Entscheidung.

Betrag: 25.000 € **Haftung: 100 %**
immVorb: Ja **MdE: –**

OLG Naumburg 6.6.2013 – 1 U 108/12 = BeckRS 2013, 14026

7301

Zahnschmerzen mit darüberhinausgehenden Folgeverletzungen (hier: Entzündungen am Zahnfleisch im Bereich der Implantatschultern bzw. Kronenrändern an beiden Implantaten mit anhaltender Schmerzempfindlichkeit auf Kälte und mit elektrischen Impulsen, die in erster Linie auf das Beschleifen vitaler Zähne zurückzuführen sind. Zudem erlitt der Kläger einen subjektiven Tinnitus und es kam zudem „zum Auftreten und Fortbestand von Verspannungen in der gesamten Kau-, Kopf- und Nackenmuskulatur mit Schwindel")

Mann. Zahnarzthaftung wegen mehrfacher Behandlungsfehler im Zusammenhang mit einer Gebisssanierung bzw. Zahnsanierung, bei der dem Kläger 16 Metallkronen und zwei Implantate eingesetzt worden waren. Behandlungsfehlerbedingt muss „eine komplette Erneuerung der bestehenden Versorgung erfolgen". Der Kläger litt an 505 Tagen unter leichten Schmerzen. Weiter mussten ihm im Zuge der Heilbehandlung vier Zähne gezogen werden, was mit vier Tagen mittleren und 12 Tagen leichten Schmerzen verbunden war. Nach Beendigung der Behandlung sind – so der OHG – Spät- und Dauerfolgen auszuschließen. Bei der Schmerzensgeldbemessung berücksichtigte der OHG, dass die Folgen der gravierenden Behandlungsfehler beim Kläger „zu massiven Beschwerden des Klägers (Tinnitus, Verspannungen, Schwindel, Entzündungen am Zahnfleisch, elektrische Impulse) führten, deren Behandlung eine komplette Erneuerung der bestehenden Versorgung erfordert" und setzte sich insofern sorgfältig mit dem Schmerzensgeldrahmen – anhand von ihm vergleichbar erscheinenden Fällen – auseinander und führte sodann aus: „Der Kläger hat im Vergleich zu all diesen Fällen weitaus geringere körperliche Beeinträchtigungen erfahren und es verbleiben keine Dauerfolgen. Dass das Berufungsgericht davon ausgehend kein 40.000 EUR übersteigendes Schmerzengeld ermittelte, ist nicht zu beanstanden."

Betrag: 40.000 € **Haftung: 100 %**
immVorb: – **MdE: –**

OGH Österreich 24.10.2023 – 7 Ob 122/23a = BeckRS 2023, 33493

bb) Zahnfrakturen

7775

Zahnfraktur (hier: Schneidezahnfraktur).

Mann. Kein Schmerzensgeld für Zahnfraktur im Rahmen eines Ballspiels unter Freunden am Pool einer Ferienanlage. Der Kläger befand sich dabei am Rand des Schwimmbeckens und hielt dabei eine Bierdose in der Hand, warf jedoch weiterhin Bälle zurück, bis ihn ein Ball am Hinterkopf traf, worauf er das Gleichgewicht verlor und mit dem Gesicht gegen den Beckenrand stieß und sich dabei am Schneidezahn verletzte. Das AG hatte die Klage abgewiesen und auch das LG betonte, dass ein solcher Spielunfall bzw. dessen Folgen als Teil des allgemeinen Lebensrisikos zu werten sei. Ergänzend betonte das LG in seinem Hinweisbeschluss, dass der Kläger durch sein eigenes Verhalten das Risiko in erheblichem Maß erhöht habe, denn wer mit einer Bierdose am Beckenrand stehe, könne – wenn er stürze oder ausrutsche – nur eingeschränkt reagieren. [Anmerkung: Zum allgemeinen Lebensrisiko vgl. auch OLG Stuttgart BeckRS 2012, 17634 im Handbuch unter → Rn. 86 → Rn. 89].

Betrag: – **Haftung: –**
immVorb: – **MdE: –**

LG Nürnberg-Fürth 14.4.2025 – 15 S 7420/24 = becklink 2035497

3942

Zahnverletzung (hier: Zahnabsplitterung eines Backenzahnes). Die Verletzung war schmerzhaft und musste zahnprothetisch versorgt werden.

Mann. Ursache: Produkthaftung eines Konditors. Der Kläger hatte sich beim Verzehr eines Kirschkuchens an einem Kirschkern die Zahnverletzung zugezogen.)

Betrag: 200 € **Haftung: 100 %**
immVorb: – **MdE: –**

LG Hagen 21.5.2008 – 10 S 14/08 = BeckRS 2008, 12351

3172

Zahnfraktur (hier: Zahnteilfraktur an einer Keramikverblendung. Die Keramikabplatzung führte zu „Beschwerden und Unannehmlichkeiten" und zu einer Zungenverletzung, aufgrund derer sie mehrere Tage lang keine gewürzten Speisen zu sich nehmen konnte und Schwierigkeiten beim Sprechen hatte).

Frau. Zahnarzthaftung (hier: Zweimaliges Abbrechen eines Teilstückes der Keramikverblendung an einer Metallkrone. Eine Teilfraktur ereignete sich während des Sommerurlaubes der Klägerin).

Betrag: 250 € **Haftung: 100 %**
immVorb: – **MdE: –**

LG Aachen 18.6.2003 – 11 O 423/01 = BeckRS 2010, 15363

3586

Zahnteilfraktur / Zahnabsplitterung. Verlust von 75 % eines Schneidezahnes.

Kind (Junge). Der Zahn muss überkront werden. Gefahr von Zahnverlust. Ursache: Wurf eines Lederballes.

Betrag: 256 € **Haftung: 100 %**
immVorb: – **MdE: –**

AG Neuss 4.2.2000 – 34 C 5313/99 = BeckRS 2013, 18653

5952

Zahnfraktur (hier: Backenzahnfraktur im Bereich der hinteren linken Backenzähne).

Frau. Zahnärztliche ambulante Behandlung. [Ursache: Metallteil in einer Pizza. „Eine Pizza mit einem Metallteil ist mangelhaft und weist einen Fabrikationsfehler auf, für den der Pizzabäcker einzustehen hat"].

Betrag: 300 € **Haftung: 100 %**
immVorb: – **MdE: –**

AG München 24.10.2011 – 231 C 7215/11 = BeckRS 2012, 12034

4979

Zahnbrückenfraktur (hier: Abgebrochene Zahnbrücke) sowie Prellungen und Schürfungen.

67j. Frau. Verkehrssicherungspflichtverletzung (hier: Die Kl. lief gegen die Eingangstüre einer Kaufhausfiliale von C&A. Das Kaufhaus hatte die Glastür, die nur teilweise geöffnet war, nicht erkennbar markiert und dadurch gegen seine Verkehrssicherungspflicht verstoßen, so das AG).

Betrag: 500 € **Haftung: 100 %**
immVorb: Ja **MdE: –**

AG Düsseldorf 7.5.2015 – 50 C 9301/14 = BeckRS 2015, 11492

5680

Zahnfraktur (hier: „gravierenden Beschädigung" des Zahnes 25 mit der Folge einer umfangreichen und schmerzhaften Zahn- und Wurzelbehandlung).

Mann. Ambulante Heilbehandlung mit einer umfangreichen und schmerzhaften Zahn- und Wurzelbehandlung. [Ursache: Biss auf eine Schrotkugel beim Wildhasenfiletsessen in einem Gasthaus: „Grundsätzlich ist es Verpflichtung der Gastwirte und damit der Beklagten, den Gästen Speisen zu servieren, die ohne Gefahr für die Gesundheit verzehrt werden können und mangelfrei sind. Bei Fleisch wildlebender Tiere, die erfahrungsgemäß durch Schüsse mit Schrot erlegt worden sind, trifft den Wirt, bzw. dessen Koch, eine besondere Sorgfaltspflicht bei der Zubereitung und Überprüfung der servierten Speisen"].

Betrag: 511 € **Haftung: 75 %**
immVorb: – **MdE: –**

AG Waldkirch 27.1.2000 – 1 C 397/99 = BeckRS 2000, 31162513

5271

Zahnfraktur (hier: Überkronung des Schneidezahns Nr. 21 nach Schneidezahnteilfraktur).

17j. Mann (Schüler). [Ursache: Schwimmbadunfall. Verkehrssicherungspflichtverletzung in Bezug auf eine sogenannte Schwimmkrake, von der ein Badegast auf den Kläger stürzte]

Betrag: 666 € **Haftung: 66 %**
immVorb: Ja **MdE: –**

AG Bremen 23.10.2014 – 9 C 0005/14 = BeckRS 2014, 23228

3218

Zahnfraktur (hier: Schneidezahnabsplitterung) sowie Prellungen am Brustkorb und Schürfungen.

Frau. Dauerschaden: Die Schneidezahnabsplitterung bedingt auf Dauer eine zahnärztliche Behandlung.

Betrag: 1.278 € **Haftung: 100 %**
immVorb: Ja **MdE: –**

LG München I 8.5.2003 – 19 S 22317/02 = unveröffentlicht

5276

Zahnfrakturen / Kronenverlust. Zahn 35 war fakturiert, die Kronen der Zähne 13 bis 21, von denen insbesondere die Zähne 13 und 21 eine tragende Funktion für die Zahnprothese des Klägers hatten, waren herausgefallen und die Krone des Zahns 43 bzw. deren Verblendung ebenfalls fakturiert.

Mann. Zahnarzthaftung (hier: Aufklärungspflichtverletzung und Behandlungsfehler bzgl. einer Kieferprothesebehandlung. Vermutlich durch falsche Zementierung brachen die Kronen wieder heraus. Durch den damit verbundenen Verlust der Kronen über den, als Pfeiler für die Prothesenbefestigung anzusehenden Zähnen 13 und 21 verschlechterte sich der Gesamtzustand des Klägers in Bezug auf seine Gebisssituation).

Betrag: 1.500 € **Haftung: 100 %**
immVorb: Ja **MdE: –**

OLG Köln 10.12.2014 – 7 U 26/11 = BeckRS 2015, 05650

3563

Zahnverletzung (hier: Zahnschneidekantenfraktur an den vorderen Schneidezähnen); Oberlippenschwellung, starke sowie Schädelprellung).

Mann. MdE 1 Woche. In dieser Zeit starke Zahnschmerzen. Die Zähne mussten prothetisch versorgt werden. Vorsätzliche Körperverletzung, die der Kl. jedoch durch obszöne Beleidigungen der Freundin des Beklagten mit heraufbeschworen hatte.

Betrag: 1.534 € **Haftung: 100 %**
immVorb: – **MdE: –**

AG Gelsenkirchen 10.2.2000 – 29 C 87/99 = unveröffentlicht

2517

Zahnfrakturen / Zahnverlust (hier: „Fraktur des 1. und 2. Schneidezahns des rechten Unterkiefers", von denen einer entfernt werden musste) sowie Kontusion des Unterkiefers und Platzwunden an der Unterlippe durch einen Faustschlag ins Gesicht.

16j. Junge. 2 1/2 Monate in zahnärztlicher Behandlung. Wegen des Zahnverlustes erhielt er eine Brücke. [Mindernd berücksichtigt wurde Alter und Mittellosigkeit des Bekl.(15j.)].

Betrag: 1.534 € **Haftung: 100 %**
immVorb: Ja **MdE: –**

LG Hildesheim 13.5.1998 – 2 O 55/98 = unveröffentlicht

4502

Zahnfrakturen (hier: Frakturen an zwei Zähnen; diese wurden so stark beschädigt, dass beide Zähne mittels je einer Zahnkrone wiederhergestellt werden mussten.).

44j. Mann. Ambulante, zahnärztliche Heilbehandlung mittels Zahnüberkronung / Zahnkronen. Produkthaftung: Der Kläger hatte auf ein Fruchtgummi in Form einer Colaflasche gebissen, in welcher produktionsprozessbedingte Verunreinigungen enthalten waren. Hierfür haftet, so das OLG zutreffend, der Hersteller, die Firma Haribo dem Kläger auf Schadensersatz und Schmerzensgeld.

Betrag: 2.000 € **Haftung: 100 %**
immVorb: – **MdE: –**

OLG Hamm 23.5.2013 – 21 U 64/12 = BeckRS 2013, 8842

2967

Zahnfraktur / Unterkieferverletzung (hier: Komplette Schneidezahnfraktur im Unterkiefer nach Unterkieferprellung). Quetschungen (hier: Ober- und Unterarm); HWS-Syndrom und Prellungen.

Frau. MdE 1 Monat 100 %. Dauerschaden: Zahnverletzung, die ein „Anschleifen der gesunden Nachbarzähne" erforderte. [Nur für Zahnverletzung lt. AG: 2.000 DM].

Betrag: 2.301 € **Haftung: 100 %**
immVorb: – **MdE: –**

AG Luckenwalde 20.11.2001 – 17 C 269/00 = unveröffentlicht

6733

Zahnverletzung (hier: Schneidezahnfraktur in Form einer sogenannten Schmelz-Dentin-Fraktur am Zahn 11). Bauchverletzung (hier: stumpfes Bauchtrauma). Gesichtsverletzungen in Form von Schürfwunden am Nasenrücken, an der Oberlippe, an der Unterlippe, am Kinn sowie weitere Schürfwunden am rechten Knie sowie an der linken Flanke und am Knochenvorsprung des Beckenkamms.

11j. Kind (Schülerin). 3 Tage stationär. 8 Tage nach dem Verkehrsunfall war die Klägerin wieder schulfähig. Das AG wertet das junge Alter der Schülerin sowie die Rücksichtslosigkeit der Beklagten und die Regulierungsverzögerung als schmerzensgelderhöhend und führt dazu aus: „Das Schmerzensgeld kann nicht einfach danach bemessen werden, wie sich eine solche Situation bei einem normalen Erwachsenen darstellt, der diese Verletzungen im Gesicht einfach trägt und erträgt, bis die Wunden vollständig und nicht mehr sichtbar verheilt sind. Es muss hier abgestellt werden auf ein 11-jähriges Mädchen und damit in diesem Alter bei einem Mädchen in Bezug auf sein Äußeres größere Befindlichkeiten der Geschädigten. Der Versicherungsnehmer hat hier eben keinen 40-jährigen Mann angefahren, sondern ein junges Mädchen, das vor oder in der Pubertät war, zur Schule ging und deshalb sicherlich auch von seinen Klassenkameraden auf die Verletzungen im Gesicht angesprochen wurde und diese schon aus diesem Grunde nicht einfach wie ein Erwachsener in „wegstecken" konnte". Den Feststellungsanspruch begründete das AG zutreffend mit der Schneidezahnverletzung. „Der Zahn 1.1 ist der vordere rechte Schneidezahn. Diese Kante des vorderen Schneidezahns ist stets einer große Belastung beim Abbeißen auch härterer Nahrung ausgesetzt. In der Regel und gerade bei einem Kind muss stets damit gerechnet werden, dass das Material wieder abplatzen kann und es einer ständigen Erneuerung über Jahre hinaus bedarf, wenn nicht eine Krone aufgesetzt wird. Im Laufe der Jahre verfärbt sich das zum Schneidekantenaufbau verwendete Material und weist nicht mehr dieselbe Färbung auf, wie der Restzahn. Einem Rentner mag dies egal sein, einem jungen Mädchen sicherlich nicht", so das AG.

Betrag: 2.500 € **Haftung: 100 %**
immVorb: Ja **MdE: –**

AG Magdeburg 16.10.2019 – 150 C 1377/18 = BeckRS 2019, 50536

4866

Zahnverlust. „Der Zahn 48 ist aufgrund des Behandlungsfehlers abgebrochen und dadurch endgültig verloren", so das OLG, dass zudem von einer „nutzlosen zahnärztlichen Behandlung" sprach. [vgl. unter: „Zahnärztliche Behandlung, nutzlose ...".

Mann. Zahnarzthaftung / Behandlungsfehler. „Bei der Bemessung des Schmerzensgeldes hat der Senat berücksichtigt, dass sich der Beklagte einer letztlich nutzlosen zahnärztlichen Behandlung unterziehen musste. Er musste die zahnprothetische Versorgung durch einen anderen Zahnarzt noch einmal vornehmen lassen, wodurch er nochmals eine unangenehme und langwierige Behandlung vornehmen lassen musste", so das OLG. [vgl. unter: „Zahnärztliche Behandlung, nutzlose ..."]

Betrag: 2.500 € **Haftung: 100 %**
immVorb: – **MdE: –**

OLG Hamm 5.9.2014 – 26 U 21/13 = BeckRS 2014, 19893

cc) Zahnwurzelverletzungen

3592

Zahnwurzelbehandlung / Zahnschmerzen (hier: Nach Ziehung des Zahnes 33 verbleib zunächst ein zahnwurzelrest. Es kam daher vier Tage später zu einer Nachbehandlung, bei der dieser Rest komplikationslos entfernt wurde).

Mann. Zahnarzthaftung (hier: Behandlungsfehler, die zu zusätzlichen Schmerzen und Beschwerden infolge der kunstfehlerbedingt erforderlichen Nachbehandlung führten.).

Betrag: 307 € **Haftung: 100 %**
immVorb: – **MdE: –**

LG Göttingen 27.9.2001 – 6 S 224/99 = BeckRS 2001, 161926

4174

Zahnverletzung (hier: Zahnschmerzen und Beeinträchtigungen beim Essen infolge kunstfehlerhafter Zahnprothese).

Frau. Zahnarzthaftung (hier: Behandlungsfehler). Das OLG berücksichtigte zu Ungunsten der Klägerin, dass diese bis zur zahnärztlichen Behebung der Probleme längere Zeit vergehen ließ und schloss daraus, dass die Zahnschmerzen bis dahin nicht besonders groß gewesen sein konnten.

Betrag: 2.500 € **Haftung: 100 %**
immVorb: – **MdE: –**

OLG Frankfurt a. M. 6.1.2009 – 8 U 31/07 = BeckRS 2009, 11208

5296

Zahnwurzelbehandlung, behandlungsfehlerhafte mit nicht indiziertem Knochenaufbau.

59j. Frau. Zahnarzthaftung (hier: Behandlungsfehler, zu denen das OLG ausführte: „In immaterieller Hinsicht ist als Schaden lediglich die Belastung durch die zusätzlichen Behandlungstermine bei Dr. B. am 28.12.2007 und am 28.1.2008 festzustellen … Ein schadensursächlicher Behandlungsfehler liegt des Weiteren in der Durchführung eines Knochenaufbaus an Zahn 36“).

Betrag: 3.500 € **Haftung: 100 %**
immVorb: – **MdE: –**

OLG Stuttgart 27.5.2014 – 1 U 89/13 = BeckRS 2016, 11832

3902

Zahnextraktion / Nervverletzung (hier: Verletzung und Lähmung des nervus alveolaris nach einer Weisheitszahnentfernung).

Mann. Zahnarzthaftung / Behandlungsfehler beim Entfernen eines Weisheitszahnes trotz unzureichender Röntgenaufnahmen.

Betrag: 6.000 € **Haftung: 100 %**
immVorb: – **MdE: –**

LG Köln 6.12.2007 – 5 U 709/07 = unveröffentlicht

5019

Zahnschmerzen / Zahnmarkentzündung (hier: Pulpitis bzw. Zahnmarkentzündung mit erheblichen Zahnschmerzen zumal die Pulpitis „schon in eine Wurzelkanalentzündung übergegangen“ war, so das OLG. Ferner habe „der Sachverständige ausgeführt, dass die dauerhafte, teils hochgradige thermische Empfindlichkeit der behandelten Frontzähne und die dann nachfolgenden Abszedierungen, die im … und im … im Bereich des Zahnes 21 und im … im Bereich der Zähne 11 und 12 aufgetreten und von dem Zahnarzt Dr. Dr. M behandelt worden sind, als Folgen der Pulpitis zu bewerten sind“ und „dass es nach wie vor zu Rötungen und Schwellungen im Bereich der behandelten Frontzähne komme, insbesondere beispielsweise bei der Nahrungsaufnahme, wenn es zu einem schmerzhaften Kontakt der Nahrung mit den Zähnen kommt“, so das OLG.)

56j. Frau. Zahnarzthaftung wegen Aufklärungspflichtverletzung im Zusammenhang mit dem Einsatz sogenannter Veneers bzw. Keramikverblendschalen, die „im Wesentlichen auch aus kosmetischen Gründen erfolgte“, so das OLG. Dauerschaden: „Bei der Schmerzensgeldbemessung fällt … ins Gewicht, dass die Klägerin … unter einer dauerhaften thermischen Empfindlichkeit der behandelten Frontzähne leidet und dass bei ihr im Bereich dieser behandelten Zähne regelmäßig Rötungen und Schwellungen, beispielsweise bei der Nahrungsaufnahme, eintreten, sodass die Klägerin gehalten ist, sich ihre Nahrung kleinzuschneiden, um möglichst eine Kontaktaufnahme der Nahrung mit den Frontzähnen zu vermeiden … [und], dass die Klägerin mit der Sorge leben muss, dass … die behandelten Frontzähne möglicherweise dauerhaft … nicht zu erhalten sind. Dagegen war für die Schmerzensgeldbemessung nicht zu berücksichtigen, dass es tatsächlich zu dem genannten Verlust der Frontzähne kommen kann. Ein solcher zwar möglicher, aber derzeit nicht absehbarer Verlust der Frontzähne ist dem Feststellungsausspruch vorbehalten“, so das OLG.

Betrag: 8.000 € **Haftung: 100 %**
immVorb: Ja **MdE: –**

OLG Hamm 30.5.2011 – 3 U 205/10 = BeckRS 2011, 15374

dd) Zahnverlust (bis zu 2 Zähne)

7743

Zahnverlust (hier: Verlust eines Schneidezahns).

Mann. Kein Schmerzensgeldanspruch: Ballspiel mit Freunden am Pool erfolgte auf eigene Gefahr. Das AG Erlangen hatte die auf Schmerzensgeld gerichtete Klage abgewiesen. Dieser hatte beim Spiel mit Freunden am Pool einen Schneidezahn verloren, als er – am Beckenrand stehend und mit einer Bierdose in der Hand – von einem Ball getroffen worden und in den Pool gefallen war, wo er sich am Beckenrand den Zahn ausschlug. Das LG Erlangen hatte mit Hinweisbeschluss v. 14.4.2025 – 15 S 7420/24 darauf hingewiesen, dass sich dabei das allgemeine Lebensrisiko verwirklicht habe. Durch seine Teilnahme am Ballspiel habe der Kläger das Risiko bewusst in Kauf genommen, von einem Ball getroffen zu werden. Zudem habe er sich nach dem Verlassen des Pools und durch das – wenn auch nur noch beiläufige – Mitspielen vom Beckenrand aus nicht „eindeutig und erkennbar“ erklärt, dass er nicht mehr am Spiel teilnimmt. Zudem habe er das Risiko einer Verletzung erhöht, indem er eine Bierdose in der Hand gehalten habe und sich somit beim Sturz bzw. dem Abrutschen nicht habe abfangen können. Dem Hinweisbeschluss folgend nahm der Kläger seine Berufung zurück.

Betrag: – **Haftung: –**
immVorb: – **MdE: –**

AG Erlangen 25.11.2024 – 5 C 462/24 = BeckRS 2024, 51064

4638

Zahnverlust (hier: Verlust des Zahns 38, den der behandelnde Zahnarzt anstelle des eigentlich zu ziehenden Zahnes extrahiert hatte. es kam zu einer starken Blutung, die erst nach ca. 48 Stunden vollständig gestillt werden konnte).

16j. Mann. Zahnarzthaftung (hier: Behandlungsfehler bei Zahnextraktion).

Betrag: 700 € **Haftung: 100 %**
immVorb: Ja **MdE: –**

LG Hamburg 4.2.2011 – 323 O 170/10 = BeckRS 2011, 142508

5722

Zahnverlust (hier: Verlust von zwei Schneidezähnen. Schneidezahn 21 ging sofort verloren und ein zweiter, nämlich der Zahn 22, musste ihr aufgrund massiver Beschädigungen – Querfraktur im mittleren Wurzeldrittel – entfernt werden).

Frau. Bedingt vorsätzliche Körperverletzung in Form einer sogenannten Kopfnuss. Dauerschaden: Zahnverlust. „Bei der Bemessung des Schmerzensgeldes hat das Gericht einerseits das vorstehend geschilderte Verletzungsbild gewürdigt. Andererseits geht das Gericht, wie ausgeführt, nicht von einem direkten Vorsatz der Beklagten aus. Auch eine durch Nachtblindheit und das große Gedränge entstandene Panikreaktion der Beklagten vermag nicht ausgeschlossen zu werden. Diese Umstände sprechen für eine zurückhaltende Schmerzensgeldbemessung. Hinzutritt, dass die Beklagte selbst verletzt worden ist …“.

Betrag: 750 € **Haftung: 100 %**
immVorb: – **MdE: –**

AG Aachen 13.9.2005 – 10 C 285/04 = BeckRS 2005, 151214

3568

Zahnextraktion (hier: Verlust der Zähne 15 und 25).

Frau. Zahnarzthaftung (hier: Diagnosefehler bezüglich Karies an den später extrahierten Zähnen. Grober Behandlungsfehler!)

Betrag: 750 € **Haftung: 100 %**
immVorb: – **MdE: –**

AG Aachen 30.11.2004 – 10 C 273/04 = BeckRS 2004, 152823

4299

Zahnverlust (hier: Backenzahnverlust / Verlust des linken oberen Backenzahns).

Mann. Zahnarzthaftung: Grober Behandlungsfehler. Dauerschaden: Zahnverlust. Es wurde eine Brücke eingefügt. Dauerschaden: Zahnverlust mit den zu erwartenden weiteren Behandlungen.

Betrag: 800 € **Haftung: 100 %**
immVorb: Ja **MdE: –**

AG Neu-Ulm 6.11.2003 – 3 C 3255/02 = BeckRS 2003, 154206

5944

Zahnverlust (hier: Verlust des Zahns 44).

44j. Frau. Zahnarzthaftung (hier: Einfacher Behandlungsfehler im Zusammenhang mit vorgeblich nicht indizierter und nicht eingewilligter Extraktion von Zähnen). Dauerschaden: Extraktion von Zahn 44.

Betrag: 1.000 € **Haftung: 100 %**
immVorb: Ja **MdE: –**

LG Heidelberg 16.2.2011 – 4 O 133/09 = BeckRS 2011, 4657

4163

Zahnverlust (hier: Backenzahnverlust links unten. Zahn 37).

Frau. Zahnarzthaftung (hier: Behandlungsfehler bei Zahnwurzelbehandlung. Es kam zu einer Zahnwurzelperforation und daraus resultierend zum Zahnverlust).

Betrag: 1.250 € **Haftung: 100 %**
immVorb: – **MdE: –**

OLG Frankfurt a. M. 31.3.2009 – 8 U 173/08 = BeckRS 2009, 139902

6749

Zahnverletzung / Zahnverlust (hier: Lockerung der Eckzähne Nr. 13 und 23 im Oberkiefer mit anschließender Entfernung und Totalprothese), Oberlippenverletzung in Form einer Schwellung sowie Prellungen am Hinterkopf und am Brustbein mit Blutergüssen.

31j. Mann (LKW-Fahrer). Ambulante Heilbehandlung. MdE ca. 90 Tage 100 %. Vorsätzliche Körperverletzung durch mehrere Schläge ins Gesicht.

Betrag: 1.500 € **Haftung: 100 %**
immVorb: – **MdE: –**

AG Koblenz 16.1.2019 – 161 C 1044/16 = BeckRS 2019, 54829

5299

Zahnverlust (hier: Verlust des Zahnes 44, der jedoch (nur) mitursächlich durch den Drittwiderbeklagten verursacht worden war. Zudem Schmerzen aufgrund der Nachresektion und Wundheilungsstörungen).

Frau. Zahnarzthaftung / Behandlungsfehler im Zusammenhang mit dem Einsatz eines Langzeitprovisoriums, welches jedoch lediglich zwei Monate hielt. Bei der Schmerzensgeldbemessung hatte das Gericht berücksichtigt, „dass die Beklagte Schmerzen aufgrund der Nachresektion und Wundheilungsstörungen erlitten hatte, aber auch, dass der Verlust des Zahnes 44 (nur) mitursächlich durch den … Beklagten verursacht worden war" so das OLG wörtlich.

Betrag: 1.500 € **Haftung: 100 %**
immVorb: – **MdE: –**

OLG München 15.2.2017 – 3 U 2991/16 = BeckRS 2017, 102072

5310

Zahnverlust / Zahnschmerzen (hier: Verlust des Zahnes 44 und Zahnschmerzen aufgrund der Nachresektion).

Frau. Zahnarzthaftung / Behandlungsfehler im Zusammenhang mit dem Einsatz eines Langzeitprovisoriums, welches jedoch nur für kurze Zeit seinen Zweck erfüllt hatte. Das OLG verdoppelte den vom LG zuerkannten Betrag und führte aus, es sei vor allem zu berücksichtigen gewesen, dass die Beklagte Schmerzen aufgrund der Nachresektion und Wundheilungsstörungen erlitten hatte, aber auch, dass der Verlust des Zahnes 44 (nur) mitursächlich durch den Drittwiderbeklagten verursacht worden war.

Betrag: 1.500 € **Haftung: 100 %**
immVorb: – **MdE: –**

OLG München 15.2.2017 – 3 U 2991/16 = BeckRS 2017, 102072

4706

Zahnverlust (hier: Schneidezahnverlust).

13j. Junge. Ambulante zahnärztliche Behandlung; anfänglich sehr starke Schmerzen. Dauerschaden: Schneidezahnprothese auf Dauer erforderlich; dh diese muss über die ges. Lebensdauer des Klägers stets bei Bedarf neu eingebracht werden. [Ursache: Stockspiel mit denen die beiden Jungs – Kläger und Beklagter – sich ähnlich einem Fechtkampf stießen.]

Betrag: 1.500 € **Haftung: 50 %**
immVorb: Ja **MdE: –**

OLG München 22.11.2012 – 23 U 3830/12 = BeckRS 2012, 24219

3772

Zahnverlust (hier: Verlust von zwei Zähnen nach Fehldiagnose und mehrfacher Zahnwurzelbehandlung).

Frau. Zahnarzthaftung. Diagnosefehlerbedingt verlor die Kl. zwei Zähne. Zunächst wurden die Zähne einer Zahnwurzelbehandlung unterzogen. Es kam zu längeren

Folgeschmerzen und einer erneuten Zahnwurzelbehandlung. Später mussten die so behandelten Zähne entfernt und Implantate eingesetzt werden. Das OLG verurteilte den Bekl. zu 5.500 EUR (Implantatkosten) und zu dem oa Schmerzensgeld, da sie über einen längeren Zeitraum Schmerzen erleiden musste.

Betrag: 1.500 € **Haftung: 100 %**
immVorb: – **MdE: –**

OLG Köln 1.3.2006 – 5 U 148/04 = BeckRS 2007, 5624

3123

Zahnverletzung / Zahnverlust (hier: Dem Kl. wurden 2 Zähne im Oberkiefer gezogen und mussten ersetzt werden.). Zudem: HWS-Syndrom.

Mann. MdE 4 Wochen 100 %. Das sehr späte Aufsuchen eines Zahnarztes, auf das sich die Bekl. klagabweisend zu berufen versuchte, wertete das AG nicht entsprechend. Der Kl. habe nachvollziehbar zunächst abwarten wollen, ob sich die Zähne wieder festigen, so das LG.

Betrag: 1.534 € **Haftung: 100 %**
immVorb: – **MdE: –**

AG Braunschweig 7.2.2001 – 114 C 4075/00 = unveröffentlicht

3484

Zahnverlust (hier: Verlust eines Zahnes).

8j. Kind (Mädchen). Zahnarzthaftung (Behandlungsfehler).Dauerschaden: Zahnverlust eines gesunden, bleibenden Zahnes.

Betrag: 1.534 € **Haftung: 100 %**
immVorb: – **MdE: –**

LG Lübeck 1.2.2000 – 6 S 165/98 = unveröffentlicht

2517

Zahnverlust / Zahnfraktur (hier: „Fraktur des 1. und 2. Schneidezahns des rechten Unterkiefers", von denen einer entfernt werden musste) sowie Kontusion des Unterkiefers und Platzwunden an der Unterlippe durch einen Faustschlag ins Gesicht.

16j. Junge. 2 1/2 Monate in zahnärztlicher Behandlung. Wegen des Zahnverlustes erhielt er eine Brücke. [Mindernd berücksichtigt wurde Alter und Mittellosigkeit des Bekl.(15j.)].

Betrag: 1.534 € **Haftung: 100 %**
immVorb: Ja **MdE: –**

LG Hildesheim 13.5.1998 – 2 O 55/98 = unveröffentlicht

4169

Zahnverlust (hier: Verlust eines Schneidezahns).

7j. Kind (Schülerin). Dauerschaden: Schneidezahnverlust. Die Klägerin sah sich während ihrer gesamten Kindheit und in Ihrer Jugend dem Spott ihrer Mitschüler wegen der Zahnlücke ausgesetzt, denn in der Wachstumsphase konnte kein Implantat gesetzt werden. Dies geschah erst im Alter von 19 Jahren.

Betrag: 1.800 € **Haftung: 100 %**
immVorb: Ja **MdE: –**

AG Köln 3.4.2009 – 265 C 189/07 = BeckRS 2016, 3054

6208

Zahnverlust (hier: Verlust zweier Schneidezähne im Oberkiefer). Zudem erlitt der Kläger eine leichte Gehirnerschütterung.

Mann. Mehrere zahnärztliche Behandlungen. Bei der Bemessung berücksichtigte das OLG, dass der Kläger „bis zum Einsatz des Provisoriums durch die in der Öffentlichkeit sichtbare Zahnlücke beeinträchtigt war. Außerdem sind die bereits erlittenen und noch zu erwartenden körperlichen Schmerzen im Rahmen der diversen Zahnbehandlungen zu berücksichtigen, denen der Kl. unterworfen war bzw. sein wird", so das OLG. [Ursache: Skiunfall]

Betrag: 2.000 € **Haftung: 100 %**
immVorb: – **MdE: –**

OLG Dresden 1.4.2004 – 7 U 1994/03 = VersR 2004, 1567

3504

Zahnverlust. Dem Kläger wurden während der insgesamt fünfjährigen Zahnarztbehandlung ein bis zwei Zähne gezogen, die jedenfalls zu diesem Zeitpunkt nicht hätten gezogen werden müssen und noch 10 bis 15 Jahre hätten genutzt werden können. Zudem erlitt er eine schmerzhafte Mundverletzung (hier: Osteolyse mit sehr schmerzhafter lang andauernder Mundraumentzündung).

Mann. Zahnarzthaftung (hier: Behandlungsfehler bei Wurzelkanalbehandlung). Infolge der Osteolyse kam es zu einer „äußerst schmerzhaften Entzündung im Mundraum".

Betrag: 2.045 € **Haftung: 100 %**
immVorb: – **MdE: –**

OLG München 28.11.2002 – 1 U 1973/00 = BeckRS 2002, 30296076

4866

Zahnverlust. „Der Zahn 48 ist aufgrund des Behandlungsfehlers abgebrochen und dadurch endgültig verloren", so das OLG, dass zudem von einer „nutzlosen zahnärztlichen Behandlung" sprach. [vgl. unter: „Zahnärztliche Behandlung, nutzlose …".

Mann. Zahnarzthaftung / Behandlungsfehler. „Bei der Bemessung des Schmerzensgeldes hat der Senat berücksichtigt, dass sich der Beklagte einer letztlich nutzlosen zahnärztlichen Behandlung unterziehen musste. Er musste die zahnprothetische Versorgung durch einen anderen Zahnarzt noch einmal vornehmen lassen, wodurch er nochmals eine unangenehme und langwierige Behandlung vornehmen lassen musste", so das OLG. [vgl. unter: „Zahnärztliche Behandlung, nutzlose …"]

Betrag: 2.500 € **Haftung: 100 %**
immVorb: – **MdE: –**

OLG Hamm 5.9.2014 – 26 U 21/13 = BeckRS 2014, 19893

6913

Zahnverlust (hier Verlust eines Schneidezahns). Zudem erlitt der Kläger „ein Hämatom unter dem rechten Auge, eine stecknadelkopfgroße Wunde an der rechten Schädeldecke, eine Thoraxprellung, eine Schürfwunde am Handgelenk sowie eine Schädelprellung", die das LG als „Zufügung kleinerer Verletzungen" ansah.

29j. Mann. Bei der Schmerzensgeldbemessung berücksichtigte das LG „insbesondere der Grad ihres Verschuldens sowie die Dauerhaftigkeit der Entstellung des Klägers infolge des Schneidezahnverlusts" und orientierte sich an der Entscheidung des OLG Köln → Nr. 5734. [Ursache: Massenschlägerei wobei die Beklagten dem Kläger im Rahmen einer gemeinschaftlich begangenen gefährlichen Körperverletzungshandlung mit einer zeitweisen 10 zu 4 Überzahl die Verletzungen beigebracht hatten].

Betrag: 3.000 € **Haftung: 100 %**
immVorb: – **MdE: –**

LG Offenburg 20.3.2020 – 2 O 543/18 = BeckRS 2020, 28388

6099

Zahnverlust (hier: Verlust eines Backenzahnes im Oberkiefer).

Frau. Zahnarzthaftung (hier: Fehlerhafte Behandlungsdokumentation im Zusammenhang mit einer Wurzelbehandlung. „Eine Behandlungsdokumentation, die den Eindruck nachträglicher Veränderungen aufweist, ist nach Einschätzung des Senats nicht zum Nachteil des Patienten zu verwerten"). Dauerschaden: Verlust eines Backenzahns.

Betrag: 3.000 € **Haftung: 100 %**
immVorb: Ja **MdE: –**

OLG München 14.9.2016 – 3 U 753/13 = BeckRS 2016, 16487

4851

Zahnverlust (hier: 2 Zähne) nach prothetischer Versorgung des Oberkiefers.

Frau. Zahnarzthaftung, Behandlungsfehler und Aufklärungspflichtverletzung. Beim Überkronen und damit verbundenen Präparieren der Abutments bzw. Stützpfeilers wurden die Schraubenköpfe mehrerer Implantate beschädigt, sodass es zu Entzündungen kam. Darüber, dass die von den Beklagten gewählte Lösung eine zeitlich begrenzte Haltbarkeit gehabt habe, sei die Klägerin zudem nicht hinreichend aufgeklärt worden.

Betrag: 4.000 € **Haftung: 100 %**
immVorb: – **MdE: –**

OLG Hamm 16.12.2014 – 26 U 81/14 = BeckRS 2015, 6017

4026

Zahnverlust.

Frau. Langwierige Heilbehandlung. [Anmerkung: Das OLG wertete schmerzensgeldmindernd „die wirtschaftlichen Belange" der Beklagten, die auf einem Volksfest ihr Bierglas in die Menge geworfen hatte, welches die Kl. im Gesicht traf. Dieser Auffassung des OLG ist in einem solchen Fall nicht zuzustimmen. Siehe hierzu Beck'sche Schmerzensgeldtabelle Kap. IV 2g].

Betrag: 4.000 € **Haftung: 100 %**
immVorb: – **MdE: –**

OLG Naumburg 29.11.2006 – 6 U 114/06 = BeckRS 2006, 27893

5734

Zahnverlust (hier: Abbrechen von zwei Schneidezähnen durch Querfrakturen. Einer der beiden Zähne ist devital und verfärbt, während der zweite eine geringe Verfärbung und eine verzögerte Vitalität aufweist.

9j. Kind (Schüler). Langwierige Heilbehandlung: Der Kläger wird „... über einen Zeitraum von mehr als zwei Jahren eine fortwährende Behandlung auf Grund intervallartiger Beschwerden auf sich nehmen" müssen. Ihm stehe somit noch eine aufwendige zahnärztliche Behandlung bevor, bei der die endgültige prothetische Behandlung erfolgen wird. Bis sich der Kl. zunächst an das Provisorium und dann an die prothetische Versorgung gewöhnt hat, ist er zudem erheblichen Unannehmlichkeiten und Einschränkungen beim Abbeißen ausgesetzt, so das OLG. [Ursache: Schwere Prügelei unter Schülern. Der Beklagte, bereits fast 14j. Schüler, setzte er sich auf den Rücken des am Boden liegenden Kl. und schlug dessen Kopf auf das Pflaster auf. Hierdurch brachen zwei bleibende Schneidezähne ab].

Betrag: 6.000 € **Haftung: 100 %**
immVorb: – **MdE: –**

OLG Köln 17.5.2006 – 19 U 37/06 = BeckRS 2006, 14235

4531

Zahnverlust / Nervverletzung (hier: Verletzung des nervus lingualis nach Weisheitszahnextraktion des Weisheitszahnes 38. Es kam zu einer Entzündung und einem Logenabszess. Deshalb musste eine hochdosirte Antibiotikatherapie durchgeführt werden).

Mann. „Fast" 3 Wochen stationär; operative Abszessöffnung und Narbenkorrekturoperation. Die danach verbliebene Narbe bezeichnete das OLG als „unauffällig". Zahnarzthaftung (hier: Fehlerhafte Weisheitszahnextraktion).

Betrag: 6.000 € **Haftung: 100 %**
immVorb: – **MdE: –**

OLG Düsseldorf 26.1.2006 – 8 U 86/05 = BeckRS 2013, 7058

5740

Zahnverletzung / Zahnverlust (hier: Verlust von zwei Schneidezähnen mit der Gefahr einer Wurzelentzündung sowie weiterer Bruchgefährdung).

9j. Kind (Schüler). Langwierige zahnärztliche Heilbehandlung. „Überdies hat der Kl. noch bis zum Abschluss seines Wachstums mit dem Provisorium zu leben, bis eine bleibende prothetische Versorgung möglich ist. Für den Kl. ist dies über einen langen Zeitraum mit Beeinträchtigungen verbunden", so das LG, das schmerzensgeldmindernd die Provokation auch des Klägers berücksichtigte. [Ursache: Faustschlag in das Gesicht während einer Rauferei].

Betrag: 6.000 € **Haftung: 100 %**
immVorb: – **MdE: –**

LG Köln 25.1.2006 – 16 O 479/04 = BeckRS 2006, 14232

6683

Zahnverlust (Zahn 14 sowie ggf. auch Zahn 15) sowie Zahnschmerzen im Zusammenhang mit einer Zahnwurzelfraktur und zwar noch in der Zukunft liegendem, jedoch bereits feststehenden Zahnverlust des Zahnes 14. Infolge des Behandlungsfehlers kam zu gravierenden Strukturschäden im Bereich der Zahnwurzel und des Zahnhalteapparates, so dass der Kontakt der Zahnwurzel zum Knochen und zum Weichgewebe nahezu verloren gegangen war sowie zu einem sehr langwierigen und über einen Zeitraum von über einem Jahr andauernden eitrigen Entzündungsprozess.

Frau. Zahnarzthaftung im Zusammenhang mit der nicht indizierten Eingliederung eines Wurzelstiftes bei Zahn

14. Indem die Achsrichtung der Wurzel verlassen wurde, kam es zu einer Wurzelfraktur und zu einer irreversiblen Schädigung des Zahnes 14. „Im vorliegenden Fall kommt erschwerend hinzu, dass der Verlust des Zahnes 14 bereits feststeht und nicht nur als möglich erscheint, so dass dieser Umstand bei der Bemessung des Schmerzensgeldes Eingang finden musste und nicht dem Feststellungsantrag vorbehalten bleibt". Bei der Bemessung berücksichtigte das OLG dies sowie, dass eine Neuversorgung der Region notwendig und auch „der Fortbestand des Zahnes 15 zumindest fraglich ist". Insofern orientierte sich das OLG ua an den Entscheidungen des OLG Hamm → Nr. 5019 und → Nr. 4798.

Betrag: 8.000 € **Haftung: 100 %**
immVorb: Ja **MdE: –**

OLG Brandenburg 11.3.2021 – 12 U 112/20 = BeckRS 2021, 5646

5247

Zahnverlust (hier: Verlust eines Zahns) und „frakturiertes und mit einer periimplantären Entzündung behaftete Implantat … " mit „erheblichen Schmerzen und Beeinträchtigungen" sowie weiteren „nachvollziehbaren, psychischen Beeinträchtigungen" und Folgen [siehe unter Einzelheiten].

Frau. Langwierige Heilbehandlung die zudem schmerzhaft und durch den mehrfachen Zahnimplantatsverlust auch psychisch sehr belastend war. Zahnarzthaftung. Dauerschaden: Zahnverlust. Diese alles wurde vom OLG bei der Bemessung berücksichtigt. Allerdings sah das OLG das von der Klägerin begehrte Schmerzensgeld in einer Höhe von 30.000,- EUR als überhöht; ein solcher Betrag überschreite „das in etwa vergleichbaren Fallgestaltungen Übliche bei Weitem", so das OLG, und werde nur „in Fällen allerschwerster Dauerfolgen zuerkannt".

Betrag: 11.500 € **Haftung: 100 %**
immVorb: – **MdE: –**

OLG Köln 26.8.2015 – 5 U 21/15 = BeckRS 2016, 6159

ee) Zahnverlust (mehr als 2 Zähne)

6813

Zahnprothesenverlust (hier: Nicht unerhebliche Beeinträchtigungen der Lebensqualität infolge des dreimonatigen Verlustes der Zahnprothese).

Mann. Krankenhaushaftung (hier: Abhandenkommen der Zahnprothese eines Patienten während des stationären Aufenthaltes). Der Kläger befand sich wegen einer Operation für sechs Tage im Krankenhaus und musste dabei seine Zahnprothese in einen dafür vorgesehenen Behälter legen. Nach der Operation wurde er auf eine andere Station verlegt wobei die erst ca. ein Jahr alte Zahnprothese verloren ging; sie blieb unauffindbar. Bis zur Neuanfertigung vergingen drei Monate in denen der Kläger ohne Zahnprothese leben musste. Das AG gab dem Kläger Recht, der sich dadurch in seiner Lebensqualität stark beeinträchtigt sah. Insofern betonte das AG, dass der Kläger besonders bei der Nahrungsauswahl auf weiche Kost beschränkt gewesen sei. Zudem habe ihm – bei nur vier verbleibenden Zähnen im Oberkiefer – ohne die Prothese jede Nahrungsaufnahme Schmerzen bereitet.

Betrag: 500 € **Haftung: 100 %**
immVorb: – **MdE: –**

AG Nürnberg 23.6.2021 – 19 C 867/21 = BeckRS 2021, 20841

3451

Zahnverlust (hier: Verlust von 4 Zähnen)

Mann. Dauerschaden: Zahnverlust; [Ursache: Gabelbrückenbruch eines Mountainbike / Produzentenhaftung].

Betrag: 2.000 € **Haftung: 100 %**
immVorb: – **MdE: –**

OLG Köln 27.8.2002 – 3 U 116/00 = BeckRS 2003, 386

2805

Unterkieferfraktur, doppelte sowie Zahnverlust und Zahnverletzung (hier: Verlust von 4 Zähnen und Beschädigung von 9 Zähnen). Kinnplatzwunde. Unterarmfraktur (hier: „Nicht dislozierte Radiusköpfchenfraktur".)

Frau. 10 Tage stationär; 2 Monate ambulante Heilbehandlung. Metallimplantat; spätere Entfernungsoperation; Dauerfolgen im Kiefer- und Zahnbereich nicht auszuschließen!

Betrag: 2.045 € **Haftung: 50 %**
immVorb: Ja **MdE: –**

OLG Schleswig 3.2.2000 – 7 U 9/99 = BeckRS 2000, 168012

3743

Zahnverlust (hier: Verlust von 3 Zähnen); Unterlippenverletzung. HWS-Syndrom und Prellungen.

Mann. Ambulante, langwierige Heilbehandlung / Zahnbehandlung, die auch zum Verkündungszeitpunkt des Urteils noch andauerte. Dauerschaden: Zahnverlust.

Betrag: 2.731 € **Haftung: 100 %**
immVorb: Ja **MdE: –**

AG Paderborn 21.1.2005 – 53 C 162/04 = unveröffentlicht

5682

Zahnverlust (hier: Oberkieferfraktur in Form einer Aveolarfortsatzfraktur, [Fraktur des die Zähne tragenden Kieferknochensegments] mit der Folge des Verlustes der Zähne 11, 12 und 13.

14j. Kind (Schüler). Langwierige Heilbehandlung. Dauerschaden: Zahnverlust; die drei verlorenen Zähne müssen nach Abschluss des Kieferwachstums überkront werden. [Ursache: Grobe Rücksichtslosigkeit beim Fußballspielen. Der Beklagte schoss in der Pause den Ball wobei ihm die Gefahr bewusst war, den Kläger, der als Schiedsrichter tätig war, durch seinen Schuss zu treffen und traf die Flasche, die sich der Kläger gerade an den Mund geführt hatte].

Betrag: 3.068 € **Haftung: 100 %**
immVorb: – **MdE: –**

OLG Stuttgart 1.12.2000 – 2 U 54/00 = BeckRS 2001, 50

5285

Zahnverlust / Zahnimplantatverlust (hier: Verlust der Implantate 25 bis 27).

Mann (Zahntechniker). Zahnarzthaftung wegen Behandlungsfehlers der „implantologischen Behandlung lediglich die linke Oberkieferhälfte (Verlust der Implantate 25 bis 27)". Bezüglich der Schmerzensgeldbemessung führte das OLG aus: „ Was die Folgen der fehlerhaften Behandlung bezüglich der linken Oberkieferseite und das zugesprochene Schmerzensgeld von 4.000,- EUR betrifft, besteht keine Veranlassung, dieses auf ...40.000,- EUR zu verzehnfachen".

Betrag: 4.000 € **Haftung: 100 %**
immVorb: – **MdE: –**

OLG München 24.1.2014 – 24 U 1556/13 = BeckRS 2016, 11317

6717

Zahnverlust, – Verlust von fünf Zähnen (11, 13 und 21 sowie 36 und 37) nach Behandlungsfehler in Form fehlender Passgenauigkeit. Dadurch kam es zu erheblicher Kariesbildung an diesen Zähnen, – zumal auch die Präparationsgrenzen nicht erreicht wurden. Als weitere Folge kam es schließlich zu einer Querfraktur im Kronenrandbereich der Zähne 12 und 13 und zum Verlust auch des Zahnes 21. Zusätzlich sind nach der Entfernung der Zähne 36 und 37 die gebotene Maßnahmen zur Wiederherstellung der Kaufunktionen unterblieben. Nach den Ausführungen des vom LG zugezogenen Sachverständigen hätte dem Beklagten bewusst sein müssen, dass der Kläger eine Prothese aufgrund der Extraktion der Zähne 36 und 37 gar nicht tragen konnte, sodass es zwangsläufig zu einer erhöhten Belastung der Frontzähne kommen würde.

48j. Mann. Zahnarzthaftung im Zusammenhang mit der Überkronung der Zähne 13, 12, 11, 21, 23, 36 und 37 sowie der Klammerversorgung mit einer Prothese der Zähne im Unterkiefer. Grober Behandlungsfehler in Bezug auf die Behandlung der Zähne 36 und 37, indem diese ohne genauere Untersuchung überkront und wenige Monate später extrahiert worden waren; zudem fehlte eine aussagekräftige Dokumentation. Auch in Bezug auf die Überkronung der Zähne 13, 12, 11, 21 und 23 lagen Behandlungsfehler vor, da zumindest an den Zähnen 11 und 13 keine Passgenauigkeit bestand, so dass auch diese beiden Zähne entfernt werden mussten. Zur Schmerzensgeldhöhe führte das LG aus: „Die Kammer hält das beantragte Schmerzensgeld von 5.000 EUR gemäß §§ 287 ZPO, 253 Abs. 2 BGB im Hinblick auf die aufgeführten zurechenbaren Schäden an den Zähnen für ausreichend aber auch erforderlich. Ein höheres Schmerzensgeld ist hingegen nicht auszusprechen, weil der Kläger für erhebliche Schmerzen, die ein noch höheres Schmerzensgeld rechtfertigen könnten, beweisfällig geblieben ist. Zu berücksichtigen sind ferner die zahlreichen erheblichen Vorschädigungen des Gebisses des Klägers und die damit verbundene schlechte Prognose für den langfristigen Erhalt der verlustig gegangenen Zähne". Das Urteil wurde eingereicht von Ra. Dr. jur. Martin Riemer, 50321 Brühl.

Betrag: 5.000 € **Haftung: 100 %**
immVorb: Ja **MdE: –**

LG Köln 16.12.2020 – 3 O 326/18 = BeckRS 2020, 38616

6142

Zahnverletzungen und Zahnverlust von drei Zähnen (hier: Verletzungen an zehn Zähnen wobei die „Beschädigung der Zähne 13 bis 22 im Frontbereich" am „schwerwiegendsten" waren. „Ein Zahn (22), bei dem eine Totalluxation mit Wurzelfraktur vorlag, musste sofort gezogen werden. Die anderen Zähne wurden mit einer Schiene fixiert und ruhiggestellt, um wieder einzuheilen. Die Schiene musste der Kl. drei Monate lang tragen. Zwei Zähne wuchsen nicht fest an, sie mussten ebenfalls entfernt, die Lücken müssen prothetisch ausgeglichen werden"). Zudem erlitt der Kläger Prellungen (hier: Lendenwirbelsäulenprellung, Beckenprellung und Ellenbogenprellung) sowie einen Bluterguß an der Nasenwurzel.

Mann. MdE 21 Tage 100 %. Für die Dauer von 90 Tagen musste der Kläger eine Zahnschiene tragen, Sprache, Kauvermögen und Ästhetik waren in dieser Zeit beeinträchtigt. Langwierige Heilbehandlung, sehr schmerzhafte Verletzung. Dauerschaden: Verlust von drei Zähnen. [Ursache: Pkw-Führer-Haftung bei Radweg-Kollision mit Rennradfahrer].

Betrag: 5.113 € **Haftung: 100 %**
immVorb: – **MdE: –**

OLG Hamm 27.4.1998 – 32 U 1/98 = BeckRS 9998, 3043

5833

Zahnverletzung / zahnverlustähnliche Zahnverletzungen (Zahnfrakturen von insgesamt fünf Zähnen), Nasenbeinfraktur, Schädelprellung mit Gehirnerschütterung und Monokelhämatom. Erhebliche psychische Beeinträchtigung: „Durch die Kunstoffaufbauten an den Zähnen ist der Kläger in seiner Lebensqualität beeinträchtigt. Er ist dadurch weit über das normale Maß hinaus im Umgang mit Gleichaltrigen verunsichert, da er mit den Kunststoffaufbauten im für jedermann sichtbaren Zahnbereich zusätzliche Angst hat, auf Ablehnung zu stoßen, da die Aufbauten das äußere Erscheinungsbild nachhaltig verschlechtern", so das LG.

Kind (Jugendlicher / Schüler). 4 Tage stationär. Dauerschaden: Psychische Beeinträchtigung / Angst, wegen seiner Zahnprothesen bei anderen jungen Leuten auf Ablehnung zu stoßen. [Ursache: Schlägerei – Vorsätzliche Körperverletzung].

Betrag: 6.500 € **Haftung: 100 %**
immVorb: – **MdE: –**

LG Köln 28.2.2008 – 37 O 670/07 = BeckRS 2009, 8792

3483

Zahnverlust, völliger ... im Unterkiefer mit Nervverletzung (Nervus Trigeminus).

Frau. Zahnarzthaftung: Behandlungsfehlerbedingt wurden der Kl. sämtliche Zähne im Unterkiefer entfernt und eine Zahnprothese eingefügt. Hierdurch kam es zur Nervreizung. Zudem erlitt die Kl. über 10 Monate starke Schmerzen wegen der Prothesenfehlanpassung (Knochengrate). In dieser Zeit konnte sie sich nur mit Flüssigprodukten ernähren.

Betrag: 7.500 € **Haftung: 100 %**
immVorb: Ja **MdE: –**

OLG Zweibrücken 2.12.2003 – 5 U 23/02 = BeckRS 2003, 30334832

4739

Zahnverlust (hier: Verlust der Zähne 11, 12 und 21) nach Oberkieferfraktur (hier: sogenannte Alveolarfortsatzfraktur, d.h. Fraktur des die Zähne tragenden Knochens im Oberkiefer) sowie Gehirnerschütterung und Stirnplatzwunde.

Frau. 4 Tage stationär mit mehreren Zahn-/Kieferoperationen. MdE 30 Tage 100 %. Dauerschaden: Zahnverlust; eine Implantatversorgung der fehlenden Zähne war nicht möglich.

Betrag: 9.000 € **Haftung: 100 %**
immVorb: Ja **MdE: –**

LG Darmstadt 18.7.2012 – 19 O 91/09 = unveröffentlicht

2775

Zahnverlust (hier: Reihen- oder Totalextraktion; der Kl. wurden sämtliche 14 noch vorhandenen Zähne des Oberkiefers und vier Zähne des Unterkiefers gezogen, ohne vorherige Erhaltungsdiagnostik und Erhaltungstherapieversuche!)

17j. Frau. Vorschaden: Starker Kariesbefall der Zähne. Arzthaftung: Aufklärungspflichtverletzung und Behandlungsfehler. Dauerschaden: Negative Prothetikbedingungen.

Betrag: 9.203 € **Haftung: 100 %**
immVorb: – **MdE: –**

OLG Oldenburg 2.3.1999 – 5 U 176/98 = BeckRS 9998, 16668

5047

Zahnverlust (hier: Verlust der Zähne 14, 15, 16 und 17 im Oberkiefer. Diese vier Zähne wurden „ohne notwendige Gesamtabklärung auf damit völlig unsicherer Grundlage" gezogen, wie das OLG ausführte).

Frau. Zahnarzthaftung. Diagnose: „Mehrfaches Zahnherdgeschehen mit Abwanderungen von Eiweißverfallsgiften in den rechten Schläfen- und Hinterkopfbereich und bis in den Unterleib". Darüber hinaus diagnostizierte er ein „Kieferknochenendystrophiesyndrom" und einen „stillen Gewebsuntergang im Knochenmark". Anschließend wurden der Klägerin die vier Zähne entfernt und der Knochen ausgefräst. Die gesamte Behandlung geschah ausdrücklich in Abweichung der anerkannten Methoden der Schulmedizin, was sich der behandelnde Zahnarzt auch von der Klägerin bestätigen ließ. Das LG sowie das OLG kamen zum Ergebnis, dass dem Beklagten zumindest drei Behandlungsfehler zur Last gelegt werden müssen: Entfernung von vier Zähnen ohne das Beschwerdebild ausreichend abzuklären; Unterlassung der interdisziplinären Befunderhebung sowie der Behandlung der chronischen Schmerzen. Das OLG wertet die ausdrückliche Einwilligung in die alternative Heilmethodik als schmerzensgeldmindernd und setzte das vom LG auf 15.000 EUR bemessene Schmerzensgeld auf 12.000 EUR herab.

Betrag: 12.000 € **Haftung: 100 %**
immVorb: Ja **MdE: –**

OLG Zweibrücken 19.4.2016 – 5 U 8/14 = BeckRS 2016, 8667

3241

Zahnverlust (hier: Entfernung von 4 Implantaten und anschließende Versorgung des Oberkiefers mit einer Totalprothese [Zahnverlust, völliger … im Oberkiefer].

Mann. Arzthaftung (hier Zahnärztlicher Behandlungsfehler). Obwohl das OLG bereits den „mit schweren Entzündungen und Schmerzen einhergehenden Verlust der beiden … Implantate bereits für sich [als] eine schwerwiegende Beeinträchtigung" bezeichnete, reduzierte es das Schmerzensgeld der Vorinstanz von 100.000 DM auf 30.000 DM und führte aus: „Fälle von zahnärztlichen… Fehlbehandlungen, die die Größenordnung von 10.000 EUR überschreiten, sind an sich schon relativ selten und regelmäßig mit erheblichen Dauerfolgen verbunden. … Dabei kommt Dauerfolgen, die sich im dauerhaften Verlust von natürlichen Zähnen äußern, für sich genommen eher untergeordnete Bedeutung zu (der Verlust eines Zahns rechtfertigt regelmäßig kein höheres Schmerzensgeld als 1.000 EUR)".

Betrag: 15.339 € **Haftung: 100 %**
immVorb: Ja **MdE: –**

OLG Köln 11.9.2002 – 5 U 230/00 = BeckRS 2002, 15336

2902

Zahnverlust, erheblicher (hier: Zahnextraktion 11, 12, 14, 15, 17, 21, 22, 23 im Oberkiefer und 36 sowie 46 im Unterkiefer. Kl. trägt nun eine Oberkieferprothese. Nur für die Extraktion von 15 und 22 lag medizinische Indikation vor!)

16j. Mann. Arzthaftung (hier: Fehlende Indikation bei erheblicher Zahnextraktion von 8 Zähnen. Dauerschaden: Oberkieferzahnprothese. Erhöhend: Das „jugendliche Alter" des Klägers.

Betrag: 15.339 € **Haftung: 100 %**
immVorb: Ja **MdE: –**

OLG Hamm 24.1.2001 – 3 U 107/00 = BeckRS 2001, 2528

l) Zungenverletzungen

7580

Zungenverletzung / Nervverletzung (hier: „bis heute fortbestehenden Funktionsstörung des Nervus hypoglossus der linken Seite" [Anmerkung: Dieser Nerv innerviert die Zungenmuskulatur und ist für die Bewegung der Zunge verantwortlich, die für das Sprechen und Schlucken entscheidend ist]).

56j. Frau. Arzthaftung im Zusammenhang mit der Operation am Hals wegen Paragangliomen / Glomustumoren; dabei kam es zu einer Nervenschädigung. Vorgerichtlich zahlte die Erstbeklagte in diversen Teilzahlungen insgesamt 160.000 EUR Schmerzensgeld an die Klägerin, die sich in der Folge erneut im Krankenhaus der Zweitbeklagten operieren ließ und – weil auch dort fehlerhaft gearbeitet worden war, indem dieser Eingriff zu einer bis heute fortbestehenden Funktionsstörung des Nervus hypoglossus der linken Seite geführt hatte – nun von beiden Beklagten zur ungeteilten Hand 60.000 EUR begehrte. „Aufgrund der [ergänze: zweiten] Operation hatte und hat die Klägerin zeitlich gerafft und komprimiert auf den 24-Stunden-Tag fünf Tage starke Schmerzen, 20 Tage mittelstarke Schmerzen und bis 31.3.2023 1.070 Tage leichte Schmerzen zu erleiden. Darüber hinaus ist davon auszugehen, dass die Klägerin weiterhin komprimiert und auf den 24-Stunden-Tag bezogen etwa 180 Tage leichte Schmerzen pro Lebensjahr erleiden wird." Das Erstgericht gab der Klage statt. Das Berufungsgericht gab den dagegen erhobenen Berufungen der Beklagten nicht Folge und hielt „selbst bei einer zeitlichen Einschränkung bis zum Schluss der Verhandlung erster Instanz bereits ein Schmerzensgeld von zumindest 220.000 EUR gerechtfertigt". Die dagegen von den Beklagten erhobenen Revisionen wies der OGH zurück und führte ua aus: „ Das Berufungsgericht erachtete konkret unter Aufwertung des bereits bezahlten Schmerzensgeldes von 123.000 EUR (auf 160.000 EUR) den Zuspruch von weiteren 60.000 EUR für angemessen. Dabei erörterte es auch ausführlich, welche konkreten Umstände bei der Klägerin zu berücksichtigen waren, und legte dar aufgrund welcher Entscheidungen, in denen ähnlich hohe Schmerzensgeldbeträge zugesprochen wurden, der zuerkannte Betrag als angemessen erachtet wurde. Es verwies auch auf die bisher höchstzugesprochenen Schmerzensgeldbeträge und grenzte diese vom vorliegenden Fall ab. Demgegenüber nimmt die Revision bei den von ihr zitierten Entscheidungen, mit denen sie dahingehend argumentiert, dass für schwerere Verletzungsbilder keine wesentlich höheren Beträge zugesprochen wurden, keine Inflationsbereinigung vor. Auf die konkreten Beeinträchtigungen der Klägerin geht die Revision überhaupt nicht ein. Auch in diesem Punkt zeigt die Erstbeklagte daher keine korrekturbedürftige Fehlbeurteilung auf."

Betrag: 220 € **Haftung: 100 %**
immVorb: – **MdE: –**

OGH Österreich 23.10.2024 – 9 Ob 62/24v = BeckRS 2024, 31672

3172

Zungenverletzung (hier: Zungenverletzung nach Zahnteilfraktur an einer Keramikverblendung. Die Keramikabplatzung führte zu „Beschwerden und Unannehmlichkeiten" und zu einer Zungenverletzung, aufgrund derer sie mehrere Tage lang keine gewürzten Speisen zu sich nehmen konnte und Schwierigkeiten beim Sprechen hatte).

Frau. Zahnarzthaftung (hier: Zweimaliges Abbrechen eines Teilstückes der Keramikverblendung an einer Metallkrone. Eine Teilfraktur ereignete sich während des Sommerurlaubes der Klägerin).

Betrag: 250 € **Haftung: 100 %**
immVorb: – **MdE: –**

LG Aachen 18.6.2003 – 11 O 423/01 = BeckRS 2010, 15363

2987

Zungenverletzung (hier: Komplikationen nach Zungenpiercing bzw. Zungenpiercen. Die Zunge schwoll stark an und es kam zu Eiterbildung im Mundboden und Entzündungen der Lymphknoten).

Frau. Behandlungsfehler in Form einer Aufklärungspflichtverletzung vor dem Piercen bzw. Piercing der Zunge (vgl. auch Zungenpiercing bzw. Zungenpiercen).

Betrag: 307 € **Haftung: 100 %**
immVorb: – **MdE: –**

AG Neubrandenburg 10.10.2000 – 18 C 160/00 = BeckRS 9998, 94572

5048

Zungenverletzung / Nervverletzung (hier: Verletzung des Zungennervs bzw. nervus lingualis).

31j. Mann. Zahnarzthaftung. Aufklärungspflichtverletzung bzgl. Behandlungsalternative in Bezug auf die als echte Alternative zur durchgeführten Leitungsanästhesie (= Betäubung ganzer Nervenbündel und somit großflächigere Betäubung) mögliche Behandlung mittels intraligamentärer Anästhesie (= Betäubung einzelner Zähne und somit gezieltere Betäubung). Dauerschaden: Taubheitsgefühl der Zunge; das sich jedoch „stark zurückgebildet hat", so das OLG, weshalb es nur 4.000 Euro zuerkannte.

Betrag: 4.000 € **Haftung: 100 %**
immVorb: – **MdE: –**

OLG Hamm 19.4.2016 – 26 U 199/15 = BeckRS 2016, 9324

4182

Nervverletzung (hier: Verletzung des für die Sprachfunktion wichtigen sogn. nervus lingualis im Zusammenhang mit der Entfernung von zwei Weisheitszähnen im Unterkiefer).

Frau. 4 Tage stationär. Arzthaftung / Zahnarzthaftung wegen Aufklärungspflichtverletzung in Bezug auf die Nervverletzung und somit fehlender Einwilligung zur Zahnextraktion.

Betrag: 5.000 € **Haftung: 100 %**
immVorb: Ja **MdE: –**

OLG Frankfurt a. M. 12.5.2009 – 8 U 51/08 = BeckRS 2013, 22842

3435

Zungenverletzung (hier: Gefühlsstörungen im Bereich der rechten Zungenhälfte und Mundhöhle nach Nervverletzung [nervus lingualis]).

Mann (Verkaufsleiter). Zahnarzthaftung (hier: Aufklärungspflichtverletzung im Rahmen einer Leitungsanästhesie). Dauerschaden: Gefühlsstörung der Zunge. Dies ist für den Kläger, der berufsbedingt Verhandlungsgespräche zu führen hat infolge der dadurch auftretenden Unsicherheit eine nicht unerhebliche Beeinträchtigung!

Betrag: 6.000 € **Haftung: 100 %**
immVorb: – **MdE: –**

OLG Koblenz 13.5.2004 – 5 U 41/03 = BeckRS 2004, 4942

3481

Zungenverletzung / Nervverletzung (hier: Verletzung des nervus lingualis).

Mann (Verkaufsleiter). Dauerschaden: Gefühlsstörung der Zunge und der rechten Mundhöhlenhälfte. Im Berufsalltag resultieren daraus – gerade in Bezug auf Verhandlungsgespräche – nicht unerhebliche Beeinträchtigungen für den Kläger.

Betrag: 6.000 € **Haftung: 100 %**
immVorb: – **MdE: –**

OLG Koblenz 13.5.2004 – 5 U 412/03 = NJW-RR 2004, 1026

2744

Zungenverletzung / Nervverletzung (hier: Subtotale, irreversible Schädigung des Zungennerves [Nervus lingualis] nach Weisheitszahnbehandlung. Es kam zu erheblicher Geschmacksinnbeeinträchtigung und Zungentaubheit).

Frau. Arzthaftung (hier: Aufklärungspflichtverletzung). Dauerschaden: Geschmacksinnbeeinträchtigung und Zungentaubheit [wörtlich: „Ihre Zunge blieb taub"].

Betrag: 7.669 € **Haftung: 100 %**
immVorb: – **MdE: –**

OLG Koblenz 11.6.1999 – 8 U 1495/98 = BeckRS 1999, 30062346

6155

Geschmackssinnverlust im vorderen Bereich der Zunge sowie Gefühllosigkeit im Bereich der Zunge nach Schädigung des Nervus lingualis bei einer Weisheitszahnextraktion. „Dass der Kläger den für die vorderen 2/3 der linken Zungenhälfte nachgewiesenen Ausfall der Geschmacksempfindung, vor allem aber die im gleichen Bereich eingetretene Gefühllosigkeit der Zunge als ausgesprochen störend empfindet, ist ohne weiteres nachvollziehbar", so das OLG.

Mann. Zahnarzthaftung (hier: Leicht fahrlässiger Behandlungsfehler bei der Ziehung eines Weisheitszahnes – mit Anästhesie, Analgesie und Ageusie der linken Zungenhälfte infolge eines Ausfalls des Nervus lingualis links). Dauerschaden: Geschmacksinnverlust für die vorderen 2/3 der linken Zungenhälfte und Gefühllosigkeit der Zunge.

Betrag: 7.669 € **Haftung: 100 %**
immVorb: – **MdE: –**

OLG Stuttgart 10.11.1998 – 14 U 34/98 = BeckRS 9998, 17197

7717

Verletzung des Nervus lingualis (= der für die Wahrnehmung von Berührung, Schmerz, Temperatur und Geschmackswahrnehmung verantwortliche Hauptnerv im Unterkiefer) mit Gefühllosigkeit des rechten Mundbodens und der rechten Zungenhälfte als Ausdruck einer Lingualis-Parese. Es kam zu Taubheitsgefühlen in der linken Gesichtshälfte, am Unterkiefer und an den Lippen, verbunden mit Gefühlsbeeinträchtigungen beim Essen und Sprechen, immer wieder auftretenden Bissverletzungen beim Kauen sowie Schmerzen mit Nebenwirkungen, wie Verspannungen im Schulter- und Nackenbereich, und Kopfschmerzen.

Frau (lt. Urteilsbegründung „junge Klägerin"). Arzthaftung im Zusammenhang mit einer Zahnfleischbehandlung im Bereich des Zahns 48. Dabei führte der Zahnarzt ohne vorherige Röntgenaufnahme eine tiefe Exzision durch, die nicht nur medizinisch sinnlos war, sondern auch zu einer dauerhaften Schädigung des Nervus lingualis. Die Kl. musste sich zur Behandlung ihrer dadurch „verwaschenen Aussprache" elf logopädischen Sitzungen unterziehen. Dauerschaden: Taubheitsgefühl der rechten Zungenhälfte mit dem Gefühl eines Fremdkörpers. Hierzu äußerte sich der gerichtsseitig hinzugezogene Gutachter, dass eine Besserung des Sensibilitätsausfalls bzw. der Beeinträchtigung der Sensibilität „nicht zu erwarten" sei, da diese auch zwei Jahre nach der Behandlung noch fortbestünden. „Durch Gewöhnung, Logopädie und Lerneffekte ließen sich die durch die Nervschädigung eingetretenen Beeinträchtigungen teilweise kompensieren. Der eigentliche Schaden sei nach Lage der Dinge indes dauerhaft." Zur Bemessung führte das OLG aus: „Führt die ohne Einwilligung der Patientin vorgenommene Erweiterung der zahnärztlichen Behandlung zur Verletzung des Nervus lingualis, kann unter dem weiteren Gesichtspunkt der Genugtuung ein Schmerzensgeld von 10.000,00 EUR in Betracht kommen." (amtl. Leitsatz). Die Genugtuungsfunktion komme hier „ausnahmsweise zum Tragen", so das OLG, da der „Schaden am Nervus lingualis … zweifelsohne grob fahrlässig verursacht [wurde], wenn man nicht sogar auch insoweit bedingten Vorsatz annehmen muss." Vgl. dazu im Handbuch → Rn. 360.

Betrag: 10.000 € **Haftung: 100 %**
immVorb: – **MdE: –**

OLG Naumburg 24.9.2024 – 1 U 86/23 = BeckRS 2024, 26540

5919

Zungenverletzung (hier: Taubheit der rechten Zungenhälfte mit erheblichen Dauerfolgen [siehe unten unter Einzelheiten] nach Nervverletzung / Verletzung des Nervus lingualis).

Mann. Zahnarzthaftung (hier: Aufklärungspflichtverletzung vor einer Leitungsanästhesie im Unterkiefer). Dauerschaden: Taubheit der rechten Zungenhälfte, dort ist weder ein taktiles noch ein gustatorisches Empfinden vorhanden. Betroffen ist zudem etwa die Hälfte der Wangenschleimhaut im Mund. Nach den Feststellungen des Sachverständigen ist es auch nachvollziehbar, dass der Kläger feste Nahrung nur noch unter Schmerzen kauen und essen kann. Das Geschmacksempfinden des Klägers auf der rechten Seite ist ihm verloren gegangen. [Anmerkung: Angesichts dieser schwerwiegenden Dauerfolgen erscheint das Schmerzensgeld als deutlich zu gering. Angemessen wären hier mindestens 50.000 EUR].

Betrag: 10.000 € **Haftung: 100 %**
immVorb: Ja **MdE: –**

LG Dortmund 4.5.2011 – 4 O 55/09 = BeckRS 2011, 16088

3480

Zungenverletzung / Nervverletzung (hier: Verletzung des nervus lingualis und des nervus hypoglossus).

Mann. Arzthaftung (hier: Diagnosefehler / Behandlungsfehler Fehldiagnose: Krebs. Infolgedessen kam es im Rahmen der Entfernung des angeblichen Tumors zur oa Verletzung). Dauerschaden: Sprachstörung; Beeinträchtigung beim Essen und Trinken sowie beim Zähneputzen.

Betrag: 26.000 € **Haftung: 100 %**
immVorb: – **MdE: –**

OLG Naumburg 13.3.2003 – 1 U 34/02 = BeckRS 2016, 9434

m) Stimmbandverletzungen

7867

Stimmverlust als Folge einer Rauchgasvergiftung sowie der in diesem Zusammenhang aufgetretenen Stressbelastung.

48j. Busfahrer. Kein Schmerzensgeld aufgrund des zugunsten der Beklagten (= Busunternehmen und Arbeitgeber des Klägers) greifenden Haftungsprivilegs nach § 104 Abs. 1 S. 1 SGB VII. Der Kläger hatte behauptet, er habe geringe Mengen des Feuerlöschpulvers sowie Rauchgas eingeatmet und daher eine Rauchintoxikation erlitten, nachdem zuvor Jugendliche das Desinfektionsmittel in dem vom Kläger geführten Bus angezündet hatten. Der Kläger begehrte deshalb ein Schmerzensgeld iHv mindestens 50.000 EUR. Das LAG wies die Berufung des Klägers gegen das klagabweisende Urteil des Arbeitsgerichts ab, da die Beklagte „weder aus § 280 Abs. 1 BGB iVm § 241 Abs. 2 BGB, noch aus § 823 Abs. 1 BGB oder §§ 823 Abs. 2, 618 Abs. 1 BGB" hafte und verwies insofern auf das Haftungsprivileg. Abschließend betonte das LAG: „Selbst im Fall einer Haftung wäre dem Kläger ein durchaus erhebliches, wenn nicht gar überwiegendes Mitverschulden haftungsreduzierend vorzuhalten (§ 254 BGB; vgl. Henssler / Willemsen / Kalb / Giesen, 10. Aufl. 2022, SGB VII § 104 Rn. 9). Nach den beklagtenseits zur Akte gereichten Lichtbildern (Anl. R1 Schriftsatz 21.3.2024) ist zwar die (brandlöschende) Hilfsperson mit Atemschutzmaske abgebildet, erstaunlicherweise der Kläger selbst nicht. Schon die vorausgeführte SARS-COV-2-Arbeitsschutzregel legte das Maskentragen jenseits der Fahrerkabine indes nahe. ... Die Beklagte hat die Ausgabe von Masken hier auch unangegriffen vorgetragen. Warum der Kläger sie außerhalb der Fahrerkabine jedoch nicht aufsetzte, zumal der fachkundige Helfer sie erkennbar trug, blieb unerfindlich. Der Kläger selbst behauptete, eine hilfsbedürftige Person aus dem Fahrzeug verbracht zu haben; schon das hätte aus Gründen der Infektionsgefahr [Anmerkung: Der Vorfall ereignete sich während der Corona-Pandemie] ein Maskentragen zwingend angezeigt gehabt. Neben dem war auch die Meidung von Gefahren der Rauchentwicklung und Löschmittelfreisetzung vorliegend ein jedem Verständigen einleuchtender Grund zum selbstschützenden Maskenverwenden. Indem der Kläger dies unterließ setzte er sich der wesentlichen Gefahr selbst aus."

Betrag: – **Haftung: –**
immVorb: – **MdE: –**

LAG Rheinland-Pfalz 16.12.2025 – 4 SLa 243/24 = BeckRS 2025, 40153

6542

Stimmbandverletzung nach Schilddrüsenentfernung. Anschließend kam es zu einer Behandlungsverzögerung von vier Tagen, da erst nach die Klägerin erst nach dieser Zeit einem HNO-Arzt vorgestellt worden war. Infolge dieser Verzögerung litt die Klägerin nach der zuvor erfolgten Schilddrüsenentfernungsoperation und damit verbundener Stimmbandverletzung länger als erforderlich unter Atembeschwerden und Heiserkeit.

Frau. Arzthaftung (hier: Behandlungsverzögerung und geringfügiger Behandlungsfehler durch Verletzung der Stimmbänder). Die Klägerin forderte 30.000 EUR. Das LG sah jedoch die weiteren insofern von der Klägerin behaupteten Behandlungsfehler als nicht erwiesen an und sprach somit nur wegen der viertägigen Behandlungsverzögerung bzw. der um diese Tage verspäteten Vorstellung bei einem HNO-Facharzt 600 EUR zu.

Betrag: 600 € **Haftung: 100 %**
immVorb: – **MdE: –**

LG Dortmund 3.5.2012 – 4 O 195/09 = BeckRS 2012, 17332

2616

Stimmbandverletzung (hier: „Vorübergehende Stimmkraftminderung" nach „rechtswidriger Strumaoperation". Es kam zu einer Nervverletzung „des nervus recurrens, mit nachfolgender, länger dauernder Stimmbandbeeinträchtigung".

Mann. Arzthaftung (hier: Aufklärungspflichtverletzung). Für etwa 13 Monate kam es zu der Stimmbandbeeinträchtigung. Anschließend war die Stimme „voll wiederhergestellt".

Betrag: 2.556 € **Haftung: 100 %**
immVorb: – **MdE: –**

OLG Köln 15.9.1997 – 5 U 43/96 = BeckRS 9998, 2993

5213

Stimmbandverletzung und nachfolgend Stimmverletzung (wörtlich heißt es: „... der Kläger konnte danach nur mit einer ungewohnt hohen, heiseren und leisen Stimme sprechen ...") und Schluckbeschwerden.

Mann (Betriebsmeister). Arzthaftung / Aufklärungspflichtverletzung. [Lesenswert zur Thematik: „Den Arzt treffen vor Durchführung einer Resektionsoperation bei bestehendem Malignomverdacht umfangreiche Aufklärungspflichten, wenn auch eine Punktion zur Abklärung der Diagnostik oder ein schlichtes beobachtendes Abwarten ernsthaft in Betracht kommen. Wurde der Patient vom Hausarzt zur Behandlung überwiesen, ist der Arzt gehalten, sich über eine ggf. bereits erfolgte Aufklärung zu informieren", so die Leitsätze des OLG].

Betrag: 5.000 € **Haftung: 100 %**
immVorb: – **MdE: –**

OLG Rostock 11.7.2014 – 5 U 97/13 = BeckRS 2015, 2089

4553

Stimmbandverletzung in Form einer irreparablen Stimmbandlähmung.

49j. Frau (Telefonistin). Dauerschaden: Stimmbandlähmung. Berufsunfähigkeit. Arzthaftung (hier: Aufklärungspflichtverletzung hinsichtlich der Möglichkeit eines irreparablen Dauerschadens, – hier, dauerhafte Stimmbandlähmung infolge einer Lymphknotenentfernung).

Betrag: 15.000 € **Haftung: 100 %**
immVorb: – **MdE: –**

OLG Koblenz 28.11.2012 – 5 U 420/12 = BeckRS 2012, 24837

3376

Stimmbandverletzung (hier: Stimmbandnervverletzung mit dauerhafter Stimmbandlähmung).

45j. Frau (Lehrerin). Dauerschaden: Stimmbandlähmung; kann nur noch Flüstern. Berufsaufgabe! Arzthaftung: Schilddrüsenoperationsfehler.

Betrag: 25.000 € **Haftung: 100 %**
immVorb: Ja **MdE: –**
Rente: 80 €

LG Bielefeld 27.11.2002 – 4 O 556/01 = BeckRS 2002, 162417

4817

Stimmbandverletzung in Form einer Stimmbandlähmung. Die Kl. kann eine verbale Kommunikation nur noch nur „mit äußerst heiserer Flüsterstimme unter großer körperlicher Anstrengung bewältigen".

77j. Frau. Arzthaftung (hier: Behandlungsfehler). Dauerschaden: Massive Sprachstörung, sehr heisere Flüsterstimme. Jegliches Sprechen ist für die Kl. „sichtlich anstrengend. Sie ist insoweit auch darauf angewiesen, Trinkwasser mit sich zu führen, um regelmäßig die Mundhöhle und den Rachen feucht zu halten", so das OLG.

Betrag: 30.000 € **Haftung: 100 %**
immVorb: – **MdE: –**

OLG Braunschweig 25.9.2013 – 1 U 24/12 = BeckRS 2014, 1104

5800

Stimmbandlähmung, dauerhafte … nach Schädigung beider Nervi recurrentes.

Frau. Arzthaftung (hier: Aufklärungspflichtverletzung im Zusammenhang mit einer Schilddrüsenoperation zur Behebung ihrer Atemnot bei der durch eine zurückliegende Operation vorgeschädigten Patientin, – die Aufklärung hätte auf die möglichen Gefahren von Nervverletzungen mit gelegentlich auftretender Heiserkeit, Sprach- und Atemstörungen hingewiesen werden müssen). Dauerschaden: Stimmbandlähmung.

Betrag: 30.000 € **Haftung: 100 %**
immVorb: – **MdE: –**

OLG Köln 14.4.2008 – 5 U 135/07 = BeckRS 2008, 18583

3240

Stimmbandverletzung (hier: beids.Recurensparese / bieds.Stimmbandlähmung nach Strumaresektionsoperation).

72j. Frau. Langwierige Heilbehandlung mit über 8 stationären Aufenthalten und zahlreichen Operationen (Tracheotomie bzw. Luftröhrenschnitt, Einsatz einer Sprechkanüle in die Luftröhre etc). Arzthaftung (hier: Aufklärungspflichtverletzung über mehrere alternativ bestehende Operationsmethoden). Dauerschaden: Stimmverlust, Atemnot mit Erstickungsanfällen. Die Patientin verstarb vier Jahre später.

Betrag: 51.129 € **Haftung: 100 %**
immVorb: – **MdE: –**

OLG Frankfurt a. M. 14.1.2003 – 8 U 135/01 = BeckRS 2003, 30301067

3786

Stimmbänderlähmung sowie Komplikationen an der Bronchius-Absatzstelle. Zudem erlitt die Kl. Nervverletzungen (N.phrenicus und N.laryngeus recurrens und einen operativbedingten Zwerchfellhochstand).

Frau. Arzthaftung (hier: Grober Behandlungsfehler wegen fehlerhafter Therapiewahl bei Verdacht auf Morbus Hodgkin).

Betrag: 60.000 € **Haftung: 100 %**
immVorb: – **MdE: –**

OLG Naumburg 29.4.2008 – 1 U 19/07 = BeckRS 2008, 11193

n) Kieferverletzungen

aa) Unterkieferverletzungen

2805

Unterkieferfraktur, doppelte sowie Zahnverlust und Zahnverletzung (hier: Verlust von 4 Zähnen und Beschädigung von 9 Zähnen). Kinnplatzwunde. Unterarmfraktur (hier: „Nicht dislozierte Radiusköpfchenfraktur".)

Frau. 10 Tage stationär; 2 Monate ambulante Heilbehandlung. Metallimplantat; spätere Entfernungsoperation; Dauerfolgen im Kiefer- und Zahnbereich nicht auszuschließen!

Betrag: 2.045 € **Haftung: 50 %**
immVorb: Ja **MdE: –**

OLG Schleswig 3.2.2000 – 7 U 9/99 = BeckRS 2000, 168012

5971

Unterkieferverletzung (hier: Unterkiefernervverletzung in Form einer Schädigung des Nervus alveolaris inferior [= Nerv der Unterkieferzahnfächer], was zu einem dauerhaften Taubheitsgefühl im rechten Kinnbereich mit entsprechenden Beeinträchtigungen, etwa bei der Nahrungsaufnahme oder beim Sprechen führte).

Mann (junger Mann). Zahnarzthaftung (hier: Behandlungsfehler wegen nicht indizierter Spülungen am Wurzelkanal des Zahns 43). Dauerschaden: Beeinträchtigungen in Form eines Taubheitsgefühls, Missempfindungen in Unterkieferbereich beim Kauen, Sprechen, aber auch in der Ruhestellung.

Betrag: 3.000 € **Haftung: 100 %**
immVorb: Ja **MdE: –**

AG Münster 15.2.2012 – 5 C 4661/09 = BeckRS 2012, 24655

4804

Gesichtsnervverletzung (hier: Verletzung des im Unterkiefer verlaufenden 5. Gehirnnerves, des sogn. Nervus trigeminus, es kam durch vermeidbaren Punktion der Arteria Carotis interna mit arterieller Blutung, Hämatombildung und Druck auf den Nervus trigeminus. Es kam zu einer leichten Neuropathie des Nervus trigeminus in Form einer Hypästhesie / Algesie im sensiblen Innervationsareal auf der linken Seite sowie einer in ihrer Prognose unklaren Trigeminusneuralgie [Anmerkung: Eine solche verursacht sehr extreme Schmerzen!]).

43j. Mann. Zahnarzthaftung (hier: Behandlungsfehler im Zusammenhang mit der Versorgung der Zähne 35 bis 37 mit einer Brücke und einer deshalb vorgenommenen eine Leitungsanästhesie im linken Unterkiefer. Dabei verspürte die Klägerin „einen heftigen Schmerz auf der linken Gesichtsseite, dem eine vorübergehende Lähmung der gesamten Gesichtshälfte folgte. Sie erblindete für wenige Minuten auf dem linken Auge".). Die Kl. begehrte mit der Klage ein weiteres Schmerzensgeld, konnte aber die Verschlechterungen ihres Gesundheitszustandes nicht als kausal auf dem Behandlungsfehler basierend beweisen.

Betrag: 3.500 € **Haftung: 100 %**
immVorb: Ja **MdE: –**

OLG Köln 13.1.2014 – 5 U 66/10 = BeckRS 2014, 1695

6178

Unterkieferverletzung / Unterkiefernervverletzung (hier: Verletzung des Nervus mandibularis [= der dritte Endast des fünften Hirnnerven]).

Mann. Zahnarzthaftung (hier: Aufklärungspflichtverletzung vor einer Weisheitszahnextraktion. Der Kläger wurde nicht über die Möglichkeit und die Folgen einer Nervverletzung infolge einer Leitungsanästhesie aufgeklärt). Dauerschaden: Taubheitsgefühle im rechten Unterkiefer, im Bereich des Zahnfleisches und an der Unterlippe. Dies führt zu Beeinträchtigungen beim Küssen und führt zudem aufgrund der Sensibilitätsstörungen auch dazu, dass sich der Kläger häufig auf die Lippe beißt, was das OLG als „nicht allzu schwerwiegende, aber doch alltäglich spürbare und andauernde" Beeinträchtigung bezeichnete.

Betrag: 4.000 € **Haftung: 100 %**
immVorb: – **MdE: –**

OLG Frankfurt a. M. 8.5.2001 – 8 U 251/05 = BeckRS 9998, 4161

7046

Kieferverletzung und Gesichtsverletzung durch Hundebiss (hier: Zwei Wunden im Bereich der Wange und eine Wunde im Bereich des Halses, die genäht werden mussten. Zudem hatte sich der Kiefer der Klägerin durch den Biss verschoben und drei Keramikkronen der Klägerin brachen ab, so das LG).

Frau. Ambulante Heilbehandlung bei der die Bisswunden genäht wurden. Die Narbe im Bereich des Jochbeins auf der rechten Wange der Klägerin war auch neun Monate nach dem Vorfall „sichtbar und schmerzempfindlich". Darüber hinaus hatte sich durch den Biss der Kiefer der Klägerin verschoben und drei Kronen brachen ab, sodass sie sich in zahnmedizinische Behandlung begeben und sich in insgesamt neun Terminen einer Exzision eines blutreichen ausgedehnten Geschwulstes unterziehen musste. [Ursache: Hundebissverletzung / Tierhalterhaftung. Die Klägerin hatte sich zu dem neben ihr stehenden Hund, den sie aus vorangegangenen Besuchen bereits kannte, in Richtung seines Hinterteiles hinuntergebeugt worauf dieser sie plötzlich in das Gesicht gebissen hatte. Entgegen der Ansicht des Amtsgerichts muss sich die Klägerin deshalb jedoch kein Mitverschulden in Höhe von 1/3 anrechnen lassen. Das LG begründete dies zutreffend wie folgt: „Bei einem bekannten Hund, bei dem es zuvor nie zu Auffälligkeiten in Bezug auf aggressives oder ängstliches Verhalten gekommen ist, darf eine Person davon ausgehen, dass der Hund – sollte er sich bedroht fühlen – nicht sofort zubeißt, sondern zumindest vorher durch ein Knurren eine Warnung ausstößt, auf die die Person sodann angemessen reagieren kann".]

Betrag: 4.500 € **Haftung: 100 %**
immVorb: – **MdE: –**

LG Wiesbaden 24.3.2022 – 2 S 10/21 = BeckRS 2022, 23776

6507

Unterkieferverletzung / Nervverletzung (hier: Verletzung des Unterkieferzahnfächernervs [= Nervus alveolaris inferior], einem Abzweig des Unterkiefernervs [Nervus mandibularis].

Mann. Zahnarzthaftung im Zusammenhang mit einer Implantatbehandlung. Dauerschaden: Sensibilitätsstörung im Bereich des linken Unterkiefers und der Unterlippe mit Taubheitsgefühlen im Bereich der Unterlippe; dadurch beißt sich der Kläger häufig auf die Unterlippe mit den daraus resultierenden Schmerzen und Rötungen. Schmerzen beim Rasieren.

Betrag: 6.500 € **Haftung: 100 %**
immVorb: – **MdE: –**

LG Münster 20.2.2014 – 111 O 45/11 = BeckRS 2014, 19385

5087

Kiefergelenkbeschwerden / Zahnschmerzen (hier: Die bei der Klägerin vorgenommene prothetische Versorgung war „grob fehlerhaft", weswegen die Krone in regio 33 erneuert und sämtliche Brücken überarbeitet bzw. erneuert werden müssen. Zudem hatte sich infolge der Behandlung eine sog. CND-Problematik mit schweren Kiefergelenksbeschwerden entwickelt. Langwierige Folgebehandlung).

Frau. 10 jahre andauernde Folgebehandlung! Zahnarzthaftung (hier: Behandlungsfehler im Zusammenhang mit der prothetischen Versorgung auf Implantatbasis). Laut dem vom Gericht gehörten Sachverständigen musste die gesamte Suprakonstruktion erneuert werden. Die von den Beklagten angefertigte prothetische Versorgung sei – so der SV – „in ihrer okklusalen Gestaltung völlig untauglich gewesen".

Betrag: 10.000 € **Haftung: 100 %**
immVorb: – **MdE: –**

OLG Oldenburg 12.8.2015 – 5 U 27/15 = BeckRS 2016, 4533

6508

Unterkieferverletzung / Nervverletzung (hier: Verletzung des Unterkiefernervs [Nervus mandibularis]).

Frau. Langjährige und langwierige Heilbehandlung. Zahnarzthaftung im Zusammenhang mit einer Weisheitszahnentfernung im linken Unterkiefer. Es kam zu einer Unterkiefernervverletzung. Dauerschaden: Erhebliche Sensibilitätsstörung im Bereich des linken Unterkiefers und der Unterlippe mit Taubheitsgefühlen im Bereich der linken Gesichtshälfte und der Unterlippe. Dadurch kommt es zu einem „maskenartigen" Aussehen des Gesichts. Zudem leidet die Klägerin unter chronischen Schmerzen sowie Schlafstörungen, Kopfschmerzen und Abgespanntheit. Auch beißt sich die Klägerin häufig auf die Unterlippe mit den daraus resultierenden Schmerzen und Rötungen.

Betrag: 10.000 € **Haftung: 100 %**
immVorb: – **MdE: –**

LG Dessau-Roßlau 8.10.2013 – 4 O 662/11 = unveröffentlicht

5073

Unterkieferverletzung / Mundverletzung in Form einer massiven CMD craniomandibuläre Dysfunktion (CMD – bezeichnet eine Erkrankung des Kauorgans und der umliegenden Strukturen wodurch es zur Verschiebung des Unterkiefers und damit der Kiefergelenke kommt) nach erheblicher Fehlokklusion der Zähne.

Frau. Zahnarzthaftung (hier: grober Behandlungsfehler). Die Klägerin litt für die Dauer von zweieinviertel Jahren unter „erheblichen, das übliche Maß weit übersteigenden und den gesamten Körper erfassenden Schmerzen", insbesondere Dauerkopfschmerzen und Schwindel, so das OLG. Die „chronisch anhaltenden Schmerzen bei jeder Kieferbewegung und Ausstrahlung in den Nacken und Schulterbereich" (so das OLG) belasteten die Klägerin nachvollziehbarer Weise erheblich, so dass die Klägerin – wie sie vortrug – sich in einer ausweglosen Situation wähnte und „ihre Energie und Lebensfreude vollends verloren habe". [vgl. die ähnliche – wenn auch hinsichtlich des Beeinträchtigungszeitraums schwerwiegendere und daher im Schmerzensgeldbetrag um 100 % höhere – Entscheidung des OLG Köln unter → Nr. 5072]

Betrag: 10.000 € **Haftung: 100 %**
immVorb: Ja **MdE: –**

OLG Köln 8.5.2013 – 5 U 71/12 = BeckRS 2014, 18447

5072

Unterkieferverletzung / Mundverletzung in Form einer massiven CMD craniomandibuläre Dysfunktion (CMD – bezeichnet eine Erkrankung des Kauorgans und der umliegenden Strukturen wodurch es zur Verschiebung des Unterkiefers und damit der Kiefergelenke kommt). Im konkreten Falle konnte der Kläger infolge des nicht behandelten offenen Bisses nur erschwert sprechen und Essen und es entwickelte sich sodann die ausgeprägte CMD.

Mann. Arzthaftung (hier: Behandlungsfehler). 4 Jahre andauernde Beschwerden, die zu ausstrahlenden Schmerzen und damit verbundenen erheblichen Schlafstörungen führten; zudem litt der Kläger infolge der CMD unter Sprachstörungen und Essstörungen. [vgl. auch das Urteil des OLG Köln unter → Nr. 5073, an welchem sich das LG im hier beschriebenen Fall orientiert hatte].

Betrag: 20.000 € **Haftung: 100 %**
immVorb: Ja **MdE: –**

OLG Köln 18.11.2015 – 5 U 117/15 = BeckRS 2016, 6002

bb) Unterkieferfrakturen

4883

Kieferfrakturdiagnose, verspätete ... „Da sich die ... konservative Therapie durch den Behandlungsfehler der Beklagten um zwei Tage verzögert hat, steht dem Kläger für die in diesem Zeitraum erlittenen, durch frühere Ruhigstellung des Kiefers jedenfalls teilweise vermeidbaren Schmerzen ein geringes Schmerzensgeld zu, das mit 500 EUR angemessen bewertet ist", so das OLG.

37j. Mann. Arzthaftung (hier: Diagnosefehler und Behandlungsfehler, wodurch es zur Behandlungsverzögerung und insofern „im fraglichen Zeitraum" ... (zu) „Schmerzen gerade im Bereich des Unterkiefers" kam, die bei vorheriger Ruhigstellung vermieden worden wären, so das OLG.

Betrag: 500 € **Haftung: 100 %**
immVorb: – **MdE: –**

OLG Köln 22.1.2014 – 5 U 86/13 = BeckRS 2014, 2156

2597

Unterkieferfraktur (hier: „Tiefe Fraktur des Collum mandibulae links" mit zunächst „mittelgradig eingeschränkter Mundöffnung" [vgl. auch speziell: Collumfraktur; generell: Gesichtverletzung].) „Mehrere kleine Schürfwunden" am Kopf / rechten Arm.

Mann. 4 Tage stationär. Osteosynthese mit Verzicht auf „postoperative Verschnürung"; Osteosynthesematerialentfernung „nur im Bedarfsfall".

Betrag: 511 € **Haftung: 100 %**
immVorb: – **MdE: –**

LG München I 30.9.1998 – 31 S 862/98 = unveröffentlicht

3344

Kieferfraktur (hier: Unterkieferfraktur, doppelseitige und Zahnfrakturen der Zähne 41 bis 43 mit anschließendem Zahnverlust der Zähne 41 und 42.)

Mann. Dem Kläger wurde wegen der Streitverursachung ein etwa hälftiges Mitverschulden angelastet. Er hatte die Beklagte, die ihm seine Verletzungen mittels Faustschlägen ins Gesicht beigebracht hatte, zuvor provoziert. Vorsätzliche Körperverletzung.

Betrag: 1.500 € **Haftung: 100 %**
immVorb: Ja **MdE: –**

OLG Düsseldorf 15.12.2004 – 15 U 239/02 = BeckRS 2005, 3543

6684

Unterkieferfraktur in Form einer komplizierten Kieferwinkelfraktur recht mit der Folge eines Taubheitsgefühls im Bereich des Kiefers. Zudem erlitt der Kläger eine Trommelfellperforation mit der Folge von Schwerhörigkeit rechts.

45j. Mann (Hartz IV Empfänger). 32 Tage stationäre Heilbehandlung mit insgesamt drei Aufenthalten. Die Heilung des komplizierten Kieferbruchs verlief nicht komplikationsfrei. Möglicher Dauerschaden: Zur Zeitpunkt der Urteilsverkündung litt der Kl. noch Schwerhörigkeit auf dem rechten Ohr und einem Taubheitsgefühlen in der rechten Gesichtshälfte. Das erhebliche Mitverschulden des Klägers resultierte daraus, dass dieser dem damals 17-jährigen, dunkelhäutigen Bekl. auf einem Bahnsteig eines S-Bahnhofs in Berlin den Hitlegruß gezeigt hatte worauf dieser dem Kl. zunächst mit der Faust ins Gesicht schlug und gegen den Bauch trat. [Zur Frage der Anrechnung von Schmerzensgeld auf Hartz IV-Geld siehe im Handbuch → Rn. 479].

Betrag: 2.000 € **Haftung: 33 %**
immVorb: – **MdE: –**

OLG Celle 9.7.2009 – 5 O 390/07 = BeckRS 2010, 792

5519

Kieferfraktur (hier: Unterkieferfraktur im Bereich des Korpus mandibuli rechts im Kieferwinkel) sowie Zahnverletzung (hier: Ein Zahn wurde so beschädigt, dass eine Wurzelbehandlung und Überkronung erforderlich wurde). Zudem erlitt der Kläger ein stumpfes Bauchtrauma und eine Gehirnerschütterung.

Mann. 4 Tage stationär. MdE 6 Wochen 100 % sowie im Rahmen der Entfernung des Osteosynthesematerials weitere 12 Tage 100 % arbeitsunfähig. Der Kiefer des Klägers war für zwei Wochen komplett verdrahtet, anschließend mit Gummizügen; der Kläger konnte 6 Wochen lang nur flüssig-weiche Kost zu sich nehmen und nahm 12 kg an Körpergewicht ab; anschließend musste er weitere Schienen tragen.

Betrag: 2.400 € **Haftung: 40 %**
immVorb: Ja **MdE: –**

OLG Saarbrücken 14.3.2019 – 4 U 112/17 = BeckRS 2019, 4300

4180

Unterkieferfraktur / Gesichtverletzungen (hier: Unterkieferfraktur, die als „kompliziert" attestiert und vom OLG als sehr schmerzhaft bezeichnet worden war. Nasenbeinfraktur sowie Prellungen und Schwellungen im Gesicht).

Mann. Ursache: Verkehrssicherungspflichtverletzung: Der Kläger stürzte mit seinem Fahrrad über eine nur unzureichend gekennzeichnete Absperrkette innerhalb einer Fußgängerzone.

Betrag: 4.000 € **Haftung: 100 %**
immVorb: – **MdE: –**

OLG Hamm 3.2.2009 – 9 U 101/07 = BeckRS 2009, 12008

3693

Kieferfraktur in Form einer Unterkiefergelenkfraktur; Oberlippenverletzung in Form einer gravierenden Platzwunde und Zahnverlust (Zahn 22) sowie Zahnverletzung (Zähne 11 und 21).

Mann. Ambulante Heilbehandlung mit mehrschichtigem Vernähen der Oberlippenverletzung. Sehr langwierige Heilbehandlung bzgl. der Zahnverletzungen.

Betrag: 5.000 € **Haftung: 100 %**
immVorb: – **MdE: –**

LG Offenburg 2.2.2005 – 3 O 498/04 = unveröffentlicht

3602

Unterkieferfraktur, zweifache. Die Frakturen mussten operativ versorgt und verdrahtet werden.

Mann. 6 Wochen stationär, zwei Aufenthalte. MdE 3 Monate 100 %. Nachfolgeoperation erforderlich. Vorsätzliche Körperverletzung (hier: Faustschläge auf Fußballplatz).

Betrag: 5.000 € **Haftung: 100 %**
immVorb: Ja **MdE: –**

LG Arnsberg 13.3.2001 – 1 O 636/00 = BeckRS 2001, 161795

6264

Unterkieferfraktur nach Ziehung eines Weisheitszahnes. Es kam zu einer Bruchspalteninfektion und zudem bei der Infusionsbehandlung, die im postoperativen Verlauf notwendig wurde, kam es zu einer Thrombose des linken Unterarms.

Mann. 50 Tage stationär mit drei Aufenthalten. Operation mit Metallimplantat, das später wieder operativ entfernt wurde. Bei der Infusionsbehandlung, die im postoperativen Verlauf notwendig wurde, kam es zu einer Thrombose des linken Unterarms. Zudem trat im Bereich des Bruchs eine Bruchspaltinfektion auf. Zahnarzthaftung (hier: Behandlungsfehler durch Kieferbruch bei Weisheitszahnextraktion ohne vorherige Separierung und Überwachung des erst eineinhalb Jahre als Assistenzarzt tätigen Anfänger-Operateurs). Dauerschaden: Sensibilitätsstörungen im Bundbeerich bzw. an der Unterlippe rechts.

Betrag: 5.113 € **Haftung: 100 %**
immVorb: – **MdE: –**

OLG Oldenburg 14.10.1997 – 5 U 45/97 = BeckRS 9998, 3016

4921

Unterkieferfraktur, doppelte.

17j. Mann. 3 Tage stationär. MdE gut 2 Wochen 100 %, während dieser Zeit war für den Kläger nur flüssige Nahrung einnehmbar. Metallteileimplantat, welches bei Urteilsverkündung noch nicht entfernt worden war. Dauerschaden: Erhebliche Zahnlücke zwischen zwei Zähnen im sichtbaren Bereich. Vorsätzliche Körperverletzung: Faustschlag.

Betrag: 6.000 € **Haftung: 100 %**
immVorb: – **MdE: –**

LG München II 16.1.2014 – 14 O 4102/13 = unveröffentlicht

5014

Unterkieferfraktur (hier: Unterkiefergelenkfraktur).

Mann. Stationärer Aufenthalt mit 2 Operationen. Kieferfrakturverdrahtung. Ambulante Heilbehandlung / langwierige Heilbehandlung mittels Krankengymnastik. Erhöhend wertete das OLG die Ohrgeräusche, die als Folgen der Verletzung auftraten sowie die verbliebenen Narben und die Regulierungsverzögerung. [Ursache: Vorsätzliche Körperverletzung durch Schlag während einer Schlägerei].

Betrag: 7.000 € **Haftung: 100 %**
immVorb: Ja **MdE: –**

OLG Saarbrücken 10.8.2011 – 5 U 56/10 = unveröffentlicht

5826

Unterkieferfraktur in Form einer Unterkiefer-Collum-Fraktur rechts und der Luxation der ihr im Unterkiefer einzig verbliebenen Zähne 43 und 44 mit verbleibender Hypästhesie im Bereich des hinteren Unterkieferastes und funktionelle Störungen im Bereich des rechten Kiefergelenkes. Zudem erlitt die Klägerin eine Knieverletzung in Form einer Kniescheibenprellung links und einer Brustkorbprellung.

Frau. 14 Tage stationär, zwei Aufenthalte mit mehreren Operationen. Langwierige Heilbehandlung. Die Klägerin konnte für die Dauer von zwei Jahren nur breiige Nahrung zu sich nehmen. Bei der Bemessung berücksichtigte das LG dies sowie dass die Klägerin „zwei Jahre lang auch durch Fahrten zu den Behandlungen eine erhebliche Beeinträchtigung der Lebensqualität entstanden ist. Auch in die Beurteilung einbezogen wurden die vorgetragenen Dauerfolgen in Gestalt der Narbe am Hals, der Hypästhesie im Bereich des hinteren Unterkieferastes, des zahnlosen Unterkiefers und des daraus resultierenden schlechten Haltes der Brücken".

Betrag: 7.000 € **Haftung: 66 %**
immVorb: – **MdE: –**

LG Aurich 10.1.2008 – 2 O 1345/05 = BeckRS 2009, 20798

3828

Unterkieferfraktur und Zahnschmerzen (infolge einer kunstfehlerhaften Einbringung eines Zahnimplantates wurde der bereits erheblich vorgeschädigte Unterkieferknochen zusätzlich belastet und brach).

Mann. 5 Wochen stationär. 4 Operationen zur Frakturbehandlung. Dauerschaden: Taubheitsgefühl, welches den Kläger beim Essen und Sprechen einschränkt. Zahnarzthaftung. Hier Aufklärungspflichtverletzung und Behandlungsfehler wegen des Unterlassens sorgfältiger Vordiagnosen zur Abklärung der Unterkieferstruktur als Vorbereitung zur Implantation / Setzen eines Implantats.

Betrag: 8.000 € **Haftung: 100 %**
immVorb: Ja **MdE: –**

LG Bayreuth 4.7.2008 – 22 O 757/06 = BeckRS 2008, 18549

4543

Unterkieferfraktur, doppelte paramedian, rechts und im Kieferwinkel links sowie „eine ausgeprägte Okklusionsstörung bei einer vorbestehenden Dysgnathie mit offenem Biss"

Mann. 3 Tage stationär; Metallteileimplantat, welches der Kläger für die Dauer von ca. 6 Monaten tragen musste wodurch es zu Beschwerden beim Schlucken kam. Vorsätzliche Körperverletzung mittels mehrerer Faustschläge, wobei sich der Beklagte – nach dem Vortrag des Klägers – bei ihm entschuldigt hatte, was das OLG offenbar in seine Bemessung einbezogen hatte. [Der Kl. begehrte 20.000 EUR].

Betrag: 10.000 € **Haftung: 100 %**
immVorb: Ja **MdE: –**

OLG München 23.1.2013 – 3 U 4056/12 = BeckRS 2013, 2789

4614

Unterkieferfraktur mit Nervverletzung.

Frau. 2 Wochen stationär; Operation mittels Metallteilimplantat. Ambulante Nachbehandlung; langwierige Heilbehandlung über die Dauer eines Jahres. Spätere Entfernungsoperation. Dauerschaden: Kiefergelenksschmerzen und Irritationen im Kieferbereich. Zahnarzthaftung / Aufklärungspflichtverletzung im Rahmen einer Kieferorthopädischen Maßnahme.

Betrag: 16.000 € **Haftung: 100 %**
immVorb: Ja **MdE: –**

OLG Dresden 31.3.2011 – 4 U 1744/08 = unveröffentlicht

5440

Unterkieferfrakturen (hier: Corpusfraktur rechts und Capitulumfraktur links); Zahnverlust (hier: Verlust der Zähne 13, 14 und 24) sowie zahlreiche Platzwunden, Schürfwunden und Prellungen im Bereich des Gesichts.

Mann. 14 Tage stationär, zwei Aufenthalte. Mehrere Operationen mit Implantat eines künstlichen Kiefergelenks. Zuvor mussten die beiden Unterkieferfrakturen über einen Zeitraum von drei Wochen regelmäßig neu justiert und fixiert werden. Während dieser zeit erlitt der Kläger erhebliche Schmerzen und starke Einschränkungen beim Essen und Sprechen. Dauerschaden: Beeinträchtigung der Mundöffnung infolge der Bewegungseinschränkung des Unterkiefers un der damit verbundenen Reduzierung der Kaufunktion. Genussvolles Essen nicht mehr möglich. Dies alles sah das OLG zutreffend als schwerwiegend an.

Betrag: 20.000 € **Haftung: 66 %**
immVorb: Ja **MdE: –**

OLG Stuttgart 11.5.2016 – 4 U 164/15 = BeckRS 2016, 137383

7304

Kieferfraktur, zweifache in Form einer dislozierten offenen Kieferwinkelfraktur rechts und einer Paramedianfraktur links.

Mann. Eine Woche stationäre Behandlung mit Operation der Frakturen mittels eines Metallimplantats dessen Entfernung nicht ohne einen weiteren Eingriff möglich sein wird. MdE 22 Tage 100 %. [Ursache: Vorsätzliche Körperverletzung während der Pause eines Fußballspiels. Der Beklagte begehrte Prozesskostenhilfe für die Berufung gegen das am 8.5.2023 verkündete Urteil, das dem Kläger 22.000 EUR Schmerzensgeld zuerkannt hatte. Das OLG bewilligte diese jedoch nicht].

Betrag: 22.000 € **Haftung: 100 %**
immVorb: Ja **MdE: –**

OLG Düsseldorf 2.10.2023 – I-19 U 14/23 = BeckRS 2023, 30021

6025

Unterkieferfraktur (hier: offene Unterkieferfraktur mit Zahnverlust in Form des Verlustes des Zahns 35 und zudem mit der Gefahr, dass der Kläger später ein künstliches Kiefergelenk benötigt; deshalb auch psychische Beeinträchtigungen insofern). Knieverletzung (hier: Schleimbeutelverletzung bzw. Bursaverletzung im rechten Kniegelenk, Fersenbeinfraktur rechts, sowie Schädelhirntrauma 1. bis 2. Grades.

33j. Mann. 225 Tage stationär, insgesamt sieben Operationen mit schmerzhafter Zahnimplantatbehandlung. Dauerschaden: „dauerhaften Schmerzen im Kiefergelenk … außerdem chronische Schmerzen in den unteren Sprunggelenken und Mittelfußwurzelgelenken rechts. Zudem besteht eine chronische behandlungsbedürftige Fistelbildung an der rechten Ferse", so das OLG hierzu. Verschlechterungstendenz: Erfordernis eines künstlichen Kiefergelenks. Insofern berücksichtigte das OLG zutreffend, dass „dass bereits die Sorge, sich einer derartigen Operation unterziehen zu müssen, eine schmerzensgeldrelevante psychische Belastung darstellt".

Betrag: 45.000 € **Haftung: 100 %**
immVorb: – **MdE: –**

OLG Celle 6.11.2003 – 14 U 119/03 = BeckRS 2014, 6063

6251

Unterkieferfraktur, schwere (hier: offene Unterkieferfraktur mit der Gefahr des Erfordernisses eines künstlichen Kiefergelenks), Fußfraktur, schwere (hier: Fersenbeinfraktur rechts mit bleibenden Folgeschäden), Knieverletzung (hier: Schleimbeutelverletzung bzw. Bursaverletzung des rechten Kniegelenks), Schädelhirntrauma 1. bis 2. Grades, Verlust des Zahnes 35, der durch ein Implantat ersetzt werden musste.

33j. Mann. 225 Tage stationär mit insgesamt sieben Operationen und Zahnimplantatsetzung. Dauerschaden: Funktionseinschränkung des rechten Fußes um 3/5 wegen chronischer Schmerzen in den unteren Sprunggelenken und Mittelfußwurzelgelenken rechts sowie eine chronische behandlungsbedürftige Fistelbildung an der rechten Ferse. Schmerzen im Kiefergelenk und Zahnverlust. Bei der Bemessung des Schmerzensgeldes war – so das OLG – „ferner der drohende Einsatz eines künstlichen Kiefergelenks zu berücksichtigen".

Betrag: 45.233 € **Haftung: 100 %**
immVorb: – **MdE: –**

OLG Celle 6.11.2003 – 14 U 119/03 = BeckRS 2014, 6063

cc) Oberkieferverletzungen

2617

Oberkieferverletzung (hier: Oberkieferknochenschwund. „Der Knochen des Oberkiefers war massiv abgebaut. Es lag eine Perforation zur Kieferhöhle vor". Folgen: Schluckbeschwerden, Würgereiz, Kopfschmerzen, Kieferschmerzen und depressive Verstimmung).

48j. Mann. Arzthaftung (hier: „Massiver Behandlungsfehler" im Zusammenhang mit dem Aufbringen einer „Suprakonstruktion"). Vorschaden: Erfordernis einer Oberkieferprothese.

Betrag: 12.782 € **Haftung: 100 %**
immVorb: – **MdE: –**

OLG Köln 25.2.1998 – 5 U 157/97 = BeckRS 9998, 16992

4763

Mundverletzung, schwere (hier: Zweifache Schussverletzung in den Mund mit erheblicher Oberkieferverletzung und Zahnverlust).

Mann. 10 Tage stationär mit einer Operation und nachfolgend knapp 40 ambulante Heilbehandlungen (Arzt / Zahnarzt). Dauerschaden: Schlafstörungen, Kopfschmerzen, Angstzustände sowie Taubheitsgefühl im Gaumen. Vorsätzliche Körperverletzung / Schussverletzung durch aus nächster Nähe abgefeuerter Waffe. Der Beklagte wurde wegen versuchtem Mord verurteilt.

Betrag: 50.000 € **Haftung: 100 %**
immVorb: Ja **MdE: –**

LG Münster 29.8.2012 – 12 O 112/12 = BeckRS 2016, 18507

dd) Oberkieferfrakturen

5682

Oberkieferfraktur / Zahnverlust (hier: Oberkieferfraktur in Form einer Aveolarfortsatzfraktur, [Fraktur des die Zähne tragenden Kieferknochensegments] mit der Folge des Verlustes der Zähne 11, 12 und 13.

14j. Kind (Schüler). Langwierige Heilbehandlung. Dauerschaden: Zahnverlust; die drei verlorenen Zähne müssen nach Abschluss des Kieferwachstums überkront werden. [Ursache: Grobe Rücksichtslosigkeit beim Fußballspielen. Der Beklagte schoss in der Pause den Ball wobei ihm die Gefahr bewusst war, den Kläger, der als Schiedsrichter tätig war, durch seinen Schuss zu treffen und traf die Flasche, die sich der Kläger gerade an den Mund geführt hatte].

Betrag: 3.068 € **Haftung: 100 %**
immVorb: – **MdE: –**

OLG Stuttgart 1.12.2000 – 2 U 54/00 = BeckRS 2001, 50

4929

o.Oberkieferfraktur mit mit Alveolarfortsatzfraktur sowie großflächigem Schleimhautdefekt, Zahnverlust (Zahn 13 und 16) und posttraumatischem Tinnitus. Zudem erlitt der KJläger eine Brustkorbprellung, ein Schädelhirntrauma 1.Grades sowie eine HWS-Distorsion.

Mann. 3 Tage stationär. MdE 18 Tage 100 %. Die Rissquetschung im frontalen Bereich des Oberkiefers mit Fraktur des Alveolarfortsatzes und die Oberkieferfraktur mussten operativ … behandelt werden. Ambulante Heilbehandlung wegen der Kieferverletzung. Dauerschaden: Verlust der Zähne 13 und 16. Tinnitus in Form eines Surrens sowie „diskrete Hochtonschwerhörigkeit rechts sowie Ohrgeräusche rechts“. Das LG berücksichtigte zudem, dass sich der Kläger wegen der fehlenden Zähne auch in Zukunft „operationsähnlichen Maßnahmen“ wird unterziehen müssen. [Das Urteil wurde mir mit freundlicher Unterstützung der Rechtsanwältinnen und Rechtsanwälte Lentfort & Partner aus Warendorf zur Verfügung gestellt].

Betrag: 8.000 € **Haftung: 100 %**
immVorb: Ja **MdE: –**

LG Münster 17.4.2014 – 4 O 172/12 = BeckRS 2014, 120796

3868

Kieferfraktur (doppelte Oberkieferfraktur nach Faustschlag. „Die Oberlippe war bis zum linken Nasenloch durchgerissen. Durch den Schlag verschob sich nahezu der gesamte Oberkiefer bzw. die Zahnreihe“, so das Gericht). Schädelhirntrauma.

Mann. 10 Tage stationär. MdE 16 Tage 100 %. Der Kiefer musste durch Osteosynthesematerial operativ positioniert werden. „Ca. 1/4 Jahr später“ musste dieses Material wieder entfernt werden. Es folgte zudem noch eine Zahnbehandlung. Der Kl. war längere Zeit in seiner Nahrungsaufnahme und beim Sprechen behindert. Er litt zudem unter den psychischen Folgen des Angriffs. Dauerschaden: Gefühllosigkeit von drei Zähnen. Gefahr des Absterbens dieser Zähne.

Betrag: 8.000 € **Haftung: 100 %**
immVorb: Ja **MdE: –**

LG Flensburg 2.4.2008 – 4 O 314/07 = BeckRS 2008, 142441

6686

Oberkieferfraktur und Unterkieferfraktur sowie Gesichtsschädelfraktur (hier: Jochbeinfraktur in Form einer Jochbeintrümmerfraktur).

29j. Mann. Mehrere Wochen stationär. Langwierige Heilbehandlung. Vorsätzliche Körperverletzung; der Kläger wurde von den Beklagten zusammengeschlagen und am Boden liegend mehrfach ins Gesicht getreten.

Betrag: 15.000 € **Haftung: 100 %**
immVorb: – **MdE: –**

OLG Jena 4.5.2010 – 4 U 696/09 = BeckRS 2010, 145908

2742

Oberkieferfraktur / Gesichtsverletzung, schwere (hier: Schwerste Gesichtschädeltrümmerfraktur mit Knochen-, Knorpel- und Weichteilverletzungen im Bereich der Stirn, der Wangen, der Nase und Oberlippe. Zahnverlust [ein Zahn]. Oberkieferfraktur.

Frau („junge …“). 6 Wochen stationär; 6 weitere Wochen arbeitsunfähig. Langwierige Heilbehandlung; Dauerschaden: Gesicht nicht entstellend; aber Narbe, hasenschartenähnlich.

Betrag: 33.234 € **Haftung: 100 %**
immVorb: – **MdE: –**

OLG Koblenz 31.5.1999 – 12 U 729/98 = unveröffentlicht

ee) Kieferverletzungen, sonstige

5398

Schädelprellung verbunden mit Druckschmerzen im linken Kieferköpfchen und Kauschmerzen nach Faustschlägen in das Gesicht des Klägers.

Mann. 3 Tage ambulante Heilbehandlung. Vorsätzliche Körperverletzung. Der Kläger wurde – nachdem er auf das Fahrzeug des Beklagten aufgefahren war – von diesem mehrfach ins Gesicht geschlagen.

Betrag: 600 € **Haftung: 100 %**
immVorb: – **MdE: –**

AG Dresden 8.2.2018 – 110 C 2689/17 = BeckRS 2018, 1712

4644

Kieferverletzung (hier: Kiefergelenksubluxation); Schädelprellung und HWS-Syndrom, einfaches.

Mann. Insgesamt 6 ambulante kieferorthopädische Heilbehandlungen. MdE 2 Wochen 100 % und nahezu weitere 2 Wochen 20 %. Folgenlose Verheilung.

Betrag: 1.000 € **Haftung: 100 %**
immVorb: – **MdE: –**

AG Köln 19.1.2011 – 265 C 373/09 = BeckRS 2016, 19879

3562

Kieferverletzung (hier: Kieferknochenmarkentzündung).

Mann. Langwierige Heilbehandlung. Arzthaftung (hier: Zahnarzthaftung wegen Aufklärungspflichtverletzung vor einer Weisheitszahnextraktion.)

Betrag: 1.500 € **Haftung: 100 %**
immVorb: – **MdE: –**

OLG Köln 12.3.2003 – 5 U 52/02 = BeckRS 2003, 8451

3530

Kieferverletzung (hier: Schnittwunde über dem Kiefer).

7j. Kind (Junge). 6 Tage stationär. Dauerschaden: Narbe. [Verkehrssicherungspflichtverletzung; geringes Verschulden des Bekl.].

Betrag: 3.500 € **Haftung: 100 %**
immVorb: – **MdE: –**

LG Tübingen 16.11.2001 – 7 O 143/01 = BeckRS 9998, 18866

4802

Unterkieferverletzung / Nervverletzung im Unterkiefer (hier: Verletzung und Beeinträchtigung des Nervus alveolaris inferior mit „Gefühlsminderungen im Bereich der linken Unterlippe, subjektiv empfundener erhöhter Speichelfluss oder Asymmetrie des Gesichtes", so das OLG).

Frau. Zahnarzthaftung (hier: Aufklärungspflichtverletzung bzgl. alternativer Methoden. Somit war der Eingriff vom 14.8.2007, bei dem Knochenmaterial aus dem linken Unterkiefer zum Aufbau des Knochens im Oberkiefer entnommen wurde, war rechtswidrig). Dauerschaden: Sensibilitätsstörung im Bereich der linken Unterlippe, geringe Gesichtsasymmetrie sowie subjektiv empfundener erhöhter Speichelfluss.

Betrag: 4.000 € **Haftung: 100 %**
immVorb: – **MdE: –**

OLG Köln 25.11.2013 – 5 U 164/12 = BeckRS 2014, 238

6991

Kiefergelenkknacken infolge eines zahnärztlichen Behandlungsfehlers.

Frau. Zahnarzthaftung im Zusammenhang mit einer behandlungsfehlerhaft ausgeführten Okklusion Kiefergelenksbeschwerden, die zu einem Kiefergelenkknacken führte. Insofern musste eine erneute kieferorthopädische Behandlung erfolgen.

Betrag: 7.000 € **Haftung: 7000 %**
immVorb: – **MdE: –**

OLG Celle 23.1.2017 – 1 U 65/15 = BeckRS 2017, 164994

6449

Craniomandibuläre Dysfunktion (CMD = Fehlfunktion im Bereich zwischen Schädel [Cranium] und Kiefer [Mandibula] und somit im Bereich des für Kauen und Sprechen zuständigen Craniomandibuläre Systems sowie alle Beschwerden, die darauf zurückgeführt werden können). Das OLG bezeichnete die CMD als schwerwiegend.

Frau. Zahnarzthaftung (hier: Behandlungsfehler im Zusammenhang mit einer umfangreichen Zahnsanierung. Die Beklagte hatte dabei „den Biss der Klägerin zu niedrig eingestellt und damit gegen den fachzahnärztlichen Behandlungsstandard verstoßen", so dass es „zu einer Überlastung der Muskulatur und in der Folge zu Verspannungen gekommen [war], die eine akute und schwerwiegende CMD bei der Klägerin ausgelöst" hatte. Im Zusammenhang mit der Schmerzensgeldbemessung führte das OLG aus, dass: „die Klägerin infolge der CMD-Erkrankung über einen Zeitraum von ungefähr fünf Jahren unter Kopf-, Zahn- Kiefergelenks-, Nacken-, Rücken- und Muskelbeschwerden litt. Diese hat die Klägerin glaubhaft vorgetragen und diese werden bestätigt durch die Unterlagen der Behandler A, B und E sowie die zahlreichen Besuche bei Ärzten und Physiotherapeuten. Zu den Schmerzen kommen weitere Beschwerden wie eine eingeschränkte Mundöffnung, Taubheitsgefühle im Gesichtsbereich, Beschwerden beim Kauen, das Tragen der Aufbissschienen u.ä. Der lange Zeitraum ergibt sich dabei aus dem Zeitraum der Behandlung, der insbesondere bei Frau Dr. B als derjenigen, die gezielt die CMD therapierte, bis in das Jahr 2016 andauerte. Der Senat geht dabei davon aus, dass die Schmerzen und sonstigen Beschwerden keineswegs über den gesamten Zeitraum in gleicher Weise vorlagen, sondern sicherlich zu Beginn deutlich heftiger waren als im späteren Verlauf der Behandlung. Der Senat geht ferner davon aus, dass besonders belastende bzw. eingreifende zahnärztliche Maßnahmen wie die Wurzelspitzenresektion bei Dr. E und zuletzt die Einbringung der Implantate unten rechts erforderlich wurden, die schmerzensgelderhöhend zu berücksichtigen sind (insbesondere die Wurzelspitzenresektion hätte für sich betrachtet bereits ein durchaus nennenswertes separates Schmerzensgeld gerechtfertigt). Vor allem aber ist die enorme Zahl an Zahnbehandlungen, die über diesen Zeitraum anfielen, zu berücksichtigen, die in ihrer Summe eine beträchtliche Einschränkung der Lebensqualität mit sich brachten. Für nachvollziehbar und glaubhaft erachtet der Senat auch die psychischen Auswirkungen der CMD-Erkrankung auf die Klägerin und die darauf beruhenden Einschränkungen des beruflichen wie privaten Lebens".

Betrag: 10.000 € **Haftung: 100 %**
immVorb: Ja **MdE: –**

OLG Köln 8.4.2020 – 5 U 64/16 = BeckRS 2020, 7255

5700

Kieferverletzungen (hier: Traumatisierung der Kiefergelenke nach „Stauchung des Oberkiefers auf den Unterkiefer mit Luxation der Knorpelscheibe, Schmerzen und Knacken in den Kiefergelenken sowie eine schmerzhafte Bewegungsbeeinträchtigung").

Frau. Langwierige Heilbehandlung über die dauer von ca. 30 Monaten. „Unmittelbare Folgen des Unfallereignisses waren schmerzhafte Bewegungsbeeinträchtigungen beim Kauen, welche zunächst mittels einer provisorischen Schiene behandelt worden sind. Die sich anschließende Behandlung zog sich bis zur endgültigen prothetischen Korrektur im Oktober 2000 über einen Zeitraum von 2 1/ 2 Jahren hin. Innerhalb dieses Zeitraums war die Klägerin massiv in ihrer Lebensqualität beeinträchtigt. Sie musste die Schiene dauerhaft tragen und war zu regelmäßigen Arztbesuchen gezwungen, bei denen die Schiene fortlaufend – schmerzhaft – korrigiert worden ist. Außerdem war die ständige Reinigung des Provisoriums erforderlich. Die Klägerin war mit der Schiene nicht in der Lage, wie ein normaler Mensch zu kauen (allenfalls eine "gekochte Kartoffel„ so der Sachverständige im OH-Verfahren)". Erhebliche Regulierungsverzögerung. [Ursache: Verkehrssicherungspflichtverletzung, – Verletzung durch ein Bauzaunelement].

Betrag: 12.000 € **Haftung: 100 %**
immVorb: Ja **MdE: –**

OLG Köln 11.4.2003 – 19 U 102/02 = BeckRS 2003, 30315715

4612

Kieferverletzung (hier: Kiefergelenkluxation, schwere).

Frau (aus dem Kontext – jüngere Frau). Ambulante Heilbehandlung mittels einer Drahtbogen-Kunststoffschiene nach Schuchardt [Anmerkung: Diese Art der Schienung sieht auf den ersten Blick einer Zahnspange, wie sie von vielen Jugendlichen getragen wird ähnlich]. Dauerschaden: Die Kl. kann ihren Mund nur gering öffnen und muss dauerhaft Medikamente einnehmen. Nach Abschluss der Heilbehandlung blieb jedoch keine optische Beeinträchtigung des Gesichts der Klägerin zurück. Die geringe Öffnungsmöglichkeit des Mundes erschwert jedoch die Mundhygiene und beeinträchtigt beim Essen.

Betrag: 22.000 € **Haftung: 100 %**
immVorb: – **MdE: –**

LG Aachen 21.10.2011 – 8 O 326/09 = BeckRS 2011, 142366

o) Kopfverletzungen, sonstige

Vorbemerkung: Bei den hier aufgeführten Entscheidungen war eine exakte Zuordnung gemäß der oben (A.1.a.-n) genannten anatomischen Kriterien nicht möglich.

2843

Kopfverletzungen, einfache (hier: Kopfplatzwunde, Prellungen und Schürfwunden).

Mann. Kein Schmerzensgeld wegen Provokation der „gefährliche Auseinandersetzung", „die Verletzungen [stehen] nicht außer Verhältnis zu den offen liegenden Gefahren".

Betrag: – **Haftung: –**
immVorb: – **MdE: –**

OLG Frankfurt a. M. 21.1.2000 – 24 U 45/98 = BeckRS 9998, 54628

4151

Kopfschmerzen (hier: 2 1/2 Tage andauernde Beeinträchtigungen durch sehr starke, postspinalen Kopfschmerz)

Frau. Arzthaftung (hier: Schmerzverlängerung und Heilungsverzögerung / Behandlungsverzögerung bzw. Verzögerung der Operation der Klägerin um einen Zeitraum von zweieinhalb Tagen mit entsprechenden Beeinträchtigungen durch den postspinalen Kopfschmerz).

Betrag: 200 € **Haftung: 100 %**
immVorb: – **MdE: –**

OLG Brandenburg 24.3.2011 – 12 U 75/08 = BeckRS 2011, 6915

3261

Kopfverletzung (hier: Kopfplatzwunde, 15 cm lange …).

14j. Frau (Schülerin). Komplikationsloser Heilungsverlauf mit nur ambulanter Behandlung. [Verkehrssicherungspflichtverletzung durch einen abgebrochenen Basketballkorb, an dem sich die Kl. leichtfertig hochgezogen hatte].

Betrag: 375 € **Haftung: 50 %**
immVorb: – **MdE: –**

OLG Hamm 18.2.2003 – 9 U 166/02 = BeckRS 2003, 30307500

4160

Kopfverletzung (hier: Kopfplatzwunde) und Prellungen (hier: Rippenprellungen und Schulterprellungen).

66j. Mann. 1 Tag stationär. MdE 8 Tage 100 %. Weitere zwei Wochen schmerzhafte Beeinträchtigungen und insgesamt drei ambulante Behandlungen. Keine Folgeschäden.

Betrag: 800 € **Haftung: 100 %**
immVorb: – **MdE: –**

OLG Nürnberg 10.2.2009 – 1 U 1878/08 = BeckRS 2014, 13306

5544

Kopfverletzung (hier: Kopfhautverletzung – ähnlich einem Sonnenbrand; die Kopfhaut des Klägers war entzündet und schmerzhaft). Zudem waren Lymphknoten im Hals- und Nackenbereich geschwollen.

Mann. Arzthaftung (hier: Aufklärungspflichtverletzung in Bezug auf die Nebenwirkungen des Medikaments Advantanmilch bzw. den darin enthaltenen Wirkstoff Dithranol nicht ausreichend). Zur Schmerzensgeldbemessung führte das LG aus: „Bei der Bemessung des Schmerzensgeldes hat die Kammer berücksichtigt, dass die Wirkungen des Dithranols auch bei starken Nebenwirkungen mit denen eines Sonnenbrandes vergleichbar sind. Hingegen war auch zu sehen, dass schon die Grunderkrankung des Klägers, nämlich u.a. eine bakterielle Besiedlung der Kopfhaut mit entzündlichem Ekzem ihrerseits mit an Sicherheit grenzender Wahrscheinlichkeit zu Schmerzen und einer Lymphknotenschwellung geführt hat … Die Kammer geht insoweit von zusätzlich verursachten anhaltenden und nicht unerheblichen Schmerzen sowie damit einhergehenden Schlafproblemen während eines Zeitraums von maximal 1-2 Wochen aus".

Betrag: 900 € **Haftung: 100 %**
immVorb: – **MdE: –**

LG Freiburg 23.2.2018 – 1 O 297/15 = BeckRS 2018, 32058

4094

Kopfverletzung (hier: Schädelverletzung in Form einer Risswunde sowie einer Schürfwunde am Hinterkopf und Gehirnerschütterung).

Mann. 5 Tage stationär. MdE 16 Tage 100 %. Komplikationslose Heilbehandlung.

Betrag: 1.000 € **Haftung: 100 %**
immVorb: – **MdE: –**

AG Nordhorn 15.12.2009 – 3 C 1237/09 = BeckRS 2009, 140488

4551

Kopfverletzung (hier: Kopfplatzwunde am Hinterkopf).

Kind / junger Mann (aus dem Kontext zu vermuten: Schüler). Keine bleibenden Verletzungsfolgen. [Ursache: Verkehrssicherungspflichtverletzung des Aufstellers eines auf einem Stativ stehenden Lautsprechers anlässlich einer Tanzveranstaltung. Der Lautsprecher fiel vom Stativ und traf den Kläger und dessen Mutter jeweils am Kopf].

Betrag: 1.500 € **Haftung: 100 %**
immVorb: – **MdE: –**

OLG Hamburg 5.9.2012 – 8 U 160/11 = BeckRS 2013, 743

4552

Kopfverletzung in Form einer Kopfplatzwunde „im Stirnbereich" mit möglicher bleibender Narbenbildung und „psychischen Problemen", die jedoch nicht näher dargelegt wurden.

Frau (aus dem Kontext zu vermuten, eher mittleren Alters). Möglicher Dauerschaden: Narbe an der Stirn. [Ursache: Verkehrssicherungspflichtverletzung des Aufstellers eines auf einem Stativ stehenden Lautsprechers anlässlich einer Tanzveranstaltung. Der Lautsprecher fiel vom Stativ und traf den Kläger und dessen Mutter jeweils am Kopf].

Betrag: 2.000 € **Haftung: 100 %**
immVorb: – **MdE: –**

OLG Hamburg 5.9.2013 – 8 U 160/11 = NJW-RR 2013, 598

3557

Kopfverletzung (hier: „heftige und langanhaltende Kopfschmerzen und Schmerzen im Hals- und Nackenbereich").

Frau. Verkehrssicherungspflichtverletzung wegen einem seitlichen Wegkippen einer Gehwegplatte auf einem Parkplatz und dadurch bedingtem Sturz der Klägerin.

Betrag: 2.500 € **Haftung: 100 %**
immVorb: – **MdE: –**

OLG Jena 1.3.2006 – 4 U 719/04 = BeckRS 2006, 12557

5462

Kopfverletzung (hier: Dauerhafte Kopfhautverletzung nach rechtswidriger Haartransplantation).

Mann. Arzthaftung (hier: Aufklärungspflichtverletzung in Bezug auf eine Haartransplantation, die bei lokaler Betäubung im Rahmen einer fünfstündigen Operation durchgeführt wurde). Dauerschaden: 27 lange Narbe am Kopf, die das OLG nach eigener Inaugenscheinnahme jedoch als „dezent" und „sehr schmal" beschrieb, die von den Haaren – auch bei einer Kurzhaarfrisur – sehr gut überdeckt werde.

Betrag: 3.000 € **Haftung: 100 %**
immVorb: Ja **MdE: –**

OLG Hamburg 1.6.2016 – 1 U 141/15 = BeckRS 2016, 137160

4808

Gesichtsverletzung / Kopfverletzung (hier: großflächige Hämatome im Stirn- und Augenbereich und ein weiteres Hämatom am Hinterkopf) sowie Schürfwunden an den Händen.

Frau. Ambulante Heilbehandlung. Die Klägerin war Ehefrau des Beklagten. Am Tage der Trennung kam es zu einem Streit, in dessen Verlauf der Antragsgegner der Antragstellerin ua einen Kopfstoß gegen die Stirn versetzte. [Anmerkung: Derartige Urteile zu tätlichen Auseinandersetzung unter Ehegatten sind – verständlicher Weise – sehr selten. Weitere Fundstelle: BeckRS 2013, 17563].

Betrag: 3.000 € **Haftung: 100 %**
immVorb: – **MdE: –**

OLG Zweibrücken 2.8.2013 – 2 UF 30/13 = BeckRS 2013, 17563

3428

Kopfverletzung / Skalpierungsverletzung (hier: an der linken Kopfseite mit deutlicher Narbe).

10j. Kind (Mädchen). Lebensgefahr! Stationärer Aufenthalt. Dauerschaden: Deutlich tastbare Narbe am Kopf nach Skalpierungswunde. Regulierungsverzögerung wurde erhöhend berücksichtigt.

Betrag: 4.602 € **Haftung: 100 %**
immVorb: – **MdE: –**

LG Landau 5.7.2000 – 1 S 87/02 = unveröffentlicht

3784

Kopfverletzung / Skalpierungsverletzung in Form einer „Sklapierung der Kopfschwarte …. mit noch einige Wochen (andauernder) … Entstellung" und noch nach Monaten vorhandener Kopfschmerzen und Gangunsicherheit.

Frau. 3 Tage stationär. Die Kopfverletzung musste genäht werden. Das LG wertete neben der „schwerwiegenden Verletzung" auch die Urlaubsbeeinträchtigung und die seit dem Unfall vorhandenen Kopfschmerzen, Ängste und Gangunsicherheit. Ursache: Massive Verkehrssicherungspflichtverletzung der Gemeinde. Die Kl. blieb an einer Eisenstange hängen, die aus dem Gehweg herausragte. Das LG sprach von einer „absolut unnötigen Stolperfalle".

Betrag: 5.000 € **Haftung: 100 %**
immVorb: – **MdE: –**

LG Rostock 28.5.2008 – 4 O 3/08 = BeckRS 2008, 11372

2604

Kopfverletzung (hier: „große Skalpierungsverletzung der Kopfschwarte"); Schädelhirntrauma; Rückenquetschung und Sprunggelenkquetschung.

73j. Mann. Gut 1 Monat stationär und 1 Monat Rehaklinikaufenthalt. Vorschaden: Kopfschmerzen. Dauerschaden: verstärkte Kopfschmerzen.

Betrag: 5.113 € **Haftung: 100 %**
immVorb: – **MdE: –**

LG Stralsund 26.5.1998 – 4 O 266/97 = BeckRS 1998, 153669

2729

Kopfverletzung (hier: „Epidurales Hämatom" [epidural = auf der Dura / harte Hirnhaut gelegen] mit Arterienriss nach Faustschlag ins Gesicht in Höhe des linken Auges).

Mann. Der Bekl. wollte eine Schlägerei schlichten und wurde vom Kl. vorsätzlich verletzt. [Das Urteil der angegebenen Fundstelle befasst sich nur mit der Frage der PHV-Deckung].

Betrag: 6.647 € **Haftung: 100 %**
immVorb: – **MdE: –**

OLG Köln 16.3.1999 – 9 U 99/98 = BeckRS 9998, 23633

3395

Skalpierungsverletzung: Der Kl. wurde ein ca. 12 x 15 cm großes Stück Kopfhaut abgerissen.

Frau, junge. Die Haare der Kl., die ihr bis zum unteren Rückenbereich reichten, wickelten sich auf der Hinterachse des Karts auf und rissen der Kl. ein ca. 12 x 15 cm großes Stück Kopfhaut ab. [Verkehrssicherungspflichtverletzung beim Betrieb einer Gokartbahn / Kart-Bahn]

Betrag: 8.000 € **Haftung: 100 %**
immVorb: – **MdE: –**

OLG Saarbrücken 2.3.2005 – 1 U 156/04 = BeckRS 2005, 5794

5878

Kopfverletzung, die mittels einer im Kopf verbleibenden Metallplatte versorgt werden musste, die immer wieder Kopfschmerzen auslöst. Zudem erlitt die Klägerin weitere Verletzungen, die jedoch nicht beschrieben wurden.

18j. Frau. Stationäre Behandlung. Der Klägerin wurde unter anderem ein Metallimplantat im Bereich des Kopfes eingesetzt. Dauerschaden: Zwei Narben. Eine im Gesicht, bei der die Klägerin es „zwar durch ihre Frisur … schafft, die im Gesicht befindliche Narbe weitgehend zu verdecken", die aber – so das OLG zutreffend – dennoch bei der Bemessung erhöhend zu berücksichtigen ist, denn „… es ist davon auszugehen, dass diese Verdeckung nicht in allen Situationen durchzuhalten sein wird (etwa beim Wassersport) und die Angst vor einer Aufdeckung psychische Probleme bereitet". Eine weitere Narbe, die der Klägerin beim „Drauflegen während des Einschlafens" Beschwerden bereitet. Zur Schmerzensgeldbemessung betonte das OLG, dass „im Hinblick auf die Dauerfolgen und die Belastungen durch die Unfallfolgen bei der noch sehr jungen Klägerin … das in erster Instanz zugesprochene Schmerzensgeld etwas zu niedrig bemessen ist" und dieses um 4.000 EUR an.

Betrag: 10.000 € **Haftung: 100 %**
immVorb: – **MdE: –**

OLG München 30.7.2010 – 10 U 2930/10 = BeckRS 2010, 19125

5864

Kopfverletzungen, schwere / Gesichtschädelfrakturen und weitere Verletzungen (hier: „Linksseitig kam es zur Ausprägung eines Bruches des Jochbeines sowie des Schläfenbeines mit Blutung unter die harte Hirnhaut, welche operativ entfernt werden musste. Rechtsseitig erlitt die Klägerin eine massive Unterblutung der Haut der rechten Gesichtshälfte. Der rechte Unterkiefer und das Nasenbein waren gebrochen. Der Nasenbeinbruch führte zu einer massiven Unterblutung der Augenober- und -unterlider auf beiden Seiten. Durch Einwirkungen auf den Hals erlitt die Klägerin einen mehrfachen Zungenbeinbruch. Die Außenseite der rechten Schulter sowie des Oberarmbereichs und der rechten Rückenseite waren aufgrund stumpfer Gewalteinwirkung durch Schläge oder hierdurch verursachte Stürze ebenfalls massiv unterblutet. Ferner wiesen beide Brustdrüsen Unterblutungen auf, die durch Gewalteinwirkung verursacht wurden. Die Verletzungen des Kopfes mit der Unterblutung unter die harte Hirnhaut begründeten eine akute Lebensgefahr für die Klägerin").

Frau. Die Klägerin musste 16 Tage stationär – zunächst intensivmedizinisch – behandelt werden. Infolge der Kopfverletzungen musste sich die Klägerin anschließend 75 Tage einer Rehabilitationsmaßnahme unterziehen. Dauerschaden: „Die Klägerin leidet noch heute unter dem Geschehen".Zur Bemessung führte das OLG aus: „Vorliegend erachtet der Senat aufgrund der oben aufgeführten Verletzungsfolgen, insbesondere aber auch wegen der im Hinblick auf die Art und Weise der Tatbegehung – erhebliche und vorsätzliche Misshandlungen – besonders ins Gewicht fallenden Genugtuungsfunktion ein Schmerzensgeld in der Größenordnung von 35.000,00 EUR auch unter Einbeziehung vergleichbarer Entscheidungen in der Rechtsprechung … für angemessen". [Ursache: Vorsätzliche Körperverletzung und massive und gewaltsame Misshandlung durch den Ehemann].

Betrag: 35.000 € **Haftung: 100 %**
immVorb: – **MdE: –**

OLG Brandenburg 30.9.2010 – 12 W 28/10 = BeckRS 2010, 24172

3337

Kopfverletzung, schwere (hier: Dekompensation des Hydrocephalus mit Krampfanfällen, die jedoch erst 20 Jahre nach dem ursächlichen Motorradunfall eintraten).

Mann. Kein Schmerzensgeld wegen Abfindungsvergleich: Der Kl. forderte wegen „deutlicher Verschlechterung des Gesundheitszustandes" (Krampfanfälle etc) ein weiteres Schmerzensgeld, obwohl er im Jahr 1987 einen abschließenden Abfindungsvergleich unterzeichnet hatte, wonach „alle Ersatzansprüche … für … alle Zukunft abgegolten sind, auch wenn sich noch andere unerwartete und unvorhersehbare Folgen oder Ansprüche ergeben sollten". Da – so das LG – bereits bei Vergleichsabschluss „ausreichend wissenschaftliche Erkenntnisse" vorlagen, die die jetzt eingetretene Verschlechterung hätten erkennen lassen müssen. Somit – so das LG – war die aktuelle Verschlechterung bereits vom Abfindungsvergleich umfasst.

Betrag: 35.790 € **Haftung: 100 %**
immVorb: – **MdE: –**

LG Kaiserslautern 21.1.2005 – 2 O 233/02 = BeckRS 2005, 4087

5467

Kopfverletzungen, schwere (ohne nähere Angaben).

27j. Frau (Ärztin). Stationäre Behandlung. Dauerschaden: „Erhebliche Einschränkungen in ihrer Erwerbstätigkeit". [Ursache: Tierhalterhaftung, Sturz vom Kamel, das wegen Hundegebells eine spontane Bewegung machte und die Klägerin abwarf. Kein Mitverschulden wegen des Nichttragens eines Helms – dies allerdings wohl nur deshalb, da – worauf das OLG hingewiesen hatte – der Beklagte davon quasi abgeraten und sich dadurch insbesondere sorgfaltswidrig verhalten habe!]

Betrag: 70.000 € **Haftung: 100 %**
immVorb: Ja **MdE: –**

OLG Stuttgart 7.6.2018 – 13 U 194/17 = BeckRS 2018, 16107

2. Halsbereich (ohne HWS)

Vorbemerkung: Aufgrund der Häufigkeit von HWS-Schleuderverletzungen (HWS-Syndrom) und der somit großen Anzahl von Gerichtsentscheidungen wurde diesen Urteilen ein eigenes Kapitel gewidmet. Sie finden diese Entscheidungen im Kapitel B unter Ziffer 3.

a) Halsschlagaderverletzungen

3832

Halsschlagaderverletzung (hier: Verletzung der Arteria vertebralis mit nachfolgenden massiven Beschwerden: Sehstörung durch Verschwommensehen; stärkste Kopfschmerzen sowie Taubheitsgefühle in den Fingerkuppen).

24j. Frau. Arzthaftung wegen Aufklärungspflichtverletzung: „Vor einer chiropraktischen Manipulation an der Halswirbelsäule [ergänze: sog Einrenken der Halswirbelsäule] ist der Patient über die damit verbundenen Risiken aufzuklären", so der amtl. Leitsatz.

Betrag: 7.500 € **Haftung: 100 %**
immVorb: Ja **MdE: –**

OLG Oldenburg 25.6.2008 – 5 U 10/08 = BeckRS 2008, 15434

4600

Halsschlagaderdurchtrennung (hier: Durchtrennung der inneren Halsschlagader mit nachfolgendem Schlaganfall und Epilepsie).

34j. Mann. 2 Wochen stationär. Anschließend Rehabilitation in Fachklinik und Sprachtherapie. Dauerschaden: Gebrauchsminderung der Arme. Neigung zu Epilepsie mit deshalb notwendiger dauerhafter Medikamenteneinnahme. Kognitive Störungen sowie Sprachstörungen und Konzentrationsstörungen. [Ursache: Verkehrsunfallbedingt ausgelöster Schlaganfall].

Betrag: 50.000 € **Haftung: 100 %**
immVorb: Ja **MdE: –**

OLG Hamm 10.5.2011 – 9 U 217/09 = BeckRS 2015, 19255

b) Sonstige Halsverletzungen (ohne HWS)

6687

Erkältung und Infektion der Atemwege, behauptete

Mann (Rechtsanwalt). Kein Schmerzensgeldanspruch für behauptete schwere Erkältung und Infektion der Atemwege, die der Kläger laut seinem Vortrag wegen einer für die Dauer von vier Tagen versehentlich abgestellten Gaszufuhr in seiner Wohnung in der er auch seine Kanzlei betreibt, erlitten haben will. Das OLG wies die Klage mit der zutreffenden Begründung zurück, dass – selbst unterstellt, der Vortrag des Klägers würde den Anforderungen genügen – eine Beweisaufnahme nicht in Betracht käme. „Ein Schadensersatzanspruch des Klägers würde in jedem Fall an einem überwiegenden Mitverschulden (§ 254 Abs. 1 BGB) an dem eingetretenen Gesundheitsschaden scheitern. Der Kläger hat die ihm in eigenen Angelegenheiten obliegende Sorgfalt vorsätzlich oder fahrlässig verletzt. Zur Vermeidung eines Gesundheitsschadens durch Aufenthalt in der unbeheizten Wohnung hätte sich der Kläger durch warme Kleidung, Übernachtung in einem Ausweichquartier (bei Bekannten oder in einer Pension) oder durch Beschaffung eines elektrischen Heizgeräts schützen können und bei der gebotenen Sorgfalt in eigenen Angelegenheiten auch schützen müssen".

Betrag: – **Haftung: –**
immVorb: – **MdE: –**

OLG Düsseldorf 12.2.2020 – 27 U 8/19 = BeckRS 2020, 3301

6396

Halsverletzung (hier: Schnittwunde am Hals) und Prellungen (hier: Schulterprellung und Hüftprellung) sowie ein HWS-Syndrom.

Mann. Ambulante Behandlung. MdE 7 Tage 100 %. [Ursache: Busunfall im Rahmen einer Pauschalreise in Ägypten, vgl. hierzu auch → Nr. 6421].

Betrag: 1.000 € **Haftung: 100 %**
immVorb: – **MdE: –**

OLG Frankfurt a. M. 18.5.2006 – 16 U 153/05 = BeckRS 2007, 1554

6705

Halsverletzung (hier: Bandscheibenvorfall im Halswirbelbereich nach „Einrenken" des Kopfes).

Mann. Arzthaftung im Zusammenhang mit einer chiropraktischen Behandlung im Halsbereich ohne bzw. mit nur mangelhafter Aufklärung. Das Schmerzensgeld fiel mit 2.000 EUR vergleichsweise gering aus, da beim Kläger bereits eine Grundschädigung der Halswirbelsäule vorlag (degenerativer Vorschaden).

Betrag: 2.000 € **Haftung: 100 %**
immVorb: – **MdE: –**

OLG Frankfurt a. M. 13.1.2015 – 8 U 141/14 = BeckRS 2015, 131783

7113

Speiseröhrenverletzung (hier: Operationen an der Speiseröhre unter Setzen eines Zentralvenenkatheters und insofern „verspäteter Lagekorrektur des lege artis gesetzten und dann in Fehllage geratenen Katheters").

Frau. Arzthaftung im Zusammenhang mit einer Speiseröhrenoperation. Das Erstgericht sprach das Schmerzensgeld lediglich für die „verspäteten Lagekorrektur" des Katheters zu und wies im Übrigen die von der Klägerin vorgetragenen Gründe zurück. Das OLG Wien als Berufungsgericht bestätigte diese Entscheidung. Der OGH erachtete die dagegen erhobene außerordentliche Revision der Klägerin als unzulässig, da der Fall keine Rechtsfrage von erheblicher Bedeutung aufzeige.

Betrag: 4.500 € **Haftung: 100 %**
immVorb: – **MdE: –**

OGH Österreich 18.10.2022 – 4 Ob 188/22h = BeckRS 2022, 31043

7283

Halsverletzung / ca. zehn Zentimeter lange und bis zu drei Zentimeter breite Halsschnittwunde an der vorderen linken Halsseite: „Der Schnitt habe zu einer vollständigen Durchtrennung der Haut, des Unterhautfettgewebes und des flächigen Halshautmuskels geführt. Darunter sei auch eine oberflächliche Vene durchtrennt und der linke Kopfdrehermuskel auf etwa 20 % der Stärke angeschnitten worden. Größere Blutgefäße und die Atemwege seien nicht betroffen gewesen". Die Halsschnittverletzung mit einer Länge von etwa zehn Zentimetern mit einer Verletzung der tiefen Halsfaszie und einem freiliegenden und teildurchtrennten linker Kopfdrehermuskels. Vorsätzliche Körperverletzung.

Mann. Stationäre Heilbehandlung, jedoch „kein längerer stationärer Aufenthalt …, keine lebensrelevanten Blut- und Nervenbahnen verletzt … und auch eine reizfreie und unauffällige Wundheilung", so das LG. Bei der Bemessung berücksichtigte das LG „auch die wirtschaftlichen Verhältnisse sowohl des Angeklagten als auch des Geschädigten – beide sind arbeitslos und verfügen über kein geregeltes Einkommen". Dauerschaden: Psychische Beeinträchtigungen in Form von Ängsten sowie – aufgrund der Narbe am Hals – Beschwerden beim Heben schwerer Gegenstände. [Adhäsionsverfahren]. Der Angeklagte wurde für diese Tat wegen versuchten Mordes in Tateinheit mit gefährlicher Körperverletzung zu einer Freiheitsstrafe von 8 Jahren und 9 Monaten verurteilt.

Betrag: 6.000 € **Haftung: 100 %**
immVorb: – **MdE: –**

LG Aschaffenburg 22.4.2021 – 104 Js 5331/17 = BeckRS 2021, 27071

5780

Halsverletzung (hier: Kehlkopfverletzung zu der es im Urteil heißt: „Larynx-Bandabriss mit bleibenden Folgen [bleibender Dehnung bzw. einer Verletzung der am Kehrkopf ansetzenden Muskulatur mit bleibenden, auch äußerlich sichtbaren und sogar leicht vernehmbaren Schluckbeschwerden]") sowie HWS-Syndrom.

37j. Mann. Langwierige ambulante Heilbehandlung für die Dauer von 5 Monaten. Dauerschaden: Schluckbeschwerden. Bleibende Dehnung und bleibenden Beeinträchtigung in der Weise, dass es beim Kläger zu einem verzögerten Schluckakt kommt und ein häufiges Nachschlucken erforderlich ist, da der Rachen bei einmaligem Schlucken nicht vollständig von Nahrung gereinigt wird. Die Schluckbeschwerden sind auch äußerlich sichtbare und sogar leicht vernehmbar. bei bestimmten Kopfstellungen, vor allem bei extremer Kopfdrehung, kommt es zur Berührung des Kehlkopfes und / oder des Zungenbeines mit der HWS, was sich gut fühlen lässt und manchmal, wenn man sehr nah beim Kläger steht, auch dezent zu hören ist. Einschränkungen bei Sportarten mit ruckartigen Bewegungen, wie zB Volleyball. Schlafstörungen, die dazu führen, dass der Kläger aufwacht oder nicht durchschlafen kann. Atembeschwerden und unangenehme Empfindungen in bestimmten Kopfpositionen.

Betrag: 10.000 € **Haftung: 100 %**
immVorb: Ja **MdE: –**

OLG Köln 9.10.2007 – 15 U 105/07 = BeckRS 2007, 65093

7398

Speiseröhrenverletzungen und Magenverletzungen, schwere (hier: Schwere Verätzungen Schwere Verätzungen von Speiseröhre und Magen mit Schwellungen und Zersetzungen der Zellen der Speiseröhre und des Magens (ösophageale und gastrale Kolliquationsnekrosen) sowie ein ausgeprägtes diffuses Schleimhauterythem mit Ödem und Magengeschwür, entzündliche Veränderungen mit Geschwüren in der unteren Speiseröhre und eine Insuffizienz des Muskels am Übergang zwischen Magen und Speiseröhre. Psychische Beeinträchtigungen mit Niedergeschlagenheit und Albträumen.

29j. Mann (Fitnesstrainer). Lebensgefahr, künstliches Koma. 13 Tage stationäre Behandlung. Der Kläger wurde zunächst unter maschineller Beatmung in ein künstliches Koma versetzt und nach Extubation am dritten Behandlungstag in die Universitätsklinik Köln verlegt, wo er zunächst künstlich ernährt wurde. Ab dem 11 Behandlungstag begann eine Ernährung mit Brei- und Flüssigkost. Dauerschaden: Berufsaufgabe als Fitnesstrainer. Magenschmerzen bei Belastung und Aufregung. Mindestens einmal in der Woche Durchfälle und Magenkrämpfe mit teilweise sehr starken Schmerzen, in deren Folge er teilweise erbrechen muss. Wegen der Schwere der erlittenen Verletzungen muss der Kläger ab dem Jahr 2036 jährlich Routine-Biopsien vornehmen lassen, da es nach 20 Jahren zur Entstehung von Narben-Karzinomen kommen kann. [Ursache: Verkehrssicherungspflichtverletzung: Aufbewahrung von Reinigungsmittel (hier: Ammoniak) in einer Limonadenflasche im Kühlschrank. Die ihm obliegende Verkehrssicherungspflicht verletzt, wer Ammoniak bzw. einen gefährlichen, gesundheitsschädlichen Stoff in einer nicht besonders kenntlich gemachten Limonadenflasche und somit in gänzlich ungeeigneter Weise lagert und dabei für andere Personen, die sich in seinem Geschäftslokal aufhalten, zugänglich macht. Vgl. dazu auch BGH BeckRS 1968, 105470 – Hausfrau verwahrt Bierflasche mit Natronlauge im Bad].

Betrag: 18.750 € **Haftung: 75 %**
immVorb: Ja **MdE: –**

LG Köln 24.9.2021 – 12 O 459/19 = BeckRS 2021, 56260

5033

Speiseröhrenverletzung (hier: Einrisse der Speiseröhre mit vorübergehendem Funktionsverlust der Speiseröhre und Rachendysfunktion in Form einer dauerhaften Veränderung des Schluckakts.)

60j. Mann (Werkzeugmacher). Arzthaftung in Form eines einfachen Behandlungsfehlers: Bei einer Bandscheibenoperation im Bereich der Halswirbelsäule, die unter Anwendung einer Cage-Fusion und Protheseninmplantation durchgeführt wurde, kam es zur Speiseröhrenverletzung, die mit einem weiteren Eingriff als Notfall operativ versorgt werden musste. Der Kläger musste aufgrund der Verletzung seiner Speiseröhre mehrere Monate mittels einer Magensonde ernährt werden. Dauerschaden: Schluckbeschwerden „durch die der Kläger voraussichtlich dauerhaft beeinträchtigt sein wird", so das OLG.

Betrag: 20.000 € **Haftung: 100 %**
immVorb: Ja **MdE: –**

OLG Hamm 23.10.2015 – 26 U 182/13 = BeckRS 2015, 19510

7809

Halsverletzung durch Stichverletzung auf der rechten Halsseite wobei der Stichkanal „circa fünf Zentimeter lang innerhalb des Kopfwendemuskels verlief mit ausgeprägter Schwellung der rechten Halsseite. Zudem erlitt der Nebenkläger vorübergehende psychische Beeinträchtigungen zu denen das OLG ausführte: "Psychisch ist der Nebenkläger inzwischen stabil. Er nahm nach der Tat wegen kurzzeitig aufgetretener Schlafstörungen sowie einer „Grübelneigung" lediglich drei Termine in der Ambulanz des KKK.-Klinikums MMM.-Stadt wahr." Vorsatztat / Messerangriff nach „islamistisch-jihadistischem" Messerangriff / Vorsatztat mit einem „32 Zentimeter langen Tranchiermesser mit einer Klingenlänge von 19 Zentimetern", mit dem er „jeweils in Tötungsabsicht auf den Hals und Oberkörper von dreizehn Personen" und dabei auch den Nebenkläger eingestochen hatte.

Mann. 5 Tage stationäre Behandlung mit Notoperation wegen „ausgeprägter Schwellung der rechten Halsseite„. Krankschreibung für 14 Tage. 18 Tage nach dem Messerangriff verlor der Kläger im Rahmen einer Nachversorgung durch seinen Hausarzt "das Bewusstsein und war apnoeisch, so dass für 30 Sekunden eine kardiopulmonale Reanimation erfolgte"; es folgten erneut 2 Tage stationärer Behandlung. Zur Schmerzensgeldbemessung führte das OLG – neben den festgestellten körperlichen Verletzungen und psychischen Belastungen – hinsichtlich des besonderen Verschuldensgrades des Täters aus: „Sodann hat der Senat das Verschulden des Angeklagten als besonders hoch bewertet. Der Angeklagte hat vor dem Hintergrund seiner radikal-islamistischen Gesinnung ein Attentat auf friedlich feiernde Konzertbesucher verübt, die zu dem Angeklagten in keinerlei Nähebeziehung standen. Mit Ausnahme des Nebenklägers K. erfolgten die jeweiligen Angriffe unvermittelt auf arg- und wehrlose Opfer. Der Angeklagte handelte durchweg in Tötungsabsicht und brachte damit seine lebensverachtende Haltung gegenüber sämtlichen Nebenklägern zum Ausdruck. Vor diesem Hintergrund gaben die wirtschaftlichen Verhältnisse des Angeklagten sowie der Nebenkläger dem vorliegenden Fall kein besonderes Gepräge." [Anmerkung: Adhäsionsverfahren: Nebenkläger im Mordprozess gegenüber dem Täter nach dessen

Terroranschlag vom 23.8.2024 auf dem Gelände des „Festivals der EE".]

Betrag: 30.000 € **Haftung: 100 %**
immVorb: – **MdE: –**

OLG Düsseldorf 10.9.2025 – 5 St 2/25 = BeckRS 2025, 23340

5043

Halsverletzung (hier: Halswirbelsäulenverletzung in Form einer „Instabilität der Halswirbelsäule bei vorbestehendem Os Odontoideum erlitten, die eine anschließende Operation zur Stabilisierung durch Einsetzen einer Verplattung zwingend erforderlich gemacht hat.").

28j. Mann. 7 Wochen stationär, zwei Aufenhalte. Postoperativer Wundschmerz während 6 Wochen. Es wurde eine Nachfolgeoperation wegen eines Plattenbruchs erforderlich. Dauerschaden: Bewegungseinschränkung hinsichtlich des Kopfes sowie allen Tätigkeiten, bei denen der Kopf in- oder rekliniert werden muss. Belastungseinschränkungen – kein Heben schwerer Lasten und Tätigkeiten – sowie erhöhte Vulnerabilität. Neben der Einschränkung der Erwerbsfähigkeit von 20 % betonte das KG die „weitergehenden Einschränkung der Lebensqualität" des Klägers infolge einer zur Stabilisierung eingesetzte Verplattung der Wirbelsäule, die vom Hinterhaupt bis zum 2. Halswirbel reicht und dauerhaft dort verbleiben muss.

Betrag: 30.000 € **Haftung: 100 %**
immVorb: – **MdE: 20 %**

KG 26.3.2015 – 22 U 143/13 = BeckRS 2015, 9940

4606

Halswirbelsäulenzerrung, schwere (hier: Lähmung beider Beine und starken Schmerzen und längerer Depression.)

Frau. Stationäre Aufenthalte und längere ambulante Behandlungen. Langwierige Heilbehandlung mit zusätzlichen Rehabilitationsaufenthalten während derer die Kl. nach zweijähriger Rollstuhlgebundenheit wieder Gehen lernen musste, was sie nun, wen auch an Krücken, wieder kann. Dauerschaden: Konversionsneurose / dissoziative Neurose die sich auf das gesamte private und berufliche Leben der Kl. negativ bzw. belastend auswirken.

Betrag: 40.000 € **Haftung: 100 %**
immVorb: – **MdE: –**

LG Landshut 25.5.2011 – 55 O 1282/08 = BeckRS 2011, 142524

7805

Halsverletzung in Form einer schweren und tiefen Halsstichwunde: „Aufgrund der Tiefe der Stichwunde wurde der Hals mittels eines circa fünf Zentimeter langen Hautschnitts im Bereich der Vorderkante des Kopfwendemuskels eröffnet. … Die Nebenklägerin verlor mindestens 2,2 Liter Blut, so dass ihr mehrere „Blutkonserven" transfundiert worden sind." Vorsatztat / Messerangriff aus „islamistisch-jihadistischem" Motiv mit einem „32 Zentimeter langen Tranchiermesser mit einer Klingenlänge von 19 Zentimetern", mit dem der Täter, ein „syrischer Asylsuchender", „jeweils in Tötungsabsicht auf den Hals und Oberkörper von dreizehn Personen" und dabei auch der Nebenklägerin eingestochen hatte.

Frau (Fachkraft für Veranstaltungstechnik). Intensivstationäre Behandlung mit Notoperation wegen Lebensgefahr. Anschließend weitere 5 Tage stationär. Die Heilung der körperlichen Verletzungen verlief weitgehend komplikationsfrei. Die im Halsbereich noch bestehenden Narben sind – so das OLG – inzwischen unscheinbar. Aufgrund einer durch die Stichverletzung hervorgerufenen Läsion des Plexus brachialis – dem den Arm versorgenden Nervengeflecht – litt die Nebenklägerin nach der Tat noch zeitweise unter Bewegungseinschränkungen des rechten Arms, die nunmehr aber weitestgehend abgeklungen sind. Allerdings leidet sie noch weiterhin unter leichten Empfindungsstörungen im rechten Arm. Psychotherapeutischer Behandlung. Dauerschaden: Wiederkehrende Gleichgewichtsstörungen mit negativer Auswirkung auf ihren Beruf. Zur Schmerzensgeldbemessung führte das OLG – neben den festgestellten körperlichen Verletzungen und psychischen Belastungen – hinsichtlich des besonderen Verschuldensgrades des Täters aus: „Sodann hat der Senat das Verschulden des Angeklagten als besonders hoch bewertet. Der Angeklagte hat vor dem Hintergrund seiner radikal-islamistischen Gesinnung ein Attentat auf friedlich feiernde Konzertbesucher verübt, die zu dem Angeklagten in keinerlei Nähebeziehung standen. Mit Ausnahme des Nebenklägers K. erfolgten die jeweiligen Angriffe unvermittelt auf arg- und wehrlose Opfer. Der Angeklagte handelte durchweg in Tötungsabsicht und brachte damit seine lebensverachtende Haltung gegenüber sämtlichen Nebenklägern zum Ausdruck. Vor diesem Hintergrund gaben die wirtschaftlichen Verhältnisse des Angeklagten sowie der Nebenkläger dem vorliegenden Fall kein besonderes Gepräge." [Anmerkung: Adhäsionsverfahren: Nebenklägerin im Mordprozess gegenüber dem Täter nach dessen Terroranschlag vom 23.8.2024 auf dem Gelände des „Festivals der EE".]

Betrag: 70.000 € **Haftung: 100 %**
immVorb: – **MdE: –**

OLG Düsseldorf 10.9.2025 – 5 St 2/25 = BeckRS 2025, 23340

7035

Speiseröhrenverletzung (Ösophagitis) mit Reflux nach Geschwüren (Ulcera) und Speiseröhrenentzündung (Ösophagitis) sowie Ernährungsstörung mit Mangelernährung (Dystrophie).

Kind / Säugling. 4 Monate stationär. Arzthaftung im Zusammenhang mit der Behandlung nach Verdacht auf eine Neugeborenen-Infektion und Pneumonie in deren weiterem Verlauf insgesamt fünf Behandlungsfehler festgestellt wurden. Der vom Gericht beauftragte Sachverständige stellte insofern fest, dass initial eindeutige Hinweise auf eine sog. Passagestörung im obere Magen-Darm-Trakt unverständlicherweise in der Kinderklinik der Beklagten nicht die erforderliche Beachtung gefunden hätten, sondern es sei vielmehr zunächst ausschließlich eine vermeintliche Neugeboreneninfektion behandelt worden. Weiter, eindeutig Befunde seien unvollständig oder verspätet erhoben worden. Zudem erscheine es völlig unverständlich, dass erst nach sechs Tagen stationärer Behandlung die erste Ultraschalluntersuchung erfolgt sei. Dadurch wurde die Heilung „in unverantwortlich großem Maße verzögert … und die Beschwerden der Klägerin unnötig verlängert", so das LG. Dauerschaden: Reflux nach Geschwüren (Ulcera) und Speiseröhrenentzündung (Ösophagitis) sowie Ernährungsstörung mit Mangelernährung (Dystrophie). Bei der Bemessung berücksichtigte das LG dies alles sowie, dass die Klägerin Zeit ihres Lebens immer wieder auf Kontrolluntersuchungen angewiesen sein wird; zudem die Tatsache, dass die erst wenige Monate alte Klägerin auf Grund der Behandlungsfehler allein bis zum Zeitpunkt der Klageerhebung drei weitere Krankenhausaufenthalte und zwei weitere Gastroskopien absolvieren musste. Dazu sowie in Bezug auf die insgesamt lange stationäre Behandlungsdauer führte das LG aus: „Dies stellte sich für die Klägerin als neugeborenes Kind besonders gravierend dar, weil sie nicht in der elterlichen Obhut versorgt werden konnte, sondern dem Geschehen im Hause der Beklagten in einem sehr jungen Alter auch in besonderem Maße ausgesetzt war. Zugleich war sie hierdurch von der gewohnten und vertrauten häuslichen Umgebung getrennt, was eine erhebliche Beeinträchtigung darstellte".

Betrag: 75.000 € **Haftung: 100 %**
immVorb: Ja **MdE: –**

LG Bielefeld 1.4.2022 – 4 O 172/18 = BeckRS 2022, 8681

4861

Halswirbelsäulenfraktur in Form einer „nicht dislozierten Dens-Fraktur" in der von Effendi vorgenommenen Klassifikationsstufe „Effendi-II" mit daraus resultierender erheblicher Gehirnschädigung / Schädelhirntrauma mit intrakranieller Blutung. Weitere Verletzungen waren: Beckenfraktur (hier: Beckenschaufelfraktur) sowie Brustkorbquetschung.

66j. Frau. 1 Monat stationär, mehr als 4 Monate neurologische Frührehabilitation; Implantation eines Shuntsystems (Shunt-Implantat) unter die Schädeldecke zur Ableitung des Hirnwassers. Dauerschaden: Armbetonte Halbseitenlähmung rechts. Erhebliche Hirnleistungsdefekte und kognitive Leistungseinbußen, Gedächtnisdefizite, psychomotorische Verlangsamung, Antriebslosigkeit. Pflegefall. Regulierungsverzögerung, – „erheblicher Schmerzensgeldaufschlag wegen des ungebührlich zögerlichen Regulierungsverhaltens". [weitere Fundstellen: SP 2015, 114].

Betrag: 150.000 € **Haftung: 100 %**
immVorb: Ja **MdE: 100 %**

OLG Naumburg 10.7.2014 – 2 U 101/13 = BeckRS 2014, 16163

3. Schulterbereich und Schlüsselbein

a) Schulterverletzungen

5344

Schulterverletzung (hier: Schulterluxation rechts).

Mann. Der Kläger wurde – von der Polizei versehentlich als vermeintlicher Straftäter angesehen – in einer Tankstelle gestellt und hatte sich dabei die Verletzung, für die er Schmerzensgeld begehrte, zugezogen. Das OLG Frankfurt a. M. – → Nr. 5300 – hatte zuvor einen Schmerzensgeldanspruch aus Aufopferung verneint und sich dabei auf die frühere Rechtsprechung des Bundesgerichtshofs gestützt. Diese Rechtsprechung änderte jedoch nun der BGH mit seinem Urteil vom 7.9.2017 und führte – mit Hinweis auf das Zweite Gesetz zur Änderung schadenersatzrechtlicher Vorschriften (19.7.2002) und der hierdurch bewirkten Ausweitung des Schmerzensgeldanspruchs infolge der Änderung des § 253 BGB – aus, dass der Entschädigungsanspruch aus Aufopferung auch den Ausgleich immaterieller Schäden, mithin auch ein Schmerzensgeld, umfasse.

Betrag: – **Haftung: 100 %**
immVorb: – **MdE: –**

BGH 7.9.2017 – III ZR 71/17 = BeckRS 2017, 125886

5300

Schulterverletzung (hier: Schulterluxation rechts).

Mann. Der Kläger wurde – von der Polizei versehentlich als vermeintlicher Straftäter angesehen – in einer Tankstelle gestellt und hatte sich dabei die Verletzung, für die er Schmerzensgeld begehrte, zugezogen. Kein Schmerzensgeldanspruch aus Aufopferung. „Das Landgericht hat zu Recht angenommen, dass dem Kläger kein Anspruch auf Ersatz immateriellen Schadens zusteht. Für die von ihm erlittene Schulterluxation ist dem Kläger nach aufopferungsrechtlichen Grundätzen keine Entschädigung zu gewähren (dazu unter 1.); andere Anspruchsgrundlagen scheiden aus, wie das Landgericht zutreffend ausgeführt hat. Nach den von der Rechtsprechung aus dem allgemeinen Aufopferungsgedanken der §§ 74, 75 der Einleitung zum Preußischen Allgemeinen Landrecht (EinlALR) hergeleiteten, mittlerweile gewohnheitsrechtlich anerkannten Grundsätzen kommt ein Entschädigungsanspruch für Sonderopfer durch hoheitliche Eingriffe in nicht vermögenswerte Rechtsgüter wie Leben, Gesundheit und Freiheit in Betracht. Der Aufopferungsanspruch ist Ausdruck des allgemeinen Rechtsgedankens, dass der Einzelne für ein ihm durch hoheitlichen Zwang unter Verletzung des Gleichheitssatzes im öffentlichen Interesse auferlegtes Sonderopfer eine billige Entschädigung von der Allgemeinheit erhalten soll. Der Aufopferungsanspruch kann sowohl bei rechtmäßigen als auch bei rechtswidrigen Eingriffen gewährt werden, setzt kein Verschulden voraus und wurde für Sachverhalte des „alltäglichen Verwaltungshandelns" entwickelt (vgl. BGH, Urteil vom 31. Januar 1966 – III ZR 118/64 -, BGHZ 45, 58-83, […] Rn. 64; Urteil vom 06. Oktober 2016 – III ZR 140/15 -, Rn. 33, […]). Zu Recht hat das Landgericht angenommen, dass nach der bisherigen Rechtsprechung des Bundesgerichtshofs nach dem Rechtsinstitut des Aufopferungsanspruchs nur für vermögensrechtliche Nachteile Entschädigung zu gewähren ist", so das OLG. (OLG Frankfurt a. M. BeckRS 2017, 102200, beck-online)

Betrag: – **Haftung: –**
immVorb: – **MdE: –**

OLG Frankfurt a. M. 26.1.2017 – 1 U 31/15 = BeckRS 2017, 102200

3959

Schultergelenkluxation links.

Mann. [Anmerkung: Das Urteil befasst sich nur am Rande mit dem Thema Schmerzensgeld. Vorrangig geht es um die Frage der Haftung des Fahrzeugführers bei sog. Gefälligkeitsfahrt. Konkret steuerte der Bekl. ein landwirtschaftliches Traktorengespann auf dessen Anhänger mehrere Teilnehmer eine Maifeier saßen, als das Gespann umkippte. Wie bereits zuvor das OLG Frankfurt a. M. (NJW 2006, 1004) sah auch das AG hier den Ausnahmefall als gegeben an, wonach eine Haftungsbeschränkung wegen Gefälligkeitsfahrt hier gegeben sei.].

Betrag: – **Haftung: –**
immVorb: – **MdE: –**

AG Jülich 6.3.2009 – 4 C 106/08 = SP 2009, 364

5823

Schulterverletzung (hier: Schultereckgelenkverletzung in Form einer Stauchungsverletzung nach Tossy I / II, deutlich schmerzhafte Einschränkungen der Bewegungsfunktionen. Die Bewegungsfunktionen des rechten Schultergelenkes war deutlich schmerzhaft eingeschränkt: Die Abduktionsfähigkeit zeigte sich auf 60 Grad und die vordere Elevation auf 90 Grad reduziert. Zudem fand sich eine Druckschmerzhaftigkeit im Verlauf der Bicepsloge sowie der Supraspinatussehne. Nacken- und Schürzengriff waren nur eingeschränkt möglich). Zudem erlitt der Kläger einen Hörsturz sowie Prellung am linken Zeigefinger und einen Unfallschock.

Mann. 4 Tage stationär. MdE 21 Tage 100 %. [Anmerkung: Keine Mithaftung des Radfahrers, der einen Radweg befährt, der als Sonderweg allein durch eine andersfarbige Aufpflasterung von den übrigen Verkehrsflächen abgesetzt ist und dort mit einer Fußgängerin kollidiert. Kein Mitverschulden des Radfahrers wegen fehlendem Schutz durch einen Fahrradhelm].

Betrag: 200 € **Haftung: 100 %**
immVorb: – **MdE: –**

OLG Düsseldorf 18.6.2007 – I-1 U 278/06 = BeckRS 2007, 11136

6867

Schulterverletzung in Form einer Schulterzerrung; vorsätzliche Köperverletzung.

Mann. Ambulante Behandlung mit Schmerzmitteln. MdE 5 Tage 100 %. Vorsätzliche Körperverletzung in Verbindung mit Beleidigung (Arschloch) aus nichtigem Anlass.

Betrag: 350 € **Haftung: 100 %**
immVorb: – **MdE: –**

AG Aschaffenburg 22.4.2021 – 112 C 1415/20 = BeckRS 2021, 42853

4885

Schulterverletzung / Armverletzung (hier: Schultermuskelverspannung in Verbindung mit sogenanntem Tennisarm / Golferarm mit Schmerzen beim Drehen und Strecken nach Oberarmprellung).

Mann (Arzt). Langwierige ambulante Heilbehandlung über eine „Dauer … von insgesamt etwa 1/4 Jahr". Der Kläger benötigte zur Genesung 3 x 10 Massagen und Fangobehandlungen. [Lesenswert zur Haftungsverteilung bei Anstoß gegen offen stehende Fahrzeugtüre].

Betrag: 750 € **Haftung: 50 %**
immVorb: – **MdE: –**

OLG Frankfurt a. M. 28.1.2014 – 16 U 103/13 = BeckRS 2014, 4635

4448

Schulterverletzung (hier: Schulterprellung) und HWS-Syndrom.

Mann. MdE 30 Tage 100 %.

Betrag: 750 € **Haftung: 100 %**
immVorb: – **MdE: –**

OLG Celle 16.12.2009 – 14 U 113/09 = BeckRS 2010, 14713

4447

Schulterverletzung und HWS-Syndrom.

Mann. MdE 30 Tage 100 %. Ambulante Heilbehandlung. Anfänglich starke Schmerzen

Betrag: 750 € **Haftung: 50 %**
immVorb: – **MdE: –**

OLG Brandenburg 20.11.2008 – 12 U 113/08 = BeckRS 2008, 24620

3683

Schulterverletzung (hier: Schulterschleimbeutelentzündung) links.

Mann. 24 Tage nur eingeschränkt arbeitsfähig.

Betrag: 767 € **Haftung: 50 %**
immVorb: – **MdE: –**

AG Landau i. d. Pfalz 10.4.2001 – 4 C 36/01 = BeckRS 2001, 161811

6512

Schulterverletzung, leichte … ohne weitere Angaben.

Mann. MdE 42 Tage 100 % „mehrere Wochen" Gilchristverband zur Ruhigstellung der Schulter. Folgenlose Verheilung. [Ursache: Motorradunfall].

Betrag: 800 € **Haftung: 60 %**
immVorb: – **MdE: –**

OLG München 9.9.2020 – 10 U 1690/20 = BeckRS 2020, 23366

5482

Schulterverletzung (hier: Einschränkungen der Beweglichkeit des Schultergelenkes in Form einer „Frozen Shoulder" für die Dauer von drei Wochen).

Frau. Arzthaftung (hier: Behandlungsfehler im Zusammenhang mit der Armfraktur und der damit einhergehenden, um dreieinhalb Wochen zu langen Ruhigstellung ihres Armes im Gipsverband). Das OLG orientierte sich bei der Schmerzensgeldbemessung an einer Entscheidung des LG Trier (→ Nr. 5483). [Anmerkung: Die Bewertung eines Behandlungsfehlers als grob stellt eine Rechtsfrage dar, allerdings muss die Bewertung in den tatsächlichen Feststellungen, die im Regelfall durch sachverständige Bewertung des Behandlungsgeschehens erfolgt, eine hinreichende Stütze finden, so der redaktionelle Leitsatz]

Betrag: 800 € **Haftung: 100 %**
immVorb: – **MdE: –**

OLG Brandenburg 10.1.2019 – 12 U 225/16 = BeckRS 2019, 486

5064

Schulterverletzung infolge eines Motorradsturzes. Es kam zu einem ausgeprägten Hämatom (Bluterguss) und einer Schulterprellung.

Mann. Ambulante Heilbehandlung. Da die Beschwerden zunächst nicht besser wurden, erfolgte eine MRT. 3 Wochen andauernde, vorübergehende Bewegungseinschränkung des Schultergelenks. [Ursache: Motorradunfall / Verkehrssicherungspflichtverletzung wegen mangelnder Fahrbahnbelagsgriffigkeit].

Betrag: 800 € **Haftung: 75 %**
immVorb: – **MdE: –**

LG Detmold 3.2.2016 – 9 O 86/15 = BeckRS 2016, 4436

5716

Schulterverletzung (hier: Schulterkapselriss der linken Schulter mit knöcherner Absprengung und Schulterprellung) sowie Brustkorbprellung und Druckschmerz im Bereich des linken Nierenlagers.

Mann. MdE 3 Wochen 100 %. „Die subjektiven Angaben des Klägers, der Heilungsverlauf habe sich langwierig und schmerzhaft gestaltet, finden in den von dem Kläger vorgelegten ärztlichen Stellungnahmen keinen Niederschlag", so das AG.

Betrag: 900 € **Haftung: 100 %**
immVorb: – **MdE: –**

AG Seesen 8.10.2004 – 1a C 329/04 = BeckRS 2004, 31162521

3281

Schulterverletzung (hier: Schultereckgelenksprengung Typ Tossy III).

Mann. 8 Tage stationär. Eine Operation. MdE 6 Wochen 100 %[Hälftiges Mitverschulden wegen Nichtbenutzung des Radweges].

Betrag: 1.000 € **Haftung: 50 %**
immVorb: – **MdE: –**

LG Schwerin 15.8.2003 – 6 S 144/03 = BeckRS 9998, 87440

3072

Schulterverletzung (hier: Schulterprellung) und Knieverletzung (hier: Knieprellung).

Frau. Langwierige Heilung. Noch nach einem Jahr bestehen Schulterschmerzen (Druckschmerz). Dementsprechend musste die Kl. Ihren Sport (Badminton) aufgeben.

Betrag: 1.023 € **Haftung: 100 %**
immVorb: – **MdE: –**

AG Kassel 18.2.2000 – 423 C 3497/99 = unveröffentlicht

3131

Schulterverletzung (hier: „Schmerzen im Schulter- und Nackenbereich, Übelkeit, Myogelosen und eine Einschränkung der Beweglichkeit im Nackenbereich").

Mann (landwirt). 6 Wochen 50 % sodann 3 1/2 Monate 30 %. Vorschadenbedingte längere Beeinträchtigung in Form von degenerativen Veränderungen im Bereich der mittleren HWS. Geringe Kollisionsgeschwindigkeit (6,5 bis 9,9 km/h) lässt die weiteren Folgen nicht unfallkausal erscheinen, so das AG.

Betrag: 1.278 € **Haftung: 100 %**
immVorb: – **MdE: –**

AG Steinfurt 4.9.2001 – 21 C 265/00 = BeckRS 2001, 161824

3862

Schulterverletzung (hier: Schultereckgelenksprengung Tossy II links) sowie HWS-Syndrom und Prellungen.

Mann. Das AG bezeichnete die Verletzungen als eher durchschnittlich.

Betrag: 1.500 € **Haftung: 100 %**
immVorb: – **MdE: –**

AG Westerstede 1.9.2000 – 25 C 615/00 = unveröffentlicht

3676

Schulterverletzung in Form einer Schultergelenksprengung Tossy II links sowie ein HWS-Syndrom und zahlreiche Prellungen und Schürfungen.

Mann. MdE 4 Wochen 100 %. Das AG wertete die Verletzungen als eher durchschnittlicher Art und hielt ein Schmerzensgeld von – damals noch in DM – 3.000,- für angemessen aber auch ausreichend.

Betrag: 1.534 € **Haftung: 100 %**
immVorb: – **MdE: –**

AG Westerstede 1.9.2000 – 24 C 615/00 = unveröffentlicht

3679

Schulterverletzung in Form einer Schultergelenkluxation links.

69j. Frau (Hausfrau). 7 Tage stationär. Eine Operation unter Narkose. Langwierige Heilbehandlung mit Krankengymnastik. Noch nach über 6 Monaten Beschwerden spürbar.

Betrag: 1.534 € **Haftung: 100 %**
immVorb: – **MdE: –**

AG Nürtingen 8.4.1999 – 10 C 312/99 = BeckRS 1999, 158848

3933

Schulterverletzung / Schleimbeutelverletzung (= Bursitis) und Schultergelenkverletzung in Form einer linksseitigen Schultereckgelenkdistraktion sowie Hautabschürfungen.

Mann. 3 Tage arbeitsunfähig. Der Kläger erlitt verletzungsbedingt starke Schmerzen.

Betrag: 1.600 € **Haftung: 100 %**
immVorb: – **MdE: –**

AG München 27.6.2003 – 345 C 36053/02 = unveröffentlicht

3529

Schulterprellung, schwere sowie weitere Prellungen am Ellenbogen, Knie und Fuß. HWS-Distorsion.

Mann. Langwierige Heilung mit starken Schmerzen. [Ursache: Fahrradsturz].

Betrag: 1.750 € **Haftung: 100 %**
immVorb: – **MdE: –**

OLG Düsseldorf 27.5.2002 – 1 U 212/01 = BeckRS 2002, 30261712

6842

Schulterprellung und Prellung der Hüfte links sowie beidseitige Knieschmerzen und HWS-Distorsion.

Frau. Stationäre Behandlung. MdE 40 Tage 100 %. Langwierige Heilbehandlung bezogen auf die Schulterverletzung. „Nach den vorliegenden Attesten gestaltete sich die Heilung der Schulterprellung langwierig. Die Klägerin schildert im Schriftsatz vom 26.10.2019 [Anmerkung: Der Unfall war am 22.2.2014] auch heute noch Schmerzen in diesem Bereich", so das OLG.

Betrag: 2.000 € **Haftung: 100 %**
immVorb: Ja **MdE: –**

OLG Brandenburg 14.10.2021 – 12 U 89/21 = BeckRS 2021, 35693

6113

Schulterverletzung (hier: Hautveränderung an der rechten Schulter, die einen etwas größeren Bereich ausmachten, als dies bei korrektem Handeln des Arztes der Fall gewesen wäre).

Mann. Arzthaftung (hier: Behandlungsfehler durch Gewebeprobenvertauschung, die sodann zu einer beim Kläger am 12.9.2013 in der Universitätsklinik G. vorgenommenen operativen Entfernung einer Hautveränderung an der rechten Schulter führte, die bei Hinwegdenken der durch den Organisationsfehler bedingten Gewebeprobenvertauschung lediglich in einem geringeren Ausmaß durchgeführt worden wäre). Dauerschaden: Lymphdrüsenentfernung. Narben im Bereich der rechten Schulter.

Betrag: 2.000 € **Haftung: 100 %**
immVorb: Ja **MdE: –**

LG Göttingen 13.6.2017 – 12 O 16/14 = BeckRS 2017, 121800

5053

Schulterverletzung (hier: Beschwerden und Funktionseinschränkungen nach Revisionsoperation im Bereich der Schulter bzw. Supraspinatussehne).

50j. Frau. Arzthaftung im Zusammenhang mit der Diagnose einer Teilruptur der Supraspinatussehne und einer damit verbundenen konservativen Behandlung; über „die Möglichkeit einer Sehnennaht und eines Umstiegs auf ein offenes Verfahren habe der Beklagte sie nicht aufgeklärt", trug die Klägerin vor. Bei der Bemessung des Schmerzensgelds seien die im Mini-Open-Verfahren erfolgte Naht der Rotatorenmanschette, die etwa 5 cm große Narbe und eine Heilungsverzögerung von etwa sechs Wochen zu berücksichtigen, führte das LG aus – dies wurde vom OLG bestätigt.

Betrag: 2.000 € **Haftung: 100 %**
immVorb: – **MdE: –**

OLG Köln 9.3.2016 – 5 U 36/15 = BeckRS 2016, 5948

4894

Schulterverletzung nach Tossy III (hier: Schultereckgelenksprengung mit Bänderverletzung).

Frau. Ambulante Heilbehandlung. Anfänglich starke Schmerzen. Dauerschaden an den schulterstabilisierenden Bandstrukturen nicht ausgeschlossen. [Ursache: Fahrradunfall].

Betrag: 2.000 € **Haftung: 100 %**
immVorb: Ja **MdE: –**

AG Amberg 18.7.2013 – 2 C 94/13 = BeckRS 2013, 23241

4253

Schulterprellung links und HWS-Syndrom.

Frau. Ambulante Heilbehandlung mit 10 Einzelbehandlungen und 12 Massagen. MdE gut 5 Wochen 100 %. [Anmerkung: Das AG begründete seine Schmerzensgeldbemessung mit einem so auch vom KG angewandten Rahmen – vgl. → Nr. 3956 -, wonach pro Monat einer mindestens 50 %igen MdE 1.000,- EUR zuzusprechen sind und kam somit hier auf 2.000,- EUR: Eine solche starre Bemessungslehre gibt es jedoch nicht, da stets alle Einzelpunkte eines stets individuellen Falles zur Bemessung heranzuziehen sind, so auch ausdrücklich diese Pauschalierung ablehnend OLG Brandenburg NZV 2011, 253].

Betrag: 2.000 € **Haftung: 100 %**
immVorb: – **MdE: –**

AG Rinteln 21.8.2008 – 2 C 213/07 = unveröffentlicht

7370

Schulterverletzung/ Schultersehnenverletzung in Form eines Rotatorenmanschettendefekts in der Supraspinatussehne in der linken Schulter.

Mann (Zimmermann). MdE 250 Tage 100 %. Bei der Schmerzensgeldbemessung hatte das OLG berücksichtigt, dass „der Kl. in den ersten Wochen nach dem Unfall unter starken Schmerzen litt, die zu erheblichen Beeinträchtigungen der Beweglichkeit des linken Arms führten, dass er stationär behandelt und dabei operiert wurde und dass er bis zum 16.8.2016 [= 250 Tage] arbeitsunfähig war." [Anmerkung: der Kläger hatte, ausgehend von der vollen Haftung des Beklagten, ein Mindestschmerzensgeld von 4.000 EUR begehrt].

Betrag: 2.500 € **Haftung: 50 %**
immVorb: Ja **MdE: –**

OLG Saarbrücken 7.7.2021 – 1 U 31/20 = BeckRS 2021, 30563

4814

Schulterverletzung (Hier: Schulterrotatorenmanschettenteilruptur).

74j. Mann. 5 Tage stationär. Weitere 5 Wochen ambulante Heilbehandlung. In dieser Zeit war „sein rechter Arm mit einem Abduktionskissen fest an den Oberkörper fixiert", so das OLG, welches bei der Bemessung auch berücksichtigte, „dass der Kläger durch die Unfallverletzung in seinem Freizeitverhalten, hier ein bis zweimaliges Rennkajakfahren in der Woche, eingeschränkt war".

Betrag: 2.500 € **Haftung: 60 %**
immVorb: Ja **MdE: –**

OLG Koblenz 5.11.2013 – 3 U 421/13 = BeckRS 2013, 19130

4172

Schulterverletzung (hier: Schulterschleimbeutelentzündung und Schultersehnenentzündung rechts) sowie Gesichtprellung und Schürfungen.

47j. Mann (Arzt). Ambulante Heilbehandlung. Dauerschaden: Bewegungsbeeinträchtigung und Bewegungseinschränkung der rechten Schulter mit Muskelminderung.

Betrag: 2.500 € **Haftung: 100 %**
immVorb: – **MdE: –**

AG Homburg 16.9.2009 – 7 C 143/08 = unveröffentlicht

7317

Schulterverletzung (hier: Schultereckgelenkssprengung Typ Rockwood IV an der rechten Schulter). Zudem erlitt der Kl. eine Beckenprellung rechts sowie Schürfwunden am linken Unterschenkel.

Mann. 3 Tage stationär. Die Schulter wurde im Anschluss mit einem Schulterabduktionskissen versorgt, das der Kl. für 6 Wochen tragen musste. Er war für eine Dauer von 3 Wochen arbeitsunfähig und durfte vom 31.8.2019 bis 31.10.2019 kein Kfz führen. Für einen Zeitraum von 4 Wochen litt er unter erheblichen Schmerzen und infolge der Abduktionsschiene unter körperlichen Einschränkungen. [Ursache: Fahrradunfall – Berührungsloser Unfall beim Überholen eines Radfahrers. Das Urteil befasst sich eingehend mit der Thematik Berührungsloser Unfall beim Überholen eines Radfahrers bzw. „Zur Haftungsabwägung bei einem (berührungslosen) Verkehrsunfall zwischen einem im Pulk fahrenden Radfahrer und einem Pkw, der die Radfahrergruppe an unübersichtlicher Stelle überholt. (amtl. Leits.)"].

Betrag: 2.800 € **Haftung: 66 %**
immVorb: Ja **MdE: –**

OLG Saarbrücken 15.12.2022 – 4 U 136/21 = BeckRS 2022, 36761

2964

Schulterverletzung (hier: Schulterluxation [„Auskugeln der Schulter"], links mit nachfolgender Nervverletzung [Nervus achsillaris] und demzufolge Armhebeeinschränkung nur „knapp 45 Grad".)

81j. Mann. Stationär. 6 Wochen sehr schmerzhaft. 13 krankengymnastische Behandlungen. Dauerschaden: „Erhebliche Bewegungseinschränkung im Schultergelenk" um 50 Grad; der Kläger ist Linkshänder. Ursache: Abwehr eines Hundes.

Betrag: 3.068 € **Haftung: 60 %**
immVorb: – **MdE: –**

LG Hamburg 7.6.2001 – 314 O 151/99 = BeckRS 2001, 161927

3935

Schultergelenkluxation Tossy III.

18j. Mann (Auszubildender). 4 Tage stationär. Langwierige Heilbehandlung. Dauerschaden: Geringe Bewegungseinschränkung im Schultergelenk. Narbe an der Schulter. Entschädigung

Betrag: 4.000 € **Haftung: 50 %**
immVorb: – **MdE: 10 %**

OLG Schleswig 1.4.2004 – 7 U 115/02 = BeckRS 2004, 153495

3930

Schulterverletzung / Schleimbeutelentzündung (= Bursitis) mit Schultersehnenriss (hier: Teilruptur der Supraspinatussehne).

Mann. 14 Tage stationär, anschließend weitere 12 Monate ambulante langwierige Heilbehandlung in Form von Krankengymnastik.

Betrag: 4.000 € **Haftung: 100 %**
immVorb: – **MdE: –**

LG Bonn 17.7.2003 – 15 O 135/02 = BeckRS 2003, 154681

4479

Schulterverletzung (hier: Schulterluxation mit geringfügige Einschränkung der Rotationsfunktion).

60j. Mann (Dipl.Maschinenbautechniker). MdE 4 Wochen 100 %. „Dass der Kläger gleichwohl bereits kurze Zeit nach dem Unfall wieder an seinem Arbeitsplatz erschienen ist, gleichsam um gegenüber seinem Auftraggebern zu demonstrieren, dass er eben bereit sei zu arbeiten, kann den Beklagten nicht zugutekommen bzw. anders herum den Schmerzensgeldanspruch des Klägers mindern", so das OLG. Dauerschaden: Die Verletzung ist lt. OLG – bis auf eine „geringfügige Einschränkung der Rotationsfunktion" – folgenlos verheilt.

Betrag: 4.000 € **Haftung: 100 %**
immVorb: – **MdE: –**

OLG Schleswig 1.3.2012 – 7 U 95/11 = BeckRS 2012, 6586

5793

Schulterverletzung (hier: Schultergelenksprengung nach Tossy III).

Mann. 9 Tage stationär. 2 Operationen. MdE 75 Tage 100 % und weitere 60 Tage abgestaffelt. langwierige Heilbehandlung. [Mithaftung, da der Kläger als Radfahrer verbotswidrig den Gehweg entgegen der vorgeschriebenen Fahrtrichtung befuhr].

Betrag: 4.000 € **Haftung: 50 %**
immVorb: – **MdE: –**

LG Mühlhausen 30.10.2007 – 3 O 1170/06 = BeckRS 2008, 12613

4829

Schulterverletzung (hier: Schulterrotatorenmanschettenruptur bzw. Supraspinatusriss mit posttraumatischer Schleimbeutelentzündung bei Vorliegen eines Impingement-Syndroms).

54j. Frau. 6 Tage stationär. Sie konnte ihren rechten Arm für die Dauer von 2 Monaten nur eingeschränkt bewegen. MdE 2 Monate 100 %. Langwierige Heilbehandlung aber komplikationsloser Heilungsverlauf. Das OLG berücksichtigte zudem, dass der Beklagte der Klägerin die Verletzung im Rahmen einer tumultähnlichen Handlung (er öffnete eine Türe, hinter der die Kl. – was er wusste – stand, sehr gewaltsam) und somit „nicht nur im Sinne einfacher Fahrlässigkeit" verletzt hatte.

Betrag: 4.500 € **Haftung: 100 %**
immVorb: Ja **MdE: –**

OLG Brandenburg 20.5.2014 – 6 U 149/12 = BeckRS 2014, 11043

6410

Schulterverletzung „des linken Schultereckgelenkes vom Typ Tossy II, das heißt eine inkomplette Bandzerreißung der Bänder zwischen Schlüsselbein und Schulterblatt und dem Rabenschnabelfortsatz". Bei der Heilung der Verletzung des linken Schultereckgelenkes kam es „zu einer Fehlheilung, indem das körperferne Ende des Schlüsselbeines etwa um halbe Schaftbreite aus dem Gelenk herausgetreten ist und nach kopfseits steht. Sichtbar ist dadurch nach den Ausführungen des Sachverständigen eine Prominenz im Schultereckgelenk". Zudem erlitt der Kläger eine Daumenendgliedfraktur und diverse Prellungen, Abschürfungen und Hämatome.

Mann. 8 ambulante Behandlungen. Danach wurde der Kläger noch bei einem Chirurgen behandelt. Es erfolgten physiotherapeutische Behandlungen und Massagen. MdE 74 Tage 100 %. Dauerschaden: MdE 10 %. Als Einschränkungen hat der Sachverständige feststellen können, dass bei Arbeiten über Kopf sich Schmerzen einstellen und eine Ermüdbarkeit des Armes auftritt. Auch bestehen Beschwerden beim „Schultern" von Gegenständen linksseitig. [Ursache: Motorradunfall].

Betrag: 4.500 € **Haftung: 80 %**
immVorb: Ja **MdE: 10 %**

LG Duisburg 30.3.2007 – 2 O 522/03 = BeckRS 2011, 4794

7369

Schulterverletzung /Schultersehnenverletzung (hier: Linksseitiger Schultersehnenausriß bzw. „Teilabriss der Sehne des Musculus subscapulris in der linken Schulter" und Schulterprellung). Zudem erlitt der Kläger weitere Prellungen (hier: Ellenbogenprellung, Knieprellung) sowie einen Kreislaufkollaps.

Mann. Stationäre Behandlung mit Komplikationen in Form eines Kreislaufkollapses und einer Dehydratation bzw. Exsikkose. Sechs Wochen musste ein sog. Gilchristverband getragen werden. Degenerativer Vorschaden; das LG hat die Vorerkrankung in der linken Schulter in Form einer chronische Reizung der Sehnenscheide bei der Bemessung des Schmerzensgeldes ebenso berücksichtigt, wie den zu tragenden Gilchristverband und die Unmöglichkeit des Anhebens schwererer Gegenstände als auch seine Einschränkungen in der Haushaltsführung und bei der Gartenarbeit sowie bei den von ihm vor dem Unfall ausgeübten Sportarten Volleyball und Bowling. Das OLG orientierte sich dabei an der Entscheidung des OLG Saarbrücken → Nr. 7370. [Ursache: Motorradunfall].

Betrag: 5.000 € **Haftung: 100 %**
immVorb: – **MdE: –**

OLG Brandenburg 18.1.2024 – 12 U 144/22 = BeckRS 2024, 1569

6111

Schulterverletzung in Form einer Schultersehnenverletzung der rechten Schulter; ob es sich dabei um Schultersehnenausriß oder einen Schultersehneneinriß handelte, ist dem Urteil nicht zu entnehmen.

Frau (ältere Frau). 2 Monate lang „erhebliche Schmerzen". Dauerschaden: Bewegungseinschränkungen des rechten Arms. Dieses Leiden sei, so das AG, … „nicht reversibel, da eine Operation der Sehnen aufgrund ihres Alters nicht mehr möglich sei". [Ursache: Reiseveranstalterhaftung – Animationsveranstaltung, bei der die Klägerin wegen eines defekten Abflussschachtgitters zu Fall kam].

Betrag: 5.000 € **Haftung: 100 %**
immVorb: – **MdE: –**

AG Hannover 8.8.2014 – 506 C 6988/13 = BeckRS 2016, 7183

5792

Schulterverletzung (hier: Schultereckgelenksprengung des Typs Tossy II. mit einer inkompletten Bandzerreißung der Bänder zwischen Schlüsselbein einerseits und Schulterblatt sowie Rabenschnabelfortsatz andererseits). Fingernagelkranzverletzung.

38j. Mann. MdE 3 Monate 100 %. Langwierige Heilbehandlung, – über gut 6 Monate musste der Kläger physiotherapeutische Behandlungen absolvieren. Dauerschaden: MdE 10 %. Der Grad der Minderung der Erwerbsfähigkeit des Klägers auf dem allgemeinen Arbeitsmarkt wegen der Schmerzhaftigkeit von Überkopfarbeiten in Verbindung mit Ermüdungserscheinungen im Arm und wegen Beschwerden beim „Schultern" von Gegenständen ist auf 10 % beschränkt. Die ehemals verletzten Bänder sind mittlerweile jedoch „vollständig, wenn auch in leichter Verlängerung und mit einer funktionell bedeutungslosen Verkalkung, verheilt. Vollständig ausgeheilt ist zwischenzeitlich auch der unfallbedingte Nagelkranzbruch am linken Daumen", so das OLG.

Betrag: 5.000 € **Haftung: 66 %**
immVorb: Ja **MdE: 10 %**

OLG Düsseldorf 18.2.2008 – I-1 U 98/07 = BeckRS 2008, 11860

3870

Schulterverletzung in Form einer Schultereckgelenksprengung rechts.

Mann. Ambulante Heilbehandlung. MdE 7 Monate ohne Angabe der Intensität. Dauerschaden: Sekundärarthrose.

Betrag: 5.000 € **Haftung: 66 %**
immVorb: – **MdE: –**

LG Köln 19.10.2007 – 20 O 127/07 = BeckRS 2009, 8793

3894

Schulterverletzung / Schulterprellung, schwere … sowie HWS-Syndrom 2.Grades.

36j. Frau. Ambulante Heilbehandlung. MdE 8 Monate 100 %; weitere 4 Monate nur eingeschränkt arbeitsfähig. Dauerschaden: Bewegungseinschränkung der linken Schulter.

Betrag: 5.000 € **Haftung: 100 %**
immVorb: Ja **MdE: –**

OLG Köln 4.9.2003 – 12 U 267/00 = BeckRS 2010, 6739

4042

Schulterverletzung in Form einer Schultergelenkabsprengung.

Mann. MdE 6 Monate 100 % sowie 6 Wochen 30 %; anschließend weitere 9 Wochen abfallend.

Betrag: 5.000 € **Haftung: 100 %**
immVorb: – **MdE: –**

LG München I 21.6.2001 – 19 O 11637/00 = unveröffentlicht

3703

Schulterverletzung in Form einer Schultergelenkverletzung (hier: Schulterrotorenmanschettenlähmung). Weitere Verletzungen, die jedoch nicht dominant waren: Leichte Gehirnerschütterung, HWS-Distorsion sowie Prellungen.

56j. Frau. 2 Wochen stationär; anschließend weiterer 2 Wochen Rehabilitationsaufenthalt. Langwierige Heilbehandlung. Erst nach einem Jahr volle Wiederherstellung der Schulter.

Betrag: 5.113 € **Haftung: 100 %**
immVorb: – **MdE: –**

OLG Hamm 28.2.2001 – 13 U 191/00 = BeckRS 2004, 11500

2462

Schulterverletzung / Nervverletzung (hier: Schulterschiefstand als Folge einer kunstfehlerhaften Lymphknotenoperation, bei welcher es zur Nervdurchtrennung des nervus accessorius kam, da bei Lokalanästhesie statt in Vollnarkose operiert wurde.)

12j. Mädchen. Arzthaftung. (hier: Aufklärungspflichtverletzung und Behandlungsfehler). Dauerschaden: Schulterschiefstand und Gefahr von Wirbelsäulenschaden!

Betrag: 5.113 € **Haftung: 100 %**
immVorb: Ja **MdE: –**

OLG Dresden 18.9.1997 – 4 U 1165/97 = BeckRS 1997, 127031

4517

Schulterverletzung nach Tossy III. (hier: Schultergelenksprengung mit Bänderverletzung (hier: Bänderabriss). Dauerschaden nicht unwahrscheinlich.

Mann. Stationärer Aufenthalt; langwierige Heilbehandlung. MdE 5 1/2 Monate 100 %. Schmerzensgelderhöhendes Regulierungsverhalten: Zu einer Schmerzensgelderhöhung führt das durch den Beklagten bzw. dessen Haftpflichtversicherung wider besserem Wissen vorgetragene „wahrheitswidrige Bestreiten" eines bestehenden Sachverhaltes (hier: Glätte des Fahrzeugdecks einer frisch gestrichenen und gebrauchsbedingt feuchten Fähre, – zumal dieser Sachverhalt vom Fährpersonal mit einem Dienstbucheintrag vom Vortrag des Unfalles bereits bestätigt worden war).

Betrag: 5.500 € **Haftung: 100 %**
immVorb: Ja **MdE: –**

OLG Schleswig 5.9.2012 – 7 U 15/12 = BeckRS 2012, 20027

5232

Schultergelenkverletzung (hier: Schultergelenkarthrose, rechts).

Mann. Das LG sah die nun, durch den Unfall, symptomatisch aktive Arthrose nur als mäßig beeinträchtigend. Degenerativer Vorschaden: Stumme Schultergelenkarthrose.

Betrag: 6.000 € **Haftung: 100 %**
immVorb: – **MdE: –**

LG Saarbrücken 27.3.2015 – 12 O 232/14 = BeckRS 2015, 128045

5114

Schulterverletzung / Schulterprellung sowie Hüftprellung.

Frau (Ältere Frau / Reinigungsmitarbeiterin). Vorschädigung. Heilungsverzögerung, „aus psychischen Gründen", so das OLG – deshalb litt die Klägerin 1 Jahr unter nicht unerheblichen Beschwerden, war „ab diesem Zeitpunkt aber wieder arbeitsfähig und haushaltsführungsfähig", so das OLG.

Betrag: 7.500 € **Haftung: 75 %**
immVorb: – **MdE: –**

OLG München 8.5.2015 – 10 U 4543/13 = BeckRS 2015, 9712

4505

Schulterverletzung (hier: Schultergelenksprengung / Schultereckgelenkverletzung mit Verletzung des Diskus im Schultereckgelenk).

Mann (Lehrer). MdE „nur wenige Tage" andauernd; jedoch langwierige Heilbehandlung mit insgesamt zweijähriger Bewegungseinschränkung sowie Schmerzen, die der Kläger während des Zeitraums von zwei Jahren nur durch tägliche Schmerzmittel und regelmäßige Cortison-Spritzen ertragen konnte und Belastungen im allgemeinen Alltagsleben. Die Bewegungseinschränkungen und Schmerzen im Arm und in der Schulter im Laufe haben sich mit der Zeit noch verstärkt, weshalb schließlich zwei Jahre nach dem Unfall eine Operation erforderlich, was das OLG in seiner Bemessung mit berücksichtigte. Ursache: Fahrradunfall. [weitere Fundstelle: NZV 2013, 501].

Betrag: 7.500 € **Haftung: 100 %**
immVorb: – **MdE: –**

OLG Karlsruhe 20.12.2012 – 9 U 38/11 = BeckRS 2013, 6613

4736

Schulterverletzung mit Schulterluxation und Armlähmung, die jedoch nach dem Urteil des OLG sich „als ausschließlich psychogen dar"stellen und aus neurologischer Sicht „weder direkt noch indirekt (organisch) unfallbedingt" sind.

Frau. Die Kl. erlitt verkehrsunfallbedingt zunächst „nur" eine Schulterluxation. Nach einem sodann wegen der wiederholten Schulterluxaktionen durchgeführten operativen Eingriff trat eine vollständige Lähmung des linken Arms ein. Bei der Klägerin lag insofern jedoch eine „erbliche Vorbelastung" [vgl. auch Vorschaden] vor. Bei der Bemessung berücksichtigte das OLG „die monatelang erlittenen Luxaktionen und Schmerzen, die notwendigen Behandlungen sowie die erforderliche Operation und die Arbeitsunfähigkeit ". Den Feststellungsanspruch wies das OLG jedoch zurück, da sich vorliegend die Armlähmung der Klägerin als ausschließlich psychogen darstellt und „nach den überzeugenden und unbestritten gebliebenen Ausführungen im neurologischen Gutachten … weder direkt noch indirekt (organisch) unfallbedingt" ist.

Betrag: 7.500 € **Haftung: 100 %**
immVorb: Ja **MdE: –**

OLG Frankfurt a. M. 19.6.2012 – 3 U 213/10 = BeckRS 2013, 7214

6104

Schulterverletzung (hier: Schwere Schulterprellung mit starken Schmerzen, die eine Schmerztherapie erforderlich machten und dauerhafte Bewegungseinschränkungen). Zudem erlitt die Klägerin eine Knieprellung sowie eine HWS-Distorsion.

Frau. Stationäre Behandlung. Ambulante Behandlung / langwierige Heilbehandlung: „Sie war für zwei Monate auf Gehstützen angewiesen, führte aufgrund der starken Schmerzen eine Schmerztherapie mittels Novaminsulfon und Kryotherapie durch und musste sich über einen Zeitraum von drei Monaten zweimal täglich mit einem Tens-Gerät behandeln". Degenerativer Vorschaden. Dauerschaden: Bewegungseinschränkungen im rechten Schultergelenk.

Betrag: 8.000 € **Haftung: 100 %**
immVorb: Ja **MdE: –**

OLG Brandenburg 13.10.2016 – 12 U 180/15 = BeckRS 2016, 20882

4791

Schulterverletzung in Form einer Schultereckgelenksprengung Tossy III links, die wie unten unter Einzelheiten näher dargestellt, kunstfehlerhaft operiert wurde).

Junger Mann (genaues Alter nicht bekannt). Heilungsverzögerung. Arzthaftung (hier: Behandlungsfehler mit fehlerhaftem Schraubensitz, da das Gewinde mit der Schraube zu nahe am Gelenk gelegen hat. Eine solche Lage ist – so das OLG „nicht zu tolerieren, insbesondere nicht bei einem jungen Menschen"). [vgl. auch unter Behandlungsverzögerung].

Betrag: 8.000 € **Haftung: 100 %**
immVorb: Ja **MdE: –**

OLG Hamm 18.2.2014 – 26 U 152/13 = BeckRS 2014, 8879

4689

Schulterverletzung (hier: sogenannte „Scapula alata", d.h. eines flügelartigen Abstehens des Schulterblattes verbunden mit einer Schulternervverletzung; der Nerv ist auf Dauer teilweise geschädigt).

16j. Junge (Straßenbau-Azubi). 3 Tage stationär. Dauerschaden: Schulternervverletzung mit der Folge einer verbleibenden Bewegungsbeeinträchtigung und Belastungsminderung der rechten Schulter um ca. 10 %.

Betrag: 9.000 € **Haftung: 100 %**
immVorb: – **MdE: –**

LG Weiden 26.6.2013 – 14 O 325/11 = unveröffentlicht

7099

Schulterverletzung rechts durch vorsätzliche Körperverletzung mittels eines Schlagstocks. Zudem erlitt der Kläger eine Rippenfraktur der 8. Rippe links, eine Refluxösophagitis und ein HWS-Syndrom.

Mann. Stationäre Behandlung mit zwei Operationen an der Schulter. Dauerschaden: mittelgradigen Einschränkung der Beweglichkeit der rechten Schulter bei mäßiggradigem Kraftverlust im Bereich des rechten Armes sowie weiterer subjektiver Beschwerden. [Ursache: körperlichen

Auseinandersetzung unter Kraftfahren; Anmerkung: Das OLG befasst sich ausführlich mit den Fragen des Notwehrrechts sowie mit der Thematik der schlechten körperlichen Konstitution des Verletzten, der bereits zuvor an der Schulter operiert worden war und bestätigt insofern die herrschende Auffassung, wonach sich der Schädiger "nicht darauf berufen [könne], dass der Schaden nur deshalb eingetreten sei oder ein besonderes Ausmaß erlangt habe, weil der Verletzte wegen einer entsprechenden Disposition besonders anfällig gewesen sei. Wer einen gesundheitlich schon geschwächten Menschen verletzt, kann nicht verlangen, so gestellt zu werden, als wäre der Betroffene gesund gewesen (vgl. etwa BGH BeckRS 2012, 16258)].

Betrag: 10.000 € **Haftung: 100 %**
immVorb: Ja **MdE: –**

OLG Frankfurt a. M. 11.11.2022 – 26 U 71/21 = BeckRS 2022, 37024

5246

Schulterverletzung mit daraus resultierender Armvenenthrombose.

Mann (Koch). Ambulante Behandlung mittels Akkupunktur und Infiltration. Dauerschaden durch die Armvenenthrombose: Belastungsabhängige Schmerzempfindlichkeit bezüglich derer eine Verschlechterungstendenz „nicht zu befürchten" sei. Ursache: Motorradunfall [Lesenswert zum Thema Motorradschutzkleidung].

Betrag: 10.000 € **Haftung: 50 %**
immVorb: Ja **MdE: 10 %**

OLG München 26.6.2015 – 10 U 2581/13 = BeckRS 2015, 11597

5889

Schulterverletzung (hier: Schultereckgelenksprengung gemäß Tossy II links).

40j. Frau. 5 Tage stationär. Dauerschaden: MdE 20 % wegen Bewegungseinschränkung und Belastungsminderung im linken Schultergelenk.

Betrag: 10.000 € **Haftung: 100 %**
immVorb: Ja **MdE: 20 %**

OLG Düsseldorf 5.10.2010 – I-1 U 244/09 = BeckRS 2010, 27205

7846

Schulterverletzung (hier: Schulterrotatorenmanschettenruptur bzw. Rotatorenmanschettenruptur).

46j. Mann. Arzthaftung im Zusammenhang mit der Diagnose und Behandlung einer Schulterverletzung. Ärztlicherseits wurde dabei infolge eines Diagnosefehlers bzw. einer nicht ausreichend erhobenen Diagnose die Rotatorenmanschettenruptur zunächst nicht erkannt, sondern erst nach vier Monaten. Durch diese Behandlungsverzögerung war jedoch eine erfolgversprechende Behandlung der Sehnen, die am Oberarmkopf im Schultergelenk fixiert ist, nicht mehr möglich. Dauerschaden: Drehbewegungsbeeinträchtigung und Funktionsbeeinträchtigung im Bereich der rechten Schulter und es Oberarms. Dadurch sind sportliche Aktivitäten und körperliche Arbeiten, beispielsweise im Garten nur eingeschränkt möglich. Verschlechterungstendenz nicht ausgeschlossen. [Ursache: Skiunfall].

Betrag: 10.000 € **Haftung: 100 %**
immVorb: Ja **MdE: 30 %**

LG Karlsruhe 18.10.2004 – 10 O 99/03 = BeckRS 2004, 162159

5777

Schulterverletzung, schwere (hier: Schultereckgelenksprengung links Typ 4 Tossy II mit Schulterblatthalsbruch links) und Handgelenkfraktur, schwere (hier: Zwölffache handgelenksnahe Speichenfraktur) sowie Schädelhirntrauma 1. 2. Grades.

29j. Mann (Landmaschinenmechaniker). 18 Tage stationär mit osteosynthetischer Frakturversorgung und späterer Metallentfernung. MdE: 60 Tage 100 % und über etwa einen Monat abgestaffelt 50 %, 30 % und schließlich 20 %. Dauerschaden: Bewegungseinschränkungen im Bereich des rechten Ellenbogengelenks und des rechten Handgelenks und Kraftminderung im linken Schultergelenk. Schwierigkeiten bei der Berufsausübung und bei seinem Hobby, dem Motorradfahren. Der Beklagte handelte stark schuldhaft / Trunkenheitsfahrt mit 2,3 Promille. [Ursache: Motorradunfall].

Betrag: 10.226 € **Haftung: 100 %**
immVorb: Ja **MdE: –**

OLG Hamm 14.6.2000 – 13 U 19/00 = BeckRS 2007, 2806

3055

Schulterverletzung / Oberarmverletzung (hier: Schulterdystokie und obere Plexuslähmung mit erheblichen Dauerfolgen s.u.); Wirbelsäulenbeeinträchtigung.

Kind. Arzthaftung (hier: Geburtshilfefehler. Der Geburtshelfer reagierte „nicht einwandfrei" auf das Auftreten der Schulterdystokie). Dauerschaden: Armlähmung sowie asymmetrische Körperfehlhaltung und kompensatorische Neigung des Kopfes zur Gegenseite. [Anmerkung: der Schmerzensgeldbetrag ist angesichts der gravierenden Dauerfolgen als sehr gering anzusehen!]

Betrag: 13.000 € **Haftung: 100 %**
immVorb: Ja **MdE: –**
Rente: 100 €

OLG Düsseldorf 10.1.2002 – 8 U 49/01 = BeckRS 2002, 2694

6801

Schulterverletzung, schwere (hier: Schulterverletzung links mit geringem Schulterhochstand und Sehnenabris und daraus resultierender „Steifigkeit"); Daumenverletzung durch Daumensehnenabriss mit hierdurch unnatürlich gekrümmtem linken Daumen und dauerhafter und deutlicher Bewegungs- und Funktionseinschränkung des linken Hand sowie des Daumens und einer störenden Optik im Bereich aller Finger der linken Hand).

57j. Mann. Trotz der Schwere der Schulterverletzung verheilte diese „relativ zügig und folgenlos", so das OLG, wobei sich „relativ" offensichtlich auch auf die Folgenlosigkeit bezieht, denn zu einem möglichen Dauerschaden führt das OLG aus, dass „eine posttraumatische Arthrose als Spätfolge … nicht wahrscheinlich [ist], andererseits ist die diesbezügliche Entwicklung nicht absehbar und bei einer Eintrittswahrscheinlichkeit von 30 % aus sachverständiger Sicht auch nicht fernliegend". Dauerschaden: Deutliche Funktionsbeeinträchtigung der linken Hand, durch „welche beispielsweise das Gitarre spielen und das Einspannen eines Bilderrahmens nicht mehr erlaubt" bzw. möglich ist. Zudem besteht ein aktives und passives Streckdefizit der Langfinger im Bereich der proximalen Interphalangealgelenke verbunden mit einer feinmotorischen Beeinträchtigung der linken Hand. Der Kläger ist Rechtshänder. [Anmerkung: Das OLG bezeichnete die Daumenverletzung als „die vorliegend wesentlichere Verletzung auf Dauer"].

Betrag: 14.000 € **Haftung: 100 %**
immVorb: – **MdE: –**

OLG München 7.10.2020 – 10 U 1813/20 = BeckRS 2020, 26945

6826

Schulterverletzung (hier: „durchaus schwere Schulterverletzung" mit „geringem Hochstandes am Schultereckgelenk") und Daumenverletzung (hier: Daumensehnenabriss am linken Daumen mit Funktionsbeeinträchtigung des Daumens infolge der fehlenden aktiven Streckung des Daumens).

57j. Mann. Das OLG wertete die Schulterverletzung als „durchaus schwer", wies jedoch bei der Bemessung darauf hin, dass diese „relativ zügig und folgenlos ausgeheilt" ist. Hinsichtlich der Dauerfolgen wertet es die Daumenverletzung als schwerwiegender. Möglicher Dauerschaden: Funktionsbeeinträchtigung des linken Daumens; der Kläger ist jedoch Rechtshänder. Mögliche Arthrosegefahr hinsichtlich der Schulterverletzung, die „mit einer Wahrscheinlichkeit von 30 %" eintreten könne.

Betrag: 14.000 € **Haftung: 100 %**
immVorb: – **MdE: –**

OLG München 7.10.2020 – 1 U 1813/20 = BeckRS 2020, 26945

7027

Schulterverletzung an der linken Schulter in Form einer Schultergelenksprengung bzw. Rockwood-III-Gelenksprengung mit Zerreißung sämtlicher Bandverbindung zwischen dem Schulterblatt und dem Schlüsselbein.

Mann (Maler). Im Wege einer Operation wurde eine Schlüsselbeinhakenplatte eingesetzt, die später wieder entfernt wurde; anschließend musste er sich einer ambulanten Krankengymnastikbehandlung unterziehen. Nach den beiden operativen Eingriffen litt der Kläger unter stechenden Schmerzen im Schulter-Armbereich über einen Zeitraum von 6 Monaten. MdE 122 Tage 100 %. [Ursache: Kopfballduell beim Fußballspiel].

Betrag: 15.000 € **Haftung: 100 %**
immVorb: – **MdE: –**

LG Halle 9.4.2020 – 5 O 140/17 = BeckRS 2020, 51211

6571

Schulterverletzung in Form einer AC-Gelenksprengung bzw. Schultergelenksprengung nach Tossy III rechts und eine chronische Instabilität des Acromioclaviculargelenkes mit lateralem Claviculahochstand.

39j. Mann (Oberarzt). MdE „mehrere Monate". Er wurde viermal operiert und war jeweils für 3 bis 6 Tage in stationärer Behandlung. [Fahrradunfall]. Dauerschaden: Bewegungseinschränkung im rechten Schultergelenk. Seinen Beruf konnte der Kläger jedoch 12 Monate nach dem Unfall wieder ausüben „wobei – so sein eigener Vortrag – geringfügige Restbeeinträchtigungen im Schulterbereich – verblieben sind".

Betrag: 15.000 € **Haftung: 100 %**
immVorb: Ja **MdE: 10 %**

LG Krefeld 2.5.2019 – 3 O 271/16 = BeckRS 2019, 30770

5487

Schulterverletzung, rechtsseitig in Form einer Schulterrotorenmanschettenrupur.

Mann. Stationärer Aufenthalt mit mehreren Operationen. Langwierige Heilbehandlung. Arbeitsunfähigkeit ca. 18 Monate. Schmerzensgelderhöhend wertete das OLG „die nicht vom Kläger zu vertretenden und auch nicht auf Vorschäden zurückzuführenden Komplikationen im Heilungsverlauf" sowie „die dauerhafte Einschränkung der Beweglichkeit des rechten Schultergelenks". Dauerschaden: Bewegungseinschränkungen des Schultergelenks. [Ursache: Glatteisunfall / Verkehrssicherungspflichtverletzung auf einem Marktgelände im Bereich der Warenanlieferung.]

Betrag: 15.000 € **Haftung: 100 %**
immVorb: Ja **MdE: 30 %**

OLG Brandenburg 19.12.2018 – 7 U 133/17 = BeckRS 2018, 35277

2752

Schulterverletzung, schwere (hier: Schultereckgelenksprengung mit Verletzung der Kapselbandstrukturen; nachfolgend kam es zur Schultersteife / Schulterversteifung).

Frau (verunglückte als Motorrad-Fahrschülerin); Dauerschaden: posttraumatische Schultersteife, kraftbetonte Arbeiten mit der rechten Hand nur unterhalb der Horizontalen möglich.

Betrag: 15.339 € **Haftung: 100 %**
immVorb: – **MdE: –**

OLG Hamm 10.2.2000 – 6 U 208/99 = BeckRS 2000, 3827

7107

Schulterverletzung (hier: Schultereckgelenkssprengung in Form einer AC-Gelenksprengung vom Typ Rockwood-IV-Läsion). Zudem erlitt der Kläger noch eine Brustkorbprellung, eine Gehirnerschütterung „respektive ein Schädelhirntrauma I. Grades" sowie Schürfwunden an linkem Knie und rechten Unterschenkel.

Mann. Stationärer Aufenthalt mit CT und Operation der Schulter. [Ursache: Fahrradunfall; Anmerkung: Sehr lesenswert zur Rechtsproblematik des Zurechnungszusammenhangs wenn nach einer unfallbedingten Verletzung noch ein ärztlicher Behandlungsfehler hinzukommt und sich insofern bei einem groben Behandlungsfehler die Frage des Zurechnungszusammenhangs stellt; vgl. hierzu auch im Handbuch → Rn. 55].

Betrag: 17.500 € **Haftung: 100 %**
immVorb: Ja **MdE: –**

OLG Hamm 28.10.2022 – 7 U 25/22 = BeckRS 2022, 38552

7858

Schulterverletzung links in Form einer AC-Schultergelenkssprengung und Jochbeinfraktur links. Zudem erlitt der Kläger eine Kalottenfraktur mit subarachnoidaler Blutung (Subarachnoidalblutung – kurz: SAB) frontal links in Verbindung mit einer Mittelgesichtsfraktur in Form einer Le Fort I Fraktur rechts und eine Nasenbeinfraktur und Geruchssinnbeeinträchtigung und Geschmacksinnbeeinträchtigung. Weitere Verletzungen waren eine Riss-/Quetschwunde frontal links und ein Bluterguss bzw. ein subkutanes Hämatom nach Hüftprellung links.

68j. Mann. Stationäre Behandlung. Dauerschaden: Belastungseinschränkung / Funktionseinschränkung des Schultergelenks; insofern führte das LG aus, die Ehefrau des Klägers habe „anschaulich und lebensnah beschrieben, dass die Schulter die „Baustelle" sei und ihr Mann zum Beispiel keine Wasserkisten mehr tragen könne; ebenso "das Tragen schwerer Gegenstände als auch wegen einer Funktionseinschränkung im Handgelenk das Öffnen einer Flasche„, das "nicht mehr möglich bzw. mit erhöhter Kraftanstrengung eingehe.„ Ebenso bereite ihm das Öffnen einer Wasserflasche Probleme." Zudem blieb aufgrund der Schädelfraktur eine Geruchssinnbeeinträchtigung und Geschmacksinnbeeinträchtigung zurück. [Fahrradunfall. Der Kläger trug keinen Fahrradhelm, doch dies wertete das Gericht nicht als Grund für ein Mitverschulden. Vgl. jedoch dazu im Handbuch unter → Rn. 108].

Betrag: 19.000 € **Haftung: 100 %**
immVorb: Ja **MdE: –**

OLG Hamm 22.11.2022 – 7 U 8/22 = BeckRS 2022, 47090

6323

Schulterverletzung / Schultergelenkverletzung in Form einer AC-Gelenkssprengung Tossy III rechts und eine Subluxation (unvollständige Ausrenkung) der rechten Schulter.

41j. Mann (Oberarzt). MdE ca. 12 Monate 100 %. Mehrere Monate stationär. 4 Operationen. Dauerschaden: Belastungseinschränkung, chronische Instabilität des Acromioclaviculargelenks (Gelenkverbindung Schlüsselbein – Schulterblatt) mit lateralem Claviculahochstand um eine Schaftbreite. Daher erhebliche Einschränkungen Sport zu treiben. [Anmerkung: Der taggenauen Bemessung wird eine Abfuhr erteilt; dazu das OLG: „Von der „tagesgenauen" Bemessung des Schmerzensgeldes nach den Kriterien, die im „Handbuch Schmerzensgeld" (Schwintowski / Schah Sedi / Schah Sedi, 2013) dargelegt sind und die vom OLG Frankfurt a.M. in seiner Entscheidung vom 18.10.2018 (NJW 2019, 442) berücksichtigt wurden, wird abgesehen."]

Betrag: 20.000 € **Haftung: 100 %**
immVorb: – **MdE: 12 %**

OLG Düsseldorf 28.3.2019 – 1 U 66/18 = BeckRS 2019, 7136

6770

Schulterverletzung in Form einer sogenannten „Tossy I"-Verletzung des linken Schultereckgelenks, d.h. einer leichteren Band- oder Kapselverletzung im Schultergelenk. Zudem erlitt der Kläger zahlreiche Schürfwunden, eine leichte Schädelprellung sowie eine HWS-Distorsion. Posttraumatisch erlitt der insofern bereits vorbelastete Kläger eine mittelschwere und belastungsabhängig sogar schwergradige depressive Störung (ICD 10 F32.1 und 32.2).

Mann (Leiter einer Agentur einer Versicherungsgesellschaft). Ohne die psychischen Beeinträchtigungen hätte das OLG „ein Schmerzensgeld in einer Größenordnung von lediglich bis zu 7500 Euro" zuerkannt. Infolge der hinzugekommenen psychischen Beeinträchtigungen sah das OLG jedoch einen Betrag von 20.000 EUR „für angemessen, aber auch bei weitem ausreichend" an. Hierzu führte das OLG aus: „Zieht ein Unfallereignis tatsächlich unfallbedingte, nachhaltige psychische Störungen nach sich, steht dem Betroffenen in der Regel auch insoweit ein Anspruch auf Schmerzensgeld zu. Bei der Schmerzensgeldbemessung wirkt sich eine spezielle Schadensanfälligkeit oder eine unangemessene Erlebnisverarbeitung des Geschädigten jedoch in der Regel anspruchskürzend (vgl. Halm / Staab DAR 2009, 677, 79) aus. Zur Legitimation einer Kürzung des Schmerzensgeldes für seelische Fehlreaktionen, die durch psychische Prädisposition mit verursacht worden sind, ist auf die „Billigkeit" als Bemessungsfaktor abzustellen (BGH Urt. v. 30.4.1996 – VI ZR 55/95, BGH NJW 1996, 2425 ff. (2427)). Deshalb gilt auch für die immateriellen Ansprüche des Klägers die vorgenannte beschränkende Wirkung der Fehlverarbeitung des Schadensgeschehens sowie der vorbestehenden psychischen Beeinträchtigung des Klägers."

Betrag: 20.000 € **Haftung: 100 %**
immVorb: – **MdE: –**

OLG Schleswig 10.1.2019 – 7 U 74/13 = BeckRS 2019, 20082

5460

Schulterverletzung, schwere (hier: beids. Schulterausrenkung mit Schulterpfannenfraktur bzw. bzgl. der linken Schulter zudem „Abbruch eines Stücks der knöchernen Schulterpfanne"). Zudem erlitt der Kläger einen Teilriss des vorderen Kreuzbandes erlitten hatte, der verspätet erkannt worden ist. Hinzu kamen schmerzhafte Körperprellungen.

Mann. Stationäre Behandlung mit Arthroskopie des Kniegelenks. Langwierige Heilbehandlung wegen Heilungsverzögerung bzgl. der Schulterverletzung. Dauerschaden: Schulterverschleiß links, der „mit an Sicherheit grenzender Wahrscheinlichkeit aufgrund des Traumas" eintreten wird. Aber auch – so das LG – „im Bereich der rechten Schulter muss sich der Kläger dauerhaft mit verbliebenen Beschwerden abfinden". [Ursache: Motorradunfall].

Betrag: 20.000 € **Haftung: 100 %**
immVorb: Ja **MdE: –**

LG Dortmund 25.5.2016 – 21 O 167/15 = BeckRS 2016, 19665

6435

Schulterverletzung (hier: Infektion mit dem Staphylococcus aureus im Bereich der Schulter; infolgedessen kam es zu einer Schultergelenkhautverklebung mit nachfolgender Bewegungseinschränkung des Schultergelenks).

Frau. Umfangreiche Nachbehandlungen. Arzthaftung (hier: Behandlungsfehler im Zusammenhang mit einer Schulteroperation bei der der Beklagte zwei intraartikuläre Injektionen ohne Einhaltung der Hygienestandards durchgeführt hatte, wodurch es zur Infektion kam). Dauerschaden: Bewegungseinschränkung, die darin besteht, dass die Klägerin mit dem linken Arm nicht über die Horizontale hinwegzukommen kann. Zudem leidet sie – außerhalb des Ruhezustandes – unter erheblichen Schmerzen und nimmt deshalb Schmerzmittel. Berufsbeeinträchtigung, da die Klägerin nicht mehr vollzeitig arbeiten kann.

Betrag: 20.000 € **Haftung: 100 %**
immVorb: – **MdE: –**

LG Freiburg 30.10.2007 – 2 O 194/06 = BeckRS 2011, 10508

5995

Schulterverletzung, schwere (hier: Schulterverletzung, die zum einen als Folge einer sogenannten HWS-Myalgie mit Ausstrahlung in die linke Schulter auftrat aber auch durch eine traumatische Schulterpfannenverletzung in Form einer sogenannten SLAP-Läsion [Verletzung der Knorpellippe an der Schulterpfanne], traumatischer Knorpeldefekte, einer hochgradige Synovitis (Gelenkkapselentzündung) und subacromiale Adhäsionen [Verwachsungen].

Mann. Stationäre Behandlung mit zwei Operationen an der Schulter. Anschließend sehr langwierige Heilbehandlung; der Kläger musste er bis zur Urteilsverkündung an 352 Tagen physiotherapeutische Behandlung absolvieren.

Dauerschaden: MdE 75 %. Bewegungseinschränkung der Schulter. Seine Hobbys (Fußballspielen, Radfahren, Schwimmen und Bergwandern) kann er nur noch eingeschränkt betreiben. Verschlechterungstendenz: „Voraussichtlich muss er mindestens eine weitere Operation über sich ergehen lassen, nämlich die Implantation eines künstlichen Schultergelenks, welches möglicherweise im Hinblick auf das relativ junge Alter des Klägers auch noch ausgetauscht werden muss". [Ursache: Vorsätzliche Körperverletzung: Der Beklagte hatte dem Kläger die Fahrertür seines geöffneten Fahrzeugs so heftig gegen den Oberkörper gestoßen, dass dieser zu Boden stürzte].

Betrag: 23.000 € **Haftung: 100 %**
immVorb: – **MdE: 75 %**

OLG Frankfurt a. M. 19.8.2011 – 10 U 93/10 = BeckRS 2013, 22799

3212

Schulterverletzung / Armverletzung (hier: Rotatorenmanschettenruptur links mit Bizepssehnenabriss am Schultergelenk).

54j. Mann (Heizungsbauer). Dauerschaden: Starke Bewegungseinschränkung des linken Arms mit Einschränkung der Kraft und Motorik. Berufsunfähigkeit. Sehr schmerzhafte Verletzung! Ursache: Verkehrssicherungspflichtverletzung.

Betrag: 23.500 € **Haftung: 66 %**
immVorb: – **MdE: –**

OLG München 27.3.2003 – 19 U 5318/02 = BeckRS 2003, 14498

6290

Schulterverletzung (hier: Schultereckgelenksprengung mit Teilzerreißung des Kapsel-/Bandapparates) sowie eine Gehirnerschütterung mit spontaner kurzer Bewusstlosigkeit sowie eine Wirbelsäulenprellung.

Frau. Stationäre Heilbehandlung mit zwei Operationen und insgesamt drei Aufenthalten sowie einer sich anschließenden Rehabilitationsmaßnahme. MdE „etwas mehr als fünf Monate" 100 %. Das OLG hob das Schmerzensgeld von 10.000 EUR (LG Karlsruhe) auf 25.000 EUR an. [Ursache: Slackline, die über einen Weg gespannt war und die Radfahrerin / Klägerin zu Fall brachte. „Derjenige, der die Slackline spannt, könne sich nicht darauf verlassen, dass diese für einen Fahrradfahrer rechtzeitig sichtbar ist. Er könne daher vollumfänglich für die Folgen eines solchen Unfalls haften", betonte das Gericht].

Betrag: 25.000 € **Haftung: 100 %**
immVorb: – **MdE: –**

OLG Karlsruhe 16.7.2019 – 14 U 60/16 = BeckRS 2019, 15562

119

Schulterverletzung (hier: Schwere Schulterprellung links mit Tossy III und späterer Schmerzhaftigkeit mit Schulterknacken und Kopfdreheinschränkung als Dauerfolge); Lungenquetschung, Rückenmarkverletzung mit Vernarbung, Schädelhirntrauma.)

Mann. 52 Tage stationär mit 5 Aufenthalten und mehreren Operationen [langwierige Heilbehandlung]; Abmeißelung einer vorstehenden Knochenkante. Dauerschaden. Berufsunfähigkeit.

Betrag: 25.565 € **Haftung: 100 %**
immVorb: – **MdE: –**

OLG Stuttgart 17.12.1998 – 7 U 158/98 = VRS 1997, 401

6176

Schulterverletzung und BWS-Syndrom, schweres (hier: schwere Schulterverletzung links nach Tossy III mit Schultereckgelenkverletzung [AC-Gelenk-Verletzung] mit posttraumatischen Schmerzen), BWS-Syndrom mit einer Wirbelsäulenverletzung in Form einer Rückenmarksverletzung mit Vernarbung und dauerhafter Sensibilitätsstörung in beiden Beinen sowie HWS-Cervicobrachialgie, Lungenquetschung links mit Pleuraerguss, Schädelhirntrauma und Stirnplatzwunde.

Mann (Fahrlehrer). Mehr als 54 Tage stationär mit insgesamt vier Aufenthalten. Dauerschaden: Sensibilitätsstörung in beiden Beinen, Schulterschmerzen und Bewegungseinschränkungen im HWS-Bereich, insbesondere beim Wenden des Kopfes. Berufsaufgabe, – aufgrund der Kombination dieser Verletzungsfolgen musste der Kläger seinen Beruf als Fahrlehrer aufgeben. [Anmerkung: Lesenswert zur – 100 %igen – Haftung des Fahrschülers für die von ihm verursachte Verletzung seines Fahrlehrers im Fahrschulwagen. Der Umstand, dass der Fahrschüler nicht als Fahrer im Sinne des StVG gilt, spielt für die Haftung des KH-Versicherers des Fahrschulwagens für den gegen diesen aus § 823 BGB geltend gemachten Anspruch keine Rolle; wird näher ausgeführt und begründet].

Betrag: 25.565 € **Haftung: 100 %**
immVorb: – **MdE: –**

OLG Stuttgart 17.12.1998 – 7 U 138/98 = BeckRS 9998, 39940

6590

Schulterverletzung in Form einer Plexusparerse und einer sogenannten Erb'schen Lähmung; hierdurch kam es zu einer Funktionsfähigkeit des rechten Armes und der rechten Schulter. Zudem erlitt der Kläger eine Schlüsselbeinfraktur.

Säugling / Kind. Arzthaftung im Zusammenhang mit der Geburt des Kindes. Die Mutter der Klägerin war dabei weder über die Risiken einer Spontangeburt noch das mögliche Auftreten einer Schulterdystokie und eine Plexusverletzung sowie über die Möglichkeit einer Entbindung durch Kaiserschnitt aufgeklärt worden. Dauerschaden: Bewegungsbeeinträchtigung und Belastungsminderung. Hierzu führte das OLG aus: „… leichten Veränderungen des Glenohumeralgelenkes, einem geringen Streckdefizit des Ellenbogens und einem mäßig ausgeglichenen Rotationsgleichgewicht der Schulter. Es liegt eine globale Kraftminderung im Bereich zwischen 3 und 4 (von 5 Kraftgraden) vor, was sich auswirkt auf die Schwere der zu leistenden Arbeit und auf die Ausdauerfähigkeit des Arms, so dass dem Kläger körperlich schwere Arbeiten (insbesondere im Zusammenhang mit einem späteren Beruf) nur bedingt möglich sein werden. Die leichte Fehlstellung des Glenohumeralgelenkes bewirkt, dass der Arm nur begrenzt in eine Außenrotation (etwa 45 Grad im Vergleich zu normalerweise 90°) verbracht werden kann, was teilweise durch Anpassungsbewegungen auszugleichen ist und insgesamt eine eher leichte Beeinträchtigung im alltäglichen Leben bedeutet. Das Streckdefizit führt dazu, dass der Kläger etwa nur begrenzt Lasten in die Höhe heben kann (etwa Wäsche in einen Schrank)". Zudem berücksichtigte das OLG auch die langwierige Heilbehandlung, insbesondere die nicht unerhebliche Beeinträchtigung der Lebensqualität infolge der praktisch täglichen Physio- und Ergotherapie.

Betrag: 30.000 € **Haftung: 100 %**
immVorb: Ja **MdE: –**

OLG Köln 23.1.2019 – 5 U 69/16 = BeckRS 2019, 2872

4756

Schulterverletzung, schwere

Frau. Arzthaftung (hier: Grober Behandlungsfehler der sturzbedingt verletzten linken Schulter der Klägerin; der Behandlungsfehler war allerdings nur eine der Ursachen der erheblichen Schulterbeschwerden der Klägerin). Dauerschaden: Berufsunfähigkeit.

Betrag: 30.000 € **Haftung: 100 %**
immVorb: – **MdE: –**

OLG München 9.2.2012 – 1 U 156/11 = BeckRS 2012, 213900

5200

Schulterverletzung und Armverletzung. Infolge von Fehlern während der Geburtshilfe kam es zu einer Schulterdystokie, zudem war der linke Arm war mit Hämatomen besetzt und schlaff. Man diagnostizierte eine obere und untere Plexuslähmung sowie eine Clavikulafraktur.

1j. Kind / Säugling. Arzthaftung (hier: Geburtshilfefehler). Dauerschaden: Bewegungseinschränkung. Die linke Schulter steht hoch und der linke Arm ist leicht verkürzt. Deutliche muskuläre Defizite, so dass die Gebrauchsfähigkeit des Arms trotz fortgesetzter physiotherapeutischer Maßnahmen nur bedingt gegeben ist. [Anmerkung: Lesenswert zum Verjährungsbeginn bei Überlassung unvollständiger Patientenakte; Ende der Verjährungshemmung bei „Einschlafen" der Verhandlungen].

Betrag: 40.000 € **Haftung: 100 %**
immVorb: Ja **MdE: –**

OLG Koblenz 23.9.2015 – 5 U 403/15 = BeckRS 2015, 19271

4831

Schulterverletzung / Armverletzung (hier: Schulterdystokie und Armplexuslähmung rechts).

Kind (Säugling). Operation zum Zwecke der Muskelverlagerung. Geburtshilfefehler / Hebammenhaftung (hier: Fehlberatung im Bezug auf die Gefahr einer Schulterdystokie). Dauerschaden: Bewegungseinschränkung des rechten Arms.

Betrag: 40.000 € **Haftung: 100 %**
immVorb: Ja **MdE: –**

OLG Hamm 11.4.2014 – 26 U 6/13 = BeckRS 2014, 9889

6457

Schulterverletzung / Armverletzung nach Schulterdystokie „mit linksseitigem Patellar- und Bicepssehnenreflex, Schulterschiefstand, sowie einer Atrophie der linken Schulter-, Arm- und Handmuskulatur mäßigen Ausmaßes im Bereich des Oberarms, deutlicher im Bereich des Unterarms und damit einhergehend einer nach distal abnehmende Innervation der Muskulatur, ferner klinisch einen vermehrten Beugetonus der Hand mit kaum aktiver Streckfunktion" und dauerhafter Armverschmächtigung links sowie Gesichtverletzung in Form eines Horner-Syndroms.

Kind (Mädchen). Arzthaftung (hier: Behandlungsfehler bei der Geburt der Klägerin. Es kam zu einer Schulterdystokie und einem Horner-Syndrom da sich die Schulter im Geburtskanal verkeilt hatte). Dauerschaden: Entstellung im Gesicht als Folge des Horner-Syndroms [= Pupillenverengung, Herabhängen des Oberlids bzw. Augenlidlähmung und einem gering in die Augenhöhle eingesunkenen Augapfel] sowie Funktionsbeeinträchtigung durch Verschmächtigung des linken Arms. Hierzu führt das LG aus, dass „der linke Arm ein vermindertes Wachstum aufweist" und die Klägerin „in der Motorik stark beschränkt ist und die Hand nur noch iS einer Hilfshand eingesetzt werden kann, dauerhaft und erheblich in ihrem Alltagsleben, in der Schule, bei sportlicher Betätigung, zB beim Fahrradfahren, sowie in ihrer künftigen Berufswahl beeinträchtigt. Sie wird darauf angewiesen sein, in regelmäßiger krankengymnastischer Behandlung zu bleiben, um ihren Status nicht zu verschlechtern, insbesondere auch Beschwerden etwa im Bereich der Wirbelsäule zu vermeiden". Bezüglich der Entstellung betonte das LG zutreffend, dass diese „für ein heranwachsendes Mädchen im gesellschaftlichen Bereich nachteilig und belastend ist".

Betrag: 40.000 € **Haftung: 100 %**
immVorb: Ja **MdE: –**

LG Hechingen 15.10.2004 – 2 O 285/02 = BeckRS 2004, 12738

5162

Schulterverletzung, schwere (hier: Oberarmkopffraktur in Form einer Oberarmkopfluxaktionsfraktur mit Tuberculum majus Abrissfraktur und Schulterluxation) sowie Nasenbeinfraktur, Gehirnerschütterung, Kopfverletzung (in Form eines Weichteilverletzung) sowie zahlreiche Schürfwunden und Prellungen.

44j. Frau (Postzustellerin). 22 Tage stationär; weitere kürzere Aufenbthalte wegen diverser Folgeoperationen. Dauerschaden: Bewegungseinschränkungen im Bereich der Schultern; Schmerzen [hierzu wörtlich: „Bis heute leidet die Klägerin zudem unter teils erheblichen und nur mit Medikamenten auszuhaltenden Schmerzen, die insbesondere, aber keineswegs nur bei Wetterumschwüngen auftreten"; Berufsunfähigkeit als Postzustellerin. [Kollision zwischen der Klägerin als Radfahrerin mit dem Pferd der Beklagten].

Betrag: 50.000 € **Haftung: 100 %**
immVorb: Ja **MdE: –**

OLG Köln 9.9.2014 – 14 U 12/11 = BeckRS 2015, 14124

5163

Schulterverletzung, schwere (hier: Schwere Schulterprellung links mit Schultergelenkabsprengung bzw. Riss der Schultergelenklippe und Schultergelenkluxation in Form einer med. als Bankart-Läsion des Schultergelenks bezeichneten Verletzung. Zudem erlitt der Kläger ein HWS-Syndrom sowie eine Schädelprellung.

54j. Mann (Betriebsleiter in einer Spedition). Stationäre und ambulante Behandlung. Langwierige Heilbehandlung. Dauerschaden: Bewegungseinschränkungen und Belastungseinschränkung im Schulterbereich links; Berufsunfähigkeit im ausgeübten Beruf. Chronisches, ausgeprägtes Schmerzsyndrom im Bereich des Schultergürtels auf der linken Seite, welches wegen Medikamentenunverträglichkeit nicht therapiert werden kann und Depressionen bzw. psychische Beschwerden.

Betrag: 50.000 € **Haftung: 100 %**
immVorb: Ja **MdE: –**

OLG Düsseldorf 12.8.2014 – I-1 U 52/12 = BeckRS 2015, 11058

5134

Schulterverletzung, schwere (hier: Schulterdachentfernung „in wesentlichen Teilen" und dadurch Schulterdachzerstörung mit der Folge einer Schulterversteifung, „so dass der linke Arm funktionsunfähig geworden" war).

47j. Frau. Arzthaftung / grober Behandlungsfehler im Zusammenhang mit einer Schulteroperation. „Sowohl die Wahl einer offenen Schultergelenksoperation als auch die Durchführung dieser Operation verstießen gegen den ärztlichen Standard. Nach dem vor der Operation erhobenen MRT-Befund sei allein ein arthroskopischer Eingriff zur Entfernung des Schleimbeutels und zur Dekompression der Enge im Schultergelenk der Klägerin indiziert gewesen", so das OLG. Dauerschaden: Schulterversteifung / Funktionsverlust des linken Arms, den die Klägerin seither nicht mehr vollständig heben kann.

Betrag: 50.000 € **Haftung: 100 %**
immVorb: Ja **MdE: –**

OLG Hamm 1.7.2014 – 26 U 4/13 = BeckRS 2014, 14568

4292

Schulterverletzung, schwere (hier: Schultergelenkluxation links mit Mac Laughlin Defekt). Organverletzung (hier: Herzverletzung in Form einer Herzquetschung mit nachfolgenden Herzrhytmusstörungen); Ellenbogenverletzung, knöcherne links mit Algodystrophie [akute entzündliche Schwellung, hier: des linken Armes] Rippenserienfraktur sowie Wirbelsäulenverletzung und HWS-Syndrom.

35j. Mann. 97 Tage stationär; 6 Aufenthalte. Langwierige ambulante Heilbehandlung und Reha. Dauerschaden: Sehr erhebliche Bewegungseinschränkung und Belastungseinschränkung des linken Armes. Das OLG spricht von einer „Nichtgebrauchsfähigkeit". Erhebliche Regulierungsverzögerung.

Betrag: 65.000 € **Haftung: 100 %**
immVorb: Ja **MdE: –**

OLG Köln 7.12.2010 – 4 U 9/09 = BeckRS 2010, 30479

5961

Armlähmung bzw. Plexusparese als Folge einer geburtshilfebedingten Schulterdystokie mit einem sogenanntes Horner-Syndrom [= Nervenwurzelausriß von C 8 oder Th 1] und einem sogenannten KiSS-Syndrom [= Abkürzung für Kopfgelenk-induzierte Symmetrie-Störung]. Anfänglich lagen zudem auch Gehirnschäden vor, die unter anderem auch das Sprachvermögen des Klägers beeinträchtigt hatten; diese Verletzungsfolgen sind jedoch – so das OLG – „nicht mehr manifest … und sein Sprachvermögen [hat sich] normalisiert".

Kind / Säugling. Stationäre Behandlung. Dauerschaden: Linksseitigen Armplexusparese mit Horner-Syndrom, Kiss-Syndrom, psychosomatische Retardierung sowie einer Sprachentwicklungsverzögerung mit Dyslalie wobei sich die Retardierung und Sprachstörung später wieder „normalisiert" hatten. Dauerschaden: Armplexusparese bzw. Lähmung (Parese) im Bereich der Schulter-, Oberarm-, Unterarm- und Handmuskulatur, die durch eine Schädigung des Plexus brachialis (Armplexusläsion) verursacht wird. Arzthaftung (hier: Aufklärungspflichtverletzung hinsichtlich einer Entbindungsmethode; die Klägerin wurde nicht über die Alternative einer Kaiserschnittentbindung aufgeklärt. Der Kläger wurde stattdessen mittels einer sogenannten Vakuum-Extraktionsmethode / Zangengeburt entbunden und dabei verletzt). [Anmerkung: Zum Schmerzensgeldanspruch der ebenfalls bei der Geburt verletzten Mutter, vergleiche → Nr. 5960].

Betrag: 70.000 € **Haftung: 100 %**
immVorb: Ja **MdE: –**

OLG Celle 8.4.2013 – 1 U 49/12 = BeckRS 2014, 9030

7642

Schulterverletzung (hier: Schulterdystokie und sog. Erb'sche Lähmung mit Plexusparese, so dass in der rechten Arm-Handregion keine Reflexe auslösbar sind und eine sog. Fallhand mit umfassenden und erheblichen Funktionseinschränkungen besteht, sodass die Hand dauerhaft nur als Hilfshand eingesetzt werden kann. Zudem „sekundäre Wachstumsstörung mit Verkürzung der Handlänge und Atrophie der Muskulatur und einer Asymmetrie der Rumpfhaltung iVm Schulterschiefstand und Ventralneigung des Schulterblattes rechts").

Kind / Neugeborenes. Arzthaftung (grober Behandlungsfehler durch eine fehlerhafte Ultraschalluntersuchung) im Zusammenhang mit der Geburt der Klägerin, deren voraussichtliches Geburtsgewicht (= Schätzgewicht) nach ultrasonographischen Gewichtsschätzung auf ca. 3.500 g geschätzt worden war, dann jedoch – weshalb es zu einer problematischen Geburt gekommen war – bei 5.210 g lag. Wäre ein deutlich höheres Schätzgewicht entdeckt worden, so hätte dies zu einer Schnittentbindung führen müssen. Das OLG sah darin „ein gesteigertes persönliches Verschulden im Sinne einer auch subjektiv schlechthin unentschuldbaren Pflichtverletzung" der Ärztin und berücksichtigte dies durch die Anhebung des Schmerzensgeldes um 5.000 EUR. „Diese maßvolle Erhöhung ist ausreichend, da im vorliegenden Fall der in Arzthaftungsfällen regelmäßig im Vordergrund stehende Ausgleichsgedanke ein erheblich höheres Gewicht hat als das ergänzend hinzutretende Genugtuungsinteresse", so das OLG. Aufgrund der Schulterdystokie erfolgten vier chirurgische Operationen. Eine dauerhafte Krankengymnastikbehandlung ist erforderlich. Dauerschaden: Erhebliche Bewegungseinschränkungen, da die Klägerin den rechten Arm nur eingeschränkt anheben könne, Ellenbogenbeugung sowie die Pro- und Supination im Unterarm nur mit Mühe gegen die Schwerkraft gelängen und eine Handgelenksstreckung nicht möglich ist, so dass insbesondere auch kein beidhändiger Werkzeuggebrauch möglich ist. Der Besuch eines regulären Kindergartens und einer Regelschule ist jedoch – so das OLG – möglich.

Betrag: 75.000 € **Haftung: 100 %**
immVorb: Ja **MdE: –**

OLG Köln 10.2.2025 – 5 U 33/23 = BeckRS 2025, 2014

7885

Schulterverletzung im Zusammenhang mit einer Oberarmtrümmerfraktur linksseitig. Das OLG beschrieb diese Verletzung als „schwerwiegend und kompliziert". Das Tuberculum minus-Fragment ist disloziert. Es ist eine Dezentrierung zu erkennen, die zu einer ungleichmäßigen Lastverteilung in der Gelenkpfanne führt. Das Versagen der Rotatorenmanschette ist erkennbar. Zudem erlitt der Kläger ein stumpfes Thoraxtrauma mit einer Rippenserienfraktur der 9. bis 11. Rippe links sowie ein Schädelhirntrauma 1. Grades. Darüber hinaus leidet die Klägerin seit dem Unfall an posttraumatischen Belastungsstörung und einer mittelgradigen bis schweren Depression.

45j. Frau. 19 Tage stationäre Behandlung mit zwei Aufenthalten und mehreren Operationen – ua mit Implantation einer modularen Hemiendoprothese der linken Schulter wobei der Prothesenkopf später nochmals operativ gewechselt werden musste. Nach Entlassung aus dem Klinikum wurde die Klägerin zunächst ambulant weiterbehandelt und erhielt krankengymnastische Übungen und Lymphdrainagen. Anschließend erfolgten mehrere stationäre und ambulante Rehabilitationsmaßnahmen; langwierige Heilbehandlung. Dauerschaden: Erwerbsunfähigkeit (die Klägerin erhält „wegen voller Erwerbsminderung Rente"), Funktionsbeeinträchtigung und „hochgradige, schmerzhafte Bewegungseinschränkung der linken Schulter". Die Bewegungseinschränkungen bestehen nicht nur beim horizontalen Heben des linken Arms, auch die Rotationsfähigkeit ist eingeschränkt. Zudem ist die Kraft im Schulter- und Oberarmbereich wegen der Teilprothese verringert. Es ist der Klägerin insofern nicht möglich, diese Schulter über die Neutralebene hinaus zu verwenden. „Das führt zu Einschränkungen im täglichen Leben, so ist etwa das Kämmen oder Föhnen der Haare mit dem linken Arm nicht möglich. Lasten von mehr als zwei bis drei Kilogramm kann die Klägerin schmerzbedingt nicht heben. "Es ist mit großer Wahrscheinlichkeit damit zu rechnen, dass es zukünftig zu Komplikationen mit der Prothese kommen wird, denn es liegen prognostisch ungünstige Faktoren vor.„ Eine Verbesserung des Zustands ist nicht mehr zu erwarten", so das OLG. Zudem ist „eine neuerliche OP zum Auswechseln der Hemiendoprothese mit Sicherheit zu erwarten", so das OLG. Auch ist die Fähigkeit der Klägerin, Sport zu treiben, unfallbedingt eingeschränkt und sie hat erhebliche psychische Folgen erlitten, namentlich eine posttraumatische Belastungsstörung mit chronischem Verlauf. Bei der Schmerzensgeldbemessung berücksichtigte das OLG dies sowie der „zu berücksichtigende Genugtuungsfunktion" auch das grob verkehrswidrig Verhalten des alkoholisierten Unfallgegners. [Das Urteil wird auch im Handbuch unter → Rn. 409 hervorgehoben]

Betrag: 100.000 € **Haftung: 100 %**
immVorb: – **MdE: 50 %**

OLG Brandenburg 15.1.2026 – 8 U 3/26 = BeckRS 2026, 3107

b) Schulter- und Schulterblattfrakturen

7871

Schulterfraktur, einfache, nicht dislozierte. Zudem erlitt die Klägerin „Prellungen und Schmerzen an der linken Hand".

Frau. Ambulante Behandlung, zu der es wörtlich heisst, dass der „Bruch … nach konservativer Behandlung (Ruhigstellung und Physiotherapie) innerhalb weniger Wochen verheilt" war. [Anmerkung: Das OLG sah den Verstoß der Beklagten gegen die Anleinpflicht für Hunde auf dem Gelände des Hofgartens, in dem sich der Unfall infolge des unangeleinten Laufenlassen des Hundes der Beklagten ereignet hatte zutreffend als einen Verstoß gegen „ein Schutzgesetz im Sinne von § 823 Abs. 2 S. 1 BGB" an und wies die Argumentation der Beklagten zurück, wonach die hochschwangere Klägerin ein Mitverschulden treffe, da sie vor dem unangeleint auf sie zurennenden Hund zurückgewichen sei. Die Argumentation der beklagten sei, so dass OLG „nicht ansatzweise" nachvollziehbar.]

Betrag: 1.500 € **Haftung: 100 %**
immVorb: Ja **MdE: –**

OLG Nürnberg 13.2.2026 – 13 U 1961/24 = BeckRS 2026, 1947

4022

Schulterblattfraktur rechts; Rippenserienfraktur (8-11) sowie Kopfplatzwunde und Gehirnerschütterung.

Frau. 8 Tage stationär. MdE 8 Monate 100 % anschließend weitere 3 Monate 30 % sowie ein weiteres Jahr abfallend. Insgesamt war die Kl. fast 2 Jahre in ihrer Erwerbsfähigkeit ganz oder teilweise eingeschränkt.

Betrag: 4.000 € **Haftung: 100 %**
immVorb: – **MdE: –**

KG 14.4.2003 – 12 U 10266/00 = BeckRS 2003, 154631

7104

Schulterfraktur in Form einer Schultertrümmerfraktur rechts sowie verschiedene Prellungen.

Frau. Mehr als eine Woche stationär. [Tierhalterhaftung – Pferd schubst Frau von Rad. Wird eine Person auf dem Fahrrad im Begegnungsverkehr mit Reitpferden durch ein Tier vom Fahrrad geschubst, haftet der Pferdehalter für den entstandenen Schaden; vgl. auch OLG Brandenburg BeckRS 2011, 10173 sowie LG Frankenthal becklink 2016655].

Betrag: 6.000 € **Haftung: 100 %**
immVorb: – **MdE: –**

LG Koblenz 2.9.2022 – 9 O 140/21 = BeckRS 2022, 36409

7388

Schulterfraktur in Form einer Schultertrümmerfraktur rechts sowie „diverse Prellungen".

Frau. „Mehr als eine Woche" stationär. [Ursache: Pferd schubste die Frau mit dem Hinterteil vom Fahrrad, als sie an zwei entgegenkommenden Reiterinnen vorbeifahren wollte. „Auch wenn die Klägerin gebremst habe und sie dabei gestürzt sei, weil das Tier ihr plötzlich mit dem Hinterteil den Weg versperrt habe, habe sich dadurch die Tiergefahr realisiert", so das LG. Ein Mitverschulden der Klägerin sah das Gericht nicht. (Fundstelle: becklink 2025240)].

Betrag: 6.000 € **Haftung: 100 %**
immVorb: – **MdE: –**

LG Koblenz 2.9.2022 – 9 O 140/21 = BeckRS 2022, 36409

3830

Schulterfraktur in Form einer Schultergelenkfraktur.

Frau. Langwierige Heilbehandlung mit noch nach zwei Jahren vorhandener Bewegungsbeeinträchtigung. Neben dem Schmerzensgeld wurde der Klägerin wegen vertaner Urlaubszeit und Minderung des Reisepreises um 70 % ein Schadensersatzanspruch von 2.251,55 EUR zuerkannt. Darin war allerdings ein Teilbetrag von 205,- EUR aus abgetretenem Recht des Ehemannes enthalten. Reiseveranstalterhaftung gemäß § 651f Abs. 1 BGB im Rahmen einer Naturreise bzw. Safarireise.

Betrag: 6.000 € **Haftung: 70 %**
immVorb: – **MdE: –**

OLG Köln 30.6.2008 – 16 U 3/08 = BeckRS 2008, 16975

4871

Schulterfraktur im Bereich des Acromions (= höchster Punkt der Schulter) mit Schlüsselbeinfarktur. Zudem erlitt der KLäger noch eine Mittelgesichtfraktur und zwei Rippenfrakturen.

Mann. 21 Tage stationär. Erhebliche Schmerzen. Folgenlose Verheilung.

Betrag: 7.000 € **Haftung: 75 %**
immVorb: – **MdE: –**

LG Schwerin 17.3.2011 – 5 O 115/10 = BeckRS 2011, 142371

7044

Schulterverletzung (hier: Schultereckgelenksprengung Tossy 1 rechte Schulter mit „AC-Gelenksprengung nach Rockwood 3 mit subtotaler Ruptur der korakoklavikulären Ligamente und totaler akromioklavikularer Ruptur. Begleitende Bursitis subacromialis und Serom / Hämatom". Zudem erlitt der Kläger eine Rippenfraktur in Form einer Fraktur der 1. Rippe rechts in Nähe des Brustbeins sowie zahlreiche Prellungen und Schürfwunden (hier: beidseitige Knieprellungen, multiple Schürfverletzungen an beiden Schultern, Knien und Ellenbogen, eine Schädelprellung sowie eine HWS-Distorsion).

Mann (Unfallchirurg). 3 Tage stationär. Nach der stationären Behandlung erstreckte sich der Heilungsverlauf unter analgetischer und physiotherapeutischer Behandlung zunächst über ca. acht Wochen wobei der Kläger unter Schmerzen, Bewegungseinschränkungen insbesondere im Bereich der Schulter und der gebrochenen Rippe und Tätigkeitseinschränkungen litt und deshalb täglich Schmerzmittel in Form von Ibuprofen 800mg und Tilidin 100/ 8mg einnehmen musste. Ein Mitverschulden des Rennradfahrers wegen zu hoher Geschwindigkeit oder zu geringem Abstand zum Fahrzeug des Beklagten wies das LG zurück. [Anmerkung: Vgl. auch OLG Bremen BeckRS 2021, 37203].

Betrag: 7.500 € **Haftung: 100 %**
immVorb: Ja **MdE: –**

LG Köln 2.8.2022 – 5 O 372/20 = BeckRS 2022, 22135

5380

Schulterfraktur in Form einer Schulterblattfraktur.

Mann. Operation mittels Implantierung von Stützmaterial. Dauerschäden sind nicht auszuschließen und eine Einwirkung der Unfallfolgen auf die Erwerbstätigkeit ist noch nicht abschätzbar. Ursache: Motorradunfall. [Lesenswert zur Thematik des Feststellungsinteresses, wenn die Beklagten ihre Verpflichtung, für den entstandenen Schaden einzustehen, anerkannt haben, das Entstehen weiteren Schadens und weiterer Nachteile jedoch bestreiten].

Betrag: 8.000 € **Haftung: 100 %**
immVorb: Ja **MdE: –**

KG 16.4.2018 – 22 U 168/16 = BeckRS 2018, 7504

5319

Schulterfraktur, schwere (Die Schulterfraktur der linken Schulter wurde vom OLG als „schwer" bezeichnet).

70 Frau. 14 Tage stationär. Eine Operation. Langwierige Heilbehandlung von 3-4 Monaten. Dauerschaden: Deutliche Bewegungseinschränkung des Oberarms zum Schultergelenk mit erheblichen Beeinträchtigungen im Alltag. „Vor allem weil ein schmerzhafter Dauerschaden vorliegt, der allenfalls durch Krankengymnastik gelindert werden kann, ist ein verhältnismäßig hohes Schmerzensgeld gerechtfertigt", so das OLG. [Ursache: Verkehrssicherungspflichtverletzung der Kirche. Sturz auf Kirchenstufe nach dem Weihnachtsgottesdienst]

Betrag: 8.000 € **Haftung: 60 %**
immVorb: Ja **MdE: –**

OLG Schleswig 30.6.2016 – 11 U 111/15 = BeckRS 2016, 115271

3847

Schulterfraktur linksseitig.

78j. Mann. 3 Wochen stationär und weitere 3 Wochen ambulante Pflege. Dauerschaden: Erhebliche Bewegungsbeeinträchtigung des linken Armes. Da der rechte Arm infolge einer Kriegsverletzung bereits stark geschädigt war, ist der Kläger dauerhaft auf fremde Hilfe angewiesen. Regulierungsverzögerung.

Betrag: 15.000 € **Haftung: 100 %**
immVorb: – **MdE: –**

OLG Köln 29.9.2006 – 19 U 193/05 = BeckRS 2007, 87

6651

Schulterfraktur in Form einer Schultereckgelenksprengung des rechtsseitigen Schultereckgelenks. Unterarmfaktur in Form einer rechtsseitigen Speichenfraktur; Handfraktur bzw. Kahnfraktur der rechten Hand und Handfraktur links als „Benett'sche Luxationsfraktur des ersten Mittelhandknochens links sowie eine Fraktur des Vieleckbeins der linken Handwurzel".

29j. Mann. Dauerschaden ohne nähere Angaben. [Ursache: Motorradunfall].

Betrag: 16.000 € **Haftung: 70 %**
immVorb: – **MdE: –**

OLG Düsseldorf 9.2.2016 – I-1 U 50/15 = BeckRS 2016, 123861

4613

Schulterfraktur/ Schultergelenkfraktur mit Oberarmfraktur. Es bildete sich zudem eine Oberarmkopfnekrose; Weichteilverletzung.

75j. Frau (Rentnerin). 26 Tage stationär, zwei Aufenthalte. Ambulante Heilbehandlung mit Physiotherapie. Künstliches Schultergelenk. Dauerschaden: massive Bewegungseinschränkungen des rechten Arms. Pflegeheimhaftung: Die an Demenz leidende Klägerin konnte unbemerkt aus dem Pflegeheim gehen, stürzte jedoch beim Umherirren und lag über die Dauer von gut 2 Tagen und 3 Nächten unentdeckt und litt neben den Verletzungen auch unter Unterkühlung. [vgl. auch LG Schweinfurt → Nr. 7060].

Betrag: 20.000 € **Haftung: 100 %**
immVorb: – **MdE: –**

OLG Jena 23.3.2011 – 2 U 567/10 = BeckRS 2012, 11583

5762

Schulterfraktur (hier: Komplizierte Schulterfraktur der rechten Schulter) und multiple Unterarmschnittwunden am rechten Unterarm und Schnittwunden an der rechten Hand).

15j. Mann (Handwerkspraktikant). 10 Tage stationär und anschließend ca. 75 Tage ambulante Heilbehandlung. Dauerschaden: Belastungsminderung der rechten Hand – der Kläger ist Rechtshänder. Einschränkung der Berufsaussichten im Hinblick auf Berufe mit körperlich anstrengenden Berufen. Beeinträchtigungen beim Sport. Schwimmen – der Kläger war zuvor aktiver Schwimmer beim DLRG – nicht mehr möglich. „Zusammenfassend ist daher festzuhalten, dass sich der Kläger bei dem Unfall eine schon für sich genommen schwere Verletzung zugezogen hat, durch die er in vielen verschiedenen Lebensbereichen zunächst deutlich eingeschränkt war und dies teilweise nicht mehr, teilweise bis heute aber, wenn auch in deutlich geringerem Umfang, immer noch ist".

Betrag: 20.000 € **Haftung: 100 %**
immVorb: Ja **MdE: –**

LG Münster 18.4.2007 – 12 O 617/06 = BeckRS 2007, 141571

2822

Ellenbogenfraktur (hier: Ellenbogentrümmerfraktur rechts); Schulterfraktur (hier: Schulterluxationsfraktur links); Rippenfrakturen (6 bis 12 Rippe); Querfortsatzabriss I bis V; Zwerchfellarterienanriss; Lungenquetschung; Kopfplatzwunde.

51j. Mann (Unternehmer). 6 Wochen stationär; danach „eingeschränkte Erwerbsfähigkeit"; 11 Monate (93 Behandlungen) in physiotherapeutischer Behandlung!

Betrag: 30.678 € **Haftung: 80 %**
immVorb: Ja **MdE: –**

LG Potsdam 11.1.2000 – 12 O 261/99 = BeckRS 2000, 168037

c) Schlüsselbeinverletzungen

3852

Schlüsselbeinverletzung in Form einer Schlüsselbeinprellung sowie HWS-Syndrom.

Mann. MdE 3 Wochen ohne Angabe der Intensität.

Betrag: 800 € **Haftung: 100 %**
immVorb: – **MdE: –**

AG Aachen 11.5.2006 – 10 C 49/06 = BeckRS 2006, 137854

6785

Schlüsselbeinverletzung rechts in Form einer Verletzung im rechten Sternoclaviculargelenk [= Brustbein-Schlüsselbein-Gelenk auch SC-Gelenk oder mediales Schlüsselbeingelenk genannt] in Verbindung mit einer leichten Schulterzerrung sowie einer HWS-Zerrung.

Frau. Ambulante Behandlung. Die Klägerin musste sich aufgrund der erlittenen Unfallverletzungen einer Operation unterziehen und war über einen Zeitraum von sechs Wochen in ihrer Bewegungsfähigkeit erheblich eingeschränkt. Dauerschaden: Brustbein-Schlüsselbein-Gelenk-Verletzungsfolgen in Form einer Arthrose. Einschränkungen der Freizeitgestaltung. „So ist es ihr nicht mehr möglich, ihr Pferd selbst zu versorgen, dieses insbesondere auszuführen. Auch die von ihr und ihrem Mann betriebene „Fischzucht" ist ihr in dem vorherigen Umfang unfallbedingt nicht mehr möglich", so das OLG.

Betrag: 4.000 € **Haftung: 50 %**
immVorb: – **MdE: –**

OLG Koblenz 1.3.2021 – 12 U 1297/20 = BeckRS 2021, 4367

7284

Schlüsselbeinfraktur rechts, eine Rippenfraktur sowie eine Kopfverletzung in Form einer 4 cm langen Risswunde an der Stirn, die bis auf die Schädelkalotte reichte und ein Schädelhirntrauma 2.Grades. Zudem erlitt der Geschädigte infolge der 20 Schläge, die ihm der Angeklagte mit einer Metallstange sowie den Fäusten auf den Rücken, die Schultern sowie den Nacken verabreicht hatte, mehrere Hämatome.

Mann. Stationäre Heilbehandlung. „Für eine Dauer von etwa drei Wochen musste der Geschädigte aufgrund der Verletzungen Schmerzmittel nehmen. Bis heute befindet sich ein in der damaligen Operation zur Stabilisierung eingesetztes Metallteil in der Schulter, das im Laufe des kommenden halben Jahres wieder operativ entfernt werden soll. Den rechten Arm kann der Geschädigte bislang nicht wieder vollständig nach oben bewegen. Ferner ist sein Sicherheitsgefühl, insbesondere wenn es dunkel ist, bis heute beeinträchtigt", so das LG, das für die Bemessung des Schmerzensgeldes „insbesondere die Schwere des Tatbildes der gefährlichen Körperverletzung," die oben geschilderten Verletzungen sowie „die bis heute vorhandene Einschränkung der Funktionsfähigkeit des rechten Armes, das verminderte Sicherheitsgefühl beim Geschädigten und das Verschulden des Angeklagten" berücksichtigt hatte. Zudem, so das LG, „ist nicht absehbar, ob und wann sich das Beschwerdebild des Geschädigten bessern wird." Vorsätzliche Körperverletzung. [Adhäsionsverfahren].

Betrag: 8.000 € **Haftung: 100 %**
immVorb: Ja **MdE: –**

LG Bielefeld 15.11.2021 – 2 KLs 7/21 = BeckRS 2021, 56006

5888

Schlüsselbeinfraktur, die in Fehlstellung verheilte.

Frau. Dauerschaden: Belastungsminderung bezüglich des Tragen schwerer Lasten sowie bei Arbeiten über Kopf. 10 cm lange Operationsnarbe im Bereich des Schlüsselbeins, die jedoch nicht entstellend ist. Dass die Klägerin infolge des Unfalls „sehr vorsichtig und übertrieben ängstlich sei" wertete das OLG nicht als „über ein normales Maß hinausgehende" Beeinträchtigung.

Betrag: 9.000 € **Haftung: 100 %**
immVorb: – **MdE: –**

OLG Hamm 7.6.2010 – I-6 U 195/09 = BeckRS 2010, 26800

2882

Oberarmverletzung und Schlüsselbeinfraktur (hier: Schwere Armverletzung mit „nahezu vollständiger Lähmung des linken Armes", Humerusfehlstellung!)); Oberkieferverletzung mit Oberkieferzahnmehrfachfrakturen; Schnittwunden und Platzwunden.

25j. Mann (Student). Stationär. Dauerschaden: „Inkomplette Lähmung des linken oberen Armplexus", Gefühlsstörungen, Schmerzen der Finger / Daumen, Schulterschmerzen.

Betrag: 43.460 € **Haftung: 100 %**
immVorb: Ja **MdE: 50 %**

OLG Karlsruhe 12.5.2000 – 10 U 145/99 = BeckRS 2000, 167984

d) Schlüsselbeinfrakturen

3314

Schlüsselbeinfraktur.

Frau. Kein Schmerzensgeldanspruch wegen Pseudoarthrose, die 3 Jahre nach Abschluss eines Vergleiches (9.000 DM Schmerzensgeld) mit Abfindungserklärung auftrat und für die die Kl. als angeblich unvorhersehbare Spätfolge nunmehr weiteres Schmerzensgeld begehrte. Dies lehnte das AG ab, da zum Zeitpunkt des Vergleichsabschlusses mit Spätfolgen zu rechnen war.

Betrag: – **Haftung: –**
immVorb: – **MdE: –**

AG Berlin-Mitte 23.1.2004 – 101 C 3400/03 = unveröffentlicht

6541

Schlüsselbeinfraktur sowie Prellungen (hier: Oberschenkelprellung und Rückenprellung).

Frau. Ambulante Heilbehandlung. Die Schlüsselbeinfraktur verheilte nicht ordnungsgemäß, daher langwierige Heilbehandlung. MdE 90 Tage 100 % sowie weitere 90 Tage „beeinträchtigt". [Ursache: Pedelec-Unfall].

Betrag: 1.000 € **Haftung: 50 %**
immVorb: – **MdE: –**

LG Detmold 15.7.2015 – 10 S 43/15 = BeckRS 2015, 12752

4796

Schlüsselbeinfraktur (hier: Nicht dislozierte Fraktur des rechten Schlüsselbeins sowie eine Schultergelenkdehnung).

Frau. Ambulante Heilbehandlung. MdE 5 Tage 100 %. Folgenlose Verheilung.

Betrag: 1.000 € **Haftung: 100 %**
immVorb: – **MdE: –**

AG Gummersbach 10.1.2014 – 12 C 78/13 = BeckRS 2014, 6908

4642

Schlüsselbeinfraktur mit Pneumothorax

Mann. 5 Tage stationär. MdE 2 Monate 100 %. Folgenlose Verheilung.

Betrag: 1.000 € **Haftung: 40 %**
immVorb: – **MdE: –**

AG Bremen 31.8.2011 – 23 C 0231/10 = unveröffentlicht

6503

Schlüsselbeinfraktur und Pneumothorax.

Mann. Ambulante Heilbehandlung. MdE 60 Tage 100 %.

Betrag: 1.000 € **Haftung: 100 %**
immVorb: – **MdE: –**

AG Bremen 31.8.2011 – 23 C 231/10 = unveröffentlicht

3491

Schlüsselbeinfraktur (hier. Schlüsselbeintrümmerfraktur).

Mann. 12 Tage stationär. 6 Wochen ambulante Behandlung. Folgenlose Verheilung.

Betrag: 1.023 € **Haftung: 40 %**
immVorb: – **MdE: –**

OLG Hamm 19.11.2002 – 27 U 86/02 = BeckRS 9998, 40271

4679

Schlüsselbeinfraktur.

Kind (jugendliches Mädchen / Schülerin). 1 Tag stationär. Weitere ambulante Heilbehandlungen folgten. Folgenlose Verheilung. Das OLG berücksichtigte, dass die Klägerin als Leistungssportlerin die Beeinträchtigungen beim Sport als besonders belastend empfunden hatte und die zehntägige Skifreizeit für die junge Frau bereits am dritten Tage beendet war. Ursache: Kollision auf der Skipiste.

Betrag: 1.275 € **Haftung: 75 %**
immVorb: – **MdE: –**

OLG Dresden 30.1.2013 – 13 U 956/12 = BeckRS 2013, 199165

5670

Schlüsselbeinfraktur [Clavicularfraktur] links, eine HWS-Distorsion 2. Grades und eine Kopfplatzwunde.

Mann. 11 Tage stationär. MdE ca. 38 Tage 100 % und weitere 12 Tage 50 %. Die Kopfplatzwunde musste genäht werden. Zum Feststellungsinteresse führte das OLG aus: „Das Feststellungsbegehren des Kl. ist begründet. Angesichts der unstreitigen Clavicularfraktur, die operativ durch noch nicht entfernte Cerclage behandelt wurde, ist die ernsthafte Möglichkeit der Entstehung künftiger Folgeschäden, etwa infolge einer erforderlich werdenden Entfernung der Cerclage, keineswegs ausgeschlossen".

Betrag: 1.278 € **Haftung: 33 %**
immVorb: Ja **MdE: –**

OLG Hamm 8.6.2000 – 27 U 29/00 = BeckRS 2000, 6473

5464

Schlüsselbeinfraktur (hier: dislozierte Schlüsselbeinmehrfragmentfraktur links) sowie Prellungen (Schädelprellung und Unterschenkelprellung).

Mann. MdE „ca. 2 1/2 Monate" 100 %. [Ursache: Fahrradunfall; hierzu das AG: Einem Fahrradfahrer, der unzulässigerweise einen Gehweg befährt und dann auf einer Fußgängerfurt eine Straße überquert, steht gegenüber einem links in die Straße einbiegenden Pkw-Fahrer kein Vorfahrtsrecht zu]. Die Entscheidung wird zitiert in der SVR 2016, 436.

Betrag: 1.500 € **Haftung: 40 %**
immVorb: Ja **MdE: –**

AG Hamburg 10.3.2016 – 16 C 35/14 = BeckRS 2016, 108960

4104

Schlüsselbeinfraktur sowie Prellungen.

Mann. Ambulante Heilbehandlung mit Bandage zur Ruhigstellung (sog. Desault-Verband) der Schlüsselbeinverletzung. MdE 5 Wochen 100 %. Ursache: Verkehrssicherungspflichtverletzung.

Betrag: 1.500 € **Haftung: 100 %**
immVorb: – **MdE: –**

LG Düsseldorf 6.10.2009 – 2 O 212/08 = unveröffentlicht

6409

Schlüsselbeinfraktur (hier: Claviculafraktur rechts) Prellungen (hier: Brustkorbprellung und Oberschenkelprellung) sowie HWS-Distorsion 1. Grades.

Mann. Für die Dauer von nahezu zwei Monaten bestanden Schmerzen und Bewegungseinschränkungen.

Betrag: 1.500 € **Haftung: 75 %**
immVorb: – **MdE: –**

OLG Saarbrücken 15.3.2005 – 4 U 102/04 = BeckRS 2005, 8067

3965

Schlüsselbeinfraktur und Prellungen.

Mann (mittleren Alters). MdE 5 Wochen „arbeitsunfähig". Für 4 Wochen musste ein Desault-Verband getragen werden; dadurch war der Kl. in seiner täglichen Arbeit stark eingeschränkt. [Anmerkung: Verkehrssicherungspflichtverletzung. Im vorliegenden Falle bejahte das Gericht die volle Haftung der Gemeinde für eine zum Verkehr freigegebene, jedoch nicht abgestreute und somit zum Unfallzeitpunkt verreiste Straße].

Betrag: 1.500 € **Haftung: 100 %**
immVorb: – **MdE: –**

LG Düsseldorf 6.10.2009 – 2b O 212/08 = BeckRS 2009, 27100

3885

Schlüsselbeinfraktur in deren Zusammenhang zudem der Arm des Klägers „ausgekugelt" worden war. Zudem erlitt er Prellungen.

Mann. MdE 6 Wochen 100 %. Folgenlose Verheilung.

Betrag: 2.500 € **Haftung: 100 %**
immVorb: – **MdE: –**

LG München I 27.6.2006 – 19 O 19861/04 = BeckRS 2006, 139063

4715

Schlüsselbeinfraktur und Rippenfrakturen (Rippen 3 bis 7 links).

Frau. 14 Tage stationär, anschließend litt die Klägerin – nach der Erfahrung des Gerichts (!) – „noch einige Wochen unter Schmerzen und Bewegungsbeeinträchtigungen". [Verkehrssicherungspflichtverletzung: Treppensturz in Modefachgeschäft].

Betrag: 2.800 € **Haftung: 80 %**
immVorb: – **MdE: –**

OLG Köln 8.11.2012 – 7 U 66/12 = BeckRS 2013, 8736

5928

Schlüsselbeinfraktur in Verbindung mit einer endgradigen schmerzhaften Bewegungseinschränkung im linken Schultergelenk, Rippenfraktur links mit einem mäßigen Druckschmerz.

Mann. Ambulante Heilbehandlung mit zunächst vier hausärztlichen Behandlungen und einer Behandlung in einer chirurgischen Praxis mittels Rucksackverband. MdE 35 Tage 100 %. Folgenlose Verheilung.

Betrag: 3.500 € **Haftung: 100 %**
immVorb: Ja **MdE: –**

OLG Düsseldorf 24.5.2011 – 1 U 220/10 = BeckRS 2011, 20164

5012

Schlüsselbeinfraktur, schwere / Schulterverletzung (hier: Schlüsselbeinmehrfachfraktur rechts mit langandauernden Schmerzen in der Schulter und Bewegungseinschränkungen derselben); leichte Gehirnblutung mit Lagerungsschwindel. Handfraktur (hier: handgelenkfraktur links); Fußfraktur / Knöchelfraktur (hier: undislozierte Weber-A-Fraktur im Bereich des linken Außenknöchels). Rippenfrakturen (5. Rippe links und 4.Rippe rechts).

55j. Frau. Die Kl. befindet sich seit dem Unfall in regelmäßiger krankengymnastischer Behandlung (langwierige Heilbehandlung) und ist seither arbeitsunfähig. Wann sie wieder in der Lage sein wird, zu gehen, ist ungewiss. [Anmerkung: Ob das Wort „gehen" insofern auf die Fortbewegungsart oder auf „arbeiten zu gehen" bezogen ist, bleibt offen. Angesichts der Verletzungen ist eher vom Letzteren auszugehen].

Betrag: 4.000 € **Haftung: 66 %**
immVorb: – **MdE: –**

OLG Frankfurt a. M. 4.3.2014 – 4 U 246/13 = BeckRS 2014, 17894

5907

Schlüsselbeinfraktur.

Frau. [Skiunfall – Die Klägerin überquerte nach Abschluss des letzten Übungsschwunges die Piste, um zur Skigruppe (mit Skilehrer) zu kommen. Sie fuhr zwar langsam, blieb aber nicht stehen. Der von oben kommende nachfolgende Beklagte – ebenfalls Teilnehmer des Skikurses – fuhr sie an und verletzte sie. „Die Teilnahme an einem Skikurs führt unter den Teilnehmern zu keiner wechselseitigen Haftungsprivilegierung; jeder Teilnehmer muss die üblichen Rücksichtspflichten einhalten und ist notfalls verpflichtet, wenn er seine Fahrt nicht mehr beherrscht, durch einen Notsturz einen Zusammenstoß zu vermeiden", so der redaktionelle Leitsatz zu diesem Urteil].

Betrag: 4.000 € **Haftung: 100 %**
immVorb: – **MdE: –**

OLG München 19.1.2011 – 20 U 4661/10 = BeckRS 2011, 1862

4123

Schlüsselbeinfraktur (hier: Schlüsselbeinmehrfachfraktur mit dauerhafter Bewegungseinschränkung im Schultergelenk). Beckenfraktur in Form einer Beckenringfraktur sowie zahlreiche Blutergüsse.

Frau. 5 Wochen stationär. Dauerschaden: Bewegungseinschränkung der rechten Schulter. Belastungsminderung.

Betrag: 5.000 € **Haftung: 50 %**
immVorb: – **MdE: –**

LG Kleve 11.11.2009 – 2 O 257/08 = BeckRS 2012, 24023

3603

Schlüsselbeinfraktur sowie weitere Verletzungen (Gehirnerschütterung, Kopfplatzwunde, Rippenprellung und Knöchelprellung).

Mann. 1 Woche stationär. Weitere 4 Tage stationär zur Entfernung der implantierten Scharube.

Betrag: 5.000 € **Haftung: 100 %**
immVorb: – **MdE: –**

LG Ansbach 5.2.2002 – 3 O 1613/00 = BeckRS 2002, 162381

4124

Schlüsselbeinfraktur (hier: dislozierte Schlüsselbeinfraktur mit Bewegungseinschränkungen im rechten Schultergelenk); zahlreiche Prellungen der Gliedmaßen sowie Gesichtschürfwunde.

45j. Frau. Ambulante Behandlung. MdE fast 45 Tage 100 %. Dauerschaden: Geringe Bewegungseinschränkung des rechten Schultergelenks. Eventuelle Spätfolgen (zB eine Arthrose) ist nicht auszuschließen [Verschlechterungstendenz].

Betrag: 6.000 € **Haftung: 100 %**
immVorb: Ja **MdE: 5 %**

LG Mainz 23.11.2009 – 4 O 322/07 = unveröffentlicht

2945

Schlüsselbeinfraktur mit Schulterblattfehlstellung rechtsseitig mit Armmuskelverschmächtigung (Deltamuskel) und Teilnervlähmung (Nervverletzung). Handgelenkfraktur links.

Mann. 18 Tage stationär; MdE 3 Monate 100 %. Dauerschaden: „Kann sportliche Aktivitäten nur noch in eigeschränktem Maße ausüben“. [Ohne Anrechnung der Betriebsgefahr des Krades: 16.500 DM]

Betrag: 6.647 € **Haftung: 100 %**
immVorb: – **MdE: –**

KG 21.5.2001 – 12 U 3372/00 = BeckRS 2001, 30181831

2541

Schlüsselbeinfraktur, komplizierte (hier: Zersplitterung des Schlüsselbeins [Schlüsselbeinmehrfragmentfraktur]; „Schmerzen und Taubheitsgefühlen in einer Hand“; Thrombose nach Operation.

72j. Mann. 14 Tage stationär. Nachoperation zur Metallteilentfernung. Kein „gravierender“ Dauerschaden. [Ursache: Sturz bei Bahn-Vollbremsung; Bus-Vollbremsung: NJW-RR 98, 1402].

Betrag: 7.669 € **Haftung: 100 %**
immVorb: – **MdE: –**

LG Stuttgart 8.5.1998 – 24 O 517/97 = BeckRS 9998, 15794

4931

Schlüsselbeinfraktur.

51j. Frau. Ambulante Behandlung mittels Rucksackverband, den die Klägerin für 6-8 Wochen tragen musste. MdE 8 Wochen 100 % und weitere 8 Wochen 50 %. Dauerschaden: MdE 10 % wegen Bewegungsbeeinträchtigung und Schmerzen und Einschränkungen im Bereich des rechten Schultergelenks mit Auswirkungen auf die Haushaltsführung.

Betrag: 8.000 € **Haftung: 100 %**
immVorb: – **MdE: –**

OLG Saarbrücken 25.7.2013 – 4 U 244/12 = BeckRS 2013, 14930

3490

Schlüsselbeinfraktur (hier: Dislozierte Schlüsselbeinfraktur rechts) sowie multiple Prellungen an beiden Beinen und am Oberkörper.

27j. Frau. 5 Tage stationär. MdE 6 Wochen 100 % und weitere 3 Monate erheblich eingeschränkte Arbeitsfähigkeit. Langwierige Heilbehandlung mit krankengymnastischer Behandlung. Dauerschaden: MdE 10 % sowie gewisse Sportarten nur bedingt möglich.

Betrag: 8.181 € **Haftung: 100 %**
immVorb: – **MdE: 10 %**

OLG Karlsruhe 10.3.2000 – 10 U 271/99 = BeckRS 2000, 30100356

4195

Schlüsselbeinfraktur links mit Dauerschaden. Gehörverletzung in Form einer geringfügigen Gehörgangeinblutung.

Frau. 14 Tage stationär. 3 Aufenthalte. Es musste vorübergehend ein sog. Rucksackverband getragen werden. Metallteileimplantat, welches nach 9 Monaten operativ entfernt wurde. Dauerschaden: Belastungseinschränkung beim Tragen sowie bei Tätigkeiten „über Kopf“. Kleine Narbe im Sichtfeld des Dekolletees.

Betrag: 9.000 € **Haftung: 100 %**
immVorb: Ja **MdE: –**

LG Bochum 31.8.2009 – 3 O 421/07 = BeckRS 2011, 3247

6769

Schlüsselbeinfraktur sowie Schürfwunden und Prellungen.

Frau. 3 Tage stationär. Der Bruch wurde operativ mit einem ESIN (Nagel) versorgt. Die Klägerin musste über insgesamt 9 Wochen einen Verband (Gilchristverband) tragen, der die Klägerin erheblich in ihrer Bewegungsfähigkeit einschränkte und befand sich zudem mehrere Wochen in ambulanter Behandlung / Krankengymnastik. Es kam zu Heilungsverzögerungen. Langwierige Heilbehandlung. MdE ca. 165 Tage 100 %. Dauerschaden: Bewegungseinschränkung von 10° im linken Schultergelenk und eine reduzierte Kraftentfaltung von 4/5 im Vergleich zur rechten Seite. Schmerzensgelderhöhend wertete das OLG die Regulierungsverzögerung des KH-Versicherers. [Ursache: Fahrradunfall].

Betrag: 10.000 € **Haftung: 100 %**
immVorb: Ja **MdE: –**

OLG Düsseldorf 2.1.2019 – 1 U 158/16 = BeckRS 2019, 18700

3844

Schlüsselbeinfraktur mit sensibler Armverletzung (Verletzung des Plexus brachialis); Sprunggelenkverletzung in Form eines Außenbandrisses; Brustkorbverletzung mit Rippenfrakturen (Rippenserienfraktur 3-8); Lungenquetschung mit Hämothorax; Prellungen und Schürfungen sowie Angstgefühle und Depressionen.

Mann (Angestellter). 5 Wochen stationär; 6 Wochen Rehabilitationsaufenthalt. MdE 3 Monate 100 %, weitere 4 Wochen 70 % und anschließend weitere 9 Monate von 50 % auf 30 % zurückgehende MdE. Dauerschaden: 20 % wegen Gebrauchsminderung des linken Armes.

Betrag: 10.000 € **Haftung: 66 %**
immVorb: Ja **MdE: 20 %**

LG Nürnberg-Fürth 8.11.2005 – 8 O 6255/04 = unveröffentlicht

5697

Schlüsselbeinfraktur mit deutlich sichtbarer Verkippung im Bereich der Bruchstelle. Zudem erlitt der Kläger diverse Prellungen und Schürfungen: Schürfungen am linken Ellenbogen, an den Fingern der linken Hand und am Oberschenkel links, ferner Prellungen der linken Schulter und des linken Oberschenkels.

Mann (Bäcker). 14 Tage stationär. MdE 6 Monate 100 %. Zur Schmerzensgedbemessung führte das LG aus: „Zu berücksichtigen war …, dass der Kläger nachweislich während der Dauer eines halben Jahres zu 100 % arbeitsunfähig war, wobei … diese Zeit für den Kläger mit erheblichen Beschwerden … nicht nur bei Belastung, sondern insbesondere auch nachts im Ruhezustand und tagsüber“ verbunden war. Dauerschaden: Funktionsbeeinträchtigung des linken Arms. Zudem führte das LG hierzu aus: „Der durch den Unfall eingetretene Dauerschaden liegt erkennbar und nachweislich darin, dass die linke Oberkörperseite des Klägers um 3 cm gegenüber der rechten verkürzt ist, was nicht nur optisch eine Beeinträchtigung darstellt, sondern auch die Funktionen des linken Armes betrifft. Darüber hinaus verbleibt im Rahmen der Schlüsselbein-Nahtstelle die Gefahr einer Arthrosen-Bildung sowie Beschwerden bei Wetterwechsel und beim Liegen. Schließlich ist auch die Unfallnarbe sowie die Tatsache der Verkippung im Bereich der Bruchstelle deutlich sichtbar“. Beruflich konnte der Kläger „im Rahmen einer geglückten Wiedereingliederung“ seine Arbeit in einer Brotfabrik wieder aufnehmen.

Betrag: 10.226 € **Haftung: 100 %**
immVorb: – **MdE: –**

LG Dortmund 2.8.2002 – 21 O 28/02 = BeckRS 2002, 8213

2922

Schlüsselbeinfraktur, schwere sowie Beckenfrakturen (hier: Beckenfraktur und Beckenringfraktur); Rippenfrakturen; Prellungen; Schürfungen.

Mann. 2 Monate stationär; 1 Monat Rehabilitationsaufenthalt. Arbeitsplatzverlust. Dauerschaden: Bewegungseinschränkung an Schulter, Arm und Hand rechts!

Betrag: 40.903 € **Haftung: 100 %**
immVorb: – **MdE: –**

LG München I 23.1.2002 – 9 O 14070/00 = unveröffentlicht

6853

Schlüsselbeinfraktur links im mittleren Drittel mit eingeschränkter Schulterbeweglichkeit links. Sprunggelenkmehrfachfraktur im oberen Sprunggelenk (sog. Trimalleolarfraktur). Hämatopneumothorax sowie eine Rippenserienfraktur.

Mann. Mehrere stationäre Aufenthalte sowie Rhea-Behandlungen; langwierige Heilbehandlung. Dauerschaden: Endgradig eingeschränkten Schulterbeweglichkeit links sowie Schmerzen im Bereich des rechten Sprunggelenks. Infolge der eingeschränkten Schulterbeweglichkeit bestehen „massiven Einschränkungen im beruflichen und privaten Bereich", so das OLG.

Betrag: 50.000 € **Haftung: 100 %**
immVorb: – **MdE: 20 %**

OLG München 2.6.2021 – 10 U 7288/20 = BeckRS 2021, 13097

4. Oberarm, Ellenbogen und Unterarm

a) Oberarmverletzungen

4062

Oberarmverletzung (hier: Bisswunde in den Oberarm mit fast quadratischem Hautdefekt von 5 x 5 Zentimeter und 1,5 Zentimeter langer Risswunde).

30j. Mann. Ambulante Behandlung mit Tetanol als Schutzimpfung. Dauerschaden: Narbe von einem Zentimeter Länge und vier Millimeter breite am linken Oberarm. Ursache: Hundebiss.

Betrag: 750 € **Haftung: 100 %**
immVorb: – **MdE: –**

AG Starnberg 10.5.2001 – 2 C 318/01 = BeckRS 2001, 161823

4097

Oberarmverletzung, links (hier: Sehnenriss in Form eines Sehneneinrisses mit geringfügiger Knochenmarkverletzung in Form eines leichten Knochenmarködems).

Mann. 4 Tage stationär. Wegen der starken Schmerzen mussten dem Kläger Schmerzmittelinfusionen verabreicht werden.

Betrag: 1.000 € **Haftung: 100 %**
immVorb: – **MdE: –**

LG Schweinfurt 13.4.2010 – 24 O 771/09 = BeckRS 2010, 144722

3966

Tätowierungsverletzung / Hautverletzung (hier: Oberarmnarben bestehend aus insgesamt fünf jeweils ca 4 cm langen Linien nach einer nicht fachgerecht durchgeführten Tätowierung, durch die auch tiefere hautschichten entzündlich verletzt worden waren).

Frau. Tätowierungsverletzung. 12 ambulante, schmerzhafte Heilbehandlungen mittels Laser. Dauerschaden: Narben (s.o.). Tätowiererhaftung.

Betrag: 1.500 € **Haftung: 100 %**
immVorb: – **MdE: –**

AG Bocholt 24.2.2006 – 4 C 121/04 = BeckRS 2006, 11410

3257

Oberarmverletzung / Schulterverletzung.

Mann. Dauerschaden. Verschlechterungstendenz: Humeruskopfnekrose, Schulterprothese, Handgelenkarthrose. Vorsätzliche Körperverletzung; [Anmerkung: Lesenswert zum Teilschmerzensgeld: „Lässt sich nicht endgültig sagen, welche Änderungen des gesundheitlichen Zustandes noch eintreten können, so ist es zulässig, den Betrag des Schmerzensgeldes zuzusprechen, der dem Verletzten zum Zeitpunkt der Entscheidung mindestens zusteht", so der 2. Leitsatz der Redaktion der NZV].

Betrag: 4.000 € **Haftung: 80 %**
immVorb: – **MdE: –**

BGH 20.1.2004 – VI ZR 70/03 = BeckRS 2004, 2240

3690

Oberarmverletzung (hier: Nervverletzung in Form einer Verletzung des Nervus medianus). Es blieb ein Taubheitsgefühl und eine Bewegungseinschränkung des linken Armes / der linken Hand zurück.

Mann (Musiklehrer / Gitarrenlehrer). Langwierige Heilbehandlung ua mit Physiotherapie und Blocktherapie. 6 Monate erhebliche Schmerzen. Arzthaftung wegen Behandlungsfehler im Rahmen einer Tumorentfernungsoperation am linken Oberarm. Dauerschaden: Bewegungseinschränkungen am linken Arm, der zumindest nach 3 Jahren noch nicht vollständig bewegt werden konnte mit der Folge einer Bewegungseinschränkung auch des linken Mittelfingers.

Betrag: 5.113 € **Haftung: 100 %**
immVorb: Ja **MdE: –**

LG München I 14.11.2001 – 9 O 10169/98 = unveröffentlicht

4046

Oberarmverletzung (hier: Schwere Oberarmbisswunde mit Beeinträchtigung der Schulter und der Folge eines Hervorstehens der linken Schulter); weitere Bisswunden linksseitig am Brustkorb sowie in der Leiste und zudem am rechten Daumen.

27j. Mann. Zahnarzthaftung (hier: erheblicher Behandlungsfehler). Dauerschaden: Es muss eine Zahnbrücke getragen werden, deren eingeschränkte Haltbarkeit auch in Zukunft zahnärztliche Behandlungen nach sich zieht.

Betrag: 8.000 € **Haftung: 100 %**
immVorb: Ja **MdE: –**

LG Frankfurt (Oder) 3.9.2002 – 13 O 416/01 = BeckRS 2002, 162424

6540

Oberarmverletzung / Nervverletzung und Schädelverletzung (hier: Verletzung des Nervus ulnaris, einem Nerv der an der Innenseite des Oberarms zum Ellbogenhöcker hin verläuft. der Kläger erlitt insofern eine höhergradige, axionale Lähmung mit Gewebeschwund [= Atrophie] und eine Kopfplatzwunde sowie diverse Prellungen.

Mann. Langwierige Heilbehandlung. Dauerschaden: MdE 30 %. Spannungsschmerzen im Bereich der Nackenmuskeln; chronische Kopfschmerzen; Kurzzeitgedächtnisstörungen und Aufmerksamkeitsstörungen. [Ursache: Verletzung im Rahmen eines rechtswidrigen Polizeieinsatzes].

Betrag: 10.000 € **Haftung: 100 %**
immVorb: – **MdE: 30 %**

OLG Naumburg 3.11.2016 – 42 U 8/16 = BeckRS 2016, 126023

3055

Oberarmverletzung / Schulterverletzung (hier: Obere Plexuslähmung nach Schulterdystokie mit erheblichen Dauerfolgen s.u.); Wirbelsäulenbeeinträchtigung.

Kind. Arzthaftung (hier: Geburtshilfefehler. Der Geburtshelfer reagierte „nicht einwandfrei" auf das Auftreten der Schulterdystokie). Dauerschaden: Armlähmung sowie asymmetrische Körperfehlhaltung und kompensatorische Neigung des Kopfes zur Gegenseite. [Anmerkung: der Schmerzensgeldbetrag ist angesichts der gravierenden Dauerfolgen als sehr gering anzusehen!]

Betrag: 13.000 € **Haftung: 100 %**
immVorb: Ja **MdE: –**
Rente: 100 €

OLG Düsseldorf 10.1.2002 – 8 U 49/01 = BeckRS 2002, 2694

7450

Oberarmverletzung / Oberarmnervverletzung (hier: Schädigung des Nervus radialis im linken Oberarm mit eingeschränkter Handgelenksbeweglichkeit links und Fingerbeweglichkeit in Form eines Spreizdefizits der Finger der linken Hand).

63j. Frau (Gymnastiklehrerein). Die Klägerin erlitt – so der OGH – infolge des Unfalltraumas, der (ersten) Operation und der Komplikation (mit einem Anteil von jeweils 1/3) vier Tage schwere, sieben Tage mittlere und fünf Wochen leichte Schmerzen. Von diesen Schmerzperioden waren lt. OGH – wegen Herausrechnung des nicht der Beklagten anzulastenden Unfalltraumas – 2/3 herauszurechnen. Darüber hinaus berücksichtigte der OGH bzw. das Berufungsgericht, dessen Entscheidung der OGH hinsichtlich der Schmerzensgeldhöhe bestätigt hatte, dass die Klägerin wegen der notwendigen zweiten Operation zwei Tage schwere, fünf Tage mittlere und zwei Wochen leichte Schmerzen erlitten hatte und „nach dem gewöhnlichen Verlauf in Hinkunft durchschnittlich zwei Wochen leichte Schmerzen im Jahr zu erdulden haben wird.". Dauerschaden: Im Hinblick auf die Tätigkeit der Klägerin als Gymnastiklehrerin geht „mit der Komplikation ein besonders gravierendes, die Klägerin auf Lebenszeit begleitendes Ungemach einher", so der OGH. [Ursache: Verkehrsunfall mit nachfolgendem ärztlichen Behandlungsfehler].

Betrag: 25.000 € **Haftung: 100 %**
immVorb: – **MdE: –**

OGH Österreich 25.3.2021 – 8 Ob 85/11f = BeckRS 2021, 066901

5655

Armverletzung, schwere (hier: Armplexusparese bzw. Armplexuslähmung nach Schulterdystokie) und diskretes Horner-Syndrom / Horner-Trias; darunter versteht man die spezifische Form einer Nervenschädigung, die durch den Ausfall des Sympathikuskopfteils bzw. Halssympathikus, eines Teils des unwillkürlichen Nervensystems, verursacht wird. Es weist einen zumeist einseitig vorkommenden, dreiteiligen Symptomkomplex (Trias) auf, bestehend aus einer Pupillenverengung (Miosis), dem Herabhängen des Oberlids (Ptosis) und einem gering in die Augenhöhle eingesunkenen Augapfel (Enophthalmus).

Kind (Säugling). Arzthaftung (hier: Behandlungsfehler bzw. Geburtshilfefehler. „Die Vakuumextraktion erfolgte vom Beckeneingang aus erster vorderer Hinterhauptlage. Nach der Entwicklung des Kopfes kam zu zur Schulterdystokie"). Dauerschaden: Starke Funktionsbeeinträchtigung des rechten Arms, Horner-Syndrom. Zur Schmerzensgeldbemessung führte das OLG aus: „Unstreitig ist der rechte Arm der Klägerin infolge der erlittenen oberen und unteren Plexusparese in seiner Funktion stark beeinträchtigt; eine nachhaltige Besserung steht nach dem Bericht der kinderneurologischen Ambulanz der Universität U… auch bei Fortsetzung der weiterempfohlenen krankengymnastischen Übungsbehandlung nicht zu erwarten. Die Klägerin kann mit dem rechten Arm im wesentlichen nur stützende Funktionen wahrnehmen, was für sich genommen als Dauerschaden schon schwer ins Gewicht fällt. Darüber hinaus ist diese Behinderung – … – infolge der verletzungsbedingten Muskelverschmächtigung und Wachstumsretardierung des rechten Armes auch äußerlich deutlich wahrnehmbar, was – zumal bei einem jungen Mädchen wie der Klägerin – für die persönliche Entwicklung auch langfristig besondere Belastungen mit sich bringt. Daneben bleibt als weitere Schadensfolge auch das Horner Syndrom zu berücksichtigen, das – wenn es auch derzeit optisch nicht störend wirkt – die Besorgnis weitergehender Beeinträchtigungen auch im Gesichtsbereich nachvollziehbar macht … Mag auch der Umstand, dass die Klägerin mit der Gebrauchsbehinderung des rechten Arms von Geburt an zurechtkommen musste, ein hohes Maß an Gewöhnung als „Linkshänder" bewirkt haben, so wird doch die Klägerin bei ihren künftigen Lebensentscheidungen, insbesondere auch bei der Berufswahl immer wieder mit den Folgen der Behinderung konfrontiert werden".

Betrag: 33.234 € **Haftung: 100 %**
immVorb: Ja **MdE: –**

OLG Stuttgart 23.9.1997 – 14 U 71/96 = BeckRS 1999, 2025

2882

Oberarmverletzung und Schlüsselbeinfraktur (hier: Schwere Armverletzung mit „nahezu vollständiger Lähmung des linken Armes", Humerusfehlstellung!)); Oberkieferverletzung mit Oberkieferzahnmehrfachfrakturen; Schnittwunden und Platzwunden.

25j. Mann (Student). Stationär. Dauerschaden: „Inkomplette Lähmung des linken oberen Armplexus", Gefühlsstörungen, Schmerzen der Finger / Daumen, Schulterschmerzen.

Betrag: 43.460 € **Haftung: 100 %**
immVorb: Ja **MdE: 50 %**

OLG Karlsruhe 12.5.2000 – 10 U 145/99 = BeckRS 2000, 167984

4324

Oberarmverletzung / Plexusparese / Plesxuslähmung (hier: Obere und untere Armplexusparese mit sogn. Horner-Syndrom nach Schulterdystokie).

Säugling. Arzthaftung (Behandlungsfehler bei der Geburtshilfe. Es kam zu einer Schulterdystokie mit daraus resultierender Verletzung des Oberarmnerv- und gefäßgeflechts (Plexus brachialis). Dauerschaden: Bewegungsbeeinträchtigung des Oberarmes (keine Angaben ob rechts oder links).

Betrag: 50.000 € **Haftung: 100 %**
immVorb: – **MdE: –**

OLG Düsseldorf 30.1.2003 – 8 U 49/02 = BeckRS 2007, 4428

4326

Oberarmverletzung / Plexusparerse / Plexuslähmung nach Schulterdystokie.

Säugling. Arzthaftung (Behandlungsfehler bei der Geburtshilfe. Es kam zu einer Schulterdystokie mit daraus resultierender Verletzung des Oberarmnerv- und gefäßgeflechts (Plexus brachialis). Dauerschaden: Bewegungsbeeinträchtigung des Oberarmes rechts sowie nahezu völliger Funktionsverlust der rechten Hand (kein Fausschluss möglich) sowie Wirbelsäulenskoliose / Wirbelsäulenverbiegung. Erhebliche Beeinträchtigungen in allen privaten und beruflichen Lebenssituationen.

Betrag: 50.000 € **Haftung: 100 %**
immVorb: – **MdE: –**

OLG Frankfurt a. M. 11.12.2002 – 13 U 199/98 = BeckRS 2003, 126

4325

Oberarmverletzung / Plexusparese / Plexuslähmung nach Schulterdystokie.

Säugling. Arzthaftung (Behandlungsfehler bei der Geburtshilfe. Es kam zu einer Schulterdystokie mit daraus resultierender Verletzung des Oberarmnerv- und gefäßgeflechts (Plexus brachialis). Dauerschaden: Vollständige Bewegungsbeeinträchtigung des rechten Oberarmes inkl. Funktionsverlust der Hand.

Betrag: 50.000 € **Haftung: 100 %**
immVorb: – **MdE: –**

OLG Köln 6.3.2002 – 5 U 178/01 = BeckRS 2015, 5179

5049

Oberarmverletzung, schwerste (hier: Komplette Accessoriusparese des rechten Arms, die – so das LG – „einer Armamputation gleichsteht". Zudem liegt eine Arthropie der proximalen Anteile des musculus trapezius mit Schulterschiefstand vor. Hinkommen dauerhaft erhebliche Schmerzen.

43j. Frau. Längere stationäre Heilbehandlung sowie 50 Tage Rehabilitaionsaufenthalt. Arzthaftung infolge eines Behandlungsfehlers im Zusammenhang mit einer Lymphknotenentfernung (sog. „Lymphknotenexstirpation" rechts cervical), nach deren Durchführung der Kläger an Schmerzen im rechten Arm sowie einer Armhebeschwäche litt. Dauerschaden: Bewegungseinschränkung und Schmerzen im Bereich des rechten Arms; Schmerzen sowie Pflegebedüftigkeit bzw. auf Dauer ein Pflegefall in Bezug auf täglich zu verrichtende Arbeiten, wie Essenszubereitung, Toilettengang, Einkaufen etc. Hobbyaufgabe: Ihren Hobbys wie Malen, Spazierengehen und Fahrrad fahren, kann die Klägerin nicht mehr nachgehen. [Anmerkung: Das LG sah 80.000 EUR für angemessen an und führte aus, dass die Beklagte zu 2. nur anteilig in Höhe von 60.000,00 EUR haftet.]

Betrag: 60.000 € **Haftung: 100 %**
immVorb: – **MdE: 70 %**

LG Dortmund 14.4.2016 – 4 O 230/13 = BeckRS 2016, 7337

4327

Oberarmverletzung / Plexusparese / Plexuslähmung nach Schulterdystokie (das OLG setzte die Verletzung des rechten Arms des Klägers der einer Armamputation nahezu gleich).

Säugling. Arzthaftung (Behandlungsfehler bei der Geburtshilfe. Es kam zu einer Schulterdystokie mit daraus resultierender Verletzung des Oberarmnerv- und gefäßgeflechts (Plexus brachialis). Dauerschaden: Bewegungsbeeinträchtigung des rechten Oberarmes inkl. nahezu vollständiger Funktionsverlust der rechten Hand. Erhebliche Beeinträchtigungen „ähnlich einem armamputierten Menschen", so das OLG. Der Kl. ist in nahezu allen privaten und beruflichen Situationen entsprechend eingeschränkt.

Betrag: 60.000 € **Haftung: 100 %**
immVorb: Ja **MdE: –**

OLG München 8.7.2010 – 1 U 4550/08 = BeckRS 2010, 17459

3488

Oberarmverletzung / Plexusparerse / Plexuslähmung nach Schulterdystokie.

Säugling. Arzthaftung (Behandlungsfehler bei der Geburtshilfe. Es kam zu einer Schulterdystokie mit daraus resultierender Verletzung des Oberarmnerv- und gefäßgeflechts (Plexus brachialis). Dauerschaden: Bewegungsbeeinträchtigung des linken Oberarmes.

Betrag: 62.500 € **Haftung: 100 %**
immVorb: – **MdE: –**

OLG Hamm 24.4.2002 – 3 U 8/01 = BeckRS 2002, 30255729

7806

Oberarmverletzung und Halsverletzung (hier: „Sehr tiefe und massiv blutende" Stichverletzungen „im Bereich der linken Halsseite" mit linksseitiger Oberarmverletzung in Form einer „oberen Armplexusläsion". Vorsatztat / Messerangriff nach „islamistisch-jihadistischem" Messerangriff / Vorsatztat mit einem „32 Zentimeter langen Tranchiermesser mit einer Klingenlänge von 19 Zentimetern", mit dem er „jeweils in Tötungsabsicht auf den Hals und Oberkörper von dreizehn Personen" und dabei auch den Nebenkläger eingestochen hatte.

Mann (Sportlehrer). 4 Tage Intensivstationäre Behandlung mit Notoperation wegen Lebensgefahr. Anschließend weitere 5 Tage stationär. Der Nebenkläger war [die Terrortat erfolgte am 23.8.2024] bis „Ende April 2025 krankgeschrieben", so das OLG, das zur weiteren Heilung während dieser Zeit ausführte: „In den ersten fünf Monaten nach der Tat befand er sich an drei Tagen die Woche in ergotherapeutischer Behandlung. Nunmehr befindet sich der Nebenkläger an drei Tagen die Woche in physio- und an zwei Tagen die Woche in ergotherapeutischer Behandlung. Die Symptomatik ist rückläufig. Seit dem Frühjahr 2025 kann der Nebenkläger seinen Arm wieder über 90 Grad anheben. Probleme bereitet ihm noch das Heben von schwereren Lasten. Zudem klagt der Nebenkläger noch über Schmerzen im Armbereich.". Krankschreibung für die Dauer von 8 Monaten. Anschließend stufenweise Wiedereingliederung. Möglicher Dauerschaden: „Probleme" beim Heben schwerer Lasten sowie Schmerzen im Armbereich. Zur Schmerzensgeldbemessung führte das OLG – neben den festgestellten körperlichen Verletzungen und psychischen Belastungen – hinsichtlich des besonderen Verschuldensgrades des Täters aus: „Sodann hat der Senat das Verschulden des Angeklagten als besonders hoch bewertet. Der Angeklagte hat vor dem Hintergrund seiner radikal-islamistischen Gesinnung ein Attentat auf friedlich feiernde Konzertbesucher verübt, die zu dem Angeklagten in keinerlei Nähebeziehung standen. Mit Ausnahme des Nebenklägers K. erfolgten die jeweiligen Angriffe unvermittelt auf arg- und wehrlose Opfer. Der Angeklagte handelte durchweg in Tötungsabsicht und brachte damit seine lebensverachtende Haltung gegenüber sämtlichen Nebenklägern zum Ausdruck. Vor diesem Hintergrund gaben die wirtschaftlichen Verhältnisse des Angeklagten sowie der Nebenkläger dem vorliegenden Fall kein besonderes Gepräge." [Anmerkung: Adhäsionsverfahren: Nebenkläger im Mordprozess gegenüber dem Täter nach dessen Terroranschlag vom 23.8.2024 auf dem Gelände des „Festivals der EE".]

Betrag: 70.000 € **Haftung: 100 %**
immVorb: – **MdE: –**

OLG Düsseldorf 10.9.2025 – 5 St 2/25 = BeckRS 2025, 23340

4322

Oberarmverletzung, schwerste (hier: Oberarmabriss mit Abriss des Schlüsselbeigelenks und des Schulterblattgelenks sowie des oberen Plexus brachialis und der unter dem Schlüsselbein verlaufenden Vene). Oberschenkelfraktur und Unterschenkelfraktur sowie Knieverletzung bzw. Kreuzbandriss.

17j. Mann. 4 Monate stationär; zahlreiche Operationen; der Arm konnte wieder angesetzt werden, es verblieb jedoch ein erheblicher Dauerschaden: Gebrauchsverlust und Funktionsverlust des rechten Schultergelenkbereichs bis hin zum rechten Unterarm; Kniegelenkinstabilität. [Anmerkung: Kapitalisiert beläuft sich das Schmerzensgeld auf ca. 115.000 EUR].

Betrag: 70.000 € **Haftung: 100 %**
immVorb: – **MdE: 80 %**
Rente: 200 €

OLG Celle 7.10.2004 – 14 U 27/04 = BeckRS 2004, 10364

7804

Oberarmverletzung und Halsverletzung (hier: Schwerste Oberarmverletzung rechts mit Lähmung bzw. Läsionen des gesamten rechtsseitigen Plexus brachialis unter Beteiligung der Nervenwurzeln im Bereich des fünften Halswirbelkörpers bis zum ersten Brustwirbelkörper nach „islamistisch-jihadistischem" Messerangriff / Vorsatztat mit einem „32 Zentimeter langen Tranchiermesser mit einer Klingenlänge von 19 Zentimetern", mit dem der Täter, ein „syrischer Asylsuchender", „jeweils in Tötungsabsicht auf den Hals und Oberkörper von dreizehn Personen" und dabei auch der Nebenklägerin eingestochen hatte.)

Frau (Verkäuferin). 4 Tage Intensivstationäre Behandlung mit Notoperation wegen Lebensgefahr. Anschließend weitere 15 Tage stationär mit weiteren Operationen. Anschließend 42 Tage Reha-Maßnahmen. Dauerschaden: Funktionsverlust bzw. „weitgehende Unbrauchbarkeit" des rechten Arms; der Klägerin ist – als Rechtshänderin – weder das seitliche Heben des Armes, das Heranführen des Armes an den Körper, die Beugung des Armes noch das Anheben des Armes nach vorne oder hinten möglich. "Befindet sich der Arm nicht in einem Gilchristverband oder hält ihn die Nebenklägerin nicht mit ihrer linken Hand fest, fällt dieser sofort an ihre rechte Körperseite herunter und „baumelt" dort .... Zwar kann sie die Finger ihrer rechten Hand noch bewegen, wobei sie an ihrem Daumen und zwei weiteren Fingern noch immer unter Missempfindungen leidet, und damit in ihrer rechten Hand noch Gegenstände halten, aber mangels Beweglichkeit und Möglichkeit der Koordination des rechten Armes kann ... [sie] beispielsweise ihre Haare nicht mehr fönen oder bürsten, da sie ihre rechte Hand nicht mehr in eine entsprechende Position bringen kann. Den rechten Arm kann sie – mit Ausnahme der Streckung – nur noch bewegen, in dem sie diesen mit ihrer linken Hand führt. Autofahren und Radfahren ist nicht mehr möglich. Zudem dauerhafte Stimmbandlähmung mit dauerhafter Heiserkeit. Regelmäßige Physiotherapie, Ergotherapie und Psychotherapie. Keine Besserung zu erwarten. Zur Schmerzensgeldbemessung führte das OLG – neben den festgestellten körperlichen Verletzungen und psychischen Belastungen – hinsichtlich des besonderen Verschuldensgrades des Täters aus: „Sodann hat der Senat das Verschulden des Angeklagten als besonders hoch bewertet. Der Angeklagte hat vor dem Hintergrund seiner radikal-islamistischen Gesinnung ein Attentat auf friedlich feiernde Konzertbesucher verübt, die zu dem Angeklagten in keinerlei Nähebeziehung standen. Mit Ausnahme des Nebenklägers K. erfolgten die jeweiligen Angriffe unvermittelt auf arg- und wehrlose Opfer. Der Angeklagte handelte durchweg in Tötungsabsicht und brachte damit seine lebensverachtende Haltung gegenüber sämtlichen Nebenklägern zum Ausdruck. Vor diesem Hintergrund gaben die wirtschaftlichen Verhältnisse des Angeklagten sowie der Nebenkläger dem vorliegenden Fall kein besonderes Gepräge." [Anmerkung: Adhäsionsverfahren: Nebenklägerin im Mordprozess gegenüber dem Täter nach dessen Terroranschlag vom 23.8.2024 auf dem Gelände des „Festivals der EE".]

Betrag: 120.000 € **Haftung: 100 %**
immVorb: – **MdE: –**

OLG Düsseldorf 10.9.2025 – 5 St 2/25 = BeckRS 2025, 23340

b) Oberarmfrakturen

5231

Oberarmfraktur (hier: Oberarmschaftfraktur links mit Humeruskopfluxation).

Mann. [Lesenswert zum Thema Beweislast in Bezug zu vorgetragener Verkehrssicherungspflichtverletzung. Hierzu ein Auszug aus der Urteilsbegründung: „Steht fest, dass der Geschädigte im Bereich einer abhilfebedürftigen Gefahrenstelle gestürzt ist, spricht nach ständiger Rechtsprechung (vgl. BGH U. v. 14.12.1993 – VI ZR 271/91, NJW 1993, 945 u. v. 3.6.2008 – VI ZR 223/07, MDR 2008, 971) der Beweis des ersten Anscheins dafür, dass sich hier die Vernachlässigung der Verkehrssicherungspflicht im Sinne der Kausalität zwischen Pflichtverletzung und Schadenereignis ausgewirkt hat. Danach obliegt entgegen der Ansicht des Landgerichts nicht dem Kläger der Nachweis, dass er in einem Bereich gestürzt ist, in dem der Versatz mehr als 2,5 cm betrug. Vielmehr obliegt es der Beklagten nachzuweisen, dass der Kläger an der Kante in einem Bereich hängen geblieben ist, der einen geringeren Höhenunterschied als 2,0 cm oder 2,5 cm aufweist, bzw. der Kläger aus Gründen gestürzt ist, die nicht auf der Verletzung der Verkehrssicherungspflicht beruhen."]. Da das OLG die Sache hinsichtlich des Schmerzensgeldbetragsverfahrens an das Gericht des ersten Rechtszuges zurückverwiesen hatte, kann vorliegend kein Schmerzensgeldbetrag eingetragen werden.

Betrag: – **Haftung: 50 %**
immVorb: – **MdE: –**

OLG Hamm 13.9.2016 – 9 U 158/15 = BeckRS 2016, 18652

4855

Oberarmfraktur links.

Frau. Kein Schmerzensgeldanspruch wegen fehlender Krankenhaushaftung (hier: Keine Haftung „für den Sturz einer Patientin bei einem Toilettengang, wenn die Patientin die Toilette alleine und ohne mögliche Hilfestellungen des Pflegepersonals aufsucht", so das OLG. „Wird die angebotene Hilfsleistung nicht angenommen, so wirkt sich dies nicht zulasten der Klinik aus.")

Betrag: – **Haftung: –**
immVorb: – **MdE: –**

OLG Hamm 2.12.2014 – 26 U 13/14 = BeckRS 2015, 2994

2806

Oberarmfraktur, links.

Frau. Ambulante Heilbehandlung; keine Dauerfolgen.

Betrag: 511 € **Haftung: 50 %**
immVorb: – **MdE: –**

AG Hannover 7.7.1998 – 513 C 2893/98 = BeckRS 1998, 153659

3980

Oberarmfraktur und komplette Unterarmfraktur.

7j. Kind. 3 Tage stationär. Für die Dauer von 4 Wochen war ein Gips erforderlich. [Anmerkung: Das Schmerzensgeld ist in keiner Weise gerechtfertigt; für derartig schwere Verletzungen ist ein deutlich höheres Schmerzensgeld üblich und erforderlich. Das – unbezifferte – Anrechnen eines Mitverschuldens wegen angeblicher Missachtung einer Anweisung der Sportlehrerin ist bei einem erst siebenjährigen Mädchen abwegig.]

Betrag: 800 € **Haftung: 100 %**
immVorb: – **MdE: –**

AG Aachen 8.3.2006 – 11 C 478/05 = BeckRS 2006, 5664

3223

Oberarmfraktur (hier: Subcapitale Humerusfraktur mit Beeinträchtigung des Bizeps / der Bizepssehne).

12j. Kind (Mädchen / Schülerin). MdE 6 Wochen 100 %. Etwa 18 Tage musste ein Gipsverband getragen werden, der die gesamte linke Oberkörperhälfte umfasste; in dieser Zeit benötigte die Kl. Hilfe beim Essen, Anziehen, Toilette machen und litt unter erheblichen Schlafstörungen. Anschließend wurde der Gips gegen einen Verband ausgetauscht; es folgten insofern acht ambulante weitere Behandlungen. [Ursache: Skiunfall].

Betrag: 1.250 € **Haftung: 50 %**
immVorb: – **MdE: –**

AG Tettnang 30.1.2003 – 8 C 890/02 = BeckRS 2003, 154665

4328

Oberarmfrakur (hier: Subcapitale Oberarmmehrfragmentfraktur rechts).

19j. Frau (Krankenschwester). 5 Tage stationär mit ambulanter Folgebehandlung. Dauerschaden: Bewegungseinschränkung der rechten Schulter; erhebliche und „sehr unschöne ... Narbenbildung" im Bereich der rechten Schulter.

Betrag: 1.500 € **Haftung: 30 %**
immVorb: – **MdE: –**

OLG Saarbrücken 1.3.2011 – 4 U 355/10 = BeckRS 2011, 5657

5946

Oberarmfraktur (hier: Oberarmmehrfragmentfraktur in Form einer „subcapitalen 4-Fragmenthumeruskopffraktur rechts").

19j. Frau (Krankenschwester). 5 Tage stationär. Operation mittels einer Titanplatte [Metallimplantat]; bei dieser Operation brach ein Bohrer im Knochen der Beklagten ab, das sich nicht mehr entfernen ließ und somit auf Dauer im Oberarmknochen verbleibt. Anschließende ambulante Heilbehandlung mit Physiotherapie und Reha. Dauerschaden:Funktionsbeeinträchtigungen der rechten Schulter durch Belastungsschmerzen, die auch witterungsbedingt auftreten und „mitunter so stark sind, dass sie – im Durchschnitt etwa einmal pro Woche – Schmerzmittel einnehmen muss". [Lesenswert zum „fair-trial-Prinzip": „Steht für einen Verkehrsunfall kein Zeuge zur Verfügung und ist der Hergang wegen unzureichender Anknüpfungstatsachen nicht durch eine technische Unfallanalyse zu klären, verstößt es gegen das "fair-trial-Prinzip„ und liegt ein Ermessensfehlgebrauch vor, wenn das Gericht nur einen Unfallbeteiligten nach § 141 ZPO anhört und seine Überzeugungsstellung alleine auf dessen Angaben stützt". (amtlicher Leitsatz)]. [Ursache: Mountainbikeunfall].

Betrag: 1.500 € **Haftung: 30 %**
immVorb: Ja **MdE: –**

OLG Saarbrücken 1.3.2011 – 4 U 355/10-107 = BeckRS 2011, 5657

6601

Oberarmfrakturen hier: Doppelte Oberarmfraktur, eine Prellung am linken Bein und Gehirnerschütterung.

12j. Kind. 14 Tage stationär. Im Anschluss daran erfolgte eine teilstationäre Reha-Maßnahme. Möglicher Dauerschaden: „Nach Einschätzung der behandelnden Ärzte bleibt als Unfallfolge eine grobe Keloidnarbe und eine verminderte sportliche Belastbarkeit des Oberarms zurück". Überwiegendes Mitverschulden, da die Klägerin aufgrund des Alters hätte erkennen können und müssen, dass sie hinter einem Fahrzeug nicht ohne Beachtung des Straßenverkehrs auf die Straße treten oder laufen darf. [Lesenswert zur Frage der völligen Freistellung von der Gefährdungshaftung des PKW-Fahrers wegen eines grob verkehrswidrigen Verhaltens bei Kindern und Jugendlichen. Sorgfaltsverstoß des Kindes altersmäßig auch subjektiv besonders vorwerfbar? Praxishinweis von Balke SVR 2013, 223 – vgl. zum grundsätzlich geringeren Mitverschulden von Kindern und Jugendlichen auch BGH BeckRS 2004, 788 sowie im Handbuch → Rn. 334a].

Betrag: 2.000 € **Haftung: 30 %**
immVorb: – **MdE: –**

LG Erfurt 25.5.2012 – 2 S 262/11 = BeckRS 9998, 63735

6589

Oberarmfraktur (hier: subcapitale Oberarmfraktur links). Zudem erlitt der Kläger Schürfwunden und Prellungen im Bereich der linken Schläfe und der Stirn, am linken Unterarm und der rechten Hand sowie am linken Unterschenkel.

Mann. 5 Tage stationär mit einer Operation. Anschließend musste sich der Kläger einer intensiven krankengymnastische Behandlung unterziehen. Während der Heilbehandlung litt der Kläger an starken Schmerzen und Schlafstörungen. Dauerschaden: Bewegungseinschränkung im Bereich der linken Schulter.

Betrag: 2.000 € **Haftung: 50 %**
immVorb: – **MdE: –**

LG Rottweil 6.9.2010 – 1 S 10/10 = BeckRS 2010, 145451

3723

Oberarmfraktur links mit Schulterverletzung in Form einer Schultergelenkfissur. Gehirnerschütterung.

13j. Kind (Schülerin). 10 Tage stationär; langwierige Heilbehandlung. Erhöhend wurde berücksichtigt: 16monatige Heilbehandlung und damit verbundene Einschränkung der Entwicklung des Kindes; Beeinträchtigung des Weihnachtsfestes sowie Regulierungsverzögerung.

Betrag: 2.400 € **Haftung: 100 %**
immVorb: – **MdE: –**

AG Rheda-Wiedenbrück 15.2.2001 – 3 C 18/00 = unveröffentlicht

4512

Oberarmfraktur (hier: „Humerusfraktur subcapital" links) mit Bewegungseinschränkungen an der linken Schulter.

Frau. 7 Tage stationär; anschließend ambulante Heilbehandlung mittels Physiotherapie. MdE 7 ½ Monate „arbeitsunfähig". Dauerschaden: Bewegungseinschränkung der linken Schulter, deren Gesamtbeweglichkeit auf nur noch 270 Grad beschränkt ist. [Anmerkung: Haftung der Gemeinde wegen Verkehrssicherungspflichtverletzung wegen Straßenschaden / Straßenschäden].

Betrag: 2.500 € **Haftung: 50 %**
immVorb: Ja **MdE: –**

OLG München 14.3.2013 – 1 U 3769/11 = BeckRS 2013, 5408

7274

Oberarmfraktur (hier: Subkapitale Oberarmfraktur links mit Tuberculum majus-Fraktur bzw. Absprengung des Tuberculum majus). Zudem erlitt die Kl. Blutergüsse und Prellungen an der linken Körperseite und insbesondere auch am linken Ellenbogen.

Frau (Musikerin / Musikpädagogin). 4 Tage stationär. Metallimplantat-Operation. Der linke Arm musste anschließend für einen Monat ruhig gestellt werden; es erfolgte während dieser Zeit eine ambulante, physiotherapeutische Behandlung (ca. 21 Tage); zudem musste die Kl. in dieser Zeit – sowie auch anfänglich noch später während der Konzerte – Schmerzmittel einnehmen. Insgesamt betrug die MdE 34 Tage 100 % wobei die Kl. insgesamt ca. 18 Wochen in ihrem Beruf als Fagottbläserin behindert war [Berufsbehinderung]. Metallimplantatentfernung nach ca. einem Jahr. [Ursache: Fahrradunfall].

Betrag: 3.000 € **Haftung: 66 %**
immVorb: – **MdE: –**

LG Freiburg 14.12.2018 – 14 O 129/18 = BeckRS 2023, 38093

4281

Oberarmfraktur (hier: Oberarmhalsfraktur).

72j. Mann. Stationäre Heilbehandlung. Operation mit Metallteileimplantat. Urlaubsvereitelung: Der Kl. wurde zur Operation nach Deutschland geflogen. Ursache: Tierhalterhaftung / Reiseveranstalterhaftung für Sturz infolge eines Hundeangriffs.

Betrag: 3.000 € **Haftung: 100 %**
immVorb: – **MdE: –**

OLG Koblenz 8.4.2011 – 5 U 1354/10 = BeckRS 2011, 8766

6604

Oberarmfraktur in Form einer traumatischen Oberarmschaftfraktur links.

Frau. Stationäre Behandlung mit einer Operation, bei der sie jedoch auf Grund ihrer Schwangerschaft lediglich örtlich betäubt werden konnte. MdE ca. 60 Tage 100 %. Die zum Unfallzeitpunkt in der 16. Schwangerschaftswoche schwangere Kl. erlitt neben den körperlichen Verletzungen unter erheblicher Angst um das Leben ihres ungeborenen Kindes, dass unverletzt blieb. Schmerzensgelderhöhend wertete das LG die mit der Schwangerschaft zusammenhängenden Umstände wobei es „andererseits … die Verletzung selbst vergleichsweise gering" bewertet. [Ursache: Der Beklagte war – mit Suizidabsicht – gegen einen einfahrenden Zug gesprungen und wurde hierdurch gegen die am Bahnsteig stehende Klägerin geschleudert].

Betrag: 3.500 € **Haftung: 100 %**
immVorb: – **MdE: –**

LG Freiburg 24.10.2013 – 2-13 O 86/10 = BeckRS 2019, 34185

6587

Oberarmfraktur (hier: Oberarmkopffraktur links); Knieprellung.

Frau. 17 Tage stationär. Die Fraktur machte eine Operation erforderlich, bei der eine Fixierung des Oberarmknochens mit einer Platte und neun Schrauben erfolgte. Anschließend musste sie vier Wochen einen Gilchristverband tragen. Insgesamt hatte der Heilungsprozess 4–5 Monate gedauert. [Ursache: Sturz auf dem Kirchweg – Verkehrssicherungspflichtverletzung].

Betrag: 3.600 € **Haftung: 60 %**
immVorb: Ja **MdE: –**

LG Itzehoe 30.9.2015 – 6 O 395/12 = BeckRS 2015, 117936

6588

Oberarmfraktur (hier: zentrale subkapitale Humerusfraktur des linken Oberarms).

Frau. 5 Tage stationäre Heilbehandlung mit zwei Operationen. Anschließend 30 Tage Rehabilitationsaufenthalt. Dem Aufenthalt in der Reha Klinik schlossen sich ambulante Reha-Behandlungen an. „In die Bemessung des Schmerzensgeldes fließt auch ein, dass der Klägerin neben dem Schmerzensgeld ein weiterer immaterieller Schadensersatzanspruch, nämlich die Entschädigung gemäß § 651f

Abs. 2 BGB, zusteht, weshalb die entgangenen Urlaubsfreuden bei der Bemessung des Schmerzensgeldes keine Berücksichtigung finden", so das LG Frankfurt a.M. Anmerkung: Details zum Grund und zur Höhe des Schmerzensgeldes finden sich im Urteil des LG Frankfurt a.M. BeckRS 2014, 11101, welches vom OLG bestätigt wurde. Bei der Bemessung orientierte sich das LG an den Entscheidungen des LG Rottweil → Nr. 6589 und des AG Tettnang → Nr. 3223. [Ursache: Verkehrssicherungspflichtverletzung auf einem Kreuzfahrtschiff. Der Reiseveranstalter haftet wegen Verletzung der Verkehrssicherungspflicht, wenn der Reisende auf einem nassen Lochblech vor einer öffentlichen Toilette eines Kreuzfahrtschiffs ausrutscht].

Betrag: 4.000 € **Haftung: 100 %**
immVorb: Ja **MdE: –**

OLG Frankfurt a. M. 28.4.2014 – 16 U 226/13 = BeckRS 2014, 11110

4329

Oberarmfraktur und Unterarmfraktur.

6j. Kind (Junge). 5 Monate ambulante, langwierige Heilbehandlung. Operation mit Kirschnerdraht; Oberarmgips. Dauerschaden: Ellenbogennarbe. [Anmerkung: Obwohl das LG betonte, bei der Bemessung des Schmerzensgeldes den besonderen Belastungen eines Kindes Rechnung getragen zu haben, fiel das Schmerzensgeld angesichts der Schwere der Verletzungen zu gering aus].

Betrag: 5.000 € **Haftung: 100 %**
immVorb: – **MdE: –**

LG Köln 24.2.2010 – 7 O 363/09 = BeckRS 2010, 144834

4122

Oberarmfraktur / Unterarmfraktur (hier: Speichenfraktur) sowie Prellungen (hier: Schulterprellung, Handgelenkprellung sowie Knieprellung); infolge der Verletzungen wurde ein Morbus Sudeck festgestellt.

38j. Frau (Altenpflegerin). 26 Tage stationär; weitere 6 Monate ambulante Behandlungen. MdE mindestens 3 Wochen 100 %, in den ersten drei Wochen musste eine Oberarmgipsschiene getragen werden. Langwierige Heilbehandlung von insgesamt gut 7 Monaten Dauer.

Betrag: 5.000 € **Haftung: 100 %**
immVorb: – **MdE: –**

LG Kassel 9.2.2010 – 9 O 468/07 = BeckRS 2010, 24512

3896

Oberarmfraktur in Form einer Oberarmluxationsfraktur rechts.

Mann. 14 Tage stationär. 5 Tage Rehabilitation. MdE Monate 100 %. Dauerschaden: Bewegungseinschränkung des rechten Oberarms.

Betrag: 5.000 € **Haftung: 66 %**
immVorb: – **MdE: –**

LG Freiburg 16.2.2007 – 2 O 189/05 = BeckRS 2012, 23959

3348

Oberarmfraktur (hier: Oberarmschaftfraktur) und Unterarmfraktur (hier: distale Radiusfraktur).

Mann. 14 Tage stationär; danach „noch für einige Zeit arbeitsunfähig". Komplikationsloser Verheilungsverlauf. Kein erhebliches Verschulden des Beklagten. Verkehrssicherungspflichtverletzung: Unzureichende Beleuchtung im Sportgelände. Das OLG befasste sich auch (ablehnend) mit der Frage der Verjährung des Anspruchs.

Betrag: 5.000 € **Haftung: 100 %**
immVorb: Ja **MdE: –**

OLG Koblenz 6.12.2004 – 12 U 1491/03 = BeckRS 2005, 5344

3708

Oberarmfraktur sowie Nasenbeinfraktur und Gehirnerschütterung.

Mann. Stationärer Aufenthalt. MdE 5 Monate 100.

Betrag: 5.000 € **Haftung: 100 %**
immVorb: – **MdE: –**

OLG Naumburg 17.12.2002 – 9 U 187/02 = BeckRS 2002, 30298769

6610

Oberarmfraktur und Ellenbogenverletzung.

Frau. Operation mit Osteosynthese. MdE 60 Tage 100 % und anschließend weitere 64 Tage zu 50 %. Dauerschaden: MdE 20 % infolge einer Bewegungseinschränkung des linken Ellenbogengelenks. [Ursache: Sturz in einer stark bremsenden Straßenbahn.]

Betrag: 6.000 € **Haftung: 100 %**
immVorb: – **MdE: –**

LG Magdeburg 25.2.2011 – 5 O 1813/10 = BeckRS 2011, 145785

4187

Oberarmfraktur, die – wegen grobem ärztlichen Fehlverhalten – in Fehlstellung fixiert wurde und entsprechend verheilte.

2j. Kind. Arzthaftung: Grober Behandlungsfehler. Folgeschaden: Bewegungsbeeinträchtigung bei Sport und Spiel. Diese Bewegungseinschränkung wurde jedoch zunächst nur bis zum Abschluss des knöchernen Wachstums im Alter von ca. 16 Jahren in Bezug auf die Schmerzensgeldhöhe berücksichtigt, da erst danach feststellbar ist, ob der Kläger auch darüber hinaus auf Dauer geschädigt ist.

Betrag: 6.000 € **Haftung: 100 %**
immVorb: Ja **MdE: –**

LG Karlsruhe 20.2.2009 – 6 O 115/07 = BeckRS 2009, 12004

3901

Oberarmfraktur (hier: dislozierte Oberarmkopffraktur) rechts.

14j. Kind (Schülerin). Stationärer Aufenthalt mit drei Operationen und Metallteileimplantat. Heilungsverzögerung infolge Wundheilstörung; jedoch später folgenlose Verheilung.

Betrag: 6.000 € **Haftung: 100 %**
immVorb: Ja **MdE: –**

LG Oldenburg 2.5.2005 – 17 O 3751/04 = unveröffentlicht

7424

Oberarmfraktur (hier: Suprakondyläre Humerusfraktur links) sowie eine linksseitige Unterarmfraktur (hier: Speichenfraktur bzw. Radiusfraktur).

Frau. Zunächst erfolgte eine ambulante Behandlung mittels Oberarmgipsverband. Anschließend sieben Tage stationäre Behandlung und Operation mit Metallimplantaten der Unterarmfraktur und der Oberarmfraktur. Neun Monate später wurden die Metallimplantate wieder entfernt, weshalb die Kl. weitere fünf Tage in stationärer Behandlung war. Beide Frakturen sind knöchern ausgeheilt. Dauerschaden: Streckdefizit des linken Ellenbogengelenks von 35 Grad. Dadurch Beeinträchtigungen beim Fahrradfahren und bei bestimmten Haushaltstätigkeiten. Weitere Dauerschäden liegen bei der Rechtshänderin nicht vor. Bei der Schmerzensgeldbemessung orientierte sich das LG ua am Urteil des LG Bremen → Nr. 4688.

Betrag: 7.500 € **Haftung: 100 %**
immVorb: Ja **MdE: –**

LG Oldenburg 5.11.2019 – 6 O 2175/17 = BeckRS 2019, 68704

3614

Oberarmfraktur (hier: Oberarmschaftfraktur, körpernah) und Unterschenkelfraktur.

Frau („junge" Frau). Stationärer Aufenthalt. MdE gute 7 Wochen 100 % sowie weitere 6 Wochen 50 % und 16 Tage 20 %. Dauerschaden: Narben in Höhe der linken Schulter / des Oberarms.

Betrag: 7.500 € **Haftung: 50 %**
immVorb: – **MdE: 10 %**

LG Dortmund 11.10.2001 – 15 O 42/99 = unveröffentlicht

4045

Oberarmfraktur / Oberarmtrümmerfraktur (hier: Oberamkopftrümmerfraktur mit Schultergelenkluxation links). Rippenfrakturen.

Mann. 25 Tage stationär. 3 Aufenthalte. MdE 7 Monate 100 %. Weitgehend folgenlose Ausheilung ohne deutliche Einschränkung der Lebensqualität. Ursache: Motorradunfall. [Anmerkung: Trotz der Tatsache, dass der Kläger nach dieser schweren Verletzung und bei einem Dauerschaden von MdE 40 % sowohl seinem Beruf als auch seinem Hobby, dem Motorradfahren, wieder nachgehen kann, ist ein Betrag von 8.000,- EUR zu gering oder allenfalls an der Untergrenze des angemessenen].

Betrag: 8.000 € **Haftung: 100 %**
immVorb: Ja **MdE: 40 %**

LG Düsseldorf 1.9.2006 – 16 O 372/05 = BeckRS 2010, 6328

4631

Oberarmfraktur mit Schulterverletzung mit Bewegungseinschränkung auf Dauer rechts sowie Unterschenkelfarktur links.

Mann. 4 Tage stationär; anschließend Physiotherapie als ambulante Nachbehandlung. Dauerschaden: Bewegungseinschränkung und Belastungseinschränkung der rechten Schulter zu 20 %. [Ursache: Fahrradunfall].

Betrag: 8.500 € **Haftung: 70 %**
immVorb: – **MdE: –**

OLG Oldenburg 29.12.2011 – 14 U 30/11 = BeckRS 2012, 14857

5976

Oberarmfraktur in Form einer Oberarmschaftfraktur mit Ellenbogenbeteiligung bzw. Ellenbogenfraktur. Zudem erlitt die Klägerin eine Mittelfußfraktur, eine HWS-Distorsion und eine posttraumatische Belastungsstörung [PTBS] durch Miterleben des Unfalltodes ihres Lebensgefährten.

Frau. 17 Tage stationär. OPeration mit Metallimplantat. 29 Tage Rehabilitationsaufenthalt. Ambulante Behandlungen sowie eine Physiotherapie. Dauerschaden: „Gutachterlich wurde eine MdE von 7 % festgestellt. Am Oberarm hat die Klägerin eine 23 cm lange Narbe zurückbehalten", so das LG, das jedoch die posttraumatische Belastungsstörung in seiner Bemessung nicht besonders hervorhob sondern dazu ausgeführt hatte: „Zu keinem Zeitpunkt ist bei der Klägerin aufgrund des Miterlebens des Unfalltodes ihres Lebenspartners ein schwerer Schock mit psychopathologischen Ausfällen diagnostiziert worden. Zudem lehnt die Klägerin – wie bereits ausgeführt – eine fachärztliche Weiterbehandlung zur Verarbeitung des Unfalltodes ihres Lebenspartners ab". [Ursache: Der Lebensgefährte der Klägerin erlitt am Steuer seines PKW einen Herzinfarkt, verstarb und kollidierte mit einem Baum, wobei die Klägerin verletzt wurde].

Betrag: 9.200 € **Haftung: 100 %**
immVorb: Ja **MdE: 7 %**

LG Paderborn 24.11.2011 – 3 O 230/11 = BeckRS 2012, 7598

4319

Oberarmfraktur (hier: Oberarmmehrfragmentfraktur mit deutlicher Einschränkung der Schultergelenkbeweglichkeit. Verschlechterungstendenz.)

Mann. Komplikationsloser Heilungsverlauf. Dauerschaden: Bewegungseinschränkung des Schultergelenks. Verschlechterungstendenz nicht ausgeschlossen. Ursache: Motorradunfall.

Betrag: 10.000 € **Haftung: 100 %**
immVorb: – **MdE: –**

LG Bochum 29.7.2004 – 8 O 186/04 = BeckRS 2005, 9997

4330

Oberarmfraktur (hier: Oberarmluxationsfraktur in Form einer Oberarmkopfluxationsfraktur) sowie zahlreiche Prellungen.

Mann. 3 stationäre Aufenthalte. Ursache: Motorradunfall.

Betrag: 10.000 € **Haftung: 100 %**
immVorb: – **MdE: 20 %**

KG 26.2.2004 – 12 U 276/02 = BeckRS 2005, 03034

6608

Oberarmfraktur in Form einer komplizierten Oberarmkopffraktur.

Frau. Drei Operationen. Komplizierte Heilbehandlung. Ursache: Fahrradunfall – Überholen der fahrradfahrenden Klägerin durch einen anderen Fahrradfahrer. Anmerkung: Das Schmerzensgeld betraf lediglich den immateriellen Schaden bis zum Zeitpunkt der 3. Operation zur Entfernung des eingesetzten Metallimplantats [= offene Teilklage – vgl. dazu → Rn. 385].

Betrag: 12.500 € **Haftung: 100 %**
immVorb: Ja **MdE: –**

OLG Karlsruhe 30.5.2016 – 9 U 115/15 = BeckRS 2016, 16824

4584

Oberarmfraktur / Ellenbogenfraktur / Nervverletzung (hier: Oberarmluxationstrümmerfraktur links mit hochgradiger Schädigung des nervus ulnaris).

Mann (Arzt / Urologe). Stationäre Heilbehandlung; Operation mit Kirschnerdrähten und Metallteilimplantat (es wurde „eine Drittelrohrplatte anmodeliert"). Bei der Operation unterlief dem behandelnden Arzt ein grober Behandlungsfehler durch welchen es zur Nervverletzung kam. Dauerschaden: Bewegungseinschränkung; motorische Funktion der kleinen Handmuskel eingeschränkt. Dadurch ist der Kläger als Urologe bei seiner Berufsausübung beeinträchtigt.

Betrag: 15.000 € **Haftung: 100 %**
immVorb: Ja **MdE: –**

OLG München 16.2.2012 – 1 U 1030/11 = BeckRS 2012, 4397

7060

Oberarmfraktur (hier: proximale Humerusfraktur links nahe des Schultergelenks mit prolongierter Heilungsdauer; unfallbedingt kam es insofern zu einer „passageren Armplexusläsion links mit passagerem Karpaltunnelsyndrom links und eiem persistierenden Ullnaris-Rinnen-Syndrom links"). Wirbelsäulenfraktur (hier: Lendenwirbelsäulenfraktur bei L1 in Form einer Wirbelkörperdeckplattenfraktur bzw. Deckplattenimpressionsfraktur. Zudem erlitt die Klägerin eine Handgelenksdistorsion sowie einen Unfallschock.

Frau (Verwaltungsamtsfrau). Mehrere stationäre Behandlungen. Mehrere Operationen mit Metallimplantaten [Humerusplatte und Plattenosteosynthese]. Zur Dauer der Beeinträchtigungen heißt es im Urteil, die Klägerin habe „rund eineinhalb Jahre nach dem Unfall … die körperlichen Unfallverletzungen überstanden". Unfallbedingt wurde die Klägerin 23 Monate nach dem Unfall in den Ruhestand versetzt wobei der vom Gericht hinzugezogene Sachverständige Dr. M. ausführte, dass die Verletzungsfolgen „keine Dienstunfähigkeit begründen könne". Dauerschaden: Leichte endgradige Bewegungseinschränkung der linken Schulter bzw. des linken Arms wegen Nichtverheilung der Oberarmfraktur sowie Nervenschäden bzw. Ulnaris-Irritationen. Bei der Schmerzensgeldbemessung orientierte sich das LG an den Entscheidungen des OLG München BeckRS 2012, 4397 und OLG Jena BeckRS 2012, 11583.

Betrag: 20.000 € **Haftung: 100 %**
immVorb: Ja **MdE: 20 %**

LG Schweinfurt 22.11.2021 – 23 O 225/20 = BeckRS 2021, 57700

7028

Oberarmfraktur bzw. Oberarmkopffraktur in Form einer Humeruskopfluxationsfraktur mit Abrissfraktur des Tuberculum majus und minus links; Unterarmfraktur bzw. distale Radiusfraktur rechts; Fußfaktur bzw. Frakturen des III. und IV. Mittelfußknochens links; dislozierte Unterkieferfraktur rechts mit Abplatzungen im Bereich der Keramikkronen 14 bis 16 sowie eine Fingerverletzung in Form eines dislozierten knöchernen Ausrisses am Grundglied des kleinen Fingers der rechten Hand.

Mann (Geschäftsführer). 21 Tage stationär. operativen Versorgung der Schulter-, Unterarm sowie Fußfraktur, ferner einer Operation zur Reposition und Fixation des Kieferbruchs sowie einer operativen Versorgung der Kleinfingerfraktur unterziehen. Das in den Fuß eingebrachten Osteosynthesematerial wurde später wieder operativ entfernt. Es erfolgte Physio- sowie Ergotherapie. Nach der Entlassung aus der stationären Behandlung war der Kläger für gewisse Zeit auf einen Rollstuhl angewiesen. MdE 45 Tage 100 %, 15 Tage 60 %. Dauerschaden: MdE 10 %; Bewegungseinschränkung im linken Schultergelenk für die Armvorhebung, die Armseitswärtshebung / Armabhebung und die Außenrotation; zudem ist es dem Kläger nicht mehr möglich, ohne Schmerzen auf der linken Schulter zu liegen; auch leidet er unter einer eingeschränkten Handspanne rechts. Die Narben, insbesondere eine ca. 4,5 cm lange Narbe im unmittelbaren Gesichtsbereich empfindet der Kläger als besonders belastend. Kann nicht mehr Golf spielen. Unberücksichtigt ließ das OLG bei der Bemessung die guten wirtschaftlichen Verhältnisse des Klägers, der – auf diese verweisend – ein Schmerzensgeld von 80.000 EUR gefordert hatte.

Betrag: 20.000 € **Haftung: 100 %**
immVorb: Ja **MdE: 10 %**

OLG Hamm 20.3.2020 – 7 U 22/19 = BeckRS 2020, 40238

4613

Oberarmfraktur mit Schulterfraktur/ Schultergelenkfraktur. Es bildete sich zudem eine Oberarmkopfnekrose; Weichteilverletzung.

75j. Frau (Rentnerin). 26 Tage stationär, zwei Aufenthalte. Ambulante Heilbehandlung mit Physiotherapie. Künstliches Schultergelenk. Dauerschaden: massive Bewegungseinschränkungen des rechten Arms. Pflegeheimhaftung: Die an Demenz leidende Klägerin konnte unbemerkt aus dem Pflegeheim gehen, stürzte jedoch beim Umherirren und lag über die Dauer von gut 2 Tagen und 3 Nächten unentdeckt und litt neben den Verletzungen auch unter Unterkühlung. [vgl. auch LG Schweinfurt → Nr. 7060].

Betrag: 20.000 € **Haftung: 100 %**
immVorb: – **MdE: –**

OLG Jena 23.3.2011 – 2 U 567/10 = BeckRS 2012, 11583

4265

Oberarmfraktur links mit Nervverletzung und Unterarmverletzung (hier: Oberarmfraktur links und „Teilschädigung des Armnervengeflechts links sowie Handgelenkverletzung in Form einer Weichteilverletzung im Bereich des linken Handgelenks und der linken Hand"). Kniescheibenfraktur; Rippenserienfraktur (1.-4.Rippe) sowie Schulterblattriss; Lippenverletzung und Gehirnerschütterung.

Frau (Arbeiterin). 5 Monate stationär. Mehrere Monate ambulante, langwierige Heilbehandlung mit Physiotherapie. Dauerschaden: „GdB von 30 %" wegen Armverletzung und deren Folgen, wie Belastungseinschränkungen beim Heben und Tragen. Zudem Bewegungseinschränkungen beim Treppensteigen und Kniebeugen. Berufsaufgabe.

Betrag: 30.000 € **Haftung: 75 %**
immVorb: Ja **MdE: –**

LG Detmold 7.10.2010 – 12 O 136/08 = BeckRS 2010, 33128

7366

Oberarmfraktur, schwere rechts mit Nervverletzung (hier: Humerusschaftfraktur rechts mit Läsion des Nervus radialis und des Nervus ulnaris. Die Klägerin ist Rechtshänderin.) Zudem erlitt die Klägerin einen Geruchssinnverlust und Geschmackssinnverlust sowie psychischen Belastungen in Form einer mittelgradig depressiven Episode.

46j. Frau (Finanzbeamtin im Außendienst). 85 Tage stationäre Behandlung mit insgesamt vier Operationen mit Metallimplantaten („mittels offener Reposition, retrograder Marknagelosteosynthese und Cerclage des Humerus"). Langwierige Heilbehandlung mit zahlreichen Komplikationen (es kam zu einer diakondylären Fraktur. Überdies wurde durch das Einbringen einer Schraube in Höhe des Ellenbogens der Nervus radialis geschädigt und es kam zu einer Zertrümmerung des Ellenbogens). Es entwickelte sich eine sogenannte Fallhand durch den kompletten Ausfall des Endpunktes Nervus radialis und der schweren Schädigung mit erhaltener Restfunktion des Nervus ulnaris rechts. hat Annähernd 800 Behandlungstermine bei Ärzten, Physiotherapeuten, Psychotherapeuten, Schmerztherapeuten und Ergotherapeuten wahrnehmen müssen, um die drohenden langfristigen Beeinträchtigen soweit wie möglich abwenden zu können. Dauerschaden: MdE 30 % für die orthopädischen Verletzungen und 10 % für die neurologischen Verletzungen. Faustschluss der rechten Hand ist nach wie vor nicht vollständig möglich. Ebenso kann die Klägerin die vor dem Unfall ausgeführten Sportarten – Squash und Skifahren – nicht wieder ausführen. Operationsnarbe am Oberarm. Abschließend führte das OLG zu den Dauerschäden aus: „Die unfallbedingten körperlichen und psychischen Beeinträchtigungen sind lebensverändernd und wiegen schwer.“. Nach einer langfristigen Arbeitsunfähigkeit erfolgte eine Wiedereingliederung in ihren alten Beruf im Außendienst des Finanzamtes im Jahr 2018 mit einem Arbeitskraftanteil in Höhe von 67 %. Diese Umstände hat das Landgericht zutreffend berücksichtigt und insbesondere die psychischen Unfallfolgen bei der Bemessung des Schmerzensgeldbetrages berücksichtigt. Neben den körperlichen Verletzungen erlitt die Klägerin zu 1 eine mittelgradige depressive Episode, die bis heute besteht. Bei der Bemessung orientierte sich das OLG ua an der Entscheidung des OLG Zweibrücken → Nr. 5559.

Betrag: 45.000 € **Haftung: 100 %**
immVorb: – **MdE: –**

OLG Celle 31.1.2024 – 14 U 58/23 = BeckRS 2024, 960

c) Schwere Oberarmfrakturen

3702

Oberarmfraktur mit Oberarmmuskelhöckerabriss. Oberschenkelhalsfraktur

69j. Mann. 5 Wochen stationär; weitere 4 Wochen Rehabilitationsaufenthalt. Mehrmonatige häusliche Pflege im Anschluss hieran. Ursache: Verkehrssicherungspflichtverletzung wegen defekter Schwimmbadtreppe.

Betrag: 3.835 € **Haftung: 75 %**
immVorb: – **MdE: –**

OLG Hamm 31.5.2000 – 13 U 2/00 = BeckRS 2014, 21758

5184

o.Oberarmfraktur (hier: Offene, ellenbogengelenknahe Fraktur am distalen Humerus links) und Beckenfraktur in Form einer sogenannten B-Fraktur [= Beckenringverletzung, rotationsinstabil].

90j. Frau (Rentnerin). 23 Tage stationär. Die Fraktur wurde mit einem externen Fixateur operativ versorgt [Anmerkung: Ein externer Fixateur ist eine sehr unangenehme Maßnahme, da hierbei – durch diverse Metallstangen, die aus dem Verletzungsbereich herausstehen – die Bewegung stark einschränkt und jede Berührung schmerzhaft quittiert. Ein externer Fixator wird bei – wie hier vorliegend – gelenknahe Frakturen am distalen Humerus eingesetzt]. Rehabilitationsaufenthalt 4 Wochen.

Betrag: 5.000 € **Haftung: 100 %**
immVorb: Ja **MdE: –**

LG Saarbrücken 27.11.2015 – 12 O 338/14 = BeckRS 2015, 128046

6452

Oberarmfraktur (hier: Oberarmtrümmerfraktur links mit der Problematik, dass die vollständige Einheilung des Knochens und richtige Positionierung des Oberarmkopfes im Schultergelenk nicht vollständig gelang und der große Oberarmhöcker nicht vollständig ausheilte, so dass es zu einer Humeruskopfnekrose mit bleibenden Schäden kam).

Frau. 8 Tage stationäre Behandlung, sofortige Operation. Für die Dauer weiterer 28 Tage musste die Klägerin Schmerzmittel einnehmen. Ambulante Behandlung mit „15 mal Krankengymnastik“. MdE 90 Tage 100 %. Anschließend erfolgte eine vierwöchige Wiedereingliederungsmaßnahme an deren Ende sie wieder in Vollzeit beschäftigt war. Dauerschaden: Humeruskopfnekrose mit dauerhafter Funktionsbeeinträchtigung und Bewegungseinschränkung der linken Schulter. Verschlechterungstendenz: Die Notwendigkeit der Implantation einer inversen Schultergelenks Endoprothese (künstliche Schulter) ist sehr hoch. [Ursache: Verkehrssicherungspflichtverletzung bzw. Schadensersatz wegen eines Verstoßes gegen die Räum- und Streupflicht der Gemeinde].

Betrag: 8.000 € **Haftung: 75 %**
immVorb: Ja **MdE: –**

LG München II 22.4.2020 – 10 O 5592/16 = BeckRS 2020, 6363

2608

Oberarmfraktur, subcapitale, mit Minderung der Muskelmasse im Schulter- und Oberarmbereich. HWS-Syndrom. Risswunde am Ellenbogen.

Mann (Rolladenmonteur). „Wiederholt“ stationär. Operation und Metallteilentfernung. Dauerschaden: Bewegungseinschränkung von 30 %. Beginnende Arthrose.

Betrag: 9.203 € **Haftung: 100 %**
immVorb: Ja **MdE: –**

OLG Schleswig 13.5.1998 – 9 U 45/97 = BeckRS 2013, 20730

4847

Oberarmfraktur, rechts distal disloziert und beids.Unterarmfraktur (hier: Unterarmfraktur rechts, distal disloziert sowie Unterarmfraktur links ebenfalls distal disloziert).

Frau. 35 Tage stationär. 4 Operationen mit Metallteileimplantat. Dauerschaden: Erhebliche Gebrauchsminderung des rechten Arms sowie Taubheitsgefühl im Unterarm und der Hand [Ursache: Verkehrssicherungspflichtverletzung: Die Klägerin kam auf einer durch Neuschnee verdeckten Eisplatte zu Fall. Das OLG sah keine Mithaftung bei der Klägerin. Die Argumentation eines Anscheinbeweises zulasten der Klägerin, wonach diese nicht die erforderliche Sorgfalt habe walten lassen, wies das OLG zurück]

Betrag: 20.000 € **Haftung: 100 %**
immVorb: Ja **MdE: –**

OLG Brandenburg 23.7.2013 – 6 U 95/12 = BeckRS 2013, 16017

4954

Beids.Oberarmfraktur.

Frau. Stationärer Aufenthalt; 2 Operationen. MdE 46 Tage („Die Klägerin … war 46 Tage nicht in der Lage, ihren Haushalt zu führen“). Dauerschaden: Bewegungseinschränkungen und Funktionsbeeinträchtigungen sowie zeitweise Belastungsschmerzen. [Lesenswert zu den Themen: 1. Nutzen von Schmerzensgeldtabellen nur als „Orientierungsrahmen“ … „aber keine verbindliche Präjudizien", so das OLG zutreffend und 2. Regulierungsverzögerungen]. Weitere Fundstelle: SVR 2014, 344.

Betrag: 22.000 € **Haftung: 100 %**
immVorb: Ja **MdE: –**

OLG München 21.3.2014 – 10 U 1750/13 = BeckRS 2014, 6538

5891

Oberarmfraktur, schwere (hier: Oberarmfraktur mit Schulterbeteiligung bzw. Schulterverletzung in Form einer „subcutalen Oberarmfraktur, sowie eine hintere Schulterluxation mit Humeruskopfmehrfragmentbruch" und daraus resultierender „Muskelminderung der Muskulatur im Bereich der rechten Schulter und des rechten Oberarmes, Funktionsbeeinträchtigungen des Schultergelenkes sowie herabgesetzte Belastbarkeit des rechten Armes, Rückflussstörungen im Bereich der Vene des rechten Armes". [Krampfaderbildungen im rechten Unter- und Oberarm]).

Mann (Bäcker). 18 Tage stationär mit zwei Aufenthalten. MdE 54 Tage 100 %. Dauerschaden: MdE 20 % als Bäcker wegen der auf Dauer bestehenden Funktionsbeeinträchtigungen des Schultergelenkes sowie der Belastungsminderung des rechten Armes bzw. 10 % im – wegen unfallbedingter Umschulung – später ausgeübten Beruf als kaufmännischer Angestellter. Verschlechterungstendenz: „Eine Besserung des Zustandes sei nicht zu erwarten, wobei vielmehr davon auszugehen sei, dass mit sekundärarthrotischen Veränderungen und erhöhten Verschleißerscheinungen als Spätschäden zu rechnen sei", so das LG.

Betrag: 25.000 € **Haftung: 80 %**
immVorb: – **MdE: –**

LG Dortmund 2.5.2001 – 21 O 338/00 = BeckRS 2010, 28722

6248

Oberarmfraktur und Unterarmfraktur (hier: Zustand nach Überrolltrauma rechter Arm, offene Oberarmknochen 3. Grades mit einem ausgedehnten Weichteildekollement des rechten Unterarms mit schwerer Verletzung der Muskulatur, Verletzung der Arteria brachialis, der Arteria radialis und der Arteria ulnaris) sowie Gehirnerschütterung. Wahrscheinlichkeit einer Oberarmamputation.

70j. Mann (Rentner). 200 Tage stationär mit drei Aufenthalten und mehreren Operationen. 30 Tage Rehabilitationsaufenthalt / Kur. Langwierige Heilbehandlung mit insgesamt 267 ergotherapeutischen Sitzungen und insgesamt 278 Lymphdrainage-Behandlungen. Dauerschaden: MdE 75 %, es bestehen Taubheitsgefühle und Missempfindungen im Bereich der Hand und des gesamten Armes. Nur mit einer dauernden Schmerztherapie ist sein Leben eingeschränkt auszuhalten. Verschlechterungstendenz: Eine Oberarmamputation ist wahrscheinlich. [Ursache: Der Kläger bzw. dessen rechter Arm von dem linken hinteren Zwillingsreifen des Lkw des Beklagten überrollt].

Betrag: 30.678 € **Haftung: 100 %**
immVorb: – **MdE: 75 %**

KG 6.8.1998 – 12 U 7192/96 = BeckRS 2013, 21584

5559

Oberarmkopftrümmerfraktur in Form einer Oberarmgelenkkopftrümmerfraktur links, der mit einer Deformierung des Oberarmkopfes, an dem sich knöcherne Randzacken bildeten und der nicht mehr zentriert in der Pfanne sitzt, verheilte). Knieverletzungen / Knienervverletzung (hier: tiefreichende Weichteilverletzung im Bereich der beiden Kniegelenke mit Durchtrennungen von Nerven und Lymphgefäßen sowie Schädigung der Schleimbeutel, die deshalb operativ entfernt wurden). Fußverletzungen / Zehenverletzung in Form einer Mittelfußgelenkausrenkung (Ausrenkung des Gelenks zwischen erstem Mittelfußstrahl und Mittelfußknochen rechts) und einer Zehengrundgelenkausrenkung. Zudem erlitt die Klägerin diverse Prellungen (Brustkorbprellung, Schulterprellung, Schlüsselbeinprellung rechts) und Blutergüsse an beiden Beinen und Füßen.

Frau (Betriebsinspektorin im Vorruhestand). 15 Tage stationär. Dauerschaden: Erhebliche Bewegungseinschränkungen der linken Schulter, ohne Aussicht auf Besserung und erhebliche Bewegungsbeeinträchtigung im Bereich des rechten Fußes, woraus sich als Folge dieser Verletzung „ein mögliches Fortschreiten der Arthrose, das durch die mit der Adipositas der Klägerin verbundenen Gewichtsbelastung begünstigt wird", ergibt. Vorerkrankung / Vorschädigung: Verschleißleiden der Wirbelsäule, ein Wirbelsäulen-Syndrom, Schulter-Arm-Beschwerden, ein Karpaltunnelsyndrom links, und ein operiertes Karpaltunnelsyndrom rechts fest. [Lesenswert auch zur FRage der Beachtung von Vorerkrankungen und zur Thematik des Regulierungsverhaltens seitens des Versicherers].

Betrag: 35.000 € **Haftung: 100 %**
immVorb: – **MdE: –**

OLG Zweibrücken 27.6.2018 – 1 U 123/15 = BeckRS 2018, 40198

4149

Oberarmfraktur links (hier: Schwere Oberarmfraktur mit Schlüsselbein- und Ellenbogenbeteiligung); Ellenbogenfraktur; beids.Schlüsselbeinfraktur; Kniefraktur (hier: Kniescheibenfraktur) sowie Lungenquetschung und schwere Gehörschädigung.

Frau. ca. 45 Tage stationär; insgesamt 8 1/2 Monate Rehabilitation. Dauerschaden: Bewegungseinschränkungen im Bereich der linken Schulter und des linken Arms. Belastungsminderung beim Heben. Die Kl. kann den linken Arm nur nicht über die Waagerechte hinaus bewegen. Gehbehinderung: Auch ist ihr längeres Gehen und Stehen nicht mehr möglich. Wegen des Gehörschadens muss sie beidseitig Hörgeräte tragen.

Betrag: 50.000 € **Haftung: 100 %**
immVorb: Ja **MdE: –**

LG Köln 15.4.2010 – 5 O 36/09 = BeckRS 2011, 2593

6615

Oberarmfrakturen, beidseitige sowie weitere schwere Verletzungen ohne nähere Angaben.

19j. Mann. Dauerschaden. Schmerzensgelderhöhung wegen „unverständlich verzögerter Regulierungspraxis". [Ursache: Verkehrsunfall im Rahmen einer Feuerwehrübung, bei der der Kläger als Insasse in einem der Feuerwehrfahrzeuge der Freiwilligen Feuerwehr saß. Sehr lesenswert zur Haftung eines Feuerwehrfahrzeuges beim Übungseinsatz / Sonderrechte für Übungsfahrten der Feuerwehr. Hierzu führte das OLG aus: „… auch im eröffneten Anwendungsbereich des § 35 Abs. 1 StVO darf sich der Fahrer des Einsatzfahrzeuges über fremden Vorrang nur dann hinwegsetzen, wenn er nach ausreichender Ankündigung erkennt, dass der übrige Verkehr ihm den beanspruchten Vorrang auch tatsächlich einräumt. Der Vorrang aus § 35 Abs. 1 StVO berechtigt nicht dazu, „einfach drauflos" zu fahren".]

Betrag: 80.000 € **Haftung: 80 %**
immVorb: Ja **MdE: –**

OLG Naumburg 17.12.2019 – 1 U 58/17 = BeckRS 2019, 35160

7762

Oberarmfraktur, schwere (hier: komplizierte offene Oberarmschaftfraktur rechts mit postoperativem Schraubenbruch im proximalen Humerusbereich mit Dislokation und späterer erheblicher Armverkürzung des rechten Arms. Zudem erlitt der Kläger folgende Verletzungen: Schädelhirntrauma mit intrakranieller Subarachnoidalblutung, Brustwirbelkörperfrakturen (10., 11. und 12. Brustwirbel), eine beidseitige Rippenserienfraktur, einen Pneumothorax rechts, eine dislozierte Mittelhandfraktur rechts sowie Frakturen des Brustbeins.

41j. Mann (selbständiger Sportlehrer / Schwimmlehrer). 17 Tage stationär mit mehreren Klinikaufenthalten und anschließender ambulanter Weiterbehandlung. 22 Tage stationäre Reha. Langwierige Heilbehandlung und komplizierte Heilbehandlung wegen des Bruchs der operativ im Oberarm eingesetzten Schrauben: Nach temporärer Materialentfernung wegen der Schraubenauswechslung erfolgte noch eine Re-Osteosynthese (mit Fixateur interne BWK 9 – LWK 1) und später noch die operative Materialentfernung. Dauerschaden: Berufsaufgabe. Armverkürzung, der rechte Arm – so das OLG sei – weise eine „ohne weiteres erkennbare" Verkürzung „um etliche Zentimeter im Vergleich zum linken Arm" auf. Zudem verwies das OLG auf das beim Kläger bestehende „Risiko üblicher, vorzeitiger medizinischer Verschleißerscheinungen (z.B. wegen physiologischer Schon- und Ausgleichshaltungen)" und berücksichtigte all dies bei der Schmerzensgeldbemessung. [Ursache: Motorradunfall. Kollision beim Überholen eines sich grob verkehrswidrig verhaltenden Kleintransporterfahrers. Amtl. Leitsatz des OLG: „Wer in mehrfacher grob verkehrswidriger Weise gegen die Sorgfaltspflichten aus § 9 StVO verstoßen hat (Abbiegen trotz durchgezogener weißer Linie; nicht geblinkt, Verstoß gegen doppelte Rückschaupflicht), haftet im Fall der Kollision mit einem nachfolgenden überholenden Motorrad in vollem Umfang. Die einfache Betriebsgefahr des Motorrades tritt hinter den mehrfachen, grob verkehrswidrigen Verkehrsverstoß des abbiegenden Fahrzeugs zurück".].

Betrag: 95.000 € **Haftung: 100 %**
immVorb: Ja **MdE: –**

OLG Schleswig 10.9.2025 – 7 U 43/25 = BeckRS 2025, 29379

7885

Oberarmfraktur / Schulterverletzung in Form einer Oberarmtrümmerfraktur linksseitig mit Schulterbeteiligung. Das OLG beschrieb diese Verletzung als „schwerwiegend und kompliziert". Das Tuberculum minus-Fragment ist disloziert. Es ist eine Dezentrierung zu erkennen, die zu einer ungleichmäßigen Lastverteilung in der Gelenkpfanne führt. Das Versagen der Rotatorenmanschette ist erkennbar. Zudem erlitt der Kläger ein stumpfes Thoraxtrauma mit einer Rippenserienfraktur der 9. bis 11. Rippe links sowie ein Schädelhirntrauma 1. Grades. Darüber hinaus leidet die Klägerin seit dem Unfall an posttraumatischen Belastungsstörung und einer mittelgradigen bis schweren Depression.

45j. Frau. 19 Tage stationäre Behandlung mit zwei Aufenthalten und mehreren Operationen – ua mit Implantation einer modularen Hemiendoprothese der linken Schulter wobei der Prothesenkopf später nochmals operativ gewechselt werden musste. Nach Entlassung aus dem Klinikum wurde die Klägerin zunächst ambulant weiterbehandelt und erhielt krankengymnastische Übungen und Lymphdrainagen. Anschließend erfolgten mehrere stationäre und ambulante Rehabilitationsmaßnahmen; langwierige Heilbehandlung. Dauerschaden: Erwerbsunfähigkeit (die Klägerin erhält „wegen voller Erwerbsminderung Rente"), Funktionsbeeinträchtigung und „hochgradige, schmerzhafte Bewegungseinschränkung der linken Schulter". Die Bewegungseinschränkungen bestehen nicht nur beim horizontalen Heben des linken Arms, auch die Rotationsfähigkeit ist eingeschränkt. Zudem ist die Kraft im Schulter- und Oberarmbereich wegen der Teilprothese verringert. Es ist der Klägerin insofern nicht möglich, diese Schulter über die Neutralebene hinaus zu verwenden. „Das führt zu Einschränkungen im täglichen Leben, so ist etwa das Kämmen oder Föhnen der Haare mit dem linken Arm nicht möglich. Lasten von mehr als zwei bis drei Kilogramm kann die Klägerin schmerzbedingt nicht heben. "Es ist mit großer Wahrscheinlichkeit damit zu rechnen, dass es zukünftig zu Komplikationen mit der Prothese kommen wird, denn es liegen prognostisch ungünstige Faktoren vor.„ Eine Verbesserung des Zustands ist nicht mehr zu erwarten", so das OLG. Zudem ist „eine neuerliche OP zum Auswechseln der Hemiendoprothese mit Sicherheit zu erwarten", so das OLG. Auch ist die Fähigkeit der Klägerin, Sport zu treiben, unfallbedingt eingeschränkt und sie hat erhebliche psychische Folgen erlitten, namentlich eine posttraumatische Belastungsstörung mit chronischem Verlauf. Bei der Schmerzensgeldbemessung berücksichtigte das OLG dies sowie der „zu berücksichtigende Genugtuungsfunktion" auch das grob verkehrswidrig Verhalten des alkoholisierten Unfallgegners. [Das Urteil wird auch im Handbuch unter → Rn. 409 hervorgehoben]

Betrag: 100.000 € **Haftung: 100 %**
immVorb: – **MdE: 50 %**

OLG Brandenburg 15.1.2026 – 8 U 3/26 = BeckRS 2026, 3107

d) Oberarmamputationen

Vorbemerkung: Die Amputation eines oder gar beider Oberarme zählt – aufgrund ihrer erschwerten und zum Teil nur mittels sog. Habitus- oder Kosmetikprothesen (nur kosmetischer Ausgleich) behandelbarer Folgen – zu den schweren Verletzungen. Ungeachtet dessen werden auch heute noch nur geringe Schmerzensgeldbeträge als angemessen erachtet. So sprach das OLG Frankfurt a.M. 2021 einer 51j. Kunstrestauratorin für den fast vollständigen Verlust des linken Oberarms nur 90.000 EUR zzgl. einer Schmerzensgeldrente iHv 160 EUR zu; kapitalisiert somit ca. 120.000 EUR. Vgl. dazu → Nr. 7273.

7509

Oberarmamputation und insofern behaupte Behandlungsfehler im Rahmen des Durchgangsarztverfahrens sowie hinsichtlich der Verletzungsartenverfahren.

56j. Mann (Baggerführer). Behauptete Arzthaftung im Zusammenhang mit einer Oberarmamputation. Der Kläger begehrte ua Schmerzensgeld aufgrund einer vermeintlich fehlerhaften ärztlichen Behandlung durch Ärzte der Beklagten, bei der ihm infolge eines Arbeitsunfalles der rechte Oberarm amputiert worden war. Kein Schmerzensgeld. [Lesenswert zur Haftung des Durchgangsarztes bei einem Arbeitsunfall].

Betrag: – **Haftung: –**
immVorb: – **MdE: –**

LG Flensburg 22.11.2024 – 3 O 324/16 = BeckRS 2024, 32744

5049

Einer Oberarmamputation „gleichstehende" schwerste Oberarmverletzung (hier: Komplette Accessoriusparese des rechten Arms, die – so das LG – „einer Armamputation gleichsteht"). Zudem liegt eine Arthropie der proximalen Anteile des musculus trapezius mit Schulterschiefstand vor. Hinkommen dauerhaft erhebliche Schmerzen.

43j. Frau. Längere stationäre Heilbehandlung sowie 50 Tage Rehabilitaionsaufenthalt. Arzthaftung infolge eines Behandlungsfehlers im Zusammenhang mit einer Lymphknotenentfernung (sog. „Lymphknotenexstirpation" rechts cervical), nach deren Durchführung der Kläger an Schmerzen im rechten Arm sowie einer Armhebeschwäche litt. Dauerschaden: Bewegungseinschränkung und Schmerzen im Bereich des rechten Arms; Schmerzen sowie Pflegebedüftigkeit bzw. auf Dauer ein Pflegefall in Bezug auf täglich zu verrichtende Arbeiten, wie Essenszubereitung, Toilettengang, Einkaufen etc. Hobbyaufgabe: Ihren Hobbys wie Malen, Spazierengehen und Fahrrad fahren, kann die Klägerin nicht mehr nachgehen. [Anmerkung: Das LG sah 80.000 EUR für angemessen an und führte aus, dass die Beklagte zu 2. nur anteilig in Höhe von 60.000,00 EUR haftet.]

Betrag: 60.000 € **Haftung: 100 %**
immVorb: – **MdE: 70 %**

LG Dortmund 14.4.2016 – 4 O 230/13 = BeckRS 2016, 7337

6976

Oberschenkelamputation (hier: Amputation des rechten Oberschenkels).

70j. Mann. Arzthaftung im Zusammenhang mit einem Bypass-Verschluss am rechten Oberschenkel. Zitat aus dem Urteil des LG Köln v. 24.1.2018 – 25 O 205/16 BeckRS 2018, 39194 das die Klage des 70j. Mannes gegen seinen Rechtsanwalt abgewiesen hatte und in dem die Entscheidung des LG Koblenz erwähnt wird: „Im Rahmen des Krankenhaus-Aufenthaltes war es bei dem Kläger zu einer Amputation des rechten Oberschenkels gekommen. Dem Kläger war bereits im Jahr 2001 aufgrund einer peripheren arteriellen Verschlusskrankheit ein Kunststoff-Bypass zum ersten Segment oberhalb des Knies angelegt worden. Im Jahr 2006 und im Jahr 2008 war es jeweils zu einem Bypass-Verschluss gekommen. Der Kläger warf dem Krankenhaus einen Mangel an Hygiene sowie ein verspätetes Eingreifen im Rahmen einer Wundsituation am rechten Bein vor … Mit Urteil des Landgerichts Koblenz vom 15.10.2014 – 10 O 35/12 – (Anl. K1) wurden die Beklagten im dortigen Prozess (unter anderem das M Krankenhaus E) verurteilt, an den Kläger Schmerzensgeld i.H.v. 65.000 EUR … zahlen".

Betrag: 65.000 € **Haftung: 100 %**
immVorb: – **MdE: –**

LG Koblenz 15.10.2014 – 10 O 35/12 = BeckRS 2018, 39194

4272

Oberarmamputation in Form eines Ausrisses des linken Armes aus der Schulter mit Eröffnung der linksseitigen Achselregion sowie folgende weitere Verletzungen: Brustkorbtrauma, Gehirnerschütterung und Großzehenfraktur.

Mann (CNC-Fräser). Lebensgefahr. 7 Tage intensivstationär und weitere 96 Tage stationär. Anschließend 6 Monate Rehabilitationsaufenthalt. MdE insgesamt nahezu 10 Monate 100 %. Dauerschaden: Verlust des linken Armes mit verbliebenem kurzem Oberarmstumpf und Schultermuskellähmung links. Berufsaufgabe sowie erhebliche psychische Beeinträchtigung, die sich zudem auf den sozialen bzw. privaten Bereich des Klägers auswirken. [Anmerkung: Lesenswerte Ausführungen zur Schmerzensgeldbemessung!]. Ursache: Motorradunfall.

Betrag: 75.000 € **Haftung: 100 %**
immVorb: Ja **MdE: 80 %**

LG Lübeck 9.7.2010 – 9 O 265/09 = SP 2010, 431

7273

Oberarmamputation links mit Humerusschaft-Spiralfraktur bei Rechtshändigkeit, Verdacht auf postoperative Phantomschmerzen sowie rezidivierende depressive Störung im Rahmen der Zuweisungsdiagnostik.

51j. Frau (Kunstrestauratorin). Nach einer notärztlichen Stabilisierung folgte eine stationäre Behandlung (11 Tage) in der Klinik für plastische und Handchirurgie der berufsgenossenschaftlichen Klinik, um die Verletzungen der Klägerin zu behandeln. Es verblieb ein Oberarmstumpf von ca. 10 cm. Die Behandlung erfolgte zunächst mit einer Kompressionsbehandlung des Stumpfes und eine Schmerzbehandlung bei bestehendem Phantomschmerz. Nach Entlassung der Klägerin aus der berufsgenossenschaftlichen Klinik in … wurde die Klägerin ambulant ergotherapeutisch und krankengymnastisch in der E-Klinik in … behandelt. Es schloss sich ab 14.11.20XX eine stationäre Anschlussheilbehandlung (40 Tage) zur weiteren Stumpfkonditionierung und Prothesenversorgung an. Dauerschaden: Oberarmamputation links (die Kl. ist Rechtshänderin) mit Verbleib eines Oberarmstumpfs von ca. 10 cm. Weiterhin führte das OLG aus: „Durch das Fehlen des linken Arms kommt es zu einer schmerzhaften Überlastung des rechten Arms (Bl. 279 d.A.). Bei der körperlichen Hygiene ist die Klägerin nicht in der Lage, sich überall zu waschen oder abzutrocknen, die Maniküre / Pediküre durchzuführen bzw. hat Schwierigkeiten, sich anzuziehen, insbesondere beim Anziehen von Socken (Bl. 279 d.A.). Hinzu kommen weitere Einschränkungen bei einer Verletzung des rechten Arms oder der rechten Hand, die die Klägerin dann nicht versorgen kann und bei deren Verletzung die körperliche Hygiene oder das An-/Ausziehen weiter erschwert werden." Ganz erhebliche Berufsbehinderung bzw. berufliche Einschränkungen als Restauratorin. Ebenso ist, so das OLG, die Kl. in der Freizeitgestaltung (Fahrradfahren oder Skifahren) eingeschränkt. Zur Schmerzensgeldbemessung: Trotz „der insgesamt ganz erheblichen, ihre gesamte Lebensgestaltung ganz wesentlich beeinträchtigenden Belastungen einschließlich der zwangsläufig eintretenden Überlastung des anderen Arms sowie der erlittenen Schmerzen und massiven psychischen Belastungen", so das OLG, erachtet der Senat unter Verweis auf eine Reihe von zum Teil mehr als zwanzig Jahre zurückliegenden Entscheidungen (OLG Frankfurt a.M. 3.5.1990 – 1 U 65/89 oder OLG Frankfurt a.M. 23.9.1993 – 1 U 226/89; OLG Hamm 24.4.2002 – 3 U 8/01 und OLG Celle 7.10.2004 – 14 U 27/04) insgesamt (Kapital plus Rente) ein Schmerzensgeld iHv 120.000 EUR für angemessen und wies den insofern höheren Betrag, den sich die Kl. vorgestellt hatte als „deutlich aus dem Rahmen der Rechtsprechung" fallend, zurück. [Anmerkung: Die Kl. begehrte ein Schmerzensgeld iHv 120.000 EUR und eine Schmerzensgeldrente iHv 320 EUR und somit insgesamt 180.000 EUR].

Betrag: 90.000 € **Haftung: 100 %**
immVorb: – **MdE: –**
Rente: 160 €

OLG Frankfurt a. M. 30.12.2021 – 2 U 28/21 = BeckRS 2021, 43481

e) Ellenbogenverletzungen

7497

Ellenbogenverletzung, leichte (hier: Ellenbogenprellung des Ellenbogens links mit einer Bursopathie bzw. Schleimbeutelreizung.

Mann. Ambulante Behandlung im Krankenhaus sowie ein weiterer Arztbesuch und zwei Tage Schmerzmitteleinnahme. Das AG sah hier keine Bagatellverletzung vorliegen, da „da es bei der Verletzung des Klägers sich um eine über vorübergehende, im Alltagsleben typische und häufig auch aus anderen Gründen als einem besonderen Schadensfall entstehende Beeinträchtigungen des körperlichen und seelischen Wohlbefindens hinausgehende Verletzung" gehandelt habe.

Betrag: 200 € **Haftung: 100 %**
immVorb: – **MdE: –**

AG Augsburg 12.12.2024 – 12 C 1378/24 = BeckRS 2024, 36613

5824

Ellenbogenverletzung (hier: Ellenbogenrisswunde am linken Ellenbogen) sowie zahlreiche Prellungen und Schürfwunden im Bereich der linken äußeren Extremitäten.

Mann. Ambulante Heilbehandlung. MdE 35 Tage 100 %. [Ursache: Motorradunfall – Überholen eines links in einen Acker abbiegenden Traktor].

Betrag: 511 € **Haftung: 33 %**
immVorb: – **MdE: –**

OLG Hamm 23.3.1999 – 27 U 11/98 = BeckRS 2009, 19142

6612

Ellenbogenverletzung, leichte.

Mann (Student). Die Beschwerden am Ellenbogen hatten zwei Monate angedauert, wobei der Kläger trotzdem weiterhin mit seinem Motorrad fahren konnte. Ursache: Motorradunfall.

Betrag: 1.000 € **Haftung: 100 %**
immVorb: – **MdE: –**

OLG Frankfurt a. M. 9.12.2019 – 22 U 182/18 = BeckRS 2019, 35107

5108

Ellenbogenverletzung (hier: Ellenbogenschleimbeutelverletzung infolge derer es zur operativen Schleimbeutelentfernung des Schleimbeutels am linken Ellenbogen kam).

14j. Kind (Schüler). Ambulante Heilbehandlung. Schleimbeutelentfernung am Ellenbogen linksseitig. Der Kläger erhielt eine Oberarm-Gipsschiene, Antibiotika und dreimal täglich zu nehmende Schmerzmittel. Es wurde eine Drainage gelegt, die er auch nachts tragen musste. De Schiene musste er für die Dauer von 6 Wochen tragen. Die Operationswunde von 3 cm Länge wurde genäht; die Fäden wurden nach gut 10 Tagen entfernt. Es verblieb eine Narbe. Hobbybeeinträchtigung: Insgesamt 10 Wochen konnte der Kläger keinen Sport (Basketball) ausüben.

Betrag: 1.000 € **Haftung: 50 %**
immVorb: – **MdE: –**

AG Backnang 19.5.2015 – 5 C 799/14 = BeckRS 2015, 19441

6747

Ellenbogenverletzung in Form einer Ellenbogendistorsion aufgrund welcher die Klägerin eine Oberarmgipsschiene tragen musste. Ringfingerverletzung in Form einer ca. 1 cm langen Schnittwunde. Diverse Prellungen an der Stirn und an beiden Kniegelenken mit Hämatombildung. Zudem ging das LG davon aus, dass die Klägerin „unmittelbar nach dem Unfall unter einem Druck- und Bewegungsschmerz und einer Prellung der rechten Schulter litt".

Frau. Ambulante Behandlung mit Schmerzemitteln. MdE mehr als 7 Wochen. „Schmerzensgelderhöhend war zu berücksichtigen, dass die Klägerin aufgrund der Distorsion des Ellenbogengelenks eine Oberarmgipsschiene tragen musste, wobei ebenfalls in die Bemessung des Schmerzensgeldes eingeflossen ist, dass die Beugung des Gelenks aufgrund einer Luxation des Radiusköpfchens aufgrund einer älteren Verletzung bereits vor dem Unfall eingeschränkt war", so das LG.

Betrag: 1.300 € **Haftung: 100 %**
immVorb: – **MdE: –**

LG Limburg 23.8.2019 – 1 O 239/17 = BeckRS 2019, 36634

5483

Ellenbogenverletzung in Form einer Ellenbogenluxation links mit Seitenbandriss.

Mann. 4 Tage stationär. Anschließend musste der Kläger für die Dauer von 7 Wochen eine Gipsschiene tragen. Dauerschaden: schmerzhafte Bewegungseinschränkung des linken Arms und Einschränkung der Streck- und Wendefähigkeit des Ellbogengelenks.

Betrag: 1.534 € **Haftung: 50 %**
immVorb: – **MdE: –**

LG Trier 31.8.2001 – 4 O 126/99 = unveröffentlicht

3312

Ellenbogenverletzung (hier: Schwere Ellenbogenquetschung); Fußverletzung mit „wochenlang" anhaltenden Schwellungen; Gesichtverletzung mit bleibender Narbe „auf der Stirn".

Mann. MdE 3 Wochen 100 %; inges. 3 Monate andauernde, langwierige Heilbehandlung wegen Abszessbildung der Ellenbogenquetschung. Dauerschaden: Narbe an der Stirn.

Betrag: 2.000 € **Haftung: 75 %**
immVorb: – **MdE: –**

OLG Stuttgart 16.3.2004 – 6 U 244/03 = BeckRS 2004, 153493

2934

Ellenbogenverletzung / Unterarmfraktur (hier: Radiusköpchenfraktur); Kopfverletzung (hier: Platzwunde); Gehirnerschütterung.

Mann (Arbeitsloser). 6 Tage stationär. 14 Tage ambulant. Geringer Dauerschaden: Unter 10 % infolge Ellenbogenstreckhemmung links.

Betrag: 2.556 € **Haftung: 100 %**
immVorb: Ja **MdE: –**

OLG Hamm 24.3.2000 – 9 U 117/99 = BeckRS 2000, 167980

1435

Ellenbogenverletzung (hier: Ellenbogenluxation, dorso-lateral mit Nervverletzung [Läsion des Ulnarisnerves / Unterarmnervlähmung] durch die es zu „zeitweiligen Taubheitsgefühlen in der rechten Hand" kommt. Handgelenkverletzung.

Frau. 14 Tage stationär. Dauerschaden: „Eine leichte Bewegungseinschränkung mit gelegentlichen Belastungsschmerzen".

Betrag: 2.556 € **Haftung: 100 %**
immVorb: – **MdE: –**

LG Berlin 21.4.1998 – 20 O 328/97 = BeckRS 1998, 153681

6420

Ellenbogenverletzung (hier: Ellenbogenprellung mit Schleimbeutelverletzung und eingeschränkter Ellenbogenbeweglichkeit mit Streckdefizit rechts von 20°; Muskelhypotrophie des rechten Oberarms im Seitenvergleich von 1 cm am Unterarm und am Handgelenk von jeweils ½ cm mit Verminderung des Mittelhandumfangs rechts von 2 cm). Zudem erlitt der Kläger noch Prellungen an der rechten Schläfe und am rechten Bein sowie ein HWS-Syndrom 1. Grades.

46j. Mann. Prädisposition des Geschädigten. Das OLG – ohne Berücksichtigung der Vorerkrankung – ein Schmerzensgeld von 15.000 EUR angemessen und führte im Weiteren dazu aus: „Aufgrund der Vorerkrankung des Klägers ist im vorliegenden Fall hingegen ein deutlicher Abschlag (80 Prozent) indiziert: Schon der Umstand, dass das erlittene Unfallgeschehen die Grenze einer Bagatellverletzung nicht deutlich überstieg, erfordert eine spürbare Korrektur der Schmerzenzhöhe. Weiterhin war zu berücksichtigen, dass die Manifestation der Schmerzstörung nach der überzeugenden Einschätzung des Sachverständigen Prof. N. ganz wesentlich auf der Grunderkrankung beruht, die bereits vor dem Unfall im Jahr 1999 in Gestalt eines Erschöpfungssyndroms die körperliche Befindlichkeit des Klägers nicht nur latent beeinträchtigte. Demnach war dem Kläger wegen der somatoformen Schmerzstörung ein um 3.000 EUR erhöhtes Schmerzensgeld zuzuerkennen, weshalb sich der Schmerzensgeldanspruch bei der gebotenen Gesamtbetrachtung aller unfallbedingten Leiden auf 5.500 EUR summiert. Unter Abzug der bereits geleisteten 1.800 EUR verbleibt der tenorierte Betrag von 3.700 EUR".

Betrag: 5.500 € **Haftung: 100 %**
immVorb: – **MdE: –**

OLG Saarbrücken 21.7.2009 – 4 U 649/07 = BeckRS 2009, 27853

5008

Ellenbogenverletzung (hier: Behandlungsverzögerung bzgl. Schleimbeutelentzündung / Bursitis; „der protrahierte Heilungs- und Genesungsprozess ..., war von erheblichen Belastungen und Einschränkungen geprägt, zu denen es nicht gekommen wäre, wenn der Beklagte ... unverzüglich operiert hätte", so das OLG).

53j. Mann. Arzthaftung (hier: Befunderhebungsfehler im Zusammenhang mit einer Ellenbogenverletzung. „Bleiben einem Arzt infolge seiner Befunderhebungsversäumnisse die Leitsymptome einer floriden Bursitis mit sofortiger operativer Interventionspflicht verborgen, führt das zu einer Beweislastumkehr", so das OLG).

Betrag: 10.000 € **Haftung: 100 %**
immVorb: – **MdE: –**

OLG Koblenz 28.5.2014 – 5 U 1244/13 = BeckRS 2014, 15914

5667

Ellenbogenverletzung (hier: Behandlungsfehlerhafte Ellenbogenfrakturversorgung mit der Folge einer dauerhaften Ellenbogengelenksteife bzw. Ellenbogengelenkversteifung).

Mann (junger Mann). Arzthaftung (hier: Behandlungsfehler im Zusammenhang mit einem Arbeitsunfall, bei dem sich der Kläger eine Radiusköpfchenfraktur am rechten Ellenbogen zugezogen hatte. Bei der Frakturbehandlung übersah der behandelnde Arzt, dass sich die Fraktur bereits verschoben hatte, so dass es zur Ellenbogengelenkversteifung kam. Die Kammer verkannte nicht, dass die Fraktur selbst von dem Bekl. nicht verursacht worden war, sondern dass es sich um einen Unfall gehandelt hat und der Bekl. lediglich in den Behandlungsprozess eingebunden war. Sein Fehlverhalten war aber ursächlich für den jetzt bestehenden Dauerzustand). Dauerschaden: Ellenbogengelenkversteifung. Verschlechterungstendenz: Die Versteifung wird sich in Zukunft „eher noch verschlechtern ..., eine Verbesserung ist nach den Ausführungen des Sachverständigen nicht zu erwarten", so das OLG.

Betrag: 12.782 € **Haftung: 100 %**
immVorb: – **MdE: –**

LG Kleve 8.3.2000 – 2 O 327/99 = BeckRS 2006, 13266

5241

Ellenbogenverletzung (hier: Ellenbogengelenkluxation links mit Ellenbogenkronenfortsatzabriss Typ 1 und Oberarmgelenkrollenabsprengung [Anmerkung: Der Oberarmknochen hat eine abgerundete Gelenkfläche, die von der Elle mit zwei Knochenfortsätzen scharnierartig umfasst wird; hinten ist dieser Fortsatz als „Ellenbogenknochen" tastbare und vorne als Kronenfortsatz]). Zudem erlitt die Kl. eine Knieverletzung (hier: Knieprellung und Knieschürfwunde links) sowie diverse leichte Schürfungen.

Frau. 28 Tage stationär. 10 Monate ambulante Heilbehandlung und Physiotherapie. Langwierige Heilbehandlung. Dauerschaden: Belastungseinschränkung und Bewegungseinschränkung des linken Arms und Ellenbogens.

Betrag: 15.000 € **Haftung: 100 %**
immVorb: Ja **MdE: –**

OLG Zweibrücken 2.9.2015 – 1 U 192/14 = BeckRS 2015, 126920

3025

Ellenbogenverletzung, schwerste (hier: Ellenbogenentfernung nach Ellenbogentrümmerfraktur. Linker Arm und linke Hand nahezu unbrauchbar. Unterarmstreckmuskulaturzerstörung, Decollment des gesamten linken Armes mit offener Ablederung der Haut); Oberschenklehautverletzung.

22j. Frau. Stationär. Ursache: Die Kl. wurde als Radfahrerin von Linienbus angefahren und überrollt. Dauerschaden: Linker Arm praktisch funktionsunfähig; ebenso die linke Hand. Multiple Folgeoperationen mit Hauttransplantationen. [Teilschmerzensgeld auf der Basis der Epikrise, zum Zeitpunkt 6 Wochen nach dem Unfall. Das KG verwies hinsichtlich der endgültigen Höhe auf Urteile, die im Bereich von ca. 60.000 – 65.000 DM lagen].

Betrag: 20.000 € **Haftung: 100 %**
immVorb: Ja **MdE: –**

KG 12.9.2002 – 12 U 9590/00 = BeckRS 2002, 30282297

7002

Ellenbogenverletzung /Staphylokokkeninfektion (hier: Injektionsbedingte Infektion mit Staphylococcus aureus).

45j. Frau. 7 Tage stationär. Anschließend Reha. MdE 5 Monate 100 %. Langwierige Heilbehandlung, die sich zudem kompliziert gestaltete, ua mit einer Gelenkspülung und Einlage einer Redon-Drainage. Zudem musste die Klägerin nicht nur eine schmerzhafte Operation, sondern auch zahlreiche Folgebehandlungen und eine langwierige ambulante Rehabilitation über sich ergehen lassen. Arzthaftung (Behandlungsfehler und Aufklärungspflichtverletzung) im Zusammenhang mit der Behandlung bestehender Beschwerden im rechten Ellenbogengelenk (Tennisarmbeschwerden). Der Beklagte Arzt setzte eine subkutane Injektion, wobei er weder Handschuhe noch einen Mundschutz trug, die Injektionsstelle jedoch mehrfach mit Alkohol benetzte. Die Klägerin unterzeichnete vor der Injektion ein Aufklärungsblatt. In welchem Umfang zuvor ein Aufklärungsgespräch stattfand, war zwischen den Parteien streitig. Nachfolgend wurde eine Staphylococcus-aureus-Infektion attestiert, weshalb die Klägerin 7 Tage stationär behandelt werden musste. Dauerschaden: Sichtbare Narbe am rechte Ellenbogen. „Die Klägerin hat zudem für den Senat glaubhaft angegeben, auch jetzt noch gelegentlich unter Schmerzen im Ellenbogengelenk zu leiden und teilweise über Tage hinweg Schmerzmedikation einnehmen zu müssen", so das OLG.

Betrag: 25.000 € **Haftung: 100 %**
immVorb: Ja **MdE: –**

OLG Hamm 15.2.2022 – 26 U 21/21 = BeckRS 2022, 4053

5429

Ellenbogenverletzung, schwere (hier: Nicht erkannte Ellenbogenfraktur mit daraus resultierenden schweren Dauerfolgen im Bereich des rechten Arms).

14j. Kind (Schüler). Arzthaftung (hier: Grober Diagnosefehler. Es wurde – nach einem zwei Jahre zuvor erfolgten Arztbesuch wegen einem Sturz auf dem Schulhof – eine Ellenbogenfraktur nicht festgestellt. Bei der späteren ärztlichen Untersuchung wurde eine in Fehlstellung verheilte Ellenbogenfraktur mit Deformierung des Radiuskopfes diagnostiziert, weshalb sodann das Radiusköpfchen operativ entfernt werden musst). Dauerschaden: Erheblichen funktionellen Bewegungseinschränkungen des rechten Ellenbogengelenkes mit einer deutlichen Einschränkung der Umwendbewegung des rechten Unterarmes sowie mäßiger Einschränkung der Beuge- und Streckfähigkeit des rechten Armes, Kraft- und Belastungsminderung sowie Verschleißschäden. Darüber hinaus seien entsprechende Narbenbildungen im Bereich des Ellenbogens und des Handgelenkes durch die mehrfachen operativen Eingriffe beim Kläger verblieben. Mit einer Verschlimmerung sei für die Zukunft zu rechnen (Verschlechterungstendenz).

Betrag: 60.000 € **Haftung: 100 %**
immVorb: Ja **MdE: –**

LG Arnsberg 15.3.2016 – 5 O 31/14 = BeckRS 2016, 125772

5426

Ellenbogenverletzung / Unterarmfraktur, schwere /(hier: Radiusmehrfragmentfraktur mit Abriss des sogenannten Processus coronoideus, einem dreieckigen Knochenvorsprung der Elle sowie Ellengelenkluxation und Weichteilverletzungen); Psychische Beeinträchtigungen / Depressionen.

54j. Mann. Längerer stationärer Aufenthalt mit mehreren Operationen ua mit zwei offenen Revisionen des rechten Ellenbogengelenks sowie einer offenen Revision des rechten Handgelenks. Dauerschaden: Erhebliche Ellenbogenbewegungsbeeinträchtigung, Bewegungsbeeinträchtigung der rechten Hand einschließlich der Finger. Bewegungsschmerzen. Psychische Beeinträchtigungen in Form von Depressionen und kognitiven Störungen. Regulierungsverzögerung.

Betrag: 70.000 € **Haftung: 100 %**
immVorb: Ja **MdE: –**

OLG Hamburg 15.4.2016 – 9 U 225/08 = BeckRS 2016, 137161

f) Ellenbogenfrakturen

6616

Ellenbogenfraktur links sowie weitere Ellenbogenverletzungen in Form einer Ellenbogengelenkluxation sowie einer Bänderverletzung (hier: Ruptur des Ligamentums collaterale ulnare links bzw. Riss des Kollateralbandes des Ellenbogengelenkes); auch diese beiden Ellenbogenverletzungen betrafen den linken Ellenbogen.

Mann. 9 Tage stationär. 6 Wochen Gipsverband des linken Ellenbogen / Arms. Anschließend befand sich der Kläger in physiotherapeutischer Behandlung. Die Verletzungen waren „glücklicherweise schnell ausgeheilt", so das OLG. Ursache: Motorradunfall beim Überholen einer Fahrzeugkolonne.

Betrag: 1.000 € **Haftung: 50 %**
immVorb: – **MdE: –**

OLG Naumburg 25.5.2012 – 10 U 43/11 = BeckRS 2012, 21441

2871

Ellenbogenfraktur rechts.

Mann (Ergotherapeut). 1 Woche stationär; MdE 4 Wochen 100 %. Später noch Operation zur Metallteilentfernung. Keine Dauerfolgen.

Betrag: 1.278 € **Haftung: 100 %**
immVorb: – **MdE: –**

AG Berlin-Tempelhof-Kreuzberg 27.3.2000 – 20 C 375/99 = BeckRS 2000, 167955

5425

Ellenbogenfraktur / Unterarmfraktur (hier: Ellenfraktur in Form einer sogenannten Olekranonfraktur [Ellenoberkantenfraktur] mit Ellenbogengelenkbeteiligung).

63j. Frau. 6 Tage stationär; Operation. Später ambulante Entfernung der Fäden. MdE 8 Wochen 100 %. [Ursache: Unfall im Supermarkt: Die Beklagte machte einen Schritt zurück, ohne sich umzusehen. 50 %iges Mitverschulden weil die Klägerin ihrerseits nicht auf die Bewegungen der sich in ihrer Nähe bewegenden Beklagten geachtet habe, als sie diese passierte].

Betrag: 1.500 € **Haftung: 50 %**
immVorb: Ja **MdE: –**

OLG Hamm 6.6.2016 – 6 U 203/15 = BeckRS 2016, 14530

5694

Ellenbogenfraktur (hier: „komplizierte Radius-Kopf-Fraktur am rechten Ellbogen" mit einer „8 mm breiten und 2,5 mm tiefen, mit Flüssigkeit gefüllten Gelenkkapselaussackung, die möglicherweise beim Strecken des Armes zu einer Kapselirritation und zu entsprechender Schmerzsymptomatik führt").

Mann (Zahnarzt). MdE 44 Tage 100 %. [Ursache: Sportunfall – Sturz über einen Werbeträger, der als „massiver Werbeträgern aus Eisen“ am Rand einer Tennishalle, in der der Kläger gespielt hatte].

Betrag: 1.534 € **Haftung: 50 %**
immVorb: Ja **MdE: –**

OLG Bamberg 20.8.2002 – 5 U 288/00 = BeckRS 2002, 30278418

3340

Ellenbogenfraktur / Unterarmfraktur (hier: Radiusfraktur bzw. Radiusköpchenfraktur am linken Ellenbogen).

Mann. 5 Monate andauernde Bewegungseinschränkung. [Verkehrssicherungspflichtverletzung bzgl. einer provisorischen Wasserversorgungsleitung].

Betrag: 2.000 € **Haftung: 100 %**
immVorb: – **MdE: –**

OLG München 12.1.2005 – 7 U 3820/04 = BeckRS 2005, 1726

4909

Ellenbogenfraktur in Form einer Radiusköpfchenfraktur.

Mann. Keine weiteren Angaben, denn das Urteil befasste sich lediglich mit der Deckungsklage des „Täters“, der für die (aus Sicht seines PHV-Versicherers vorsätzliche) Tat (= Verletzungshandlung) Versicherungsschutz begehrte und mithilfe der Klage auch erhielt. [Lesenswert zur Frage des Versicherungsschutzes bei Meldung des Versicherungsfalles erst nach Rechtskraft des Versäumnisurteils im Haftpflichtprozess].

Betrag: 3.500 € **Haftung: 100 %**
immVorb: – **MdE: –**

LG Dortmund 28.3.2012 – 2 O 144/10 = BeckRS 2012, 12808

3505

Oberarmfraktur / Ellenbogenfraktur (wörtlich heißt es: „Knochenbruch des Ellenbogen nahen Oberarmknochens“), die vom Sachverständigen als „eine schwerwiegende Verletzung“ dargestellt wurde.

8j. Kind. Eine Woche stationär. Metallteileimplantate („Knochendrähte“) müssen in einer weiteren Operation später wieder entfernt werden. 6 Wochen Gips. 3 Monate Krankengymnastik. [Ursache: Verkehrssicherungspflichtverletzung wegen Gyllydeckel].

Betrag: 3.500 € **Haftung: 100 %**
immVorb: Ja **MdE: –**

OLG Hamm 14.12.2004 – 9 U 32/04 = BeckRS 2005, 14515

7280

Ellenbogenfraktur, schwere (hier: Olecranonfraktur bzw. Ellenbogentrümmerfraktur des körperfernen Ellenknochens mit Gelenkbeteiligung), die mit einer Schrauben- und Plattenosteosynthese operativ versorgt werden musste.

Frau. 7 Tage stationär. Die Fraktur wurde mittels Metallimplantat versorgt. Anschließend wurde der linke Arm für 5 Wochen durch eine Schiene sowie – nach den Angaben der Klägerin gegenüber der Sachverständigen – für weitere 3 Wochen ruhig gestellt. In dieser Zeit erfolgte eine intensive Behandlung durch Lymphdrainage und Physiotherapie. MdE 62 Tage 100 %, anschließend Wiedereingliederung mit vier Stunden täglich. Im Folgejahr erfolgte die Metallimplantatentfernung mit 2 weiteren Tagen stationären Aufenthalts. Langwierige Heilbehandlung Dauerschaden: Bewegungsbeeinträchtigung des Ellenbogens. Hierzu heißt es: „Neben dem komplikationslosen, jedoch langwierigen Heilungsverlauf ist die Streck- und Beugefähigkeit des Ellenbogengelenks auf Dauer mit einer MdE von 10 % eingeschränkt.“ Zudem verblieb eine 10 bis 15 cm lange Narbe. Hohe Wahrscheinlichkeit einer posttraumatischen Arthrose (Arthrosegefahr). [Anmerkung: Lesenswert zur Thematik der Kollision eines vom Geh- bzw. Radweg auf die Fahrbahn fahrenden Radfahrers mit einem KFZ].

Betrag: 4.000 € **Haftung: 50 %**
immVorb: – **MdE: –**

OLG Brandenburg 26.8.2021 – 12 U 179/20 = BeckRS 2021, 26803

5191

Ellenbogenfraktur in Form einer Radiusköpfchenfraktur [= Fraktur des oberen Endes der Speiche, – die häufigste Fraktur im Bereich des Ellenbogens] links. Zudem kam es zu Blutergüssen / Hämatomen im Bereich des frakturierten Ellenbogens sowie auch des rechten Ellenbogens sowie des rechten Kniegelenks.

Mann. Ambulante Behandlung mit Injektionstherapie. [Anmerkung: Das OLG befasste sich auch mit der Frage des Vorliegens einer Regulierungsverzögerung durch den Haftpflichtversicherer des Beklagten. Diese hatte vorgerichtlich nur 1.000 EUR geleistet. Das LG erkannte auf 2.000 EUR; das OLG schließlich auf 5.000 EUR. In einem solchen Falle grundsätzlich schwieriger Einzelfallbetrachtung könne vorliegend keine – zur Schmerzensgeldanhebung führende – Regulierungsverzögerung gesehen werden, so das OLG.]

Betrag: 5.000 € **Haftung: 100 %**
immVorb: Ja **MdE: –**

OLG Celle 8.7.2015 – 14 U 137/14 = BeckRS 2015, 127574

3758

Ellenbogenluxationsfraktur links mit erheblicher dauernder Bewegungsbeeinträchtigung. Prellungen am Oberschenkel.

Mann. 5 Tage Intensivstationär, weitere 11 Tage stationär. MdE 65 Wochen 100 %. Langwierige Heilung und komplizierte Heilbehandlung; es kam zu einer Lungenembolie, die jedoch verheilte. Dauerschaden: Erhebliche Bewegungsbeeinträchtigung der Ellenbogengelenkbeweglichkeit beim Beugen und Strecken. Der linke Arm ist daher insgesamt nur noch um ca. 20 % eingeschränkt zu gebrauchen und ist somit im täglichen Leben eingeschränkt. Ursache: Motorradunfall.

Betrag: 5.500 € **Haftung: 75 %**
immVorb: Ja **MdE: –**

LG Itzehoe 9.2.2004 – 2 O 145/02 = BeckRS 2004, 153794

3842

Ellenbogengelenkfraktur, mehrfach dislozierte.

46j. Mann. 18 Tage stationär; zwei Aufenthalte. Anschließend 4 Monate physiotherapeutische Nachbehandlung. Dauerschaden: Belastungseinschränkung und Bewegungseinschränkung im rechten Ellenbogen.

Betrag: 6.000 € **Haftung: 100 %**
immVorb: – **MdE: –**

OLG Dresden 10.12.2004 – 1 U 1399/04 = BeckRS 2004, 153047

6644

Ellenbogenfraktur rechts (hier: Radiusköpfchenmeißelfraktur im rechten Ellenbogengelen, die in Fehlstellung verheilte).

Mann (selbständiger Physiotherapeut und Osteopath. Ambulante Behandlung, bei der die Fraktur konventionell 23 Tage mit einem Verband ruhiggestellt worden war. MdE fast 50 Tage 100 %, anschließend 30 Tage 40 % sowie 60 Tage 30 %. Möglicher Dauerschaden: Wegen Verheilung der Fraktur in erheblicher Fehlstellung müsse – so das OLG – allerdings mit einer vorauseilenden Arthrose am rechten Ellenbogengelenk gerechnet werden.

Betrag: 7.000 € **Haftung: 70 %**
immVorb: Ja **MdE: –**

OLG Celle 9.9.2009 – 14 U 41/09 = BeckRS 2010, 61

4688

Ellenbogenbogenfraktur (hier: Ellenbogengelenkfraktur in Form einer Radiusköpchenfraktur am linken Ellenbogen) sowie Handgelenkfraktur (hier: Handgelenkluxationsfraktur mit Ausriss des Dreieckbeins am Handgelenk ebenfalls linksseitig).

Mann (Hausmeister). MdE 72 Tage 100 % sowie weitere 74 Tage 40 %. Dauerschaden: Bewegungsbeeinträchtigung im Unterarm- und Handbereich, hierzu heißt es wörtlich: „Als Dauerfolgen sind dem Kläger im linken Arm ein Streckdefizit, eine Beugebeeinträchtigung, eine endgradige Einschränkung der Unterarmdrehung, eine endgradige Funktionsbeeinträchtigung des linken Handgelenks bei maximalen Bewegungsausschlägen und eine einhergehende Muskelabmagerung des linken Unterarmes als Ausdruck der Mindernutzbarkeit verblieben. Die dauernde Minderung der Erwerbsfähigkeit des Klägers beträgt ca. 10 %". Das LG sprach dem Kläger 500 EUR für einen verletzungsbedingt entgangenen Segelurlaub zu. [Vgl. auch LG Oldenburg → Nr. 7424].

Betrag: 7.500 € **Haftung: 100 %**
immVorb: Ja **MdE: 10 %**

LG Bremen 13.5.2013 – 7 O 1759/12 = BeckRS 2013, 8669

4366

Ellenbogenfraktur, rechts (hier: Radiusköpfchenmehrfragmentfraktur).

Frau. 14 Tage stationär. Langwierige Heilbehandlung mit Metallteileimplantat. 14 Tage Oberamgipsschiene. MdE 6 Monate 100 %. Dauerschaden: Bewegungsbeeinträchtigung in Form einer Beugefähigkeitseinschränkung des rechten Ellenbogens. Ferner traten Taubheitsgefühle in den Fingern der rechten Hand sowie Einschränkungen der Bewegungsfähigkeit der Finger der rechten Hand auf.

Betrag: 7.500 € **Haftung: 75 %**
immVorb: – **MdE: 20 %**

OLG Saarbrücken 18.10.2011 – 4 U 400/10 = BeckRS 2011, 25817

5939

Ellenbogenfraktur rechts in Form einer Radiusköpfchenmehrfragmentfraktur.

Frau. 14 Tage stationär, Metallimplantat. Anschließend ambulante Heilbehandlung mit acht Sitzungen. Für die Dauer von 14 Tagen musste die Klägerin eine Oberarmgipsschiene tragen. Operative Entfernung der Schrauben und der Titanplatte. MdE 180 Tage 100 %. Dauerschaden: MdE 20 % wegen Bewegungsbeeinträchtigungen am rechten Ellenbogen und der Finger der rechten Hand mit Taubheitsgefühlen. [Ursache: Verkehrssicherungspflichtverletzung. „Der Betreiber eines Supermarktes haftet vertraglich für die Verkehrssicherungspflichtverletzung durch einen mit Räumarbeiten beauftragten Unternehmer als Erfüllungsgehilfen infolge unterbliebener Beseitigung einer vereisten Rinne"].

Betrag: 7.500 € **Haftung: 75 %**
immVorb: – **MdE: –**

OLG Saarbrücken 18.10.2011 – 4 U 400/10-119 = BeckRS 2011, 25817

7286

Ellenbogenfraktur in Form einer Radiusköpfchentrümmerfraktur links mit Abriss des Processus coronoideus links [= ein knöcherner seitlicher Vorsprung der Elle nahe dem Ellenbogengelenk] sowie weitere Verletzungen; hier: Daumenverletzung in Form einer Daumensattelgelenkskontusion links; Handverletzung in Form einer Absprengung eines kleinen Knochenstücks, eines sog. Ossikels, im linken Handgelenk sowie eine Brustkorbquetschung links.

55j. Frau. 2 Wochen stationär. Im linken Ellenbogen hat die Klägerin durch eine Operation eine Prothese erhalten. MdE 36 Tage 100 %. Dauerschaden: Funktionsbeeinträchtigung des linken Arms, weshalb die Kl. „nicht mehr die gleichen Kräfte wie früher [ausüben kann] und … viele Bewegungen und Tätigkeiten nicht mehr so ausführen wie früher, das Ellenbogengelenk ist weniger belastbar. Die Klägerin ist vor allem dauerhaft im privaten Bereich eingeschränkt insofern, als sie bestimmten Freizeitbeschäftigungen, insbesondere dem Reiten, nicht mehr in gleicher Weise nachgehen kann wie früher. Sie muss sich wegen des Schadens im linken Ellenbogen anders und vorsichtiger bewegen als früher." [Ursache: Verkehrssicherungspflichtverletzung eines Bauunternehmens. Lesenswert dazu zum Thema „Sichtfahrgebot eines Radfahrers innerorts im Baustellenbereich" ist der Beitrag in der NZV 2022, 296, der sich auch mit der – vom OLG überraschender Weise völlig verneinten – Frage des Mitverschuldens der Klägerin als Fahrradfahrerin befasst].

Betrag: 8.500 € **Haftung: 100 %**
immVorb: Ja **MdE: –**

OLG Karlsruhe 5.10.2021 – 9 U 59/19 = BeckRS 2021, 41881

4409

Ellenbogenfraktur (hier: Ellenbogentrümmerfraktur und Unterarmfraktur in Form einer Speichenköpfchenfraktur).

Frau. MdE 5 Monate 100 %; 12 Tage stationär; anschließend fast 12 Monate ambulante langwierige Heilbehandlung. Dauerschaden: Streckhemmung des linken Ellenbogengelenks und einer endgradig gehemmten Unterarmdrehung sowie Belastungsschmerzen im linken Arm.

Betrag: 9.000 € **Haftung: 100 %**
immVorb: – **MdE: 10 %**

LG Münster 24.2.2011 – 12 O 381/08 = BeckRS 2011, 27081

6741

Ellenbogenfraktur / Unterarmfraktur, schwere (hier: Unterarmmehrfachfragmentfraktur links im Bereich des Ellenbogens).

Mann. Stationäre Behandlung mit Operation mittels eines Kirschner-Drahtes sowie insgesamt vier Schrauben. Dem Operateur gelang es jedoch nicht, die 100 %-ige Reposition der einzelnen Fragmente zu erzielen. Dauerschaden: Bewegungseinschränkungen im Bereich des linken Ellenbogens mit Streckdefizit im Bereich des linken Ellenbogens von 30 bis 40 Grad und ein Defizit der Beugung von etwa 10 Grad. [Ursache: Verkehrssicherungspflichtverletzung wegen Verstoßes gegen die Räum- und Streupflicht. Sturz des Klägers auf Glatteis].

Betrag: 10.000 € **Haftung: 100 %**
immVorb: Ja **MdE: –**

OLG Frankfurt a. M. 14.1.2019 – 29 U 69/17 = BeckRS 2019, 19470

6003

Ellenbogenfraktur (hier: Offene Ellenbogenfraktur in Form einer offenen Ellenbogenluxationsfraktur). Zudem erlitt der Kläger beim Sturz vom Pferd noch eine Unterarmverletzung (hier: Compartment-Syndrom bzw. Kompartmentsyndrom am linken Unterarm. Darunter versteht man einen Zustand, in welchem bei geschlossenem Haut- und Weichteilmantel ein erhöhter Gewebedruck zur Verminderung der Gewebedurchblutung führt, woraus neuromuskuläre Störungen oder Gewebe- und Organschädigungen resultieren).

Mann (älterer Mann). Stationäre Heilbehandlung mit mehreren Operationen; anschließend musste der Kläger einen „externen Fixateur" tragen. Erhöhend wertete das OLG, „dass der Kläger infolge der erlittenen Verletzungen seine Arbeitsstelle verloren hat, was im Hinblick auf sein fortgeschrittenes Alter und die dadurch bedingt geringeren Chancen, noch eine Arbeitsstelle zu finden, als erhebliche Belastung des Klägers zu bewerten ist". [Ursache: Tierhalterhaftung beim Abwurf eines Reiters in Ritterbekleidung bei Fotoshooting. Die amtlichen Leitsätze des OLG lauten: „1. Die Tierhalterhaftung nach § 833 BGB kommt auch dem Reiter zugute, dem das Pferd aus Gefälligkeit überlassen wird. 2. Kein Ausschluss der Tierhalterhaftung unter dem Gesichtspunkt der menschlichen Leitung des Tieres, wenn ein Pferd, das von einer ihm vertrauten Person am Zügel gehalten wird, bockt und den Reiter abwirft. 3. Kein anspruchsmindernder Mitverursachungsbeitrag des Reiters, der zum Zwecke der Anfertigung von Fotos Ritterbekleidung auf ein Pferd aufsitzt, das von einer dem Pferd vertrauten Person am Zügel gehalten wird, bockt und den Reiter abwirft".]

Betrag: 10.000 € **Haftung: 100 %**
immVorb: Ja **MdE: –**

OLG Karlsruhe 14.12.2012 – 14 U 82/11 = BeckRS 2014, 8025

6623

Ellenbogenfraktur links in Form einer ausgedehnten Ellenbogenluxationsfraktur sowie eine komplette Unterarmfraktur links (hier: Ellentrümmerfraktur und Radiusfraktur in Form einer extraartikularen Radiuskopffraktur) sowie Knorpelschaden und Hautschürfungen links.

Mann (Künstler). Ca. 40 Tage stationär mit anschließendem Reha-Aufenthalt. 4 Operationen. MdE ca. 300 Tage 100 %. Anschließend längere MdE, die nach drei Jahren noch bei 10 % lag. Dauerschaden: Bewegungseinschränkungen und Belastungseinschränkung des linken Arms infolge des attestierten Streckdefizits (59 %) und Beugedefizits (49 %). Berufsbehinderung; der Kläger wird durch die Verletzungen dauerhaft und erheblich in seiner Berufsausübung als Bildhauer beeinträchtigt. [Ursache: Verkehrssicherungspflichtverletzung – der Kläger geriet mit seinem Fahrrad in einen offenen Gully und stürzte].

Betrag: 10.000 € **Haftung: 100 %**
immVorb: – **MdE: –**

LG Köln 18.8.2011 – 5 O 348/09 = BeckRS 2011, 145786

5723

Ellenbogenfraktur in Form einer Radiusköpfchenfraktur bzw. Radiusköpfchenmehrfragmentfraktur rechts mit radiologisch diskreten Zeichen einer beginnenden gelenkumformenden Verschleißerkrankung in diesem Gelenkabschnitt. Zudem Schürfwunden und Platzwunden.

29j. Mann (Feinmechaniker). 5 Tage stationär mit Schraubenosteosynthese. Nach 7 Monaten nochmals 4 Tage Krankenhaus zur Metallimplantatentfernung. MdE ca. 90 Tage 100 %. Dauerschaden: MdE 10 %. Bewegungseinschränkung durch Streckdefizit des rechten Ellenbogens von 10 Grad und einer Narbe am rechten Ellenbogen. Hierdurch ist eine Beeinträchtigung des Klägers bei seiner Tätigkeit als Feinmechaniker sowie bei manchen Freizeitbeschäftigungen (Badminton, Kraftsport, Kegeln, Motorradfahren und Tennis) nachvollziehbar. [Ursache: Motorradunfall].

Betrag: 11.500 € **Haftung: 100 %**
immVorb: Ja **MdE: 10 %**

LG Münster 13.1.2005 – 15 O 412/04 = BeckRS 2005, 153222

5667

Ellenbogenverletzung nach Ellenbogenfraktur (hier: Behandlungsfehlerhafte Ellenbogenfrakturversorgung mit der Folge einer dauerhaften Ellenbogengelenksteife bzw. Ellenbogengelenkversteifung).

Mann (junger Mann). Arzthaftung (hier: Behandlungsfehler im Zusammenhang mit einem Arbeitsunfall, bei dem sich der Kläger eine Radiusköpfchenfraktur am rechten Ellenbogen zugezogen hatte. Bei der Frakturbehandlung übersah der behandelnde Arzt, dass sich die Fraktur bereits verschoben hatte, so dass es zur Ellenbogengelenkversteifung kam. Die Kammer verkannte nicht, dass die Fraktur selbst von dem Bekl. nicht verursacht worden war, sondern dass es sich um einen Unfall gehandelt hat und der Bekl. lediglich in den Behandlungsprozess eingebunden war. Sein Fehlverhalten war aber ursächlich für den jetzt bestehenden Dauerzustand). Dauerschaden: Ellenbogengelenkversteifung. Verschlechterungstendenz: Die Versteifung wird sich in Zukunft „eher noch verschlechtern ..., eine Verbesserung ist nach den Ausführungen des Sachverständigen nicht zu erwarten", so das OLG.

Betrag: 12.782 € **Haftung: 100 %**
immVorb: – **MdE: –**

LG Kleve 8.3.2000 – 2 O 327/99 = BeckRS 2006, 13266

4584

Oberarmfraktur / Ellenbogenfraktur / Nervverletzung (hier: Oberarmluxationstrümmerfraktur links mit hochgradiger Schädigung des nervus ulnaris).

Mann (Arzt / Urologe). Stationäre Heilbehandlung; Operation mit Kirschnerdrähten und Metallteilimplantat (es wurde „eine Drittelrohrplatte anmodeliert"). Bei der Operation unterlief dem behandelnden Arzt ein grober Behandlungsfehler durch welchen es zur Nervverletzung kam. Dauerschaden: Bewegungseinschränkung; motorische Funktion der kleinen Handmuskel eingeschränkt. Dadurch ist der Kläger als Urologe bei seiner Berufsausübung beeinträchtigt.

Betrag: 15.000 € **Haftung: 100 %**
immVorb: Ja **MdE: –**

OLG München 16.2.2012 – 1 U 1030/11 = BeckRS 2012, 4397

7397

Ellenbogenfraktur (hier: zweitgradig offene Ellenbogengelenksfraktur rechts, bei der es zu einer Gelenksluxation mit schweren knöchernen Verletzungen im Bereich des Olecranons, des Processus coronoideus sowie des Radiusköpfchens gekommen war.)

53j. Frau. 33 Tage stationär in zwei Aufenthalten mit drei Operationen. Nach einer Reposition und Ruhigstellung erfolgte „eine mehrmonatige Stabilisierung mit Platte und Schrauben sowie die Refixation des ulnaren Seitenbandes." Metallimplantatentfernung; hieran schlossen sich eine ausgiebige Arthrolyse des rechten Ellenbogengelenks und mehrmonatige intensive Rehabilitationsmaßnahmen an. Komplizierte Heilung und langwierige Heilbehandlung zu der es im Urteil heißt: „Die Verletzungen sind nahezu ausgeheilt; bis Anfang 2019 [Anmerkung: Der Unfall ereignete sich im Jan. 2013] kam es zu einer deutlichen funktionellen Besserung im Bereich des rechten Ellenbogengelenks. Der rechte Arm einschließlich des Ellenbogengelenks können genutzt werden und werden auch genutzt; dies erweist sich anhand der nur geringgradig (nämlich um einen Zentimeter) verschmächtigten Muskulatur des rechten Ober- und Unterarms im Vergleich zur linken Seite." Dauerschaden: 16cm langen Operationsnarbe und geringfügige Funktionsbeeinträchtigung des rechten Ellenbogens – die Klägerin ist Rechtshänderin. [Ursache: Verkehrssicherungspflichtverletzung durch Sturz einer Kundin über ein Stromkabel einer Baustelle in einem Einkaufszentrum].

Betrag: 17.500 € **Haftung: 100 %**
immVorb: Ja **MdE: –**

OLG Zweibrücken 26.1.2022 – 1 U 209/20 = BeckRS 2022, 1117

6302

Ellenbogenfraktur (hier: Ellenbogenluxationsfraktur bzw. „komplexe dorsale Luxationsfraktur des Ellbogens Typ II nach Jupiter", d.h. rückwärtiger Ellenbogenbruch mit Ausrenkung). Unterarmfraktur / Speichenfraktur rechts (hier: Radiusköpfchenfraktur) sowie einem Abriss des Processus coronoideus (Knochenvorsprung der Elle). Handfraktur (hier: dislozierte Mittelhandknochenfraktur) und Daumenfraktur links. Sichtbare Narben, vor allem am rechten Arm.

Frau. 32 Tage stationär. 4 Aufenthalte. Komplizierte Heilbehandlung mit zahlreichen Operationen (6 OP am Ellenbogen und 3 OP am Daumen) mit mehreren Metallimplantaten. Die ersten beiden Phasen der stationären Behandlung waren zweifelsfrei mit erheblichen Schmerzen verbunden, die eine entsprechende medikamentöse Schmerztherapie erforderlich machten. Außerdem waren zahlreiche ambulante Behandlungen erforderlich. Dauerschaden: Bewegungseinschränkungen und Streckdefizit von 30 Grad und Beugedefizit von 20 Grad mit geringfügiger Handumwendebewegungseinschränkung. Taubheitsgefühl und Bewegungsbeeinträchtigung des linken Daumens allerdings ohne nennenswerte Einschränkung der Greif- und Gebrauchsfunktion der linken Hand. Verschlechterungsgefahr: Die Klägerin muss mit dem Gedanken leben, dass es auch in Zukunft zu Komplikationen mit der in ihrem rechten Ellbogen einliegenden Radiusköpfchenprothese kommen kann, so das OLG. [Ursache: Die Klägerin fuhr auf einem Geh- und Radweg mit geringem Abstand an einer Personengruppe mit einem Hund vorbei, ohne zuvor durch Klingelzeichen auf sich aufmerksam gemacht zu haben. Haftungsverteilung bei Kollision von Rad und Hund. Zur Grenze der Tierhalterhaftung führte das OLG aus: „Die Grenze der Tierhalterhaftung ist im Übrigen erst dann erreicht, wenn das Tier kein anderes Risiko repräsentiert als ein lebloser Gegenstand".]

Betrag: 20.000 € **Haftung: 66 %**
immVorb: Ja **MdE: 20 %**

OLG Hamburg 8.11.2019 – 1 U 155/18 = BeckRS 2019, 28888

2822

Ellenbogenfraktur (hier: Ellenbogentrümmerfraktur rechts); Schulterfraktur (hier: Schulterluxationsfraktur links); Rippenfrakturen (6 bis 12 Rippe); Querfortsatzabriss I bis V; Zwerchfellarterienanriss; Lungenquetschung; Kopfplatzwunde.

51j. Mann (Unternehmer). 6 Wochen stationär; danach „eingeschränkte Erwerbsfähigkeit"; 11 Monate (93 Behandlungen) in physiotherapeutischer Behandlung!

Betrag: 30.678 € **Haftung: 80 %**
immVorb: Ja **MdE: –**

LG Potsdam 11.1.2000 – 12 O 261/99 = BeckRS 2000, 168037

5997

Ellenbogenfraktur rechts in Form einer Ellenbogenluxationsfraktur mit Nervverletzungen durch Lähmung des Nervus ulnaris [= Ellennerv, der im Bereich des Ellenbogens in einer engen knöchernen Rinne, der sogenannten Sulcus ulnaris verläuft].

40j. Frau (Sachbearbeiterin). 36 Tage stationär mit drei Aufenthalten sowie einen vierten Aufenthalt vier Jahre nach dem Unfall, „da infolge des Unfalls ... am rechten Ellenbogen zunehmende Schmerzen sowie ein Einschlafgefühl und eine Taubheit vom Ellenbogen ausgehend in die rechte Hand ausstrahlend" auftrat. Dauerschaden: MdE 30 %. Ellenbogenschmerzen und eine ca. 16 cm lange Narbe am rechten Arm (Ober- bis Unterarm).

Betrag: 33.234 € **Haftung: 80 %**
immVorb: Ja **MdE: 30 %**

LG Neubrandenburg 23.2.1999 – 47 O 150/98 = BeckRS 2013, 2411

g) Unterarmverletzungen

4076

Unterarmverletzung

Mann (Zahnarzt). Kein Schmerzensgeldanspruch. Der Kläger, dem es „entsprechend den strengen Anforderungen des Vollbeweises gemäß § 286 ZPO" obliegt, „die haftungsbegründende Kausalität nachzuweisen", hat diesen Beweis nicht erbracht, zumal „vom Unfalltag bis zur erstmaligen Inanspruchnahme ärztlicher Hilfe sechs Tage vergangen sind", so das KG.

Betrag: – **Haftung: –**
immVorb: – **MdE: –**

KG 7.6.2010 – 12 U 161/09 = BeckRS 2010, 19939

4259

Unterarmverletzungen, leichte (hier: Unterarmschürfungen und Unterarmprellungen und Unterarmstauchung) sowie Lendenwirbelsäulenprellung und Schädelprellung mit geringen Kopfschmerzen sowie HWS-Syndrom.

Mann. MdE 13 Tage 100 %. Das OLG führte zur Bemessung aus: „Das Zusammentreffen mehrerer leichter alltäglicher Verletzungen (...) rechtfertigt ein Schmerzensgeld von 500,- EUR".

Betrag: 500 € **Haftung: 100 %**
immVorb: – **MdE: –**

OLG Brandenburg 4.11.2010 – 12 U 87/10 = BeckRS 2010, 28470

6320

Unterarmverletzung in Form eines Unterarmhämatoms rechts (Bluterguss).

Frau. 3 Wochen Schmerzen und Einschränkungen im Haushalt. Bei der Bemessung berücksichtigte das LG: „Durch die Kollision mit der Aufzugtür hat die Klägerin ein etwa 10 x 10 cm großes Hämatom am rechten Unterarm von erheblicher Intensität erlitten. Dass der Bluterguss erheblich über das Ausmaß üblicher Prellverletzungen hinausgeht ergibt sich sowohl aus den zur Akte gereichten Fotografien wie auch den insoweit glaubhaften Aussagen des Zeugen Bergs, die durch die Angaben der persönlich angehörten Klägerin gestützt werden. Die erhebliche Einblutung ist auch vor dem Hintergrund plausibel, dass die Klägerin zum Unfallzeitpunkt das gerinnungshemmende Medikament Plavix eingenommen hat und sie daher besonders anfällig für Blutungen war". Mögliche Dauerfolge: Veränderung des Gewebes im Unterarmbereich. [Ursache: Verkehrssicherungspflichtverletzung im Zusammenhang mit einer Fahrstuhltüre / Aufzugstüre].

Betrag: 550 € **Haftung: 100 %**
immVorb: Ja **MdE: –**

LG Köln 14.6.2019 – 2 O 174/17 = BeckRS 2019, 12727

6722

Unterarmverletzungen durch mehrere blutende Bisswunden (durch den Hund der Beklagten) in den linken Unterarm.

Frau. Stationäre Heilbehandlung; die Bisswunde wurde genäht. Dauerschaden: Narbe am linken Unterarm. Ursache: Tierhalterhaftpflichtfall. Die Klägerin sowie die Beklagte hatten ihre Hunde ausgeführt; dabei kam es zu einer Auseinandersetzung wischen den Hunden. Die Klägerin wurde dabei, als sie versuchte, ihren Hund am Nackenfell wegzuziehen, vom Hund der Beklagten gebissen. Das AG wertete es in hohem Maße als fahrlässig, in eine Auseinandersetzung zwischen zwei aggressiven Hunden ohne Schutzvorrichtung einzugreifen. Deshalb beurteilte das AG die Haftungsquote 80:20 zu Lasten der Klägerin.

Betrag: 800 € **Haftung: 20 %**
immVorb: – **MdE: –**

OLG Oldenburg 4.10.2019 – 195 U 114/19 = BeckRS 2019, 54837

6924

Unterarmverletzung (hier: Blutende Hundebisswunden).

Frau. Ambulante Behandlung, bei der die Bisswunden genäht werden mussten. Dauerschaden: Narben am Unterarm. [Hundehalterhaftung / Tierhalterhaftung: Die Klägerin griff in eine Auseinandersetzung zwischen ihrem Hund und dem der Beklagten ein und versuchte die Tiere zu trennen; dabei wurde sie gebissen. Vergleiche dazu auch OLG Frankfurt a.M. BeckRS 2023, 1575, das am 18.1.2023 urteilte, dass "eine Haftung des Tierhalters … auch dann in Betracht (komme), wenn sich ein Mensch durch eine vom Tier herbeigeführte Gefahr für ein anderes Tier zu helfendem Eingreifen veranlasst sieht].

Betrag: 800 € **Haftung: 20 %**
immVorb: – **MdE: –**

OLG Oldenburg 4.10.2019 – 5 U 114/19 = BeckRS 2019, 54837

4095

Unterarmverletzung (hier: Hundebissverletzung, die genäht werden musste) sowie Unterschenkelbisswunde.

Frau (Verkäuferin). Ambulante Heilbehandlung, wobei die Unterarmbissverletzung genäht werden musste. MdE 10 Tage 100 %. Ursache: Hundebiss.

Betrag: 1.000 € **Haftung: 100 %**
immVorb: – **MdE: –**

AG Osnabrück 3.2.2010 – 15 C 181/09 = unveröffentlicht

5543

Unterarmverletzung (hier: eingekapseltes Unterarmhämatom im Bereich des Handgelenks. Zudem erlitt die Klägerin eine leichte Schädelprellung sowie eine leichte HWS-Distorsion.

Frau. Mithaftung wegen nicht korrekter Sitzhaltung: „Führt die vorgebeugte Sitzhaltung des Beifahrers dazu, dass die Schutzfunktion des Gurtes aufgehoben ist und wirkt sich dies auf den Verletzungsumfang aus, so begründet das ein Mitverschulden des Beifahrers von 40 %" …. „Wie sich aus dem Gutachten des Sachverständigen weiter ergibt, war wegen der besonderen Sitzhaltung die Schutzfunktion des Gurtes vollständig aufgehoben. Dafür, dass die Verletzungen, und dabei insbesondere die die Klägerin länger belastende Schädelprellung und das Hämatom als die schwersten Verletzungen, auch bei üblicher Sitzhaltung und dann gegebener Rückhaltefunktion aufgetreten wären, besteht kein Anhaltspunkt", so das OLG.

Betrag: 1.200 € **Haftung: 60 %**
immVorb: – **MdE: –**

OLG München 12.1.2018 – 10 U 2718/15 = BeckRS 2018, 119

5095

Unterarmverletzung (hier: 6?x 3 cm große Wunde durch einen Hundebiß).

Mann. Ambulante Heilbehandlung über die Dauer von ca. 10 Wochen. Der Kläger war – laut dem gerichtlich eingeholten Gutachten „in seiner Mobilität durch die Bissverletzung nicht wesentlich eingeschränkt". Ursache: Hundebiß. [HInweis: Gem. § 543 Abs. 2 Nr. 2 ZPO war vorliegend die Revision zur Sicherung einer einheitlichen Rspr. zuzulassen worden. Der Senat weicht nämlich mit seiner vorliegenden Entscheidung hinsichtlich der Frage der Anrechnung der Mitwirkung von Tiergefahr des eigenen Hundes von einem Urteil des OLG München BeckRS 2011, 10024 ab. Dort hat das OLG München die Anrechnung der Tiergefahr des eigenen Hundes analog § 254 BGB auch für den Fall bejaht, dass sich der eigene Hund passiv verhalten hat.]

Betrag: 2.000 € **Haftung: 100 %**
immVorb: – **MdE: –**

OLG Jena 16.7.2015 – 1 U 652/14 = R+S 2015, 625

5959

Unterarmfraktur (hier: Speichenfraktur in Form einer „Impressionsfraktur am Radiusköpfchen links, die konservativ behandelt wurde").

Mann. Ambulante Heilbehandlung. Folgenlose Verheilung, „reizloser Befund". [Motorradunfall].

Betrag: 2.625 € **Haftung: 75 %**
immVorb: – **MdE: –**

AG Solingen 24.8.2011 – 11 C 199/11 = BeckRS 2012, 20978

5298

Unterarmverletzung in Form einer Riss-Quetschwunde am Unterarm links sowie eine Hyposensibilität im Bereich des Versorgungsgebietes des Nervus cutaneus antebrachii medialis.

23j. Frau (tiermedizinischen Fachangestellte). Der nachfolgende operative Eingriff verlief komplikationslos, intraoperativ konnte eine Verletzung des Nervus cutaneus antebrachii medialis ausgeschlossen werden. Unter einer intravenösen Antibiose mit Ampicillin, Sulbactam, waren die initiale Rötung und Schwellung der mit vier Stichen genähte Wunde rückläufig im weiteren Heilungsverlauf stellten sich, mittlerweile nicht mehr vorhandene, Gefühlsstörungen am linken Unterarm ein, es blieb eine deutlich sichtbare Narbe zurück. Die Beeinträchtigungen erstreckten sich über 3 Monate. Dauerschaden: Deutlich sichtbare Narbe.

Betrag: 2.700 € **Haftung: 100 %**
immVorb: – **MdE: –**

AG Frankenthal 7.7.2016 – 3a C 66/16 = BeckRS 2016, 16193

6735

Unterarmverletzung (hier: Hundebissverletzung im Bereich des rechten Unterarms mit Nervverletzung am Unterarm).

Frau. Ambulante Heilbehandlung, bei der die Bisswunde genäht wurde. MdE 30 Tage 100 %. Dauerschaden: Große Narbe – deutlich sichtbar – am rechten Unterarm sowie Sensibilitätsstörungen in diesem Bereich aufgrund der Nervverletzung. Ursache: Hundebiss durch einen Schäferhund.

Betrag: 3.000 € **Haftung: 100 %**
immVorb: Ja **MdE: –**

AG Saarlouis 17.6.2019 – 28 C 894/18 = BeckRS 2019, 54832

4911

Unterarmverletzung mit erheblicher Wundinfektion.

Frau. Ambulante Heilbehandlung / langwierige Heilbehandlung mit Unterarmgipsverband sowie insgesamt 17 ambulanten Behandlungen. MdE 3 Wochen 100 %. Dauerschaden: Bewegungsbeeinträchtigung beim Faustschluss sowie Sensibilitätsstörung im Bereich des Mittel- und Ringfingers. Unterarmnarbe. [Ursache: Hundebiss].

Betrag: 4.000 € **Haftung: 100 %**
immVorb: – **MdE: –**

AG Cloppenburg 13.9.2013 – 21 C 876/12 = BeckRS 2013, 200714

4682

Unterarmverletzung / Muskelverletzung (hier: Bizepsköpfchenabriss).

Mann. 4 Tage stationär. MdE 65 Tage 100 %. Der Kläger musste sich zunächst einer Operation und anschließend einer mehrere Monate andauernden physiotherapeutischen Behandlung zur Mobilisierung der Armbeweglichkeit unterziehen. Dauerschaden: Erhebliche und auffallende Narbe am linken Unterarm und Taubheitsgefühl im Bereich des linken Handgelenks. Regulierungsverzögerung.

Betrag: 4.000 € **Haftung: 100 %**
immVorb: Ja **MdE: –**

LG Wuppertal 26.3.2013 – 4 O 341/12 = BeckRS 2014, 13351

6600

Unterarmverletzung hier: Erhebliche Verletzungen am rechten Unterarm ohne nähere Angaben.

Frau. Heilbehandlung mit zwei Operationen. Ursache: Sturz im Urlaubshotel. [Anmerkung: Lesenswert zur Frage der Zurechnung von anlassunabhängigen Auswahl-, Überwachungs- und Kontrollpflichten des Reiseveranstalters in Bezug auf das am Urlaubsort vorhandene Hotelpersonal. Das Urteil des LG Berlin wurde vom KG – siehe angegebene Fundstelle – aufgehoben, da das KG, anders als das LG, keine dem Reiseveranstalter zurechenbare Verkehrssicherungspflichtverletzung des Reinigungspersonals oder des Hotelbetriebs sah.]

Betrag: 5.000 € **Haftung: 100 %**
immVorb: – **MdE: –**

LG Berlin 29.6.2015 – 40 O 48/14 = BeckRS 2016, 9321

5430

Unterarmverletzung (hier: Bizepssehnenabriß am linken Arm, die derzeit zu einer Kraftminderung und endgradigen Funktionsstörung im Bereich des linken Arms führt).

Mann Monteur für Fenster und Türen). Stationäre Heilbehandlung. Dauerschaden: MdE 10 % sowie Bewegungseinschränkungen / Belastungseinschränkungen auch bei Freizeitaktivitäten, in denen das Tragen und Bewegen schwerer Lasten mit dem linken Arm gefordert wird. [Ursache: Verkehrsunfall. Vernimmt der Fahrzeugführer, der sich unmittelbar vor der Kreuzung befindet, ein Martinshorn, ohne dass er lokalisieren kann, aus welcher Richtung das Einsatzfahrzeug kommt, darf er – trotz Grünlicht – nicht in die Kreuzung einfahren, ignoriert er dies so haftet er mit 30 % mit].

Betrag: 8.000 € **Haftung: 70 %**
immVorb: – **MdE: 10 %**

LG Bonn 29.9.2016 – 1 O 454/13 = NJW-RR 2017, 482

3025

Unterarmverletzung und Ellenbogenverletzung, schwerste (hier: Ellenbogenentfernung nach Ellenbogentrümmerfraktur. Linker Arm und linke Hand nahezu unbrauchbar. Unterarmstreckmuskulaturzerstörung, Decollment des gesamten linken Armes mit offener Ablederung der Haut); Oberschenklehautverletzung.

22j. Frau. Stationär. Ursache: Die Kl. wurde als Radfahrerin von Linienbus angefahren und überrollt. Dauerschaden: Linker Arm praktisch funktionsunfähig; ebenso die linke Hand. Multiple Folgeoperationen mit Hauttransplantationen. [Teilschmerzensgeld auf der Basis der Epikrise, zum Zeitpunkt 6 Wochen nach dem Unfall. Das KG verwies hinsichtlich der endgültigen Höhe auf Urteile, die im Bereich von ca. 60.000 – 65.000 DM lagen].

Betrag: 20.000 € **Haftung: 100 %**
immVorb: Ja **MdE: –**

KG 12.9.2002 – 12 U 9590/00 = BeckRS 2002, 30282297

5419

Armverletzung (hier: komplette linksseitige Armplexusparese bzw. Armplexuslähmung).

Neuggeborenes / Kind. Arzthaftung (hier: Behandlungsfehler. Die aus den oberen Wirbelkörpern austretenden Nerven des Klägers wurden durch Zugkräfte bei der Geburt geschädigt). Dauerschaden: Funktionsverlust des linken Arms; dieser wird „zeit seines Lebens praktisch funktionslos bleiben", so das OLG wörtlich. Berufswunschvereitelung: Das OLG berücksichtigte zudem, dass die vom Kläger ins Auge gefasste Aufnahme einer handwerklichen Ausbildung nach Abschluss der Schule voraussichtlich nicht möglich sein wird.

Betrag: 65.000 € **Haftung: 100 %**
immVorb: Ja **MdE: –**

OLG München 5.4.2018 – 24 U 3486/16 = BeckRS 2018, 10684

7329

Unterarmverletzung, schwere (hier: Armmuskelverschmächtigung des linken Unterarms mit vollständiger Funktionsbeeinträchtigung bzw. Funktionseinschränkung des gesamten Unterarms sowie des Handgelenks einschließlich der Finger der linken Hand). Zudem psychische Beeinträchtigungen als Folge der sichtbaren Unterarmverschmächtigung und der daraus resultierenden erheblichen Einschränkungen als Schüler und in der Freizeit.

13j. Kind (Schüler). Arzthaftung im Zusammenhang mit einer Unterarmoperation bei der ein sog. Kompartementsyndrom, dh ein Anstieg des Gewebedrucks in einer Gruppierung von Muskeln, Nerven und Blutgefäßen nicht erkannt worden war, so dass es in der Folge zu schweren Muskel- und Nervenschäden kam. Das Gericht ging von einem groben Behandlungsfehler der Beklagten aus. Langwierige Heilbehandlung über meherer Jahre. Weitere künftige Eingriffe sind erforderlich, um die Muskulatur- und Bewegungsbeeinträchtigungen zu verbessern. Dauerschaden: Sichtbare Armmuskelverschmächtigung des linken Unterarms mit vollständiger Funktionsbeeinträchtigung bzw. Funktionseinschränkung des gesamten Unterarms sowie des Handgelenks und der Finger. Bei der Schmerzensgeldbemessung wurde berücksichtigt, dass sich der damals 13jährige Schüler als Krüppel fühlte und stark unter den Folgebeeinträchtigungen des Behandlungsfehlers litt.

Betrag: 70.000 € **Haftung: 100 %**
immVorb: Ja **MdE: –**

LG Coburg 29.10.2020 – 24 O 325/17 = BeckRS 2020, 63859

4513

Armverletzung / Nervverletzung (hier: Schädigung des Nervus ulnaris mit Gefühlsstörung in den Fingern 4 und 5 der linken Hand und persistierender Schmerzen im Bereich des linken Ellenbogens mit somatischer Schmerzstörung mit späterer Medikamentenabhängigkeit wegen Schmerzmittelverabreichung). Diverse Prellungen an Ellenbogen, Brustkorb, Knie und Wirbelsäule.

Mann (LKW-Fahrer). Zunächst ambulante Heilbehandlung. Wegen der starken andauernden Schmerzens wurde im Rahmen eines stationären Aufenthalts eine Operation mit subkutaner Vorverlagerung des nervus ulnaris links in Höhe des Ellenbogens durchgeführt. Dauerschaden: Bewegungsbeeinträchtigung und Belastungsbeeinträchtigung des linken Arms. Der Kläger musste in erheblichem Umfange und für lange Zeit starke Schmerzmittel / Opiate [Valoron und Tilidin] einnehmen, die zur Abhängigkeit und Beeinträchtigungen im kognitiven Bereich führten; Erwerbsunfähigkeit auf Dauer; der Kläger lebt inzwischen von Hartz-IV. [Ursache: Motorradunfall].

Betrag: 85.000 € **Haftung: 100 %**
immVorb: Ja **MdE: 100 %**

OLG München 22.3.2013 – 10 U 3619/10 = BeckRS 2013, 6223

5463

Unterarmverletzung in Form einer sogenannten inkompletten Plexusläsion mit leichten arm- und handbetonte Lähmungen sowie entsprechenden Sensibilitätsausfällen; rechter Arm.

Frau. Ambulante Heilbehandlung. Dauerschaden: Schmerzen im Bereich des rechten Arms. Arzthaftung (hier: Behandlungsfehler).

Betrag: 200.000 € **Haftung: 100 %**
immVorb: Ja **MdE: –**

OLG Celle 7.4.2016 – 1 U 79/15 = unveröffentlicht

h) Inkomplette Unterarmfrakturen

7291

Unterarmfraktur (hier: Radiusfraktur links) nebst Weichteilverletzungen.

Frau. Kein Schmerzensgeldanspruch einer Fahrschülerin gegenüber ihrem Fahrlehrer, wenn diese bereits die elementaren Grundbegriffe erlernt und in diesem Ausbildungsstadium an einer Übungsfahrt auf öffentlichen Verkehrsflächen mit geringem fließenden Fahrzeugverkehr teilgenommen hatte und dabei mit dem Fahrschulmotorrad zu Fall gekommen war. Die Klägerin hatte zuvor vier Doppelstunden auf einem Verkehrsübungsplatz absolviert wobei die praktische Fahrausbildung unstreitig entlang des Curriculären Leitfadens der Bundesvereinigung der Fahrlehrerverbände e.V., der eine stufenweise Vermittlung der praktischen Fahrfertigkeiten vorsieht, erfolgt war. [Fahrlehrerhaftung – siehe hierzu auch → Nr. 6268 und → Nr. 5791 sowie dazu auch im Handbuch unter → Rn. 347].

Betrag: – **Haftung: –**
immVorb: – **MdE: –**

OLG Brandenburg 13.12.2023 – 7 U 222/21 = BeckRS 2023, 37560

7395

Unterarmfraktur links.

Frau. Beim Ein- und Aussteigen aus Flugzeugen / Linienflugzeugen gilt die Haftungsregelung des Art. 20 MÜ mit der Folge, dass ein Verschulden des Luftbeförderers an einem Unfall des Passagiers auf einer mobilen Treppe vermutet wird, wenn er nicht ein Ver- oder Mitverschulden des Passagiers nachweisen kann. Nach der Entscheidung des EuGH kommt eine Haftungsbefreiung einer Fluggesellschaft für einen Unfall von Passagieren beim Ein- und Aussteigen nur dann in Betracht, wenn die Fluggesellschaft den Nachweis einer Mitverursachung seitens des Passagier erbringen kann. Die Frau hatte die Austrian Airlines AG auf 4.700 EUR Schmerzensgeld verklagt, weil sie auf einer mobilen Treppe mit ihrem Kleinkind auf dem Arm gestürzt war. In der anderen Hand hatte sie ihre Handtasche gehalten, weshalb sie sich an dem Handlauf der Treppe nicht festhielt. Das streitentscheidende Gericht in Österreich hatte dem EuGH folgende Rechtsfragen vorgelegt: 1. Liegt hier überhaupt ein Unfallereignis im Sinne des Art. 17 des Montrealer-Übereinkommens (MÜ) vor? 2. Greift die Haftungsbefreiung des Art. 20 MÜ, mit der Folge, dass die beklagte Fluggesellschaft hier bereits aus diesem Grund nicht zahlen muss? Der EuGH bejahte die erste Frage. Bezüglich der zweiten Frage hat der EuGH den Rechtsstreit an das österreichische Ausgangsgericht [= Landesgericht Korneuburg (Österreich)] zurückverwiesen; nach Ansicht des EuGH sei zwar zu berücksichtigen, dass die Frau eine Sorgfaltspflicht gegenüber ihrem Kleinkind habe wahrnehmen müssen. Vor dem Landesgericht Korneuburg müsse nun jedoch geklärt werden, ob der Klägerin ein Mitverschulden an dem Unfall zur Last fällt.

Betrag: – **Haftung: –**
immVorb: – **MdE: –**

EuGH 2.6.2022 – C-589/20 = BeckRS 2022, 12112

6440

Unterarmfraktur (hier: Distale Radiusfraktur rechts) sowie Fußverletzung / Sprunggelenkverletzung in Form von Zerrungen und Ergüssen im Sprunggelenk rechts.

Frau. Die Beschwerden der Unterarmfraktur dauerten insgesamt 10 Monate. [Lesenswert zur Ursache: Verkehrssicherungspflichtverletzung im Umfeld eines Notausgangs. „Hinter einer auch als Notausgang gekennzeichneten Außentür dürfen sich grundsätzlich keine erheblichen Niveauunterschiede befinden", so das OLG, welches sich zur Höhe des Schmerzensgeldes nicht geäußert hatte].

Betrag: – **Haftung: 100 %**
immVorb: – **MdE: –**

OLG Celle 13.6.2019 – 8 U 15/19 = BeckRS 2019, 11643

6659

Unterarmfraktur und Ellenbogenverletzung in Verbindung mit einer Bänderruptur rechts.

13j. Kind (Schülerin). Kein Schmerzensgeldanspruch wegen eines Sportunfalls in einer Privatschule. Das OLG begründete dies wie folgt: „Eine Schülerin, die im Rahmen eines Sportunterrichts einer privaten Schule einen Unfall erlitten hat, kann nicht erfolgreich den Sachkostenträger dieser Schule, der gem. § 136 III Nr. 3 SGB VII in Verbindung mit § 2 II Nr. 8b SGB VII als Unternehmer im Sinne des SGB VII anzusehen ist, auf Schadensersatz und Schmerzensgeld nach § 253 BGB in Anspruch nehmen, da der Sachkostenträger für ein etwaiges, pflichtwidriges Verhalten einer Sportlehrerin nicht einzustehen hat. Der Sachkostenträger ist nicht gehalten, Vorkehrungen in Bezug auf eine Unterrichtung der an der Schule beschäftigten Sportlehrer zu treffen, wie diese ihrer Aufsichtspflicht während des Sportunterrichts beim Geräteturnen ausüben. Während der Teilnahme an unmittelbar vor oder nach dem Unterricht von der Schule oder im Zusammenhang mit ihr durchgeführten Betreuungsmaßnahmen besteht gem. § 2 I Nr. 8b in Verbindung mit § 104 I 1 in Verbindung mit § 136 III Nr. SGB VII eine Haftungsprivilegierung dahingehend, dass eine Einstandspflicht für einen Versicherungsfall nur besteht, wenn dieser vorsätzlich oder auf einem nach § 8 II Nr. 1–4 SGB VII versicherten Weg herbeigeführt wird."

Betrag: – **Haftung: –**
immVorb: – **MdE: –**

OLG Koblenz 16.5.2019 – 1 U 1334/18 = BeckRS 2019, 9574

3130

Unterarmfraktur (hier: Radiusfraktur).

Mann. Ambulante Heilbehandlung. Die Fraktur wurde mit einer Unterarmschiene fixiert; es ergaben sich infolgedessen „in den folgenden Wochen … gewisse Einschränkungen".

Betrag: 818 € **Haftung: 100 %**
immVorb: – **MdE: –**

AG Nordhorn 23.5.2000 – 3 C 375/00 = BeckRS 2000, 168052

6598

Unterarmfraktur, hier: Ellenfraktur und Bisswunden am linken Unterarm.

Frau. 6 Tage stationär mit 2 Operationen. Dauerschaden: Leichte Bewegungseinschränkung in Bezug auf die Rotation des linken Arms. [Ursache: Hundebiss nach Auseinandersetzung zwischen mehreren Hunden. Erhebliches Mitverschulden der Klägerin, da diese ihren Hund nicht angeleint hatte, obwohl ihr die Beißfreudigkeit ihres Hundes bekannt war.]

Betrag: 1.250 € **Haftung: 25 %**
immVorb: Ja **MdE: –**

OLG Hamm 10.5.2019 – 9 U 8/18 = BeckRS 2019, 33850

6053

Unterarmfraktur in Form einer Speichenfraktur.

Frau. [Ursache: Verkehrssicherungspflichtverletzung – Streupflichtverletzung].

Betrag: 1.278 € **Haftung: 50 %**
immVorb: – **MdE: –**

OLG München 1.4.1999 – 1 U 5294/98 = BeckRS 2015, 1320

5425

Unterarmfraktur / Ellenbogenfraktur (hier: Ellenfraktur in Form einer sogenannten Olekranonfraktur [Ellenoberkantenfraktur] mit Ellenbogengelenkbeteiligung).

63j. Frau. 6 Tage stationär; Operation. Später ambulante Entfernung der Fäden. MdE 8 Wochen 100 %. [Ursache: Unfall im Supermarkt: Die Beklagte machte einen Schritt zurück, ohne sich umzusehen. 50 %iges Mitverschulden weil die Klägerin ihrerseits nicht auf die Bewegungen der sich in ihrer Nähe bewegenden Beklagten geachtet habe, als sie diese passierte].

Betrag: 1.500 € **Haftung: 50 %**
immVorb: Ja **MdE: –**

OLG Hamm 6.6.2016 – 6 U 203/15 = BeckRS 2016, 14530

4787

Unterarmfraktur in Form einer distalen Speichenfraktur bzw. Radiusfraktur.

Frau. Langwierige ambulante Heilbehandlung „über mehere Wochen" hin. MdE „insgesamt ca 3 Monate" 100 %. Nur leichte Fahrlässigkeit aufseiten der Beklagten.

Betrag: 1.500 € **Haftung: 100 %**
immVorb: Ja **MdE: –**

AG Bad Segeberg 6.3.2014 – 17 C 13/13 = BeckRS 2014, 5090

4647

Unterarmfraktur (hier: Speichenköpchenfraktur links).

Frau. Ambulante Heilbehandlung mit Gipsverband. MdE 12 Wochen 100 %. Folgenlose Verheilung.

Betrag: 1.500 € **Haftung: 50 %**
immVorb: – **MdE: –**

AG Osnabrück 31.10.2011 – 52 C 255/11 = BeckRS 2011, 142400

3675

Unterarmfraktur (hier: Dislozierte Radiusfraktur rechts mit nachfolgender „Arthrosis deformans".); Prellungen (hier: Im Gesicht und an den Rippen).

Frau. MdE 14 Wochen 100 %. Langwierige Heilbehandlung über die Dauer von ca. 12 Monaten wegen einer posttraumatischen Arthrosebildung. Regulierungsverzögerung!

Betrag: 1.534 € **Haftung: 100 %**
immVorb: – **MdE: –**

AG Zwickau 25.8.2000 – 24 C 1398/99 = unveröffentlicht

4810

Unterarmfraktur / Radiusfraktur (hier: gering in Dorsalextensionsfehlstellung dislozierte distale Radiusfraktur rechts mit angedeuteter radiocarpaler Arthrose und Mitbeteiligung im Sinne einer Verletzung des Discus ulnaris).

Frau. Ambulante Heilbehandlung. 4 Wochen Gipsschiene. MdE 4 Wochen 100 % sowie weitere 14 Tage 50 %. Noch 2 Jahre nach ihrem Sturz klagte sie über Bewegungseinschränkungen des rechten Armes und darüber, dass gelegentlich auch im Ruhezustand, zB nachts, Schmerzen im Handgelenk auftreten, allerdings keine Schmerzmedikation bestehe. Ursache Verkehrssicherungspflichtverletzung wegen unkenntlich überhöhter Treppenstufe

Betrag: 2.000 € **Haftung: 50 %**
immVorb: Ja **MdE: –**

OLG Koblenz 11.11.2013 – 3 U 790/13 = BeckRS 2013, 21861

5739

Unterarmfraktur (hier: distale Radiustrümmerfraktur bzw. Speichentrümmerfraktur rechts).

Mann. Stationär, eine Operation. Folgenlose Verheilung. Soweit sich in der Zukunft eine verletzungsbedingte Arthrose entwickeln kann, wird das von dem Feststellungstenor abgedeckt. [Ursache: Motorradunfall].

Betrag: 2.000 € **Haftung: 30 %**
immVorb: Ja **MdE: –**

OLG Köln 1.11.2005 – 18 U 28/05 = BeckRS 2006, 14145

3222

Unterarmfraktur (hier: Speichenfraktur rechts mit Auswirkungen auf die Handgelenksbeweglichkeit).

70j. Mann (Rentner). Langwierige Heilbehandlung (hier: 12 Tage andauernde ambulante Behandlung wovon zwei im Krankenhaus erfolgten mit zwei kleineren Operationen. Ca. 50 krankengymnastische Behandlungen sowie eine Pflegebedürftigkeit nach Stufe 1 für die Dauer eines Jahres). Dauerschaden: Bewegungsbeeinträchtigung der Hand sowie Verminderung der groben Kraft. [Ursache: Verkehrssicherungspflichtverletzung: Glatteisunfall.]

Betrag: 2.173 € **Haftung: 50 %**
immVorb: – **MdE: –**

OLG Frankfurt a. M. 29.1.2003 – 19 U 211/02 = BeckRS 2003, 154361

5571

Unterarmfraktur (hier: Speichenfraktur bzw. Radiusfraktur des rechten Unterarms).

70j. Mann. 12 Tage stationär. Das Handgelenk wurde ca. 5 Wochen mit einer Unterarmgipsschiene ruhiggestellt. Anschließend physiotherapeutische Behandlung. Unfallbedingt wurde der Kläger für ein Jahr als pflegebedürftig nach der Pflegestufe 1 eingestuft. Komplikationsloser Heilungsverlauf. Dauerschaden: Bewegungseinschränkung des Handgelenks und Belastungsminderung der rechten Hand. [Ursache: Verkehrssicherungspflichtverletzung durch Streupflichtverletzung].

Betrag: 2.173 € **Haftung: 50 %**
immVorb: – **MdE: –**

OLG Frankfurt a. M. 29.1.2003 – 19 U 131/02 = BeckRS 2003, 154361

6629

Unterarmfraktur in Form einer Radiusköpfchenfraktur bzw. Speichenköpchenfraktur sowie multiple Prellungen an den Extremitäten und eine BWS-Kontusion.

Mann. Ambulante Heilbehandlung. MdE von „etwa 5 Wochen". Für einen weiteren Zeitraum von sechs Wochen war bei schweren körperlichen Anforderungen zwar von Schmerzen auszugehen, jedoch konnten alle im Beruf des Kl. anfallenden Arbeiten von diesem durchgeführt werden. Schmerzensgeldmindernd berücksichtigte das LG, „dass der Kläger zum Unfallzeitpunkt keine ausreichende Motorradschutzkleidung, insbesondere keine Protektoren, trug". Die gegen das Urteil zunächst eingelegte Berufung (10 U 76/18) wurde zurückgenommen, so dass das Urteil rechtskräftig ist. [Motorradunfall – zur Frage der Schmerzensgeldrelevanz des Tragens von Motorradschutzkleidung siehe auch → Rn. 109 – siehe dazu auch OGH Österreich BeckRS 2025, 7392].

Betrag: 2.400 € **Haftung: 100 %**
immVorb: – **MdE: –**

LG Stuttgart 20.4.2018 – 19 O 99/16 = BeckRS 2018, 19812

2934

Unterarmfraktur / Ellenbogenverletzung (hier: Radiusköpchenfraktur); Kopfverletzung (hier: Platzwunde); Gehirnerschütterung.

Mann (Arbeitsloser). 6 Tage stationär. 14 Tage ambulant. Geringer Dauerschaden: Unter 10 % infolge Ellenbogenstreckhemmung links.

Betrag: 2.556 € **Haftung: 100 %**
immVorb: Ja **MdE: –**

OLG Hamm 24.3.2000 – 9 U 117/99 = BeckRS 2000, 167980

7842

Unterarmfraktur in Form einer Radiusfraktur bzw. proximalen Radiusschaftquerfraktur links, ein stumpfes Bauchtrauma sowie „jeweils nur leichtgradige" HWS-Distorsion und LWS-Distorsion. Zudem litt der Kläger an einer generalisierten posttraumatischen Belastungsstörung / Angststörung und in deren Folge an Schlafstörungen und Depressionen, die jedoch maximal zu 15 % auf den Unfall zurückzuführen waren.

Mann. Ambulante Behandlung. Die beiden Hauptverletzungen (Unterarmfraktur und HWS- sowie LWS-Distorsion) waren „innerhalb von 3–4 Wochen nach dem Unfallereignis folgenlos ausgeheilt" Dauerschaden: Sensibilitätsstörung „im Sinne einer Hypästhesie in Höhe der Narbe nach operativer Versorgung der proximalen Radiusschaftquerfraktur links als mittelbare Folge des Unfallgeschehens. Diese Sensibilitätsstörung hat jedoch keine funktionelle Beeinträchtigung zur Folge." [Anmerkung: Der Kläger hatte 40.000 EUR gefordert und dabei eine erhebliche posttraumatische Belastungsstörung / Angststörung in den Vordergrund gestellt].

Betrag: 2.650 € **Haftung: –**
immVorb: – **MdE: –**

LG Hanau 1.12.2022 – 9 O 948/16 = BeckRS 2022, 56424

6878

Unterarmfraktur links in Form einer handgelenksnahen Speichenfraktur links. Zudem erlitt die Kl. Knieverletzungen (hier: Prellungen im Bereich beider Knie mit traumatischen Einblutungen in den Hoffa'schen Fettkörper am rechten Knie), eine Sprunggelenkverletzung am rechten Sprunggelenk sowie – trotz getragenem Fahrradhelm – Prellungen am Kopf und an der HWS und eine blutende Nase.

Frau. Keine Angaben zu Art und Dauer der Heilbehandlung. Dauerschaden: Beschwerden am Handgelenk und am Knie. Am linken Handgelenk ist eine Fehlstellung des distalen Radius zurückgeblieben, die zu einer Fehlbelastung des linken Handgelenks und in deren Folge zu einer posttraumatischen Arthrose geführt hat. Am Knie blieben „Probleme, längere Strecken zu Fuß zu bewältigen" zurück, die jedoch auch auf einem Vorschaden beruhen. In Bezug auf Dauerschäden war zu berücksichtigen, dass eine unfallbedingt erforderliche Schmerzmitteleinnahme von der Kl. im Termin vor dem Senat selbst verneint wurde. Ursache: Fahrradfahrunfall / Verkehrssicherungspflichtverletzung. [Anmerkung: Zutreffend verweis das OLG Hamm darauf, dass „Bei der Heranziehung von Vergleichsfällen … zudem zu berücksichtigen (ist), dass die Rechtsprechung bei der Bemessung von Schmerzensgeld nach gravierenden Verletzungen deutlich großzügiger verfährt als früher und zugunsten eines Geschädigten die zwischenzeitliche Geldentwertung zu berücksichtigen ist (vgl. OLG Hamm NJOZ 2021, 1035; OLG München Urt. v. 9.9.2020 – 10 U 1722/18, BeckRS 2020, 23367)"].

Betrag: 3.000 € **Haftung: 50 %**
immVorb: Ja **MdE: –**

OLG Hamm 25.6.2021 – 7 U 89/20 = BeckRS 2021, 19156

6632

Unterarmfraktur in Form einer Speichenfraktur des rechten Armes kurz oberhalb des Handgelenkes (distale Radiusextensionsfraktur) mit operativ bedingter verbleibender Narbe.

Frau. 3 Tage stationär. Eine Operation mit Metallimplantat. 14 Tage Unterarmgipsschiene. Insgesamt 54 Tage benötigte die Klägerin eine Hilfskraft im Haushalt. Bei einer weiteren Operation, die ein Jahr später erfolgte und ambulant durchgeführt wurde, wurden die eingebrachten Platten und Schrauben entfernt. Bis zu dieser Operation litt die Klägerin insbesondere bei Wetteränderungen unter Schmerzen im Bereich des rechten Handgelenkes. Dauerschaden: Nach der Operation verbleibt eine Narbe. [Ursache: Verkehrssicherungspflichtverletzung; Sturz als Fußgängerin auf schneeglatter Fahrbahn.]

Betrag: 3.000 € **Haftung: 50 %**
immVorb: – **MdE: –**

OLG Hamm 2.5.2012 – 8 O 519/11 = BeckRS 2013, 15125

6524

Unterarmfraktur (hier: Speichenfraktur bzw. Radiusfraktur in Form einer distalen Radiusextensionsfraktur rechts).

Frau. 4 Tage stationär. 10 Monate ambulante langwierige Heilbehandlung. Unfallbedingt absolvierte sie 30 Einheiten Krankengymnastik und 10 Einheiten Lymphdrainage. Die Klägerin leidet beim schweren Heben, beim Abstützen und bei Drehbewegungen des rechten Handgelenks nach wie vor unter Schmerzen und Einschränkungen der Beweglichkeit. [Ursache: Verkehrssicherungspflichtverletzung in Bezug auf die vollständige Sicherung von Glättestellen bei bestehender Räum- und Streupflicht einer Gemeinde. Siehe dazu auch das erstinstanzliche Urteil des LG Bad Kreuznach BeckRS 2020, 18145].

Betrag: 3.400 € **Haftung: 66 %**
immVorb: – **MdE: –**

OLG Koblenz 30.7.2020 – 1 U 421/20 = BeckRS 2020, 18144

4858

Unterarmfraktur (Hier: Speichenfraktur bzw. Radiusfraktur links mit Handgelenksbeteiligung) sowie Psychische Beeinträchtigung in Form einer „mittelgradige depressiven Episode".

Mann. 5 Tage stationär. Heilungsverlauf regelrecht. Im Handgelenk verblieb eine Metallschiene, deren künftige Entfernung zwar nicht zwingend indiziert aber möglich ist. Ursache: Fahrradunfall. PKW schnitt dem Radler den Weg ab. Es ist nicht absehbar aber auch noch nicht feststehend, ob ein Dauerschaden in Form einer Bewegungseinschränkung bzgl. der Beugebewegung des linken Handgelenks sowie eine Handgelenksverplumpung des linken Handgelenks zurückbleibt.

Betrag: 3.500 € **Haftung: 100 %**
immVorb: – **MdE: –**

LG Hamburg 23.1.2015 – 331 O 5/13 = BeckRS 2015, 2035

6063

Unterarmfraktur (hier: Speichenfraktur bzw. Radiusfraktur links).

Mann. 5 Tage stationär mit einer Operation mit einem Metallimplantat, dass jedoch im Körper verbleibt. Dauerschaden: Belastungsminderung und Bewegungseinschränkungen der Hand. Hierzu führte das LG aus: „… Belastungssituationen, wenn er … etwas greifen oder Schweres hoch heben müsse bzw. einen Schlag auf das Handgelenk bekäme. Es bestehe eine Bewegungseinschränkung des linken Handgelenks für die Beugung. Außerdem habe eine Verplumpung des linken Handgelenks im Vergleich zur Gegenseite vorgelegen".

Betrag: 3.500 € **Haftung: 100 %**
immVorb: – **MdE: –**

LG Hamburg 23.1.2015 – 331 O 15/13 = BeckRS 2015, 18604

6386

Unterarmfraktur (hier: Speichenköpfchenfraktur rechts), Fußfraktur (hier: Außenknöchelfraktur rechts), Prellungen (hier: Schulterprellung rechts und Handprellung links).

Mann. Stationäre und anschließend ambulante Behandlung. Ursache: Motorradunfall. [Lesenswert zu § 531 Absatz 2 Nr. 3 ZPO bzw. zum erstmals in der Berufung geltend gemachten Vortrag, durch den Unfall in seiner Lebensführung deshalb erheblich beeinträchtigt worden zu sein, weil bislang ausgeübte sportliche Betätigungen wie Joggen und Tennis spielen nicht mehr möglich sind].

Betrag: 3.500 € **Haftung: 100 %**
immVorb: – **MdE: –**

KG 26.10.2006 – 12 U 62/06 = BeckRS 2007, 950

6670

Unterarmfraktur in Form einer distalen Speichenfraktur. Zudem erlitt der Kläger eine Gehirnerschütterung, eine Nasenschürfwunde sowie Gesichtsprellungen und Brustkorbprellungen.

Mann. 2 Tage stationär. Anschließend musste der Kläger noch 60 Tage einen Gipsverband tragen. Folgenlose Verheilung. Das Gericht berücksichtigte erhöhend die zweimonatige Beeinträchtigung der Freizeitgestaltung und dass der Kläger in dieser Zeit sein Fitnessstudio nicht besuchen und seinem Hobby als Musiker nicht nachgehen konnte.

Betrag: 4.000 € **Haftung: 100 %**
immVorb: – **MdE: –**

AG Homburg 21.4.2020 – 4 C 406/19 = BeckRS 2020, 46787

6599

Unterarmfraktur hier: Distale Speichenfraktur im linken Unterarm.

Mann. 5 Tage stationär. Operation mittels Metallimplantat, das später wieder entfernt werden muss. Bei der Schmerzensgeldhöhe berücksichtigte das AG insbesondere die „nicht unerhebliche Einschränkung der Bewegungsfähigkeit und die Tatsache …, dass zum Jahresende eine erneute Operation notwendig wird". [Ursache: Verkehrssicherungspflichtverletzung wegen Streupflichtverletzung].

Betrag: 4.000 € **Haftung: 100 %**
immVorb: Ja **MdE: –**

AG Berlin-Schöneberg 7.6.2011 – 3 C 37/11 = BeckRS 2011, 19647

4178

Unterarmfraktur in Form einer Speichenköpfchenfraktur mit Impression des Radiusköpfchens [siehe auch unter Radiusköpfchenimpressionsfraktur].

Mann. Ambulante Heilbehandlung. Dauerschaden: Ellenbogengelenkarthrose und Muskelminderung. Insofern muss der Kläger auf Dauer eine Ellenbogenbandage tragen und die damit verbundenen erheblichen Bewegungsbeeinträchtigungen hinnehmen. Wetterfühligkeit.

Betrag: 4.000 € **Haftung: 100 %**
immVorb: Ja **MdE: –**

LG Limburg 20.2.2009 – 4 O 333/08 = BeckRS 2011, 11502

4025

Unterarmfraktur links, ohne Distorsion.

63j. Frau. Stationärer Aufenthalt. Anschließend musste sie für mehrere Wochen einen Gipsverband tragen. Dauerschaden: Bewegungseinschränkung der linken Hand. Ursache: Sturz wegen Verkehrssicherungspflichtverletzung.

Betrag: 4.000 € **Haftung: 100 %**
immVorb: – **MdE: –**

OLG Celle 25.1.2007 – 8 U 161/06 = BeckRS 2007, 11542

6606

Unterarmfraktur mit dauerhafter Beeinträchtigung.

Mann. Eine Operation. Dauerschaden: Armgebrauchsminderung um etwa 4/10. Ursache: Verkehrssicherungspflichtverletzung durch Sturz über einen ungesicherten Betonklotz.

Betrag: 4.500 € **Haftung: 50 %**
immVorb: – **MdE: –**

LG München I 4.6.2009 – 25 O 9420/08 = BeckRS 2009, 141499

6726

Unterarmfraktur in Form einer Speichenfraktur / Radiuskopffraktur rechts.

Frau. Ambulante Behandlung; die Klägerin musste für die Dauer von 3 Wochen eine Oberamgipsschiene tragen. MdE 50 Tage 100 %. Folgenlose Verheilung. Ursache: Tierhalterhaftungsfall. Sturz der Klägerin durch das von dem Hund des Beklagten zu 2. ausgelöste „Getümmel" zu welchem das OLG ausführte, dass das unkontrollierte Umherlaufen von Hunden als Reaktion auf das Zusammentreffen mit anderen Hunden eine typische tierische Verhaltensweise darstelle. Ist dabei auch der eigenen Hunde des Verletzten beteiligt und ist dieses „Getümmel" letztlich die Ursache für den Sturz des Verletzten, muss sich dieser die von seinem eigenen Hunden ausgehende mitursächliche Tiergefahr Anspruchs mindernd anrechnen lassen.

Betrag: 4.666 € **Haftung: 66 %**
immVorb: – **MdE: –**

OLG Koblenz 9.12.2019 – 12 U 249/18 = BeckRS 2019, 43483

4006

Unterarmfraktur links (hier: Speichenfraktur in Form einer distalen Speichentrümmerfraktur (sogn. Radiustrümmerfraktur) sowie eine Daumenfraktur in Form einer nicht dislozierten Daumengrundgliedfraktur) und eine Ellenbogenprellung.

Mann. 10 Tage stationär. MdE (vorliegend wurde lediglich auf die Haushaltsführung abgestellt) 4 1/2 Monate 100 % sowie weitere 4 Wochen abfallend 50 % bis 20 %. Es musste eine Unterarmgipsschiene getragen werden.

Betrag: 8.000 € **Haftung: 100 %**
immVorb: – **MdE: –**

LG Traunstein 10.11.2009 – 8 O 2958/08 = BeckRS 2011, 13075

6740

Unterarmfraktur links in Form einer distalen Radiusfraktur.

20j. Mann (Maurer). 3 Tage stationär. Zwei Operationen mit Metallimplantat. Für die Dauer von zweieinhalb Monaten musste der Kläger eine Schiene zur Stabilisierung des Unterarms tragen und insgesamt 30 physiotherapeutische Behandlungen absolvieren. Ihm wurden zudem Schmerzmittel verabreicht. MdE 135 Tage 100 %. Dauerschaden: Belastungsminderung des linken Arms sowie 5 cm lange Narbe im Bereich des linken Handgelenks. Gefahr von Arthrosebildung.

Betrag: 9.000 € **Haftung: 100 %**
immVorb: – **MdE: –**

LG Heilbronn 24.1.2020 – Bö 10 O 91/19 = BeckRS 2020, 46790

2091

Unterarmfraktur / Handgelenkverletzung (hier: Morbus Sudeck nach Ellenfraktur) und verletzungsbedingte Schlafstörungen.

Frau. Infolge des Morbus Sudeck kam es zu einem Dauerschaden in Form einer Bewegungseinschränkung und DauerMdE von 15 %. Die Kl. litt zudem 6 Monate unter starken Schlafstörungen.

Betrag: 9.000 € **Haftung: 100 %**
immVorb: – **MdE: 15 %**

LG Mainz 22.1.1998 – 1 O 547/96 = VersR 1999, 863

6218

Unterarmfraktur in Form einer distalen Speichenfraktur rechts, Zehenfraktur (hier: Großzehenfraktur rechts, wobei Knochenstücke in der Bruchgegend entfernt werden mussten), Knieverletzung bzw. Kniegelenkquetschung, HWS-Syndrom und Adduktorenzerrung rechts.

Mann (sehr junger Mann). 30 Tage stationär mit drei Aufenthalten. Dauerschaden: „Nicht sehr schwerwiegende" Bewegungseinschränkungen im Bereich des Handgelenks und leichte Bewegungseinschränkung im Bereich der Großzehe rechts. Verschlechterungstendenz: Arthrose im Großzehengelenk und „im ungünstigsten Fall … eine schmerzhafte Einsteifung der Zehe". [Ursache Motorradunfall].

Betrag: 10.226 € **Haftung: 100 %**
immVorb: Ja **MdE: –**

LG Weiden 23.4.2002 – 1 O 66/02 = BeckRS 2002, 161907

6649

Unterarmfraktur links in Verbindung mit einer Handgelenkfraktur. Fußfraktur bzw. Sprunggelenkfraktur rechts. Schädelhirntrauma mit kurzzeitiger Bewusstlosigkeit.

Mann (Kraftfahrer). 46 Tage stationär mit mehreren Operationen sowie weitere 40 Tage Rehabilitationsaufenthalt und weitere 60 Tage ambulante Rehabilitation. MdE 275 Tage 100 %. Regulierungsverzögerung, zu der das OLG sinngemäß zutreffend ausführte, dass ein grundlos zögerliches Regulierungsverhalten des Schädigers bzw. dessen KH-Versicherers sich schmerzensgelderhöhend auswirkt, wenn die Haftung dem Grunde nach auf der Hand liegt, die schweren Verletzungen des Geschädigten als Folge des Unfalls unstreitig sind und dennoch eine Abschlagszahlung erst vier Jahre nach dem Unfall nach erstinstanzlicher Verurteilung des Haftpflichtversicherers erfolgt.

Betrag: 13.000 € **Haftung: 75 %**
immVorb: – **MdE: –**

OLG Dresden 28.4.2017 – 6 U 1780/16 = BeckRS 2017, 120487

6987

Unterarmfraktur, schwere (hier: offene distale Radiusfraktur am rechten Handgelenk mit Verletzung zweier Strecksehnen. Zudem erlitt der Kläger zwei Venenverletzungen).

Mann. 5 Tage stationär mit einer sofortigen Operation, da neben der Fraktur auch zwei Venen verletzt worden waren. Dabei wurden kleinere, abgesprengte Knochenfragmente aus der Wunde entfernt; Fremdkörper fanden sich darin hingegen nicht. Auf das Einsetzen von Metall zur Stabilisierung des Knochens konnte verzichtet werden; jedoch erhielt er zunächst einen Oberarmgips, später dann einen Unterarmgips. Komplikationsloser Heilungsverlauf. [Die Verletzung war Folge des Attentats auf den Bus des Bundesligavereins Borussia Dortmund].

Betrag: 15.000 € **Haftung: 100 %**
immVorb: – **MdE: –**

LG Dortmund 27.11.2018 – 39 Ks-400 Js 206/17-15/17 = BeckRS 2018, 40751

6906

Unterarmfraktur (hier: nicht-dislozierte Unterarmfraktur in Form einer Ellenfraktur bzw. Fraktur am Griffelfortsatz [Processus styloideus ulnae] links); zudem erlitt die Klägerin eine Brustbeinfraktur, die im Weiteren nicht gerade zusammengewachsen war sowie ein stumpfes Bauchtrauma.

Frau (Kommissionierin in einem Getränkehandel). 24 Stunden Intensivstation, anschließend wurde sie auf die Normalstation verlegt. Am linken Unterarm wurde ihr eine Unterarm-Cast-Schiene angelegt und angeraten, das Handgelenk 6 Wochen ruhigzustellen und keine Lasten von mehr als 5 kg zu heben oder zu tragen. Sehr langwierige Heilbehandlung: Wegen der Unterarmfraktur und einem insofern vorhandenen degenerativen Vorschaden (Ulna-plus-Symptomatik) kam es zu insgesamt vier weiteren Operationen um so die Symptomatik im Bereich der Ulna (= Elle) zu verbessern. MdE nahezu 78 Wochen 100 %. Eine während dieser Zeit versuchte Wiedereingliederung misslang. Erst 42 Monate nach dem Unfall konnte die Klägerin endgültig ihre Arbeit wiederaufnehmen, wobei ihr Arbeitsbereich so angepasst wurde, dass sie nicht mehr heben oder tragen muss. Bei der Bemessung berücksichtigte das LG die langwierige Heilbehandlung und den damit verbundenen hohen Leidensdruck sowie zudem, dass der Beklagte zu 1. sich bei der Verursachung des Unfalls grob pflichtwidrig verhalten hat, indem er alkoholisiert einen PKW geführt hat und bei der konkreten Unfallverursachung die Regeln der Straßenverkehrsordnung grob verletzt hat.

Betrag: 15.500 € **Haftung: 100 %**
immVorb: Ja **MdE: –**

LG Stade 9.6.2020 – 6 O 344/19 = BeckRS 2020, 34969

5101

Unterarmfraktur, links und Handverletzung (hier: „distaler Radiusfraktur [= handgelenksnahe Speichenfraktur] und dorsoradialem Knorpeldefekt, eine Handwurzelluxation") sowie zahlreiche Prellungen und Schürfwunden.

46j. Mann. 13 Tage stationär. Operation mit Metallteileimplantat (Drähte – die 5 Wochen später in einer weiteren kurzen OP entfernt wurden); anschließend ambulante Heilbehandlung mit „42 krankengymnastischen Behandlungen". MdE 4 Monate 100 %. Dauerschaden: Bewegungsbeeinträchtigung des linken Handgelenks, dieses ist „bis auf eine Restbeweglichkeit von 10° in jede Richtung konzentrisch eingeschränkt". Hobbyaufgabe bzgl. Skifahren, Jagen sowie Waldlauf. [Ursache Motorradunfall].

Betrag: 16.000 € **Haftung: 100 %**
immVorb: Ja **MdE: –**

OLG Saarbrücken 21.4.2016 – 4 U 76/15 = BeckRS 2016, 9656

6760

Unterarmfraktur (hier: Speichenschaftfraktur links mit Nervverletzung / Nervschädigung des Nervus ramus superficialis sowie des Nervus radialis). Zudem erlitt der Kläger diverse Prellungen (hier: Knieprellung, Brustkorbprellung und Beckenprellungen). Weiterhin litt der Kläger für die Dauer von zwei Jahren unter psychischen Folgeschäden.

Mann (Junger Mann). Stationäre Behandlung mit Operationen zum Einsetzen und Entfernen einer Metallplatte / Metallimplantates. Dauerschaden: Gebrauchsminderung und Gefühlsminderung durch Nervschädigung an der Hand sowie 14 cm lange Narbe am Unterarm. Soweit der Kläger „nochmals aufgreift, dass der gesamte Nervenast am linken Daumen unfallbedingt ausgefallen sei und dort gar kein Gefühl mehr vorhanden sei, hat das Landgericht derartige Beeinträchtigungen als Unfallfolge nicht feststellen können", so das OLG.

Betrag: 20.000 € **Haftung: 100 %**
immVorb: – **MdE: –**

OLG Köln 28.5.2019 – 15 U 194/16 = BeckRS 2019, 52210

i) Komplette Unterarmfrakturen

3980

Oberarmfraktur und komplette Unterarmfraktur.

7j. Kind. 3 Tage stationär. Für die Dauer von 4 Wochen war ein Gips erforderlich. [Anmerkung: Das Schmerzensgeld ist in keiner Weise gerechtfertigt; für derartig schwere Verletzungen ist ein deutlich höheres Schmerzensgeld üblich und erforderlich. Das – unbezifferte – Anrechnen eines Mitverschuldens wegen angeblicher Missachtung einer Anweisung der Sportlehrerin ist bei einem erst siebenjährigen Mädchen abwegig.]

Betrag: 800 € **Haftung: 100 %**
immVorb: – **MdE: –**

AG Aachen 8.3.2006 – 11 C 478/05 = BeckRS 2006, 5664

7313

Unterarmfraktur (hier: Speichenfraktur in Form einer distale Radiusextensionsfraktur links sowie eine Ellenfraktur in Form einer Fraktur des Processus Coronoideus ulnae ebenfalls linksseitig).

Frau. 6 Tage stationär. Operation mit Metallimplantat, das vier Monate nach der OP wieder operativ entfernt wurde. MdE 120 Tage 100 % sowie nach der Metallimplantatentfernung erneut 53 Tage 100 %. [Ursache: Reitunfall – das Urteil befasst sich eingehend mit der Thematik „Sorgfaltspflicht der Pferdehalterin gegenüber Reitschülerin" und der (verneinten) Frage, ob im konkreten Fall die Reitschülerin Tieraufseher iSd § 834 BGB war].

Betrag: 2.000 € **Haftung: 50 %**
immVorb: Ja **MdE: –**

OLG Hamm 12.4.2022 – 7 U 55/21 = BeckRS 2022, 22602

6450

Unterarmfraktur, komplette (hier: Ellenfraktur und Speichenfraktur des linken Unterarms).

12j. Kind (Schüler). Unkomplizierter Heilungsverlauf. Dauerschaden: Narbenbildung mit zwei 15 cm langen und mehrere Millimeter breiten, deutlich geröteten und etwas wulstig sich darstellenden Narben.

Betrag: 2.700 € **Haftung: 66 %**
immVorb: – **MdE: –**

OLG Hamm 28.5.2019 – I- 9 U 90/18 = BeckRS 2019, 12705

6630

Unterarmfraktur, komplette (hier: Speichentrümmerfraktur und Ellenfraktur mit Abriss des Processus styloideus ulnae) sowie eine nicht dislozierte Rippenfraktur mit leichter Stufenbildung und eine Brustbeinfraktur bzw. Sternumfraktur.

72j. Mann. Stationäre Heilbehandlung. Ca. 90 Tage Physiotherapie. Wahrscheinlicher Dauerschaden: Funktionsbeeinträchtigung und Sensibilitätsstörung der Hand – wobei unklar ist, welche Hand betroffen war. Der Kläger kann wegen dieser Verletzungsfolgen bislang seinem Motorradsport nicht mehr nachgehen. [Motorradunfall – Überholen einer Fahrzeugkolonne].

Betrag: 3.000 € **Haftung: 50 %**
immVorb: – **MdE: –**

LG Tübingen 11.4.2012 – 5 O 80/11 = BeckRS 2019, 38263

4010

Unterarmfraktur, komplette in Form einer Speichenfraktur und einer Ellenabrissfraktur mit Arthrosebildung.

Mann. Stationärer Aufenthalt mit 2 Operationen. Dauerschaden: Leichte Bewegungseinschränkung des linken Handgelenkes sowie Sensibilitätsstörungen am Handrücken und unvollständiger Faustschluss der linken Hand.

Betrag: 6.000 € **Haftung: 66 %**
immVorb: – **MdE: –**

OLG Karlsruhe 25.3.2010 – 9 U 78/09 = BeckRS 2010, 26439

4508

Unterarmfraktur, komplette (hier: Speichenfraktur im „körperfernen Bereich" links mit metaphysärer Trümmerzone und Ellenfraktur in Form einer Ellengriffelfortsatzfraktur der körperfernen Elle mit Einstauchung und Dorsalabkippung der distalen Radiusmetaphyse mit Morbus-Sudeck).

73j. Frau. Stationäre Heilbehandlung – ohne Angabe deren Dauer – sowie weitere 3 Wochen stationär in einer Schmerzklinik. Geringe Genugtuungsfunktion, da „allenfalls" leichtes Verschulden der Beklagten, so das OLG.

Betrag: 6.500 € **Haftung: 50 %**
immVorb: – **MdE: –**

OLG Koblenz 19.7.2012 – 2 U 691/11 = BeckRS 2012, 18694

4516

Unterarmfraktur (hier: Speichenfraktur, körperfern, links und Ellenfraktur in Form einer Ellengriffelfortsatzfraktur, körperfern, links).

76j. Frau. Stationäre Heilbehandlung (ohne Angabe der Dauer) sowie weiterer Aufenthalt in Schmerzklinik, der vier Wochen andauerte. Allenfalls leicht einzustufendes Verschulden der Beklagten, die mit der Klägerin – beide als Radfahrerinnen – zusammen stieß.

Betrag: 6.500 € **Haftung: 50 %**
immVorb: – **MdE: –**

OLG Koblenz 19.7.2012 – 2 U 691/11 = BeckRS 2012, 18694

6623

Unterarmfraktur, komplette (hier: Ellentrümmerfraktur und Radiusfraktur in Form einer extraartikularen Radiuskopffraktur – jeweils links) und Ellenbogenfraktur links in Form einer ausgedehnten Ellenbogenluxationsfraktur. Zudem erlitt der Kläger einen Knorpelschaden und Hautschürfungen am linken Arm.

Mann (Künstler). Ca. 40 Tage stationär mit anschließendem Reha-Aufenthalt. 4 Operationen. MdE ca. 300 Tage 100 %. Anschließend längere MdE, die nach drei Jahren noch bei 10 % lag. Dauerschaden: Bewegungseinschränkungen und Belastungseinschränkung des linken Arms infolge des attestierten Streckdefizits (59 %) und Beugedefizits (49 %). Berufsbehinderung; der Kläger wird durch die Verletzungen dauerhaft und erheblich in seiner Berufsausübung als Bildhauer beeinträchtigt. [Ursache: Verkehrssicherungspflichtverletzung – der Kläger geriet mit seinem Fahrrad in einen offenen Gully und stürzte].

Betrag: 10.000 € **Haftung: 100 %**
immVorb: – **MdE: –**

LG Köln 18.8.2011 – 5 O 348/09 = BeckRS 2011, 145786

4198

Unterarmfraktur, vollständige (hier: linksseitige Ellenfraktur und Speichenfraktur im Bereich der Wachstumsfugen). Gehirnerschütterung; Prellungen.

10j. Kind (Schülerin). Die Klägerin war längere Zeit vollständig auf die Pflege angewiesen. Dauerschaden: Narbe am linken Unterarm. Mögliche Dauerfolgen, die jedoch erst nach Abschluss des knöchernen Wachstums attestiert werden können. Ursache: Verkehrssicherungspflichtverletzung auf Spielgerät.

Betrag: 10.000 € **Haftung: 100 %**
immVorb: Ja **MdE: –**

OLG Hamm 9.1.2009 – 9 U 144/08 = BeckRS 2009, 12084

6096

Unterarmfraktur, schwere / Unterarmnervverletzungen (hier: komplette Unterarmfraktur links, eine geringfügige peripher neurogene Schädigung im Nervus medianus sowie deutliche periphere neurogene Schädigungen des Nervus radialis im Bereich von Unterarm und linker Hand mit einer Verkürzung der Elle [= Ulnaverkürzung] und dauernder Bewegungs- und Belastungseinschränkung des linken Unterarms und der linken Hand bei einem Linkshänder. Zudem erlitt der Kläger eine Oberarmschaftfraktur links.

29j. Mann (Werkzeugmacher). 32 Tage stationär mit Metallimplantat und insgesamt 5 Aufenthalten, unter anderem auch zur Metallimplantatentfernung. Dauerschaden: MdE 10 % wegen der Bewegungseinschränkungen im Bereich des linken Unterarms und der linken Hand und wegen der Kraftverminderung der Hand. [der Kläger ist Linkshänder] insbesondere bzgl. der Umwendbewegungen und Handgelenkbewegungen. Berufsunfähigkeit als Werkzeugmacher und Umschulung zum Qualitätsfachmann. Zudem musste der Linkshänder das Schreiben mit der rechten Hand erlernen. Bei der Bemessung berücksichtigte das LG dies alles sowie zudem, dass „die beklagten Schmerzen bei Luftdruck- bzw. Witterungsänderungen … häufig nach Frakturen auf[treten] und zu einer eingeschränkten Lebensfreude [führen]. Verschlechterungstendenz: "Verschlechterungen des Gesundheitszustandes durch Schonhaltungen und damit einhergehende Muskelschwächungen [sind] nicht auszuschließen". [Motorradunfall].

Betrag: 20.452 € **Haftung: 100 %**
immVorb: – **MdE: 10 %**

LG München I 12.10.2000 – 19 O 9859/00 = BeckRS 2016, 14752

j) Schwere Unterarmfrakturen

6638

Unterarmfraktur in Form einer dislozierten Speichenfraktur (hier: Radiusmehrfragmentextensionsfraktur) rechts.

Frau. 8 Tage stationär wobei die Klägerin zunächst nur ambulant behandelt wurde, da sie nicht sofort operiert werden konnte, weil das Handgelenk zunächst abschwellen musste. Im Anschluss musste die Klägerin für vier Wochen eine Schiene tragen. Nach der Operation war die Hand stark geschwollen, was zu einer erheblichen Einschränkung der Handgelenksbeweglichkeit sowie der Streckung und Beugung der Hand- und Fingergelenke führte. MdE 40 Tage 100 %. Möglicher Dauerschaden: Funktionsbeeinträchtigung in Form einer „Einschränkung der Palmarflexion und der Dorsalflexion der rechten Hand sowie eine deutliche Knochenauftreibung über dem ulnaren Handgelenk. Die grobe Kraft der rechten Hand endgradig ist eingeschränkt", so das LG. [Ursache: Verkehrssicherungspflichtverletzung in Bezug auf ein Podest bzw. eine Stufenanlage in einer Innenstadt. „Das Gericht verkennt bei dieser Bewertung nicht, dass sich die Stufe bei genauem Hinsehen des auf das Problem fixierten Betrachters sicher erkennen lässt. Jedoch ist bei der Bewertung der Erkennbarkeit in Rechnung zu stellen, dass die Aufmerksamkeit des Passanten in einer Fußgängerzone und insbesondere im Bereich eines Marktes abgelenkt ist", so das LG].

Betrag: 3.500 € **Haftung: 100 %**
immVorb: Ja **MdE: 30 %**

LG Bielefeld 26.10.2016 – 6 O 385/15 = BeckRS 2016, 21164

3991

Unterarmtrümmerfraktur (hier: Trümmerfraktur der Speiche des linken Unterarms).

47j. Frau. stationäre Heilbehandlung mit 2 Aufenthalten; es wurde zunächst ein Metallteilimplantat eingefügt, welches später wieder entnommen wurde. Anschließend langwierige Heilbehandlung, ambulant. Anmerkung: Bei der Bemessung wurden die beengten finanziellen Verhältnisse der 16jährigen Unfallverursacherin und die Tatsache berücksichtigt, dass diese keine PHV hatte.

Betrag: 3.835 € **Haftung: 100 %**
immVorb: – **MdE: –**

OLG Celle 21.11.2002 – 14 U 32/02 = BeckRS 2002, 162105

4120

Unterarmfraktur, schwere … links.

9j. Kind. 4 Tage stationär. 3 Operationen. Langwierige Heilbehandlung von fast 4 Wochen Dauer. Dauerschaden: Leichte Bewegungsbeeinträchtigung des linken Arms. Sichtbare Narben am linken Unterarm des Mädchens. Ursache: Benutzung einer sogenannten „Hüpfburg".

Betrag: 4.500 € **Haftung: 75 %**
immVorb: Ja **MdE: –**

OLG Köln 23.2.2010 – 3 U 89/08 = BeckRS 2010, 9507

4331

Unterarmfraktur, schwere

Frau. Langwierige Heilbehandlung. Dauerschaden: Bewegungseinschränkung, die die Klägerin in der Ausübung ihres Berufes behindert. Verschlechterungstendenz nicht ausgeschlossen.

Betrag: 5.000 € **Haftung: 66 %**
immVorb: Ja **MdE: –**

OLG München 16.6.2010 – 20 U 5105/09 = BeckRS 2010, 14834

3899

Unterarmfraktur, schwere (hier: o.Unterarmfraktur, distal mit knöcherner Fehlstellung und Muskelverminderung am rechten Arm).

63j.Frau (Hausfrau). 4 Tage stationär; weitere 2 Monate ambulante Heilbehandlung. 1 Monat Gipsschiene. MdE 3 Tage 100 %; 30 Tage 80 %, 21 Tage 70 % und weitere knapp viermonatige, nur eingeschränkte Arbeitsfähigkeit. Dauerschaden: Bewegungseinschränkung des rechten Armes und Handgelenkes mit Muskelminderung. Narben.

Betrag: 5.500 € **Haftung: 100 %**
immVorb: Ja **MdE: 15 %**

LG Wuppertal 4.5.2006 – 17 O 98/04 = BeckRS 2007, 15635

7326

Unterarmfraktur, schwere. Der Kläger erlitt als Rechtshänder eine drittgradig offene Fraktur (o. Unterarmfraktur 3. Grades) des rechten Unterarms mit einer Hautdurchspießung des rechten Ulnaschafts und Mehrfragmentfraktur im Schaftbereich der Ulna sowie einen Weichteilschaden 3. Grades bei offener Fraktur des Unterarmes rechts.

Mann (Ursache: Motorradunfall). Insgesamt 13 Tage stationär bei zwei Aufenthalten. Die Radiusfraktur wurde offen repositioniert und mittels einer winkelstabilen Plattenosteosynthese stabilisiert. Die Mehrfragment-Fraktur im Schaftbereich der Ulnar wurde ebenfalls repositioniert und mittels Platte stabilisiert. Da die fragmentierten Knochen nicht wieder zusammenwuchsen und in der Folgezeit sich eine Pseudoarthrose des Radioschafts mit einer Sklerose der Fragmentränder manifestierte, musste sich der Kläger einer weiteren Operation unterziehen, bei der die nicht zusammengewachsenen Knochen aufgetrennt wurden und ein Teil des Beckenkamms eingesetzt wurde, der zuvor aus dem Becken des Klägers abgelöst wurde. Diese zweite Operation erforderte einen weiteren stationären Krankenhausaufenthalt von 8 Tagen. Dauerschaden: Beschwerden und Bewegungseinschränkungen im Bereich der rechten Schulter.

Betrag: 8.000 € **Haftung: 50 %**
immVorb: Ja **MdE: –**

OLG Brandenburg 20.1.2022 – 12 U 61/21 = BeckRS 2022, 2625

6741

Unterarmfraktur, schwere / Ellenbogenfraktur (hier: Unterarmmehrfachfragmentfraktur links im Bereich des Ellenbogens).

Mann. Stationäre Behandlung mit Operation mittels eines Kirschner-Drahtes sowie insgesamt vier Schrauben. Dem Operateur gelang es jedoch nicht, die 100 %-ige Reposition der einzelnen Fragmente zu erzielen. Dauerschaden: Bewegungseinschränkungen im Bereich des linken Ellenbogens mit Streckdefizit im Bereich des linken Ellenbogens von 30 bis 40 Grad und ein Defizit der Beugung von etwa 10 Grad. [Ursache: Verkehrssicherungspflichtverletzung wegen Verstoßes gegen die Räum- und Streupflicht. Sturz des Klägers auf Glatteis].

Betrag: 10.000 € **Haftung: 100 %**
immVorb: Ja **MdE: –**

OLG Frankfurt a. M. 14.1.2019 – 29 U 69/17 = BeckRS 2019, 19470

5962

Unterarmfraktur, schwere (hier: komplette offene Unterarmfraktur 3. Grades mit verzögertem Heilungsverlauf). Zudem erlitt der Kläger leichte Augenverletzungen und Gesichtsverletzungen in Form einer Platzwunde mit Schwellung an der linken Augenbraue sowie eine leichte Augapfelquetschung und multiple Glassplitterverletzungen in der linken Gesichtshälfte.

Mann. 23 Tage stationär. Heilungsverzögerung. Aufgrund der Unterarmfraktur musste sich der Kläger zwei Operationen unterziehen. Dauerschaden: Muskelminderung des linken Oberarms mit Belastungsminderung Bewegungseinschränkungen des Unterarms bzgl. der Unterarmumwendbewegung links um 60 %, Bewegungsbeeinträchtigung der Handgelenksbewegung, Handrücken und hohlhandwärts sowie ellenund speichenwärts links um 80 % auch eine endgradige Bewegungseinschränkung des Daumens in Sattel-, Grund- und Endgelenk sowie zwei längs verlaufende Operationswunden von 13 und 16 cm Länge und einer Breite von 2 cm sowie einer Muskelhernie von ca. 6 cm Länge.

Betrag: 10.000 € **Haftung: 100 %**
immVorb: Ja **MdE: –**

LG Schweinfurt 22.5.2012 – 22 O 349/07 = BeckRS 2012, 213579

6650

Unterarmfraktur in Form einer Unterarmtrümmerfraktur im Bereich der Speichengelenkfläche sowie Griffelfortsatzfraktur mit nachfolgender Nervverletzung mit der Folge von neuropathischen Gelenkschmerzen.

Mann. Die Fraktur der Hand wurde operativ behandelt. Dauerschaden: Bewegungseinschränkungen des Handgelenks um 25 %. Gefahr von posttraumatischer Arthrose sehr hoch. [Ursache: Der Kläger stürzte beim Jubel über ein Fußballtor von der dreistöckigen Sitztribüne. Die Beklagte war eine Event-GmbH, die während der Fußballweltmeisterschaft 2006 sog. „Public-Viewing-Events" veranstaltet hatte und dazu – mit ordnungsbehördlicher Genehmigung – eine dreistöckige Sitztribüne errichtet hatte, die nicht mit Geländern abgesichert worden war. Lesenswert zur Haftung des Veranstalters eines «Public-Viewing-Events» für Sicherheit auf Sitztribüne]. Anmerkung: Das Urteil des LG Essen wurde hinsichtlich der Schmerzensgeldhöhe vom OLG Hamm am 4.7.2011 (becklink 1014554) bestätigt, welches jedoch das Mitverschulden des verletzten Klägers mit 50 statt mit 25 Prozent bemaß.

Betrag: 10.000 € **Haftung: 50 %**
immVorb: – **MdE: –**

LG Essen 22.12.2009 – 17 O 219/08 = BeckRS 2009, 142068

6647

Unterarmfraktur in Form einer Unterarmtrümmerfraktur links und weitere Verletzungen (hier: „distale Radiustrümmerfraktur an der linken Hand, eine nicht dislozierte Daumengrundgliedfraktur und eine Ellenbogenprellung links, die zu einer posttraumatischen Arthrose des linken Handgelenks ohne Aussicht auf Besserung").

Mann. Stationäre Behandlung mit Metallimplantat, das später in einer weiteren Operation wieder entfernt werden musste. Der Kläger ist Linkshänder. Dauerschaden: Bewegungseinschränkung und Belastungsminderung der linken Hand wegen ausgedehnter posttraumatischer Arthrose des linken Handgelenks, wobei eine Besserung nicht zu erwarten ist. Der Gelenkknorpel ist aufgebraucht, Kraftanwendungen mit einer Belastung über 1,5 Kg sind unmöglich und Drehbewegungen nur eingeschränkt – ohne Kraftanwendung – möglich.

Betrag: 12.000 € **Haftung: 100 %**
immVorb: – **MdE: –**

OLG München 11.2.2010 – 10 U 5296/09 = BeckRS 2010, 146049

3349

Unterarmfraktur, schwere (hier: Dislozierte Unterarmfraktur in Gelenknähe).

40j. Mann. Langwierige Heilbehandlung wegen eines Intubationsgranulom und einer deshalb notwendigen logopädischen Behandlung. Dauerschaden: nicht „allzu schwerwiegend".

Betrag: 12.000 € **Haftung: 100 %**
immVorb: Ja **MdE: –**

OLG Celle 2.12.2004 – 14 U 103/04 = BeckRS 2005, 162

5428

Unterarmfraktur, schwere (hier: Dislozierte Unterarmtrümmerfraktur rechts mit Ausbildung einer Pseudoarthrose); Organverletzung (Lungenquetschung) und Wirbelkörperfraktur (hier: Wirbelkörpergrundplattenfraktur BWK 8).

Mann (Dachdecker). 5 Tage intensivstationär und weitere 19 Tage stationär mit mehreren Operationen und Metallteileimplantat. MdE 17 Monate; erst nach dieser Zeit war der Kläger wieder als Dachdecker tätig. Dauerschaden: MdE 10 % wegen Bewegungseinschränkung der rechten Hand sowie täglichen Schmerzen. [Ohne das Mitverschulden sah das LG ein Schmerzensgeld von 20.000 EUR für angemessen. Ursache: Sturz vom Gerüst].

Betrag: 14.000 € **Haftung: 70 %**
immVorb: Ja **MdE: 10 %**

LG Bonn 28.4.2016 – 4 O 127/15 = BeckRS 2016, 106401

6086

Unterarmfraktur (hier: dislozierte Speichenfraktur in Form einer Radiustrümmerextensionsfraktur mit Abriss des Processus styloideus ulnae links), Fußfraktur (hier: Fußluxationsfraktur am rechten Fuß mit einer Wußwurzelknochenfraktur / Keilbeinfraktur und einer Mittelfußknochenfraktur), Knieverletztung (Kniegelenkdistorsion rechts) und Schulterverletzung (Schulterkontusion links) sowie Brustkobprellungen beidseits.

Mann. 28 Tage stationär. MdE 109 Tage 100 % – 6 Jahre nach dem Unfall erneut 12 Tage arbeitsunfähig wegen Nachbehandlungen. Dauerschaden: MdE 20 %. Bewegungseinschränkungen in Form einer „Einschränkungen im Bewegungsapparat der Arme und Beine, die dazu führen, dass der Geschädigte nicht mehr joggen oder sonstigen laufintensiven Sport treiben kann". [Ursache: Motorradunfall]

Betrag: 15.000 € **Haftung: 100 %**
immVorb: Ja **MdE: 20 %**

OLG Brandenburg 16.12.2014 – 12 U 65/12 = BeckRS 2016, 5136

5817

Unterarmfrakturen, schwere (hier: „schwere Schäden und Frakturen am rechten Daumen sowie am linken Unterarm" mit Pseudoarthrose in der körperfernen Speiche … und Funktionsbeeinträchtigung des linken Armes mit 2/7) außerdem multiple Schnittverletzungen des rechten Unterschenkels und Knies.

Frau. Stationäre Heilbehandlung mit insgesamt sechs Aufenthalten und zahlreichen Operationen und Knochentransplantation. Dauerschaden: Funktionsbeeinträchtigung des linken Arms („… der linke Unterarm zeitweise nicht zu spüren. Gelegentlich verspürt sie ein sogenanntes Ameisenlaufen") und Bewegungseinschränkungen im linken Handgelenk (die Klägerin ist Linkshänderin) mit Problemen beim Faustschluss („Beim Faustschluss können der zweite und fünfte Finger der einen Hand nicht vollständig eingeschlagen werden") sowie eine 16 cm lange Narbe am linken Unterarm mit Sensibilitätsstörungen bzw. Narbenempfindlichkeit. Funktionsbeeinträchtigung des Daumens an der rechten Hand. Aufgrund der Bewegungseinschränkung in der linken Hand ergibt sich eine entsprechende Beeinträchtigung der Lebensführung und auch der Lebensqualität, da die Klägerin weder weiter Motorrad fahren, noch andere, die linke Hand benötigende Sportarten ausüben kann. [Ursache: Motorradunfall].

Betrag: 16.000 € **Haftung: 100 %**
immVorb: – **MdE: –**

OLG Oldenburg 20.6.2008 – 11 U 3/08 = BeckRS 2009, 12544

7749

O.Unterarmfraktur in Form einer offenen Unterarmfraktur 2. Grades beider Unterarme in Verbindung mit knöchernen und Nerven zerfetzenden Handgelenksverletzungen / Nervverletzungen. Zudem erlitt die Kl. eine Unterschenkelfraktur. Ursache: Folgen einer Beißattacke eines Hundes / Hundebissverletzung.

63j. Frau. Stationäre Behandlung mit mehreren Operationen unter Weichteiltransplantation und Knochenspanentnahme. Langwierige Heilung. Dauerschaden: Erhebliche Bewegungseinschränkungen an beiden Unterarmen und Händen: Links: „Fast vollständige" Bewegungseinschränkung des Linken Unterarms für die Pro- und Supination. „Praktisch vollständiger Funktionsverlust der Langfinger sowie des linken Daumens der linken Hand, wobei die Finger in einer Pfötchenstellung gehalten werden und neben der Funktionsstörung auch eine Sensibilitätsstörung vorrangig im Bereich des linken Daumens, aber auch im Bereich der Langfinger II, III und IV vorliegt." Kosmetische Entstellung des linken Unterarmes nach Knochen- und Weichteiltransplantation. Rechts: „mittelgradige Bewegungseinschränkung des rechten Handgelenkes in allen Bewegungsebenen, endgradige Einschränkung der Einwärtsdrehbewegung des rechten Unterarms, endgradige Einschränkung der Streckung der Langfinger der rechten Hand. Hinzu kommen psychische Beeinträchtigungen in Form von „chronifizierten Agoraphobie mit Panikstörung, wobei auch klaustrophobe Aspekte sowie Elemente einer spezifischen Phobie in der Nähe größerer Hunde verbunden mit einer leicht depressiven Grundgestimmtheit." Haushaltsführungsschaden über einen Zeitraum von drei Jahren. [Das OLG Brandenburg bestätigte diese Entscheidung, vgl. dazu BeckRS 2019, 9077, → Nr. 5553. Das Urteil des LG ist ua lesenswert zur Thematik der Tierpensionshaftung sowie zur – vom LG zutreffend verneinten – Frage, ob die behördliche (öffentlich-rechtlich verfügte) Untersagung der Hundehaltung zur Beendigung der Eigenschaft als Tierhalter im Sinne des BGB führt]. Hinweis: Das insofern weitere Urteil des OLG Brandenburg BeckRS 2025, 28616 betrifft lediglich noch den Haushaltführungsschadenersatz.

Betrag: 20.000 € **Haftung: 66 %**
immVorb: Ja **MdE: –**

LG Neuruppin 22.12.2017 – 1 O 143/14 = BeckRS 2017, 156389

6096

Unterarmfraktur, schwere / Unterarmnervverletzungen (hier: komplette Unterarmfraktur links, eine geringfügige peripher neurogene Schädigung im Nervus medianus sowie deutliche periphere neurogene Schädigungen des Nervus radialis im Bereich von Unterarm und linker Hand mit einer Verkürzung der Elle [= Ulnaverkürzung] und dauernder Bewegungs- und Belastungseinschränkung des linken Unterarms und der linken Hand bei einem Linkshänder. Zudem erlitt der Kläger eine Oberarmschaftfraktur links.

29j. Mann (Werkzeugmacher). 32 Tage stationär mit Metallimplantat und insgesamt 5 Aufenthalten, unter anderem auch zur Metallimplantatentfernung. Dauerschaden: MdE 10 % wegen der Bewegungseinschränkungen im Bereich des linken Unterarms und der linken Hand und wegen der Kraftverminderung der Hand. [der Kläger ist Linkshänder] insbesondere bzgl. der Umwendbewegungen und Handgelenkbewegungen. Berufsunfähigkeit als Werkzeugmacher und Umschulung zum Qualitätsfachmann. Zudem musste der Linkshänder das Schreiben mit der rechten Hand erlernen. Bei der Bemessung berücksichtigte das LG dies alles sowie zudem, dass „die beklagten Schmerzen bei Luftdruck- bzw. Witterungsänderungen ... häufig nach Frakturen auf[treten] und zu einer eingeschränkten Lebensfreude [führen]. Verschlechterungstendenz: "Verschlechterungen des Gesundheitszustandes durch Schonhaltungen und damit einhergehende Muskelschwächungen [sind] nicht auszuschließen". [Motorradunfall].

Betrag: 20.452 € **Haftung: 100 %**
immVorb: – **MdE: 10 %**

LG München I 12.10.2000 – 19 O 9859/00 = BeckRS 2016, 14752

4385

Unterarmtrümmerfraktur / Handgelenkverletzung (hier: Radiustrümmerfraktur mit Subluxation der Elle nach dorsal bei Instabilität des ulnacarpalen Komplexes und Radiusverkürzung).

Mann (Ingenieur). Langwierige Heilbehandlung von mehr als 5 Jahren Dauer. Arzthaftung (Hier: Behandlungsfehler). Dauerschaden: Bewegungseinschränkung der rechten Hand; er kann mit der rechten Hand keine Computertastatur bedienen und verspürt ein „ständiges Brennen auf der Höhe des Handgelenks und Druckschmerz im ulnaren Handgelenk". Daher Berufsunfähigkeit!

Betrag: 25.000 € **Haftung: 100 %**
immVorb: Ja **MdE: –**

OLG Köln 25.5.2011 – 5 U 174/08 = BeckRS 2011, 18431

4609

Unterarmfrakturen, schwere (hier: Linksseitige Unterarmfraktur und zudem rechtsseitige Unterarmfraktur in Form einer Speichenfraktur); erhebliche Unterschenkelverletzung in Form massiver Weichteilverletzungen. Zahnverlust (2 Zähne).

68j. Frau. 21 Tage stationär. Langwierige Heilbehandlung, insbesondere zur Wundbehandlung der Unterschenkelweichteilverletzung, die erst nach viermonatiger Pflege verheilt war; die Frakturverheilung dauerte noch weitere 7 Monate. Dauerschaden: Erhebliche Gebrauchsbeeinträchtigung des linken Arms von der Schulter bis zu den Fingern. Oberschenkelbelastungsverminderung infolge Muskelverkleinerung und Durchblutungsstörungen am linken Bein. Vorsätzliche Körperverletzung. Zudem hatte die Klägerin den Tod ihrer Tochter zu verkraften.

Betrag: 30.000 € **Haftung: 100 %**
immVorb: Ja **MdE: –**

OLG Brandenburg 21.7.2011 – 12 U 19/11 = BeckRS 2011, 20920

6097

Unterarmfraktur, schwere (hier: Distale Speichenfraktur bzw. Radiusfraktur rechts, die in leichter Fehlstellung mit Gelenkveränderungen am Handgelenk, einer deutliche Gebrauchseinschränkung des rechten Armes und der rechten Hand bei Morbus Sudeck mit diffuser Knochenentkalkung an der Hand und Handgelenk verheilte). Zudem Gesichtverletzungen (hier: Nasenbeinfraktur mit Risswunde, Schnittverletzungen an Nase, Lippe und im Bereich der Augen) sowie Prellungen und Schürfwunden (hier: leichte Wunden am rechten Bein und an der rechten Hand, Prellungen des Brustkorbs, der rechten Schulter und beider Knie) und Unfallschock.

Frau (Lehrerin). 35 Tage stationär mit insgesamt 4 Aufenthalten. Anschließend mehrere Monate andauernde ambulante Heilbehandlung mit Physiotherapie. MdE 180 Tage 100 %. Dauerschaden: MdE 30 % mit deutlicher Armgebrauchsminderung rechts wegen Bewegungseinschränkung des rechten Arms, Handgelenks und der Hand [Klägerin ist Rechtshänderin], zudem optische Beeinträchtigung (die nicht als Entstellung bezeichnet wurde, jedoch nach der Beschreibung wohl einer gewissen Entstellung nahe zu kommen scheint) „infolge der Nasenbeinfraktur mit Verwundung bis in den Lippenbereich" und daraus resultierender „kosmetisch störender Deformierung der Nase und behinderte Nasenatmung mit der Notwendigkeit der Korrekturoperation".

Betrag: 30.000 € **Haftung: 100 %**
immVorb: Ja **MdE: 30 %**

LG Osnabrück 7.3.2007 – 3 O 2050/06 = BeckRS 2016, 14754

5092

Unterarmfraktur, schwere (hier: Behandlungsfehlerbedingte gravierende Folgebeeinträchtigungen – Details hierzu unter Einzelheiten – nach einer zunächst harmlos erscheinenden linksseitigen Ellenfraktur in Form einer sogenannten Ulnaschaftfraktur).

7j. Kind. Arzthaftung im Zusammenhang mit einer Unterarmfraktur, bei welcher eine Radiusköpfchendislokation unkorrigiert blieb, weshalb eine erneute Operation durchgeführt werden musst, der sich zudem noch zwei weitere Operationen anschlossen. Zudem wurde bei der Bemessung berücksichtigt: Die „teilweise immer noch auftretenden Schmerzen, die sportlichen Behinderungen sowie die zeitlichen Beschwernisse, die mit der Nacharbeitung versäumten Schulunterrichtsstoffs und insbes. mit der fortgesetzten [und schmerzhaften] Physiotherapie verbunden waren".

Betrag: 37.500 € **Haftung: 100 %**
immVorb: Ja **MdE: –**

OLG Koblenz 21.7.2015 – 5 U 370/15 = BeckRS 2015, 19590

7423

Beids.Unterarmfraktur rechts und links; beids.Fußfraktur rechts und links in Form von Fersenbeinfrakturen sowie eine Rippenfraktur. Zudem erlitt die Klägerin eine Gehirnblutung in Form einer Subarachnoidalblutungen;

56j. Frau (Rechtsanwaltsfachangestellte). Stationäre Behandlung. Aufgrund der Verletzungen aller vier Extremitäten war die Klägerin in den ersten drei Monaten sehr stark eingeschränkt, so dass sie ihre Körperpflege nicht selbst vornehmen und nicht selbst die Toilette aufsuchen konnte. Die beiden frakturierten Unterarme sowie die beiden frakturierten Fersenbeine wurden mit Metallimplantaten versehen. Dauerschäden: Während die Gehirnblutung und die Rippenfraktur zeitnah und folgenlos ausheilten, blieb in beiden Handgelenken eine dauerhafte Funktionsminderung bzw. Funktionsbeeinträchtigung zurück. Insbesondere an der linken Hand führt die Beugeeinschränkung zu Behinderungen bei der Bedienung von Computertastaturen. Ebenso kam es zu Dauerschäden im Bereich der Füße.

Die Klägerin kann nicht länger als 40 Minuten ohne Pause gehen, danach schmerzen die Füße und schwellen an. Joggen kann sie nicht mehr, ebenso wenig Fahrradfahren oder wandern. Zudem leidet sie immer unter Schmerzen, was auch dazu führt, dass sie schneller müde und erschöpft ist. Bei der Schmerzensgeldbemessung orientierte sich das LG an den Urteilen des OLG Hamm → Nr. 6765, OLG Celle → Nr. 4862, OLG Jena → Nr. 6252 sowie OLG Köln → Nr. 4964 und führte jedoch insofern aus, dass in all diesen Entscheidungen, die jeweiligen Kläger keine Unterarmverletzungen sondern „nur" Fußfrakturen erlitten hatten. [Anmerkung: Eine vergleichbare Entscheidung, wie die des LG Köln, bei dem sich die Verletzte alle vier Extremitäten gebrochen hatten, ist aktuell nicht bekannt.].

Betrag: 55.000 € **Haftung: 100 %**
immVorb: – **MdE: –**

LG Köln 12.10.2023 – 2 O 101/22 = BeckRS 2023, 49043

7451

Unterarmfraktur, schwere (hier: Offene Unterarmfraktur 3. Grades rechts mit Schädigung aller drei die rechte obere Extremität versorgenden Nerven [Nervverletzungen]). Zudem erlitt der Kläger eine Schädelprellung mit einer kleinen Rissquetschwunde an der Stirn sowie eine Knieprellung. Psychische Alteration.

34j. Mann. 23 Tage stationär. Die Fraktur beider Unterarmknochen wurde mittels Metallimplantaten versorgt und zur Deckung eines handflächengroßen Hautdefektes wurde Kunsthaut implantiert. Nachfolgend erfolgte eine „Second-Look-Operation,,, Lavage und neuerliche Kunsthautdeckung; zudem wurde der Wundverschluss mittels Spalthaut und Vakuumversiegelungstechnik behandelt. Der Wundverlauf gestaltete sich der Art und Schwere der Verletzung angemessen, Wundkomplikationen traten nicht auf. Eine etwa zwei Wochen nach dem Unfall durchgeführte neurologische Untersuchung einschließlich elektrophysiologischer Prüfung ergab weitgehende Defizite sensibler und motorischer Art an der rechten Hand. 4 Monate Rehabilitationsaufenthalt. Dauerschaden: Deutliche Funktionsminderung des gesamten rechten Armes. Der Kläger kann weder grob- noch feinmotorische Tätigkeiten mit dem rechten Arm ausreichend sicher durchführen, wobei die Funktionseinschränkung aus medizinischer Sicht objektiv in diesem Ausmaß nicht restlos erklärbar ist. Durch die deutliche Atrophie der gesamten Muskulatur des rechten Armes ist aber objektiv dokumentiert, dass der Kläger den rechten Arm massiv schont. Bewegungsbeeinträchtigungen des Ellenbogens sowie der Hand in Form eines "endgradiges Beuge- und Streckdefizits des Ellenbogens sowie eines Beugedefizits des Daumens, des Ring- und Mittelfingers,, sowie Sensibilitätsstörungen im Bereich des Oberarms. Bei der Schmerzensgeldbemessung berücksichtigte der OGH all dies sowie, wie in Österreich üblich, die Schmerzintensität, gemessen in Tagen wie folgt: "Starke Schmerzen 6 Tage; mittelstarke Schmerzen 27 Tage; leichte Schmerzen 189 Tage. Es muss auch für die Zukunft mit körperlichen Schmerzen gerechnet werden." Hobbyaufgabe: Motorrad ist nicht mehr möglich und Fahrradfahren nur einhändig möglich. Auch Autofahren ist nur mit Einschränkungen möglich, wenn er mit dem Handballen schaltet und lenkt. Gartenarbeiten kann der Kläger in einem größeren Ausmaß nicht mehr verrichten.

Betrag: 60.000 € **Haftung: 100 %**
immVorb: – **MdE: –**

OGH Österreich 27.9.2007 – 2 Ob 166/07m = BeckRS 2007, 155442

5426

Unterarmfraktur, schwere / Ellenbogenverletzung (hier: Radiusmehrfragmentfraktur mit Abriss des sogenannten Processus coronoideus, einem dreieckigen Knochenvorsprung der Elle sowie Ellengelenkluxation und Weichteilverletzungen); Psychische Beeinträchtigungen / Depressionen.

54j. Mann. Längerer stationärer Aufenthalt mit mehreren Operationen ua mit zwei offenen Revisionen des rechten Ellenbogengelenks sowie einer offenen Revision des rechten Handgelenks. Dauerschaden: Erhebliche Ellenbogenbewegungsbeeinträchtigung, Bewegungsbeeinträchtigung der rechten Hand einschließlich der Finger. Bewegungsschmerzen. Psychische Beeinträchtigungen in Form von Depressionen und kognitiven Störungen. Regulierungsverzögerung.

Betrag: 70.000 € **Haftung: 100 %**
immVorb: Ja **MdE: –**

OLG Hamburg 15.4.2016 – 9 U 225/08 = BeckRS 2016, 137161

k) Unterarmamputationen

Vorbemerkung: Die Amputation eines oder gar beider Unterarme zählt ebenfalls – wie alle Amputationen von Gliedmaßen – zu den schweren Verletzungen. Ungeachtet dessen werden auch heute noch nur geringe Schmerzensgeldbeträge als angemessen erachtet. So wies das OLG Brandenburg 2024 darauf hin, dass „Für derartige Verletzungen ... durch die Rechtsprechung ein Gesamtschmerzensgeld zwischen 50.000 € ... und ca. 120.000 € zugesprochen" werde. Vgl. dazu → Nr. 7887.

7887

Unterarmamputation, rechts mit der Besonderheit des Falles, dass der amputierte Unterarm bereits „funktionslos" war.

Frau (noch „sehr junge" Frau / Tätowiererin). Arzthaftung im Zusammenhang mit der Behandlung einer schweren Unfallverletzung ua auch des rechten Armes der Klägerin nach einem Verkehrsunfall. Dabei führten die Ärzte der Beklagten sechs Operationen ua zur Wundversorgung mit dem Ziel der Wiederherstellung des rechten Armes durch, wobei auch über die mögliche Amputation des Armes gesprochen wurde. Zu dieser kam es jedoch letztlich durch einen Diagnoseeirrtum bzw. die fehlerhafte Auswertung einer Angiografie, bei der Engstellen im Bereich einer eingesetzten Plastik nicht erkannt wurden. Der Diagnoseirrtums, der objektiv auf einer Fehlinterpretation der erhobenen Befunde basierte bestand darin, dass die „Engstelle" an den Anastomosen des Armes verkannt worden war, wodurch wiederum die Gefahr einer Thrombose bestand, die „sich vorliegend auch realisiert" hatte, so das OLG. Nachdem es dann nicht gelungen war, „die venöse Strombahn im Hand- und Unterarmbereich wieder zu eröffnen", wurde der rechte Unterarm schließlich amputiert. Zur Schmerzensgeldbemessung führte das OLG zunächst aus, dass der „Verlust ... erhebliche Auswirkungen auf alle Lebensbereiche der noch jungen Klägerin [habe], die sie das ganze Leben begleiten werden. Es liegt auf der Hand, dass sie tägliche Verrichtungen wie auch die Freizeitgestaltung nur noch sehr reduziert realisieren kann. Auch in ihrer beruflichen Perspektive ist sie zwangsläufig ganz erheblich eingeschränkt. Daneben bestehen andauernde erhebliche Schmerzen und Auswirkungen auf die Psyche in Form von Depressionen". Des weiteren wies das OLG darauf hin, dass für „derartige Verletzungen ... durch die Rechtsprechung ein Gesamtschmerzensgeld zwischen 50.000 EUR ... und ca. 120.000 EUR zugesprochen" werde. Dann jedoch betonte das OLG, dass „hier nicht von der Amputation eines gesunden Armes ausgegangen werden" könne, da der Arm der Klägerin bereits vor dem Behandlungsfehler infolge des Verkehrsunfalles sehr schwer geschädigt gewesen sei und bereits durch das Unfallgeschehen und im Ergebnis des ersten Versuchs einer Rettung des Armes im Klinikum Z...G... „schwerstgeschädigt" gewesen sei und „Merkmale einer subtotalen Amputation aufgewiesen" habe; „die Amputation hätte zu jeder Zeit indiziert werden können. Es habe ein nahezu kompletter Sensibilitätsverlust und der Verlust der Beweglichkeit bestanden.". „Mithin" könne „allenfalls davon ausgegangen werden, dass durch weitere Rekonstruktionsversuche der Arm als solcher hätte optisch erhalten werden können. Allerdings wäre er funktionslos und nicht steuerbar geblieben." Letztlich sei lediglich die kosmetische Beeinträchtigung durch den Verlust des Armes statt eines funktionslosen Armes für die Schmerzensgeldbemessung relevant geworden.

Betrag: 12.000 € **Haftung: 100 %**
immVorb: Ja **MdE: –**

OLG Brandenburg 16.5.2024 – 12 U 139/23 = BeckRS 2024, 12690

4540

Unterarmamputation.

61j. Mann. Stationärer Aufenthalt mit Amputationsoperation der später eine zweite Operation zur Stumpfnachkürzung folgte. Arzthaftung (hier: Schwerwiegender Behandlungsfehler). Dauerschaden: Erhebliche Behinderung durch Verlust des linken Arms.

Betrag: 40.000 € **Haftung: 100 %**
immVorb: – **MdE: –**

OLG Hamm 5.2.2007 – 3 U 40/06 = BeckRS 2013, 5842

4489

Unterarmamputation rechts nach posttraumatischen Kompartmentsyndrom

44j. Mann (Versicherungsvertreter). Arzthaftung (hier: Grober Behandlungsfehler wegen fehlerhafter Erstversorgung einer zuvor erlittenen Schnittverletzung mit Beteiligung der Beugesehne im Ellenbogenbeugebereich. Es kam zu einem Kompartmentsyndrom mit Durchtrennung der Stammnerven und – 14 Monate nach der Erstversorgung – dem anschließenden Erfordernis der Unterarmamputation nach zuvor wochenlang anhaltenden Schmerzen. Dauerschaden: Amputation des rechten Unterarms.

Betrag: 40.000 € **Haftung: 100 %**
immVorb: Ja **MdE: 100 %**

OLG Saarbrücken 28.1.2004 – 1 U 45/02-10 = BeckRS 2004, 153244

5157

Unterarmamputation rechts / Nervverletzung (hier: Nervdurchtrennungsoperation in Form einer Stammnervdurchtrennung der Stammnerven der rechten Hand des Klägers nach unfallbedingter „Beugesehnendurchtrennung, ... Medianusläsion rechts, klinische Anzeichen für den Ausfall des nervus ulnaris rechts, Krallenstellung der rechten Hand").

Mann. Stationäre Aufenthalte; sehr langwierige Heilbehandlung in deren Folge nach längerer vorrangegangener erfolgloser Behandlungsversuche der Unterarm amputiert wurde und zudem sechs Monate später eine Nachamputation des rechten Armstumpfes erfolgte. Der Patient befand sich in einer extrem schlechten psychischen Verfassung und war suizidgefährdet. Arzthaftungsfall (Behandlungsfehler). Dauerschaden: Unterarmamputation rechts (Rechtshänder); psychische Beeinträchtigungen. Ursache: Ärztlicher Behandlungsfehler / Arzthaftung im Zusammenhang mit einer nicht indizierten und damit behandlungsfehlerhaften Nervdurchtrennungsoperation (hier: Durchtrennung der Stammnerven der rechten Hand).

Betrag: 40.903 € **Haftung: 100 %**
immVorb: Ja **MdE: –**

OLG Hamm 24.10.2007 – I-3 U 14/07 = unveröffentlicht

5414

Unterarmamputation nach übersehenem, fortgeschrittenen Kompartmentsyndrom am rechten Unterarm. (Unter einem Kompartmentsyndrom versteht man den Anstieg des Gewebedruckes in den sogenannten Kompartimenten bzw. den osteofaszialen oder faszialen Logen).

48j. Mann. Arzthaftung (hier: grober Behandlungsfehler durch Übersehen der Symptome eines Kompartmentsyndroms nach einer unfallbedingten Gipsschienenbehandlung). Dauerschaden: Verlust des rechten Unterarms und Phantomschmerzen. [Anmerkung: Das OLG orientierte sich bei der Bemessung an OLG Saarbrücken BeckRS 2004, 153244. Das Schmerzensgeld für derartig gravierende Verletzungen mit erheblichen Dauerfolgen sollte künftig deutlich höher ausfallen; vgl. hierzu oben im im Handbuch unter → Rn. 73].

Betrag: 50.000 € **Haftung: 100 %**
immVorb: Ja **MdE: –**

OLG Hamm 13.6.2017 – 26 U 59/16 = BeckRS 2017, 117083

6328

Unterarmamputation links nach Polytrauma mit: offene Unterarmfraktur 3. Grades links mit schwerstem Decollement im Handbereich und Radiusluxation links; Schädelkontusion mit frontaler Kopfplatzwunde und Verletzung der Ohrmuschel links; Organverletzung, stumpfes Bauchtrauma mit zentraler Milzruptur und kapsulärem, hilusseitgem Hämatom sowie subkapsulärem Nierenhämatom links; posttraumatische Belastungsreaktion (PTBS) und Anpassungsstörung bei bekannter Klaustrophobie, sekundäre Wundinfektion im lateralen Unterarmstumpf und chronisches Schmerzsyndrom).

66j. Frau. 27 Tage stationär in zwei Aufenthalten. 55 Tage Rehabilitationsaufenthalt. Die Klägerin war Linkshänderin! Dauerschaden: Unterarmamputation links. Der Stumpf kann nicht mit einer myoelektrischen Prothese versorgt werden; lediglich Schmuckprothese; weiterhin starke Schmerzen im Unterarmstumpf; schwere Depressionen. Beeinträchtigung der Arbeitsfähigkeit. Die Klägerin ist nicht in der Lage, den Haushalt zu organisieren und ständig auf fremde Hilfe angewiesen. Bei der Bemessung berücksichtigte die Vorinstanz zudem ein gewisses Maß an Entstellung. Dazu das OLG: „Beeinträchtigung des Erscheinungsbildes (Unterarmprothese; Narbe nach Stirn- und Kopfplatzwunde; narbig verheilte Ohrmuschelverletzung)". Die Klägerin begehrte ein höheres Schmerzensgeld, doch die Berufung der Klägerin gegen das Urteil des LG Gera wurde insofern vom OLG zurückgewiesen.

Betrag: 85.000 € **Haftung: 100 %**
immVorb: – **MdE: –**

OLG Jena 20.2.2008 – 4 U 903/06 = BeckRS 2008, 142459

l) Sonstige Armverletzungen

6569

Schwere Armverletzungen (hier: traumatische Ellenbogenluxationsfraktur am rechten Oberarm mit ausgeprägtem Muskel und Weichteilschaden, einer mehrfragmentären Fraktur der proximalen Ulna, einer mehrfragmentären Fraktur des Condylus humeroradialis sowie einer Nervenquetschung des Nervus ulnaris).

Frau. Kein Schmerzensgeldanspruch für die schweren Armverletzungen infolge der durch eine Windböe zugeschlagenen Eisentüre. Das LG sah keine Verkehrssicherungspflichtverletzung und führte aus: „Eine Verkehrssicherungspflicht, die jede Schädigung ausschließt, ist dabei nicht erreichbar. Es geht vielmehr um die Risikoverteilung zwischen dem Verkehrssicherungspflichtigen und der gefährdeten Person, das heißt darum, welche Sicherheit die Person in der jeweiligen Situation erwarten darf, mit welchen Risiken sie rechnen muss und welche ihr abgenommen werden müssen. Der Pflichtige muss deshalb nicht für alle denkbaren, entfernten Möglichkeiten eines Schadenseintritts Vorsorge treffen".

Betrag: – **Haftung: –**
immVorb: – **MdE: –**

LG Köln 31.10.2019 – 16 O 438/18 = BeckRS 2019, 30563

3644

Armverletzung (hier: Nervengefäßabriss am rechten Arm) sowie weitere Verletzungen mit Spätfolgen.

Zum Umfang der Rechtskraft des Schmerzensgeldurteils, wenn der Zahlungsklage stattgegeben, jedoch die Feststellungsklage abgewiesen wurde. „Die Rechtskraft hindert nicht daran, sich zur Begründung einer neuen Klage auf Tatsachen zu berufen, die erst nach Schluss der letzten mündlichen Verhandlung entstanden sind. Allerdings kann der Geltendmachung nachträglich eingetretener und nicht vorhersehbarer Spätschäden die Rechtskraft entgegenstehen, wenn das Feststellungsurteil auf einer Prognose beruht".

Betrag: – **Haftung: –**
immVorb: – **MdE: –**

BGH 14.2.2006 – VI ZR 322/04 = BeckRS 2006, 3663

3590

Unterarmverletzung (hier: Reposition einer Unterarmfraktur ohne Betäubung).

55j. Frau. Arzthaftung (hier: Behandlungsfehler bei der Versorgung der Radiusbasisfraktur der Klägerin, die dadurch – wenn auch nur kurzzeitig – unnötig erhebliche Schmerzen erlitt).

Betrag: 250 € **Haftung: 100 %**
immVorb: – **MdE: –**

OLG Düsseldorf 13.2.2003 – 8 U 41/02 = BeckRS 2004, 5391

4318

Armtorsion (hier: Armverdrehung während einer Rangelei unter Schülern).

11j. Kind (Schülerin). Die Klägerin begehrte 5.000 EUR, wegen eines Folgeschadens, dessen Kausalität jedoch nicht festgestellt werden konnte.

Betrag: 300 € **Haftung: 100 %**
immVorb: – **MdE: –**

OLG Saarbrücken 8.6.2010 – 8 U 123/01 = NJW-RR 2011, 178

4885

Armverletzung / Schulterverletzung (hier: sogn. Tennisarm / Golferarm mit Schmerzen beim Drehen und Strecken sowie Schultermuskelverspannung nach Oberarmprellung).

Mann (Arzt). Langwierige ambulante Heilbehandlung über eine „Dauer … von insgesamt etwa 1/4 Jahr". Der Kläger benötigte zur Genesung 3 x 10 Massagen und Fangobehandlungen. [Lesenswert zur Haftungsverteilung bei Anstoß gegen offen stehende Fahrzeugtüre].

Betrag: 750 € **Haftung: 50 %**
immVorb: – **MdE: –**

OLG Frankfurt a. M. 28.1.2014 – 16 U 103/13 = BeckRS 2014, 4635

6192

Armverletzung (hier: psychogene Armlähmung links).

43j. Frau (Altenpflegerin). Dauerschaden: Berufsaufgabe als Altenpflegerin wegen des chronischen Schmerzsyndroms mit Schwäche des linken Arms. Bei der Schmerzensgeldbemessung berücksichtigte das OLG auch den „langen Zeitraum, über den sich das chronische Schmerzsyndrom erstreckt" [bislang 7 Jahre] und die langwierige Heilbehandlung bzw. psychotherapeutische Behandlung bis zu deren „möglicherweise erfolgreichen Therapieende noch ein Zeitraum von 1–2 Jahren vergehen" wird und führte dazu aus: „Sind der Unfall und die dabei erlittenen Primärverletzungen keine Bagatelle, hat der Unfallverursacher auch für Schäden infolge psychischer Fehlverarbeitung als haftungsausfüllende Folgewirkung des Unfallgeschehens einzustehen, wenn die hinreichende Gewissheit besteht, dass diese Folge (hier: psychogene Armlähmung) ohne den Unfall nicht eingetreten wäre. Dabei scheitert die Zurechnung solcher Schäden nicht daran, dass der Verletzte infolge körperlicher oder psychischer Disposition besonders schadenanfällig ist. Dieses ist aber bei der Schmerzensgeldbemessung zu berücksichtigen".

Betrag: 7.669 € **Haftung: 100 %**
immVorb: Ja **MdE: –**

OLG Hamm 21.3.2002 – 6 U 218/99 = BeckRS 2002, 11621

4823

Armverletzung, schwere, links

Mann. Lebensgefahr. Stationäre Behandlung. Langwierige Heilbehandlung (es wird von einem „Behandlungsmarathon" gesprochen). Dauerschaden: Armfunktionseinschränkung. [Anmerkung: Das Urteil befasst sich mit der Frage der Zulässigkeit einer Teilklage im Schmerzensgeldprozess, weist die Klage auf weiteres Schmerzensgeld als unzulässig zurück und geht daher nur am Rande auf die Verletzungen des Vorprozesses ein]. Ursache: Fahrradunfall.

Betrag: 15.000 € **Haftung: 100 %**
immVorb: Ja **MdE: –**

LG Lübeck 15.7.2013 – 2 O 308/12 = BeckRS 2013, 23271

3410

Armverletzung / Armnervverletzung (hier: Durchtrennung des Armnervgewebes mit sehr langandauerndem Schmerzzustand, der die regelmäßige Einnahme starker Schmerzmittel erforderlich machte; mittels Nervplastik wurde die Verletzungsfolge abgemildert, jedoch nicht vollständig beseitigt).

Frau. MdE 14 Monate 100 % wegen Armlähmung! Sehr starke lange andauernde Schmerzen. Arzthaftung (Behandlungsfehler bei der Entfernung eines Tumors). Dauerschaden: „Dieser liegt hier – abgesehen von den Schmerzen – insofern vor, als die Kl. trotz relativ erfolgreicher Rekonstruktion des betroffenen Nervs nicht wieder die volle Funktionsfähigkeit des rechten Armes erlangt hat und diese wohl auch nicht mehr erlangen wird".

Betrag: 15.000 € **Haftung: 100 %**
immVorb: – **MdE: –**

OLG Köln 1.6.2005 – 5 U 91/03 = BeckRS 2005, 10366

4321

Armverletzung, rechts (hier: Nervverletzung mit daraus resultierendem sogn. Reizarmsyndrom).

Frau. Arzthaftung (hier: Behandlungsfehler während einer Schilddrüsen-OP). Dauerschaden: Schmerzen und damit verbundene Bewegungsbeeinträchtigung des rechten Armes. Es kam zudem zu leichten Depressionen.

Betrag: 25.000 € **Haftung: 100 %**
immVorb: – **MdE: –**

OLG Köln 26.4.2010 – 5 U 8/10 = BeckRS 2010, 13645

5856

Armverletzung / Armnervverletzung (hier: Chronische Schmerzstörung des rechten Arms als Folge einer Nervenschädigung).

Frau (ungelernte Arbeiterin). Arzthaftung (hier: Behandlungsfehler durch unsachgemäße „Lagerung während der Schilddrüsenoperation" und daraus resultierender Nervenschädigung). Dauerschaden: Irreversible chronische Schmerzerkrankung des rechten Arms mit stärksten Dauerschmerzen und Einschlafstörungen und Durchschlafstörungen und wegen dadurch bedingte regelmäßige Einnahme von Schmerzmitteln. „Anders als das Landgericht geht der Senat davon aus, dass die Klägerin, die vor der haftungsbegründenden Operation im Oktober 2003 im Wechsel als ungelernte Arbeiterin beschäftigt oder aber arbeitslos war, ohne das chronische Schmerzsyndrom des rechten Arms nicht nur zu 50 %, sondern zu 80 % beruflich hätte tätig sein können", so das OLG.

Betrag: 25.000 € **Haftung: 100 %**
immVorb: – **MdE: –**

OLG Köln 26.4.2010 – 5 W 8/10 = BeckRS 2010, 13544

4320

Armverletzung, schwere (hier: Nahezu völlige Bewegungsunfähigkeit und Muskelverschmächtigung des linken Armes mit daraus resultierender erheblicher Gebrauchsunfähigkeit, die sich bis in die Finger – die ebenfalls kaum bewegt werden können – erstreckt); Schulterverletzung; Schädelprellung mit Gesichtsplatzwunden und Augenverletzung (hier: sogn. Honer-Syndrom); Rippenfrakturen mit Hämatopneumothorax.

Mann. 4 Wochen stationär; ambulante, langwierige Heilbehandlung; später 5 Wochen Rehabilitationsklinik. Dauerschaden: Erhebliche Gebrauchsminderung und erhebliche Bewegungseinschränkung des linken Oberarms, Unterarms sowie der Finger der linken Hand.

Betrag: 25.000 € **Haftung: 50 %**
immVorb: – **MdE: –**

LG Paderborn 15.2.2008 – 2 O 383/03 = BeckRS 2009, 28247

3342

Armlähmung; hier: inkomplette Lähmung des rechten Arms mit Schwächen beim Heben und Außendrehen und einer nicht wesentlichen Veränderung des Arms gegenüber dem gesunden linken Arm mit einer geringgradigen Reduktion der Kraft.

Kind / Säugling. Arzthaftung / Geburtsfehler / Geburtshilfefehler. Das OLG sah in der fehlenden Aufklärung der Mutter bzgl. der Risiken einer vaginalen Geburt (anstelle einer sectio) den Rechtsgrund für den Schmerzensgeldanspruch des Klägers. Dieser ist durch die Verletzung „leichtgradig" bei den Verrichtungen des täglichen Lebens eingeschränkt, so das OLG mit Verweis auf ein Gutachten.

Betrag: 25.000 € **Haftung: 100 %**
immVorb: Ja **MdE: –**

OLG Karlsruhe 22.12.2004 – 7 U 4/03 = BeckRS 2005, 1749

3284

Armverletzung, schwere (hier: komplette Armlähmung des rechten Armes) sowie Organverletzungen (hier: Leberriss und Zwerchfellriss).

Frau (Bürokauffrau). 7 Wochen stationär; 5 Wochen Rehabilitation im Reha-Zentrum. Berufsaufgabe. Dauerschaden: Vollständige Armlähmung rechts! [Motorradunfall; die Kl. wurde gegen eine Leitplanke geschleudert].

Betrag: 25.565 € **Haftung: 100 %**
immVorb: – **MdE: –**

LG Hannover 14.6.2000 – 12 O 109/00 = BeckRS 2000, 168121

4265

Oberarmfraktur links mit Nervverletzung und Unterarmverletzung mit Handverletzung (hier: Oberarmfraktur links und „Teilschädigung des Armnervengeflechts" links sowie Handgelenkverletzung in Form einer Weichteilverletzung im Bereich des linken Handgelenks und der linken Hand). Kniescheibenfraktur; Rippenserienfraktur (1.-4.Rippe) sowie Schulterblattriss; Lippenverletzung und Gehirnerschütterung.

Frau (Arbeiterin). 5 Monate stationär. Mehrere Monate ambulante, langwierige Heilbehandlung mit Physiotherapie. Dauerschaden: „GdB von 30 %" wegen Armverletzung und deren Folgen, wie Belastungseinschränkungen beim Heben und Tragen. Zudem Bewegungseinschränkungen beim Treppensteigen und Kniebeugen. Berufsaufgabe.

Betrag: 30.000 € **Haftung: 75 %**
immVorb: Ja **MdE: –**

LG Detmold 7.10.2010 – 12 O 136/08 = BeckRS 2010, 33128

5655

Armverletzung, schwere (hier: Armplexusparese bzw. Armplexuslähmung nach Schulterdystokie) und diskretes Horner-Syndrom / Horner-Trias; darunter versteht man die spezifische Form einer Nervenschädigung, die durch den Ausfall des Sympathikuskopfteils bzw. Halssympathikus, eines Teils des unwillkürlichen Nervensystems, verursacht wird. Es weist einen zumeist einseitig vorkommenden, dreiteiligen Symptomkomplex (Trias) auf, bestehend aus einer Pupillenverengung (Miosis), dem Herabhängen des Oberlids (Ptosis) und einem gering in die Augenhöhle eingesunkenen Augapfel (Enophthalmus).

Kind (Säugling). Arzthaftung (hier: Behandlungsfehler bzw. Geburtshilfefehler. „Die Vakuumextraktion erfolgte vom Beckeneingang aus erster vorderer Hinterhauptlage. Nach der Entwicklung des Kopfes kam zu zur Schulterdystokie"). Dauerschaden: Starke Funktionsbeeinträchtigung des rechten Arms, Horner-Syndrom. Zur Schmerzensgeldbemessung führte das OLG aus: „Unstreitig ist der rechte Arm der Klägerin infolge der erlittenen oberen und unteren Plexusparese in seiner Funktion stark beeinträchtigt; eine nachhaltige Besserung steht nach dem Bericht der kinderneurologischen Ambulanz der Universität U… auch bei Fortsetzung der weiterempfohlenen krankengymnastischen Übungsbehandlung nicht zu erwarten. Die Klägerin kann mit dem rechten Arm im wesentlichen nur stützende Funktionen wahrnehmen, was für sich genommen als Dauerschaden schon schwer ins Gewicht fällt. Darüber hinaus ist diese Behinderung – … – infolge der verletzungsbedingten Muskelverschmächtigung und Wachstumsretardierung des rechten Armes auch äußerlich deutlich wahrnehmbar, was – zumal bei einem jungen Mädchen wie der Klägerin – für die persönliche Entwicklung auch langfristig besondere Belastungen mit sich bringt. Daneben bleibt als weitere Schadensfolge auch das Horner Syndrom zu berücksichtigen, das – wenn es auch derzeit optisch nicht störend wirkt – die Besorgnis weitergehender Beeinträchtigungen auch im Gesichtsbereich nachvollziehbar macht … Mag auch der Umstand, dass die Klägerin mit der Gebrauchsbehinderung des rechten Arms von Geburt an zurechtkommen musste, ein hohes Maß an Gewöhnung als „Linkshänder" bewirkt haben, so wird doch die Klägerin bei ihren künftigen Lebensentscheidungen, insbesondere auch bei der Berufswahl immer wieder mit den Folgen der Behinderung konfrontiert werden".

Betrag: 33.234 € **Haftung: 100 %**
immVorb: Ja **MdE: –**

OLG Stuttgart 23.9.1997 – 14 U 71/96 = BeckRS 1999, 2025

4323

Oberarmverletzung / Nervverletzung (hier: Infolge einer Nervverletzung – nervus accessorius – kam es zu einer erheblichen Bewegungseinschränkung des rechten Oberarms sowie eines Schulterschiefstandes).

38j. Mann. 82 Tage intensivstationärer Aufenthalt. Langwierige Heilbehandlung. Arzthaftung: Behandlungsfehler. Dauerschaden: Erhebliche Bewegungseinschränkung des Armes, der vom Kläger nur noch bis in die Waagerechte angehoben werden kann. Schulterschiefstand. Arthrosegefahr. Narben.

Betrag: 35.000 € **Haftung: 100 %**
immVorb: – **MdE: –**

OLG Stuttgart 30.5.2000 – 14 U 71/99 = BeckRS 2007, 16282

6457

Armverletzung / Schulterverletzung nach Schulterdystokie „mit linksseitigem Patellar- und Bicepssehnenreflex, Schulterschiefstand, sowie einer Atrophie der linken Schulter-, Arm- und Handmuskulatur mäßigen Ausmaßes im Bereich des Oberarms, deutlicher im Bereich des Unterarms und damit einhergehend einer nach distal abnehmende Innervation der Muskulatur, ferner klinisch einen vermehrten Beugetonus der Hand mit kaum aktiver Streckfunktion" und dauerhafter Armverschmächtigung links sowie Gesichtverletzung in Form eines Horner-Syndroms.

Kind (Mädchen). Arzthaftung (hier: Behandlungsfehler bei der Geburt der Klägerin. Es kam zu einer Schulterdystokie und einem Horner-Syndrom da sich die Schulter im Geburtskanal verkeilt hatte). Dauerschaden: Entstellung im Gesicht als Folge des Horner-Syndroms [= Pupillenverengung, Herabhängen des Oberlids bzw. Augenlidlähmung und einem gering in die Augenhöhle eingesunkenen Augapfel] sowie Funktionsbeeinträchtigung durch Verschmächtigung des linken Arms. Hierzu führt das LG aus, dass „der linke Arm ein vermindertes Wachstum aufweist" und die Klägerin „in der Motorik stark beschränkt ist und die Hand nur noch iS einer Hilfshand eingesetzt werden kann, dauerhaft und erheblich in ihrem Alltagsleben, in der Schule, bei sportlicher Betätigung, zB beim Fahrradfahren, sowie in ihrer künftigen Berufswahl beeinträchtigt. Sie wird darauf angewiesen sein, in regelmäßiger krankengymnastischer Behandlung zu bleiben, um ihren Status nicht zu verschlechtern, insbesondere auch Beschwerden etwa im Bereich der Wirbelsäule zu vermeiden". Bezüglich der Entstellung betonte das LG zutreffend, dass diese „für ein heranwachsendes Mädchen im gesellschaftlichen Bereich nachteilig und belastend ist".

Betrag: 40.000 € **Haftung: 100 %**
immVorb: Ja **MdE: –**

LG Hechingen 15.10.2004 – 2 O 285/02 = BeckRS 2004, 12738

7221

Schwere Armverletzung mit dauerhafter Armlähmung links (der Kläger ist Rechtshänder) sowie weitere physische Verletzungen. Zudem erlitt der Kläger „zahlreiche Narben" sowie psychische Verletzungen in Form einer gesteigerten Reizbarkeit.

46j. Mann. Lebensgefahr; stationäre Behandlung („umfangreiche Krankenhausaufenthalte"). Anschließend mehrere mehrwöchige Rehabilitationsmaßnahmen sowie Folgeoperationen zur Wiederherstellung der Beweglichkeit des Armes, die jedoch erfolglos blieben. Der Kl. erlitt erhebliche Verletzungen (die jedoch im Urteil des OLG nicht näher beschrieben werden, da insofern auf das unveröffentlichte Urteil des LG Verden verwiesen wird) und dauerhafte Gesundheitsschäden. Dauerschaden: Lähmung des linken Armes (der Kläger ist Rechtshänder). Die Lähmung sowie ständige Schmerzen und die Einnahme von Schmerzmedikamenten beeinträchtigten das Selbstwertgefühl derart, dass der Kläger Antidepressiva einnehmen muss. Bei der Bemessung des Schmerzensgeldes ging das OLG von 70.000 EUR bei 100 %iger Haftung aus und „kürzte" diesen Betrag aufgrund der Mithaftung auf

55.000 EUR (der Kläger hatte mindestens 100.000 EUR gefordert). Schmerzensgelderhöhend berücksichtigte das OLG „die vom Kläger vorgetragenen Beeinträchtigungen durch Schmerzen und psychische Belastung, die auch mit der Einnahme von Psychopharmaka einhergehen", jedoch „ kein schweres Krankheitsbild [erreichen], wie etwa eine Depression oder posttraumatische Belastungsstörung, die beim Kläger unstreitig nicht vorliegen". Da die Beklagten bereits anerkannt hatten, dass sie verpflichtet sind, dem Kläger sämtlichen weiteren materiellen Schaden aus dem Verkehrsunfall zu ersetzen, scheide – so das OLG – „eine Klage auf Feststellung der Ersatzverpflichtung für künftige immaterielle Schäden scheidet hingegen aus, wenn ausschließlich voraussehbare Schädigungsfolgen in Betracht kommen, die von der Zubilligung des Schmerzensgelds umfasst wären", was vorliegend der Fall sei, so das OLG weiter. [Ursache: Motorradunfall beim Überholen einer Fahrzeugkolonne; siehe hierzu auch Bachmor NZV 2023, 46].

Betrag: 55.000 € **Haftung: 75 %**
immVorb: Ja **MdE: –**

OLG Celle 8.6.2022 – 14 U 118/21 = BeckRS 2022, 13590

6746

Armverletzung, schwere in Form einer Armnervlähmung [Armplexusläsion] rechts sowie Armmuskelschwund [Atrophie im Bereich des rechten Arms] mit der Folge eines nur noch sehr eingeschränkten Gebrauchs des rechten Arms. Zudem erlitt der Kläger eine stabile Halswirbelkörperfraktur am 4. HWK sowie eine Organverletzung in Form einer Zwerchfellverletzung mit Zwerchfellhochstand.

28j. Mann. Stationäre Heilbehandlung mit insgesamt 4 Aufenthalten und mehreren Operationen. 3 Rehablititationsaufenthalte. Langwierige Heilbehandlung. Dauerschaden: Erhebliche Bewegungseinschränkungen und Belastungsminderungen des rechten Arms infolge des ausgeprägten Gewebeschwunds in den Muskelbereichen sowie Schmerzen beim Bewegen des rechten Arms. Belastungsminderung infolge von Luftnot wegen des verbleibenden Zwerchfellhochstandes und der Zwerchfellnervlähmung. Zahnabsplitterung. Seine Hobbys wie Motorradfahren kann der Kläger ebenso wenig ausführen wie die bisherige aktive Lebensweise. Bei der Schmerzensgeldbemessung berücksichtigte das OLG dies sowie, dass der Kläger auch unter den beruflichen Einschränkungen und Belastungen im Haushalt zu leiden hat sowie das grobe Verschulden des Beklagten. [Ursache: Motorradunfall].

Betrag: 55.000 € **Haftung: 100 %**
immVorb: Ja **MdE: –**

OLG Bamberg 15.1.2019 – 5 U 144/18 = BeckRS 2019, 54830

5961

Armlähmung bzw. Plexusparese als Folge einer geburtshilfebedingten Schulterdystokie mit einem sogenanntes Horner-Syndrom [= Nervenwurzelausriß von C 8 oder Th 1] und einem sogenannten KiSS-Syndrom [= Abkürzung für Kopfgelenk-induzierte Symmetrie-Störung]. Anfänglich lagen zudem auch Gehirnschäden vor, die unter anderem auch das Sprachvermögen des Klägers beeinträchtigt hatten; diese Verletzungsfolgen sind jedoch – so das OLG – „nicht mehr manifest ... und sein Sprachvermögen [hat sich] normalisiert".

Kind / Säugling. Stationäre Behandlung. Dauerschaden: Linksseitigen Armplexusparese mit Horner-Syndrom, Kiss-Syndrom, psychosomatische Retardierung sowie einer Sprachentwicklungsverzögerung mit Dyslalie wobei sich die Retardierung und Sprachstörung später wieder „normalisiert" hatten. Dauerschaden: Armplexusparese bzw. Lähmung (Parese) im Bereich der Schulter-, Oberarm-, Unterarm- und Handmuskulatur, die durch eine Schädigung des Plexus brachialis (Armplexusläsion) verursacht wird. Arzthaftung (hier: Aufklärungspflichtverletzung hinsichtlich einer Entbindungsmethode; die Klägerin wurde nicht über die Alternative einer Kaiserschnittentbindung aufgeklärt. Der Kläger wurde stattdessen mittels einer sogenannten Vakuum-Extraktionsmethode / Zangengeburt entbunden und dabei verletzt). [Anmerkung: Zum Schmerzensgeldanspruch der ebenfalls bei der Geburt verletzten Mutter, vergleiche → Nr. 5960].

Betrag: 70.000 € **Haftung: 100 %**
immVorb: Ja **MdE: –**

OLG Celle 8.4.2013 – 1 U 49/12 = BeckRS 2014, 9030

4358

Armverletzung / Armlähmung (hier: vollständiger Funktionsverlust des rechten Arms inkl. der Hand, die nur noch minimal einsatzfähig ist). Organverletzung: Zwerchfellverletzung mit Lungenfunktionseinschränkung (hier: Die Lungenfunktion des rechten Lungenflügels ist nur noch zur Hälfte gegeben.).

Frau. Arzthaftung (Behandlungsfehler einer Schulterdystokie mit nachfolgender Nervverletzung). Langwierige Heilbehandlung mit mehreren Operationen.

Betrag: 75.000 € **Haftung: 100 %**
immVorb: – **MdE: 100 %**

OLG Köln 5.9.2008 – 5 W 44/08 = BeckRS 2008, 21963

4359

Armlähmung (hier: Armbetonte rechtsseitige Halbseitenlähmung); Sprachstörung: Die Folgen eines Schlaganfalls erstreckten sich auch auf die Sprachfunktion und führten zu einer Gehbehinderung).

34j. Mann. Arzthaftung (Behandlungsfehler bei Tumor-OP). Dauerschaden: Erhebliche Sprachbehinderung; Funktionsverlust des rechten Arms sowie Gehbehinderung.

Betrag: 75.000 € **Haftung: 100 %**
immVorb: – **MdE: 100 %**

OLG Hamm 5.2.2007 – 3 U 155/06 = BeckRS 2007, 17421

5. Handgelenk, Hände und Finger

a) Handgelenkverletzungen

6545

Handverletzung.

Frau. Kein Schmerzensgeldanspruch, wenn ein vom Unfallversicherer der Verletzten (= Klägerin) beauftragter medizinischer Gutachter bei seiner Untersuchung den Daumen der rechten Hand von dem Handteller der Klägerin abspreizt, um den Faustschluss der rechten Hand zu überprüfen und es dabei – was jedoch klägerischerseits nicht bewiesen werden konnte – zu einer Lockerung der zuvor eingesetzten Schrauben gekommen sei. Vertragliche Ansprüche gegen den Gutachter scheitern bereits daran, dass der Versicherungsnehmer (= Klägerin) eines Unfallversicherers nicht in den Schutzbereich des Vertragsverhältnisses zwischen dem Versicherer und dem von diesem als Gutachter beauftragten Arzt einbezogen ist. Nachdem das OLG mit dem LG Dortmund auch einen Anspruch aus unerlaubter Handlung gemäß § 823 Abs. 1 BGB wegen der korrekten Untersuchung seitens des Gutachters verneinte, hatte die Berufung der Klägerin keinen Erfolg.

Betrag: – **Haftung: –**
immVorb: – **MdE: –**

OLG Hamm 14.5.2019 – 7 U 74/18 = BeckRS 2019, 25142

2860

Handgelenkprellung, linksseitig.

Mann. Das AG sah es als nicht erwiesen an, dass zudem bei einer Differenzgeschwindigkeit von unter 7 km/h ein HWS-Syndrom eingetreten sein soll.

Betrag: 358 € **Haftung: 100 %**
immVorb: – **MdE: –**

AG Köln 20.7.2001 – 261 C 107/00 = BeckRS 2001, 161805

6956

Handgelenkverletzung / Handverletzung (hier: Prellung der rechten Hand, die geschient werden musste).

13j. Kind (Schüler). Ambulante Behandlung, bei der die verletzte rechte Hand geschient werden musste. Bei der Bemessung berücksichtigte das AG die Beeinträchtigungen des Jungen (Rechtshänder) in der Schule (Schreiben / Malen) sowie zu Hause. Ebenso berücksichtigte das AG, dass „Kinder üblicherweise Schmerzen als besonders stark empfinden". [Ursache: Sturz aus einem Etagenbett, in einem Hotel. Das Bett entsprach nicht der DIN EN 747-1 „Anforderungen an die Sicherheit, Festigkeit und Dauerhaltbarkeit von Etagenbetten und Hochbetten für den Wohnbereich"].

Betrag: 500 € **Haftung: –**
immVorb: – **MdE: –**

AG Nürnberg 24.4.2019 – 19 C 7391/18 = BeckRS 2019, 22074

6869

Handgelenksverletzung, leichte (hier: „Leichte Distorsion der radialseitigen Gelenkkapsel des Handgelenks bzw. der Handwurzelknochen mit daran angrenzenden palmarseitigen kleinen Ganglion auf Höhe des Prozessus styloideus radii").

Mann. Ambulante Behandlung nach MRT-Untersuchung mit Orthese und Schmerzmittel. MdE 10 Tage 100 %. Folgenlose Verheilung.

Betrag: 780 € **Haftung: 100 %**
immVorb: – **MdE: –**

LG Bonn 18.3.2021 – 17 O 393/20 = BeckRS 2021, 36229

6889

Handgelenkverletzung, rechts (hier: Handgelenksdistorsion D1 rechts). Zudem erlitt der Kläger eine Knieverletzung in Form einer Weichteilverletzung des linken Kniegelenks.

44j. Mann (Polizeibeamter). [Anmerkung: Lesenswert zum Thema „Erfüllungsübernahme bei Schmerzensgeldanspruch eines Polizisten" nach zuvor von diesem gegenüber dem Täter erwirkten Versäumnisurteil über 1.200 EUR Schmerzensgeld].

Betrag: 1.200 € **Haftung: 100 %**
immVorb: – **MdE: –**

VG Ansbach 30.9.2020 – AN 1 K 19.2198 = BeckRS 2020, 32215

4263

Handgelenkverletzung, rechts.

Mann. Stationäre Heilbehandlung. Gipsverband. Trotz des Attestes: „reizloses Handgelenk. Gute Beweglichkeit. Schmerzfreiheit" sind „Funktionsstörungen des rechten Handgelenkes mit Bewegungseinschränkungen" als Spätfolge möglich. [Anmerkung: Das LG befasst sich ausführlich mit der Frage des Vorliegens einer Regulierungsverzögerung und den Folgen eines unangemessenen Abfindungsangebotes [Abfindungsangebot, unangemessen] und kommt vorliegend wegen Unangemessenheit zu einer Schmerzensgelderhöhung von 500,- EUR].

Betrag: 4.000 € **Haftung: 100 %**
immVorb: – **MdE: –**

LG Leipzig 16.9.2010 – 8 S 573/09 = BeckRS 2011, 1867

5908

Handgelenkverletzung rechts.

Mann. 3 Wochen ambulante Heilbehandlung mittels eines Gipsverbands. Dauerschaden: „mögliche Funktionsstörungen des Handgelenks [werden] voraussichtlich zurückbleiben"/Arthrosegefahr. Schmerzensgelderhöhung um 500 EUR wegen des Regulierungsverhaltens der KH-Versicherung im Zusammenhang mit einer Abfindung. Hierzu führte das LG aus: „Bietet ein Haftpflichtversicherer dem Geschädigten ein offensichtlich geschuldetes weiteres Schmerzensgeld trotz der ärztlich attestierten Möglichkeit von Spätschäden nur gegen Unterzeichnung einer endgültigen Abfindungserklärung an, so dass der Geschädigte in die Situation gebracht wird, sich entscheiden zu müssen, den Betrag trotz befürchteter Spätfolgen als endgültige Abfindung anzunehmen oder einen längeren Prozess führen zu müssen, rechtfertigt das eine angemessene Erhöhung des Schmerzensgeldes".

Betrag: 4.000 € **Haftung: 100 %**
immVorb: Ja **MdE: –**

LG Leipzig 16.9.2010 – 08 S 573/09 = BeckRS 2011, 1867

4737

Handgelenkverletzung, schwere / Nervverletzung (hier: Bissverletzungen im Bereich des linken Armes wobei eine Läsion des Nervus radialis festgestellt wurde, was zu einer dauerhaften, massiv eingeschränkten Handgelenks- und Fingerbeweglichkeit mit Gefühlsstörung führte). Zudem erlitt der Kläger Bissverletzungen am rechten Mittelfinger, am Gesäß und am rechten Oberschenkel sowie an der rechten Brustwarze.

Mann (Tierpfleger / Wildparkbetreiber). Dauerschaden: Bewegungseinschränkungen in Form von massiv eingeschränkter Handgelenks- und Fingerbeweglichkeit mit Gefühlsstörung. Ursache: Unfall beim Verladen eines Wildschweinebers.

Betrag: 7.500 € **Haftung: 75 %**
immVorb: Ja **MdE: 35 %**

OLG München 8.8.2012 – 20 U 1121/12 = BeckRS 2012, 21967

2091

Handgelenkverletzung / Unterarmfraktur (hier: Morbus Sudeck nach Ellenfraktur) und verletzungsbedingte Schlafstörungen.

Frau. Infolge des Morbus Sudeck kam es zu einem Dauerschaden in Form einer Bewegungseinschränkung und DauerMdE von 15 %. Die Kl. litt zudem 6 Monate unter starken Schlafstörungen.

Betrag: 9.000 € **Haftung: 100 %**
immVorb: – **MdE: 15 %**

LG Mainz 22.1.1998 – 1 O 547/96 = VersR 1999, 863

6645

Handgelenkverletzung, links. Diese war dadurch herbeigeführt worden war, dass die Fixierung der Elle an die Speiche verspätet und fehlerhaft durchgeführt worden war und es dadurch zu Schmerzsymptomen und Sensibilitätsstörungen kam.

Mann. Arzthaftung im Zusammenhang mit einem Behandlungsfehler bei einer Handgelenksoperation. Degenerativer Vorschaden. Dauerschaden: Die vom Kläger zuvor ausgeübten Sportarten wie Fußball und Radfahren kann er nicht mehr ausüben. Ursache: Der Kläger wurde auf dem Weg nach Deutschland durch die lybische Polizei mit einem Gewehrkolben geschlagen und am linken Handgelenk verletzt. [PKH-Verfahren].

Betrag: 10.000 € **Haftung: 100 %**
immVorb: – **MdE: –**

OLG Naumburg 26.6.2017 – 1 W 23/17 = BeckRS 2017, 150123

5488

Handgelenkfraktur (hier: Mehrfachradiusfraktur links, die osteosynthetisch mit einem externen, gelenkübergreifenden Fixakteur geschient wurde. Insofern besteht Arthrosegefahr sowie die Gefahr von Sensibilitäts- und Kraftminderungsstörungen im Bereich der Finger), HWS-Distorsion und Bauchverletzung (hier: Bauchwandprellung).

Mann. 11 Tage in stationäre Behandlung. MdE 46 Tage zu 50 % sowie weitere 95 Tage zu 25 %. [Anmerkung: Das OLG greift – als erstes Gericht bislang – die Theorie der taggenauen Schmerzensgeldbemessung von Schwintowski auf und wendet diese an. Es begründet dies damit, dass die herkömmliche Bemessung oft willkürlich erfolge und die Schmerzensgeldbeträge daher sehr häufig „unerträglich gering" seien. Dennoch hebt es das vom LG mit 10.500 Euro bereits nicht gerade als hoch zu bezeichnende Schmerzensgeld um nur 500 Euro an. Mehr zu dieser – vom Autor abgelehnten Methode – finden Sie oben → unter Rn. 30 sowie bei Slizyk NZV 2019, … und SVR 2014, 10; zustimmend äußern sich Bensalah / Hassel NJW 2019, 403]

Betrag: 11.000 € **Haftung: 100 %**
immVorb: – **MdE: –**

OLG Frankfurt a. M. 18.10.2018 – 22 U 97/16 = BeckRS 2018, 27125

4815

Handgelenkverletzung in Form von Handgelenkfehlstellung, Handgelenkarthrose, persistierenden Ruhe- und Belastungsschmerz nach Behandlungsfehler.

Mann. MdE über 2 Monate 100 %. Heilungsverzögerung. Arzthaftung (Hier: Behandlungsfehler im Zusammenhang mit der Behandlung einer Handgelenkfraktur rechts als dessen „kausale Folgen … zunächst eine erhebliche Fehlstellung im Gelenk in Form einer Stufenbildung zu berücksichtigen und weiterhin persistierende Ruhe- und Belastungsschmerzen" festzustellen waren.). Dauerschaden: Artrhose mit der Gefahr der Handversteifung; Berufsaufgabe; Umschulung. [vgl. auch unter Behandlungsverzögerung].

Betrag: 15.000 € **Haftung: 100 %**
immVorb: Ja **MdE: –**

OLG Hamm 5.11.2013 – 26 U 145/12 = BeckRS 2014, 2148

4237

Handverletzung / Handgelenkverletzung (hier: Handgelenkversteifung mit Bänderverletzung im Bereich des rechten Mittelhandknochens) und zahlreiche Prellungen (Ellenbogen, Becken, Wirbelsäule).

Frau. Stationäre Heilbehandlung mit insgesamt 6 Operationen. Dauerschaden: Bewegungsbeeinträchtigung des rechten Handgelenkes. Ursache: Verkehrssicherungspflichtverletzung wegen Streupflichtverletzung vor einem Geschäftseingang.

Betrag: 15.000 € **Haftung: 100 %**
immVorb: Ja **MdE: 25 %**

LG Braunschweig 8.7.2008 – 7 O 3214/06 = unveröffentlicht

5551

Handgelenkverletzung, schwere (hier: Handgelenksteilversteifung und Ausbildung eines komplexen, regionalen Schmerzsyndroms im Bereich des rechten Handgelenks [sog. Morbus Sudeck] und Handgelenksverletzung links mit Unterarmfraktur / Speichenfraktur links und damit einhergehendes Auseinandergleiten der beiden Handwurzelknochen, Kahnbein und Mondbein [= sog. skapholunäre Dissoziation). Unterschenkelverletzungen (hier: Geringe Nervverletzung des Nervus peronaeus und eines Teils der Arterien [ramus articularis genus und des ramus superficialis]. Zudem erlitt der Kläger eine Rippenserienfraktur und eine vorübergehende Aktivierung eines Knochenmarködems sowie Schürfwunden am Knie.

Mann (Beamter). Stationäre Behandlung. 5 Operationen (Metallteilimplantat und später Metallimplantatentfernung an beiden Händen und später zudem eine Handgelenksteilversteifung links). 4 Wochen ambulante Heilbehandlung mit Krankengymnastik. Dauerschaden: Bewegungseinschränkungen, Mobus Sudeck mit dauernden Schmerzen im rechten Handgelenk, Berufsunfähigkeit (der Kläger wurde in den Ruhestand versetzt) und psychische Beeinträchtigungen. Das OLG berücksichtigte dies und führte zu den psychischen Beschwerden aus, dass insofern die „Schadenbereitschaft" des Klägers zu berücksichtigen sei, der bereits einen – unfallunabhängigen – Selbstmordversuch vorgenommen hatte. Allerdings sei, so das OLG – ein „wesentlicher Faktor" die erhebliche Schmerzhaftigkeit des Morbus Sudeck (= komplexes, regionales Schmerzsyndrom), die unzweifelhaft ausschließlich auf dem Unfall beruhe. [Ursache: Motorradunfall bzw. Motorrollerunfall].

Betrag: 40.000 € **Haftung: 100 %**
immVorb: – **MdE: –**

OLG Nürnberg 22.2.2017 – 2 U 1286/14 = unveröffentlicht

b) Handgelenkfrakturen

2801

Handfraktur (hier: Radiusfraktur im Handgelenkbereich rechts.).

65j. Frau; ambulante Behandlung. MdE 1 Monat 100; Gipsverband, 30 Injektionen „Kenalog". Dauerschaden: „geringe … Bajonettstellung" im Handgelenk. [Unquotiert: 3.000,– DM].

Betrag: 383 € **Haftung: 75 %**
immVorb: – **MdE: –**

AG Dresden 30.4.1999 – 106 C 12504/98 = unveröffentlicht

3509

Handfraktur (hier: Handgelenkfraktur) und Prellungen.

Mann (im „fortgeschrittenen Alter", so das AG ohne nähere Angaben). Der Kl. musste „mehrere Wochen einen Gipsverband tragen". Erhöhend: Regulierungsverzögerung!

Betrag: 1.250 € **Haftung: 100 %**
immVorb: – **MdE: –**

AG Hanau 30.9.2005 – 37 C 584/05 = SP 2006, 7

5725

Handgelenkfraktur und Prellungen.

79j. Frau. Ambulante Heilbehandlung. Langwierige Heilbehandlung. Hierzu das AG: „Sie musste über mehrere Wochen einen Gipsverband tragen und litt weiter unter Bewegungseinschränkungen. Zu berücksichtigen ist auch, dass wegen des fortgeschrittenen Alters der Klägerin der Heilungsprozess langsamer verläuft als bei jüngeren Personen. Hinzu kommt, dass die Klägerin darüber hinaus auch infolge der erlittenen Prellungen – wenn auch zeitlich beschränkt – unter Schmerzen und Bewegungseinschränkungen litt".

Betrag: 1.250 € **Haftung: 100 %**
immVorb: – **MdE: –**

AG Hanau 30.9.2005 – 37 C 584/05-17 = BeckRS 2005, 18992

5471

Handgelenkfraktur.

Frau. Stationäre Behandlung mit einer Operation bei der ein Metallteileimplantat eingesetzt wurde, die ggf. in einer weiteren OP wieder entfernt werden muss. Zusdem ambulante Heilbehandlung mit 12 Terminen Krankengymnastik. Als gewichtig waren – so das OLG – „überdies die zunächst über eine Dauer von mindestens 2 Monaten noch bestehende Bewegungseinschränkungen und die noch heute bei alltäglicher Belastung zeitweise auftretenden Schmerzen zu bewerten". So könne sie „übliche Haushaltstätigkeiten, etwa Staubsaugen und Einkaufen, nur mit Schmerzen bewältigen … und andere das Handgelenk belastende Tätigkeiten, wie etwa Plätzchenbacken, wegen der hierbei auftretenden Schmerzen nicht mehr aus"führen. Ursache: Verkehrssicherungspflichtverletzung durch Sturz über eine im Innenhof der Wohnanlage eingelassene Pflanzinsel.

Betrag: 1.500 € **Haftung: 50 %**
immVorb: – **MdE: –**

OLG Karlsruhe 6.2.2019 – 7 U 128/18 = BeckRS 2019, 1998

6050

Handfraktur / Handgelenkfraktur in Form einer nicht dislozierten Kahnbeinfraktur am linken Handwurzelgelenk, eine Kopfplatzwunde sowie Prellungen (hier: Hüftprellungen und Oberschenkelprellungen).

76j. Mann (Facharzt). Ambulante Behandlung. „5 – 6 Wochen schmerzhaft". Durch den Unfall war der Kläger am Antritt seines geplanten Urlaubs … gehindert. [Ursache: Tierhalterhaftung – Der Hund der Beklagten sprang vor das E-Bike des Klägers und brachte diesen zu Fall].

Betrag: 1.900 € **Haftung: 100 %**
immVorb: – **MdE: –**

AG Fritzlar 12.6.2015 – 8 C 908/14 (10) = BeckRS 2015, 127954

7029

Handgelenksfraktur links in Form einer distalen Radiusfraktur an der linken Hand sowie einer Verletzung am rechten Kniegelenk und Sprunggelenk. Zudem erlitt die Klägerin eine blutende Nase sowie Prellungen am Kopf und ein HWS-Syndrom.

Frau. Ambulante Behandlung. Folgenlose Verheilung. [Ursache: Verkehrssicherungspflichtverletzung / Pedelec-Unfall].

Betrag: 2.500 € **Haftung: 50 %**
immVorb: – **MdE: –**

LG Essen 29.9.2020 – 2 O 216/19 = BeckRS 2020, 49279

3735

Hnadfraktur in Form einer Handgelenkfraktur rechts.

Frau. 6 Tage stationär; Operation mittels Metallplattenimplantat. Ursache: Verkehrssicherungspflichtverletzung wegen Streupflichtverletzung.

Betrag: 2.556 € **Haftung: 100 %**
immVorb: – **MdE: –**

LG Waldshut-Tiengen 30.6.2000 – 1 O 60/00 = BeckRS 2000, 6277

4858

Unterarmfraktur (Hier: Speichenfraktur bzw. Radiusfraktur links mit Handgelenksbeteiligung) sowie Psychische Beeinträchtigung in Form einer „mittelgradige depressiven Episode".

Mann. 5 Tage stationär. Heilungsverlauf regelrecht. Im Handgelenk verblieb eine Metallschiene, deren künftige Entfernung zwar nicht zwingend indiziert aber möglich ist. Ursache: Fahrradunfall. PKW schnitt dem Radler den Weg ab. Es ist nicht absehbar aber auch noch nicht feststehend, ob ein Dauerschaden in Form einer Bewegungseinschränkung bzgl. der Beugebewegung des linken Handgelenks sowie eine Handgelenksverplumpung des linken Handgelenks zurückbleibt.

Betrag: 3.500 € **Haftung: 100 %**
immVorb: – **MdE: –**

LG Hamburg 23.1.2015 – 331 O 5/13 = BeckRS 2015, 2035

7772

Handgelenksfraktur links sowie Unterschenkelfraktur in Form einer Wadenbeinfraktur und erhebliche Prellungen und Schürfwunden.

Mann. 14 Tage stationär mit nachfolgend ambulanter Heilbehandlung. Langwierige Heilung: Noch mehr als drei Jahre nach dem Unfall hatte der Kläger noch Bewegungsbeeinträchtigung im linken Handgelenk, insbesondere beim Beugen.

Betrag: 3.500 € **Haftung: 70 %**
immVorb: Ja **MdE: –**

LG Coburg 24.2.2004 – 11 O 802/02 = BeckRS 2004, 161713

4684

Handgelenkfraktur rechts mit Wachstumsfugenschädigung sowie Daumenverletzung links (hier: Daumengelenkdistorsion mit Knochenaussprengung).

17j. Mann. 4 Tage stationär (drei Operationen). MdE 42 Tage 70 % und weitere 60 Tage 30 %. Der Kläger musste über mehrere Wochen an beiden Armen jew. einen Gipsverband tragen und war dadurch sehr beeinträchtigt.

Betrag: 5.000 € **Haftung: 100 %**
immVorb: Ja **MdE: –**

AG Wuppertal 26.2.2013 – 33 C 314/12 = unveröffentlicht

5963

Handfraktur links (hier: Handgelenkfraktur mit Ellenhakenfraktur).

Mann. 8 Tage stationär. [Ursache: Verkehrssicherungspflichtverletzung – Streupflichtverletzung].

Betrag: 5.000 € **Haftung: 100 %**
immVorb: Ja **MdE: –**

OLG Karlsruhe 28.3.2012 – 7 U 104/11 = BeckRS 2012, 22003

4488

Handgelenkfraktur (hier: Speichengriffelfortsatzfraktur und Kahnbeinfraktur der linken Hand).

Mann. Ursache: Der Kläger stürzte beim Joggen über den von der Beklagten ausgeführten Dackel.

Betrag: 5.250 € **Haftung: 70 %**
immVorb: Ja **MdE: –**

OLG Koblenz 3.7.2003 – 5 U 27/03 = BeckRS 2003, 6294

4189

Handfraktur in Form einer Handgelenkfraktur, die – infolge ärztlichen Fehlverhaltens – in Fehlstellung verheilt ist.

Mann. Arzthaftung (hier: Aufklärungspflichtverletzung.). Dauerschaden: Bewegungsbeeinträchtigung der linken Hand, die jedoch als geringfügig deklariert wurde; teilweise muss der Kläger jedoch eine Handgelenkorthese tragen. Verschlechterungstendenz bezüglich der Handgelenkarthrose.

Betrag: 6.000 € **Haftung: 100 %**
immVorb: Ja **MdE: –**

LG Wiesbaden 20.3.2009 – 9 O 164/05 = BeckRS 2009, 139788

4688

Handgelenkfraktur (hier: Handgelenkluxationsfraktur mit Ausriss des Dreieckbeins am Handgelenk links) sowie Ellenbogenbogenfraktur (hier: Ellenbogengelenkfraktur in Form einer Radiusköpchenfraktur am linken Ellenbogen).

Mann (Hausmeister). MdE 72 Tage 100 % sowie weitere 74 Tage 40 %. Dauerschaden: Bewegungsbeeinträchtigung im Unterarm- und Handbereich, hierzu heißt es wörtlich: „Als Dauerfolgen sind dem Kläger im linken Arm ein Streckdefizit, eine Beugebeeinträchtigung, eine endgradige Einschränkung der Unterarmdrehung, eine endgradige Funktionsbeeinträchtigung des linken Handgelenks bei maximalen Bewegungsausschlägen und eine einhergehende Muskelabmagerung des linken Unterarmes als Ausdruck der Mindernutzbarkeit verblieben. Die dauernde Minderung der Erwerbsfähigkeit des Klägers beträgt ca. 10 %“. Das LG sprach dem Kläger 500 EUR für einen verletzungsbedingt entgangenen Segelurlaub zu. [Vgl. auch LG Oldenburg → Nr. 7424].

Betrag: 7.500 € **Haftung: 100 %**
immVorb: Ja **MdE: 10 %**

LG Bremen 13.5.2013 – 7 O 1759/12 = BeckRS 2013, 8669

7760

Handgelenksfraktur in Form einer distale Radiusflexionsfraktur links mit Einstrahlung der Fraktur in den Bereich der Diaphyse.

Mann („junger Mann“ und von Beruf Elektriker). 3 Tage stationär. Operation mittels Metallimplantat. MdE insgesamt 69 Tage 100 % (arbeitsunfähig) – zunächst 42 Tage sowie später wegen der Metallteilentfernung weitere 27 Tage. Anschließend Physiotherapie. Dauerschaden: Bewegungseinschränkung und Belastungseinschränkung am linken Unterarm, eine endgradig (um 20 Grad) eingeschränkte auswärtige Unterarmdrehung links sowie eine um jeweils 10 Grad im Seitenvergleich eingeschränkte handrücken- und hohlhandwärtige Beweglichkeit am linken Handgelenk und eine Verminderung der Beweglichkeit des linken Handgelenkes im Seitenvergleich um 10 Grad speichenwärts und um 5 Grad ellenwärts. Ebenso bestehen weiterhin Belastungsschmerzen und Probleme beim Strecken des Handgelenkes, wenn der Kläger sich abstützt; er kann keine schweren Lasten mehr tragen. Zudem verblieb eine 6 cm lange reizlose Hautnarbe am linken Unterarm. [Anmerkung: Zur Frage der – hier verneinten – Regulierungsverzögerung vgl. die Anm. von Figgener / Quaisser, Regulierungsverhalten und Schmerzensgeldhöhe, NJW-Spezial 2025, 650. Das Thema wird zudem umfassend auch im Handbuch unter → Rn. 128 behandelt].

Betrag: 10.000 € **Haftung: 66 %**
immVorb: Ja **MdE: –**

OLG Brandenburg 11.9.2025 – 12 U 96/24 = BeckRS 2025, 23985

5777

Handgelenkfraktur, schwere (hier: Zwölffache handgelenksnahe Speichenfraktur), Schulterverletzung, schwere (hier: Schultereckgelenksprengung links Typ 4 Tossy II mit Schulterblatthalsbruch links) und Schädelhirntrauma 1. 2. Grades.

29j. Mann (Landmaschinenmechaniker). 18 Tage stationär mit osteosynthetischer Frakturversorgung und späterer Metallentfernung. MdE: 60 Tage 100 % und über etwa einen Monat abgestaffelt 50 %, 30 % und schließlich 20 %. Dauerschaden: Bewegungseinschränkungen im Bereich des rechten Ellenbogengelenks und des rechten Handgelenks und Kraftminderung im linken Schultergelenk. Schwierigkeiten bei der Berufsausübung und bei seinem Hobby, dem Motorradfahren. Der Beklagte handelte stark schuldhaft / Trunkenheitsfahrt mit 2,3 Promille. [Ursache: Motorradunfall].

Betrag: 10.226 € **Haftung: 100 %**
immVorb: Ja **MdE: –**

OLG Hamm 14.6.2000 – 13 U 19/00 = BeckRS 2007, 2806

5369

Handgelenkfraktur, deren behandlungsfehlerhafte Behandlung zu einer Handgelenksarthrose mit bleibenden Beeinträchtigungen in Form von Bewegungsbeeinträchtigungen und Schmerzen führte.

56j. Frau. Langwierige Heilbehandlung mit zahlreichen Operationen und Injektionen, Krankengymnastik und manueller Therapie. Arzthaftung (hier: Behandlungsfehler: Schraubenanteile ragten in das Gelenk hinein). Dauerschaden: Funktionsbeeinträchtigung der linken Hand, Schmerzen und Schwellungen der linken Hand sowie Arthrose. Dabei ist die Besonderheit zu berücksichtigen, dass die Klägerin Linkshänderin ist. Auf Nachfrage des LG hatte der Sachverständige mitgeteilt, „dass er nicht ausschließen könne, dass die Funktion der linken Hand wieder voll hergestellt worden wäre", wenn ärztlicherseits korrekt gearbeitet worden wäre.

Betrag: 30.000 € **Haftung: 100 %**
immVorb: Ja **MdE: –**

LG Köln 30.9.2016 – 25 O 24/15 = BeckRS 2016, 105841

c) Schwere Handgelenkfrakturen

4822

Handgelenkfraktur, schwere (hier: Handgelenktrümmerfraktur in Form einer Mittelhandknochenbasistrümmerfraktur mit dauerhafter Funktionsbeeinträchtigung der rechten Hand).

Mann (Metallbauer). 7 Tage stationär. Schraubenimplantate. Ambulante Heilbehandlung. Dauerschaden: Bewegungseinschränkungen und Funktionsbeeinträchtigungen. Verschlechterungstendenz, „da derartige Verletzungen … grundsätzlich posttraumatische degenerative Veränderungen hinterließen …". Drohende Berufsunfähigkeit.

Betrag: 10.000 € **Haftung: 66 %**
immVorb: Ja **MdE: –**

OLG Celle 28.8.2013 – 14 U 88/12 = BeckRS 2013, 200479

4934

Handgelenkfraktur, schwere (hier: Mittelhandknochenbasistrümmerfraktur, rechts) und Sprunggelenkzerrung.

Mann (Metallbauer-Azubi). 7 Tage stationär mit 2 Operationen. 6 Wochen Gipsverband. MdE knapp 19 Monate 100 %. Dauerschaden: Funktionsbeeinträchtigung der rechten Hand [Kläger ist Rechtshänder] sowie Arthrose im Gelenk zwischen der Handwurzel und dem Mittelhandknochen. Möglicherweise Berufswunschvereitelung. [Ursache: Motorradunfall].

Betrag: 10.000 € **Haftung: 66 %**
immVorb: Ja **MdE: –**

OLG Celle 28.8.2013 – 14 U 44/11 = unveröffentlicht

4397

Handgelenkfraktur, schwere

Frau. Arzthaftung (hier: Diagnosefehler / Behandlungsfehler; hierdurch verheilte die ursprünglich verkehrsunfallbedingte Handgelenkfraktur in Fehlstellung). Dauerschaden: Funktionsbeeinträchtigung des Handgelenks.

Betrag: 10.000 € **Haftung: 100 %**
immVorb: – **MdE: 30 %**

OLG Karlsruhe 14.11.2007 – 7 U 101/06 = BeckRS 2008, 3241

5442

Handfraktur rechts (hier: Dislozierte Mittelhandknochenfraktur des 5. Mittelhandknochens sowie zudem dislozierte Mittelhandknochenmehrfachfraktur des 4. Mittelhandknochens), Zeigefingerverletzung links (hier: Zeigefingermittelgelenkluxation mit nachfolgender Grobgriffstörung und Feingriffstörung) sowie schwere HWS-Distorsion.

Mann. 3 Tage stationär mit einer Operation. Für die Dauer von 10 Tagen musste eine Handschiene / Fingerschiene wegen der Fingerluxation getragen werden. MdE 6 Wochen 100 % und weitere 4 Wochen 60 %. Dauerschaden: Bewegungseinschränkung und Funktionsbeeinträchtigung der rechten Hand sowie auch der linken Hand, – dort nur noch eingeschränkter Faustschluss sowie Griffstörungen sowie wiederkehrende HWS-Beschwerden. [Ursache: Fahrradunfall].

Betrag: 12.000 € **Haftung: 100 %**
immVorb: Ja **MdE: –**

LG Trier 18.1.2017 – 5 O 109/15 = unveröffentlicht

7022

Handgelenksfraktur, schwere … in Form einer Distale Fraktur des Radius mit Extensionsfraktur rechts, Fußfraktur in Forem einer Fersenbeinfraktur vorn links. Schwere Knochenkontusion an der mittleren LWS sowie diverse Schürfwunden im Gesicht und am Knie links.

Mann (KFZ-Mechaniker). 16 Tage stationär bei 6 Aufenthalten über einen Zeitraum von fünf Jahren. Mehrere Reha-Maßnahmen von insgesamt ca. 90 Tagen. Dauerschaden: Belastungseinschränkung der rechten Hand. [Ursache: Motorradunfall].

Betrag: 15.000 € **Haftung: 50 %**
immVorb: Ja **MdE: –**

OLG Jena 9.2.2022 – 2 U 504/20 = BeckRS 2022, 5234

5443

Handgelenkfraktur, schwere (hier: Kahnbeinfraktur mit Erweiterung des Gelenkspaltes zwischen Kahn- und Mondbein an der rechten Hand). Prellungen (Brustkorbprellung und Brustbeinprellung) sowie HWS-Syndrom, leichtes.

Mann (Polier im Straßen- und Tiefbau). Stationärer Aufenthalt mit Anlegen eines sogenannten Schwurhandgipses. 4 Wochen Reha-Maßnahme. Dauerschaden: Belastungsbeeinträchtigung und Funktionsbeeinträchtigung im Bereich des rechten Handgelenks. [Der Kläger begehrte 60.000 EUR].

Betrag: 15.000 € **Haftung: 100 %**
immVorb: Ja **MdE: 20 %**

OLG Stuttgart 18.10.2016 – 12 U 35/16 = BeckRS 2016, 126833

5371

Handgelenkfraktur (hier: Fehlerhafter Behandlung einer Kahnbeinfraktur (rechte Hand) mit der Folge einer Pseudoarthrose, eines Karpaltunnelsyndroms und einer dauerhaften Minderung der groben Kraftentfaltung).

Mann (Winzer). Arzthaftung nach verkehrsunfallbedingter Handfraktur (hier: Behandlungsfehler einer Kahnbeinfraktur durch Verbleib einer überlangen sogenannten Herbert-Schraube mit der Folge einer Pseudoarthrose, eines Karpaltunnelsyndroms. Dauerschaden: Funktionsbeeinträchtigung und Belastungseinschränkung der rechten Hand und einer dauerhaften Minderung der groben Kraftentfaltung mit Auswirkungen auf die Arbeitsfähigkeit als Winzer und die Freizeitgestaltung. So hat der Kläger „berechtigt darauf verwiesen, er könne seine rechte Hand nicht mehr voll einsetzen. Zwar seien leichtere Tätigkeiten möglich, doch könne er mit dieser keine Grobkraft mehr entfalten". Zur Bemessung vgl. auch OLG Dresden → Nr. 7374 und OLG Köln → Nr. 4947. [Anmerkung: Lesenswert auch zur Frage der Berücksichtigung einer Haftpflichtversicherung des Beklagten bei der Bemessung des Schmerzensgeldes – siehe hierzu auch Beck'sche Schmerzensgeldtabelle Kommentarteil Kap. IV Rn. 140)]

Betrag: 15.000 € **Haftung: 100 %**
immVorb: Ja **MdE: –**

OLG Koblenz 6.1.2016 – 5 U 1148/15 = BeckRS 2016, 18546

5567

Handgelenksfraktur (hier: Unterarmtrümmerfraktur in Form einer Trümmerfraktur der rechten Speiche mit Knochenfragmentabsprengung unter Gelenksbeteiligung und Ellenknochenfortsatzabriss. Posttraumatische Arthrose des rechten Handgelenks). Zudem erlitt die Klägerin eine Beckenringfraktur, eine Schambeinfraktur in Form einer Schambeinastfraktur unter Beteiligung der Beckenpfanne sowie eine Kreuzbeinfissur. Psychische Beeinträchtigungen / Depressionen: Infolge des Unfalls kam war es bei der Klägerin zu einer Anpassungsstörung mit depressiver Reaktion.

36j. Frau (Optikerin). 21 Tage stationär. Zwei Operationen bzgl. der Hand mit Metallteileimplantat. Anschließend 12 Wochen Bettruhe, da sie ihre Beine nicht belasten durfte. Hieran schloss sich zudem noch eine 40-tägige stationäre Rehabilitationsmaßnahme an. Die psychische Beeinträchtigung wurde mittels psychotherapeutischer Behandlung erfolgreich therapiert. Dauerschaden: Berufsaufgabe wegen Bewegungsbeeinträchtigung und Funktionsbeeinträchtigung der Feinmotorik der rechten Hand, die Kl. ist Rechtshänderin. Einschränkungen im Haushalt und Verzicht auf bisherigen Sport wie Ski- oder Fahrradfahren oder Badmintonspielen. [Ursache: Motorradunfall].

Betrag: 40.000 € **Haftung: 100 %**
immVorb: – **MdE: –**

OLG Düsseldorf 15.3.2018 – 1 U 57/17 = BeckRS 2018, 24129

d) Handverletzungen

3637

Handverletzung, ohne nähere Angaben.

Mann. Sittenwidrige Abfindungserklärung: Eine Abfindungserklärung ist nicht allein deshalb unwirksam, weil der Unterzeichner aus Gründen fehlender Sprachkenntnis, deren Inhalt nicht verstanden hat. Wird jedoch dem Geschädigten, dessen Verletzungen noch nicht ausgeheilt sind und bei dem noch Dauerschäden im Raum stehen, eine Abfindungserklärung vorgelegt und von diesem unterzeichnet, so verstößt dies gegen die guten Sitten im Sinne von § 138 BGB, so zutreffend das LG.

Betrag: – **Haftung: –**
immVorb: – **MdE: –**

LG Limburg 21.12.2005 – 1 O 160/03 = SP 2006, 313

2593

Handverletzung (hier: Handgelenkprellung, „schmerzhafte").

Mann. Die Verletzung war Folge einer Rangelei und wurde vom Gericht zutreffend als vorsätzliche Körperverletzung gewertet.

Betrag: 153 € **Haftung: 100 %**
immVorb: – **MdE: –**

AG Bad Neustadt 11.3.1998 – 1 C 510/97 = unveröffentlicht

7024

Handverletzung in Form einer stark blutenden Schnittwunde an der rechten Hand.

Mann. Stark blutende und auch schmerzhafte Wunde, die allerdings auch innerhalb von zwei Wochen – abgesehen von einer Narbenbildung – komplikationslos ausgeheilt ist. Zur Bemessung führte das OLG aus, es handele sich „um eine Verletzung, die zwar den Bagatellbereich bereits überschreitet, sich aber dennoch im unteren Bereich der mit einem Schmerzensgeld auszugleichenden Beeinträchtigungen hält" und orientierte sich insofern an → Nr. 4305. [Ursache: Verkehrssicherungspflichtverletzung in Bezug auf einen Handlauf einer Brücke für den Fußgänger- und Radverkehr und daraus hervorstehender, scharfkantiger Schraubenköpfe].

Betrag: 200 € **Haftung: 100 %**
immVorb: – **MdE: –**

OLG Hamm 9.2.2022 – 11 U 71/21 = BeckRS 2022, 5486

5060

Handverletzung (hier: Risswunde zwischen Daumen und Zeigefinger der rechten Hand).

Mann. Ambulante Heilbehandlung. MdE „etwa" 3 Wochen 100 %. Die Handverletzung musste mit 20 Stichen genäht werden. Dem Kläger, der mit einem Fahrrad und zwei angeleinten Hunden sich einer Joggerin näherte und schließlich zu Fall kam, wurde ein Mitverschulden von 75 % angerechnet. [Fahrradunfall]. [Lesenswerte Entscheidung zum Führen von Hunden].

Betrag: 200 € **Haftung: 25 %**
immVorb: – **MdE: –**

LG Münster 16.12.2015 – 01 S 56/15 = BeckRS 2016, 4037

6107

Handverletzung, rechts (hier: Risswunde zwischen Daumen und Zeigefinger der rechten Hand – der Kläger ist Rechtshänder).

Mann. Ambulante Behandlung. Die Wunde musste mit ca. 20 Stichen genäht werden. MdE 18 Tage 100 %. Dauerschaden: Narbe an der rechten Hand. [Ursache: Unfall mit dem Fahrrad, wobei der Kläger in der rechten Hand die Leine für seine zwei Schäferhunde hielt].

Betrag: 200 € **Haftung: 25 %**
immVorb: – **MdE: –**

LG Münster 16.12.2015 – 1 S 56/15 = BeckRS 2016, 4037

6281

Handverletzung in Form von Verbrennungen 1. Grades „an dem Handgelenk beziehungsweise der Hand". Zudem erlitt die Klägerin eine Sprunggelenkverletzung in Form einer Sprunggelenksverstauchung des oberen Sprunggelenks sowie Prellungen.

Frau. Stationäre Behandlung. MdE 5 Tage 100 %. „Sie wurde per RTW in das V Klinikum eingeliefert ... und war 5 Tage arbeitsunfähig". Bei der Schmerzensgeldbemessung berücksichtigte das LG neben den Verletzungen auch, dass „keine verbleibenden Dauerfolgen" bestanden.

Betrag: 300 € **Haftung: 66 %**
immVorb: – **MdE: –**

LG Bonn 25.1.2019 – 1 O 205/18 = BeckRS 2019, 12351

4305

Handverletzung und Unterarmverletzung, rechts (hier: Leichte bzw. nur oberflächliche Risswunden und Schnittwunden)

Mann. Ambulante Heilbehandlung. Folgenlose Verheilung. Grobes Verschulden des Beklagten.

Betrag: 300 € **Haftung: 100 %**
immVorb: – **MdE: –**

AG Mannheim 8.2.2006 – 19 C 235/05 = BeckRS 2006, 138496

3596

Handverletzung (hier: Warzenentfernung an der Hand infolge derer es zu einer Wundinfektion kam sodass eine erneute ambulante Behandlung erforderlich wurde.)

Mann. MdE 3 Wochen 100 % mit in dieser Zeit starken Wundheilungsbeschwerden. Arzthaftung infolge eines Behandlungsfehlers.

Betrag: 400 € **Haftung: 100 %**
immVorb: – **MdE: –**

AG Aachen 30.9.2003 – 10 C 469/02 = unveröffentlicht

3798

Handverletzung (hier: „drei kleine, offene Stellen am Handrücken" infolge Hundebiss. Das LG bezeichnete die Verletzungen daher auch als „eher geringfügiger Natur").

Mann. Es musste für 5 Tage eine Gipsschiene getragen werden. Ursache: Hundebiss / Tierhalterhaftung.

Betrag: 500 € **Haftung: 100 %**
immVorb: – **MdE: –**

LG Hanau 14.3.2008 – 2 S 172/07 = BeckRS 2008, 11008

7618

Handverletzung an der rechten Hand mit Handrückenphlegmone sowie ein posttraumatisches CRPS (Mb. Sudeck) durch Hundebiss.

Frau (Krankenschwester). 5 Tage stationär. Die Hand wurde zunächst in einer ambulanten Behandlung geröntgt und die Wunde mit Serasept gespült. Nachfolgend wurde die Klägerin stationär behandelt und im Rahmen einer Notoperation aufgrund der sich gebildeten Phlegmone behandelt. Anschließend erfolgte eine Antibiotikatherapie über 14 Tage, wodurch die Klägerin unter dieser Therapie unter starkem Durchfall litt. Danach unterzog sich die Klägerin einer ca. 10 Wochen dauernden Physiotherapie. Dauerschaden: Berufswechsel. „Da die bisherige Tätigkeit als Krankenschwester war der Klägerin nicht mehr möglich. Sie wurde daher ... als Stationsassistentin beschäftigt. Zur Schmerzensgeldbemessung führte das LG aus: "Bestimmend für die Ansetzung dieser Summe war für die Kammer, dass die Verletzung optisch kaum wahrnehmbar ist, die akute Schmerzsituation durch den Biss selbst geringfügig, durch die nachfolgende Behandlung aber wiederum höher war und die Klägerin ausweislich der Feststellungen des Sachverständigen im Hinblick auf das CRPS-Syndrom jedenfalls geringfügig (15 %) bei der Nutzung der betroffenen Hand einschränkt ist. Hinzu kommt, dass der Klägerin die Mithaftungsquote im o.g. Umfang zuzurechnen ist." [Anmerkung: Lesenswert zur Tierhalterhaftung wenn eine Tierhalterin ihren kleinen Hund vor einem herannahenden großen Hund schützen will].

Betrag: 1.000 € **Haftung: 70 %**
immVorb: – **MdE: –**

LG Rostock 6.2.2024 – 3 O 878/21 = BeckRS 2024, 20740

7604

Handverletzung durch Hundebiss in die rechte Hand. Zudem erlitt die Klägerin nachfolgend eine Hundephobie mit Gesundheitsbeeinträchtigungen in Form von massive Angstzuständen, Schweißausbrüchen, Herzklopfen und Erstarren vor Angst.

Frau (Taxifahrerin). Als diese den Hund (Jack-Russel-Terrier), den ihr Fahrgast auf dem Schoß sitzen hatte, streicheln wollte, wurde sie in die rechte Hand gebissen. Dauerschaden: Hundephobie sowie Narben an der rechten Hand. Das AG ging von einem Schmerzensgeld iHv 1.700 EUR bei 100 %ger Haftung aus und kam unter Anrechnung des Mitverschuldens der Klägerin, die den ihr fremden Hund nicht hätte streicheln dürfen zu dem genannten Betrag.

Betrag: 1.190 € **Haftung: 70 %**
immVorb: – **MdE: –**

AG Rheine 1.7.2021 – 4 C 92/20 = BeckRS 2021, 21050

4648

Handverletzung (hier: „Gefühlsstörungen und Wundschmerzen" an der Hand).

40j. Mann. 4 Tage stationär. Arzthaftung (hier: Aufklärungspflichtverletzung). Dauerschaden: Narbe an der Hand. Hätte der Kläger, bei korrekter Aufklärung, die OP nicht durchführen lassen, wäre ihm ein 4-tägiger Krankenhausaufenthalt erspart geblieben, so das OLG.

Betrag: 1.500 € **Haftung: 100 %**
immVorb: – **MdE: –**

OLG München 17.3.2011 – 1 U 2210/09 = BeckRS 2011, 6933

5763

Handverletzung / Handfraktur (hier: Handgelenkdistorsion rechts mit Fraktur) sowie Prellungen (hier: Hodenprellung und Beckenprellung).

Mann. MdE ca. 38 Tage 100 %. Ambulante Heilbehandlung mit Physiotherapie wegen der Beschwerden im rechten Handgelenk. Beeinträchtigung in der sexuellen Beziehung zur Lebensgefährtin wegen der Hodenprellung. [Ursache: Motorradunfall].

Betrag: 1.500 € **Haftung: 100 %**
immVorb: – **MdE: –**

LG Dortmund 12.4.2002 – 21 O 296/01 = BeckRS 2007, 15411

7728

Handverletzung links (hier: Riss-Quetschwunde an der linken Hand in Form einer „oberflächlichen Schnittwunde über DIP D3") sowie „eine Schürfwunde, eine Prellung am rechten Ellenbogen und eine Steißbeinprellung sowie eine Distorsion der Halswirbelsäule".

Frau. Ambulante Heilbehandlung; mehrere Arztbesuche. Der Heilungsverlauf betrug „bis zu 12 Wochen". Die Klägerin hatte „ca. 5 Monate unter den … Unfallfolgen zu leiden", so das AG, dass sich insofern sehr umfassend mit der Frage befasst hatte, ob die Klägerin unfallbedingt einen Tinnitus erlitten hatte; dies jedoch mit Verweis auf den insofern angehörten Sachverständigen verneinte. E-Bikeunfall.

Betrag: 2.000 € **Haftung: 100 %**
immVorb: – **MdE: –**

AG Dresden 9.9.2024 – 105 C 2538/20 = BeckRS 2024, 46271

4576

Handverletzung (hier: Handprellung und Handschürfwunden mit Narbenbildung und Feinmotorikbeeinträchtigung an der linken Hand – die Kl. ist Linkshänderin!) sowie Knieprellung rechts und Ellenbogenprellung links.

Frau (Tierärztin). MdE 3 Tage 100 %. 24 ambulante Heilbehandlungen mittels Physiotherapie. Urlaubsbeeinträchtigung: Die von der Kl. geplanten Radtouren konnten verletzungsbedingt nicht durchgeführt werden. Dauerschaden: Bei Kälte verspürt die Klägerin eine geringfügige Störung der Feinmotorik der linken Hand / Feinmotorikbeeinträchtigung. [Ursache: Sturz, der durch den Hund des Beklagten verursacht worden war].

Betrag: 2.000 € **Haftung: 100 %**
immVorb: – **MdE: –**

AG Dresden 22.3.2012 – 103 C 5746/11 = BeckRS 2012, 214053

7316

Handverletzung in Form einer Funktionsstörung der linken Hand nach Fingerverletzung durch deren Fehlbehandlung es zu „einer über das übliche Maß bei derartigen Verletzungen hinausgehenden Narbenbildung und einer daraus resultierende Bewegungseinschränkung des Mittelfingers in Form einer Beuge- und Streckhemmung, einer dadurch bedingten eingeschränkten Belastbarkeit und Kraftminderung des Mittelfingers sowie im Ergebnis zu einer Funktionsstörung der gesamten linken Hand gekommen" war.

Frau (Fleischereifachverkäuferin in einem Metzgereigeschäft). Arzthaftung in Form einer fehlerhaft durchgeführten Erstversorgung des verletzten linken Mittelfingers. MdE 35 Tage 100 %. Dauerschaden: Funktionsbeeinträchtigung der linken Hand und Bewegungseinschränkung des Mittelfingers in Form einer Beuge- und Streckhemmung, einer dadurch bedingten eingeschränkten Belastbarkeit und Kraftminderung des Mittelfingers. „Ferner ist es beim linken Mittelfinger zu einer Sensibilitätsstörung und Wetterfühligkeit gekommen, in deren Folge die Kl. noch heute zeitweise an Schmerzen leidet", so das LG in erster Instanz.

Betrag: 2.500 € **Haftung: 100 %**
immVorb: – **MdE: –**

OLG Hamm 16.9.2022 – 11 U 11/22 = BeckRS 2022, 26798

5522

Handverletzung (hier: Hundebiss in die rechte Hand; die Klägerin ist Rechtshänderin. Dadurch erlitt die Klägerin einen großen Weichteildefekt am dorsalen Handrücken, eine Kleinfingerverletzung des Fingerstreckers D4 und eine Nervverletzung in Form einer Nervenläsion N9.

Frau. Fast zwei Wochen stationär. Zwei Operationen (Hauttransplantation). 6 Monate intensive Ergotherapie; auch musste die Kl. zur Vermeidung einer Verklebung der Narben einen Kompressionshandschuh tragen. Durch die Beeinträchtigung der rechten Hand kam es zu einer Überbeanspruchung des linken Armes und der linken Hand, weshalb eine Aktivbandage zur Kompression des Ellenbogens und eine Handgelenkbandage zur Ruhigstellung des Handgelenks erforderlich wurden. Bei der Schmerzensgeldbemessung berücksichtigte das Gericht, dass die Klägerin „stark und mehrere Monate in ihrer Lebensführung eingeschränkt war und mit der erforderlichen Hauttransplantation ein Eingriff am davor nicht betroffenen Oberschenkel vorgenommen werden musste, der zudem schlecht heilte. Ferner war zu bedenken, dass die Verletzung nach wie vor nicht ausgeheilt ist und die Kl. durch den Vorfall auch psychisch beeinträchtigt wurde". Dauerschaden: Belastungseinschränkung und Bewegungseinschränkungen der rechten Hand beispielsweise beim Öffnen von Schraubverschlüssen oder dem Schneiden mit einem Messer. Verhärtete Narbe am kleinen Finger. [Ursache: Tierhalterhaftung / Hundebeißerei bzw. Hunde-Rangelei – vgl. dazu auch OLG Frankfurt a. M., Urteil vom 18.1.2023 – 4 U 249/21, becklink 2025991 = → Nr. 7360].

Betrag: 2.500 € **Haftung: 25 %**
immVorb: Ja **MdE: –**

OLG München 12.12.2018 – 20 U 1474/18 = BeckRS 2018, 33058

6536

Handverletzung / Daumenverletzung (hier: Handgelenkprellung mit schmerzhaften Funktionsstörung der rechten Hand infolge einer ulnaren Instabilität im Daumengrundgelenk rechts nach Verletzung des ulnaren Seitenbandes) sowie Schädelprellung und Fußprellung; zudem Schürfwunden am Ohr und am Unterschenkel sowie im Bereich der Achillessehne am Fuß.

Mann. Ambulante Behandlung. MdE 5 Wochen. Dauerschaden: Funktionsbeeinträchtigung der rechten Hand; die Grobfunktion der rechten Hand ist behindert, festes Zugreifen und kräftige Daumenopposition führen zu Beschwerden wobei das Führen eines Kugelschreibers Beschwerden verursache. [Ursache: Fahrradunfall wegen zu geringem Abstand gegenüber Pferden, die der Radler überholt hatte wobei er von einem Pferd getreten worden war. Radfahrer trifft beim Pferde-Überholen eine besondere Sorgfaltspflicht].

Betrag: 3.000 € **Haftung: 50 %**
immVorb: – **MdE: –**

LG Frankenthal 5.6.2020 – 4 O 10/19 = BeckRS 2020, 21915

7318

Handverletzung in Form einer Zerrung des rechten Handgelenks mit Daumenverletzung in Form einer Distorsion des rechten Daumens bzw. Daumensattelgelenks rechts. Zudem Prellungen (hier: Brustkorbprellung des linken Brustkorbs, Lendenwirbelsäulenprellung, Kreuzbeinprellung, Schulterprellung der linken Schulter, Schlüsselbeinprellung des linken Schlüsselbeins sowie Kniegelenksprellung rechts) und ein HWS-Syndrom.

Frau. MdE 30 Tage 100 %. „Die Kl. war durch die erlittene Problematik bis 12/2015 [ergänze: Unfalltag = 2.7.2015] deutlich schmerzhaft bewegungseingeschränkt und leistungsgemindert. Langfristige Folgen oder Schäden können nicht sicher festgestellt werden und sind mit hoher Wahrscheinlichkeit auszuschließen", so das OLG. Allerdings „kann sich zukünftig eine im vollen Umfang ausgeprägte Sattelgelenkarthrose realisieren, die im Endstadium zu einer aufgehobenen Gebrauchsfähigkeit oder schmerzhaft sehr eingeschränkten Gebrauchsfähigkeit des rechten Daumens führen könnte mit der Folge einer möglicherweise notwendigen operativen Behandlung mit zB Entfernung des großen Vieleckbeins".

Betrag: 3.500 € **Haftung: 100 %**
immVorb: Ja **MdE: –**

OLG Jena 13.4.2022 – 2 U 1250/20 = BeckRS 2022, 9455

6506

Handverletzung (hier: Sehnendurchtrennung [Flexor carpi ulnaris] sowie eine Nervverletzung [Nervus ulnaris]).

Frau. MdE 30 Tage 100 %; während dieser Zeit musste die Klägerin eine Gipsschiene tragen. Arzthaftung (hier: Diagnosefehler bzw. Befunderhebungsfehler). Die Klägerin hatte sich an einem zerbrochenen Glas an der Hand verletzt. Der Beklagte Arzt übersah eine Glassplitter und eine Sehnendurchtrennung sowie eine Nervverletzung. Er hatte deshalb die Wunde zunächst nur desinfiziert und genäht. Der Befunderhebungsfehler war ursächlich für die Sehnenverletzung sowie für eine Verschlimmerung der Nervverletzung.

Betrag: 3.500 € **Haftung: 100 %**
immVorb: – **MdE: –**

OLG Karlsruhe 17.9.2014 – 7 U 240/13 = BeckRS 2014, 124346

4910

Handverletzung, rechts (hier: Sehnenverletzung in Form der „Durchtrennung der Ringfingerstrecksehne ... und Läsion der Sehne für den kleinen Finger", so das OLG).

Mann (Berufskraftfahrer). Dauerschaden: Bewegungsbeeinträchtigung da Mittel- und Ringfinger der rechten Hand [Kl. ist Rechtshänder] „nicht vollumfänglich gestreckt werden können". Arzthaftung (hier: Behandlungsfehler. Das LG hat in der Vorinstanz „der Beklagten deshalb einen Fehler angelastet, weil ... nicht offen operiert und stattdessen ein arthroskopischer Eingriff vorgenommen worden sei, der keine klare Sicht des Situs erlaubt und so die Sehnenverletzung ermöglicht habe. Deren Folgen seien indessen auf eine geringfügige Einschränkung der Fingerbeweglichkeit beschränkt. Alle weiteren Schäden des Klägers beruhten allein auf dem ursprünglichen Arbeitsunfall. Daher sei für eine Schmerzensgeldrente ebenso wenig Raum, wie eine Haftung der Beklagten für Verdiensteinbußen in Betracht komme. Ihr zurechenbare zukünftige Beeinträchtigungen des Klägers zeichneten sich in keiner Weise ab", so das OLG, welches deshalb der Klage nur zu einem sehr geringen Teil stattgab).

Betrag: 3.500 € **Haftung: 100 %**
immVorb: – **MdE: –**

OLG Koblenz 12.4.2013 – 5 U 4/13 = BeckRS 2013, 18811

6190

Handverletzung / Handnervverletzung (hier: Verletzung des Nervus radialis mit erheblicher Funktionsbeeinträchtigung der rechten Hand. Es bildete sich eine sogenannte „Fallhand", bei der ein Faustschluss nicht mehr möglich ist).

71j. Frau (Rentnerin). Reiseveranstalterhaftung (hier: Sturz über Stufe vor dem Hotelzimmer und anschließender Behandlungsfehler im Zusammenhang mit der sturzbedingt entstandenen Oberarmfraktur). Dauerschaden: Erhebliche Funktionsbeeinträchtigung der rechten Hand. „Auch heute noch hat die Kl. die Kraft in sämtlichen Fingern der rechten Hand verloren und kann nur Zeige- und Mittelfinger bewusst bewegen. Ein Faustschluss ist nicht mehr komplett möglich. Wie die Kl. glaubhaft angegeben hat, sind weitere Verbesserungen auch mit physiotherapeutischer Unterstützung voraussichtlich nicht mehr zu erzielen", so das OLG.

Betrag: 4.000 € **Haftung: 50 %**
immVorb: Ja **MdE: –**

OLG Hamm 26.1.1998 – 9 U 192/08 = BeckRS 2009, 27515

7773

Handverletzungen rechts mit Daumenfraktur und Fingerverletzungen (Zeigefinger und Mittelfinger). Zudem erlitt der Kläger linksseitig schwere Hüftprellungen und Quetschverletzungen, die zu behandlungsrelevanter Narbenbildung führten.

Mann. Ambulante Behandlung. Langwierige Heilbehandlung. Dauerschaden: Bewegungsbeeinträchtigung der rechten Hand mit Funktionsbeeinträchtigung, so dass für den Kläger der sog. Seilgriff nicht mehr vollständig möglich ist. Zudem bildete sich durch die Gewebequetschung an der linken Hüfte im Bereich des Sitzbeins erhebliches Narbengewebe, dessen Behandlung bzw. Entfernung jedoch nicht risikofrei ist, da es dadurch zu einer Beeinträchtigung des Nervus ischiadicus kommen kann.

Betrag: 4.500 € **Haftung: 100 %**
immVorb: Ja **MdE: –**

AG Braunschweig 18.11.2005 – 118 C 2226/05 = BeckRS 2005, 162545

5209

Handverletzung / Handnervverletzung (hier: Verletzung des Nervus medianus).

58j. Frau. 5 Monate konnte die Klägerin ihre rechte Hand wegen starker Taubheitsgefühle nur eingeschränkt nutzen. Ursächlich hierfür war die Tatsache, dass es dem behandelnden Arzt nicht gelang alle zuvor implantierten Schrauben wieder zu entfernen, da er für eine festsitzende Schraube kein geeignetes Werkzeug vorliegen hatte. [Zum Thema: Umfang der Aufklärungspflicht bei der Entfernung von Osteosynthesematerial: „Der Arzt (hat) auch über seltene Risiken aufzuklären, wenn sie bei ihrer Realisierung die Lebensführung des Patienten schwer belasten würden und das entsprechende Risiko trotz der Seltenheit für den Eingriff spezifisch, für den Laien aber überraschend ist", so das LG].

Betrag: 5.000 € **Haftung: 100 %**
immVorb: Ja **MdE: –**

LG Heidelberg 22.4.2015 – 4 O 221/13 = BeckRS 2015, 9464

4788

Handverletzung und Handfraktur (hier: Frakturen und Sehnenabriss an der linken Hand).

Frau. Ambulante Heilbehandlung. Tierhalterhaftung. Ursache: Die Verletzung wurde durch das Pferd der Beklagten verursacht.

Betrag: 5.000 € **Haftung: 100 %**
immVorb: – **MdE: –**

OLG Saarbrücken 25.2.2014 – 4 W 9/14 = BeckRS 2014, 4662

3699

Handverletzung / Handgelenkverletzung, links in Form einer Rissbildung im sogenannten „Discus triangularis ulnae" im Handwurzelbereich. HWS-Distorsion und Prellungen.

34. Mann (Unternehmer). 4 Tage stationär. Unterarmgipsverband und nachfolgend Unterarmstützverband. MdE insgesamt nahezu 5 Monate. Dauerschaden: Sensible Belastungsbeeinträchtigung der linken Hand.

Betrag: 5.000 € **Haftung: 100 %**
immVorb: – **MdE: –**

OLG Düsseldorf 16.2.2004 – 1 U 106/03 = BeckRS 2007, 3166

3533

Handverletzung (hier: Beeinträchtigung der Handbeweglichkeit, links nach fehlerhaft diagnostizierter Mittelfingerverletzung bzw. Beugesehnenverletzung am Mittelfinger).

Frau (Tierärztin). Arzthaftung (hier: Diagnosefehler).

Betrag: 5.113 € **Haftung: 100 %**
immVorb: – **MdE: –**

OLG Stuttgart 9.4.2002 – 14 U 84/01 = BeckRS 9998, 18593

2886

Handverletzung (hier: Schwere Hohlhandverletzung mit Arteriendurchtrennung, Nervverletzung, Blutgefäßdurchtrennung, Sehnendurchtrennung und dauernder Sensibilitätsstörung und Berührungsempfindlichkeitsminderung).

9j. Kind. 7 Tage stationär. Gesamtheilbehandlungsdauer: 2 Monate. Dauerschaden: MdE 5 %. Kein Keybordspiel, kein Judo. Explosion einer Coca.-Cola Glasflasche!

Betrag: 5.113 € **Haftung: 100 %**
immVorb: Ja **MdE: 5 %**

OLG Koblenz 11.5.2001 – 10 U 838/00 = BeckRS 2001, 30180233

6633

Handverletzungen (hier: knöcherne Absprengung am Handwurzelknochen links sowie Schürfwunden an den Händen) sowie eine Lungenquetschung mit „einem kleinen Pneumothorax" und eine Gehirnerschütterung 1. Grades.

Mann (Automechaniker). 5 Tage stationär mit anschließender Entlassung „in gutem Allgemeinzustand". Er wurde im Anschluss hausärztlich behandelt und konnte seinen Beruf als Automechaniker für die Dauer von 59 Tagen nicht ausüben; (MdE 59 Tage 100 %). [Motorradunfall unter mehreren Motorrädern, die im Konvoi fuhren].

Betrag: 6.000 € **Haftung: 100 %**
immVorb: – **MdE: –**

LG Landshut 5.4.2019 – 12 O 779/18 = BeckRS 2019, 38382

5445

Handverletzung / Bänderverletzung (hier: Handgelenkbänderriss mit daraus resultierender Fehlstellung des sogenannten Mondbeins und der sich daraus wiederum ergebenden Aktivierung einer bislang inaktiven Arthrose).

69j. Mann. Dauerschaden: Bewegungsbeeinträchtigung der Hand. [Keine Relevanz der Genugtuungsfunktion bei normalem Verkehrsunfall. Das OLG wies zutreffend das Argument des Klägers zurück, dass Schmerzensgeld wegen der ihm zustehenden Genugtuung wegen des Vorfahrtsverstoßes des Beklagten zu erhöhen].

Betrag: 6.000 € **Haftung: 100 %**
immVorb: – **MdE: –**

OLG Schleswig 28.4.2016 – 7 U 160/14 = BeckRS 2016, 137373

5810

Handverletzung (hier: Handnervverletzung durch komplette distale Schädigung des Nervus medianus rechts).

77j. Mann. Arzthaftung (Hier: Grober Behandlungsfehler im Zusammenhang mit der OP eines Karpaltunnelsyndroms). Dauerschaden: Bewegungseinschränkung der rechten Hand. Trotz einer Revisionsoperation kann der Kläger rechts keine komplette Faust mehr bilden. Zudem schliefen vor allem die ersten drei Finger häufig ein. Kraftminderung der rechten Hand.

Betrag: 6.000 € **Haftung: 100 %**
immVorb: Ja **MdE: 100 %**

LG Köln 5.3.2008 – 25 O 479/04 = BeckRS 2008, 7198

7599

Handverletzung und Handsehnenverletzung (hier: Schnittverletzung bzw. Schnittwunde am rechten Handgelenk ca. 3 cm mal 4 cm groß und Handsehnenverletzung in Form einer 40-prozentigen Handsehnendurchtrennung.)

Mann (Polizeibeamter). Ambulante Behandlung mit einer Operation zur Sehnenregenerierung. MdE 45 Tage 100 %. Dauerschaden: Empfindungsstörungen mit Taubheitsgefühl durch die Nervenverletzung mit einer Schädigungsfolge lt. Dienstunfallbescheid des Landes Schleswig-Holstein von 10 %. Der Kläger nahm seinen Dienst eingeschränkt wieder auf und arbeitete ausschließlich im Innendienst. Bei der Schmerzensgeldbemessung berücksichtige das LG herabsetzend, dass der Kläger nur geringfügig in seiner Lebensführung beeinträchtigt war und weiterhin seinen Dienst ausüben und auch sportliche Aktivitäten vornehmen konnte und auch keine psychische Beeinträchtigungen verblieben sind. Betragserhöhend berücksichtigte das LG, dass der Beklagte vorsätzlich den Kläger mit der Whiskyflasche, also mit einem gefährlichen Werkzeug, angriff und hierdurch die Genugtuungsfunktion zum Tragen kommt. Das LG orientierte sich dabei an OLG Karlsruhe → Nr. 4192.

Betrag: 7.000 € **Haftung: 100 %**
immVorb: – **MdE: 10 %**

LG Lübeck 3.11.2023 – 3 O 277/21 = BeckRS 2023, 47668

7323

Handverletzung mit Bänderriss sowie Unterarmfraktur (hier: Bone Bruise, d.h. Knochenprellung mit Mikrofrakturen am Handwurzelknochen rechts mit Gelenkkapselriss dorsal am rechten Handgelenk und TFC-Verletzung (d.h. Verletzung des komplizierten Bandkomplexes, in dessen Zentrum eine knorpelige Platte wie eine Art Puffer zwischen dem Kopf der Elle (Ulna) und den Handwurzelknochen liegt). nach Anpralltrauma des rechten Handgelenks und Ellenbogens). Zudem erlitt der Kläger eine Unterarmfraktur in Form einer Radiusköpfchenfraktur sowie Hautläsionen am rechten Ellenbogen und eine Ruptur Radlater und Triquetraler Schenkel TFC komplex.

Mann. Möglicher Dauerschaden: Mäßige Bewegungseinschränkungen im Bereich des Handgelenks, deutliche Kraftminderung bezüglich der groben Kraft im Bereich der rechten oberen Extremität wie auch Reduktion der Kneifkraft rechts. „Aus medizinischer Sicht sei weder das Fahren eines Motorrades noch sportliches Fahrradfahrens empfohlen. Ebenso seien deutliche Einschränkungen bei Sportarten und sportlichen Aktivitäten unter Einsatz des rechten Armes zu erwarten, da Stöße und stärkere Belastung (beispielsweise beim Tennis) die Schmerzen weiter provozieren. Auch sei beim Schreiben am Computer über 30 Minuten eine Pause mit Dehnübungen über einen Zeitraum, der meistens ca. 19 Minuten erfordert, notwendig.", so der vom LG in der Vorinstanz beauftragte SV. Das OLG berücksichtigte bei der Bemessung die Beeinträchtigungen beim Sport bzw. Radsport; damit sei nach Auffassung des Gerichts ein erheblicher Verlust an Lebensqualität für den sportlichen Kläger gegeben. Die Berufung des Klägers mit dem Ziel, ein höheres Schmerzensgeld zu erlangen, wurde zurückgewiesen. [Ursache: Tierhalterhaftung nach Zusammenstoß zwischen Hund und Fahrradfahrer (= Kläger)].

Betrag: 7.000 € **Haftung: 100 %**
immVorb: Ja **MdE: –**

OLG Frankfurt a. M. 20.12.2022 – 11 U 89/21 = BeckRS 2022, 42802

4192

Handverletzung, schwere (hier: Nervverletzung des für die Handbeugung wichtigen nervus medianus, der durchtrennt wurde).

23j. Mann (Heizungsmonteur). 3 Tage stationär. Dauerschaden: Schädigung des Nervus medianus mit daraus resultierender Bewegungseinschränkung der Handbeugungsfunktion. Berufsbehinderung und ggf. Berufsunfähigkeit als Handwerker. Ursache: Verkehrssicherungspflichtverletzung durch Sturz in Glasscherben, die in einer Diskothek am Boden lagen.

Betrag: 7.000 € **Haftung: 100 %**
immVorb: Ja **MdE: –**

OLG Karlsruhe 3.4.2009 – 14 U 140/07 = BeckRS 2009, 23949

7367

Handfraktur links und Daumenfraktur sowie Handverletzungen rechts (hier: Nicht dislozierte distale Radiusfraktur bzw. Speichenfraktur der linken Hand. Zudem erlitt die Klägerin eine Daumenfraktur rechts, die zu einer Versteifung führte sowie einen knöchernen Ausriss der Strecksehne des Endglieds mit minimaler Dislokation Dl rechts und blutende Wunden an den Fingern der rechten Hand). Prellung (hier: Schulterprellung sowie eine Beckenprellung jeweils links.)

67j. Frau. Ambulante Notversorgung. Beide Hände wurden mit einem Gipsverband ruhiggestellt. Angesichts der blutverdünnenden Medikation mit Marcumar, die die Klägerin zum Unfallzeitpunkt bereits eingenommen hatte, bildete sich ein Hämatom am linken Gesäß. Die Handfraktur links heilte nach 12 Wochen und die weiteren Verletzungen, ausgenommen der Daumenfraktur, bereits nach sechs Wochen. Dauerschaden: Daumenversteifung an der rechten Hand mit Beeinträchtigung der Greiffunktion. Bei der Bemessung berücksichtigte das LG, „dass die Klägerin zumindest in der ersten Zeit nach dem Sturz beide Arme in einem Gipsverband fixiert hatte und diese folglich ca. drei Monate lang überhaupt nicht gebrauchen konnte. … Hinzu kommt die wohl mittlerweile unstreitig verbleibende Steifigkeit des rechten Daumens als Dauerschaden. Auch die häusliche Problematik der Klägerin mit der schweren Erkrankung ihres Ehemannes und der Beschwernis der letzten gemeinsamen Monate ist beachtlich." [Ursache: Verkehrssicherungspflichtverletzung: Die Klägerin stürzte im Bereich der Außenfläche der Gaststätte der Beklagten mit ihrem Stuhl eine dort befindliche Steinstufe hinunter, da der Gastwirt im Rahmen einer Festveranstaltung – Kirmes – eine zu große Anzahl von Tischen und Stühlen im Außenbereich aufgestellt hatte und einige unmittelbar an der Kante der Stufe platziert hatte.]

Betrag: 8.000 € **Haftung: 60 %**
immVorb: – **MdE: –**

LG Köln 23.1.2024 – 14 O 58/22 = BeckRS 2024, 698

6116

Handverletzung (hier: Erhebliche Bewegungseinschränkung der linken Hand nach zunächst nicht erkannter Handwurzelfraktur mit Dislokation der Handwurzelknochen und somit um fast 2 Monate verspäteter Behandlung).

Mann. Arzthaftung (hier: Diagnosefehler im Zusammenhang mit einer Untersuchung nach Sturz von einer Leiter. Eine Handwurzelverletzung und Dislokation der Handwurzelknochen wurde nicht festgestellt, war aber gegeben. Erst 59 Tage später wurden diese Verletzungen im Rahmen einer CT-Untersuchung festgestellt und behandelt). Dauerschaden: Bewegungseinschränkung der linken Hand, die im Alltag zahlreiche Erschwernisse mit sich bringt.

Betrag: 8.000 € **Haftung: 100 %**
immVorb: Ja **MdE: –**

OLG Koblenz 17.8.2017 – 5 U 491/17 = BeckRS 2017, 123188

5444

Handverletzung links (hier: Schwere Handgelenksdistorsion und Handgelenkquetschung jedoch ohne knöcherne Verletzungen); Prellungen und Schürfungen (hier: Kniegelenksprellung, Schädelprellung, leichtes Gurthämatom, sowie leichte Schulterprellungen); HWS-Syndrom.

Mann (Zahnarzt). MdE 3 Wochen 100 %. Komplikationsloser Heilungsverlauf dennoch sind Spätschäden am linken Handgelenk nicht ausgeschlossen. [Mit dem Schmerzensgeld werden alle bereits eingetretenen und objektiv vorhersehbaren unfallbedingten Verletzungsfolgen abgegolten, nicht auch solche Verletzungsfolgen, mit denen im

Zeitpunkt der letzten mündlichen Verhandlung nicht oder nicht ernstlich zu rechnen war, so das OLG].

Betrag: 9.000 € **Haftung: 100 %**
immVorb: Ja **MdE: –**

OLG Hamburg 17.10.2016 – 14 U 3/16 = BeckRS 2016, 127225

5262

Handverletzung in Form einer sogenannten Morbus-Sudeck-Erkrankung der rechten Hand nach Hundebissverletzung.

Frau. Weitgehender Einschränkung der Arbeitsfähigkeit. Dauerschaden: „Der Morbus-Sudeck weist ein erhebliches Beschwerdebild mit einer fortwirkenden Beeinträchtigung der gesamten Lebensführung der Kl. aus, so das OLG, welches zudem zur Mithaftung ausführte: "Wer bei dem Versuch, zwei miteinander kämpfende große Rüden zu trennen, von dem fremden Hund in die Hand gebissen wird, trägt ein erhebliches Mitverschulden (hier: 60 %)".

Betrag: 12.000 € **Haftung: 40 %**
immVorb: – **MdE: –**

OLG Celle 17.3.2014 – 20 U 60/13 = BeckRS 2014, 9476

4947

Handverletzung, schwere (hier: Morbus Sudeckbildung nach Ruhigstellung der Hand „mittels der Gipsschiene über sieben Wochen in einer unphysiologischen Stellung“).

44j. Frau. 8 Tage stationär. Anschließend ambulante Behandlung mit Physiotherapie. Arzthaftung (hier: Grober Behandlungsfehler. „ Wird nach einem Mittelhandbruch die Hand über sieben Wochen lang in Null-Grad-Stellung der Langfingergrundgelenke mit einer Gipsschiene ruhiggestellt, so stellt dies einen zur Umkehr der Beweislast führenden groben Behandlungsfehler dar“, so das OLG. Dauerschaden: Bewegungsbeeinträchtigung und Funktionsbeeinträchtigung der rechten Hand und der Finger. Minderung der Kraft der Hand und der Finger sowie Schmerzen. Dies alles wirke sich – so das OLG zutreffend – „im Alltagsleben der Geschädigten erheblich aus“. [vgl. auch OLG Dresden → Nr. 7374 und OLG Koblenz → Nr. 5371].

Betrag: 15.000 € **Haftung: 100 %**
immVorb: Ja **MdE: –**

OLG Köln 13.3.2013 – 5 U 88/12 = BeckRS 2013, 20596

3975

Handverletzung (hier: Schwere Handverletzung durch nahezu komplette Gebrauchsunfähigkeit der linken Hand bei einer rechtshändigen Frau).

58j. Frau. Arzthaftung (hier: Fehler bei bzw. nach der Handoperation). Dauerschaden: Völliger Funktionsverlust der linken Hand; bis auf das kurzzeitige Halten von sehr kleinen Gegenständen ist die linke Hand auf Dauer nicht mehr zu gebrauchen. Ein Faustgriff ist nicht möglich.

Betrag: 17.895 € **Haftung: 100 %**
immVorb: Ja **MdE: –**

LG Kassel 9.8.2000 – 7 O 2556/98 = unveröffentlicht

7374

Handverletzung, schwere als Folge einer behandlungsfehlerhaften Handoperation (wegen eines Karpaltunnelsyndroms) infolge derer es zu einer Traktionsneuropathie des nervus medianus kam.

Mann (Handwerker). Arzthaftung wegen Behandlungsfehler sowie Aufklärungspflichtverletzungen im Zusammenhang mit der handchirurgischen Behandlung. Als Folge der unvollständigen Retinaculumspaltung bildete sich eine Traktionsneuropathie des nervus medianus. MdE 16 1/2 Monate 100 %. Dauerschaden: Funktionsbeeinträchtigung der Hand – wörtlich „globale Minderung der Funktionsfähigkeit der Hand“. Bei der Bemessung orientierte sich das OLG insbesondere an den Urteilen des OLG Köln → Nr. 4947 und des OLG Koblenz → Nr. 5371 und berücksichtige erhöhend, die „beim Kläger durchgeführten zahlreichen Folgeoperationen“. [Vgl. zur Verjährung des Schmerzensgeldanspruchs im Falle einer Aufklärungspflichtverletzung bei zunächst fehlender Kenntnis über Behandlungs- bzw. Operationsalternativen im Handbuch → Rn. 433].

Betrag: 22.000 € **Haftung: 100 %**
immVorb: Ja **MdE: –**

OLG Dresden 9.1.2024 – 4 U 2225/22 = BeckRS 2024, 1175

7900

Handverletzung, links mit erheblichen Schmerzen, einer eingeschränkten Belastbarkeit und Beweglichkeit der linken Hand und einer erhöhten Schwellneigung.

31j. Frau. Arzthaftung im Zusammenhang mit der Behandlung nach nach einem Sturz auf das linke Handgelenk. Neben der Aufklärungspflichtverletzung hinsichtlich des deutlich erhöhten Risikos eines chronischen Schmerzsyndroms (CRPS) und einer Fehldiagnose eines Karpaltunnelsyndroms, das jedoch nicht vorlag, waren auch beide Operationen nicht indiziert und somit aufgrund unzureichender Aufklärung ohne wirksame Einwilligung der Klägerin auch rechtswidrig erfolgt. Ambulante krankengymnastische und ergotherapeutische Behandlung. Arbeitsunfähigkeit 18 Monate. Berufswechsel bzw. Umschulung. Dauerschaden: GdB 30 % wegen Bewegungseinschränkungen und Belastungseinschränkungen der linken Hand. Die Schadensentwicklung nicht abgeschlossen.

Betrag: 25.000 € **Haftung: 100 %**
immVorb: Ja **MdE: 30 %**

OLG Bamberg 15.12.2025 – 4 U 71/25 e = BeckRS 2025, 40536

5245

Schäden an der rechten Hand in Form von zunächst bestehenden Lähmungserscheinungen und damit verbundene Bewegungseinschränkungen und Schmerzen, die sich jedoch im Weiteren auf „leichte Dysästhesien in Daumen und Zeigefinger der rechten Hand“ reduzierten. Ursache war eine Wirbelsäulenoperation, die nicht, wie indiziert, im Bereich HW7/BW1 sondern an einer anderen, falschen Stelle im Bereich TH1/2 durchgeführt worden war.

Mann. Infolge der Operation an der unzutreffenden Stelle wurde die eigentlich erforderliche Behandlung verzögert. Arzthaftung / Behandlungsfehler. Dauerschaden: Schäden an der rechten Hand in Form von zunächst bestehenden Lähmungserscheinungen und damit verbundene Bewegungseinschränkungen und Schmerzen, die sich jedoch bis im Weiteren auf „leichte Dysästhesien in Daumen und Zeigefinger der rechten Hand" reduzierten.

Betrag: 25.000 € **Haftung: 100 %**
immVorb: – **MdE: –**

OLG Köln 13.1.2015 – 5 U 120/14 = BeckRS 2015, 7680

7449

Handverletzung links mit Bewegungseinschränkungen als Dauerfolge. Zudem erlitt der Kläger schwere Schädelverletzungen und nachfolgend auch an einer Anpassungsstörung mit länger dauernder depressiver Reaktion, die seelische Schmerzen leichten Grades im Ausmaß von 37 bis 38 Tagen zur Folge hatten.

25j. Mann. Infolge der Verletzungen litt der Kläger insgesamt 7 Tage unter starken, 14 Tage unter mittelstarken und 12 Wochen unter leichten Schmerzen. Weiter führte der OHG aus, der Kläger leide „nach wie vor unter Bewegungseinschränkungen an der linken Hand, vor allem bei größerer Belastung, sowie unter einer vermehrten Anfälligkeit für Kopfschmerzen" Dauerschaden: „Bewegungseinschränkungen an der Hand, die komprimiert zu vier bis fünf Tagen leichten Schmerzen pro Jahr für den Rest des Lebens des 1982 geborenen Klägers führten." [Ursache: Tierhalterhaftung des Erstbeklagten. Kollision des vom Kläger gesteuerten PKW mit einem Rind und nachfolgende Kollision mit einem PKW auf der Inntalautobahn].

Betrag: 25.000 € **Haftung: 100 %**
immVorb: Ja **MdE: –**

OGH Österreich 28.6.2012 – 2 Ob 85/11f = BeckRS 2012, 221187

4960

Handverletzung, schwere (hier: Völliger Funktionsverlust der rechten Hand).

50j. Mann (Büroangestellter). Arzthaftung (hier: Befunderhebungsfehler. Der beklagte Arzt ging von fehlerhaft vom Vorliegen eines sogenannten Karpaltunnelsyndrom dh einem Kompressionssyndrom des Nervus medianus im Bereich der Handwurzel aus und operierte die Hand ohne erforderliche Indikation). Dauerschaden: Völliger Funktionsverlust der rechten Hand. Berufsunfähigkeit. [Anmerkung: Ohne den hier vorliegenden unfallunabhängigen Vorschaden der Hand wäre das Schmerzensgeld noch höher ausgefallen].

Betrag: 30.000 € **Haftung: 100 %**
immVorb: Ja **MdE: –**

LG Lübeck 23.1.2014 – 12 O 341/12 = unveröffentlicht

6071

Handverletzungen links, die das OLG als „eine schwerwiegende Unfallfolge" hervorhob (hier: Daumenverletzung und Handgelenkverletzung mit Bewegungseinschränkungen und Arthrosebildung) und Knieverletzung rechts mit Arthrosebildung. Zudem kam es unfallbedingt zum Milzverlust.

38j. Mann. Mehrere Tage stationär mit mehrtägiger intensivmedizinischer Betreuung. Dauerschaden: Bewegungseinschränkung der linken Hand [der Kläger ist Linkshänder] im Bereich des Daumens. Daumengrund- und -endgelenk sind nicht mehr voll beweglich. Als Linkshänder schränkt das den Kläger beim Schreiben und bei sonstigen Tätigkeiten besonders ein. Posttraumatische Arthrose im Kniegelenk. Infektionsrisikoerhöhung wegen Milzverlust. Dem „bis über die Grenze zum Leistungssport hinaus sportlich aktiv"en Kläger wurde verletzungsbedingt „diese zweifelsohne die bisherige Lebensführung prägende Freizeitbeschäftigung wurde dem Kläger mit dem Unfall genommen. Es ist nachvollziehbar, dass der Kläger den jetzt mit erheblichem Einsatz erreichten, aber auch nicht mehr zu überschreitenden Leistungsstand eines normalen Freizeitsportlers nicht als gleichwertig empfindet. Der damit verbundene Verlust an Lebensfreude muss sich spürbar auf die Höhe des Schmerzensgeldes auswirken", so das OLG.

Betrag: 35.000 € **Haftung: 100 %**
immVorb: Ja **MdE: –**

OLG Naumburg 20.11.2014 – 1 U 59/14 = BeckRS 2015, 19837

6510

Handverletzung, schwere (hier: Schwere Handquetschung mit Mittelhandknochenfraktur. Die Greiffunktion der linken Hand ist nicht mehr gegeben. Spitzgriff und Faustschluss sind nicht möglich. Chronisches bzw. chronifiziertes Schmerzsyndrom). Psychische Beeinträchtigung in Form von mittelgradig depressiven Störungen.

40j. Mann (LKW-Fahrer). Stationäre Heilbehandlung. Dauerschaden: MdE 66 %. Funktionsverlust der linken Hand mit erheblichem Bewegungsdefizit. Der Kläger muss permanent einen Spezialhandschuh tragen und Schmerzmittel nehmen. Zudem leidet der Kläger unter mittelgradig depressiven Störungen; er wacht nachts regelmäßig auf, schreckt hoch und schreit aufgrund der Traumatisierung. Anmerkung: Bei dem Schmerzensgeld handelt es sich um ein Teilschmerzensgeld für die Zeit vom Unfall bis zur mündlichen Verhandlung (2010 – 2020). [Ursache: Handverletzung, schwere (hier: LKW-Unfall, bei dem die linke Hand des Klägers unter dem umgestürzten Fahrzeug eingequetscht und schwer verletzt worden war].

Betrag: 50.000 € **Haftung: 100 %**
immVorb: Ja **MdE: –**

OLG München 9.9.2020 – 10 U 1722/18 = BeckRS 2020, 23367

e) Handfrakturen

6979

Handfraktur in Form einer Mittelhandfraktur.

Mann. Kein Schmerzensgeldanspruch, wenn ein Fußgänger wegen einer Mulde auf dem Gehweg, die er übersehen hat, weil er eine Getränkekiste trug, stürzt. Dies gilt auch, wenn die Gehwegplatten – wie hier – auf einer Länge von 30 Zentimetern einen Höhenunterschied von vier Zentimetern aufwiesen, was der Stadt Köln nach entsprechenden Beschwerden von Anwohnern bekannt war. Der 7. Senat des OLG Köln erkannte in den Unebenheiten jedoch keine unerkennbare und unbeherrschbare Gefahrenquelle. Vielmehr sei die Kante, über die der Mann gestolpert war, deutlich sichtbar, wenn man die erforderliche Sorgfalt walten lassen würde – und das müsse man als Fußgänger auch, wenn man eine Getränkekiste in der Hand habe. Eine solche schränke die Sicht zwar ein, dafür müsse ein Fußgänger dann aber eben vorausschauender seinen Weg überblicken. Fußgänger müssten sich an die gegebenen Straßenverhältnisse anpassen und mit Unebenheiten rechnen. Eine vollständige Gefahrlosigkeit könne auf dem Gehweg nicht erwartet werden.

Betrag: – **Haftung: –**
immVorb: – **MdE: –**

OLG Köln 8.4.2020 – 5 U 64/16 = BeckRS 2020, 7255

3553

Handfraktur mit Handgelenkarthrose.

Mann. Kein Schmerzensgeldanspruch [vgl. Abfindungsvergleich; Abfindungsvergleich (Bestandkraft)]. Schließt ein Verletzter einen Abfindungsvergleich (hier: über 5.000 Euro), so ist er an der Geltendmachung zukünftiger Ansprüche gehindert. Dies gilt auch beim Schmerzensgeld und gilt auch dann, wenn „in einem späteren Prozess auf einen Feststellungsantrag erkannt wird, dessen Auslegung … ergibt, dass er sich nur auf vden immateriellen Schaden bezieht", so das OLG.

Betrag: – **Haftung: –**
immVorb: – **MdE: –**

OLG Saarbrücken 21.3.2006 – 4 U 24/05 = BeckRS 2006, 4583

2801

Handfraktur (hier: Radiusfraktur im Handgelenkbereich rechts.).

65j. Frau; ambulante Behandlung. MdE 1 Monat 100; Gipsverband, 30 Injektionen „Kenalog". Dauerschaden: „geringe … Bajonettstellung" im Handgelenk. [Unquotiert: 3.000,– DM].

Betrag: 383 € **Haftung: 75 %**
immVorb: – **MdE: –**

AG Dresden 30.4.1999 – 106 C 12504/98 = unveröffentlicht

5825

Handfraktur in Form einer einfachen Mittelhandknochenfraktur.

Mann. Ambulante Heilbehandlung. Komplikationslose Verheilung. [Ursache: Verkehrssicherungspflichtverletzung / Streupflichtverletzung].

Betrag: 400 € **Haftung: 50 %**
immVorb: – **MdE: –**

OLG Hamm 4.11.2003 – 9 U 118/03 = BeckRS 2003, 10692

5747

Handfraktur.

Frau. [Ursache: Verkehrssicherungspflichtverletzung Gestaltung eines innerstädtischen Marktplatzes mit einer dunkel farbigen Stufenanlage].

Betrag: 1.000 € **Haftung: 100 %**
immVorb: – **MdE: –**

OLG Hamm 13.1.2006 – 9 U 143/05 = BeckRS 2006, 5523

4100

Handfraktur / Unterarmfraktur (hier: Speichenköpfchenfraktur rechts und Handgelenkprellung links).

Mann. Ambulante Heilbehandlung mit Gipsschiene. MdE 7 Wochen 100 %. Der Gips musste für die Dauer von einem Monat getragen werden; in dieser Zeit war der Kläger in seinen täglichen Verrichtungen stark eingeschränkt. Physiotherapeutische Behandlung.

Betrag: 1.500 € **Haftung: 100 %**
immVorb: – **MdE: –**

AG Dortmund 19.1.2010 – 429 C 9610/09 = BeckRS 2010, 144655

5195

Handfraktur, links (hier: Dislozierte Kahnbeinfraktur). Kopfverletzung in Form einer Kopfplatzwunde. Prellungen (hier: Hüftprellung und Oberschenkelprellung).

75j. Mann (Arzt). 6 Wochen ambulante Behandlung; der Kläger – Rechtshänder – musste linksseitig einen Unterarmgips unter Einbeziehung des Daumens tragen. Erhöhend wurde die Urlaubsstornierung bewertet. Ursache: Tierunfall (Hund sprang gegen das E-Bike des Klägers) Fahrradunfall.

Betrag: 1.900 € **Haftung: 100 %**
immVorb: – **MdE: –**

AG Fritzlar 12.6.2015 – 8 C 908/14 = BeckRS 2015, 127954

6050

Handfraktur / Handgelenkfraktur in Form einer nicht dislozierten Kahnbeinfraktur am linken Handwurzelgelenk, eine Kopfplatzwunde sowie Prellungen (hier: Hüftprellungen und Oberschenkelprellungen).

76j. Mann (Facharzt). Ambulante Behandlung. „5 – 6 Wochen schmerzhaft". Durch den Unfall war der Kläger am Antritt seines geplanten Urlaubs … gehindert. [Ursache: Tierhalterhaftung – Der Hund der Beklagten sprang vor das E-Bike des Klägers und brachte diesen zu Fall].

Betrag: 1.900 € **Haftung: 100 %**
immVorb: – **MdE: –**

AG Fritzlar 12.6.2015 – 8 C 908/14 (10) = BeckRS 2015, 127954

3721

Handfraktur in Form einer Mittelhandknochenfraktur rechts.

Mann. Ambulante Heilbehandlung mit Gipsverband, der 10 Wochen getragen werden musste. Dauerschaden: Verkürzung des Mittelhandknochens an der rechten Hand.

Betrag: 2.500 € **Haftung: 100 %**
immVorb: – **MdE: 5 %**

AG Berlin-Mitte 21.12.2004 – 106 C 3161/03 = BeckRS 2004, 153009

4280

Handfraktur (hier: Mittelhandfraktur) sowie eine Rippenfraktur und eine Hüftprellung.

Mann. Ursache: Motorradunfall im Rahmen eines Fahrsicherheitstrainings. Das OLG sah insofern – anders als bei einem Autorennen – keinen stillschweigenden oder ausdrücklichen Haftungsausschluss gegeben.

Betrag: 3.000 € **Haftung: 100 %**
immVorb: – **MdE: –**

OLG Koblenz 14.3.2011 – 12 U 1529/09 = BeckRS 2011, 5899

6119

Handfraktur ohne nähere Angaben.

Mann. Dauerschaden: MdE 2 % [Anmerkung: Eine MdE unter 5 % oder gar – wie hier – von nur 2 % lässt sich meiner Ansicht nach nicht seriös feststellen und als Dauerschaden deklarieren]. Die Entscheidung ist zudem lesenwert bezüglich der Aussage des Senats zur Bedeutung von Werten in Schmerzensgeldtabellen.

Betrag: 3.500 € **Haftung: 100 %**
immVorb: – **MdE: 2 %**

OLG München 24.11.2017 – 10 U 952/17 = BeckRS 2017, 132413

4116

Handfraktur (hier: Daumenfraktur); massive Gesichtprellungen mit Gehirnerschütterung und HWS-Syndrom.

15j. Mann (Schüler). 2 Tage stationär. Anschließend mehrere ambulante Heilbehandlungen und Entfernung des Osteosynthesematerials. Urlaubsvereitelung: Eine geplante Fahrradreise musste der Kläger fern bleiben.

Betrag: 4.000 € **Haftung: 100 %**
immVorb: – **MdE: –**

LG Köln 24.6.2010 – 29 O 290/09 = BeckRS 2011, 2434

4788

Handverletzung und Handfraktur (hier: Frakturen und Sehnenabriss an der linken Hand).

Frau. Ambulante Heilbehandlung. Tierhalterhaftung. Ursache: Die Verletzung wurde durch das Pferd der Beklagten verursacht.

Betrag: 5.000 € **Haftung: 100 %**
immVorb: – **MdE: –**

OLG Saarbrücken 25.2.2014 – 4 W 9/14 = BeckRS 2014, 4662

3754

Mittelhandfraktur in Form einer dislozierten Mittelhandknochenfraktur (4. und 5.) mit erheblichen Schmerzen und dauerhaften Einschränkungen der Handfunktionen. Rippenserienfraktur, Nierenquetschung sowie Prellungen und Schürfwunden.

Mann. 10 Tage stationär mit zwei Operationen bei denen Metallimplantate eingesetzt wurden. MdE 8 Wochen 100 %. Dauerschaden: Bewegungsbeeinträchtigung und Gebrauchsbeeinträchtigung der linken Hand. Unfallursache: Motorradunfall.

Betrag: 5.000 € **Haftung: 66 %**
immVorb: – **MdE: –**

OLG Saarbrücken 7.1.2003 – 3 U 26/02 = BeckRS 2003, 30300273

3189

Handfraktur und Unterarmfraktur (hier: Handkahnbeinfraktur und Speichenfraktur in Form einer Fraktur des Griffelfortsatzes der Speiche).

Mann (Arzt). Tierhalterhaftung: Der Kl. stürzte beim Joggen über den Dackel des Beklagten. [Auch der Anspruch aus Gefährdungshaftung kann wegen Mitverschuldens des Geschädigten eingeschränkt sein, so das OLG.]

Betrag: 5.369 € **Haftung: 70 %**
immVorb: – **MdE: –**

OLG Koblenz 3.7.2003 – 5 U 27/03 = BeckRS 2003, 6294

4869

Handfraktur in Form einer Mittelhandknochenfraktur (4. und 5. Mittelhandknochen) mit posttraumatischer Arthrose im Bereich der Verbindung zwischen dem 4. Mittelhandstrahl und der Handwurzel und somit Problemen beim Faustschluss. Knieverletzung (hier: Kniescheibenbänderverletzung in Form einer Außenbandruptur mit Knochenmarködem) sowie HWS-Syndrom und zahlreiche Prellungen.

21j. Mann. 6 Tage stationär; anschließend langwierige ambulante Heilbehandlung mit 26-mal physiotherapeutischer Behandlung. MdE 7 Wochen 100 %. Dauerschaden: Arthrose im Bereich der Mittelhand. „Ohne Berücksichtigung des Mitverschuldens“ … [ergänze: sah der Senat] „im Ausgangspunkt ein Schmerzensgeld von 7500 Euro für erforderlich …“. [Lesenswert zum Thema „Offene Teilklage“ bei zeitlich beschränktem Schmerzensgeldanspruch.] Ursache: Motorradunfall.

Betrag: 6.000 € **Haftung: 80 %**
immVorb: Ja **MdE: –**

OLG Saarbrücken 7.6.2011 – 4 U 451/10-136 = BeckRS 2011, 16040

7367

Handfraktur links und Daumenfraktur sowie Handverletzungen rechts (hier: Nicht dislozierte distale Radiusfraktur bzw. Speichenfraktur der linken Hand. Zudem erlitt die Klägerin eine Daumenfraktur rechts, die zu einer Versteifung führte sowie einen knöchernen Ausriss der Strecksehne des Endglieds mit minimaler Dislokation Dl rechts und blutende Wunden an den Fingern der rechten Hand). Prellung (hier: Schulterprellung sowie eine Beckenprellung jeweils links.)

67j. Frau. Ambulante Notversorgung. Beide Hände wurden mit einem Gipsverband ruhiggestellt. Angesichts der blutverdünnenden Medikation mit Marcumar, die die Klägerin zum Unfallzeitpunkt bereits eingenommen hatte, bildete sich ein Hämatom am linken Gesäß. Die Handfraktur links heilte nach 12 Wochen und die weiteren Verletzungen, ausgenommen der Daumenfraktur, bereits nach sechs Wochen. Dauerschaden: Daumenversteifung an der rechten Hand mit Beeinträchtigung der Greiffunktion. Bei der Bemessung berücksichtigte das LG, „dass die Klägerin zumindest in der ersten Zeit nach dem Sturz beide Arme in einem Gipsverband fixiert hatte und diese folglich ca. drei Monate lang überhaupt nicht gebrauchen konnte. … Hinzu kommt die wohl mittlerweile unstreitig verbleibende Steifigkeit des rechten Daumens als Dauerschaden. Auch die häusliche Problematik der Klägerin mit der schweren Erkrankung ihres Ehemannes und der Beschwernis der letzten gemeinsamen Monate ist beachtlich.“ [Ursache: Verkehrssicherungspflichtverletzung: Die Klägerin stürzte im Bereich der Außenfläche der Gaststätte der Beklagten mit ihrem Stuhl eine dort befindliche Steinstufe hinunter, da der Gastwirt im Rahmen einer Festveranstaltung – Kirmes – eine zu große Anzahl von Tischen und Stühlen im Außenbereich aufgestellt hatte und einige unmittelbar an der Kante der Stufe platziert hatte.]

Betrag: 8.000 € **Haftung: 60 %**
immVorb: – **MdE: –**

LG Köln 23.1.2024 – 14 O 58/22 = BeckRS 2024, 698

f) Schwere Handfrakturen

2591

Handfraktur (hier: Mittelhandfrakturen des II. und III. Mittelhandknochens „mit erheblicher Dislokation“); Fingerfrakturen linke Hand (hier: Zeigefingerfraktur als Zeigefingergrundgliedfraktur, Mittelfingerfraktur als Mittelfingergrundgliedfraktur).

Kind. 8 Tage stationär. 16 ambulante / krankengymn. Behandlungen. [Erhöhend: Psychische Belastung wg. Krankenhausaufenthaltes]. Dauerschaden: „Geringe“ Gebrauchsminderung der Hand.

Betrag: 3.579 € **Haftung: 100 %**
immVorb: – **MdE: –**

AG Kronach 18.11.1997 – 1 C 0601/97 = BeckRS 1997, 127082

6823

Handfraktur rechts (hier: Mittelhandfraktur mit Bewegungseinschränkung). Zudem erlitt der Kläger Schnittverletzungen am Unterarm sowie eine Gesichtsverletzung infolge eines Faustschlages ins Gesicht.

18j. Mann (Mechatroniker). Stationäre Heilbehandlung mit zwei Operationen. Dauerschaden: Leichte Bewegungseinschränkungen der rechten Hand, die den Kläger in seinem Beruf als Mechatroniker „massiv beeinträchtigt", so das AG. Zudem verblieben Narben infolge der Schnittverletzungen. [Ursache: Vorsätzliche Körperverletzung des Vaters gegenüber seinem Sohn.]

Betrag: 4.320 € **Haftung: 100 %**
immVorb: – **MdE: –**

AG München 6.9.2021 – 812 Ds 252 Js 139684/21 = BeckRS 2021, 29295

4937

Handfraktur / Handgelenkfraktur, komplizierte … (hier: Kahnbeinfraktur und Handwurzelknochenfraktur in Form einer sogenannten Dreiecksbeinfraktur sowie Mittelhandknochenfraktur bzw. Fraktur des 2. Mittelhandknochens). Schulterprellung und Schürfwunden.

Mann (Auszubildender). Ambulante Behandlung. 5 Wochen Gipsverband. Dauerschaden: Bewegungsbeeinträchtigung und Belastungsminderung der linken Hand. Arthrosebildung. Berufswunschvereitelung (hier: Bürokaufmann statt Krankenpfleger). [Ursache: Motorradunfall].

Betrag: 10.000 € **Haftung: 100 %**
immVorb: Ja **MdE: 20 %**

OLG Zweibrücken 10.7.2013 – 1 U 47/11 = BeckRS 2016, 14751

4487

Handfraktur, schwere (hier: Handgelenksplitterfraktur rechts mit Bluterguss und Einblutung im Handgelenk und hieraus resultierender Sensibilitätsstörung und Bewegungsbeeinträchtigung der rechten Hand.)

41j. Mann. MdE 6 Wochen 100 %; während dieser Zeit musste ein Gipsverband getragen werden. Verschlechterungstendenz: Arthrosegefahr.

Betrag: 10.000 € **Haftung: 100 %**
immVorb: Ja **MdE: 20 %**

LG Bonn 28.10.2005 – 2 O 354/04 = BeckRS 2010, 19947

5757

Handfrakturen (hier: Mittelhandserienfraktur 2 bis 4 mit Bildung einer Pseudarthrose im Bereich der Bruchstellen und Gebrauchsminderung der linken Hand auf Dauer), Schlüsselbeinfraktur im mittleren Drittel sowie Prellungen (hier: Schulterprellung und Brustkorbprellung).

Mann (Krankenpfleger). Dauerschaden: Gebrauchsminderung und Funktionsbeeinträchtigung der linken Hand. „Es handelt sich hierbei" – so das LG – „… um einen nicht reversiblen Dauerschaden, da eine operative Behandlung der Pseudarthrose, die normalerweise stattfinden würde, wegen des ebenfalls beim Kläger vorhandenen Morbus Sudeck wenig Aussicht auf Erfolg bietet. Hinzu kommen die Beschwerden, die sich aufgrund der Fraktur des linken Schlüsselbeins ergeben haben und ebenfalls durch Bildung einer Pseudarthrose und einer Verkürzung des linken Schlüsselbeins noch heute auswirken". Berufsunfähigkeit als Krankenpfleger und Umschulung zum Bürokaufmann.

Betrag: 13.000 € **Haftung: 100 %**
immVorb: Ja **MdE: –**

LG Dortmund 25.8.2004 – 21 O 260/03 = BeckRS 2004, 17877

g) Handverlust und Handamputation

7937

Handverlust, linke Hand

Mann. Kein Schmerzensgeld für abgeschlagene Hand wegen Putativnotwehr: Der Beklagte hatte dem Kläger, dem er ua wegen einer Reifenpanne an dessen Fahrzeug seine Hilfe anbieten wollte mit einer Machete die linke Hand abgeschlagen, nachdem dieser zuvor insgesamt drei Schüsse in Richtung des Beklagten aus seiner Schreckschusspistole abgefeuert hatte, da er davon ausgegangen war, der Beklagte wolle ihn angreifen. Das LG wies die Klage als unbegründet ab und führte dazu aus: „Der Kläger hat keine Ansprüche gegen den Beklagten aus § 823 Abs. 1 und Abs. 2 BGB in Verbindung mit §§ 223, 224 Abs. 1 Nr. 2, 226 StGB. Der Beklagte hat sich bei seiner Handlung in einem Erlaubnistatbestandsirrtum befunden, der für ihn aufgrund der konkreten Gesamtumstände des Falles auch nicht vermeidbar gewesen ist."

Betrag: – **Haftung: –**
immVorb: – **MdE: –**

LG Koblenz 3.9.2025 – 10 O 368/23 = BeckRS 2025, 30287

6327

Handamputation, teilweise (hier: Handteilamputation bzw. Teilverlust der rechten Hand bei Entfernung des Daumens, des Zeigefingers und Teile des Mittelfingers).

41j. Mann. Arzthaftung (grober Behandlungsfehler in Gefäßchirurgie im Zusammenhang mit der verzögerten Rekanalisierung einer Arterie). Der Kläger trägt eine kosmetische Prothese ohne jede Funktionalität. Dauerschaden: MdE 45 % wegen des Teilverlustes der rechten Hand [der Kläger ist Rechtshänder] bei Entfernung des Daumens, des Zeigefingers und Teile des Mittelfingers. Beeinträchtigungen beim Sport, Hobby (Radfahren) und im Haushalt. Dies und die Berufsunfähigkeit beeinträchtigen die Lebensfreude des erst 41j. Mannes erheblich, so das OLG.

Betrag: 50.000 € **Haftung: 100 %**
immVorb: – **MdE: 45 %**

OLG Hamm 19.11.2019 – 26 U 30/19 = BeckRS 2019, 33169

h) Fingerverletzungen

7624

Fingerverletzung am linken Zeigefinger mit Bluterguss (Hämatom) und vorübergehendem Taubheitsgefühl als Folge einer Bisswunde des Beklagten im Rahmen einer Polizeikontrolle. Vorsätzliche Körperverletzung.

Mann (Polizeibeamter). Kein Schmerzensgeld: „Ein Polizeibeamter kann Schmerzensgeld wegen einer Verletzung des Körpers im Einsatz nicht für unabsichtlich herbeigeführte Verletzungen verlangen, die sich im Rahmen eines durchschnittlichen typischen Einsatzrisikos bewegen." (Amtlicher Leitsatz). Zwar, so das AG, läge eine „dem Beklagten zurechenbare Verletzung des Körpers und der Gesundheit des Klägers gemäß § 823 Abs. 1 BGB … vor", jedoch komme im „Fall der Gegenwehr gegen einen Polizeieinsatz … als schmerzensgeldausschließendes Mitverschulden gemäß § 254 BGB insbesondere in Betracht, dass der Einsatz unzweckmäßig war, da die Eskalation durch zumutbares deeskalierendes Handeln hätte naheliegend verhindert werden können oder der Einsatz sogar rechtswidrig war. … Folge der Rechtswidrigkeit der Identitätsfeststellung ist, dass den Kläger ein Mitverschulden gemäß § 254 BGB an dem Verletzungserfolg trifft. Dies führt dann zu einem vollständigen Wegfall des Schmerzensgeldanspruchs, wenn bereits ohne ein Mitverschulden nur ein geringfügiger Schmerzensgeldbetrag gerechtfertigt gewesen wäre. So verhält es sich hier unstreitig, denn der Kläger begehrt lediglich einen Betrag von 650 Euro und damit im untersten Bereich üblicher Schmerzensgeldbeträge."

Betrag: – **Haftung: –**
immVorb: – **MdE: –**

AG Düsseldorf 26.2.2024 – 37 C 158/22 = BeckRS 2024, 6091

4656

Fingerverletzung (hier: Mittelfingerendgliedverletzung; das letzte Glied des Fingers wurde durch eine Sau des Freilichtmuseums Detmold nahezu abgebissen).

8j. Kind (Schüler). Kein Schmerzensgeldanspruch gegen den Betreiber eines Tiergeheges, wenn ein Schüler seine Hand – trotz Verbotshinweisen – durch die Zaunmaschen streckt und dabei von einer Sau gebissen wird.

Betrag: – **Haftung: –**
immVorb: – **MdE: –**

LG Detmold 26.2.2013 – 10 S 129/12 = unveröffentlicht

3814

Fingerverletzung / Fingerstrecksehnenabriss am rechten Ringfinger.

45j. Mann. Kein Schmerzensgeld wenn ein Gast (des Oktoberfestes) vom Sicherheitspersonal im Polizeigriff abgeführt und dabei verletzt wird. Der Kläger war der eindeutigen Aufforderung des Personals, das Bierzelt zu verlassen, nicht nachgekommen und wurde daraufhin abgeführt.

Betrag: – **Haftung: –**
immVorb: – **MdE: –**

AG München 23.11.2007 – 223 C 16529/07 = BeckRS 2008, 21836

4874

Daumenverletzung (hier: Zweimalige einfache Hundebissverletzung im Bereich des Daumengrundglieds).

Kind. Ambulante Heilbehandlung. Folgenlose Verheilung. Ursache: Hundebiss (Das Kind streichelte den in der Öffentlichkeit freilaufenden Hund).

Betrag: 250 € **Haftung: 100 %**
immVorb: – **MdE: –**

AG Lübeck 7.3.2014 – 31 C 2343/13 = unveröffentlicht

3593

Fingerverletzung (hier: Hundebiss in zwei Finger der linken Hand).

Frau. MdE 2 Wochen 100 %. Der Klägerin wurde, da sie in den Kampf ihres Hundes mit dem des Klägers eingegriffen hatte, ein Mitverschulden von 30 % angelastet.

Betrag: 300 € **Haftung: 70 %**
immVorb: – **MdE: –**

AG Lübeck 16.8.2004 – 29 C 1619/04 = unveröffentlicht

5417

Fingerverletzung / Daumenverletzung (hier: Aktivierung einer Arthrose an beiden Daumensattelgelenken) sowie Prellungen (Hier: Schmerzhafte Gesäßprellung und Handgelenksprellung)

Mann. Ursache: Motorradunfall infolge einer Notbremsung.

Betrag: 400 € **Haftung: 66 %**
immVorb: – **MdE: –**

OLG München 12.1.2018 – 10 U 4018/16 = BeckRS 2018, 81

5545

Fingerverletzung / beids. Daumenverletzung (hier: „blaue Flecken und eine schmerzhafte Verletzung an den Daumen" dadurch wurde „… eine vorbestehende Arthrose an beiden Daumensattelgelenken aktiviert".) zudem Prellungen (hier: schmerzhafte Gesäßprellung und handgelenkprellung rechts).

Mann. „Beschwerden"in den beiden Daumengelenken „über mehrere Wochen". [Ursache: Motorradunfall].

Betrag: 400 € **Haftung: 33 %**
immVorb: – **MdE: –**

OLG München 12.1.2018 – 10 U 4018/16 = BeckRS 2018, 81

6165

Daumenverletzung in Form einer Quetschung bzw. Risswunde.

Mann. Ambulante Behandlung, bei der die Verletzung des Daumens genäht wurde. Möglicher Dauerschaden, der zumindest zum Zeitpunkt der Urteilsverkündung vom AG so berücksichtigt worden war: Sensibilitätsstörung im Daumen. [Ursache: Fehlender Warnhinweis auf einer Gebrauchsanweisung. „Der Pflicht der Bekl., der nicht erkennbaren Gefahren beim Abnehmen der Backofentür steht auch nicht der Umstand entgegen, dass das Gerät alle einschlägigen Sicherheitsvorschriften und die des VDE erfüllt. Die auf der allgemeinen Verkehrssicherungspflicht beruhende zivilrechtliche Verantwortlichkeit des Herstellers eines Erzeugnisses wird nämlich durch derartige sicherheitstechnische Regeln nicht auf deren Einhaltung beschränkt. Derartige Normen konkretisieren lediglich Sorgfaltspflichten des Herstellers. Sie stellen insbesondere keine abschließende Festlegung seiner Verantwortlichkeit dar. Vielmehr hat der Hersteller über die von seinem Erzeugnis ausgehende Gefahr den darüber in Unkenntnis befindlichen Benutzer zu warnen", so das AG].

Betrag: 1.023 € **Haftung: 100 %**
immVorb: – **MdE: –**

AG Simmern 10.10.2001 – 3 C 108/01 = BeckRS 9998, 18707

4478

Fingerverletzung (hier: Katzenbiss in den Zeigefinger der linken Hand; nachfolgend kam es zu einer „generalisierten Entzündungsreaktion").

Frau (lt. Urteilsbegründung „zwischen 50 und 70"). Dauerschaden: Belastungseinschränkung und Sensibilitätsstörung der linken Hand. Gefahr eines Karpaltunnelsyndroms.

Betrag: 1.250 € **Haftung: 100 %**
immVorb: Ja **MdE: –**

LG Bielefeld 21.3.2012 – 21 S 38/11 = BeckRS 2012, 8718

3970

Fingerverletzung (hier: Fingersehnenverletzung am kleinen Finger der rechten Hand mit bleibender Bewegungsbeeinträchtigung) sowie weitere Schnittverletzungen am rechten Unterarm und Oberarm.

Mann. Ambulante Heilbehandlung. Dauerschaden: Bewegungsbeeinträchtigung des betroffenen Fingers.

Betrag: 1.300 € **Haftung: 70 %**
immVorb: – **MdE: –**

AG Karlsruhe 29.8.2002 – 2 C 130/02 = unveröffentlicht

5237

Fingerverletzung (hier: knöcherner Fingerstrecksehnenabriß am kleinen Finger [= D5] rechts) sowie Gehirnerschütterung.

Mann. 2 Tage stationär. MdE 8 Tage 100 %. Ambulante Heilbehandlung, bei der der Kläger am rechten kleinen Finger für sechs Wochen eine Fingerextensionsschiene tragen und zudem weitere Arzt- und Röntgentermine zur Kontrolle des Krankheitsverlaufs wahrnehmen musste.

Betrag: 1.500 € **Haftung: 100 %**
immVorb: – **MdE: –**

AG Frankfurt a. M. 5.12.2016 – 32 C 3057/15 = BeckRS 2016, 115042

910

Fingerverletzung (hier: Fingergelenkentzündung; wegen diagnosefehlerhafter Verkennung einer Infektion des Fingergelenkes, Heilungsverzögerung, – die Heilung verzögerte sich um 10 bis 12 Tage) [vgl. auch Behandlungsverzögerung].

Frau. Arzthaftung (hier: Diagnosefehler. Trotz längerer Fingerverletzung erfolgte keine Röntgenuntersuchung des Gelenkes). Heilungsverzögerung.

Betrag: 1.534 € **Haftung: 100 %**
immVorb: – **MdE: –**

OLG Stuttgart 3.2.1998 – 14 U 40/96 = BeckRS 1999, 2031

4530

Daumenverletzung (hier: Hundebiss in den Daumenballen und die Daumenfalte der rechten Hand. Die Hand entzündete sich und schwoll stark an. Intraoperativ trat beim Kläger ein intermittierendes Vorhofflimmern ein. Es blieb ein Dauerschaden an der Hand – der Kl. ist Rechtshänder – zurück.)

64j. Mann (Hausmeister). 3 Tage stationärer Aufenthalt. MdE 30 Tage 100 % und weitere 20 Tage 50 %. Dauerschaden: Leichte Funktionsbeeinträchtigung der rechten Hand und eine Abduktion des Daumens mit verminderter Handspanne. [Anmerkung: Das Urteil befasst sich in enormer Ausführlichkeit mit der Frage des „Handelns auf eigene Gefahr", denn der Kläger hatte – trotz Warnung durch den Halter – dem für ihn unbekannten, dösenden Hund unbedacht die rechte Hand direkt vor das Maul gehalten, worauf hin dieser zugebissen hatte. Das AG verneinte diese Frage. Es wies jedoch dem Kläger deshalb ein hälftiges Mitverschulden für den materiellen Schaden zu, schwächte dies jedoch angesichts der Schwere der Verletzung für das Schmerzensgeld auf 1/3 ab und gelangte am Ende – sofern man den grundlegenden Ausführungen folgt – zu einem für die Schwere der Verletzung dennoch sehr geringen Schmerzensgeld.

Betrag: 1.700 € **Haftung: 66 %**
immVorb: – **MdE: –**

AG Bad Segeberg 29.11.2012 – 17a C 94/10 = BeckRS 2012, 24372

4293

Fingerverletzung (hier: Fingerausrenkung, der Mittelfinger der linken Hand war ausgerenkt, starke Schmerzen). Zudem erlitt der Kl. eine Schulterverletzung (hier: Schultergelenksprengung) und eine Knieprellung.

Mann. Langwierige ambulante Heilbehandlung, die „nahezu ein Jahr" andauerte. „Der Kläger behauptete, dass am Finger dauerhaft Bewegungseinschränkungen bestünden und eine Arthrose möglich und wahrscheinlich sei", dazu äußerte das LG lapidar, dass dies „offenbleiben" könne, „weil dieser Gesichtspunkt … nicht erheblich ins Gewicht fällt". [Anmerkung: Die geringe finanzielle Leistungsfähigkeit des Bekl. veranlasste das LG zur Herabsetzung des Schmerzensgeld. Lesenswert auch die Anmerkung von Dr.Teumer & Dr.Stamm] – weitere Fundstelle: VersR 2011, 641

Betrag: 1.800 € **Haftung: 100 %**
immVorb: – **MdE: –**

LG Dresden 17.12.2009 – 7 O 1942/09 = BeckRS 2010, 724

4662

Fingerverletzung (hier: Ringfingerkapselverletzung an der rechten Hand) sowie HWS-Syndrom.

Mann. Ambulante Heilbehandlung. Dauerschaden: 5 %. „Ein dauerhafter fester Faustschluss ist dem Kläger nicht mehr möglich. Im Vergleich zur linken Hand hat er einen deutlichen Kraftverlust". Der Kläger ist Rechtshänder.

Betrag: 2.000 € **Haftung: 100 %**
immVorb: – **MdE: –**

LG Koblenz 17.4.2012 – 6 S 32/12 = unveröffentlicht

4570

Fingerverletzung (hier: Ringfingerkapselverletzung) sowie HWS-Syndrom.

Mann. Ambulante Heilbehandlung. Dauerschaden: 5 %. Ein dauerhafter fester Faustschluss der rechten Hand ist nicht mehr möglich.

Betrag: 2.000 € **Haftung: 100 %**
immVorb: – **MdE: –**

LG Koblenz 26.3.2012 – 6 S 32/12 = BeckRS 2012, 26080

4491

Fingerverletzung (hier: Fingerkapselverletzung am Ringfinger der rechten Hand mit deutlichem Kraftverlust der rechten Hand; der Kläger ist Rechtshänder!) sowei HWS-Syndrom (hier: HWS-Distorsion).

Mann. Ambulante sehr langwierige Heilbehandlung, die sich über 2 Jahre erstreckte. Dauerschaden: Belastungsminderung (wörtlich: „deutlicher Kraftverlust") der rechten Hand; zudem ist „ein dauerhafter fester Faustschluss" nicht mehr möglich. Dies wirke sich – so das AG – jedoch nicht auf die Berufsausübung des Klägers aus. [Anmerkung: Der KH-Versicherer hatte vorgerichtlich auf das Schmerzensgeld lediglich 1.000,- EUR gezahlt]. Das Urteil des AG wurde durch das LG Koblenz am 17.4.2012 bestätigt.

Betrag: 2.000 € **Haftung: 100 %**
immVorb: – **MdE: 5 %**

AG Koblenz 20.1.2012 – 162 C 2615/11 = BeckRS 2012, 213905

4519

Daumenverletzung und Prellungen (hier: schmerzhafte Thoraxprellung und Beckenprellung).

Frau. 3 Tage stationär; anschließend musste sie für 14 Tage einen Gipsverband am rechten Daumen tragen. Ambulante Heilbehandlungen. Dauerschaden: 3 cm lange und „teils eindrucksvoll erhöhte, nicht zu übersehende" Narbe am rechten Daumen.

Betrag: 2.000 € **Haftung: 100 %**
immVorb: – **MdE: –**

AG Soest 14.9.2011 – 13 C 202/11 = BeckRS 2012, 6475

2910

Fingerverletzung (hier: Fingersehnenverletzung am Mittelfinger der linken Hand mit 8 cm langer Handrisswunde, Narbenbildung und „geringer Gebrauchsbeeinträchtigung … Sensibilitätsstörung".)

Mann (Busfahrer). Stationärer Aufenthalt. Dauerschaden: Gebrauchsbeeinträchtigung der linken Hand. Versetzung in das Büro.

Betrag: 2.045 € **Haftung: 70 %**
immVorb: Ja **MdE: –**

OLG Düsseldorf 28.5.2001 – 1 U 173/00 = BeckRS 2001, 161906

7316

Fingerverletzung durch deren Fehlbehandlung es zu „einer über das übliche Maß bei derartigen Verletzungen hinausgehenden Narbenbildung und einer daraus resultierende Bewegungseinschränkung des Mittelfingers in Form einer Beuge- und Streckhemmung, einer dadurch bedingten eingeschränkten Belastbarkeit und Kraftminderung des Mittelfingers sowie im Ergebnis zu einer Funktionsstörung der gesamten linken Hand gekommen" war.

Frau (Fleischereifachverkäuferin in einem Metzgereigeschäft). Arzthaftung in Form einer fehlerhaft durchgeführten Erstversorgung des verletzten linken Mittelfingers. MdE 35 Tage 100 %. Dauerschaden: Funktionsbeeinträchtigung der linken Hand und Bewegungseinschränkung des Mittelfingers in Form einer Beuge- und Streckhemmung, einer dadurch bedingten eingeschränkten Belastbarkeit und Kraftminderung des Mittelfingers. „Ferner ist es beim linken Mittelfinger zu einer Sensibilitätsstörung und Wetterfühligkeit gekommen, in deren Folge die Kl. noch heute zeitweise an Schmerzen leidet", so das LG in erster Instanz.

Betrag: 2.500 € **Haftung: 100 %**
immVorb: – **MdE: –**

OLG Hamm 16.9.2022 – 11 U 11/22 = BeckRS 2022, 26798

6536

Daumenverletzung / Handverletzung (hier: Handgelenkprellung mit schmerzhaften Funktionsstörung der rechten Hand infolge einer ulnaren Instabilität im Daumengrundgelenk rechts nach Verletzung des ulnaren Seitenbandes) sowie Schädelprellung und Fußprellung; zudem Schürfwunden am Ohr und am Unterschenkel sowie im Bereich der Achillessehne am Fuß.

Mann. Ambulante Behandlung. MdE 5 Wochen. Dauerschaden: Funktionsbeeinträchtigung der rechten Hand; die Grobfunktion der rechten Hand ist behindert, festes Zugreifen und kräftige Daumenopposition führen zu Beschwerden wobei das Führen eines Kugelschreibers Beschwerden verursache. [Ursache: Fahrradunfall wegen zu geringem Abstand gegenüber Pferden, die der Radler überholt hatte wobei er von einem Pferd getreten worden war. Radfahrer trifft beim Pferde-Überholen eine besondere Sorgfaltspflicht].

Betrag: 3.000 € **Haftung: 50 %**
immVorb: – **MdE: –**

LG Frankenthal 5.6.2020 – 4 O 10/19 = BeckRS 2020, 21915

5949

Daumenverletzung (hier: Daumendistorsion) sowie HWS-Syndrom.

Mann. Ambulante Heilbehandlung. MdE fast 90 Tage 100 % sowie weitere 150 Tage 10 %. Bei der Bemessung berücksichtigte das LG, dass zwar die HWS-Verletzung nach etwa vier Wochen verheilt war, dass sich jedoch aufgrund einer Vorschädigung [Rheuma] die Verletzung des Daumens verzögerte.

Betrag: 3.000 € **Haftung: 100 %**
immVorb: – **MdE: –**

LG Dortmund 14.11.2007 – 21 O 62/07 = BeckRS 2011, 9869

7363

Fingerverletzung (hier: knöcherner Strecksehnenausriss des kleinen Fingers der linken Hand in Form eines Sudeck-Syndroms mit einer einer leichten Achsabweichung und einer Bewegungseinschränkung des Fingers. Vorsätzliche Körperverletzung durch einen Demonstranten.

Frau (Polizeimeisterin). MdE 22 Tage 100 %. Dauerschaden: Bewegungseinschränkung des kleinen Fingers; eine komplette Streckung ist nicht mehr möglich. [Anmerkung: Der VGH befasste sich mit der Frage, ob und inwieweit ein Verwaltungsgericht (hier: VG Siegmarigen) eine Angemessenheitsprüfung eines zuvor von einem Zivilgericht (hier: AG Tübingen) zuerkannten Schmerzensgeldbetrages bei der Erfüllungsübernahme eines so titulierten Schmerzensgeldanspruchs vornehmen dürfe und beantwortete diese Frage mit Verweis auf § 80a Abs. 1 LBG verneinend. „§ 80a Abs. 1 LBG räumt der zuständigen Behörde ein Ermessen hinsichtlich der Erfüllungsübernahme eines titulierten Schmerzensgeldanspruchs ein. Eine Prüfung der Angemessenheit des Schmerzensgeldes ist nicht vom Zweck der Ermächtigung gedeckt und damit ermessensfehlerhaft", so der VGH.

Betrag: 4.000 € **Haftung: 100 %**
immVorb: – **MdE: –**

VGH Mannheim 22.11.2023 – 4 S 362/23 = BeckRS 2023, 36272

5975

Fingerverletzung – Näheres siehe unter Einzelheiten.

Frau. Arzthaftung (hier: „Der Beklagte … operierte … fälschlicherweise zunächst die linke Hand, deren Operation ursprünglich für diesen Tag nicht angesonnen war. In eine solche Operation hatte die Klägerin nicht eingewilligt. Im Anschluss daran operierte er auch die ursprünglich zu operierende rechte Hand. Die Klägerin erhielt hierzu zweimal hintereinander eine Vollnarkose").

Betrag: 4.000 € **Haftung: 50 %**
immVorb: – **MdE: –**

AG Detmold 7.9.2011 – 6 C 437/09 = BeckRS 2012, 25439

4245

Daumenverletzung (hier: Daumensattelgelenkverletzung infolge einer Kapselverletzung) sowie HWS- und BWS-Gelenkbänderüberdehnung und Prellungen.

Frau. Ambulante, langwierige Heilbehandlung; die Kl. musste über knapp ein halbes Jahr wöchentlich in ärztliche Behandlung. Sie musste eine Gipsschiene sowie eine Gelenkstütze tragen. MdE 14 Tage 100 %. Möglicher Dauerschaden: Bewegungseinschränkung der rechten Hand.

Betrag: 4.800 € **Haftung: 100 %**
immVorb: Ja **MdE: –**

OLG Braunschweig 4.12.2008 – 7 U 30/08 = BeckRS 2008, 141817

5123

Fingerverletzung (hier: Strecksehnenverletzung in Form eines „Strecksehnenausriss am Kleinfingerendgelenk der rechten Hand"), Platzwunde, blutende. sowie Prellungen. Vorsätzliche Körperverletzung.

Mann. Ambulante Heilbehandlung. Die Fingerverletzung wurde durch eine Lengemann-Ausziehnaht operativ versorgt. Nach drei Monaten erfolgte die Metallentfernung. MdE 6 Monate 100 %. Dauerschaden: Bewegungsbeeinträchtigung des Fingers. Vorsätzliche Körperverletzung (Schlägerei).

Betrag: 5.000 € **Haftung: 100 %**
immVorb: – **MdE: –**

LG Köln 5.5.2015 – 25 O 199/12 = BeckRS 2016, 6019

6067

Fingerverletzung / Daumenverletzung (hier: Fingerstrecksehnenriss / Daumenstrecksehnenriss [ELP-Sehne]).

Frau. Arzthaftung (hier: Behandlungsfehler im Zusammenhang mit einer Hand-/Finger-Operation bei der es zur Ruptur der Daumenstrecksehne, der sogenannten EPL-Sehne kam). Bei korrekter Behandlung wären der Klägerin „die Verzögerung der postoperativen Versorgung und die … durchgeführte Rekonstruktion der rupturierten Strecksehne sowie die verlängerte Zeit mit Schmerzen und Einschränkungen der Benutzbarkeit ihrer Hand und die damit zusammenhängenden Einschränkungen ihrer Arbeitsfähigkeit erspart geblieben", so das OLG.

Betrag: 5.000 € **Haftung: 100 %**
immVorb: – **MdE: –**

OLG Köln 8.12.2014 – 5 U 53/14 = BeckRS 2015, 7686

4684

Daumenverletzung links (hier: Daumengelenkdistorsion mit Knochenaussprengung) sowie Handgelenkfraktur rechts mit Wachstumsfugenschädigung.

17j. Mann. 4 Tage stationär (drei Operationen). MdE 42 Tage 70 % und weitere 60 Tage 30 %. Der Kläger musste über mehrere Wochen an beiden Armen jew. einen Gipsverband tragen und war dadurch sehr beeinträchtigt.

Betrag: 5.000 € **Haftung: 100 %**
immVorb: Ja **MdE: –**

AG Wuppertal 26.2.2013 – 33 C 314/12 = unveröffentlicht

4041

Fingerverlust (hier Zeigefingermittelgliedverlust).

Frau. 15 Tage stationär. weitere ca. 3 Wochen ambulante Heilbehandlung. 30 ergotherapeutische Behandlungen. Ursache: Pferdebiss.

Betrag: 5.000 € **Haftung: 100 %**
immVorb: – **MdE: –**

LG Gera 13.12.2005 – 6 O 762/05 = BeckRS 2005, 154616

6801

Daumenverletzung durch Daumensehnenabriss mit hierdurch unnatürlich gekrümmtem linken Daumen und dauerhafter und deutlicher Bewegungs- und Funktionseinschränkung des linken Hand sowie des Daumens und einer störenden Optik im Bereich aller Finger der linken Hand). Zudem erlitt der Kläger auch eine schwere Schulterverletzung links mit geringem Schulterhochstand und Sehnenabris und daraus resultierender „Steifigkeit".

57j. Mann. Trotz der Schwere der Schulterverletzung verheilte diese „relativ zügig und folgenlos", so das OLG, wobei sich „relativ" offensichtlich auch auf die Folgenlosigkeit bezieht, denn zu einem möglichen Dauerschaden führt das OLG aus, dass „eine posttraumatische Arthrose als Spätfolge … nicht wahrscheinlich [ist], andererseits ist die diesbezügliche Entwicklung nicht absehbar und bei einer Eintrittswahrscheinlichkeit von 30 % aus sachverständiger Sicht auch nicht fernliegend". Dauerschaden: Deutliche Funktionsbeeinträchtigung der linken Hand, durch „welche beispielsweise das Gitarre spielen und das Einspannen eines Bilderrahmens nicht mehr erlaubt" bzw. möglich ist. Zudem besteht ein aktives und passives Streckdefizit der Langfinger im Bereich der proximalen Interphalangealgelenke verbunden mit einer feinmotorischen Beeinträchtigung der linken Hand. Der Kläger ist Rechtshänder. [Anmerkung: Das OLG bezeichnete die Daumenverletzung als „die vorliegend wesentlichere Verletzung auf Dauer"].

Betrag: 14.000 € **Haftung: 100 %**
immVorb: – **MdE: –**

OLG München 7.10.2020 – 10 U 1813/20 = BeckRS 2020, 26945

6826

Daumenverletzung (hier: Daumensehnenabriss am linken Daumen mit Funktionsbeeinträchtigung des Daumens infolge der fehlenden aktiven Streckung des Daumens). Zudem erlitt der Kläger eine „durchaus schwere Schulterverletzung" mit „geringem Hochstandes am Schultereckgelenk".

57j. Mann. Das OLG wertete die Schulterverletzung als „durchaus schwer", wies jedoch bei der Bemessung darauf hin, dass diese „relativ zügig und folgenlos ausgeheilt" ist. Hinsichtlich der Dauerfolgen wertet es die Daumenverletzung als schwerwiegender. Möglicher Dauerschaden: Funktionsbeeinträchtigung des linken Daumens; der Kläger ist jedoch Rechtshänder. Mögliche Arthrosegefahr hinsichtlich der Schulterverletzung, die „mit einer Wahrscheinlichkeit von 30 %" eintreten könne.

Betrag: 14.000 € **Haftung: 100 %**
immVorb: – **MdE: –**

OLG München 7.10.2020 – 1 U 1813/20 = BeckRS 2020, 26945

i) Fingerfrakturen

4777

Fingerfraktur in Form einer Mittelfingerfraktur an der rechten Hand.

63j. Mann. Keine Verkehrssicherungspflichtverletzung der Bank im Bezug auf die Funktion eines Geldausgabeautomaten. Kein Schmerzensgeldanspruch. der Kläger trug vor, er habe sich beim Herausnehmen des Geldes durch die sich schließende Klappe des Geldausgabeschachtes die Fingerfraktur zugezogen.

Betrag: – **Haftung: –**
immVorb: – **MdE: –**

LG Düsseldorf 6.5.2014 – 6 O 330/13 = BeckRS 2014, 8996

4654

Daumenfraktur.

4j. Kind. Ambulante Heilbehandlung. 3 Wochen Gipsverband am Daumen. Kein Schmerzensgeldanspruch. [Lesenswert zur Haftung bei Suchwort: „automatische Eingangstüre / automatische Türe". Anmerkung: „Die Verletzung einer Verkehrssicherungspflicht speziell bei automatischen Türen ist nur anzunehmen, wenn unerwartete atypische Funktionen vorliegen. Der Einsatz automatischer Türen ist Ausdruck des technischen Fortschritts und angesichts der Häufigkeit des Einsatzes im Alltag auch der Allgemeinheit geläufig. Der Benutzer müsse daher auch selbst auf Gefahren aufpassen, meint das Amtsgericht München", Zitat aus der oa Fundstelle. Weitere Urteile zu automatischen Eingangstüren: LG-Nürnberg-Fürth NJW-RR 2012, 860 und OLG München BeckRS 2000, 04121].

Betrag: – **Haftung: –**
immVorb: – **MdE: –**

AG München 21.5.2013 – 224 C 27993/12 = BeckRS 2013, 200464

3836

Daumentrümmerfraktur.

Mann (Tierarzt). Kein Schmerzensgeldanspruch, wenn ein Tierarzt während der Behandlung eines Pferdes von diesem getreten und hierdurch verletzt wird. Es geht insofern um „gerechte Zuweisung des Zufallsschadens" (BGH NJW 1974, 234; OLG Celle VersR 1990, 794), so das OLG. Der Tierarzt handelt insofern im Rahmen seiner beruflichen Tätigkeit und somit auf eigene Gefahr.

Betrag: – **Haftung: 100 %**
immVorb: – **MdE: –**

OLG Hamm 6.6.2008 – 9 U 229/07 = BeckRS 2008, 20346

2120

Fingerfraktur (hier: Zeigefingerfraktur) und Gesichtsprellungen (Gesichtprellungen) und Schürfungen.

63j. Frau. [Ursache: Verkehrssicherungspflichtverletzung auf Friedhofshauptweg].

Betrag: 205 € **Haftung: 50 %**
immVorb: – **MdE: –**

LG Freiburg 21.10.1998 – 2 O 155/98 = BeckRS 9998, 17070

6904

Fingerfrakturen ohne nähere Angaben.

Frau. PKH-Verfahren. Zum Schmerzensgeld führte das OLG aus: „Die Vorstellung der Antragstellerin, das angemessene Schmerzensgeld habe sich auf mindestens 2.000,00 EUR zu belaufen, erscheint unter Berücksichtigung der für Frakturen der Hand bzw. der Finger zuerkannten Schmerzensgelder ... bereits bei voller Haftung der Antragsgegnerin übersetzt". Zudem wurde der PKH-Antrag auch für den Feststellungsantrag auf Ersatz auch der künftigen immaterielle Schäden zuerkannt. [Ursache: Verkehrssicherungspflichtverletzung bzgl. des Gehweges im Bereich eines Hauseingangs]

Betrag: 1.000 € **Haftung: 100 %**
immVorb: Ja **MdE: –**

OLG Hamm 31.8.2020 – 11 W 37/20 = BeckRS 2020, 39210

283

Fingerfraktur (hier: Daumenfraktur rechts).

Frau. MdE 2 Monate 100 %. Heilungsverzögerung. Das OLG wertete die „besondere Wichtigkeit" des rechten Daumens bzw. dessen Bewegungseinschränkung als erhöhend.

Betrag: 1.023 € **Haftung: 100 %**
immVorb: – **MdE: –**

OLG Brandenburg 22.6.1999 – 2 U 45/97 = BeckRS 9998, 30824

3217

Fingerfraktur (hier: Kleinfingerfraktur); Gesichtsverletzung (hier: Jochbeinprellung, Augenlidhämatom); Schürfwunden an der Brust.

Mann (technischer Zeichner). MdE 2 Wochen 100 %. Vorsätzliche Körperverletzung: Schlägerei.

Betrag: 1.200 € **Haftung: 100 %**
immVorb: – **MdE: –**

AG Radolfzell 16.8.2003 – 2 C 347/02 = unveröffentlicht

4383

Fingerfraktur (hier: Kleinfingerfraktur bzw. Kleinfingergrundgliedfraktur links mit knöchernen Absprengungen und Fissur im Schaftbereich) sowie Halswirbelsäulendistorsion und Brustwirbelsäulenstauchung und -prellung sowie Oberschenkelprellung.

Mann. 3 Monate ambulante Heilbehandlung. MdE 5 Wochen 100 %. Der Finger wurde mit Gipsschiene ruhig gestellt.

Betrag: 1.500 € **Haftung: 100 %**
immVorb: – **MdE: –**

LG Bochum 21.6.2011 – I-9 S 61/11 = BeckRS 2011, 20379

5496

Fingerfraktur (hier: Mittelfingerfraktur rechts mit Kapselanriss).

54j. Frau. Ambulante Behandlung. MdE 6 Wochen 100 %. 50 Termine beim Ergotherapeuten. Dauerschaden: Gebrauchsminderung der Hand, die sich – zum Zeitpunkt der Urteilsverkündung – in Form von Schwierigkeiten beim Öffnen von Flaschen sowie beim Händedruck zeigten. [Ursache: Verkehrssicherungspflichtverletzung im Zusammenhang mit Streupflichtverletzung eines gewerblichen Winterdienstes].

Betrag: 3.000 € **Haftung: 100 %**
immVorb: Ja **MdE: –**

AG München 8.8.2018 – 154 C 20100/17 = BeckRS 2018, 46285

5441

Kleinfingerfraktur (hier: Kleinfingergrundgliedfraktur der rechten Hand).

Mann. Die Beeinträchtigung der rechten Hand erstreckte sich über einen Zeitraum von gut 12 Monaten wärenddessen ein gering ausgeprägtes komplexes regionales Schmerzsyndrom (CPRS) vorgelegen habe, so das OLG. Eine Bewegungsstörung der rechten Hand bestehe nach den gutachterlichen Feststellungen jedoch inzwischen nicht mehr.

Betrag: 3.000 € **Haftung: 100 %**
immVorb: – **MdE: –**

OLG Frankfurt a. M. 1.7.2016 – 19 U 203/15 = BeckRS 2016, 126711

2591

Fingerfrakturen / Handfraktur (hier: Mittelhandfrakturen des II. und III. Mittelhandknochens „mit erheblicher Dislokation"); Fingerfrakturen links (hier: Zeigefingergrundgliedfraktur und Mittelfingergrundgliedfraktur).

Kind. 8 Tage stationär. 16 ambulante / krankengymn. Behandlungen. [Erhöhend: Psychische Belastung wg. Krankenhausaufenthaltes]. Dauerschaden: „Geringe" Gebrauchsminderung der Hand.

Betrag: 3.579 € **Haftung: 100 %**
immVorb: – **MdE: –**

AG Kronach 18.11.1997 – 1 C 0601/97 = BeckRS 1997, 127082

7863

Fingerfraktur, rechts (hier: Bruch des Grundgliedes des Ringfingers, sog. Ringfingerbasisfraktur an der rechten Hand – Kläger ist Rechtshänder). Zudem erlitt der Kläger beids. Knieprellungen.

Mann. Stationäre Behandlung und Osteosynthese-Operation mit Metallimplantat und Gipsschiene; anschließend ambulante Behandlung mittels Ergotherapie, des in leichter Fehlstellung verheilten Fingers. 35 Tage arbeitsunfähig. Dauerschaden: Funktionsbeeinträchtigung der rechten Hand bei Büroarbeiten sowie Kraftminderung und gestörter Faustschluss. Letzteres beeinträchtigt den Kläger bei der Hobbyausübung wie Federball, Tischtennis oder Tennis.

Betrag: 4.000 € **Haftung: 100 %**
immVorb: – **MdE: –**

AG Fürth 9.9.2021 – 350 C 1817/20 = BeckRS 2021, 65672

4116

Daumenfraktur in Form einer Fraktur im Bereich des Daumensattelgelenks; man spricht hier von einer sogn. Wintersteinfraktur). Zudem erlitt der Kl. massive Gesichtprellungen mit Gehirnerschütterung und HWS-Syndrom.

15j. Mann (Schüler). 2 Tage stationär. Anschließend mehrere ambulante Heilbehandlungen und Entfernung des Osteosynthesematerials. Urlaubsvereitelung: Eine geplante Fahrradreise musste der Kläger fern bleiben.

Betrag: 4.000 € **Haftung: 100 %**
immVorb: – **MdE: –**

LG Köln 24.6.2010 – 29 O 290/09 = BeckRS 2011, 2434

5999

Fingerfraktur / Daumenfraktur (hier: „DI-Grundgliedbasisfraktur" bzw. Daumenmittelgliedfraktur am linken Daumen). Zudem erlitt der Kläger schmerzhafte Prellungen insbesondere am rechten Ellenbogen und der linken Hüfte sowie ein stumpfes Bauchtrauma.

Mann (Bergmann). 2 Tage stationär. MdE 36 Tage 100 %. Prellungen erfahrungsgemäß schmerzhaft, was das AG auch ausdrücklich hervorhob. [Ursache: Motorradunfall].

Betrag: 4.000 € **Haftung: 100 %**
immVorb: – **MdE: –**

AG Duisburg 5.3.2002 – 2 C 2139/01 = BeckRS 2013, 6869

7367

Daumenfraktur rechts sowie Handfraktur links und weitere Handverletzungen rechts (Daumenfraktur der rechten Hand, die zu einer Versteifung des Daumens führte sowie nicht dislozierte distale Radiusfraktur bzw. Speichenfraktur der linken Hand. Zudem erlitt die Klägerin einen knöchernen Ausriss der Strecksehne des Endglieds mit minimaler Dislokation DI rechts und blutende Wunden an den Fingern der rechten Hand). Prellung (hier: Schulterprellung sowie eine Beckenprellung jeweils links.)

67j. Frau. Ambulante Notversorgung. Beide Hände wurden mit einem Gipsverband ruhiggestellt. Angesichts der blutverdünnenden Medikation mit Marcumar, die die Klägerin zum Unfallzeitpunkt bereits eingenommen hatte, bildete sich ein Hämatom am linken Gesäß. Die Handfraktur links heilte nach 12 Wochen und die weiteren Verletzungen, ausgenommen der Daumenfraktur, bereits nach sechs Wochen. Dauerschaden: Daumenversteifung an der rechten Hand mit Beeinträchtigung der Greiffunktion. Bei der Bemessung berücksichtigte das LG, „dass die Klägerin zumindest in der ersten Zeit nach dem Sturz beide Arme in einem Gipsverband fixiert hatte und diese folglich ca. drei Monate lang überhaupt nicht gebrauchen konnte. … Hinzu kommt die wohl mittlerweile unstreitig verbleibende Steifigkeit des rechten Daumens als Dauerschaden. Auch die häusliche Problematik der Klägerin mit der schweren Erkrankung ihres Ehemannes und der Beschwernis der letzten gemeinsamen Monate ist beachtlich." [Ursache: Verkehrssicherungspflichtverletzung: Die Klägerin stürzte im Bereich der Außenfläche der Gaststätte der Beklagten mit ihrem Stuhl eine dort befindliche Steinstufe hinunter, da der Gastwirt im Rahmen einer Festveranstaltung – Kirmes – eine zu große Anzahl von Tischen und Stühlen im Außenbereich aufgestellt hatte und einige unmittelbar an der Kante der Stufe platziert hatte.]

Betrag: 8.000 € **Haftung: 60 %**
immVorb: – **MdE: –**

LG Köln 23.1.2024 – 14 O 58/22 = BeckRS 2024, 698

j) Schwere Fingerfrakturen

5106

Daumenfraktur und Daumenverletzungen (hier: Daumengelenkfraktur in Form einer Daumensattelgelenkfraktur links und beids.Daumengelenkkapselbandläsion) sowie

HWS-Syndrom Typ WAD 2 und eine leichte Knieprellung links.

26j. Mann. Stationäre Behandlung mit 3 Operationen. [Ursache: Motorradunfall / Verkehrssicherungspflichtverletzung]. Dauerschaden: erhebliche Funktionseinschränkung des linken Daumens.

Betrag: 4.000 € **Haftung: 66 %**
immVorb: Ja **MdE: –**

OLG Schleswig 18.6.2015 – 7 U 143/14 = BeckRS 2015, 20764

3619

Daumenfraktur, schwere (hier: sogenannte „Rolandofraktur" des rechten Daumens mit nachfolgender Daumengelenkversteifung, die zu einer erheblichen Gebrauchsminderung der rechten Hand führte). Schulterfraktur und Gesichtverletzung in Form einer Kinnverletzung und eines Kiefergelenktraumas.

Mann. Stationärer Aufenthalt mit insgesamt 6 Operationen. MdE 17 Tage 100 %. Dauerschaden: Belastungseinschränkung und Bewegungseinschränkung der rechten Hand infolge der schmerzhaften Daumenversteifung. Ebenso Belastungseinschränkung der linken Schulter.

Betrag: 15.339 € **Haftung: 100 %**
immVorb: – **MdE: 25 %**

LG München I 10.10.2002 – 19 O 17000/01 = BeckRS 2002, 163075

k) Fingerverlust und Fingergliedverlust

7259

Fingerverlust (hier: Abriss mehrere Finger).

Mann. Kein Schmerzensgeldanspruch gegen den Hundehalter, wenn einem Mann bei einer vermeintlich notwendigen Rettung eines Hundes durch die von ihm festgehaltene Hundeleine die vorderen Glieder dreier Finger abgetrennt wurden. Der Kläger, ein Möbellieferant, hatte sich mit der Kundin (Beklagte) in einen Aufzug begeben. Die Kundin führte dabei ihren Hund an einer dünnen Leine. Als sich die Aufzugtüre schloss, der Hund sich aber noch im Hausflur befand, nahm der Mann der Hundebesitzerin die Leine aus der Hand und löste die noch eingestellte Ausziehsperre, sodass der Aufzug ohne Probleme für das Tier noch ein Geschoss weiterfahren konnte. Dem Mann hingegen wurden in der Weiterfahrt mehrere Finger abgerissen, als er die Leine festhielt. Das LG wies die Klage ab, da sich bei diesem Unfall keine spezifische Tiergefahr realisiert habe, denn nicht jede Beteiligung oder Anwesenheit eines Tieres bei einem Schadensgeschehen führe auch zur Einstandspflicht des Tierhalters. Letztlich sei der Schaden nicht durch das Tier, sondern durch den Aufzug und dessen fortgesetzte Fahrt entstanden. Der Hund sei lediglich angeleint gewesen und habe keinen Beitrag zum Eintritt der Verletzung geleistet. Darüber hinaus sei er im Zeitpunkt der Verletzung bereits abgeleint gewesen. Die Tierhalterin habe den Unfall nicht verschuldet, weil dieser nicht vorhersehbar gewesen sei.

Betrag: – **Haftung: –**
immVorb: – **MdE: –**

LG Frankenthal 13.7.2023 – 7 O 4/23 = BeckRS 2023, 26056

5940

Fingerverlust (hier: Amputation des Endglieds des linken Zeigefingers und Entfernung des Nagelbetts).

Frau. 4 Tage stationär. MdE 90 Tage 100 %. Dauerschaden: Amputation des Endglieds des linken Zeigefingers. [Ursache: Tierhalterhaftung wegen Hundebissverletzung].

Betrag: 2.500 € **Haftung: 100 %**
immVorb: – **MdE: –**

OLG Hamm 17.10.2011 – 6 U 72/11 = BeckRS 2011, 26424

5930

Fingerverlust (hier: Fingergliedverlust in Form des Verlustes des oberen Gliedes des linken Mittelfingers).

Kind (Mädchen). 11 Tage stationär. Anschließend mehrere ambulante Behandlungen, die sich über einen Zeitraum von fast 6 Monaten hinzog. [Ursache: Tierhalterhaftung – Reitunfall, die Klägerin geriet mit dem Finger in eine sogenannte Panikschlaufe und riss sich das Fingerglied ab, als das Pferd scheute]. Dauerschaden: Mittelfingergliedverlust mit Fingerprothese.

Betrag: 6.000 € **Haftung: 100 %**
immVorb: – **MdE: –**

LG Paderborn 3.9.2009 – 4 O 244/09 = BeckRS 2011, 21199

3807

Fingergliedverlust (hier: Zeigefingerendgliedteilverlust an der linken Hand).

6j. Kind (Mädchen). 4 Tage stationär; weitere 4 Monate ambulante Heilbehandlung. Dauerschaden: Ausgeprägte Empfindlichkeit des Zeigefingers, Nagelwachstumsstörung. Spätere Korrekturoperation wahrscheinlich. Regulierungsverzögerung.

Betrag: 6.136 € **Haftung: 100 %**
immVorb: Ja **MdE: –**

LG Düsseldorf 10.8.2001 – 13 O 284/98 = BeckRS 2001, 159941

3609

Fingerverletzung / Zeigefingerverlust, links einschließlich des linken Mittelhandknochens bei einem rechtshändigen Jungen.

10j. Kind (Schüler). Stationärer Aufenthalt. Insgesamt 2 Monate dauernde ambulante Behandlung. Ursache: Der Schulbusfahrer zeigte den Kindern, wie man kleine Sprengkörper bauen kann und nahm in Kauf, dass die Kinder sich beim Umsetzen dieser Anleitung verletzen könnten, was im konkreten Fall dann auch geschehen war.

Betrag: 7.669 € **Haftung: 100 %**
immVorb: – **MdE: –**

OLG Düsseldorf 23.7.1999 – 22 U 17/99 = BeckRS 9998, 17588

5679

Fingerverlust, rechts (hier: Zeigefingerverlust in Höhe des distalen Grundgliedes mit Phantomschmerzen, die „mindestens alle paar Wochen wiederkehrend auftreten").

13j. Kind (Schüler). 3 Tage stationär. Komplikationsloser Heilungsverlauf ohne – abgesehen von der Fingeramputation und deren Folgen – weitergehende Schäden. Dauerschaden: Zeigefingerverlust an der rechten Hand; der Kläger ist Rechtshänder! Einschränkungen beim Sport (Handball, Fußball und Tennis) und Schiesssport sowie beim Musizieren („etwa das vom Kläger erwogene Erlernen von Instrumenten wie Orgel und Saxophon").

Betrag: 9.203 € **Haftung: 100 %**
immVorb: Ja **MdE: –**

OLG Stuttgart 1.9.1999 – 4 U 106/99 = BeckRS 2004, 9861

6914

Fingerverlust / Fingeramputation (hier: Teilamputation des linken Mittelfingers an der Schreibhand des linkshändigen, 6 Jahre alten Klägers).

6j. Kind. 3 Tage stationär. Dauerschaden: Bewegungseinschränkung als Linkshänder. Dazu führte das OLG aus: „Bestimmte Tätigkeiten, die Fingerfertigkeit erforderten, wie etwa Gitarre spielen, seien nur mit besonderen Schwierigkeiten und eingeschränkt möglich. Bei seiner Einschulung im September 2017 sei für ihn als Linkshänder das Erlernen des Schreibens mit einem Stift besonders schwierig gewesen". [Ursache: Verkehrssicherungspflichtverletzung durch unzureichende Befestigung einer 200 kg schweren Bronzeskulptur eines Stiers].

Betrag: 10.000 € **Haftung: 100 %**
immVorb: Ja **MdE: –**

OLG München 12.11.2020 – 1 U 2528/20 = BeckRS 2020, 47600

2734

Fingerverletzung / Handverletzung (hier: Mehrfacher Fingergliedverlust, linke Hand. Die Hand wurde so schwer verletzt, dass die oberen Glieder des kleinen Fingers, des Ringfingers und des Mittelfingers amputiert werden mussten [Fingeramputation]).

2j. Kind (Mädchen). 11 Tage stationär. Dauerschaden: Entstellung der linken Hand. Gebrauchsbeeinträchtigung. Produkthaftungsfall: Griff in einen Aktenvernichter [Reißwolf].

Betrag: 12.782 € **Haftung: 100 %**
immVorb: Ja **MdE: –**

BGH 18.5.1999 – VI ZR 192/98 = BeckRS 1999, 30059759

3408

Fingerverletzung / Fingeramputationen (hier: Amputation des kleinen Fingers und des Ringfingers der rechten Hand); Großzehenamputation, rechts und des und des betroffenen Mittelfußknochens.

Frau. Arzthaftung (hier: Grober Behandlungsfehler ua wegen Verkennung eines Arterienverschlusses). Dauerschaden! „Die Art dieser Gesundheitsschädigungen und die damit verbundenen Folgen, die die Kl. erheblich in ihrer Mobilität dauerhaft einschränken, die Schwere der Pflichtwidrigkeit des ärztlichen Personals der Bekl. zu 1 und auch des Bekl. zu 2 persönlich sowie der sich daran anknüpfende Schuldvorwurf (grob fahrlässiges Verhalten) rechtfertigen" das oa Schmerzensgeld, so das LG.

Betrag: 65.000 € **Haftung: 100 %**
immVorb: – **MdE: –**

LG Düsseldorf 17.10.2005 – 3 O 648/03 = BeckRS 2005, 12455

4396

Fingerverlust (hier: Rechts: Kleinfingeramputation und Ringfingeramputation sowie Verlust des Mittelfingermittelgliedes und im Übrigen die Oberglieder. Links: Alle Finger ausgenommen von Mittelfinger und Ringfinger, die jeweils zur Hälfte erhalten werden konnten). Zudem Zehenverletzungen (hier: Vernarbung aller Zehen des rechten Fußes).

Säugling. Arzthaftung (hier: Behandlungsfehler / Diagnosefehler bzgl. eines Ventrikelseptumdefekts). Dauerschaden: Erhebliche Bewegungsbeeinträchtigungen und Verstümmelungen.

Betrag: 70.000 € **Haftung: 100 %**
immVorb: – **MdE: 100 %**

LG Köln 5.3.2008 – 25 O 197/02 = BeckRS 2008, 7197

5809

Fingerverlust und Fingergliedverlust sowie Zehenverletzungen (hier: Nekrosen an Fingern und Zehen und daraus resultierender Finger- und Fingergliedverluste an beiden Händen. Rechts: Verlust des kleinen Fingers und des Ringfingers, des Mittelfingers bis zum Mittelglied, am Zeigefinger und am Daumen die Oberglieder bis zum Beginn der Nagelbetten. Links: Ringfinger und Mittelfinger die Glieder bis zum Mittelglied). Am rechten Fuß sind alle Zehen vernarbt und geschwollen.

Kind (Säugling). Arzthaftung (hier: Behandlungsfehler im Zusammenhang mit einer Herzoperation). Dauerschaden: Schwerbehinderung von 100 % und mit Verstümmelung einhergehenden Beeinträchtigung nach vollständigem sowie teilweisem Fingerverlust an beiden Händen und Vernarbung und Schwellung der Zehen am rechten Fuß.

Betrag: 70.000 € **Haftung: 100 %**
immVorb: Ja **MdE: 100 %**

LG Köln 5.3.2008 – 25 O 174/04 = BeckRS 2008, 7196

6. Brust, Brustkorb, Herz und Lunge

a) Brustverletzungen

6794

Brustverletzung (hier: Verbrennungen 2. Grades im Brustbereich).

Frau. Kein Anspruch auf Schmerzensgeld, wenn sich eine Flugpassagierin heiße Suppe, die während eines Langstreckenfluges im Zusammenhang mit dem Essen gereicht wurde, versehentlich in Form einer Reflexbewegung wegen der wahrgenommen Hitze der Suppe in den Ausschnitt schüttet. Hierzu führte das LG aus: „Die aus Art. 21 iVm. Art. 17 des Montrealer Übereinkommens („MÜ") folgende, verschuldensunabhängige Haftung der Beklagten scheitert an einem gemäß Art. 20 S. 1 MÜ anzunehmenden Mitverschulden der Klägerin, welches das Gericht mit einer Quote von 100 % in Ansatz bringt" und begründete dies sinngemäß damit, dass eine Passagierin – aufgrund der besonderen Zubereitungsgegebenheiten in einem Flugzeug – damit rechnen müsse, dass Suppenschalen und deren Inhalt unter Umständen auch hohe Temperaturen aufweisen können; insofern bestehe die Verpflichtung eines Passagiers, die Temperatur der Speise und deren Teller oder Schale zu überprüfen [„Verschulden gegen sich selbst", dh Verletzung einer im eigenen Interesse bestehenden Obliegenheit].

Betrag: – **Haftung: –**
immVorb: – **MdE: –**

LG Köln 25.5.2021 – 21 O 299/20 = BeckRS 2021, 12031

6669

Brustverletzung durch fehlerhafte Brustimplantate der französischen Implantatherstellerfirma Poly Implant Prothese (nachfolgend: PIP).

Frau. Kein Schmerzensgeldanspruch gegen den Haftpflichtversicherer des Brustimplantathersteller PIP oder dessen Kontrollorgane (Beklagte zu 1 = Bureau Central de Tarification). Vergleiche dazu oben im Handbuch unter → Rn. 355.

Betrag: – **Haftung: –**
immVorb: – **MdE: –**

OLG Frankfurt a. M. 20.1.2020 – 12 U 2/17 = BeckRS 2020, 1812

5102

Brustimplantat des französischen Herstellers PIP (hier: Operation zum Auswechseln der mit „minderwertigem und nicht zugelassenem Silikon" gefertigten Implantate).

Frau. Arzthaftung (hier: Kein Schmerzensgeld und Schadensersatzansprüche gegen die Beklagten [= den behandelnden Schönheitschirurgen sowie den Versicherer des Implantat-Herstellers] im Zusammenhang mit der Implantation von Brustimplantaten des französischen Herstellers Poly Implant Prothese company kurz: PIP). Das OLG wies die Klage ab und wies hinsichtlich der Aufklärungsanforderungen unter Verweis auf BGH BeckRS 9998, 97012 auf folgendes hin: „Je weniger ein ärztlicher Eingriff medizinisch geboten ist, umso ausführlicher und eindrücklicher ist der Patient, dem dieser Eingriff angeraten wird oder den er selbst wünscht, über dessen Erfolgsaussichten und etwaige schädliche Folgen zu informieren. Das gilt in besonderem Maße für kosmetische Operationen, die nicht, jedenfalls nicht in erster Linie der Heilung eines körperlichen Leidens dienen, sondern eher einem psychischen und ästhetischen Bedürfnis"; dabei sah das OLG die geschuldete Aufklärung durch den bekl. Arzt hals gegeben an. Gegenüber dem Versicherer der PIP sah das OLG keinen Direktanspruch.

Betrag: – **Haftung: –**
immVorb: – **MdE: –**

OLG Karlsruhe 20.4.2016 – 7 U 241/14 = BeckRS 2016, 7549

4793

Brustverletzung / fehlerhafte Brustimplantate aus Industriesilikon der Fa. PIP.

Frau. Fehlerhafte Brustimplantate. Kein Schmerzensgeldanspruch gegen die TÜV Rheinland Produkt Safty GmbH da „das Zertifizierungsverfahren von Medizinprodukten … nicht mit einem arzneimittel-verwaltungsrechtlichen Genehmigungsverfahren vergleichbar" ist. „Vielmehr verbleibt die Verantwortung für die Einhaltung der rechtlichen Vorgaben beim Hersteller". Dem TÜV eine mangelhafte Überwachung nicht nachgewiesen werden konnte und auch unter vertragsrechtlichen Gesichtspunkten nicht haftet. Schmerzensgeld- oder sonstige Schadensersatzansprüche der Klägerin gegen die Beklagte nach Vertragsgrundsätzen (§§ 280 Abs. 1, 253 BGB) kommen auch nicht unter dem Gesichtspunkt der Pflichtverletzung eines Vertrages mit Schutzwirkung zugunsten Dritter in Betracht. Für die Entscheidung kann zugunsten der Klägerin unterstellt werden, dass die ihr eingepflanzten Implantate – was bislang nicht positiv festgestellt ist – tatsächlich minderwertiges Industriesilikon enthielten.

Betrag: – **Haftung: –**
immVorb: – **MdE: –**

OLG Zweibrücken 30.1.2014 – 4 U 66/13 = BeckRS 2014, 2372

4521

Brustimplantatentfernung (hier: Die Kl. ließ sich wegen des Verdachts, die ihr zuvor eingesetzten Implantate der französischen Firma PIP enthielten Industriesilikon, diese aus Angst vor einer erhöhten Brustkrebsgefahr wieder entfernen.)

Frau. Kein Schmerzensgeldanspruch wegen Brustimplantat, welches mutmaßlich Industriesilikon enthielt. Die Klägerin hatte sich die Implantate inzwischen entfernen lassen. Brustkrebs wurde bei ihr nicht festgestellt. Das LG sah deshalb keine Gesundheitsbeschädigung iSd § 253 Abs. 2 BGB gegeben. Da die Kl. ihren Schmerzensgeldanspruch „in erster Linie" hierauf gegründet und nicht auf die Schmerzen und Beeinträchtigungen im Zusammenhang mit der Operation zur Herausnahme der Implantate. Zudem hat sie – so das LG – die entfernten Implantate nicht auf das Vorhandensein von Industriesilikon untersuchen lassen und blieb somit den Beweis schuldig, dass diese überhaupt Industriesilikon enthielten. Aus diesen Gründen, die – so muss leider gesagt werden – auf mangelnde anwaltliche Vorbereitung der gegen den TÜV Rheinland (der die Implantate der Firma PIP zertifiziert hatte) gerichteten Schmerzensgeldklage zurückzuführen waren, wurde die Klage abgewiesen; der Anwalt der Kl. hatte neben den, vom LG sehr offen gerügten Punkten offensichtlich auch versäumt, die Angst der Kl. vor einer erhöhten Brustkrebsgefahr und die somit möglicher Weise bereits deshalb bestehenden psychischen Belastungen als Begründung für den Schmerzensgeldanspruch darzulegen.

Betrag: – **Haftung: –**
immVorb: – **MdE: –**

LG Frankenthal 14.3.2013 – 6 O 304/12 = BeckRS 2013, 5012

3771

Brustverletzung (weibliche Brust) mit knotiger Narbenbildung.

Frau (lt. LG „junge Frau"). Kein Schmerzensgeldanspruch / keine Arzthaftung wegen misslungener Schönheitsoperation. Die Kl. ließ beim Bekl. ihre Brüste straffen. Der Bekl. hatte die Kl. korrekt aufgeklärt und die Operation kunstgerecht durchgeführt. Dennoch kam es zu den oa Verletzungen, die dem Bekl. jedoch haftungsrechtlich nicht angelastet werden könnten, so das LG.

Betrag: – **Haftung: –**
immVorb: – **MdE: –**

LG München I 12.12.2007 – 9 O 16390/05 = unveröffentlicht

7038

Brustbeinprellung, schwere und Nasenprellung sowie zahlreiche Blutergüsse an Armen und Beinen sowie am Hals. Zudem erlitt die Klägerin psychische Beeinträchtigungen in Form eines „reaktiv depressiven Syndrom".

Frau. Vorsätzliche Körperverletzung: Der Beklagte, der unter Alkoholeinwirkung stand, hatte die Klägerin verprügelt. Das AG sah angesichts der Verletzungen grundsätzlich ein Schmerzensgeld in Höhe von 2.000 EUR für angemessen. Schmerzensgeldmindernd berücksichtigte es jedoch zum einen den der Tat vorausgegangenen verbalen Streit, bei dem auch die Klägerin provozierend gehandelt hatte. Zum anderen berücksichtigte das AG das Nachtatverhalten des Beklagten, der sich bei der Klägerin entschuldigt sowie seine Bereitschaft zur Schmerzensgeldleistung erklärt hatte und auch das Nachtatverhalten der Klägerin schmerzensgeldmindernd, denn diese hatte zunächst alle Regulierungsversuche verhindert bzw. abgelehnt. Schließlich berücksichtigte das AG auch die wirtschaftlichen Verhältnisse des Beklagen.

Betrag: 700 € **Haftung: 100 %**
immVorb: – **MdE: –**

AG Aachen 15.2.2005 – 10 C 323/04 = BeckRS 2005, 159569

5052

Brustkrebsdiagnoseirrtum (hier: Irrtümliche Annahme und entsprechende Diagnosemitteilung gegenüber der Verstorbenen, es sei bei der Mammographie kein Tumor festgestellt worden; diese Diagnose wurde – sieben Monate später – revidiert; die Frau verstarb 20 Monate später an den Folgen der Erkrankung).

Frau (Kläger sind die Erben der Verstorbenen). Arzthaftung (hier: Diagnosefehler im Zusammenhang mit einem Mammographie-Screening [=Brustkrebsfrüherkennungsuntersuchung] der bereits an Brustkrebs leidenden Frau). Zur Bemessung des Schmerzensgeldes führte das LG aus, es habe „neben der Tatsache, dass sich bereits aufgrund der Grunderkrankung ein psychisch bedingtes Leid eingestellt hat, berücksichtigt, dass Frau T aus der verspäteten Diagnosestellung auch Vorteile gezogen hat. So konnte sie infolge der Unwissenheit der Krankheit noch 7 unbelastete Monate verleben".

Betrag: 2.500 € **Haftung: 100 %**
immVorb: – **MdE: –**

LG Dortmund 17.3.2016 – 4 O 210/11 = BeckRS 2016, 8375

3932

Brustverletzung / Busenverletzung (hier: ca. 3 x 5 cm große Bissverletzung am rechten Busen. Weitere Bisswunden erlitt die Klägerin am rechten Unterarm, der rechten Schulter sowie an der linken Hand.

17j. Frau. MdE nahezu zwei Wochen 100 % und eine weitere Woche 80 %. Dauerschaden: Sichtbare Narbe am rechten Busen, die jedoch im bekleideten Zustand jedoch nicht erkennbar ist sowie Unterarmnarbe. Wörtlich heißt es hierzu im Urteil: „Dennoch sind jedenfalls die Narbe an der Hand und je nach Bekleidung auch die Narbe am Unterarm auch im bekleideten Zustand sichtbar und können daher das Erscheinungsbild der Klägerin beeinträchtigen". (LG Duisburg BeckRS 2011, 20427)

Betrag: 4.000 € **Haftung: 100 %**
immVorb: – **MdE: –**

LG Duisburg 8.6.2006 – 8 O 38/06 = BeckRS 2011, 20427

6863

Brustvergrößerung unter Wiederverwendung des alten Implantats sowie ohne ausreichende Operationsplanung. Eine Verdeutlichung der Vor- und Nachteile bei Weiterverwendung des Implantates gegenüber einem Implantatwechsel ist nicht erfolgt.

Frau (Krankenschwester). Arzthaftung im Zusammenhang mit einer ohne hinreichende Einwilligung vorgenommene Schönheitsoperation bzw. Brustvergrößerungsoperation, bei der das alte Implantat erneut verwendet wurde. [vgl. auch den Hinweisbeschluss des OLG Brandenburg BeckRS 2021, 12890].

Betrag: 5.000 € **Haftung: 100 %**
immVorb: Ja **MdE: –**

OLG Brandenburg 25.5.2021 – 12 U 124/20 = BeckRS 2021, 12891

4242

Brustverformung (hier: sogenanntes Double-Bubble – zu deutsch: Doppel-Knubbel – nach fehlerhafter Brustvergrößerung. Erhebliche psychische Beeinträchtigungen!).

Frau. Dauerschaden: Psychische Beeinträchtigung und Belastungsminderung. Arzthaftung im Rahmen einer Schönheitsoperation (hier: Fehlerhafte Brustvergrößerungsoperation und erneut fehlerhafte Korrekturoperation)

Betrag: 5.000 € **Haftung: 100 %**
immVorb: Ja **MdE: –**

OLG Nürnberg 25.7.2008 – 5 U 124/08 = BeckRS 2009, 17496

7116

Brustkrebstherapie mit vorsätzlich unterdosierter Zubereitung von Eribulin-Verabreichungen. Die Erblasserin hat insgesamt 10 unterdosierte Infusionen über einen Zeitraum von 3 Monaten erhalten. Dass dadurch eine Heilung oder Lebensverlängerung verhindert wurde, überzeugte das AG nicht; folglich konnte insoweit eine Berücksichtigung bei der Schmerzensgeldbemessung nicht erfolgen, zumal – so das AG – „bereits vor Beginn der Gaben von Eribulin aus medizinischer Sicht keine Heilungschance für die Erblasserin mehr bestand und die Therapie allein palliativ erfolgte."

Frau. Apothekerhaftung wegen Behandlungsfehlers im Zusammenhang mit der Brustkrebserkrankung der inzwischen verstorbenen Ehefrau. Die Erblasserin wurde im Rahmen ihrer ärztlich verordneten, medikamentösen Behandlung ihrer Krebserkrankung mit Medikamenten des Insolvenzschuldners, einem selbständigen Apotheker, beliefert. Der Zustand der Erblasserin verschlechterte sich im Verlaufe der Behandlung erheblich. Sie verstarb nach mehreren Therapieumstellungen im Jahr 2016. Der Insolvenzschuldner wurde 2018 wegen des vorsätzlichen Verstoßes gegen das Arzneimittelgesetz in 14.537 Fällen zu einer Gesamtfreiheitsstrafe von 12 Jahren verurteilt. Bei der Schmerzensgeldbemessung berücksichtigte das AG, dass die Erkrankung der Erblasserin zum Zeitpunkt der Eribulin-Therapie leider so weit fortgeschritten gewesen sei, dass ein positiver Effekt einer wie auch immer zusammengesetzten und dosierten Chemotherapie auf die Lebensqualität und Lebensdauer äußerst unwahrscheinlich gewesen sei und damit nachträglich nicht ausreichend evaluierbar sei. [Anmerkung: Die Klage des Ehemannes auf eigenes Schmerzensgeld als sog. fernwirkungsschaden, wies das AG ab. Siehe dazu → Nr. 7117].

Betrag: 6.000 € **Haftung: 100 %**
immVorb: – **MdE: –**

AG Essen 7.10.2022 – 12 C 2/22 = BeckRS 2022, 31258

4496

Brustverletzung (hier: Verätzungen nach Wundspülung nach einer Brustoperation; dadurch Heilungsverzögerung).

43j. Frau. Heilungsverzögerung / Arzthaftung (hier: Grober Behandlungsfehler. Die behandelnde Ärztin hatte die Wunde der Klägerin versehentlich mit einem Putzmittel gespült, nachdem sie die entspr. Flaschen verwechselt hatte). Der Wundheilungsprozess wurde dadurch 6 Monate verzögert [vgl. auch unter Behandlungsverzögerung].

Betrag: 6.000 € **Haftung: 100 %**
immVorb: – **MdE: –**

OLG Köln 27.6.2012 – 5 U 38/10 = BeckRS 2012, 14534

3324

Brustverletzung durch Entfernung eines 8 x 6 x 2,5 cm großen Gewebestückes zur Sicherstellung der Entfernung des befallenen Gewebes.

Arzthaftung (hier: Aufklärungspflichtverletzung bei Brustoperation. Misslingt hierbei die Drahtmarkierung des Befundes, ist die Patientin vor Weiterführung des Eingriffs ergänzend über die Gefahr aufzuklären, dass das verdächtige Gewebe verfehlt und stattdessen überflüssiger Weise gesundes Gewebe entfernt wird; das Verschulden des Arztes, der sich während der OP spontan zu entscheiden hatte, wertete das Gericht als „nicht schwer".)

Betrag: 6.000 € **Haftung: 100 %**
immVorb: – **MdE: –**

OLG Koblenz 14.4.2005 – 5 U 667/03 = BeckRS 2005, 4435

5080

Brustverletzung (hier: Fehlerhafte Schönheitsoperation / Brustvergrößerungsoperationen mit nicht adäquater Nahttechnik, unzureichender Straffung, zu groß geratenem Mamillen-Areolen-Komplex und zu groß ausgefallenen Narben um die Mamillen herum. Zudem wurden später die Fäden mit einer nicht sterile Pinzette und Schere gezogen).

Frau. Arzthaftung (eines nicht in Deutschland zugelassenen Arztes) im Zusammenhang mit einer Schönheitsoperation, bei der behandlungsfehlerhaft Brustvergrößerungsoperationen durchgeführt worden waren. Bei der Bemessung berücksichtigte das LG, dass sich die Klägerin einer Folgeoperation wird unterziehen müssen und dass sie „durch das unbefriedigende Operationsergebnis [die Klägerin trug vor, es "sei kein symmetrisches und optisch gutes Ergebnis erzielt worden, da beide Brüste nunmehr eckig aussehen würden,,] in ihrer Weiblichkeit eingeschränkt" ist; schmerzensgeldmindernd führte das LG an: „... die Brüste der Klägerin bereits voroperiert und auch zuvor muss eine Narbenbildung vorgelegen haben".

Betrag: 7.500 € **Haftung: 100 %**
immVorb: Ja **MdE: –**

LG Dortmund 15.10.2015 – 4 O 249/11 = BeckRS 2015, 17246

2981

Brustverletzung / Verzögerung der Heilbehandlung (hier: Die erforderliche Brustkrebstherapie wurde erst mit einer 18monatigen Verspätung eingesetzt wodurch sich die Zukunftsprognosen „deutlich" verschlechterten.)

Frau. Verzögerung der Heilbehandlung bei einer Brustkrebstherapie mit dadurch bedingten deutlichen Verschlechterungen der Heilungsaussichten.

Betrag: 7.669 € **Haftung: 100 %**
immVorb: – **MdE: –**

OLG Köln 4.8.1999 – 5 U 9/98 = BeckRS 9998, 18418

5535

Brustvergrößerung (hier: Misslungene Brustvergrößerung wegen Auswahl eines nicht passenden Implantats).

Frau. Arzthaftung (hier: Aufklärungspflichtverletzung und Behandlungsfehler wegen der Wahl einer falschen Implantatgröße). Zur Aufklärungspflicht führte das OLG aus: „Dabei wird das Landgericht auch zu beachten haben, dass kosmetische Operationen einer erweiterten Aufklärungspflicht unterliegen, die nicht auf eine zusammenfassende Darstellung der Risiken „im Großen und Ganzen" beschränkt ist; hier gehört es vielmehr zur besonderen Verantwortung des Arztes, seinem Patienten das Für und Wider mit allen Konsequenzen vor Augen zu stellen". [Anmerkung: In diesem Verfahren ging es um den PKH-Antrag der Klägerin. Zur Höhe des Schmerzensgeldes äußerte sich das OLG im Vorgriff auf das den eigentlichen Rechtsteit vor dem LG, dass „die von der Antragstellerin behaupteten Folgen ... jedoch ein Schmerzensgeld in einer Höhe von lediglich bis zu 8.000 EUR (vgl. Senat aaO.)" rechtfertigen würden.

Betrag: 8.000 € **Haftung: 100 %**
immVorb: – **MdE: –**

OLG Dresden 4.4.2018 – 4 W 325/18 = BeckRS 2018, 7488

6897

Brustverletzung in Form von Brustkrebs mit „schwerwiegenden Armödemen ..., die das Tragen von Kompressionshandschuhen und Lymphdrainagen erfordern ... als Folgeschaden der Axilladisektion", so das LG in der Vorinstanz. Infolge der erforderlichen Chemotherapie litt die Klägerin unter Haarausfall, Verhornungen, Magen-Darm-Beschwerden, häufige Infekte, tränende Augen, reduzierter Allgemeinzustand, Ödeme, Wasseransammlungen und Gefühlstörungen.

66j. Frau. Arzthaftung wegen Befunderhebungsfehler beim Mammographie-Screening. Dies hatte die Notwendigkeit einer radikalen Tumoroperation mit Entfernung der Lymph- und Wächterdrüsen und einer Behandlung mit einen viermaligen Chemo-Zyklus verursacht. „Bei korrektem Vorgehen, wäre der Brustkrebs in einem Stadium entdeckt und behandelt worden, in dem noch keine Lymphknoten befallen gewesen wären. Einer Chemotherapie hätte es nicht bedurft und die Anzahl der Bestrahlungen wäre geringer gewesen – deutlich unter 30" ... „Der Diagnose- und Behandlungsverzug ist geeignet, zum Lymphknotenbefall, zum Größenwachstum des Tumors und damit auch zur Axilladissektion und einer Chemotherapie zu führen. Es ist auch nicht gänzlich unwahrscheinlich, dass der Diagnoseverzug zum Befall der Lymphknoten sowie zum Größenwachstum beigetragen hat", so das OLG. [Das Urteil ist rechtskräftig nachdem die Revision erfolglos war, vgl. BGH BeckRS 2020, 12560].

Betrag: 10.000 € **Haftung: 100 %**
immVorb: – **MdE: –**

OLG Stuttgart 7.5.2019 – VI ZR 213/19 = BeckRS 2019, 44323

5732

Brustverletzung (hier: Erhebliche optische Beeinträchtigungen nach missglückter Brustvergrößerungsoperation. Es entwickelten sich postoperativ rund um die Brustwarzenvorhöfe breite Narben. Die Brustwarzenvorhöfe erscheinen vergrößert und sind asymmetrisch ausgebildet (rechts oval / links rund). Die Brustwarzenhöfe sind beidseitig so hoch oberhalb der natürlichen Position gelegen, dass sie aus einem Halbschalen – BH herausschauen. Zudem zeigt sich bei der Klägerin auch in normaler Körperhaltung das auf ein Implantat hinweisende sog. Double – Bubble – Phänomen.

36j. Frau. Arzthaftung (hier: Aufklärungspflichtverletzung und Behandlungsfehler mit Gesundheitsbeeinträchtigungen nach kosmetischer Brust-OP, die in Form einer sogenannten „subpectoralen Implantation" durchgeführt worden war). Zur Höhe des Schmerzensgeldes führte das OLG aus: „Auf dem Hintergrund dessen, dass die Kl. – wie sie während des gesamten Rechtsstreites bekräftigt hat – in jedem Fall die optischen und schmerzhaften Beeinträchtigungen des streitgegenständlichen Eingriffs operativ abmildern lassen möchte, ist ihr auf Grund der vorstehenden Gesundheitsbeeinträchtigungen allerdings lediglich ein „Teilschmerzensgeld" zuzusprechen, welches der Senat mit 10.000 EUR für angemessen erachtet". Dies sei angemessen, „um die Kl. für die genannten immateriellen Beeinträchtigungen in dem Zeitraum bis zur voraussichtlichen Nach-OP und hinsichtlich der verminderten Berührungsempfindlichkeit der Brüste auf Dauer zu entschädigen".

Betrag: 10.000 € **Haftung: 100 %**
immVorb: Ja **MdE: –**

OLG Hamm 29.3.2006 – 3 U 263/05 = BeckRS 2006, 9402

5784

Brustverletzung (hier: Brustentzündung bzw. Mastitis, „rezidivierender therapieressistenter Mamma-Abszess links nach Brustwarzenpiercing").

Frau (junge Frau). 4 stationäre Behandlungen innerhalb von 18 Monaten. [Ursache: Ein ohne entsprechende Aufklärung vorgenommenes Brustwarzenpiercing. Ca. 8 Wochen nach diesem Eingriff stellte die Klägerin Knötchen in der linken Brust fest, die sich später als zwei Abszesse herausstellten. Sie begab sich in die Behandlung des Gynäkologen ... der einen Mamma-Abszess in der linken Brust diagnostizierte und das Piercing entfernte. Die histologische Untersuchung des dabei hinter der Brustwarze entnommenen Gewebes ergab eine unspezifische Mastitis (Brustentzündung). Die Klägerin litt nach dem Eingriff über einen längeren Zeitraum unter erheblichen Schmerzen. Es waren vier stationäre Aufenthalte im Krankenhaus erforderlich mit entsprechenden operativen Eingriffen. Bei der Schmerzensgeldbemessung berücksichtigte das LG mindern, dass „sich die Klägerin vorliegend freiwillig einem Eingriff unterworfen hat, der allein der Mode, aber nicht der Heilung dient".

Betrag: 10.000 € **Haftung: 100 %**
immVorb: Ja **MdE: –**

LG Koblenz 24.1.2006 – 10 O 176/04 = BeckRS 2008, 1943

6664

Brustverletzungen nach Schönheitsoperation: „Beidseits befinden sich deutlich ptotische Mammae mit sehr großen Mamillen-Areolen-Komplexen. Um die Mamillen-Areolen-Komplexe findet sich eine weitestgehend unauffällige, jedoch etwas verbreiterte im Hautniveau liegende, reizlose Narbe, nach senkrecht unten verlaufend im Sinne einer dann schließlich T-förmigen Narbe links ein 6 cm langer und rechts ebenfalls ein 6 cm langer T-Schenkel. Querverlaufend in der Submammarfalte findet sich dann eine jeweils 12 cm lange Narbenbildung. An der rechten Brust findet sich eine erhebliche Einziehung und Konturunregelmäßigkeit der Haut sowohl nach Teilnekrose der Haut und schließlich stattgehabter Sekundärheilung. Der Mamillen-Jugulum-Abstand links beträgt 24,5 cm, rechts 24 cm", so das LG. Zudem erlitt die Klägerin eine Bauchverletzung (siehe dazu → unter Einzelheiten).

Frau. Arzthaftung im Zusammenhang mit einer Schönheitsoperation. Die Klägerin, die bereits im Jahr 1991 eine Brustverkleinerung hatte vornehmen lassen, wünschte sich eine weitere Brustverkleinerung sowie eine Bauchstraffung. Sie ließ von dem Institut des Beklagten, der jedoch ohne eine entsprechende Approbation solche Schönheitsoperationen angeboten und durchgeführt hatte, erneut eine Brustverkleinerung und Bauchstraffung vornehmen. Postoperativ hatten sich bereits Wundheilungsstörungen ergeben. Dauerschaden (sofern keine Nachkorrektur erfolgt): Die Brüste hatten eine abnormale Form bekommen. Die rechte Brust wurde optisch vollkommen entstellt, da es auch zum Gewebeverlust durch die Wundheilungsstörung gekommen war. Auch die andere Seite sei abgesackt. Der linke Hof zeige zudem nach unten und sei deutlich breiter als der rechte. Auch im Bauchbereich kam es Beeinträchtigungen; die Bauchdecke ist nicht straff und uneben und weist hässliche Narben auf.

Betrag: 12.000 € **Haftung: 100 %**
immVorb: Ja **MdE: –**

LG Dortmund 15.10.2015 – 4 O 247/11 = BeckRS 2015, 17245

3450

Brustverletzung (hier: Brustvergrößerung mit anschließender stark unterschiedlicher Brustgröße und Verstärkung der Hängebrust).

30j. Frau. Arzthaftung (hier: Behandlungsfehler bei Schönheitsoperation / Brustvergrößerung. Es kam zu drei Nachoperationen und psychischen Beeinträchtigungen).

Betrag: 12.782 € **Haftung: 100 %**
immVorb: – **MdE: –**

OLG Oldenburg 11.11.1997 – 5 U 47/97 = OLGR 1998, 110

5286

Brustverletzung (hier: Durchführung einer offenen Biopsie an der nicht indizierten Stelle. Es wurde im Rahmen der Biopsie die Gewebeprobe bzw. das verdächtige Gewebe aus der Brust der Klägerin über eine kleine Operation herausgeschnitten, jedoch nicht an der Stelle, an der dies angezeigt war. Es kam zu Brustdeformation und Narbenbildung). Psychische Beeinträchtigung (hier: Depressionen).

59j. Frau. Arzthaftung im Zusammenhang mit der Durchführung einer offenen Biopsie. Dauerschaden: Narbenbildung und Brustdeformation, die als ästhetisch nachteilig bezeichnet wurde. Vorschaden: Depressionen, die jedoch durch die Folgen des streitgegenständlichen Eingriffs intensiviert wurden.

Betrag: 18.000 € **Haftung: 100 %**
immVorb: – **MdE: –**

OLG München 28.1.2014 – 1 U 4792/11 = BeckRS 2014, 125776

6761

Brustverletzung nach unzureichender ärztlicher Aufklärung vor einer Brustaufbauoperation in Folge einer sogenannten Mammaablation wegen einer Brustkrebsbehandlung.

46j. Frau. Arzthaftung im Zusammenhang mit einer Brustaufbauoperation nach zuvor festgestelltem und behandeltem inflammatorischen Mammakarzinom [Brustkrebs] links. In der Folge stellte sich an der rechten Brust eine Hyperplasie ein. Es wurde vereinbart, dass die rechte Brust verkleinert sowie an der linken Brust im Dekolletébereich Narbengewebe entfernt werden sollte. Die Klägerin reklamierte eine Aufklärungspflichtverletzung: „Sie hätte darüber informiert werden müssen, dass im Hause der Beklagten eine Liposuktion zur Sicherstellung eines optimalen ästhetischen Ergebnisses an Brust und Bauch mangels technischer Geräte nicht durchführbar gewesen sei. Wäre sie ordnungsgemäß informiert worden, hätte sie die Brustrekonstruktion mittels Eigengewebe nicht vornehmen lassen. Sie hätte sich jedenfalls in einem echten Entscheidungskonflikt befunden. Auch für eine Implantatlösung mittels Silikon hätte sie sich nicht entschieden“; insofern gab ihr das LG sowie nachfolgend das KG Recht. Bei der Bemessung berücksichtigte das KG insbesondere „die vier Operationen, denen sich die Klägerin unterzogen hat, die daraus folgenden Einschränkungen und Schmerzen einschließlich der Narben und der Bauchwandschwäche“.

Betrag: 20.000 € **Haftung: 100 %**
immVorb: Ja **MdE: –**

KG 14.5.2020 – 20 U 170/19 = BeckRS 2020, 10302

4951

Brustverletzung (hier: Brustkrebs / Brusttumor wurde verspätet erkannt, da der Frauenarzt der Klägerin nach einer im Jahr 2001 durchgeführten Mammographie angeraten hatte, diese erst im Jahr 2010 erneut durchführen zu lassen. 2010 wurde sodann der Tumor entdeckt und mit Chemotherapie behandelt; letztere „wäre“ der Kl. „erspart geblieben“, so das OLG.)

66j. Frau. Arzthaftung (hier: Beratungsfehler / grober Behandlungsfehler. „In dem speziellen Fall der Klägerin sei der unterlassene Rat, an einem Mammographiescreening teilzunehmen, sogar als grober Behandlungsfehler zu bewerten. Denn der Klägerin sei es während ihrer Behandlung ersichtlich auf die Minimierung jedweden Brustkrebsrisikos angekommen. Der Beklagte habe ihr zudem zuvor ein Medikament verordnet, das geeignet gewesen sei, das Brustkrebsrisiko zu erhöhen“, so das OLG.

Betrag: 20.000 € **Haftung: 100 %**
immVorb: Ja **MdE: –**

OLG Hamm 12.8.2013 – 3 U 57/13 = BeckRS 2013, 15892

7895

Brustverletzung nach kosmetischer Brustoperation (hier: moderater Bottoming-Out-Effekt bzw. stufigen Brustansatz im Bereich der rechten Brust und eine einseitig etwas höhere Brustwarze.)

Frau. Arzthaftung / Aufklärungspflichtverletzung im Zusammenhang mit einer kosmetischen Brustoperation unter Einsatz eines Brustimplantats. „Bei einer kosmetischen Brustoperation ist das Risiko, dass nach der Operation auftretende Schmerzen dauerhaft fortbestehen können, als für die Lebensführung der Patientin erheblicher Gesichtspunkt aufklärungspflichtig.“ (Amtlicher Leitsatz). Die Klägerin, die war mit dem optischen Ergebnis nicht einverstanden war, litt nach der ersten Operation sowie der Revisionsoperation unter starken Schmerzen „im Bereich zwischen linkem Schlüsselbein, linker Achselhöhle bis hin zur linken Brustwarze. Die Schmerzen seien nicht nur bei Bewegung, Druck oder Berührung, sondern auch in Ruhe permanent vorhanden. Bei Belastung des linken Armes, z.B. beim Tragen von Einkaufstüten, bei Haushaltsarbeiten oder sportlicher Betätigung werde der Schmerz stärker und es bestehe ein permanentes Kältegefühl. Die linke Brust sehe sehr unnatürlich aus, insbesondere durch das zu hoch sitzende Implantat. Die massiven Dauerschmerzen und die optische Entstellung der Brüste belaste sie psychisch. Sie leide unter einem psychotraumatischen Stress- und Belastungssyndrom. Nachts wache sie sie immer wieder wegen Schmerzen auf. Ihren Nebenjob als Sporttrainerin habe sie aufgeben müssen.“ Dauerschaden: asymmetrisch wahrgenommenen Brüste, Einnahme von Schmerzmitteln erfordernde Schmerzen. Bei der Schmerzensgeldbemessung berücksichtigte das OLG besonders, „die bis heute vorhandenen Schmerzen, mit denen die Klägerin möglicherweise ihr Leben lang zurechtkommen muss“

Betrag: 25.000 € **Haftung: 100 %**
immVorb: Ja **MdE: –**

OLG Köln 5.6.2024 – 5 U 91/23 = BeckRS 2024, 13774

6060

Brustverletzung (hier: Fehlerhafte Brustoperation mit Lymphdrüsenentfernung und Behandlungsverzögerung bzw. Therapieverzögerung um gut 5 Monate).

Frau. Arzthaftung (hier: Grober Behandlungsfehler im Zusammenhang mit einer Brustoperation. Ein Präparateradiogramm der bei der Operation am 24.6.2003 entnommenen Gewebsteile war grob fehlerhaft ausgewertet worden und deshalb war die zu entfernende Gruppe der Kalkpartikel auf der Röntgenaufnahme des entfernten Gewebes definitiv nicht enthalten gewesen. Sie wurde deshalb auch zunächst nicht entfernt, weshalb sich die Klägerin einer zweiten Operation mit Lymphdrüsenentfernung unterziehen musste. Diese Behandlungsverzögerung führte – was gerade bei derartigen Operationen leicht nachvollziehbar ist – zu erheblichen Ängsten und psychischen Beeinträchtigungen„, denn die vollständige Entfernung des suspekten Kalkherdes bereits im Juni 2003 hätte unabhängig von seinem Entwicklungsgrad in jedem Falle eine Behandlung in einem früheren Stadium und damit für die Klägerin eine geringere Krebsangst bedeutet“, so das OLG.

Betrag: 25.000 € **Haftung: 100 %**
immVorb: Ja **MdE: –**

OLG Frankfurt a. M. 14.4.2014 – 5 U 32/08 = BeckRS 2009, 8973

b) Brustamputation (weibliche)

4282

Brustoperation (Trichterbrust) mit Einbringung einer sogenannten Bülau-Drainage.

25j. Frau. Arzthaftung: Behandlungsfehler infolge einer „um einen Tag verspäteten Anlage der Bülaudrainage". Im Übrigen führte das LG – die Kl. begehrte 150.000,- EUR – aus: „Die hier von der Klägerin beklagten, zweifelsohne belastenden Zustände, rechtfertigen jedoch nicht die Zubilligung eines Schmerzensgeldes. Wartezeiten bei der Pflege sind einem Krankenhausbetrieb immanent. Ein Patient muss sich hierauf grundsätzlich – im Rahmen des Normalen – einstellen. Die Kammer verkennt nicht, dass dergleichen insbesondere bei Schmerzen lästig und auch belastend ist."

Betrag: 500 € **Haftung: 100 %**
immVorb: – **MdE: –**

LG Nürnberg-Fürth 7.4.2011 – 4 O 11065/06 = BeckRS 2011, 14783

7357

Behandlungsverzögerung / verspätete Diagnose / Befunderhebungsfehler bezüglich einer Brustkrebserkrankung.

Frau. Arzthaftung wegen Behandlungsverzögerung nach verspäteter Brustkrebsdiagnose.

Betrag: 20.000 € **Haftung: 100 %**
immVorb: – **MdE: –**

LG Stade 22.12.2015 – 4 O 83/14 = 2015, 134339

5843

Brustverletzung / Brustteilamputation der linken Brust (hier: Schnellschnittoperation mit Chemotherapie und Entfernung sämtlicher Lymphknoten).

30j. Frau. Arzthaftung (hier: Verwechslung von Gewebeproben im Zusammenhang mit der Begutachtung einer möglichen Krebserkrankung an der linken Brust. Das Ergebnis „Brustkrebs" war somit fehlerhaft. Aufgrund der Fehldiagnose des Beklagten musste sich die junge Frau einer schweren Brustoperation unterziehen. Darüber hinaus wurde die gesamte Achsel aufgeschnitten und sämtliche Lymphknoten entfernt). Dauerschaden: Immunsystemschwächung. Psychische Beeinträchtigungen und starke Schmerzen im linken Arm.

Betrag: 25.565 € **Haftung: 100 %**
immVorb: Ja **MdE: –**

LG Essen 9.10.1997 – 6 O 326/96 = BeckRS 2010, 12213

6666

Brustamputation links.

57j. Frau. Arzthaftung im Zusammenhang mit einer diagnosefehlerhaften Mammographie, die das Ergebnis als „unauffällig" bezeichnet hatte, obwohl ein Karzinom vorlag. Dauerschaden: Brustamputation links. Bei der Bemessung orientierte sich das LG an der Entscheidung des OLG Düsseldorf → Nr. 3233.

Betrag: 30.000 € **Haftung: 100 %**
immVorb: Ja **MdE: –**

LG Düsseldorf 12.2.2020 – 3 O 400/11 = BeckRS 2016, 13337

6019

Brustamputation nach Befunderhebungsfehler im Rahmen einer Mammographieuntersuchung. Ein aggressives Mammakarzinom wurde zunächst nicht erkannt. Vier Jahre Todesangst. Nach vier Jahren verstarb die Klägerin schließlich an den Folgen des Brustkrebs.„Grundsätzlich führe eine Therapieverzögerung zu höheren Metastasierungsraten und niedrigeren Überlebensraten", so das LG.

41j. Frau. Arzthaftung (hier: Befunderhebungsfehler im Zusammenhang mit einer Brustkrebsdiagnose. Der Krebs wurde zunächst nicht erkannt. Aus diesem Grund kam es zu einer aggressiven Wucherung; die Brust musste abgenommen werden. Dennoch verstarb die Klägerin 4 Jahre nach der ersten Mammographieuntersuchung und litt in dieser Zeit ständig unter Todesangst).

Betrag: 30.000 € **Haftung: 100 %**
immVorb: – **MdE: –**

LG Bielefeld 6.10.2017 – 4 O 272/12 = BeckRS 2017, 133944

3233

Brustamputation wegen Diagnose- und Behandlungsfehler.

Frau. Arzthaftung (hier: Grober Behandlungsfehler bzw. Diagnosefehler bei Brustkrebsuntersuchung. Der Arzt unterließ trotz erkennbarer Persistenz der Beschwerdesymptomatik die zwingend erforderliche Biopsie zur Durchführung einer histologischen Gewebeuntersuchung. Bei korrekter Untersuchung hätte die Brust erhalten werden können).

Betrag: 30.000 € **Haftung: 100 %**
immVorb: – **MdE: –**

OLG Düsseldorf 6.3.2003 – 8 U 22/02 = BeckRS 2003, 6572

4261

Brustamputation (hier: Entfernung der linken Brust nach Krebsdiagnose). Psychische Beeinträchtigungen.

53j. Frau. Stationärer Aufenthalt. Langwierige Heilbehandlung: Chemotherapie und Psychotherapeutische Langzeitbehandlung. Arzthaftung (hier: Nichterkennung einer Brustkrebserkrankung trotz jährlicher Vorsorgeuntersuchung. Das LG sah darin einen „fundamentalen Diagnosefehler, der als grober Behandlungsfehler eingeschätzt werden müsse". Anmerkung: Bei rechtzeitiger Diagnose hätte sich die Brustamputation ggf. vermeiden lassen. Die Beweislast liegt insofern bei der Beklagten).Die weitere Entwicklung der Krankheit ist nicht abzusehen. Regulierungsverzögerung!

Betrag: 50.000 € **Haftung: 100 %**
immVorb: Ja **MdE: –**

LG Oldenburg 15.2.2008 – 8 O 743/07 = unveröffentlicht

4147

Brustamputation (hier: Nicht angezeigte Brustamputation – beide Brüste wurden amputiert – mit erheblicher psychischer Beeinträchtigung).

52j. Frau. Arzthaftung (hier: Massive Aufklärungspflichtverletzung und somit rechtswidrige Operation.) Dauerschaden: Entstellung; es gelang zudem nicht, die fehlenden Brüste künstlich zu implantieren. Psychische Beeinträchtigungen.

Betrag: 60.000 € **Haftung: 100 %**
immVorb: Ja **MdE: –**

OLG Köln 17.3.2010 – 5 U 51/09 = BeckRS 2010, 12731

3433

Brustamputation, beide Brüste.

24j. Frau. Arzthaftung (hier: verspätete Krebsdiagnose). Es wurden beide Brüste entfernt. Schwangerschaftsabbruch. Die Kl. verstarb einige Wochen nach der letzten Operation.

Betrag: 71.581 € **Haftung: 100 %**
immVorb: – **MdE: –**

OLG Hamm 28.11.2001 – 3 U 59/01 = BeckRS 2001, 30223049

5373

Brustamputation rechts und teilweise Mastektomie links nachdem ärztlicherseits ein aggressiver Tumor nicht erkannt worden war.

Frau. Arzthaftung (hier: Grober Behandlungsfehler im Zusammenhang mit der Brustkrebsvorsorge. Hierzu führte das LG aus: „Die Krankenakte enthalte für den 13.1.2009 die Eintragung „Mammographie dringend empfohlen“, jedoch sei nicht dokumentiert, inwiefern dies mit der Klägerin ausreichend besprochen wurde, insbesondere ob die Alternative einer Mamma-Magnetresonanztherapie sowie die Konsequenzen und Risiken einer Unterlassung der Mammographie erläutert wurden“. Obwohl fundamentaler Bestandteil einer vollständigen sonographischen Untersuchung (= Mammographie) sei auch eine Beurteilung der Lymphabflussgebiete (= Axillen) unterblieben. „Die Prognose für Überleben und rezidivfreies Überleben sowie die Lebensqualität der Klägerin sei durch die Diagnose- und die damit einhergehende Therapieverzögerung einschneidend verschlechtert worden. Die Behandlung der Klägerin mit beidseitiger Mastektomie, Entfernung der Achsellymphknoten, Frequenzablation und Operation der Lebermetastasen sei ohne die Verzögerung mit an Sicherheit grenzender Wahrscheinlichkeit eingeschränkter bzw. in Teilen überhaupt nicht notwendig geworden. Ohne Fernmetastasierung – hierfür lag die Wahrscheinlichkeit im Januar 2009 auf der Grundlage der mündlichen Ausführungen des Sachverständlichen Prof. Q bei etwa 90 % – habe man eine brusterhaltende Therapie durchführen können“, so das LG. Dauerschaden: Psychische Beeinträchtigungen und physische Beeinträchtigungen aufgrund der eingetretenen Metastasierung und Entfernung der rechten Brust.

Betrag: 100.000 € **Haftung: 100 %**
immVorb: Ja **MdE: –**

LG Köln 29.6.2017 – 25 O 326/13 = BeckRS 2017, 121953

2916

Brustverletzung (hier: Brustamputation; der Kl. wurden nacheinander beide Brüste wegen Brustkrebsverdachts abgenommen. Der Verdacht konnte jedoch ex post mangels Befundsicherung nicht bestätigt werden).

30j. Frau. Arzthaftung (Krebs-Fehldiagnose! „die mangelnde Beweismöglichkeit eines Untersuchungsfehlers [geht] nicht zulasten der Patientin“. Befundsicherungspflichtverstoß!. Dauerschaden.

Betrag: 127.823 € **Haftung: 100 %**
immVorb: Ja **MdE: –**

OLG Hamm 12.12.2001 – 3 U 119/00 = BeckRS 2002, 685

4294

Brustamputation rechts und Brustverletzung infolge kunstfehlerhaftem Brustimplantat links.

52j. Frau. Mehrere Wochen stationär. Sieben Operationen an der rechten Brust sowie zusätzlicher Eingriffe an der linken Brust. Langwierige Heilbehandlung mit psychischen und physischen Belastungen. Dauerschaden: Entstellung durch Brustamputation. Das Gericht spricht von einer „Beeinträchtigung des körperlichen Erscheinungsbildes“ der Klägerin. Arzthaftung: Grober Behandlungsfehler.

Betrag: 130.000 € **Haftung: 100 %**
immVorb: Ja **MdE: –**

LG Coburg 14.4.2009 – 14 O 402/05 = BeckRS 2010, 26934

c) Brustbeinfraktur

6895

Brustbeinfraktur, nicht disloziert.

Mann. Ambulante Heilbehandlung. 6 Wochen dauerhaft massive Schmerzen, so dass der Kl. insofern Schmerzmittel einnehmen musste. [Ursache: Unfall während eines Junggesellenabschieds mit einem sog. „Bierbike“ – einem von einer Personengruppe durch deren Körperkraft über Pedale angetriebenes Fahrzeug, bei dem der „Zapfer“ zu Fall kam].

Betrag: 1.000 € **Haftung: 66 %**
immVorb: – **MdE: –**

AG Hannover 29.7.2020 – 512 C 15505/19 = BeckRS 2020, 54521

5045

Brustbeinfraktur, Brustkorbprellung und HWS-Syndrom in Form einer HWS-Zerrung.

Mann. 6 Wochen ambulante Heilbehandlung. Erhebliche Schmerzen. [vgl. auch → Nr. 5044].

Betrag: 1.000 € **Haftung: 50 %**
immVorb: – **MdE: –**

LG Trier 11.4.2001 – 4 O 307/00 = unveröffentlicht

5555

Brustbeinfraktur (Sternumfraktur des mittleren Drittels) mit Brustkorbquetschung sowie ein stumpfes Bauchtrauma.

Mann. 9 Tage stationär. Anschließend ambulante Heilbehandlung. Anfänglich starke Schmerzen. MdE 3 1/2 Monate 100 %. Folgenlose Verheilung. [Lesenswert zur: Haftungsverteilung nach berührungslosem Verkehrsunfall].

Betrag: 2.000 € **Haftung: 50 %**
immVorb: – **MdE: –**

OLG Brandenburg 29.11.2018 – 12 U 92/18 = BeckRS 2018, 38727

5044

Brustbeinfraktur und Nierenprellung sowie zahlreiche weitere Prellungen mit der Folge, dass die „ganze rechte Seite ... grün und blau und angeschwollen gewesen" sei. Starke Schmerzen.

Frau. 8 Tage stationär; sodann erfolgte noch ein ambulanter Behandlungstermin beim Hausarzt. MdE 30 Tage 100 %. Anschließend litt die Klägerin noch unter erheblichen Schmerzen und war deshalb „noch für weitere zwei Wochen zuhause auf Schmerzmittel angewiesen". Zudem litt sie unter Schlafstörungen, „weil sie sich nicht drehen konnte". Auch Tätigkeiten, die „über die rechte Körperseite" durchzuführen sind, waren der Klägerin vorübergehend „unmöglich" [Zitate aus der Urteilsbegründung.]. Das AG orientierte sich bei der Bemessung an den Urteilen des LG Trier → Nr. 5045 sowie AG Oberndorf → Nr. 5046].

Betrag: 2.000 € **Haftung: 100 %**
immVorb: – **MdE: –**

AG Soltau 7.2.2014 – 4 C 619/13 = unveröffentlicht

5046

Brustbeinfraktur, geringfügig disloziert sowie HWS-Syndrom in Form einer HWS-Distorsion und diverse Prellungen.

Frau (Lehrerin, Mutter von 3 Kindern). 2 Tage stationär. MdE 21 Tage 100 %; in dieser Zeit litt die Klägerin unter starken Schmerzen und musste starke Schmerzmittel einnehmen. Zur von der Kl. vorgetragenen Urlaubsbeeinträchtigung führte das AG aus: „Der Umstand, dass die Klägerin über die Osterferien in ihr eigenes Ferienhaus an die Nordsee verreiste und dort die gewohnten Ferienaktivitäten nicht ausüben konnte, wirkt sich hier nicht schmerzensgelderhöhend aus, da sie den Urlaub nicht etwa antrat, weil sie eine Buchung mit damit verbundenen Zahlungen geleistet hatte und der Unfall nicht innerhalb des Urlaubes eintrat. Es war ihre freie Entscheidung, ihren Kindern den gewohnten Urlaub ermöglichen zu wollen und deshalb ihre Genesungszeit teilweise an der Nordsee zu verbringen".

Betrag: 2.300 € **Haftung: 100 %**
immVorb: – **MdE: –**

AG Oberndorf 12.11.2009 – 3 C 698/08 = BeckRS 2011, 844

2965

Brustbeinfraktur und HWS-Syndrom.

Mann. Eine 5 Wochen später erfolgte 2. Brustbeinfraktur ist – lt.OLG – nicht zweifelsfrei dem ersten Unfall zuzuordnen. Schmerzensgeld lt. OLG „im oberen Bereich".

Betrag: 3.068 € **Haftung: 100 %**
immVorb: – **MdE: –**

OLG Frankfurt a. M. 11.12.2001 – 17 U 128/00 = BeckRS 2001, 30226013

6872

Brustbeinfraktur sowie Prellungen (hier: Brustkorbprellungen, Unterbauchprellungen sowie Schulterprellungen und Knieprellungen). Zudem litt der Kläger an psychischen Beeinträchtigungen, da durch sein Zutun zwei Menschen getötet wurden. Mann (selbständiger Außendienstmitarbeiter). Langwierige Heilbehandlung; die Schmerzen dauerten ca. 11 Monate. Wegen der psychischen Beeinträchtigungen musste der Kläger seinen Beruf wechseln und wartete zum Zeitpunkt der Urteilsverkündung auf einen Therapieplatz. [Ursache: Verkehrsunfall mit zwei Toten und Fahrerflucht des Beklagten].

Betrag: 3.500 € **Haftung: 70 %**
immVorb: Ja **MdE: –**

LG Lübeck 26.4.2021 – 10 O 51/18 = BeckRS 2021, 15129

4719

Brustbeinfraktur (hier: Massive Brustbeinfraktur im oberen Drittel mit Brustbeinverschiebung um einige Zentimeter). Zahlreiche Prellungen und Schürfungen im Brustkorbbereich sowie an der linken Hand und dem rechten Fuß.

Mann. 11 Tage stationär, davon 2 Tage auf Intensivstation anschließend längere ambulante Heilbehandlung mittels Atemtherapie und Physiotherapie. Schmerzensgelderhöhend wirkte sich das rücksichtslose Verhalten des Beklagten, der grob verkehrswidrig fuhr, aus.

Betrag: 3.500 € **Haftung: 100 %**
immVorb: – **MdE: –**

AG Meißen 2.3.2012 – 103 C 932/10 = BeckRS 2012, 214157

6442

Brustbeinfraktur (hier: dislozierte Brustbein- bzw. Sternumfraktur), HWS-Distorsion, beidseitige Knieprellungen und eine Beckenprellung rechts.

Frau. 3 Tage stationär. MdE 57 Tage 100 % sowie 7 Monate 10 %. Die Klägerin hob zudem ihre Angst vor dem Autofahren hervor. Zur Schmerzensgeldbemessung (das LG hatte zuvor 6.000 EUR zuerkannt) führte das OLG aus, es halte fest, „dass es nachvollziehbar ist, wenn die Klägerin im zeitlichen Zusammenhang mit dem Unfall Ängste vor dem Autofahren wie auch um die Gesundheit ihrer Tochter schildert. Denn eine Frontalkollision von Kraftfahrzeugen stellt ein besonders einschneidendes Ereignis dar, das sich ohne Weiteres einprägt. Ebenfalls nachvollziehen lassen sich weitere Schmerzen über den Zeitraum der Krankschreibung hinweg. Damit stellen sich erhebliche unfallbedingte Beschwerden dar, die jedoch, anders als vom Erstgericht angenommen, lediglich ein Schmerzensgeld von 5000 Euro rechtfertigen".

Betrag: 5.000 € **Haftung: 100 %**
immVorb: – **MdE: –**

OLG Brandenburg 17.6.2019 – 12 U 179/18 = BeckRS 2019, 11793

5537

Brustbeinfraktur (Sternumfraktur), dislozierte und Brustkorbprellung sowie HWS-Syndrom / HWS-Distorsion.

Frau. MdE 4 Monate 100 % (das LG ging von 6 Wochen aus, weshalb das OLG nun das Schmerzensgeld von ursprünglich 4.000 auf 5.000 EUR anhob) – anschließend abfallend auf nur noch 10 %. Zur MdE von 10 % führte das OLG – mit Hinweis auf BGH BeckRS 1965, 30382047 aus: „Eine unfallbedingte anschließende Minderung der Erwerbsfähigkeit von 10 % ist als nicht wesentlich anzusehen und wegen der Kompensationsmöglichkeiten nicht ersatzfähig."

Betrag: 5.000 € **Haftung: 100 %**
immVorb: Ja **MdE: –**

OLG München 12.1.2018 – 10 U 958/17 = BeckRS 2018, 85

4685

Brustbeinfraktur sowie HWS-Distorsion, deren Heilungsverlauf lange andauerte.

40j. Frau. 3 Tage stationär, anschließende ambulante Heilbehandlung mit Physiotherapie. MdE ca. 60 Tage. Langwierige Heilbehandlung über 34 Monate. Die Klägerin begehrte wegen einer angeblich auf den Unfall zurückzuführenden Bandscheibenverletzung ein weiteres Schmerzensgeld. Das OLG lehnte dies ab und führte aus: „Damit kann die Klägerin ihrer Beweislast, dass der Bandscheibenvorfall auf den Unfall zurückzuführen ist, nicht nachkommen. Der Feststellungsantrag war insoweit abzuweisen und die Berufung zurückzuweisen".

Betrag: 5.000 € **Haftung: 100 %**
immVorb: Ja **MdE: –**

OLG München 14.6.2013 – 10 U 3314/12 = BeckRS 2013, 10202

3307

Brustbeinfraktur.

Frau. Voraussichtlich bleibt ein Dauerschaden: Noch nahezu fünf Jahre nach dem Unfall im Jahr 1998 leidet die Kl. noch unter Atemnot und Schmerzen beim Niesen / Husten; insoweit sei jedoch durch zunehmende Anpassung und „Gewöhnung" eine Besserung zu erwarten, so das LG.

Betrag: 5.113 € **Haftung: 100 %**
immVorb: – **MdE: –**

LG Verden 4.4.2003 – 8 O 62/01 = BeckRS 2003, 154392

5065

Brustbeinfraktur (= Sternumfraktur) sowie Brustkorbprellung.

Mann. 4 Tage stationär sowie 4 1/2 Monate ambulante Heilbehandlung. Möglicher Dauerschaden: Der Kläger behauptete eine MdE von 10 % sowie eine Belastungseinschränkung in Form von „Schmerzen in der Brust und im Rücken, die beim Tragen erheblicher Gewichte [von mehr als 20 KG] und dem Arbeiten über Kopf". Beides wurde jedoch in der Entscheidung nicht bestätigt; das OLG ging jedoch bei der Bemessung vom Vorliegen dieser Darlegungen aus.

Betrag: 6.000 € **Haftung: 100 %**
immVorb: Ja **MdE: –**

OLG Hamm 21.1.2016 – 32 SA 69/15 = BeckRS 2016, 3771

d) Rippenfraktur

5349

Rippenfraktur, behauptete …

Mann. Kein Schmerzensgeldanspruch wegen Rippenfraktur infolge sich schließender U-Bahntüren. Keine Verkehrssicherungspflichtverletzung. Die optischen und akustischen Warnhinweise kurz vor dem Schließen der Wagentüren stellen aber aus Sicht des Gerichts eine hinreichende Sicherheitsvorkehrung dar. Zudem habe der Einklemmschutz funktioniert, da aus dem Video ersichtlich sei, dass der Kläger nur ganz kurz eingeklemmt worden sei und sich die Türen dann sofort wieder geöffnet hätten. Der Kläger habe den Unfall allein verursacht, da er auf Biegen und Brechen die U-Bahn noch habe erreichen wollen.

Betrag: – **Haftung: –**
immVorb: – **MdE: –**

AG Nürnberg 22.8.2017 – 239 C 7131/16 = BeckRS 2017, 147287

2762

Rippenfraktur (hier: Fraktur der 7.Rippe); Prellungen und Hautabschürfungen und eine Oberschenkelquetschung.

Mann (Kraftfahrer); 8 Tage stationär; 1 Monat ambulant.

Betrag: 920 € **Haftung: 80 %**
immVorb: – **MdE: –**

LG Oldenburg 17.11.1999 – 5 O 2021/98 = BeckRS 1999, 14147

4575

Rippenfrakturen (hier: Fraktur der 6. und 7. Rippe, jeweils auf der rechten Seite).

Mann. 1 Tag stationäre Heilbehandlung. MdE 4 Wochen 100 %. Anschließend weitere 3 Monate nur eingeschränkte Arbeitsfähigkeit.

Betrag: 1.250 € **Haftung: 100 %**
immVorb: – **MdE: –**

AG Tecklenburg 9.3.2012 – 5 C 243/11 = BeckRS 2012, 214165

4457

Brustkorbverletzung (hier: Rippenfraktur und Brustkorbtrauma).

Mann; MdE 6 Wochen 100 %. [Lesenswert zur Alleinhaftung des ohne Martinshorn kreuzenden Rettungswagens]

Betrag: 1.500 € **Haftung: 100 %**
immVorb: – **MdE: –**

OLG Naumburg 21.7.2011 – 4 U 23/11 = BeckRS 2012, 2590

4103

Rippenfraktur (hier: Fraktur der 6. und 7. Rippen) sowie schwere Brustkorbprellung

Mann. Ambulante, langwierige Heilbehandlung über einen Zeitraum von mehr als 7 Monaten. Schmerzen.

Betrag: 1.500 € **Haftung: 100 %**
immVorb: – **MdE: –**

LG Bielefeld 4.2.2010 – 2 O 294/09 = BeckRS 2010, 142330

3538

Rippenfraktur (hier: Fraktur zweier Rippen) sowie Oberschenkelverletzung (hier: Oberschenkelzerrung).

Frau. 6 Wochen andauernde Schmerzen mit abnehmender Tendenz. Verkehrssicherungspflichtverletzung / Reiseveranstalterhaftung wegen nicht (ausreichend) erkennbarer Stufe innerhalb eines Hotels.

Betrag: 1.500 € **Haftung: 100 %**
immVorb: – **MdE: –**

AG Köln 5.7.2005 – 135 C 497/03 = BeckRS 2006, 1690

3681

Rippenfrakturen, beidseitig. Brustkorbprellung. Unterarmverletzung in Form einer Unterarmquetschung.

Mann. MdE ca. 7 Wochen 100 %. Sehr langwierige Heilbehandlung. Starke Schmerzen beim Liegen.

Betrag: 1.534 € **Haftung: 100 %**
immVorb: – **MdE: –**

AG München 24.9.1998 – 331 C 20035/98 = BeckRS 1998, 11561

5234

Rippenfrakturen (hier: Fraktur von insgesamt 4 Rippen).

Frau. Ambulante Heilbehandlung, schmerzhafte Verletzung. Rippen nicht gerade zusammengewachsen, Körperhaltung seither leicht verschoben; unter diesen Umständen sind orthopädische Folgeschäden nicht auszuschließen. [Ursache: Verkehrssicherungspflichtverletzung; Sturz über mobiles Verkehrsschild].

Betrag: 1.740 € **Haftung: 50 %**
immVorb: Ja **MdE: –**

OLG Karlsruhe 1.2.2017 – 7 U 97/16 = BeckRS 2017, 101493

4113

Rippenserienfraktur mit Pneumothoraxverletzung und Brustfellerguss (sogn. Pleuraerguss) sowie Gehirnerschütterung.

Mann. 5 Tage stationär mit sich anschließender mehrwöchiger ambulanten Heilbehandlung. MdE 6 Wochen 100 %.

Betrag: 1.750 € **Haftung: 50 %**
immVorb: – **MdE: –**

OLG Brandenburg 5.11.2009 – 12 U 151/08 = BeckRS 2009, 86067

5661

Rippenfraktur (hier: Fraktur der 10. Rippe rechts), HWS-Distorsion 2. bis 3. Grades, Prellungen (hier: Schädelprellung des rechten Scheitelbeins, Brustkorbprellung rechts und Schultergelenkprellung rechts) sowie Unfallschock.

Frau. Ambulante Heilbehandlung. Außerdem war sie für ca. 5 Wochen zu 100 % arbeitsunfähig und befand sich im Nachhinein noch für längere Zeit in ärztlicher Behandlung. MdE 5 Wochen 100 %.

Betrag: 2.045 € **Haftung: 100 %**
immVorb: – **MdE: –**

AG Aachen 5.7.1999 – 9 C 395/98 = BeckRS 1999, 158371

3725

Rippenfraktur; Prellungen (hier: Brustkorbprellung, Knieprellung, Schulterprellung, Oberarmprellung) sowie HWS-Distorsion.

Mann (Hausmeister). 3 Tage stationär; MdE 4 Wochen 100 %.

Betrag: 2.556 € **Haftung: 100 %**
immVorb: Ja **MdE: –**

AG Offenbach 27.2.2001 – 1 C 197/99 = unveröffentlicht

7896

Rippenfrakturen in Form der Fraktur der 5. und 6. Rippe links in Verbindung mit einem Thoraxtrauma mit Verletzung des Lungengewebes links und einer krankhaften Ansammlung von Luft zwischen der Lunge und dem Brustkorb, Zwerchfelladhäsion. Zudem erlitt der Kläger eine Blockierung der Hals- und Brustwirbelsäule eingetreten, sowie eine Myogelose im BWS-Bereich, in der Schulter und in der Schulternackenmuskulatur.

Mann (freiberuflicher Osteopath). Einen Tag auf Intensivstation, anschließend weitere 4 Tage stationär. In den ersten vier Wochen nach dem Unfall litt der Kläger unter sehr intensiven Druckschmerzen im Brustkorb und Bewegungseinschränkungen seiner linken Körperhälfte sowie stark eingeschränkter Schlafmöglichkeit. Insofern konnte er nicht richtig schlafen; eine Schlafposition sei nur in verschiedenen Sitzpositionen möglich gewesen und auch dann nur im Rhythmus von 1,5–2 Stunden. Arbeitsunfähigkeit 28 Tage. Vor dem Unfallereignis – so der Kläger – habe er bis zu 20h pro Woche als Triathlet trainiert. Ein entsprechendes Training sei nicht mehr möglich gewesen, was zu einem Leistungsverlust geführt habe. Das LG berücksichtigte all dies bei seiner Schmerzensgeldbemessung und führte dazu aus: „Aufgrund der festgestellten Verletzungen steht für das Gericht fest, dass der Kläger für einen Zeitraum von vier Wochen in seiner persönlichen Lebensführung unfallbedingt erheblich eingeschränkt war. Neben seiner Arbeitsunfähigkeit und der Unfähigkeit im Haushalt tätig zu sein, war der Kläger in seiner sportlichen Tätigkeit als Triathlet erheblich beeinträchtigt. Es entspricht der allgemeinen Lebenserfahren, dass damit auch ein Leistungsverlust einherging.“ [Ursache: Fahrradunfall mit Rennrad].

Betrag: 3.500 € **Haftung: 100 %**
immVorb: – **MdE: –**

LG Köln 23.10.2023 – 15 O 424/21 = BeckRS 2023, 53880

5010

Rippenfrakturen (hier: Rippenserienfraktur der 8. bis 12. Rippe links dorso-lateral und links paravertrebral.)

Mann (älterer Mann). 1 Tag stationär. [Anmerkung: Keine Mithaftung des Fahrgastes eines Linienbusses, der sich kurz vor dem Aussteigen erhebt, um die Haltewunschtaste zu drücken und sich zum Aussteigen an die Türe begibt und sich dabei zudem noch an einer Sitzlehne festhält, wenn er kollisionsbedingt durch den Bus geschleudert wird].

Betrag: 3.500 € **Haftung: 100 %**
immVorb: Ja **MdE: –**

LG Freiburg 28.4.2014 – 6 O 217/13 = BeckRS 2014, 23847

7320

Rippenfrakturen / Rippenserienfraktur der siebten bis zehnten Rippe links in Verbindung mit Milzquetschung bzw. Milzkontusion mit Anschwellung der Milz sowie Lungenquetschung bzw. Lungenkontusion links sowie Gehirnerschütterung.

Frau. 11 Tage stationär. Bei der Bemessung berücksichtigte das LG, dass „die festgestellte Schwellung der Milz von den behandelnden Ärzten als potentiell lebensbedrohlich eingestuft wurde, da sie bei einem weiteren Anschwellen hätte platzen können, so dass die Klägerin innerlich verblutet wäre. Dies machte den stationären Aufenthalt mit einer engmaschigen Überwachung notwendig.“. [Ursache: Tierhalterhaftung durch Pferdetritt].

Betrag: 4.000 € **Haftung: 100 %**
immVorb: Ja **MdE: –**

LG Köln 12.9.2022 – 15 O 10/22 = BeckRS 2022, 30693

6725

Rippenfrakturen der Rippen 7 bis 9 sowie eine einfache Brustbeinfraktur [= Sternumfraktur] in Verbindung mit einem sehr schmerzhaften Pleuraerguss.

82j. Mann. 14 Tage stationäre Heilbehandlung. Das LG wertete die erheblichen bzw. starken Schmerzen im Bereich der Pleura (= Lungenfell / Rippenfell), die infolge von übermäßige Flüssigkeitsansammlung im Brustkorb zwischen dem Lungenfell (Pleura visceralis) und dem Rippenfell erzeugt wurden, als schmerzensgelderhöhend.

Betrag: 4.500 € **Haftung: 100 %**
immVorb: – **MdE: –**

LG Karlsruhe 24.7.2019 – 19 S 24/19 = BeckRS 2019, 54834

4616

Rippenfrakturen (hier: Rippenserienfraktur) und Zahnverletzungen (insgesamt wurden 6 Zähne beeinträchtigt).

Mann (Hausmeister). Ambulante Heilbehandlung. MdE 6 Monate 100 % und weitere 6 Monate 40 %. Langwierige Heilbehandlung. Dauerschaden: Belastungsbeeinträchtigung beim Anheben schwerer Gegenstände. Der Kl. kann Lasten von mehr als 20 KG nicht mehr anheben und ist dadurch im beruflichen Alltag als Hausmeister beeinträchtigt; ebenso im Privatleben.

Betrag: 15.000 € **Haftung: 100 %**
immVorb: Ja **MdE: –**

LG Würzburg 29.3.2011 – 63 O 2223/08 = BeckRS 2011, 142249

e) Brustkorbtrauma (Thoraxverletzungen)

7432

Zwerchfellverletzung in Form einer Zwerchfelllähmung mit nachfolgenden dauerhaften Atembeschwerden.

Kind/ Säugling. Kein Schmerzensgeldanspruch nach Saugglockengeburt. Der Kläger hatte den Beklagten erstinstanzlich vorgeworfen, die für die Beklagte zu 1) tätigen Behandler hätten eine natürliche Geburt durchgeführt, obwohl sie aufgrund der vorhergehenden schwierigen Geburt der Schwester einen Kaiserschnitt hätten vornehmen müssen und begehrte wegen der von ihm erlittenen Zwerchfelllähmung und den daraus resultierenden Dauerfolgen 50.000 EUR Schmerzensgeld. Das OLG bestätigte das die Klage abweisende Urteil der Vorinstanz und äußerte sich ausführlich zur Frage, ob und unter welchen Voraussetzungen in der Schlussphase der Geburt von einem beachtlichen Wunsch der Schwangeren nach einem Wahlkaiserschnitt ausgegangen werden kann.

Betrag: – **Haftung: –**
immVorb: – **MdE: –**

OLG Köln 15.5.2024 – 5 U 109/23 = BeckRS 2024, 11396

3073

Brustkorbprellung, leichte sowie „im gesamten, linken Körperbereich blaue Flecken“.

Frau. Keine Arbeitsunfähigkeit. Die Unfallbeschwerden waren nach 3 Wochen völlig abgeklungen.

Betrag: 307 € **Haftung: 100 %**
immVorb: – **MdE: –**

AG Aichach 5.12.2000 – 1 C 0777/00 = BeckRS 2000, 167930

4308

Brustkorbprellung. Zudem erlitt die Klägerin eine Daumenprellung sowie ein HWS-Syndrom.

Frau. Ambulante Heilbehandlung. MdE 7 Tage 100 % sowie weitere 7 Tage 80 %. Erhebliche Schmerzhaftigkeit.

Betrag: 450 € **Haftung: 100 %**
immVorb: – **MdE: –**

AG Arnsberg 30.5.2007 – 3 C 464/06 = BeckRS 2007, 144981

6098

Brustkorbtrauma (hier: Stumpfes Thorax- und Bauchtrauma) sowie multiple Schürf- und Schnittwunden an der linken Hand.

Mann. 2 Tage stationär. MdE 14 Tage 100 %.

Betrag: 1.500 € **Haftung: 100 %**
immVorb: Ja **MdE: –**

OLG Koblenz 27.6.2016 – 12 U 1090/15 = BeckRS 2016, 15286

4457

Brustkorbverletzung (hier: Brustkorbtrauma mit Rippenfraktur).

Mann; MdE 6 Wochen 100 %. [Lesenswert zur Alleinhaftung des ohne Martinshorn kreuzenden Rettungswagens]

Betrag: 1.500 € **Haftung: 100 %**
immVorb: – **MdE: –**

OLG Naumburg 21.7.2011 – 4 U 23/11 = BeckRS 2012, 2590

3219

Brustkorbverletzung (hier: Brustkorbtrauma) sowie stumpfes Bauchtrauma.

30j. Mann. MdE 4 Wochen 100 % mit insgesamt 5 ambulanten Behandlungen. Starke Bauchschmerzen und Brustkorbschmerzen und daraus resultierende subjektiv empfundene Atembeschwerden.

Betrag: 1.500 € **Haftung: 100 %**
immVorb: – **MdE: –**

AG Gera 9.1.2003 – 5 C 707/02 = BeckRS 2003, 154520

4893

Brustkorbtrauma mit Brustkorbprellung und Rippenprellung sowie einem Rippenhaarriss der 11. Rippe. Zudem erlitt der Kläger weitere Prellungen (Schädelprellung, Oberschenkelprellung) und Schürfwunden (Kopf, Nase, Oberschenkel und Fuß) sowie ein HWS-Syndrom.

Mann. 4 Tage stationär; 6 Wochen ambulante Heilbehandlung mit Beschwerden und Schmerzen. Folgenlose Verheilung.

Betrag: 2.000 € **Haftung: 100 %**
immVorb: – **MdE: –**

AG Achim 11.7.2013 – 10 C 210/11 = BeckRS 2013, 23240

3740

Hemithoraxprellung, sehr schmerzhafte.

Frau. Ambulante Behandlung / langwierige Heilbehandlung. MdE 5 Wochen 100 % danach über insgesamt 17 Wochen langsam abnehmend, zuletzt 8 Wochen 25 %. Sehr erhebliche Schmerzen.

Betrag: 2.556 € **Haftung: 100 %**
immVorb: – **MdE: –**

LG Regensburg 30.1.2003 – 1 O 72/02 = BeckRS 2003, 154649

7896

Thoraxtrauma mit Verletzung des Lungengewebes links und eine krankhafte Ansammlung von Luft zwischen der Lunge und dem Brustkorb, Zwerchfelladhäsion und Rippenfrakturen in Form der Fraktur der 5. und 6. Rippe links. Zudem erlitt der Kläger eine Blockierung der Hals- und Brustwirbelsäule eingetreten, sowie eine Myogelose im BWS-Bereich, in der Schulter und in der Schulternackenmuskulatur.

Mann (freiberuflicher Osteopath). Einen Tag auf Intensivstation, anschließend weitere 4 Tage stationär. In den ersten vier Wochen nach dem Unfall litt der Kläger unter sehr intensiven Druckschmerzen im Brustkorb und Bewegungseinschränkungen seiner linken Körperhälfte sowie stark eingeschränkter Schlafmöglichkeit. Insofern konnte er nicht richtig schlafen; eine Schlafposition sei nur in verschiedenen Sitzpositionen möglich gewesen und auch dann nur im Rhythmus von 1,5–2 Stunden. Arbeitsunfähigkeit 28 Tage. Vor dem Unfallereignis – so der Kläger – habe er bis zu 20h pro Woche als Triathlet trainiert. Ein entsprechendes Training sei nicht mehr möglich gewesen, was zu einem Leistungsverlust geführt habe. Das LG berücksichtigte all dies bei seiner Schmerzensgeldbemessung und führte dazu aus: „Aufgrund der festgestellten Verletzungen steht für das Gericht fest, dass der Kläger für einen Zeitraum von vier Wochen in seiner persönlichen Lebensführung unfallbedingt erheblich eingeschränkt war. Neben seiner Arbeitsunfähigkeit und der Unfähigkeit im Haushalt tätig zu sein, war der Kläger in seiner sportlichen Tätigkeit als Triathlet erheblich beeinträchtigt. Es entspricht der allgemeinen Lebenserfahren, dass damit auch ein Leistungsverlust einherging." [Ursache: Fahrradunfall mit Rennrad].

Betrag: 3.500 € **Haftung: 100 %**
immVorb: – **MdE: –**

LG Köln 23.10.2023 – 15 O 424/21 = BeckRS 2023, 53880

6282

Brustbeinfraktur, die folgenlos ausheilte.

Frau. 3 Tage stationäre Heilbehandlung. Nach ihrer Entlassung litt die Klägerin noch ca. 6 Wochen unter Schmerzen und sollte sich laut ärztlichem Entlassungsbrief noch eine Woche körperlich schonen. Längere krankengymnastische ambulante Behandlungen. MdE ca. 60 Tage 100 %. Folgenlose Verheilung.

Betrag: 3.500 € **Haftung: 100 %**
immVorb: – **MdE: –**

OLG Brandenburg 20.6.2019 – 12 U 143/18 = BeckRS 2019, 14211

4928

Brustkorbverletzung / Rippenfrakturen (hier: Pleuraerguss [= Flüssigkeit zwischen Lunge und den Rippen] sowie Rippenserienfrakturen der Rippen 3 bis 9).

77j. Frau. 18 Tage stationär; in dieser Zeit erfolgte für die Dauer von 7 Tagen eine Brustkorbdrainage als Behandlung der Pleuraergussverletzung. 4 Monate ambulante Behandlung und Atemtherapie. Dauerschaden: Atembeschwerden, die eine nicht unerhebliche Beeinträchtigung der Lebensqualität der Klägerin darstellen.

Betrag: 8.000 € **Haftung: 100 %**
immVorb: – **MdE: –**

AG Soltau 16.1.2013 – 24 C 390/12 = unveröffentlicht

3632

Polytrauma (hier: Lungenverletzung / Hämatopneumothorax; Schädigung des Brustraumes; Rippenfrakturen 1-4 sowie 7 und 8; Brustbeinfraktur; Schlüsselbeinfraktur). Beinverletzung (hier: Bänderverletzung am rechten Bein in Form einer Außenbandruptur) sowie Unterarmverletzung mit Quetschungen und Risswunden).

Mann (Schüler). Stationärer Aufenthalt. Alle Verletzungen sind ausgeheilt. Als geringfügiger Dauerschaden blieb eine Minderung der Berührungsempfindlichkeit im Narbenbereich zurück.

Betrag: 9.000 € **Haftung: 100 %**
immVorb: – **MdE: –**

LG Kassel 15.3.2006 – 4 O 1331/03 = SP 2007, 11

3069

Brustkorbverletzung, schwere (hier: o.Brustkorbverletzung; die Lunge und das Herz wurden nach links verschoben, die „Rippe klebte fest an der Seite". Zudem Rippenfrakturen in Form einer Rippenserienfraktur C3 bis C10. Organverletzung: Lungenkontusion und Hämathorax). Schulterverletzung.

Mann (LKW-Fahrer). Tagelange Bewusstlosigkeit; künstliche Beatmung. 2 Wochen stationär. MdE 15 Tage 100 %, 18 Tage 50 % sowie 21 Tage 40 %. Dauerschaden: Kraftminderung. Wetterfühligkeit. „Atem klingt". Große Narben über der linken Schulter.

Betrag: 10.737 € **Haftung: 75 %**
immVorb: Ja **MdE: –**

LG Hanau 20.10.1999 – 4 O 150/99 = unveröffentlicht

4486

Brustkorbtrauma (hier: beids.Hämatopneumotorax; Brustkorbtrauma mit Rippenserienfraktur und Brustwirbelkörperfraktur an den BWK 2, 3 und 6); Schädelhirntrauma 2.Grades; Schulterblattfraktur; Unterarmfraktur und Schürfwunden.

Mann. 24 Tage stationär, davon 12 Tage Intensivstation; es bestand wegen der Schwere der Brustkorbverletzungen zunächst Lebensgefahr. Der Kläger litt noch nach mehr als einem Jahr unter Atemschwierigkeiten; Blockaden an der Wirbelsäule und Belastungseinschränkungen am linken Unterarm und in der linken Hand; Wetterfühligkeit und unter reduzierter Merkfähigkeit.

Betrag: 15.000 € **Haftung: 100 %**
immVorb: Ja **MdE: –**

LG Lübeck 17.11.2011 – 12 O 148/10 = SP 2012, 148

3622

Brustkorbtrauma / Lungenquetschung mit beids.Hämothorax; Rippenfrakturen (hier: Rippenserienfraktur); Gehirnerschütterung sowie zahlreiche Prellungen und Schürfwunden.

Mann. Lebensgefahr; künstliches Koma. 22 Tage stationär; 10 Wochen ambulante Heilbehandlung mittels Krankengymnastik. Dauerschaden: Geringfügige Belastungsminderung

Betrag: 16.873 € **Haftung: 100 %**
immVorb: – **MdE: 10 %**

LG Braunschweig 24.11.2003 – 4 O 2079/02 = unveröffentlicht

5992

Brustkorbverletzung in Form einer schweren Brustkorbnervverletzung des langen Brustkorbnervs mit der Folge einer dauerhaften Lähmung. Später „zunehmende Verschlechterung seines Gesundheitszustandes …, unter anderem … Schwindelanfälle und Sehstörungen".

Mann (Polizeibeamter). Der Kläger leide seit 2002 an Schwindelattacken, die auf das Schadensereignis [Verletzung des Klägers bei der Verfolgung eines vorläufig Festgenommenen] von 1993 zurückzuführen sind. Bei der Höhe des Schmerzensgeldes hat das Landgericht. Bei der Höhe des Schmerzensgeldes hat das Landgericht für die Verletzungen im Bereich Schulter und Brustkorbnerv 12.000 EUR und für die Schwindelattacken 20.000 EUR für angemessen erachtet. Ein höheres Schmerzensgeld war dem Kläger dennoch nicht zuzuerkennen – so das OLG – „weil die Bemessung durch das Landgericht ebenfalls keinem Rechtsfehler unterliegt. Die von dem Kläger in der Berufung ins Feld geführten Bemessungsfaktoren hat das Landgericht sämtlich in seinen Abwägungen berücksichtigt". Berufsunfähigkeit als Polizist: „Letztlich sei er im Jahre 2006 frühpensioniert worden". Dauerschaden: Brustkorbnervlähmung, Sehstörungen und Schwindelanfälle. Das Betreiben von Leistungssport, Bergsteigen und Motorradtouren ist nicht mehr möglich.

Betrag: 32.000 € **Haftung: 100 %**
immVorb: – **MdE: 100 %**

OLG Frankfurt a. M. 14.11.2013 – 3 U 186/11 = BeckRS 2013, 20920

6124

Brustkorbverletzung / Brustkorbtrauma (hier: Rippenserienfraktur rechts, Pneumothorax und eine akute respiratorische Insuffizienz mit Antrum-Gastritis) sowie Schädelbasisfraktur mit Schädelhirntrauma 2. Grades und psychische Beeinträchtigungen mit anhaltenden depressiven Verstimmungen.

59j. Mann. 21 Tage Intensivstation mit Luftröhrenschnitt und künstlicher Beatmung und weitere 7 Tage stationär. Dauerschaden: Psychische Beeinträchtigungen.

Betrag: 35.000 € **Haftung: 100 %**
immVorb: Ja **MdE: –**

OLG Düsseldorf 7.11.2017 – 1 U 70/16 = BeckRS 2017, 152064

4138

Brustkorbtrauma / Polytrauma (hier: Organverletzungen in Form von dreifachem Dünndarmriss, Dickdarmriss und beids.Lungenquetschung mit Pneumothorax; Rippenfraktur in Form einer Rippenserienfraktur und Brustbeinfarktur); Schlüsselbeinfraktur sowie posttraumatische Belastungsstörung.)

54j. Frau (Physiotherapeutin). 4 Wochen stationär; weitere 5 Wochen Rehabilitationsaufenthalt. MdE 7 Monate 100 %. Dauerschaden: Posttraumatische Belastungsstörung; Bewegungseinschränkungen im Schultergelenk. Das OLG hob zudem grobes Verschulden (Fahrfehler) des Beklagten hervor.

Betrag: 40.000 € **Haftung: 100 %**
immVorb: Ja **MdE: –**

OLG Hamm 19.3.2010 – 9 U 71/09 = BeckRS 2010, 142343

f) Lungenverletzungen ohne Pneumothorax

7585

Mögliche Lungenschädigungen im Zusammenhang mit schalldämpfendem Schaumstoff aus polyesterbasiertem Polyurethan (PE-PUR) in Beatmungsgeräten zur Behandlung von Schlafapnoe.

Mann. Kein (bzw. noch kein) Schmerzensgeld – aber Feststellung der Haftung der Beklagten für zukünftige auf den Produktfehler iSd § 5 PHG zurückzuführende materielle und immaterielle Schäden. Sachverhalt: Der Kläger hatte von der Beklagten ein nicht kontinuierliches Beatmungsgerät zur Behandlung seiner Schlafapnoe erworben und regelmäßig beim Schlafen verwendet. Der in diesem Gerät verbaute Schaumstoff (PE-PUR) wurde – worauf die Beklagte 2021 den Kläger in einer „dringenden Sicherheitsmeldung" hingewiesen hatte – als gesundheitsschädlich eingestuft und könnte, „dauerhafte bis hin zu lebensbedrohliche Schädigungen nach sich ziehen." Mit seiner im Anschluss hieran eingereichten Klage begehrt der Kläger, vorrangig gestützt auf Produkthaftung nach dem PHG, 7.000 EUR Schmerzensgeld für erlittene körperliche Schmerzen sowie seelische Beeinträchtigungen und erhob ein Feststellungsbegehren. Vor dem Erst- und Berufungsgericht scheiterte der Kläger damit, weitgehend, – erhielt jedoch hinsichtlich seines weitergehenden Feststellungsbegehrens in Bezug auf künftige Schäden Recht. Auch der Revision des Klägers war im Ergebnis nicht Folge zu leisten, so der OGH, der insofern betont hatte, dass eine bloße „psychische Beeinträchtigung (ohne eigenständigen Krankheitswert), die bloß in Unbehagen und Unlustgefühlen besteht, … für sich nicht aus[reiche], um als Verletzung am Körper angesehen oder einer Verletzung gleichgestellt zu werden". Dazu führte der OGH aus: „Nach den erstgerichtlichen Feststellungen hat sich der Gesundheitszustand des Klägers durch die Verwendung des Geräts nicht verschlechtert. Insbesondere trat bislang weder eine Erkrankung der Lunge oder Atemwege noch eine Leistungsminderung ein. Der Kläger befürchtete aufgrund der Sicherheitsmitteilung zwar schädliche Schaumstoffemissionen und hatte beim Aufsetzen der Maske „ein ungutes Gefühl bzw Angst, dass er dadurch erkranken könnte", eine psychiatrische Gesundheitsstörung mit Krankheitswert lag aber zu keinem Zeitpunkt vor, und er verwendete das Gerät weiter, ohne sich nach Alternativen zu erkundigen.". [Anmerkung: Vgl. dazu auch im Handbuch unter → Rn. 354a].

Betrag: – **Haftung: –**
immVorb: – **MdE: –**

OGH Österreich 22.10.2024 – 4 Ob 109/24v = BeckRS 2024, 29142

7432

Zwerchfellverletzung in Form einer Zwerchfälllähmung mit nachfolgenden dauerhaften Atembeschwerden.

Kind/ Säugling. Kein Schmerzensgeldanspruch nach Saugglockengeburt. Der Kläger hatte den Beklagten erstinstanzlich vorgeworfen, die für die Beklagte zu 1) tätigen Behandler hätten eine natürliche Geburt durchgeführt, obwohl sie aufgrund der vorhergehenden schwierigen Geburt der Schwester einen Kaiserschnitt hätten vornehmen müssen und begehrte wegen der von ihm erlittenen Zwerchfälllähmung und den daraus resultierenden Dauerfolgen 50.000 EUR Schmerzensgeld. Das OLG bestätigte das die Klage abweisende Urteil der Vorinstanz und äußerte sich ausführlich zur Frage, ob und unter welchen Voraussetzungen in der Schlussphase der Geburt von einem beachtlichen Wunsch der Schwangeren nach einem Wahlkaiserschnitt ausgegangen werden kann.

Betrag: – **Haftung: –**
immVorb: – **MdE: –**

OLG Köln 15.5.2024 – 5 U 109/23 = BeckRS 2024, 11396

2996

Lungenverletzung (hier: Lungenembolie infolge Thrombose nach Langstreckenflug; sogn. Economy-Class-Syndrom nach Flug von Frankfurt nach Kapstadt in einer Boing 747-400 mit 81 cm Sitzabstand.)

54j. Mann. Kein Schmerzensgeldanspruch wegen Economy-Class-Syndrom, da lt. LG (nicht rechtskräftig!) das „Thromboserisiko nicht höher (sei), als bei jeder anderen sitzenden Tätigkeit".

Betrag: – **Haftung: –**
immVorb: – **MdE: 10 %**

LG Frankfurt a. M. 29.10.2001 = NZV 2002, 181

3024

Organverletzung (hier: Lungenembolie nach Thrombose).

54j. Mann. Intensivstation. Kein Schmerzensgeldanspruch wegen Thrombose bei Langstreckenflug, da – so das LG – das Thromboserisiko nicht höher als bei jeder anderen sitzenden Tätigkeit sei. Es bestehe daher auch keine Verkehrssicherungspflichtverletzung bei 81 cm Sitzabstand in einer Boing 747-400.

Betrag: – **Haftung: –**
immVorb: – **MdE: –**

LG Frankfurt a. M. 29.10.2001 – ohne = NVZ 2002, 181

5821

Lungenverletzung (hier: Lungenembolien nach einer tiefen Beinvenenthrombose).

55j. Mann (Justizhauptwachtmeister). Lebensgefahr. Stationäre Behandlung. Arzthaftung (hier: Grober Behandlungsfehler im Zusammenhang mit dem Unterbleiben einer Thromboseprophylaxe bei einer die Muskelpumpe ausschaltenden zweiwöchigen Ruhigstellung des Unterschenkels durch einen Gipsverband). Dauerschaden: Berufsunfähigkeit bzw. Dienstunfähigkeit und vorzeitige Versetzung in den Ruhestand. Vorbeugende Einnahme von Blutverdünnungsmittel (Marcumar) und Tragen von Stützstrümpfen zur Thromboseprophylaxe

Betrag: 1.500 € **Haftung: 100 %**
immVorb: – **MdE: 100 %**

OLG Düsseldorf 21.2.2008 – I-8 U 82/06 = BeckRS 2009, 1777

3731

Lungenverletzung in Form einer vorübergehenden Lungenquetschung. Sehr schmerzhafte Rippenfrakturen.

Mann. Intensivstationär wegen anfänglicher Lebensgefahr. MdE 6 Wochen 100 %. Die anfänglich sehr starken Schmerzen klangen erst nach ca. 2 Monaten aus.

Betrag: 2.500 € **Haftung: 100 %**
immVorb: – **MdE: –**

LG Dortmund 9.6.2004 – 21 O 454/03 = BeckRS 2007, 15413

4562

Lungenkrebs / Heilbehandlungsverzögerung (hier: infolge eines Befunderhebungsfehler kam es zu einer Behandlungsverzögerung. Die Patientin verstarb 2 Jahre und 7 Monate nach Durchführung der Lungenresektion. Sie lebte bis zu ihrem Tode mit dem Gedanken, dass die Ausbreitung bei einer früheren Erkennung und entsprechender Behandlung ggf. hätte verhindert werden können.

Frau. Der Kläger mach als Alleinerbe seiner Frau arzthaftungsbedingte Schadensersatz- und Schmerzensgeldansprüche mit der Begründung geltend, der behandelnde Arzt hätte eine Krebserkrankung früher erkennen müssen wodurch die Heilungschancen größer gewesen wären. Das OLG gab der Klage statt, da der Beklagte den „Lungenrundherd durch weitere differential-diagnostische Maßnahmen abzuklären" gehabt hätte; dies so das OLG sei ein vorwerfbarer Befunderhebungsfehler und somit ein Behandlungsfehler, der auch „ursächlich für den weiteren Behandlungsverlauf bis hin zum Tode der Ehefrau des Klägers geworden" war.

Betrag: 25.000 € **Haftung: 100 %**
immVorb: – **MdE: –**

OLG Brandenburg 27.8.2009 – 12 U 233/08 = BeckRS 2009, 25226

6444

Lungenverletzung (hier: rezidivierenden Pulmonalvenstenosen nach einer Pulmonalvenen-Isolation).

Mann. Zunächst 3 Tage stationär. Später kam es zu sieben weiteren stationären Aufenthalten mit einer Gesamtdauer von 23 Tagen wegen des Auftretens rezidivierender Pulmonalvenstenosen und nachfolgend zu sechs ambulanten Behandlungen. Zudem litt der Kläger unter – allerdings nicht im einzelnen dargelegten – psychischen Beeinträchtigungen, die einer psychotherapeutischen Behandlung bedurften. Arzthaftung (hier: Behandlungsfehler im Zusammenhang mit einer Pulmonalvenen-Isolation).

Betrag: 28.000 € **Haftung: 100 %**
immVorb: – **MdE: –**

OLG Brandenburg 29.5.2019 – 12 W 15/19 = BeckRS 2019, 11798

4358

Organverletzung / Lungenverletzung (hier: Zwerchfellverletzung mit Lungenfunktionseinschränkung. Die Lungenfunktion des rechten Lungenflügels ist nur noch zur Hälfte gegeben.). Armverletzung / Armlähmung (hier: vollständiger Funktionsverlust des rechten Arms inkl. der Hand, die nur noch minimal einsatzfähig ist).

Frau. Arzthaftung (Behandlungsfehler einer Schulterdystokie mit nachfolgender Nervverletzung). Langwierige Heilbehandlung mit mehreren Operationen.

Betrag: 75.000 € **Haftung: 100 %**
immVorb: – **MdE: 100 %**

OLG Köln 5.9.2008 – 5 W 44/08 = BeckRS 2008, 21963

3361

Lungenverlust des rechten Lungenflügels. [vgl. auch Lungenverletzung].

39j. Mann. Langwierige Heilbehandlung mit über 400tägigem stationärem Aufenthalt und künstlichem Koma. Arzthaftung (hier: Explosion des Lasergerätes während einer Luftröhrenbehandlung). Dauerschaden: Pfeiftonhören (Tinnitus); häufige Krampfanfälle; Schwindel; Atembeschwerden und psychische Beeinträchtigungen (Verlust der Lebensfreude).

Betrag: 163.613 € **Haftung: 100 %**
immVorb: – **MdE: 100 %**
Rente: 51 €

LG Saarbrücken 30.3.2001 – 16 O 202/99 = unveröffentlicht

4351

Lungenverletzung / Zwerchfellverletzung (hier: Geburtshilfebedingte Nervverletzung mit Zwerchfelllähmung und nachfolgendem Totalausfall einer Lungenhälfte. Es kam zu Herzmuskelvergrößerung und Kehlkopfdeformationen; erheblichen psychischen Beeinträchtigungen (Selbstverletzungen; Hospitalisierung)

Säugling. Arzthaftung (hier: Geburtshilfefehler). Dauerschaden: Intensivpflegefall; künstliche Ernährung; künstliche Beatmung; der Kl. erbricht regelmäßig in Intervallen von ca. 2–3 Stunden. [Anmerkung: Angesichts dieser extremen Verletzungsdauerfolgen ist das Schmerzensgeld deutlich zu gering bemessen worden!].

Betrag: 200.000 € **Haftung: 100 %**
immVorb: – **MdE: 100 %**

OLG Köln 13.2.2006 – 5 W 181/05 = BeckRS 2007, 5733

g) Pneumothoraxverletzungen

3971

Pneumothorax nach Injektionsfehler.

16j. Frau. 7 Tage stationärer Aufenthalt. Arzthaftung (hier: Nicht fachgerecht ausgeführte Injektion). Dauerschaden: Sichtbare Narbe unter dem linken Schlüsselbein in der Größe etwa einer 2-Euro-Münze.).

Betrag: 1.380 € **Haftung: 100 %**
immVorb: Ja **MdE: –**

AG Wittlich 18.7.2000 – 4 C 309/00 = BeckRS 2000, 168004

4113

Pneumothoraxverletzung mit Brustfellerguss (sogn. Pleuraerguss) und Rippenserienfraktur sowie Gehirnerschütterung.

Mann. 5 Tage stationär mit sich anschließender mehrwöchiger ambulanten Heilbehandlung. MdE 6 Wochen 100 %.

Betrag: 1.750 € **Haftung: 50 %**
immVorb: – **MdE: –**

OLG Brandenburg 5.11.2009 – 12 U 151/08 = BeckRS 2009, 86067

4523

Pneumothorax und Hautemphysem.

Mann. 5 Tage stationär wegen der zusätzlichen Verletzung (siehe oben). Arzthaftung (hier: Aufklärungspflichtverletzung im Zusammenhang mit einer Rückenoperation). Es kam durch die Narkose zu einem Pneumothorax und Hautemphysem. Folgenlose Verheilung.

Betrag: 2.000 € **Haftung: 100 %**
immVorb: – **MdE: –**

OLG Koblenz 19.12.2012 – 5 U 710/12 = BeckRS 2013, 1353

3732

Lungenverletzung mit Pneumothorax nach Lungendurchspießung mit einer Injektionsnadel.

Frau. 1 Woche stationär. MdE 11 Tage 100 %. Arzthaftung wegen Aufklärungspflichtverletzung im Zusammenhang mit einer Injektionsbehandlung, bei der diese Verletzung typischerweise auftreten kann.

Betrag: 2.500 € **Haftung: 100 %**
immVorb: – **MdE: –**

LG Düsseldorf 17.10.2002 – 3 O 383/00 = BeckRS 2011, 7997

2506

Organverletzung (hier: Pneumothorax in Form eines sogn. „Spontanpneumothorax" mit „Atemnot und Schmerzen im Bereich der linken Thoraxhälfte".)

Frau. 12 Tage stationär. MdE 12 Tage 100 %, weitere 38 nur „teilweise" arbeitsfähig. Dauerschaden: „Sternförmige Narbe im Dekolletebereich". Arzthaftung: Fehlerhafte Injektion.

Betrag: 2.556 € **Haftung: 100 %**
immVorb: – **MdE: –**

LG Bad Kreuznach 24.4.1998 – 1 S 28/98 = unveröffentlicht

3742

Lungenverletzung (hier: Pneumothorax) und Rippenfraktur.

Mann. 7 Tage stationär. Vorsätzliche Körperverletzung durch eine bereits bestehende Schlägerei, in die sich der Kläger selbst hineinbegeben hatte.

Betrag: 2.625 € **Haftung: 75 %**
immVorb: Ja **MdE: –**

LG Saarbrücken 2.7.2003 – 9 O 471/01 = BeckRS 2003, 154644

3622

Brustkorbtrauma / Lungenquetschung mit beids.Hämothorax; Rippenfrakturen (hier: Rippenserienfraktur); Gehirnerschütterung sowie zahlreiche Prellungen und Schürfwunden.

Mann. Lebensgefahr; künstliches Koma. 22 Tage stationär; 10 Wochen ambulante Heilbehandlung mittels Krankengymnastik. Dauerschaden: Geringfügige Belastungsminderung

Betrag: 16.873 € **Haftung: 100 %**
immVorb: – **MdE: 10 %**

LG Braunschweig 24.11.2003 – 4 O 2079/02 = unveröffentlicht

h) Herzverletzungen

7004

Kreislaufversagen nach Exsikkose (= Flüssigkeitsdefizit) in deren Folge es zudem zu einer Hyperkaliämie, einem Kompartmentsyndrom beider Oberschenkel und einer Einschränkung der Nierenfunktion mit Notwendigkeit zur Nierenersatztherapie kam.

Mann (Soldat / Hauptfeldwebel). Kein Schmerzensgeldanspruch wegen eines während einer Bundeswehrübung

(Eignungstest des Einzelkämpferlehrgangs III „Führer eines Jagdkommandos") erlittenen Kreislaufkollapses. Der Test sollte der Leistungsfeststellung der aus unterschiedlichen Truppengattungen stammenden Teilnehmer dienen. Im Laufe des Tages des Lehrgangs betrug die Außentemperatur über 30 °C. Nach etwa der Hälfte des Rückmarsches erlitt er einen ersten Krafteinbruch, woraufhin er angehalten wurde, den Anschluss zur Truppe zu finden. Dieser Aufforderung folgte der Kläger zunächst, brach jedoch sodann nach etwa 3,5 km des Rückmarsches aufgrund eines Kreislaufzusammenbruchs infolge eines Flüssigkeitsdefizits (Exsikkose) zusammen. [Anmerkung: Ein solcher Anspruch eines Soldaten ist bereits aufgrund der Regelung des § 91a Abs. 1 SVG ausgeschlossen. Danach haben die nach dem Soldatenversorgungsgesetz versorgungsberechtigten Personen gegen den Bund aus Anlass einer Wehrdienstbeschädigung oder einer gesundheitlichen Schädigung nur die auf diesem Gesetz beruhenden Ansprüche. Anders ist dies, sofern die Wehrdienstbeschädigung gemäß § 91a Abs. 1 S. 2 SVG durch eine vorsätzliche unerlaubte Handlung einer im Dienst der Beklagten stehenden Person verursacht worden ist, wofür der klagende Soldat beweispflichtig ist].

Betrag: – **Haftung: –**
immVorb: – **MdE: –**

LG Bonn 27.10.2021 – 1 O 433/19 = BeckRS 2021, 32019

3256

Herzverletzung (hier: Herzerkrankung, hervorgerufen durch starken Tabakkonsum).

„Es bestehen keine Leistungsansprüche eines durch Nikotinabusus in seiner Gesundheit geschädigten Rauchers gegen den Hersteller der Tabakerzeugnisse", so entschied zutreffend das LG in seiner noch nicht rechtskräftigen Entscheidung, nach welcher somit auch kein Schmerzensgeld zugesprochen werden konnte.

Betrag: – **Haftung: –**
immVorb: – **MdE: –**

LG Arnsberg 14.11.2003 – 2 O 294/02 = BeckRS 2003, 10147

5914

Herzverletzung bzw. vorübergehende Herzrhythmusstörungen und schwere dilatatativen Kardiomyopathie, die die Implementierung eines neuen Herzschrittmachers erforderlich machte.

Mann. Arzthaftung (hier: Grober Behandlungsfehler in Form einer Beschädigung eines Herzrhythmusregulators bei einer MRT-Untersuchung und anschließend erforderlicher Neuimplantation eines Herzschrittmachers. Zunächst kam es zu massiven Herzrhythmusstörungen und zu einem insgesamt deutlich verschlechterten kardialen Zustand).„Erfordert der grobe Behandlungsfehler die Einbringung eines neuen Herzrhythmusregulators, rechtfertigt das ein Schmerzensgeld von 3000 EUR", so das OLG.

Betrag: 3.000 € **Haftung: 100 %**
immVorb: – **MdE: –**

OLG Koblenz 10.3.2011 – 5 U 1281/10 = BeckRS 2011, 8626

4183

Schlagaderverletzung / Herzverletzung (hier: Chronische Hypertonie nach Diagnosefehler: Verkennung einer Aortenisthmusstenose).

2j. Kind. Arzthaftung: Diagnosefehler / Behandlungsfehler: Erst im Alter von 8 Jahren wurde bei dem Jungen eine Schlagaderverengung attestiert und die nötige Behandlung durchgeführt. Dauerschaden: Bluthochdruck. Der Kläger muss auf Dauer medikamentös behandelt werden.

Betrag: 5.000 € **Haftung: 100 %**
immVorb: Ja **MdE: –**

OLG Frankfurt a. M. 7.5.2009 – 8 U 318/08 = unveröffentlicht

887

Organverletzung / Herzverletzung (hier: Herausbildung eines Herzwandaneurysmas nach unzureichender diagnotischer Abklärung eines Herzinfarktes).

Mann. Arzthaftung (hier: Diagnosefehler im Zusammenhang mit einem Vorderwandinfarkt [Diagnosefehler bei Herzinfarkt].

Betrag: 5.113 € **Haftung: 100 %**
immVorb: – **MdE: –**

OLG Oldenburg 25.11.1997 – 5 U 64/97 = BeckRS 9998, 3014

3394

Herzverletzung / Herzinfarkt (Der Kl. erlitt einen Vorderwandinfarkt, der vermieden worden wäre, sofern der beklagte Arzt die eindeutigen Symptome eines unmittelbar bevorstehenden Herzinfarkts nicht verkannt hätte).

Mann. 5 1/2 Wochen stationär. Der Kl. erlitt einen Vorderwandinfarkt. Komplizierte Heilbehandlung. Der Kl. lebt seit dem Infarkt in der Angst, erneut einen Herzinfarkt zu erleiden. Seine Lebensqualität ist durch den Infarkt und seine Folgen erheblich vermindert. Arzthaftung: Behandlungsfehler / Diagnosefehler: Verkennung eines unmittelbar bevorstehenden Herzinfarkts.

Betrag: 7.000 € **Haftung: 100 %**
immVorb: – **MdE: –**

OLG Bamberg 4.7.2005 – 4 U 126/03 = BeckRS 2005, 8900

5313

Herzverletzung / Herzinfarkt. Die verspätete Einlieferung des Klägers habe zu einem teilweisen Herzinfarkt, der jedoch nicht erkannt worden war, wodurch es zum Absterben von Herzmuskelgewebe sowie im Weiteren zur Herausbildung einer Herzinsuffizienz kam. Die damit verbundenen Folgen seien letztlich auch für eine Verstärkung einer chronisch depressiven Verstimmung des Klägers ursächlich, so das KG.

Mann. Arzthaftung / Rettungsassistentenhaftung (hier: Nichterkennen der Symptome – Atemnot und Schmerzen im Bereich des Brustkorbes sowie des Rückens – eines Herzinfarktes).

Betrag: 10.000 € **Haftung: 100 %**
immVorb: – **MdE: –**

KG 19.5.2016 – 20 U 122/15 = BeckRS 2016, 10425

6013

Herzverletzung (hier: Nevverletzung in Form der Zerstörung der Nervenverbindung zwischen Vor- und Hauptkammer mit der Folge auf Dauer einen Herzschrittmacher zu tragen. Damit verbunden ... sind die psychischen Belastungen, die aus dem lebenslangen Tragen resultieren und in der Angst vor einem Versagen des Schrittmachers bestehen, die körperlichen Einschränkungen im Sinne geringerer Belastbarkeit und dadurch eventuell eingeschränkter Möglichkeiten im beruflichen wie im persönlichen Bereich, und schließlich die Notwendigkeit regelmäßiger Überprüfung und Wartung bis hin zum Austausch des Gerätes in gewissen Intervallen).

4j. Kind. Arzthaftung (hier: Aufklärungspflichtverletzung bzw. unzureichender ärztlicher Risikoaufklärung bei Herzoperation). Dauerschaden. Herzschrittmacher. Hierzu führte das OLG aus: „ Wird durch eine Herz-Operation die für den Herzschlag notwendige Nervenverbindung zwischen Vor- und Hauptkammer zerstört und der Patient dadurch lebenslang herzschrittmacherpflichtig, liegt ein Gesundheitsschaden auch dann vor, wenn der Patient auch schon vor der Operation auf einen Herzschrittmacher angewiesen war, jedoch (durch eine spätere oder andere Operation) eine realistische Chance auf ein Leben ohne Herzschrittmacher bestanden hätte, die nun verloren ist".

Betrag: 15.000 € **Haftung: 100 %**
immVorb: Ja **MdE: –**

OLG Köln 4.8.2014 – 5 U 157/13 = BeckRS 2014, 17507

5418

Herzverletzung (hier: Herzinfarkt, lebensbedrohlicher ... nach Herzoperation im Sinne einer sogenannten Re-TASH-Operation).

43j. Mann (Arbeiter bei der Müllabfuhr). Arzthaftung (hier: Aufklärungspflichtverletzung in Bezug auf alternative Behandlungsmethoden einer Herzoperation. Unstreitig hat eine Aufklärung durch die Verwendung des standardisierten „Pro-Compliance-Aufklärungsbogen" stattgefunden, den der Kläger unterschrieben hat. In dem Aufklärungsbogen wird insbesondere auf die schwerwiegenden Komplikationen hingewiesen, die schließlich bei dem Kläger in Form der schweren Dissektion des linken Hauptstammes eingetreten sind. Nach der ergänzenden Beweisaufnahme hat sich allerdings bestätigt, dass der Kläger nicht hinreichend über die echte Behandlungsalternative einer Myektomie aufgeklärt worden ist. Deshalb war der Eingriff rechtswidrig, so das OLG. Dauerschaden: „... massive und dauerhafte gesundheitliche Folgen". Berufsaufgabe. Der Kläger bezieht Rente wegen voller Erwerbsminderung.

Betrag: 20.000 € **Haftung: 100 %**
immVorb: – **MdE: 100 %**

OLG Hamm 10.4.2018 – 26 U 67/17 = BeckRS 2018, 8832

5733

Herzverletzung (hier: Herzklappenriss zwischen dem rechten Ventrikel und dem Vorhof mit einem kompletten Abriss der muskelwandnahen Segelanteile über die Hälfte des Klappenringes und der dazugehörigen Sehnefäden).

22j. Mann. 14 Tage stationär. Herzoperation mit Einsatz einer neuen Herzklappe. 5 Wochen ambulante Heilbehandlung. Dauerschaden: „... Heiserkeit sowie ... bewegungsunabhängige Schmerzen im Brustkorb sowie in der rechten Clavikula; zudem ist er sein Leben lang auf die Behandlung mit blutgerinnungshemmenden Mitteln angewiesen und bedarf regelmäßiger Bewegungstherapie. Hinzu kommt, dass die „psychische Hypothek", schon im Alter von 29 Jahren mit einem technischen Herzklappenersatz limitierter Haltbarkeit leben zu müssen, den Kl. nachvollziehbar besonders schwer trifft. Weiterhin wird sich der Kl. regelmäßig in ärztliche Behandlung begeben müssen. All dies führt dazu, dass der Kl. auf Dauer in seiner privaten Lebensgestaltung stark eingeschränkt ist.", so das LG.

Betrag: 20.000 € **Haftung: 100 %**
immVorb: – **MdE: 50 %**

LG Kaiserslautern 19.5.2006 – 2 O 333/01 = BeckRS 2006, 9751

2761

Organverletzung (hier: Fest mit der Herzwand verwachsener Venenkatheter, der kunstfehlerhaft im Körper des Klägers zurückgelassenen worden war. Das Mortalitätsrisiko wurde auf 10 % geschätzt.)

39j. Mann. Arzthaftung (hier: Behandlungsfehler wegen versäumter Längenkontrolle bei Venenkatheterextraktion). Zwei erfolglose Entfernungsversuche! Mortalitätsrisiko 10 %.

Betrag: 20.452 € **Haftung: 100 %**
immVorb: Ja **MdE: –**

OLG Düsseldorf 17.12.1998 – 8 U 170/97 = BeckRS 9998, 23819

6881

Herzverletzung (hier: In Mordabsicht zugefügter „wühlartiger Stich", der einen Herzbeutel eröffnet und Teile des Lungenoberlappens verletzt hatte. Zudem erlitt die Klägerin weitere 31 Messerstiche mit schweren Organverletzungen sowie Verletzungen an Armen und Händen; letztere infolge des Versuchs des Opfers die Täterin abzuwehren.

93j. Frau (Rentnerin / Adhäsionsklägerin). Mehrwöchige stationäre Behandlung und Reha-Behandlungen. Die Klägerin schwebte zunächst in akuter Lebensgefahr. Dauerschaden: Dauerpflegefall. Die Klägerin, die trotz ihres hohen Alters von 93 Jahren ohne Betreuung selbständig in ihrer Wohnung im H... zum H... G... gelebt, noch selbst eingekauft und gekocht hatte, musste die von ihr wegen ihrer Eigenständigkeit geliebte Wohnung nach der Tat aufgeben, da sie infolge der Tat dauerhaft auf Pflege angewiesen ist. Vorsätzliche gefährliche Körperverletzung in Mordabsicht; die Angeklagte wurde deshalb zu einer lebenslangen Freiheitsstrafe verurteilt. [Anmerkung: Lesenswert zur Berücksichtigung wirtschaftlicher Verhältnisse des Schädigers; vgl. dazu auch bei Slizyk Schmerzensgeld 2022 → Rn. 139].

Betrag: 30.000 € **Haftung: 100 %**
immVorb: – **MdE: 100 %**

LG Hamburg 25.3.2019 – 602 Ks 9/18 = BeckRS 2019, 29176

3034

Herzverletzung (hier: Herzinfarkt mit deutlicher Belastungseinschränkung und nur noch 40 %iger Pumpfunktion des Herzen nach Fehldiagnose).

Mann (Feuerwehrmann; Brandmeister). Arzthaftung: Verkennen eines Herzinfarktes bzw. Fehldiagnose. Der Kläger ist infolgedessen berufsunfähig, nicht mehr belastbar und kann keinen Sport mehr ausüben.

Betrag: 38.347 € **Haftung: 100 %**
immVorb: – **MdE: –**

LG Berlin 4.12.2000 – 6 O 385/99 = VersR 2002, 1029

5759

Herzverletzung (hier: Akute Herzinnenhautentzündung mit nachfolgender Notwendigkeit der Implementierung von künstlichen Herzklappen).

Mann. Lebensgefahr, die nur durch eine Notoperation abgewendet werden konnte. Arzthaftung (hier: Grober Behandlungsfehler im Zusammenhang mit Herzstörungen, die der behandelnde Arzt als Bronchitis diagnostiziert hatte. „Der Sachverständige hat es konkret so formuliert, dass der Vorschlag einer Behandlung auf Bronchitis bei den vom Kl. bei Einlieferung in das von der Bekl. zu 1 getragene Krankenhaus gezeigten Symptomen als Antwort im medizinischen Staatsexamen dazu führen würde, dass der Kandidat unweigerlich durchfalle“, so das LG). Dauerschaden: Lebenslange Marcumar-Therapie, ferner Einschränkung der maximalen körperlichen Leistungsfähigkeit des Kl. um wenigstens 20–30 % sowie die intensivere ständige ärztliche Behandlung und späterer Austausch der Herzklappen mit dem Risiko neuer Operationen.

Betrag: 45.000 € **Haftung: 100 %**
immVorb: Ja **MdE: –**

LG Hagen 26.1.2006 – 6 O 368/02 = BeckRS 2007, 6413

4380

Herzverletzung nach Herz-OP (hier: Mitralklappenersatz; die Herzleistung ist auf Dauer eingeschränkt).

41j. Mann. Dauerschaden: MdE 100 % sowie „massive Auswirkungen auf die Lebensführung“. Arzthaftung (hier: Aufklärungspflichtverletzung vor Herz-OP. [Anmerkung: Lesenswerte Ausführungen zum Zeitpunkt der Vornahme der ärztlichen Aufklärung; diese muss rechtzeitig erfolgen; bei einer Herz-OP reicht hierfür eine Aufklärung am Vorabend der am Folgetag stattfindenden OP nicht aus!].

Betrag: 200.000 € **Haftung: 100 %**
immVorb: Ja **MdE: 100 %**

OLG Köln 11.7.2011 – 5 U 184/10 = BeckRS 2012, 2891

3187

Herzinfarkt / Gehirnschädigung (hier: Hinterwandinfarktes mit akutem Nierenversagen, septischen Schüben, Refluxösiophagitis, Gastritis, Pankreatitis, hypoxischen Hirnschaden mit Lähmung aller vier Extremitäten [Tetraparese].

34j. Mann (Servicepräsident). Arzthaftung (hier: grober Behandlungsfehler. Die vom Bekl. ergriffenen Maßnahmen, nämlich Blutdruckmessen, Pulsfühlen und Auskultation des Herzens und der Lunge sah das LG zutreffend nicht als ausreichenden Maßnahmen an, um einen manifesten oder drohenden Herzinfarkt auszuschließen.). Dauerschaden: Intensivpflegefall. „Sein gesamtes Leben ist auf die primitivsten Existenzzustände reduziert.“

Betrag: 200.000 € **Haftung: 100 %**
immVorb: – **MdE: 100 %**
Rente: 150 €

LG München I 28.5.2003 – 9 O 14993/99 = BeckRS 9998, 18917

7. Wirbelsäule und Querschnittslähmungen

a) Wirbelsäulenverletzungen

3137

LWS-Distorsion, leichtgradige, jedoch nicht ausreichend nachgewiesene …

Frau. Kein Schmerzensgeldanspruch. „Für den Nachweis einer HWS-Verletzung reicht es nicht aus, dass ein SV eine Unfallursächlichkeit für möglich erhält“ (so der Leitsatz der NVZ-Redaktion). Der SV hatte ausgeführt, „dass er … nicht ausschließen könne, dass die Kl. bei dem Unfall eine leichtgradiges LWS-Distorsion … erlitten habe.“ Hier – so das AG zutreffend – herrsche der Strengbeweis gemäß § 286 ZPO.

Betrag: – **Haftung: –**
immVorb: – **MdE: –**

AG Heilbronn 16.5.2003 – 11 C 1871/02 = BeckRS 9998, 87425

3173

Wirbelsäulenverletzung in Form einer multisegmentalen Rippenwirbelgelenkblockierung.

Mann. Langanhaltende Schmerzsymptomatik. Vorschaden: Glasknochenkrankheit (osteogenesis imperfecta tarda).

Betrag: 250 € **Haftung: 100 %**
immVorb: – **MdE: –**

LG Aachen 23.7.2003 – 11 O 239/00 = BeckRS 2003, 154636

2908

Wirbelsäulenverletzung / Prellungen (hier: Brustwirbelsäulenverletzung in Form einer BWS-Blockierung welche deblockiert wurde. HWS-Zerrung).

Frau. MdE 1 Woche 100 %. Ambulante Behandlung mit Wirbelsäulendeblockierung; Schanz'sche Krawatte; Diclofenacverabreichung.

Betrag: 256 € **Haftung: 100 %**
immVorb: – **MdE: –**

AG Limburg 19.6.2001 – 4 C 410/01 = unveröffentlicht

5097

Wirbelsäulenverletzung in Form einer Lendenwirbelsäulendistorsion, Kreuzbeinprellung und Steißbeinprellung sowie Ellenbogenprellungen.

Frau. Ambulante Heilbehandlung von ca. 4 Wochen Dauer. MdE 2 1/2 Monate 100 %. Erhebliche Schmerzen, insbesondere eine „schmerzhafte Bewegungseinschränkung der unteren Lendenwirbelsäule“. Das AG berücksichtigte schmerzensgelderhöhend, dass die Klägerin „während des Heilungsprozesses zusätzliche Belastungen durch die Betreuung ihres schwerbehinderten erwachsenen Sohnes gehabt“. [Ursache: Verkehrssicherungspflichtverletzung im Zusammenhang mit der Schneeräumungspflicht / Glatteissturz].

Betrag: 400 € **Haftung: 50 %**
immVorb: – **MdE: –**

AG Bad Segeberg 15.7.2015 – 9 C 327/14 = BeckRS 2015, 12608

3313

Wirbelsäulenverletzung; leichte.

Frau. Dauer der Beschwerden (insbesondere beim Sitzen und Liegen): Eine Woche. Die Schmerzen seien – so ließ sich die Kl. laut AG „glaubhaft“ ein, nach Einrenken eines Wirbels abgeklungen.

Betrag: 650 € **Haftung: 100 %**
immVorb: – **MdE: –**

AG Aachen 25.3.2004 – 80 C 617/03 = BeckRS 2004, 152824

2905

Wirbelsäulenverletzung / Prellungen (hier: massive Lendenwirbelsäulenprellung mit Knochenhautreizung) sowie HWS-Syndrom.

Mann. Mehrfach ambulant. Langwierige Heilbehandlung. MdE 14 Tage 100 % und weitere 14 Tage 20 %. Schmerzhafte Verletzung! Komplikationslos verheilt.

Betrag: 869 € **Haftung: 100 %**
immVorb: – **MdE: –**

AG Altenkirchen 8.2.2001 – 70 C 162/00 = BeckRS 2001, 161609

2383

Wirbelsäulenverletzung (wörtlich: „schmerzhafte Bewegungseinschränkung im Lumbalbereich mit Funktionsminderung sowie eine Rückenprellung“).

Frau. MdE 11 Tage 100 % und weitere 10 Tage „arbeitsunfähig erkrankt“. „Komplikationsloser Heilungsverlauf“.

Betrag: 920 € **Haftung: 100 %**
immVorb: – **MdE: –**

AG Hannover 27.10.1997 – 515 C 9379/95 = unveröffentlicht

4258

Wirbelsäulenverletzung (hier: Steißbeinprellung) und Knieprellung.

63j. Frau. Ambulante Behandlung. MdE 14 Tage 100 % sowie weitere 6 Tage 50 %. Anfänglich schmerzhafte Verletzung.

Betrag: 1.000 € **Haftung: 100 %**
immVorb: – **MdE: –**

AG Alzey 31.7.2008 – 20 C 14/08 = BeckRS 2008, 141808

3000

Wirbelsäulenverletzung / HWS-Syndrom (hier: Blockierung der Halswirbelsäule und der Lendenwirbelsäule mit endgradiger Bewegungseinschränkung).

Frau (Lehrerin). MdE 10 Tage 80 %, 8 Tage 70 %, 11 Tage 40 %, 30 Tage 20 % sowie 60 Tage 10 %.

Betrag: 1.023 € **Haftung: 100 %**
immVorb: – **MdE: –**

LG Nürnberg-Fürth 29.11.2000 – 8 O 1748/00 = unveröffentlicht

6945

Wirbelsäulenverletzung, leichte in Form einer 3–4 Wochen temporären Blockierung im BWS-Bereich mit Ausstrahlungen und insofern hervorgerufenen sensiblen Missempfindungen im Sinne von Kribbelgefühlen und Kältegefühlen im linken Arm bzw. der linken Hand (Finger 2-4). Zudem leichte Angstzustände, insbesondere Schlafstörungen.

Frau (Hausfrau). Erhöhend berücksichtigte das LG, die psychischen Beeinträchtigungen / Ängste, infolge des erlebten Auffahrunfalles, bei dem sie – mit ihrem Kleinkind im PKW – im Rückspiegel den LKW herankommen sah und erkannte, dass dieser nicht hinter ihr werde anhalten können. Das LG orientierte sich an den Urteilen des OLG Köln → Nr. 6596, AG Duisburg → Nr. 3598 und AG Köln → Nr. 6161.

Betrag: 1.200 € **Haftung: 100 %**
immVorb: – **MdE: –**

LG Osnabrück 28.1.2022 – 11 O 2887/20 = BeckRS 2022, 1822

6672

Wirbelsäulenverletzung, leichte … in Form einer Wirbelsäulenzerrung mit regulärem Heilungsverlauf bei vorübergehenden unfallbedingten Schmerzen sowie einer Zerrung der muscoligamentären Strukturen im Bereich des Schulterblatts mit lediglich muskulär-funktionellen Einschränkungen.

Mann. Ambulante Heilbehandlung nach Termin beim Hausarzt. MdE 14 Tage 100 %. Regulierungsverzögerung („Zögerliches oder kleinliches Regulierungsverhalten des Versicherers kann zu einer Erhöhung des Schmerzensgeldes führen“, so das OLG).

Betrag: 1.500 € **Haftung: 100 %**
immVorb: – **MdE: –**

OLG Dresden 20.4.2020 – 4 U 137/20 = BeckRS 2020, 13941

5006

BWS-LWS-Syndrom mit paravertebralem Hartspann der Rückenmuskulatur vom Schulterblattbereich bis zur Steißregion, Blockierungen der Wirbelgelenke mit Schwerpunkt im extrem schmerzhaften Ilio-Sakral-Bereich L5/S1 mit Rückenschmerzen und Kopfschmerzen. Zudem Schwangerschaftsbeeinträchtigung, befürchtete …

Frau. 30 Tage ambulante Behandlung mit Elektrotherapie und Akupunktur. MdE 19 Tage 100 %. Insgesamt dauerten die verletzungsbedingten Beeinträchtigungen ca. 40 Tage. Die Klägerin war im 5. Monat schwanger. „Die Sorgen der Geschädigten um das ungeborene Kind begründen als psychische Unfallfolgen eine Erhöhung des Schmerzensgeldesbetrages“, so das LG.

Betrag: 1.500 € **Haftung: 100 %**
immVorb: – **MdE: –**

LG Wuppertal 18.6.2014 – 17 O 428/12 = BeckRS 2014, 19506

2941

Wirbelsäulenverletzung (hier: Lendenwirbelsäulenprellung und Halswirbelsäulenprellung mit Schmerzen im Schulter-/Nackenbereich mit Ausstrahlung bis in die Finger und Bewegungseinschränkungen. Gehirnerschütterung.

Mann (Angestellter). 10 stationär. Die Schmerzen waren nach 4 Wochen „abgeklungen“. Weitere subjektive Beschwerden beruhten auf unfallunabhängigen „Abnutzungserscheinungen“.

Betrag: 1.534 € **Haftung: 70 %**
immVorb: – **MdE: –**

OLG Düsseldorf 8.1.2001 – 1 U 87/99 = BeckRS 2001, 161602

5147

Steißbeinfraktur nach Tritt ins Gesäß.

23j. Frau (Packerin). „Kurze" stationäre und anschließende ambulante Heilbehandlung. MdE 6 Wochen 100 %. Sehr schmerzhafte Verletzungsfolge. Vorsätzliche Köperverletzung: Der Beklagte – Vorgesetzte der Klägerin – trat dieser mit dem, mit einem Sicherheitsschuh (mit Stahlkappe!) beschuhten Fuß ins Gesäß.

Betrag: 1.534 € **Haftung: 100 %**
immVorb: – **MdE: –**

LAG Düsseldorf 27.5.1998 – 12 (18) Sa 196/98 = BeckRS 1998, 41078

4106

BWS-Distorsion und HWS-Distorsion sowie Prellungen (hier: Schädelprellung und Unterschenkelprellung).

Mann. Ambulante Heilbehandlung. MdE 14 Tage 100 %.

Betrag: 1.800 € **Haftung: 100 %**
immVorb: – **MdE: –**

AG Mettmann 2.2.2010 – 25 C 220/09 = BeckRS 2010, 144730

5181

Wirbelsäulenverletzung (hier: Traumatischer Bandscheibenvorfall mit radikulärem Nervenkompressionssyndrom).

Mann. Arzthaftung (hier: Aufklärungspflichtverletzung vor chiropraktischer Behandlung an der Halswirbelsäule. Dass der Beklagte vor einer Manipulation an der Wirbelsäule den Kläger über „das Risiko der Verletzung der Arteria vertebralis aufgeklärt" und des Weiteren darauf hingewiesen habe, dass es „bei einem präformierten, aber klinisch stummen Bandscheibenvorfall zum radikulären Syndrom kommen" könne, konnte der Beklagte nicht beweisen.). Das OLG berücksichtigte die bereits vorschadenbedingte „Grundschädigung der Halswirbelsäule des Klägers" schmerzensgeldmindernd. [Anmerkung: Das OLG befasst sich eingehend mit den unterschiedlichen Behandlungsbegriffen der Mobilisation und Manipulation].

Betrag: 2.000 € **Haftung: 100 %**
immVorb: – **MdE: –**

OLG Frankfurt a. M. 13.1.2015 – 8 U 141/13 = BeckRS 2015, 9144

3659

Wirbelsäulenverletzung ohne nähere Angaben.

Frau. Ursache: Platzen eines Gymnastikballs während einer Rehabilitationsbehandlung.

Betrag: 2.000 € **Haftung: 100 %**
immVorb: – **MdE: –**

OLG Stuttgart 11.7.2006 – 1 U 3/06 = BeckRS 2006, 8775

4547

Wirbelsäulenprellungen / HWS-Syndrom (hier: BWS-Prellung und LWS-Prellung mit Verspannungen) und mittelschweres HWS-Syndrom.

39j. Mann (selbstständiger Elektroinstallationsmeister). 20 Tage stationär; anschließend 30–35 ambulante Heilbehandlungen. MdE 6 Monate 100 % und ca. 1 Monat 20 %. [Lesenswert und zutreffend zu § 287 ZPO und der richterlichen Überzeugungsbildung bei HWS-Verletzungsfolgen; siehe hierzu und zu den Grenzen des § 287 auch OLG Saarbrücken NJW-Spezial 2011, 297 sowie NJW-Spezial 2013, 299].

Betrag: 3.000 € **Haftung: –**
immVorb: – **MdE: –**

OLG Saarbrücken 28.2.2013 – 4 U 587/10 = BeckRS 2013, 6163

2473

Wirbelsäulenverletzung (hier: Lendenwirbelsäulenquetschung mit Bandscheibenverletzung [Bandscheibenvorfall], Brustwirbelsäulenquetschung [wörtlich: Brustwirbelsäulenkontusion] und HWS-Syndrom mit Einblutung in der Nackenmuskulatur).

Mann, älterer. Ambulante Heilbehandlung. Erheblicher Vorschaden: Degenerativer Wirbelsäulenschaden. Unfall nur „Gelegenheitsursache …, die zum frühen Eintritt der Folgen" führte.

Betrag: 3.068 € **Haftung: 100 %**
immVorb: – **MdE: –**

OLG München 5.12.1997 – 10 U 2495/97 = BeckRS 1997, 127051

3640

Brustwirbelkörperkompressionsfraktur sowie „offene Knieverletzung" links und erhebliche Prellungen und tiefe Schürfwunden an der linken Schulter, am linken Ellenbogen und der linken Hand [vgl. Handverletzung, Schulterverletzung, Ellenbogenverletzung].

Mann. Stationärer Aufenthalt. Ursache: Motorradunfall. Das OLG lastete dem Kläger ein „erhebliches Verschulden gegen sich selbst" an, da er „keine zum Fahren eines Motorrades geeignete Schutzkleidung" trug; eine Quote wurde jedoch insofern nicht genannt.

Betrag: 3.500 € **Haftung: 100 %**
immVorb: – **MdE: –**

OLG Düsseldorf 20.2.2006 – 1 U 137/05 = BeckRS 2006, 11671

3276

Wirbelsäulenverletzung.

Mann mit erheblichen Vorschädigungen. [Lesenswerte Ausführungen zum Thema Vorschaden und Auslösekausalität: „Die Zurechnung einer Gesundheitsverletzung aufgrund eines Verkehrsunfalles erfolgt … auch dann, wenn der Geschädigte aufgrund von Vorschäden besonders schadenanfällig ist [Auslösekausalität]. Für einen "immateriellen Feststellungsanspruch ist … kein Raum, wenn aufgrund der Vorschädigung gleiche Schmerzen und Beschwerden auch ohne den Unfall auftreten werden".]

Betrag: 4.090 € **Haftung: 100 %**
immVorb: – **MdE: –**

OLG Schleswig 18.9.2003 – 7 U 107/01 = BeckRS 2003, 10125

4027

Wirbelsäulenverletzung, leichte (hier: HWS-Syndrom mit leicht aufgeplapptem Wirbelsäulensegment C-5 und C-6 sowie langanhaltenden Nackenschmerzen und Kopfschmerzen). Knieprellung.

Mann. Ambulante, langwierige Heilbehandlung. Grobe Fahrlässigkeit aufseiten des Beklagten.

Betrag: 4.090 € **Haftung: 100 %**
immVorb: – **MdE: –**

OLG Nürnberg 13.12.2000 – 4 U 4590/99 = BeckRS 2001, 2312

3194

Wirbelsäulenverletzung (hier: Verletzung des 7. Halswirbels und des 1. Lendenwirbels in der Form eines Stauchungstraumas der Wirbelsäule, einer Deckenfraktur des 1. Lendenwirbelkörpers sowie eine Fraktur des Dornfortsatzes des 7. Halswirbels).

Mann. Für die Dauer von zwei Monaten musste er ein 3-Punkt-Korsett tragen. Dauerschaden: Leichte Höhenminderung des 1. Lendenwirbelkörpers, die zu einer leichten Verkürzung der Belastungszeit und einer Einschränkung der Bewegungsfähigkeit der Lendenwirbelsäule führte, und im Bereich der Halswirbelsäule eine endgradige Bewegungseinschränkung, die jedoch keine wesentliche Funktionsminderung darstellt. Ursache: Unfall bei Floßfahrt.

Betrag: 4.500 € **Haftung: 100 %**
immVorb: – **MdE: –**

AG Kronach 10.4.2003 – 1 C 443/02 = BeckRS 9998, 18983

2503

Wirbelsäulenverletzung (hier: Unfallbedingtes Auslösen der Schmerzsymptomatik und damit verbundener Beschwerden -Taubheitsgefühl der Arme und Beine – bei angeborener Spondylolisthesis.) HWS-Syndrom und Prellungen (Brustkorb- und Brustbeinprellung).

Frau. 3 Tage stationär. Zahlreiche ambulante Behandlungen. 4 Wochen Reha. Vorschädigung: Sog. „Wirbelgleiten". Gute Besserungschance durch Wirbelversteifungsoperation.

Betrag: 5.113 € **Haftung: 100 %**
immVorb: Ja **MdE: –**

LG Kempten 27.10.1997 – 2 O 2773/96 = unveröffentlicht

4188

Wirbelsäulenverletzung (hier: Halswirbelsäulendistorsion, Brustwirbelsäulendistorsion und Lendenwirbelsäulendistorsion).

19j. Frau. 16 Tage stationär. MdE 20 Wochen 100 %. Sehr langwierige Heilbehandlung von mehr als 2 1/2 Jahren Dauer.

Betrag: 6.000 € **Haftung: 100 %**
immVorb: Ja **MdE: –**

LG Stendal 30.9.2009 – 23 O 334/07 = unveröffentlicht

7217

Wirbelsäulenverletzung (hier: Wirbelsäulenkontusion durch Sturz auf den Rücken).

60j. Mann (Polizeibeamter). MdE 6 Wochen 100 %. Der Kläger wurde vom Beklagten zu Boden gestoßen. Zudem habe der Beklagte an den Genitalien erfasst und zugedrückt. [Anmerkung: Im Zusammenhang mit dem Versäumnisurteil des LG Augsburg erging am 7.10.2020 eine Entscheidung des VG München BeckRS 2020, 29660, bei dem das VG betonte, dem Dienstherrn komme im Rahmen der Erfüllungsübernahme keine Prüfung der Angemessenheit der Höhe des Schmerzensgeldes zu, wenn dem Schmerzensgeldanspruch ein Versäumnisurteil zugrunde liegt. Liege eine Vermögensauskunft vor, wonach der Schädiger vermögenslos ist, sei dem Geschädigten ein Vollstreckungsversuch nicht zuzumuten.]

Betrag: 7.000 € **Haftung: 100 %**
immVorb: – **MdE: –**

LG Augsburg 15.2.2019 – 095 O 3622/18 = BeckRS 2020, 29660

3346

Wirbelsäulenverletzung (hier: „Schleudertrauma der Halswirbelsäule; der Brustwirbelsäule und der Lendenwirbelsäule").

Frau. Kein Schmerzensgeld über das bereits zuerkannte hinaus! Die Kl. begehrte wegen Verschlechterung ihres Gesundheitszustandes ein weiteres Schmerzensgeld, obwohl bereits ein rechtskräftiges Urteil zur Höhe des Schmerzensgeldes ergangen war. Das LG wies diesen Anspruch mit Hinweis auf die Rechtskraft des Urteils im Vorprozess zurück. Die Berufung hatte keine Aussicht auf Erfolg. Nach § 322 Abs. 1 ZPO umfasst die Rechtskraft des Schmerzensgeldurteils den gesamten Anspruch; neue Befunde eröffnen insoweit keinen neuen Streitgegenstand. [BGHZ 34, 337 und BGHZ 36, 365].

Betrag: 7.669 € **Haftung: 100 %**
immVorb: – **MdE: –**

OLG Koblenz 15.12.2004 – 12 U 936/04 = BeckRS 2005, 5351

7446

Wirbelsäulenverletzung mit Prellung des Rückenmarks / Rückenmarkprellung „mit nachfolgenden sensomotorischen Defiziten im Bereich der ersten drei Finger der linken Hand, die sich in Form einer Bewegungs-, Gefühls- und Wahrnehmungsstörung sowie einer Störung des Temperatursinns äußerten. Aufgrund der Beschwerden in der linken Hand, Missempfindungen und Schmerzen, die in einer subjektiven Verunsicherung mündeten, entwickelte sich beim Kläger eine maladaptive Anpassung mit somatoformer Störung. Überdies kam es zu einer vorübergehenden posttraumatischen Augenbewegungsstörung, die "mittlerweile zwei Mal am Tag für die Dauer von 15 Sekunden auf"tritt.

Junger Mann (Schüler). Krankheitssymptome mit insgesamt 13 Tage mittelstarken und 42 Tage leichten Schmerzen. Dauerschaden: Die Augenbewegungsstörung, die sich „deutlich gebessert" hat, „tritt mittlerweile zwei Mal am Tag für die Dauer von 15 Sekunden auf. Der Kläger hat beim Lesen teilweise Schwierigkeiten, die Zeile in den Augen zu behalten, er kann sich dabei aber mit einem Lineal behelfen. Er konnte seinen schulischen Verpflichtungen stets nachkommen; das von ihm davor lange Jahre praktizierte Klavierspielen ist jedoch nicht mehr möglich." Anmerkung: Lesenswert auch bezüglich der Anforderungen des OGH an das Feststellungsbegehren / Feststellungsinteresse; siehe dazu auch im Handbuch unter → Rn. 391. [Ursache: Verkehrssicherungspflichtverletzung: Der Kläger wurde während einer Fahrt mit dem von der Beklagten betriebenen und behördlich genehmigten Vergnügungsgerät „Space Shot" verletzt, bei dem die Wägen beim Start mit einer Beschleunigung von ca 4,5 g und einer Geschwindigkeit von bis zu 80 km/h in die Luft geschossen werden. Vor dem Start teilte der Mitarbeiter der Beklagten mit, er werde von 5 abwärts zählen und bei 0 starten. Der Kläger wollte diese Zeit nutzen, um nochmals den Haltebügel zu prüfen; konnte jedoch seinen Kopf nicht mehr rechtzeitig an die Kopfstütze pressen, da der Mitarbeiter bereits bei 2 den Startknopf gedrückt hatte.]

Betrag: 10.000 € **Haftung: 100 %**
immVorb: Ja **MdE: –**

OGH Österreich 28.8.2024 – 7 Ob 83/24t = BeckRS 2024, 25077

7328

Wirbelsäulenverletzung (hier: mittelgradige Distorsion der Lendenwirbelsäule insbesondere im Bereich der Wirbelgelenke und Bandscheiben, mit Zerrung der Gelenkkapseln und Faszien sowie der Rückmuskulatur, ohne Beteiligung nervaler Strukturen. Aus der Lendenwirbelsäulenverletzung entstand nachfolgend „ein chronisches Schmerzsyndrom"). Zudem erlitt der Kläger ein eine leicht- bis mittelgradige Distorsion der Halswirbelsäule im Bereich der Wirbelgelenke mit Zerrung der Gelenkkapseln, Nackenmuskulatur und Faszien, aber ebenfalls ohne Beteiligung nervaler Strukturen. Zudem Knieprellung.

Mann. Dauerschaden: Belastungseinschränkung. „Der Kl. leidet bis heute unter erheblichen rezidivierenden Schmerzen, die zu relevanten Einschränkungen seiner Lebensqualität im beruflichen und im privaten Bereich geführt haben. Er kann schwere Lasten nicht mehr heben; dadurch ist sein wichtigstes Hobby, die freiwillige Feuerwehr eingeschränkt. Stehen für eine gewisse Zeit, zum Beispiel im Fußballstadion, ist für ihn sehr schwierig, Gartenarbeit oder langes Autofahren ebenso. Er benötigt immer wieder Schmerzmittel".

Betrag: 10.000 € **Haftung: 100 %**
immVorb: – **MdE: –**

OLG Karlsruhe 27.6.2022 – 9 U 125/19 = BeckRS 2022, 14657

4622

Wirbelsäulenverletzung (hier: knöcherne HWS-Verletzung)

14j. Kind (Schülerin). [Anmerkung: Die HWS-Verletzung wurde erst 2 Jahre nach einem schweren Autounfall, bei dem die Kl. Insassin war, diagnostiziert. Deshalb erfolgte eine medizinische Behandlung erst so spät, was wiederum dazu führen kann, dass die Klägerin für längere Zeit mit den Folgen und Risiken dieser Verletzung leben müsse, so das OLG].

Betrag: 12.000 € **Haftung: 100 %**
immVorb: – **MdE: –**

OLG Bamberg 16.11.2011 – 5 U 158/11 = unveröffentlicht

4202

Wirbelsäulenverletzung in Form einer Rückenmarkverletzung nach Rückenmarkqetschung infolge eines HWS-Syndroms.

Frau. Mehrere Wochen stationär. Langjährige Arbeitsunfähigkeit von bislang gut dreijähriger Dauer. Möglicher Dauerschaden: Belastungsstörungen, Schlafstörungen, Depressionen. Bis zur Urteilsverkündung keine Hoffnung auf Verbesserung der Symptomatik.

Betrag: 12.000 € **Haftung: 100 %**
immVorb: Ja **MdE: –**

OLG Bamberg 5.5.2009 – 5 U 177/08 = BeckRS 2009, 139781

4238

Wirbelsäulenverletzung mit Rückenmarkquetschung infolge einens schweren HWS-Syndroms. Posttraumatische psychische Beeinträchtigungen wie Depressionen, Angst, Belastungsstörungen und Schlafstörungen).

Frau. Sehr langwierige Heilbehandlung, die zum Teil stationär erfolgte. MdE 3 1/2 Jahre arbeitsunfähig. Dauerschaden: Entwicklung eines chronischen Schmerzsyndroms infolgedessen die posttraumatische Schmerzwahrnehmung als eigenständige Erkrankung attestiert wird.

Betrag: 12.000 € **Haftung: 100 %**
immVorb: Ja **MdE: –**

LG Bayreuth 23.7.2008 – 23 O 501/06 = BeckRS 2008, 141816

4745

Wirbelsäulenverletzung (hier: Grob behandlungsfehlerhaftes Unterlassen einer alsbaldigen Entfernung des eingebrachten Fixateurs mit Taubheitsgefühl im linken Bein als Dauerschaden).

56j. Mann. Arzthaftung (hier: Aufklärungspflichtverletzung und Behandlungsfehler im Zusammenhang mit einer Wirbelsäulenoperation. Es musste erneut operiert werden, um die zunächst fehlerhaft eingesetzten Verschraubungen – das OLG sprach von einer „erheblichen Fehlpositionierung einiger Pedikelschrauben" – zu korrigieren. Zudem musste das „Fixateur-interne-System" ausgetauscht werden. Heilungsverzögerung / Behandlungsverzögerung. Dauerschaden: Taubheitsgefühl im linken Bein als Folge der eingebrachten Schrauben).

Betrag: 15.000 € **Haftung: 100 %**
immVorb: Ja **MdE: –**

OLG Köln 12.9.2012 – 5 U 152/11 = BeckRS 2013, 1560

4615

Wirbelsäulenverletzung (hier: Wirbelsäulenversteifung im Bereich des 5. Lendenwirbels.)

43j. Mann. Stationärer Aufenthalt mit 3 Operationen an der Wirbelsäule; ambulante Nachbehandlung. MdE 8 Monate 100 %. Heilungsverzögerung durch unbemerkt gebliebene Implantatlockerung. Dauerschaden: Wirbelsäulenversteifung und dadurch Bewegungsbeeinträchtigung. Schmerzensgeldmindernd bewertete das Gericht, dass die bestehenden Beschwerden auch ohne die kunstfehlerhafte Bandscheibenoperation hätte entstehen können. Arzthaftung. [vgl. auch unter Behandlungsverzögerung].

Betrag: 15.000 € **Haftung: 100 %**
immVorb: Ja **MdE: –**

OLG Karlsruhe 12.1.2011 – 7 U 149/08 = BeckRS 2011, 142295

2818

Wirbelsäulenverletzung (hier: „Synringomyeliebildung des Zervikalmarks [Zervikalmarkverletzung] von der Densspitze bis zur Unterkante des 6.HWS-Knochens" nach HWS-Syndrom und Brustwirbelprellung).

36j. Frau. Stationäre Heilbehandlung mit einer Operation. Dauerschaden: Erwerbsunfähigkeit. Vorschaden (Arnold-Chiari-Missbildung)!

Betrag: 17.895 € **Haftung: 100 %**
immVorb: Ja **MdE: –**

LG Karlsruhe 29.12.2000 – 12 O 41/00 = unveröffentlicht

5245

Wirbelsäulenverletzung mit daraus resultierenden Schäden an der rechten Hand in Form von zunächst bestehenden Lähmungserscheinungen und damit verbundene Bewegungseinschränkungen und Schmerzen, die sich jedoch im Weiteren auf „leichte Dysästhesien in Daumen und Zeigefinger der rechten Hand" reduzierten. Ursache war eine Wirbelsäulenoperation, die nicht, wie indiziert, im Bereich HW7/BW1 sondern an einer anderen, falschen Stelle im Bereich TH1/2 durchgeführt worden war.

Mann. Infolge der Operation an der unzutreffenden Stelle wurde die eigentlich erforderliche Behandlung verzögert. Arzthaftung / Behandlungsfehler. Dauerschaden: Schäden an der rechten Hand in Form von zunächst bestehenden Lähmungserscheinungen und damit verbundene Bewegungseinschränkungen und Schmerzen, die sich jedoch bis im Weiteren auf „leichte Dysästhesien in Daumen und Zeigefinger der rechten Hand" reduzierten.

Betrag: 25.000 € **Haftung: 100 %**
immVorb: – **MdE: –**

OLG Köln 13.1.2015 – 5 U 120/14 = BeckRS 2015, 7680

6176

BWS-Syndrom, schweres und Schulterverletzung (hier: BWS-Syndrom mit einer Wirbelsäulenverletzung in Form einer Rückenmarksverletzung mit Vernarbung und dauerhafter Sensibilitätsstörung in beiden Beinen sowie HWS-Cervicobrachialgie), Schulterverletzung (hier: schwere Schulterverletzung links nach Tossy III mit Schultereckgelenkverletzung [AC-Gelenk-Verletzung] mit posttraumatischen Schmerzen) Lungenquetschung links mit Pleuraerguss, Schädelhirntrauma und Stirnplatzwunde.

Mann (Fahrlehrer). Mehr als 54 Tage stationär mit insgesamt vier Aufenthalten. Dauerschaden: Sensibilitätsstörung in beiden Beinen, Schulterschmerzen und Bewegungseinschränkungen im HWS-Bereich, insbesondere beim Wenden des Kopfes. Berufsaufgabe, – aufgrund der Kombination dieser Verletzungsfolgen musste der Kläger seinen Beruf als Fahrlehrer aufgeben. [Anmerkung: Lesenswert zur – 100 %igen – Haftung des Fahrschülers für die von ihm verursachte Verletzung seines Fahrlehrers im Fahrschulwagen. Der Umstand, dass der Fahrschüler nicht als Fahrer im Sinne des StVG gilt, spielt für die Haftung des KH-Versicherers des Fahrschulwagens für den gegen diesen aus § 823 BGB geltend gemachten Anspruch keine Rolle; wird näher ausgeführt und begründet].

Betrag: 25.565 € **Haftung: 100 %**
immVorb: – **MdE: –**

OLG Stuttgart 17.12.1998 – 7 U 138/98 = BeckRS 9998, 39940

5043

Halswirbelsäulenverletzung in Form einer „Instabilität der Halswirbelsäule bei vorbestehendem Os Odontoideum erlitten, die eine anschließende Operation zur Stabilisierung durch Einsetzen einer Verplattung zwingend erforderlich gemacht hat.".

28j. Mann. 7 Wochen stationär, zwei Aufenhalte. Postoperativer Wundschmerz während 6 Wochen. Es wurde eine Nachfolgeoperation wegen eines Plattenbruchs erforderlich. Dauerschaden: Bewegungseinschränkung hinsichtlich des Kopfes sowie allen Tätigkeiten, bei denen der Kopf inoder rekliniert werden muss. Belastungseinschränkungen – kein Heben schwerer Lasten und Tätigkeiten – sowie erhöhte Vulnerabilität. Neben der Einschränkung der Erwerbsfähigkeit von 20 % betonte das KG die „weitergehenden Einschränkung der Lebensqualität" des Klägers infolge einer zur Stabilisierung eingesetzte Verplattung der Wirbelsäule, die vom Hinterhaupt bis zum 2. Halswirbel reicht und dauerhaft dort verbleiben muss.

Betrag: 30.000 € **Haftung: 100 %**
immVorb: – **MdE: 20 %**

KG 26.3.2015 – 22 U 143/13 = BeckRS 2015, 9940

4534

Wirbelsäulenverletzung durch verspätet diagnostizierten Tumor im Bereich des HWK 4 mit sich daraus ergebender Heilbehandlungsverzögerung bzw. -verlängerung.

18j. Frau. 2 Wochen stationäre Aufenthaltsverlängerung wegen einer – bei korrekter Behandlung vermeidbaren – dritten Operation. Arzthaftung (hier: Befunderhebungsfehler bei Unterlassung einer Röntgenaufnahme im Zusammenhang mit einer Halswirbelsäulenverletzung; Behandlungsverzögerung / Leidensverzögerung. Grober Behandlungsfehler, – so zutreffend die Bezeichnung durch das OLG).

Betrag: 30.000 € **Haftung: 100 %**
immVorb: Ja **MdE: –**

OLG Schleswig 4.4.2008 – 4 U 172/07 = BeckRS 2009, 4242

3247

Wirbelsäulenverletzung nach HWS-Syndrom mit Wirbelgelenkkapselriss C1/C2 und Bänderverletzung); Armverletzung (hier: Schwere Stauchung).

Frau. Dauerschaden: Bewegungseinschränkung, Schwerbeschädigt mit 50 %; Psychische Beeinträchtigung, die Klägerin ist darüber hinaus auch psychisch durch die posttraumatischen Belastungsstörungen (ua mit Selbstmordgedanken) schwer beeinträchtigt. [Anmerkung: Lesenswert zur Harmlosigkeitsgrenze / geringe Differenzgeschwindigkeit in Anlehnung an BGH NJW 2003, 1116, NZV 2003, 167).

Betrag: 31.000 € **Haftung: 100 %**
immVorb: – **MdE: –**

OLG Celle 23.10.2003 – 5 U 196/02 = BeckRS 2004, 1333

4760

Wirbelsäulenverletzung, schwere (Näheres siehe unter Einzelheiten).

49j. Frau. Arzthaftung (hier: Behandlungfehler / Behandlung mittels „Außenseitermethoden" und des Verwendens von zu kleinen Schrauben bei der durchgeführten Wirbelsäulenoperation; dies führte letztlich zu folgender vom OLG beschriebener Entwicklung: „Die Klägerin hatte im Verlauf der Behandlungen, die immer wieder auch konservativ durchgeführt wurden, Schmerzen und später auch Gehbehinderungen. Sie konnte zeitweise nur mit Unterarmgehstützen laufen und war schließlich ab spätestens 1996 zur Fortbewegung auf einen Rollstuhl angewiesen. Sie leidet an Blasenentleerungsstörungen und ist seit vielen Jahren in schmerztherapeutischer Behandlung, ohne dass eine wesentliche Besserung ihrer Schmerzen erreicht werden konnte. Nach krankheitsbedingten Zeiten der Arbeitsunfähigkeit bezieht die Klägerin seit 1992 Erwerbsunfähigkeitsrente und ist zu 100 % schwerbehindert. Seit 1998 besteht Pflegestufe 2." [Anmerkung: Angesichts des Matyriums, welches die Klägerin über viele Jahre hinweg mit stetiger Verschlechterung ihres Gesundheitszustandes erleiden musste, ist das Schmerzensgeld bei Weitem zu gering].

Betrag: 40.000 € **Haftung: 100 %**
immVorb: – **MdE: –**

OLG Köln 30.5.2012 – 5 U 44/06 = BeckRS 2012, 12875

4604

Wirbelsäulenverletzung / Nervverletzung (hier: Nervverletzung im Bereich des 5.Lendenwirbels nach Bandscheibenoperation).

40j. Mann. Stationärer Aufenthalt. Ambulante Nachversorgung. Dauerschaden: Schmerzen im Bereich der Hüfte und des linken Beins. Berufsaufgabe; Verlust des Arbeitsplatzes. Arzthaftung (hier: Aufklärungspflichtverletzung im Zusammenhang mit einer Bandscheibenoperation). Vorschädigung: Bandscheiben- und Rückenbeschwerden.

Betrag: 40.000 € **Haftung: 100 %**
immVorb: Ja **MdE: –**

OLG München 17.11.2011 – 24 U 374/11 = BeckRS 2011, 34531

4363

Rückenmarkverletzung (hier: schwere Rückenmarkschädigung mit Funktionsbeeinträchtigung der Beine und der Blase. Impotenz).

Mann. Arzthaftung (hier: Aufklärungspflichtverletzung im Zusammenhang mit der Setzung eines Rückenmarkkatheders, durch den das Rückenmark des Klägers schwer geschädigt wurde). Dauerschaden: Gehbehinderung, schwere; Impotenz und Blasenstörung sowie Schmerzend und Sensibilitätsstörungen im Bereich des Bauches und der Beine.).

Betrag: 50.000 € **Haftung: 100 %**
immVorb: – **MdE: –**

LG Magdeburg 18.4.2007 – 9 O 361/01 = BeckRS 2007, 65007

5348

Wirbelsäulenverletzung / Nervverletzung (hier: Nach einer operativen Versorgung eines verengten Wirbelkanals der Lendenwirbelsäule stellten sich neurologische Ausfälle in beiden Beinen des Klägers ein. Er war nicht mehr in der Lage, das gestreckte Bein anzuheben. Zudem zeigten sich Lähmungen beim Heben und Senken der Füße, eine Blasenentleerungsstörung, und eine Störung der Sexualfunktion.

Mann. Arzthaftung (hier: Aufklärungspflichtverletzung im Zusammenhang mit einer Lendenwirbelsäulenoperation wegen therapieresistenter Rückenschmerzen. Besteht nur eine relative Indikation zur Vornahme eines operativen Eingriffs, muss ein Patient dezidiert mündlich über die echte Alternative einer konservativen Behandlung aufgeklärt werden, so das OLG). Dauerschaden: Erhebliche Bewegungseinschränkungen und erhebliche Gebrauchsminderung der Beine, der Blase sowie Sexualfunktionsstörung. Der Kläger kann nur kurze Strecken mit Gehhilfen zurücklegen und ist im Übrigen auf einen Rollstuhl angewiesen. Die Blasenentleerungsstörung hat sich zwischenzeitlich zurückgebildet. Depression.

Betrag: 75.000 € **Haftung: 100 %**
immVorb: – **MdE: –**

LG Arnsberg 12.11.2013 – 5 O 28/13 = BeckRS 2013, 199055

7848

Wirbelsäulenverletzung, schwere / Nervverletzung (hier: Schwere Verletzung und Dauerschaden des Nervs im Spinalkanal im Bereich der Nevenwurzel L5).

23j. Mann. Arzthaftung durch schwerwiegenden Diagnosefehler bzw. „gravierend falsche Retrolisthesis-Diagnose" im Zusammenhang mit der beim Kläger durchgeführten CT-Untersuchung, bei welcher es zu einer „objektivierbaren Verletzung des Spinalkanals gekommen ist, die zwar Anlass zu einer Folgeoperation gab, die aber hiernach trotz des Fortbestehens der vom Kläger erstmals nach der ersten Operation beschriebenen ins Bein ausstrahlenden Schmerzen sowie dem nach einem Röntgenbild weiterhin bestehenden Verdacht einer fortbestehenden Fehllage einer Schraube trotz des vorhandenen Wissens, dass sich diese nur durch eine solche Untersuchung nachweisen lässt, nicht wiederholt wurde." Diese Fehldiagnose führte somit zu einer nicht indizierten Wirbelsäulenversteifungsoperation im Bereich LWK 5. deren negative Folgen auch durch zwei Folgeoperationen nicht vollständig beseitigt werden konnte. „Der zu dem jetzt bestehenden Dauerschaden führende Kausalverlauf hätte mithin zu mehreren Zeitpunkten durch einfachste Kontrollüberlegungen unterbrochen werden können, die sich jedem Arzt in vergleichbarer Situation jeweils hätten aufdrängen müssen." Dauerschaden des Nervs im Spinalkanal mit erheblichen Schmerzen, die es erfoderlich machten, dass dem Kläger „eine Schmerzpumpe zur dauerhaften symptomatischen Behandlung der chronischen Schmerzen implantiert wurde, die regelmäßig operativ ausgewechselt werden muss, wobei die Zeitabstände hierfür modellabhängig sind, seien adäquate medizinische Reaktionen gewesen, um die Situation des Klägers nach heutigen medizinischen Standards zu verbessern. Eine ursächliche Behandlung des auf dem Nervenschaden beruhenden dauerhaften Schmerzsyndroms sei dagegen nach heutigen medizinischen Standards vorerst nicht möglich.", so das LG. [Anmerkung: Lesenswert zur Thematik „haftungsrelevanter Diagnosefehler" und deren Folge für die Einwilligung in die (unnötige) Operation. „Wird aufgrund einer vorwerfbaren Fehldiagnose eine Operationsindikation gestellt, ist eine diesbezüglich erklärte Einwilligung des Patienten unwirksam. Für die Haftungsrelevanz der bei und durch diese Operation herbeigeführten Verletzungen kommt es dann nicht mehr darauf an, ob diese isoliert betrachtet behandlungsfehlerhaft durchgeführt wurde." 2. Amtlicher Leitsatz der Entscheidung].

Betrag: 100.000 € **Haftung: 100 %**
immVorb: Ja **MdE: –**

LG Wuppertal 11.3.2022 – 2 O 309/19 = BeckRS 2022, 32095

b) Bandscheibenverletzungen

6825

Bandscheibenverletzung in Form eines Bandscheibenvorfalles.

Frau. Kein Schmerzensgeldanspruch bei Bandscheibenverletzung als (mögliche) Folge einer harten Flugzeuglandung, die jedoch aufgrund der „alpinen Lage" des Flughafens (hier: in St. Gallen) aus Sicherheitsgründen eher hart als zu weich auszuführen sei. Insofern fehle es – so der EuGH – bereits am Vorliegen eines „Unfalles" im Sinne des Artikel 17 des Übereinkommens von Montreal. „Der Luftfrachtführer hat den Schaden zu ersetzen, der dadurch entsteht, dass ein Reisender getötet oder körperlich verletzt wird, jedoch nur, wenn sich der Unfall, durch den der Tod oder die Körperverletzung verursacht wurde, an Bord des Luftfahrzeugs oder beim Ein- oder Aussteigen ereignet hat." Daraus ergebe sich, dass „das Luftfahrtunternehmen nur dann hafte, wenn das Ereignis als Unfall einzustufen sei", so der EuGH.

Betrag: – **Haftung: –**
immVorb: – **MdE: –**

EuGH 12.5.2021 – C-70/20 = BeckRS 2021, 10495

6705

Bandscheibenverletzung (hier: Bandscheibenvorfall im Halswirbelbereich nach „Einrenken" des Kopfes).

Mann. Arzthaftung im Zusammenhang mit einer chiropraktischen Behandlung im Halsbereich ohne bzw. mit nur mangelhafter Aufklärung. Das Schmerzensgeld fiel mit 2.000 EUR vergleichsweise gering aus, da beim Kläger bereits eine Grundschädigung der Halswirbelsäule vorlag (degenerativer Vorschaden).

Betrag: 2.000 € **Haftung: 100 %**
immVorb: – **MdE: –**

OLG Frankfurt a. M. 13.1.2015 – 8 U 141/14 = BeckRS 2015, 131783

5923

Bandscheibenoperation, die ohne Einwilligung und damit rechtswidrig ansonsten jedoch fachgerecht ausgeführt worden war.

Mann. Arzthaftung (hier: Aufklärungspflichtverletzung im Zusammenhang mit einer Bandscheibenoperation, die als solche jedoch „lege artis" erfolgt war).

Betrag: 2.500 € **Haftung: 100 %**
immVorb: – **MdE: –**

LG Magdeburg 16.2.2011 – 9 O 1927/08 = BeckRS 2011, 18359

3741

Bandscheibenverletzung in Form eines Bandscheibenvorfalles im Bereich HWK 5/6.

Frau (junge Frau). MdE 6 Monate 100 %. Die Ursache der schmerzhaften Unfallfolge wurde erst 7 Monate nach dem Ereignis festgestellt.

Betrag: 2.600 € **Haftung: 100 %**
immVorb: Ja **MdE: –**

AG Frankenberg 6.8.2002 – 61 C 152/01 = BeckRS 2002, 33437

7866

Bandscheibenverletzung (hier: Aktivierung der zunächst stummen dh symptomfreien Bandscheibenveränderungen nach Vorliegen einer unstreitigen Primärverletzung in Form eines Schleudertraumas der Halswirbelsäule).

Mann (Maler und Lackierer). Ambulante Behandlung. 42 Tage Arbeitsunfähigkeit.

Betrag: 3.700 € **Haftung: 100 %**
immVorb: Ja **MdE: –**

LG Nürnberg-Fürth 23.12.2022 – 8 O 6883/21 = BeckRS 2022, 56425

5945

Bandscheibenverletzung / Nervverletzungen (hier: Inkomplettes Querschnittssyndrom mit neurologische Ausfallerscheinungen aufgrund eines groben Behandlungsfehlers nach einem kompliziertem Bandscheibenvorfall. Infolgedessen kam es zu einer „geringen Halbseitenschwäche links sowie Parästhesien und Sensibilitätsstörungen der unteren Extremitäten").

Mann. Arzthaftung (hier: Grober Behandlungsfehler im Zusammenhang mit einer Bandscheibenbehandlung). Dauerschaden: Leichte Halbseitenschwäche links und Parästhesien und Sensibilitätsstörungen der unteren Extremitäten.

Betrag: 5.000 € **Haftung: 100 %**
immVorb: Ja **MdE: –**

OLG München 3.3.2011 – 1 U 2842/09 = BeckRS 2011, 5227

5895

Bandscheibenverletzung bzw. ein Bandscheibenprolaps in Form eines – durch ein HWS-Syndrom ausgelösten – Bandscheibenvorfalles.

Frau. 12 Tage stationär. MdE 21 Tage 100 %. Dauerschaden: MdE 20 % wegen des Bandscheibenvorfalles.

Betrag: 5.000 € **Haftung: 100 %**
immVorb: – **MdE: 20 %**

OLG Brandenburg 11.11.2010 – 12 U 33/10 = BeckRS 2010, 29953

3613

Bandscheibenvorfall im Segment C5/C6. Die Bandscheinverletzung wurde erst nach 7 Monaten diagnostiziert. Weitere Verletzungen: HWS-Syndrom 1. Grades, Schulterprellung und Unterarmprellung.

Keine Angaben zur Person.

Betrag: 7.500 € **Haftung: 100 %**
immVorb: – **MdE: –**

OLG Saarbrücken 25.1.2005 – 4 U 72/04 = BeckRS 2005, 30349641

5454

Extraktion einer fehlerhaften Bandscheibenprothese.

42j. Frau. 10 Tage stationär, zwei Operationen. MdE insgesamt 8 Monate 100 %. Arzthaftung / Produkthaftung (hier: Implantierung einer fehlerhaften Bandscheibenprothese. Diese musste operativ wieder entfernt und operativ ein neues Implantat eingefügt werde.). Dauerschaden: Schmerzen, die bis in den Bereich der HWS und der Arme ausstrahlen. Schmerzensgeldmindernd bewertete das OLG die Vorschädigung der Klägerin infolge einer ihr bekannten Migräneerkrankung.

Betrag: 15.000 € **Haftung: 100 %**
immVorb: Ja **MdE: 20 %**

OLG München 18.7.2016 – 17 U 640/16 = unveröffentlicht

6501

Wirbelsäulenfraktur und Bandscheibenverletzung (hier: Wirbelsäulenkompressionsfrakturen des LWK 1 und LWK 2. Im Bereich des LWK 1 kam es zu einer Einblutung in das ventrale Längsband LWK 1/LWK 2 und eine leichte Einblutung in die Bandscheibe; im Bereich des LWK 2 zeigte sich zudem ein deutliches Knochenödem. Psychische Beeinträchtigungen in Form posttraumatischer Belastungsstörungen (PTBS)

44j. Mann. Insgesamt 15 Tage stationär bei zwei Aufenthalten. Während des ersten elftägigen Aufenthalts erfolgte eine Operation mittels einer sogenannten dorsalen Spondylodese des BWK 12/ LWK 1 auf LWK 3 mit Schrauben. Die Schrauben wurden ca. 11 Monate später operativ entfernt, wobei der Kläger weitere 4 Tage stationär aufgenommen werden musste. MdE 291 Tage (vom 20.7. bis zum 4.12.2016 und erneut vom 2.6. – „bis November" 2017) 100 % [Anmerkung: Das OLG kommt bei seiner exakten Kalkulation insofern auf nur 278 Tage]; 46 Tage 40 % sowie im Weiteren 30 %. Dauerschaden: 30 % MdE bzw. – wie vom OLG in Ansatz gebracht wurde – 20 % GdS [= Grad der Schädigungsfolge gemäß der Anlage zu § 2 der Versorgungsmedizinverordnung vom 10.12.2008] wegen Bewegungseinschränkungen im Bereich der Wirbelsäule. „Der Kl. muss weiterhin Schmerzmittel einnehmen, er ist in der Ausübung seiner Freizeitaktivitäten (ergänze: Rennradfahren) stark eingeschränkt, er war zuvor sportlich sehr aktiv. Der Unfall hatte für den Kl. auch psychische Folgen. Auch seine berufliche Situation hat sich durch die Verletzung verändert, da er einen anderen Tätigkeitsbereich zugewiesen bekommen hat", so das OLG. Den Antrag des Klägers auf Feststellung bzgl. des immateriellen Schadens wies das OLG – entgegen der ständigen Rechtsprechung des BGH (zuletzt BGH NJW 2019, 442) – mit dem Hinweis auf den Grundsatz der Einheitlichkeit des Schmerzensgeldes demzufolge weitere absehbare Entwicklungen bereits bei der Bemessung des Schmerzensgeldes zu berücksichtigen sind, zurück. [Anmerkung: Mit seinem Urteil vom 15.2.2022 – VI ZR 937/20 hat der BGH sich klar gegen eine taggenaue Kalkulation ausgesprochen. Dies geschah in zu erwartender Fortführung seiner bisherigen Rechtsprechung (siehe BGH NJW 1955, 1675; BGH (VGS) BeckRS 2016, 21466) und im Einklang mit der hM in Literatur (vgl. ua BeckOK BGB / Spindler, 53. Ed. 1.2.2020, § 253 Rn. 53a-53c; Küppersbusch / Höher, 2020, Rn. 281; Luckey NJW 2019, 3361; Slizyk Schmerzensgeld, 2021 Rn. 30 sowie Slizyk NZV 2019, 351) und OLG-Rechtsprechung (ua OLG Oldenburg BeckRS 2020, 5200; OLG Brandenburg BeckRS 2020, 3351; OLG Düsseldorf BeckRS 2019, 7136; KG BeckRS 2019, 30230; OLG Brandenburg BeckRS 2019, 9077; LG Aurich BeckRS 2018, 40197)].

Betrag: 20.000 € **Haftung: 100 %**
immVorb: – **MdE: 30 %**

OLG Frankfurt a. M. 13.8.2019 – 22 U 205/19 = BeckRS 2019, 19469

5067

Bandscheibenverletzung durch grob fehlerhaft – weil u.a. fehlpositioniert und zu klein bemessen – gesetzte Bandscheibenimplantate in den Segmenten C-3, C-4, C-5 und C-6. Der Kläger litt unter Bandscheibenprolaps in diesen Segmenten, weshalb er sich operieren ließ.

49j. Mann (Gastwirt). MdE 5 Monate 100 %. Arzthaftung im Zusammenhang mit der Implantation von Bandscheibenprothesen (wegen Bandscheibenprolaps) in den Segmenten C3 bis C6. Grob fehlerhafte Behandlung. Der Kläger trug vor, er leide unter starken Schmerzen entlang der Halswirbelsäule mit Ausstrahlung in die rechte Schulter. Das Taubheits- und Kribbelgefühl im Bereich der rechten Hand sei progredient und er habe Gleichgewichtsstörungen sowie eine Zunahme einer Muskelatrophie der rechten Hand, motorischen Störungen der rechten Hand, erheblichen Kribbelparästhesien an der linken Hand und beiden Großzehen. Bei der Bemessung des Schmerzensgelkdes berücksichtigte das LG, „dass sich die Schmerzdauer beim Kläger dadurch verlängert, dass er die indizierte Revisionsoperation wegen der nunmehr vorhandenen deutlichen Risikosteigerung nachvollziehbar hinausschiebt".

Betrag: 20.000 € **Haftung: 100 %**
immVorb: Ja **MdE: –**

LG Arnsberg 1.12.2015 – 5 O 2/14 = BeckRS 2016, 9309

4865

Bandscheibenverletzung / Rückenschmerzen.

24j. Mann. Arzthaftung (hier: Aufklärungspflichtverletzung und Behandlungsfehler im Zusammenhang mit einer Bandscheibenoperation (Bandscheibenimplantat), die „ohne vorherige Durchführung einer Testinfiltration" und somit fehlerhaft erfolgte. Das OLG berücksichtigte bei der Bemessung, dass „die tiefen Rückenschmerzen im Bereich der Lendenwirbelsäule mit Ausstrahlungen in die Beine Folgen des Eingriffs sind".

Betrag: 20.000 € **Haftung: 100 %**
immVorb: Ja **MdE: –**

OLG Hamm 29.9.2014 – 3 U 54/14 = BeckRS 2014, 21674

6101

Bandscheibenvorfall (hier: Traumatischer Bandscheibenvorfall im Segment C 5/C 6 an der unteren Halswirbelsäule im Zusammenhang mit einer HWS-Distorsion 3. Grades).

Mann (selbst. Obst- und Gemüsehändler). Erstbehandlung im Krankenhaus. Anschließend langwierige Heilbehandlung zu der das LG ausführte: „über Jahre andauernden Beschwerden und Beeinträchtigungen, die vielen Arztbesuche zu deren Abklärung, die zeitintensive Heilbehandlung ...". MdE 29 Tage 100 %, 13 Tage 80 %, 27 Tage 50 %, 48 Tage 30 % und „20 % bis auf weiteres". Dauerschaden: MdE 20 %. Verschlechterungstendenz: „In den nächsten Jahren sei mit einer fortschreitenden Zermürbung der geschädigten Bandscheiben C 5/C 6 zu rechnen" und daher seien „unter Umständen erforderlich werdende Operation an der Halswirbelsäule" vorzunehmen. [Anmerkung: Zu der Besonderheit eines traumatischen, also unfallbedingt hervorgerufenen Bandscheibenvorfalles führte das LG aus:„Eine HWS-Distorsion III und ein traumatischer Bandscheibenvorfall stellen, wie auch die Beklagte nicht in Abrede stellt, schwere Verletzungen dar. Ein traumatischer Bandscheibenvorfall, der als Unfallfolge häufig behauptet wird, ist nach Erfahrung der ausschließlich mit Verkehrsunfallsachen befassten Kammer ein seltenes Ereignis im Rahmen einer Distorsionsverletzung der Halswirbelsäule und liegt nur in Ausnahmefällen bei schwersten Verkehrsunfällen vor"].

Betrag: 25.000 € **Haftung: 100 %**
immVorb: Ja **MdE: 20 %**

LG München I 17.3.2005 – 19 O 23126/03 = BeckRS 2016, 1693

6175

Bandscheibenverletzung (hier: „Chronische Ischialgien beidseits, einen chronischer Beckenschiefstand, eine Minderbelastbarkeit der verkrümmten Lendenwirbelsäule, einen Schiefstand des rechten Fußes und ein Taubheitsgefühl in der rechten oberen Gesäßhälfte, das inzwischen nachgelassen hat", so das OLG).

Mann (Bankkaufmann). Arzthaftung (hier: Verletzung der postoperativen ärztlichen Pflichten gegenüber einem Patienten nach einer Bandscheibenoperation). Dauerschaden: MdE 100 %, Gehbehinderung – kann nur „wenige 100 Meter weit gehen", Schwierigkeiten beim Bücken und beim Heben, selbst von „normalen Gegenständen". Zudem Hüftschmerzen, Kreuzschmerzen sowie beim Sitzen und Stehen. [Vollständige Fundstelle = VersR 1999, 1544 – Lesenswert zu den gebotenen Vorsichtsmaßnahmen beim Transport eines Patienten nach einer Bandscheibenoperation].

Betrag: 38.347 € **Haftung: 100 %**
immVorb: – **MdE: 100 %**

OLG Frankfurt a. M. 13.10.1998 – 8 U 70/98 = FHZivR 46 Nr. 691

c) Wirbelkörperverletzungen

3812

Wirbelsäulenverletzung (hier: Wirbelkörperdeckplatteneinbruch C 6 mit Bewegungseinschränkungen und Schwindel.), Tinnitus.

Mann (Restaurateur). Stationärer Aufenthalt. MdE 5 Monate 100 %. Dauerschaden: Tinnitus.

Betrag: 6.136 € **Haftung: 100 %**
immVorb: – **MdE: –**

LG Stralsund 20.10.2000 – 6 O 565/98 = BeckRS 2000, 30709

6261

Wirbelkörperverletzung in Form einer Brustwirbelkörperläsion bzw. BWK-Läsion.

Frau. Keine stationäre Behandlung. Dauerschaden: „Eine gewisse" Bewegungseinschränkung wird verbleiben, so das KG. [Ursache: Verkehrssicherungspflichtverletzung – Streu- und Räumpflicht für Gehwege im verkehrsberuhigten Bereich].

Betrag: 13.000 € **Haftung: 100 %**
immVorb: – **MdE: 20 %**

KG 8.9.2017 – 4 U 57/16 = BeckRS 2017, 129255

3620

Wirbelkörperdeckplatteneinbruch am LWK-1.

61j. Mann. 7 Wochen stationär sowie 5 Wochen Rehaklinik. Dauerschaden: Leichte Bewegungseinschränkung der Wirbelsäule.

Betrag: 15.339 € **Haftung: 100 %**
immVorb: – **MdE: 20 %**

LG München I 8.5.2003 – 19 22606/01 = unveröffentlicht

6501

Wirbelsäulenfraktur und Bandscheibenverletzung (hier: Wirbelsäulenkompressionsfrakturen des LWK 1 und LWK 2. Im Bereich des LWK 1 kam es zu einer Einblutung in das ventrale Längsband LWK 1/LWK 2 und eine leichte Einblutung in die Bandscheibe; im Bereich des LWK 2 zeigte sich zudem ein deutliches Knochenödem. Psychische Beeinträchtigungen in Form posttraumatischer Belastungsstörungen (PTBS)

44j. Mann. Insgesamt 15 Tage stationär bei zwei Aufenthalten. Während des ersten elftägigen Aufenthalts erfolgte eine Operation mittels einer sogenannten dorsalen Spondylodese des BWK 12/ LWK 1 auf LWK 3 mit Schrauben. Die Schrauben wurden ca. 11 Monate später operativ entfernt, wobei der Kläger weitere 4 Tage stationär aufgenommen werden musste. MdE 291 Tage (vom 20.7. bis zum 4.12.2016 und erneut vom 2.6. – „bis November" 2017) 100 % [Anmerkung: Das OLG kommt bei seiner exakten Kalkulation insofern auf nur 278 Tage]; 46 Tage 40 % sowie im Weiteren 30 %. Dauerschaden: 30 % MdE bzw. – wie vom OLG in Ansatz gebracht wurde – 20 % GdS [= Grad der Schädigungsfolge gemäß der Anlage zu § 2 der Versorgungsmedizinverordnung vom 10.12.2008] wegen Bewegungseinschränkungen im Bereich der Wirbelsäule. „Der Kl. muss weiterhin Schmerzmittel einnehmen, er ist in der Ausübung seiner Freizeitaktivitäten (ergänze: Rennradfahren) stark eingeschränkt, er war zuvor sportlich sehr aktiv. Der Unfall hatte für den Kl. auch psychische Folgen. Auch seine berufliche Situation hat sich durch die Verletzung verändert, da er einen anderen Tätigkeitsbereich zugewiesen bekommen hat", so das OLG. Den Antrag des Klägers auf Feststellung bzgl. des immateriellen Schadens wies das OLG – entgegen der ständigen Rechtsprechung des BGH (zuletzt BGH NJW 2019, 442) – mit dem Hinweis auf den Grundsatz der Einheitlichkeit des Schmerzensgeldes demzufolge weitere absehbare Entwicklungen bereits bei der Bemessung des Schmerzensgeldes zu berücksichtigen sind, zurück. [Anmerkung: Mit seinem Urteil vom 15.2.2022 – VI ZR 937/20 hat der BGH sich klar gegen eine taggenaue Kalkulation ausgesprochen. Dies geschah in zu erwartender Fortführung seiner bisherigen Rechtsprechung (siehe BGH NJW 1955, 1675; BGH (VGS) BeckRS 2016, 21466) und im Einklang mit der hM in Literatur (vgl. ua BeckOK BGB / Spindler, 53. Ed. 1.2.2020, § 253 Rn. 53a-53c; Küppersbusch / Höher, 2020, Rn. 281; Luckey NJW 2019, 3361; Slizyk Schmerzensgeld, 2021 Rn. 30 sowie Slizyk NZV 2019, 351) und OLG-Rechtsprechung (ua OLG Oldenburg BeckRS 2020, 5200; OLG Brandenburg BeckRS 2020, 3351; OLG Düsseldorf BeckRS 2019, 7136; KG BeckRS 2019, 30230; OLG Brandenburg BeckRS 2019, 9077; LG Aurich BeckRS 2018, 40197)].

Betrag: 20.000 € **Haftung: 100 %**
immVorb: – **MdE: 30 %**

OLG Frankfurt a. M. 13.8.2019 – 22 U 205/19 = BeckRS 2019, 19469

5424

Wirbelsäulenverletzung / Nervverletzung (hier: Periphere Nervenschädigung im Bereich der Nervenwurzel L5 mit daraus resultierender inkompletter spastischen Tetraplegie sub C5 rechtsbetont, neurogener Harnblasen- und Mastdarmentleerungsstörung mit Inkontinenz, Tinnitus und Deafferenzierungsschmerz in Form von Brennschmerzen, die der Kläger glaubhaft wie bei einem Sonnenbrand beschrieb).

45j. Mann (Finanzbeamter). Arzthaftung (hier: Aufklärungspflichtverletzung im Zusammenhang mit einer Lasernukleotomie bzw. Bandscheibenbehandlung). Dauerschaden: Leichte rechtsbetonte zentrale Parese, „die sich in einer Feinmotorikstörung und Ungeschicklichkeit der rechten Hand, etwa einem krakeligen Schreiben, und einem Zittern des rechten Arms unter Belastung äußert und zu einem unrunden Gangbild und Nachziehen des rechten Beins führt. Wenn allein diese Beeinträchtigungen vorlägen, wäre – so der Sachverständige – ein weitgehend normales Gehen möglich. Sportarten wie Joggen könne der Kläger dagegen nicht ausüben", so das OLG Köln. Zudem Brennschmerzen und Blasenentleerungsstörung, wegen der sich der Kläger vier bis fünfmal täglich selbst katheterisieren muss.

Betrag: 75.000 € **Haftung: 100 %**
immVorb: Ja **MdE: –**

OLG Köln 23.3.2016 – 5 U 8/14 = BeckRS 2016, 6094

d) Wirbelkörperfrakturen

6412

Wirbelkörperfraktur (hier: Halswirbelkörperfrakturen des HWK 7 und des Sternums sowie ein Schleudertrauma 2. bis 3. Grades).

Mann (Freiberufler). 11 Tage stationär. Der Kläger musste etwa 6 bis 8 Wochen eine Cervicalstütze bzw. Halskrause tragen. Nach Entlassung aus dem Krankenhaus schloss sich eine ambulante Behandlung an, hauptsächlich als Schmerztherapie. MdE 150 Tage 100 %. Folgenlose Verheilung.

Betrag: 1.750 € **Haftung: 33 %**
immVorb: – **MdE: –**

KG 10.2.2003 – 22 U 49/02 = BeckRS 2003, 30305697

5651

Wirbelsäulenfraktur / Wirbelkörperfraktur (hier: Fraktur des 12. Brustwirbels mit vorübergehenden neurologischen Ausfällen). Weitere Verletzungen, die jedoch „nach kürzerer Zeit folgenlos abgeklungen sind", waren: Rippenfraktur, Zungenverletzung (hier: Schnittwunde, die genäht werden musste), Zahnverletzung (hier: Lockerung und Schädigung der Schneidezähne), HWS-Syndrom sowie Schädelprellung.

Mann. Ca. 24 Tage stationär. Eine zunächst bestehende Lähmung der Beine bildete sich bereits nach drei Tagen spontan zurück. Anschließend ambulante Heilbehandlung mit Physiotherapie. MdE 9 Monate 100 %. Abschließend ging das OLG davon aus, dass die „ Unfallschäden insgesamt vollständig abgeklungen" sind.

Betrag: 2.556 € **Haftung: 75 %**
immVorb: – **MdE: –**

OLG Celle 28.7.1998 – 18 U 12/98 = BeckRS 1998, 11558

6451

Wirbelkörperfraktur (hier: Brustwirbelkörperfraktur / BWK3-Fraktur).

Mann. 12 Tage stationäre Behandlung mit einer Operation. Metallimplantatentfernung ca. 8 Monate nach der OP. Komplikationsloser Heilungsverlauf. Der Kläger hatte 12.000 EUR gefordert, was das OLG als erheblich überhöht angesehen hatte. [Anmerkung: Lesenswert zur Benutzung eines Zebrastreifens durch einen Fahrradfahrer]

Betrag: 3.000 € **Haftung: 50 %**
immVorb: Ja **MdE: –**

OLG Hamm 27.5.2019 – 31 U 23/19 = BeckRS 2019, 12737

4473

Wirbelkörperfraktur (hier: Deckplattenimpressionsfraktur LWK 1/2) sowie Prellungen (hier: Schädelprellung und Oberschenkelprellung).

Frau. 3 Wochen ambulante Schmerztherapie ohne stationären Aufenthalt. Keine Dauerfolgen. Das OLG wies im Rahmen der Bemessung des Schmerzensgeldes darauf hin, dass „zu berücksichtigen war, dass die … Schmerzen zu 50 % nicht auf den Unfall sondern auf unfallunabhängige degenerative Veränderungen zurückzuführen sind." [Ursache: Fahrradunfall].

Betrag: 3.500 € **Haftung: 80 %**
immVorb: Ja **MdE: –**

OLG Karlsruhe 30.5.2012 – 1 U 193/11 = BeckRS 2012, 14149

4297

Halswirbelkörperfrakturen an den HWK 6 und 7 mit Hirnnervlähmung (hier: Lähmung des IV. Hirnnerves links mit vorübergehendem Doppelbildsehen).

Mann (Kameramann). Ambulante Heilbehandlung. MdE 14 Tage 100 %. Komplikationsloser Heilungsverlauf ohne bleibende Folgen.

Betrag: 4.000 € **Haftung: 100 %**
immVorb: – **MdE: –**

LG München I 23.6.2004 – 19 O 23749/03 = BeckRS 2004, 154190

5804

Brustwirbelkörperfraktur in Form einer Deckenplattenkompressionsfraktur des 12. Brustwirbelkörpers.

Mann (Landwirt). Stationäre Heilbehandlung. Dauerschaden: Bewegungseinschränkung durch in Fehlstellung verheilter Brustwirbelkörperfraktur mit der Folge, „dass der Kläger in Zukunft sowohl bei seiner Arbeit als Landwirt als auch im Freizeitbereich erheblich eingeschränkt ist".

Betrag: 4.500 € **Haftung: 100 %**
immVorb: Ja **MdE: 20 %**

AG Hohenstein-Ernstthal 8.1.2004 – 1 C 0781/03 = BeckRS 2008, 22530

7870

Wirbelkörperfraktur (hier: Brustwirbelkörperfraktur in Form einer kompletten Berstungsfraktur „des BKW 6, A4 nach AO sowie eine Rippenkopffraktur / sog. Caput Costae-Fraktur bzw. – so wörtlich – eine "nicht dislozierte Fraktur des Caput costae der 1. Rippe links.")

Frau. Stationäre Behandlung mit Operation mittels Metallimplantat. 12 Tage Arbeitsunfähigkeit. Zu den Folgen und einem möglichen Dauerschaden führte das OLG aus: „Sie musste einmal initial und ein weiteres Mal zur Entfernung des Implantats, aber erst mit nicht unerheblicher Verzögerung im Hinblick auf eine Bandscheibenproblematik operiert werden. Sie ist bis heute nicht wieder vollständig leistungsfähig und muss auf Dauer mit Beschwerden rechnen." [Ursache: Mountainbikesturz auf einem Mountainbike-Flow-Trail / Verkehrssicherungspflichtverletzung aufgrund ungenügender Hinweise auf eine Gefahrenstelle. Das 50 %ige Mitverschulden der Klägerin hatte das OLG Hamm damit begründet, dass diese in Unkenntnis der Strecke ihre Geschwindigkeit und Fahrweise nicht ausreichend angepasst und zudem die die mit einem Totenkopf gekennzeichnete Gefahrenstellen bzw. Warnhinweise der Beklagten nicht hinreichend beachtet hatte]. Vgl. zur Thematik der Sport- und Spielunfälle auf die das OLG Bezug nahm und insofern betont hatte, dass derjenige, der eine solche Anlage betreibt, diese nicht völlig ungefährlich gestalten müsse, im Handbuch unter → Rn. 84 sowie zu Fällen der Verkehrssicherungspflichtverletzungen zudem auch unter → Rn. 365.

Betrag: 5.000 € **Haftung: 50 %**
immVorb: Ja **MdE: –**

OLG Hamm 27.2.2026 – 7 U 47/25 = BeckRS 2026, 3400

5302

Wirbelsäulenfraktur bzw. Wirbelkörperfraktur (hier: Lendenwirbelkörperfraktur [3. LWK] in Form einer Impressionsfraktur der Deck- und Bodenplatten sowie multiple Prellungen).

Mann. 5 Tage stationär. Folgenlose Verheilung. „Der Bruch des dritten Lendenwirbelkörpers ist knöchern und folgenlos ohne weitere ernsthafte Dauerfolgen verheilt. Auch die Prellungen sind folgenlos verheilt. Weitere Verletzungen in physischer oder psychiatrischer Hinsicht hat der Unfall nicht gezeitigt. Eine Einschränkung in der täglichen Lebensführung ist damit nicht verbunden. Der Heilungsverlauf mit 5-tägigem stationärem Aufenthalt und im Übrigen konservativer Behandlung gestaltete sich komplikationslos. Die vom Kläger beklagten Beschwerden und die anhaltende Verwendung eines Stützkorsetts sind nicht durch den Unfall veranlasst gewesen", so das OLG im Rahmen seiner Bemessung.

Betrag: 5.000 € **Haftung: 100 %**
immVorb: – **MdE: –**

OLG Hamm 29.11.2016 – 9 U 196/12 = BeckRS 2016, 113280

5196

Wirbelsäulenfraktur / Lendenwirbelkörperfraktur (hier: Fraktur des 4. Lendenwirbelkörpers und Brustwirbelkörperläsion bzw. Läsion der 8. und 9. Brustwirbelkörper).

Frau. Unstreitig sehr schmerzhafte Verletzung, die auch das OLG erhöhend berücksichtigte und dazu ausführte, dass dies bereits aus „aus dem verschriebenen Schmerzmittel Tilidin, das zu den Opiaten gehört" folge. Langwierige Heilbehandlung ohne Operationen. Ein Dauerschaden kann nicht ausgeschlossen werden! Ursache: Sturz im öffentlichen Nahverkehr (Bus); insofern Mitverschulden, denn – so das OLG – „die Kl. hätte sich jederzeit einen solchen Stand verschaffen müssen, dass auch bei Anfahren des Busses ein Sturz vermieden werden konnte".

Betrag: 5.000 € **Haftung: 50 %**
immVorb: Ja **MdE: –**

OLG Frankfurt a. M. 19.2.2015 – 22 U 113/13 = BeckRS 2015, 5522

4569

Brustwirbelkörperfraktur (wörtlich: geringgradige BWK 7 Kompressionsfraktur) sowie Prellungen (hier: Brustkorbprellung und Kniegelenkprellung).

Mann. Stationäre Heilbehandlung. Folgenlose Verheilung.

Betrag: 5.000 € **Haftung: 100 %**
immVorb: – **MdE: –**

LG Heilbronn 19.1.2012 – 3 O 143/11 = BeckRS 2012, 24937

4725

Wirbelkörperfraktur in Form einer Brustwirbelkörperkompressionsfraktur (BWK 7), die als geringgradig eingestuft wurde sowie Prellungen (Brustkorbprellung und Knieprellung).

Mann. 4 Tage stationär. Ambulante Heilbehandlung.

Betrag: 5.000 € **Haftung: 100 %**
immVorb: – **MdE: –**

LG Heilbronn 19.1.2012 – 3 O 134/11 = unveröffentlicht

4184

Lendenwirbelsäulenfraktur in Form einer Lendenwirbelkörperkompressionsfraktur. Thoraxtrauma / Brustkorbquetschung (hier: stumpfes Thoraxtrauma mit Lungenquetschung). Bauchtrauma und Risswunde am Augenlid.

26j. Frau (Buchhalterin). 6 Wochen stationär, zwei Aufenthalte. Keine Folgeverletzungen dh folgenlose Ausheilung. [Anmerkung: Der Hinweis des LG, dass die subjektiven Beschwerden beim längeren Sitzen nicht zu berücksichtigen seien, da kaum ein Mensch beschwerdefrei länger als 4 bis 5 Stunden sitzen könne, ist anmaßend und nicht akzeptabel. Sofern diese Beschwerden attestiert wurden, wäre ein höheres Schmerzensgeld gerechtfertigt!].

Betrag: 5.300 € **Haftung: 100 %**
immVorb: – **MdE: –**

LG Gießen 13.2.2009 – 3 O 192/07 = BeckRS 2009, 140109

4925

Lendenwirbelfraktur (hier: Lendenwirbelkörperfraktur in Form einer Lendenwirbelkörpertrümmerfraktur).

Mann (Druckereihelfer). 4 Tage stationär in Serbien. Anschließend Verbringung mit ADAC-Luftrettung nach Deutschland. Dort weitere 16 Tage stationär. 75 Tage Rehabilitationsklinik (verteilt auf insgesamt 3 Aufenthalte). Wirbelsäulenversteifungsoperation mittels ventraler Spondylodese mit Beckenkammspan und Metallplatte. Dauerschaden: „Es verblieb eine leichtgradig eingeschränkte Drehbeweglichkeit an der Brust- und Lendenwirbelsäule und eine leichtgradig beschränkte Seitenneigung", so das OLG. Das OLG wies zudem darauf hin, dass der Fall nach serbischem Recht zu entscheiden war und bestätigte insofern die Entscheidung der Vorinstanz. „Das Schmerzensgeld ist gemäß den Regeln des Art. 200 des SerbOG zu bemessen (…)" und insofern „vor allem eine Kompensation für immaterielle Nachteile, wie Schmerzen, das Erleben von Angst und die Unbill, die mit Aktivitätsverlusten verbunden ist (…). Außerdem kommt dem Schmerzensgeld auch eine Genugtuungsfunktion zu (…).", so das OLG. [vgl. dazu auch im Handbuch unter → Rn. 143]

Betrag: 6.000 € **Haftung: 100 %**
immVorb: Ja **MdE: 10 %**

OLG Stuttgart 10.2.2014 – 5 U 111/13 = BeckRS 2014, 6419

3906

Lendenwirbelkörperfraktur und weitere – nicht näher bezeichnete – Frakturen sowie Organverletzung (hier: Darmverletzung).

Mann (Pfarrer). Stationärer Aufenthalt. Mehrere Operationen. [Anmerkung: Lesenswert zur Haftungsbeschränkung nach § 46 Abs. 2 BeamtVG – hier verneint].

Betrag: 6.000 € **Haftung: 100 %**
immVorb: – **MdE: –**

OLG Koblenz 24.4.2006 – 12 U 134/05 = BeckRS 2006, 6137

6217

Wirbelkörperfraktur (hier: stabile Brustwirbelkörperfraktur des 12. Brustwirbels).

Mann (Kraftfahrer). 13 Tage stationär. 43 Tage Rehabilitationsbehandlung. MdE 90 Tage 100 % sowie noch einige Zeit 20 %. Folgenlose Verheilung.

Betrag: 6.391 € **Haftung: 100 %**
immVorb: – **MdE: –**

KG 19.8.2002 – 12 U 811/00 = BeckRS 2002, 161389

4927

Brustwirbelkörperfraktur des 11. Brustwirbels mit „Grundplattenimpression, … chronischer Dorsolumbalgie sowie einer leichten hyperkyphotische Veränderungen der Brustwirbelsäule", so das LG.

Mann. 7 Tage stationär; dort wurde eine „konservative Therapie mit 3-Punkt-Korsett, Physiotherapie sowie der Einnahme von Schmerzmitteln eingeleitet". MdE 96 Tage 100 %, während dieser Zeit musste der Kläger das Korsett tragen. Dauerschaden: Restschmerz-Beschwerden, Belastungsminderung (Kl. kann max. 20 KG tragen), „Gleiches gilt für langdauernde und physisch belastende Gartenarbeiten. Seine Gehstrecke bzw. -zeit ist nachvollziehbar auf max. 90 Minuten begrenzt", so das LG. Die Haushaltsführungsfähigkeit war „bis zum Schluss der mündlichen Verhandlung" auf 15 % vermindert. [Der immaterielle Vorbehalt wurde bereits außergerichtlich anerkannt].

Betrag: 7.000 € **Haftung: 100 %**
immVorb: Ja **MdE: –**

LG Köln 29.10.2013 – 32 O 509/11 = BeckRS 2013, 200481

4526

Wirbelsäulenfarktur (hier: Lendenwirbelsäulenkörperfraktur).

Mann. 21 Tage stationäre Heilbehandlung, zwei Aufenthalte. Operation mittels Metallteilimplantat und späterer Entfernungsoperation. 50 ambulante Rehabilitationstermine. MdE 6 Monate 100 %. Dauerschaden: Posttraumatische Fehlstellung des Lendenwirbelkörpers mit der Folge einer Belastungseinschränkung; der Kläger kann keine schweren Lasten mehr anheben. MdE ist auf Dauer eingeschränkt, ohne dass das OLG jedoch den Umfang angab.

Betrag: 8.000 € **Haftung: 100 %**
immVorb: Ja **MdE: –**

OLG Hamm 24.9.2012 – 6 U 16/12 = BeckRS 2012, 22129

5964

Wirbelkörperfraktur (hier: Lendenwirbelkörperberstungsfraktur).

Mann. 20 Tage stationär mit zwei Aufenthalten. Metallimplantat zur Wirbelstabilisierung, das später wieder operativ entfernt wurde. Zudem musste er an 50 Rehabilitationsmaßnahmen teilnehmen, um seine Beweglichkeit und Belastbarkeit wieder herzustellen. MdE „über 6 Monate" 100 %. [Verkehrssicherungspflichtverletzung – Haftung des Gebäudeeigentümers für brechende Treppenstufe einer Dachbodentreppe].

Betrag: 8.000 € **Haftung: 100 %**
immVorb: Ja **MdE: –**

OLG Hamm 24.9.2012 – I-6 U 16/12 = BeckRS 2012, 22129

6109

Wirbelkörperfraktur (hier: Lendenwirbelkörperfraktur in Form einer stabilen LWK-1-Vorderkantenfraktur).

Mann (Berater – Senior Consultant). 14 Tage stationär. Danach musste der Kläger für die Dauer von drei Monaten ein Stützkorsett tragen und wöchentlich mehrfach zur Physiotherapie und Reha-Maßnahmen. MdE ca. 135 Tage 100 %. Dauerschaden: Rückenschmerzen, die als „zeitweise" auftretend beschrieben wurden.

Betrag: 8.000 € **Haftung: 100 %**
immVorb: – **MdE: –**

OLG Düsseldorf 20.8.2007 – 1 U 172/06 = BeckRS 2016, 5932

7062

Wirbelkörperfraktur BWK-10 wobei die Brustwirbelsäulenfraktur – mit der Folge von nicht unerheblichen Dauerfolgen – in einer 21-Grad-Fehlstellung verheilte. Zudem erlitt der Kläger eine Schulterfraktur in Form einer Schulterblattfraktur sowie eine Knieprellung und Blutergüsse und Schürfwunden.

Mann (Außendienstmitarbeiter). 7 Tage stationär. Der Kläger wurde per Rettungshubschrauber in die Klink verbracht. Nach der stationären Behandlung erfolgten insgesamt 24 physiotherapeutische Behandlungen. MdE 60 Tage 100 %. Dauerschaden: Belastungseinschränkungen und Bewegungseinschränkungen wegen der Fehlstellung der Wirbelsäule; dh extreme Wirbelsäulenbewegungen, mehrdimensionale Bewegungen speziell mit ausgeprägten Rotationskomponenten sowie das Heben und Tragen von mehr als 20 KG, monotone Arbeiten in Zwangshaltung sowie unkontrollierte Bewegungen und stochastische Erschütterungen hat der Kläger fortan zu vermeiden. Sein weiteres Hobby, den Tauchsport, kann der Kläger nicht mehr ausüben. Bei längeren Autofahrten sind pausen erforderlich. Ursache: Motorradunfall. [Anmerkung: Angesichts der nicht unerheblichen Dauerfolgen der BWK-Fraktur erscheint das Schmerzensgeld zu gering bemessen worden zu sein].

Betrag: 8.500 € **Haftung: 100 %**
immVorb: – **MdE: –**

LG Bochum 7.7.2021 – 4 O 203/19 = BeckRS 2021, 57701

4057

Wirbelkörperfraktur (hier: stabile Brustwirbelkörperfraktur BWK 12) sowie stumpfes Bauchtrauma und diverse Prellungen.

Mann. Stationär. Mehrere Operationen. MdE über 4 Wochen 100 %. Langwierige Heilbehandlung mit Physiotherapie und nachfolgender Versteifungsoperation.

Betrag: 9.000 € **Haftung: 100 %**
immVorb: – **MdE: –**

LG Köln 16.2.2007 – 17 O 143/04 = BeckRS 2010, 1639

4986

Wirbelsäulenfraktur / Wirbelkörperfraktur (hier Lendenwirbelkörperfraktur mit Empfindungsstörungen und Narben im Bauchbereich).

Frau (Fremdsprachensekretärin). 16 Tage stationär. MdE „fast" 4 Monate 100 %. Die geplante Reise nach New York konnte nicht durchgeführt werden. [Anmerkung: Das LG hatte die Klage wegen völlig fehlender Haftung der beklagten Fußgängerin abgewiesen. Das OLG sah zwar ein überwiegendes Verschulden der Klägerin (=Radfahrerin), aber dennoch eine geringe Mithaftung der Bekl. von 20 %. Bei voller Haftung sah es das Schmerzensgeld bei 10.000 EUR und einen auf „2.000 EUR geschätzten Wert des Feststellungsantrages". Es empfahl vor diesem Hintergrund und mit Rücksicht auf die erhebliche Mithaftung der Kl. den Parteien einen Vergleich über. 3.000 EUR, worauf sich diese auch schließlich einigten.]. Ursache: Fahrradkollision mit Fußgänger an Bushaltestelle.

Betrag: 10.000 € **Haftung: 100 %**
immVorb: Ja **MdE: –**

KG 15.1.2015 – 29 U 18/14 = BeckRS 2015, 1513

6059

Halswirbelfraktur in Form einer Halswirbelkörperfraktur und einer Brustwirbelkörperfraktur bzw. Vorderkantenfraktur der Deckplatte des ersten Brustwirbels.

33j. Mann (Kraftfahrer). 9 Tage stationär. Langwierige Heilbehandlung wobei die Unfallfolgen auch nach 3 Jahren nach dem Unfall noch nicht völlig abgeklungen waren. Dauerschaden: MdE 10 % am allgemeinen Arbeitsmarkt und 15 % als Kraftfahrer wegen Bewegungseinschränkungen der Kopfbeweglichkeit. Dies und weitere Aspekte hatte das OLG bei der Bemessung berücksichtigt und dazu ausgeführt: „Dies zusammengenommen mit den erlittenen Verletzungen, die über die physischen Auswirkungen hinaus psychisch als nicht unerheblich belastend einzustufen waren, weil – nach den ärztlichen Feststellung … – die Verletzung wegen der direkten Nähe zu hirnversorgenden arteriellen Gefäßen nicht operativ versorgt konnte, der Dauer der Behandlung mit verzögertem Heilungsverlauf und der dadurch bedingten Verlängerung der Beschwerden rechtfertigen ein höheres Schmerzensgeld, als das Landgericht es zuerkannt" hatte. [Tierhalterhaftung – Kollision mit einem Rind].

Betrag: 10.000 € **Haftung: 50 %**
immVorb: Ja **MdE: 10 %**

OLG Frankfurt a. M. 14.4.2014 – 25 U 159/12 = BeckRS 2015, 17404

4933

Brustwirbelkörperfraktur in Form einer Brustwirbelkörperberstungsfraktur des 12. BWK.

Frau. 14 Tage stationär. Risikobehaftete Operation. 3 Wochen Rehaklinikaufenthalt. Zumindest ein Jahr regelmäßig Schmerzmitteleinnahme und erhebliche Beeinträchtigungen im Alltag. MdE mindestens 8 Wochen 100 %. [Ursache: Verkehrssicherungspflichtverletzung und Sturz im Möbelhaus].

Betrag: 10.000 € **Haftung: 100 %**
immVorb: – **MdE: –**

LG Konstanz 16.1.2013 – 6 O 197/12 = BeckRS 2013, 3138

5913

Wirbelkörperfraktur (hier: Halswirbelkörperfraktur bzw. Fraktur des 6. Wirbelkörpers mit geringer Infraktion des 7. HWK).

Mann (Bäckerlehrling). 10 Tage stationär. Anschließend musste er für sechs Wochen eine Halskrawatte tragen. Wegen einer discoligamentären Instabilität im Bereich der Halswirbelkörper 6 und 7 erfolgte während eines stationären Aufenthalt des Klägers vom 25.07 bis zum 3.8.2005 durch Einbringen einer Titan-Verriegelungsplatte eine operative Versteifung der 5. bis 7. Halswirbel vorn. 24 tage Rehabilitationsaufenthalt. Dauerschaden: Endgradigen Bewegungseinschränkung der HWS mit einer einer röntgenologischen Veränderung der unteren HWS, Narbenbildung am Hals und am Becken.

Betrag: 10.000 € **Haftung: 100 %**
immVorb: Ja **MdE: –**

OLG Hamm 13.7.2010 – 9 U 11/10 = BeckRS 2013, 3894

3227

Wirbelkörperfraktur (hier Lendenwirbelkörperfraktur an LWK 2 und LWK 3).

Frau (ältere Frau). 3 Wochen stationär. 5 Wochen Rehabilitation sowie zwei weitere kurze Aufenthalte zur Metallteilentfernung. [Ursache: Sturz als Businsassin bei Vollbremsung].

Betrag: 10.000 € **Haftung: 100 %**
immVorb: Ja **MdE: 30 %**

LG München I 26.6.2003 – 19 O 17611/02 = BeckRS 2003, 155390

3065

Wirbelkörperfraktur (hier: Brustwirbelfraktur in Form einer Brustwirbelkompressionsfraktur des 12 Brustwirbels). Brustkorbprellung rechts sowie zahlreiche Prellungen und Schrüfungen am Kopf und rechten Bein.

42j. Mann (Dipl.Psychologe). 56 Tage stationär. MdE 10 Monate 100 %. „Wochenlange Ruhestellung gleichsam ans Bett gefesselt". Vorschaden: Osteoporose, schwere. Psychische Belastung und Angst wegen der bereits vorgeschädigten Wirbelsäule.

Betrag: 10.226 € **Haftung: 100 %**
immVorb: – **MdE: 10 %**

OLG Zweibrücken 12.5.2000 – 1 U 131/99 = unveröffentlicht

253

Wirbelkörperfrakturen (im Lendenwirbelbereich), die ärztlicherseits zunächst „übersehen" wurden. Dadurch erlitt die Klägerin eine Behandlungsverzögerung „von vier Monaten" und „vermeidbare Schmerzen".

Frau. Arzthaftung (Diagnosefehler bei Lendenwirbelfraktur). Regulierungsverzögerung („in hohem Maße tadelnswerter Weise" verweigerte Regulierung!), deshalb Verdoppelung!

Betrag: 10.226 € **Haftung: 100 %**
immVorb: – **MdE: –**

OLG Frankfurt a. M. 7.1.1999 – 12 U 7/98 = BeckRS 9998, 23592

6581

Wirbelkörperfraktur (hier: „ossäre BWK-8-Läsion mit Hinterkantenbeteiligung ohne dorsale Fragmentverschiebung").

Frau. Langwierige Heilbehandlung. Die Klägerin musste für die Dauer von 57 Tagen durchgehend ein Drei-Punkt-Korsett tragen und daneben zahlreiche physiotherapeutische Behandlungen über sich ergehen lassen und war bis zum Zeitpunkt der Urteilsverkündung (sowie ggf. darüber hinaus) auf solche angewiesen. MdE 6 Monate zu 100 %; laut Urteil ist sie „bis heute – knapp drei Jahre nach dem Sturz – immer noch zu 20 % in ihrer Erwerbsfähigkeit gemindert. Daneben hat sie eindrücklich geschildert, nach einer Stunde sitzen jeweils Schmerzen zu bekommen und sich jeweils nach der Arbeit zu Hause erst einmal hinlegen zu müssen, um ihren Rücken zu entlasten. Wenn ihr das nicht möglich sei, sei sie auf Schmerzmittel angewiesen". Dauerschaden: posttraumatische Fehlstellung der Brustwirbelsäule mit anhaltenden pseudoradikulären, belastungsabhängigen Schmerzen und muskulären Dysbalancen und eine sekundäre Hyberlorddose der LWS. [Ursache: Glatteisunfall auf Gehweg wegen Verkehrssicherungspflichtverletzung].

Betrag: 11.000 € **Haftung: 100 %**
immVorb: – **MdE: 20 %**

LG Berlin 25.2.2016 – 9 O 455/14 = BeckRS 2016, 127185

3398

Wirbelfraktur / Wirbelkörperfraktur (hier: Lendenwirbelkörpertrümmerfraktur des 5. Lendenwirbelkörpers mit einer allseitigen leichten Höhenminderung und mit kompletter Verlegung des Spinalkanals).

30j. Mann. 3 stationäre Aufenthalte von insgesamt 38 Tagen; mehrere Operationen. MdE 3 Monate und 9 Tage 100 %. Schmerzengelderhöhend: Tragen eines Korsetts und die Benutzung von Gehhilfen; Bewegungsbeeinträchtigung; Beeinträchtigungen im täglichen Leben einschließlich der Freizeitgestaltung (Sport etc). Dauerschaden: 18 cm lange Narbe am Rücken; Gehbehinderung in Form eines hinkenden Gangbildes mit gestörtem Abrollkomfort. (Ursache: Motorradunfall).

Betrag: 12.500 € **Haftung: 50 %**
immVorb: – **MdE: 30 %**

OLG Saarbrücken 31.5.2005 – 4 U 221/04 = BeckRS 2005, 11638

5141

Wirbelsäulenfraktur / Wirbelkörperfraktur (hier: Lendenwirbelkörpertrümmerfraktur des LWK 5 mit kompletter Verlegung des Spinalkanals) und Fußheberschwäche als Dauerfolge.

30j. Mann. 38 Tage stationär; 3 Aufenthalte. MdE 3 Monate und 9 Tage 100 % – während dieser Zeit musste der Kläger ein Korsett tragen und Gehstützen nutzen. Operative Revision des Spinalkanals mit Dekompression und Spondylodese L3-S1. Komplikationsloser Heilungsverlauf. Dauerschaden: Gehbehinderung in Form eiens hinkenden Gangbildes wegen Fußheberschwäche bzw.Fußheberparese Grad III und Zehen- und Großzehenheberschwäche Paresegrad II sowie wiederkehrende Rückenschmerzen. Erhöhend berücksichtigte das OLG den unfallbedingten Schreck sowie die Angst vor Operationen udn Narkosen etc [Motorradunfall]. Anmerkung: Das OLG ging bei voller Haftung von 25.000 EUR aus, was angesichts der nicht unerheblichen Dauerfolgen zu gering bemessen erscheint.

Betrag: 12.500 € **Haftung: 50 %**
immVorb: – **MdE: –**

OLG Saarbrücken 31.5.2005 – 4 U 221/04 = BeckRS 2005, 11638

7333

Wirbelkörperfraktur (hier: instabile Lendenwirbelkörperfraktur).

Frau (kaufm. Angestellte). 14 Tage stationär. Die Fraktur an der Wirbelsäule wurde mit kombinierter Corporektomie des LWK 1 und Spondylodese BWK 12 – LWK 2 unter Implantation eines X-Core-Cage operativ versorgt. Die Klägerin musste für ca. 12 Wochen ein Stützkorsett tragen. Sie war in den ersten 3 Monaten ganz erheblich in ihrer Bewegungsfähigkeit eingeschränkt und pflegebedürftig. Anschließend erfolgte eine dreiwöchige stationäre Reha. MdE 117 Tage 100 %. Nach insgesamt 143 Tagen, gerechnet ab dem Verkehrsunfall, konnte die Klägerin ihre Arbeit als kaufmännische Angestellte wieder aufnehmen. Die „bestehende Versteifungsstrecke" führt, so das OLG, „nach den Ausführungen des Sachverständigen nicht zu einer individuell wahrnehmbaren Einschränkung der Beugefähigkeit und es ist eine sehr gute Wirbelsäulenbeweglichkeit gewährleistet." Bei der Schmerzensgeldbemessung berücksichtigte das OLG, „dass die Rechtsprechung bei der Bemessung von Schmerzensgeld nach gravierenden Verletzungen deutlich großzügiger verfährt als früher und zu Gunsten des Geschädigten zudem die zwischenzeitliche Geldentwertung zu berücksichtigen ist". [Anmerkung: Lesenswert zur Zulässigkeit einer offenen Teilklage; vgl. dazu auch im Handbuch → Rn. 385].

Betrag: 15.000 € **Haftung: 100 %**
immVorb: – **MdE: –**

OLG Saarbrücken 20.4.2023 – 3 U 7/23 = BeckRS 2023, 8582

4408

Wirbelfraktur / Wirbelkörperfraktur (hier: Lendenwirbelkörperberstungsfraktur des LWK-1 mit nach intraspinal dislozierten Fragmenten).

Frau. MdE fast 5 Monate zunächst 30 % später 20 %; diese 20 %ige MdE bestand auch noch „bis zum Ende des dritten Jahres nach dem Unfall". 3 Wochen stationär (2 Aufenthalte); Metallteileimplantat; Dauerschaden: Bewegungsbeeinträchtigung durch Knochensubstanzverlust des 1. LWK; Reiten und Joggen nicht mehr möglich. Auch ist ihr nicht möglich, „länger als ca. 20–30 Minuten in einer Stellung zu verharren".

Betrag: 15.000 € **Haftung: 100 %**
immVorb: Ja **MdE: –**

LG Wiesbaden 17.3.2011 – 9 O 342/08 = BeckRS 2012, 15261

5726

Wirbelkörperfraktur (hier: Wirbelkörperluxationsfraktur des 2. HWK mit knöcherner Absprengung im Bereich der Bogenwurzel). Rippenfrakturen und stumpfes Bauchtrauma mit Organverletzungen (hier: Lungenquetschung, Leberriss sowie Quetschung der Bauchspeicheldrüse)

29j. Frau (Frisöse). Dauerschaden: Bewegungseinschränkungen nach vollständiger Versteifung Wirbelkörperversteifung des Segments C 2/3 mit der Folge einer sekundären subtotalen knöchernen Versteifung des Segments C 3/4 mit schmerzhaft eingeschränkter Linksrotation. Zudem leidet die Klägerin unter einer zervikalen Fehlstatik mit Steilstellung.

Betrag: 16.500 € **Haftung: 75 %**
immVorb: Ja **MdE: 30 %**

OLG Düsseldorf 22.9.2005 – I-1 U 170/04 = BeckRS 2005, 30363132

6531

Wirbelkörperfraktur (hier: Lendenwirbelkörperfraktur in Form einer cranialen Lendenwirbelkörperberstungsfraktur am Lendenwirbelkörper 1) und posttraumatischer Belastungsstörung [PTBS].

Frau. 21 Tage stationäre Behandlung mit zwei Operationen. Anschließend ambulante physiotherapeutische Behandlung sowie psychotherapeutische Behandlung wegen PTBS. MdE insgesamt 9 Monate. Dauerschaden: MdE 20 %. [Ursache: Motorradunfall]. Anmerkung: Das LG Leipzig bezieht sich bei der Schmerzensgeldbemessung auf die Entscheidung des LG Darmstadt, Urt. v. 30.7.2014 – 28 O 303/12 = → Nr. 6533.

Betrag: 18.000 € **Haftung: 100 %**
immVorb: Ja **MdE: 20 %**

LG Leipzig 2.6.2020 – 5 O 2562/19 = BeckRS 2020, 19898

6533

Wirbelkörperfraktur (hier: Lendenwirbelkörperfraktur in Form einer Lendenwirbelkörperberstungsfraktur am Lendenwirbelkörper 1) und Bandscheibenverletzung in diesem Bereich.

Mann. Stationäre Behandlung mit zwei Operationen. Anschließend ambulante Heilbehandlung. [Anmerkung: Auf diese Entscheidung bezieht sich das LG Leipzig BeckRS 2020, 19898, → Nr. 6531]

Betrag: 18.000 € **Haftung: 75 %**
immVorb: – **MdE: –**

LG Darmstadt 30.7.2014 – 28 O 303/12 = BeckRS 2014,126910

6016

Wirbelkörperfraktur / Brustwirbelkörperfraktur (hier: mehrere Frakturen des Brustwirbelkörpers im Bereich Th 9 – Th 10 mit Metallimplantat zur Fixierung der beiden Wirbel, dass auf Dauer verbleibt und nicht entfernt wird).

Frau. Wird, anders als ursprünglich angenommen, ein Rückenimplantat aus medizinischen Gründen nicht wieder entfernt, kann eine spätere Erhöhung des Schmerzensgeldes geboten sein. Dauerschaden: Andauernde Schmerzen im Bereich der fixierten Wirbel, was das OLG als „Spätschaden von einigem Gewicht" bezeichnet hatte. [Ursache: Skiunfall – Auflaufen auf den Vordermann mit Langlaufskiern in einer Loipe].

Betrag: 18.500 € **Haftung: 100 %**
immVorb: – **MdE: –**

OLG Naumburg 16.1.2014 – 4 U 44/13 = BeckRS 2014, 19094

7089

Wirbelkörperfraktur in Form einer Brustwirbelfraktur bzw. einer „Wirbelkörper-Berstungs-Fraktur BWK 12 mit Spondylodese von Th11 bis L1 mit darüber hinaus notwendiger Korporkomie und Cage-Implantation durch Thorakotomie" wobei sich die Folgen der durch die Verletzung und den Eingriffs entstandenen Rückenmarkskontusion in Form von chronischen Schmerzen, Einschränkungen der Beweglichkeit und Belastbarkeit sowie eines sensiblen Querschnitssyndroms vornehmlich auf das linke Bein bezogen bemerkbar machen. Darüber hinaus bestehen Neuropathien und Parästhesien in unterschiedlich starker Ausprägung sowie eine dauerhafte Bewegungseinschränkungen der Wirbelsäule.

Mann. Der Kläger wurde mit einem Rettungshubschrauber transportiert. Stationäre Behandlung mittels Implantation eines Obelisken sowie einer Spondylodese. Dauerschaden: GdB von 30 %; Bewegungseinschränkungen und Belastungseinschränkungen der Wirbelsäule bei Rotation und Flexion mit einer Überbelastung der unter und über den versteiften Wirbelkörpern liegenden Wirbeln. Chronisches Schmerzsyndrom, Neuropathie, Parästhesien sowie eine posttraumatische Belastungsstörung. Sport oder umfangreiche Belastungen der Wirbelsäule nicht mehr möglich; die Gehstrecke ist auf maximal 2 km, das Heben und Tragen auf maximal 10 kg beschränkt. [Ursache: Flugunfall bzw. Unfall bei Tandem-Sprung, bei dessen zu schneller Landung der Kläger mit dem Gesäß direkt auf dem Boden aufgeschlagen war. Wichtige Anmerkung: Extrem Nachteilig für das Unfallopfer bzw. den Gast bei derartigen Gastflügen in einem Motorflugzeug, Segelflugzeug, Trike, Ballon oder – wie hier – in einem Gleitschirm ist stets der § 45 Abs. 2 Nr. 1 LuftVG, der die Haftung des Flugzeugführers / Luftfrachtführers und „seiner Leute" (= § 45 Abs. 2 Ziffer 1) auf einen Betrag von 128.821 Rechnungseinheiten begrenzt, sofern diesem der Entlastungsbeweis gelingt, dass der Unfall nicht durch sein Verschulden oder „seiner Leute" herbeigeführt worden ist. Daher ist bei solchen Unfällen stets sofort – idealer Weise unmittelbar nach dem Unfall – die technische Ursache des Unfalls durch einen insofern geeigneten Sachverständigen ermitteln zu lassen, denn gerade bei Gastflügen, die von Fliegerclubs oder Flugvereinen oft am Wochenende angeboten werden, ist häufig weder die Fluggerätewartung noch der Umgang mit dem Fluggerät ausreichend dokumentiert; Stichworte: Handbuch, Flugbuch, Vorflugkontrolle, Checkliste etc. Nur mittels eines Sachverständigen kann es jedoch gelingen, den Entlastungsbeweis des Flugzeugführers / Luftfrachtführers und „seiner Leute" zu durchkreuzen und damit den Weg frei zu machen, seine materiellen Ansprüche sowie ein angemessenes Schmerzensgeld durchsetzen zu können].

Betrag: 20.000 € **Haftung: 100 %**
immVorb: – **MdE: 30 %**

LG Köln 7.12.2022 – 3 O 176/19 = BeckRS 2022, 37959

3411

Halswirbelfraktur in Form einer Halswirbelluxationsfraktur des zweiten Halswirbelkörpers [vgl. auch Halswirbelkörperfraktur]. Damit verbunden war eine knöcherne Absprengung im Bereich der Bogenwurzel. Die Fraktur machte eine Stabilisierung der zweiten und dritten Halswirbelkörper mittels dem Beckenkamm der Kl. entnommener Knochensubstanz und unter Verwendung von Osteosynthesematerial erforderlich. Zudem: schmerzhafte Rippenserienfraktur; stumpfen Bauchtrauma, Lungenkontusion, Lebereinriss sowie eine Pankreaskontusion.

Frau. Stationärer Aufenthalt. Mehrere Operationen. Langwierige Heilbehandlung. 5 Monate Schanz'sche Krawatte! Dauerschaden: Bewegungseinschränkung der HWS. Insofern ist eine vollständige Versteifung des Bewegungssegmentes C 2/3 gezielt herbeigeführt worden mit der Folge einer sekundären subtotalen knöchernen Versteifung des Bewegungssegmentes C 3/4 mit schmerzhaft eingeschränkter Linksrotation.

Betrag: 22.000 € **Haftung: 75 %**
immVorb: Ja **MdE: 30 %**

OLG Düsseldorf 22.9.2005 – 1 U 170/04 = BeckRS 2005, 30363132

6215

Wirbelkörperfraktur (hier: Lendenwirbelkörperkompressionsfraktur des ersten Lendenwirbelkörpers mit größerem Kantenabbruch).

Mann (Fliesenleger). Ca. 35 Tage stationär mit zwei Aufenthalten wobei der zweite Aufenthalt erforderlich wurde, da ein Metallimplant – Wirbelsäulenfixateur – gebrochen war und neu implantiert werden musste. 13 Monate ambulante Heilbehandlung. MdE 14 Monate 100 % sowie weitere 12 Monate 30 %. Dauerschaden: MdE 20 %. Berufsaufgabe als Fliesenleger. Verschlechterungstendenz: MdE 30 %. Auf längere Sicht müsse – so das KG – mit dem Fortschreiten des posttraumatischen Verschleißes im Bereich der angrenzenden Zwischenwirbelräume gerechnet werden.

Betrag: 25.565 € **Haftung: 100 %**
immVorb: – **MdE: 20 %**

KG 24.9.2001 – 12 U 1900/00 = BeckRS 2001, 161184

6800

Wirbelkörperfrakturen (hier: Halswirbelkörperfrakturen [Fraktur des Arcus vertebrae HWK 6 rechts und Fraktur des Processus transversus HWK 7 rechts] sowie Deckplattenimpressionsfraktur LWK 1); Oberschenkelfraktur links in Form einer dislozierten Oberschenkelfraktur links am Übergang mittleres distales Drittel; Lungenkontusion rechts basal.

Mann. 12 Tage stationär mit Metallimplantat-Operation und anschließend für ca. 3,5 Monate nicht arbeitsfähig. MdE 117 Tage 100 %. Nach drei Jahren muss die Metallplatte wieder entfernt werden. Möglicher Dauerschaden: Belastungsminderung mit dezenter Muskelatrophie am linken Oberschenkel und verminderter Kraft des linken Beines sowie Taubheitsgefühle an der linken Fußsohle und streckseitig am rechten Daumen und Zeigefinger sowie streckseitig im Unterarm bis zum körpernahen Drittel des rechten Unterarms reichend; diese Verletzungsfolgen bestanden jedenfalls noch ein Jahr nach dem Unfall; ob sie auf Dauer bestehen, blieb offen. Ursache: Motorradunfall. [Lesenswert zum Thema der Haftung, wenn ein Verkehrsteilnehmer bei einer Kolonnenfahrt die erste sich nach längerer Zeit bietende Überholmöglichkeit nutzt, um die vor ihm befindlichen Fahrzeuge zu überholen und dabei mit einem anderen KFZ kollidiert; siehe dazu auch NZV 2021, 216].

Betrag: 27.500 € **Haftung: 66 %**
immVorb: Ja **MdE: –**

OLG Koblenz 12.10.2020 – 12 U 885/19 = BeckRS 2020, 26293

7091

Wirbelkörperfraktur in Form einer komplizierten Berstungsfraktur des ersten Lendenwirbelkörpers (LWK 1); Sprunggelenkfraktur in Form einer unkomplizierten Fraktur am rechten Sprunggelenk und der rechten Fußwurzel sowie ein leichtes Schädelhirntrauma.

40j. Frau. Stationäre Heilbehandlung. Operation mittels eines Fixateurs; anschließend Verlegung in Spezialklinik mit erneuter Operation der Wirbelsäule, wobei der LWK 1 herausgenommen und durch ein Implantat ersetzt wurde. Schließlich wurden eine Wirbelsäulenversteifung vom Brustwirbelkörper bis zum Lendenwirbelkörper 2 vorgenommen und das Implantat für den Lendenwirbelkörper 1 noch einmal ersetzt. Anschließend fanden ambulante physiotherapeutische Behandlungen statt. Das OLG ging von einem Mitverschulden der Kl. iHv 25 % aus und ohne dieses von einem Schmerzensgeld iHv 40.000 Euro und orientierte sich dabei an den Entscheidungen → Nr. 5404 und → Nr. 6531 sowie → Nr. 4526. Im weiteren führte das OLG aus: „Soweit die Klägerin meint, das Schmerzensgeld sei zusätzlich zu erhöhen, weil sie durch den jahrelangen Rechtsstreit zusätzlich belastet sei und die Beklagten bis heute nichts gezahlt hätten, ist zwar das Regulierungsverhalten als Schmerzensgeldfaktor in der Rechtsprechung schon schmerzensgelderhöhend berücksichtigt worden (siehe Schellenberg, VersR 2006, 878). Im vorliegenden Fall kommt aber eine zusätzliche Berücksichtigung über die von dem psychiatrischen Gutachter festgestellte Anpassungsstörung hinaus nicht in Betracht, zumal die Klägerin sich nicht psychotherapeutisch behandeln lässt“. [Ursache: Verkehrssicherungspflichtverletzung durch Sturz auf der Leiter eines Hochbetts in einem Ferienhaus].

Betrag: 30.000 € **Haftung: 75 %**
immVorb: Ja **MdE: –**

OLG Brandenburg 6.12.2022 – 3 U 134/21 = BeckRS 2022, 39884

3209

Wirbelsäulenverletzung / Wirbelfraktur (hier: Halswirbelkörperfraktur in Form einer Kompressionsfraktur des fünften Halswirbelkörpers mit Rückenmarkkompression und einem inkompletten Querschnittsyndrom).

19j. Frau. 2 Monate stationär. Anschließend zwei weitere jew. 14-tägige Aufenthalte sowie eine 6 Wochen andauernde Rehabilitationsmaßnahme. Dauerschaden: Funktionseinbußen der Arme um 25 %, der Beine um 20 % sowie der körperlichen und geistigen Leistungsfähigkeit um 25 %. Sie kann zudem nur mit einer Rückenstütze schlafen und leidet unter Schmerzen im unteren HWS-Bereich. [Die Rente beträgt kapitalisiert 44.620 DM = 22.813 EUR]. Lesenswert zum Begriff: Betriebliche Tätigkeit iSd § 637 RVO.

Betrag: 30.678 € **Haftung: 100 %**
immVorb: – **MdE: 70 %**
Rente: 102 €

OLG Brandenburg 10.9.2002 – 11 U 24/98 = BeckRS 2002, 30281479

7088

Wirbelkörperfraktur (hier: Lendenwirbelkörperfraktur vom Typ LWK2- Fraktur Typ A3.1 = inkomplette Berstungsfraktur des oberen Teils mit einer 1/4 Hinterkantenverlagerung und 20° Kyphose„); Brustkorbverletzung (hier: “Thoraxprellung mit anhaltenden Rückenschmerzen, Kribbeln und einer Hypästhesie im rechten Unterschenkel und Fuß„); Zehenfraktur in Form einer Großzehengliedbasisfraktur links mit Gelenkbeteiligung Typ 83.41 – C1. Darüber hinaus leide die Kl. an einer posttraumatischen Belastungsstörung, “deren Heilung nicht gänzlich ausgeschlossen aber auch nicht sicher sei".

Frau. Ca. 10 Tage stationär. Operation mit Reposition und Distraktionsreposition mittels Fixateur. Die Kl. war zunächst auf einen Rollstuhl angewiesen. Anschließend 20 Tage ambulante Rehabilitation. Vom 4.10.2017 bis zum 6.10.2017 erfolgte die Materialentfernung des Fixateur mit erneuter Arbeitsunfähigkeit bis zum 8.1.2018. Die Klägerin muss langfristig an Maßnahmen der Physiotherapie wie auch der Psychotherapie teilnehmen, um ihre Lebenssituation zu verbessern. MdE: „Insgesamt war sie ca. 7,5 Monate arbeitsunfähig“. Dauerschaden: Lendenwirbelkörperfraktur mit geringer Deformierung ausgeheilt; Belastungseinschränkung und Schmerzen beim Heben über 10 kg. „Gleichwohl“, so das OLG, sei „die Klägerin im Anschluss an die Genesungsphase in der Lage, mit vergleichsweise geringen Einschränkungen wieder am Leben (Familie, Freizeit, Beruf) teilhaben zu können. Dies gilt auch für die posttraumatische Belastungsstörung“. Das LG hatte 85.000 Euro als angemessen erachtet; damit, so das OLG, „verlässt die Entscheidung jedenfalls den Rahmen der Schmerzensgeldbemessung für Fälle wie dem vorliegenden“.

Betrag: 33.000 € **Haftung: 100 %**
immVorb: – **MdE: –**

OLG Brandenburg 8.12.2022 – 12 U 89/22 = BeckRS 2022, 39970

6011

Halswirbelkörperfraktur, schwere (hier: HWK-2-Fraktur mit rechtsseitiger Wirbelbogenfraktur und Wirbelgelenkfraktur sowie dauerhafter HWS-Versteifung), Schulterblattfraktur, Rippenserienfraktur.

Mann (Bergmann unter Tage). 61 Tage stationär mit insgesamt drei Aufenthalten und mehreren Operationen, unter anderem auch einer Wirbelsäulenversteifungsoperation. Dauerschaden: Berufsunfähigkeit als Bergmann. Erhebliche Bewegungseinschränkungen im Bereich des Oberkörpers aufgrund der Wirbelsäulenversteifung im Bereich der HWS. Infolgedessen ist der KJläger im Alltag auf die Hilfe seiner Ehefrau angewiesen. [Produkthaftung in Bezug auf eine sogenannte Handlaufkatze = Transportgerät im Bergbau].

Betrag: 35.000 € **Haftung: 100 %**
immVorb: – **MdE: 60 %**

OLG Hamm 20.3.2012 – 21 U 144/09 = BeckRS 2014, 17228

5404

Lendenwirbelfraktur nach Sturz infolge einer „Gockel-Attacke".

53j. Mann (Bauaufseher). Mehrere Wochen stationär. Langwierige Heilbehandlung mit Physiotherapie. Starke Schmerzen. Zudem musste der Kläger seine Arbeitszeit reduzieren und einen Nebenjob als Hausmeister einer Kirchengemeinde aufgeben. [Anmerkung: Das Verfahren endete mit einem Vergleich. Ursache: Tierhalterhaftpflicht; der Kläger war von einem Gockel bzw. Hahn angegriffen worden und stürzte über eine Bordsteinkante.]

Betrag: 37.000 € **Haftung: 100 %**
immVorb: Ja **MdE: –**

OLG München 31.1.2018 – 15 U 722/17 = becklink 2008979

7011

Wirbelkörperfraktur / Wirbelsäulenfraktur (hier: Brustwirbelkörperfraktur in Form einer transligamentären Extensions-Distraktionsfraktur am 12. Brustwirbelkörper mit Luxation des rechtsseitigen Zwischenwirbelgelenks, eine Fraktur des linksseitigen Pedikels am 12. Brustwirbelkörper). Zudem erlitt die Klägerin einen Hämatothorax rechts und Rippenfrakturen in Form von nicht dislozierten Frakturen der Köpfchen der 11. und 12. Rippe rechtsseitig.

24j. Frau. 4 Tage Intensivstation. Weitere 7 Tage stationär. Anschließend 4 Wochen Reha-Klinik. Im Rahmen der Physiotherapie erlernte sie neu die Bewegungsabläufe mit der nun vorhandenen Versteifung der Wirbelsäule. Zur Lockerung und Lösung von Verspannungen erhielt die Klägerin Massagen und Wärmebehandlungen. Das Bewegungsbad konnte die Klägerin nicht nutzen. Denn dort, wo am rechten Brustkorb unter der Operation ein Drainagezugang gelegt war, verheilte eine Wunde, die sich dort bildete, zunächst nicht. Später entstand wegen der schlechten Wundheilung an dieser Stelle eine vergrößerte Narbe. Im Anschluss an den Aufenthalt im Reha-Klinikum erhielt die Klägerin eine dreimonatige ambulante Rehabilitationsbehandlung. Die Fahrten dorthin belasteten sie, weil sie nicht mehr als Beifahrerin in einem Fahrzeug fahren wollte. Dies führte häufig zu Panikattacken und Schweißausbrüchen. Ein Jahr nach dem Unfall musste die Klägerin erneut für 4 Tage in stationäre Behandlung, um Stäbe und Schrauben aus der Wirbelsäule zu entfernen. Im Anschluss hieran musste die Klägerin abermals Bewegungsabläufe neu erlernen, weil die künstliche Versteifung fehlte. Sie verspürte keinen ausreichenden Halt, wenn sie sich bückte und musste es lernen, ihrem Körper wieder zu vertrauen. Außerdem bedurfte es eines Aufbaus der Muskulatur bei täglichen in der Krankengymnastik erlernten Übungen. Dauerschaden: MdE 20 %, Bewegungsstörung der unteren Brustwirbelsäule, Rückenschmerzen bedingt durch schmerzhafte muskuläre Insuffizienz der Rückenmuskulatur und in Fehlstellung verheilter Fraktur des Brustwirbelkörpers mit pathologischer kyphotischer Fehlstellung der Brustwirbelsäule um 10 Grad, sagittale Seitverbiegung 3 Grad nach links im Segment Brustwirbelkörper 10/11 sowie erhebliche Narben am Rücken sowie am Brustkorb rechts. Nahezu an jedem Tag der Woche erwacht die Klägerin mit Schmerzen. Die Klägerin erleidet auch bei Alltagsverrichtungen und bei den für eine bessere Heilung gebotenen Übungen zur Stärkung der Muskulatur Schmerzen. Die Klägerin „ist dadurch erheblich behindert, dass sie keine Gewichte über 2,5 kg heben kann. Dadurch sind einige Verrichtungen des Alltags erheblich umständlicher, andere nicht allein zu bewältigen. Die Klägerin ist deswegen vermehrt auf fremde Hilfe angewiesen. Daneben trägt die [zum Zeitpunkt der Urteilsverkündung] erst 28 Jahre alte Klägerin schwer daran, dass sie sich am sozialen Leben nicht wie vor dem Unfall beteiligen kann, insbesondere ihr Hobby Reiten aufgeben musste und nicht die Kraft hat, abends in gewohntem Maße auszugehen. Der Verlust der Fähigkeit, Erschütterungen zu tolerieren und Gewichte ab 2,5 kg zu heben, versetzt die Klägerin im Hinblick auf die Möglichkeit einer künftigen Schwangerschaft in Sorge. Ob eine Schwangerschaft aus medizinischer Sicht ausscheidet oder der Klägerin von einer solchen abgeraten werden muss, steht aktuell nicht fest. Das Leben der Klägerin ist aufgrund der genannten körperlichen und seelischen Folgen des Unfalls nachhaltig verändert", so das LG.

Betrag: 40.000 € **Haftung: 100 %**
immVorb: Ja **MdE: 20 %**

LG Lübeck 20.12.2021 – 10 O 347/20 = BeckRS 2021, 50664

6660

Wirbelkörperfrakturen (hier: Brustwirbelberstungsfraktur des BWK 6, Brustwirbelkörperkompressionsfrakturen der BWK 11, 12 und Lendenwirbelkörperfraktur LWK 1). Zudem erlitt die Klägerin zahlreiche Schürfwunden an der linken Gesichtshälfte, am rechten Kniegelenk sowie an der linken Hand.

Frau (Innenarchitektin). 3 Tage intensivstationär und weitere 8 Tage stationär. Anschließend 37 Tage stationäre Reha. Nachfolgend kam es erneut zur intensivstationären Heilbehandlung von 7 Tagen und einer mehrmonatigen weiteren Reha-Maßnahme. Langwierige Heilbehandlung. Dauerschaden: MdE 40 % auf dem allgemeinen Arbeitsmarkt und 30 % als Innenarchitektin. Belastungseinschränkungen und Bewegungseinschränkungen im täglichen Leben; keine schweren körperlichen Tätigkeiten und Einschränkungen bei der Gestaltung der Freizeit. Narben am Rücken und am Bauch.

Betrag: 60.000 € **Haftung: 100 %**
immVorb: Ja **MdE: 40 %**

OLG Celle 8.7.2020 – 14 U 27/20 = BeckRS 2020, 15576

4980

Wirbelsäulenfraktur / Wirbelkörperfrakturen (hier: Brustwirbelkörperkompressionsfraktur in Form eines sogenannten „Rasanztraumas mit – inzwischen mit einer Höhenminderung verheilten – Kompressionsfrakturen der III. und IV. Brustwirbelkörper") sowie Prellungen (hier: Ellenbogenprellung links und Wadenprellung links) und beidseitige Fingerschürfungen.

Mann selbstständiger Textilreinigungsbetriebsunternehmer). 2 Tage stationär. Die Verletzungen sind konservativ behandelt worden. Dauerfolgen: Diese wurden unsubstantiiert vorgetragen und insofern nicht berücksichtigt. [vgl. zu diesem Urteil auch OLG Hamm v. 31.3.2015 – I-9 W 15/15 zum Rechtsschutzbedürfnis für eine Feststellungsklage].

Betrag: 60.000 € **Haftung: 100 %**
immVorb: – **MdE: –**

LG Münster 27.1.2015 – 16 O 178/14 = unveröffentlicht

4357

Wirbelsäulenverletzung / Wirbelkörperfraktur (hier: Beinfunktionsbeeinträchtigung, erhebliche nach Wirbelkörperfraktur mit Nervwurzelverletzung im Bereich der Wirbelsäule).

25j. Mann. Arzthaftung (hier: Behandlungsfehler nach Bandscheinoperation) Dauerschaden: Taubheitsgefühl im linken Ober- und Unterschenkel und im rechten Oberschenkel. Kein längeres Sitzen und kein Heben von mehr als 10 KG möglich. Regelmäßige Krankengymnastik ist dauerhaft erforderlich. Der Kläger kann – sofern er überhaupt eine Arbeit findet – nur noch sehr eingeschränkt beruflich eingesetzt werden.).

Betrag: 80.000 € **Haftung: 100 %**
immVorb: – **MdE: –**

LG Bielefeld 15.4.2008 – 4 O 163/07 = BeckRS 2008, 12750

4861

Halswirbelsäulenfraktur in Form einer „nicht dislozierten Dens-Fraktur" in der von Effendi vorgenommenen Klassifikationsstufe „Effendi-II" mit daraus resultierender erheblicher Gehirnschädigung / Schädelhirntrauma mit intrakranieller Blutung. Weitere Verletzungen waren: Beckenfraktur (hier: Beckenschaufelfraktur) sowie Brustkorbquetschung.

66j. Frau. 1 Monat stationär, mehr als 4 Monate neurologische Frührehabilitation; Implantation eines Shuntsystems (Shunt-Implantat) unter die Schädeldecke zur Ableitung des Hirnwassers. Dauerschaden: Armbetonte Halbseitenlähmung rechts. Erhebliche Hirnleistungsdefekte und kognitive Leistungseinbußen, Gedächtnisdefizite, psychomotorische Verlangsamung, Antriebslosigkeit. Pflegefall. Regulierungsverzögerung, – „erheblicher Schmerzensgeldaufschlag wegen des ungebührlich zögerlichen Regulierungsverhaltens". [weitere Fundstellen: SP 2015, 114].

Betrag: 150.000 € **Haftung: 100 %**
immVorb: Ja **MdE: 100 %**

OLG Naumburg 10.7.2014 – 2 U 101/13 = BeckRS 2014, 16163

e) Wirbelfrakturen

7065

Wirbelsäulenfraktur mit nachfolgender Verblockung im Halswirbelbereich sowie Oberschenkelverletzung mit nachfolgender Rezidivbildung von hypertrophen Ossifikationen nach einer operativen Materialentfernung.

Frau. Die Klägerin, die 1992 aufgrund eines Verkehrsunfalles schwer verletzt worden war und drei Jahre später auf der Basis eines Abfindungsvergleiches 45.000 Euro Schmerzensgeld erhalten hatte, forderte mit ihrer 2022 eingereichten Klage ein weiteres Schmerzensgeld, da aufgrund der unfallbedingter Verblockung der HWS erhebliche Schmerzen im Genickbereich aufgetreten seien. Das Landgericht hat die von der Klägerin schließlich erhobene Klage abgewiesen: Ansprüche seien bei Einreichen der Klage im Jahre 2020 bereits verjährt gewesen. Die zwischen den Parteien geführten Regulierungsverhandlungen seien jedenfalls mit einer im Januar 1998 geleisteten Schadensersatzzahlung beendet gewesen. Ein titelersetzendes Anerkenntnis mit der Folge einer 30jährigen Verjährungsfrist liege nicht vor. Die Erhebung der Einrede der Verjährung sei auch nicht treuwidrig. Dem folgte das OLG und betonte, der Rechtsanwalt der Geschädigten hätte – auch zur Vermeidung einer eigenen Haftung – dafür Sorge tragen müssen, dass künftige Ansprüche der Geschädigten nicht in die Verjährungsfalle laufen; dazu habe er entweder einen Verjährungsverzicht oder aber ein sogenanntes «titelersetzendes Anerkenntnis» in den Abfindungsvergleich aufnehmen lassen müssen. Beides sei nicht erfolgt. [Anmerkung: siehe dazu die Anmerkung von Kääb FD-StrVR 2022, 454768 und Slizyk NJW 2023, 530].

Betrag: – **Haftung: 100 %**
immVorb: – **MdE: –**

OLG Schleswig 9.8.2022 – 7 U 90/22 = BeckRS 2022, 33661

3878

Brustwirbelfraktur (hier: Fraktur von drei Brustwirbeln.)

15j. Mann. 12 Tage stationär. Weitere 4 Wochen „Schonung"; hierzu merkte das AG an: „Für Jugendliche erscheint eine länger Schonungsphase deutlich belastender als für Erwachsene".

Betrag: 1.200 € **Haftung: 100 %**
immVorb: – **MdE: –**

AG Mayen 29.7.2008 – 2 C 492/07 = BeckRS 2009, 3063

2590

Wirbelsäulenfraktur (hier: Steißbeinfraktur); Prellungen (hier: Schulterprellung und Hinterkopfprellung).

Frau (ältere). 3 Tage stationär. „Leidet noch heute [17 Monate nach dem Unfall] unter Schmerzen beim Sitzen …". [Verkehrssicherungspflichtverletzung].

Betrag: 1.534 € **Haftung: 100 %**
immVorb: – **MdE: –**

AG Plauen 12.1.1999 – 2 C 1009/98 = unveröffentlicht

2707

Wirbelsäulenfraktur (hier: Steißbeinfraktur).

Frau (Arbeiterin). Die Verletzung wurde durch einen Tritt des Vorgesetzten in das Gesäß der Kl. verursacht. Dies wurde (fehlerhaft!) nicht auch als Ehrverletzung gewertet. [Weitere Fundstellen: BeckRS 1998, 41078 und NZA 1999, 1]

Betrag: 1.534 € **Haftung: 100 %**
immVorb: – **MdE: –**

LAG Düsseldorf 27.5.1998 – 12 (18) Sa 196/98 = BeckRS 1998, 41078

5651

Wirbelsäulenfraktur / Wirbelkörperfraktur (hier: Fraktur des 12. Brustwirbels mit vorübergehenden neurologischen Ausfällen). Weitere Verletzungen, die jedoch „nach kürzerer Zeit folgenlos abgeklungen sind", waren: Rippenfraktur, Zungenverletzung (hier: Schnittwunde, die genäht werden musste), Zahnverletzung (hier: Lockerung und Schädigung der Schneidezähne), HWS-Syndrom sowie Schädelprellung.

Mann. Ca. 24 Tage stationär. Eine zunächst bestehende Lähmung der Beine bildete sich bereits nach drei Tagen spontan zurück. Anschließend ambulante Heilbehandlung mit Physiotherapie. MdE 9 Monate 100 %. Abschließend ging das OLG davon aus, dass die „ Unfallschäden insgesamt vollständig abgeklungen" sind.

Betrag: 2.556 € **Haftung: 75 %**
immVorb: – **MdE: –**

OLG Celle 28.7.1998 – 18 U 12/98 = BeckRS 1998, 11558

3879

Wirbelfraktur (hier: Brustwirbelsäulenfraktur in Form einer Fraktur des 9. Brustwirbelkörpers).

Frau. Stationär. Langwierige – „mehrere Monate" dauernde Heilbehandlung mit schmerzhafter Bewegungseinschränkung. Die Wirbelsäulenfraktur heilte jedoch vollständig und „ordnungsgemäß"; vier Monate nach dem Sturz waren alle Beschwerden abgeklungen. Ursache: Sturz, der durch den Hund des Beklagten verursacht wurde. Hierzu das OLG: „Begegnet auf öffentlicher Straße eine Radfahrerin einem Hund, der entgegen einer solchen Verordnung nicht angeleint ist, und kommt sie im unmittelbaren zeitlichen und örtlichen Zusammenhang damit zu Fall, so kann ein Anscheinsbeweis dafür sprechen, dass das Bewegungsverhalten des Hundes und damit die von ihm ausgehende Tiergefahr für ihren Sturz ursächlich waren."

Betrag: 3.500 € **Haftung: 100 %**
immVorb: Ja **MdE: –**

OLG Hamm 21.7.2008 – 6 U 60/08 = BeckRS 2009, 6020

5736

Wirbelfraktur (hier: Brustwirbelimpressionsfraktur des 6. Brustwirbels). Stumpfes Brustkorbtrauma sowie schwere Schürfwunden (hier: Offene Knieverletzung links, Schulterverletzung links, Ellenbogenverletzungen rechts und links, Handverletzungen an der linken Handaußenkante und an den Fingern der linken Hand). HWS-Distorsion.

Mann. 11 Tage stationär. MdE 21 Tage 100 %. Schmerzensgeldmindernd berücksichtigte das OLG, dass der Kl. – abgesehen vom Helm – keine zum Fahren eines Motorrades geeignete Schutzkleidung getragen hat und es hierdurch zumindest zu den erheblichen Schürfverletzungen sowie der Knieverletzung gekommen ist, ein erhebliches Verschulden gegen sich selbst trifft. [Anmerkung: Zur Frage, ob und inwieweit fehlende Schutzkleidung schmerzensgeldminderns zu berücksichtigen ist, vgl. pro: OLG Brandenburg BeckRS 2009, 23345, OLG Nürnberg BeckRS 2013, 6845 und kontra: OLG Düsseldorf BeckRS 2019, 31183, LG Frankfurt a.M. BeckRS 2018, 17966 mit einer umfassenden Darstellung der unterschiedlichen Gerichtsentscheidungen, OLG Saarbrücken BeckRS 2015, 08438]. [Ursache: Motorradunfall. „Ein Schaden ist beim Betrieb des Kraftfahrzeugs entstanden, wenn dessen Fahrer als Linksabbieger auf ein Grundstück fährt und dadurch die Bremsreaktion eines entgegenkommenden Motorradfahrers auslöst, der ohne Kollision zum Sturz kommt. Es kommt nicht darauf an, ob die Bremsung objektiv erforderlich war, um eine Kollision zu vermeiden", so das OLG].

Betrag: 3.500 € **Haftung: 60 %**
immVorb: Ja **MdE: –**

OLG Düsseldorf 20.2.2006 – I-1 U 137/05 = BeckRS 2006, 11671

5452

Wirbelfraktur (hier Steißbeinfraktur) sowie Prellungen (Beckenprellung und Brustkorbprellung).

Frau. Einen Tag stationär. MdE 12 Wochen 100 %. Langwierige Heilbehandlung. Heilungsverzögerung. Sehr schmerzhafte Verletzung!

Betrag: 4.000 € **Haftung: 100 %**
immVorb: – **MdE: –**

OLG Zweibrücken 5.4.2017 – 1 U 77/15 = BeckRS 2017, 158669

5973

Wirbelfraktur in Form einer Lendenwirbelknochenfraktur des L2 [im Urteil wird allerdings der Begriff „Beckenwirbelknochenfraktur 12" verwendet] mit Hinterkantenbeteiligung.

Frau. 9 Tage stationär. MdE 9 Tage 100 %, 180 Tage 50 % und knapp 200 Tage 20 %. „Nach dem Gutachten B. vom 14.6.2010 (…) besteht die Möglichkeit, dass der eingesetzte Fixateur noch entfernt werden muss. Diese Möglichkeit ist ausreichend für die Begründetheit des Feststellungsantrages", so das OLG zum Feststellungsinteresse.

Betrag: 4.500 € **Haftung: 50 %**
immVorb: Ja **MdE: –**

OLG Naumburg 8.12.2011 – 1 U 74/11 = BeckRS 2012, 2512

3704

Wirbelfraktur (hier: Brustwirbelkörperkompressionsfraktur, 12. BWK).

64j. Frau. 17 Tage stationär; anschließend Rehabilitationsaufenthalt und ambulante Heilbehandlung. Dauerschaden: Bewegungsbeeinträchtigung. Kein Skifahren mehr möglich; Bewegungsbeeinträchtigungen beim Aufheben von Gegenständen.

Betrag: 5.000 € **Haftung: 100 %**
immVorb: – **MdE: –**

OLG Hamm 18.12.2003 – 6 U 105/03 = BeckRS 2005, 3663

3900

Wirbelsäulenfraktur in Form von Wirbelkörperdeckplatteneinbruch der Wirbel 4, 6 und 7 sowie Wirbelkörperdornfortsatzfraktur am 6. Wirbel.

31j. Mann. 10 Tage stationär. MdE 4 Wochen 100 % sowie weitere knapp 2 Monate nur eingeschränkte Arbeitsfähigkeit. Dauerschaden: Rückenschmerzen sowie Bewegungseinschränkung des Brustwirbelsäulenbereiches.

Betrag: 5.785 € **Haftung: 100 %**
immVorb: Ja **MdE: 20 %**

LG München I 21.12.2005 – 19 O 8648/03 = BeckRS 2005, 154314

7219

Wirbelfraktur bzw. Brustwirbelfraktur in Form einer Berstungsspaltfraktur des 12. Brustwirbels sowie unfallkausal psychische Probleme.

Frau. Keine weiteren Angaben zur Heilbehandlung. [Anmerkung: Zu dem abgewiesenen weiteren Schmerzensgeldbegehren der Klägerin für vermeintliche Spätfolgen siehe LG München II → Nr. 7218].

Betrag: 6.000 € **Haftung: 66 %**
immVorb: Ja **MdE: –**

AG Miesbach 3.11.2006 – 2 C 52/06 = BeckRS 2006, 144483

2845

Wirbelsäulenfraktur (hier: Stabile Brustwirbelfraktur).

Keine Angaben zur Person. 2 Wochen stationär, nachfolgend ambulante und stationäre Rehabilitation; MdE 6 Wochen 100 %.

Betrag: 6.136 € **Haftung: 100 %**
immVorb: – **MdE: –**

OLG Hamm 13.9.2000 – 13 U 211/99 = BeckRS 2000, 30131195

6679

Wirbelfraktur in Form einer Lendenwirbelfraktur des 2. LW.

Mann. 6 Tage stationär. MdE 42 Tage 100 %. Während der Heilbehandlungsdauer litt der Kläger unter erheblichen Schmerzen und musste Schmerzmittel einnehmen. „Schmerzensgelderhöhend wirkt sich neben der Schwere der Verletzung die Dauer der mehrtägigen stationären Behandlung sowie die Dauer des Heilungsprozesses aus. Zu berücksichtigen war ferner, dass der Kläger zweifach gestoßen wurde. Schmerzensgelderhöhend zu berücksichtigen ist auch, dass er dadurch mehrere Wochen arbeitsunfähig war und Schmerzmittel einnehmen musste", so das LG. [Ursache: Polizeibeamte hatten den Fan, Anhänger von Eintracht Frankfurt, bei einem Polizeieinsatz in der Commerzbank Arena über eine Bande gestoßen, wobei er einen Lendenwirbelbruch erlitt.].

Betrag: 7.000 € **Haftung: 100 %**
immVorb: Ja **MdE: –**

LG Frankfurt a. M. 26.2.2020 – 2-04 O 289/19 = BeckRS 2020, 2239

3610

Lendenwirbelfraktur, in Form einer Deckplattenfraktur des 2. Lendenwirbels mit rechtskonvexer Skoliose und Einschränkung der Beweglichkeit.

50j. Mann (Anlagenbauer). 3 Wochen stationär. MdE 2 Monate 100 %. Dauerschaden: Bewegungseinschränkung; zum Teil ist ein Stützkorsett erforderlich. Schmerzen.

Betrag: 7.669 € **Haftung: 100 %**
immVorb: – **MdE: 20 %**

OLG Düsseldorf 29.6.2001 – 22 U 204/00 = BeckRS 2001, 30190270

3265

Wirbelfraktur (hier: Verkennen einer Halswirbelsäulenfraktur [sogn. Densfraktur] wodurch – mangeld entspr. Behandlung – eine Pseudoarthrose eintrat.

Mann. Arzthaftung (hier: Diagnosefehler wegen Nichterkennens einer Frakturlinie der oberen Halswirbelsäule. Ob dies als grober Behandlungsfehler zu werten war, ließ das KG mit Hinweis auf die neuere Rspr. des BGH (BGH NJW 1999, 2731, NJW 1999, 860; NJW 1999, 862; NJW 1996, 1589) offen. Dauerschaden: Kopfschmerzen, Schmerzen beim schnellen laufen, Sporttreiben, schwerem Tragen sowie Auto- und Fahrradfahren sowie ruckartigen Bewegungen.

Betrag: 8.000 € **Haftung: 100 %**
immVorb: Ja **MdE: –**

KG 13.11.2003 – 20 U 111/02 = BeckRS 2003, 30333161

4627

Wirbelsäulenfraktur (hier: Wirbelsäulenstauchungfrakturen mehrerer Wirbelkörpersegmente).

66j. Mann (Rentner). 3 Wochen stationär; anschließend ambulante Heilbehandlung. MdE 3 Wochen 100 % und weitere 6 Wochen 50 %. Dauerschaden: ggf. leidet der Kläger, der zwar eine bisher bereits vorgeschädigte [Vorschädigung] Wirbelsäule hatte, die jedoch schmerzfrei war, nun auf Dauer an Rückenschmerzen.

Betrag: 10.000 € **Haftung: 100 %**
immVorb: – **MdE: –**

LG Essen 6.6.2011 – 18 O 307/09 = BeckRS 2011, 27295

4199

Halswirbelkörperfraktur (hier: Halswirbelsäulenfraktur im Bereich der Halswirbel C 5 und C 6 mit Bänderriss bei C 4 und C 5) mit erheblichen psychischen Beeinträchtigungen (hier: Berechtigte, massive Angst auf Dauer querschnittgelähmt zu sein).

14j. Mann (Schüler). 13 Tage stationär. 2 Aufenthalte. Weitere 5 Monate ambulante, langwierige Heilbehandlung. Zu Beginn der Behandlung litt der Kläger unter der berechtigten Angst einer Querschnittlähmung! Während der Behandlungsdauer war dem Schüler kein Sport erlaubt. Ursache: Verkehrssicherungsgspflichtverletzung: Unterhalb eines Sprungblocks an einem öffentlichen Schwimmbad, war das Wasser – unzureichend – nur 1,40 Meter tief. Möglicher Dauerschaden: Arthrose.

Betrag: 10.000 € **Haftung: 100 %**
immVorb: Ja **MdE: –**

OLG Köln 30.3.2009 – 16 U 71/08 = BeckRS 2009, 10573

3065

Wirbelfraktur / Wirbelkörperfraktur (hier: Brustwirbelfraktur in Form einer Brustwirbelkompressionsfraktur des 12 Brustwirbels). Brustkorbprellung rechts sowie zahlreiche Prellungen und Schrüfungen am Kopf und rechten Bein.

42j. Mann (Dipl.Psychologe). 56 Tage stationär. MdE 10 Monate 100 %. „Wochenlange Ruhestellung gleichsam ans Bett gefesselt". Vorschaden: Osteoporose, schwere. Psychische Belastung und Angst wegen der bereits vorgeschädigten Wirbelsäule.

Betrag: 10.226 € **Haftung: 100 %**
immVorb: – **MdE: 10 %**

OLG Zweibrücken 12.5.2000 – 1 U 131/99 = unveröffentlicht

6021

Wirbelfraktur / Wirbelsäulenfrakturen (hier: Lendenwirbelsäulenfraktur im Bereich des 1. und 2. Lendenwirbels), Fußfraktur in Form einer verschobenen bzw. dislozierten Mittelfußknochenfraktur links).

Mann. 17 Tage stationär mit zwei Aufenthalten (Metallimplantat und spätere Entfernungsoperation). Für die Dauer von gut 5 Monaten musste er einen Zuggurtung am linken Fuß tragen. MdE 90 Tage 100 %. Dauerschaden: MdE 20 %, Bewegungsbeeinträchtigungen im Bereich des linken Fußes. [Anmerkung: Zur Haftunsquotenbildung führt das OLG aus: „Soweit das Landgericht von einem berechtigten Schmerzensgeld bei voller Haftung von 25.000 EUR ausgegangen ist, ist dies nicht zu beanstanden, wird von den Parteien auch nicht weiter problematisiert. Wird eine Haftungsquote gebildet, folgt der Schmerzensgeldbetrag nicht schematisch dieser, sondern es ist eine wertende Betrachtung unter Berücksichtigung aller Umstände vorzunehmen. Vorliegend rechtfertigt es die Schwere der Verletzungen, die der Kläger bei dem Unfallgeschehne erlitten hat, von der Hälfte nach oben abzuweichen und von einem Schmerzensgeldbetrag von 13.000 EUR auszugehen"].

Betrag: 13.000 € **Haftung: 50 %**
immVorb: Ja **MdE: 20 %**

OLG Naumburg 20.3.2014 – 1 U 113/13 = BeckRS 2014, 23378

3797

Wirbelsäulenfraktur (hier: Brustwirbelsäulenfraktur in der Ausprägung eines sogenannten „Kneifzangenbruchs").

Zudem kam es zu Kopfprellungen, Rippenprellungen und einer Handverletzung (Schnittwunde am Handrücken.)

34j. Frau. 2 Wochen stationär; komplikationslose Operation, MdE 2 Monate 100 % sowie weitere 5 Wochen 50 %. „Eine möglicherweise noch erforderliche Entfernung des Fixateurs oder auch weitergehende Schmerzen in den Folgejahren haben deshalb – so das OLG zum i.V. – unberücksichtigt zu bleiben …"

Betrag: 14.000 € **Haftung: 100 %**
immVorb: Ja **MdE: 30 %**

OLG Brandenburg 13.3.2008 – 12 U 147/07 = BeckRS 2008, 5184

5909

Wirbelsäulenfraktur (hier: Fraktur des 2. Halswirbels).

Mann. Arzthaftung im Zuammenhang mit einer nicht erkannten Halswirbelfraktur des 2. HW [sogenannte Dens-Fraktur] die erst 2 Jahre später operativ osteosynthetisch und mit einem Metallimplantat versorgt wurde. In einer weiteren Operation wurde dann das Metallimplantat wieder entfernt. Dauerschaden: Pseudoarthrose. [Ursache: Verkehrssicherungspflichtverletzung bzgl. eines Turngerätes, welches beim Wettkampf zusammenbrach]. „Mit der Austragung eines Wettkampfes eröffnen Veranstalter und Ausrichter einen "besonderen Verkehr„. Ihnen obliegt es daher insbesondere, den Sicherheitszustand der Sportgeräte sorgfältig zu überprüfen, um mögliche Gefahren für die Sportler durch geeignete und zumutbare Maßnahmen abzuwenden bzw. zu vermeiden"].

Betrag: 15.000 € **Haftung: 100 %**
immVorb: – **MdE: –**

OLG Frankfurt a. M. 2.9.2010 – 3 U 172/09 = BeckRS 2011, 2533

2866

Wirbelkörperfraktur / Wirbelsäulenfraktur in Form einer „instabilen Lendenwirbelsäulentrümmerfraktur" des LWK 4 „mit Einengung des Spinalkanals". Es musste ein „metallischer Stabilisator" implantiert werden.

Mann. 10 Tage stationär; 2 Operationen. Dauerschaden: Gehbehinderung, leichte; deutliche Minderung der Wirbelsäulenbelastbarkeit; Berufsunfähigkeit als Maurer. Umschulung.

Betrag: 15.339 € **Haftung: 100 %**
immVorb: Ja **MdE: –**

LG Rostock 14.7.2001 – 10 O 327/98 = unveröffentlicht

6501

Wirbelsäulenfraktur und Bandscheibenverletzung (hier: Wirbelsäulenkompressionsfrakturen des LWK 1 und LWK 2. Im Bereich des LWK 1 kam es zu einer Einblutung in das ventrale Längsband LWK 1/LWK 2 und eine leichte Einblutung in die Bandscheibe; im Bereich des LWK 2 zeigte sich zudem ein deutliches Knochenödem. Psychische Beeinträchtigungen in Form posttraumatischer Belastungsstörungen (PTBS)

44j. Mann. Insgesamt 15 Tage stationär bei zwei Aufenthalten. Während des ersten elftägigen Aufenthalts erfolgte eine Operation mittels einer sogenannten dorsalen Spondylodese des BWK 12/ LWK 1 auf LWK 3 mit Schrauben. Die Schrauben wurden ca. 11 Monate später operativ entfernt, wobei der Kläger weitere 4 Tage stationär aufgenommen werden musste. MdE 291 Tage (vom 20.7. bis zum 4.12.2016 und erneut vom 2.6. – „bis November" 2017) 100 % [Anmerkung: Das OLG kommt bei seiner exakten Kalkulation insofern auf nur 278 Tage]; 46 Tage 40 % sowie im Weiteren 30 %. Dauerschaden: 30 % MdE bzw. – wie vom OLG in Ansatz gebracht wurde – 20 % GdS [= Grad der Schädigungsfolge gemäß der Anlage zu § 2 der Versorgungsmedizinverordnung vom 10.12.2008] wegen Bewegungseinschränkungen im Bereich der Wirbelsäule. „Der Kl. muss weiterhin Schmerzmittel einnehmen, er ist in der Ausübung seiner Freizeitaktivitäten (ergänze: Rennradfahren) stark eingeschränkt, er war zuvor sportlich sehr aktiv. Der Unfall hatte für den Kl. auch psychische Folgen. Auch seine berufliche Situation hat sich durch die Verletzung verändert, da er einen anderen Tätigkeitsbereich zugewiesen bekommen hat", so das OLG. Den Antrag des Klägers auf Feststellung bzgl. des immateriellen Schadens wies das OLG – entgegen der ständigen Rechtsprechung des BGH (zuletzt BGH NJW 2019, 442) – mit dem Hinweis auf den Grundsatz der Einheitlichkeit des Schmerzensgeldes demzufolge weitere absehbare Entwicklungen bereits bei der Bemessung des Schmerzensgeldes zu berücksichtigen sind, zurück. [Anmerkung: Mit seinem Urteil vom 15.2.2022 – VI ZR 937/20 hat der BGH sich klar gegen eine taggenaue Kalkulation ausgesprochen. Dies geschah in zu erwartender Fortführung seiner bisherigen Rechtsprechung (siehe BGH NJW 1955, 1675; BGH (VGS) BeckRS 2016, 21466) und im Einklang mit der hM in Literatur (vgl. ua BeckOK BGB / Spindler, 53. Ed. 1.2.2020, § 253 Rn. 53a-53c; Küppersbusch / Höher, 2020, Rn. 281; Luckey NJW 2019, 3361; Slizyk Schmerzensgeld, 2021 Rn. 30 sowie Slizyk NZV 2019, 351) und OLG-Rechtsprechung (ua OLG Oldenburg BeckRS 2020, 5200; OLG Brandenburg BeckRS 2020, 3351; OLG Düsseldorf BeckRS 2019, 7136; KG BeckRS 2019, 30230; OLG Brandenburg BeckRS 2019, 9077; LG Aurich BeckRS 2018, 40197)].

Betrag: 20.000 € **Haftung: 100 %**
immVorb: – **MdE: 30 %**

OLG Frankfurt a. M. 13.8.2019 – 22 U 205/19 = BeckRS 2019, 19469

3331

Lendenwirbelfraktur des ersten LW; Hüftgelenkfraktur (hier: Hüftpfannenfraktur); Beckenringfraktur; Unterschenkelfraktur (hier: Schienbeinfraktur mit Kreuzbandausriss) sowie Schädelhirntrauma und Risswunde am Ohr.

Mann. Dauerschaden: Gehbehinderung, teilweise auf Rollstuhl angewiesen und kann sich nur mühsam über geringe Strecken mit Gehstützen bewegen. [Mitverschulden wegen nicht angelegtem Sicherheitsgurt].

Betrag: 20.000 € **Haftung: 70 %**
immVorb: Ja **MdE: 100 %**

OLG Koblenz 7.3.2005 – 12 U 1262/03 = BeckRS 2005, 5337

4953

Lendenwirbelfraktur (hier: Lendenwirbelkompressionsfraktur mit Knochenmarködem) sowie Prellungen (Hier: Kniegelenkprellung, Brustkorbprellung und Beckenprellung mit Bluterguss).

Mann. Stationäre Behandlung sowie langwierige ambulante Heilbehandlung mit Beeinträchtigungen des Nachtschlafs über eine Dauer von nahezu 18 Monaten. Dauerschaden: MdE 10 % sowie Reaktivierung einer unfallunabhängigen Kniegelenkarthrose. Hobbyaufgabe. Das LG erhöhte das Schmerzensgeld wegen der unfallbedingten Arbeitslosigkeit bzw. des Arbeitsplatzverlustes.

Betrag: 21.000 € **Haftung: 100 %**
immVorb: – **MdE: 10 %**

LG Görlitz 9.1.2014 – 5 O 448/10 = BeckRS 2014, 125968

3917

Brustwirbelkörperfraktur am 12. BWK.

Mann. Stationärer Aufenthalt. Zwei Operationen. Die zweite Operation hatte der Kl. durchführen lassen, „weil er als Folge der unfallbedingten Fraktur unter starken Schmerzen gelitten hatte"; sie war aus medizinischer Sicht sinnvoll, was in Fällen, wie diesem ausreichend ist.

Betrag: 24.000 € **Haftung: 100 %**
immVorb: – **MdE: –**

OLG Köln 9.1.2008 – 11 U 40/07 = BeckRS 2008, 7167

3631

Wirbelsäulenfraktur mit Gefahr einer Querschnittlähmung.

Frau. 23 Tage stationär sowie weitere 5 Wochen Rehabilitationsklinikaufenthalt. Das LG wertete die „begründete Angst" der Klägerin eine Querschnittlähmung davonzutragen als schmerzensgelderhöhend. Gleiches gelte, so das LG, auch für die Unzulänglichkeiten im Rahmen der Heilbehandlung, da der Schädiger den Anlass für diese gesetzt habe. Somit wurde das Schmerzensgeld, auf welches die Versicherung des Bekl. zunächst nur 12.500 EUR gezahlt hatte auf 25.000 EUR angehoben.

Betrag: 25.000 € **Haftung: 100 %**
immVorb: – **MdE: –**

LG Dresden 31.1.2006 – 5 O 702/02 = BeckRS 2011, 9941

2756

Wirbelsäulenfraktur / Psychiche Beeinträchtigung (hier: Halswirbelsäulenfraktur C2. Die Fraktur wurde 22 Monate nicht erkannt, die Kl. lebte in dieser Zeit mit dem Risiko „einer Querschnittslähmung oder gar einer tödlich verlaufenden Atemlähmung").

19j. Frau. Dauerschaden: Narben (20 cm im Nacken; 7 cm an der Hüfte); HWS-Versteifung C1/C2. Stark schmerzensgelderhöhend: Die psychischen Beeinträchtigungen (Angst).

Betrag: 25.565 € **Haftung: 100 %**
immVorb: – **MdE: –**

OLG Nürnberg 25.1.2000 – 3 U 3596/99 = BeckRS 2000, 30092545

6607

Brustwirbelfraktur in Form einer Fraktur des 12. Brustwirbels sowie Gehirnerschütterung und HWS-Stauchung.

Mann (Trockenbauer). 9 Tage stationär. Die Wirbelfraktur wurde operativ im Wege dynamischer Stabilisierung durch ein Schrauben-Stab-System behandelt. Anschließend ambulante Weiterbehandlung mit dreimal wöchentlicher Krankengymnastik. Danach erfolgte zudem eine dreiwöchige Reha-Maßnahme. Dauerschaden: MdE 20; deutliche Bewegungseinschränkung im Bereich der Brust- und Lendenwirbelsäule und eine Belastungseinschränkung der Wirbelsäule sowie operativ versteifte Bewegungssegmente zwischen BWK 11 und LWK 1 mit noch einliegendem Metallimplantat und Schmerzhaftigkeit in diesem Bereich sowie eine Verkürzung der rückseitigen Oberschenkelmuskulatur mit dadurch verursachten Schmerzen im linken Bein. Berufsaufgabe als Trockenbauer; seitdem beziehe er Verletztenrente.

Betrag: 30.000 € **Haftung: 100 %**
immVorb: – **MdE: 20 %**

OLG Hamm 6.9.2019 – I-9 U 201/18 = BeckRS 2019, 34448

6377

Wirbelfraktur (hier: Halswirbelfrakturen im Bereich HW 4 und 5 mit neurologischen Ausfallerscheinungen, Konzentrationsstörungen, Ohrgeräuschen bis hin zu einem subjektiv störenden Tinitus, Vergesslichkeit und Schlafstörungen).

36j. Mann. Stationäre Behandlung mit mehreren Aufenthalten und Operationen. Vorschaden: Es kam „durch den Unfall zu einer richtungsgebenden, nicht abgrenzbaren Verschlimmerung des anlagebedingten Leidens, nämlich der degenerativ vorgeschädigten Halswirbelsäule .... Die Beschwerden des Klägers hat er [ergänze: der vom LG beigezogene SV] insofern zu 80 % dem Unfall und zu 20 % unfallfremden Faktoren zugeordnet". Dauerschaden: MdE 60 %. Bei der Bemessung berücksichtigte das LG, dass „der Kläger seit dem Unfall unter ständigen Halswirbelsäulen-, Nacken- und Kopfschmerzen und zunehmend unter neurologischen Ausfallerscheinungen, Konzentrationsstörungen, Ohrgeräuschen bis hin zu einem subjektiv störenden Tinitus, Vergesslichkeit und Schlafstörungen litt. Zudem fiel die eingeschränkte Beweglichkeit der Halswirbelsäule und der Grad der Behinderung von 60 % sowie die damit verbundene Einschränkung im alltäglichen Leben besonders ins Gewicht".

Betrag: 100.000 € **Haftung: 100 %**
immVorb: Ja **MdE: 60 %**

LG Köln 3.7.2007 – 27 O 644/04 = BeckRS 2008, 13677

f) Schwere Wirbelfrakturen

5139

Wirbelfraktur schwere, Wirbelsäulenfraktur schwere (hier: Lendenwirbelkörperfraktur in Form einer schweren Lendenwirbelkörpertrümmerfraktur).

39j. Mann. 20 Tage stationäre Heilbehandlung. Ca. 75 Tage Rehabilitationsaufenthalt. Dauerschaden: „leichtgradigen chronischen Bewegungseinschränkung und Belastungseinschränkung im Bereich" der Brustwirbelsäule sowie „leichte bis mittleren depressiven Verstimmung und es sind auch Züge einer so genannten posttraumatischen Belastungsstörung" festzustellen, so das LG. Erwerbsunfähigkeit in Bezug auf schwere Tätigkeiten. [Anmerkung: Der Unfall ereignete sich in Serbien. Das LG merkte hierzu an: „Ein deutsches Gericht hat für die Bemessung von Schmerzensgeld nach serbischem Recht die dortige Bemessungspraxis zugrunde zu legen; im Sinne abschließender Bewertung kann es freilich, wenn der Heilungs- und Rehabilitationsprozess nach dem Unfall sich insgesamt im Inland vollzogen hat und Dauerfolgen mit Unbillcharakter hier den Verletzten belasten, eine gewisse vorsichtige Anpassung an inländische Bemessungsgrößen vornehmen. In Serbien zugesprochenen Ersatzbeträge liegen bei etwa einem Zehntel der für entsprechende Inlandsfälle in Betracht gezogenen immateriellen Entschädigungen"; dabei ging das LG davaon aus, dass dem Kläger nach deutschem Recht vorliegend „wohl ein Schmerzensgeld von 15.000 bis 25.000 EUR" zugestanden hätte, – ein Rahmen, der nach meiner Ansicht deutlich zu gering angesetzt wurde!]

Betrag: 6.000 € **Haftung: 100 %**
immVorb: Ja **MdE: 10 %**

LG Stuttgart 8.4.2013 – 27 O 218/09 = BeckRS 2013, 12790

3594

Wirbelsäulenfraktur (hier: Brustwirbelfraktur in Form einer Brustwirbelkörperfraktur des BWK 12 und eine Lendenwirbelfraktur des 2. LW, der jedoch nicht vollständig gebrochen war.); starkes Gurthämatom; HWS-Syndrom und Schädelprellung.

Frau. 8 Tage stationär. MdE 5 Monate 100 %. Sie musste anfänglich nahezu 2 Monate ein Korsett tragen und 2mal wöchentlich zur Krankengymnastik. In dieser Zeit hatte sie sehr starke Schmerzen, insbesondere starke Druckschmerzen im Beckenbereich. Dauerschaden: Dauer-MdE 10 % infolge der „Funktionseinschränkung und Beschwerden an der Halswirbelsäule". Die von der Klägerin begehrten 30.000 DM [ca. 15.000 Euro] wertete das LG als zu hoch.

Betrag: 8.692 € **Haftung: 100 %**
immVorb: – **MdE: 10 %**

LG Wiesbaden 16.2.2001 – 9 O 234/99 = BeckRS 2001, 161630

7108

Wirbelsäulenfrakturen (hier: BWK 9 Kompressionsfraktur, BWK 2 – 8 Processus lateralis Fraktur, HWK 7 Processus spinosus Fraktur mit Beteiligung des Facettengelenkes, BWK 4 Deckplattenimpressionsfraktur); Mittelhandfraktur; Rippenserienfraktur III-V links mit diskretem Pneumothorax und einer Lungenkontusion beidseitig, Schulterblattfraktur links und Gehirnerschütterung

47j. Frau. Mehrere Wochen stationär; komplexe Operationen mit Wirbelkörperersatz, Ventrofix Synthes BWK 8-10, Bülaudrainage, Spongiosaplastik und Wirbelsäulenversteifung. Die Fraktur des Processus spinosus HWK 7 wurde konservativ mit Schanzscher Krawatte vorgenommen. Ebenfalls konservativ behandelt wurde die Metacarpale 4 Basisfraktur mittels einer Intrinsic-Schiene. Die Schanzsche Krawatte musste der Kläger insgesamt sechs Wochen tragen. Bei der Metallentfernung an der Hand wurde eine Sehne in der Hand eingeschnitten. Der Kläger musste daraufhin für weitere sechs Wochen eine Unterarmschiene tragen. Dauerschaden: Nach der Wirbelsäulenversteifung kommt es zu Bewegungseinschränkungen; zudem besteht die Gefahr, dass „biomechanisch eine Überlastung der jeweils angrenzenden Segmente BWK 7/8 und BWK 10/11" auftritt. Zudem besteht eine Bewegungseinschränkung der linken Hand in Form einer Einschränkung der Dorsalextensionsfähigkeit der linken Hand auf 30 Grad (rechts 50 Grad). Bei der Bemessung des Schmerzensgeldes orientierte sich das LG an den Urteilen des OLG Hamm → Nr. 1941 und OLG Naumburg → Nr. 6016. [Ursache: Fahrradunfall mit Rennrad].

Betrag: 20.000 € **Haftung: 100 %**
immVorb: Ja **MdE: –**

LG Nürnberg-Fürth 27.10.2022 – 8 O 5432/18 = BeckRS 2022, 30136

3067

Wirbelfraktur (hier: Halswirbelfraktur mit HWS-Distorsion.)

Frau (Zahnarzthelferin). 25 Tage stationär. Mehrere Aufenthalte. Metallimplantate im Zusammenhang mit der Wirbelsäulenversteifungsoperation. 4 Monate Schanz'sche Krawatte! Dauerschaden: Gefahr, dass es „immer wieder zu Muskelverspannungen im Nacken" kommen könne.

Betrag: 20.452 € **Haftung: 100 %**
immVorb: – **MdE: 25 %**

OLG Celle 26.4.2001 – 14 U 158/00 = BeckRS 2014, 6018

5729

Wirbelfraktur (hier: Instabile Fraktur der Halswirbelsäule (HWK-6-Fraktur) mit einer Rückenmarkkontusion in Höhe des 6./7. Halswirbelknochens).

Mann. [Ursache: Verkehrssicherungspflichtverletzung eines Diskothekenbetreibers bei der Aufstellung eines Wasserbassins im Rahmen einer Sonderveranstaltung. Der alkoholisierte Kläger sprang kopfüber in das flache Becken und verlor das Bewusstsein und trieb einige Sekunden an der Wasseroberfläche mit dem Gesicht unter Wasser, bis ihn weitere Gäste aus dem Wasser zogen und schließlich die medizinische Versorgung des Kl. eingeleitet wurde.].

Betrag: 25.000 € **Haftung: 100 %**
immVorb: Ja **MdE: –**

LG Bonn 30.7.2004 – 1 O 119/03 = BeckRS 2004, 11115

7898

Wirbelfraktur (hier: Keilkompressionsbruch des XII. Brustwirbels, welcher in mindestens 34° Fehlstellung verheilte.). Zudem erlitt die Klägerin etwa 3 Monate an Albträumen aus Sorge um ihren Hund.

81j. Frau. Die Klägerin litt 2 bis 3 Tage unter starken Schmerzen, 24 Tage mittelstarke Schmerzen und 70 Tage leichte Schmerzen. Dauerschaden: Bewegungsbeeinträchtigung / Gehbehinderung. Die Klägerin benötigt seither Gehstöcke (Krücken). Der OGH bestätigte die Schmerzensgeldbemessung des LG Innsbruck in Höhe von 40.000 EUR (LG Innsbruck 17.7.2025 – 4 R 70/25k), auch wenn dieses einen insofern nicht relevanten Referenzfall herangezogen hatte und führte dazu aus: „Für die Bemessung des Schmerzengeldes der im Unfallszeitpunkt 81-jährigen Klägerin ist vielmehr – abgesehen von den für die Vergangenheit festgestellten Schmerzen – weiters zu berücksichtigen, dass auch für die Zukunft immer wieder von Schmerzen auszugehen ist, sie seit dem Unfall auf Gehstöcke angewiesen ist, um das Gefühl des permanenten „Nachvorneüberkippens" zu verringern, sie für etwa drei Monate danach immer wieder an Alpträumen aus Sorge um ihren Hund litt". [Ursache: Tierhalterhaftung gemäß § 833 BGB/§ 1320 ABGB. Die 81j. Klägerin, war von ihrem eigenen angeleint geführten Hund – der jedoch während des Hundespaziergangs vom nicht angeleinten Hund der Beklagten angegriffen worden war – mitgerissen worden, da sie ihren Hund weiterhin an der Leine festgehalten hatte, wodurch sie stürzte.Die Entscheidung des OGH wird vorgestellt von Danzl, Bemerkenswerte schadenersatzrechtliche Entscheidungen des OGH aus dem Jahr 2025, ZVR 2026, 187. Danzl weist insofern daraufhin, dass „die Aufsicht über einen Hund insbesondere bei Spaziergängen im freien Gelände nicht immer darin bestehen [muss], dass er an die Leine gelegt wird, sondern es genügt, dass ihn die Aufsichtsperson, wenn er den Befehlen gehorcht, stets im Auge behält, um ihn durch Zurufen zu leiten (RS0030041; vgl. RS0030287; zuletzt 2 Ob 119/24z ZVR 2025, 44 [Kathrein]: "virtuelle Leine„). Wesentlich ist, dass es dem Halter möglich ist, das Verhalten seines Hundes wirkungsvoll zu beeinflussen."].

Betrag: 40.000 € **Haftung: 100 %**
immVorb: – **MdE: –**

OGH Österreich 16.12.2025 – 4 Ob 163/25m = BeckRS 2025, 37450

4785

Wirbelsäulenfraktur (hier: Wirbelkörperfraktur mit folgenden Details: Brustwirbelberstungsfraktur BWK 12 mit Hinterkantenbeteiligung ohne neurologische Defizite sowie nicht einer operativen Korrektur bedürfende Brustwirbelkompressionsfrakturen der BWK 8, 9 und 10 mit Vorderkantenbeteiligung); zudem erlitt der Kläger ein Schädelhirntrauma mit Hirnödem und eine schwere linksseitige Lungenkontusion sowie eine Kopfplatzwunde und eine Unterarmschnittwunde.

Mann. 5 Monate stationäre Behandlung; in dieser Zeit erfolgte für 4 Tage eine künstliche Beatmung. Anschließend ambulante Heilbehandlung. Die Verletzungen außerhalb der Wirbelsäule sind alle folgenlos verheilt. „Die vom Kläger beklagten Beschwerden im Bereich der Lendenwirbel-, Halswirbel- und Brustwirbelsäule sind nach den insoweit gem. § 529 ZPO bindenden tatsächlichen Feststellungen des Landgerichts aus orthopädischer Sicht in der beklagten Intensität als Unfallfolge nur für den Zeitraum von maximal 6 Monaten nachvollziehbar", so das OLG. Dauerschaden: Somatische Schmerzstörung. Dies muss sich der Beklagte zurechnen lassen, denn „Der erforderliche Zurechnungszusammenhang zwischen Unfall und somatoformer Schmerzstörung ist auch nicht unter dem Gesichtspunkt des Bestehens einer Begehrensneurose unterbrochen", so das OLG.

Betrag: 40.000 € **Haftung: 100 %**
immVorb: Ja **MdE: –**

OLG Hamm 14.3.2014 – I-9 U 103/13 = BeckRS 2014, 10404

2708

Wirbelsäulenverletzung mit Brustwirbelsäulenfrakturen, die mit Metallimplantaten stabilisiert werden mussten. Es bleiben Bewegungsbeeinträchtigungen und „ganz erhebliche Einschränkungen … der täglichen Lebensgestaltung" zurück. Berufsaufgabe!.

20j. Frau. Langwierige Heilbehandlung mit 6 Operationen! Psychische Beeinträchtigung! Depressionen. Dauerschaden: „Buckelbildung der Brustwirbelsäule". Verschlechterungstendenz.

Betrag: 51.129 € **Haftung: 100 %**
immVorb: Ja **MdE: –**

OLG Koblenz 4.5.1998 – 12 U 587/97 = BeckRS 1998, 153641

7746

Wirbelsäulenfrakturen, schwere (hier: Lendenwirbelkörperfraktur LWK I in Form einer instabilen Fraktur des 1. Lendenwirbels und Lendenwirbelkörperfraktur IV, Brustwirbelkörperfraktur BWK XI sowie Brustkorbprellungen beidseits, HWS-Zerrung, Druckschmerz über Hals-, Brust- und Lendenwirbelsäule und über dem Brustbein.

58j. Frau. Intensivstationäre Behandlung. Lebensgefahr. Insgesamt 22 Tage stationär. 2 Operationen. Anschließend erfolgten zwei stationäre Reha-Maßnahmen von jeweils 3 1/2 Wochen. Die Kl., die für 7 Monate bewegungsunfähig war, musste für gut 8 Monate ein Stützkorsett tragen. Dauerschaden: Versteifung der Wirbelsäule mit erheblichen Bewegungseinschränkungen. Die Kl. ist nicht in der Lage und wird auf Dauer auch nicht mehr in der Lage sein, sich zu bücken. Sie kann nichts mehr vom Boden aufheben und auch keine schweren Gegenstände über 5 Kg länger halten; auch ist ein Wechsel zwischen Sitzen, Stehen und Gehen zur Linderung der Schmerzen im Bewegungsmuster notwendig, ebenso wie das Meiden von langem Sitzen. Es besteht ein kleinschrittiges und sehr vorsichtiges Gangbild und zudem hat die Kl. Probleme beim Ein- und Aussteigen aus dem PKW. Halbseitige neurologische Störung der Gefühlswahrnehmung linksseitig vom Rippenbogen ventral bis in den proximalen Oberschenkel. Drei große Narben im Rumpf- und Rückenbereich von ca. 21 cm, 20 cm und 14 cm Länge. Eine eigenständige Versorgung ihres Haushaltes ist nicht mehr möglich. Hobbyaufgabe (Wandern, Joggen und Federballspiel sowie die Herstellung von Tierskulpturen). [Anmerkung: Das Urteil ist hinsichtlich des Anspruchs auf Schmerzensgeld rechtskräftig; im übrigen vgl. jedoch OLG Hamm 17.12.2024 – 26 U 136/23 sowie den BGH14.10.2025 – VI ZR 24/25, BeckRS 2025, 28784]

Betrag: 70.000 € **Haftung: 100 %**
immVorb: Ja **MdE: 100 %**

LG Hagen 20.6.2023 – 9 O 337/15 = BeckRS 2023, 57606

4571

Wirbelsäulenfraktur, schwere (hier: Lendenwirbelsäulenkörperfraktur durch welche die Kl. „ihre Mobilität weitgehend eingebüßt" hat.).

60j. Frau. Stationäre Heilbehandlung. Dauerschaden: Weitgehender Mobilitätsverlust; die Kl. kann im Haus nur an einem Rollator und auch nur „einige Schritte" laufen und muss außerhalb des Hauses eine Rollstuhl benutzen. [Ursache: Die Klägerin saß – ohne den vorhandenen Sicherheitsgurt zu nutzen – in der hintersten Reihe eines Reisebusses und wurde bei Überfahren einer Bahngleisanlage wegen zu hoher Geschwindigkeit des Fahrers regelrecht aus ihrem Sitz geschleudert – vgl. hinsichtlich derartiger Verletzungen ua auch LG Hagen, Urt. v. 20.6.2023 → Nr. 7746].

Betrag: 100.000 € **Haftung: 70 %**
immVorb: – **MdE: –**

OLG Hamm 14.5.2012 – I-6 U 187/11 = BeckRS 2012, 13247

4772

Wirbelsäulenfraktur, schwere (hier: Lendenwirbelfraktur in Form einer Lendenwirbelkörperfraktur des LWK-1 in deren Folge die Klägerin „ihre Mobilität weitgehend eingebüßt" hat, wie das OLG ausführte).

60j. Frau. Stationärer Aufenthalt, ambulante Heilbehandlung. Dauerschaden: Die Kl. hat ihre Mobilität weitgehend eingebüßt. „Das Haus kann sie nur noch mittels eines Rollstuhls kurz verlassen, um damit im Hof ein wenig herumzufahren. Innerhalb des Hauses ist sie auf die Benutzung eines Rollators angewiesen, mit dem sie sich einige Schritte selbstständig bewegen kann. Um an einem Tisch sitzen zu können, verwendet sie einen Spezialstuhl", so das OLG. [Das Urteil befasst sich ausführlich mit dem Thema des Mitverschuldens wegen des Nichtanlegens eines Sicherheitsgurtes durch einen Fahrgast in einem Linienbus und bejahte ein solches Mitverschulden bei einer Quote von 30 %. Weitere Fundstellen: BeckRS 2012, 13247 und MDR 2012, 1029 – vgl. dazu auch im Handbuch → Rn. 106]

Betrag: 100.000 € **Haftung: 70 %**
immVorb: Ja **MdE: –**

OLG Hamm 14.5.2012 – 6 U 187/11 = BeckRS 2012, 13247

3045

Lendenwirbelfraktur (hier: Lendenwirbeltrümmerfraktur); Unterschenkelamputation; doppelte Kieferfraktur und Jochbeinfraktur; doppelte o.Unterschenkelfraktur; Ellenbogenfraktur; doppelte Unterarmfraktur; Potenzstörungen.

20j. Mann (KFZ-Mechaniker). 20 Monate stationär, mehrere Aufenthalte. Lebensgefahr. Dauerschaden: Unterschenkelamputation sowie ua Potenzstörungen.

Betrag: 102.258 € **Haftung: 100 %**
immVorb: Ja **MdE: 80 %**

LG Bielefeld 17.5.1999 – 8 O 409/97 = unveröffentlicht

4811

Wirbelsäulenfraktur, schwere / Wirbelfrakturen, schwere / Wirbelköperfraktur, schwere (hier: Gelenkfraktur des 4. Brustwirbels rechts, instabile Berstungsfraktur des 5. Brustwirbels, eine oberen Berstungsfraktur des 6. Brustwirbels und einen Abrissbruch des Querfortsatzes des 7. Brustwirbels) sowie auf neurologischem Fachgebiet einen beids.Endstellenstagmus. Zudem eine Lungenkontusion links, eine diskrete Plexusläsion links sowie Schürfwunden und Prellmarken im Gesicht und an weiteren unteren Extremitäten mit einem diskreten Gelenkerguss rechts.

32j. Mann. 3 Wochen stationäre Behandlung, 2 Wirbelsäulenoperationen. Anschließend 4 Wochen Reha-Aufenthalt. Ambulante Heilbehandlung. MdE 6 Wochen 100 %, 6 Wochen 80 %, 6 Wochen 60 %, 6 Wochen 50 %. Dauerschaden: 1. Gehbehinderung bzw. Stand- und Gangstörung im Sinne einer Athaxie 2. Bewegungseinschränkung der Wirbelsäule durch vermehrte Krümmung der Brustwirbelsäule mit Steifheit des Bewegungssegments TH 3/4 bis TH 6/7, 3. Belastungsminderung der Wirbelsäule, 4. kosmetisch störende Narbe am Rücken und am linken Beckenkamm, 5.ein noch leicht abgehobenes Schulterblatt rechts sowie eine Einschränkung der aktiven Beweglichkeit der rechten Schulter. 6. Außerdem besteht ein chronisches Schmerzsyndrom, das die Einnahme von hochpotenten Analgetika sowie Psychopharmaka erforderlich macht sowie 7. Psychische Beeinträchtigungen mit Beeinträchtigungen des Auffassungsvermögens und der Umstellungsfähigkeit, Zeitgitterstörungen und eine Beeinträchtigung der Grundstimmung des affektiven Verhaltens. Das Gericht berücksichtigte auch, dass „der Kläger im Unfallzeitpunkt erst 32 Jahre alt war und sein ganzes Leben mit diesen Beeinträchtigungen leben muss.“.

Betrag: 120.000 € **Haftung: 100 %**
immVorb: Ja **MdE: 40 %**

OLG München 8.11.2013 – 10 U 1421/12 = BeckRS 2013, 19543

g) Querschnittlähmungen

Vorbemerkung: Querschnittlähmungen zählen zu den gravierendsten Verletzungen mit massivsten dauerhaften Lebensbeeinträchtigungen.

Dies gilt sowohl für **Paraplegien** (vollständige Lähmung beider Arme und Beine durch Schädigung der Halswirbelsäule im Halswirbelbereich) sowie ggf. auch der Beckenorgane woraus sich Mastdarmlähmung und Blasenlähmung / Inkontinenz und ggf. weitere motorische und sensorische Einschränkungen ergeben) als auch und in noch weitaus extremeren Maße hinsichtlich der Höhe und des Ausmaßes der Lebensbeeinträchtigung für **Tetraplegien** (vollständige Lähmung beider Arme und Beine, bei der in Extremfällen dh bei vollständiger Quetschung oder Zerstörung der Neuronen keine Funktionen mehr bestehen, weder sensibel noch motorisch).

Eine Tetraplegie zählt somit zu den **schwersten denkbaren Verletzungen** mit extremen Lebensbeeinträchtigungen für das Opfer und seine nächsten Angehörigen!

Die häufigste Ursache für derartige Verletzungen finden sich im Bereich von Freizeitunfällen (Stürze) und Verkehrsunfällen, insbesondere Motorradunfällen. Auch hier hat sich das Schmerzensgeldgefüge in den letzten Jahren – wenn auch nur vereinzelt – aus dem häufig leider noch üblichen Bereich von 500.000 EUR (vgl. OLG München → Nr. 6330; OLG Brandenburg → Nr. 4994 oder OLG Celle → Nr. 4588) nach oben verändert. Zu nennen ist insofern die Entscheidung des OLG Schleswig aus dem Jahr 2021, nachfolgend unter → Nr. 6815 zu finden, bei der das OLG im Falle einer hohen Querschnittslähmung eines 35jährigen Mannes 800.000 EUR zuerkannt hat.

3243

Querschnittlähmung (hier: Inkomplette Querschnittlähmung)

18j. Mann. Der Ast begehrte – nach einem von ihm im Alter von 18 Jahren unterzeichneten, vorbereiteten Abfindungsvergleich über 660.000 DM, wonach auch alle Zukunftsschäden, gleich ob vorhersehbar und vorstellbar, abgegolten wurden – nunmehr weiteres Schmerzensgeld mit der Begründung der Verschlechterung seines Gesundheitszustandes und Äquivalenzstörungen. Die sofortige Beschwerde beim OLG blieb erfolglos. Unter Berufung auf die Rspr. des BGH (seit VersR 1966, 243) wären, so das OLG, nur „krasse Äquivalenzstörungen um den Faktor 10“ zur Korrektur eines Vergleiches geeignet. Daran fehle es vorliegend.

Betrag: – **Haftung: –**
immVorb: – **MdE: –**

OLG Frankfurt a. M. 14.8.2003 – 1 W 52/03 = BeckRS 2003, 14019

3102

Querschnittlähmung ohne nähere Angaben.

17j. Mann (Gymnasiast). Kein Schmerzensgeldanspruch wegen schulbezogenem Haftungsprivileg nach 106 SGB VII. „Wird ein Sportunterricht nach dem Willen des Schulträgers auf einer von ihm betriebenen Sportstätte (hier: Skipiste) als Unterricht durchgeführt, ist nicht nur ein … Unfall als Schulunfall anzusehen, sondern es sind auch alle mit der Vorbereitung … befassten Mitarbeiter … im Rahmen des Haftungsprivilegierung des § 106 I Nr. 3 SGB VII … zu betrachten“, so der BGH als Begründung.

Betrag: – **Haftung: –**
immVorb: – **MdE: 100 %**

BGH 26.11.2002 – VI ZR 449/01 = BeckRS 2003, 721

3780

Querschnittlähmung, partielle (ohne nähere Angaben).

63j. Frau. Dauerschaden. Im Rahmen der Schmerzensgeldbemessung wertete das OLG stark mindernd die Tatsache, dass die Kl. aufgrund anderer Vorerkrankungen bereits stark eingeschränkt und pflegebedürftig war.

Betrag: 20.000 € **Haftung: 100 %**
immVorb: – **MdE: –**

OLG Hamm 1.2.2006 – 3 U 182/05 = BeckRS 2006, 9611

2790

Querschnittlähmung.

7j. Junge. [Fehlende Beschwer, wenn Kl. den Betrag erhält, den er genannt hat, auch wenn Spezifizierung nur Untergrenze sein sollte. Vgl. → Nr. 1528 und DAR 2000, 253!]

Betrag: 20.452 € **Haftung: 100 %**
immVorb: Ja **MdE: –**

BGH 2.2.1999 – VI ZR 25/98 = BeckRS 1999, 30045221

2764

Querschnittlähmung nach Halswirbelsäulenfraktur (hier: Halswirbelkörperfraktur [Korpus- und Bogenfraktur5. HWK] mit „akutem Querschnittssyndrom“; rechtsbetonte

Teillähmung mit erheblicher Bewegungseinschränkung der Arme und Beine. Epilepsie.)

Mann. Mehrere stationäre Aufenthalte. Dauerschaden: s.o.; der Kl. kann allerdings seine Gliedmaßen zum Teil bewegen; Teilsensibilität; fokale Epilepsie. [Ursache: „Flachköpfer"]

Betrag: 25.565 € **Haftung: 100 %**
immVorb: Ja **MdE: 100 %**
Rente: 77 €

OLG Brandenburg 11.3.1999 – 2 U 90/97 = BeckRS 1999, 13975

5760

Querschnittlähmung (hier: Komplette Querschnittlähmung aller vier Gliedmaßen, die sich jedoch zurückbildete, so dass „nur" noch eine inkomplette Tetraparese mit Einschränkungen der Beweglichkeit beider beine und des linken Arms zurückblieb).

61j. Mann (Zeitungsausträger). 90 Tage stationär mit Wirbelversteifungsoperationen. Dauerschaden: MdE 100 %, Spastik, Gehbehinderung, – Gehen nur mit Hilfe von Gehstützen / Krücken, Bewegungseinschränkungen beider Beine und des linken Armes, regelmäßige Medikamenteneinnahme und dauerhafte physiotherapeutische Behandlung. Pflegefall. [Ursache: Verkehrssicherungspflichtverletzung im Zusammenhang mit einer unsachgemäßen Lichtschachtabdeckung].

Betrag: 50.000 € **Haftung: 100 %**
immVorb: Ja **MdE: 100 %**

LG Baden-Baden 24.10.2006 – 1 O 374/04 = BeckRS 2007, 11907

3648

Querschnittlähmung in Form einer „inkompletten Querschnittssymptomatik" mit psychischen Folgebeeinträchtigungen in Form erheblicher Depressionen und latenter Suizidgefahr.

Frau. Dauerschaden. Berufsunfähigkeit. Depressionen; Selbstmordgefahr. [Lesenswert zum Thema „Schmerzensgeldrente". Das OLG befasste sich ausführlich mit den Voraussetzungen einer Schmerzensgeldrente und wies darauf hin, dass Kapital und Rente in einem ausgewogenen Verhältnis zueinander stehen müssen. „Renten von 50,- EUR monatlich sind nicht geeignet, dem Geschädigten einen angemessenen monatlich wiederkehrenden Ausgleich zu verschaffen". Vgl. hierzu auch Jahnke „Schadenrechtliche Aspekte der Schmerzensgeldrente" in r+s 2006, Seiten 228 ff.]

Betrag: 50.000 € **Haftung: 100 %**
immVorb: – **MdE: –**

OLG Brandenburg 9.2.2006 – 12 U 116/05 = BeckRS 2010, 932

4361

Querschnittslähmungsähnliche Verletzung (hier: Lähmung beider Beine sowie Mastdarm- und Blasenlähmung nach nicht erkanntem Epiduralabszess).

61j. Mann. Langwierige Heilbehandlung mit fast 4 monatiger Reha. Arzthaftung (hier: Diagnosefehler und Behandlungsfehler im Rahmen einer Rückenbehandlung.) Dauerschaden: Gehbehinderung sowie Mastdarm- und Blasenlähmung. Psychische Beeinträchtigungen. Pflegefall.

Betrag: 50.000 € **Haftung: 100 %**
immVorb: – **MdE: –**
Rente: 150 €

OLG Düsseldorf 10.4.2003 – 8 U 38/02 = BeckRS 2003, 6573

3375

Harninkontinenz nach partieller Querschnittssymptomatik.

3j. Kind. Langwierige Heilbehandlung über mehr als 5 Jahre mit interimsweisem künstlichem Darmausgang, der erst nach 3 Jahren zurückverlegt werden konnte! Dauerschaden: Blasenentleerungsstörung mit der Notwendigkeit täglicher Katheterisierung. Gehbehinderung wegen Fußheberlähmung links sowie psychische Beeinträchtigungen. Arzthaftung (Fehldiagnose einer infizierten Dermoidzyste).

Betrag: 51.129 € **Haftung: 100 %**
immVorb: – **MdE: –**
Rente: 153 €

OLG Düsseldorf 15.6.2000 – 8 U 128/99 = BeckRS 9998, 3885

6273

Tetraplegie / hohe Querschnittlähmung (hier: sensibel inkomplette Tetraplegie unterhalb C 7/TH 4, wodurch im wesentlichen der Rumpf und die Extremitäten betroffen sind. Die Beine der Kl. sind gelähmt. Es bestehen erhebliche Unterschenkel- und Fußödeme, die einer ständigen Behandlung bedürfen. Gefühlswahrnehmungen sind nur eingeschränkt nachweisbar. Die motorischen Funktionen der Arme sind erhalten. Vorangegangen war eine Berstungsfraktur des 6. Halswirbelkörpers mit akutem hohen Querschnittssyndrom, eine Skapulahalsfraktur rechts, eine Ulnarfraktur rechts sowie eine Lungenkontusion beidseits.

25j. Frau. Ca. 225 Tage stationär mit zahlreichen Operationen. Die Lungenkontusion machte postoperativ eine verlängerte Beatmung der Kl. erforderlich. Dauerschaden: Rollstuhlgebundenheit. Die motorischen Funktionen der Arme sind jedoch erhalten. Links besteht keine Fingerfunktion, rechts ist der Kl. aktiv etwas Fingerstreckung und -beugung möglich, der Daumen läßt sich etwas bewegen. Greiffunktionen bestehen beidseits nicht. Eine willkürliche Kontrolle über Blase und Mastdarm hat die Kl. nicht mehr. Zur Zeit befindet sich die Kl., bei der eine Einschränkung der geistigen Funktionen nicht feststellbar ist, in einer Umschulung zur Industriekauffrau. [Besonderheit und Ursache: Selbstmordversuch durch Sprung aus einem Krankenhausfenster – Anforderungen an Ausstattung, Organisation und Instruktion des Pflegepersonals, wenn ein Krankenhaus eine suizidgefährdete Rauschgiftpatientin als Notfall aufnimmt, sowie zur Frage eines Verschuldens der Krankenschwester, die die Patientin nicht mit körperlichem Einsatz am Sprung aus einem Oberlichtfenster hindert].

Betrag: 51.129 € **Haftung: 100 %**
immVorb: Ja **MdE: –**
Rente: 153 €

OLG Köln 26.11.1997 – 5 U 90/97 = BeckRS 1997, 13297

5547

Querschnittlähmungsähnliche Verletzung nach Cauda-Nervverletzungen bzw. Kauda-Nervverletzungen (Hier:

inkomplettes Cauda-Syndrom / Kauda-Syndrom – genaue Bezeichnung: Cauda-equina-Kompressions-Syndrom. Diese Verletzung ist in ihren Auswirkungen einer inkompletten Querschnittslähmung vergleichbar!) und später – aufgrund der Überbelastung der Schulter infolge Krücken- und Rollstuhlnutzung – nachfolgend Impingementsyndrom der rechten Schulter

59j. Mann. Arzthaftung (hier: Aufklärungspflichtverletzung im Zusammenhang mit einer relativen Indikation zur Operation an der Lendenwirbelsäule). Dauerschaden: Rollstuhlgebundenheit wegen der chronisch inkompletten Kaudalähmung, Störung der Sexualfunktion, Fußheber- und Fußsenkerparese und rückgebildeter Blasenentleerungsstörung. Zur Rollstuhlgebundenheit führte das OLG aus: „Damit ist dem Kläger eine eigenständige Fortbewegung nur noch unter Verwendung dynamischer Unterschenkelorthesen und nur in einem limitierten Rahmen möglich. Die Sachverständigen haben dargelegt, dass dem Kläger ein Gehen mit entsprechenden Gehstöcken im Rahmen der Fortbewegung in seiner Wohnung oder im Rahmen kurzer Gehstrecke außerhalb mit körperlicher Anstrengung bis maximal 400 Meter möglich ist. Hierfür muss der Kläger die fehlende Stabilität der Beine mit den Armen ausgleichen. Dabei ergeben sich aber Probleme, wenn der Boden uneben ist, bei Treppen und Bergaufstrecken. Der Sachverständige Dr. G ist dabei mit dem Sachverständigen Prof. Dr. T sind in der Gesamtbewertung davon ausgegangen, dass der Kläger im Alltag ohne die Chance auf zukünftige Besserung auf den Rollstuhl angewiesen ist".

Betrag: 75.000 € **Haftung: 100 %**
immVorb: Ja **MdE: –**

OLG Hamm 15.12.2017 – 26 U 3/14 = BeckRS 2017, 139020

5129

Querschnittlähmung (hier: Realisierung des „bei einer Nukleotomie unstreitig bestehende, wenn auch geringe Risiko einer Querschnittslähmung" mit „gewissen motorischen Einschränkungen, Sensibilitätsstörungen, zusätzlichen chronischen Schmerzen in Gestalt von Brennschmerzen der Hände und Füße und einer Störung der Blasenfunktion", so das OLG).

47j. Mann. Arzthaftung: Aufklärungspflichtverletzung im Zusammenhang mit einer Bandscheibenoperation, die mittels einer sogenannten Lasernukleotomie durchgeführt wurde und zu einer Querschnittlähmung des Klägers geführt hatte. 3 Monate statinär; einen Monat Rehabilitationsaufenthalt. Anfänglich erhebliche Lähmungserscheinungen und Mastdarmentleerungsstörungen, die jedoch ausheilten. Dauerschaden: „Störung der Blasenfunktion", so dass sich der Kläger „vier bis fünfmal täglich selbst katheterisieren muss" zudem eine „Feinmotorikstörung und Ungeschicklichkeit der rechten Hand, … Temperaturempfindungsstörung der linken Körperhälfte mit Betonung des linken Beins" sowie „brennende Missempfindungen an den Händen und an den Füßen". Das OLG berücksichtigte jedoch, dass der Kläger vorschadensbedingt „ohne die Lasernukleotomie und die Rückenmarksschädigung ein chronischer Schmerzpatient wäre, der unter lumbalen Schmerzen leiden würde und auf die Einnahme eines Opiats wie Targin angewiesen wäre"". [Anmerkung: Aktenzeichen identisch mit OLG Zweibrücken → Nr. 5047].

Betrag: 75.000 € **Haftung: 100 %**
immVorb: Ja **MdE: –**

OLG Köln 23.3.2016 – 5 U 8/14 = BeckRS 2016, 6094

5424

Wirbelsäulenverletzung / Nervverletzung (hier: Periphere Nervenschädigung im Bereich der Nervenwurzel L5 mit daraus resultierender inkompletter spastischen Tetraplegie sub C5 rechtsbetont, neurogener Harnblasen- und Mastdarmentleerungsstörung mit Inkontinenz, Tinnitus und Deafferenzierungsschmerz in Form von Brennschmerzen, die der Kläger glaubhaft wie bei einem Sonnenbrand beschrieb).

45j. Mann (Finanzbeamter). Arzthaftung (hier: Aufklärungspflichtverletzung im Zusammenhang mit einer Lasernukleotomie bzw. Bandscheibenbehandlung). Dauerschaden: Leichte rechtsbetonte zentrale Parese, „die sich in einer Feinmotorikstörung und Ungeschicklichkeit der rechten Hand, etwa einem krakeligen Schreiben, und einem Zittern des rechten Arms unter Belastung äußert und zu einem unrunden Gangbild und Nachziehen des rechten Beins führt. Wenn allein diese Beeinträchtigungen vorlägen, wäre – so der Sachverständige – ein weitgehend normales Gehen möglich. Sportarten wie Joggen könne der Kläger dagegen nicht ausüben", so das OLG Köln. Zudem Brennschmerzen und Blasenentleerungsstörung, wegen der sich der Kläger vier bis fünfmal täglich selbst katheterisieren muss.

Betrag: 75.000 € **Haftung: 100 %**
immVorb: Ja **MdE: –**

OLG Köln 23.3.2016 – 5 U 8/14 = BeckRS 2016, 6094

4355

Querschnittlähmungsähnliche beids.Beinlähmung nach postoperativem sogenannten Cauda-equina-Syndrom [= Verletzung der Nervwurzelbündel im Bereich der Lendenwirbelsäule].

55j. Frau (Krankenschwester). Arzthaftung (hier: Diagnosefehler im Rahmen einer Rückenoperation). Dauerschaden: Rollstuhlgebundenheit; Mastdarm- und Blasenlähmung. Pflegefall. Berufsunfähigkeit als Krankenschwester. Erhebliche Beeinträchtigung des gesamten Privatlebens!

Betrag: 100.000 € **Haftung: 100 %**
immVorb: – **MdE: 100 %**

OLG Hamm 19.11.2007 – 3 U 83/07 = BeckRS 2007, 65496

4356

Querschnittlähmungsähnliche Bewegungseinschränkungen, Inkontinenz und Erektionsunfähigkeit infolge eines sogenannten Cauda-equina-Syndrom [= Verletzung der Nervwurzelbündel im Bereich der Lendenwirbelsäule].

Mann. Arzthaftung (hier: Aufklärungspflichtverletzung und Behandlungsfehler nach Bandscheibenoperation). Dauerschaden: Bewegungseinschränkungen; Harninkontinenz; Sexualstörungen. Der Kläger ist verletzungsbedingt erwerbsunfähig; es besteht Selbstmordgefahr.

Betrag: 100.000 € **Haftung: 100 %**
immVorb: – **MdE: 100 %**

LG Köln 6.9.2006 – 25 O 346/02 = BeckRS 2010, 5670

7340

Querschnittslähmung, inkomplette sowie diverse Frakturen an Armen und Beinen einschließlich der Gelenkbereiche mit irreversiblen Nervenverletzung des rechten

Arms und motorischen Einschränkungen der rechten Hand sowie zudem Verletzungen verschiedener Weichteile / Weichteilschäden ua einer Blasenverletzung in Form einer neurogenen Blase die zweimal täglich katheterisiert werden muss. Zudem erlitt der Kläger eine dauerhafte Gehörseinschränkung im linken Ohr sowie eine Sehbehinderung in Form eines sog. blinden Flecken im linken Auge, wobei das OLG es insofern „im Hinblick auf die schwerwiegenden Einschränkungen, die bei dem Kläger verbleiben", offenließ, ob auch diese beiden Verletzungsfolgen schadenursächlich entstanden sind.

25j. Mann. Nahezu ein Jahr stationär. Langwierige Heilbehandlung. Dauerschaden: Rollstuhlgebundenheit wegen Querschnittslähmung und irreversibler Schädigung beider Fußgelenke. Ursache: Nicht verhinderter Suizidversuch. Arzthaftung wegen grobem Behandlungsfehler: „Wird die Diagnose einer akuten Suizidalität vorschnell aufgegeben, kann darin ein grober ärztlicher Behandlungsfehler liegen. Die akute Suizidgefahr [= Selbstmordgefahr] begründet eine gesteigerte Sicherungspflicht des Behandlers", so das OLG, dass sich zu dem medizinischen Standard bei der Behandlung eines als akut suizidal eingeschätzten Patienten mit den von dem Kläger gezeigten Symptomen beraten ließ und zum Ergebnis kam, dass „der medizinische Standard hier in nicht mehr verständlicher Weise verlassen worden" war. Der Kläger, bei dem der Verdacht auf eine schizophrene Störung (ICD 10 F20) attestiert worden war, wurde er auf der allgemeinpsychiatrischen, fakultativ geschlossenen Station der Beklagten aufgenommen. Der Kläger verblieb bei schwankender Stimmungslage über die Weihnachtsfeiertage auf der Station. Am 28. Dezember 2018 dokumentierte der diensthabende Arzt: „Pat. läuft ziellos auf dem Flur, fordert Gespräch wegen RBE über Feiertagen. Sagt, dass ihm allgemein besser geht, sei mit seiner aktuellen Medikation einverstanden, verneint Stimmenhören. (...) Pat. fordert RBE, will Silvester zu Hause verbringen. Suizidgedanken wurden verneint. (...) laut Bezugspflege spricht nichts dagegen." Dem Kläger wurde deshalb Ausgang in die häusliche Obhut zunächst vom 29. auf den 30. Dezember 2018 genehmigt. Zu Hause begab sich der Kläger mit seinem Fahrrad allein zu einer in der Nähe gelegenen Brücke über eine Bundesstraße und stürzte sich etwa 20 Meter hinunter, wobei er sich schwere Verletzungen zuzog.

Betrag: 120.000 € **Haftung: 100 %**
immVorb: – **MdE: –**

OLG Hamm 20.12.2022 – 26 U 15/22 = BeckRS 2022, 54879

3440

Querschnittlähmung unterhalb C 7

17j. Mann. Dauerschaden: Rollstuhlgebundenheit und weitere für das Leben des jungen Mannes gravierende Beeinträchtigungen. Ursache: Fahrradunfall, der Kl. fuhr ohne Licht!

Betrag: 125.000 € **Haftung: 66 %**
immVorb: – **MdE: 100 %**
Rente: 125 €

OLG Celle 20.2.2003 – 14 U 122/02 = BeckRS 2003, 12204

4353

Querschnittlähmung (hier: Vom 7. Halswirbel abwärts).

52j. Frau (Juristin / Angestellte). Arzthaftung (hier: Behandlungsfehler bei Rückenmarkoperation). Langwierige Heilbehandlung wegen erheblicher Wundheilungsstörungen; die Kl. verstarb letztlich ca. 4 1/2 Jahre nach dem Eingriff.

Betrag: 125.000 € **Haftung: 100 %**
immVorb: – **MdE: 100 %**

OLG Karlsruhe 9.10.2002 – 7 U 107/00 = BeckRS 2002, 30287205

5685

Querschnittlähmungsähnliche schwere Rückenmarksverletzung /Rückenmarknervenfaserbündelverletzung mit Halbseitenlähmung links vom Kopf an bis zum linken Fuß: Starke Bewegungsspastiken im Bereich des Kopfes. Gesichtlähmung und Gesichtsfeldlähmung und Geruchsinnverlust, Schulterlähmung, Handverkrüppelung und Fußverkrüppelung. Zudem Harninkontinenz und eingeschränkte Stuhlkontrolle. Rollstuhlgebundenheit und Sensibilitätsverlust linksseitig in Bezug auf die gesamte Haut sowie den Tastsinn. Die vormals attraktive Frau ist somit eine schwerbehinderte, intensivpflegebedürftige Person.

54j. Frau (Tanzlehrerin). Arzthaftung (hier: Aufklärungspflichtverletzung im Zusammenhang mit einer Rückenmarkoperation wegen eines Kavernoms. Im Anschluss an die Operation wurde bei der Klägerin „eine brachiofacial betonte Hemiparese links kg II / III sowie ein Neglect der linken Körperhälfte [dh eine neurologische Aufmerksamkeitsstörung] festgestellt". Dauerschaden: MdE 100 %, Rollstuhlgebundenheit, Intensivpflegefall. Hierzu das OLG: „Eine linksseitige Lähmung mit teilweiser Gesichts- und Gesichtsfeldlähmung und vom Sozialgericht festgestellte Pflegebedürftigkeit in der Stufe III ist im Ergebnis fast mit den Folgen einer Querschnittslähmung vergleichbar. Dass die Klägerin den Rollstuhl, auf den sie jetzt angewiesen ist, jemals wieder wird verlassen können, ist nicht anzunehmen ... Wenn sie nun behauptet, angesichts der schlimmen Folgen der misslungenen Operation unter depressiven Verstimmungen und sogar Persönlichkeitsveränderungen zu leiden, ist das mehr als nachvollziehbar". [Anmerkung: Das OLG hob das vom LG auf 150.000 EUR angesetzte Schmerzensgeld um 100.000 EUR an. Schmerzensgeldmindernd führte es dabei jedoch an, „dass ein aufgrund eines Aufklärungsversagens zugesprochenes Schmerzensgeld grundsätzlich niedriger ausfallen sollte als bei einem Behandlungsfehler, geschweige denn bei einer fahrlässigen oder gar vorsätzlichen Körperverletzung". Demnach hätte aus Sicht des OLG – bei einem Behandlungsfehler – das Schmerzensgeld höher angesetzt werden müssen].

Betrag: 127.823 € **Haftung: 100 %**
immVorb: Ja **MdE: 100 %**

OLG Frankfurt a. M. 7.11.2000 – 8 U 99/00 = BeckRS 2014, 10224

4352

Querschnittlähmung mit Blasen- und Mastdarmlähmung und Lähmung des rechten Arms. Zudem erlitt der Kläger eine Lungenquetschung, diverse Frakturen, Prellungen und Schürfwunden.

54j. Mann. 3 Wochen intensivstationär. Insgesamt 18 Monate stationär. Dauerschaden: Rollstuhlgebundenheit; Berufsunfähigkeit; Intensivpflegefall. Zudem leidet der Kläger dauerhaft unter Schmerzen.

Betrag: 140.000 € **Haftung: 66 %**
immVorb: – **MdE: 100 %**
Rente: 200 €

LG Münster 13.9.2006 – 10 O 234/04 = BeckRS 2007, 5504

5023

Querschnittlähmung mit „vollständiger Lähmung beider Beine und hochgradiger, handbetonter rechtsseitig mehr als linksseitig ausgeprägter Lähmung beider Arme", Harnblasenlähmung sowie weitere gegenüber der Querschnittlähmung eher zurücktretende Verletzungen (Rippenfrakturen).

17j. Mann. Stationärer Aufenthalt. Dauerschaden: „vollständiger Lähmung beider Beine und hochgradiger, handbetonter rechtsseitig mehr als linksseitig ausgeprägter Lähmung beider Arme, wobei er vor dem Unfall Rechtshänder war", so das OLG. Mitverschulden wegen fehlendem Sicherheitsgurt im PKW, der vom Beklagten mit 2,7 Promille gesteuert wurde.

Betrag: 160.000 € **Haftung: 75 %**
immVorb: Ja **MdE: 100 %**

OLG Köln 11.6.2015 – 8 U 54/14 = BeckRS 2015, 10975

4350

Querschnittlähmung (… von der Hüfte abwärts).

50j. Mann (Bauarbeiter). Dauerschaden: Lähmung von der Hüfte abwärts. [Ursache: Verkehrssicherungspflichtverletzung bei Dacharbeiten]. Kapitalisiert beläuft sich das Schmerzensgeld auf ca. 231.000 EUR.

Betrag: 200.000 € **Haftung: 100 %**
immVorb: – **MdE: 100 %**
Rente: 200 €

OLG Hamm 9.3.2006 – 6 U 62/05 = BeckRS 2006, 3681

3236

Querschnittlähmung ohne nähere Angaben.

Frau. Arzthaftung (hier: Behandlungsfehler und Aufklärungspflichtverletzung im Zusammenhang mit einer Bandscheibenoperation, ohne zuvor die konservativen Behandlungsmethoden vollständig ausgeschöpft zu haben). Dauerschaden.

Betrag: 220.000 € **Haftung: 100 %**
immVorb: – **MdE: 100 %**

OLG Hamm 12.4.2004 – 3 U 264/03 = VersR 2005, 942

3439

Querschnittlähmung nach Schulterdystokie (= gestörter Geburtsverlauf, bei welchem nach der Geburt des Kopfes die vordere Schulter über der Symphyse hängen bleibt).

Säugling. Arzthaftung (hier: Geburtshilfefehler). Dauerschaden: Intensivpflegefall.

Betrag: 285.000 € **Haftung: 100 %**
immVorb: – **MdE: 100 %**

OLG Koblenz 17.4.2002 – 7 U 893/98 = BeckRS 2002, 30253997

5009

Querschnittlähmung mit Mastdarm- und Blasenlähmung sowie schweren Kopfverletzungen mit Gehirnschädigung in Form eines hirnorganischen Psychosyndrom mit Geruchsinnverlust und Geschmackverlust)

Mann (Zimmermann). Dauerschaden: Intensivpflegefall. Berufsunfähigkeit. Ursache: Arbeitsunfall; der Kläger fiel 5,50 m tief auf den Betonboden. „Entgegen der Auffassung des Beklagten entspricht es schließlich der einschlägigen höchstrichterlichen Rechtsprechung, auch den fiktiven Schmerzensgeldanspruch bei der Ermittlung des zivilrechtlichen Schadensersatzanspruchs mit zu berücksichtigen (vgl. etwa BGH, Urteile vom 27.6.2006 – VI ZR 143/05 – NJW 2006, 3563 sowie vom 29.1.2008 – VI ZR 70/07 – NJW 2008, 323; vgl. auch Schmitt, aaO; § 110 Rn. 13 mwN). Die landgerichtliche Bemessung des (fiktiven) Schmerzensgeldes mit 300.000,- EUR ist unter den gegebenen Umständen nicht zu beanstanden", so das OLG.

Betrag: 300.000 € **Haftung: 100 %**
immVorb: – **MdE: 100 %**

OLG Koblenz 22.5.2014 – 2 U 574/12 = BeckRS 2014, 14961

5138

Querschnittlähmung nach Polytrauma mit Brustwirbelkörpertrümmerfraktur und weiteren Wirbelsäulenverletzungen im Bereich der Brustwirbelsäule ohne nähere Angaben zur Ausprägung der Querschnittlähmung. Zudem erlitt der Kläger beids.Schulterfrakturen mit Schlüsselbeinfraktur, eine Rippenfrakturen, eine Oberschenkelfraktur sowie eine Fußfraktur sowie zahlreiche Prellungen und Schürfwunden.

49j. Mann (Unternehmer). Stationäre Heilbehandlung, mehrere Aufenthalte und Operationen. Erschwerend kam hinzu, dass sich der Kläger beim ersten Krankenhaus mit einem sogenannten MRSA-Keim infizierte und dadurch die Heilung verzögert wurde. Dauerschaden: Querschnittlähmung, Rollstuhlgebundenheit [Ursache: Motorradunfall].

Betrag: 300.000 € **Haftung: 100 %**
immVorb: Ja **MdE: –**

OLG Nürnberg 29.4.2014 – 4 U 975/13 = BeckRS 2014, 125741

4081

Querschnittlähmung, hohe (hier: Tetraplegie unterhalb C-4 mit Mastdarm- und Blasenlähmung; Schluckdefizite etc.).

22j. Mann (Zivildienstleistender). Dauerschaden: Intensivpflegefall. Beinlähmung; Armlähmung. Mastdarm- und Blasenlähmung. Probleme beim Schlucken. Psychische Beeinträchtigungen. Berufswunschvereitelung. Arzthaftung in Form eines Behandlungsfehlers wegen versäumter CT-Diagnose der Wirbelsäule nach einem Unfall.

Betrag: 350.000 € **Haftung: 100 %**
immVorb: – **MdE: 100 %**
Rente: 500 €

OLG Schleswig 9.10.2009 – 4 U 149/08 = BeckRS 2010, 7211

6325

Querschnittlähmung mit erheblichen psychischen Beeinträchtigungen.

Mann. Stationäre Heilbehandlung (ohne Angabe der Dauer). Dauerschaden: Erhebliche psychische Beeinträchtigungen. Querschnittlähmung. Der Kläger lebt seit dem Unfall in einem Pflegeheim. Das vorliegende Urteil ist noch nicht rechtskräftig. Ursache: Trunkenheitsfahrt. [Anmerkung: Der Hinweis aus diversen Nachrichten-Redaktionen, wonach es sich bei diesem Schmerzensgeld um ein „für deutsche Verhältnisse auffallend hohes" Schmerzensgeld handelt, trifft nicht zu. Zu einen ergibt sich aus der Fundstelle kein Hinweis darauf, ob es sich bei der Querschnittlähmung um eine Paraplegie oder gar eine Tetraplegie gehandelt hatte und zum anderen ist ein Betrag von 400.000 EUR selbst für eine Paraplegie (Lähmung der Beine) heute nicht mehr unüblich, wie der Hinweis auf die Urteile des LG Aachen (siehe hierzu OLG Köln BeckRS 2000, 166626) oder des OLG Hamm BeckRS 2019, 8485 zeigen. Bei Tetraplegien (Lähmung von Armen und Beinen) sind dagegen 500.000 EUR heute bereits Standard, wie der Hinweis auf die Urteile des OLG München 23.1.2020; OLG Brandenburg BeckRS 2014, 17900; OLG Celle BeckRS 2012, 23482; OLG Schleswig → Nr. 4079 und LG Kiel BeckRS 2007, 6739]. Insofern sei jedoch erneut – vgl. → Rn. 268 – darauf hingewiesen, dass auch 500.000 EUR keine Schmerzensgeldobergrenze bilden, da es eine solche Obergrenze nicht gibt! Vielmehr sollten in Zukunft für derart schwere, das Leben des Opfers und dessen Angehörige von einem auf den anderen Tag komplett verändernde Verletzungen endlich weitaus höhere Schmerzensgelder, die durchaus auch oberhalb von 1.000.000 EUR liegen können, zuerkannt werden].

Betrag: 400.000 € **Haftung: 100 %**
immVorb: – **MdE: 100 %**

LG Frankenthal 10.1.2020 – 4 O 494/15 = BeckRS 2020, 1906

6042

Querschnittslähmung ab dem 5. Brustwirbelkörper mit Rollstuhlgebundenheit sowie Mastdarm- und Blasenlähmung.

12j. Kind (Schülerin). Arzthaftung (hier: Behandlungsfehler in Form eines Befunderhebungsfehlers vor bzw. bei der Operation am Rücken. Es kam zu einer „Beeinträchtigung nervversorgender Blutgefäße mit der Folge der im Operationsbericht erwähnten Schmerzreaktion, was dazu führte, dass der durch dieses Blutgefäß versorgte Nerv abstarb"). Dauerschaden: Intensivpflegefall, Rollstuhlgebundenheit. Bei der Bemessung berücksichtigte das OLG insofern insbesondere, dass „die nunmehr 18-jährige Klägerin … nach jetzigem Erkenntnisstand voraussehbar bis zu ihrem Lebensende auf ständige umfassende Pflege angewiesen, an den Rollstuhl gefesselt und zum selbstständigen Toilettengang nicht in der Lage. Die Tätigkeit des Mastdarms und der Blase ist nicht kontrollierbar. Sie leidet unter Depressionen".

Betrag: 400.000 € **Haftung: 100 %**
immVorb: – **MdE: 100 %**

LG Regensburg 19.11.2015 – 4 O 1318/11 (1) = BeckRS 2015, 112141

h) Paraplegien

7715

Querschnittslähmung (hier: Wirbelfraktur in Form einer „HWK5-Fraktur und eine beidseitige Wirbelbogenfraktur mit inkompletter dauerhafter Querschnittslähmung").

Das OLG hatte insofern nur ein Teil-Grundurteil iSd §§ 304, 525 ZPO zu erlassen und die Sache wegen des noch anhängigen Betragsverfahrens an das Gericht des ersten Rechtszuges zurückzuverweisen. Hierdurch wird den Parteien eine zweite Tatsacheninstanz auch zur Höhe des geltend gemachten Anspruchs erhalten

Betrag: – **Haftung: –**
immVorb: – **MdE: –**

OLG Oldenburg 26.3.2025 – 14 U 49/24 = BeckRS 2025, 9693

6479

Querschnittlähmung (hier: Paraplegie).

Mann. Ursache: Verkehrssicherungspflichtverletzung im Zusammenhang mit einer Berghütte, an deren Gangende sich eine Notausgangstüre befand, die in 3,5 Meter höhe auf einen Podest führte, der jedoch nicht mit einem Geländer gesichert worden war, so dass der Kläger, der nachts auf die Toilette wollte und die Türen verwechselt hatte, vom Podest stürzte und eine Querschnittlähmung in Form einer Paraplegie erlitten hatte. Das LG betonte, dass sich die Verkehrssicherungspflichten im Beherbergungsgewerbe nicht umfänglich auf Berghütten übertragen ließen, kam aber dennoch zutreffend zum Ergebnis, dass dass die Beklagten nicht auf jedwede Sicherheitsvorkehrungen verzichten können. „Konkret für Treppen bedeutet das, dass sie zwar steiler und schmaler sein dürfen, als übliche Fluchttreppen, aber zumindest dann über ein Mindestmaß an Absturzsicherheit verfügen müssen, wenn es sich nach dem äußeren Anschein tatsächlich auch um eine Treppe und nicht nur eine Notbehelfslösung handelt", so das LG, dass somit der zunächst nur auf Feststellung gerichteten Klage stattgab, da die „damalige Absicherung des streitgegenständlichen Fluchtwegs als evident unzureichend" zu betrachten sei. Zur Höhe des zu erwartenden Schmerzensgeldes führte das LG aus: „Der vorgerichtlich über 100.000 EUR verlangte Vorschussanspruch besteht in voller Höhe. Denn die eingetretenen Folgen rechtfertigen ein Schmerzensgeld in mittlerer 6-stelliger Höhe, so dass der klägerische Schmerzensgeldanspruch auch bei einer Mitverschuldensquote von 2/5 ohne Weiteres den geforderten Vorschuss übersteigt".

Betrag: – **Haftung: 60 %**
immVorb: – **MdE: –**

LG München II 11.7.2019 – 9 O 2187/18 = BeckRS 2019, 16283

2836

Querschnittlähmung (hier: Paraplegie unterhalb L-1 nach Kompressionsfraktur Th-12 mit Mastdarm- und Blasenlähnung sowie „weitere, für den Rechtsstreit nicht relevante Verletzungen". [Nach Abfindung traten urologische Verschlechterungen ein].

Frau. Abfindungsvergleich [vgl. Bestandskraft]. Die Kl. erhielt 220.000 DM und begehrte weitere 10.000 DM. Kein Schmerzensgeld, da mit Verschlimmerung „gerechnet werden musste".

Betrag: – **Haftung: –**
immVorb: – **MdE: –**

AG Prüm 15.7.1997 – 6 C 495/96 = unveröffentlicht

2764

Querschnittlähmung (hier: Paraplegie, Halswirbelkörperfraktur [Korpus- und Bogenfraktur5. HWK] mit „akutem Querschnittssyndrom"; rechtsbetonte Teillähmung mit erheblicher Bewegungseinschränkung der Arme und Beine. Epilepsie.)

Mann. Mehrere stationäre Aufenthalte. Dauerschaden: s.o.; der Kl. kann allerdings seine Gliedmaßen zum Teil bewegen; Teilsensibilität; fokale Epilepsie. [Ursache: „Flachköpfer"]

Betrag: 25.565 € **Haftung: 100 %**
immVorb: Ja **MdE: 100 %**
Rente: 77 €

OLG Brandenburg 11.3.1999 – 2 U 90/97 = BeckRS 1999, 13975

4963

Querschnittlähmung mit Mastdarm- und Blasenlähmung (hier: „irreversible Querschnittslähmung ab dem 6. Brustwirbel mit einer neurogenen Harnblasen- und Darmentleerungsstörung ein mit der Folge einer Invalidität zu 100 %."), Rippenserienfraktur links, eine Claviculafraktur links sowie einen beidseitigen Hämatothorax, Lungenquetschung und Schädelhirntrauma 1. Grades.

Mann. Keine Angaben zur Heilbehandlung. [Anmerkung: Ohne das erfhebliche Mitverschulden des Klägers hätte das OLG einen Schmerzensgeldbetrag von 125.000 EUR sowei eine Rente von 300 EUR zugesprochen]. Ursache: Motorradunfall mit 1,23 Promille beim Kläger.

Betrag: 37.500 € **Haftung: 30 %**
immVorb: – **MdE: 100 %**
Rente: 90 €

OLG Düsseldorf 5.3.2013 – 1 U 116/12 = BeckRS 2014, 17670

3056

Querschnittlähmung (hier: Paraplegie, inkomplette ... unterhalb C6/C7. Inkomplette Lähmung beider Arme und Beine. Eingeschränkte Atemhilfsmuskulatur. Mastramund Blasenlähmung.

34j. Mann (Dachdecker). Dauerschaden: Rollstuhlgebundenheit; Erwerbsunfähigkeit. Kein grobes Verschulden des Beklagten. Ursache: Verkehrssicherungspflichtverletzung wegen fehlerhaftem Baugerüst. [Anmerkung: Angesichts der schwerwiegenden Verletzungsfolgen, ist das Schmerzensgeld sehr niedrig!]

Betrag: 38.347 € **Haftung: 50 %**
immVorb: – **MdE: 100 %**

OLG Karlsruhe 23.3.2001 – 14 U 154/99 = BeckRS 2009, 18872

4458

Querschnittlähmung (hier: Paraplegie unterhalb des 6.BWK mit Mastdarmlähmung und Blasenlähmung); Organverletzung (hier: schwere Lungenverletzung; beids.Lungenquetschung); Schädelhirntrauma 1.Grades; Schlüsselbeinfraktur sowie diverse Prellungen, Blutergüsse und Schürfwunden.

26j. Mann. Stationäre Heilbehandlung Dauerschaden: Rollstuhl; Inkontinenz mit ständiger Blasenkatheterisierung, Sexualstörungen; Atembeschwerden wegen Lungenvolumeneinschränkung; Thrombosegefahr. Lebenslanger Pflegefall! Ursache: Motorradunfall. [Bei 100 %iger Haftung hätte das LG lt. Urteilsbegründung 125.000,- EUR zzgl. 300,- EUR Rente zuerkannt, – ein Betrag, der angesichts der gravierenden Verletzungen und dauernden Verletzungsfolgen noch immer zu gering bemessen ist].

Betrag: 50.000 € **Haftung: 40 %**
immVorb: Ja **MdE: 100 %**
Rente: 120 €

LG Mönchengladbach 29.3.2012 – 1 O 1/06 = BeckRS 9998, 37699

5698

Paraplegie (hier: Inkomplette Querschnittlähmung in Form einer Paraplegie mit Mastdarm- und Blasenlähmung).

60j. Mann. Langwierige stationäre Heilbehandlung. Arzthaftung (hier: Behandlungsfehler. „Das Unterlassen medizinisch erforderlicher diagnostischer Untersuchungsmaßnahmen, die Aufschluss über die Art der Krankheit geben und dann Grundlage für die weiter einzuschlagende Therapie sind, stellt einen ärztlichen Behandlungsfehler dar", so das OLG). Dauerschaden: Rollstuhlgebundenheit. Pflegefall.

Betrag: 50.000 € **Haftung: 100 %**
immVorb: – **MdE: –**
Rente: 150 €

OLG Düsseldorf 10.4.2003 – I – 8 U 38/02 = BeckRS 2003, 6573

3517

Querschnittlähmung / Paraplegie (hier: Wirbelkörperfraktur mit inkompletter Querschnittlähmung mit Mastdarmlähmung und Blasenlähmung; Impotenz); Schulterluxation.

Mann (Arbeitsloser). Dauerschaden: Der Kl. kann mit Unterarmgehstützen (Krücken) sich noch selbst bewegen, wenngleich "mühsam und in eingeschränktem Umfang", so das Gericht wörtlich. [Bei der Bemessung wurde berücksichtigt: Mitverschulden wegen Erkennbarkeit der Fahruntüchtigkeit des Fahrers; Minderung zudem wegen Gefälligkeitsfahrt].

Betrag: 62.202 € **Haftung: 66 %**
immVorb: Ja **MdE: 80 %**

OLG Koblenz 9.1.2006 – 12 U 958/04 = BeckRS 2006, 848

3371

Querschnittlähmung (hier: Inkomplette Paraplegie mit erheblich linksbetonter Schwäche der Beinmotorik und schlaffer Muskellähmung).

2j. Kind (Mädchen). Langwierige stationäre Heilbehandlung. 2 Jahre musste eine Streckschiene zur Streckung des Beines getragen werden. Das Kind ist dauernd auf fremde Hilfe angewiesen / Pflegefall; zudem leidet das zum Urteilszeitpunkt bereits eingeschulte Kind erheblich unter der Klumpfußbildung und der vorhandenen Blaseninkontinenz. Arzthaftung (hier: Fehldiagnose eines Ganglioneuroms nach Operation einer Knochenzyste).

Betrag: 76.694 € **Haftung: 100 %**
immVorb: Ja **MdE: 100 %**
Rente: 256 €

OLG Schleswig 21.4.1999 – 4 U 30/95 = BeckRS 1999, 6552

2809

Querschnittlähmung (hier: Paraplegie unterhalb C7 mit Blasen- und Mastdarmlähmung; „Die sexuelle Empfindungsfähigkeit ist höchstgradig eingeschränkt".); Polytrauma; komplizierte Pneumonie; komplette Unterschenkelfraktur.

4j. Mädchen. Dauerschaden: Rollstuhlabhängigkeit. (Kapitalisiert: 321.000 DM).

Betrag: 92.033 € **Haftung: 100 %**
immVorb: – **MdE: 100 %**
Rente: 307 €

LG Oldenburg 18.10.2000 – 6 O 2508/96 = unveröffentlicht

4558

Der Kläger erlitt zunächst ein stumpfes Bauchtrauma und eine Flankenprellung ohne frische Knochenverletzungen und ohne äußerliche Verletzungszeichen. Hieraus entwickelte sich sodann als psychischer Folgeschaden eine Lähmung, die einer Paraplegie sehr ähnlich ist. Der Kläger ist rollstuhlgebunden und auf ständige Hilfeleistung angewiesen.

51j. Mann. Dauerschaden: Rollstuhlgebundenheit; Pflegefall. [Anmerkung: Das OLG befasste sich ausführlich mit der Abgrenzung nicht entschädigungspflichtiger Begehrensneurosen und sah eine solche vorliegend nicht als gegeben an, wies jedoch darauf hin, das LG habe „die besondere Schadenanfälligkeit des Klägers bzw. die stattgefundene unangemessene Erlebnisverarbeitung ausreichend schmerzensgeldmindernd berücksichtigt".]

Betrag: 100.000 € **Haftung: 100 %**
immVorb: Ja **MdE: –**
Rente: 125 €

OLG Frankfurt a. M. 15.6.2011 – 15 U 178/09 = BeckRS 2013, 2533

3925

Querschnittlähmung / Paraplegie (hier: Inkomplette Querschnittslähmung mit Lähmung der Beine, aufgrund welcher der Kläger rollstuhlpflichtig ist.)

Mann (Handwerker). Zur Verletzungsursache heißt es im Urteil: Während der Arm um den Hals [des Kl.] gelegt war und er sich weiter gegen die Polizisten zur Wehr setzte, wurde der Kläger zu Boden gezogen. Infolge der gegenläufigen Kräfte, die auf die Halswirbelsäule wirkten, kam es zu der Luxation der Halswirbelkörper. Das OLG sprach von einem „erheblichen Mitverschulden" ohne welches „Schmerzensgeldbeträge zwischen 175.000 und 225.000,- EUR" angemessen gewesen wären.

Betrag: 100.000 € **Haftung: 50 %**
immVorb: – **MdE: 100 %**

OLG Hamm 27.5.2009 – 11 U 175/07 = BeckRS 2009, 14704

3031

Querschnittlähmung (hier: Paraplegie ab dem 7. HWK. Blasenentleerungsstörung mit Kathedererfordernis; starke Spastik beim Liegen.).

30j. Mann. Der „berufstätige, aktive Familienvater" … ist seit dem Wintersportunfall (er fuhr mit einem Plastikrodelschlitten auf einen aufgeschütteten Wall) „arbeits- und erwerbsunfähig". Dauerschaden: siehe oben. Kann sich jedoch mit dem Rollstuhl fortbewegen. Unquotiert sah das Gericht 400.000 DM als angemessen.

Betrag: 102.258 € **Haftung: 50 %**
immVorb: – **MdE: 100 %**

OLG Nürnberg 27.4.2001 – 6 U 1812/00 = BeckRS 2001, 30177882

3442

Paraplegie / Querschnittlähmung unterhalb des 12. Brustwirbels nach Lendenwirbelfrakturen. Mastdarm- und Blasenlähmung.

34j. Mann. Längerer stationärer Aufenthalt. Dauerschaden: Rollstuhlgebundenheit. Mastdarm- und Blasenlähmung. Ursache: Klettertour. [Anmerkung: Das sehr geringe Schmerzensgeld ist vor dem Hintergrund erklärlich, dass der Kl. mit dem Bekl. gemeinsam eine Klettertour unternahm und dabei dem Bekl. das Sicherungsseil durch die Hände glitt, wodurch der Kl. abstürzte].

Betrag: 102.258 € **Haftung: 100 %**
immVorb: – **MdE: 100 %**

LG Aschaffenburg 9.8.2000 – 3 O 199/00 = BeckRS 2009, 14793

2535

Querschnittlähmung (hier: Paraplegie ab Th 7/8 nach Wirbelsäulenluxationsfraktur; schlaffe Lähmung beider Beine; Mastdarm- und Blasenlähmung mit Dauerkatheter. Zudem rollstuhlbedingte Rechtskoliose mit Wirbelsäulentorsion).

7j. Kind. Dauerschaden: Rollstuhl; Dauerkatheder etc Kapitalisiert: 150.000 EUR. [Lesenswert zu: Mindestantrag; Beschwer trotz Zuerkennung des genannten Schmerzensgeldbetrages; naher Familienzugehöriger; Schmerzensgeldanspruch des Minderjährigen; Verjährung des Anspruchs Minderjähriger].

Betrag: 107.371 € **Haftung: 100 %**
immVorb: Ja **MdE: 100 %**
Rente: 205 €

OLG Hamm 17.12.1997 – 13 U 202/96 = BeckRS 1998, 1566

3021

Querschnittlähmung (hier: Paraplegie nach Kompresionsfraktur unterhalb des 6/7 HWK mit kompletter Querschnittssymptomatik).

15j. Frau. Die Kl. saß unangegurtet auf dem Rücksitz eines Golfs. Das OLG erhöhte das Schmerzensgeld wegen erheblicher Regulierungsverzögerung bzw. wegen „unangemessenem Regulierungsverhalten" und überantwortete dem KH-Versicherer das volle Risiko, wenn „seine verfahrensverzögernden Einwände gegen die Schmerzensgeldhöhe" sich als nicht zutreffend erweisen.

Betrag: 115.041 € **Haftung: 70 %**
immVorb: Ja **MdE: 100 %**

OLG Naumburg 25.9.2001 – 9 U 121/00 = BeckRS 2009, 17605

5211

Paraplegie, komplette – sowohl motorisch als auch sensibel komplette Querschnittlähmung unterhalb des Brustwirbelsegments TH-4. Mastdarm- und Blasenlähmung.

18j. Mann. Stationäre Heilbehandlung. Langwierige Heilbehandlung. Dauerschaden: Rollstuhlgebundenheit; Mastdarm- und Blasenlähmung. [Ursache: Verkehrssicherungspflichtverletzung durch umgestürzten Maibaum. Vgl zu ähnlicher Ursache, dort einem umgestürzten Weihnachtsbaum LG Düsseldorf → Nr. 7399]

Betrag: 125.000 € **Haftung: 50 %**
immVorb: Ja **MdE: –**
Rente: 100 €

OLG Jena 16.1.2015 – 4 U 184/12 = BeckRS 2015, 127860

5268

Querschnittlähmung / Paraplegie (hier: Komplette Paraplegie von der Hüfte abwärts).

57j. Mann. Arzthaftung (hier: Behandlungsfehler und Aufklärungspflichtverletzung. Dem Kläger wurde – als Teilnehmer einer Studie – ein Chemotherapeutikum in den Wirbelkanal injiziert). Dauerschaden: Rollstuhlgebundenheit. Hilfsbedürftigkeit. Aufgrund seiner Wohnsituation (im 1. OG ohne Fahrstuhl) ist der Kläger völlig isoliert, so das seine vormals vorhandenen Sozialkontakte schwinden. [Anmerkung zur Höhe: Angesichts der schweren Verletzung sehr geringes Schmerzensgeld. Aus der Anmerkung des OLG, wonach klägerseitig keine weiteren Beeinträchtigungen vorgetragen wurden und das Schmerzensgeld deshalb so ausgefallen sei, ist herauszuhören, dass – bei besserem klägerischen Vortrag – ein höheres Schmerzensgeld möglich gewesen wäre].

Betrag: 125.000 € **Haftung: 100 %**
immVorb: Ja **MdE: 100 %**

OLG München 17.4.2014 – 24 U 3089/13 = BeckRS 2014, 125739

3440

Paraplegie / Querschnittlähmung unterhalb C 7

17j. Mann. Dauerschaden: Rollstuhlgebundenheit und weitere für das Leben des jungen Mannes gravierende Beeinträchtigungen. Ursache: Fahrradunfall, der Kl. fuhr ohne Licht!

Betrag: 125.000 € **Haftung: 66 %**
immVorb: – **MdE: 100 %**
Rente: 125 €

OLG Celle 20.2.2003 – 14 U 122/02 = BeckRS 2003, 12204

3441

Paraplegie / Querschnittlähmung.

Mann. Längerer stationärer Aufenthalt. Dauerschaden: Rollstuhlgebundenheit. Ursache: Sturz vom Dach.

Betrag: 127.823 € **Haftung: 100 %**
immVorb: – **MdE: 100 %**

OLG Stuttgart 12.3.1999 – 2 U 74/98 = BeckRS 1999, 02800

3364

Querschnittlähmung (hier: Paraplegie unterhalb des BWK 3).

16j. Mann (Azubi). 5 Monate stationär mit Komplikationen in Form einer Lungenentzündung. Dauerschaden: Rollstuhl; Mastdarm- und Blasenlähmung. Wegen der extrem schwerwiegenden Regulierungsverzögerung wurde das Schmerzensgeld zutreffend um 30.000 DM erhöht! [Ursache: Motorradunfall; Zusammenstoß mit freilaufendem Pferd bei Nacht).

Betrag: 130.379 € **Haftung: 80 %**
immVorb: – **MdE: 100 %**
Rente: 205 €

OLG Köln 16.11.2000 – 7 U 64/00 = BeckRS 2000, 30143697

2750

Querschnittlähmung (hier: Paraplegie; komplette, sensomotorische Querschnittlähmung unterhalb des Rückenmarksegmentes TH4 mit völliger Mastdarm- und Blasenlähmung.)

Mann. Erhöhung um weitere 30.000 DM wegen extremer Regulierungsverzögerung (der K-Vers. zahlte 4 Jahre „keinen einzigen Pfennig". Unquotiert und kapitalisiert: 400.000,– DM.

Betrag: 130.379 € **Haftung: 80 %**
immVorb: – **MdE: 100 %**
Rente: 205 €

LG Aachen 23.2.2000 – 4 O 270/96 = BeckRS 2000, 10732

6856

Querschnittslähmung in Höhe BWK 3/4 in Form einer postoperativen inkompletten Lähmung mit gravierenden dauerhaften Gesundheitsbeeinträchtigungen, die unter Einzelheiten näher beschrieben werden.

48j. Mann (Lagerlogistiker). Arzthaftung im Zusammenhang mit einer chirotherapeutischen Behandlung wegen chronischer Rückenschmerzen. Dauerschaden: Inkompletten Lähmung mit gravierenden dauerhaften Gesundheitsbeeinträchtigungen. Erhebliche Gehbehinderung; der Kläger ist beim Gehen auf einen Rollator oder Gehstock angewiesen. Zudem leidet er in den Beinen und im Unterkörper unter Gefühlsstörungen sowie an einer erektilen Funktionsstörung. Blasenentleerungsstörung: Zur Blasenentleerung muss er sich mehrmals täglich katheterisieren. Aufgrund der erheblichen krankheitsbedingten leidet er an Depressionen bzw. depressiven Episoden. Der zuvor sportliche und sportbegeisterte (aktiver Fußballspieler) Kläger kann weder Sport noch Haushaltsaufgaben ausführen und musste seinen Beruf aufgeben.

Betrag: 150.000 € **Haftung: 100 %**
immVorb: Ja **MdE: –**

OLG Hamm 2.2.2021 – 26 U 54/19 = BeckRS 2021, 2355

4596

Querschnittlähmung nach Brustwirbelfrakturen (hier: Paraplegie unterhalb BWK 4/5. Mastdarm- und Blasenlähmung sowie Spastik der quergestreiften Muskulatur.)

Mann. Stationäre Heilbehandlung. Dauerschaden: Rollstuhlgebundenheit. Mastdarm- und Blasenlähmung.

Betrag: 165.000 € **Haftung: 60 %**
immVorb: Ja **MdE: 100 %**

OLG Bamberg 31.5.2011 – 5 U 173/10 = BeckRS 2011, 142142

5695

Paraplegie (hier: Motorisch und sensibel inkomplette Paraplegie unterhalb Th9 bei neurogenen Blasen- und Mastdarmentleerungsstörungen und einem „Streckspasmus" beider Beine mit wechselnder Lokalisation; dieser trete – so das LG – insbesondere nach dem Transfer aus der sitzenden Position im Rollstuhl in eine liegende Position im Bett kurzzeitig auf).

Mann („noch junger" Mann). 6 Monate stationär. Arzthaftung (Grober Behandlungsfehler und Diagnosefehler: „Diesen eindeutig auf eine hochgradige, progrediente Querschnittslähmung hinweisenden Befund als Lumbago mit Sensibilitätsstörungen, dh – verkürzt ausgedrückt – nichts anderes als Lendenweh oder „Hexenschuss" fehlzudeuten, war grob behandlungsfehlerhaft". Dauerschaden: Rollstuhlgebundenheit. „Der Kläger setzt regelmäßig im Abstand von 3 Stunden – auch nachts – den Katheter und sorgt durch medikamentöse Unterstützung für die ärztlich verordnete Darmentleerung an jedem zweiten Tag, ohne den unkontrollierten Abgang von Urin oder Stuhl ganz verhindern zu können". „Bei seiner Entlassung aus der stationären Behandlung am 18. oder 19.9.1999 [der Behandlungsfehler ereignete sich am 21.3.1999] war der Kläger in praktisch allen Aktivitäten des täglichen Lebens selbständig", so das LG.

Betrag: 165.000 € **Haftung: 100 %**
immVorb: Ja **MdE: 100 %**

LG Mosbach 30.4.2002 – 2 O 198/00 = BeckRS 2002, 33173

2596

Querschnittlähmung (hier: Paraplegie nach Brustwirbelberstungsfraktur [12 BW]; komplette Beinlähmung, Mastdarm- und Blasenlähmung, „Sensibilität für alle Qualitäten erloschen".)

29j. Frau. Dauerschaden: Rollstuhl, regelmäßige Katheterisierung. „Diese Beeinträchtigungen sind im Alter von 29 Jahren hoch zu veranschlagen". Für Regulierungsverzögerung 10.000 DM.

Betrag: 184.065 € **Haftung: 100 %**
immVorb: Ja **MdE: –**

LG Heilbronn 24.11.1998 – 2 O 2084/97 = BeckRS 1998, 153708

6090

Paraplegie / motorisch inkomplette Querschnittslähmung unterhalb C5, funktionell komplett unterhalb C7, sensibel durchgehend inkomplett nach HWK 6-Gelenkfraktur und spinaler Kontusion sowie Mastdarm- und Blasenlähmung.

72j. Mann. Mehr als 30 Tage stationär. Mehr als 6 Monate Aufenthalt in einer Rehabilitationsklinik. Dauerschaden: Rollstuhlgebundenheit. Pflegefall. „Die unteren Extremitäten sind gelähmt; er ist steh- und gehunfähig, die oberen Extremitäten sind beidseitig gelähmt, wobei die Armhebung passiv beidseitig möglich ist; die Motorik der Hände ist gestört. Die Nahrungsaufnahme kann nicht selbstständig erfolgen; der Kläger ist stuhl- und harninkontinent, es besteht eine Versorgung mit einem Blasendauerkatheter, der etwa fünfmal täglich gelehrt wird, die Stuhlabführung erfolgt dreimal wöchentlich durch Einläufe und anschließendes digitales Ausräumen, wegen der Inkontinenz muss der Kläger zusätzlich Windeln tragen". Schmerzensgeldmindernd berücksichtigte das OLG das hohe Alter des zum Urteilszeitpunkt fast 80jährigen Klägers: „Entgegen der Ansicht des Klägers kann und muss das Lebensalter des Geschädigten bei der Bemessung des Schmerzensgeldes mit herangezogen werden. Dies geschieht in der Rechtsprechung allerdings regelmäßig in der umgekehrten Form, indem nämlich das relativ geringe Lebensalter eines in demselben Ausmaß wie der Kläger verletzten Opfers als schmerzensgelderhöhend herangezogen wird. Dies ist auch nachvollziehbar, denn es macht einen Unterschied aus, ob das verletzte Opfer in der Gewissheit leben muss, dass die ihm auferlegten Behinderungen sich noch für Jahre und Jahrzehnte auswirken werden. Angesichts dessen vermag der Senat dem fast 80 Jahre alten Kläger die von ihm begehrte Erhöhung des Schmerzensgeldbetrages sowie der Schmerzensgeldrente nicht zuzuerkennen".

Betrag: 200.000 € **Haftung: 100 %**
immVorb: Ja **MdE: –**
Rente: 300 €

OLG Frankfurt a. M. 24.1.2013 – 16 U 102/12 = BeckRS 2016, 12234

4594

Querschnittlähmung (hier: inkomplettes Paraplegie mit „hochgradiger Caudalähmung" und mit Mastdarm- und Blasenlähmung).

50j. Mann („in beruflich leitender Position"). Nahezu 24 Monate stationärer (mehrere Aufenthalte sowie Rehabilitationsaufenthalte). MdE 24 Monate 100 %. Dauerschaden: Rollstuhlgebundenheit. Mastdarm- und Blasenlähmung. Berufliche Einschränkungen. Erhebliche private Einschränkungen. Arzthaftung: Aufklärungspflichtverletzung über die Risiken bei CT-gesteuerter periadikulärer Lumbalinfiltration bei operativem Eingriff wegen eines Bandscheibenvorfalles.)

Betrag: 200.000 € **Haftung: 100 %**
immVorb: Ja **MdE: 100 %**

OLG Köln 12.1.2011 – 5 U 37/10 = BeckRS 2011, 18438

3022

Querschnittlähmung (hier: Paraplegie mit „nur" halbseitiger (rechts) Lähmung und der Möglichkeit, sich selbstständig aufzurichten und einfache tägliche Verrichtungen wie Toilettengang, Körperpflege, An- und Auskleiden und Essen -selbst oder mit geringer Hilfe auszuführen).

Mann. Dauerschaden: „insbesondere geistigen und psychischen Beeinträchtigungen mit Lähmung nur der rechten Körperseite. … Er kann sich im Haus ebenerdig frei bewegen, alleine aufstehen und die notwendigsten Verrichtungen … sind jedenfalls mit begrenzter Hilfe möglich", so das OLG zur Begründung weshalb ein Schmerzensgeld von begehrten 500.000 DM unangemessen sei und „rund 400.000 DM" ausreichend seien.

Betrag: 204.517 € **Haftung: 100 %**
immVorb: – **MdE: 100 %**

OLG München 16.4.2002 – 27 U 198/01 = VersR 2002, 1165

3359

Querschnittlähmung / Paraplegie (hier: Komplette Querschnittslähmung unterhalb C7; Myelomruptur).

32j. Mann. Mehrere Wochen stationär. Dauerschaden: Rollstuhl; Mastdarm- und Blasenlähmung.

Betrag: 204.517 € **Haftung: 100 %**
immVorb: – **MdE: 100 %**
Rente: 383 €

OLG München 20.12.2001 – 24 U 15/01 = BeckRS 2008, 19165

6707

Querschnittlähmung / komplette Paraplegie als Folge einer kompletten Paraplegie ab dem vierten Brustwirbel verbunden mit Rumpfinstabilität, Mastdarm- und Blasenlähmung, neurogener Blasenfunktionsstörung vom hyperreflexiven Typ, erektiler Dysfunktion sowie Spastik. Weiterhin erlitt er bei dem Unfall eine beidseitige Lungenkontusion, einen Pneumothorax beidseitig, Rippenserienfrakturen, eine Bronchopneumonie, die Schädigung eines Backenzahnes am linken Oberkiefer, ein Durchgangssyndrom, eine distale Radiusfraktur rechts und ein Überlastungscarpaltunnelsyndrom.

25j. Mann (CNC-Fräser). Stationäre Behandlung. Dauerschaden: Rollstuhlgebundenheit. Zudem liegt eine Rumpfinstabilität, eine Mastdarm- und Blasenlähmung, eine neurogene Blasenfunktionsstörung vom hyperreflexiven Typ, eine Spastik und eine erektile Dysfunktion vor. [Anmerkung: Veröffentlicht wurde dazu derzeit lediglich das Urteil des LG Mosbach BeckRS 2018, 51292 sowie die nachinstanzliche Entscheidung des OLG Karlsruhe BeckRS 2020, 4985].

Betrag: 225.000 € **Haftung: 85 %**
immVorb: – **MdE: –**

LG Mosbach 16.3.2020 – 1 O 311/15 = BeckRS 2012, 215342

5706

Paraplegie (hier: Querschnittslähmung vom sechsten Brustwirbel an abwärts … und Lähmung beider Beine sowie „weitere erhebliche Beeinträchtigungen“, die jedoch nicht näher erläutert werden).

25j. Mann. 8 Monate stationär. Es schlossen sich Rehabilitationsmaßnahmen an. Dauerschaden: Rollstuhlgebundenheit, Pflegebedürftigkeit. Zur Höhe des Schmerzensgeldes führte das OLG aus: „Das Schmerzensgeld ist mit einem Ansatz bei 450.000 DM für den Fall der vollen Haftung angemessen bewertet worden. Es liegt im Rahmen der Rechtsprechung oder sogar darüber“. [Ursache: Motorradunfall].

Betrag: 225.000 € **Haftung: 33 %**
immVorb: Ja **MdE: 100 %**

OLG Koblenz 26.1.2004 – 12 U 1439/02 = BeckRS 2004, 2618

4520

Gehirnschädigung (hier: Gehirnblutung in Form einer Subarachnoidalblutung / subarachnoidaler Blutungen sowie Rückenmarkquetschungen in Form einer zervikalen Rückenmarkkontusion mit nachfolgenden Krampfzuständen bzw. Spastiken); Wirbelsäulenverletzung (hier: Halswirbelsäulenverletzung in Form einer Schädigung des zentralen Halsrückenmarks und Halswirbelkörperfraktur HWK 5/6 und daraus resultierende inkomplette Querschnittlähmung) sowie weitere Verletzungen (Bandscheibenriss, Kopfplatzwunde und Gerhirnerschütterung).

Mann. 60 Tage stationär. Dauerschaden: Krampfzustände (sog. Spastiken) insbesondere schmerzhafte Spastiken im urologischen Bereich mit Erektionsstörungen und Schmerzen beim Urinieren. Abnormen Empfindungen (sog. Parästhesien) insbesondere im Bereich der Berührungsempfindung und der Temperaturempfindung; die MdE auf Dauer wird mit „mindestens … 80 %“ ggf. auch 100 % angegeben. [Anmerkung: Die Entscheidung wurde zunächst veröffentlicht und kommentiert von Kääb in FD-StrVR 2013, 346278, dort wird das Schmerzensgeld mit 320.000 EUR angegeben. In einer späteren Veröffentlichung unter NJW-Spezial 2013, 363 wird ein Schmerzensgeld von 250.000 EUR angegeben. In der Urteilsbegründung des OLG heisst es hierzu: „Im Hinblick auf die vom Erstgericht bereits zutreffend dargestellten unfallbedingten Beschwerden und Leiden des Klägers, hält der Senat über die bereits bezahlten 50.000,- EUR (…) ein weiteres Schmerzensgeld in Höhe von 200.000,- EUR für angemessen“. Lesenswert sind die weiteren Ausführungen des OLG zur Verzinsung bzw. den Zinsansprüchen bzgl. des Schmerzensgeldes]. Ursache: Fahrradunfall.

Betrag: 250.000 € **Haftung: 100 %**
immVorb: Ja **MdE: 80 %**

OLG München 26.4.2013 – 10 U 4118/11 = BeckRS 2013, 7721

4222

Querschnittlähmung (hier: Paraplegie unterhalb des fünften Brstwirbels. Mastdarm- und Blasenlähmung. Keine Sexualfunktion.

17j. Mann (Schüler). 7 Monate stationär. Dauerschaden: Rollstuhlgebundenheit. Streckspastik in den Beinen; Wirbelskoliose. Mastdarm- und Blasenlähmung. Keine Sexualfunktion. Psychische Beeinträchtigungen. Das OLG berücksichtigte zudem das junge Alter des Verletzten sowie dessen Mobilitätsprobleme, bedingt durch seinen Wohnsitz auf dem Lande sowie das hohe Maß an Hoffnungslosigkeit in Bezug auf Arbeitsplatz; Familie und Freunde.

Betrag: 250.000 € **Haftung: 100 %**
immVorb: – **MdE: 100 %**

OLG Saarbrücken 22.9.2009 – 4 U 394/08 = BeckRS 2009, 139939

5819

Querschnittlähmung / Paraplegie (hier: „funktionell komplette Querschnittslähmung unterhalb TH5“ bzw. des fünften Brustwirbels mit Mastdarm- und Blasenlähmung sowie Ausfall der Sexualfunktionen).

17j. Mann. 7 Monate stationäre Heilbehandlung. Dauerschaden: MdE 100 %. Rollstuhlgebundenheit. Oberkörper und obere Extremitäten frei beweglich; linkes Bein auch noch geringfügig bewegungsfähig; Mastdarm- und Blasenlähmung und Wegfall jeglicher Sexualfunktionen. Zudem hat sich eine Skoliose der Wirbelsäule ein rezidivierender Harnwegsinfekte und eine Streckspastik in den Beinen gebildet, die den Kläger beim An- und Auskleiden und bei Transfers beeinträchtigt.

Betrag: 250.000 € **Haftung: 100 %**
immVorb: – **MdE: 100 %**

OLG Saarbrücken 22.9.2009 – 4 U 394/08 – 131 = BeckRS 2009, 139939

4349

Paraplegie / Querschnittlähmung (hier: komplette sensomotorische Querschnittlähmung von der Brustwirbelsäule abwärts; Mastdarm- und Blasenlähmung; Obstipation und Sphinkterspastik sowie Thrombosen. Depression, die medikamentös behandelt wird).

22j. Frau. Dauerschaden: Rollstuhlgebundenheit; Depressionen (die Kl. war zum Unfallzeitpunkt schwanger; das Kind konnte gerettet werden; der Ehemann lief weg; teilweise kümmert sich ihre Mutter um sie und ihr Kind). Das LG führte aus, dass alle von der jungen Frau „an ein normales Leben gestellten Erwartungen … zunichte gemacht und die Kl. in die Position einer hilfsbedürftigen degradiert“ worden sei. Dennoch sprach es mit 250.000 ein angesichts der Verletzungsintensität nur mittleres, ja nahezu geringes Schmerzensgeld zu.

Betrag: 250.000 € **Haftung: 100 %**
immVorb: – **MdE: 100 %**

LG Koblenz 21.1.2008 – 5 O 521/05 = BeckRS 2008, 142610

4348

Paraplegie (hier: Querschnittlähmung unterhalb LW 1).

43j. Frau. Dauerschaden: Rollstuhlgebundenheit; Mastdarm- und Blasenlähmung. Psychische Beeinträchtigungen. [Anmerkung: Der BGH lehnte es ab, das Schmerzensgeld wegen der gehobenen Lebensverhältnisse der Kl. anzuheben].

Betrag: 250.000 € **Haftung: 100 %**
immVorb: – **MdE: 100 %**

BGH 12.7.2005 – VI ZR 83/04 = BeckRS 2005, 11281

3382

Querschnittlähmung / Paraplegie unterhalb BWK 6/7 nach Brustwirbelkörperfraktur. Zudem: Herzverletzung / Herzbeutelquetschung; Stumpfes Bauchtrauma; Rippenserienfrakturen; Hämatopneumothorax; Oberarmfraktur; Mittelfußknochenfraktur u.a weitere Verletzungen.

31j. Mann. Langwierige Heilbehandlung. Lebensgefahr! Über 3 Monate stationär. Mehrere Operationen. Dauerschaden: Mastdarm- und Blasenlähmung; Zeugungsunfähigkeit. Komplikationsgefahr. Ein behindertengerechtes KFZ kann vom Kl. gesteuert werden. Rollstuhl.

Betrag: 255.646 € **Haftung: 100 %**
immVorb: Ja **MdE: 100 %**

LG Köln 12.12.2002 – 2 O 338/00 = BeckRS 2002, 162573

3152

Querschnittlähmung (hier: Paraplegie unterhalb des letzten Hals- und Brustwirbels. Mastdarm- und Blasenlähmung.) Es kam zu einer Hirnatrophie, wodurch sie sehr anfallgefährdet ist. Starke Wirbelsäulenverkrümmung.

2j. Kind (Mädchen). Intensivstationär; wiederholt schwere Lungenerkrankungen; Rehabilitation. Dauerschaden: Keine Oberkörperstabilität, kann nur ihren rechten Arm sowie den Kopf bewegen. Intensivpflegefall. Kapitalisiert ergäben sich – so das OLG wörtlich „mehr als 790.000 DM" [= mehr als 403.920 EUR]. Eine Erhöhung wegen erheblicher Regulierungsverzögerung sei, so das OLG, hierbei noch unberücksichtigt.

Betrag: 255.646 € **Haftung: 100 %**
immVorb: Ja **MdE: 100 %**
Rente: 511 €

OLG Hamm 11.9.2002 – 9 W 7/02 = BeckRS 9998, 40274

2469

Querschnittlähmung (hier: Paraplegie vom 6./7. Wirbelkörper an abwärts. Mastdarm- und Blasenlähmung. „Seine Hände kann der Kläger kaum bewegen und nur mit einer Trinkflasche trinken".)

21j. Mann (Masseur). Erhöhend wurde berücksichtigt: „Außerordentlich schwere Verletzungen", des noch „sehr jungen Kl.", Pflegefall, Regulierungsverzögerung. [Rechtskräftig!].

Betrag: 255.646 € **Haftung: 80 %**
immVorb: Ja **MdE: 100 %**
Rente: 256 €

LG Flensburg 19.12.1997 – 3 O 73/93 = BeckRS 1997, 127114

6811

Paraplegie mit Mastdarm- und Blasenlähmung in Form einer Querschnittslähmung ab einer Handbreit unter der Brust – als Folge eines massiven Polytraumas mit Brustwirbeltrümmerfraktur und einer Vielzahl von Organverletzungen (ua. beids. Lungenquetschung, Blutungsanämie, einer Gerinnungsstörung, einer sog. Crush-Niere bei erhöhten Myoglobinwerten, einem posttraumatischen Delir und einer Sinustachykardie) – in Verbindung mit der zusätzlichen Belastung durch eine Rumpfinstabilität, die zu einem erheblichen Hilfsbedarf des Klägers auf Dauer führt. Zudem kam es als Folge der schweren Verletzungen zu „wiederkehrende Infektionen der Harnwege bei Steinbildung in der linken Niere. Außerdem ist eine Zuckerstoffwechselstörung aufgetreten. Infolge der Lähmung kam es beim Kläger ferner zu einer skoliotischen Abweichung des Rumpfes – die Rumpfwirbelsäule zeigt einen linksbogigen Verlauf – und einer teilkontrakten Stellung der unteren Gliedmaßen sowie zur Ausbildung einer spastischen Spitzfußstellung beidseits. Die Oberschenkel weichen nach links und die Unterschenkel nach rechts aus. Hierdurch wird sowohl die Lagerung im Bett als auch die Positionierung im Rollstuhl erschwert. Der Kläger leidet unter neuropathischen Schmerzen, die in Höhe des Brustkorbs ihren Ausgang nehmen und sowohl die Schulterblätter als auch die gesamte Wirbelsäule betreffen. Diese Schmerzen schränken die Mobilisierung im Rollstuhl ein", so das OLG. Zudem entwickelten sich multiple Dekubituswunden, die chirurgisch versorgt werden mussten. Schließlich kam es auch noch zu „akuten schweren Episoden einer unfallbedingten rezidivierenden depressiven Störung mit Suizidalität".

21j. Mann (kurz vor dem Abschluss seiner Ausbildung zum Maler und Lackierer). Ca. 60 Tage intensivstationäre Behandlung. Mehrere Operationen. Im weiteren Verlauf entwickelten sich als Folge des Unfalls ein Diabetes mellitus Typ 2, eine Wundinfektion inguinal, skrotal und an der Oberschenkelinnenseite sowie eine Vielzahl weiterer Komplikationen (ua Urosepsis mit Keimnachweis von Candida albicans, eine Pilzpneumonie, eine Stauungsniere) sowie ein sakraler Dekubitus 2. Grades. Langwierige Heilbehandlung. Zudem erlitt der Kläger erhebliche psychische Beeinträchtigungen und war auch deshalb für 4 Wochen in stationärer psychotherapeutischer Behandlung. Dauerschaden: Berufsunfähigkeit, Pflegefall, Rollstuhlgebundenheit. Hierzu führte das OLG aus: „Bei der Bemessung des Schmerzensgeldes steht für den Senat im Vordergrund, dass der zum Unfallzeitpunkt 21-jährige Kläger durch den Unfall schwere Verletzungen mit unumkehrbaren Folgen erlitten hat, die sein Leben massiv und nachhaltig beeinträchtigen. Er ist ab einer Handbreit unter der Brust querschnittsgelähmt. Der Rumpf ist instabil. Dies führt zu einem erheblichen Hilfebedarf: Bis auf die teilweise Übernahme von Tätigkeiten der Körperpflege (Waschen des Oberkörpers, Zähne putzen, rasieren) ist er in allen wesentlichen Belangen auf fremde Hilfe angewiesen. Die irreversible Paraplegie ab dem 6. Brustwirbelkörper führt zu einer vollständigen Lähmung der unteren Gliedmaßen, einem kompletten Verlust der Sensibilität sowie zu Impotenz. Die Querschnittslähmung bedingt zudem eine Blasen- und Mastdarmlähmung, die zu Inkontinenz führt. Der Kläger ist dauerhaft katheterisiert und muss zum Abführen einen Anus praeter benutzen".

Betrag: 350.000 € **Haftung: 100 %**
immVorb: Ja **MdE: 100 %**

OLG Zweibrücken 23.6.2021 – 1 U 20/20 = BeckRS 2021, 17258

3083

Querschnittlähmung (hier: Paraplegie, komplette unterhalb C2. Mastdarm- und Blasenlähmung sowie inkomplette Atemlähmung. Unterkieferfraktur.)

Frau. Intensivstationär. Langwierige Heilbehandlung. Dauerschaden: Intensivpflegefall! regelmäßige Krampfanfälle sowie künstliche Beatmung. Kapitalisiert ergibt das Schmerzensgeld einen Betrag von ca. 950.000 DM, was heute ca. 485.727 EUR entspricht. [Rechtskräftig, vgl. dazu OLG Köln BeckRS 2000, 166626].

Betrag: 409.034 € **Haftung: 100 %**
immVorb: – **MdE: 100 %**
Rente: 383 €

LG Aachen 13.6.2000 – 9 O 40/00 = unveröffentlicht

5554

Querschnittslähmung mit Kurzdarmsyndrom und gestörte Blasenfunktionüber mit langen Phasen auftretender Harninkontinenz, Schmerzsymptomatik (insb. Rückenschmerzen) und stattgehabte (MRSA)Infektionen.

18j. Frau (Studentin). Stationären Behandlung von mehr als einem Jahr. Dauerschaden: Rollstuhlgebundenheit, künstliche Ernährung über 11 Stunden zur Nachtzeit, Entzündungsneigung, künstlicher Darmausgang, gestörte Blasenfunktion. Aufgabe ihres Studium. Neben diesen Aspekten berücksichtige das OLG bei der Bemessung noch folgende: Dauer-MdE 100 %, jugendliches Alter, Mobilitätsbeschränkung, große Hilfebedürftigkeit, psychische Belastungen, gestörtes Kälte und Wärmeempfinden, große Hilfsbedürftigkeit (Ernährung, Darmausgang, Blasenstörung etc.) sowie die Risiken drohender Folgeschäden: Thrombose, Dekubitus, ostheoporotische Frakturen, Schultererkrankungen, neuromuskuläre Skoliosen, diabetogene Stoffwechsellage, Stomakomplikationen, nutritative Störungen sowie dauerhaft notwendige Folgebehandlungen. Zur Pflegebedürftigkeit führte zuvor bereits das LG aus: „Der Klägerin ist es aufgrund der unfallbedingten Behinderung nicht uneingeschränkt möglich, die private Lebensführung so zu gestalten, dass sie daraus im Alltag ein gewisses Maß an Befriedigung und Wohlbefinden zieht. Dies zeigt sich konkret daran, dass sie nicht in der Lage ist, sich selbständig um den von ihr angeschafften Hund zu kümmern und für die artgerechte Haltung des Tieres ständig Hilfe in Anspruch nehmen muss". Ergänzend hat das OLG bei der Bemessung des Schmerzensgeldes die verlorene Möglichkeit, eine Familie zu gründen, sowie den Umstand berücksichtigt, dass die Klägerin unfallbedingt nicht in der Lage ist, selbständig einen Haushalt entsprechend ihren – objektiv angemessenen – Vorstellungen zu führen und dass ihr – über die Familienplanung hinaus – sämtliche Pläne, Hoffnungen und Wünsche … durch den Unfall komplett zerstört worden sind. Regulierungsverzögerung: Um 30.000 EUR erhöhte das OLG das Schmerzensgeld wegen der „ohne erkennbaren Grund unangemessen verzögert"en Regulierung.

Betrag: 430.000 € **Haftung: 100 %**
immVorb: – **MdE: 100 %**

OLG Hamm 15.2.2019 – 11 U 136/16 = BeckRS 2019, 8485

i) Tetraplegien

3372

Querschnittlähmung /Tetraplegie (hier: Motorisch komplette, jedoch sensibel inkomplette Tetraplegie unterhalb C7/Th4 nach Halswirbelkörperfraktur).

25j. Frau. 30 Wochen stationär mit mehreren schweren Operationen. Dauerschaden: Mastdarm- und Blasenlähmung, Rollstuhl, da beide Beine gelähmt sind, eingeschränkte Fingerfunktion. Ursache: Sturz aus dem Fenster wegen Aufsichtspflichtverletzung der Heimpatientin.

Betrag: 51.129 € **Haftung: 100 %**
immVorb: Ja **MdE: 100 %**
Rente: 307 €

BGH 29.8.1998 – VI ZR 2/98 = unveröffentlicht

6273

Tetraplegie / hohe Querschnittlähmung (hier: sensibel inkomplette Tetraplegie unterhalb C 7/TH 4, wodurch im wesentlichen der Rumpf und die Extremitäten betroffen sind. Die Beine der Kl. sind gelähmt. Es bestehen erhebliche Unterschenkel- und Fußödeme, die einer ständigen Behandlung bedürfen. Gefühlswahrnehmungen sind nur eingeschränkt nachweisbar. Die motorischen Funktionen der Arme sind erhalten. Vorangegangen war eine Berstungsfraktur des 6. Halswirbelkörpers mit akutem hohen Querschnittssyndrom, eine Skapulahalsfraktur rechts, eine Ulnarfraktur rechts sowie eine Lungenkontusion beidseits.

25j. Frau. Ca. 225 Tage stationär mit zahlreichen Operationen. Die Lungenkontusion machte postoperativ eine verlängerte Beatmung der Kl. erforderlich. Dauerschaden: Rollstuhlgebundenheit. Die motorischen Funktionen der Arme sind jedoch erhalten. Links besteht keine Fingerfunktion, rechts ist der Kl. aktiv etwas Fingerstreckung und -beugung möglich, der Daumen läßt sich etwas bewegen. Greiffunktionen bestehen beidseits nicht. Eine willkürliche Kontrolle über Blase und Mastdarm hat die Kl. nicht mehr. Zur Zeit befindet sich die Kl., bei der eine Einschränkung der geistigen Funktionen nicht feststellbar ist, in einer Umschulung zur Industriekauffrau. [Besonderheit und Ursache: Selbstmordversuch durch Sprung aus einem Krankenhausfenster – Anforderungen an Ausstattung, Organisation und Instruktion des Pflegepersonals, wenn ein Krankenhaus eine suizidgefährdete Rauschgiftpatientin als Notfall aufnimmt, sowie zur Frage eines Verschuldens der Krankenschwester, die die Patientin nicht mit körperlichem Einsatz am Sprung aus einem Oberlichtfenster hindert].

Betrag: 51.129 € **Haftung: 100 %**
immVorb: Ja **MdE: –**
Rente: 153 €

OLG Köln 26.11.1997 – 5 U 90/97 = BeckRS 1997, 13297

6755

Tetraplegie im Sinne einer inkompletten Querschnittlähmung unterhalb von C6. Im Zusammenhang mit der erforderlichen künstlichen Beatmung erlitt der Kläger „eine Lungenentzündung und es erfolgte eine Antibiose. Ebenso erfolgte eine perkutane Dilationstracheotomie, es wurde eine Infektion mit Staphylokokken nachgewiesen und es kam zu Sättigungsabfällen. Bei einer Bronchoskopie wurde putriges Sekret abgesaugt und es wurde wegen persistierender Schluckbeschwerden eine PEG-Ernährungssonde gelegt. Nach Entfernen des Dauerkatheters kam es zu rezidivierenden Blutungen. Ferner wurde eine neurogene Blasenfunktionsstörung festgestellt. Eine Sigmoidskopie und eine Koloskopie ergaben eine Entzündung aufgrund toxisch wirkender Medikamete", so das LG.

75j. Mann. 105 Tage stationär mit künstlicher Beatmung und Operation an der Halswirbelsäule. Anschließend befand sich der Kläger 4 1/2 Monate – auch über die Weihnachtsfeiertage – in stationärem Reha-Aufenthalt. Das LG sah ein Schmerzensgeld in Höhe von 250.000 EUR als angemessen an, konnte diesen Betrag jedoch aufgrund der summenmäßigen Haftungshöchstgrenze aus § 45 Abs. 2 LuftVG nicht zuerkennen. [Ursache: Flugunfall / Ballonfahrt, die der Kläger als Gutschein zu seinem 75. Geburtstag geschenkt bekommen hatte. Der Ballon landete hart, so dass mehrere Insassen auf den Kläger stürzten. Bei solchen Gastflügen haftet der Betreiber des jeweiligen Fluggerätes [Motorflugzeug, Segelflugzeug oder Ballon etc.] – was den Gastfliegern / Beschenkten – in aller Regel nicht bekannt und nicht bewusst ist, für erlittene Schäden nur bis zu einem Betrag in Höhe von 113.100 Rechnungseinheiten, § 45 Abs. 2 LuftVG. Dies entsprach im Entscheidungszeitpunkt einem Betrag in Höhe von insgesamt 138.326,96 EUR, weshalb oben unter Schmerzensgeld auch nur dieser Betrag einzutragen war. Vgl. dazu oben im Handbuch unter → Rn. 339b]

Betrag: 138.327 € **Haftung: 100 %**
immVorb: – **MdE: 100 %**

LG Arnsberg 27.6.2019 – 1 O 37/17 = BeckRS 2019, 44035

5688

Tetraplegie / schwere Gehirnschädigung (hier: Halswirbelkörperfraktur des 2. HWK mit inkomplette Tetraparese aller vier Gliedmaßen und Hirnstammtrauma). Zudem erlitt die Klägerin eine Rippenserienfraktur links.

72j. Frau. Ca. 150 Tage stationäre Heilbehandlung. Langwierige Heilbehandlung. Dauerschaden: MdE 100 %. Intensivpflegefall rund um die Uhr. Tetraplegie bzw. Tetraparese. Bei der Bemessung berücksichtigte das OLG auch das Alter der Geschädigten und führte aus: „Das Landgericht hat auch nicht zu Unrecht darauf hingewiesen, dass die Klägerin ihre schwere Schädigung erst im hohen Alter erlitten hat, so dass das Schmerzensgeld niedriger ausfallen muss als wenn dasselbe Schicksal einen jungen Menschen betroffen hätte". [Anmerkung: Das lesenswerte Urteil befasst sich eingehend mit dem Umfang der Intensivpflege durch Angehörige und den hierfür geltend gemachten Kosten als Schadensersatz].

Betrag: 153.388 € **Haftung: 100 %**
immVorb: – **MdE: 100 %**

OLG Koblenz 18.9.2000 – 12 U 1464/99 = BeckRS 2001, 4053

3082

Tetraplegie nach zweifacher Halswirbelfraktur. Der Kl. ist von der HWS ab vollständig gelähmt und kann seinen Spezialrollstuhl nur mithilfe des Kopfes steuern. [Weitere Verletzungsfolgen s.u.].

Mann (Handwerker). Lebensgefahr. Intensivstationär. Langwierige Heilbehandlung mit künstlichem Koma. Dauerschaden: Rollstuhlgebundenheit an Spezialrollstuhl, an den er zum Sitzen angeschnallt werden muss! Spastische Zuckungen. Intensivpflegefall. Sehbehinderung, Geschmacksinnbeeinträchtigung. Psychische Beeinträchtigung, schwere Depressionen. Vorsätzliche Körperverletzung durch Steinwurf gegen den PKW des fahrenden Klägers!

Betrag: 255.646 € **Haftung: 100 %**
immVorb: Ja **MdE: 100 %**
Rente: 511 €

LG Potsdam 17.8.2000 – 10 O 252/99 = BeckRS 2000, 168036

3044

Querschnittlähmung (hier: Tetraplegie) ausgelöst durch Nervverletzung (hier: Schädigung des zentralen Nervensystems).

Kind (Junge). Dauerschaden: Ernährung nur mit Magensonde; Kein Sprachvermögen / Sprachstörung; Intensivpflegefall. Arzthaftung (hier: Behandlungsfehler nach Operation im Halsbereich).

Betrag: 255.646 € **Haftung: 100 %**
immVorb: Ja **MdE: 100 %**

LG Hannover 30.3.2000 – 19 o 237/98 = BeckRS 2000, 168123

2628

Querschnittlähmung (hier: Tetraplegie, sensibel inkomplette, motorisch komplette Tetraplegie unterhalb C VI [also unterhalb des 6. Halswirbels] mit Mastdarm- und Blasenlähmung; gerade letztere wurde zutreffend vom Kl. als „Entwürdigung" dargestellt!).

37j. Mann. Mehrfache stationäre Aufenthalte. Dauerschaden: Intensivpflegefall; keine Möglichkeit einen Rollstuhl selbst zu bewegen! Nur kurzes Sitzen möglich.

Betrag: 255.646 € **Haftung: 100 %**
immVorb: Ja **MdE: 100 %**

LG Konstanz 31.7.1998 – 2 O 155/98 = n / a

6318

Querschnittslähmung in Form einer Tetraplegie ab dem Halswirbel C6, das heißt etwa vom Halsansatz abwärts.

39j. Frau (verheiratet Frau und Muter von drei Kindern). 206 Tage stationär. Dauerschaden: Bewegungsunfähigkeit, die Kl. kann sich nicht selbst lagern oder drehen, freies Sitzen ist nicht möglich, dazu kommen Mastdarm- und Blasenlähmung. Mitverschulden wegen Nichtanlegens des Sicherheitsgurtes im PKW. Das OLG wies die Ansätze einer taggenauen Bemessung zurück und führte dazu aus: „Bei der Bemessung des Schmerzensgeldes (Kapitalbetrag oder Rente) ist ein geänderter Berechnungsansatz, der einen insgesamt höheren Schmerzensgeldbetrag ermöglicht (oder ermöglichen kann), ohne weitere Gründe für die Bemessung unbeachtlich"; – entgegen OLG Frankfurt a.M. NZV 2019, 351 [„taggenaue Abrechnung"]). Mitverschuldensgrund: Die Klägerin war als Fahrzeuginsassin nicht angegurtet.

Betrag: 275.000 € **Haftung: 60 %**
immVorb: – **MdE: –**
Rente: 200 €

OLG Celle 26.6.2019 – 14 U 154/18 = BeckRS 2019, 13370

5203

Querschnittlähmung (hier: Tetraplegie nach kompletter, hoher Halsmarklähmung infolge von Halswirbelkörperfrakturen im Bereich der Segmente 5 bis 7. Es verbleibt eine hochgradige Teillähmung beider Arme, eine ebenfalls hochgradige vollständige Lähmung beider Beine sowie eine Rumpfinstabilität); zudem erlitt der Kläger eine dauerhafte Lungeninsuffizienz nach Rippenfraktur und Lungenquetschung sowie eine schwere Augenverletzung (Glaskörpereinblutung), die zu einer Teilerblindung führte.

31j. Mann. Intensivstationärer Aufenthalt; Lebensgefahr; künstliches Koma, künstliche Beatmung, Dekubitus im Steißbeinbereich. Mehrerer Operationen; langwierige Heilbehandlung. Dauerschaden: Tetraplegie, Rollstuhlgebundenheit, rechtsseitig nahezu vollständige Erblindung, Lungeninsuffizienz. Intensivpflegefall. [Anmerkung: Angesichts der extrem schweren Verletzung und der zudem extrem unglücklichen Kombination von Tetraplegie und Teilerblindung und im Hinblick auf das noch junge Alter des Klägers wurde das Schmerzensgeld zu niedrig bemessen. Vorliegend hätte – trotz Mithaftung von 25 % – ein Schmerzensgeld von durchaus 500.000–550.000 EUR bzw. ohne Mithaftung von 700.000 EUR zuerkannt werden dürfen bzw. müssen].

Betrag: 300.000 € **Haftung: 75 %**
immVorb: Ja **MdE: 100 %**

OLG Frankfurt a. M. 26.6.2015 – 7 U 27/14 = BeckRS 2015, 127777

5121

Tetraplegie, spastische... (Geburtshilfefehler bedingte "spastische Tetraplegie mit einer zusätzlichen choreoathetotischen Komponente" und „Fehlentwicklung der Hüften mit gravierenden Beeinträchtigungen. Als gravierende Beeinträchtigung kommen Störungen der Motorik, der Bewegung, der Sprache (Dysartrie)". Keine geistige Behinderung; hierzu heißt es in der Urteilsbegründung: „Dagegen lässt sich gegenwärtig nicht feststellen, dass die Klägerin geistig behindert ist. Zurzeit der Untersuchung durch den Sachverständigen hat sie mit ihrem Kopfumfang zwar an der Grenze zu Mikrocephalie gelegen, den maßgeblichen Grenzwert der 3. Perzentile unterschreitet sie jedoch nicht. Es haben sich jedoch bisher keine Einschränkungen in der intellektuellen Entwicklung gezeigt".

Kind. Arzthaftung (hier: grober Behandlungsfehlers bei der Geburt / Geburtsschaden). Dauerschaden: Bewegungsbeeinträchtigungen; Gehbehinderung mit „erheblichen Verzögerung und qualitativen Einschränkung der

Gehfähigkeit mit auffälligem Gangbild", Sprachstörungen bzw. „undeutliches Sprechen". Das OLG berücksichtigte auch, dass die Klägerin unter „häufigen Stürzen" leidet und. „die notwendigen...therapeutischen Maßnahmen wie Physiotherapie, Logopädie, Ergotherapie, Hippotherapie, Galileo-Vibrationstherapie und Vojta-Therapie sind nach den Feststelllungen des Sachverständigen anstrengend, belastend und zum Teil auch schmerzhaft" sind und zudem, den „Umstand..., dass sich das Kind seiner mangelnden Kompetenzen bewusst wird und darunter leidet ... Ein darüber hinausgehendes Schmerzensgeld wäre dagegen nicht gerechtfertigt. Ein solches käme insbesondere in Betracht, wenn schwerste Schädigungen, namentlich auch im geistigen Bereich, vorliegen würden. Das ist vorliegend auf der Basis der überzeugenden Feststellungen des Sachverständigen erfreulicherweise nicht der Fall." [Anmerkung: Angesichts der sehr schweren und von Beginn des Lebens des Kindes an dauerhaft bleibenden Schäden, die ein normales Leben von vornherein nicht zulassen, erscheint das zuerkannte Schmerzensgeld deutlich zu gering bemessen. Vgl. dazu auch die kritische Anmerkung von Lothar Jaeger VersR 2016, 692 = MedR 2015, 1304].

Betrag: 300.000 € **Haftung: 100 %**
immVorb: Ja **MdE: –**

OLG Hamm 17.3.2015 – 26 U 108/13 = BeckRS 2015, 6907

3866

Querschnittlähmung / Tetraplegie (hier: Halsmarklähmung mit schwersten Dauerfolgen sowohl physisch als auch psychisch.)

Säugling (Junge). Arzthaftung / Geburtshilfefehler. Dauerschaden: Der Kläger kann weder sitzen noch gehen; er kann seine Hände – jedoch nicht feinmotorisch – grob bewegen. Intensivpflegefall.

Betrag: 300.000 € **Haftung: 100 %**
immVorb: Ja **MdE: 100 %**
Rente: 600 €

OLG Nürnberg 15.2.2008 – 5 U 103/06 = BeckRS 2011, 18317

4347

Tetraplegie (hohe Querschnittlähmung von der HWS abwärts).

Säugling. Arzthaftung / Geburtshilfefehler (hier: Halsmarkläsion mit Querschnittlähmung). Dauerschaden: Der kl. kann nicht gehen, nicht sitzen und die Arme zwar bewegen, jedoch ohne Funktionsfähigkeit der Finger. Mastdarm- und Blasenlähmung. Starke Temperaturempfindlichkeit. Intensivpflegefall „rund um die Uhr". [Anmerkung: Das OLG lehnte – mit Hinweis auf ansonsten „amerikanische Verhältnisse" – ein höheres Schmerzensgeld ab. Diese Argumentation ist bei einem Kapitalbetrag von nur 300.000 EUR auch trotz der nicht geringen Rente nicht nachvollziehbar].

Betrag: 300.000 € **Haftung: 100 %**
immVorb: – **MdE: 100 %**
Rente: 600 €

OLG Nürnberg 15.2.2008 – 5 U 103/07 = VersR 2009, 71

3380

Querschnittlähnumg / Tetraplegie (motorisch und sensibel inkomplette Tetraplegie mit Mastdarm- und Blasenlähmung sowie Lähmung aller 4 Gliedmaßen).

54j. Frau. Dauerschaden: Intensivpflegefall; Bewegungsunfähigkeit. Arzthaftung (hier: Diagnosefehler vor Wirbelsäulenoperation).

Betrag: 306.775 € **Haftung: 100 %**
immVorb: Ja **MdE: 100 %**

LG Kassel 5.4.1998 – 3 O 1409/97 = BeckRS 1998, 15507

6962

Tetraplegie (hier: Querschnittsschädigung, die zu einer völligen Unterbrechung der Leitfähigkeit des Rückenmarks mit totaler Funktionslosigkeit unterhalb des Querschnitts und Bewegungsunfähigkeit aller vier Extremitäten, einer Mastdarm- und Blasenfunktionsstörung mit Katheterisierung und einer weitgehenden Lähmung der Atemmuskulatur mit deutlich erschwerter Atmung (ohne dauernde Notwendigkeit einer assistierten Beatmung) führte. Aufgrund der massiv beeinträchtigten Thermoregulation besteht eine extreme Thromboembolie-Gefährdung sowie die Gefahr der Überhitzung bei warmen Außentemperaturen mit Fieber bis zu 40 Grad Celsius. Der Kläger leidet immer wieder an Schmerzen im Nackenbereich und an Spasmen.

53j. Mann. Stationäre Heilbehandlung. Dauerschaden: Rollstuhlgebundenheit. „Der Kläger kann sich bis ans Ende seines Lebens nur mit dem Rollstuhl – und das nur eingeschränkt – fortbewegen. Die unfallbedingten Einschränkungen setzen dem Kläger psychisch sehr zu". ... „Er war vor dem Unfall – so wie seine nächsten Angehörigen – sehr sportlich und aktiv, mindestens drei mal die Woche mit dem Mountainbike unterwegs, ging im Winter Skitouren, fuhr Ski und spielte einmal pro Woche Fußball und Tischtennis", so der OGH (Wien). [Anmerkung: Der OGH bezog sich bei der Bemessung auf Vergleichsfälle und hob insofern insbesondere auf die Entscheidung des OGH v. 18.4.2002 – 2 Ob 237/01v ab, die valorisiert bzw. hochgerechnet 301.954 EUR zuerkannte. Die Entscheidung wurde auch in der in Österreich erscheinenden Zeitschrift für Verkehrsrecht ZVR 2021, 213 veröffentlicht].

Betrag: 320.000 € **Haftung: 100 %**
immVorb: – **MdE: –**

OGH Österreich 18.3.2021 – 5 Ob 202/20x = BeckRS 2021, 48952

3911

Tetraplegie (hier: motorisch-funktionell komplette hohe Halsmarklähmung unterhalb des 7. Halsmarksegmentes. Die Kl. kann lediglich die Oberarme bewegen, nicht jedoch die Unterarme, Hände oder Finger. Ebenso sind alle unteren Gliedmaßen und Funktionen gelähmt. Mastdarm- und Blasenlähmung; keine Sexualfunktionen.

Kleinkind (15 Monate altes Mädchen). Die Tetraplegie zählt zu den schwersten, denkbaren Verletzungen und ist derzeit nicht heilbar. Wegen des gravierenden Dauerschadens mag das Schmerzensgeld von 325.000 EUR als angemessen erachtet werden; für ein Kleinkind, welches sein ges. Leben mit diesen Extremfolgen wird meistern müssen und dauerhaft ein Intensivpflegefall sein wird, erscheint der Betrag heute eher als zu gering bemessen auch wenn anzuerkennen ist, dass das OLG den Betrag des LG um immerhin 14 % angehoben hat. Allerdings hatte das OLG berücksichtigt, dass „wer von einem Verwandten [Anmerkung: wie hier, der eigenen Mutter] verletzt wird, kann kein so hohes Schmerzensgeld verlangen, wie ein von einem Fremden Verletzter"] Weitere Fundstellen: BeckRS 2009, 01674, SP 2009, 255.

Betrag: 325.000 € **Haftung: 100 %**
immVorb: Ja **MdE: 100 %**

OLG Düsseldorf 11.2.2008 – 1 U 128/07 = BeckRS 2009, 1674

5815

Tetraplegie (hier: Hohe Querschnittlähmung mit motorisch-funktionelle kompletter hoher Halsmarklähmung unterhalb des siebten Halsmarksegmentes in Verbindung mit einer vollständigen Mastdarm- und Blasenlähmung. Die Klägerin ist von einer Tetraplegie betroffen, infolge der sie nur ihre Arme bewegen kann. An den unteren Extremitäten fehlt jede Bewegungsfähigkeit und Schmerzempfindlichkeit. In gleicher Weise sind davon die Unterarme, die Hände und Finger betroffen. Die Klägerin kann mit ihren Händen nicht greifen und sie haben keine Spreizfunktion. Der Einsatz der Hände ist nur über die Handballen möglich. Die Brustmuskulatur und Zwischenrippenmuskulatur sind ebenfalls gelähmt).

1 1/2-jähriges Kind (Mädchen). Dauerschaden: Rollstuhlgebundenheit. Intensivpflegefall. „Die Klägerin, die etwa siebenmal täglich katheterisiert werden muss, wird zeitlebens auf den Rollstuhl angewiesen und zu 100 % erwerbsunfähig sein. Ihre Mutter hat ihren Beruf als examinierte Krankenschwester aufgegeben, um sich ganztägig der Pflege zu widmen", so das OLG. Gefahr von Skoliose und aufsteigenden Infekten, die im schlimmsten Falle „zu einer Einschränkung der Nierenfunktion bis hin zur Dialysepflicht führen können". Zur Höhe des Schmerzensgeldes führte das OLG aus, dass ein Betrag von 400.000 EUR für Fälle vorbehalten seien, die auch mit „intellektuellen Leistungsdefiziten" einhergingen, die hier nicht gegeben wären.

Betrag: 325.000 € **Haftung: 100 %**
immVorb: Ja **MdE: 100 %**

OLG Düsseldorf 11.2.2008 – I-1 U 128/07 = BeckRS 2009, 1674

4346

Tetraplegie (hier: Hohe Querschnittlähmung vom 5.Halswirbel abwärts).

18j. Mann. Dauerschaden: Tetraplegie. Das OLG berücksichtigte dabei auch, dass der Kläger erst 18 Jahre jung war und sowohl im Privatleben, wie im Berufsleben extreme Beeinträchtigungen dauerhaft wird hinnehmen müssen. [Anmerkung: Gerade wegen dieser zutreffenden Wertung, erscheint mir der festgelegte Betrag deutlich zu gering]. Ursache: Kollision des Klägers (im PKW) mit einem aus seinem Stall ausgebrochenen Pony.

Betrag: 325.000 € **Haftung: 100 %**
immVorb: – **MdE: 100 %**

OLG Schleswig 17.2.2005 – 7 U 168/03 = BeckRS 2005, 30351478

4345

Tetraplegie (hier: Hohe Querschnittlähmung von der HWS abwärts mit Lähmung aller Extremitäten sowie Mastdarm- und Blasenlähmung; Schluckbeschwerden; Intensivpflegefall).

22j. Mann. Arzthaftung (hier: Diagnosefehler; die Halswirbelfraktur, die sich der Kläger infolge eines Sprungs in einen See zugezogen hatte, wurde ärztlicherseits übersehen.). Dauerschaden: Hohe Querschnittlähmung in Form einer Tetraplegie. Intensivpflegefall. Mastdarm- und Blasenlähmung. Der Versuch, ein Studium aufzunehmen, scheiterte infolge der extremen Behinderung. Der Kläger wird voraussichtlich auch keinen, seiner intellektuellen Begabung entsprechenden Beruf erlernen und ausüben können. [Kap. beträgt das Schmerzensgeld ca. 468.000 EUR].

Betrag: 350.000 € **Haftung: 100 %**
immVorb: – **MdE: 100 %**
Rente: 500 €

BGH 26.10.2010 – VI ZR 307/09 = BeckRS 2010, 29494

5120

Tetraplegie (hier: Irreversible Querschnittslähmung vom sechsten Halswirbel abwärts mit Lähmung aller Extremitäten verbunden mit einer Mastdarm- und Blasenlähmung und Schluckbeschwerden).

16j. Mann. Das OLG berücksichtigte zudem eine erhebliche Regulierungsverzögerung, da die Beklagte „erstmals und einmalig … 4½ Jahre nach dem Unfall … 20.000.- EUR an den Kläger" bezahlte, was dieser als „Almosen empfinden" musste, so das OLG zutreffend. [Ursache: Verkehrssicherungspflichtverletzung hinsichtlich eines Hüpfkissens in einer Freizeitanlage auf der der Kläger einen Salto rückwärts sprang und sich dabei wegen der vorhandenen Nässe, verletzte]. Anmerkung: Kapitalisiert beläuft sich das Schmerzensgeld auf 511.680,- EUR und läge – bei voller Haftung der Beklagen – sogar bei ca. 740.000 EUR.

Betrag: 375.000 € **Haftung: 25 %**
immVorb: Ja **MdE: –**
Rente: 500 €

OLG München 18.3.2015 – 20 U 3360/14 = BeckRS 2015, 8435

4985

Tetraplegie / Querschnittslähmung „vom dritten Halswirbel abwärts mit vollständiger gleichzeitiger Lähmung aller vier Gliedmaßen (Tetraplegie) sowie Mastdarm- und Blasenlähmung mit der Folge einer lebenslang schweren Behinderung", so das OLG.

Mann. Dauerschaden: Tetraplegie, dem Kläger blieb jedoch „eine geringe Beweglichkeit des rechten Armes". Ursache: Mountainbikesturz nach Kollision mit durchgehenden Pferden auf einem Feldweg. [Anmerkungen zur Entscheidung vgl. SVR 2013, 424-425].

Betrag: 380.000 € **Haftung: 100 %**
immVorb: Ja **MdE: 100 %**

OLG Frankfurt a. M. 8.4.2009 – 21 U 50/08 = BeckRS 2012, 17804

5304

Querschnittlähmung / Tetraplegie (hier: kompletten Querschnittslähmung unterhalb des Halswirbels C3. Keine Willkürbewegungen der Arme und Beine mehr möglich, sensible Empfinden im Bereich des Stammes und der Extremitäten einschließlich des sexuellen Empfindens fehlen. Aufgrund einer Zwerchfellbeeinträchtigung ist auch eine eigenständige dauerhafte Atmung nicht mehr möglich, was eine Langzeitbeatmung zur Folge hat und zur Beeinträchtigung des Sprechvermögens geführt hat. Ferner Mastdarm- und Blasenlähmung und eine Störung der Magen-Darm-Funktion.).

48j. Frau (Krankenschwester). Dauerschaden: Tetraplegie / hohe Querschnittlähmung. Rollstuhlgebundenheit. Intensivpflegefall. Die aus der körperlichen Beeinträchtigung resultierenden Beschwerden sowie die psychischen und sozialen Folgen beeinträchtigen und belasten die Klägerin extrem schwer. Arzthaftung (hier: Grober Behandlungsfehler bei einer OP der Halswirbelsäule: „Die unterlassene Befunderhebung sei bereits als grob fehlerhaft zu beurteilen, auch aus einer Gesamtschau mit den weiteren Fehlern in der Diagnostik und Operationsplanung ergebe sich eine grob fehlerhafte Behandlung", so das OLG). [Anmerkung: Weshalb angesichts der extrem schweren Verletzungen und der Feststellung eines groben Behandlungsfehlers nur 400.000 EUR zuerkannt wurden, ist unverständlich].

Betrag: 400.000 € **Haftung: 100 %**
immVorb: Ja **MdE: 100 %**

OLG Hamm 11.11.2016 – 26 U 111/15 = BeckRS 2016, 20758

6330

Tetraplegie / hohe Querschnittlähmung unterhalb C4), wobei die Dermatome C5 und C6 noch eingeschränkt beweglich sind, ab C7 ist die Lähmung vollständig. Die Klägerin hat ihr Geh- und Stehvermögen vollständig eingebüßt. Die Beweglichkeit der Arme und Beine ist ebenfalls stark eingeschränkt.

14j. Frau (bei Urteilsverkündung 27j.). Arzthaftung (hier: Grober Behandlungsfehler im Zusammenhang mit einer Operation an der Wirbelsäule. Neben zahlreichen Behandlungsfehlern, wie unter anderem einer fehlerhaften Einbringung eines Venenkatheters in den Spinalkanal, erfolgte bei der 14jährigen Klägerin eine „weit überdosierten Sedierung der Klägerin mit Sufentanil" wodurch die Kontrolle ihres neurologischen Status während der OP beeinträchtigt worden war, die wiederum indirekt für die Querschnittlähmung mitverantwortlich war. Es kam zu einem schweren Blutverlust und Kreislaufinstabilität mit einem Blutdruckabfall auf 60 mmHG systolisch und zu Spannungen und Zug auf das Rückenmark und die das Rückenmark versorgenden Gefäße) Dauerschaden: Intensivpflegefall rund um die Uhr, Rollstuhlgebundenheit. Die „Klägerin hat ihr Geh- und Stehvermögen vollständig eingebüßt und auch die Beweglichkeit der Arme und Hände ist stark eingeschränkt", so das OLG. [Anmerkung: Erneut verhaftet ein Oberlandesgericht (weitere Beispiele siehe → Rn. 268 ff) an einer seit Jahren gepflegten Obergrenze – das OLG spricht hier von einer „Schallgrenze" –, die es jedoch – dies kann gar nicht oft genug gesagt und geschrieben werden – nicht gibt! Im Gegenteil: Gerade für derart schwere, das Leben des Opfers und dessen Angehörige von einem auf den anderen Tag komplett verändernde Verletzungen – wie Querschnittslähmungen, Erblindungen, Amputationen von Armen und Beinen sowie insbesondere auch Gehirnschädigungen – erfordern ein weitaus höheres Schmerzensgeld. Darauf hatte nicht nur der 52. Deutsche Verkehrsgerichtstag hingewiesen sondern auch eine Reihe von Oberlandes- und Landgerichten. Besonders klar und deutlich hat sich insoweit das LG Bochum geäußert und ausgeführt: „Es ist kein Zufall, dass Leben und körperliche Unversehrtheit nach dem Generaltatbestand des allgemeinen Persönlichkeitsrechts als erstes Grundrecht im Grundrechtskatalog genannt werden, noch vor dem Grundrecht auf Freiheit der Person. Ohne Leben und körperliche Unversehrtheit sind alle anderen Rechte nichts wert", betonte das LG und forderte, dass „die Schmerzensgeldbeträge deutlich angehoben werden müssen". Wer nun meint „was interessiert uns denn, was das LG Bochum sagt", der sollte sich einmal mit den Verletzten derartiger Schweregrade und deren Angehörigen unterhalten und sich zudem klar machen, dass 500.000 EUR bereits vor 15 Jahren für derartige Verletzungen ausgesprochen wurden, – zu einer Zeit, wo es hierauf noch 6,3 % Zinsen gab und somit aus dem Kapital jährlich gut 31.000 EUR Zinsen zu erzielen waren, was einem monatlichen Zinsertrag von 2.625 EUR entsprach. Heute dagegen müssen zum Teil 0,5 % Strafzinsen gezahlt werden, – monatlich also 208 EUR].

Betrag: 500.000 € **Haftung: 100 %**
immVorb: Ja **MdE: 100 %**

OLG München 23.1.2020 – 1 U 2237/17 = BeckRS 2020, 901

4994

Tetraplegie (hier: Rückenmarksschädigung mit der Folge der irreparablen Lähmung des Rumpfes unterhalb des Kopfes, des Zwerchfells, der Extremitäten, der Blase und des Mastdarms).

12j. Kind (Mädchen). Intensivpflegefall. Das schwer verletzte Kind starb knapp 6 Jahre nach dem Unfall an dessen Folgen. [Lesenswert zum Thema „kleine Benzinklausel" im Zusammenhang mit dem diesem Rechtsstreit zugrunde liegenden Quad-Unfall].

Betrag: 500.000 € **Haftung: 100 %**
immVorb: Ja **MdE: 100 %**

OLG Brandenburg 3.9.2014 – 11 U 28/14 = BeckRS 2014, 17900

4588

Tetraplegie ab dem Halswirbel 1/2 abwärts komplett querschnittsgelähmt. Benötigt künstliche Beatmung und Ernährung. Verständigung erfolgt nur mittels einem augenlidgesteuerten Computer und mit ihren Mundwinkeln. Intensivpflegefall).

24j. Frau. Dauerschaden: Intensivpflegefall 24 h/365 Tage! [Lesenswert zur Frage, ob in einem solchen Fall ein Anspruch der Kl. besteht, die Schmerzensgeldrente als Kapitalbetrag ausbezahlt zu bekommen. Dies lehnte das OLG in einer sehr sorgfältigen Begründung zum Wohle der Kl. ab].

Betrag: 500.000 € **Haftung: 100 %**
immVorb: – **MdE: 100 %**
Rente: 500 €

OLG Celle 30.11.2011 – 14 U 182/10 = BeckRS 2012, 23482

4079

Tetraplegie / Querschnittlähmung unterhalb des 1. Halswirbels.

3j. Kind. 8 Monate stationär. Dauerschaden: Intensivpflegefall rund um die Uhr in drei Schichten. Das Kind kann sich weder selbst bewegen, noch sprechen und nur mittels Blickkontakt kommunizieren; er ist dabei jedoch bei vollem Bewusstsein und kann sich an sein Leben vor dem Unfall erinnern.

Betrag: 500.000 € **Haftung: 100 %**
immVorb: Ja **MdE: 100 %**
Rente: 500 €

OLG Schleswig 19.11.2003 – 9 U 92/03 = BeckRS 2007, 7173

3351

Querschnittlähmung / Tetraplegie; sehr hohe Lähmung unterhalb einer Linie Ohr-Mund, sodass der Kläger weder sprechen noch sich sonst irgendwie bewegen kann.

3j. Kind (Junge). 8 Monate stationär; MdE 100 %. Dauerschaden: Intensivpflegefall: Der Junge wird „rund um die Uhr" gepflegt. Da es sich um eine extrem hohe Querschnittlähmung handelt, kann der Junge nur mit den Augen kommunizieren und sich ansonsten weder bewegen noch sprechen! Die geistigen Fähigkeiten sind voll erhalten; ebenso das Erinnerungsvermögen an die Zeit vor dem Unfall! [Urteil bestätigt durch OLG Schleswig siehe → Nr. 4079]

Betrag: 500.000 € **Haftung: 100 %**
immVorb: Ja **MdE: 100 %**
Rente: 500 €

LG Kiel 11.7.2003 – 6 O 13/03 = BeckRS 2007, 6739

6815

Tetraplegie bzw. hohe Querschnittslähmung unterhalb des vierten Halswirbels mit Mastdarm- und Blasenlähmung sowie Lähmung aller Gliedmaßen mit der Folge dauerhafter Intensivpflege „rund um die Uhr". Zu den psychischen Beeinträchtigungen führt das OLG aus: Hinzu kommen psychische Probleme in Form von Depressionen und einer Angststörung. Die Beziehung zu seiner ehemaligen Freundin ist an den äußerst schwierigen Umständen nach dem Unfall zerbrochen; die Familienbeziehung des Klägers zu seinem Vater ebenfalls, weil der „das Elend nicht jeden Tag mehr mit ansehen konnte".

35j. Mann (Marineoffizier). Nahezu 10 Monate stationär. Dauerschaden: Intensivpflegefall auf Dauer „in allen Belangen und Bereichen des täglichen Lebens". Weiter führte das OLG zu den Folgen der Verletzungen aus: „Aufgrund der Schwere seiner Verletzungen bedarf er lebenslang einer kontinuierlichen querschnittslähmungsspezifischen Weiterbehandlung mit dauernden rehabilitativen Behandlungen im Sinne von krankengymnastischen, physio- und ergotherapeutischen Maßnahmen. Die Blasenentleerung erfolgt durch intermittierenden Fremdkatheterismus, die Darmentleerung erfolgt mit Hilfe von Abführsuppositorien. Er hat inzwischen eine barrierefreie Erdgeschosswohnung bezogen und wird rund um die Uhr von Assistenz- und Pflegekräften betreut. Ausweislich des Pflegegutachtens Dr. med. W. vom 27.5.2014 übersteigen die seit dem Unfall täglich durchzuführenden Pflegemaßnahmen quantitativ und qualitativ weit das übliche Maß der Grundversorgung (Pflegestufe III). Erschwerend kommen folgende Faktoren hinzu: Körpergewicht über 80 kg, hochgradige Spastik, zeitaufwändiger Hilfsmitteleinsatz (zB fahrbare Lifter, Decken-/Wandlifter), digitale Enddarmentleerung, mechanische Harnlösung, Körpergröße 202 cm, hohe Querschnittslähmung". [Ursache: Verkehrssicherungspflichtverletzung durch das Anbringen einer Stacheldrahtabsperrung – sogenannte „Feldheckabsperrung" –, die quer über einen Feldweg gespannt worden war und nicht nur schlecht zu sehen war, sondern insbesondere auch für Wild und Mensch eine besondere Gefahrenquelle darstellte, so das OLG nahezu wörtlich]. Siehe dazu auch BGH Urt. v. 23.4.2020 – III ZR 251/17, BeckRS 2020, 11406, der im Falle des OLG zuvor zu dem von den Beklagten erhobenen Vorwurf eines Mitverschuldens des Klägers wegen objektiv falscher Reaktion beim Erkennen des Drahtes ausgeführt hatte, die falsche Reaktion eines Verkehrsteilnehmers stelle keinen vorwerfbaren Obliegenheitsverstoß dar, wenn dieser in einer ohne sein Verschulden eingetretenen, für ihn nicht vorhersehbaren Gefahrenlage keine Zeit zu ruhiger Überlegung habe und deshalb nicht das Richtige und Sachgerechte unternimmt, um den drohenden Unfall zu verhüten, sondern aus verständlichem Erschrecken objektiv falsch reagiert. Der Revisionssenat traf zudem sehr grundsätzliche Ausführungen zur angemessenen Geschwindigkeit von Radfahrern / Mountainbikefahrern sowie zu entsprechenden Hindernissen auf Radwegen, Feld- und Waldwegen und ist auch insofern lesenswert.

Betrag: 800.000 € **Haftung: 100 %**
immVorb: Ja **MdE: 100 %**

OLG Schleswig 28.9.2021 – 7 U 29/16 = BeckRS 2021, 28579

j) Sonstige Rücken- und Rückenmarkverletzungen

3673

Lendenwirbelsäulenverletzung in Form einer Prellung und Zerrung der LWS sowie auch der HWS.

Frau. MdE 3 Monate 100 % und weitere 3 Monate 30 %. Vorschaden: Degenerative Wirbelsäulenverletzung.

Betrag: 1.534 € **Haftung: 100 %**
immVorb: – **MdE: –**

LG Dortmund 19.12.2001 – 21 O 189/99 = unveröffentlicht

5284

Rückenverletzung (hier: 16 cm große Narbe im Bereich des linken oberen Rückens nach kunstfehlerhafter Muttermalentfernung.).

Mann. Dauerschaden: Große Narbe. Arzthaftung. [Lesenswert zur Kenntnis vom Schaden iSd § 199 Abs. 2 Nr. 2 BGB. Diese „kann nicht schon dann bejaht werden, wenn dem Patienten lediglich der negative Ausgang der ärztlichen Behandlung bekannt ist. Denn das Ausbleiben des Erfolgs ärztlicher Maßnahmen kann in der Eigenart der Erkrankung oder in der Unzulänglichkeit ärztlicher Bemühungen seinen Grund haben. Deshalb gehört zur Kenntnis der den Anspruch begründenden Tatsachen das Wissen, dass sich in dem Misslingen der ärztlichen Tätigkeit das Behandlungs- und nicht das Krankheitsrisiko verwirklicht, wobei es hierzu nicht schon genügt, dass der Patient Einzelheiten des ärztlichen Tuns oder Unterlassens kennt. Vielmehr muss ihm aus seiner Laiensicht der Stellenwert des ärztlichen Vorgehens für den Behandlungserfolg bewusst sein". (Zitat nach LSK-Redaktion).

Betrag: 2.500 € **Haftung: 100 %**
immVorb: Ja **MdE: –**

OLG München 23.1.2014 – 1 U 2254/13 = BeckRS 2015, 2165

4247

Rückenschmerzen nach Zurücklassen eiens 1,2 mm starken sowie 150 mm langen sogenannten Kirchnerdrahtstücks (= rotierender Bohrdraht zur geschlossenen Reposition und Fixierung einer Fraktur), sodass es zur Rückengeschwulstbildung mit deutlichen Schmerzen im Rücken und Oberschenkel kam).

Mann. Arzthaftung (hier: Behandlungsfehler im Rahmen einer Operation).

Betrag: 4.000 € **Haftung: 100 %**
immVorb: – **MdE: –**

OLG Zweibrücken 16.9.2008 – 5 U 3/07 = BeckRS 2008, 24329

4373

Rückenschmerzen (hier: thorako-lumbale Rückenschmerzen).

48j. Mann. Arzthaftung (hier: Behandlungsfehler bei Bandscheibenoperation). Dauerschaden: Schmerzen. Hierzu führte das OLG aus, „dass der Kläger die von ihm ständig, wenn auch in wechselnder Intensität empfundenen Schmerzen durch Tragen eines Korsetts und Schmerzmittel abmildern kann. Auch erreichen die Schmerzen kein solches Ausmaß, das einer Berufstätigkeit des Klägers entgegensteht".]

Betrag: 25.000 € **Haftung: 100 %**
immVorb: Ja **MdE: –**

OLG Köln 21.9.2011 – 5 U 188/10 = BeckRS 2011, 26661

5696

Rückenverletzung / Nervverletzung (hier: Akutes Wurzelkompressionssyndrom L 5 rechts bei Bandscheibenvorfall L 4/5 und Wadenbeinnervverletzung in Form des Ausfalls des Nervus peronaeus mit der Folge einer Fußheberlähmung rechts)

17j. Frau. 8 Tage stationär. Arzthaftung (hier: Grober Behandlungsfehler im Zusammenhang mit der Durchführung einer chirotherapeutischen Manipulation [= sog. Einrenken durch gezielte Handhabung]. Dauerschaden: Fußheberlähmung rechts.

Betrag: 25.565 € **Haftung: 100 %**
immVorb: – **MdE: –**

OLG Hamm 24.10.2001 – 3 U 123/00 = BeckRS 2002, 4758

3804

Wirbelsäulenverletzung (hier: Blutungen in den Hirnwasserraum der Wirbelsäule mit dauerhaften Funktionsstörungen (siehe Einzelheiten).

42j. Mann. Arzthaftung: Aufklärungspflichtverletzung und Behandlungsfehler im Zusammenhang mit der Implantation einer Morphinpumpe. Dauerschaden: Schwere Gehbehinderung, Harninkontinenz und Impotenz.

Betrag: 50.000 € **Haftung: 100 %**
immVorb: – **MdE: –**

OLG Naumburg 15.10.2007 – 1 U 46/07 = BeckRS 2007, 19559

4599

Rückenmarksverletzung mit querschnittsähnlichen Folgen (hier: vorübergehend nahezu vollständige Beinlähmung und Mastdarm- und Blasenlähmung).

13j. Kind (Mädchen). Stationäre Heilbehandlung über mehrere Monate hinweg. Langwierige ambulante Heilbehandlung. Die Kl. litt unter der zunächst gegebenen Rollstuhlgebundenheit, sie kann jedoch nun wieder selbstständig kurze Distanzen gehend zurücklegen. Weitere Operationen sind nötig. Als möglicher Dauerschaden verbleibt jedoch mit sehr hoher Wahrscheinlichkeit die Mastdarm- und Blasenstörung, die mit teilweiser Harninkontinenz und Stuhlentleerungsstörungen (manuelles Entleeren notwendig) einhergeht. Arzthaftung (hier: Aufklärungspflichtverletzung vor einer Wirbelsäulenoperation zur Korrektur einer Skoliose. [Anmerkung: Auch hier ist das zuerkannte Schmerzensgeld vor dem Hintergrund des Alters und der Dauerfolgen sowie der Tatsache, dass die Kl. während ihrer Pubertät insofern extrem beeinträchtigt wurde deutlich zu gering].

Betrag: 70.000 € **Haftung: 100 %**
immVorb: Ja **MdE: –**

OLG Köln 26.10.2011 – 5 U 46/11 = BeckRS 2012, 2896

5129

Querschnittlähmung (hier: Realisierung des „bei einer Nukleotomie unstreitig bestehende, wenn auch geringe Risiko einer Querschnittslähmung" mit „gewissen motorischen Einschränkungen, Sensibilitätsstörungen, zusätzlichen chronischen Schmerzen in Gestalt von Brennschmerzen der Hände und Füße und einer Störung der Blasenfunktion", so das OLG).

47j. Mann. Arzthaftung: Aufklärungspflichtverletzung im Zusammenhang mit einer Bandscheibenoperation, die mittels einer sogenannten Lasernukleotomie durchgeführt wurde und zu einer Querschnittlähmung des Klägers geführt hatte. 3 Monate statinär; einen Monat Rehabilitationsaufenthalt. Anfänglich erhebliche Lähmungserscheinungen und Mastdarmentleerungsstörungen, die jedoch ausheilten. Dauerschaden: „Störung der Blasenfunktion", so dass sich der Kläger „vier bis fünfmal täglich selbst katheterisieren muss" zudem eine „Feinmotorikstörung und Ungeschicklichkeit der rechten Hand, … Temperaturempfindungsstörung der linken Körperhälfte mit Betonung des linken Beins" sowie „brennende Missempfindungen an den Händen und an den Füßen". Das OLG berücksichtigte jedoch, dass der Kläger vorschadensbedingt „ohne die Lasernukleotomie und die Rückenmarksschädigung ein chronischer Schmerzpatient wäre, der unter lumbalen Schmerzen leiden würde und auf die Einnahme eines Opiats wie Targin angewiesen wäre"". [Anmerkung: Aktenzeichen identisch mit OLG Zweibrücken → Nr. 5047].

Betrag: 75.000 € **Haftung: 100 %**
immVorb: Ja **MdE: –**

OLG Köln 23.3.2016 – 5 U 8/14 = BeckRS 2016, 6094

5348

Wirbelsäulenverletzung / Nervverletzung (hier: Nach einer operativen Versorgung eines verengten Wirbelkanals der Lendenwirbelsäule stellten sich neurologische Ausfälle in beiden Beinen des Klägers ein. Er war nicht mehr in der Lage, das gestreckte Bein anzuheben. Zudem zeigten sich Lähmungen beim Heben und Senken der Füße, eine Blasenentleerungsstörung, und eine Störung der Sexualfunktion.

Mann. Arzthaftung (hier: Aufklärungspflichtverletzung im Zusammenhang mit einer Lendenwirbelsäulenoperation wegen therapieresistenter Rückenschmerzen. Besteht nur eine relative Indikation zur Vornahme eines operativen Eingriffs, muss ein Patient dezidiert mündlich über die echte Alternative einer konservativen Behandlung aufgeklärt werden, so das OLG). Dauerschaden: Erhebliche Bewegungseinschränkungen und erhebliche Gebrauchsminderung der Beine, der Blase sowie Sexualfunktionsstörung. Der Kläger kann nur kurze Strecken mit Gehhilfen zurücklegen und ist im Übrigen auf einen Rollstuhl angewiesen. Die Blasenentleerungsstörung hat sich zwischenzeitlich zurückgebildet. Depression.

Betrag: 75.000 € **Haftung: 100 %**
immVorb: – **MdE: –**

LG Arnsberg 12.11.2013 – 5 O 28/13 = BeckRS 2013, 199055

5685

Querschnittlähmungsähnliche schwere Rückenmarksverletzung /Rückenmarknervenfaserbündelverletzung mit Halbseitenlähmung links vom Kopf an bis zum linken Fuß: Starke Bewegungsspastiken im Bereich des Kopfes. Gesichtlähmung und Gesichtsfeldlähmung und Geruchsinnverlust, Schulterlähmung, Handverkrüppelung und Fußverkrüppelung. Zudem Harninkontinenz und eingeschränkte Stuhlkontrolle. Rollstuhlgebundenheit und Sensibilitätsverlust linksseitig in Bezug auf die gesamte Haut sowie den Tastsinn. Die vormals attraktive Frau ist somit eine schwerbehinderte, intensivpflegebedürftige Person.

54j. Frau (Tanzlehrerin). Arzthaftung (hier: Aufklärungspflichtverletzung im Zusammenhang mit einer Rückenmarkoperation wegen eines Kavernoms. Im Anschluss an die Operation wurde bei der Klägerin „eine brachiofacial betonte Hemiparese links kg II / III sowie ein Neglect der linken Körperhälfte [dh eine neurologische Aufmerksamkeitsstörung] festgestellt". Dauerschaden: MdE 100 %, Rollstuhlgebundenheit, Intensivpflegefall. Hierzu das OLG: „Eine linksseitige Lähmung mit teilweiser Gesichts- und Gesichtsfeldlähmung und vom Sozialgericht festgestellte Pflegebedürftigkeit in der Stufe III ist im Ergebnis fast mit den Folgen einer Querschnittslähmung vergleichbar. Dass die Klägerin den Rollstuhl, auf den sie jetzt angewiesen ist, jemals wieder wird verlassen können, ist nicht anzunehmen … Wenn sie nun behauptet, angesichts der schlimmen Folgen der misslungenen Operation unter depressiven Verstimmungen und sogar Persönlichkeitsveränderungen zu leiden, ist das mehr als nachvollziehbar". [Anmerkung: Das OLG hob das vom LG auf 150.000 EUR angesetzte Schmerzensgeld um 100.000 EUR an. Schmerzensgeldmindernd führte es dabei jedoch an, „dass ein aufgrund eines Aufklärungsversagens zugesprochenes Schmerzensgeld grundsätzlich niedriger ausfallen sollte als bei einem Behandlungsfehler, geschweige denn bei einer fahrlässigen oder gar vorsätzlichen Körperverletzung". Demnach hätte aus Sicht des OLG – bei einem Behandlungsfehler – das Schmerzensgeld höher angesetzt werden müssen].

Betrag: 127.823 € **Haftung: 100 %**
immVorb: Ja **MdE: 100 %**

OLG Frankfurt a. M. 7.11.2000 – 8 U 99/00 = BeckRS 2014, 10224

4141

Querschnittlähmungsähnliche Verletzungen (hier: Lähmung der Waden mit einhergehender Wadenatropie [= Geweberückbildung im Bereich der Waden] und der Füße sowie Mastdarm- und Blasenlähmung sowie Depressionen.

56j. Mann. Arzthaftung (hier: Grober Behandlungsfehler im Rahmen einer Bandscheibenoperation, die verspätet und zudem auch noch fehlerhaft durchgeführt worden war, sodass es zu folgendem Dauerschaden kam: Lähmung beider Füße; Mastdarm- und Blasenlähmung; Sexualstörungen. Pflegefall: Der Kl. bedarf regelmäßiger Unterstützung durch einen Pfleger.).

Betrag: 180.000 € **Haftung: 100 %**
immVorb: Ja **MdE: 100 %**

OLG Koblenz 29.10.2009 – 5 U 55/09 = BeckRS 2010, 495

5389

Rückenmarkverletzung / querschnittslähmungsähnliche Verletzungsschwere (hier: „Odematösen Auftreibung des Rückenmarks in Höhe HWK 6/7 mit einer begleitenden kleinen Einblutung als Hinweis auf eine Rückenmarksverletzung").

55j. Frau. Arzthaftung (hier: Aufklärungspflichtverletzung und Behandlungsfehler im Zusammenhang mit der Operation an der Wirbelsäule wegen einem Bandscheibenvorfall. Unstreitig kam es hierbei zu einer Verletzung des Rückenmarks. Ebenso unstreitig litt der behandelnde Arzt an einer Alkoholabhängigkeit. Scmerzensgeldmindernd bewertete das OLG, dass „die Klägerin schon vor der streitgegenständlichen Behandlung nicht unerhebliche Beschwerden wegen des Grundleidens hatte". Dauerschaden: Pflegefall („Die Klägerin ist nunmehr zu einer selbständigen Lebensführung praktisch nicht mehr in der Lage"). Rollstuhlgebundenheit („In ihrer Mobilität ist sie weitestgehend eingeschränkt und reduziert auf den Einsatz des Rollstuhls"). Hinzu kommen Schmerzen und die mit der umfassenden Inkontinenz verbundenen Schwierigkeiten. Eine Besserung des Zustands ist nicht zu erwarten. Die Klägerin wird den Rest ihres Lebens an den vorgenannten Folgen leiden.

Betrag: 250.000 € **Haftung: 100 %**
immVorb: Ja **MdE: 100 %**

LG Münster 1.3.2018 – 111 O 25/14 = BeckRS 2018, 3142

5389

Rückenmarkverletzung / querschnittslähmungsähnliche Verletzungsschwere (hier: „Odematösen Auftreibung des Rückenmarks in Höhe HWK 6/7 mit einer begleitenden kleinen Einblutung als Hinweis auf eine Rückenmarksverletzung").

55j. Frau. Arzthaftung (hier: Aufklärungspflichtverletzung und Behandlungsfehler im Zusammenhang mit der Operation an der Wirbelsäule wegen einem Bandscheibenvorfall. Unstreitig kam es hierbei zu einer Verletzung des Rückenmarks. Ebenso unstreitig litt der behandelnde Arzt an einer Alkoholabhängigkeit. Scmerzensgeldmindernd bewertete das OLG, dass „die Klägerin schon vor der streitgegenständlichen Behandlung nicht unerhebliche Beschwerden wegen des Grundleidens hatte". Dauerschaden: Pflegefall („Die Klägerin ist nunmehr zu einer selbständigen Lebensführung praktisch nicht mehr in der Lage"). Rollstuhlgebundenheit („In ihrer Mobilität ist sie weitestgehend eingeschränkt und reduziert auf den Einsatz des Rollstuhls"). Hinzu kommen Schmerzen und die mit der umfassenden Inkontinenz verbundenen Schwierigkeiten. Eine Besserung des Zustands ist nicht zu erwarten. Die Klägerin wird den Rest ihres Lebens an den vorgenannten Folgen leiden.

Betrag: 250.000 € **Haftung: 100 %**
immVorb: Ja **MdE: 100 %**

LG Münster 1.3.2018 – 111 O 25/14 = BeckRS 2018, 3142

8. Bauchhöhle und Organe des Bauchraumes

a) Bauchverletzungen und Bauchtraumata

4859

Wundinfektion nach Nabelbruch-Operation.

43j. Mann. Kein Schmerzensgeldanspruch. Arzthaftungsfall in Form einer Aufklärungspflichtverletzung, die jedoch – so das OLG – für das beklagte Krankenhaus ohne Haftungsfolgen blieb, „weil der Kläger zur Überzeugung des Gerichts in die Operation auch nach einer hinreichenden Aufklärung über das Wundinfektionsrisiko eingewilligt hätte. Denn die durchgeführte Operation sei nach den Angaben des Sachverständigen die einzige Möglichkeit zur Behebung des Nabelbruchs gewesen... Angesichts des bestehenden Behandlungsdrucks hätte sich der Kläger auch bei Kenntnis des Wundinfektionsrisikos zu dem relativ kleinen ambulanten Eingriff entschlossen", so das OLG.

Betrag: – **Haftung: –**
immVorb: – **MdE: –**

OLG Hamm 9.12.2014 – 26 U 88/13 = BeckRS 2015, 4268

5216

Bauchtrauma, stumpfes sowie Prellungen (Hier: Brustkorbprellung und Knieprellung). Zudem erlitt die Klägerin eine HWS-Distorsion sowie eine LWS-Distorsion.

Frau (Studentin). 2 Tage stationär. Ambulante Heilbehandlung. MdE 7 Tage 100 %. Psychische Beeinträchtigung: Das Führen eines KFZ auf Autobahnen (der der Unfall ereignete sich auf einer BAB), fiel der Klägerin zum Zeitpunkt der Urteilsverkündung noch sehr schwer, was das AG erhöhend berücksichtigte.

Betrag: 600 € **Haftung: 100 %**
immVorb: – **MdE: –**

AG Bensheim 10.6.2016 – 6 C 186/16 = BeckRS 2016, 136799

4378

Bauchschmerzen (hier: Unterbauchschmerzen wegen einer Behandlungsverzögerung von 6 Tagen.)

31j. Frau. Arzthaftung (hier: Behandlungsverzögerung / Verzögerung der Heilbehandlung in Form einer behandlungsfehlerhaften Verzögerung der operativen Sanierung der extrauterinen Schwangerschaft von 6 Tagen, während der die Klägerin unter Unterbauchschmerzen litt).

Betrag: 1.000 € **Haftung: 100 %**
immVorb: – **MdE: –**

OLG Köln 20.7.2011 – 5 U 206/07 = BeckRS 2011, 23322

3687

Bauchtrauma, stumpfes mit Nierenquetschung; Brustkorbtrauma, stumpfes. Schädelhirntrauma 1.Grades. Knieverletzung in Form einer Kniegelenkquetschung.

Frau. 1 Woche stationär. MdE 5 Wochen 100 %. Schmerzhafte Nierenverletzung.

Betrag: 1.500 € **Haftung: 100 %**
immVorb: – **MdE: –**

AG Gera 15.5.2003 – 5 C 1177/01 = BeckRS 2003, 154519

3219

Bauchverletzung (hier: stumpfes Bauchtrauma) und Brustkorbtrauma.

30j. Mann. MdE 4 Wochen 100 % mit insgesamt 5 ambulanten Behandlungen. Starke Bauchschmerzen und Brustkorbschmerzen und daraus resultierende subjektiv empfundene Atembeschwerden.

Betrag: 1.500 € **Haftung: 100 %**
immVorb: – **MdE: –**

AG Gera 9.1.2003 – 5 C 707/02 = BeckRS 2003, 154520

5292

Oberbauchbeschwerden nach rechtswidriger Mukosaduplikatur. Das LG konnte insofern nicht feststellen, dass der Kläger auf jeden Fall sein Einverständnis zu der Mukosaduplikatur erteilt hatte. Die gegenteilige Behauptung wonach der Kläger die Einnahme von Medikamenten verabscheut habe und deswegen auf jeden Fall die Operation hätte durchführen lassen, um von den Medikamenten loszukommen, überzeugte das LG nicht.

Mann. 3 Tage stationär. Operation unter Vollnarkose. Folgenlose Verheilung. Arzthaftung: Aufklärungspflichtverletzung im Rahmen einer Ösophago-Gastro- Duodenoskopie mit endoskopischer Mukosaduplikatur. Mehr als 2.000 EUR sah das LG nicht als gerechtfertigt: Ein höheres Schmerzensgeld ist nicht gerechtfertigt. „Es lässt sich nicht feststellen – so das LG – dass dieser Eingriff zu nachteiligen Folgen für den Kläger geführt hat. Der Eingriff war vielmehr zunächst erfolgreich. Nach dem 20.12.2000 war es kurzfristig sogar zu einer Besserung der Beschwerdesymptomatik gekommen. Anschließend kam es wieder zu dem Zustand, der schon vor dieser Intervention bestanden hat. Eine Verschlechterung des Zustandes lässt sich dagegen nicht feststellen."

Betrag: 2.000 € **Haftung: 100 %**
immVorb: Ja **MdE: –**

LG Münster 5.6.2014 – 111 O 170/11 = BeckRS 2016, 15811

6733

Bauchverletzung (hier: ein stumpfes Bauchtrauma). Zahnverletzung (hier: Schneidezahnfraktur in Form einer sogenannten Schmelz-Dentin-Fraktur am Zahn 11). Gesichtsverletzungen in Form von Schürfwunden am Nasenrücken, an der Oberlippe, an der Unterlippe, am Kinn sowie weitere Schürfwunden am rechten Knie sowie an der linken Flanke und am Knochenvorsprung des Beckenkamms.

11j. Kind (Schülerin). 3 Tage stationär. 8 Tage nach dem Verkehrsunfall war die Klägerin wieder schulfähig. Das AG wertet das junge Alter der Schülerin sowie die Rücksichtslosigkeit der Beklagten und die Regulierungsverzögerung als schmerzensgelderhöhend und führt dazu aus: „Das Schmerzensgeld kann nicht einfach danach bemessen werden, wie sich eine solche Situation bei einem normalen Erwachsenen darstellt, der diese Verletzungen im Gesicht einfach trägt und erträgt, bis die Wunden vollständig und nicht mehr sichtbar verheilt sind. Es muss hier abgestellt werden auf ein 11-jähriges Mädchen und damit in diesem Alter bei einem Mädchen in Bezug auf sein Äußeres größere Befindlichkeiten der Geschädigten. Der Versicherungsnehmer hat hier eben keinen 40-jährigen Mann angefahren, sondern ein junges Mädchen, das vor oder in der Pubertät war, zur Schule ging und deshalb sicherlich auch von seinen Klassenkameraden auf die Verletzungen im Gesicht angesprochen wurde und diese schon aus diesem Grunde nicht einfach wie ein Erwachsener in „wegstecken" konnte". Den Feststellungsanspruch begründete das AG zutreffend mit der Schneidezahnverletzung. „Der Zahn 1.1 ist der vordere rechte Schneidezahn. Diese Kante des vorderen Schneidezahns ist stets einer große Belastung beim Abbeißen auch härterer Nahrung ausgesetzt. In der Regel und gerade bei einem Kind muss stets damit gerechnet werden, dass das Material wieder abplatzen kann und es einer ständigen Erneuerung über Jahre hinaus bedarf, wenn nicht eine Krone aufgesetzt wird. Im Laufe der Jahre verfärbt sich das zum Schneidekantenaufbau verwendete Material und weist nicht mehr dieselbe Färbung auf, wie der Restzahn. Einem Rentner mag dies egal sein, einem jungen Mädchen sicherlich nicht", so das AG.

Betrag: 2.500 € **Haftung: 100 %**
immVorb: Ja **MdE: –**

AG Magdeburg 16.10.2019 – 150 C 1377/18 = BeckRS 2019, 50536

3271

Bauchverletzung (hier: Veränderung des Bauchmuskelgewebes und Vorwölbung der Bauchdecke nach Liposuktion [Fettabsaugung]).

48j. Frau. Arzthaftung (hier: Aufklärungspflichtverletzung und Behandlungsfehler bei Liposuktion [Fettabsaugung] im Rahmen einer ambulanten Behandlung, bei der das Bauchmuskelgewebe zu einer Vorwölbung der Bauchdecke führte.

Betrag: 4.090 € **Haftung: 100 %**
immVorb: Ja **MdE: –**

OLG Düsseldorf 20.3.2003 – 8 U 18/02 = BeckRS 2003, 6569

5958

Bauchverletzung infolge eines Hundebisses mit großflächigen schwere Quetsch-Bisswunden.

Mann. MdE 3 Wochen 100 %. Dauerschaden: Narben am Bauch, die Narben waren zum Zeitpunkt der mündlichen Verhandlung „Jahre nach dem Vorfall noch deutlich sichtbar und auffällig". [Ursache: Haftung für Hundebissverletzung gemäß §§ 839 Abs. S. 1, 253 Abs. 2 BGB, Art. 34 S. 1 GG im Rahmen des Polizeieinsatzes].

Betrag: 5.000 € **Haftung: 100 %**
immVorb: – **MdE: –**

LG Aachen 28.2.2012 – 12 O 3/11 = BeckRS 2012, 18102

3524

Bauchverletzung / Bauchdeckenverletzung (hier: Deutliche Vergrößerung der bereits existenten Unterbauchnarbe (von 15 auf 45 cm).

Frau. 2 Monate arbeitsunfähig. Spannungsgefühle und Sensibilitätsstörungen. Langwierige Heilung. Arzthaftung (hier: Aufklärungspflichtverletzung und Behandlungsfehler bei Schönheitsoperation).

Betrag: 6.000 € **Haftung: 100 %**
immVorb: – **MdE: –**

OLG Frankfurt a. M. 11.10.2005 – 8 U 47/04 = BeckRS 2005, 14762

4932

Bauchverletzung durch Zurücklassen eines ca. 45 cm x 45 cm großen Bauchtuchs in der Operationswunde der Klägerin.

52j. Frau. Arzthaftung (hier: Behandlungsfehler im Zusammenhang mit der Krebserkrankung (Liposarkom) der Klägerin im Bereich des linken Nierenbeckens diagnostiziert. Es erfolgte eine Operation der befallenen Organe bei der ein Bauchtuch zurückgelassen wurde. Dieses wurde im Rahmen eines zweitägigen stationären Aufenthalts im Klinikum der Beklagten operativ entfernt. Das OLG wertete das Zurücklassen des Tuchs nur als einfachen Behandlungsfehler. [vgl. auch OLG Hamm → Nr. 4946, dort wurden in einem ähnlichen Falle 15.000 EUR zuerkannt].

Betrag: 8.500 € **Haftung: 100 %**
immVorb: Ja **MdE: –**

OLG München 22.8.2013 – 1 U 3971/12 = BeckRS 2013, 14712

4053

Bauchverletzung (hier: Fettabsaugung im Bereich des Oberbauches, des Unterbauches und der Taille mit Hautentfernung und Bauchmuskelbeeinträchtigung)

Frau. Arzthaftung (hier: Aufklärungspflichtverletzung und Behandlungsfehler bei der Fettabsaugung / Schönheitsoperation). [Anmerkung: Vgl. auch Urteil des OLG Hamm → Nr. 4049]

Betrag: 8.500 € **Haftung: 100 %**
immVorb: – **MdE: –**

OLG München 23.7.2002 – 1 U 2805/02 = unveröffentlicht

6205

Bauchverletzung durch einen im Bauchraum zurückgelassenen Gazetupfers bei einer vaginalen Gebärmutterentfernung mit erheblichen posttraumatischen psychischen Beeinträchtigungen.

33j. Frau. Stationäre Behandlung mit einer Operation zur Entfernung des Tupfers. Psychotherapeutische sehr langwierige Heilbehandlung über einen Zeitraum von 4 Jahren. Arzthaftung (hier: Grober Behandlungsfehler durch Zurücklassen eines Tupfers im Bauch der Klägerin). „Bei der Bemessung des Schmerzensgeldes sind zugunsten des geschädigten Patienten grundsätzlich auch dessen seelisch bedingte Folgeschäden der ärztlichen Fehlbehandlung angemessen zu gewichten. Eine Zurechnung kommt nur dann nicht in Betracht, wenn das Schadenereignis ganz geringfügig ist (Bagatelle) und nicht gerade speziell auf die Schadenanlage des Verletzten trifft", so das OLG zutreffend.

Betrag: 9.203 € **Haftung: 100 %**
immVorb: – **MdE: –**

OLG Koblenz 31.7.1998 – 10 U 629/97 = VersR 1999, 1420

5485

Bauchverletzung (hier: Zurücklassen einer Nadel im Bauchraum). Durch das Zurücklassen der Nadel sei die Klägerin psychisch belastet, – nicht nur wegen der regelmäßigen Lagekontrolluntersuchung sondern auch durch das Wissen um die Nadel im Körper und die Ungewissheit über die Erforderlichkeit einer Operation zu deren Entfernung.

30j. Frau. Behandlungsfehler durch Zurücklassen einer 19 mm langen Nadel nach einer urologischen Operation im Jahr 2014. Seither (!) muss sich die Klägerin zur Kontrolle des Verbleibs der Nadel im Körper regelmäßig röntgenologisch untersuchen lassen und befürchtet Folgeschäden sowie gegebenenfalls eine weitere Operation zur Entfernung der Nadel. [vgl. auch → Nr. 5474 und → Nr. 5473].

Betrag: 10.000 € **Haftung: 100 %**
immVorb: Ja **MdE: –**

OLG Stuttgart 20.12.2018 – 1 U 145/17 = BeckRS 2018, 44817

6017

Bauchverletzung durch Messerstich in den Bauch. Es blieb „eine etwa 1,5 cm langen Einstichnarbe zwei vergleichbar große Operationsnarben zurück, die sich verschiedentlich stichelnd und juckend bemerkbar machen".

Mann. 5 Tage stationär mit einem sogenannten laparoskopischen Eingriff [= Eingriff in der Bauchhöhle mit Hilfe eines optischen Instruments und über Verlängerungen indirekt zu bediendenden Klemmen und Messern]. MdE ca. 21 Tage 100 %. Zum Feststellungsinteresse führte das OLG aus: „Ein Feststellungsverlangen ist zulässig und begründet, wenn die bloße Möglichkeit von Zukunftsschäden besteht. Eine Ausnahme ist nur in Fällen zu machen, in denen ein künftiger Schadenseintritt völlig fern liegt. Eine Messerstichverletzung in den Bauch zieht Verwachsungen nach sich, die zu chronischen abdominellen Beschwerden führen und Darmobstruktionen und Dünndarmverschlüsse bewirken können. Daher ist einem auf Feststellung der Ersatzpflicht für Zukunftsschäden gerichteter Antrag stattzugeben". [Ursache: Vorsätzliche Körperverletzung – Messerstich].

Betrag: 10.000 € **Haftung: 100 %**
immVorb: Ja **MdE: –**

OLG Koblenz 2.7.2014 – 5 U 221/14 = BeckRS 2014, 19690

6391

Bauchverletzungen (hier: Einblutung in den Bauchraum nach Gefäßverletzungen im Zusammenhang mit einer Operation zum Hüftprothesenwechsel bei der der gesamte obere Hüftpfannenerker defekt war und ein neues Hüftpfannendach geformt werden musste).

56j. Frau. Arzthaftung (hier: Behandlungsfehler im Zusammenhang mit der Implementierung einer Hüftprothese bzw. Hüfttotalendoprothesenoperation in deren Verlauf ein neues Hüftpfannendach geformt werden musste. Dabei kam es zu einer Gefäßverletzung und eine daraus resultierende Blutung in den Retroperitonealraum [= Bauchraum hinter dem Bauchfell], die zunächst unbemerkt blieb). Das OLG wies die auf ein weiteres – über das vorprozessual geleistete Schmerzensgeld von 25.000 DM – ab, da es dem Operateur aufgrund der besonderen Knochenstruktur der Klägerin bzw. deren abnormen anatomischen Verhältnisse unmöglich gewesen sei, „zu erkennen, wann der Bohrer die den Gefäßen zugewandte äußere Knochenschicht durchdrungen hat". Zudem wären der Klägerin „auch bei einer früheren postoperativen Entdeckung der Blutung ... nämlich weder die Gefäßoperation, die wegen der Schädigung der Vene und der Arterie in jedem Fall durchgeführt werden musste, noch die späteren Komplikationen, die nach den Ausführungen des Sachverständigen Prof. Dr. N... allein auf die Gefäßverletzung und nicht auf eine verzögerte Behebung der Gefäßschädigungen zurückzuführen sind, erspart geblieben".

Betrag: 12.782 € **Haftung: 100 %**
immVorb: – **MdE: –**

OLG Düsseldorf 22.7.2004 – I-8 U 31/03 = BeckRS 2013, 10513

4946

Bauchverletzung / Darmverletzung (hier: Zurücklassen eines Bauchtuches im Darm des Klägers).

Mann. Arzthaftung (hier: Zurücklassen eines Bauchtuchs nach einer OP. Das Bauchtuch wurde im Darm des Klägers vergessen. Die Beklagte bestritt zunächst, das Bauchtuch dort vergessen zu haben. Da aber das Tuch nur durch die konkrete OP implementiert werden konnte, genügte dem OLG das „Fehlen vernünftiger Zweifel" zur Überzeugungsbildung aus.)

Betrag: 15.000 € **Haftung: 100 %**
immVorb: – **MdE: –**

OLG Hamm 18.1.2013 – 26 U 30/12 = BeckRS 2013, 13595

2994

Bauchverletzungen, schwere / Organverletzung / Beckenringfraktur (hier: Nierenruptur bzw. Nierenriss mit Nierenentfernung; Milzriss; Magenquetschung, Bauchspeicheldrüsenquetschung) und Oberschenkelserom, handflächengroß am rechten Oberschenkel; LKW-1-Vorderkantenabriss.

36j. Frau. „Mehrere Monate" stationär. „Mehrere Monate" künstliches Koma. Dauerschaden: Nierenverlust. (Prüfungspflichtverletzung des Reifenhändlers bei Verkauf von Gebrauchtreifen).

Betrag: 15.000 € **Haftung: 50 %**
immVorb: – **MdE: –**

OLG Nürnberg 5.2.2002 – 3 U 3149/01 = BeckRS 2002, 30237755

4749

Organverletzungen – überwiegend im Bauchraum (hier: Leberverletzung 3.Grades in Form eines Leberlappenrisses, Nierenquetschung mit Nierenfunktionsstörung 3.Grades, Milzfunktionsstörung 1.Grades, Lungenquetschung mit geringem Pneumothorax) sowie Frakturen im Bereich des Beckens (hier: Beckenfraktur in Form einer Beckenschaufelfraktur rechts, Darmbeinfraktur in Form einer Darmbeinausrissfraktur rechts) sowie Unterarmfraktur mit Unterarmgelenkverletzung und Mittelhandknochenfraktur.

Mann (Mitarbeiter einer Medien- bzw. Filmfirma / der Unfall geschah während der Dreharbeiten an einem Film). Mehrere stationäre Aufenthalte mit zahlreichen Operationen. MdE nahezu 11 Monate 100 %. Dauerschaden: Berufsunfähigkeit. Funktionsbeeinträchtigung der linken Hand. Vorgerichtlich wurden bereits 5.000 EUR gezahlt. Das OLG sprach weitere 12.500 EUR zu. [Ursache: Motorradunfall].

Betrag: 17.500 € **Haftung: 50 %**
immVorb: Ja **MdE: –**

OLG Köln 12.7.2012 – 8 U 60/11 = BeckRS 2012, 18901

6537

Bauchverletzung nach Bauchschuss, bei welchem der Schusskanal von oben nach links unten verlief.

Mann. 6 Wochen in stationärer Behandlung; vier Operationen. Dauerschaden: Große Narben im Bauchbereich. Zudem leidet der Kläger seit der Schussverletzung an rezidivierenden Narbenschmerzen und inneren Bauchbeschwerden mit erheblichen Abführschwierigkeiten und muss starke Schmerzmittel einnehmen. [Lesenswert zur Haftung des beklagten Landes für die – in einer Putativnotwehr erfolgte rechtswidrige, schuldhafte – Amtspflichtverletzung einer Polizeibeamtin].

Betrag: 22.500 € **Haftung: 75 %**
immVorb: – **MdE: –**

LG Kiel 12.6.2020 – 8 O 80/16 = BeckRS 2020, 14180

7379

Bauchverletzungen nach Bauchschuss, bei welchem der Schusskanal von oben links nach unten rechts verlief.

Mann. 42 Tage stationäre Behandlung mit vier Operationen. Anschließend Schmerztherapie und starke Schmerzmittel. Dauerschaden: Erhebliche Probleme beim Stuhlgang, Bauchschmerzen und große Narben im Bereich des Bauchs mit rezidivierenden Schmerzen. [Ursache: Der Kläger versuchte sich seiner Festnahme zu entziehen und wurde in diesem Zusammenhang von einem Polizeibeamten seitlich mittig im Bauchbereich angeschossen.]

Betrag: 22.500 € **Haftung: 75 %**
immVorb: – **MdE: –**

LG Kiel 12.6.2020 – 8 O 80/60 = BeckRS 2020, 64216

3317

Organverletzungen (hier: Zwölffingerdarmverletzung; Hohlvenenverletzung; Nervverletzung [nervus vagus] mit Kältegefühl im rechten Fuß; vergrößerter Bauchschnitt mit Narben bzw. Nähten an der Bauchwand; seelische Belastungen.

Kind. Arzthaftung (hier: Aufklärungspflichtverletzung der Eltern bei Laparoskopie des Kindes). [vgl. auch → Nr. 2915].

Betrag: 23.000 € **Haftung: 100 %**
immVorb: Ja **MdE: –**

LG Freiburg 13.8.2004 – 2 O 78/04 = BeckRS 2004, 153754

2919

Bauchverletzung / stumpfes Bauchtrauma mit Darmverletzung (hier: Dünndarmperforation), zweiseitige ausgedehnter Milzriss sowie Prellungen und Zerrungen.

32j. Frau (Krankenschwester). „Viele Operationen und Krankenhausaufenthalte". Dauerschaden: Schwere Bauchraumverwachsungen, Gehbehinderung in Form einer Gangbildveränderung.

Betrag: 30.678 € **Haftung: 100 %**
immVorb: – **MdE: –**

OLG Hamm 17.1.2001 – 13 U 101/00 = BeckRS 2001, 30154834

2625

Bauchverletzung / Bauchschussverletzung / Dickdarmverlust (hier: Bauchschuss mit nachfolgender operativer Dickdarmentfernung und zweimaliger Dickdarmausgangzurückverlegung. Erhebliche neurologische Beschwerden mit Schmerzen beim längeren Sitzen!

Mann (Metzger). 9 Tage Intensivstation; 36 Tage stationär; Dauerschaden; Dickdarmausgangzurückverlegung; 2 große Narben. [Bauchschussverletzung; vorsätzliche Körperverletzung].

Betrag: 35.790 € **Haftung: 100 %**
immVorb: – **MdE: –**

OLG Saarbrücken 9.9.1997 – 4 U 897/96 – 197 = BeckRS 1997, 12817

6972

Bauchverletzungen durch vorsätzliche Körperverletzung (Auftragsmord). Das Opfer erlitt 4 Bauchschüsse, die jeweils am Rücken austraten. Ein Steckschuss führte zu einer Oberschenkelknochenzertrümmerung.

45j. Mann (Mechatroniker / Adhäsionskläger). 6 Wochen stationäre Behandlung; Lebensgefahr. Der Adhäsionskläger musste sich zudem für die Dauer von 6 Monaten in krankengymnastische Behandlung. Dauerschaden: Belastungsminderung des verletzten Beines mit Problemen beim Stehen. [Der Kläger wurde Opfer eines Auftragsmordes].

Betrag: 50.000 € **Haftung: 100 %**
immVorb: – **MdE: –**

LG Ulm 11.7.2014 – 6 KLs 11 Js 15749/13 = BeckRS 2014, 128465

3041

Bauchverletzung / Arterienverletzung (hier: Verletzung der Arteria epigastrica superficialsi dextra infolge einer Laparoskopie, bei der notwendiger Weise die Bauchdecke zu durchstechen ist, jedoch ohne derartige Verletzungsfolgen).

36j. Frau (Ärztin). Monatelang intensivstationär. Lebensgefahr! Arzthaftung (hier: Behandlungsfehler. Bei einer Laparoskopie wurde die Arteria epigastrica. superficialsi dextra verletzt. Es kam zu erheblichem Blutverlust (4 Liter!) mit lebensbedrohlichen Folgen. Langwierige neurologische Heilbehandlung.

Betrag: 51.129 € **Haftung: 100 %**
immVorb: Ja **MdE: –**

OLG München 19.10.2000 – 8 U 183/99 = VersR 2002, 1151

5282

Bauchfellentzündung, schwere (hier: Bauchfellentzündung [= Peritonitis], deren Infektion sich auf alle vier Quadranten der Bauchhöhle und die Wirbelsäule ausgebreitet hatte, es bestand Lebensgefahr. Wirbelkörperlsäulenrelevant kam es zu einer sogenannten Spondylodiszitis, d.h. einer Entzündung der Bandscheibe und der beiden angrenzenden Wirbelkörper].

45j. Frau. 8 Wochen stationär, mehrere Operationen; es wurde ein Portkatheter zur Infusionszuführung gesetzt. Dauerschaden: Nahrungsaufnahmefähigkeitsverminderung und damit verbundene Belastungsminderung wegen permanenten Verdauungsbeschwerden in Form von Blähungen und Durchfall. Arzthaftung wegen verspäteter Befunderhebung. Erhöhend berücksichtigte das OLG auch das noch junge Alter der Klägerin in Bezug auf die künftige Belastung / Dauerfolgen.

Betrag: 75.000 € **Haftung: 100 %**
immVorb: Ja **MdE: –**

OLG München 27.11.2014 – 1 U 901/14 = unveröffentlicht

4262

Bauchverletzung, schwere / Organverletzung (hier: Schwere Nierenverletzung: Linke Niere stellt sich als funktionslose Schrumpfniere dar; rechte Niere leicht vergrößert und in ihrer Funktion eingeschränkt mit Verschlechterungstendenz. Schwere Darmverletzung mit Kurzdarmsyndrom, ebenfalls mit Verschlechterungstendenz. Milzriss.)

32j. Mann (Selbst. EDV-Berater). Stationäre, langwierige Heilbehandlung. Lebensgefahr! Dauerschaden: Erheblich eingeschränkte Nierenfunktion. Konkret drohender Nierenfunktionsverlust. Kurzdarmsyndrom mit teilweise unkontrolliertem Stuhlabgang (ähnlich Mastdarmlähmung) und ca. sieben bis elf Durchfällen / Tag und dadurch Mobilitätseinschränkung und Ernährungsumstellung mit Diät und kleinen Mahlzeiten. Berufsaufgabe. Lebenspartnerin verließ den Kläger. [Anmerkung: Das OLG begründet die Schmerzensgeldbemessung vorbildlich und zeigt nachvollziehbar auf, dass in derartigen schweren Fällen „in maßvoller Weise" … „großzügiger zu verfahren …".].

Betrag: 250.000 € **Haftung: 100 %**
immVorb: – **MdE: 100 %**

OLG Frankfurt a. M. 9.4.2010 – 13 U 128/09 = BeckRS 2010, 25718

7796

Bauchverletzung nach Bauchdeckenstraffung und nachfolgend misslungene funktionelle Rekonstruktion der Bauchdecke; hierzu führt der OGH aus: „Im Stehen vermag die Bauchdeckenrekonstruktion die Last des Gekröses ohne Bauchbinde nicht zu halten, ohne Bauchbinde käme es aufgrund der Insuffizienz der rekonstruierten vorderen Bauchwand zu einem vollständigen Prolaps des Gekröses. Aus diesem Grund muss die Klägerin ein Bauchmieder dauerhaft über 24 Stunden, 7 Tage die Woche tragen, dies auch künftig bis an ihr Lebensende. Sie leidet unter ständigen Druckschmerzen im Bauchraum, die sowohl durch das eingesetzte Netz von innen als auch von außen durch das Mieder, das sie rund um die Uhr tragen muss, hervorgerufen werden. Gegen diese tiefen, viszeralen Schmerzen zeigen Schmerzmittel in ihrem Zustand keine Wirkung. Beim Entfernen des Bauchmieders ist die Klägerin gezwungen, sich den Inhalt des Bauchraums mit beiden Händen zu halten, weil die durch multiple Operationen rekonstruierte vordere Bauchdecke den Inhalt des Bauchraums nicht mehr suffizient zu stützen vermag. Das Fehlen einer funktionstüchtigen Bauchdecke beeinträchtigt sie nicht nur im Stehen, sondern infolge schmerzhaften Lagewechsels auch beim Liegen und beim Sitzen. Die Klägerin ist nicht imstande, sich durch Aktivieren der Bauchpresse aufzusetzen. Da sie die Bauchpresse auch im Sitzen nicht aktivieren kann, kommt es zu Problemen und Beeinträchtigungen bei alltäglichen Tätigkeiten, unter anderem auch beim Stuhlgang. Die Vielzahl der Operationen in Vollnarkose belastete ihren Gesamtorganismus in psychischer (depressive Verstimmung, Antriebslosigkeit und rasche Erschöpfbarkeit) und physischer Hinsicht deutlich und führte zu einer Reduktion ihrer kognitiven Fähigkeiten. Die Klägerin befindet sich seit dem Eingriff durch den Beklagten regelmäßig in psychologischer Therapie und nimmt täglich Psychopharmaka ein."

Frau. Arzthaftung im Zusammenhang mit einer Schönheitsoperation in Form einer Mini-Abdomen-Plastik bzw. Bauchdeckenstraffung. Dieser operative Eingriff wurde vom Beklagten mangelhaft ausgeführt und es kam zu gravierenden gesundheitlichen Problemen mit einer extrem langwierigen Heilbehandlung mit insgesamt 3 stationären Aufenthalten und insgesamt 39 Operationen und massivem Dauerschaden: Bewegungseinschränkungen, Gehbehinderung, entstellende Narben am Rücken (33 cm) und Oberschenkel (36 cm), im Bauchbereich sind – aufgrund des nahezu vollständigen Fehlens der vorderen Bauchwand -„Gekrösebewegungen" sichtbar; der Bauchnabel fehlt. Bei der Schmerzensgeldbemessung wurde bereits von der Vorinstanz berücksichtigt, dass die Klägerin auch zukünftig an massiven Schmerzen leiden werde und aufgrund des gravierenden Einschnitts in ihr Leben psychisch alteriert sei. Der OGH betonte jedoch zudem, dass die inflationsbedingte Geldentwertung sowie die Entwicklung der Rechtsprechung hinsichtlich der Schmerzensgeldbemessung und insofern die tendenziell höheren Schmerzensgeldbeträge bei außergewöhnlich gravierenden Dauerschäden und dauerhaftem Leid ein deutlich erhöhtes Schmerzensgeld rechtfertigen können, dessen Höhe sich nicht ausschließlich an früheren Entscheidungen oder starren Bemessungsmodellen orientieren dürfe. Vor diesem Hintergrund hob der OGH den vorinstanzlich mit nur 270.000 EUR angesetzten Schmerzensgeldbetrag an. [vgl. dazu auch ZVR 2026, 182]

Betrag: 320.000 € **Haftung: 100 %**
immVorb: – **MdE: –**

OGH Österreich 16.10.2025 – 6 Ob 132/25t = BeckRS 2025, 29555

b) Magenverletzungen und

4454

Übelkeit wegen Narkosemittelunverträglichkeit.

46j. Frau. Arzthaftung (hier: Grober Behandlungsfehler des Anästhesisten. Das OLG betonte, Ärzte müssten sich regelmäßig fortbilden und aktuelle wissenschaftliche Erkenntnisse zeitnah umsetzen. Im konkreten Falle hätte der Arzt der Klägerin ein seit 2004 bekanntes Medikament gegen die Begleiterscheinungen des Narkosemittels verabreichen müssen. Dies hatte er unterlassen). Die Beschwerden in Form heftiger Übelkeit dauerten 3 Tage.

Betrag: 1.000 € **Haftung: 100 %**
immVorb: – **MdE: –**

OLG Koblenz 20.6.2012 – 5 U 1450/11 = BeckRS 2012, 13117

7398

Magenverletzungen und Speiseröhrenverletzungen, schwere (hier: Schwere Verätzungen Schwere Verätzungen von Speiseröhre und Magen mit Schwellungen und Zersetzungen der Zellen der Speiseröhre und des Magens (ösophageale und gastrale Kolliquationsnekrosen) sowie ein ausgeprägtes diffuses Schleimhauterythem mit Ödem und Magengeschwür, entzündliche Veränderungen mit Geschwüren in der unteren Speiseröhre und eine Insuffizienz des Muskels am Übergang zwischen Magen und Speiseröhre. Psychische Beeinträchtigungen mit Niedergeschlagenheit und Albträumen.

29j. Mann (Fitnesstrainer). Lebensgefahr, künstliches Koma. 13 Tage stationäre Behandlung. Der Kläger wurde zunächst unter maschineller Beatmung in ein künstliches Koma versetzt und nach Extubation am dritten Behandlungstag in die Universitätsklinik Köln verlegt, wo er zunächst künstlich ernährt wurde. Ab dem 11 Behandlungstag begann eine Ernährung mit Brei- und Flüssigkost. Dauerschaden: Berufsaufgabe als Fitnesstrainer. Magenschmerzen bei Belastung und Aufregung. Mindestens einmal in der Woche Durchfälle und Magenkrämpfe mit teilweise sehr starken Schmerzen, in deren Folge er teilweise erbrechen muss. Wegen der Schwere der erlittenen Verletzungen muss der Kläger ab dem Jahr 2036 jährlich Routine-Biopsien vornehmen lassen, da es nach 20 Jahren zur Entstehung von Narben-Karzinomen kommen kann. [Ursache: Verkehrssicherungspflichtverletzung: Aufbewahrung von Reinigungsmittel (hier: Ammoniak) in einer Limonadenflasche im Kühlschrank. Die ihm obliegende Verkehrssicherungspflicht verletzt, wer Ammoniak bzw. einen gefährlichen, gesundheitsschädlichen Stoff in einer nicht besonders kenntlich gemachten Limonadenflasche und somit in gänzlich ungeeigneter Weise lagert und dabei für andere Personen, die sich in seinem Geschäftslokal aufhalten, zugänglich macht. Vgl. dazu auch BGH BeckRS 1968, 105470 – Hausfrau verwahrt Bierflasche mit Natronlauge im Bad].

Betrag: 18.750 € **Haftung: 75 %**
immVorb: Ja **MdE: –**

LG Köln 24.9.2021 – 12 O 459/19 = BeckRS 2021, 56260

5657

Magenverlust (hier: Totale Magenentfernung bzw. Magenresektion nach fehlerhaftem pathologischen Untersuchungsbefund. Infolgedessen kam es zum typischen Dumping-Symdrom mit ständiger Übelkeit, Schweißausbrüchen und belastenden Blähungen. Darüber hinaus steht fest, dass es in den letzten Jahren wiederholt zu schmerzhaften Nierensteinbildungen gekommen ist. Psychische Beeinträchtigungen).

54j. Mann. Arzthaftung (hier: Behandlungsfehler im Zusammenhang mit regelmäßig auftretenden kolikartigen Oberbauchbeschwerden. Man entnahm mehrere Gewebeproben, die man zur histologischen Begutachtung in das Institut für Pathomorphologie in … übersandte. Dort wurde Magenkrebs diagnostiziert. Infolge dieser Fehldiagnose wurde dem Kläger der Magen entfernt. Dauerschaden: Magenverlust bzw. Totaler Verlust des Magens. Hierzu führte das OLG aus: „Schließlich ist nachzuvollziehen, dass der Kläger durch den Verlust des Organs und die damit verbundenen negativen Begleiterscheinungen niedergeschlagen und psychisch belastet ist. Die dem Beklagten anzulastende gesundheitliche Beeinträchtigung ist insgesamt geeignet, die Lebensführung des Patienten nachteilig zu beeinflussen; zum Ausgleich dessen ist das bereits vom Landgericht mit zutreffenden Erwägungen zuerkannte Schmerzensgeld erforderlich“.

Betrag: 40.903 € **Haftung: 100 %**
immVorb: Ja **MdE: –**

OLG Düsseldorf 17.12.1998 – 8 U 73/98 = BeckRS 1999, 2629

5278

Magenverletzung (hier: Zweifach fehlerhafte Magenoperation. Die Fixation des Magens beim Ersteingriff wurde als einfacher Behandlungsfehler eingestuft. Bei der Folge-OP wurde der Magen nicht in der richtigen Weise positioniert und befestigt. Die Nähte wurden fehlerhaft so gesetzt, dass es erneut zu einem Abkippen und einer Verdrehung des Magens gekommen ist.)

47j. Frau. Langwierige Heilbehandlung: „Zunächst waren eine Bauchdeckenrevision, eine großflächige Exzision und ein primärer Wundverschluss notwendig geworden. Anschließend nahmen die Ärzte erneut eine Ballonerweiterung der Speiseröhre im Übergang zum Magen vor. Letztlich erfolgte noch eine Narbenrevision“ Insgesamt hat die Klägerin eine Vielzahl von Eingriffen über sich ergehen lassen müssen, die teilweise erhebliche nachteilige Folgen nach sich gezogen haben. Dauerschaden: Schmerzen. Die Klägerin ist auf Dauer „erheblich beeinträchtigt … und wird auch ihr gesamtes weiteres Leben lang in nicht unerheblichem Umfang zumindest in Form abdomineller Belastungsschmerzen beeinträchtigt sein“, so das OLG. Arzthaftung / grober Behandlungsfehler im Zusammenhang mit einer Magenverletzung. [Lesenswert zum Thema Behandlungsfehler bei Folgebehandlung: „Wird aufgrund eines ärztlichen Behandlungsfehlers ein weiterer Eingriff erforderlich und fehlerhaft durchgeführt, hat der erstbehandelnde Arzt auch für diesen Behandlungsfehler grundsätzlich zu haften. Der Zurechnungszusammenhang kann dann unterbrochen sein, wenn der zweitbehandelnde Arzt die ärztliche Sorgfaltspflicht in außergewöhnlich hohem Maße verletzt (besonders grober Behandlungsfehler). Die Annahme allein eines groben Behandlungsfehlers unterbricht den Zusammenhang dagegen nicht. (amtlicher Leitsatz)“]. Weitere Fundstelle: FD-MedizinR 2017, 386856.

Betrag: 70.000 € **Haftung: 100 %**
immVorb: Ja **MdE: –**

OLG Hamm 15.11.2016 – 26 U 37/14 = BeckRS 2016, 20759

c) Darmverletzungen

7799

Darmspiegelung / Koloskopie (hier: „Typische Schmerzen im Rahmen einer Untersuchung, die allenfalls kurzzeitig aufgetreten sind“).

Frau. Kein Schmerzensgeld und insofern auch keine Arzthaftung im Zusammenhang mit einer Darmspiegelung bzw. Koloskopie. „Typische Schmerzen, die im Rahmen einer Koloskopie auftreten, rechtfertigen auch dann kein Schmerzensgeld, wenn der Behandler zuvor eine nach dem Standard angemessene Sedierung versäumt hatte“, so das OLG Dresden.

Betrag: – **Haftung: –**
immVorb: – **MdE: –**

OLG Dresden 14.10.2025 – 4 U 781/25 = BeckRS 2025, 29296

6685

Darmspiegelung mit bescheinigter hochgradiger plattenepithelialen Dyplasie der Analschleimhaut“ (AIN III).

Frau (Krankenschwester). Keine Arzthaftung gemäß § 630a, 630b und 630c BGB im Zusammenhang mit einer Darmspiegelung, wenn der behandelnde Arzt den Befund nicht rechtzeitig an das Krebsregister meldet. „Eine solche Haftung entfällt schon deshalb, weil der geltend gemachte Schaden nach Art und Entstehungsweise nicht unter den Schutzzweck der verletzten Norm fällt. Das Landeskrebsregistergesetz verfolgte im maßgeblichen Zeitraum im Jahre 2013/2014 den Zweck, eine für wissenschaftliche und empirische Krebsforschung notwendige Datenbasis unter Achtung des informationellen Selbstbestimmungsrechts des einzelnen betroffenen Krebspatienten zu schaffen. Sein Zweck war in keiner Weise die individuelle therapeutische Behandlungsoptimierung“, so das OLG. [Anmerkung: Das OLG befasst sich ausführlich mit vertragstypischen Pflichten beim

Behandlungsvertrag im Zusammenhang mit den oben genannten Normen.]

Betrag: – **Haftung: –**
immVorb: – **MdE: –**

OLG Karlsruhe 11.3.2020 – 7 U 10/19 = BeckRS 2020, 3231

5086

Darmbeschwerden / Gastroenteritis [= Schleimhautentzündung von Magen (Gastritis) und Dünndarm (Enteritis)], im Volksmund auch Magen-Darm-Erkrankung genannt infolge derer der Kläger an einem schweren Brech-Durchfall erkrankte.

Mann. 9 Tage Bettlägrigkeit und somit „nutzloser“ Urlaub. Reiseveranstalterhaftung (hier: Bakterieller Verunreinigung [Verunreinigung mit Fäkalkeimen] des Meerwassers im Badestrandbereich des gebuchten Hotels.) [Anmerkung: Neben dem Ehemann erkrankten auch dessen Ehefrau sowie die beiden Kinder; jedem wurde ein Schmerzensgeld von 500 EUR zuerkannt].

Betrag: 500 € **Haftung: 100 %**
immVorb: – **MdE: –**

LG Köln 24.8.2015 – 2 O 56/15 = BeckRS 2015, 16663

5387

Darmverletzung (hier: deutliche postoperative Dünndarmatonie, infolge derer der Patient nach ca. 4 Stunden verstarb)

Mann. Die Klägerin ist die Tochter und Erbin des verstorbenen Patienten. Grober Behandlungsfehler (vgl. BGH BeckRS 2011, 29798) im Zusammenhang mit einer Darmerkrankung (Darmatonie). Der Patient verstarb schließlich an einem Darmverschlusses und der sich wahrscheinlich entwickelnden Sepsis. „Für die Höhe des Schmerzensgeldes sind im Wesentlichen die vom Patienten zwischen 3.30 Uhr und seinem Tod vor 7.15 Uhr erlittenen Leiden maßgeblich“, so das OLG, das das vom LG auf 4.000 EUR festgesetzte Schmerzensgeld auf 2.000 EUR reduzierte, da „nicht als sicher angenommen werden [konnte], dass die vom Patienten empfundenen Beschwerden zunahmen, sich besonders ausgeprägte Schmerzen einstellten, der Patient einen Todeskampf durchmachte oder den Sterbensprozess bewusst miterlebte“, so das OLG.

Betrag: 2.000 € **Haftung: 100 %**
immVorb: – **MdE: –**

OLG Köln 5.3.2018 – 5 U 98/16 = BeckRS 2018, 6927

3561

Blinddarmdurchbruch, der verspätet operiert wurde, weshalb es zu vermeidbaren Schmerzen kam.

Mann. Komplizierte Heilbehandlung. Arzthaftung wegen verzögertem Operationsbeginn.

Betrag: 3.100 € **Haftung: 100 %**
immVorb: Ja **MdE: –**

OLG Düsseldorf 6.3.2003 – 8 U 105/02 = BeckRS 9998, 4949

3689

Darmverletzung (hier: Dünndarmperforation).

Frau (Hausfrau). 9 Tage stationär, Intensivstation. MdE 7 Wochen 100 % anschließend 4 Wochen 30 %. Sehr starke Schmerzen. Dauerschaden: Große Narbe vom Nabel bis zum Unterleib. Arzthaftung (hier: Behandlungsfehler, den das OLG jedoch als nicht besonders schwer beurteilte.)

Betrag: 5.113 € **Haftung: 100 %**
immVorb: Ja **MdE: –**

OLG Oldenburg 15.2.2000 – 5 U 165/99 = BeckRS 2000, 167994

2810

Organverletzung (hier: Darmperforation infolge derer vorübergehend ein künstlicher Darmausgang gelegt werden musste)

Frau. Arzthaftung (Aufklärungspflichtverletzung: Bei Aufklärung „wäre Sie mit 1 Operation“ ohne künstlichen Darmausgang [Darmausgang, künstlicher] ausgekommen!).

Betrag: 5.113 € **Haftung: 100 %**
immVorb: – **MdE: –**

OLG Koblenz 24.8.1999 – 3 U 1078/95 = BeckRS 9998, 54699

6229

Darmverletzung (hier: Zahlreiche freie Darmdurchbrüche bzw. Darmperforationen und eine generalisierte eitrige Bauchfellentzündung [= sogenannte 4-Quadranten-Peritonitis des Bauchraums]).

13j. Kind (Schüler). Lebensgefahr. Arzthaftung (hier: Befunderhebungsfehler und Behandlungsfehler im Zusammenhang mit einer Morbus Crohn-Behandlung. Der Kläger musste „notfallmäßig operiert [werden], wobei multiple freie Durchbrüche der Darmwand und eine generalisierte eitrige 4-Quadranten-Peritonitis des Bauchraums festgestellt wurden. Dem Kl. wurde ein künstlicher Darmausgang gelegt. Im Rahmen der operativen Rückverlegung des künstlichen Ausgangs … musste die Ileozökalklappe [= Übergang Dünndarm-Dickdarm] entfernt werden“, so das OLG. Bei einer frühzeitigen Operation hätte – so das OLG weiter – „die Perforation des Darms … übernäht werden können, so dass der notfallmäßige Verlauf, der septische Schock und der eingetretene Darmverlust und das Legen eines künstlichen Darmausgangs hätten verhindert werden können“.

Betrag: 12.000 € **Haftung: 100 %**
immVorb: Ja **MdE: –**

OLG Zweibrücken 24.4.2007 – 5 U 2/06 = BeckRS 2008, 522

4946

Bauchverletzung / Darmverletzung (hier: Zurücklassen eines Bauchtuches im Darm des Klägers).

Mann. Arzthaftung (hier: Zurücklassen eines Bauchtuchs nach einer OP. Das Bauchtuch wurde im Darm des Klägers vergessen. Die Beklagte bestritt zunächst, das Bauchtuch dort vergessen zu haben. Da aber das Tuch nur durch die konkrete OP implementiert werden konnte, genügte dem OLG das „Fehlen vernünftiger Zweifel“ zur Überzeugungsbildung aus.)

Betrag: 15.000 € **Haftung: 100 %**
immVorb: – **MdE: –**

OLG Hamm 18.1.2013 – 26 U 30/12 = BeckRS 2013, 13595

3977

Blinddarmdurchbruch nach verkannter Blinddarmentzündung infolge unvollsändiger Diagnostik; es kam zu einer Bauchdeckenphlegmone und einem Dünndarmileus.

Mann. 6 Wochen stationär. Komplizierte Heilbehandlung. Arzthaftung (hier: Diagnosefehler und Behandlungsfehler

Betrag: 17.895 € **Haftung: 100 %**
immVorb: Ja **MdE: –**

OLG Düsseldorf 22.11.2001 – 8 U 192/00 = BeckRS 2004, 11340

3794

Darmverletzung / Darmverschluss (hier: Darmverschluss und „Anlage eines Tracheostomas" [= Luftrörenschnitt] nach fehlerhafter Operation).

58j. Frau. „Mehrmonatige stationäre Krankenhausbehandlung", zu der es infolge des Behandlungsfehlers gekommen war. Dauerschaden: Lungenfunktionsbeeinträchtigung, Berufsunfähigkeit, verminderte Leistungsfähigkeit. Arzthaftung: Behandlungsfehler und Aufklärungspflichtverletzung.

Betrag: 20.000 € **Haftung: 100 %**
immVorb: Ja **MdE: –**

LG Köln 9.4.2008 – 25 O 72/05 = BeckRS 2008, 9192

2915

Darmverletzung / Peritonitis [Bauchfellentzündung] (hier: Durch Verwendung eines Thermokauters verursachter Hitzeschadens mit Eröffnung der Darmwand in Form einer Dünndarmperforation).

Mann. Arzthaftung (hier: Mehrfach Behandlungsfehlerhaft herbeigeführte und verspätet therapierte Peritonitis); Lebensgefahr! Erhebliche Heilungsverzögerung.

Betrag: 20.452 € **Haftung: 100 %**
immVorb: – **MdE: –**

LG Nürnberg-Fürth 29.3.2001 – 4 O 4382/99 = BeckRS 2001, 12846

3317

Organverletzungen (hier: Zwölffingerdarmverletzung; Hohlvenenverletzung; Nervverletzung [nervus vagus] mit Kältegefühl im rechten Fuß; vergrößerter Bauchschnitt mit Narben bzw. Nähten an der Bauchwand; seelische Belastungen.

Kind. Arzthaftung (hier: Aufklärungspflichtverletzung der Eltern bei Laparoskopie des Kindes). [vgl. auch → Nr. 2915].

Betrag: 23.000 € **Haftung: 100 %**
immVorb: Ja **MdE: –**

LG Freiburg 13.8.2004 – 2 O 78/04 = BeckRS 2004, 153754

2919

Bauchverletzung / stumpfes Bauchtrauma mit Darmverletzung (hier: Dünndarmperforation), zweiseitige ausgedehnter Milzriss sowie Prellungen und Zerrungen.

32j. Frau (Krankenschwester). „Viele Operationen und Krankenhausaufenthalte". Dauerschaden: Schwere Bauchraumverwachsungen, Gehbehinderung in Form einer Gangbildveränderung.

Betrag: 30.678 € **Haftung: 100 %**
immVorb: – **MdE: –**

OLG Hamm 17.1.2001 – 13 U 101/00 = BeckRS 2001, 30154834

2625

Organverletzung/ Dickdarmverlust (hier: Bauchschuss mit nachfolgender operativer Dickdarmentfernung und zweimaliger Dickdarmausgangzurückverlegung. Erhebliche neurologische Beschwerden mit Schmerzen beim längeren Sitzen!)

Mann (Metzger). 9 Tage Intensivstation; 36 Tage stationär; Dauerschaden; Dickdarmausgangzurückverlegung; 2 große Narben. [Bauchschussverletzung; vorsätzliche Körperverletzung].

Betrag: 35.790 € **Haftung: 100 %**
immVorb: – **MdE: –**

OLG Saarbrücken 9.9.1997 – 4 U 897/96 – 197 = BeckRS 1997, 12817

4492

Darmverletzung (hier: Darmtumorentfernung mit künstlichem Darmausgang).

Frau; Arzthaftung (amtlicher Leitsatz: „Zur Einstandspflicht des Arztes für die Folgen eines Zweiteingriffs durch einen nachbehandelnden Arzt, der erforderlich wird, weil dem vorbehandelnden Arzt beim Ersteingriff ein Behandlungsfehler unterlaufen ist". Zur Kausalität führt der BGH aus: „ Die Bekl. hätte durch die Verletzung ihrer Verpflichtung, den bei der Kl. festgestellten Tumor zu entfernen, die Notwendigkeit einer Nachoperation herbeigeführt und die Kl. damit dem Risiko des Eintritts operationimmanenter Risiken durch die zweite OP ausgesetzt".

Betrag: 40.000 € **Haftung: 100 %**
immVorb: Ja **MdE: –**

BGH 22.5.2012 – VI ZR 157/11 = BeckRS 2012, 11835

4759

Darmverletzung, schwere (hier: Darmperforation nach Darmspiegelung wegen des Verdachts auf eine Morbus-Crohn-Erkrankung. Es kam zur Bauchfellentzündung. Vorübergehend musste ein künstlicher Darmausgang gesetzt werden. Die Milz wurde entfernt und die Kl. in ein künstliches Koma versetzt).

55j. Frau. Lebensgefahr. 4 Operationen mit teilweise künstlichem Darmausgang und Milzverlust. Die Klägerin litt an erheblichen Schmerzen. Arzthaftung (hier: Aufklärungspflichtverletzung im Zusammenhang mit einer Darmspiegelung bzw. Koloskopie, bei der der behandelnde Arzt den Darm der Klägerin durchbohrt bzw. „kleinfingerstark perforiert" hatte; auf das Erhöhte Risiko einer solchen Perforation beim Verdacht auf eine Morbus-Crohn-Erkrankung wurde die Kl. nicht hingewiesen).

Betrag: 40.000 € **Haftung: 100 %**
immVorb: Ja **MdE: –**

OLG Frankfurt a. M. 30.3.2012 – 8 U 89/11 = BeckRS 2013, 22735

4278

Darmverletzung (hier: Tumorentfernung / künstlicher Darmausgang; weitere Informationen siehe unter Einzelheiten).

Frau. 30 Tage stationär. Langwierige Heilbehandlung. Vier Jahre künstlicher Darmausgang. Dieser verbleibt ggf. auf Dauer! Arzthaftung: (hier: Verzögert durchgeführte Tumorentfernung, die das OLG als groben Behandlungsfehler wertete. Es sei, so das OLG „schlichtweg unverständlich ..., dass der Beklagte zu 2 vor Durchführung der Operation sich nicht vergewissert hat, welche Darmteile zu entfernen sind. Wenn der Beklagte zu 2 nicht nur den Polypen entfernt hätte, sondern auch den bösartigen Tumor, wäre der zweite Eingriff nicht erforderlich geworden".

Betrag: 40.000 € **Haftung: 100 %**
immVorb: Ja **MdE: –**

OLG München 21.4.2011 – 1 U 2363/10 = BeckRS 2011, 12191

4231

Gehirnverletzung (hier: Nervverletzung / Verletzung des nervus vagus. Dieser größte Nerv des Parasympathikus ist an der Regulierung nahezu sämtlicher inneren Organe beteiligt und steuert diese vegetativ und motorisch. Beim Kläger wurde insofern die Magen- und Darmfunktion erheblich und auf Dauer beeinträchtigt. [daher die Einsortierung unter Kapitel A.08-c].

47j. Mann. Stationäre Heilbehandlung mit drei Aufenthalten. Dauerschaden: Stets sehr spontane Darmentleerung; Darmfunktionsstörung; psychische Beeinträchtigung.

Betrag: 40.000 € **Haftung: 100 %**
immVorb: Ja **MdE: –**

LG Osnabrück 17.9.2008 – 2 O 2889/06 = unveröffentlicht

4218

Darmverletzung in Form einer Dickdarmverletzung durch Darmperforation.

Mann. Stationäre Behandlung. 3 Operationen. Arzthaftung: Darmperforation bei einer Darmspiegelung mittels Endoskop.

Betrag: 70.000 € **Haftung: 100 %**
immVorb: Ja **MdE: –**

OLG Oldenburg 27.5.2009 – 5 U 43/08 = BeckRS 2010, 3956

5548

Darmverletzung / Darmresektion und das damit verbundene Risiko eines Kurzdarmsyndroms. Teilweise künstlicher Darmausgang.

59j. Frau. Arzthaftung (hier: Befunderhebungsfehler im Zusammenhang mit einem Darmverschluss im Oberbauch. Daraufhin wurde durch die Beklagte zu 2) notfallmäßig eine Revisionsoperation durchgeführt, bei der der erneute Darmverschluss beseitigt wurde. Dauerschaden: Durchfälle und Belastungsbeeinträchtigungen. Im Rahmen dieser Operation wurden ein großer Teil des Dünndarms der Klägerin entfernt und zwei künstliche Darmausgänge angelegt). Bei der Bemessung des Schmerzensgelds hat LG insbesondere berücksichtigt, „dass die Klägerin, die ein selbstständiges und eigenständiges Leben vor der Darmresektion führen konnte, nunmehr für die Dauer ihres restlichen Lebens eine erhebliche Einschränkung in ihrer Lebensqualität hinzunehmen hat, die sie sozial ausgrenzt. Insbesondere durch die häufigen Durchfälle ist die Klägerin in ihrer Mobilität und Alltagsplanung stark eingeschränkt. Die Klägerin ist darüber hinaus körperlichen Belastungen wie Heben nur begrenzt gewachsen". Schmerzensgelderhöhend wurde auch die unnötige Beeinträchtigung durch die Leidenserhöhung / Leidensverzögerung für die Dauer von vier Tagen berücksichtigt.

Betrag: 75.000 € **Haftung: 100 %**
immVorb: Ja **MdE: –**

LG Köln 10.1.2017 – 3 O 272/10 = BeckRS 2017, 150584

5143

Darmverletzung (hier: Dünndarmverletzung durch den Verlust eines bestimmten Teils des Dünndarms [Dünndarmteilverlust – 60 cm Ileum] die Unmöglichkeit, Gallensäure rückzuresorbieren).

Mann. Arzthaftung im Zusammenhang mit einer Dünndarmoperation. Der Kläger musste sich deshalb „einer schwerwiegenden Revisionsoperation ... unterziehen [und] ... nachdem ... er anschließend in lebensbedrohlichem Zustand in das Klinikum H ... verlegt worden war, musste er sich in der Zeit vom 25. Januar bis zum 27. März 2001 insgesamt neun, teilweise schwierigsten operativen Eingriffen unterziehen", so das OLG. Dauerschaden: Mobilitätseinschränkung („durch häufige Durchfälle weitestgehend auf die unmittelbare Nähe von Toiletten beschränkt"); Schmerzhaftigkeit der Nahrungsaufnahme, Der Kläger ist darüber hinaus körperlichen Belastungen wie Heben, Bücken oder Stehen nur begrenzt gewachsen. Psychische Beeinträchtigungen in Form chronischer Anpassungsstörung und depressiver Verstimmung.

Betrag: 75.000 € **Haftung: 100 %**
immVorb: Ja **MdE: –**

OLG Oldenburg 16.7.2007 – 5 U 164/04 = unveröffentlicht

5787

Darmverletzung, schwere (hier: Verlust eines bestimmten Teils des Dünndarms (60 cm Ileum) nach Eingeweidebruch).

Mann (Metallarbeiter). Arzthaftung (hier: Behandlungsfehler im Zusammenhang mit Verwachsungen zwischen Darm und Bauchdecke und einem Zwerchfelldurchbruch). Dauerschaden: MdE 100 %. Es besteht die Unmöglichkeit, Gallensäure rückzuresorbieren, so dass die vom Kläger angegebene Schmerzhaftigkeit der Nahrungsaufnahme nachvollziehbar und seine Mobilität durch häufige Durchfälle weitestgehend auf die unmittelbare Nähe von Toiletten beschränkt ist. Der Kläger ist darüber hinaus körperlichen Belastungen wie Heben, Bücken oder Stehen nur begrenzt gewachsen. Er kann zudem infolge der fehlenden Bauchmuskulatur keine Lasten von mehr als 12 bis 15 Kilo heben. Beim Bücken ist der Kläger durch die sich vorwölbende große Hernie oder den angelegten Stützmieder erheblich behindert. Auch ein längeres Stehen ist nur eingeschränkt möglich. In einem neurologischen Zusatzgutachten wurde ... „als Folge der schweren Darmerkrankung ... eine chronische Anpassungsstörung (erlebnisbedingter Persönlichkeitswandel) mit starkem subjektivem Leiden und emotionaler Beeinträchtigung sowie depressiver Verstimmung ..., die weiter ambulanter nervenärztlicher Behandlung mit Psychotherapie bedürfe", festgestellt.

Betrag: 75.000 € **Haftung: 100 %**
immVorb: – **MdE: 100 %**

OLG Oldenburg 16.5.2007 – 5 U 163/04 = BeckRS 2008, 10426

4850

Darmverletzung, schwere (hier: Kurzdarmsyndrom nach Absterben eines Darmteils und Darmperforation); Osteoporose mit den Wirbelbrüchen und psychische Beeinträchtigungen (hier: Depression).

Frau. Langwierige Heilbehandlung. Arzthaftung: Diagnosefehler / Befunderhebungsfehler / Behandlungsfehler. Vor der Notoperation seien notwendige diagnostische und therapeutische Maßnahmen grob fehlerhaft unterlassen worden. Aufgrund anhaltender Beschwerden und noch nicht ermittelter Ursachen hätte der in Betracht kommende Verschluss des Dünndarms frühzeitig abgeklärt werden müssen, was unterblieben sei. Durch eine frühzeitigere chirurgische Behandlung des Darmverschlusses sei mit hoher Wahrscheinlichkeit das Absterben des Darmteils und die Perforation zu verhindern gewesen. Dauerschaden: Erhebliche Beeinträchtigungen infolge des Kurzdarmsyndroms sowie Arbeitsunfähigkeit.

Betrag: 90.000 € **Haftung: 100 %**
immVorb: Ja **MdE: 100 %**

OLG Hamm 21.11.2014 – 26 U 80/13 = BeckRS 2015, 6910

5133

Darmkrebs / Tod (hier: Darmkrebserkrankung wegen unterbliebener Koloskopie [Darmspiegelung] im Rahmen einer Krebsvorsorgeuntersuchung. Die Patientin verstarb unter den für eine Darmkrebserkrankung typischen Qualen – siehe unter Einzelheiten).

57j. Mann. Arzthaftung: „Es stellt einen groben Behandlungsfehler in Form fehlerhafter therapeutischer Aufklärung dar, wenn bei einem wegen familiärer Vorbelastung als Risikopatienten geltenden Patienten im Rahmen einer Krebsvorsorgeuntersuchung der Hinweis unterbleibt, dass eine Koloskopie nach den entsprechenden Leitlinien dringend empfohlen werde". „Ein Schmerzensgeld von 150.000.- EUR ist gerechtfertigt, wenn in Folge eines Darmkrebses mit immer wieder neu auftretenden Metastasen in weiteren Organen mehre-re schwerwiegende Operationen und Chemotherapien sowie die Entfernung we-sentlicher Teile von Darm, Lunge, Leber und Galle notwendig werden, der Patient seine Erwerbsfähigkeit sowie die Fähigkeit verliert, seinen bisherigen Freizeitgestaltungen nachzugehen, und der Patient in ständiger Todesangst leben muss". (Leitsätze 1 und 4 des OLG).

Betrag: 150.000 € **Haftung: 100 %**
immVorb: Ja **MdE: –**

OLG Köln 6.8.2014 – 5 U 137/13 = BeckRS 2014, 17782

4818

Darmverletzung, schwere (hier: Mehrfache Darmperforation und in der Folge auch zu Bronchopneumonie mit septischem Schock und akuter respiratorische Insuffizienz, – Näheres siehe unter Einzelheiten).

48j. Mann. Nahezu 6 Monate stationär, zwei Aufenthalte; mehrere Operationen sowie 19 Lavagen des Bauchinnenraums und 17 Transfusionen mit Erythrozyten-Konzentraten. Hauttransplantation im Bereich der Brustwirbelsäule und chirurgische Debridements der erlittenen Dekubiti, die durch das lange Liegen entstanden sind. Anschließend lange Rehabilitationsmaßnahmen. Arzthaftung (hier: Behandlungsfehler bei Darmspiegelung, es kam zu einer Darmperforation und in der Folge auch zu Bronchopneumonie mit septischem Schock und akuter respiratorische Insuffizienz.). Dauerschaden: Berufsaufgabe; Frühverrentung.

Betrag: 220.000 € **Haftung: 100 %**
immVorb: Ja **MdE: 100 %**

OLG Hamm 3.9.2013 – 26 U 85/12 = BeckRS 2013, 16226

4262

Bauchverletzung, schwere / Organverletzung (hier: Schwere Darmverletzung mit Kurzdarmsyndrom mit einer verbliebenen Dünndarmlänge von nur noch 140 cm und gravierenden Dauerfolgen [s.u.Einzelheiten] und Verschlechterungstendenz. Zudem erlitt der Kläger eine schwere Nierenverletzung: Linke Niere stellt sich als funktionslose Schrumpfniere dar; rechte Niere leicht vergrößert und in ihrer Funktion eingeschränkt mit Verschlechterungstendenz. Milzriss.)

32j. Mann (Selbst. EDV-Berater). Stationäre, langwierige Heilbehandlung. Lebensgefahr! Dauerschaden: Erheblich eingeschränkte Nierenfunktion. Konkret drohender Nierenfunktionsverlust. Kurzdarmsyndrom mit teilweise unkontrolliertem Stuhlabgang (ähnlich Mastdarmlähmung) und ca. sieben bis elf Durchfällen / Tag und dadurch Mobilitätseinschränkung und Ernährungsumstellung mit Diät und kleinen Mahlzeiten. Berufsaufgabe. Lebenspartnerin verließ den Kläger. [Anmerkung: Das OLG begründet die Schmerzensgeldbemessung vorbildlich und zeigt nachvollziehbar auf, dass in derartigen schweren Fällen „in maßvoller Weise" … „großzügiger zu verfahren …".].

Betrag: 250.000 € **Haftung: 100 %**
immVorb: – **MdE: 100 %**

OLG Frankfurt a. M. 9.4.2010 – 13 U 128/09 = BeckRS 2010, 25718

d) Bauchspeicheldrüsenverletzungen

7403

Diabetes Typ-2 (sog. Altersdiabetes), infolge derer das lebenswichtige Hormon Insulin nicht mehr ausreichend wirkt und zum anderen die Bauchspeicheldrüse zu wenig Insulin ausschüttet.

46j. Mann (Vizepräsident eines LG). Kein Schmerzensgeld für die Erkrankung an Diabetes Typ.-2 (Altersdiabetes) als Folge zu hohen Zuckerkonsums: Der Kläger nimmt die Bekl., die deutsche Tochterfirma eines amerikanischen Süßwarenkonzerns, unter dem Gesichtspunkt der Produkthaftung auf Schmerzensgeld sowie zukünftigen Schadensersatz wegen seiner 1998 im Alter von 42 Jahren erlittenen Typ-2-Diabetes-Erkrankung (Altersdiabetes) sowie auf Schadensersatz wegen Zahnschäden in Anspruch. Er führt die Diabetes-Erkrankung auf seine – bedingt durch hohe Arbeitsbelastung – geänderten Essgewohnheiten einhergehend mit dem Verzehr von arbeitstäglich zwei Schokoladenriegeln der Marken „Mars" und „Snickers" sowie dem Genuss von 1 Liter „Coca-Cola" zurück. Das LG wies die Klage ab und wies zur Begründung darauf hin, dass zum einen keine fundierten Hinweis bzw. wissenschaftlich begründete Erkenntnisse dafür vorlägen, dass Zucker unmittelbar ursächlich an der Entstehung von Diabetes mellitus Typ 2 ist. Zum anderen betonte es, es gehöre zum „allgemeinen Erfahrungswissen, dass zum einen übermäßiger Verzehr von Lebensmitteln Übergewicht zur Folge haben kann und dass zum anderen Übergewicht das Risiko erheblicher und dauerhafter Gesundheitsschäden in sich birgt.". [Vgl. hierzu auch OLG Hamm, NJW 2001, 1654, wonach eine Brauerei nicht verpflichtet ist, auf Bierflaschen vor den Gefahren übermäßigen Alkoholkonsums zu warnen.]

Betrag: – **Haftung: –**
immVorb: – **MdE: –**

LG Mönchengladbach 24.4.2002 – 3 O 217/01 = BeckRS 2002, 3907

6595

Bauchspeicheldrüsenverlust und Nierenschädigung mit der Folge von Dialyseabhängigkeit und chronischer Belastungsminderung bei latenter Müdigkeit, Muskelkrämpfen wegen Kraftminderung.

52j. Mann. Arzthaftung im Zusammenhang mit einer kombinierten Nieren- und Pankreastransplantation; zur Vermeidung von Abstoßungsreaktionen war er nachfolgend auf die Einnahme von Immunsuppressiva angewiesen. Der Beklagten war insofern als grober Befunderhebungsfehler anzulasten, dass der Tacrolimus-Spiegel nicht überwacht worden ist, so dass es letztlich zum Bauchspeicheldrüsenverlust und einer Nierenschädigung kam. Über 3 Monate stationär. Dauerschaden: Dialyseabhängigkeit, chronischer Belastungsminderung sowie „latente Müdigkeit, Muskelkrämpfe wegen Kraftminderung nach Transplantationsversagen und die Notwendigkeit eines halbjährlich zu wechselnden Harnleitersstents".

Betrag: 85.000 € **Haftung: 100 %**
immVorb: Ja **MdE: –**

OLG Köln 11.10.2019 – 26 U 149/17 = BeckRS 2018, 33098

e) Gallenblasenverletzungen

5190

Bauchschmerzen, Fieber und Erbrechen als Folge einer verspätet durchgeführten aparoskopische Cholezystektomie [= Standardoperation in der minimal-invasiven Chirurgie im Bereich der Gallenblase.]

45j. Frau. Arzthaftung (hier: Behandlungsverzögerung im Zusammenhang mit einer Gallenblasenoperation: Die Klägerin musste hierdurch bedingt für die Dauer von 5 Tagen unnötige Beschwerden erdulden. Diese Beschwerden zeigten sich in Form von Erbrechen, Fieber und Bauchschmerzen.)

Betrag: 2.000 € **Haftung: 100 %**
immVorb: – **MdE: –**

OLG Oldenburg 11.3.2015 – 5 U 26/12 = BeckRS 2015, 127950

5868

Gallenblasenverletzung (hier: Übersehen eines in der Bauchhöhle zurückgebliebenen Gallensteins, der während der vom Beklagten durchgeführten Laparotomie bei der akzidentellen Eröffnung der Gallenblase in den Bauchraum gelangt und dort belassen worden war und zur Entzündung und zum Abszess führte).

56j. Frau. Über zwei Jahre Schmerzen aufgrund des behandlungsfehlerhaften Zurücklassen des Gallensteins. Arzthaftung (hier: Übersehen eines Gallensteins). Die Klägerin musste zudem sich einer weiteren Revisionslaparotomie unterziehen, die im Falle einer den Regeln der ärztlichen Kunst entsprechenden Behandlung hätte vermieden werden können.

Betrag: 7.000 € **Haftung: 100 %**
immVorb: – **MdE: –**

LG Mönchengladbach 14.6.2005 – 6 O 176/04 = BeckRS 2010, 16321

3263

Gallenblasenentfernung. Nachfolgend kam es zu einer hochgradigen Stenose im proximalen Drittel des Gallenganges, wodurch ein ordnungsgemäßiger Gallenabfluss verhindert wurde. Es wurde daraufhin eine Drainage gelegt. Mangels Aufklärung im Bezug auf derartige Risiken, fehlte die Einwilligung, sodass der Eingriff rechtswidrig war.

25j. Frau. Arzthaftung (hier: Aufklärungspflichtverletzung; dazu führte das OLG aus: „Von einer im Jahr 92 laparoskopisch durchgeführte Gallenoperation bedurfte es einer besonderes ausführlichen Aufklärung des Patienten über ein mit dieser Technik verbundenes deutliche erhöhtes Risiko einer intraoperativen Gallengangsverletzung"). Die Kl. musste diesbezüglich insgesamt 4mal in stationäre Behandlung und wurde mehrfach operiert. [Lesenswert: Verjährungsproblematik]

Betrag: 13.000 € **Haftung: 100 %**
immVorb: – **MdE: –**

OLG Düsseldorf 25.4.2003 – 8 U 65/02 = BeckRS 2003, 6576

7061

Gallenblasenverlust nach Gallenblasenausriss. Zudem erlitt die Klägerin weitere Organverletzungen (Lungenverletzung in Form einer rechtsseitigen Kontusion des Lungenunterlappens und des ventralen Lungenmittellappens wobei die Lunge primär geprellt und nicht gequetscht worden sei; diskrete Leberlappenkontusion und Bauchspeicheldrüsenkontusion), die jedoch – so der med. Gutachter – „keinerlei Auswirkungen für die Klägerin gehabt" hätten. Eine weitere schwere Verletzung war jedoch die Oberschenkelfraktur in Form einer dislozierten proximale Femurschaftfraktur links, die jedoch „folgenlos ausgeheilt" sei.

9j. Kind (Schülerin). 6 Tage Intensivstationäre Behandlung mit Notoperation, da die im Bereich der Fraktur verlaufende Hauptschlagader abgedrückt worden war. Der Oberschenkelknochen wurde mit vier Marknägeln stabilisiert. Die Gallenblase wurde entfernt. Die Klägerin erhielt insofern Blasen- und Venenkatheter. Insgesamt war die Klägerin 9 Tage stationär. Krankgeschrieben war sie 42 Tage zu 100 % und weitere 16 Tage zu 50 %. 42 Tage nach dem Unfall durfte die Klägerin erstmals ohne Krücken laufen; aus Angst nahm sie über einen Zeitraum von 3 Monaten eine extreme Schon- und Fehlhaltung ein. Abschluss der Heilbehandlung 10 Monate nach dem Unfall. Folgenlose Verheilung der Oberschenkelfraktur. Dauerschaden: Gallenblasenverlust infolge dessen es nicht ausgeschlossen werden kann, dass es „zu regelmäßig auftretenden Bauchschmerzen und Übelkeit komme". Zudem verblieben Narben – eine ca. 7 cm lange Narbe am linken Oberschenkel und drei Narben jeweils von der Größe einer Ein-Euro-Münze auf der Bauchdecke. Bei der Schmerzensgeldbemessung orientierte sich das LG an den Entscheidungen des OLG Hamm BeckRS 2007, 16910 und des OLG Celle BeckRS 2008, 245.

Betrag: 15.000 € **Haftung: 100 %**
immVorb: Ja **MdE: –**

LG Köln 6.10.2020 – 32 O 398/15 = BeckRS 2020, 60409

2774

Organverletzung (hier: Gallenverletzung; bei einer fehlerhaft vorbereiteten Exstirpation der Gallenblase kam es zu einer Durchtrennung des Hauptgallenganges [Ductus choledochus]. Infolgedessen litt die Kl. unter Depressionen, Schlafstörungen, Ängsten).

Frau. Arzthaftung (hier: Grober Behandlungsfehler wegen Unterlassung röntgologischer Abklärung vor Gallenblasenoperation). Subjektiver Dauerschaden: Depressionen.

Betrag: 15.339 € **Haftung: 100 %**
immVorb: Ja **MdE: –**

OLG Brandenburg 10.3.1999 – 1 U 54/98 = BeckRS 9998, 17640

2812

Organverletzung (hier: Gallenblasenverletzung in Form einer Hauptgallengangdurchtrennung; später kam es infolgedessen zu „entzündlichen Reaktionen", Leberaufstauungen und zu einem erhöhten Gamma-GT-Wert)

29j. Mann. Arzthaftung (hier: Behandlungsfehler – Durchtrennung des sogenannten Ductus choledochus – bei Gallenblasenentfernung). Dadurch wurde der Krankenhausaufenthalt verlängert. Dauerschaden: Antibiotikaeinnahme auf Dauer. Gefahr einer Leberzirrhose.

Betrag: 35.790 € **Haftung: 100 %**
immVorb: Ja **MdE: –**

OLG Hamm 15.3.2000 – 3 U 1/99 = BeckRS 2000, 7637

6271

Gallengangverletzung in deren Folge es zu zahlreichen Komplikationen wie Hepatitis und Entzündungen der Gallengänge [= Cholangitiden] kam.

31j. Frau. 21 Tage (zusätzlich) stationär. Komplikation in Form einer Gelbsucht [= Hepatitis] und zusätzliche Operationen. Nachfolgend traten zudem Entzündungen auf, zu deren Heilung die Klägerin erneut stationär aufgenommen werden musste. Arzthaftung (hier: Befunderhebungsfehler im Zusammenhang mit einer Gallenblasenbehandlung. Dabei wurde nicht erkannt, dass die Klägerin gar keine Gallenblase aufwies [= Agenesie], wodurch es zu einer Durchtrennung des Gallenganges kam).

Betrag: 42.000 € **Haftung: 100 %**
immVorb: Ja **MdE: –**

LG Köln 11.4.2007 – 25 O 93/05 = BeckRS 2009, 15890

5084

Gallenblasenverletzung, schwere … mit massiven Verletzungen der Strukturen im Bereich der Gallenblase [Details der operativen Behandlungsfehler, die im Rahmen der laparoskopisch durchgeführten Gallenblasenentfernung erfolgt waren: siehe unter Einzelheiten] in deren Folge „mehrfach Stenosen der Anastomosen und Entzündungen der Gallengänge durch aufsteigende Darmflüssigkeit auf". Die Klägerin litt unter starken Schmerzen, erhöhter Infektionsgefahr und musste sich einer sehr lange und sehr erheblich beeinträchtigende Folgebehandlung unterziehen und litt dabei unter Dauerschmerzen im Bauchbereich, Leberentzündungen, Juckreiz, Schlafstörungen und Depressionen und einer großen, entstellenden Narbe (siehe unter Einzelheiten).

35j. Mann. Mehrere Wochen stationär; insgesamt 5 Operationen unter Vollnarkose. Arzthaftung in Form eines groben Behandlungsfehlers im Zusammenhang mit einer Gallenblasenoperation, bei der „der Operateur den Ductus Cysticus (Gallenblasengang) versehentlich mit dem Ductus Choledochus (Hauptgallengang)" verwechselte und „darüber hinaus versehentlich noch den Ductus Hepaticus in Höhe der beiden Lebergänge links und rechts" durchtrennte, so der BGH. In Folge dieser Behandlungsfehler, wurden „in vier Eingriffen perkutane transhepatische Cholangiodrainagen zur Ableitung der gestauten Gallenflüssigkeit gelegt werden, deren im Brustbereich vorhandenen "Spülköpfe" alle 2 Wochen gereinigt und sodann drei Monate unter Vollnarkose gewechselt werden mussten. Zudem wurde der Klägerin eine sogenannte Yamakawa-Prothese implantiert, die jedoch 6 Monate später wieder entfernt wurde. Zudem musste die Leber jeweils links und rechts punktiert und verschiedene Katheter eingebracht werden. Dauerschaden: MdE 50 %; 26 bis 30 cm lange, grobwulstige entstellende Narbe über dem Bauch im Brustbereich; Gehörschädigung bzw. Schwerhörigkeit und Sehminderung. [Anmerkungen: Vorinstanz: OLG Zweibrücken BeckRS 2015, 17005 – der BGH verwies wegen der Nichtbeachtung der Gehörschädigung die Sache an das OLG zurück. Ob das OLG das – meiner Ansicht nach zu geringe – Schmerzensgeld wegen der, angesichts der Gesamtfolgen eher geringen Einzelgewichtung der Gehörverletzung anheben wird, ist fraglich].

Betrag: 45.000 € **Haftung: 100 %**
immVorb: Ja **MdE: 50 %**

BGH 15.9.2015 – VI ZR 431/14 = BeckRS 2015, 16969

f) Harnblasenverletzungen und Harnwegsverletzungen

3887

Harnleiterverletzung (hier: Verzögerung der Behandlung des Harnleiterverschlusses).

50j. Frau. Arzthaftung: Behandlungsfehler in Form verspäteter Ultraschalldiagnose der Niere. Es kam zu einer schmerzhaften Leidensverzögerung um 7 Tage.

Betrag: 500 € **Haftung: 100 %**
immVorb: – **MdE: –**

OLG Düsseldorf 17.12.1998 – 8 U 79/98 = BeckRS 1998, 153618

7565

Harnwegsinfektion mit MRGN-Keimen sowie Fieber, Schüttelfrost und Schmerzen, einhergehend mit einem erhöhten CRP-Wert und einer zehntägigen Antibiose gegen die Infektion.

Mann. Arzthaftung im Zusammenhang mit dem „Ziehen des Katheters im Nachgang der Operation", wobei es insofern versäumt worden war, eine Hülse „die quasi unter der Haut" lag, zu entfernen. Infolgedessen musste der Kläger – während eines zusätzlichen 6 Tage dauernden stationären Aufenthalts – eine unter Vollnarkose, wenn auch lediglich 10 bis 12 Minuten andauernde Operation sowie eine Röntgenuntersuchung erdulden

Betrag: 5.000 € **Haftung: 100 %**
immVorb: – **MdE: –**

OLG Brandenburg 10.10.2024 – 12 U 39/24 = BeckRS 2024, 32129

5769

Harnblasenverletzung mit Blasenscheidenfistel und leichter Harninkontinenz.

51j. Frau (Arzthelferin). 10 Tage stationär, für die Dauer von 2 Wochen musste ein Katheter getragen werden. Die Fistel wurde nach 4 Monaten operativ entfernt. MdE 3 Wochen 100 %. Anschließend war die Klägerin wieder beschwerdefrei. Arzthaftung (hier: Grober Behandlungsfehler im Zusammenhang mit einer Gebärmutteroperation. Bei der Bemessung berücksichtigte das LG neben der erforderlichen Operation insbesondere auch die körperlichen und psychischen Beeinträchtigungen durch die viermonatige Inkontinenz.

Betrag: 6.000 € **Haftung: 100 %**
immVorb: – **MdE: –**

LG Köln 15.8.2007 – 25 O 177/04 = BeckRS 2007, 17211

4527

Harnleiterentfernung und künstlicher Harnausgang. Beides war medizinisch nicht indiziert und führte zur Harninkontinenz des wegen eines Blasenkarzinoms stationär aufgenommenen Patienten.

Mann (inzwischen verstorben, weshalb als Klägerinnen die Erben auftraten). Arzthaftung (hier: Aufklärungspflichtverletzung und Anlage eines nicht indizierten künstlichen Harnausgangs. Die vom Erblasser insofern erlittenen zusätzlichen Beeinträchtigungen erstreckten sich über die Dauer von 5 Monaten).

Betrag: 20.000 € **Haftung: 100 %**
immVorb: – **MdE: –**

LG Kleve 25.7.2012 – 2 O 477/11 = BeckRS 2013, 571

5835

Ejakulationsstörung und Zeugungsunfähigkeit nach Harnblasenverletzung (hier: Harnblasenhalsverletzung in Form einer operativ verursachten und mangels wirksamer Einwilligung rechtswidrigen endoskopische Blasenhalsschlitzung mit der Folge einer dauerhaften retrograden Ejakulation und Zeugungsunfähigkeit).

31j. Mann. Arzthaftung (hier: Behandlungsfehler im Zusammenhang mit einem urologischen Eingriff). Dauerschaden: Zeugungsunfähigkeit und retrograde Ejakulation. „Der Kläger hat den Senat durch seine glaubhafte Einlassung davon überzeugt, dass er immer wieder in depressive oder zumindest grüblerische Gedanken verfällt, wenn er an seine fehlende Zeugungsfähigkeit erinnert wird. Mit dieser Konkretisierung lässt sich andererseits auch eine tiefgehende Depression ausschließen", so das OLG, das bei der Schmerzensgeldbemessung berücksichtigte, „dass der Verlust der Zeugungsfähigkeit eine Familienplanung des Klägers in erheblichem Maß behindert und dass ihn das angesichts seiner Herkunft aus dem … Kulturkreis besonders beeinträchtigt.". [Vgl. dazu auch LG Essen → Nr. 7405].

Betrag: 25.000 € **Haftung: 100 %**
immVorb: – **MdE: –**

OLG Frankfurt a. M. 23.3.2010 – 8 U 238/08 = BeckRS 2012, 16092

5677

Harnblasenverletzung (hier: Irreversible Blasenatonie d.h. irreversible Blasenlähmung mit täglicher Selbstkatheterisierung zur Blasenentleerung)

47j. Frau (Filialleiterin). Arzthaftung (hier: Behandlungsfehler im Zusammenhang mit einer Gebärmuttersenkung und einer Cystocele und dem Unterbleiben einer urologischen Untersuchung zur Klärung und Sicherung der Indikation. Miktionsstörung [dh erschwerte oder zum Teil unvollständige Entleerung der Harnblase, die zu seltene Abgabe des Urins und der unwillkürliche Harnverlust]). Dauerschaden: Irreversible Blasenatonie mit der Folge, dass die Klägerin zeitlebens einen Selbstkatheterismus zur Blasenentleerung – bis zu sechsmal am Tag – vornehmen muss. Dies führt zu nicht unerheblichen Beeinträchtigungen der Lebensqualität. Zum einen bedingt die Erforderlichkeit der Katheterisierung Einschränkungen und Beschwernisse in der persönlichen Lebensgestaltung, weil die Klägerin sich bei ihrer Lebensführung ständig auf diesen Umstand einstellen muss; zum anderen wird die gesundheitliche Störung von ihr verständlicherweise auch im Kontakt mit anderen Menschen – insbesondere bei einer Partnerschaft – als belastend empfunden. Vorschaden: Schmerzen bei der Harnabgabe.

Betrag: 25.565 € **Haftung: 100 %**
immVorb: – **MdE: –**

OLG Düsseldorf 28.9.2000 – 8 U 114/99 = BeckRS 2000, 30134290

2797

Organverletzung (hier: Harnblasenverletzung in Form einer kompletten Blasenlähmung mit nachfolgender Harninkontinenz und Störung der Mastdarmfunktion; häufige Harnweginfektionen mit hohem Fieber und erheblichen Schmerzen).

36j. Frau. Arzthaftung (hier: Aufklärungspflichtverletzung bei lumbaler Myelographie). Dauerschaden: Blasenkatheter, häufige Harnweginfektionen; Bewegungseinschränkungen.

Betrag: 25.565 € **Haftung: 100 %**
immVorb: – **MdE: –**
Rente: 153 €

OLG Brandenburg 1.9.1999 – 1 U 3/99 = BeckRS 9998, 17709

5347

Harninkontinenz /Belastungsharninkontinenz. Die Klägerin litt an einer Dyspareunie und einer Harninkontinenz, weshalb sie sich fünf Operationen, bei denen weite Teile des Netzgewebes entfernt wurden, unterzog. Danach verblieben persistierende Schmerzempfindungen.

Frau. Arzthaftung (hier: Aufklärungspflichtverletzung im Zusammenhang mit einer Belastungsharninkontinenz).

„Die Einwilligung einer Patientin in eine Operation mit einer neuen, noch nicht allgemein eingeführten Methode (Neulandmethode) ist unwirksam, wenn die Patientin nicht besonders darauf hingewiesen wird, dass es sich um ein neues Verfahren handelt, bei dem auch unbekannte Risiken auftreten können", so das OLG. Dauerschaden: persistierende Schmerzempfindungen.

Betrag: 35.000 € **Haftung: 100 %**
immVorb: – **MdE: –**

OLG Hamm 23.1.2018 – 26 U 76/17 = BeckRS 2018, 1400

6862

Harnröhrenverletzung. Zur Behandlung der Beseitigung einer Harnröhrenenge wurde in die Harnröhre ein Teil der Mundschleimhaut des Klägers transplantiert.

Mann. Arzthaftung im Zusammenhang mit einer transurethralen Resektion der Prostata während des Bestehens einer akuten Prostatitis. Grober Behandlungsfehler. 10 Monate stationäre sowie ambulante Behandlung mit zahlreichen Operationen. Insgesamt sehr langwierige Heilbehandlung, die sich – so das LG – „seit mittlerweile sechs Jahren hinzieht" ohne dass bislang alle Folgen beseitigt werden konnten. Die aktuelle Belastung sowie den Dauerschaden beschreibt das LG wie folgt: „Die Lebensqualität des Klägers ist fortwährend eingeschränkt, beispielsweise beim Radfahren muss der Kläger ein Kondomurinal benutzen, um unfreiwilligen Harnverlust zu vermeiden, und hat nach wie vor erhöhte Wäschemengen wegen unfreiwilligen Harnverlustes zu bewältigen. Auch beim täglichen Essen hat er wegen der Taubheit der Lippe Probleme und jede Autofahrt muss wohlgeplant sein, da der Kläger vorher nicht viel trinken kann. Das Gericht hat ferner Berücksichtigt, dass die betroffene Körperstelle dem Kläger im Laufe der sechs Jahre seit der Operation mehrfach starke Schmerzen und Beschwerden bereitet, und dass er sein Leben fortan mit einem künstlichen Schließmuskel bestreiten muss. Jeder einzelne Toilettengang erfordert, dass der Kläger beidhändig den künstlichen Schließmuskel bedient, sodass auch hier auf Dauer eine Einschränkung zu verkraften ist. Es wird außerdem noch mindestens ein Eingriff zur Instandhaltung oder zum Ersatz des künstlichen Schließmuskels folgen müssen".

Betrag: 50.000 € **Haftung: 100 %**
immVorb: Ja **MdE: –**

LG Detmold 6.5.2021 – 04 O 59/19 = BeckRS 2021, 26582

6551

Harnblasenkarzinom bzw. Blasenkrebs sowie Prostatakarzinom bzw. Prostatakrebs, die verspätet diagnostiziert worden waren – mit sehr schweren Folgen und leidvollem Versterben.

Mann. Ärztlicher grober Behandlungsfehler in Form eines Befunderhebungsfehlers wegen des Nichterkennens eines bösartigen Blasenkarzinoms und Prostatakarzinoms, obwohl der Patient bei seinen Arztbesuchen über Blut im Urin geklagt hatte, ohne dass bis zur Entdeckung des Blasenkarzinoms im September 2009 die Ursache hierfür hatte festgestellt werden können. Der Patient ging in den Jahren 2005 bis 2009 regelmäßig zur jährlichen Vorsorgeuntersuchungen. Im Jahr 2009 wurden – allerdings nicht im Rahmen der Vorsorge sondern im Zusammenhang mit einer Hüftgelenkoperation / Hüftgelenkimplantat die bösartigen Tumore entdeckt, an denen der Patient schließlich nach schwerem Leiden und erfolgloser Chemotherapie verstarb. Bei frühzeitiger Erkennung hätte „eine reelle Chance bestanden, den Tumor durch die Harnröhre zu entfernen und die Blase zu erhalten", so das OLG. So aber kam es zur operative Entfernung der gesamten Blase, der Prostata und eines Stücks des Darms. Kläger sind die Hinterbliebenen als Erbengemeinschaft. Bei der Bemessung berücksichtigte das OLG die ca. zwei Jahre andauernden erheblichen Belastungen und Schmerzens (Blasentamponade, Koliken, Chemotherapie, Nierenversagen, Katheter etc.) sowie „das leidvolle Versterben". [Lesenswert zur Verjährung bzw. zum Beginn der Verjährung bei ärztlichen Behandlungsfehlern]. Zum Schmerzensgeldanspruch der hinterblieben Ehefrau des Patienten → Nr. 6552.

Betrag: 100.000 € **Haftung: 100 %**
immVorb: – **MdE: –**

OLG Frankfurt a. M. 10.9.2019 – 8 U 43/17 = BeckRS 2019, 26115

g) Milzverletzungen und Milzverlust

7320

Milzquetschung bzw. Milzkontusion mit Anschwellung der Milz sowie Lungenquetschung bzw. Lungenkontusion links mit Rippenserienfraktur der siebten bis zehnten Rippe links sowie Gehirnerschütterung.

Frau. 11 Tage stationär. Bei der Bemessung berücksichtigte das LG, dass „die festgestellte Schwellung der Milz von den behandelnden Ärzten als potentiell lebensbedrohlich eingestuft wurde, da sie bei einem weiteren Anschwellen hätte platzen können, so dass die Klägerin innerlich verblutet wäre. Dies machte den stationären Aufenthalt mit einer engmaschigen Überwachung notwendig.". [Ursache: Tierhalterhaftung durch Pferdetritt].

Betrag: 4.000 € **Haftung: 100 %**
immVorb: Ja **MdE: –**

LG Köln 12.9.2022 – 15 O 10/22 = BeckRS 2022, 30693

7014

Milzverletzung bzw. Milzverlust. „Die Milz war nach dem Unfall eingerissen und musste operativ entfernt werden. Zudem war eine Rippe gebrochen" [Rippenfraktur].

Mann. Neun Tage stationär. MdE 191 Tage 100 %. Beruflich nahm er später an einer Wiedereingliederungsmaßnahme teil. Langes Sitzen war dem Kläger anfänglich wegen der Operationsnarbe nicht möglich. [Anmerkung: Zur Haftung eines Rechtslenker-Fahrzeuges bei Kollision im Begegnungsverkehr. Das LG ging von einer Haftungsquote von 50 % aus, die das OLG auf 66,66 % bzw. 2/3 mit der Begründung heraufsetzte, die Beklagten trügen die überwiegende Haftung, da den Beklagten zu 1) im Kurvenbereich eine erhöhte Betriebsgefahr seines Rechtslenkerfahrzeugs treffe].

Betrag: 5.350 € **Haftung: 66 %**
immVorb: Ja **MdE: –**

OLG Schleswig 4.1.2022 – 7 U 61/21 = BeckRS 2022, 7534

3831

Milzverlust / Organverletzung (hier: Milzverlust nach traumatischer Milzruptur [Milzriss]; Nierenquetschung und Bauchwandquetschung. Zudem erlitt der Kläger eine Schlüsselbeinfraktur.

Mann. 18 Tage stationär; zwei Krankenhausaufenthalte. Noch am ersten Aufnahmetag wurde beim Kläger eine Milzexstirpation (= Milzentfernung) vorgenommen.

Betrag: 7.500 € **Haftung: 100 %**
immVorb: – **MdE: –**

OLG Brandenburg 26.6.2008 – 12 U 153/07 = BeckRS 2008, 15467

4051

Milzverlust nach Milzriss (Milzruptur).

Mann. 44 Tage stationär; zwei Aufenthalte. Dauerschaden: MdE 10 % wegen höherem Infektionsrisiko sowie Gefahr von Thrombozytosen und Pankreasinsuffizienz als Folge der Milzentfernung.

Betrag: 8.000 € **Haftung: 100 %**
immVorb: Ja **MdE: 10 %**

LG München I 21.7.2003 – 19 O 11983/96 = unveröffentlicht

5990

Milzverletzung in Form einer Milzruptur [Milzriss], Hämatothorax und Lungenkontusion links sowie eine Rippenserienfraktur der Rippe 6 bis 9. ZUdem erlitt der Kläger eine „Verletzung des rechten Daumens" und eine „schmerzhaft bedingte reaktive Depression". Schmerz- und Krampfsymptomatik, die ebenfalls auf den Unfall zurückgeführt wurde.

Mann. Intensivstation und insgesamt „mindestens" 30 Tage stationär. Der Daumen wurde operativ versorgt. „Ebenso musste eine schmerzhaft bedingte reaktive Depression behandelt werden". [Skiunfall]. Zum Schmerzensgeldanspruch wegen Urlaubsbeeinträchtigung führte das OLG aus: „Einen Anspruch wegen Genussentgangs für zwei Urlaubstage hat der Kläger nicht. eine Einbuße an Freizeit ist praktisch mit jedem Schadensfall verbunden und stellt keinen Vermögensschaden dar. Das gilt auch für die Zeit, die der Geschädigte zur Abwicklung eines Schadensfalles aufwendet". Dauerschaden: Bewegungseinschränkungen und damit verbundene Muskelatrophie [ohne näheres Eingehen auf weitere Details hierzu].

Betrag: 13.000 € **Haftung: 66 %**
immVorb: Ja **MdE: –**

OLG Stuttgart 19.6.2013 – 3 U 1/13 = BeckRS 2015, 15216

4743

Milzverlust mit dem sich daraus ergebenden geschwächten Immunsystem.

12j. Mädchen. Stationäre Heilbehandlung. Dauerschaden: Milzverlust mit dem daraus resultierenden geschwächten Immunsystem. [Anmerkung: Die Klägerin begehrte nachfolgend ein weiteres Schmerzensgeld, was jedoch wegen der bereits eingetretenen Verjährung nicht möglich war. Das Gericht weist in seinem ablehnenden PKH-Beschluss ergänzend darauf hin, dass auch unter Berücksichtigung des neuen Vortrags das ursprünglich bereits gezahlte Schmerzensgeld angemessen bzw. ausreichend gewesen sei].

Betrag: 13.000 € **Haftung: 100 %**
immVorb: – **MdE: –**

OLG Köln 25.6.2012 – 19 U 69/12 = BeckRS 2012, 21086

4746

Milzverlust mit dem sich daraus ergebenden geschwächten Immunsystem.

Mann. Akute Lebensgefahr / Notoperation. Dauerschaden: Milzverlust mit Verringerung des Immunsystems und daraus resultierender erhöhten Infektionsgefahr, der zum Teil durch vermehrte Impfungen begegnet werden kann. [Ursache: Fahrradunfall, verursacht durch die Hunde des Beklagten].

Betrag: 15.000 € **Haftung: 100 %**
immVorb: Ja **MdE: –**

OLG Karlsruhe 20.12.2012 – 13 U 244/11 = BeckRS 2012, 214057

h) Leberverletzungen

5122

Leberversagen, beginnendes (Es kam jedoch „lediglich – zum Glück – zu einer zeitlichen Behandlungsverzögerung von etwa einem Tag", so das OLG).

Frau. Arzthaftung in Form eines Behandlungsfehlers in Bezug auf das Vorliegen erhöhter Leberwerte / Behandlungsverzögerung. Es kam zu einer Verzögerung von einem Tag, jedoch im weiteren nicht zu einer Verschlechterung der Erkrankung.

Betrag: 1.500 € **Haftung: 100 %**
immVorb: – **MdE: –**

LG Wuppertal 5.5.2015 – 5 O 11/14 = BeckRS 2015, 16654

3601

Leberbefund / Leberschaden, der sich jedoch im Rahmen der unnötigen Operation nicht bestätigt hatte und somit als gutartig herausgestellt hatte.

Mann (Notar). 12 Tage stationär; MdE 4 Monate 100 %. Arzthaftung (hier: Diagnosefehler im Zusammenhang mit einer Leberdiagnose. Es kam dadurch zu einer nicht notwendigen Zweitoperation).

Betrag: 5.000 € **Haftung: 100 %**
immVorb: – **MdE: –**

LG Freiburg 31.5.2002 – 23 O 129/02 = unveröffentlicht

3116

Organverletzung / Heilungsverzögerung (hier: Bei korrektem ärztlichen Handeln nicht notwendige Zweitoperation).

Mann (Notar). Der Kl. stellte sich in der Klinik wegen eines Nierenzellkarzinoms vor. Die Nierenentfernung wurde vereinbart. Hierzu wurde zuvor ein Thorax-CT durchgeführt, bei der ein „abklärungsbedürftiger Leberbefund" attestiert wurde; dies nahm der nachfolgend operierende Arzt nicht zur Kenntnis. Arzthaftung: Der Vorwurf des Kl., die Unterlassung der Leberuntersuchung habe zur zweiten Operation geführt, weil sonst die Leber nicht hätte geprüft werden können, wurde vom LG und OLG bestätigt. Die Schuld des Arztes wurde als „nicht übermäßig schwerwiegend" angesehen. [vgl. auch OLG München VersR 1994, 54: Dort wurden insoweit nur 7.000 DM zuerkannt!]

Betrag: 5.113 € **Haftung: 100 %**
immVorb: – **MdE: –**

OLG Karlsruhe 5.3.2003 – 13 U 74/02 = BeckRS 2003, 154393

3293

Organverletzung (hier: Zweiseitige Leberruptur [Leberriss] mit „einem ausgedehnten subcapsuläen Hämatom"; es bestand zudem die Gefahr einer lebensgefährlichen Leberkapselruptur [Leberkapselriss]. Zudem erlitt die Kl. eine Brustkobprellung und eine Wirbelsäulenzerrung.

Frau. Intensivstationärer Aufenthalt; Lebensgefahr (14 Tage konkrete und insgesamt 6 Monate latente Lebensgefahr). Kein Dauerschaden.

Betrag: 6.647 € **Haftung: 100 %**
immVorb: – **MdE: –**

LG Saarbrücken 20.10.1998 – 14 O 200/97 = unveröffentlicht

7461

Leberverletzung bzw. erhebliche Leberschädigung sowie eine Thrombozytopenie (= Mangel an Blutplättchen, sogn. Thrombozyten im Blut).

Mann. 8 Tage stationär, einige Tage davon auf einer Intensivstation; Lebensgefahr. Arzthaftung in Form einer Aufklärungspflichtverletzung im Zusammenhang mit einer medikamentösen Ausleitungstherapie, bei der der Beklagte, der als Facharzt für Allgemeinmedizin, Notfallmedizin Umweltmedizin (europaen) und Homöopathie praktizierte, den Kläger nicht ausreichend über die Risiken der alternativmedizinischen Ausleitungstherapie aufgeklärt hatte, insbesondere nicht darüber, dass der von ihm angewandten Ausleitungstherapie kein wissenschaftlicher Wirksamkeitsnachweis vorliege. Bei der Ausleitungstherapie wie auch bei dem zugrundeliegenden „Provokationstest" handelt es sich, so das OLG, unstreitig um alternativmedizinische Verfahren, in deren Folge der Kläger die oben aufgeführten Verletzungen und einen als schmerzensgeldrelevanten Aufenthalt auf der Intensivstation mit einem vorübergehend lebensbedrohlichen Zustand erlitten hatte. Der Kläger begehrte 200.000 EUR; das OLG wies die Berufungen (Berufung und Anschlussberufung) zurück, so dass dem Kläger nur der vom LG zuerkannte Schmerzensgeldbetrag von 15.000 EUR blieb.

Betrag: 15.000 € **Haftung: 100 %**
immVorb: – **MdE: –**

OLG Dresden 23.7.2024 – 4 U 1610/21 = BeckRS 2024, 19275

6162

Leberverletzung bzw. Leberentzündung / Hepatitis (hier: „Aktive chronische Hepatitis C vor, die langsam voranschreitet". Dabei ist zu berücksichtigen – worauf das OLG zutreffend hingewiesen hatte – „dass es sich bei Hepatitis C um eine tödlich verlaufende, unheilbare Krankheit mit chronisch entzündeter Leber handelt. Langfristig besteht die Gefahr einer Leberzirrhose, von gastrointestinalen Blutungen, Leberversagen und der Entstehung von Lebertumoren. Auch eine Lebertransplantation kann erforderlich werden".

69j. Frau. Arzthaftung (hier: Extrem grober Behandlungsfehler durch das Verabreichen einer intramuskulären und subkutanen Injektion im Wege der „Syringe-Sharing-Methode" [= Verwendung derselben Spritze bei Auswechslung nur der Nadel. Es kam daraufhin zu einer chronischen Leberentzündung bzw. Hepatitis C]). Dauerschaden: Aktive chronische Hepatitis C vor, die langsam voranschreitet.

Betrag: 25.565 € **Haftung: 100 %**
immVorb: Ja **MdE: –**

OLG Frankfurt a. M. 28.3.2000 – 8 U 166/99 = BeckRS 9998, 18409

2479

Organverletzung (Schwere Leberverletzung) nach grausamster Vergewaltigung. Das Opfer wurde mit Tetrachlorkohlenstoff vergiftet und dabei schwer verletzt [Verätzungen, Leberentzündung, lebensbedrohliche]; Genitalverletzungen; psychische Schäden!

11j. Mädchen. Lebensgefahr (Leberentzündung). Erst nach knapp 6 Monaten war das Kind wieder „in einem ordentlichen Zustand". Unter Umständen bleibt ein Leberschaden ggf. gar Leberzirrhose.

Betrag: 35.790 € **Haftung: 100 %**
immVorb: – **MdE: –**

OLG Stuttgart 1.8.1997 – 2 U 75/97 = BeckRS 9998, 3022

5690

Leberzirrhose / Tod nach groben Versäumnissen bzw. der unterbliebenen Diagnostik im Zusammenhang mit einer Hepatitis-B-Infektion in deren Folge es zu einer Leberzirrhose und hepatischen Enzephalopathie kam, die letztlich zum Koma und dann zum Tode führte. Zur Dauer des Leidens führte das OLG aus: „Vorliegend hat der Verstorbene nachvollziehbar infolge eines rapiden Krankheitsverlaufs Schmerzen erlitten und letztlich den Tod erfahren".

Mann. Tod. Arzthaftung (hier: Grober Behandlungsfehler nach Feststellung von pathologischen Leberwerten). Zur Bemessung führte das OLG aus: „Schmerzensgelderhöhend war auch der Faktor zu beachten, dass der Verstorbene bewusst den nahen Tod und den Abschied von der Familie vor Augen hatte und den rapiden körperlichen Verfall bis zum Eintritt des Komas fühlte und zu ertragen hatte".

Betrag: 40.000 € **Haftung: 100 %**
immVorb: – **MdE: –**

OLG Hamm 6.11.2002 – 3 U 50/02 = BeckRS 2002, 9428

6002

Leberverletzung (hier: Leberverletzung durch „versehentliche Durchtrennung des ductus hepaticus in Höhe der beiden Lebergänge rechts und links". Hierdurch, so das OLG, „sei es zu einem „worst case" in der Chirurgie in der Form gekommen, dass beide Lebergänge der Klägerin geschädigt wurden und sich bei der Revisionsoperation infolge der notwendigen Wiederherstellung eines Gallenabflusses zwangsläufig Stenosen bzw. Narben bildeten, mit der ständigen Gefahr des Aufsteigens von Gallenflüssigkeit bzw. Darmsekret. Nachfolgend kam es zu "massiven abdominellen Krämpfen mit Fieber, mehrfachen Entzündungen der Gallengänge ebenfalls mit hohem Fieber und Schüttelfrost, einer chronischen Vergrößerung der Milz, einer erhöhten Infektionsgefahr durch Reflux von Darmsekret in die Gallenwege sowie einer schweren Schädigung der Lebergänge durch Stenosen sowie insgesamt zu massiven persönlichen und familiären Belastungsstörung").

35j. Frau. Arzhaftung (hier: Behandlungsfehler im Zusammenhang mit einer Gallenblasenoperation. Dauerschaden: MdE 60 %. Chronische Vergrößerung der Milz mit einer erhöhten Infektionsgefahr durch Reflux von Darmsekret in die Gallenwege sowie einer schweren Schädigung der Lebergänge durch Stenosen mit der Gefahr eines zukünftigen Leberversagens und der daraus resultierenden Notwendigkeit einer Lebertransplantation sowie ein starkes Jucken am ganzen Körper. Bei der Bemessung berücksichtigte das OLG ausdrücklich auch die erheblichen Dauerfolgen, nämlich die „vorliegenden irreparablen Schädigungen der Lebergänge der Klägerin mit der Gefahr einer chronischen Leberentzündung und einer späteren Lebertransplantation". Im Weiteren wurde „auch berücksichtigt, dass der massive Bluthochdruck, die Gewichtszunahme um 20 kg, die Unmöglichkeit der Ausübung von Sport, eines Sexuallebens und der Teilnahme an einem Urlaub mit der Familie auch durch andere Ursachen und Faktoren mitbedingt ist und bei der entwickelten Angststörung wegen der fehlerhaft durchgeführten Operation der Tod des Bruders im Jahr 2005 und der Schwiegermutter im Mai 2008 eine Rolle gespielt haben".

Betrag: 45.000 € **Haftung: 100 %**
immVorb: Ja **MdE: 60 %**

OLG Zweibrücken 30.9.2014 – 5 U 3/13 = BeckRS 2015, 17005

i) Nierenverletzungen und Nierenverlust

7498

Nierenschädigung, irreversible. Postnatal bestätigten sich beim Kläger das linksseitige Urinom, die Megaureteren sowie eine irreversible Nierenschädigung. Es wurde eine beidseitige Hydronephrose diagnostiziert. Zusätzlich zeigten sich in beiden Nieren kleine Zysten.

Säugling. Kein Schmerzensgeld. Diagnosefehler, behaupteter: Angeblicher Behandlungsfehler während der Schwangerschaft. Es konnte jedoch nicht festgestellt werden, dass der die Mutter des Klägers behandelnde Arzt die Ultraschallaufnahmen während der Schwangerschaft fehlerhaft interpretiert und daher die Diagnose einer LUTO-Erkrankung beim Kläger bereits hätte treffen können. In seiner die Klage abweisenden Begründung führte das OLG aus: „Ein auf einer vertretbaren Deutung erhobener Befunde beruhender objektiver Diagnoseirrtum, nicht aber ein hiervon abzugrenzender vorwerfbarer Diagnosefehler, kann anzunehmen sein, wenn von den vier oder fünf Merkmalen eines seltenen Krankheitsbildes nur zwei vorgelegen haben, von denen das eine wegen geringer Ausprägung nicht erkannt werden musste, während sich das andere durch mehrere häufigere Differentialdiagnose erklären ließ" (Amtlicher Leitsatz). In seiner weiteren Urteilsbegründung betonte das OLG zudem: „Ist eine objektiv fehlerhafte Diagnose gemessen an den vorstehenden Maßstäben nicht vorwerfbar, wird sie auch nicht deshalb zu einem Befunderhebungsfehler, weil bei zutreffender Diagnosestellung eine weitere oder eine zeitnähere Befunderhebung zu veranlassen oder die Empfehlung zu einer solchen auszusprechen gewesen wären (vgl. BGHZ 188, 29 mwN; Geiß / Greiner, Arzthaftpflichtrecht, 8. Aufl. 2022, Rn. 64)."

Betrag: – **Haftung: –**
immVorb: – **MdE: –**

OLG Köln 11.12.2024 – 5 U 32/23 = BeckRS 2024, 36420

7270

Nierenversagen

57j. Mann. Kein Schmerzensgeldanspruch bei einer unzureichenden Aufklärung über Behandlungsalternativen. Die die Bekl. hatte, so das OLG, den Kl. nicht über eine alternative Schmerzmedikation aufgeklärt, was sie im Rahmen ihrer Anhörung vor dem LG auch eingeräumt hat. Eine solche Aufklärung wäre hier aber geboten gewesen, nachdem der Sachverständige die Aufklärung über Behandlungsalternativen zumindest dann als zwingend bezeichnet hat, wenn – wie hier – von dem üblichen Verfahren abgewichen werde, Ibuprofen trotz des damit verbundenen erhöhten Risikos einer Nierenschädigung über einen längeren Zeitraum zu verschreiben. Der Kl., der bereits zuvor an zahlreichen schweren Vorerkrankungen litt, konnte jedoch nicht beweisen, dass das akute Nierenversagen Folge einer als behandlungsfehlerhaft zu würdigenden Medikation mit Ibuprofen durch die Bekl. gewesen ist. „Wird der Patient über eine Behandlungsalternative nicht aufgeklärt, so trägt er die Darlegung und Beweislast dafür, dass er bei pflichtgemäßer Aufklärung in die andere Behandlung eingewilligt hätte und dass die mit dem Eingriff verbundenen Gesundheitsschäden dann mit an Sicherheit grenzender Wahrscheinlichkeit verhindert worden wären. Es besteht kein Sachgrund, bei Verletzung der ärztlichen Aufklärungspflicht den Arzt insoweit beweismäßig schlechter zu stellen als bei einem Behandlungsfehler. Dieser Grundsatz gilt sowohl bei der Verletzung der ärztlichen Aufklärungspflicht über die Risiken eines Eingriffs wie auch über bestehende Behandlungsalternativen, dh der Selbstbestimmungsaufklärung" (vgl. (BGH BeckRS 2012, 4580).

Betrag: – **Haftung: –**
immVorb: – **MdE: –**

OLG Dresden 19.7.2023 – 4 U 245/23 = BeckRS 2023, 20469

3717

Nierenverletzung in Form einer Nierenprellung.

77j. Mann. Vorschadenbedingte längere Beeinträchtigung. Das Gericht erachtete die vorgerichtliche Zahlung von 1.790 Euro als „ausreichend, um auch eine leichte psychische Beeinträchtigung und die unfallbedingten Prellungen zu kompensieren".

Betrag: 1.790 € **Haftung: 100 %**
immVorb: – **MdE: –**

OLG Koblenz 2.7.2007 – 12 U 1812/05 = BeckRS 2007, 12183

5498

Nierenverlust (hier: Absterben der linken Niere nach Niereninfarkt, der – so das OLG nach Anhörung eines Sachverständigen – „als schicksalhaft anzusehen" war).

Frau. Arzthaftung (hier: Fehldiagnose „Obstipation" mit einfachem Behandlungsfehler durch das Unterlassen der Untersuchung mittels CT im Zusammenhang mit einem Niereninfarkt). Bei der Bemessung berücksichtigte das OLG, dass die von der Klägerin beschriebenen aktuellen Einschränkungen in der Lebensführung nicht kausal auf den Behandlungsfehler, sondern auf andere Erkrankungen zurückzuführen waren, dass aber für den Fall der Funktionsbeeinträchtigung auch der rechten Niere eine Mitursache für eine denkbare Dialyse bestehe.Zudem beeinträchtige bereits das Wissen um diese Gefahr die weitere Lebensführung der Klägerin. Gleichwohl sei die

Schmerzensgeldbemessung nicht mit Fällen gleichzusetzen, denen ein vollständiger Funktionsverlust zugrunde liegt.

Betrag: 5.000 € **Haftung: 100 %**
immVorb: Ja **MdE: –**

OLG Brandenburg 25.4.2019 – 12 U 39/18 = BeckRS 2019, 9085

2706

Organverletzung (hier: Nierenverletzung nach kunstfehlerhafter Fehldiagnose „auf einen maligen Nierentumor" [Krebsfehldiagnose]).

Mann. Arzthaftung (Fehldiagnose „Nierenkarzinom" [vgl. unter: Krebsfehldiagnose]). Berücksichtigt wurde „das seelische Leid", durch die Eröffnung des vermeintl. baldigen Todes.

Betrag: 5.113 € **Haftung: 100 %**
immVorb: – **MdE: –**

OLG Celle 23.3.1998 – 1 U 4/97 = BeckRS 1998, 153609

4734

Nierenverletzung / Nierenfunktionsbeeinträchtigung durch Schrumpfung der linken Niere, wodurch auch eine Funktionsminderung verursacht wurde. Als Folge der während der fehlerhaften Behandlung zudem eingetretenen zweifachen Sepsis ist zudem eine Störung des Immunsystems sowie eine Schilddrüsenerkrankung eingetreten.

Frau. Arzthaftung / Diagnosefehler (hier: Übersehen von Nierensteinen bei einer Sonografie, bei der die Steine hätten entdeckt werden müssen. Sattdessen attestierte der Arzt eine antibiotika-indizierten Darmentzündung und führte eine Darmspiegelung durch. Die Klägerin erlitt sodann einen schweren Sepsisanfall und kam auf die Intensivstation). Bei korrekter Diagnose und zielführenden Behandlungsmaßnahmen hätte es mit einem ambulanten Eingriff sein Bewenden gehabt. Auch wäre die fortwährende Einnahme von Medikamenten nicht erforderlich und ihre Niere würde nicht mehr nur zu 50 % sondern vollständig arbeiten. Dauerschaden: Nierenfunktionsbeeinträchtigung von 50 %.

Betrag: 7.000 € **Haftung: 100 %**
immVorb: Ja **MdE: –**

OLG Rostock 21.12.2012 – 5 U 170/11 = BeckRS 2013, 6061

4537

Nierenverletzung.

Frau. Arzthaftung (hier: Aufklärungspflichtverletzung im Zusammenhang mit einer Nierenoperation mit teilweiser Entfernung der Epithelkörperchen, was nun „einer gewissen Medikamention bedarf" verbunden mit der Möglichkeit einer Medikationsunverträglichkeit, so das OLG).

Betrag: 10.000 € **Haftung: 100 %**
immVorb: Ja **MdE: –**

OLG Hamm 23.5.2001 – 3 U 115/00 = BeckRS 2013, 5986

5365

Nierenverlust (hier: Verlust einer bereits stark vorgeschädigten Niere).

13. Kind (Schüler). Arzthaftung (hier: Aufklärungspflichtverletzung im Zusammenhang mit der Entfernung einer Niere. Die Besonderheit: Während einer Operation, mit dem Ziel einer Harnleiterverlegung wurde festgestellt, dass dies nicht wie geplant, möglich sein würde und deshalb die Nire entfernt werden müsse. Intraoperativ (dh während einer kurzen Unterbrechung der OP) wurden die Eltern des Jungen hierüber aufgeklärt und stimmten der Nierenentfernung zu [intraoperative Aufklärung]). Die somit entfernte Niere, hätte – wie sich herausstellte – jedoch ggf. noch „gerettet" werden können. Die Niere hatte jedoch nur noch eine Restfunktion von 22 % und auch das Nierengewebe war in keinem guten Zustand, so das OLG.

Betrag: 12.500 € **Haftung: 100 %**
immVorb: Ja **MdE: –**

OLG Hamm 7.12.2016 – 3 U 122/15 = BeckRS 2016, 115260

641

Organverletzung (hier: Nierenverlust einseitig) sowie Oberschenkelverletzung (hier: Große Oberschenkelweichteilverletzung mit kompletter Zerquetschung des Muskulus quadrizeps).

18j. Mann. Dauerschaden: Nierenverlust, der mit einer Dauer-MdE von 25 % bewertet wurde und „geringgradige" Oberschenkelkraftminderung und Sporteinschränkung (Dauer-MdE unter 10 %).

Betrag: 13.294 € **Haftung: 75 %**
immVorb: Ja **MdE: –**

OLG Köln 13.8.1997 – 27 U 30/97 = BeckRS 1997, 12077

2994

Bauchverletzungen, schwere / Organverletzung / Beckenringfraktur (hier: Nierenruptur bzw. Nierenriss mit Nierenentfernung; Milzriss; Magenquetschung, Bauchspeicheldrüsenquetschung) und Oberschenkelserom, handflächengroß am rechten Oberschenkel; LKW-1-Vorderkantenabriss.

36j. Frau. „Mehrere Monate" stationär. „Mehrere Monate" künstliches Koma. Dauerschaden: Nierenverlust. (Prüfungspflichtverletzung des Reifenhändlers bei Verkauf von Gebrauchtreifen).

Betrag: 15.000 € **Haftung: 50 %**
immVorb: – **MdE: –**

OLG Nürnberg 5.2.2002 – 3 U 3149/01 = BeckRS 2002, 30237755

5649

Nierenverlust (hier: Entfernung der rechten Niere).

54j. Frau. 2 Wochen stationär. Anschließend ambulante Heilbehandlung über einen längeren Zeitraum mit regelmäßigen Arztbesuchen an jedem zweiten Tag. Erhebliche Schmerzen. Arzthaftung (hier: Grober Behandlungsfehler bei Diagnose „Verdacht auf Nierenkolik" in dessen Folge im Rahmen einer Notoperation der Klägerin, die andernfalls verstorben wäre, eine Niere entfernt werden musste. Die nicht mehr verständliche Verhaltensweise der Ärzte machte die notfallmäßige Verlegung der zu diesem

Zeitpunkt bereits schwerkranken Klägerin in eine andere Klinik erforderlich, wo später die dann nicht mehr zu umgehende Operation vorgenommen wurde). Dies alles sowie die Tatsache, dass „die Klägerin durch diese schwerwiegende Operation in der Folge durch die mit der Wundheilung verbundenen Schmerzen erheblich belastet war", führte zur vorliegenden Schmerzensgeldbemessung. Spätschäden sind in einem solchen Falle nicht auszuschließen!

Betrag: 17.895 € **Haftung: 100 %**
immVorb: Ja **MdE: –**

OLG Köln 22.4.1998 – 5 U 12/96 = BeckRS 1998, 4712

6594

Nierenverlust hier: Verlust einer Niere durch Nierenspende an die eigene Tochter.

Mann. Der Kläger spendete seiner Tochter, die wegen eines groben Behandlungsfehlers des Beklagten beide Nieren verloren hatte, eine Niere. Das LG sprach ihm insofern ein Schmerzensgeld von 20.000 EUR zu. [vgl. auch → Nr. 6593].

Betrag: 20.000 € **Haftung: 100 %**
immVorb: – **MdE: –**

LG Köln 15.1.2014 – 25 O 418/10 = BeckRS 2015, 7008

3629

Nierenverlust (hier: Verlust der rechten Niere nach Hysterektomie).

Frau (selbstständige Taxifahrerin). Dauerschaden: Eingeschränkte Nierenfunktion mit allen daraus resultierenden Folgen. Ursache: Arzthaftung in Form eines Behandlungsfehlers.

Betrag: 20.000 € **Haftung: 100 %**
immVorb: Ja **MdE: –**

LG Kiel 12.5.2004 – 17 O 222/02 = BeckRS 2004, 153796

5264

Nierenverlust (Hier: Verlust der rechten Niere) und Harnleiterverlust.

35j. Frau. Arzthaftung / Behandlungsfehler [„Spürt ein Arzt bei einem Schwangerschaftsabbruch in der 12. Schwangerschaftswoche einen derben Widerstand, muss er mit dem Durchstoßen der Gebärmutter rechnen und darf nicht unter Einsatz manueller Gewalt die Operation fortsetzen. (amtlicher Leitsatz)"]. Der langstreckig entfernte Harnleiter konnte von dem hinzugezogenen Urologen nicht sofort rekonstruiert werden, weshalb dieser einen Nierenfistelkather einlegte. Zudem berücksichtigte das OLG die psychischen Beeinträchtigungen infolge der schweren Komplikationen im Zusammenhang mit dem Schwangerschaftsabbruch.

Betrag: 25.000 € **Haftung: 100 %**
immVorb: – **MdE: –**

OLG Köln 8.6.2015 – 5 U 128/14 = BeckRS 2015, 14332

4610

Nierenverletzung, schwere (hier: Nahezu vollständiger Funktionsverlust der rechten Niere nach Nierenriss rechts durch stumpfes Bauchtrauma). Zudem erlitt die Klägerin Prellungen und Blutergüsse.

5j. Kind. Intensivstation. Insgesamt 31 Tage stationär. 2 Operationen. Für das Kind insgesamt physisch und psychisch sehr belastend. Dauerschaden: Nierenfunktionsbeeinträchtigung 90 % der nahezu dem Verlust der rechten Niere gleichkommt; dies macht eine lebenslange medizinische Kontrolle erforderlich. [Ursache: Reitunfall].

Betrag: 25.000 € **Haftung: 100 %**
immVorb: Ja **MdE: –**

OLG Jena 7.12.2011 – 7 U 396/11 = BeckRS 2011, 142290

4210

Nierenverlust links.

54j. Frau. 19 Tage stationär (2 Aufenthalte). Später musste die Klägerin zur Narbennachbehandlung erneut zweimal kurz stationär aufgenommen werden. Dauerschaden: Nierenverlust links! Arzthaftung: Grober Behandlungsfehler.

Betrag: 25.000 € **Haftung: 100 %**
immVorb: Ja **MdE: –**

OLG Köln 11.5.2009 – 5 U 256/06 = BeckRS 2009, 12245

3333

Nierenverlust der rechten Niere.

41j. Frau. Arzthaftungsfall (hier: Hinausschieben einer dringend gebotenen Operation). Dauerschaden: Nierenverlust. [Lesenswert auch zur Haftung der BGB Gesellschaft für ihren Mitgesellschafter analog § 31 BGB!].

Betrag: 25.565 € **Haftung: 100 %**
immVorb: Ja **MdE: –**

OLG Koblenz 17.2.2005 – 5 U 349/04 = BeckRS 2005, 2049

4754

Bauchverletzung / Nierenverletzung (hier: Mehrere Stichwunden in die Bauchdecke, wodurch die Niere verletzt wurde und ein Teil des darms aus der Bauchdecke quoll. Psychische Beeinträchtigung).

Mann. Stationärer Aufenthalt. Langwierige ambulante Heilbehandlung. Psychische Beeinträchtigung. Dauerschaden: Verlust der Arbeitsstelle. Vorsätzliche Körperverletzung nach vorausgegangenem Streit. [Anmerkung: „Mitverschulden", ohne Quotierung wegen der, der tätlichen Auseinandersetzung vorausgegangenen verbalen Streitigkeit, ohne die das LG durchaus ein Schmerzensgeld von 50.000 EUR für angemessen erachtet hätte].

Betrag: 30.000 € **Haftung: 100 %**
immVorb: – **MdE: –**

LG Freiburg 31.7.2012 – 5 O 85/12 = BeckRS 2012, 214224

7862

Nierenverletzung nach akuter Blutvergiftung bzw. Sepsis als Folge einer Leistenbruchoperation. Infolge der Blutvergiftung entwickelte sich ein "akutes Nierenversagen bei 4-Quadranten-Peritonitis (= sehr umfassende diffuse Bauchfellentzündung).

Mann. Arzthaftung im Zusammenhang mit einer Leistenbruchoperation (sog. Leistenhernienoperation). Aus dem Beschluss des OLG: „Im Anschluss an die am 25.1.2017 erfolgte Operation hatte sich bei ihm eine Sepsis mit akutem Nierenversagen bei 4-Quadranten-Peritonitis entwickelt. Der Ast. behauptete, dies sei auf eine unzureichende Reaktion auf die von ihm geäußerten extremen Schmerzen und eine unzureichende Befunderhebung zurückzuführen. Trotz eines nach der Operation auf bis zu 214,06 mg / l angestiegenen CRP-Werts hätten die Ärzte der Bekl. nicht umgehend reagiert, eine gebotene CT-Untersuchung zu spät angesetzt und ihn erst am 27.1.2017 notoperiert." Zum möglichen Schmerzensgeldanspruch bzw. dessen Höhe äußerte sich das OLG dahingehend, dass „hinreichende Erfolgsaussicht für die beabsichtigte Klage … auf der Grundlage des Klageentwurfs jedoch nur für einen Schmerzensgeldantrag in einer Höhe von bis zu 50.000 EUR wegen der Behandlungsverzögerung und zweier weiterer Folgeeingriffe sowie der postoperativ erlittenen Schmerzen und Belastungen gerechtfertigt" sei, zumal der Ast. nicht belegt habe, dass ihm aus dem Behandlungsfehler ein Dauerschaden entstanden ist. [Anmerkung: Der Ast. hatte vor dem LG Leipzig Prozesskostenhilfe für eine Klage beantragt, mit der er die Ag. auf Schmerzensgeld in Anspruch nehmen wollte. Das LG Leipzig BeckRS 2022, 13551 hatte aufgrund der Verjährungseinrede des Ag. keine Prozesskostenhilfe bewilligt. Die sofortige Beschwerde des Ast. war jedoch (teilweise) erfolgreich. Zur Verjährung in Arzthaftungssachen vgl. im Handbuch unter → Rn. 437 und → Rn. 433].

Betrag: 50.000 € **Haftung: 100 %**
immVorb: – **MdE: –**

OLG Dresden 4.5.2022 – 4 W 251/22 = BeckRS 2022, 13550

6593

Nierenverlust hier: Verlust beider Nieren mit lebenslanger Dialyseabhängigkeit ab dem Kindesalter.

Kind. Arzthaftung im Zusammenhang mit der Feststellung eindeutig pathologische Kreatininwerte. Grober Behandlungsfehler. Dauerschaden: Verlust beider Nieren mit lebenslanger Dialyseabhängigkeit obwohl der Vater (Kläger zu 2) seiner Tochter eine Niere gespendet hatte. [Anmerkung: Sie zu dem vom OLG ergangenen Hinweisbeschluss auch das insofern bestätigte Urteil des LG Köln Urt. v. 15.1.2014 – 25 O 418/10. Das LG hatte dort als Richtwert für die Höhe des Schmerzensgeldes für den Verlust einer Niere einen Betrag von 25.000 EUR angesetzt und erhöhend die Dialysepflichtigkeit berücksichtigt. Dem Vater sprach das LG 20.000 EUR für dessen Nierenverlust infolge der Nierenspende zu].

Betrag: 60.000 € **Haftung: 100 %**
immVorb: Ja **MdE: –**

OLG Köln 6.10.2014 – 5 U 31/14 = BeckRS 2015, 7008

5309

Nierenverlust. Der Kläger verlor eine Niere und musste sich insgesamt bislang zwei Nierentransplantationen unterziehen.

37j. Mann (Profifußballspieler Ivan Klasnic). Arzthaftung (hier: grober Behandlungsfehler im Zusammenhang mit einer Nierenerkrankung infolge derer der Kläger bereits im Alter von 26 Jahren eine Spenderniere benötigte). Urteil nicht rechtkräftig.

Betrag: 100.000 € **Haftung: 100 %**
immVorb: – **MdE: –**

LG Bremen 31.3.2017 – 3 O 766/08 = BeckRS 2017, 159049

5035

Organverletzung (hier: Nierenverlust, beiderseitiger … Infolge eines Bunderhebungsfehlers kam es zur und Ausbildung von Schrumpfnieren. Zwei Versuche einer Nierentransplantation scheiterten).

15j. Frau (Schülerin). 53 Operationen mit zahlreichen Komplikationen, wie zB Lokalinfektion der Punktionsstelle sowie Entwicklung eines Thrombus des rechten Herzvorhofs nach Demerskatheteranlage. Arzthaftung (grober Befunderhebungsfehler). Nierenverlust; Verlust beider Nieren. Dauerschaden: dauerhafte Dialysepflicht. Die Klägerin litt zuvor „unter einer krankhaften Fettsucht und Nikotinmissbrauch", weshalb sie sich in Behandlung gab, bei der es jedoch unterlassen wurde, die Blut- und Nierenwerte der Klägerin zu untersuchen; es kam zur Ausbildung von Schrumpfnieren.

Betrag: 200.000 € **Haftung: 100 %**
immVorb: Ja **MdE: –**

OLG Hamm 3.7.2015 – 26 U 104/14 = BeckRS 2015, 13000

5506

Nierenverlust (hier: Verlust beider Nieren).

15j. Frau. Arzthaftung (hier: Grober Befunderhebungsfehler im Zusammenhang mit erhöhten Blutdruckwerten und massiven Kreislaufproblemen der unter krankhafter Fettsucht und Nikotinmissbrauch leidenden Patientin. Später wurde als Ursache beidseitige Schrumpfnieren diagnostiziert. In den folgenden Jahren unterzog sich die Klägerin 53 Operationen, unter anderem zwei erfolglosen Nierentransplantationen. Dauerschaden: Die Klägerin ist auf Dauer dialysepflichtig.

Betrag: 200.000 € **Haftung: 100 %**
immVorb: Ja **MdE: –**

OLG Hamm 3.7.2015 – 26 U 104/14 = BeckRS 2015, 13000

4262

Bauchverletzung, schwere / Organverletzung (hier: Schwere Nierenverletzung: Linke Niere stellt sich als funktionslose Schrumpfniere dar; rechte Niere leicht vergrößert und in ihrer Funktion eingeschränkt mit Verschlechterungstendenz. Schwere Darmverletzung mit Kurzdarmsyndrom, ebenfalls mit Verschlechterungstendenz. Milzriss.)

32j. Mann (Selbst. EDV-Berater). Stationäre, langwierige Heilbehandlung. Lebensgefahr! Dauerschaden: Erheblich eingeschränkte Nierenfunktion. Konkret drohender Nierenfunktionsverlust. Kurzdarmsyndrom mit teilweise unkontrolliertem Stuhlabgang (ähnlich Mastdarmlähmung) und ca. sieben bis elf Durchfällen / Tag und dadurch Mobilitätseinschränkung und Ernährungsumstellung mit Diät und kleinen Mahlzeiten. Berufsaufgabe. Lebenspartnerin verließ den Kläger. [Anmerkung: Das OLG begründet die Schmerzensgeldbemessung vorbildlich und zeigt nachvollziehbar auf, dass in derartigen schweren Fällen „in maßvoller Weise" … „großzügiger zu verfahren …".].

Betrag: 250.000 € **Haftung: 100 %**
immVorb: – **MdE: 100 %**

OLG Frankfurt a. M. 9.4.2010 – 13 U 128/09 = BeckRS 2010, 25718

j) Sonstige Verletzungen

2930

Bauchverletzung in Form einer „stark entstellenden wulstartigen, schiefen Narbe“ [Entstellung] als Folge einer Blinddarmentfernung mit Pararektalschnitt (statt Wechselschnitt).

20j.Frau. Arzthaftung (hier: Aufklärungspflichtverletzung bzgl. unterschiedlicher Operationsmethoden bei Blinddarmoperation). Dauerschaden: Entstellende Bauchnarbe [Entstellung].

Betrag: 1.534 € **Haftung: 100 %**
immVorb: – **MdE: –**

AG Geilenkirchen 15.6.2000 – 2 C 136/98 = BeckRS 9998, 4055

9. Beckenbereich und Hüftgelenke

a) Beckenverletzungen

5420

Beckenverletzung (hier: Beckenprellung links bei Vorschädigung in Form einer beidseitigen Hüftgelenksarthrose (beids. Coxarthrose) mit unfallbedingter Verschlimmerung einer daraus resultierenden Schmerzsyptomatik); HWS-Syndrom. Noch in der Heilbehandlungsphase verletzte sich der Kläger infolge eines Sturzes erneut.

Mann. 15 Tage stationär (inkl. Reha.). 25 Tage ambulante Heilbehandlung. Langwierige Heilbehandlung mit Schmerztherapie während der sich der Kläger durch einen Sturz eine Sprunggelenksverletzung (Sprunggelenkdistorsion) zuzog. Eine berufliche Wiedereingliederung war erst nach Ablauf von 9 Monaten möglich. Das OLG orientierte sich bei der Bemessung an den Primärverletzungen (HWS-Syndrom und Beckenprellung) und erhöhte das Schmerzensgeld angemessen vor dem Hintergrund der Einheitlichkeit des Anspruchs auf immateriellen Schadensersatz.

Betrag: 5.000 € **Haftung: 100 %**
immVorb: – **MdE: –**

OLG Braunschweig 23.3.2017 – 7 U 54/14 = BeckRS 2017, 157749

5520

Beckenverletzung / Oberschenkelverletzung (hier: Multifokaler Desmoid-Tumor / Fibromatose im Bereich des linken Beckens und Oberschenkels). der Kläger hatte im April 2009 bei einem Verkehrsunfall zunächst 5 Wirbelkörperfrakturen (BWK 10, BWK 11, LWK 1, LWK 2, LWK 3) und Rippenverletzungen erlitten, die mittels Versteifungsoperation und der Einlage eines Cage versorgt wurden. Erst später bildete sich sodann der Tumor, der 2012 entfernt wurde.

56j. Mann (Arbeiter). Stationäre Aufenthalte. Langwierige Heilbehandlung. Chronifiziertes Schmerzsyndrom, welches eine Dauermedikation erforderlich machte. MdE 1 Jahr 100 %. Im zweiten Jahr abfallend auf verbleibende 30 %. Insgesamt wurde der Kläger viermal operiert; zweimal (2012 und 2013) wegen des Tumors; diese Operationen, bei der die linke Gesäßhälfte und das gesamte linke Bein geöffnet wurden, bezeichnete das OLG treffend als „umfangreich“ und „kompliziert“. Ohne diese Eingriffe hätte das Bein amputiert werden müssen. Das LG hatte das Schmerzensgeld auf 45.000 EUR (10.000 EUR + vorgerichtlich gezahlte 35.000 EUR) bemessen. Die Beklagten bestritten die Unfallursächlichkeit des Tumors. Das OLG sah dies anders und kam zum Ergebnis, dass auch der Desmoidtumor kausal auf den streitgegenständlichen Unfall zurückzuführen ist. Gravierender Dauerschaden: Bewegungseinschränkung in der LWS. Hinkender Gang. Zudem Belastungseinschränkung; der Kläger muss auf das manuelle Heben von Lasten über 10 kg verzichten. Teilweise verschwommenes Sehen.

Betrag: 70.000 € **Haftung: 100 %**
immVorb: Ja **MdE: 30 %**

OLG Saarbrücken 1.3.2019 – 4 U 143/13 = BeckRS 2019, 9738

4597

Beckenverletzung, sehr schwere (hier: Massive Verdrehung nach vorne der gesamten linken Beckenhälfte mit daraus resultierender starker Lendenwirbelsäulendeformation).

1j. Kind / Säugling. Sehr langwierige Heilbehandlung von mehreren Jahren Dauer mit zahlreichen stationären Aufenthalten und Gipsverbandtherapien. Dauerschaden: Sehr starke Bewegungseinschränkungen infolge der extremen Beckenverdrehung. Verschlechterungstendenz: Künstliche Hüftgelenke mit weiteren Operationen während ihres weiteren Lebens. Arzthaftung: Fehlerhafte Behandlung einer angeborenen Hüftluxation.

Betrag: 100.000 € **Haftung: 100 %**
immVorb: Ja **MdE: –**

OLG Nürnberg 28.10.2011 – 5 U 838/11 = BeckRS 2011, 142314

b) Beckenfrakturen

6477

Beckenfrakturen, mehrfache … sowie Rippenfrakturen.

Mann (Busfahrer). Kein Schmerzensgeldanspruch, wenn ein erfahrener Busfahrer „bei dem Versuch, diesen [= den Bus] wieder unter Kontrolle zu bringen, eingequetscht wurde und hierdurch multiple Frakturen erlitt“, so das OLG. Der Kläger hatte zuvor den Bus bei laufendem an einem Haltepunkt Motor verlassen, um dort behinderte Personen einsteigen zu lassen. Während er sich mit anderen Busfahrern unterhielt, bemerkte er, dass sich der Bus infolge des Eingriffs eines der behinderten Fahrgäste (Bekl. zu 1.) in Bewegung setzte und sich die Türen schlossen. Sofort versuchte er, in seinen Bus wieder hinein zu gelangen. Dies misslang jedoch und er verletzte sich schwer. „Nach alledem kann nicht der Beklagten zu 1) vorgeworfen werden, in der für sie „reizenden“ Situation nicht nach den Möglichkeiten ihrer grundsätzlichen Einsicht gehandelt zu haben“, denn „fahrlässig handelt nur, wer den Eintritt des schädigenden Erfolgs vermeiden kann und muss. Daran fehlt es, wenn der Schädiger wegen psychischer Einschränkungen (vorliegend einer emotional-instabilen Persönlichkeitsstörung vom impulsiven Typ mit einer histrionischen Persönlichkeitsakzentuierung) in der konkreten Situation nicht in der Lage war, entsprechend der grundsätzlich vorhandenen Einsichtsfähigkeit zu handeln und seine Entscheidungen von vernünftigen Erwägungen abhängig zu machen", so das OLG. (Hinweisbeschluss).

Betrag: – **Haftung: –**
immVorb: – **MdE: –**

OLG Hamm 30.4.2019 – 7 U 57/18 = BeckRS 2019, 16123

4664

Beckenfraktur

Frau. Kein Schmerzensgeldanspruch. Das AG hatte den Anspruch der Klägerin, die auf einem auf hoher See fahrenden Kreuzfahrtschiff auf dem Weg von der Toilette in die Kabine gestürzt war und wegen der Schwankungen des Schiffes eine Haftung des Reeders als gegeben ansah, mit dem Hinweis zurückgewiesen, dass jedem Passagier klar sein müsse, dass das Schiff schwanken könne.

Betrag: – **Haftung: –**
immVorb: – **MdE: –**

AG Rostock 9.3.2012 – 47 C 406/11 = BeckRS 2012, 17515

4175

Beckenfraktur, doppelte sowie Kopfplatzwunde und Gesichtverletzung / Augenverletzung (hier: Bluterguss im Bereich des rechten Auges).

Kind (im Kindergartenalter). 1 Woche stationär. Weitere 9 Wochen ambulante Heilbehandlung. Innerhalb dieser Zeit musste für die Dauer von 3 Wochen eine Gehstütze (Krücke) getragen werden. Keine Folgeschäden. Ursache: Verkehrssicherungspflichtverletzung durch fehlerhaft montierten Heizkörper.

Betrag: 3.000 € **Haftung: 100 %**
immVorb: – **MdE: –**

AG Villingen-Schwenningen 30.7.2009 – 5 C 30/08 = BeckRS 2009, 140001

5359

o.Beckenfraktur, Gehirnverletzung in Form einer „punktförmigen Blutung"/„hyperdenses Areal im linken Marklager", stumpfes Bauchtrauma und stumpfes Thoraxtrauma; Skalpierungsverletzung am Hinterkopf; Schädelhirntrauma 1. Grades.

Mann. Es bestand kurzzeitig Lebensgefahr! 6 Tage stationär. Der stationäre Verlauf gestaltete sich jedoch „komplikationslos". Im weiteren Verlauf musste der Kläger weiter ambulant behandelt werden, „wobei aus den vorgelegten ärztlichen Berichten noch belastungsabhängige Beschwerden im Beckenbereich dokumentiert wurden. Als Dauerschaden sind beim Kläger Schwindelanfälle und eine leichte Taubheit im Bereich der Narbe am Rücken verblieben", so das OLG. Das OLG berücksichtigte zudem einerseits das schwere Verschulden des Beklagten, als auch ein hälftiges Mitverschulden des Klägers, da dieser auf einer Autobahn mit nur 38 km/h fuhr].

Betrag: 4.000 € **Haftung: 50 %**
immVorb: Ja **MdE: –**

OLG Brandenburg 14.7.2016 – 12 U 121/15 = BeckRS 2016, 13199

2536

Beckenfraktur (hier: Beckenringfraktur mit „Aussprengung eines symphysengelenknahen Knochenfragmentes") sowie Gehirnerschütterung.

Mann („junger Mann"). 15 Tage stationär. MdE 34 Tage 100 %. Dauerschaden: Hüftschmerzen nach sportlicher Belastung; kein Laufsport möglich. [Gefälligkeitsfahrt unter Freunden].

Betrag: 4.090 € **Haftung: 100 %**
immVorb: Ja **MdE: –**

OLG Hamm 3.3.1998 – 27 U 185/97 = BeckRS 1998, 3424

6453

Beckenfraktur links und Fußverletzung links, die zu einer Lähmung des linken Fußes geführt hatte.

Frau. 42 Tage stationär und weitere 42 Tage Rehabilitationsaufenthalt. Anschließend ambulante Heilbehandlung mit Physiotherapie. Dauerschaden: Gehbehinderung wegen der Funktionsbeeinträchtigung des linken Fußes infolge der Lähmung des Fußes sowie der Bewegungsbeeinträchtigungen beider Hüftgelenke. Zudem leidet die Klägerin unter Beeinträchtigungen beim längeren Stehen und großen auffälligen Narben im Bereich des Beckens und unterhalb des Rippenbogens links.

Betrag: 5.000 € **Haftung: 50 %**
immVorb: Ja **MdE: –**

LG Leipzig 2.8.2002 – 3 O 4972/01 = BeckRS 2002, 163248

5789

Beckenfraktur (hier: Beckenringfraktur in Form einer vorderen Beckenringfraktur links) und Rippenfrakturen der 4. und 5. Rippe links sowie Prellungen.

Frau (Hausfrau). 11 Tage stationär. MdE 3 Wochen 100 %. Dauerschaden: Schmerzen im Leistenbereich. [Ursache: Verkehrssicherungspflichtverletzung. Die Klägerin wurde als Passantin von einem Rolltor umgeworfen, dass der Beklagte zu schwungvoll geschlossen hatte].

Betrag: 6.500 € **Haftung: 100 %**
immVorb: – **MdE: –**

LG Paderborn 4.2.2008 – 2 O 384/06 = BeckRS 2008, 8848

3552

Beckenfraktur (hier: Beckenringfraktur); Schlüsselbeinfraktur; Rippenfrakturen sowie Blutergüsse.

Mann (Ingenieur). 12 Tage stationär mit zwei Aufenthalten. Schlüsselbein- und Rippenfraktur verheilten folgenlos. Dennoch Dauerschaden: „Funktionelle lumbosakrale Einschränkung mit Schmerzentwicklung" aufgrund der Beckenfraktur mit arthrotischen Veränderungen der Wirbelgelenke.

Betrag: 7.000 € **Haftung: 100 %**
immVorb: Ja **MdE: 10 %**

LG Gießen 27.10.2003 – 3 O 445/02 = BeckRS 2003, 154776

7422

Beckenfraktur mit Iliosacralgelenksprengung und Einblutung in den M.Iliacus. Zudem erlitt die Klägerin ein akutes Nierenversagen sowie eine Gehirnblutung in Form eines akuten subduralen Hämatoms.

79j. Frau (Rentnerin). Zwei stationäre Behandlungen von insgesamt 18 Tagen. Die Beckenfraktur wurde mittels Schrauben fixiert. Die Kl. war mehrere Wochen unfallbedingt pflegebedürftig und in ihrer Mobilität eingeschränkt. Bei der Bemessung des Schmerzensgeldes hat die Kammer berücksichtigt, „dass die Klägerin aufgrund ihres Alters nicht mehr so schnell wie ein junger Mensch regeneriert und die Folgen (auch von kurzfristiger) Pflegebedürftigkeit sie besonders treffen."

Betrag: 10.000 € **Haftung: 100 %**
immVorb: Ja **MdE: –**

LG Kleve 29.8.2023 – 4 O 227/20 = BeckRS 2023, 49042

5352

Beckenfraktur sowie Ellenbogenverletzung.

86j. Frau. Stationäre Heilbehandlung. 8 Wochen bettlägrig und „noch über 7 Monate nach dem Unfall auf die Benutzung von Gehstützen angewiesen". Ursache: Verkehrssicherungspflichtverletzung. „Wenn ein hochbetagter (hier: 86 Jahr alter, weiblicher) Hotelgast bei dem Versuch, das Hotel abends gegen 21.45 Uhr durch eine gläserne Drehtür zu betreten, es übersieht, dass die ebenfalls gläserne Einfassung der Drehtür im Annäherungsbereich keine Öffnung hat, gegen die Einfassung prallt und sich bei dem anschließenden Sturz schwer verletzt, haftet der Hotelbetreiber unter dem Aspekt Verkehrssicherungspflichtverletzung zum einen aus Vertrag gemäß §§ 241 Abs. 2, 280 BGB und zum anderen auch aus Delikt gemäß § 823 Abs. 2 BGB i.V.m. § 38 Abs. 2 LBO", so das OLG. [Anmerkung: Es handelt sich vorliegend nur um ein Teilschmerzensgeld für den Zeitraum der ersten sieben Monate nach dem Unfall]

Betrag: 14.000 € **Haftung: 66 %**
immVorb: – **MdE: –**

OLG Schleswig 22.6.2017 – 11 U 109/16 = BeckRS 2017, 117438

4206

Beckenfraktur (hier: Beckenschaufelfraktur in Form einer Beckenschaufeltrümmerfraktur); Schlüsselbeinfraktur rechts; Gesichtnarben nach Gesichtverletzung in Form einer Gesichtschnittwunde; stumpfes Brustkorbtrauma mit Rippenfrakturen sowie tiefe Schürfwunden und zahlreiche Prellungen.

Frau (Boutique Inhaberin). ca. 20 Tage stationär mit insges. 3 Aufenthalten. MdE knapp 5 Monate 100 % sowie weitere 2 Wochen 50 %. Dauerschaden: Gehbehinderung. Schmerzhafte und endgradige Bewegungseinschränkung der linken Hüfte. Belastungsminderung und Bewegungseinschränkung des rechten Oberarms. Gesichtsnarbe! Sensibilitätsstörungen an der linken Kopfseite sowie psychische Beeinträchtigungen.

Betrag: 17.500 € **Haftung: 100 %**
immVorb: Ja **MdE: 30 %**

OLG Saarbrücken 31.3.2009 – 4 U 26/08-10 = BeckRS 2010, 3819

3029

Beckenfraktur mit Hüftgelenkverletzung in Form einer Hüftgelenkluxsation; Fußfraktur (hier: Außenknöchelfraktur und Sprungbeinfraktur mit bleibenden Schäden); Rippenserienfraktur; Organverletzung (hier: Schocklunge, Tracheostoma, Pneumothorax); Schock.

Frau. 3 Monate stationär. Mehrere Operationen. 3 Monate Rollstuhl. 9 Monate konnte sie sich nur an Krücken und mit ihrem Bürostuhl bewegen. Dauerschaden: Fußheberparese und Arthrosen im Fußgelenk und im Hüftgelenk. Schmerzen im Fuß; Bewegungsbeeinträchtigung.

Betrag: 25.565 € **Haftung: 66 %**
immVorb: – **MdE: 30 %**

OLG Frankfurt a. M. 16.8.2001 – 3 U 160/00 = BeckRS 2009, 18616

c) Beckenringfrakturen

6873

Beckenringfraktur. Zudem erlitt der Kläger eine stumpfe Brustkorbquetschung / stumpfes Thoraxtrauma sowie diverse Schürfwunden.

81j. Mann. Ambulante Behandlung. Für die Dauer von ca. 6 Monaten litt der Kläger unter starken Schmerzen und erheblichen Bewegungseinschränkungen. [Ursache: Tierhalterhaftung – der Kläger stürzte vom Fahrrad, da ihm der nicht angeleinte Hund der Beklagten in die Quere kam].

Betrag: 4.000 € **Haftung: 66 %**
immVorb: Ja **MdE: –**

OLG Hamm 8.6.2021 – 9 U 77/20 = BeckRS 2021, 15276

2509

Beckenfraktur (hier: Beckenringfraktur mit „gelenknaher Schädigung durch Aussprengung eines symphsengelenknahen Knochenfragmentes" und nachfolgend länger andauernde Hüftschmerzen „nach sportlicher Betätigung").

Mann (Schüler / Oberprimaner). [Lesenswert: Zum unfallbedingt weitgehenden Verlust der Möglichkeit, Laufsport zu treiben. Keine Kürzung wegen Freundschaft und Gefälligkeitsfahrt]

Betrag: 4.090 € **Haftung: 100 %**
immVorb: Ja **MdE: –**

OLG Hamm 3.3.1998 – 27 U 185/97 = BeckRS 1998, 3424

6704

Beckenringfrakturen und Hüftverletzungen (hier: beids.Beckenringfrakturen in Form einer vorderen Beckenringfraktur beidseits, einer Sakrumfraktur links und einer Hüftprellung). Zudem erlitt die Klägerin eine Gehirnerschütterung.

Frau. 9 Tage stationär mit Entlastung an Unterarmgehstützen. MdE 52 Tage 100 %. Anschließend erfolgte eine medizinische Rehabilitation und eine berufliche Wiedereingliederung. Gefahr von Dauerfolgen, wie Belastungsschmerzen und vorzeitige Arthrose in der linken Hüfte / Becken. [Lesenswert zur Haftungsverteilung bei Wendemanöver einerseits und überhöhter Geschwindigkeit andererseits. – vgl. auch in erster Instanz LG Leipzig BeckRS 2019, 40462].

Betrag: 5.000 € **Haftung: 75 %**
immVorb: – **MdE: –**

OLG Dresden 25.2.2020 – 4 U 1914/19 = BeckRS 2020, 4869

6646

Beidseitige Beckenringfraktur in Form einer vorderen Beckenringfraktur beidseits mit Sakrumfraktur links. Zudem erlitt die Klägerin „einen minimalen ventralen Pneumothorax links, ein SHT 1. Grades und einen HWI."

Frau. 9 Tage stationär. Anschließend erfolgte eine medizinische Rehabilitation und nachfolgend ihre stufenweise Wiedereingliederung in das Erwerbsleben. MdE 82 Tage 100 %.

Betrag: 5.000 € **Haftung: 50 %**
immVorb: – **MdE: –**

LG Leipzig 16.8.2019 – 05 O 3706/13 = BeckRS 2019, 40462

5184

Beckenfraktur (hier: Beckenfraktur in Form einer sogenannten B-Fraktur [= Beckenringverletzung, rotationsinstabil]) und o.Oberarmfraktur (hier: Offene, ellenbogengelenknahe Fraktur am distalen Humerus links).

90j. Frau (Rentnerin). 23 Tage stationär. Die Fraktur wurde mit einem externen Fixateur operativ versorgt [Anmerkung: Ein externer Fixateur ist eine sehr unangenehme Maßnahme, da hierbei – durch diverse Metallstangen, die aus dem Verletzungsbereich herausstehen – die Bewegung stark einschränkt und jede Berührung schmerzhaft quittiert. Ein externer Fixator wird bei – wie hier vorliegend – gelenknahe Frakturen am distalen Humerus eingesetzt]. Rehabilitationsaufenthalt 4 Wochen.

Betrag: 5.000 € **Haftung: 100 %**
immVorb: Ja **MdE: –**

LG Saarbrücken 27.11.2015 – 12 O 338/14 = BeckRS 2015, 128046

4832

Beckenfraktur rechts (hier: Komplette Beckenringfraktur rechts mit Schambeinfraktur (hier: Schambeinastfraktur oben mit „nicht dislozierter Infraktion des unteren Schambeinastes rechts") sowie Gehirnerschütterung, HWS-Syndrom und einer posttraumatischen Angststörung, die auch noch nach ca. fünf Jahren nicht überwunden werden konnte.

14j. Jugendliche (Schülerin). 10 Tage stationär. Posttraumatisch zurück blieb laut kl. Vortrag eine „phobische Angststörung", eine Entwicklungsstörung schulischer Fertigkeiten, eine eingeschränkte körperliche Belastungsfähigkeit sowie eine Schwäche am rechten Bein sowie eine Beeinträchtigung der Gebährfähigkeit. [Anmerkung: Das OLG sieht die oben angeführten 5.000 EUR nur als Teilschmerzensgeld an und hat daher und mit dem Hinweis, dass 5.000 EUR nicht ausreichend sind, zurückverwiesen. Zur voraussichtlichen Höhe verweist das OLG für den vorliegenden Sachverhalt und Verletzungsumfang auf Urteile des OLG Koblenz → Nr. 4833 und des OLG Saarbrücken → Nr. 3714 in denen jeweils 15.000 EUR zuerkannt worden waren. Lesenswert zudem zum Thema „Funktion von Schmerzensgeldtabellen" – siehe auch im Handbuch → Rn. 22 – insofern sei meinerseits angemerkt, dass – für den Fall des Zutreffens der klägerischerseits vorgetragenen Dauerfolgen – ein Schmerzensgeld von deutlich mehr als nur 15.000 EUR zuzusprechen sein sollte].

Betrag: 5.000 € **Haftung: 50 %**
immVorb: Ja **MdE: –**

OLG München 11.4.2014 – 10 U 4757/13 = BeckRS 2014, 10204

5789

Beckenfraktur (hier: Beckenringfraktur in Form einer vorderen Beckenringfraktur links) und Rippenfrakturen der 4. und 5. Rippe links sowie Prellungen.

Frau (Hausfrau). 11 Tage stationär. MdE 3 Wochen 100 %. Dauerschaden: Schmerzen im Leistenbereich. [Ursache: Verkehrssicherungspflichtverletzung. Die Klägerin wurde als Passantin von einem Rolltor umgeworfen, dass der Beklagte zu schwungvoll geschlossen hatte].

Betrag: 6.500 € **Haftung: 100 %**
immVorb: – **MdE: –**

LG Paderborn 4.2.2008 – 2 O 384/06 = BeckRS 2008, 8848

6742

Beckenringfraktur vorne links; Rippenserienfraktur; Gehirnerschütterung, Brustkorbprellung und LWS-Prellung. Die geltend gemachten psychischen Beeinträchtigungen wie Ängste, Schlafstörungen sowie Panikattacken beim Autofahren bestanden nur unmittelbar nach dem Verkehrsunfall.

Frau (Junge Frau). 6 Tage stationäre Behandlung. 42 tage war die junge Klägerin auf einen Rollstuhl angewiesen und wurde von ihren Eltern versorgt. Anschließend erfolgte eine vierwöchige Rehabilitationsmaßnahme mit Mobilisation und insgesamt 78 physiotherapeutische Behandlungen. Dauerschaden: Bei längerem Sitzen oder beim Joggen über eine größere Strecke bestehen weiterhin Rückenschmerzen und Beckenschmerzen. Das LG Verden wertete das junge Alter der Klägerin sowie die Regulierungsverzögerung schmerzensgelderhöhen.

Betrag: 10.000 € **Haftung: 100 %**
immVorb: – **MdE: –**

LG Verden 23.8.2019 – 8 O 264/17 = BeckRS 2019, 37202

5242

Komplette Beckenringfraktur rechts mit Schambeinfrakturen sowohl des oberen als auch des unteren Schambeins wobei es sich bei der unteren Fraktur um eine dislozierte Schambeinfraktur handelte. HWS-Syndrom, Gehirnerschütterung).

14j. Frau (Schülerin). 11 Tage stationär. Sehr langwierige Heilbehandlung mit zum Teil auch psychologischen Therapiebehandlungen. Dauerschaden: Berührungsempfindlichkeit / geringfügige Schmerzempfindung im Bereich der Darmbeinschaufel. Zudem berücksichtigte das OLG entscheidend, „dass die Klägerin schwere Verletzungen erlitten und seit mindestens fünf Jahren unter dem Unfall gelitten hat, somit über einen langen Zeitraum eine schwerwiegende Beeinträchtigung der Lebensqualität eingetreten ist". [Ursache: Die Kl. lief hinter einem Bus auf die Straße, wo sie von der Beklagten mit deren PKW erfasst wurde]

Betrag: 10.000 € **Haftung: 50 %**
immVorb: Ja **MdE: –**

OLG München 23.10.2015 – 10 U 2231/15 = BeckRS 2015, 18104

4002

Beckenringfraktur / Beckenfraktur im vorderen Beckenringbereich sowie mediale Schambeinfraktur mit Dauerfolgen und Harnweginfektion. Zudem erlitt der Kläger eine Rippenserienfraktur sowie eine Mittelgesichtsweichteilverletzung und eine Gehirnerschütterung.

Mann. 12 Tage stationär (davon 4 Tage Intensivstation); anschließend weitere 4 Monate Schmerztherapie und Krankengymnastik. MdE 2 Monate 100 %; 3 Monate 50 % sowie 1 Monat 20 %. Dauerschaden: Sensibilitätsstörungen in der rechten Gesäßhälfte, die „ein längeres Sitzen beeinträchtigen bzw. unmöglich machen". Ursache: Motorradunfall.

Betrag: 12.000 € **Haftung: 100 %**
immVorb: Ja **MdE: 10 %**

LG Aachen 10.7.2009 – 7 O 272/07 = BeckRS 2011, 2504

2994

Bauchverletzungen, schwere / Organverletzung / Beckenringfraktur (hier: Nierenruptur bzw. Nierenriss mit Nierenentfernung; Milzriss; Magenquetschung, Bauchspeicheldrüsenquetschung) und Oberschenkelserom, handflächengroß am rechten Oberschenkel; LKW-1-Vorderkantenabriss.

36j. Frau. „Mehrere Monate" stationär. „Mehrere Monate" künstliches Koma. Dauerschaden: Nierenverlust. (Prüfungspflichtverletzung des Reifenhändlers bei Verkauf von Gebrauchtreifen).

Betrag: 15.000 € **Haftung: 50 %**
immVorb: – **MdE: –**

OLG Nürnberg 5.2.2002 – 3 U 3149/01 = BeckRS 2002, 30237755

3616

Beckenringfraktur, Kreuzbeinfraktur, Unterschenkelfraktur (hier: komplizierte Schienbeinfraktur mit Kreuzbandruptur). Schädelhirntrauma

Frau (Reisekauffrau). 2 Monate stationär. MdE 7 Monate 100 % und weitere 6 Monate 40 %. 6 Wochen Rehaklinik. Weitere 13 Monate ambulante Behandlung. Dauerschaden: Beinverkürzung um 15 mm. Bewegungseinschränkungen im linken Kniegelenk, beginnende Kniegelenkarthrose.

Betrag: 15.339 € **Haftung: 50 %**
immVorb: Ja **MdE: 25 %**

KG 13.4.2000 – 12 U 7999/97 = BeckRS 2001, 140

5527

Beckenfraktur in Form einer vorderen Beckenringfraktur sowie Schürfwunden am rechten Unterarm (2 cm groß) und am Unterschenkel (2 cm groß) sowie eine Platzwunde am Hinterkopf (2,5 cm groß).

73j. Frau. Die Klägerin trug vor, sie habe sich nach dem Unfall nur noch mit Rollator und Rollstuhl fortbewegen können, teilweise auch mit Krücken. Gegen die Schmerzen habe sie starke Schmerzmittel nehmen müssen. Gleichwohl sei sie nicht in der Lage gewesen, einfachste Tätigkeiten im Haushalt durchzuführen und Fahrrad zu fahren. Nachts sei ihr ungehindertes Schlafen nicht möglich gewesen. Das LG folgte diesem Vortrag und sah es zudem als erwiesen an, dass die bei der Klägerin unmittelbar nach dem Unfall diagnostizierten Einschränkungen ebenso unfallbedingt sind wie ihre hieraus folgende Pflegebedürftigkeit für zwei Jahre. Ursache: Kollision eines Fahrradfahrers mit der sich öffnenden Fahrertür eines geparkten Pkw. Vergleiche hierzu auch OLG Celle → Nr. 5524.

Betrag: 20.000 € **Haftung: 100 %**
immVorb: – **MdE: –**

LG Potsdam 5.10.2018 – 6 O 476/17 = BeckRS 2018, 29783

d) Beidseitige Becken- und Beckenringfrakturen

7850

Beckenringfraktur, beidseitig (im Urteil wird von einer „kombinierten Beckenringfraktur" gesprochen. Gehirnerschütterung, Schulterprellung und Oberarmprellung „sowie Brustkorbverletzung (wörtlich: "eine nicht näher bezeichnete Verletzung des Thorax").

16j. Frau. 8 Tage stationäre Behandlung ohne Operation – jedoch mit medikamentöser Schmerztherapie. Die Klägerin musste zunächst zur Entlastung der Beckenverletzungen an Unterarmgehstützen (Krücken) gehen und war insofern drei Monate lang beeinträchtigt. Die schweren körperlichen Verletzungen, waren „weitgehend ausgeheilt". „Ob es im Fall einer Schwangerschaft zu Beschwerden oder Komplikationen aufgrund der Beckenringfraktur kommen wird, ist nicht absehbar. Etwaige Komplikationen können heute nicht schmerzensgelderhöhend berücksichtigt werden, sondern fallen unter den Vorbehalt." [Anmerkung: Die Besonderheit dieses Falles lag darin, dass sich die Klägerin mit einer eine Blutalkoholkonzentration von über 2 ‰ bei völliger Dunkelheit direkt vor das Auto der Beklagten gelegt hatte. Diese war um das Heck herum zur Fahrertür gegangen und hatte vor dem Anfahren das Abblendlicht eingeschaltet und die Klägerin nicht gesehen und laut SV-Gutachten auch nicht sehen können. „Die Rechtsprechung gehe bei auf der Fahrbahn liegenden oder sitzenden alkoholisierten Fußgängern im Regelfall von einem überwiegenden Mitverschulden des Fußgängers aus. Bei einem Erwachsenen wäre auf Grund der hohen Alkoholisierung und des grob fahrlässigen Ablegens im Nahbereich eines Pkws in unbeleuchtetem Gelände ein gänzliches Zurücktreten der Betriebsgefahr naheliegend (OLG Celle MDR 2015, 940; OLG Hamm BeckRS 2012, 11402). Da der Anknüpfungspunkt für den Mitverschuldensvorwurf nach § 827 S. 2 BGB jedoch allein der übermäßige Alkoholkonsum sei und zu Gunsten der damals 16-jährigen Klägerin jugendtypische Unerfahrenheit im Umgang mit Alkohol angenommen werden könne, gewichte das Gericht das gleichwohl erhebliche Mitverschulden an der Schadensentstehung mit 3/4." Dennoch bemaß das OLG die Schmerzensgeldhöhe – ausgehend von 12.000 EUR auf der Basis von 50 % hieraus.]

Betrag: 6.000 € **Haftung: 50 %**
immVorb: Ja **MdE: –**

OLG Karlsruhe 6.7.2022 – 14 U 267/21 = BeckRS 2022, 56426

2765

Beids.Beckenfraktur / Hüftverletzung (hier: „Doppelte vordere und hintere Beckenringfraktur" sowie als mittelbare Unfallfolge eine Leistenfraktur mit Leistennerventfernung und Lymphknotenentfernung.)

49j. Mann. 10 Wochen stationär; 3 Operationen, komplizierte Heilbehandlung. Nach 4 Monaten Steigerung der Beweglichkeit. MdE 8 Monate 100 %. Dauerschaden: Bewegungseinschränkung.

Betrag: 20.452 € **Haftung: 100 %**
immVorb: Ja **MdE: –**

OLG Hamm 15.12.1999 – 13 U 116/99 = BeckRS 1999, 31046513

3466

Beids.Beckenringfraktur (sog. Schmetterlingsfraktur): Kreuzbeinfraktur [= Sacrumfraktur]; Hüftfraktur in Form einer Hüftgelenkpfannenfraktur [= Acetabulumfraktur]; Schambeinfugenfraktur [= Symphysenfraktur]; stumpfes Lebertrauma; Wirbelsäulenfraktur in Form einer Lendenwirbelkörperfraktur; Gehirnerschütterung.

17j. Frau (Krankenschwester-Azubi). 2 Monate stationär. Zweimal gut jew. 3 Wochen Rehaklinik. Mehr als 200 ambulante und krankengymnastische Behandlungen. MdE knapp 4 Monate 100 %, 1 Monat 50 %. Dauerschaden: MdE 20 % in Bezug auf Haushalt und Beruf. Deutlich sichtbarer Beckenschiefstand nach in Fehlstellung zusammengewachsener Symphyse. Kein Sport und Tanz möglich. Sexualleben beeinträchtigt, ebenso „ihre allgemeine psychische Befindlichkeit". Regulierungsverzögerung. Motorradunfall.

Betrag: 30.000 € **Haftung: 100 %**
immVorb: – **MdE: 20 %**

LG Konstanz 11.5.2005 – 2 O 91/03 = unveröffentlicht

4697

Beidseitige Beckenfraktur bzw. instabile beidseitige Beckenringfraktur (hier: vordere und hintere Beckenringfraktur vom Typ C); Schambeinfraktur (rechter Schambeinast) sowie Zahnverletzungen und eine Kopfplatzwunde sowie diverse Blutergüsse am ganzen Körper.

20j. Frau (Studentin). 19 Tage stationär mit 2 Operationen; anschließend für die Dauer von 30 Tagen ambulante Heilbehandlung / Rehabilitation. Dauerschaden: Psychische Beeinträchtigung / posttraumatische Belastungsstörung. Schmerzensgelderhöhend wurde zum einen das erhebliche Verschuldendes Klägers, der trotz gegenteiliger Aufforderung seitens der Klägerin betrunken und zudem viel zu schnell fuhr. Zum anderen wurde auch die erhebliche Beeinträchtigung der Studienplanung und der Lebensplanung der jungen Studentin berücksichtigt.

Betrag: 60.000 € **Haftung: 100 %**
immVorb: – **MdE: 20 %**

KG 28.2.2013 – 22 U 209/12 = BeckRS 2013, 200843

e) Schwere Beckenfrakturen

7727

Beckenfarktur mit Sehnenabriss, sog. Avulsionsfraktur bzw. Beckenavulsionsfraktur; hierbei wurde durch die am Becken verankerte Sehne diese sowie auch ein Knochenfragment des Hüftknochens herausgerissen. Zudem erlitt der Kläger – als Motorradfahrer ohne jegliche Schutzkleidung – erhebliche Schürfwunden und Prellungen (Schürfwunden am linken Knie und Ellenbogen, Prellungen und Schwellungen am Oberschenkel und am Beckenkamm links).

Mann (Koch, keine Altersangabe jedoch Bemerkung „unter Berücksichtigung des jungen Alters"). 21 Tage stationär mit zwei Operationen, da die Beckenfraktur bei der ersten OP zunächst übersehen worden war. MdE 6 Monate 100 % und anschließend noch 45 Tage 50 %. Insofern führte das LG aus: „Aufgrund der unfallbedingten Verletzungen litt der Kläger unter Schmerzen und einer Einschränkung der Beweglichkeit. Während der Dauer der Arbeitsunfähigkeit konnte er keinen Sport treiben. Sein Sexualleben war reduziert und mit Schmerzen verbunden." Kein Mitverschulden: Der Kläger trug als Motorradfahrer zwar einen Helm jedoch keine Schutzkleidung, sondern lediglich eine Jogginghose, ein Sweatshirt und Sneaker. Dazu führte das LG mit Hinweis auf OLG Celle, BeckRS 2024, 7994, das insofern jedoch in Anlehnung an die Rechtsprechung des BGH zum Tragen von Fahrradhelmen zur Frage nach einem allgemeinen Verkehrsbewusstsein allein auf dazu vorliegende Statistiken abgestellt hatte, aus, dass es „zumindest im Jahr 2022 … kein allgemeines Verkehrsbewusstsein" gegeben habe, "zum eigenen Schutz als Motorradfahrer bestimmte Schutzkleidung zu tragen. Motorradunfall. [Anmerkung: Vgl. zu der nach wie vor umstrittenen Frage, ob und ggf. unter welchen Umständen das Fehlen einer Schutzkleidung bei Motorradfahrern schmerzensgeldmindernd mitberücksichtigt werden kann siehe dazu ausführlich im Handbuch → Rn. 109. Ein Mitverschulden bejahten ua das LG Stuttgart BeckRS 2018, 19812; LG Köln BeckRS 2013, 12168; OLG Brandenburg BeckRS 2009, 23345; OLG Düsseldorf BeckRS 2006, 11671. Die wohl – noch – herrschende Meinung verneint dies jedoch].

Betrag: 8.000 € **Haftung: 100 %**
immVorb: Ja **MdE: –**

LG Hamburg 12.7.2024 – 306 O 387/23 = BeckRS 2024, 49400

5242

Beckenfraktur (hier: Komplette Beckenringfraktur rechts mit Schambeinfrakturen sowohl des oberen als auch des unteren Schambeins wobei es sich bei der unteren Fraktur um eine dislozierte Schambeinfraktur handelte). HWS-Syndrom, Gehirnerschütterung).

14j. Frau (Schülerin). 11 Tage stationär. Sehr langwierige Heilbehandlung mit zum Teil auch psychologischen Therapiebehandlungen. Dauerschaden: Berührungsempfindlichkeit / geringfügige Schmerzempfindung im Bereich der Darmbeinschaufel. Zudem berücksichtigte das OLG entscheidend, „dass die Klägerin schwere Verletzungen erlitten und seit mindestens fünf Jahren unter dem Unfall gelitten hat, somit über einen langen Zeitraum eine schwerwiegende Beeinträchtigung der Lebensqualität eingetreten ist". [Ursache: Die Kl. lief hinter einem Bus auf die Straße, wo sie von der Beklagten mit deren PKW erfasst wurde]

Betrag: 10.000 € **Haftung: 50 %**
immVorb: Ja **MdE: –**

OLG München 23.10.2015 – 10 U 2231/15 = BeckRS 2015, 18104

2983

Beckenfrakturen, schwere sowie weitere Verletzungen ohne nähere Angaben.

Mann.

Betrag: 12.782 € **Haftung: 50 %**
immVorb: Ja **MdE: –**

KG 9.4.2001 – 12 U 8410/99 = BeckRS 2001, 30174038

4948

Beckenfraktur (hier: Schwere Beckenfraktur „mit einer Symphysen-Sprengung und ISG-Fugen- Sprengung links" so das OLG. Zudem erlitt der Kläger infolge der Operationen noch eine Blasenverletzung).

Mann. Stationäre Aufenthalte und ambulante Behandlung (ohne genaue Angaben) mit Komplikationen („Sepsis, Eitererreger"). Dauerschaden: Blasenbeeinträchtigung. Reiseveranstalterhaftung: Der Kl. buchte bei der Bekl. eine Pauschalreise in deren Rahmen auch ein Kamelritt bei Beduinen angeboten wurde. Beim Besteigen des Reitkamels verletzte sich der Kl. durch Sturz auf den Metallbügel de Sattels erheblich. [Anmerkung: Neben dem Schmerzensgeld erhielt der Kläger noch 1.110 EUR gemäß § 651f Abs. 2 BGB wegen nutzlos aufgewendeter Urlaubszeit].

Betrag: 15.000 € **Haftung: 100 %**
immVorb: – **MdE: –**

OLG Koblenz 4.11.2013 – 12 U 1296/12 = BeckRS 2013, 19639

3627

Beckenfrakturen, schwere (hier: Beckenringfraktur, Beckenkammfraktur, Sitzbeinfraktur) sowie erhebliche Oberschenkelverletzung (hier: Weichteilverletzungen am rechten Oberschenkel mit Abriss der Harnröhre).

11j. Junge (Schüler). 32 Tage stationär. Sehr langwierige Heilbehandlung, die zum Zeitpunkt der Urteilsverkündung noch nicht abgeschlossen war. Dauerschaden: Es ist nicht auszuschließen, dass eine Harninkontinenz und Impotenz nachfolgen. Ursache: Der Junge geriet im Gedränge an einer Schulbushaltestelle unter den reifen des Busses.

Betrag: 20.000 € **Haftung: 100 %**
immVorb: Ja **MdE: –**

LG Hagen 2.7.2004 – 9 U 109/03 = unveröffentlicht

5528

Beckenfraktur, schwere (hier: instabile Beckenringfraktur mit Ileosacralfugensprengung bzw. Sprengung der linken Ileosacralfuge, Schambeinfraktur, Darmbeinfraktur) sowie geschlossene Oberschenkelfraktur links, Unterschenkelfraktur links, distale Unterarmfraktur bzw. Radiusfraktur links, Schlüsselbeinfraktur rechts sowie ein stumpfes Thoraxtrauma mit Lungenquetschung, Leberquetschung, Nierenquetschung und Blasenkontusion sowie einem Schädelhirntrauma 1. Grades mit retrograder Amnesie.

Mann (lt. Urteilsbegründung „junger Mann"). 4 Monate stationär. MdE 2 Jahre 100 %. Dauerschaden: Es verbleibt ein Dauerschaden von 35 %, der sich insbesondere beim Heben von Lasten über 10 kg im rechten Arm zeigen. Hinzu kommen Schmerzen bei Laufbelastung, eine Beinverkürzung von 1 cm sowie erhebliche Narben. „Die Beeinträchtigungen können sich in Zukunft noch verstärken. Gerade für den noch jungen Kläger stellen diese Schäden eine erhebliche Beeinträchtigung in der Lebensführung dar", so das OLG.

Betrag: 20.000 € **Haftung: 50 %**
immVorb: Ja **MdE: 35 %**

OLG Brandenburg 28.10.2003 – 2 U 58/02 = BeckRS 2003, 30331698

3909

Beckenfraktur, schwere (hier: Beckenfraktur Typ III, instabil, die mit Distanzplatten stabilisiert werden musste; postoperativ kam es zudem zu pediartikulären Verkalkungen); Lendenwirbelkörperfraktur; Organverletzungen (hier: Leberriss bzw. Leberruptur und Nierenriss bzw. Nierenruptur) sowie Schädelhirntrauma 2. Grades.

Frau. 1 Monat stationär. 5 Tage akute Lebensgefahr. Dauerschaden: Erhebliche Bewegungsbeeinträchtigung des Hüftgelenkes. Neben den Verletzungen berücksichtigte das OLG zum einen, dass es der Kl. nicht möglich war, den praktischen Teil des Fachabiturs zu absolvieren und zum anderen die Regulierungsverzögerung von mehr als zwei Jahren.

Betrag: 22.000 € **Haftung: 100 %**
immVorb: – **MdE: 40 %**

OLG Brandenburg 14.6.2007 – 12 U 244/06 = BeckRS 2008, 9666

4982

Beckenringfraktur links mit Lendenwirbelkörperfraktur / Hüftgelenkfraktur (hier: Fraktur der Massa lateralis d.h. des bauchseitigen Anteils des sogenannten Os sacrum und eine ventrale Hüftgelenkfraktur / Acetabulumfraktur links). Unterarmfraktur in Form einer distalen Ulnaschaftfraktur links mit Bewegungsminderung). Gesichtschädelfraktur / Gesichtsverletzung (hier: Orbitafraktur links mit Contusio bulbi links, Nasenbeinfraktur). Lungenquetschung. Schädelhirntrauma 2.Grades.

39j. Mann (Chemiker / Qualitätsmanager). 21 Tage stationär sowie weitere 2 Monate teilstationär in Reha-Klinik. Anschließend nahm der Kläger seine Arbeit wieder auf, wobei eine ambulante Heilbehandlung mittels Physiotherapie erfolgte. Der Kläger litt zudem noch längere Zeit an Anpassungsstörungen und depressiven Reaktionen. Erhöhend wertete das OLG zum einen das grob verkehrswidrige Verhalten des Beklagten und führte aus, es entspeche „... dem Gerechtigkeitsempfinden, vorsätzliche Begehungsweisen oder ein grob fahrlässiges (rücksichtsloses) Verhalten im Straßenverkehr schmerzensgelderhöhend zu berücksichtigen". Zum anderen wurde auch die Regulierungsverzögerung erhöhend gewürdigt.

Betrag: 35.000 € **Haftung: 100 %**
immVorb: Ja **MdE: –**

OLG Saarbrücken 26.2.2015 – 4 U 26/14 = BeckRS 2015, 6748

5969

Beckenfraktur, schwere (hier: Beckenfraktur in Form einer Darmkreuzbeingelenksprengung [= Iliosakralgelenksprengung] links mit Darmbeinsprengung und Knochenabsprengung am Os sacrum links, Fraktur des Os pubis links sowie Schambeinfugenverletzung in Form einer Symhysensprengung). Oberschenkelfraktur in Form einer pertrochantären Oberschenkeltrümmerfraktur links mit Gefahr eines Kompartmentsyndroms am linken Oberschenkel und Oberschenkelfraktur rechts sowie diverse Prellungen.

Mann. 47 Tage stationär. Noch am Unfalltag erfolgte eine geschlossene Reposition des Oberschenkelschaftbruches und Sicherung des Repositionsergebnisses mittels von distal eingebrachten Verriegelungsmarknagel, offene Reposition der pertrochantären Femurfraktur und Stabilisierung des Repositionsergebnisses mit einem proximalen Verriegelungsmarknagel und einer 135 Grad Schenkelhalsschraube links. 35 Tage Rehabilitationsaufenthalt. Dauerschaden: Deutliche Belastungsminderung des linken Beins wegen der posttraumatischen Veränderungen des linken proximalen Oberschenkelknochens [= Femur] mit einer daraus resultierenden Beinverkürzung von ca. 2,5 cm aus. Femurkopfnekrose und Arthrose des Hüftgelenks. Muskelminderung der linken Gesäßhälfte und des linken Beines. Verschlechterungstendenz: „In absehbarer Zeit ist davon auszugehen, dass eine Totalendoprothese im linken Hüftbereich vorzusehen ist", so das LG.

Betrag: 37.500 € **Haftung: 100 %**
immVorb: Ja **MdE: –**

LG Aurich 19.2.2008 – 5 O 575/06 = BeckRS 2012, 24021

2922

Beckenfrakturen (hier: Beckenfraktur und Beckenringfraktur); Schlüsselbeinfraktur, schwere sowie Rippenfrakturen; Prellungen; Schürfungen.

Mann. 2 Monate stationär; 1 Monat Rehabilitationsaufenthalt. Arbeitsplatzverlust. Dauerschaden: Bewegungseinschränkung an Schulter, Arm und Hand rechts!

Betrag: 40.903 € **Haftung: 100 %**
immVorb: – **MdE: –**

LG München I 23.1.2002 – 9 O 14070/00 = unveröffentlicht

7635

Offene Beckenfraktur (hier: offene dislozierte Beckenfraktur mit Nervenbeteiligung, Oberschenkelnervverletzung), offene Unterschenkelfraktur in Form einer offenen Unterschenkelmehretagenfraktur des linken Unterschenkels, Subarachnoidalblutung frontal, eine Brustbeinfraktur, einen Pneumothorax links und eine Lungenkontusion links.

21j. Mann (Student). 2 Tage Intensivstation mit 10stündiger Operation; anschließend 13 Tage stationär. Länger andauernde Einschränkungen in der Mobilität, die mit einer

Nichtbelastbarkeit des linken Beines für 6 Wochen nach dem ersten Krankenhausaufenthalt und erneuter Einschränkung der Belastbarkeit des nach der jeweiligen Materialentfernung in den Jahren 2019 und 2021 und zusätzlichen starken Schmerzen einherging. Es bildeten sich Nekrosen. Insgesamt konnte sich der Kl. über mehrere Monate ausschließlich und danach zeitweilig nur unter Zuhilfenahme von Gehstützen fortbewegen und nach der zweiten Metallteilentfernungs-OP für drei Monate sein linkes Knie nicht vollständig beugen. In mentaler Hinsicht war es für den Kläger unangenehm, während des Aufenthalts im Klinikum im März und April 2019 für seine persönliche Reinigung und zum Wechseln der Windeln Hilfe in Anspruch nehmen zu müssen. Dies galt auch für die Pflegeleistung, die seine Eltern für ihn nach dem Krankenhausaufenthalt erbrachten. Dauerschaden: Bewegungseinschränkungen und Belastungseinschränkungen im Bereich der Beckenschaufel mit endgradiger Einschränkung der Hüftgelenkaußenrotation; ebenso im Unterschenkel links mit Schmerzen bei längerer und etwas stärkerer Belastung. Zudem Bewegungseinschränkungen im Bereich des linken Sprunggelenks. Schmerzen im linken Knie und eine endgradige Einschränkung der Kniegelenksbeugung und Streckung sowie eine Einschränkung der Fußhebung im linken oberen Sprunggelenk. Infolgedessen Wegfall motorisch anspruchsvollerer und physisch belastender sportlicher Aktivitäten wie Tennis, Tischtennis und Skifahren, Triathlon-Veranstaltungen und Wanderungen, aber auch sozialer Events wie Disco-Besuche, Konzerte, Freizeitpark und der Besuch von Fußballspielen.

Betrag: 43.000 € **Haftung: 100 %**
immVorb: – **MdE: –**

LG Darmstadt 29.8.2022 – 27 O 12/22 = BeckRS 2022, 59586

4768

Beckenfraktur, schwere (hier: Beckenkomplexfraktur) sowie Oberschenkelfraktur und Kopfverletzung in Form einer sogenannten Felsenbeinfraktur.

17j. Mann. Der Kläger wurde später Apotheker, musste aber sodann den erlernten bzw. studierten Beruf verletzungsfolgebedingt wieder aufgeben. Dauerschaden: Gehbehinderung und psychische Beeinträchtigungen.

Betrag: 55.000 € **Haftung: 100 %**
immVorb: – **MdE: –**

OLG Frankfurt a. M. 22.8.2012 – 4 U 35/12 = BeckRS 2013, 1698

4472

Beckenfraktur (hier: Beckenringfraktur und Beckenschaufelfraktur links); Wirbelfraktur in Form einer Steißbeinfraktur sowie eine Unterschenkelfarktur (hier: außenseitige Schienbeinkopffraktur) mit Wadenbeinnervverletzung und Verletzung des Ischiasnervs sowie einen Leistenbruch / eine Leistenfraktur.

46j. Frau. Mehr als 7 Wochen stationär, 4 Aufenthalte. Mehrere Operationen. Langwierige Heilbehandlung. Dauerschaden: Gehbehinderung. Die Kl. muss auf Dauer eine Peronäus-Schiene tragen. Erhöhend berücksichtigte das LG, „dass die Klägerin in einem Alter von 46 Jahren von den Unfallfolgen betroffen war, als ihre beiden Kinder 10 bzw. 12 Jahre alt waren. Möglichkeiten, gerade mit den dann heranwachsenden und ins Erwachsenenalter eintretenden Kindern interessante und bereichernde Freizeitaktivitäten zu entfalten und Urlaubserlebnisse zu genießen, sind der Klägerin in erheblichem Umfang vorenthalten worden."

Betrag: 55.000 € **Haftung: 100 %**
immVorb: Ja **MdE: –**

LG Dortmund 1.8.2011 – 21 O 150/09 = BeckRS 2011, 23791

3873

Beckenfraktur / Hüftgelenkfraktur (hier: komplexen Beckenbruch mit Fraktur des linken Hüftgelenks).

21j. Frau. Stationärer Aufenthalt. Dauerschaden: Das linke Bein ist um 2 cm verkürzt und im Bereich des linken Hüftgelenks besteht eine hochgradige Bewegungseinschränkung. Die Geh- und Stehfähigkeit ist erheblich eingeschränkt und die Beinverkürzung hatte eine kompensatorische Seitverbiegung der Brust- und Lendenwirbelsäule zur Folge sowie Schmerzen beim Sexualverkehr. Ursache: Motorradunfall.

Betrag: 57.000 € **Haftung: 100 %**
immVorb: – **MdE: –**

OLG München 5.12.2008 – 10 U 3298/08 = BeckRS 2008, 25667

5983

Beckenfrakturen, schwere (hier: „gravierende Verletzungen im Bereich des Beckens und beider Oberschenkel" der Kläger erlitt umfangreiche Beckenfrakturen und Beckenverletzungen, mit Darmkreuzbeingelenksprengung, Beckenringfraktur vom Typ C mit Sakrumfraktur [Sakrum = Bindeglied zwischen Rumpf bzw. Wirbelsäule und Becken] mit Symphysensprengung und Riss der Syndesmosenbänder. Zudem erlitt der Kläger schwere Quetschungen der Oberschenkel mit beidseitigen starken Blutergüssen und eine Harnblasenverletzung (hier: Harnblasenriss).

Mann (Vorarbeiter). Mehr als 30 Tage stationäre Heilbehandlung mit mehreren Operationen und Metallimplantaten. Rehabilitationsaufenthalt. Spätere Operation zur Metallteilentfernung. Dauerschaden: Erektile Disfunktion. Gehbehinderung und Schmerzen im Bereich des Beckens beim Sitzen und Gehen. Taubheitsgefühle im Bereich der vormaligen Oberschenkelhämatome. [Ursache: Gabelstaplerunfall – der Kläger wurde auf einer Baustelle von dem 10 Tonnen schweren Fahrzeug überrollt].

Betrag: 60.000 € **Haftung: 100 %**
immVorb: Ja **MdE: –**

OLG Hamm 22.12.2011 – 6 U 134/11 = BeckRS 2013, 15126

6850

Beckenfraktur, schwere (hier: vordere Pfeilerfraktur und hintere Hemiquerfraktur des OS acebulus sowie eine symphysennahe vordere Beckenringfraktur rechts mit der wahrscheinlichen Folge der Implantation einer Prothese links wobei „es sicher sei, dass auch nach Einsatz einer Prothese weitere komplizierte Operationen infolge von Lockerungen des Implantats erforderlich würden", so das OLG.

24j. Mann (Rettungsassistent). Stationäre Behandlung. Dauerschaden: Dauerhafter Verlust Sport treiben zu können, dauerhafte Beeinträchtigung der Sexualfunktionen, dauerhafter Berufsverlust, chronifizierte PTBS mit Depressionen sowie die Absehbarkeit „auf einen Rollstuhl angewiesen zu sein" und eine Gesamt-MdE von 50 %. [Anmerkung: Das Schmerzensgeld – vom OLG auf der Grundlage der taggenauen Bemessung nach Schwintowski berechnet – erscheint angesichts der sehr schweren Dauerfolgen für den noch sehr jungen Mann deutlich zu gering und belegt, dass die Methode einer taggenauen Bemessung nicht zur (bei solchen schweren Dauerfolgen dringend erforderlichen) Schmerzensgeldanhebung führt. [vgl. Slizyk, Konkretisierung der Schmerzensgeldbemessung, NJW 2021, 3757].

Betrag: 80.000 € **Haftung: 100 %**
immVorb: Ja **MdE: 50 %**

OLG Frankfurt a. M. 17.6.2021 – 22 U 181/20 = BeckRS 2021, 25514

f) Schambeinverletzungen und Schambeinfrakturen

4832

Schambeinfraktur rechts (hier: Schambeinastfraktur rechts oben mit „nicht dislozierter Infraktion des unteren Schambeinastes rechts") und Beckenfraktur (hier: Komplette Beckenringfraktur rechts mit sowie Gehirnerschütterung, HWS-Syndrom und einer posttraumatischen Angststörung, die auch noch nach ca. fünf Jahren nicht überwunden werden konnte.

14j. Jugendliche (Schülerin). 10 Tage stationär. Posttraumatisch zurück blieb laut kl. Vortrag eine „phobische Angststörung", eine Entwicklungsstörung schulischer Fertigkeiten, eine eingeschränkte körperliche Belastungsfähigkeit sowie eine Schwäche am rechten Bein sowie eine Beeinträchtigung der Gebährfähigkeit. [Anmerkung: Das OLG sieht die oben angeführten 5.000 EUR nur als Teilschmerzensgeld an und hat daher und mit dem Hinweis, dass 5.000 EUR nicht ausreichend sind, zurückverwiesen. Zur voraussichtlichen Höhe verweist das OLG für den vorliegenden Sachverhalt und Verletzungsumfang auf Urteile des OLG Koblenz → Nr. 4833 und des OLG Saarbrücken → Nr. 3714 in denen jeweils 15.000 EUR zuerkannt worden waren. Lesenswert zudem zum Thema „Funktion von Schmerzensgeldtabellen" – siehe auch im Handbuch → Rn. 22 – insofern sei meinerseits angemerkt, dass – für den Fall des Zutreffens der klägerischerseits vorgetragenen Dauerfolgen – ein Schmerzensgeld von deutlich mehr als nur 15.000 EUR zuzusprechen sein sollte].

Betrag: 5.000 € **Haftung: 50 %**
immVorb: Ja **MdE: –**

OLG München 11.4.2014 – 10 U 4757/13 = BeckRS 2014, 10204

4381

Beckenverletzung / Schambeinverletzung (hier: Schambeinfugens und unvollständige Kreuzdarmbeinfugenfraktur); stumpfes Bauchtrauma jedoch ohne innere Verletzungen sowie diverse Prellungen und Verstauchungen.

Mann. 3 stationäre Aufenthalte von insgesamt ca. 5 Wochen Dauer. Keine funktionaler Dauerfolgen; günstige Zukunftsprognose. [Ursache: Motorradunfall]

Betrag: 15.000 € **Haftung: 100 %**
immVorb: – **MdE: –**

LG Dortmund 29.6.2011 – 21 O 562/09 = BeckRS 2011, 19658

g) Hüftgelenkverletzungen

4853

Hüftluxation, vorübergehende (hier: Luxation, die nach einer Hüftgelenksoperation auftrat und mittels einer Kurznarkose umgehend schmerzfrei beseitigt wurde). Das OLG sah darin sinngemäß eine Bagatellverletzung.

Mann. Kein Schmerzensgeldanspruch aus Arzthaftung, da der Kläger nur eine geringfügige Beeinträchtigung / Bagatellverletzung erlitt. „Selbst wenn man unterstelle, dass die Luxation Folge eines Behandlungsfehlers sei, begründe sie keinen Schmerzensgeldanspruch des Klägers. Die Luxation habe umgehend mittels einer Reposition unter Kurznarkose schmerzfrei beseitigt werden können. Die mit ihr verbundenen gesundheitlichen Beeinträchtigungen des Klägers überschritten nicht eine „Geringfügigkeitsgrenze". Sie stellten sich als zeitlich geringfügige Beeinträchtigungen dar, die die Lebensführung des Klägers nur unwesentlich und ohne dauerhafte Folgen beeinflusst hätten. In einem derartigen Fall sei ein Schmerzensgeld weder zum Ausgleich noch zur Genugtuung des Patienten angemessen", so sinngemäß das OLG.

Betrag: – **Haftung: –**
immVorb: – **MdE: –**

OLG Hamm 13.1.2015 – 26 U 122/14 = BeckRS 2015, 6016

4984

Hüftprellung / Hüftgelenkprellung und Muskelprellung im Bereich der Hüfte sowie HWS-Syndrom (hier: „leichte Distorsionsschädigung der Halswirbelsäule").

Mann. Ambulante Heilbehandlung. Insgesamt ca. 6 Wochen Beeinträchtigungen.

Betrag: 1.000 € **Haftung: 100 %**
immVorb: – **MdE: –**

OLG Düsseldorf 27.1.2015 – I-1 U 36/14 = BeckRS 2015, 5844

4895

Hüftgelenkverletzung (hier: Verzögerung der Revisionsoperation im Zusammenhang mit dem Einsetzen eines Hüftgelenkimplantats. Die OP verzögerte sich wegen des Fehlens des richtigen Operationswerkzeugs um einen Tag. „Denn angesichts vier abgebrochener Bohrnadeln und in Anbetracht der Tatsache, dass die Operation mit dem hochtourigen Bohrer unproblematisch beendet werden konnte, spricht ein Beweis des ersten Anscheins dafür, dass die hauseigene Bohrmaschine nicht ausreichend war", so das KG.)

37j. Mann. Arzthaftung (hier: Operationsverzögerung, da „die Operation erst am nächsten Tage beendet werden konnte"). [Lesenswert zur Abgrenzung zwischen Risikoaufklärung und Sicherungsaufklärung. „Eine Pflicht zur Risikoaufklärung über einen bereits vorgenommen Eingriff gibt es grundsätzlich nicht (keine nachträgliche Risikoaufklärung). Allenfalls kann sich die Pflicht zur Risikoaufklärung in eine Pflicht zur nachträglichen Sicherungsaufklärung fortsetzen. (amtlicher Leitsatz)"].

Betrag: 2.000 € **Haftung: –**
immVorb: – **MdE: –**

KG 25.11.2013 – 20 U 49/12 = BeckRS 2014, 6104

3727

Hüftprellung mit der Folge erhebliche Schmerzen und 14tägigem Einsatz von Gehstützen. Ellenbogenprellung links.

Mann. 10 Tage stationär; anschließend weitere 2 Wochen erhebliche Beeinträchtigung wegen Gehstützen (Krücken). MdE 4 Wochen 100 %. Sehr starke Schmerzen.

Betrag: 2.500 € **Haftung: 100 %**
immVorb: – **MdE: –**

AG Passau 12.6.2003 – 11 C 464/03 = BeckRS 2003, 31163373

6240

Hüftgelenkverletzung links (hier: Bruch des zuvor eingesetzten künstlichen Hüftgelenks. Nach dessen Ersatz kam es zu einer Entzündung des Hüftgelenks. Eine erneute Revisionsoperation zeigte eine ausgeprägte entzündliche zystische Fremdkörperreaktion, worauf „drei winzige Keramiksplitter entfernt, eine Synovektomie durchgeführt sowie Gelenkpfanne und Prothesenkopf ausgetauscht" werden mussten).

52j. Frau. Arzthaftung (hier: Grober Behandlungsfehler im Zusammenhang mit einer Hüftoperation, nach der es – aufgrund der fehlerhaften Kombination von Metallkopf und Keramikpfannegekommen – zum Bruch des implantierten künstlichen Hüftkeramikkopfes war).

Betrag: 8.000 € **Haftung: 100 %**
immVorb: Ja **MdE: –**

OLG Schleswig 22.7.2011 – 4 U 19/10 = BeckRS 2011, 141242

6103

Hüftgelenksverletzung in Form eines Hüftkopfbandrisses [= Ruptur des Ligamentum capitis femoris]. Zudem erlitt der Kläger eine HWS-Distorsion und eine LWS-Distorsion.

Mann. 8 Monate – bis zur Durchführung der Hüftgelenksarthroskopie – andauernde Schmerzen im rechten Hüftgelenk und Bewegungseinschränkungen. Ganz erhebliches Verschulden des Beklagten. [Anmerkung zu §§ 286 und 287 ZPO: „Im Rahmen der Kausalitätsbetrachtung ist nicht erforderlich, dass das Unfallereignis die ausschließliche oder alleinige Ursache einer Gesundheitsbeeinträchtigung ist; vielmehr reicht eine bloße Mitverursachung aus, sei sie auch nur "Auslöser„ neben erheblichen anderen Umständen, um einen Ursachenzusammenhang zu bejahen (Anschluss BGH BeckRS 2005, 6269)", so das OLG]

Betrag: 10.000 € **Haftung: 100 %**
immVorb: – **MdE: –**

OLG Brandenburg 7.7.2016 – 12 U 131/15 = BeckRS 2016, 20870

6316

Hüftverletzung / Hüftgelenkverletzung im Zusammenhang mit einem produktfehlerhaften künstlichen Hüftgelenk bzw. einer Hüft-Totalendoprothese („Hüft-TEP").

67j. Frau. Produkthaftung / Arzthaftung im Zusammenhang mit einer Hüft-Totalendoprothese (hier: Durom-Metasul-LDH Großkopfprothese), die fehlerhaft im Sinne von § 3 ProdHaftG war, „da sie ein erhöhtes Versagensrisiko hat, weil die Produktserie Konstruktions- und Instruktionsfehler aufweist, die bei jedem Teil der Serie in der Konussteckverbindung zu erhöhtem Metallabrieb führen können, der die Gefahr schwerer Gesundheitsschäden (etwa Osteolysen) birgt und die operative Auswechslung von Prothesenteilen nötig machen kann." [vgl. auch → Nr. 6315 und → Nr. 6284].

Betrag: 17.500 € **Haftung: 100 %**
immVorb: Ja **MdE: –**

LG Freiburg 2.8.2019 – 1 O 460/11 = BeckRS 2019, 16657

7674

Hüftverletzung, Oberschenkelnervverletzung mit Beinlähmung nach einer Hüft-TEP-Implantation bzw. Hüftgelenktotalendoprothese rechts. Im Anschluss hieran wurde eine Oberschenkelnervverletzung mit hierdurch verursachter proximaler Parese des rechten Beines (= unvollständige Beinlähmung) attestiert.

Frau (Krankenschwester/„jugendliche ..."). Arzthaftung nach einer zur Behandlung einer Hüftdysplasie und Hüftgelenksarthrose vorgenommenen Hüft-TEP-Operation, die später zu Komplikationen führte. Das OLG sah eine Aufklärungspflichtverletzung als gegeben an und führte dazu aus: „Es bestehen besondere Anforderungen an die Aufklärung bei einer Hüft-TEP, wenn es im Vergleich zu einer normalen Hüftendoproblematik zu vermehrten Beschwerden kommen kann. Der aufklärende Arzt muss in der Lage sein, diese besonderen Risiken zu vermitteln. Verfügt der aufklärende Arzt nicht über den entsprechenden Kenntnisstand, bleibt die Aufklärung defizitär." Postoperativ kam es zu Komplikationen; es wurde ein Pfannenwechsel am rechten Hüftgelenk durchgeführt. Im Anschluss hieran wurde eine Nervverletzung in Form einer Läsion am Nervus femoralis mit hierdurch verursachter proximaler Parese des rechten Beines attestiert; zudem bestand auch der Verdacht auf eine Läsion des Nervus gluteus superior. Möglicherweise als Dauerschaden einzustufende Beeinträchtigungen, die auch noch sechs Jahre nach dem Eingriff vorlagen: Bewegungsbeeinträchtigung, Stehbehinderung, Gehbehinderung (wörtlich: „Die Einschränkung betrifft sämtliche Tätigkeiten, die Geh- oder Standsicherheit erfordern".), die Klägerin kann nur noch eingeschränkt Lasten tragen und ist hinsichtlich der Mobilität weiter stark eingeschränkt.

Betrag: 20.000 € **Haftung: 100 %**
immVorb: Ja **MdE: –**

OLG Hamm 20.12.2022 – 26 U 46/21 = BeckRS 2022, 43522

5446

Hüftgelenkluxation, schwere (hier: Neben der Erstluxation kam es zu vier weiteren sogenannten Spontanluxationen, die jeweils unter Kurznarkose repositioniert werden mussten).

Frau. Zwei stationäre Aufenthalte bei denen jeweils – im Abstand von 3 Jahren – künstliche Hüftgelenke implantiert wurden. MdE insgesamt ca. 8 Wochen. „Den Implantationen der künstlichen Hüftgelenke schlossen sich jeweils mehrwöchige Anschlussheilbehandlungen an. Während dieser Zeit, aber auch noch im Anschluss daran, hat sich die Klägerin jeweils insgesamt über einen Zeitraum von 6 bis 8 Wochen Behandlungen unterziehen müssen. Die Konsultation des Orthopäden war über drei Monate hinweg aus medizinischer Sicht geboten. Die Hüftpfannenimplantation war erfolgreich", so das OLG, das zu Frage der Dauerschädigungen ausführte, dass die von der Klägerin beschriebene Unsicherheit beim Gehen und die Einschränkungen der Geh- und Stehfähigkeit nach den Ausführungen des Sachverständigen unfallbedingt waren, aber lediglich auf einen Zeitraum von bis zu 3 Monaten nach jeder Operation und von bis zu 8 Wochen nach jeder Luxation beschränkt gewesen seien.

Betrag: 22.500 € **Haftung: 100 %**
immVorb: – **MdE: –**

OLG Hamm 26.7.2016 – 9 U 133/15 = BeckRS 2016, 113208

3269

Hüftgelenkverletzung (hier: Schwere Hüftgelenkverletzung nach Implementierung einer Hüfttotalendoprothese. Der Kläger ist „ganz erheblich in seiner Beweglichkeit beschränkt". Nähere Ausführungen siehe nachfolgend unter Einzelheiten).

35j. Mann. Arzthaftung (hier: Behandlungsfehler im Zusammenhang mit einer Oberschenkelhalsfraktur und damit verbundenen Hüftoperation mit dem späteren Implantat einer Hüftprothese bzw. Hüfttotalendoprothese). Dauerschaden: MdE 30 %. Schmerzen, Gehbehinderung, Bewegungseinschränkungen und Belastungsminderung. „Der Kläger hat im Bereich des rechten Beckenbereichs erhebliche chronische Schmerzen. Hinzu kommt ein schmerzhaftes „Schnappphänomen" im Bereich der rechten Hüfte. Die schmerzfreie Sitzzeit beträgt nur etwa eine Stunde, die maximale Sitzzeit etwa zwei Stunden. Gleiches gilt für die schmerzfreie Stehzeit. Der Kläger ist nicht in der Lage, mehr als ein paar hundert Meter schmerzfrei zu gehen. Er benutzt regelmäßig Gehhilfen. Nachts wacht er gelegentlich vor Kreuzschmerzen auf", so das OLG, dass dem Kläger, der im Rahmen eines Abfindungsvergleiches zunächst 20.000 DM erhalten hatte nun ein weiteres Schmerzensgeld in Höhe von 12.782 EUR [= 25.000 DM] zuerkannte. „Wären diese erst später festgestellten Verletzungsfolgen auch schon bei Abschluss des Abfindungsvergleich bekannt gewesen, hätte dies ein erheblich höheres Schmerzensgeld als die vereinbarten 20.000,- DM (= 10.225,84 EUR) gerechtfertigt. Es liegt ein so krasses Missverhältnis vor, dass es für den Kläger unter den gegebenen Umständen nicht mehr hinnehmbar ist". Gegenüber einem Abfindungsvergleich kann der Einwand der unzulässigen Rechtsausübung erhoben werden, wenn sich nach dem Auftreten nicht vorhergesehener Spätfolgen ein so krasses Missverhältnis zwischen der Vergleichssumme und dem Schaden ergibt, dass der Schädiger gegen Treu und Glauben verstieße, wenn er an dem Vergleich festhalten wollte. Verschlechterungstendenz: Lockerung der Prothese und erneute Operation zum Auswechseln der Prothese.

Betrag: 23.008 € **Haftung: 100 %**
immVorb: – **MdE: 30 %**

OLG Oldenburg 28.2.2003 – 6 U 231/01 = BeckRS 2008, 18833

1202

Hüftverletzung / Hüftgelenkverletzung (hier: „Massive Bewegungseinschränkung eines Beins im Hüftgelenk"; Besserung nur durch Hüftgelenkimplantation [künstliches Hüftgelenk]).

Mann. Arzthaftung (hier: Behandlungsfehler); Dauerschaden: Bewegungseinschränkung, erhebliche Gehbehinderung. Künstliches Hüftgelenk erforderlich.

Betrag: 23.008 € **Haftung: 100 %**
immVorb: – **MdE: –**

LG Bielefeld 8.5.1998 – 4 O 512/96 = VersR 1999, 1245

6663

Hüftgelenksverletzung nach Versagen einer Hüftprothese.

48j. Mann. Produkthaftung im Zusammenhang mit einer Hüftgelenkoperation bzw. der Implantierung einer Großkopf-Hüfttotalendoprothese. Die Beklagte ist Herstellerin der Hüftprothese. Bei der Schmerzensgeldbemessung wertete das LG – vom OLG als rechtsfehlerfrei bestätigt – „insbesondere die Osteolyse, die Notwendigkeit einer Revisionsoperation und die Ungewissheit über den Krankheitsverlauf bis zu diesem Eingriff hervor". Andererseits war der Heilungsverlauf nach dem Revisionseingriff komplikationsfrei. [Anmerkung: Das OLG bestätigte die Entscheidung des LG Freiburg → Nr. 5526. Vergleiche insofern aber auch → Nr. 5307, → Nr. 5490, → Nr. 5521 mit ähnlich Fällen von Schadensersatzansprüchen aus Produkthaftung für ein fehlerhaftes Medizinprodukt – Hüfttotalendoprothese, bei welchem – wie in derartigen Fällen stets der Fall – Konstruktions-, Instruktions- und Fabrikationsfehler in Betracht kommen].

Betrag: 25.000 € **Haftung: 100 %**
immVorb: Ja **MdE: –**

OLG Karlsruhe 8.6.2020 – 14 U 171/18 = BeckRS 2020, 15041

6284

Hüftgelenkverletzung (hier: „Große Osteolyse am Trochanter major links mit Metallabrieb im Konusbereich bei Status nach Durom Hüft-TEP, Synovialitis, Bursitis trochanterica, große Seromhöhle" infolge eines fehlerhaften Implantats mit der Folge von Schmerzen und Gehbehinderung).

68j. Frau. Produkthaftung (gemäß § 3 ProdHG) im Zusammenhang mit der Implantation einer Hüft-Totalendoprothese linksseitig, wobei das verwendete Prothesensystem nach medizinischen Grundsätzen fehlerhaft war. Insofern sei – so das LG – die Rechtsprechung zu Herzschrittmachern und Defibrillatoren (EuGH NJW 2015, 1163 sowie BGH NJW 2015, 2507 und NJW 2015, 3096) auf das streitbefangene Prothesensystem übertragbar. Bei der Bemessung bezog das LG auch „die große Osteolyse" und den „damit einhergehenden Knochenverlust" sowie „die Notwendigkeit einer Revisionsoperation und den Schmerzverlauf bis zu diesem Eingriff" mit ein. [vgl. auch → Nr. 6315 und → Nr. 6316].

Betrag: 25.000 € **Haftung: 100 %**
immVorb: Ja **MdE: –**

LG Freiburg 2.8.2019 – 1 O 266/12 = BeckRS 2019, 16656

6315

Hüftverletzung / Hüftgelenkverletzung im Zusammenhang mit einem produktfehlerhaften künstlichen Hüftgelenk bzw. einer Hüft-Totalendoprothese („Hüft-TEP").

16j. Frau (in Krankenschwesterausbildung). Produkthaftung / Arzthaftung im Zusammenhang mit einer Hüft-Totalendoprothese (hier: Durom-Metasul-LDH Großkopfprothese), die fehlerhaft im Sinne von § 3 ProdHaftG war, „da sie ein erhöhtes Versagensrisiko hat, weil die Produktserie Konstruktions- und Instruktionsfehler aufweist, die bei jedem Teil der Serie in der Konussteckverbindung zu erhöhtem Metallabrieb führen können, der die Gefahr schwerer Gesundheitsschäden (etwa Osteolysen) birgt und die operative Auswechslung von Prothesenteilen nötig machen kann." [Anmerkung: Lesenswert sind zu dieser Thematik die Ausführungen von Nawroth, die sich in ihrer „Anmerkung für die Praxis" umfassend der Haftung des Herstellers von Hüft-Totalendoprothesen („Hüft-TEP") auseinandersetzt. Vgl. auch → Nr. 6284 und → Nr. 6316 und hinsichtlich berechtigter Ängste vor einem Prothesenbruch → Nr. 6389 sowie → Rn. 55 im Handbuch].

Betrag: 25.000 € **Haftung: 100 %**
immVorb: Ja **MdE: –**

LG Freiburg 2.8.2019 – 1 O 223/12 = BeckRS 2019, 16655

5521

Hüftgelenksverletzung (hier: Knochenfraß am Oberschenkelknochen sowie die Notwendigkeit der Revisionsoperation mit den damit einhergehenden erheblichen Beschwerden nach fehlerhaftem Hüftkopfimplantat).

Frau (ältere Frau – Kläger war der Nachlassverwalter der Erblasserin). Ursache: Produkthaftung bzgl. einer fehlerhaften Hüftkopfprothese: „Für die Bejahung der Fehlerhaftigkeit einer Hüftprothese in Form einer Metall-auf-Metall Großkopfprothese nach dem Produkthaftungsgesetz reicht es aus, dass es aufgrund eines Konstruktionsfehlers bei allen Prothesen des streitgegenständlichen Typs zum Auftreten eines erhöhten Metallabriebs kommen kann“, so das LG. Bei der Bemessung berücksichtigte das LG folgende Aspekte: Den Knochenfraß am Oberschenkelknochen, die Notwendigkeit der Revisionsoperation mit den damit einhergehenden erheblichen Beschwerden berücksichtigt, die Entzündungsreaktionen und die damit einhergehenden im Zeitraum zwischen dem Einbringen der Hüftprothese im Jahr 2004 bis zur Revisionsoperation Anfang 2009 vorhandenen Schmerzen und die damit in Zusammenhang stehenden Bewegungseinschränkungen sowie zudem – als Sekundärschaden – eine Dekubitusverletzung.

Betrag: 25.000 € **Haftung: 100 %**
immVorb: – **MdE: –**

LG Freiburg 25.2.2019 – 6 O 83/12 = BeckRS 2019, 10631

5490

Hüftgelenksverletzung (hier: Fehlerhafte Hüftkopfprothese mit hohem Metallabrieb in der Konussteckverbindung und erheblichen Schmerzen).

50j. Mann (Malermeister). Produkthaftung: Eine Hüfttotalendoprothese – hier das Großkopfprothesenmodells „DUROM“ – ist fehlerhaft, wenn sie zu erhöhtem und gesundheitlich bedenklichem Metallabrieb in der Konussteckverbindung führt. Insofern wurden beim Kläger festgestellt: „Persistierende Schmerzen bei Zustand nach Durom-Implantation 23.2.05 und offener Bursektomie und Resektion periartikulärer Verkalkungen“; dies machte eine erneute Operation (Revisionsoperation) notwendig. Die trotz des Revisionseingriffs weiterbestehenden Schmerzen konnten hingegen – so das LG – bei der Bemessung des Schmerzensgeldes keine Berücksichtigung finden, da deren Ursache nicht sicher in der implantierten Hüftprothese zu sehen ist. [Vgl. auch → Nr. 5307, 5521, 5526].

Betrag: 25.000 € **Haftung: 100 %**
immVorb: Ja **MdE: –**

LG Freiburg 15.10.2018 – 1 O 26/17 = BeckRS 2018, 37601

5526

Hüftgelenksverletzung nach Versagen einer Hüftprothese.

48j. Mann. Produkthaftung (Die Beklagte ist Herstellerin der Hüftprothese). Bei der Schmerzensgeldbemessung wertete das LG „insbesondere die Osteolyse, die Notwendigkeit einer Revisionsoperation und die Ungewissheit über den Krankheitsverlauf bis zu diesem Eingriff hervor“. Andererseits war der Heilungsverlauf nach dem Revisionseingriff komplikationsfrei. [Anmerkung: Vergleiche auch → Nr. 5307, 5490, 5521 mit ähnlich Fällen von Schadensersatzansprüchen aus Produkthaftung für ein fehlerhaftes Medizinprodukt – Hüfttotalendoprothese, bei welchem – wie in derartigen Fällen stets der Fall – Konstruktions-, Instruktions- und Fabrikationsfehler in Betracht kommen]. Das Urteil wurde vom OLG Karlsruhe Urt. v. 8.6.2020 – 14 U 171/18, BeckRS 2020, 15041 bestätigt.

Betrag: 25.000 € **Haftung: 100 %**
immVorb: Ja **MdE: –**

LG Freiburg 15.10.2018 – 1 O 240/10 = BeckRS 2018, 26020

5307

Oberschenkelverletzung / Hüftgelenkverletzung (hier: sachverständigenseitig als „mottenartig“ bezeichneter Knochenfraß am Oberschenkelknochen mit der Notwendigkeit einer Revisionsoperation zum Austausch der fehlerhaften Hüftprothese mit den damit einhergehenden erheblichen Beschwerden).

69j. Frau. Infolge einer produktfehlerhaften Hüftgelenksprothese kam es zu schweren Komplikationen und einer Entzündungsreaktion. Dies führte dazu, dass die Klägerin im Zeitraum zwischen dem Einbringen der Hüftprothese Mitte 2005 bis zur Revisionsoperation Anfang 2010 unter erheblichen Schmerzen und damit in Zusammenhang stehenden Bewegungseinschränkungen litt. Als Sekundärschaden kam es „zu einer Clostriden- und Norovirusinfektion, welche stationär behandelt werden musste und zu einer Unterbrechung des Reha-Aufenthalts mit den damit einhergehenden Verzögerungen im Zuge der Rekonvaleszenz führte“. Ursache: Produkthaftung durch fehlerhafte Hüftgelenksprothesen / fehlerhafte Prothesen. [vgl. auch OLG Nürnberg BeckRS 2015, 9105]. Für die ebenfalls fehlerhafte linke Prothese sprach das LG der Kl. kein Schmerzensgeld zu und führte hierzu aus: „Ein Schmerzensgeld wegen der Fehlerhaftigkeit der linken Hüfte steht der Klägerin derzeit allerdings nicht zu, weil ihr keine erheblichen immateriellen Nachteile im Sinne von § 8 S. 2 ProdHaftG wegen der linksseitig implantierten Hüftprothese entstanden sind. Insoweit war die Klage daher abzuweisen“.

Betrag: 25.000 € **Haftung: 100 %**
immVorb: Ja **MdE: 60 %**

LG Freiburg 24.2.2017 – 6 O 359/10 = BeckRS 2017, 103344

5370

Hüftgelenkverletzung (hier: Hüftgelenkluxation).

Kleinkind. Arzthaftung (hier: Diagnosefehler im Zusammenhang der U-3 und Behandlungsfehler im Zusammenhang mit einer Hüftoperation). „Bei korrekter Auswertung durch den Beklagten zu 1. hätte eine II a-Hüfte diagnostiziert werden müssen. Folglich hätte den Eltern die Empfehlung gegeben werden müssen, breit zu wickeln und eine Kontrolluntersuchung am Ende des 3. Lebensmonats vorzunehmen. Das hätte bereits ausreichen können, um die Formveränderung der Hüftgelenkspfanne zu korrigieren“, so das OLG. Mögliche Dauerfolgen: Hüftgelenksluxation mit Bewegungseinschränkung undBelastungseinschränkung des Hüftgelenks. „Bislang“ – so das OLG – „bestehen bei der Klägerin keinerlei Anzeichen, die auf einen solchen Verlauf schließen lassen. Vor diesem Hintergrund kann auch der Sachverständige keine Prognose für die zukünftige Entwicklung geben. Vielmehr hat er betont, dass Erwägungen zum Eintritt etwaiger Spätfolgen rein spekulativ sind. Diese Umstände können daher allein Gegenstand des Feststellungsantrages sein“. Schmerzensgelderhöhend wirkte sich aus, dass „bei richtiger Behandlung … Erfolgschancen einer rein konservativen Behandlung ohne pfannenverbessernde Maßnahmen angesichts des Alters der Klägerin von ca. 2 Monaten sehr hoch gewesen wären".

Betrag: 25.000 € **Haftung: 100 %**
immVorb: Ja **MdE: –**

OLG Hamm 31.10.2016 – 3 U 173/15 = BeckRS 2016, 20241

6047

Hüftverletzung / Oberschenkelverletzung (hier Nervverletzung durch Schädigung des Nervus femoralis).

Frau. Arzthaftung (hier: Behandlungsfehler im Zusammenhang mit einer Hüftoperation). Degenerativer Vorschaden in Form einer Coxarthrose. Dauerschaden: Ganz erhebliche Bewegungseinschränkungen. Die Klägerin – so das LG – wird „Leben lang mit dieser irreversiblen Schädigung … leben müssen. Sie ist auf Unterarmgehstützen angewiesen, ist in ihrer Mobilität eingeschränkt, kann nur noch Aktivitäten im Sitzen machen, muss Physiotherapie durchführen und ist zudem durch ihre körperlichen Einschränkungen psychisch stark belastet".

Betrag: 25.000 € **Haftung: 100 %**
immVorb: Ja **MdE: –**

LG Münster 22.7.2015 – 108 O 166/13 = BeckRS 2015, 125779

6084

Hüftgelenkverletzung / Oberschenkelverletzung (hier: Oberschenkelknochenschaftsprengung nach Einschlagen der Geradschaftsprothese und großflächige und tiefgehende Verbrennung im Bereich der Hüfte / des Oberschenkels).

Mann. Arzthaftung (hier: Behandlungsfehler bei Implantation von Totalendoprothese des Hüftgelenk bei der es zum einen beim Einschlagen einer sogenannten Geradschaftsprothese zur Sprengung des Oberschenkelknochenschafts, die „4 – 5 Monate unbehandelt geblieben" war, kam und zudem zu „großflächigen und tiefgehenden" Verbrennungen infolge des Einsatzes eines Elektrokauters). Erheblich Schmerzhafte und langwierige Heilbehandlung in der Folge. Es wurde nun nämlich eine „Hüft-Totalendoprothesen-Operation" erforderlich, weshalb der Kläger „nur auf dem Rücken liegen oder sitzen" durfte und postoperativ unter starken Schmerzen an der rechten Gesäßhälfte gelitten hatte. Dauerschaden: Beinverkürzung. Stand der Hüfte indessen nicht zufriedenstellend. Schmerzen / Beschwerden im Bereich der nach der Verbrennung verbliebenen Vernarbung.

Betrag: 25.000 € **Haftung: 100 %**
immVorb: Ja **MdE: –**

OLG Frankfurt a. M. 28.1.2014 – 8 U 116/12 = BeckRS 2015, 9011

3239

Hüftverletzung / Hüftgelenkverletzung (hier: Verkennen einer Hüftdysplasie „oder gar Hüftluxation" bei einem Neugeborenen mit daraus resultierenden bleibenden Hüftschäden).

Kind (Säugling). Langwierige Heilbehandlung mit „über 4 Jahre hinweg" andauernder stationärer Unterbringung und zahlreichen Operationen. Arzthaftung (hier: Grober Behandlungsfehler im Zusammenhang mit der unterlassenen Kontrollsonographie, die im konkreten Fall ärztlich angezeigt war). Dauerschaden: Bewegungsbeeinträchtigung der Hüfte; Einschränkungen der Streck-, Beuge- und Abspreizfähigkeit. Narbenbildung, 15–20 cm lang an beiden Beinen. Verschlechterungstendenz möglich.

Betrag: 25.000 € **Haftung: 100 %**
immVorb: Ja **MdE: –**

OLG Brandenburg 8.4.2003 – 1 U 26/00 = BeckRS 2003, 30315155

3231

Hüftverletzung (hier: sogenenntes Hüftkopfgleiten, welches der behandelnde Arzt verkannte, wodurch es zu bleibenden Schäden im Hüftkopfbereich kam).

14j. Kind (Schüler). Arzthaftung (hier: Grober Behandlungsfehler wegen Fehldiagnose: Der Arzt erkannte bei Schmerzen in der Hüft- und Leistenregion nicht das Vorliegen einer „Epiphyseolysis capitis femoris" [= Hüftkopfgleiten]). Dauerschaden: Beeinträchtigung der Sitz- und Gehfähigkeit, Gehbehinderung und Gefahr einer Hüftkopfnekrose mit späterem Einsatz eines künstlichen Hüftgelenks (Verschlechterungstendenz)

Betrag: 30.000 € **Haftung: 100 %**
immVorb: Ja **MdE: –**

OLG Schleswig 11.4.2003 – 4 U 160/01 = BeckRS 2003, 9836

5879

Hüftgelenkverletzung, schwere (hier: Fehlerhafte Hüftgelenktotalendoprothese mit schweren bleibenden Dauerfolgen).

Mann. Arzthaftung (hier: Aufklärungspflichtverletzung und Behandlungsfehler im Zusammenhang mit einer – wegen ausgeprägter Coxarthrose rechts fehlerhaft implantierten – Hüftgelenktotalendoprothese). Dauerschaden: Massiven Beeinträchtigungen, Gehbehinderung, Berufsunfähigkeit. „Der Kläger kann nur kurze Gehstrecken zurücklegen, da eine Belastungsinsuffizienz mit Schmerzen im linken Bein besteht. Eine Wiederherstellung der Arbeitsfähigkeit des Klägers ist so gut wie ausgeschlossen. Auch Arbeiten im Haushalt sind vom Kläger praktisch nicht mehr durchzuführen, da alle üblichen Tätigkeiten, die mit Gehen, Stehen oder Heben verbunden sind, von ihm nicht mehr ausgeführt werden können. Er ist auf die Benutzung einer Gehstütze angewiesen, weshalb er sich auch nur eingeschränkt selbst versorgen kann und er sogar beim An- und Ausziehen behindert ist", so das LG.

Betrag: 30.678 € **Haftung: 100 %**
immVorb: Ja **MdE: 100 %**

LG Bonn 20.12.2001 – 9 O 417/00 = BeckRS 2010, 19804

3266

Hüftgelenkverletzung / Oberschenkelverletzung.

Mann (Betonbauer). Dauerschaden: Gehbehinderung. Verschlechterungstendenz: Es wird in „den nächsten Jahren" ein künstliches Hüftgelenk erforderlich werden. Berufsaufgabe als Betonbauer.

Betrag: 35.000 € **Haftung: 75 %**
immVorb: Ja **MdE: 30 %**

OLG Brandenburg 19.2.2003 – 7 U 135/02 = BeckRS 2003, 30307657

6207

Hüftgelenkverletzung (hier: Oberschenkelknochenkopfnekrose als Folge einer septischen Arthritis im linken Hüftgelenk. Gefahr des Erfordernisses einer Hüftgelenkprothese).

12j. Kind (Schülerin). 21 Tage stationär, zwei Aufenthalte. Die Klägerin wurde mit hohem Fieber und starken Hüftschmerzen vom Notarzt ins Krankenhaus eingewiesen. Anschließend mindestens 6 Monate ambulante Behandlung; in dieser Zeit musste die Klägerin einen Rollstuhl benutzen. Dauerschaden: Beinverkürzung um 2 cm. Sport kann die Kl. nur noch eingeschränkt betreiben. Verschlechterungstendenz: „Aller Voraussicht nach wird ihr in Zukunft eine Hüftgelenkprothese eingesetzt werden müssen". [Ursache: Von einer Aufsichtsperson eines Kinderheims unterlassene Hinzuziehung eines Arztes bei in Kinderfreizeit erkranktem Kind – es kam zu einer Blutvergiftung mit erheblichen Folgen].

Betrag: 35.790 € **Haftung: 100 %**
immVorb: Ja **MdE: –**

OLG München 25.7.1997 – 14 U 125/96 = VersR 2000, 639

4761

Hüftverletzung, schwere / Hüftgelenkverletzung, schwere (hier: Behandlungsfehlerbedingte Beinlängenverkürzung rechts von bis zu knapp 4 cm, wegen der eine linksseitige Verkürzungsosteotomie durchgeführt wurde; zudem erhebliche Hüftkopfnekrotisierungen.).

13j. Mädchen. Arzthaftung (hier: Behandlungsfehler im Zusammenhang mit einer sturzbedingten Hüftoperation). Dauerschaden: Erhebliche Bewegungseinschränkung des rechten Beines. Gehbehinderung; Beeinträchtigungen beim Sport, es sind nur noch solche Sportarten – zB Schwimmen – möglich, die nicht die Hüfte belasten.

Betrag: 40.000 € **Haftung: 100 %**
immVorb: Ja **MdE: –**

OLG Köln 17.12.2012 – 5 U 74/12 = BeckRS 2013, 3959

4672

Hüftgelenkverletzung, schwere (hier: Hüftkopfnekrose und partielle Zerstörung der Epiphyse im rechten Hüftgelenk mit Arthrose im rechten Hüftgelenk aufgrund der Inkongruenz mit bereits zum jetzigen Zeitpunkt bestehender Indikation zur Implantation einer rechtsseitigen Hüfttotalendoprothese).

Frau. Dauerschaden: Bewegungseinschränkung des rechten Beins; Einschränkungen bei sportlichen Aktivitäten bei der sehr jungen Klägerin. Auch die bereits zu diesem frühen Zeitpunkt bestehende Arthrose mit bereits bestehender Indikation zur Implantation einer rechtsseitigen Hüfttotalendoprothese ist insbesondere in Anbetracht des jugendlichen Alters gravierend, so das LG Köln zutreffend. Arzthaftung (hier: grob fehlerhafte Unterlassung der notwendigen Befunderhebungen / Diagnosefehler bzgl. einer sog. ECF bezüglich einer Verletzung des Hüftgelenks nach Schulsportverletzung. Der Sachverständige sagte vor Gericht aus, dem Arzt hätten „sämtliche Alarmglocken läuten müssen". Es kam zu einer Durchblutungsstörung des rechten Hüftkopfes.

Betrag: 40.000 € **Haftung: 100 %**
immVorb: Ja **MdE: –**

LG Köln 17.4.2012 – 3 O 467/09 = BeckRS 2013, 10965

4216

Hüftverletzung in Form einer Hüftgelenkverletzung, die nach einer Hüftoperation wegen einer dabei aufgetretenen, jedoch ärztlicherseits nicht zutreffend behandelten Infektion schließlich zu einer Implantierung eines künstlichen Hüftgelenks führte.

21j. Mann. Dauerschaden: Künstliches Hüftgelenk, welches – bereits im Alter von 21 Jahren implantiert – im Laufe des Lebens des Klägers wiederholt wird ausgewechselt werden müssen. Beinverkürzung. Bewegungseinschränkungen. Arzthaftung: Grober Behandlungsfehler.

Betrag: 40.000 € **Haftung: 100 %**
immVorb: Ja **MdE: –**

OLG Nürnberg 6.3.2009 – 5 U 1630/07 = unveröffentlicht

7220

Hüftgelenksverletzung (hier: Hüftprotheseninfektion mit Dauerschaden sowie einer Coxarthrose und einer schweren Sprunggelenksarthrose und rezidivierenden depressiven Störung mittelgradiger Ausprägung als Spätfolgen einer schweren Unfallverletzung (hier: Becken-, Hüftpfannen- und Oberschenkeltrümmerbruch).

Frau. Infolge der Infektion der Hüftprothese litt die Klägerin unter starken Schmerzen und musste vier Operationen erdulden bis letztlich eine Ersatzprothese implantiert wurde. [Anmerkung: Der vorliegende Fall befasst sich mit der Thematik von Spätschäden und diesbezüglichen weiteren Schmerzensgeldansprüchen: Mit Endurteil des Oberlandesgerichts München vom 28.5.1993, Az. 10 U 2177/92, wurde die Rechtsvorgängerin der Beklagten aufgrund des streitgegenständlichen Unfalls rechtskräftig verurteilt, auf ein Gesamtschmerzensgeld in Höhe von 60.000,00 DM (= 30.000 EUR) an die Klägerin zu zahlen, verbunden mit der Feststellung sämtliche zukünftigen materielle und immaterielle Schäden aus dem Verkehrsunfall vom 14.3.1989 zu bezahlen. 2019 nun begehrte die Klägerin die Zahlung weiteren Schmerzensgeldes aufgrund einer nachträglichen unfallbedingten Verschlechterung ihres Gesundheitszustandes. Das LG München sprach ihr insofern 90.000 EUR zu. Das OLG setzte diesen Betrag auf 45.000 EUR herab.]

Betrag: 45.000 € **Haftung: 100 %**
immVorb: – **MdE: –**

LG München I 26.1.2022 – 10 U 894/21 = BeckRS 2022, 751

6095

Hüftverletzung / Oberschenkelverletzung (hier: Oberschenkelnervverletzung – Lähmung des aus vier Muskelköpfen bestehenden Skelettmuskels an der Vorderseite des Oberschenkel [= Quadrizepsparese] und eine Hüftbeugerparese beidseits mit der Folge einer ausgeprägten aber inkompletten Läsion des Nervus femoralis – rechts ausgeprägter als links – und einer diskreten zusätzlichen Wurzelläsion L4/5 links, die auf den lang anhaltenden Druck der elfstündigen Operation bzw. zwölfstündigen Bauchlagerung an bzw. während der Wirbelsäule des Klägers zurückgeführt wurde.

40j. Mann (Heilerzieher). Arzthaftung (hier: Behandlungsfehler in Form einer außerhalb des Zulässigen liegenden Operationsdauer, die durch die Umstände der Operation nicht erklärbar und daher als behandlungsfehlerhaft zu beanstanden ist. Die Operation an der Wirbelsäule des Klägers erfolgte in Bauchlage; sie begann um

9.20 Uhr und endete um 21.15 Uhr – Lagerung 12 Stunden, OP-Dauer 11 Stunden). Postoperativ zeigte sich eine Quadrizepsparese und eine Hüftbeugerparese beidseits mit der Folge einer ausgeprägten aber inkompletten Oberschenkelnervlähmung und einer Wurzelläsion L4/5 links, die auf den lang anhaltenden Druck der überlangen Operation zurückgeführt wurde. Sehr langwierige Heilbehandlung mit Rehabilitationsmaßnahmen und mehrwöchiger Schmerztherapie: Zunächst bestand eine völlige Kraftlosigkeit beider Oberschenkel und weitgehende Stehunfähigkeit und Gehunfähigkeit; nach der Reha konnte er mit zwei Unterarmgehstützen / Krücken maximal 600 Meter weit gehen. Über einen Zeitraum von fast 2 Jahren starke Bewegungseinschränkungen. In den folgenden vier Jahren zeigten sich zunächst deutliche Besserungen, die jedoch von Rückschlägen – Progredienz der Rückenschmerzen und zum Wiederauftreten von Kribbelparästhesien im L5/Dermatom mit stationärer Schmerztherapie – unterbrochen wurden. Erst danach kam es zu einer „nahezu vollständig"en Rückbildungen der Lähmungen des Nervus femoralis beidseits. Dauerschaden: Chronisch neuropathische Schmerzen / Kausalgie [= komplexes regionales Schmerzsyndrom] im Bereich der Hüfte mit dauerhafter Opioid-Einnahme [opiumhaltiges Schmerzmittel] und infolgedessen psychischer Belastung.

Betrag: 50.000 € **Haftung: 100 %**
immVorb: Ja **MdE: –**

OLG Frankfurt a. M. 3.5.2016 – 8 U 224/12 = BeckRS 2016, 13568

5772

Hüftgelenkverletzungen (hier: Beidseitige Hüftkopfnekrosen).

43j. Mann (KFZ-Meister). Mehrwöchige stationäre Heilbehandlung mit 2 Operationen an beiden Hüftgelenken. Dauerschaden: Berufsunfähigkeit und erhebliche Beeinträchtigungen auch im Privatleben. „Dies hat" – so das OLG „zu einer depressiven Reaktion und zu einer Somatisierung geführt" und zu „psychisch bedingten Einschränkungen seiner Freizeitinteressen … Dabei hat der Senat auch bedacht, dass die psychischen Belastungen durch die lange Dauer des Gerichtsverfahrens verstärkt worden sind". Erhebliche Regulierungsverzögerung. Arzthaftung (hier: Behandlungsfehler aufgrund einer falschen Diagnose über einen längeren Zeitraum hinweg infolgedessen der Kläger mit einem stark cortisonhaltigen Medikament behandelt worden war, als dessen Folge beidseitige Hüftkopfnekrosen aufgetreten sind).

Betrag: 60.000 € **Haftung: 100 %**
immVorb: Ja **MdE: –**

OLG Frankfurt a. M. 18.9.2007 – 8 U 127/03 = BeckRS 2007, 17928

4967

Hüftgelenkverletzung (hier: Künstliches Hüftgelenk).

31. Mann. Arzthaftung (hier: Behandlungsfehler im Zusammenhang mit einer Hüftpfannenfraktur, bei der die zur Stabilisierung eingesetzten Schrauben falsch positioniert worden waren). Dauerschaden: Künstliches Hüftgelenk mit den sich daraus ergebenden Bewegungseinschränkung und Belastungseinschränkung mit Auswirkungen auf Alltag, Hobby (Sport) und Beruf.

Betrag: 65.000 € **Haftung: 100 %**
immVorb: – **MdE: –**

OLG Saarbrücken 28.8.2013 – 1 U 182/12 = BeckRS 2013, 200753

5502

Hüftgelenkverletzung, schwere (hier: Dezentrierte Hüftkopfnekrose mit Chondrolyse des linken Hüftkopfes nach septischer Coxitis).

6j. Kind. Arzthaftung (hier: Diagnosefehler und Unterlassen der Wiedereinbestellung eines Patienten zu einer medizinisch gebotenen weiteren Diagnostik). Langwierige Heilbehandlung. Dauerschaden: Gehbehinderung, eine Streckung des linken Beines der Klägerin ist ihr nicht mehr möglich und sie ist auch bei kürzeren Strecken auf Gehhilfen bzw. einen Rollstuhl angewiesen. Mit Erreichen des zwanzigsten Lebensjahres ist voraussichtlich ein erster Hüftgelenkwechsel notwendig, weitere sind unter Berücksichtigung des Alters der Klägerin möglich. Ob die Gehfähigkeit auf Dauer gegeben sein wird, ist fraglich. Der Einfluss der Erkrankung auf die gesamte persönliche, schulische, soziale und spätere berufliche Entwicklung ist derzeit nicht abschätzbar. Die Klägerin geht noch zur Schule, die Wiederholung einer Klasse war bisher nicht erforderlich.

Betrag: 70.000 € **Haftung: 100 %**
immVorb: – **MdE: 80 %**

OLG Karlsruhe 17.5.2018 – 7 U 32/17 = BeckRS 2018, 22241

6908

Hüftgelenkverletzung (hier: Dauerhafte Hüftdysplasie mit Hüftluxation).

Kind. Arzthaftung im Zusammenhang mit einer Hüftkontroll-Untersuchung wegen des Verdachts einer Hüftdysplasie mit Luxation. Der Beklagte beurteilte die Hüften dabei jeweils als „Typ I a" nach Graf, was einer normal entwickelten Hüfte entspricht. Röntgenaufnahmen fertigte er jeweils nicht an. Zwei Jahre später wurde eine Hüftdysplasie mit Luxation festgestellt. Dauerschaden: Gehbehinderung. Hierzu führte das OLG aus: „Die Klägerin habe einen schweren Schaden erlitten – es sei nicht gelungen, den Hüftkopf in die eigentliche Pfanne einzustellen. Es werde weitere Operationen geben müssen, die Klägerin werde zwischen Anfang 20 und Mitte 30 ein künstliches Hüftgelenk brauchen und anschließend mehrere Wechseloperationen bei Standzeiten von jeweils wohl unter 15 Jahren". Bei der Bemessung nutzte bereits das LG sein Ermessen und sprach der Kl. statt des von ihrem Anwalt geforderten Mindestbetrages iHv 25.000 EUR insgesamt 80.000 EUR zu und begründete dies mit den bereits in den ersten elf Lebensjahren notwendigen fünf Operationen, den schweren Dauerfolgen und den künftigen Operationen. Das OLG sah dies ebenso.

Betrag: 80.000 € **Haftung: 100 %**
immVorb: Ja **MdE: –**

OLG Schleswig 27.7.2020 – 4 U 8/20 = BeckRS 2020, 54520

5450

Hüftgelenkverletzung (hier: Nicht erkannte jugendliche Hüftkopflösung (Epiphyseolysis capitis femoris bzw. Epiphysenlösung des Femurkopfs kurz: ECF) und daraus resultierende Hüft-TEP, d.h. totale Endoprothese des

Hüftgelenkes bzw. Einsatz eines künstlichen Hüftgelenks).

12j. Kind. Arzthaftung (hier: Befunderhebungsfehler im Zusammenhang mit einer orthopädische Krankheit am Hüftgelenk). Bei rechtzeitiger Erkennung der Erkrankung hätte die Hüfte operativ stabilisiert werden können. Das LG bewertete zutreffend, dass die Heranwachsende durch die Verkennung der ECF gut sieben Jahre stark beeinträchtigt worden war und ua keinen Sport treiben und weder Tanzen noch Radfahren oder Schwimmen durfte. Stattdessen musste sie regelmäßig physiotherapeutische Behandlungen über sich ergehen lassen. Weiterhin berücksichtigte das LG, dass die Klägerin aufgrund ihres jungen alters voraussichtlich drei bis viermal eine neue künstliche Hüfte benötigt, da die künstlichen Gelenke maximal 15 bis 20 Jahre halten. Gefahr von Gehbehinderung im Alter.

Betrag: 90.000 € **Haftung: 100 %**
immVorb: Ja **MdE: –**

LG Lübeck 6.10.2016 – 12 O 48/13 = unveröffentlicht

4597

Hüftverletzung / Beckenverletzung, sehr schwere (hier: Massive Verdrehung nach vorne der gesamten linken Beckenhälfte mit daraus resultierender starker Lendenwirbelsäulendeformation).

1j. Kind / Säugling. Sehr langwierige Heilbehandlung von mehreren Jahren Dauer mit zahlreichen stationären Aufenthalten und Gipsverbandtherapien. Dauerschaden: Sehr starke Bewegungseinschränkungen infolge der extremen Beckenverdrehung. Verschlechterungstendenz: Künstliche Hüftgelenke mit weiteren Operationen während ihres weiteren Lebens. Arzthaftung: Fehlerhafte Behandlung einer angeborenen Hüftluxation.

Betrag: 100.000 € **Haftung: 100 %**
immVorb: Ja **MdE: –**

OLG Nürnberg 28.10.2011 – 5 U 838/11 = BeckRS 2011, 142314

6978

Hüftgelenksverletzung, schwere … infolge eines septischen Hüftgelenksdefekts, wodurch sich als Folge der Hüftgelenksentzündung eine schwere Hüftgelenksdeformierung mit viertgradiger Hüftkopfnekrose und Dezentrierung des Gelenks gebildet hat, die letztlich auch zu einer Beinlängenverkürzung und Bewegungseinschränkung führte.

1j. Kind. Arzthaftung im Zusammenhang mit der Geburt des Klägers. Durch eine Verweilkanüle im Oberarm hervorgerufene Staphylococcen-Sepsis kam es im Weiteren zu einer Osteomyelitis (Knochenmarkinfektion) am oberen Femur mit (fraglicher) Fraktur. Die Infektion hatte sich schließlich in das Gelenk ausgebreitet. Durch die Entzündung kam es im Hüftgelenk zu einer dauerhaften schweren Schädigung. Langwierige Heilbehandlung. Dauerschaden: Bewegungseinschränkung, Dauerschädigung im Hüftgelenk und Beinlängenverkürzung sowie eine sich gegebenenfalls frühzeitig entwickelnde Coxarthrose. Bei der Schmerzensgeldbemessung berücksichtigte das OLG die bisherigen langwierigen Heilbehandlungen, die dauerhafte Behandlungsnotwendigkeit und „die mit hoher Wahrscheinlichkeit zu erwartenden schwerwiegenden operativen Folgen in der Zukunft".

Betrag: 110.000 € **Haftung: 100 %**
immVorb: Ja **MdE: –**

OLG Hamm 3.9.2021 – 26 U 119/20 = BeckRS 2021, 30361

h) Hüftfrakturen und Hüftgelenkfrakturen

3958

Hüftfraktur rechts.

Mann. 9 Tage stationär. MdE 6 Monate „arbeitsunfähig". Nach der stationären Heilbehandlung konnte der Kläger die Hüfte 12 Wochen nicht belasten und musste eine Rehamaßnahme absolvieren. [Anmerkung: Lesenswert zur Frage der Haftung des Veranstalters eines Mountainbike Rennens (bejaht) gegenüber einem Mountainbike Rennfahrers, der gegen einen Absperrpfosten fuhr und stürzte. Das LG sah zutreffend auch keine Mithaftung des Radrennfahrers.].

Betrag: 3.000 € **Haftung: 100 %**
immVorb: – **MdE: –**

LG Gießen 6.3.2009 – 1 S 284/08 = BeckRS 2009, 26549

2814

Hüftfraktur (hier: Hüftgelenkpfannenfraktur). Schädelhirntrauma 3.Grades (hier: Hirnquetschung, Augennervlähmung mit Blutung und Stauchungspapille);

Mann. 5 Wochen stationär. Dauerschaden: Geringe Sehstörung, Aufmerksamkeitsstörung, Merkstörung und Konzentrationsstörung; Hüftgelenkbewegungseinschränkung.

Betrag: 3.068 € **Haftung: 30 %**
immVorb: Ja **MdE: –**

OLG Köln 23.8.2000 – 11 U 16/00 = BeckRS 2000, 30128304

4723

Hüftfraktur (hier: Hüftgelenkfraktur in Form einer Hüftgelenkpfannenfraktur links) und Kniebänderverletzung bzw. Knieinnenbandriss links.

43j. Frau. 13 Tage stationär mit sich daran anschließender 20 Tage andauernder stationärer Rehabilitation. MdE 14 Wochen 100 %. Ein degenerativer Vorschaden am Meniskus war zu berücksichtigen. [Ursache: Skiunfall].

Betrag: 5.000 € **Haftung: 50 %**
immVorb: – **MdE: –**

LG Deggendorf 16.2.2012 – 31 O 527/11 = BeckRS 2012, 214179

2900

Hüftfraktur (hier: Hüftgelenkfraktur in Form einer Hüftgelenkluxationsfraktur rechts mit „Andeutung einer Hüftgelenkarthrose").

16j. Frau. Dauerschaden: Beinverkürzung 1 cm. LG lehnte Nachforderung über zuvor gezahlte 23.500 DM ab, da Spätfolge (hier: Koxarthrose) klar vorhersehbar.

Betrag: 12.015 € **Haftung: 100 %**
immVorb: – **MdE: –**

LG Kleve 15.8.1997 – 1 O 615/95 = BeckRS 1997, 127167

6634

Hüftgelenksendoprothese statt einer operativen Hüftfrakturkorrektur als Folge einer sogenannten Dashboard-Verletzung. „Insoweit ist zu berücksichtigen, dass die Operation, mit der die Prothese implantiert wurde, augenblicklich quasi nur an die Stelle der ansonsten erforderlich gewesenen Rekonstruktionsoperation getreten ist und der Sachverständige dazu bekundet hat, dass beide Eingriffe mit Blick auf Schmerzen, Rekonvaleszenz und OP-Dauer vergleichbar sind. Die implantierte Prothese führt nach den Bekundungen des Sachverständigen auch nicht notwendig dazu, dass sich der Kl. schlechter bewegen kann“, so das OLG.

31j. Mann. Arzthaftung (Durchgangsarzt) in Form „eines fundamentalen Diagnosefehlers, zumindest aber eines zur Umkehr der Beweislast führenden einfachen Befunderhebungsfehlers im Zusammenhang mit der ambulanten Weiterbehandlung im Bereich der rechten Hüfte bei welcher der Beklagte den Bruch übersehen und damit die Ursache für den Verlust des natürlichen Hüftgelenks gesetzt hatte. Dies geschah, obwohl davon auszugehen war, dass der Kläger in Folge des Verkehrsunfalls eine sogenannte „Dashboard-Verletzung“ (Aufschlagen mit den Knien auf das Armaturenbrett) erlitten hatte, bei dem in erheblichem Umfang Kräfte auch auf die Beckenknochen einwirkten, so dass die Möglichkeit einer Frakturverletzung im Bereich der Beckenknochen bzw. des Hüftgelenks von Anfang an in Erwägung zu ziehen war. Dauerschaden: Hüftgelenksendoprothese. Bei der Schmerzensgeldbemessung berücksichtigte das OLG, "dass der im Unfallzeitpunkt erst 31 Jahre alte Kl. Zeit seines Lebens einerseits mit der Prothese, also einem Fremdkörper leben muss, vor allem aber mit der ständigen Gewissheit, dass er sich zu einem nicht konkret bekannten Zeitpunkt in der Zukunft wenigsten einer Wechseloperation mit allen damit verbundenen Risiken wird unterziehen müssen, was als dauerhaft belastend anzusehen ist". [Anmerkung: Zur haftungsrechtlichen Verantwortlichkeit des Durchgangsarztes siehe BGH BeckRS 2016, 110517 sowie BGH BeckRS 2016, 113386 und OLG Karlsruhe BeckRS 2019, 13289 sowie Jorzig / Glaubitz MedR 2018, 17, (20)].

Betrag: 15.000 € **Haftung: 100 %**
immVorb: Ja **MdE: –**

OLG Naumburg 28.11.2019 – 1 U 75/18 = BeckRS 2019, 38447

5813

Hüftgelenkfraktur / Hüftfraktur (hier: Acetabulumfraktur bzw. Hüftgelenkfraktur mit Hüftgelenkluxation rechts und Hüftpfannenabsprengung im Bereich des Hüftpfannenplastik).

Mann (Maurer). 14 Tage stationär, Hüftoperation mit Rückverlagerung der Frakturteile. 4 Monate ambulante Heilbehandlung mit Bettlägerigkeit. MdE „mehr als vier Monate“ 100 %. Dauerschaden: „weiterhin bestehenden Schmerzen sowie die durch die Schmerzen gegebene Einschränkung der Lebensqualität“. [Zum Mitverschulden wegen des Nichtanlegens des Sicherheitsgurtes führte das OLG aus: „Die Beklagten haben nicht bewiesen, dass dieselben Verletzungen bei Anlegen des Sicherheitsgurts nicht eingetreten wären. Der Sachverständige hat in seinem gerichtlichen Gutachten insoweit zwar ausgeführt, dass im Rahmen einer Studie nachgewiesen worden sei, dass bei einer Geschwindigkeit von 56 km/h die Wahrscheinlichkeit, als unangeschnallter Pkw-Insasse auf den Vordersitzen eine Hüftluxation zu erleiden, auf über 40 % angestiegen sei (S. 7 d. Gutachtens, Bl. 102). Er hat im Weiteren jedoch ausdrücklich festgestellt, „dass nicht geschlussfolgert werden (könne), dass durch das Anlegen des Sicherheitsgurts bei dem unzweifelhaft schwersten Unfallereignis keine hintere Hüftluxation mit Acetabulumfraktur eingetreten wäre“.

Betrag: 15.000 € **Haftung: 100 %**
immVorb: Ja **MdE: 10 %**

OLG Naumburg 27.2.2008 – 6 U 71/07 = BeckRS 2008, 8292

3294

Hüftfraktur (hier: Hüftgelenkpfannenfraktur, wobei die Beckenpfanne rekonstruiert werden musste). Unterschenkelfraktur, schwere (hier: o.Unterschenkelfraktur, die mit einem Marknagel stabilisiert wurde). Unterarmfraktur, schwere (hier: Unterarmtrümmerfraktur, komplette, die durch Platten versorgt wurde.

Mann. 4 Monate stationär in 3 Aufenthalten. Dauerschaden: Gehbehinderung. Berufsaufgabe und Berufswechsel in eine „gänzlich andersgeartete“ Sparte [ohne weitere Angaben]. Ursache: Überholen einer PKW-Kolonne mit dem Motorrad [Motorradunfall] und Kollision mit Linksabbieger.

Betrag: 15.339 € **Haftung: 50 %**
immVorb: Ja **MdE: –**

LG Bad Kreuznach 6.11.1998 – 2 O 413/96 = unveröffentlicht

4952

Hüftfraktur mit Oberschenkelhalsfraktur (hier: Fraktur des lateralen Schenkelhalses) und nachfolgender Beinverkürzung um einen Zentimeter und Muskelminderung im Bereich der Hüftmuskulatur).

43j. Mann. Stationäre Behandlung mit Operation und anschließenden ambulanten Rehabilitationsmaßnahmen. Dauerschaden: Gehbehinderung (sog. Duchenne-Hinken / Trendelenburg-Hinken) wegen Beinverkürzung um einen Zentimeter und Muskelminderung im Bereich der Hüftmuskulatur. [Ursache: Motorradunfall].

Betrag: 20.000 € **Haftung: 70 %**
immVorb: Ja **MdE: 25 %**

OLG München 13.9.2013 – 10 U 1919/12 = BeckRS 2013, 16377

2955

Hüftfraktur, schwere Hüftverletzung (hier: Hüftluxation links mit Hüftgelenkpfannenfraktur in Form einer Pfannenrandfraktur und Nervverletzung [Nervus tibialis]); HWS-Syndrom und Schädelhirntrauma.

Mann (Motorradfahrer). 8 Tage stationär. MdE 6 Monate 100 %. Bis auf weiteres 15 %. Mögliche Dauerfolge: Belastungsbeeinträchtigung, Bewegungsbeeinträchtigung linke Hüfte.

Betrag: 20.452 € **Haftung: 100 %**
immVorb: Ja **MdE: –**

LG Münster 8.11.2001 – 12 O 421/00 = unveröffentlicht

7020

Hüftfraktur, schwere (hier: sogenannte Pipkin 4 Fraktur rechts bestehend aus kaudaler Hüftkopffraktur, Acetabulumhinterwandfraktur und Impression des Pfannendaches und dorsaler Hüftluxation, sowie Fragmentinterposition und sekundäre Dislokation Hüftkopf). Zudem erlitt der Kläger eine Halswirbelkörperfraktur des HWK 2 und HWK 6.

Mann (Polizeibeamter). 16 Tage stationärer Aufenthalt mit hüftendoprothetischer Versorgung inklusive Teilersatz des knöchernen Beckens sowie Verblockung des 5. auf den 6. Halswirbelkörpers (Segment C5/C6). 30 Tage Reha-Aufenthalt. Anschließend weitere ca. 6 Monate Arbeitsunfähig. MdE insgesamt ca. 340 Tage 100 %. Dauerschaden: Gehbehinderung durch rechtsseitiges Hinken, Taubheitsgefühl im rechten Fußt sowie der Ferse und im rechten Bein sowie Minderung der Berührungs- und Schmerzsensibilität im Bereich des linken Oberschenkel sowie auch zudem Sensibilitätsstörungen an der rechten Hand an der rechten, seitlichen Hüfte und am rechten Unterschenkel. Bewegungseinschränkungen im Bereich der Halswirbelsäule. Erhöhend berücksichtigte vorinstanzlich das LG Oldenburg bei der Bemessung der vom OLG nicht beanstandeten Schmerzensgeldhöhe die Regulierungsverzögerung der Beklagten, die „mehr als 3 Jahre nach dem Unfallereignis, keinerlei Zahlungen an den Kläger geleistet hat". [Anmerkung: Die vom Kläger erlittenen Verletzungen sowie die Dauerschäden ergeben sich lediglich aus dem vorinstanzlichen Urteil des LG Oldenburg BeckRS 2021, 45081. Unfallursache: Linksabbieger kollidiert mit Polizeiwagen unter Einsatz von Blaulicht und Martinshorn. Vgl. dazu auch OLG Schleswig BeckRS 2024, 1356 und OLG Brandenburg BeckRS 2024, 1568].

Betrag: 30.000 € **Haftung: 100 %**
immVorb: – **MdE: –**

OLG Oldenburg 16.12.2021 – 14 U 32/21 = BeckRS 2021, 45084

4005

Hüftgelenkfraktur (hier: Hüftgelenkpfannenfraktur links) sowie Kniefraktur (hier: Kniescheibenfraktur links) sowie Prellungen und Schürfwunden.

50j. Mann. 3 1/2 Wochen stationär. Operation mit Metallteilimplantat (Platten und Zugschrauben). MdE 3 Monate 100 %. Dauerschaden: „Mäßiggradige Bewegungseinschränkung des linken Hüftgelenkes sowie eine leichtgradige Bewegungseinschränkung des linken Kniegelenkes" mit posttraumatischer Arthrose sowie Muskelminderung im linken Bein. Ursache: Motorradunfall

Betrag: 30.000 € **Haftung: 100 %**
immVorb: Ja **MdE: –**

OLG Stuttgart 21.10.2009 – 3 U 86/09 = BeckRS 2009, 28777

4757

Hüftgelenkfraktur in Form einer sogenannten „periprothetische Fraktur", d.h. einer Hüftgelenkprothesenfraktur links; die Prothese brach infolge eines Behandlungsfehlers aus dem Oberschenkelknochen heraus. Die Prothese war nach der damals noch nicht erprobten „Methode Robodoc" eingesetzt worden).

56j. Frau. Arzthaftung (hier: Grober Behandlungsfehler im Zusammenhang mit einer Hüftoperation). Dauerschaden: Erhebliche Bewegungsbeeinträchtigungen und Belastungsbeeinträchtigungen der Steh- und Gehfähigkeit und Hüftbeweglichkeit mit vielfältigen Auswirkungen auf nahezu sämtliche alltägliche Verrichtungen, wie zB: Spaziergänge sind nicht mehr möglich, Treppensteigen nur eingeschränkt. Hauswirtschaftliche Tätigkeiten können nur in sehr geringem Umfang ausgeübt werden.

Betrag: 35.000 € **Haftung: 100 %**
immVorb: Ja **MdE: 50 %**

OLG Frankfurt a. M. 17.1.2012 – 8 U 8/11 = BeckRS 2013, 22734

4406

Hüftfraktur (hier: verschobene Hüftknochenfraktur) mit der die Implantation eine Hüftprothese erforderlich wurde.

Mann. 2 Wochen stationär; 4 Wochen Reha. Dauerschaden: 20 % MdE; Implantation eine Hüftprothese; 1 cm Beinlängendifferenz sowie 16 cm lange reizfreie Narbe im Bereich der Hüfte.

Betrag: 40.000 € **Haftung: 100 %**
immVorb: – **MdE: 20 %**

LG Köln 2.3.2010 – 18 O 558/08 = BeckRS 2012, 13091

6007

Hüftfraktur (hier: Hüftgelenkfraktur in Form einer Hüftgelenkpfannenfraktur [=Acetabulumtrümmerfraktur] links, Ellenbogenfraktur (hier:offene Ellenbogentrümmerfraktur 1. Grades mit Bänderverletzung in Form eines Abrisses des sogenannten Epikondylus humeri radialis links, komplette Unterarmfraktur rechts, Fußfraktur (hier: Innenknöchelfraktur links), Nasenbeinfraktur sowie Rippenfrakturen (hier: Fraktur der 11. und 12. Rippe rechts).

46j. Mann (Außendienstmitarbeiter). 210 tage stationär mit insgesamt 7 Aufenthalten, künstliches Hüftgelenk. Dauerschaden: MdE 30 %, da „die Acetabulumtrümmerfraktur nicht folgenlos abgeheilt ist. Die Muskulatur im Bereich des linken Oberschenkels ist reduziert". Insofern wurden attestiert: „Mäßige Bewegungseinschränkung, mäßige Muskelminderung, geringe Mißempfindung". Bewegungseinschränkungen im Bereich des linken Ellenbogens. Verschlechterungstendenz: Gefahr, dass ein Wechsel des künstlichen Hüftgelenks erforderlich wird.

Betrag: 51.129 € **Haftung: 100 %**
immVorb: – **MdE: 30 %**

OLG Frankfurt a. M. 22.2.2001 – 3 U 13/00 = BeckRS 2014, 12957

3508

Hüftfraktur (hier: verschobene Hüftpfannenfraktur links); Oberschenkeltrümmerfraktur / Kniegelenkfraktur; o.Unterschenkelfraktur. Gedecktes Schädelhirntrauma. Lungenprellung und Brustkorbprellungen.

Mann (Kraftfahrer). 3 Tage Intensivstation. MdE „fast 5 Jahre" 100 %. Schwerer Dauerschaden: Gehbehinderung; erhebliche Beinverkürzung. Muss auf Dauer starke Schmerzmittel einnehmen, die zu einer „massiven Magenempfindlichkeit" führten. Der Kl. „kann weder länger stehen noch gehen". Schwerbehindert nach Zusatz „G".

Betrag: 60.000 € **Haftung: 100 %**
immVorb: Ja **MdE: 50 %**

LG Kleve 20.5.2005 – 1 O 522/03 = BeckRS 2005, 31163098

7606

Hüftfraktur, schwere (hier: Hüftpfannenfraktur mit späterer Hüftendoprothesenimplantation und Schambeinastfraktur bzw. „Fraktur am Übergang vom linken unteren Schambeinast zum Sitzbeinknochen"). Unterschenkelfraktur und Knieverletzung (hier: Schienbeinkopffraktur mit Beteiligung des Kniegelenks links mit Bewegungseinschränkung), Sprunggelenksverletzung durch Teilschädigung des Nervus ischiadicus links mit sensiblen und motorischen Ausfällen sowie hieraus resultierender Bewegungseinschränkung im linken oberen und unteren Sprunggelenk, Fußfraktur in Form einer Mittelfußknochenfraktur, Muskelminderung im linken Oberschenkel und Unterschenkel, folgenlos abgeklungene postoperative Beinvenenthrombose links, Brustbeinfraktur, Rippenfrakturen der Rippen III – VI rechts sowie III – V und VII – VIII links und ein folgenlos geheiltes stumpfes Bauchtrauma.

54j. Mann. Stationäre Behandlung mit mehreren Operationen. Dauerschaden: Berufsunfähig und Bewegungsbeeinträchtigungen und „gestörtes Gangbild“. Zur Schmerzensgeldbemessung führte das LG aus: „Ferner ist zu berücksichtigen, dass der Kläger aufgrund der schwerwiegenden Verletzungsfolgen am Hüftapparat und am linken Bein mit Kniebeeinträchtigung und Spitzfußausbildung des linken Fußes seit dem Unfalltag nicht mehr am Berufsleben teilnehmen konnte. Dies wirkt Schmerzensgeld erhöhend. Weiter Schmerzensgeld erhöhend wirkt sich auch die Tatsche aus, dass der Kläger seinen gewohnten Freizeitaktivitäten wie Fußball spielen nicht mehr nachkommen kann. Auch das Fahrrad fahren ist stark eingeschränkt. Die Verletzungsfolgen münden in einem Dauerschaden. Dieser beeinträchtigt das Berufsleben des Klägers und das Privatleben des Klägers grundlegend.“ Zudem wirkte die über 11 Jahre andauernde Regulierungsverzögerung schmerzensgelderhöhend.

Betrag: 80.000 € **Haftung: 50 %**
immVorb: Ja **MdE: –**

LG Chemnitz 29.1.2021 – 2 O 1169/17 = BeckRS 2021, 63357

3916

Hüftfraktur, schwere (hier: Hüftpfannenfraktur und Hüftgelenkdachfraktur sowie Darmbeinfraktur, Sitzbeinfraktur, Schambeinfraktur mit Muskelverletzungen und Hüftkopnekrose sowie Schaden am lumbosacralen Nervengeflecht und sekundärer Seitenverbiegung der Wirbelsäule); Milzverlust, Schlüsselbeinfraktur.

19j. Mann (Schüler). 19 Wochen stationär. Komplizierte Heilbehandlung. Dauerschaden: Bewegungsbeeinträchtigung und Belastungsbeeinträchtigung beim Gehen, Heben und Tragen. Psychische Belastung wegen der anhaltenden Beeinträchtigungen. Ggf. weitere Operationen (Hüftprothese). [Anmerkung: Der Kläger begehrte 100.000,- + Schmerzensgeldrente von 200,- was angesichts der Verletzungsschwere und des jugendlichen Alters des Kl. durchaus angemessen gewesen wäre!].

Betrag: 90.000 € **Haftung: 100 %**
immVorb: – **MdE: 60 %**

LG Duisburg 7.1.2008 – 2 O 469/04 = BeckRS 2008, 25703

10. Genitalien, Harnröhre, After und Gesäß

a) Gesäßverletzungen

7575

Prellung an der rechten Gesäßhälfte

Frau. Zur Schmerzensgeldbemessung führte das LG aus: „Dass die Klägerin bis zum Auftreten der auf dem Bandscheibenvorfall [Anmerkung: dessen – auf den Unfall zurückzuführende – Ursächlichkeit konnte die Kl. nicht beweisen] beruhenden Schmerzsymptomatik etwa 2 Wochen nach dem Sturz noch größere oder überhaupt Schmerzen aufgrund einer erlittenen Prellung gehabt hätte oder anderweitig eingeschränkt gewesen wäre, ist dagegen nicht dargelegt und auch sonst nicht erkennbar. Angesichts dessen und angesichts der bloßen Fahrlässigkeit auf Seiten der Beklagten ist ein Schmerzensgeld in Höhe von 250,00 EUR angemessen aber auch ausreichend.“ [Ursache: Verkehrssicherungspflichtverletzung – Sturzes im Kassenbereich eines Ladengeschäfts].

Betrag: 250 € **Haftung: 100 %**
immVorb: – **MdE: –**

LG Itzehoe 15.1.2025 – 7 O 340/23 = BeckRS 2025, 595

6471

Gesäßverletzung (hier: Bluterguss am Gesäß mit Blockade des SI-Gelenks).

69j. Frau. Ambulante Behandlung. MdE ca. 7 Tage. Laut Vortrag der Klägerin litt diese ca. 2 Monate lang an erheblichen Schmerzen beim Sitzen und Gehen. [Ursache: Verkehrssicherungspflichtverletzung: Sturz auf vereister Außentreppe. 1/3 Mitverschulden wegen der fehlenden Nutzung des vorhandenen Geländers].

Betrag: 1.000 € **Haftung: 66 %**
immVorb: – **MdE: –**

AG Hamburg-Blankenese 20.2.2019 – 531 C 261/18 = BeckRS 2019, 40525

5147

Gesäßverletzung / Steißbeinfraktur.

23j. Frau (Packerin). „Kurze“ stationäre und anschließende ambulante Heilbehandlung. MdE 6 Wochen 100 %. Sehr schmerzhafte Verletzungsfolge. Vorsätzliche Köperverletzung: Der Beklagte – Vorgesetzte der Klägerin – trat dieser mit dem, mit einem Sicherheitsschuh (mit Stahlkappe!) beschuhten Fuß ins Gesäß.

Betrag: 1.534 € **Haftung: 100 %**
immVorb: – **MdE: –**

LAG Düsseldorf 27.5.1998 – 12 (18) Sa 196/98 = BeckRS 1998, 41078

2466

Afterverletzung / Gesäßverletzung (hier: Diagnosefehlerhaft etwa 4 Monate verzögert behandelter Rektumtumor [Rektumadenocarzinom]. Der Kl. erlitt hierdurch in dieser Zeit „gravierende Schmerzen in Gesäßbereich“.)

Mann. Arzthaftung. (hier: Diagnosefehler und verspätete Krebsoperation. Bei rechtzeitiger Behandlung „geringe Gefahr" eines erneuten Auftretens eines Tumors [=Tumorrezidiv]).

Betrag: 7.669 € **Haftung: 100 %**
immVorb: Ja **MdE: –**

LG Heidelberg 23.9.1997 – 4 O 217/94 = unveröffentlicht

3639

Gesäßverletzungen (hier: Gesäßmuskelverletzung; Hüftmuskelverletzung und Steißbeinfraktur) sowie Unterschenkelschnittverletzung; Prellungen und „ausgedehnte Ablederungen am Rücken und am Gesäß“. Zudem Knieverletzung / Kniebänderverletzung (hier: Kreuzbandriss; Außenbandteilriss; Innenbandteilriss [vgl. auch unter Außenbandriss und Innenbandriss]) am linken Kniegelenk.

Mann. Stationärer Aufenthalt. Dauerschaden: Erhebliche Narbenbildung.

Betrag: 12.000 € **Haftung: 100 %**
immVorb: Ja **MdE: –**

OLG Celle 25.4.2006 – 14 U 230/05 = BeckRS 2006, 33403

6597

Gesäßverletzungen mit Schmerzen im Genitalbereich durch Hautspannungen und Narbenbeschwerden nach Schönheitsoperation zur Gesäßstraffung.

Frau. Arzthaftung im Zusammenhang mit einer Schönheitsoperation in Form einer einer Gesäßstraffung mit Fettabsaugung und Reinjizierung des Fettgewebes [sogenannter „Brazilian-Butt-Lift"]. Möglicher Dauerschaden: Narben im Bereich der Oberschenkel sowie Schmerzen. Der Sachverständige hatte dazu erklärt, dass offensichtlich eine starke Narbenbildung eingetreten sei, so dass beim Sitzen und beim Beine Übereinanderschlagen Zug an der Narbe vor allem am Gesäß entstehe. Für die Höhe des Schmerzensgeldes berücksichtigte das LG insbesondere die chronischen Schmerzen, die Narben und die mit den Folgeeingriffen verbundenen Belastungen. [Anmerkung: Lesenswert auch zu den hohen Anforderungen an die Aufklärungspflicht, die vorliegend nicht beachtet worden waren. Siehe dazu auch BGH BeckRS 2006, 5933].

Betrag: 20.000 € **Haftung: 100 %**
immVorb: Ja **MdE: –**

LG Leipzig 12.4.2019 – 8 O 817/15 = BeckRS 2019, 33812

b) Afterschließmuskelverletzungen

2466

Afterverletzung / Gesäßverletzung (hier: Diagnosefehlerhaft etwa 4 Monate verzögert behandelter Rektumtumor [Rektumadenocarzinom]. Der Kl. erlitt hierdurch in dieser Zeit „gravierende Schmerzen in Gesäßbereich".)

Mann. Arzthaftung. (hier: Diagnosefehler und verspätete Krebsoperation. Bei rechtzeitiger Behandlung „geringe Gefahr" eines erneuten Auftretens eines Tumors [=Tumorrezidiv]).

Betrag: 7.669 € **Haftung: 100 %**
immVorb: Ja **MdE: –**

LG Heidelberg 23.9.1997 – 4 O 217/94 = unveröffentlicht

4864

Schließmuskelverletzung / Schließmuskelteilentfernung (hier: Ein Teil des Schließmuskels musste wegen nicht erkannter „nekrotisierender Fasziitis" entfernt werden).

Frau. Arzthaftung (hier: Behandlungsfehler. Die beklagte Ärztin diagnostizierte bei der Klägerin, die sich wegen Rücken- und Gesäßschmerzen in ihre Behandlung begeben hatte – Ischiasbeschwerden, verabreichte eine Spritze und verordnete Schmerzmittel. Darüber hinaus empfahl sie, die betroffene Stelle nachhaltig warm zu halten. In der Folgezeit wurde bei der Klägerin eine Entzündung des perirektalen und perianalen Fettgewebes unter Einbeziehung der Muskulatur entdeckt. Wegen des Verdachtes einer nekrotisierenden Faszitis musste deshalb eine Notoperation durchgeführt werden, bei der auch ein Teil des Schließmuskels entfernt wurde.

Betrag: 22.000 € **Haftung: 100 %**
immVorb: Ja **MdE: –**

OLG Hamm 31.10.2014 – 26 U 173/13 = BeckRS 2014, 22679

c) Harninkontinenz

6020

Harninkontinenz 3. Grades nach radikaler Prostatovesikulektomie und Entfernung von Prostata und Samenblasen mit Verlust der Ejakulationsfähigkeit. Erhebliche Psychische Beeinträchtigungen.

71j. Mann. Arzthaftung (hier: Aufklärungspflichtverletzung und Behandlungsfehler im Zusammenhang mit einer Prostataoperation). Dauerschaden: Harninkontinenz 3. Grades; der Kläger muss deshalb bis zu seinem Lebensende Windeln tragen. Verlust der Ejakulationsfähigkeit. Psychische Beeinträchtigungen: „Er leide darunter psychisch stark, denn er schäme sich und müsse seine Freizeitaktivitäten stark einschränken. So meide er vermehrt den Kontakt mit Bekannten und Freunden und leide zeitweise unter stark depressiven Episoden. Auch würden vermehrt Schlafstörungen auftreten und sein Eheleben unter diesen Umstand leiden".

Betrag: 15.000 € **Haftung: 100 %**
immVorb: – **MdE: –**

LG Berlin 3.5.2013 – 36 O 158/11 = BeckRS 2014, 22965

4135

Harninkontinenz und Samenblasenverletzung (hier: Harninkontinenz nach Entfernung der Samenblase und der durch Krebs geschädigten Prostata mit starker Erektionsbeeinträchtigung und Harninkontinenz).

55j. Mann (Jurist). Arzthaftung wegen Diagnosefehler und daraus folgender verspäteter Operation eines Prostatakarzinoms. Dauerschaden: Harninkontinenz und starke Erektionsstörungen; beide Dauerfolgen beeinträchtigen den Kl. – leicht nachvollziehbar – beruflich und privat stark.

Betrag: 20.000 € **Haftung: 100 %**
immVorb: Ja **MdE: –**

LG Osnabrück 3.2.2010 – 2 O 1581/06 = BeckRS 2010, 144724

2797

Organverletzung (hier: Harnblasenverletzung in Form einer kompletten Blasenlähmung mit nachfolgender Harninkontinenz und Störung der Mastdarmfunktion; häufige Harnweginfektionen mit hohem Fieber und erheblichen Schmerzen).

36j. Frau. Arzthaftung (hier: Aufklärungspflichtverletzung bei lumbaler Myelographie). Dauerschaden: Blasenkatheter, häufige Harnweginfektionen; Bewegungseinschränkungen.

Betrag: 25.565 € **Haftung: 100 %**
immVorb: – **MdE: –**
Rente: 153 €

OLG Brandenburg 1.9.1999 – 1 U 3/99 = BeckRS 9998, 17709

d) Harnröhren- und Harnleiterverletzungen

5158

Harnleiterverletzung [med.: Ureterverletzung]. Es wurde die Neueinpflanzung des Harnleiters erforderlich.

Frau. 16 Tage stationär. Neueinpflanzung des Harnleiters unter Vollnarkose. Arzthaftung (hier: Aufklärungspflichtverletzung im Zusammenhang mit einer Untersuchung zum Ausschlusses eines karzinomatösen Geschehens).

Die Klägerin litt nach dieser Behandlung unstreitig über längere Zeit Schmerzen im Unterleib sowie auch unter Schmerzen beim Wasserlassen. Zusätzlich war nach dem nicht substantiiert in Abrede gestellten Vortrag der Klägerin auch die Funktionsfähigkeit der Blase zunächst eingeschränkt mit der Folge teilweiser Inkontinenz und häufigen verstärkten Harndrangs.

Betrag: 10.000 € **Haftung: 100 %**
immVorb: Ja **MdE: –**

OLG Köln 29.1.2007 – 5 U 85/06 = BeckRS 2007, 5729

5248

Urosepsis [Urosepsis ist eine Infektionskrankheit mit Bakterien aus dem Urogenitaltrakt] mit daraus resultierender lebensbedrohlicher Blutvergiftung nach versäumter Antibiotikaverabreichung im Zusammenhang mit einer Prostatabehandlung.

Mann. Lebensgefahr. Intensivstation. Sehr langwierige Heilbehandlung mittels Psychotherapie, die einmal pro Monat bis auf Weiteres erfolgt. Dauerschaden. Schwerhörigkeit und Sensibilitätsstörungen der rechten Körperhälfte. Dies sowie die psychischen Beeinträchtigungen, insbesondere Todesangst, Wiedererleben der lebensbedrohenden Phase sowie die Regulierungsverzögerung berücksichtigte das OLG erhöhend.

Betrag: 15.000 € **Haftung: 100 %**
immVorb: Ja **MdE: –**

OLG Karlsruhe 2.12.2015 – 13 U 155/14 = BeckRS 2015, 127867

5264

Harnleiterverlust und Nierenverlust (hier: Verlust der rechten Niere).

35j. Frau. Arzthaftung / Behandlungsfehler [„Spürt ein Arzt bei einem Schwangerschaftsabbruch in der 12. Schwangerschaftswoche einen derben Widerstand, muss er mit dem Durchstoßen der Gebärmutter rechnen und darf nicht unter Einsatz manueller Gewalt die Operation fortsetzen. (amtlicher Leitsatz)"]. Der langstreckig entfernte Harnleiter konnte von dem hinzugezogenen Urologen nicht sofort rekonstruiert werden, weshalb dieser einen Nierenfistelkather einlegte. Zudem berücksichtigte das OLG die psychischen Beeinträchtigungen infolge der schweren Komplikationen im Zusammenhang mit dem Schwangerschaftsabbruch.

Betrag: 25.000 € **Haftung: 100 %**
immVorb: – **MdE: –**

OLG Köln 8.6.2015 – 5 U 128/14 = BeckRS 2015, 14332

e) Penisverletzungen

6821

Penisverletzung in Form einer Vorhautentfernung nach zuvor attestierter Phimose bzw. Vorhautverengung.

24j. Mann. Kein Schmerzensgeldanspruch für einen 24-jähriger Mann, dem als Kind im Alter von fünf Jahren wegen einer damals diagnostizierten Phimose operativ die Vorhaut entfernt wurde und der darunter heute leidet. Das OLG führte zur Begründung an, der Kläger habe nicht beweisen können, dass die seinerzeit gestellte Diagnose einer hochgradigen Phimose unrichtig war; gleiches gelte auch für die aufgrund dieser Diagnose durchgeführten Zirkumzision, denn die Behandlung durch den Urologen sei anhand der im Jahr 2003 geltenden und somit nicht der heutigen Standards zu beurteilen. Über die Optionen einer Salbentherapie habe der Urologe damals nicht aufklären müssen, da dies nach den damaligen Verhältnissen nicht als gleichwertige Therapieform etabliert gewesen sei. Aus der maßgeblichen Sicht des Jahres 2003 sei dem Arzt und damit auch dem Krankenhaus weder ein Behandlungsfehler noch eine Aufklärungspflichtverletzung vorzuwerfen.

Betrag: – **Haftung: –**
immVorb: – **MdE: –**

OLG Düsseldorf 1.7.2021 – I-8 U 165/20 = BeckRS 2021,16801

7008

Impotenz. Kein Schmerzensgeld für Ehefrau wegen Impotenz ihres Mannes.

Frau. Arzthaftung im Zusammenhang mit der Behandlung bzw. Operationen der Wirbelsäule ihres Ehemannes. Dadurch, so die Klägerin, habe ihr Mann einen Nervenschaden erlitten und seither impotent. Deshalb forderte sie Schmerzensgeld. Das LG Hagen (Urt. v. 26.1.2017 – 4 O 339/14) wies die Klage ab. Einer Ehefrau steh aufgrund einer fehlerhaften ärztlichen Behandlung ihres Ehemannes, durch die dieser impotent geworden sei, kein Schmerzensgeld zu. Das OLG wies in seinem Beschluss die Klägerin, die daraufhin ihre Berufung zurückgenommen hatte, darauf hin, dass der von ihr vorgetragene (teilweise) Verlust ihrer ehelichen Sexualität keine Verletzung ihres Köpers, ihrer Gesundheit oder ihres Rechts auf sexuelle Selbstbestimmung darstelle sondern sich lediglich um eine Auswirkung auf ihr Leben und nicht um einen Eingriff in ihre Rechtsstellung. Folge man der Rechtsauffassung der Klägerin, könne grundsätzlich in allen Fällen einer rechtswidrig und schuldhaft verursachten Einschränkung der Fähigkeit zur sexuellen Betätigung – denkbar beispielsweise als Folge eines schweren Verkehrsunfalls – auch der Ehepartner des Geschädigten eigene Ansprüche geltend machen. Gerichtsentscheidungen, die derartige Ansprüche eines Ehepartners bejahten, seien dem OLG nicht bekannt. [vgl. auch OLG Köln BeckRS 2016, 6006 sowie oben im Handbuch unter → Rn. 319a].

Betrag: – **Haftung: –**
immVorb: – **MdE: –**

OLG Hamm 7.6.2017 – 3 U 42/17 = BeckRS 2017, 119218

3730

Penisverletzung mit Phimose nach Genitalanpralltrauma.

Mann. 7 Tage stationär mit sehr unangenehmer täglicher Heilbehandlung am Penis mit Einlage einer sterilen Gummieinlage; 6 Wochen andauernde Schmerzen. Beeinträchtigung des Geschlechtsverkehrs. Ursache: Verkehrssicherungspflichtverletzung.

Betrag: 2.500 € **Haftung: 100 %**
immVorb: – **MdE: –**

LG Berlin 19.2.2004 – 67 S 319/03 = BeckRS 2004, 31165579

3776

Beschneidung wegen einer Vorhautverengung (Phimose) sowie Persönlichkeitsrechtsverletzung wegen der rechtswidrigen Beschneidung des Jungen.

12j. Junge. Schmerzensgeld für Jungen wegen Beschneidung wegen einer Vorhautverengung (Phimose): Das OLG hatte als Prozesskostenhilfeinstanz dem PKH-Anspruch des zwölfjährigen Jungen muslimischer Religionszugehörigkeit auf 10.000 EUR Schmerzensgeldklage gegen den behandelnden Arzt (AG. zu 1) sowie auch gegen seinen Vater, einen „streng gläubigen Moslem", (AG. zu 2) stattgegeben, weil ihm ein solcher Anspruch wegen der Persönlichkeitsrechtsverletzung infolge der unzulässigen Beschneidung (der Vater war nicht Inhaber des Sorgerechts!) zustehen könne. „Veranlasst der nicht sorgeberechtigte Vater ohne Zustimmung der sorgeberechtigten Mutter die Beschneidung eines noch nicht einwilligungsfähigen Kindes, so liegt darin eine Verletzung des allgemeinen Persönlichkeitsrechts des Kindes, die schon wegen der Genugtuungsfunktion einen Schmerzensgeldanspruch des Kindes begründet", so das OLG. Bei der Schmerzensgeldbemessung, so das OLG weiter, können auch die durch die Beschneidung verursachte „Andersartigkeit", unter der der Kläger leidet, erhöhend herangezogen werden, sofern dazu Näheres dargelegt bzw. vorgetragen werde.

Betrag: 10.000 € **Haftung: 100 %**
immVorb: – **MdE: –**

OLG Frankfurt a. M. 21.8.2007 – 4 W 12/07 = BeckRS 2007, 15027

6434

Verlust eines sogenannten Neophallus [Penis nach Geschlechtsumwandlung] infolge einer Infektion.

Mann. Arzthaftung (hier: Aufklärungspflichtverletzung über das Infektionsrisiko im Zusammenhang mit einer Nekrose. Der Kläger, ein Transsexueller, hatte zuvor im Rahmen einer Geschlechtsumwandlung einen Penis entwickelt [sogn. Neopphallus], den er „auf keinen Fall verlieren wollte" und sich desshalb nicht vom Beklagten hätte operieren lassen, „wenn er über das Nekroserisiko aufgeklärt worden wäre").

Betrag: 15.000 € **Haftung: 100 %**
immVorb: – **MdE: –**

OLG München 12.7.2007 – 1 U 1616/07 = BeckRS 2007, 12190

4959

Pensiverletzung / Penisnervverletzung und Peniswurzelverletzung (hier: Nervi cavernosi penis majores et minores, die aus dem Plexus hypogastricus inferior (Plexus pelvinus) entspringen sowie eine Verletzung in diesem Bereich; fehlender Bulbocavernosusreflex) sowie Prellungen (Hier: Beckenprellung, Wirbelsäulenprellungen im Bereich der HWS, BWS und LWS).

Mann. 2 Tage stationär. MdE 90 Tage 100 %. Dauerfolgen und Dauerschaden: Erektile Dysfunktion und Sexualfunktionsstörungen. „Die Sexualfunktionsstörung lässt sich … durch die Therapie mit einem PDE-5-Hemmer … beheben. Die erektile Dysfunktion führt zu einer erheblichen Beeinträchtigung des Sexuallebens des Klägers, sie kann sich damit auch in erheblichem Maße nachteilig auf die Beziehung zu seiner Lebenspartnerin und auf sein eigenes Selbstwertgefühl auswirken", so das OLG. Zudem könne es – so das OLG weiter – „zu Stimmungsveränderungen bis hin zur Depression" kommen. [Ursache: Motorradunfall].

Betrag: 25.000 € **Haftung: 100 %**
immVorb: – **MdE: 10 %**

OLG Naumburg 13.3.2014 – 2 U 100/13 = BeckRS 2014, 15048

6106

Penisverletzung (hier: Teilverlustes der Glans penis durch operative Teilresektion. „Der Kläger durch die Teilresektion in seinem Alltag bei Sport und sexueller Betätigung … Beeinträchtigungen ausgesetzt ist. Der Senat kann nachvollziehen, dass der Kläger, was er in der mündlichen Verhandlung geäußert hat, in hohem Maße gehemmt ist, Frauen intim gegenüber zu treten, weil er befürchtet, dass der Anblick seines Penis abstoßend wirken könne").

Mann. Arzthaftung (hier: Aufklärungspflichtverletzung und Behandlungsfehler im Zusammenhang mit einer als Karzinom diagnostizierten Hautveränderung am Penis. Eine Aufklärung über eine Behandlungsalternative in Form der Strahlentherapie (Brachytherapie) erfolgte nicht. Auf seine Frage nach einer Strahlentherapie wurde ihm vielmehr erklärt, sie komme bei ihm nicht in Betracht). Durch die Operation ist dem Kläger ein Gesundheitsschaden in Form eines Teilverlustes der Glans penis entstanden. Der Senat verkennt nicht, dass die Operation medizinisch indiziert war und zusammen mit der nachfolgenden Strahlentherapie zu einem Therapieerfolg geführt hat. Es kann indes im Rahmen einer hypothetischen Betrachtung nicht angenommen werden, das Peniskarzinom wäre ohne die operative Teilresektion nicht geheilt worden, bzw. eine operative Teilresektion wäre gegebenenfalls nach erfolgloser Strahlentherapie ohnehin erforderlich geworden. Dauerschaden: Psychische Beeinträchtigung, Beeinträchtigungen bei sexueller Betätigung, beim Sport und im Alltag.

Betrag: 30.000 € **Haftung: 100 %**
immVorb: Ja **MdE: –**

OLG Frankfurt a. M. 18.12.2014 – 15 U 20/14 = BeckRS 2016, 2717

6899

Penisverletzung (hier: Durch eine fehlerhafte Penisvergrößerungsoperation kam es zu einem Abszess und zu einer Wundinfektion, – ggf. auch, weil ein Tupfer versehentlich in der Wunde verblieben war. Zudem war die Operation erfolglos, da der Kläger mangels diesbezüglicher Aufklärung nicht den erforderlichen JES-Extender getragen hatte).

Mann. Ambulante Heilbehandlung. Nahezu unerträglichen Schmerzen. Arzthaftung im Zusammenhang mit einer Operation zur Penisverlängerung und Penisvergrößerung (Aufklärungspflichtverletzung und Behandlungsfehler). Insbesondere hatte der Beklagte (Arzt) den Kläger nicht darüber aufgeklärt, dass dieser „zur Sicherung des Operationserfolges – unabdingbar – nach der Operation vier Monate lang einen JES-Extender tragen müsse, der die Narbenretraktionskräfte ausgleichen soll".

Betrag: 40.000 € **Haftung: 100 %**
immVorb: – **MdE: –**

KG 13.3.2000 – 20 U 1186/98 = BeckRS 2000, 15859

5294

Penisverkürzung und Beischlaffähigkeitsverlust nach kunstfehlerhafter bzw. mangels Aufklärung rechtswidriger Penisoperation, nach der es zu einer Vorhautverengung [= Phimose] bei gleichzeitiger Penisverkürzung kam.

52j. Mann. Dauerschaden: Beischlaffähigkeitsverlust bzw. Verlust der Kohabitationsfähigkeit wegen Penisverkürzung sowie Probleme / Schmerzen beim Urinieren sowie psychische Beeinträchtigung wegen der sich aus den Verletzungsfolgen ergebenden sexuellen Problemen im ehelichen Bereich.

Betrag: 50.000 € **Haftung: 100 %**
immVorb: – **MdE: –**

OLG Düsseldorf 4.12.2014 – 8 U 50/14 = BeckRS 2014, 125629

f) Hodenverletzung, Zeugungsunfähigkeit, Ejakulations- und Sexualfunktionsstörungen

2960

Hodenverletzung (hier: Hodentrauma in Form einer Hodenquetschung mit Hodenbluterguss und deutlicher Hodenvergrößerung nach Tritt in den Unterleib).

Mann. 8 Tage stationär. Sehr schmerzhaft! Mögliche Dauerfolge: Hodenfunktionsverlust. [Ursache: Fußballspiel, jedoch bereits „nach dem Abpfiff", somit außerhalb des Spielbetriebes!].

Betrag: 2.556 € **Haftung: 100 %**
immVorb: Ja **MdE: –**

AG Wilhelmshaven 8.5.2001 – 6 C 1016/99 = BeckRS 9998, 4161

4418

Hodenverletzung (hier: Chemotherapie wegen Hodentumor führte zur Zeugungsunfähigkeit. Es wurde allerdings keine prächemotherapeutische Samenspende abgegeben).

Mann. Arzthaftung (Aufklärungspflichtverletzung). „Vor Beginn der Chemotherapie bei einem männlichen Patienten wegen eines Hodentumors, welche die Unfruchtbarkeit des Patienten zur Folge haben kann, muss ärztlicherseits auf die Möglichkeit der Erhaltung der externen Zeugungsfähigkeit durch Abgabe einer Samenspende hingewiesen werden, die eingefroren und konserviert wird (so genannte Kryokonservierung)" Zitat: Beck-online LSK 2003, 020564).

Betrag: 7.500 € **Haftung: 100 %**
immVorb: – **MdE: –**

OLG Frankfurt a. M. 26.4.2002 – 25 U 120/01 = BeckRS 2002, 30256563

4801

Hodenverlust (Verlust eines Hodens) nach Fußtritt in den Genitalbereich.

Mann. Dauerschaden: Verlust eines Hodens. Arzthaftung, da der Hoden nicht hätte entfernt werden müssen. Erstursache: Kniestoß in den Genitalbereich des Kl./vorsätzliche Körperverletzung. [Anmerkung: Das Urteil befasste sich mit dem Thema des objektiven Zurechnungszusammenhangs weiterer Ursachen – hier des ärztlichen Fehlers – und führte hierzu aus: Die Zurechnung „wird nicht dadurch ausgeschlossen, dass außer dem zum Schadensersatz verpflichtenden Ereignis auch andere Ursachen zur Entstehung des Schadens beigetragen haben, auch im Rahmen der haftungsausfüllenden Kausalität reicht eine bloße Mitverursachung aus (Palandt / Grüneberg, BGB, 72. Aufl. 2013, vor § 249 Rn. 33). Dem Schädiger werden insoweit auch Fehler der Personen zugerechnet, die der Geschädigte zur Abwicklung oder Beseitigung des Schadens hinzuzieht, also auch Folgeschäden, die während der Behandlung durch ärztliche Kunstfehler entstehen".]

Betrag: 10.000 € **Haftung: 100 %**
immVorb: Ja **MdE: –**

OLG Hamm 3.12.2013 – 9 U 69/13 = BeckRS 2013, 22611

2459

Hodenverlust (hier: Verlust des linken Hodens nach ärztlicherseits verkannter Hodentorsion. „Der Verlust ... hat aller Voraussicht nach die Zeugungs- und sexuelle Erlebnisfähigkeit ... nicht beeinträchtigt").Belastung, 2. Hoden nicht verlieren zu dürfen.

14j- Junge. Arzthaftung (hier: Diagnose- und Behandlungsfehler bei unklaren skrotalen Schmerzen, die auf eine Hodentorsion hinwiesen). Dauerschaden: Hodenverlust.

Betrag: 10.226 € **Haftung: 100 %**
immVorb: – **MdE: –**

LG Berlin 29.9.1997 – 6 O 500/96 = unveröffentlicht

2565

Genitalverletzung / Hodenverlust (hier: Diagnosefehler bzw. Verkennen einer Hodentorsion führte zum Absterben eines Hodens. Dadurch auch psychische Belastung wegen der zumindest „unterschwelligen ... Gefahr" des Verlustes auch des verbliebenen Hodens).

5j. Junge. Arzthaftung. Das Alter, der Verlust eines paarigen Organs und die Ungewissheit der künftigen Entwicklung wirken schmerzensgelderhöhend.

Betrag: 12.782 € **Haftung: 100 %**
immVorb: – **MdE: –**

OLG Nürnberg 23.9.1997 – 1 U 1983/97 = BeckRS 9998, 3054

3436

Hodenverlust, rechts.

13j. Junge. Arzthaftung (hier. grober Behandlungsfehler infolge derer der rechte Hoden entfernt werden musste). Erhöhend wurden die daraus resultierenden psychischen Folgen bei einem Jugendlichen berücksichtigt.

Betrag: 14.061 € **Haftung: 100 %**
immVorb: – **MdE: –**

OLG Brandenburg 14.11.2001 – 1 U 12/01 = BeckRS 2001, 30219480

5816

Hodenverlust (hier: Verlust des linken Hodens).

14j. Kind (Schüler). Arzthaftung (hier: Grober Behandlungsfehler im Zusammenhang mit einer Hodentorsion, die der behandelnde Arzt als Nebenhodenentzündung diagnostiziert hatte). Dauerschaden: Verlust eines Hodens. Die Zeugungsfähigkeit ist – so das LG – „zwar durch den Verlust nur eines Hodens in keiner Weise beeinträchtigt ist (so der Sachverständige)", der Kläger müsse „jedoch andererseits mit der Erkenntnis leben ... , dass dies im Fall des Verlustes auch des zweiten Hodens – aus welchem Grund auch immer – nicht mehr der Fall wäre".

Betrag: 15.000 € **Haftung: 100 %**
immVorb: Ja **MdE: –**

LG Regensburg 23.7.2007 – 4 O 2167/06 = BeckRS 2009, 6981

3158

Hodenverletzung / Hodenverlust (hier: Hodentorsion und irreversible Infarzierung, sodass der linke Hoden entfernt werden musste.)

16j. Mann (Schüler). Arzthaftung (hier: Fehldiagnose bei Hodentorsion; Behandlungsfehler; das OLG sprach vom „geradezu leichtfertigen Verhalten"). Dauerschaden: Hodenverlust des linken Hodens. Erhöhend wurde auch die Angst vor Verlust des weiteren Hodens berücksichtigt.

Betrag: 18.000 € **Haftung: 100 %**
immVorb: – **MdE: –**

OLG Köln 23.1.2002 – 5 U 85/01 = VersR 2003, 860

3514

Hodenverletzung / Hodennekrose mit Impotenz nach Leistenbruchoperation.

35j. Mann. Extreme Schmerzen. Folgeoperation mit Hodennekrose; Resektion; Anlage einer Prothese und als Dauerschaden: Impotenz. Arzthaftung (hier: Aufklärungspflichtverletzung. Beweispflichtig für die Aufklärung am Vortag der nicht dringlichen OP ist der Arzt, so sinngemäß das OLG).

Betrag: 20.000 € **Haftung: 100 %**
immVorb: – **MdE: –**

OLG Koblenz 15.12.2005 – 5 U 676/05 = BeckRS 2005, 14744

5835

Ejakulationsstörung und Zeugungsunfähigkeit nach Harnblasenverletzung (hier: Harnblasenhalsverletzung in Form einer operativ verursachten und mangels wirksamer Einwilligung rechtswidrigen endoskopische Blasenhalsschlitzung mit der Folge einer dauerhaften retrograden Ejakulation und Zeugungsunfähigkeit).

31j. Mann. Arzthaftung (hier: Behandlungsfehler im Zusammenhang mit einem urologischen Eingriff). Dauerschaden: Zeugungsunfähigkeit und retrograde Ejakulation. „Der Kläger hat den Senat durch seine glaubhafte Einlassung davon überzeugt, dass er immer wieder in depressive oder zumindest grüblerische Gedanken verfällt, wenn er an seine fehlende Zeugungsfähigkeit erinnert wird. Mit dieser Konkretisierung lässt sich andererseits auch eine tiefgehende Depression ausschließen", so das OLG, das bei der Schmerzensgeldbemessung berücksichtigte, „dass der Verlust der Zeugungsfähigkeit eine Familienplanung des Klägers in erheblichem Maß behindert und dass ihn das angesichts seiner Herkunft aus dem … Kulturkreis besonders beeinträchtigt.". [Vgl. dazu auch LG Essen → Nr. 7405].

Betrag: 25.000 € **Haftung: 100 %**
immVorb: – **MdE: –**

OLG Frankfurt a. M. 23.3.2010 – 8 U 238/08 = BeckRS 2012, 16092

3907

Hodenverlust sowie Samentransportstörung aus dem verbliebenen Hoden sowie Erektionsstörungen. Des weiteren kam es zu Verletzungen im Bereich der HWS und LWS.

Mann (Tischler). Dauerschaden: Zeugungsunfähigkeit und posttraumatische Belastungsstörungen im Bereich der HWS und LWS.

Betrag: 30.000 € **Haftung: 66 %**
immVorb: – **MdE: 25 %**

LG Chemnitz 26.1.2007 – 4 O 243/04 = BeckRS 2011, 9657

7405

Ejakulationsstörung und Zeugungsunfähigkeit wegen Nervschädigung im Bereich des Blasenhalsmuskels / [Blasenhalsmuskelnervschädigung]. Nach einer OP, bei der der für den Verschluss des Blasenhalsmuskels / [Blasenhalsmuskelsverschluss] verantwortliche Nerv beschädigt worden war, konnte der Kläger keinen Samenerguss mehr erzeugen.

Mann (Student). Arzthaftung wegen eines Behandlungsfehlers im Zusammenhang mit einer abdominellen laparoskopischen Rektopexie wegen einer Hämorrhoidenerkrankung. Dauerschaden: Keine Ejakulation und somit Zeugungsunfähigkeit auf normalem Wege. Letzteres habe, so der Kläger, der vorgetragen hatte, türkischstämmig zu sein, „in diesem Kulturkreis … einen hohen Stellenwert", da – so der Kläger sinngemäß – ihm infolge der Zeugungsunfähigkeit nicht möglich sei, eine Familie zu gründen. Das LG hatte bei der Schmerzensgeldbemessung besonders darauf abgestellt, „dass der Kläger durch die Ejakulationsstörung dauerhaft und erheblich in seiner Sexualfunktion beeinträchtigt ist. Zwar ist trotz dieser Störung ein Sexualleben weiterhin möglich. Auch ist die Ejakulationsstörung nicht mit Schmerzen verbunden. Der Kläger ist aber nicht in der Lage, auf natürlichem Wege Kinder zu zeugen, sondern kann allenfalls eine mit entsprechenden Risiken verbundene künstliche Befruchtung zur Verwirklichung seines Kinderwunsches in Anspruch nehmen. Dies beeinträchtigt den Kläger gerade ob der in seinem Alter noch nicht abgeschlossenen Familienplanung erheblich in seiner persönlichen Lebensplanung". Das Argument des „Kulturkreises" als Kriterium für eine Schmerzensgelderhöhung ließ das LG nicht gelten, denn „nach Auffassung der Kammer ist der Verlust der natürlichen Zeugungsfähigkeit bei einem bestehenden Kinderwunsch unabhängig von der Zugehörigkeit zu einem bestimmten kulturellen Hintergrund zu bewerten." [Vgl. dazu auch OLG Frankfurt a.M. → Nr. 5835]

Betrag: 35.000 € **Haftung: 100 %**
immVorb: – **MdE: –**

LG Essen 30.7.2008 – 1 O 134/04 = BeckRS 2008, 143929

6331

Hodenverletzung bzw. Hodenverlust infolge des Absterbens des linken Hodens, der sodann entfernt werden musst.

27j. Mann. Arzthaftung (hier: Grober Behandlungsfehler im Zusammenhang mit einer verkannten Hodentorsion). Dauerschaden: Zeugungsunfähigkeit. Erhebliche Störung des Sexualempfindens sowie äußerliche Beeinträchtigung infolge des abgestorbenen Hodens. [vgl. auch OLG Koblenz → Nr. 3514, LG Chemnitz → Nr. 3907 oder OLG München → Nr. 4229].

Betrag: 48.500 € **Haftung: 100 %**
immVorb: Ja **MdE: –**

LG Halle 20.12.2002 – 7 O 65/01 = BeckRS 2002, 162711

4229

Harninkontinenz sowie aufhebung der Sexualfunktionen (Impotenz, Ejakulationsunfähigkeit) nach rechtswidriger Prostataoperation.

55j. Mann. 36 Tage stationär. 30 Tage Rehabilitation. Dauerschaden: s.o. Arzthaftung: Aufklärungspflichtverletzung.

Betrag: 50.000 € **Haftung: 100 %**
immVorb: Ja **MdE: –**

OLG München 25.9.2008 – 1 U 3198/07 = BeckRS 2008, 21201

g) Gebärmutterverletzungen und Totaloperationen

5474

Gebärmutterverletzung (hier: Behaupteter Lochialstau und damit nach Vortrag der Klägerin zusammenhängenden Gebärmutterschmerzen und Kopfschmerzen).

Frau. Arzthaftung durch Zurücklassen eines Tupfers nach Entbindung. Kein Schmerzensgeldanspruch, da das Zurücklassen eines Tupfers in der Vagina einer Patientin nach Versorgung der bei Entbindung vorgenommenen mediolateralen Episiotomie nicht zwangsläufig einen Behandlungsfehler darstelle. Denn der Arzt schulde nach Versorgung des Dammschnittes unter Verwendung von Tupfern zur Blutstillung im Scheideneingang eine sorgfältige Inspektion der Vagina. Aus dem bloßen Umstand, dass der Tupfer übersehen worden ist, müsse nicht zwingend auf ein sorgfaltsloses Vorgehen geschlossen werden. Hinweisbeschluss des OLG. [vgl. auch → Nr. 5473 und → Nr. 5485].

Betrag: – **Haftung: –**
immVorb: – **MdE: –**

OLG Köln 3.5.2017 – 5 U 147/16 = BeckRS 2017, 133998

7658

Gebärmutterverletzung durch produktfehlerhafte Kupferspirale (hier: Bruch der Kupferspirale und dem Verbleib von Bruchstücken in der Gebärmutter.)

Frau. Produkthaftung: Die Klägerin begehrte ua 7.000 EUR Schmerzensgeld, weil die zur Verhütung eingesetzte Spirale eines spanischen Herstellers (= Beklagte) gebrochen war und ihr operativ und unter Vollnarkose entfernt werden musste. Die Spirale hatte sie sich 2016 implantieren lassen und – veranlasst durch eine Warnmeldung des Herstellers – 2021 entfernen lassen. Anders als zuvor das LG, dass die Klage abgewiesen hatte, sah es das OLG als erwiesen an, dass es der Klägerin tatsächlich eine fehlerhafte Spirale der Beklagten eingesetzt worden war, die zu den Komplikationen geführt hatte und wertete den Bruch der Spirale sowie das Zurückbleiben einzelner Bruchfragmente in der Gebärmutter als Gesundheitsverletzung. Bei der Schmerzensgeldbemessung iHv 1.000 EUR berücksichtigte das OLG die von der Klägerin erstmals im Berufungsverfahren vorgetragenen außergewöhnlichen postoperativen Beschwerden nicht mehr und betonte zudem, dass die in von anderen Gerichten teilweise zuerkannten höheren Schmerzensgeldbeträge auf mit dem vorliegenden Fall nicht vergleichbaren weiteren Beeinträchtigungen beruht hätten. [Zur Zuständigkeit der Dt. Gerichtsbarkeit gemäß Art. 7 Nr. 2 EuGVVO vgl. im Handbuch unter → Rn. 349. Zu einer weiteren erfolgreichen Klage gegen den Hersteller siehe → Nr. 7608].

Betrag: 1.000 € **Haftung: 100 %**
immVorb: – **MdE: –**

OLG Frankfurt a. M. 9.4.2025 – 17 U 181/23 = becklink 2033942

5867

Gebärmutterverletzung (hier: Gebärmutterentzündung nach fehlerhafter Ausschabung).

Frau. 5 Tage stationär. Arzthaftung (hier: Behandlungsfehler im Zusammenhang mit einer Kürettage, dh einer Ausschabung der Gebärmutter wobei der Beklagte die Vaginalsonographie bei der Klägerin nicht korrekt durchgeführt hatte. Auch die Art und Weise, in welcher der Beklagte die Ausschabung durchgeführt hat, war ebenfalls fehlerhaft. Der Beklagte hat den Uterus nicht vollständig ausgeschabt, wie es bei der von ihm gestellten Diagnose eines Abortus incompletus geboten gewesen wäre).

Betrag: 2.000 € **Haftung: 100 %**
immVorb: – **MdE: –**

LG Mönchengladbach 10.1.2006 – 6 O 13/04 = BeckRS 2010, 16320

7608

Gebärmutterverletzung durch produktfehlerhafte Kupferspirale (hier: Gebärmutterausschabung in dessen Anschluss es zu starken Unterleibsschmerzen mit langanhaltenden Blutungen gekommen war. Zudem litt die Kl. vor und nach der OP unter starken Ängsten ua auch aufgrund möglicher Folgen für die Geburtsfähigkeit sowie des Eintretens möglicher Spätfolgen

Frau. Die Klägerin macht gegenüber der Beklagten, einem in Spanien ansässigen Hersteller von Medizinprodukten, insbesondere Schmerzensgeldansprüche wegen verschiedener Folgen des Einsatzes eines Intrauterinpessars (sog. Spirale„) zur Schwangerschaftsverhütung geltend. Unter anderem wurde, wegen des Abbrechens eines der Seitenarme der Spirale im Uterus eine Gebärmutterausschabung (sog. Abrasio) erforderlich. Zur Schmerzensgeldbemessung hatte bereits das LG Aachen ausgeführt: "Es sei auch sehr belastend gewesen, in dieser Zeit unter anderem stets das Periodenblut zu untersuchen, um etwaige Bruchstücke der Ärmchen zu finden. Sie sei der Zeit extrem besorgt gewesen, wie es mit dem dann verbliebenen Ärmchen in der Gebärmutter weitergehen würde. Bei einer Kontrolluntersuchung im November 2020 habe der zweite Arm in der Gebärmutter schnell lokalisiert werden können, sodass ihr die Frauenärztin sofort die Überweisung zur Operation ausgestellt habe. Bei einer belastenden Wartezeit bis zum 21.12.2020 hat sich die Klägerin der festgestellten Operation in Vollnarkose unterziehen müssen, wobei mit Blick auf die vielen kleinen Plastikteilchen neben der Ausschabung auch eine Spülung der Gebärmutter notwendig geworden sei. Die anschaulichen Schilderungen der Klägerin stehen nicht ist Frage. So hat sie unumwunden erklärt, dass die Operation damals gut verlaufen sei. Es verbleibe indes die Sorge, ob das Risiko von Fehlgeburten erhöht oder die Möglichkeit, schwanger zu werden, erschwert sei. Körperliche Probleme aufgrund der in ihrem Uterus befindlichen Bruchstücke habe sie nicht gehabt. Besondere

Unterleibschmerzen habe sie nach der Operation etwa 3 bis 5 Tage gehabt. Insgesamt hat die Anhörung das schriftsätzlich vorgetragene Bild bestätigt, welches nach dem Ermessen der Kammer zu dem hier ausgeurteilten Schmerzensgeldbetrag führt." Das OLG bestätigte diese Entscheidung und wies die Berufung der Beklagten zurück. [Zur Zuständigkeit der Dt. Gerichtsbarkeit gemäß Art. 7 Nr. 2 EuGVVO vgl. im Handbuch unter → Rn. 349. Zu einer weiteren erfolgreichen Klage gegen den Hersteller siehe → Nr. 7658].

Betrag: 7.500 € **Haftung: 100 %**
immVorb: – **MdE: –**

OLG Köln 15.3.2024 – 19 U 85/23 = BeckRS 2024, 6085

6205

Bauchverletzung durch einen im Bauchraum zurückgelassenen Gazetupfers bei einer vaginalen Gebärmutterentfernung mit erheblichen posttraumatischen psychischen Beeinträchtigungen.

33j. Frau. Stationäre Behandlung mit einer Operation zur Entfernung des Tupfers. Psychotherapeutische sehr langwierige Heilbehandlung über einen Zeitraum von 4 Jahren. Arzthaftung (hier: Grober Behandlungsfehler durch Zurücklassen eines Tupfers im Bauch der Klägerin). „Bei der Bemessung des Schmerzensgeldes sind zugunsten des geschädigten Patienten grundsätzlich auch dessen seelisch bedingte Folgeschäden der ärztlichen Fehlbehandlung angemessen zu gewichten. Eine Zurechnung kommt nur dann nicht in Betracht, wenn das Schadenereignis ganz geringfügig ist (Bagatelle) und nicht gerade speziell auf die Schadenanlage des Verletzten trifft", so das OLG zutreffend.

Betrag: 9.203 € **Haftung: 100 %**
immVorb: – **MdE: –**

OLG Koblenz 31.7.1998 – 10 U 629/97 = VersR 1999, 1420

2847

Totaloperation (hier: Gebährmutterentfernung; vaginale Hysterektomie).

50j. Frau. Arzthaftung: Diagnosefehler. Die komplikationslos erfolgte Operation war „medizinisch nicht indiziert".

Betrag: 10.226 € **Haftung: 100 %**
immVorb: – **MdE: –**

OLG Hamm 14.6.2000 – 3 U 244/99 = BeckRS 2000, 7636

2705

Totaloperation (hier: Gebährmutterentfernung, Eileiterentfernung und Entfernung der Eierstöcke; für diese Opreation bestand „nur eine relative Indikation" und keine Einwilligung.Berücksichtigt wurde auch die fehlerhafte Hormonengabe von 1981 bis 1989).

45j. Frau. Arzthaftung (Keine Einwilligung für die Entfernung! Zudem wurde die Kl. über Jahre hinweg medikamentös falsch behandelt). Das OLG: Eingriff ist „bedeutsame Maßnahme".

Betrag: 15.339 € **Haftung: 100 %**
immVorb: – **MdE: –**

OLG Hamburg 29.5.1998 – 1 U 130/97 = BeckRS 1998, 153623

4563

Gebärmutterverlust / Gebärmutterentfernung (hier: Behandlungsfehlerbedingte Entfernung im Zusammenhang mit einer Laparoskopie).

44j. Frau. Arzthaftung (hier: Aufklärungspflichtverletzung, da die Aufklärung erst unmittelbar vor der OP und somit zu spät und zudem nicht vollständig erfolgt war. Behandlungsfehler im Zusammenhang mit einer sogenannten Laparoskopie. Entgegen dem erklärten Wunsch der Klägerin wurde dieser die ges. Gebärmutter entfernt.). Das LG berücksichtigte das „traumatisierende Erlebnis" und die Gebärunfähigkeit, die jedoch bei der Klägerin bedingt durch eine Vorschädigung und „auch aufgrund ihres Alters eingeschränkt war".

Betrag: 25.000 € **Haftung: 100 %**
immVorb: Ja **MdE: –**

LG Berlin 8.10.2009 – 6 O 568/04 = BeckRS 2010, 7994

3981

Gebärmutterverlust.

38j. Frau. Arzthaftung: Fehldiagnose. Komplizierte Heilbehandlung. Erhebliches ärztliches Verschulden.

Betrag: 25.000 € **Haftung: 100 %**
immVorb: – **MdE: –**

OLG Köln 19.3.2003 – 5 U 159/02 = BeckRS 2003, 30312385

6123

Gebärmutterentfernung was einem Sterilisationseingriff gleichkommt.

30j. Frau. Arzthaftung (hier: Aufklärungspflichtverletzung über das „Abwarten" als Behandlungsalternative, wenn das „Abwarten", so das LG, „zum maßgebenden Zeitpunkt nicht zum medizinischen Standard gehörte"). Dauerschaden: Gebährunfähigkeit. „Bei der Bemessung der Höhe des Schmerzensgeldes spielte neben den Beschwerden der Klägerin insbesondere die Tatsache eine entscheidende Rolle, dass weiterer Kinderwunsch der Klägerin unerfüllbar geworden ist. Schmerzensgelderhöhend wertete die Kammer, dass die Klägerin zum Zeitpunkt des Eingriffs erst 30 Jahre alt war, andererseits konnte nicht außer Betracht gelassen werden, dass sie bereits zwei Kinder hatte", so das LG.

Betrag: 35.000 € **Haftung: 100 %**
immVorb: Ja **MdE: –**

LG Regensburg 18.5.2017 – 4 O 5/15 = BeckRS 2017, 147689

3661

Gebärmutterverletzung (hier: Unfruchtbarkeit nach Gebärmutterausschabung)

28 j. Frau. Psychische Beeinträchtigung. Dauerschaden: Unfruchtbarkeit. Arzthaftung (hier: Aufklärungspflichtverletzung und Behandlungsfehler bei Gebärmutterausschabung die zu tief und mit einem zu scharfen Operationsinstrument durchgeführt wurde). [weitere Hinweise zu diesem Thema finden Sie in NJW 2006, 1630]

Betrag: 40.000 € **Haftung: 100 %**
immVorb: Ja **MdE: –**

OLG Köln 25.4.2007 – 5 U 180/05 = BeckRS 2007, 12671

4148

Eierstöcke … (hier: Verlust beider Eierstöcke).

15j. Frau. Dauerschaden: Unfruchtbarkeit. Ursache: Arzthaftung (hier: Behandlungsfehler bei einer Tumoroperation im Bereich der Eierstöcke. Der befallene Eierstock wurde entfernt und dabei jedoch auch der gesunde Eierstock abgerissen, sodass die noch sehr junge Klägerin auf Dauer mit Hormonen behandelt werden muss [vgl. Hormonstörung].

Betrag: 50.000 € **Haftung: 100 %**
immVorb: – **MdE: –**

LG Mainz 24.6.2010 – 2 O 312/06 = unveröffentlicht

h) Eileiterverletzungen

6056

Eileiterentfernung (hier: Sterilisation ohne Einwilligung mittels Eileiterentfernung. Die Klägerin hatte lediglich eine Zustimmung bzw. Einwilligung zur reversiblen Eileiterdurchtrennung erteilt. Die Durchtrennung der Eileiter hätte – anders als die Entfernung – problemlos wieder rückgängig gemacht werden können [= Refertilisation] wobei „angesichts des Alters der Klägerin die Chance einer Refertilisation nach einer Durchtrennung der Eileiter … eher gering gewesen wäre und sie einen konkreten Kinderwunsch nicht konkret vorgetragen habe“).

40j. Frau. Arzthaftung (hier: Keine wirksame Einwilligung in eine Eileiterentfernung zur Sterilisation). Dauerschaden: Unfruchtbarkeit. Zur Schmerzensgeldbemessung führte das OLG aus: „Besondere Bedeutung kommt dabei dem Umstand zu, dass das Selbstbestimmungsrecht der Klägerin in einer essentiellen, für die Lebensplanung und das Selbstwertgefühl wichtigen Frage beeinträchtigt wurde. Eine besondere Genugtuung fällt demgegenüber nicht ins Gewicht. Denn es lässt sich weder dem Vorbringen der Parteien noch dem Inhalt der Behandlungsdokumentation entnehmen, dass sich der Beklagte bewusst über die Entscheidung der Klägerin hinweggesetzt hätte. Entgegen der von der Klägerin vertretenen Auffassung kommt es für die Höhe eines angemessenen Schmerzensgeldes nicht auf die Frage an, welchen Geldbetrag der Beklagte in Erfüllung der Auflage des Amtsgerichts Brühl als Bedingung für eine Einstellung des Strafverfahrens entrichtet hat. Unter Berücksichtigung aller relevanten Umstände hält auch der Senat ein Schmerzensgeld in der vom Landgericht zugesprochenen Höhe von 4.000,- EUR für angemessen“. [Anmerkung: Weshalb das OLG trotz dieser zutreffenden Begründung lediglich 4.000 EUR zuerkannt hatte, ist nicht nachvollziehbar. Insofern sei auf die Entscheidungen des OLG Koblenz → Nr. 3414 (35j. Mann), LG Chemnitz → Nr. 3907, LG Halle → Nr. 6331 (27j. Mann) und OLG München → Nr. 4229 (bei einem 55j. Mann) verwiesen, die für eine Zeugungsunfähigkeit beim Mann Schmerzensgeldbeträge zwischen 20.000 EUR und 50.000 EUR zuerkannt hatten].

Betrag: 4.000 € **Haftung: 100 %**
immVorb: – **MdE: –**

OLG Köln 8.7.2014 – 5 U 180/14 = BeckRS 2015, 14300

6413

Eileiterverlust nach Eileiterrupur. Zudem erlitt die Klägerin einen seelischen Schock – ausgelöst durch das Erfordernis der Notoperation.

Frau. Intensivstationärer Aufenthalt mit Notoperation. Dauerschaden: Eileiterverlust sowie Narbe am Bauch. Arzthaftung (hier: Befunderhebungsfehler und Behandlungsfehler im Zusammenhang mit der Schwangerschaft der Klägerin. Zunächst wurden deren Anzeichen verkannt wodurch es nachfolgend zum Eileiterverlust kam).

Betrag: 6.000 € **Haftung: –**
immVorb: – **MdE: –**

OLG Nürnberg 8.1.2008 – 11 O 8426/05 = MedR 2009, 226

i) Scheidenverletzungen

2621

Scheidenverletzung / Scheidenriss (hier: „Scheidendammriss 2.Grades“, der „so schlecht“ versorgt wurde, dass der nachbehandelnde Arzt von einer „Verstümmelung“ sprach).

32j. Frau. Arzthaftung. Hier Behandlungsfehler eines Scheidendammrisses. Zunächst kein Geschlechtsverkehr mehr möglich. Dann Nachoperation und Wiederherstellung.

Betrag: 1.534 € **Haftung: 100 %**
immVorb: – **MdE: –**

OLG Frankfurt a. M. 28.10.1997 – 8 U 80/97 = BeckRS 1997, 12950

5192

Erhöhtes Risiko einer trockenen Scheide und einer vermehrten Infektionsneigung nach Schamlippenverkleinerungsoperation / Labienreduktion.

47j. Frau. Arzthaftung (hier: Aufklärungspflichtverletzung in Bezug auf eine Schamlippenverkleinerung [= Labienreduktion]. Das OLG in seinem Beschluss hierzu wörtlich: „Hinsichtlich des erzielbaren kosmetischen Ergebnisses sei die Aufklärung zwar ausreichend gewesen. Nicht feststellbar sei jedoch, dass die Klägerin über das Risiko einer trockenen Scheide, die beispielsweise zu einer vermehrten Neigung zu Infektionen oder zu Dyspareunie führen könne, aufgeklärt worden sei. Auf eine hypothetische Einwilligung könnten sich die Beklagten nicht berufen. Unter Berücksichtigung der von der Klägerin beklagten Folgen einer trockenen Scheide einerseits und des Umstandes, dass die Klägerin schon vor der Operation unter entzündeten, schmerzhaften Labien gelitten habe andererseits, sei ein Schmerzensgeld in Höhe von 2.000,- EUR angemessen“.

Betrag: 2.000 € **Haftung: 100 %**
immVorb: – **MdE: –**

OLG Köln 20.4.2015 – 5 U 164/14 = BeckRS 2015, 17827

4718

Scheidendammschnitt ohne örtliche Betäubung (vgl. auch Scheidendammriss).

Frau. Arzthaftung (hier: Aufklärungspflichtverletzung im Zusammenhang mit Geburtshilfemaßnahmen. Scheidendammschnitt ohne örtliche Betäubung [Lokalanästhesie] und wegen unzureichender Aufklärung rechtwidrig erfolgte Saugglockenentbindung).

Betrag: 3.000 € **Haftung: 100 %**
immVorb: – **MdE: –**

OLG Oldenburg 8.2.2012 – 5 U 101/10 = BeckRS 2012, 214080

6278

Klitorisverletzung (hier: Klitoristeilabtrennung und damit verbundenem Schwellkörperverlust). Relevante psychische Beeinträchtigungen wegen Anorgasmie in Form eines vollständigen Verlustes der Fähigkeit zum Orgasmus und erheblicher Beeinträchtigung der sexuellen Erlebnisfähigkeit. 4 cm lange, seitlich gelegene Narbe und damit verbundene optische Beeinträchtigung im Genitalbereich.

48j. Klägerin. Arzthaftung (hier: Aufklärungspflichtverletzung wegen unzureichender Aufklärung über die Chancen und Risiken des Eingriffs, bei dem der Klägerin ein Tumor im Genitalbereich entfernt worden war. Insbesondere sei die Klägerin nicht auf die Möglichkeit der Verletzung der Klitoris und die Beeinträchtigung des Gefühlslebens hingewiesen worden und auch nicht auf die bestehenden Behandlungsalternativen). Dauerschaden: Anorgasmie bzw. Verlust der Fähigkeit zum Orgasmus und Beeinflussung der Libido und erhebliche Beeinträchtigung der sexuellen Erlebnisfähigkeit. 4 cm lange, seitlich gelegene Narbe und damit verbundene optische Beeinträchtigung im Genitalbereich. Bei der Bemessung berücksichtigte das LG neben den oben bereits aufgeführten Verletzungen und Verletzungsfolgen auch die erneut erforderliche Operation (ca. dreistündige Rekonstruktionsoperation). Das Urteil, das inzwischen vom OLG Köln BeckRS 2019, 50613 bestätigt wurde, hatte Rechtsanwalt und Fachanwalt für Medizinrecht Rudolf Günter aus Aachen eingereicht.

Betrag: 20.000 € **Haftung: 100 %**
immVorb: Ja **MdE: –**

LG Aachen 30.1.2019 – 11 O 164/17 = BeckRS 2019, 33893

j) Sterilisationen

3845

Sterilisation ohne Einwilligung nach Kaiserschnitt.

22j. Frau. Arzthaftung. Dauerschaden: Sterilisation.

Betrag: 1.500 € **Haftung: 100 %**
immVorb: – **MdE: –**

OLG Koblenz 13.7.2006 – 5 U 290/06 = BeckRS 2006, 9206

3305

Unterleibschmerzen wegen Arzthaftung [sihe unter Einzelheiten].

48j. Frau. Arzthaftung: Bei einer Sterilisationsoperation wurde eine 13 cm lange Binde vergessen und erst nach 17 Jahren entdeckt.

Betrag: 8.000 € **Haftung: 100 %**
immVorb: – **MdE: –**

LG Braunschweig 3.3.2004 – 4 O 2339/02 = BeckRS 2004, 9330

5758

Sterilisation – ohne Einwilligung der Klägerin – im Zusammenhang mit einem Kaiserschnitt.

Frau (Türkin yezidischen Glaubens). Arzthaftung (hier: Bei der Eröffnung des Peritonealraumes fanden die behandelnden Ärzte eine ältere Uterusruptur vor. Im Hinblick auf die mit einer erneuten Schwangerschaft verbundene erhebliche Gefahr einer Wiederholung der Ruptur entschlossen sie sich zu einer Fimbrienektomie beidseits, ohne mit der Kl. Rücksprache gehalten zu haben). Zur Schmerzensgeldbemessung führte das OLG aus: „Der Umstand, dass eine Türkin yezidischen Glaubens der Geburt eines männlichen Nachkommens besondere Bedeutung zumisst und es bei Ausbleiben weiteren Nachwuchses in Zukunft zu ehelichen und familiären Problemen kommen kann, die mit starken psychischen Belastungen verbunden sind, kann bei der Bemessung des Schmerzensgeldes zu berücksichtigen sein".

Betrag: 45.000 € **Haftung: 100 %**
immVorb: Ja **MdE: –**

OLG Oldenburg 2.8.2006 – 5 U 16/06 = BeckRS 2007, 5736

4227

Totaloperation mit Entfernung der Geschlechtsorgane.

18j. Frau. Dauerschaden: Gebärunfähigkeit. [Anmerkung: Die Besonderheit dieses Falles liegt darin, dass die Klägerin ihrem als Kind und Jugendliche entsprechenden Erscheinungsbild als Junge aufwuchs. Sie entschied sich daher mit 18 Jahren für eine entsprechende Operation / Totaloperation, ohne dass man ihr jedoch das Ergebnis einer zuvor durchgeführten Chromosomenanalyse (wonach sie als Frau galt) mitgeteilt hatte. Zudem zeigten sich während der Operation durch das Vorhandensein weiblicher Geschlechtsorgane Zweifel, die den Beklagten zum OP-Abbruch hätten veranlassen müssen. Zum Zeitpunkt der Urteilsverkündung war die Kl. 49j. alt.]

Betrag: 100.000 € **Haftung: 100 %**
immVorb: – **MdE: –**

OLG Köln 3.9.2008 – 5 U 51/08 = BeckRS 2008, 19844

k) Sonstige Verletzungen im Gesäß- und Genitalbereich

7008

Impotenz. Kein Schmerzensgeld für Ehefrau wegen Impotenz ihres Mannes.

Frau. Arzthaftung im Zusammenhang mit der Behandlung bzw. Operationen der Wirbelsäule ihres Ehemannes. Dadurch, so die Klägerin, habe ihr Mann einen Nervenschaden erlitten und seither impotent. Deshalb forderte sie Schmerzensgeld. Das LG Hagen (Urt. v. 26.1.2017 – 4 O 339/14) wies die Klage ab. Einer Ehefrau steh aufgrund einer fehlerhaften ärztlichen Behandlung ihres Ehemannes, durch die dieser impotent geworden sei, kein Schmerzensgeld zu. Das OLG wies in seinem Beschluss die Klägerin, die daraufhin ihre Berufung zurückgenommen hatte, darauf hin, dass der von ihr vorgetragene (teilweise) Verlust ihrer ehelichen Sexualität keine Verletzung ihres Köpers, ihrer Gesundheit oder ihres Rechts auf sexuelle Selbstbestimmung darstelle sondern sich lediglich um eine Auswirkung auf ihr Leben und nicht um einen Eingriff in ihre Rechtsstellung. Folge man der Rechtsauffassung der Klägerin, könne grundsätzlich in allen Fällen einer rechtswidrig und schuldhaft verursachten Einschränkung der Fähigkeit zur sexuellen Betätigung – denkbar beispielsweise als Folge eines schweren Verkehrsunfalls – auch der Ehepartner des Geschädigten eigene Ansprüche geltend machen. Gerichtsentscheidungen, die derartige Ansprüche eines Ehepartners bejahten, seien dem OLG nicht bekannt. [vgl. auch OLG Köln BeckRS 2016, 6006 sowie oben im Handbuch unter → Rn. 319a].

Betrag: – **Haftung: –**
immVorb: – **MdE: –**

OLG Hamm 7.6.2017 – 3 U 42/17 = BeckRS 2017, 119218

7032

Impotenz. Kein Schmerzensgeld für Ehefrau wegen Impotenz ihres Mannes.

Frau. Der Ehemann der Klägerin wurde infolge eines ärztlichen Behandlungsfehlers impotent. Deshalb begehrte die Klägerin Schmerzensgeld in Höhe von mindestens 20.000 EUR und trug dazu vor, dass die Impotenz ihres Ehemanns bei ihr zu körperlichen oder psychischen Schäden geführt und einen faktischen „Verlust der Sexualität" verursacht habe. Das OLG Köln wies die Klage ab und führte dazu (amtl. Leitsatz) aus: „Weder unter dem Gesichtspunkt eines Vertrags mit Schutzwirkung zugunsten Dritter noch unter dem Gesichtspunkt deliktischer Haftung besteht für eine Ehefrau ein Schmerzensgeldanspruch wegen dauerhafter Impotenz des Ehemanns, die dieser aufgrund einer Fehlmedikation erleidet". [vgl. dazu auch OLG Hamm BeckRS 2017, 119218 sowie oben im Handbuch unter → Rn. 319a].

Betrag: – **Haftung: –**
immVorb: – **MdE: –**

OLG Köln 22.12.2015 – 5 U 135/15 = BeckRS 2016, 6006

7115

Schmerzen bei der Entfernung des produktfehlerhaften Intrauterinpessars, bei dem die sog. Ärmchen aufgrund eines Produktfehlers abbrachen, worauf die Klägerin sich zweier sehr schmerzhafter ärztlicher Eingriffen unterziehen musste, bei denen der Versuch unternommen wurde, die Ärmchen mittels einer Fasszange zu ziehen; beim zweiten Versuch habe die Klägerin eine Panikattacke erlitten.

Frau. Zur Schmerzensgeldbemessung führte das LG aus: „Bei der Bemessung des Schmerzensgeldes war zu berücksichtigen, dass die Klägerin sich zwei schmerzhaften Eingriffen bei ihrer Frauenärztin unterziehen musste, bei denen versucht wurde, mittels einer Fasszange die Seitenärmchen zu ziehen. Die Schmerzhaftigkeit dieser beiden Eingriffe ist nachvollziehbar. Zu berücksichtigen ist in diesem Zusammenhang aber auch, dass die Klägerin sich auf eigenen Wunsch eine IUP hat legen lassen, was auch bereits schmerzhaft ist. Es war deshalb auch beim Entfernen der Spirale mit Schmerzen zu rechnen." [Ursache: Produkthaftung bezüglich Intrauterinpessare, auch Spirale genannt]

Betrag: 1.500 € **Haftung: 100 %**
immVorb: – **MdE: –**

LG Limburg 14.10.2022 – 4 O 114/21 = BeckRS 2022, 38722

7098

Produktfehler eines Intrauterinpessars (IUP) zur Schwangerschaftsverhütung mit zweimaliger Nachbehandlung, – einmal unter Vollnarkose.

Frau. Schmerzensgeldanspruch wegen der Folgen des Verlustes eines Ärmchens eines Intrauterinpessar: Die Klägerin nimmt die Beklagte auf Schmerzenzgeld iHv 10.000 Euro wegen eines Produktfehlers seines Intrauterinpessars (IUP) zur Schwangerschaftsverhütung in Anspruch. Das LG sprach ihr 2.000 Euro zu und führte zur Bemessung aus: „Als Schmerzenzgeld ist unter Berücksichtigung der konkreten Umstände des Falles ein Betrag in Höhe von 2.000 Euro angemessen. Ins Gewicht fällt dabei insbesondere, dass die Klägerin sich zweimal eines Eingriffs unterziehen musste, davon einmal mit Vollnarkose. Zu berücksichtigen ist weiter die typischerweise bei Patienten bestehende Besorgnis, ob ein Eingriff gut verläuft und ob danach alles wieder in Ordnung ist. Die von der Klägerin erhobene Forderung in Höhe von EUR 10.000,- ist demgegenüber deutlich übersetzt. Es bedarf keiner näheren Begründung, dass der vorliegende Fall, bei dem sich die Eingriffe auf eine von außen ohnehin zugängliche Körperhöhle beziehen, nicht mit einem Sachverhalt vergleichbar ist, bei dem nach Eröffnung des Körpers mit Skalpell und Wiederverschluss ein Fremdkörper im menschlichen Körper vergessen wird."

Betrag: 2.000 € **Haftung: 100 %**
immVorb: – **MdE: –**

LG Hamburg 14.11.2022 – 322 O 63/22 = BeckRS 2022, 39683

4681

Haarentfernung im Intimbereich mit nachfolgender Hypopigmentierung und daraus resultierender Verminderung der Melanozyten, sodass die Haut an den betroffenen Stellen auf Dauer deutlich heller ist, als an den unbetroffenen Hautstellen.

24j. Frau. Haarentfernung im Intimbereich ohne vorherige Aufklärung (Aufklärungspflichtverletzung) und Erfahrung. Dauerschaden: Hypopigmentierung mit daraus resultierender Verminderung der Melanozyten, sodass die Haut an den betroffenen Stellen deutlich heller ist, als an den unbetroffenen Hautstellen. Das AG wertete es zutreffend als schmerzensgelderhöhend, dass sich die Klägerin – wegen der fehlenden Regulierungsbereitschaft – zu Beweiszwecken entblössen musste.

Betrag: 4.000 € **Haftung: 100 %**
immVorb: Ja **MdE: –**

AG Wuppertal 27.4.2013 – 94 C 28/11 = BeckRS 2013, 777

6303

Vulvaverletzung (Vulva = Gesamtheit der äußeren primären Geschlechtsorgane der Frau) sowie Verletzung des Venushügels (Mons pubis). Das Gericht sprach von einer „Pfählungsverletzung der Vulva und des Mons pubis". Eine Verletzungen von Blase, Darm, Scheide und Harnröhre lagen jedoch nicht vor. Die Verletzung war – wie sich herausgestellt hat – nicht lebensgefährlich, sie war aber mit einem hohen Blutverlust verbunden und hat zu einer traumatischen Situation für die Klägerin geführt. Die Art der Verletzung lässt es plausibel erscheinen, dass die Klägerin Todesangst hatte und sich auch aufgrund der Anwesenheit ihres Sohnes in einem Zustand extremer psychischer Anspannung befunden hat. Infolge des Unfalls besteht eine spastische Beckenbodenveränderung entlang des linken Schambeinbogens im Bereich des Musculus gracilis, was auf ein besonders traumatisches Ereignis hinweist. Psychische Beeinträchtigungen: „… leichtgradig ausgeprägten Belastungsstörung, die zuletzt in einer Restsymptomatik ohne psychiatrischen Krankheitswert fortbesteht."

31j. Frau (Krankenschwester). 12 Tage stationär. Weitere ambulante Behandlung wegen Magenkrämpfen und Erbrechen. Vier Jahre lang psychotherapeutische Behandlung. Dauerschaden: Erwerbsunfähigkeit. Der Klägerin wurde – vorerst bis 30.6.2021 (der Unfall war am 18.4.2013) – eine Rente wegen voller Erwerbsunfähigkeit zuerkannt. Dauerschaden: Leichtgradige Veränderungen von Kognition und Stimmung; ausgeprägten Belastungsstörung ohne Krankheitswert und Beeinträchtigung des Sexuallebens, [Reitunfall / Verkehrssicherungspflichtverletzung: Die Verkehrssicherungspflicht wird fahrlässig verletzt, wenn die Aufsichtsperson einer korpulenten und im Reiten gänzlich ungeübten Person die Möglichkeit eröffnet, zum Aufsteigen auf ein Pferd einen schon für sich ungeeigneten Stuhl, der zudem auf nicht ebenem und nicht festem Naturboden stand, als Aufstiegshilfe zu benutzen. Es kam zu einer Pfählungsverletzung – infolge des Sturzes drang eine Metallstrebe eines Stuhls in den Unterkörper der Klägerin.]

Betrag: 14.000 € **Haftung: 66 %**
immVorb: Ja **MdE: –**

OLG Brandenburg 30.10.2019 – 7 U 147/15 = BeckRS 2019, 28472

6020

Verlust der Ejakulationsfähigkeit und Entfernung der Samenblase sowie Harninkontinenz 3. Grades nach radikaler Prostatovesikulektomie und Entfernung der Prostata. Erhebliche Psychische Beeinträchtigungen.

71j. Mann. Arzthaftung (hier: Aufklärungspflichtverletzung und Behandlungsfehler im Zusammenhang mit einer Prostataoperation). Dauerschaden: Harninkontinenz 3. Grades; der Kläger muss deshalb bis zu seinem Lebensende Windeln tragen. Verlust der Ejakulationsfähigkeit. Psychische Beeinträchtigungen: „Er leide darunter psychisch stark, denn er schäme sich und müsse seine Freizeitaktivitäten stark einschränken. So meide er vermehrt den Kontakt mit Bekannten und Freunden und leide zeitweise unter stark depressiven Episoden. Auch würden vermehrt Schlafstörungen auftreten und sein Eheleben unter diesen Umstand leiden".

Betrag: 15.000 € **Haftung: 100 %**
immVorb: – **MdE: –**

LG Berlin 3.5.2013 – 36 O 158/11 = BeckRS 2014, 22965

4130

Samenleiterverletzung (hier: Samenleiterdurchtrennung bzgl. eines der beiden Samenleiter mit Gefahr einer künftigen Fertilitätsstörung).

20j. Mann. Arzthaftung (hier: Behandlungsfehler im Zusammenhang mit einer Operation im Bereich der Leisten; es kam zur Samenleiterdurchtrennung ohne Einwilligung des Klägers. Angst vor Fertilitätsstörungen und Verlust des verbliebenen rechten Hodens.) Dauerschaden: Hodenfunktion links aufgehoben, das OLG sah darin keinen „wesentlichen Unterschied zu dem Verlust oder dem Absterben des Hodens".

Betrag: 15.000 € **Haftung: 100 %**
immVorb: Ja **MdE: –**

OLG Brandenburg 15.7.2010 – 12 U 232/09 = BeckRS 2010, 17184

6278

Klitorisverletzung (hier: Klitoristeilabtrennung und damit verbundenem Schwellkörperverlust). Relevante psychische Beeinträchtigungen wegen Anorgasmie in Form eines vollständigen Verlustes der Fähigkeit zum Orgasmus und erheblicher Beeinträchtigung der sexuellen Erlebnisfähigkeit. 4 cm lange, seitlich gelegene Narbe und damit verbundene optische Beeinträchtigung im Genitalbereich.

48j. Klägerin. Arzthaftung (hier: Aufklärungspflichtverletzung wegen unzureichender Aufklärung über die Chancen und Risiken des Eingriffs, bei dem der Klägerin ein Tumor im Genitalbereich entfernt worden war. Insbesondere sei die Klägerin nicht auf die Möglichkeit der Verletzung der Klitoris und die Beeinträchtigung des Gefühlslebens hingewiesen worden und auch nicht auf die bestehenden Behandlungsalternativen). Dauerschaden: Anorgasmie bzw. Verlust der Fähigkeit zum Orgasmus und Beeinflussung der Libido und erhebliche Beeinträchtigung der sexuellen Erlebnisfähigkeit. 4 cm lange, seitlich gelegene Narbe und damit verbundene optische Beeinträchtigung im Genitalbereich. Bei der Bemessung berücksichtigte das LG neben den oben bereits aufgeführten Verletzungen und Verletzungsfolgen auch die erneut erforderliche Operation (ca. dreistündige Rekonstruktionsoperation). Das Urteil, das inzwischen vom OLG Köln BeckRS 2019, 50613 bestätigt wurde, hatte Rechtsanwalt und Fachanwalt für Medizinrecht Rudolf Günter aus Aachen eingereicht.

Betrag: 20.000 € **Haftung: 100 %**
immVorb: Ja **MdE: –**

LG Aachen 30.1.2019 – 11 O 164/17 = BeckRS 2019, 33893

4135

Samenblasenverletzung (hier: Entfernung der Samenblase und der durch Krebs geschädigten Prostata mit starker Erektionsbeeinträchtigung und Harninkontinenz).

55j. Mann (Jurist). Arzthaftung wegen Diagnosefehler und daraus folgender verspäteter Operation eines Prostatakarzinoms. Dauerschaden: Harninkontinenz und starke Erektionsstörungen; beide Dauerfolgen beeinträchtigen den Kl. – leicht nachvollziehbar – beruflich und privat stark.

Betrag: 20.000 € **Haftung: 100 %**
immVorb: Ja **MdE: –**

LG Osnabrück 3.2.2010 – 2 O 1581/06 = BeckRS 2010, 144724

5684

Impotenz nach Bandscheibenoperation. Als weitere Folge leidet der Kläger seither an einer Fußheberschwäche nach Peronaeusparese.

Mann (Schlosser). Arzthaftung (hier: Aufklärungspflichtverletzung im Zusammenhang mit einer Bandscheibenoperation; Aufklärungspflichtverletzung wenn sich bei einem Eingriff mehrere Risiken verwirklichen, aber nicht über alle aufgeklärt worden ist). Dauerschaden: Impotenz und Fußheberschwäche nach Peronaeusparese. [Lesenswert zur Aufklärungspflichtverletzung und Grundaufklärung].

Betrag: 20.452 € **Haftung: 100 %**
immVorb: – **MdE: –**

BGH 30.1.2001 – VI ZR 353/99 = BeckRS 2001, 2082

2850

Kaudasyndrom, inkomplettes, sensibles mit der bleibenden Folge einer Sensibilitätsstörung des Damms, der medialen Ober- und Unterschenkel sowie des Genitals mit Einschränkung der sexuellen Funktion und Erlebnisfähigkeit.

63j. Frau. Arzthaftung: Behandlungsfehler / Aufklärungspflichtverletzung. Dauerschaden: Einschränkung der Sexualfunktion ua (s.o.).

Betrag: 20.452 € **Haftung: 100 %**
immVorb: Ja **MdE: –**

OLG Bremen 21.12.1999 – 3 U 42/99 = BeckRS 9998, 18357

5347

Harninkontinenz /Belastungsharninkontinenz. Die Klägerin litt an einer Dyspareunie und einer Harninkontinenz, weshalb sie sich fünf Operationen, bei denen weite Teile des Netzgewebes entfernt wurden, unterzog. Danach verblieben persistierende Schmerzempfindungen.

Frau. Arzthaftung (hier: Aufklärungspflichtverletzung im Zusammenhang mit einer Belastungsharninkontinenz). „Die Einwilligung einer Patientin in eine Operation mit einer neuen, noch nicht allgemein eingeführten Methode (Neulandmethode) ist unwirksam, wenn die Patientin nicht besonders darauf hingewiesen wird, dass es sich um ein neues Verfahren handelt, bei dem auch unbekannte Risiken auftreten können", so das OLG. Dauerschaden: persistierende Schmerzempfindungen.

Betrag: 35.000 € **Haftung: 100 %**
immVorb: – **MdE: –**

OLG Hamm 23.1.2018 – 26 U 76/17 = BeckRS 2018, 1400

5993

Hämorridenentfernung bzw. Hämorridenoperation, die grob fehlerhaft ausgeführt und in der Folge zu einem künstlichen Darmausgang geführt hatte.

60j. Frau. Arzthaftung (hier Grober Behandlungsfehler im Zusammenhang mit einer Hämorrhoidenoperation; nach dem Wechsel des Krankenhauses wurden „überblähte Darmschlingen und mehrere Perforationen" und ein „Morbus Crohn" diagnostiziert und eine „subtotale Kolektomie (fast vollständige Entfernung des Dickdarms)" vorgenommen). Dauerschaden: Fast vollständiger Dickdarmverlust mit künstlichem Darmausgang.

Betrag: 40.000 € **Haftung: 100 %**
immVorb: Ja **MdE: –**

OLG Koblenz 6.6.2013 – 5 U 228/13 = BeckRS 2013, 20942

5252

Inkontinenz mit künstlichem Darmausgang [vgl. Darmausgang, künstl.].

Frau. Stationäre Aufenthalte mit zahlreichen Operationen und insgesamt sehr langwierige Heilbehandlung mit schweren Belastungen für die Klägerin. Dauerschaden: Stuhlinkontinenz / Darmausgang, künstlicher. Arzthaftung (hier: Befunderhebungsfehler).

Betrag: 50.000 € **Haftung: 100 %**
immVorb: Ja **MdE: –**

OLG Koblenz 11.2.2015 – 5 U 747/14 = BeckRS 2015, 116235

4229

Harninkontinenz sowie aufhebung der Sexualfunktionen (Impotenz, Ejakulationsunfähigkeit) nach rechtswidriger Prostataoperation.

55j. Mann. 36 Tage stationär. 30 Tage Rehabilitation. Dauerschaden: s.o. Arzthaftung: Aufklärungspflichtverletzung.

Betrag: 50.000 € **Haftung: 100 %**
immVorb: Ja **MdE: –**

OLG München 25.9.2008 – 1 U 3198/07 = BeckRS 2008, 21201

5145

Prostataverletzung / Prostataverlust mit Inkontinenz, Ejakulationsunfähigkeit und Erektionsunfähigkeit (hier: radikale Prostatektomie nach fehlerhafter Krebsdiagnose).

Mann. Arzthaftung im Zusammenhang mit einer Prostatakrebsdiagnose. Dauerschaden: Harninkontinenz, die den Kläger sowohl in der beruflichen als auch in der privaten Lebensführung erheblich beeinträchtigt, Ejakulationsunfähigkeit und Erektionsunfähigkeit. Was den somit „völligen Verlust der sexuellen Aktivität" betrifft führte das OLG aus: „Dies ist auch unter Berücksichtigung des Lebensalters des Klägers eine essenzielle Einbuße an Lebensqualität, die – entgegen den Ausführungen des Landgerichts – auch nicht dadurch relativiert werden kann, dass üblicherweise in diesem Lebensabschnitt die Familienplanung (was immer das Landgericht hierunter verstanden haben mag) abgeschlossen ist. Dabei ist auch zu berücksichtigen, dass die Ehefrau des Klägers verstorben ist und die durch den unnötigen Eingriff hervorgerufenen Gesundheitsschäden den Kläger nachhaltig bei der Suche einer neuen Lebensgefährten beeinträchtigen".

Betrag: 51.129 € **Haftung: 100 %**
immVorb: Ja **MdE: –**

OLG Celle 9.7.2001 – 1 U 64/00 = BeckRS 2001, 30191925

11. Oberschenkel, Kniegelenke und Unterschenkel

Vorbemerkung: Die Amputation eines oder gar beider Unterschenkel zählt zu den schweren Verletzungen, da nicht immer eine prothetische Versorgung unproblematisch ist. In einem Extremfall, bei dem einem 5j.Jungen arzthaftungsbedingt beide Unterschenkel amputiert werden mussten, erkannte das OLG Oldenburg → Nr. 6426 auf 800.000 EUR Schmerzensgeld.

a) Oberschenkelverletzungen

3581

Oberschenkelverletzung durch Hundebiss.

Mann. Ambulante Heilbehandlung mit Tetanusprofilaxe und Wundverband. Schmerzensgelderhöhend wurde der Schreck aufgrund des überraschenden Angriffs des Tieres gewertet sowie die Festtagsbeeinträchtigung (hier: Ostern)

Betrag: 256 € **Haftung: 100 %**
immVorb: – **MdE: –**

AG Braunschweig 14.9.1999 – 116 C 2456/99 = unveröffentlicht

2906

Oberschenkelverletzung (hier: „tiefe Pfählungsverletzung linker Oberschenkel mit Zertrümmerung des subcutanen Fettgewebes und großem Bluterguss") sowie Bluterguss am Unterbauch, Unterlippenbisswunde, Hautrisswunde.

Frau. Stationär. Das Gericht wertet die Verletzungen zutreffend als „erheblich".

Betrag: 1.278 € **Haftung: 100 %**
immVorb: – **MdE: –**

AG Waldbröl 31.8.2001 – 6 C 545/00 = unveröffentlicht

3422

Oberschenkelverletzung (hier: Oberschenkelbisswunde).

Mann (Polizeibeamter). Ambulante Behandlung. MdE 10 Tage 100 %. Berechtigte Angst vor Aids (HIV) und Hepatitisinfektion.

Betrag: 1.534 € **Haftung: 100 %**
immVorb: – **MdE: –**

LG Münster 16.3.2000 – 8 S 11/00 = unveröffentlicht

5647

Oberschenkelverletzung (hier: Erhebliche Fleischwunde am linken Oberschenkel, die sich der Kläger „an einem ungesicherten einbetonierten Halteeisen" auf einem Spielplatz zugezogen hatte).

10j. Kind (Schüler). 9 Tage stationär mit notoperativer Erstversorgung. Anschließend ambulante Heilbehandlung. Dauerschaden: 10 cm lange Narbe am linken Oberschenkel. Bei der Bemessung berücksichtigte das LG auch die „traumatisch Angst vor Spielplätzen" und die „insoweit negativen Auswirkungen auf die Entwicklung des Klägers und seiner Lebensführung" sowie die „überdurchschnittliche Sorglosigkeit des Beklagten". [Ursache: Verkehrssicherungspflichtverletzung / Spielplatzunfall].

Betrag: 2.045 € **Haftung: 100 %**
immVorb: – **MdE: –**

LG Gera 7.11.1997 – 7 O 784/97 = BeckRS 1997, 31218102

2943

Oberschenkelverletzung (hier: „schwere Oberschenkelweichteilquetschung", Kniequetschung und Unterschenkelquetschung. Schulterprellungen; Oberarmschnittwunden; Schürfungen und HWS-Stauchung.)

Mann. 8 Tage stationär; 2 Aufenthalte. MdE 2 Monate 100 %, 2 Wochen 50 %; 1 Woche 20 % und bis auf Weiteres 10 %. Er erlitt eine 8 cm lange Narbe an der Schulter.

Betrag: 3.068 € **Haftung: 100 %**
immVorb: – **MdE: –**

AG Essen 4.12.2000 – 138 C 106/99 = BeckRS 2010, 14879

6697

Oberschenkelverletzung in Form einer Oberschenkelweichteilverletzung bzw. -Quetschung mit Risswunden und Quetschwunden sowie zahlreiche Schürfwunden und Prellungen sowie eine Gehirnerschütterung.

Mann. 4 Tage stationär; die Risswunde wurde genäht. Anfänglich starke Schmerzen im Bereich des verletzten Beins. MdE 30 Tage 100 %. Während dieser Zeit bestand eine erhebliche Bewegungseinschränkung, so dass der Kläger seine beruflichen und alltäglichen Verrichtungen zunächst nicht vornehmen konnte.

Betrag: 4.000 € **Haftung: 100 %**
immVorb: – **MdE: –**

OLG Celle 13.10.2011 – 5 U 130/11 = BeckRS 2011, 145822

4030

Oberschenkelverletzung in Form einer Schussverletzung.

19.j. Mann (Arbeiter). 2 Wochen stationär. MdE mehrere Wochen 100 %. Dauerschaden: Belastungseinschränkung des linken Oberschenkels. Besonders zu berücksichtigen war, dass der Jugendliche bereits in seinem Alter keinen Sport mehr ausüben kann.

Betrag: 5.000 € **Haftung: 100 %**
immVorb: Ja **MdE: –**

AG Berlin-Tiergarten 14.2.2005 – 34 JS 2640/04 = BeckRS 2005, 153728

5724

Oberschenkelverletzung / Schussverletzung in den linken Oberschenkel. Das Projektil mit einem Durchmesser von 7,9 mm und einer Länge von 12,4 mm blieb im linken Oberschenkel knapp oberhalb der Kniescheibe stecken.

Mann (jugendlicher Arbeiter). 12 Tage stationär. MdE mehrere Wochen 100 %. Dauerschaden: Aufgrund der Schussverletzung hat der Kläger „noch heute bei Wetterumschwung Beschwerden und leidet unter einer Einschränkung der Belastbarkeit des linken Oberschenkels". Vorsätzliche Körperverletzung.

Betrag: 5.000 € **Haftung: 100 %**
immVorb: Ja **MdE: –**

AG Berlin-Tiergarten 14.2.2005 – (232a) 34 Js 2640/04 Ls (13/04) = BeckRS 2005, 153728

778

Beinverletzung / Oberschenkelverletzung (hier: Fisteln und Fettgewebsnekrosen mit verbleibenden Narben im Bereich des Oberschenkels).

Frau. Arzthaftung (hier: Behandlungsfehler: Nach einer Fettgewebsentfernung kam es zu den oben benannten Verletzungen mit bleibender Narbenbildung).

Betrag: 5.113 € **Haftung: 100 %**
immVorb: – **MdE: –**

OLG Düsseldorf 13.10.1997 – 8 U 102/96 = BeckRS 9998, 3076

2984

Oberschenkelverletzung und Unterschenkelverletzung in Form von tiefflächigen Hundebissverletzungen mit Schädigung der Nerevenstränge [Nervverletzung] und bleibenden Narben.

Mann. 16 Tage stationär. Komplizierte Heilung mit Spalthauttransplantationen und lang andauerndem Taubheitsgefühl sowie ausgeprägtem Knochenschwund. Dauerschaden: 2 deutlich sichtbare Narben an Oberschenkel und Unterschenkel. Ursache: Hundebiss.

Betrag: 6.136 € **Haftung: 100 %**
immVorb: – **MdE: –**

LG Aachen 21.7.1999 – 4 O 15/98 = BeckRS 1999, 14843

4260

Oberschenkelverletzung (hier: Schwerer Behandlungsfehler bei Oberschenkelmuskelverletzung).

Mann (Profifußballspieler). Arzthaftung (hier: Diagnosefehler mit daraus resultierender Operation am gesunden hinteren Oberschenkelmuskel an Stelle des verletzten vorderen Muskels. Der Kläger wurde daher erneut operiert. Das LG wertete dies zutreffend als schweren Behandlungsfehler. Der stationäre Aufenthalt wurde um 4 Tage verlängert).

Betrag: 8.000 € **Haftung: 100 %**
immVorb: – **MdE: –**

LG Osnabrück 15.4.2011 – 2 O 1265/10 = BeckRS 2011, 8199

2557

Oberschenkelverletzung mit „Belastungsbeschwerden des rechten Oberschenkels sowie anfallartiger Kopfschmerzen".

32j. Mann (selbstständiger Fuhrunternehmer).Dauerschaden. Berufsunfähigkeit! [Lesenswert: Zum Verdienstentgang bei Selbstständigen.]

Betrag: 10.226 € **Haftung: 100 %**
immVorb: – **MdE: –**

BGH 3.3.1998 – VI ZR 385/96 = BeckRS 1998, 2656

5070

Oberschenkelverletzung / Beinverletzung (hier: Nach der operativen Behandlung einer Oberschenkelspiralfraktur mit Abriss des kleinen Rollhügels ergab sich aufgrund des Behandlungsfehlers der Beklagten eine Dislokation des proximalen Fragments mit Rotationsinstabilität). ZUdem erlitt der Kläger an der Ferse einen Dekubitus 2. Grades.

Mann (älterer). Arzthaftung im Zusammenhang mit einer Oberschenkelfraktur (hier: grober Behandlungsfehler wegen ungenügender Reposition des Knochens mit der Folge einer Rotationsinstabilität). Zudem wurde als weiterer Behandlungsfehler die ungenügende Reposition nicht beachtet bzw. hierauf nicht reagiert. Während der stationären Behandlung wurde außerdem – trotz der hohen Gefährdung des Klägers – die Dekubitusprophylaxe grob fehlerhaft zu spät begonnen. Dauerschaden: Gehbehinderung. Keine Aufrechnungsoption des Arztes denn: „die von dem Oberarzt erbrachten Leistungen" seien, so das OLG „vollkommen unbrauchbar".

Betrag: 14.000 € **Haftung: 100 %**
immVorb: – **MdE: –**

OLG Hamm 20.11.2015 – 26 U 27/15 = BeckRS 2015, 20699

3670

Oberschenkelverletzung (hier: Oberschenkelbissverletzung / HUndebissverletzung mit Verdacht auf HIV-Infektion und Hepatitisinfektin bzw. Gelbsuchtinfektion).

Mann (Polizeibeamter). MdE 10 Tage 100 %. Schmerzensgelderhöhend wurde die Angst vor Aids / Aidsgefahr berücksichtigt.

Betrag: 15.339 € **Haftung: 100 %**
immVorb: – **MdE: –**

LG Münster 16.3.2000 – 1 S 11/00 = unveröffentlicht

2799

Hauttransplantation, „großflächige" an beiden Oberschenkeln; auch nach 5 Jahren sind noch „regelmäßige hautärztliche Behandlungen" notwendig. Narben- und Bläschenbildung sowie Brennen und Juckreiz etc. sind die Folgen.

Frau, „junge Frau". Hautspende zur Lebensrettung der schwer verbrannten eineiigen Zwillingsschwester. Dauerschaden: Narben, psychische Störung, starke Einschränkungen beim Sport.

Betrag: 16.361 € **Haftung: 40 %**
immVorb: – **MdE: 20 %**

LG Dortmund 17.5.2000 – 21 O 22/00 = ZfS 2000, 437

4133

Oberschenkelverletzung (hier: Oberschenkelvenendurchtrennung).

25j. Frau. Arzthaftung (hier: Behandlungsfehler im Rahmen einer Venenoperation. Der Arzt verwendete ein Venenimplantat mit zu geringem Durchmesser sodass es zu Verstopfungen kam. Das so verletzte Bein wird nun über Umgehungsgefäße versorgt.). Dauerschaden: Gehbehinderung; die junge Frau muss einen Gehstock benutzen und Kompressionsstrümpfe tragen sowie das blutgerinnungshemmende Medikament Marcumar auf Dauer einnehmen. [Anmerkung: Angesichts der Dauerschädigungen und des jungen Alters der Frau erscheint das Schmerzensgeld zu gering bemessen].

Betrag: 18.000 € **Haftung: 100 %**
immVorb: Ja **MdE: –**

LG Oldenburg 28.5.2010 – 8 O 888/10 = unveröffentlicht

7674

Oberschenkelnervverletzung / Hüftverletzung mit Beinlähmung nach einer Hüft-TEP-Implantation bzw. Hüftgelenktotalendoprothese rechts. Im Anschluss hieran wurde eine Oberschenkelnervverletzung mit hierdurch verursachter proximaler Parese des rechten Beines (= unvollständige Beinlähmung) attestiert.

Frau (Krankenschwester/„jugendliche …"). Arzthaftung nach einer zur Behandlung einer Hüftdysplasie und Hüftgelenksarthrose vorgenommenen Hüft-TEP-Operation, die später zu Komplikationen führte. Das OLG sah eine Aufklärungspflichtverletzung als gegeben an und führte dazu aus: „Es bestehen besondere Anforderungen an die Aufklärung bei einer Hüft-TEP, wenn es im Vergleich zu einer normalen Hüftendoproblematik zu vermehrten Beschwerden kommen kann. Der aufklärende Arzt muss in der Lage sein, diese besonderen Risiken zu vermitteln. Verfügt der aufklärende Arzt nicht über den entsprechenden Kenntnisstand, bleibt die Aufklärung defizitär." Postoperativ kam es zu Komplikationen; es wurde ein Pfannenwechsel am rechten Hüftgelenk durchgeführt. Im Anschluss hieran wurde eine Nervverletzung in Form einer Läsion am Nervus femoralis mit hierdurch verursachter proximaler Parese des rechten Beines attestiert; zudem bestand auch der Verdacht auf eine Läsion des Nervus gluteus superior. Möglicherweise als Dauerschaden einzustufende Beeinträchtigungen, die auch noch sechs Jahre nach dem Eingriff vorlagen: Bewegungsbeeinträchtigung, Stehbehinderung, Gehbehinderung (wörtlich: „Die Einschränkung betrifft sämtliche Tätigkeiten, die Geh- oder Standsicherheit erfordern".), die Klägerin kann nur noch eingeschränkt Lasten tragen und ist hinsichtlich der Mobilität weiter stark eingeschränkt.

Betrag: 20.000 € **Haftung: 100 %**
immVorb: Ja **MdE: –**

OLG Hamm 20.12.2022 – 26 U 46/21 = BeckRS 2022, 43522

6307

Oberschenkelverletzung nach Schönheitsoperation (hier: Oberschenkelinnenstraffung nach sogenannter „Brazilian-Butt-Lift" mit Fettabsaugung und Reinjizierung des Fettgewebes zur Gesäßstraffung).

Frau. Arzthaftung wegen Aufklärungspflichtverletzung vor Schönheitsoperation / kosmetische Operation. Bei einer solchen, so das OLG, „ist die Aufklärung schonungslos auf das Für und Wider mit allen Konsequenzen und Alternativen, auch zur Wahl der Behandlungsmethode zu erstrecken. Hierzu gehört auch die Aufklärung über das Risiko chronischer, nicht lediglich vorübergehender Schmerzen infolge der Operation." Das OLG bestätigte das LG welches vor dem Hintergrund des Vortrags der Klägerin (sie habe durch die Operation breite dicke, sichtbare und sehr schmerzhafte Narben davon getragen. Neben den großen Schamlippen hätten sich störende Hautfalten entwickelt. Sie habe unerträgliche Schmerzen beim Sitzen und Radfahren, jede Hose drücke und schmerze zusätzlich. Auf der rechten Seite sei der Ischiasnerv vernäht worden, so dass Sitzen und Liegen auf der rechten Gesäßseite bis heute nur unter Schmerzen möglich sei) dieser 20.000 EUR zuerkannt hatte.

Betrag: 20.000 € **Haftung: 100 %**
immVorb: Ja **MdE: –**

OLG Dresden 8.10.2019 – 4 U 1052/19 = BeckRS 2019, 32221

6886

Oberschenkelverletzung / Beinmuskelverletzung (hier: Der Beinmuskel, die Arterien, Venen und Nerven wurden durchtrennt, was zu einem massiven Blutverlust geführt hatte).

14j. Kind (Schüler). Lebensgefahr, künstliches Koma, Notoperation. 17 Tage stationär. Die Operation verlief nicht vollständig komplikationslos. 5 Wochen Reha-Maßnahme in einer Tagesklinik. Es musste zudem eine weitere ambulante Maßnahme durchgeführt werden, um den infolge des Unfalls erlittenen Spitzfuß zu behandeln. Dauerschaden: Gehbehinderung und erhebliche Narbenbildung. Hierzu führte das LG aus: „Die Beeinträchtigungen liegen insbesondere in einem Humpeln mit erheblicher Abrollstörung des Fußes sowie zeitweise bestehenden Schmerzen und als Dauerschaden ein sogenanntes Shortfootsyndrom, wobei eine vollständige Wiederherstellung der Funktion des rechten Fußes trotz einer noch durchzuführenden operativen Behandlung nicht mehr zu erwarten sei. Der Neurologe … hat weiter festgestellt, dass das Anheben des Fußes dem Kläger nicht mehr möglich ist. Auch die Dorsalflektion der Zehen 2 bis 5 im Grundgelenk sei nicht möglich, der Großzeh im Grundgelenk sei gleichfalls hiervon betroffen, infolge der bei der Verletzung erlittenen Nervenschädigung wird ein ständig verbleibender Schaden die Folge sein. Trotz physiotherapeutischer Beübung werde es zwar zu einer vollständigen Alltagstauglichkeit langfristig kommen, aber eine geringe Restsymptomatik sei wahrscheinlich. Es liege auch eine Taubheit im rechten Unterschenkelbereich an der Innenseite vor, gleichfalls infolge der Nervdurchtrennung". [Ursache: Verkehrssicherungspflichtverletzung; dem Kläger fiel ein Stück aus einer Fensterscheibe auf das Bein, als er vor seiner Schule auf einer Bank saß.]

Betrag: 22.000 € **Haftung: 100 %**
immVorb: Ja **MdE: –**

LG Halle 15.12.2015 – 5 O 94/14 = BeckRS 2015, 120081

5938

Oberschenkelverletzung (hier: Missglückte Oberschenkelstraffung. Es kam zu einer Wundheilungsstörung).

69j. Frau. Arzthaftung (hier: Behandlungsfehler im Zusammenhang mit einer Schönheitsoperation und insofern misslungener Oberschenkelstraffung. Es kam infolge des Versäumnisses, den Verdacht auf rezidivierende Pilzinfektionen vor der Operation dermatologisch abzuklären zu einer Wundheilungsstörungen nach der Operation). Bei der Bemessung berücksichtigte das OLG insbesondere, „dass sich die Klägerin zur Korrektur der missglückten Operation einer nochmaligen Behandlung unterziehen lassen muss".

Betrag: 23.000 € **Haftung: 100 %**
immVorb: – **MdE: –**

OLG Frankfurt a. M. 19.12.2006 – 8 U 268/05 = BeckRS 2011, 25427

5307

Oberschenkelverletzung / Hüftgelenkverletzung (hier: sachverständigenseitig als „mottenartig" bezeichneter Knochenfraß am Oberschenkelknochen mit der Notwendigkeit einer Revisionsoperation zum Austausch der fehlerhaften Hüftprothese mit den damit einhergehenden erheblichen Beschwerden).

69j. Frau. Infolge einer produktfehlerhaften Hüftgelenksprothese kam es zu schweren Komplikationen und einer Entzündungsreaktion. Dies führte dazu, dass die Klägerin im Zeitraum zwischen dem Einbringen der Hüftprothese Mitte 2005 bis zur Revisionsoperation Anfang 2010 unter erheblichen Schmerzen und damit in Zusammenhang stehenden Bewegungseinschränkungen litt. Als Sekundärschaden kam es „zu einer Clostriden- und Norovirusinfektion, welche stationär behandelt werden musste und zu einer Unterbrechung des Reha-Aufenthalts mit den damit einhergehenden Verzögerungen im Zuge der Rekonvaleszenz führte". Ursache: Produkthaftung durch fehlerhafte Hüftgelenksprothesen / fehlerhafte Prothesen. [vgl. auch OLG Nürnberg BeckRS 2015, 9105]. Für die ebenfalls fehlerhafte linke Prothese sprach das LG der Kl. kein Schmerzensgeld zu und führte hierzu aus: „Ein Schmerzensgeld wegen der Fehlerhaftigkeit der linken Hüfte steht der Klägerin derzeit allerdings nicht zu, weil ihr keine erheblichen immateriellen Nachteile im Sinne von § 8 S. 2 ProdHaftG wegen der linksseitig implantierten Hüftprothese entstanden sind. Insoweit war die Klage daher abzuweisen".

Betrag: 25.000 € **Haftung: 100 %**
immVorb: Ja **MdE: 60 %**

LG Freiburg 24.2.2017 – 6 O 359/10 = BeckRS 2017, 103344

6047

Hüftverletzung / Oberschenkelverletzung (hier Nervverletzung durch Schädigung des Nervus femoralis).

Frau. Arzthaftung (hier: Behandlungsfehler im Zusammenhang mit einer Hüftoperation). Degenerativer Vorschaden in Form einer Coxarthrose. Dauerschaden: Ganz erhebliche Bewegungseinschränkungen. Die Klägerin – so das LG – wird „Leben lang mit dieser irreversiblen Schädigung … leben müssen. Sie ist auf Unterarmgehstützen angewiesen, ist in ihrer Mobilität eingeschränkt, kann nur noch Aktivitäten im Sitzen machen, muss Physiotherapie durchführen und ist zudem durch ihre körperlichen Einschränkungen psychisch stark belastet".

Betrag: 25.000 € **Haftung: 100 %**
immVorb: Ja **MdE: –**

LG Münster 22.7.2015 – 108 O 166/13 = BeckRS 2015, 125779

6084

Hüftgelenkverletzung / Oberschenkelverletzung (hier: Oberschenkelknochenschaftsprengung nach Einschlagen der Geradschaftsprothese und großflächige und tiefgehende Verbrennung im Bereich der Hüfte / des Oberschenkels).

Mann. Arzthaftung (hier: Behandlungsfehler bei Implantation von Totalendoprothese des Hüftgelenk bei der es zum einen beim Einschlagen einer sogenannten Geradschaftsprothese zur Sprengung des Oberschenkelknochenschafts, die „4 – 5 Monate unbehandelt geblieben" war, kam und zudem zu „großflächigen und tiefgehenden" Verbrennungen infolge des Einsatzes eines Elektrokauters). Erheblich Schmerzhafte und langwierige Heilbehandlung in der Folge. Es wurde nun nämlich eine „Hüft-Totalendoprothesen-Operation" erforderlich, weshalb der Kläger „nur auf dem Rücken liegen oder sitzen" durfte und postoperativ unter starken Schmerzen an der rechten Gesäßhälfte gelitten hatte. Dauerschaden: Beinverkürzung. Stand der Hüfte indessen nicht zufriedenstellend. Schmerzen / Beschwerden im Bereich der nach der Verbrennung verbliebenen Vernarbung.

Betrag: 25.000 € **Haftung: 100 %**
immVorb: Ja **MdE: –**

OLG Frankfurt a. M. 28.1.2014 – 8 U 116/12 = BeckRS 2015, 9011

5801

Oberschenkelverletzung / Nervverletzung (hier: Verletzung des nervus femoralis mit dauerhaften Sensibilitätsausfällen und deutlichen Einschränkungen der Hüftbewegung und der Kniestreckung).

39j. Frau. Arzthaftung (hier: Aufklärungspflichtverletzung vor einer Tumorentfernung, vor welcher die Klägerin nicht über das Risiko einer Verletzung des Nervus femoralis im Oberschenkel informiert worden war). Dauerschaden: Gehbehinderung, insbesondere beim Treppensteigen. Sensibilitätsausfälle und deutliche Einschränkungen der Hüftbewegung und der Kniestreckung. Die durch die Paresen gegebene höhere Belastung des Kniegelenks und des Hüftgelenks führt zu intermittierenden Schmerzen und begründet eine erhöhte Gefahr degenerativer Gelenkveränderungen.

Betrag: 25.000 € **Haftung: 100 %**
immVorb: Ja **MdE: –**

OLG Köln 28.4.2008 – 5 U 192/07 = BeckRS 2008, 18585

4136

Oberschenkelverletzung (hier: Oberschenkelnervverletzung).

75j. Frau. Arzthaftung (hier: Gravierender Behandlungsfehler während einer Hüftgelenksimplantation). Dauerschaden: Starke Gehbehinderung; Gehen nur mit Krücke möglich. Vorschaden: Gehbehinderung.

Betrag: 30.000 € **Haftung: 100 %**
immVorb: Ja **MdE: –**

LG Bochum 18.2.2010 – 6 O 368/07 = BeckRS 2010, 6080

6143

Oberschenkelverletzung links (hier: Schwere Oberschenkelverletzung / Nervverletzung infolge nicht fachgerechter Einbringung des um die Hüftgelenkspfanne geführten Operationshakens durch den es zu einer schweren Verletzung der Femoralarterie und des Nervus femoralis kam).

67j. Frau. Arzthaftung (hier: Unzureichende Überwachung des Anfängers bei Hüftgelenkoperation. „Bei einer sog. Anfängeroperation muß ständige Eingriffsbereitschaft und Eingriffsfähigkeit des aufsichtsführenden Facharztes gewährleistet sein. Fehlende Einsehbarkeit des Operationsfelds (hier bei Freilegung und Offenhalten durch Operationshaken) entlastet ihn grundsätzlich nicht"). Dauerschaden: Rollstuhlgebundenheit, Pflegefall, Bewegungslosigkeit und Funktionsverlust des linken Oberschenkels infolge der Verletzung des Nervus femoralis. „Sie kann nicht mehr Treppensteigen und nicht mehr ohne Unterarmstützen [Krücken] gehen. Sie leidet unter dauernden Schmerzen und ist außer Haus auf einen Rollstuhl angewiesen. Im Haushalt und beim An- und Auskleiden bedarf sie fremder Hilfe", so das OLG.

Betrag: 30.678 € **Haftung: 100 %**
immVorb: – **MdE: –**

OLG Oldenburg 29.7.1997 – 5 U 46/97 = BeckRS 9998, 3044

6095

Oberschenkelverletzung / Hüftverletzung (hier: Oberschenkelnervverletzung – Lähmung des aus vier Muskelköpfen bestehenden Skelettmuskels an der Vorderseite des Oberschenkel [= Quadrizepsparese] und eine Hüftbeugerparese beidseits mit der Folge einer ausgeprägten aber inkompletten Läsion des Nervus femoralis – rechts ausgeprägter als links – und einer diskreten zusätzlichen Wurzelläsion L4/5 links, die auf den lang anhaltenden Druck der elfstündigen Operation bzw. zwölfstündigen Bauchlagerung an bzw. während der Wirbelsäule des Klägers zurückgeführt wurde.

40j. Mann (Heilerzieher). Arzthaftung (hier: Behandlungsfehler in Form einer außerhalb des Zulässigen liegenden Operationsdauer, die durch die Umstände der Operation nicht erklärbar und daher als behandlungsfehlerhaft zu beanstanden ist. Die Operation an der Wirbelsäule des Klägers erfolgte in Bauchlage; sie begann um 9.20 Uhr und endete um 21.15 Uhr – Lagerung 12 Stunden, OP-Dauer 11 Stunden). Postoperativ zeigte sich eine Quadrizepsparese und eine Hüftbeugerparese beidseits mit der Folge einer ausgeprägten aber inkompletten Oberschenkelnervlähmung und einer Wurzelläsion L4/5 links, die auf den lang anhaltenden Druck der überlangen Operation zurückgeführt wurde. Sehr langwierige Heilbehandlung mit Rehabilitationsmaßnahmen und mehrwöchiger Schmerztherapie: Zunächst bestand eine völlige Kraftlosigkeit beider Oberschenkel und weitgehende Stehunfähigkeit und Gehunfähigkeit; nach der Reha konnte er mit zwei Unterarmgehstützen / Krücken maximal 600 Meter weit gehen. Über einen Zeitraum von fast 2 Jahren starke Bewegungseinschränkungen. In den folgenden vier Jahren zeigten sich zunächst deutliche Besserungen, die jedoch von Rückschlägen – Progredienz der Rückenschmerzen und zum Wiederauftreten von Kribbelparästhesien im L5/Dermatom mit stationärer Schmerztherapie – unterbrochen wurden. Erst danach kam es zu einer „nahezu vollständig"en Rückbildungen der Lähmungen des Nervus femoralis beidseits. Dauerschaden: Chronisch neuropathische Schmerzen / Kausalgie [= komplexes regionales Schmerzsyndrom] im Bereich der Hüfte mit dauerhafter Opioid-Einnahme [opiumhaltiges Schmerzmittel] und infolgedessen psychischer Belastung.

Betrag: 50.000 € **Haftung: 100 %**
immVorb: Ja **MdE: –**

OLG Frankfurt a. M. 3.5.2016 – 8 U 224/12 = BeckRS 2016, 13568

6972

Oberschenkelverletzung, schwere (hier: Oberschenkelknochenzertrümmerung durch einen Steckschuss im Rahmen eines Auftragsmordes. Das Opfer erlitt zudem drei weitere Bauchdurchschüsse.

45j. Mann (Mechatroniker / Adhäsionskläger). 6 Wochen stationäre Behandlung; Lebensgefahr. Der Adhäsionskläger musste sich zudem für die Dauer von 6 Monaten in krankengymnastische Behandlung. Dauerschaden: Belastungsminderung des verletzten Beines mit Problemen beim Stehen. [Der Kläger wurde Opfer eines Auftragsmordes].

Betrag: 50.000 € **Haftung: 100 %**
immVorb: – **MdE: –**

LG Ulm 11.7.2014 – 6 KLs 11 Js 15749/13 = BeckRS 2014, 128465

5283

Oberschenkelnervverletzung (hier: Verletzung des Nervus saphenus, der den medialen Ober-und Unterschenkel sensibel innerviert sowie des Nervus peroneus, der die Muskeln für eine aktive Fuß- und Zehenhebung innerviert. Diese Verletzungen sowie die zudem erlittene Sprunggelenkfraktur links führte zu den unten benannten Dauerfolgen). Daneben erlitt der Kläger weitere Verletzungen: Brustbeinfraktur, Rippenfraktur (12. Rippe), Gehirnerschütterung mit Tinnitus und Schallüberempfindlichkeit [= Hyperakusis], schmerzhafte Prellungen (hier: Wirbelsäulenprellung, Schädelprellung, Kiefergelenkprellung, Nackenprellung).

54j. Mann. 25 Tage stationär. Ambulante Behandlung. MdE 6 Monate 100 %. Vorschaden: Bewegungsbeeinträchtigung bzw. Bewegungseinschränkung. Dauerschaden: Geringe Verschlechterung der bereits bestehenden Bewegungsbeeinträchtigung bzw. Bewegungseinschränkung insbesondere des linken Beins mit Gefahr einer dauerhaften Funktionsbeeinträchtigung.

Betrag: 50.000 € **Haftung: 100 %**
immVorb: Ja **MdE: –**

OLG München 25.2.2014 – 10 U 3412/13 = BeckRS 2014, 127784

5693

Oberschenkelverletzung, schwere (hier: Schwere Weichteilverletzungen im Oberschenkel mit notwendigem plastisch-chirurgischem Folgeeingriff und bleibenden großflächigen, entstellenden Narben). Fußverletzung / Sprunggelenkverletzung und Bänderverletzung (hier: Bandruptur des linken Sprunggelenks, einen Abriß der spina iliaca). PTBS.

Frau (junge Frau). 45 Tage stationär in zwei Aufenthalten. Plastisch-chirurgischer Eingriff. Dauerschaden: Entstellende Narben am Oberschenkel. Sitzbeschwerden sowie eine posttraumatische Belastungsreaktion mit der Folge einer MdE allein auf neurologisch-psychiatrischem Gebiet in Höhe von 30 % [Ursache: Fahrradunfall – Die Klägerin geriet unter einen LKW]. Bei der Bemessung berücksichtigte das OLG auch die „Schwere der Verletzungen und das bewusste Erleben des „Überrolltwerdens" … eine posttraumatische Belastungsreaktion [PTBS] …, die bei der Klägerin zu anhaltenden Beeinträchtigungen führten und die eine psychotherapeutische Behandlung veranlassten. So klagt die Klägerin – nachvollziehbar – insbesondere über Kopfschmerzen, Konzentrations- und Merkfähigkeitsdefizite sowie Angstzustände. Als besonders belastend und die Höhe des Schmerzensgeldes entscheidend (mit-)prägend wirken sich insoweit die auffallenden und entstellenden Narben aus.

Betrag: 50.000 € **Haftung: 100 %**
immVorb: Ja **MdE: –**

OLG Nürnberg 14.1.2002 – 5 U 2628/01 = BeckRS 2002, 30231830

5520

Oberschenkelverletzung / Beckenverletzung (hier: Multifokaler Desmoid-Tumor / Fibromatose im Bereich des linken Beckens und Oberschenkels). der Kläger hatte im April 2009 bei einem Verkehrsunfall zunächst 5 Wirbelkörperfrakturen (BWK 10, BWK 11, LWK 1, LWK 2, LWK 3) und Rippenverletzungen erlitten, die mittels Versteifungsoperation und der Einlage eines Cage versorgt wurden. Erst später bildete sich sodann der Tumor, der 2012 entfernt wurde.

56j. Mann (Arbeiter). Stationäre Aufenthalte. Langwierige Heilbehandlung. Chronifiziertes Schmerzsyndrom, welches eine Dauermedikation erforderlich machte. MdE 1 Jahr 100 %. Im zweiten Jahr abfallend auf verbleibende 30 %. Insgesamt wurde der Kläger viermal operiert; zweimal (2012 und 2013) wegen des Tumors; diese Operationen, bei der die linke Gesäßhälfte und das gesamte linke Bein geöffnet wurden, bezeichnete das OLG treffend als „umfangreich" und „kompliziert". Ohne diese Eingriffe hätte das Bein amputiert werden müssen. Das LG hatte das Schmerzensgeld auf 45.000 EUR (10.000 EUR + vorgerichtlich gezahlte 35.000 EUR) bemessen. Die Beklagten bestritten die Unfallursächlichkeit des Tumors. Das OLG sah dies anders und kam zum Ergebnis, dass auch der Desmoidtumor kausal auf den streitgegenständlichen Unfall zurückzuführen ist. Gravierender Dauerschaden: Bewegungseinschränkung in der LWS. Hinkender Gang. Zudem Belastungseinschränkung; der Kläger muss auf das manuelle Heben von Lasten über 10 kg verzichten. Teilweise verschwommenes Sehen.

Betrag: 70.000 € **Haftung: 100 %**
immVorb: Ja **MdE: 30 %**

OLG Saarbrücken 1.3.2019 – 4 U 143/13 = BeckRS 2019, 9738

b) Oberschenkelfrakturen

7296

Oberschenkelfraktur in Form einer Oberschenkelhalsfraktur.

Mann. Kein Schmerzensgeldanspruch wegen fehlender Haftung des Vermieters von E-Rollern beim Sturz eines Fußgängers über abgestellte E-Roller: Der – blinde – Mann hatte vorgetragen, er sei in einem gemäßigten Gehtempo und sich im Pendelgang mit seinem weißen Langstock an der „inneren Leitlinie" entlang der Hauswand orientierend, auf dem Gehweg gelaufen und habe dabei mit dem Langstock den ersten Roller noch als Hindernis wahrgenommen. Beim Übersteigen des ersten E-Rollers sei er sodann auf den zweiten Roller getreten, den er nicht erkannt habe, und dabei gestolpert und infolgedessen schwer gestürzt. Er forderte ein Schmerzensgeld iHv 20.000 EUR. Das LG hat die Klage abgewiesen. Die dagegen eingelegte Berufung blieb erfolglos. Das OLG Bremen führte dazu aus, der Vermieter von E-Rollern hafte nicht aus Gefährdungshaftung als Halter, da E-Roller als Elektrokleinstfahrzeuge von der Anwendung des § 7 StVG ausgeschlossen sind. Auch eine Haftung aus einer Verkehrssicherungspflichtverletzung scheide bezüglich der Art und Weise des Aufstellens der E-Roller dann aus, wenn er sich insofern nach der behördlichen Sondernutzungserlaubnis gerichtet habe. Zudem müsse er die E-Roller nicht so aufstellen, dass jedes erdenkliche Schadensszenario ausgeschlossen werde, denn das käme im Ergebnis einer Gefährdungshaftung gleich, die nach § 8 Nr. 1 StVG ausgeschlossen ist. Der Unfallort selbst habe keine Besonderheiten aufgewiesen. Insbesondere waren die E-Roller auch nicht in unmittelbarer Nähe einer weiteren GefahrenSeite quelle, wie einem Treppenaufgang oder eines besonders hochfrequentierten Ortes aufgestellt. Weil das Platzieren der E-Roller in diesem konkreten Fall entgegen der Auffassung des Klägers nicht sorgfaltswidrig war, sind die Beklagten für die Verletzung des Klägers nicht haftbar zu machen. [Zur Thematik der Verkehrssicherungspflichtverletzungen siehe im Handbuch → Rn. 365].

Betrag: – **Haftung: –**
immVorb: – **MdE: –**

OLG Bremen 15.11.2023 – 1 U 15/23 = BeckRS 2023, 31723

7182

Oberschenkelfraktur (hier: Oberschenkelhalsfraktur).

Mann. Der von Geburt an blinde Kläger begehrte Schadensersatz und Schmerzensgeld nachdem er über einen von zwei parallel zueinander auf dem Gehweg abgestellten E-Scootern gefallen sei. Das LG Bremen sah insofern keine Verkehrssicherungspflichtverletzung der Beklagten, wies die Klage ab und führte dazu aus: „Das Abstellen der zwei Roller parallel zueinander, im 90-Grad-Winkel zur Hauswand und mit von der Hauswand abgewandtem Lenker hat nur mittelbar zur Verletzung des Klägers geführt, ohne dass darin eine Verletzung der Verkehrssicherungspflicht gesehen werden kann. … Kommt es in Fällen, in denen hiernach keine Schutzmaßnahmen getroffen werden mussten, zu einem Schaden, so muss der Geschädigte – so hart dies im Einzelfall sein mag – den Schaden selbst tragen (st. Rspr., vgl. BGH NJW 2021, 1090 (1091) mwN)." [Anmerkung: Vgl. dazu auch im Handbuch → Rn. 363].

Betrag: – **Haftung: –**
immVorb: – **MdE: –**

LG Bremen 16.3.2023 – 6 O 697/21 = BeckRS 2023, 4342

6291

Oberschenkelfraktur in Form einer Schenkelhalsfraktur und Unterarmfraktur in Form einer distalen Radiusfraktur. Klägerin leidet unter starken Schmerzen im Oberschenkelbereich. Es entwickelten sich Schlafstörungen und Depressionen.

Frau. Stationäre Heilbehandlung. Anschließend langwierige Heilbehandlung: So musste die Klägerin für 6 Wochen mit Gehstützen gehen und durfte nur bis 30 kg belasten. Sechs Wochen nach der Operation sollte sie langsam beginnen, ohne die Gehstützen zu gehen und zu belasten. Dies gelang der Klägerin nur schwer. Die Radiusfraktur wurde durch Ruhigstellen über sechs Wochen behandelt. 18 Einheiten Krankengymnastik. Kein Schmerzensgeld wegen fehlender Verkehrssicherungspflichtverletzung des Saunabetreibers. [Ursache: Saunaunfall / Verkehrssicherungspflichten eines Saunabetreibers. Lesenswert zu den Anforderungen einer Verkehrssicherungspflichtverletzung insofern].

Betrag: – **Haftung: –**
immVorb: – **MdE: –**

LG Frankfurt a. M. 15.11.2019 – 2-30 O 214/18 = BeckRS 2019, 30135

6528

Oberschenkelfraktur (hier: Oberschenkelschaftfraktur links mit Weichteilschaden ersten Grades); stumpfes Thoraxtrauma, stumpfes Bauchtrauma und eine HWS-Distorsion.

Mann. 10 Tage stationär. Kein Schmerzensgeldanspruch: „Wird die höchstzulässige Geschwindigkeit um mehr als das Doppelte überschritten und liegt die Geschwindigkeit innerorts absolut über 100 km/h, ist ein besonders schwerer Verkehrsverstoß gegeben, der in der Regel zu einer Alleinhaftung führt, auch wenn der Handelnde an sich die Vorfahrt hat" (Amtlicher Leitsatz).

Betrag: – **Haftung: –**
immVorb: – **MdE: –**

KG 22.8.2019 – 22 U 33/18 = BeckRS 2019, 22731

5379

Oberschenkelfraktur.

60j. Frau. Kein Schmerzensgeldanspruch: „Der Fahrer eines Linienbusses darf den Bus nach dem Zustieg eines laut Schwerbehindertenausweis gehbehinderten Fahrgastes, dessen Einschränkung äußerlich nicht erkennbar ist, anfahren, bevor der Fahrgast einen Sitzplatz eingenommen hat. Allein die Vorlage eines Schwerbehindertenausweises mit dem Merkzeichen G verpflichtet den Fahrer nicht zur besonderen Rücksichtnahme. Vielmehr kann von dem gehbehinderten Fahrgast erwartet werden, dass er den Busfahrer auf seine Gehbehinderung anspricht und gegebenenfalls darum bittet, das Anfahren bis zur Einnahme eines Sitzplatzes zurückzustellen", so das OLG in seinem inzwischen rechtskräftigen Beschluss.

Betrag: – **Haftung: –**
immVorb: – **MdE: –**

OLG Hamm 28.2.2018 – 11 U 57/17 = BeckRS 2018, 7975

3285

Oberschenkelfraktur, schwere.

Mann. MdE 4 Monate 100 %. [Lesenswert! Die besonderen Voraussetzungen eines Anspruchs gegen den Verkehrsopferhilfe eV Hamburg gemäß § 12 Abs. 3 PflichtVersG sind bei den oa Verletzungen nicht erfüllt. Danach wäre es erforderlich gewesen, dass „für ihn schwerstes Leid und eine dauernde und nachhaltige gesundheitliche Beeinträchtigung" vorgelegen hätte, „wie etwa bei dem Verlust von Gliedmaßen oder ähnlich gravierenden Einschnitten". Da der Kl. seine „nicht unübliche Verletzung" im Wesentlichen überwunden hatte und seinem Beruf weiter nachgehen kann, fehlt es an den Voraussetzungen des § 12 Abs. 3.]; der Unfallverursacher konnte nie festgestellt werden.

Betrag: – **Haftung: –**
immVorb: – **MdE: 30 %**

LG Verden 10.4.2001 – 4 O 530/00 = BeckRS 2001, 31154811

5869

Oberschenkelfraktur in Form einer sogenannten Major-Fraktur (= ein hüftgelenksnaher Oberschenkelbruch, bei dem die Bruchlinie durch den Trochanter major verläuft) sowie Schulterverletzung (hier: Schulterluxation).

Mann. Ambulante Heilbehandlung, da die Major-Fraktur „nicht operabel ist und einer konservativen Behandlung bedurfte", so das LG. MdE 16 Tage 100 %. [Ursache: Motorradunfall].

Betrag: 600 € **Haftung: 30 %**
immVorb: – **MdE: –**

LG Köln 3.9.2008 – 16 O 309/06 = BeckRS 2010, 1638

7312

Oberschenkelfraktur in Form einer Oberschenkelhalsfraktur.

Frau (ältere Frau, die am Rollator ging). 2 Wochen stationärer Aufenthalt. Anschließend Kurzzeitpflege. Danach erneuter stationärer Aufenthalt und weitere 4 Wochen Kurzzeitpflege. Auch in der Folgezeit war die Kl. gegenüber dem Zustand vor dem Unfall in ihrer Mobilität weitergehend eingeschränkt und verspürte erhebliche Schmerzen in der linken Hüfte. Erst allmählich und nach weiterer Physiotherapie trat eine Besserung ein, bis – wie die Klägerin im Senatstermin glaubhaft darstellte – schließlich ein Zustand erreicht war, der demjenigen vor dem Unfallereignis gleicht. [Anmerkung: „Allein das Mitführen eines Rollators beim Buseinstieg ist keine Situation, die dem Busfahrer eine besondere Hilfsbedürftigkeit des Fahrgastes signalisiert, so dass er mit dem Anfahren bis zur Eigensicherung des Fahrgastes abzuwarten hat", so lautet der amtliche Leitsatz dieser Entscheidung, die insofern in keiner Weise nachvollziehbar ist. Vgl. dazu im Handbuch ab der 21. Auflage → Rn. 101].

Betrag: 2.000 € **Haftung: 33 %**
immVorb: – **MdE: –**

OLG Hamm 29.4.2022 – 11 U 198/21 = BeckRS 2022, 42478

2861

Oberschenkelfraktur (hier: Oberschenkelhalsfraktur mit Pseudoarthrose und Partialnekrose, ischämische sowie nachfolgender Hüftkopfimplantation (künstliches Hüftgelenk).

Mann. Arzthaftung (Fehldiagnose: Nekrose wurde verkannt. Implantatverzögerung um 6 Monate in denen der Kl. zum Teil erhebliche Schmerzen erleiden musste.)

Betrag: 2.045 € **Haftung: 100 %**
immVorb: – **MdE: –**

LG Aachen 27.6.2001 – 11 O 257/00 = BeckRS 2001, 161794

4905

Oberschenkelfraktur in Form einer Oberschenkelschaftfraktur rechts sowie zahlreiche Prellungen und Schürfwunden.

Mann. 32 Tage stationär (1 Woche Krankenhaus, 3 Wochen Reha-Klinik und 2 Tage erneut stationär zur Metallteilentfernung). Weitere 14 Tage ambulante Heilbehandlung mittels Physiotherapie. MdE 22 Wochen 100 %. Möglicher Dauerschaden: Arthroserisiko.

Betrag: 2.850 € **Haftung: 50 %**
immVorb: Ja **MdE: –**

OLG Hamm 8.11.2013 – 9 U 88/13 = BeckRS 2013, 19419

3702

Oberschenkelhalsfraktur. Oberarmfraktur mit Oberarmmuskelhöckerabriss.

69j. Mann. 5 Wochen stationär; weitere 4 Wochen Rehabilitationsaufenthalt. Mehrmonatige häusliche Pflege im Anschluss hieran. Ursache: Verkehrssicherungspflichtverletzung wegen defekter Schwimmbadtreppe.

Betrag: 3.835 € **Haftung: 75 %**
immVorb: – **MdE: –**

OLG Hamm 31.5.2000 – 13 U 2/00 = BeckRS 2014, 21758

6026

Oberschenkelfrakur in Form einer Oberschenkelschaftquerfraktur bzw. Femurschaftquerfraktur links sowie Schürfwunden am linken Knie, linken Unterschenkel und linken Mittelfuß.

Mann. 6 Tage stationär wobei eine Operation mit einem Marknagel erfolgte. Anschließend konnte er sich nur im Rollstuhl bewegen, später mit 2 Krücken. Ca. MdE 70 Tage 100 %. Dauerschaden: Minimale Beinverkürzung. „Die MdE werde … voraussichtlich bei unter 5 % liegen. Bleiben werde in jedem Fall eine minimale Femurverkürzung als Folge der früheren Lysezone im Frakturbereich", so das LG.

Betrag: 3.835 € **Haftung: 100 %**
immVorb: Ja **MdE: –**

LG München I 3.5.1999 – 19 O 18995/97 = BeckRS 2014, 6155

6313

Oberschenkelfraktur (hier: Oberschenkelhalsfraktur).

74j. Mann. 6 Tage stationär. Operation mit geschlossener Reposition und Implantation eines Gammanagels / Metallimplantat. Komplikationsloser Heilungsverlauf. Dauerschaden: Bewegungseinschränkung wegen Schmerzen im Bereich des Gammanagels. Spätfolgen sind nicht zu erwarten. [Ursache: Verkehrssicherungspflichtverletzung im Einkaufszentrum.]

Betrag: 4.000 € **Haftung: 40 %**
immVorb: – **MdE: –**

OLG Schleswig 16.8.2019 – 11 U 87/16 = BeckRS 2019, 27346

4686

Oberschenkelfraktur (hier: mediale Oberschenkelhalsfraktur Pauwels Typ 1 mit Dislokation links bei Verkürzung der Belastungsunfähigkeit des linken Hüftgelenks).

Frau (Verwaltungsangestellte). 8 Tage stationär. Danach erfolge die ambulante Heilbehandlung. Die Kl. musste Unterarmgehstützen benutzen. In einem Rentengutachten … wird für den Untersuchungszeitpunkt (7 Monate nach dem Unfall) eine „leichte Belastungs- und Bewegungseinschränkung" dokumentiert. MdE 5 Monate 100 %. Das bei dem Eingriff am Unfalltag eingebrachte Osteosynthesematerial wurde mittels einer 2. Operation – 9 Monate nach dem Unfall – wieder entfernt.

Betrag: 5.000 € **Haftung: 100 %**
immVorb: Ja **MdE: –**

OLG Naumburg 25.3.2013 – 1 U 114/12 = BeckRS 2013, 10543

6243

Oberschenkelfraktur in Form einer Oberschenkelhalsfraktur.

4j. Kind (Mädchen). Mehrer Wochen stationär mit mehreren Aufenthalten. Langwierige Heilbehandlung: „Aufgrund der Weichteilinfektion musste sie … über einen längeren Zeitraum mehrfach behandelt werden. Neben der ambulanten Vorstellung in der kindertraumatologischen Sprechstunde des Universitätsklinikums L an vier Terminen und den Behandlungen bei ihrem Kinderarzt an 19 Tagen … ist es darüber hinaus … zu einer ambulanten Korrekturoperation wegen der Narben gekommen". Dauerschaden: Vier sogenannte Pin-Narben, die trotz kosmetischer Operationen „weiterhin deutlich sichtbar sind, insbesondere auch beim Tragen kurzer Hosen, Röcke und Bikinis". [Ursache: Verkehrssicherungspflichtverletzung auf einem Bolzplatz / Spielplatz: Fußballtore auf öffentlichen Bolzplätzen müssen gegen ein Umfallen ausreichend gesichert sein].

Betrag: 5.000 € **Haftung: 100 %**
immVorb: Ja **MdE: –**

OLG Schleswig 25.10.2011 – 11 U 71/10 = BeckRS 2011, 28740

4038

Oberschenkelfraktur sowie kleine Prellungen und Schürfwunden.

8j. Mädchen. 14 Tage stationär; 2 Aufenthalte. Dauerschaden: 8 cm lange Narbe am Oberschenkel. Komplikationslose Heilung.

Betrag: 5.000 € **Haftung: 100 %**
immVorb: Ja **MdE: –**

LG Hagen 7.11.2005 – 6 O 200/04 = BeckRS 2013, 9068

4028

Oberschenkelhalsfraktur und Unterschenkelfraktur sowie offene Unterschenkelverletzung.

14j. Schüler. 3 Wochen Stationär. MdE 2 Monate 100 %. Dauerschaden: Möglicher Weise bleibt ein Dauerschaden zurück. Erhöhend bemerkte das AG, dass den Kläger seine Bewegungseinschränkung als Jugendlicher besonders stark treffe.

Betrag: 5.000 € **Haftung: 100 %**
immVorb: – **MdE: –**

AG Borken 13.5.2004 – 12 C 56/04 = BeckRS 2013, 9426

4666

Oberschenkelfraktur (hier: Oberschenkelhalsfraktur) und Schambeinfraktur sowie Blutergüsse am ganzen Körper. Im Verlauf der Heilbehandlung erlitt der Verletzte zudem eine Lungenentzündung und verstarb schließlich 9 Tage nach dem Unfall.

Mann. 9 Tage stationärer Aufenthalt („mit erheblichen Mobilitätseinschränkungen") an dessen Ende der Kläger verstarb, wobei das LG den die Verletzungen herbeiführenden Unfall (Fahrradunfall) letztlich als kausal für den Tod. Das LG befasste sich in diesem Zusammenhang mit der Frage, ob und inwieweit die Tatsache, dass die Heilbehandlungsdauer im Fall des Überlebens deutlich länger gedauert hätte, schmerzensgelderhöhend bewertet werden kann, lehnte dies jedoch ab: „Für die Bemessung des Schmerzensgeldes sind nur tatsächlich vom Geschädigten zu seinen Lebzeiten erlittene und wahrgenommene Unfallfolgen zu berücksichtigen". [Weitere Fundstelle: ADAJUR 102695].

Betrag: 5.600 € **Haftung: 70 %**
immVorb: – **MdE: –**

LG Wuppertal 4.1.2013 – 2 O 407/10 = BeckRS 2013, 12764

6883

Oberschenkelfraktur in Form einer Oberschenkelhalsfraktur.

81j. Frau. 10 Tage stationär. Implantation eines künstlichen Hüftgelenks. Anschließend 4 Wochen Kurzzeitpflege. Dauerschaden: Gehbehinderung (Hinken) wegen Beinlängendifferenz (1 cm) infolge der Hüfttotalendoprothese; die vormals rüstige Rentnerin leidet seither unter der Gehbehinderung sowie Belastungseinschränkungen, Rückenschmerzen und Kraftminderung. Ursache: Verkehrssicherungspflichtverletzung (Sturz infolge sich schließender Automatiktüre in einem Bahnhof).

Betrag: 7.000 € **Haftung: 70 %**
immVorb: – **MdE: –**

LG Oldenburg 23.2.2021 – 4 O 213/20 = BeckRS 2021, 48841

6882

Oberschenkelhalsfraktur in Form einer medialen Schenkelhalsfraktur. Weitere Verletzungen waren: Schlüsselbeinfraktur, Schulterblattfraktur sowie eine Rippenserienfraktur mit Beteiligung von drei Rippen. Der Kläger zog sich zudem einen Pneumothorax zu, so dass ihm eine Thoraxdrainage gelegt werden musste.

Mann. Mehrere Wochen stationär. Die Schenkelhalsfraktur zog drei Operationen unter Vollnarkose einschließlich des Einsetzens eines künstlichen Hüftgelenks nach sich. Anschließend erfolgte eine Rehabilitation. Kurzzeitpflege und osteopathische Behandlungen. Zur Heilung führte das OLG aus, dass die festgestellten Verletzungen den Kläger in allen wichtigen Körperregionen beeinträchtigt und seine Beweglichkeit in dieser Zeit stark eingeschränkt hätten. Andererseits habe der Kläger, soweit derzeit ersichtlich, keine Dauerschäden erlitten. Fahrradunfall. [Lesenswert zu § 10 StVO bei abgesenktem Bordstein und Radweg].

Betrag: 7.000 € **Haftung: 50 %**
immVorb: – **MdE: –**

KG 18.2.2019 – 25 U 16/18 = BeckRS 2019, 18721

5074

Oberschenkelfrakturbedingte starke Schmerzen infolge eines Diagnosefehlers (Fraktur wurde 7 Wochen lang nicht erkannt).

43j. Frau. Arzthaftung (hier: Diagnosefehler im Zusammenhang mit einer Oberschenkelhalsfraktur nach Verkehrsunfall; die Klägerin musste infolge dessen für die Dauer von 7 Wochen mit einer nicht versorgten Oberschenkelhalsfraktur und dementsprechend erheblichen Schmerzen leben). Es kam zu einer Pseudoarthrose, die Ursache für die Notwendigkeit der Implantation einer total Endoprothese war. Bei der Bemessung berücksichtigte das OLG, dass es sich „nicht feststellen [ließ], dass der Verlauf ohne die Fehldiagnose ein anderer gewesen wäre, die entstandenen weiteren Beeinträchtigungen also auf den Fehler zurückzuführen sind".

Betrag: 7.000 € **Haftung: 100 %**
immVorb: – **MdE: –**

OLG Hamm 17.11.2015 – 26 U 13/15 = BeckRS 2015, 20343

5238

Oberschenkelfraktur links; psychische Beeinträchtigungen.

4j. Kind. 5 Tage stationär mit insgesamt 2 Operationen. Ambulante Behandlung: Psychotherapie. Für 7 Wochen kein Kindergartenbesuch möglich und anschließend für weitere 13 Wochen kein Sport. Das LG wertete zutreffend die für Kleinkinder besonders belastende Bewegungseinschränkung schmerzensgelderhöhend. [Ursache: Verkehrssicherungspflichtverletzung einer Bäckerei].

Betrag: 7.000 € **Haftung: 100 %**
immVorb: Ja **MdE: –**

LG Hagen 8.9.2015 – 3 O 126/14 = BeckRS 2016, 15726

4538

Oberschenkelfraktur in Form einer Oberschenkelhalsfraktur.

Frau. 14 Tage stationär und weitere 21 Tage Rehabilitationsaufenthalt. Dauerschaden: Gehbehinderung insbesondere beim Treppensteigen.

Betrag: 7.000 € **Haftung: 66 %**
immVorb: – **MdE: –**

OLG Hamm 21.12.2012 – I-9 U 38/12 = BeckRS 2013, 3051

7327

Oberschenkelfraktur (hier: periprothetische proximalen Femurfraktur als Primärverletzung und ua fortdauernde Beschwerden aufgrund eingebrachter Cerclagebänder.)

Frau (selbständige Physiotherapeutin). 14 Tage stationär. Operative Versorgung durch offene Reposition und Osteosynthese des proximalen Femurs mit drei Cerclagenbändern. Anschließend 11 ambulante Nachsorgetermine erforderlich und es erfolgte zunächst eine Re-Mobilisierung mit Unterarmgehstützten und eine Teilbelastung. MdE 7 Monate 100 %. Dauerschaden: Leichte Gehbehinderung, die im Urteil so beschrieben wird: „„… festzustellen, dass sich aufgrund des Umstandes, dass die Klägerin nicht mehr so gut laufen kann wie zuvor, …". „Ferner musste die Klägerin die von ihr vor der Einsetzung der Hüfttotalendoprothese ausgeübten Hobbies des Joggens, des Squash-Spieles und des dreimal wöchentlich ausgeübten Hundesports („Agility"), mit deren Ausübung sie ab März 2017 nach Einsetzung der Hüfttotalendoprothese wieder begonnen hatte, unfallbedingt aufgeben." [Ursache: „Verkehrssicherungspflichtverletzung; "Den (auch nur vorübergehend) als Nutzer auf einem elektrischen Rollstuhl (E-Scooter) Sitzenden trifft im Rahmen von § 823 Abs. 1 BGB die Verkehrssicherungspflicht, den Rollstuhl vor einem durch ein zuvor mitbefördertes Kleinkind verursachten Anfahren zu sichern." amtl. Leitsatz]

Betrag: 8.000 € **Haftung: 100 %**
immVorb: Ja **MdE: –**

OLG Hamm 23.9.2022 – 7 U 21/21 = BeckRS 2022, 38551

5745

Oberschenkelfraktur mit bleibenden Folgen. Stumpfes Brustkorbtrauma mit Rippenfrakturen (hier: Fraktur von zwei Rippen), Gehirnerschütterung, Unfallschock sowie multiple Prellungen und Schürfungen.

50j. Mann. 30 Tage stationär. Über einen Zeitraum von 6 Monaten durfte der Kläger das verletzte Bein nicht belasten und musste an Krücken / Gehstützen gehen. Dauerschaden: Belastungsminderung des verletzten Beines. Alle übrigen Verletzungen sind folgenlos verheilt.

Betrag: 9.000 € **Haftung: 75 %**
immVorb: Ja **MdE: –**

OLG Düsseldorf 24.10.2005 – I-1 U 217/04 = BeckRS 2006, 4481

4054

Oberschenkelfraktur links.

67j. Frau. 45 Tage stationär. MdE nahezu 8 Monate 100 %. Dauerschaden: Belastungseinschränkung und Bewegungsbeeinträchtigung links bzgl. der Hüfte insbesondere beim Beugen und Strecken. Ursache: Verkehrssicherungspflichtverletzung.

Betrag: 9.000 € **Haftung: 100 %**
immVorb: Ja **MdE: –**

LG Hamburg 22.6.2000 – 333 O 36/00 = BeckRS 2000, 168120

5475

Oberschenkelfraktur in Form einer dislozierten, geschlossenen medialen Oberschenkelhalsfraktur.

57j. Frau. Arzthaftung (hier: Fehlende Einwilligung). Die Klägerin äußerte im ärztlichen Aufklärungsgespräch vor der OP „Zweifel an der Indikation, an der Notwendigkeit einer Operation und an der Qualifikation der Ärzte der Beklagten zu 1, unterzeichnete schließlich aber dennoch die vorgedruckte Einwilligungserklärung. Die Operation, die zunächst für die Mittagszeit des 2.8.2013 vorgesehen war, wurde am nächsten Tag auf die Morgenstunden des 2.8.2013 vorgezogen und durch die Beklagten zu 3 und 4 durchgeführt. Dabei erfolgte eine geschlossene Reposition und Osteosynthese unter Verwendung einer dynamischen Hüftschraube. Am 8.8.2013 wurde die Klägerin aus der stationären Behandlung entlassen". Das OLG stimmte der Klägerin hinsichtlich der fehlenden Einwilligung in die OP zu und führte aus: „Wenn aber der Eingriff nicht sofort erfolgen muss, sondern zumindest einige Stunden Zeit verbleiben, darf das Selbstbestimmungsrecht des Patienten nicht derart verkürzt werden, dass dem Patienten keinerlei Möglichkeit der Überlegung und eventuell der Informationsgewinnung verbleibt. Das bedeutet bei einem Eingriff, der erst – wie hier nach der ursprünglichen Planung vorgesehen – in etwa zwölf Stunden stattfinden soll, dass eine entsprechende, den Umständen nach angepasste Bedenkzeit für den Patienten verbleiben muss, die bis kurz vor den Eingriff reicht". Dauerschaden: dauerhaften Schmerzhaftigkeit und daraus resultierende Schlafstörungen.

Betrag: 10.000 € **Haftung: 100 %**
immVorb: Ja **MdE: –**

OLG Köln 16.1.2019 – 5 U 29/17 = BeckRS 2019, 2369

6885

Oberschenkelfraktur rechts.

57j. Frau. Arzthaftung im Zusammenhang mit der fehlerhaften Behandlung einer sturzbedingten Oberschenkelhalsfraktur und Aufklärungspflichtverletzung. Dauerschaden: Dauerhafte Schmerzhaftigkeit des rechten Oberschenkels. „Dass die Klägerin durch ein schmerzendes Bein in ihren häuslichen Aktivitäten wie ihren Freizeitbetätigungen nicht unerheblich beeinträchtigt ist, ist ebenfalls nachvollziehbar", so das OLG. [Lesenswert zur Aufklärungspflicht: „Ist ein operativer Eingriff zwar dringlich veranlasst, muss aber nicht sofort erfolgen …, muss dem Patienten zwischen Aufklärung und Einwilligung eine den Umständen nach angemessene Bedenkzeit gelassen werden. Besteht in einem Krankenhaus aus organisatorischen Gründen die Übung, den Patienten unmittelbar im Anschluss an die Aufklärung zur Unterschrift unter die vorgedruckte Einwilligungserklärung zu bewegen, wird die Entscheidungsfreiheit des Patienten unzulässig verkürzt. Eine solche Einwilligungserklärung muss vom Patienten nicht ausdrücklich widerrufen werden. Vielmehr trifft die den Eingriff durchführenden Ärzte die Pflicht – was durch organisatorische Maßnahmen sicherzustellen ist –, sich vor dem Eingriff davon zu überzeugen, dass die Einwilligungserklärung nach wie vor dem freien Willen des Patienten entspricht", so die amtlichen Leitsätze des OLG.]

Betrag: 10.000 € **Haftung: 100 %**
immVorb: Ja **MdE: –**

OLG Köln 16.1.2019 – 5 U 29/17 = BeckRS 2019, 2369

5427

Oberschenkelfraktur und Schlüsselbeinfarktur mit Frakturbeteiligung des Tuberculum majus, einem Knochenvorsprung an dem Muskeln und Sehnen ansetzen. ZUdem erlitt die Klägerin Knieprellungen und eine Gehirnerschütterung sowie eine Stirnplatzwunde.

Frau. 5 Tage stationär mit einer Operation. Dauerschaden: Geringe Bewegungsbeeinträchtigung des linken Arms.

Betrag: 10.000 € **Haftung: 100 %**
immVorb: Ja **MdE: –**

LG Saarbrücken 24.7.2017 – 4 O 476/16 = unveröffentlicht

5075

Oberschenkelfraktur (hier: mediale Oberschenkelhalsfraktur, die mittels einer Totalendoprothese komplikationslos behandelt wurde).

75j. Mann. Mehrerer Wochen stationär (keine genaue Wochenangabe; aus dem Kontext ergibt sich jedoch, dass der Krankenhausaufenthalt weniger als 2 1/2 Wochen andauerte). Anschließend Reha. sowie nachfolgend 36 ambulanten physiotherapeutischen Behandlungen. Für insgesamt drei Monate benötigte der Kl. einen Rollator. Vorschaden: Es bestand bereits – als Folge eines Apoplex – unfallunabhängig eine Gangstörung sowie eine Coxathrose. Dauerschaden: Gehbehinderung; ist auf Gehstützen angewiesen und kann Treppen nur im Nachstellschritt begehen. [Lesenswert zum Thema Anscheinsbeweis bei stürzendem Busfahrgast]. Vgl. auch OLG Hamm → Nr. 4522, auf welche das OLG Frankfurt ausdrücklich hingewiesen hatte.

Betrag: 10.000 € **Haftung: 100 %**
immVorb: Ja **MdE: –**

OLG Frankfurt a. M. 17.11.2015 – 12 U 16/14 = BeckRS 2016, 4262

6973

Oberschenkelfraktur in Form einer Oberschenkelhalsfraktur rechts.

Frau (Hausfrau). 15 Tage stationär. Implantat eines künstlichen Hüftgelenks. 21 Tage Reha-Aufenthalt. Anschließend ambulante Behandlung. MdE 12,5 Wochen 100 %, 8 Wochen 75 % sowie 33 Wochen 25 %. Dauerschaden: Belastungseinschränkung und Bewegungsbeeinträchtigung sowie Gehbehinderung durch hinkenden Gang, der die Nutzung eines Gehstocks notwendig mache. Gehwegstrecken von mehr als 100–150 m kann sie nicht schmerzfrei zurücklegen. Das Bücken, Heben und Tragen fällt ihr schwer. Sie leidet zudem unter Schlafstörungen. [Ursache: Verkehrssicherungspflichtverletzung / Streupflichtverletzung].

Betrag: 10.000 € **Haftung: 100 %**
immVorb: – **MdE: –**

LG Bochum 2.1.2012 – 8 O 49/11 = BeckRS 2012, 212411

3843

Oberschenkelfraktur.

Frau. 3 Wochen stationär (zwei Aufenthalte). Weitere 14 Monate Gehbehinderung wegen der Notwendigkeit Gehstützen (Krücken) zu verwenden. Dauerschaden: Gehbehinderung.

Betrag: 10.000 € **Haftung: 50 %**
immVorb: Ja **MdE: –**

LG München I 22.2.2006 – 19 O 5928/04 = BeckRS 2006, 7981

2881

Oberschenkelfraktur (hier: dislozierte Fraktur des rechten Oberschenkels mit Beckenschiefstand, Innenrotationseinschränkung um 10 Grad); Bauchverletzung (hier: Stumpfes Bauchtrauma); Prellungen (hier: Beckenprellungen); 18 cm lange Keloidnarbe!

Kind (ca. 5j. Mädchen). 14 Tage stationär und zur Osteosynthesematerialentfernung über Weihnachten 10 Tage. Dauerschaden: Beinverlängerung 1 cm. [Bkl. wollte nur 4.000 DM zahlen].

Betrag: 10.226 € **Haftung: 100 %**
immVorb: – **MdE: –**

OLG Hamm 15.3.2001 – 27 U 185/00 = BeckRS 2007, 16910

3549

Oberschenkelfraktur im hüftgelenknahen Bereich sowie Rippenfrakturen (Rippen 4 bis 9) sowie eine Kopfplatzwunde.

Mann (Baggerführer). 24 Tage stationär. 21 Tage Rehabilitation. Metallteileimplantat in Form einer Winkelplatte. Später weitere 9 Tage stationär zur Implantatentfernung. MdE 4 1/2 Monate 100 %. Dauerschaden: MdE 10 % infolge von Schmerzen und Wetterfühligkeit sowie belastungsabhängige Schmerzen und geringe endgradige Bewegungseinschränkung des linken Hüftgelenks.

Betrag: 12.500 € **Haftung: 100 %**
immVorb: Ja **MdE: 10 %**

LG Münster 9.2.2005 – 10 O 321/04 = unveröffentlicht

5841

Oberschenkelschaftfraktur links und Knieverletzung (hier: Kniebänderverletzung in Form einer Kapselbandverletzung am linken Kniegelenk.

Mann (Zivildienstleistenden). Etwa 60 Tage stationär mit mehreren Krankenhausaufenthalten. Langwierige Heilbehandlung mit Korrektur-Osteotomie und Reosteosynthese mit Metallimplantat (Platte) wegen Heilung der Fraktur in Fehlstellung (X-Bein). MdE ca. 12 Monate 100 %. Dauerschaden: MdE 15 % wegen Instabilität des linken Kniegelenks und Beinverkürzung um ca. 1 cm. Schmerzen bei Belastungen des linken Beins.

Betrag: 12.782 € **Haftung: 100 %**
immVorb: Ja **MdE: 15 %**

LG Gera 14.8.2006 – 4 O 1537/04 = BeckRS 2010, 11963

7061

Oberschenkelfraktur (hier: Dislozierte proximale Femurschaftfraktur links); Organverletzungen (hier: Gallenblasenausriss mit Gallenblasenverlust, Lungenverletzung in Form einer rechtsseitigen Kontusion des Lungenunterlappens und des ventralen Lungenmittellappens wobei die Lunge primär geprellt und nicht gequetscht worden sei; diskrete Leberlappenkontusion und Bauchspeicheldrüsenkontusion. Bis auf die Gallenblasenverletzung hätten, so der med. Gutachter, diese Organverletzungen „keinerlei Auswirkungen für die Klägerin gehabt").

9j. Kind (Schülerin). 6 Tage Intensivstationäre Behandlung mit Notoperation, da die im Bereich der Fraktur verlaufende Hauptschlagader abgedrückt worden war. Der Oberschenkelknochen wurde mit vier Marknägeln stabilisiert. Die Gallenblase wurde entfernt. Die Klägerin erhielt insofern Blasen- und Venenkatheter. Insgesamt war die Klägerin 9 Tage stationär. Krankgeschrieben war sie 42 Tage zu 100 % und weitere 16 Tage zu 50 %. 42 Tage nach dem Unfall durfte die Klägerin erstmals ohne Krücken laufen; aus Angst nahm sie über einen Zeitraum von 3 Monaten eine extreme Schon- und Fehlhaltung ein. Abschluss der Heilbehandlung 10 Monate nach dem Unfall. Folgenlose Verheilung der Oberschenkelfraktur. Dauerschaden: Gallenblasenverlust infolge dessen es nicht ausgeschlossen werden kann, dass es „zu regelmäßig auftretenden Bauchschmerzen und Übelkeit komme". Zudem verblieben Narben – eine ca. 7 cm lange Narbe am linken Oberschenkel und drei Narben jeweils von der Größe einer Ein-Euro-Münze auf der Bauchdecke. Bei der Schmerzensgeldbemessung orientierte sich das LG an den Entscheidungen des OLG Hamm BeckRS 2007, 16910 und des OLG Celle BeckRS 2008, 245.

Betrag: 15.000 € **Haftung: 100 %**
immVorb: Ja **MdE: –**

LG Köln 6.10.2020 – 32 O 398/15 = BeckRS 2020, 60409

4205

Oberschenkelfraktur mit Kniegelenkverletzung links; Unterschenkelfraktur recht. Beids.Unterarmfraktur, links mit Handgelenkverletzung und rechts mit Mittelhandknochenfraktur. Zahlreiche Prellungen (Brustkorbprellung, Pneumothorax, Fuß) sowie HWS-Syndrom.

Mann. Längere stationäre Behandlung mit insgesamt 4 Aufenthalten. Langwierige Heilbehandlung mit anschließender Reha. MdE nahezu 12 Monate 100 %. Dauerschaden: Umfassende Bewegungsbeeinträchtigung mit einer Behinderung von 30 %. Der Kläger kann daher auch seinen Hobbys (Motorradfahren und Sport) nicht mehr nachgehen. Ursache: Motorradunfall.

Betrag: 15.000 € **Haftung: 50 %**
immVorb: Ja **MdE: 30 %**

OLG Brandenburg 17.9.2009 – 12 U 26/09 = BeckRS 2009, 26178

5675

Oberschenkelfraktur rechts mit posttraumatischer Thrombose und Oberschenkelverletzungen links (hier: Platzwunde). Offene Ellenbogenfraktur links in Form einer offenen Ellenbogenluxationsfraktur. Handfraktur rechts. Großzehenfraktur links. Gesichtverletzung (hier: Unterkieferstauchung und Unterlippenrisswunde).

30j. Frau. 30 Tage stationär. Zwei Aufenthalte. Langwierige Heilbehandlung: Außerdem war die Klägerin drei Monate auf den Rollstuhl angewiesen und anschließend noch einen Monat auf Gehhilfen / Krücken. Weitere Krankenhausaufenthalte wegen der Thrombose sowie zur Metallimplantatentfernung. MdE 240 Tage 100 %. Dauerschaden: Leichte Funktionsdefizite im rechten Kniegelenk sowie im linken Ellenbogengelenk. Außerdem bedarf die Thrombosegefährdung des rechten Beines weiterhin einer Behandlung. Erhöhend wurde berücksichtigt, dass der Beklagte unter Alkoholbeinflussung fuhr sowie die Regulierungsverzögerung des KH-Versicherers.

Betrag: 15.339 € **Haftung: 100 %**
immVorb: Ja **MdE: –**

OLG Celle 30.3.2000 – 14 U 195/99 = BeckRS 2000, 30104392

4132

Oberschenkelfraktur in Form einer Oberschenkelhalsfraktur.

Frau. 10 Tage stationär. Langwierige Heilbehandlung mit Physiotherapie. Dauerschaden: Belastungseinschränkung und Belastungsminderung.

Betrag: 16.000 € **Haftung: 100 %**
immVorb: Ja **MdE: 10 %**

LG Trier 26.11.2009 – 6 O 321/07 = BeckRS 2009, 139920

3292

Oberschenkelfrakturen oder Unterschenkelfrakturen (im Urteil wird lediglich von „verschiedenen Frakturen" gesprochen), infolge derer die Kl. eine Beinverkürzung erlitt. Hinzu kam ein Schädelhirntrauma 1. Grades

Frau. Stationärer Aufenthalt. Dauerschaden: Beinverkürzung um 2 cm. Schmerzensgeldmindernd bewertete das OLG die Tatsache, dass der Beklagte die Klägerin gefälligkeitshalber in seinem PKW mitgenommen habe (Gefälligkeitsfahrt).

Betrag: 17.895 € **Haftung: 100 %**
immVorb: – **MdE: 20 %**

OLG Brandenburg 3.11.1998 – 2 U 227/97 = BeckRS 1998, 153604

3995

Oberschenkelfraktur rechts sowie Fußfraktur (hier: Fußgelenkverrenkungsfraktur mit diversen Mittelfußknochenfrakturen).

Junge Frau (Schülerin). 6 Wochen stationär. Es wurde ein Fixateur angelegt und nach 4 Wochen durch Verschraubung ersetzt. Dauerschaden: Beginnende Arthrose; Narben am rechten Oberschenkel und am Fußrücken. Die Klägerin musste unfallbedingt eine Klasse wiederholen.

Betrag: 18.000 € **Haftung: 100 %**
immVorb: – **MdE: –**

OLG Celle 5.9.2002 – 14 U 86/02 = unveröffentlicht

7433

Oberschenkelfraktur. Zudem erlitt der Kläger ein Polytrauma, eine Schädel-Hirn-Prellung und eine Brustkorbprellung. [Anmerkung: Das Polytrauma wir in der weitern Entscheidung nicht mehr erwähnt; auch nicht bei der Schmerzensgeldbemessung].

19j. Mann (selbständiger Gastwirt). Intensivstation. Insgesamt 17 Tage stationär. Operation mit einer geschlossenen Reposition der Oberschenkelfraktur und Anlage eines externen Fixateurs. Komplizierte Heilbehandlung: Da postoperativ ein Wundinfekt auftrat, erfolgte eine Wundrevision; zudem wurde „eine erneute Reposition und Osteosynthese mittels aufgebohrtem Femurnagel" erforderlich. Anschließend wurde der Kläger teilmobilisiert mit Krücken entlassen mit der Maßgabe, das Bein für 6 Wochen mit nicht mehr als 15 kg zu belasten. Dauerschaden: Beinverkürzung. Auch noch nach nahezu fünf Jahren hatte der Kläger aufgrund des verbleibenden Marknagels im Bein und der verbleibenden Beinverkürzung weiterhin wiederkehrende Beschwerden, insbesondere bei Wetterwechseln und beim Treppensteigen. Bei der Schmerzensgeldbemessung orientierte sich das OLG an den Urteilen des OLG Hamm → Nr. 2881 und OLG Koblenz → Nr. 5093.

Betrag: 19.000 € **Haftung: 100 %**
immVorb: Ja **MdE: –**

OLG Hamm 1.9.2023 – 7 U 29/21 = BeckRS 2023, 48957

7859

Oberschenkelfraktur und Oberschenkelhalsfraktur (hier: Dislozierte Oberschenkelfraktur und dislozierte Oberschenkelhalsfraktur jeweils rechtsseitig. Zudem erlitt der Kläger eine Oberarmfraktur rechts mit Muskelverletzung und Verletzung des Sehnengewebes sowie Prellungen (hier: Oberkörperprellung sowie Handgelenkprellung) und eine Gehirnerschütterung.

Mann. Insgesamt etwas mehr als 30 Tage stationär. Operation der Oberschenkelfraktur und der Oberschenkelhalsfraktur mittels Marknagel und Schrauben. Anschließend 21 Tage Rehabilitationsaufenthalt. Metallimplantatentfernung. Komplikationsloser Heilungsverlauf. MdE insgesamt 212 Tage 100 %. Dauerschaden: Beinverkürzung rechts um ca. 1,3 cm. Zudem leidet der Kläger unter Bewegungsschmerzen sowohl im Bereich des rechten Beins als auch an der rechten Schulter. Bei der Schmerzensgeldbemessung berücksichtigte das OLG neben den Verletzungen und Verletzungsfolgen insbesondere die Beinverkürzung als „Substanzverletzung", die zwar durch Hilfsmittel (Orthopädische Schuhe) ausgeglichen werden könne, aber dennoch ein Schmerzendgeld in der festgelegten Höhe rechtfertige.

Betrag: 20.000 € **Haftung: 100 %**
immVorb: Ja **MdE: –**

OLG Jena 28.3.2019 – 1 U 795/17 = BeckRS 2019, 58528

4377

Oberschenkelfraktur (hier: Vermeidbare Refraktur infolge eines Behandlungsfehlers; entstellende Narbe am rechten Oberschenkel).

10j. Kind / Mädchen. Langwierige Heilbehandlung. Arzthaftung (hier: Behandlungsfehler bei Oberschenkelfraktur. Es wurde eine Refraktur durchgeführt. Dauerschaden: 25 lange und 1,5 cm breite wulstige Narbe am rechten Oberschenkel. Zur Schmerzensgeldbemessung bzgl. der Narbe führte das OLG aus: „In diesem Kontext gilt es zu berücksichtigen, dass sich bei jungen Mädchen ein durch die Medien geprägter – zu denken ist etwa an Fernsehsendungen wie „Germanys next topmodel" – Wertewandel vollzogen hat, sich zunehmend (nur) über ein möglichst makelloses Äußeres zu definieren, bzw. wertzuschätzen".

Betrag: 20.000 € **Haftung: 100 %**
immVorb: Ja **MdE: –**

OLG Jena 26.7.2011 – 4 U 13/11 = BeckRS 2011, 21362

3201

Oberschenkelfraktur; Kopfverletzung (hier: „große Skalpierungsverletzung"); Schürfwunden (hier: Großflächige Schürfwunden, da das Kind ca. 3 bis 4 Meter von dem PKW mitgeschleift wurde) sowie Prellungen an Schulter und Oberschenkeln.

3j. Kind (Junge). 4 Wochen stationärer Aufenthalt mit dauerhaftem Liegen im Streckverband mit nach oben gerichteten Beinen. Dies bezeichnete das OLG zutreffend als eine Tortur für den Dreijährigen. Zutreffend als fehlerhaft gerügt wurde die Ansicht der Erstinstanz, die es als schmerzensgeldmindert ansah, dass ein Dreijähriger den Ursachenzusammenhang zwischen Verletzung und stationärem Aufenthalt nicht begreife. Ebenso wenig sei die Tatsache, dass die Eltern das Kind regelmäßig besuchten, schmerzensgeldrelevant, so das OLG. [vgl. unter stationärer Aufenthalt von Kindern]

Betrag: 20.000 € **Haftung: 100 %**
immVorb: – **MdE: –**

OLG Celle 5.2.2004 – 14 U 163/03 = BeckRS 2004, 2437

7287

Oberschenkelfraktur, schwere. Im Urteil des LG Potsdam (BeckRS 2020, 51851) wird insofern lediglich darauf hingewiesen, dass „sein linkes Bein zertrümmert und ein Lendenwirbel angebrochen" worden waren.

Mann. Stationäre und komplizierte Heilbehandlung mit insgesamt 5 operativen Eingriffen und einer langwierigen Arbeitsunfähigkeit (MdE 4 Monate) bei bleibenden Beeinträchtigungen. Dauerschaden: Berufsaufgabe sowie Schmerzen im Knie. Bei der Bemessung orientierte sich das OLG an ua den Entscheidungen des OLG Stuttgart → Nr. 5708 und des OLG Köln → Nr. 5676.

Betrag: 25.000 € **Haftung: 100 %**
immVorb: Ja **MdE: –**

OLG Brandenburg 23.9.2021 – 12 U 128/20 = BeckRS 2021, 32356

5998

Oberschenkelfraktur rechts, ein Schädel-Hirn-Trauma 1. Grades mit multiplen Hautabschürfungen, kleinere Glasschnittverletzungen im Gesicht, ein Gurthämatom und eine Versteifung des rechten Zeigefingers. Zudem erlitt der Kläger nachfolgend eine mittelschwere Depression.

Mann. 20 Wochen stationär mit insgesamt vier Aufenthalten. Metallimplantat und Rotationsfehlstellungskorrektur-Operation. Zur Schmerzensgeldbemessung führte das OLG aus: „Auf der Grundlage der erstinstanzlichen Feststellungen steht bei der Schmerzensgeldberechnung im Vordergrund, dass der Kläger seit Rechtskraft des Vorprozesses (25.3.1999) fast 14 Jahre lang unter den Folgen einer leichten, phasenweise mittelschweren Depression leidet, die ihn insbesondere deshalb in der täglichen Lebensführung beeinträchtigt, weil sie das Schmerzempfinden hinsichtlich der orthopädischen Erkrankungen verstärkt. Dies berücksichtigend erachtet der Senat es für sachgerecht, das Schmerzensgeld unter Einschluss der vom Landgericht tenorierten 5.000 EUR auf insgesamt 10.000 EUR zu erhöhen, woraus unter Einbeziehung des vorprozessual zuerkannten Schmerzensgeldes von 30.000 DM ein Gesamtschmerzensgeld von rund 25.000 EUR resultiert".

Betrag: 25.000 € **Haftung: 100 %**
immVorb: Ja **MdE: –**

OLG Saarbrücken 31.1.2013 – 4 U 349/11-110 = BeckRS 2013, 4132

5703

Oberschenkelfraktur links (hier: Oberschenkelschaftfraktur mit Falschgelenkbildung und eine „laterale Schenkelhalsfraktur").

26j. Mann (arbeitsloser Hilfsarbeiter). Dauerschaden: Geringfügige Gebrauchsminderung des linken Beines nach verbliebener Falschgelenksbildung des körperfernen linken Oberschenkeldrittels mit reizlos einliegendem Verriegelungsnagel ohne Lockerungszeichen, einer Beinlängendifferenz von minus 1 cm durch Einstauchung im Frakturbereich, ein geringfügiges Muskelminus des linken Oberschenkels von 1 cm am oberen Messpunkt, in der Knöchelregion und am Fußrücken, eine vermehrte Überstreckbarkeit des linken Knies um ca. 5 Grad durch Fehlbelastungen, eine leichte X-Bein-Stellung durch unsymmetrische Einstauchung im Frakturbereich sowie reizlos abgeheilte Haut- und Weichteildefekte am linken Oberschenkel.

Betrag: 25.565 € **Haftung: 100 %**
immVorb: – **MdE: 20 %**

OLG Saarbrücken 18.11.2003 – 3 U 804/01 – 27 = BeckRS 2003, 18150

6800

Oberschenkelfraktur links in Form einer dislozierten Oberschenkelfraktur links am Übergang mittleres distales Drittel; Wirbelkörperfrakturen (hier: Halswirbelkörperfrakturen [Fraktur des Arcus vertebrae HWK 6 rechts und Fraktur des Processus transversus HWK 7 rechts] sowie Deckplattenimpressionsfraktur LWK 1); Lungenkontusion rechts basal.

Mann. 12 Tage stationär mit Metallimplantat-Operation und anschließend für ca. 3,5 Monate nicht arbeitsfähig. MdE 117 Tage 100 %. Nach drei Jahren muss die Metallplatte wieder entfernt werden. Möglicher Dauerschaden: Belastungsminderung mit dezenter Muskelatrophie am linken Oberschenkel und verminderter Kraft des linken Beines sowie Taubheitsgefühle an der linken Fußsohle und streckseitig am rechten Daumen und Zeigefinger sowie streckseitig im Unterarm bis zum körpernahen Drittel des rechten Unterarms reichend; diese Verletzungsfolgen bestanden jedenfalls noch ein Jahr nach dem Unfall; ob sie auf Dauer bestehen, blieb offen. Ursache: Motorradunfall. [Lesenswert zum Thema der Haftung, wenn ein Verkehrsteilnehmer bei einer Kolonnenfahrt die erste sich nach längerer Zeit bietende Überholmöglichkeit nutzt, um die vor ihm befindlichen Fahrzeuge zu überholen und dabei mit einem anderen KFZ kollidiert; siehe dazu auch NZV 2021, 216].

Betrag: 27.500 € **Haftung: 66 %**
immVorb: Ja **MdE: –**

OLG Koblenz 12.10.2020 – 12 U 885/19 = BeckRS 2020, 26293

4586

Oberschenkelfarktur links mit Knieverletzung / Kniebänderverletzung (Kreuzbandriss und Knieweichteilwunde im Bereich der Kniekehle) sowie Unterarmfraktur in Form einer Unterarmschaftfraktur und einer Daumengelenkluxation.).

Mann (Student). 14 Tage stationär; 3 Monate ambulante Heilbehandlung und fast 2 Jahre andauernden psychotherapeutischer Behandlungen. Dauerschaden: Kniegelenkteilinstabilität; Verschlechterungstendenz: Kniegelenkarthrose mit der Gefahr einer Knieprothese. Erhöhend wurde die Tatsache gewertet, dass der Kl. verletzungsbedingt sein Studium abbrechen musste. [Anmerkung: Angesichts der Gesamtsituation erstaunt es, dass das LG nur 28.000 EUR zuerkannt hat und man fragt sich zudem, wie ein solcher „krummer" Betrag zustande kommen konnte].

Betrag: 28.000 € **Haftung: 100 %**
immVorb: Ja **MdE: –**

LG Nürnberg-Fürth 9.3.2012 – 8 O 8220/10 = unveröffentlicht

7849

Oberschenkelfraktur links in Verbindung mit einer Knieverletzung / Kniebänderverletzung (hier: Kreuzbandverletzung und Innenmeniskusverletzung in Form eines Innenmeniskus-Hinterhornschadens) sowie Handgelenkfraktur links (hier: linksseitige nicht dislozierte Fraktur des Processus Styloideus ulnae am linken Handgelenk).

Mann [Ursache: Motorradunfall]. Stationärer Behandlung mit OP der Femurfraktur / Oberschenkelfraktur. MdE „etwas über ein Jahr". Während die linksseitige Handgelenkfraktur folgenlos verheilte, blieb in Bezug auf die Oberschenkelfraktur in Verbindung mit der Knieverletzung ein Dauerschaden zurück: Dauerschaden: Belastungseinschränkung; Das Hobby der Ausübung des Geschicklichkeitsfahrens mit dem Motorrad, in dem der Kläger bereits in jungen Jahren Wettkampferfolge hat erzielen können, ist nicht mehr möglich. Anmerkung: Lesenswert zur – in dieser Entscheidung verneinten – Frage der Erforderlichkeit der Anschaffung eines Wasserbettes als Folge einer Verletzung bei einem Verkehrsunfall nach § 249 Abs. 2 BGB.

Betrag: 30.000 € **Haftung: 100 %**
immVorb: Ja **MdE: 10 %**

OLG Hamm 18.1.2022 – 7 U 100/20 = BeckRS 2022, 11635

4510

Oberschenkelfraktur, schwere (hier: Oberschenkelkompressionsfraktur, axial und Knieverletzung. Zudem erlitt der Kläger eine Brustbeinfraktur sowie eine Nasenbeinfraktur sowie Prellungen.)

Mann. Stationäre Heilbehandlung. [Anmerkung: Lesenswerte Ausführungen zur Mithaftung wegen Nichtanlegens des Sicherheitsgurtes. Infolgedessen wurde der Kläger gegen das Armaturenbrett und die Windschutzscheibe geschleudert, wodurch er die vorstehend aufgeführten schweren Verletzungen erlitt].

Betrag: 30.000 € **Haftung: 66 %**
immVorb: Ja **MdE: –**

OLG München 7.6.2013 – 10 U 1931/12 = BeckRS 2013, 9779

5708

Oberschenkelfraktur (hier: Distale Oberschenkelfraktur links mit Hüftbeinfraktur und Kniebeteiligung). Zudem erlitt der Kläger eine dislozierte Fußfraktur in Form einer Innenköchelfraktur.

Mann (junger Mann). Ca. 30 Tage stationär mit vier Operationen; die zweite OP wurde erforderlich, da die Oberschenkelfraktur zunächst in Fehlstellung verheilt war. Knochentransplantation und Metallimplantat. Der Kläger musste 7 Wochen an Krücken gehen, – zunächst an zwei Gehstützen und anschließend an einer. Mehrere Wochen Physiotherapie. Die weiteren beiden Krankenhausaufenthalte wurden zur Entfernung der Metallteile erforderlich. Dauerschaden: Endgradige Bewegungsbeeinträchtigung des linken Hüftgelenks; Bewegungseinschränkung und regelmäßig auftretende Schmerzhaftigkeit im linken Kniegelenk, insbesondere beim Stehen, Sitzen aber auch beim Liegen. Insgesamt erhebliche Beeinträchtigungen im Haushalt und in der Freizeit. Verschlechterungstendenz: Frühzeitiger Gelenkverschleiß an Hüfte und Knie. Dies berücksichtigte das OLG jedoch bereits bei der Bemessung und führte dazu aus: „Die hier vorliegende Mitabgeltung des Zukunftsschadens rechtfertigt im Regelfall bereits eine Erhöhung des ohne Berücksichtigung der Zukunftsrisiken geschuldeten Schmerzensgeldes um 25 %".

Betrag: 30.678 € **Haftung: 100 %**
immVorb: – **MdE: –**

OLG Stuttgart 31.10.2002 – 19 U 257/01 = BeckRS 2004, 9862

5676

Oberschenkelfraktur (hier: Mediale Oberschenkelhalsfraktur links sowie multiple Prellungen (hier: Prell- und Schürfwunden am linken Bein und am linken Arm).

24j. Mann (techn. Fachwirt). 14 Tage stationär, dynamische Hüftgelenkschraube. MdE zunächst 170 Tage 100 %, später weitere 89 Tage und erneut 133 Tage 100 %. Langwierige Heilbehandlung: Es erfolgten zunächst ambulante Behandlungen und ca. 300 Massagen. Der Kläger litt unter Rückenbeschwerden. 1996 [der Unfall ereignete sich im Juli 1995] erfolgte die Entfernung der Kompressionsschraube. Am 15.1.1997 wurde eine Hüftkopfnekrose diagnostiziert. Vom 21.2. bis 5.3.1997 erfolgte eine weitere stationäre Behandlung, bei der der linke Hüftkopf angebohrt wurde; sodann erhielt der Kläger eine Umkehrplastik und Ausfüllung mit autologem Spongiosablock. Vom 21.2. bis 21.5.1997 war der Kläger erneut 89 Tage arbeitsunfähig. Dauerschaden: Gehbehinderung mit einem Grad von 50 %. Beinverkürzung um ca. 0,5 cm mit Funktionsbeeinträchtigung; der Kläger hinkt. Verblieben ist außerdem eine ca. 30 cm lange Narbe mit Taubheitsgefühlen am Hüftgelenk, eine schmerzfreie Belastung des linken Beins ist nicht möglich. Es besteht die Notwendigkeit einer Wiederholung der Implantation alle 10 bis 20 Jahre, wobei nach derzeitigem medizinischem Erkenntnisstand eine Erneuerung drei mal möglich ist. [Ursache: Motorradunfall].

Betrag: 30.678 € **Haftung: 100 %**
immVorb: Ja **MdE: 20 %**

OLG Köln 23.8.2000 – 11 U 29/00 = BeckRS 2000, 30128320

5822

Oberschenkelfraktur rechts, Kniefraktur (hier: Kniescheibenfraktur rechts), Unterschenkelfraktur rechts in Form einer Wadenbeinfraktur, Mittelhandfraktur des V. Mittelhandknochens (Boxer-Fraktur) links, Mittelfußläsion mit posttraumatischem Plattfuß, stumpfes Brustkorbtrauma links sowie Weichteilverletzungen und Schürfungen.

Mann (Kraftfahrer). 31 Tage stationär mit zwei Aufenthalten (der 2. erfolgte zur Metallimplantatentfernung). 3 Wochen Rehabilitationsaufenthalt. Dauerschaden: Berufsunfähigkeit / Umschulung. Gehbehinderung und Funktionsbeeinträchtigungen des rechten Hüftgelenks sowie Beinverkürzung von 1,5 cm und deshalb orthopädische Einlagen erforderlich. Wegen der Verletzungen kann der Kläger weder seinem erlernten Beruf als Landwirt und Gartenpfleger noch der zuletzt aufgenommenen Tätigkeit als Lkw-Fahrer nachgehen. Zu letzterer gehöre auch das Be- und Endladen des Lastkraftwagens. Schwere körperliche Arbeit kann er jedoch nicht mehr leisten, häufiges Knien, Bücken und Lastenheben sind ihm nicht mehr möglich. Selbst sportliche Betätigungen oder die Teilnahme an Tanzveranstaltungen sind nicht mehr möglich. Erhöhend wurde auch die Regulierungsverzögerung gewertet.

Betrag: 33.234 € **Haftung: 100 %**
immVorb: Ja **MdE: –**

OLG Rostock 14.6.2002 – 8 U 79/00 = BeckRS 2009, 17810

5731

Oberschenkelfraktur (hier: Oberschenkelkopffraktur mit Zerstörung der Hüftgelenkpfanne durch Knochenknorpelstücke), Lendenwirbelfraktur, Schulterfraktur der rechten Schulter, Rippenserienfraktur und Kopfplatzwunde und Schock.

78j. Frau. 105 Tage stationär. Mehrere Operationen an Schulter und Oberschenkel sowie stationäre Behandlungen der Rippen- und Wirbelsäulenverletzungen. Anschließend Rehabilitationsmaßnahme. Dauerschaden: Gravierende Bewegungseinschränkungen, so dass sich die bis dahin aktive Klägerin, deren Hobbys Golfspielen und Reisen waren, nur mit Hilfe eines Rollators innerhalb der Wohnung bewegen kann und erhebliche Beschränkungen bei auch leichtesten Haushaltsarbeiten sowie Einschränkung ihrer Freizeitgestaltung hinnehmen muss. [Ursache: Verkehrssicherungspflichtverletzung. Die Kl. ist in eine 3 m tiefe Baugrube gestürzt].

Betrag: 40.000 € **Haftung: 100 %**
immVorb: Ja **MdE: –**

OLG Düsseldorf 14.1.2005 – I – 22 U 81/04 = BeckRS 2006, 6936

c) Schwere Oberschenkelfrakturen

4949

Oberschenkeltrümmerfraktur oberhalb des linken Knies.

Frau. Kein Schmerzensgeld / keine Reiseveranstalterhaftung wenn die Klägerin über eine gut sichtbare, zwei Zentimeter starke Fußmatte stolpert. „Eine gut sichtbare, zwei Zentimeter starke und seitlich nicht mit einem abgeschrägten Rahmen versehene Schmutzmatte vor dem Eingang eines türkischen Urlaubshotels stellt grundsätzlich keine Gefahrenstelle dar, die eine Verkehrssicherungspflichtverletzung und damit einen Reisemangel begründen würde", so das OLG.

Betrag: – **Haftung: –**
immVorb: – **MdE: –**

OLG Bamberg 15.1.2013 – 5 U 36/12 = BeckRS 2013, 11431

3652

Oberschenkelhalsfraktur links, medial.

Frau. Keine weiteren Angaben. [Lesenswert zur Verkehrssicherungspflicht einer Gemeinde auch außerhalb der Dienstzeit in Bezug auf die Räumung von Herbstlaub].

Betrag: 4.000 € **Haftung: 20 %**
immVorb: Ja **MdE: –**

OLG Hamm 9.12.2005 – 9 U 170/04 = BeckRS 2006, 5526

4376

Oberschenkelfraktur, schwere

76j. Frau. Mehrere Wochen stationär; mehrere Wochen Rehabilitation. 2 Operationen mit Metallteileimplantat. Insgesamt sehr langwierige Heilbehandlung. Dauerschaden: Gehbehinderung. [Ursache: Verkehrssicherungspflichtverletzung].

Betrag: 5.000 € **Haftung: 100 %**
immVorb: Ja **MdE: –**

LG Mühlhausen 17.8.2011 – 1 O 846/10 = BeckRS 2011, 21359

7436

o.Oberschenkelfraktur rechts (offene Oberschenkelfraktur); zudem erlitt der Kläger eine Lungenquetschung, eine Zeigefingerfraktur, eine retrograde Amnesie sowie eine Schürfwunde am Kopf und Prellungen.

16j. Mann (Schüler). 10 Tage stationär mit zwei Operationen und Anlage eines externen Fixateurs. Anschließend erfolgte eine ambulante Reha-Maßnahme und 14 Einheiten Physiotherapie. Zwei Wochen nach der Entlassung aus der Klinik besuchte der Kläger wieder die Schule. Kampfsportarten sowie Sportarten mit schnellen Rotationen oder Abstoppen waren dem Kläger für ca. 18 Monate nachvollziehbar mit Beeinträchtigungen verbunden. [Ursache und Grund des Mitverschuldens: Mitfahrt mit einem erkennbar betrunkenen Fahrzeugführer – vgl. dazu im Handbuch unter → Rn. 102a].

Betrag: 5.250 € **Haftung: 75 %**
immVorb: – **MdE: –**

LG Lübeck 22.11.2023 – 9 O 118/21 = BeckRS 2023, 48981

4522

Oberschenkelfraktur (hier: Oberschenkelhalsfraktur).

70j. Frau. 15 Tage stationäre Heilbehandlung; weitere 20 Tage Rehablitationsaufenthalt. Dauerschaden: MdH 28 % [= Minderung der Haushaltsführungsfähigkeit], Gehbehinderung, Hüftschmerzen, insbesondere nach dem Treppensteigen. [Lesenswert zu den Voraussetzungen einer wirksamen Übertragung der Räum- und Streupflicht durch den pflichtigen Eigentümer / Vermieter auf die Mieter eines Mehrfamilienhauses.]; vgl. auch Urteil des OLG Frankfurt a. M. → Nr. 5075, welches sich an dieser Entscheidung orientiert hatte.

Betrag: 7.000 € **Haftung: 66 %**
immVorb: – **MdE: –**

OLG Hamm 21.12.2012 – 9 U 38/12 = BeckRS 2013, 3051

2978

Oberschenkelfraktur (hier: Oberschenkeltrümmerfraktur)

Keine Angaben zur Person. Die „nicht immer sensible Diktion" der Beklagten im Verteidigungsvorbringen wertete das OLG nicht als erhöhenden Umstand.

Betrag: 7.669 € **Haftung: 100 %**
immVorb: – **MdE: –**

OLG Dresden 19.4.2000 – 6 U 3690 = VersR 2001, 868

2599

Oberschenkelfraktur, schwere (hier: „komplizierte" Oberschenkelhalsfraktur mit „starker Einschränkung" der Hüftgelenkbeweglichkeit links).

54j. Frau. Stationär. Langwierige Heilbehandlung mit mehreren Operationen. 2 Jahre Gehhilfen / Krücken. Dauerschaden: Hüftgelenkbewegungseinschränkung.)

Betrag: 7.669 € **Haftung: 75 %**
immVorb: Ja **MdE: –**

OLG Hamm 16.11.1998 – 6 U 98/98 = BeckRS 1998, 153629

6865

Oberschenkelfraktur in Form einer Oberschenkeltrümmerfraktur.

72j. Frau. 24 Tage stationär und weitere 28 Tage in Rehabilitationsklinik. „Sie erhält weiterhin Schmerzmittel gegen die Schmerzen im Bereich der Hüfte und im Bein." Dauerschaden: Schenkelhalsverkürzung und daraus resultierende Gehbehinderung; die Klägerin ist auf einen Rollator angewiesen. Das OLG berücksichtigte – ohne nähere Angaben dazu – ein Mitverschulden wobei es hinsichtlich der Ansprüche auf den Haushaltsführungsschaden den Mitverschuldensanteil mit 50 % bewertet. [Ursache: Verkehrssicherungspflichtverletzung im Bereich einer Baustelle an einem Gehweg in Friedhofsnähe. Im Bereich der Sturzstelle habe es einen Absatz von 4–6 cm Höhenunterschied.]

Betrag: 8.000 € **Haftung: 50 %**
immVorb: Ja **MdE: –**

OLG Stuttgart 26.11.2020 – 2 U 437/19 = BeckRS 2020, 47921

6884

Oberschenkelfraktur, schwere (hier: Oberschenkeltrümmerfraktur bzw. „dislozierte instabile pertrochantäre Femurfraktur".

72j. Frau (Rentnerin). 23 Tage stationär und weitere ca. 3 Wochen Reha-Aufenthalt. Die Fraktur wurde operativ versorgt und Osteosynthesematerial in Form eines Oberschenkelnagels eingebracht. Dauerschaden: Gehbehinderung wegen Beinverkürzung. Die Klägerin ist seit dem Unfall auf einen Rollator angewiesen und kann nur sehr kurze Zeit gehen oder stehen. Im Bereich der Hüfte und im Bein sind dauerhaft Schmerzen vorhanden, weshalb sie täglich Schmerzmittel einnehmen muss undt in ihrer Beweglichkeit und Mobilität stark eingeschränkt ist und nur noch kurze Strecken gehen und nur mühsam, nicht ohne die Hilfe von Dritten Treppen steigen kann. [Verkehrssicherungspflichtverletzung durch fehlender Warnung für den Fußgängerverkehr am Übergang des Gehwegs zur fehlenden Deckschicht].

Betrag: 8.000 € **Haftung: 50 %**
immVorb: – **MdE: –**

LG Tübingen 13.8.2019 – 5 O 304/18 = BeckRS 2019, 55199

3260

Oberschenkelfraktur, komplizierte … am rechten Bein; Fußverletzung (hier: Fersenverletzung am linken Bein) sowie Kahnbeinfraktur.

Mann (Arbeiter). 10 Wochen stationär; 2 Aufenthalte. MdE „mehr als ein Jahr" 100 %. „Es besteht noch (Anmerkung: Der Unfall war am 17.11.2000; das Urteil datiert vom 13.10.2003) Gangunsicherheit …; die Belastbarkeit ist vermindert".(Belastungsminderung). Hobbyaufgabe als Artist. Unfallursache: Der Kläger wurde von einem LKW angestoßen und sein Bein überrollt.

Betrag: 10.000 € **Haftung: 100 %**
immVorb: Ja **MdE: –**

OLG Koblenz 13.10.2003 – 12 U 1490/02 = BeckRS 2003, 10293

3105

Oberschenkelfraktur (hier: Oberschenkeltrümmerfraktur, sub- und pertrochantäre) sowie Handfraktur (hier: distale Radiusfraktur). Infolge der Oberschenkelverletzung kam es zu einer „deutlichen Abduktion und Adduktion" in der linken Hüfte.

Frau. 23 Tage stationär. Dauerschaden: Bewegungseinschränkung und Belastungseinschränkung bei alltäglichen Verrichtungen. Verletzungsursache: Hund; die Kl. wurde von einem Pitbullterrier angesprungen und stürzte dadurch.

Betrag: 10.000 € **Haftung: 100 %**
immVorb: – **MdE: –**

LG Hanau 16.1.2003 – 1 O 1130/02 = BeckRS 9998, 18932

2911

Oberschenkelfraktur (hier: dislozierte Fraktur des rechten Oberschenkels mit Beckenschiefstand, Innenrotationseinschränkung um 10 Grad); Bauchverletzung (hier: Stumpfes Bauchtrauma); Prellungen (hier: Beckenprellungen); 18 cm lange Keloidnarbe!

Kind (ca. 5j. Mädchen). 14 Tage stationär und zur Osteosynthesematerialentfernung über Weihnachten 10 Tage. Dauerschaden: Beinverlängerung 1 cm. [Bkl. wollte nur 4.000 DM zahlen].

Betrag: 10.256 € **Haftung: 100 %**
immVorb: – **MdE: –**

OLG Hamm 15.3.2001 – 27 U 185/00 = BeckRS 2007, 16910

2603

Oberschenkelfraktur, schwere (hier: o.Oberschenkelfraktur 3.Grades); o.Fußfraktur 2.Grades; o.Sprunggelenkfraktur „mit chronischer Osteomyelitis". Betroffen war jeweils das rechte Bein! Handfraktur.

35j. Mann (LKW-Fahrer). Mehr als 17 Monate stationär. Zahlreiche Komplikationen: Hauttransplantationen, Weichteildefekte, Fisteln. Dauerschaden: Gehbehinderung, Beinverkürzung.

Betrag: 11.504 € **Haftung: 30 %**
immVorb: – **MdE: –**

OLG Bamberg 27.1.1998 – 5 U 121/97 = unveröffentlicht

5093

o.Oberschenkelfraktur, schwere / Fußverletzung (hier: o.Oberschenkelschaftfraktur links, Grad II bis III sowie ein ausgedehntes Weichteildecollement mit semizirkulärer Trennung des Weichteilmantels des gesamten linken Beines und des gesamten linken Fußes).

8j. Kind. Gut 2 Monate stationär; zwei Aufenthalte. Anschließende Rehabilitation. Dauerschaden: Gehbehinderung wegen „funktionelle Außenrotationsstellung des linken Unterschenkels und Fußes mit disharmonischem Gangbild, ausgedehnte Weichteildeformitäten mit intakten Hautverhältnissen bei multiplen großflächigen plastischen Deckungen des linken Beins und Narbenbildungen, eine posttraumatische Beinverlängerung links um 2 cm sowie Ruhe- und Belastungsschmerzen im linken Bein". [Lesenswert hierzu: Plagemann, OLG Koblenz: Arbeitgeberhaftung bei grober Fahrlässigkeit, keine Anwendung des Verwandten-Privilegs gem. § 116 Abs. 6 SGB X, wenn der Vater seinen Sohn auf der Gabel eines Gabelstaplers mitfahren lässt, wenn der Sohn stürzt und schwer verletzt wird. Fiktives Schmerzensgeld. FD-SozVR 2015, 373558].

Betrag: 15.000 € **Haftung: 100 %**
immVorb: Ja **MdE: 30 %**

OLG Koblenz 20.7.2015 – 12 U 948/14 = BeckRS 2015, 17023

2770

Oberschenkelfraktur (hier: Oberschenkelhalsfraktur; Falschgelenkbildung; Hüftendoprothese und Beinverkürzung um 1 cm).

60j. Frau. 17 Tage stationär. Es kam zur Falschgelenkbildung im Hüftgelenkbereich, sodass ein künstliches Hüftgelenk eingesetzt werden musste. Dauerschaden: Gehbehinderung.

Betrag: 15.339 € **Haftung: 100 %**
immVorb: – **MdE: –**

OLG Hamm 8.9.1999 – 13 U 45/99 = BeckRS 9998, 39999

3973

Oberschenkelfraktur in Form einer Oberschenkelschaftfraktur links sowie eine Sprunggelenkfraktur vom Typ Weber C mit dauerhafter Minderung der Erwerbsfähigkeit.

17j. Frau. Stationäre langwierige Heilbehandlung; nach dem ersten Aufenthalt folgten insgesamt 3 weitere Aufenthalte von 13 Wochen Dauer; MdE 7 Monate 100 % anschließend weitere 13 Wochen erhebliche Beeinträchtigungen; Dauerschaden: Bewegungsbeeinträchtigung mit einer dauerhaften MdE von 20 %. Entschädigung

Betrag: 17.128 € **Haftung: 100 %**
immVorb: Ja **MdE: 20 %**

KG 19.2.2001 – 12 U 6309/99 = BeckRS 2001, 161788

4015

Oberschenkelfraktur (hier: Dislozierte Oberschenkelmehretagenfraktur mit zahlreichen Prellungen und Schürfwunden) sowie Handverletzung in Form von Schnittwunden.

Mann (Angestellter). Stationärer Aufenthalt mit drei Operationen. Langwierige Heilbehandlung. Metallteilimplantation. MdE 1 Jahr 100 %. Dauerschaden: Bewegungseinschränkung insbesondere beim Treppensteigen sowie bei längerem Stehen etc Zudem Belastungsbeeinträchtigung: Schweres Heben und Tragen unmöglich.

Betrag: 20.000 € **Haftung: 100 %**
immVorb: Ja **MdE: 20 %**

LG Itzehoe 5.6.2009 – 6 O 233/08 = BeckRS 2010, 6851

3869

Oberschenkelfraktur, distale … sowie Knieverletzung und „zahlreiche Schürfwunden und Prellungen am ganzen Körper".

Frau (Erzieherin). 6 Wochen stationär mit insgesamt 3 Operationen. Es folgten insgesamt 4 weitere stationäre Aufenthalte von insgesamt nahezu 50 Tagen. Die Kl. konnte sich gut 13 Monate nur mit Gehstützen (Krücken) bewegen. Dauerschaden: Bewegungseinschränkungen.

Betrag: 20.000 € **Haftung: 100 %**
immVorb: Ja **MdE: 20 %**

LG Halle 7.3.2008 – 5 O 552/06 = unveröffentlicht

2853

Oberschenkelfraktur (hier: Oberschenkeltrümmerfraktur mit Weichteilschäden) und Unterarmfraktur.

19j. Mann. 9 Wochen stationär, „jahrelange" ambulante Behandlung. Dauerschaden: Funktionsbeeinträchtigung des Beines um 1/7; erhebliche Einschränkungen beim Sport.

Betrag: 20.452 € **Haftung: 100 %**
immVorb: – **MdE: –**

OLG Hamm 23.8.2000 – 13 U 73/00 = BeckRS 2012, 7361

3985

Oberschenkelfraktur in Form einer Oberschenkelschaftfraktur sowie einer Oberschenkelquetschung.

26j. Mann. Dauerschaden: Gehbehinderung, leichte sowie Belastungseinschränkung des linken Beins.

Betrag: 25.000 € **Haftung: 100 %**
immVorb: – **MdE: 20 %**

OLG Saarbrücken 18.11.2003 – 3 U 804/01 = BeckRS 2003, 18150

2889

Polytrauma / schwere Sprunggelenktrümmerfraktur (hier: Kniescheibentrümmerfraktur, Sprunggelenktrümmerfraktur, zweifache Oberschenkelfraktur, Ellenbogenfraktur, Psychosyndrom, Schädelhirntrauma u.a.).

Mann. 57 Tage intensivstationär! Dauerschaden: Fußlähmung, Gehbehinderung, Schmerzen im Oberschenkel und Knie. Arthroserisiko. Kniescheibenentfernung.

Betrag: 30.678 € **Haftung: 100 %**
immVorb: – **MdE: 30 %**

OLG Hamm 11.2.2000 – 9 U 204/99 = BeckRS 9998, 17558

4232

Oberschenkelfraktur in Form einer Oberschenkeltrümmerfraktur rechts mit Verheilung in Fehlstellung. Brustkorbverletzungen (hier: Rippenserienfraktur mit Lungenquetschung und Brustbeinfraktur nach Brustkorbtrauma). Schock.

31j. Mann (Handwerker). 10 Tage Intensivstation. Insgesamt 45 Tage stationär; 2 Aufenthalte. Es bestand Lebensgefahr! Dauerschaden: Bewegungsbeeinträchtigung wegen Oberschenkelfehlstellung. Verletzungsbedingte Berufsaufgabe mit Berufswechsel sehr wahrscheinlich.

Betrag: 35.000 € **Haftung: 100 %**
immVorb: Ja **MdE: –**

LG Verden 15.8.2008 – 7 O 352/07 = BeckRS 2011, 13236

5969

Oberschenkelfraktur in Form einer pertrochantären Oberschenkeltrümmerfraktur links mit Gefahr eines Kompartmentsyndroms am linken Oberschenkel. Oberschenkelfraktur rechts. Beckenfraktur, schwere (hier: Beckenfraktur in Form einer Darmkreuzbeingelenksprengung [= Iliosakralgelenksprengung] links mit Darmbeinsprengung und Knochenabsprengung am Os sacrum links, Fraktur des Os pubis links sowie Schambeinfugenverletzung in Form einer Symhysensprengung). Diverse Prellungen

Mann. 47 Tage stationär. Noch am Unfalltag erfolgte eine geschlossene Reposition des Oberschenkelschaftbruches und Sicherung des Repositionsergebnisses mittels von distal eingebrachten Verriegelungsmarknagel, offene Reposition der pertrochantären Femurfraktur und Stabilisierung des Repositionsergebnisses mit einem proximalen Verriegelungsmarknagel und einer 135 Grad Schenkelhalsschraube links. 35 Tage Rehabilitationsaufenthalt. Dauerschaden: Deutliche Belastungsminderung des linken Beins wegen der posttraumatischen Veränderungen des linken proximalen Oberschenkelknochens [= Femur] mit einer daraus resultierenden Beinverkürzung von ca. 2,5 cm aus. Femurkopfnekrose und Arthrose des Hüftgelenks. Muskelminderung der linken Gesäßhälfte und des linken Beines. Verschlechterungstendenz: „In absehbarer Zeit ist davon auszugehen, dass eine Totalendoprothese im linken Hüftbereich vorzusehen ist", so das LG.

Betrag: 37.500 € **Haftung: 100 %**
immVorb: Ja **MdE: –**

LG Aurich 19.2.2008 – 5 O 575/06 = BeckRS 2012, 24021

2472

o.Oberschenkelfraktur (hier: o.Oberschenkelfraktur 3.Grades, deutliche Muskelminderung im Ober- und Unterschenkelbereich); Osteomyelitis; Kniegelenkverletzung (hier: Bänderverletzung, „komplexe Bandzerreißung", Kreuzbandriss); Sprunggelenkverletzung.

Mann (Maurer, 30–40j.). „Knapp 16 Monate stationär"; „zahlreiche Operationen". Dauerschaden: Erhebliche Gebrauchsminderung des linken Beines, Geh- und Stehbehinderung. Umschulung.

Betrag: 38.347 € **Haftung: 100 %**
immVorb: – **MdE: –**

LG Osnabrück 30.8.1997 – 3 O 110/95 = unveröffentlicht

6743

Oberschenkelfrakturen, schwere (hier: Mehrfache Oberschenkelschaftfrakturen rechts mit diversen Prellungen und Quetschungen am rechten Bein. Zudem erlitt der Kläger – durch den Unfall mit ausgelöst – erhebliche psychische Beeinträchtigungen in Form von Depressionen.

Mann. 21 Tage stationär. Metallimplantat in Form eines Marknagels, der später wieder entfernt werden musste. Nach seinem Klinikaufenthalt war der Kläger für einige Wochen auf einen Rollstuhl und wurde in dieser Zeit durch seine Ehefrau gepflegt. Erheblich schmerzensgelderhöhend bewertete das OLG die Depressionen, die – wenn dies auch nicht die alleinige Ursache war – durch den Unfall mit ausgelöst worden waren. Aus diesem Grunde hob das OLG das Schmerzensgeld von 25.000 EUR auf 40.000 EUR an. [Ursache: Motorradunfall – Anmerkung: Der BGH hat das Senatsurteil insoweit aufgehoben, als hinsichtlich des Verdienstausfallschadens auf die Berufung der Beklagten die Klage abgewiesen und die Berufung des Klägers zurückgewiesen worden ist. Aus diesem Grunde befasste sich das OLG mit Urt. v. 31.1.2023 erneut mit dem Fall, weshalb es hierzu nun unter BeckRS 2023, 1199 eine weitere Fundstelle gibt. In dieser Entscheidung befasst sich nun das OLG mit der Thematik der Anspruchskürzung bei unfallbedingt psychisch Geschädigten (hier depressive Störungen) wegen unterlassener zumutbarer ärztlicher Behandlung. Vergleiche dazu auch die Anmerkung von Kääb FD-StrVR 2023, 456102].

Betrag: 40.000 € **Haftung: 100 %**
immVorb: Ja **MdE: –**

OLG Schleswig 21.2.2019 – 7 U 134/16 = BeckRS 2019, 8181

4964

o.Oberschenkelfarktur mit Splitterung als hauptverletzung eines Polytraumas mit Sprunggelenkverletzungen, Fußverletzung, Bänderverletzung, Knieverletzung links, Handfraktur rechts, Gesichtsverletzung (hier: Schnittwunde) sowie diverse Prellungen.

22j. Mann (Student der Forstwirtschaft). Sehr langwierige Heilbehandlung mit dreimonatigem Gipsverband am Arm und ebenso lange Rollstuhlgebundenheit. Das OLG berücksichtigte, dass es sich bei dem Kläger um einen jungen Mann unmittlbar vor dem Eintritt in das Berufsleben [Anmerkung: Unfallbedingt konnte der Kl. seine Referendarzeit nicht durchführen] handelte und er den von ihm angestrebten Beruf [hier: Forstbeamter] nicht ausüben kann. Vgl. unter: Berufswunschvereitelung. [Ursache: Motorradunfall].

Betrag: 42.000 € **Haftung: 100 %**
immVorb: Ja **MdE: –**

OLG Köln 9.8.2013 – 19 U 137/09 = BeckRS 2013, 17648

5686

Oberschenkelfraktur links mit Falschgelenkbildung in Form einer nicht vollständig konsolidierten körperfernen Oberschenkelfraktur mit Beinverkürzung, geringgradige O-Beinstellung und posttraumatische Arthrose des linken Kniegelenkes. Handverletzung mit Bewegungseinschränkung der Langfinger der linken Hand mit Faustschlussstörung und Schädelhirntrauma mit posttraumatisches Kopfschmerzsyndrom.

28j. Mann (Mechaniker). Stationäre Behandlung mit einer zahlreichen Operationen bzw. einer „Vielzahl von operativen Eingriffen"; ua Knochentransplantation. Langwierige Heilbehandlung. Dauerschaden: MdE 40 %. Gehbehinderung mit Bewegungseinschränkungen in allen Gelenken des linken Beins. Er muss orthopädische Schuhe tragen. Belastungseinschränkung nach Muskelminderung des linken Beins. Zudem „Gefühlsstörungen des linken Beines, Narbenbildungen im Bereich von Thorax, Becken und linkem Bein und eine Bewegungseinschränkung der Langfinger der linken Hand mit Faustschlussstörung". Berufsverlust. Bei der Schmerzensgeldbemessung berücksichtigte das OLG erhöhend, „dass der Kl. durch den Unfall aus seiner bisherigen Lebensbahn geworfen wurde, insbesondere seinem erlernten Beruf nicht mehr nachgehen kann und in dem durch Umschulung erlernten Beruf unfallbedingt keine Beschäftigung findet". [Ursache: Motorradunfall].

Betrag: 43.460 € **Haftung: 100 %**
immVorb: Ja **MdE: 40 %**

OLG Köln 27.2.2002 – 11 U 116/01 = BeckRS 2002, 5868

6887

Oberschenkelfraktur, die die Implantation eines künstlichen Hüftgelenkes erforderlich machte. Zudem erlitt die Antragstellerin eine Schulterfraktur sowie eine Oberarmfraktur und Unterarmfraktur mit einer Beeinträchtigung des Handgelenks.

Frau. Stationäre Behandlung mit mehreren Operationen. Dauerschaden: Gehbehinderung. Die Antragstellerin, die über eine erhebliche Unebenheit in einer Fußgängerzone gestürzt war, begehrte Prozesskostenhilfe, die ihr gewährt wurde: „Bei diesen gravierenden Verletzungen und ihren anhaltenden Folgen ist das von der Antragstellerin angesetzte Schmerzensgeld in Höhe von insgesamt 45.000 EUR nicht als grundsätzlich übersetzt zu bewerten"; ebenso komme das von der Antragstellerin selbst in Ansatz gebrachte Mitverschulden von 30 % in Betracht, so das OLG. [Ursache: Verkehrssicherungspflichtverletzung. Lesenswert zu den Verkehrssicherungspflichten bei Pflasterung einer Fußgängerzone].

Betrag: 45.000 € **Haftung: 70 %**
immVorb: – **MdE: –**

OLG Hamm 11.8.2020 – 11 W 40/20 = BeckRS 2020, 39204

2932

beids.Oberschenkelfraktur / Polytrauma (hier: beids.Oberschenkeltrümmerfraktur, Fußverletzung links mit Fußfrakturen und Fußweichteilschaden, Lungenquetschung, stumpfes Bauchtrauma, Thoraxtrauma, Sprunggelenkfraktur).

70j.Frau. 1 Monat intensivstationär, 4 Monate stationär, 6 Wochen Reha.; Lebensgefahr, künstliches Koma, 4 Operationen. Dauerschaden: starke Gehbehinderung; Depressionen.

Betrag: 46.016 € **Haftung: 100 %**
immVorb: – **MdE: –**

OLG Hamm 12.2.2001 – 13 U 147/00 = BeckRS 2008, 16228

4764

Beids.Oberschenkelfrakturen (hier: o.Oberschenkelfraktur links und Oberschenkelfraktur rechts in Form einer Oberschenkelhalsfraktur). Brustkorbprellungen mit Pneumothorax und Lungenquetschung. Oberarmverletzung in Form einer Oberarmgelenkkopfabsprengung sowie Zehennagelverletzung.

18j. Mann. 14 Tage Intensivstationär mit künstlicher Beatmung. Langwierige Heilbehandlung. Dauerschaden: Bewegungsbeeinträchtigung. Beeinträchtigungen beim Sport; Arthrosegefahr. Das OLG würdigte bei der Bemessung auch das junge Alter des Klägers.

Betrag: 50.000 € **Haftung: 100 %**
immVorb: Ja **MdE: 15 %**

OLG Celle 15.3.2012 – 5 U 207/11 = BeckRS 2012, 213990

3035

beids.Oberschenkelfrakturen und beids.Unterschenkelfrakturen mit Beinverkürzung und Dauerfolgen; Beckenfraktur; Unterarmfraktur rechts. Insgesamt polytraumatisches Verletzungsbild.

18j. Mann (KFZ-Mechaniker. Mehr als 6 Monate stationär. mehrere sehr lange Operationen mit über 30 Bluttransfusionen. Dauerschaden: Funktionsfähigkeit des rechten Armes und beider Beine erheblich gemindert! Hinkendes Gangbild! Erhebliche Narben und Weichteildefekte!

Betrag: 51.129 € **Haftung: 100 %**
immVorb: – **MdE: 70 %**

OLG Köln 11.7.2001 – 11 U 177/00 = BeckRS 2002, 5874

3508

Oberschenkeltrümmerfraktur / Kniegelenkfraktur; Hüftfraktur (hier: verschobene Hüftpfannenfraktur links); o.Unterschenkelfraktur. Gedecktes Schädelhirntrauma. Lungenprellung und Brustkorbprellungen.

Mann (Kraftfahrer). 3 Tage Intensivstation. MdE „fast 5 Jahre" 100 %. Schwerer Dauerschaden: Gehbehinderung; erhebliche Beinverkürzung. Muss auf Dauer starke Schmerzmittel einnehmen, die zu einer „massiven Magenempfindlichkeit" führten. Der Kl. „kann weder länger stehen noch gehen". Schwerbehindert nach Zusatz „G".

Betrag: 60.000 € **Haftung: 100 %**
immVorb: Ja **MdE: 50 %**

LG Kleve 20.5.2005 – 1 O 522/03 = BeckRS 2005, 31163098

4146

O.Oberschenkelfraktur (hier: o.beids.Oberschenkelfrakturen mit Kniegelenkbeteiligung); Kniefraktur (hier: Kniescheibentrümmerfraktur). Fußfraktur (hier: Knöchelgelenktrümmerfraktur; Fernsentrümmerfraktur; Rippenfrakturen sowie Quetschwunden und Risswunden.

24j. Mann (Angestellter). ca. 75 Tage stationär; Intensivstation. Anschließend Rehamaßnahme erforderlich. Langwierige Heilbehandlung mit Rollstuhlabhängkeit in dieser Phase. Dauerschaden: Gehbehinderung; Bewegungsbeeinträchtigung der Sprunggelenke. Der Kl. kann seine Knie nicht oder nur noch unter Schmerzen beugen. Auch längeres Stehen oder Gehen ist nicht mehr möglich. Arthrosebildung mit Verschlechterungstendenz. Entstellende Narben an den Beinen. Berufsunfähigkeit / Erwerbsunfähigkeit: Das LG berücksichtigte zudem, dass der junge Mann seinen sicheren Arbeitsplatz im öffentlichen Dienst verloren hat.

Betrag: 70.000 € **Haftung: 100 %**
immVorb: Ja **MdE: 100 %**

LG Zweibrücken 16.11.2009 – 1 O 163/04 = BeckRS 2009, 139884

6888

Oberschenkelfraktur, schwere (hier: Beidseitige Oberschenkelfraktur und postoperativen Hirninfarkt, der zu einer Halbseitenlähmung (Hemiparese) führte.

74j. Frau. Stationäre Behandlung mit Notoperation. Nach der OP erlitt sie im Krankenhaus einen Hirninfarkt, in dessen Folge sie halbseitig gelähmt, rollstuhlpflichtig und pflegebedürftig ist. Die Oberschenkelfrakturen verheilten dagegen folgenlos. Dauerschaden: Grad der Behinderung (GdB) 80 % infolge der Hemiparese. [Anmerkung: Erneut praktizierte die 22. Zivilkammer die Schmerzensgeldbemessung nach einer – nun „modifizierten" -taggenauer Berechnung, die jedoch inzwischen vom BGH Urteil vom 15.2.2022 – VI ZR 937/20. Vgl. dazu auch Slizyk, Konkretisierung der Schmerzensgeldbemessung, NJW 2021, 3757).

Betrag: 80.000 € **Haftung: 50 %**
immVorb: – **MdE: 80 %**

OLG Frankfurt a. M. 4.6.2020 – 22 U 34/19 = BeckRS 2020, 16309

6126

Oberschenkelfraktur, schwere (hier: Oberschenkelschaftfraktur in Form einer Femurschrägfraktur mit Abriss des Trochanter majors rechts nach Implantat eines Hüftgelenks ohne dass die Klägerin darauf hingewiesen worden war, dass sie bei der zementfreien Variante das Bein nach der Operation nur teilbelasten darf …).

59j. Frau. Arzthaftung (hier: Aufklärungspflicht bei der Implantation einer Hüftprothese. „Vor der Implantation einer Hüftprothese muss die Patientin darüber aufgeklärt werden, dass sie bei der zementfreien Variante das Bein nach der Operation nur teilbelasten darf und dass sie für den Fall, dass sie aufgrund ihrer Rheuma-Erkrankung eine Teilbelastung möglicherweise nicht wird umsetzen können, für einen Zeitraum von etwa sechs Wochen im Rollstuhl wird sitzen müssen", redaktioneller Leitsatz). Einer instabilen Trümmerzone im distalen rechten Femur mit Knochennekrosen in gebrochener Platte und abgebrochenen Schrauben, einer erneuten Operation im Kreiskrankenhaus neuer Winkelplattenosteosynthese sowie einer Knieoperation bei der eine Resektion medialseitiger Verwachsungen nach Fremdknochentransplantation des Oberschenkels durchgeführt wurde und einer Adnektomie. Zudem entwickelte sich noch eine Dünndarmperforation mit septischer Komplikation. Dauerschaden: Rollstuhlgebundenheit nach Verlust der Gehfähigkeit. Sehr lange Narbe über dem rechten Hüftgelenk.

Betrag: 80.000 € **Haftung: 100 %**
immVorb: Ja **MdE: 100 %**

OLG Köln 10.1.2018 – 5 U 104/15 = BeckRS 2018, 5944

3954

O.Oberschenkelschafttrümmerfraktur, schwere sowie Kniegelenktrümmerfraktur und Wirbelsäulenfraktur (hier Brustwirbelkörperfraktur), Unterarmfraktur sowie massive psychische Beeinträchtigung wegen des Miterlebens des Todes ihres Enkels, der in ihren Armen verstarb.

62j. Frau. Insgesamt mehr als 500 Tage stationär. Langwierige Heilbehandlung mit zahlreichen Operationen und Rehaklinikaufenthalten. Dauerschaden: Sehr schwere Gehbehinderung mit Verschlechterungstendenz; sie sitzt bereits zumeist im Rollstuhl. Massive psychische Beeinträchtigung da unfallbedingt eines ihrer Enkel in ihren Armen verstarb.

Betrag: 120.000 € **Haftung: 75 %**
immVorb: Ja **MdE: 45 %**
Rente: 250 €

LG München I 21.12.2006 – 19 O 15666/03 = BeckRS 2007, 146679

d) Oberschenkelamputationen

4835

Oberschenkelamputation rechts nach behandlungsfehlerhafter Tibeakopfmehrfragmentfraktur mit fehlerhafter Thromboseprophylaxe.

51j. Frau. Stationärer Aufenthalt; es kam „in schneller Folge zu 6 Notfalloperationen". Arzthaftung: Sehr grober Behandlungsfehler in Form einer fehlenden Thromboseprophylaxe. Dauerschaden: Beinamputation rechts – vermutlich ab dem Kniegelenk – mit den sich daraus umfassend ergebenden Folgen im privaten und beruflichen Leben. [Anmerkung: Das OLG wertete das Alter der Klägerin als eher schmerzensgeldmindernd und führte dazu aus, dass die Vergleichsfälle sich auf Menschen bezogen, „die deutlich jünger waren, als die Klägerin ..., was angesichts der Beeinträchtigung durch die Amputation als Faktor gewichtet werden muss."]

Betrag: 50.000 € **Haftung: 100 %**
immVorb: Ja **MdE: –**

OLG Naumburg 13.2.2014 – 1 U 14/12 = BeckRS 2014, 9207

3432

Oberschenkelamputation (hier: Hohe Oberschenkelamputation in Form einer Hüftgelenkexartikulation).

23j. Frau (Verkäuferin). Sehr langwierige Heilbehandlung über den Zeitraum von nahezu 4 Jahren mit zahlreichen Operationen. Zunächst erfolgte eine Oberschenkelamputation die sodann in einer Hüftgelenkexartikulation mündete. Dauerschaden. Berufsunfähigkeit und Erwerbsunfähigkeit.

Betrag: 76.694 € **Haftung: 100 %**
immVorb: – **MdE: –**

OLG Bremen 7.3.2000 – 3 U 73/99 = BeckRS 2000, 167939

4819

Oberschenkelamputation auf Höhe der Hüfte.

11 Kind (Schülerin). Lebensgefahr. 11 Tage Koma. Nahezu 2 Monate stationär. Langwierige Heilbehandlung Dauerschaden: Beinamputation; die Klägerin musste durch die Teilnahme an einer Gangschule die Fortbewegung mittels der Proteste erlernen. Wiederholten Anpassungen der Prothesen, auch aufgrund des Wachstums der Klägerin. [Ursache: Verkehrssicherungspflichtverletzung: Die Kl. wurde im Haltestellenbereich von einer U-Bahn erfasst und mitgeschleift. „Da sich das rechte Bein der Klägerin im Radlauf der Vorderachse des Triebwagens eingedreht hatte, musste es aufgrund der hierdurch entstandenen, erheblichen Verletzungen auf Höhe der Hüfte amputiert werden".] Weitere Fundstelle: SP 2014, 121

Betrag: 80.000 € **Haftung: 66 %**
immVorb: – **MdE: –**

OLG Düsseldorf 30.8.2013 – I-1 U 68/12 = BeckRS 2013, 18736

4968

Oberschenkelamputation rechts auf Höhe der Hüfte.

11j. Kind (Schülerin). Lebensgefahr. 11 Tage Koma. nahezu 8 Wochen stationär, anschließend gut 20 Wochen ambulante Behandlung im Zusammenhang mit der erforderlichen Beinprothese. Dauerschaden: „Sie ist auf ständige Hilfe Dritter angewiesen. Sie kann sich ohne Prothese nur mit zwei Krücken oder einem Rollstuhl selbstständig fortbewegen, was zu erheblichen Bewegungseinschränkungen im täglichen Leben führt. Selbst mit ihrer Prothese ist langes Gehen ebenso wenig möglich wie langes Sitzen. Sie muss regelmäßig Krankengymnastik zur Vermeidung von Rückenschmerzen durchführen und kann kaum bewegungsintensiven Sport treiben. Lediglich Schwimmen ist ihr eingeschränkt möglich. Vor dem Unfallereignis spielte die Klägerin Tennis und übte den Reitsport aus", so das OLG anschaulich. Kapitatlisiert und ohne Mitverschulden ging das OLG von einem Schmerzensgeld iHv 220.000 EUR aus. [Ursache: Zugunglück, Kl. wurde von U-Bahn erfasst].

Betrag: 80.000 € **Haftung: 66 %**
immVorb: Ja **MdE: –**
Rente: 228 €

OLG Düsseldorf 30.8.2013 – I-1 U 68/12 = BeckRS 2013, 18736

2946

Oberschenkelamputation nach einer „großflächigen Oberschenkeltrümmerfraktur mit einem großen Knochendefekt". Schultergelenksprengung; Fingerfrakturen (Fingertrümmerfrakturen an drei Fingern).

19j. Mann. Lebensgefahr! Intensivstation. 6 Operationen. Dauerschaden. Gravierend: Es kann keine Prothese getragen werden! Starke Angstzustände. Regulierungsverzögerung.

Betrag: 92.033 € **Haftung: 100 %**
immVorb: Ja **MdE: 100 %**

LG Meiningen 13.6.2001 – 3 O 1467/00 = BeckRS 2001, 31162652

2571

Oberschenkelamputation, links mit mehrfachen nachfolgenden Stumpfoperationen, starken Schmerzen und Phantomschmerzen. Rückenverletzung (hier: Lendenwirbelhämatom, welches durch Unterdruck entfernt wurde. Psychische Beeinträchtigungen, Depressionen.

25j. Mann (Bankangestellter). Über 2 Monate stationär. Langwierige Heilbehandlung mit 4 Operationen. Dauerschaden. Kann mit Beinprothese „gehen"; kein Sport mehr! Depressionen!

Betrag: 94.589 € **Haftung: 100 %**
immVorb: – **MdE: –**

LG Rottweil 9.4.1998 – 2 O 35/98 = unveröffentlicht

5226

Oberschenkelamputation links „bis oberhalb des Kniegelenkes".

Mann. Intensivstation, stationäre Behandlung; ambulante Behandlung und Rehabilitationsaufenthalt. Insgesamt langwierige Heilbehandlung. Dauerschaden: Beinamputation. Aufgrund der mit der Beinamputation einhergehenden körperlichen Behinderung musste der Kläger unter anderem seine bisherige Wohnung aufgeben und in eine behindertengerechte Wohnung umziehen. [Ursache: Motorradunfall – Streifkollision zweier Motorräder im Gegenverkehr].

Betrag: 100.000 € **Haftung: 100 %**
immVorb: Ja **MdE: –**

OLG Frankfurt a. M. 26.2.2015 – 15 U 72/14 = BeckRS 2016, 11711

6585

Oberschenkelamputation links im mittleren Drittel des Oberschenkels. Zudem erlitt der Kläger Organprellungen im Bereich der Leber und Nieren sowie eine Schädelprellung.

14j. Kind (Schüler). Stationäre Behandlung mit mehren Operationen. Das linke Bein musste infolge der Schwere der Beinverletzung im mittleren Drittel des linken Oberschenkels amputiert werden. Aufgrund der Verunstaltung des Stumpfes ist eine kosmetische Operation bzw. eine Korrekturoperation des Stumpfes erforderlich. Zum Verkündungszeitpunkt litt der Kläger noch unter Phantomschmerzen. Dauerschaden: Oberschenkelamputation mit dementsprechenden Beeinträchtigungen. Der Kläger war vor dem Unfall sportlich aktiv und meidet seit dem Unfall sportliche Aktivitäten, insbesondere Schwimmen; zudem meidet er Menschenansammlungen. [Ursache: Motorradunfall; der Kläger war Sozius auf einem Motorrad].

Betrag: 100.000 € **Haftung: 100 %**
immVorb: – **MdE: –**

OGH Österreich 18.12.2009 – 2 Ob 105/09 = ZVR 2011, 133

5096

Oberschenkelamputation (hier: „Distale Oberschenkelamputation rechts" – so das OLG – nach Osteomyelitis und weiteren nachfolgend unter Einzelheiten beschriebenen behandlungsfehlerhaften Verletzungen und Verletzungsfolgen die das OLG zutreffend als „einen schwersten Leidensweg" [über die Dauer von 6 Jahren!] bezeichnete, zu dem insbesondere ein chronisches Schmerzsyndrom mit neuropathischen Stumpfschmerzen sowie – nach der Amputation – ein tiefer Erschöpfungszustand und Depressionen bzw. psychische Beeinträchtigungen und eine auf Dauer bestehende extreme berufliche und private Lebensbeeinträchtigung zählten).

35j. Frau. Arzthaftung im Zusammenhang mit einer Kniegelenkoperation [hier: Umstellungsosteotomie]. Die Kniebeschwerden der Klägerin besserten sich in der Folgezeit nach ihrer Darstellung nicht. 5 Jahre nach dem Eingriff kam es im Operationsbereich zu einer Infektion und zu einem Knochenmarksinfekt. Die Klägerin litt unter starken Schmerzen und erheblicher Bewegungseinschränkung. Während des Berufungsverfahrens kam es dann wegen anhaltender Osteomyelitis zu einer distalen Oberschenkelamputation. Dauerschaden: Oberschenkelamputation; Berufsunfähigkeit; psychische Beeinträchtigungen; Familienleben äußerst belastet. Kapitalisiert beläuft sich das Gesamtschmerzensgeld auf 230.000 EUR. [Parallelfundstelle: VersR 2016, 191].

Betrag: 125.000 € **Haftung: 100 %**
immVorb: Ja **MdE: –**
Rente: 500 €

OLG Köln 15.7.2015 – 5 U 202/08 = BeckRS 2015, 14338

3431

Oberschenkelamputation.

Säugling. Arzthaftung (Behandlungsfehler!). Dauerschaden. Erhebliche Beeinträchtigung der gesamten weiteren Lebensführung!

Betrag: 127.823 € **Haftung: 100 %**
immVorb: – **MdE: 50 %**

OLG Hamm 28.10.2002 – 3 U 200/01 = BeckRS 2002, 30290119

6673

Oberschenkelamputation in Form einer subtotalen Oberschenkelamputation sowie weitere schwere Verletzungen ohne nähere Angaben zu diesen.

Frau. Ca. 5 Wochen stationäre Heilbehandlung. Anschließend sehr langwierige Heilbehandlung mit mehreren Rehabilitationsaufenthalten und – maßnahmen, die sich über eine Zeit von nahezu 9 Jahren erstreckten. Dauerschaden: Oberschenkelamputation. Anmerkung: Die Klägerin begehrte – von der Rechtsprechung des 22. Zivilsenat des OLG Frankfurt a.M. zur taggenauen Berechnung des Schmerzensgeldes (siehe Slizyk NZV 2019, 351 (357 f.)) in die Irre geführt – ein Schmerzensgeld in Höhe von 2,7 Mio EUR. Nun wich innerhalb des OLG auch der 15. Zivilsenat von dieser – ganz überwiegend auf massive Ablehnung gestoßenen Rechtsprechung ebenfalls hiervon ab und distanzierte sich explizit von dieser Methode. Die Entscheidung des 15. Zivilsenats des OLG Frankfurt a.M. erging im Rahmen eines PKH-Verfahrens nachdem die KH-Versicherung bereits 90.000 EUR Schmerzensgeld geleistet hatte. Sowohl das LG Kassel als auch nun das OLG Frankfurt a.M. sahen ein Schmerzensgeld in Höhe von nicht mehr als 150.000 EUR als angemessen an. [Ursache: Motorradunfall].

Betrag: 150.000 € **Haftung: 100 %**
immVorb: – **MdE: –**

OLG Frankfurt a. M. 14.4.2020 – 15 W 18/20 = SVR 2021, 65

6586

Oberschenkelamputation des rechten Beins und Zehenoperation links. Der Beinstumpf wurde später erneut operiert. Bei zwei weiteren Operationen wurde der Klägerin zudem ein Teil der linken Zehen abgenommen.

Frau. Lebensgefahr. Intensivstationär. Zwei Wochen im Koma. Langwierige Heilbehandlung mit insgesamt sieben Operationen. Arzthaftung wegen eines groben Behandlungsfehlers im Zusammenhang mit einer Meniskusoperation. Nachfolgend wurde in einem anderen Krankenhaus eine „massiv fortgeschrittenen Infektion fest[gestellt] und es drohte bei der Klägerin ein Multiorganversagen. Die Klägerin befand sich in Lebensgefahr. Zum Aufnahmezeitpunkt wurde bei der Klägerin unter anderem ein Kniegelenksempyem, eine nekrotisierende Fasziitis im Bereich des Kniegelenks und des Unterschenkels, eine Nekrose im Bereich der linken Zehen, Knochennekrosen im Bereich des Fußes und des Sprunggelenks, ein Spannungspneumothorax mit kollabierter Lunge, ein akutes Nierenversagen, eine Blutvergiftung, eine vollständige systemische Entzündungsreaktion des ganzen Organismus der Klägerin sowie eine Infektion mit Staphylococcus areus festgestellt". Dauerschaden: Bein- und Zehenamputation mit den dadurch bedingten Einbußen der bisherigen Lebensumstände und Lebensqualität.

Betrag: 150.000 € **Haftung: 100 %**
immVorb: Ja **MdE: –**

OLG Frankfurt a. M. 28.8.2018 – 8 U 211/14 = BeckRS 2018, 35945

3964

Oberschenkelamputation.

13j. Mädchen. Arzthaftung. Bei einer Blinddarmoperation wurde infolge eines Behandlungsfehlers die Bauchhauptschlagader verletzt, wodurch die Durchblutung des später amputierten Beines unterbrochen worden war. Das evangelische Krankenhaus Herne wollte zunächst nur 75.000 Euro zahlen. Dauerschaden.

Betrag: 200.000 € **Haftung: 100 %**
immVorb: – **MdE: –**

LG Bochum 10.12.2008 – 6 O 259/08 = unveröffentlicht

3059

Oberschenkelamputation (Nach Teilabriss des rechten Beines und des Beckens in Form einer Beckenfraktur 3.Grades mit breitflächiger Zerstörung der Haut und Schädigung von Muskeln, Sehnen, Nerven und Blutgefäßen wurde das Bein mit samt dem Hüftgelenk, einem Teil der Beckenhälfte und dem Gesäßmuskel amputiert! Anus, Darm und Hodensack wurden ebenfalls schwer geschädigt! Zudem erlitt der Kl. weitere Frakturen an Ellenbogen, Arm und Hand.)

32j. Mann. Akute Lebensgefahr. Über ein Jahr stationäre Behandlung mit sechs Aufenthalten. „Die stationären Behandlungen betrafen insbesondere die Behandlung von massiven Phantomschmerzen, die sich nach der Amputation des rechten Beins und der rechten Hüfte eingestellt hatten und im Laufe der Zeit nicht abgeklungen waren, sondern sich eher noch verstärkten. Wegen dieser Schmerzen war auch eine dauernde Verordnung von starken Schmerzmitteln, u. a. süchtig machenden Opiaten, erforderlich.", so das OLG. Sehr komplizierte Heilung! Lungenembolie, Harnweginfektion etc. Dauerschaden: Extreme Schmerzen, kompletter Beinverlust; Künstlicher Darmausgang. Bewegungseinschränkungen des linken Armes sowie Versteifung der rechten Hand. Ehefrau verlor schockbedingt Ihr Baby! Bei der Schmerzensgeldbemessung hatte das OLG berücksichtigt, dass „das gesamte Leben des Klägers in ganz ungewöhnlichem Maße von dem ständig empfundenen Schmerz geprägt wird, wobei die Schmerzen sich in der Weise äußern, dass der Kläger zusammenzuckt, losschreit, sich verkrampft, oder dass man ihm anmerkt, dass er den Schmerz unterdrücken will. Trotz der starken Medikamente schlägt die Schmerzempfindung in Spitzen häufig in der Weise aus, dass der Kläger daliegt und schreit. Sein Versuch, vor seinen beiden Kindern sein Leben so normal wie möglich aufrechtzuerhalten und sich nicht im Bett zu verkriechen, schlägt wegen der Schmerzen immer wieder fehl. Dass dadurch sein Verhältnis zu den Kindern beeinträchtigt wird, belastet den Kläger verständlicherweise zusätzlich.", so das OLG. Ursache: Motorradunfall. [Anmerkung: Der Betrag iHv 650.000 DM war zum damaligen Zeitpunkt hoch, aber angesichts der extremen Verletzung angemessen, soweit man hiervon bei solchen Dauerfolgen überhaupt sprechen kann!].

Betrag: 332.340 € **Haftung: 100 %**
immVorb: – **MdE: 100 %**

OLG Hamm 2.12.2002 – 6 U 131/02 = BeckRS 2007, 16913

e) Knieverletzungen

7924

Knieverletzung ohne nähere Angaben.

Mann. Langwierige Heilbehandlung. [Anmerkung: Das OLG Zweibrücken, wies in seinem Hinweisbeschluss darauf hin, dass wer sich zu einer Prügelei verabredet und dabei verletzt wird, keinen Anspruch auf Schmerzensgeld gegenüber seinem Kontrahenten beanspruchen könne und betonte, dass eine Haftung des Beklagten ausgeschlossen sei, da sich beide Parteien freiwillig in eine Situation begeben hätten, in der es schlicht dem Zufall geschuldet war, wer verletzt werde. Vgl. dazu im Handbuch unter → Rn. 89].

Betrag: – **Haftung: –**
immVorb: – **MdE: –**

OLG Zweibrücken 4.11.2025 – 8 U 19/24 = BeckRS 20250, 39817

7566

Knieverletzung (hier: Knorpelschaden).

Frau. Ambulante Heilbehandlung. Die Klägerin war auf einem sog. Riffelblech (Metallblech mit Rautenmuster),dass im Zugang zu einem Gewölbekeller angebracht worden war, bei Nässe gestürzt und hatte mindestens 750 EUR Schmerzensgeld verlangt. Das LG bestätigte das bereits die Klage abweisende Urteil des AG Bad Mergentheim (19.3.2024 – 2 C 120/23) und führte dazu aus (amtlicher Leitsatz): „Eine mit einem sichernden Riffelmuster versehene Metallplatte ist an vielen Orten üblich und zugelassen. Es ist Allgemeinwissen, dass auf einer derartigen Metallplatte stehendes Wasser zu einer gewissen Rutschigkeit der Oberfläche führen kann, man daher bei der Begehung Vorsicht zu walten lassen hat." [Anmerkung: Zum Thema Verkehrssicherungspflichtverletzung vgl. im Handbuch die zahlreichen Beispielsfälle unter der → Rn. 365.]

Betrag: – **Haftung: –**
immVorb: – **MdE: –**

LG Ellwangen 16.10.2024 – 1 S 37/24 = BeckRS 2024, 36614

7373

Knieverletzungen und Ellenbogenverletzung (hier: Der … Kläger zog sich bei dem Sturz zwei blutige Knie sowie eine Verletzung am rechten Ellenbogen zu.).

Mann. Der Kläger begehrte die Feststellung der Verpflichtung der Beklagten, ihm sämtlichen immateriellen und materiellen Schaden aus einem Verkehrsunfall zu ersetzen, bei dem er zu Fall gekommen war, weil die Beklagte [Fahrradfahrerin] ihrer Rücksichtnameverpflichtung gegenüber dem in gleicher Richtung gehenden Beklagten nicht nachgekommen war. Das LG gab der Klage statt. [Ursache: Verletzung der elterlichen Aufsichtspflicht / Kollision eines begleiteten minderjährigen – 8-jährigen – Radfahrers mit einem Fußgänger. Der Leitsatz der Entscheidung lautet insofern: „Kommt ein Fußgänger bei Dunkelheit auf einem Gehweg zu Fall, weil ihn ein von hinten herannahender fünfjähriger Radfahrer touchiert, haftet dessen Mutter, die in einem Abstand von wenigen Metern auf ihrem Fahrrad folgt, dann wegen schuldhafter Aufsichtspflichtverletzung, wenn sie weder ein Klingelzeichen abgibt noch den Fußgänger bzw. ihr Kind durch Rufen warnt."]

Betrag: – **Haftung: 100 %**
immVorb: – **MdE: –**

LG Hamburg 3.12.2021 – 302 O 147/20 = BeckRS 2021, 37541

4846

Knieverletzung (hier: Knochenkontusion am Tibiakopf links und eine Innenmeniskusläsion).

Mann. Kein Schmerzensgeldanspruch, wenn ein 125 Kilogramm schwerer Mann eine Ballettstange als Sitzgelegenheit zweckwidrig als verwendet, so haftet der die Stange zur Verfügung stellende Verein dafür nicht aus dem Gesichtspunkt einer Versicherungspflichtverletzung.

Betrag: – **Haftung: –**
immVorb: – **MdE: –**

AG München 30.8.2013 – 281 C 11625/13 = BeckRS 2014, 15998

4544

Knieverletzung.

Mann. [Anmerkung: Lesenswert zum Thema der Einheitlichkeit des Schmerzensgeldanspruchs. Das OLG verwies insofern auf BGH in NJW-RR 2006, 712: „Verlangt ein Kläger für erlittene Körperverletzungen uneingeschränkt ein Schmerzensgeld, so werden durch den zuerkannten Betrag alle diejenigen Schadenfolgen abgegolten, die entweder bereits eingetreten und objektiv erkennbar waren oder deren Eintritt jedenfalls vorhergesehen und bei der Entscheidung berücksichtigt werden konnten."]

Betrag: – **Haftung: –**
immVorb: – **MdE: –**

OLG München 15.3.2013 – 10 U 4171/12 = BeckRS 2013, 4908

4271

Knieverletzung, leichte

Mann (Schüler). Kein Schmerzensgeld wegen Schulunfall gem. § 105 SGB VII. Der Kläger wurde von einer Lehrerin, die auf den Lehrerparkplatz fuhr, fahrlässig leicht angefahren. Entscheidend war hier, dass die Lehrerin nicht auf einer Fahrt von ihrer Wohnung zur Schule sondern auf einer Fahrt von einem Schulkomplex zu einem anderen war, um dort zu unterrichten; dies – so das AG – sei schulbezogen.

Betrag: – **Haftung: –**
immVorb: – **MdE: –**

AG Solingen 25.8.2010 – 11 C 53/10 = BeckRS 2011, 12733

3277

Knieverletzung.

Mann (Paketdienstfahrer). Verschlechterungen des Gesundheitszustandes nach Knieverletzung (hier: Verwachsungen und Knorpelablösungen). Kein Anspruch auf Schmerzensgeld nach einem diesbezüglichen Abfindungsvergleich. Dieser umfasst auch vorhersehbare nachträgliche Beeinträchtigungen. Dem Festhalten am Vergleich steht der Einwand der unzulässigen Rechtsausübung nicht entgegen, solange nicht eine erhebliche Opfergrenze überschritten wird.

Betrag: – **Haftung: –**
immVorb: – **MdE: –**

OLG Koblenz 29.9.2003 – 12 U 854/02 = BeckRS 2003, 10299

3196

Knieverletzung / Knieprellung (hier:Abschürfungen und eine Knieprellung).

Mann (junger …). Verkehrssicherungspflichtverletzung wegen Schlagloch, in welches der Kläger mit seinem Rennrad hineinfuhr und stürzte.

Betrag: 250 € **Haftung: 50 %**
immVorb: – **MdE: –**

OLG Braunschweig 20.11.2002 – 3 U 47/02 = BeckRS 2003, 6178

6043

Knieverletzung in Form einer Kniegelenkdistorsion rechts.

Mann. Ambulante Heilbehandlung. MdE 30 Tage 10 % und 5 % für 14 Tage [Anmerkung: Es ist fraglich ob eine MdE von weniger als 10 % überhaupt messbar bzw. konkret definierbar ist]. Ursache: Tierhalterhaftung – durch Bellen und die Berührung des Hundes erschrak sich der Verletzte und verdrehte sich das rechte Knie.

Betrag: 300 € **Haftung: 100 %**
immVorb: – **MdE: –**

OLG Braunschweig 30.4.2015 – 8 U 66/13 = BeckRS 2015, 119135

5829

Knieverletzung (hier: Knieprellung mit einer Schleimhautentzündung chronischen Umfangs bzw. einer chronischen Schleimbeutelentzündung).

Mann. Ambulante Heilbehandlung. Vorschaden: Bandscheibenvorfall. [Ursache: Verkehrssicherungspflichtverletzung – Sturz im Kaufhaus].

Betrag: 300 € **Haftung: 100 %**
immVorb: Ja **MdE: –**

LG Köln 6.5.2009 – 28 O 611/06 = BeckRS 2009, 27622

2966

Knieverletzung (hier: Knieprellung mit Bluterguss).

Mann. Eine ambulante Behandlung. 14 Tage arbeitsunfähig. Heilungsverlauf nach ärztlichen Angaben „komplikationslos".

Betrag: 307 € **Haftung: 100 %**
immVorb: – **MdE: –**

AG Mettmann 6.11.2001 – 21 C 179/01 = unveröffentlicht

4699

Knieprellung, rechts.

Frau. 2 ambulante Heilbehandlungen.

Betrag: 400 € **Haftung: 100 %**
immVorb: – **MdE: –**

AG Kandel 8.2.2012 – 1 C 413/11 = unveröffentlicht

5167

Knieverletzung / Kniepunktion (Punktion des Kniegelenks).

49j. Mann. Arzthaftung (hier: Aufklärungspflichtverletzung im Zusammenhang mit einer Kniepunktion).

Betrag: 500 € **Haftung: 100 %**
immVorb: – **MdE: –**

OLG München 28.8.2014 – 24 U 1555/14 = BeckRS 2014, 125737

6156

Knieverletzung (hier: Knieprellung mit Schürfwunde und Bluterguss am linken Knie); zudem erlitt die Klägerin Blutergüsse am linken Unterschenkel und am rechten Unterarm.

77j. Frau. 14 Tage ambulante Heilbehandlung. 30 bis 40 Tage Probleme beim Gehen. [Ursache: Aufsichtspflichtverletzung bei sechsjährigem, radfahrenden Kind].

Betrag: 511 € **Haftung: 100 %**
immVorb: – **MdE: –**

AG Radolfzell 16.9.1999 – 2 C 518/98 = BeckRS 9998, 17408

5715

Knieverletzung / Knieprellung (hier: Kniegelenkdistorsion und Knieprellungen, die zu einer über Tage hinweg anhaltenden Schwellung des gesamten linken Beines führte).

Frau. Ambulante Heilbehandlung. Das Knie musste punktiert werden, was stets sehr schmerzhaft ist. Die Klägerin benötigte zum Gehen Unterarmgehstützen. MdE 9 Tage 100 %. Danach erhielt die Klägerin eine krankengymnastische Behandlung

Betrag: 800 € **Haftung: 100 %**
immVorb: – **MdE: –**

AG Neustadt a. Rbge. 21.12.2004 – 50 C 1593/03 = BeckRS 2004, 31162490

6256

Knieverletzung (hier: Beidseitige Knieprellungen mit Schleimbeutelentzündung und Schürfungen). Zudem erlitt der Kläger multiple Schürfungen an beiden Unterarmen, eine Brustkorbprellung und eine Platzwunde an der rechten Hand.

Mann. Ambulante Behandlung. Die Behandlung erfolgte überwiegend durch Verbände und Einreiben mit Salben. MdE 10 Tage 100 %. Komplikationsloser Heilungsverlauf. [Ursache: Kollision von zwei Fahrradfahrern – Ein vorausfahrender Fahrradfahrer hat den rückwärtigen Verkehr vor dem Abbiegen nach links sorgfältig zu beobachten].

Betrag: 850 € **Haftung: 50 %**
immVorb: – **MdE: –**

LG Kempten 12.6.2015 – 22 O 72/14 = BeckRS 2015, 122153

7845

Knieverletzung links (hier: Kniegelenkbinnenschädigung in Form einer Gelenkbinnenentzündung im linken Knie nach einer Knieprellung). Zudem erlitt der Kläger eine Schulterprellung.

Mann. Notfallmäßige Behandlung im Krankenhaus und anschließende ambulante Heilbehandlung. Sechs Wochen Krankengymnastik „und eine ambulante Weiterbehandlung." 14 Tage arbeitsunfähig.

Betrag: 1.000 € **Haftung: 100 %**
immVorb: – **MdE: –**

OLG Hamm 15.7.2022 – 7 U 23/22 = BeckRS 2022, 30041

5169

Knieverletzung (hier: Durchführung eines nicht indizierten (d.h. nicht notwendigen) Eingriffs, bei dem im Kniegelenk gezielt Strukturen der Kniebänder „gespalten" werden, um dadurch einen von der Mittellage abweichenden Zug auf die Kniescheibe zu verhindern und die Kniescheibe wieder mittig zu positionieren [= sog. Laterale Patellarelease].

Frau. Arzthaftung im Zusammenhang mit einer Kniegelenksoperation [hier: Knorpelshaving] nach einer Knieprellung. Dabei nahm der Arzt – in Erweiterung des eigentlich notwendigen Eingriffs – zudem eine nicht indiziertes sog. Kniescheibenrelease vor. Hierfür sprach das LG – nun bestätigt vom OLG – der Klägerin 1.000 EUR zu, da es durch diese „Erweiterung" zu „einer feststellbaren Beeinträchtigung der Klägerin ... insoweit gekommen [war], als die Klägerin der Operation als solcher ausgesetzt war und die daran anknüpfende Rekonvaleszenz-Phase durchlaufen musste".

Betrag: 1.000 € **Haftung: 100 %**
immVorb: – **MdE: –**

OLG Koblenz 31.10.2014 – 5 U 497/14 = BeckRS 2015, 10338

4161

Kniegelenkprellung (hier: Kniegelenkhämatom / Kniegelenkbluterguss mit lang anhaltender, erheblicher Schmerzhaftigkeit) sowie Unterschenkelverletzung in Form einer Distorsion.

Frau. Ambulante Heilbehandlung. Langwierige Heilung von mehr als 5 Monaten Dauer. Ursache: Verkehrssicherungspflichtverletzung (hier: Defekte Abdeckung einer Bodenöffnung).

Betrag: 1.000 € **Haftung: 100 %**
immVorb: – **MdE: –**

LG Dresden 15.5.2009 – 5 O 48/09 = BeckRS 2009, 140017

3956

Knieverletzung; Wirbelsäulenquetschung (hier: Brustwirbelsäulenkontusion und Lendenwirbelsäulenkontusion) sowie HWS-Syndrom 1.Grades.

Mann. MdE 16 Tage „arbeitsunfähig" mit vierwöchiger Bewegungsbeeinträchtigung infolge der Knieverletzung. Das Gericht bezeichnete die Verletzungen insgesamt als „relativ geringfügig". Folgenlose Verheilung. Ursache: Motorradunfall. [Anmerkung: Das KG begründete seine Schmerzensgeldbemessung mit einem Rahmen, wonach pro Monat einer mindestens 50 %igen MdE 1.000,- EUR zuzusprechen wären und kam somit hier auf 1.000,- EUR: Eine solche starre Bemessungslehre gibt es jedoch nicht, da stets alle Einzelpunkte eines stets individuellen Falles zur Bemessung heranzuziehen sind, so auch ausdrücklich diese Pauschalierung ablehnend OLG Brandenburg NZV 2011, 253].

Betrag: 1.000 € **Haftung: 100 %**
immVorb: – **MdE: –**

KG 9.10.2008 – 12 U 173/08 = BeckRS 2009, 9515

6048

Knieverletzung (hier: Verstauchung des linken Kniegelenks), Ellenbogenverstauchung und Brustkorbprellung.

Frau. Ambulante Heilbehandlung. MdE 10 Tage 100 %. Aufgrund der Heftigkeit des Aufpralls waren die erlittenen Verletzungen mit starken Bewegungsbeeinträchtigungen verbunden gewesen und in erheblichen Umfang schmerzbelastet, erst Recht bei Bewegung. Dieses Schmerzgeschehen hatte auch über den Zeitpunkt der 100 %igen Arbeitsunfähigkeit hinaus bestanden.

Betrag: 1.200 € **Haftung: 100 %**
immVorb: – **MdE: –**

AG Dieburg 11.3.2015 – 20 C 715/14 (21) = BeckRS 2015, 127853

5562

Knieverletzung (hier: Teilriss des vorderen Kreuzbandes mit Erguss im linken Kniegelenk, Prellung des linken Tibiakopfes und des Oberschenkelknochens).

Mann. Einige Tage stationär. Die Ausheilung der Verletzung dauerte mehrere Monate an. Das Gericht erklärte, dass – angesichts der Verletzungen des Geschädigten ... – „sich ein Schmerzensgeld in Höhe von 1.500 EUR noch am unteren Rand des angemessenen Schmerzensgeldbetrages" halte.

Betrag: 1.500 € **Haftung: 100 %**
immVorb: – **MdE: –**

LG Potsdam 29.5.2018 – 29 Ns 13/18 = BeckRS 2018, 36459

6974

Knieverletzung in Form einer geringfügigen Lockerung im Sinne eines angedeuteten vorderen Schubladenphänomens im linken Knie.

Mann. Ambulante Behandlung mit einer Knieoperation. [Anmerkung: Das OLG führte aus, dass sich das vom Antragsteller im PKH-Verfahren „begehrte Mindestschmerzensgeld in einer durchaus vorstellbaren Größenordnung" bewege].

Betrag: 1.500 € **Haftung: 100 %**
immVorb: – **MdE: –**

OLG Hamm 17.5.2016 – 9 W 27/15 = BeckRS 2016, 114735

4557

Knieverletzung (hier: Kniegelenkverletzung am rechten Knie mit posttraumatischer Thrombose im Bereich des Unterschenkels) sowie „klägerischerseits vorgetragene unfallbedingte Probleme im Halswirbelbereich".

Frau. 7 Tage stationär; anschließend fanden mehrere ambulante Heilbehandlungen statt. MdE 26 Tage 100 %; 8 Monate 50 % sowie weitere 2 Monate zu 30 %.

Betrag: 1.500 € **Haftung: 100 %**
immVorb: – **MdE: –**

LG Augsburg 28.6.2012 – 33 O 1254/11 = BeckRS 2013, 671

5857

Knieverletzung mit Ausbildung einer Bakerzyste und aktivierter Arthrose).

Mann. Schmerzhafte ambulante Heilbehandlung mit 30 Kniepunktierungen. Arzthaftung (hier: Aufklärungspflichtverletzung im Zusammenhang mit einer Knieverletzung wegen der der Beklagte eine arthroskopischen Operation am rechten Knie des Klägers vornahm). Dauerschaden: Kniegelenkarthrose. Bei der Bemessung der Entschädigung hatte der Senat einerseits berücksichtigt, „dass neben den üblichen Beeinträchtigungen durch einen operativen Eingriff der Kläger möglicherweise ein Gefühl der Instabilität des Knies entwickelt hat, anderseits, dass es sich nur um einen Eingriff ohne stationären Aufenthalt gehandelt hat und die Operation nicht die Arthrose ausgelöst hat, sondern nach den überzeugenden Darlegungen des Sachverständige PD Dr. M. eher verlangsam hat".

Betrag: 1.500 € **Haftung: 100 %**
immVorb: – **MdE: –**

OLG München 20.5.2010 – 1 U 3057/09 = BeckRS 2010, 13666

4167

Beids.Kniegelenkerguss bzw. Kniequetschungen sowie Gehirnerschütterung.

23j. Frau. 4 Tage stationär. MdE 10 Tage 100 %. Insgesamt war die Klägerin für die Dauer von zwei Wochen gehindert, sich am gesellschaftlichen Leben zu beteiligen und musste sich während dieser Zeit schonen. Diese Beeinträchtigung wertete das AG Zwickau mit Rücksicht auf das junge Alter der Klägerin schmerzensgelderhöhend.

Betrag: 1.500 € **Haftung: 100 %**
immVorb: – **MdE: –**

AG Zwickau 25.6.2009 – 4 C 2238/07 = BeckRS 2009, 139950

4256

Knieverletzung (hier: Knieprellung und Knieschürfwunde mit länger andauernden Beschwerden) sowie HWS-Syndrom.

Frau. Ambulante, langwierige Heilbehandlung; 30 physiotherapeutische Behandlungen.

Betrag: 1.500 € **Haftung: 100 %**
immVorb: – **MdE: –**

AG Essen 24.9.2008 – 29 C 161/08 = BeckRS 2010, 1807

3564

Schleimbeutelverletzung (hier: Schleimbeutelentfernung am linken Knie) links.

Frau (Ärztin). 5 Tage stationär. MdE 4 Wochen 100 %. Später kam es zu einer weiteren Operation mit einer erneuten, diesmal viermonatigen Arbeitsunfähigkeit. Ursache: Verkehrssicherungspflichtverletzung wegen feucht gewischtem Boden im Krankenhaus. Regulierungsverzögerung.

Betrag: 1.534 € **Haftung: 100 %**
immVorb: Ja **MdE: –**

AG Dresden 17.5.2001 – 104 C 7983/00 = unveröffentlicht

3416

Kniefraktur / Unterschenkelfraktur (wörtlich: „Tibiakopffraktur des linken Knies") in Form einer Schienbeinkopffraktur mit mäßiggradiger Schwellung im Bereich des Knies und proximalen Unterschenkels.

26j. Frau. 14 Tage stationär. Der postoperative Verlauf führte zu einer reizfreien Wundheilung und war insgesamt komplikationslos. In Anbetracht dieses Verletzungsbildes und des hälftigen Mitverschuldens der Kl. ist der zuerkannte Schmerzensgeldbetrag nach der Beurteilung des Senats erforderlich, aber auch ausreichend. (Ursache: Motorradunfall während des Motorradfahrschulunterrichts).

Betrag: 1.750 € **Haftung: 50 %**
immVorb: – **MdE: –**

OLG Hamm 5.4.2005 – 9 U 41/03 = BeckRS 2005, 7562

7381

Knieverletzung in Form einer Schleimbeutelverletzung bzw. Schleimbeutelentzündung nach einer schmerzhaften Prellung in Verbindung mit Knieschürfwunden.

Frau. 60 Tage ambulante Behandlung der Knieverletzung. Dauerschaden: Deutlich sichtbare Narbe am rechten Knie. [Ursache: Verkehrssicherungspflichtverletzung – Anmerkung: Die Entscheidung wurde vom OLG Hamm BeckRS 2017, 107377 aufgehoben. Zwar, so das OLG, sei der Verpächter einer Gaststättenanlage bzgl. einer Gefahrenstelle, die sich aus dem baulichen Zustand der Außenanlagen ergibt, grundsätzlich verkehrssicherungspflichtig. Ergibt sich die abhilfebedürftige Gefahrenstelle aber nicht aus der baulichen Gestaltung an sich, sondern aus der konkreten Art der Nutzung des Außenbereichs durch den Pächter, tritt in der Regel die Verkehrssicherungspflicht desjenigen in den Vordergrund, der die drohende Gefahr vor Ort beherrschen kann.]

Betrag: 2.000 € **Haftung: 100 %**
immVorb: – **MdE: –**

LG Münster 14.9.2016 – 10 O 43/15 = BeckRS 2016, 118826

6954

Knieverletzung in Form einer Kniebänderverletzung (hier: Knieinnenbandriß bzw. subtotale Ruptur des Knie-Innenbandes).

Frau. Ambulante Behandlung. Mehrwöchige Bewegungseinschränkung am rechten Knie mit dadurch gefühlter Lebensbeeinträchtigung. [Ursache: Tierhalterhaftpflicht infolge des Spielens mit einem fremden Hund, bei welchem die Kl. stürzte].

Betrag: 2.000 € **Haftung: 50 %**
immVorb: – **MdE: –**

LG München I 13.2.2015 – 20 C 10380/13 = BeckRS 2015, 132444

4170

Kniegelenkverletzung (hier: Kniegelenkquetschung mit Kniegelenkerguss bzw. Schleimbeutelerguss) und Handgelenkdistorsion sowie Risswunden und Schürfwunden am linken Unterschenkel sowie an der linken Hand.

Frau. 60 Tage ambulante und langwierige Heilbehandlung. MdE 14 Tage 100 % und weitere 21 Tage 20 % bzw. gegen Ende 10 %. Auch nach mehr als 4 Monaten verspürte die Klägerin noch Knieschmerzen und Handgelenkschmerzen. Möglicher Dauerschaden: Schleimbeutelentfernung im linken Kniegelenk.

Betrag: 2.000 € **Haftung: 100 %**
immVorb: Ja **MdE: –**

AG Nürnberg 7.4.2009 – 13 C 8696/08 = BeckRS 2009, 139992

3221

Knieverletzung (hier: Schleimbeutelverletzung in Form einer Schleimbeutelentfernung links) sowie Quetschungen, Distorsionen und Prellungen (hier: Beckenquetschung, Daumendistorsion sowie HWS-Distorsion und Schulterprellung).

Mann. MdE 3 Wochen 100 %; 4 Wochen 50 %, 4 Wochen 30 % sowie weitere 4 Wochen 20 %.

Betrag: 2.045 € **Haftung: 100 %**
immVorb: – **MdE: –**

LG München I 23.1.2003 – 19 O 16309/01 = BeckRS 2003, 155388

6227

Knieverletzung (hier: Schwerer Knieprellung des linken Knies mit schwerer Weichteilverletzung), Unterschenkelverletzung (hier: Tiefer Bluterguss bzw. tiefes Hämatom an der Wade).

Frau. 4 Tage stationär. MdE 42 Tage 100 %. Langwierige Heilbehandlung. Das tiefe Hämatom der Wade musste mehrfach punktiert werden. Die Verletzung ist – so das KG – „als schwerwiegend und schmerzhaft zu bezeichnen“. Insgesamt litt die Klägerin für die Dauer von „vier Monaten unter Schmerzen im linken Unterschenkel bei jedem Schritt“. Urlaubsvereitelung – der bereits gebuchte Familienurlaub konnte nicht erfolgen. [Ursache: Motorradunfall].

Betrag: 2.045 € **Haftung: 100 %**
immVorb: – **MdE: –**

KG 1.10.2001 – 12 U 2139/00 = BeckRS 2008, 14304

7315

Knieverletzung, die der Kläger als komplexen Innenmeniskuskorpusriss 3. Grades und einen sog. „Kniebinnenschaden“ bezeichnet hatte, wogegen das LG und ihm folgend auch das OLG nur von einer „Knieprellung“ sowie einer leichten Verschlechterung bezgl. eines Vorschadens an der linken Hand ausging).

Mann (Steinmetz). Vorschädigung bzgl. eines bereits bestehenden „Knieschadens“ sowie bzgl. der linken Hand. Bei der Schmerzensgeldbemessung ist das LG in erster Instanz davon ausgegangen, dass der Kläger aufgrund des Sturzes lediglich eine Knieprellung erlitten habe; die Minderung der Erwerbsfähigkeit aufgrund der Beeinträchtigungen der vorgeschädigten Hand habe sich von 25 % auf 35 % erhöht. Hinsichtlich der festgestellten weiteren Knieschäden sei eine Unfallursächlichkeit nicht erwiesen. [Ursache: Verkehrssicherungspflichtverletzung bzgl. eines Baugerüstes].

Betrag: 2.500 € **Haftung: 100 %**
immVorb: – **MdE: –**

OLG Koblenz 28.3.2022 – 15 U 565/21 = BeckRS 2022, 11003

5539

Knieverletzung und Unterschenkelfraktur (hier: Massive Knieprellung mit Kreuzbandläsion und Schienbeinfraktur in Form einer Schienbeinkopffraktur). Zudem erlitt der Kläger noch eine Lungenquetschung, eine Nasenbeinfraktur, eine Daumenfraktur (Daumenendglied links mit Bänderverletzung) und eine Zungenquetschung.

Mann. 4 Tage stationär davon ein Tag auf Intensivstation (Der Kläger musste wegen der kurzzeitig lebensbedrohlichen Lungenquetschung vorübergehend künstlich beatmet werden). MdE 35 Tage 100 % und nahezu 9 Monate 20 %. Dauerschaden: Belastungsabhängig gelegentlich auftretende Schmerzen im Knie. [Ursache: Motorradunfall].

Betrag: 2.750 € **Haftung: 100 %**
immVorb: Ja **MdE: –**

LG Saarbrücken 1.3.2018 – 4 O 65/16 = unveröffentlicht

5563

Knieverletzung (hier: Kniescheibenfraktur in Form einer mehrfragmentierte Patellafraktur links mit Innenmeniskusriss, einer intraartikulären Erguss, einer Prellung, einer Schürfwunde am linken Kniegelenk) und eine Handprellung an der linken Hand.

Mann (Minijobber). Ambulante Behandlung durch Ruhigstellung des Knies mit Knieorthosen / Kniebandagen, Lymphdrainage und Physiotherapie. MdE 73 Tage 100 %. [Da es sich vorliegend nicht um ein Urteil sondern einen Beschluss im PKH-Verfahren handelte, legte das OLG keine Haftungsquote fest. „Unabhängig von der noch zu bildenden Haftungsquote – so das OLG – bietet die Anschlussberufung zudem hinreichende Aussicht auf Erfolg, soweit sich der Bekl. dagegen wendet, dass das LG ein Gesamtschmerzensgeld iHv 4000 EUR als angemessen erachtet und den Bekl. zur Zahlung weiterer 1000 EUR verurteilt hat. Ein höheres Schmerzensgeld als die vorgerichtlich gezahlten 3000 EUR steht dem Kl. nämlich nicht zu“. [Lesenswert Zum Vorfahrtsrecht bei der Kollision von Radfahrern].

Betrag: 3.000 € **Haftung: –**
immVorb: – **MdE: –**

OLG Hamm 16.5.2018 – 7 U 2/18 = BeckRS 2018, 15600

6058

Knieverletzung (hier: Kreuzbandplastik ohne Einwilligung).

52j. Frau. Arzthaftung (hier: Aufklärungspflichtverletzung im Zusammenhang mit einer Knieoperation. „Die präoperative Aufklärung ist mangelhaft, wenn der vorgesehene Eingriff lediglich eine von mehreren Optionen darstellt und dem Patienten diese Optionen mit ihren jeweiligen Belastungen und Erfolgschancen nicht verdeutlicht werden", so das OLG). „Eine mangels sachgemäßer Aufklärung rechtswidrig vorgenommene Operation, die abgesehen von den Belastungen durch den Eingriff ohne schädliche Folgen geblieben ist (hier: Kreuzbandplastik), rechtfertigt ein Schmerzensgeld von 3.000 EUR", so das OLG zur Bemessung.

Betrag: 3.000 € **Haftung: 100 %**
immVorb: – **MdE: –**

OLG Koblenz 4.3.2015 – 5 U 966/14 = BeckRS 2015, 16415

5874

Knieverletzung (hier: Intraartikuläre Injektion in das Kniegelenk mit Einblutung unter die äußere Kniegelenkkapselschicht [laterale Retinaculum]).

Frau. Zeitweise starke Schmerzen. Arzthaftung (hier: Aufklärungspflichtverletzung und Behandlungsfehler im Zusammenhang mit intraartikulären Injektion). Folgenlose Verheilung.

Betrag: 3.000 € **Haftung: 100 %**
immVorb: Ja **MdE: –**

OLG München 15.7.2010 – 1 U 2068/10 = BeckRS 2010, 17443

5920

Knieverletzung (hier: Infektion der Katheter-Einstichstelle mit Abszessbildung. Die Behandlung der Kniebeschwerden blieb ohne Erfolg. Es trat eine Versteifung des Kniegelenks auf, das die Beugungsfähigkeit verloren).

Mann (Wasserbauer). 11 Tage stationär mit Operation des Infektionsherdes. Arzthaftung (hier: Grober Behandlungsfehler bei Knieoperation mit Periduralanästhesie bei der es zu einer Infektion kam).

Betrag: 3.000 € **Haftung: 100 %**
immVorb: – **MdE: –**

OLG Oldenburg 30.3.2005 – 5 U 66/03 = BeckRS 2011, 16866

7386

Knieverletzung und Kniescheibenverletzung (hier: Kniescheibenluxation bzw. Patellaluxation, MPFL-Riss bzw. MPFL-Ruptur [= Das mediale patellofemorale Ligament ist der wichtigste und kräftigste Weichteilstabilisator der Kniescheibe], eine Retinaculumruptur [= Knieband und damit Teil des Halteapparats der Kniescheibe], eine osteochondrale Flakes der medialen Patella als freier Gelenkskörper und einen massiven Bluterguss)

23j. Mann. Stationäre Behandlung. Zwei Operationen. Komplizierte Heilbehandlung mit Blutungen, weshalb die zweite OP erforderlich wurde. Für die Dauer von sieben Wochen musste der Kl. eine Beinschiene tragen. MdE 60 Tage 100 %. Zu einem möglichen Dauerschaden führte das LG aus: „Der … Kläger konnte … nicht mehr im selben Umfang wie vorher Ski- und Radfahren. Fußballspielen und Joggen geht nur eingeschränkt. Mit dem Radfahren ist es so langsam wieder in Ordnung, beim Muskeltraining oder Skifahren verspürt der Kläger nach wie vor Schmerzen im linken Bein." [Verkehrssicherungspflichtverletzung – ein Handlauf, der einen abfallenden Weg besser begehbar machen sollte, war gebrochen, so dass der Mann auf dem zudem vereisten Gemeindeweg stürzte. Er konnte aber das erste Mal wieder aufstehen und sich am Geländer festhalten. Nachdem dieses aus der Verankerung riss und gebrochen war, flutschte die Kniescheibe aus ihrer Verankerung und der Kläger lag etwa eine Stunde lang hilflos am Boden.]. Zur Schmerzensgeldbemessung führte das LG aus: „Für eine große Genugtuung sieht das Gericht kein großes Bedürfnis. Allerdings berücksichtigt das Gericht bei der Bemessung noch, dass der Kläger seine Heimatgemeinde verklagen musste und eine Stunde hilflos am Boden lag."

Betrag: 3.250 € **Haftung: 100 %**
immVorb: – **MdE: –**

LG Tübingen 9.3.2018 – 3 O 89/17 = BeckRS 2018, 44326

5071

Knieverletzung / Kniegelenkverletzung (hier: schwere Kontusion des rechten Kniegelenks mit Knorpelschäden).

Mann. Ambulante Heilbehandlung. MdE ca. 6 Wochen. Infolge der Knorpelschädigung kam es zu einem leichten, zumindest subjektiv empfundenen Dauerschaden: Bewegungsbeeinträchtigung und Belastungsminderung. Wörtlich heißt es dazu: „… dass der Kläger bei starker Belastung, etwa längerem Stehen auf einer Leiter oder längerer Autofahrt auch heute noch unter leichten Schmerzen im Kniegelenk leidet", obwohl der medizinische Sachverständige attestierte, „dass bei der klinischen Untersuchung 5 Jahre nach dem Unfall keinerlei funktionelle Einschränkungen bestanden und auch keine arthrotische Entwicklung eingetreten war".

Betrag: 4.000 € **Haftung: 100 %**
immVorb: – **MdE: –**

OLG München 20.11.2015 – 10 U 1426/15 = BeckRS 2015, 19348

5079

Knieverletzung (hier: „vermeidbaren Einblutungen, Fieber und Krämpfe mit dem Erfordernis eines Revisionseingriffs" so das OLG).

Frau. 9 Tage stationär. Arzthaftung im Zusammenhang mit einem arthroskopischen Eingriff am rechten Knie und einer dabei versäumten Gabe eines Antihämorrhagikums [zur Blutgerinnungsverhinderung]. Bei der Bemessung berücksichtigte das OLG „die Beeinträchtigungen …, die die Kl. nach der Arthroskopie vom 10.6.2009 bedingt durch Einblutungen, Fieber und Krämpfe erleiden musste. Dazu gehört ebenfalls die Belastung durch den Revisionseingriff vom 18.6.2009 und den nachfolgenden, bis zum 26.6.2009 währenden Krankenhausaufenthalt".

Betrag: 4.000 € **Haftung: 100 %**
immVorb: – **MdE: –**

OLG Koblenz 21.10.2015 – 5 U 263/15 = BeckRS 2016, 416

5002

Knieverletzung (hier: Erhebliche Schürwunde in Form einer „großflächigen Ablederungen und Abtragung der Haut", so das AG).

Mann. 8 Tage stationär. Anschließend ambulante Heilbehandlung mit täglichem Verbandwechsel. MdE 8 Tage 100 % sowie ca. 13 Wochen 50 % und weitere ca. 12 Wochen 30 %. Das AG berücksichtigte, dass „gerade in solchen Bereichen (Knickbereich des Knies) … eine verlangsamte Neubildung der Haut ein[tritt], da durch die Bewegung an dieser Stelle die Schorfbildung immer wieder aufgebrochen wird" sowie den „beachtlichen Verkehrsverstoß" des Beklagten. [Ursache: Motorradunfall, Mitverschulden wegen fehlender Schutzkleidung / Schutzbekleidung].

Betrag: 4.000 € **Haftung: 70 %**
immVorb: Ja **MdE: –**

AG Weißwasser 26.6.2014 – 6 C 364/13 = BeckRS 2015, 3587

5921

Knieverletzung (hier: Aktivierung einer bereits beim Kläger veranlagten Arthrose in beiden Kniegelenken, die durch den – wenn auch nur sehr leichten – Anprall der Knie gegen das Armaturenbrett bzw. die dadurch resultierende Knieprellung ausgelöst wurde).

Mann. Langwierige Heilbehandlung. Erst nach zwei Jahren war die Behandlung durch die erst dann erfolgten Teilknieprothesen in beiden Kniegelenken abgeschlossen. [Anmerkung: Die beiden amtlichen Leitsätze des OLG lauten: „1. Ist durch einen von einem Dritten verschuldeten Unfall keine Arthrose entstanden, aber eine vorhandene bislang beschwerdefreie Arthrose aktiviert worden, so haftet dafür der Schädiger. Er hat aber nur solche Schäden zu ersetzen, die infolge der vorzeitigen Verschlechterung der Arthrose eingetreten sind. 2. Beruft sich der Schädiger dabei darauf, dass die dadurch ausgelösten Beschwerden auch ohne das Unfallgeschehen zeitnah eingetreten wären, trägt er hierfür die Beweislast. Dabei kommt ihm allerdings die Beweiserleichterung aus § 287 ZPO zugute".]

Betrag: 4.000 € **Haftung: 100 %**
immVorb: – **MdE: –**

OLG Naumburg 28.4.2011 – 1 U 5/11 = BeckRS 2011, 17141

5538

Knieverletzung / Kniebänderverletzung rechtsseitig (hier: Innenmeniskusriss, Mikrofraktur im Kniegelenk (sogenannter Bone bruise), Kreuzbandverletzung in Form einer Kreuzbandteilläsion und Kreuzbanddistorsion sowie Knieknorpelverletzung und Muskelverletzung im Kniegelenksbereich) sowie Prellungen (Oberschenkelprellung) und Schürfwunden (Unterschenkelschürfwunde).

Mann. 3 Tage stationär mit kurzem Aufenthalt auf der Intensivstation. Anschließend ambulante Heilbehandlung mit Physiotherapie (10 Behandlungen). MdE 58 Tage 100 %. Dauerschaden: Instabilität des Kniegelenks mit Belastungseinschränkung des Kniegelenks.

Betrag: 4.500 € **Haftung: 100 %**
immVorb: Ja **MdE: –**

LG Nürnberg-Fürth 20.2.2018 – 2 O 8654/16 = unveröffentlicht

2594

Knieverletzung und Unterschenkelfraktur (hier: Schienbeinkopffraktur „im oberen Drittel … mit einem in das Kniegelenk reichenden Frakturspalt". Kniegelenkpunktierung / Kniepunktion!)

Frau. 19 Tage stationär, 2 Aufenthalte. Kniepunktion! Gipsschienenverband. 12 Nachbehandlungen. Dauerschaden: „Streckhemmung, leichte"; Verschlimmerung möglich.

Betrag: 4.602 € **Haftung: 75 %**
immVorb: Ja **MdE: –**

AG Nürnberg 30.3.1998 – 12 O 10914/94 = unveröffentlicht

6040

Knieverletzung / Kniebänderverletzung (hier: Komplexe Knieverletzung durch ein Verdrehtrauma. Kreuzbandverletzung, Innenbandverletzung und der Innenmeniskusverletzung mit dauerhafter Bewegungseinschränkung und Belastungsminderung).

Mann (Polizeibeamter). Zahlreiche ambulante Heilbehandlungstermine. MdE 90 Tage 100 % dienstunfähig. Dauerschaden: Belastungsminderung – „schon bei leichten Belastungen kommt es zu Schmerzen im linken Knie" und Bewegungseinschränkungen mit erheblicher Beeinträchtigung sportlicher Betätigung. [Ursache: Sturz bei der Verfolgung eines Selbstmordgefährdeten].

Betrag: 5.000 € **Haftung: 100 %**
immVorb: – **MdE: –**

OLG Karlsruhe 1.12.2015 – 9 U 114/14 = BeckRS 2016, 11359

4726

Knieverletzung / Schienbeinkopffraktur (hier: „Infraktion im lateralen Tibiaplateau, in der Form eines nicht dislozierten knöchernen Abrisses der Ementia intercondylaris lateralis, Kreuzbandhöcker" mit einem drittgradigen Gelenkknorpelschaden am äußeren Schienbeinkopf mit dauerhafter Bewegungseinschränkung des rechten Knies).

Mann (aus dem Kontext: Jüngerer Mann). Ambulante Heilbehandlung mit Kniegelenksspiegelung. MdE 4 Wochen 100 %. Verkehrssicherungspflichtverletzung / Badeunfall an Wasserrutsche. Dauerschaden: Bewegungsbeeinträchtigung des rechten Kniegelenks, „ insbesondere nach längeren Spaziergängen von mehr als 3–4 km, nach längerem Stehen und beim Treppensteigen, beim Radfahren auf Bergstrecken oder bei sportlichen Betätigungen wie Jogging".

Betrag: 5.000 € **Haftung: 100 %**
immVorb: Ja **MdE: –**

OLG Koblenz 21.6.2012 – 2 U 271/11 = BeckRS 2012, 14967

6238

Knieverletzung / Kniebänderverletzung (hier: Kreuzbandriss rechts sowie ein damit verbundener Knieinnenbandriss rechts und eine Prellung des seitlichen Gelenkfortsatzes des Oberschenkels mit Beteiligung des Knochenmarks).

Mann. 88 Tage ambulante Behandlung, dabei wurde das rechte Knie mit einer Plastikprothese versorgt und eine Kreuzbandplastikband operativ eingesetzt. Anschließenden Rehabilitationsmaßnahme von mehreren Wochen. Folgenlose Verheilung.

Betrag: 5.000 € **Haftung: 100 %**
immVorb: – **MdE: –**

KG 16.8.2010 – 22 U 15/10 = BeckRS 2010, 22697

6233

Knieverletzung (hier: Schwere Knieprellung mit posttraumatischer Entwicklung einer persistierenden Schleimbeutelentzündung [= Bursitis präpatellaris]) sowie Rippenfraktur der 6. Rippe links.

Frau. Ambulante Heilbehandlung. Dauerschaden: Erhebliche Knieschmerzen. Radfahren nicht mehr möglich. Einnahme von Schmerzmitteln. Erhöhend berücksichtigte das OLG auch das Prozessverhalten der Beklagten, „die die Klägerin (auf den Punkt gebracht) durchgängig und ohne jeden konkreten Anhaltspunkt der Unwahrheit bezichtigt haben". [Ursache: Bedrohungssituation eines Radfahrers durch einen PKW, der ihm auf einem engen Weg entgegenkam].

Betrag: 5.000 € **Haftung: 100 %**
immVorb: Ja **MdE: –**

OLG Schleswig 15.4.2010 – 7 U 17/09 = BeckRS 2010, 12305

2753

Knieverletzung (hier: Kniegelenkdistorsion; das „unstreitig vorgeschädigte Kniegelenk" wurde zunehmend infolge der Unfallverletzung beeinträchtigt; es ist nicht ausgeschlossen, dass der Kl. ein künstliches Kniegelenk benötigt.) Zudem Brustkorbprellung, Unterarmprellung und Hautabschürfungen.

Mann. Dauerschaden: Gehbehinderung, Gehen ist nur bis maximal 300 Meter möglich, Schmerzen; auf Dauer ist ein künstliches Kniegelenk erforderlich. [Sehr lesenswertes Urteil zum Thema: Schmerzensgeld bei Vorschaden. Bei im Wesentlichen beschwerdefreien Vorschaden ist „keine wesentliche Minderung" des Schmerzensgeldes gerechtfertigt.]

Betrag: 5.113 € **Haftung: 100 %**
immVorb: – **MdE: –**

OLG Hamm 31.1.2000 – 13 U 90/99 = BeckRS 2000, 5081

3756

Knieverletzung (hier: Kniebänderverletzung, Kreuzbandriss und Meniskusverletzung).

Frau (Angestellte). Stationäre Behandlung mit zwei zeitlich auseinanderliegenden Operationen. MdE insgesamt 10 Wochen 100 % sowie insgesamt weitere 14 Wochen von 40 % ausgehend abfallend. Geringfügiger Dauerschaden mit einer MdE von 5 %. Ursache: Fahrradunfall.

Betrag: 5.113 € **Haftung: 100 %**
immVorb: – **MdE: 5 %**

LG München I 22.7.2002 – 19 O 15439/01 = BeckRS 2002, 163074

4922

Knieverletzung (hier: Knieschleimbeutelentfernung nach o.Knieschleimbeutelverletzung rechts) und Innenknöchelfraktur links.

Frau. 11 Tage stationär. Über 2 Jahre andauernde Beschwerden in Form von Bewegungsbeeinträchtigungen und Belastungseinschränkung. Dauerschaden: Muskelminderung im Oberschenkel und Belastungseinschränkung mit zeitweisen Schmerzen im Sprunggelenk sowie Wetterfühligkeit.

Betrag: 6.000 € **Haftung: 50 %**
immVorb: – **MdE: 10 %**

LG Trier 12.6.2013 – 6 O 60/13 = BeckRS 2013, 23133

4560

Knieverletzung (hier: komplexe bikondyläre Schienbeinkopffraktur am linken Kniegelenk mit Impression lateralseitig und dorsomedialem Kantenabbruch und Beteiligung des Interkondylenhöckers).

Mann. 8 Tage stationär; 4 Wochen Rehabilitationsaufenthalt; insgesamt für die Dauer von 4 Monaten musste der Kläger an Unterarmkrücken gehen und eine Knieorthese tragen. Ersteres hatte zu einer Achillessehnenreizung geführt. 23 ambulante Heilbehandlungen. MdE 11 Wochen 100 %. Dauerschaden: Operationsnarbe am Knie. Skifahren und Bergwandern, die Hobbys des Klägers waren über ein halbes Jahr (Winterhalbjahr) nicht möglich.

Betrag: 6.000 € **Haftung: 100 %**
immVorb: Ja **MdE: –**

LG München I 20.7.2012 – 6 O 19662/10 = BeckRS 2013, 670

5791

Knieverletzungen / Meniskusverletzungen (hier: Kniegelenkdistorsion mit Anriss Innenmeniskus-Hinterhorns, Außenmeniskusradiärriss, Knorpelläsion im Vorderfeld der medialen Femurkondylenrolle und Kreuzbandriss).

Frau (junge Frau / Fahrschülerin). Ambulante Behandlung. Langwierige Heilbehandlung mit einer Vielzahl von krankengymnastischen Therapiestunden. Sie musste zudem unmittelbar nach dem Unfall für nahezu acht Wochen Unterarmstützen und eine Schiene tragen. 14 Monate nach dem Unfall musste sie sich einem arthroskopischen Eingriff zur Beseitigung von Unfallfolgen unterziehen. [Ursache: Motorradunfall – Fahrlehrerhaftung: Die Klägerin sollte auf einem verschneiten Parkplatz eine Gefahrenbremsung mit einem Motorroller ausführen und stürzte]. Regulierungsverzögerung. [Zur Fahrlehrerhaftung siehe auch → Nr. 6268 und → Nr. 7291].

Betrag: 6.500 € **Haftung: 100 %**
immVorb: Ja **MdE: –**

LG Bonn 20.11.2007 – 2 O 367/06 = BeckRS 2008, 11343

5366

Knieverletzung (hier: Verlust der Kniescheibe mit einem – während der Rehabilitationsbehandlung aufgetretenen – Sehnenriss, der eine Sehnenrekonstruktion erforderlich machte).

Frau. Arzthaftung (hier: Heilungsverzögerung und Aufklärungspflichtverletzung: „Steht im Falle einer Knieoperation, die der Erhaltung und Wiederherstellung der Beweglichkeit dienen soll (Arthrolyse und Prothesenwechsel), ernsthaft im Raum, dass eine Entfernung der Kniescheibe notwendig werden könnte, muss dies konkret angesprochen werden", so das OLG). Langwierige Heilbehandlung: Die Klägerin war ein Jahr auf einen Rollstuhl angewiesen, „was" – so das OLG – „vor der Operation vom 18.4.2011 unstreitig nicht notwendig war". Dauerschaden: Kniegelenkversteifung, die jedoch nicht auf den Eingriff zurückzuführen war, weshalb das OLG das vom LG auf 10.000 EUR festgesetzte Schmerzensgeld herabsetzte.

Betrag: 7.000 € **Haftung: 100 %**
immVorb: – **MdE: –**

OLG Köln 11.1.2017 – 5 U 46/16 = BeckRS 2017, 106461

2740

Knieverletzung / Unterschenkelfraktur (hier: Schwere Kniegelenkquetschung [Kniegelenkkontusion] linksseitig mit lateraler Schienbeinkopffraktur, Senkung der Gelenkfläche und Kniegelenkerguss).

78j. Frau. Dauerschaden: „Einschränkungen bei ausgedehnten Spaziergängen und … Verrichtungen des täglichen Lebens". Verschlimmerungstendenz. [Taxifahrerhaftung beim Türöffnen].

Betrag: 7.669 € **Haftung: 100 %**
immVorb: – **MdE: –**

OLG Hamm 20.8.1999 – 9 U 9/99 = BeckRS 1999, 10136

4049

Knieverletzung (hier: Gewebeschädigung nach nicht fachgerecht durchgeführter Fettabsaugung; Beeinträchtigung insbesondere im Bereich der Kniekehle). Zudem wurde beeinträchtigt: Bauch, Taille und Oberschenkel).

32j. Frau. Arzthaftung (hier: Aufklärungspflichtverletzung und Behandlungsfehler bei der Fettabsaugung / Schönheitsoperation). Dauerschaden: Psychische Beeinträchtigung sowie Beeinträchtigungen im Bereich der Absaugestellen (siehe oben unter Verletzungen). [Anmerkung: Vgl. auch Urteil des OLG München → Nr. 4053]

Betrag: 8.000 € **Haftung: 100 %**
immVorb: – **MdE: –**

OLG Hamm 1.3.2006 – 3 U 250/05 = BeckRS 2006, 9404

4050

Knieverletzung in Form einer beids.Kniegelenkdistorsion sowie diverse Prellungen, Schürfwunden sowie Schnittverletzungen. Posttraumatischer Schock.

40j. Frau (Architektin). MdE 9 Monate 100 %. In dieser Zeit musste die Kl. an Krücken gehen. Langwierige Heilbehandlung bzgl. ihrer psychischen Beeinträchtigung infolge des erlittenen Schocks. Ursache: Verkehrssicherungspflichtverletzung. Dadurch stürzte die Kl. auf einer Baustelle in einen Schacht. Erhöhend berücksichtigte das OLG die unfallbedingte Urlaubsvereitelung.

Betrag: 8.000 € **Haftung: 100 %**
immVorb: – **MdE: –**

OLG München 21.11.2002 – 19 U 2515/02 = BeckRS 2002, 162259

3054

Knieverletzungen (hier: Knieinstabilität wegen fehlerhaft eingesetzen Implantates).

Mann. Arzthaftung (hier: Behandlungsfehlerhafte Positionierung – zu weit ventral – eines Kreuzbandimplantates mit nachfolgendem Transplantatversagen.). Es musste daher eine weitere Operation durchgeführt werden. [vgl. auch unter Leidensverlängerung].

Betrag: 8.000 € **Haftung: 100 %**
immVorb: Ja **MdE: –**

OLG Stuttgart 4.6.2002 – 14 U 86/01 = BeckRS 2002, 4600

6626

Knieverletzung / Meniskusverletzung / Unterschenkelfrakturen (hier: Meniskusriss im linken Knie und Kniebänderriss in der linken Kniekapsel). Zudem erlitt die Klägerin eine Wadenbeinfraktur links sowie eine Schienbeinfraktur in Form einer Schienbeinkopffraktur rechts und eine Schulterfraktur links und einen Rippenbruch rechts.

Frau. 21 Tage stationär. Insgesamt drei Aufenthalte, wovon zwei der Metallimplantatentfernung dienten. Dauerschaden: Bewegungseinschränkung des linken Kniegelenks sowie eine Schwellneigung und Missempfindungen im Bereich des rechten Unterschenkels. Das LG ging von 25.000 EUR bei voller Haftung aus und quotierte auf den oa Betrag. [Motorradunfall]. Das Urteil wurde vom OLG Dresden BeckRS 2019, 37895 insofern bestätigt, als es in seinem Hinweisbeschluss zur Rücknahme der Berufung riet. [Motorradunfall]

Betrag: 8.334 € **Haftung: 33 %**
immVorb: Ja **MdE: –**

LG Leipzig 21.5.2019 – 02 O 3102/16 = BeckRS 2017, 159634

5947

Knieverletzungen (hier: Schwerwiegende Knieverletzung – Kniebänderverletzung, Kreusbandrissverletzung und Meniskusverletzung – die wie folgt beschrieben wurden: „Hintere Kreuzbandruptur, einen Korbhenkelriss des Innenmeniskushinterhorns, eine Knochenkontusion (d. h. einen Knorpelschaden) am Femurkondylus, eine leichte Innenbandzerrung sowie einen hochgradigen Gelenkerguss").

Mann (Reinigungskraft). Ambulante Heilbehandlung mit einer Arthroskopie, bei der das mediale Meniskushinterhorn fixiert wurde und eine Kreuzband-Orthese bzw. Kreuzbandschiene für insg. 6 Wochen angebracht wurde. MdE über 42 Tage 100 %. Dauerschaden: Kniegelenkinstabilität und Belastungsminderung. Dies ist – durch das elongiert verheilte hintere Kreuzband und den funktionellen Verlust des Innenmeniskushinterhorns mit korrespondierendem Knorpelschaden – als sog. Arthrosemodell zu bewerten, so dass im weiteren Verlauf mit dem vorzeitigen Auftreten eines Kniegelenkverschleißes gerechnet werden muss, so das OLG. [Motorradunfall]. Das Schmerzensgeld wurde in Form eines sog. Teilschmerzensgeldes zugesprochen.

Betrag: 9.000 € **Haftung: 100 %**
immVorb: Ja **MdE: –**

OLG Celle 29.9.2010 – 14 U 9/10 = BeckRS 2011, 6346

6241

Knieverletzung / Kniebänderverletzung (hier: Traumatische Teilluxatuon des rechten Knies mit Innenbandläsion).

Frau. Die Klägerin war zuvor bereits am Knie operiert worden und stürzte anschließend als Patientin im Krankenhaus, was zwei weitere Operationen und eine langwierige Heilbehandlung nach sich zog. Bei der Bemessung berücksichtigte das OLG, „die Verletzung des Knies (Teilluxation mit Innenbandläsion), zwei Nachoperationen, wesentlich verlängerter Krankenhausaufenthalt, multiple Beschwerden durch die Operationsnarbe, Bewegungseinschränkungen über längere Zeit, Notwendigkeit von Physiotherapie über einen erheblichen Zeitraum". [Ursache: Verkehrssicherungspflichtverletzung im Krankenhaus. Die Klägerin und Patientin rutschte beim Verlassen des Sanitätsraums im Krankenhaus auf einer feuchten Stelle am Boden aus].

Betrag: 10.000 € **Haftung: 100 %**
immVorb: Ja **MdE: –**

OLG Frankfurt a. M. 28.6.2005 – 8 U 185/04 = BeckRS 2011, 19970

6241

Knieverletzung / Kniebänderverletzung (hier: Traumatische Teilluxatuon des rechten Knies mit Innenbandläsion).

Frau. Die Klägerin war zuvor bereits am Knie operiert worden und stürzte anschließend als Patientin im Krankenhaus, was zwei weitere Operationen und eine langwierige Heilbehandlung nach sich zog. Bei der Bemessung berücksichtigte das OLG, „die Verletzung des Knies (Teilluxation mit Innenbandläsion), zwei Nachoperationen, wesentlich verlängerter Krankenhausaufenthalt, multiple Beschwerden durch die Operationsnarbe, Bewegungseinschränkungen über längere Zeit, Notwendigkeit von Physiotherapie über einen erheblichen Zeitraum". [Ursache: Verkehrssicherungspflichtverletzung im Krankenhaus. Die Klägerin und Patientin rutschte beim Verlassen des Sanitätsraums im Krankenhaus auf einer feuchten Stelle am Boden aus].

Betrag: 10.000 € **Haftung: 100 %**
immVorb: Ja **MdE: –**

OLG Frankfurt a. M. 28.6.2005 – 8 U 185/04 = BeckRS 2011, 19970

3182

Knieverletzung (hier: Eitrige Entzündung nach Infektion im Kniegelenk).

65j.Mann. 7 Wochen stationäre Behandlung; mehrfache schmerzhafte Operationen; zukünftig wird die Implantation einer Kniegelenksendoprothese und die Verwendung einer Gehhilfe erforderlich sein. Vorschaden: Verschleiß vorgeschädigter Gelenke. Arzthaftung (hier: Behandlungsfehler). Dauerschaden: Bewegungseinschränkung, Belastungs- und Bewegungsschmerz im rechten Kniegelenk sowie Muskeldefizit und Narben.

Betrag: 10.226 € **Haftung: 100 %**
immVorb: – **MdE: –**

OLG Düsseldorf 29.8.2002 – 8 U 190/01 = BeckRS 9998, 19233

5669

Unterschenkelfraktur, schwere / Knieverletzung (hier: Offene Unterschenkelfraktur die wörtlich als „erstgradige offene komplette Zweietagenunterschenkelfraktur links mit Knieinnentrauma und dislozierter Tibiaschaftfraktur" beschrieben wird. Dauerhafte Belastungseinschränkung des linken Kniegelenks).

Frau. 17 Tage stationär. Sehr starke Schmerzen [Der PKW des Beklagte kam auf dem Bein der Klägerin zum Stehen!]. Während der Dauer von 4 Monaten musste die Klägerin mit Gehhilfen / Krücken gehen. MdE 83 Tage 100 % sowie weitere 53 Tage 50 %. Dauerschaden: Belastungseinschränkung des linken Kniegelenks und fünf entstellende Narben, insbesondere eine 12 cm lange Narbe am linken Knie und je zwei ca. 5 cm lange Narben am rechten Kniegelenk sowie zwei Narben oberhalb des Knöchels links. „Sämtliche Narben sind gut sichtbar und stellen eine gravierende ästhetische Beeinträchtigung dar", so das OLG. Wetterfühligkeit.

Betrag: 10.226 € **Haftung: 100 %**
immVorb: Ja **MdE: –**

OLG Köln 18.2.2000 – 19 U 87/99 = BeckRS 2000, 3448

4561

Knieverletzung (hier: Kniegelenkverletzung durch Infektion im Bereich des rechten Knies mit Knorpelzerstörung).

Mann. Langwierige Heilbehandlung mit „diversen Eingriffen am Knie" und Kniegelenkspühlungen und eine sog. Gelenktoilette. Erhebliche Schmerzen. Dauerschaden: Gehbehinderung. Arzthaftung: Behandlungsfehler. Der Beklagte verstieß im Rahmen einer Injektion gegen die „maßgeblichen medizinischen Standards" wodurch er im Knie des Klägers eine Pilzinfektion verursacht hatte. [Lesenswert zur Thematik der Verjährung und den Anforderungen an Kenntnis iSd § 199 Abs. 1 Ziffer 2 BGB bei Arzthaftungsfällen].

Betrag: 12.000 € **Haftung: 100 %**
immVorb: – **MdE: 40 %**

OLG Köln 20.4.2012 – 5 U 215/11 = BeckRS 2013, 1614

4129

Unterschenkelfraktur / Knieverletzung (hier: Schienbeinfraktur im oberen Drittel des Schienbeins mit bis in das Knie reichenden Frakturspalt sowie Kniebänderriss und Meniskusverletzung).

48j. Frau (Verkäuferin). 12 Tage stationär. 4 Wochen Rehabilitationsaufenthalt. MdE 6 Monate 100 % sowie 3 weitere Wochen 70 % und anschließend noch 4 Wochen abfallend bis zur Genesung von der jedoch ein Dauerschaden zurückblieb: Bewegungseinschränkung und Belastungseinschränkung des linken Kniegelenks. Verschlechterungstendenz nicht ausgeschlossen. Ursache: Die Klägerin wurde von einem Hund umgestoßen.

Betrag: 12.500 € **Haftung: 100 %**
immVorb: Ja **MdE: –**

OLG Brandenburg 14.4.2010 – 4 U 139/08 = BeckRS 2010, 144475

5846

Knieverletzung / Kniebänderverletzung (hier: „Komplexer Knieinnenschaden, drei Bänder gerissen, eine Teilruptur, Knorpelschaden als Folge"). ZUdem erlitt der Kläger eine Wirbelkörperfraktur (hier: HWK-Dornfortsatzfraktur mit Iliosakralgelenklockerung [Lockerung des Kreuzbein-Darmbein-Gelenks] und ein Schädelhirntrauma.

Mann. 5 Tage intensivstationär und 30 Tage stationäre Behandlung. Nachfolgend noch 4 weitere stationäre Aufenthalte von jeweils einigen Tagen. Dauerschaden: Arthrose im Kniegelenk und Wasseransammlung im Oberschenkel mit Belastungsschmerzen, insbesondere beim Treppensteigen. Verschlechterungstendenz: Es besteht die Gefahr, dass der Kläger später ein künstliches Kniegelenk benötigt.

Betrag: 13.500 € **Haftung: 33 %**
immVorb: Ja **MdE: –**

OLG Hamm 28.1.2010 – 6 U 159/09 = BeckRS 2010, 12452

7487

Knieverletzung (hier: Kniegelenksdistorsion links mit daraus resultierenden Gelenksergüssen.) Nachfolgend entwickelte sich, ursächlich bedingt durch den Verkehrsunfall, eine psychische Erkrankung in Form einer chronischen Depression.

51j. Mann (selbständiger Handwerker). Ambulante Heilbehandlung. MdE 5 Wochen 100 %. Bei der Bemessung des Schmerzensgeldes hat das LG in erster Instanz anspruchserhöhend insbesondere die Dauer der psychischen Erkrankung, die bisher bereits etwa zweieinhalb Jahre andauert, und deren Chronifizierung – mit der Erwartung des, jedenfalls ohne intensivere Behandlung, auch künftigen Fortbestehens der Erkrankung – berücksichtigt. Schmerzensgeldmindernd hat das Gericht berücksichtigt, dass – wenngleich unbewusst – das Verhalten des Klägers, etwa der erhöhte Alkoholkonsum zur Bekämpfung von Schlafstörungen, zur Entwicklung der psychischen Erkrankung beigetragen hat. Insofern stellte das OLG, das die Berufung des Klägers zurückwies, mit seinem 6. amtlichen Leitsatz fest: „Eine Begehrensneurose lässt den Kausalzusammenhang für einen unfallbedingten psychischen Dauerschaden entfallen." [Anmerkung: vgl. dazu auch die Zusammenfassung von Kääb FD-StrVR 2024, 814699 und dessen Praxishinweis zu § 252 BGB].

Betrag: 14.000 € **Haftung: 100 %**
immVorb: Ja **MdE: –**

OLG Schleswig 20.6.2024 – 7 U 10/24 = BeckRS 2024, 14619

6959

Unterschenkelfrakturen im Kniebereich in Form einer Wadenköpfchenmehrfragmentfraktur und einer nicht verschobenen Schienbeinfraktur in Form einer „Fraktur am Tibiaplateau"/Knieverletzung / Kniebänderverletzung in Form einer Kniegelenkluxation 2. Grades, Kompletter Kreuzbandriss vorne links, Innenbandriss links sowie einen „Weichteilschaden Grad I. bei geschlossener Fraktur" am Oberschenkel „im Bereich des distalen Femur".

Mann. Konservative Heilbehandlung. Dauerschaden: Bewegungseinschränkungen bei sportliche Betätigungen wie Rudersport, Marathon, Jogging ausgedehnter Art, Tennis und Squash, auf die der Kläger „entweder ganz verzichtet oder erhebliche Einschränkungen in Kauf genommen werden. Hierbei sei festzustellen, dass bei einer dauerhaften Belastbarkeit des linken Kniegelenks Einschränkungen bestünden und eine Unfähigkeit zu knien festzustellen sei. Es liege ferner eine endgradige Bewegungseinschränkung des linken Kniegelenks bei Streckung und Beugung vor." [Ursache: Nächtlicher Zusammenstoß zwischen einem Rodler, der mit ca. 20 km/h auf seinem Schlitten bzw. Rodelschlitten fuhr und mit einem Fußgänger. Diese Geschwindigkeit sah das OLG – da die Fläche auch von Fußgängern frequentiert wurde – als zu hoch an. Siehe dazu auch SVR 2023, 62 (64) – Lesenswert zu den Anforderungen an Rodler bzw. Schlittenfahrenden zur Vermeidung von Kollisionen auf einer „Rodelbahn" mit entgegenkommenden Fußgängern].

Betrag: 15.000 € **Haftung: 100 %**
immVorb: Ja **MdE: –**

OLG München 23.2.2022 – 7 U 1195/21 = BeckRS 2022, 3851

6289

Knieverletzung mit Dauerfolgen (siehe unter Einzelheiten). Zudem erlitt die Klägerin eine Sprunggelenkverletzung mit Innebandriss; neurologische Ausfallerscheinungen in Gestalt von Kribbelparästhesien am linken Unterschenkel und Taubheitsgefühlen im Bereich des Ring- und Kleinfingers der linken Hand, die sich jedoch im Bereich der Hand schnell wieder zurückgebildet hatten sowie zahlreiche Schürfungen (linke Schulter, linker Unterschenkel, unterhalb des Knies, linke Hand) und Prellungen (u.a. linke Schulter, linker Unterschenkel, unterhalb des Knies, linke Hand, Brustkorb beidseitig, linke Stirn

27j. Frau. MdE 23 Tage 100 %. Die Klägerin musste sich aufgrund des Verkehrsunfalls zwei Knieoperationen (Arthroskopien) am 12.5.2015 und 13.3.2017 unterziehen. Sie hat physiotherapeutische Behandlungen, welche für sie schmerzhaft waren, und immer wieder Spritzeninjektionen auf sich genommen. Im Knie haben sich Vernarbungen gebildet, die sich immer wieder bilden werden. Dauerschaden: „… bis auf weiteres unter Belastungsschmerzen und Schwellneigung im linken Knie. Knieprobleme sind sehr unangenehm und schränken die Lebensführung stark ein. Insofern ist auch nicht mit einer Besserung zu rechnen", so das LG. Zutreffend wertete das LG bei seiner Bemessung gerade auch die Prellungen und Schürfungen als „äußerst schmerzhafte Verletzungen", wogegen derartige Verletzungen sonst häufig eher als geringfügig abgetan werden. „Der Vortrag dahingehend, dass die Klägerin in der ersten Woche aufgrund der anhaltenden Schmerzen am ganzen Körper unter erheblichen Schlafstörungen litt, da sie lediglich auf dem Rücken schlafen konnte und der linke Fuß ständig hochgelagert werden musste, ist ebenfalls plausibel und in die Betrachtung einzustellen", so das Gericht. [Anmerkung: Das LG befasst sich mit großem Fleiß und sehr umfassend mit der Bemessung des Schmerzensgeldes und betont, dass deutlicher „Anstieg des Schmerzensgeldgefüges … sicherlich in einigen Fällen durchaus angebracht wäre", bleibt mit 15.000 EUR vor dem Hintergrund der lebenslangen Knieprobleme unter der die erst 27j. Klägerin fortan zu leiden hat, mit seinem Schmerzensgeld eher im unteren Berich. Hier hätte ich mir neben dem Fleiß etwas mehr Mut gut gewünscht, ohne den ein Vorstoß in höhere Regionen nicht realisierbar wird]. Ursache: Motorradunfall.

Betrag: 15.000 € **Haftung: 100 %**
immVorb: Ja **MdE: –**

LG Offenburg 30.7.2019 – 3 O 311/15 = BeckRS 2019, 16254

6305

Knieverletzung mit einer Schädigungen der retropatellaren Gelenkfläche beidseits sowie eine Präarthrose rechts sowie „erhebliche" Lungenverletzungen und Rippenverletzungen / Rippenfrakturen.

26j. Mann. Stationäre Behandlung. 9 Monate erhebliche Einschränkungen. Dauerschaden: Arthrosegefahr sowie die Gefahr, dass „bei fortschreitender Retropatellararthrose gegebenenfalls im Verlauf eine erneute operative Therapie mit Implantation einer Kniegelenksendoprothese beidseitig notwendig" sei. [Lesenswert zu: 1. Mitverschuldensquote des nicht angeschnallten Geschädigten bei einem Verkehrsunfall. 2. Zulässigkeit der Teilklage / Teil-Schmerzensgeldklage. 3. Ablehnung der taggenauen Schmerzensgeldbemessung.]

Betrag: 16.000 € **Haftung: 70 %**
immVorb: Ja **MdE: –**

OLG München 25.10.2019 – 10 U 3171/18 = BeckRS 2019, 25923

4007

Kniegelenkverletzung / Kniebänderriss (hier: Kreuzbandriss rechts; Kniegelenkinnenverletzung mit Kniegelenkerguss und Schleimbeutelverletzung mit Ödem; Prellungen und Distorsion); Wadenbeinfraktur; Muskelfaserriss und Bluterguss am Oberschenkel; Bluterguss am Brustkorb sowie Prellungen, Gehirnerschütterung, Nackenzerrung und Zungenbiss.

Mann. 10 Tage stationär in zwei Aufenthalten von 3 und 7 Tagen. MdE 8 Monate 100. Dauerschaden: Belastungsminderung des rechten Kniegelenkes infolge eingeschränkter Stabilität. [Anmerkung: Lesenswert zum Thema „Zulässigkeit einer Teilklage im Schmerzensgeldprozess" vgl. auch unter Teilurteil. Der Betrag von 17.000 Euro umfasst die „Verletzungen und die Schmerzen und Beeinträchtigungen …, bis zum Zeitpunkt der letzten mündlichen Verhandlung".

Betrag: 17.000 € **Haftung: 100 %**
immVorb: – **MdE: –**

OLG Frankfurt a. M. 22.2.2010 – 16 U 146/08 = BeckRS 2010, 22978

5473

Knieverletzung (hier: Knorpelbeschädigung mit tiefen Riefen nach schwerem ärztlichen Fehler. Erhebliche Schmerzen bis zur Revisionsoperation. Erhöhte Wahrscheinlichkeit, dass der Kläger auf ein künstliches Kniegelenk angewiesen sein wird.)

46j. Mann. Arzthaftung (hier: Grober Behandlungsfehler durch das Zurücklassen einer Trokarspitze im Kniegelenk, die sich im Rahen der OP löste). Die amtlichen Leitsätze des Urteils lauten: 1. Hat der Operateur den Verdacht, dass die Trokarspitze im Kniegelenk des Operierten verblieben ist, muss er diesem Verdacht umgehend nachgehen. Verzichtet er darauf, begeht er einen groben Behandlungsfehler. 2. Jedenfalls im Falle bedingten Vorsatzes oder gröbster Fahrlässigkeit ist das Verschulden des Schädigers auch bei ärztlichen Behandlungsfehlern mit Blick auf die erforderliche Genugtuung des Patienten schmerzensgelderhöhend zu berücksichtigen. Das OLG sah zutreffend darin einen Eventualvorsatz, als der Arzt – obwohl er die Spitze nach der OP vermisste und eine Notiz, für den Fall gefertigt hatte, dass sich die Spitze intraoperativ gelöst haben sollte – keinen Kontakt mit dem Patienten (Kläger) aufgenommen hatte. So verblieb die vermisste Spitze zunächst im Kniegelenk, was zu tiefen Riefen im Knorpel des Kniegelenks und zu extremen Schmerzen geführt hatte. Vorschaden / Dauerschaden: Den Umstand, dass das Knie des Klägers vorgeschädigt gewesen ist, hat der Senat berücksichtigt. Er misst diesem Faktor indessen kein großes Gewicht bei. Vor der Operation haben sich die Beschwerden des Klägers auf gelegentliche Schmerzen beim Volleyballspielen und beim Treppensteigen beschränkt; Sinn der Operation war es, ihn insoweit beschwerdefrei zu stellen. Hätte der Beklagte zu 1) mithin den Fehler nicht begangen, hätte der Kläger begründeten Anlass gehabt, auf Beschwerdefreiheit zu hoffen. So aber verblieb ein dauerhafter Knorpelschaden verbunden mit erheblichen Schmerzen bei längerem Stehen und dem Gehen mittlerer Strecken, der dauerhafte Verzicht auf das Hobby Volleyball und Einschränkungen beim Hobby Bergwandern. Erhöhend werte das OLG: Die extremen Schmerzen, die Notwendigkeit einer Revisionsoperation, den Dauerschaden und das schwere Verschulden des Arztes. Mindernd: Den Vorschaden. [vgl. auch → Nr. 5474 und → Nr. 5485].

Betrag: 20.000 € **Haftung: 100 %**
immVorb: Ja **MdE: –**

OLG Oldenburg 24.10.2018 – 5 U 102/18 = BeckRS 2018, 26066

5933

Knieverletzung, schwere (hier: Knieinstabilität und infektionsbedingte Entstehung von Weichteilschäden in Form von Bänderschäden, Kapselschäden und Knorpelschäden).

42j. Frau. Arzthaftung (hier: Grober Behandlungsfehler, der darin lag, dass Orthopäde nach Kniegelenksimplantation wochenlang nicht sachgerecht auf Infektionsanzeichen reagiert hat, wodurch vermeidbar bleibende Weichteilschäden eingetreten sind, die die Klägerin trotz weiterer Operationen dauerhaft behindern werden). Dauerschaden: Erhebliche Bewegungseinschränkung im Kniegelenk. Das Knie ist instabil und droht ständig wegzuknicken, weswegen die Klägerin ständig Stürze befürchten muss, dadurch ist sie erheblich in ihrer Bewegungsfähigkeit beim Laufen und beim Treppensteigen eingeschränkt.

Betrag: 20.000 € **Haftung: 100 %**
immVorb: – **MdE: –**

OLG Frankfurt a. M. 20.5.2008 – 8 U 261/07 = BeckRS 2011, 22150

6436

Knieverletzung (Hier: Infektion mit Staphylokokkus aureus nach arthroskopischen Knieoperation mit dauerhafter Knieversteifung).

54j. Frau (Familienpflegerin). MdE 51 Monate 100 %. Arzthaftung (hier: Grober Behandlungsfehler nach einer arthroskopischen Knieoperation, durch welche es zu einer Infektion kam. Behandlungsverzögerung: „Erst neun Tage nach den ersten Entzündungszeichen lagen die Laborwerte vor und war der spezifische Erreger bestimmt worden. Die Klägerin wurde am 23.5.2003 entlassen und die Antibiose beendet, ohne die Laborwerte abzuwarten und ohne zu erkennen, dass die Entzündung durch die antibiotische Behandlung nicht behoben worden war", so das OLG). Dauerschaden: Berufsunfähigkeit als Familienpflegerin. Schwere Arthrose im Kniegelenk. Gehbehinderung und Bewegungseinschränkungen wegen Knieversteifung, so dass „das Knie nicht mehr richtig beugen und strecken. Sie kann sich nicht mehr hinknien und keine Reinigungsarbeiten auf dem Boden durchführen. Auch schnelles Laufen, das Tragen schwererer Lasten oder Gehen einer längeren Strecke sind wegen der Schmerzen im Knie nicht möglich. Ebenso ist das Treppensteigen sehr mühsam".

Betrag: 20.000 € **Haftung: 100 %**
immVorb: – **MdE: –**

OLG München 30.4.2008 – 1 U 4679/07 = BeckRS 2008, 8280

6890

Knieverletzung (hier: Außenmeniskusverletzung in Form einer Außenmeniskushinterhornverletzung und einer Kniebänderverletzung in Form einer Knieinnenbandläsion).

Frau. (Polizeibeamtin). Ca. 20 Tage stationär mit einer Knieoperation; zu einem späteren Zeitpunkt mussten zudem zwei weitere Operationen durchgeführt werden. Dauerschaden: Gehbehinderung und Belastungseinschränkung. [Anmerkung: Das OLG führte zudem sinngemäß aus, dass von einem unangemessenen, nicht nachvollziehbaren Regulierungsverhalten, welches ggf. ein angemessenes Schmerzensgeld erhöhen kann, nicht gesprochen werden könne, wenn die Versicherung vorgerichtlich auf das Schmerzensgeld bereits nicht unerhebliche Zahlungen geleistet hat].

Betrag: 40.000 € **Haftung: 100 %**
immVorb: – **MdE: 20 %**

OLG Oldenburg 2.7.2020 – 7 U 26/20 = BeckRS 2020, 44071

f) Kniebänderverletzungen

6561

Knieverletzung / Kniebänderverletzung (hier: Kreuzbandriss im linken Knie).

Frau. Kein Schmerzensgeldanspruch wenn zwei Spielerinnen (hier: Torfrau und Angreiferin) beim Handballspiel zusammenstoßen und sich dabei eine Spielerin verletzt, ohne dass gegen eine der Spielerinnen eine rote Karte mit Bericht entsprechend der Regelung 8.6 der Internationalen Handballregeln verhängt wird. Wird – wie im vorliegenden Fall – lediglich eine Matchstrafe in Form einer roten Karte jedoch ohne Bericht verhängt, die sich nicht auf weitere Spielteilnahmen auswirkt und keine weiteren Sanktionen nach sich zieht, kommt eine zivilrechtliche Ersatzverpflichtung nicht in Betracht.

Betrag: – **Haftung: –**
immVorb: – **MdE: –**

OLG Frankfurt a. M. 14.11.2019 – 22 U 50/17 = BeckRS 2019, 29048

4283

Knieverletzung (hier: Kniebänderverletzung in Form einer leichten „Innenband- und Meniskusschädigung").

Mann. Ambulante Behandlung. Wegen des Tragens einer Bandage litt der Kl. für 10 Tage unter Bewegungseinschränkung.

Betrag: 750 € **Haftung: 50 %**
immVorb: Ja **MdE: –**

OLG Frankfurt a. M. 6.4.2011 – 4 U 249/10 = BeckRS 2011, 12184

4671

KNieverletzung, (hier: Bänderverletzung in Form einer Zerrung des Knieinnenbandes sowie Kniegelenkdistorsion und Knieprellung.)

Mann. Insgesamt 17 ambulante Heilbehandlungen. MdE 53 Tage 100 %.

Betrag: 1.333 € **Haftung: 33 %**
immVorb: – **MdE: –**

AG Essen 15.4.2008 – 9 C 1/08 = BeckRS 2008, 19724

5208

Kniebänderverletzung / Knieverletzung rechts (hier: Knieinnenbandriss – wörtlich heißt es: „subtotale Ruptur des Innenbandes an dem femoralseitigen Ursprung des Ligaments sowie Kapsel- und Venenanrisse" mit „erheblichen Schmerzen, so dass sie nicht mehr auftreten konnte".

Frau. MdE 14 Tage 90 %, weitere 14 Tage 60 % sowie weitere 14 Tage 10 %. Langwierige Heilbehandlung, die sich „über Wochen" hinzog. Dauerschaden: Muskelverschmächtigung am rechten Bein und Bewegungseinschränkung des rechten Kniegelenkes, welches die Kl. nicht mehr vollständig strecken kann. [Anmerkung: Lesenswert zum Thema Tierhalterhaftung / Spiel mit Hunden / Mitverschulden: Das LG ging von einem hälftigen Mitverschulden der Kl. aus. Diese wollte einem 40 KG schweren Hund einen Tannenzapfen zuwerfen, hob ihn hierzu auf – warf ihn aber dann doch nicht. „Die Klägerin merkte auch, dass der Hund sie fixierte .... Angesichts des Umstandes, dass sie einen Tannenzapfen in der Hand hielt, hätte sie daher damit rechnen müssen, dass der Hund nach diesem Tannenzapfen springen konnte", so das LG].

Betrag: 2.000 € **Haftung: 50 %**
immVorb: – **MdE: –**

LG München I 27.3.2015 – 20 O 10380/13 = BeckRS 2015, 11107

3751

Knieverletzung (hier: Kniebänderriss in Form eines Kreuzbandrisses, Außenbandrisses sowie Kniesehnenrisses) sowie einer Knieschürfwunde.

Mann. 8 Tage stationär. Langwierige Heilbehandlung; für die Dauer von 4 Wochen musste der Kläger Gehstützen (Krücken) verwenden und konnte weitere 8 Wochen wegen eines Stützapparates nur eingeschränkt gehen. MdE 5 Monate 100 %. Spätere Metallimplantatentfernung mit abermals dreiwöchiger Beeinträchtigung. Es blieb eine OP-Narbe am Knie zurück.

Betrag: 3.068 € **Haftung: 100 %**
immVorb: – **MdE: 10 %**

AG Rosenheim 21.6.2001 – 10 C 1935/00 = unveröffentlicht

5941

Kniegelenkluxaktion mit Kniebänderverletzungen (hier: Kreuzbandrissverletzung bzw. vordere Kreuzbandruptur) sowie Meniskusverletzungen (hier: Innenmeniskusverletzung und Außenmeniskusverletzung – jeweils in Form eines Meniskushinterhornrisses im linken Kniegelenk).

Frau. Stationäre Behandlung mit drei Operationen und Durchführung einer Arthroskopie. Dauerschaden: Arthrose und Belastungsminderung des Kniegelenks. Bei der Bemessung berücksichtigte das OLG, dass „die Stabilität des Kniegelenks ist bis zum Schluss der mündlichen Verhandlung vor dem Landgericht nicht mehr wiederhergestellt worden [war]. Dieser Zustand dauert seit dem Schadensfall über vier Jahre an. Hinzu kommen umfangreiche ambulante Behandlungsmaßnahmen sowie eine bereits jetzt zu diagnostizierende Arthrose, deren weiterer Verlauf freilich nicht verlässlich vorhergesehen werden kann". [Ursache: Durch KFZ verschrecktes Pferd riss die Klägerin, die es an der Leine führte zu Boden].

Betrag: 3.300 € **Haftung: 33 %**
immVorb: Ja **MdE: –**

OLG Saarbrücken 15.11.2011 – 4 U 593/10-184 = BeckRS 2011, 26869

4545

Knieverletzung (hier: Kniebänderverletzung in Form eines Kniescheibensehnenrisses im rechten Kniegelenk / Patellarsehnenruptur).

Mann. Dauerschaden: Belastungsbeeinträchtigung des rechten Knies. Das rechte Kniegelenk des Klägers ist infolge der Verletzung „dicker, härter und geringer belastbar ... als das linke ..." Es kommt infolgedessen zu „Einschränkungen und Schmerzen beim Laufen, Fahrradfahren und Treppenabgehen" ... „was einem Grad der Behinderung des Gesamtorganismus von 25 % entspricht. Dabei ist von besonderem Gewicht, dass sich die Beschwerden in vielen Alltagssituationen bemerkbar machen und es sich um einen Zustand handelt, bei dem eine Verbesserung nicht zu erwarten ist", so das OLG. Ursache: Sportunfall / Haftung des Tennislehrers während des Tennistrainings. [Weitere Fundstelle: NJW 2013, 2206]

Betrag: 4.500 € **Haftung: 66 %**
immVorb: Ja **MdE: 25 %**

OLG Bremen 13.3.2013 – 1 U 13/12 = BeckRS 2013, 4773

7090

Knieverletzung bzw. Kniebänderverletzung in Form einer sog. Quadrizepssehnenruptur dh einem Riss der Quadrizepssehne durch ein Überspannungstrauma gegen Widerstand oder eine starke Anspannung in Beugestellung des Kniegelenks.

69j. Frau. Langwierige Heilbehandlung. „Dabei ist zu berücksichtigen, dass die Klägerin für mehrere Tage über Weihnachten 2020 in ambulanter Behandlung war, sich operieren lassen musste und danach über mehrere Monate einen schwierigen Heilungsverlauf erdulden musste, Während diesem musste sie in ihrem Leben manche Einschränkung hinnehmen, so hatte sie sich wiederholten Arztbesuchen und Rehamaßnahmen zu unterziehen und musste über mehrere Wochen mit Gehstützen gehen", so das KG. [Ursache: Verkehrssicherungspflichtverletzung bzw. Streupflichtverletzung auf dem Gelände eines Krankenhauses].

Betrag: 5.000 € **Haftung: 100 %**
immVorb: Ja **MdE: –**

KG 6.12.2022 – 21 U 56/22 = BeckRS 2022, 35593

6040

Knieverletzung / Kniebänderverletzung (hier: Komplexe Knieverletzung durch ein Verdrehtrauma. Kreuzbandverletzung, Innenbandverletzung und der Innenmeniskusverletzung mit dauerhafter Bewegungseinschränkung und Belastungsminderung).

Mann (Polizeibeamter). Zahlreiche ambulante Heilbehandlungstermine. MdE 90 Tage 100 % dienstunfähig. Dauerschaden: Belastungsminderung – „schon bei leichten Belastungen kommt es zu Schmerzen im linken Knie" und Bewegungseinschränkungen mit erheblicher Beeinträchtigung sportlicher Betätigung. [Ursache: Sturz bei der Verfolgung eines Selbstmordgefährdeten].

Betrag: 5.000 € **Haftung: 100 %**
immVorb: – **MdE: –**

OLG Karlsruhe 1.12.2015 – 9 U 114/14 = BeckRS 2016, 11359

6238

Knieverletzung / Kniebänderverletzung (hier: Kreuzbandriss rechts sowie ein damit verbundener Knieinnenbandriss rechts und eine Prellung des seitlichen Gelenkfortsatzes des Oberschenkels mit Beteiligung des Knochenmarks).

Mann. 88 Tage ambulante Behandlung, dabei wurde das rechte Knie mit einer Plastikprothese versorgt und eine Kreuzbandplastikband operativ eingesetzt. Anschließenden Rehabilitationsmaßnahme von mehreren Wochen. Folgenlose Verheilung.

Betrag: 5.000 € **Haftung: 100 %**
immVorb: – **MdE: –**

KG 16.8.2010 – 22 U 15/10 = BeckRS 2010, 22697

3066

Knieverletzung / Kniebänderverletzung (hier: Kreuzbandriss an linken Knie).

25j. Mann. 12 Tage stationär. MdE 15 Wochen 100 %. Entgangene Urlaubsfreude / Urlaubsbeeinträchtigung. Dauerschaden: Kniebelastende Sportarten sind nicht mehr möglich.

Betrag: 5.113 € **Haftung: 100 %**
immVorb: Ja **MdE: –**

OLG Celle 7.10.1999 – 14 U 271/98 = unveröffentlicht

3791

Knieverletzung / Kreuzbandriss (hier: Kreuzbandriss im rechten Kniegelenk, Gelenkkapselriss und Seitenbandriss sowie Knorpelschädigungen an der Kniescheibenrückfläche und an der Kniescheibengleitbahn).

Mann. 8 ambulante ärztliche Behandlungen ua mit Kniearthroskopie. MdE 7 Monate 100 %. Ursache: Skiunfall.

Betrag: 5.500 € **Haftung: 100 %**
immVorb: – **MdE: –**

OLG Brandenburg 16.4.2008 – 7 U 200/07 = BeckRS 2008, 7466

4924

Knieverletzung / Kniebänderverletzung (hier: Implantierung einer Kreuzbandersatzplastik, die jedoch wegen der geringfügigen Fehlplatzierung des Bohrkanals erneut durchgeführt werden musste [sogn. Revisionsoperation]).

37j. Mann. Er erlitt bei einem Sportunfall einen Kreuzbandriss im linken Kniegelenk, der operiert werden musste. Arzthaftung: Behandlungsfehler beim Implementieren der Kreuzbandersatzplastik; es kam zu einer Arthrofibrose [= krankhafte Vermehrung von Bindegewebe]. Das OLG würdigte jedoch auch, dass den beklagten Arzt „allenfalls ein äußerst geringes Verschulden im unteren Bereich" treffe.

Betrag: 6.000 € **Haftung: 100 %**
immVorb: – **MdE: –**

OLG Koblenz 21.8.2013 – 5 U 256/13 = BeckRS 2014, 8899

5783

Kniebänderverletzung / Knieverletzung beidseitig (hier: Kreuzbandriss links bzw. Zerreißung des vorderen und hinteren Kreuzbandes sowie Riss des Innenbandes und des hinteren Schrägbandes des linken Kniegelenks, Meniskusverletzung rechts mit Innenmeniskusriss und Innenbandruptur des rechten Kniegelenks). Organverletzung (hier: Nierenverlust nach Nierenruptur der rechten Niere, die entfernt werden musste. Rippenserienfraktur beidseits, Hämatothorax rechts.

Mann (Hafenfacharbeiter). Dauerschaden: MdE 30 % Belastungsminderung des linken Beins und Gehbehinderung – insbesondere ist ein schnelles laufen dem Kläger nicht mehr möglich – wegen der Instabilität des vorderen und hinteren Kreuzbandes. Arthrosegefahr. Arbeitsplatzumstellung. [Ursache: Motorradunfall – Kollision zwischen überholendem Motorrad und Linksabbieger].

Betrag: 6.500 € **Haftung: 50 %**
immVorb: Ja **MdE: 30 %**

OLG Celle 19.12.2007 – 14 U 97/07 = BeckRS 2008, 245

3871

Kniebänderriss (hier: Kreuzbandriss rechts).

18j. Mann (Lehrling). Stationärer Aufenthalt mit Kreuzbandplastikoperation. Anschließend gut dreimonatige Rehamaßnahme.

Betrag: 7.500 € **Haftung: 100 %**
immVorb: Ja **MdE: –**

LG München I 27.6.2006 – 19 O 17761/04 = BeckRS 2006, 139062

4944

Knieverletzung in Form einer nicht erkannten Patellarsehnenruptur.

Frau. Arzthaftung (hier: Diagnosefehler / Behandlungsfehler. Der beklagte Arzt, der die Klägerin insofern bereits zuvor mehrfach behandelt hatte, erkannte einen Patellasehneriss nicht und führte zudem ungeeignete Rekonstruktionsversuche durch. [Anmerkung: Das Urteil ist noch nicht rechtskräftig].

Betrag: 8.000 € **Haftung: 100 %**
immVorb: – **MdE: –**

LG Berlin 12.6.2014 – 6 O 446/11 = BeckRS 2014, 125873

4052

Knieverletzung (hier: Kniebänderverletzungen rechts mit anhaltender Instabilität des Seitenbandkomplexes). Gehirnerschütterung sowie zahlreiche Prellungen und Platzwunden am gesamten Körper.

15j. Junge. 10 Tage stationär; zwei Operationen. Langwierige ambulante Heilbehandlung mittels Krankengymnastik. Dauerschaden: Bewegungseinschränkungen und Belastungseinschränkungen; daher kein Sport mehr möglich und ggf. später berufliche Einschränkungen.

Betrag: 8.000 € **Haftung: 80 %**
immVorb: Ja **MdE: –**

LG Münster 21.7.2003 – 15 O 416/02 = unveröffentlicht

5947

Knieverletzungen (hier: Schwerwiegende Knieverletzung – Kniebänderverletzung, Kreusbandrissverletzung und Meniskusverletzung – die wie folgt beschrieben wurden: „Hintere Kreuzbandruptur, einen Korbhenkelriss des Innenmeniskushinterhorns, eine Knochenkontusion (d. h. einen Knorpelschaden) am Femurkondylus, eine leichte Innenbandzerrung sowie einen hochgradigen Gelenkerguss").

Mann (Reinigungskraft). Ambulante Heilbehandlung mit einer Arthroskopie, bei der das mediale Meniskushinterhorn fixiert wurde und eine Kreuzband-Orthese bzw. Kreuzbandschiene für insg. 6 Wochen angebracht wurde. MdE über 42 Tage 100 %. Dauerschaden: Kniegelenkinstabilität und Belastungsminderung. Dies ist – durch das elongiert verheilte hintere Kreuzband und den funktionellen Verlust des Innenmeniskushinterhorns mit korrespondierendem Knorpelschaden – als sog. Arthrosemodell zu bewerten, so dass im weiteren Verlauf mit dem vorzeitigen Auftreten eines Kniegelenkverschleißes gerechnet werden muss, so das OLG. [Motorradunfall]. Das Schmerzensgeld wurde in Form eines sog. Teilschmerzensgeldes zugesprochen.

Betrag: 9.000 € **Haftung: 100 %**
immVorb: Ja **MdE: –**

OLG Celle 29.9.2010 – 14 U 9/10 = BeckRS 2011, 6346

4471

Knieverletzung / Kniebänderverletzung (hier: Kreuzbandverletzung, die mittels einer Kreuzbandplastik geheilt werden sollte, was jedoch misslang; es wurden deshalb zwei Re-Arthroskopien durchgeführt).

39j. Frau. Stationäre Heilbehandlung. Langwierige Heilbehandlung: zunächst Re-Arthroskopie, anschließend für längere Zeit Krankengymnastik. Dauerschaden: Bewegungseinschränkung im Kniegelenk. Arthrose. Arzthaftung.

Betrag: 10.000 € **Haftung: 100 %**
immVorb: Ja **MdE: –**

OLG Frankfurt a. M. 23.5.2006 – 8 U 29/05 = BeckRS 2016, 17900

3053

Knieverletzung (hier: Knieinnenbandriss); Beckenfraktur und Gehirnerschütterung.

Mann (älterer Mann). Längere stationäre Heilbehandlung. Zeitweise „völlige Immobilität" des Klägers. Anschließend folgenlose Verheilung der Gehirnerschütterung und Beckenfraktur. Dauerschaden: Knieinstabilität, die jedoch operativ behoben werden könnte. [Anmerkung: Lesenswert auch zum Thema Zeitliche Aufspaltung des Schmerzensgeldanspruchs sowie zur Schmerzensgeldrente]

Betrag: 10.226 € **Haftung: 100 %**
immVorb: Ja **MdE: –**

LG Hildesheim 21.12.1999 – 3 O 202/98 = BeckRS 2008, 14871

3639

Knieverletzung / Kniebänderverletzung (hier: Kreuzbandriss; Außenbandteilriss; Innenbandteilriss [vgl. auch unter Außenbandriss und Innenbandriss]) am linken Kniegelenk. Zudem Gesäßverletzungen (hier: Gesäßmuskelverletzung; Hüftmuskelverletzung und Steißbeinfraktur) sowie Unterschenkelschnittverletzung; Prellungen und „ausgedehnte Ablederungen am Rücken und am Gesäß".

Mann. Stationärer Aufenthalt. Dauerschaden: Erhebliche Narbenbildung.

Betrag: 12.000 € **Haftung: 100 %**
immVorb: Ja **MdE: –**

OLG Celle 25.4.2006 – 14 U 230/05 = BeckRS 2006, 33403

6092

Knieverletzung / Kniebänderverletzung (hier: Kniebänderschaden am linken Knie), Rippenfraktur der 3. Rippe rechts mit vorübergehender Störung der Atemfunktion, Zudem erlitt der Kläger Prellungen (Brustkorbprellung und Schulterprellung), Schürfwunden (im Lendenwirbelsäulenbereich) und Schnittwunden an der linken Hannd.

Mann (Kraftfahrer). 4 Tage stationär wobei dem Kläger zahlreiche Glassplitter operativ entfernt werden mussten. Dauerschaden: Belastungsminderung am linken Knie, das den Kläger als LKW-Fahrer nicht nur minimal beeinträchtigt, da das linke Bein beim Einsteigen in den LKW im Einbeinstand belastet werde. Narben am Rücken. Dies alles sowie die Verwicklung des Klägers in den schweren Unfall, bei dem seine Gegnerin ums Leben kam, was für ihn ein gravierendes Erlebnis gewesen sei und seine lange anhaltende Arbeitsunfähigkeit und schließlich das schleppendes Regulierungsverhalten der Beklagten habe das LG – so das OLG – angemessen berücksichtigt.

Betrag: 14.000 € **Haftung: 100 %**
immVorb: – **MdE: –**

OLG Stuttgart 2.6.2016 – 13 U 13/16 = BeckRS 2016, 133119

3825

Knieverletzung (hier: Fehlerhafter Einsatz des vorderen Kreuzbandersatzes).

Mann. 62 Tage stationär. Arzthaftung. Behandlungsfehler infolge Fehlplatzierung des Kreuzbandersatzes. Dauerschaden: Bewegungseinschränkung; Spaziergänge nur bis zu 30 Minuten möglich; kein Radfahren; kein Fußballspielen (ehemaliges Hobby des Kl.).

Betrag: 15.000 € **Haftung: 100 %**
immVorb: Ja **MdE: –**

OLG München 10.7.2008 – 1 U 4923/07 = BeckRS 2008, 15548

3790

Knieverletzungen (hier: Behandlungsfehlerhafter Einsatz einer Kreuzbandplastik und Entnahme der Patellasehne nach Sportunfall.)

Mann (KFZ-Mechaniker). Arzthaftung: Behandlungsfehler bei Knieoperation / Meniskusruptur. Es kam – neben den oben bereits geschilderten Fehlern – zu einer Infektion. Dauerschaden: Bewegungseinschränkung beim Treppengehen und im steilen Gelände. Verschlechterungstendenz möglich.

Betrag: 15.000 € **Haftung: 100 %**
immVorb: Ja **MdE: –**

LG Marburg 23.4.2008 – 5 O 69/04 = BeckRS 2008, 11320

6288

Knieverletzung / Kniebänderverletzung (hier: Kreuzbandriß bzw. „Ruptur vorderes Kreuzband linkes Kniegelenk").

Mann (Polizeibeamter). MdE 5 Monate 100 %, anschließend 3 Monate Wiedereingliederung. [Zur Erfüllungsübernahme des Schmerzensgeldanspruchs durch den Dienstherrn. Anders als beim Urteil besteht für den Dienstherrn bei der Übernahme eines Schmerzensgeldanspruchs gegen den Schädiger, der auf einem Vergleich beruht, die Prüfungskompetenz, ob die Schmerzensgeldhöhe angemessen ist – hier: gemäß Art. 97 Abs. 1 S. 2 BayBG].

Betrag: 16.360 € **Haftung: 100 %**
immVorb: – **MdE: –**

VG Ansbach 25.7.2019 – AN 1 K 18.1545 = BeckRS 2019, 20662

5289

Knieverletzung / Kniebänderverletzung (hier: Kreuzbandriß links) und schwere Handgelenkprellung rechts sowie HWS-Syndrom und Knieschürfwunde rechts.

53j. Frau. Stationär mit vier Operationen. Anschließend ambulante Behandlung. Sehr langwierige Heilbehandlung über insgesamt vier Jahre. MdE 18 Wochen 100 %. Dauerschaden: Gehbehinderung. MdE 20 %. Vorschaden: Meniskusentfernung am linken Knie. Ursache: Motorradunfall.

Betrag: 18.000 € **Haftung: 100 %**
immVorb: Ja **MdE: 20 %**

OLG Bamberg 19.8.2014 – 5 U 176/13 = BeckRS 2014, 125408

6115

Knieverletzung und Unterschenkelfraktur (hier: Knieverletzung in Form einer Kniebänderverletzung mit Kreuzbandverletzung in Form einer Kreuzbandläsion und Unterschenkelmehretagenfraktur links mit ausgeprägtem Weichteilschaden und Kompartmentsyndrom).

38j. Mann. Stationäre Behandlungen mit mehreren Aufenthalten zwischen denen es fortlaufend ambulante Heilbehandlungen gab. Stationär wurde unter anderem auch eine Vakuumversiegelung mit Nekrosenabtragung durchgeführt. Außerdem erhielt der Kläger eine Spalthautplastik. 30 Tage Rehabilitationsaufenthalt. Dauerschaden: MdE 40 %, Dauerschmerzen. „Vor dem Unfall betrieb der Kläger regelmäßig diverse Sportarten, insbesondere Squash, Tischtennis und Glauben [gemeint ist Joggen]. Alle diese Aktivitäten sind ihm nun verwehrt. Er ist auch nicht mehr in der Lage, den Rasen vor dem Haus zu mähen oder Arbeiten auf dem Dach oder mithilfe einer Leiter auszuführen", so das LG.

Betrag: 25.000 € **Haftung: 100 %**
immVorb: Ja **MdE: 40 %**

LG Düsseldorf 30.7.2015 – 16 O 153/14 = BeckRS 2017, 122287

5827

Knieverletzung, schwere / Kniebänderverletzung (hier: komplexe Schädigung des linken Kniegelenkes mit Rupturen des Außenbandes und des hinteren Kreuzbandes, einen traumatischen Riss des Außenmeniskus, eine Teilruptur des vorderen Kreuzbandes, eine traumatische Zerstörung der Weichteile und der hinteren Kapsel auf der Außenseite sowie einen ausgedehnten Kniegelenkserguss und eine Wadenbeinköpfchenfraktur).

Frau (Arbeiterin). 42 Tage stationär mit zwei Operationen und vier Aufenthalten. Weitere 42 Tage Rehabilitationsaufenthalt. Langwierige Heilbehandlung. MdE insgesamt 26 Monate 100 %. Dauerschaden: MdE 25 %. Belastungsminderung des linken Knies. Verschlechterungstendenz: „Nach Einschätzung des medizinischen Sachverständigen ist langfristig mit der Notwendigkeit des Ersatzes des Kniegelenkes durch eine Endprothese zu rechnen". Zur Bemessung führte das LG aus: „Nach diesen Grundsätzen erachtet das Gericht ein Schmerzensgeld bei 100prozentiger Haftung von 30.000 EUR und einen Abzug wegen der anzurechnenden Eigenhaftung der Klägerin in Höhe von 2.000 EUR, also ein Schmerzensgeld von 28.000 EUR als angemessen. Dabei ist insbesondere zu berücksichtigen, dass der Verschuldensanteil der Klägerin an dem Unfall eher geringfügig ist". [Ursache: Motorradunfall – Lückenunfall].

Betrag: 28.000 € **Haftung: 100 %**
immVorb: Ja **MdE: 25 %**

LG Berlin 18.6.2008 – 24 O 694/05 = BeckRS 2009, 23492

4372

Knieverletzung / Kreuzbandverletzung (hier: Wegen Fehlplatzierung des Bohrkanals misslungene Kreuzbandersatzplastik mit erheblicher Bewegungseinschränkung,)

34j. Mann. Langwierige Heilbehandlung. Arzthaftung. [Leitsatz des OLG: „Eine wegen Fehlplatzierung des Bohrkanals misslungene Kreuzbandersatzplastik mit erheblicher Bewegungseinschränkung, wochenlangen Schmerzen und dem Erfordernis eines Zweiteingriffs kann bei einem 34 – Jährigen ein Schmerzensgeld von 30.000 EUR rechtfertigen."].

Betrag: 30.000 € **Haftung: 100 %**
immVorb: – **MdE: –**

OLG Koblenz 26.9.2011 – 5 U 776/11 = BeckRS 2011, 25158

6890

Knieverletzung (hier: Außenmeniskusverletzung in Form einer Außenmeniskushinterhornverletzung und einer Kniebänderverletzung in Form einer Knieinnenbandläsion).

Frau. (Polizeibeamtin). Ca. 20 Tage stationär mit einer Knieoperation; zu einem späteren Zeitpunkt mussten zudem zwei weitere Operationen durchgeführt werden. Dauerschaden: Gehbehinderung und Belastungseinschränkung. [Anmerkung: Das OLG führte zudem sinngemäß aus, dass von einem unangemessenen, nicht nachvollziehbaren Regulierungsverhalten, welches ggf. ein angemessenes Schmerzensgeld erhöhen kann, nicht gesprochen werden könne, wenn die Versicherung vorgerichtlich auf das Schmerzensgeld bereits nicht unerhebliche Zahlungen geleistet hat].

Betrag: 40.000 € **Haftung: 100 %**
immVorb: – **MdE: 20 %**

OLG Oldenburg 2.7.2020 – 7 U 26/20 = BeckRS 2020, 44071

5972

Knieverletzung, schwere (hier: Kniebänderverletzung in Form einer Kreuzbandrissverletzungen hinten und vorne – vorne mit Knochenabsprengung – am linken Knie nach komplexem Distorsionstrauma).

32j. Mann. Stationäre Heilbehandlung mit mehreren Operationen unter anderem mit einer Spaltung der Faszien im Bereich des Unterschenkels. Sehr langwierige Heilbehandlung. Dauerschaden: MdE 100 %. „Der Kläger kann bis zum heutigen Tage nicht selbstständig gehen und ist auf Unterarmstützen angewiesen", so das LG Dortmund in der Vorinstanz. Bei der Bemessung berücksichtigte das LG in der Vorinstanz, dass die Spielsituation beendet gewesen sei und der Beklagte mit gestrecktem Bein wie „Rambo" herangesprungen und den Kläger vorsätzlich mit voller Wucht am Knie getroffen habe. Der Angriff habe nicht dem Wettkampf um den Ball, sondern ausschließlich der in Kauf genommenen schweren Verletzung des Beklagten gegolten. Zudem habe der Beklagte anschließend den Umstehenden beim Abtransport des Klägers mit dem Krankenwagen zynisch zugerufen „Winkt ihm mal alle zu!". Außerdem habe er in der Kabine sinngemäß geprahlt: „Den habe ich gut weggetreten, gut, dass ich noch durchgezogen habe!" und „Ah, auch wenn wir verloren haben, hat sich das Spiel für mich gelohnt, man, den habe ich aber gut getroffen!". Zudem, dass der Kläger „durch die Verletzung lebenslang beeinträchtigt [worden sei] und ... nie wieder Sport treiben könne. Freizeitaktivitäten wie Joggen oder Wandern seien ausgeschlossen". Verschlechterungstendenz: Latente Gefahr einer Unterschenkelamputation. [Ursache: Rücksichtslosigkeit / Brutales Foul beim Fußballspiel in der Amateurliga – vgl. dazu auch das erstinstanzliche Urteil des LG Dortmund BeckRS 2013, 203].

Betrag: 50.000 € **Haftung: 100 %**
immVorb: Ja **MdE: 100 %**

OLG Hamm 22.10.2012 – I-6 U 241/11 = BeckRS 2012, 24676

g) Kniescheibenverletzungen und Kniefrakturen

6522

Kniefraktur (hier: Kniescheibenfraktur mit Knieplatzwunde) sowie Bluterguss an der Stirn und an der Brust.

74j. Frau. Ambulante und langwierige Heilbehandlung. Sie musste nach dem Unfall eine Orthese tragen und fünf Wochen lang mit Krücken gehen und konnte ein halbes Jahr lang kein Nordic-Walking ausüben. Dauerschaden: Belastungsbeeinträchtigungen im linken Kniebereich und posttraumatische Knorpelschädigung. [Ursache: Verkehrssicherungspflichtverletzung. Die Klägerin stürzte beim morgendlichen Nordic Walking über ein Bündel Zeitungen, das der Beklagte im Stadtgebiet frei zugänglich auf öffentlichen Bürgersteigen für die Zeitungszusteller bereitgelegt hatte].

Betrag: 750 € **Haftung: 30 %**
immVorb: – **MdE: –**

AG Köln 4.9.2018 – 116 C 550/17 = BeckRS 2018, 30936

3642

Kniegelenkverletzung / Kniescheibenfraktur in Form einer Kniescheibenimpressionsfraktur, die mittels einer Metallplattenosteosynthese und einer Spongiosaplastik versorgt wurde.

Frau (Lehrerin / Studentin). 6 Wochen stationär, 2 Aufenthalte. MdE 2 1/2 Monate 100 %, 6 Wochen 75 %. Mehrere Monate 25 %. Langwierige Heilbehandlung. Mehrere Monate ambulante Rehabilitation mit regelmäßiger Krankengymnastik. Erhöhend wurde die Verschiebung der Diplomprüfung und die Urlaubsvereitelung bewertet.

Betrag: 2.000 € **Haftung: 66 %**
immVorb: – **MdE: –**

LG Gießen 23.2.2006 – 3 O 410/05 = BeckRS 2009, 16161

4650

Knieverletzung / Kniescheibenverletzungen (hier: Kniescheibenknorpeleinriss links und Mikrofraktur an der rechten Kniescheibe; Kniegelenkbluterguss und Knieödem) sowie Brustkorbprellung.

Mann. Ambulante Heilbehandlungen. MdE 3 Tage 100 % sowie geringfügig weitere 4 Monate. Bei der Bemessung wurde erhöhend die während er insgesamt viermonatigen Beschwerden eingeschränkte Freizeitgestaltung insbesondere der Verzicht auf das Fahrradfahren (Hobby des Kl.) berücksichtigt.

Betrag: 2.300 € **Haftung: 100 %**
immVorb: – **MdE: –**

AG Bottrop 24.2.2011 – 8 C 457/09 = BeckRS 2011, 142279

5563

Kniescheibenfraktur in Form einer mehrfragmentierte Patellafraktur links mit Innenmeniskusriss, einer intraartikulären Erguss, einer Prellung, einer Schürfwunde am linken Kniegelenk) und eine Handprellung an der linken Hand.

Mann (Minijobber). Ambulante Behandlung durch Ruhigstellung des Knies mit Knieorthosen / Kniebandagen, Lymphdrainage und Physiotherapie. MdE 73 Tage 100 %. [Da es sich vorliegend nicht um ein Urteil sondern einen Beschluss im PKH-Verfahren handelte, legte das OLG keine Haftungsquote fest. „Unabhängig von der noch zu bildenden Haftungsquote – so das OLG – bietet die Anschlussberufung zudem hinreichende Aussicht auf Erfolg, soweit sich der Bekl. dagegen wendet, dass das LG ein Gesamtschmerzensgeld iHv 4000 EUR als angemessen erachtet und den Bekl. zur Zahlung weiterer 1000 EUR verurteilt hat. Ein höheres Schmerzensgeld als die vorgerichtlich gezahlten 3000 EUR steht dem Kl. nämlich nicht zu". [Lesenswert Zum Vorfahrtsrecht bei der Kollision von Radfahrern].

Betrag: 3.000 € **Haftung: –**
immVorb: – **MdE: –**

OLG Hamm 16.5.2018 – 7 U 2/18 = BeckRS 2018, 15600

5699

Kniefraktur (hier: „blutiger Kniegelenkserguss links mit Partellaunterpolfraktur sowie Innenminiskuseinriss").

Frau (Ärztin). Ambulante. langwierige Heilbehandlung mit 11 Terminen und Gipsverband und erheblichen Schmerzen im Kniegelenk während der ersten drei Monate. Auch in den folgenden drei Monaten noch schmerzhafte Beeinträchtigungen. MdE 90 Tage 100 % und weitere 90 Tage 20 % sowie anschließend noch für die Dauer eines Jahres 10 %. [Ursache: Verkehrssicherungspflichtverletzung. Sturz in der Gemüseabteilung eines Supermarktes].

Betrag: 3.000 € **Haftung: –**
immVorb: – **MdE: –**

OLG Karlsruhe 14.7.2004 – 7 U 18/03 = BeckRS 2010, 8349

7386

Knieverletzung und Kniescheibenverletzung (hier: Kniescheibenluxation bzw. Patellaluxation, MPFL-Riss bzw. MPFL-Ruptur [= Das mediale patellofemorale Ligament ist der wichtigste und kräftigste Weichteilstabilisator der Kniescheibe], eine Retinaculumruptur [= Knieband und damit Teil des Halteapparats der Kniescheibe], eine osteochondrale Flakes der medialen Patella als freier Gelenkskörper und einen massiven Bluterguss)

23j. Mann. Stationäre Behandlung. Zwei Operationen. Komplizierte Heilbehandlung mit Blutungen, weshalb die zweite OP erforderlich wurde. Für die Dauer von sieben Wochen musste der Kl. eine Beinschiene tragen. MdE 60 Tage 100 %. Zu einem möglichen Dauerschaden führte das LG aus: „Der … Kläger konnte … nicht mehr im selben Umfang wie vorher Ski- und Radfahren. Fußballspielen und Joggen geht nur eingeschränkt. Mit dem Radfahren ist es so langsam wieder in Ordnung, beim Muskeltraining oder Skifahren verspürt der Kläger nach wie vor Schmerzen im linken Bein." [Verkehrssicherungspflichtverletzung – ein Handlauf, der einen abfallenden Weg besser begehbar machen sollte, war gebrochen, so dass der Mann auf dem zudem vereisten Gemeindeweg stürzte. Er konnte aber das erste Mal wieder aufstehen und sich am Geländer festhalten. Nachdem dieses aus der Verankerung riss und gebrochen war, flutschte die Kniescheibe aus ihrer Verankerung und der Kläger lag etwa eine Stunde lang hilflos am Boden.]. Zur Schmerzensgeldbemessung führte das LG aus: „Für eine große Genugtuung sieht das Gericht kein großes Bedürfnis. Allerdings berücksichtigt das Gericht bei der Bemessung noch, dass der Kläger seine Heimatgemeinde verklagen musste und eine Stunde hilflos am Boden lag."

Betrag: 3.250 € **Haftung: 100 %**
immVorb: – **MdE: –**

LG Tübingen 9.3.2018 – 3 O 89/17 = BeckRS 2018, 44326

3606

Kniescheibenfraktur sowie Prellungen und Schürfungen.

Frau (Referendarin). 3 Tage stationär; MdE 6 Wochen 100 %. Die nicht dislozierte Fraktur verheilte folgenlos. Dennoch sind Einschränkungen beim Reitsport und beim Wintersport möglich.

Betrag: 5.000 € **Haftung: 100 %**
immVorb: – **MdE: –**

LG Lübeck 13.10.2004 – 12 O 73/04 = unveröffentlicht

6216

Kniescheibenfraktur (hier: Komplizierte Kniescheibentrümmerfraktur [= Patellatrümmerfraktur] links), subcapitale Oberschenkelfraktur links, Schulterfraktur / Schulterverletzung (hier: Schulterimpressionsfraktur bzw. „Impression des Tuberculum majus" an der rechten Schulter sowie multiple Prellungen und Schürfungen am Kopf und im Gesicht.

Mann. Stationäre Behandlung mit Metallimplantat, das nach etwa einem Jahr wieder entfernt werden musste. MdE 21 Tage 100 % und 20 Tage 30 %. Nahezu folgenlose Verheilung „bei reizloser Wundsituation". [Ursache: Tierhalterhaftung – Kollision als Radfahrer mit einem Hund].

Betrag: 6.136 € **Haftung: 75 %**
immVorb: – **MdE: –**

LG München I 11.5.2001 – 19 O 21411/00 = BeckRS 2001, 161373

3127

Kniefraktur / Unterschenkelfraktur (hier: „Kondyläre Kniegelenkfraktur mit Knorpelkontusion" mit „geringer O-Stellung sowie eine geringere Kurvationsstellung am Übergang vom mittleren zum unteren Unterschenkel".)

14j. Mann (Schüler). 16 Tage stationär. Weitere 6 Wochen 100 % arbeitsunfähig wegen Fersendrahtextension und Oberschenkelliegegips. Anschließend Unterschenkelgips. Mögliche Dauerschäden: Arthrose, Kniegelenksbeeinträchtigungen.

Betrag: 7.158 € **Haftung: 100 %**
immVorb: Ja **MdE: –**

LG Hamburg 15.6.2001 – 331 O 26/00 = BeckRS 2001, 161928

3718

Kniefraktur in Form einer Kniescheibenfraktur rechts sowie Schürfwunden.

21j. Mann. 7 Tage stationär, MdE 3 1/2 Moante 100 %. Nahezu ein Jahr nach dem Unfall erneut stationär wegen Metallteileimplantatentfernung. Dauerschaden: Bewegungseinschränkungen. Auf die vorgerichtliche Teilzahlung von 6.750 Euro sprach das OLG weitere 1.200 Euro zu.

Betrag: 7.950 € **Haftung: 60 %**
immVorb: Ja **MdE: –**

OLG Koblenz 2.7.2007 – 12 U 258/06 = BeckRS 2007, 12665

4509

Kniegelenkfraktur, schwere mit posttraumatischem Verschleiß des lateralen Schienbeinplateaus und beginnender Kniegelenkarthrose.

55j. Frau. Stationäre Heilbehandlung. Dauerschaden: Kniegelenkgebrauchseinschränkung von 20 % infolge von: Bewegungseinschränkung / Beugefähigkeitseinschränkung des linken Kniegelenks. Trotz dieser Diagnose spricht das LG davon, es seien keine schwerwiegenden Komplikationen aufgetreten.

Betrag: 10.000 € **Haftung: 100 %**
immVorb: Ja **MdE: –**

LG Duisburg 13.1.2012 – 10 O 161/09 = BeckRS 2013, 5888

3919

Kniefraktur / Kniescheibenfraktur.

Mann. 12 Tage stationär; drei Operationen mit Metallteileimplantat und späterer Entfernung. MdE „über drei Monate" 100 % anschließend weitere 14 Tage 50 %. Möglicher Dauerschaden: Bewegungsbeeinträchtigung des Kniegelenkes in Form von Kniebeugebelastungsschmerzen.

Betrag: 10.000 € **Haftung: 100 %**
immVorb: – **MdE: –**

LG Köln 26.2.2008 – 7 O 446/04 = BeckRS 2009, 3314

7722

Kniefraktur / Kniescheibenfraktur rechts in Form einer offene Patella-Mehrfragment-Fraktur 1. Grades sowie eine Platzwunde und Hautabschürfungen.

Mann. Stationäre Behandlung. Langwierige Heilbehandlung. Der Kläger musste „etwa vier bis fünf Wochen fast nur liegen" und konnte „die nächsten vier bis fünf Wochen nur kleine Schritte mit Gehhilfen gehen" und war „rund vier Monate, bei der Fortbewegung auf Unterarmgehstützen angewiesen", so das OLG. Sieben Monate nach der OP erfolgte eine weitere Operation zur Metallimplantatentfernung. MdE insgesamt ca. 8 Monate 100 %. Dauerschaden: 40 cm lange Narbe am rechten Knie bzw. Bein. Zudem litt der Kläger zum Zeitpunkt der Gerichtsentscheidung noch an „Bewegungseinschränkungen und Bewegungs-/Belastungsschmerzen im rechten Knie, insbesondere beim Hinhocken. War er in seiner Bewegungsfähigkeit zunächst massiv beeinträchtigt, so ist ihm mittlerweile immerhin wieder möglich, rund 10.000 Schritte täglich ohne Schmerzen zurückzulegen", so das OLG hierzu. Bei der Schmerzensgeldbemessung setzte sich das OLG umfassend mit Vergleichsfällen auseinander ua mit der Entscheidung des OLG Brandenburg → Nr. 4129, betonte dabei jedoch, dass diese Urteile „nur einen Anhaltspunkt für die tatrichterlichen Erwägungen zur Schmerzensgeldbemessung bieten" und kam schließlich „unter Berücksichtigung der individuellen beruflichen und sozialen Folgen" zum Ergebnis, dass 12.500 EUR angemessen sind. [Ursache: Überschreiten eines Gullydeckels, der dabei zur Seite wegbrach, sodass der Kl. mit seinem rechten Bein in den Sickerschacht gerutscht war. Anspruch aus § 2 Abs. 1 S. 2 HaftPflG].

Betrag: 12.500 € **Haftung: 100 %**
immVorb: Ja **MdE: –**

OLG Celle 11.6.2025 – 14 U 138/23 = BeckRS 2025, 14299

3835

Kniescheibenfraktur in Form einer Kniescheibenkopffraktur; Unterschenkelfraktur in Form einer Schienbeinkopffraktur sowie eine Fußfraktur in Form einer Sprunggelenkfraktur links.

Frau. Stationärer Aufenthalt mit 2 Operationen. Anschließend Rehabilitation. Nachfolgend mussten noch für einen Zeitraum von gut 6 Wochen Unterarmgehstützen (Krücken) benutzt werden. Verkehrssicherungspflichtverletzung bzgl. des gefliesten Bodenbelages.

Betrag: 13.000 € **Haftung: 100 %**
immVorb: Ja **MdE: –**

OLG Brandenburg 10.6.2008 – 11 U 32/07 = BeckRS 2008, 13144

4976

Kniefrakur / Kniegelenkfraktur (hier: Knieverrenkungsfraktur mit späterer Implantation einer Kniegelenksprothese) und einen Unterschenkeltrümmerbruch im Bereich des Schienbeinkopfes.

30j. Mann (Elektroinstallateur). Stationäre Behandlung. Kniegelenksprothese. Dauerschaden: Chronische Schmerzen, Gehbehinderung. Berufsaufgabe und Umschulung als Bürokaufmann. [Lesenswert zum Thema: Mitverschulden des Unfallopfers bei Verdienstausfall nach erfolgreicher Umschulungsmaßnahme].

Betrag: 14.000 € **Haftung: 100 %**
immVorb: Ja **MdE: –**

OLG Schleswig 9.1.2014 – 7 U 83/13 = BeckRS 2014, 5598

3406

Kniescheibenfraktur in Form einer Kniescheibentrümmerfraktur. Schulterblattfraktur; Schlüsselbeinfraktur; Zahnfrakturen (hier: Die beiden oberen Schneidezähne waren herausgebrochen und müssen neu überkront werden.); HWS-Syndrom und zalreiche Prellungen und Kinnplatzwunde.

Frau. 3 Wochen stationäre Behandlung. Mehrere Operationen sowie mehrere zahnärztliche Behandlungen. Komplizierte Heilbehandlung / langwierige Heilbehandlung. Möglicher Dauerschaden: Bewegungseinschränkung des rechten Kniegelenks; es sei – das das LG – „nicht jedoch von einer nennenswerten allgemeinen Gehbehinderung" auszugehen.

Betrag: 15.339 € **Haftung: 100 %**
immVorb: – **MdE: –**

LG Duisburg 30.5.2005 – 4 O 265/01 = BeckRS 2005, 6359

3621

Kniescheibentrümmerfraktur rechts mit Dauerfolgen. Schlüsselbeinfraktur. Schulterfraktur. Unterlippenverletzung (hier: Taubheitsgefühl). Zahnverletzung (hier: Schneidezahnlockerung an zwei Zähnen) und HWS-Syndrom.

Frau. 4 Wochen stationär. MdE 4 Monate 100 %. Langwierige Heilbehandlung mittels krankengymnastischer Übungen. Dauerschaden: Bewegungsbeeinträchtigung im Kniegelenk sowie Taubheitsgefühl an der rechten Unterlippe.

Betrag: 15.339 € **Haftung: 100 %**
immVorb: – **MdE: –**

OLG Düsseldorf 1.12.2003 – 1 U 65/03 = BeckRS 2003, 30334612

6259

Knieverletzung, schwere (hier: Kniescheibenfraktur in Form einer Kniescheibenmehrfragmentfraktur der rechten Kniescheibe sowie eine Fragmentabsprengung des Gelenkkopfes der äußeren Schienbeinhöcker) und eine offene Fingerfraktur in Form einer sogenannten DII-Endgliedfraktur an der rechten Hand nebst Amputation des Endgliedsdes rechten Zeigefingers.

Mann. 10 Tage stationär mit mehreren Nachoperationen und Klinikaufenthalten sowie eine leicht- bis mittelgradige depressive Episode, an deren Entstehung der Unfall neben einer psychischen Vorbelastung sowie der (Fehl-)Verarbeitung des Regulierungsgeschehens einen Anteil hatte. Dauerschaden: Bewegungseinschränkungen des rechten Beins und Fingerendgliedverlust nach Zeigefingerteilamputation. [Ursache: Motorradunfall – und insofern der Klassiker: Verkehrsunfall zwischen links abbiegendem Pkw und überholendem Motorrad].

Betrag: 20.000 € **Haftung: 40 %**
immVorb: – **MdE: –**

OLG Stuttgart 13.12.2016 – 6 U 137/14 = BeckRS 2016, 133871

4753

Kniefraktur in Form einer Kniescheibenfraktur rechts.

Mann (Bauarbeiter und Landwirt im Nebenerwerb). 30 Tage stationär mit insgesamt 3 Operationen. MdE gut 100 Tage 100 %. Dauerschaden: Bewegungsbeeinträchtigung. Das LG berücksichtigte zudem die Tatsache, dass der Kläger, während er noch an Unterarmgestützen ging, stürzte und es zu einer erneuten Verletzung (Knochenfragmentverschiebung) kam.

Betrag: 25.000 € **Haftung: 100 %**
immVorb: – **MdE: 10 %**

LG Traunstein 4.6.2012 – 7 O 4875/10 = BeckRS 2012, 214055

2935

Knieverletzung / Kniescheibenverletzung (hier: Kniescheibentrümmerfraktur mit Kniescheibenverlust, subtotale Kniegelenkeinsteifung rechts; Spitzfußstellung im Sprunggelenk mit Kraftminderung im rechten Bein.).

58j.Frau. 28 Wochen stationär! Dauerschaden: Kniescheibenentfernung; deutliche Gehbehinderung, Stehbehinderung, Belastungsbeschwerden. Erwerbsunfähig ohne Prozentangabe.

Betrag: 28.121 € **Haftung: 70 %**
immVorb: – **MdE: –**

OLG Braunschweig 8.5.2000 – 6 U 54/99 = BeckRS 2000, 167938

3801

o.Kniescheibenfraktur/ o.Kniescheibenfraktur (hier: zweitgradig offene distale Kniescheibentrümmerfraktur kinks); Unterarmfraktur, dislozierte; Nasenbeinfraktur sowie Risswunden an der Stirn und an beiden Ellenbogengelenken.

42j. Frau (Packerin). Lebensgefahr. 16 Tage stationär; anschließend sechs weitere stationäre Aufenthalte von insgesamt 53 Tagen Dauer; mehr als 100 ambulante Behandlungen. Dauerschaden: Arthrose, Gehbehinderung: „nicht mehr möglich …, schmerzfrei längere Strecken zurückzulegen" sowie 14 cm lange, über den Augenbrauen verlaufende, sichtbare, aber nicht entstellende Narbe im Gesicht.

Betrag: 35.000 € **Haftung: 100 %**
immVorb: – **MdE: 20 %**

LG Osnabrück 30.4.2007 – 8 O 2851/04 = BeckRS 2007, 145713

5297

Knieverletzung, schwere, links (hier: Kniegelenkfraktur in Form einer Schienbeinplateaufraktur [= sogn. Eminentiafraktur als Teil des Kniegelenks]. Kreuzbandriß am hinteren Kreuzband links und Kollateralbandriß [= Das laterale Kollateralband ist das Seitenband, das an der Außenseite des Knies liegt], Knieluxation bzw. Ausrenkung des linken Kniegelenks. Sprunggelenkfraktur, schwere (hier: Sprunggelenkluxationsfraktur Typ Weber C rechts). Zudem erlitt der Kläger zum Teil schwere Prellungen (hier: schwere Rückenprellung, schwere Schädelprellung und Brustkorbprellung).

Mann (älterer Mann). 10 Wochen stationär. Mehrere Aufenthalte. Zwischendurch musste der Kläger in einer Kurzzeitpflege versorgt werden. Ambulante Behandlung, langwierige Heilbehandlung. Dauerschaden: Erhebliche Bewegungsbeeinträchtigung und Belastungsminderung im Kniegelenk. Das OLG berücksichtigte zudem die Gesamtbeeinträchtigung des Klägers und dessen Ehefrau aufgrund der schweren Unfallfolgen.

Betrag: 50.000 € **Haftung: 100 %**
immVorb: Ja **MdE: –**

OLG München 10.7.2014 – 24 U 3058/13 = unveröffentlicht

7843

Kniefraktur und Bänderverletzung (hier: offene Kniescheibenfraktur bzw. Patella-Mehrfragmentfraktur mit gleichzeitigem Ausriss des medialen und auch des lateralen Seitenbandapparates) in Verbindung mit einer kniegelenksnahen Unterschenkelfraktur in Form einer sog. „offenen proximalen Tibiafraktur". Psychische bzw. seelische Belastungen, insbesondere wegen der frühzeitige Kaiserschnittoperation (Schwangerschaft der Kl. in der 35 Woche) und eine daran anschließende eingeschränkte Pflege des neugeborenen Kindes für die Zeit der Regenerierung unmittelbar nach dem Unfall der damit zusammenhängenden Operationen.

42j. Frau. 28 Tage stationär. Frühzeitige Kaiserschnittoperation. Insgesamt drei Operationen. Knieprothese. Komplizierte Heilbehandlung: Aufgrund der Schwangerschaft in der 35. Woche, konnte keine sofortige Operation der Frakturen, sondern nur eine Frakturstabilisierung erfolgen. Dies wurde bis zur Kaiserschnittgeburt des Kindes verschoben, die jedoch erst zwei Wochen nach dem Unfall erfolgen konnte. Die operative Behandlung der Tibiakopf- und Patellafraktur, bei der der Klägerin eine Knieprothese eingesetzt wurde, erfolgte anschließend. Dabei erfolgte eine offene Patellareposition mit Schraubenosteosynthese und Draht-Cerclage sowie Naht der MPFL-Region und transossäre Refixation des femoralen vorderen Kreuzbandausrisses. Des Weiteren erfolgte eine Doppelplattenosteosynthese der Tibiakopffraktur. Die dritte Operation und weitere 18 Tage stationären Aufenthalts waren zur Metallteilentfernung nach über einem Jahr nach dem Unfall erforderlich. Dauerschaden: „Sehr deutliche Bewegungseinschränkung (Streck- und Beugehemmung) sowie ein Reizknie mit einer deutlichen Überwärmung des Kniegelenks" mit der Folge einer Gehbehinderung mit erheblichen Bewegungseinschränkungen und Belastungsminderung. Dadurch kann die Klägerin, die vor dem Unfall viel Sport wie Fahrradfahren, Laufen, Schwimmen und Reiten) getrieben hatte, solche Aktivitäten nach dem Unfall nicht mehr vornehmen. Eine wesentliche Veränderung kann – so das LG mit Verweis auf ein Gutachten – nicht mehr in Aussicht gestellt werden. Bei der Schmerzensgeldbemessung berücksichtigte das LG all dies sowie zum einen die erhebliche Regulierungsverzögerung durch den KH-Versicherer und sprach insofern von einem „nicht nachvollziehbaren" zögerlichen und kleinlichen Regulierungsverhalten. Zum anderen verwies das LG die „vielfältigen, erheblichen und nachhaltigen negativen (Dauer-)Auswirkungen auf das Leben der Klägerin und unter Berücksichtigung des zudem noch jüngeren bis mittleren Alters der Klägerin zum Unfallzeitpunkts".

Betrag: 75.000 € **Haftung: 100 %**
immVorb: Ja **MdE: 35 %**

LG Memmingen 17.12.2021 – 2 O 1007/20 = BeckRS 2021, 65671

h) Meniskusverletzungen

4387

Knieverletzung (hier: Meniskusriss mit Entzündung des Kniegelenks).

Mann. Langwierige ambulante Heilbehandlung. Ursache: Fahrradsturz.

Betrag: 700 € **Haftung: 33 %**
immVorb: – **MdE: –**

LG Münster 25.3.2009 – 8 O 34/09 = BeckRS 2009, 12243

4577

Knieverletzung (hier: Mensikusverletzung in Form einer Meniskusläsion und sehr hoher Wahrscheinlichkeit einer Kniegelenkarthrose).

15j. Mädchen. Arzthaftung (hier: Grober Behandlungsfehler im Rahmen einer arthroskopischen Meniskusopertion). Das OLG rügte das vom LG festgesetzte Schmerzensgeld als „im untersten Bereich angesiedelt". Verschlechterungstendenz: Kniearthrose.

Betrag: 2.500 € **Haftung: 100 %**
immVorb: Ja **MdE: –**

OLG Jena 12.6.2012 – 4 U 634/10 = BeckRS 2012, 13115

4111

Kniegelenkverletzung (hier: Innenmeniskusriss).

Frau (Angestellte). 6 Wochen ambulante Heilbehandlung. MdE 2 1/2 Monate 100 %. Während der gesamten Behandlungszeit litt die Kl. unter Schmerzen und der verletzungsbedingten Bewegungsbeeinträchtigung. Ursache: Verkehrssicherungspflichtverletzung

Betrag: 3.000 € **Haftung: 100 %**
immVorb: – **MdE: –**

LG Düsseldorf 11.6.2010 – 2 O 159/07 = unveröffentlicht

5870

Knieverletzung (hier: Innenmeniskusriss und Kniegelenkdistorsion).

Frau (Regierungsangestellte). Unter Vollnarkose wurde eine ambulante diagnostische und operative Arthroskopie mit Innenmeniskusteilresektion vorgenommen. Ambulante Heilbehandlung während der Dauer von 6 Wochen mit insgesamt 10 krankengymnastische Behandlungen sowie Kältetherapie erfolgt, um unter anderem die Beweglichkeit des Kniegelenks wieder herzustellen. MdE mindestens 75 Tage 100 %. Folgenlose Verheilung. Schmerzensgelderhöhung wegen Urlaubsbeeinträchtigung. [Ursache: Verkehrssicherungspflichtverletzung – nasser Boden nach Bodenreinigung].

Betrag: 3.000 € **Haftung: 100 %**
immVorb: – **MdE: –**

LG Düsseldorf 11.6.2010 – 2b O 159/07 = BeckRS 2010, 16813

5941

Kniegelenkluxaktion mit Kniebänderverletzungen (hier: Kreuzbandrissverletzung bzw. vordere Kreuzbandruptur) sowie Meniskusverletzungen (hier: Innenmeniskusverletzung und Außenmeniskusverletzung – jeweils in Form eines Meniskushinterhornrisses im linken Kniegelenk).

Frau. Stationäre Behandlung mit drei Operationen und Durchführung einer Arthroskopie. Dauerschaden: Arthrose und Belastungsminderung des Kniegelenks. Bei der Bemessung berücksichtigte das OLG, dass „die Stabilität des Kniegelenks ist bis zum Schluss der mündlichen Verhandlung vor dem Landgericht nicht mehr wiederhergestellt worden [war]. Dieser Zustand dauert seit dem Schadensfall über vier Jahre an. Hinzu kommen umfangreiche ambulante Behandlungsmaßnahmen sowie eine bereits jetzt zu diagnostizierende Arthrose, deren weiterer Verlauf freilich nicht verlässlich vorhergesehen werden kann". [Ursache: Durch KFZ verschrecktes Pferd riss die Klägerin, die es an der Leine führte zu Boden].

Betrag: 3.300 € **Haftung: 33 %**
immVorb: Ja **MdE: –**

OLG Saarbrücken 15.11.2011 – 4 U 593/10-184 = BeckRS 2011, 26869

6689

Knieverletzung in Form einer Innenmeniskusverletzung am rechten Knie sowie einer Knieprellung.

Mann (Polizist). Ambulante Behandlung. MdE 46 Tage 100 %. 6 Monate krankengymnastische bzw. physiotherapeutische Behandlung. Die Entscheidung des VG befasste sich im Rahmen Anspruch auf Erfüllungsübernahme gemäß Art. 97 BayBG mit einem dem Kläger vom AG Aschaffenburg zuerkannten Schmerzensgeldanspruch in Höhe von 4.000 EUR für die oben unter Verletzungen. Insofern hatte der Kläger im Dienst den Beklagten zunächst fixiert; dieser sprang jedoch hoch, drehte sich hierbei und stieß seinen Kopf und seine Schulter gegen die Innenseite des rechten Knies des Klägers, wodurch dieser verletzt wurde. [Anmerkung: Die gegen das Land Bayern gerichtete Klage vor dem VG Würzburg auf Erfüllungsübernahme hatte Erfolg, da vorliegend ein Angriff im physischen Sinne gegen den Beamten vorlag. Vergleiche insofern auch das Urteil des VG Augsburg → Nr. 6681].

Betrag: 4.000 € **Haftung: 100 %**
immVorb: – **MdE: –**

VG Würzburg 28.1.2020 – W 1 K 19.792 = BeckRS 2020, 3573

5410

Knieverletzung, schwere / Meniskusverletzung (hier: „Tibiakopfdepressionsfraktur links und einen kapselnahen Teilabriss des Meniskus").

Frau (Kellnerin). MdE 85 Tage 100 %. Dauerschaden: Belastungsminderung des linken Knies. Erhebliche berufliche Einschränkung oder gar Berufsaufgabe als Kellnerin. Der Sachverständige hatte insoweit ausgeführt, „dass die Klägerin in diesem Beruf überhaupt nicht mehr konkurrenzfähig arbeitsfähig ist, da ihr die erheblichen Lauf- und Tragebelastungen einer Kellnerin nicht mehr zumutbar seien, sie vielmehr nur noch leichte körperliche Arbeiten ausüben könne, wobei der Schwerpunkt der Arbeiten im sitzenden Bereich liegen solle", so das OLG. [Anmerkung: Mit nur 5.000 EUR ist das Schmerzensgeld im Hinblick auf die beruflichen und privaten Dauerfolgen deutlich zu gering].

Betrag: 5.000 € **Haftung: 100 %**
immVorb: – **MdE: 10 %**

OLG Brandenburg 8.3.2007 – 12 U 154/06 = BeckRS 2009, 7236

4036

Knieverletzung (hier: Innenmeniskusriss).

Mann. Stationär. MdE ca. 3 Wochen 100 %. Arthroskopie.

Betrag: 5.000 € **Haftung: 100 %**
immVorb: – **MdE: –**

LG Essen 12.3.2004 – 12 O 170/02 = BeckRS 2010, 16512

5791

Knieverletzungen / Meniskusverletzungen (hier: Kniegelenkdistorsion mit Anriss Innenmeniskus-Hinterhorns, Außenmeniskusradiärriss, Knorpelläsion im Vorderfeld der medialen Femurkondylenrolle und Kreuzbandriss).

Frau (junge Frau / Fahrschülerin). Ambulante Behandlung. Langwierige Heilbehandlung mit einer Vielzahl von krankengymnastischen Therapiestunden. Sie musste zudem unmittelbar nach dem Unfall für nahezu acht Wochen Unterarmstützen und eine Schiene tragen. 14 Monate nach dem Unfall musste sie sich einem arthroskopischen Eingriff zur Beseitigung von Unfallfolgen unterziehen. [Ursache: Motorradunfall – Fahrlehrerhaftung: Die Klägerin sollte auf einem verschneiten Parkplatz eine Gefahrenbremsung mit einem Motorroller ausführen und stürzte]. Regulierungsverzögerung. [Zur Fahrlehrerhaftung siehe auch → Nr. 6268 und → Nr. 7291].

Betrag: 6.500 € **Haftung: 100 %**
immVorb: Ja **MdE: –**

LG Bonn 20.11.2007 – 2 O 367/06 = BeckRS 2008, 11343

5947

Knieverletzungen (hier: Schwerwiegende Knieverletzung – Kniebänderverletzung, Kreusbandrissverletzung und Meniskusverletzung – die wie folgt beschrieben wurden: „Hintere Kreuzbandruptur, einen Korbhenkelriss des Innenmeniskushinterhorns, eine Knochenkontusion (d. h. einen Knorpelschaden) am Femurkondylus, eine leichte Innenbandzerrung sowie einen hochgradigen Gelenkerguss").

Mann (Reinigungskraft). Ambulante Heilbehandlung mit einer Arthroskopie, bei der das mediale Meniskushinterhorn fixiert wurde und eine Kreuzband-Orthese bzw. Kreuzbandschiene für insg. 6 Wochen angebracht wurde. MdE über 42 Tage 100 %. Dauerschaden: Kniegelenkinstabilität und Belastungsminderung. Dies ist – durch das elongiert verheilte hintere Kreuzband und den funktionellen Verlust des Innenmeniskushinterhorns mit korrespondierendem Knorpelschaden – als sog. Arthrosemodell zu bewerten, so dass im weiteren Verlauf mit dem vorzeitigen Auftreten eines Kniegelenkverschleißes gerechnet werden muss, so das OLG. [Motorradunfall]. Das Schmerzensgeld wurde in Form eines sog. Teilschmerzensgeldes zugesprochen.

Betrag: 9.000 € **Haftung: 100 %**
immVorb: Ja **MdE: –**

OLG Celle 29.9.2010 – 14 U 9/10 = BeckRS 2011, 6346

2743

Knieverletzung / Meniskusverletzung (hier: Außenmeniskusverletzung, schwere).

Frau (junge Frau, ohne Altersangabe). Langwierige Heilbehandlung mit mehrfachen stationären Aufenthalten. Dauerschaden: Gehbehinderung, Sportbehinderung. Verschlimmerungstendenz.

Betrag: 35.790 € **Haftung: 100 %**
immVorb: – **MdE: 30 %**

OLG Koblenz 21.6.1999 – 12 U 565/98 = BeckRS 1999, 158812

6890

Knieverletzung (hier: Außenmeniskusverletzung in Form einer Außenmeniskushinterhornverletzung und einer Kniebänderverletzung in Form einer Knieinnenbandläsion).

Frau. (Polizeibeamtin). Ca. 20 Tage stationär mit einer Knieoperation; zu einem späteren Zeitpunkt mussten zudem zwei weitere Operationen durchgeführt werden. Dauerschaden: Gehbehinderung und Belastungseinschränkung. [Anmerkung: Das OLG führte zudem sinngemäß aus, dass von einem unangemessenen, nicht nachvollziehbaren Regulierungsverhalten, welches ggf. ein angemessenes Schmerzensgeld erhöhen kann, nicht gesprochen werden könne, wenn die Versicherung vorgerichtlich auf das Schmerzensgeld bereits nicht unerhebliche Zahlungen geleistet hat].

Betrag: 40.000 € **Haftung: 100 %**
immVorb: – **MdE: 20 %**

OLG Oldenburg 2.7.2020 – 7 U 26/20 = BeckRS 2020, 44071

i) Schwere Knieverletzungen

4503

Knieverletzung, schwere.

Der Hundehalter haftet gemäß § 833 BGB für den Körperschaden, der dem Besucher eines Ladengeschäftes dadurch entsteht, dass dieser über den im einzigen Eingangsbereich des Geschäfts liegenden, schlafenden Hund fällt und sich dabei verletzt, so das OLG Hamm, welches die Beklagte dementsprechend zunächst dem Grunde nach zu Schadensersatz und Schmerzensgeld verurteilt hatte und einen an dieser Stelle liegenden Hund als „gefährliches Hindernis" bezeichnet hatte.

Betrag: – **Haftung: 100 %**
immVorb: – **MdE: –**

OLG Hamm 15.2.2013 – I-19 U 96/12 = BeckRS 2013, 7414

5011

Knieverletzung / Kniegelenkverletzung (hier: o.Knieschleimbeutelverletzung / Bursaverletzung im Bereich des rechten Kniegelenks mit Entfernung des Schleimbeutels). Isolierte Innenknöchelfraktur, die mit zwei Schrauben fixiert werden musste.

Frau. 12 Tage stationär. MdE 3 1/2 Monate 100 %, anschließend noch 20 % (ohne Angabe der Dauer). Für die Dauer von 14 Tagen erneute Arbeitsunfähigkeit wegen Metallimplantatentfernung. Dauerschaden: MdE 10 %. Schmerzen beim Treppensteigen, Autofahren und Temeraturwechsel. Muskelminderung im Bereich des linken Oberschenkels von 1 cm sowie eine 5 cm lange Narbe am linken Knöchel. Bei voller Haftung wären, so das LG, 8.000–10.000 EUR angemessen.

Betrag: 4.500 € **Haftung: 50 %**
immVorb: – **MdE: –**

OLG Koblenz 17.3.2014 – 12 U 871/13 = BeckRS 2014, 125388

4830

Knieverletzung, schwere (ohne nähere Bezeichnung von Art und Umfang).

12j. Junge. Stationäre, langwierige Heilbehandlung. Verkehrssicherungspflichtverletzung: Sturz aus einem Karussel Typ „Luna Loop", aus dem der behinderte Junge unter dem Sicherungsbügel herausgerutscht war und sich am Knie schwer verletzt hatte, da sich sein Knie zwischen dem Bügel und der Wand des Karussells verfangen hatte. Die Eltern haften erheblich mit, da sie den Sicherungsbügel nicht angelegt hatten. Der Betreiber haftet aber auch, da das Karussel in diesem Fall gar nicht hätte benutzbar sein dürfen.

Betrag: 5.000 € **Haftung: 33 %**
immVorb: Ja **MdE: –**

LG Oldenburg 10.4.2014 – 17 O 167/12 = BeckRS 2014, 125377

5410

Knieverletzung, schwere / Meniskusverletzung (hier: „Tibiakopfdepressionsfraktur links und einen kapselnahen Teilabriss des Meniskus").

Frau (Kellnerin). MdE 85 Tage 100 %. Dauerschaden: Belastungsminderung des linken Knies. Erhebliche berufliche Einschränkung oder gar Berufsaufgabe als Kellnerin. Der Sachverständige hatte insoweit ausgeführt, „dass die Klägerin in diesem Beruf überhaupt nicht mehr konkurrenzfähig arbeitsfähig ist, da ihr die erheblichen Lauf- und Tragebelastungen einer Kellnerin nicht mehr zumutbar seien, sie vielmehr nur noch leichte körperliche Arbeiten ausüben könne, wobei der Schwerpunkt der Arbeiten im sitzenden Bereich liegen solle", so das OLG. [Anmerkung: Mit nur 5.000 EUR ist das Schmerzensgeld im Hinblick auf die beruflichen und privaten Dauerfolgen deutlich zu gering].

Betrag: 5.000 € **Haftung: 100 %**
immVorb: – **MdE: 10 %**

OLG Brandenburg 8.3.2007 – 12 U 154/06 = BeckRS 2009, 7236

3809

Kniegelenkverletzung (hier: Schmerzhafte Bewegungseinschränkungen des Kniegelenks nach einer fehlerhaften Operation wegen einer Brandverletzung).

30j. Frau. Leidensverlängerung um 6 Monate. Psychische Beeinträchtigungen. Komplizierte Heilbehandlung mit kunstgerechter umfassender Hauttransplantation. Dauerschaden: Narbe im Gesäßbereich. Arzthaftung: Behandlungsfehler.

Betrag: 6.136 € **Haftung: 100 %**
immVorb: Ja **MdE: –**

LG Paderborn 16.2.2000 – 4 O 19/99 = BeckRS 2000, 168035

4539

Knieverletzung / Kniebänderverletzung / Unterschenkelfraktur, knienah (hier: Wadenbeinkopffraktur und mediale Seitenbandruptur / Seitenbandriss mit erheblicher Kniegebrauchsbeeinträchtigung). Zudem erlitt die Klägerin eine inkomplette Unterarmfraktur in Form einer Speichenfraktur des rechten Handgelenks.

Frau (PTA). 7 Tage stationär; anschließend 3 Wochen Rehabilitationsaufenthalt. Die Fibulafraktur wurde mit einer „konservativen Therapie mit einer Orthese" behandelt. Die Klägerin unterzieht sich zudem einer längeren Physiotherapiebehandlung (langwierige Heilbehandlung). Dauerschaden: Kniegelenkbewegungseinschränkung. Verschlechterungstendenz: Gefahr eines künstlichen Kniegelenks. Berufsunfähigkeit im erlernten Beruf. [Anmerkung: Das Schmerzensgeld ist – angesichts der erheblichen Verletzungsfolgen der vermutlich (Kontext) im mittleren Alter stehenden Frau – deutlich zu gering!]

Betrag: 10.000 € **Haftung: 75 %**
immVorb: – **MdE: –**

OLG Frankfurt a. M. 16.12.2011 – 10 U 240/09 = BeckRS 2013, 1145

3153

Kniefraktur / Kniegelenkfraktur (hier: Schienbeinkopffraktur im rechten Knie) mit posstraumatischer Arthrose als Dauerschaden.

70j. Frau. 12 Tage stationär. 3 Monate bettlägerig. Dauerschaden: Gehbehinderung. Arthrose.

Betrag: 10.226 € **Haftung: 100 %**
immVorb: – **MdE: 20 %**

OLG Schleswig 30.10.2002 – 9 U 150/01 = BeckRS 2002, 30290779

4211

Kniegelenkverletzung, schwere (hier: Kniegelenkluxation mit Bänderverletzung in Form von Kreuzbandriss vorne, hinten und außen sowie Innenbandriss). Beckenfraktur. Organverletzung (hier: beids.Lungenquetschung); Brustkorbtrauma mit Rippenserienfraktur und Gehirnerschütterung.

53j. Frau (Versicherungskauffrau). 8 Wochen stationär mit mehreren Operationen zur Metallteileimplantation und Verschraubung. 6 Wochen Reha. MdE 13 Monate 100 %. Dauerschaden: leichte Gehbehinderung wegen Bewegungseinschränkungen und Belastungsminderung des rechten Kniegelenkes und Muskelschwund im Oberschenkel. Kniegelenkarthrose.

Betrag: 15.000 € **Haftung: 50 %**
immVorb: Ja **MdE: –**

LG Berlin 29.1.2009 – 17 O 285/08 = BeckRS 2009, 140003

5654

Knieverletzung, schwere (hier: Behandlungsverzögerungsbedingte Infektion im Kniegelenk mit dauerhaft deutlicher Bewegungseinschränkung, – wörtlich: „Die Möglichkeit der Fortbewegung ist deutlich eingeschränkt").

26j. Frau. Arzthaftung (hier: Behandlungsfehler bzw. Behandlungsverzögerung im Zusammenhang mit einer Knieoperation bei der eine Arthroskopie des rechten Kniegelenks mit Resektion des Vorderhorns des Innenmeniskus durchgeführt worden war. Die Behandlungsverzögerung von 2–3 Tagen oder rund 62 Stunden war für den Ausgang einer Infektion durchaus von ausschlaggebender Bedeutung, so die Aussage des vom OLG beigezogenen Gutachters). Es waren zwei Folgeoperationen notwendig. Bei einer dieser Operationen „erwies sich das rechte Kniegelenk als vollkommen verlötet. Es musste durch Lösen starker Verwachsungen im Gelenk beweglich gemacht werden". Langwierige Heilbehandlung mit Krankengymnastik und Massagen. Dauerschaden: Bewegungseinschränkung und Belastungsminderung des rechten Kniegelenks. Spätschäden / Verschlechterungstendenz: Versteifungsoperation. [Ausgangsursache: Motorradunfall].

Betrag: 15.339 € **Haftung: 100 %**
immVorb: Ja **MdE: –**

OLG Stuttgart 29.7.1997 – 14 U 20/96 = BeckRS 1999, 2024

6511

Knieverletzung, schwere (hier: Kreuzbandriss in Form einer Ruptur vorderes Kreuzband linkes Kniegelenk mit Überdehnung des hinteren Kreuzbandes; Außenbandverletzung mit Verletzung des lateralen Retinaculums und Schienbeinkopfverletzung in Form eines knöchernen schaligen Ausrisses am lateralen Tibiakopf durch die Außenbandläsion).

Mann (Polizeibeamter). Das Schmerzensgeld wurde im Rahmen der Erfüllungsübernahme (Art. 97 BayBG) des Schmerzensgeldanspruchs durch den Dienstherrn gezahlt, da das Schmerzensgeld gegen den Schädiger, der den Polizeibeamten im Dienst angegriffen und verletzt hatte, nicht vollstreckbar ist.

Betrag: 16.360 € **Haftung: 100 %**
immVorb: – **MdE: –**

VG Ansbach 25.7.2019 – AN 1 K 18.01545 = BeckRS 2019, 20662

3978

Kniegelenkfraktur / Unterschenkelfraktur (hier: Tibiakopfimpressionsfraktur mit erheblicher dauerhafter Funktionsbeeinträchtigung des linken Knies und Wadenbeinfraktur); Schulterblattfraktur sowie Rippenfrakturen 2-9 (Rippenserienfraktur).

Mann. Knapp 4 Wochen stationär. Lebensgefahr infolge einer Lungenkontusion. 4 Wochen Rehabilitationsklinik. Dauerschaden: Bewegungsbeeinträchtigung und Belastungsbeeinträchtigung des linken Kniegelenkes. Gehbeschwerden. Keine kniebelastenden sportlichen Betätigungen.

Betrag: 17.895 € **Haftung: 100 %**
immVorb: – **MdE: –**

OLG Karlsruhe 28.11.2000 – 13 U 68/00 = BeckRS 2000, 167985

6259

Knieverletzung, schwere (hier: Kniescheibenfraktur in Form einer Kniescheibenmehrfragmentfraktur der rechten Kniescheibe sowie eine Fragmentabsprengung des Gelenkkopfes der äußeren Schienbeinhöcker) und eine offene Fingerfraktur in Form einer sogenannten DII-Endgliedfraktur an der rechten Hand nebst Amputation des Endgliedsdes rechten Zeigefingers.

Mann. 10 Tage stationär mit mehreren Nachoperationen und Klinikaufenthalten sowie eine leicht- bis mittelgradige depressive Episode, an deren Entstehung der Unfall neben einer psychischen Vorbelastung sowie der (Fehl-)Verarbeitung des Regulierungsgeschehens einen Anteil hatte. Dauerschaden: Bewegungseinschränkungen des rechten Beins und Fingerendgliedverlust nach Zeigefingerteilamputation. [Ursache: Motorradunfall – und insofern der Klassiker: Verkehrsunfall zwischen links abbiegendem Pkw und überholendem Motorrad].

Betrag: 20.000 € **Haftung: 40 %**
immVorb: – **MdE: –**

OLG Stuttgart 13.12.2016 – 6 U 137/14 = BeckRS 2016, 133871

3922

Knieverletzung, schwere mit mehrfragmentärer Knopelfraktur und lappenartigen Aufbrüchen in der Kniescheibenrückfläche (= erheblicher retropatellarer Knorpelschaden).

Mann. Stationärer Aufenthalt. Langwierige Heilbehandlung mit mehreren Operationen. MdE 7 Monate 100 %, weitere 7 Monate 30 %. Dauerschaden: Bewegungsbeeinträchtigung. Gefahr von Arthrose. Ursache: Motorradunfall.

Betrag: 20.000 € **Haftung: 100 %**
immVorb: – **MdE: 20 %**

LG Duisburg 26.5.2008 – 4 O 465/05 = BeckRS 2009, 6413

5323

Kniegelenkverletzung / Knieverletzung rechts (hier: Schwere Knieverletzung mit Kniebänderverletzung die auf Dauer zu einer Kniegelenksversteifung führen wird).

57j. Frau. Dauerschaden: Gehbehinderung. Verschlechterungstendenz: Kniegelenkversteifung, – hierzu verweist das OLG auf das Erfordernis von Wechseloperationen der Knieprothese ca. alle 10 bis 15 Jahre, „die letztlich über kurz oder lang in einer operativen Versteifung des rechten Knies enden wird". [Anmerkung: Lesenswert zu den Themen: Haftung eines 11-Jährigen Fahrradfahrers; Schadenminderungspflicht; kein Mitverschulden für Heilungsverzögerung; kein Mitverschulden für die Beibehaltung von Ernährungsgewohnheiten]. [Ursache: Fahrradunfall – Kollision zweier Fahrradfahrer, der Unfallgegner war zum Unfallzeitpunkt 11 Jahre alt vgl. zur Schadenminderungspflicht auch Beck'sche Schmerzensgeldtabelle Kapitel V Rn. 147 ff.].

Betrag: 25.000 € **Haftung: 100 %**
immVorb: Ja **MdE: –**

OLG Hamm 16.9.2016 – 9 U 238/15 = BeckRS 2016, 113206

5082

Kniefraktur, schwere/ Unterschenkelfraktur, schwere (hier: Schienbeinkopftrümmerfraktur links, Kniescheibenpolfraktur links, Unterschenkelmehretagenfraktur links und Kompartmentsyndrom des linken Unterschenkels). Zudem erlitt der Kläger einen Brustwirbelfraktur in Form einer Brustwirbelkörperfraktur des 12. Brustwirbelkörpers und ein Schädelhirntrauma mit geringgradiger Hirnblutung, wobei die beiden letztbenannten Verletzungen folgenlos verheilt sind.

Mann. 51 Tage stationär. Dauerschaden: Bewegungseinschränkung und Funktionsbeeinträchtigungen im Bereich des linken Unterschenkels und Kniegelenks. Auf Grund der verletzungsbedingten Schädigung des Kniegelenks ist mit der Notwendigkeit eines Gelenkflächenersatzes bzw. einer Kniegelenkstotalprothese zu rechnen. [Ursache: Motorradunfall].

Betrag: 25.000 € **Haftung: 60 %**
immVorb: Ja **MdE: 30 %**

OLG Naumburg 30.9.2015 – 12 U 58/15 = BeckRS 2016, 1983

5827

Knieverletzung, schwere / Kniebänderverletzung (hier: komplexe Schädigung des linken Kniegelenkes mit Rupturen des Außenbandes und des hinteren Kreuzbandes, einen traumatischen Riss des Außenmeniskus, eine Teilruptur des vorderen Kreuzbandes, eine traumatische Zerstörung der Weichteile und der hinteren Kapsel auf der Außenseite sowie einen ausgedehnten Kniegelenkserguss und eine Wadenbeinköpfchenfraktur).

Frau (Arbeiterin). 42 Tage stationär mit zwei Operationen und vier Aufenthalten. Weitere 42 Tage Rehabilitationsaufenthalt. Langwierige Heilbehandlung. MdE insgesamt 26 Monate 100 %. Dauerschaden: MdE 25 %. Belastungsminderung des linken Knies. Verschlechterungstendenz: „Nach Einschätzung des medizinischen Sachverständigen ist langfristig mit der Notwendigkeit des Ersatzes des Kniegelenkes durch eine Endprothese zu rechnen". Zur Bemessung führte das LG aus: „Nach diesen Grundsätzen erachtet das Gericht ein Schmerzensgeld bei 100prozentiger Haftung von 30.000 EUR und einen Abzug wegen der anzurechnenden Eigenhaftung der Klägerin in Höhe von 2.000 EUR, also ein Schmerzensgeld von 28.000 EUR als angemessen. Dabei ist insbesondere zu berücksichtigen, dass der Verschuldensanteil der Klägerin an dem Unfall eher geringfügig ist". [Ursache: Motorradunfall – Lückenunfall].

Betrag: 28.000 € **Haftung: 100 %**
immVorb: Ja **MdE: 25 %**

LG Berlin 18.6.2008 – 24 O 694/05 = BeckRS 2009, 23492

4233

Knieverletzung, schwere (hier: Kniebänderriss in Form von Kreuzbandriss und Knorpelschäden am linken Knie) und Hüftverletzung (hier: Hüftgelenkverletzung) sowie zahlreiche Prellungen (Kopf, Stirn, rechtes Knie und Schulter) und HWS-Syndrom.

21j. Mann (Azubi.). Dauerschaden: Gehbehinderung mit schmerzhafter Bewegungsbeeinträchtigung sowie Sitzbeeinträchtigung. Muskelminderung, Instabilität und Arthrose. Verschlechterungstendenz. Zudem leidet der Kläger und Konzentrationsstörungen.

Betrag: 30.000 € **Haftung: 100 %**
immVorb: – **MdE: 30 %**

OLG Hamm 22.12.2008 – 13 U 158/07 = BeckRS 2010, 1203

4234

Kniefraktur, schwere (hier: o.Kniefraktur links in Form einer offenen Kniescheibenstückfraktur 3.Grades mit Weichteilschaden und eine 10 cm lange, tiefreichende Schnittverletzung). O.Unterarmfraktur in Form einer Unterarmtrümmerfraktur links. Zudem erlitt der Kl. zahlreiche Prellungen.

Mann (Montagearbeiter). Stationärer Aufenthalt. MdE 9 Monate arbeitsunfähig. Dauerschaden: Erhebliche Bewegungseinschränkung und Belastungseinschränkung der linken Extremitäten, die zu einer Gesamtinvalidität von 45 % führt. Arthrose. Gefahr von Arbeitslosigkeit.

Betrag: 30.000 € **Haftung: 100 %**
immVorb: Ja **MdE: –**

LG Saarbrücken 11.9.2008 – 14 O 118/07 = unveröffentlicht

3820

Knieverletzung, schwere infolge einer kompletten Lähmung des nervus peronaeus im linken Kniegelenk (vgl. auch unter Nervverletzung).

50j. Frau (Köchin). Arzthaftung wegen fehlender Einwilligung in die OP sowie Organisationsverschulden. Dauerschaden: Gehbehinderung / Stehbehinderung. „Normales Stehen und Gehen sind der Kl. seit der Verletzung nicht mehr möglich", so das OLG.

Betrag: 30.000 € **Haftung: 100 %**
immVorb: – **MdE: –**

OLG Köln 25.8.2008 – 5 U 28/08 = BeckRS 2008, 19924

6529

Knieverletzung, schwere / Bänderverletzung / Meniskusverletzung (hier: Kreuzbandriss bzw. Kreuzbandruptur, Innenbandriss und Meniskusverletzung in Form einer Außenmeniskushinterhornläsion am linken Kniegelenk).

29j. Frau (Polizeibeamtin). Stationäre Behandlung mit Erstversorgungsoperation. Es schlossen sich lange Krankenhausaufenthalte und Reha-Maßnahmen sowie mindestens zwei gravierende weitere Operationen an. Es erfolgten Ersatzplastiken des vorderen und des hinteren Kreuzbandes sowie eine Revision des Innenbandes. Langwierige Heilbehandlung. Dauerschaden: MdE 20 % wegen Bewegungseinschränkungen und Belastungseinschränkungen im Beruf und Privatleben. Sportarten wie Reiten oder Motorradfahren sind nicht mehr oder nur sehr eingeschränkt möglich. Auch nach kürzeren Arbeitszeiten leide sie an Belastungsschmerzen durch unfallbedingte Rücken- und Knieprobleme. Ursache: Motorradunfall [vgl. dazu auch im Handbuch → Rn. 128].

Betrag: 40.000 € **Haftung: 100 %**
immVorb: – **MdE: 20 %**

OLG Schleswig 2.7.2020 – 7 U 264/19 = BeckRS 2020, 18501

6369

Knieverletzung (hier: komplexe Kniegelenksverletzung rechts mit vorderer und hinterer Kreuzbandruptur, Bone bruise und Knorpel-Knochen-Kontusion medialer und lateraler Gelenkspalt sowie Trapezium- und Trapezoid-Fraktur rechts mit dauerhafter Instabilität des rechten Knies in mehreren Ebenen). Zudem erlitt der Kläger eine Schulterverletzung (hier: Dorsale Labrumläsion der Schulter links mit Instabilität des linken Schultergelenks).

19j. Mann (Gymnasiast). Intensivstation und stationäre Heilbehandlung mit drei Aufenthalten und zahlreichen Operationen. Langwierige Heilbehandlung, zu der das LG ausführt: „lange Genesungs- und Rekonvaleszenzzeit von mindestens einem Jahr". Dauerschaden: Instabilitäten des Knie- und des Schultergelenks. Berufswunschvereitelung. Verschlechterungstendenz: Arthrosebildung. Erhöhend berücksichtigte das LG, dass der Unfall bzw. die Verletzungen den Kläger „zu denkbar ungünstigstem Zeitpunkt, namentlich während des Abiturs und der sich hieran anschließenden Phase der Berufsfindung getroffen hat" und, dass der Kläger „zwecks muskulärer Stabilisierung der unfallbedingt irreversibel instabilen Gelenke wohl zeitlebens Muskelaufbautraining betreiben muss und hinsichtlich der unfallverletzten Gelenke von posttraumatischer Arthrose bedroht" ist. [Ursache: Motorradunfall. Lesenswert zur Erstattung von Kosten für Fitnessstudio nach Verkehrsunfall].

Betrag: 40.000 € **Haftung: 100 %**
immVorb: Ja **MdE: –**

LG Wiesbaden 22.10.2019 – 9 O 218/18 = BeckRS 2019, 35888

5160

Knieverletzungen, schwere (hier: beids.Knieverletzungen infolge des Durchschusses beider Kniegelenke mit einer Bockbüchsflinte (7 x 57 Kugel) aus einer Entfernung von ca. 80–90 Metern während einer Jagd); hoher Blutverlusts und schwerer Schock.

38j. Mann (zum Unfallzeitpunkt arbeitsloser – lt. Kontext noch jüngerer – Tischler). Lebensbedrohliche Verletzung. Intensivstation; stationärer Behandlung; langwierige Heilbehhandlung. Dauerschaden: Rollstuhlgebundenheit für längere Stecken; auf kürzeren Strecken kann sich der Kläger „nur beschwerlich auf Krücken fortbewegen". Hobbyverlust in Bezug auf Wandern und Jagen. [Jagdunfall / Verstoß gegen § 2 Abs. 3 UVV „Jagd" /Durchschuss von beiden Knien].

Betrag: 40.000 € **Haftung: 66 %**
immVorb: – **MdE: 85 %**

LG Erfurt 21.7.2006 – 3 O 1672/04 = BeckRS 2011, 10274

5549

Knieverletzungen, schwere (hier: Beids.Kniebänderverletzung in Form komplexer Kreuzbandverletzungen und Seitenbandverletzungen sowie knöcherner Abrissverletzungen an beiden Kniegelenken). Zudem erlitt der Kläger beids.Unterarmfrakturen in Form einer distalen Radiusfraktur links sowie einer Unterarmfraktur rechts sowie eine Zeigefingerfraktur links sowie Schürfwunden und diverse Prellungen.

28j. Mann. Stationäre Behandlung. 5 Operationen. MdE 39 Tage 100 %. Dauerschaden: Bewegungseinschränkungen der linken Hand und Kniegelenksinstabilität. Bei der Bemessung berücksichtigte das OLG auch das junge Alter des Klägers sowie die psychischen und physischen Folgen, die zu einer erheblichen Minderung der Lebensqualität des jungen Mannes geführt haben.

Betrag: 50.000 € **Haftung: 100 %**
immVorb: – **MdE: –**

OLG Koblenz 10.7.2017 – 12 U 93/16 = unveröffentlicht

5364

Knieverletzung, schwere (hier: Unterlassene Empfehlung, eine mit dem Bakterium Enterococcus faecalis infizierte Kniegelenksprothese ausbauen zu lassen und daraus resultierende völlige Kniegelenkversteifung).

60j. Frau (Frührentnerin). 287 Tage stationär, 17 Operationen und nahezu 2 Jahre häusliche Pflege; sehr langwierige Heilbehandlung. Arzthaftung (hier: Grober ärztlicher Behandlungsfehler wegen unterlassener Empfehlung, eine infizierte Knieprothese ausbauen zu lassen). Dauerschaden: Völlige Versteifung des linken Knies; es handele sich – so das OLG „um einen gravierenden Einschnitt in die Lebensverhältnisse der zum Zeitpunkt der Kniegelenksversteifung ca. 60 Jahre alten Klägerin". Das OLG berücksichtigte jedoch auch, dass „der Bewegungsumfang des Knies aber auch ohne den Behandlungsfehler eingeschränkt geblieben" wäre.

Betrag: 50.000 € **Haftung: 100 %**
immVorb: Ja **MdE: –**

OLG München 28.7.2016 – 1 U 884/13 = BeckRS 2016, 119174

4766

Knieverletzung, schwere / Kniebänderverletzung, schwere (hier: Beide Kreuzbänder wurden abgesprengt [vgl. Kreuzbandriss] und die Muskulatur durch Spaltung der Faszien [vgl. Faszienspaltung] dauerhaft massiv geschwächt. Es musste zudem ein Venenbypass gesetzt werden.).

32j. Mann (Amateurfußballspieler). Mehrere stationäre Behandlungen. Rücksichtsloses Spiel des Beklagten, der „mit großer Wucht in den Zweikampf gegangen sei und dabei den Grenzbereich der noch hinzunehmenden Härte deutlich überschritten habe", so das OLG. Dauerschaden: Massive Gehbehinderung; der Kl. muss Tag und Nacht eine Beinschiene tragen und Unterarmgehstützen nutzen; Amputationgefahr.

Betrag: 50.000 € **Haftung: 100 %**
immVorb: Ja **MdE: –**

OLG Hamm 22.10.2012 – 6 U 241/11 = BeckRS 2012, 24676

5972

Knieverletzung, schwere (hier: Kniebänderverletzung in Form einer Kreuzbandrissverletzungen hinten und vorne – vorne mit Knochenabsprengung – am linken Knie nach komplexem Distorsionstrauma).

32j. Mann. Stationäre Heilbehandlung mit mehreren Operationen unter anderem mit einer Spaltung der Faszien im Bereich des Unterschenkels. Sehr langwierige Heilbehandlung. Dauerschaden: MdE 100 %. „Der Kläger kann bis zum heutigen Tage nicht selbstständig gehen und ist auf Unterarmstützen angewiesen", so das LG Dortmund in der Vorinstanz. Bei der Bemessung berücksichtigte das LG in der Vorinstanz, dass die Spielsituation beendet gewesen sei und der Beklagte mit gestrecktem Bein wie „Rambo" herangesprungen und den Kläger vorsätzlich mit voller Wucht am Knie getroffen habe. Der Angriff habe nicht dem Wettkampf um den Ball, sondern ausschließlich der in Kauf genommenen schweren Verletzung des Beklagten gegolten. Zudem habe der Beklagte anschließend den Umstehenden beim Abtransport des Klägers mit dem Krankenwagen zynisch zugerufen „Winkt ihm mal alle zu!". Außerdem habe er in der Kabine sinngemäß geprahlt: „Den habe ich gut weggetreten, gut, dass ich noch durchgezogen habe!" und „Ah, auch wenn wir verloren haben, hat sich das Spiel für mich gelohnt, man, den habe ich aber gut getroffen!". Zudem, dass der Kläger „durch die Verletzung lebenslang beeinträchtigt [worden sei] und … nie wieder Sport treiben könne. Freizeitaktivitäten wie Joggen oder Wandern seien ausgeschlossen". Verschlechterungstendenz: Latente Gefahr einer Unterschenkelamputation. [Ursache: Rücksichtslosigkeit / Brutales Foul beim Fußballspiel in der Amateurliga – vgl. dazu auch das erstinstanzliche Urteil des LG Dortmund BeckRS 2013, 203].

Betrag: 50.000 € **Haftung: 100 %**
immVorb: Ja **MdE: 100 %**

OLG Hamm 22.10.2012 – I-6 U 241/11 = BeckRS 2012, 24676

4765

Knieverletzung, schwere … mit Kniegelenksentzündung und Gewebezerstörung bzw. Nekrosebildung.

53j. Mann. Stationäre Beahndlung mit vier Operationen. Dauerschaden: Schmerzhafte Bewegungsbeeinträchtigung des Kniegelenks und daraus resultierender MdE 60 %. Berufsaufgabe. Arzthaftung (hier: Aufklärungspflichtverletzung und Behandlungsfehler nach Arthroskopie).

Betrag: 50.000 € **Haftung: 100 %**
immVorb: Ja **MdE: 60 %**

OLG Düsseldorf 23.2.2012 – 8 U 170/10 = BeckRS 2012, 8395

4966

Knieverletzung mit Kniebänderriss (hier: o.Kniescheibentrümmerfraktur rechts mit Kreuzbandruptur sowohl des vorderen als auch des hinteren Kreuzbandes, Außenbandüberdehnung), tiefreichende Beinvenenthrombose mit – siehe Einzelheiten – langwierigem Heilbehandlungserfordernis, Sprunggelenkfraktur vom Typ Weber-B sowie diverse Prellungen und Blutergüsse und posttraumatische Depression.

27j. Frau. Stationäre Behandlung. 3 Operationen. Ambulante Heilbehandlung / Langwierige Heilbehandlung mit dem Erfordernis Kompressionsstrümpfe zu tragen und Blutgerinnungshemmer einzunehmen. Das KG berücksichtigte deutlich schmerzensgelderhöhung die posttraumatischen psychischen Beeinträchtigungen, die als Depression jedoch nicht als posttraumatische Belastungsstörung eingestuft wurden.

Betrag: 55.000 € **Haftung: 100 %**
immVorb: Ja **MdE: –**

KG 21.11.2013 – 22 U 270/12 = BeckRS 2013, 200844

4144

Knieverletzung, schwere (hier: Kunstfehlerhafte Durchtrennung der Kniearterie mit massiven Einblutungen wodurch sich der Duck im Knie und Unterschenkelmuskelbereich so stark erhöhte [= Kompartmentsyndrom], dass es zu den unten angegebenen Dauerschäden kam.).

51j. Mann (Unternehmer). Nahezu 76 Tage stationär. In dieser Zeit durfte der Kl. sich nahezu nicht bewegen. Langwierige Heilbehandlung mit mehreren Operationen und Revisionsoperation. Dauerschaden: Deutliche Gehbehinderung; Spitzfußstellung; Belastungsminderung des rechten Beins. Berufsaufgabe. Ursache: Arzthaftung (hier: Behandlungsfehler im Rahmen einer Zystenentfernung im Kniegelenk.

Betrag: 100.000 € **Haftung: 100 %**
immVorb: Ja **MdE: –**

LG Darmstadt 4.3.2010 – 3 O 420/08 = BeckRS 2010, 144738

j) Unterschenkelverletzungen

3115

Unterschenkelverletzung (hier: Unterschenkelvenenthrombose mit nachfolgender Lungenembolie).

Mann. Kein Schmerzensgeldanspruch. Der Kl. ließ eine Arthroskopie am Knie vornehmen und wies im Rahmen der Anamnese auf seinen hohen Zigarettenkonsum von 20 Zigaretten pro Tag hin. Dennoch keine Arzthaftung (hier: Kein Behandlungsfehler, da die Tatsache, dass der Kl. zu einer Hochrisikogruppe gehörte, zum OP-Zeitpunkt habe „nicht erkannt werden müssen". [Anmerkung: Das Urteil ist rechtskräftig].

Betrag: – **Haftung: –**
immVorb: – **MdE: –**

LG Osnabrück 23.10.2002 – 2 O 898/01 = BeckRS 2002, 161990

5511

Unterschenkelverletzung, leichte (hier: Unterschenkelprellung und -schürfwunden) sowie Handgelenksprellung und LWS-Distorsion.

Mann. MdE 30 Tage 100 %. Dauerschaden: Kleine Narbe am Unterschenkel.

Betrag: 500 € **Haftung: 30 %**
immVorb: – **MdE: –**

LG Saarbrücken 30.6.2017 – 13 S 15/17 = unveröffentlicht

5431

Unterschenkelverletzung / Knöchelverletzung (hier: Bluterguss am linken Schienbein und Schmerzens am linken Innenknöchel).

Mann (Polizeibeamter). MdE 7 Tage ohne Angabe der Intensität. Vorsätzliche Körperverletzung, zu der das AG zutreffend ausführte, dass jemand, der einem uniformierten Polizeibeamten im Einsatz ohne Anlass ein Bein stellt oder ihn gegen das Schienbein tritt, nicht nur vorsätzlich, sondern auch respektlos handelt. [Anmerkung: Das Schmerzensgeld erscheint angesichts der vorsätzlichen Körperverletzung als zu gering].

Betrag: 500 € **Haftung: 100 %**
immVorb: – **MdE: –**

AG Aschaffenburg 21.2.2017 – 122 C 1647/16 = unveröffentlicht

4702

Unterschenkelverletzung (hier: ca. 12 Zentimeter lange Rissverletzung / Risswunde).

12j. Kind (Schüler). Das Kind konnte eine Woche nicht zur Schule gehen und war weitere 14 Tage noch nicht wieder voll hergestellt. [Ursache: Sturz im Bus, in welchem sich der Junge nicht festgehalten hatte].

Betrag: 1.000 € **Haftung: 50 %**
immVorb: – **MdE: –**

LG Augsburg 5.12.2012 – 73 S 3635/12 = BeckRS 2012, 214135

3309

Unterschenkelverletzung, leichte und Fußverletzung, leichte (hier: 5 cm lange Schnittwunde über der rechten Wade); zwei Platzwunden am Fuß, sowie eine „örtliche ödimatöse Schwellung des rechten Fußes mit zahlreichen Weichteilblutungen und Schürfwunden über dem lateralen Anteil des linken Kniegelenkes und Schürfwunde an der Kniescheibe."

Mann. Der Kl. begehrte ein höheres Schmerzensgeld, da er sich nachträglich ausgemalt habe, dass der Motorradunfall auch tödlich hätte ausgehen können und er nachträglich deshalb Angst gehabt habe. Das AG wies den so begründeten Anspruch zurück: „Das aktuelle Bewusstsein über diesen Umstand (könne) im Einzelfall zu psychischen Beeinträchtigungen führen, dies ist dem Unfallgegner keinesfalls anzulasten", so die Begründung des AG.

Betrag: 1.000 € **Haftung: 100 %**
immVorb: – **MdE: –**

AG Gelsenkirchen-Buer 24.3.2003 – 23 C 46/03 = unveröffentlicht

2958

Unterschenkelverletzung (hier: Unterschenkelquetschungen an beiden Unterschenkeln mit „erheblichen Schmerzen" und verbleibenden Narben am Knie); Brustkorbquetschung und Schädelprellung.

Frau. 5 Tage stationär. MdE 8 Tage 100 %. Mögliche Dauerfolgen: Narben am Knie.

Betrag: 1.125 € **Haftung: 66 %**
immVorb: – **MdE: –**

AG Hohenstein-Ernstthal 1.7.1997 – 1 C 0013/97 = BeckRS 1997, 127071

4703

Unterschenkelverletzung (hier: Beinvenenthrombose nach Knieverletzung in Form eines Kreuzbandanrisses) sowie Handprellung und Schürfungen.

Frau. Ambulante Heilbehandlung / langwierige Heilbehandlung. MdE 40 Tage 100 % sowie weitere 60 Tage 20 %. Während der ersten beiden Wochen musste die Klägerin Unterarmgehstützen nutzen. [Ursache: Fahrradunfall].

Betrag: 1.400 € **Haftung: 66 %**
immVorb: – **MdE: –**

AG Schwarzenbek 31.1.2012 – 2 C 174/11 = unveröffentlicht

4102

Unterschenkelverletzung (hier: ca. 2 x 6 cm umfassende und etwa 2 mm tiefe Hundebissverletzung an der linken Wade und im Bereich der Achillessehne, jedoch ohne deren Verletzung) sowie Persönlichkeitsrechtsverletzung / Ehrverletzung durch Beleidigungen.

Mann. Ambulante Heilbehandlung.

Betrag: 1.500 € **Haftung: 100 %**
immVorb: – **MdE: –**

AG Göppingen 15.1.2010 – 7 C 1402/09 = unveröffentlicht

3671

Unterschenkelverletzung (hier: Starke Unterschenkelprellung mit Venenentzündung und erheblicher Druckschmerzhaftigkeit an der Schienbeinkante und Bluterguss an der Ferse).

Frau. MdE 12 Wochen 100 %. In Anbetracht der relativ geringen Verletzung langwierige Heilbehandlung mit erheblichen Schmerzen. Vorsätzliche Körperverletzung.

Betrag: 1.534 € **Haftung: 66 %**
immVorb: – **MdE: –**

LG Trier 6.2.2001 – 1 S 135/00 = BeckRS 2001, 161683

4255

Unterschenkelverletzung (hier: Knochenhautverletzung am linken Schienbein mit Narbenbildung).

Frau. Ambulante Behandlung. MdE 13 Tage 100 %. Dauerschaden: Sensibilitätsveränderung im Narbenbereich. Der geplante Hochzeitstag entfiel und musste verlegt werden; dies bewertete das AG zutreffend erhöhend.

Betrag: 1.800 € **Haftung: 100 %**
immVorb: – **MdE: –**

AG Paderborn 4.9.2008 – 58 C 274/08 = unveröffentlicht

3036

Schienbeinknochenverletzung durch Zurücklassen eines kunsfehlerhaft abgebrochenen Metallbohrers im Tibiaknochen.

Mann. Arzthaftung. Auch wenn das Abbrechen alleine nicht notwendig ein Kunstfehler ist, so haftet der Arzt hier wegen Aufklärungspflichtverletzung; dafür sind die Röntgenbilder „sorgsam auszuwerten".

Betrag: 2.000 € **Haftung: 100 %**
immVorb: – **MdE: –**

OLG München 10.1.2002 – 1 U 2373/01 = BeckRS 2002, 30231440

3904

Unterschenkelverletzung / Muskelverletzung (hier: Unterschenkelmuskelriss)

Mann. 11 Tage stationär; langwierige Heilung. Weitere Stichworte: Reiseveranstaltung; Bootsausflug

Betrag: 2.000 € **Haftung: 20 %**
immVorb: – **MdE: –**

LG Hannover 27.5.2008 – 18 O 159/06 = BeckRS 2009, 4210

4251

Unterschenkelverletzung in Form einer offenen Wunde und großflächigen Prellung.

Mann. MdE 3 Wochen 100 %. Dauerschaden: Unterschenkelnarbe, mittig und deutlich sichtbar. Subjektive Beschwerdesymptomatik in Form von Juckreiz, stechende Schmerzen und Wärmegefühl.). Schmerzensgeldvermindernd wurde die vom Kläger verspätet vorgenommene ambulante Heilbehandlung angesehen.

Betrag: 3.000 € **Haftung: 100 %**
immVorb: – **MdE: –**

OLG Jena 28.10.2008 – 5 U 596/06 = BeckRS 2009, 12566

6167

Unterschenkelverletzung (hier: 4 cm lange Stichwunde / Stichverletzung / Schnittwunde in den Unterschenkel mit arterieller Blutung. „Die Art der Verletzung bestand … aus einer Defektwunde mit Muskelkontusionierung, einer zerrissenen Arterie und einer Teilläsion des Nervs". Dadurch kam es zu neurogenen Folgeschäden, insbesondere einer Fußheberschwäche links, einer Großzehenheberschwäche links sowie einer Funktionsbeeinträchtigung des linken Großzehs sowie einer Sensibilitätsstörung bzw. Hypästhesie in diesem Bereich).

46j. Mann. Gut 35 Tage stationär, Operationen unter Vollnarkose, Hauttransplantationen. MdE 76 Tage 100 %. Dauerschaden: Fußheberschwäche links zu 4/5 und Funktionsbeeinträchtigung der linken Großzehe zu 1/10 mit Beeinträchtigung der Großzehenheberfunktion um 2/5. Zudem Sensibilitätsstörungen im Bereich der Verletzungen sowie Entstellung des linken Beins durch zwei, etwa 20 Quadratzentimeter große Narben. [Ursache: Grob fahrlässige Körperverletzung – Messerstich durch Arbeitskollegen].

Betrag: 3.579 € **Haftung: 100 %**
immVorb: – **MdE: –**

LAG Baden-Württemberg 6.7.1999 – 10 S a 26/99 = BeckRS 9998, 20164

4722

Unterschenkelverletzung (hier: Erhebliche Heilungsverzögerung im Zusammenhang mit dem Eindringen eines größeren Holzstücks dirket unterhalb des Knies).

Mann. 26 Tage stationär (2 Aufenthalte) und Heilungsverzögerung / Behandlungsverzögerung von insgesamt 3 monatiger Dauer. Bei korrekter Behandlung wäre die Verletzung nach 2 bis 3 Wochen verheilt. Arzthaftung / Behandlungsfehler: „Beschränkt sich der Arzt bei einer Verletzung des Beins durch Eindringen eines größeren Holzstücks dirket unterhalb des Knies auf eine Sondierung der Wunde und unterlässt es eine gebotene explorative Revision der Wunde, so haftet er für die geltend gemachte Heilungsverzögerung, die durch das Verbleiben von Holzsplittern eingetreten ist, nach den Grundsätzen über den Befunderhebungsmangel." Erhöhend wirkte sich die Amputationsangst des Klägers und die erhebliche Sorge um seine Gesundheit aus.

Betrag: 4.000 € **Haftung: 100 %**
immVorb: – **MdE: –**

OLG Köln 13.6.2012 – 5 U 18/11 = BeckRS 2012, 14532

4115

Unterschenkelverletzung (hier: Deutliche Verbrennungen im Schienbeinbereich beider Unterschenkel).

Frau. Ursache: Behandlungsfehler bei Schönheitsbehandlung mittels Impulslichthaarentferner. Dauerschaden: Sichtbare Hautveränderungen. Verschlechterungstendenz möglich.

Betrag: 4.000 € **Haftung: 100 %**
immVorb: Ja **MdE: –**

LG Bonn 8.2.2010 – 9 O 325/08 = BeckRS 2010, 5162

5948

Unterschenkelverletzung (hier: Wandenverletzung durch Hundebiss mit anschließender Wundinfektion. Wegen der Infektion erfolgte „ein Wunddébridement mit Ausschneidung abgestorbenen Weichgewebes und einer intensiven

Weichteilbehandlung mit Spülung und Anlage eines Vakuum-Vebandes. Nach Beherrschung der Infektion konnte dann … eine Hautverpflanzung in den Defekt am rechten Unterschenkel vorgenommen werden").

Frau (ältere Frau). 30 Tage stationär mit Ausschneidung abgestorbenen Weichgewebes und einer intensiven Weichteilbehandlung sowie einer Hauttransplantation / Hautverpflanzung in den Defekt am rechten Unterschenkel. Die Klägerin musste ca. 14 Tage an Krücken / Gehilfen gehen. [Tierhalterhaftung – Hundebiss].

Betrag: 4.500 € **Haftung: 66 %**
immVorb: – **MdE: –**

OLG Naumburg 5.8.2010 – 2 U 39/10 = BeckRS 2010, 23747

2984

Unterschenkelverletzung und Oberschenkelverletzung in Form von tiefflächigen Hundebissverletzungen mit Schädigung der Nerevenstränge [Nervverletzung] und mit bleibenden Narben.

Mann. 16 Tage stationär. Komplizierte Heilung mit Spalthauttransplantationen und lang andauerndem Taubheitsgefühl sowie ausgeprägtem Knochenschwund. Dauerschaden: 2 deutlich sichtbare Narben an Oberschenkel und Unterschenkel. Ursache: Hundebiss.

Betrag: 6.136 € **Haftung: 100 %**
immVorb: – **MdE: –**

LG Aachen 21.7.1999 – 4 O 15/98 = BeckRS 1999, 14843

7865

Unterschenkelverletzung, schmerzhafte (hier: ca. 20 x 15 cm große Decollementverletzung, dh schwere Hautverletzung bzw. Weichteilverletzung, bei der die Haut durch Scherkräfte von den darunterliegenden Gewebeschichten abgelöst wird.) Zudem erlitt die Klägerin eine Bauchdeckenprellung und weitere kleinere Schürfwunden.

18j. Frau. Über einen Monat stationär mit 8 Operationen und Hauttransplantationen, wobei vom rechten Oberschenkel entnommene Haut transplantiert wurde. Nach der Entlassung hielten die Schmerzen wochenlang an, und die Klägerin musste sich in physiotherapeutische Behandlung begeben; „rund 6 Wochen" Arbeitsunfähigkeit, also für einen erheblichen Zeitraum. Dauerschaden: „Zwei große, deutlich sichtbare Narben. Eine Narbe ist ca. 14 x 6 cm groß, Unterhautfettgewebe ist nicht tastbar, und die Haut ist deutlich eingedellt. Außerdem verblieben am rechten Oberschenkel Narben von der Spalthauttransplantation. Darüber hinaus blieben dauerhaft weitere Folgeschäden zurück: Das rechte Bein ist vom Umfang her 1,2 cm dünner als das linke. Der Seitenunterschied wurde von der Sachverständigen Dr. B als signifikant eingestuft. Außerdem liegt eine Bewegungseinschränkung des rechten Beines vor. Die maximale Beugefähigkeit im rechten Kniegelenk wurde mit 130° festgestellt im Vergleich zum linken Knie von 140°." Zudem Sensibilitätsstörungen mit eingeschränkter Spitz-Stumpf-Diskrimination und Thermhypästhesie (= vermindertes Temperaturempfinden) sowie eine Berührungsüberempfindlichkeit und Wetterfühligkeit. Außerdem wurde ein leichtgradiges situationsbedingtes Lymphödem angenommen. Bei der Bemessung des Schmerzensgeldes berücksichtigte das LG neben den erlittenen schmerzhaften Verletzungen, den belastenden Operationen und dem langen Behandlungsverlauf auch und in besonderem Maße die verbliebenen Folgen sowie, dass die Klägerin zum Unfallzeitpunkt erst knapp 18 Jahre alt war und sich die Entstellungen bzw. entstellenden Narben am Unterschenkel und der signifikante Umfangunterschied der Beine ganz gravierend auf die Psyche und die Lebensführung auswirkt. „Kurze Hosen, Röcke können nur in eingeschränktem Maße getragen werden, die Narben erinnern das ganze restliche Leben täglich an das Unfallereignis. Hinzu kommen die verbliebenen Sensibilitätsstörungen bzw. die situations- und wetterabhängigen Schmerzen und Beschwerden sowie die Bewegungseinschränkung des rechten Knies, die wegen des jungen Lebensalters der Klägerin ebenfalls ganz besonders ins Gewicht fallen", so das LG. [Ursache: Motorradunfall. Kein Mitverschulden wegen fehlender Schutzkleidung beim Motorradfahren. Vgl. dazu im Handbuch unter → Rn. 109].

Betrag: 7.000 € **Haftung: 100 %**
immVorb: Ja **MdE: –**

LG Darmstadt 22.7.2022 – 9 O 65/18 = BeckRS 2022, 53977

5887

Unterschenkelverletzung / Nervverletzung (hier: Schädigung des Nervus peroneus d.h. des Wadenbeinnervs wegen verspäteter operativer Behandlung eines Kompartmentsyndroms).

Mann (Transgender). Arzthaftung (hier: Behandlungsfehler im Zusammenhang mit einer Geschlechtsumwandlungsoperation von Frau zu Mann. Es kam zu einer Schädigung des Nervus peroneus dh des Wadenbeinnervs). Dauerschaden: Gehbehinderung als Folge der Lähmung der Muskeln, welche die aktive Fuß- und Zehenhebung ermöglichen.

Betrag: 7.500 € **Haftung: 100 %**
immVorb: Ja **MdE: –**

OLG München 14.10.2010 – 1 U 1657/10 = BeckRS 2010, 26399

4582

Unterschenkelverletzung / Unterschenkelnervverletzungen und durch die Verletzung des nervus tibialis und peronaeus sowie des nervus suralis).

35j. Mann. Stationäre Heilbehandlung. Dauerschaden: Bewegungsbeeinträchtigung und Belastungsbeeinträchtigung des Fußes. Arzthaftung (hier: Befunderhebungsfehler bei Übersehen einer Sehnenruptur. Das OLG hat jedoch den Umfang der Haftung des Krankenhauses nur auf den „Verzögerungsschaden" begrenzt).

Betrag: 10.000 € **Haftung: 100 %**
immVorb: Ja **MdE: –**

OLG Köln 23.4.2012 – 5 U 144/08 = BeckRS 2012, 10394

4014

Unterschenkelverletzung und Unterschenkelfraktur (hier: Unterschenkelverletzung und Unterschenkelfraktur (hier: Schwere Weichteilverletzung am linken Unterschenkel bis in die sogn. Lederhaut hinein. Bluterguss über den gesamten Unterschenkel. Es kam zu einer Hautnekrose, die eine Transplantation erforderlich machte. Unterschenkelfraktur).

Mann. 7 Wochen stationär. Hauttransplantation. Dauerschaden: Bewegungseinschränkung und entstellende Narbe am linken Bein. Ursache: Motorradunfall. Mitverschulden des noch jungen Motorradfahrers – ohne Quotierung – wegen Verzicht auf Schutzkleidung. Dies, so das OLG gelte auch für „kleine Maschinen", insbesondere an den Beinen, „also dort, wo die Verletzungsgefahr am Größten ist". Dauerschaden: Bewegungseinschränkung des linken Beines sowie großflächige Narben am linken Oberschenkel und Unterschenkel. [Anmerkung: Zur Frage des Mitverschuldens wegen fehlender Schutzkleidung siehe im Handbuch unter → Rn. 109.]

Betrag: 14.000 € **Haftung: 100 %**
immVorb: Ja **MdE: –**

OLG Brandenburg 23.7.2009 – 12 U 29/09 = BeckRS 2009, 23345

5565

Unterschenkelverletzung links (hier: Schienbeinfraktur in Form einer Schienbeinkopffraktur) und Prellungen. Psychische Beeinträchtigungen: „Die Klägerin entwickelte zudem eine chronische Schmerzstörung mit psychischen und somatischen Folgen so z.B. Schmerzen im gesamten Körper sowie – als Folge der Schmerzstörung – eine rezidivierende Depression".

Frau. Stationärer Aufenthalt mit zwei Operationen und Metallteileimplantat. 15 Tage 100 %, 5 Monate 50 %, 7 Monate 20 % sowie – infolge eines erneuten Sturzes (in ihrer Wohnung), den das LG auch als Folge des Unfalles ansah – abermals 4 Tage 100 %, 30 Tage 50 % und bis auf weiteres 15 %. Dauerschaden: Gebrauchsminderung / Gehbehinderung / Arthroserisikos. Dazu führte das LG aus: „Für das linke Bein besteht eine deutlich herabgesetzte Gebrauchsfähigkeit, schon kurze Strecken sind für die Klägerin nicht zu bewältigen. Die Klägerin bewegt sich nur noch mit dem Rollstuhl / Rollator oder einem Gehstock, sie ist insgesamt in ihrer Lebensführung stark eingeschränkt und kann vor dem Unfall betriebene Hobbys, sei es Yoga oder Radfahren, heute nicht mehr ausüben". [Ursache: Fahrradunfall]

Betrag: 25.000 € **Haftung: 66 %**
immVorb: Ja **MdE: 15 %**

LG Münster 4.5.2018 – 16 O 185/14 = BeckRS 2018, 39267

2501

Unterschenkelverletzung / Fußverletzung (hier: Nach einer Osteotomie (= Knochenumstellung) des linken Unterschenkels wurde ein sogn. Kompartmentsyndrom fehlerhaft nicht erkannt; es kam zu erheblichen neurologischen Schäden mit Sprunggelenkeinsteifung.

36j. Frau (Hausfrau, 3 Kinder). „Wochenlange stationäre Behandlung". Dauerschaden: Erhebliche Gehbehinderung, sensibler Ausfall der gesamten Versorgung des Unterschenkels.

Betrag: 25.565 € **Haftung: 100 %**
immVorb: Ja **MdE: 40 %**

OLG Oldenburg 2.12.1997 – 5 U 79/97 = BeckRS 1998, 828

2566

Unterschenkelverletzung, schwere (hier: Teilversteifung wegen Verkennen eines Kompartementsyndroms nach Osteotomie [Knochenumstellung] und Osteochondrosis [Knochenherauslösung]; Sprunggelenksversteifung; Amputationsgefahr da Verschlechterungstendenz).

36j. Frau. „Wochenlang" stationäre und ambulante Behandlung. Arzthaftung (Diagnosefehler). Dauerschaden: Starke Schmerzen! Gehbehinderung. [Lesenswert: Zum Feststellungsantrag]

Betrag: 25.565 € **Haftung: 100 %**
immVorb: Ja **MdE: –**

OLG Oldenburg 2.12.1997 – 5 U 79/97 = BeckRS 1998, 828

5159

Unterschenkelverletzung, schwere (hier: Unterschenkelarterienverletzung, Unterschenkelmuskelverletzung, Unterschenkelnervverletzung – wörtlich heißt es dazu im Urteil: „tiefe Schnittwunde neben Weichteilverletzungen eine Durchtrennung der hinteren Schienenbeinarterie und von Unterschenkel nerven und -muskeln").

47j.Frau (Hausfrau). Stationäre Behandlung; Langwierige Heilbehandlung mittels Physiotherapie und Massagen. Dauerschaden: Bewegungsbeeinträchtigung („Langes Laufen, Fahrradfahren oder Tragen schwerer Gegenstände sei ihr nicht mehr möglich"), 25cm lange Operationsnarbe. Hobbybeeinträchtigungen [Skiunfall]. Anmerkung: Der Haftpflichtversicherer des Schädigers zahlte 35.000 EUR Schmerzensgeld; die Klägerin klagte auf „mindestens 43.000 EUR"; das LG war jedoch der Ansicht, dass „bereit ein Schmerzensgeld in Höhe von 25.000,- EUR ausreichend" gewesen wäre und wies die Klage ab. [Zum Thema Hausfrau / Haushaltshilfe führte das LG aus: „ …,dass ein Ehemann als "Pascha„, der sich zur Hause einfach nur von allen Seiten bedienen lässt, nicht nur nicht mehr zeitgemäß sondern auch schlicht nicht mehr üblich ist"].

Betrag: 35.000 € **Haftung: 100 %**
immVorb: Ja **MdE: –**

LG Berlin 19.8.2014 – 2 O 125/14 = BeckRS 2014, 125872

7807

Unterschenkelverletzung in Form einer tiefen Stichwunde, jedoch ohne Verletzungen von Sehnen, Gefäßen oder Nervengewebe. Posttraumatische Belastungsstörung (PTBS). Vorsatztat / Messerangriff nach „islamistisch-jihadistischem" Messerangriff / Vorsatztat mit einem „32 Zentimeter langen Tranchiermesser mit einer Klingenlänge von 19 Zentimetern", mit dem er „jeweils in Tötungsabsicht auf den Hals und Oberkörper von dreizehn Personen" und dabei auch den Nebenkläger eingestochen hatte.

Mann. Stationäre Behandlung und Wundversorgung mit Einzelkopfnähten. Der Nebenkläger wurde für 3 Wochen krankgeschrieben. Zur Schmerzensgeldbemessung führte das OLG – neben den festgestellten körperlichen Verletzungen und psychischen Belastungen (PTBS) – hinsichtlich des besonderen Verschuldensgrades des Täters aus: „Sodann hat der Senat das Verschulden des Angeklagten als besonders hoch bewertet. Der Angeklagte hat vor dem Hintergrund seiner radikal-islamistischen Gesinnung ein Attentat auf friedlich feiernde Konzertbesucher verübt, die zu dem Angeklagten in keinerlei Nähebeziehung standen. Mit Ausnahme des Nebenklägers K. erfolgten die jeweiligen Angriffe unvermittelt auf arg- und wehrlose Opfer. Der Angeklagte handelte durchweg in Tötungsabsicht und brachte damit seine lebensverachtende Haltung gegenüber sämtlichen Nebenklägern zum Ausdruck. Vor diesem Hintergrund gaben die wirtschaftlichen Verhältnisse des Angeklagten sowie der Nebenkläger dem vorliegenden Fall kein besonderes Gepräge." [Anmerkung: Adhäsionsverfahren: Nebenkläger im Mordprozess gegenüber dem Täter nach dessen Terroranschlag vom 23.8.2024 auf dem Gelände des „Festivals der EE".]

Betrag: 40.000 € **Haftung: 100 %**
immVorb: – **MdE: –**

OLG Düsseldorf 10.9.2025 – 5 St 2/25 = BeckRS 2025, 23340

5552

Unterschenkelverletzung rechts (hier: Nervverletzung in Form der Schädigung des Nervus saphenus mit der Folge von Taubheit und ständigen neuropathischen Schmerzen im Unterschenkel) zudem kam es zu posttraumatischen Bildung von Neuromen (hier: Kontinuitätsneurom des Nervus saphenus proximal des Kniegelenkspalts) bzw. Geschwulst, die aus einer Wucherung der Nervenfasern bzw. -zellen entstanden ist sowie zu psychischen Beeinträchtigungen.

42j. Frau. Arzthaftung (hier: Behandlungsfehler im Zusammenhang mit einer Knie-Spiegelung bzw. Arthroskopie. Der Beklagte hatte bei der Anlage des Zugangs nach der Hautinzision kein scharfes Skalpell, sondern ein stumpfer Trokar benutzen dürfen bzw. müssen und zudem die gefährdeten Gefäße und Nerven beiseite halten müssen). Dauerschaden: Kein Sport mehr, Belastungseinschränkungen, Neuropathische Schmerzen, die „insbesondere durch Berührungen, etwa durch die Kleidung, durch Bewegungen, beispielsweise Gasgeben oder Bremsen beim Autofahren oder Treppensteigen, oder durch Wetterumschwünge ausgelöst" werden und psychische Beeinträchtigungen; hierzu führte das OLG aus, es sei „ohne weiteres nachvollziehbar, dass sich dauerhafte Schmerzen – wie es die Klägerin bei ihrer Anhörung geschildert hat – nachhaltig auf Psyche und Stimmung des Betroffenen auswirken und zu einer leichteren Reizbarkeit führen. Dass die Klägerin keinen Sport mehr ausüben kann und auch sonst in ihrer Freizeitgestaltung erheblich beeinträchtigt ist, leuchtet ein, weil Bewegungen zu einer Zunahme der Schmerzen führen".

Betrag: 40.000 € **Haftung: 100 %**
immVorb: – **MdE: –**

OLG Köln 26.7.2017 – 5 U 152/15 = BeckRS 2017, 145863

6222

Unterschenkelverletzung und Fußverletzung (hier: Wadenbeinnervverletzung [Verletzung des Nervus peroneus] mit der Folge einer Klumpfußstellung. Zudem kam es zu einem Absterben von Muskelgewebe infolge einer Gewebedrucksteigerung und daraus resultierender Minderdurchblutung [= Kompartmentsyndroms] am linken und rechten Unterschenkel] sowie letztendlich zu einer Zehenheberschwäche und Fußheberlähmung des rechten Beins).

37j. Frau. Arzthaftung (hier: Grobe Behandlungsfehler im Zusammenhang mit einer „verlängernden und korrigierenden Operationen an beiden Unterschenkeln" [= Kallusdistraktionsbehandlungen] wegen ihrer Kleinwüchsigkeit). Dauerschaden: Gehbehinderung nach Kompartementsyndrom und Wadenbeinnervverletzung, die eine sog. Klumpfußstellung zur Folge hatte. Bei der Schmerzensgeldbemessung berücksichtigte das OLG zudem „die andauernden täglichen Beschwerden der Klägerin (Gehen ohne Gehhilfe nur bis maximal 15/30 Minuten möglich; häufige brennende Schmerzen an den Fußsohlen, fehlbelastungsbedingte Beschwerden an der Lendenwirbelsäule, in der Lendenbeckenhüftregion und an beiden Kniegelenken) sowie die erheblichen Schmerzen und Unannehmlichkeiten, die die Klägerin im Behandlungszeitraum durch die Fehler der Beklagten erleiden musste. Hinzu kommt, dass den Beklagten zwei voneinander unabhängige Behandlungsfehler, davon ein grober, vorzuwerfen sind".

Betrag: 45.000 € **Haftung: 100 %**
immVorb: Ja **MdE: –**

OLG Frankfurt a. M. 27.4.2004 – 8 U 139/02 = BeckRS 2004, 18520

4602

Unterschenkelverletzung / Fußverletzung infolge einer Osteomyelitis.

Mann. 6 Wochen stationär. Langwierige Heilbehandlung mit weiteren kurzen stationären sowie längerer ambulanter Heilbehandlung. Dauerschaden: Gehbehinderung / Belastungseinschränkung wegen der Bein- und Fußverletzung sowie Knochenmarkentzündung. Arzthaftung: Behandlungsfehler / unzureichende Wundkontrolle / verspätete Operation / Gefahr von Unterschenkelamputation.

Betrag: 50.000 € **Haftung: 100 %**
immVorb: Ja **MdE: –**

LG Aurich 29.3.2011 – 5 O 843/08 = BeckRS 2011, 142407

3796

Unterschenkelverletzung (hier: Neurologische Ausfälle, Dysfunktionalität und unterschiedliche Struktur beider Unterschenkel nach Kompartment-Syndrom)

15j. Frau. Dauerschaden: Neurologische Ausfälle; kein Joggen oder schnelles Laufen; längeres Gehen nur mit Schmerzen. 25 cm lange Narbe am rechten Unterschenkel und kleine Narbe am linken Bein, die „die Kl. als junge Frau besonders beeinträchtigen". Arzthaftung im Zusammenhang mit der Teilentfernung der linken Niere: Grober Behandlungsfehler nach verspätet diagnostiziertem Kompartmentsyndrom.

Betrag: 75.000 € **Haftung: 100 %**
immVorb: Ja **MdE: –**

LG Düsseldorf 19.3.2008 – 25 O 180/05 = BeckRS 2008, 7731

3834

Unterschenkelverletzung / Kompartementsyndrom (kunstfehlerhaftes Verkennen des Kompartementsyndroms mit Leidensverlängerung und funktionellen sowie ästhetischen Veränderungen am Unterschenkel des Klägers).

4j. Kind. Mehrere Operationen. Arzthaftung: Nichterkennen eines Kompartementsyndrom. Dauerschaden: Schmerzen und Missempfindung in den Beinen; Verschlechterungstendenz bzgl. der Bewegungseinschränkung.

Betrag: 85.000 € **Haftung: 100 %**
immVorb: Ja **MdE: –**

LG Köln 11.6.2008 – 25 O 410/06 = BeckRS 2008, 12131

k) Inkomplette Unterschenkelfrakturen

5893

Unterschenkelfraktur, Fußfraktur in Form einer Mittelfußfraktur sowie Prellungen und Schürfungen, insbesondere Schädelprellung.

10j. Kind (Schülerin). 12 Tage stationär und weitere 7 Tage ambulante Behandlung. [Anmerkung: Lesenswert zur Mithaftung eines zehnjährigen Kindes, das damit „noch sehr nah an der Grenze der Nichtverantwortlichkeit gemäß § 828 Abs. 2 BGB" ist, so das AG].

Betrag: 625 € **Haftung: 25 %**
immVorb: Ja **MdE: –**

AG Essen 24.8.2010 – 11 C 98/10 = BeckRS 2010, 29512

2490

Unterschenkelfraktur (hier: Radiusköpfchenfraktur links und „Verdacht auf Kahnbeinfraktur") und Bänderverletzung (hier: Bänderriss am rechten Daumengelenk [= subcutane Collateralbänderruptur] sowie zahlreiche Prellungen und Schürfungen.

62j. Mann. Mehrere ambulante Behandlungen. Versorgung mit Baycastverband und „einer Stack'schen Schiene".

Betrag: 1.023 € **Haftung: 100 %**
immVorb: – **MdE: –**

AG Nordhorn 30.3.1998 – 1643-8c 1849/97 = unveröffentlicht

7561

Unterschenkelfraktur (hier: Distale Schienbeinfraktur links) sowie Prellungen und Hautabschürfungen.

14j. Junge (Schüler). 2 Tage stationärer, zwei Operationen (2. OP zur Metallteilentfernung), der Dauer und Häufigkeit der ambulanten krankengymnastischen Nachbehandlung, die 6 Monate andauernde Einschränkungen in der Freizeitgestaltung – insbesondere betreffend des Hobbys Karate -, die Wundinfektion nach der zweiten OP sowie auch das Mitverschulden waren die Kriterien, die das LG Lüneburg BeckRS 2024, 33072 in erster Instanz bei der Bemessung des Schmerzensgeldes berücksichtigt und sich dabei – ausgehend von 6.000 EUR bei voller Haftung – ua an der Entscheidung des LG Schwerin → Nr. 4727 orientiert hatte. Das OLG bestätigte diese Entscheidung mit seinem Hinweisbeschluss. [Anmerkung: Lesenswert zur Frage, ob bei einem Jugendlichen, der entgegen der Fahrrichtung einen Radweg befährt und mit einem aus einer Ausfahrt fahrenden PKW kollidiert, ein derart grobes Verschulden anzunehmen ist, dass die Betriebsgefahr des Wagens dahinter zurück bliebe. Das OLG hat diese Frage verneint und dabei auf sein Urteil vom 11.10.2023 → Nr. 7222 verwiesen. Vgl. dazu auch Figgener / Quaisser NJW-Spezial 2025, 10]

Betrag: 1.200 € **Haftung: 30 %**
immVorb: Ja **MdE: –**

OLG Celle 15.10.2024 – 14 U 143/24 = BeckRS 2024, 32381

7623

Unterschenkelfraktur (hier: distale Schienbeinfraktur links) sowie Prellungen und Hautabschürfungen.

14j. Kind (Schüler). 2 Tage stationär. Die Versorgung der Fraktur erfolgte operativ unter Vollnarkose durch eine Verschraubung mit drei Schrauben. Im Rahmen einer Folgeoperation wurden die Schrauben einige Monate später wieder entfernt, wobei sich die Operationsnarbe in der Folge entzündete. Der Kläger erhielt über mehrere Monate mehrmals wöchentlich Physiotherapie und war bis Ende des Jahres vom Schulsport freigestellt. [Ursache: Fahrradunfall – vgl. zum grundsätzlich geringeren Mitverschulden von Kindern und Jugendlichen auch BGH BeckRS 2004, 788 sowie im Handbuch → Rn. 334a].

Betrag: 1.200 € **Haftung: 100 %**
immVorb: – **MdE: –**

LG Lüneburg 10.7.2024 – 3 O 137/23 = BeckRS 2024, 33072

3070

Unterschenkelfraktur (hier: o.Schienbeinfraktur 1.Grades).

Frau. Die Verletzung verheilte vollständig; komplikationsloser Heilungsverlauf. Dauerschaden: „reizlose Narben" und „zwei Stellen am rechten Knie und am rechten Unterschenkel, die taub sind".

Betrag: 1.278 € **Haftung: 100 %**
immVorb: – **MdE: –**

AG Hannover 31.8.2000 – 564 C 00547/99 = BeckRS 2000, 168027

6117

Unterschenkelfraktur (hier: Schienbeinfraktur in Form einer Schienbeinkopffraktur links mit multiplen Schürfungen an der Tibiavorderkante), Fußfraktur in Form einer Innenknöchelfraktur.

Frau. 105 Tage stationär mit zwei Operationen. Der Wundheilungsprozess wurde „durch unfallunabhängige Vorerkrankungen der Klägerin (Diabetes mellitus, arterielle Hypertonie, Fettstoffwechselstörung und Adipositas) negativ beeinflusst". Im weiteren bestand jedoch ein „unauffälliger" Heilungsverlauf. [Anmerkung: Lesenswert zur Quotelung bei Verstoß gegen Wartepflicht eines Fußgängers versus Betriebsgefahr eines PKW]. Vorschaden: Fettleibigkeit bzw. Adipositas und Diabetes. „Die gesundheitliche Vorbelastung stellt", so das OLG, „zwar die grundsätzliche Haftung für die Unfallfolgen nicht in Frage, kann allerdings … für die Schmerzensgeldbemessung relevant sein".

Betrag: 1.500 € **Haftung: 25 %**
immVorb: – **MdE: –**

OLG Köln 10.2.2017 – 19 U 102/16 = BeckRS 2017, 131314

2820

Unterschenkelfraktur (hier: Schienbeinfraktur rechts).

Mann. Eine Woche stationär. Schienbein genagelt. MdE 2 Monate 100 %. Operation zur Nagelentfernung. Leichte Fahrlässigkeit der Bekl.

Betrag: 1.534 € **Haftung: 50 %**
immVorb: – **MdE: –**

LG Hannover 1.3.2000 – 12 O 173/98 = BeckRS 2000, 168122

3416

Unterschenkelfraktur / Kniefraktur in Form einer Schienbeinkopffraktur mit mäßiggradiger Schwellung im Bereich des Knies und proximalen Unterschenkels.

26j. Frau. 14 Tage stationär. Der postoperative Verlauf führte zu einer reizfreien Wundheilung und war insgesamt komplikationslos. In Anbetracht dieses Verletzungsbildes und des hälftigen Mitverschuldens der Kl. ist der zuerkannte Schmerzensgeldbetrag nach der Beurteilung des Senats erforderlich, aber auch ausreichend. (Ursache: Motorradunfall während des Motorradfahrschulunterrichts).

Betrag: 1.750 € **Haftung: 50 %**
immVorb: – **MdE: –**

OLG Hamm 5.4.2005 – 9 U 41/03 = BeckRS 2005, 7562

4254

Unterschenkelfraktur (hier: Schienbeinfraktur in Form einer Schienbeinimpressionsfraktur) und Unterarmfraktur links.

Mann. Knapp 5 Wochen stationär; zwei Aufenthalte mit jew. einer Operation. Metallteileimplantat. Mehrere Wochen Bewegungseinschränkungen des verletzten Unterschenkels bzw. im Kniegelenk des verletzten Beines, jedoch keine Folgeschäden.

Betrag: 2.000 € **Haftung: 100 %**
immVorb: – **MdE: –**

AG Bad Oldesloe 29.10.2008 – 2 C 359/05 = BeckRS 2009, 26821

3179

Unterschenkelfraktur in Form einer Wadenbeinschaftfraktur, rechts.

Frau (Arbeitslose). 7 Tage stationär. 2 Operationen. Eine zur Entfernung des Metallteilimplantats (Nagels). MdE gut 3 Monate 100 %. Anschließend 4 Monate krankengymnastische Behandlung. Mehrere Wochen musste Sie an Krücken gehen.

Betrag: 2.500 € **Haftung: 60 %**
immVorb: Ja **MdE: –**

LG Coburg 27.8.2002 – 23 O 456/02 = BeckRS 9998, 44296

3724

Unterschenkelfraktur in Form einer Schienbeinspiralfraktur links.

Kind (ohne Altersangabe). 10 Tage stationär; 2 Aufenthalte. Die Fraktur wurde mit 4 Schrauben fixiert, die während des zweiten Aufenthaltes wieder entfernt werden mussten. Spätere Dauerfolgen nicht ausgeschlossen.

Betrag: 2.556 € **Haftung: 100 %**
immVorb: – **MdE: –**

AG Lüdinghausen 26.9.2000 – 4 C 1077/200 = unveröffentlicht

3738

Unterschenkelfraktur rechts.

5j. Kind (Mädchen). 4 stationäre Aufenthalte von bis zu einer Woche Dauer. Komplizierte Heilbehandlung mit zweifacher Reposition des Unterschenkels und Weichteilinfektion; jedoch schließlich sehr gut ausgeheilte Fraktur ohne Dauerfolgen.

Betrag: 2.556 € **Haftung: 66 %**
immVorb: – **MdE: –**

LG München I 18.5.2000 – 19 O 9958/98 = unveröffentlicht

5207

Unterschenkelfraktur und Sprunggelenkverletzung.

11j. Mädchen. Möglicher Dauerschaden: Taubheitsgefühl im Bereich des verletzten Fußes. [Anmerkung: Das Mädchen wich vor einem plötzlich hinter einem Zaun hochspringenden Hundes auf die Fahrbahn, wo sie vom PKW erfasst wurde. „Wenn eine Fußgängerin, die plötzlich und unerwartet durch einen Hund erschreckt wird, in einem "Reflex„ einen Schritt zur Seite macht, und dabei in die Fahrbahn eines herannahenden Fahrzeugs tritt, liegt in der Regel eine Handlung im Rechtssinne vor, da auch ein "automatisiertes„ menschliches Verhalten grundsätzlich einer möglichen Bewusstseinskontrolle und Willenssteuerung unterliegt. Bei einer Schreckreaktion in einer plötzlichen Gefahrensituation kann es jedoch an einem Verschulden der Fußgängerin auch dann fehlen, wenn die konkrete Handlung – Schritt zur Seite – zur Abwendung der Gefahr objektiv nicht notwendig war", so die beiden Leitsätze des Senats].

Betrag: 3.000 € **Haftung: 100 %**
immVorb: Ja **MdE: –**

OLG Karlsruhe 7.1.2015 – 9 U 9/14 = BeckRS 2015, 7668

5877

Unterschenkelfraktur (hier: Fraktur der Unterschenkelschaftmitte rechts) sowie eine Nasenbeinprellung und eine Schürfwunde am Nasenbein.

5j. Kind (Junge). 3 Tage stationär. Die Unterschenkelfraktur wurde unter Vollnarkose operativ mit Nägeln versorgt. Der Eingriff und die Narkose verliefen ohne Komplikationen. Das Bein wurde mit einem Gipsverband ruhiggestellt, was für ein fünfjähriges Kind mit erheblichem Bewegungsdrang eine spürbare Einschränkung bedeutet. 4 Monate ambulante Nachbehandlung, die teilweise mit Schmerzen verbunden war. Zur Entfernung der Nägel war ein weiterer operativer Eingriff erforderlich. Bei der Bemessung berücksichtigte das OLG zudem, „dass ein dreitägiger Krankenhausaufenthalt verbunden mit einer Operation – auch bei ständiger Anwesenheit eines Elternteils – eine nicht unerhebliche psychische Belastung für ein fünfjähriges Kind darstellt".

Betrag: 3.000 € **Haftung: 100 %**
immVorb: – **MdE: –**

OLG Nürnberg 16.6.2010 – 8 U 2496/09 = BeckRS 2010, 19108

3745

Unterschenkelfraktur rechts.

4j. Kind. Stationäre Behandlung; 6 Wochen Gipsverband (4 Wochen Oberschenkelgips und 2 Wochen Unterschenkelgips). Zu Recht stellte das AG fest, dass eine solche Beeinträchtigung für ein Kleinkind eine sehr schwere Belastung darstellt. Mögliche weitere Folgen: Vergrößerung der Beinlängendifferenz von aktuell 5 mm.

Betrag: 3.000 € **Haftung: 100 %**
immVorb: Ja **MdE: –**

AG Brilon 24.9.2003 – 8 C 275/03 = BeckRS 2003, 31162466

2942

Unterschenkelfraktur, die das Gericht unspezifisch als „Beinbruch" bezeichnete. Zudem weitere Prellungen und Schürfwunden.

Frau (Jugendliche). Stationär. 2 Operationen. Musste einige Zeit „an Krücken gehen". „Bei konsequenter Krankengymnastik" kein Dauerschaden. Ursache: Fahrradunfall.

Betrag: 3.068 € **Haftung: 50 %**
immVorb: Ja **MdE: –**

OLG Frankfurt a. M. 2.5.2001 – 21 U 84/2000 = BeckRS 2001, 161639

5254

Unterschenkelfraktur / Fußfraktur (hier: Schienbeinfraktur rechts mit Fußwurzelfraktur).

11j. Junge (Schüler). 3 Tage stationär, 6 Wochen Liegegips zunächst in Ergänzung mit Krücken und später mit Gehsohlen sowie 10 Tage VACOped-Schuh. Langwierige Heilbehandlung mit Physiotherapie. Das AG berücksichtige zudem, dass gerade für Kinder die starke Bewegungseinschränkung besonders belastend empfunden wird und zudem die erhebliche Regulierungsverzögerung. Letztere – so das AG – schlage im Rahmen der Genugtuungsfunktion mit 20 % Aufschlag zu Buche. [Anmerkung: Vor dem Hintergrund der Heilbehandlungsdauer sowie der vom AG selbst angemerkten Argumente erscheint das Schmerzensgeld als zu gering].

Betrag: 3.600 € **Haftung: 100 %**
immVorb: – **MdE: –**

AG Kassel 21.4.2015 – 435 C 5128/12 = BeckRS 2015, 12237

4048

Unterschenkelfraktur in Form einer Schienbeinkopfimpressionsfraktur.

Frau. 4 Wochen stationär; später erneuter kurzer stationärer Aufenthalt. 12 Wochen ambulante Heilbehandlung. Ursache: Die Kl. wurde mit erheblichem eigenem Verschulden von dem Schäferhund der Bekl. „umgerannt".

Betrag: 4.000 € **Haftung: 50 %**
immVorb: – **MdE: –**

OLG Frankfurt a. M. 12.1.2007 – 9 U 217/06 = NJW-RR 2007, 748

5778

Unterschenkelfraktur (hier: Schienbeinkopffraktur in Form einer lateralen Tibiakopf-Depressions-Impressionsfraktur am linken Bein).

Frau. 43 Tage stationär. Es folgten weitere stationäre Aufenthalte. Die postoperative ambulante Behandlung dauerte etwa zwölf Wochen. Folgenlose Verheilung. [Ursache: Tierhalterhaftung. Die Klägerin wurde vom Schäferhund der Beklagten überrannt und kam zu Fall].

Betrag: 4.000 € **Haftung: 50 %**
immVorb: – **MdE: –**

OLG Frankfurt a. M. 12.1.2007 – 19 U 217/06 = BeckRS 2007, 3885

4119

Unterschenkelfraktur rechts mit Beeinträchtigung der Beweglichkeit des Kniegelenks und des Sprunggelenks.

44j. Mann (Beamter). 17 Tage stationär, zwei Aufenthalte. Weitere physiotherapeutische ambulante Heilbehandlung erforderlich. Dauerschaden: Geringfügige Bewegungsbeeinträchtigung des linken Beines.

Betrag: 4.500 € **Haftung: 50 %**
immVorb: – **MdE: –**

LG Wuppertal 23.11.2009 – 4 O 69/08 = BeckRS 2011, 3253

2594

Unterschenkelfraktur / Knieverletzung (hier: Schienbeinkopffraktur „im oberen Drittel … mit einem in das Kniegelenk reichenden Frakturspalt". Kniegelenkpunktierung / Kniepunktion!)

Frau. 19 Tage stationär, 2 Aufenthalte. Kniepunktion! Gipsschienenverband. 12 Nachbehandlungen. Dauerschaden: „Streckhemmung, leichte"; Verschlimmerung möglich.

Betrag: 4.602 € **Haftung: 75 %**
immVorb: Ja **MdE: –**

AG Nürnberg 30.3.1998 – 12 O 10914/94 = unveröffentlicht

6676

Unterschenkelfraktur rechts in Form einer o.Unterschenkelfraktur bzw. einer offenen Schienbeinschaftfraktur.

Frau. Stationäre Heilbehandlung. Operation mit Einbringung von Osteosynthesematerial. Vorschädigung in Form einer Fußfraktur infolge derer die Klägerin unfallunabhängig „auch zuvor schon starke Schmerzmittel eingenommen" hatte. Dauerschaden: Im Narbenbereich" festgestellte Allodynie (= gesteigerte Schmerzempfindlichkeit), die jedoch nicht zweifelsfrei auf den Unfall zurückzuführen war.

Betrag: 5.000 € **Haftung: 33 %**
immVorb: Ja **MdE: –**

OLG Dresden 10.2.2020 – 4 U 1354/19 = BeckRS 2020, 1750

5221

Unterschenkelfraktur (hier: „Maisonneuve-Verletzung bei undislozierter proximaler Fibularfraktur und Syndesmosenruptur rechtes Sprunggelenk. Hinzu kamen Zeichen geringgradiger Bone-bruises [= kleinste Knochenbrüche, auch Mikrofrakturen genannt] des Tibiakopfes posterolateral und postero-medial").

Frau. Stationär. Die Fraktur musste mit einer Titanstellschrauben versorgt und mittels einer Schiene ruhig gestellt werden. Ambulante Behandlung; die körperlichen Beeinträchtigungen dauerten über mehrere Wochen hinweg. [Lesenswert zu den Themen: Pflichtverletzung, Skilehrer, Ungeeigneter Hang, ungeeigneter Hang, Skiunfall: Skilehrer dürfen dem Schüler keine Risiken zumuten, denen diese mit ihren Fähigkeiten bei den gegebenen Schnee- und Witterungsverhältnissen nicht gewachsen sind].

Betrag: 5.000 € **Haftung: 100 %**
immVorb: Ja **MdE: –**

LG Deggendorf 12.11.2014 – 22 O 298/14 = BeckRS 2015, 20293

4726

Unterschenkelfraktur / Schienbeinkopffraktur (hier: „Infraktion im lateralen Tibaiplateau, in der Form eines nicht dislozierten knöchernen Abrisses der Ementia intercondylaris lateralis, Kreuzbandhöcker" mit einem drittgradigen Gelenkknorpelschaden am äußeren Schienbeinkopf mit dauerhafter Bewegungseinschränkung des rechten Knies).

Mann (aus dem Kontext: Jüngerer Mann). Ambulante Heilbehandlung mit Kniegelenksspiegelung. MdE 4 Wochen 100 %. Verkehrssicherungspflichtverletzung / Badeunfall an Wasserrutsche. Dauerschaden: Bewegungsbeeinträchtigung des rechten Kniegelenks, „ insbesondere nach längeren Spaziergängen von mehr als 3–4 km, nach längerem Stehen und beim Treppensteigen, beim Radfahren auf Bergstrecken oder bei sportlichen Betätigungen wie Jogging".

Betrag: 5.000 € **Haftung: 100 %**
immVorb: Ja **MdE: –**

OLG Koblenz 21.6.2012 – 2 U 271/11 = BeckRS 2012, 14967

4029

Unterschgenkelfraktur / Schienbeinkopffraktur links mit Kniebänderverletzung links sowie diverse Prellungen und Blutergüsse (Kopf, Rücken, Kniegelenk sowie Fußgelenk).

65j. Frau. Stationär. Langwierige Heilbehandlung mittels Kniegelenkorthese mit zweimonatiger erheblicher Bewegungsbeeinträchtigung beim Gehen und Stehen. Dauerfolgen sind nicht unwahrscheinlich!

Betrag: 5.000 € **Haftung: 100 %**
immVorb: Ja **MdE: –**

AG Döbeln 30.11.2006 – 2 C 350/06 = BeckRS 2006, 138048

4560

Unterschenkelfraktur (hier: Schienbeinkopffraktur, komplexe am linken Kniegelenkmit Impression lateralseitig und dorsomedialem Kantenabbruch und Beteiligung des Interkondylenhöckers).

Mann. 8 Tage stationär; 4 Wochen Rehabilitationsaufenthalt; insgesamt für die Dauer von 4 Monaten musste der Kläger an Unterarmkrücken gehen und eine Knieorthese tragen. Ersteres hatte zu einer Achillessehnenreizung geführt. 23 ambulante Heilbehandlungen. MdE 11 Wochen 100 %. Dauerschaden: Operationsnarbe am Knie. Skifahren und Bergwandern, die Hobbys des Klägers waren über ein halbes Jahr (Winterhalbjahr) nicht möglich.

Betrag: 6.000 € **Haftung: 100 %**
immVorb: Ja **MdE: –**

LG München I 20.7.2012 – 6 O 19662/10 = BeckRS 2013, 670

4186

Unterschenkelfraktur rechts mit endgradiger Bewegungseinschränkung und verzögertem Heilungsverlauf.

Mann. 15 Tage stationär. 2 Aufenthalte. Anschließend insgesamt 13 ambulante Behandlungen beim Hausarzt sowie 39 weitere ambulante Heilbehandlungen beim Physiotherapeuten. MdE knapp 4 1/2 Monate 80 %; weitere 4 Wochen 80 %. Heilungsverzögerung infolge einer Allergie. Dauerschaden: Bewegungseinschränkung des Oberschenkels mit geringer Gehbehinderung und Beeinträchtigung des Unterschenkels. [Motorradunfall].

Betrag: 6.000 € **Haftung: 100 %**
immVorb: Ja **MdE: 10 %**

LG Aurich 20.5.2009 – 2 O 1086/06 = BeckRS 2011, 8704

5765

Unterschenkelfraktur (hier: Schienbeinfraktur mit Beteiligung der Wachstumsfuge) und Sprunggelenkverletzung in Form eines erheblichen Hämatoms.

11j. Kind (Schüler). Langwierige Heilbehandlung: Ca. 105 Tage Gehen nur an beidseitigen Gehhilfen / Krücken. Für die Dauer von 180 Tagen keine Teilnahme am Schulsport. Dauerschaden: Risiko eines Fehlwachstums. Regulierungsverzögerung.

Betrag: 6.000 € **Haftung: 100 %**
immVorb: Ja **MdE: –**

LG Bonn 26.6.2006 – 13 O 544/05 = BeckRS 2007, 15709

2980

Unterschenkelfraktur (hier: Schienbeinfraktur in Form einer Schienbeinkopffraktur) nach Pferdetritt.

54j. Frau. Komplikationsloser Heilungsverlauf. Dauerschaden: MdE 20 %. Ursache: Pferdetritt beim Überqueren einer Weide.

Betrag: 6.136 € **Haftung: 100 %**
immVorb: – **MdE: –**

OLG Düsseldorf 5.5.2000 – 22 U 148/99 = BeckRS 2000, 30110149

2766

Unterschenkelfraktur.

Mann. Stationärer Aufenthalt. Nachoperation notwendig. Dauerschaden: Beinverkürzung um 1 cm. Geringes Verschulden des Beklagten. [Ursache: Verkehrssicherungspflichtverletzung].

Betrag: 6.136 € **Haftung: 100 %**
immVorb: – **MdE: –**

OLG Celle 2.2.2000 – 9 U 121/99 = BeckRS 2000, 30093834

2821

Unterschenkelfraktur mit geringer Beinverkürzung).

Mann. Stationäre Heilbehandlung mit einer Operation sowie zwei Nachfolgeoperationen. Dauerschaden: Beinverkürzung um 1 cm).

Betrag: 6.136 € **Haftung: 100 %**
immVorb: – **MdE: –**

OLG Celle 2.2.2000 – 9 U 121/99 = BeckRS 2000, 30093834

6285

Unterschenkelfraktur (hier: Schienbeinfraktur in Form einer Schienbeinkopffraktur am rechten Bein).

Mann. 9 Tage stationär mit Metallimplantat und dreimonatiger ambulanter Heilbehandlung. Das Implantat wurde zwei Jahre später wieder entfernt. MdE 10 Tage 100 %, 30 Tage 60 %, 14 Tage 40 % sowie 60 Tage 20 %. Während dieser Zeiten litt der Kläger zunächst mehr, später abnehmend unter Bewegungseinschränkungen und Schmerzen. Dauerschaden: Keine „gänzlich schmerzfreie Belastbarkeit über dem rechten Kniegelenk auch in Bezug auf große oder lang dauernde Belastungen". [Ursache: Der Kläger wurde als Spaziergänger auf einer Wiese nahe dem Meer von einer Lenkdrachenführerin (Kitesurfer) umgestoßen, deren Kite außer Kontrolle geraten war].

Betrag: 6.500 € **Haftung: 100 %**
immVorb: Ja **MdE: –**

LG Köln 5.8.2019 – 19 O 49/18 = BeckRS 2019, 19639

7324

Unterschenkelfraktur in Form einer Tibiakopffraktur (Schienbeinkopffraktur).

Mann. 11 Tage stationär; Operation mit drei Schrauben. Anschließend 3 Wochen Reha. Der Kl. konnte über 10 Wochen das Knie nicht bzw. nur mit einer Kraft von 5 kg belasten. Möglicher Dauerschaden: Dem Kl. verblieb eine 20 cm lange Narbe. Zudem bestand zum Zeitpunkt der mündlichen Verhandlung noch Bewegungsbeeinträchtigung mit „erheblichen Beeinträchtigungen im Haushalt aber auch in seiner Freizeit". „Wassersport," so das OLG, „wie vor dem Vorfall kann der Kl. nicht mehr betreiben. Er befindet sich fortlaufend in krankengymnastischer Behandlung." Ergänzend hat der Kl. im Rahmen seiner persönlichen Anhörung klargestellt, dass es mittlerweile nur noch manchmal schmerze und er aus Zeitgründen statt gemäß der ärztlichen Verordnung zweimal nur noch einmal pro Woche zum Reha-Sport gehe. Er nehme keine Schmerzmittel. Es bestehe das Risiko einer Reoperation.

Betrag: 7.000 € **Haftung: 100 %**
immVorb: – **MdE: –**

OLG Hamm 7.3.2023 – 7 U 130/22 = BeckRS 2023, 7638

6087

Unterschenkelfraktur (hier: Schienbeinfraktur in Form einer Schienbeinkopffraktur mit einem Knorpelschaden 2. bis 3. Grades).

50j. Frau. Laut gerichtsgutachterlicher Fesststellung von Prof. Dr. F : MdE 72 Tage 50 % und 53 Tage 30 %. Dauerschaden: MdE 10 %. [Anmerkung: Seitens des behandelnden E-Krankenhauses wurde eine höhere und längere MdE attestsiert]. Einschränkungen der Klägerin bei der Ausübung von Freizeitaktivitäten

Betrag: 7.000 € **Haftung: 100 %**
immVorb: – **MdE: –**

OLG Köln 18.9.2014 – 15 U 138/14 = BeckRS 2015, 14125

4731

Unterschenkelfraktur / Schienbeinkopffraktur links mit langwieriger Heilbehandlung.

38j. Frau. 4 Tage stationär. 20 Tage ambulante Heilbehandlung. Langwierige Heilbehandlung ua wegen Thrombosegefahr, die mit regelmäßiger Medikamentenverabreichung mittels Spritzen behandelt werden musste. Die Kl. musste in dieser Zeit auch an Unterarmgehstützen gehen. MdE 5 Monate 100 %. Urlaubsvereitelung.

Betrag: 7.000 € **Haftung: 100 %**
immVorb: Ja **MdE: –**

LG Ingolstadt 20.12.2012 – 32 O 683/12 = BeckRS 2012, 213988

4732

Unterschenkelfraktur / Schienbeinkopffraktur, lateral links.

60j. Mann (im Urteil irrtümlich mit 6j. angegeben). Ambulante Heilbehandlung. MdE 8 Wochen 100 %. Folgenlose Verheilung der Fraktur ohne Komplikationen knöchern konsolidiert. Dauerschaden: Bewegungseinschränkungen bei alltäglichen Handlungen sowie beim Sport und Autofahren [siehe auch das Urteil des LG Frankfurt a. M. BeckRS 2013, 8670 = → Nr. 4730]. Weitere Fundstelle: SP 2013, 143.

Betrag: 7.000 € **Haftung: 100 %**
immVorb: – **MdE: 20 %**

OLG Frankfurt a. M. 24.9.2012 – 16 U 91/12 = BeckRS 2013, 8678

4730

Unterschenkelfraktur / Schienbeinkopffraktur, lateral links.

60j. Mann (im Urteil irrtümlich mit 6j. angegeben). Ambulante Heilbehandlung. MdE 8 Wochen 100 %. Folgenlose Verheilung der Fraktur ohne Komplikationen knöchern konsolidiert. Dauerschaden: Bewegungseinschränkungen bei alltäglichen Handlungen sowie beim Sport und Autofahren. Der Käger führte dazu aus, er könne nicht mehr „Fahrradfahren, da ihm ein Bergauffahren nicht möglich sei, er könne nicht mehr zu Tanzveranstaltungen mitkommen, da ihm nur noch langsames Tanzen möglich sei, was es nicht bringe. Autofahren sei nur bis zu 100 oder 200 km möglich, auch beim Bahnfahren müsse er immer wieder aufstehen. Aktiver Fußballsport sei ihm ebenso wenig möglich wie das eigenständige Renovieren in seiner Wohnung, morgens bereite ihm das Aufstehen zuweilen Probleme" (Zitat aus Fundstelle).

Betrag: 7.000 € **Haftung: 100 %**
immVorb: – **MdE: 20 %**

LG Frankfurt a. M. 13.4.2012 – 2-19 O 31/12 = BeckRS 2013, 8670

2802

Unterschenkelfraktur mit leichter Beinverkürzung.

Mann. Stationäre Heilbehandlung. Dauerschaden: MdE 10 %; leichte Beinverkürzung, der linke Unterschenkel ist um 0,75 cm verkürzt; „im Übrigen gut verheilte Wunden".

Betrag: 7.669 € **Haftung: 100 %**
immVorb: – **MdE: 10 %**

LG Frankenthal 20.10.1999 – 2 S 166/99 = unveröffentlicht

2740

Unterschenkelfraktur und Knieverletzung (hier: Schwere Kniegelenkquetschung [Kniegelenkkontusion] linksseitig mit lateraler Schienbeinkopffraktur, Senkung der Gelenkfläche und Kniegelenkerguss).

78j. Frau. Dauerschaden: „Einschränkungen bei ausgedehnten Spaziergängen und … Verrichtungen des täglichen Lebens". Verschlimmerungstendenz. [Taxifahrerhaftung beim Türöffnen].

Betrag: 7.669 € **Haftung: 100 %**
immVorb: – **MdE: –**

OLG Hamm 20.8.1999 – 9 U 9/99 = BeckRS 1999, 10136

4738

beids.Unterschenkelfrakturen (hier: Unterschenkelfraktur / Schienbeinkopffraktur [Tibiakopffraktur] rechts mit massivem Kniegelenkserguss und eine nicht dislozierte weitere Unterschenkelfraktur / Wadenbeinfraktur links sowie Schürfwunden über dem rechten Innenknöchel).

Mann. 16 Tage stationär. Operation mit Metallteileimplantat (operative Verplattung des Tibiakopfes). Ambulante Behandlung mit Schmerzmitteln, Thrombosespritzen und Blutverdünnern. MdE nahezu 7 1/2 Monate 100 %. [Anmerkung: Lesenswert zum Thema der überholenden Kausalität. Der Kläger stürzte nämlich knapp 8 Monate nach dem Unfall erneut und zog sich hierbei eine periprothetische Fraktur des Implantats zu; dies war lt. OLG bei der Bemessung jedoch nicht zu berücksichtigen.]

Betrag: 8.000 € **Haftung: 100 %**
immVorb: – **MdE: –**

OLG Hamm 27.11.2012 – 9 U 132/12 = BeckRS 2013, 413

3150

Unterschenkelfraktur (hier: körperferne Wadenbeinfraktur, Innenknöchelfraktur [Abbruch des Innenknöchels] und Wadenbeinfraktur in Form einer Waenbeinfragmentfraktur) und Sprunggelenkverrenkungsfraktur rechts.

Frau. Dauerschaden: Posttraumatische Arthrose; künftige Hüftgelenkschäden nicht auszuschließen. Ursache: Verkehrssicherungspflichtverletzung / Streupflichtverletzung.

Betrag: 8.181 € **Haftung: 100 %**
immVorb: Ja **MdE: –**

OLG Hamm 13.9.2002 – 9 U 49/02 = BeckRS 2002, 30282433

4056

Unterschenkelfraktur (hier: Schienbeinkopffraktur mit Beeinträchtigung des Kniegelenkes [Knieverletzung]) und Rippenfraktur.

Frau (Hausfrau). 14 Tage stationär. 4 Monate musste eine Knieschiene (sog. Don-Joy-Schiene) getragen werden. Möglicher Dauerschaden: Arthrose im Kniegelenk.

Betrag: 9.000 € **Haftung: 100 %**
immVorb: Ja **MdE: –**

LG Köln 13.12.2006 – 4 O 350/06 = BeckRS 2007, 17689

2605

Unterschenkelfraktur, „die mit einem Nagel und Schrauben stabilisiert wurde". Handgelenkfraktur. Hodenverletzung (hier: „Starke" Hodenquetschung [vgl. auch unter Hodenprellung]). Bauchtrauma. Prellungen.

Mann („junger"). 2 1/2 Wochen stationär. MdE 10 Wochen 100 %. Feststellungsinteresse, da Spätfolgen im Hinblick auf die Zeugungsfähigkeit nicht ausgeschlossen werden können.

Betrag: 9.203 € **Haftung: 100 %**
immVorb: Ja **MdE: –**

LG Stralsund 10.12.1997 – 5 O 380/96 = unveröffentlicht

6824

Unterschenkelfraktur sowie Schlüsselbeinfraktur.

8j. Kind (Schülerin). Stationäre Heilbehandlung. 6 Wochen im Rollstuhl. [Ursache: Tierhalterhaftung. Das Pony, auf dem die Klägerin während einer Reitstunde saß, wurde von der Angestellten der Reithalle an der Longe geführt. Die Klägerin stürzte vom Pony, das wiederum auf sie stürzte. Bei dem Unfall habe sich – so das OLG – eine „typische Tiergefahr" realisiert. Dies gelte auch, wenn die Klägerin möglicherweise die Kommandos der Angestellten nicht richtig umgesetzt habe, denn zu berücksichtigen sei das Alter des Kindes und seine mangelnde Reiterfahrung].

Betrag: 10.000 € **Haftung: 100 %**
immVorb: – **MdE: –**

OLG Oldenburg 30.11.2020 – 2 U 142/20 = BeckRS 2020, 51352

4978

Unterschenkelfraktur (hier: laterale Schienbeinkopffraktur und Weichteilverletzung 1.Grades).

Mann. 8 Tage stationär. Der Kläger behauptete nachfolgend, er leide an einer posttraumatischen Belastungsstörung. (ICD-10), die das LG vorliegend jedoch als nicht gegeben ansah und sich insofern umfänglich mit den hierfür notwednigen Voraussetzungen auseinander stetzte. [insofern lesenswert zu den Anforderungen an eine posttraumatische Belastungsstörung]

Betrag: 10.000 € **Haftung: 100 %**
immVorb: – **MdE: –**

LG Osnabrück 21.5.2014 – 3 O 1012/13 = BeckRS 2014, 17442

4741

Unterschenkelfraktur (hier: Unvollständige Unterschenkelfraktur links); Knieverletzung (hier: Kniebänderteilriss sowie Bluterguss) sowie Schürfungen und Prellungen.

14j. Mädchen. Ambulante Heilbehandlung; langwierige Heilbehandlung / Physiotherapie von immerhin 8 Wochen Dauer. Ursache: Fahrradunfall.

Betrag: 10.000 € **Haftung: 66 %**
immVorb: – **MdE: –**

LG Darmstadt 10.10.2012 – 7 S 80/12 = BeckRS 2012, 214176

3153

Unterschenkelfraktur / Kniefraktur / Kniegelenkfraktur (hier: Schienbeinkopffraktur im rechten Knie) mit posstraumatischer Arthrose als Dauerschaden.

70j. Frau. 12 Tage stationär. 3 Monate bettlägerig. Dauerschaden: Gehbehinderung. Arthrose.

Betrag: 10.226 € **Haftung: 100 %**
immVorb: – **MdE: 20 %**

OLG Schleswig 30.10.2002 – 9 U 150/01 = BeckRS 2002, 30290779

6110

Unterschenkelfraktur in Form einer Unterschenkeldistorsionsfraktur, die im Urteil als „Drehbruch des Unterschenkels" bezeichnet wurde.

Mann. Stationäre Behandlung. Heilungsverzögerung wegen Einwachsen eines Nervs mit dem Erfordernis einer weiteren Operation. Dauerschaden: Nervverletzung mit Sensibilitätsstörungen und Missempfindungen. Grob fahrlässige Handeln des Beklagten, der mit seinem Wagen auf den Kläger zufuhr und zudem Unfallflucht beging.

Betrag: 11.000 € **Haftung: 75 %**
immVorb: Ja **MdE: –**

OLG Celle 10.12.2015 – 5 U 64/15 = BeckRS 2015, 115645

3927

Unterschenkelfraktur mit Fußverletzung (hier: Fersenrisswunde mit posttraumatischer Wundnekrose).

57j. Mann. Insgesamt 3 Monate stationär mit mehreren Aufenthalten. Die Verletzung geht auf einen Unfall zurück, den der Kläger während seines Urlaubes erlitten hatte. Dauerschaden: Bewegungseinschränkung des linken Fußes; er muss orthopädische Schuhe tragen.

Betrag: 12.000 € **Haftung: 100 %**
immVorb: Ja **MdE: –**

LG Kiel 20.8.2008 – 17 O 171/07 = BeckRS 2011, 11148

7595

Unterschenkelfraktur (hier: distale Unterschenkelfraktur links) und Rippenserienfraktur rechts sowie eine Brustbeinfraktur bzw. Sternumfraktur infolge des Airbags. Zudem entwickelte die Klägerin eine psychoreaktive Störung im Sinne einer „doch erheblichen Anpassungsstörung".

Frau (Steuerberaterin). 29 Tage stationär und anschließend 38 Tage in Kurzzeitpflege. Folgenlose Verheilung ohne Folge- oder Dauerschäden. Da vorgerichtlich bereits 13.000 EUR gezahlt worden waren und das LG dies als angemessen, aber auch ausreichend bezeichnet hatte, wurde kein darüberhinausgehendes Schmerzensgeld zugesprochen.

Betrag: 13.000 € **Haftung: 100 %**
immVorb: – **MdE: –**

LG Kempten 12.5.2022 – 31 O 1173/20 = BeckRS 2022, 25044

5007

Unterschenkelfraktur / Unterschenkelmehrfragmentfraktur (hier: Schienbeinkopfmehrfragmentfraktur mit

Sprunggelenkdistorsion) sowie Prellungen (hier: Hüftprellung und Beckenprellung) sowie diverse Schürfwunden.

50j. Frau. 14 Tage stationär. Anschließend war die Klägerin „etwa 12 Wochen auf einen Rollstuhl angewiesen und durfte sodann weitere 6–8 Wochen das rechte Bein nur teilbelasten. Es fand eine langwierige krankengymnastische Behandlung statt", so das OLG. Weitere langwierige Heilbehandlung mit Metallimplantatentfernung und operativem Einsatz einer Kniegelenkstotalendoprothese, anschließend 4 Wochen Rehabilitationsmaßnahme. Degenerativer Vorschaden: Arthrose in beiden Kniegelenken. Dieser Vorschaden sei jedoch nicht schmerzensgeldmindernd zu berücksichtigen, da die Klägerin vor dem Unfall „zwar nicht gesund … jedoch beschwerdefreie …" gewesen sei. „Von wesentlicher Bedeutung ist vielmehr für die Bemessung des angemessenen Schmerzensgeldes, ob der Verletzte vor dem Unfall trotz der Vorschädigung beschwerdefrei war (BGH, NJW 1997, 455 f.; OLG Hamm, DAR 2000, 263)", so das OLG.

Betrag: 20.000 € **Haftung: 100 %**
immVorb: – **MdE: –**

OLG Hamm 13.6.2014 – 9 U 201/13 = BeckRS 2014, 22299

6860

Unterschenkelfraktur und Bänderverletzung in Form einer lateralen Schienbeinfraktur in Form einer Schienbeinkopffraktur, Kreuzbandriss und Meniskusverletzung in Form einer Außenmeniskusluxation.

Frau (Kauffrau). 43 Tage stationäre Behandlung mit MdE 100 %, anschließend 493 Tage MdE 50 %. Dauerschaden: Gehbehinderung mit einer MdE 20 %. [Anmerkung: „Die Entscheidung ist praxisrelevant und sehr lesenswert. Sie greift nahezu alle denkbaren Probleme im Bereich des Haushaltsführungsschadens auf und stellt sie mit zahlreichen Zitaten aus Rechtsprechung und Literatur lehrbuchartig dar", so Figgener / Quaisser NJW-Spezial 2021, 234].

Betrag: 25.000 € **Haftung: 100 %**
immVorb: Ja **MdE: 20 %**

OLG München 10.3.2021 – 10 U 176/20 = BeckRS 2021, 4579

5480

Unterschenkelfraktur und Knieverletzung (hier: Unterschenkelfraktur in Form einer Schienbeinkopffraktur und Kniebänderverletzung in Form einer Innenbandrupur des linken Kniegelenks (vgl. Knieinnenbandriß). Rezidivierende Depresssion nach ICD-10:F 33.0 und chronische Schmerzstörung mit psychischen und somatischen Faktoren nach ICD-10:F45.41.

Frau. Stationäre Behandlung mit Metallteileimplantat. Die Schrauben sind im Gelenk verblieben, nachdem der Versuch der Entfernung misslang. Die radiologischen Unfallfolgen in Bezug auf das Knie sind gleichwohl geringgradig. Zu rechnen ist allerdings mit einer posttraumatischen Kniearthrose. Dauerschaden: Gehbehinderung, breits kurze Strecken sind für die Klägerin nicht zu bewältigen.Die Dauerschädigung des linken Knies wurden mit 30 % eingestuft. Psychische Beeinträchtigung und rezidivierende Depresssion nach ICD-10:F 33.0. Ursache: Fahrradunfall – Fahren auf dem Radweg aber auf der falschen Seite

Betrag: 25.000 € **Haftung: 66 %**
immVorb: – **MdE: –**

OLG Hamm 11.1.2019 – 9 U 81/18 = BeckRS 2019, 2511

5481

Unterschenkelfraktur in Form einer Schienbeinkopffraktur (Tibiakopffraktur). Hinzu kam ein Kompartsyndrom und „weitere Frakturen des rechten Beins", ohne nähere Angaben hierzu.

53j. Mann. „Mehrere Monate" stationärer Aufenthalt, während dessen eine großflächige Hauttransplantation auf dem Oberschenkel vorgenommen worden ist. Mehrmonatige ambulante Rehabilitationsmaßnahmen folgten. Dauerschaden: Gehbehinderung infolge ausgeprägter Spitzfußstellung und Beinverkürzung. Berufsaufgabe: „Die bisherige berufliche Tätigkeit musste der Geschädigte einstellen, konnte aber andere betriebliche Aufgaben übernehmen", so das OLG. [Anmerkung: Diese Entscheidung wird unter Rn. 24 in der Urteilsbegründung der unter → Nr. 5480 dargestellten Entscheidung des OLG Hamm erwähnt.]

Betrag: 46.000 € **Haftung: 100 %**
immVorb: – **MdE: –**

OLG Hamm 11.1.2019 – 9 U 81/18 = BeckRS 2019, 2511

l) Komplette Unterschenkelfrakturen

6519

Unterschenkelfraktur (hier: komplette Unterschenkelfraktur linksseitig).

Frau. Stationäre Heilbehandlung. Kein Schmerzensgeldanspruch aus Verkehrssicherungspflichtverletzung der Bahn, „wenn sich zwischen Bahnsteigkante und Fahrzeug ein gewisser Spalt befindet. Verletzt sich ein Fahrgast aufgrund eines Sturzes in einen solchen Spalt, ist eine Haftung des Betreibers in der Regel auch nach dem Haftpflichtgesetz ausgeschlossen, und zwar wegen überwiegenden Eigenverschuldens des Fahrgastes. Denn mit einem solchen Spalt muss man grundsätzlich rechnen und sich hierauf einstellen", so das LG.

Betrag: – **Haftung: –**
immVorb: – **MdE: –**

LG München I 27.8.2020 – 31 O 1712/20 = BeckRS 2020, 20745

4497

Unterschenkelfraktur, komplette (hier: Schienbeinfraktur und Wadenbeinfraktur)

31j. Mann (Profi-Fußballspieler). Kein Schmerzensgeldanspruch wegen der Folgen eines Zusammenpralls zweier Profifußballer.

Betrag: – **Haftung: –**
immVorb: – **MdE: –**

LG Berlin 17.8.2012 – 13 O 184/11 = BeckRS 2013, 9485

2811

Unterschenkelfraktur, komplette linksseitig.

Frau. Kein Schmerzensgeldanspruch! Ansprüche beim Kauf von Skibindung gg. den Verkäufer nur gem. § 831 Abs. 1 BGB; § 278 ist entgg. OLG Köln VersR 1997, 1408 nicht anwendbar.

Betrag: – **Haftung: –**
immVorb: – **MdE: –**

OLG Düsseldorf 18.6.1999 – 22 U 24/99 = VersR 2001, 116

7893

Unterschenkelfraktur (rechts) in Form einer grob dislozierten Unterschenkeltrümmerfraktur des Schienbeins und des Wadenbeins mit inneren Weichteilverletzungen.

Mann (selbstständiger Transportunternehmer aus Bulgarien, der „wie ein Unternehmer eigenwirtschaftlich tätig" war). 7 Tage stationär mit Metallimplantat (Unterschenkelmarknagelung). Das eingebrachte Osteosynthesematerial wurde später in Bulgarien entfernt. Dauerschaden: schmerzhafte Bewegungseinschränkung bzw. Bewegungsbeeinträchtigung im rechten Kniegelenk, berührungsempfindlichen, schmerzhaften Narbe am Unterpol der rechten Kniescheibe sowie vorderes Knieschmerzsyndroms. [Anmerkung: Lesenswert zu Fragen des Haftungsprivilegs iSd SGB VII und insofern zum Begriff des „Beschäftigten" iSv § 2 SGB VII].

Betrag: 4.000 € **Haftung: 20 %**
immVorb: – **MdE: –**

OLG Frankfurt a. M. 17.5.2023 – 17 U 167/22 = BeckRS 2023, 30236

4923

Unterschenkelfraktur (hier: Komplette Unterschenkelfraktur in Form einer „Schrägfraktur der mittleren Tibiadiaphyse im linken Unterschenkel sowie einer zwei-Etagen-Fibulafraktur", so das OLG).

24j. Mann. Stationärer Aufenthalt mit Marknageloperation. Langwierige Heilbehandlung: „Der linke Oberschenkel [ist] auch fast vier Jahre nach dem Unfallgeschehen noch in der groben Kraft leicht verschmächtigt", so das OLG. Dauerschaden: „Leicht eingeschränkte Beugefähigkeit des linken Kniegelenks, eine Sensibilitätsminderung am vorderen Unterschenkel sowie eine Narbenbildung", so das OLG.

Betrag: 6.000 € **Haftung: 50 %**
immVorb: Ja **MdE: –**

OLG Düsseldorf 25.6.2013 – I-1 U 193/12 = BeckRS 2014, 1262

4727

Unterschenkelfraktur rechts. Schürfwunden an der Hüfte mit Bluterguss.

10j. Junge. 16 Tage stationär; 2 Operationen. 8 Wochen andauernde ambulante Heilbehandlung; langwierige Heilbehandlung; der Junge konnte für 6 Monate nicht seinem Hobby (Karate) nachgehen. Dauerschaden: Beinverkürzung um einen Zentimeter.

Betrag: 6.000 € **Haftung: 100 %**
immVorb: – **MdE: –**

LG Schwerin 27.4.2012 – 1 O 311/10 = BeckRS 2012, 214142

6052

Unterschenkelfraktur (hier: Komplette Unterschenkelfraktur in Form einer Fraktur des Tibiaschaftes mit Fraktur der Fibula mit Weichteilschaden 1. Grades bei geschlossener Fraktur des Unterschenkels links).

18j. Mann (Azubi). 10 tage stationär, zwei Aufenthalte. Metallimplantat. Zwei Operationen wobei es nach der zweiten Operation zur Metallimplantatentfernung eines weiteren Eingriffs zur Entfernung von Narbengewebe am Knie bedurfte. MdE 10 Tage 100 % und anschließend weitere 50 Tage 50 %. Dauerschaden: Sensibilitätsstörungen und „Missempfindungen" im Bereich des linken Knies.

Betrag: 6.500 € **Haftung: 100 %**
immVorb: Ja **MdE: –**

LG Hagen 30.10.2014 – 9 O 522/13 = BeckRS 2015, 13023

4961

Unterschenkelfraktur, komplette (hier: Schienbeinfraktur in Form einer Schienbeinkopffraktur und Wadenbeinfraktur).

59j. Frau (Hauswirtschafterin). 32 Tage stationäre Behandlung mit anschließendem 5 Wochen dauernden Rehabilitationsaufenthalt. Die Klägerin war 3 Monate auf Rollstuhl angewiesen. MdE 84 Tage 100 % und weitere 6 Monate 50 %. Dauerschaden: Gehbehinderung in der Form, dass „die Klägerin … auf einen Gehstock angewiesen [ist], wenn sie längere Strecken zurücklegen muss", so das OLG. [Ursache: Die Klägerin fuhr als Geisterfahrer auf einem Radweg und kollidierte mit einem anderen Radfahrer].

Betrag: 7.500 € **Haftung: 33 %**
immVorb: Ja **MdE: –**

OLG Hamm 6.6.2014 – 26 U 60/13 = BeckRS 2014, 13614

3611

Unterschenkelstückfraktur.

48j. Frau. Stationärer Aufenthalt und anschließende 9 monatige ambulante Heilbehandlung nach deren Ablauf die Verletzung folgenlos verheilt war.

Betrag: 7.669 € **Haftung: 100 %**
immVorb: – **MdE: –**

OLG Düsseldorf 23.7.1999 – 22 U 27/99 = VersR 2001, 250

7285

Unterschenkelfraktur / komplette Unterschenkelfraktur (hier: Fraktur des linken Unterschenkels (dislozierter Aitken I-Fraktur der distalen Tibia und dislozierter distaler Fibulaschaftfraktur), eine Weichteilverletzung dritten Grades und eine Brustkorbprellung.

Kind. 34 Tage stationär. Er musste wegen seiner Verletzungen acht Wochen der Schule und sechs Monate dem Sportunterricht fernbleiben. [Anmerkung: Lesenswert zum Mitverschulden eines 11j. Kindes. „Auch wenn der Kläger vorliegend die Altersgrenze des § 828 Abs. 2 BGB gerade überschritten hatte, ist zu berücksichtigen, dass die kindlichen Eigenheiten, die ein Kind an der hinreichenden Einschätzung der Gefahren des Straßenverkehrs hindern, nicht gewissermaßen punktuell mit dem Erreichen des zehnten Lebensjahres abgestellt werden", so das LG mit Verweis auf OLG Karlsruhe NZV 2012, 596. Das OLG wies die Berufung der Beklagten gegen das Urteil des LG Kaiserslautern → Nr. 6319 vollumfänglich zurück. [Anmerkung 1: Lesenswert zur Thematik eines Unfalles mit einem dicht an der Borsteinkante wartenden Kindes. Verletzt ein Kraftfahrer einen an der Fußgängerampel dicht an der Bordsteinkante stehenden Fußgänger, weil er in einem Abstand von weniger als 1 m an diesem vorbeifährt, haftet er bzw. sein Haftpflichtversicherer mit einer Quote von 80 % für die Unfallfolgen, so das OLG. Anmerkung 2: Vgl. dazu auch im Handbuch zum Kap. 14 – Kinderunfall → Rn. 322 und → Rn. 329].

Betrag: 8.000 € **Haftung: 80 %**
immVorb: Ja **MdE: –**

OLG Zweibrücken 26.4.2021 – 1 U 141/19 = BeckRS 2021, 13327

6319

Unterschenkelfraktur / komplette Unterschenkelfraktur (hier: Fraktur des linken Unterschenkels (dislozierter Aitken I-Fraktur der distalen Tibia und dislozierter distaler Fibulaschaftfraktur), eine Weichteilverletzung dritten Grades und eine Brustkorbprellung.

11j. Kind. 34 Tage stationär. Er musste wegen seiner Verletzungen acht Wochen der Schule und sechs Monate dem Sportunterricht fernbleiben. [Anmerkung: Lesenswert zum Mitverschulden eines 11j. Kindes. „Auch wenn der Kläger vorliegend die Altersgrenze des § 828 Abs. 2 BGB gerade überschritten hatte, ist zu berücksichtigen, dass die kindlichen Eigenheiten, die ein Kind an der hinreichenden Einschätzung der Gefahren des Straßenverkehrs hindern, nicht gewissermaßen punktuell mit dem Erreichen des zehnten Lebensjahres abgestellt werden", so das LG mit Verweis auf OLG Karlsruhe NZV 2012, 596.]

Betrag: 8.000 € **Haftung: 80 %**
immVorb: Ja **MdE: –**

LG Kaiserslautern 21.6.2019 – 3 O 357/16 = BeckRS 2019, 12968

6609

Unterschenkelfraktur, komplette hier: Schien- und Wadenbeinfraktur nach schwerem Foul beim Fußballspiel.

Mann. Stationäre und physiotherapeutische Behandlung. 2 Operationen, Metallimplantat und Metallimplantatentfernung. Ursache: Schwerer Regelverstoß im Sinne eines brutalen Spiels im Sinn der Regel 12 des Deutschen Fußballbundes mit bedingtem Vorsatz, da sich der Schädiger nicht verschätzt, sondern den Anspruchsteller bewusst körperlich am Erreichen des Balls gehindert habe. [Anmerkung: Lesenswert dazu OLG Brandenburg BeckRS 2019, 34713, das sich mit der Klage des Anspruchstellers (dieser hatte die Ansprüche des Beklagten [VN] gegen dessen Privathaftpflichtversicherung gepfändet) gegen dessen Privathaftpflichtversicherung zu befassen und diese Klage wegen des bedingt vorsätzlichen Handelns des Schädigers als VN abgewiesen hatte.]

Betrag: 10.000 € **Haftung: 100 %**
immVorb: Ja **MdE: –**

LG Cottbus 20.3.2015 – 6 O 258/11 = BeckRS 2015, 131750

4539

Unterschenkelfraktur / Knieverletzung / Kniebänderverletzung (hier: Wadenbeinkopffraktur und mediale Seitenbandruptur / Seitenbandriss). Zudem erlitt die Klägerin eine inkomplette Unterarmfraktur in Form einer Speichenfraktur des rechten Handgelenks.

Frau (PTA). 7 Tage stationär; anschließend 3 Wochen Rehabilitationsaufenthalt. Die Fibulafraktur wurde mit einer „konservativen Therapie mit einer Orthese" behandelt. Die Klägerin unterzieht sich zudem einer längeren Physiotherapiebehandlung (langwierige Heilbehandlung). Dauerschaden: Kniegelenkbewegungseinschränkung. Verschlechterungstendenz: Gefahr eines künstlichen Kniegelenks. Berufsunfähigkeit im erlernten Beruf. [Anmerkung: Das Schmerzensgeld ist – angesichts der erheblichen Verletzungsfolgen der vermutlich (Kontext) im mittleren Alter stehenden Frau – deutlich zu gering!]

Betrag: 10.000 € **Haftung: 75 %**
immVorb: – **MdE: –**

OLG Frankfurt a. M. 16.12.2011 – 10 U 240/09 = BeckRS 2013, 1145

886

Unterschenkelfraktur, komplette (hier: o.Schienbeinfraktur und Wadenbeinfraktur mit länger andauernden Schmerzen und länger andauernder Bewegungseinschränkung).

Mann. 8 Tage stationär. 6 Operationen; langwierige Heilbehandlung; Komplikationen; längere Schmerzhaftigkeit und Bewegungseinschränkung. [Verkehrssicherungspflichtverletzung]

Betrag: 10.226 € **Haftung: 100 %**
immVorb: – **MdE: –**

OLG Köln 15.6.1998 – 19 U 6/98 = BeckRS 1998, 6249

5674

Offene Unterschenkelfraktur, komplette (hier: Offene Unterschenkelfraktur in Form einer offenen Wadenbeinfraktur und Schienbeinfraktur mit Aussplitterung des Knochens nach vorne).

26j. Mann (Fußballspieler). 4 Wochen stationär mit zwei Aufenthalten. 2 Operationen am Unterschenkel. Langwierige Heilbehandlung. MdE fast 200 Tage 100 %. Dauerschaden: Belastungseinschränkung bereits beim normalen Gehen sowie bei „jedweder sonstigen Art". Pseudoarthrose und eine Beugekontraktur sowie eine Fehlstellung der Zehen am rechten Unterschenkel und ein fortdauerndes Taubheitsgefühl. [Ursache: Foul beim Fußball: „Grätscht ein Spieler von hinten mit gestrecktem Fuß gegen einen bereits mit dem Ball in Richtung Tor laufenden Gegner und dabei mit einer solchen Fußhaltung und Wucht, daß er diesen in Höhe des mittigen Wadenbeins trifft mit der Folge eines offenen Bruchs von Waden- und Schienbein mit Aussplitterung des Knochens nach vorne, dann läßt sich diese Aktion wegen ihres hohen Verletzungsrisikos auch dann nicht mehr als lediglich im Grenzbereich zwischen Härte und Unfairneß liegend entschuldigen, wenn der Angreifer dabei gemeint hatte, es bestehe noch eine realistische Chance, an den Ball zu kommen", so das OLG].

Betrag: 12.782 € **Haftung: 100 %**
immVorb: Ja **MdE: –**

OLG Stuttgart 9.3.2000 – 7 U 166/99 = BeckRS 2000, 30100314

5259

Komplette o.Unterschenkelfraktur mit Knochensplitterung.

26j. Mann. 20 Wochen stationär mit insgesamt 18 Operationen. Langwierige Heilbehandlung. Dauerschaden: Gehbehinderung und Belastungseinschränkungen durch reduzierte Fußbeweglichkeit und Zehenbeweglichkeit sowie Kraftminderung bzgl. des linken Beins. Gefahr einer Arthrose. Mehrere erhebliche Narben am linken Bein. Schmerzensgeldmindernd wertete das OLG die Ursache der Verletzung. [Ursache: Sportverletzung beim Fußballspiel]

Betrag: 20.000 € **Haftung: 100 %**
immVorb: Ja **MdE: –**

OLG Nürnberg 29.6.2015 – 2 U 2269/13 = unveröffentlicht

5860

Unterschenkelfraktur (hier: Unterschenkelfraktur in Form einer komplett geschlossenen distalen Unterschenkelfraktur mit Beteiligung der tibialen Gelenkflächen mit Weichteilschaden 2. Grades).

Frau („relativ junge Frau"). 20 Tage stationär. Dauerschaden: „massive Gesundheitsstörungen" durch Belastungsminderung des verletzten Beins, das bereits bei geringen

Belastungen stark anschwillt. Erhebliche Narben am Bein. Verschlechterungstendenz: Arthrose. [Ursache: Sportunfall – Unfall auf dem Sprungfeld einer Trampolinanlage in einem Freizeitpark].

Betrag: 25.000 € **Haftung: 100 %**
immVorb: – **MdE: –**

OLG München 26.5.2010 – 20 U 5620/09 = BeckRS 2010, 14167

5214

Unterschenkelfraktur, komplette (Hier: Schienbeinfraktur in Form einer Schienbeinimpressionsfraktur sowie Wadenbeinfraktur nach Typ Weber B) sowie Innenbandriss sowie Brustkorbprellung.

Frau. 2 Wochen stationär. Operation mit Metallimplantat. Anschließend 4 Wochen Rehabilitationsaufenthalt. Dauerschaden: Arthrose. [Anmerkung: Das OLG befasste sich im Zusammenhang mit der Bemessung des Schmerzensgeldes auch mit der Tatsache, dass heute die stationären Aufenthalte meist kürzer sind, als früher. Dies – so das OLG – habe das LG zutreffend berücksichtigt und damit kompensiert, dass gegenüber den älteren Vergleichsfällen die Lebenshaltungskosten gestiegen seien.]

Betrag: 40.000 € **Haftung: 100 %**
immVorb: – **MdE: –**

OLG Frankfurt a. M. 19.1.2015 – 17 U 160/14 = BeckRS 2015, 125940

2600

Unterschenkelfraktur, komplette (hier: o.Unterschenkelfraktur in Form einer „offenen kompletten Unterschenkelstückfraktur" 3. Grades [vgl. auch o.Unterschenkelstückfraktur]); o.Oberschenkelfraktur mit „langer Durchspießung". Depressionen!

16j. Frau. 75 Tage stationär (6 Aufenthalte!). Komplikationen, es drohte ein Kompartementsyndrom, Hautdefekte, Hauttransplantationen. Dauerschaden: 50 %ige Beingebrauchsminderung.

Betrag: 40.903 € **Haftung: 100 %**
immVorb: Ja **MdE: –**

LG Aachen 18.12.1998 – 9 O 292/96 = unveröffentlicht

5859

Unterschenkelfraktur in Form einer Schienbeinkopffraktur und einer Wadenbeinkopffraktur sowie eine Fersenbeinfraktur. Dadurch die eigenen Verletzungen und den Tod ihres beim Unfall verstorbenen Ehemannes erlitt die Klägerin zudem erhebliche psychische Beeinträchtigungen (hier: PTBS – posttraumatische Belastungsstörungen).

40j. Frau. Nahezu zwei Jahre stationäre Heilbehandlung mit zahlreichen Operationen; die Geschädigte hat die beiden ersten Jahre nach dem (Verkehrs-) Unfall weitgehend im Krankenhaus oder in Reha-Kliniken verbracht. Dauerschaden: Depressionen und PTBS – auch durch den Unfalltod des Ehemannes; hierzu führte das OLG aus: „Ergänzend sei auch auf das Ausmaß der aufgetretenen posttraumatischen Belastungsstörungen hinzuweisen", die zu aktuellen „Gesundheitsschäden psychischer und psychosomatischer Art, nämlich eine chronisch rezidivierende Depression, gegenwärtig mit starker Ausprägung, und einer unterschwelligen posttraumatischen Belastungsstörung„ geführt haben und die Leistungsfähigkeit der Klägerin "nach wie vor erheblich beeinträchtigen". Nach den Feststellungen des Sachverständigen wirkt sich dies vor allem in der Unfähigkeit zur Bewältigung des Unfallgeschehens, des Aufbaus einer neuen Lebenssituation und starken Angstzuständen aus. Verschlechterungstendenz: Es kommt mittelfristig zu posttraumatischen Arthrosen am Fersenbein, Schienbein und Tibiakopf

Betrag: 90.000 € **Haftung: 100 %**
immVorb: – **MdE: –**

OLG München 21.5.2010 – 10 U 1748/07 = BeckRS 2010, 14159

m) Schwere Unterschenkelfrakturen

6783

Unterschenkelfraktur, schwere (hier: offene Unterschenkelfraktur 2. Grades distal rechts).

Mann. Kein Schmerzensgeldanspruch für eine Verletzung während eines regelrechten Fußballspiels. „Nach der Rechtsprechung des Bundesgerichtshofes ist davon auszugehen, dass ein Teilnehmer an einem sportlichen Kampfspiel grundsätzlich Verletzungen in Kauf nimmt, die auch bei regelgerechtem Spiel nicht zu vermeiden sind. Ein Schadensersatzanspruch gegen einen Mitspieler setzt daher voraus, dass dieser sich nicht regelgerecht verhalten hat. … Es wird daher ein Haftungsausschluss bei sportlicher Betätigung für den Fall angenommen, dass kein oder kein gewichtiger Regelverstoß bzw. kein grob fahrlässiges Verhalten des Schädigers feststellbar ist. Bei Wettkämpfen mit nicht unerheblichem Gefahrenpotential, bei denen typischerweise auch bei Einhaltung der Wettkampfregeln oder geringfügiger Regelverletzung die Gefahr gegenseitiger Schadenszufügung besteht, ist von einem konkludenten Haftungsausschluss auszugehen", so das LG mit Verweis auf BGH BeckRS 2003, 4284. Sie dazu auch oben → Rn. 86.

Betrag: – **Haftung: –**
immVorb: – **MdE: –**

LG Kiel 18.9.2019 – 13 O 66/19 = BeckRS 2019, 50975

5659

Unterschenkelfraktur, schwere (hier: Offene Unterschenkelfraktur) sowie Prellungen und Schürfungen.

16j. Mann (Schüler). 30 Tage stationär. Anschließend ambulante Heilbehandlung. Das bei diesem ersten Krankenhausaufenthalt eingesetzte Metallimplantat wurde nach 10 Monaten entfernt während eines erneuten Krankenhausaufenthaltes für die Dauer von einer Woche. Möglicher Dauerschaden: Bei starker Belastung des Beines kommt es – auch zwei Jahre nach dem Unfall – „noch zu Beeinträchtigungen durch Schmerzen und Schwellungen am Unterschenkel". Zum Feststellungsinteresse führte das OLG aus: „Bei einer offenen Unterschenkelfraktur, die die vorübergehende Einsetzung einer stabilisierenden Platte erforderlich machte, ist die Möglichkeit des Eintritts von Spätfolgen nicht nur rein theoretischer Natur".

Betrag: 1.278 € **Haftung: 33 %**
immVorb: Ja **MdE: –**

OLG Celle 30.12.1999 – 14 U 45/99 = BeckRS 1999, 13569

4908

Unterschenkelfraktur, schwere (hier: „Bruch des linken Unterschenkels mit hochgradig funktioneller Einschränkung bei Zustand nach Polytrauma", so das OLG).

Mann. 10 Tage stationär. Anschließend ambulkante langwierige Heilbehandlung. MdE nahezu 9 Monate 100 %. Metallteileimplantat, welches nach 8 Monaten entfernt wurde. Volle Erwerbsfähigkeit erst nach 9 Monaten. Dauerschaden: Gehbehinderung / Bewegungseinschränkung. [Anmerkung: Das OLG setzte sich mit der Thematik des Mitverschulden des Klägers als Fußgänger wegen starker Alkoholisierung und Telefonierens auf der Fahrbahn und mit der Beweislast bzgl. des „Außerachtlassens der Betriebsgefahr" auseinander].

Betrag: 3.000 € **Haftung: 25 %**
immVorb: Ja **MdE: –**

OLG Naumburg 30.1.2014 – 1 U 81/13 = BeckRS 2014, 9213

4907

Unterschenkelfrakturen (hier: o.Unterschenkelfraktur links und geschlossene Unterschenkelfraktur links in Form einer Schienbeinkopffraktur bzw. Schienbeinkopfluxationsfraktur). Ellenbogenverletzung (hier: Weichteilwunde im Bereich des linken Ellenbogens streckseitig) sowie Kopfplatzwunde rechts parietal.

Mann. 6 stationäre Aufenthalte mit insgesamt 10 Operationen. Langwierige Heilbehandlung mit insgesamt 10 ambulanten Folgebehandlungen und physiotherapeutischen Behandlungen. MdE über 3 Jahre 100 %. Dauerschaden: „irreversibel posttherapeutische Veränderung nach Tibiakopffraktur mit Zustand nach einer Osteosynthese", so das OLG. Berufsaufgabe. Zur MdE und Berufsaufgabe führte das OLG aus: „Er ist nach wie vor krankheitsbedingt arbeitsunfähig und wird aufgrund der Verletzungsfolgen auch in Zukunft seine ursprüngliche Berufstätigkeit nicht mehr ausüben können". [Ursache: Motorradunfall]. Anmerkung: Auch angesichts der hohen Mithaftung ist das Schmerzensgeld – insbesondere im Hinblick auf die Dauerfolgen -deutlich zu gering bemessen worden!

Betrag: 3.000 € **Haftung: 30 %**
immVorb: – **MdE: –**

OLG Naumburg 18.2.2013 – 12 U 162/12 = BeckRS 2013, 23142

3994

Unterschenkelfraktur / Schienbeinfraktur (hier: Schienbeinkopfverrenkungsfarktur, disloziert in 4 Teilstücke).

43j. Frau. 6 Wochen stationär. Metallteileimplantat, welches nach knapp 2 Jahren wieder operativ entfernt werden musste. Ursache: Pferdetritt.

Betrag: 3.579 € **Haftung: 50 %**
immVorb: – **MdE: –**

OLG Celle 7.3.2001 – 20 U 30/00 = unveröffentlicht

3328

Schienbeinfraktur in Form einer Schienbeindrehfraktur.

Frau. Intensivstation, 8 Tage stationär. MdE gut 3 Monate 100 %, weitere 3 Monate 20 %. Versorgung der Fraktur mit einem 33 cm großen Marknagel, der noch zu entfernen sein wird. [Ursache: Skiunfall].

Betrag: 4.500 € **Haftung: 60 %**
immVorb: – **MdE: –**

LG Bonn 21.3.2005 – 1 O 484/04 = BeckRS 2005, 4079

3388

Unterschenkelfraktur, schwere, (hier: Schienbeinspiralfraktur links, welche anschließend genagelt und geschraubt werden musste).

Frau. Ein Tag intensivstationär; mehrere Tage stationärer Aufenthalt; Metallteileimplantat (Marknagel und mehrere Schrauben); zeitweiliges Erfordernis von Gehstützen / Krücken.

Betrag: 4.500 € **Haftung: 60 %**
immVorb: Ja **MdE: –**

LG Bonn 21.3.2005 – 1 O 484/05 = NJW 2005, 1873

3127

Unterschenkelfraktur / Kniefraktur (hier: „Kondyläre Kniegelenkfraktur mit Knorpelkontusion" mit „geringer O-Stellung sowie eine geringere Kurvationsstellung am Übergang vom mittleren zum unteren Unterschenkel".)

14j. Mann (Schüler). 16 Tage stationär. Weitere 6 Wochen 100 % arbeitsunfähig wegen Fersendrahtextension und Oberschenkelliegegips. Anschließend Unterschenkelgips. Mögliche Dauerschäden: Arthrose, Kniegelenksbeeinträchtigungen.

Betrag: 7.158 € **Haftung: 100 %**
immVorb: Ja **MdE: –**

LG Hamburg 15.6.2001 – 331 O 26/00 = BeckRS 2001, 161928

6864

Unterschenkelfraktur, schwere in Form einer offenen Unterschenkelfraktur 2. Grades rechts.

Mann (Amateurfußballspieler). 29 Tage stationäre Behandlung mit zwei Aufenthalten und insgesamt 2 Operationen. Der zweite Aufenthalt wurde erforderlich, „da die Fraktur nicht, wie ärztlicherseits erhofft, verheilte. Operativ wurde der Tibiamarknagel entfernt und der Bruch mit einer Osteosyntheseplatte stabilisiert, der vorhandene knöcherne Defekt mit Knochenersatzmaterial aufgefüllt". Gut 7 Monate war der Kläger auf die Verwendung von Unterarmgehstützen angewiesen; die Anschlussheilbehandlung (Reha, Massagen, Muskeltraining etc.) dauerte weitere 6 Monate. Insgesamt war der Kläger 14 Monate krankgeschrieben. Joggen ist dem Kläger immer noch nicht möglich, so das OLG. [Ursache: Grobes Foul durch „Brutales Spiel" iSv DFB Regel Nr. 12 und mindestens grobe Fahrlässigkeit].

Betrag: 7.500 € **Haftung: 100 %**
immVorb: – **MdE: –**

OLG Schleswig 19.11.2020 – 7 U 214/19 = BeckRS 2020, 32254

6809

Unterschenkelfraktur in Form einer Unterschenkelmehrfragmentfraktur

Frau. [Lesenswert zur Haftung des Schienennetzbetreibers für Glatteis an Haltestellen und insofern zur Überwachungspflicht des ursprünglich Verkehrssicherungspflichtigen hinsichtlich der Durchführung der Räum- und Streupflichten durch ein beauftragtes Unternehmen. „Werden Räum- und Streupflichten delegiert", so das OLG, „ist mit Rücksicht auf die durch Eis- und Schneeglätte drohenden Gefahren für Leben und Gesundheit an das Maß der bei der Überwachung anzuwendenden Sorgfalt grundsätzlich ein strenger Maßstab anzulegen". (BGH Urt. v. 27.11.1984 – VI ZR 49/83 = BeckRS 2010, 11151].

Betrag: 7.500 € **Haftung: 100 %**
immVorb: – **MdE: –**

OLG Nürnberg 15.7.2020 – 2 U 3776/19 = BeckRS 2020, 17002

3068

Unterschenkelfraktur, schwere (hier: komplizierte o.Unterschenkelfraktur 1.Grades mit Fragmentverschiebung um eine halbe Schaftbreite).

17j. Mann. 17 Tage stationär. Verriegelungsnagelung. Weitere 9 Tage stationär zur Nagelentfernung. Nach 11 Monaten „verspürte der Kl. keine Beschwerden" mehr. Dauerschaden / Folgeschaden: Arthrose im Knie- und Sprunggelenk.

Betrag: 7.669 € **Haftung: 100 %**
immVorb: – **MdE: 10 %**

OLG Rostock 15.5.2000 – 3 U 88/99 = BeckRS 2000, 167996

3813

Unterschenkelfraktur in Form einer Unterschenkelmehrfachfraktur (dreifacher Bruch des rechten Unterschenkels) sowie Kniescheibenverletzung (hier: Haarriss der Kniescheibe).

Mann. Stationäre Heilbehandlung. Verkehrssicherungspflichtverletzung (hier: Der Skiliftbetreiber muss gefahrträchtige Begrenzungspfosten an einer Talstation mit geeignetem Material abpolstern).

Betrag: 8.000 € **Haftung: 100 %**
immVorb: Ja **MdE: –**

OLG Frankfurt a. M. 10.9.2008 – 1 U 184/07 = BeckRS 2008, 20248

7434

o. Unterschenkelfraktur rechts „an zwei Stellen mit Kompartmentsyndrom". Zudem erlitt der Kläger eine Gehirnblutung bzw. „Einblutung im Gehirn".

12j. Kind (Schüler). Intensivstation mit Intubation und Beatmung, jedoch ohne Lebensgefahr; insgesamt 19 Tage stationär mit mehreren Operationen. Tragen eines Vacoped-Schuhs über sechs Wochen, Folgeoperation mit erneutem mehrtägigem Krankenhausaufenthalt. In Zukunft wird jedoch noch eine kosmetische Operation zur Reduzierung der Narbenbildung erforderlich. Dauerschaden: Eingeschränkte Belastbarkeit des Beines beim Springen, sonst keine Dauerschäden. Bei der Bemessung des Schmerzensgeldes orientierte sich das OLG an den Urteilen des OLG Hamm → Nr. 7435, OLG Frankfurt a.M. → Nr. 6108, OLG Brandenburg → Nr. 4019 und OLG Brandenburg → Nr. 3884. [Ursache: PKW fährt an haltendem Bus vorbei, aus dem zahlreiche Kinder aussteigen. Mehr dazu im Handbuch unter → Rn. 331].

Betrag: 8.500 € **Haftung: 70 %**
immVorb: Ja **MdE: –**

OLG Hamm 27.2.2024 – 7 U 120/22 = BeckRS 2024, 12415

7894

Unterschenkelfraktur (hier: offene Unterschenkelfraktur mit Kompartementsyndrom

12j. Junge (Schüler). Über 20 Tage stationäre Behandlung (zunächst 19 Tage zur Erstbehandlung mit mehreren Operationen und sodann nach einem Jahr erneut „mehrere Tage" zur Folgeoperation. Für die Dauer von sechs Wochen musste ein Orthopädischer Schuh (sog. VACOped-Schuh) getragen werden. Zur Schmerzensgeldbemessung führte OLG aus: „ insbesondere vor dem Hintergrund des jugendlichen Alters und der damit einhergehenden besonderen Belastung durch einen auch 2,5 Jahre nach dem Unfall noch bei Belastung schmerzenden (vgl. persönliche Anhörung des Klägers am 12.4.2022, eGA I-359) und optisch beeinträchtigten Unterschenkels – auch bei Berücksichtigung einer Mithaftung von 30 Prozent – nach Auffassung des Senats angemessen, jedenfalls nicht überhöht." Dauerschaden: Belastungseinschränkungen bzw. „eingeschränkte Belastbarkeit des Beines beim Springen". [Anmerkung: vgl. dazu Kleine-König, Sorgfaltspflicht gegenüber Kindern, die hinter einem Bus hervorlaufen, NZV 2025, 84].

Betrag: 8.500 € **Haftung: 70 %**
immVorb: – **MdE: –**

OLG Hamm 27.2.2024 – 7 U 120/22 =

4740

Unterschenkelfraktur, schwere (hier: Schienbeinkopffraktur rechts bei bereits vorgeschädigtem Kniegelenk).

Frau (Erzieherin). 3 Wochen stationär mit Einsetzen einer Knieprothese. Eine langwierige ambulante Heilbehandlung / Rehabilitationsperiode schloss sich an, die jedoch nicht zu einer vollständigen Wiederherstellung führte. MdE nahezu 20 Monate 100 %. Dauerschaden: Erhebliche Bewegungsbeeinträchtigung des Kniegelenkes; Berufsunfähigkeit / Berufsaufgabe als Kindergärtnerin. Vorschaden (hier: Einsetzung von zunächst einer Schlittenprothese und einer Vollprothese).

Betrag: 9.000 € **Haftung: 100 %**
immVorb: Ja **MdE: –**

LG Kiel 24.2.2012 – 13 O 169/10 = BeckRS 2013, 15768

3714

Unterschenkelfraktur, schwere und stark dislozierte … Im Krankenhaus kam es zu einer Keiminfektion.

16j. Mann (Schüler). 5 stationäre Aufenthalte mit insgesamt 10 Operationen. Metallteileimplantat. Komplikationen wegen Keiminfektion. Sehr langwierige Heilbehandlung über insgesamt 1 1/2 Jahre. Psychische Beeinträchtigungen wegen Ungewissheit bzgl. der Heilung. Schulische Leistungen gemindert. Lange Zeit kein Sport möglich (der Kl. hatte zuvor Leistungssport betrieben). [Bei voller Haftung läge das Schmerzensgeld bei 15.000 EUR worauf im Jahr 2014 das OLG München – vgl. → Nr. 4832 – hingewiesen hatte].

Betrag: 9.000 € **Haftung: 60 %**
immVorb: – **MdE: –**

OLG Saarbrücken 17.7.2007 – 4 U 338/06 = BeckRS 2007, 15073

5433

Unterschenkelfraktur, schwere (hier: Unterschenkelmehrfragmentfraktur mit ausgedehnter Defektzone / Trümmerzone im Bereich des lateralen Tibiaplateaus des linken Kniegelenks).

Frau (Friseurin). 13 Tage stationär und anschließend 4 Wochen Reha. Operation mit Metallteileimplantat. Eine Woche Rollstuhl. 4 Monate erhebliche Gehbehinderung – Gehen nur mit Hilfe von Unterarmgehstützen / Krücken. Dauerschaden: Bewegungseinschränkungen im linken Kniegelenk bestehen und der Eintritt einer Arthrose mit möglichem Einsatz eines künstlichen Hüftgelenkes nicht auszuschließen. [Ursache: Fußgängerunfall mit geschobenem Fahrrad; da der Beklagte nicht widerlegen konnte, dass die Klägerin ihr Fahrrad entgegen der Fahrtrichtung des Fahrradweges nur geschoben und nicht gefahren hatte, sah das Gericht kein Mitverschulden der Klägerin].

Betrag: 10.000 € **Haftung: 100 %**
immVorb: Ja **MdE: –**

OLG Brandenburg 14.1.2016 – 12 U 160/14 = BeckRS 2016, 20871

5000
o.Unterschenkelfraktur (hier: offene Unterschenkelfraktur rechts mit massiver Unterschenkelquetschung).

Mann. 3 Monate stationär mit insgesamt 7 Operationen ua mit Gewebeabtragung, Knochenresezierung und Hämatomausräumung. Nach 3 Monaten mit ambulanter Heilbehandlung erfolgte eine erneute stationäre Aufnahme „zwecks Antibiose" sowie ein Jahr später eine weitere „zwecks Verlängerung seines unfallbedingt verkürzten Beines" (5,5 cm Verkürzung). Äußerst Schmerzhafte Behandlungen! Voraussichtlicher Dauerschaden: Belastungseinschränkung; kein Sport in Form von Jogging und Tennis mehr möglich.Ursache: Der Kläger kletterte im Wald auf einen Holzpolter und wurde durch das Herabrollen der Baumstämme eingequetscht. [Anmerkung: Angesichts der sehr schweren, langwierigen und voraussichtlich von dauernden Beinträchtigungen geprägten Verletzung erscheint das Schmerzensgeld – das LG geht bei voller Haftung von 20.000 EUR aus – eher gering].

Betrag: 10.000 € **Haftung: 50 %**
immVorb: – **MdE: –**

LG Bonn 18.7.2014 – 4 O 102/13 = BeckRS 2014, 18429

5979
Unterschenkelfraktur, schwere (hier: Schienbeinetagenfraktur mit Wundheilungsstörung durch offene Wundbehandlung und mehrfache Nekrosenabtragung) Schädeldachfraktur mit epidurale Blutung und Skalpierungsverletzung und Schädelbasisifraktur sowie einer Gehirnerschütterung, Beckenfraktur (hier: Bilaterale Beckenringfraktur mit Rotationsinstabilität und vertikaler Verschiebung).

Frau. Lebensgefahr. Mehrere Monate stationäre Heilbehandlung mit mehreren Aufenthalten. Auch nach der Entlassung befand sich die Klägerin für das gesamte Jahr 2009 in ärztlicher Behandlung, wobei durch den Zeugen D. m. O. eine Behandlung der Wundheilungsstörung am rechten Unterschenkel durch offene Wundbehandlung und mehrfache Nekrosenabtragung, eine schrittweise Mobilisation unter physiotherapeutischer Anleitung sowie eine medikamentöse Schmerztherapie erfolgte. Im Anschluss erfolgte eine mehr als drei Monate dauernde ambulante Rehabilitation im Reha-Zentrum S. sowie weitere wöchentliche ambulante Physiotherapie und medikamentöse Schmerztherapie. Dauerschaden: MdE 40 %.

Betrag: 10.000 € **Haftung: 30 %**
immVorb: – **MdE: 40 %**

LG Schwerin 14.12.2012 – 1 O 8/12 = BeckRS 2013, 10671

4626
Unterschenkelfraktur (hier: Schienbeinkopfimpressionsfraktur links).

Frau. Stationäre und ambulante sowie langwierige Heilbehandlung. Dauerschaden: Bewegungsbeeinträchtigung des linken Knies und Kniegelenkarthrosegefahr. [Ursache: Reitunfall. Die Kl. stürzte vom Pferd / Urteil nicht rechtskräftig! Das Aktenzeichen des BGH hierzu lautet VI ZR 66/11].

Betrag: 10.000 € **Haftung: 100 %**
immVorb: Ja **MdE: –**

OLG Celle 14.2.2011 – 20 U 35/10 = BeckRS 2011, 16890

5144
Unterschenkelfraktur / Unterschenkeltrümmerfraktur (hier: „komplizierten Trümmerbruch des rechten Unterschenkels bzw. des oberen Sprunggelenkes ... [mit] Sprunggelenkversteifung des oberen rechten Sprunggelenks").

Mann. Stationäre Heilbehandlung; mehere Operationen notwednig. Dauerschaden: Gehbehinderung wegen Sprunggelenkversteifung. [Ursache: verkehrssicherungspflichtverletzung: Glatteisunfall]

Betrag: 10.000 € **Haftung: 50 %**
immVorb: Ja **MdE: –**

LG Essen 5.5.2004 – 11 O 10/02 = BeckRS 2007, 6517

5669
Unterschenkelfraktur, schwere / Knieverletzung (hier: Offene Unterschenkelfraktur die wörtlich als „erstgradige offene komplette Zweietagenunterschenkelfraktur links mit Knieinnentrauma und dislozierter Tibiaschaftfraktur" beschrieben wird. Dauerhafte Belastungseinschränkung des linken Kniegelenks).

Frau. 17 Tage stationär. Sehr starke Schmerzen [Der PKW des Beklagte kam auf dem Bein der Klägerin zum Stehen!]. Während der Dauer von 4 Monaten musste die Klägerin mit Gehhilfen / Krücken gehen. MdE 83 Tage 100 % sowie weitere 53 Tage 50 %. Dauerschaden: Belastungseinschränkung des linken Kniegelenks und fünf entstellende Narben, insbesondere eine 12 cm lange Narbe am linken Knie und je zwei ca. 5 cm lange Narben am rechten Kniegelenk sowie zwei Narben oberhalb des Knöchels links. „Sämtliche Narben sind gut sichtbar und stellen eine gravierende ästhetische Beeinträchtigung dar", so das OLG. Wetterfühligkeit.

Betrag: 10.226 € **Haftung: 100 %**
immVorb: Ja **MdE: –**

OLG Köln 18.2.2000 – 19 U 87/99 = BeckRS 2000, 3448

5350
o.Unterschenkelfraktur (hier: offene Fraktur des Schien- und Wadenbeins am linken Unterschenkel, der mittels eines Marknagel fixiert wurde). Zudem erlitt der Kläger drei Rippenfrakturen sowie eine Lungenverletzung („der linke Lungenflügel kollabierte").

Mann (Koch). 11 Tage stationär. Anschließend ambulante Therapie. MdE ca. 6 Monate 100 %. Dauerschaden: Belastungseinschränkung am linken Unterschenkel. Ursache: Skiunfall, – der Beklagte fuhr unter Verstoß gegen die FIS-Regel Nr. 3 auf den Kläger auf.; insofern gelte – so das LG – der Anscheinsbeweis auch für „Auffahrunfall" auf Skipiste. Diesem bleibe zwar die Möglichkeit, diese Vermutungsregel durch den Nachweis eines abweichenden Geschehensablaufs zu erschüttern, allerdings sei dies dem Beklagten in diesem Prozess nicht gelungen. [Lesenswert auch zur Geltendmachung eines Teil-Schmerzensgeldes].

Betrag: 12.000 € **Haftung: 100 %**
immVorb: Ja **MdE: 20 %**

LG Köln 15.8.2017 – 30 O 53/17 = BeckRS 2017, 132854

5250
Unterschenkelfraktur (hier: „eine um Schaftbreite verschobene distale Fibulafraktur ohne Zeichen einer Maelleolusinstabilität") mit Beinvenenthrombose.

42j. Mann. Stationärer Aufenthalt. Anschließend ambulante Behandlung; zunächst musste der Kläger einen sogenannten VACOped-Stiefel tragen, der jedoch wegen der Thrombose wieder wurde entfernt wurde, – stattdessen wurde eine Kunststoffgehgipsschiene angelegt. Langwierige Heilbehandlung wegen der posttraumatischen Beinvenenthrombose. MdE 20 Wochen 100 %. [Ursache: Motorradunfall].

Betrag: 12.000 € **Haftung: 100 %**
immVorb: – **MdE: –**

OLG Saarbrücken 3.12.2015 – 4 U 157/14 = BeckRS 2016, 846

4938

Unterschenkelfraktur, schwere (hier: 2.gradig offene distale Unterschenkelfraktur rechts mit ausgeprägtem Weichteilschaden). Schulterverletzung (hier: Hintere Schulterluxation).

Frau. Stationäre Behandlung. „Es wurde eine offene Reposition und Schraubenosteosynthese des Gelenkblockes der Tibia und anschließende Plattenosteosynthese der Schaftfraktur-Anteile mit winkelstabiler Platte vorgenommen". Dauerschaden: Funktionsbeeinträchtigung des rechten Beins um 20 % sowie des rechten Arms um 10 %. „In Bezug auf die Weichteil- und Hautverletzung, nicht auf den Bruch, liegt Selbstmitverschulden durch Fehlen jeglicher Schutzkleidung an den Beinen vor. Diesem kommt jedoch angesichts der das gesamte Verletzungsbild prägenden Bruchverletzung einerseits und dem bereits oben dargestellten selbst regelwidrigen Fahrens keine relevante zusätzliche Bedeutung mehr zu", so jew. das LG.

Betrag: 12.000 € **Haftung: 66 %**
immVorb: Ja **MdE: –**

LG Tübingen 10.12.2013 – 5 O 80/13 = BeckRS 2013, 21844

4623

o.Unterschenkelfraktur 3. Grades.

Mann. 24 Tage stationär. MdE 5 Monate 100 % sowie weitere 75 Tage 50 %. Das verletzte Bein konnte der Kl. für die Dauer von einigen Jahren nicht vollständig belasten, was sich im Alltag belastend auswirkt.

Betrag: 12.000 € **Haftung: 70 %**
immVorb: Ja **MdE: –**

LG Memmingen 12.12.2011 – 23 O 680/11 = unveröffentlicht

6108

Unterschenkelfraktur links (hier: Offene Unterschenkelfraktur 2. Grades mit Durchspießung der Haut im distalen Drittel des Unterschenkels).

Frau (freiberuflich tätig). Stationäre Behandlung. Anschließend ambulante Behandlung. Noch ca. 1 1/2 Jahre nach dem Unfallereignis bestand weiterhin ein leichter Belastungsschmerz beim Laufen. Das Abknien verursachte zum maßgeblichen Untersuchungszeitpunkt noch starke Schmerzen. Des Weiteren lag noch eine Kraftminderung, Gefühlsminderung im Bereich des Unterschenkels und am Fußrücken / Narben vor. Darüber hinaus wurde am linken Bein eine geringe Muskelmassenminderung im Bereich des Oberschenkels, mehr noch im Bereich des Unterschenkels festgestellt, wobei diese zum Teil durch Knochennarbenbildung überdeckt war. Schließlich wurden Narben am linken Knie und Unterschenkel mit teilweiser Minderung der Hautsensibilität festgestellt. Dauerschaden: Bewegungsbeeinträchtigung und leichte Schmerzen beim Belasten und Laufen.

Betrag: 12.500 € **Haftung: 100 %**
immVorb: – **MdE: –**

OLG Frankfurt a. M. 1.12.2014 – 13 U 122/13 = BeckRS 2016, 4638

4129

Unterschenkelfraktur / Knieverletzung (hier: Schienbeinfraktur im oberen Drittel des Schienbeins mit bis in das Knie reichenden Frakturspalt sowie Kniebänderriss und Meniskusverletzung).

48j. Frau (Verkäuferin). 12 Tage stationär. 4 Wochen Rehabilitationsaufenthalt. MdE 6 Monate 100 % sowie 3 weitere Wochen 70 % und anschließend noch 4 Wochen abfallend bis zur Genesung von der jedoch ein Dauerschaden zurückblieb: Bewegungseinschränkung und Belastungseinschränkung des linken Kniegelenks. Verschlechterungstendenz nicht ausgeschlossen. Ursache: Die Klägerin wurde von einem Hund umgestoßen.

Betrag: 12.500 € **Haftung: 100 %**
immVorb: Ja **MdE: –**

OLG Brandenburg 14.4.2010 – 4 U 139/08 = BeckRS 2010, 144475

4019

O.Unterschenkelfraktur 3.Grades mit ebenfalls drittgradigem Weichteilschaden und Kompartementsyndrom, einer Arterienverletzung / Schlagaderverletzung sowie einer Hautverletzung in Form eines sogn. Decollements (= Abscherung der Haut)

18j. Mann (Schüler). 7 Wochen stationär mit „mehr als 20 Operationen". Anschließend ambulante, langwierige Heilbehandlung mit „nahezu 200 physiotherapeutischen Heilbehandlungen". Zudem musste er unfallbedingt die 12. Klasse wiederholen. Dauerschaden: mäßiggradige Bewegungseinschränkung.

Betrag: 12.500 € **Haftung: 50 %**
immVorb: – **MdE: –**

OLG Brandenburg 25.8.2009 – 12 W 40/09 = BeckRS 2009, 26180

5674

Unterschenkelfraktur, komplette (hier: Offene Unterschenkelfraktur in Form einer offenen Wadenbeinfraktur und Schienbeinfraktur mit Aussplitterung des Knochens nach vorne).

26j. Mann (Fußballspieler). 4 Wochen stationär mit zwei Aufenthalten. 2 Operationen am Unterschenkel. Langwierige Heilbehandlung. MdE fast 200 Tage 100 %. Dauerschaden: Belastungseinschränkung bereits beim normalen Gehen sowie bei „jedweder sonstigen Art". Pseudoarthrose und eine Beugekontraktur sowie eine Fehlstellung der Zehen am rechten Unterschenkel und ein fortdauerndes Taubheitsgefühl. [Ursache: Foul beim Fußball: „Grätscht ein Spieler von hinten mit gestrecktem Fuß gegen einen bereits mit dem Ball in Richtung Tor laufenden Gegner und dabei mit einer solchen Fußhaltung und Wucht, daß er diesen in Höhe des mittigen Wadenbeins trifft mit der Folge eines offenen Bruchs von Waden- und Schienbein mit Aussplitterung des Knochens nach vorne, dann läßt sich diese Aktion wegen ihres hohen Verletzungsrisikos auch dann nicht mehr als lediglich im Grenzbereich zwischen Härte und Unfairneß liegend entschuldigen, wenn der Angreifer dabei gemeint hatte, es bestehe noch eine realistische Chance, an den Ball zu kommen", so das OLG].

Betrag: 12.782 € **Haftung: 100 %**
immVorb: Ja **MdE: –**

OLG Stuttgart 9.3.2000 – 7 U 166/99 = BeckRS 2000, 30100314

7435

Unterschenkelfraktur, schwere (hier: dislozierter Unterschenkelfraktur mit Kompartmentsyndrom) sowie Fußfraktur in Form einer dislozierten Mittelfußknochenfraktur links mit Fußkompartment und CRPS („Morbus Sudec" bzw. Morbus Sudeck).

17j. Mann. 6 Wochen stationär. Mehrere Operationen zur Reposition, zunächst mittels eines externen Fixateurs und Osteosynthese der Frakturen. Anschließend 28 Tage Rehabilitationsklinik bzw. Rehaklinik. Nachfolgend 36 physiotherapeutische Behandlungen. Darüber hinaus war der Kläger für ca. 6 Monate nicht in der Lage, sportliche Aktivitäten auszuüben. Ein bereits zugesagtes Praktikum wurde im Hinblick auf seinen gesundheitlichen Zustand gekündigt. Dauerschaden: Leichte Form der sogenannte CRPS (chronic regional pain syndrome; unter bekannt als „Morbus Sudeck"), „was mit vermehrter Schweißproduktion, Schwellneigung und intermittierenden Schmerzen einhergeht und auch Einschränkungen im Alltag bedeutet". Der Kläger konnte in Folge des Unfalls erst mit einem Jahr Verzögerung mit seiner Berufsausbildung beginnen. [Ursache: Motorradunfall].

Betrag: 15.000 € **Haftung: 100 %**
immVorb: Ja **MdE: –**

OLG Hamm 8.7.2022 – 7 U 106/20 = BeckRS 2022, 30031

6959

Unterschenkelfrakturen im Kniebereich in Form einer Wadenköpfchenmehrfragmentfraktur und einer nicht verschobenen Schienbeinfraktur in Form einer „Fraktur am Tibiaplateau"/Knieverletzung / Kniebänderverletzung. Hier: Kniegelenkluxation 2. Grades, Kompletter Kreuzbandriss vorne links, Innenbandriss links sowie einen „Weichteilschaden Grad I. bei geschlossener Fraktur" am Oberschenkel „im Bereich des distalen Femur".

Mann. Konservative Heilbehandlung. Dauerschaden: Bewegungseinschränkungen bei sportliche Betätigungen wie Rudersport, Marathon, Jogging ausgedehnter Art, Tennis und Squash, auf die der Kläger „entweder ganz verzichtet oder erhebliche Einschränkungen in Kauf genommen werden. Hierbei sei festzustellen, dass bei einer dauerhaften Belastbarkeit des linken Kniegelenks Einschränkungen bestünden und eine Unfähigkeit zu knien festzustellen sei. Es liege ferner eine endgradige Bewegungseinschränkung des linken Kniegelenks bei Streckung und Beugung vor." [Ursache: Nächtlicher Zusammenstoß zwischen einem Rodler, der mit ca. 20 km/h auf seinem Schlitten bzw. Rodelschlitten fuhr und mit einem Fußgänger. Diese Geschwindigkeit sah das OLG – da die Fläche auch von Fußgängern frequentiert wurde – als zu hoch an. Siehe dazu auch SVR 2023, 62 (64) – Lesenswert zu den Anforderungen an Rodler bzw. Schlittenfahrenden zur Vermeidung von Kollisionen auf einer „Rodelbahn" mit entgegenkommenden Fußgängern].

Betrag: 15.000 € **Haftung: 100 %**
immVorb: Ja **MdE: –**

OLG München 23.2.2022 – 7 U 1195/21 = BeckRS 2022, 3851

6757

Unterschenkelfraktur in Form einer Unterschenkelschaftfraktur. Gesichtsverletzungen in Form einer Nasenbeinfraktur, einer Zahnfraktur sowie Schürfwunden im Gesicht mit Oberlippenverletzung bzw. -hämatom. Zudem erlitt die Klägerin Schürfwunden am Unterschenkel sowie in der Knöchelregion und am Fuß.

10j. Kind (Schülerin). 20 Tage stationär mit insgesamt 3 Aufenthalten. Im Rahmen der Behandlungen wurde im Bereich des Unterschenkels der Klägerin ein externer Fixateur eingesetzt. Darüber hinausgehende medizinisch relevante Schlafstörungen bzw. eine Angststörung konnte der Sachverständige Dr… aufgrund der Schilderungen der Klägerin und deren Eltern, die er überzeugend diagnostisch einordnete nicht bestätigen. Dagegen konnten die von der Klägerin behaupteten Einschränkungen, namentlich das Kribbeln und Verfärben des rechten Fußes, das Erfordernis des regelmäßigen Tragens eines Stützstrumpfs, die unfallbedingte Unmöglichkeit, sportlichen Aktivitäten nachzugehen, das Zusammenwachsen des rechten Schien- und Wadenbeins und den Verdacht auf eine Schädigung des Sprunggelenks konnten durch den Sachverständigen Prof. Dr. … weitgehend bestätigt werden. Dauerschaden: „12 cm langen reizfreien Narbe am rechten Unterschenkel, … 2 cm lange Narbe distal davon und einer etwas verbreiterten Narbe". Bei der Bemessung orientierte sich das OLG ua an der Entscheidung des OLG Schleswig → Nr. 4747.

Betrag: 15.000 € **Haftung: 100 %**
immVorb: Ja **MdE: –**

OLG Zweibrücken 13.11.2019 – 1 U 153/14 = BeckRS 2019, 48314

4747

Unterschenkelfraktur, schwere (hier: Unterschenkelmehrfragmentfraktur im Schienbein rechts mit Syndesmosenruptur [Hinweis: Die sogn. Syndesmose ist eine Art Gelenk, welches von Bindegewebe zusammengehalten wird; typische Fußballspielerverletzung durch Verdrehen des Sprunggelenks] und Innenknöchelfraktur sowie einer erheblichen Unterschenkelvenenthrombose; nicht unerheblicher Dauerschaden.).

57j. Mann. 19 Tage stationär. Weitere 21 Tage Rehabilitation, bei der insbesondere die Unterschenkelvenenthrombose nachbehandelt werden musste. Dauerschaden: Bewegungsbeeinträchtigung, Belastungsminderung und Instabilität des rechten Sprunggelenkes mit daraus resultierendem Schonhinken / Orthopädische Schuhe.

Betrag: 15.000 € **Haftung: 100 %**
immVorb: Ja **MdE: –**

OLG Schleswig 4.12.2012 – 4 U 219/11 = unveröffentlicht

3884

o.Unterschenkelfraktur in Form einer o.Unterschenkelschaftfraktur mit Kompartementsyndrom und Muskelminderung.

17j. Mann. 5 Wochen stationär. 3 Operationen mit Hauttransplantation und Metalteilimplantat. Dauerschaden: Kniegelenkbewegungseinschränkung; Bewegungseinschränkung auch im Sprunggelenk. Narben.

Betrag: 15.000 € **Haftung: 66 %**
immVorb: Ja **MdE: 10 %**

OLG Brandenburg 20.12.2007 – 12 U 141/07 = BeckRS 2008, 7737

7375

o. Unterschenkelfraktur (hier: nicht verschobene offene Unterschenkelfraktur wörtlich „erstgradige, nicht verschobene offene laterale Schienbeinkopffraktur links"); Fingerverletzung (hier: Daumengelenksluxation rechts); Prellungen (Hüftprellung, Oberschenkelprellung) sowie Hämatome sowie Schürfwunden im Bereich der Hüfte und des Gesäßes und des linken Oberschenkels [hüftgelenksnah] sowie Gesichtsschürfwunden und Gesichtsplatzwunden.

Mann (Schmuckverkäufer). Ca. 7 Monate stationär. Für die Dauer von ca. zwei Monaten benötigte der Kläger Gehstützen. MdE 85 Tage 100 %. Dauerschaden: Gebrauchsminderung des rechten Daumens.

Betrag: 15.000 € **Haftung: 100 %**
immVorb: Ja **MdE: –**

KG 4.5.2006 – 12 U 42/05 = BeckRS 2006, 8455

3245

Unterschenkelfraktur, schwere (hier: o.Unterschenkeltrümmerfraktur); Oberschenkelfraktur, Knieverletzung (hier: Kniebänderverletzung); Handfraktur (hier: MIttelhandfraktur) sowie Gehirnerschütterung.

41j. Mann. Längere Zeit stationär, mehrere Operationen, „lange Zeit … berufsunfähig" [vgl. langwierige Heilbehandlung]. Dauerschaden: Gehbehinderung, der Grad der Behinderung beträgt 50 %. Die Genugtuungsfunktion träte – so das OLG – im vorliegenden Fall „völlig zurück".

Betrag: 15.000 € **Haftung: 75 %**
immVorb: Ja **MdE: 50 %**

OLG Koblenz 25.11.2003 – 12 U 714/02 = BeckRS 2004, 773

3616

Unterschenkelfraktur (hier: komplizierte Schienbeinfraktur mit Kreuzbandruptur). Beckenringfraktur, Kreuzbeinfraktur, sowie Schädelhirntrauma.

Frau (Reisekauffrau). 2 Monate stationär. MdE 7 Monate 100 % und weitere 6 Monate 40 %. 6 Wochen Rehaklinik. Weitere 13 Monate ambulante Behandlung. Dauerschaden: Beinverkürzung um 15 mm. Bewegungseinschränkungen im linken Kniegelenk, beginnende Kniegelenkarthrose.

Betrag: 15.339 € **Haftung: 50 %**
immVorb: Ja **MdE: 25 %**

KG 13.4.2000 – 12 U 7999/97 = BeckRS 2001, 140

3294

Unterschenkelfraktur, schwere (hier: o.Unterschenkelfraktur, die mit einem Marknagel stabilisiert wurde); Hüftfraktur (hier: Hüftgelenkpfannenfraktur, wobei die Beckenpfanne rekonstruiert werden musste). Unterarmfraktur, schwere (hier: Unterarmtrümmerfraktur, komplette, die durch Platten versorgt wurde.

Mann. 4 Monate stationär in 3 Aufenthalten. Dauerschaden: Gehbehinderung. Berufsaufgabe und Berufswechsel in eine „gänzlich andersgeartete" Sparte [ohne weitere Angaben]. Ursache: Überholen einer PKW-Kolonne mit dem Motorrad [Motorradunfall] und Kollision mit Linksabbieger.

Betrag: 15.339 € **Haftung: 50 %**
immVorb: Ja **MdE: –**

LG Bad Kreuznach 6.11.1998 – 2 O 413/96 = unveröffentlicht

3295

Unterschenkelfraktur, schwere (hier: Unterschenkelpfeilerfraktur rechts mit Gelenkbeteiligung sowie eine Wadenbeinmehretagenfraktur des körperfernen Wadenbeins.

Frau (Rentnerin). Stationär. Die Frakturen wurden in Spinalanästhesie reponiert und mittels externem Fixateur stabilisiert. Zahlreiche Lymphdrainagebehandlungen in einem Zeitraum von 15 Monaten. 237 Massagebehandlungen. Dauerschaden: Belastungseinschränkung des rechten Fußes; die Kl. kann nur noch Automatik-PKW's fahren, sie muss orthopädische Schuhe tragen. Gehbehinderung.

Betrag: 15.339 € **Haftung: 100 %**
immVorb: – **MdE: 30 %**

LG Trier 14.10.1998 – 4 O 433/97 = unveröffentlicht

7059

Unterschenkelfraktur, schwere (hier: Schwere Kontusionsverletzung im Bereich des rechten Unterschenkels mit hoher Wadenbeinfraktur bzw. Fibulafraktur mit Kniebänderriss bzw. knöchernem Ausriss des Außenbandes des rechten Kniegelenks und horizontalriss des Außenmeniskus sowie Außenmeniskusdefekt und wenig dislozierter distaler Fibulafraktur vom Typ Weber C in Verbindung mit einer ebenfalls wenig dislozierten Innenknöchelfraktur und einer Syndesmosebandruptur am oberen Sprunggelenk [vgl. Sprunggelenkbänderriss]). Insofern verbleib eine ca. 5 cm x 5 cm große Narbenplatte am rechten Unterschenkel. Arthrosegefahr.

Frau. Stationäre Behandlung mit zwei Operationen (2016 Metallimplantat und später 2017 Metallimplantatentfernung) sowie 2019 Arthroskopie des rechten Kniegelenks. Mehrere Wochen war die Klägerin auf einen Rollstuhl und einen Gehbock angewiesen, da sie nicht an Unterarmgehstützen gehen konnte. Eine Vollbelastung hatte sie erst im August (der Unfall ereignete sich am 16. Mai 2016) wiedererlangt. Anschließend musste sie sich einer Reha unterziehen. MdE ca. 8 Monate 100 %. Dauerschaden: Belastungseinschränkung und Arthrosegefahr. Dazu heißt es im Urteil: „Trotz guter funktioneller Beweglichkeit leidet die Klägerin bis heute [= Verkündungsdatum] unter niederschwelligen, belastungsabhängigen Schmerzen im Bereich des rechten Knies. Außerdem besteht wegen der Meniskusruptur die Gefahr eines Knorpelschadens und einer Arthrose. Die komplette Ausheilung … ist unmöglich".

Betrag: 16.000 € **Haftung: 100 %**
immVorb: Ja **MdE: –**

LG Kaiserslautern 12.1.2022 – 4 O 168/19 = BeckRS 2022, 26112

3548

Unterschenkelfraktur in Form einer Unterschenkelmehrfragmentfraktur rechts sowie eine Gehirnerschütterung und Kopfplatzwunde.

Mann. MdE 8 1/2 Monate 100 %. Nach einer notfallmäßigen Erstversorgung wurde eine Titanplatte (siehe auch: Metallteileimplantat) implantiert. Es kam zu Komplikationen. Offene Wundbehandlung. Keine knöcherne Frakturheilung. (vgl. komplizierte Heilbehandlung). Es kam zu einer erneuten Operation mit Implantatentfernung und Einsetzen eines zuvor entnommenen Knochenimplantates (vgl. Eigenknochenimplantat).

Betrag: 17.500 € **Haftung: 100 %**
immVorb: Ja **MdE: –**

LG Hanau 25.8.2004 – 1 O 782/04 = BeckRS 2004, 153756

3978

Kniegelenkfraktur / Unterschenkelfraktur (hier: Tibiakopfimpressionsfraktur mit erheblicher dauerhafter Funktionsbeeinträchtigung des linken Knies und Wadenbeinfraktur); Schulterblattfraktur sowie Rippenfrakturen 2-9 (Rippenserienfraktur).

Mann. Knapp 4 Wochen stationär. Lebensgefahr infolge einer Lungenkontusion. 4 Wochen Rehabilitationsklinik. Dauerschaden: Bewegungsbeeinträchtigung und Belastungsbeeinträchtigung des linken Kniegelenkes. Gehbeschwerden. Keine kniebelastenden sportlichen Betätigungen.

Betrag: 17.895 € **Haftung: 100 %**
immVorb: – **MdE: –**

OLG Karlsruhe 28.11.2000 – 13 U 68/00 = BeckRS 2000, 167985

3292

Unterschenkelfrakturen oder Oberschenkelfrakturen (im Urteil wird lediglich von „verschiedenen Frakturen" gesprochen), infolge derer die Kl. eine Beinverkürzung erlitt. Hinzu kam ein Schädelhirntrauma 1. Grades

Frau. Stationärer Aufenthalt. Dauerschaden: Beinverkürzung um 2 cm. Schmerzensgeldmindernd bewertete das OLG die Tatsache, dass der Beklagte die Klägerin gefälligkeitshalber in seinem PKW mitgenommen habe (Gefälligkeitsfahrt).

Betrag: 17.895 € **Haftung: 100 %**
immVorb: – **MdE: 20 %**

OLG Brandenburg 3.11.1998 – 2 U 227/97 = BeckRS 1998, 153604

4555

Unterschenkelfraktur in Form einer Unterschenkeltrümmerfraktur (hier: „außenseitige Schienbeinkopftrümmerfraktur" mit „postoperativer Unterschenkelthrombose sowie Arthrose mit X-Beinstellung des linken Beins").

62j. Frau. Dauerschaden: MdE 30 % Das OLG berücksichtigte ausdrücklich „schmerzensgelderhöhend" … „die Einbuße an Lebensqualität für die Kl., die noch immer unter starken Schmerzen leidet, die – wenn überhaupt – durch das operative Einsetzen einer Knieprothese beseitigt oder abgemildert werden könne".

Betrag: 18.000 € **Haftung: 75 %**
immVorb: Ja **MdE: 30 %**

OLG Hamm 6.8.2012 – I-6 U 14/12 = BeckRS 2012, 21507

4750

Unterschenkelfraktur, schwere (hier: Unterschenkeltrümmerfraktur in Form einer Schienbeinkopftrümmerfraktur links mit posttraumatischer Venenthrombose im Unterschenkel).

63j. Frau (Rentnerin). Stationärer Aufenthalt mit Operation der Fraktur. Ambulante Heilbehandlung. MdE 6 Monate 100 % bzw. ebensolange Krankschreibung. Dauerschaden: Bewegungsbeeinträchtigung nach leichter Fehlstellung des linken Beines; Arthrose mit Gefahr einer Verschlechterungstendenz und späteremm Einsatz einer Knieprothese.

Betrag: 18.000 € **Haftung: 75 %**
immVorb: – **MdE: –**

OLG Hamm 6.8.2012 – 6 U 14/12 = BeckRS 2012, 21507

5911

Unterschenkelfraktur (hier: Schienbeinfraktur in Form einer Schienbeinkopffraktur links als Schienbeinkopfmehrfragmentfraktur); Knieverletzung / Kniebänderverletzung (hier: Kreuzbandruptur, die jedoch erst im Laufe der weiteren Behandlung erkannt worden war). Schädelhirntrauma 1. Grades mit Kopfplatzwunde.

32j. Frau (Innendienstverkäuferin). 12 Tage stationär. Metallimplantat / Plattenosteosynthese. Die Klägerin musste ca. 90 Tage an Krücken / Gehhilfen gehen. In einer weiteren Operation wurde die Plattenosteosynthese wieder entfernt und die Klägerin zudem am Kreuzband operiert. 28 Tage Rehabilitationsaufenthalt. Extrem langwierige Heilbehandlung, bis zur Beendigung der Reha vergingen insgesamt 45 Monate! MdE 60 Tage 100 % und weitere 60 Tage 50 %. Dauerschaden: posttraumatische Gonarthrose [= vorzeitiger Verschleiß des Kniegelenks] und daraus resultierende Bewegungseinschränkung und Belastungsminderung des linken Kniegelenks.

Betrag: 19.000 € **Haftung: 100 %**
immVorb: Ja **MdE: –**

OLG Naumburg 23.12.2010 – 2 U 69/10 = BeckRS 2011, 4401

7784

Unterschenkelfraktur, schwere (hier: Schienbeinkopfmehrfragmentfraktur bzw. – so wörtlich „Tibiakopfmehrfragmentimpressionsfraktur").

Frau. Stationäre Behandlung mit insgesamt fünf Operationen. Langwierige Heilbehandlung mit ganz erheblicher und langfristiger Bewegungseinschränkung eingeschränkt und zeitweiser Nutzung eines Rollstuhls. Ihr Knie war auch mehr als 9 Monate nach dem Unfall und trotz einer Vielzahl von Arztbesuchen, Reha, Lymphdrainagen und Krankengymnastikterminen weiterhin geschwollen und warm, ohne dass absehbar ist, wie dieser Umstand in den Griff zu bekommen wäre, insbesondere ob und wie viele weiteren Operationen noch notwendig werden. Möglicher Dauerschaden: Knieschmerzen, regelmäßige Medikamenteneinnahme, erhebliche Bewegungseinschränkung und Belastungseinschränkung. Zudem ist die Kl. in ihren Hobbys und Sport- und Freizeitaktivitäten eingeschränkt und kann sich nicht in der ihr eigenen Agilität um ihre Enkelkinder kümmern. „Die psychische Belastung der ersichtlich um Linderung und nicht um finanzielle Kompensation bemühten Klägerin ist angesichts ihres Ausgangsstatus vor dem Unfall immens.", so das OLG Hamm in Rn. 78 der Fundstelle. [Anmerkung: Lesenswert zur Frage des Mitverschuldens bei Verletzung im Zusammenhang mit spielenden Hunden – hierzu führte das OLG Hamm in seinem 3. amtlichen Leitsatz aus: „Kommt es bei einem Aufenthalt auf einer Hundewiese zu einer Verletzung durch einen spielenden Hund, kann nur im Einzelfall – wie hier nicht – von einem den Anspruch aus § 833 Satz 1 BGB berührenden Mitverschulden im Sinne des § 254 Abs. 1 BGB ausgegangen werden, wenn die drohende Gefahr nicht nur vorhersehbar, sondern im konkreten Einzelfall auch vermeidbar war (in Abgrenzung zum Einzelfall des OLG Celle 8.7.2014 – 20 U 49/13, BeckRS 2015, 16738)"].

Betrag: 20.000 € **Haftung: 100 %**
immVorb: Ja **MdE: –**

OLG Hamm 21.11.2025 – 7 U 49/24 = BeckRS 2025, 36390

5434

Unterschenkelfraktur, schwere (hier: Multiple Frakturen die sich wie folgt darstellten: Komplette Unterschenkelschaftfraktur rechts mit Beeinträchtigung des oberen Sprunggelenks, Schienbeinschaftfraktur, hohe Wadenbeinfraktur mit Hinterrandabsprengung am unteren Ende des Schienbeins) sowie Außenknöchelfraktur vom Typ Weber C mit Sprengung der Bandverbindung zwischen Wadenbein und Schienbein im Sprunggelenksbereich.

57j. Mann (Rechtsanwalt). Stationäre Heilbehandlung mit insgesamt 6 Operationen. Dauerschaden: MdE 30 %. Belastungseinschränkungen und Belastungsschmerzen beim Stehen sowie auch Ruheschmerzen. [Ursache: Der Kläger wurde als Jogger von einem Pferdeanhänger überrollt – Das Schmerzensgeld erscheint zu gering].

Betrag: 20.000 € **Haftung: 100 %**
immVorb: Ja **MdE: 30 %**

OLG Frankfurt a. M. 8.7.2016 – 10 U 150/14 = BeckRS 2016, 128132

5259

o.Unterschenkelfraktur mit Knochensplitterung (hier: o.Wadenbeinfraktur und o.Schienbeinfarktur).

26j. Mann. 20 Wochen stationär mit insgesamt 18 Operationen. Langwierige Heilbehandlung. Dauerschaden: Gehbehinderung und Belastungseinschränkungen durch reduzierte Fußbeweglichkeit und Zehenbeweglichkeit sowie Kraftminderung bzgl. des linken Beins. Gefahr einer Arthrose. Mehrere erhebliche Narben am linken Bein. Schmerzensgeldmindernd wertete das OLG die Ursache der Verletzung. [Ursache: Sportverletzung beim Fußballspiel]

Betrag: 20.000 € **Haftung: 100 %**
immVorb: Ja **MdE: –**

OLG Nürnberg 29.6.2015 – 2 U 2269/13 = unveröffentlicht

4269

Unterschenkelfraktur, schwere / Sprunggelenkfraktur, schwere (hier: Unterschenkelschaftfraktur, links mit zusätzlicher Wadenbeinetagenfraktur sowie o.Sprunggelenkluxationsfraktur mit posttraumatischer Fehlstellung) und eine Wundinfektion am Oberschenkel.

Mann (Dachdecker). MdE 8 Monate 100 %, 5 Wochen 70 %, 4 Wochen 50 %, 8 Wochen 30 % sowie Dauerschaden: MdE 20 %. Gehbehinderung; Bewegungsbeeinträchtigung mit Streck- und Beugedefizit im Sprunggelenk. Verschlechterungstendenz mit MdE 50 % zu erwarten. Erhebliche Berufsbehinderung; spätere Berufsaufgabe sehr wahrscheinlich. [Anmerkung: Das Schmerzensgeld ist deutlich zu gering bemessen. Völlig unverständlich ist auch die Stellungnahme des LG zum angeblichen Nichtvorliegen der Voraussetzungen eines immateriellen Vorbehaltes!]

Betrag: 20.000 € **Haftung: 75 %**
immVorb: – **MdE: –**

LG Nürnberg-Fürth 25.3.2010 – 8 O 3107/08 = BeckRS 2011, 7619

5265

Unterschenkelfraktur, schwere (hier: Bicondyläre Schienbeinkopftrümmerfraktur [bikondylär bedeutet, dass beide Gelenkköpfe des Knochens gebrochen sind] mit Bypassoperation im Kniegelenksbereich). Oberarmfraktur rechts. Großzehenamputation.

69j. Mann. 42 Tage stationär mit Komplikationen: Es kam während der 3. – unter Vollnarkose durchgeführten – OP zu einer Luftröhrenverletzung, so dass der Kläger zusätzlich 14 Tage stark beeinträchtigt war und unter anderem Blut abhustete; zudem musste dem Kläger die rechte Großzehe amputiert werden. 35 Tage Pflegeheim und 21 Tage Rehabilitationsaufenthalt. Dauerschaden: Belastungseinschränkung im Bereich des rechten Kniegelenks wodurch die Durchführung längerer Fahrradfahrten wie auch das selbstständige Aufrichten aus einer knienden Position ohne Hilfsmittel unmöglich ist. Zudem leidet der Kläger bei längeren Autofahrten unter Schmerzen und ist auch sonst Einschränkungen beim Radfahren, längeren Gehen, Knien und beim Besteigen von Leitern unterworfen. Zudem berücksichtigte das OLG die „persönliche Vorvulnerabilität" und das Alter des Klägers.

Betrag: 22.500 € **Haftung: 100 %**
immVorb: – **MdE: –**

OLG Nürnberg 23.12.2015 – 12 U 1263/14 = BeckRS 2016, 1225

2611

Unterschenkelfraktur (hier: o.Unterschenkelfraktur 2.Grades links mit Sprunggelenkbeteiligung [vgl. auch unter Sprunggelenkverletzung]). Handfrakturen (hier: Mittelhandknochenfraktur II und III rechts).

25j. Mann (Straßenbauer). 12 Wochen stationär. MdE 13 Monate 100 %. Arbeitsaufnahme erst nach 4 1/2 Jahren! Dauerschaden: Bewegungseinschränkung / Arthrose im Sprunggelenk!

Betrag: 23.008 € **Haftung: 100 %**
immVorb: – **MdE: 30 %**

LG Aurich 21.1.1998 – 2 O 496/96 = BeckRS 2010, 15365

5082

Unterschenkelfraktur, schwere / Kniefraktur (hier: Unterschenkelmehretagenfraktur links, Schienbeinkopftrümmerfraktur links, Kniescheibenpolfraktur links und ein Kompartmentsyndrom des linken Unterschenkels). Zudem erlitt der Kläger einen Brustwirbelfraktur in Form einer Brustwirbelkörperfraktur des 12. Brustwirbelkörpers und ein Schädelhirntrauma mit geringgradiger Hirnblutung, wobei die beiden letztbenannten Verletzungen folgenlos verheilt sind.

Mann. 51 Tage stationär. Dauerschaden: Bewegungseinschränkung und Funktionsbeeinträchtigungen im Bereich des linken Unterschenkels und Kniegelenks. Auf Grund der verletzungsbedingten Schädigung des Kniegelenks ist mit der Notwendigkeit eines Gelenkflächenersatzes bzw. einer Kniegelenkstotalprothese zu rechnen. [Ursache: Motorradunfall].

Betrag: 25.000 € **Haftung: 60 %**
immVorb: Ja **MdE: 30 %**

OLG Naumburg 30.9.2015 – 12 U 58/15 = BeckRS 2016, 1983

6115

Unterschenkelfraktur und Knieverletzung (hier: Unterschenkelmehretagenfraktur links mit ausgeprägtem Weichteilschaden und Kompartmentsyndrom und Knieverletzung in Form einer Kniebänderverletzung mit Kreuzbandverletzung in Form einer Kreuzbandläsion).

38j. Mann. Stationäre Behandlungen mit mehreren Aufenthalten zwischen denen es fortlaufend ambulante Heilbehandlungen gab. Stationär wurde unter anderem auch eine Vakuumversiegelung mit Nekrosenabtragung durchgeführt. Außerdem erhielt der Kläger eine Spalthautplastik. 30 Tage Rehabilitationsaufenthalt. Dauerschaden: MdE 40 %, Dauerschmerzen. „Vor dem Unfall betrieb der Kläger regelmäßig diverse Sportarten, insbesondere Squash, Tischtennis und Glauben [gemeint ist Joggen]. Alle diese Aktivitäten sind ihm nun verwehrt. Er ist auch nicht mehr in der Lage, den Rasen vor dem Haus zu mähen oder Arbeiten auf dem Dach oder mithilfe einer Leiter auszuführen", so das LG.

Betrag: 25.000 € **Haftung: 100 %**
immVorb: Ja **MdE: 40 %**

LG Düsseldorf 30.7.2015 – 16 O 153/14 = BeckRS 2017, 122287

3278

Unterschenkelfraktur, schwere (hier: bicondyläre Schienbeinkopftrümmerfraktur [vgl. auch Unterschenkeltrümmerfraktur].).

32j. Mann. 3 stationäre Aufenthalte von insgesamt 33 Tagen. MdE 7 Monate 100 %. Dauerschaden: Beinverkürzung rechts um 2 cm. Verschlechterungstendenz. [Lesenswert zur Geldentwertung: „Für die Bemessung des Schmerzensgeldes ist bei Verwertung von früheren Gerichtsurteilen als Bezugsgröße auch die zwischenzeitlich eingetretene Geldentwertung zu berücksichtigen", so das KG).

Betrag: 25.565 € **Haftung: 100 %**
immVorb: – **MdE: 40 %**

KG 15.3.2004 – 12 U 333/02 = BeckRS 2004, 5260

4991

o. Unterschenkelfraktur (hier: offene Unterschenkelfraktur links), Rippenfraktur in Form einer Rippenstückfraktur C 3 rechts, Pneumothorax und Schädelhirntrauma mit Kopfplatzwunde sowie psychische Beeinträchtigungen aufgrund des Unfallgeschehens in Form einer posttraumatischen Belastungsstörung.

Frau (Krankenschwester). Stationäre Behandlung. Ambulante Heilbehandlung / langwierige Heilbehandlung. Dauerschaden: Bewegungsbeeinträchtigung und Funktionsbeeinträchtigung des linken Beins. Regulierungsverzögerung.

Betrag: 35.000 € **Haftung: 100 %**
immVorb: Ja **MdE: –**

OLG Frankfurt a. M. 13.11.2014 – 2 U 236/13 = BeckRS 2015, 9137

6166

Unterschenkelfraktur, schwere (hier: In Fehlstellung verheilte offene Unterschenkelfraktur 1. Grades links mit erheblicher Beinverkürzung [7 cm]).

43j. Mann (ungelernter Arbeiter). Mehrere stationäre Behandlungen und 6 Operationen im Zeitraum von 5 Jahren. Langwierige Heilbehandlung auch wegen einer Pseudoarthrose, die erst nach 5 Jahren ausgeheilt werden konnte. Dauerschaden: Erhebliche Funktionbeeinträchtigung des linken Beines, Beinverkürzung von 7 cm, massiv starre Bewegungseinschränkungen des oberen Sprunggelenks und Wackelsteife im unteren Sprunggelenk sowie psychische Beeinträchtigungen und Amputationsangst. Ferner waren ausgedehnte Narben am Unterschenkel vorhanden, die zu Durchblutungsstörungen führen, und eine Beeinträchtigung der Zehenbewegung links. Der Kl. muss orthopädisches Schuhwerk tragen.

Betrag: 35.790 € **Haftung: 100 %**
immVorb: – **MdE: –**

OLG Frankfurt a. M. 17.10.2001 – 23 U 212/00 = BeckRS 9998, 18834

2873

Unterschenkelfraktur, schwere (hier: o.Unterschenkelfraktur 3.Grades in Form einer Schienbeinschaftfraktur und Wadenbeinschaftfraktur mit primären Fußdurchblutungsstörungen).

19j. Frau (Schaustellerinazubine; sportlich sehr aktiv!). Dauerschaden: Kein Sport! Entstellung durch 30 cm lange Narbe und Muskelbruch. Sprunggelenkinstabilität.

Betrag: 35.790 € **Haftung: 100 %**
immVorb: Ja **MdE: 30 %**

LG Lübeck 7.12.2000 – 17 O 190/00 = unveröffentlicht

4607

Unterschenkelfraktur, schwere (hier: o.Wadenbeinfraktur rechts, stark disloziert und mit massiven Nervverletzungen und Gefäßverletzungen verbunden) zudem erlitt der Kläger – ebenfalls rechtsseitig – eine Sprunggelenkfraktur (hier: sogn. Weber-C-Fraktur), die zu einer dauerhaften Sprunggelenkversteifung führte.

16j. Mann (Auszubildender für den Beruf des Mechatronikers). Stationärer Aufenthalt mit 4 Operationen und Metallteilimplantat. Anschließend ambulante Behandlung mittels Physiotherapie. MdE 4 Monate 100 %. Dauerschaden: deutlich sichtbare Gehbehinderung infolge der Sprunggelenkversteifung und gekrümmten Fußstellung (sog. Sicherfuß) und deutlich sichtbare Muskelminderung am rechten Unterschenkel. MdE 40 %. Der Kläger konnte seine Ausbildung nicht fortsetzen und sein Hobby (Skifahren) wohl auf Dauer nicht mehr ausüben.

Betrag: 40.000 € **Haftung: 100 %**
immVorb: Ja **MdE: –**

LG Deggendorf 23.2.2011 – 2 O 265/08 = BeckRS 2011, 142412

5751

Unterschenkelfraktur, schwere (hier: Offene Unterschenkelfraktur 3. Grades rechts mit großem Weichteildefekt und Sprungbeinfraktur rechts).

34j. Frau. 70 Tage stationär; 11 Operationen mit Einsatz eines externen Fixateurs. Mehrere Monate im Krankenbett. Stark eingeschränkte Mobilität: 5 Monate Rollstuhlgebundenheit und anschließend ca. 12 Monate Gehen an Krücken / Unterarmgehhilfen. Insgesamt drei Jahre physiotherapeutische Behandlung. Dauerschaden: Bewegungseinschränkungen, Gehbehinderung. Dies und folgende Aspekte berücksichtigte das OLG bei der Bemessung: „... etwa dass die Klägerin über Monate hinweg keine sexuellen Kontakte zu ihrem Ehemann haben konnte und unter erheblichen Zukunftsängsten wegen der von ihr befürchteten möglichen Amputation des Beines litt".

Betrag: 40.000 € **Haftung: 100 %**
immVorb: Ja **MdE: 40 %**

OLG Brandenburg 9.11.2006 – 12 U 76/06 = BeckRS 2006, 135628

6455

Unterschenkelfrakturen, schwere (hier: Offene Unterschenkelfraktur mit Frakturverschiebung links mit Wadenbeinnervlähmung [Peronaeusparese] sowie Unterschenkeltrümmerfraktur rechts in Form einer Mehretagentrümmerfraktur) sowie eine Handfraktur links (hier: Mittelhandknochenfraktur des 5. Mittelhandknochens, die folgenlos verheilte).

Mann (Feuerwehrmann). 60 Tage stationär. MdE 60 Tage 100 % und weitere 183 Tage 50 %. Dauerschaden: MdE 30 % wegen Gehbehinderung, Bewegungsbeeinträchtigungen und Schmerzen beim Gehen, Stehen und Sitzen mit erheblicher Beeinträchtigung der privaten und beruflichen Lebensführung. [Ursache: Verkehrsunfall beim Absichern einer Unfallstelle, bei der der Kläger im Dienst vom Beklagten in grob fahrlässiger Weise angefahren worden war. Zur Frage des Miterschuldens führte das LG aus: „Wird durch die Nichtbeachtung der Verhaltenspflichten des Kraftfahrzeugführers in unklaren Verkehrslagen ein auf der Fahrbahn stehender, im Rettungseinsatz befindlicher Feuerwehrmann verletzt, so ist dessen etwaiges Mitverschulden als so gering zu bewerten, dass es gegenüber dem Verschulden des verantwortlichen Kraftfahrzeugführes zurücktritt"].

Betrag: 40.000 € **Haftung: 100 %**
immVorb: Ja **MdE: 30 %**

LG Osnabrück 20.1.2004 – 10 O 2174/03 = BeckRS 2004, 154383

5764

Unterschenkelfraktur, schwere (hier: offene Unterschenkelfraktur 3. Grades in Form einer Schienbeinfraktur und Wadenbeinfraktur).

Mann. 145 Tage stationär mit mehrstündiger Operation und späteren Metallimplantatentfernungsoperationen. MdE 18 Monate 100 %. Als Folge diverser Komplikation, die von der ständigen Gefahr einer drohenden Amputation begleitet wurde, wurden die zahlreichen Krankenhausaufenthalte erforderlich. Dauerschaden: MdE 30 %. Massive Funktionsbeeinträchtigung des rechten Beines nach Beinverkürzung um 5 cm und Sprunggelenkversteifung. Gehbehinderung.

Betrag: 40.903 € **Haftung: 66 %**
immVorb: Ja **MdE: 30 %**

LG Dortmund 28.3.2003 – 21 O 340/02 = BeckRS 2007, 15412

2600

Unterschenkelfraktur, schwere (hier: o.Unterschenkelfraktur in Form einer „offenen kompletten Unterschenkelstückfraktur" 3. Grades [vgl. auch o.Unterschenkelstückfraktur]); o.Oberschenkelfraktur mit „langer Durchspießung". Depressionen!

16j. Frau. 75 Tage stationär (6 Aufenthalte!). Komplikationen, es drohte ein Kompartementsyndrom, Hautdefekte, Hauttransplantationen. Dauerschaden: 50 %ige Beingebrauchsminderung.

Betrag: 40.903 € **Haftung: 100 %**
immVorb: Ja **MdE: –**

LG Aachen 18.12.1998 – 9 O 292/96 = unveröffentlicht

6745

Unterschenkelfraktur, schwere (hier: Schienbeinfraktur in Form einer Schienbeinkopffraktur bzw. C3-Fraktur des rechtsseitigen Tibiakopfes in Verbindung mit einem Kompartmentsyndrom oder Muskelkompressionssyndrom); eine Fußfraktur in Form einer Außenknöchelfraktur bzw. distale Fibulafraktur sowie multiple Hautabschürfungen im Bereich des rechten Oberschenkels.

Mann (Gießer). Sehr langwierige Heilbehandlung wegen Komplikationen im Heilungsverlauf. MdE 20 Monate 100 %. Dauerschaden: MdE 30 %. Bewegungsbeeinträchtigungen und Belastungsminderung des rechten Beins mit Gehbehinderung, insbesondere beim auf unebenen Böden, eine Erschwerung des Treppen- bzw. Stufensteigens, eine Einschränkung des Besteigens von Gerüsten und Leitern, Funktionsbeeinträchtigungen im Bereich des rechten Kniegelenks mit einer leichtgradigen Einschränkung der vollen Streckfähigkeit, eine Einschränkung der Beugefähigkeit des rechten Kniegelenkes, eine Einschränkung der Beweglichkeit im rechten oberen Sprunggelenk, eine Spitzfußstellung des rechten Fußes von etwa 25 Grad, eine Bewegungseinschränkung des Sprunggelenkes, eine Verkürzung des rechten Beines mit der Notwendigkeit des Ausgleichs durch einen orthopädischen Schuh, eine leichte Varusfehlstellung des rechten Unterschenkels, eine leichte Verschmälerung des Gelenkspaltes im oberen Sprunggelenk, eine posttraumatische Arthrose im rechten Kniegelenk, eine deutliche Muskulatur- und Weichteilverminderung am rechten Bein, am Oberschenkel und leichtgradig am Unterschenkel sowie ein leichtgradiges Schonungshinken. Berufsunfähigkeit als Gießer. Angesichts dieser Leistungseinschränkungen könnten keine schweren körperlichen Arbeiten, keine ständig stehenden und auch keine ständig gehenden Tätigkeiten durchgeführt werden. Regulierungsverzögerung, die erhöhend berücksichtigt wurde. [Ursache: Motorradunfall bzw. Verkehrsunfall zwischen vorfahrtsberechtigtem Motorroller (im Überholvorgang) und einbiegendem Querverkehr].

Betrag: 45.000 € **Haftung: 100 %**
immVorb: Ja **MdE: 30 %**

OLG Hamm 29.1.2019 – 9 U 28/18 = BeckRS 2019, 2018

5340

o.Unterschenkelfraktur, schwere (hier: Offene Unterschenkelfraktur links mit erheblichem Weichteilverlust 3. Grades und einem Kompartmentsyndrom, einer vollständigen Lähmung des Nervus peronealis und einer teilweisen Lähmung des Nervus tibialis (Nervverletzung), einer dauerhaften Instabilität des linken Knies und einer Beinverkürzung des linken Beines um 6 cm. Als Folge aus diesen Verletzungen verblieb eine verbleibende Gehbehinderung mit einem GdB von 100). Zusätzlich erlitt die Kl. eine Schulterblattfraktur mit Oberarmnervverletzung sowie eine Handgelenkfraktur links.

Frau. 9 Monate stationär mit insgesamt 14 Operationen. Dauerschaden: Gehbehinderung mit einem GdB von 100 wegen Beinverkürzung des linken Beines. [Ursache: Motorradunfall – hier: Haftung bei Kollision eines Linienbusses mit Motorradfahrer in Engstelle]. Anmerkung: Das Landgericht hatte (zutreffend) ein Schmerzensgeld von 100.000 EUR zugesprochen. Das OLG setzte diesen Betrag nun deutlich herab und begründete dies damit, höhere Beträge „in der Regel deutlich gravierendere Verletzungen … (z. B. Querschnittslähmung mit vollständiger Erwerbsunfähigkeit bis hin zum Pflegefall)" vorbehalten. Diese Ansicht ist nicht zutreffend. Für eine – wie vorliegend – das Leben der Klägerin auf Dauer gravierend und stark beeinträchtigende Mehrfachverletzung kann nicht mit nur 50.000 EUR (auch bei hier bestehendem Mitverschulden, zumal dieses nicht mathematisch quotierend angesetzt werden darf) entschädigt werden.

Betrag: 50.000 € **Haftung: 60 %**
immVorb: Ja **MdE: –**

OLG Brandenburg 2.3.2017 – 12 U 18/16 = BeckRS 2017, 106058

3373

Unterschenkelfraktur, schwere (hier: o.Unterschenkefraktur links).

17j. Mann (Schüler). langwierige Heilbehandlung über insgesamt 2 Monate mit Fixateur; anschließend Krankengymnastik. Dauerschaden: Gehbehinderung, Beinverkürzung; Zehendeformation; zudem erhebliche Psychische Beeinträchtigungen bis hin zu Selbstmordabsichten / Selbstmordgefahr! Narben.

Betrag: 50.000 € **Haftung: 80 %**
immVorb: – **MdE: –**
Rente: 50 €

LG Bückeburg 23.1.2004 – 2 O 53/03 = BeckRS 2004, 31162945

6820

Unterschenkelfraktur, schwere (hier: zweitgradige offene Unterschenkelfraktur rechts sowie ein posttraumatisches Kompartmentsyndrom am rechten und linken Unterschenkel) zudem erlitt der Kläger nachfolgend im Krankenhaus eine Infektion mit MRSA-Keimen im Markraum des Tibiaschaftes und des anliegenden Nagels. Erhebliche psychische Beeinträchtigungen.

Mann. Der Kläger war an insgesamt 142 Tagen in stationärer Behandlung und musste sich insgesamt 15 Operationen unterziehen, wobei zusätzlich sich eine Infektion mit MRSA-Keimen im Markraum des Tibiaschaftes und des anliegenden Nagels einstellte, weshalb der Kläger über einen Zeitraum von vier Wochen auf der Isolierstation behandelt werden musste. Der Kläger war zur weiteren Mobilisation auf Unterarmgehstützen angewiesen und musste eine Orthese tragen. Nach den Feststellungen des Sachverständigen (Y) äußerte sich infolge der MRSA-Infektion und damit unfallbedingt eine rezidivierende depressive Störung in Form einer mittelgradigen Episode, die sich in einer gedrückten Stimmung, Antriebsminderung, reduzierten Freudfähigkeit, Schlafstörungen und Libidoverlust äußert. Dauerschaden: Bewegungseinschränkung des rechten OSG und rechten USG, eine eingeschränkte Stand- und Gangvariante für das rechte Bein, eine Valgusstellung der rechtsseitigen Beinachse, eine Verdickung der rechtsseitigen Knöchelregion sowie Parästhesien im Bereich beider Füße. Großflächige Narben mit „zum Teil" entstellender Wirkung. Psychische Beeinträchtigungen insbesondere Angst vor Dunkelheit und dem Alleinsein sowie Panikstörungen.

Betrag: 60.000 € **Haftung: 100 %**
immVorb: Ja **MdE: 50 %**

OLG Brandenburg 2.9.2021 – 12 U 250/20 = BeckRS 2021, 26801

6752

Unterschenkelfarktur, schwere (hier: Schienbeinkopfmehrfragmentfraktur links mit Kompartementsyndrom und Weichteilschaden). Lungenquetschung. Rippenserienfraktur sowie Schädelhirntrauma udn diverse Schürfungen insbesondere am linken Handgelenk.

57j. Mann. 28 Tage stationär. Anschließend ambulante Heilbehandlung sowie nachfolgend erneuter Krankenhausaufenthalt für die Dauer von 12 Tagen. Zudem absolvierte der Kläger zwei Rehabilitationsmaßnahmen bzw. -aufenthalte. Dauerschaden: Bewegungseinschränkungen im Bereich des linken Beins.

Betrag: 60.000 € **Haftung: 80 %**
immVorb: Ja **MdE: –**

OLG Düsseldorf 12.2.2019 – 1 U 16/18 = BeckRS 2019, 54827

7437

Unterschenkelfraktur / Unterschenkeltrümmerfraktur (hier: „Schwerste Tibiakopftrümmerfrakturen" bzw. Schienbeinkopffrakturen in Form von Schienbeinkopftrümmerfrakturen mit Weichteilschäden „sowie eine offene Metatarsale- und Grundgliedfraktur aller Grundgelenke mit ebenfalls schweren Weichteilschäden"). Zudem erlitt der Kläger eine Fußverletzung in Form einer Vorfußluxation.

46j. Mann. Insgesamt 150 Tage stationäre Behandlung. Komplizierte Heilbehandlung / langwierige Heilbehandlung: Zur Rettung des linken Unterschenkels wurde der Kläger sofort operiert und eine gelenkübergreifende externe Fixatur des linken Knies sowie eine offene Reposition und Osteosynthese des linken Mittelfußes mittels mehrerer K-Drähte durchgeführt. Um die weiteren offenen Verletzungen am Fußrücken zu behandeln, erfolgte nach mehreren Operationen eine Spalthauttransplantation mit einer Entnahme am Oberschenkel. Anschließend erfolgten noch 16 einzelne stationäre Behandlungen in einem Gesamtzeitraum von zweieinhalb Monaten und auch danach musste der Kläger wiederholt in den nachfolgenden drei Jahren seit seiner ersten Entlassung wegen Komplikationen, Bewegungseinschränkungen und dem Verdacht auf einen Implantatinfekt in stationäre Behandlung. MdE 40 Monate 100 %. Dauerschaden: Gehbehinderung und Belastungseinschränkungen des linken Beins; kann nicht mehr Schaltwagen fahren, wodurch er die damit verbundenen Tätigkeiten in seinem Beruf nicht mehr ausüben kann; kein Freizeitsport mehr möglich. Psychische Belastungen und Arbeitsplatzverlustängste. Bei der Schmerzensgeldbemessung orientierte sich das LG an den Urteilen des OLG Köln → Nr. 4292 des OLG Brandenburg → Nr. 6820.

Betrag: 65.000 € **Haftung: 100 %**
immVorb: Ja **MdE: 30 %**

LG Wuppertal 20.12.2022 – 1 O 322/21 = BeckRS 2022, 57519

4284

Beids.Unterschenkelfrakturen, schwere (hier: „an beiden Beinen offene Unterschenkelbrüche" [vgl. auch unter o.Unterschenkelfraktur und beids.o.Unterschenkelfrakturen].

38j. Frau (Richterin). Stationärer Aufenthalt. Mehrere Operationen. Es bestand zunächst Amputationsgefahr. Dauerschaden: Gehbehinderung und Entstellungen bzw. entstellende Narben an beiden Unterschenkeln. Die Kl. ist jedoch als Richterin wieder „voll berufsfähig". Erhöhung wegen Regulierungsverzögerung. (vgl. auch Beck'sche Schmerzensgeldtabelle, Kap. VIII 4 Schmerzensgeld auf der Basis öffentlich-rechtlicher Vorschriften)

Betrag: 70.000 € **Haftung: 100 %**
immVorb: Ja **MdE: –**

OLG Schleswig 23.2.2011 – 7 U 106/09 = BeckRS 2011, 13674

4154

o.Unterschenkelfraktur 3.Grades, Muskeltransplantation, Hauttransplantation, Knochenstreckung, Einsetzen eines Fixateurs sowie Platzwunden in Form von Kopfplatzwunden und Nasenrückenplatzwunde.

Mann. Insgesamt 4 Monate stationär. Langwierige Heilbehandlung. Dauerschaden: Beinverkürzung. Der Kläger muss einen Kompressionsstrumpf tragen und kann seine Hobbies, Klettern, Skifahren, Wandern und Schwimmen nicht mehr ausüben. Ursache: Motorradunfall. (Anmerkung: Der Beklagte wollte usrpr. nur 15.000,- EUR zahlen).

Betrag: 75.000 € **Haftung: 100 %**
immVorb: Ja **MdE: –**

OLG Stuttgart 21.10.2010 – 7 U 88/09 = BeckRS 2011, 2563

4145

o.Unterschenkelfrakturen (hier: Offene beids.Unterschenkelfarkturen mit starken Quetschwunden und zahlreichen tiefen Messerstichverletzungen / Schnittwunden im Bereich der Kniegelenke und Unterschenkel mit u.a. Unterschenkelsehnendurchtrennung. Psychische Beeinträchtigungen / posttraumatische Belastungsstörung und starke Angst).

36j. Frau. ca. 8 Wochen stationär. Sehr langwierige Heilbehandlung über einen Gesamtzeitraum von gut zwei Jahren mit insgesamt 8 Operationen. 2 Monate Rehaklinik. Dauerschaden: Psychische Beeinträchtigung; Gehbehinderung; zahlreiche Sportarten nicht möglich; kann kein

Fahrzeug führen. Stützstrümpfe. Entstellende Narben von 20 cm Länge im Bereich beider Beine. Ursache: Vorsätzliche Körperverletzung. Der Beklagte misshandelte die Kl. grausam und sehr brutal mit stumpfer Gewalt und mit zahlreichen Messerstichen.

Betrag: 75.000 € **Haftung: 100 %**
immVorb: – **MdE: 100 %**

LG Düsseldorf 10.5.2010 – 11 O 334/07 = BeckRS 2010, 11876

6268

Unterschenkelfraktur, schwere (hier: Offene Unterschenkelfraktur 2. Grades rechts) und schwere Knieverletzung rechts (hier: Kniebänderverletzungen in Form eines Kreuzbandrisses, einer Kreuzbandzerrung und einer Innenbandzerrung).

Frau (Erzieherin). Mehr als 200 Tage stationär mit insgesamt 10 Aufenthalten innerhalb eines Gesamtzeitraums von 3 Jahren. 20 Operationen – unter anderem mit mehreren Hauttransplantationen und zu Behandlung der Knochenmarkentzündung. Dauerschaden: MdE 100 % als Erzieherin wegen Gehbehinderung, Spitzfußstellung und erhebliche Bewegungseinschränkungen im rechten Sprunggelenk. Die Klägerin leidet unter erheblichen Schmerzen und ist zur Entlastung des rechten Unterschenkels auf Unterarmgehstützen / Krücken angewiesen. [Ursache: Motorradunfall – Fahrlehrerhaftung. Bereitet ein Fahrlehrer seinen Motorrad-Fahrschüler nicht ausreichend auf die erste praktische Fahrstunde mit dem Motorrad vor, so haftet er für Schäden, die der Fahrschüler hierbei erleidet, dies gilt vor allem für die ersten Fahrstunden im öffentlichen Straßenverkehr. Kein Mitverschulden der Fahrschülerin, die beim Anfahren vom Kupplungshebel rutschte und das nach vorne schnellende Krad nicht mehr beherrschte, so dass sie gegen eine Straßenlaterne prallte]. Zur Fahrlehrerhaftung siehe auch → Nr. 5791 und → Nr. 7291.

Betrag: 92.000 € **Haftung: 100 %**
immVorb: – **MdE: 100 %**

LG Osnabrück 27.11.2002 – 9 O 3071/01 = BeckRS 9998, 40398

7420

Unterschenkelfraktur, schwere (hier: Sehr schwere Unterschenkelfraktur links in Form einer drittgradig offenen Unterschenkelfraktur mit Abriss aller drei Unterschenkelarterien, Weichteildefekt sowie eine komplexe Infektpseudoarthrose am Unterschenkel links. Der Unterschenkel weist eine starke Verkrüppelung auf. Psychische Beeinträchtigung: Schwere Depression mit massiven Angstzuständen, Selbstmordgedanken, Alpträumen und Panikattacken. Zudem erlitt der Kläger eine distale Unterarmfraktur in Form einer Ulnafraktur bzw. Ellenfraktur.

45j. Mann (Produktionsmitarbeiter und Bestücker). Mehr als zehn Monate stationär mit „unzähligen Operationen" bzw. „über 25 Operationen" in verschiedenen Krankenhäusern (Heidenheim, Ulm, Murnau) und stationären Aufenthalten in verschiedenen Rehakliniken. Sehr komplizierte Heilbehandlung infolge einer Infektion mit Staphylococcus aureus Bakterien, weshalb die zuvor bereits implementierten Metallteile wieder komplett entfernt werden mussten und das Bein „kurz vor der Amputation" stand. Dauerschaden: Arbeitsunfähigkeit (im April 2023 attestierte der behandelnde Arzt eine „100 %ige Arbeitsunfähigkeit"), Gebrauchseinschränkung des linken Beines, Funktionsbehinderung des linken Sprunggelenks, Bewegungsbeeinträchtigung, chronisches Schmerzsyndrom sowie seelische Störungen und schwere psychische Probleme. Insofern verwies das OLG auf die Ausführungen des LG Ellwangen, das zum Ergebnis gelangt war, dass der Kläger berufs- bzw. „arbeitsunfähig" sei und „Eine Besserung dieser Situation sei nicht absehbar. Der Kläger leide durchgehend unter Schmerzen und müsse starke Schmerzmedikamente (der Stufe WHO-3) einnehmen und leidet dadurch "seit Jahren starke Magenschmerzen„, sei seiner Mobilität auch aufgrund der psychischen Probleme eingeschränkt und könne seinen Alltag nicht mehr ohne Hilfe bewältigen. Er sei deshalb weitgehend an seinem Sozialleben gehindert und steht unfallbedingt unter Betreuung. Zum Zeitpunkt der Urteilsverkündung im Januar 2024 befand sich der Kläger "aufgrund fortdauernder schwerer Depression, Angstzuständen, Selbstmordgedanken und Alpträumen in psychiatrischer Behandlung„. Bei der Schmerzensgeldbemessung widersprach das OLG der Argumentation der Beklagten, die lediglich 60.000 EUR für angemessen hielt und führte zutreffend aus: "Ein Geschädigter, der seinen Unterschenkel durch eine unfallbedingte Amputation verloren hat und bei dem die Heilung schmerzfrei abgeschlossen ist, kann unter Umständen im Ergebnis wesentlich weniger beeinträchtigt sein, als der Kläger". Das OLG setzte sich sehr sorgfältig mit den Verletzungen und Verletzungsfolgen sowie mit der insbesondere von der Beklagten nicht vergleichbaren Rechtsprechung auseinander und berücksichtige zudem erhöhend deren inakzeptable Regulierungsverzögerung, da die Beklagte fast vier Jahre nach dem Unfall nur 12.500 EUR bezahlt hatte. [Ursache: Motorradunfall vom April 2019]

Betrag: 120.000 € **Haftung: 100 %**
immVorb: – **MdE: 60 %**

OLG Stuttgart 16.1.2024 – 10 U 76/23 = BeckRS 2024, 12618

5546

Unterschenkelfraktur, schwere komplette Unterschenkelfraktur (hier: Schienbeinkopftrümmerfraktur links, o.Schienbeinfraktur in Form einer o.Schienbeinschaftfraktur links, Wadenbeinfraktur in Form einer Wadenbeinmehrfragmentfraktur links mit Nervverletzung / Nervlähmung des Nervus peronaeus und des Nervus tibialis, eine Schienbeinkopffraktur rechts) zudem erlitt der Kläger noch eine Beckenfraktur bzw. Hüftgelenkpfannenbeteiligung links sowie eine beids.Beinvenentrombose und eine postoperative Lungenembolie.

59j. Mann (LKW-Fahrer). Intensivstation, 3 Wochen im Koma, stationäre Heilbehandlung von ca. 7 Monaten Dauer. Dauerschaden: Bewegungseinschränkungen im linken Hüftgelenk und in beiden Knie- und Sprunggelenken. Bei der Bemessung des Schmerzensgeldes berücksichtigte das OLG zudem noch, „dass der Kläger infolge des Verkehrsunfalls an einer leichten depressiven Episode leidet, wobei eine depressive Phase an über 50 % der Tage des Jahres vorliegt. Dabei dauern die periodisch auftretenden Episoden etwa 14 Tage. Zudem leidet der Kläger an einer erektilen Dysfunktion. Auch wenn der Kläger insgesamt nach Angabe des psychiatrischen Sachverständigen Prof. Dr. B (Gutachten S. 18) seine alltäglichen Aktivitäten weiterhin bewältigen kann, ist er durch die Folgen der Depression an vielen Tagen im Jahr neben seinen erheblichen körperlichen Beeinträchtigungen noch zusätzlich psychisch stark belastet. Der Kläger hat dem Senat im Rahmen seiner persönlichen Anhörung auch glaubhaft vermittelt, dass er unter den Folgen der erektilen Dysfunktion für das Eheleben nachhaltig leidet. Durch das unfallbedingte Trauma ist eine erhebliche Störung des Körperbildes entstanden. Der Senat vermochte die Angabe des Sachverständigen Prof. Dr. B ohne weiteres nachzuvollziehen, dass insbesondere das Selbstbild des Klägers als vitaler Mann stark erschüttert ist".

Betrag: 125.000 € **Haftung: 100 %**
immVorb: Ja **MdE: –**

OLG Hamm 13.1.2017 – 26 U 6/16 = BeckRS 2017, 152191

n) Unterschenkelamputationen

4391

Unterschenkelamputation oberhalb des Kniegelenkes.

68j. Mann. Stationäre Heilbehandlung. Dauerschaden: Gehbehinderung; Phantomschmerzen.

Betrag: 25.000 € **Haftung: 100 %**
immVorb: – **MdE: –**

LAG Baden-Württemberg 18.6.2004 – 5 Sa 124/03 = BeckRS 2004, 17622

4393

Unterschenkelamputation nach Oberschenkelverletzung (hier: Tiefe Unterschenkelamputation infolge Stichverletzung in die Rückseite des Oberschenkels mit Muskeldurchtrennung und Nervverletzung, starker Blutverlust, Todesangst des Klägers nach Messerstich mit einem 15 cm langen „Finn-Messer".

Mann. Stationärer Aufenthalt; langwierige Heilbehandlung mit Nachamputation; 6 Wochen Rehabilitationsaufenthalt. Dauerschaden: Gehbehinderung. Vorsätzliche Körperverletzung durch tiefen Stich mit einem sogenannten Finn-Messer in den Oberschenkel des Klägers. [VorsätzlicheKörperverletzung, Messerstichangriff].

Betrag: 40.000 € **Haftung: 100 %**
immVorb: Ja **MdE: –**

LG Wiesbaden 15.4.2010 – 9 O 189/09 = BeckRS 2010, 19451

4392

Unterschenkelamputation bzw. Unterschenkelabriss.

Mann. 5 Wochen stationär. Anschließend Rehabilitionsaufenthalt. Dauerschaden: Gehbehinderung und Phantomschmerzen. Ursache: Motorradunfall.

Betrag: 40.000 € **Haftung: 100 %**
immVorb: – **MdE: –**

OLG Frankfurt a. M. 16.9.2004 – 3 U 235/03 = BeckRS 2010, 8337

3429

Unterschenkelamputation, rechts.

Mann. Stationäre Behandlung. Arzthaftung: Grober Behandlungsfehler. Es kam infolge einer Infektion mit Keimen (Staphylokokkus aureus) zur Unterschenkelamputation.

Betrag: 40.000 € **Haftung: 100 %**
immVorb: – **MdE: 30 %**

OLG Koblenz 25.7.2003 – 8 U 1275/02 = OLGR 2003, 447

5796

Unterschenkelamputation nach Polytrauma (hier: offene Unterschenkelfraktur, offene Oberschenkelfraktur und offene Unterarmfraktur links, Brustwirbelsäulenfraktur bzw. BWK-7-Fraktur, Nierenkontusion und multiple Prellungen. Der linke Unterschenkel musste amputiert und der Stumpf später nochmals auf 10 cm verkürzt werden. Die Prothesenversorgung ist noch nicht abgeschlossen; die derzeitige Prothese verursacht noch schmerzhafte Scheuerstellen. Am Stumpf befinden sich noch zwei Druckgeschwüre mit entsprechenden Beschwerden. Am Unterarm ist es zur Ausbildung einer Pseudarthrose an beiden Knochen gekommen. Die beiden Implantate zeigen deutliche Lockerungszeichen. Eine Konsolidierung ist nicht zu erwarten).

Mann. Stationäre Behandlung. Langwierige Heilbehandlung. Problematische Prothesenversorgung. Dauerschaden: Verlust des linken Unterschenkels und daraus resultierender lebenslanger erheblicher Behinderung. [Ursache: Motorradunfall].

Betrag: 40.903 € **Haftung: 66 %**
immVorb: Ja **MdE: –**

OLG Hamm 12.3.2002 – 27 U 113/01 = BeckRS 9998, 40208

3430

Unterschenkelamputation, rechts.

Frau (junge Frau). Stationärer Aufenthalt. Psychische Beeinträchtigung. Dauerschaden. Beeinträchtigung der weiteren Lebensführung. Ursache: Motorradunfall in der Türkei. Berücksichtigung der finanziellen Lage des Kl., der keinen KH-Versicherungsschutz besaß, wurde schmerzensgeldmindernd berücksichtigt.

Betrag: 40.903 € **Haftung: 100 %**
immVorb: – **MdE: –**

OLG Hamm 19.11.2001 – 13 U 136/98 = BeckRS 2006, 1649

5761

Unterschenkelamputation links mit starken Phantomschmerzen und offene Kniescheibenfraktur rechts mit erheblichen Weichteilverletzungen.

36j. Frau (Fachärztin für Chirurgie). Mehrere Monate stationär. Langwierige Heilbehandlung zur Prothesenversorgung. Dauerschaden: Verlust des linken Unterschenkels. [Ursache: Verkehrssicherungspflichtverletzung beim Wasserskifahren].

Betrag: 45.000 € **Haftung: 100 %**
immVorb: Ja **MdE: 50 %**

OLG München 14.9.2005 – 27 U 65/05 = LSK 2006, 470542

4394

Unterschenkelamputation rechts mit Knieverletzung (hier: deutliche Bewegungseinschränkung des rechten Kniegelenks).

60j. Mann (Handwerkmeister). MdE 50 % auf Dauer. Dauerschaden: Erhebliche Bewegungseinschränkung; Gehbehinderung und Körperschiefstand mit Schmerzen bis zur Schulterregion. Der Kläger ist seit dem Unfall in erheblichem Maße auf fremde Hilfe angewiesen.

Betrag: 50.000 € **Haftung: 100 %**
immVorb: – **MdE: 50 %**

OLG Düsseldorf 1.12.2003 – 1 U 35/03 = BeckRS 2003, 30334599

5161

Unterschenkelamputation, links. Außerdem trug der Kläger „eine Oberschenkelfraktur am linken Bein, eine Platzwunde am linken Finger, eine Herzprellung, eine Gehirnerschütterung und eine Außenbandruptur rechts davon", so das OLG.

28j. Mann (Rettungssanitäter). Stationäre Behandlung. Mehrere Operationen inkl. Nachamputation. Erst zwei Jahre nach dem Unfall konnte der Kläger mit einer Unterschenkelprothese versorgt werden. Dauerschaden: UNterschenkelamputation; Berufsunfähigkeit

Betrag: 56.242 € **Haftung: 100 %**
immVorb: Ja **MdE: 60 %**

OLG Koblenz 15.12.2003 – 12 U 1262/02 = BeckRS 2003, 18057

3118

Unterschenkelamputation (hier: rechtsseitige Unterschenkelamputation, die später mit einer Prothese versorgt wurde. Im Laufe der weiteren Behandlung kam es zu einer Nervverletzung und Nervengewebeschädigung mit Gewebetrennung). Weitere Verletzungen: Oberschenkelfraktur, Beckenfraktur und folgenden Organverletzungen: Nierenverletzung mit Nierenentfernung und späterem Nieren- und Leberversagen, Herzverstopfung und Gehirnblutung.
Mann. Dauerschaden: Gehbehinderung, Pflegefall, Berufsunfähigkeit, der zufolge er zum Bürogehilfen umgeschult wurde. Motorradunfall!

Betrag: 56.242 € **Haftung: 50 %**
immVorb: – **MdE: –**

OLG Rostock 21.9.2001 – 8 U 105/00 = unveröffentlicht

7611

Unterschenkelamputation linker Unterschenkel mit hypovolämem Schock infolge des hohen Blutverlustes. Zudem erlitt die Klägerin noch folgende Verletzungen: „Bänderzerrungen im Bereich der Halswirbelsäule; Zahnverlust 21 und Implantatlockerung 22".

85j. Frau. Stationäre Behandlung. Anschließend musste die Kl., die zuvor alleine eine Wohnung bewohnt und sich selbst versorgt hatte, in ein Pflegeheim umziehen. Ihre Lebenssituation hat sich dadurch gravierend verschlechtert, was mit einem erheblichen Verlust an Selbständigkeit einhergeht. Dauerschaden: Unterschenkelamputation. Rollstuhlgebundenheit. Bei der Schmerzensgeldbemessung hat das LG, dessen Entscheidung das OLG bestätigte, auch das hohe Alter der Kl. angemessen berücksichtigt, da es älteren Menschen typischerweise schwerer falle, sich körperlich auf eine Veränderung wie den Verlust eines Beins einzustellen und eine Versorgung mit einer Unterschenkelprothese oder ein Erhalt der Gehfähigkeit unter Nutzung von Gehhilfen häufig altersbedingt nicht mehr infrage komme. Dies, sowie die Tatsache, dass sich die Lebensumstände für die Klägerin gravierend und dauerhaft verändert haben, indem sie seit dem Unfall auf den Rollstuhl angewiesen ist und im Pflegeheim lebt, hatte das LG zutreffend schmerzensgelderhöhend berücksichtigt. [Ursache: Die Kl. wurde an einer Fußgängerampel, die „grün" zeigte, vom LKW der Beklagten überrollt. – Vgl. dazu auch im Handbuch → Rn. 37 sowie Figgener NJW-Spezial 2024, 459].

Betrag: 70.000 € **Haftung: 100 %**
immVorb: – **MdE: –**

OLG Schleswig 8.3.2024 – 7 U 128/23 = BeckRS 2024, 9365

7258

Unterschenkelamputation. Zudem erlitt die Klägerin eine Mittelgesichtsfrakturen mit Nasenbeinfraktur, einen hypovolämische Schock, eine Zerrung der Wirbelsäulenbänder sowie Riss- und Quetschwunden und Hämatome.

85j. Frau. Lebensgefahr. Vom 29.6. bis 1.7.2021 wurde die Klägerin invasiv beatmet. Der Klägerin waren Bewegungen nur eingeschränkt und unter erheblichen Schmerzen möglich. Die Kl. bewohnte zuvor eine 3-Zimmer-Wohnung. Dauerschaden: Beinamputation; seit dem Unfall sitzt sie im Rollstuhl. Unfallbedingt musste sie in ein Pflegeheim umziehen, weil sie sich nicht mehr alleine in ihrer Wohnung versorgen konnte. Im Pflegeheim bewohnt sie ein einzelnes Zimmer. Zur Begründung des Schmerzensgeldbetrags führte das LG aus: „Zwar wird die Klägerin nicht so lange mit den Dauerfolgen leben müssen wie ein Mensch im Alter von beispielsweise 20 Jahren. Auf Grund ihres Alters ist jedoch von größeren Anpassungsschwierigkeiten auszugehen. Vor allem fällt aber schwer ins Gewicht, dass die Klägerin vor dem Unfall selbständig in einer 3-Zimmer-Wohnung lebte und nunmehr auf einen Rollstuhl und ein Pflegeheim angewiesen ist. Ihr ist somit eine erhebliche Lebensqualität genommen worden."
Ursache: Die Kl. stürzte als Fußgängerin vor einem LKW, der gerade dabei war, nach einem Stau anzufahren (4 km/h).

Betrag: 70.000 € **Haftung: 100 %**
immVorb: – **MdE: –**

LG Lübeck 29.9.2023 – 3 O 336/22 = BeckRS 2023, 28827

2887

Unterschenkelamputation in Kniemitte rechts und schwere Unterschenkelfraktur links (hier: o.Unterschenkelfraktur 3.Grades mit schwersten Weichteilverletzungen und Volumenmangelschock).

7j. Kind. Erheblicher Dauerschaden, der das Leben des Kindes nachhaltig negativ beeinträchtigt. Ursache: Das Kind wurde von einem Müll-LKW überrollt!

Betrag: 76.694 € **Haftung: 100 %**
immVorb: Ja **MdE: 100 %**
Rente: 205 €

OLG Frankfurt a. M. 22.3.2000 – 19 U 168/99 = BeckRS 2001, 3213

7730

Unterschenkelamputation rechts mit Komplikationen in Form einer zunächst sich erheblich ausweitenden Hautveränderung (Psoriasis) und immer wiederkehrenden Haarbalgentzündungen im Bereich des Stumpfes.

56j. Mann (Straßenwärter). Stationäre Heilbehandlungen mit insgesamt sieben Operationen über einen Zeitraum von vier Wochen. Anschließend befand sich der Kläger wegen der Unterschenkelamputation für die Dauer von 66 Monaten „in durchgängiger ärztlicher Behandlung." Zwischenzeitlich befand sich der Kläger mehrfach über einen Zeitraum von 2016 bis zuletzt 2022 für jeweils mehrere Wochen in einer Rehabilitationsklinik. Sehr langwierige Heilbehandlung. Komplikationen in Form einer sich nach dem Unfall erheblich ausweitenden Hautveränderung (Psoriasis) und immer wiederkehrenden sog. Haarbalgentzündungen im Bereich des Stumpfes, was dazu geführt hatte, dass die Prothese zunächst nicht in gewohntem Umfang getragen werden konnte. Zudem trat im linken Kniegelenk ein „ausgeprägt deutlich vermehrter Gelenksverschleiß des inneren Gelenkanteils" auf. Zum Dauerschaden führt das LG aus: Gehbehinderung. Bei angelegter Unterschenkelprothese ist ein Gehen ohne Krücken bzw. Unterarmstützen möglich, wobei dabei die Beweglichkeit regelrecht ist und Bewegungen schmerzfrei ausgeführt werden können. Der Kläger, so das LG weiter, sei in seiner

„Alltagsmobilität nur gering eingeschränkt" und das „rechte Kniegelenk (Unterschenkelprothese) zeigt keine Arthroseanzeichen". Phantomschmerzen, die „erkennbar bis gegenwärtig andauern." Der Kläger arbeitet inzwischen wieder halbtags (20 Stunden pro Woche) als Baumwart beim Landratsamt. Ihm ist jedoch nicht mehr möglich, eine Vielzahl von Tätigkeiten im Grundstück und Haus auszuführen. Auch schnelles Gehen oder Rennen sowie sportliche Tätigkeiten auf unebenem Gelände sind dem Kläger nicht mehr möglich. Bei der Schmerzensgeldbemessung orientierte sich das LG Dresden an den Urteilen des OLG München → Nr. 5761 und → Nr. 6766 sowie des OLG Düsseldorf → Nr. 1958.

Betrag: 100.000 € **Haftung: 100 %**
immVorb: Ja **MdE: 50 %**

LG Dresden 10.2.2025 – 9 O 2549/22 = BeckRS 2025, 22371

6766

Unterschenkelamputation unterhalb des linken Kniegelenks nach mehrfragmentärer offene Fraktur des gesamten linken Fußes mit Luxationen, deutlichen Fehlstellungen, teils fehlenden Knochen und mit ausgeprägten Weichteildefekten.

20j. Mann (Kfz-Mechatroniker). Stationäre Behandlung. Dauerschaden: Unterschenkelamputation mit erheblichen Einschränkungen beim Gehen. Bezüglich der Tätigkeit als Kfz-Mechatroniker besteht eine MdE von 40 %. Der Kläger verfügt über einen Schwerbehindertenausweis mit einem GdB von 50 und Merkzeichen G. Gefahr der Zunahme der bereits festgestellten Präarthrose am linken Knie und der Veränderung am Unterschenkelstumpf. [Anmerkungen zum Schmerzensgeld: Ein Schmerzensgeld von lediglich 100.000 EUR für eine derart schwere und das gesamte Leben des jungen Mannes beeinträchtigende Verletzung ist deutlich zu gering, worauf meinerseits bereits mehrfach – siehe oben → Rn. 268ff – hingewiesen wurde. Insofern sei zudem auf den Aufsatz von Jaeger in der DAR 2020, 710 verwiesen. Dennoch lesenswert ist die Entscheidung zur Frage der Begründetheit eines Feststellungsantrags wenn die beklagte KH-Versicherung zunächst ein diffuses Anerkenntnis „im Rahmen der Haftungsquote (ohne diese zu beziffern!) mit dem Hinweis auf die „Wirkung eines rechtskräftigen Feststellungsurteils" abgibt, jedoch die Ansprüche nicht anerkennt, sondern insoweit nur einen „Vorbehalt" erklärt und anschließend – in einem zweiten Schreiben – mit den Worten "nochmals„ dann doch die Haftungsquote mit 100 % beziffert. In einem solchen Falle – so das OLG zutreffend – müsse sich der Kläger "nicht auf die Ungewissheit einlassen, wie in einem etwaigen späteren Rechtsstreit ein Gericht die beiden Schreiben auslegen würde, falls die Beklagte die Haftung bestreiten oder sich auf Verjährung berufen würde".]

Betrag: 100.000 € **Haftung: 100 %**
immVorb: Ja **MdE: 40 %**

OLG München 4.3.2021 – 24 U 1682/20 = BeckRS 2021, 8714

3045

Unterschenkelamputation; Lendenwirbelfraktur (hier: Lendenwirbeltrümmerfraktur); doppelte Kieferfraktur und Jochbeinfraktur; doppelte o.Unterschenkelfraktur; Ellenbogenfraktur; doppelte Unterarmfraktur; Potenzstörungen.

20j. Mann (KFZ-Mechaniker). 20 Monate stationär, mehrere Aufenthalte. Lebensgefahr. Dauerschaden: Unterschenkelamputation sowie ua Potenzstörungen.

Betrag: 102.258 € **Haftung: 100 %**
immVorb: Ja **MdE: 80 %**

LG Bielefeld 17.5.1999 – 8 O 409/97 = unveröffentlicht

4395

Unterschenkelamputation sowie weitere Verletzungen, die im Urteil des LG Berlin näher beschrieben werden: „Beckenring- und Acetabulumfraktur, eine drittgradig offene Unterschenkelfraktur rechts, erstgradig offene Oberschenkelfraktur rechts, schweres Weichteildekollement und distale Unterarmfraktur rechts, Weichteilverletzung des linken Unterschenkels, LWK1- und LWK 2-Fraktur, Fraktur des Processus transversus LWK 3, eine Einblutung ins Hinterhorn des linken zweiten Ventrikels, eine Thoraxkontusion, Schnittwunden im Gesicht, multiple Schürf- und Prellmarken, ein Monokelhämatom rechts, eine metacarpale Trümmerfraktur DIG I rechts, eine Durchtrennung des Nervus ulnaris beugeseitiger Handgelenksbereich."

Mann. 16 Tage in Lebensgefahr, 5 Wochen im Koma, künstliche Beatmung und nahezu 60 Tage stationär. Dauerschaden: GdB 90 % mit den Zusätzen „aG" (außergewöhnlich) und „T" (Begleitperson); Verlust des rechten Unterschenkels mit erheblicher Gehbehinderung zu der das LG ausführte:„ Nicht nur ist dem Kl. jeder Schritt erschwert, nicht nur ist ihm vieles verwehrt, die Situation belastet einen Menschen, der zuvor ohne solche Einschränkungen gelebt hat, auch seelisch außerordentlich. Es handelt sich um eine Schädigung, die wegen ihrer Schwere und weil sie auf Dauer bestehen bleibt, außergewöhnlich ist." Zudem Schädigung der rechten Hand, die sich – so das LG – „in ähnlicher Weise aus"wirkt. Ursache: Mitfahrt im PKW des für den Kläger erkennbar betrunkenen Beklagten. Dem Kläger wurde insofern ein Mitverschulden von 25 % angelastet wegen des Mitfahrens mit einem erkennbar alkoholisierten Fahrers angerechnet und ihm Prozesskostenhilfe für seine Schadensersatzklage (und insofern 120.000 EUR Schmerzensgeld) zuerkannt. [Anmerkung: Die genauen Verletzungen sowie weitere Informationen finden sich in der erstinstanzlichen Entscheidung: LG Berlin BeckRS 2006, 8495].

Betrag: 120.000 € **Haftung: 75 %**
immVorb: Ja **MdE: 90 %**

KG 12.1.2006 – 12 U 261/04 = BeckRS 2006, 8494

4068

Unterschenkelamputation einschließlich des Kniegelenkes.

16j. Mann (Schreinerlehrling). Dauerschaden: Amputationsbedingte Gehbehinderung und Belastungseinschränkung. Berufswunschvereitelung. Das OLG führte aus: „ Der Kl. wurde in einem besonderen Entwicklungsabschnitt des Menschen (Pubertät) und in einem gesellschaftlichen Umfeld, das die Jugend, Sportlichkeit und Unversehrtheit zum Credo erhebt, schwerstens getroffen". Erhöhend wurde zudem die Regulierungsverzögerung über 11 Jahre hinweg und zudem berücksichtigt, dass die Beklagte in ihrem Schriftsatz vom 26.7.2010 meinte ausführen zu müssen, dass sich der Kläger im Leben doch gut eingerichtet habe ..., er sogar durch den Kündigungsschutz für Schwerbehinderte durch den Unfall quasi einen Vorteil erlangt habe; damit – so das OLG zutreffend – habe die Bekl. den noch akzeptablen Rahmen verständlicher Rechtsverteidigung verlassen.

Betrag: 150.000 € **Haftung: 100 %**
immVorb: – **MdE: –**

OLG München 24.9.2010 – 10 U 2671/10 = BeckRS 2010, 23467

6795

Unterschenkelamputationen (hier: Beidseitige Unterschenkelamputationen unterhalb der Kniegelenke).

50j. Frau. Arzthaftung im Zusammenhang mit einer Herzoperation, nach welcher der Klägerin ein Mittel zur Thrombose-Prophylaxe verabreicht worden war, das sie aber nicht vertrug, was die Ärzte jedoch – trotz entsprechender deutlicher Anzeichen – nicht bemerkt hatten. In der Folge kam es – so das LG – zu einer unzureichenden Sauerstoffversorgung in den Unterschenkeln und letztendlich zur Amputation beider Unterschenkel. Das LG wertete das Versagen der Ärzte als groben Behandlungsfehler. Dauerschaden: Die Klägerin muss täglich zur Fortbewegung zum Teil einen Rollstuhl nutzen [Rollstuhlgebundenheit], da sie beim längeren Tragen von Prothesen zu große Schmerzen hat. Sie ist infolgedessen arbeitsunfähig und bezieht Frührente.

Betrag: 170.000 € **Haftung: 100 %**
immVorb: Ja **MdE: 100 %**

LG Hamburg 19.5.2021 – 336 O 76/17 = BeckRS 2021, 21929

7275

Beids. Unterschenkelamputationen sowie weitere Verletzungen: Oberarmfraktur links, Schlüsselbeinfraktur, Pneumothorax mit Brustkorbtrauma sowie Platzwunden und Prellungen am Kopf.

16j. Frau (Schülerin). Mehr als 120 Tage stationär. Dauerschaden: Beidseitige Unterschenkelamputation mit Phantomschmerzen sowie erhebliche psychische Beeinträchtigungen. Bei der Schmerzensgeldbemessung berücksichtigte das OLG erhöhend die Regulierungsverzögerung seitens der Beklagten. [Ursache: Sturz auf Bahngleise vor einen einfahrenden Zug.].

Betrag: 170.000 € **Haftung: 100 %**
immVorb: – **MdE: 80 %**

OLG München 22.10.2010 – 10 U 3627/10 = BeckRS 2023, 38094

6772

Unterschenkelamputation rechts nach einer erstgradige offene Unterschenkelfraktur rechts, einem knöchernden Kollateralbandausriss bezüglich der Fibula links, einer minimalen intracerebrale Blutung fronto-parietal rechts und einer Ruptur der Fibulotalarbänder OSG rechts.

54j. Mann. 512 Tage stationär, aufgeteilt in zahlreiche Aufenthalte mit vielen Operationen an deren Ende es doch zur unvermeidbaren Amputation des rechten Unterschenkels kam. Sehr langwierige Heilbehandlung: Ambulant wurde der Kläger 658 Tage lang behandelt. Der Heilungsverlauf gestaltete sich sehr komplex. Es wurden mehrere Revisionen und Materialentfernungen (Marknagel, Bolzenschrauben) durchgeführt; zudem musste der Kläger über einen längeren Zeitraum einen externen Fixateur tragen. Dauerschaden: „Der Kläger wird bis zu seinem Lebensende unter entsprechenden Einschränkungen in seiner Bewegungsfähigkeit und seiner Lebensführung zu leiden haben", so das OLG. [Anmerkung: Erneut praktizierte die 22. Zivilkammer die Schmerzensgeldbemessung nach der „taggenauen Berechnung". Das Urteil wurde jedoch inzwischen vom BGH Urteil vom 15.2.2022 – VI ZR 937/20 aufgehoben, der somit die Methode der „taggenauen Berechnung" des Schmerzensgeldes verworfen. Es müsse im Rahmen einer Gesamtbetrachtung eine einheitliche Entschädigung unter Berücksichtigung der Schwere der Verletzungen, des erlittenen Leidens und der bestehenden Beeinträchtigungen festgesetzt werden, die sich nicht streng rechnerisch ermitteln lasse, betonte der BGH in seiner Revisionsentscheidung. Vgl. zu dieser Thematik auch Slizyk, Konkretisierung der Schmerzensgeldbemessung, NJW 2021, 3757].

Betrag: 200.000 € **Haftung: 100 %**
immVorb: – **MdE: –**

OLG Frankfurt a. M. 4.6.2020 – 22 U 244/19 = BeckRS 2020, 21948

6643

Unterschenkelamputation links oberhalb des Knies. Schwerste Unterschenkelverletzung und Knieverletzung rechts mit zweifacher Schienbeintrümmerfraktur sowei weiteren extremen Verletzungen, die wie folgt beschrieben werden: „Der Knöchel wurde zermahlen und mit Knochenmark aus der Hüfte aufgebaut. Der Fuß war unfallbedingt nahezu vollständig abgerissen. Es wurde das Schienbein auseinandergesägt und mit Stahlplatten und Schrauben wieder zusammengesetzt, was zu einer Kürzung des Beines um 3,5 cm führte. Das Wadenbein wurde unterhalb der Kniekehle abgerissen und konnte nicht wieder befestigt werden". Zudem schwere Augenverletzung mit erheblichem Verlust der Sehfähigkeit links.

61j. Mann. Intensivstationär mit zweimaliger Wiederbelebung. Langwierige Heilbehandlung mit mehr als 10 Operationen mit zahlreichen Metallimplantaten und der Beinamputation zunächst unterhalb und später oberhalb des Kniegelenks. Dauerschaden: Erhebliche Sehbehinderung des linken Auges. Beinamputation links; massive Beinverletzungen mit Dauerschäden und Beinverkürzung von fast 4 cm rechts. Intensive krankengymnastische Behandlung. Der Kläger verbringt den Großteil seines Alltags verletzungsbedingt im Rollstuhl. Er leidet unter Phantomschmerzen und Schlafstörungen. Der Kläger – ein aktiver Sportler – kann Sport, welcher ein Teil seines Lebensinhaltes war, nun nicht mehr betreiben und seinen Beruf nicht mehr ausüben. [Ursache: Der Kläger wurde beim Surfen von einer Hochgeschwindigkeits-Motorjacht überfahren].

Betrag: 240.000 € **Haftung: 100 %**
immVorb: – **MdE: 100 %**

LG Hamburg 17.6.2016 – 331 O 113/14 = BeckRS 2016, 115526

3863

Beids.Unterschenkelamputation (Amputation beider Unterschenkel inkl. der Kniegelenke).

22j. Mann. Intensivstation; Lebensgefahr. Insgesamt 4 Monate stationär. Dauerschaden: verletzungsbedingte erhebliche Lebensbeeinträchtigung. Der Kläger leidet zudem unter erheblichen psychischen Beeinträchtigungen. Seine Partnerin, mit der er ein Kind hatte, verließ ihn wegen der Folgen. Ursache. Er wurde vor eine U-Bahn gestoßen. Vorsätzliche Körperverletzung. [vgl. dazu auch OLG Oldenburg → Nr. 6426].

Betrag: 250.000 € **Haftung: 100 %**
immVorb: Ja **MdE: 100 %**
Rente: 500 €

KG 29.7.2004 – 8 U 54/04 = BeckRS 9998, 5034

6426

Unterschenkelamputationen, beidseitige (hier: Beidseitige Unterschenkelamputationen, rechts mit Entfernung der Kniescheibe. Zudem erlitt der Kläger massive Nekrosen und Narben und musste sich deshalb – sowohl wegen der Stumpfanpassungen als auch wegen des großflächigen Narbengewebes – zahlreichen schmerzhaften Operationen unterziehen und wird sich aufgrund seines jungen Alters auch in Zukunft noch solchen Operationen unterziehen müssen. Zudem erlitt der Kläger posttraumatische Belastungsstörungen [PTBS] die erheblich sind; mangelndes Selbstbewusstsein, motorische Unruhe, eine deutlich reduzierte Ausdauerspanne und eine deutlich reduzierte Frustrationstoleranz sind Traumafolgen.

5j. Kind (Junge). Arzthaftung (hier: Grober Behandlungsfehler bei dem zunächst nur wegen hohen Fiebers ins Krankenhaus gebrachten Jungen. Weil der zuständige Pfleger den Zustand des Klägers morgens zwischen 3:00 und 4:00 trotz entsprechender Hinweise der Mutter ignorierte und trotz der erkennbaren hämmorrhagischen Nekrosen keinen Arzt hinzuzog, musstem dem Kläger beide Unterschenkel amputiert werden). Der Junge durchlitt insofern ein wahres Behandlungsmartyrium von mehr als drei Jahren und mit über 20 Operationen und sitzt nun – inzwischen vierzehnjährig – überwiegend im Rollstuhl. Von einem Martyrium ist deshalb zu sprechen, da der Kläger während der Behandlungszeit täglich für die Dauer von 22,5 Stunden und somit auch für die Schulbesuche einen Ganzkörperkompressionsanzug mit Gesichtsmaske tragen musste, den er nur 3 mal täglich für eine halbe Stunde ausziehen durfte, damit das Narbengewebe eingecremt werden konnte. Inzwischen besucht er eine Regelschule in Begleitung eines Integrationshelfers und lebt ansonsten zurückgezogen im Kreis seiner Familie. Innerhalb des Hauses bewegt er sich auf den Beinstümpfen unter Zuhilfenahme der Arme, wobei er über den Beinstümpfen Silikonkurzprothesen (sog. Stuppis) trägt; außerhalb des Hauses benutzt der Kläger einen Rollstuhl zur Fortbewegung. [Anmerkung: Zutreffend führte das OLG aus: „Dass Bewusstsein um den Verlust der bisherigen Lebensqualität und die voraussichtlich lebenslange Dauer der Schädigungen sind maßgebliche Gesichtspunkte bei der Bemessung des Schmerzensgeldes“ und bestätigte das Urteil des LG Aurich BeckRS 2018, 40197 vollumfänglich. Vergleiche hierzu zudem auch KG → Nr. 3863].

Betrag: 800.000 € **Haftung: 100 %**
immVorb: – **MdE: 100 %**

OLG Oldenburg 18.3.2020 – 5 U 196/18 = BeckRS 2020, 5200

o) Sonstige Beinverletzungen

3526

Schienbeinverletzung, schwere

Mann. Kein weiteres Schmerzensgeld. Auf die dauerhafte Verjährungshemmung des § 852 BGB alte Fassung durch Anmeldung seiner Ansprüche beim Haftpflichtversicherer des Verursachers kann der Geschädigte sich nach Treu und Glauben nicht mehr berufen, wenn er, nachdem der Versicherer die letzte Zahlung geleistet hat, 15 Jahre lang nicht mehr auf die Angelegenheit zurückgekommen ist, so das OLG in seiner Begründung.

Betrag: – **Haftung: –**
immVorb: – **MdE: –**

OLG Celle 27.9.2005 – 14 U 59/05 = BeckRS 2005, 12504

3510

Blutergüsse / Hämatome an den Unterschenkeln und Oberschenkeln (Oberschenkelverletzung / Unterschenkelverletzung) mit Blutungen, die verbunden werden mussten.

Frau. [Anmerkung: Die Kl. forderte 2.000,- EUR, was das AG als „erheblich übersetzt“ zurückwies.].

Betrag: 250 € **Haftung: 75 %**
immVorb: – **MdE: –**

AG Köln 24.6.2005 – 263 C 579/04 = BeckRS 2005, 31163284

4712

Beinverletzung / Unterschenkelverletzung. (hier: Durchführung der Operation im Zusammenhang mit der „Entnahme einer Probe des Nervus suralis“ an einer dafür sehr ungeeigneten Stelle des Beines.)

Mann. MdE 4 Wochen 100 %. Arzthaftung. Behandlungsfehler. Durch die fehlerhafte Operation musste der Kläger vier Wochen Bettruhe halten und litt unter starken Schmerzen im Bereich der Operationsnarbe, die nach seinen Angaben nur mit schweren Schmerzmitteln (Tilidin) nur unzureichend hätten behandelt werden können. Er sei in seiner Aktivität im täglichen Leben für einen Zeitraum von weiteren circa zwei Monaten stark eingeschränkt gewesen.

Betrag: 2.500 € **Haftung: 100 %**
immVorb: – **MdE: –**

AG Borken 21.11.2012 – 15 C 203/11 = BeckRS 2013, 13966

236

Beinverletzung (hier: Kunstfehlerhaftes Verkennen einer Beinvenenthrombose und Unterlassen einer Phlebographie. Dadurch entstand eine Heilungsverzögerung des vorverletzten Beines, mit entsprechenden Schmerzen, zudem bestand kurzzeitig Lebensgefahr).

Arzthaftung („Der Bekl. hat fundamental notwendige Kontrollbefunde nicht erhoben, was gleichzeitig einen groben Behandlungsfehler darstellt"); Spätfolgen nicht ausgeschlossen.

Betrag: 3.579 € **Haftung: 100 %**
immVorb: – **MdE: –**

OLG Celle 29.6.1998 – 1 U 50/97 = BeckRS 1998, 153608

6682

Sklerosierungsbehandlungen bzw. Therapie von Krampfadern ohne Einwilligung und mit Komplikationen – wie unten näher beschrieben.

Mann. Arzthaftung im Zusammenhang mit einer Sklerosierungsbehandlung [= Therapie von Krampfadern], bei der „bei sämtlichen Sklerosierungsbehandlungen … eine wirksame Einwilligung des Kl. [fehlte], da zu keinem Zeitpunkt eine hinreichende Aufklärung des Kl. erfolgt war“. Die Sklerosierungsbehandlung führte zur Entstehung eines Abszesses, dessen Ausbildung mit starken Schmerzen verbunden war. Der weitere Heilungsverlauf des Kl. war mit Schmerzen und zahlreichen Arztbesuchen verbunden. So musste die im Rahmen der Behandlung durch den Bekl. gelegte Drainage später wieder entfernt werden. Bei der Bemessung berücksichtigte das OLG dies sowie, „dass der Kl. zwischenzeitlich im September 2019 erneut operiert wurde, wobei der anschließende Heilungsverlauf erneut von Beschwerden gekennzeichnet war“ sowie dessen „Angst vor einer erneuten Operation“.

Betrag: 4.000 € **Haftung: 100 %**
immVorb: Ja **MdE: –**

OLG Nürnberg 24.1.2020 – 5 U 964/19 = BeckRS 2020, 2838

1717

Oberschenkelverletzung Beinverletzung (hier: Oberschenkelverletzung und Unterschenkelverletzung in Form von „herausgerissenem Fleisch" mit unansehnlichen Narben).

Frau („junge Frau"). Sie wurde von Kampfhund [Bullterrier] des Beklagten angefallen. Dauerschaden: Entstellende Narben [vgl. Entstellungen] am Bein. Bei der Bemessung berücksichtigte das AG zum einen die schlechten Vermögensverhältnisse des Beklagten und zum anderen „das verantwortungslose Verhalten des Bekl. als Tierhalter". [Hundebiss].

Betrag: 4.090 € **Haftung: 100 %**
immVorb: – **MdE: –**

AG Bad Liebenwerda 12.3.1999 – 11 C 502/98 = BeckRS 9998, 16624

3787

Beinverletzung (offen blieb, ob es sich um eine Oberschenkelverletzung oder Unterschenkelverletzung handelte) in Form starker Schürfwunden mit dauernder Narbenbildung. Erhebliche Prellungen sowie Beschwerden im Bereich der unteren Lendenwirbelsäule.

18j. Frau. Dauerschaden: Narbenbildung an den Beinen, die die Klägerin in ihrem Selbstwertgefühl beeinträchtigen. Verkehrssicherungspflichtverletzung: Die Kl. stürzte in einen Kanalschacht, dessen Deckel eingebrochen war.

Betrag: 4.500 € **Haftung: 100 %**
immVorb: – **MdE: –**

OLG Stuttgart 29.4.2008 – 5 W 9/08 = BeckRS 2008, 10982

2953

Beinverletzung links, ohne nähere Angaben [Anmerkung: Das Urteil wurde lediglich wegen BGH-Leitsatz zum Thema Beschwer bei Antrag mit Mindestbetrag aufgenommen].

9j. Kind. [Keine Beschwer bei Angabe eines Mindestbetrages, den das LG zuspricht aber abweichend von Mitverschulden ausgeht; vgl. Beck'sche Schmerzensgeldtabelle 4. Aufl. S. 77 ff.]

Betrag: 5.113 € **Haftung: 100 %**
immVorb: – **MdE: –**

BGH 2.10.2001 – VI ZR 356/00 = BeckRS 2001, 9157

778

Beinverletzung / Oberschenkelverletzung (hier: Fisteln und Fettgewebsnekrosen mit verbleibenden Narben im Bereich des Oberschenkels).

Frau. Arzthaftung (hier: Behandlungsfehler: Nach einer Fettgewebsentfernung kam es zu den oben benannten Verletzungen mit bleibender Narbenbildung).

Betrag: 5.113 € **Haftung: 100 %**
immVorb: – **MdE: –**

OLG Düsseldorf 13.10.1997 – 8 U 102/96 = BeckRS 9998, 3076

4125

Beinverletzung / Verätzung, schwere (hier: Verätzung 3.Grades durchgehend bis auf das Muskelgewebe beider Beine im Bereich der Kniegelenke und Unterschenkel mit dauerhaft eingeschränkter Beweglichkeit).

Mann (Betriebswirt). 6 Wochen stationär und 7 Wochen Rehabilitation. Langwierige Heilbehandlung; sehr schmerzhaft! Mehrere Hauttransplantationen. Dauerschaden: Bewegungseinschränkungen bei Kniebeugen; Sensibilitätsstörungen an beiden Beinen; Erhebliche Narben. Ursache / Mitverschulden: Verarbeitung von Beton, den der Kläger ohne Schutzkleidung verarbeitete ohne dass er vom Beklagten auf dessen starke Verätzungsgefahr hingewiesen worden war.

Betrag: 6.000 € **Haftung: 66 %**
immVorb: – **MdE: –**

OLG Bamberg 26.10.2009 – 4 U 250/08 = BeckRS 2009, 29214

3507

Beinverletzung / Fußverletzung, die – ohne nähere Angaben – in der Urteilsveröffentlcihung als „schwer" bezeichnet wurden.

Mann. Vorschaden: beids. Spitzfuß. [Öffentlich-rechtlicher Schmerzensgeldanspruch gemäß § 839 BGB iVm Art. 34 GG wegen Streupflichtverletzung in Hessen].

Betrag: 7.500 € **Haftung: 100 %**
immVorb: Ja **MdE: –**

OLG Frankfurt a. M. 11.5.2005 – 1 U 209/04 = BeckRS 2005, 6531

6206

Beinvenenthrobose, die nicht erkannt worden war, wodurch es zu einer Leitveneninsuffizienz mit dauerhafter Beeinträchtigung des betroffenen Beins [nähere Angaben über Art und Umfang sind der Fundstelle nicht zu entnehmen] kam.

Frau. Stationäre Behandlung Arzthaftung (hier: Behandlungsfehler im Zusammenhang mit einer Knieverletzung infolge dessen es zu einer chronischen Veneninsuffizienz kam, da der Beklagte „offensichtlich nicht an die Diagnose Thromboseembolie gedacht hat"). Dauerschaden: „Sie leidet an einer chronischen Leitveneninsuffizienz, die sie in ihrer Lebensführung, insbesondere bei körperlichen Aktivitäten, einschränkt".

Betrag: 7.669 € **Haftung: 100 %**
immVorb: Ja **MdE: –**

OLG Oldenburg 25.11.1997 – 5 U 66/97 = VersR 1999, 318

2851

Beinverletzung (hier: Beinvenenthrombose, deren „rechtzeitige adäquate Behandlung" unterblieb mit der Folge, dass die Kl. auf Dauer Stützstrümpfe tragen und längerfristig „Marcumar"[= Medikament zur Blutverdünnung] nehmen muss.

Junge Frau. Arzthaftung: Grober Behandlungsfehler. Es kam zu Kollateralkreislauf mit verlängertem, strapaziösem Heilungsverlauf und postthrombotischem Syndrom. Dauerschaden.

Betrag: 10.226 € **Haftung: 100 %**
immVorb: Ja **MdE: –**

OLG Stuttgart 24.8.1999 – 14 U 11/99 = BeckRS 2000, 1720

2731

Beinverletzung (hier: „alkoholtoxische" Nervverletzung bzw. Nervschädigung als Folge einer kunstgerechten – aber bzgl. der Risiken nicht hinreichend zuvor Erläuterten – Sympathikusblockadeoperation.)

Frau. „Vor einer Sympathicusblockade … muss über das Risiko einer Dauerschädigung des … Nervengeflechtes aufgeklärt werden". Arzthaftung: Aufklärungspflichtverletzung.

Betrag: 10.256 € **Haftung: 100 %**
immVorb: Ja **MdE: –**

OLG Oldenburg 4.8.1998 – 5 U 66/98 = BeckRS 9998, 16994

5068

Beinverlängerungsoperation, erfolglose (hier: Beinverletzung in Form einer nicht erfolgreich verlaufenden Beinverlängerungsoperation. Infolgedessen verblieb es bei dem Zustand vor der Operation. Der Kläger litt jedoch während der ca. 3 1/2 Monate dauernden Behandlung unter starken Schmerzen und wurde deshalb zudem zunächst als Simulant bezeichnet).

26j. Mann. Arzthaftung / Aufklärungspflichtverletzung im Zusammenhang mit einer Beinverlängerungsoperation. Der unter einem sog. „Asperger-Syndrom", einer tiefgreifenden Entwicklungsstörung innerhalb des Autismusspektrums leidende Kläger wurde nicht über das aufklärungspflichtige Risiko einer Achsfehlstellung aufgeklärt. In der Folge wurde eine Zweitoperation erforderlich, die den ursprünglichen, vor der ersten Operation bestehenden Zustand wieder hergestellte. Dies ging jedoch mit einer Schmerzsymptomatik einher, „hinsichtlich derer objektivierbare Anhaltspunkte nicht bestehen", so das OLG. Bei der Bemessung argumentierte das OLG, dass der Kläger die – ursprünglich vorhandene und nun weiterhin bestehende – Beinlängendifferenz nicht schmerzensgelderhöhend heranziehen könne, da er selbst vortrug, er hätte die OP bei korrekter Aufklärung nicht durchführen lassen. [vgl. auch den ähnlichen Fall des OLG Hamburg unter der → Nr. 5069, auf welchen das OLG Brandenburg ausdrücklich Bezug genommen hatte.]

Betrag: 13.000 € **Haftung: 100 %**
immVorb: Ja **MdE: –**

OLG Brandenburg 26.11.2015 – 12 U 182/14 = BeckRS 2015, 19989

5069

Beinverlängerung links um 4,5 cm nach Hüftoperation mit Nervverletzung in Form einer schweren Schädigung des Nervus ischiadicus links.

39j. Mann. Arzthaftung in Form einer Aufklärungspflichtverletzung im Zusammenhang mit Hüftoperation (Implantation einer Druckscheibenendoprothese mit Schädigung des Nervus ischiadicus links). Es kam postoperativ zu Gefühllosigkeit im linken Fuß und zu Bewegungseinschränkung des linken Fußes. Dauerschaden: Beinverkürzung. ZUr Schmerzensgeldbemessung führte das OLG aus: „Zutreffend ist auch, dass bei der Bemessung des Schmerzensgeldes nicht außer Acht gelassen werden kann, dass der Kläger auch im Falle eines Abwartens mit der Operation starken körperlichen Einschränkungen und Beschwerden ausgesetzt gewesen wäre. Andererseits kann aber nicht außer Betracht bleiben, dass der Kläger durch einen zu einem späteren Zeitpunkt durchgeführten Eingriff mit eingeschränktem Beinlängenausgleich eine nennenswerte Verbesserung seines gesundheitlichen Zustandes hätte erreichen können, ohne dass mit diesem Eingriff eine Nervverletzung einhergegangen wäre" und bestätigte den bereits vom LG zuerkannten Betrag. [vgl. auch den ähnlichen Fall des OLG Brandenburg unter der → Nr. 5068]

Betrag: 15.000 € **Haftung: 100 %**
immVorb: Ja **MdE: –**

OLG Hamburg 5.8.2005 – 1 U 184/04 = BeckRS 2011, 17207

2570

Beinverletzung (hier: Osteomyelitis am linken Beim mit der Folge von Knochenmarkverpflanzung [Spongiosaplastik] und Weichteilnekrosen. Entstellende Narben; Beinverkürzung um 1,5 cm.)

Mann. Dauerschaden: Gehbehinderung. [Lesenswert: Zur Nachforderung nach Urteil. Rechtskräftiges Urteil: 1981. Auftreten der „unstreitig unerwarteten" Verschlimmerung: 1994.]

Betrag: 15.339 € **Haftung: 100 %**
immVorb: – **MdE: –**

OLG München 8.5.1998 – 10 U 4856/97 = BeckRS 9998, 39937

2511

Beinverletzung, schwere (hier: Subcutanes Decollement mit großem Weichteildefekt ohne knöcherne Verletzungen. Amputationsgefahr, die jjedoch durch mehrere Operationen [mit Hauttransplantationen vom anderen Bein] abgewandt werden konnte).

27j. Frau. Knapp 10 Monate stationär; mehrere Operationen und Transplantationen. Dauerschaden: Bewegungseinschränkungen am Knie und Fuß sowie entstellende Narben. [Bein unter LKW]

Betrag: 15.339 € **Haftung: 100 %**
immVorb: Ja **MdE: –**

OLG Hamm 23.3.1998 – 6 U 210/97 = BeckRS 9998, 15795

5125

Beinverletzung / Fußverletzung, schwere … / Nervverletzung als Folge einer operativen Verletzung (während einer Hüftprothesen-Auswechseloperation) des Nervus ischiadicus, der motorisch die Knieflexorengruppe der Oberschenkelmuskulatur und zudem mit seinen beiden Hauptästen ab der Kniekehle motorisch und sensibel Unterschenkel und Fuß versorgt. Die Verletzung führte zu einer Fußheberschwäche, einer Beinlängenverkürzung und einer Dislokation des künstlichen Hüftgelenks.

Frau. Arzthaftung wegen Aufklärungspflichtverletzung im Zusammenhang mit einer Hüftprothesenoperation. Der Arzt hatte die Wahrscheinlichkeit der Nervschädigung verharmlosend angegeben. Dauerschaden: Gehbehinderung infolge einer Teillähmung des Beines mit Fußheberschwäche. [vgl. auch LG Freiburg BeckRS 2017,

103344, → Nr. 5307 zur fehlerhaften Prothese / fehlerhaften Hüftgelenksprothese]

Betrag: 25.000 € **Haftung: 100 %**
immVorb: Ja **MdE: –**

OLG Nürnberg 30.4.2015 – 5 U 2282/13 = BeckRS 2015, 9105

4696

Osteotomie im Bereich des rechten Unterschenkel.

57j. Mann. Knapp 50 Tage stationär. Arzthaftung: Aufklärungspflichtverletzung im Zusammenhang mit einer Osteotomie (= chirurgisches Operationsverfahren, bei welchem Knochen gezielt durchtrennt und zur Korrektur einer Fehlstellung anschließend – korrekt – wieder zusammengefügt werden); es kam zu Komplikationen, durch die die Heilbehandlung verzögert wurde.

Betrag: 25.000 € **Haftung: 100 %**
immVorb: – **MdE: –**

OLG Karlsruhe 21.6.2013 – 13 U 9/12 = BeckRS 2013, 200731

4217

Beinfrakturen (hier: Undifferenzierte Angabe von multiplen Beinfrakturen – vermutlich Oberschenkelfraktur und Unterschenkelfraktur – mit Hüftgelenkverletzung, Kniegelenkverletzung und Sprunggelenkverletzung). Zudem erlitt der Kläger eine Schulterverletzung mit dauerhafter Bewegungsbeeinträchtigung sowie eine Brustkorbverletzung.

Mann. Stationäre Heilbehandlung mit mehreren Operationen. Dauerschaden: Erhebliche Gehbehinderung mit der Notwendigkeit des Einsatzes von Gehstützen sowie Bewegungsbeeinträchtigungen der Hüftgelenke, Kniegelenke sowie Sprunggelenke sowie im rechten Schultergelenk. Ursache: Motorradunfall.

Betrag: 25.000 € **Haftung: 50 %**
immVorb: Ja **MdE: –**

LG Duisburg 6.4.2009 – 3 O 10/07 = BeckRS 2011, 7374

4663

Fußfraktur (hier: Fersenfraktur) links mit Knicksenfußbildung und Belastungsbeeinträchtigungen auf Dauer sowie Vorfußfraktur rechts. Zudem erlitt der Kläger eine Oberschenkelfraktur und Unterschenkelfarktur, jeweils rechts sowie „kleinere oberflächliche Verletzungen".

23j. Mann (Gas- und Wasserinstallateur). 3 Wochen stationär; Operation der Fernsenfraktur mit einem sog. „Verriegelungsnagel". Dauerschaden: Irreparabler Schaden am linken Fußgelenk mit einer MdE 50 % als Installateur; ansonsten 30 %. der Kläger arbeitet inzwischen als Lagerarbeiter. „Bei der Bemessung der Schmerzensgeldhöhe ist für das Gericht ein ganz wichtiger Faktor, dass der noch junge Kläger Zeit seines Lebens eine erhebliche körperliche Beeinträchtigung haben wird", so das LG in seiner Urteilsbegründung.

Betrag: 32.000 € **Haftung: 100 %**
immVorb: – **MdE: 50 %**

LG Augsburg 25.7.2012 – 11 O 314/11 = unveröffentlicht

5738

Beinverletzung, schwere (hier: Verletzung des linken Beines mit Luxation der linken Hüfte und Acetabulumfraktur, Oberschenkelfraktur, traumatischer Kniegelenksöffnung mit Patellaluxation und Abriß der Patellasehne sowie KnorpelFlake-Fracture laterale Oberschenkelrolle, drittgradig offenem Schienbeinstückbruch mit Knochendefekt sowie distaler Wadenbeinfraktur).

Mann (junger Mann / Lehrling im ersten Lehrjahr). 18 Wochen stationär mit zahlreichen Operationen und insgesamt 5 Aufenthalten. Langwierige Heilbehandlung, die sich über insgesamt 3 Jahre erstreckte. Dauerschaden: Bewegungseinschränkungen und Belastungsminderung, die bei sportlichen Aktivitäten zu 80 % und bei normalem Körpereinsatz zu 50 % besteht. Erhebliche Narbenbildung, die weit über das übliche Maß hinausgeht.

Betrag: 35.790 € **Haftung: 100 %**
immVorb: Ja **MdE: 30 %**

LG Kleve 3.7.1998 – 1 O 47/98 = BeckRS 2006, 14133

6252

Oberschenkelverletzung / Nervverletzung (hier: Oberschenkelnervverletzung des Nervus ischiadicus und einer Unterschenkelnervverletzung des Nervus tibialis mit der Folge einer kompletten Fußheberlähmung bzw. Fußheberparese einschließlich einer Zehenheberparese sowie eine Fußsenkerparese).

Mann (Sportlehrer). Arzthaftung (hier: Aufklärungspflichtverletzung und Behandlungsfehler im Zusammenhang mit einer Hüftgelenksoperation). Dauerschaden: Erhebliche Funktioneinschränkung des rechten Beins. „Normales Stehen und Gehen sowie die Betreibung von Sport sind dem Kläger seit der Verletzung des Nerven unstreitig nicht mehr möglich", so das OLG.

Betrag: 40.000 € **Haftung: 100 %**
immVorb: Ja **MdE: –**

OLG Jena 23.7.2015 – 4 U 18/14 = BeckRS 2015, 115444

4361

Querschnittslähmungsähnliche Verletzung (hier: Lähmung beider Beine sowie Mastdarm- und Blasenlähmung nach nicht erkanntem Epiduralabszess).

61j. Mann. Langwierige Heilbehandlung mit fast 4 monatiger Reha. Arzthaftung (hier: Diagnosefehler und Behandlungsfehler im Rahmen einer Rückenbehandlung.) Dauerschaden: Gehbehinderung sowie Mastdarm- und Blasenlähmung. Psychische Beeinträchtigungen. Pflegefall.

Betrag: 50.000 € **Haftung: 100 %**
immVorb: – **MdE: –**
Rente: 150 €

OLG Düsseldorf 10.4.2003 – 8 U 38/02 = BeckRS 2003, 6573

4966

Knieverletzung mit Kniebänderriss (hier: o.Kniescheibentrümmerfraktur rechts mit Kreuzbandruptur sowohl des vorderen als auch des hinteren Kreuzbandes, Außenbandüberdehnung), tiefreichende Beinvenenthrombose mit – siehe Einzelheiten – langwierigem Heilbehandlungserfordernis, Sprunggelenkfraktur vom Typ Weber-B sowie diverse Prellungen und Blutergüsse und posttraumatische Depression.

27j. Frau. Stationäre Behandlung. 3 Operationen. Ambulante Heilbehandlung / Langwierige Heilbehandlung mit dem Erfordernis Kompressionsstrümpfe zu tragen und Blutgerinnungshemmer einzunehmen. Das KG berücksichtigte deutlich schmerzensgelderhöhung die posttraumatischen psychischen Beeinträchtigungen, die als Depression jedoch nicht als posttraumatische Belastungsstörung eingestuft wurden.

Betrag: 55.000 € **Haftung: 100 %**
immVorb: Ja **MdE: –**

KG 21.11.2013 – 22 U 270/12 = BeckRS 2013, 200844

2777

Osteomyelitis, deren Folgeschnerzen zunächst verkannt und als „Durstfieber" und „starke Blähungen" abgetan wurden. Später kam es dann zu „Wachstumsstörung im Oberschenkelbereich" mit Beinverkürzung von 4 cm und Muskelverschmächtigung.

Kleinkind. Mehrere Operationen. Arzthaftung (hier: gravierender Diagnosefehler). Dauerschaden: Gehbehinderung und kein Sport. Erhöhend: Lebensqualitätsverlust der Eltern wegen der Behinderung des Kindes bewertet! Hierzu führte das OLG aus: „Einbußen an ihrer Freizeit, die die Eltern eines gesundheitlich dauerhaft geschädigten Kindes deshalb erleiden, weil das Kind laufend ärztlich und krankengymnastisch betreut werden muss, sind nicht als Vermögensschäden zu ersetzen. Wohl aber ist der mit derartigen Einbußen zwangsläufig verbundene Verlust an Normalität des Familienlebens, insbesondere an fruchtbarer elterlicher Zuwendung, in der Bemessung des Schmerzensgeldes zugunsten des geschädigten Kindes zu berücksichtigen".

Betrag: 76.694 € **Haftung: 100 %**
immVorb: Ja **MdE: –**

OLG Frankfurt a. M. 21.5.1999 – 24 U 150/97 = VersR 2000, 607

4357

Beinverletzung (hier: Beinfunktionsbeeinträchtigung, erhebliche nach Wirbelkörperfraktur mit Nervwurzelverletzung im Bereich der Wirbelsäule).

25j. Mann. Arzthaftung (hier: Behandlungsfehler nach Bandscheinoperation) Dauerschaden: Taubheitsgefühl im linken Ober- und Unterschenkel und im rechten Oberschenkel. Kein längeres Sitzen und kein Heben von mehr als 10 KG möglich. Regelmäßige Krankengymnastik ist dauerhaft erforderlich. Der Kläger kann – sofern er überhaupt eine Arbeit findet – nur noch sehr eingeschränkt beruflich eingesetzt werden.).

Betrag: 80.000 € **Haftung: 100 %**
immVorb: – **MdE: –**

LG Bielefeld 15.4.2008 – 4 O 163/07 = BeckRS 2008, 12750

4355

Querschnittlähmungsähnliche beids.Beinlähmung nach postoperativem sogenannten Cauda-equina-Syndrom [= Verletzung der Nervwurzelbündel im Bereich der Lendenwirbelsäule].

55j. Frau (Krankenschwester). Arzthaftung (hier: Diagnosefehler im Rahmen einer Rückenoperation). Dauerschaden: Rollstuhlgebundenheit; Mastdarm- und Blasenlähmung. Pflegefall. Berufsunfähigkeit als Krankenschwester. Erhebliche Beeinträchtigung des gesamten Privatlebens!

Betrag: 100.000 € **Haftung: 100 %**
immVorb: – **MdE: 100 %**

OLG Hamm 19.11.2007 – 3 U 83/07 = BeckRS 2007, 65496

7864

Polyneuropathie und Organverletzungen (Lunge und Leber) als Folge einer Chemotherapie nach nicht erkanntem Melanom

38j. Frau. Mehrere stationäre Aufenthalte. Arzthaftung im Zusammenhang der Hautkrebsfrüherkennung. Der Hautarzt hatte dabei in zwei Hautscreenings – einmal durchgeführt im Jahr 2010 und anschließend erneut in 2012 ein – inzwischen „veränderten" Melanoms im Bereich hinter dem Ohr der Klägerin nicht als solches erkannt, so dass sich die Krebserkrankung im Körper des Klägers in Form von Metastasen in den Knochen und Organen, insbesondere in der Leber und Lunge ausbreiten konnte. Es folgte eine umfassende Chemotherapie sowie nachfolgend eine Steroidtherapie. Dauerschaden: Pflegebedürftigkeit, Berufsunfähigkeit sowie Gehbehinderung nach Polyneuropathie als Folge der Chemotherapie. Bei der Schmerzensgeldbemessung berücksichtigte das LG die – bezogen auf die zweite Untersuchung – grob behandlungsfehlerhafte Untersuchung sowie dass die Klägerin nach den Ausführungen des vom Gericht hinzugezogenen Gutachters mit einer Wahrscheinlichkeit von 10 % die eingetretenen schweren Dauerschäden nicht hätte erleiden müssen, wenn die beiden Screenings fehlerfrei erfolgt wären.

Betrag: 120.000 € **Haftung: 100 %**
immVorb: Ja **MdE: 100 %**

LG Köln 7.3.2023 – 3 O 125/20 = BeckRS 2023, 44804

5202

Beinverletzung, schwere (Hier: Nervverletzung in Form einer Verletzung des Nervus Ischiadikus sowie des Nervus femoralis mit linksseitiger Oberschenkellähmung und Fußlähmung sowie leichte Hüftstreckerlähmung sowie Gefühlsstörungen im Bereich des Gesäßes aufgrund von Narbenbildung. Zudem Mastdarm- und Blasenlähmung mit Harninkontinenz und Stuhlinkontinenz; der Stuhl wird über einen künstlichen Darmausgang abgeleitet.)

57j. Frau. Arzthaftung (hier: Aufklärungspflichtverletzung und grober Behandlungsfehler: Aufgrund von Fieberschüben wandte sich die mehrfach vorgeschädigte Klägerin an den Beklagten. Dieser stellte aufgrund einer Computertomographie die Verdachtsdiagnose „Konglomeratartige Veränderungen im Becken mehr dorsal und links, hier möglicherweise mit Fistelung und abgekapselten Flüssigkeitsarealen". Anschließend nahm er sodann eine Feinnadelpunktion dieses Flüssigkeitsareals vor. Es ließ sich blutigseriöse Flüssigkeit mit einzelnen Fragmenten aspirieren. Anschließend erfolgte eine Füllung der Höhle mittels Kontrastmittel. Dabei zeigte sich ein gekammerter Prozess. Sodann spülte der Beklagte die Höhle mit 3,95 ml medizinischem Alkohol. Die Klägerin wurde über die Risiken der Applikation des Alkohols nicht aufgeklärt. Sie hatte allerdings einen Aufklärungsbogen über die Punktion von Gewebe oder Organen unterschrieben. Unmittelbar nach der Alkoholinstillation kam es zu ausgeprägten Schmerzzuständen im linken Bein der Klägerin mit fast vollständiger linksseitiger Parese des Beines sowie weiteren Dauerfolgen). Dauerschaden: Fußlähmung, Oberschenkelmuskellähmung, vollständige Stuhl- und Harninkontinenz. Vorschaden: Gravierende arteriellen Verschlusskrankheit; ohne diese hätte das OLG das Schmerzensgeld auf 150.000 EUR angesetzt, wäre jedoch – nach eigenem Hinweis – dennoch unter den von der Klägerin geforderten 230.000 EUR geblieben, die es als „übersetzt" bezeichnete. [Anmerkung: Das OLG wies bezüglich des von der Klägerin vergleichsweise zitierten Urteils des OLG Frankfurt a. M. → Nr. 4262 darauf hin, dass dort der Kläger erst 32 Jahre jung gewesen sei und bewertete damit das um 25 Jahre höhere Alter der Klägerin als schmerzensgeldmindernd, ohne dies näher zu begründen. Zu dieser Thematik vergleiche Beck'sche Schmerzensgeldtabelle, Kommentarteil Kapitel IV. 1. c mit zahlreichen Hinweisen.]

Betrag: 130.000 € **Haftung: 100 %**
immVorb: Ja **MdE: –**

OLG Koblenz 22.4.2015 – 5 U 1292/14 = BeckRS 2016, 12068

12. Sprunggelenke und Füße

a) Fußgelenk- bzw. Sprunggelenkverletzungen

7525

Fußverletzung / Sprunggelenksverletzung (hier: Sprunggelenkbänderriss und Außenbandriss).

Frau. Stationäre Behandlung. MdE 90 Tage 100 % und wurde ebenso lang physiotherapeutische Behandlung. Kein Schmerzensgeld wegen überwiegendem Mitverschulden. [Anmerkung: Keine Verkehrssicherungspflichtverletzung eines Golfplatzbetreibers, wenn eine Golfspielerin – die bereits seit fünf Jahren Mitglied im Golfclub der Beklagten war – zwischen zwei Löchern auf einem abfälligen Bereich des Golfplatzes wegen möglicher Weise dort vorhandener Grasreste ausrutscht und sich verletzt. Denn – so das LG – habe sich in dem Unfallereignis eine mit dem üblichen Risiko der Benutzung der Golfanlage verbundene Gefahr realisiert, auf die sich die Klägerin einzustellen hatte und zudem entfiele – selbst wenn man dem Betreiber des Golfplatzes eine Haftung unterstellen würde – diese Haftung „wegen eines weit überwiegenden Mitverschuldens der Klägerin, aufgrund der vorgenannten Außerachtlassung der hier erforderlichen Sorgfalt in eigenen Angelegenheiten", da sie – als sie mit ihrem Golftrolley die abfällige Stelle hinunterfuhr – selbst nicht sorgfältig genug gehandelt habe. Daher stehe ihr kein Anspruch auf Schadensersatz und auch kein Schmerzensgeld zu.

Betrag: – **Haftung: –**
immVorb: – **MdE: –**

LG München I 10.12.2024 – 13 O 7261/24 = BeckRS 2024, 37571

5287

Sprunggelenksdistorsion und Rippenprellung.

Frau. Kein Schmerzensgeldanspruch aus Verkehrssicherungspflichtverletzung, wenn in einem Supermarkt eine zerbrochene Flasche umgehend entfernt und die ausgelaufene Flüssigkeit beseitigt wird. Laut AG war der Supermarkt auch nicht verpflichtet, Warnschilder aufzustellen.

Betrag: – **Haftung: –**
immVorb: – **MdE: –**

AG München 27.1.2016 – 158 C 21362/15 = BeckRS 2016, 136732

7506

Sprunggelenksverletzung (hier: Sprunggelenkbänderriß in Form einer partiellen Außenbandruptur des linken Sprunggelenkes nebst Supinationstrauma) sowie Knieverletzung in Form einer Kniescheibenverletzung durch knöcherne Absprengung der ventralen rechten Patella mit Kniegelenkkontusion rechts; zudem erlitt die Kl. eine Ellenbogenkontusion.

Frau. [Ursache: Sturz beim Umherlaufen auf einem Kreuzfahrtschiff bei völliger Dunkelheit. „Wer wie die Klägerin sich in einem ihm mehr oder wenigen unbekannten Bereich bewegt, ohne dass er etwas erkennen kann, haftet für die daraus entstehenden Unfallfolgen allein deshalb, weil er sich bewusst dieser Gefahr aussetzte", so das AG, das deshalb die Pflichtverletzung des Reiseveranstalters hinter dem Eigenverschulden der Reisenden zurücktreten sah, weil sich diese bewusst der Gefahr des Spazierengehens auf einem „stockdunklen" Deck aussetzt. Lesenswert dazu auch DAR 2024, 709].

Betrag: – **Haftung: –**
immVorb: – **MdE: –**

AG Rostock 9.7.2014 – 47 C 58/14 = BeckRS 2014, 23177

5436

Sprunggelenkverletzung, leichte (hier: Sprunggelenksdistorsion, lkeichte).

Mann. MdE 8 Tage 100 %. Für die Dauer von ca. 6 Wochen musste zudem eine Orthese bzw. ein Stützverband getragen werden.

Betrag: 400 € **Haftung: 100 %**
immVorb: – **MdE: –**

AG Frankenthal 29.9.2016 – 3a C 176/15 = BeckRS 2016, 21041

6892

Fußverletzung / Sprunggelenksverletzung durch Umknicken auf einer Gehwegunebenheit mit daraus resultierender „Kapselaussenbandruptur OSG".

Frau. Ambulante Behandlung, in deren Zusammenhang der Kl. für 6 Wochen das Tragen eines speziellen Schuhs sowie für die Dauer von 1 Woche das Vermeiden schweren Tragens verordnet worden war. [Ursache: Verkehrssicherungspflichtverletzung in Form einer 4 cm hohen Kante eines Kabelgrabens auf einem Gehweg].

Betrag: 600 € **Haftung: 60 %**
immVorb: – **MdE: –**

OLG Hamm 17.6.2020 – 11 U 108/19 = BeckRS 2020, 39522

6971

Sprunggelenksverletzung / Fußverletzung (hier: Kapselaussenbandruptur am oberen Sprunggelenk)

Frau. Ambulante Heilbehandlung. 6 Wochen musste sie einen speziellen Schuh tragen; zudem wurde ihr für die Dauer von einer Woche das Vermeiden schweren Tragens verordnet. [Ursache: Verkehrssicherungspflichtverletzung durch einen bei Bauarbeiten entstandenen Kabelgraben in einem asphaltierten Gehweg, der lediglich mit Sand und Schotter verfüllt worden war und wo sich im verfüllten Bereich eine in Gehrichtung verlaufende 4 cm hohe Kante gebildet hatte].

Betrag: 600 € **Haftung: 60 %**
immVorb: – **MdE: –**

OLG Hamm 17.6.2020 – 11 U 108/19 = BeckRS 2020, 39522

5794

Sprunggelenkdistorsion rechts sowie multiple Prellungen (hier: Rückenprellung, Beckenprellung, Unterschenkelprellungen beidseitig, Prellungen des Kreuzdarmbeins).

Frau. Ambulante Behandlung. MdE 7 Tage 100 % und weitere 7 Tage 30 % sowie 14 Tage 10 %.

Betrag: 700 € **Haftung: 70 %**
immVorb: – **MdE: –**

AG Solingen 22.4.2008 – 13 C 93/07 = BeckRS 2008, 139887

2800

Sprunggelenkverletzung / Fußverletzung (hier: „mehrfacher Bänderriss").

Frau (ca. 20 – 30 Jahre; Hausfrau / Friseurin); ambulante Behandlung: MdE 5 Wochen 100 %; 7 Wochen Liegegips, Krücken. 4 Wochen orthopädische Schuhe. Verkehrssicherungspflichtverl.

Betrag: 895 € **Haftung: 30 %**
immVorb: – **MdE: –**

LG Hamburg 16.1.1998 – 312 O 239/97 = unveröffentlicht

4677

Sprunggelenkverletzung (Hier: Sprunggelenkdistorsion), Daumenfraktur sowie Prellungen (Hier: Bauchprellung, Hüftprellung und Unterschenkelprellung).

13j. Kind (Mädchen). 2 Tage stationär. MdE 30 Tage 100 %, in dieser Zeit musste die Schülerin zur Entlastung des verletzten Sprunggelenks an Unterarmgehstützen gehen. Die unfallbedingte Vereitelung ihrer aktiven Teilnahme an einer Sportveranstaltung (hier: Eiskunstlauf) berücksichtigte das Gericht schmerzensgelderhöhend. (Anmerkung: Vgl. zum Thema der Beeinträchtigungen beim Sport auch → Rn. 41 f.]

Betrag: 1.000 € **Haftung: 50 %**
immVorb: – **MdE: –**

AG Halle (Saale) 24.1.2013 – 93 C 4615/11 = unveröffentlicht

4533

Fußverletzung (hier: Sprunggelenkdistorsion im oberen Sprunggelenk und Bänderverletzung des inneren Seitenbandes am Fuß) sowie Knieverletzung / Kniegelenkdistorsion und HWS-Syndrom.

Mann (Außendienstmitarbeiter). Ambulante Heilbehandlung. MdE 1 Monat 100 %.

Betrag: 1.000 € **Haftung: 100 %**
immVorb: – **MdE: –**

LG Frankfurt (Oder) 15.12.2011 – 19 S 14/10 = BeckRS 2013, 2377

5805

Sprunggelenkverletzung (hier: Sprunggelenkdistorsion des rechten oberen Sprunggelenks mit Außenbandzerrung) und multiple Prellungen.

Mann. Ambulante Heilbehandlung. MdE 5 Tage 100 %, 14 Tage 60 % sowie weitere 14 Tage zu 20 %. Der Kläger musste für die Dauer von drei Wochen an Krücken / Gehilfen gehen.

Betrag: 1.023 € **Haftung: 100 %**
immVorb: – **MdE: –**

AG Lahnstein 31.3.1998 – 2 C 44/98 = BeckRS 2008, 22734

2957

Sprunggelenkverletzung (hier: Sprunggelenkdistorsion rechts); Unterschenkelverletzunge (hier: zahlreiche Prellungen und Schürfungen),

Mann. Nach 14 Tagen „nur noch geringe Restbeschwerden"; komplikationsloser Heilungsverlauf.

Betrag: 1.023 € **Haftung: 100 %**
immVorb: – **MdE: –**

LG Aurich 4.7.1997 – 4 S 185/97 = unveröffentlicht

7385

Sprunggelenkverletzung (hier: Sprunggelenkdistorsion des oberen Sprunggelenks rechts mit erheblichen Schmerzen und Bewegungseinschränkungen).

Frau (Außendienstmitarbeiterin). Ambulante Heilbehandlung. „Der Fuß wurde zunächst mit einer Schiene ruhiggestellt, sodann für zwei Wochen mit einem Gips-Verband. Sechs Wochen lang konnte die Klägerin nur mit Krücken gehen", so das OLG. MdE 31 Tage 100 %. Jedoch ließen Schmerzen und Bewegungseinschränkungen erst weitere zwei Monate später soweit nach, dass die Kl. den Fuß wieder vollständig normal belasten konnte. [Ursache: Verkehrssicherungspflichtverletzung: Sturz wegen Nässe im Supermarkt vor der Damentoilette].

Betrag: 1.500 € **Haftung: 100 %**
immVorb: – **MdE: –**

OLG Karlsruhe 11.5.2021 – 9 U 62/19 = BeckRS 2021, 19549

3860

Sprunggelenkverletzung sowie Prellungen (Unterschenkelprellung und Rippenprellungen).

Frau (Gastronomieaushilfsarbeiterin). 3 Tage stationär. Operation der Sprunggelenkverletzung. 3 Wochen mussten Gehhilfen (Krücken) verwandt werden. MdE 6 Wochen 100 % sowie 2 weitere Wochen 20 %.

Betrag: 1.500 € **Haftung: 100 %**
immVorb: – **MdE: –**

AG Hamburg 21.2.2008 – 50 C 367/07 = unveröffentlicht

2606

Sprunggelenkverletzung / Fußverletzung / Bänderverletzung (hier: „massiver" Bluterguss im gesunden Fußbereich, zudem Außenbandruptur mit „deutlichem Schubladeneffekt" im linken Sprunggelenk.)

Frau. MdE 1 Monat 100 %. Schubladeneffekt im Sprunggelenk. 14 Tage Unterschenkelgips-Longette. Weitere 8 Wochen Airca.st-Schiene, derweilen Gehen nur mit Krücken möglich.

Betrag: 2.556 € **Haftung: 100 %**
immVorb: – **MdE: –**

AG Stralsund 2.10.1997 – 1 C 1678/96 = unveröffentlicht

7732

Sprunggelenkverletzung in Form einer Bänderverletzung (hier: Syndesmoseruptur bzw. Syndesmosebandriss zwischen Schien- und Wadenbein im Bereich des oberen Sprunggelenks); zudem erlitt der Kläger eine Handfraktur (hier: Kahnbeinfraktur).

Mann. 8 Tage stationär. Operation in Gestalt einer offenen Revision der vorderen Syndesmose mit Naht und Sicherung durch eine Stellschraube. Anschließend musste der Kläger für die Dauer von drei Wochen einen VACOped-

Stiefel tragen. Nach 13 Monaten wurde die Stellschraube entfernt.

Betrag: 4.000 € **Haftung: 100 %**
immVorb: Ja **MdE: –**

LG Köln 25.4.2024 – 30 O 150/21 = BeckRS 2024, 49402

7321

Sprunggelenkverletzung bzw. Sprunggelenkbänderriss / Fußverletzung (hier: „Ruptur des Ligamentum fibulotalare anterior und zumindest eine deutliche Teilläsion des Ligamentum fibulokalkaneare" bzw. Sprunggelenkaußenbandriss des oberen Sprunggelenks sowie eine Gewebeschädigung eines weiteren Außenbandes des oberen Sprunggelenks) und eine „mediale Kontusion mit Verdacht auf fissurale Läsion im Bereich des Talus" bzw. eine Prellung und Gewerbeschädigung im Bereich des Übergangs des Unterschenkelknochens zum Fuß

Frau. MdE 195 Tage 100 %. Dauerschaden: Es verblieb „eine gewisse Bewegungseinschränkung" und eine teilweise Versteifung des Fußes. Dies wurde auch, so das OLG, bestätigt durch die Diagnose „chronischer Sprunggelenkschmerzen rechts nach Distorsionstrauma vom Oktober 2019 mit erheblicher Bewegungseinschränkung findet und als Lokalbefund eine deutliche Schwellung des oberen Gelenkabschnittes und eine deutliche Einschränkung der Beweglichkeit des Sprunggelenks sowie und eine aktuelle MdE mit 10 % angegeben wird." Arthrosegefahr bzw. „Möglichkeit eines frühzeitigen Gelenksverschleißes und … insoweit bestehende ungünstige Prognose". Bei der Bemessung orientierte sich das OLG an der Entscheidung des OLG Frankfurt a.M. → Nr. 3997 und berücksichtigte dabei auch den der Klägerin entstandenen Dauerschaden und die ihr verbliebene Schmerzproblematik sowie auch, dass die Kl. verletzungsbedingt ihren Urlaub nicht genießen konnte (Urlaubsbeeinträchtigung); siehe hierzu im Handbuch → Rn. 44. [Ursache: Verkehrssicherungspflichtverletzung durch eine scharfkantige Aussparung auf einem innerstädtischen Gehweg].

Betrag: 4.500 € **Haftung: 50 %**
immVorb: Ja **MdE: –**

OLG Hamm 1.3.2023 – 11 U 73/22 = BeckRS 2023, 9882

7731

Sprunggelenkverletzung mit Bänderverletzung (hier: traumatische Schädigung des linken Sprunggelenks mit Gelenkknorpelschädigung bzw. Knorpelläsion im Bereich der lateralen Talusschulter am Außenknöchel). Zudem erlitt der Kläger ein Hochrasanztrauma mit Kontusion im Bauch (= Bauchquetschung aufgrund der Einwirkung hoher negativer Beschleunigungswerte auf den Bauch des Klägers) sowie eine Schulterprellung.

Mann. 5 Tage stationär mit intensivmedizinischer Behandlung. Anschließend ambulante hausärztlich-orthopädische Weiterbehandlung. Der Kläger trug – so das LG in seiner Urteilsbegründung zur Schmerzensgeldbemessung – „über einen unbekannten Zeitraum einen VACOped-Stiefel und unterzog sich verschiedentlich physiotherapeutischen und Lymphdrainage-Behandlungen." MdE 90 Tage 100 % und insgesamt „über 15 Monate andauernde unfallbedingte Arbeitsunfähigkeit". Bei der Schmerzensgeldbemessung berücksichtigte das LG dies, sowie „die diagnostizierte Gelenkknorpelschädigung …" und die „hieraus resultierenden … belastungsabhängigen Einschränkungen wie Druckgefühle, Schwellungen und stechende Schmerzen." Die KH-Versicherung hatte vorgerichtlich 2.000 EUR geleistet; das LG sah „ein Teilschmerzensgeld von insgesamt 5.000 EUR für angemessen, aber auch ausreichend" … „um die unfallbedingt aufgetretenen physischen Belastungen des Klägers auszugleichen".

Betrag: 5.000 € **Haftung: 100 %**
immVorb: Ja **MdE: –**

LG Ansbach 5.5.2025 – 2 O 1297/21 = BeckRS 2025, 22372

5367

Sprunggelenkverletzung (hier: Sprunggelenkversteifung nach Pseudoarthrose).

Mann. Arzthaftung (hier: Aufklärungspflichtverletzung im Zusammenhang mit einer Sprunggelenkversteifung; der Kläger war nicht über das „bis zu 14 %ige" Risiko einer Pseudoarthrose aufgeklärt worden). „Ausgehend von einer Aufklärungspflichtverletzung ist bei dem Kläger am 18.4.2013 eine rechtswidrige operative Maßnahme vorgenommen worden, die mit Schmerzen und der aufgetretenen Risikoverwirklichung der Pseudoarthrose verbunden war", so das OLG.

Betrag: 6.000 € **Haftung: 100 %**
immVorb: Ja **MdE: –**

OLG Hamm 8.7.2016 – 26 U 203/15 = BeckRS 2016, 15297

7387

Sprunggelenksverletzungen (hier: Zweifache Sprunggelenkluxationsfraktur des linken oberen Sprunggelenks).

27j. Frau (Studentin). 12 Tage stationär. Operation mit Metallimplantat. Später ambulante OP zur Metallimplantatentfernung. Ambulante Physiotherapie und Lymphdrainagen. Möglicher Dauerschaden: Belastungseinschränkung insbesondere beim Treppensteigen sowie erhöhte Arthrosegefahr. Bei der Schmerzensgeldbemessung hatte es – so das OLG – „keine Rolle gespielt", dass die Klägerin ihr Studium für ein Semester unterbrechen musste. [Verkehrssicherungspflichtverletzung beim Besuch eines sog. Kletterwalds – ungepolsterte Landeplattform].

Betrag: 6.500 € **Haftung: 100 %**
immVorb: – **MdE: –**

OLG Köln 12.1.2017 – 19 U 125/16 = BeckRS 2017, 131316

7447

Sprunggelenksverletzung in Form einer Absprengung der vorderen Schienbeinkante und einer schweren Sprunggelenksverstauchung. Zudem erlitt er eine Prellung und Hautabschürfung am linken Fußrücken, am linken Knie sowie unterhalb des Fußinnenknöchels links und schließlich eine Verstauchung des Mittelgelenks am dritten Finger rechts mit einer Läsion des Kapselbandapparats.

Mann. Ambulante Heilbehandlung. Zwei Tage starke, zwei Wochen mittlere und fünf Wochen leichte Schmerzen. Ein Behandlungs- und Heilungsendzustand liegen vor; relevante Dauerfolgen sind, so der OGH, nicht eingetreten.

Betrag: 6.900 € **Haftung: 100 %**
immVorb: – **MdE: –**

OGH Österreich 26.6.2008 – 2 Ob 40/08 = BeckRS 2008, 150124

3997

Sprunggelenkverletzung / Fußverletzung mit Schleimbeutelentzündung und Sehnenverhärtung nach Innenknöchelausriss.

47j. Mann. MdE 6 Wochen 100 % sowie weitere 3 Wochen zu 60 %. Dauerschaden: Bewegungsbeeinträchtigung des oberen und unteren Sprunggelenks.

Betrag: 7.500 € **Haftung: 100 %**
immVorb: Ja **MdE: 10 %**

OLG Frankfurt a. M. 19.8.2009 – 7 U 23/08 = BeckRS 2009, 23845

5312

Sprunggelenkverletzung (hier: Operation am Sprunggelenk, die jedoch nicht indiziert war. Die Klägerin hätte – so das OLG – dieser „gar nicht oder viel später unterzogen".)

38j. Frau. 10 Tage stationär. Schmerzhafte Operation. Die Mobilisation dauerte weitere 6 Wochen. Dauerschaden: Sprunggelenksversteifung rechts, schmerzhafte Bewegungseinschränkung. Arzthaftung / Aufklärungspflichtverletzung im Zusammenhang mit einer Fußwurzelknochenfraktur: Ein Orientierungsgespräch mit dem Arzt, das mehr als sechs Monate vor einer Operation stattfindet, stelle „wegen des erheblichen zeitlichen Abstandes unabhängig von seinem Inhalt keine ausreichende Aufklärung dar", so das OLG Dresden.

Betrag: 8.000 € **Haftung: 100 %**
immVorb: Ja **MdE: –**

OLG Dresden 15.11.2016 – 4 U 507/16 = BeckRS 2016, 110681

2711

Sprunggelenkverletzung (hier: „Einsteifung eines Sprunggelenkes in einer Spitzfußstellung von 130 Grad" nach kunstfehlerhafter Sprunggelenkfraktur).

47j. Frau. Arzthaftung („Therapeutische Versäumnisse." Es wurde versäumt, einen Zugverband zur „allmählichen Stellungskorrektur" anzubringen). Dauerschaden: Spitzfußstellung!

Betrag: 17.895 € **Haftung: 100 %**
immVorb: – **MdE: –**

OLG Düsseldorf 12.3.1998 – 8 U 49/97 = VersR 1999, 450

4286

Sprunggelenkverletzung nach bzw. durch fehlerhaft behandelte Sprunggelenkfraktur. Arthrosegefahr.

49j. Mann. Arzthaftung (hier: Behandlungsfehler im Zusammenhang mit der Behandlung einer Wadenbeinfraktur. Dauerschaden: Fehlstellung des linken Fußes mit Gehbehinderung. Jegliche gelenkbelastende, sportliche Betätigung ist nicht mehr möglich. Der Kl. war zuvor passionierter Wanderer!

Betrag: 20.000 € **Haftung: 100 %**
immVorb: Ja **MdE: –**

LG Gießen 26.10.2009 – 2 O 69/06 = BeckRS 2009, 140108

4150

Fußverletzung (hier: Sprunggelenkverletzung mit Arthrosebildung und Dauerschaden [s.u.].).

48j. Frau (Landwirtin). Dauerschaden: Bewegungsbeeinträchtigung im Bereich des Sprunggelenks. Kein Sport mehr möglich. Die Kl. spielte zuvor Tennis und übte Radsport und Reiten aus. Unfallbedingt musste sie zudem den von ihr maßgeblich geführten Hof aufgeben und an den Sohn übergeben. All dies wertete das OLG zutreffend als erhebliche Beeinträchtigung der Lebensgestaltung, die „schmerzensgelderhöhend wirkt", so das OLG.

Betrag: 30.000 € **Haftung: 100 %**
immVorb: Ja **MdE: –**

OLG München 29.10.2010 – 10 U 3249/10 = BeckRS 2010, 27878

b) Fußgelenk- bzw. Sprunggelenkfrakturen

7048

Sprunggelenkverletzung ohne nähere Angaben.

Frau. Kein Schmerzensgeldanspruch. Die Klägerin war beim Ausführen ihres Hundes auf einer kommunalen Grünfläche eines Landschaftsschutzgebietes in ein von einem Biber gegrabenes Loch gestürzt und hatte sich verletzt. Das Gebiet war als Biberrevier ausgeschildert und zudem sei – so das OLG – Bereich des Wöhrder Sees auch allgemein bekannt gewesen, dass es dort eine Biberpopulation gebe. Zudem handele sich bei der Sturzstelle um ein Landschaftsschutzgebiet und damit Teil der freien Landschaft. Diese freie Landschaft dürfe nach dem Bundesnaturschutzgesetz zum Zwecke der Erholung von allen begangen werden. Das Betreten der freien Landschaft erfolge auf eigene Gefahr. Es bestehe keine Haftung für typische, sich aus der Natur ergebende, Gefahren. Das Risiko beim Betreten der freien Landschaft liege grundsätzlich bei dem Betretenden.

Betrag: – **Haftung: –**
immVorb: – **MdE: –**

OLG Nürnberg 24.3.2021 – 4 W 362/21 = BeckRS 2021, 57668

5182

Sprunggelenkfraktur links (hier: Sprunggelenkfraktur in Form einer sogenannten Weber-A-Fraktur, d.h. Fraktur des oberen Sprunggelenks unterhalb der so genannten Syndesmose).

Frau. MdE 42 Tage 100 %. Längere ambulante Heilbehandlung ohne Operationen. Die Klägerin musste zunächst einen Gehgips und später für die Dauer von fünf Wochen orthopädische Schuhe (hier: sog. VACOped-Schuhe der VOPED GmbH dh Orthese mit Vakuumkissen) tragen. Ursache: Der Beklagte schubste die Klägerin im Eingangsbereich eines Restaurants, so dass diese eine Treppe hinunterstürzte.

Betrag: 1.500 € **Haftung: 100 %**
immVorb: – **MdE: –**

AG Aschaffenburg 5.2.2016 – 123 C 2093/15 = BeckRS 2016, 136751

3691

Sprunggelenkfraktur des rechten oberen Sprunggelenkes in Form einer Sprunggelenkluxationsfraktur nach Typ B

Mann. 3 Wochen stationär; später weitere 3 Tage stationär wegen Entfernung der Kompressionsschrauben. MdE 11 Monate 100 %. Langwierige ambulante Heilbehandlung mittels Krankengymnastik. Erhebliche Mithaftung (60 %).

Betrag: 2.000 € **Haftung: 40 %**
immVorb: Ja **MdE: –**

LG Münster 6.1.2005 – 14 O 257/04 = BeckRS 2005, 12940

3396

Fußfraktur / Sprunggelenkfraktur in Form einer trimellären Sprunggelenkfraktur mit Nekrosebildung.

Mann (Busfahrer). Verkehrssicherungspflichtverletzung (hier: Streupflichtmissachtung der Gemeinde an einer Bushaltestelle).

Betrag: 2.500 € **Haftung: 50 %**
immVorb: Ja **MdE: –**

OLG Hamm 14.1.2005 – 9 U 116/03 = BeckRS 2005, 7558

3726

Sprunggelenkfraktur in Form einer Sprunggelenkluxationsfraktur im rechten oberen Sprunggelenk.

20j. Mann. 19 Tage stationär mit osteosynthetischer Behandlung. 2 Wochen ambulante Heilbehandlung. Vorsätzliche Körperverletzung.

Betrag: 2.500 € **Haftung: 100 %**
immVorb: – **MdE: –**

AG Oschersleben 24.4.2003 – 3 C 276/02 = unveröffentlicht

3893

Sprunggelenkfraktur, schwere (hier: bimalleoläre Sprunggelenkluxationsfraktur Typ B).

Mann. 3 Wochen stationär. Später weitere 3 Tage wegen Metallimplantatentfernung. MdE 11 Monate 100 %. Weitere 5 Monate nur eingeschränkt arbeitsfähig.

Betrag: 3.385 € **Haftung: 66 %**
immVorb: – **MdE: –**

OLG Hamm 6.7.2005 – 13 U 11/05 = unveröffentlicht

4915

Sprunggelenkfraktur, dislozierte rechts. Diverse Prellungen (hier: Beinprellung, Armprellung, Hüftprellung und Rückenprellung jew. auf der rechten Körperseite) sowie kleine Schürfwunde an einem Finger.

55j. Frau. 10 Tage stationär. Ambulante Heilbehandlung. Langwierige Heilbehandlung. MdE 13 Wochen 100 %.

Betrag: 4.000 € **Haftung: 66 %**
immVorb: Ja **MdE: –**

OLG Naumburg 9.10.2013 – 12 U 70/13 = BeckRS 2013, 200745

4913

Sprunggelenkfraktur (hier: Sprungbeinverrenkungsfraktur rechts in Form einer sogenannten Weber-C-Fraktur)

Frau. 6 Tage stationär. 2 Operationen mit Metallteileimplantat. Ambulante Heilbehandlung. Langwierige Heilbehandlung über einen Zeitraum von nahezu 10 Monaten mit Kompressionsstrumpf und insgesamt mehr als 80 physiotherapeutischen Behandlungen und Lymphdrainagen. Die Klägerin musste für 6 Wochen einen Gehgips tragen. MdE insgesamt 12 Wochen 100 %.

Betrag: 4.000 € **Haftung: 100 %**
immVorb: – **MdE: –**

AG Koblenz 28.6.2013 – 411 C 2278/12 = BeckRS 2014, 12791

5898

Sprunggelenkfraktur in Form einer Sprunggelenkverrenkungsfraktur links vom Typ Weber B / C mit Verschiebung und Bewegungseinschränkung im Bereich des linken oberen Sprunggelenks in Dorsalextension von ca. 10 % sowie diskrete Schwellung im Bereich des Unterschenkels.

35j. Mann. 20 Tage stationär. 2 Aufenthalte. Die Fraktur wurde mittels einer offenen Reposition mit Plattenosteosynthese, interfragmentärer Verschraubung und Stellschraube versorgt. 21 Tage Rehabilitationsaufenthalt. MdE 10 Monate 100 %. Dauerschaden: Bewegungseinschränkungen im linken Sprunggelenk mit Schwellungen des Unterschenkels. Verschlechterungstendenz: Am oberen Sprunggelenk ist jedoch die Entwicklung einer posttraumatischen Arthrose möglich.

Betrag: 4.000 € **Haftung: 33 %**
immVorb: Ja **MdE: –**

OLG Stuttgart 6.5.2009 – 3 U 239/07 = BeckRS 2010, 30678

5650

Fußfraktur / Sprunggelenkfraktur (hier: Sprunggelenkluxationsfraktur rechts mit deutlicher Einschränkung der aktiven und passiven Fußhebung und endgradiger Bewegungseinschränkung der Beweglichkeit des unteren Sprunggelenks).

48j. Frau. Stationäre Heilbehandlung mit Metallimplantat. Die operative Metallimplantatentfernung erfolgte nach zwei Jahren. Langwierige Heilbehandlung wegen Heilungsverzögerung. Dauerschaden: Bewegungseinschränkungen; insofern sei, so das OLG „eine deutliche Einschränkung der aktiven und passiven Fußhebung festzustellen; die Beweglichkeit des unteren Sprunggelenks ist endgradig eingeschränkt. Mit weiteren Beschwerden ist zu rechnen“. [Ursache: Verkehrssicherungspflichtverletzung eines Gastwirts in der Gaststätte. Ein Gastwirt muss während einer Tanzveranstaltung in seinen Gasträumen den Fußboden der Tanzfläche in einem zum Tanzen geeigneten, verkehrssicheren Zustand halten; dazu muss er dafür Sorge tragen, dass eine durch verschüttete Getränke entstandene gefährliche Glätte auf der Tanzfläche alsbald beseitigt wird oder, wenn dies kurzfristig nicht möglich ist, die Benutzer der Tanzfläche in geeigneter Weise gewarnt werden].

Betrag: 4.090 € **Haftung: 100 %**
immVorb: – **MdE: –**

OLG Düsseldorf 19.6.1998 – 22 U 228/97 = BeckRS 1998, 06682

7854

Sprunggelenksfraktur

Frau. 3 Tage stationäre Behandlung und Operation (offene Reposition und innere Fixation mittels 8-Loch-Drittelrohrplatte). Anschließend ambulante Behandlung. 6 Wochen musste sie Orthopädische Schuhe bzw. einen sog. Vacoped-Schuh tragen. Anfänglich war der Klägerin „ein Stehen und Gehen allenfalls auf dem gesunden Bein unter Zuhilfenahme von Krücken möglich. Das OLG berücksichtigte dies – sowie Darüber hinaus …, dass die Klägerin …“ 12 Wochen lang auch im Rahmen ihrer Haushaltsführungstätigkeit stark beeinträchtigt war. Außerdem besteht zumindest die Gefahr von Folgeschäden.".

Betrag: 5.000 € **Haftung: 100 %**
immVorb: Ja **MdE: –**

OLG Saarbrücken 22.12.2022 – 4 U 116/21 = BeckRS 2022, 54451

7622

Sprunggelenksfraktur / Bänderverletzungen (hier: Sprunggelenksluxationsfraktur des rechten oberen

Sprunggelenks mit Außenknöchelfraktur und Bänderverletzung durch Riss des Deltabandes und Abriss des hinteren Volkmann'schen Dreiecks). Vorsatztat durch Tritte gegen den Kläger.

Mann. 22 Tage stationär; zunächst ambulante Behandlung im Klinikum E. und Operation mit Metallimplantat zur Stabilisierung der Fraktur, anschließend kam es zu einer Wundinfektion, die den stationären Aufenthalt erforderlich gemacht hatte. Bei der Schmerzensgeldbemessung berücksichtigte das LG die vorsätzliche Körperverletzung sowie, dass es „Bei sportlicher Betätigung … es beim Kläger weiter zu Schmerzen und Schwellungserscheinungen im Fußgelenk" kam.

Betrag: 5.000 € **Haftung: 100 %**
immVorb: – **MdE: –**

LG Aurich 2.9.2020 – 5 O 1481/19 = BeckRS 2020, 24935

4037

Fußfraktur in Form einer rechtsseitigen mehrdimensionalen Sprunggelenkfraktur.

Mann. 17 Tage stationär. Operation mit Metallteilimplantat und Unterschenkelgips. MdE ca. 1/2 Jahr 100 %. dauerfolgen nicht auszuschließen!

Betrag: 5.000 € **Haftung: 80 %**
immVorb: Ja **MdE: –**

LG Frankenthal 24.2.2005 – 3 O 92/04 = BeckRS 2005, 154615

3705

Fußfraktur (Fraktur des 3. und 4. Mittelfußknochens); Zehfraktur (Zehgrundgelenkfraktur des 5. Zehs links). Sprunggelenkdistorsion links.

Mann (handwerklich tätig). MdE 10 Wochen 100 % weitere 3 Monate 20 %. Dauerschaden: MdE 10 % wegen Bewegungsbeeinträchtigung. Der Kl. ging ein Jahr nach dem Unfall in den Vorruhestand nachdem er zuvor bereits seine handwerkliche Arbeit einstellen musste und in die Verwaltung gewechselt war. Regulierungsverzögerung.

Betrag: 5.113 € **Haftung: 100 %**
immVorb: – **MdE: 10 %**

OLG Köln 16.3.2001 – 19 U 130/00 = BeckRS 2001, 30168168

4920

Sprunggelenkfraktur in Form einer Sprunggelenkstauchungsfraktur mit Absprengung des sogenannten Volkmann'schen Dreiecks. Zudem: Schürfwunden am Knie und Fuß, jeweils links.

21j. Mann. 6 Tage stationär. MdE 365 Tage 100 % sowie weitere 40 Tage 50 %. Dauerschaden: Kein Sport mehr möglich nach zuvor bereits vorschadenbedingter Beeinträchtigungen beim Sport.

Betrag: 5.250 € **Haftung: 66 %**
immVorb: – **MdE: –**

OLG Celle 3.7.2014 – 5 U 6/14 = BeckRS 2014, 125580

2504

Fußfraktur / Sprunggelenkfraktur (hier: Sprunggelenkluxationsfraktur links) und Prellungen (hier: Lendenwirbelsäulenprellung).

Frau (Rentnerin). Nahezu 2 Monate stationär. Anschließend länger ambulant. MdE 6 Monate 100 %, 5 1/2 Monate 50 %, 6 Monate 30 % und weitere 6 Monate 20 %. Dauerschaden: MdE 10 %.

Betrag: 5.624 € **Haftung: 100 %**
immVorb: – **MdE: 10 %**

OLG Hamm 12.5.1998 – 27 U 3/98 = BeckRS 9998, 39800

6366

Sprunggelenkfraktur links mit Syndesmosensprengung, eine Delta-Band-Ruptur, eine Kapselruptur und ausgeprägte Hämatombildung medial / lateral sowie einen Muskelsehnenausriss bzw. Peronealsehnenscheideausriss [= Muskelsehnen der beiden Unterschenkelmuskeln, welche hinten aussen um den Knöchel ziehen) und Hautabschürfungen am Fußrücken.

Frau. 10 Tage stationär. Zunächst in einem Krankenhaus in Italien, dann in Deutschland. Der Fuß wurde mittels Metallimplantate (Schrauben) operativ versorgt. Ambulante Behandlung. Insofern folgten Nachsorgetermine beim Hausarzt, zahlreiche Krankengymnastiktermine und eine weitere Operation … bei der die eingesetzten Schrauben entfernt wurden. Folgenlose Verheilung. Bei seiner Bemessung orientierte sich das OLG a[Lesenswert zur Haftung eines 8j. Kindes, welches mit seinem Fahrrad rückwärtsschauend an einem Urteil des OLG Hamm → Nr. 3396. Hafenpromenade entlang fährt und eine Fußgängerin zu Fall bringt, so dass diese ins Hafenbecken stürzt].

Betrag: 6.000 € **Haftung: 100 %**
immVorb: Ja **MdE: –**

OLG Celle 19.2.2020 – 14 U 69/19 = BeckRS 2020, 1808

5230

Sprunggelenkfraktur in Form einer sog. Maisonneuve-Fraktur des Sprunggelenks des rechten Fußes [= Wadenbeinfraktur mit Riss der Bandverbindung zwischen Schienbein und Wadenbein] mit einer Innenknöchelfraktur und einer Fraktur des hinteren Kantendreiecks, sog. Volkmann'sches Dreieck, am Schienenbein [Schienbeinfraktur].

46j. Frau. Insgesamt 10 Tage stationäre Behandlung und Operation mittels Schraubenosteosynthese (am Innenknöchel) und Schraubenimplantat (Stellschraube im Wadenbein). Einige Schrauben wurden postoperativ entfernt; einige verblieben im Bein aufgrund der Gefahr von Nervverletzungen. Dauerschaden: MdE 10 % wegen Bewegungseinschränkung im Bereich des Sprunggelenks.

Betrag: 6.500 € **Haftung: 100 %**
immVorb: Ja **MdE: 10 %**

OLG Düsseldorf 25.8.2015 – 21 U 8/14 = BeckRS 2016, 11634

4742

Fußfraktur / Sprunggelenkfraktur (hier: Sprungbeinfarktur bzw. Talusfraktur rechts). Knieverletzung (hier: Knieprellung rechts und beids.Knieschürfwunden) sowie HWS-Syndrom.

Mann. Stationäre Heilbehandlung wegen Nekrosebildung am Sprungbeinkopf nach zuvor erfolgter ambulanter Behandlung. Es erfolgte eine operative Gelenkversteifung (sogenannte Talonavikulargelenkversteifung) Abschließend Physiotherapiebehandlung. Orthopädische Schuhe. Der Kläger litt zeitweise unter erheblichen Schmerzen. MdE gut 6 Monate 100 %. Dauerschaden: Bewegungsbeeinträchtigung, die das Gericht jedoch als nicht gravierend ansah. [Anmerkung: Bei voller Haftung wären 10.000 EUR zuerkannt worden.]

Betrag: 6.666 € **Haftung: 66 %**
immVorb: – **MdE: 20 %**

OLG Köln 4.6.2012 – 5 U 1/12 = BeckRS 2013, 1555

6792

Unterschenkelfraktur in Form einer lateralen Schienbeinkopfmehrfragmentfraktur sowie eine Sprunggelenkfraktur und ein posttraumatisches Lymphödem.

Frau. 21 Tage stationär. Anschließend war sie 12 Wochen auf einen Rollstuhl angewiesen. In der Folge dieser Zeit musste die Klägerin noch für einige Wochen Unterarmgehstützen [Krücken] nutzen. Infolge der Folgeoperationen in den Jahren 2017 und 2018 war sie insgesamt weitere 5 Wochen immobil. MdE 28 Wochen 100 %. [Vorinstanz: LG Stade BeckRS 2020, 35369].

Betrag: 7.000 € **Haftung: 50 %**
immVorb: Ja **MdE: –**

OLG Celle 16.12.2020 – 14 U 108/20 = BeckRS 2020, 35368

7396

Sprunggelenksfraktur / Außenknöchelfraktur und Innenknöchelfraktur (hier: sog. „Trimalleoläre OSG-Luxationsfraktur" links mit Innenknöchelfraktur sowie Aussprengung des sog. Volkmannschen Dreiecks), distaler Wadenbeinfraktur und Schienbeinverletzung (hier: Wadenbeintrümmerfraktur mit einem knöchernen Ausriss der Syndesmose am Schienbein).

Frau (Rentnerin). 9 Tage stationär. Operationen mit einer Platte und Schrauben. Für einen Zeitraum von acht Wochen durfte sie das linke Bein nicht belasten und war vollständig ruhiggestellt. Während dieser acht Wochen musste sie wegen der Thrombosegefahr Heparin spritzen. Anschließend durfte sie für einen Zeitraum von vier Wochen eine Belastung von lediglich 30 % vornehmen. Weitere 4 bis 6 Wochen war eine Gehhilfe erforderlich um „wieder ins Laufen" zu kommen. Möglicher Dauerschaden: Funktionsbeeinträchtigung Posttraumatische Arthrose. Zudem heißt es im Urteil, die Klägerin leide "bis heute noch unter leichten Bewegungseinschränkungen, Muskelminderung, Schwellneigung und Schmerzen ..., weshalb sie täglich Novalgin einnimmt. [Ursache und Anmerkung: Verkehrssicherungspflichtverletzung / Glatteisunfall. Streupflichtverletzung. Vgl. zu einem sehr ähnlichen Verletzungsbild auch LG Düsseldorf → Nr. 7399].

Betrag: 7.500 € **Haftung: 100 %**
immVorb: Ja **MdE: –**

LG Kiel 28.6.2017 – 13 O 9/15 = BeckRS 2017, 147934

3612

Sprunggelenkluxationsfraktur, links mit posttraumatischer Sprunggelenkarthrose und dauernder Bewegungseinschränkung.

Frau („junge" Frau). Stationärer Aufenthalt. Dauerschaden: Bewegungseinschränkung und Belastungseinschränkung beim Reiten, Schwimmen und Laufen. Ursache: Reitunfall

Betrag: 7.669 € **Haftung: 100 %**
immVorb: Ja **MdE: 20 %**

OLG Hamm 20.9.2000 – 13 U 78/98 = BeckRS 2000, 9348

5225

Fußgelenkfraktur sowie Handgelenkfraktur (ohne nähere Angaben).

Mann (das OLG sprach von „einem vergleichsweise jungen Mann"). Mögliche Dauerfolgen: „Gefahr ..., später weitere nicht unerhebliche Beschwerden auszubilden". [Ursache: Motorradunfall].

Betrag: 8.000 € **Haftung: 75 %**
immVorb: – **MdE: –**

OLG Celle 3.9.2015 – 5 U 8/15 = BeckRS 2016, 7294

4930

Sprunggelenkfraktur, schwere (hier: Sprunggelenkluxationsfraktur Weber C mit Bruch des hinteren Volkmann'schen Dreiecks / Talustrümmerfraktur und Risswunde sowie Quetschwunde an der Ferse).

32j. Mann. 11 Tage stationär mit Repositionsoperationen und Metallteileimplantat. Einige Wochen Rollstuhl. Anschließend Metallteilentfernung und ambulante Behandlung mittels Physiotherapie. MdE 20 Wochen 100 %. Dauerschaden: Posttraumatische Arthrose im linken Sprunggelenk mit Bewegungsbeeinträchtigung in Form von gestörtem Abrollen beim Gehen und Standunsicherheit sowie Belastungseinschränkung. Risiko einer Verschlechterungstendenz. [Ursache: Motorradunfall. Lesenswert zum Thema des „faktischen Überholverbots"].

Betrag: 8.000 € **Haftung: 100 %**
immVorb: Ja **MdE: –**

OLG Hamm 4.2.2014 – 9 U 149/13 = BeckRS 2014, 6528

3150

Sprunggelenkfraktur / Fußfraktur / Unterschenkelfraktur (hier: Sprunggelenkverrenkungsfraktur rechts mit körperferner Wadenbeinfraktur, Innenknöchelfraktur [Abbruch des Innenknöchels] und Wadenbeinfraktur in Form einer Waenbeinfragmentfraktur.)

Frau. Dauerschaden: Posttraumatische Arthrose; künftige Hüftgelenkschäden nicht auszuschließen. Ursache: Verkehrssicherungspflichtverletzung / Streupflichtverletzung.

Betrag: 8.181 € **Haftung: 100 %**
immVorb: Ja **MdE: –**

OLG Hamm 13.9.2002 – 9 U 49/02 = BeckRS 2002, 30282433

5710

Fußfraktur / Sprunggelenkfraktur links (hier: Sprunggelenkluxationsfraktur mit Außenknöchelfraktur Typ Weber C).

Mann. 29 Tage stationär mit insgesamt zwei Aufenthalten und zwei Operationen. Dauerschaden: Bewegungseinschränkungen und Belastungsminderung, zu der das LG ausführte: „Nach dem Gutachten des Sachverständigen Dr. ist die knöcherne Verletzung ausgeheilt. Das Sprunggelenk ist jedoch röntgenologisch verändert. Dort besteht eine reizlose Narbe. Das linke Sprunggelenk neigt zu wiederkehrenden Schwellungen und Belastungsschmerzen. Es besteht ein Muskelschwund am linken Bein, das linke Sprunggelenk ist nur eingeschränkt beweglich. Die Abrollbewegung des linken Fußes ist behindert, die Schrittlänge links verkürzt und das linke Bein vermindert belastbar".

Betrag: 8.500 € **Haftung: 66 %**
immVorb: Ja **MdE: 20 %**

LG Duisburg 9.9.2002 – 4 O 77/01 = BeckRS 2004, 11195

4196

Fußfraktur (hier: Innenknöchelfraktur rechts im Sprunggelenkbereich [vgl. auch unter Sprunggelenkfraktur]). Brustkorbprellung. Gehirnerschütterung und zahlreiche Schürfwunden.

Mann (Lagerarbeiter). 14 Tage stationär. 2 Aufenthalte. MdE 14 Tage 100 %; 30 Tage 80 %; 60 Tage 60 % sowie weitere knapp 5 Monate 10 %. Langwierige Heilbehandlung. Dauerschaden: Bewegungseinschränkung im rechten Sprunggelenk. Narbe von ca. 7 cm Länge am Unterschenkel. Grobes Verschulden des Beklagten. Gravierende Regulierungsverzögerung. Verletzungsbedingt hatte der Kläger Probleme wieder einen Arbeitsplatz zu finden.

Betrag: 10.000 € **Haftung: 100 %**
immVorb: Ja **MdE: 5 %**

LG Berlin 21.4.2009 – 24 O 358/06 = BeckRS 2009, 140006

4239

Fußfraktur in Form einer Sprunggelenkluxationsfraktur des oberen Sprunggelenkes mit erheblichem, geschlossenem Weichteilschaden 3.Grades.

68j. Frau. 2 Wochen stationär. Metallteileimplantat. Nach dem Krankenhausaufenthalt musste die Kl. zunächst 4 Wochen im Rollstuhl sitzen sowie weitere 8 Monate mit Gehstützen – zunächst mit zwei Krücken, später mit einer – gehen. Dauerschaden: Arthrose.

Betrag: 10.000 € **Haftung: 100 %**
immVorb: Ja **MdE: –**

OLG Karlsruhe 30.12.2008 – 14 U 107/07 = BeckRS 2009, 8318

5743

Sprunggelenkfraktur, schwere (hier: Mittelfußfraktur und ventrale Sprunggelenkfraktur).

Mann. 3 Wochen stationär mit Hauttransplantation. Ambulante Heilbehandlung / langwierige Heilbehandlung. 2 Monate Gehgips und Gehen nur an Krücken / Gehhilfen möglich.Psychische Beeinträchtigung und Depressionen, die ebenfalls therapeutisch behandelt wurden. MdE 3 Monate 100 %. Dauerschaden: Sprunggelenkarthrose mit Bewegungsbeeinträchtigung im Bereich des Sprunggelenks. [Mithaftung wegen Volltrunkenheit des Klägers].

Betrag: 10.000 € **Haftung: 20 %**
immVorb: Ja **MdE: –**

OLG Stuttgart 26.10.2006 – 13 U 74/06 = BeckRS 2006, 14956

5144

Sprunggelenkfraktur / Unterschenkelfraktur / Unterschenkeltrümmerfraktur (hier: „komplizierten Trümmerbruch des rechten Unterschenkels bzw. des oberen Sprunggelenkes …. [mit] Sprunggelenkversteifung des oberen rechten Sprunggelenks").

Mann. Stationäre Heilbehandlung; mehere Operationen notwednig. Dauerschaden: Gehbehinderung wegen Sprunggelenkversteifung. [Ursache: verkehrssicherungspflichtverletzung: Glatteisunfall]

Betrag: 10.000 € **Haftung: 50 %**
immVorb: Ja **MdE: –**

LG Essen 5.5.2004 – 11 O 10/02 = BeckRS 2007, 6517

6038

Sprunggelenkfraktur / Fußfraktur in Form einer bimalleonären Sprunggelenksluxationsfraktur rechts mit Absprengung eines hinteren Tibiakantenfragments.

48j. Frau (kaufm. Angestellte). 4 Tage stationär mit insgesamt drei Operationen. Anschließend ambulante Heilbehandlung mit 38 physiotherapeutische Behandlungen und 28 Lymphdrainagen. Anfänglich musste die Klägerin an Unterarmgehstützen bzw. Krücken gehen. MdE 90 Tage 100 %. Dauerschaden: Erhebliche Bewegungseinschränkung mit Abrollschwierigkeiten und Belastungsminderung mit Schwellneigung wegen der Sprunggelenkverletzung un der damit verbundenen Arthrose. Zudem Wetterfühligkeit. [Ursache: Verkehrssicherungspflichtverletzung – Sturz im Supermarkt auf feuchtem Boden].

Betrag: 12.000 € **Haftung: 80 %**
immVorb: Ja **MdE: –**

LG Duisburg 5.8.2013 – 4 O 346/11 = BeckRS 2014, 9467

5438

Sprunggelenkfraktur (hier in Form einer sogenannten Talusfraktur rechts mit posttraumatischer Sprunggelenksteilversteifung und Beinvenenthrombose) sowie eine Brustkorbprellung.

45j. Frau. Stationäre Heilbehandlung. 3 Wochen Reha. Anschließende ambulante Heilbehandlung während einer weiteren Reha.-Maßnahme durch welche sich nach eigenen Angaben der Klägerin die Beschwerden deutlich verbessert hatten. Insgesamt betrug die MdE gut 100 Tage 100 %. Dauerschaden: Bewegungseinschränkungen im Bereich des rechten Sprunggelenks.

Betrag: 14.000 € **Haftung: 100 %**
immVorb: Ja **MdE: –**

OLG Schleswig 3.11.2016 – 7 U 21/15 = BeckRS 2016, 137374

7399

Sprunggelenksfraktur, Außenknöchelfraktur und Innenknöchelfraktur (hier: sog. „OSG-Luxationsfraktur" links mit Innenknöchelfraktur sowie Fraktur des sog. Volkmannschen Dreiecks) und eine distale Wadenbeinfraktur. Posttraumatische Belastungsstörung nach der Klassifikation im ICD-10.

Frau (Kurierfahrerin). 10 Tage stationär. Operation mit Platten und Schrauben. Später OP zur Metallimplantatentfernung. In der Folgezeit unterzog sich die Klägerin einer Physiotherapie mit insgesamt 70 physiotherapeutische Behandlungen. Dauerschaden: chronische Schmerzsyndrom. Posttraumatische Belastungsstörung nach der Klassifikation im ICD-10, die sich, so das LG, „nur teilweise und auch nicht in ausreichender Form zurückgebildet habe." [Ursache und Anmerkung: Verkehrssicherungspflichtverletzung durch einen an Heiligabend umstürzenden Weihnachtsbaum im Innenhof einer Wohnanlage. Vgl. zu einem sehr ähnlichen Verletzungsbild auch LG Kiel → Nr. 7396 und zu ähnlicher Ursache, dort einem umgestürzten Maibaum, OLG Jena → Nr. 5211]

Betrag: 25.000 € **Haftung: 100 %**
immVorb: Ja **MdE: –**

LG Düsseldorf 30.1.2020 – 16 O 354/16 = BeckRS 2020, 61830

3029

Fußfrakturen (hier: Außenknöchelfraktur und Sprungbeinfraktur mit bleibenden Schäden); Beckenfraktur mit

Hüftgelenkverletzung in Form einer Hüftgelenkluxsation; Rippenserienfraktur; Organverletzung (hier: Schocklunge, Tracheostoma, Pneumothorax); Schock.

Frau. 3 Monate stationär. Mehrere Operationen. 3 Monate Rollstuhl. 9 Monate konnte sie sich nur an Krücken und mit ihrem Bürostuhl bewegen. Dauerschaden: Fußheberparese und Arthrosen im Fußgelenk und im Hüftgelenk. Schmerzen im Fuß; Bewegungsbeeinträchtigung.

Betrag: 25.565 € **Haftung: 66 %**
immVorb: – **MdE: 30 %**

OLG Frankfurt a. M. 16.8.2001 – 3 U 160/00 = BeckRS 2009, 18616

6765

Sprunggelenkfraktur / o.Sprunggelenkfraktur (hier: erheblich dislozierte, erstgradig offene bimalleoläre Sprunggelenksluxationsfraktur mit tibiofibularer Instabilität rechts).

22j. Frau (Speditionskauffrau). 25 Tage stationär; 2 Aufenthalte mit Implantatoperation und späterer Metallimplantatentfernungs-OP. Die Klägerin war an Unterarmgehhilfen mobilisiert und mit einem Vacopedstiefel versorgt. Dauerschaden: Gehbehinderung mit deutlich auffälligem Gangbild infolge einer ausgeprägten Osteophyt [Knochenneubildung] mit Gelenkspaltverschmälerung sowie einer Arthrose des rechten oberen Sprunggelenks. Die Klägerin ist zeitweise auf Gehhilfen und mit Blick auf eine Schwellneigung des Fußes mit einer Umfangszunahme von 6 cm im Laufe des Tages durchgehend auf Stützstrümpfe angewiesen. Längeres Gehen bzw. schnelles Laufen sind ihr nicht mehr möglich. Alle sportlichen Hobbys, die sie vor dem Unfall gerne ausgeübt hat, wie Tanzen, Paintball, Wandern und Reiten übt sie nicht mehr aus. Zwei größere Narben – 7,5 cm sowie 14 cm – am Innen- und Außenknöchel. Konkrete Gefahr einer Sprunggelenkversteifung. Zur Bemessung führte das OLG aus: „Zur Vermeidung von extremen und nicht mehr hinnehmbaren Systemausreißern nach oben oder unten hält der Senat den bisherigen Weg, das Schwergewicht auf die maßgeblichen Gesichtspunkte des Einzelfalles zu legen und erst in einem zweiten Schritt zur Orientierung vorhandene vergleichbare Gerichtsentscheidungen in den Blick zu nehmen, für weiterhin vorzugswürdig. Der Methode des taggenauen Schmerzensgeldes bedarf es auch nicht im Sinne einer anzustellenden Kontrollüberlegung, ob das unter Berücksichtigung der allseits bekannten Bemessungskriterien für angemessen angesehene Schmerzensgeld sich rechnerisch anhand vorgegebener Parameter bestätigen lässt“. [Ursache Kutschunfall bzw. Unfall als Insasse einer Kutsche].

Betrag: 30.000 € **Haftung: 100 %**
immVorb: Ja **MdE: –**

OLG Hamm 5.3.2021 – 9 U 221/19 = BeckRS 2021, 5414

5820

Sprunggelenkluxationsfraktur / Fußfraktur (hier: offene Sprunggelenkluxationsfraktur 2. Grades links mit Ausbildung einer fortgeschrittenen posttraumatischen Artrose des linken oberen Sprunggelenkes).

17j. Frau (Schülerin). Zunächst 11 Tage stationär. 2 Wochen musste ein Gehgips getragen werden. Extrem langwierige Heilbehandlung: Nach knapp 6 Monaten wurde das Metallimplantat entfernt, die Klägerin musste weiterhin an krankengymnastischen Übungen teilnehmen. Gut vier Jahre später musste sich die Klägerin erneut für die Dauer von zunächst 15 Tagen in stationäre Behandlung begeben. Erforderlich geworden war dies wegen des unbefriedigenden Zustandes des Sprunggelenkes. Sie erhielt zunächst einen geschlossenen Unterschenkel-Liegegips, nach Entlassung aus der Klinik konnte sie das Bein wegen der erneut eingebrachten Stellschrauben für sechs Wochen überhaupt nicht belasten, danach wurde die Belastung wöchentlich um je 10 kg gesteigert. Das bei dieser Operation erneut eingebrachte Material wurde während eines erneuten dreitägigen stationären Aufenthaltes entfernt. Anschließend folgten weitere Wochen mit krankengymnastischen Behandlungen. Dauerschaden: MdE 30 %. Gehbehinderung. Bewegungseinschränkung im linken oberen Sprunggelenk mit mäßiger Spitzfußstellung und Teilbewegungseinschränkung auch des linken unteren Sprunggelenkes. Belastungsminderung und Belastungsinsuffizienz des linken Beines mit Gang- und Standbehinderung. Eine Besserung ist nicht zu erwarten. „Es sei im Gegenteil mit einer Zunahme der verschleißumformenden Veränderungen zu rechnen“, so das LG.

Betrag: 32.211 € **Haftung: 70 %**
immVorb: – **MdE: 30 %**

LG Hamburg 28.2.2003 – 306 O 51/95 = BeckRS 2009, 16178

c) Schwere Fußgelenk- bzw. Sprunggelenkverletzungen

6560

Fußverletzung in Form einer Sprunggelenkdistorsion.

Frau. Kein Schmerzensgeldanspruch, wenn es zum Sturz einer Patientin kommt, die sich auf der ihr bekanntermaßen schadhaften Zuwegung – vor dem Krankenhaus in dem sie seit längerer Zeit lag – bei Dunkelheit immer weiter vom Klinikgebäude entfernt und dabei ihre Aufmerksamkeit auf ihr Smartphone richtet. In einem solchen Falle ist der Nachweis einer ursächlichen Verletzung der Verkehrssicherungspflicht durch den Krankenhausträger nicht geführt. Die Klägerin – so das OLG – verließ bewusst den ausgeleuchteten Bereich der Zuwegung und trat somit „in die Dunkelheit hinein, ohne beim Gehen die nunmehr gebotene Vorsicht, etwa im Sinne eines „tastenden“ Weiterbewegens, walten zu lassen“.

Betrag: – **Haftung: –**
immVorb: – **MdE: –**

OLG Saarbrücken 18.9.2019 – 5 U 7/19 = BeckRS 2019, 28880

4382

Achillessehnenverletzung (hier: Achillessehnenriss bzw. Achillessehnenruptur rechts).

Mann. [Unbedingt lesenswert zur Frage der Urlaubsbeeinträchtigung: „Insoweit schließt sich die Kammer diesen Rechtsausführungen des BGH … an und geht nunmehr ebenfalls davon aus, dass der klagende Reiseanmelder auch die Ansprüche wegen entgangener Urlaubsfreude gem. § 651f Abs. 2 BGB der Mitreisenden selbst, auch ohne Abtretung, geltend machen kann. Jedoch geht die Kammer davon aus, dass der klagende Reiseanmelder in diesen Fällen Zahlung aber nicht an sich selbst verlangen kann, sondern nur Zahlung an die jeweiligen Mitreisenden."]

Betrag: 2.800 € **Haftung: 80 %**
immVorb: Ja **MdE: –**

LG Frankfurt a. M. 27.6.2011 – 2-24 O 176/10 = BeckRS 2011, 20509

4795

Fußverletzung / Sprunggelenkverletzung (hier: Sprunggelenksluxationsfraktur links vom Typ Weber C, Innenknöchelfraktur links mit knöchernem Ausriss eines Fragments im Bereich des Schienbeins und Fraktur des hinteren Volkmanndreiecks).

Frau. 7 Tage stationär; Operation mit Reposition unter Einbringung chirurgischen Befestigungsmaterials. MdE 5 ½ Monate 100 % und ca. weitere 2 Monate sukzessiver Belastungsaufbau. Komplikationsloser Heilungsverlauf und folgenlose Verheilung. [Verkehrssicherungspflichtverletzung des Hauseigentümers].

Betrag: 5.000 € **Haftung: 100 %**
immVorb: – **MdE: –**

OLG Naumburg 12.12.2013 – 2 U 25/13 = BeckRS 2014, 2896

2440

Sprunggelenkverletzung / Fußverletzung / Bänderverletzung (hier: Fersenbeinquetschung, laterale Kapsel-/Bandläsion. Operatives Einsetzen einer „Sprunggelenkplastik" [Transplantation der Schienbeinknochenhaut in das Gelenk]; HWS; starke Prellungen.

Junger Mann (Betonbauer). Stationär (2 Aufenthalte). Operationsbedingt wurde ein Fussnerv durchtrennt; Folge: Fußtaubheit! Dauerschaden. Verschlechterungsgefahr: Fußversteifung!

Betrag: 6.136 € **Haftung: 100 %**
immVorb: – **MdE: 10 %**

LG München II 9.11.1998 = unveröffentlicht

3519

Fußverletzung, schwere (ohne nähere Angaben).

38j. Mann (Bauarbeiter). Dauerschaden: Berufsaufgabe. [Verkehrssicherungspflichtverletzung. Der Kl. stürzte 6 Meter tief.]

Betrag: 7.000 € **Haftung: 50 %**
immVorb: – **MdE: –**

OLG Frankfurt a. M. 9.11.2005 – 1 U 119/05 = BeckRS 2006, 139

5099

O.Sprungbeinfraktur in Form einer o.Sprungbeinhalsfraktur (wörtlich heißt es: „offene Talushalsfraktur im rechten Sprunggelenk" mit starken und lang andauernden Schmerzen)

Frau (Lehrerin). 10 Tage stationär. 14 Wochen auf gehilfe angewiesen. MdE 98 Tage 100 % („dienstunfähig". Die Klägerin litt zum Zeitpunkt der Urteilsverkündung nach wie vor unter starken Schmerzen und konnte „ihrem großen Hobby, dem Balletttanz, nicht mehr nachgehen" [Hobbybeeinträchtigung]. Für das Verständnis der Bemessung relevant: „Des Weiteren muss die Klägerin bis heute dreimal wöchentlich zur Krankengymnastik. Schmerzensgeldmindernd zu berücksichtigen war vorliegend jedoch auch, dass die Klägerin nur für bislang erlittene Schmerzen einen Ausgleich geltend macht, so dass von der Kammer bei der Bemessung des Schmerzensgeldes etwaige zukünftige Beeinträchtigungen nicht mitberücksichtigt wurden", so das LG. [Ursache: Sturz vor einem Fahrgeschäft der örtlichen Kirmes – Verkehrssicherungspflichtverletzung].

Betrag: 7.500 € **Haftung: 100 %**
immVorb: Ja **MdE: –**

LG Aachen 30.6.2015 – 12 O 482/14 = BeckRS 2016, 6113

4936

Sprunggelenkverletzung und Unterschenkelverletzung infolge einer Schussverletzung.

Mann. Keine Angaben zur Heilbehandlung. Dauerschaden: Bewegungsbeeinträchtigung des Sprunggelenks. [Ursache: Vorsätzliche Körperverletzung / Schussverletzung wegen Streit beim Kartenspiel].

Betrag: 10.000 € **Haftung: 100 %**
immVorb: Ja **MdE: –**

OLG Koblenz 19.8.2013 – 5 U 847/13 = BeckRS 2013, 17107

3993

Sprunggelenkverletzung (hier: Sprunggelenkbänderriss in Form des Abrisses von 2 Bändern des oberen Sprunggelenkes im rechten Knöchelbereich mit einer Ablösung eines Teils des Sprunggelenkes).

Mann (Maurermeister). 4 stationäre Aufenthalte; 6 Wochen Gipsverband; längere Zeit mussten Gehstützen bzw. Krücken benutzt werden. Unfallbedingter Berufswechsel: Umschulung zum Sattler.

Betrag: 12.782 € **Haftung: 100 %**
immVorb: – **MdE: –**

OLG Celle 9.11.2000 – 14 U 246/98 = BeckRS 9998, 17522

4942

Sprunggelenkeinsteifung mit Arthrose und Auswirkungen auf die Wirbelsäule.

48j. Frau (Krankenschwester). Arzthaftung (hier: Befunderhebungsfehler und Diagnosefehler im Zusammenhang mit einer nicht erkannten Fersenbeinfraktur. Für eine OP war es deshalb zu spät!). Dauerschaden: Starke Gehbehinderung nach Sprunggelenkeinsteifung mit Funktionsbeeinträchtigung und Arthrose, Orthopädische Schuhe müssen getragen werden. Wirbelsäulenfunktionsbeeinträchtigung, Bluthochdruck und Schilddrüsenunterfunktion sowie psychische Beeinträchtigung in Form einer Depression. Berufsaufgabe: Die Klägerin kann nicht mehr als Pflegekraft arbeiten und übt nun Bürotätigkeiten aus.

Betrag: 15.000 € **Haftung: 100 %**
immVorb: – **MdE: 60 %**

LG Berlin 3.9.2013 – 13 O 181/12 = BeckRS 2013, 200893

3543

Sprunggelenkfraktur / Fußfraktur (hier: Sprunggelenlluxationstrümmerfraktur mit Fraktur des Pilontibiale rechts sowie diversen Prellungen).

Frau. 40 Tage stationär. Wegen Wundheilungsstörungen später erneut für 4 Wochen und nachfolgend weitere 3 Tage stationär. MdE „über ein Jahr" 100 %.

Betrag: 15.000 € **Haftung: 100 %**
immVorb: – **MdE: –**

LG Regensburg 20.7.2005 – 6 O 899/05 = BeckRS 2005, 31162660

4567

Sprunggelenkfraktur / Knöchelfraktur (hier: Sprunggelenkverrenkungsfraktur rechts mit Abbruch beider Knöchel und der Schienbeinhinterkante.)

48j. Mann (Hausmeister). Beklagte ist der Krankenhausträger. Mehrere Stationäre Aufenthalte und – arzthaftungsbedingt – sehr langwierige Heilbehandlung. Dauerschaden: Sprunggelenkversteifung, Gehbehinderung mit hinkendem Gangbild und einer deutlichen Belastungsbeeinträchtigung. Behinderung von 60 % mit Merkzeichen G. Berufsunfähigkeit. Schmerzensgeldmindernd berücksichtigte das LG die Tatsache, dass die Primärverletzungen, wegen derer der Kl. stationär behandelt worden war, bereits sehr schwer waren und – auch ohne die Behandlungsfehler – „nicht zu einem beschwerdefreien Endergebnis geführt hätten". [Das Urteil wurde vom KG BeckRS 2013, 00383 kassiert. Zwar läge ein Befunderhebungsfehler vor, der Kläger hätte aber die Kausalität insofern bezüglich seiner Gesundheitsschäden nicht bewiesen].

Betrag: 17.500 € **Haftung: 100 %**
immVorb: Ja **MdE: 60 %**

LG Berlin 12.6.2009 – 35 O 104/07 = BeckRS 2013, 384

4075

Sprunggelenkfraktur in Form einer bimalleolären Sprunggelenkluxationsfraktur mit postoperativem rechtsseitigen Lymphödem.

81j. Mann. 3 1/2 Wochen stationär. Es kam zu persistierenden Wundheilstörungen, die mehrfache zum Teil operative Revisionen erforderlich werden ließen. Sehr langwierige Heilbehandlung von 2 Jahren Dauer!

Betrag: 20.000 € **Haftung: 70 %**
immVorb: – **MdE: –**

LG Gießen 17.5.2010 – 2 O 67/07 = BeckRS 2011, 10603

4269

Sprunggelenkfraktur, schwere / Unterschenkelfraktur, schwere (hier: o.Sprunggelenkluxationsfraktur mit posttraumatischer Fehlstellung und Unterschenkelschaftfraktur, links mit zusätzlicher Wadenbeinetagenfraktur sowie) und eine Wundinfektion am Oberschenkel.

Mann (Dachdecker). MdE 8 Monate 100 %, 5 Wochen 70 %, 4 Wochen 50 %, 8 Wochen 30 % sowie Dauerschaden: MdE 20 %. Gehbehinderung; Bewegungsbeeinträchtigung mit Streck- und Beugedefizit im Sprunggelenk. Verschlechterungstendenz mit MdE 50 % zu erwarten. Erhebliche Berufsbehinderung; spätere Berufsaufgabe sehr wahrscheinlich. [Anmerkung: Das Schmerzensgeld ist deutlich zu gering bemessen. Völlig unverständlich ist auch die Stellungnahme des LG zum angeblichen Nichtvorliegen der Voraussetzungen eines immateriellen Vorbehaltes!]

Betrag: 20.000 € **Haftung: 75 %**
immVorb: – **MdE: –**

LG Nürnberg-Fürth 25.3.2010 – 8 O 3107/08 = BeckRS 2011, 7619

2611

Sprunggelenkverletzung / Unterschenkelfraktur (hier: o.Unterschenkelfraktur 2.Grades links mit Sprunggelenkbeteiligung). Handfrakturen (hier: Mittelhandknochenfraktur II und III rechts).

25j. Mann (Straßenbauer). 12 Wochen stationär. MdE 13 Monate 100 %. Arbeitsaufnahme erst nach 4 1/2 Jahren! Dauerschaden: Bewegungseinschränkung / Arthrose im Sprunggelenk!

Betrag: 23.008 € **Haftung: 100 %**
immVorb: – **MdE: 30 %**

LG Aurich 21.1.1998 – 2 O 496/96 = BeckRS 2010, 15365

4212

Fußfraktur / Fußtrümmerfraktur und Sprunggelenkfraktur (hier: Fußwurzelknochenfraktur und Würfelbeintrümmerfraktur sowie Kahnbeinabsprengung und Fersenbeinmehrfachfragmentfraktur Sprungbeinsubluxation) sowie stumpfes Brustkorbtrauma, Rippenfraktur und Prellungen.

Mann. Knapp 5 Wochen stationär; 4 Aufenthalte, mehrere Operationen mit Metallteileimplantat und dessen späterer Entfernung. 3 Wochen Reha. MdE 1 Jahr, anfänglich 100 %, später gegen 40 % abfallend. Dauerschaden: Gehbehinderung; Belastungsminderung. Orthopädische Schuhe erforderlich. Erhebliche Einschränkungen im Beruf und in der Freizeit. Fußball und Tennis nicht mehr möglich! Verschlechterungstendenz.

Betrag: 30.000 € **Haftung: 100 %**
immVorb: Ja **MdE: 40 %**

LG Zweibrücken 5.6.2009 – 2 O 6/07 = unveröffentlicht

2889

Polytrauma / schwere Sprunggelenktrümmerfraktur (hier: Kniescheibentrümmerfraktur, Sprunggelenktrümmerfraktur, zweifache Oberschenkelfraktur, Ellenbogenfraktur, Psychosyndrom, Schädelhirntrauma u.a.).

Mann. 57 Tage intensivstationär! Dauerschaden: Fußlähmung, Gehbehinderung, Schmerzen im Oberschenkel und Knie. Arthroserisiko. Kniescheibenentfernung.

Betrag: 30.678 € **Haftung: 100 %**
immVorb: – **MdE: 30 %**

OLG Hamm 11.2.2000 – 9 U 204/99 = BeckRS 9998, 17558

5559

Fußverletzungen / Zehenverletzung in Form einer Mittelfußgelenkausrenkung (Ausrenkung des Gelenks zwischen erstem Mittelfußstrahl und Mittelfußknochen rechts und einer Zehengrundgelenkausrenkung. Als Folge dieser Verletzung kam es zu einer Arthrose zwischen dem Mittelfußknochen und dem ersten Strahl mit deutlichen knöchernen und tastbaren Randanbauten, die dazu führen, dass die Kl. lebenslang adäquate Einlagen tragen und mit einer Minderung der Beweglichkeit und der Belastbarkeit des rechten Fußes leben muss). Oberarmkopftrümmerfraktur in Form einer Oberarmgelenkkopftrümmerfraktur links, der mit einer Deformierung des Oberarmkopfes, an dem sich knöcherne Randzacken bildeten und der nicht mehr zentriert in der Pfanne sitzt, verheilte). Knieverletzungen / Knienervverletzung (hier: tiefreichende Weichteilverletzung im Bereich der beiden Kniegelenke mit Durchtrennungen von Nerven und Lymphgefäßen sowie Schädigung der Schleimbeutel, die deshalb operativ entfernt wurden). Zudem erlitt die Klägerin diverse Prellungen (Brustkorbprellung, Schulterprellung, Schlüsselbeinprellung rechts) und Blutergüsse an beiden Beinen und Füßen.

Frau (Betriebsinspektorin im Vorruhestand). 15 Tage stationär. Dauerschaden: Erhebliche Bewegungseinschränkungen der linken Schulter, ohne Aussicht auf Besserung und erhebliche Bewegungsbeeinträchtigung im Bereich des rechten Fußes, woraus sich als Folge dieser Verletzung „ein mögliches Fortschreiten der Arthrose, das durch die mit der Adipositas der Klägerin verbundenen Gewichtsbelastung begünstigt wird", ergibt. Vorerkrankung / Vorschädigung: Verschleißleiden der Wirbelsäule, ein Wirbelsäulen-Syndrom, Schulter-Arm-Beschwerden, ein Karpaltunnelsyndrom links, und ein operiertes Karpaltunnelsyndrom rechts fest. [Lesenswert auch zur FRage der Beachtung von Vorerkrankungen und zur Thematik des Regulierungsverhaltens seitens des Versicherers].

Betrag: 35.000 € **Haftung: 100 %**
immVorb: – **MdE: –**

OLG Zweibrücken 27.6.2018 – 1 U 123/15 = BeckRS 2018, 40198

7015

Fußverletzung / Fußgelenkverletzung rechts (hier: Wadenbeinnervlähmung bzw. Peronaeusparese mit Kreuzbandriss (hinten und vorne sowie am bipolaren Seitenband. Zudem erlitt der Kläger eine Unterarmfraktur in Form einer multiplen Ellenfraktur bzw. Radiusfraktur links.

26j. Mann. Zunächst 11 Tage stationär. Später weitere Krankenhausaufenthalte, bei denen zum einen wegen der unfallbedingten Durchtrennung des Nervus peronaeus rechts eine Transplantation am rechten distalen Oberschenkel sowie eine Entnahme des Nervus suralis aus dem rechten Unterschenkel erfolgte und zum anderen eine Metallentfernung aus dem linken Handgelenk. Dauerschaden: Gehbehinderung mit „hinkendem Gangbild". Der Kläger muss auf Dauer eine Schiene tragen, „die ihm beim Auftreten der Ferse einen Stromstoß versetzt, damit der Fuß hebt und er gehen kann. … Mit der Schiene ist das Gangbild geringfügig beeinträchtigt. Ohne die Schiene ist der Kläger nicht fähig, den rechten Fuß oder die Zehen zu heben, woraus ein deutlicher Steppergang resultiert". Zudem berücksichtigte das OLG die psychischen Beeinträchtigungen: „Für den Kläger stellt in psychischer Hinsicht das größte Problem dar, dass er wegen des Unfalls keinen Sport mehr betreiben kann, seine damit verbundenen Sozialkontakte verloren hat, von seinem Umfeld ab und an als behinderter Mensch „komisch" angeschaut wird und durch die Erinnerung an das Unfallgeschehen unter Einschlafproblemen leidet", so das OLG. [Ursache: Motorradunfall].

Betrag: 40.000 € **Haftung: 80 %**
immVorb: Ja **MdE: –**

OLG München 30.3.2022 – 10 U 6313/20 = BeckRS 2022, 7014

4794

Sprunggelenkverletzung, komplizierte mit bleibende Narben, einer Muskelverschmächtigung, einer Schwellneigung, Bewegungseinschränkungen sowie Schmerzen im Bereich des linken Sprunggelenks.

Mann. 157 Tage stationär, davon 4 Tage mit künstlicher Beatmung. Ausbildung einer somatoformen Schmerzstörung. Dauerschaden: Schmerzen, die die Einnahme von Schmerzmitteln erfordern sowie Hobbybeeinträchtigung insbesondere bzgl. des Sports. Ein Dauerschaden in Form einer Arthrose und weiterer Verschlechterung des Gesundheitszustands des Klägers ist nicht auszuschließen, worauf bereits das vorinstanzliche Urteil hingewiesen hatte. [Ursache: Unfall mit einem Trike = motorradähnliches Dreiradfahrzeug].

Betrag: 40.000 € **Haftung: 100 %**
immVorb: Ja **MdE: –**

OLG Karlsruhe 24.1.2014 – I-9 U 103/13 = NZV 2014, 462

7016

Fußverletzung / Fußgelenkverletzung / Fußfraktur / Unterschenkelfraktur (hier: Wadenbeinnervlähmung bzw. Peronaeusparese rechts im Zusammenhang mit einer Sprungbeinfraktur und einer Wadenbeinfraktur kurz unterhalb des Kniegelenks). Zudem erlitt der Kläger eine Mittelfußknochenbasisfraktur links, eine Halsschlagaderverletzung in Form einer Vertebralisdissektion der linken Halsschlagader, einen Kreuzbandriss (hinten und vorne sowie am bipolaren Seitenband) und eine Unterarmfraktur in Form einer multiplen Ellenfraktur bzw. Radiusfraktur links.

Mann [selbständiger Handwerker). Dauerschaden: Gehbehinderung iVm „erheblicher Funktionseinschränkung des rechten Beines durch eine Nekrose, die eine vollständige Versteifung der Sprunggelenke erforderte; es besteht trotz orthopädischer Schuhversorgung ein hinkendes Gangbild sowie ausgeprägte, Dellen bildende Schwellungen am Unterschenkel und um die Sprunggelenke. Die mögliche Gehstrecke ist auf wenige hundert Meter begrenzt, wegen des Spitzfußes sind Vorfuß- und Fersengang nicht möglich, der Kläger leidet unter Dauerschmerzen, seine Lebensplanung änderte sich grundlegend, eine Tätigkeit im Zusammenhang mit der Reparatur von Trikes sowie eine Berufstätigkeit im Stehen oder verbunden mit längerem Gehen ist nicht mehr möglich und durch den Bruch des Wadenbeins kam es zu einer Teillähmung des rechten Wadenbeinnervs mit Sensibilitätsstörungen und motorischen Ausfällen, die aber durch die Sprunggelenksversteifung überlagert sind", so das OLG.

Betrag: 45.000 € **Haftung: 100 %**
immVorb: – **MdE: 40 %**

OLG München 12.10.2018 – 10 U 1905/17 = BeckRS 2018, 27826

5154

Fußverletzungen, schwere … und Fußfrakturen, schwere … sowie Sprungbeinverletzungen und Sprungbeinfrakturen in folgender Ausprägung: o.Sprungbeintrümmerfraktur rechts, dreifache Fußwurzelnochenfraktur rechts; o.Sprungbeinluxation 3.Grades und schweres Hautdecollement. ZUdem erlitt die Klägerin noch folgende Verletzungen: Oberschenkelfraktur in Form einer Oberschenkelschaftfraktur; Gesichtsverletzungen in Form von Schnittwunden sowie Schnittwunden auch an der Schulter, rechtsseitig.

19j. Frau (Abiturientin / beginnende Ausbildung zur Sozialversicherungsfachangestellten). Lebensgefahr mit vorübergehender Bewusstlosigkeit nach Kreislaufzusammenbruch. 7 Tage Intensivstationär und weitere 4 Wochen stationär mit insgesamt 6 Operationen mit – trotz schmerzstillender Medikamente – unerträglichen Schmerzen; langwierige Heilbehandlung von gut einem weiteren Jahr. Dauerschaden: Rechter Fuß – posttraumatische Arthrose mit Bewegungsbeeinträchtigung; ausgeprägte Narben im Fußbereich und noch sichtbare, wenn auch nicht entstellende Narbe an der rechten Schulter; Hobbyaufgabe: Tanzen nicht mehr möglich. [Motorradunfall: Linksabbieger kollidiert mit überholendem Krad – Kein Mitverschulden wegen fehlender Schutzkleidung!]. Lesenswert zum Thema: Teilschmerzensgeld!

Betrag: 50.000 € **Haftung: 100 %**
immVorb: Ja **MdE: –**

OLG Saarbrücken 12.3.2015 – 4 U 187/13 = BeckRS 2015, 8438

5297

Sprunggelenkfraktur, schwere (hier: Sprunggelenkluxationsfraktur Typ Weber C rechts) sowie schwere Knieverletzung links (hier: Kniegelenkfraktur in Form einer Schienbeinplateaufraktur [= sogn. Eminentiafraktur als Teil des Kniegelenks]. Kreuzbandriß am hinteren Kreuzband links und Kollateralbandriß [= Das laterale Kollateralband ist das Seitenband, das an der Außenseite des Knies liegt], Knieluxation bzw. Ausrenkung des linken Kniegelenks. Zudem erlitt der Kläger zum Teil schwere Prellungen (hier: schwere Rückenprellung, schwere Schädelprellung und Brustkorbprellung).

Mann (älterer Mann). 10 Wochen stationär. Mehrere Aufenthalte. Zwischendurch musste der Kläger in einer Kurzzeitpflege versorgt werden. Ambulante Behandlung, langwierige Heilbehandlung. Dauerschaden: Erhebliche Bewegungsbeeinträchtigung und Belastungsminderung im Kniegelenk. Das OLG berücksichtigte zudem die Gesamtbeeinträchtigung des Klägers und dessen Ehefrau aufgrund der schweren Unfallfolgen.

Betrag: 50.000 € **Haftung: 100 %**
immVorb: Ja **MdE: –**

OLG München 10.7.2014 – 24 U 3058/13 = unveröffentlicht

5155

Fußverletzung, schwere / Nervverletzung / Peroneuslähmung (hier: Wadenbeinnervverletzung mit daraus resultierendemr Funktionsverlust u.a. der Musculi peronei. Funktionslosigkeit des rechten Fußes.

29j. Mann. Arzthaftung (hier: Grober Behandlungsfehler). Dauerschaden: Gehbehinderung („Steppergang").

Betrag: 50.000 € **Haftung: 100 %**
immVorb: Ja **MdE: –**

OLG Karlsruhe 26.6.2014 – 7 U 68/13 = BeckRS 2014, 124351

d) Fußverletzungen

6544

Fußverletzung / Bänderverletzung (hier: Außenbandruptur bzw. Außenbandriss).

Frau. Kein Schmerzensgeldanspruch. Keine Haftung wegen Verkehrssicherungspflichtverletzung, sofern ein Fluggast beim Aussteigen aus einem Flugzeug auf dem Vorfeld auf dem Weg zum Vorfeldbus über eine ungesicherte Entwässerungsrinne stolpert und sich verletzt. Auf dem Vorfeld eines Flughafens hat der hierfür Verantwortliche geeignete Vorkehrungen nur gegen unerwartete Gefahrenquellen zu treffen, denen der durchschnittlich aufmerksame Fluggast beim Betreten des Flugfelds begegnet und mit denen er nicht zu rechnen braucht. [Anmerkung: In der Vorinstanz hatte das LG Köln BeckRS 2018, 49430 der Klage stattgegeben und der Klägerin bei einer Mithaftung von 33 % ein Schmerzensgeld in Höhe von 2.500 EUR zuerkannt.].

Betrag: – **Haftung: –**
immVorb: – **MdE: –**

OLG Köln 24.4.2019 – 11 U 113/18 = BeckRS 2019, 24910

4501

Fußverletzungen / Bänderverletzungen.

Frau. Kein Schmerzensgeldanspruch wegen Sturzes auf vereistem Weg von der Wohnung zum Mülltonnenhäuschen im Innenhof des Anwesens. Zwar sei der Vermieter der Anlage zum Räumen und Streuen der Wege verpflichtet, betonte das AG, das Eigenverschulden der Klägerin – die auf dem Hinweg über eine erkennbar nicht vereiste Strecke und unerklärlicher Weise auf dem Rückweg über die Eisfläche gegangen sei – überwiegt hier jedoch das Verschulden des Vermieters, so „dass eine etwaige Verkehrssicherungspflicht des Vermieters dahinter zurücktrete".

Betrag: – **Haftung: –**
immVorb: – **MdE: –**

AG München 27.7.2012 – 212 C 12366/12 = BeckRS 2013, 722

3415

Fußverletzung (hier: Bänderdehnung am rechten Fuß) sowie eine Prellung an der linken Hand und am Oberschenkel links.

Mann. MdE 4 Wochen 100 %. Bei der Bemessung wurde berücksichtigt, dass der Kl. seine Kur abbrechen musste.

Betrag: 500 € **Haftung: 100 %**
immVorb: – **MdE: –**

AG Paderborn 31.5.2005 – 55 C 312/04 = BeckRS 2005, 6972

5514

Fußverletzung (hier: Knochenmarködem in Form von Bluterguss im Knochenmark des 3. Mittelfußknochens).
Frau. Ambulante Heilbehandlung durch Kühlung und Hochlagerung. Insgesamt ca. 2 1/2 Monate andauernde Beeinträchtigungen durch „belastungsabhängige Schmerzen und eine rezidivierenden Schwellneigung". Ursache: Verkehrssicherungspflichtverletzung. Stichworte: Fußgängerzone, Wochenmarkt, Gehweg.

Betrag: 600 € **Haftung: 80 %**
immVorb: – **MdE: –**

OLG Celle 7.8.2017 – 8 U 123/17 = BeckRS 2017, 125575

7390

Fußverletzungen bzw. Fußsohlenverletzung in Form von Verbrennungen unter beiden Fußsohlen mit Blasenbildung. Es war an beiden Fußsohlen ca. 5 % der Körperoberfläche verbrannt.

1j. Kind. Ambulante Behandlung im Krankenhaus. Die Klägerin konnte in der ersten Woche nach dem Vorfall nicht gehen und schlief schlecht. Die Behandlung der Verbrennungen dauerte ca. drei Wochen. [Ursache: Amtspflichtverletzung / Verkehrssicherungspflichtverletzung eines Schwimmbadbetreibers: Die damals 17 Monate alte Klägerin besuchte mit ihrer Mutter das Schwimmbad der Beklagten. In Beckennähe befand sich dort auf einem Fußweg im Boden eine große Metallplatte, die nicht gekennzeichnet war und die sich durch intensive Sonneneinstrahlung stark erhitzt hatte. Die Klägerin lief barfuß vor ihrer Mutter her und betrat die Platte, wobei sie sich die Fußsohlen verbrannt hatte].

Betrag: 750 € **Haftung: 100 %**
immVorb: – **MdE: –**

LG Koblenz 30.11.2020 – 1 O 62/20 = BeckRS 2020, 64217

7392

Fußverletzung in Form einer „blutenden Risswunde" auf dem Fußrücken.

1j. Kind. Ambulante Behandlung. Folgenlose Verheilung. [Ursache: Verkehrssicherungspflichtverletzung: Dem Kind fiel in einem Schuhgeschäft ein nicht ausreichend befestigter Spiegel auf den Fuß. Keine Aufsichtspflichtverletzung der Mutter: „Dass Kinder in Geschäftsräumen Gegenstände berührten, müsse durch Eltern nicht verhindert werden, es sei denn, die Gegenstände seien beispielsweise durch besondere Verbotsschilder gekennzeichnet," so das LG].

Betrag: 1.000 € **Haftung: 100 %**
immVorb: – **MdE: –**

LG Koblenz 16.5.2018 – 13 S 10/18 = BeckRS 2018, 63573

6094

Verbrennungen 2. Grades an beiden Fußsohlen, insbesondere „an beiden Ballen der Fußsohlen mit großflächiger Blasenbildung".

Kind (noch minderjährig). Stationäre Behandlung. Anschließend ambulante Weiterbehandlung durch den Hausarzt. Die schmerzhaften Wunden verheilten erst nach 3 Wochen. Die Bewegungsfähigkeit der Klägerin sei während dieser Zeit eingeschränkt gewesen. [Ursache: Verkehrssicherungspflichtverletzung – „Betreibt die öffentliche Hand einen Badesee, bei dem ein Toilettencontainer aufgestellt ist, der über eine Metallrampe zu erreichen ist, so stellt es gegenüber Kindern, die altersgemäß noch nicht in der Lage sind, eine entsprechende Gefahr zu erkennen, eine Verkehrssicherungspflichtverletzung dar, wenn diese Metallrampe nicht gegen Sonneneinstrahlung geschützt ist, sodass sich ein die Metallrampe barfuß betretendes Kind die Fußsohlen verbrennen kann"].

Betrag: 1.000 € **Haftung: 100 %**
immVorb: – **MdE: –**

LG Coburg 13.12.2016 – 23 O 457/16 = BeckRS 2016, 135568

4533

Fußverletzung (hier: Sprunggelenkdistorsion im oberen Sprunggelenk und Bänderverletzung des inneren Seitenbandes am Fuß) sowie Knieverletzung / Kniegelenkdistorsion und HWS-Syndrom.

Mann (Außendienstmitarbeiter). Ambulante Heilbehandlung. MdE 1 Monat 100 %.

Betrag: 1.000 € **Haftung: 100 %**
immVorb: – **MdE: –**

LG Frankfurt (Oder) 15.12.2011 – 19 S 14/10 = BeckRS 2013, 2377

3944

Fußverletzung (hier: Eiternde Fußverletzung in Form einer ca. 15 cm im Durchmesser umfassenden eiternden Blase auf dem Fußrücken sowie Hyperästhesie).

60j. Frau. Langwierige Heilbehandlung von insgesamt 3 Monaten Dauer. Arzthaftung (hier: Grobes Verschulden durch Versäumnis den Kompressionsverband nach der zuvor durchgeführten Hallux-Operation regelmäßig zu kontrollieren und zu wechseln).

Betrag: 1.000 € **Haftung: 100 %**
immVorb: – **MdE: –**

OLG Celle 9.4.2001 – 1 U 33/00 = BeckRS 2001, 161620

2803

Fußverletzung ohne nähere Angaben.

Frau. MdE 6 Wochen 100 %, 3 Wochen 40 % und weitere 13 Wochen 20 %. Verkehrssicherungspflichtverletzung (hier: Streupflichtverletzung).

Betrag: 1.278 € **Haftung: 100 %**
immVorb: – **MdE: –**

LG Heidelberg 3.12.1998 – 7 S 7/98 = BeckRS 1998, 153707

6925

Fußverletzung durch Bisswunde an der Achillessehne.

Mann. Die Wunde musste genäht bzw. chirurgisch behandelt werden. Es kam zu einer verzögerten Wundheilung, weshalb die Bisswunde durch Spülung mit Desinfektionslösung und Einlage von Laschen behandelt wurde. MdE 42 Tage 100 %. [Ursache: Jagdunfall].

Betrag: 2.500 € **Haftung: 100 %**
immVorb: – **MdE: –**

OLG Zweibrücken 15.7.2020 – 2 U 82/12 = BeckRS 2016, 15066

3547

Fußverletzung in Form einer Sprunggelenkverletzung im oberen und unteren Sprunggelenk.

Frau. Nach Ausheilung, „auf ebenem Untergrund … unauffälliges Gangbild". Mögliche Verschlechterungstendenz: Langfristig besteht ein „erhöhtes Risiko einer Verstärkung einer posttraumatischen Arthrose".

Betrag: 3.835 € **Haftung: 100 %**
immVorb: Ja **MdE: –**

LG Darmstadt 13.7.2004 – 3 O 228/02 = BeckRS 2004, 153632

7718

Fußverletzung, beidseitig (hier: Quetschung beider Vorderfüße durch ein Überrolltrauma, wobei der rechte Fuß durch Teil-Amputation schon vorgeschädigt war. Deutliche Schwellungen der Füße und am rechten Fuß, der an seiner Unterseite regelrecht „aufgeplatzt" war, ein Haut-Weichteildefekt in einer Ausdehnung von 8 x 4 cm im Bereich der ehemaligen Spalthautplastik mit Schwellung und Hämatomverfärbung.

Mann. 3 Tage stationär. MdE 8 Monate. Langwierige Heilbehandlung. Erst nach vier Monaten war die Wunde fast geschlossen; über vier Monate musste der Kl. an Gehhilfen bzw. Krücken gehen und später einen „Spezialschuh" bzw. Orthopädische Schuhe tragen. Zutreffend wertete das OLG in seinem Hinweisbeschluss die Vorschädigung nicht als schmerzensgeldmindernd [vgl. dazu im Handbuch → Rn. 61a] und sah die vom LG zuerkannte Schmerzensgeldhöhe als „eher am unteren Rand dessen, was der Senat als angemessen erachtet" an. [Ursache: Die Füße des Klägers, der nach einer Feier alkoholisiert auf einem Schachtring am Straßenrand saß und sich währenddessen mit seinem Smartphone beschäftigte, waren von dem veranstalterseitig eingesetzten Shuttel-Bus überrollt. „Ein Mitverschulden der auf dem Schachtring sitzenden Person ist nicht ersichtlich. Ein vorwerfbares Eigenverschulden ist auch nicht darin zu sehen, dass der Geschädigte nahe der Fahrbahn auf einem Schachtring saß und sich währenddessen mit seinem Smartphone beschäftigte. Auch die Alkoholisierung des Geschädigten begründet in dieser Situation kein unfallbedingtes Mitverschulden. Dass er den herannahenden Bus erst zu spät bemerkt hat, kann auch mit – nicht vorwerfbarer – Unaufmerksamkeit bzw. Ablenkung erklärt werden." (amtl. Leitsatz)].

Betrag: 4.000 € **Haftung: –**
immVorb: – **MdE: –**

OLG Schleswig 21.2.2024 – 7 U 104/23 = BeckRS 2024, 9767

4296

Fußverletzung (hier: Mittelfußknochenverletzung in Form einer Mittelfußknochenabsplitterung rechts mit Wunde am Fußspann mit bleibender handflächengroßer Narbe), schwere Unterschenkelprellung.

11j. Kind (Schüler). 5 Tage stationär. Längere ambulante Heilbehandlung. Der Kl. war „für mehr als zwei Monate auf Gehilfen (Krückem) angewiesen ... und konnte erst nach mehr als drei Monaten wieder Sport treiben". Zur verhältnismäßig kurzen stationären Behandlung führte das LG zutreffend aus: „Hier ist aber zu berücksichtigen, dass auf ein elfjähriges Kind ein Krankenhausaufenthalt belastender wirkt als auf einen Erwachsenen oder einen älteren Jugendlichen, weil es die Trennung vom häuslichen Umfeld als belastender empfindet".

Betrag: 5.000 € **Haftung: 100 %**
immVorb: Ja **MdE: –**

LG Aachen 5.11.2010 – 7 O 127/10 = BeckRS 2011, 3328

4243

Fußverletzung in Form einer Knochenentzündung, die aus der Infektion des Fußes infolge der Operation eines sogenannten Hammerzehs entstanden ist.

Frau. Dauerschaden: Orthopädische Schuhe. Arzthaftung (hier: Aufklärungspflichtverletzung in Bezug auf die Infektionshäufigkeit und -schwere bei Fußoperationen. Der Beklagte hätte – so das OLG – die Klägerin darüber aufklären müssen, „dass Operationen am Fuß weit häufiger zu Infektionen und Wundheilungsstörungen führen als Eingriffe in andere Körperregionen, da einerseits der Fuß stärker keimbehaftet sei als andere Körperteile und andererseits das Gehen auf der Erde zu einer erheblichen Kontamination mit Keimen führe" ... [und auch darüber], „dass Infektionen eintreten könnten, die bis hin zur Amputation des Fußes führen könnten").

Betrag: 5.000 € **Haftung: 100 %**
immVorb: – **MdE: –**

OLG Brandenburg 13.11.2008 – 12 U 104/08 = BeckRS 2008, 24164

6453

Fußverletzung links, die zu einer Fußlähmung führte sowie Beckenfraktur links.

Frau. 42 Tage stationär und weitere 42 Tage Rehabilitationsaufenthalt. Anschließend ambulante Heilbehandlung mit Physiotherapie. Dauerschaden: Gehbehinderung wegen der Funktionsbeeinträchtigung des linken Fußes infolge der Lähmung des Fußes sowie der Bewegungsbeeinträchtigungen beider Hüftgelenke. Zudem leidet die Klägerin unter Beeinträchtigungen beim längeren Stehen und großen auffälligen Narben im Bereich des Beckens und unterhalb des Rippenbogens links.

Betrag: 5.000 € **Haftung: 50 %**
immVorb: Ja **MdE: –**

LG Leipzig 2.8.2002 – 3 O 4972/01 = BeckRS 2002, 163248

4728

Fußverletzung, schwere (hier: „5 cm lange klaffende Risswunde über dem lateralen Fußrücken und eine weitere ca. 3 cm lange Risswunde über dem Außenknöchel", so das OLG).

11j. Junge. Stationäre Heilbehandlung / langwierige Heilbehandlung. „Mehrmaligen Wundversorgungen unter Vollnarkose" und „operative Defektdeckung mit Spalthauttransplantation, wobei diese Hauttransplantation teilweise nicht angenommen wurde". Dauerschaden: „Taubheitsgefühlen am Fuß, zusätzlich wächst auch der betroffene Fuß nicht in dem selben Maß wie der gesunde"/Wachstumsstörung. [Zitate aus der Urteilsbegründung]. Ursache: Der Schüler geriet mit dem Fuß unter den Reifen des herrannahenden Linienbuses. [Anmerkung: Die Regeln des gestörten Gesamtschuldnerausgleichs führten zur Quote von 50 %].

Betrag: 6.250 € **Haftung: 50 %**
immVorb: Ja **MdE: –**

OLG Koblenz 3.12.2012 – 12 U 1473/11 = BeckRS 2012, 25119

7057

Fußverletzung, schwere (hier: Der Kläger hatte insofern „Angst, sein Bein zu verlieren und in jungen Jahren bereits zum Invalidenfall zu werden". Zudem kam es zu neuropathischen Schmerzen nach einer Verletzung von peripheren Nerven, entsprechend einem sogenannten chronisch regionalen Schmerzsyndrom Typ 2 (CRPS Typ 2).

Mann. MdE vier Monate 100 %. Bei der Schmerzensgeldbemessung orientierte sich das OLG an den Entscheidungen des LG Aachen → Nr. 2984, OLG München → Nr. 5887 und OLG Köln → Nr. 4582 und führte insofern aus: „Die Entscheidungen sind, was die Verletzungen betreffen, mit dem vorliegenden Fall vergleichbar. Die Verletzungsfolgen, die der Kläger erlitt, sind indes größer als diejenigen, die der Entscheidung des Landgerichts Aachen zugrunde lagen. Sie sind aber vergleichbar mit denjenigen, die den Entscheidungen des Oberlandesgerichts München und des Oberlandesgerichts Köln zugrunde lagen".

Betrag: 9.000 € **Haftung: 100 %**
immVorb: Ja **MdE: –**

OLG Dresden 13.7.2022 – 1 U 2039/21 = BeckRS 2022, 18128

5775

Fußverletzungen, schwere (hier: Tiefe Wunde mit freiliegenden Sehnen am rechten Fuß und Defekt der Zehenstrecker und des lateralen Fußwurzelknochens sowie zwei tiefe Wunden ober- und unterhalb des rechten Kniegelenks. Postoperatib bildeten sich im Bereich der Zehen 2 bis 4 sogenannte „Krallenzehen".)

17j. Mann. 49 Tage stationär mit Hauttransplantation vom Oberschenkel, anschließend ambulante Heilbehandlung. MdE ca. 70 Tage 100 %. Dauerschaden: MdE 20 %. Bewegungseinschränkung des rechten oberen Sprunggelenks; Verlust der Streckfähigkeit der Zehen 3 bis 5 des rechten Fußes, Sensibilitätsstörung am rechten Knie und am Fußrücken. 23 cm lange Narbe am rechten Oberschenkel. Kein Sport in Form der bisher ausgeübten Sportarten (Tennis und Fußball) mehr möglich. Wegen Verwachsungen der Strecksehnen des Fußes sind weitere Operationen wahrscheinlich. [Ursache: Motorradunfall].

Betrag: 9.203 € **Haftung: 66 %**
immVorb: Ja **MdE: 20 %**

OLG Hamm 15.5.2000 – 13 U 183/99 = BeckRS 2007, 2175

4581

Fußverletzung, schwere (hier: Nervverletzung des nervus tibialis und Bänderverletzung / Bänderriss im Bereich des Mittelfußknochens sowie eine massive Weichteil- und Knochenquetschung der Zehen des linken Fußes.).

Mann. Stationäre sowie anschließende ambulanter Heilbehandlung. Dauerschaden: Belastungsbeeinträchtigung des linken Fußes [Ursache: der Beklagte überrollte mit seinem

KFZ beim erzwungenen Einfahren auf einen beschrankten Parkplatz den Fuß des Klägers].

Betrag: 10.000 € **Haftung: 100 %**
immVorb: – **MdE: 10 %**

LG Hamburg 29.2.2012 – 302 O 250/09 = BeckRS 2012, 214225

4470

Fußverletzung (hier: Fußheberschwäche nach Fußnervverletzung am rechten Bein).

46j. Mann (Koch). Zwei stationäre Aufenthalte. Langwierige Heilbehandlung. Dauerschaden: Gehbehinderung und Berufsbehinderung als Koch. Arzthaftung (hier: Grober Behandlungsfehler nach Fehldiagnose in Bezug auf ein sog. Kompartementsyndrom wodurch der Nerv abgedrückt worden war.

Betrag: 10.000 € **Haftung: 100 %**
immVorb: Ja **MdE: –**

OLG Hamm 14.3.2007 – 3 U 54/06 = BeckRS 2007, 9090

5141

Fußheberschwäche mit hinkendem Gangbild als dauerfolge einer Wirbelkörperfraktur im Bereich LWK 5 mit kompletter Verlegung des Spinalkanals.

30j. Mann. 38 Tage stationär; 3 Aufenthalte. MdE 3 Monate und 9 Tage 100 % – während dieser Zeit musste der Kläger ein Korsett tragen und Gehstützen nutzen. Operative Revision des Spinalkanals mit Dekompression und Spondylodese L3-S1. Komplikationsloser Heilungsverlauf. Dauerschaden: Gehbehinderung in Form eiens hinkenden Gangbildes wegen Fußheberschwäche bzw.Fußheberparese Grad III und Zehen- und Großzehenheberschwäche Paresegrad II sowie wiederkehrende Rückenschmerzen. Erhöhend berücksichtigte das OLG den unfallbedingten Schreck sowie die Angst vor Operationen udn Narkosen etc [Motorradunfall]. Anmerkung: Das OLG ging bei voller Haftung von 25.000 EUR aus, was angesichts der nicht unerheblichen Dauerfolgen zu gering bemessen erscheint.

Betrag: 12.500 € **Haftung: 50 %**
immVorb: – **MdE: –**

OLG Saarbrücken 31.5.2005 – 4 U 221/04 = BeckRS 2005, 11638

5022

Fußverletzung und Behandlungsverzögerung eines Synovialsarkoms im Unterschenkel.Die Klägerin suchte in den Jahren 2009 und 2010 mehrfach den beklagten Orthopäden auf, der sie stets ohne Erfolg behandelte. Erst im Januar 2011 wurde die wahre Ursache (Tumorerkrankung im Bein) festgestellt und operiert.

23j. Frau (Studentin). Arzthaftung (Hier: Grober Befunderhebungsfehler im Rahmen einer Behandlung eines Synovialsarkoms im Unterschenkel. Der beklagte Arzt „diagnostizierte einen Kiefergelenkschaden, einen Kopfschmerz, eine Fibulaköpfchenblockierung und ein HWS-Syndrom. Er veranlasste entsprechende Behandlungen, die die Beschwerden der Klägerin nicht beseitigen konnten. Erst eine im Januar 2011 durchgeführte kernspintomografische Untersuchung ergab Anhaltspunkte für eine Tumorerkrankung, die sich nach ihrer operativen Versorgung im März 2011 als Synovialsarkom bestätigte") zitiert aus becklink. Dauerschaden: Bewegungseinschränkung des rechten Fußes in Form einer Fußheberschwäche und Großzehenheberschwäche.

Betrag: 15.000 € **Haftung: 100 %**
immVorb: Ja **MdE: –**

OLG Hamm 18.2.2015 – 3 U 166/13 = BeckRS 2015, 10693

2732

Fußverletzung (hier: „erhebliche Schmerzen ... mit Taubheitsgefühlen und Sensibilitätsstörungen" nach kunstfehlerhafter Behandlung einer Innenknöchelverletzung. Der Bekl. trennte den Nervus tibialis [Nervverletzung]).

Mann. Arzthaftung (Grober Behandlungsfehler. „Die Neutrotomie des Nervus tibialis ist zur Behandlung der von einem Tarsalttunnelsyndrom" ausgehenden Schmerzen kontraindiziert!)

Betrag: 17.895 € **Haftung: 100 %**
immVorb: Ja **MdE: –**

OLG Köln 21.12.1998 – 5 U 165/97 = BeckRS 9998, 17314

5459

Fußverletzung (hier: Fußlähmung und Zehenheberparese).

55j. Frau. Arzthaftung (hier: Behandlungsfehler im Rahmen einer Wirbelsäulenoperation). Dauerschaden: Fußlähmung und Zehenheberparese mit daraus resultierender Gehbehinderung sowie Berufsunfähigkeit. Spätere Operationen sind nicht ausgeschlossen.

Betrag: 20.000 € **Haftung: 100 %**
immVorb: Ja **MdE: –**

OLG Bamberg 15.2.2016 – 4 U 148/15 = BeckRS 2016, 136756

5684

Fußheberschwäche / Peronaeusparese nach Bandscheibenoperation. Als weitere Folge leidet der Kläger seither an Impotenz.

Mann (Schlosser). Arzthaftung (hier: Aufklärungspflichtverletzung im Zusammenhang mit einer Bandscheibenoperation; Aufklärungspflichtverletzung wenn sich bei einem Eingriff mehrere Risiken verwirklichen, aber nicht über alle aufgeklärt worden ist). Dauerschaden: Impotenz und Fußheberschwäche nach Peronaeusparese. [Lesenswert zur Aufklärungspflichtverletzung und Grundaufklärung].

Betrag: 20.452 € **Haftung: 100 %**
immVorb: – **MdE: –**

BGH 30.1.2001 – VI ZR 353/99 = BeckRS 2001, 2082

5125

Fußverletzung, schwere ... / Nervverletzung als Folge einer operativen Verletzung (während einer Hüftprothesen-Auswechseloperation) des Nervus ischiadicus, der motorisch die Knieflexorengruppe der Oberschenkelmuskulatur und zudem mit seinen beiden Hauptästen ab der Kniekehle motorisch und sensibel Unterschenkel und Fuß versorgt. Die Verletzung führte zu einer Fußheberschwäche, einer Beinlängenverkürzung und einer Dislokation des künstlichen Hüftgelenks.

Frau. Arzthaftung wegen Aufklärungspflichtverletzung im Zusammenhang mit einer Hüftprothesenoperation.

Der Arzt hatte die Wahrscheinlichkeit der Nervschädigung verharmlosend angegeben. Dauerschaden: Gehbehinderung infolge einer Teillähmung des Beines mit Fußheberschwäche. [vgl. auch LG Freiburg BeckRS 2017, 103344, → Nr. 5307 zur fehlerhaften Prothese / fehlerhaften Hüftgelenksprothese]

Betrag: 25.000 € **Haftung: 100 %**
immVorb: Ja **MdE: –**

OLG Nürnberg 30.4.2015 – 5 U 2282/13 = BeckRS 2015, 9105

3984

Fußverletzung, schwere (hier: Chronische Knochenentzündung nach Mittelfußknochenverletzung in Form einer knöchernen Substanzverletzung im Großzehengrundgelenk).

Mann (Elektromeister). 2 Monate stationär mit zwei Aufenthalten in denen insgesamt 14 Operationen durchgeführt werden mussten. Der Kläger konnte infolge der erheblichen Beeinträchtigungen in den ersten 2 Jahren nach der Verletzung keinen PKW führen. Dauerschaden: Chronische Knochenentzündung, an welcher der Kläger auf Dauer zu leiden hat. Arzthaftung (hier: Aufklärungspflichtverletzung).

Betrag: 25.000 € **Haftung: 100 %**
immVorb: Ja **MdE: 10 %**

OLG Oldenburg 15.11.2006 – 5 U 68/05 = BeckRS 2007, 6328

2501

Fußverletzung (hier: Nach einer Osteotomie (= Knochenumstellung) des linken Unterschenkels wurde ein sogn. Kompartmentsyndrom fehlerhaft nicht erkannt; es kam zu erheblichen neurologischen Schäden mit Sprunggelenkeinsteifung.

36j. Frau (Hausfrau, 3 Kinder). „Wochenlange stationäre Behandlung“. Dauerschaden: Erhebliche Gehbehinderung, sensibler Ausfall der gesamten Versorgung des Unterschenkels.

Betrag: 25.565 € **Haftung: 100 %**
immVorb: Ja **MdE: 40 %**

OLG Oldenburg 2.12.1997 – 5 U 79/97 = BeckRS 1998, 828

4809

Fußverletzung, schwere (hier: Fußabszess, der eine Wundreinigung / Wunddebridement mit Sekundärnaht erforderlich machte. Eine weitere Wundrevision folgte. Kurzzeitig bestand Amputationsgefahr! Großzehenheberschwäche. Große Schmerzen!).

Frau. 2 Monate stationär, 2 Aufenthalte sowie zwei weitere Tage Wundrevision in der Klinik. Es bestand Amputationsgefahr. Dauerschaden: Gehbehinderung, Belastungseinschränkung. Sie kann nur noch kurze Wegstrecken zurücklegen, da es ansonsten zu starken Schmerzen kommt. Daraus resultieren auch Rückenbeschwerden und Kniebeschwerden. Konfektionsschuhe können nicht mehr getragen werden, sie benötigt orthopädische Einlagen und kann auch keine längeren Strecken Auto fahren. Arzthaftung (hier: Grober Behandlungsfehler. „Die unzureichende Kontrolle einer bestehenden Infektion verstößt gegen den ärztlichen Standard. Wird die Kontrolle bei einer Infektion in der Fußsohle vom Arzt nicht täglich, sondern erst für 5 Tage später angeordnet, so ist dies inakzeptabel und stellt einen groben Behandlungsfehler dar“, so das OLG.). Verschlechterungstendenz: Ggf. sind weitere Operationen in Zukunft erforderlich.

Betrag: 30.000 € **Haftung: 100 %**
immVorb: Ja **MdE: –**

OLG Hamm 12.11.2013 – 26 U 107/11 = BeckRS 2014, 223

4962

Fußverletzung / Fußgelenkverletzung (hier: Kunstfehlerhafte Operation der Fußgelenke eines Fußes).

Frau. Sehr langwierige Heilbehandlung über insgesamt 6 Jahre. Arzthaftung (hier: Grober Behandlungsfehler im Zusammenhang mit einer operativen Versteifung dreier Rückfußgelenke (Subtalargelenk, Talonavikulargelenk, Kalkaneokuboidgelenk) zur Behebung einer schmerzhaften Rückfußarthrose bzw. einer Rückfußdeformität). Dauerschaden: Gehbehinderung und Belastungsschmerzen.

Betrag: 36.000 € **Haftung: 100 %**
immVorb: Ja **MdE: –**

KG 21.1.2013 – 20 U 303/11 = BeckRS 2013, 200842

6222

Fußverletzung und Unterschenkelverletzung (hier: Wadenbeinnervverletzung [Verletzung des Nervus peroneus] mit der Folge einer Klumpfußstellung. Zudem kam es zu einem Absterben von Muskelgewebe infolge einer Gewebedrucksteigerung und daraus resultierender Minderdurchblutung [= Kompartmentsyndroms] am linken und rechten Unterschenkel] sowie letztendlich zu einer Zehenheberschwäche und Fußheberlähmung des rechten Beins).

37j. Frau. Arzthaftung (hier: Grobe Behandlungsfehler im Zusammenhang mit einer „verlängernden und korrigierenden Operationen an beiden Unterschenkeln“ [= Kallusdistraktionsbehandlungen] wegen ihrer Kleinwüchsigkeit). Dauerschaden: Gehbehinderung nach Kompartementsyndrom und Wadenbeinnervverletzung, die eine sog. Klumpfußstellung zur Folge hatte. Bei der Schmerzensgeldbemessung berücksichtigte das OLG zudem „die andauernden täglichen Beschwerden der Klägerin (Gehen ohne Gehhilfe nur bis maximal 15/30 Minuten möglich; häufige brennende Schmerzen an den Fußsohlen, fehlbelastungsbedingte Beschwerden an der Lendenwirbelsäule, in der Lendenbeckenhüftregion und an beiden Kniegelenken) sowie die erheblichen Schmerzen und Unannehmlichkeiten, die die Klägerin im Behandlungszeitraum durch die Fehler der Beklagten erleiden musste. Hinzu kommt, dass den Beklagten zwei voneinander unabhängige Behandlungsfehler, davon ein grober, vorzuwerfen sind“.

Betrag: 45.000 € **Haftung: 100 %**
immVorb: Ja **MdE: –**

OLG Frankfurt a. M. 27.4.2004 – 8 U 139/02 = BeckRS 2004, 18520

5484

Fußverletzung, schwere (hier: Vollständige und endgültige Ausbildung eines Charcot-Fußes, d.h. einer Erkrankung, bei der die Fußknochen unbemerkt brechen können, ohne dass die Betroffenen Frakturschmerzen empfinden. Die Erkrankung tritt ganz überwiegend bei Diabetikern auf. Auch der Kläger litt bereits zuvor unter

Diabetes mellitus und Adipositas per magna); die Amputationsgefahr des Fußes ist sehr groß.

48j. Mann (Arbeiter / Gerätebediener). Arzthaftung (hier: Befunderhebungsfehler. „Ein Durchgangsarzt, der nach einem Arbeitsunfall mit Aufprall des Fußes auf der Erde zunächst nur ein Umknicktrauma diagnostiziert, muss jedenfalls dann, wenn er im Rahmen der selbst weitergeführten Behandlung von der Diabetes mellitus-Erkrankung des Patienten und einer darauf beruhenden Polyneuropathie erfährt, die Möglichkeit einer Mitbeteiligung von Fußknochen in Erwägung ziehen und röntgenologisch abklären. Ein entsprechendes Versäumnis stellt sich als Befunderhebungsmangel und nicht als Diagnosefehler dar", so das OLG. Berufsaufgabe: Umsetzung auf einen – nur noch in Teilzeit auszuführenden – „Schonararbeitsplatz". Verschlechterungstendenz: Orthopädische Schuhe und Amputationsgefahr, die – was das OLG erhöhend wertete – „früher oder später zu befürchten ist."

Betrag: 50.000 € **Haftung: 100 %**
immVorb: – **MdE: 60 %**

OLG Köln 9.1.2019 – 5 U 13/17 = BeckRS 2019, 2367

e) Fußfrakturen

5377

Fußfraktur (hier: Außenknöchels und einen Weichteilverletzung).

48j. Mann. Kein Schmerzensgeld für Fußfraktur und Weichteilverletzung wegen Sturz auf der Rampe eines Festzeltes. „Wer auf einer regennassen, aus Riffelblech angefertigten Aluminiumrampe zu einem Festzelt ausrutscht und stürzt, kann für eine hierdurch erlittene Verletzung allein verantwortlich sein, sodass ein Schadenersatzanspruch gegen den Festzeltbetreiber ausscheidet … Jedermann wisse, dass auf einer derartigen Metallplatte Wasser stehen bleiben und die Oberfläche dann rutschig sein könne. In dem Fall müsse man vorsichtig gehen", so das OLG dessen Beschluss rechtskräftig ist.

Betrag: – **Haftung: –**
immVorb: – **MdE: –**

OLG Hamm 20.2.2018 – 9 U 149/17 = BeckRS 2018, 7708

2800

Sprunggelenkverletzung / Fußverletzung (hier: „mehrfacher Bänderriss").

Frau (ca. 20 – 30 Jahre; Hausfrau / Friseurin); ambulante Behandlung: MdE 5 Wochen 100 %; 7 Wochen Liegegips, Krücken. 4 Wochen orthopädische Schuhe. Verkehrssicherungspflichtverl.

Betrag: 895 € **Haftung: 30 %**
immVorb: – **MdE: –**

LG Hamburg 16.1.1998 – 312 O 239/97 = unveröffentlicht

6748

Fußfraktur in Form einer Mittelfußfraktur im Bereich des 5. Mittelfußknochens [sog. Jones-Fraktur]. Zudem erlitt der Kläger einen Bluterguss am linken Oberarm sowie Schürfungen am linken Oberschenkel.

31j. Mann. Ambulante Heilbehandlung. MdE ca. 90 Tage 100 %. Vorsätzliche Körperverletzung.

Betrag: 1.500 € **Haftung: 100 %**
immVorb: – **MdE: –**

OLG Saarbrücken 17.10.2019 – 4 U 10/17 = BeckRS 2020, 46789

4816

Fußfraktur (hier: distale Fibulafraktur Typ Weber A am rechten Fuß).

Frau. Ambulante Heilbehandlung mit Krankengymnastik. 9 Tage Gipsverband und Gehen an Unterarmgehstützen; zudem musste die Kl. gut 2 Moante einen sogenannten „Walker", der den Fuß umfasse und bis zum Knie reiche, tragen müssen. [Ursache: Verkehrssicherungspflicht wegen Bodenunebenheiten in Fußgängerzone].

Betrag: 2.000 € **Haftung: 50 %**
immVorb: – **MdE: –**

LG Kiel 1.11.2013 – 13 O 99/12 = BeckRS 2013, 21173

4367

Fußfraktur (hier: Mittelfußfraktur mit knöcherner Absprengung im Bereich des Mittelfußknochens sowie Sprunggelenkverletzung in Form eines Supinationstraumas im Bereich ihres linken oberen Sprunggelenks)

Frau. 7 Tage stationär. Dauerschaden: Bewegungseinschränkung im Bereich des linken Sprunggelenkes gegenüber dem rechten immer noch deutlich eingeschränkt. So kann sie den rechten Fuß bis 20 nach oben ziehen, den linken dagegen nur bis 5. Die Rotation links ist gegenüber rechts ebenfalls deutlich eingeschränkt – links 20/0/45, rechts 40/0/80. Aus diesem Grund wird die Klägerin nicht mehr in der Lage sein längere Strecken zu laufen (Joggen bzw. Walken). Sie wird für immer Beschwerden im Bereich des Mittelfußes bzw. der Fußwurzelknochen haben.

Betrag: 2.000 € **Haftung: 50 %**
immVorb: – **MdE: –**

OLG Naumburg 16.9.2011 – 10 U 3/11 = BeckRS 2012, 2505

6114

Fußfraktur in Form einer Mittelfußfraktur links.

Mann. Ambulante Heilbehandlung mit Gipsverband und krankengymnastischen Behandlungen. MdE gut 100 Tage 100 %. Dauerschaden: MdE 10 % wegen Bänderschädigung und dadurch bedingter Änderung der Fußbelastbarkeit / Belastungsminderung. Verschlechterungstendenz: Arthrosegefahr. [Ursache: Motorradunfall – lesenswert die Anmerkungen von Balke zum hier relevanten Thema eines berührungslosen Unfalls].

Betrag: 2.500 € **Haftung: 66 %**
immVorb: Ja **MdE: 10 %**

LG Passau 24.1.2017 – 4 O 577/15 = BeckRS 2017, 122195

3867

Fußfraktur in Form einer komplizierten Fersenbeinfraktur.

Frau. „Fast" 2 Wochen stationär sowie „über viele Wochen … deutliche, mit Schmerzen verbundene …" Bewegungsbeeinträchtigung. Ursache: Verkehrssicherungspflichtverletzung bei „Ferien auf dem Bauernhof"; – Sturz von der Leiter auf einen Heuboden.

Betrag: 2.500 € **Haftung: 33 %**
immVorb: Ja **MdE: –**

OLG Nürnberg 29.8.2008 – 3 U 1274/08 = BeckRS 2008, 21481

6383

Fußfraktur (hier: Mittelfußfraktur am rechten Fuß) sowie erhebliche Prellungen (hier: Hüftprellung, Knieprellung und Unterarmprellung jeweils rechts).

Mann. [Ursache: Motorradunfall – lesenswert zur – vom LG verneinten – Frage, ob bei Motorradschutzbekleidung Abzüge neu für alt gemacht werden können].

Betrag: 2.500 € **Haftung: 100 %**
immVorb: Ja **MdE: –**

LG Darmstadt 28.8.2007 – 13 O 602/05 = BeckRS 2011, 9775

5749

Fußfraktur / Fußgelenkverletzung (hier: Mittelfußfraktur rechts und Fußgelenkdistorsion des rechten Fußgelenks).

72j. Frau. Ambulante Heilbehandlung. 30 Tage musste sie einen Gipsschuh tragen und war „auf die tägliche Hilfestellung durch Familienangehörige von ca. jeweils 2 Stunden bei der persönlichen Betreuung einerseits sowie bei Arbeiten im Haushalt andererseits angewiesen gewesen".

Betrag: 2.500 € **Haftung: 100 %**
immVorb: – **MdE: –**

AG Düsseldorf 14.3.2006 – 21 C 4759/05 = BeckRS 2006, 6506

2963

Fußfraktur (hier: Mittelfußtrümmerfraktur rechts, die nachfolgend zu einer Senkfußhaltung mit Abknickung und in der Folge zu schmerzhafter Sehnenreibung führte).

Mädchen (Schülerin). Erhöhend: „länger anhaltende Schmerzen" und langfristig „Verzicht auf sportliche Aktivitäten". Ursache: Reitsportunfall, Tierhalterhaftung.

Betrag: 2.556 € **Haftung: 100 %**
immVorb: Ja **MdE: –**

LG Berlin 29.2.2000 – 20 O 615/99 = unveröffentlicht

7910

Fußfraktur in Form einer Basisfraktur des fünften Mittelfußknochens. Zudem erlitt die Klägerin eine Handprellung links.

Frau. Ambulante Behandlung im Krankenhaus mit insges. 10 Terminen. 63 Tage 100 % arbeitsunfähig. 7 Tage Gipsverband und weitere „vier bis fünf Wochen eine Aircast-Schiene sowie festes Schuhwerk … und war auf Gehilfen angewiesen". Ca. drei Monate Sportunfähigkeit. Bei der Bemessung betonte das AG, dass die geforderten 4.000 EUR zu hoch seien, da zu berücksichtigen sei, dass die Klägerin nicht stationär behandelt werden musste und eine Operation nicht erforderlich war und es zudem weder zu Komplikationen noch zu einem Dauerschaden gekommen sei. [Ursache: Überrolltrauma durch Überrollen des Fußes der Klägerin durch den PKW des Beklagten infolge des unachtsamen Aussteigens der Klägerin aus ihrem PKW].

Betrag: 3.000 € **Haftung: 25 %**
immVorb: – **MdE: –**

AG Mönchengladbach 4.7.2024 – 29 C 258/20 = BeckRS 2024, 53828

5437

Fußfraktur in Form einer Vorderfußfraktur des linken Fußes sowie Schürfwunden an der rechten Hand sowie am Hals nach tätlicher Rangelei.

Mann. Ambulante Heilbehandlung. MdE gut 100 Tage 100 %. Während dieser Zeit musste der Kläger für einen Monat eine Gipsschiene tragen und befand sich insgesamt drei Monate in physiotherapeutischer Behandlung. [Ursache: Rangelei an der – was das LG schmerzensgeldmindernd berücksichtigte – der Kläger mit schuld war. Eine Quote hierfür legte das LG jedoch nicht fest, weshalb oben die Haftung mit 100 % angegeben wird].

Betrag: 3.000 € **Haftung: 100 %**
immVorb: – **MdE: –**

LG Saarbrücken 16.12.2016 – 4 O 249/15 = BeckRS 2016, 137502

5943

Fußfraktur / Fußwurzelknochenfraktur links [Talusfraktur].

Mann. Stationärer Aufenthalt mit Metallimplantat. 4 Wochen Unterschenkelgehgipsverband. MdE mehr als 90 Tage 100 %. Mögliche Dauerfolgen / Spätfolgen: Gelenkverschleiß und Funktionsbeeinträchtigungen. [Ursache: Motorradunfall]

Betrag: 3.000 € **Haftung: 30 %**
immVorb: Ja **MdE: –**

OLG Frankfurt a. M. 8.2.2011 – 22 U 162/08 = BeckRS 2011, 4241

3858

Fußfraktur / Würfelbeinfraktur.

Frau. Möglicher Dauerschaden: Bewegungsbeeinträchtigung. Es besteht zudem die Gefahr einer Gelenkversteifung.

Betrag: 3.500 € **Haftung: 100 %**
immVorb: Ja **MdE: –**

OLG Hamm 7.2.2006 – 9 U 62/05 = BeckRS 2006, 11154

2913

Fußfrakturen (hier: beids.Fersenbeinfraktur sowie Fußwurzelfraktur links); Angst, von der Mutter in fremder Umgebung zurückgelassen zu werden.

8j. Kind. Wurde versehentlich in Behördenraum eingeschlossen, sprang aus 4 1/2 Metern in den Hof. Für „längere Zeit" Rollstuhl und Gehkrücken; geringes Verschulden der Beklagten.

Betrag: 3.579 € **Haftung: 100 %**
immVorb: Ja **MdE: –**

LG Hanau 29.6.2001 – 2 S 151/2001 = BeckRS 2001, 11218

5354

Fußfraktur in Form einer Mittelfußknochenfraktur.

Frau. Stationär; zwei Operationen. Metallteileimplantat. MdE 93 Tage 100 %. Heilungsverlauf mit auftretenden Schmerzen; in den ersten sechs Wochen nach der Operation durfte die Klägerin den Fuß nicht belasten. Ursache: Verkehrssicherungspflichtverletzung durch den Veranstalter eines Gartenfestivals, bei welchem ein Teppich auf einer Treppe nicht korrekt verlegt worden war und somit zur Stolperfalle wurde.

Betrag: 4.000 € **Haftung: 100 %**
immVorb: – **MdE: –**

OLG Frankfurt a. M. 13.3.2017 – 4 U 158/16 = BeckRS 2017, 107385

3058

Fußfraktur (hier Mittelfußfraktur in Form einer metatarsalen V-Basisfraktur rechts sowie einer schwerern Sprunggelenkdistorsion im oberen Sprunggelenk mit Abbruch der Außenknöchelspitze und Innenknöchelstauchung).

Frau. 3 Wochen stationär. Danach „engmaschige ambulante Wundkontrollen". Die Kl. musste zeitweise einen Adimed-Stabilschuh tragen. Verschlechterungstendenz „nicht auszuschließen".

Betrag: 4.090 € **Haftung: 100 %**
immVorb: Ja **MdE: –**

OLG Hamm 4.2.2002 – 6 U 130/01 = BeckRS 9998, 18546

6980

Fußfraktur / Zehenfraktur (hier: Zwei Mittelfußknochenfrakturen am linken Fuß sowie mehrere Großzehenfrakturen in Form einer Großzehenendgliedmehrfragmentfraktur mit knöchernem Großzehengrundgelenkskapselausriss links bei vorbestehendem Unguis incarnatus. Neben den Fußverletzungen lagen weitere, offenbar aber folgenlos verheilte Verletzungen in Form einer Schädelprellung und eines HWS-Syndroms vor.

Mann (Schüler). Mehrfach jeweils für einige Tage stationär; Operation mittels Kirschner-Draht. Zum Dauerschaden führte das OLG aus, dass eine „geringgradige Bewegungseinschränkung" der beiden betroffenen Zehen verblieben sei, die als solche die Lebensführung des Klägers nicht messbar beeinträchtigt. Die Einlagen für die Schuhe sind zur Behebung einer unfallunabhängigen, vorbestehenden Fußfehlstellung, die inzwischen zu Beschwerden im Bewegungsablauf geführt haben, erforderlich geworden. Zudem führte es aus, dass eine unfallbedingte Arthrose – zumindest in den Gelenken der betroffenen Zehen – extrem unwahrscheinlich ist.

Betrag: 10.000 € **Haftung: 100 %**
immVorb: Ja **MdE: –**

OLG Zweibrücken 26.1.2022 – 1 U 188/20 = BeckRS 2022, 1322

3846

Fußfraktur, die ärztlicherseits nicht diagnostiziert wurde, obwohl sie auf den entspr. Röntgenaufnahmen erkennbar war.

Frau. Arzthaftung: Diagnosefehler mit daraus resultierendem Dauerschaden: Gehbehinderung.

Betrag: 15.000 € **Haftung: 100 %**
immVorb: Ja **MdE: –**

OLG Köln 5.6.2002 – 5 U 226/01 = BeckRS 2002, 30263528

7423

Beids.Fußfraktur rechts und links in Form von Fersenbeinfrakturen; beids.Unterarmfraktur rechts und links sowie eine Rippenfraktur. Zudem erlitt die Klägerin eine Gehirnblutung in Form einer Subarachnoidalblutungen;

56j. Frau (Rechtsanwaltsfachangestellte). Stationäre Behandlung. Aufgrund der Verletzungen aller vier Extremitäten war die Klägerin in den ersten drei Monaten sehr stark eingeschränkt, so dass sie ihre Körperpflege nicht selbst vornehmen und nicht selbst die Toilette aufsuchen konnte. Die beiden frakturierten Unterarme sowie die beiden frakturierten Fersenbeine wurden mit Metallimplantaten versehen. Dauerschäden: Während die Gehirnblutung und die Rippenfraktur zeitnah und folgenlos ausheilten, blieb in beiden Handgelenken eine dauerhafte Funktionsminderung bzw. Funktionsbeeinträchtigung zurück. Insbesondere an der linken Hand führt die Beugeeinschränkung zu Behinderungen bei der Bedienung von Computertastaturen. Ebenso kam es zu Dauerschäden im Bereich der Füße. Die Klägerin kann nicht länger als 40 Minuten ohne Pause gehen, danach schmerzen die Füße und schwellen an. Joggen kann sie nicht mehr, ebenso wenig Fahrradfahren oder wandern. Zudem leidet sie immer unter Schmerzen, was auch dazu führt, dass sie schneller müde und erschöpft ist. Bei der Schmerzensgeldbemessung orientierte sich das LG an den Urteilen des OLG Hamm → Nr. 6765, OLG Celle → Nr. 4862, OLG Jena → Nr. 6252 sowie OLG Köln → Nr. 4964 und führte jedoch insofern aus, dass in all diesen Entscheidungen, die jeweiligen Kläger keine Unterarmverletzungen sondern „nur" Fußfrakturen erlitten hatten. [Anmerkung: Eine vergleichbare Entscheidung, wie die des LG Köln, bei dem sich die Verletzte alle vier Extremitäten gebrochen hatten, ist aktuell nicht bekannt.].

Betrag: 55.000 € **Haftung: 100 %**
immVorb: – **MdE: –**

LG Köln 12.10.2023 – 2 O 101/22 = BeckRS 2023, 49043

f) Schwere Fußfrakturen

3893

Fußgelenkfraktur / Sprunggelenkfraktur (hier: schwere Sprunggelenkluxationsfraktur Typ B).

Mann. 3 Wochen stationär. Später weitere 3 Tage wegen Metallimplantatentfernung. MdE 11 Monate 100 %. Weitere 5 Monate nur eingeschränkt arbeitsfähig.

Betrag: 3.385 € **Haftung: 66 %**
immVorb: – **MdE: –**

OLG Hamm 6.7.2005 – 13 U 11/05 = unveröffentlicht

3707

Fußfraktur in Form einer Fußtrümmerfraktur mit erheblichen Substanzverletzungen des Fußwurzelknochens sowie des Kehlbeins und Bänderverletzungen (hier: Strecksehnenriss).

7j. Kind. 4 Wochen stationär. Einen vierwöchigen Krankenhausaufenthalt wertete das OLG zutreffend bei einem erst Siebenjährigen als erhebliche Beeinträchtigung. Ursache: Grobe Fahrlässigkeit des Beklagten beim Starten seines Motorbootes.

Betrag: 5.113 € **Haftung: 100 %**
immVorb: – **MdE: –**

OLG Köln 5.2.1999 – 3 U 91/98 = BeckRS 2000, 1200

3550

Fußfraktur (hier: Fersenbeinfraktur in Form einer mehrfachen Fersenbeinberstfraktur) und erhebliche Prellungen.

26j. Frau. MdE 8 Monate 100 %. Dauerschaden: 11 cm lange Narbe am linken Außenknöchel sowie Teilversteifung des linken Sprunggelenkes. Sprunggelenkarthrose.

Betrag: 8.181 € **Haftung: 100 %**
immVorb: – **MdE: 10 %**

OLG Frankfurt a. M. 29.8.2005 – 12 U 190/04 = BeckRS 2005, 31606

5240

Fußfraktur, schwere (hier: Dislozierte Mittelfußknochenfraktur in Form einer Mittelfußknochenmehrfragmentfraktur mit Gelenkbeteiligung und erheblichen Schmerzen).

45j. Mann. MdE mehr als 365 Tage 100 %. [Lesenswert zum Thema „Betriebliche Tätigkeit"/§ 105 SGB VII:

„Ein Arbeitnehmer haftet seinem Arbeitskollegen auf Schmerzensgeld, wenn der Personenschaden nicht anlässlich einer betrieblichen Tätigkeit eingetreten ist, sondern nur anlässlich einer solchen Tätigkeit. Ein Haftungsausschluss nach § 105 SGB VII kommt namentlich bei einer "Neckerei„ unter Arbeitskollegen nicht in Betracht. Eine solche Neckerei liegt vor, wenn der Schädiger mit einem Gabelstapler auf einen Arbeitskollegen zurollt, um ihm "in die Brust zu zwicken„, auch wenn der Schädiger beabsichtigt, den Wagen anschließend in der Lagerhalle abzustellen". (amtliche Leitsätze)]

Betrag: 10.000 € **Haftung: 100 %**
immVorb: Ja **MdE: –**

LAG Schleswig-Holstein 26.4.2016 – 1 Sa 247/15 = BeckRS 2016, 69600

5743

Fußfrakturen, schwere (hier: Mittelfußfraktur und ventrale Sprunggelenkfraktur).

Mann. 3 Wochen stationär mit Hauttransplantation. Ambulante Heilbehandlung / langwierige Heilbehandlung. 2 Monate Gehgips und Gehen nur an Krücken / Gehhilfen möglich.Psychische Beeinträchtigung und Depressionen, die ebenfalls therapeutisch behandelt wurden. MdE 3 Monate 100 %. Dauerschaden: Sprunggelenkarthrose mit Bewegungsbeeinträchtigung im Bereich des Sprunggelenks. [Mithaftung wegen Volltrunkenheit des Klägers].

Betrag: 10.000 € **Haftung: 20 %**
immVorb: Ja **MdE: –**

OLG Stuttgart 26.10.2006 – 13 U 74/06 = BeckRS 2006, 14956

6188

Fußfraktur in Form einer Fersenbeinfraktur. Zudem erlitt der Kläger eine Brustbeinfraktur, eine Gehirnerschütterung sowie Platzwunden am Hinterkopf und am Ellenbogen.

16j. Mann. 5 Tage stationär, anschließend 6 Wochen im Rollstuhl. MdE 60 Tage 100 %. „Gerade für einen Jugendlichen in diesem Alter stellt ein Sturz von einem Dach mit den dabei erlittenen schweren Verletzungen ein elementares und prägendes Erlebnis und die Tatsache, dass der Kläger über Wochen hinweg an den Rollstuhl gebunden war, eine schwere und einschneidende Einbuße an Lebensqualität dar", so das OLG. [Verkehrssicherungspflichtverletzung – die Verkehrssicherungspflicht bezüglich öffentlicher Sachen ist dem privatrechtlichen Tätigkeitsbereich des öffentlichen Sachherrn zuzurechnen. § 839 Abs. 2 BGB ist deshalb nicht anwendbar].

Betrag: 10.000 € **Haftung: 100 %**
immVorb: – **MdE: –**

OLG Saarbrücken 9.5.2006 – 4 U 175/05 – 114 = IBRRS 2007, 0611

6021

Fußfraktur in Form einer verschobenen bzw. dislozierten Mittelfußknochenfraktur links. Lendenwirbelsäulenfrakturen im Bereich des 1. und 2. Lendenwirbels.

Mann. 17 Tage stationär mit zwei Aufenthalten (Metallimplantat und spätere Entfernungsoperation). Für die Dauer von gut 5 Monaten musste er einen Zuggurtung am linken Fuß tragen. MdE 90 Tage 100 %. Dauerschaden: MdE 20 %, Bewegungsbeeinträchtigungen im Bereich des linken Fußes. [Anmerkung: Zur Haftunsquotenbildung führt das OLG aus: „Soweit das Landgericht von einem berechtigten Schmerzensgeld bei voller Haftung von 25.000 EUR ausgegangen ist, ist dies nicht zu beanstanden, wird von den Parteien auch nicht weiter problematisiert. Wird eine Haftungsquote gebildet, folgt der Schmerzensgeldbetrag nicht schematisch dieser, sondern es ist eine wertende Betrachtung unter Berücksichtigung aller Umstände vorzunehmen. Vorliegend rechtfertigt es die Schwere der Verletzungen, die der Kläger bei dem Unfallgeschehne erlitten hat, von der Hälfte nach oben abzuweichen und von einem Schmerzensgeldbetrag von 13.000 EUR auszugehen"].

Betrag: 13.000 € **Haftung: 50 %**
immVorb: Ja **MdE: 20 %**

OLG Naumburg 20.3.2014 – 1 U 113/13 = BeckRS 2014, 23378

6086

Fußfraktur (hier: Fußluxationsfraktur am rechten Fuß mit einer Wußwurzelknochenfraktur / Keilbeinfraktur und einer Mittelfußknochenfraktur), Unterarmfraktur (hier: dislozierte Speichenfraktur in Form einer Radiustrümmerextensionsfraktur mit Abriss des Processus styloideus ulnae links), Knieverletztung (Kniegelenkdistorsion rechts) und Schulterverletzung (Schulterkontusion links) sowie Brustkobprellungen beidseits.

Mann. 28 Tage stationär. MdE 109 Tage 100 % – 6 Jahre nach dem Unfall erneut 12 Tage arbeitsunfähig wegen Nachbehandlungen. Dauerschaden: MdE 20 %. Bewegungseinschränkungen in Form einer „Einschränkungen im Bewegungsapparat der Arme und Beine, die dazu führen, dass der Geschädigte nicht mehr joggen oder sonstigen laufintensiven Sport treiben kann". [Ursache: Motorradunfall]

Betrag: 15.000 € **Haftung: 100 %**
immVorb: Ja **MdE: 20 %**

OLG Brandenburg 16.12.2014 – 12 U 65/12 = BeckRS 2016, 5136

2709

Fußfrakturen (hier: Mehrere Frakturen im rechten Fuß, der schließlich operativ versteift wurde!). Gesichtverletzung (hier: Mittelgesichtweichteilverletzung und Nasenbeintrümmerfraktur).

Frau. Langwierige Heilbehandlung. Dauerschaden: Fußversteifung; „benutzt mittlerweile einen Rollstuhl"!. Kann nur noch „kleine Strecken" gehen. Leichte Entstellung im Gesicht.

Betrag: 15.339 € **Haftung: 66 %**
immVorb: Ja **MdE: –**

OLG Koblenz 6.12.1999 – 12 U 1402/98 = BeckRS 1999, 158810

4370

Fußfraktur (hier: komplexe Mehrfachfraktur des linken Fußes mit posttraumatischer Arthrose)

Mann. 5 Wochen stationär. Dauerschaden: Bewegungsbeeinträchtigung und Belastungsbeeinträchtigung „ deutlich eingeschränkt". Bei dem Kläger besteht darüber hinaus eine posttraumatische Arthrose in den Tarsometatarsalgelenken, eine Kraftminderung des linken Beines und eine Sensibilitätsstörung des Fußrückens. [Anmerkung: „Krummer" Betrag infolge unzulässiger Quotierung].

Betrag: 16.800 € **Haftung: 80 %**
immVorb: Ja **MdE: –**

OLG Koblenz 12.12.2011 – 12 U 1110/10 = BeckRS 2012, 1231

3974

Fußfraktur (hier: Mittelfußfraktur in Form einer Mittelfußköpfchenfraktur sowie einer Vorfußquetschung mit hautdefekten und Arthrosebildung) sowie Rippenfrakturen.

42j. Lagerarbeiter. 8 Wochen stationär. MdE 15 Monate 100 %. Sehr langwierige Heilbehandlung! Es kam zu einer Fehlgelenkbildung und Arthrosebildung. Zudem waren Hauttransplantationen notwendig. Dauerschaden: Bewegungsbeeinträchtigung; orthopädische Schuhe sind dauerhaft notwendig.

Betrag: 17.000 € **Haftung: 100 %**
immVorb: Ja **MdE: 20 %**

OLG Hamm 29.3.2004 – 6 U 14/04 = BeckRS 2008, 475

6758

Fußfraktur, schwere (hier: Distale Schienbeinfraktur in Form einer Schienbeinkantenfraktur mit Absprengung des Volkmann'schen Dreiecks, Impression der zentralen medialen Talusschulter, die sich an der Oberseite des Sprungbeinknochens befindet sowie Bänderverletzung im Bereich des Sprunggelenks in Form einer Syndesmosebandruptur und einer Deltabandruptur).

44j. Frau. Stationäre Behandlungen mit insgesamt 3 Operationen. Langwierige Heilbehandlung. Die Klägerin musste ca. 6 Monate an Krücken gehen. Es kam zu Entzündungen des Muskelgewebes und zu Wucherungen. MdE 18 Monate 100 %. Dauerschaden: MdE 25 %, Gehbehinderung; die Klägerin muss orthopädische Schuhe tragen; zudem besteht die Gefahr einer Sprunggelenkversteifung aufgrund der sich ausbildenden Sprunggelenkarthrose.

Betrag: 20.000 € **Haftung: 100 %**
immVorb: Ja **MdE: 25 %**

OLG Düsseldorf 21.3.2019 – 1 U 169/17 = BeckRS 2019, 54826

4208

Fußverletzung, sehr schwere (hier: Mehrfache Fußfrakturen am linken Fuß und Unterschenkel mit sehr schweren, massiven und großflächigen Weichteilverletzungen mit Ablederung der Fußweichteile. Es bestand zunächst konkrete Amputationsgefahr!).

8j. Kind (Schüler). Stationär mit 9 Operationen. Es bestand zunächst für längere Zeit konkrete Amputationsgefahr wobei die Fußfrakturen dann doch mit Metallteileimplantaten und Verschraubungen wieder zusammengefügt werden konnten. Zudem waren Hauttransplantationen vom Oberschenkel zum verletzten Fuß erforderlich. Sehr langwierige Heilbehandlung; auch nach 10 Monaten sind noch Schmerzen und Bewegungsbeeinträchtigungen vorhanden. Ursache: Verkehrssicherungspflichtverletzung auf einem Betriebsgelände; der Junge wurde von zwei Betonträgern eingequetscht.

Betrag: 20.000 € **Haftung: 100 %**
immVorb: Ja **MdE: –**

LG Saarbrücken 10.9.2009 – 9 O 192/09 = BeckRS 2009, 139978

3908

Fußfraktur, schwere (hier: Sprunbeintrümmerfraktur); erhebliche Knieverletzungen (hier: Kniescheibenfraktur); Lungenquetschung, beidseitig nach Brustkorbprellung; sowie weitere Frakturen.

Mann. ca. 36 Tage stationär. Mehrere Aufenthalte und Operationen. Am Sprunggelenk bildete sich eine präarthrotische Veränderung in deren Folge es als Dauerschaden zu einer Gehbehinderung kam.

Betrag: 20.000 € **Haftung: 100 %**
immVorb: – **MdE: 100 %**

OLG Brandenburg 29.3.2007 – 12 U 128/06 = BeckRS 2009, 5908

7613

Fußfraktur, schwere (hier: erstgradig offene mehrfragmentäre Fersenbeinfraktur mit Beteiligung des hinteren unteren Sprunggelenks sog. Joint-Depression-Type)

28j. (Konrektorin). 22 Tage stationär. MdE 20 Tage 100 %, 51 Tage 40 %, 43 Tage 20 % Dauerschaden: MdE 10 % wegen Schmerzen und Bewegungseinschränkungen. Dazu heißt es im Urteil: „An körperlichen Einschränkungen bestehen bedeutsame chronische Schwellung der linken Knöchelkontur, womit sich Einschränkungen beim Tanzen, beim Joggen oder beim Gehen auf unebenem Boden begründen lassen, eine minimale Bewegungseinschränkung im oberen Sprunggelenk bei der Fußhebung, eine Bewegungseinschränkung im unteren Sprunggelenk bezüglich Fußaußenrandhebung und -senkung um jeweils ca. 1/3 gegenüber rechts, eine diskrete Bewegungseinschränkung linker Kleinzehe, eine Narbe im Bereich des Innenknöchels sowie eine 16 cm lange gewinkelte Narbe am außenseitigen Rückfuß, eine diskrete Minderung der Gefühlsempfindung im Narbenbereich, Minderung der Gefühlsempfindung im Bereich der linke Kleinzehe und eine fortgeschrittene Arthrose im Bereich des unteren Sprunggelenks." Ihre Hobbys, wie Tanzen und Jogging sind nicht mehr möglich. Bei der Schmerzensgeldbemessung berücksichtigte das LG diese Einschränkungen und die Tatsache, dass sich diese für die Klägerin als Mutter einer zum Zeitpunkt der mündlichen Verhandlung erst acht Monate alten Tochter „in bedeutsamer Weise" auswirken. „Bis ins Grundschulalter hinein begeben sich Eltern in ihrer Zuwendung und Aufmerksamkeit für die Kinder nicht nur beim Aufheben als Kleinkinder, sondern auch zum gemeinsamen Spiel am Boden, in der Wohnung und Freien oder auch bei der sonstigen Kommunikation typischerweise „auf Augenhöhe" zu den Kindern, um ihre Kinder nicht „von oben herab" zu behandeln [amtlicher Leitsatz] Zudem betonte das LG sehr zutreffend, dass im Vordergrund der Schmerzensgeldbemessung auch steht, "dass die Klägerin in jungen Jahren Verletzungen mit unumkehrbaren Folgen erlitten hat, die ihr Leben verändert haben und fortlaufend nachhaltig beeinträchtigen."

Betrag: 30.000 € **Haftung: 100 %**
immVorb: Ja **MdE: 10 %**

LG Karlsruhe 19.4.2023 – 6 O 175/21 = BeckRS 2023, 14102

4663

Fußfraktur (hier: Fersenfraktur) links mit Knicksenfußbildung und Belastungsbeeinträchtigungen auf Dauer sowie Vorfußfraktur rechts. Zudem erlitt der Kläger eine Oberschenkelfraktur und Unterschenkelfarktur, jeweils rechts sowie „kleinere oberflächliche Verletzungen".

23j. Mann (Gas- und Wasserinstallateur). 3 Wochen stationär; Operation der Fernsenfraktur mit einem sog. „Verriegelungsnagel". Dauerschaden: Irreparabler Schaden am linken Fußgelenk mit einer MdE 50 % als Installateur; ansonsten 30 %. der Kläger arbeitet inzwischen als Lagerarbeiter. „Bei der Bemessung der Schmerzensgeldhöhe ist für das Gericht ein ganz wichtiger Faktor, dass der noch junge Kläger Zeit seines Lebens eine erhebliche körperliche Beeinträchtigung haben wird", so das LG in seiner Urteilsbegründung.

Betrag: 32.000 € **Haftung: 100 %**
immVorb: – **MdE: 50 %**

LG Augsburg 25.7.2012 – 11 O 314/11 = unveröffentlicht

4862

Fußfraktur / Knöchelfraktur, schwere (hier; Fraktur des rechten Knöchels in Form einer Innenknöchelfraktur).

Mann. Stationäre Heilbehandlung. Dauerschaden: Gehbehinderung; Gehen an Unterarmstützen. Dadurch ist der Kläger „in erheblicher Weise sowohl im privaten wie im beruflichen Bereich beeinträchtigt", so das OLG. [Die sog. Integritätsentschädigung nach Schweizer Recht dient dem Ausgleich der durch körperliche oder seelische Beeinträchtigungen eingetretenen Gesundheitsschädigung und ihrer (dauerhaften) Folgen. Sie steht mithin dem Schmerzensgeld als Ausgleich für immaterielle Schäden gleich, so das OLG].

Betrag: 35.000 € **Haftung: 100 %**
immVorb: Ja **MdE: –**

OLG Celle 28.5.2014 – 14 U 165/13 = BeckRS 2014, 70287

6744

Fußfraktur, schwere / Fußtrümmerfrakturen (hier: Fersenbeinfraktur in Form einer Fernsenbeintrümmerfraktur bzw. Fersenbeinmehrfragmentfraktur mit geringer Einstauchung bei Trümmersituation, eine Fußfraktur bzw. Fußluxationsfraktur im sogenannten Lisfranc-Gelenk mit divergierende Stellung, eine Mittelfußfraktur bzw. Mittelfußtrümmerfraktur in Form einer Mittelfußmehrfragmentfraktur des Basen der Ossa metatarsalia 1-5 bei Trümmersituation MT 1 und winzige dorsale Absprengungen aus der Gelenkfläche des Os cuneiforme laterial mit Luxationsfehlstellung im TMT Gelenk 1 nach dorsal, eine Subluxationsstellung im TMT-Gelenk 2 und 3 bei Trümmersituation der Gelenkflächen der metatarsale Basen nach dorsal, eine dislozierte subkapitale Mittelfußfraktur Fraktur der Ossa metatarsalia 2-5 mit Luxationsfehlstellung, Einstauchung und Versatz nach dorsal des 2. bis 5. Strahles, Absprengung aus der Gelenkfläche der Basis der Grundphalanx 5 mit deutlichen umgebenden Weichteilhämatom).

Mann. 60 Tage stationär mit insgesamt 8 Operationen. Zudem befand sich der Kläger 21 Tage in einer Rehaklinik. Er wurde aus dem Krankenhaus mit Unterarm-Gehstützen entlassen und erhielt zur Bewegung im Haushalt einen Rollstuhl. Von dem zur Versorgung der Brüche eingebrachten Osteosynthesematerialien sind noch eine Zuggurtung am 5. sowie eine Schraube am 1. Mittelfußknochen vorhanden. Sehr langwierige Heilbehandlung. MdE 19 Monate 100 %. Dauerschaden: MdE 30 % wegen in Fehlstellung konsolidierte Fußfrakturen und sich daraus ergebender Bewegungseinschränkungen und Belastungsminderung beim Laufen, Gehen und Treppensteigen. Dem Kläger ist das Laufen nur mit einer geringen Geschwindigkeit möglich. Beim schnelleren Gehen stellt sich ein Hinken ein. Auch das Treppablaufen bereitet dem Kläger Schwierigkeiten, da er mit dem linken Fuß nicht abrollen kann. Ferner fehlt die Sensibilität im linken Weichteillappenbereich des Unterschenkels. Eine Hypersensibilität besteht im linken Fußbereich. Es fehlt das Empfinden Narbenbereich des Weichteillappens. Darüber hinaus muss der Kläger Kompressionsstrümpfe tragen, da es zu Schwellungen im Bereich des linken Unterschenkels und des linken Fußes kommt. Muskelmantelschwäche des linken Beins. [Anmerkung: Das OLG setzte das vom LG mit 60.000 EUR bemessene Schmerzensgeld auf 40.000 EUR herab und begründete dies wie folgt: „Das Landgericht zählt die vom Kläger erlittenen Verletzungen und die sich daraus ergebenden Folgeschäden nacheinander auf und wirft sodann hierfür einen Betrag von 60.000 EUR aus. Wie das Landgericht darauf kommt, ist nicht erkennbar".]

Betrag: 40.000 € **Haftung: 100 %**
immVorb: Ja **MdE: 30 %**

OLG Brandenburg 11.7.2019 – 12 U 153/18 = BeckRS 2019, 46905

6091

Fußfraktur, schwere beidseitige (hier: Fußtrümmerfraktur links mit offener komplexer Fußtrauma mit Weichteilschaden 3. Grades bei offener komplexer Fußverletzung. Weiteren Fußfrakturen rechts mit Frakturen des Fußes wie Mittelfußknochenfraktur, Sprungbeinfraktur und Fersenbeinfraktur, zudem kam es zu Wundheilungsstörungen mit Nekrosebildung).

42j. Mann (Justizbeamter). 88 Tage stationär mit mehreren Aufenthalten und Operationen. Langwierige Heilbehandlung zu der das LG ausführte: „20 Mal in ambulanter Behandlung im Universtitätsklinikum. Er musste und muss an 100 Tagen im Jahr Krankengymnastik absolvieren. 22 Tage befand er sich auf Rehabilitation. Damit waren die durch die Gesundheitsbeeinträchtigung notwendig gewordenen Behandlungsmaßnahmen auch sehr belastend für den Kläger". Dauerschaden: MdE 35 %. Gehbehinderung und Belastungsminderung. Der Kläger kann lediglich etwa 500 Meter gehen und für nur 15 Minuten stehen. Muskelminderung links und posttraumatische Arthrose. Verlust von Sportmöglichkeiten und Freizeitvereitelung; Einschränkung bei der Ausübung von Hobbys. „Dem Kläger sind, wie ausgeführt, nur Sportarten möglich, welche keine Belastung der Füße erfordern. Auch in seinen Freizeitaktivitäten ist der Kläger eingeschränkt. Er kann nur noch vergleichsweise kurze Strecken gehen und vergleichsweise kurze Zeit stehen. Mit diesen Einschränkungen wird er in Anbetracht seines Alters voraussichtlich noch etliche Jahre leben müssen".

Betrag: 45.000 € **Haftung: 100 %**
immVorb: – **MdE: 35 %**

LG Amberg 11.8.2016 – 24 O 17/15 = BeckRS 2016, 125931

6251

Fußfraktur, schwere (hier: Fersenbeinfraktur rechts mit bleibenden Folgeschäden), Unterkieferfraktur, schwere (hier: offene Unterkieferfraktur mit der Gefahr des Erfordernisses eines künstlichen Kiefergelenks), Knieverletzung (hier: Schleimbeutelverletzung bzw. Bursaverletzung des rechten Kniegelenks), Schädelhirntrauma 1. bis 2. Grades, Verlust des Zahnes 35, der durch ein Implantat ersetzt werden musste.

33j. Mann. 225 Tage stationär mit insgesamt sieben Operationen und Zahnimplantatsetzung. Dauerschaden: Funktionseinschränkung des rechten Fußes um 3/5 wegen chronischer Schmerzen in den unteren Sprunggelenken und Mittelfußwurzelgelenken rechts sowie eine chronische behandlungsbedürftige Fistelbildung an der rechten Ferse. Schmerzen im Kiefergelenk und Zahnverlust. Bei der Bemessung des Schmerzensgeldes war – so das OLG – „ferner der drohende Einsatz eines künstlichen Kiefergelenks zu berücksichtigen".

Betrag: 45.233 € **Haftung: 100 %**
immVorb: – **MdE: –**

OLG Celle 6.11.2003 – 14 U 119/03 = BeckRS 2014, 6063

6861

Fußfraktur links und Handgelenksfarktur links. „Die Kl. hat insoweit vorgetragen und durch Beantragung der Einholung eines Sachverständigengutachtens unter Beweis gestellt, dass in Abhängigkeit von der weiteren Entwicklung des Beschwerdeverlaufs im Hinblick auf eine fortschreitende Arthrose die künstliche Versteifung des linken Handgelenks sowie des linken Fußes oder gar eine Amputation und prothetische Versorgung des linken Fußes vorstellbar sei", so das OLG.

18j. Frau. Stationäre Behandlung. Dauerschaden: Fortschreitende Arthrose. Versteifungsgefahr oder gar Amputationsgefahr bzgl. des linken Fußes. [Anmerkung: Zum Mitverschulden wegen Verstoß gegen die Anschnallpflicht sowie wegen Mitfahren mit einem erkennbar betrunkenen Fahrer führte das OLG in seinem Hinweisbeschluss aus: „Nimmt eine 18-jährige auf dem Rücksitz eines Pkw an einer „Spritztour" teil, ohne sich anzuschnallen, wobei der Fahrer erheblich alkoholisiert ist und eine äußerst riskante und gefahrträchtige Fahrweise zeigt, setzt sie sich damit „sehenden Auges" einem erheblichen Unfall- und Verletzungsrisiko aus, so dass ihr im Falle eines nachfolgenden Unfalles, bei dem sie aus dem Fahrzeug herausgeschleudert und – nur dadurch – schwer verletzt wird, ein Mitverschulden in Höhe von 30 % anzulasten ist"].

Betrag: 46.600 € **Haftung: 70 %**
immVorb: Ja **MdE: –**

OLG Koblenz 15.12.2020 – 12 U 864/20 = BeckRS 2020, 43496

6177

Fußfraktur, schwere (hier: Beidseitige Fersenbeinfrakturen in Form von Fersenbeintrümmerfrakturen mit Stauchungen des Rückfußes [Fersenbeinfrakturen sind seltene, hoch komplexe Verletzungen des Fußes]).

Frau. 120 Tage stationär. Dauerschaden: MdE 100 %, wegen schwerer Gehbehinderung, die zur Erwerbsunfähigkeit führten. Rollstuhlgebundenheit. Beide Füße sind in ihrer Gebrauchs- und Funktionsfähigkeit erheblich eingeschränkt, da die Trümmerbrüche der beiden Fersenbeine zu einer Stauchung des Rückfußes und zur Aufhebung der Fußgewölbe führten und damit zu einer Statik, die die Belastbarkeit beider Füße nicht wiederherstellte. Deshalb ist die Kl. auf die Benutzung eines Rollstuhls angewiesen. Kürzere Strecken kann sie mit zwei Unterarmstützen unter Schmerzen zurücklegen. Das Gehen ohne Unterarmstützen ist praktisch unmöglich, ebenso das Stehen. Eine Besserung ist nicht zu erwarten. Erhebliche psychische Beeinträchtigungen, – die Klägerin war leidenschaftliche Sportlerin.

Betrag: 76.694 € **Haftung: 100 %**
immVorb: – **MdE: 100 %**

OLG München 10.9.2003 – 20 U 2061/03 = BeckRS 9998, 40407

g) Fußamputationen

Vorbemerkung: Die Amputation des Fußes oder des Vorfußes zählt zu den schweren Verletzungen, da insofern eine prothetische Versorgung häufig nicht unproblematisch ist. In einem Extremfall, bei dem einer 47j.Frau arzthaftungsbedingt beide Füße oberhalb der Sprunggelenke amputiert werden mussten, erkannte das OLG Hamm 2008 → Nr. 4226 lediglich 175.000 EUR Schmerzensgeld. Vor dem Hintergrund der jüngeren Rechtsprechung – vgl. OLG Oldenburg BeckRS 2008, 24152 → Nr. 6426 – heute ein deutlich zu geringer Betrag.

6093

Fußamputation bzw. Verlust des Vorfußes nach Sturz aus einem Zug. Insofern kam es im Stumpfbereich zu einer Überlastung und Verspannungen im HWS- und Schulter-Nacken-Bereich sowie im BWS-Bereich. Zudem erlitt der Kläger eine Wirbelsäulenverletzung, jedoch ohne neurologische Symptomatik sowie innere Blutungen.

15j. Kind (Schüler). Gut 210 Tage stationär aufgrund auftretender Komplikationen. Mehrere Operationen mit Achillessehnenverlängerung und plastischen Eingriffen sowie einer Stumpfkorrekturoperation. Dauerschaden: MdE 40 %. Fußverlust, was „für den Kläger eine lebenslange Beeinträchtigung beinhaltet und er immer wieder infolge des Unfalls Schmerzen und Beschwerden verspüren wird". Erhebliches Mitverschulden, da „auch als seinerzeit 15-Jähriger konnte und musste er erkennen, dass das Abspringen aus einem fahrenden Zug mit erheblichen Gefahren, dabei zu stürzen und im ungünstigsten Fall unter den Zug zu geraten, verbunden sein würde, weshalb von ihm zu erwarten war, dass er von dem Vorhaben Abstand nimmt und bis zur nächsten Station im Zug verbleibt", so das OLG zutreffend. [Ursache: Zugunglück – der Junge sprang aus dem Zug, nachdem dieser bereits angefahren war und geriet dabei unter die Schienen bzw. unter den Zug].

Betrag: 20.000 € **Haftung: 30 %**
immVorb: Ja **MdE: 40 %**

OLG Hamm 8.4.2016 – 11 U 141/14 = BeckRS 2016, 133607

3477

Fußamputation (hier: Vorfußamputation links). Gesichtverletzung (hier: Fascialisparese, Zahnfrakturen). Schädelhirntrauma; stumpfes Bauchtrauma mit Leberquetschung. Kopfschwartenablederung.

17j. Frau. Stationärer Aufenthalt. Dauerschaden: Gehbehinderung. Ursache: Kollision mit einem Zug beim Überqueren eines Bahngleises.

Betrag: 25.000 € **Haftung: 50 %**
immVorb: – **MdE: –**

OLG München 21.2.2002 – 24 U 570/01 = BeckRS 2002, 30241877

5951

Fußamputation im Bereich der Ferse des linken Fußes nach Sturz ins Gleisbett und Überrollen durch einen einfahrenden Zug.

16j. Mann. Mehr als 50 Tage stationär anschließend weitere 42 Tage Rehabilitationsaufenthalt. Mehrere Operationen und extreme Schmerzen. Fußamputation im Bereich der Ferse. Dauerschaden: Fußamputation. Gehbehinderung sowie erhebliche Einbußen der Lebensqualität und erhebliche Einschränkungen bei sportlichen Hobbys. [Ursache: Verkehrssicherungspflichtverletzung / Streupflichtverletzung am Bahnsteig. Haftung eines Eisenbahnverkehrsunternehmens für Sturz des Fahrgastes ins Gleisbett].

Betrag: 35.000 € **Haftung: 66 %**
immVorb: Ja **MdE: –**

OLG Nürnberg 9.5.2012 – 12 U 1247/11 = BeckRS 2012, 10956

4275

Fußverletzung in Form einer „fast gänzlichen" Fußamputation links.

17j. Mann (Schüler). 13 Wochen stationär mit insgesamt 6 Operationen. Dauerschaden: Gehbehinderung. Ursache:

Verkehrssicherungspflichtverletzung der Bahn am Bahnsteig: Geräumt war nach den Feststellungen des LG zum Unfallzeitpunkt nur der Bereich von etwa einem Meter von der Bahnsteigkante hin zu der am Boden aufgebrachten weißen Sicherheitslinie. Nicht geräumt war hingegen der sich hieran anschließende (Warte-) Bereich. Das Gericht betont, dass es nicht ausreicht, lediglich den Bereich von etwa einem Meter zwischen der weißen Sicherheitslinie und der Bahnsteigkante zu räumen. [Anmerkung: Urteil noch nicht rechtkräftig!].

Betrag: 35.000 € **Haftung: 66 %**
immVorb: Ja **MdE: –**

LG Nürnberg-Fürth 18.5.2011 – 2 O 8329/10 = BeckRS 2011, 13159

4389

Fußamputation (hier: Vorfußamputation).

Mann. Arzthaftung (hier: Behandlungsfehler mit nachfolgender Embolie und Nekrosebildung am Fuß).

Betrag: 50.000 € **Haftung: 100 %**
immVorb: Ja **MdE: –**

LG Dortmund 21.1.2010 – 4 O 77/05 = BeckRS 2010, 10767

4066

Fußamputation links und Zehenamputationen (Zehen 1 und 4) am rechten Fuß im Rahmen einer Notamputation am Unfallort. Organverletzungen (hier: Dünndarmzerreißung und Baucheinblutungen) sowie offene Unterschenkelfraktur.

Mann (Lokomotivführer). Lebensgefahr! Intensivstationär. Mehrere Operationen. Langwierige Heilbehandlung. Dauerschaden: Gehbehinderung. Bewegungsbeeinträchtigung. Belastungseinschränkungen. Psychische Beeinträchtigungen. Berufsunfähigkeit.

Betrag: 75.000 € **Haftung: 100 %**
immVorb: Ja **MdE: –**

LG Bielefeld 22.11.2005 – 2 O 23/04 = BeckRS 2006, 7705

4226

Beids.Fußamputation oberhalb der Sprunggelenke; Fingeramputation (hier: Teilamputation von insgesamt 6 Fingern). Septischer Schock mit nachfolgenden Herz- und Nierenproblemen.

47j. Frau. Intensivstationäre Heilbehandlung. Zahlreiche Operationen / Amputationen. Dauerschaden: Gehbehinderung; Bauchraumprobleme etc Arzthaftung (hier: Diagnosefehler in Form der Verkennung einer Bauchfellentzündung).

Betrag: 175.000 € **Haftung: 100 %**
immVorb: Ja **MdE: 100 %**

OLG Hamm 10.9.2008 – 3 U 199/07 = BeckRS 2008, 24152

h) Knöchelverletzungen und Knöchelfrakturen

4676

Knöchelverletzung (hier: Außenknöchelprellung und Schürfwunde im Fußbereich).

Frau. Ambulante Heilbehandlung. MdE 3 Tage 100 % sowie weitere 14 Tage 20 %. Ursache: Motorradunfall.

Betrag: 500 € **Haftung: 100 %**
immVorb: – **MdE: –**

LG München I 25.3.2013 – 19 O 1258/12 = unveröffentlicht

5542

Fußfraktur in Form einer Innenknöchelfraktur links sowie Prellungen (beids. Knieprellungen, beids. Ellenbogenprellungen sowie weitere Prellungen) und Schürfungen.

17j. Mann. Stationärer Aufenthalt. 2 Operationen (Metallteileimplantat udn spätere Entfernung). MdE 2 Monate 100 %. der Kläger musste für die Dauer von 6 Wochen Unterarmgehstützen (Krücken) benutzen. Dauerschaden: Arthrosegefahr. Diese konkrete Gefahr einer frühzeitigen Arthrosebildung im linken Fußgelenk würdigte das LG aufgrund des noch jungen Alters des Klägers als schmerzensgelderhöhend. [Ursache: Motorradunfall].

Betrag: 2.000 € **Haftung: 33 %**
immVorb: Ja **MdE: –**

LG Saarbrücken 16.2.2018 – 6 O 229/17 = unveröffentlicht

3330

Knöchelfraktur im Gelenkbereich [Knöchelgelenkfraktur] am linken Außenknöchel.

Mann. 10 Tage stationär. MdE 2 Monate 100 %. Mit Spätfolgen muss gerechnet werden.

Betrag: 2.000 € **Haftung: 100 %**
immVorb: Ja **MdE: –**

LG Köln 8.3.2005 – 11 S 81/04 = BeckRS 2005, 4102

7058

Fußknöchelfraktur.

72j. Frau. Schmerzensgeld für Radfahrer nach berührungslosem Unfall mit Rettungswagen: Ambulante Heilbehandlung mit Gipsverband, den die Klägerin für zwei Wochen tragen musste; zudem musste sie noch für insgesamt zwei Monate einen Kompressionsstrumpf tragen. [Ursache: Fahrradunfall. Der Fahrer eines Rettungswagens wollte bei einem Einsatz mehrere Radfahrer, darunter die Klägerin, überholen. Das Martinshorn war eingeschaltet. Es gab insgesamt nur wenig Platz. Die 72-jährige Klägerin wollte daher absteigen und kam dabei zu Fall, ohne dass es zu einer Kollision gekommen war. Das LG Aurich lehnte die Haftung ab wogegen das OLG Oldenburg aus Betriebsgefahr eine Haftungsquote von 20 % als gegeben ansah. [Anmerkung: Vgl. dazu auch OLG Schleswig BeckRS 2024, 1356, OLG Brandenburg BeckRS 2024, 1568 und OLG Oldenburg BeckRS 2021, 45084 sowie OLG Hamm BeckRS 2018, 13691].

Betrag: 2.400 € **Haftung: 20 %**
immVorb: – **MdE: –**

OLG Oldenburg 17.5.2022 – 2 U 20/22 = BeckRS 2022, 25911

6640

Knöchelfraktur in Form einer komplizierten Knöchelfraktur im linken Fuß. Zudem erlitt der Kläger eine Fraktur „im Bereich der Lendenwirbelsäule".

Mann. Ursache: Gewaltsame Auseinandersetzung zwischen dem Kläger als Fahrradfahrer und dem Beklagten als PKW-Führer. Nachdem der Kläger in Belehrungsabsicht eine Beule in den PKW geschlagen hatte, versuchte der Beklagte den davonradelnden Kläger zu stoppen. Dabei stürzte dieser und verletzte sich. [Anmerkung: Das

Urteil des OLG Karlsruhe befasste sich mit der Frage der Bindungswirkung des Adhäsionsverfahrens für den Deckungsprozess gegen Privathaftpflichtversicherer vor dem Hintergrund, dass die Privathaftpflichtversicherung sich mit Hinweis auf das (vermeintlich) vorsätzliche Handeln und Verweis auf § 103 VVG geweigert hatte, Deckung zu gewähren. In diesem Urteil des OLG wird sodann auf das Urteil vom 3.9.2015 des AG Singen hingewiesen, welches zuvor dem Kläger das hier angegebene Schmerzensgeld zuerkannt hatte.]

Betrag: 2.500 € **Haftung: 70 %**
immVorb: Ja **MdE: –**

OLG Karlsruhe 31.10.2019 – 9 U 77/17 = BeckRS 2019, 39485

4109

Knöchelfraktur (hier Außenknöchelfraktur Typ Weber A); Handfraktur rechts; Brustkorbquetschung und Beckenprellung.

Frau. Ambulante Heilbehandlung. MdE 50 Tage 100 % sowie weitere 35 Tage 50 % danach dauerte es noch ca. 5 Wochen bis zur folgenlosen Verheilung der Verletzungen.

Betrag: 2.500 € **Haftung: 100 %**
immVorb: – **MdE: –**

AG Düren 4.11.2009 – 47 C 179/09 = BeckRS 2009, 139917

3850

Knöchelfraktur in Form einer Innenknöchelfraktur.

8j. Junge (Schüler). 4 Tage stationär. 5 ambulante Behandlungen. Es musste ein Gipsverband getragen werden. 4 Wochen schulunfähig.

Betrag: 2.500 € **Haftung: 100 %**
immVorb: – **MdE: –**

AG Schwandorf 9.5.2007 – 2 C 630/06 = unveröffentlicht

3746

Fußfraktur / Knöchelfraktur rechts.

Mann (Monteur). Stationäre Behandlung. MdE 11 Wochen 100 %. Ursache: Verkehrssicherungspflichtverletzung. Erhöhend wurde die Regulierungsverzögerung durch den Haftpflichtversicherer gewertet.

Betrag: 3.000 € **Haftung: 100 %**
immVorb: – **MdE: –**

AG Hamburg 7.9.2000 – 37 C 252/99 = unveröffentlicht

6386

Fußfraktur (hier: Außenknöchelfraktur rechts), Unterarmfraktur (hier: Speichenköpfchenfraktur rechts), Prellungen (hier: Schulterprellung rechts und Handprellung links).

Mann. Stationäre und anschließend ambulante Behandlung. Ursache: Motorradunfall. [Lesenswert zu § 531 Absatz 2 Nr. 3 ZPO bzw. zum erstmals in der Berufung geltend gemachten Vortrag, durch den Unfall in seiner Lebensführung deshalb erheblich beeinträchtigt worden zu sein, weil bislang ausgeübte sportliche Betätigungen wie Joggen und Tennis spielen nicht mehr möglich sind].

Betrag: 3.500 € **Haftung: 100 %**
immVorb: – **MdE: –**

KG 26.10.2006 – 12 U 62/06 = BeckRS 2007, 950

2423

Fußfraktur (hier: Innenknöchelfraktur); Prellungen (hier: Bauchdeckenprellung und Brustkorbprellung).

Frau. 10 Tage stationär. Operative Verschraubung und Verplattung. Operative Implantatentfernung nach 10 Monaten. „Nahezu vollständige Wiederherstellung".

Betrag: 3.579 € **Haftung: 100 %**
immVorb: – **MdE: –**

LG Oldenburg 12.1.1998 – 4 O 3320/96 = unveröffentlicht

6069

Fußfraktur / Knöchelfraktur (hier: Außenknöchelfraktur des linken Sprunggelenks).

Mann (Kraftfahrer). 11 Tage stationär. Fast drei Monate auf die Hilfe von Gehstützen / Krücken angewiesen. Mehrere Monate lang physiotherapeutische Behandlungen. Langwierige Heilbehandlung, die insgesamt 9 Monate dauerte. [Anmerkung: Lesenswert zum Tatortprinzip / zu den Rechten und Ansprüchen des Geschädigten in seinem Heimatland; vergleich hierzu oben → Rn. 143].

Betrag: 4.000 € **Haftung: 66 %**
immVorb: – **MdE: –**

OLG Naumburg 23.12.2014 – 12 U 36/14 = BeckRS 2015, 19835

4177

Außenknöchelfraktur auf Höhe des oberen Sprunggelenkes (Typ Weber B). [vgl. auch unter Fußfraktur oder Sprunggelenkfraktur].

Frau. 8 Tage stationär. 2 Operationen. Metallteileimplantat, welches nach 8 Monaten wieder entfernt werden musste. Ursache: Verkehrssicherungspflichtverletzung: Sturz auf frisch gereinigter Treppe auf einem Kreuzfahrtschiff. Urlaubsbeeinträchtigung.

Betrag: 4.000 € **Haftung: 100 %**
immVorb: – **MdE: –**

LG Koblenz 10.7.2009 – 10 O 114/09 = unveröffentlicht

3058

Fußfraktur / Knöchelfraktur (hier Mittelfußfraktur in Form einer metatarsalen V-Basisfraktur rechts sowie einer schwerern Sprunggelenkdistorsion im oberen Sprunggelenk mit Abbruch der Außenknöchelspitze und Innenknöchelstauchung).

Frau. 3 Wochen stationär. Danach „engmaschige ambulante Wundkontrollen". Die Kl. musste zeitweise einen Adimed-Stabilschuh tragen. Verschlechterungstendenz „nicht auszuschließen".

Betrag: 4.090 € **Haftung: 100 %**
immVorb: Ja **MdE: –**

OLG Hamm 4.2.2002 – 6 U 130/01 = BeckRS 9998, 18546

7396

Außenknöchelfraktur und Innenknöchelfraktur sowie Sprunggelenksfraktur (hier: sog. „Trimalleoläre OSG-Luxationsfraktur" links mit Innenknöchelfraktur sowie Aussprengung des sog. Volkmannschen Dreiecks), distaler Wadenbeinfraktur und Schienbeinverletzung (hier: Wadenbeintrümmerfraktur mit einem knöchernen Ausriss der Syndesmose am Schienbein).

Frau (Rentnerin). 9 Tage stationär. Operationen mit einer Platte und Schrauben. Für einen Zeitraum von acht Wochen durfte sie das linke Bein nicht belasten und war vollständig ruhiggestellt. Während dieser acht Wochen musste sie wegen der Thrombosegefahr Heparin spritzen. Anschließend durfte sie für einen Zeitraum von vier Wochen eine Belastung von lediglich 30 % vornehmen. Weitere 4 bis 6 Wochen war eine Gehhilfe erforderlich um „wieder ins Laufen“ zu kommen. Möglicher Dauerschaden: Funktionsbeeinträchtigung Posttraumatische Arthrose. Zudem heißt es im Urteil, die Klägerin leide "bis heute noch unter leichten Bewegungseinschränkungen, Muskelminderung, Schwellneigung und Schmerzen ..., weshalb sie täglich Novalgin einnimmt. [Ursache und Anmerkung: Verkehrssicherungspflichtverletzung / Glatteisunfall. Streupflichtverletzung. Vgl. zu einem sehr ähnlichen Verletzungsbild auch LG Düsseldorf → Nr. 7399].

Betrag: 7.500 € **Haftung: 100 %**
immVorb: Ja **MdE: –**

LG Kiel 28.6.2017 – 13 O 9/15 = BeckRS 2017, 147934

3997

Innenknöchelverletzung (hier: Innenknöchelausriss mit Schleimbeutelentzündung und Sehnenverhärtung).

47j. Mann. MdE 6 Wochen 100 % sowie weitere 3 Wochen zu 60 %. Dauerschaden: Bewegungsbeeinträchtigung des oberen und unteren Sprunggelenks.

Betrag: 7.500 € **Haftung: 100 %**
immVorb: Ja **MdE: 10 %**

OLG Frankfurt a. M. 19.8.2009 – 7 U 23/08 = BeckRS 2009, 23845

6234

Knöchelfraktur (hier: Innenknöchelfraktur des rechten Sprunggelenks), Schädelhirntrauma 1. Grades sowie multiple Schürfwunden und Prellungen, insbesondere eine Brustkorbprellung.

Mann. Stationäre Behandlung. Dauerschaden: Bewegungseinschränkung des Sprunggelenks. Schmerzensgelderhöhung wegen des groben Verschuldens des Beklagten, der unter Drogen und Alkohol innerorts mit bis zu 105 km/h fuhr. Regulierungsverzögerung, zu der das KG ausführte: „In diesem Falle wird die Ausnutzung der wirtschaftlichen Machtstellung durch den Ersatzpflichtigen, die Herabwürdigung des Verletzten, die Nichtberücksichtigung seiner durch die Verletzung herbeigeführten existenzbedrohenden Situation usw. durch einen Zuschlag zu dem an sich geschuldeten Schmerzensgeld "bestraft“, um dem Geschädigten einen Ausgleich dafür zu verschaffen, dass der Ersatzpflichtige den Ausgleich insgesamt verzögert hat“.

Betrag: 10.000 € **Haftung: 100 %**
immVorb: Ja **MdE: –**

KG 3.5.2010 – 12 U 119/09 = BeckRS 2010, 18009

6308

Fußfraktur bzw. Knöchelfraktur (hier: Innenknöchelfraktur des oberen Sprunggelenks rechts mit Syndesmoseruptur) sowie eine Hüftprellung links und eine „pschovegetative Störung“.

28j. Mann. 6 Tage stationär. 2 Operationen, – eine zur Metallimplantatentfernung. 6 Wochen erhebliche Schmerzen aufgrund der Knöchelfraktur. Dauerschaden: Anschwellen des rechten Fußes nach längerem Gehen oder Stehen sowie Arthrose. Verschlechterungstendenz: Der Kläger müsse, so der vom KG beigezogene Gutachter, wegen der posttraumatischen Arthrose des rechten oberen Sprunggelenks in voraussichtlich 3–5 Jahren mit Funktionsstörungen und Beschwerden rechnen. [Anmerkung: Lesenswert zu den Grundsätzen der Schmerzensgeldbemessung. Das KG teilte der taggenauen Bemessung ausdrücklich eine Abfuhr].

Betrag: 15.000 € **Haftung: 100 %**
immVorb: Ja **MdE: –**

KG 9.9.2019 – 22 U 35/18 = BeckRS 2019, 30230

4567

Knöchelfraktur / Sprunggelenkfraktur (hier: Sprunggelenkverrenkungsfraktur rechts mit Abbruch beider Knöchel und der Schienbeinhinterkante.)

48j. Mann (Hausmeister). Beklagte ist der Krankenhausträger. Mehrere Stationäre Aufenthalte und – arzthaftungsbedingt – sehr langwierige Heilbehandlung. Dauerschaden: Sprunggelenkversteifung, Gehbehinderung mit hinkendem Gangbild und einer deutlichen Belastungsbeeinträchtigung. Behinderung von 60 % mit Merkzeichen G. Berufsunfähigkeit. Schmerzensgeldmindernd berücksichtigte das LG die Tatsache, dass die Primärverletzungen, wegen derer der Kl. stationär behandelt worden war, bereits sehr schwer waren und – auch ohne die Behandlungsfehler – „nicht zu einem beschwerdefreien Endergebnis geführt hätten“. [Das Urteil wurde vom KG BeckRS 2013, 00383 kassiert. Zwar läge ein Befunderhebungsfehler vor, der Kläger hätte aber die Kausalität insofern bezüglich seiner Gesundheitsschäden nicht bewiesen].

Betrag: 17.500 € **Haftung: 100 %**
immVorb: Ja **MdE: 60 %**

LG Berlin 12.6.2009 – 35 O 104/07 = BeckRS 2013, 384

5495

Fußfraktur, schwere / Knöchelfraktur / Bänderverletzung (hier: offene Weber-B-Fraktur des Außenknöchels rechts sowie Bänderrupturen am Sprunggelenk und Fußnervverletzung mit Taubheitsgefühl im rechten Fuß).

59j. Mann (LKW-Fahrer). Stationäre Behandlung mit mehreren Operationen und Aufenthalten. Dauerschaden: Fußnervverletzung mit Taubheitsgefühl im rechten Fuß und Belastungseinschränkung im rechten Sprunggelenk mit daraus resultierende Berufsunfähigkeit als LKW-Fahrer. Ursache: der Kläger wurde beim Beladen seines LKW von einem Kollegen, der einen anderen LKW mittels einer sogenannten Elektroameise / Elektro-Ameise* belud, mit dieser von hinten angefahren und verletzt. [* Lesenswert dazu: Anmerkung von Kleine-König NZV 2019, 208].

Betrag: 18.000 € **Haftung: 66 %**
immVorb: Ja **MdE: –**

OLG Köln 6.12.2018 – 3 U 49/18 = BeckRS 2018, 33093

7399

Außenknöchelfraktur und Innenknöchelfraktur sowie Sprunggelenksfraktur (hier: sog. „OSG-Luxationsfraktur“ links mit Innenknöchelfraktur sowie Fraktur des sog. Volkmannschen Dreiecks) und eine distale Wadenbeinfraktur. Posttraumatische Belastungsstörung nach der Klassifikation im ICD-10.

Frau (Kurierfahrerin). 10 Tage stationär. Operation mit Platten und Schrauben. Später OP zur Metallimplantatentfernung. In der Folgezeit unterzog sich die Klägerin einer Physiotherapie mit insgesamt 70 physiotherapeutische Behandlungen. Dauerschaden: chronische Schmerzsyndrom. Posttraumatische Belastungsstörung nach der Klassifikation im ICD-10, die sich, so das LG, „nur teilweise und auch nicht in ausreichender Form zurückgebildet habe.“ [Ursache und Anmerkung: Verkehrssicherungspflichtverletzung durch einen an Heiligabend umstürzenden Weihnachtsbaum im Innenhof einer Wohnanlage. Vgl. zu einem sehr ähnlichen Verletzungsbild auch LG Kiel → Nr. 7396 und zu ähnlicher Ursache, dort einem umgestürzten Maibaum, OLG Jena → Nr. 5211]

Betrag: 25.000 € **Haftung: 100 %**
immVorb: Ja **MdE: –**

LG Düsseldorf 30.1.2020 – 16 O 354/16 = BeckRS 2020, 61830

4862

Knöchelfraktur, schwere / Fußfraktur (hier; Fraktur des rechten Knöchels in Form einer Innenknöchelfraktur).

Mann. Stationäre Heilbehandlung. Dauerschaden: Gehbehinderung; Gehen an Unterarmstützen. Dadurch ist der Kläger „in erheblicher Weise sowohl im privaten wie im beruflichen Bereich beeinträchtigt", so das OLG. [Die sog. Integritätsentschädigung nach Schweizer Recht dient dem Ausgleich der durch körperliche oder seelische Beeinträchtigungen eingetretenen Gesundheitsschädigung und ihrer (dauerhaften) Folgen. Sie steht mithin dem Schmerzensgeld als Ausgleich für immaterielle Schäden gleich, so das OLG].

Betrag: 35.000 € **Haftung: 100 %**
immVorb: Ja **MdE: –**

OLG Celle 28.5.2014 – 14 U 165/13 = BeckRS 2014, 70287

i) Zehenverletzungen

3945

Zehenverletzung (hier: Großzehenquetschung links); Schulterprellung.

Mann. MdE 18 Tage 100 %.

Betrag: 500 € **Haftung: 50 %**
immVorb: – **MdE: –**

LG Münster 23.3.2004 – 3 S 137/03 = BeckRS 2004, 35409

6893

Zehenverletzung in Form von Fußnagelbettentzündungen durch zu weit zurückgeschnittene Zehennägel und dem Einsatz von Nagelspangen.

Frau (Schülerin). Ambulante Heilbehandlung. Während der Behandlungszeit konnte die Klägerin nicht ins Schwimmbad und Sport nur eingeschränkt betreiben. Ein Judotraining wie auch Ausflüge waren ihr nicht mehr möglich; beim Schulsport musste sie häufiger aufhören. [Ursache: Grober Behandlungsfehler hinsichtlich einer podologischen Behandlung wegen zwei eingewachsener Zehennägel, bei welcher ua sog. Ross-Faser-Orthonyxiespangen bzw. Nagelkorrekturspangen verwendet worden waren].

Betrag: 750 € **Haftung: 100 %**
immVorb: – **MdE: –**

AG Aachen 23.2.2021 – 106 C 10/19 = BeckRS 2021, 4263

6429

Zehenverletzung / Infektion (hier: Infizierte operative Nagelbettentzündung mit dreiwöchiger Entzündungssymptomatik am Großzehengrundgelenk links).

Mann. 22 Tage stationär. Arzthaftung (hier: Behandlungsfehler während einer Zehennageloperation; es kam zu einer Infektion, die sich vorübergehend auch auf das Zehengelenk ausgeweitet hatte). Dauerschaden: Arthrose des Zehenendgelenks.

Betrag: 1.000 € **Haftung: 100 %**
immVorb: – **MdE: –**

OLG München 30.12.2004 – 1 U 2367/04 = BeckRS 2004, 30348394

3889

Zehenverletzung (hier: Großzehengrundgelenkverletzung in Form eines Kapselausrisses am linken großen Zeh.) sowie Prellungen und Schürfungen am Unterschenkel

Mann. 5 Tage stationär. 3 weitere Wochen ambulant; in dieser Zeit mussten zur Zehenentlastung Gehstützen (Krücken) benutzt werden.

Betrag: 1.534 € **Haftung: 100 %**
immVorb: – **MdE: –**

AG Braunschweig 15.5.2002 – 113 C 486/02 = unveröffentlicht

2702

Zehenverletzung (hier: Kunstfehlerhafte Nagelbettbehandlung: Offene Verletzung mit „fortdauernder Sekretion" an der Großzehe [Großzehenverletzung] mit Gefahr einer Großzehenamputation und „einem langwierigen und schmerzhaften Krankheitsverlauf".)

37j. Frau (Schwangere). Arzthaftung. Dauerschaden: Keine längeren Spaziergänge, verminderte Ausdauer beim Stehen und Gehen; Infektionsgefahr. Amputationsgefahr der Großzehen!

Betrag: 5.113 € **Haftung: 100 %**
immVorb: Ja **MdE: –**

LG Karlsruhe 8.9.1999 – 11 O 119/98 = unveröffentlicht

2627

Zehenverletzung (hier: Bildung eines sogenannten „Schlapperzehs" als Folge einer zunächst fehlerhaften Diagnose [Hallux-valgus statt -rigidus] und zwei fehlerhafter Operationen zur Behebung einer „Arthrosis deformans im rechten Großzehengrundgelenk").

68j. Mann. Arzthaftung (hier: Diagnosefehler und Behandlungsfehler bei Operation nach „Hueter-Mayo"; 2. Operation, abermals fehlerhaft!) Dauerschaden: Gehbehinderung; „Schlapperzeh".

Betrag: 7.669 € **Haftung: 100 %**
immVorb: Ja **MdE: –**

LG Freiburg 3.6.1998 – 8 O 167/97 = BeckRS 1998, 153705

7492

Großzehenverletzung (hier: Beeinträchtigung der Großzehengrundgelenksbeweglichkeit aufgrund behandlungsfehlerhafter Hallux-Operation).

Frau. Arzthaftung, – grober Behandlungsfehler im Zusammenhang mit der Operation eines Hallux valgus und Hallux rigidus mit eingeschränkter Großzehengrundgelenksbeweglichkeit. Ziel der Operation war es, die ursprüngliche Fehlstellung zu korrigieren. Bei einer Röntgenkontrolle nach der OP wurde festgestellt, „dass die ursprüngliche Fehlstellung in Form des Hallux valgus nicht korrigiert worden war." Vielmehr wurde „der rechte Großzeh in Valgusfehlstellung fixiert und das eigentliche Operationsziel verfehlt". Deshalb musste die Klägerin erneut operiert werden. Es wurde daher eine operative Revision mit Neuausrichtung der rechten Großzehe durchgeführt. Bei der Schmerzensgeldbemessung berücksichtigte das LG, dass die Klägerin wegen des groben Behandlungsfehlers zwei zusätzliche Operationen erleiden musste und „über einen Zeitraum von mindestens 1,5 Jahren nachweislich aufgrund des Behandlungsfehlers unter Schmerzen … gelitten hat" und zudem unter einer Gehbehindern litt, da das Abrollverhalten des Fußes in dieser Zeit beeinträchtigt war und sie deshalb ua nicht Fahrrad fahren konnte und auch keine hohen Schuhe tragen konnte.

Betrag: 11.000 € **Haftung: 100 %**
immVorb: Ja **MdE: –**

LG Wiesbaden 6.1.2022 – 2 O 217/18 = BeckRS 2022, 59960

4744

beids.Zehenverletzung / Fußverletzung (hier: Leichte sensorische Polyneuropathie mit Schädigung der Endäste des Nervus plantaris medialis nach Hallux-Valgus-Operation an beiden Füßen).

Mann. Arzthaftung (hier: Aufklärungspflichtverletzung über die Möglichkeiten einer alternativen Behandlungsmethode bei der Hallux-Valgus Operation ohne Zweiteingriff). Dauerschaden: Gefühlsstörung und Schmerzen in beiden Füßen. Schmerzmittelabhängigkeit bei jedoch bereits bestehender Vorerkrankung. [Anmerkung: „Besonders günstige oder ungünstige Vermögensverhältnisse des Schuldners sind für sich kein Grund, das Schmerzensgeld zu erhöhen oder zu mindern", so der amtlicher Leitsatz].

Betrag: 15.000 € **Haftung: 100 %**
immVorb: – **MdE: –**

KG 17.12.2012 – 20 U 290/10 = BeckRS 2013, 1342

j) Zehenfrakturen

4060

Zehenfraktur (hier: Großzehfraktur).

Mann. Ambulante Heilbehandlung. MdE 3 Wochen 100 %. 2 Wochen musste ein Stützverband getragen werden.

Betrag: 750 € **Haftung: 100 %**
immVorb: – **MdE: –**

LG Bayreuth 29.1.2002 – 33 O 654/99 = BeckRS 2002, 162411

4643

Zehenfraktur (hier: Großzehenfraktur rechtsseitig) sowie Fußprellung.

Mann. Ambulante Heilbehandlung, anschließend ambulante Nachbehandlung. MdE 5 Wochen 100 % und 2 Wochen noch 70 %. Folgenlose Verheilung.

Betrag: 1.000 € **Haftung: 100 %**
immVorb: – **MdE: –**

AG Esslingen 27.1.2011 – 6 C 692/10 = unveröffentlicht

4475

Zehenfraktur (hier: o.Zehentrümmerfraktur in Form einer offenen Trümmerfraktur des Zehenendglieds der rechten Großzehe mit teilweiser Ablösung des Nagels sowie eine Endgliednagelkranzfraktur der zweiten rechten Zehe).

Frau (Zahnärztin). MdE mehrere Wochen arbeitsunfähig. [Ursache: Verkehrssicherungspflichtverletzung / Reiseveranstalterhaftung wg. Herabfallens einer Granitplatte, die sich im Bad von der Wand des von der Kl. bewohnten Gästezimmers löste und ihr auf den Fuß fiel. Das OLG befasste sich im Rahmen dieser Entscheidung mit der Thematik der Einstandspflicht des Reiseveranstalters für Körperschäden, die ein Reisender nach einem „Upgrade" vor Ort in einer im Reiseprospekt nicht angebotenen Unterkunft erleidet.

Betrag: 3.000 € **Haftung: 100 %**
immVorb: Ja **MdE: –**

OLG Frankfurt a. M. 31.5.2012 – 16 U 169/11 = BeckRS 2012, 13239

6980

Zehenfraktur / Fußfraktur (hier: Mehrere Großzehenfrakturen in Form einer Großzehenendgliedmehrfragmentfraktur mit knöchernem Großzehengrundgelenkskapselausriss links bei vorbestehenden Unguis incarnatus und zwei Mittelfußknochenfrakturen am linken Fuß. Neben den Fußverletzungen lagen weitere, offenbar aber folgenlos verheilte Verletzungen in Form einer Schädelprellung und eines HWS-Syndroms vor.

Mann (Schüler). Mehrfach jeweils für einige Tage stationär; Operation mittels Kirschner-Draht. Zum Dauerschaden führte das OLG aus, dass eine „geringgradige Bewegungseinschränkung" der beiden betroffenen Zehen verblieben sei, die als solche die Lebensführung des Klägers nicht messbar beeinträchtigt. Die Einlagen für die Schuhe sind zur Behebung einer unfallunabhängigen, vorbestehenden Fußfehlstellung, die inzwischen zu Beschwerden im Bewegungsablauf geführt haben, erforderlich geworden. Zudem führte es aus, dass eine unfallbedingte Arthrose – zumindest in den Gelenken der betroffenen Zehen – extrem unwahrscheinlich ist.

Betrag: 10.000 € **Haftung: 100 %**
immVorb: Ja **MdE: –**

OLG Zweibrücken 26.1.2022 – 1 U 188/20 = BeckRS 2022, 1322

6218

Zehenfraktur (hier: Großzehenfraktur rechts, wobei Knochenstücke in der Bruchgegend entfernt werden mussten), Unterarmfraktur in Form einer distalen Speichenfraktur rechts, Knieverletzung bzw. Kniegelenkquetschung, HWS-Syndrom und Adduktorenzerrung rechts.

Mann (sehr junger Mann). 30 Tage stationär mit drei Aufenthalten. Dauerschaden: „Nicht sehr schwerwiegende" Bewegungseinschränkungen im Bereich des Handgelenks und leichte Bewegungseinschränkung im Bereich der Großzehe rechts. Verschlechterungstendenz: Arthrose im Großzehengelenk und „im ungünstigsten Fall … eine schmerzhafte Einsteifung der Zehe". [Ursache Motorradunfall].

Betrag: 10.226 € **Haftung: 100 %**
immVorb: Ja **MdE: –**

LG Weiden 23.4.2002 – 1 O 66/02 = BeckRS 2002, 161907

k) Zehenverlust und Zehengliedverlust

3392

Zehenverletzung (hier: Stark entzündete Menschenbisswunde, die stark blutete).

Frau (Kellnerin). MdE 10 Tage 100 %. „Hat der Biss eines Gastes in den Zeh einer Kellnerin zu einer entzündlichen Verletzung geführt, ist die Zahlung eines Schmerzensgeldes von 400 Euro angemessen", so der Leitsatz der NJW-RR Redaktion. [vgl. im Übrigen zu Bisswunden unter Hundebiss]

Betrag: 400 € **Haftung: 100 %**
immVorb: – **MdE: –**

AG Gelsenkirchen 23.6.2005 – 32 C 672/04 = BeckRS 9998, 79019

3479

Zehengliedverlust (hier: Ein Drittel des rechten Großzehes wurde amputiert [Zehenamputation].

Mann (Maurer). Sehr schmerzhafte Verletzung. Dauerschaden. Inwieweit die Tatsache, dass der Kläger im Rahmen einer Gefälligkeitshandlung (Umzugshilfe) verunglückte, bei der Bemessung berücksichtigt wurde, ist nicht erkennbar.

Betrag: 2.659 € **Haftung: 100 %**
immVorb: – **MdE: –**

OLG Hamburg 19.2.1999 – 14 U 165/98 = BeckRS 1999, 158802

2735

Fußfraktur / Fußverletzung (hier: „Überrolltrauma des linken Fußes", der „nahezu abgefahren" wurde. Fußsohlenfraktur [sogn. Metatarsaliafraktur], schwerste Verletzungen des gesamten Fußes! Handfraktur [sogn. DV-Fraktur im Handbereich links].

10j. Junge. 2 Monate stationär. 17 Operationen! Starke Schmerzen, komplizierte Heilbehandlung, täglicher Verbandswechsel etc! Noch nach 2 Jahren nicht abgeheilt! Dauerschaden.

Betrag: 5.113 € **Haftung: 50 %**
immVorb: Ja **MdE: –**

OLG Hamm 9.11.1998 – 32 U 137/98 = BeckRS 1998, 13161

7377

Zehenverlust und Zehenverletzung (hier: Zehenfraktur der zweiten rechten Zehe und des Zehengelenks mit Teilamputation. Nagelkranzfraktur der Großzehe rechts mit Nagelwachstumsstörungen der Großzehe). Diverse Abschürfungen am rechten Unterschenkel und eine Knieprellung rechts.

17j. Mann. 5 Tage stationär. 40 Tage arbeitsunfähig und auch darüber hinaus in ambulanter Behandlung. Dauerschaden: Teilamputation der zweiten Zehe, vor allem aber die Nagelwachstumsstörungen der Großzehe bereiten dem … Kläger erhebliche Schmerzen und beeinträchtigen ihn im Alltag und im Beruf beim Gehen, Stehen wie auch der Auswahl des Schuhwerks. Zudem bildete sich eine Arthrose mit Gelenksubluxation, die auch in Zukunft bestehen bleiben wird. [Ursache: Motorradunfall mit leichter Freizeitbekleidung bekleidet und lose getragenen Gartenclogs, wofür dem Kläger jedoch kein zusätzliches Mitverschulden angerechnet wurde.]

Betrag: 6.000 € **Haftung: 66 %**
immVorb: – **MdE: –**

OLG Brandenburg 14.12.2023 – 12 U 107/23 = BeckRS 2023, 39732

6894

Großzehenamputation links nach bekanntem diabetischem Fußsyndrom.

Mann. Arzthaftung wegen einer anfangs nicht adäquaten Diagnostik mittels eines Wundabstrichs und der verschleppt ausgeführten Therapie im Zusammenhang mit einer Zehenverletzung nach bekanntem diabetischem Fußsyndrom. [Anmerkung: PKH-Verfahren. Der Antragsteller begehrt Prozesskostenhilfe für eine beabsichtigte Klage, mit der der Antragsgegner als sein behandelnder Hausarzt wegen unterlassener Befunderhebung in Anspruch genommen werden soll.]

Betrag: 12.000 € **Haftung: 100 %**
immVorb: Ja **MdE: –**

OLG Dresden 19.3.2021 – 4 W 72/21 = BeckRS 2021, 8740

4390

Zehenamputation / Zehenverlust (hier: Es wurden 4 Zehen amputiert).

2j. Kind / Junge. Dauerschaden: Orthopädische Schuhe; Bewegungsbeeinträchtigung. Ursache: Überfahrt mit dem Rasenmäher.

Betrag: 15.000 € **Haftung: 100 %**
immVorb: – **MdE: –**

OLG Hamm 29.10.2007 – 6 U 34/07 = BeckRS 2008, 4468

6231

Zehenverlust (hier: Fußverstümmelung durch Großzehenamputation und Teilamputation der 2. Zehe nach blutvergiftungsbedingter Nekrosebildung mit der Folge einer optischen Verstümmelung, einer Gehbehinderung und der Notwendigkeit, orthopädisches Schuhwerk zu tragen. Septischer Schock, Blutgerinnungsstörung und einem Lungenversagen).

16j. Frau. 7 Tage Intensivstation mit anfänglicher Lebensgefahr, längere stationäre Behandlung mit mehreren Operationen und vier Hauttransplantationen an Armen und Beinen. Arzthaftung (hier: Grober Behandlungsfehler durch unterlassene Befunderhebung im Zusammenhang mit einer Mandelentfernungsoperation. Es kam zu einer Blutvergiftung und zu einer Nekrosebildung mit Fußverstümmelung. Dauerschaden: MdE 70 %. Fußverstümmelung durch Verlust der Großzehe und eines Teils der 2. Zehe „mit schweren psychischen Beeinträchtigungen für die Dauer von 2 Jahren bei einem in der Pubertät befindlichem Mädchen mit dem Erfordernis psychiatrischer Behandlung". Berufswunschvereitelung bzw. Einschränkung der Berufswahl: Klägerin kann wg. Behinderung nicht mehr Krankenschwester werden. Einschränkungen in der Lebensführung: Klägerin kann im Sommer keine sommerliche Kleidung tragen und kann nicht ins Schwimmbad gehen.

Betrag: 45.000 € **Haftung: 100 %**
immVorb: Ja **MdE: 70 %**

OLG Schleswig 28.3.2008 – 4 U 34/07 = BeckRS 2009, 11304

3408

Großzehenamputation, rechts und des betroffenen Mittelfußknochens; Fingeramputationen (hier: Amputation des kleinen Fingers und des Ringfingers der rechten Hand);

Frau. Arzthaftung (hier: Grober Behandlungsfehler ua wegen Verkennung eines Arterienverschlusses). Dauerschaden! „Die Art dieser Gesundheitsschädigungen und die damit verbundenen Folgen, die die Kl. erheblich in ihrer Mobilität dauerhaft einschränken, die Schwere der Pflichtwidrigkeit des ärztlichen Personals der Bekl. zu 1 und auch des Bekl. zu 2 persönlich sowie der sich daran anknüpfende Schuldvorwurf (grob fahrlässiges Verhalten) rechtfertigen“ das oa Schmerzensgeld, so das LG.

Betrag: 65.000 € **Haftung: 100 %**
immVorb: – **MdE: –**

LG Düsseldorf 17.10.2005 – 3 O 648/03 = BeckRS 2005, 12455

B. Entscheidungen: Alltägliche Verletzungen

Vorbemerkung: Die in diesem Kapitel aufgeführten Gerichtsentscheidungen befassen sich vorrangig mit Verletzungsarten, die sehr häufig vorkommen und/oder meist nur verhältnismäßig geringfügige Verletzungsfolgen haben. Dabei wurden grundsätzlich nur solche Urteile aufgenommen, bei welchen die jeweilige Verletzung (Bluterguss, HWS-Syndrom, Platzwunde, Prellungen etc.) im Vordergrund der schmerzensgeldrelevanten Betrachtung stand und bei denen die Zuordnung nach anatomischen Kriterien (Kopf, Hals, Brust, Arm, Bein etc.) hinsichtlich der Bemessung des Schmerzensgeldes häufig keine oder nur eine untergeordnete Rolle spielt.

1. Bagatellverletzungen ohne Schmerzensgeld

Vorbemerkung: Der BGH, Urteil vom 16.3.2004 – VI ZR 138/03 definiert eine Bagatellverletzung wie folgt:

„Eine Bagatelle im Sinne der Rechtsprechung des erkennenden Senats ist eine vorübergehende, im Alltagsleben typische und häufig auch aus anderen Gründen als einem besonderen Schadensfall entstehende Beeinträchtigung des Körpers oder des seelischen Wohlbefindens. Damit sind Beeinträchtigungen gemeint, die sowohl von der Intensität als auch der Art der Primärverletzung her nur ganz geringfügig sind und üblicherweise den Verletzten nicht nachhaltig beeindrucken, weil er schon auf Grund des Zusammenlebens mit anderen Menschen daran gewöhnt ist, vergleichbaren Störungen seiner Befindlichkeit ausgesetzt zu sein."

Mehr zu diesem Thema finden Sie im Handbuchteil im Kapitel V 2 unter → Rn. 266.

Nachfolgend finden Sie zahlreiche Entscheidungen zu dieser Thematik. Die jüngsten Entscheidungen dazu sind das Urteil des LG Ravensburg (2023) → Nr. 7181 und des AG Deggendorf → Nr. 7406.

3286

HWS-Syndrom.

Frau. Kein Schmerzensgeldanspruch, wenn „die Schmerzen nur geringfügig sind und es sich um Schmerzen handelt, die dem allgemeinen Lebensrisiko unterliegen." Solche Schmerzen, „die ein Dritter einem zugefügt hat, können nicht anders bewertet werden, als Schmerzen, die man sich im täglichen Leben, zum Beispiel durch Sichstoßen zuzieht", so das AG in einer nicht ganz zweifelsfreien Begründung zur Rechtsproblematik bei Bagatellverletzungen.

Betrag: – **Haftung: –**
immVorb: – **MdE: –**

AG Bergheim 30.3.2001 – 21 C 18/01 = BeckRS 2001, 161618

4277

Prellungen, behauptete

Frau. Kein Schmerzensgeldanspruch: „Die von ihr behaupteten Prellungen, die sie durch den Vorfall erlitten haben will, stellen Bagatellverletzungen dar, die nach dem die Vorschrift des § 253 Abs. 2 BGB bestimmenden Billigkeitsgrundsatz keinen ein Schmerzensgeld rechtfertigenden Schaden darstellen", so das LG

Betrag: – **Haftung: –**
immVorb: – **MdE: –**

LG Bielefeld 28.4.2011 – 5 O 145/09 = BeckRS 2011, 14453

4073

Bagatellverletzung

Frau (Rechtsreferendarin). Kein Schmerzensgeldanspruch. Das OLG sich mit der Frage zu befassen hatte, inwieweit eine Haftung für Unfallfolgen besteht, die sich ohne organische Primärverletzung alleine aufgrund des Unfallerlebnisses und infolge psychisch vermittelter Kausalität entwickeln und kam zum Ergebnis, dass eine solche Haftung ohne ein Unfallereignis von hinreichender Schwere und Intensität nicht gegeben sei. Der Schädiger hafte nicht für therapiebedingte Primärschäden, dh für Schäden, die erst dadurch entstehen, dass sich nach einem Unfall der im juristischen Sinne Nichtbetroffene in ärztliche Behandlung begibt und durch Falschbehandlung eine Gesundheitsverletzung erleidet. vgl. auch OLG Hamm BeckRS 9998, 19613 = → Nr. 3650].

Betrag: – **Haftung: –**
immVorb: – **MdE: –**

OLG Celle 20.1.2010 – 14 U 126/09 = BeckRS 2010, 8368

7406

Bagatellverletzung (hier: HWS-Distorsion mit leichten Kopfschmerzen und Nackenschmerzen im Bereich der unteren Halswirbelsäule jedoch ohne Schmerzempfindlichkeit über den Dornfortsätzen. Die Halswirbelsäule war außerdem uneingeschränkt frei beweglich; ein axialer Stauchungsschmerz konnte gerade nicht festgestellt werden.)

12j. Kind (Schüler). Das AG wertet diese Verletzung als Bagatellverletzung und wies den Anspruch auf Schmerzensgeld ab. „Nach höchstrichterlicher Rechtsprechung kann der Schmerzensgeldanspruch jedenfalls bei leicht fahrlässigen Körperverletzungen entfallen, wenn das Wohlbefinden des Verletzten nur kurzfristig und unerheblich beeinträchtigt worden ist und der Ersatz des immateriellen Schadens auch nicht aus Gründen der Genugtuung angezeigt ist. Kennzeichen für solche Bagatellfälle ist, dass es sich um vorübergehende, im Alltagsleben typische und häufig auch aus anderen Gründen als einem besonderen Schadensfall vorkommende Beeinträchtigungen handelt, die üblicherweise den Verletzten nicht nachhaltig beeindrucken und dem allgemeinen Lebensrisiko zuzuordnen sind", so das AG. [Ursache: Auffahrunfall – Mutter fährt mit Kläger auf ein anderes KFZ auf].

Betrag: – **Haftung: –**
immVorb: – **MdE: –**

AG Deggendorf 17.7.2023 – 3 C 207/23 = BeckRS 2023, 37301

64

Bagatellverletzung (hier: vorübergehende „starke Rückenschmerzen" nach missglückter Landung eines Seitwärtssaltos).

16j. Frau (Leistungssportlerin). Kein Schmerzensgeld im Zusammenhang mit einem behaupteten Behandlungsfehler des die Klägerin betreuenden Sportmediziners. Mit seinem 4. Amtlichen Leitsatz betonte das OLG insofern: „Der Vorwurf, ein Sportmediziner habe nicht über eine medizinisch gebotene "Sportpause„ aufgeklärt und keine "Sportbefreiung„ ausgestellt, betrifft die therapeutische Sicherungsaufklärung, die zur Beweislast des Patienten steht." Das OLG wertete die Beschwerden der Kl. zudem als „Bagatellverletzung", da sie bei dem Sturz ... lediglich über „starke Rückenschmerzen" geklagt hatte, die in der Winterpause folgenlos verheilt sind und verwies insofern auf eine Entscheidung des OLG Dresden vom 5.1.2017 = BeckRS 2017, 102217.

Betrag: – **Haftung: –**
immVorb: – **MdE: –**

OLG Dresden 17.12.2024 – 4 U 857/24 = BeckRS 2024, 40577

7114

Endoskopie ohne Vergabe von Schmerzmitteln bzw. ohne, aus subjektiver Sicht, ausreichende Sedierung mit „Unwohlsein und alltagstypische Ängste"n im Zusammenhang.

14j. Kind. Kein Schmerzensgeldanspruch: Arzthaftung im Zusammenhang mit einer gastroenterologischen Endoskopie. Das LG hatte die Klage abgewiesen, da weder eine Vereinbarung über eine Vollnarkose und Schmerzmittelgabe zwischen der Mutter des damals noch minderjährigen Kl. und den Bekl. getroffen worden sei noch sei die Sedierung fehlerhaft gewesen. Das OLG bestätigte dies und führte aus: „Unwohlsein und alltagstypische Ängste im Zusammenhang mit einer diagnostischen Untersuchung rechtfertigen regelmäßig kein Schmerzensgeld." (amtlicher Leitsatz). „Die vom Kl. geschilderten stechenden und drückenden Schmerzen im Bauchbereich während der lediglich höchstens zwanzig Minuten andauernden Koloskopie rechtfertigen ein Schmerzensgeld selbst dann nicht, wenn man entgegen den zutreffenden Annahmen des LG einen Behandlungsfehler unterstellen würde. Sie stellen sich vielmehr als Bagatellverletzungen dar, die nach dem die Vorschrift des § 253 Abs. 2 BGB bestimmenden Billigkeitsgrundsatz keinen ein Schmerzensgeld rechtfertigenden Schaden darstellen."

Betrag: – **Haftung: –**
immVorb: – **MdE: –**

OLG Dresden 16.10.2022 – 4 U 1258/22 = BeckRS 2022, 35654

5003

Bagatellverletzung (hier: „kleine Stirnschürfwunde mit einem Pflaster behandelt worden sei" sowie Hüftprellung wobei der Kläger – so das LG – „im Hinblick auf die Schürfwunde und unmittelbar nach dem Unfall vorhandene, nicht behandlungsbedürftige Hüftschmerzen ... keine weiteren Angaben gemacht" habe.)

Mann. Kein Schmerzensgeldanspruch wegen Einstufung als Bagatellverletzung. [Lesenswert zur Haftung bei Beteiligung eines polizeilichen Einsatzfahrzeuges].

Betrag: – **Haftung: 50 %**
immVorb: – **MdE: –**

LG Düsseldorf 25.6.2014 – 2b O 165/13 = BeckRS 2014, 14725

4266

HWS-Syndrom, einfaches

Mann. MdE 2 Tage arbeitsunfähig; anschließend konnte der Kläger „seiner Arbeit wieder nachgehen". Kein Schmerzensgeld mit der Begründung: „Ein Anspruch auf Schmerzensgeld setzt nach § 253 Abs. 2 BGB voraus, dass Rechtsgüter des Verletzten mehr als nur unwesentlich beeinträchtigt worden sind. ... Bei einem lediglich leichten HWS-Trauma ist dies in der Regel nicht der Fall".

Betrag: – **Haftung: 100 %**
immVorb: – **MdE: –**

LG Frankfurt (Oder) 20.12.2010 – 13 O 154/07 = BeckRS 2011, 22719

3511

Bagatellverletzung (hier: „Adrenalinausstoß und kurzfristiger Schock").

Kein Schmerzensgeld bei neurotischer Fehlverarbeitung eines Unfallgeschehens (Neurose). Der Kläger erlitt unfallbedingt einen „Adrenalinausstoß und einen kurzfristigen Schock ... diese Reaktion ist jedoch nicht schmerzensgeldbegründend, da sie unter die Bagatellgrenze fällt", so das LG.

Betrag: – **Haftung: –**
immVorb: – **MdE: –**

LG Gera 31.8.2005 – 1 S 189/05 = BeckRS 2011, 10551

3176

HWS-Syndrom (hier: „HWS-Beweglichkeit in allen Ebenen eingeschränkt, leichte Kopfschmerzen, Nackenschmerzen, paravert. Muskulatur verspannt und druckschmerzhaft".) Das Gericht wertete diese Verletzung Bagatellschaden.

Mann. MdE 5 Tage 100 %. Das Gericht sah die Verletzung als reinen Bagatellschaden, für den es keinen Schmerzensgeldanspruch gibt und bezeichnete die 5 Tage Arbeitsunfähigkeit als reine Vorsichtsmaßnahme des Klägers.

Betrag: – **Haftung: 75 %**
immVorb: – **MdE: –**

LG Gera 27.9.2002 – 6 O 893/02 = OLG-NL 2003, 176

4069

HWS-Syndrom, leichtester Art / Bagatellverletzung

Frau. Kein Schmerzensgeldanspruch: „Ein Schmerzensgeldanspruch besteht nicht, wenn durch einen Verkehrsunfall allenfalls eine Bagatellverletzung der Halswirbelsäule (HWS) verursacht wird", so das AG in seiner Begründung.

Betrag: – **Haftung: –**
immVorb: – **MdE: –**

AG Gummersbach 20.9.2010 – 10 C 39/10 = BeckRS 2010, 22992

4853

Vorübergehende Hüftluxation, die nach einer Hüftgelenksoperation auftrat und mttels einer Kurznarkose umgehend schmerzfrei beseitigt wurde. Das OLG sah darin sinngemäß eine Bagatellverletzung.

Mann. Kein Schmerzensgeldanspruch aus Arzthaftung, da der Kläger nur eine geringfügige Beeinträchtigung / Bagatellverletzung erlitt. „Selbst wenn man unterstelle, dass die Luxation Folge eines Behandlungsfehlers sei, begründe sie keinen Schmerzensgeldanspruch des Klägers. Die Luxation habe umgehend mittels einer Reposition unter Kurznarkose schmerzfrei beseitigt werden können. Die mit ihr verbundenen gesundheitlichen Beeinträchtigungen des Klägers überschritten nicht eine „Geringfügigkeitsgrenze". Sie stellten sich als zeitlich geringfügige Beeinträchtigungen dar, die die Lebensführung des Klägers nur unwesentlich und ohne dauerhafte Folgen beeinflusst hätten. In einem derartigen Fall sei ein Schmerzensgeld weder zum Ausgleich noch zur Genugtuung des Patienten angemessen", so sinngemäß das OLG.

Betrag: – **Haftung: –**
immVorb: – **MdE: –**

OLG Hamm 13.1.2015 – 26 U 122/14 = BeckRS 2015, 6016

3575

Bagatellverletzung / Psychische Beeinträchtigung / Schock (hier: Schweißausbrüche, vorübergehende Wehentätigkeit u.a.)

Frau. (schwangere Frau). Kein Schmerzensgeldanspruch für nur geringfügige, jedoch nicht nachhaltig traumatische Beeinträchtigungen infolge der Todesnachricht des Ehemannes.

Betrag: – **Haftung: –**
immVorb: – **MdE: –**

OLG Hamm 22.2.2001 – 6 U 29/00 = BeckRS 2007, 11056

3280

Bagatellverletzung (hier: „Ziehen im Halsbereich").

Mann. Der Kl. gab an, nach dem Unfall „ein Ziehen im Halsbereich" verspürt zu haben. Als Bagatellschaden kein Schmerzensgeldanspruch.

Betrag: – **Haftung: –**
immVorb: – **MdE: –**

OLG Hamm 24.10.2000 – 9 U 39/00 = BeckRS 2009, 19146

3574

Brustkorbquetschung / Bagatellverletzung (hier: Druckschmerzen im rechten Brustbereich).

Mann. Kein Anspruch auf Schmerzensgeld wegen Bagatellverletzung. Das OLG sah keine nennenswerte und insbesondere keine schmerzensgeldrelevante Beeinträchtigung des körperlichen und seelischen Wohlbefindens.

Betrag: – **Haftung: –**
immVorb: – **MdE: –**

OLG Hamm 17.1.2000 – 13 U 124/99 = BeckRS 2007, 2170

6822

Bagatellverletzung (hier: Behauptete, jedoch nicht nachgewiesene psychische Beeinträchtigungen als Folge einer 14tägigen Quarantäne / Absonderung im Rahmen der Corona-Pandemie nach einer Auslandsreise).

Frau. Kein Schmerzensgeldanspruch für Corona-Quarantäne; insofern führte das LG aus: „Ein Überschreiten der Geringfügigkeitsschwelle ergibt sich zunächst nicht bereits aus dem Umstand, dass die Kläger mehrere Tage in ihrer persönlichen Fortbewegungsfreiheit eingeschränkt waren. Eine feste zeitliche Grenze, ab der eine Freiheitseinschränkung als ausgleichspflichtig anzusehen wäre, gibt es nicht. Abzustellen ist vielmehr auf die konkrete Situation des Einzelfalls. … Die von den Klägern vorgetragenen Beeinträchtigungen durch die Quarantäne sind nicht geeignet, einen Schmerzensgeldanspruch unter dem Aspekt des Ausgleichsgedankens zu begründen. … Es erscheint schon sehr zweifelhaft, ob diese Umstände ausreichend sind, um ein Überschreiten der Geringfügigkeitsschwelle begründen zu können. Darauf kommt es jedoch nicht an, weil die Kläger durch ihr eigenes Verhalten gezeigt haben, dass die mit der Quarantäne für sie verbundenen Einschränkungen ihrer Lebensführung kein nennenswertes Gewicht für sie hatten. Denn die Kläger haben nach ihrem eigenen Vortrag darauf verzichtet, sich nach fünf Tagen mit einem negativen PCR-Test aus der Quarantäne freizutesten. Hätten sie die Einschränkungen durch die Quarantäne als belastend empfunden, so hätte – unabhängig von der Frage, ob die Kläger den PCR-Test für valide halten – nichts nähergelegen, als die Quarantäne möglichst schnell zu beenden. Im Umkehrschluss folgt hieraus, dass die Quarantäne für die Kläger keine nennenswerte Beeinträchtigung ihrer Lebensführung darstellte."

Betrag: – **Haftung: –**
immVorb: – **MdE: –**

LG Hannover 20.8.2021 – 8 O 1/21 = BeckRS 2021, 22869

7148

Persönlichkeitsrechtsverletzung durch Weiterleitung von personenbezogenen Daten an einen Dritten, wodurch jedoch eine bloß individuell empfundene Unannehmlichkeit und kein spürbarer Nachteil entstanden ist sondern ein Bagatellverstoß ohne ernsthafte Beeinträchtigung.

Mann. Kein Schmerzensgeldanspruch gemäß Art. 82 Abs. 1 DS-GVO: Der Kläger hatte für sich und seine Familie über das von der Beklagten betriebene Onlinebuchungsportal eine Pauschalreise gebucht und dabei für sich und seine Mitreisenden Vor- und Zuname, Adresse, Geburtsdatum, Kreditkartennummer und Handynummer angegeben. Diese Daten leitete die Beklagte an ein Reisebüro weiter, bei dem der Kläger in der Vergangenheit bereits zahlreiche Reisen gebucht hatte. Die Parteien streiten um Ansprüche des Klägers aus eigenem und abgetretenem Recht seiner Ehefrau auf immateriellen Schadensersatz nach Art. 82 Abs. 1 DS-GVO. Das AG wies die Klage mit der Begründung zurück, dass zum einen mangels Übertragbarkeit dieses höchstpersönlichen Anspruchs – keine Aktivlegitimation in Bezug auf die etwaigen Ansprüche der Ehefrau bestehen. Zum anderen stelle nicht jede Datenschutzrechtsverletzung in Form einer nicht (vollständig) rechtskonformen Datenverarbeitung ist automatisch auch einen ersatzfähigen Schaden dar. Vielmehr sei für einen Bagatellverstoß ohne ernsthafte Beeinträchtigung bzw. für jede bloß individuell empfundene Unannehmlichkeit kein Schmerzensgeld zu gewähren; insofern müsse dem Betroffenen ein spürbarer Nachteil entstanden sein und es müsse sich zudem um eine objektiv nachvollziehbare, mit gewissem Gewicht erfolgte Beeinträchtigung von persönlichkeitsbezogenen Belangen handeln.

Betrag: – **Haftung: –**
immVorb: – **MdE: –**

AG Hannover 9.3.2020 – 531 C 10952/19 = BeckRS 2019, 43221

5407

HWS-Schleudertrauma 1. Grades, welches „jedoch weder zu klinisch oder bildgebend objektivierbaren Verletzungen geführt hat, noch zu einer Arbeitsunfähigkeit, einem Dauerschaden oder einer Minderung der Erwerbsfähigkeit. Vielmehr hat der Sachverständige allgemein zu dieser Art der Erkrankung ausgeführt, die Distorsion der Halswirbelsäule sei in der Regel durch eine Muskelzerrung definiert, die nur dann zu erwarten sei, wenn die Halsmuskulatur überdehnt worden sei. Dies führe in den betroffenen Abschnitten zu muskelkaterähnlichen Schmerzen, die auch zeitlich verzögert auftreten könnten. In diesen Fällen sei mit einem raschen Abklingen der Beschwerden – mit und ohne Therapie – binnen Tagen zu rechnen", so das AG.

Mann. Kein Schmerzensgeldanspruch. Zur Begründung führte das AG aus: „Da diese [ergänze: HWS-Distorsion] nach den weiteren Feststellungen jedoch nicht zu einer objektivierbaren Verletzung und gar einer Arbeitsunfähigkeit geführt hat, sind jedoch lediglich leichte Beeinträchtigungen des Klägers in Form eines muskelkaterähnlichen Schmerzes für einige Tage feststellbar. Nach dem ausdrücklichen Wortlaut der gesetzlichen Regelung der § 249 Abs. 2, § 253 BGB ist die Entschädigung in Geld für immaterielle Schäden nach den Grundsätzen der Billigkeit zu bemessen. Danach bedarf es für die Begründung eines Schmerzensgeldanspruchs jedoch einer Beeinträchtigung, die die Grenze dessen, was üblicherweise im Rahmen des allgemeinen Lebensrisikos hingenommen werden würde, überschreitet. Diese Voraussetzung ist bei der feststellbaren Beeinträchtigung des Klägers jedoch nicht überschritten."

Betrag: – **Haftung: 100 %**
immVorb: – **MdE: –**

AG Iserlohn 31.1.2018 – 40 C 164/15 = BeckRS 2018, 1087

7082

Persönlichkeitsrechtsverletzung durch unrechtmäßiger Zugriff auf Daten in Form eines Identitätsdiebstahls im Zusammenhang mit dem „Priceless Specials-Programm" der Mastercard.

Mann. Der Kl. macht wegen eines Datenverlusts immaterielle Ansprüche geltend. Die Bekl. ist Herausgeberin der Kreditkarte „Mastercard". Der Kl. ist ein in Karlsruhe lebender Verbraucher, der eine Kreditkarte der Bekl. nutzt. Die Bekl. unterhielt ein Kundenbindungsprogramm, welches sie unter dem Namen „Priceless Specials" vermarktet. Dabei gab es eine im Internet erreichbare Plattform, auf der Nutzer einer Kreditkarte der Bekl. sich registrieren konnten. In der Plattform waren personenbezogene Daten der Nutzer (wie etwa ihre Namen, Adressen und Kreditkartendaten) hinterlegt. Der Kl. war Nutzer dieser Plattform „Priceless Specials". Am 22.8.2019 informierte die Bekl. den Kl. darüber, dass es auf der „Priceless Specials"-Plattform einen Angriff gegeben habe, durch den möglicherweise verschiedene personenbezogene Daten des Kl. von Dritten entwendet werden konnten. Das LG wies den immateriellen Schadensersatzanspruch zurück und begründete dies damit, dass der Verstoß gegen Vorschriften der DS-GVO allein nicht unmittelbar zum Schadensersatz führe und eine über einen Bagatellschaden hinausgehende Schädigungen nur beispielsweise bei dem Verlust von Gesundheitsdaten, dem Verlust der Vertraulichkeit von anderen dem Berufsgeheimnis unterliegenden personenbezogenen Daten, dem Verlust von Daten mit sexuellem Bezug oder Daten, die gesellschaftlich kompromittierenden Inhalt haben, regelmäßig anzunehmen sein, nicht aber bei der Verbreitung von Name, Geburtsdatum, Geschlecht, E-Mail-Adresse und Telefonnummer einer Person. [Anmerkung: vgl. auch LG Frankfurt a.M. → 7085, LG München I → Nr. 7080 und LG Köln → Nr. 7081 sowie OLG Stuttgart → Nr. 7121].

Betrag: – **Haftung: –**
immVorb: – **MdE: –**

LG Karlsruhe 9.2.2021 – 4 O 67/20 = BeckRS 2021, 20347

2615

Bagatellverletzung (hier: Hundebissverletzung; „kleine Bisswunde an der Mittelhand unter 0,5 cm Durchmesser, leichte Hautquetschung daneben".

78j. Mann. Wundversorgung mit Betaisodonaverband, Tetanusprophylaxe. Hier sei, so das LG „von einem bloßen Bagatellschaden auszugehen"; demnach kein Anspruch auf Schmerzensgeld.

Betrag: – **Haftung: –**
immVorb: – **MdE: –**

OLG Köln 6.5.1998 – 13 W 52/97 = BeckRS 2011, 14031

7009

Persönlichkeitsrechtsverletzung wegen nicht anonymisierter Daten (hier: Beschluss des Verwaltungsgerichts Köln) an Dritte.

Mann. Der Kläger begehrte von der Beklagten, der Stadt B. G., Schmerzensgeld, weil diese einen Beschluss des Verwaltungsgerichts Köln in einem Rechtsstreit ohne jede Anonymisierung einem größeren Kreis von Rechtsamtsleitern in NRW zur Verfügung gestellt hatte. Im Zuge der Corona-Pandemie erließ die Beklagte eine Allgemeinverfügung, wonach Spielhallen – so auch die Spielhallen der T GmbH & Co. KG, deren Gesellschafter-Geschäftsführer der Kläger ist – unter Anordnung des Sofortvollzugs vorerst nicht mehr betrieben werden durften. Der Kläger behauptet, er sei wegen Übersendung der verwaltungsgerichtlichen Entscheidung durch die Beklagte „ehrenrührigen, unzumutbaren und beängstigenden Anwürfen seitens anderer Spielhallenbetreiber und unbekannter Dritter" ausgesetzt gewesen. Der Beschluss des Verwaltungsgerichts Köln sei durch einen unbekannten Dritten aus dem beklagtenseits gewählten Adressatenkreis an den Branchenverband der Geldspielautomatenbetreiber gelangt. Das LG wies die Klage als unbegründet ab. Ein Anspruch auf Zahlung von Schmerzensgeld besteht nicht, da der Kläger nicht dargelegt hat, dass ihm infolge der streitgegenständlichen Datenschutzverletzung ein immaterieller Schaden entstanden ist. Nach § 82 Abs. 1 DS-GVO hat jede Person, der wegen eines Verstoßes gegen diese Verordnung ein materieller oder immaterieller Schaden entstanden ist, Anspruch auf Schadenersatz gegen den Verantwortlichen oder gegen den Auftragsverarbeiter. Die streitgegenständliche Übersendung des Beschlusses des Verwaltungsgerichts Köln an die Rechtsamtsleiterinnen und Rechtsamtsleiter anderer Kommunen stellt einen Verstoß gegen die Datenschutzgrundverordnung dar. Die Beklagte durfte den Beschluss zur Information und zur Sicherstellung einer einheitlichen Rechtsanwendung jedenfalls nicht unanonymisiert übersenden. Allerdings reicht ein Verstoß alleine zur Anspruchsbegründung nicht aus, es muss auch ein Schaden eingetreten sein (Paal / Pauly / Frenzel, 3. Aufl. 2021, DS-GVO Art. 82 Rn. 10). Der Schaden muss auf den Verstoß zurückzuführen sein, wobei eine Mitursächlichkeit genügt (BeckOK DatenschutzR / Quaas, 35. Ed. 1.11.2020, DS-GVO Art. 82 Rn. 26). Das habe der Kläger nicht beweisen. Zudem – so das LG zutreffend – würde „das Zuerkennen von Schmerzensgeld in einem derartigen Bagatellfall die Gefahr einer nahezu uferlosen Häufung der Geltendmachung von Ansprüchen bergen, was nicht Sinn und Zweck von Art. 82 DS-GVO entsprechen" könne.

Betrag: – **Haftung: –**
immVorb: – **MdE: –**

LG Köln 3.8.2021 – 5 O 84/21 = BeckRS 2021, 28364

3336

Schädelprellung, behauptete. Das Gericht bewertete die Verletzung jedoch als Bagatellverletzung.

Mann. Der Kläger begab sich erst 14 Tage nach dem Unfall zum Arzt, der ihm einen – insoweit nicht überprüfbaren – „Druckschmerz" attestierte. Das LG verneinte hier zutreffend den Schmerzensgeldanspruch mit Verweis auf die Geringfügigkeit [vgl. Kein Schmerzensgeld bei Bagatellverletzungen]

Betrag: – **Haftung: –**
immVorb: – **MdE: –**

LG Landau 31.1.2005 – 1 S 2001/04 = BeckRS 2005, 1743

3315

Prellungen (hier: Mittelhandprellung links, Oberschenkelprellung rechts und beids. Knieprellung).

Mann. Kein Schmerzensgeldanspruch, da die „gesundheitlichen Beeinträchtigungen … nicht die Zuerkennung eines Schmerzensgeldes rechtfertigen, da sie das Allgemeinempfinden des Kl. allenfalls gering und nur vorrübergehend beeinflusst haben", so das LG in seiner Begründung.

Betrag: – **Haftung: –**
immVorb: – **MdE: –**

LG Limburg 8.9.2004 – 2 O 15/04 = BeckRS 2004, 153798

3139

Bagatellverletzung (hier: HWS-Syndrom und psychische Beeinträchtigungen).

Frau. Kein Schmerzensgeldanspruch wenn das schädigende Ereignis ganz geringfügig ist (Bagatelle, hier: streifende Kollision unterhalb von 5 km/h Differenzgeschwindigkeit) und deshalb die psychische Reaktion hierzu im groben Missverhältnis steht. [Anmerkung: Vgl. auch BGHZ 132, 341 sowie OLG Hamm NVZ 2001, 470 und OLG Hamm NZV 2003, 331 und unter Stichwort Psychische Fehlverarbeitung].

Betrag: – **Haftung: –**
immVorb: – **MdE: –**

LG Magdeburg 20.5.2003 – 3 U 78/01 = NVZ 2003, 478

3573

Schulterschmerzen / Bagatellverletzung (hier: leichte Schulterschmerzen ohne wesentliche Beeinträchtigung).

Mann. Keine MdE. Kein Schmerzensgeldanspruch wegen fehlender Beeinträchtigung der Lebensführung, so das AG.

Betrag: – **Haftung: –**
immVorb: – **MdE: –**

AG Minden 21.1.2000 – 2 C 431/99 = BeckRS 2009, 14330

2779

Bagatellverletzung (hier: „Herzrasen und erhöhter Puls sowie kurzfristige Schlaflosigkeit").

Frau. Die Kl. wurde von einem Hund angesprungen. Die oben genannten Beeinträchtigungen sah das AG zutreffend nicht als „erheblichen Krankheitszustand" an und wies die Klage ab.

Betrag: – **Haftung: –**
immVorb: – **MdE: –**

AG Mosbach 13.8.1999 – 2 C 266/99 = unveröffentlicht

3026

HWS-Syndrom, behauptetes mit nachfolgender psychischer Beeinträchtigung (Konversionsneurose).

25j. Frau. Kein Schmerzensgeldanspruch, wenn die psychischen Beeinträchtigungen von krankheitswert zu dem eigentlichen Anlass (hier: Auffahrunfall mit Differenzgeschwindigkeit von 6 km/h und kaum sichtbarer Stoßstangeneinbeulung) und der behaupteten HWS-Verletzung in grobem Missverhältnis steht.). [Ausführliche Urteilsbesprechung in r+s 2003, 177].

Betrag: – **Haftung: –**
immVorb: – **MdE: –**

OLG Nürnberg 22.11.2001 – 8 U 214/00 = BeckRS 2010, 8428

3875

Prellungen und Schürfungen nach Fahrradsturz.

9j. Kind (Schüler). Kein Schmerzensgeld. Das Gericht sah die Verletzungen als Bagatellverletzung an und führte wörtlich aus: „Dass Prellungen und Hautabschürfungen ohnehin nicht die Schwelle erreichen, um ein Schmerzensgeld zuzusprechen, wurde mit den Parteien bereits im Verhandlungstermin erörtert." Anmerkung: Dies ist in dieser pauschalen Form nicht zutreffend, da derartige Verletzungen, je nach Intensität äußerst schmerzhaft sein können und die Schmerzen durchaus einige Wochen andauern können.

Betrag: – **Haftung: –**
immVorb: – **MdE: –**

OLG Oldenburg 22.10.2008 – 5 O 1466/08 = NZV 2009, 36

5472

HWS- und LWS-Distorsion sowie eine Thoraxprellung.

Mann. Kein Schmerzensgeldanspruch: Das AG ging von einer entschädigungslosen Bagatellverletzung aus, obwohl laut Aussage des vom Gericht gehörten Gutachters „aus technischer Sicht die Grenze zum möglichen Auftreten einer HWS-Verletzung überschritten worden sein" könnte. „Jedoch hätten zu keinem Zeitpunkt objektivierbare verletzungsbeweisende Befunde vorgelegen" … und „selbst wenn die Beschwerden durch den Unfall etwas schlimmer geworden sein sollten (was nicht feststeht), wäre unter Berücksichtigung des 24-stündigen Krankenhausaufenthalts allenfalls von einer Bagatellverletzung auszugehen", so das AG.

Betrag: – **Haftung: 100 %**
immVorb: – **MdE: –**

AG Paderborn 5.2.2019 – 51a C 182/17 = BeckRS 2019, 2730

3051

Bagatellverletzung (hier: Keine Persönlichkeitsrechtsverletzung durch Zeigen des „Stinkefingers" im Straßenverkehr.)

Mann. Kein Schmerzensgeld wegen „Zeigen des ausgestreckten rechten Mittelfingers", da dies nicht als „schwer wiegende Verletzung" … des Persönlichkeitsrechts gewertet wurde, wobei das AG auch den Umstand berücksichtigte, das der „Stinkefinger“ lediglich im Straßenverkehr gezeigt wurde.

Betrag: – **Haftung: –**
immVorb: – **MdE: –**

AG Pinneberg 30.10.2002 – 63 C 124/02 = BeckRS 2002, 9368

7181

Bagatellverletzung: Einstechen der Spritzenkanüle und Einbringen des Impfstoffes und die damit verbundenen Beeinträchtigungen im Zusammenhang mit einer Corona-Impfung.

89j. Mann (Kläger war der Sohn des inzwischen Verstorbenen). Kein Schmerzensgeldanspruch für eine Corona-Impfung als solche ohne besondere Folgebeschwerden / Impfung mittels Spritze als Bagatellverletzung. Der Kläger trug vor, bei der Injektionsnadel handele es sich um ein gefährliches Werkzeug, mit welchem sein Vater nicht unerheblich verletzt worden sei. Das LG wies die Klage ab und führte dazu aus: „Allein das Einstechen der Nadel und das Einbringen des Impfstoffs bewirken aber keinen immateriellen Schaden beim Patienten, bei dem (wenn sich die Injektion mangels ausreichender Aufklärung und wegen daher unwirksamer Einwilligung als rechtswidrig darstellen sollte) eine Entschädigung in Geld der Billigkeit entspräche; denn die damit verbundenen Beeinträchtigungen sind nach Art und Intensität so gering, dass sie das Wohlergehen des Patienten über den Augenblick hinaus nicht nachhaltig stören. Selbst die erwähnten typischen (kurzfristigen) Schwellungen und Spannungen begriffe die Kammer noch als Bagatelle im vorstehend umschriebenen Sinne, welche keinen Schmerzensgeldanspruch begründet.“

Betrag: – **Haftung: –**
immVorb: – **MdE: –**

LG Ravensburg 16.3.2023 – 3 O 1/23 = BeckRS 2023, 4390

2921

Bagatellverletzungen (hier: „Bagatelldistorsion der Halswirbelsäule“ [leichtestes HWS-Syndrom] im Sinne einer „leichten Zerrung der Nackenmuskulatur“.)

Frau. Kein Schmerzensgeld, Bagatellverletzung: „Höchstens 1 Woche“ … „vorübergehender Einfluss auf das Allgemeinbefinden“ [vgl. Beck'sche Schmerzensgeldtabelle 55 ff. und 508 ff.].

Betrag: – **Haftung: –**
immVorb: – **MdE: –**

AG Schwerin 8.11.2000 – 13 C 2145/99 = BeckRS 2000, 31163551

3301

Prellung der Wirbelsäule (behauptete).

Mann. Kein Schmerzensgeldanspruch, wenn die nur geringfügige Verletzung unter das allgemeine Lebensrisiko fällt und der Verletzte sich erst eine Woche nach dem Unfall in ärztliche Behandlung begibt, sodass der Unfall als Ursache für die behauptete Verletzung nicht bewiesen wurde.

Betrag: – **Haftung: –**
immVorb: – **MdE: –**

AG Varel 9.2.1999 – 1 C 556/98 = BeckRS 1999, 158851

3143

HWS-Syndrom.

Frau. Kein Schmerzensgeldanspruch für Folgen, die 10 Jahre nach einem Bagatellunfall auftreten. [Lesenswert zur Frage, wann eine psychisch vermittelte Reaktion auf einen Bagatellunfall in grobem Missverhältnis zum Anlass steht und schlechterdings nicht mehr verständlich ist; vgl. auch OLG München BeckRS 2009, 19012, → Nr. 3136 sowie LG Marburg NZV 2003, 478, → Nr. 3139 vgl. auch unter: Psychische Fehlverarbeitung. Anmerkung: Das dennoch zuerkannte Schmerzensgeld bezieht sich auf „die psychisch vermittelten Unfallfolgen bis 2001 die noch nicht außer Verhältnis zum Unfallereignis als Anlass stehen“ und hinsichtlich der das OLG der Klägerin noch einen „Anspruch auf ein angemessenes Schmerzensgeld [zuerkannte], der durch die bisher gezahlten 5000 DM noch nicht vollständig erfüllt ist“, so das OLG].

Betrag: 4.056 € **Haftung: 100 %**
immVorb: – **MdE: –**

OLG Hamm 25.2.2003 – 27 U 211/01 = BeckRS 2003, 30308700

2. Blutergüsse

3267

Blutergüsse und Prellungen [vgl. Bluterguss; Hämatom] an Gesäß, Rippen, Oberschenkel und an der Hüfte.

Frau. Kein Schmerzensgeld, wenn ein Teilnehmer einer Busreise sich nicht angurtet [Sicherheitsgurt] und sich deshalb bei einer Vollbremsung verletzt.

Betrag: – **Haftung: –**
immVorb: – **MdE: –**

AG Eutin 18.9.2003 – 6 C 173/02 = BeckRS 9998, 79017

2595

Blutergüsse (hier: „ca. 5 x 5cm großes Hämatom“ ohne genaue Lokation; [vermutlich am Bein]).

Frau. Sie musste „1 Tag mit Krücken gehen“. [Motorradunfall].

Betrag: 102 € **Haftung: 66 %**
immVorb: – **MdE: –**

AG Forchheim 25.11.1998 – 1 C 870/98 = BeckRS 1998, 153634

3510

Blutergüsse / Hämatome an den Unterschenkeln und Oberschenkeln (Oberschenkelverletzung / Unterschenkelverletzung) mit Blutungen, die verbunden werden mussten.

Frau. [Anmerkung: Die Kl. forderte 2.000,- EUR, was das AG als „erheblich übersetzt“ zurückwies.].

Betrag: 250 € **Haftung: 75 %**
immVorb: – **MdE: –**

AG Köln 24.6.2005 – 263 C 579/04 = BeckRS 2005, 31163284

6320

Unterarmverletzung in Form eines Unterarmhämatoms rechts (Bluterguss).

Frau. 3 Wochen Schmerzen und Einschränkungen im Haushalt. Bei der Bemessung berücksichtigte das LG: „Durch die Kollision mit der Aufzugtür hat die Klägerin ein etwa 10 x 10 cm großes Hämatom am rechten Unterarm von erheblicher Intensität erlitten. Dass der Bluterguss erheblich über das Ausmaß üblicher Prellverletzungen hinausgeht ergibt sich sowohl aus den zur Akte gereichten Fotografien wie auch den insoweit glaubhaften Aussagen des Zeugen Bergs, die durch die Angaben der persönlich angehörten Klägerin gestützt werden. Die erhebliche Einblutung ist auch vor dem Hintergrund plausibel, dass die Klägerin zum Unfallzeitpunkt das gerinnungshemmende Medikament Plavix eingenommen hat und sie daher besonders anfällig für Blutungen war". Mögliche Dauerfolge: Veränderung des Gewebes im Unterarmbereich. [Ursache: Verkehrssicherungspflichtverletzung im Zusammenhang mit einer Fahrstuhltüre / Aufzugstüre].

Betrag: 550 € **Haftung: 100 %**
immVorb: Ja **MdE: –**

LG Köln 14.6.2019 – 2 O 174/17 = BeckRS 2019, 12727

4637

Oberschenkelbluterguss (hier: Erheblicher Bluterguss von ca. 10 x 15 cm) sowie Knieschürfwunde und HWS-Syndrom, einfaches.

Mann. Schmerzhafte Verletzung, jedoch nach kurzer Zeit folgenlose Verheilung.

Betrag: 650 € **Haftung: 100 %**
immVorb: – **MdE: –**

AG Darmstadt 30.3.2011 – 305 C 135/10 = unveröffentlicht

5081

Kopfverletzung in Form eines Hämatoms [Bluterguß] im Bereich der rechten Schädelhälfte das sich zeitnah und folgenlos zurückentwickelte.

Kind (Kleinkind). Arzthaftung (hier: Wickeltisch, Sturz vom). Bei der Bemessung berücksichtigte das OLG die „auch bei einem Säugling (der angesichts der Frühgeburt einem Neugeborenen gleichzusetzen sein dürfte) als lebensnah anzusehenden psychischen Beeinträchtigungen".

Betrag: 2.000 € **Haftung: 100 %**
immVorb: – **MdE: –**

OLG Köln 5.10.2015 – 5 U 125/15 = BeckRS 2016, 6005

4173

Brustkorbverletzung / Brustverletzung (hier: 20 Blutergüsse im Bereich des Oberkörpers und der Brust); weitere Hämatome am Hals sowie Schädelprellung und Gesichtverletzung.

Frau (Rentnerin). Lebensgefahr. Vorsätzliche Körperverletzung: Der beklagte Altenpfleger würgte, drückte und schüttelte die Klägerin, sodass für diese Lebensgefahr bestand.

Betrag: 2.500 € **Haftung: 100 %**
immVorb: – **MdE: –**

AG Rudolstadt 20.2.2009 – 680 Js 25714/08 = unveröffentlicht

7499

Blutergüsse an Kopf und Hüfte bei einer 97-jährigen Pflegeheimbewohnerin nach mehreren Stürzen.

97j. Frau [Anmerkung: Der Kläger macht gegenüber der Beklagten als Erbe seiner verstorbenen Mutter Schadensersatzansprüche aus einem Heimvertrag geltend.] Die stark sehbehinderte Erblasserin war während ihrer Zeit im Pflegeheim der Beklagten zehnmal gestürzt und hatte sich dabei jeweils verletzt. Der Kläger war der Auffassung, die Beklagte sei verpflichtet gewesen, Vorsorge zur Verhinderung von Stürzen zu treffen. Das LG gab der Klage statt und stellte mit Verweis auf BGH BeckRS 2005, 5858 zunächst klar, dass im Falle einer schuldhaften Pflichtverletzung sowohl schuldrechtliche als auch deliktische Schadensersatzanspruch begründet sein können. Sodann betonte das LG, dass die Beklagte gegen ihre Pflicht verstoßen habe, anlässlich der erfolgten Stürze der Erblasserin mit Blick auf ihre körperliche und geistige Verfassung eine angepasste Risikoprognose zu treffen und die daraus erforderlichen Sicherungsmaßnahmen zur Einschränkung einer Selbstschädigungsgefahr der Erblasserin zu ziehen oder jedenfalls mit dem Kläger und seiner Ehefrau zu erörtern. Zur Höhe des Schmerzensgeldes verwies das LG auf eine sehr alte Entscheidung des OLG Celle → Nr. 183 und berücksichtigte im Weiteren jedoch zutreffend, dass zwischen der Erblasserin und der Beklagten aufgrund des Heimvertrags ein besonderes Abhängigkeits- und Vertrauensverhältnis bestand (vgl. LG Nürnberg-Fürth → Nr. 4554: Verwahrlosung und Schmerzen: EUR 7.500,00) und die Erblasserin in hohem Alter fünfmal in ein Krankenhaus gebracht werden musste, was bei dementen Personen regelmäßig mit erheblichem Stress verbunden" sei.

Betrag: 3.000 € **Haftung: 100 %**
immVorb: – **MdE: –**

LG Lübeck 5.12.2024 – 10 O 208/23 = BeckRS 2024, 34473

3. HWS-Syndrom und andere HWS-Verletzungen

Vorbemerkung: Obgleich die Höhe des Schmerzensgeldes in diesem Buch grundsätzlich nicht als Suchkriterium herangezogen wird, sind die nachfolgenden „HWS-Urteile" in **fünf Größenklassen** unterteilt, um angesichts der großen Urteilsmenge ein besseres bzw. schnelleres Auffinden zu ermöglichen.

a) HWS bis 250 EUR
b) HWS 251–500 EUR
c) HWS 501–1.000 EUR
d) HWS 1001–2000 EUR sowie Urteile mit einem Schmerzensgeld von mehr als 2.000 EUR und
e) HWS über 2.000 EUR.

Um bei dieser Vielzahl auch regional schnell die „zutreffende" Entscheidung zu finden, sind die Urteile innerhalb der jeweiligen Größenklasse zudem aufsteigend (von A bis Z) nach dem jeweiligen **Ort des Gerichts** sortiert.

Lesenswerte Beiträge zur Gesamtproblematik dieses „Massenphänomens" sind: *Bachmor* SchlHA* 2018, 77, LSK 2018, 12806782 (; *Semrau/Staub* DAR 2016/691; *Böhm* ZfS 2011, 423 und Seite 483 sowie Luckey SVR 2010, 174.[* Die Schleswig-Holsteinische Anzeigen (SchlHA) sind das Justizministerialblatt des Bundeslandes Schleswig-Holstein].

a) HWS bis 250 EUR

2869

HWS-Syndrom, dessen objektives Vorhandensein, die Kl. jedoch nicht beweisen konnte.

Mann. Kein Schmerzensgeld: Geringer Differenzgeschwindigkeit wegen kein Nachweis der vorgetragenen

Verletzungen. [Lesenswert: Vergleich mit Jahrmarkt-Skooterkollisionen]

Betrag: – **Haftung: –**
immVorb: – **MdE: –**

AG Wetzlar 31.5.2001 – 32 C 46/01 = BeckRS 2002, 33339

3091

HWS-Syndrom, behauptetes.

Frau. Kein Schmerzensgeld wegen geringer Differenzgeschwindigkeit (hier: „maximal ca. 8 km/h" sowie ca. 2,8 g). Zudem liege – so das AG – „auch kein enger zeitlicher Zusammenhang zwischen dem Unfall und dem Arztbesuch vor". Schließlich habe auch der SV Dr. Vise ausgeführt, „dass objektive verletzungsspezifische Veränderungen … nicht festzustellen seien".

Betrag: – **Haftung: –**
immVorb: – **MdE: –**

AG Kempen 14.12.2000 – 11 C 157/99 = unveröffentlicht

2874

HWS-Syndrom, dessen objektives Vorhandensein, die Kl. jedoch nicht beweisen konnte.

Frau. Bei einer Differenzgeschwindigkeit „zwischen 10 und 15 km/h spricht keine allgemeine Lebenserfahrung dafür, dass … eine HWS-Verletzung auftritt", daher kein Anscheinsbeweis.

Betrag: – **Haftung: –**
immVorb: – **MdE: –**

LG Aachen 15.11.2000 – 7 S 217/00 = BeckRS 2000, 31163056

4003

HWS-Syndrom, behauptetes

Frau. Kein Schmerzensgeldanspruch wegen nur geringfügiger Differenzgeschwindigkeit und fehlender Aussagekraft des vorgelegten Attestes. Die dort dokumentierten Befunde wie Übelkeit etc … „sind im Wesentlichen unspezifisch".

Betrag: – **Haftung: –**
immVorb: – **MdE: –**

AG Aachen 28.5.2009 – 112 C 581/07 = BeckRS 2010, 7179

2815

HWS-Syndrom ohne nähere Angaben.

Bei seitlichen Anstößen kann auch bei geringer Differenzgeschwindigkeit [11 km/h] ein HWS-Syndrom verursacht werden, so das AG.

Betrag: – **Haftung: –**
immVorb: – **MdE: –**

AG Aachen 7.9.2000 – 6 C 315/99 = BeckRS 2004, 11049

3551

HWS-Syndrom, behauptetes

Frau. Kein Schmerzensgeldanspruch. Bei einer „überlagerten Frontalseitenkollision", bei der eine Differenzgeschwindigkeit von „9 km/h nicht überschritten" wurde, kann eine HWS-Verletzung „nicht nachvollzogen werden", so das AG (vgl. auch Harmlosigkeitsgrenze).

Betrag: – **Haftung: –**
immVorb: – **MdE: –**

AG Aschaffenburg 27.11.2003 – 3 O 304/02 = unveröffentlicht

3093

HWS-Syndrom, behauptetes.

Frau. Kein Schmerzensgeld wegen geringer Differenzgeschwindigkeit (hier: „in Fahrzeuglängsachse … von ca. 2 km/ und … in Querrichtung von ca. 4 km/h. Die hiermit verbundene Verzögerung bzw. Beschleunigung betrage 0,4 g bzw. 0,8 g").

Betrag: – **Haftung: –**
immVorb: – **MdE: –**

AG Aschaffenburg 27.9.2000 – 12 C 2265/99 = BeckRS 2000, 167934

3090

HWS-Syndrom, behauptetes.

Mann. Kein Schmerzensgeld wegen geringer Differenzgeschwindigkeit (hier: „rund 7 km/h" bei „max. 3,5 g"). Lt. LG haben die Professoren Patzelt und Schindler „dargelegt … unterhalb eines Wertes von 10 km/h komme es allgemein nicht zu Verletzungen. Diese „Harmlosigkeitsgrenze" sei im vorliegenden Fall – so das LG – deutlich unterschritten gewesen".

Betrag: – **Haftung: –**
immVorb: – **MdE: –**

LG Aschaffenburg 17.8.2000 – 2 S 68/00 = BeckRS 2000, 168030

3160

HWS-Syndrom, behauptetes.

Mann. Kein Schmerzensgeldanspruch wegen fehlendem Nachweis einer HWS-Verletzung wenn lediglich ein ärztlicher Attets vorgelegt wird, der alleine auf der Schilderung des Verletzten beruht und keine objektivierbaren Verletzungsanzeichen enthält.

Betrag: – **Haftung: –**
immVorb: – **MdE: –**

LG Augsburg 12.6.2002 – 7 S 280/02 = BeckRS 2002, 14596

2865

HWS-Syndrom, dessen objektives Vorhandensein, die Kl. jedoch nicht beweisen konnte.

Mann. Kein Schmerzensgeld: Geringer Differenzgeschwindigkeit wegen kein Nachweis bzgl. der vorgetragenen Verletzungen. AG verwies auf „das beschwerdefrei Intervall von … 2 Tagen".

Betrag: – **Haftung: –**
immVorb: – **MdE: –**

LG Augsburg 13.7.2001 – 2 O 2779/99 = BeckRS 2001, 161832

4279

HWS-Syndrom, behauptetes

Mann. Kein Schmerzensgeldanspruch wegen zu geringer Differenzgeschwindigkeit / Harmlosigkeitsgrenze. Hierzu führte das KG aus: „Nach ständiger Rechtsprechung des Kammergerichts spricht bei einem Auffahrunfall mit Heckaufprall jedenfalls dann kein Beweis des ersten Anscheins für eine behauptete unfallbedingte Verletzung im

Bereich der Halswirbelsäule, wenn die kollisionsbedingte Geschwindigkeitsänderung bis zu 15 km/h betragen hat". [Anmerkung: Vorliegend betrug diese 11–14 km/h.]

Betrag: – **Haftung: –**
immVorb: – **MdE: –**

KG 11.4.2011 – 22 U 1/10 = BeckRS 2011, 10885

3540

HWS-Syndrom, behauptetes

Mann. Kein Schmerzensgeld. Macht der Kläger erstmals in der mündlichen Verhandlung vor dem Berufungsgericht geltend, er habe durch den Unfall konkrete Verletzungen erlitten und beruft sich dafür auf eine ergänzende Begutachtung eines SV, der zunächst eine unfallbedingte Verletzung verneint hatte, so ist dieser Angriff als verspätet zurückzuweisen. Kein Anscheinsbeweis bei Differenzgeschwindigkeiten von 6 bis 12 Km / h. So das KG auszugsweise in seiner ablehnenden Begründung.

Betrag: – **Haftung: –**
immVorb: – **MdE: –**

KG 21.11.2005 – 12 U 285/03 = BeckRS 2005, 14640

3389

HWS-Syndrom.

Frau. Kein Schmerzensgeld: „Die Ursächlichkeit eines Unfalls für behauptete HWS-Beschwerden kann nicht festgestellt werden, wenn nicht sicher ausgeschlossen werden kann, dass die Beschwerden auf einer Schädigung durch einen Vorunfall beruhen und der gerichtliche Sachverständige eine Verschlimmerung einer Vorschädigung durch den Zweitunfall zwar für möglich, aber nicht für wahrscheinlich hält." [vgl. Harmlosigkeitsgrenze; geringe Differenzgeschwindigkeit]

Betrag: – **Haftung: –**
immVorb: – **MdE: –**

KG 6.6.2005 – 12 U 55/04 = BeckRS 2005, 9632

6348

HWS-Syndrom, behauptetes.

Frau. Kein Schmerzensgeldanspruch. „Für die Verletzung der Halswirbelsäule als Erstverletzung muss der Kläger den Vollbeweis gemäß § ZPO § 286 ZPO erbringen", so das KG.

Betrag: – **Haftung: –**
immVorb: – **MdE: –**

KG 9.5.2005 – 12 U 14/04 = BeckRS 2005, 9629

3144

HWS-Syndrom, behauptetes.

Frau. Kein Schmerzensgeldanspruch wegen geringer Differenzgeschwindigkeit (hier zwischen 7 und 11 km/h). [Lesenswert: Zum Ersatz von Attest- und Behandlungskosten auch bei nicht geführtem Beweis für eine HWS-Verletzung; diese Kosten sprach das KG zu, da es sich hierbei um „einen adäquat kausalen Schaden" handele, wenn die Kl. nach einem Auffahrunfall einen Arzt aufsuche].

Betrag: – **Haftung: –**
immVorb: – **MdE: –**

KG 27.2.2003 – 12 U 8408/00 = BeckRS 9998, 40288

3151

HWS-Syndrom.

Mann; er erlitt unstreitig ein HWS-Syndrom; dieses sei jedoch spätestens nach 4 Monaten folgenlos ausgeheilt. [Lesenswert zum Thema: HWS-Syndrom bei degenerativem Vorschaden.]

Betrag: – **Haftung: –**
immVorb: – **MdE: –**

KG 2.9.2002 – 12 U 107/99 = BeckRS 9998, 40281

3145

HWS-Syndrom und Blutgerinsel im Bereich zwischen dem zweiten und fünften Halswirbelkörper.

Frau. [Lesenswert – wenn auch in der Begründung nicht neu – zum Strengbeweis bei HWS-Verletzungen und zur sogenannten Harmlosigkeitsgrenze insofern. Das KG sah bei einer Differenzgeschwindigkeit zwischen 7 bis 11 km/h weder einen Anscheinsbeweis für eine Kausalität noch aber eine generelle Unmöglichkeit für eine unfallbedingte Verletzung.]

Betrag: – **Haftung: –**
immVorb: – **MdE: –**

KG 1.7.2002 – 12 U 8427/00 = BeckRS 2010, 7382

2758

HWS-Syndrom, behauptetes.

Bei Differenzgeschwindigkeit von ca. 6 km/h ist beim Heckaufprall aus „orthopädischer Sicht eine HWS-Verletzung nicht vorstellbar"; auch bis 15 km/h kein Anscheinsbeweis!

Betrag: – **Haftung: –**
immVorb: – **MdE: –**

KG 21.10.1999 – 12 U 8303/95 = BeckRS 1999, 30078347

3146

HWS-Syndrom, behauptetes

Mann. [Das LG lehnte die Klage ab, da es gemäß § 286 ZPO für den Strengbeweis nicht ausreiche, dass ein Arzt den Unfall für „geeignet" hält, eine HWS-Verletzung verursacht zu haben. Außerdem helfe dem Kl. bei einer Differenzgeschwindigkeit unter 15 km/h der Anscheinsbeweis nicht.].

Betrag: – **Haftung: –**
immVorb: – **MdE: –**

LG Berlin 30.9.2002 – 58 S 558/01 = BeckRS 9998, 40289

3467

HWS-Syndrom, behauptetes.

Keine Angaben zur Person. Kein Schmerzensgeldanspruch bei Differenzgeschwindigkeit unter 10 km/h (lt. LG „in der Regel ausgeschlossen"). [vgl. zur sog. Harmlosigkeitsgrenze BGH NZV 2003, 167 mit Anmerkung von Slizyk in Beck'sche Schmerzensgeldtabelle Kap. IV g. bb – 10. Auflage Rn. 60].

Betrag: – **Haftung: –**
immVorb: – **MdE: –**

LG Berlin 20.11.2000 – 58 S 7/00 = BeckRS 2000, 12791

3098

HWS-Syndrom, behauptetes.

Mann. Kein Schmerzensgeld wegen geringer Differenzgeschwindigkeit (hier: „zwischen etwa 5 und 9 km/h"). „insoweit obliegt dem Kl. der Vollbeweis dafür, dass der Unfall … zu einer Gesundheitsbeeinträchtigung geführt hat.

Der SV Dr. Castro hat ... ausgeschlossen, dass Herr ... bei dem Verkehrsunfall ein HWS-Syndrom erlitten hat".

Betrag: – **Haftung: –**
immVorb: – **MdE: –**

AG Bielefeld 8.9.2000 – 5 C 738/99 = BeckRS 2000, 167956

3513

HWS-Syndrom, behauptetes.

Mann. Kein Schmerzensgeld bei nur geringfügiger Geschwindigkeitsänderung – hier: 6 km/h – nach Auffahrunfall und behauptetem HWS-Syndrom (vgl. Harmlosigkeitsgrenze; Differenzgeschwindigkeit).

Betrag: – **Haftung: –**
immVorb: – **MdE: –**

AG Böblingen 10.1.2005 – 19 C 2735/04 = BeckRS 2011, 15675

6394

HWS-Syndrom, behauptetes.

Frau. Kein Schmerzensgeldanspruch. „Allein auf die vorgelegte ärztliche Bescheinigungen kann die Bejahung eines durch den Unfall tatsächlich verursachten HWS-Schleudertraumas nicht gestützt werden ... Da die Kl. für das Vorliegen der unfallbedingten Verletzungen gem. § 286 BGB – nach dem Streng – oder Vollbeweis ohne die Möglichkeit von Beweiserleichterungen – voll beweispflichtig ist, bedeutet dies, dass die Kl. als Geschädigte die Grundlagen und Umstände voll beweisen muss, die für eine Verletzung der HWS durch den Unfall sprechen. ... Hier ist allerdings zusätzlich weiter zu berücksichtigen, dass die Belastbarkeit der Halswirbelsäule bei sog. Frontalkollisionen und damit die dort anzusetzende Harmlosigkeitsschwelle noch weitaus höher ist als bei Heckauffahrunfällen ist", so das LG. [Vergleiche hierzu auch das Urteil des AG Dinslaken → Nr. 6393].

Betrag: – **Haftung: –**
immVorb: – **MdE: –**

LG Bochum 29.10.2002 – 9 S 167/02 = BeckRS 2007, 15946

3096

HWS-Syndrom, behauptetes.

Frau. Kein Schmerzensgeldanspruch wegen geringer Differenzgeschwindigkeit (hier: „zwischen 5,5 und 10 km/h") „... sodass es nach den überzeugenden Ausführungen des SV Prof.Dr. Ca.stro unwahrscheinlich ist, dass die von der Kl. vorgetragenen und attestierten Verletzungen ... durch das Unfallereignis ... hervorgerufen worden sind. Jedenfalls spricht für die Kl. nicht der Beweis des ersten Anscheins ...".

Betrag: – **Haftung: –**
immVorb: – **MdE: –**

AG Bochum 8.11.2000 – 42 C 401/98 = BeckRS 2000, 167958

3097

HWS-Syndrom, behauptetes.

Frau. Kein Schmerzensgeld wegen geringer Differenzgeschwindigkeit (hier: „zwischen 8 und 12 km/h"). „Der Kl. obliegt der Vollbeweis, dass die von ihr behaupteten und attestierten Verletzungen ihre Ursache in dem Unfallereignis hatte". „Wissenschaftlich gesichert und gerichtsbekannt ist, ... dass eine Geschwindigkeitsänderung ... unter 10 km/h nicht zu den ... Verletzungen führen kann", so das Gericht.

Betrag: – **Haftung: –**
immVorb: – **MdE: –**

AG Bochum 26.9.2000 – 40 C 180/00 = unveröffentlicht

6346

HWS-Syndrom, behauptetes.

Frau. Kein Schmerzensgeldanspruch für HWS-Syndrom mit der Begründung, „dass es sich um Beschwerden „infolge des Unfalls" handele", dies so das OLG „ist zu allgemein". [Lesenswert zur „Frage des Schadensersatzes wegen eines behaupteten HWS-Traumas nach Verkehrsunfall im Bereich der sog. Harmlosigkeitsgrenze"].

Betrag: – **Haftung: –**
immVorb: – **MdE: –**

OLG Brandenburg 15.1.2004 – 12 U 117/03 = BeckRS 2004, 12550

3138

HWS-Syndrom, behauptetes

Frau. Kein Schmerzensgeldanspruch wegen zu geringer Differenzgeschwindigkeit (hier: „um 7 bis höchstens 12 km/h") und dem insofern fehlenden Strengbeweis gemäß § 286 ZPO. Alleine ein – selbst zeitnah – erfolgtes ärztliches Attest genügt nicht, um den Nachweis zu führen, sofern darin „alleine die Angaben der Unfallbeteiligten wiedergegeben werden und objektive Verletzungsfolgen fehlen".

Betrag: – **Haftung: –**
immVorb: – **MdE: –**

AG Bremen 14.6.2002 – 12 C 217/00 = BeckRS 9998, 40317

3570

HWS-Syndrom, behauptetes

Mann. Kein Schmerzensgeldanspruch wegen fehlendem Nachweis, der Kausalität wobei das AG davon ausging, dass bei einer Differenzgeschwindigkeit von weniger al 12 km/h keine HWS-Verletzung entstanden sein könne. [vgl. auch unter „Harmlosigkeitsgrenze"].

Betrag: – **Haftung: –**
immVorb: – **MdE: –**

AG Cloppenburg 8.12.2000 – 18 C 336/00 = unveröffentlicht

7406

HWS-Distorsion mit leichten Kopfschmerzen und Nackenschmerzen im Bereich der unteren Halswirbelsäule jedoch ohne Schmerzempfindlichkeit über den Dornfortsätzen. Die Halswirbelsäule war außerdem uneingeschränkt frei beweglich; ein axialer Stauchungsschmerz konnte gerade nicht festgestellt werden.

12j. Kind (Schüler). Das AG wertet diese Verletzung als Bagatellverletzung und wies den Anspruch auf Schmerzensgeld ab. „Nach höchstrichterlicher Rechtsprechung kann der Schmerzensgeldanspruch jedenfalls bei leicht fahrlässigen Körperverletzungen entfallen, wenn das Wohlbefinden des Verletzten nur kurzfristig und unerheblich beeinträchtigt worden ist und der Ersatz des immateriellen Schadens auch nicht aus Gründen der Genugtuung angezeigt ist. Kennzeichen für solche Bagatellfälle ist, dass es sich um vorübergehende, im Alltagsleben typische und häufig auch aus anderen Gründen als einem besonderen Schadensfall vorkommende Beeinträchtigungen handelt, die üblicherweise den Verletzten nicht nachhaltig beeindrucken und dem allgemeinen Lebensrisiko zuzuordnen sind", so das AG. [Ursache: Auffahrunfall – Mutter fährt mit Kläger auf ein anderes KFZ auf].

Betrag: – **Haftung: –**
immVorb: – **MdE: –**

AG Deggendorf 17.7.2023 – 3 C 207/23 = BeckRS 2023, 37301

6393

HWS-Syndrom, behauptetets.

Frau. Ambulante Behandlung mit insgesamt 42 Terminen. MdE 72 Tage 100 %. Diese Angaben wurden von der berufsgenossenschaftliche Unfallklinik Y diagnostiziert und anerkannt. Kein Schmerzensgeldanspruch. Trotz der vorgelegten ärztlichen Bescheinigungen wies das AG die Klage ab, da die Klägerin nicht den Vollbeweis für das Vorliegen der haftungsbegründenden Kausalität zwischen dem Auffahrunfall und den HWS-Verletzungen erbracht habe. „Da wie dargelegt die kollisionsbedingte Geschwindigkeit nicht eindeutig zu ermitteln ist, gelangt der medizinische Sachverständige nicht in einen Bereich in dem eine unfallbedingte HWS-Distorsion zumindest wahrscheinlich ist", so das AG, das insofern mehrfach auf ein Urteil des LG Bochum → Nr. 6394 verwies.

Betrag: – **Haftung: –**
immVorb: – **MdE: –**

AG Dinslaken 19.9.2019 – 30 C 97/17 = BeckRS 2019, 28444

4267

HWS-Syndrom, behauptetes

Frau. Kein Schmerzensgeld, „denn es steht nicht mit einer zur Verurteilung ausreichenden Sicherheit fest, dass die Kl. unfallbedingt Verletzungen davongetragen hat", sodass LG (vgl. auch unter 286 ZPO sowie zu Harmlosigkeitsgrenze / geringe Differenzgeschwindigkeit: Im vorliegenden Falle lag diese bei nur 5 km/h).

Betrag: – **Haftung: –**
immVorb: – **MdE: –**

LG Dortmund 20.1.2010 – 21 O 281/08 = BeckRS 2011, 4058

4274

HWS-Syndrom, behauptetes

25j. Mann. Kein Schmerzensgeld wegen zu geringer Differenzgeschwindigkeit (hier: „nicht mehr als 5 km/h"). Das OLG führte aus: „Vor dem Hintergrund der damit verbundenen geringen biomechanischen Belastung müssen weitere Indizien hinzutreten, welche den Rückschluss auf eine HWS-Distorsionsschädigung zulassen, so das OLG. Derartige Indizien sind jedoch nicht gegeben". [vgl. auch unter Stichwort dem der Harmlosigkeitsgrenze].

Betrag: – **Haftung: –**
immVorb: – **MdE: –**

OLG Düsseldorf 12.4.2011 – 1 U 151/10 = BeckRS 2011, 11257

3088

HWS-Syndrom, behauptetes.

Mann. Kein Schmerzensgeld wegen geringer Differenzgeschwindigkeit (hier: „6 bis 9 km/h"). Der bereits vom LG beauftragte med. Sachverständige kam zu dem Ergebnis, dass „die vom Kl. behauptete Erkrankung" nicht durch den Unfall „hervorgerufen worden ist".

Betrag: – **Haftung: –**
immVorb: – **MdE: –**

OLG Düsseldorf 13.11.2000 – 1 U 10/00 = unveröffentlicht

2931

HWS-Syndrom, behauptetes.

Frau. Das LG wies auf das Erfordernis des Vollbeweises gem. § 286 ZPO bzgl. der Kausalität hin und lehnte die Vernehmung des Arztes ab, wenn kein objektiver Befund attestiert wurde.

Betrag: – **Haftung: –**
immVorb: – **MdE: –**

LG Düsseldorf 23.1.2001 – 20 S 83/00 = SP 2001, 264

3092

HWS-Syndrom, behauptetes.

Frau. Kein Schmerzensgeld da „der Aufprall der Anhängerladung auf das kl. Fahrzeug nicht zu einem HWS-Schleudertrauma geführt haben kann. Es lagen weder die erforderliche Verletzungsmechanik … noch die notwendigen Belastungsgrößen (die das Gericht an anderer Stelle mit „unter 1 g" angab) vor."

Betrag: – **Haftung: –**
immVorb: – **MdE: –**

AG Düsseldorf 30.11.2000 – 46 C 12092/99 = unveröffentlicht

2863

HWS-Syndrom, dessen objektives Vorhandensein, die Kl. jedoch nicht beweisen konnte.

Frau. Kein Schmerzensgeld. [Das AG verweigerte die Ladung der Ärzte zur Erläuterung deren Diagnose, da dies einem unzulässigen Ausforschungsbeweis nachkomme.]

Betrag: – **Haftung: –**
immVorb: – **MdE: –**

AG Eschwege 10.7.2001 – 2 C 153/99 = unveröffentlicht

3019

HWS-Syndrom mit BWS-Stauchung, Hörstörung und Geschmacksveränderung sowie einen eingeklemmten Nerv.

Frau. Kein Schmerzensgeldanspruch wegen geringer Differenzgeschwindigkeit (hier: 3–7 km/h). Bei derartigen Geschwindigkeitsänderungen sei – so das AG – eine HWS-Verletzung „aus technischer Sicht nicht möglich" und zwar auch bei „seitlicher Drehung des Kopfes" zum Unfallzeitpunkt. (vgl. zu dieser Problematik: NZV 2002, 499 Aufsatz von I.Mazzotti).

Betrag: – **Haftung: –**
immVorb: – **MdE: –**

AG Eschweiler 15.5.2002 – 22 C 125/01 = BeckRS 9998, 40225

3134

HWS-Syndrom, behauptetes.

Frau. Kein Schmerzensgeldanspruch wegen geringer Differenzgeschwindigkeit (hier 4 bis 7 km/h). Die erst 3 Tage nach dem Unfall dokumentierten Schmerzen seien einerseits „so unspezifisch" … aber auch nicht nachweislich unfallbedingt, so das LG, welches somit die Klage abwies.

Betrag: – **Haftung: –**
immVorb: – **MdE: –**

LG Essen 7.2.2001 – 16 O 325/00 = BeckRS 2001, 161843

3635

HWS-Syndrom, behauptetes

Frau. Kein Schmerzensgeldanspruch: Der Sachverständige bewertete den Anstoß eines Müllfahrzeuges (LKW), welches rückwärts anfuhr und gegen den stehenden BMW der Klägerin stieß, als „unter der Harmlosigkeitsgrenze gelegen" und sah zudem wegen der geringen Differenzgeschwindigkeit von maximal „7–8 km/h" den Beweis für eine Primärverletzung nicht geführt.

Betrag: – **Haftung: –**
immVorb: – **MdE: –**

AG Euskirchen 25.5.2005 – 17 C 1014/04 = SP 2006, 386

4266

HWS-Syndrom, einfaches

Mann. MdE 2 Tage arbeitsunfähig; anschließend konnte der Kläger „seiner Arbeit wieder nachgehen". Kein Schmerzensgeld mit der Begründung: „Ein Anspruch auf Schmerzensgeld setzt nach § 253 Abs. 2 BGB voraus, dass Rechtsgüter des Verletzten mehr als nur unwesentlich beeinträchtigt worden sind. ... Bei einem lediglich leichten HWS-Trauma ist dies in der Regel nicht der Fall".

Betrag: – **Haftung: 100 %**
immVorb: – **MdE: –**

LG Frankfurt (Oder) 20.12.2010 – 13 O 154/07 = BeckRS 2011, 22719

4405

HWS-Syndrom, behauptetes

Mann. Das OLG nahm zum Thema der geringen Differenzgeschwindigkeit / Harmlosigkeitsgrenze aus, dass bei einer Kollisionsgeschwindigkeit von 5,5 bis 7,5 km/h „mit hoher Wahrscheinlichkeit" auszuschließen sei.

Betrag: – **Haftung: –**
immVorb: – **MdE: –**

OLG Frankfurt a. M. 9.5.2011 – 14 U 37/11 = BeckRS 2012, 10052

2997

HWS-Syndrom, behauptetes [Das OLG hält eine HWS-Verletzung auch bei Unterschreitung der Harmlosigkeitsgrenze für möglich und wendet sich gegen derartige „Grenzen", sieht aber hier besonders strenge Anforderungen an den Nachweis gegeben].

Geringe Differenzgeschwindigkeit / Unterschreiten der Harmlosigkeitsgrenze. Für Verletzung ist Vollbeweis iSd § 286 ZPO erforderlich. Kein Schmerzensgeldanspruch. [Ebenso OLG Hamm → Nr. 2992].

Betrag: – **Haftung: 100 %**
immVorb: – **MdE: –**

OLG Frankfurt a. M. 7.9.2001 – 24 U 22/00 = BeckRS 2001, 30203617

2771

HWS-Syndrom, behauptetes sowie behauptete Schulterzerrung. Der stehende PKW, wurde von hinten geringfügig und ohne merkliche Verformung der Stoßstange gerammt. Die Klägerin trug vor, sie habe ein kompliziertes HWS-Syndrom mit Lungenembolie erlitten.

Frau. Bei geringen Differenzgeschwindigkeiten bedarf es objektiver ärztlicher Feststellungen; ein Arzttatest mit Wiedergabe der subjektiven Beschwerden reicht nicht! Rechtskräftig!

Betrag: – **Haftung: –**
immVorb: – **MdE: –**

OLG Frankfurt a. M. 22.1.1999 – 24 U 61/97 = BeckRS 9998, 39983

167

HWS-Syndrom, behauptetes; hierzu das OLG: „Die vom Kl. vorgelegten Atteste des Arztes Dr. M... können ... nicht ausreichen, da sie keinerlei Angaben darüber enthalten, ob und in welcher Weise sich der Arzt über die ... Diagnose Gewissheit verschafft hat."

Behauptetes HWS-Syndrom: Attest wertlos, wenn es „nur auf der Schilderung des Verletzten beruht" und die „Schäden nicht objektivierbar" sondern „eher unwahrscheinlich" sind.

Betrag: – **Haftung: –**
immVorb: – **MdE: –**

OLG Frankfurt a. M. 16.12.1998 – 23 U 55/98 = BeckRS 9998, 17241

3011

HWS-Syndrom, behauptetes.

Mann. Nach der Beweisaufnahme handelte es sich „um einen leichten Auffahrunfall mit geringer Geschwindigkeit" [vgl. Differenzgeschwindigkeit]; Kl. mit Lieferwagen / Bkl. mit PKW.

Betrag: – **Haftung: –**
immVorb: – **MdE: –**

OLG Frankfurt a. M. 16.12.1998 – 23 U 55/98 = BeckRS 9998, 17241

3176

HWS-Syndrom (hier: „HWS-Beweglichkeit in allen Ebenen eingeschränkt, leichte Kopfschmerzen, Nackenschmerzen, paravert. Muskulatur verspannt und druckschmerzhaft".) Das Gericht wertete diese Verletzung Bagatellschaden.

Mann. MdE 5 Tage 100 %. Das Gericht sah die Verletzung als reinen Bagatellschaden, für den es keinen Schmerzensgeldanspruch gibt und bezeichnete die 5 Tage Arbeitsunfähigkeit als reine Vorsichtsmaßnahme des Klägers.

Betrag: – **Haftung: 75 %**
immVorb: – **MdE: –**

LG Gera 27.9.2002 – 6 O 893/02 = OLG-NL 2003, 176

3464

HWS-Syndrom, behauptetes

41j. Frau. Kein Schmerzensgeldanspruch. Das AG ging davon aus, dass innerhalb der sog. Harmlosigkeitsgrenze die Kausalität nicht nachgewiesen worden war.

Betrag: – **Haftung: –**
immVorb: – **MdE: –**

AG Gummersbach 16.8.2001 – 2 C 724/00 = BeckRS 2007, 18743

3017

HWS-Syndrom, welches ärztlich diagnostiziert worden war.

Frau. 14 Tage „Bettruhe". Später sogar stationäre Behandlung eines „Kompressionssyndrom". Dennoch kein Schmerzensgeld wegen geringer Differenzgeschwindigkeit (hier: unter 11 km/h). Zudem finde „beim Rückwärtsrollen bzw. -fahren mit anschließendem Heckaufprall ... der

HWS-typische Peitscheneffekt nicht statt; die Insassenbelastung ist geringer." so das OLG.

Betrag: – **Haftung: –**
immVorb: – **MdE: –**

OLG Hamburg 21.6.2002 – 14 U 147/01 = BeckRS 2010, 8341

7785

HWS-Syndrom, behauptetes und ebenso behauptete psychische Beeinträchtigungen in Form von Flashbacks und „angedeutete posttraumatische Belastungsstörung, Anpassungsstörung o. ä.".

Frau. Kein Schmerzensgeld für angebliche körperliche oder psychische Beeinträchtigungen nach einer „Streifkollision" mit einer Differenzgeschwindigkeit von 1 km/h durch den von der Beklagten geführten PKW. Insofern fehle es bereits – der Äquivalenztheorie [vgl. dazu BGH BeckRS 2022, 23045] entsprechend – an dem erforderlichen Kausalzusammenhang zwischen Unfallereignis und Primärverletzung. Zudem fehle es auch – der Adäquanztheorie entsprechend [vgl. dazu BGH BeckRS 2020, 38702] daran, dass das Ereignis [hier: Die Streifkollsion] im Allgemeinen und nicht nur unter besonders eigenartigen, ganz unwahrscheinlichen und nach dem regelmäßigen Verlauf der Dinge außer Betracht zu lassenden Umständen zur Herbeiführung eines Erfolges der eingetretenen Art geeignet war. Dabei – so das OLG Hamm – „reicht an sich jede Mitursächlichkeit aus"; allerdings konnten vorliegend keine primären Unfallfolgen festgestellt werden, so dass „mithin auch schon keine Grundlage, eine an die Unfallfolgen anknüpfende psychische Sekundärschädigung festzustellen" bestand. [vgl. dazu im Handbuch unter → Rn. 65].

Betrag: – **Haftung: –**
immVorb: – **MdE: –**

OLG Hamm 14.11.2025 – I-7 U 19/25 = BeckRS 2025, 36392

3650

HWS-Syndrom, behauptetes

Mann. Kein Schmerzensgeldanspruch. Arzthaftung, die jedoch dem Verkehrsunfallverursacher nicht zuzurechnen ist, denn: „Einem Unfallbeteiligten, der sich nach dem Unfall in ärztliche Behandlung begibt, ohne nachweisbar … verletzt worden zu sein, haftet der Unfallverursacher mangels Zurechnungszusammenhang nicht für Gesundheitsschäden, die erst durch Fehler bei der ärztlichen Behandlung ausgelöst werden", so das OLG. [vgl. auch OLG Celle BeckRS 2010, 8368].

Betrag: – **Haftung: –**
immVorb: – **MdE: –**

OLG Hamm 8.9.2005 – 6 U 185/04 = BeckRS 9998, 19613

3018

HWS-Syndrom, behauptetes.

25j. Frau. Kein Schmerzensgeldanspruch wegen geringer Differenzgeschwindigkeit (hier: 13–16 km/h in Längsrichtung und 3 km/h in Querrichtung). Die Kl. war Beifahrerin im VW „Polo" ihres Freundes. Sie kollidierte mit einem Fiat „Uno". Bei Klärung der Frage einer Primärverletzung gelte – so das OLG – der Beweismaßstab des § 286 ZPO. Somit müsse „mit an Sicherheit grenzender Wahrscheinlichkeit" feststehen, dass die behauptete Verletzung durch den Unfall eingetreten ist. Hieran fehle es.

Betrag: – **Haftung: –**
immVorb: – **MdE: –**

OLG Hamm 18.3.2002 – 6 U 115/01 = BeckRS 9998, 40224

3463

HWS-Syndrom, behauptetes

Keine Angaben zur Person. Kein Schmerzensgeldanspruch. Das OLG sah vorliegend eine nicht diagnostizierbare Bagatellverletzung.

Betrag: – **Haftung: –**
immVorb: – **MdE: –**

OLG Hamm 2.4.2001 – 13 U 148/00 = BeckRS 2001, 30172248

2878

Psychische Beeinträchtigung, die jedoch ebenso wie das angebliche schwere HWS-Syndrom, nicht nachgewiesen werden konnte.

Kein Schmerzensgeld, solange der „psychisch vermittelte Kausalzusammenhang nicht festgestellt" werden kann und es an einem „inn. Zusammenhang" zwischen Unfall und Verletzung fehlt.

Betrag: – **Haftung: –**
immVorb: – **MdE: –**

OLG Hamm 30.10.2000 – 6 U 61/00 = BeckRS 2000, 12475

2875

HWS-Syndrom, dessen objektives Vorhandensein, die Kl. jedoch nicht beweisen konnte.

Differenzgeschwindigkeit unter 8 km/h ist „grds. Nicht geeignet, eine HWS-Verletzung auszulösen" so das OLG.

Betrag: – **Haftung: –**
immVorb: – **MdE: –**

OLG Hamm 30.8.2000 – 13 U 8/00 = BeckRS 2000, 30129384

2759

HWS-Syndrom, behauptetes.

Bei Differenzgeschwindigkeit unter 10 km/h „kann normalerweise keine Verletzung der HWS eintreten. Dies gilt erst recht …(beim) Frontalaufprall." [vgl. auch KG → Nr. 2758].

Betrag: – **Haftung: –**
immVorb: – **MdE: –**

OLG Hamm 16.12.1999 – 6 W 47/99 = BeckRS 2005, 4205

2760

HWS-Syndrom ohne weitere Angaben [Anmerkung der Redaktion: Auch Angaben zur Schmerzensgeldhöhe fehlen; dennoch wurde das Urteil wegen der nachstehenden Begründung der Kausalität in die Sammlung aufgenommen].

HWS-Verletzung ist nachgewiesen, wenn der erstuntersuchende Arzt am Unfalltag deutliche und typische Symptome diagnostiziert und Differenzgeschwindigkeit über 10 km/h liegt.

Betrag: – **Haftung: 100 %**
immVorb: – **MdE: –**

OLG Hamm 9.12.1999 – 6 U 80/98 = BeckRS 1999, 13105

2992

HWS-Syndrom, behauptetes [Das OLG sah „keine HWS-Verletzung wegen Unterschreitung der Harmlosigkeitsgrenze, degenerativer Vorschädigung und »out of position«"].

Geringe Differenzgeschwindigkeit / Unterschreiten der Harmlosigkeitsgrenze. Für Verletzung ist Vollbeweis iSd § 286 ZPO erforderlich. Kein Schmerzensgeldanspruch. [Ebenso im Ergebnis OLG Frankfurt a.M. → Nr. 2997].

Betrag: – **Haftung: –**
immVorb: – **MdE: –**

OLG Hamm 3.9.1999 – 9 U 144/98 = BeckRS 2005, 4359

3009

HWS-Syndrom, behauptetes.

Frau. Kein Schmerzensgeld! „Nach der … Beweisaufnahme" ist die Kausalität des HWS-Syndroms nicht bewiesen. Die Differenzgeschwindigkeit lag zwischen 7 und 14 km/h.

Betrag: – **Haftung: –**
immVorb: – **MdE: –**

OLG Hamm 18.11.1998 – 32 U 130/97 = BeckRS 9998, 17240

4998

HWS-Syndrom.

Mann. Kein Schmerzensgeldanspruch. Grund: Der Kläger „hat trotz der Einwendungen der Beklagten nicht dargelegt, konkret wodurch er eine HWS-Distorsion erlitten haben will, in welcher Form der erwiesene Anstoßvorgang auf ihn eingewirkt habe, was genau ihn wann dazu veranlasst hat, den Arzt aufzusuchen, welche Untersuchung der Arzt vorgenommen hat und wie dieser zu seiner Diagnose-Stellung gekommen ist, welche körperlichen Beschwerden sich in welcher Form und zu welchen Zeiten gezeigt haben, ob er die Medikamente aus der in Kopie vorgelegten Verordnung eingenommen hat und welche Wirkung diese zeigten, weshalb sein Fernbleiben vom Arbeitsplatz von 3 Wochen notwendig war, und ob er den Arzt wiederholt aufgesucht hat". [Anmerkung: Hier wurde somit alles versäumt, was versäumt werden kann. Andererseits gibt das Urteil kurz und knapp vor, was in jedem Fall vorzutragen ist].

Betrag: – **Haftung: –**
immVorb: – **MdE: –**

LG Hannover 5.8.2014 – 18 O 34/13 = BeckRS 2014, 125969

2929

HWS-Syndrom, behauptetes.

Mann. Kein Schmerzensgeld, wenn Attest bei geringer Differenzgeschwindigkeit nur auf subjektiver Wahrnehmung des Patienten ohne objektivierbaren Befund beruht, so das LG.

Betrag: – **Haftung: –**
immVorb: – **MdE: –**

LG Hildesheim 6.4.2001 – 7 S 395/00 = BeckRS 2001, 10545

5407

HWS-Schleudertrauma 1. Grades, welches „jedoch weder zu klinisch oder bildgebend objektivierbaren Verletzungen geführt hat, noch zu einer Arbeitsunfähigkeit, einem Dauerschaden oder einer Minderung der Erwerbsfähigkeit. Vielmehr hat der Sachverständige allgemein zu dieser Art der Erkrankung ausgeführt, die Distorsion der Halswirbelsäule sei in der Regel durch eine Muskelzerrung definiert, die nur dann zu erwarten sei, wenn die Halsmuskulatur überdehnt worden sei. Dies führe in den betroffenen Abschnitten zu muskelkaterähnlichen Schmerzen, die auch zeitlich verzögert auftreten könnten. In diesen Fällen sei mit einem raschen Abklingen der Beschwerden – mit und ohne Therapie – binnen Tagen zu rechnen", so das AG.

Mann. Kein Schmerzensgeldanspruch. Zur Begründung führte das AG aus: „Da diese [ergänze: HWS-Distorsion] nach den weiteren Feststellungen jedoch nicht zu einer objektivierbaren Verletzung und gar einer Arbeitsunfähigkeit geführt hat, sind jedoch lediglich leichte Beeinträchtigungen des Klägers in Form eines muskelkaterähnlichen Schmerzes für einige Tage feststellbar. Nach dem ausdrücklichen Wortlaut der gesetzlichen Regelung der § 249 Abs. 2, § 253 BGB ist die Entschädigung in Geld für immaterielle Schäden nach den Grundsätzen der Billigkeit zu bemessen. Danach bedarf es für die Begründung eines Schmerzensgeldanspruchs jedoch einer Beeinträchtigung, die die Grenze dessen, was üblicherweise im Rahmen des allgemeinen Lebensrisikos hingenommen werden würde, überschreitet. Diese Voraussetzung ist bei der feststellbaren Beeinträchtigung des Klägers jedoch nicht überschritten."

Betrag: – **Haftung: 100 %**
immVorb: – **MdE: –**

AG Iserlohn 31.1.2018 – 40 C 164/15 = BeckRS 2018, 1087

3963

HWS-Syndrom, ohne nähere Angaben.

Mann. [Anmerkung: Urteil befasst sich mit dem Thema der sog. Harmlosigkeitsgrenze im Fall von HWS-Syndromen und lehnt deren „schematische Annahme" unter Bezug auf BGH 3.8.2008 – VI ZR 253/07 ab. Bei der Prüfung, ob ein Unfall eine HWS-Verletzung verursacht hat, seien vielmehr stets die Umstände des Einzelfalles zu berücksichtigen. Dabei sei aber auch zu beachten, dass die Anforderungen an den brauchbaren Grad der Gewissheit umso höher anzusehen sind, je geringer die Krafteinwirkungen waren, die auf den Geschädigten unfallbedingt eingewirkt haben, so begründete – wie ich meine – zutreffend das OLG seine dem Kl. Schmerzensgeld zusprechende Entscheidung, in der jedoch auf dessen Höhe nicht mehr eingegangen wurde.]

Betrag: – **Haftung: 100 %**
immVorb: – **MdE: –**

OLG Jena 13.1.2009 – 5 U 229/07 = BeckRS 2009, 11144

3914

HWS-Syndrom.

Anmerkung: In Fortführung vonBGH BeckRS 2003, 2123 erteilt der BGH erneut der sog. Harmlosigkeitsgrenze eine Abfuhr. Vielmehr komme es bei der Frage der Kausalität einer HWS-Verletzung stets auf die Umstände des Einzelfalles an; gem. § 286 ZPO genügt insofern ein für das praktische Leben brauchbarer Grad von Gewissheit, der Zweifeln Schweigen gebietet, so der BGH.

Betrag: – **Haftung: –**
immVorb: – **MdE: –**

BGH 8.7.2008 – VI ZR 274/07 = BeckRS 2008, 14743

3322

HWS-Syndrom (hier: Verminderung der groben Kraft von Muskelgruppen in den Armen mit dadurch erhöhtem Pflegebedarf eines bereits Querschnittgelähmten.)

Mann (Student). Das lesenswerte Urteil befasst sich mit der Beweiswürdigung nach § 287 ZPO in einem Falle, bei dem ein durch Vorschaden bereits querschnittgelähmter Mann unfallbedingt ein HWS-Syndrom erlitt, wodurch (streitig) sich sein Zustand verschlechterte. „Haftungsrechtlich – so der BGH – ist eine richtungsgebende Veränderung nicht erforderlich, vielmehr kann auch die Mitverursachung einer Verschlechterung im Befinden ausreichen, um die volle Haftung auszulösen".

Betrag: – **Haftung: 100 %**
immVorb: – **MdE: 100 %**

BGH 19.4.2005 – VI ZR 175/04 = BeckRS 2005, 6269

3237

HWS-Syndrom mit psychischer Fehlverarbeitung.

Mann. Besteht bei zwei voneinander unabhängigen Schadenfällen (HWS-Syndrom) der Verletzungsbeitrag des Erstunfalles zum endgültigen Schadenbild nur darin, dass eine anlagebedingte Neigung des Geschädigten zu psychischer Fehlverarbeitung geringfügig verstärkt wurde, so genügt dies nicht, um eine Haftung des Erstschädigers für die Folgen des Zweitunfalles zu begründen, so der BGH. Anderes gilt nur, „wenn der Erstunfall sich auf das endgültige Schadenbild in relevanter Weise auswirkt". [Anmerkung: Die Beklagte hatte für die Verletzungen durch den Erstunfall vorprozessual 2.000 DM bezahlt, das LG weitere 1.000 DM und das Berufungsgericht weitere 1.000 DM zuerkannt. Der Kl. behauptet, nachdem er bereits durch den Erstunfall ein HWS-Schleudertrauma mit einer Veränderung der Halswirbelsäule und psychischen Folgeschäden erlitten habe, sei es durch den gleichartigen Zweitunfall zu einer Verschlimmerung seines dauerhaften Leidens gekommen mit der Folge, dass alle Beschwerden und Funktionsstörungen über das übliche Maß eines Cervical-Syndroms hinausgingen und in vollem Umfang dem Erstunfall anzulasten seien].

Betrag: – **Haftung: –**
immVorb: – **MdE: –**

BGH 16.3.2004 – VI ZR 138/03 = BeckRS 2004, 4451

2995

HWS-Syndrom mit „rezidivierenden Blockierungen der oberen HWS mit dauernder MdE von 20 % aus orthopädischer Sicht". [Anmerkung: Vorgerichtlich wurden 6.000 DM gezahlt. Das LG sprach 60.000 DM zu. Das OLG wies Klage ab. Der BGH hob auf und verwies zurück.]

Frau. Zur Haftung von Erst- und Zweitschädiger wenn Folgen des Erstunfalles erst durch Zweitunfall zum Dauerschaden verstärkt wurden. Entscheidend sei, ob die Erstverletzung bereits ausgeheilt war oder nicht, so der BGH.

Betrag: – **Haftung: 100 %**
immVorb: – **MdE: –**

BGH 20.11.2001 – VI ZR 77/00 = BeckRS 2002, 49

5530

HWS-Syndrom, behauptetes.

Frau. Kein Schmerzensgeldanspruch wegen fehlendem Beweis das konkrete Unfallgeschehen mit an Sicherheit grenzender Wahrscheinlichkeit (§ 286 ZPO) die behauptete Primärverletzung hervorgerufen hat. Hierzu führte das OLG aus: „Es besteht zwar kein biomedizinischer Erfahrungssatz des Inhalts, dass es eine feststehende „Harmlosigkeitsgrenze" der unfallbedingten Geschwindigkeitsänderung gibt, die den Eintritt von Verletzungen im Bereich der Halswirbelsäule ausschließt Das Landgericht war jedoch bei seiner rechtlichen Beurteilung im Rahmen einer Gesamtschau aller Umstände auch unter Berücksichtigung der höchstrichterlichen Rechtsprechung, die die Beklagte für sich in Anspruch nimmt, nicht daran gehindert anzunehmen, dass eine geringe Geschwindigkeitsänderung bei der Kollision der Fahrzeuge jedenfalls als ein Indiz unter anderen zu bewerten ist, das für sich genommen gegen die Verursachung einer Verletzung durch den Unfall spricht.Dem liegt die rechtlich nicht zu beanstanden Annahme zugrunde, dass eine Verletzung umso unwahrscheinlicher ist, je geringer die physische Einwirkung eines Unfallgeschehens auf den Körper eines Fahrzeuginsassen ist. Bei sehr geringen Geschwindigkeitsänderungen, die das Fahrzeug des Unfallopfers bei einem Heckaufprall erfährt, liegt die Verursachung einer Verletzung relativ fern, mag sie auch nicht abstrakt – generell ausgeschlossen sein".

Betrag: – **Haftung: –**
immVorb: – **MdE: –**

OLG Koblenz 10.9.2018 – 12 U 1245 = unveröffentlicht

3520

HWS-Syndrom, behauptetes

Mann. Kein Schmerzensgeldanspruch. „Eine körperliche Beeinträchtigung des Geschädigten … ist nicht substantiiert dargelegt worden, wenn nicht mitgeteilt wird, wann nach dem … Unfall erstmals Beschwerden aufgetreten sein sollen; denn eine größere Latentzeit … spricht gegen ein HWS-Schleudertrauma", so das OLG.

Betrag: – **Haftung: –**
immVorb: – **MdE: –**

OLG Koblenz 7.11.2005 – 12 U 1240/04 = BeckRS 2005, 13163

3647

HWS-Syndrom, behauptetes

Kein Schmerzensgeldanspruch: Zur Anforderung an die Darlegung des Schmerzensgeldanspruchs. „Eine körperliche Beeinträchtigung des Geschädigten … ist nicht substantiiert dargelegt, wenn nicht angegeben wird, wann erstmals Beschwerden aufgetreten sein sollen, nachdem zunächst keine äußeren Verletzungszeichen erkennbar waren. Eine größere Latentzeit zwischen einer Einwirkung auf den Körper und der Geltendmachung eines pathologischen Befundes spricht gegen ein HWS-Schleudertrauma", so die Leitsätze in SP 2006, 6

Betrag: – **Haftung: –**
immVorb: – **MdE: –**

OLG Koblenz 7.11.2005 – 12 U 1240/04 = BeckRS 2005, 13163

3468

HWS-Syndrom, behauptetes.

Frau. Kein Schmerzensgeldanspruch. Lt. LG idR bei Differenzgeschwindigkeit unter 10 Km / h ausgeschlossen. [vgl. zur sog. Harmlosigkeitsgrenze BGH NZV 2003, 167 mit Anmerkung von Slizyk in Beck'sche Schmerzensgeldtabelle 5. Auflage 2006 Kap. IV f. bb].

Betrag: – **Haftung: –**
immVorb: – **MdE: –**

LG Köln 9.7.2003 – 26 S 244 = NZV 2003, 580

6347

HWS-Syndrom, behauptetes.

Mann. Kein Schmerzensgeldanspruch. „Eine HWS-Verletzung ist im Falle eines Heckaufpralls in der Regel auszuschließen, wenn die kollisionsbedingte Geschwindigkeitsänderung weniger als 10 km/h beträgt", so das LG.

Betrag: – **Haftung: –**
immVorb: – **MdE: –**

LG Köln 9.7.2003 – 26 S 244/02 = BeckRS 9998, 40329

2549

HWS-Syndrom, behauptetes. (hier: subjektives Beschwerdebild in Form von „Schmerzen im Nackenbereich").

Das LG bestätigte das AG. Mit Hinweis auf G. Schmidt „Zur Biomechanik des Schleudertraumas" in Vers.Medizin 89, Heft 4 könne der minimale KFZ-Schaden kein HWS-Syndrom bewirken!

Betrag: – **Haftung: –**
immVorb: – **MdE: –**

LG Köln 29.7.1998 – 26 S 37/98 = BeckRS 1998, 153733

3646

HWS-Syndrom, behauptetes

Frau. Kein Schmerzensgeldanspruch: Frontalkollision und geringe Differenzgeschwindigkeit. „Bei einer Frontalkollision liegt die biomechanische Belastungsgrenze nach allgemeiner Ansicht deutlich höher als beim Heckanstoß", so das AG.

Betrag: – **Haftung: –**
immVorb: – **MdE: –**

AG Köln 22.4.2005 – 261 C 400/02 = BeckRS 2006, 7136

3287

HWS-Syndrom, leichtes.

Mann. Kein Schmerzensgeldanspruch bei nicht bewiesenem HWS-Syndrom in behaupteter Folge eines Verkehrsunfalles mit Differenzgeschwindigkeit unterhalb der Harmlosigkeitsgrenze (hier: 4–5 km/h). „Besonderheiten, die Anlass zu abweichender Beurteilung geben könnten, liegen nicht vor", so das AG. [Anmerkung: Anwaltlich ist in solchen Fällen darauf zu achten, dass ggf. derartige „Besonderheiten" explizit vorgetragen werden!]

Betrag: – **Haftung: –**
immVorb: – **MdE: –**

AG Köln 5.4.2001 – 264 C 323/00 = BeckRS 2001, 161807

3148

HWS-Syndrom (hier: HWS-Distorsion mit Nackenprellung).

Mann. Kein Schmerzensgeldanspruch wegen geringer Differenzgeschwindigkeit (hier: 8 km/h). vgl. auch unter dem Stichwort: Harmlosigkeitsgrenze.

Betrag: – **Haftung: –**
immVorb: – **MdE: –**

AG Langen 31.3.2003 – 58 C 309/02 = NVZ 2003, 284

3094

HWS-Syndrom, behauptetes.

Frau. Kein Schmerzensgeld wegen geringer Differenzgeschwindigkeit (hier: „äußerstenfalls 6 bis 7 km/h"). „Aufgrund einer Vielzahl gleichgelagerter Entscheidungen ist dem Gericht bekannt, dass bei einer Geschwindigkeitsänderung von unter 10 km/h eine Distorsion der HWS ausgeschlossen ist", so das AG.

Betrag: – **Haftung: –**
immVorb: – **MdE: –**

AG Leverkusen 22.11.2000 – 22 C 402/99 = unveröffentlicht

3095

HWS-Syndrom, behauptetes.

Frau. Kein Schmerzensgeld wegen geringer Differenzgeschwindigkeit (hier: „allenfalls 7 km/h"). „Demnach – so das AG – stehe fest, dass die Kl. infolge des Heckanstoßes keine Verletzung der HWS ... erleiden konnte".

Betrag: – **Haftung: –**
immVorb: – **MdE: –**

AG Leverkusen 8.11.2000 – 25 C 155/00 = unveröffentlicht

2893

HWS-Syndrom, behauptetes, welches lediglich auf der „Bescheinigung des damals behandelnden Arztes" begründet wurde.

Mann. Kein Schmerzensgeld wegen über die „Bescheinigung" hinaus fehlender Verletzungsnachweise und deren Ursächlichkeit. Ärztliche Bescheinigung alleine lt. AG nicht ausreichend.

Betrag: – **Haftung: –**
immVorb: – **MdE: –**

AG Lübeck 27.8.1997 – 23 C 2752/97 = BeckRS 1997, 127083

3147

HWS-Syndrom, behauptetes

Kein Schmerzensgeldanspruch, sofern der Zustand vor dem Unfall nicht aufgeklärt wurde und lediglich eine „Steilstellung der Halswirbelsäule" festgestellt wurde. Auch die Verschreibung einer Schanz'schen Krawatte sei kein Nachweis, da Ärzte solche Behandlungsmethoden auch „schon bei einer Verdachtsdiagnose vorbeugend" anwenden würden, so das LG.

Betrag: – **Haftung: –**
immVorb: – **MdE: –**

LG Memmingen 2.10.2002 – 1 S 1568/02 = BeckRS 9998, 40290

2892

HWS-Syndrom, behauptetes, welches „lediglich die subjektiven Empfindungen" widerspiegelte.

Mann. Kein Schmerzensgeld wg. geringer Differenzgeschwindigkeit; „weder für den Nachweis einer Verletzung noch ... der Ursächlichkeit" ausreichend, so das AG.

Betrag: – **Haftung: –**
immVorb: – **MdE: –**

AG Michelstadt 15.3.2001 – 1 C 261/00 = ZfS 2001, 405

2876

HWS-Syndrom, dessen objektives Vorhandensein, die Kl. jedoch nicht beweisen konnte.

Bei einer Differenzgeschwindigkeit von 6–10 km/h „ist eine Verletzung der vom Kl. Behaupteten Art ... Ausgeschlossen", so das LG.

Betrag: – **Haftung: –**
immVorb: – **MdE: –**

LG Mönchengladbach 13.6.2000 – 5 S 31/00 = BeckRS 2000, 31163080

6472

HWS-Syndrom, behauptetes.

Mann. Kein Schmerzensgeldanspruch, da „… reine Sensibilitätsangaben für einen objektiven Befund nicht genügen. Wenn bei einer HWS-Distorsion neurologische Ausfälle auftreten, werden sie mindestens als QTF 3 klassifiziert, während im vorliegenden Fall unstreitig nach dem Gutachten des Unfallchirurgen Prof. M. nur von QTF 1-2 ausgegangen werden kann", so das OLG.

Betrag: – **Haftung: –**
immVorb: – **MdE: –**

OLG München 5.7.2019 – 10 U 2814/18 = BeckRS 2019, 15645

4425

HWS-Syndrom, behauptetes

Mann. Kein Schmerzensgeldanspruch: „Die Frage, ob durch ein Unfallereignis eine Verletzung der HWS verursacht worden ist, muss bei der Beweisführung durch ein interdisziplinäres Sachverständigengutachten unter Anleitung eines medizinischen Sachverständigen eingeholt werden, der Unfallchirurg oder Orthopäde sein muss", so das OLG.

Betrag: – **Haftung: –**
immVorb: – **MdE: –**

OLG München 21.10.2011 – 10 U 1995/11 = BeckRS 2011, 25475

4270

HWS-Syndrom, behauptetes

Mann. Kein Schmerzensgeld. Das OLG führte zur Beweiskraft einer erst 1 1/2 Jahre nach dem Unfall gefertigten MRT-Aufnahme für weitere unfallbedingte Beschwerden aus: „Er (= der Sachverständige) kommt dabei zu dem überzeugenden Ergebnis, dass kernspintomographisch beschriebene Veränderungen der Kopfgelenkbänder allein nicht als Beweis für eine organische Schädigung nach einer HWS-Beschleunigungsverletzung angesehen werden können". [§ 286 ZPO, § 287 ZPO]

Betrag: – **Haftung: –**
immVorb: – **MdE: –**

OLG München 8.9.2010 – 24 U 277/10 = SP 2011, 110

3136

HWS-Syndrom, behauptetes sowie „depressive Verstimmung, Antriebslosigkeit und chronische Müdigkeit" u.a. behauptete, jedoch gerichtlich als nicht hinreichend bewiesen, deklarierte Verletzungen.

Frau. Kein Schmerzensgeldanspruch wenn die vorgetragenen psychischen Beeinträchtigungen als Primärverletzung und nicht lediglich als schadenausfüllende Folgewirkungen geltend gemacht werden und es dem / der Betroffenen nicht gelingt gemäß § 286 ZPO den Strengbeweis darüber zu führen. Insoweit sei – so das OLG – eine „ärztliche Bescheinigung … nicht generell als geeignet anzusehen, ein technisches KFZ-Gutachten zu erschüttern …". [Vgl. auch unter Psychische Fehlverarbeitung sowie unter → Nr. 3143 OLG Hamm BeckRS 2003, 30308700]

Betrag: – **Haftung: –**
immVorb: – **MdE: –**

OLG München 8.2.2002 – 10 U 3448/99 = BeckRS 2009, 19012

7000

HWS-Distorsion, behauptete sowie ebenfalls behauptete Sensibilitätsstörung der rechten Hand.

Mann (Schönheitschirurg). Kein Schmerzensgeldanspruch, da sowohl aus biomechanischer als auch medizinischer Sicht nach dem Unfallhergang schon nicht eindeutig sei, dass der Kläger die unfallkausal geltend gemachten Beschwerden sicher erlitten habe, so das LG. Insofern sei auch zu berücksichtigen gewesen, dass sich der Kläger nach eigener Einlassung erst circa ein Monat nach dem Unfall in ärztliche Behandlung begeben, dies jedoch nicht wegen Beschwerden an der Halswirbelsäule, sondern wegen der Einschränkung der Funktionsfähigkeit der Hand. Hätte der Kläger die von ihm behaupteten HWS-Beschwerden unfallbedingt erlitten, wäre zu erwarten gewesen, dass er sich unverzüglich zum Arzt begeben und dort die entsprechenden Symptome geschildert hätte; dies tat er jedoch nicht. [Anmerkung: Im hier vorliegenden Fall war der Fußballspieler Jérôme Boateng in München mit seinem Mercedes auf den spurwechselnden Maserati des Klägers aufgefahren. Zur Thematik „Schadendisposition bei leichten Auffahrunfällen" vgl. im Handbuch unter → Rn. 63. Ebenso sei an dieser Stelle auf das Urteil des BGH BeckRS 2020, 15991 hingewiesen, siehe dazu → Rn. 64].

Betrag: – **Haftung: –**
immVorb: – **MdE: –**

LG München I 11.3.2022 – 19 O 16989 = becklink 2022589

7105

HWS-Syndrom, behauptetes

Mann (Schönheitschirurg). Kein Schmerzensgeldanspruch. Auch wenn es die sog. Harmlosigkeitsgrenze berechtigter Weise nicht mehr gibt, kam das LG hier zum Ergebnis, dass „eine HWS-Distorsion beim Kläger … nach dem Ergebnis der durchgeführten Beweisaufnahme nicht beweissicher feststellbar [gewesen sei], ebenso wenig die vom Kläger geltend gemachten Sensibilitätsstörungen der rechten Hand. So komme zum einen das erholte biomechanisch und orthopädisch / unfallchirurgische Gutachten zu dem Ergebnis, dass die vom Kläger vorgetragenen Sensibilitätsstörungen der rechten Hand nicht dem streitgegenständlichen Unfall anzulasten seien. Sowohl aus biomechanischer als auch medizinischer Sicht sei nach dem Unfallhergang schon nicht eindeutig, dass der Kläger die unfallkausal geltend gemachten Beschwerden sicher erlitten habe." Der Kläger hatte in München einen Spurwechsel mit seinem Maserati durchgeführt. Der Beklagte, ein seinerzeit bekannter Fußballprofi, war im weiteren Verlauf mit seinem Mercedes aufgefahren.

Betrag: – **Haftung: –**
immVorb: – **MdE: –**

LG München I 11.3.2022 – 19 O 16989/20 = becklink 2022589

6456

HWS-Syndrom (hier: HWS-Distorsion) und eine Schädelprellung.

Frau (Kosmetikerin und Masseuse). Kein Schmerzensgeldanspruch wegen einer stillschweigenden Haftungsbeschränkung. Hierzu führte das LG sinngemäß aus, dass eine solche Haftungsbeschränkung eines Fahrers gegenüber einem Insassen im Wege der ergänzenden Vertragsauslegung nur ganz ausnahmsweise angenommen werden könne, ging jedoch vorliegend von einer solchen Ausnahme aus, da vorliegend (Übernahme einer Fahrt für eine alkoholisierte Kollegin ohne ausreichende Fahrerfahrung in der Sylvesternacht) – wäre die Rechtslage vorher besprochen worden – die Beklagte einen Haftungsausschluss gefordert und die Geschädigte diesen billigerweise nicht hätte ablehnen dürfen.

Betrag: – **Haftung: –**
immVorb: – **MdE: –**

LG München I 9.4.2019 – 17 O 4345/14 = BeckRS 2019, 13184

3089

HWS-Syndrom, behauptetes.

Frau (Polizistin). Kein Schmerzensgeld wegen geringer Differenzgeschwindigkeit (hier: 5 bis 10 km/h). Auch die Einwendung, sie habe beim Sitzen auf dem Beifahrersitz „keine Idealposition innegehabt", lies das LG mit Verweis auf das Gutachten des SV Prof. Dr. Eisenmenger nicht gelten und wies die Berufung der Kl. gegen das Urteil des AG München – 43 C 3309/99 ab.

Betrag: – **Haftung: –**
immVorb: – **MdE: –**

LG München I 21.8.2000 – 17 S 1684/00 = unveröffentlicht

4778

HWS-Syndrom, vermeintliches. Bei dieser Sachlage kann sich das Gericht nicht mit einer ausreichenden Wahrscheinlichkeit davon überzeugen, dass die von der Klägerin nach dem Unfall bekundeten Beschwerden auf diesen Unfall zurückzuführen sind. Es ist vielmehr die ernsthafte Möglichkeit gegeben, dass sich die Beschwerden der Klägerin schicksalhaft unabhängig von dem Unfall entwickelt haben.

Frau. Kein Schmerzensgeldanspruch wegen zu geringer Differenzgeschwindigkeit bzw. Aufprallgeschwindigkeit. Wörtlich heißt es: „Die Geschwindigkeitsänderung, die die Klägerin erleiden musste, sei aber im Bereich zwischen 8 und 12 km/h gelegen und der medizinische Sachverständige habe nach Auswertung der Behandlungsunterlagen einen Kausalzusammenhang verneint. Die Klägerin sei beweispflichtig im Rahmen des § 286 ZPO; der Beweis sei nicht gelungen".

Betrag: – **Haftung: –**
immVorb: – **MdE: –**

LG München II 6.2.2014 – 8 O 3258/12 = BeckRS 2014, 7464

3465

HWS-Syndrom, behauptetes

70j. Frau. (wörtlich: „über 70 Jahre alt"). Kein Schmerzensgeldanspruch. [Anmerkung: Lesenswert, denn das AG wies darauf hin, dass in diesem fortgeschrittenen Alter die biomechanische Toleranzgrenze herabzusetzen sei und es deshalb auch bereits bei geringe Differenzgeschwindigkeit HWS-Verletzungen möglich sind; vorliegend fehlte jedoch der Nachweis.]

Betrag: – **Haftung: –**
immVorb: – **MdE: –**

AG München 14.1.2000 – 344 C 22569/98 = SP 2000, 340

3026

HWS-Syndrom, behauptetes mit nachfolgender psychischer Beeinträchtigung (Konversionsneurose).

25j. Frau. Kein Schmerzensgeldanspruch, wenn die psychischen Beeinträchtigungen von krankheitswert zu dem eigentlichen Anlass (hier: Auffahrunfall mit Differenzgeschwindigkeit von 6 km/h und kaum sichtbarer Stoßstangeneinbeulung) und der behaupteten HWS-Verletzung in grobem Missverhältnis steht.). [Ausführliche Urteilsbesprechung in r+s 2003, 177].

Betrag: – **Haftung: –**
immVorb: – **MdE: –**

OLG Nürnberg 22.11.2001 – 8 U 214/00 = BeckRS 2010, 8428

3076

HWS-Syndrom, behauptetes.

Mann. Kein Schmerzensgeldanspruch wegen fehlendem Nachweis der Kausalität des Unfallgeschehens in Bezug auf die behauptete Verletzung. Geringe Differenzgeschwindigkeit (hier: max. 11 km/h, „auch ein geringerer Geschwindigkeitsverlust ... denkbar", so der vom Gericht beigezogene SV.)

Betrag: – **Haftung: –**
immVorb: – **MdE: –**

AG Pfaffenhofen 14.7.2000 – 2 C 0370/99 = unveröffentlicht

340

HWS-Syndrom, behauptetes.

Mann. Kein Schmerzensgeld. Das AG sah als erwiesen an, dass bei einer Differenzgeschwindigkeit von – wie hier – unter 10 km/h „keine solch schweren Verletzungen eintreten können".

Betrag: – **Haftung: –**
immVorb: – **MdE: –**

AG St. Ingbert 10.12.1998 – 9 C 642/96 = unveröffentlicht

7903

HWS-Syndrom / HWS-Schleudertrauma, behauptetes. Zudem behauptete der Kläger, er habe „multiple Prellungen, Rückenschmerzen, Nackenschmerzen, Schmerzen im BWS-Bereich, Atemnot im Gurtbereich, Bewegungseinschränkungen" erlitten.

57j. Mann (Fitnesstrainer). Das LG hatte insofern sowohl ein technisches Gutachten und ein medizinisches (unfallchirurgisch / orthopädischen) Gutachten eingeholt und darauf basierend die Klage[n] – neben dem Kläger hatten zwei weitere Insassen des Fahrzeugs geklagt – abgewiesen. Mit seinem Hinweisbeschluss wies das OLG darauf hin, dass die Berufung offensichtlich keine Aussicht auf Erfolg hat und begründete dies wie folgt: „ Arztberichte mit einer HWS-Diagnose enthalten überwiegend nur subjektive Schilderungen des Patienten, die häufig objektiv nicht verifiziert oder anamnetisch abgeklärt worden sind. Die Symptome einer HWS, wie z.B. Kopfschmerz, Schwindelgefühl und Benommenheit, sind objektiv nicht nachprüfbar." „Eine unfallbedingte HWS kann auch bei ΔV von 12,5–15,5 km/h und einer biomechanischen Insassenbelastung von 3,5 bis 4,4 g zweifelhaft sein." (Amtliche Leitsätze). In seiner Begründung führte das OLG dazu aus: „... die Kläger [haben] den Nachweis, dass die behaupteten Verletzungen auf das streitgegenständliche Unfallgeschehen zurückzuführen ist, nicht zu führen vermocht. ... Der Kausalitätsnachweis ist tatsächlich nur durch objektive Befunde und / oder systematische medizinische Untersuchungen zu erbringen. Bloße Befundberichte der behandelnden Ärzte sind insoweit nicht maßgebend, weil dort nicht die Diagnose, sondern die Therapie des Patienten im Vordergrund steht. … Die Frage, ob sich die Kläger unfallbedingte Verletzungen zugezogen haben, betrifft die haftungsbegründende Kausalität und unterliegt damit den strengen Anforderungen des Vollbeweises gem. § 286 ZPO. Danach hat das Gericht unter Berücksichtigung des gesamten Inhalts der Verhandlungen und des Ergebnisses einer Beweisaufnahme nach freier Überzeugung zu entscheiden, ob eine tatsächliche Behauptung für wahr oder nicht für wahr zu erachten ist. … Die von den Klägern zweitinstanzlich erneut beantragte Einholung eines weiteren Gutachtens (§ 412 ZPO) kommt nicht in Betracht. Eine verfahrensrechtliche Pflicht zur Einholung eines weiteren Gutachtens besteht für das Gericht nur ausnahmsweise, nämlich im Falle einander widersprechender Sachverständigengutachten, bei besonders schwierigen Fragen, bei groben Mängeln der vorhandenen Gutachten und dann, wenn ein neuer Gutachter über überlegene Forschungsmittel verfügt."

Betrag: – **Haftung: –**
immVorb: – **MdE: –**

OLG Schleswig 9.3.2026 – 7 U 90/25 = BeckRS 2026, 4480

7582

HWS-Distortion sowie Prellungen (hier: BWS-Prellung und Schulterprellung rechts)

Frau. Kein Schmerzensgeld: „Bei einer kollisionsbedingte Geschwindigkeitsänderung (ΔV) von 6–9 km/h mit einer Stoßdauer von 0,1 – 0,15s und einer kollisionsbedingte Krafteinwirkung von lediglich 1,1 – 2,7 g ist es aus medizinischer Sicht mit an Sicherheit grenzender Wahrscheinlichkeit nicht zu einer unfallbedingte HWS-Distorsion gekommen" (Amtlicher Leitsatz). Weiter betonte das OLG, dass ein technisches Obergutachten nicht einzuholen sei, wenn das entgegenstehende Privatgutachten auf falschen und nicht nachvollziehbar ermittelten Annahmen beruht (hier hinsichtlich der Kollisionsgeschwindigkeit der unfallbeteiligten Fahrzeuge). „Zur Ermittlung der Kollisionsgeschwindigkeit (zum Nachweis einer unfallbedingten HWS-Distorsion) sind eigene Crashversuche des Sachverständigen mit entsprechenden Fahrzeugen weder verhältnismäßig noch notwendig. Es genügt die Auswertung vorhandener Versuchsergebnisse mit ähnlichen Fahrzeugen aus einer Crashdatenbank" (Amtlicher Leitsatz). [Anmerkung 1: Die Beklagte hatte außergerichtlich 200 EUR Schmerzensgeld gezahlt. Anmerkung 2: Zu dieser Thematik vgl. auch im Handbuch unter → Rn. 63 und → Rn. 65].

Betrag: – **Haftung: –**
immVorb: – **MdE: –**

OLG Schleswig 22.10.2024 – 7 U 40/24 = BeckRS 2024, 32645

7109

HWS-Zerrung, LWS Zerrung und Knieprellung links.

Mann (Gebrauchtwagenhändler). Kein Schmerzensgeldanspruch wegen Unfallmanipulation. „Wegen der Unfallmanipulation fehlt es bereits an der Rechtswidrigkeit einer Körperverletzung. Im Übrigen ist auch unglaubhaft, dass der Kläger als Fahrer Verletzungen erlitten haben will, während sein Beifahrer trotz des Aufpralls auf der rechten Beifahrerseite unverletzt geblieben ist". [Anmerkung: Sehr lesenswert zum Thema „Manipulierter Verkehrsunfall – Wahlfeststellung abgesprochenes oder provoziertes Unfallereignis". Hierzu führte das OLG aus: „Bei Verdacht auf ein abgesprochenes oder provoziertes Unfallereignis kann der vom Kraftfahrzeughaftpflichtversicherer zu erbringende Nachweis im Rahmen des sog. Indizienbeweises geführt werden. Dieser Beweis ist bereits dann geführt, wenn sich eine Häufung von Umständen und Beweiszeichen findet, die in der Gesamtschau nach richterlicher Überzeugung darauf hindeutet. Typische Beweisanzeichen können sich aus dem Unfallhergang, der Art der Schäden, der Art der beteiligten Fahrzeuge, dem Anlass der Fahrt, fehlender Kompatibilität, persönlichen Beziehungen oder den wirtschaftlichen Verhältnissen der Parteien ergeben."].

Betrag: – **Haftung: –**
immVorb: – **MdE: –**

OLG Schleswig 21.10.2022 – 7 U 140/22 = BeckRS 2022, 32962

3167

HWS-Syndrom mit Beeinträchtigungen bei Haus- und Gartenarbeit und beim Sqaredance.

Kein Schmerzensgeld bei HWS-Syndrom unterhalb der Harmlosigkeitsgrenze. In Fällen kollisionsbedingter Differenzgeschwindigkeiten zwischen 6–9 km/h ist zwar eine HWS-Verletzung nicht generell auszuschließen, dennoch obliegt insofern dem Kläger der volle Beweis im Sinne des § 286 ZPO (Strengbeweis). Dies konnte vorliegend nicht erbracht werden. Das OLG bewegt sich insofern auf einer Linie mit dem BGH (vgl. BGH NJW 2003, 1116).

Betrag: – **Haftung: –**
immVorb: – **MdE: –**

OLG Schleswig 11.9.2003 – 7 U 178/01 = BeckRS 2003, 16003

3099

HWS-Syndrom, behauptetes.

Frau. Kein Schmerzensgeld wegen geringer Differenzgeschwindigkeit (hier: „höchstens … 15 km/h".) „Der Kl. obliegt die vollständige Beweislast bezüglich des Eintritts der von ihr behaupteten Gesundheitsschäden …". „Hieraus [ergänze, aus dem Gutachten von Dipl.Ing.Becke und Prof. Castro] folgt, dass eine Verletzungsmöglichkeit … auszuschließen sei", so das AG, das zunächst 4.000 DM zugesprochen hatte und vom LG Hagen per Urteil angehalten war, den Fall erneut zu entscheiden.

Betrag: – **Haftung: –**
immVorb: – **MdE: –**

AG Schwerte 14.8.2000 – 7 C 298/97 = unveröffentlicht

3282

HWS-Syndrom.

Auch bei weder medizinisch noch technisch erklärbarer Beschwerdesymptomatik, „kann sich ein Gericht gleichwohl aufgrund der gesamten Umstände des Falles einschließlich der Angaben des Verletzten von der Ursächlichkeit der … Beschwerden überzeugen (vgl. BGH, Urteil vom 28.1.2003, VI ZR 139/02 NZV 2003, 167)", so das OLG Stuttgart. [vgl. auch unter den Stichworten: Harmlosigkeitsgrenze; geringe Differenzgeschwindigkeit]. Das OLG sah die Berufung als begründet an. Die Höhe des Schmerzensgeldes blieb offen.

Betrag: – **Haftung: –**
immVorb: – **MdE: –**

OLG Stuttgart 5.10.2004 – 1 U 59/04 = BeckRS 2004, 9551

3033

HWS-Syndrom, behauptetes.

Frau. Kein Schmerzensgeldanspruch da „bei Insassen auf der stoßabgewandten Seite … nach wissenschaftlicher derzeitiger Erkenntnis mit dem Eintreten eines HWS-Traumas nicht zu rechnen“ sei, so das AG [vgl. hierzu auch Becke in NZV 2000 Heft 6 Sonderbeilage].

Betrag: – **Haftung: –**
immVorb: – **MdE: –**

AG Trier 12.3.2002 – 5 C 362/01 = BeckRS 2002, 31162539

2962

HWS-Syndrom, einfaches.

Mann. MdE 14 Tage 100 %. lt. Attest, dem das AG jedoch nicht glaubte, da Beifahrer „der ja unter denselben Kräften zu leiden hatte“ nur 2 Tage zu 50 % beeinträchtigt. Kein Schmerzensgeld!

Betrag: – **Haftung: –**
immVorb: – **MdE: –**

AG Velbert 28.6.2000 – 13 C 80/00 = BeckRS 2000, 168056

3634

HWS-Syndrom, behauptetes

Frau. Kein Schmerzensgeldanspruch: Der Sachverständige gelangte zur Feststellung, dass bei einer kollisionsbedingten Geschwindigkeitsänderung von 6 bis 10 km/h es „nicht zu einer Verletzung“ gekommen ist. Mangels Vorbringens einer Primärverletzung war die Einholung eines weiteren Gutachtens, wie von der Kl. insbes. auf psychologischem Gebiet beantragt, nicht erforderlich. [vgl. auch unter Differenzgeschwindigkeit; Harmlosigkeitsgrenze]

Betrag: – **Haftung: –**
immVorb: – **MdE: –**

LG Verden 27.7.2006 – 5 O 412/04 = BeckRS 2011, 13228

2933

HWS-Syndrom, behauptetes.

Frau. Kein Schmerzensgeld. Geringe Differenzgeschwindigkeit [[5–7 km/h] und insofern nicht bewiesener Kausalität.

Betrag: – **Haftung: –**
immVorb: – **MdE: –**

AG Waren (Müritz) 29.12.1999 – 5 C 881/97 = unveröffentlicht

3641

HWS-Syndrom, behauptetes

Kein Schmerzensgeldanspruch: „Im Gegensatz zum Auffahrunfall kommt es“, so das AG mit Hinweis auf ein Gutachten, „bei einem Frontalunfall nicht zur Überdehnung des Kopfes nach hinten, sodass Frontalkollisionen im Vergleich zu Heckkollisionen erst bei höheren Geschwindigkeitsänderungen als 11 km/h zu Verletzungen führen“. [vgl. Differenzgeschwindigkeit; Harmlosigkeitsgrenze]

Betrag: – **Haftung: –**
immVorb: – **MdE: –**

AG Worms 29.12.2005 – 9 C 377/04 = BeckRS 2005, 19471

3124

HWS-Syndrom, behauptetes.

Mann. Kein Schmerzensgeldanspruch wegen geringer Differenzgeschwindigkeit (hier: max. 8 km/h). Laut dem vorgelegten Gutachten konnte unfallkausal keine HWS-Verletzung eintreten.

Betrag: – **Haftung: –**
immVorb: – **MdE: –**

AG Zweibrücken 2.4.2001 – 2 C 913/99 = unveröffentlicht

3577

HWS-Distorsion [vgl. HWS-Syndrom] die zutreffend nicht als Bagatellverletzung angesehen wurde.

Kind. Das Kind wurde vom Beklagten am Kopf angehoben und dadurch verletzt. Die Beschwerden dauerten 6 Tage und verheilten folgenlos.

Betrag: 75 € **Haftung: 100 %**
immVorb: – **MdE: –**

AG Lübeck 28.9.1999 – 30 C 1301/99 = BeckRS 1999, 158845

3578

HWS-Syndrom in Form einer HWS-Prellung.

Mann. MdE 3 Tage 100 %. Das Gericht begründete nachvollziehbar weshalb vorliegend keine Bagatellverletzung vorliegt.

Betrag: 100 € **Haftung: 100 %**
immVorb: – **MdE: –**

AG Pößneck 5.5.1999 – C 77/99 = unveröffentlicht

6349

HWS-Syndrom (hier: HWS-Distorsion, Verspannungen, Kopfschmerzen und Halsmuskelschmerzen).

Mann. Die Beeinträchtigungen dauerten 1 Woche.

Betrag: 120 € **Haftung: 20 %**
immVorb: – **MdE: –**

OLG Saarbrücken 3.2.2009 – 4 U 402/08 = BeckRS 2009, 9331

5457

HWS-Distorsion

Mann. MdE 3 Tage 100 %.

Betrag: 150 € **Haftung: 100 %**
immVorb: – **MdE: –**

AG Eschweiler 25.7.2016 – 25 C 12/16 = BeckRS 2016, 127719

6350

HWS-Syndrom.

Mann. „Die Verletzung in Form eines HWS-Syndroms ist durch das vom Kläger vorgelegte hausärztliche Attest hinreichend belegt“, so das OLG.

Betrag: 150 € **Haftung: 50 %**
immVorb: – **MdE: –**

OLG Hamm 13.1.2006 – 9 U 164/04 = BeckRS 2006, 5524

5980

HWS-Syndrom, einfaches.

Frau. MdE 4 Tage 100 %. „Vor diesem Hintergrund lag allenfalls eine geringfügige Verletzung der HWS vor, weshalb ein über 150,00 EUR hinausgehendes Schmerzensgeld nicht in Betracht kommt", so das AG.

Betrag: 150 € **Haftung: 100 %**
immVorb: – **MdE: –**

AG Köln 27.11.2012 – 272 C 79/12 = BeckRS 2013, 10873

5885

HWS-Syndrom ohne radiologischen Befund. Die Verletzung beschränkte sich – so das OLG – auf „die nachgewiesene Verletzung auf Muskelzerrungen im Bereich der Halswirbelsäule".

Frau. „Einige Wochen andauernden schmerzhaften Bewegungseinschränkungen". MdE 10 Tage 100 %.

Betrag: 150 € **Haftung: 100 %**
immVorb: – **MdE: –**

OLG Nürnberg 9.9.2010 – 13 U 712/10 = BeckRS 2010, 25146

4983

HWS-Syndrom mit den „üblichen Beeinträchtigungen im Rahmen einer Halswirbelsäulendistorsion und Prellungen, nämlich eine schmerzhaft eingeschränkte Beweglichkeit und Versteifung des Halsbereichs begleitet von schmerzhaften Schwellungen im Bereich der Prellungen", so das AG.

Mann. Ambulante Heilbehandlung. MdE 8 Tage 100 %. Für eine derartige Verletzung, so das AG, seien – hochgerechnet auf eine alleinige Haftung des Bekl. – 300 EUR „angemessen aber auch ausreichend".

Betrag: 150 € **Haftung: 50 %**
immVorb: – **MdE: –**

AG Oberhausen 4.2.2015 – 31 C 2146/14 = BeckRS 2015, 60036

3264

HWS-Syndrom, leichtes ... Jedoch „überschreitet die Verletzung eindeutig den Grad von Bagatellbeschwerden", so das LG.

67j. Frau. 4 ambulante Behandlungen. MdE 7 Tage 100 %. Eine weitere Woche litt die Kl. unter Schmerzen.

Betrag: 200 € **Haftung: 100 %**
immVorb: – **MdE: –**

LG Aachen 12.1.2004 – 11 O 381/03 = BeckRS 2004, 4626

6352

HWS-Syndrom (hier: „Halswirbelsäulenschleudertrauma mit am Abend des Unfalltages einsetzenden Nackenhinterkopfschmerzen").

Mann. 7 Tage ambulante Behandlung. Der Kläger musste nachts eine Halskrause / Schanzsche Krawatte tragen. MdE 2 Tage 100 %.

Betrag: 200 € **Haftung: 100 %**
immVorb: – **MdE: –**

KG 30.6.2008 – 22 U 13/08 = BeckRS 2008, 14286

6866

HWS-Trauma und Schürfwunde am Unterarm.

Mann. MdE 16 Tage 100 %.

Betrag: 200 € **Haftung: 40 %**
immVorb: – **MdE: –**

OLG Celle 11.11.2020 – 14 U 71/20 = BeckRS 2020, 30605

3469

HWS-Syndrom, leichtester Art.

Mann. Zwei Wochen deutlich spürbare Nacken- und Schulterschmerzen.

Betrag: 200 € **Haftung: 50 %**
immVorb: – **MdE: –**

OLG Frankfurt a. M. 3.9.2001 – 1 U 73/00 = BeckRS 2001, 30202514

6353

HWS-Syndrom sowie Prellungen am linken Arm und der linken Hand.

Mann. Der Kläger litt „über mehrere Wochen ... an erheblichen Schmerzen und Beeinträchtigungen". MdE 9 Tage 100 %.

Betrag: 200 € **Haftung: 60 %**
immVorb: – **MdE: –**

OLG Rostock 13.11.2009 – 5 U 52/09 = BeckRS 2010, 20704

4550

HWS-Syndrom, leichtes.

Mann. Der Kläger, „so das LG wörtlich" war „lediglich über einen Zeitraum von maximal 1 Woche in seiner Gesundheit beeinträchtigt".

Betrag: 200 € **Haftung: 100 %**
immVorb: – **MdE: –**

LG Saarbrücken 7.6.2013 – 13 S 31/13 = BeckRS 2013, 10246

5455

HWS-Distorsion.

Frau. MdE eine Woche 100 %. Während dieser Zeit musste sie eine Schanzsche Krawatte tragen.

Betrag: 200 € **Haftung: 100 %**
immVorb: – **MdE: –**

AG Saarbrücken 6.6.2016 – 124 C 115/15 = unveröffentlicht

6351

HWS-Syndrom, einfaches

Frau. Keine näheren Angaben.

Betrag: 200 € **Haftung: 100 %**
immVorb: – **MdE: –**

AG Siegburg 14.10.2005 – 109 C 368/05 = BeckRS 2005, 13356

2862

HWS-Syndrom

Mann. MdE 1 1/2 Wochen 100 %.

Betrag: 205 € **Haftung: 70 %**
immVorb: – **MdE: –**

AG Viersen 25.7.2001 – 2 C 138/01 = BeckRS 2001, 161826

5476

HWS-Syndrom. Hier mit Übelkeit, Schwindel und in den Schulterbereich ausstrahlende Nackenschmerzen.

Mann. Ambulante Heilbehandlung; Einnahme eines Schmerzmittels sowie eines Relaxans. Es musste eine Halskrause getragen werden. „Nach etwa 4 1/2 Wochen beschwerdefrei", so das KG. (Ursache: KFZ-Kollision des linksabbiegenden Klägers und dem entgegenkommenden Rechtsabbieger an ampelgeregelter Kreuzung.)

Betrag: 250 € **Haftung: 100 %**
immVorb: – **MdE: –**

KG 31.1.2019 – 22 U 211/16 = BeckRS 2019, 810

4992

HWS-Syndrom mit Nackenschmerzen und einmaligem Erbrechen sowie „der verschriebenen Schmerzmittel für lediglich eine Woche" (so das AG).

Frau. Keine weiteren Angaben.

Betrag: 250 € **Haftung: 100 %**
immVorb: – **MdE: –**

AG Bochum 21.10.2014 – 40 C 325/13 = BeckRS 2014, 23909

6926

HWS-Syndrom mit Nackenschmerzen, Übelkeit und Schwindel.

Frau. Ambulante Behandlung. Zur Schmerzensgeldbemessung führte das OLG aus: „Das Landgericht hat in seine Abwägung mit einbezogen, dass die Klägerin einerseits jedenfalls zwei Wochen unter Schmerzen gelitten hat, andererseits aber kein stationärer Aufenthalt erforderlich war, keine Minderung der Erwerbsfähigkeit eingetreten ist und keine Dauerfolgen zu beklagen waren. Die durchgeführte Physio- und manuelle Therapie erwähnt das Landgericht in diesem Zusammenhang nicht, ihre Berücksichtigung führt jedoch zu keiner anderen Beurteilung. Es bleibt dabei, dass es sich um eine eher geringfügige Verletzung handelte, die die Klägerin nicht in der Ausübung ihres auch körperlich anspruchsvollen Berufs als Physiotherapeutin, wenn auch unter der Einnahme von Schmerzmitteln, hinderte".

Betrag: 250 € **Haftung: 100 %**
immVorb: – **MdE: –**

OLG Bremen 26.3.2019 – 1 U 1/19 = BeckRS 2019, 26800

6354

HWS-Syndrom und Schulterprellung links.

Mann. Ambulante Behandlung mit „mehrmaligen Arztbesuchen".

Betrag: 250 € **Haftung: 100 %**
immVorb: – **MdE: –**

LG Kaiserslautern 18.8.2004 – 2 O 724/03 = BeckRS 2004, 11891

4446

HWS-Syndrom.

Mann. MdE 11 Tage 100 %. Anschließend weitere 10 Tage leichte Beschwerden. Der Kl. litt an einem Vorschaden, ohne welchen es voraussichtlich zu keiner unfallbedingten Verletzung gekommen wäre.

Betrag: 250 € **Haftung: 100 %**
immVorb: – **MdE: –**

AG Montabaur 26.1.2010 – 5 C 142/09 = BeckRS 2010, 32197

5508

HWS-Syndrom in Form einer HWS-Distorsion 2. Grades.

Frau. Ambulante Heilbehandlung. MdE 5 Tage 100 % sowie weitere 14 Tage abklingende Beschwerden.

Betrag: 250 € **Haftung: 100 %**
immVorb: – **MdE: –**

AG Saarbrücken 24.8.2017 – 120 C 325/15 = unveröffentlicht

3587

HWS-Distorsion mit Schiefhalsstellung. Die Rotation des Kofes war zeitweise eingeschränkt. Muskelzerrung.

Mann. Ambulante Heilbehandlung. Die Verletzung heilte nach 3 Wochen folgenlos aus.

Betrag: 250 € **Haftung: 100 %**
immVorb: – **MdE: –**

AG Weimar 30.3.2005 – 5 C 1445/02 = unveröffentlicht

b) HWS 251 – 500 EUR

3020

HWS-Syndrom (hier: HWS-Distorsion, leichte).

Mann. Zwar sei, so das AG, aus „biomechanischer Sicht" bei nur 5 km/h Differenzgeschwindigkeit ein HWS-Syndrom unwahrscheinlich. Dennoch billigte es für „ein- bis maximal 2 Wochen" HWS-Beschwerden ein Schmerzensgeld zu.

Betrag: 256 € **Haftung: 100 %**
immVorb: – **MdE: –**

AG Aachen 20.2.2002 – 554 C 9195/01 = NVZ 2002, 459

3298

HWS-Syndrom mit „deutlich schmerzhaft eingeschränkter Beweglichkeit der HWS"; Knieprellungen und „Schmerzangabe im Bereich des rechten Handgelenks", so das Zitat aus dem Befundbericht des behandelnden Arztes auf den sich das AG bezog.

Mann. ambulante Behandlung. Folgenlos verheilt.

Betrag: 256 € **Haftung: 50 %**
immVorb: – **MdE: –**

AG Aurich 16.12.1998 – 12 C 594/98 = BeckRS 1998, 153607

3268

HWS-Syndrom, leichtes mit „endgradig eingeschränkter Beweglichkeit der HWS, insbesondere der Links- und Rechtsrotation, bretthart Verspannungen der Trapezmuskulatur, Schmerzhaftigkeit der Sell-Triggerpunkte beidseits".

Frau. Das AG sprach – trotz geringer Differenzgeschwindigkeit [vgl. auch Harmlosigkeitsgrenze] von weniger al 10 km/h – ein Schmerzensgeld zu und verwies insofern auf das LG Bonn in DAR 2003, 72.

Betrag: 256 € **Haftung: 100 %**
immVorb: – **MdE: –**

AG Bad Neuenahr-Ahrweiler 19.2.2003 – 3 C 708/01 = BeckRS 2003, 2201

3582

HWS-Syndrom, leichtes.

Mann. Ambulante Heilbehandlung. Eine Schanz'sche Krawatte musste für die Dauer von 4 Wochen getragen werden. Nur geringes Verschulden des Beklagten.

Betrag: 256 € **Haftung: 100 %**
immVorb: – **MdE: –**

AG Celle 31.5.2000 – 15 C 453/00 = BeckRS 2000, 167967

5672

HWS-Syndrom mit anfänglich heftigen Kopfschmerzen und Nackenschmerzen.

Mann. Ambulante Heilbehandlung mit insgesamt 5 Arztbesuchen. Der Kläger musste zudem für die Dauer von 4 Wochen eine Schanzsche Krawatte / Halskrause tragen. Keine MdE denn „als Selbständiger hat der Kläger darauf verzichtet, sich arbeitsunfähig „krankschreiben" zu lassen. In den Tagen nach den Unfall hatte der Kläger Kopf- und heftige Nackenschmerzen und fühlte sich wiederholt unwohl", so das AG. Nur leichtes Verschulden des Beklagten.

Betrag: 256 € **Haftung: 100 %**
immVorb: – **MdE: –**

AG Celle 31.5.2000 – 15 C 453/00 (7) = BeckRS 2000, 167967

3270

HWS-Syndrom, einfaches. [Die darüberhinaus vorgetragenen Folgen, insbesondere an einer Bandscheibe, konnten nicht in den Zusammenhang mit dem Unfall gebracht werden.]

53j. Mann. MdE 13 Monate 100 %. „Der Schädiger hat auch für psychische Fehlverarbeitung als haftungsausfüllende Folgewirkung des Unfallgeschehens einzustehen, wenn eine hinreichende Gewissheit besteht, dass diese Folge ohne den Unfall nicht eingetreten wäre", so das OLG zutreffend.

Betrag: 256 € **Haftung: 100 %**
immVorb: – **MdE: –**

OLG Frankfurt a. M. 10.9.2003 – 4 U 153/00 = BeckRS 2003, 8827

3032

HWS-Syndrom mit behaupteten „akuten Angstzuständen, Platzangst und Herzklopfen".

Frau. Kein Anspruch auf weiteres Schmerzensgeld (500 DM wurden außergerichtlich gezahlt), da „die neurotische Fehlhaltung in einem groben Missverhältnis zum schädigenden Ereignis steht".

Betrag: 256 € **Haftung: 100 %**
immVorb: – **MdE: –**

AG Hannover 11.10.2001 – 564 C 12364/00 = BeckRS 2001, 30868

2867

HWS-Syndrom „des Schweregrades 1 nach Erdmann" sowie eine Handverletzung (hier: Mittelhandprellung).

Frau. Geltend gemachte weitere Verletzungen und Beschwerdefolgen konnte die Kl. nicht beweisen.

Betrag: 256 € **Haftung: 100 %**
immVorb: – **MdE: –**

AG Hochheim 4.7.2001 – 2 C 84/99 = BeckRS 2001, 161787

2926

HWS-Syndrom, welches auf einer „klaren Diagnose" beruhte, so das AG.

Mann. Verordnung einer Schanz'schen Krawatte; nach 10 Tagen „lediglich geringe Restbeschwerden" feststellbar.

Betrag: 256 € **Haftung: 100 %**
immVorb: – **MdE: –**

AG Limburg 19.6.2001 – 4 C 405/01 = BeckRS 2001, 161813

3299

HWS-Syndrom in Form einer HWS-Distorsion.

Mann. Ambulante Behandlung mit Fango und Massagen. Nach 3 Wochen „zeigten sich noch diskrete Restbeschwerden". Eine Arbeitsunfähigkeitsbescheinigung wurde nicht ausgestellt.

Betrag: 256 € **Haftung: 100 %**
immVorb: – **MdE: –**

AG Neunkirchen 15.10.1998 – 5 C 180/98 = unveröffentlicht

5652

HWS-Syndrom „und eine Zerrung der Rückenmuskulatur".

Frau. Vorschaden (hier: massive Vorschädigung bzw. eine erhebliche Schadensanlage). Hierzu führte das AG zutreffend aus: „ Dies lässt indessen den Zurechnungszusammenhang nicht entfallen, da derjenige, der einen Verletzten oder Geschwächten zusätzlich verletzt, nicht so gestellt werden kann, als habe den Unfall ein Gesunder erlitten". [vgl. hierzu → Rn. 54].

Betrag: 256 € **Haftung: 100 %**
immVorb: – **MdE: –**

AG Waldkirch 28.9.1998 – 1 C 271/98 = BeckRS 1998, 31162505

3541

HWS-Syndrom, einfaches

Mann. MdE 13 Tage 100 %, weitere 20 Tage 20 %. Solche Verletzungen „rechtfertigen auch nach Einschätzung des Berufungsgerichts kein höheres Schmerzensgeld als 300 Euro"

Betrag: 300 € **Haftung: 100 %**
immVorb: – **MdE: –**

KG 29.9.2005 – 12 U 235/04 = BeckRS 2005, 14637

4304

HWS-Syndrom, einfaches.

Frau. Ambulante Heilbehandlung.

Betrag: 300 € **Haftung: 100 %**
immVorb: – **MdE: –**

AG Heilbronn 8.5.2006 – 15 C 4156/05 = BeckRS 2006, 138314

7054

HWS-Syndrom sowie Prellungen und Zerrungen.

Frau. Eine ambulante Behandlung. Folgenlose Ausheilung im Rahmen einer Kur, die die Klägerin – unabhängig von der Verletzung – unmittelbar nach dem Unfall ohnehin durchgeführt hatte.

Betrag: 300 € **Haftung: 100 %**
immVorb: – **MdE: –**

OLG Koblenz 22.9.2022 – 12 U 917/22 = BeckRS 2022, 24717

6355

HWS-Syndrom (hier: Leichte Halswirbelsäulendistorsion, „neurologisch unauffällig, … aber immerhin Schmerzen im Nacken, aber keinen Klopfschmerz in der Wirbelsäule. Die Nackenmuskulatur war frei, die Halswirbelsäule zeigte keine knöcherne Verletzung und eine regelrechte Stellung".

49j. Mann. Folgenlose Verheilung.

Betrag: 300 € **Haftung: 40 %**
immVorb: – **MdE: –**

OLG Koblenz 29.1.2007 – 12 U 1183/05 = BeckRS 2007, 3817

5189

HWS-Syndrom mit „ziehenden Beschwerden an der HWS und im Nacken sowie Verspannungen bis in den Kopf".

Frau (Kindergärtnerin). [Anmerkung: Lesenswertes Urteil zu § 287 ZPO: „Trotz der Beweiserleichterung aus § 287 ZPO reicht die bloße zeitliche Nähe zwischen einem Unfallereignis und der Entstehung der Beschwerden und die daran anknüpfende „gefühlsmäßige" Wertung, beide Ereignisse müssten irgendwie miteinander in Zusammenhang stehen, nicht aus; als Mindestmaß für die Beweisführung ist zu fordern, dass die unfallbedingte Entstehung und Fortdauer der behaupteten Beschwerden wahrscheinlicher ist als ihre unfallunabhängige Entstehung und Fortdauer."]

Betrag: 300 € **Haftung: 100 %**
immVorb: – **MdE: –**

OLG München 6.3.2015 – 10 U 824/14 = BeckRS 2015, 15991

4675

HWS-Syndrom bzw. einfache HWS-Distorsion.

Frau (Alter unbekannt). Ambulante Heilbehandlung (einmalig und ohne Krankschreibung). Unfallursache: Verkehrsunfall.

Betrag: 300 € **Haftung: 66 %**
immVorb: – **MdE: –**

OLG München 26.4.2013 – 10 U 4938/12 = BeckRS 2013, 7741

6808

HWS-Syndrom mit Kopfschmerzen.

Frau. Ambulante Behandlung mit Schmerzmitteln. MdE 7 tage 100 %. Zum Nachweis der HWS-Verletzung führte das OLG aus: „Der Umstand, dass für die HWS-Distorsion keine objektivierbaren Befunde vorliegen, ist für die behaupteten Beschwerden – senatsbekannt – typisch und widerspricht daher nicht dem geschilderten Beschwerdebild. Der von den Beklagten hervorgehobene Zeitablauf zwischen Unfall und dem Gang zum Arzt spricht ebenfalls nicht gegen die Glaubhaftigkeit ihrer Angaben; insbesondere ist für den Senat plausibel, dass die Zeugin erst einen Arzt aufgesucht hat, als die Beschwerden nicht nachließen".

Betrag: 300 € **Haftung: 100 %**
immVorb: – **MdE: –**

OLG Oldenburg 30.7.2020 – 14 U 13/18 = BeckRS 2020, 41373

6356

HWS-Syndrom (Hier: HWS-Distorsion mit Nackenschmerzen, Verspannungen und eine eingeschränkter Beweglichkeit des Kopfes).

Frau. Ambulante Behandlung mit mit Schmerzmitteln, Wärmeanwendung und Physiotherapie. MdE 14 Tage 100 %.

Betrag: 300 € **Haftung: –**
immVorb: – **MdE: –**

OLG Oldenburg 1.3.2007 – 8 U 246/06 = BeckRS 2007, 9953

6730

HWS-Distorsion.

Frau. Ambulante Behandlungen. MdE 4 Tage 100 % und weitere 4 Tage 50 %. Anmerkung: Das AG unterstellte – trotz fehlendem Nachweis der Kausalität – das Vorliegen der Verletzung als wahr.

Betrag: 300 € **Haftung: 100 %**
immVorb: – **MdE: –**

LG Osnabrück 2.7.2019 – 6 S 40/19 = BeckRS 2019, 22973

5456

HWS-Distorsion

Mann. Ambulante Heilbehandlung. Degenerativer Vorschaden der HWS.

Betrag: 300 € **Haftung: 100 %**
immVorb: – **MdE: –**

LG Saarbrücken 26.1.2017 – 16 O 218/15 = BeckRS 2017, 158846

3289

HWS-Syndrom, welches das AG als „mittelgradig" bezeichnete mit Spannungskopfschmerzen und einer „mäßigen Kreislaufschockreaktion".

Frau. MdE 8 Tage 100 %; keine über die erste ambulante Behandlung hinausgehende weitere Folgebehandlungen.

Betrag: 307 € **Haftung: 66 %**
immVorb: – **MdE: –**

AG Düsseldorf 19.10.2000 – 50 C 10261/00 = unveröffentlicht

3591

HWS-Syndrom, einfaches.

35j. Mann (Kellner). MdE 13 Tage 100 %. Das AG betonte, dass im Vorliegenden Falle [leichter Verkehrsunfall] die Genugtuungsfunktion völlig zurücktrete und bei derartig geringfügigen Verletzungen nur ein geringes Schmerzensgeld zuzuerkennen sei.

Betrag: 307 € **Haftung: 100 %**
immVorb: – **MdE: –**

AG Gifhorn 6.7.2000 – 13 C 353/00 = BeckRS 2000, 168003

5449

HWS-Syndrom mit Kopfschmerzen.

Frau. MdE 1 Woche 100 % sowie weitere 2 Wochen 20 %. Anfänglich Einnahme von Schmerzmitteln (Ibuprofen 600). [Ursache: Vollbremsung wegen einer auf die Frontscheibe gefallenen Eisplatte, die sich vom LKW der Beklagten gelöst hatte.].

Betrag: 350 € **Haftung: 100 %**
immVorb: – **MdE: –**

AG Merzig 13.12.2011 – 24 C 29/14 = unveröffentlicht

2755

HWS-Syndrom (hier: „HWS-Zerrung mit vegetativer Begleitsymptomatik").

Mann. MdE 13 Tage 100 % und weitere 11 Tage 20 %. Es bestand eine „schmerzhaft eingeschränkte Beweglichkeit der HWS".

Betrag: 358 € **Haftung: 66 %**
immVorb: – **MdE: –**

OLG Hamm 13.12.1999 – 13 U 111/99 = BeckRS 2007, 1124

5509

HWS-Syndrom in Form einer Halswirbeldistorsion 2. Grades.

Frau. Ambulante Heilbehandlung mittels analgetischer und muskelberuhigender Therapie. MdE 12 Tage 100 % und weitere 6 Wochen physiotherapeutische Behandlung. Bei der Bemessung berücksichtigte das OLG auch die konstitutionellen Voraussetzungen der Klägerin, die „mit einem muskelschwachen dünnen Hals die unerwartete Kollision mit insgesamt drei Anstoßmomenten bei hoher Geschwindigkeit" zu erleiden hatte. Das OLG hob deshalb das vom LG mit nur 240 EUR angesetzte Schmerzensgeld auf 360 EUR an. [Lesenswert auch zur Mithaftung bei Überschreitung der Autobahn-Richtgeschwindigkeit].

Betrag: 360 € **Haftung: 30 %**
immVorb: – **MdE: –**

OLG Düsseldorf 21.11.2017 – 1 U 44/17 = BeckRS 2017, 137667

6357

HWS-Syndrom und schmerzhafte Rippenprellung.

Mann. Keine weiteren Angaben.

Betrag: 375 € **Haftung: 75 %**
immVorb: – **MdE: –**

OLG Düsseldorf 20.8.2007 – I-1 U 258/06 = BeckRS 2007, 17781

2798

HWS-Syndrom mit Muskelverspannungen und Druckschmerz.

Mann. 10 Tage Beschwerden, 12mal Krankengymn.; „Liegt ein Auffahrunfall vor, ist Haftungsgrund der Körperverletzung gegeben … Eingriff in die körperliche Befindlichkeit genügt".

Betrag: 383 € **Haftung: 100 %**
immVorb: – **MdE: –**

LG Lübeck 8.6.2000 – 1 S 19/00 = ZfS 2000, 436

3939

HWS-Syndrom.

Frau. MdE 2 Wochen 100 %. (Anmerkung: Die Beklagte fuhr rückwärts gegen die Fahrzeugfront des von der Klägerin gesteuerten PKW).

Betrag: 400 € **Haftung: 100 %**
immVorb: – **MdE: –**

LG Hamburg 29.11.2001 – 51a C 1225/01 = unveröffentlicht

3926

HWS-Syndrom (hier: HWS-Distorsion) mit Schädelprellung.

Frau. MdE 5 Tage 100 %. Diese Verletzungsintensität sei, so das AG, „nicht mehr als Bagatellverletzung anzusehen". [Ursache: Kettenauffahrunfall].

Betrag: 400 € **Haftung: 100 %**
immVorb: – **MdE: –**

AG Mannheim 15.5.2009 – 3 C 7/08 = BeckRS 2009, 12884

3941

HWS-Syndrom 1. Grades.

Mann. MdE 8 Tage ohne genauere Angaben.

Betrag: 400 € **Haftung: 100 %**
immVorb: – **MdE: –**

AG Osnabrück 22.2.2008 – 7 C 447/06 = unveröffentlicht

3840

HWS-Syndrom, einfaches.

Keine Angaben zur Person.

Betrag: 400 € **Haftung: 100 %**
immVorb: – **MdE: –**

AG Göppingen 30.5.2008 – 7 C 1932/07 = unveröffentlicht

3643

HWS-Syndrom, leichter Art

Frau. Ambulante Heilbehandlung. MdE 10 Tage 100 % sowie 14 Tage 20 %. Das AG wies darauf hin, „dass in der neueren Rspr. … bei reinen HWS-Distorsionen mit Beeinträchtigungen von ca. 4 Wochen in den meisten Fällen Schmerzensgeldbeträge unter oder bis 400,- EUR zuerkannt" werden. Dies entspräche auch der Auffassung des Gerichts, „wonach bei einer 1 bis 2 wöchigen Beeinträchtigung grds. ein Betrag von max. 100 – 200 EUR anzusetzen ist", so das AG.

Betrag: 400 € **Haftung: 100 %**
immVorb: – **MdE: –**

AG Aachen 14.3.2006 – 6 C 31/06 = BeckRS 2006, 14624

3471

HWS-Syndrom, einfaches.

Frau. MdE 7 Tage 100 %. Trotz Differenzgeschwindigkeit unter 9 km/h sah das Gericht vorliegend einen Schmerzensgeldanspruch als begründet an. [vgl. zur sog. Harmlosigkeitsgrenze BGH NZV 2003, 167 mit Anmerkung von Slizyk in Beck'sche Schmerzensgeldtabelle 5. Auflage 2006 Kap. IV f. bb].

Betrag: 400 € **Haftung: 100 %**
immVorb: – **MdE: –**

LG Bonn 1.8.2002 – 6 S 408/00 = BeckRS 9998, 40239

6706

HWS-Syndrom mit der Folge von Schlafstörungen (behaupteten); zudem Brustkorbprellung mit leichtem Druckschmerz am lateralen Rippenbogen. „Nach den ärztlichen Befunden waren gravierende Anzeichen eines Traumas im Halswirbelbereich nicht festzustellen. Übelkeit, Schwindel, Kopfschmerzen und Erbrechen wurden ausdrücklich verneint", so das LG Frankfurt (Oder) in der Vorinstanz.

Frau. Ambulante Behandlung mittels Schmerzmittel und Physiotherapie. [Vorinstanz LG Frankfurt (Oder) BeckRS 2018, 51274].

Betrag: 400 € **Haftung: 100 %**
immVorb: – **MdE: –**

OLG Brandenburg 27.2.2020 – 12 U 86/18 = BeckRS 2020, 4941

5978

HWS-Syndrom, leichtes.

Mann. 4 Wochen lang „Schmerzen im Nacken und im Rücken" ohne Einnahme von Schmerzmitteln oder Medikamenten.

Betrag: 400 € **Haftung: 75 %**
immVorb: – **MdE: –**

AG Essen 14.3.2013 – 11 C 287/12 = BeckRS 2013, 7489

3470

HWS-Syndrom, einfaches mit Schulterschmerzen und Nackenschmerzen.

Frau. MdE 5 Tage 80 %; 6 Tage 40 % sowie 4 Wochen 20 %. Das AG orientierte sich „anhand vergleichbarer" Fälle und bewertete mindernd, dass zu keiner Zeit eine 100 %ige MdE vorlag.

Betrag: 400 € **Haftung: 100 %**
immVorb: – **MdE: –**

AG Freiburg 13.11.2001 – 2 C 2922/01 = BeckRS 2009, 14108

6362

HWS-Syndrom mit Kopfschmerzen.

Frau. Erstuntersuchung in Notaufnahme des örtlichen Krankenhauses. Ambulante Behandlung mit vier Terminen. Die Beeinträchtigungen dauerten 11 Tage.

Betrag: 400 € **Haftung: 75 %**
immVorb: – **MdE: –**

LG Gera 1.4.2009 – 1 S 165/08 = BeckRS 2011, 3408

6360

HWS-Syndrom, einfaches, mit „nicht übermäßig großen Beschwerden".

Mann. MdE 6 Tage 100 %. „Das Gericht geht daher davon aus, dass es zum Nachweis des Vorliegens einer HWS-Distorsion ausreicht, wenn eine erhöhte Wahrscheinlichkeit dafür spricht, dass die Verletzungen tatsächlich unfallbedingt vorgelegen haben. Dies ist jedoch hier der Fall", so das AG. „Es gibt keinen Erfahrungssatz dahingehend, dass ein Halswirbeltrauma erst ab bestimmter Differenzgeschwindigkeiten eintreten kann, sondern es ist jeweils auf den Einzelfall abzustellen".

Betrag: 400 € **Haftung: 100 %**
immVorb: – **MdE: –**

AG Hersbruck 9.7.2004 – 4 C 77/04 = BeckRS 9998, 5011

6359

HWS-Syndrom mit Zerrung der Hals- und Nackenmuskeln.

Frau. Ambulante Behandlung. MdE 19 Tage 100 %.

Betrag: 400 € **Haftung: 100 %**
immVorb: – **MdE: –**

AG Kleve 16.1.2004 – 5 S 160/03 = BeckRS 2004, 31163103

3190

HWS-Syndrom.

Frau. Es kam einer vorübergehenden Verschlimmerung der bereits vorhandenen degenerativen Veränderungen an der HWS mit nicht unerheblichen Beschwerden und nachhaltigen Beeinträchtigungen über einen Zeitraum von mindestens 6 Wochen. Das AG kam zum Ergebnis, dass auch unterhalb der Harmlosigkeitsgrenze, bei einer Differenzgeschwindigkeit von nur 6–8 km/h fühlbare HWS-Beschwerden hervorrufen können.

Betrag: 400 € **Haftung: 100 %**
immVorb: – **MdE: –**

AG Köln 5.5.2003 – 262 C 273/00 = NJW-LSK 2003, 460356

6539

HWS-Schleudertrauma sowie eine Stauchung der linken Hand und des linken Arms.

Mann. [Lesenswert zum Thema: Atypischer Auffahrunfall nach Machtspielen im Verkehr].

Betrag: 400 € **Haftung: 50 %**
immVorb: – **MdE: –**

LG Potsdam 14.5.2020 – 2 O 26/18 = BeckRS 2020, 8526

5448

HWS-Syndrom in Form einer HWS-Distorsion 1. Grades

Mann. MdE 1 Woche 100 %. Der Kläger behauptete, über die Dauer von vier Wochen starke Schmerzen gehabt zu haben, was er jedoch vor Gericht nicht plausibel darlegen konnte.

Betrag: 400 € **Haftung: 100 %**
immVorb: – **MdE: –**

LG Saarbrücken 6.3.2017 – 6 O 290/16 = unveröffentlicht

6361

HWS-Syndrom.

Mann. MdE 5 Tage 100 %. Der Kläger musste „über längere Zeit eine Halskrause tragen".

Betrag: 400 € **Haftung: 80 %**
immVorb: – **MdE: –**

OLG Saarbrücken 27.2.2007 – 4 U 470/06 = BeckRS 2008, 1338

6358

HWS-Syndrom in Form einer leichten Gefüge-Störung im Bereich der Halswirbelsäule.

41j. Frau. Ambulante Behandlung über eine Dauer von 90 Tagen. Für die Dauer von einer Woche musste eine Schanz'sche Krawatte getragen werden. Insgesamt 16 krankengymnastische Behandlungen wegen erheblicher Beschwerden. [Lesenswert zu den Anforderungen an den Beweis des Vorliegens einer HWS-Verletzung: „Seitens der

Gerichte wird bei der Überprüfung des Vorliegens der geltend gemachten Verletzungen im Übrigen zu berücksichtigen sein, dass die Geltendmachung solcher Verletzungen auch für den Geschädigten mit einem nicht unerheblichen Aufwand verbunden ist, den erfahrungsgemäß nicht jeder Simulant auf sich zu nehmen bereit ist. Wer einen Schadensersatzanspruch wegen eines HWS-Schleudertraumas geltend machen will, muss im Regelfall einen Arzt aufsuchen, evtl. Tage oder Wochen eine Schanz'sche Krawatte tragen (ein erhebender Anblick für Dritte und eine Einschränkung der Bewegungsfreiheit für den Träger) und zB Massagen bzw. krankengymnastische Übungen an und mit sich durchführen lassen. Es mag sein, dass im Einzelfall Personen, die sonst nichts zu tun haben, in Hinblick auf ein zu erwartendes Schmerzensgeld grundlos Stunden in Wartezimmern verbringen, mit Freude den Ärzten Schmerzen so vorsimulieren, dass die Simulation nicht erkannt wird und dann noch 10 oder 15 Mal einen Krankengymnasten aufsuchen, um dort Übungen zu absolvieren, obwohl man sich völlig gesund fühlt. Ein solches Verhalten entspricht aber nach Überzeugung des Gerichts nicht dem Verhalten des normalen Durchschnittsbürgers"].

Betrag: 400 € **Haftung: 100 %**
immVorb: – **MdE: –**

AG Titisee-Neustadt 20.1.2003 – 11 C 125/02 = BeckRS 2003, 7425

2837

HWS-Syndrom.

Mann. MdE 9 Tage 100 %; es musste eine Schanz'sche Krawatte getragen werden.

Betrag: 409 € **Haftung: 100 %**
immVorb: – **MdE: –**

AG Cuxhaven 10.10.1997 – 5 C 506/97 = BeckRS 1997, 127040

3598

HWS-Syndrom, Brustkorbprellung, Kopfschmerzen sowie ein „Kribbelgefühl" im rechten Bein.

Frau. MdE 10 Tage 100 % sowie weitere 15 Tage 10 %. 4 ambulante Behandlungen. Folgenlose Verheilung.

Betrag: 409 € **Haftung: 100 %**
immVorb: – **MdE: –**

AG Duisburg 4.11.2002 – 52 C 3615/02 = unveröffentlicht

3283

HWS-Syndrom 1.Grades „mit den üblichen damit verbundenen Beeinträchtigungen", so das AG.

Mann. Trotz nur geringer Differenzgeschwindigkeit [unterhalb der Harmlosigkeitsgrenze] von 5–6 km/h sah das Gericht die Ursächlichkeit gegeben und verwies ua auf einen bestehenden Vorschaden des Klägers.

Betrag: 409 € **Haftung: 100 %**
immVorb: – **MdE: –**

AG Köln 28.5.2001 – 262 C 381/99 = BeckRS 2001, 161806

4878

HWS-Syndrom 1. Grades.

Mann. Ambulante Heilbehandlung während der Dauer von gut einer Woche. Folgenlose Verheilung.

Betrag: 450 € **Haftung: 100 %**
immVorb: – **MdE: –**

LG Hildesheim 17.9.2013 – 3 O 304/12 = BeckRS 2013, 201075

6868

HWS-Syndrom.

Frau. 1 Woche stationär. Anschließend bestanden noch für einige Wochen leichte Beschwerden. [Lesenswert zu: Mithaftung des Vorfahrtberechtigten bei Kollision im Kreuzungsbereich unmittelbar nach automatischer Abschaltung der Lichtsignalanlage; Beklagter haftet nur in Höhe der Betriebsgefahr seines Kfz].

Betrag: 450 € **Haftung: 25 %**
immVorb: – **MdE: –**

LG Itzehoe 24.11.2020 – 3 O 178/19 = BeckRS 2020, 32803

5166

HWS-Syndrom, leichtes

Frau. Ambulante Heilbehandlung. MdE 21 Tage 100 % sowie 40 Tage 50 %.

Betrag: 450 € **Haftung: 75 %**
immVorb: – **MdE: –**

OLG Koblenz 14.4.2014 – 12 U 865/13 = BeckRS 2014, 14504

5327

HWS-Syndrom (hier: leichtes HWS-Schleudertrauma Grad I nach Erdmann bzw. Grad 1 nach Quebec Task Force).

Frau. Das OLG ging zwar vorliegend von keiner Haftung des Beklagten aus, kommentierte jedoch die vom LG zum vorgerichtlich geleisteten Schmerzensgeld in Höhe von 450 EUR angenommene Haftungsbeurteilung wie folgt: „Selbst unterstellt, der Beklagte zu 1) hätte durch das Auffahren bei der Klägerin tatsächlich ein HWS-Schleudertrauma verursacht", … wäre „für ein darüber hinausgehendes Schmerzensgeld … erst recht kein Raum". [Lesenswert zum Thema Kettenauffahrunfall].

Betrag: 450 € **Haftung: 100 %**
immVorb: – **MdE: –**

OLG München 12.5.2017 – 10 U 748/16 = BeckRS 2017, 109598

4311

HWS-Syndrom sowie LWS-Syndrom.

Mann. Ambulante Heilbehandlung. MdE 2 Wochen 50 % sowie weitere 6 Wochen 20 %.

Betrag: 500 € **Haftung: 100 %**
immVorb: – **MdE: –**

AG Ingolstadt 14.11.2006 – 10 C 1336/06 = unveröffentlicht

6051

HWS-Syndrom und Brustbeinprellung.

Mann. Die „unfallnahen Verletzungen [waren] in üblichen Zeiträumen ausgeheilt", so das AG.

Betrag: 500 € **Haftung: 100 %**
immVorb: – **MdE: –**

AG Bergheim 10.4.2012 – 21 C 227/10 = BeckRS 2015, 13014

4264

HWS-Syndrom mit nachfolgendem Bandscheibenvorfall im Bereich der HWS C5/C6, der jedoch vom KG nicht als unfallursächlich sondern als schicksalhafte Entwicklung gewertet wurde.

Mann. MdE 7 Tage 100 % sowie weitere 14 Tage 30 %. [Anmerkung: Das KG lehnte ein höheres Schmerzensgeld wegen der vorgetragenen Bandscheibenverletzung ab und führte aus: „Die nach § 287 ZPO erforderliche erhebliche Wahrscheinlichkeit der Unfallursächlichkeit der Verletzung kann dann nicht festgestellt werden, wenn die ernsthafte Möglichkeit besteht, dass sich die Beschwerden schicksalhaft entwickelt haben; in einem solchen Fall reicht allein die zeitliche Nähe zwischen Unfall und Entstehung der Beschwerden nicht aus.“, so das KG].

Betrag: 500 € **Haftung: 100 %**
immVorb: – **MdE: –**

KG 3.12.2009 – 12 U 232/08 = BeckRS 2010, 8927

6708

HWS-Syndrom und Schulterprellung mit „Schmerzen im Halswirbelbereich und der linken Schulter“. „Nach den ärztlichen Befunden waren gravierende Anzeichen eines Traumas im Halswirbelbereich nicht festzustellen. Übelkeit, Schwindel, Kopfschmerzen und Erbrechen wurden ausdrücklich verneint“, so das LG Frankfurt (Oder) in der Vorinstanz.

Mann. Ambulante Behandlung mittels Schmerzmittel und Physiotherapie. [Vorinstanz LG Frankfurt (Oder) BeckRS 2018, 51274].

Betrag: 500 € **Haftung: 100 %**
immVorb: – **MdE: –**

OLG Brandenburg 27.2.2020 – 12 U 86/18 = BeckRS 2020, 4941

3713

HWS-Syndrom. Der Kläger trug vor, während eines Zeitraumes von 14 Tagen Schmerzemittel genommen zu haben.

Mann. Der Kläger forderte 1.200 Euro mit der Begründung der 14tägigen Schmerzmitteleinnahme. Das AG sah 500 Euro für angemessen aber auch ausreichend.

Betrag: 500 € **Haftung: 100 %**
immVorb: – **MdE: –**

AG Bruchsal 27.7.2007 – 6 C 45/07 = BeckRS 2007, 12620

6364

HWS-Syndrom und Prellungen.

Mann. Nach 21 Tagen waren die Beschwerden abgeklungen.

Betrag: 500 € **Haftung: 40 %**
immVorb: – **MdE: –**

OLG Celle 26.2.2004 – 14 U 200/03 = BeckRS 2004, 5851

4880

HWS-Syndrom (hier: „Distorsion der Halswirbelsäule, die mit schlimmen Schmerzen im Nackenbereich und einem entsprechenden Hartspann verbunden war“, so das AG) sowie Schock.

Mann. 1 Tag stationär. „In den nachfolgenden Tagen hatte der Kläger erhebliche Schmerzen. Er konnte nicht ohne erhebliche Schmerzen den Kopf drehen. Die Beeinträchtigungen waren erst nach einem Zeitraum von zwei Wochen vollständig abgeklungen“, so das AG.

Betrag: 500 € **Haftung: 30 %**
immVorb: – **MdE: –**

AG Düsseldorf 23.4.2014 – 30 C 633/13 = BeckRS 2014, 9775

7847

HWS-Distorsion 1. Grades, die das Gericht als „eine einfache HWS-Distorsion“ bezeichnete.

Frau. Ambulante Behandlung. Für die Dauer von 14 Tagen musste sie eine sog. Halskrawatte (Schanzsche Krawatte) tragen und war 67 Tage arbeitsunfähig erkrankt. Bezüglich der von der Klägerin geforderten 4.000 bis 5.000 EUR verwies das AG darauf, dass es sich insofern bezüglich der vorgetragenen Verletzungen „offensichtlich um eine unfallunabhängige Vorerkrankung“ gehandelt habe.

Betrag: 500 € **Haftung: 100 %**
immVorb: – **MdE: –**

AG Euskirchen 11.1.2022 – 27 C 146/20 = BeckRS 2022, 56422

4156

HWS-Syndrom, leichtes (schmerzhafte Verspannungen der HWS).

Mann. MdE 2 Wochen 100 %. Während dieser Zeit Physiotherapie. Zudem musste eine Schanz'sche Krawatte getragen werden.

Betrag: 500 € **Haftung: 100 %**
immVorb: – **MdE: –**

AG Hamburg-Harburg 28.1.2009 – 647 C 49/07 = BeckRS 2009, 139961

3472

HWS-Syndrom.

40j. Frau. Die Klägerin begehrte ein Schmerzensgeld von 10.000 Euro mit der Begründung, sie habe zudem einen Bandscheibenvorfall erlitten. Ein Kausalzusammenhang zwischen dem Unfall und dieser Verletzung konnte jedoch nicht nachgewiesen werden.

Betrag: 500 € **Haftung: 100 %**
immVorb: – **MdE: –**

OLG Hamm 23.8.2000 – 13 U 186/99 = BeckRS 2000, 30128215

4310

HWS-Syndrom mit Nackenschmerzend und Kopfschmerzhaftigkeit sowie Schulterverletzung (hier: Schulterprellung).

Mann. Ambulante Heilbehandlung. MdE 12 Tage 100 %.

Betrag: 500 € **Haftung: 100 %**
immVorb: – **MdE: –**

AG Heinsberg 24.4.2007 – 18 C 156/06 = BeckRS 2007, 145521

3765

HWS-Syndrom

Mann. 5 Wochen ambulante Heilbehandlung. Folgenlose Verheilung. [Anmerkung: Zur Harmlosigkeitsgrenze vgl. ua NZV 2008, 113 Aufsatz von Dr. Mazzotti und Prof. Dr. Ca.stro].

Betrag: 500 € **Haftung: 100 %**
immVorb: – **MdE: –**

LG Itzehoe 18.3.2004 – 4 S 143/02 = BeckRS 2004, 153795

4314

HWS-Syndrom, in Form einer HWS-Zerrung mit Kopfschmerzen, Schwindelgefühl und Unwohlsein.

Frau. Ambulante Heilbehandlung. Für die Dauer von 14 Tagen musste eine sog. Schanz'sche Krawatte getragen werden. Nach insgesamt 2 Monaten war die Klägerin wieder vollständig genesen.

Betrag: 500 € **Haftung: 100 %**
immVorb: – **MdE: –**

OLG Karlsruhe 17.2.2006 – 10 U 66/04 = BeckRS 2006, 138050

4857

HWS-Syndrom in Form von „Muskelhartspann mit Druckschmerz".

Mann (Polizeibeamter). Dieser war vom Beklagten mit dessen PKW gerammt worden, als er mit seinem Polizeiwagen den Beklagten aufhalten wollte. Das AG wies die Klage ab, da der Kläger den Nachweis einer unfallkausalen Körperverletzung nicht erbracht habe. Die Berufung war erfolgreich. Das LG führte aus, es müsse zwischen der haftungsbegründenden Kausalität durch eine Primärverletzung und der haftungsausfüllenden Kausalität zur Ermittlung des Kausalzusammenhangs zudem sei auch die Sitzposition entscheidend. Suchwort: Provozierter Unfall). [Paralellfundstellen: FD-StrVR 2015, 366250, NJW-RR 2015, 476].

Betrag: 500 € **Haftung: 100 %**
immVorb: – **MdE: –**

LG Koblenz 9.12.2014 – 6 S 274/14 = BeckRS 2014, 23618

4312

HWS-Syndrom, leicht bis mittelschwer mit erheblicher Nackenverspannung.

Frau. 4 ambulante Heilbehandlungen. Bewegungseinschränkung und Schmerzen beim Drehen des Kopfes. Folgenlose Verheilung nach 5 Wochen.

Betrag: 500 € **Haftung: 100 %**
immVorb: – **MdE: –**

AG Landstuhl 22.12.2006 – 2 C 314/05 = BeckRS 2007, 1692

3763

HWS-Syndrom 1. Grades.

Frau. Ambulante Behandlung. MdE 4 Tage 100 % 23 Tage 50 %. Während der MdE musste eine Schanz'sche Krawatte getragen werden. Die Kl. begehrte ein höheres Schmerzensgeld.

Betrag: 500 € **Haftung: 100 %**
immVorb: – **MdE: –**

AG Ludwigsburg 17.1.2002 – 10 C 2544/00 = unveröffentlicht

4882

HWS-Syndrom 1. Grades sowie Schädelprellung.

Frau. Ambulante Heilbehandlung. Folgenlose Verheilung nach kurzer Dauer.

Betrag: 500 € **Haftung: 100 %**
immVorb: – **MdE: –**

LG Mannheim 20.9.2013 – 8 O 82/12 = unveröffentlicht

3310

HWS-Syndrom sowie Prellungen; ein Schulter-Arm-Syndrom und Rückenschmerzen.

Frau. MdE 3 Wochen 100 %; 5 Tage Schanz'sche Krawatte sowie „über einen Zeitraum von 3 Monaten erhebliche Schmerzen und Beeinträchtigungen". Das AG widersprach unter Berufung auf BGH DAR 2003, 218 Urteil vom 28.1.2003 der Auffassung der Bekl., wonach vorliegend die Harmlosigkeitsgrenze (geringe Differenzgeschwindigkeit) gegen einen Schmerzensgeldanspruch stünde.

Betrag: 500 € **Haftung: 100 %**
immVorb: – **MdE: –**

AG Marburg 10.10.2003 – 9 C 45/02 = unveröffentlicht

7306

HWS-Syndrom 2. Grades nach QTF und multiple Prellungen.

76j. Mann. „Bis zu drei Monate lang Beschwerden". Bei der Bemessung berücksichtigte das OLG auch die Regulierungsverzögerung.

Betrag: 500 € **Haftung: 40 %**
immVorb: – **MdE: –**

OLG München 11.5.2022 – 10 U 2165/21 = BeckRS 2022, 11748

7851

HWS-Distorsion mit „Hartspann des Trapezmuskels beiderseits" und schmerzhaft eingeschränkte HWS-Beweglichkeit schmerzhaft bei zugleich schmerzfreier passiver Bewegung. Zudem erlitt die Klägerin Prellung.

Frau. Ambulante Behandlung. 17 Tage arbeitsunfähig. Die gesundheitlichen Beeinträchtigungen, waren nicht schwerwiegend und verheilten in der Folge vollständig, so das AG.

Betrag: 500 € **Haftung: 100 %**
immVorb: – **MdE: –**

AG Recklinghausen 25.2.2022 – 16 C 21/20 = BeckRS 2022, 56421

6732

HWS-Distorsion und Prellungen (Hier: Brustbeinprellung und Bauchprellung).

Mann. Ambulante Behandlung. MdE 7 Tage 100 %. [Ursache: Parkhausunfall – siehe dazu auch LG Saarbrücken BeckRS 2020, 36969].

Betrag: 500 € **Haftung: 50 %**
immVorb: – **MdE: –**

LG Saarbrücken 13.9.2019 – 13 S 115/19 = BeckRS 2019, 54833

3229

HWS-Syndrom mit „Druckschmerzhaftigkeit im Bereich des Nackens" sowie Rückenschmerzen und Schulterschmerzen.

Frau. 4 Tage krankgeschrieben.

Betrag: 500 € **Haftung: 100 %**
immVorb: – **MdE: –**

OLG Saarbrücken 16.12.2003 – 3 U 144/03 = BeckRS 2005, 369

3460

HWS-Syndrom, einfaches

Frau. MdE 4 Tage 100 %.

Betrag: 500 € **Haftung: 100 %**
immVorb: – **MdE: –**

OLG Saarbrücken 16.12.2003 – 3 U 144/03 = BeckRS 2005, 369

5447

HWS-Syndrom in Form einer HWS-Distorsion 1. Grades und einer leichten Unterarmprellung links.

Mann. MdE 10 Tage 100 %. 3 Wochen ambulante Heilbehandlung mit insgesamt drei ärztlichen Terminen.

Betrag: 500 € **Haftung: 100 %**
immVorb: – **MdE: –**

AG Saarlouis 27.3.2017 – 28 C 1825/16 = unveröffentlicht

3764

HWS-Syndrom.

Mann. Ambulante Heilbehandlung. MdE 4 Tage 100 %. Erhöhend (+ 200 Euro) wertete das AG die Tatsache, dass der Beklagte zum Unfallzeitpunkt wegen Trunkenheit völlig fahruntüchtig war.

Betrag: 500 € **Haftung: 100 %**
immVorb: – **MdE: –**

AG Stralsund 28.1.2004 – 6 C 803/03 = unveröffentlicht

5510

HWS-Distorsion 1.Grades

Mann. Ambulante Heilbehandlung. MdE 5 Tage 100 %.

Betrag: 500 € **Haftung: 100 %**
immVorb: – **MdE: –**

AG Trier 23.6.2017 – 32 C 13/16 = unveröffentlicht

5492

HWS-Syndrom in Form einer HWS-Distorsion 1. Grades mit Kopfschmerzen und massivem paravertebralem Hartspann beidseitig.

Frau (Krankenpflegerin). Ambulante Heilbehandlung. MdE „7 – 8 Tage". Schmerzensgelderhöhend berücksichtigte das AG, „dass die Beklagte ohne Anlass der Klägerin im Rahmen ihrer beruflichen Tätigkeit als Krankenpflegerin im Krankenhaus geschubst / gestoßen" und dadurch verletzt hat. Das AG orientierte sich dabei ua an der Entscheidung des LG Saarbrücken → Nr. 5448. Vorsätzliche Körperverletzung.

Betrag: 500 € **Haftung: 100 %**
immVorb: – **MdE: –**

AG Westerstede 29.3.2019 – 27 C 601/17 = unveröffentlicht

7303

HWS-Distorsion mit Schwindelsymptomatik und einer nur langsamen Verbesserung. Schmerzsymptomatik, insbesondere Schmerzen im Nackenbereich, während der Dauer von zwei Monaten mit zeitweiser Einnahme eines Schmerzmittels in wechselnder Dosierung. Zudem erlitt die Klägerin eine beids. Knieprellung.

Frau. Ambulante Heilbehandlung mit MRT-Untersuchungen von HWS, BWS und Schädel sowie Physiotherapie, bestehend aus 48 Behandlungsterminen. MdE 15 Tage 100 % sowie weitere 18 Tage „zu einem gegebenenfalls geringeren Prozentsatz arbeitsunfähig", so das AG. [Anmerkung: Die Klägerin hatte 4.000 EUR gefordert. Dazu merkte das AG an: „Aufgrund der Tatsache, dass nach diesem Zeitraum die Beschwerden glücklicherweise vollständig und ohne die Gefahr einer dauerhaften massiven Beeinträchtigung verschwunden sind, war das von der Klägerin beantragte Schmerzensgeld von 4.000 EUR nicht zuzuerkennen."].

Betrag: 2.500 € **Haftung: 100 %**
immVorb: – **MdE: –**

AG Salzgitter 4.10.2023 – 21 C 1049/22 = BeckRS 2023, 29151

c) HWS 501 – 1.000 EUR

5660

HWS-Syndrom

Mann. Stationäre Behandlung nach Verbringung mit einem Rettungswagen. Folgenlose Verheilung.

Betrag: 511 € **Haftung: 100 %**
immVorb: – **MdE: –**

AG Aachen 16.8.1999 – 9 C 315/98 = BeckRS 1999, 158369

2923

HWS-Syndrom mit „erheblichen Nackenschmerzen" und Unfallschock.

Mann. 12 Tage arbeitsunfähig; in diesem Zeitraum musste eine Schanz'sche Krawatte getragen werden.

Betrag: 511 € **Haftung: 100 %**
immVorb: – **MdE: –**

AG Bergisch Gladbach 1.8.2001 – 69 C 34/01 = unveröffentlicht

2951

HWS-Syndrom sowie Prellungen (Schulterprellung und Ellenbogenprellung).

Frau, schwangere (Frühschwangerschaft). MdE 18 Tage 100 %, währenddessen wurde eine Schanz'sche Krawatte getragen. Keine Schmerzmittel wegen Schwangerschaft.

Betrag: 511 € **Haftung: 100 %**
immVorb: – **MdE: –**

KG 21.6.2001 – 12 U 1147 = NZV 2002, 79

2991

HWS-Syndrom (hier: HWS-Distorsion) mit Prellungen (Schulterprellung, Ellenbogenprellung) bei bestehender Frühschwangerschaft.

Frau. 1 Tag stationär. MdE 18 Tage 100 %. Wegen Schwangerschaft konnten keine Schmerzmittel eingenommen werden. Zudem Besorgnis bzgl. Schwangerschaftsbeeinträchtigung.

Betrag: 511 € **Haftung: 100 %**
immVorb: – **MdE: –**

KG 21.6.2001 – 12 U 1147/00 = BeckRS 2001, 30188045

3133

HWS-Syndrom „leichteren bis mittelschweren Grades" (Hyperextensionstrauma).

Mann. MdE 5 Tage 100 %. Vorschaden: HWS erheblich vorgeschädigt. Diese Tatsache und die daraus folgende Verschlimmerung des unfallbedingten Leidens [vorschadenbedingte längere Beeinträchtigung] wertete das AG schmerzensgelderhöhend.

Betrag: 511 € **Haftung: 100 %**
immVorb: – **MdE: –**

LG Essen 12.12.2000 – 12 O 351/99 = BeckRS 2000, 168065

2924

HWS-Syndrom inform eines „Abknicktraumas" bei degenerativ vorbelasteter HWS.

Mann. MdE 6 Wochen 100 % und weitere 6 Wochen zu 20 %.

Betrag: 511 € **Haftung: 100 %**
immVorb: – **MdE: –**

OLG Hamm 14.5.2001 – 6 U 250/00 = BeckRS 2007, 14460

3279

HWS-Syndrom, einfaches.

Frau. Sie wurde zur Notfallversorgung in ein Krankenhaus gebracht.

Betrag: 511 € **Haftung: 100 %**
immVorb: – **MdE: –**

OLG Hamm 24.10.2000 – 9 U 39/00 = BeckRS 2009, 19146

2610

HWS-Syndrom mit Schulterschmerzen und Nackenschmerzen; zudem Schlafstörungen für die Dauer von 3 Monaten.

Frau. 2 ambulante Behandlungen. 2 1/2 Wochen Schmerzen. Laut AG „glaubhafte" Schlafstörungen.

Betrag: 511 € **Haftung: 100 %**
immVorb: – **MdE: –**

AG Heilbronn 11.2.1998 – 15 C 6037/97 = BeckRS 1998, 153661

2961

HWS-Syndrom und Ellenbogenprellung.

Mann (Arbeiter). Nach eigenen unbewiesenen Angaben 14 Tage arbeitsunfähig.

Betrag: 511 € **Haftung: 100 %**
immVorb: – **MdE: –**

LG Köln 14.8.2001 – 3 O 399/99 = BeckRS 2001, 161959

2884

HWS-Syndrom und Gehirnerschütterung sowie eine „pathologische Muskelspannung in der Nackenregion". Die HWS-Beweglichkeit war bei Rechtsdrehung eingeschränkt.

Mann. „Auch bei anstoßbedingten Geschwindigkeitsänderungen unter 10 km/h (geringe Differenzgeschwindigkeit) kann eine HWS-Distorsion eingetreten sein", so das AG.

Betrag: 511 € **Haftung: 100 %**
immVorb: – **MdE: –**

AG Ludwigshafen 19.7.2001 – 2 EC 169/01 = BeckRS 2001, 11628

3074

HWS-Syndrom 1.Grades ohne röntgologisch nachweisbare Verletzungen. Enggradige Bewegungseinschränkung und Bewegungsschmerzen.

Mann (Handwerker). 12 Tage arbeitsunfähig.

Betrag: 511 € **Haftung: 100 %**
immVorb: – **MdE: –**

LG Neuruppin 12.1.2001 – 4 S 230/00 = unveröffentlicht

2904

HWS-Syndrom bei „bereits vorgeschädigter" Wirbelsäule, bei welcher bereits „kleinste Belastungen" … „zum Auslösen" von neuen Beschwerden genügen.

Frau. Vorschaden: Wirbelsäulenschaden. Daher trotz geringer Differenzgeschwindigkeit hier Schmerzensgeldzuspruch bzgl. der „vorübergehenden Verschlimmerung".

Betrag: 511 € **Haftung: 100 %**
immVorb: – **MdE: –**

AG Soest 15.8.2001 – 13 C 174/01 = unveröffentlicht

4070

HWS-Syndrom, leichtester Art

Mann. MdE 14 Tage (ohne nähere Angaben).

Betrag: 511 € **Haftung: 100 %**
immVorb: – **MdE: –**

AG Wiesbaden 15.8.2000 – 91 C 3822/99 = unveröffentlicht

4071

HWS-Syndrom

Mann (Agenturleiter). MdE 2 Wochen 100 %. Überdurchschnittliches Verschulden des Beklagten wegen Trunkenheit am Steuer.

Betrag: 562 € **Haftung: 100 %**
immVorb: – **MdE: –**

AG Köln 19.4.2001 – 268 C 136/00 = BeckRS 2001, 161808

3461

HWS-Syndrom, leichtes.

Mann. 3 ambulante Behandlungen. MdE 2 Wochen 100 % in dieser Zeit wurde eine Schanz'sche Krawatte getragen [Anmerkung: Das AG ging – trotz einer geringe Differenzgeschwindigkeit von „deutlich unter 5 km/h" – von einer nachgewiesenen Verletzung aus, da der Kl. im Moment des Aufpralls in einer Rotationsbewegung gewesen sei. Vgl. auch unter Harmlosigkeitsgrenze; vgl. hierzu auch BGH NZV 2003, 167 mit Anmerkung von Slizyk in Beck'sche Schmerzensgeldtabelle 5. Auflage 2006 Kap. IV f. bb].].

Betrag: 600 € **Haftung: 100 %**
immVorb: – **MdE: –**

AG Aschaffenburg 29.9.2000 – 19 C 2619/98 = BeckRS 2000, 167935

3462

HWS-Syndrom 2.Grades

Frau. Schanz'sche Krawatte wurde über gut 3 Wochen getragen.

Betrag: 600 € **Haftung: 100 %**
immVorb: – **MdE: –**

AG Bremen 27.9.2002 – 7 C 173/2002 = BeckRS 2002, 8246

5689

HWS-Syndrom (hier: HWS-Distorsion 2. Grades mit Beeinträchtigung eines Halswirbelkörpers mit Bewegungseinschränkungen der HWS).

Frau. Ambulante Heilbehandlung und tragen einer Schanzschen Krawatte bzw. Halskrause für die Dauer von ca. 25 Tagen und Einnahme von Diclofenac 100. MdE „mindestens 3 Tage" 100 %. [Lesenswert zur immer wieder streitgegenständlichen Frage, ob es zu HWS-Verletzungen bei nur geringer Differenzgeschwindigkeit kommen kann. Hierzu führte das AG zutreffend aus: „Das Gericht schließt sich aufgrund der berechtigten Zweifel an einer so genannten Harmlosigkeitsgrenze der Ansicht ua des LG Landau (NZV 2002, 121) an, welches der Überzeugung ist, dass keinesfalls wissenschaftlich hinreichend abgesichert ist, dass geringere Differenzgeschwindigkeiten dem Nachweis einer HWS-Verletzung im konkreten Einzelfall von vornherein entgegenstehen. Es ist im Gegenteil der Ansicht, dass eine pauschale Betrachtungsweise abzulehnen ist und es vielmehr einer Einzelfallbetrachtung sowohl auch und gerade bezüglich der haftungsbegründenden Kausalität unter Einbeziehung aller relevanten Umstände bedarf"].

Betrag: 600 € **Haftung: 100 %**
immVorb: – **MdE: –**

AG Bremen 27.9.2002 – 7 C 173/02 = BeckRS 2002, 8246

6370

HWS-Syndrom mit „Schmerzen im Nacken- und Schulterbereich und zunächst auch … Kopfschmerzen", so das OLG.

23j. Mann. Die Beschwerden waren nicht sehr gravierend und sind ohne weitere Behandlungsnotwendigkeit abgeklungen. Dennoch wurde eine MdE 22 Tage 100 % attestiert.

Betrag: 600 € **Haftung: 100 %**
immVorb: – **MdE: –**

OLG Düsseldorf 7.4.2003 – 1 U 169/02 = BeckRS 2003, 30314989

6085

HWS-Syndrom in Form einer HWS-Distorsion. Prellungen: Unterschenkelprellungen mit Blutergüssen beidseitig.

Frau. Ambulante Behandlung mit Schmerzmitteln und Salben. Insgesamt ca. 42 Tage andauernde Beschwerden. MdE 2 Tage 100 %.

Betrag: 600 € **Haftung: 100 %**
immVorb: – **MdE: –**

AG Frankenthal 3.12.2015 – 3a C 206/15 = BeckRS 2016, 2769

4981

HWS-Syndrom.

Frau. Die Klägerin litt mehrere Tage unter Schwindel und Übelkeit sowie für 4 Wochen unter Kopfschmerzen, Schlafstörungen mit Nachtschweiß und Bewegungsbeeinträchtigungen im Bereich der Halswirbelsäule sowie Muskelverhärtung. [Anmerkung: Das OLG sah die außergerichtlich gezahlten 600 EUR Schmerzensgeld als bereits an der absoluten Obergrenze des für vergleichbare Fälle zuzusprechenden an und wies daher die auf ein höheres Schmerzensgeld gerichtete Klage ab.]

Betrag: 600 € **Haftung: 50 %**
immVorb: – **MdE: –**

OLG Koblenz 16.3.2015 – 12 U 1010/14 = BeckRS 2015, 6246

3230

HWS-Syndrom.

Mann. MdE 2 Wochen 100 %. Es musste eine Schanz'sche Krawatte getragen werden; zudem erfolgten eine physikalische sowie eine Schmerztherapie.

Betrag: 600 € **Haftung: 100 %**
immVorb: – **MdE: –**

OLG Köln 5.12.2003 – 19 U 85/03 = BeckRS 2004, 3500

7277

HWS-Distorsion und „eine akute Belastungsreaktion".

Mann. Ambulante Heilbehandlung. MdE 12 Tage 100 %. [Lesenswert zum Thema des „berührungslosen Verkehrsunfalls" und den „Voraussetzung für die Zurechnung des Betriebs eines Kraftfahrzeugs zu einem schädigenden Ereignis". Zum „berührungslosen Unfall" siehe auch OLG Celle BeckRS 2023, 36140].

Betrag: 600 € **Haftung: 100 %**
immVorb: – **MdE: –**

OLG München 6.10.2021 – 10 U 1012/19 = BeckRS 2021, 33288

6295

HWS-Syndrom ohne nähere Angaben zur Schwere der Verletzung.

Mann. MdE 2 Wochen (ohne nähere Ausführungen). Das LG führte zur Bemessung aus: „Vorliegend ist von einer attestierten unfallbedingten Beeinträchtigung der Arbeitsfähigkeit von 2 Wochen auszugehen. Diesbezüglich legt die Kammer bei leichteren HWS-Verletzungen in ständiger Rechtsprechung ein Schmerzensgeld von regelmäßig 300 EUR pro Woche zugrunde …. Angesichts der aus ärztlicher Sicht ausweislich des Befundberichts … für erforderlich gehaltenen Medikation und unter Berücksichtigung der vonKlägerseite geschilderten Schmerzen trägt ein Betrag von insgesamt 600 EUR Art und Umfang der erlittenen Verletzung ausreichend und angemessen Rechnung".

Betrag: 600 € **Haftung: 100 %**
immVorb: – **MdE: –**

LG Saarbrücken 30.12.2019 – 13 S 168/19 = BeckRS 2019, 33527

4074

HWS-Syndrom, leichtester Art

Mann. [Anmerkung: Das OLG befasste sich eingehend mit der Frage des Nachweises im Sinne von § 286 ZPO und kam zum Ergebnis, dass es im Anwendungsbereich dieser Norm auch dann „keinen durchgreifenden Bedenken" begegnet, wenn das Gericht im Fall des Nichtausreichens des medizinisch-technischen Erfahrungswissens die volle Überzeugung von der Wahrheit der zu beweisenden Tatsache insbesondere aus der Glaubhaftigkeit und Plausibilität des Klägervortrages herleitet.]

Betrag: 600 € **Haftung: 100 %**
immVorb: – **MdE: –**

OLG Saarbrücken 8.6.2010 – 4 U 468/09 = BeckRS 2010, 16905

5871

HWS-Syndrom 1. Grades, die das OLG als „leichtgradige HWS-Verletzung, die nach 8 Wochen ausgeheilt war", bezeichnet hatte.

43j. Frau. Ambulante Heilbehandlung. MdE 7 Tage 100 %.

Betrag: 600 € **Haftung: 100 %**
immVorb: – **MdE: –**

OLG Saarbrücken 8.6.2010 – 4 U 468/09-134 = BeckRS 2010, 16905

2612

HWS-Syndrom mit Prellungen.

Mann. „Einige Tage, max. 2–3 Wochen" andauernde Beeinträchtigungen.

Betrag: 614 € **Haftung: 100 %**
immVorb: – **MdE: –**

AG Friedberg 17.10.1997 – C 2040/96 = BeckRS 1997, 127056

2769

HWS-Syndrom und Prellungen (hier: Schulterprellung).

Frau. Selbst bei Differenzgeschwindigkeiten „von 4 km/h können Verletzungen nach dem gegenwärtigen Stand der Wissenschaft nicht ausgeschlossen werden", argumentierte das AG.

Betrag: 614 € **Haftung: 100 %**
immVorb: – **MdE: –**

AG Rastatt 2.12.1999 – 1 C 127/98 = BeckRS 1999, 31163030

2609

HWS-Syndrom, die das Gericht als „relativ geringfügige Verletzung, die nicht einmal das Tragen einer Schanzschen Krawatte erforderlich machte", bezeichnete.

30j. Frau (Lehrerin). MdE 4 Tage 100 %, 19 Tage 50 %. Erhöhend: Urlaubsbeeinträchtigung, der Unfall geschah in den Sommerferien.

Betrag: 639 € **Haftung: 100 %**
immVorb: – **MdE: –**

AG Hannover 20.3.1998 – 508 C 7828/97 = BeckRS 1998, 153658

4091

HWS-Syndrom (hier: Einfache HWS-Distorsion mit verspannungsbedingter Bewegungseinschränkung).

Mann (Rentner). MdE 12 Tage 100 %. Ambulante Heilbehandlung.

Betrag: 650 € **Haftung: 100 %**
immVorb: – **MdE: –**

AG Bühl 4.12.2009 – 7 C 232/08 = BeckRS 2010, 6769

3767

HWS-Syndrom

Frau (Friseurin). 12 Tage ambulante Heilbehandlung. MdE in dieser Zeit 100 %. Es musste eine Schanz'sche Krawatte getragen werden. Die Kl. war als Friseurin wegen der besonderen körperlichen Beanspruchung im Schulter / Nackenbereich besonders belastet. [Zur Harmlosigkeitsgrenze / orthopädischen Fragen zum HWS Syndrom vgl. NZV 2008, 113].

Betrag: 650 € **Haftung: 75 %**
immVorb: – **MdE: –**

AG Dresden 19.4.2005 – 104 C 2653/04 = unveröffentlicht

7307

HWS-Syndrom, behauptetes.

Mann (über 50j. Mann). Der Kl. war nach dem Unfall ca. neun Monate lang krankgeschrieben. Schmerzensgeld von 650 Euro bei nicht feststehender HWS-Distorsion. Das LG hatte dazu in erster Instanz ausgeführt: „Der Kl. habe unfallkausale Verletzungen, die ein über die geleisteten 650 Euro hinausgehendes Schmerzensgeld rechtfertigten, nicht zur Überzeugung des Gerichts darlegen können; er sei beweisfällig geblieben. Dies ergebe sich aus dem eingeholten Sachverständigengutachten. Nach dessen Ergebnis habe der Kl. bei dem Unfall mit an Sicherheit grenzender Wahrscheinlichkeit keine HWS-Distorsion und keine Schultergelenksbeschwerden und mit nicht ausreichender Wahrscheinlichkeit eine Thoraxprellung erlitten. Bei einer anzunehmenden kollisionsbedingten Geschwindigkeitsänderung zwischen 14,2 und 16,4 km/h sei allenfalls im oberen Grenzbereich eine Verletzungsmöglichkeit (Thoraxprellung) gegeben, der tatsächliche Eintritt einer Verletzung lasse sich jedoch aus den Befunden nicht herleiten." Die dagegen gerichtete Berufung, mit der der Kläger ein höheres Schmerzensgeld begehrte, wurde abgewiesen.

Betrag: 650 € **Haftung: 100 %**
immVorb: – **MdE: –**

OLG Schleswig 1.2.2023 – 7 U 156/22 = BeckRS 2023, 14317

6994

HWS-Syndrom mit „Schmerzen im Nacken- und Kreuzbereich".

Mann. Ambulante Heilbehandlung. MdE 100 Tage 100 %. Bei der Bemessung berücksichtigte das LG, dass „sich die gesundheitlichen Beeinträchtigungen – auch in Anbetracht der Schilderungen des Klägers in der mündlichen Verhandlung vom 8.5.2018 – noch in vergleichsweise mäßigem Umfang bewegten und ohne stationäre Behandlung innerhalb eines überschaubaren Zeitraums ohne erkennbare Dauerschäden vollständig behoben werden konnten".

Betrag: 700 € **Haftung: 70 %**
immVorb: – **MdE: –**

LG Bremen 5.6.2018 – 7 O 1158/17 = BeckRS 2018, 31488

3199

HWS-Syndrom mit Nackenschmerzen sowie Bewegungseinschränkungen im HWS- und Schulterbereich sowie Kopfschmerzen.

Frau; MdE 1 Woche 100 %; 3 Wochen 50 % sowie 10 Wochen 25 %. Die physiotherapeutische Behandlung dauerte insgesamt 3 Monate.

Betrag: 700 € **Haftung: 100 %**
immVorb: – **MdE: –**

AG Landsberg 14.2.2002 – 3 C 802/01 = BeckRS 2002, 162397

6372

HWS-Syndrom, welches das LG als „mittelschwer" bezeichnete. Die Verletzung war verbunden mit „Kopfschmerzen, Übelkeit und Schwindel. Problemen im Kopf- und HWS-Bereich …".

18j. Frau. Ambulante Behandlung mit mehrwöchiger Dauer der Verletzungsfolgen. [Lesenswert zum Nachweis an das Vorliegen einer HWS-Verletzung: „Sie erfordert keine absolute oder unumstößliche Gewissheit und auch keine „an Sicherheit grenzende Wahrscheinlichkeit", sondern nur einen für das praktische Leben brauchbaren Grad von Gewissheit, der Zweifeln Schweigen gebietet"].

Betrag: 700 € **Haftung: 100 %**
immVorb: – **MdE: –**

LG Weiden 19.9.2008 – 22 S 55/08 = BeckRS 2009, 7064

3135

HWS-Syndrom und Prellungen (Brustbeinprellung und BWS-Prellung).

Frau (Hausfrau). MdE 8 Tage 100 %, 14 Tage 50 %. (Anmerkung: Mitverletzt wurde das Kleinkind der Kl. hier kam das AG zur Aussage, es sei „fraglich, wie ein Schmerzensgeld überhaupt seine grd. Funktion erfüllen könne". Vgl. hierzu aA Slizyk in Becksche Schmerzensgeldtabelle 4. Auflage Seite 9).

Betrag: 716 € **Haftung: 100 %**
immVorb: – **MdE: –**

AG Eggenfelden 16.5.2001 – 3 C 52/01 = unveröffentlicht

3903

HWS-Syndrom mit Verspannungen und Verhärtungen der Nackenmuskeln und posttraumatischer Bewegungseinschränkung der Halswirbelsäule sowie Kopfschmerzen.

Frau. 3 Monate ambulante Heilbehandlung. MdE 1 Woche 100 % und weitere gut 3 Monate nur eingeschränkte Arbeitsfähigkeit.

Betrag: 716 € **Haftung: 100 %**
immVorb: – **MdE: –**

AG Landsberg 14.2.2002 – 3 C 706/01 = unveröffentlicht

3569

HWS-Syndrom mit 14 Tage andauernden Kopfschmerzen.

Frau (Kindergartenleiterin). Mehrfache ambulante Heilbehandlung und 12 krankengymnastische Behandlungen. Das AG betonte, dass ein Aufsichnehmen derartiger Behandlungen ohne kausalen Hintergrund und nur um eine geringe Entschädigung zu erzielen (wie dies Beklagtenseits vorgetragen wurde) nicht plausibel sei und erkannte auf 750,- Schmerzensgeld.

Betrag: 750 € **Haftung: 100 %**
immVorb: – **MdE: –**

AG Andernach 4.9.2001 – 6 C 1144/00 = unveröffentlicht

4884

HWS-Syndrom 1.Grades.

Mann. Ambulante Heilbehandlung. MdE 25 Tage 100 %. Degenerativer Vorschaden.

Betrag: 750 € **Haftung: 100 %**
immVorb: – **MdE: –**

AG Dieburg 25.4.2014 – 20 C 405/13 = BeckRS 2014, 125685

6006

HWS-Syndrom 1. Grades (hier: „Halswirbelsäulenstauchung und ein Beschleunigungstrauma").

Mann. Vorschaden im Bereich der Wirbelsäule, – unter anderem wurde ein Bandscheibenvorfall und einen Hexenschuss festgestellt. MdE ca. 25 Tage bzw. wörtlich „dreieinhalb Wochen ".

Betrag: 750 € **Haftung: 100 %**
immVorb: – **MdE: –**

AG Dieburg 25.4.2014 – 20 C 405/13 (24) = BeckRS 2014, 125685

6927

HWS-Distorsion sowie Blutergüsse, Brustkorbprellungen und eine Gurtverletzung.

Frau. Keine weiteren Angaben. [Lesenswert zur Thematik „Haftungsverteilung bei Zweitunfall mit nicht abgesichertem Fahrzeug"].

Betrag: 750 € **Haftung: 75 %**
immVorb: – **MdE: –**

OLG Frankfurt a. M. 2.6.2020 – 10 U 49/19 = BeckRS 2020, 21949

5994

HWS-Distorsion 2. Grades ohne knöcherne oder die Bandscheiben betreffende Verletzungen.

Mann (Angestellter). Ambulante Heilbehandlung mitttels Halskrawatte sowie Massagen. Außerdem therapierte er sich selbst durch die Einnahme von Schmerzmitteln, heiße Bäder und Naturheilverfahren. MdE 21 Tage 100 %. Das OLG bestätigte das bereits vom LG festgelegte Schmerzensgeld [der Kläger hatte 50.000 EUR geforder] und führte aus: „Der zugesprochene Betrag liegt im Rahmen dessen, was von anderen Gerichten in vergleichbaren Fällen, in denen ein HWS-Schleudertrauma 2. Grades nebst dreiwöchiger Krankschreibung und Verordnung einer Halskrawatte zu beurteilen war, als angemessen erachtet wurde".

Betrag: 750 € **Haftung: 100 %**
immVorb: – **MdE: –**

OLG Frankfurt a. M. 30.11.2011 – 7 U 278/08 = BeckRS 2013, 22732

4640

HWS-Syndrom 2.Grades sowie einfache BWS-Distorsion.

Mann. MdE 1 Woche 100 %. Folgenlose Verheilung.

Betrag: 750 € **Haftung: 100 %**
immVorb: – **MdE: –**

AG Köln 8.2.2011 – 267 C 152/10 = BeckRS 2011, 142383

3665

HWS-Syndrom in Form einer HWS-Distorsion 1.Grades

Mann (Student). MdE 4 Wochen 100 %. [Anmerkung: Das AG ging bei einer Differenzgeschwindigkeit von etwas mehr als 10 km/h davon aus, dass die Harmlosigkeitsgrenze, die es bei 10 km/h ansetzte, noch nicht gegeben sei und erkannte auf das ausgeurteilte Schmerzensgeld.]

Betrag: 750 € **Haftung: 100 %**
immVorb: – **MdE: –**

AG Köln 7.3.2002 – 268 C 542/01 = BeckRS 2002, 162073

6373

HWS-Syndrom „leichteren Grades", so das AG.

Frau. Ambulante Behandlung; für 10 Tage musste eine Halskrause getragen werden. MdE 16 Tage 100 %. Zum Vortrag, auf Dauer geschädigt worden zu sein, führte das AG aus: „Eine vermeintlich nach dem 7.3.2003 noch verbliebene Beeinträchtigung der Erwerbstätigkeit von 20 % kann dabei vernachlässigt werden, da es einem Arzt, insbesondere bei HWS-Verletzungen 1. Grades nicht möglich ist, etwa von dem Patienten subjektiv behauptete Beschwerden auf ihre objektive Richtigkeit zu überprüfen".

Betrag: 750 € **Haftung: 100 %**
immVorb: – **MdE: –**

AG Magdeburg 1.3.2004 – 115 C 37/04 = BeckRS 9998, 05049

4159

HWS-Syndrom in Form einer HWS-Distorsion sowie Prellungen (hier: Oberarmprellung).

Mann. MdE 8 Tage 100 %. Insgesamt 2 Wochen andauernde Beschwerden sowie – innerhalb dieser Zeit – Urlaubsbeeinträchtigung.

Betrag: 750 € **Haftung: 100 %**
immVorb: – **MdE: –**

AG Mayen 18.3.2009 – 2 C 1237/06 = BeckRS 2009, 139987

6371

HWS-Syndrom mit Kopf- und Nackenschmerzen sowie – unmittelbar nach dem Unfall – ein schwerer Asthmaanfall.

72j. Mann. Ambulante Behandlung; 14 Tage musste der Kläger eine Schanzsche Krawatte / Halskrause tragen. Die Besonderheit dieses Falles lag in der Tatsache, dass der Kläger Asthmatiker [Vorschaden] war und durch den Unfall einen schweren Asthmaanfall erlitten hatte, was das AG jedoch bei seiner Schmerzensgeldbemessung „nur am Rande" als bemessungsrelevant erachtete. Weitere Vorschäden: Degenerative Wirbelsäulenveränderung bzw. Bandscheibendegeneration. Insofern war der Kläger jedoch inzwischen beschwerdefrei. Kollisionsbedingt hatte er sofort Schmerzen im Lendenwirbelbereich verspürt, die zwei bis zweieinhalb Monate angehalten hatten.

Betrag: 750 € **Haftung: 75 %**
immVorb: – **MdE: –**

AG Neunkirchen 21.11.2003 – 4 C 35/02 = BeckRS 2003, 31162482

6376

HWS-Syndrom mit starken Kopfschmerzen einhergehend mit Schwindel sowie massiven Schmerzen im Bereich des Schultergürtels beider Oberarme und Schmerzen entlang der Wirbelsäule, die in beide Beine ausstrahlten.

Frau. Ambulante Behandlung mit insgesamt 6 Arztbesuchen. MdE 25 Tage 100 % und 6 Tage 50 % „sowie in den Folgewochen zu 20-25 %".

Betrag: 750 € **Haftung: 100 %**
immVorb: – **MdE: –**

LG Saarbrücken 4.1.2008 – 13 A S 31/07 = BeckRS 2008, 15008

3851

HWS-Syndrom, leichtester Art und Prellungen.

Frau. 2 Wochen arbeitsunfähig. Keine ambulanten Behandlungen.

Betrag: 750 € **Haftung: 100 %**
immVorb: – **MdE: –**

AG Stendal 14.6.2007 – 3 C 85/07 = BeckRS 2007, 145902

3669

HWS-Syndrom mit Kopfschmerzen.

Frau (Leiterin eines Kindergartens). Ambulante Heilbehandlung mit Krankengymnastik und 14 Tage andauernden Kopfschmerzen. [Das AG wertete die Tatsache, dass die Kl. auch während der Heilbehandlung ihrem Beruf nachging nicht als Schmerzensgeldversagungsgrund].

Betrag: 767 € **Haftung: 100 %**
immVorb: – **MdE: –**

AG Andernach 4.9.2001 – 6 C 1144/00 = unveröffentlicht

4059

HWS-Syndrom mit eingeschränkter Rückwärtsbiegung und schmerzehafter Muskelverspannung.

Frau. Ambulante Heilbehandlung. Schmerzen beim Bewegen des Kopf- und Schulterbereiches. [Anmerkung: Das LG befasste sich intensiv mir der sog. Harmlosigkeitsgrenze].

Betrag: 767 € **Haftung: 100 %**
immVorb: – **MdE: –**

LG Augsburg 15.2.2002 – 4 S 4743/98 = unveröffentlicht

2999

HWS-Syndrom (hier: „HWS-Schleudertrauma mit prolongiertem Schmerzverlauf ... Spontanschmerz rechts Nacken-Schulterpartie. Kopfrotation nach rechts schmerzhaft eingeschränkt").

Frau. MdE 5 Wochen 100 %. [Auch hier Thema: Nachweis bei geringer Differenzgeschwindigkeit. Lt. LG genügt als Nachweis die zeitnahe ärztliche Diagnose mit Medikamenten- und Halskrausenbehandlung].

Betrag: 767 € **Haftung: 100 %**
immVorb: – **MdE: –**

LG Augsburg 11.7.2001 – 7 S 5189/00 = BeckRS 9998, 40160

3071

HWS-Syndrom die ärztlicherseits „nicht als gravierend" eingestuft wurde.

Frau. Röntgenuntersuchung am Unfalltag im Krankenhaus. Ambulante Heilbehandlung. Nach knapp 2 Monaten keine Bewegungseinschränkung mehr vorhanden. Lediglich leichter Druckschmerz am Hinterhaupt.

Betrag: 767 € **Haftung: 100 %**
immVorb: – **MdE: –**

AG Bremen 21.1.2000 – 121/1999 = unveröffentlicht

3662

HWS-Syndrom und Kopfschmerzen

Frau. MdE 1 Woche 100 %. Komplikationsloser Heilungsverlauf.

Betrag: 767 € **Haftung: 100 %**
immVorb: – **MdE: –**

AG Jena 13.12.2000 – 26 C 419/00 = unveröffentlicht

2757

HWS-Syndrom.

23j. Frau (Studentin). Trotz Differenzgeschwindigkeit unter 10 km/h bejaht das LG die Kausalität und begründet dies mit einem aktuellen Gutachten der Uni Heidelberg vom 19.1.1999.

Betrag: 767 € **Haftung: 100 %**
immVorb: – **MdE: –**

LG München I 21.10.1999 – 19 S 8264/99 = BeckRS 9998, 39988

3128

HWS-Syndrom und BWS-Syndrom.

Mann. 11 Tage 50 % sowie 2 Monate 10 %. Der Kläger hat, da er unmittelbar vor dem Unfall eine neue Arbeitsstelle angetreten hatte, trotz bestätigter AU gearbeitet.

Betrag: 767 € **Haftung: 100 %**
immVorb: – **MdE: –**

AG Saarburg 21.3.2001 – 5 C 563/00 = unveröffentlicht

6703

HWS-Syndrom in Form einer Ausrenkung von vier Halswirbeln sowie Kopfschmerzen, Nackenschmerzen und Schulterschmerzen.

Mann. Ambulante Behandlung mit Schmerzmitteln und Physiotherapie (6 Termine). Der Kläger konnte in den ersten Wochen nach dem Verkehrsunfall seinen Kopf nicht vollständig bewegen und war insgesamt 25 Tage arbeitsunfähig.

Betrag: 800 € **Haftung: 100 %**
immVorb: – **MdE: –**

AG Bielefeld 9.11.2015 – 421 C 256/15 = BeckRS 2015, 127401

6928

HWS-Distorsion unter der die Kl. „fast zwei Monate lang" zu leiden hatte.

Frau. Ambulante Behandlung mit „manueller Therapie" und Einnahme von Schmerzmitteln. MdE 26 Tage 100 %. Degenerativer Vorschaden: Verkrümmung der Wirbelsäule.

Betrag: 800 € **Haftung: 100 %**
immVorb: – **MdE: –**

LG Bielefeld 8.11.2019 – 2 O 231/18 = BeckRS 2019, 56050

6574

HWS-Distorsion in Form eines „einfachen Schleudertraumas" sowie eine rechtsseitige Schädelprellung und eine Kopfplatzwunde.

Frau. MdE 7 Tage 90 %, 7 Tage 70 %, 7 Tage 50 % sowie weitere 10 Wochen 20 % und weitere 12 Wochen 10 %. Erhöhend wertete das LG, dass „ein Unfall mit Umkippen des Fahrzeuges für den Insassen jedenfalls einen kurzfristigen Schock im Sinne einer „Schrecksekunde" auslöst". [Lesenswert zu den Anforderungen an die Verkehrssicherungspflicht eines Straßenbauträgers für eine „besonders gefährliche Stelle" auf einer Landstraße].

Betrag: 800 € **Haftung: 80 %**
immVorb: – **MdE: –**

LG Essen 6.7.2015 – 4 O 236/12 = BeckRS 2016, 19709

6870

HWS-Syndrom in Form einer HWS-Distorsion.

Frau. Keine weiteren Angaben.

Betrag: 800 € **Haftung: 100 %**
immVorb: – **MdE: –**

OLG Hamm 11.12.2020 – 11 U 5/20 = BeckRS 2020, 41672

6500

HWS Syndrom 1. Grades mit „unfallbedingtem körperlichem Unwohlsein, eingeschränkter Belastbarkeit und Beklommenheit".

Mann. Kein Schmerzensgeldanspruch wegen eines „gut zwei Wochen nach dem Unfall" [ergänze: Auffahrunfall bei Eisglätte] festgestellten Schlaganfalls. Ob das Vorhofflimmern und damit der Schlaganfall durch den Unfall ausgelöst wurden, oder ursächlich allein auf die Vorerkrankungen des Klägers zu 2) – insbesondere den Zustand nach einem im Jahr 2001 erlittenen Myokardinfarkt, der zu einer Stantimplantation führte, eine koronare 3-Gefäßerkrankung sowie den Zustand nach einer operativen Versteifung der Halswirbelsäule im August 2012 – zurückführen sind, war zwischen den Parteien streitig. Dies vermochte der Kläger jedenfalls nicht zu beweisen. Somit blieb es bei dem bereits vom LG für das unstreitig vorhandene HWS-Syndrom, „das innerhalb weniger Wochen abgeklungen sei und keine Folgeschäden hinterlassen habe", zuerkannten 800 EUR Schmerzensgeld.

Betrag: 800 € **Haftung: 100 %**
immVorb: – **MdE: –**

OLG Hamm 5.7.2019 – 7 U 15/18 = BeckRS 2019, 19379

4701

HWS-Syndrom, mittelschweres.

Frau. Ambulante Heilbehandlung / langwierige Heilbehandlung mittels Physiotherapie. MdE 5 Tage 100 %, 12 Tage 50 % sowie weitere 24 Tage 20 %.

Betrag: 800 € **Haftung: 100 %**
immVorb: – **MdE: –**

AG Kempten 31.10.2012 – 1 C 948/12 = unveröffentlicht

3086

HWS-Syndrom.

Frau. Vorschaden durch „zwei frühere Unfälle". Trotz der geringen Differenzgeschwindigkeit „im Bereich der Harmlosigkeitsgrenze" die das LG bei 7,5 bis 10 km/h als gegeben ansah, wurde die Kausalität wegen der Vorschädigung und der „nach vorne gebeugten Sitzhaltung" der Kl. bejaht.

Betrag: 818 € **Haftung: 100 %**
immVorb: – **MdE: –**

LG Freiburg 15.2.2001 – 3 S 232/00 = unveröffentlicht

2781

HWS-Syndrom sowie Kopfplatzwunde und Schädelprellung und „diverse Schürfwunden" [Schürfungen].

Mann. MdE 6 Wochen 100 %.

Betrag: 869 € **Haftung: 66 %**
immVorb: – **MdE: –**

OLG Celle 29.7.1997 – 5 U 166/96 = BeckRS 1997, 127030

2969

HWS-Syndrom und Brustkorbprellung.

Frau. 3 Tage stationär. 14 Tage Schanz'sche Krawatte. 6 Wochen kein Sport. „Erhebliche Schmerzen im Brustkorb und im Nackenbereich".

Betrag: 869 € **Haftung: 100 %**
immVorb: – **MdE: –**

AG Eisenhüttenstadt 12.11.2001 – 6 C 434/01 = BeckRS 2001, 161700

2968

HWS-Syndrom und LWS-Syndrom mit „Ziehen in der linken Wirbelsäule" [Anmerkung: Eigenartige Beschreibung] und „HWS-, Nacken und … Kopfschmerzen".

Mann. Ambulante Behandlung wegen „difuser Verspannungen". Erhöhend wertete das AG die Dauer (ca. 6-7 Wochen) der Beschwerden.

Betrag: 920 € **Haftung: 100 %**
immVorb: – **MdE: –**

AG Kassel 1.10.2001 – 411 C 822/01 = unveröffentlicht

2894

HWS-Syndrom, welches als „ausgepägtes HWS-Schleudertrauma" attestiert wurde. Zudem Gehirnerschütterung sowie Prellungen (Knieprellung) und Schürfungen (an der Stirn).

Frau. MdE 4 Wochen 100 % sowie 2 Wochen 50 %. Anschließend noch subjektive Beschwerden wie Kopfschmerzen und Rückenschmerzen.

Betrag: 920 € **Haftung: 100 %**
immVorb: – **MdE: –**

AG Pfaffenhofen 8.8.1997 – 2 C 0391/97 = unveröffentlicht

5713

HWS-Distorsion mit Aktivierung einer bestehenden HWS-Arthrose und Gehirnerschütterung.

Frau. 3 Tage stationär. MdE 42 Tage 100 %. Degenerativer Vorschaden: „Der Sachverständige führt ausdrücklich aus, dass angesichts dieses bereits zum Unfallzeitpunkt vorliegenden Verschleißes der Halswirbelsäule Beschwerden durch den Unfall im Sinne einer HWS-Distorsion ausgelöst werden können. Diese Vorschädigung der Klägerin aber ist von den Beklagten hinzunehmen. Die Beklagten können sich nicht damit entlasten, dass die Klägerin bereits vorerkrankt war".

Betrag: 1.000 € **Haftung: 100 %**
immVorb: – **MdE: –**

AG Aachen 22.4.2004 – 13 C 100/02 = BeckRS 2004, 150086

3473

HWS-Syndrom, mittlerer Art mit tastbaren Verspannungen.

Mann. MdE 7 Wochen 100 %. Ambulante Heilbehandlung mit Medikamention. Es musste eine Schanz'sche Krawatte getragen werden. Bei einer Nachuntersuchung konnte eine tastbare Verspannung im Bereich der Brustwirbelsäule festgestellt werden.

Betrag: 1.000 € **Haftung: 100 %**
immVorb: – **MdE: –**

OLG Bamberg 5.12.2000 – 5 U 195/99 = BeckRS 9998, 40128

3523

HWS-Syndrom 1.Grades

Frau. Die Kl. behauptete, nach dem Unfall an massiven Depressionen gelitten zu haben.

Betrag: 1.000 € **Haftung: 100 %**
immVorb: – **MdE: –**

KG 13.10.2005 – 12 U 296/03 = BeckRS 2006, 408

6399

HWS-Syndrom.

Mann. Keine weiteren Angaben. [Anmerkung: Eine behauptete Handverletzung wegen Abstützen der Hand am Lenkrad sah das LG als nicht bewiesen an: „Der Sachverständige hat auch im Rahmen seiner Anhörung überzeugend ausgeführt, dass aufgrund der Art des Unfalls und der durch den Aufprall auftretenden Geschwindigkeitsänderung eine Verletzung des Handgelenks als unwahrscheinlich anzusehen ist. Denn bei einem Heckunfall bewegen sich der Oberkörper und damit auch die Arme und Hände zunächst nach hinten, also in Richtung des Aufpralls. Daher löst sich in der Regel die am Lenkrad abgestützte Hand des Fahrzeugführers. Dies gilt insbesondere dann, wenn der Fahrzeugführer, wie hier der Kläger nach seinen eigenen Angaben, mit ausgestreckten Armen das Lenkrad locker angefasst hat"].

Betrag: 1.000 € **Haftung: 100 %**
immVorb: – **MdE: –**

LG Bochum 2.10.2009 – 5 S 63/07 = BeckRS 2009, 28571

4096

HWS-Syndrom (hier: leichte HWS-Distorsion).

Frau. 4 Wochen ambulante Heilbehandlung. Es musste eine Schanz'sche Krawatte getragen werden. Im Verhältnis zur Verletzung langwierige Heilbehandlung mit vollständiger Heilung erst nach 12 Wochen.

Betrag: 1.000 € **Haftung: 100 %**
immVorb: – **MdE: –**

LG Bonn 29.1.2010 – 15 O 83/08 = BeckRS 2010, 20185

4641

HWS-Syndrom.

Frau. MdE 5 Wochen 100 %. Folgenlose Verheilung.

Betrag: 1.000 € **Haftung: 100 %**
immVorb: – **MdE: –**

AG Borna 15.4.2011 – 4 C 734/10 = BeckRS 2011, 142278

7308

HWS-Distorsion mit eingeschränkter Rotationsfähigkeit der Halswirbelsäule rechtsseitig.

Frau. Ambulante Behandlung. MdE 5 Tage 100 % und danach wieder voll arbeitsfähig.

Betrag: 1.000 € **Haftung: 100 %**
immVorb: – **MdE: –**

OLG Brandenburg 20.4.2023 – 12 U 95/21 = BeckRS 2023, 9916

7309

HWS-Distorsion, Hochrasanztrauma und zahlreiche Prellungen.

Mann. 2 Tage in stationärer Behandlung und insgesamt 18 Tage arbeitsunfähig. Dauerfolgen sind nicht verblieben.

Betrag: 1.000 € **Haftung: 100 %**
immVorb: – **MdE: –**

OLG Brandenburg 9.3.2023 – 12 U 120/22 = BeckRS 2023, 7899

3459

HWS-Syndrom mit Übelkeit, Erbrechen, Schwindel und Verspannungen.

Mann. Ambulante Heilbehandlung mit Massage und Fango. Schanz'sche Krawatte musste getragen werden.

Betrag: 1.000 € **Haftung: 100 %**
immVorb: – **MdE: –**

OLG Celle 13.12.2001 – 14 U 102/00 = BeckRS 2001, 30227132

4515

HWS-Syndrom in Form einer HWS-Distorsion.

Mann. Ambulante Heilbehandlung. MdE 6 Wochen 100 %. Der Kläger hatte nach den Ausführungen seiner Hausärztin drei Wochen unter den Folgen zu leiden und dabei Kopf-, Nacken- und Schulterschmerzen. [Ursache Streifzusammenstoß zweier Fahrzeuge; insofern war die Frage der Beweisanforderung an das Vorliegen einer unfallbedingten HWS-Verletzung das zentrale Thema dieser Entscheidung, die auch in ZfS 2013, 142 abgedruckt wurde].

Betrag: 1.000 € **Haftung: 100 %**
immVorb: – **MdE: –**

LG Dortmund 6.11.2012 – 4 S 8/11 = BeckRS 2013, 4927

5168

HWS-Syndrom (hier: Leichte Distorsionsschädigungen der Halswirbelsäule) sowie Hüftgelenkprellung links.

Mann. Gut 5 Monate andauernde ambulante Heilbehandlung durch den Hausarzt, die – wie das OLG herausgearbeitet hatte – zum Großteil nicht unfallbedingte Verletzungen betraf. Zur Bemessung und zum Feststellungsantrag des Klägers führte das OLG schließlich aus: „In Anbetracht des ärztlich attestierten vollen Ausheilungserfolgs der allenfalls leichten Distorsionsschädigungen der Halswirbelsäule und des linken Hüftgelenks des Klägers bereits etwa 1 ½ nach dem Unfallereignis besteht kein Grund, mit dem Eintritt kollisionsbedingter körperlicher oder gesundheitlicher Folgeschäden noch zu rechnen".

Betrag: 1.000 € **Haftung: 100 %**
immVorb: – **MdE: –**

OLG Düsseldorf 27.1.2015 – 1 U 36/14 = BeckRS 2015, 5844

6100

HWS-Syndrom, leichtes.

Frau. Erstuntersuchung im Krankenhaus. Anschließend – für die grundsätzlich leichte HWS-Verletzung – langwierige Heilbehandlung über einen Zeitraum von „3 bis 6 Monaten … ohne dass sich ein krankheitsbedingter Ausfall der Klägerin an ihrem Arbeitsplatz feststellen lässt", so das OLG. [Anmerkung: Die Klägerin begehrte ein Schmerzensgeldkapital von 10.000 EUR sowie eine Rente von 500 EUR monatlich].

Betrag: 1.000 € **Haftung: 100 %**
immVorb: – **MdE: –**

OLG Düsseldorf 15.3.2011 – 1 U 96/10 = BeckRS 2016, 1688

6112

HWS-Syndrom in Form einer leichten HWS-Distorsion. Zudem erlitt die Klägerin noch BWS-Distorsion sowie Beschwerden im Sprunggelenksbereich, die „mit hoher Wahrscheinlichkeit durch eine Distorsion / Prellung beim Bremsvorgang hervorgerufen worden".

Frau. Zur Schmerzensgeldbemessung führte das LG aus, „die Verletzungen der Klägerin waren nicht sehr erheblich und haben nach den Ausführungen des Sachverständigen nicht sehr lange angehalten. So hat der Sachverständige zur Beweisfrage Ziffer 3 ausgeführt, dass die Klägerin ihre Tätigkeiten jedenfalls Anfang September 2015 wieder uneingeschränkt ausüben konnte. Darüber hinaus bestehende Einschränkungen seien nicht mehr auf den Unfall, sondern auf die vorbestehenden Veränderungen zurückzuführen".

Betrag: 1.000 € **Haftung: 100 %**
immVorb: – **MdE: –**

LG Flensburg 11.5.2017 – 7 O 37/16 = BeckRS 2017, 117686

6395

HWS-Syndrom (hier: HWS-Distorsion nebst Muskelverspannungen, Übelkeit und Kopfschmerzen. Ferner waren Bewegungsstörungen in der Hand).

Mann (Student). Ambulante Behandlung mit Schmerzmitteln. Die Studierunfähigkeit des Klägers betrug circa eine Woche. Die Gesamtbehandlungsdauer betrug 5 Monate.

Betrag: 1.000 € **Haftung: 100 %**
immVorb: – **MdE: –**

AG Gießen 4.5.2004 – 44 C 2871/03 = BeckRS 2004, 31163250

5984

HWS-Syndrom (hier: „Halswirbelsäulendistorsion 1. Grades und multiple Prellungen insbesondere des Kniegelenkes und der linken Schulter").

Mann. Ambulante Heilbehandlung. MdE 7 Tage 100 %, zusätzlich ging das AG „für die erste der dann drei in Ansatz gebrachten Wochen … von einer Minderung der Haushaltsführungsfähigkeit von 100 % aus …, für die zweite Woche von 80 Prozent und für die dritte Woche von 60 %, dies insbesondere im Hinblick darauf, dass der Betroffene eine Woche nach dem Unfallereignis mit Einschränkungen zur Arbeit ging, die Beschwerden mithin mit zunehmenden Zeitablauf nachließen", so das AG. Folgenlose Verheilung.

Betrag: 1.000 € **Haftung: 100 %**
immVorb: – **MdE: –**

AG Gummersbach 5.1.2011 – 19 C 56/10 = BeckRS 2013, 16005

5451

HWS-Syndrom (Hier: HWS-Zerrung und die Schulterprellung von der das OLG ausführte, sie sei lediglich „kurzfristig beeinträchtigend" gewesen).

Mann. Die auf ein deutlich höheres Schmerzensgeld gerichtete Klage wies das OLG mit der Begründung zurück, unter Berücksichtigung der tatsächlich auf den Unfall zurückzuführenden und folgenlos ausgeheilten Beschwerden sei das bereits gezahlte Schmerzensgeld von 1.000,00 Euro angemessen und ausreichend, um den Kläger für die erlittenen Beschwerden und Folgen ausreichend zu entschädigen.

Betrag: 1.000 € **Haftung: 100 %**
immVorb: – **MdE: –**

OLG Hamm 10.6.2016 – 9 U 39/16 = BeckRS 2016, 16569

3214

HWS-Syndrom, welches trotz des dreitägigen stationären Aufenthalts als „leichtgradig" bezeichnet wurde.

Frau. 3 Tage stationär; MdE 5 Wochen 100 %. In dieser Zeit musste eine Schanz'sche Krawatte getragen werden.

Betrag: 1.000 € **Haftung: 100 %**
immVorb: – **MdE: –**

AG Herford 25.4.2003 – 122 C 706/01 = unveröffentlicht

5235

HWS-Syndrom 1.Grades mit nachfolgend vorübergehender Übelkeit, Kopfschmerzen und Schwindel.

Frau. MdE 3 Wochen 100 %. Während dieser Krankschreibung sei ihr die ersten zwei Wochen durchgehend schlecht gewesen. Die Übelkeit und der Schwindel sei dann weniger geworden. „Die Klägerin hat im Rahmen ihrer persönlichen Anhörung in erster Instanz glaubhaft geschildert, dass ihr unmittelbar nach dem Unfall schwindelig und übel gewesen sei. Zu Hause sei es ihr immer schlechter gegangen. Außerdem habe sie Kopfschmerzen gehabt. Es sei ihr in der weiteren Folge häufig schlecht gewesen, sie habe sich auch zwei Mal übergeben müssen. Sie habe Schmerzmittel einnehmen müssen".

Betrag: 1.000 € **Haftung: 100 %**
immVorb: – **MdE: –**

LG Karlsruhe 23.12.2016 – 19 S 62/15 = BeckRS 2016, 112291

3215

HWS-Syndrom, Prellungen (hier: Brustkorbprellung sowie Schulterprellung).

Frau. MdE 4 Tage 100 % weitere 2 1/2 Wochen andauernde ambulante Heilbehandlung. Das LG sah trotz der geringen Differenzgeschwindigkeit (unter 10 km/h) den Schmerzensgeldanspruch als begründet an und bewertete dabei die Tatsache, dass die Klägerin offensichtlich im Augenblick des Aufpralles mittels Kopfdrehung stark nach hinten geblickt hatte. (vgl. auch weitere Urteile unter den Stichworten Differenzgeschwindigkeit und Harmlosigkeitsgrenze).

Betrag: 1.000 € **Haftung: 100 %**
immVorb: – **MdE: –**

LG Kiel 3.7.2003 – 8 S 254/02 = BeckRS 2007, 19410

4162

HWS-Syndrom, mittelschweres (hier: HWS-Distorsion mit vorübergehender leichter Bewegungsbeeinträchtigung des rechten Arms sowie Schwindel, Kopfschmerzen sowie Nackenschmerzen und Verspannungen).

Mann. MdE 6 Wochen arbeitsunfähig. Vorschaden der HWS.

Betrag: 1.000 € **Haftung: 100 %**
immVorb: – **MdE: –**

LG Leipzig 11.3.2009 – 6 O 5264/05 = BeckRS 2009, 140129

4449

HWS-Syndrom.

Frau. Langwierige ambulante Heilbehandlung; die Kl. litt insgesamt während der Dauer von drei Monaten an Beschwerden.

Betrag: 1.000 € **Haftung: 100 %**
immVorb: – **MdE: –**

OLG München 19.12.2003 – 10 U 2660/03 = BeckRS 9998, 05135

3216

HWS-Syndrom mit starken muskulären Blockaden.

Frau. MdE 10 Tage 100 % sowie weitere 12 Tage 50 %. Die Klägerin wurde in dieser Zeit mit ca. 15 physiotherapeutischen Behandlungen versorgt.

Betrag: 1.000 € **Haftung: 100 %**
immVorb: – **MdE: –**

LG München I 11.7.2003 – 19 O 15850/02 = BeckRS 2003, 155387

6799

HWS-Syndrom, an dessen laut OLG Zweifel bestehen konnten, die jedoch hinsichtlich des Schmerzensgeldanspruchs unerheblich waren, da jedenfalls „starker Nacken und Kopfschmerz" vorlag.

Frau. Ambulante Behandlung. MdE 25 Tage. Die Schulter-Nacken-Beschwerden hätten bis über die Zeit ihrer Krankschreibung angedauert, so die – aus Sicht des Gerichts glaubhafte – Aussage der Ehefrau des Klägers [Klage über einen an den Ehemann abgetretenen Schmerzensgeldanspruch der Ehefrau].

Betrag: 1.000 € **Haftung: 100 %**
immVorb: – **MdE: –**

OLG Nürnberg 5.11.2020 – 13 U 2653/18 = BeckRS 2020, 31265

3920

HWS-Syndrom.

Frau. [Anmerkung: Im Einklang mit der herrschenden BGH-Rspr. zur Harmlosigkeitsgrenze – vgl. BGH BeckRS 2008, 14743 – lehnte das AG diese vorliegend ab und erkannte auf ein Schmerzensgeld von 1.000 EUR].

Betrag: 1.000 € **Haftung: 100 %**
immVorb: – **MdE: –**

AG Rüdesheim 21.5.2008 – 3 C 394/05 = SP 2008, 395

6398

HWS-Syndrom (hier: „HWS-Verletzung mit nachfolgenden Kopf- und Nackenschmerzen davon, die eine Schmerzmedikation erforderlich machten").

Frau. 3 Tage stationär. MdE 18 Tage 100 %. [Anmerkung: Das Urteil des LG Wiesbaden → Nr. 6397 betrifft den Unfallgegner].

Betrag: 1.000 € **Haftung: 25 %**
immVorb: – **MdE: –**

LG Wiesbaden 21.3.2007 – 10 O 6/05 = BeckRS 2007, 32505

d) HWS 1.001 – 2.000 EUR

3000

Wirbelsäulenverletzung / HWS-Syndrom (hier: Blockierung der Halswirbelsäule und der Lendenwirbelsäule mit endgradiger Bewegungseinschränkung).

Frau (Lehrerin). MdE 10 Tage 80 %, 8 Tage 70 %, 11 Tage 40 %, 30 Tage 20 % sowie 60 Tage 10 %.

Betrag: 1.023 € **Haftung: 100 %**
immVorb: – **MdE: –**

LG Nürnberg-Fürth 29.11.2000 – 8 O 1748/00 = unveröffentlicht

3316

HWS-Syndrom mit – möglicherweise durch den Unfall verursachter, jedoch hinsichtlich der Kausalität nicht nachgewiesener – Hörminderung des rechten Ohres.

Frau. MdE 14 Tage 100 %; häufige Kopfschmerzen. Nach dem Unfall zeigte sich eine Hörminderung rechts um „rund 40 %".

Betrag: 1.023 € **Haftung: 100 %**
immVorb: – **MdE: –**

AG Aachen 1.10.2003 – 12 O 402/02 = unveröffentlicht

3125

HWS-Syndrom 2. Grades und „somit eine leichte Distorsion", so das AG.

Mann. 21 Tage arbeitsunfähig; Darüber hinaus wurde der Kl. weitere 6 Monate ambulant behandelt. Diese Behandlung war streitgegenständlich, wurde jedoch gerichtsseitig als unfallursächlich bewertet.

Betrag: 1.023 € **Haftung: 100 %**
immVorb: – **MdE: –**

AG Berlin-Mitte 19.12.2000 – 106 C 394/99 = BeckRS 2000, 167953

2998

HWS-Syndrom (hier: Erkennbare Streckstellung der HWS sowie feststellbarer Druckschmerz).

Mann. MdE 2 Wochen 50 %, 2-3 Wochen 20 %. [Differenzgeschwindigkeit 4–7 km/h. „Auch … bei strengem Maßstab … (genügt es), wenn der Befund in einem ärztlichen Attest ausreichend objektiviert wird"]

Betrag: 1.023 € **Haftung: 100 %**
immVorb: – **MdE: –**

LG Landau 25.9.2001 – 1 S 90/01 = BeckRS 9998, 40159

2947

HWS-Syndrom mit „Muskelhartspann" und folgenloser Ausheilung nach „8–10 Wochen".

Mann. 3 Wochen Schanz'sche Krawatte. 6 Tage „bettlägerig". Eine Differenzgeschwindigkeit „unter 7 km/h schließt das Auftreten einer HWS-Distorsion nicht schlechthin aus", so das LG.

Betrag: 1.023 € **Haftung: 100 %**
immVorb: – **MdE: –**

LG Limburg 7.9.2001 – 8 S 11/01 = BeckRS 2001, 12722

3651

HWS-Syndrom sowie ein behauptetes, aber nicht ausreichend nachgewiesenes (siehe unten) organisches Psychosyndrom.

Kein weiter Schmerzensgeldanspruch: „§ 287 ZPO entbindet … nicht vollständig von der grds. Beweislastverteilung und erlaubt es nicht, zugunsten des Beweispflichtigen einen bestimmten Schadenverlauf zu bejahen, wenn nach den festgestellten Einzeltatsachen alles offen bleibt oder sich gar eine überwiegende Wahrscheinlichkeit für das Gegenteil ergibt. Dies gilt insbes. für neurologische Dauerfolgen, deren Eintritt oder Auslösung durch das Unfallgeschehen zunächst nicht zu erwarten war"

Betrag: 1.023 € **Haftung: 100 %**
immVorb: – **MdE: –**

OLG München 15.9.2006 – 10 U 3622/99 = BeckRS 2006, 11132

4288

HWS-Syndrom und LWS-Syndrom.

Mann (Kraftfahrer). MdE 25 Tage 100 %. Der Kläger musste über Weihnachten und Neujahr eine Schanz'sche Krawatte tragen. [Anmerkung: Diese Festtagsbeeinträchtigung wurde zutreffend erhöhend bewertet.]

Betrag: 1.023 € **Haftung: 100 %**
immVorb: – **MdE: –**

AG München 13.7.1998 – 331 C 14543/98 = unveröffentlicht

3119

HES-Syndrom in Form einer HWS-Zerrung sowie Prellungen an der Schulter rechts. Weitere behauptete Folgen: Gefühlsstörungen im Arm sowie Kopfschmerzen.

Mann. Die weiteren- gerichtsseitig lediglich als nicht kausale subjektive Beschwerden bezeichneten – Folgen waren somit nicht schmerzensgeldrelevant. Nachdem die Bekl. 2.000 DM bereits vorgerichtl. geleistet hatte, war die Klage abzuweisen.

Betrag: 1.023 € **Haftung: 100 %**
immVorb: – **MdE: –**

AG Nordhorn 26.6.2001 – 3 C 1190/00 = BeckRS 2001, 161817

3297

HWS-Syndrom mit sogenannter Kribbelparaästhesie in der rechten Hand; Kopfschmerzen und eine Druckschmerzhaftigkeit der Hals- und Schultermuskulatur [Muskelschmerz].

Frau. Die Kl. verschwieg zunächst einen Vorschaden mit HWS-Syndrom, Gehirnerschütterung und Bauchtrauma und vermochte daher nicht den Beweis anzutreten, dass die nun geltend gemachten Verletzungsfolgen auf den Zweitunfall zurückzuführen waren.

Betrag: 1.023 € **Haftung: 100 %**
immVorb: – **MdE: –**

OLG Oldenburg 17.5.1999 – 11 U 4/99 = BeckRS 1999, 158815

4887

HWS-Syndrom.

Frau. Ambulante Heilbehandlung für die Dauer mehrer Wochen. Die mit Schmerzen verbundenen Beschwerden dauerten ca. 40 Tage, da die Klägerin infolge eines degenerativer Vorschadens für die ansonsten nach ca. 14 Tagen abgeklungenen Beeinträchtigung längere Zeit zur Ausheilung benötigte.

Betrag: 1.100 € **Haftung: 100 %**
immVorb: – **MdE: –**

AG Fritzlar 18.3.2013 – 8 C 385/11 = unveröffentlicht

6397

HWS-Distorsion 3. Grades sowie Kniegelenksprellungen und Fersenbeinstauchungen beidseits.

Mann. Ambulante Behandlung mit mehreren Arztbesuchen. MdE 20 Tage 100 %. [Anmerkung: Das Urteil des LG Wiesbaden → Nr. 6398 betrifft die Unfallgegnerin].

Betrag: 1.100 € **Haftung: 75 %**
immVorb: – **MdE: –**

LG Wiesbaden 21.3.2007 – 10 O 6/05 = BeckRS 2007, 32505

3947

HWS-Syndrom mit schmerzhafter Muskelverhärtung der Nackenmuskeln; Bewegungseinschränkung der Rotationsbewegung des Kopfes.

36j. Frau. MdE 6 Wochen 100 % und weitere 4 Wochen 20 %. Schmerzhafte Bewegungsbeeinträchtigung. Erhebliches Verschulden des Beklagten.

Betrag: 1.150 € **Haftung: 100 %**
immVorb: – **MdE: –**

LG Karlsruhe 1.3.2002 – 3 O 469/01 = BeckRS 2002, 162571

2920

HWS-Syndrom unterhalb eines mittleren Schweregrades.

Mann. Keine weiteren Angaben in einem ohnehin sehr schlecht begründeten Urteil.

Betrag: 1.176 € **Haftung: 100 %**
immVorb: – **MdE: –**

LG Neubrandenburg 22.6.2001 – 5 O 280/99 = BeckRS 2001, 31163064

5423

HWS-Distorsion 1.Grades und leichte Gehirnerschütterung nach Schädelprellung.

Mann (Finanzberater). MdE 4 Wochen 100 %, in dieser Zeit 16 ambulante Behandlungen / Physiotherapie. Degenerativer Vorschaden der Halswirbelsäule; diese Tatsache wertete das LG als Belel dafür, dass auch bei nur geringer Differenzgeschwindigkeit von unter 10 km/h eine HWS-Distorsion enstehen könne.

Betrag: 1.200 € **Haftung: 100 %**
immVorb: – **MdE: –**

LG Ansbach 11.3.2016 – 2 O 577/13 = BeckRS 2016, 108959

5718

HWS-Syndrom ersten bis zweiten Grades.

Mann. Ambulante Heilbehandlung. MdE 30 Tage 100 %. [Ursache: LKW-Kollision mit einem Schneepflug].

Betrag: 1.200 € **Haftung: 100 %**
immVorb: – **MdE: –**

OLG Celle 9.9.2004 – 14 U 32/04 = BeckRS 2004, 9432

4989

HWS-Syndrom 2. Grades mit Kopfschmerzen und Schwindel.

Frau. 16 Tage ambulante Heilbehandlung im Therapiezentrum L… MdE 6 Wochen 100 %. Insgesamt 8 Wochen andauernde Kopfschmerzbelastung. Insofern, so das OLG sei ein Schmerzensgeld in Höhe von 1.200,00 Euro angemessen.

Betrag: 1.200 € **Haftung: 100 %**
immVorb: – **MdE: –**

OLG Düsseldorf 9.12.2014 – I-1 U 92/14 = BeckRS 2016, 6814

4511

HWS-Syndrom in Form einer HWS-Distorsion. Zudem erlitt der Kläger eine BWS-Distorsion.

Mann (zum Zeitpunkt des Unfalles arbeitslos). Ambulante Heilbehandlung. MdE 4 Wochen 100 %. Das AG wertete die Verletzungen als „eher geringfügig" und ohne „großartigen Einfluss auf die Lebensqualität".

Betrag: 1.200 € **Haftung: 100 %**
immVorb: – **MdE: –**

AG Düsseldorf 6.11.2012 – 52 C 5290/12 = BeckRS 2013, 141

6929

HWS-Distorsion mit Nackenschmerzen sowie Brustkorbquetschung.

70j. Mann. Ambulante Behandlung. Der Kläger litt insgesamt – auch aufgrund von Vorerkrankungen – 8 Wochen unter den Verletzungsfolgen.

Betrag: 1.200 € **Haftung: 100 %**
immVorb: – **MdE: –**

LG Görlitz 15.3.2019 – 5 O 384/18 = BeckRS 2019, 22200

7278

HWS-Syndrom (hier: HWS-Distorsion mit Kopfschmerzen) sowie Rippenprellungen.

Mann (Auszubildender). Ambulante Heilbehandlung mit Physiotherapie. MdE 14 Tage 100 %. Das LG sah am Vortrag des Klägers keine Zweifel; dieser hatte ausgeführt, er habe „in der ersten Woche … sich wegen der Rippenprellungen und Kopfschmerzen kaum bewegen können, in der zweiten Woche sehr unter Kopf- und Schulterschmerzen gelitten. Dann habe sich die Symptomatik bis Juli 2015 gebessert (3 Monate nach dem Unfall) unter Physiotherapie verbessert und dann seien die Beschwerden mehr oder weniger ganz abgeklungen".

Betrag: 1.200 € **Haftung: 75 %**
immVorb: Ja **MdE: –**

LG Itzehoe 27.7.2021 – 9 S 96/20 = BeckRS 2021, 21008

4667

HWS-Syndrom und Brustkorbquetschung

Mann. Ambulante Heilbehandlung; MdE 8 Tage 100 % und weitere 8 Tage 80 % sowie weitere 8 Tage 50 %. Das LG bewertete neben der dreiwöchigen Dauer der Genesung auch die Urlaubsbeeinträchtigung („Beeinträchtigung des geplanten Urlaubs") des Klägers.

Betrag: 1.200 € **Haftung: 100 %**
immVorb: – **MdE: –**

LG Köln 18.1.2013 – 14 O 373/11 = BeckRS 2013, 13582

6401

HWS-Syndrom 1. Grades.

Frau. 7 Tage starke Schmerzen und weitere 21 Tage schmerzhafte Beeinträchtigungen. „Bei der Bemessung des Schmerzensgeldes sind insbesondere die Auswirkungen des Unfallgeschehens auf die Lebensführung des Verletzten zu berücksichtigen. Vorliegend handelt es sich um eine junge Mutter, die den Haushalt überwiegend alleine erledigen muss und sich daneben noch um die zwei kleinen Kinder zu kümmern hat. Zum Zeitpunkt des Unfallgeschehens war das jüngste Kind gerade einmal 11 Monate alt. Die Klägerin war unstreitig auf starke Schmerzmittel angewiesen, um ihre Mutterpflichten einigermaßen beschwerdefrei wahrnehmen zu können", so das AG.

Betrag: 1.200 € **Haftung: 100 %**
immVorb: – **MdE: –**

AG Ludwigsburg 24.4.2009 – 10 C 151/09 = BeckRS 2010, 22260

4098

HWS-Syndrom.

Mann. Ambulante Heilbehandlung mit insgesamt 8 Anwendungen. MdE 5 Wochen 100 %.

Betrag: 1.200 € **Haftung: 100 %**
immVorb: – **MdE: –**

AG Mönchengladbach-Rheydt 11.12.2009 – 23 C 308/09 = unveröffentlicht

4888

HWS-Syndrom, mittelschweres … sowie einfache Handprellung links.

Frau (Reisekauffrau). Ambulante Heilbehandlung. MdE 41 Tage 100 %.

Betrag: 1.200 € **Haftung: 100 %**
immVorb: – **MdE: –**

AG Peine 8.5.2013 – 16 C 143/12 = BeckRS 2013, 200886

5837

HWS-Syndrom und Prellungen (hier: Schädelprellung, Ellenbogenprellung und Oberschenkelprellung).

Frau. Ambulante Heilbehandlung mit insgesamt 11 physiotherapeutischen Behandlungen. MdE 30 Tage 100 %.

Betrag: 1.250 € **Haftung: 100 %**
immVorb: – **MdE: –**

LG Aachen 13.11.2009 – 6 S 122/09 = BeckRS 2010, 10528

5790

HWS-Syndrom mit „Zerrung der Hals- und Brustwirbelsäule".

Frau. Langwierige ambulante Heilbehandlung und Beschwerden über einen Zeitraum von ca. 7 Monaten.

Betrag: 1.250 € **Haftung: 100 %**
immVorb: – **MdE: –**

OLG Frankfurt a. M. 28.2.2008 – 4 U 238/06 = BeckRS 2008, 10210

2903

HWS-Syndrom. [Soweit die Bekl. meinen, die Verletzung sei nur durch eine Kernspintomografie zu beweisen, „so muss die Bekl. sich fragen lassen, was die Gerichte denn vor Erfindung derselben gemacht haben", so das offensichtlich zurecht erzürnte AG!]

Mann. „Selbstverständlich ist ein Arzt in der Lage durch Betasten … einen objektiven Befund herzustellen", so das AG. Grob verkehrswidriges Verhalten des Bekl. wirkte erhöhend.

Betrag: 1.278 € **Haftung: 100 %**
immVorb: – **MdE: –**

AG Düsseldorf 15.8.2001 – 24 C 11646/00 = BeckRS 2015, 10638

5646

HWS-Syndrom (hier: „Halswirbelsäulenschleudertrauma 1. Grades sowie damit verbundenen Schmerzen").

Frau (Beamtin). Ambulante Behandlung. Langwierige Heilbehandlung. Vorschadenbedingte längere Beeinträchtigung. MdE 45 Tage 100 %, 45 Tage 70 % und 90 Tage 30 % sowie weitere ca. 90 Tage 20 %. Die unfallbedingten Verletzungen und Beschwerden der Klägerin waren jedoch – so das LG – „spätestens 1 Jahr nach dem Verkehrsunfall also am 13.1.1994 vollständig abgeklungen gewesen".

Betrag: 1.278 € **Haftung: 100 %**
immVorb: – **MdE: –**

LG Paderborn 30.9.1997 – 2 O 19/96 = BeckRS 1997, 31162717

3968

HWS-Syndrom und Brustkorbprellung mit Druckschmerzen im HWS- und Thoraxbereich sowie Unterschenkelquetschung.

40j. Bauarbeiter. MdE 4 Wochen 100 %. Ambulante Heilbehandlung mittels Physiotherapie und medikamentöser Schmerzbehandlung.

Betrag: 1.280 € **Haftung: 100 %**
immVorb: – **MdE: –**

AG Gera 8.8.2002 – 5 C 563/02 = unveröffentlicht

5274

HWS-Syndrom 1.Grades.

Frau. Ambulante Behandlung. Folgenlose Verheilung.

Betrag: 1.300 € **Haftung: 100 %**
immVorb: – **MdE: –**

OLG Oldenburg 21.1.2014 – 12 U 119/13 = BeckRS 2014, 125748

6424

HWS-Syndrom zu dessen Schwergrad das LG ausführte, „es könne unter der großzügigen Annahme einer Verletzung vom Schweregrad II nach Erdmann" ausgegangen werden wobei „die Kammer … hier vom Schweregrad I aus"gehe.

Mann (Elektroinstallateurmeister). Ambulante Behandlung. MdE „maximal" 50 Tage 100 %, danach – so das LG – „war die ursprüngliche Bewegungseinschränkung nahezu normalisiert. Es bestand nur noch ein endgradiger Bewegungsschmerz". Zum Vortrag des Klägers hinsichtlich im HWS-Bereich erlittener Mikroverletzungen führte das LG aus: „Mikroverletzungen, die sich nicht bildlich darstellen ließen, seien die Grundlage einer HWS-Distorsion. Hier sei allerdings die Halswirbelsäule kein Mysterium. Die Gewebetypen verhielten sich biologisch im Körper überall gleich. MikroVerletzungen heilten nach etwa sechs Wochen folgenlos aus (…). Diesem überzeugenden Gutachten schließt sich das Gericht an".

Betrag: 1.300 € **Haftung: 100 %**
immVorb: – **MdE: –**

LG Saarbrücken 17.11.2010 – 9 O 332/05 = BeckRS 2013, 10412

5493

HWS-Syndrom. Wörtlich: „schweres Schleudertrauma" mit anfänglich starken, dann nachlassenden aber über einen langen Zeitraum anhaltenden Kopfschmerzen und immer wieder auftretendem Schwindelgefühl (sog. Taumelung).

Frau. Ambulante Heilbehandlung. MdE 10 Wochen 100 % und weitere 2 Monate 75 %. Während dieser Zeit konnte die Klägerin ihren Haushalt nicht bzw. später nur eingeschränkt führen und musste sich insofern von ihrer Nachbarin helfen lassen. Bei der Bemessung orientierte sich das AG ua an Urteilen des OLG Düsseldorf → Nr. 4989 und OLG Oldenburg → Nr. 5274 und wertete erhöhend „die Schwindelgefühle …, welche die Klägerin in der Lebensführung erheblich beeinträchtigt haben und als besonders belastend empfunden werden".

Betrag: 1.300 € **Haftung: 100 %**
immVorb: – **MdE: –**

AG Westerstede 8.3.2019 – 27 C 90/18 = unveröffentlicht

3969

HWS-Syndrom sowie Schürfwunde.

Mann (Handelsvertreter). MdE 5 Tage 100 % und weitere 14 Tage ambulante medikamentöse Behandlung. Regulierungsverzögerung.

Betrag: 1.300 € **Haftung: 100 %**
immVorb: – **MdE: –**

LG Fulda 19.3.2008 – 2 O 21/06 = BeckRS 2011, 10531

4704

HWS-Distorsion sowie diverse Prellungen (Schulterprellung, Oberarmprellung und Handprellung, jew. links)

Mann. Ambulante Heilbehandlung, langwierige Heilung von mindestens 90 Tagen Dauer (lt. unbewiesenem klägerischen Vortrag litt er sogar mehr als ein halbes Jahr).

Betrag: 1.400 € **Haftung: 100 %**
immVorb: – **MdE: –**

LG Ingolstadt 7.3.2012 – 33 O 22/11 = unveröffentlicht

4891

HWS-Syndrom 1.Grades sowie Prellungen (hier: Gesichtsprellung und Handprellung).

Mann. Ambulante Heilbehandlung. MdE 6 Tage 100 %.

Betrag: 1.500 € **Haftung: 100 %**
immVorb: – **MdE: –**

AG Waldbröl 25.9.2013 – 6 C 70/13 = unveröffentlicht

3682

HWS-Syndrom.

11j. Kind (Schülerin). MdE 1 Woche 100 %. Langwierige Heilbehandlung mit 7 ambulanten Terminen innerhalb von 9 Monaten. Es musste anfangs auch eine Schanz'sche Krawatte getragen werden. Das AG berücksichtigte, dass die Bewegungsbeeinträchtigungen und die Schmerzen für ein Kind besonders gravierend sind, zumal es nicht in der Lage sei, die Gesamtsituation rational zu verarbeiten.

Betrag: 1.500 € **Haftung: 100 %**
immVorb: – **MdE: –**

AG Landshut 4.12.2003 – 17 C 1908/03 = BeckRS 2003, 154654

6411

HWS-Syndrom (hier: HWS-Distorsion mit Druckschmerzen und Bewegungsschmerzen bzw. einer Einschränkung der Beweglichkeit im Halswirbelbereich).

Frau. Ambulante Behandlung, langwierige Heilbehandlung mit insgesamt 31 physikalischen Behandlungen.

Betrag: 1.500 € **Haftung: 100 %**
immVorb: – **MdE: –**

LG Augsburg 18.12.2007 – 4 S 2240/07 = BeckRS 2008, 5244

5892

HWS-Syndrom. Die Hausärztin attestierte: „Schädelprellung mit Gehirnerschütterung … HWS-Schleudertrauma und … muskuläres HWS-Syndrom sowie … Tinnitus". Der Tinnitus ließ sich jedoch nicht nachweisen.

Frau. Ambulante Heilbehandlung. MdE 21 Tage 100 %. Zur Bemessung führte das AG aus: „Wenn das Gericht davon ausgeht, dass die Klägerin durch den Unfall eine HWS-Distorsion verbunden mit einer Gehirnerschütterung und einigen Prellungen erlitten hat, ist insoweit nach Auffassung des Gerichts ein Schmerzensgeld in der Größenordnung von bis zu 1.000 EUR angemessen, erforderlich, aber auch ausreichend, um die hierdurch erlittenen Verletzungen und Beschränkungen, die zu einer Krankschreibung durch die Hausärztin für einen Zeitraum von 3 Wochen geführt haben, zu kompensieren. Eine besondere Intensität von Schmerzen oder Beeinträchtigungen durch die angeblich durch den Unfall hervorgerufenen körperlichen Schäden hat die Klägerin weder ihrer Intensität noch ihrer Dauer nach näher dargelegt. Soweit die Klägerin vorbringt es sei weiter ein Tinnitusschaden entstanden, mag hierfür – erneut bei Unterstellung der Unfallursächlichkeit – ein weiterer Betrag in einer Größenordnung von 500 EUR gerechtfertigt sein". Da außergerichtlich bereits 1.800 EUR geleistet worden waren, lag bereits eine Überzahlung vor.

Betrag: 1.500 € **Haftung: 100 %**
immVorb: – **MdE: –**

AG Bonn 14.3.2007 – 11 C 502/06 = BeckRS 2010, 2922

7279

HWS-Distorsion I. Grades mit Nackenschmerzen, Schmerzen im Bereich der Brustwirbelsäule sowie der Rückenmuskulatur.

Mann. Ambulante Heilbehandlung. MdE „von rund 6 Wochen". Das OLG wies in seinem Beschluss darauf hin, dass die Berufung des Kl. keinen Erfolg haben werde und betonte in diesem Zusammenhang, dass „sich das Schmerzensgeld an Urteilen für vergleichbare Fälle zu orientieren (vgl. BGH VersR 1970, 134; VersR 1976, 967)" habe.

Betrag: 1.500 € **Haftung: 100 %**
immVorb: Ja **MdE: –**

OLG Brandenburg 9.11.2021 – 12 U 226/20 = BeckRS 2021, 43971

5275

HWS-Syndrom.

Mann. Ambulante Heilbehandlung. MdE 7 Tage 70 % sowie weitere 7 Tage 50 %, anschließend 14 Tage 30 % sowie weitere zwei Wochen 20 % bzw. 10 %. DasOLG ging von einer durchschnittlichen HWS-Verletzung aus, die ein derartiges Schmerzensgeld rechtfertige.

Betrag: 1.500 € **Haftung: 100 %**
immVorb: – **MdE: –**

OLG Braunschweig 30.9.2014 – 7 U 26/11 = BeckRS 2014, 125419

5178

HWS-Syndrom (hier: HWS-Distorsion 2. Grades) mit vermehrter Muskelspannung (sogn. Myotonie).

50j. Frau. MdE 8 Tage 100 %. Langwierige Heilbehandlung mit 3 Monate dauernden Beschwerden; ambulante Heilbehandlung mittels Physiotherapie. Gegen die anfänglichen Schmerzen nahm die Klägerin Schmerzmittel. Degenerativer Vorschaden: Bandscheibenvorwölbung im Segmentbereich C5 – 7. Erhöhend wertete das AG die verletzungsbedingt nachgewiesene Urlaubsvereitelung.

Betrag: 1.500 € **Haftung: 100 %**
immVorb: – **MdE: –**

AG Darmstadt 28.4.2016 – 316 C 151/15 = unveröffentlicht

4289

HWS-Syndrom.

Mann (Fahrlehrer). Ambulante, langwierige Heilbehandlung mit zahlreichen physiotherapeutischen Behandlungen. MdE 6 Wochen 100 %.

Betrag: 1.500 € **Haftung: 100 %**
immVorb: – **MdE: –**

OLG Düsseldorf 29.8.2005 – 1 U 11/05 = BeckRS 2006, 2128

5744

HWS-Syndrom (hier: „ leichtgradigen Distorsionsschädigung der Halswirbelsäule").

Mann (Fahrlehrer). Ambulante Heilbehandlung: Der Kläger musste sich einer längeren Behandlungsmaßnahme – u.a. physiotherapeutischer Art – unterziehen. „In diesem Zusammenhang wirkt sich die Tatsache nicht anspruchmindernd aus, dass der Kl. … den nach einer Woche gescheiterten Versuch der Wiederaufnahme seiner Fahrlehrertätigkeit unternommen hat und dass dadurch verstärkt HWS-Beschwerden aufgetreten sind. Möglicherweise ist durch die vorzeitige arbeitsbedingte Belastung der Halswirbelsäule auch der Ausheilungsprozess verzögert worden", so das OLG.

Betrag: 1.500 € **Haftung: 100 %**
immVorb: – **MdE: –**

OLG Düsseldorf 29.8.2005 – I – 1 U 11/05 = BeckRS 2006, 2128

3401

HWS-Syndrom (hier: HWS-Distorsion mit Schulterprellung, Ellenbogenprellung sowie Prellung der rechten Hüfte, welche keiner besonderen weiteren Versorgung bedurften und neben Kühlung und Schonung lediglich die Verordnung von Schmerzmittel und eines Salbenverbandes zur Folge hatten.)

Mann. 1 Tag stationär. MdE 1 Monat 100 %. Komplikationsloser Heilungsverlauf. (Ursache: Motorradunfall).

Betrag: 1.500 € **Haftung: 100 %**
immVorb: – **MdE: –**

AG Essen 23.8.2005 – 24 C 436/04 = BeckRS 2005, 11353

3684

HWS-Syndrom sowie Prellungen und Zerrungen am Fuß / Achillessehnenzerrung.

Frau (Schülerin). 4 Wochen schmerzhafte Beeinträchtigungen.

Betrag: 1.500 € **Haftung: 100 %**
immVorb: – **MdE: –**

LG Freiburg 6.4.2004 – 3 S 203/03 = unveröffentlicht

4890

HWS-Syndrom.

Junge Frau (Schülerin). Ambulante Heilbehandlung; starke Schmerzen und daher Einnahme von Schmerzmitteln. MdE 14 Tage 100 %. Langwierige Heilbehandlung von insgesamt 6 Monaten.

Betrag: 1.500 € **Haftung: 100 %**
immVorb: – **MdE: –**

AG Hannover 9.7.2013 – 426 C 13171/11 = BeckRS 2013, 200797

5187

HWS-Syndrom mit vorübergehend erheblichen Beschwerden.

Frau. MdE 6 Wochen 100 %. Wörtlich: Im „Zeitraum von sechs Wochen erhebliche Wirbelsäulenbeschwerden …. Die Kl. war in dieser Zeit krankgeschrieben". [Anmerkung: Lesenswertes Urteil zur Nichtigkeit der Anordnung durch ein Verkehrszeichen: „Die Anordnung durch ein Verkehrszeichen 250 („Verbot für Fahrzeuge aller Art") kann ausnahmsweise nichtig sein, wenn die Anordnung – für jeden Verkehrsteilnehmer erkennbar – unsinnig ist (hier: Die Beschilderung erlaubt die Einfahrt in eine Sackgasse, verbietet aber die Ausfahrt aus der Sackgasse)."]

Betrag: 1.500 € **Haftung: 100 %**
immVorb: – **MdE: –**

OLG Karlsruhe 24.6.2015 – 9 U 18/14 = BeckRS 2015, 16171

3792

HWS-Syndrom, mittelschweres …, sowie Wirbelsäulenprellungen an der LWS und BWS und Schürfwunden an Knie und Unterschenkel.

37j. Mann. Keine – über die Einnahme von Schmerztabletten hinausgehende – ambulante Heilbehandlung. Beschwerden nach 6 Wochen abgeklungen.

Betrag: 1.500 € **Haftung: 100 %**
immVorb: – **MdE: –**

LG Köln 15.4.2008 – 8 O 270/06 = BeckRS 2008, 9325

7614

HWS-Syndrom „sowie deutliche Schürfwunden am Kopf".

Mann. Ambulante Behandlung – auch mittels Osteopathie. Das AG erachtete die klägerischerseits geforderten 2.500 EUR als überhöht an, da „nach den Feststellungen des Sachverständigen keine gravierenden Beeinträchtigungen" vorlagen.

Betrag: 1.500 € **Haftung: 100 %**
immVorb: – **MdE: –**

AG Offenbach 25.4.2023 – 391 C 11/23 = BeckRS 2023, 22786

3915

HWS-Syndrom mit Schmerzen im Nacken, Überkeit und stechenden Schmerzen bei bestimmten Bewegungen mit dem Kopf.

Mann. [Anmerkung: Mit der herrschenden BGH-Rspr. – vgl. BGH BeckRS 2008, 14743 = → Nr. 3914 – lehnt das LG bei geringfügiger Differenzgeschwindigkeit die Annahme der sog. Harmlosigkeitsgrenze ab und sprach dem Kl. ein Schmerzensgeld von 1.500 EUR zu.]

Betrag: 1.500 € **Haftung: 100 %**
immVorb: – **MdE: –**

LG Ravensburg 27.3.2008 – 1 S 216/07 = BeckRS 2011, 12682

3967

Prellungen (hier: Unterarmprellung; Beckenprellung und Brustkorbprellung.) sowie HWS-Syndrom.

Mann. MdE 10 Wochen arbeitsunfähig. Ambulante, langwierige Heilbehandlung von insgesamt 8 Monaten Dauer mittels Physiotherapie und medikamentöser Schmerzbehandlung.

Betrag: 1.500 € **Haftung: 100 %**
immVorb: – **MdE: –**

AG Aachen 22.11.2005 – 10 C 311/05 = unveröffentlicht

2598

HWS-Syndrom (hier: HWS-Distorsion, BWS-Distorsion und Funktionsstörung der Halswirbelsäule mit Kopf- und Nackenschmerzen).

Frau. MdE knapp 1 Monat 100 % und weitere 6 Wochen 50 %. Vorschaden: Chronisches HWS-Syndrom wirkt sich zutreffend „nicht mindernd“ aus!

Betrag: 1.534 € **Haftung: 100 %**
immVorb: – **MdE: –**

AG Bad Segeberg 1.10.1998 – 17 C 550/97 = BeckRS 1998, 31163048

2710

HWS-Syndrom (wörtlich: Distorsion der Hals- und Brustwirbelsäule sowie Funktionsstörung der Halswirbelsäule).

Frau. MdE 24 Tage 100 %, 14 Tage 50 % sowie „mehrere Monate“ noch „zu 20 %“ beeinträchtigt. Vorschaden: chronisches HWS-Syndrom! [Verweis auf Palandt 55. Aufl. vor 249 BGB Rn. 67].

Betrag: 1.534 € **Haftung: 100 %**
immVorb: – **MdE: –**

AG Bad Segeberg 1.10.1998 – 17 C 550/97 = BeckRS 1998, 31163048

2918

HWS-Syndrom (hier: HWS- und LWS-Prellung, aufgrund derer der Kl. erhebl., aber med. nicht bewiesene psychosomat. Beschwerden erlitten haben will; lt. OLG nicht „hinreichend wahrscheinlich“ und dem „Schadenereignis nicht mehr zurechenbar“).

Mann. 10 Tage stationär. [Lesenswert: Zur Zurechnung möglicher psychischer Folgeschäden, Begehrensneurosen und Konversionsneurosen nach HWS-Verletzungen.]

Betrag: 1.534 € **Haftung: 100 %**
immVorb: – **MdE: –**

OLG Düsseldorf 8.1.2001 – 1 U 87/99 = BeckRS 2001, 161602

3122

HWS-Syndrom „mit Schmerzausstrahlung in die rechte Schulter“) sowie Prellungen (hier: LWS-Prellung).

Mann. Ambulante Behandlung mit Schmerzmitteln. Streitgegenständlich waren zudem Folgebeschwerden, die erst 10 Tage nach dem Unfall während eines Tennisurlaubs auftraten. Diese wertete das LG jedoch nicht als unfallbedingt.

Betrag: 1.534 € **Haftung: 100 %**
immVorb: – **MdE: –**

LG Frankfurt a. M. 3.9.2001 – 2/18 O 400/99 = BeckRS 2001, 161923

3319

HWS-Syndrom, schweres mit starken, langandauernder Kopfschmerzenbeeinträchtigung.

Frau. MdE 17 tage 100 %, 1 Woche 50 %, vollständige Ausheilung nach weiteren 3 bis 4 Monaten.

Betrag: 1.534 € **Haftung: 100 %**
immVorb: – **MdE: –**

LG Heidelberg 16.4.1999 – 3 S 101/98 = BeckRS 1999, 158885

6265

HWS-Syndrom (hier: Schweres HWS-Schleudertrauma mit einer Gefügestörung im Segment C 4/C 5).

Frau. Mehrere Wochen ambulante Behandlung bei der die Klägerin eine sogenannte Schanz'sche Krawatte bzw. Halskrause tragen musste und Schmerzmittel benötigte. Langwierige Heilbehandlung mit elektro-physikallischer Therapie und Physiotherapie. [Ursache: HWS-Schleudertrauma bei seitlichem Aufprall und einer kollisionsbedingten Geschwindigkeitsdifferenz von 8 km/h].

Betrag: 1.534 € **Haftung: 100 %**
immVorb: – **MdE: –**

LG Landau 3.8.1999– 1 S 253/97 = BeckRS 9998, 17505

3678

HWS-Syndrom 1.Grades.

Mann. MdE 1 Monat 100 %, 4 Monate 20 % sowie weitere 8 Monate 10 %. Vorschaden: Degenerative HWS-Vorschädigung, die unfallbedingt im angegebenen Zeitraum intensiviert worden war.

Betrag: 1.534 € **Haftung: 100 %**
immVorb: – **MdE: –**

AG Recklinghausen 5.3.2002 – 57 C 297/00 = unveröffentlicht

6230

HWS-Syndrom (hier: „leichte bis unterhalb mittelgradige Distorsion der Halswirbelsäule“).

Frau. Ambulante Behandlung. MdE 60 Tage 100 %. Besondere Empfindlichkeit der Klägerin infolge gesundheitlicher Vorschäden. Anders als das LG sah das KG keine Mithaftung der Klägerin wegen deren Vorerkrankung und führte dazu aus: „Es besteht kein Grund, der Klägerin zu schätzenden Abzüge vom Schmerzensgeld zuzumuten mit der Begründung, sie sei schon vor der Kollision nicht beschwerdefrei gewesen: Nach den Ausführungen des Sachverständigen Prof. Dr. W., denen der Senat mit dem Landgericht folgt, ist die unfallbedingte Verschlimmerung zeitlich klar von der Grunderkrankung der Klägerin abgrenzbar“.

Betrag: 1.750 € **Haftung: 100 %**
immVorb: – **MdE: –**

KG 7.1.2008 – 12 U 111/07 = BeckRS 2009, 3168

3474

HWS-Syndrom mit lang andauernden immer wiederkehrenden Kopfschmerzen und Schwindelanfällen.

Frau. Langwierige Heilung. Schmerzbelastung über einen Zeitraum von etwas über 2 Jahre. Regulierungsverzögerung wurde erhöhend berücksichtigt. Ebenso berücksichtigte das OLG [Anmerkung: meiner Ansicht nach nicht unbedingt auf einen insofern relevanten Sachverhalt bezogen], „die Entwicklung der Rspr. zu einer großzügigeren Bemessung von Schmerzensgeld“; angesichts der langen Schmerzbeeinträchtigung fiel insofern das Schmerzensgeld eher gering aus.

Betrag: 1.750 € **Haftung: 100 %**
immVorb: – **MdE: –**

OLG Frankfurt a. M. 3.12.2001 – 23 U 181/00 = SP 2002, 163

5201

HWS-Syndrom (HWS-Stauchung) sowie Prellungen (hier: Knieprellung, Ellenbogenprellung und Brustkorbprellung.)

Mann. Ambulante Heilbehandlung. MdE 30 Tage 100 %. [Ursache: Verkehrsunfall, Kläger saß als Beifahrer im PKW].

Betrag: 1.800 € **Haftung: 100 %**
immVorb: – **MdE: –**

AG Dieburg 11.3.2015 – 20 C 715/14 = BeckRS 2015, 127853

6049

HWS-Syndrom in Form einer Verstauchung der Halswirbelsäule sowie eine Verstauchung des linken Knies und des rechten Ellenbogens und eine Brustkorbprellung.

Mann. Ambulante Heilbehandlung. MdE 27 Tage 100 %. Aufgrund der Heftigkeit des Aufpralls waren die erlittenen Verletzungen mit starken Bewegungsbeeinträchtigungen verbunden und in erheblichem Umfang schmerzbehaftet. Dieses Schmerzgeschehen hatte auch über den Zeitpunkt der 100 %igen Arbeitsunfähigkeit hinaus fortbestanden. [Der Kläger war Beifahrer in dem von seiner Ehefrau gesteuerten PKW; vgl. → Nr. 6048]

Betrag: 1.800 € **Haftung: 100 %**
immVorb: – **MdE: –**

AG Dieburg 11.3.2015 – 20 C 715/14 (21) = BeckRS 2015, 127853

3946

HWS-Syndrom, Brustkorbprellung und Unterarmprellung sowie psychische Beeinträchtigung.

Mann. MdE 5 Tage 100 % sowie weitere 4 Tage 80 %. Insgesamt litt der Kläger jedoch 4 Wochen an psychischen Beeinträchtigungen wie Schlafstörungen, Nervosität und Schweißausbrüchen.

Betrag: 1.956 € **Haftung: 100 %**
immVorb: – **MdE: –**

LG Augsburg 2.10.2007 – 4 S 208/07 = BeckRS 2007, 146032

6415

HWS-Syndrom, LWS-Syndrom in Form einer LWS-Kontusion, Schädelhirntrauma sowie zahlreiche Prellungen (hier: Schulterprellungen links, Brustkorbprellung, Hüftprellung links, Oberschenkelprelllung links sowie Fußgelenkprellung rechts). Zudem erhebliche psychische Beeinträchtigungen in Form einer posttraumatischen Belastungsstörung [PTBS] mit Albträumen und die Einschränkungen der Fahrfähigkeit.

Mann. 6 Wochen stationär aufgrund der – nach dem Unfall aufgetretenen – posttraumatischen Belastungsstörung, einer Agoraphobie sowie einer Dystymie. Insgesamt „zwei bis drei Monate" Schmerzen und Bewegungseinschränkungen.

Betrag: 2.000 € **Haftung: 100 %**
immVorb: – **MdE: –**

OLG Brandenburg 14.7.2008 – 12 W 15/07 = BeckRS 2008, 14680

7729

HWS-Syndrom (hier: „Leichte HWS-Distorsion 1. Grades mit schmerzhafter Bewegungseinschränkung" mit einer „gegebenenfalls dadurch verursachten Neigung zu Kopfschmerzen und Schwindel").

Frau. Ambulante Heilbehandlung. „Neigung zu Kopfschmerzen und Schwindel für den Zeitraum von einer Woche". Die Klägerin hatte bereits vor dem LG Hannover vorgetragen, sie habe unfallbedingt eine Bluterkrankung der Thrombotisch-Thrombozytopenischen Purpura (im Folgenden: TTP) erlitten und sich insofern auf das erleichterte Beweismaß des § 287 ZPO berufen. Das OLG Celle betonte jedoch insofern, mit Verweis auf BGH BeckRS 2019, 7656, dass hier – da es sich dabei nicht um einen Sekundärschaden handelt – der strenge Beweismaßstab des § 286 ZPO gelte und die Klägerin insofern den Nachweis, dass die TTP auf das streitgegenständliche Unfallgeschehen zurückzuführen ist, nicht habe führen können. Zur Schmerzensgeldbemessung bestätigte das OLG die des LG Hannover und verwies insofern auf die Urteile des OLG Brandenburg → Nr. 7279 und des LG Tübingen → Nr. 3633.

Betrag: 2.000 € **Haftung: 100 %**
immVorb: – **MdE: –**

OLG Celle 28.3.2025 – 14 U 163/24 = BeckRS 2025, 22370

4993

HWS-Syndrom ohne nähere Angaben sowie Prellungen (hier: Schädelprellung und Wirbelsäulenprellung).

Mann. Bei der Bemessung auf der Basis polnischen Rechts berücksichtigte gemäß des 33. Erwägungsgrundes Rom II VO, „dass die Klägerin ihren gewöhnlichen Aufenthalt im Inland hat, sodass gemäß Art. 363 § 2 ZGB das höhere Preisniveau in Deutschland gegenüber demjenigen in Polen zu berücksichtigen ist". [lesenswert zum Thema: Schmerzensgeldbemessung bei Verkehrsunfall in Polen und Klage vor deutschem Gericht nach Rom II VO Art. 4 (IPR)].

Betrag: 2.000 € **Haftung: 100 %**
immVorb: – **MdE: –**

AG Frankenthal 15.10.2014 – 3a C 158/13 = BeckRS 2014, 19633

4171

HWS-Syndrom in Form einer – vorschadenbedingt – nicht unerheblichen HWS-Distorsion.

Frau. Ambulante und langwierige Heilbehandlung von insgesamt 6 Wochen Dauer. Vorschaden: Degenerative HWS-Verletzung.

Betrag: 2.000 € **Haftung: 100 %**
immVorb: – **MdE: –**

LG Fulda 12.2.2009 – 2 O 157/07 = BeckRS 2009, 140107

4451

HWS-Syndrom.

34j. Frau. MdE 6 Wochen 100 %; 4 Wochen Schanz'sche Krawatte. Folgenlose Verheilung.

Betrag: 2.000 € **Haftung: 100 %**
immVorb: – **MdE: –**

OLG Koblenz 6.11.2006 – 12 U 342/02 = BeckRS 2007, 3467

4680

HWS-Syndrom mit Blockade des Iliosakralgelenks (sogn. ISG-Blockade) mit Schmerzen im Lendenwirbelbereich.

Mann. MdE 6 Wochen 100 %. Insgesamt litt der Kläger über einen Zeitraum von 6 Monaten unter Rückenschmerzen.

Betrag: 2.000 € **Haftung: 100 %**
immVorb: – **MdE: –**

AG München 29.1.2013 – 332 C 21014/12 = unveröffentlicht

3633

HWS-Syndrom 1.Grades, BWS-Distorsion und Brustwirbelquetschung.

Frau. MdE 1 Woche 100 %, 2 Wochen 20 % und weitere 4 Wochen 10 %.

Betrag: 2.000 € **Haftung: 100 %**
immVorb: – **MdE: –**

LG Tübingen 31.8.2006 – 1 O 195/05 = BeckRS 2011, 13099

5422

HWS-Syndrom

Frau (Reinigungsfachkraft). MdE 8 Wochen 100 %. Folgenlose Verheilung nach dieser Zeit. Weitere Beschwerden, die die Klägerin geltend machte, konnten dem Unfallereignis nicht zugeordnet werden. (Ursache: Auffahrunfall mit geringer Differenzgeschwindigkeit).

Betrag: 2.000 € **Haftung: 100 %**
immVorb: – **MdE: –**

LG Wiesbaden 14.11.2016 – 9 U 176/14 = BeckRS 2016, 112063

6089

HWS-Syndrom 1. Grades, das das LG als „einfache Halswirbelsäulendistorsion ersten Grades" bezeichnete. Die Klägerin behauptete zudem zu an Cephalgien, Bewegungseinschränkungen, Gleichgewichtsstörungen und Übelkeitsempfinden sowie behandlungsbedürftigen Schmerzen gelitten zu haben.

38j. Frau (Reinigungskraft). MdE 56 Tage 100 %. Zur Schmerzensgeldbemessung führte das LG aus: „Hiervon ausgehend ist das erkennende Gericht davon überzeugt, dass die von der Klägerin erlittene Verletzung spätestens nach acht Wochen ausgeheilt war. Vier bis sechs Wochen Rekonvaleszenz entsprechen dabei den in der Fachliteratur anzutreffenden Werten, weitere zwei Wochen mögen zugunsten der Klägerin wegen ihrer generellen körperlichen Konstitution angenommen werden. In der Gesamtschau rechtfertigt sich hieraus ein Schmerzensgeld von 2.000 EUR".

Betrag: 2.000 € **Haftung: 100 %**
immVorb: – **MdE: –**

LG Wiesbaden 14.11.2016 – 9 O 176/14 = BeckRS 2016, 112063

e) HWS über 2.000 EUR

3155

HWS-Syndrom; Prellungen (hier: Brustbeinprellung, Knieprellung, Ellenbogenprellung) sowie Fingerverletzung (hier: „offene Wunde am 4. Finger links").

Frau. Ambulante Behandlung im städtischen Krankenhaus. MdE 6 Wochen 100 % sowie weitere 6 Wochen 50 % und anschließend noch einige Zeit 25 % bis 20 %. Zeitweise auch psychische Beschwerden, die ebenfalls ärztlich behandelt wurden. HWS-Syndrom nur geringfügig.

Betrag: 2.045 € **Haftung: 100 %**
immVorb: – **MdE: –**

LG Aachen 30.12.2002 – 4 O 69/01 = NVZ 2003, 137

2879

HWS-Syndrom, die das OLG etwas widersprüchlich als „leichtgradig … mit maximal ein Jahr resultierenden Verletzungsfolgen" bezeichnete.

Frau. 1 Tag stationär, MdE 14 Tage 100 % und 50 Wochen 20 % wegen Kopfschmerzen, Brachialgie ua Beschwerden.

Betrag: 2.045 € **Haftung: 100 %**
immVorb: – **MdE: –**

OLG Hamm 4.8.1999 – 13 U 107/95 = BeckRS 2008, 23281

5717

HWS-Schleudertrauma – verbunden mit „Kopfschmerzen, Kribbelmissempfindungen in den Extremitäten und Verspannungen".

Frau. Ambulante Heilbehandlung. 6 Wochen Schanzsche Krawatte, MdE 7 Tage 100 %. Vorschaden an der Wirbelsäule. Die Unfallverletzung habe bei der Klägerin aufgrund der Vorschädigung zu stärkeren und länger andauernden Schmerzen geführt, als bei einem gesunden Patienten, jedoch keine richtungsgebende Verschlimmerung hervorgerufen. Das Tragen der Schanz'schen Krawatte habe sich auf den Heilungsprozess jedoch ungünstig ausgewirkt. Insgesamt kommt er zu dem Schluss, dass für ca. vier Wochen eine stärkergradige Verschlimmerung der Beschwerden, für weitere vier Wochen mittelgradige Beschwerden und weitere zwei Monate leichtgradige unfallbedingte Beschwerden vorgelegen haben mögen. Kribbelmissempfindungen und andersartige Beschwerden am Sketettsystem seien nicht unfallabhängig. Nach Auffassung des Gerichts ist diese falsche Therapie mit der Schanz'schen Krawatte den Beklagten als Ersatzpflichtigen zuzurechnen, da es sich um keinen ungewöhnlichen oder gar neuen selbstständigen Kausalverlauf handelt.

Betrag: 2.045 € **Haftung: 100 %**
immVorb: – **MdE: –**

AG Idar-Oberstein 8.7.2004 – 3 C 155/01 = BeckRS 2004, 31162961

6014

HWS-Syndrom in Form einer HWS-Distorsion 1. Grades der Einteilung nach Erdmann sowie Prellungen (Armprellung und Handprellung links).

Mann. MdE 42 Tage 100 % und 90 Tage 20 %.

Betrag: 2.250 € **Haftung: 100 %**
immVorb: – **MdE: –**

AG Köln 7.9.2007 – 261 C 636/04 = BeckRS 2014, 17913

2901

HWS-Syndrom bei bestehender Schwangerschaft. Beeinträchtigung des Hochzeittages [vgl. IMM-DAT Nummern 291 und 1518].

Frau. Die Schwangere verunglückte mit der Hochzeitskutsche. Der Hochzeitstag entfiel damit nahezu völlig. Bewertung mit 3.000 DM (für das verletzte Brautpaar insges.) zusätzlich.

Betrag: 2.301 € **Haftung: 100 %**
immVorb: – **MdE: –**

LG Görlitz 25.10.2000 – 4 O 116/00 = unveröffentlicht

3040

HWS-Syndrom mit Kopf- und Nackenschmerzen und weiteren nicht nachweislich unfallbedingten erheblichen Folgen.

58j. Mann. Ursache: Frontalkollision im Gegenverkehr. Vorgerichtlich wurden 4.500 DM Schmerzensgeld geleistet. [Anmerkung: „Erleidet ein Verkehrsteilnehmer mit degenerative vorgeschädigter HWS einen Unfall, sind die daraufhin eintretenden Beschwerden nicht unfallbedingt, wenn sie ohne den Unfall alsbald durch ein beliebiges Alltagsereignis ausgelöst worden wären", so das OLG; vgl. unter Stichwort: Vorschaden].

Betrag: 2.301 € **Haftung: 100 %**
immVorb: – **MdE: –**

OLG Hamm 2.10.2001 – 27 U 41/01 = BeckRS 2002, 326

2927

HWS-Syndrom, unfallbedingt leichtes ohne paravertebrale Bewegungseinschränkung und knöcherne Verletzungen jedoch mit unfallunabhängigem chronisch cerviko-brachio-cranialem Syndrom.

Mann. Geringe Differenzgeschwindigkeit von 6 km/h. [Lesenswert: Zur Zurechnung psychischer Folgeschäden, Begehrensneurosen und Konversionsneurosen nach HWS-Verletzungen.]

Betrag: 2.301 € **Haftung: 100 %**
immVorb: – **MdE: –**

OLG Hamm 10.3.2000 – 9 U 187/96 = BeckRS 9998, 40093

6416

HWS-Distorsion mit akuten Schmerzen im Nackenbereich links und im Bereich der Lendenwirbelsäule sowie erhebliche Schmerzen in der Lendenwirbelsäule. Posttraumatische Belastungsstörungen [PTBS] mit innerer Unruhe, nächtlichen Schweißausbrüchen, Albträumen, Angstattacken und Schlafstörungen.

Frau. Psychologische Behandlung.

Betrag: 2.400 € **Haftung: 80 %**
immVorb: – **MdE: –**

OLG Brandenburg 2.4.2009 – 12 U 214/08 = BeckRS 2009, 10345

6417

HWS-Syndrom, die das OLG als „lediglich leichte Beschleunigungsverletzung" bezeichnete. Aufgrund der Verletzung ergaben sich „psychische Folgewirkungen" bzw. psychische Beeinträchtigungen.

Mann (Freiberufler). MdE 40 Tage 100 %. Langwierige Heilbehandlung zu der das OLG bzw. der hierzu gehörte Sachversändige ausführte: „So ist in solchen Fällen, wie auch hier mit 124 Behandlungen bei dem Orthopäden Dr. Da, eine organische Übertherapie zu beobachten".

Betrag: 2.500 € **Haftung: 100 %**
immVorb: – **MdE: –**

OLG Bremen 1.4.2003 – 3 U 2/00 = BeckRS 2003, 17786

4714

HWS-Syndrom.

Mann. Ambulante Heilbehandlung. Folgenlose Verheilung innerhalb von 12 Wochen. Es bestand zudem eine – entschädigungslose (siehe Beck'sche Schmerzensgeldtabelle 11. Auflage VII 6 Neurosen = Rn. 253 ff.) – sogenannte Begehrensneurose.

Betrag: 2.500 € **Haftung: 100 %**
immVorb: – **MdE: –**

OLG Dresden 25.4.2012 – 7 U 1046/10 = BeckRS 2012, 214050

5291

HWS-Syndrom (hier: HWS-Distorsion 1.Grades mit sechsmonatigen Schulterschmerzen und Nackenschmerzen, die insbesondere bei Belastungen und Bewegungen auftraten. Schwindel und Ängste insbesondere beim Treppensteigen sowie teilweise spontan auftretenden stechenden Schmerzen.)

Mann. Ambulante Behandlung (Physiotherapie) mit verzögertem Heilungsverlauf / langwierige Heilbehandlung. Das OLG sah es als nachvollziehbar an, dass der Kläger anfangs seinen Haushalt nur unter Schmerzen bewältigen und nicht joggen konnte und dass er bei Auftreten der beschriebenen Schwindelzustände beim Treppensteigen Angst- und Panikattacken bekam. Dies und der verzögerte Heilungsverlauf führte zu Anhebung des Schmerzensgeldes.

Betrag: 2.500 € **Haftung: 100 %**
immVorb: – **MdE: –**

OLG Düsseldorf 1.4.2014 – 1 U 57/13 = BeckRS 2015, 11057

6041

HWS-Distorsion 1. Grades mit posttraumatischen erheblichen Beschwerden innerhalb der ersten 6 Monate nach dem Unfall wegen einer Vorschädigung. Die Beschwerden waren: Nacken- und Schulterschmerzen beim Bücken, Strecken und Heben, schmerzhaft eingeschränkte Rotation und Seitneigung der Halswirbelsäule sowie stechende, teils schlagartige Schmerzen mit Schwindelzuständen und Angst- und Panikattacken beim Treppensteigen.

Mann. Erstversorgung in Notfallpraxis. Später über mehrere Wochen 10 x physiotherapeutische Behandlungen. Langwierige Heilbehandlung wegen verzögertem Heilungsverlauf mit wiederkehrenden Schmerzen. [Degenerativer Vorschaden. Hierzu führte das OLG – im Einklang mit der Rechtsprechung des BGH – aus: „Wer einen gesundheitlich schon geschwächten Menschen verletzt, kann nicht verlangen, so gestellt zu werden, als wäre der Betroffene gesund gewesen"].

Betrag: 2.500 € **Haftung: 100 %**
immVorb: – **MdE: –**

OLG Düsseldorf 1.4.2014 – I-1 U 57/13 = BeckRS 2015, 11057

6418

HWS-Syndrom mit wiederholten Schmerzausstrahlungen von der rechten Nackenseite über den rechten Ellenbogen bis in den Kleinfinger der rechten Hand.

68j. Mann. Degenerativer Vorschaden im unfallbeeinträchtigten Wirbelsäulenbereich. Es kam unfallbedingt jedoch zu einer „Verschlimmerung der Vorschädigung mit der Ausbildung einer radikulären Symptomatik im Rahmen eines sogenannten C 8-Syndroms gekommen mit der Folge von – im Vergleich zum Vorzustand deutlich intensivierten – Bewegungs- und Schmerzbeeinträchtigungen", so das OLG.

Betrag: 2.500 € **Haftung: 100 %**
immVorb: – **MdE: –**

OLG Düsseldorf 10.11.2003 – 1 U 16/03 = BeckRS 2003, 30332741

4168

HWS-Syndrom und BWS-Syndrom sowie Schädelprellung.

Mann (LKW-Führer bei einem Entsorgungsbetrieb). MdE 1 Woche 100 %. Trotz dieser Arbeitsunfähigkeit verrichtete der Kläger zur Vermeidung des Arbeitsplatzverlustes seinen Dienst. Ambulante Heilbehandlung. Keine Folgeschäden.

Betrag: 2.500 € **Haftung: 100 %**
immVorb: – **MdE: –**

AG Erkelenz 10.3.2009 – 6 C 93/07 = BeckRS 2009, 44395

3849

HWS-Syndrom 2.Grades.

35j. Frau (Hausfrau). MdE 5 Wochen 100 %. Über den Zeitraum eines Jahres wurde eine zunächst 20 %ige und später – nach 6 Monaten – auf 10 % verminderte MdE attestiert. Erhöhend: Regulierungsverzögerung.

Betrag: 2.500 € **Haftung: 100 %**
immVorb: – **MdE: –**

AG Idar-Oberstein 27.4.2006 – 4 C 927/03 = BeckRS 2006, 138315

4713

HWS-Distorsion

Mann. Ambulante Behandlung. MdE 3 Wochen 100 % und weitere ca. 5 Wochen 40 %. Langwierige Heilbehandlung über einen Zeitraum von gut 6 Moanten.

Betrag: 2.500 € **Haftung: 100 %**
immVorb: – **MdE: –**

AG Karlsruhe-Durlach 20.12.2012 – 2 C 30/12 = unveröffentlicht

3599

HWS-Syndrom mit länger andauernden Gleichgewichtsstörungen, die erst nach 4 Wochen kompensiert waren.

Frau. MdE 4 Wochen 100 % sowie weitere 8 Wochen 40 %. Die Haushaltsführung der Klägerin war „in den ersten 4 Wochen vollständig aufgehoben". Die von der Klägerin begehrten 10.500,- Euro wies das OLG als „deutlich über dem Vertretbaren" zurück.

Betrag: 2.500 € **Haftung: 100 %**
immVorb: – **MdE: –**

OLG München 14.7.2006 – 10 U 2623/05 = BeckRS 2006, 8491

3734

HWS-Syndrom 1. bis 2.Grades.

Frau. Langwierige Heilbehandlung mit insgesamt 40 krankengymnastischen Behandlungen. MdE 8 Wochen 100 %. [Hinweis: Bezüglich des Feststellungsinteresses bezog sich das LG auf BGH NJW 2001, 1431 ff. wonach das Feststellungsinteresse nur dann verneint werden darf, sofern aus Sicht des Klägers bei verständiger Würdigung kein Grund bestehe, dass mit dem Eintritt eines Folgeschadens wenigstens zu rechnen sei].

Betrag: 2.500 € **Haftung: 100 %**
immVorb: Ja **MdE: –**

LG Offenburg 15.2.2005 – 1 S 167/04 = unveröffentlicht

4252

HWS-Syndrom der Stärke 1 – 2 (nach Erdmann).

Frau (Architektin). Ambulante Heilbehandlung. Die Beschwerden waren nach 6 Wochen zu 50 % abgeklungen und verheilten nach einigen weiteren Wochen vollständig.

Betrag: 2.500 € **Haftung: 100 %**
immVorb: – **MdE: –**

LG Traunstein 20.10.2008 – 7 O 2602/06 = BeckRS 2011, 13073

3140

HWS-Syndrom; Gehirnerschütterung sowie Steißbeinprellung.

Frau. 10 Tage stationär; eine Schanz'sche Krawatte musste 2 Monate lang getragen werden. Die Kl. versuchte darüber hinaus nach 5 Jahren weiteres Schmerzensgeld für ein angebliches Belastungssyndrom zu erlangen. Dies lehnte das OLG zutreffend mit der Begründung ab, die Kl. habe 3 Jahre nach dem Unfall die Fahrerlaubnis erworben und nehme seitdem selbst als Fahrzeugführerin am Straßenverkehr teil; dies aber stehe im Widerspruch zu den behaupteten posttraumatischen Störungen.

Betrag: 2.556 € **Haftung: 100 %**
immVorb: – **MdE: –**

OLG Braunschweig 7.5.2002 – 3 U 78/01 = NVZ 2003, 479

6147

HWS-Syndrom mit psychisch vermittelten Beschwerden / psychischen Beeinträchtigungen wie zeitweilige Kopfschmerzen, Ohrenrauschen, zeitweilige Schluckbeschwerden, Taubheitsgefühl in den oberen Extremitäten, ausstrahlende Nackenschmerzen und Schlafstörungen. Ersatzpflicht für seelisch bedingte Verletzungsfolgeschäden nach HWS-Trauma.

Mann. „Bei der Bemessung des Schmerzensgelds für psychisch vermittelte Beschwerden ist – insbesondere im Hinblick auf die insoweit zurücktretende Genugtuungsfunktion – gegenüber den üblicherweise für vergleichbare Schäden anzusetzenden Beträgen ein angemessener Abschlag vorzunehmen (hier: Schmerzensgeld von 5.000 DM für zeitweilige Kopfschmerzen, Ohrenrauschen, zeitweilige Schluckbeschwerden, Taubheitsgefühl in den oberen Extremitäten, ausstrahlende Nackenschmerzen und Schlafstörungen. ... Auch psychisch vermittelte Schäden (hier: infolge einer bei einem Verkehrsunfall erlittenen, relativ leichten HWS-Distorsion) sind grundsätzlich ersatzfähig; eine Zurechnung gegenüber dem Schädiger scheidet nur dann aus, wenn das Schadensereignis ganz geringfügig ist und nicht speziell auf die Schadensanlage des Verletzten trifft" [Zitat aus der Fundstelle].

Betrag: 2.556 € **Haftung: 100 %**
immVorb: Ja **MdE: –**

OLG Celle 29.7.1997 – 5 U 116/96 = BeckRS 9998, 3159

3126

HWS-Syndrom 1. Grades und Prellungen (hier Brustkobprellung.

Mann (Zimmerer). 26 Tage arbeitsunfähig. Weitere Beeinträchtigungen wurden als nicht unfallbedingt bewertet. Die Bekl. zahlte bereits vorprozessual 5.000 DM. Dies sah das AG „im Bezug auf die AU, … sonstige Folgeprobleme, etwa psychischer Art" für ausreichend an.

Betrag: 2.556 € **Haftung: 100 %**
immVorb: – **MdE: –**

AG Kassel 18.10.2001 – 420 C 6824/99 = unveröffentlicht

3288

HWS-Syndrom, schweres.

Mann. Dauerschaden: Bewegungseinschränkung der HWS mit einem Invaliditätsgrad von 20 %, wobei ein Vorschaden insofern mit 50 % miteinbezogen wurde. [Anmerkung: Der KH-Versicherer wollte nur 2.500 DM bezahlen].

Betrag: 2.556 € **Haftung: 100 %**
immVorb: – **MdE: –**

LG Magdeburg 1.3.2001 – 4 O 3272/00 = BeckRS 2001, 161960

5880

HWS-Syndrom und BWS-Syndrom mit Syndesmophytenfraktur C2/C3 [= knöcherne Ausziehungen, die den Außenrand der Zwischenwirbelscheiben umbauen]. Der Kläger beklagt „unspezifisch eine fortwirkende Bewegungseinschränkung der Halswirbel", so das OLG.

Mann. 8 Tage stationär. MdE 60 Tage 100 %. Das OLG sah die Verletzung als „erheblich" an und hielt „bei dieser Sachlage" ein Schmerzensgeld in Höhe von 2.600 EUR für angemessen.

Betrag: 2.600 € **Haftung: 100 %**
immVorb: – **MdE: –**

OLG Düsseldorf 26.5.2003 – I-1 U 239/02 = BeckRS 2010, 20274

6236

HWS-Syndrom in Form einer HWS-Distorsion 1. Grades „verbunden mit Kopfschmerzen, Schwindel und Bewegungseinschränkungen sowie evtl. auch eine Gehirnerschütterung" und eine Brustkorbprellung

Mann (Zahnarzt). Ambulante Behandlung. MdE von „2 bis maximal 2 1/2 Monaten, dann einer Minderung der Erwerbsfähigkeit von 20 % für weitere 2 Monate und danach eine Minderung der Erwerbsfähigkeit von 10 % bis zum Ablauf des ersten Jahres". [Anmerkung: Lesenswert zur Berechnung des unfallbedingten Verdienstausfalls eines selbstständigen Zahnarztes – siehe hierzu auch Jahnke jurisPR-VerkR 18/2010 Anm. 4].

Betrag: 3.000 € **Haftung: 100 %**
immVorb: – **MdE: –**

KG 21.6.2010 – 12 U 20/10 = BeckRS 2010, 19940

3458

HWS-Syndrom in Form einer HWS-Distorsion verbunden mit Wirbelsäulenprellungen im Bereich der LWS und BWS sowie einer reaktiven depressiven Angststörung.

Mann. 11 Tage stationär. Zudem ambulante Behandlungen. MdE 113 100 % wobei der Kläger während dieses Zeitraums „unter – zeitweise starken – Schmerzen sowie einer reaktiven depressiven Angststörung litt", so das OLG.

Betrag: 3.000 € **Haftung: 100 %**
immVorb: – **MdE: –**

OLG Düsseldorf 26.5.2003 – 1 U 239/02 = BeckRS 2010, 20274

6385

HWS-Syndrom sowie zahlreiche Prellungen.

Frau. Ambulante Behandlung mit Physiotherapie und weiterführenden Übungen für die Dauer von 6 Monaten in einem Fitnessstudio. „Für mehrfache medizinische Untersuchungen und Kontrollen musste sie Arztbesuche auf sich nehmen. Noch heute ist die Klägerin darauf angewiesen, mehrfach wöchentlich physiotherapeutische Übungen durchführen, um nicht unter unfallbedingten Schmerzen in Rücken- und Nackenbereich zu leiden. Zudem leidet sie bis heute [ergänze: 14 Monate nach dem Unfall] zeitweise unter Belastungsschmerzen im rechten Arm", so das LG.

Betrag: 3.000 € **Haftung: 100 %**
immVorb: – **MdE: –**

LG Köln 13.2.2007 – 2 O 65/06 = BeckRS 2008, 8840

5421

HWS-Syndrom mit Brustkorbprellungen und Schulterdistorsion links sowie sich aus den körperlich leichten Verletzungen verstärkender, jedoch bereits vorhandener depressiver Anpassungsstörung (depressive Anpassungsstörung).

Frau (Lehrerin). MdE 6 Wochen 100 %. Folgenlose Verheilung der körperlichen Schädigung. Die depressive Anpassungsstörung wurde durch den Unfall nicht ausgelöst sondern nur verstärkt. Deshalb wurde dies sowie die Versetzung in den Ruhestand nicht schmerzensgelderhöhend berücksichtigt. Dauerschaden: Depressive Anpassungsstörung. Dienstunfähig mit Versetzung in den Ruhestand.

Betrag: 3.000 € **Haftung: 100 %**
immVorb: – **MdE: –**

OLG Oldenburg 22.7.2016 – 6 U 30/16 = BeckRS 2016, 135434

4547

HWS-Syndrom, mittelschweres und Wirbelsäulenprellungen (hier: BWS-Prellung und LWS-Prellung mit Verspannungen).

39j. Mann (selbstständiger Elektroinstallationsmeister). 20 Tage stationär; anschließend 30–35 ambulante Heilbehandlungen. MdE 6 Monate 100 % und ca. 1 Monat 20 %. [Lesenswert und zutreffend zu § 287 ZPO und der richterlichen Überzeugungsbildung bei HWS-Verletzungsfolgen; siehe hierzu und zu den Grenzen des § 287 auch OLG Saarbrücken NJW-Spezial 2011, 297 sowie NJW-Spezial 2013, 299].

Betrag: 3.000 € **Haftung: –**
immVorb: – **MdE: –**

OLG Saarbrücken 28.2.2013 – 4 U 587/10 = BeckRS 2013, 6163

5977

HWS-Syndrom 2. Grades sowie „eine Prellung / Distorsion von BWS und LWS".

39j. Mann. 21 Tage stationär.Ambulante Heilbehandlung „über einen recht langen Zeitraum von nahezu 10 Monaten" mit 30–35 Terminen. [Lesenswert zur richterlichen Überzeugungsbildung bei HWS-Verletzungsfolgen: „Auch wenn das medizinische Erfahrungswissen zum sicheren Nachweis leichtgradiger Verletzungsfolgen und hieraus resultierender fortdauernder Beschwerden (hier: andauernde Beschwerden nach allenfalls mittelgradiger HWS-Distorsion) nicht in der Lage ist, kann das Gericht am Maßstab des § ZPO § 287 ZPO seine Überzeugung von der Wahrheit der zu beweisenden Tatsache insbesondere auf die Glaubhaftigkeit und Plausibilität des Klägervortrag stützen. (amtlicher Leitsatz)"].

Betrag: 3.000 € **Haftung: 100 %**
immVorb: – **MdE: –**

OLG Saarbrücken 28.2.2013 – 4 U 587/10-182 = BeckRS 2013, 6163

5078

HWS-Syndrom, erhebliches.

Frau. 3 Tage stationär. MdE „für die ersten drei Monate eine Einschränkung von 20 %, für weitere drei Monate von 10 %", so das LG. Ursache: Auffahrunfall: Die Beklagte fuhr mit ca. 20 km/h auf den stehenden PKW auf, in dem die Klägerin saß. [Lesenswert zum Thema Haushaltsführungsschaden – siehe insofern auch die Urteilsanmerkung von Kääb in FD-StrVR 2016, 375123].

Betrag: 3.000 € **Haftung: 100 %**
immVorb: – **MdE: –**

LG Tübingen 27.10.2015 – 5 O 155/14 = BeckRS 2015, 20958

2473

HWS-Syndrom / Wirbelsäulenverletzung (hier: HWS-Syndrom mit Einblutung in der Nackenmuskulatur; Lendenwirbelsäulenquetschung mit Bandscheibenverletzung [Bandscheibenvorfall], Brustwirbelsäulenquetschung [wörtlich: Brustwirbelsäulenkontusion]).

Mann, älterer. Ambulante Heilbehandlung. Erheblicher Vorschaden: Degenerativer Wirbelsäulenschaden. Unfall nur „Gelegenheitsursache ..., die zum frühen Eintritt der Folgen" führte.

Betrag: 3.068 € **Haftung: 100 %**
immVorb: – **MdE: –**

OLG München 5.12.1997 – 10 U 2495/97 = BeckRS 1997, 127051

3326

HWS-Syndrom (hier: leichtgradige Distorsionsschädigung der HWS, die sich jedoch wegen eines Vorschadens schwerwiegend auswirkte).

Mann. MdE gut 6 Wochen 100 %. 30 ärztliche sowie 40 krankengymnastische Behandlungen. Langwierige Heilbehandlung; insofern führte das OLG aus, „diese Primärverletzung hat zu einer langanhaltenden gesundheitlichen Beeinträchtigung der Kl. geführt". Wegen eines degenerativen Vorschadens wirkten die Beeinträchtigungen „weit über die übliche Rekonvaleszenzzeit hinaus". [Anmerkung: Der Betrag von 3.278 EUR ergibt sich aus zunächst bezahlten 2.500 DM und vom OLG zuerkannten 2.000 EUR].

Betrag: 3.278 € **Haftung: 100 %**
immVorb: Ja **MdE: –**

OLG Düsseldorf 29.3.2005 – 1 U 176/03 = BeckRS 2005 04569

3857

HWS-Syndrom, schweres mit erheblicher Bewegungsbeeinträchtigung der HWS sowie Schwindel und Ohrgeräuschen.

Mann. Der Kläger litt für die Dauer eines Jahres unter den oben angegebenen Beschwerden.

Betrag: 3.500 € **Haftung: 100 %**
immVorb: – **MdE: –**

OLG Brandenburg 8.3.2007 – 12 U 48/06 = BeckRS 2009, 7235

4720

HWS-Syndrom mit psychischer Fehlverarbeitung.

42j. Mann (Außendienstmitarbeiter). 3 Wochen stationär. Langwierige ambulante Heilbehandlung. 6 Wochen „Schanzsche Krawatte". Psychische Fehlverarbeitung.

Betrag: 3.500 € **Haftung: 100 %**
immVorb: – **MdE: –**

OLG Frankfurt a. M. 31.8.2012 – 19 U 68/02 = BeckRS 2014, 12438

5566

HWS-Syndrom nach Auffahrunfall. Die bei der Kollision auf den Körper der Klägerin einwirkenden Kräfte waren „vergleichsweise gering und für die bei der Klägerin durch den Unfall verursachten Beschwerden bestehende degenerative Vorschäden mitursächlich gewesen ...".

Frau. MdE in den ersten sechs Monaten nach dem Unfall 50 %. Degenerativer Vorschaden an der Wirbelsäule, den der vom OLG eingeholte Gutachter als „krass" bezeichnet worden war. Das OLG bestätigte die Entscheidung des LG Dortmund. [Anmerkung: Die Entscheidung des OLG Hamm ist für die Praxis hinsichtlich der Relevanz von Vorschädigungen für Schmerzensgeldbemessung von erheblicher Bedeutung, worauf Kääb (FD-StrVR 2018, 407191) zutreffend hinweist und ausführt: „Natürlich hat kein Schädiger ein Recht, nur gesunde zu verletzen, aber bei Ausgleichs- und Genugtuungsfunktion sind vorhandene Gesundheitsbeeinträchtigungen und damit die Schadenanfälligkeit zu berücksichtigen. Dies ergibt sich aus der hier vorgelegten Entscheidung sehr deutlich".

Betrag: 3.500 € **Haftung: 100 %**
immVorb: – **MdE: –**

OLG Hamm 13.4.2018 – 7 U 4/18 = BeckRS 2018, 13382

7319

HWS-Syndrom, das das LG als ein „starkes HWS-Syndrom" ... nach „Frontalkollision, mit erheblich anderer, auch subjektiv-psychischer Auswirkung" bezeichnet hatte. In der Folge kam es zu Schwindel und Angstzuständen.

70j. Mann. Nach längstens 8 Wochen vollständige Ausheilung. Die vom LG beauftragten Gutachter kamen zum Ergebnis, „dass aus neurologischer und psychiatrischer Sicht keinerlei Folgen des Unfalls zurückgeblieben sind und es sich bei den primären Verletzungen um ein starkes HWS-Syndrom gehandelt haben kann, was im Einklang mit der Kollisionsgeschwindigkeit zu bringen ist", so das LG.

Betrag: 3.500 € **Haftung: 100 %**
immVorb: Ja **MdE: –**

LG Tübingen 15.9.2022 – 5 O 29/21 = BeckRS 2022, 23875

5386

HWS-Syndrom 1.Grades mit den üblichen Folgebeschwerden: „Hierzu zählten bei Halswirbelsäulendistorsionen des niedrigsten Schweregrades unmittelbar oder nach einer kurzen zeitlichen Latenz von Stunden oder ein bis zwei Tagen auftretende Kopf-, Nacken- oder Schultergürtelschmerzen, Schwindelgefühle, vorübergehende sensible Mißempfindungen in der Peripherie, Muskelverspannungen und Myogelosen, sowie Halswirbelsäulenbeweglichkeitseinschränkungen. Derlei Symptome und Befunde sind auch bei der Klägerin unmittelbar nach dem Unfallgeschehen ärztlicherseits dokumentiert worden", so das LG wörtlich.

Frau (Selbstverteidigungstrainerin). Nach „rund neun Wochen“ war die Verletzung „ausgeheilt“, so das LG. Zur Höhe des Schmerzensgeldes führte das LG aus: „Den Beklagten ist zwar zuzugeben, daß die Höhe des erstinstanzlich ausgeurteilten Schmerzensgeldes eher im oberen Bereich dessen angesiedelt sein mag, was in Fällen der einschlägigen Art ausgeurteilt zu werden pflegt. Der Ansicht der Beklagten, daß das Erstgericht mit dem von ihm für angemessen erachteten Schmerzensgeld den hinsichtlich der Schmerzensgeldhöhe zu konstatierenden Rahmen, wie er von vergleichbaren Entscheidungen vorgezeichnet wird, in jeder Hinsicht verlassen hätte, kann nicht nähergetreten werden“.

Betrag: 3.500 € **Haftung: 100 %**
immVorb: – **MdE: –**

LG Wiesbaden 6.3.2018 – 9 S 34/14 = BeckRS 2018, 4499

3323

HWS-Syndrom mit behaupteten Folgen von Taubheitsgefühlen an den linken Gliedmaßen und psychische Beeinträchtigungen.

Mann (Erwerbsunfähiger Arbeitsloser). Der Kl. war wegen eines Vorschadens erwerbsunfähig. Das OLG sah – nach dem Wahrscheinlichkeitsmaßstab des § 287 ZPO – die durch das unstreitig vorhandene HWS-Syndrom behaupteten weiteren Folgen (s.o.) nicht als erwiesen an. [Anmerkung: Das Urteil ist für Fälle der Haftung des Zweitschädigers sehr lesenswert! Vgl. hierzu auch BGH BeckRS 2005, 6269, → Nr. 3322].

Betrag: 3.579 € **Haftung: 100 %**
immVorb: – **MdE: –**

OLG Koblenz 18.4.2005 – 12 U 609/02 = BeckRS 2005, 5350

7272

HWS-Distorsion mit Kopfschmerzen, Schwindel, Konzentrationsstörungen bzw. kognitive Einschränkungen (Seh- und Konzentrationsschwäche, Schwäche in der rechten Hand und dem rechten Bein, Übelkeit, Aufmerksamkeitsstörung, Einschränkung des Gedächtnisses) zudem kam es zu einer Verschlechterung der vorbestehenden Migräne in eine Migräneerkrankung ohne Aura.

Frau. Die Beschwerden sind „regelmäßig in einigen Wochen bis maximal 6 Monaten abgeklungen.“ Bei der Bemessung berücksichtigte das LG die bestehende Vorschädigung.

Betrag: 4.000 € **Haftung: 100 %**
immVorb: – **MdE: –**

OLG Brandenburg 6.7.2023 – 12 U 28/22 = BeckRS 2023, 20321

4024

HWS-Syndrom

Frau. Ambulante, langwierige Heilbehandlung mit wochenlanger Krankengymnastik. MdE 3 Moante 100 % und weitere 6 Monate abfallend.

Betrag: 4.000 € **Haftung: 100 %**
immVorb: – **MdE: –**

OLG Celle 8.7.2004 – 14 U 258/03 = BeckRS 2004, 152814

4721

HWS-Syndrom bei degenerativem Vorschaden

Frau. Ambulante Heilbehandlung / langwierige Heilbehandlung, die sich über den Zeitraum von ca. einem Jahr erstreckte. [HWS-Syndrom bei degenerativem Vorschaden].

Betrag: 4.000 € **Haftung: 100 %**
immVorb: – **MdE: –**

OLG Hamburg 1.6.2012 – 15 U 5/12 = BeckRS 2012, 214042

6125

HWS-Syndrom 1. Grades mit postraumatischen psychischen Beeinträchtigungen.

Frau. 6 Tage stationäre Behandlung. Zuvor und anschließend ambulante Heilbehandlung mit krankengymnastischen Bewegungsübungen, Injektionsbehandlungen und Hochvolttherapien. Die Klägerin suchte darüber hinaus diverse Male einen Heilpraktiker / Chiropraktiker und Osteopathen auf. „Seit dem Unfalltag befindet sich die Klägerin, die über umfängliche gesundheitliche Beschwerden wie etwa totale körperliche Schwäche, insbesondere Kopfhalteschwäche, extreme Geräusch- und Lichtempfindlichkeit, starke Schmerzen beim Bewegen des Kopfes, Bewusstseinsstörungen, Gangunsicherheiten etc. klagt, in ständiger ambulanter medizinischer Behandlung bei Ärzten unterschiedlicher Fachrichtungen“, so das OLG.

Betrag: 4.000 € **Haftung: 100 %**
immVorb: – **MdE: –**

OLG Hamm 29.3.2017 – 13 U 78/11 = BeckRS 2017, 152190

4004

HWS-Syndrom, erhebliches. Erhebliche Kopfschmerzen frontal sowie Nackenschmerzen.

Frau. Ambulante Behandlung. Langwierige Heilbehandlung über einen Gesamtzeitraum von 8 Monaten. „Für den Nachweis, dass Verletzungsfolgen unfallbedingt sind, ist weder bei der haftungsbegründenden noch bei der haftungsausfüllenden Kausalität ein „objektiver“ Beweis im Sinn eines medizinisch-naturwissenschaftlichen Veränderungsnachweises gegenüber der Situation vor dem Unfall erforderlich“, so das LG.

Betrag: 4.000 € **Haftung: 100 %**
immVorb: – **MdE: –**

LG Heidelberg 11.9.2009 – 3 S 9/09 = BeckRS 2009, 25221

6120

HWS-Syndrom ohne unfallbedingte neurologische Schäden.

Frau. MdE 42 Tage 100 % und 30 Tage 50 % für weitere 60 Tage von 20 % und für 30 Tage von 10 %. Folgenlose Verheilung „nach 5 1/2 Monaten“, so das OLG.

Betrag: 4.000 € **Haftung: 100 %**
immVorb: – **MdE: –**

OLG München 22.12.2017 – 10 U 429/17 = BeckRS 2017, 137098

3649

HWS-Syndrom

Frau. Kein Schmerzensgeldanspruch über das Geleistet hinaus wegen Abfindungsvergleich: Die Kl. begehrt von der Bekl. als Haftpflichtversicherer neben bereits gezahlten 8000 DM ein weiteres Schmerzensgeld sowie die Feststellung, dass die Bekl. verpflichtet ist, ihr den immateriellen zukünftigen Schaden zu erstatten, der ihr auf Grund eines Verkehrsunfalls, der sich am 13.2.1995 ereignet hat, entstanden ist. Die Kl. erlitt auf Grund des Verkehrsunfalls u.a. ein Schleudertrauma an der Halswirbelsäule, verbunden mit verschiedenen Beschwerden. Das LG hat der Kl. ein weiteres Schmerzensgeld in Höhe von 16000 Euro zusätzlich zu dem bereits geleisteten Schmerzensgeld zugesprochen und dem Feststellungsantrag stattgegeben. Die Berufung der Bekl. führte zur Klagabweisung. „Werden in einem Abfindungsvergleich weitere immaterielle Ersatzansprüche im Fall einer Verschlechterung der Beschwerden vorbehalten und wird dabei zugleich auf BGH Vers 80, 975 hingewiesen, kann ein weiteres Schmerzensgeld nur dann verlangt werden, wenn Verletzungsfolgen eintreten, die … bei der urspr. Bemessung … noch nicht eingetreten waren oder deren Eintritt noch nicht oder nicht ernstlich zur rechnen war", so das OLG.

Betrag: 4.090 € **Haftung: 100 %**
immVorb: – **MdE: –**

OLG Jena 9.8.2006 – 7 U 289/06 = BeckRS 2007, 1486

4027

HWS-Syndrom mit leicht aufgeplapptem Wirbelsäulensegment C-5 und C-6 sowie langanhaltenden Nackenschmerzen und Kopfschmerzen. Knieprellung.

Mann. Ambulante, langwierige Heilbehandlung. Grobe Fahrlässigkeit aufseiten des Beklagten.

Betrag: 4.090 € **Haftung: 100 %**
immVorb: – **MdE: –**

OLG Nürnberg 13.12.2000 – 4 U 4590/99 = BeckRS 2001, 2312

5330

HWS-Syndrom (hier: HWS-Distorsion mit Kopfschmerzen, Rotationseinschränkung bezüglich der Halswirbelsäule und des Kopfes sowie „Kribbeln, Taubheitsgefühl und Schwindelattacken").

Frau. Ambulante Heilbehandlung mit Cervicalstütze, die die Klägerin für die Dauer von nahezu 3 Monaten trug. Die Klägerin war somit „über einen Zeitraum von 3 Monaten … bei der Durchführung körperlicher Tätigkeiten eingeschränkt", so das LG. (vgl. auch Suchwort: Schanzsche Krawatte), Physiotherapie mit „zahlreichen Terminen" sowie medikamentöser Therapie. [Anmerkung: Das LG verwies zunächst auf Erfordernis und Ausprägung des § 286 ZPO, setzte sich sodann mit der kollisionsbedingten Geschwindigkeitsdifferenz (Stichwort: Harmlosigkeitsgrenze) auseinander und stellte das Vorliegen der für ein HWS-Syndrom typischen Beschwerdesymptomatik fest. Sodann betonte es – unter dem Stichwort des Zurechnungszusammenhangs – zutreffend, dass die ggf. ärztlicherseits fehlerhaft indizierte Schanzsche Krawatte bzw. die hieraus resultierenden Folgen, dem Beklagten zuzurechnen sind und entsprach mit 4.500 EUR exakt dem von der Klägerin als angemessen vorgetragenen Schmerzensgeldbetrag.] Das Urteil wurde eingereicht durch Rechtsanwalt Rudolf Günter, Wotaxlaw, Aachen.

Betrag: 4.500 € **Haftung: 100 %**
immVorb: Ja **MdE: –**

LG Aachen 22.3.2017 – 8 O 175/14 = BeckRS 2017, 123448

4452

HWS-Syndrom 2.Grades.

Mann. MdE 5 Monate 100 %. Weitere 4 Monate 30 % sowie anschließend 4 Monate 20 % und schließlich noch 12 Monate 10 %. Langwierige Heilbehandlung.

Betrag: 4.500 € **Haftung: 100 %**
immVorb: – **MdE: –**

KG 4.6.2007 – 12 U 173/02 = BeckRS 2007, 32539

7110

HWS-Syndrom „mittleren Grades" mit der Folge eine Kyphose [Buckelbildung] und lokalen Beschwerden im Nackenbereich durch ständige Nacken- und Kopfschmerzen mit Schlafstörungen und Kribbelparästhesien im linken Arm.

Frau. Ambulante Behandlung über einen Zeitraum von 8 Wochen. Anschließend litt die Klägerin über einen Zeitraum von ca. 6 Monaten an erst langsam aber nicht vollständig abklingenden Verspannungen mit Nackenschmerzen und Druckschmerzen (Verzögerter Heilungsverlauf / Langwierige Heilbehandlung). 4 Monate 100 %. Dauerschaden: Buckel [= Kyphose] und bleibenden Schulter- und Nackenschmerzen, die sich im Auftreten von Verhärtungen bei längeren Autofahrten und Schwierigkeiten beim schmerzfreien Schlafen wie auch bei Einschränkungen der Beweglichkeit der Halswirbelsäule bemerkbar machen. Das LG hatte in erster Instanz „in die Schmerzensgeldberechnung neben dem Grundschaden einer HWS-Distorsion auch die verzögerte Heilung der Klägerinnen und die Einstellung eines Dauerschadens mitberücksichtigt." Das OLG bestätigte dies mit seinem Hinweisbeschluss vollumfänglich.

Betrag: 5.000 € **Haftung: 100 %**
immVorb: Ja **MdE: –**

OLG Brandenburg 20.10.2022 – 12 U 159/22 = BeckRS 2022, 39961

6419

HWS-Syndrom in Form einer HWS-Distorsion in deren Folge es – so das OLG mit Verweis auf ein nervenärztliches Gutachten – zu einer posttraumatischen Belastungsstörung [PTBS] und daraus resultierend „zu einer richtungsweisenden Änderung der gesamten Leistungsfähigkeit" kam, die sich „nicht nur beruflich, sondern auch im übrigen Leben" niedergeschlagen hat.

Frau. Sie trug vor, unfallbedingt eine posttraumatische Belastungsstörung und eine anhaltende somatoforme Schmerzstörung mit Dauerkopfschmerz, einer muskulären Schwächung der rechten Körperseite, einem starken Erschöpfungsgefühl, erheblichen Konzentrationsstörungen, innerer Unruhe und Ängsten, Alpträumen, Einschlaf- und Durchschlafstörungen, erhöhter Reizempfindlichkeit, insbesondere durch Geräusche und Verlust des Geruchssinns erlitten zu haben. Das OLG gab dem Prozesskostenhilfeersuchen statt, da „die Ansprüche der Klägerin … hinreichend belegt" seien und auch „das geltend gemachte Schmerzensgeld von 5.000 Euro … in Anbetracht der diagnostizierten Einschränkungen und Beschwerden nicht von vornherein unverhältnismäßig" sei.

Betrag: 5.000 € **Haftung: 100 %**
immVorb: Ja **MdE: –**

OLG Celle 30.8.2007 – 14 W 19/07 = BeckRS 2008, 2079

7771

HWS-Distorsion mittlerer Schwere, jedoch mit der Besonderheit einer langwierigen Heilbehandlung wegen Kyphosebildung (= Ausbildung eines Buckels) und erheblichen Beschwerden im Bereich der Schulter- und Nackenmuskulatur, die periodisch auch noch zwei Jahre nach dem Unfall auftraten.

Frau. Ambulante Behandlung. Arbeitsunfähigkeit bestand für insgesamt 73 Tage. Das LG merkte dazu an, dass „eine solch lange und verzögerte Beschwerdesymptomatik aufgrund einer HWS-Distorsion mittleren Grades … zwar nicht häufig [sei], … jedoch aufgrund der Individualität des menschlichen Körpers auch nicht ausgeschlossen" werden könne. Bei der Schmerzensgeldbemessung hatte das LG „neben dem Grundschaden einer HWS-Distorsion auch die verzögerte Heilung der Klägerinnen und die Einstellung eines Dauerschadens" mitberücksichtigt. mitberücksichtigt. Dauerschaden: Ausbildung eines Buckels bzw. einer sog. Kyphose, wobei insofern die immer wieder eintretende Fehlhaltung – so das LG – „zu den andauernden muskulären Verspannungen" führe. [Anmerkung: Die Klägerin hatte mindestens 3.000 EUR Schmerzensgeld gefordert].

Betrag: 5.000 € **Haftung: 100 %**
immVorb: Ja **MdE: –**

LG Frankfurt (Oder) 26.7.2022 – 12 O 78/21 = BeckRS 2022, 39962

7616

HWS-Syndrom 1. Grades iVm einem sog. Hochrasanztrauma (als Folge einer Frontalkollision und einem „Schockmoment") sowie ein stumpfes Bauchtrauma sowie Abschürfungen an der linken Hand und am Beckenkamm.

Mann. Stationäre Heilbehandlung. MdE 5 Tage 100 %, 8 Tage 70 %, 8 Tage 40 %, 7 Tage 20 % sowie 6 Tage 10 %. Bei der Schmerzensgeldbemessung berücksichtigte das LG neben der stufenweise eingeschränkte Erwerbsfähigkeit auch, „dass das Unfallgeschehen [hier: Frontalzusammenstoß] dramatisch war" und führte dazu aus: „Die Lichtbilder belegen im Übrigen die Heftigkeit der Kollision und den Umstand, dass es tatsächlich „Glückssache" war, dass keine gravierenderen Verletzungen auftraten. Diesem „SchockMoment" trägt die Kammer im Rahmen ihres durch § 287 ZPO eröffneten Ermessens mit einer moderaten Erhöhung des üblichen Schmerzensgeldbetrages Rechnung." [Anmerkung: Die KH-Versicherung hatte 750 EUR gezahlt; der Kläger hatte mindestens 10.000 EUR gefordert].

Betrag: 5.000 € **Haftung: 100 %**
immVorb: Ja **MdE: –**

LG Hildesheim 7.4.2023 – 5 O 305/21 = BeckRS 2023, 44654

3521

HWS-Syndrom mit nachfolgender Schmerzstörung, somatoforme …

Frau. Infolge der Verletzung bildete sich eine „somatoforme Schmerzstörung" heraus, „der ein eigener Krankheitswert zukommt". MdE 3 Monate 100 %, 5 Wochen zu 50 % „und etwa 3 Monate in Höhe von 30 %".

Betrag: 5.000 € **Haftung: 100 %**
immVorb: – **MdE: 10 %**

OLG Köln 25.10.2005 – 4 U 19/04 = BeckRS 2005, 13344

4121

HWS-Syndrom, schweres mit deutlichen Kopfschmerzen und Nackenschmerzen.

Frau. 2 Tage stationär. MdE 6 Monate 100 %. Langwierige Heilbehandlung. Starke Schmerzen.

Betrag: 5.000 € **Haftung: 100 %**
immVorb: – **MdE: –**

AG Wiesbaden 26.3.2010 – 93 C 3695/05 = BeckRS 2010, 144736

2954

HWS-Syndrom 2.Grades und Gehirnerschütterung jedoch mit nachfolgender Halbseitensymptomatik, Schwindel, Gehbehinderung als Folge einer Konversionssymptomatik.

Frau. 17 Tage stationär. Konversionsneurosebedingte Halbseitensymptomatik. [Lesenswert: Unfallbedingten Verschlechterung psychischer Erkrankungen; Psychische Vorschädigung].

Betrag: 5.113 € **Haftung: 100 %**
immVorb: Ja **MdE: –**

OLG Hamm 21.8.2000 – 6 U 149/99 = BeckRS 9998, 4157

3753

HWS-Syndrom mit posttraumatischen psychischen Beeinträchtigungen.

Mann. Ambulante, langwierige Heilbehandlung. MdE 3 Wochen 100 %, weitere 4 Wochen 20 % und zwei weitere Jahre 10 % wegen Depressionen.

Betrag: 5.113 € **Haftung: 80 %**
immVorb: – **MdE: 20 %**

LG München I 28.3.2000 – 19 O 18187/97 = BeckRS 2000, 168536

6420

HWS-Syndrom 1. Grades und HWS-Distorsion mit Kopfschmerzen, Konzentrationsstörungen, Schwindelgefühl sowie eingeschränkte Beweglichkeit der HWS. Zudem erlitt der Kläger Prellungen (hier: Ellenbogenprellung mit Schleimbeutelverletzung und eingeschränkter Ellenbogenbeweglichkeit mit Streckdefizit rechts von 20°; Muskelhypotrophie des rechten Oberarms im Seitenvergleich von 1 cm am Unterarm und am Handgelenk von jeweils ½ cm mit Verminderung des Mittelhandumfangs rechts von 2 cm sowie Prellungen der rechte Schläfe und Prellungen des rechtes Beins).

46j. Mann. Prädisposition des Geschädigten. Das OLG – ohne Berücksichtigung der Vorerkrankung – ein Schmerzensgeld von 15.000 EUR angemessen und führte im Weiteren dazu aus: „Aufgrund der Vorerkrankung des Klägers ist im vorliegenden Fall hingegen ein deutlicher Abschlag (80 Prozent) indiziert: Schon der Umstand, dass das erlittene Unfallgeschehen die Grenze einer Bagatellverletzung nicht deutlich überstieg, erfordert eine spürbare Korrektur der Schmerzenhöhe. Weiterhin war zu berücksichtigen, dass die Manifestation der Schmerzstörung nach der überzeugenden Einschätzung des Sachverständigen Prof. N. ganz wesentlich auf der Grunderkrankung beruht, die bereits vor dem Unfall im Jahr 1999 in Gestalt eines Erschöpfungssyndroms die körperliche Befindlichkeit des Klägers nicht nur latent beeinträchtigte. Demnach war dem Kläger wegen der somatoformen Schmerzstörung ein um 3.000 EUR erhöhtes Schmerzensgeld zuzuerkennen, weshalb sich der Schmerzensgeldanspruch bei der gebotenen Gesamtbetrachtung aller unfallbedingten Leiden auf 5.500 EUR summiert. Unter Abzug der bereits geleisteten 1.800 EUR verbleibt der tenorierte Betrag von 3.700 EUR".

Betrag: 5.500 € **Haftung: 100 %**
immVorb: – **MdE: –**

OLG Saarbrücken 21.7.2009 – 4 U 649/07 = BeckRS 2009, 27853

6345

HWS-Syndrom, dass durch ein bereits vorbestehendes HWS- und BWS-Syndrom unfallbedingt verschlimmert worden war. Zudem erlitt der Kläger eine „LWS-Prellung und Flankenprellung rechts"

Mann. 5 Tage stationär. Anschließend ambulante Behandlung mittels Physiotherapie. Vorschaden: HWS-Syndrom und BWS-Syndrom. Diese Verletzungen sind „unfallbedingt verschlimmert worden". Der Kläger forderte – insbesondere mit Verweis auf schwere PTBS – ein Schmerzensgeld in Höhe von 125.000 EUR. Dafür, dass der Bruder des Klägers Opfer einer sog. Organmafia geworden sein könnte, gibt es dagegen keinen objektiven Nachweis. Der Hausarzt hat dem Kläger ... ärztlich attestiert, neben den körperlichen Verletzungen und Schmerzen sei von Anfang an eine schwere Depression aufgefallen, wegen der er ... eine Überweisung zum Psychiater zur Mitbehandlung der Posttraumatischen Belastungsstörung erfolgt sei. Der vom OLG hierzu gehörte Sachverständige Prof. Dr. S – dem das OLG folgte – führte dazu aus, „der Kläger habe keine psychischen Auffälligkeiten durch das Unfallgeschehen erlitten, die ihn noch belasteten oder in Zukunft auftreten könnten. Natürlich gebe es eine Nachwirkung bzw. Trauerreaktion durch den Tod des Bruders; diese habe aber keine krankhafte oder behandlungsbedürftige Auswirkung". [Anmerkung: Lesenswert zu den Anforderungen an ein psychiatrisches Sachverständigengutachten zur Prüfung des Vorliegens einer unfallbedingten posttraumatischen Belastungsstörung].

Betrag: 6.000 € **Haftung: 100 %**
immVorb: – **MdE: –**

OLG Celle 22.1.2020 – 14 U 106/18 = BeckRS 2020, 422

6423

Brustkorbprellung mit noch drei Wochen später sichtbaren Blutergüssen sowie eine HWS und BWS Distorsion und psychische Beeinträchtigungen in Form von Angstgefühlen, die durch unfallbedingte Thoraxschmerzen im Hinblick auf den sechs Jahre zuvor erlittenen Herzinfarkt ausgelöst worden waren.

Mann. Die körperlichen Verletzungen waren nach drei Wochen vollständig ausgeheilt. Vorschaden: Herzinfarkt. Hierzu führte das OLG aus: „Bei der Bemessung des Schmerzensgeldes müssen auch bestehende erhebliche Vorschädigungen und die darauf beruhenden Risiken (hier: Herzinfarkt mit anschließenden Angstgefühlen) Berücksichtigung finden; sie mindern das zuzuerkennende Schmerzensgeld".

Betrag: 6.000 € **Haftung: 100 %**
immVorb: – **MdE: –**

OLG Celle 1.2.2011 – 14 W 47/10 = BeckRS 2011, 3335

6422

HWS-Syndrom mit „deutlicher Einschränkung der Beweglichkeit bei Seitenneigung und Rotation der Halswirbelsäule".

44j. Frau. 22 Tage stationär mit zwei Aufenthalten. Langwierige Heilbehandlung zu der das LG ausführte, es habe sich mit insgesamt fast 9 Monaten um „einen außergewöhnlich langwierigen und komplizierten Heilungsverlauf" gehandelt. MdE 210 Tage 100 %. Dauerschaden: MdE 10 % wegen asymmetrischer Verschiebung zwischen dem ersten und zweiten Halswirbel sowie fortschreitende degenerative Veränderungen.

Betrag: 6.000 € **Haftung: 100 %**
immVorb: Ja **MdE: 10 %**

LG Dessau 1.3.2007 – 7 S 118/05 = BeckRS 2011, 9837

3403

HWS-Syndrom, schweres (hier: HWS-Distorsion mit starken Kopfschmerzen und einem dauerhaften Schwindelattacken).

39j. Mann. 3 Wochen stationär. MdE „knapp fünf Monate ... 100 %". Langwierige Heilbehandlung mit zahlreichen krankengymnastischen Behandlungen. Dauerschaden: Regelmäßige Schwindelattacken, ca. 5 bis 7 mal pro Tag jew. ca. 3 bis 5 Minuten andauernd. [Anmerkung: Angesichts der Dauerhaftigkeit der Schwindelattacken erscheint das Schmerzensgeld wesentlich zu gering!].

Betrag: 6.000 € **Haftung: 100 %**
immVorb: – **MdE: –**

OLG Saarbrücken 28.6.2005 – 4 U 236/04 = BeckRS 2005, 11639

6191

HWS-Syndrom, dass – trotz des hohen Schmerzensgeldes – als „mittelschweres HWS-Schleudertrauma" bezeichnet worden war.

Mann (Angestellter). Langwierige Heilbehandlung. MdE 15 Monate 100 %. [Anmerkung: Lesenswert zur Thematik „HWS-Schleudertrauma und Spätfolgen, Beweisanforderungen bei vorgeschädigter HWS"].

Betrag: 6.136 € **Haftung: 100 %**
immVorb: – **MdE: –**

OLG Hamm 9.10.1997 – 6 U 98/92 = r + s 1999, 63

3660

HWS-Syndrom mit schweren Folgen. Das HWS-Syndrom traf auf eine bereits bestehende psychische Prädisposition und führte schließlich zur Verrentung des Klägers.

Mann. Das LG ging davon aus, dass aufgrund der geringen Differenzgeschwindigkeit von nur 6 bis 10 km/h die Harmlosigkeitsgrenze nicht überschritten sei und lehnte ein Schmerzensgeld ab. Die Berufung war erfolgreich. Mit Verweis auf BGH NJW 2003, 1116 lehnte das OLG eine „derartige Schematisierung" ab. Das Schmerzensgeld sei jedoch wegen einer unfallunabhängigen Vorschädigung um 50 % zu reduzieren. „An sich", so das OLG, seien 25.000,- EUR gerechtfertigt.

Betrag: 6.391 € **Haftung: 100 %**
immVorb: – **MdE: –**

OLG Schleswig 6.7.2006 – 7 U 148/01 = BeckRS 2006, 13600

6425

HWS-Syndrom, schweres (hier: Schwere Halswirbelsäulen-Distorsion. Etwas mehr als 2 Monate nach dem Unfall wurden zudem „Myogelosen und leichtgradige Verkürzungen der seitlichen Halsmuskel links und der Schulterheber links, fragliche Irritationszone am Übergang der HWS-Schulterregion im Bereich des absteigenden Trapeziusanteils links, einen schmerzbedingt nicht prüfbaren FBA (Finger-Boden-Abstand), deutlich positives Vorlaufphänomen, Spinetest und Federungstest)." Zudem erlitt die Klägerin eine Beckenverletzung (hier: Blockierung des Iliosacralgelenks mit erheblicher Bewegungs- und Druckschmerzempfindlichkeit).

Frau. 82 Tage stationär mit zwei Aufenthalten. Dazwischen fand eine für die Dauer von 27 Tagen eine ambulante neurologische Rehabilitation im Therapiezentrum K statt. Dauerschaden: MdE 20 % wegen eines „therapieresistenten Zervikalsyndroms mit Zervikobrachialgie und Zervikobrachialgie bei Zustand nach Wirbelsäulendistorsionstrauma" mit wiederkehrenden starken Kopfschmerzen und Schmerzen im Hals- und Nackenbereich sowie Blockierungen und Verspannungen im HWS-Bereich.

Betrag: 7.000 € **Haftung: 100 %**
immVorb: – **MdE: 20 %**

LG Bad Kreuznach 22.10.2008 – 3 O 88/06 = UV-Recht Aktuell 2008, 86-103

6223

HWS-Syndrom und LWS-Syndrom (hier: HWS-Schleudertrauma 2. Grades mit Verdacht auf Riss eines der sogenannten Flügelbänder im Wirbelkörper [= Ligamenta alaria] und LWS-Distorsion) sowie multiple Prellungen (hier: Schädelprellung, Knieprellung des rechten Knies und Ellbogenprellung). Posttraumatische psychische Beeinträchtigungen von erheblicher Intension, – das OLG spricht von einer „psychische Erkrankung").

Frau. 27 Tage stationär. Neurologischerseits fanden sich bei Abschluss der stationären Heilbehandlung in der BG-Unfallklinik O2 keine objektivierbaren neurologischen Schädigungen mehr. Dauerschaden: Psychische Beeinträchtigungen, die – aufgrund häufiger Krankschreibungen – schließlich zum Verlust des Arbeitsplatzes geführt hatten. [Anmerkung: Das OLG hätte ggf. einen höheren Betrag zuerkannt, wenn der Anwalt der Klägerin nicht den Fehler begangen hätte, vor dem LG einen bestimmten bezifferten Antrag „ein Schmerzensgeld in Höhe von 20.000 DM" zu stellen und auch auch in der Berufungsinstanz lediglich ein bezifferter Zahlungsantrag in derselben Höhe gestellt hatte; eine Klageerweiterung nicht erfolgt. Dazu das OLG mit HInweis auf § 308 ZPO: „Die Zusprechung eines höheren Betrages kam nach § ZPO § 308 ZPO nicht in Betracht, weil die Kl. die Schmerzensgeldhöhe nicht in das Ermessen des Gerichts gestellt hatte, sondern einen bestimmten bezifferten Antrag gestellt hatte. Ausweislich der S. 3 der Klageschrift begehrte die Kl. „ein Schmerzensgeld in Höhe von 20.000 DM", ohne Einschränkung dahingehend, dass es sich dabei – wie etwa in der Entscheidung BGHZ 132, 341 – um eine vorgestellte Größenordnung oder um einen Mindestbetrag handeln solle"].

Betrag: 7.225 € **Haftung: 100 %**
immVorb: Ja **MdE: –**

OLG Frankfurt a. M. 1.10.2004 – 4 U 26/95 = BeckRS 2005, 5641

3457

HWS-Syndrom mit Kopfschmerzen, Nackenschmerzen, Schwindel und Konzentrationsstörungen.

Mann. Langwierige Heilbehandlung. Vorschadenbedingte längere Beeinträchtigung: Der Kläger litt noch 9 Jahre nach dem Unfall an somatoformen Beschwerden.

Betrag: 7.500 € **Haftung: 100 %**
immVorb: – **MdE: –**

OLG Brandenburg 8.4.2004 – 12 U 3/03 = BeckRS 2004, 14173

3615

HWS-Syndrom mit Handverletzung in Form einer nicht unerheblichen Sensibilitätsstörung der linken Hand.

Mann (selbstständiger Schreinermeister). Sehr langwierige Heilbehandlung und langwierige Heilung: MdE 2 Wochen 100 %, 4 Wochen 70 %, 6 Wochen 40 % sowie weitere 24 Wochen 20 % und für ein weiteres Jahr noch immer 10 %. Erst anschließend waren die Folgen der Verletzung ausgeheilt.

Betrag: 7.500 € **Haftung: 100 %**
immVorb: – **MdE: –**

OLG Düsseldorf 17.11.2003 – I-1 U 81/02 = BeckRS 2008, 15738

6958

HWS-Syndrom mit Zervicocephalgie und posttraumatischen psychischen Beeinträchtigungen (psychosomatische Reaktionsbildung und verkehrsbezogene Panikstörungen), die jedoch keine Anhaltspunkte für eine weitergehende psychiatrische Erkrankung – etwa eine somatoforme Schmerzstörung, eine depressive Erkrankung oder eine posttraumatische Belastungsstörung – aufwiesen.

60j. Mann (Busfahrer). Dauerschaden: MdE 20 % wegen andauerndem Schwindel, verminderter Belastungsfähigkeit, psychosomatischer Reaktionsbildung und verkehrsbezogener Panikstörung. Insgesamt habe – so das LG – „der Sachverständige nur leichtere psychovegetative Störungen mit noch nicht wesentlichen Einschränkungen der Erlebnis- und Gestaltungsfähigkeit festgestellt". Berufsunfähigkeit als Busfahrer; der Kläger arbeitet deshalb zunächst als Altenbetreuer und später in einem Büro. Bei der Bemessung berücksichtigte das LG das Alter des Klägers schmerzensgeldmindernd und führte dazu aus: „Bleiben dauerhafte Beeinträchtigungen, mindert fortgeschrittenes Alter das Schmerzensgeld (vgl. Palandt / Grüneberg, 79. Aufl. 2020, BGB § 253 Rn. 16)".

Betrag: 7.500 € **Haftung: 100 %**
immVorb: – **MdE: 20 %**

LG Wuppertal 11.3.2020 – 3 O 86/18 = BeckRS 2020, 47758

3346

HWS-Syndrom (hier: „Schleudertrauma der Halswirbelsäule; der Brustwirbelsäule und der Lendenwirbelsäule").

Frau. Kein Schmerzensgeld über das bereits zuerkannte hinaus! Die Kl. begehrte wegen Verschlechterung ihres Gesundheitszustandes ein weiteres Schmerzensgeld, obwohl bereits ein rechtskräftiges Urteil zur Höhe des Schmerzensgeldes ergangen war. Das LG wies diesen Anspruch mit Hinweis auf die Rechtskraft des Urteils im Vorprozess zurück. Die Berufung hatte keine Aussicht auf Erfolg. Nach § 322 Abs. 1 ZPO umfasst die Rechtskraft des Schmerzensgeldurteils den gesamten Anspruch; neue Befunde eröffnen insoweit keinen neuen Streitgegenstand. [BGHZ 34, 337 und BGHZ 36, 365].

Betrag: 7.669 € **Haftung: 100 %**
immVorb: – **MdE: –**

OLG Koblenz 15.12.2004 – 12 U 936/04 = BeckRS 2005, 5351

4824

HWS-Distorsion, schwere mit segmentaler Dysfunktion sowie Prellungen und Stauchungen (hier: Handgelenkprellung, Handgelenkstauchung rechts und Schulterprellung).

Mann. MdE 42 Tage 100 %. [Anmerkung: Das LG wies die Klage bezüglich des Begehrens eines höheren Schmerzensgeldes wegen einer Folgeverletzung – Schwindel und Beeinträchtigung der commotio labyrinthi etc – als nicht im Sinne des § 286 ZPO bewiesen zurück.].

Betrag: 8.000 € **Haftung: 100 %**
immVorb: – **MdE: –**

LG Karlsruhe 22.11.2013 – 6 O 423/10 = BeckRS 2013, 199837

6427

HWS-Syndrom (hier: HWS-Distorsion mit Kopfschmerzen und Schwindelattacken. Unmittelbar nach dem Unfall war die Klägerin verwirrt und kurzfristig überhaupt nicht ansprechbar).

Frau. Ambulante Behandlung. Dauerschaden: Die Klägerin leidet seit dem Unfall insbesondere an ständig wiederkehrenden Kopfschmerzen und zudem unter Schwindelattacken, so das OLG.

Betrag: 8.500 € **Haftung: 100 %**
immVorb: – **MdE: –**

OLG Schleswig 29.6.2006 – 7 U 94/05 = BeckRS 2006, 13435

5194

HWS-Distorsion 2.Grades, „die sich" – so das OLG „zu einem chronisch neuropathischen Schmerzsyndrom entwickelt habe, auch leide er an unfallbedingten psychischen Beeinträchtigungen (insbesondere Angstzuständen und Depressionen)". „Darüber hinaus sei es bei dem Kläger infolge des Unfalls zu einer Anpassungsstörung gekommen, die mittlerweile zu einer chronifizierten Depression geführt habe".

Mann. 3 Tage stationär. Mit Rücksicht auf den psychisch „desolaten Zustand" des Klägers hielt das OLG 10.000 EUR für angemessen. [Lesenswert zur Frage der Haftung bei derartigen psychischen Verletzungen: „Es spielt auch bei psychischen Fehlreaktionen, wie sie bei Konversionsneurosen und ähnlichen neurotischen Reaktionen mit psychosomatischen Folgeerscheinungen vorkommen, keine Rolle, dass der eigentliche Grund für die Beschwerden in der Persönlichkeit des Verletzten liegt und vom Schädiger nicht zu vertreten ist. Mag auch der Unfall in solchen Fällen nur der Auslöser für seelische Fehlreaktionen sein, so stellt das Unfallereignis doch eine Mitursache für die psychosomatischen Folgewirkungen dar, die wie jede andere Ursache zur vollen Haftung führt (BGH NJW 1996, 2425, 2427 mit Hinweis auf BGH NJW 1971, 1883; BGH VersR 1962, 351; BGH NJW 1992, 3298 und weiteren Rechtsprechungsnachweisen; vgl. auch Senat, Urteil vom 25.11.2014 – I-1 U 211/13)", so das OLG.

Betrag: 10.000 € **Haftung: 100 %**
immVorb: Ja **MdE: –**

OLG Düsseldorf 17.11.2015 – 1 U 159/14 = BeckRS 2016, 2329

3304

HWS-Syndrom mit sogenannter Konversionsneurose.

Mann (Dozent). Posttraumatische Belastungsstörungen, die nicht nur zu subjektiven Schmerzen (im Kopf-, Gesichts-, hals-, und Schulterbereich), sondern „auch zu einem tief greifenden Lebenseinschnitt" beim Kläger geführt hatten. Berufsunfähigkeit und Reduzierung „auch aller anderen sozialen Kontakte". Depressive Verstimmung [Thematisiert wurde die Konversionsneurose].

Betrag: 10.226 € **Haftung: 100 %**
immVorb: Ja **MdE: –**

OLG Celle 13.7.2000 – 14 U 111/98 = unveröffentlicht

2925

HWS-Syndrom, schweres (hier: Nackenschmerzen, Rotationsbeeinträchtigung, Taubheit in drei Fingern, Schwindelgefühle, Kopfschmerzen, Kiefergelenkbeschwerden).

Frau (Beamtin). Extreme Heilungsverzögerung. Beschwerdedauer: „Fast siebeneinhalb Jahre". Mindernd: „Psychische Prädisposition" der Klägerin. Sie wurde wegen andauernder Dienstunfähigkeit pensioniert (vgl. unter Berufsunfähigkeit)

Betrag: 10.226 € **Haftung: 100 %**
immVorb: Ja **MdE: –**

OLG Köln 26.7.2001 – 7 U 188/99 = BeckRS 2001, 160093

3456

HWS-Syndrom in Form einer HWS-Distorsion und Prellungen (hier: Schädelprellung).

Mann. Es bildete sich eine Konversionsneurose. [Anmerkung: Das LG lehnte den Anspruch ab, da es von einer sog. Rentenneurose ausging].

Betrag: 10.226 € **Haftung: 100 %**
immVorb: – **MdE: –**

OLG Schleswig 19.12.2002 – 7 U 183/01 = unveröffentlicht

5965

HWS-Syndrom (hier: „leichteres HWS-Syndrom") sowie „leichtere Prellungen sowie eine oberflächliche Wunde im Bereich der rechten Wade und des kleinen Fingers der linken Hand".

Mann. 12 Tage stationär. Anschließend ambulante Heilbehandlung. Dabei musste der Kläger eine Schanze Krawatte bzw. Halskrause tragen. Langwierige Heilbehandlung. 11 Jahre andauernde Beschwerden. Bei der Bemessung des „insgesamt knapp über 11.000 EUR liegenden Gesamtschmerzensgeldes" berücksichtigte das OLG die „langandauernden Beschwerden des Klägers im Bereich von Hals und Nacken mit Ausstrahlungen in die Arme und den Kopf, verbunden mit Müdigkeit und Konzentrationsschwäche sowie Tinnitus", die „mit überwiegender Wahrscheinlichkeit durch den Unfall mit verursacht worden" sind.

Betrag: 11.112 € **Haftung: 100 %**
immVorb: – **MdE: –**

OLG Düsseldorf 6.10.2009 – I-1 U 23/07 = BeckRS 2012, 22345

4624

HWS-Syndrom / Psychische Beeinträchtigungen in Form eines posttraumatischen belastungssyndroms als Folge von zwei zeitlich hintereinanderliegenden Verkehrsunfällen, bei dem die Kl. jeweils ein HWS-Syndrom erlitten hatte).

40j. Frau. Es kam häufiger zu Schmerzattacken mit starken psychischen Belastungen. Dauerschaden: Berufsunfähigkeit und psychische Beeinträchtigung infolge eines posttraumatischen Belastungssyndroms. [Außergerichtlich zahlte die Beklagte 1.300 EUR; das OLG sah weitere 10.000 EUR für angemessen, sodass es zu dem vorbenannten „krummen" Betrag kam].

Betrag: 11.300 € **Haftung: 100 %**
immVorb: – **MdE: –**

OLG Stuttgart 9.6.2011 – 13 U 26/09 = BeckRS 2011, 141975

4238

HWS-Syndrom, schweres (hier: … mit Wirbelsäulenverletzung mit Rückenmarkquetschung und posttraumatischen, psychischen Beeinträchtigungen wie Depressionen, Angst, Belastungsstörungen und Schlafstörungen).

Frau. Sehr langwierige Heilbehandlung, die zum Teil stationär erfolgte. MdE 3 1/2 Jahre arbeitsunfähig. Dauerschaden: Entwicklung eines chronischen Schmerzsyndroms infolgedessen die posttraumatische Schmerzwahrnehmung als eigenständige Erkrankung attestiert wird.

Betrag: 12.000 € **Haftung: 100 %**
immVorb: Ja **MdE: –**

LG Bayreuth 23.7.2008 – 23 O 501/06 = BeckRS 2008, 141816

6859

HWS-Beschleunigungstrauma 1. Grades (ICD-10: 13,4), eine Reizung der sensiblen Nerven zum linken Arm hin (Scalenus anterior-Sydrom links; ICD-10: G 54.0), ein zervikogen mitbedingten Kopfschmerz (ICD-10: M 54.0) möglicherweise überlagert durch einen medikamentös induzierten Kopfschmerz (ICD-10: E 44.4) durch regelmäßige Einnahme von Ibuprofen, sowie eine psychoreaktive Verarbeitungsstörung im Sinne einer Anpassungsstörung (ICD-10: F 43.2) in Gestalt von Durchschlafstörungen, eingeschränkter Lebensqualität, vermindertem Leistungsniveau und Schwierigkeiten beim Treppensteigen erlitten, so das OLG.

51j. Mann (Busfahrer). MdE 14 Monate 100 %. „Eine unfallbedingte HWS-Distorsion bei vorbestehender degenerativer Schädigung war zwar innerhalb von 6–8 Wochen abgeklungen, jedoch litt der Kl. darüber hinaus noch unter Kopfschmerzen, intermittierend auftretendem Schwankschwindel, einer verminderten Belastbarkeit, er hatte Schwierigkeiten beim Treppensteigen und Schmerzen im Bereich des Kiefergelenks, Schmerzen der Schulter-/Nackenmuskulatur links sowie gelegentliche Kribbelmissempfindungen im linken Arm, was nach dem im Vorprozess eingeholten Gutachten des Sachverständigen Prof. Dr. B als pathologische psychoreaktive Verarbeitungsstörung im Sinne einer Anpassungsstörung (ICD10: F 43.2) und damit als mittelbare Unfallfolge einzustufen ist", so das OLG.

Betrag: 12.000 € **Haftung: 100 %**
immVorb: Ja **MdE: 20 %**

OLG Düsseldorf 6.4.2020 – 1 U 62/20 = BeckRS 2021, 13379

5956

HWS-Syndrom 1. Grades mit Prellungen (hier: Wirbelsäulenprellung, Brustkorbprellung und Brustbeinprellung sowie erhebliche psychische Fehlverarbeitung jedoch definitiv keine posttraumatische Belastungsstörung).

51j. Mann. 8 Tage stationär. MdE wegen psychischer Folgebeeinträchtigungen insgesamt etwa ein Jahr. Zur Schmerzensgeldbemessung führte das OLG aus: „Vorliegend ist die psychische Fehlverarbeitung des Unfalls [vom Dezember 1993] im Wesentlichen bis zum 31.12.1994 schmerzensgelderhöhend zu berücksichtigen, während darüber hinaus weitgehend eine Rentenneurose, die den Zurechnungszusammenhang zum Unfall unterbrochen hat, für die Beschwerden des Klägers maßgeblich ist. Die Beschwerden nach dem 31.12.1994 können deshalb bei der Bemessung des Schmerzensgeldes nicht mehr berücksichtigt werden".

Betrag: 12.000 € **Haftung: 100 %**
immVorb: – **MdE: –**

OLG Stuttgart 29.3.2011 – 10 U 106/10 = BeckRS 2012, 16448

2717

HWS-Syndrom 1 – 2 Grades (nach Erdmann), bei welchem es dennoch zu folgenden weiteren Verletzungen kam: „Posttraumatisches cervico-encephales Syndrom … mit Verletzung der Ligamenta alaria im Sinne eines Late-Whiplash-Injury-Syndroms".

Frau. Folgeschaden: Über Monate anhaltender Schwindel, Sprachstörungen, asymmetrisch unkoordinierte Bewegungsstörungen.

Betrag: 12.782 € **Haftung: 100 %**
immVorb: – **MdE: –**

LG Duisburg 17.2.1999 – 3 O 593/92 = BeckRS 2010, 17730

4940

HWS-Syndrom 1.Grades sowie Prellungen (Hier: Unterarmprellung und Schienbeinprellung). Da „zu keinem Zeitpunkt der medizinischen Behandlung eine ausreichende Schmerztherapie durchgeführt worden ist … [kam es] zu einer Chronifizierung der Beschwerdesymptomatik" im HWS-Bereich, so das OLG.

Mann. Ambulante Heilbehandlung; langwierige Heilbehandlung wegen „Chronifizierung der Beschwerden". MdE „mehr als 9 Monate" 100 %. „Im Zeitpunkt der Gutachtenserstellung am 15.1.2013 ist der Sachverständige davon ausgegangen, dass eine Erwerbstätigkeit im Umfang von 6 Stunden täglich, 5 Tage die Woche, möglich erscheint" [Anmerkung: Der Unfall war im Oktober 2009], so das OLG bzgl. seiner Begründung der Schmerzensgeldhöhe. Berücksichtigt wurde zudem die „grobe Vorfahrtsverletzung im Zustand absoluter Volltrunkenheit" seitens des Beklagten.

Betrag: 13.000 € **Haftung: 100 %**
immVorb: Ja **MdE: –**

OLG München 21.3.2014 – 10 U 3341/13 = BeckRS 2014, 7364

3455

HWS-Syndrom mit nachfolgendem Psychosyndrom.

35j. Frau (Bürosachbearbeiterin). 22 Wochen ambulante Heilbehandlung währenddessen sie eine Schanz'sche Krawatte trug. Berufsunfähigkeit in Bezug auf PC-Tätigkeiten. Psychische Fehlverarbeitung (Psychosyndrom) mit gesteigerter subjektiver Schmerzempfindlichkeit.

Betrag: 13.294 € **Haftung: 100 %**
immVorb: – **MdE: 20 %**

OLG Frankfurt a. M. 3.5.2000 – 9 U 97/99 = BeckRS 2016, 16327

6428

HWS-Syndrom, schweres (hier: Ausgeprägte Halswirbelsäulen-Distorsion mit … Gefügestörungen der Halswirbelsäule und nachgewiesener funktioneller Dekompensation).

Mann (Beamter). 14 Tage stationär in einer Rehabilitationsklinik. MdE 15 Monate 100 %. Dauerschaden: Frühpensionierung wegen fortdauernder Bewegungseinschränkung des Kopfes und Kopfschmerzen sowie unter Schmerzen im linken Arm und damit verbundenen Konzentrationsstörungen, „die ihn nicht unerheblich in seiner Lebensführung beeinträchtigen und zum Wegfall seiner früheren sportlichen Betätigung sowie dem Erfordernis dauernder krankengymnastischer Behandlungen geführt haben".

Betrag: 13.500 € **Haftung: 100 %**
immVorb: – **MdE: 30 %**

OLG Celle 7.12.2006 – 14 U 99/06 = BeckRS 2007, 337

4617

HWS-Syndrom, schweres mit Schädelprellung sowie Oberarm- und Hüftprellung.

Frau (Leitende Angestellte). 3 Tage stationär. Möglicher Dauerschaden: Schlafstörungen; psychische Beeinträchtigungen. Einschränkungen hinsichtlich sportlicher Aktivitäten. Eine MdE von 20 % soll sich aus medizinischer Sicht nach ca. fünf Jahren wieder zurückbilden.

Betrag: 15.000 € **Haftung: 100 %**
immVorb: Ja **MdE: –**

LG Nürnberg-Fürth 9.12.2011 – 8 O 7965/10 = unveröffentlicht

3104

HWS-Syndrom, schweres (hier: Mit „Ruptur der Ligamenta alaria im Bereich des Segments C1/C2"; es wurde deshalb eine „dorsale Probefusion des Segments C1/C2 vorgenommen …, die zu einer Besserung der Beschwerden führte".)

Mann. Stationäre Heilbehandlung, mehrere Reha.-Aufenthalte. Dauerschaden: Andauernde Beschwerden, wie Kopfschmerzen, Taubheitsgefühl im Oberschenkel etc [Lesenswert: „Allein der Umstand, dass sich ein Unfall mit einer geringen kollisionsbedingten Geschwindigkeitsänderung (Harmlosigkeitsgrenze) ereignet hat, schließt die tatrichterliche Überzeugungsbildung nach § 286 ZPO von seiner Ursächlichkeit für eine HWS-Verletzung nicht aus", so der BGH. [vgl. auch unter dem Suchwort der Differenzgeschwindigkeit; ausführliche Urteilsbesprechung in r+s 2003, 177; kurze Anmerkung in DAR 2003, 220; BeckRS 2003, 30303491].

Betrag: 15.339 € **Haftung: 100 %**
immVorb: – **MdE: –**

BGH 28.1.2003 – VI ZR 139/02 = BeckRS 2003, 2123

4456

HWS-Syndrom (hier: chronisches posttraumatisches HWS-Syndrom mit noch nach sieben Jahren – vom Unfall gerechnet – anhaltenden erheblichen Beschwerden [siehe Einzelheiten] infolge einer psychischen Fehlverarbeitung. Weitere „geringfügige" [so das LG] Verletzungen waren: Diverse, teils schwere Prellungen, Schürfwunden und Stauchungen an Händen, Kniegelenken sowie Füßen).

25j. Mann. MdE ca. 6 Wochen 100 %; langwierige Heilbehandlung. Dauerschaden: Psychosomatische Persönlichkeitsveränderungen wie Belastungsbeeinträchtigung; erhöhte Intensität der Schmerzempfindlichkeit und Gereiztheit, die sich „spürbar im Alltag des Kl. auswirken". der zuvor sportliche junge Mann kann verletzungsbedingt keinen Sport mehr ausüben (… „jetzt nicht mehr möglich"). Erhöhend: Das junge Alter des Klägers und die Tatsache, dass der Bekl. Unfallflucht beging (Genugtuungsfunktion). Ursache: Motorradunfall

Betrag: 17.000 € **Haftung: 100 %**
immVorb: Ja **MdE: –**

LG Leipzig 30.9.2011 – 5 O 4189/06 = BeckRS 2012, 14343

3454

HWS-Syndrom mit Ruptur der Ligamenta alaria im Bereich des Segments C1/C2 und vegetativen Störungen (Schwindel, Schleiersehen, Übelkeit) zudem Taubheitsgefühle im linken Arm und Oberschenkel.

Mann. Vorschadenbedingte längere Beeinträchtigung. Rehaklinikaufenthalt. [„Alleine der Umstand, dass sich ein Unfall mit einer geringen kollisionsbedingten Geschwindigkeitsänderung (Harmlosigkeitsgrenze) ereignet hat, schließt die tatrichterliche Überzeugungsbildung nach § 286 ZPO von seiner Ursächlichkeit für eine HWS-Verletzung nicht aus", so der Leitsatz der Fundstelle. vgl. auch unter dem Stichwort: Differenzgeschwindigkeit]

Betrag: 17.537 € **Haftung: 100 %**
immVorb: – **MdE: –**

BGH 28.1.2003 – 6 U 128/94 = VersR 2003, 474

3719

HWS-Syndrom, leichtes mit allerdings über 20 Jahre beeinträchtigendem „posttraumatischen Belastungssyndrom" sowie eine leichte Gehirnerschütterung und nachfolgend entwickelter leichter neurologischer Beeinträchtigungen in Form von zentraler Okulomotorikstörung, pathologische akustisch evozierte Hirnstammpotentiale sowie krankhaft veränderte click-evozierte vestibuläre myogene Potentiale rechtsseitig„, wobei – so das OLG unter Bezugnahme auf das Gutachten des Sachverständigen – "dabei aber keine contusionelle Hirnschädigung bzw. keine bleibende substantielle Schädigung des Gehirns festzustellen" gewesen sei.

54j. Mann (Dipl.-Kaufmann). Der Kl. erlitt durch den Unfall ein HWS-Schleudertrauma sowie eine Gehirnerschütterung (commotio cerebri) streitiger Stärke. Über gesundheitliche Unfallfolgen, die über eine Minderung der Erwerbsfähigkeit (MdE) von 20 % im 1. Halbjahr und von 10 % im 2. Halbjahr nach dem Unfall hinausgehen, bestand Streit. Der Kl. saß zum Unfallzeitpunkt im Jahr 1987 in einem Schalensitz seines Porsches und war mit Hosenträgergurten gesichert; er trug vor, dass hierdurch die Verletzung verschlimmert worden seien. „Durch die massiven Pendelbewegungen des Kopfes – so trug er vor – ergäben sich naturgemäß Überdehnungen, Zerrungen, Verrenkungen …". Er begehrte deshalb mindestens 50.000 EUR. Dauerschaden: Konversionsneurose und neurologische Beeinträchtigungen, deren Auswirkungen auf das Erwerbsleben mit einer MdE von 20 % zu bewerten sind. Das Gericht hielt unter Einbeziehung der vorgerichtlich bereits gezahlten 8.000 EUR ein Schmerzensgeld von 18.000 EUR für die nun „seit 20 Jahren" erlittenen Beeinträchtigungen für ausreichend.

Betrag: 18.000 € **Haftung: 100 %**
immVorb: – **MdE: –**

OLG München 29.6.2007 – 10 U 4379/01 = BeckRS 2007, 12189

7448

HWS-Distorsion mit Hinterhauptkopfschmerzen; „durch eine degenerative Vorschädigung [trat] eine erhebliche Verzögerung der Heilungsdauer der Zerrungsverletzung der Halswirbelsäule ein". Zudem erlitt der Kläger auch eine Schulterverletzung in Form einer Schulterquetschung bzw. Schulterkontusion.

Mann (Skilehrer). Ambulante Heilbehandlung. Der Kläger erlitt aus unfallchirurgischer Sicht insgesamt zwei Wochen starke, 13 Wochen mittlere und 29 Wochen leichte Schmerzen sowie in neurologisch-psychiatrischer Hinsicht ab Mitte des Jahres 2010 bis Mitte November 2012 sechs Wochen mittlere Schmerzen und 18 Wochen leichtgradige Schmerzen und im Zeitraum 16.11.2012 bis Ende 2013 zwei Wochen starke Schmerzen, vier Wochen mittelgradige und acht Wochen leichtgradige Schmerzen, wobei sich die Kopfschmerzbelastung im Jahr 2013 gegenüber 2010 um 30 % besserte und insgesamt eine abfallende Tendenz zeigt. Mögliche Dauerfolge: Kopfschmerzen an denen der Kläger „noch heute" – und somit auch noch fünf Jahre nach dem Unfall – litt, wobei „die vollständige Ausheilung (nur) bei Durchführung der in therapeutischen Leitlinien empfohlenen Therapien zu erwarten sei", so der OGH. [Ursache: Skiunfall].

Betrag: 20.000 € **Haftung: 100 %**
immVorb: Ja **MdE: –**

OGH Österreich 9.9.2015 – 2 Ob 108/15v = BeckRS 2015, 34606

3453

HWS-Syndrom, schweres (hier: Funktionseinschränkung der HWS; Schwindel; Konzentrationsstörung; Schlafstörung).

27j. Mann (Dreher). Langwierige Heilbehandlung. Dauerschaden: Berufsunfähigkeit als Dreher; Umschulung zum Versicherungskaufmann.

Betrag: 20.000 € **Haftung: 100 %**
immVorb: – **MdE: –**

OLG Celle 2.11.2000 – 14 U 277/99 = BeckRS 2000, 30140754

4209

HWS-Syndrom/ psychische Beeinträchtigung (hier: Persönlichkeitsveränderung zum impulsiven und launischen Verhalten sowie Depressionen und chronisches Schmerzsyndrom).

37j. Frau. Sehr langwierige Heilbehandlung: Die Klägerin befindet sich auch nach 3 Jahren noch in Therapie wegen Schmerzen und Depressionen. Es bestehen konkrete Anzeichen einer Persönlichkeitsveränderung. Ursache: Fahrradunfall.

Betrag: 21.000 € **Haftung: 100 %**
immVorb: – **MdE: –**

LG Hannover 18.2.2009 – 12 O 201/07 = BeckRS 2009, 140110

5665

HWS-Syndrom mit Instabilität der proximalen HWS mit Folge einer hochgradig reduzierten Bewegungseinschränkung der HWS in allen Richtungen auf Dauer. Zyklisch ablaufendes chronifiziertes Schmerzsyndrom und reaktive depressive Verstimmungen (Depressionen). Weitere Verletzungen waren: Gesichtverletzung (hier: Wangenschnittwunde), Gurthämatom, diverse Prellungen an Kopf, Oberkörper und Hüfte. Armverletzung (hier: Sensibilitätsstörung am linken Arm).

44j. Frau. Dauerschaden: Hochgradig reduzierten Bewegungseinschränkung der HWS in allen Richtungen und reaktive Depression. Deshalb muss die Klägerin häufig eine Schanzsche Krawatte / Halskrause tragen. MdE 30 bis 40 % (Unterschied „für die hier zutreffende Entscheidung nicht maßgeblich“, so das OLG). Für die Schmerzensgeldbemessung berücksichtigte das OLG folgende auf Dauer angelegte Situation: „Kopfschmerzen, die in einem zyklischen Ablauf zunehmen und in schwerste Nacken- und Hinterkopfschmerzen übergehen, denen eine Phase relativer Beschwerdefreiheit folgt. Folge der Schmerzen ist u. a. eine depressive Verstimmung, die Ausdruck der Beeinträchtigung der Lebensfreude und der allgemeinen Belastbarkeit der Klägerin ist. Weiter berücksichtigt hat der Senat die Einschränkung der Erwerbsfähigkeit der Klägerin in der Größenordnung von 30–40 % sowie den Umstand, dass mit einer Besserung des Zustandes der Klägerin nach den ärztlichen Aussagen nicht zu rechnen ist“.

Betrag: 30.678 € **Haftung: 100 %**
immVorb: – **MdE: 30 %**

OLG Frankfurt a. M. 6.7.2001 – 2 U 86/98 = BeckRS 2014, 12956

3247

HWS-Syndrom, schweres (hier: Wirbelsäulenverletzung mit Wirbelgelenkkapselriss C1/C2 und Bänderverletzung); Armverletzung (hier: Schwere Stauchung).

Frau. Dauerschaden: Bewegungseinschränkung, Schwerbeschädigt mit 50 %; Psychische Beeinträchtigung, die Klägerin ist darüber hinaus auch psychisch durch die posttraumatischen Belastungsstörungen (ua mit Selbstmordgedanken) schwer beeinträchtigt. [Anmerkung: Lesenswert zur Harmlosigkeitsgrenze / geringe Differenzgeschwindigkeit in Anlehnung an BGH NJW 2003, 1116, NZV 2003, 167).

Betrag: 31.000 € **Haftung: 100 %**
immVorb: – **MdE: –**

OLG Celle 23.10.2003 – 5 U 196/02 = BeckRS 2004, 1333

7265

HWS-Syndrom des Schweregrades I-II (Halswirbel- und Lendenwirbelsäulenblockierung nebst entsprechender Verhärtung der Muskeln und Sehnen) sowie eine PTBS gemäß Diagnoseschlüssel ICD -10 (F43.1G) mitsamt Panikzuständen und Schlafstörungen.

Frau. Als Verletzung überwog die Diagnose einer PTBS mit den Kriterien der ICD-10 (F43.1G), die durch die F. Klinik C. Fachklinik für Psychiatrie und Psychotherapie und die R.-Klinik, Fachklinik für psychosomatische Medizin und Psychotherapie zunächst bis August 2019 [der Verkehrsunfall war im April 2018] attestiert worden war. Ergänzend ist im Rahmen der Beweiswürdigung zur Plausibilisierung war, so das OLG, zu berücksichtigen, dass die Klägerin mittlerweile ausweislich der Akten Eingliederungshilfe im Rahmen des ambulant betreuten Wohnens erhält. „Auch diese Leistung würde nicht ohne hinreichenden Anlass gewährt werden“, so das OLG weiter, dass insofern auch für eine Begehrensvorstellung der Klägerin oder ein der PTBS zu Grunde liegendes Bagatellereignis keinen Anlass sah. „Der Senat ist auch nicht der Auffassung, dass der Klägerin im Hinblick darauf ein Mitverschulden anzulasten ist, dass sie sich nicht in eine ihr angeratene Traumatherapie begeben hat. Die Gerichtssachverständige hat insoweit ausgeführt, dass eine Aufarbeitung der Klägerin aus psychischen Gründen (noch) nicht möglich war. Damit kommt ein Mitverschulden der Klägerin an der Entstehung oder Perpetuierung ihres gesundheitlichen Zustands nicht in Betracht.“ Das LG hatte der Kl. ein Schmerzensgeld iHv 40.000 EUR zuerkannt. Das OLG sah dies jedoch als zu hoch an und reduzierte auf 32.000 EUR, „weil nach der Aussage der Gerichtssachverständigen eine Traumatherapie noch eine Verbesserung des Zustandes der Klägerin mit sich bringen könnte und die Klägerin diese Traumatherapie bisher noch nicht angetreten hat.“

Betrag: 32.000 € **Haftung: 100 %**
immVorb: Ja **MdE: –**

OLG Köln 18.8.2023 – 7 U 21/23 = BeckRS 2023, 22087

6062

HWS-Syndrom mit Kopfschmerzen und erheblichen psychischen Beeinträchtigungen. Diese beschreibt das OLG in seinem Urteil wie folgt: „chronische Schmerzkrankheit mit zervikogenem Kopfschmerz, HWS-, BWS- und LWS-Syndrom und Fibromyalgiesyndrom sowie eine unfallbedingte psychische Traumatisierung mit depressiv-phobischer Entwicklung“.

Frau. Langwierige Heilbehandlung. Psychische Traumatisierung mit depressiv-phobischer Entwicklung. Diese beschreibt das OLG so: „Die Auffälligkeiten in der Bewegungsanalyse und der Kraftprüfung waren die einer durch Schmerz und Angst beeinträchtigten Patientin, bei der im Sinne eines pathologischen Einschleifens von abnormen Haltungen und Bewegungsmustern auszugehen ist". [Sehr lesenswert zur haftungsausfüllende Kausalität zwischen dem Unfall und den Folgebeschwerden].

Betrag: 42.200 € **Haftung: 100 %**
immVorb: Ja **MdE: –**

OLG Köln 14.3.2013 – 18 U 180/10 = BeckRS 2015, 18092

4. Platzwunden

6378

Kopfplatzwunde, eine Schädelprellung und ein Hämatom am Handrücken.

Mann. [Ursache: Sturz in Straßenbahn aufgrund deren Vollbremsung].

Betrag: 100 € **Haftung: 100 %**
immVorb: – **MdE: –**

AG München 3.2.2009 – 343 C 27136/08 = BeckRS 2010, 910

6496

Platzwunde am Kopf.

Frau. Ambulante Behandlung bei der die Platzwunde genäht wurde. [Ursache: Streitige Auseinandersetzung bei der der Beklagte der Klägerin einen „Schwinger" versetzt hatte, wodurch diese gegen eine Türkante fiel)].

Betrag: 200 € **Haftung: 100 %**
immVorb: – **MdE: –**

AG Pforzheim 18.4.2019 – 8 C 14/19 = BeckRS 2019, 18670

6382

Kopfplatzwunde „sowie – als schmerzhaft bekannte – Rippenprellungen …", so das LG.

Mann. Zur MdE verwies das LG auf die „nur kurzfristige Arbeitsunfähigkeit".

Betrag: 250 € **Haftung: 66 %**
immVorb: – **MdE: –**

LG Saarbrücken 9.4.2010 – 13 S 15/09 = BeckRS 2011, 6560

3261

Kopfverletzung (hier: Kopfplatzwunde, 15 cm lange …).

14j. Frau (Schülerin). Komplikationsloser Heilungsverlauf mit nur ambulanter Behandlung. [Verkehrssicherungspflichtverletzung durch einen abgebrochenen Basketballkorb, an dem sich die Kl. leichtfertig hochgezogen hatte].

Betrag: 375 € **Haftung: 50 %**
immVorb: – **MdE: –**

OLG Hamm 18.2.2003 – 9 U 166/02 = BeckRS 2003, 30307500

4067

Platzwunde (hier: Kopfplatzwunde).

Frau. 1 Tag stationär; hier wurde die Wunde genäht. Ambulante Nachkontrolle und Entfernung des Nahtmaterials nach Ablauf von 10 Tagen.

Betrag: 500 € **Haftung: 100 %**
immVorb: – **MdE: –**

LG Magdeburg 28.9.2010 – 10 O 299/10 = BeckRS 2010, 23927

5957

Kopfplatzwunde und Schädelprellung und posttraumatische Spannungskopfschmerzen.

Mann. MdE 2 Tage mit ambulanter Heilbehandlung. [Ursache: Schmerzensgeld anlässlich eines Gebrauchtwagenkaufs, bei dem die Heckklappe wegen defekter Dämpfer dem Kläger an den Kopf schlug].

Betrag: 600 € **Haftung: 100 %**
immVorb: – **MdE: –**

AG Kassel 13.3.2012 – 435 C 4225/11 = BeckRS 2012, 16573

6573

Kopfplatzwunde sowie Gehirnerschütterung mit Kopfschmerzen, Übelkeit und Lagerungsschwindel sowie eine Beckenprellung und eine Handgelenkprellung links.

47j. Frau. 5 Tage stationär. Der Lagerungsschwindel bestand für die Dauer von etwa sechs Wochen. Zudem berücksichtigte das OLG, „dass alle Beschwerden zeitnah ausgeheilt und keine Dauerfolgen verblieben sind".

Betrag: 700 € **Haftung: 33 %**
immVorb: – **MdE: –**

OLG Hamm 22.11.2019 – 6 u 2/16 = BeckRS 2017, 112204

5515

Gesichtsverletzung (hier: Ca. 2 cm lange Platzwunde an der Nasenwurzel des Klägers und eine 1 cm langen Wunde im Bereich des linken Mundwinkels) nach Schlägerei.

Mann. Vorsätzliche Körperverletzung: Der Beklagte schlug dem Kläger „nach sehr kurzer verbaler Auseinandersetzung mindestens zweimal ins Gesicht, wodurch dieser über der Nase und im Mundwinkel verletzt wurde".

Betrag: 700 € **Haftung: 100 %**
immVorb: – **MdE: –**

LG Köln 26.10.2016 – 1 S 261/16 = BeckRS 2018, 418

4160

Kopfplatzwunde und Prellungen (hier: Rippenprellungen und Schulterprellungen).

66j. Mann. 1 Tag stationär. MdE 8 Tage 100 %. Weitere zwei Wochen schmerzhafte Beeinträchtigungen und insgesamt drei ambulante Behandlungen. Keine Folgeschäden.

Betrag: 800 € **Haftung: 100 %**
immVorb: – **MdE: –**

OLG Nürnberg 10.2.2009 – 1 U 1878/08 = BeckRS 2014, 13306

4257

Kopfplatzwunde und HWS-Syndrom in Form einer einfachen Halswirbeldistorsion.

Mann (Freiberuflicher Handelsvertreter). Ambulante Behandlung. MdE 7 Tage 100 %. Ursache: Aufprall am Lenkrad nach KFZ-Unfall). Bei voller Haftung wären vorliegend – so das OLG – 1.300 Euro Schmerzensgeld gerechtfertigt gewesen.

Betrag: 900 € **Haftung: 66 %**
immVorb: – **MdE: –**

OLG Frankfurt a. M. 18.3.2010 – 14 U 74/08 = BeckRS 2010, 19144

4551

Kopfverletzung (hier: Kopfplatzwunde am Hinterkopf).

Kind / junger Mann (aus dem Kontext zu vermuten: Schüler). Keine bleibenden Verletzungsfolgen. [Ursache: Verkehrssicherungspflichtverletzung des Aufstellers eines auf einem Stativ stehenden Lautsprechers anlässlich einer Tanzveranstaltung. Der Lautsprecher fiel vom Stativ und traf den Kläger und dessen Mutter jeweils am Kopf].

Betrag: 1.500 € **Haftung: 100 %**
immVorb: – **MdE: –**

OLG Hamburg 5.9.2012 – 8 U 160/11 = BeckRS 2013, 743

5277

Kopfplatzwunde, die stark blutete sowie diverse weitere Verletzungen (hier: stumpfes Bauchtrauma, zahlreiche Schürfungen und Prellungen).

Mann. 4 Tage stationär. Ambulante Behandlung. MdE 9 Tage 100 %. Vorsätzliche Körperverletzung, bei der der Beklagte – im Rahmen einer Schlägerei, die er selbst mit ausgelöst hatte – vom Kläger mittels eines Fleischklopfers auf den Kopf geschlagen wurde. Erhöhend wertete das AG die brutale Vorgehensweise des Klägers.

Betrag: 2.000 € **Haftung: 100 %**
immVorb: – **MdE: –**

AG Dillenburg 14.10.2014 – 2 Js 57250/13 = unveröffentlicht

4552

Kopfverletzung in Form einer Kopfplatzwunde „im Stirnbereich" mit möglicher bleibender Narbenbildung und „psychischen Problemen", die jedoch nicht näher dargelegt wurden.

Frau (aus dem Kontext zu vermuten, eher mittleren Alters). Möglicher Dauerschaden: Narbe an der Stirn. [Ursache: Verkehrssicherungspflichtverletzung des Aufstellers eines auf einem Stativ stehenden Lautsprechers anlässlich einer Tanzveranstaltung. Der Lautsprecher fiel vom Stativ und traf den Kläger und dessen Mutter jeweils am Kopf].

Betrag: 2.000 € **Haftung: 100 %**
immVorb: – **MdE: –**

OLG Hamburg 5.9.2013 – 8 U 160/11 = NJW-RR 2013, 598

7499

Platzwunden („kleinere") am Kopf sowie Hämatome an Kopf und Hüfte bei einer 97-jährigen Pflegeheimbewohnerin nach mehreren Stürzen.

97j. Frau [Anmerkung: Der Kläger macht gegenüber der Beklagten als Erbe seiner verstorbenen Mutter Schadensersatzansprüche aus einem Heimvertrag geltend.] Die stark sehbehinderte Erblasserin war während ihrer Zeit im Pflegeheim der Beklagten zehnmal gestürzt und hatte sich dabei jeweils verletzt. Der Kläger war der Auffassung, die Beklagte sei verpflichtet gewesen, Vorsorge zur Verhinderung von Stürzen zu treffen. Das LG gab der Klage statt und stellte mit Verweis auf BGH BeckRS 2005, 5858 zunächst klar, dass im Falle einer schuldhaften Pflichtverletzung sowohl schuldrechtliche als auch deliktische Schadensersatzanspruch begründet sein können. Sodann betonte das LG, dass die Beklagte gegen ihre Pflicht verstoßen habe, anlässlich der erfolgten Stürze der Erblasserin mit Blick auf ihre körperliche und geistige Verfassung eine angepasste Risikoprognose zu treffen und die daraus erforderlichen Sicherungsmaßnahmen zur Einschränkung einer Selbstschädigungsgefahr der Erblasserin zu ziehen oder jedenfalls mit dem Kläger und seiner Ehefrau zu erörtern. Zur Höhe des Schmerzensgeldes verwies das LG auf eine sehr alte Entscheidung des OLG Celle → Nr. 183 und berücksichtigte im Weiteren jedoch zutreffend, dass zwischen der Erblasserin und der Beklagten aufgrund des Heimvertrags ein besonderes Abhängigkeits- und Vertrauensverhältnis bestand (vgl. LG Nürnberg-Fürth → Nr. 4554: Verwahrlosung und Schmerzen: EUR 7.500,00) und die Erblasserin in hohem Alter fünfmal in ein Krankenhaus gebracht werden musste, was bei dementen Personen regelmäßig mit erheblichem Stress verbunden" sei.

Betrag: 3.000 € **Haftung: 100 %**
immVorb: – **MdE: –**

LG Lübeck 5.12.2024 – 10 O 208/23 = BeckRS 2024, 34473

5062

Kopfplatzwunde und Gehirnerschütterung mit „Lagerungsschwindel".

Frau (Szenenbildassistentin). Ambulante Behandlung. Die Kl. war etwa 6 Wochen hierdurch beruflich eingeschränkt. In der Urteilsbegründung heisst es: „Die Klägerin erlitt eine Platzwunde und wurde mit einem Krankenwagen in ein Krankenhaus verbracht, wo die Wunde mit mehreren Stichen genäht werden musste. Nach vier Stunden konnte die Klägerin das Krankenhaus wieder verlassen". [Ursache: 25 cm große und 1 KG schwere Holzfigur fiel von Fensterbank und traf die Kl. am Kopf; außergerichtlich zahlte die Haftpflichtversicherung bereits 1.000 EUR, so dass weitere 2.000 EUR zuerkannt wurden].

Betrag: 3.000 € **Haftung: 100 %**
immVorb: – **MdE: –**

OLG München 6.4.2016 – 20 U 4602/15 = BeckRS 2016, 6809

5719

Gesichtverletzung (hier: Platzwunde an der linken Augenbraue mit verbleibender Narbe), Knieprellung des rechten Knies, HWS-Distorsion, Gehirnerschütterung und zahlreiche Abschürfungen.

19j. Mann. Ambulante Heilbehandlung. Langwierige Heilbehandlung mit einer MdE von ca. 19 Tagen 100 %, ca. 180 Tagen 20 % und insgesamt ca. 120 Tagen 10 %. Dauerschaden: 3 cm lange und 0,2 bis 0,3 cm breite Narbe über der linken Augenbraue.

Betrag: 3.000 € **Haftung: 100 %**
immVorb: – **MdE: –**

AG Waldshut-Tiengen 12.11.2004 – 7 C 163/04 = BeckRS 2005, 4797

5991

Kopfverletzung (hier: Erhebliche Kopfplatzwunde und nachfolgenden Schwindelattacken und rezidivierenden Kopfschmerzen).

Frau. 10 Tage stationär. MdE 70 Tage 100 %. Vorsätzliche Körperverletzung durch Schläge mit einem schweren Holzknüppel. Das LG berücksichtigte bei der Bemessung in Bezug auf die Tat und das Nachtatverhalten des Beklagten [Ehemann der Klägerin], „dass ihn ein hohes Maß an Verschulden an der Tat trifft. Er hat diese in feindlicher

Absicht in besonders heftiger und gefährlicher Art und Weise gegenüber der Klägerin ausgeführt".

Betrag: 4.090 € **Haftung: 100 %**
immVorb: – **MdE: –**

LG Lüneburg 9.3.2001 – 8 S 127/00 = BeckRS 2013, 19591

5. Prellungen

7769

Prellungen (hier: Prellung des Ellenbogens und der Schulter).

Mann. Kein Schmerzensgeld für Raser. „Dies rechtfertigt es hier, dem Kl. ein Schmerzensgeld insgesamt zu versagen. Ihn trifft – wie oben ausgeführt – eine deutlich überwiegende Mithaftung an der Entstehung des Unfalls und somit auch an dessen ihn treffenden Folgen. Daraus ergibt sich aber nicht etwa notwendig, dass ihm ein Schmerzensgeldanspruch entsprechend der Haftungsquote der Bekl. zusteht. Der Schmerzensgeldanspruch ist unabhängig von der Haftungsquote für den materiellen Schaden eigenständig nach den angeführten Billigkeitskriterien zu bemessen (stRspr des BGH, zB BGH NJW-RR 2024, 474 Rn. 13 = MDR 2024, 521; BGH VersR 2017, 180 = NJOZ 2017, 746 mwN; BGHSt 47, 378 = NJW 2002, 3560). Im Rahmen dieser Entscheidung ist ergänzend zu berücksichtigen, dass der Kl. – wie oben ausgeführt – durch vorsätzliches Verhalten maßgeblich zur Entstehung des Unfalls und insbesondere auch der ihn treffenden Unfallfolgen beigetragen hat", so das KG zutreffend. [Vgl. dazu im Handbuch unter → Rn. 102a].

Betrag: – **Haftung: –**
immVorb: – **MdE: –**

KG 11.12.2024 – 25 U 135/22 = BeckRS 2024, 43072

7659

Multiple Prellungen.

Mann. Kein Schmerzensgeld, da der klägerischerseits vorgelegte Attest bzw. Arztbrief keine Aussage zur Unfallursächlichkeit enthielten. [Anmerkungen: 1. Zum Beweiswert eines ärztlichen Attests bzw. Arztbriefs siehe auch im Handbuch unter → Rn. 64. 2. Das Urteil ist praxisrelevant zur Thematik der Erschütterung des Anscheinsbeweises durch einen Auffahrenden bei einem Auffahrunfall].

Betrag: – **Haftung: 66 %**
immVorb: – **MdE: –**

OLG Celle 11.12.2024 – 14 U 91/23 = BeckRS 2024, 35503

7803

Prellungen mit Schmerzen und Schwellung des rechten Fußes und Unterschenkels, Kopfschmerzen, Rückenschmerzen. Zudem Angst vor Wiederholung einer Beraubung im Straßenverkehr.

40j. Frau. Kein Schmerzensgeldanspruch nach dem Opferentschädigungsgesetz (OEG). Ambulante Behandlung. Als dauernde Gesundheitsstörung wurde eine „reizlose Narbe am Hinterkopf" anerkannt. Die Klägerin beantragte als Raubopfer Leistungen nach dem Opferentschädigungsgesetz (OEG) in Verbindung mit dem Bundesversorgungsgesetz (BVG). Das LSG wies die Klage ab und führte dazu aus: „Zu Recht haben der Beklagte und das Gericht der ersten Instanz ausgeführt, dass mit der Entschädigung nach § 1 OEG nur gesundheitliche Beeinträchtigungen finanziell entschädigt werden können. Über § 1 Abs. 1 OEG kann weder Schadensersatz noch Schmerzensgeld geltend gemacht werden.". [Ursache: Der Klägerin wurde als Fahrradfahrerin aus einem vorbeifahrenden PKW heraus die Handtasche entrissen, wodurch sie gestürzt war – Vgl. dazu auch im Handbuch → Rn. 345].

Betrag: – **Haftung: –**
immVorb: – **MdE: –**

LSG Sachsen 18.9.2025 – L 4 VE 21/24 = BeckRS 2025, 36250

5066

Prellung (hier: Handgelenkprellung mit Daumensattelgelenkverletzung).

Frau. Kein Schmerzensgeldanspruch der Mieterin. Keine Verkehrssicherungspflichtverletzung des Vermieters: „Die Klägerin musste sich aufgrund des Gesamteindrucks der Bodenbeschaffenheit der Garageneinfahrt darauf einstellen, dass insbesondere die versandeten und unebenen Stellen vorsichtiger Betreten werden müssen und musste den Versandungen ausweichen", zumal ihr die Sitation „seit Jahren bekannt" war.

Betrag: – **Haftung: –**
immVorb: – **MdE: –**

AG Coesfeld 13.1.2016 – 11 C 169/15 = BeckRS 2016, 66956

3267

Prellungen und Blutergüsse [vgl. Bluterguss; Hämatom] an Gesäß, Rippen, Oberschenkel und an der Hüfte.

Frau. Kein Schmerzensgeld, wenn ein Teilnehmer einer Busreise sich nicht angurtet [Sicherheitsgurt] und sich deshalb bei einer Vollbremsung verletzt.

Betrag: – **Haftung: –**
immVorb: – **MdE: –**

AG Eutin 18.9.2003 – 6 C 173/02 = BeckRS 9998, 79017

2843

Kopfverletzungen, einfache (hier: Kopfplatzwunde, Prellungen und Schürfwunden).

Mann. Kein Schmerzensgeld wegen Provokation der „gefährliche Auseinandersetzung", „die Verletzungen [stehen] nicht außer Verhältnis zu den offen liegenden Gefahren".

Betrag: – **Haftung: –**
immVorb: – **MdE: –**

OLG Frankfurt a. M. 21.1.2000 – 24 U 45/98 = BeckRS 9998, 54628

3769

Prellungen im Gesicht / Gesichtprellung und HWS-Syndrom

63j. Frau. Kein Schmerzensgeldanspruch wegen Verletzungen infolge eines plötzlichen Bremsmanövers eines Linienbusses. Da nach den Beförderungsbedingungen jeder Fahrgast sich stets einen festen Halt zu verschaffen habe und die Kl. dem nicht nachgekommen sei, so bestehe kein Schadensersatzanspruch gegenüber dem Verkehrsbetrieb. Ebenso entschied das LG Osnabrück BeckRS 2009, 3990.

Betrag: – **Haftung: –**
immVorb: – **MdE: –**

AG München 27.6.2007 – 345 C 11858/07 = BeckRS 2007, 37971

5529

Prellung des rechten Thorax sowie der rechten Lumbalregion

Frau. Kein Schmerzensgeldanspruch wegen fehlendem Beweis für die von ihr behaupteten Primärverletzung. Dazu das LG: „Ärztliche Atteste, die lediglich die Darstellung des Betroffenen wiedergeben oder in der Sache nur eine Verdachtsdiagnose darstellen, können allein diese Überzeugung aber nicht rechtfertigen. Insoweit bedarf es regelmäßig medizinischer und technischer Beratung durch Sachverständige, deren tatsächliche Grundlagen rechtzeitig zu sichern sind (vgl. OLG Frankfurt a.M., Urt. v. 28.2.2008 – 4 U 238/06, BeckRS 2008, 10210 Rn. 13). Anders als das substanzarme Attest der Ärztin L, die die Kl. dem Attest zufolge an einen Orthopäden überwies, äußert sich das Attest des M vom 11.2.2016 auch zu Untersuchungsergebnissen und endet mit einer Diagnose. Eine begründete Feststellung dazu, dass die von ihm festgestellten Beschwerden auf den Verkehrsunfall zurückzuführen sind – und nicht etwa auf Vorerkrankungen-, enthält das Attest jedoch nicht".

Betrag: – **Haftung: 33 %**
immVorb: – **MdE: –**

LG Münster 14.9.2018 – 8 O 188/16 = BeckRS 2018, 22220

4918

Schädelprellung und Armprellung, behauptete Verletzungen.

Mann. Kein Schmerzensgeldanspruch da Harmlosigkeitsgrenze nicht überschritten: „Nach den vom Sachverständigen … zitierten Auswertungen von Unfalldatenschreibern lässt sich ein statistisches Verletzungsrisiko erst bei solchen Unfallsituationen nachweisen, bei denen die anstoßbedingte Geschwindigkeitsänderung über 10 km/h gelegen hat. Bezogen auf den Wert der anstoßbedingten Beschleunigung liegt das in der bezeichneten Untersuchung nachgewiesene statistische Verletzungsrisiko bei Beschleunigungswerten von unter 1 g bei null", so das OLG.

Betrag: – **Haftung: –**
immVorb: – **MdE: –**

OLG Saarbrücken 8.5.2014 – 4 U 393/11 = BeckRS 2014, 11140

2819

Prellung (hier: Ellenbogenprellung links).

Mann. Eine ambulante Behandlung. Keine Minderung der Erwerbsfähigkeit! [vgl. zu Bagatellverletzungen auch Beck'sche Schmerzensgeldtabelle 4. Auflage Kap.B-1]

Betrag: 51 € **Haftung: 50 %**
immVorb: – **MdE: –**

AG Hamburg 2.3.2000 – 51a C 871/99 = BeckRS 2000, 168025

4875

Prellungen (hier: Schädelprellung und Handgelenkprellung) sowie leichtes HWS-Syndrom.

Frau. Ambulante Heilbehandlung. MdE 3 Tage 100 %.

Betrag: 100 € **Haftung: 33 %**
immVorb: – **MdE: –**

AG Darmstadt 27.3.2014 – 304 C 92/12 = BeckRS 2015, 6291

4307

Ellenbogenprellung rechts sowie HWS-Syndrom.

Frau. Ambulante Heilbehandlung. MdE 5 Tage 100 %. Weitere 10 Tage Schmerzen.

Betrag: 100 € **Haftung: 25 %**
immVorb: – **MdE: –**

AG Osnabrück 9.11.2007 – 43 C 299/07 = unveröffentlicht

6226

Prellung am Fuß (hier: Vorfußprellung rechts, verbunden mit einer leichten Schwellung mit einem Hämatom).

Frau. MdE 3 tage 100 %. Folgenlose Verheilung.

Betrag: 150 € **Haftung: 100 %**
immVorb: – **MdE: –**

AG Aachen 13.12.2005 – 10 C 56/05 = BeckRS 2007, 18053

6379

Brustbeinprellung.

Mann. Ein Arztbesuch bei dem ihm eine Salbe verschrieben worden war. [Lesenswert zur Einholung eines Sachverständigengutachtens in Straßenverkehrsunfallprozessen].

Betrag: 150 € **Haftung: 100 %**
immVorb: – **MdE: –**

OLG Celle 20.12.2005 – 14 U 54/05 = BeckRS 2006, 3059

7305

Prellung der linken Gesäßhälfte

Mann. „Vorliegend war bei der Bemessung des Schmerzensgeldes zu berücksichtigen, dass der Kläger nur leicht verletzt wurde, mag es einige Zeit gedauert haben, bis die Verletzung abgeklungen war. Ferner musste vorliegend berücksichtigt werden, dass die schädigende Handlung aus einer verbalen Auseinandersetzung hervorgegangen war, zu deren Entstehung der Kläger durch sein Verhalten maßgebend beigetragen hat", so das LG.

Betrag: 150 € **Haftung: 100 %**
immVorb: – **MdE: –**

LG Köln 4.5.2022 – 5 O 245/21 = BeckRS 2022, 13464

5164

Prellungen (hier: Unterschenkelprellungen mit Bluterguss; Rückenprellung sowie Handprellungen nach Sturz mit dem Fahrrad).

Frau. Ambulante Behandlung. [Fahrradunfall].

Betrag: 150 € **Haftung: 50 %**
immVorb: – **MdE: –**

AG Offenbach 28.3.2014 – 39 C 112/13 = unveröffentlicht

2593

Prellungen / Handverletzung (hier: Handgelenkprellung, „schmerzhafte").

Mann. Die Verletzung war Folge einer Rangelei und wurde vom Gericht zutreffend als vorsätzliche Körperverletzung gewertet.

Betrag: 153 € **Haftung: 100 %**
immVorb: – **MdE: –**

AG Bad Neustadt 11.3.1998 – 1 C 510/97 = unveröffentlicht

3580

Prellungen (hier: HWS-Prellung, Handprellund Beinprellung).

Keine Angaben zur Person. MdE 3 Tage ohne Angaben der Intensität. Es traten in dieser Zeit starke Kopfschmerzen sowie Schmerzen der geprellten Gliedmaßen auf.

Betrag: 175 € **Haftung: 100 %**
immVorb: – **MdE: –**

AG Aachen 16.8.1999 – 9 C 213/99 = BeckRS 1999, 158370

3943

Prellungen (hier: zahlreiche, jedoch insgesamt nur geringfügige Prellungen).

Frau. 1 Tag stationär zur Überprüfung nach dem Zusammenstoß der Joggerin mit einem PKW. Die Verletzungen waren jedoch zum Glück für die Klägerin nur sehr geringfügig.

Betrag: 200 € **Haftung: 50 %**
immVorb: – **MdE: –**

AG Koblenz 6.9.2005 – 152 C 209/05 = unveröffentlicht

7497

Ellenbogenprellung des Ellenbogens links mit einer Bursopathie bzw. Schleimbeutelreizung).

Mann. Ambulante Behandlung im Krankenhaus sowie ein weiterer Arztbesuch und zwei Tage Schmerzmitteleinnahme. Das AG sah hier keine Bagatellverletzung vorliegen, da „da es bei der Verletzung des Klägers sich um eine über vorübergehende, im Alltagsleben typische und häufig auch aus anderen Gründen als einem besonderen Schadensfall entstehende Beeinträchtigungen des körperlichen und seelischen Wohlbefindens hinausgehende Verletzung“ gehandelt habe.

Betrag: 200 € **Haftung: 100 %**
immVorb: – **MdE: –**

AG Augsburg 12.12.2024 – 12 C 1378/24 = BeckRS 2024, 36613

5486

Prellungen mit Schmerzen an der linken Ferse, dem linken Handgelenk und am linken vorderen Rippbogen.

Mann. MdE 6 Tage 100 %. [Ursache: Motorradunfall].

Betrag: 200 € **Haftung: 50 %**
immVorb: – **MdE: –**

OLG Brandenburg 20.12.2018 – 12 U 57/18 = BeckRS 2018, 35292

4779

Prellungen und Schürfungen (hier: Prellungen am linken Knie und am linken Ellenbogen, Hautabschürfungen an der rechten Wade sowie eine Lumbalgie und Schmerzen im Lendenwirbelbereich).

Mann. Ambulante Heilbehandlung. MdE 8 Tage 100 %. [Anmerkung: Zur Schmerzensgeldbewertung führte das AG aus: „Es wirkt sich auf die Höhe des Schmerzensgeldes reduzierend aus, wenn der Gläubiger selbst nicht deeskalierend auf die Situation einwirkt, sondern im gleichen Maße wie der Schuldner auf dessen Pflichtverletzung reagiert“, der Kläger hatte sich als Autofahrer mit einem Fahrradfahrer gestritten und diesen vom Fahrrad gezogen].

Betrag: 200 € **Haftung: 100 %**
immVorb: – **MdE: –**

AG Bremen 17.4.2014 – 10 C 212/13 = BeckRS 2014, 8787

4633

Prellungen / Quetschungen (Hier: Beckenprellung mit Bluterguss und Oberschenkelquetschung).

Mann (aus dem Kontext – junger Mann).

Betrag: 200 € **Haftung: 50 %**
immVorb: – **MdE: –**

AG Osnabrück 20.6.2011 – 52 C 290/10 = BeckRS 2011, 142401

3306

Prellungen (hier: Handgelenkprellung, Ellenbogenprellung, Hüftgelenkprellung) und Handgelenkschürfungen.

Mann. Das Gericht erachtete es nicht als relevant (im Sinne einer Schmerzensgeldherabsetzung), dass der Kläger sich wegen des Unfalles nicht krankschreiben ließ.

Betrag: 200 € **Haftung: 50 %**
immVorb: – **MdE: –**

AG Stuttgart 2.3.2004 – 41 C 5997/03 = unveröffentlicht

2854

Prellungen / Zerrungen (hier: Leichte Zerrung paravertebraler Weichteilstrukturen und Oberarmprellungen).

Mann. MdE „3 bis maximal 6 Tage“ 100 % und eine weitere Woche 20 %.

Betrag: 205 € **Haftung: 100 %**
immVorb: – **MdE: –**

LG Hamburg 7.9.2000 – 323 S 46/00 = SP 2001, 54

4860

Prellung (hier: Kopfprellung in Form einer „Prellmarke frontal rechts“ am Kopf).

1j. Kind. 1 Tag stationär zur Beobachtung. „Es wurde berücksichtigt, dass eine Schädelprellung gerade bei einem 1-jährigen Kind keine unerhebliche Körperverletzung darstellt“… andererseits – so das LG – „liegt im untersten denkbaren Bereich, wo der Ansatz eines Schmerzensgeldes überhaupt noch geboten und gerechtfertigt erscheint“.

Betrag: 250 € **Haftung: 100 %**
immVorb: – **MdE: –**

LG Nürnberg-Fürth 15.1.2015 – 8 O 5750 = BeckRS 2015, 01373

5165

Schädelprellung "„Prellmarke frontal rechts“.

1j. Kind. 1 Tag stationär zur Überwachung. ZUr Bemessung führte das LG aus: „Es wurde berücksichtigt, dass eine Schädelprellung gerade bei einem 1-jährigen Kind keine unerhebliche Körperverletzung darstellt. Zudem musste der Kläger zu 2 eine Nacht stationär im Klinikum verbleiben. Auf der anderen Seite erscheint dem Gericht ein Schmerzensgeld, das EUR 250,00 übersteigt, als überhöht. So war weder ein mehrtätiger stationärer Aufenthalt, noch eine intensive, langwierige oder anspruchsvolle Behandlung notwendig. Des Weiteren sind dem Kläger zu 2 keine bleibenden Schäden, wie etwa Narben, oder sonstige Beeinträchtigungen entstanden. Die Verletzung des Klägers zu 2 liegt im untersten denkbaren Bereich, wo der Ansatz eines Schmerzensgeldes überhaupt noch geboten und gerechtfertigt erscheint". [Lesenswert auch die Anmerkung von Kääb in FD-StrVR 2015, 366251].

Betrag: 250 € **Haftung: 100 %**
immVorb: – **MdE: –**

LG Nürnberg-Fürth 15.1.2015 – 8 O 5750/14 = BeckRS 2015, 1373

3196

Knieprellung und Abschürfungen.

Mann (junger ...). Verkehrssicherungspflichtverletzung wegen Schlagloch, in welches der Kläger mit seinem Rennrad hineinfuhr und stürzte.

Betrag: 250 € **Haftung: 50 %**
immVorb: – **MdE: –**

OLG Braunschweig 20.11.2002 – 3 U 47/02 = BeckRS 2003, 6178

7575

Prellung an der rechten Gesäßhälfte

Frau. Zur Schmerzensgeldbemessung führte das LG aus: „Dass die Klägerin bis zum Auftreten der auf dem Bandscheibenvorfall [Anmerkung: dessen – auf den Unfall zurückzuführende – Ursächlichkeit konnte die Kl. nicht beweisen] beruhenden Schmerzsymptomatik etwa 2 Wochen nach dem Sturz noch größere oder überhaupt Schmerzen aufgrund einer erlittenen Prellung gehabt hätte oder anderweitig eingeschränkt gewesen wäre, ist dagegen nicht dargelegt und auch sonst nicht erkennbar. Angesichts dessen und angesichts der bloßen Fahrlässigkeit auf Seiten der Beklagten ist ein Schmerzensgeld in Höhe von 250,00 EUR angemessen aber auch ausreichend." [Ursache: Verkehrssicherungspflichtverletzung – Sturzes im Kassenbereich eines Ladengeschäfts].

Betrag: 250 € **Haftung: 100 %**
immVorb: – **MdE: –**

LG Itzehoe 15.1.2025 – 7 O 340/23 = BeckRS 2025, 595

3197

Prellung (hier: Schädelprellung / Kopfverletzung mit Verdacht auf Gehirnerschütterung).
16j. Mann (Schüler). 2 Tage stationär. Eine Woche krankgeschrieben. „Unkomplizierter stationärer Verlauf". Der Kl. gab an, keine großen Schmerzen gehabt zu haben. Erhöhend wurde gewertet, dass der Bekl. vorsätzlich gehandelt hatte (Vorsätzliche Körperverletzung durch Schlag mit einer Mini-Flasche „Jägermeister" auf den Hinterkopf, wobei die Flasche zerbrach).

Betrag: 250 € **Haftung: 100 %**
immVorb: – **MdE: –**

AG Menden 10.3.2004 – 4 C 224/03 = unveröffentlicht

5220

Prellungen im Bereich der Brustwirbelsäule, des Thorax, der Lendenwirbelsäule und des Ellenbogen rechts.

Mann (Freiberufler). MdE 2 Wochen 100 %. Bei der Schmerzensgeldbemessung sah es das OLG als ausschlaggebend an, „dass es sich um keine besonders schweren Prellungen handelte, welche bereits mittels Einnahme von Ibuprofen 600, eines nicht sonderlich starken Medikaments in mittlerer Dosierung, so gut zu therapieren waren, dass der Kläger weitgehend beschwerdefrei war, und welche auch nur ca. zwei Wochen anhielten.". [Sehr lesenswert auch zum Beweiswert von Feststellungen erstbehandelnder Ärzte, Attesten und Berichten zur Kausalität zwischen Unfall und Verletzungen sowie der Vernehmung eines solchen Erstbehandlers als sachverständigen Zeugen]

Betrag: 250 € **Haftung: 100 %**
immVorb: – **MdE: –**

OLG München 8.7.2016 – 10 U 3138/15 = BeckRS 2016, 13051

5041

Leichte Prellungen mit „Hämatomen am Arm und Oberschenkel".

Kind (Schüler der 6. Klasse). Der Beklagte Schüler hatte den Kläger (Mitschüler) nach einem Streit mit einem Besenstiel traktiert. Der Sechstklässler erlitt dadurch Prellungen am rechten Unterarm und am rechten Oberschenkel. Die dem Schmerzensgeld innewohnende Genugtuungsfunktion sei – so das AG – als gering zu bewerten.

Betrag: 250 € **Haftung: 100 %**
immVorb: – **MdE: –**

AG München 24.4.2015 – 111 C 24091/14 = BeckRS 2016, 1473

6381

Schädelprellung.

3j. Kind. Zur Schmerzensgeldbemessung und zur Frage des Vorliegens einer entschädigungslosen Bagatellverletzung führte das OLG aus: „Die erlittene Schädelprellung stellt sich hier nicht als bloße Bagatellverletzung dar, bei der nach Billigkeitsgesichtspunkten der Ersatz des immateriellen Schadens ausnahmsweise zu versagen ist (vgl. etwa BGH NJW 1992, 1043; NJW 1993, 2173). Zu berücksichtigen ist hierbei ua, dass die Kl. zu 2 zur Zeit des Unfalls nur drei Jahre alt war und davon auszugehen ist, dass ihre nicht unerheblichen Schmerzen durch Schrecken und Angst nach dem Verkehrsunfall weiter verstärkt wurden. Anhaltspunkte dafür, dass es sich bei der Schädelprellung von der Intensität her um eine ganz unbedeutende Verletzung handelte, liegen nicht vor".

Betrag: 250 € **Haftung: 100 %**
immVorb: – **MdE: –**

OLG Naumburg 12.12.2008 – 6 U 106/08 = BeckRS 2009, 6018

3588

Schädelprellung mit einem kleinen Hämatom an der Stirn.

1j. Kind. Trotz sehr geringfügiger Verletzungen wurde zutreffend die Tatsache berücksichtigt, dass ein Kleinkind Schmerzen intensiver empfindet, als ein Erwachsener.

Betrag: 256 € **Haftung: 100 %**
immVorb: – **MdE: –**

LG Augsburg 17.2.2000 – 1 O 420/00 = unveröffentlicht

2789

Prellungen am Kinn und am Knie [Knieprellungen / Kinnprellungen].

Frau (laut AG „nicht mehr ganz jung"). Ambulante Behandlung infolge derer die Kl. „etwa eine Woche lang in ihrer Haushaltstätigkeit behindert" war. [Ursache: Fahrradsturz].

Betrag: 256 € **Haftung: 100 %**
immVorb: – **MdE: –**

AG Köln 25.10.1999 – 268 C 55/99 = BeckRS 1999, 158844

2908

Prellungen (hier: Brustwirbelsäulenprellungen mit einer BWS-Blockierung welche deblockiert wurde. HWS-Zerrung).

Frau. MdE 1 Woche 100 %. Ambulante Behandlung mit Wirbelsäulendeblockierung; Schanz'sche Krawatte; Diclofenacverabreichung.

Betrag: 256 € **Haftung: 100 %**
immVorb: – **MdE: –**

AG Limburg 19.6.2001 – 4 C 410/01 = unveröffentlicht

6193

Prellungen, zahlreiche und offensichtlich [vor dem Hintergrund der fast vierwöchigen stationären Behandlung] umfangreichere sowie ebenfalls schwerere Schürfwunden. Das AG spricht allerdings – ohne weitere Hinweise – nur von „Prellungen und Schürfwunden" und davon, dass der Kläger als Motorradfahrer über die Motorhaube des Wendenden PKW geflogen sei.

Mann. 33 Tage stationär. Anschließend 34 Tage ambulante Behandlung. Bei der Schmerzensgeldbemessung berücksichtigte das AG zum einen die lange Heilbehandlung und zudem die psychische Beeinträchtigung des Klägers der „nach eigenen Angaben aus psychischen Gründen nicht mehr [Motorradfahren] konnte". [Ursache: Motorradunfall].

Betrag: 281 € **Haftung: 50 %**
immVorb: – **MdE: –**

AG Borna 24.10.2011 – 9 C 940/09 = SVR 2013, 191

7260

Prellungen, zahlreiche insbesondere Brustkorbprellungen und eine Prellung am linken Handgelenk. Zudem erlitt der Kläger eine HWS-Distorsion.

Mann. Nach dem Durchgangsarztbericht vom 22.11.2019, mithin 3 Tage nach dem Unfall, „sind sichtbare Gurtmarken, Schmerzen und eine Schwellung des Handgelenks links, HWS-Beschwerden und Schmerzen im Sternum dokumentiert", so das OLG.

Betrag: 300 € **Haftung: 100 %**
immVorb: – **MdE: –**

OLG Brandenburg 25.9.2023 – 12 U 209/22 = BeckRS 2023, 29361

5525

Prellungen, einfache.

Mann. Keine weiteren Angaben. [Anmerkung: Lesenswert zu Haftung eines LKW-Gespannes welches – infolge der Parkplatznot auf deutschen Rastplätzen – halteverbotswidrig in einer Zufahrt zu einem rastplatz auf einer BAB parkte. der Kläger sah dies zu spät und kollidierte mit seinem PKW mit dem Gespann].

Betrag: 300 € **Haftung: 70 %**
immVorb: – **MdE: –**

OLG Düsseldorf 23.10.2018 – 1 U 15/18 = BeckRS 2018, 33993

5435

Prellungen der linken Körperseite.

Frau. MdE 4 Wochen ohne genauere Angaben zur Intensität. Das AG sah es zutreffend für nicht erforderlich an, dass die Klägerin den Nachweis für Ihre Beschwerden mit einer Arbeitsunfähigkeitsbescheinigung (AU-Bescheinigung / ärztlicher Attest) nachweist, da sie angab, hierauf wegen des Antritts eines neuen Arbeitsverhältnisses verzichtet zu haben.

Betrag: 300 € **Haftung: 100 %**
immVorb: – **MdE: –**

AG Limburg 27.6.2016 – 4 C 208/16 = ZfS 2016, 527

6402

Prellungen (hier: Beidseitige Knieprellungen und Unterschenkelprellungen mit Blutergüssen, eine Beckenprellung und eine Prellung der LWS links).

Mann. MdE 21 Tage 100 %. Die letzten Beschwerden waren ca. 60 Tage nach dem Unfall abgeklungen. Das AG bewertet die Prellungen als „relativ leichte Verletzungen".

Betrag: 300 € **Haftung: 50 %**
immVorb: – **MdE: –**

AG Mannheim 30.11.2007 – 9 C 437/07 = BeckRS 2008, 23265

6403

Prellungen (hier: Sprunggelenkprellung, Knieprellung linkes Kniegelenk, Knieverletzung rechts mit Schleimbeutelverletzung in Form einer „ Hämarthros / Bursa Präpatellaris" sowie Lymphödem am rechten Unterschenkel).

Mann. Ambulante Behandlung mit einer „vergleichsweise hohen Zahl [an] Arzt- und Krankengymnastikterminen". Die Verletzungen führten „nicht zu einer Erwerbsunfähigkeit des Klägers … und [konnten] ohne stationäre Behandlung innerhalb von zwei Monaten ohne erkennbare Dauerschäden vollständig behoben werden", so das LG. [Ursache: Motorradunfall].

Betrag: 300 € **Haftung: 50 %**
immVorb: – **MdE: –**

LG Saarbrücken 6.11.2009 – 13 S 166/09 = BeckRS 2010, 27

3073

Brustkorbprellung, leichte sowie „im gesamten, linken Körperbereich blaue Flecken".

Frau. Keine Arbeitsunfähigkeit. Die Unfallbeschwerden waren nach 3 Wochen völlig abgeklungen.

Betrag: 307 € **Haftung: 100 %**
immVorb: – **MdE: –**

AG Aichach 5.12.2000 – 1 C 0777/00 = BeckRS 2000, 167930

2966

Knieverletzung (hier: Knieprellung mit Bluterguss).

Mann. Eine ambulante Behandlung. 14 Tage arbeitsunfähig. Heilungsverlauf nach ärztlichen Angaben „komplikationslos".

Betrag: 307 € **Haftung: 100 %**
immVorb: – **MdE: –**

AG Mettmann 6.11.2001 – 21 C 179/01 = unveröffentlicht

6357

Rippenprellung, schmerzhafte sowie HWS-Syndrom.

Mann. Keine weiteren Angaben.

Betrag: 375 € **Haftung: 75 %**
immVorb: – **MdE: –**

OLG Düsseldorf 20.8.2007 – I-1 U 258/06 = BeckRS 2007, 17781

6404

Rippenprellung, schmerzhafte … sowie HWS-Syndrom.

Mann. Keine weiteren Angaben.

Betrag: 375 € **Haftung: 75 %**
immVorb: – **MdE: –**

OLG Düsseldorf 20.8.2007 – 1 U 258/06 = BeckRS 2007, 17781

3937

Prellungen, zahlreiche (hier: Schädelprellung mit Verdacht auf Gehirnerschütterung sowie weitere Prellungen) und HWS-Syndrom.

Mann. Erhebliche Schmerzen. (Anmerkung: Die Schmerzhaftigkeit von Prellungen wird häufig unterschätzt und nicht beachtet).

Betrag: 400 € **Haftung: 60 %**
immVorb: – **MdE: –**

LG Stade 14.12.2001 – 6 O 66/01 = unveröffentlicht

5097

Wirbelsäulenprellungen (hier: Kreuzbeinprellung und Steißbeinprellung) sowie Ellenbogenprellungen und Lendenwirbelsäulendistorsion,

Frau. Ambulante Heilbehandlung von ca. 4 Wochen Dauer. MdE 2 1/2 Monate 100 %. Erhebliche Schmerzen, insbesondere eine „schmerzhafte Bewegungseinschränkung der unteren Lendenwirbelsäule". Das AG berücksichtigte schmerzensgelderhöhend, dass die Klägerin „während des Heilungsprozesses zusätzliche Belastungen durch die Betreuung ihres schwerbehinderten erwachsenen Sohnes gehabt". [Ursache: Verkehrssicherungspflichtverletzung im Zusammenhang mit der Schneeräumungspflicht / Glatteissturz].

Betrag: 400 € **Haftung: 50 %**
immVorb: – **MdE: –**

AG Bad Segeberg 15.7.2015 – 9 C 327/14 = BeckRS 2015, 12608

6523

Prellungen (hier: Brustbeinprellung und Rippenprellung mit Schmerzen im Bereichs des Rückens und beim Sitzen).

Mann. Ambulante Behandlung „über einige Wochen hinweg …mit Ibuprofen" [= Schmerzmittel].

Betrag: 400 € **Haftung: 66 %**
immVorb: – **MdE: –**

OLG Celle 5.8.2020 – 14 U 37/20 = BeckRS 2020, 20167

4699

Knieprellung, rechts.

Frau. 2 ambulante Heilbehandlungen.

Betrag: 400 € **Haftung: 100 %**
immVorb: – **MdE: –**

AG Kandel 8.2.2012 – 1 C 413/11 = unveröffentlicht

6661

Prellungen (hier: Oberflächliche Prellungen und Hautverletzungen bzw. Schürfungen).

Mann. Der Kläger begab sich – trotz der geringfügigen Verletzungen – „sicherheitshalber in stationäre Behandlung".

Betrag: 400 € **Haftung: 100 %**
immVorb: – **MdE: –**

OLG München 24.6.2020 – 10 U 5582/19 = BeckRS 2020, 14075

6406

Prellungen (hier: Schädelprellung, Brustkorbprellung, Rippenprellung links und Beckenprellung) zudem Schürfung am rechten Beckenkamm sowie HWS-Zerrung und Quetschung des Halses.

Mann. Komplikationslose Heilung. „Schmerzensgeldmindernd wirkt sich vor allem aus, dass die klägerseits erlittenen Verletzungen auf einer Provokation des Klägers gegenüber dem Beklagten beruhten. Der Beklagte verletzte den Kläger nicht ohne jede Veranlassung. Vielmehr kam es zu der Auseinandersetzung, weil der Kläger Prospekte auf der Heckscheibe des Messfahrzeugs [zur Geschwindigkeitsmessung im Auftrag der Stadt X] verteilt hatte. Damit vereitelte er vorübergehend die Durchführung der Messkontrollen. Erst anlässlich dieser Provokation kam es zu der Auseinandersetzung zwischen den Parteien", so das AG. [Ursache: Tätlichen Auseinandersetzungen zwischen den Parteien].

Betrag: 400 € **Haftung: 100 %**
immVorb: – **MdE: –**

AG Nürnberg 10.9.2009 – 23 C 314/09 = BeckRS 2009, 44590

3938

Prellungen (hier: Fußprellung sowie weitere Prellungen an der linken Körperseite)

Kind (Schülerin). MdE 10 Tage „schulunfähig". Mehrere Tage Gehbeeinträchtigung.

Betrag: 450 € **Haftung: 100 %**
immVorb: – **MdE: –**

AG Heidenheim 27.9.2004 – 7 C 492/04 = BeckRS 2004, 153562

3936

Prellungen, zahlreiche (hier: Brustkorbprellung, Beinprellungen sowie Armprellungen. HWS-Syndrom.

Mann. Erhebliche Schmerzen

Betrag: 450 € **Haftung: 50 %**
immVorb: – **MdE: –**

LG Münster 6.2.2004 – 3 S 34/03 = BeckRS 2004, 154020

4308

Brustkorbprellung und Daumenprellung. Zudem erlitt die Klägerin ein HWS-Syndrom.

Frau. Ambulante Heilbehandlung. MdE 7 Tage 100 % sowie weitere 7 Tage 80 %. Erhebliche Schmerzhaftigkeit.

Betrag: 450 € **Haftung: 100 %**
immVorb: – **MdE: –**

AG Arnsberg 30.5.2007 – 3 C 464/06 = BeckRS 2007, 144981

6076

Prellungen (hier: Unterkieferprellung, Kniegelenkprellung und Brustkorbprellung).

Frau. Das AG berücksichtigte bei der Bemessung, dass gerade auch Prellungen „mit Schmerzen verbunden sind, die erst langsam wieder verschwinden". „Andererseits" hätte es sich vorliegend um „durchaus leichte Verletzungen [gehandelt], die offensichtlich nicht einmal die Einnahme verschreibungspflichtiger Medikamente erforderlich machten".

Betrag: 450 € **Haftung: 100 %**
immVorb: – **MdE: –**

AG Geldern 22.7.2013 – 3 C 27/13 = BeckRS 2014, 2824

6804

Prellungen und Schürfwunden zu denen es wörtlich heißt: „Schürfwunden, Schürfungen über dem linken Ellenbogen sowie eine Prellmarke links".

Mann. [Lesenswert: 1. Zur Frage den Kausalitätsanforderungen einer behaupteten psychischen Erkrankung als Folge einer bereits feststehenden Primärverletzung sowie 2. Zum Schadensersatz wegen anwaltlicher Pflichtverletzung im Zusammenhang mit Schmerzensgeldansprüchen].

Betrag: 500 € **Haftung: 100 %**
immVorb: – **MdE: –**

LG Bonn 4.9.2020 – 15 O 491/13 = BeckRS 2020, 39119

4259

Prellungen (hier: Unterarmprellung, Lendenwirbelsäulenprellung und Schädelprellung mit geringen Kopfschmerzen). Unterarmschürfungen und Unterarmstauchung sowie HWS-Syndrom.

Mann. MdE 13 Tage 100 %. Das OLG führte zur Bemessung aus: „Das Zusammentreffen mehrerer leichter alltäglicher Verletzungen (...) rechtfertigt ein Schmerzensgeld von 500,- EUR".

Betrag: 500 € **Haftung: 100 %**
immVorb: – **MdE: –**

OLG Brandenburg 4.11.2010 – 12 U 87/10 = BeckRS 2010, 28470

5901

Prellungen (hier: beidseitige Schienbeinprellung, Schulterprellung rechts und Schulterprellung links mit Muskelzerrung der linken Schulter und Bluterguss und Brustkorbprellung bzw. Thorax-Prellung). Zudem erlitt die Klägerin noch ein HWS-Syndrom 1. Grades.

Frau. Ambulante Behandlung sowie krankengymnastische Übungstherapien sowie physikalische Maßnahmen. MdE 15 Tage 100 %, 15 Tage 60 % 15 Tage 30 % sowie für die Dauer von weiteren 8 Wochen abklingende Beschwerden.

Betrag: 500 € **Haftung: 100 %**
immVorb: – **MdE: –**

AG Essen 10.6.2010 – 25 C 7/10 = BeckRS 2010, 32057

6365

Prellungen (hier: Schulterprellung links, Brustkorbprellung und Unterschenkelprellung) sowie ein HWS-Syndrom in Form einer Halswirbelsäulendistorsion.

Frau. 5 Monate andauernde Beeinträchtigungen. Dies berücksichtigend führte das LG bei seiner Bemessung aus, es dürfe „nicht unerwähnt bleiben, dass es sich um leichtere Verletzungen gehandelt hat – die Minderung der Erwerbsfähigkeit betrug für einen Zeitraum von maximal 3 Monaten lediglich 20 % -, die letztlich folgenlos verheilt sind".

Betrag: 500 € **Haftung: 100 %**
immVorb: – **MdE: –**

LG Essen 28.10.2010 – 10 S 233/10 = BeckRS 2011, 2726

7932

Prellungen hier: Kopfprellung und Nackenprellung ohne Hinweis auf äußerliche Verletzungen oder Frakturen.

Mann. Bei der Schmerzensgeldbemessung hatte das OLG berücksichtigt, dass der Geschädigte „nach der zuvor erfolgten Herzoperation ohnehin bereits gesundheitlich angeschlagen und labil war und durch den Sturz weitere, nicht unerhebliche Schmerzen und Beschwerden erleiden musste". [Ursache: Verkehrssicherungspflichtverletzung gegenüber einem Krankenhauspatienten infolge eines Sturzes von einer unzureichend befestigten Sitzfläche eines Stuhles].

Betrag: 500 € **Haftung: 100 %**
immVorb: – **MdE: –**

OLG Köln 29.6.2016 – 5 U 87/15 = BeckRS 2016, 16888

5453

Schädelprellung und Fingerstauchung rechts sowie HWS-Syndrom, einfaches.

Mann. Ambulante Heilbehandlung mit insgesamt drei Arztterminen.

Betrag: 500 € **Haftung: 100 %**
immVorb: – **MdE: –**

AG Landau i. d. Pfalz 28.6.2016 – 1 S 155/15 = unveröffentlicht

4676

Knöchelprellung in Form einer Außenknöchelprellung mit Schürfwunden im Fußbereich.

Frau. Ambulante Heilbehandlung. MdE 3 Tage 100 % sowie weitere 14 Tage 20 %. Ursache: Motorradunfall.

Betrag: 500 € **Haftung: 100 %**
immVorb: – **MdE: –**

LG München I 25.3.2013 – 19 O 1258/12 = unveröffentlicht

3886

Prellung / Gurthämatom sowie weitere zahlreiche Prellungen und HWS-Syndrom.

Mann. MdE 20 Tage 100 %.

Betrag: 500 € **Haftung: 100 %**
immVorb: – **MdE: –**

LG München I 30.11.2000 – 19 O 3079/00 = unveröffentlicht

6956

Prellung der rechten Hand / Handprellung.

13j. Kind (Schüler). Ambulante Behandlung, bei der die verletzte rechte Hand geschient werden musste. Bei der Bemessung berücksichtigte das AG die Beeinträchtigungen des Jungen (Rechtshänder) in der Schule (Schreiben / Malen) sowie zu Hause. Ebenso berücksichtigte das AG, dass „Kinder üblicherweise Schmerzen als besonders stark empfinden". [Ursache: Sturz aus einem Etagenbett, in einem Hotel. Das Bett entsprach nicht der DIN EN 747-1 „Anforderungen an die Sicherheit, Festigkeit und Dauerhaltbarkeit von Etagenbetten und Hochbetten für den Wohnbereich"].

Betrag: 500 € **Haftung: –**
immVorb: – **MdE: –**

AG Nürnberg 24.4.2019 – 19 C 7391/18 = BeckRS 2019, 22074

5531

Prellungen (hier: Schädelprellung und Brustkorbprellung mit Beschwerden im Thorax rechts und intermittierenden Kopfschmerzen) sowie Todesangst (während des Überschlagens des PKW)

Frau. Ambulante Heilbehandlung nach einer einmaligen Vorstellung beim Hausarzt, der der Klägerin entsprechende Medikamente verschrieb. Bei der Schmerzensgeldbemessung ging das LG von einer „nachvollziehbaren Todesangst infolge des Überschlagens des Autos" aus und hielt hierfür sowie für die Prellungen ein Schmerzensgeld von 500 EUR für angemessen.

Betrag: 500 € **Haftung: 100 %**
immVorb: – **MdE: –**

LG Potsdam 24.8.2018 – 6 O 16/17 = BeckRS 2018, 29786

3117

Prellungen (hier: Schädelprellung, HWS-Prellung, LWS-Prellung, Beckenprellung, Knieprellung) sowie Knieschürfwunden.)

Mann. MdE 1 Woche 100 %.

Betrag: 511 € **Haftung: 40 %**
immVorb: – **MdE: –**

LG Gießen 18.10.2001 – 4 O 345/00 = unveröffentlicht

3987

Prellungen (hier: Brustkorbprellung sowie Prellungen an der Hand und am Unterschenkel).

18j. Frau (Schülerin). Nach eigenem Vortrag der Klägerin litt diese für die Dauer von ca. 4 Wochen an Schmerzen beim Atmen.

Betrag: 600 € **Haftung: 70 %**
immVorb: – **MdE: –**

OLG Celle 8.7.2008 – 4 U 27/08 = unveröffentlicht

5398

Schädelprellung verbunden mit Druckschmerzen im linken Kieferköpfchen und Kauschmerzen nach Faustschlägen in das Gesicht des Klägers.

Mann. 3 Tage ambulante Heilbehandlung. Vorsätzliche Körperverletzung. Der Kläger wurde – nachdem er auf das Fahrzeug des Beklagten aufgefahren war – von diesem mehrfach ins Gesicht geschlagen.

Betrag: 600 € **Haftung: 100 %**
immVorb: – **MdE: –**

AG Dresden 8.2.2018 – 110 C 2689/17 = BeckRS 2018, 1712

5957

Schädelprellung mit Kopfplatzwunde und posttraumatische Spannungskopfschmerzen.

Mann. MdE 2 Tage mit ambulanter Heilbehandlung. [Ursache: Schmerzensgeld anlässlich eines Gebrauchtwagenkaufs, bei dem die Heckklappe wegen defekter Dämpfer dem Kläger an den Kopf schlug].

Betrag: 600 € **Haftung: 100 %**
immVorb: – **MdE: –**

AG Kassel 13.3.2012 – 435 C 4225/11 = BeckRS 2012, 16573

2864

Schädelhirntrauma 1.Grades; Prellungen (hier: Knieprellung rechts; Ellenbogengelenkprellung links) sowie HWS-Syndrom.

Mann. MdE 4 Tage 100 % sowie 6 Wochen 10 %. [Ursache: Motorradunfall].

Betrag: 682 € **Haftung: 66 %**
immVorb: – **MdE: –**

AG Königstein 16.7.2001 – 21 C 261/01 = BeckRS 2001, 161809

7038

Prellungen (hier: Schwere Brustbeinprellung, Nasenprellung, zahlreiche Blutergüsse an Armen und Beinen sowie am Hals). Zudem erlitt die Klägerin psychische Beeinträchtigungen in Form eines „reaktiv depressiven Syndrom".

Frau. Vorsätzliche Körperverletzung: Der Beklagte, der unter Alkoholeinwirkung stand, hatte die Klägerin verprügelt. Das AG sah angesichts der Verletzungen grundsätzlich ein Schmerzensgeld in Höhe von 2.000 EUR für angemessen. Schmerzensgeldmindernd berücksichtigte es jedoch zum einen den der Tat vorausgegangenen verbalen Streit, bei dem auch die Klägerin provozierend gehandelt hatte. Zum anderen berücksichtigte das AG das Nachtatverhalten des Beklagten, der sich bei der Klägerin entschuldigt sowie seine Bereitschaft zur Schmerzensgeldleistung erklärt hatte und auch das Nachtatverhalten der Klägerin schmerzensgeldmindernd, denn diese hatte zunächst alle Regulierungsversuche verhindert bzw. abgelehnt. Schließlich berücksichtigte das AG auch die wirtschaftlichen Verhältnisse des Beklagen.

Betrag: 700 € **Haftung: 100 %**
immVorb: – **MdE: –**

AG Aachen 15.2.2005 – 10 C 323/04 = BeckRS 2005, 159569

4700

Prellungen (hier: Schädelprellung und Ellenbogenprellung) sowie HWS-Distorsion.

Mann. Ambulante Heilbehandlung. MdE 5 Tage 100 %.

Betrag: 700 € **Haftung: 100 %**
immVorb: – **MdE: –**

AG Westerburg 6.2.2012 – 22 C 25/11 = BeckRS 2012, 214173

4639

Prellungen (Hier: Brustkorbprellung und Brustbeinprellung) sowie einfaches HWS-Syndrom.

Frau. MdE 18 tage 100 %. Folgenlose Verheilung.

Betrag: 750 € **Haftung: 100 %**
immVorb: – **MdE: –**

AG Buxtehude 11.4.2011 – 31 C 65/11 = BeckRS 2011, 142284

4448

Schulterprellung und HWS-Syndrom.

Mann. MdE 30 Tage 100 %.

Betrag: 750 € **Haftung: 100 %**
immVorb: – **MdE: –**

OLG Celle 16.12.2009 – 14 U 113/09 = BeckRS 2010, 14713

3409

Prellung Prellungen (hier: multiple Prellungen insbesondere eine Schulterprellung, links) sowie eine Schürfwunde und Einrisse der Nägel der linken Hand.

Frau. 3 Monate ambulante Behandlung / langwierige Heilbehandlung; sie konnte über einen Monat ihren Arm nicht bewegen und musste 20 krankengymnastische Anwendungen besuchen. [Ursache: Sturz in der Fußgängerzone wegen Verkehrssicherungspflichtverletzung]. „Letztlich ist der Sturz für die Kl. ohne schwerwiegende Folgen geblieben, so schmerzhaft die Verletzungen auch gewesen sein mögen", so das LG.

Betrag: 750 € **Haftung: 100 %**
immVorb: – **MdE: –**

LG Essen 12.5.2005 – 4 O 379/04 = unveröffentlicht

3667

Prellungen (hier: Schädelprellung und Brustwirbelprellung).

Frau. 4 Tage stationär. MdE 14 Tage 100 %. [Ursache: Verkehrssicherungspflichtverletzung].

Betrag: 750 € **Haftung: 100 %**
immVorb: – **MdE: –**

AG Frankfurt a. M. 4.3.2005 – 32 C 2612/04 = unveröffentlicht

4064

Prellungen und Schürfwunden (hier: Zahlreiche Prellungen am gesamten Körper sowie diverse Schürfwunden, insbesondere an den Beinen).

Mann (Gärtner). Ambulante und langwierige Heilbehandlung von 8 Wochen Dauer. MdE 10 Tage 100 %.

Betrag: 750 € **Haftung: 100 %**
immVorb: – **MdE: –**

AG Ibbenbüren 15.6.2007 – 3 C 172/07 = BeckRS 2007, 145520

6374

Schulterprellung mit nachfolgender Sensibilitätsstörung und Kraftverlust der rechten Hand, Knieprellung und HWS-Syndrom mit Kopfschmerzen.

Frau. Ambulante Behandlung mit Schmerzmittel. Im weiteren Verlauf klagte die Klägerin über Sensibilitätsstörungen und Kraftverlust der rechten Hand. [Lesenswert zum Nachweis einer HWS-Verletzung: „Muss sich eine Partei nach einem Unfall – hier: Streifkollision mit einer Geschwindigkeitsänderung von rund 4 km/h – wegen einer Halswirbelsäulenverletzung in ärztliche Behandlung begeben, so kann die Unfallursächlichkeit nicht allein deshalb ausgeschlossen werden, weil lediglich eine geringe Geschwindigkeitsänderung vorlag, die unterhalb der sogenannten «Harmlosigkeitsgrenze» liegt. Wie das Landgericht Ravensburg ausführt, muss die Frage der Unfallursächlichkeit vielmehr in jedem Einzelfall beantwortet werden", so das LG. „Für die Praxis des Verkehrsrechtlers hat dieses Urteil deshalb Bedeutung, weil es mit eingehender Begründung darlegt, dass es eben immer auf die Beurteilung des Einzelfalls ankommt. Neben der technischen Untersuchung kommt es in jedem einzelnen Fall auf den tatsächlichen Verlauf nach einer Kollision an", so Kääb in seiner Anmerkung zu diesem Urteil].

Betrag: 750 € **Haftung: 100 %**
immVorb: – **MdE: –**

LG Ravensburg 12.10.2006 – 1 S 10/06 = BeckRS 2007, 1424

6375

Prellungen (hier: Steißbeinprellung, Knieprellung und Brustkorbprellung infolge einer Gurtprellmarke) zudem HWS-Syndrom.

Frau. Ambulante Behandlung. MdE 42 Tage 100 %.

Betrag: 750 € **Haftung: 75 %**
immVorb: – **MdE: –**

OLG Saarbrücken 11.3.2008 – 4 U 228/07 = BeckRS 2008, 8171

3668

Prellung (hier: Lendenwirbelsäulenprellung)

Mann. MdE 8 Tage 100 %. Die als sehr schmerzhaft bezeichnete Verletzung erforderte für insgesamt 6 Wochen eine intensive ambulante Heilbehandlung.

Betrag: 767 € **Haftung: 100 %**
immVorb: – **MdE: –**

AG Erkelenz 2.11.2001 – 14 C 181/01 = BeckRS 2001, 161701

4250

Prellungen, schmerzhafte (hier: Knieprellung links, Beckenprellung links sowie Schulterprellung rechts) und HWS-Syndrom (hier: Einfache HWS-Zerrung).

Frau. Ambulante, Langwierige Heilbehandlung von 7 Wochen Dauer mit regelmäßiger Schmerzmittelverabreichung (Spritzen); die Kl. musste eine Schanz'sche Krawatte tagen. MdE 3 Wochen 100 %.

Betrag: 800 € **Haftung: 25 %**
immVorb: – **MdE: –**

LG Bonn 17.10.2008 – 18 O 151/08 = BeckRS 2010, 15722

5064

Schulterprellung nach Motorradsturz mit Bluterguss und Bewegungseinschränkung.

Mann. Ambulante Heilbehandlung. Da die Beschwerden zunächst nicht besser wurden, erfolgte eine MRT. 3 Wochen andauernde, vorübergehende Bewegungseinschränkung des Schultergelenks. [Ursache: Motorradunfall / Verkehrssicherungspflichtverletzung wegen mangelnder Fahrbahnbelagsgriffigkeit].

Betrag: 800 € **Haftung: 75 %**
immVorb: – **MdE: –**

LG Detmold 3.2.2016 – 9 O 86/15 = BeckRS 2016, 4436

3853

Prellungen (hier: Oberarmprellung und Oberschenkelprellung sowie Knieprellung) und Kniedistorsion, HWS-Syndrom und Unfallschock.

Frau. keine Minderung der Erwerbsfähigkeit. Der Klägerin wurde auf eigenen Wunsch keine Arbeitsunfähigkeitsbescheinigung ausgestellt.

Betrag: 800 € **Haftung: 100 %**
immVorb: – **MdE: –**

AG Landsberg 15.2.2006 – 1 C 746/05 = BeckRS 2006, 138495

5314

Hüftprellung, mit einem großem Bluterguss und nicht unerheblichen Schmerzen. Zudem erlitt der Kläger zwei Schürfwunden an der linken Hand und eine Schürfwunde am linken Oberarm, die das AG jedoch nur als „leichte und oberflächliche Schürfungen" bewertete.

Mann. „Nicht unerhebliche Schmerzen über einen längeren Zeitraum" (ohne nähere Angaben). Wird jemand grundlos in die Flucht geschlagen und verletzt sich dabei, liegt ein sogenannter Herausforderungsfall vor, der einen Schmerzensgeldanspruch nach sich ziehen kann, so das AG, welches von einer Vorsatztat ausging. [Der Beklagte hatte den Kläger mit Pfefferspray gejagt].

Betrag: 800 € **Haftung: 100 %**
immVorb: – **MdE: –**

AG München 22.12.2016 – 173 C 15615/16 = BeckRS 2016, 117307

6763

Prellungen, insbesondere Knieprellung rechts und Brustkorbprellung. Zudem erlitt der Kläger eine Zahnverletzung (hier: Querverlaufende Schmelzrisse an den Zähnen 11 und 21).

Mann. [Ursache: Auffahrunfall]. Dauerschaden: Überempfindlichkeiten gegen heiß und kalt, die das AG jedoch nicht als „Schmerzen" sondern lediglich als eine „Überempfindlichkeit" betrachtete. Entgegen dem höchstrichterlich anerkannten Grundsatz der Einheitlichkeit des Schmerzensgeldes [BGH BeckRS 2006, 3663 mit Verweis auf BGH BeckRS 2004, 2240] teilte das AG bei der Schmerzensgeldbemessung die Verletzungen auf und sprach für die Zahnverletzungen 400 EUR und für die Prellungen weitere 400 EUR zu und addierte anschließend diese Beträge.

Betrag: 800 € **Haftung: 100 %**
immVorb: – **MdE: –**

AG Rheinbach 24.3.2021 – 26 C 193/16 = BeckRS 2021, 10434

7093

Schulterprellung.

Mann (Polizeibeamter). Die Beteiligten streiten um einen unerfüllten Schmerzensgeldanspruch des Klägers, der im Dienst von einem Straftäter zu Boden gerissen und sich infolge dessen an der Schulter verletzt hatte; der Kläger äußerte sich dazu wie folgt: „… bemerkte ich Schmerzen in meiner der linken Schulter, verblieb jedoch im Dienst."

Betrag: 850 € **Haftung: 100 %**
immVorb: – **MdE: –**

VG Berlin 2.12.2022 – VG 26 K 27/22 = BeckRS 2022, 36871

2905

Wirbelsäulenverletzung / Prellungen (hier: massive Lendenwirbelsäulenprellung mit Knochenhautreizung) sowie HWS-Syndrom.

Mann. Mehrfach ambulant. Langwierige Heilbehandlung. MdE 14 Tage 100 % und weitere 14 Tage 20 %. Schmerzhafte Verletzung! Komplikationslos verheilt.

Betrag: 869 € **Haftung: 100 %**
immVorb: – **MdE: –**

AG Altenkirchen 8.2.2001 – 70 C 162/00 = BeckRS 2001, 161609

5239

Prellungen (hier: Brustkorbprellung, Unterschenkelprellung sowie Fußprellung / Sprunggelenkprellung).

Frau. MdE 10 Tage 100 %. Schmerzhafte Verletzung, die die Einnahme von Schmerzmitteln erforderlich machte.

Betrag: 900 € **Haftung: 100 %**
immVorb: – **MdE: –**

AG Groß-Gerau 25.2.2015 – 65 C 240/14 = unveröffentlicht

4092

Prellungen (hier: Handgelenkprellung des bereits vorgeschädigten Handgelenks sowie Kopfprellung, Knieprellung und Brustprellung).

Frau. Ambulante und langwierige Heilbehandlung mit langwieriger Schmerztherapie von mehr als zehnmonatiger Dauer in Bezug auf das durch einen Vorschaden bereits beeinträchtigte Handgelenk. Dieses musste unfallbedingt mit einer Gipsschiene stabilisiert werden.

Betrag: 900 € **Haftung: 100 %**
immVorb: – **MdE: –**

AG Lampertheim 21.4.2010 – 3 C 49/10 = unveröffentlicht

5461

Prellungen (hier: Insbesondere Schulterprellung) sowie Schürfwunden und eine Kopfplatzwunde.

Mann. 1 Tag stationär. MdE 10 Tage 100 % und weitere 14 Tage 50 %. Langwierige Heilbehandlung – insgesamt ca. 1 Jahr Schulterschmerzen bzw. -beschwerden. [Ursache: Fahrradunfall. Hierzu das LG: „Kann ein Kraftfahrer wegen Sonnenblendung einen Teil eines Fußgängerüberweges nicht übersehen, darf er sich an diesen nur ganz vorsichtig annähern"].

Betrag: 1.000 € **Haftung: 50 %**
immVorb: Ja **MdE: –**

LG Nürnberg-Fürth 6.10.2016 – 2 S 8390/15 = BeckRS 2016, 135613

4258

Prellungen (hier: Steißbeinprellung und Knieprellung.)

63j. Frau. Ambulante Behandlung. MdE 14 Tage 100 % sowie weitere 6 Tage 50 %. Anfänglich schmerzhafte Verletzung.

Betrag: 1.000 € **Haftung: 100 %**
immVorb: – **MdE: –**

AG Alzey 31.7.2008 – 20 C 14/08 = BeckRS 2008, 141808

5532

Prellungen der Halswirbelsäule und des Oberkörpers (Brustkorbprellung).

Mann. MdE 3 Wochen 100 %. Regulierungsverzögerung, – hierzu führte das AG aus: „Erschwerend zu berücksichtigen ist außerdem das Regulierungsverhalten der Beklagten … Hier hat die Versicherung die Grenze der vertretbaren Rechtsverteidigung eindeutig überschritten, weil sie trotz unbestrittener Haftung gar nichts als Schmerzensgeld gezahlt hat, obwohl der Unfall doch heftig genug war, dass von der Entstehung gewisser Schmerzen ausgegangen werden musste, und der Beifahrer ein Schmerzensgeld bekam. Hätte sie unter diesen Umständen mit den bekannten Einwänden ein geringes Schmerzensgeld bezahlt, wäre dies nicht als treuwidrig anzusehen. Jedoch erscheint es als Zermürbungstaktik, gar nichts zu zahlen, weswegen das Schmerzensgeld maßvoll heraufzusetzen war".

Betrag: 1.000 € **Haftung: 100 %**
immVorb: – **MdE: –**

AG Bruchsal 8.8.2018 – 1 C 144/17 = BeckRS 2018, 22142

6400

Prellungen, zahlreiche (hier: Schulterprellung, Oberarmprellung, Rippenprellung, Hüftprellung und Handgelenkprellung) sowie akutes HWS-Syndrom.

Mann. Ambulante Behandlung. Der Kläger hatte „danach über mehrere Wochen erhebliche Schmerzen". [Anmerkung: Lesen Sie auch die Anmerkung von Kääb zu diesem Urteil: „Das Landgericht Detmold hat einen Motorradfahrer mit seiner Betriebsgefahr an der Haftung nach einem Unfall beteiligt, bei dem ein Fußball den Motorradfahrer zu Fall gebracht hatte. Der Ball war durch Lücken im Zaun eines angrenzenden Sportplatzes auf die Straße geflogen. Die Betriebsgefahr des Motorradfahrers liegt nach Ansicht des Gerichts bei 30 %. ... Die hier doch deutliche höhere Festsetzung verdient Beachtung", so Kääb].

Betrag: 1.000 € **Haftung: 70 %**
immVorb: – **MdE: –**

LG Detmold 20.10.2010 – 12 O 172/09 = BeckRS 2010, 26973

4161

Kniegelenkprellung (hier: Kniegelenkhämatom / Kniegelenkbluterguss mit lang anhaltender, erheblicher Schmerzhaftigkeit) sowie Unterschenkelverletzung in Form einer Distorsion.

Frau. Ambulante Heilbehandlung. Langwierige Heilung von mehr als 5 Monaten Dauer. Ursache: Verkehrssicherungspflichtverletzung (hier: Defekte Abdeckung einer Bodenöffnung).

Betrag: 1.000 € **Haftung: 100 %**
immVorb: – **MdE: –**

LG Dresden 15.5.2009 – 5 O 48/09 = BeckRS 2009, 140017

6723

Brustkorbprellung, Brustbeinprellung sowie Schädelprellung mit temporärer Schwerhörigkeit rechts.

Frau. Ambulante Heilbehandlung. Es kam vorübergehend zu Schwerhörigkeit bzw. zu einer Hörminderung auf dem rechten Ohr. Folgenlose Verheilung.

Betrag: 1.000 € **Haftung: 100 %**
immVorb: – **MdE: –**

OLG Dresden 13.3.2019 – 1 U 1310/18 = BeckRS 2019, 54836

7417

Prellungen ohne nähere Angaben

Frau. Die Verletzungen waren nach zwei Wochen wieder abgeklungen. [Anmerkung: Die Klägerin behauptet, dass sie unfallbedingt erheblich verletzt worden sei. Über das außergerichtlich gezahlte Schmerzensgeld von 1.000 EUR hinaus fordert sie ein weiteres Schmerzensgeld von mindestens 30.000 EUR. Des Weiteren macht sie einen Haushaltsführungsschaden von 46.015 EUR geltend. Zum Haushaltsführungsschaden vgl. auch die sehr hilfreiche Praxisanmerkung von Balke SVR 2024, 29].

Betrag: 1.000 € **Haftung: 100 %**
immVorb: – **MdE: –**

LG Duisburg 21.2.2023 – 1 O 260/20 = BeckRS 2023, 7545

4984

Prellungen (Hier: Hüftprellung / Hüftgelenkprellung und Muskelprellung im Bereich der Hüfte) sowie HWS-Syndrom (hier: „leichte Distorsionsschädigung der Halswirbelsäule").

Mann. Ambulante Heilbehandlung. Insgesamt ca. 6 Wochen Beeinträchtigungen.

Betrag: 1.000 € **Haftung: 100 %**
immVorb: – **MdE: –**

OLG Düsseldorf 27.1.2015 – I-1 U 36/14 = BeckRS 2015, 5844

7845

Knieprellung mit Kniegelenkbinnenschädigung in Form einer Gelenkbinnenentzündung im linken Knie und Schulterprellung.

Mann. Notfallmäßige Behandlung im Krankenhaus und anschließende ambulante Heilbehandlung. Sechs Wochen Krankengymnastik „und eine ambulante Weiterbehandlung." 14 Tage arbeitsunfähig.

Betrag: 1.000 € **Haftung: 100 %**
immVorb: – **MdE: –**

OLG Hamm 15.7.2022 – 7 U 23/22 = BeckRS 2022, 30041

6724

Prellungen (Hier: Schultergelenkprellung, Knieprellung, Brustkorbprellung und LWS-Prellung).

Frau. 6 Tage stationäre Heilbehandlung, wobei die Klägerin einen Tag auf der Intensivstation behandelt wurde. Anschließend ambulante Behandlung. MdE insgesamt 30 Tage 100 %. Das AG wertete es als schmerzensgelderhöhend, dass der Beklagte über eine Privathaftpflichtversicherung verfügte.

Betrag: 1.000 € **Haftung: 100 %**
immVorb: – **MdE: –**

AG Hanau 21.3.2019 – 8 C 46/15 = BeckRS 2019, 54835

4093

Prellungen (hier: stumpfe Brustkorbprellung mit deutlichem Gurthämatom und Brustbeinprellung mit Brustwirbelsäulenbeeinträchtigung sowie Beckenprellung).

Frau. 2 Tage stationär. MdE 3 Tage 100 % und weitere 4 Tage 75 % sowie weitere 3 Wochen abfallend von 50 % bis zur folgenlosen Ausheilung.

Betrag: 1.000 € **Haftung: 100 %**
immVorb: – **MdE: –**

AG Hann. Münden 21.10.2009 – 3 C 296/09 = BeckRS 2009, 139962

3638

Prellungen (hier: Schädelprellung; Thoraxprellung bzw. Brustkorbprellung und Hüftprellung) sowie HWS-Synfrom in Form einer HWS-Zerrung. Nicht kausal wurde der Bandscheibenvorfall erachtet, den die Kl. als Unfallfolge darzulegen versucht hatte.

Frau. Den Beweis dafür, dass auch ein später diagnostizierter Bandscheibenvorfall unfallursächlich war, konnte die Klägerin nicht erbringen. Hierfür sei „zwingend erforderlich, dass die typischen Erscheinungen ... sofort ergäben", so das Gericht gestützt auf ein Gutachten. Dies war jedoch hier nicht der Fall.

Betrag: 1.000 € **Haftung: 100 %**
immVorb: – **MdE: –**

LG Hildesheim 17.3.2005 – 4 O 394/03 = BeckRS 2006, 12911

2855

Prellungen (hier: beids. Knieprellungen); Kopfverletzungen (hier: Schürfwunde und Gehirnerschütterung) sowie HWS-Syndrom.

Mann. 2 Tage stationär. 2 Tage Schanz'sche Krawatte sowie Salbenbehandlung. Keine Dauerfolgen.

Betrag: 1.023 € **Haftung: 100 %**
immVorb: – **MdE: –**

OLG Karlsruhe 23.3.2001 – 10 U 263/00 = BeckRS 2001, 31162767

3072

Prellungen (hier: Schulterprellung und Knieprellung).

Frau. Langwierige Heilung. Noch nach einem Jahr bestehen Schulterschmerzen (Druckschmerz). Dementsprechend musste die Kl. Ihren Sport (Badminton) aufgeben.

Betrag: 1.023 € **Haftung: 100 %**
immVorb: – **MdE: –**

AG Kassel 18.2.2000 – 423 C 3497/99 = unveröffentlicht

4099

Prellungen (hier: Ellenbogenprellung, Oberschenkelprellung sowie Schädelprellung) und HWS-Syndrom.

Frau. Ambulante Heilbehandlung mit insgesamt 11 physiotherapeutischen Behandlungen. MdE 1 Monat 100 %.

Betrag: 1.250 € **Haftung: 100 %**
immVorb: – **MdE: –**

LG Aachen 13.11.2009 – 6 S 112/09 = unveröffentlicht

6957

Brustkorbprellung und Schürfwunden am rechten Unterschenkel.

Mann. Ambulante Behandlung. Wochenlange Schlafstörungen und starke Schmerzen im Brustkorbbereich sowie Schmerzen beim Sitzen und Liegen. Dauerschaden: Narbe am Unterschenkel. Bei der Bemessung berücksichtigte das AG erhöhend, die erhebliche Regulierungsverzögerung der KH-Versicherung des Unfallverursachers.

Betrag: 1.250 € **Haftung: 100 %**
immVorb: – **MdE: –**

AG Berlin-Mitte 6.11.2020 – 111 C 3183/17 = BeckRS 2020, 54518

4101

Prellung (hier: Brustwirbelsäulenprellung) sowie HWS-Syndrom.

Mann. Ambulante Heilbehandlung. MdE 2 Wochen 100 %. [Anmerkung: Derartige Prellungen verheilen zwar folgenlos, sind jedoch anfänglich sehr schmerzhaft!].

Betrag: 1.250 € **Haftung: 100 %**
immVorb: – **MdE: –**

LG Mannheim 8.12.2009 – 11 O 354/07 = unveröffentlicht

3972

Prellungen (hier: Hodenprellung; Knieprellung und Leistenprellung) sowie Leistenzerrung.

Mann (Arbeiter). Ambulante Heilbehandlung. MdE 6 Wochen 100 %. Für die Dauer von fünf Wochen mussten Gehstützen (Krüken) benutzt werden. Schmerzhafte Verletzungen!

Betrag: 1.278 € **Haftung: 100 %**
immVorb: – **MdE: –**

AG Hagen 17.5.2001 – 14 C 58/01 = BeckRS 2001, 31163446

4164

Prellungen (hier: Schädelprellung sowie Schulterprellung und Unterschenkelprellung).

Mann (Schüler). 2 Wochen ambulante Heilbehandlung. Das AG berücksichtigte die Schmerzhaftigkeit derartiger Prellungen.

Betrag: 1.300 € **Haftung: 100 %**
immVorb: – **MdE: –**

AG Rendsburg 5.2.2009 – 3 C 875/08 = unveröffentlicht

3311

Prellungen, schwere (hier: Schulterprellung mit Ödemen, Bluterguss und Schürfungen).

Frau. Ca. 5 Wochen andauernde schmerzhafte Bewegungsbeeinträchtigung der rechten Schulter.

Betrag: 1.300 € **Haftung: 100 %**
immVorb: – **MdE: –**

AG Stadthagen 30.12.2003 – 4 C 605/02 = unveröffentlicht

4704

Prellungen (Schulterprellung, Oberarmprellung und Handprellung, jew. links) sowie HWS-Syndrom.

Mann. Ambulante Heilbehandlung, langwierige Heilung von mindestens 90 Tagen Dauer (lt. unbewiesenem klägerischen Vortrag litt er sogar mehr als ein halbes Jahr).

Betrag: 1.400 € **Haftung: 100 %**
immVorb: – **MdE: –**

LG Ingolstadt 7.3.2012 – 33 O 22/11 = unveröffentlicht

3891

Prellung (zahlreiche Prellungen an Brustkorb und Schlüsselbein) sowie Schnittwunden am rechten handrücken. Zudem Verdacht auf Fußwurzelhaarriss.

Mann. 4 Wochen ambulante Heilbehandlung. Folgenlose Verheilung.

Betrag: 1.400 € **Haftung: 100 %**
immVorb: – **MdE: –**

AG Köln 30.1.2006 – 268 C 391/05 = BeckRS 2006, 138487

4256

Knieverletzung (hier: Knieprellung und Knieschürfwunde mit länger andauernden Beschwerden) sowie HWS-Syndrom.

Frau. Ambulante, langwierige Heilbehandlung; 30 physiotherapeutische Behandlungen.

Betrag: 1.500 € **Haftung: 100 %**
immVorb: – **MdE: –**

AG Essen 24.9.2008 – 29 C 161/08 = BeckRS 2010, 1807

6596

Schulterprellung und Oberarmprellung links mit „intermetierendem Taubheitsgefühl und Kribbelparästhesien" sowie leichtes HWS-Syndrom in Form einer HWS-Distorsion 1. Grades.

Frau. Laut Urteil bestand eine „Ausheilungsphase von 6 – 8 Wochen“. Folgenlose Verheilung.

Betrag: 1.500 € **Haftung: 100 %**
immVorb: – **MdE: –**

OLG Köln 30.11.2010 – 1 U 99/09 = BeckRS 2013, 4462

3861

Schädelprellung und HWS-Syndrom.

Mann. MdE 1 Monat 100 %. 3 Tage Schanz'sche Krawatte. Vorsätzliche Körperverletzung.

Betrag: 1.500 € **Haftung: 100 %**
immVorb: – **MdE: –**

AG Leverkusen 8.8.2007 – 22 C 536/06 = BeckRS 2007, 145856

6871

Prellungen (hier: Unterschenkelprellung mit Bluterguss und starke Brustbeinprellung. Die Klägerin litt unter Übelkeit und hatte im Bereich der unteren Extremitäten schwere und schmerzhafte Schwellungen und Hämatome. Außerdem litt sie mehrere Wochen unter Druckschmerzen über beide Schienbeinvorderkanten und an heftigen Druckschmerzen im Sternum, wodurch auch ihre Beweglichkeit im Oberkörper eingeschränkt war. Zudem HWS-Syndrom.

36j. Frau. 3 Tage stationär sowie ca. 4 Wochen ambulante Behandlung. MdE 34 Tage 100 %. Folgenlose Verheilung.

Betrag: 1.500 € **Haftung: 75 %**
immVorb: – **MdE: –**

OLG Saarbrücken 10.12.2020 – 4 U 9/20 = BeckRS 2020, 36099

3967

Prellungen (hier: Unterarmprellung; Beckenprellung und Brustkorbprellung.) sowie HWS-Syndrom.

Mann. MdE 10 Wochen arbeitsunfähig. Ambulante, langwierige Heilbehandlung von insgesamt 8 Monaten Dauer mittels Physiotherapie und medikamentöser Schmerzbehandlung.

Betrag: 1.500 € **Haftung: 100 %**
immVorb: – **MdE: –**

AG Aachen 22.11.2005 – 10 C 311/05 = unveröffentlicht

3673

Prellung und Zerrung der LWS sowie auch der HWS.

Frau. MdE 3 Monate 100 % und weitere 3 Monate 30 %. Vorschaden: Degenerative Wirbelsäulenverletzung.

Betrag: 1.534 € **Haftung: 100 %**
immVorb: – **MdE: –**

LG Dortmund 19.12.2001 – 21 O 189/99 = unveröffentlicht

2808

Prellungen und Schürfungen (hier: Oberschenkelprellungen rechts, Unterschenkelprellungen links, Fußrückenprellungen rechts sowie eine Unterschenkelschürfung rechts).

Frau (Hausfrau). MdE 1 Tag 100 %, 2 Tage 40 %, 3 Tage 20 % und weitere 3 Tage 10 %. Keine Dauerfolgen! (Ursache: Die Kl. wurde von einem PKW angefahren.)

Betrag: 1.534 € **Haftung: 100 %**
immVorb: – **MdE: –**

LG Hamburg 15.8.1997 – 331 O 88/96 = BeckRS 1997, 127149

3934

Prellungen (hier: Brustkorbprellung, Leistenprellung, Rückenprellung und Schulterprellung) sowie HWS-Syndrom.

Mann. MdE 1 Monat 100 % sowie gut eine Woche 50 %. Schmerzhafte Verletzung ohne weitere Folgen.

Betrag: 1.534 € **Haftung: 66 %**
immVorb: – **MdE: –**

LG Trier 31.8.2001 – 4 O 296/99 = unveröffentlicht

4649

Prellungen (hier: Unterleibsprellung; Brustkorbprellung und Schädelprellung) sowie psychische Beeinträchtigungen / Angst.

Frau. 3 Tage stationär. MdE 4 Wochen 100 %. Folgenlose Verheilung. Bei der Bemessung wurde erhöhend berücksichtigt, dass die Kl. zum Unfallzeitpunkt schwanger war (5. Monat) und somit keine Schmerzmittel einnehmen durfte und bis zur Geburt psychische Beeinträchtigungen / Angst hatte.

Betrag: 1.700 € **Haftung: 100 %**
immVorb: – **MdE: –**

AG Köln 16.6.2011 – 274 C 19/11 = BeckRS 2011, 142384

3529

Schulterprellung, schwere sowie weitere Prellungen am Ellenbogen, Knie und Fuß. HWS-Distorsion.

Mann. Langwierige Heilung mit starken Schmerzen. [Ursache: Fahrradsturz].

Betrag: 1.750 € **Haftung: 100 %**
immVorb: – **MdE: –**

OLG Düsseldorf 27.5.2002 – 1 U 212/01 = BeckRS 2002, 30261712

2914

Prellungen / Schürfungen (hier: Schädelprellung, vielfache Gesichtschürfungen und Risswunden, Brustwirbelsäulenprellung, Schulterprellung, Oberarmprellung, HWS-Syndrom).

Mann. MdE 26 Tage 100 %; er „befindet sich noch nach mehr als 13 Monaten nach dem Unfallereignis in ärztlicher Behandlung“.

Betrag: 1.790 € **Haftung: 100 %**
immVorb: – **MdE: –**

LG Darmstadt 3.5.2001 – 10 O 494/00 = BeckRS 2001, 11219

4106

Prellungen (hier: Schädelprellung und Unterschenkelprellung) sowie HWS-Syndrom und BWS-Distorsion.

Mann. Ambulante Heilbehandlung. MdE 14 Tage 100 %.

Betrag: 1.800 € **Haftung: 100 %**
immVorb: – **MdE: –**

AG Mettmann 2.2.2010 – 25 C 220/09 = BeckRS 2010, 144730

4450

Prellungen (hier: Brustkorbprellungen und Unterarmprellung) sowie HWS-Syndrom.

Mann. MdE 14 Tage 100 %; ambulante Heilbehandlung.

Betrag: 1.800 € **Haftung: 100 %**
immVorb: – **MdE: –**

OLG München 14.11.2008 – 10 U 3865/08 = BeckRS 2008, 23916

261

Platzwunde / Gehirnerschütterung (hier: … „sowie eine stark blutende Kopfplatzwunde …, die geklammert werden musste". Zudem: „erhebliche Prellungen an der gesamten rechten Körperseite, die zum Teil punktiert werden mussten".)

71j. Frau. 19 Tage stationär. Punktion der Prellungen. Vorübergehende Gehbehinderung.

Betrag: 1.917 € **Haftung: 75 %**
immVorb: – **MdE: –**

LG Dessau 7.5.1998 – 7 S 552/97 = BeckRS 1998, 153682

4825

Prellungen (hier: Rippenprellungen, Oberschenkelprellung jew. linksseitig; stumpfes Bauchtrauma); HWS-Syndrom; Eine 3x3 mm große Schürfwunde über dem Nasenrücken und am Schädeldach sowie Schürfungen am linken Oberschenkel und Sprunggelenk.

Mann. 4 Tage stationär. 6 Wochen litt der Kl. unter Schmerzen und Bewegungsbeeinträchtigungen. Komplikationsloser Heilungsverlauf.

Betrag: 2.000 € **Haftung: 100 %**
immVorb: – **MdE: –**

AG Achim 11.7.2013 – 10 C 210/17 = BeckRS 2013, 23240

4893

Prellungen (Hier: Brustkorbprellung, Rippenprellung – mit Rippenhaarriss der 11. Rippe – Schädelprellung und Oberschenkelprellung) sowie Schürfwunden an Kopf, Nase, Oberschenkel und Fuß) sowie ein HWS-Syndrom.

Mann. 4 Tage stationär; 6 Wochen ambulante Heilbehandlung mit Beschwerden und Schmerzen. Folgenlose Verheilung.

Betrag: 2.000 € **Haftung: 100 %**
immVorb: – **MdE: –**

AG Achim 11.7.2013 – 10 C 210/11 = BeckRS 2013, 23240

4514

Prellungen (hier: Schädelprellung mit neurologischen Beschwerden und Sehbeeinträchtigung, vorübergehende in Form von zeitweise verzerrtem Sehen im linken Gesichtsfeld und weitere diverse Prellungen an Schulter, Ellenbogen und Bauchbereich. HWS-Syndrom.

Frau. 7 Tage stationär, zwei Aufenthalte; 5 ambulante Heilbehandlungen. MdE 3 ½ Monate 100 %. [Ursache: Busvollbremsung aus 60 km/h und daraus resultierender Sturz der Klägerin].

Betrag: 2.000 € **Haftung: 100 %**
immVorb: – **MdE: –**

AG Bad Segeberg 14.2.2013 – 17 C 219/12 = BeckRS 2013, 3014

7728

Prellung (hier: Ellenbogenprellung rechts und eine Steißbeinprellung) sowie eine Riss-Quetschwunde an der linken Hand in Form einer „oberflächlichen Schnittwunde über DIP D3" und eine Distorsion der Halswirbelsäule.

Frau. Ambulante Heilbehandlung; mehrere Arztbesuche. Der Heilungsverlauf betrug „bis zu 12 Wochen". Die Klägerin hatte „ca. 5 Monate unter den … Unfallfolgen zu leiden", so das AG, dass sich insofern sehr umfassend mit der Frage befasst hatte, ob die Klägerin unfallbedingt einen Tinnitus erlitten hatte; dies jedoch mit Verweis auf den insofern angehörten Sachverständigen verneinte. E-Bikeunfall.

Betrag: 2.000 € **Haftung: 100 %**
immVorb: – **MdE: –**

AG Dresden 9.9.2024 – 105 C 2538/20 = BeckRS 2024, 46271

4896

Zahlreiche Prellungen (hier: Brustwirbelsäulenprellung mit BWS-Distorsion, Beckenprellung, Ellenbogenprellung rechts, Knieprellung, Unterschenkelprellung, Sprunggelenkprellung).

Mann. Ambulante Heilbehandlung. MdE 3 Wochen 100 %. Langwierige Heilbehandlung mit erheblichen Beeinträchtigungen im Beruf und im Alltag. [Ursache: Motorradunfall.].

Betrag: 2.000 € **Haftung: 100 %**
immVorb: – **MdE: –**

LG Duisburg 11.7.2013 – 12 O 71/12 = BeckRS 2014, 3392

5081

Kopfverletzung / Schädelprellung in Form eines Hämatoms [Bluterguß] im Bereich der rechten Schädelhälfte das sich zeitnah und folgenlos zurückentwickelte.

Kind (Kleinkind). Arzthaftung (hier: Wickeltisch, Sturz vom). Bei der Bemessung berücksichtigte das OLG die „auch bei einem Säugling (der angesichts der Frühgeburt einem Neugeborenen gleichzusetzen sein dürfte) als lebensnah anzusehenden psychischen Beeinträchtigungen".

Betrag: 2.000 € **Haftung: 100 %**
immVorb: – **MdE: –**

OLG Köln 5.10.2015 – 5 U 125/15 = BeckRS 2016, 6005

4709

Prellungen, diverse (hier: Gesichtsprellungen am Kinn und im Wangenbereich mit Gefühsstörungen, Brustkorbprellung und Unterschenkelprellung) sowie eine Schürfwunde an der linken Hand); HWS-Syndrom.

65j. Frau. [Anmerkung: Siehe auch Urteilsbesprechung von Kääb in FD-StrVR 2012, 339582, welcher sich ausführlich mit der Thematik der Vorschädigung infolge eines vorausgegangenen ersten Unfalles und den Beweiswert einer MRT-Untersuchung befasst]. Die Verletzungen waren nach drei Monaten folgenlos verheilt.

Betrag: 2.000 € **Haftung: 100 %**
immVorb: – **MdE: –**

OLG München 26.10.2012 – 10 U 4531/11 = BeckRS 2012, 22131

4253

Schulterprellung links und HWS-Syndrom.

Frau. Ambulante Heilbehandlung mit 10 Einzelbehandlungen und 12 Massagen. MdE gut 5 Wochen 100 %. [Anmerkung: Das AG begründete seine Schmerzensgeldbemessung mit einem so auch vom KG angewandten Rahmen – vgl. → Nr. 3956 -, wonach pro Monat einer mindestens 50 %igen MdE 1.000,- EUR zuzusprechen sind und kam somit hier auf 2.000,- EUR: Eine solche starre Bemessungslehre gibt es jedoch nicht, da stets alle Einzelpunkte eines stets individuellen Falles zur Bemessung heranzuziehen sind, so auch ausdrücklich diese Pauschalierung ablehnend OLG Brandenburg NZV 2011, 253].

Betrag: 2.000 € **Haftung: 100 %**
immVorb: – **MdE: –**

AG Rinteln 21.8.2008 – 2 C 213/07 = unveröffentlicht

6814

Prellungen (hier: Schulterprellung und Hüftprellung) sowie HWS-Syndrom 1. Grades.

Mann. Ambulante Heilbehandlung mit einer „Symptomdauer" von 6 Wochen sowohl in Bezug auf die Prellungen als auch auf das HWS-Syndrom. Soweit der Kläger eine unfallbedingte, psychische Fehlverarbeitung (depressive Störung bzw. Anpassungsstörung) behauptet hatte, blieb er den dafür erforderlichen Beweis schuldig. [Anmerkung: Der Kläger begehrte ein Schmerzensgeld von 30.000 EUR; die ihm – ohne Berücksichtigung seines Mitverschuldens – zuerkannten 3.000 EUR liegen im Hinblick auf die geringfügige Verletzung am oberen Ende des Bemessungsrahmens für derartige Verletzungen].

Betrag: 2.000 € **Haftung: 66 %**
immVorb: – **MdE: –**

OLG Schleswig 9.6.2020 – 7 U 240/19 = BeckRS 2020, 41417

3155

Prellungen (hier: Brustbeinprellung, Knieprellung, Ellenbogenprellung) sowie Fingerverletzung (hier: „offene Wunde am 4. Finger links") und HWS-Syndrom.

Frau. Ambulante Behandlung im städtischen Krankenhaus. MdE 6 Wochen 100 % sowie weitere 6 Wochen 50 % und anschließend noch einige Zeit 25 % bis 20 %. Zeitweise auch psychische Beschwerden, die ebenfalls ärztlich behandelt wurden. HWS-Syndrom nur geringfügig.

Betrag: 2.045 € **Haftung: 100 %**
immVorb: – **MdE: –**

LG Aachen 30.12.2002 – 4 O 69/01 = NVZ 2003, 137

6227

Knieprellung, schwere (hier: Schwere Knieprellung des linken Knies mit schwerer Weichteilverletzung) und Unterschenkelverletzung in Form eines tiefen Blutergusses bzw. tiefen Hämatoms an der Wade.

Frau. 4 Tage stationär. MdE 42 Tage 100 %. Langwierige Heilbehandlung. Das tiefe Hämatom der Wade musste mehrfach punktiert werden. Die Verletzung ist – so das KG – „als schwerwiegend und schmerzhaft zu bezeichnen". Insgesamt litt die Klägerin für die Dauer von „vier Monaten unter Schmerzen im linken Unterschenkel bei jedem Schritt". Urlaubsvereitelung – der bereits gebuchte Familienurlaub konnte nicht erfolgen. [Ursache: Motorradunfall].

Betrag: 2.045 € **Haftung: 100 %**
immVorb: – **MdE: –**

KG 1.10.2001 – 12 U 2139/00 = BeckRS 2008, 14304

4711

Prellungen, zahlreiche (hier: Erhebliche Armprellung sowie Kopfprellung, Brustkorbprellung und Beinprellung) sowie Schürfwunden.

75j. Mann. Ambulante Heilbehandlung. Dreimonatige Bewegungsbeeinträchtigung beider Arme. Aktiver Sportler; unfallursächliche Beeinträchtigungen beim Sport.

Betrag: 2.250 € **Haftung: 100 %**
immVorb: – **MdE: –**

AG Köln 8.6.2012 – 274 C 308/11 = BeckRS 2012, 214148

5229

Prellungen (hier: Schädelprellung und Beckenprellung) sowie psychische Beeinträchtigungen (hier: Albträumen und Ängsten vor Autos und Fahrradfahrern sowie teilweise unter klinisch auffälligen Panikattacken).

7j. Kind (Schülerin). Ambulante Behandlungen. Langwierige, psychische Heilbehandlung, die sich über 6 Monate hinzog, denn neben den sehr schmerzhaften Prellungen litt die junge Klägerin auch unter psychischen Beeinträchtigungen, die ambulant behandelt werden mussten. (s.o.). [Ursache: Fahrradunfall – Kollision mit PKW im Parkhaus].

Betrag: 2.500 € **Haftung: 100 %**
immVorb: – **MdE: –**

AG Bad Homburg 26.8.2015 – 2 C 706/15 = BeckRS 2015, 118335

6253

Prellungen (hier: Prellungen an Kopf und Becken mit Prellmarken an der rechten Beckenschaufel und an der rechten Augenbraue mit lokalem Druckschmerz) und psychische Beeinträchtigungen (hier: Angst vor dem Fahrradfahren und Autofahren, Trennungsängsten und mit Albträumen einhergehenden Schlafstörungen).

6j. Kind (Mädchen). 7 ambulante Behandlungen durch einen Kinderpsychotherapeuten wegen psychischer Beeinträchtigungen. Insgesamt dauerten die Beschwerden ca. 6 Monate. [Ursache: Kollision als Fahrradfahrerin mit einem PKW].

Betrag: 2.500 € **Haftung: 100 %**
immVorb: – **MdE: –**

AG Bad Homburg 26.8.2015 – 2 C 706/15 (23) = BeckRS 2015, 118335

7899

Prellungen (hier: Brustkorbprellung mit erheblichen Schmerzen und einer länger andauernden Bewegungseinschränkung, Kopfprellung mit eine oberflächliche Verletzung der behaarten Kopfhaut, Lendenprellung, Beckenprellung mit oberflächlicher Verletzung des Abdomens, Ellenbogenprellung und Brustprellung bzw. Prellung der Brustdrüse sowie eine oberflächliche Verletzung des Halses und eine oberflächliche Verletzung des Unterarms.)

Frau (Mitarbeiterin einer Kindertagespflege / Kita). Ambulante Behandlung. 48 Tage arbeitsunfähig während der es zu einer Beeinträchtigung der körperlichen Beweglichkeit kam. Die Haftpflichtversicherung hatte insofern vorgerichtlich bereits 2.500 EUR gezahlt; das OLG sah insgesamt ein Schmerzensgeld von 1.500 EUR für angemessen und lag damit unterhalb dieses Betrages. [Anmerkung: Das Urteil ist lesenswert zur Thematik „Vermieterhaftung für Gebäudeeinsturz infolge Waschbärenbefalls" bzw. zum Ablösung von Deckenteilen. Die Klägerin, die sich im Treppenhaus des Gebäudes befand und ihre Kinder abholen wollte, hatte sich schützend über die vor ihr laufenden Kinder gebeugt und wurde deshalb am Kopf und Rücken von den herabstürzenden Deckenteilen getroffen.]

Betrag: 2.500 € **Haftung: 100 %**
immVorb: – **MdE: –**

OLG Brandenburg 16.12.2025 – 3 U 5/25 = BeckRS 2025, 37671

3874

Prellungen (hier: Rückenprellung, Gesäßprellung, Unterarmprellung) sowie psychische Beeinträchtigungen, deren unfallbedingter Anteil gemäß einem Gutachten nur mit 20 % bemessen worden war.

Frau. Ambulante Heilbehandlung. Das OLG wertete die Verletzungen als geringfügig mit Hinweis darauf, dass diese „nach vier Wochen ausgeheilt" waren. „Darüber hinaus (so das OLG) waren für die Dauer von sechs Monaten die beschriebenen, durch die Anpassungsstörung ausgelösten psychischen Beeinträchtigungen in die Bewertung einzubeziehen".

Betrag: 2.500 € **Haftung: 50 %**
immVorb: – **MdE: –**

OLG Saarbrücken 21.10.2008 – 4 U 454/07 = BeckRS 2008, 22815

417

Prellungen (hier: Schwere Schädelprellung mit monatelangen Kopfschmerzen und Konzentrationsstörungen); Kopfplatzwunde und Schulterverletzung (hier: Schulterquetschung).

Mann. MdE 2 Monate 100 %. Darüber hinaus noch über Monate andauernde Kopfschmerzen und Konzentrationsstörungen.

Betrag: 2.556 € **Haftung: 100 %**
immVorb: – **MdE: –**

OLG Brandenburg 12.1.1999 – 2 U 40/98 = BeckRS 9998, 50974

3740

Hemithoraxprellung, sehr schmerzhafte.

Frau. Ambulante Behandlung / langwierige Heilbehandlung. MdE 5 Wochen 100 % danach über insgesamt 17 Wochen langsam abnehmend, zuletzt 8 Wochen 25 %. Sehr erhebliche Schmerzen.

Betrag: 2.556 € **Haftung: 100 %**
immVorb: – **MdE: –**

LG Regensburg 30.1.2003 – 1 O 72/02 = BeckRS 2003, 154649

6816

Prellungen hier: Kopfprellung, Schulterprellung und Oberarmprellung. Zudem erlitt der Kläger eine HWS-Zerrung bzw. HWS-Verstauchung und litt „zeitweilig an einer Angststörung" sowie – laut einer insofern vom LG zugrunde gelegten Zeugenaussage – auch unter „zeitweisen Schlafstörungen und Wesensveränderungen", ohne dass letztere näher spezifiziert wurden.

Mann. Ursache: Der Kläger war im Dezember 2016 als Demonstrant im „Hambacher Forst" und wurde – nachdem er dem LG Aachen zufolge die Polizisten durch seine Bezeichnung als „RWE-Werkschutz" provoziert hatte – von diesen gewaltsam zu Boden gebracht und am Boden liegend mit Einsatzstöcken geschlagen. Den Polizeieinsatz bewertete das LG als rechtswidrig und führte dazu aus: „Das Zu-Boden-Bringen des Klägers ist als unmittelbarer Zwang im Sinne von § 55 Abs. 1 PolG NRW zu bewerten. Die Anwendung unmittelbaren Zwanges setzt das Vorliegen einer Gefahr im Sinne des PolG NRW sowie eine Störereigenschaft des in Anspruch genommenen Klägers nach §§ 4 ff. PolG NRW voraus. Diese Voraussetzungen lagen bei den Verletzungshandlungen durch den Polizeibeamten … ersichtlich nicht vor." Schmerzensgeldmindernd wertete das LG das zuvor vom Kläger gezeigte provokative Verhalten gegenüber der Polizei.

Betrag: 3.000 € **Haftung: 100 %**
immVorb: – **MdE: –**

LG Aachen 14.9.2021 – 12 O 559/19 = BeckRS 2021, 26564

6384

Prellungen (hier: Lendenwirbelsäulenprellung und Brustwirbelsäulenprellung) sowie HWS-Distorsion, psychische Beeinträchtigungen in Form von depressiven reaktiven Angststörungen.

Mann (Geschäftsstellenleiter). 11 Tage stationär. MdE 51 Tage 100 %. Anschließend ambulante Heilbehandlung mit Fango, Massagen und Krankengymnastik. Anfänglich war sein Geh- und Stehvermögen eingeschränkt. Insgesamt dauerten die Beschwerden bestehend aus Rückenschmerzen und Angststörungen etwa vier Monate lang.

Betrag: 3.000 € **Haftung: 100 %**
immVorb: – **MdE: –**

OLG Düsseldorf 28.12.2005 – 1 U 149/05 = BeckRS 2006, 4479

5244

Rippenprellung sowie HWS-Syndrom, leichtes.

Frau. Ambulante Behandlung. Erhöhend wurde berücksichtigt: Urlaubsbeeinträchtigung bzw. Urlaubsabbruch. [Anmerkung: Erfahrungsgemäß handelt es sich bei einer Rippenprellung um eine – wenn auch vorübergehend – sehr schmerzhafte Verletzung].

Betrag: 3.000 € **Haftung: 100 %**
immVorb: – **MdE: –**

OLG Naumburg 28.4.2015 – 1 U 147/13 = BeckRS 2015, 127937

4547

Wirbelsäulenprellungen / HWS-Syndrom (hier: BWS-Prellung und LWS-Prellung) und mittelschweres HWS-Syndrom.

39j. Mann (selbstständiger Elektroinstallationsmeister). 20 Tage stationär; anschließend 30–35 ambulante Heilbehandlungen. MdE 6 Monate 100 % und ca. 1 Monat 20 %. [Lesenswert und zutreffend zu § 287 ZPO und der richterlichen Überzeugungsbildung bei HWS-Verletzungsfolgen; siehe hierzu und zu den Grenzen des § 287 auch OLG Saarbrücken NJW-Spezial 2011, 297 sowie NJW-Spezial 2013, 299].

Betrag: 3.000 € **Haftung: –**
immVorb: – **MdE: –**

OLG Saarbrücken 28.2.2013 – 4 U 587/10 = BeckRS 2013, 6163

6387

Schädelprellung, schwere mit Schädelhirntrauma und Störungen der Konzentrationsfähigkeit, Müdigkeit und Kopfschmerzen. Zudem erlitt die Klägerin „eine Platzwunde, ein schwappendes Hämatom darunter sowie ein großes Hämatom rechts occipital".

Frau. 3 Tage stationär zur neurologischen Überwachung. Anschließend 30 Tage ambulante Behandlung. Anschließend „war sie … weitgehend beschwerdefrei".

Betrag: 3.500 € **Haftung: 100 %**
immVorb: – **MdE: –**

OLG Brandenburg 16.11.2006 – 12 U 91/06 = BeckRS 2006, 134767

5540

Prellungen (hier: Handprellung, schwere Prellungen der rechten Hand und des rechten Arms) sowie HWS-Syndrom.

Frau. Ambulante Heilbehandlung. Aufgrund der Verletzung des rechten Handgelenks war die Klägerin drei Monate arbeitsunfähig (MdE 3 Monate 100 %.).

Betrag: 3.500 € **Haftung: 70 %**
immVorb: – **MdE: –**

LG Saarbrücken 27.4.2018 – 1 O 80/17 = unveröffentlicht

7092

Prellungen (hier: „diverse Prellungen, auch besonders schmerzhaftere Art im Brustbereich und Distorsionen").

Frau. Ambulante Heilbehandlung. MdE 22 Tage 100 %, 31 Tage 50 % 14 Tage 25 %. Keine dauernden Folgen bzw. „keine nennenswerten Folgen des Unfalls zurückgeblieben".

Betrag: 3.900 € **Haftung: 100 %**
immVorb: – **MdE: –**

LG Tübingen 6.12.2022 – 5 O 183/21 = BeckRS 2022, 34943

3781

Prellungen und Blutergüsse sowie Schürfwunden an Armen und Beinen.

11j. Junge. Der Kläger wurde von seinen 11 bis 13j. Mitschülern in einer Ecke des Schulhofes systematisch misshandelt und mit Tritten und Schlägen verletzt. Das OLG sah keinen Zweifel, dass die Bekl. trotz ihres geringen Alters für die Verletzungen zivilrechtlich verantwortlich sind. Dies gelte auch – so das OLG zutreffend – für die die Haupttäter psychisch unterstützenden Schüler, die im Kreis um das Geschehen standen um die direkte Sicht auf die Tat zu verhindern. Vorsätzliche Körperverletzung.

Betrag: 4.000 € **Haftung: 100 %**
immVorb: – **MdE: –**

LG Oldenburg 20.2.2006 – 4 O 3620/04 = unveröffentlicht

5420

Beckenprellung links bei Vorschädigung in Form einer beidseitigen Hüftgelenksarthrose (beids. Coxarthrose) mit unfallbedingter Verschlimmerung einer daraus resultierenden Schmerzsyptomatik); HWS-Syndrom. Noch in der Heilbehandlungsphase verletzte sich der Kläger infolge eines Sturzes erneut.

Mann. 15 Tage stationär (inkl. Reha.). 25 Tage ambulante Heilbehandlung. Langwierige Heilbehandlung mit Schmerztherapie während der sich der Kläger durch einen Sturz eine Sprunggelenksverletzung (Sprunggelenkdistorsion) zuzog. Eine berufliche Wiedereingliederung war erst nach Ablauf von 9 Monaten möglich. Das OLG orientierte sich bei der Bemessung an den Primärverletzungen (HWS-Syndrom und Beckenprellung) und erhöhte das Schmerzensgeld angemessen vor dem Hintergrund der Einheitlichkeit des Anspruchs auf immateriellen Schadensersatz.

Betrag: 5.000 € **Haftung: 100 %**
immVorb: – **MdE: –**

OLG Braunschweig 23.3.2017 – 7 U 54/14 = BeckRS 2017, 157749

3894

Schulterprellung, schwere … sowie HWS-Syndrom 2.Grades.

36j. Frau. Ambulante Heilbehandlung. MdE 8 Monate 100 %; weitere 4 Monate nur eingeschränkt arbeitsfähig. Dauerschaden: Bewegungseinschränkung der linken Schulter.

Betrag: 5.000 € **Haftung: 100 %**
immVorb: Ja **MdE: –**

OLG Köln 4.9.2003 – 12 U 267/00 = BeckRS 2010, 6739

7281

Prellungen und Zerrungen, schwere (hier: „schwere Zerrung und Prellung Thoraxprellung, der Lenden- und Brustwirbelsäule und des linken Schulterblattes sowie folgenden Bandscheibenbeschwerden", bei zugleich vorhandener degenerativ vorgeschädigter Lendenwirbelsäule.

Mann. Stationärer Aufenthalt. Degenerativer Vorschaden [vgl. dazu Handbuch → Rn. 54 ff].

Betrag: 5.000 € **Haftung: 100 %**
immVorb: – **MdE: –**

OLG München 6.10.2021 – 10 U 6501/20 = BeckRS 2021, 41925

5355

Prellungen,starke: Nierenprellung in Form einer beidseitigen Nierenlagerprellung; Leistenprellung rechtsseitig. Zudem Prellungen beidseitig im Bereich der Brust und des Rückens sowie am linken Handgelenk. Psychische Beeinträchtigung in Form von Angst. Vorsätzliche Körperverletzung.

Mann (Berufskraftfahrer). Sehr schmerzhafte Verletzungen. MdE 25 Tage 100& und weitere 91 Tage zu 80 %. Dauerschaden: Angst beim Herannahen von Jugendlichen in Gruppen, – eine Situation, die der Kläger als Busfahrer jedoch berufsbedingt häufig erlebt. Ursache: Vorsätzliche Körperverletzung. Der Kläger wurde von den beiden – zu Freiheitsstrafen auf Bewährung verurteilten – jugendlichen Beklagten tätlich angegriffen und zusammengeschlagen.

Betrag: 6.000 € **Haftung: 100 %**
immVorb: Ja **MdE: –**

LG Aschaffenburg 7.12.2016 – 12 O 141/13 = BeckRS 2016, 137493

3512

Prellungen, starke (hier: Oberschenkelprellungen, Knieprellungen, Schädelprellung); Gehirnerschütterung, leichte sowie „posttraumatisches Belastungssyndrom".

Frau (Schreibkraft). 14 Tage stationär. 3 Wochen Rehabilitation. Anschließend wurden noch Krankengymnastik und psychologische Behandlungen erforderlich.

Betrag: 7.000 € **Haftung: 100 %**
immVorb: Ja **MdE: –**

LG Kassel 15.2.2005 – 8 O 2358/02 = BeckRS 2005, 31162864

5114

Prellungen, schwere (hier: Schulterverletzung / Schulterprellung sowie Hüftprellung).

Frau (Ältere Frau / Reinigungsmitarbeiterin). Vorschädigung. Heilungsverzögerung, „aus psychischen Gründen", so das OLG – deshalb litt die Klägerin 1 Jahr unter nicht unerheblichen Beschwerden, war „ab diesem Zeitpunkt aber wieder arbeitsfähig und haushaltsführungsfähig", so das OLG.

Betrag: 7.500 € **Haftung: 75 %**
immVorb: – **MdE: –**

OLG München 8.5.2015 – 10 U 4543/13 = BeckRS 2015, 9712

2950

Prellungen / Stauchungen (hier: Steißbeinprellung; Beckenprellung); HWS-Stauchung. Hämatombildung (Bluterguss).

Mann. Konversionsneurotische Fehlverarbeitung kann zur haftungsrechl. Zurechnung psychischer Folgeschäden führen, sofern kein Bagatellschaden u. keine Begehrensneurose vorliegen. Dauerschaden: Schlafstörungen, depressive Verstimmung.

Betrag: 14.061 € **Haftung: 100 %**
immVorb: – **MdE: –**

OLG Hamm 20.6.2001 – 13 U 136/99 = BeckRS 2001, 30187683

6. Quetschwunden

5413

Quetschungen und Prellungen (hier: Unterschenkelquetschungen und Innenknöchelquetschungen).

Frau. MdE 4 Wochen arbeitsunfähig. Kein Schmerzensgeldanspruch wegen überwiegenden Mitverschuldens. Die Klägerin habe keinen Anspruch auf Schmerzensgeld, da das Mitverschulden der Klägerin derart überwiege, dass die Betriebsgefahr auf Seiten der Beklagten demgegenüber gänzlich zurücktritt, so das AG. Zudem sei der Klägerin, die nach eigenen Angaben seit 1974 mit der S-bahn fahre, der Spalt zwischen Bahn und Bahnsteigkante wohl bekannt. Schließlich habe sie – abgesehen von der Existenz des 14 cm breiten Spaltes – nichts hinsichtlich der Unfallursache oder einer Fremdeinwirkung vorgetragen.

Betrag: – **Haftung: –**
immVorb: – **MdE: –**

AG München 20.11.2017 – 173 C 27106/16 = unveröffentlicht

4633

Quetschungen / Prellungen (Hier: Beckenprellung mit Bluterguss und Oberschenkelquetschung).

Mann (aus dem Kontext – junger Mann).

Betrag: 200 € **Haftung: 50 %**
immVorb: – **MdE: –**

AG Osnabrück 20.6.2011 – 52 C 290/10 = BeckRS 2011, 142401

5458

Quetschungen (hier: Hüftquetschung und Brustkorbquetschung) sowie BWS-Distorsion.

Mann. MdE eine Woche 100 %.

Betrag: 500 € **Haftung: 100 %**
immVorb: – **MdE: –**

LG Saarbrücken 24.1.2016 – 4 O 87/16 = unveröffentlicht

2958

Unterschenkelverletzung (hier: Unterschenkelquetschungen an beiden Unterschenkeln mit „erheblichen Schmerzen" und verbleibenden Narben am Knie); Brustkorbquetschung und Schädelprellung.

Frau. 5 Tage stationär. MdE 8 Tage 100 %. Mögliche Dauerfolgen: Narben am Knie.

Betrag: 1.125 € **Haftung: 66 %**
immVorb: – **MdE: –**

AG Hohenstein-Ernstthal 1.7.1997 – 1 C 0013/97 = BeckRS 1997, 127071

4667

Brustkorbquetschung und HWS-Syndrom.

Mann. Ambulante Heilbehandlung; MdE 8 Tage 100 % und weitere 8 Tage 80 % sowie weitere 8 Tage 50 %. Das LG bewertete neben der dreiwöchigen Dauer der Genesung auch die Urlaubsbeeinträchtigung („Beeinträchtigung des geplanten Urlaubs") des Klägers.

Betrag: 1.200 € **Haftung: 100 %**
immVorb: – **MdE: –**

LG Köln 18.1.2013 – 14 O 373/11 = BeckRS 2013, 13582

3498

Ohrverletzung (hier: 2 cm lange Risswunden und Quetschungen am Ohrläppchen)

4j. Kind. Das Kind war erlitt einige Wochen psychische Beeinträchtigungen. Ursache: Verkehrssicherungspflichtverletzung in einem Einkaufszentrum.

Betrag: 1.500 € **Haftung: 100 %**
immVorb: – **MdE: –**

OLG Naumburg 10.4.2001 – 1 U 22/01 = BeckRS 2001, 30174321

3560

Zahlreiche Quetschungen (Brustkorbquetschung mit Verdacht auf Lungenquetschung; Beckenquetschung) und Schädelhirntrauma.

Mann. 5 Wochen ambulante Behandlung. Während dieser Zeit schmerzhafte Beeinträchtigungen am Hals und im Beckenbereich.

Betrag: 3.323 € **Haftung: 100 %**
immVorb: – **MdE: –**

AG Perleberg 7.2.2002 – 11 C 255/01 = unveröffentlicht

7. Schnittwunden

3558

Schnittwunden an einer Hand / Handverletzung.

Mann. Er zog sich beim Reinigen einer Tapetenkleistermaschine Schnittwunden zu. Produktüberwachungspflicht (vgl. auch Produzentenhaftung): „Der Importeur eines in großer Stückzahl aus China importierten technischen Arbeitsmittels ist verpflichtet, das Gerät zu Beginn des Inverkehrbringens und sodann stichprobenartig darauf zu untersuchen, ob die Beschaffenheit den allgemein anerkannten Regeln der Technik entspricht. Eine Verletzung dieser Pflicht kann zur Haftung nach § 823 Abs. 2 BGB führen."

Betrag: – **Haftung: 100 %**
immVorb: – **MdE: –**

BGH 28.3.2006 – VI ZR 46/05 = BeckRS 2006, 5179

7391

Gesichtsverletzungen (hier: Schnittverletzungen im Bereich des Gesichts).

Mann. Kein Schmerzensgeldanspruch für Verletzungen durch eine von einem abgesperrten Denkmal im Rahmen eines Firmenlaufs herabgefallene ca. 60 cm x 40 cm große Box bzw. Kiste, die ursprünglich von der für die Beleuchtung zuständige Firma (Bekl.) dort abgestellt worden war.

Betrag: – **Haftung: –**
immVorb: – **MdE: –**

LG Koblenz 29.6.2020 – 6 S 258/19 = BeckRS 2020, 64218

7794

Schnittwunde ohne nähere Angaben.

Mann. Ambulante Behandlung. Folgenlose Verheilung. [Ursache: Verletzung als Raubopfer].

Betrag: 120 € **Haftung: 100 %**
immVorb: – **MdE: –**

LG Linz 12.11.2025 – 27 Hv 11/25g = BeckRS 2025, 31591

7024

Schnittwunde an der rechten Hand bzw. Handverletzung in Form einer stark blutenden Schnittwunde an der rechten Hand.

Mann. Stark blutende und auch schmerzhafte Wunde, die allerdings auch innerhalb von zwei Wochen – abgesehen von einer Narbenbildung – komplikationslos ausgeheilt ist. Zur Bemessung führte das OLG aus, es handele sich „um eine Verletzung, die zwar den Bagatellbereich bereits überschreitet, sich aber dennoch im unteren Bereich der mit einem Schmerzensgeld auszugleichenden Beeinträchtigungen hält" und orientierte sich insofern an → Nr. 4305. [Ursache: Verkehrssicherungspflichtverletzung in Bezug auf einen Handlauf einer Brücke für den Fußgänger- und Radverkehr und daraus hervorstehender, scharfkantiger Schraubenköpfe].

Betrag: 200 € **Haftung: 100 %**
immVorb: – **MdE: –**

OLG Hamm 9.2.2022 – 11 U 71/21 = BeckRS 2022, 5486

4305

Handverletzung und Unterarmverletzung, rechts (hier: Leichte bzw. nur oberflächliche Risswunden und Schnittwunden)

Mann. Ambulante Heilbehandlung. Folgenlose Verheilung. Grobes Verschulden des Beklagten.

Betrag: 300 € **Haftung: 100 %**
immVorb: – **MdE: –**

AG Mannheim 8.2.2006 – 19 C 235/05 = BeckRS 2006, 138496

4848

Risswunde am Nasenbein.

Frau. Ambulante Heilbehandlung (die Wunde wurde mit einem Pflaster versorgt) noch an Bord des Kreuzfahrtschiffes. Die Klägerin begehrte 600 EUR, da sie – neben der Verletzung – auch in der Ausübung ihres Urlaubes beeinträchtigt worden war und weder den bordeigenen Swimmingpool nutzen noch an einem Landgang nach Luxor teilnehmen konnte. Das AG sah wegen der Geringfügigkeit der entgangenen Urlaubsfreuden hierfür keinen Schmerzensgeldanspruch als gegeben und halbierte die Forderung der Klägerin.

Betrag: 300 € **Haftung: 100 %**
immVorb: – **MdE: –**

AG Rostock 14.5.2014 – 47 C 135/12 = unveröffentlicht

3940

Gesichtverletzung (hier: Gesichtschnittwunden infolge von Glassplittern) sowie eine schmerzhafte Schulterprellung.

Mann. MdE 9 Monate 100 % sowie knapp zwei Wochen 50 %. Folgenlose Ausheilung der zahlreichen Splitterverletzungen.

Betrag: 400 € **Haftung: 66 %**
immVorb: – **MdE: –**

AG Gelsenkirchen-Buer 21.10.2003 – 29 C 381/02 = BeckRS 2007, 19652

4309

Gesichtverletzung (hier: Zahlreiche kleine Schnittwunden mit Glassplittereinlagerung im Bereich der Stirn) sowie Knieverletzung in Form einer Schürfung.

Mann. Ambulante Heilbehandlung. Kopfschmerzen. [Ursache: Der nicht angegurtete Kläger stieß unfallbedingt gegen die Windschutzscheibe seines PKW.]

Betrag: 500 € **Haftung: 50 %**
immVorb: – **MdE: –**

AG Dorsten 11.12.2006 – 3 C 170/06 = BeckRS 2010, 4144

4702

Rissverletzung / Risswunde (hier: ca. 12 Zentimeter lange … am Unterschenkel).

12j. Kind (Schüler). Das Kind konnte eine Woche nicht zur Schule gehen und war weitere 14 Tage noch nicht wieder voll hergestellt. [Ursache: Sturz im Bus, in welchem sich der Junge nicht festgehalten hatte].

Betrag: 1.000 € **Haftung: 50 %**
immVorb: – **MdE: –**

LG Augsburg 5.12.2012 – 73 S 3635/12 = BeckRS 2012, 214135

5218

Schnittwunden (hier: Bis zu 3 cm tiefe Schnittwunden an der linken Brust, dem linken Unterarm sowie am Rücken) sowie Bluterguss am Rücken und Unterarm sowie Kinnprellung.).

Frau. Langwierige Heilbehandlung mit einer insgesamt 5 Wochen andauernden Gesichtsschwellung und mehrwöchigen, anhaltenden Schmerzen. Die Regulierungsverzögerung und das unlautere Verhalten der Beklagten nach dem Sturz der Klägerin wertete das AG schmerzensgelderhöhend. [Ursache: Sturz im Supermarkt].

Betrag: 1.000 € **Haftung: 100 %**
immVorb: – **MdE: –**

AG Berlin-Schöneberg 17.4.2015 – 17 C 113/14 = BeckRS 2015, 127772

3309

Unterschenkelverletzung, leichte und Fußverletzung, leichte (hier: 5 cm lange Schnittwunde über der rechten Wade) sowie Platzwunden und Schürfwunden am Fuß, an der Kniescheibe und am Kniegelenk sowie eine „örtliche ödimatöse Schwellung" des rechten Fußes mit zahlreichen Weichteilblutungen.

Mann. Der Kl. begehrte ein höheres Schmerzensgeld, da er sich nachträglich ausgemalt habe, dass der Motorradunfall auch tödlich hätte ausgehen können und er nachträglich deshalb Angst gehabt habe. Das AG wies den so begründeten Anspruch zurück: „Das aktuelle Bewusstsein über diesen Umstand (könne) im Einzelfall zu psychischen Beeinträchtigungen führen, dies ist dem Unfallgegner keinesfalls anzulasten", so die Begründung des AG.

Betrag: 1.000 € **Haftung: 100 %**
immVorb: – **MdE: –**

AG Gelsenkirchen-Buer 24.3.2003 – 23 C 46/03 = unveröffentlicht

7392

Fußverletzung in Form einer „blutenden Risswunde" auf dem Fußrücken.

1j. Kind. Ambulante Behandlung. Folgenlose Verheilung. [Ursache: Verkehrssicherungspflichtverletzung: Dem Kind fiel in einem Schuhgeschäft ein nicht ausreichend befestigter Spiegel auf den Fuß. Keine Aufsichtspflichtverletzung der Mutter: „Dass Kinder in Geschäftsräumen Gegenstände berührten, müsse durch Eltern nicht verhindert werden, es sei denn, die Gegenstände seien beispielsweise durch besondere Verbotsschilder gekennzeichnet," so das LG].

Betrag: 1.000 € **Haftung: 100 %**
immVorb: – **MdE: –**

LG Koblenz 16.5.2018 – 13 S 10/18 = BeckRS 2018, 63573

2592

Schnittwunden / Gesichtverletzung / Wangenverletzung (hier: „5 cm lange Schnittwunde … der linken Wange …" mit „deutlich sichtbarer" Narbe!) [vgl. auch unter Wange.]

7j. Kind (Mädchen). „3 Operationen … mehrfach ärztlich versorgt". Dauerschaden: Narbe, die „gerade für ein junges Mädchen … eine nicht unwesentliche Beeinträchtigung" bedeutet.

Betrag: 1.534 € **Haftung: 100 %**
immVorb: – **MdE: –**

AG Weiden 17.11.1997 – 3 C 1342/97 = unveröffentlicht

2891

Gesichtsverletzungen (hier: „vielfache Schürfungen und Risswunden im Gesicht"); zahlreiche Prellungen (Brustwirbelsäulenprellung, Schulterprellung, Oberarmprellung, Schädelprellung) und HWS-Syndrom.

Mann. MdE 26 Tage 100 %. Der Kl. War nach „mehr als 13 Monaten" noch in ambulanter Behandlung!

Betrag: 1.790 € **Haftung: 100 %**
immVorb: – **MdE: –**

LG Darmstadt 3.5.2001 – 10 O 494/00 = BeckRS 2001, 11219

5974

Gesichtverletzung (hier: Blutende Schnittwunde an der Wange mit bleibender Narbe).

Mann. Ambulante Heilbehandlung. Die Wunde musste genäht werden. Dauerschaden: Gesichtsnarben. [Vorsätzliche Körperverletzung – Adhäsionsverfahren].

Betrag: 1.800 € **Haftung: 100 %**
immVorb: – **MdE: –**

AG Aachen 19.11.2007 – 43 Ds 806 Js 526/07 – 146/07 = BeckRS 2012, 25343

3225

Gesichtverletzung (hier: Wangenverletzung in Form einer Risswunde von ca. 9 cm, die sich vom linken Auge aus über die Wange erstreckt); Gehirnerschütterung sowie Prellungen.

Frau (die vom LG als „gut aussehend" bezeichnet wurde). Dauerschaden: Narbe im Gesicht, die jedoch nur sehr gering sichtbar ist und durch eine Narbenkorrekturoperation voraussichtlich völlig beseitigt werden kann.

Betrag: 2.500 € **Haftung: 50 %**
immVorb: Ja **MdE: –**

LG München I 11.7.2003 – 19 O 1714/02 = unveröffentlicht

3530

Kieferverletzung (hier: Schnittwunde über dem Kiefer).

7j. Kind (Junge). 6 Tage stationär. Dauerschaden: Narbe. [Verkehrssicherungspflichtverletzung; geringes Verschulden des Bekl.].

Betrag: 3.500 € **Haftung: 100 %**
immVorb: – **MdE: –**

LG Tübingen 16.11.2001 – 7 O 143/01 = BeckRS 9998, 18866

6167

Unterschenkelverletzung (hier: 4 cm lange Stichwunde / Stichverletzung / Schnittwunde in den Unterschenkel mit arterieller Blutung. „Die Art der Verletzung bestand … aus einer Defektwunde mit Muskelkontusionierung, einer zerrissenen Arterie und einer Teilläsion des Nervs". Dadurch kam es zu neurogenen Folgeschäden, insbesondere einer Fußheberschwäche links, einer Großzehenheberschwäche links sowie einer Funktionsbeeinträchtigung des linken Großzehs sowie einer Sensibilitätsstörung bzw. Hypästhesie in diesem Bereich).

46j. Mann. Gut 35 Tage stationär, Operationen unter Vollnarkose, Hauttransplantationen. MdE 76 Tage 100 %. Dauerschaden: Fußheberschwäche links zu 4/5 und Funktionsbeeinträchtigung der linken Großzehe zu 1/10 mit Beeinträchtigung der Großzehenheberfunktion um 2/5. Zudem Sensibilitätsstörungen im Bereich der Verletzungen sowie Entstellung des linken Beins durch zwei, etwa 20 Quadratzentimeter große Narben. [Ursache: Grob fahrlässige Körperverletzung – Messerstich durch Arbeitskollegen].

Betrag: 3.579 € **Haftung: 100 %**
immVorb: – **MdE: –**

LAG Baden-Württemberg 6.7.1999 – 10 S a 26/99 = BeckRS 9998, 20164

4248

Gesichtschnittwunden sowie Gehirnerschütterung und Prellungen.

Mann. Die Schnittverletzungen ließen sich gut behandeln. Dauerschaden: Leichtgradige Lidhebeschwäche links. [Mithaftung wegen Nichtanlagens des Sicherheitsgurtes, weshalb der Kläger unfallbedingt durch die Windschutzscheibe geschleudert worden war. Das OLG ging davon aus, dass die Gesichtsverletzungen „nahezu ausnahmslos dadurch hervorgerufen worden" sind.].

Betrag: 4.000 € **Haftung: 60 %**
immVorb: – **MdE: –**

LG Oldenburg 9.7.2008 – 1 O 879/08 = BeckRS 2011, 12557

6421

Schnittwunde bzw. Risswunde (hier: ca. 12 cm lange Risswunde an der rechten Schädelseite). Zudem erlitt die Klägerin einen Bluterguss am rechten Auge, eine Knieprellung und ein HWS-Syndrom.

Frau. Die Risswunde musste genäht werden. Möglicher Dauerschaden: 12 cm lange Narbe an der rechten Schädelseite. [Ursache: Busunfall im Rahmen einer Pauschalreise in Ägypten, vgl. hierzu auch → Nr. 6396].

Betrag: 6.000 € **Haftung: 100 %**
immVorb: – **MdE: –**

OLG Frankfurt a. M. 18.5.2006 – 16 U 153/05 = BeckRS 2007, 1554

4529

Messerstichwunden mittels „diverser Messerstiche“ (hier: Unterbauchstichwunde, 3 Oberschenkelstichwunden, Handverletzung) sowie Blutergüsse, Kratzer und Prellungen am ganzen Körper. Psychische Beeinträchtigung, die behandelt werden musste.

Mann (Student). 7 Tage stationär, die Stichwunden mussten genäht werden. Langwierige Heilbehandlung über die Dauer von 4 Monaten. Psychische Beeinträchtigungen. Psychotherapie. Dauerschaden: Noch sieben Jahre nach den Verletzungen noch zum Teil Schmerzen im Bereich der Narben. [Anmerkung: Näheres zu diesem auch hinsichtlich der Frage eines Schmerzensgeldanspruchs auf der Basis eines Beherbergungsvertrages und Zutrittsverschaffungsrechts sehr interessanten Urteil finden Sie in Beck'sche Schmerzensgeldtabelle Kapitel IV 1.g.aa. Rn. 55].

Betrag: 6.500 € **Haftung: 100 %**
immVorb: Ja **MdE: –**

OLG Hamm 7.11.2012 – 30 U 80/11 = BeckRS 2012, 24375

6535

Schnittwunden im Gesicht (hier: Massive Schnittwunde von der Nase über die Nasolabiafalte rechts infolge derer die Nasenspitze rekonstruiert werden musste sowie eine massive Risswunde im oberen Stirnbereich, knapp unterhalb des Haaransatzes und zwar im oberen Stirnbereich mit Skalpierung). Hinzu kamen die starken Schmerzen unmittelbar am Unfalltag und der Schock unter dem die Klägerin stand, die nach dem Unfall um ihr Leben bangte.

13j. Kind (Schülerin). 4 Tage stationäre Behandlung mit Operation zur Rekonstruktion der Nasenspitze. Die Schnittwunden bzw. Risswunden mussten genäht werden; im oberen Bereich mit bis zu 13 Stichen. Dauerschaden: Narben im Gesicht, zu der das LG ausführte: „Auch wenn die zum Unfallzeitpunkt 13 Jahre alte Klägerin die Narbe im Stirnbereich beim Tragen einer entsprechenden Frisur verdecken kann, so verbleibt möglicherweise ihr Leben lang noch die hellere Narbe im Nasenbereich. Denn zumeist verblassen Narben erst nach Jahren und sind oft ein Leben lang zu erkennen. Dies stellt für die Klägerin eine nicht unerhebliche Lebensbeeinträchtigung, insbesondere hinsichtlich ihres Soziallebens dar“. [Ursache: Verkehrssicherungspflichtverletzung].

Betrag: 7.000 € **Haftung: 70 %**
immVorb: – **MdE: –**

LG Kaiserslautern 19.6.2020 – 3 O 639/19 = BeckRS 2020, 14125

4192

Handverletzung, schwere (hier: Tiefe Handschnittwunde mit Nervverletzung des für die Handbeugung wichtigen nervus medianus, der durchtrennt wurde).

23j. Mann (Heizungsmonteur). 3 Tage stationär. Dauerschaden: Schädigung des Nervus medianus mit daraus resultierender Bewegungseinschränkung der Handbeugungsfunktion. Berufsbehinderung und ggf. Berufsunfähigkeit als Handwerker. Ursache: Verkehrssicherungspflichtverletzung durch Sturz in Glasscherben, die in einer Diskothek am Boden lagen.

Betrag: 7.000 € **Haftung: 100 %**
immVorb: Ja **MdE: –**

OLG Karlsruhe 3.4.2009 – 14 U 140/07 = BeckRS 2009, 23949

8. Schürfwunden

5406

Schürfwunden an der linken Schläfe und am rechten Handrücken sowie eine hypertensive Entgleisung.

Mann (Rentner). Vorschaden: Der Kläger trug vor, es hätten bereits vor dem Unfall diverse altersbedingte Erkrankungen bestanden, seine Gesundheit habe sich jedoch infolge des Unfalls erheblich verschlechtert; er forderte deshalb 3.000 EUR Schmerzensgeld. Das LG erkannte auf 200 EUR. [Lesenswert zur Frage der Befriedigung des Schmerzensgeldanspruchs mittels eines Verrechnungsschecks, § 362 BGB].

Betrag: 200 € **Haftung: 100 %**
immVorb: – **MdE: –**

LG Frankfurt a. M. 8.2.2018 – 2-05 O 342/15 = BeckRS 2018, 1877

5385

Armschürfverletzungen, leichte (Hier: Kratzer an den Armen und der linken Ellenbogenbeuge).

Frau (Realschullehrerin). Die Klägerin wurde vorübergehend in Polizeigewahrsam genommen und dabei durch die Beamten, die sie festhielten an den Armen leicht verletzt: „Ausweislich des Lichtbildes 01 (Bl. 13 Anlagenheft) habe die Klägerin jedenfalls einige Kratzer an den Armen bzw. der linken Ellenbeuge erlitten“, so das OLG.

Betrag: 200 € **Haftung: 100 %**
immVorb: – **MdE: –**

OLG Koblenz 7.3.2018 – 1 U 1025/17 = BeckRS 2018, 5119

5198

Schürfungen an beiden Unterschenkeln sowie Unterschenkelprellungen.

Mann. Ambulante Heilbehandlung. Ursache: Fahrradunfall.

Betrag: 200 € **Haftung: 100 %**
immVorb: – **MdE: –**

AG Pirna 25.2.2016 – 12 C 601/15 = BeckRS 2016, 137589

3196

Knieverletzung (hier:Abschürfungen und eine Knieprellung).

Mann (junger …). Verkehrssicherungspflichtverletzung wegen Schlagloch, in welches der Kläger mit seinem Rennrad hineinfuhr und stürzte.

Betrag: 250 € **Haftung: 50 %**
immVorb: – **MdE: –**

OLG Braunschweig 20.11.2002 – 3 U 47/02 = BeckRS 2003, 6178

6193

Schürfwunden, zahlreiche und offensichtlich [vor dem Hintergrund der fast vierwöchigen stationären Behandlung] umfangreichere sowie ebenfalls schwerere Prellungen. Das AG spricht allerdings – ohne weitere Hinweise – nur von „Prellungen und Schürfwunden" und davon, dass der Kläger als Motorradfahrer über die Motorhaube des Wendenden PKW geflogen sei.

Mann. 33 Tage stationär. Anschließend 34 Tage ambulante Behandlung. Bei der Schmerzensgeldbemessung berücksichtigte das AG zum einen die lange Heilbehandlung und zudem die psychische Beeinträchtigung des Klägers der „nach eigenen Angaben aus psychischen Gründen nicht mehr [Motorradfahren] konnte". [Ursache: Motorradunfall].

Betrag: 281 € **Haftung: 50 %**
immVorb: – **MdE: –**

AG Borna 24.10.2011 – 9 C 940/09 = SVR 2013, 191

4306

Ellenbogenschürfwunde und Oberarmschürfwunde, jeweils rechts.

Mann. Ambulante Heilbehandlung. MdE 14 Tage arbeitsunfähig. Während dieser Zeit kam es zu Bewegungseinschränkungen des rechten Arms. [Ursache: Vorsätzliche Körperverletzung].

Betrag: 350 € **Haftung: 100 %**
immVorb: – **MdE: –**

AG Schweinfurt 16.4.2007 – 1 C 1567/06 = unveröffentlicht

5179

Schürfwunden (hier: Großflächige Knieschürfungen und Ellenbogenschürfungen) sowie Prellungen an diesen Gelenken.

Mann. MdE 3 Tage 100 %. 14 Tage Schmerzen. Unfallursache: Fahrradunfall. [Anmerkungen: Die Schmerzhaftigkeit von derartigen Schürfwunden und Prellungen wird häufig unterschätzt und ist anwaltlich deutlich hervorzuheben].

Betrag: 490 € **Haftung: 70 %**
immVorb: – **MdE: –**

AG Frankfurt a. M. 18.3.2016 – 29 C 2094/15 = unveröffentlicht

7276

Schürfwunden / Unterschenkelverletzungen (hier: Hautabschürfungen am Fuß und am linken Ellenbogen) sowie eine Prellung am linken Unterschenkel.

Mann. MdE 4 Tage 100 %. Folgenlose Verheilung. Ursache: Motorradunfall

Betrag: 500 € **Haftung: 100 %**
immVorb: – **MdE: –**

OLG Brandenburg 16.12.2021 – 12 U 42/21 = BeckRS 2021, 43975

4089

Schürfwunde (hier: Gesichtsverletzung infolge Schürfungen an der rechten Gesichtshälfte sowie an der linken Schulter); Bluterguss am linken Oberarm sowie Brustkorbprellung.

Frau. MdE 2 Wochen 100 %. Folgenlose Ausheilung.

Betrag: 500 € **Haftung: 100 %**
immVorb: – **MdE: –**

OLG Brandenburg 13.7.2010 – 2 U 13/09 = BeckRS 2010, 17080

7614

Schürfwunden (hier: „deutliche Schürfwunden am Kopf") und HWS-Syndrom.

Mann. Ambulante Behandlung – auch mittels Osteopathie. Das AG erachtete die klägerischerseits geforderten 2.500 EUR als überhöht an, da „nach den Feststellungen des Sachverständigen keine gravierenden Beeinträchtigungen" vorlagen.

Betrag: 1.500 € **Haftung: 100 %**
immVorb: – **MdE: –**

AG Offenbach 25.4.2023 – 391 C 11/23 = BeckRS 2023, 22786

3781

Schürfwunden und Blutergüsse sowie Prellungen an Armen und Beinen.

11j. Junge. Der Kläger wurde von seinen 11 bis 13j. Mitschülern in einer Ecke des Schulhofes systematisch misshandelt und mit Tritten und Schlägen verletzt. Das OLG sah keinen Zweifel, dass die Bekl. trotz ihres geringen Alters für die Verletzungen zivilrechtlich verantwortlich sind. Dies gelte auch – so das OLG zutreffend – für die die Haupttäter psychisch unterstützenden Schüler, die im Kreis um das Geschehen standen um die direkte Sicht auf die Tat zu verhindern. Vorsätzliche Körperverletzung.

Betrag: 4.000 € **Haftung: 100 %**
immVorb: – **MdE: –**

LG Oldenburg 20.2.2006 – 4 O 3620/04 = unveröffentlicht

5002

Knieverletzung / Knieschürfwunde (hier: Erhebliche Schürwunde in Form einer „großflächigen Ablederungen und Abtragung der Haut", so das AG).

Mann. 8 Tage stationär. Anschließend ambulante Heilbehandlung mit täglichem Verbandwechsel. MdE 8 Tage 100 % sowie ca. 13 Wochen 50 % und weitere ca. 12 Wochen 30 %. Das AG berücksichtigte, dass „gerade in solchen Bereichen (Knickbereich des Knies) … eine verlangsamte Neubildung der Haut ein[tritt], da durch die Bewegung an dieser Stelle die Schorfbildung immer wieder aufgebrochen wird" sowie den „beachtlichen Verkehrsverstoß" des Beklagten. [Ursache: Motorradunfall, Mitverschulden wegen fehlender Schutzkleidung / Schutzbekleidung].

Betrag: 4.000 € **Haftung: 70 %**
immVorb: Ja **MdE: –**

AG Weißwasser 26.6.2014 – 6 C 364/13 = BeckRS 2015, 3587

9. Stauchungen

6539

Stauchung der linken Hand und des linken Arms sowie HWS-Syndrom.

Mann. [Lesenswert zum Thema: Atypischer Auffahrunfall nach Machtspielen im Verkehr].

Betrag: 400 € **Haftung: 50 %**
immVorb: – **MdE: –**

LG Potsdam 14.5.2020 – 2 O 26/18 = BeckRS 2020, 8526

5223

Verstauchungen (hier: Kniegelenkverstauchung und Ellenbogenverstauchung) sowie Brustkorbprellungen.

Frau. Ambulante Heilbehandlung, schmerzhafte Verletzung. MdE 10 Tage 100 %. [Anmerkung: Siehe auch das unter dem selben Aktenzeichen veröffentlichte Urteil, welches vom Ehemann, der als Beifahrer im selben PKW verletzt wurde, erstritten wurde].

Betrag: 1.200 € **Haftung: 100 %**
immVorb: – **MdE: –**

AG Dieburg 11.3.2015 – 20 C 715/14 = BeckRS 2015, 127853

7447

Verstauchungen, zum Teil schwere Verstauchungen: Schwere Sprunggelenksverstauchung mit Absprengung der vorderen Schienbeinkante sowie Verstauchung des Mittelgelenks am dritten Finger rechts mit einer Läsion des Kapselbandapparats. Zudem erlitt er eine Prellung und Hautabschürfung am linken Fußrücken, am linken Knie sowie unterhalb des Fußinnenknöchels links

Mann. Ambulante Heilbehandlung. Zwei Tage starke, zwei Wochen mittlere und fünf Wochen leichte Schmerzen. Ein Behandlungs- und Heilungsendzustand liegen vor; relevante Dauerfolgen sind, so der OGH, nicht eingetreten.

Betrag: 6.900 € **Haftung: 100 %**
immVorb: – **MdE: –**

OGH Österreich 26.6.2008 – 2 Ob 40/08 = BeckRS 2008, 150124

2950

Stauchungen / Prellungen (hier: Steißbeinstauchung /-prellung; Beckenprellung); HWS-Stauchung. Hämatombildung (Bluterguss).

Mann. Konversionsneurotische Fehlverarbeitung kann zur haftungsrechl. Zurechnung psychischer Folgeschäden führen, sofern kein Bagatellschaden u. keine Begehrensneurose vorliegen. Dauerschaden: Schlafstörungen, depressive Verstimmung.

Betrag: 14.061 € **Haftung: 100 %**
immVorb: – **MdE: –**

OLG Hamm 20.6.2001 – 13 U 136/99 = BeckRS 2001, 30187683

10. Verspannungen und Zerrungen

a) Verspannungen

4673

Verspannungen im Nackenbereich. Das AG wertete die dreiwöchigen Schmerzens als „erheblich“.

Frau. Die Kl. litt – so das AG wörtlich – „3 Wochen unter erheblichen Kopfschmerzen“.

Betrag: 550 € **Haftung: 100 %**
immVorb: – **MdE: –**

AG Passau 30.10.2002 – 18 C 1547/01 = unveröffentlicht

3473

Verspannungen, tastbare als Folge eines HWS-Syndroms.

Mann. MdE 7 Wochen 100 %. Ambulante Heilbehandlung mit Medikamention. Es musste eine Schanz'sche Krawatte getragen werden. Bei einer Nachuntersuchung konnte eine tastbare Verspannung im Bereich der Brustwirbelsäule festgestellt werden.

Betrag: 1.000 € **Haftung: 100 %**
immVorb: – **MdE: –**

OLG Bamberg 5.12.2000 – 5 U 195/99 = BeckRS 9998, 40128

4547

Verspannungen / Nackenverspannungen und daraus resultierenden Kopfschmerzen sowie ziehenden Schmerzen im HWS-Bereich, die in den Kopf ausgestrahlt hatten.

39j. Mann (selbstständiger Elektroinstallationsmeister). 20 Tage stationär; anschließend 30–35 ambulante Heilbehandlungen. MdE 6 Monate 100 % und ca. 1 Monat 20 %. [Lesenswert und zutreffend zu § 287 ZPO und der richterlichen Überzeugungsbildung bei HWS-Verletzungsfolgen; siehe hierzu und zu den Grenzen des § 287 auch OLG Saarbrücken NJW-Spezial 2011, 297 sowie NJW-Spezial 2013, 299].

Betrag: 3.000 € **Haftung: –**
immVorb: – **MdE: –**

OLG Saarbrücken 28.2.2013 – 4 U 587/10 = BeckRS 2013, 6163

b) Zerrungen

4668

Zerrung der Halswirbelsäule, leichte (die Verletzung wurde mit einem „Muskelkater“ verglichen).

Mann. Kein Schmerzensgeldanspruch wegen Geringfügigkeit. (Bagatellverletzung)

Betrag: – **Haftung: –**
immVorb: – **MdE: –**

LG Karlsruhe 5.6.2007 – 5 O 313/06 = BeckRS 2011, 11044

4669

Zerrung der Halswirbelsäule, leichte

Frau. 5 Tage arbeitsunfähig.

Betrag: 250 € **Haftung: 50 %**
immVorb: – **MdE: –**

OLG Celle 26.11.2008 – 14 U 45/08 = BeckRS 2008, 25856

4670

Zerrung des recchten Schultergelenks mit Schmerzausstrahlung in beide Oberarme, beide Unterarme und beide Hände. Zudem erlitt die Klägerin eine leichte Verspannung der HWS.

Frau. Ambulante Heilbehandlung. Erhebliche Schmerzen im Schulterbereich. Folgenlose Verheilung.

Betrag: 750 € **Haftung: 100 %**
immVorb: – **MdE: –**

OLG Saarbrücken 11.10.2005 – 4 U 566/04 = BeckRS 2006, 3706

4515

HWS-Zerrung (wörtlich: „Zerrung der HWS").

Mann. Ambulante Heilbehandlung. MdE 6 Wochen 100 %. Der Kläger hatte nach den Ausführungen seiner Hausärztin drei Wochen unter den Folgen zu leiden und dabei Kopf-, Nacken- und Schulterschmerzen. [Ursache Streifzusammenstoß zweier Fahrzeuge; insofern war die Frage der Beweisanforderung an das Vorliegen einer unfallbedingten HWS-Verletzung das zentrale Thema dieser Entscheidung, die auch in ZfS 2013, 142 abgedruckt wurde].

Betrag: 1.000 € **Haftung: 100 %**
immVorb: – **MdE: –**

LG Dortmund 6.11.2012 – 4 S 8/11 = BeckRS 2013, 4927

4671

Zerrung des Knieinnenbandes (Bänderverletzung) sowie Kniegelenkdistorsion und Knieprellung.

Mann. Insgesamt 17 ambulante Heilbehandlungen. MdE 53 Tage 100 %.

Betrag: 1.333 € **Haftung: 33 %**
immVorb: – **MdE: –**

AG Essen 15.4.2008 – 9 C 1/08 = BeckRS 2008, 19724

7281

Zerrungen und Prellungen, schwere (hier: „schwere Zerrung und Prellung Thoraxprellung, der Lenden- und Brustwirbelsäule und des linken Schulterblattes sowie folgenden Bandscheibenbeschwerden", bei zugleich vorhandener degenerativ vorgeschädigter Lendenwirbelsäule.

Mann. Stationärer Aufenthalt. Degenerativer Vorschaden [vgl. dazu Handbuch → Rn. 54 ff].

Betrag: 5.000 € **Haftung: 100 %**
immVorb: – **MdE: –**

OLG München 6.10.2021 – 10 U 6501/20 = BeckRS 2021, 41925

C. Entscheidungen: Besondere Verletzungen und Verletzungsfolgen

Vorbemerkung: Dieses Kapitel enthält sowohl Schmerzensgeldentscheidungen als auch Entscheidungen, die sich mit Ansprüchen auf immateriellen Schadensersatz befassen, wobei – worauf das OLG Celle (Fachsenat für Ehrenschutzverfahren) mit Beschl. v. 14.1.2026 – 5 U 240/25, GRUR-RS 2026, 1505 → Nr. 7886 zutreffend darauf hingewiesen hat, dass es (sehr) häufig vorkomme, dass Klageparteien ein „Schmerzensgeld" geltend machen, dies aber auf eine Verletzung des allgemeinen Persönlichkeitsrechts stützen.

- Die Eingruppierung in einen eigenen Tabellenteil (C.) rechtfertigt sich dabei vor dem Hintergrund, dass die darin aufgenommen Schmerzensgeldurteile und -Beschlüsse sich stets mit **besonderen Verletzungen und Verletzungsfolgen** sowie mit ungewöhnlichen Verletzungsursachen befassen wobei die meisten dieser Gerichtsentscheidungen auch bereits in den vorstehenden beiden Kapiteln enthalten sind. Die Vielschichtigkeit der Bemessungsfaktoren des Schmerzensgeldes und die schnellere Auffindbarkeit der Urteile in den nachfolgenden Rubriken rechtfertigt jedoch ihre erneute Darstellung.
- Hinsichtlich des **immateriellen Schadensersatz**es erfordert es die große Spannbreite der **Verletzung des allgemeinen Persönlichkeitsrechts** und insofern insbesondere die unterschiedlich zu bewertenden Verstöße gegen die **DS-GVO** oder das **AGG** eine separate Aufnahme zur besseren Übersichtlichkeit und einem zielgenaueren Auffinden in diesem Buch. Nachfolgend finden sich Entscheidungen hierzu im **Kapitel C.10.** und den dort aufgeführten insgesamt 21 Unterpunkten.

1. Aids

Vorbemerkung: Die nachstehenden Gerichtsentscheidungen berühren alle die Thematik der Immunschwächekrankheit Aids. Dabei steht nach wie vor die Angst vor einer Aidsinfektion im Vordergrund. Mit umgerechnet gut 150.000 EUR zuzüglich 128 EUR monatliche Schmerzensgeldrente setzte das LG Bonn bereits 1994 (vgl. → Nr. 2144) einen Maßstab, der angesichts der immer noch bestehenden Unheilbarkeit keineswegs zu hoch angesetzt und insofern mehrfach „wiederholt" wurde. Siehe insofern das Urteil des LG Frankfurt aus dem Jahre 1999 (vgl. → Nr. 2713) und die ebenfalls schon ältere Entscheidung des OLG Frankfurt vom 23.12.2003, → Nr. 3421, in der einer 45-jährigen Frau 150.000 EUR zuzüglich einer Schmerzensgeldrente von 500 EUR zuerkannt wurden. Aus jüngerer Zeit sei insofern auf das Urteil des OLG München vom 8.2.2017, → Nr. 5279 hingewiesen, welches einer 55-jährigen Frau – unter Anrechnung eines 33%igen Mitverschuldens – 70.000 EUR bei Feststellung eines immateriellen Vorbehalts zuerkannte.

6495

Aids. HIV-Infektion durch Blutpräparate.

Mann (Student; inzwischen verstorben. Kläger ist der Vater des an Aids Verstorbene). Kein Schmerzensgeldanspruch aus Amtshaftung gegen die Bundesrepublik Deutschland wenn unklar ist, ob eine HIV-Infektion bei einem Blutkranken, der von Jugend an mit Blutpräparaten behandelt wurde, vor oder nach einer eventuellen Amtspflichtverletzung der Mitarbeiter des Bundesgesundheitsamtes erfolgt. Der Sohn des Klägers hatte zuvor mit den Firmen, mit deren Präparaten er behandelt worden war, einen Vergleich über 85.000 EUR geschlossen. Der Kläger forderte nun 800.000 DM von der Bundesrepublik und begründete diese Forderung ua mit den Erklärungen der Bundesregierung, insbesondere des zuständigen Gesundheitsministers Seehofer, der Staat habe zu haften, weil das Bundesgesundheitsamt sträflich versagt habe. Daraus – so das OLG – lasse sich jedoch weder ein konstitutives noch ein deklaratorisches Schuldanerkenntnis ableiten.

Betrag: –	**Haftung: –**
immVorb: –	**MdE: –**

OLG Koblenz 12.11.1997 – 1 U 533/94 = BeckRS 9998, 15962

6710

Aidstest ohne Einwilligung des Patienten. Persönlichkeitrechtsverletzung durch Verletzung der informationellen Selbstbestimmung des Klägers, da dieser ausweislich der schriftlich niedergelegten Einwilligungserklärung zwar in eine Blutentnahme für bestimmte Testungen nicht jedoch in die Vornahme eines Aids-Tests eingewilligt hatte.

Mann. Das AG führte insofern (siehe oben) aus, dass das informationelle Selbstbestimmungsrecht des Menschen einen hohen, auch verfassungsrechtlich geschützten Rang habe und es deshalb im konkreten Falle auch unerheblich sei, ob nach dem damaligen Krankheitsbild des Klägers aus Sicht der Beklagten ein Aids-Test medizinisch indiziert war. Bei der Bemessung des Schmerzensgeldes der Höhe nach war zu berücksichtigen, „dass dem Kläger nicht der Nachweis einer vorsätzlichen Verletzung seines Selbstbestimmungsrechts gelungen ist. Denn die Beklagten haben eingewendet, der Kläger habe vor seiner schriftlich erklärten Verweigerung mündlich seine Einwilligung erteilt gehabt. Danach habe man die schriftliche Patientenerklärung lediglich entgegen genommen, aber nicht mehr überprüft, ob der Kläger auch bei seiner Einwilligung geblieben ist. Damit haben die Beklagten substanziiert eine vorsätzliche Verletzung des Persönlichkeitsrechts in Abrede gestellt. Angesichts dessen, dass das Gericht von einer fahrlässigen Verletzung des Persönlichkeitsrechts auszugehen hat, und das Testergebnis negativ ausgefallen ist, ist auf ein Schmerzensgeld von 600,00 EUR erkannt worden."

Betrag: 600 €	**Haftung: 100 %**
immVorb: –	**MdE: –**

AG Bremen 23.9.2010 – 5 C 135/10 = BeckRS 2010, 146048

5175

Fehldiagnose „Aids": Infolgedessen akute Todesangst, Selbstmordabsichten, und isges. „erhebliche physischen und vor allem psychischen Belastungen". Die Kl. sei „nicht einmal in der Lage gewesen, Auto zu fahren, weil sie dauernd Weinkrämpfe gehabt habe. Nach den Worten der Zeugen ... war die Klägerin sehr verstört, niedergeschlagen und habe nicht weiterleben wollen, nachdem sie die Mitteilung eines positiven HIV-Testes erhalten hatte".

Frau. MdE 17 Tage 100 %. 4 Wochen akute Todesangst. Arzthaftung (Diagnosefehler). Die Kl. beauftragte ihren Hausarzt, der sie seit 20 Jahren betreute, bei ihr einen HIV-Test vorzunehmen. Als die Klägerin am Tage nach der Blutentnahme in der Praxis des Beklagten eine Überweisung abholen wollte, eröffnete ihr dieser, dass sie HIV-positiv sei.Die Klägerin wurde anschließend für 2 Tage arbeitsunfähig krankgeschrieben. Nach zwei weiteren Wochen fand morgens um 8.00 Uhr ein weiterer Termin in der Uniklinik in X. statt. Bei diesem Termin wurde der Klägerin eröffnet, dass die durchgeführte Testreihe insgesamt sämtlich negativ gewesen sei. Der behandelnde Arzt erklärte der Klägerin daraufhin, dass ein dritter Test durchgeführt werden müsse. Die Klägerin brach daraufhin stressbedingt zusammen. Der dritte Test wurde noch am gleichen Tag durchgeführt. Gegen 14:00 Uhr stellte sich dann heraus, dass auch der erste Test dieser Testreihe negativ war. Die Kl. ließ zudem einen weiteren Test – unter ihrem Mädchennamen – durchführen, der jedoch auch negativ (dh kein HIV) verlief.

Betrag: 750 € **Haftung: 100 %**
immVorb: – **MdE: –**

AG Köln 19.11.2008 – 141 C 3/08 = BeckRS 2010, 22256

3422

Aids (hier: Angst vor Aids nach Oberschenkelbisswunde).

Mann (Polizeibeamter). Ambulante Behandlung. MdE 10 Tage 100 %. Berechtigte Angst vor Aids (HIV) und Hepatitisinfektion.

Betrag: 1.534 € **Haftung: 100 %**
immVorb: – **MdE: –**

LG Münster 16.3.2000 – 8 S 11/00 = unveröffentlicht

2763

Aidsverdacht [Aids-Verdacht] bzw. HIV-Infektionsverdacht (hier: Bissverletzung durch einen Festgenommenen. Bei dem Kl., dem festnehmenden Polizisten bestand der Verdacht einer Infektion mit HIV I und HIV II und Hepatitis C infiziert worden zu sein).

Mann (Polizist / Polizeibeamter); 12 Tage dienstunfähig, 2 Wochen in ärztlicher Behandlung.

Betrag: 1.534 € **Haftung: 100 %**
immVorb: – **MdE: –**

AG Ibbenbüren 23.11.1999 – 13 C 258/98 = BeckRS 1999, 31252512

2796

Psychische Beeinträchtigung / Angst bzw. Ängste in Form „massiver Verlustängste"; Schlafstörungen. Die Kl. hat die schwere Krankheit und schließlich den Tod der Mutter im Kleinkindalter unmittelbar miterlebt.

Kind. Arzthaftung (hier: Fehldiagnose mit „entscheidender Verschlechterung in den Behandlungschancen". Das zum Todeszeitpunkt 6j. Kind hat den Tod der Mutter nicht verarbeitet.

Betrag: 10.226 € **Haftung: 100 %**
immVorb: – **MdE: –**

OLG Frankfurt a. M. 15.12.1998 – 8 U 137/98 = BeckRS 1998, 13097

2793

Psychose in Form einer posttraumatischen Belastungsstörung mit „sich anbahnendem Übergang in eine andauernde Persönlichkeitsänderung nach Extrembelastung"; Selbstmordversuch; Angst vor Aidsinfektion.

Mann. Vorsätzliche Körperverletzung. Berechtigte Angst vor Aids (HIV) nach Kampf mit einem Drogenabhängigen. Der Kl. wurde „nach Extrembelastung ... völlig aus seiner bisher geordnet verlaufenden Lebensbahn geworfen". Zutreffend führte das OLG aus, „dass gerade vorsätzliche schwere Gewalttaten ... hohe Schmerzensgelder erfordern"!

Betrag: 25.565 € **Haftung: 100 %**
immVorb: Ja **MdE: –**

OLG Hamm 23.3.2000 – 6 U 205/99 = BeckRS 2000, 5574

5279

Aids (HIV-Infektion nach einvernehmlichem Geschlechtsverkehr).

55j. Frau. „Die Klägerin hatte den Mann 2012 kennengelernt und nach eigenen Angaben vor dem ersten Sex einen HIV-Test verlangt, weil seine frühere Lebensgefährtin an Immunschwäche gestorben war. Er habe allerdings entgegen der Absprache nur einen allgemeinen Gesundheitscheck und keinen HIV-Test gemacht und ihr gesagt, bei ihm sei alles in Ordnung. Daraufhin schlief die Klägerin im Juli 2012 zum ersten Mal mit dem Mann. Einige Monate später stand fest, dass auch sie HIV-positiv ist", becklink 2005692, beck-online). Das LG hatte der Frau auf ihre Forderung von 160.000 EUR bereits nur 110.000 EUR zuerkannt, das OLG reduzierte diesen Betrag nochmals wegen Mitverschuldens. [Weitere Urteile hierzu in Beck'sche Schmerzensgeldtabelle Kap. C 1.]

Betrag: 70.000 € **Haftung: 66 %**
immVorb: Ja **MdE: –**

OLG München 8.2.2017 – 20 U 2486/16 = BeckRS 2017, 101377

6443

Aids (hier: HIV-Infektion mit hohem Leidensdruck, auch wenn vorliegend die Krankheit noch nicht ausgebrochen war).

27j. Frau. Arzthaftung (hier: Infektion mit Aids bzw. HIV infolge einer Bluttransfusion des Ehemannes nach einem Motorradunfall). [Anmerkung: Das OLG Koblenz, dessen Urteil der BGH bestätigte, hatte sich hinsichtlich der Schmerzensgeldbemessung an der Entscheidung des LG Bonn → Nr. 2144 orientiert. Der BGH billigte in Bestätigung seiner bisherigen Rechtsprechung dem HIV-Infizierten einen Beweis des ersten Anscheins zu, dass Infektionsquelle die verabreichten Blutprodukte sind. Voraussetzung sei, dass der Infizierte beziehungsweise der von ihm angesteckte Ehepartner weder zu den HIV-gefährdeten Risikogruppen gehörten noch nach der Art ihrer Lebensführung einer gesteigerten Infektionsgefahr ausgesetzt waren. Außerdem müsse feststehen, dass zumindest eines der verabreichten Blutprodukte HIV-verseucht gewesen sei. Hiervon sei im Streitfall aus prozessualen Gründen auszugehen gewesen. Denn das behandelnde Krankenhaus habe die erforderlichen Angaben über Chargennummern und Hersteller nicht gemacht].

Betrag: 125.000 € **Haftung: 100 %**
immVorb: – **MdE: –**

BGH 5.6.2019 – VI ZR 179/04 = BeckRS 2005, 8735

3421

Aidsinfektion / HIV-Infektion / Hepatitis C Infektion mit nachfolgender Halbseitenlähmung und Gehirnschädigung.

45j. Frau. Arzthaftung. Die Kl. wurde aufgrund einer Injektion mit einer unsterilen Spritze von einem Heilpraktiker mit Hepatitis C und HIV (Aids) infiziert. Sie erlitt anfänglich eine starke Virusinfektion, die nach 2 Jahren in starker körperlicher Schwächung und Leistungsabfall und nachfolgend zu halbseitiger Lähmung und Gehirnfunktionseinschränkung führten, so dass die Klägerin „Mühe [hat], ihren Alltag zu bewältigen". Verschlimmerungstendenz! Dauerschaden: Halbseitenlähmung, Gehirnfunktionseinschränkung, Depressionen.

Betrag: 153.388 € **Haftung: 100 %**
immVorb: – **MdE: 100 %**
Rente: 511 €

OLG Frankfurt a. M. 23.12.2003 – 8 U 140/99 = BeckRS 2004, 3066

2713

Aids (hier: HIV-Infektion) und Infektion mit Hepatitis C nach Injektion mit einer unsterilen Spritze durch einen Heilpraktiker!

45j. Frau. Arzthaftung (grober Behandlungsfehler. Mehrfachverwendung von Glasspritzen!). [Nicht rechtskräftig! Vgl. auch → Nr. 2144 = LG Bonn BeckRS 2010, 28627 = 300.000 DM]

Betrag: 153.388 € **Haftung: 100 %**
immVorb: – **MdE: –**

LG Frankfurt a. M. 28.7.1999 – 2/14 o 497/97 = unveröffentlicht

2. Corona / SARS-CoV-2

Vorbemerkung: Ende 2019 trat in China eine bis dahin unbekannte Erkrankung auf, die durch das Coronavirus SARS-CoV-2 verursacht wird und deshalb später die Kurzbezeichnung COVID-19 erhielt. Diese von Mensch zu Mensch übertragbare Krankheit breitete sich rasch weltweit aus. Die daraufhin zur Bekämpfung dieser Pandemie staatlicherseits verhängten Maßnahmen (Ausgangsverbote, berufliche Beschränkungen, Impfung, Versammlungsverbote etc.) führten dazu, dass die Pandemie im Mai 2023 als beendet deklariert wurde und alle Corona-Schutzmaßnahmen aufgehoben wurden.

Das Thema wird im Handbuch unter → Rn. 339a vertieft. Nachfolgend finden Sie eine große Zahl an bislang vor diesem Hintergrund ergangener Entscheidungen, die sich sowohl mit Klagen gegen die wegen der Pandemiebekämpfung verhängten Auflagen, Verhaltensweisen einzelner Personen (zB Bespucken) als auch inzwischen in großem Umfang mit Klagen wegen Impfschäden gegen Impfstoffhersteller und/oder Impfärzte befassen, wobei der BGH Urteil vom 15.1.2026 – III ZR 88/25 BeckRS 2026, 778 inzwischen klargestellt hat, dass Corona-Impfungen als Ausübung eines öffentlichen Amtes anzusehen sind und somit Staatshaftung statt Arzthaftung gegeben ist.

7874

Corona-Impfschaden, behaupteter, wobei der „Kläger ... für einen kausalen Zusammenhang mit der streitgegenständlichen Impfung lediglich auf die zeitliche Abfolge von Impfung und dem Eintreten der Kopfschmerzen ab"gestellt hatte.

Mann. Kein Schmerzensgeldanspruch (Der Kl. hatte mindestens 80.000 EUR gefordert) im Zusammenhang mit den bei ihm durchgeführten, insgesamt vier Corona-Schutzimpfungen des Impfstoffs mit der Bezeichnung „Comirnaty". Das LG kam nach sorgfältiger Prüfung zum Ergebnis, dass ein Anspruch des Klägers auf Schmerzensgeld sich nicht aus § 84 Abs. 1 AMG ergibt, da dessen tatbestandliche Voraussetzungen nicht erfüllt sind und dem Kläger auch unter keinem weiteren erdenklichen Gesichtspunkt die geltend gemachten Schadenersatz- bzw. Auskunftsansprüche gegen die Beklagte zustehen, zumal – so das LG – „weder die Beschwerden als solche noch der zeitliche Ablauf ... im hier vorliegenden Fall ausreichend [sind], um einen Anspruch plausibel zu machen."

Betrag: – **Haftung: –**
immVorb: – **MdE: –**

LG Bremen 4.2.2026 – 1 O 1886/24 = BeckRS 2026, 2604

7883

Corona-Impfschaden, behaupteter (hier: Post-Vac-Symptomen und Long-Covid-Symptomen sowie unter Ateminsuffizienz, grippeähnliche Erkrankungssymptomen und einer stets wiederkehrenden Myokarditis [Müdigkeitssymptome]).

Frau (Atem-, Sprech- und Stimmlehrerin). Kein Schmerzensgeldanspruch – die Kl. hatte mindestens 150.000 EUR gefordert – im Zusammenhang mit bei ihr einmalig durchgeführter Corona-Schutzimpfungen mit „Comirnaty". Das LG kam nach informatorischer Anhörung und sorgfältiger Prüfung zum Ergebnis, dass ein Anspruch der Klägerin auf Schmerzensgeld sich nicht aus § 84 Abs. 1 AMG ergibt, da dessen tatbestandliche Voraussetzungen nicht erfüllt sind und der Klägerin auch unter keinem weiteren erdenklichen Gesichtspunkt die geltend gemachten Schadenersatz- bzw. Auskunftsansprüche (insgesamt hatte die Klägerin 34 Auskunftsansprüche vorgebracht) gegen die Beklagte zustehen. Das OLG bestätigte diese Entscheidung. [vgl. dazu auch die am selben Tag ergangene weitere Entscheidung des OLG Frankfurt a.M. → Nr. 7884].

Betrag: – **Haftung: –**
immVorb: – **MdE: –**

OLG Frankfurt a. M. 16.1.2026 – 24 U 71/24 = BeckRS 2025, 39151

7884

Corona-Impfschaden, behaupteter (hier: Autoimmunerkrankung, Bewusstseinsstörung, Nervensystem-Funktionsstörung, Schmerzen, Kopfschmerzen, Übelkeit, Schwindel, Magen- und Darmprobleme, Müdigkeit, Konzentrationsstörungen, Schlafstörungen, Engegefühl sowie Steifheit im Brustbereich und im Rücken, Gelenk- und Muskelschmerzen im gesamten Körper (zeitweise auch warmes Kribbeln unter der Haut).).

Frau (selbständige Massagetherapeutin). Kein Schmerzensgeldanspruch – die Kl. hatte mindestens 150.000 EUR gefordert – im Zusammenhang mit bei ihr dreimal durchgeführter Corona-Schutzimpfungen mit „Comirnaty". Das LG kam nach sorgfältiger Prüfung zum Ergebnis, dass ein Anspruch der Klägerin auf Schmerzensgeld sich nicht aus § 84 Abs. 1 AMG ergibt, da dessen tatbestandliche Voraussetzungen nicht erfüllt sind und die Klägerin insbesondere weder eine negative Nutzen-Risiko-Bilanz des Impfstoffs noch einen ursächlichen Zusammenhang zwischen der Impfung und den von ihr geltend gemachten Gesundheitsschäden hinreichend vorgetragen oder belegt hatte. Zudem stehe der Klägerin auch unter keinem weiteren erdenklichen Gesichtspunkt die geltend gemachten Schadenersatz- bzw. Auskunftsansprüche (insgesamt hatte die Klägerin 34 Auskunftsansprüche vorgebracht) gegen die Beklagte zu. Das OLG bestätigte diese Entscheidung. [vgl. dazu auch die am selben Tag ergangene weitere Entscheidung des OLG Frankfurt a.M. → Nr. 7883].

Betrag: – **Haftung: –**
immVorb: – **MdE: –**

OLG Frankfurt a. M. 16.1.2026 – 24 U 23/24 = BeckRS 2026, 679

7904

Corona-Impfschaden, behaupteter

Mann. Keine Arzthaftung nach Corona-Impfung; kein Schmerzensgeldanspruch. Der Kl. nahm die beklagten nach zwei Impfungen gegen das Coronavirus SARS-CoV-2 auf materiellen und immateriellen Schadensersatz in Anspruch; in allen drei Instanzen blieb er insofern ohne Erfolg. Sowohl das LG Ravensburg als auch das OLG Stuttgart als Berufungsgericht hatten zur Begründung ihrer klagabweisenden Entscheidungen ausgeführt, dass die Beklagten nicht passivlegitimiert seien, weil für eine Inanspruchnahme der Beklagten lediglich Amtshaftungsansprüche gemäß § 839 BGB in Verbindung mit Art. 34 Satz 1 GG in Betracht kämen. Die Beklagtenseite habe bei der Vornahme von Corona-Impfungen eine hoheitliche Aufgabe wahrgenommen. Der BGH bestätigte diese Rechtsansicht udn betonte dazu in seinen beiden amtlichen Leitsätzen: „1. Entscheidend für die rechtliche Einordnung privater Leistungserbringer als Verwaltungshelfer ist, dass bei der gebotenen Gesamtbetrachtung die privaten Leistungserbringer hinsichtlich der Durchführung von Schutzimpfungen gleichsam als bloße Erfüllungsgehilfen des Staates im Rahmen der bundesweiten Impfkampagne gegen das Coronavirus SARS-CoV-2 anzusehen sind. 2. Der hoheitliche Charakter des sich bis zum 7.4.2023 aus § 1 CoronaImpfV in der jeweils geltenden Fassung ergebenden öffentlichrechtlichen Impfanspruchs stand bei der Impftätigkeit im Vordergrund, weil er ein wesentlicher Bestandteil der staatlichen „Corona-Impfkampagne" war und seine Erfüllung den übergeordneten Zielen eines individuellen Gesundheitsschutzes sowie der Aufrechterhaltung zentraler staatlicher Funktionen und zentraler Bereiche der Daseinsfürsorge diente." [Anmerkung: Vgl. dazu auch BGH 9.10.2025 – III ZR 180/24, BeckRS 2025, 27737 sowie im Handbuch unter → Rn. 339a]

Betrag: – **Haftung: –**
immVorb: – **MdE: –**

BGH 15.1.2026 – III ZR 88/25 = BeckRS 2026, 778

7888

Corona-Impfschaden, behaupteter (hier: Post-Vac-Syndrom und Angststörungen sowie Panikattacken.)

61j. Mann. Mann. Kein Schmerzensgeldanspruch (Der Kl. hatte mindestens 80.000 EUR gefordert) im Zusammenhang mit einer bei ihm durchgeführten Corona-Schutzimpfung mit dem Impfstoff Comirnaty. Das LG kam nach sorgfältiger Prüfung zum Ergebnis, dass ein Anspruch des Klägers auf Schmerzensgeld sich nicht aus § 84 Abs. 1 AMG ergibt, da dessen tatbestandliche Voraussetzungen nicht erfüllt sind und dem Kläger auch unter keinem weiteren erdenklichen Gesichtspunkt die geltend gemachten Schadenersatz- bzw. Auskunftsansprüche (insgesamt hatte der Kläger 31 Auskunftsansprüche vorgebracht) gegen die Beklagte zustehen. Das OLG bestätigte diese Entscheidung und betonte insofern, der Kläger habe weder Anspruch gegen die Beklagte auf Zahlung von Schadensersatz und Schmerzensgeld auf der Grundlage des Arzneimittelgesetzes, noch aus Deliktsrecht oder Produkthaftungsrecht.

Betrag: – **Haftung: –**
immVorb: – **MdE: –**

OLG Stuttgart 13.1.2026 – 1 U 163/24 = BeckRS 2026, 676

7786

Corona-Impfschaden, behaupteter (hier: Nach der 1. Impfung: Sehstörungen, Kopfschmerzen und Kreislaufbeschwerden, starkes Hungergefühl verbunden gewesen seien. Kurz nach der 2. Impfung: Magen-Darmbeschwerden mit Durchfall, Übelkeit, „seltsame Wander-Rückenschmerzen", Schüttelfrost, Schweißausbrüche, Appetitlosigkeit, Abgeschlagenheit und Kraftlosigkeit und nach der 3. Impfung: Starke Sehstörung, „wahnsinnige Gliederschmerzen" und weitere Beschwerden wie „Fatigue-Syndrom, Schlafstörungen, Herz- und Lungenschmerzen, einem Druckgefühl in der Brust, asthmatischen Anfällen, Atemnot, Muskel-, Knochen- und Nervenschmerzen, Kreislaufbeschwerden, Würgereiz, Erbrechen, Lichtempfindlichkeit, Blutdruckschwankungen, Schweißausbrüchen, Schüttelfrostattacken sowie Hämatomen am ganzen Körper und Kurzzeitgedächtnisstörungen".

33j. Frau. Kein Schmerzensgeldanspruch für behaupteten Impfschaden im Zusammenhang mit dem Impfstoff Comirnaty, mit welchem die Klägerin im Jahr 2021 insgesamt dreimal geimpft worden war. Das OLG Stuttgart bestätigte das klagabweisende Urteil des LG Rottweil, Urt. v. 4.3.2024 – 2 O 263/23 und führte dazu aus: „Die Klägerin kann sich nicht mit Erfolg auf § 84 Abs. 1 AMG stützen. Zwar ist der Anwendungsbereich des § 84 Abs. 1 AMG eröffnet. Ein Anspruch der Klägerin kommt jedoch gleichwohl nicht in Betracht. Die Voraussetzungen des § 84 Abs. 1 Satz 2 AMG liegen nicht vor. Ein Gesundheitsschaden infolge der Impfung ist zudem nicht hinreichend dargetan. Die in § 84 Abs. 2 AMG bestimmte Kausalitätsvermutung greift nicht." Zu den Beweisanforderungen betonte das OLG, dass zwar „an die Darlegungslast des Geschädigten … keine überhöhten Anforderungen gestellt werden (BGH 1.7.2008 – VI ZR 287/07 …) dürfen, weshalb von dem Geschädigten im Allgemeinen auch nicht verlangt werden kann, dass er im Prozess zur Substantiierung der Verletzungseignung Studien oder Anwendungsbeobachtungen vorlegt. Allerdings seien von ihm jedoch "Detailliertere Substantiierungen … im Hinblick auf seinen Gesundheitsschaden, den er entsprechend den generellen Regeln zur Verteilung der Beweislast vollumfänglich darlegen und beweisen muss,,, erforderlich. "Hierzu hat er insbesondere seine physische oder psychische Verfassung vor und nach der Arzneimittelanwendung darzulegen und damit jedwede Tatsache, die in seinem Fall für, aber auch gegen eine Schadensverursachung spricht. Der Geschädigte muss also die nur ihm bekannten Umstände offenlegen, wie zum Beispiel Grund- und Parallelerkrankungen, Risikofaktoren oder die Einnahme anderer Arzneimittel". [vgl. dazu im Handbuch unter → Rn. 339a].

Betrag: – **Haftung: –**
immVorb: – **MdE: –**

OLG Stuttgart 13.11.2025 – 1 U 70/24 = BeckRS 2025, 33579

7787

Impfschaden, behaupteter (hier: Post-VAC-Syndrom bzw. Post-Covid-Syndrom iVm Herzklappeninsuffizienzen, pulmonale Hypertonie, Hämoptysen).

40j. Frau. Kein Schmerzensgeldanspruch für behaupteten Impfschaden im Zusammenhang mit dem Impfstoff Comirnaty, mit welchem die Klägerin im Jahr 2021 einmal geimpft worden war. Das OLG Stuttgart bestätigte das klagabweisende Urteil des LG Stuttgart → Nr. 7621 und führte dazu aus: „Eine Haftung kann nach § 84 Abs. 1 Satz 2 Nr. 1 AMG zum einen dann gegeben sein, wenn das Arzneimittel bei bestimmungsgemäßem Gebrauch schädliche Wirkungen hat, die über ein nach den Erkenntnissen der medizinischen Wissenschaft vertretbares Maß hinausgehen. Dies ist vorliegend jedoch zu verneinen." Sodann betonte das OLG, dass das Nutzen-Risiko-Verhältnis des Impfstoffs Comirnaty im maßgeblichen Zeitpunkt nach gesicherten wissenschaftlichen Erkenntnissen und den Bewertungen der zuständigen nationalen und europäischen Behörden (EMA und PEI sowie auch durch die STIKO) positiv gewesen sei und insofern die Zulassungsentscheidung der EU-Kommission Tatbestandswirkung entfalte, die eine abweichende Bewertung durch die Zivilgerichte nur bei substantiiertem Vortrag neuer, nachträglich bekannt gewordener Risiken erlaube. Ein solcher Vortrag sei jedoch vorliegend klägerischerseits nicht erfolgt.

Betrag: – **Haftung: –**
immVorb: – **MdE: –**

OLG Stuttgart 13.11.2025 – 1 U 172/24 = BeckRS 2025, 33578

7792

Corona-Impfschaden, behaupteter (hier: Post-Vac-Syndrom bzw. Post-Covid-Syndrom mit stark anhaltenden Kopfschmerzen, Schlaflosigkeit, herabgesetzter Belastbarkeit ua Symptomen).

31j. Mann. Kein Schmerzensgeldanspruch im Zusammenhang mit Corona-Schutzimpfungen, bei welchen dem Kläger insgesamt zweimal der Impfstoff Comirnaty verabreicht worden waren. Der Kläger hatte mindestens 80.000 EUR gefordert. Das OLG Stuttgart kam nach umfassender Prüfung zum Ergebnis, dass ein Anspruch des Klägers auf Schmerzensgeld sich nicht aus § 84 Abs. 1 AMG ergibt, da dessen tatbestandliche Voraussetzungen nicht erfüllt sind – insbesondere da da das Nutzen-Risiko-Verhältnis des Impfstoffs nach den gesicherten Erkenntnissen der medizinischen Wissenschaft positiv und die behördliche Zulassungsentscheidung ua auch durch die EU-Kommission insofern eine Tatbestandswirkung hat und ein positives Nutzen-Risiko-Verhältnis indiziert – und dem Kläger somit und auch unter keinem weiteren erdenklichen Gesichtspunkt (genannt wurden § 826 BGB und § 823 BGB sowie § 84 AMG) die geltend gemachten Schadenersatz- bzw. Schmerzensgeldansprüche gegen die Beklagte zustehen.

Betrag: – **Haftung: –**
immVorb: – **MdE: –**

OLG Stuttgart 13.11.2025 – 1 U 164/24 = BeckRS 2025, 31808

7793

Corona-Impfschaden, behaupteter (hier: Post-Vac-Syndrom bzw. Post-Covid-Syndrom mit Erschöpfungssyndrom).

52j. Mann. Kein Schmerzensgeldanspruch im Zusammenhang mit Corona-Schutzimpfungen, bei welchen dem erheblich vorerkrankten Kläger insgesamt dreimal der Impfstoff Comirnaty verabreicht worden waren. Der Kläger hatte mindestens 100.000 EUR gefordert. Das OLG Stuttgart kam nach umfassender Prüfung zum Ergebnis, dass ein Anspruch des Klägers auf Schmerzensgeld sich nicht aus § 84 Abs. 1 AMG ergibt, da dessen tatbestandliche Voraussetzungen nicht erfüllt sind. Dabei wies das OLG erneut [vgl. → Nr. 7792] darauf hin, dass insbesondere da das Nutzen-Risiko-Verhältnis des Impfstoffs nach den gesicherten Erkenntnissen der medizinischen Wissenschaft positiv und die behördliche Zulassungsentscheidung ua auch durch die EU-Kommission insofern eine Tatbestandswirkung hat und ein positives Nutzen-Risiko-Verhältnis indiziert – und dem Kläger somit und auch unter keinem weiteren erdenklichen Gesichtspunkt (genannt wurden § 826 BGB und § 823 BGB sowie § 84 AMG) die geltend gemachten Schadenersatz- bzw. Schmerzensgeldansprüche gegen die Beklagte zustehen.

Betrag: – **Haftung: –**
immVorb: – **MdE: –**

OLG Stuttgart 13.11.2025 – 1 U 7/25 = BeckRS 2025, 33580

7795

Corona-Impfschaden, behaupteter (hier: Panikattacken, Schlaflosigkeit, depressive Schübe, Luftnot, Erschöpfung, zentrale Lungenarterienembolie und Pneumonie links).

Mann. Kein Schmerzensgeldanspruch im Zusammenhang mit Corona-Schutzimpfungen, bei welchen dem Kläger insgesamt zweimal der Impfstoff des Herstellers BioNTech / Pfizer verabreicht worden waren. Der Kläger hatte mindestens 100.000 EUR gefordert. Das OLG Braunschweig kam nach umfassender Prüfung zum Ergebnis, dass ein Anspruch des Klägers auf Schmerzensgeld sich nicht aus § 84 Abs. 1 AMG ergibt, da dessen tatbestandliche Voraussetzungen nicht erfüllt sind – insbesondere da da das Nutzen-Risiko-Verhältnis des Impfstoffs nach den gesicherten Erkenntnissen der medizinischen Wissenschaft positiv und die behördliche Zulassungsentscheidung ua auch durch die EU-Kommission insofern eine Tatbestandswirkung hat und ein positives Nutzen-Risiko-Verhältnis indiziert – und dem Kläger somit und auch unter keinem weiteren erdenklichen Gesichtspunkt (genannt wurden § 826 BGB und § 823 BGB sowie § 84 AMG) die geltend gemachten Schadenersatz- bzw. Schmerzensgeldansprüche gegen die Beklagte zustehen.

Betrag: – **Haftung: –**
immVorb: – **MdE: –**

OLG Braunschweig 29.10.2025 – 9 U 16/25 = BeckRS 2025, 31807

7747

Corona-Impfschaden, behaupteter (hier: sog. Lupus-Erkrankung bzw. Hautveränderung im Rahmen eines Lupus erythematodes vom Typ Chillblain-Lupus).

Kein Schmerzensgeldanspruch im Zusammenhang mit Corona-Schutzimpfungen, bei welchen der Klägerin zweimal der Impfstoff Comirnaty verabreicht worden war. Die Klägerin hatte mindestens 60.000 EUR gefordert. Das LG kam nach umfassender Prüfung zum Ergebnis, dass ein Anspruch des Klägers auf Schmerzensgeld sich nicht aus § 84 Abs. 1 AMG ergibt, da dessen tatbestandliche Voraussetzungen nicht erfüllt sind. „Die Klägerin hat gegen die Beklagte unter keinem rechtlichen Gesichtspunkt einen Anspruch auf Zahlung eines Schmerzensgeldes und einer Geldrente. Dabei kommt es nicht darauf an, ob die bei der Klägerin diagnostizierte Lupus-Erkrankung tatsächlich durch die Impfungen ausgelöst wurde. Denn die spezifischen Voraussetzungen für eine Haftung des Impfstoffherstellers liegen nicht vor. Damit ist die Klägerin jedoch nicht rechtlos gestellt, denn im Fall von nachweisbaren Impfschäden besteht ein Anspruch nach den Grundsätzen der Sozialen Entschädigung gemäß § 24 SGB XIV. Ansprüche gegen die Beklagte bestehen demgegenüber nicht." so das LG.

Betrag: – **Haftung: –**
immVorb: – **MdE: –**

LG Mönchengladbach 10.10.2025 – 11 O 80/24 = BeckRS 2025, 27559

7748

Corona-Impfschaden, behaupteter (hier: Post-Vac-Syndrom, Fatigue-Syndrom und Überempfindlichkeit gegen „Elektrosmog" mit den Folgen schwerster Schmerzen, Schlafstörungen sowie ein plötzlicher, nicht gekannter gesundheitlicher Einbruch mit plötzlichem, rasanten Anstieg von Schmerzen nach vor der Impfung „sehr gut therapeutisch beherrschtem" Verlauf der Vorerkrankung Fibriomyalgie).

60j. Frau. Kein Schmerzensgeldanspruch im Zusammenhang mit Corona-Schutzimpfungen, bei welchen der Klägerin zweimal der Impfstoff Comirnaty verabreicht worden war und die zudem fünf Monate nach der zweiten Impfung an Corona erkrankt war. Die Klägerin hatte mindestens 50.000 EUR gefordert. Das LG kam nach umfassender Prüfung zum Ergebnis, dass ein Anspruch des Klägers auf Schmerzensgeld sich weder aus § 84 Abs. 1 AMG noch nach Deliktsrecht gem. § 826 BGB bzw. § 823 II BGB iVm §§ 223, 224 und § 226 StGB ergibt, da dessen tatbestandliche Voraussetzungen nicht erfüllt sind. Das LG stellte in seiner Urteilsbegründung zudem den Widerspruch des Kl. Vortrags zur Überempfindlichkeit gegenüber Elektrosmog heraus und führte dazu aus: „Selbst in der Gerichtsverhandlung zeigte sich für das erkennende Gericht keinerlei plausibles, fassbares Symptom einer solchen Übersensibilität oder unerträglicher Schmerzen wegen „Elektrosmog". Obwohl mehrere Laptops des Gerichts und der Anwälte und Handys im Sitzungssaal, sowie mehrere Dutzende bis Hunderte im gesamten Gebäude eingeschaltet waren und benutzt wurden und auch WLAN aktiv war …" udn betonte sodann: „In der Gesamtschau überwiegen daher jedenfalls nicht die Anhaltspunkte dafür, dass die von der Klägerin geschilderten schweren Symptome dieser Überempfindlichkeit gegen „Elektrosmog" mit den Folgen schwerster Schmerzen, Schlafstörungen u. a. in objektiv medizinisch feststellbarer Weise nach den Impfungen eingetreten sind und letztlich überwiegend wahrscheinlich ursächlich auf die Impfungen zurückzuführen seien."

Betrag: – **Haftung: –**
immVorb: – **MdE: –**

LG Ingolstadt 8.10.2025 – 31 O 2033/24 Hei = BeckRS 2025, 27514

7751

Corona-Impfschaden, behaupteter (hier: Asthma bronchiale, Post-Vac-Syndrom, Post-Covid-Syndrom bzw. „Post-Covid-Beeinträchtigungen; zudem "anhaltende kognitive Beeinträchtigungen, ubiquitäre Schmerzen, pulmonale Auffälligkeiten, wiederholte Hautblutungen, intermittierende Sensibilitätsstörungen und Schwäche beider oberer Extremitäten sowie chronische Insomnie„ sowie "depressive Episode".

61j. Frau. Kein Schmerzensgeldanspruch im Zusammenhang mit dem Impfstoff Comirnaty; der Impfstoff war der Klägerin insgesamt dreimal im Rahmen der Corona-Schutzimpfungen verabreicht worden; die Klägerin hatte mindestens 50.000 EUR gefordert. Das LG kam nach umfassender Prüfung zum Ergebnis, dass ein Anspruch der Klägerin auf Schmerzensgeld sich nicht aus § 84 Abs. 1 AMG ergibt: „Die Voraussetzungen für die Kausalitätsvermutung des § 84 Abs. 2 AMG greifen vorliegend hinsichtlich der von der Klägerin geltend gemachten gesundheitlichen Beeinträchtigungen nicht ein. … Gemäß § 84 Abs. 2 Satz 3 AMG gilt die Vermutung nicht, wenn ein anderer Umstand nach den Gegebenheiten des Einzelfalls geeignet ist, den Schaden zu verursachen. Die Darlegungs- und Beweislast hierfür liegt bei dem Hersteller. Nach diesen Maßgaben genügt der Vortrag der Klägerin vorliegend nicht, um eine konkrete Verletzungseignung mit Blick auf die von ihr geltend gemachten gesundheitlichen Beeinträchtigungen hinreichend darzulegen." so das LG mit Verweis auf OLG Koblenz → Nr. 7536. Da somit dessen tatbestandliche Voraussetzungen nicht erfüllt wurden und der Klägerin auch nach keiner weiteren Rechtsnorm die von ihr geltend gemachten Schadenersatz- bzw. Schmerzensgeldansprüche gegen die Beklagte zustanden, wurde die Klage als unbegründet abgewiesen.

Betrag: – **Haftung: –**
immVorb: – **MdE: –**

LG Freiburg 26.9.2025 – 6 O 117/24 = BeckRS 2025, 27508

7753

Corona-Impfschaden, behaupteter (hier: chronisch inflammatorisch demyelinisierenden Polyneuropathie – CIDP).

Mann. Kein Schmerzensgeldanspruch im Zusammenhang mit Corona-Schutzimpfungen, bei welchen dem Kläger insgesamt zweimal der Impfstoff Comirnaty verabreicht worden war. Der Kläger hatte mindestens 50.000 EUR gefordert. Das LG kam nach umfassender Prüfung zum Ergebnis, dass ein Anspruch des Klägers auf Schmerzensgeld sich nicht aus § 84 Abs. 1 AMG ergibt, da dessen tatbestandliche Voraussetzungen nicht erfüllt sind und dem Kläger auch unter keinem weiteren rechtlichen Anspruchsgrund die geltend gemachten Schadenersatz- bzw. Schmerzensgeldansprüche gegen die Beklagte zustehen. Dabei betonte das LG – mit Verweis auf die aktuelle Rechtsprechung ua des OLG Koblenz → Nr. 7741- dass das Nutzen-Risiko-Verhältnis für den Impfstoff der Beklagten im maßgeblichen Zeitpunkt als positiv zu bewerten gewesen sei. [Anmerkung: Zur Verwaltungsgerichtsbarkeit allein in Bezug auf die Zulassungsentscheidung verwies das LG auf BVerwG BeckRS 2022, 15743 und BeckRS 2022, 38908.]

Betrag: – **Haftung: –**
immVorb: – **MdE: –**

LG Augsburg 25.9.2025 – 91 O 47/25 = BeckRS 2025, 27531

7801

Corona-Impfschaden, behaupteter (hier: Fatigue-Syndrom und Atemnot, Herzrasen, Myokarditis und rheumatischen Beschwerden mit erheblichen gesundheitlichen Einschränkungen in ihrer beruflichen und sportlichen Leistungsfähigkeit).

Frau (Architektin). Kein Schmerzensgeldanspruch im Zusammenhang mit Corona-Schutzimpfungen, bei welchen die Klägerin insgesamt zweimal der Impfstoff Comirnaty verabreicht worden waren. Die Klägerin, eine aktive Sportlerin und Marathonläuferin, hatte mindestens 150.000 EUR gefordert. Das LG kam mit Verweis auf das

Urteil des OLG Koblenz → Nr. 7504 und nach umfassender Prüfung zum Ergebnis, dass ein Anspruch des Klägers auf Schmerzensgeld sich nicht aus § 84 Abs. 1 AMG ergibt, da dessen tatbestandliche Voraussetzungen nicht erfüllt sind – insbesondere da da das Nutzen-Risiko-Verhältnis des Impfstoffs nach den gesicherten Erkenntnissen der medizinischen Wissenschaft positiv und die behördliche Zulassungsentscheidung ua auch durch die EU-Kommission insofern eine Tatbestandswirkung hat und ein positives Nutzen-Risiko-Verhältnis indiziert – und dem Kläger somit und auch unter keinem weiteren erdenklichen Gesichtspunkt (genannt wurden § 823 Abs. 1 BGB, § 823 Abs. 2 BGB iVm § 5 AMG, § 15 ProdHaftG, § 84 AMG und § 826 BGB) die geltend gemachten Schadenersatzbzw. Schmerzensgeldansprüche gegen die Beklagte zustehen.

Betrag: – **Haftung: –**
immVorb: – **MdE: –**

LG Frankenthal 23.9.2025 – 6 O 58/24 = BeckRS 2025, 27549

7802

Corona-Impfschaden, behaupteter (hier: Postvakkzinöse multifokale motorische Polyneuropathie und Erschöpfungssyndrom mit fortschreitender Kraftlosigkeit in den Armen und Beinen).

Mann. Kein Schmerzensgeldanspruch im Zusammenhang mit Corona-Schutzimpfungen, bei welchen dem Kläger insgesamt zweimal der Impfstoff Comirnaty verabreicht worden waren. Der Kläger hatte mindestens 200.000 EUR gefordert. Das LG kam nach umfassender Prüfung zum Ergebnis, dass ein Anspruch des Klägers auf Schmerzensgeld sich nicht aus § 84 Abs. 1 AMG ergibt, da dessen tatbestandliche Voraussetzungen nicht erfüllt sind. Insbesondere verwies – ja rügte – das LG, dass klägerischerseits „schon [der] konkrete Vortrag für den Zeitraum seit den Impfungen (Juni und Juli 2021) bis zum ersten vorgelegten Arztbericht vom 6.1.2022, mithin für einen Zeitraum von etwa einem halben Jahr [fehle] und weiter: “Das pauschal behauptete „Erschöpfungssyndrom“ nach der ersten Impfung ist weder substantiiert, geschweige denn bewiesen. Zudem fehlt gänzlich konkreter Vortrag zum Gesundheitszustand vor der Impfung. Es wird lediglich pauschal, substanzlos und im Widerspruch zu den Feststellungen im Arztbericht vom 6.1.2022 (Bl. 58 ff. d.A.) vorgetragen, die vormalige Klagepartei haben „keine Vorerkrankungen“ gehabt, was nach den selbst vorgelegten Arztberichten – insbesondere der zitierten Anlage – unwahr ist. Auf dieser Grundlage ist eine Kausalität schon mangels hinreichenden Vortrags nicht – auch nicht mittels der Kausalitätsvermutung – festzustellen. Aber auch unabhängig von dem Vorgenannten scheiden Ansprüche aus, weil jedenfalls auch nicht die weiteren Voraussetzungen einer Haftung nach § 84 AMG vorliegen", so das LG. [Anmerkung: Geklagt hatten die Eltern ihres während des Verfahrens verstorbenen geimpften Sohnes].

Betrag: – **Haftung: –**
immVorb: – **MdE: –**

LG Hagen 19.9.2025 – 4 O 393/24 = BeckRS 2025, 25046

7757

Corona-Impfschaden, behaupteter (hier: andauernden Lymphknotenschwellungen).

Mann. Kein Schmerzensgeldanspruch im Zusammenhang mit Corona-Schutzimpfungen, bei welchen dem Kläger insgesamt dreimal der Impfstoff Comirnaty verabreicht worden war. Der Kläger hatte mindestens 350.000 EUR gefordert. Das LG kam nach umfassender Prüfung zum Ergebnis, dass ein Anspruch des Klägers auf Schmerzensgeld sich nicht aus § 84 Abs. 1 AMG ergibt, da dessen tatbestandliche Voraussetzungen nicht erfüllt sind, da insbesondere die Tatbestandsvoraussetzung der „unvertretbaren schädlichen Wirkungen“ fehlten. Zur Zulassung bzw. der arzneimittelrechtlichen Unbedenklichkeit des Impfstoffs führte das LG (mit Hinweis auf BVerwG, Beschluss vom 7.7.2022 – 1 WB 2/22) aus, dass diese Tatbestandswirkung entfalte und daher von Zivilgerichten hinzunehmen sei, solange der Verwaltungsakt nicht aufgehoben oder für nichtig erklärt ist. „Eine grundsätzliche Überprüfung der Rechtmäßigkeit einer Behördenentscheidung obliegt den Zivilgerichten nicht (vgl. auch BGH, Urteil vom 2.12.2015 – I ZR 239/14). Nichts anderes gilt, wenn es sich um einen hoheitlichen Akt der Europäischen Kommission handelt.“

Betrag: – **Haftung: –**
immVorb: – **MdE: –**

LG Würzburg 16.9.2025 – 14 O 2300/24 Hei = BeckRS 2025, 25047

7759

Corona-Impfschaden, behaupteter (hier: Pneumonie, die sich zu einer schweren Lungenentzündung ausgeweitet hatte).

46j. Mann. Kein Schmerzensgeldanspruch im Zusammenhang mit Corona-Schutzimpfungen, bei welchen dem Kläger insgesamt dreimal der Impfstoff Comirnaty verabreicht worden war. Der Kläger hatte mindestens 50.000 EUR gefordert. Das LG kam nach umfassender Prüfung und unter Verweis auf die Entscheidung des OLG Koblenz → Nr. 7470 sowie des OLG Frankfurt a.M. → Nr. 7641 zum Ergebnis, dass ein Anspruch des Klägers auf Schmerzensgeld sich nicht aus § 84 Abs. 1 AMG ergibt, da dessen tatbestandliche Voraussetzungen nicht erfüllt sind und dem Kläger auch unter keinem weiteren rechtlichen Gesichtspunkt Ansprüche auf Zahlung von Schmerzensgeld und Feststellung der Haftung für Folgeschäden sowie Auskunft zustehen, zumal der Kläger den Kausalzusammenhang zwischen den Impfungen und den von ihm vorgetragenen Gesundheitsschäden nicht schlüssig darlegen konnte.

Betrag: – **Haftung: –**
immVorb: – **MdE: –**

LG Arnsberg 11.9.2025 – 1 O 252/24 = BeckRS 2025, 27497

7763

Corona-Impfschaden, behaupteter (Tod – „Exitus letalis bei Respiratorischer Globalinsuffizienz bei Lungenarterienembolie und zugrunde liegender Covid-19-Pneumonie“).

49j. Mann. Die Klägerin ist Witwe und Miterbin ihres 49j. Ehemannes, der zum Zeitpunkt seiner Corona-Impfung im Jahr 2021 als Vorerkrankung bereits an Diabetes mellitus Typ 2, arterielle Hypertonie und Asthma gelitten hatte und in kurzer zeitlicher Abfolge nach der Impfung an Corona erkrankte und verstarb. Die insofern aktivlegitimierte Klägerin hatte insofern vorgetragen, es bestehe ein begründeter Verdacht, dass die verwendete Charge von Cominarty mit Fremd-DNA verunreinigt gewesen sei und forderte mindestens 80.000 EUR Schmerzensgeld. Das LG kam nach umfassender Prüfung zum Ergebnis, dass ein Anspruch der Klägerin auf Schmerzensgeld sich nicht aus § 84 Abs. 1 AMG ergibt, da dessen tatbestandliche Voraussetzungen nicht erfüllt sind und der Klägerin auch nach keiner weiteren Rechtsnorm (genannt wurden § 823 Abs. 1 und § 826 BGB) die von ihr geltend gemachten

Schadenersatz- bzw. Schmerzensgeldansprüche gegen die Beklagte zustehen. Auch bei dieser Klage mangelte es wiederum, wie so häufig, am ausreichenden Vortrag zur Kausalität. „Infolge des völlig unzureichenden Vortrags und der Dokumentation zu dem Gesundheitszustand vor der Injektion und dem Krankheitsverlauf danach, genügt die Klägerin auch nicht ihrer Darlegungs- und Beweislast hinsichtlich der haftungsbegründenden Kausalität", so das LG.

Betrag: – **Haftung: –**
immVorb: – **MdE: –**

LG Darmstadt 29.8.2025 – 3 O 39/24 = BeckRS 2025, 25038

7765

Corona-Impfschaden, behaupteter (hier: anhaltender Müdigkeit und Abnahme seiner Leistungsfähigkeit sowie massive Herzprobleme, die während einer Fahrradtour aufgetreten seien und zudem "eine akute Myokarditis bzw. Herzmuskelentzündung).

Mann. Kein Schmerzensgeldanspruch im Zusammenhang mit Corona-Schutzimpfungen, bei welchen dem Kläger insgesamt dreimal der Impfstoff Comirnaty verabreicht worden war. Der Kläger hatte mindestens 80.000 EUR gefordert. Das LG kam nach umfassender Prüfung zum Ergebnis, dass ein Anspruch des Klägers auf Schmerzensgeld sich nicht aus § 84 Abs. 1 AMG ergibt, da dessen tatbestandliche Voraussetzungen nicht erfüllt sind. Mit Verweis auf den Beschluss des BVerwG vom 7.7.2022 BeckRS 2022, 15743 betonte das LG zunächst, dass das streitgegenständliche Impfpräparat „eindeutig den arzneimittelrechtlichen Impfstoffbegriff erfülle" und somit das Arzneimittelgesetz anwendbar sei. Nach § 84 Abs. 1 S. 2 Nr. 1 AMG bestehe die Haftung für das Arzneimittel jedoch nur, wenn dieses ein negatives Nutzen-Risiko-Verhältnis aufweise, was vorliegen nicht der Fall war.

Betrag: – **Haftung: –**
immVorb: – **MdE: –**

LG Hagen 27.8.2025 – 2 O 154/24 = BeckRS 2025, 25042

7766

Corona-Impfschaden, behaupteter (hier: Taubheit auf einer Seite des Körpers sowie ein Schwindelgefühl und teilweise Luftnot, „die zeitweise derart stark ausgeprägt gewesen sei, dass sie sich in die Notaufnahme habe begeben müssen").

Frau (in Ausbildung zur Pflegekraft). Kein Schmerzensgeldanspruch im Zusammenhang mit Corona-Schutzimpfungen. Der Klägerin war in 2021 insgesamt dreimal innerhalb von 11 Monaten der Impfstoff Comirnaty verabreicht worden. Sie hatte ein Schmerzensgeld iHv mindestens 125.000 EUR gefordert und insofern ua vorgetragen, dass gegen das positive Nutzen-Risiko-Verhältnis bereits die dem PEI gemeldeten schwerwiegenden Nebenwirkungen sprechen würden. Das LG kam zum Ergebnis, dass „Hinsichtlich der schädlichen Wirkungen … nach herrschender Ansicht, der sich die Kammer anschließt, eine retrospektive Beurteilung der Vertretbarkeit zu erfolgen. Rückprojektion bedeutet dabei, dass geprüft werden muss, ob unter Berücksichtigung des damaligen pharmazeutischen Umfelds nunmehr bekannte schädliche Wirkungen (mangels einer Behandlungsalternative) hätten hingenommen werden dürfen oder nicht (vgl. OLG Frankfurt29. April 2025 – 23 W 25/24 …). Maßgeblich bei der Bewertung des Nutzen-Risiko-Verhältnisses sind dabei gesicherte Erkenntnisse der medizinischen Wissenschaft. Ein gewichtiges Indiz ist die Entscheidung einer fachkundig besetzten Zulassungsbehörde (Brock in: Kügel / Müller / Hofmann, Arzneimittelgesetz, 3. Auflage 2022, § 84 Rn. 83 ff.). Vor diesem Hintergrund vermag die Kammer ein negatives Nutzen-Risiko-Verhältnis nicht festzustellen."

Betrag: – **Haftung: –**
immVorb: – **MdE: –**

LG Hagen 27.8.2025 – 2 O 309/24 = BeckRS 2025, 25041

7733

Corona-Impfschaden, behaupteter.

Frau. Kein Schmerzensgeldanspruch im Zusammenhang mit bei ihr durchgeführter Corona-Schutzimpfungen; die Kl. hatte mindestens 100.000 EUR gefordert. Das LG war zum Ergebnis, dass ein Anspruch der Klägerin auf Schmerzensgeld sich nicht aus § 84 Abs. 1 S. 1 AMG ergibt, da dessen tatbestandliche Voraussetzungen nicht erfüllt sind und der Klägerin auch unter keinem weiteren erdenklichen Gesichtspunkt die geltend gemachten Schadenersatz- bzw. Schmerzensgeldansprüche gegen die Beklagte zustehen. Das OLG München bestätigte das Urteil und führte dazu aus: „Ohne Erfolg rügt die Klägerin, das Landgericht habe bei der Prüfung des Anspruchs aus § 84 Abs. 1 S. 1 AMG rechtsfehlerhaft ein positives Nutzen-Risiko-Verhältnis für Comirnaty angenommen. Eine Haftung nach Abs. 1 S. 2 Nr. 1 setzt voraus, dass die beim bestimmungsgemäßen Gebrauch des Arzneimittels auftretenden schädlichen Wirkungen aus medizinischer Sicht unvertretbar sind. Dies hat die Klägerin bereits nicht hinreichend dargelegt. Für die Einholung eines Sachverständigengutachtens bestand somit kein Raum."

Betrag: – **Haftung: –**
immVorb: – **MdE: –**

OLG München 22.8.2025 – 1 U 543/25e = BeckRS 2025, 21530

7734

Corona-Impfschaden, behaupteter.

Frau. Kein Schmerzensgeldanspruch im Zusammenhang mit dem Impfstoff Comirnaty; der Impfstoff war der Klägerin insgesamt zweimal im Rahmen der Corona-Schutzimpfungen verabreicht worden; die Klägerin hatte mindestens 150.000 EUR gefordert. Das LG Landshut hatte die Klage abgewiesen und dabei dem Argument widersprochen, dass der Impfstoff Comirnaty ein Gentherapieprodukt sei und gravierende Nebenwirkungen habe und hatte dazu ausgeführt: „Der Impfstoff der Beklagten ist ein Arzneimittel im Sinne des AMG. Impfstoffe sind gemäß § 4 Abs. 4 AMG Arzneimittel im Sinne des § 2 Abs. 1 AMG, die Antigene oder rekombinante Nukleinsäuren enthalten und die dazu bestimmt sind, beim Menschen zur Erzeugung von spezifischen Abwehr- und Schutzstoffen angewendet zu werden und, soweit sie rekombinante Nukleinsäuren enthalten, ausschließlich zur Vorbeugung oder Behandlung von Infektionskrankheiten bestimmt sind. Abzugrenzen ist der Impfstoff von einem Gentherapeutikum, welches in § 4 Abs. 9 AMG Erwähnung findet." Mit seinem Hinweisbeschluss bestätigte das OLG dies und betonte, dass das LG zu Recht „davon aus[gegangen sei], dass vorliegend das AMG anwendbar ist, da der Impfstoff der Beklagten ein Arzneimittel im Sinne des AMG ist. Grundsätzlich wäre damit – ungeachtet des Fehlens der Voraussetzungen – § 84 AMG für die geltend gemachten Schadensersatz- und Schmerzensgeldansprüche die richtige Anspruchsgrundlage." Der Vortrag der Klägerin in der Berufungsbegründung sei jedoch nicht geeignet gewesen, „im konkreten Fall die Eignung der Impfung für die von der Klägerin vorgetragenen Beschwerden hinreichend darzulegen." Sodann ging das OLG noch auf den Vortrag der Klägerin hinsichtlich des Fehlens eines gerichtlichen Hinweises insofern ein und führte dazu aus: „Entgegen dem klägerischen Vorwurf eines unterbliebenen gerichtlichen Hinweises bestand keine Hinweispflicht gem. § 139 Abs. 2 ZPO. Ein gerichtlicher Hinweis ist nämlich dann entbehrlich, wenn die Partei von der Gegenseite die gebotene Unterrichtung erhalten hat (BGH 20.12.2007 – IX ZR 207/05 Rn. 2)."

Betrag: – **Haftung: –**
immVorb: – **MdE: –**

OLG München 21.8.2025 – 1 U 3881/24e = BeckRS 2025, 21533

7767

Corona-Impfschaden, behaupteter (Schwere Störung Immunabwehr, die mit dem Status eines HIV-Infizierten vergleichbar sei. Der Kl. trug vor, sein Immunsystem sei irreparabel geschädigt. Nach der dritten Impfung habe er einen „plötzlichen Herztod" erlitten und sei reanimiert worden. Er leide nunmehr an Haarausfall, Juckreiz an verschiedenen Körperstellen, Potenzeinbußen, ständigen Pilzinfektionen am Glied, nicht mehr belastbar, einem Ekzem im Gesicht, Übelkeit, Müdigkeit, Trägheit, einer Verschlimmerung seiner psychischen Probleme, Herzrasen, Kammerflimmern, Atemnot, einer Schädigung des Kurzzeitgedächtnisses, Sprachproblemen und Schlafstörungen).

Mann. Kein Schmerzensgeldanspruch im Zusammenhang mit Corona-Schutzimpfungen, bei welchen dem Kläger insgesamt dreimal der Impfstoff Comirnaty verabreicht worden war. Der Kläger hatte mindestens 210.000 EUR gefordert und u a vorgetragen dass der ihm verabreichte Impfstoff verunreinigt gewesen sei. Diesen Vortrag des Klägers erachtete das LG als unsubstantiiert und betonte insofern: „Der Kläger verweist hierfür insbesondere auf Veröffentlichungen von – auch auf die streitgegenständlichen Chargen bezogenen – chargenbezogenen Verdachtsmeldungen durch das PEI, deren Inhalt er indes nicht zur Akte hat gelangen lassen. Derartige Meldungen sind dem Gericht auch nicht bekannt. Diese besondere Gefährlichkeit scheint er u.a. damit zu begründen, dass die Chargen in einem zu diesem Zeitpunkt nicht GMPzertifizierten Werk hergestellt worden seien. Für diese bestrittene Behauptung bleibt er, selbst wenn sie entscheidungsrelevant wäre, bereits beweisfällig." Insgesamt kam das LG nach umfassender Prüfung zum Ergebnis, dass ein Anspruch des Klägers auf Schmerzensgeld sich nicht aus § 84 Abs. 1 AMG ergibt, da dessen tatbestandliche Voraussetzungen nicht erfüllt sind und dem Kläger auch unter keinem weiteren erdenklichen Gesichtspunkt (genannt wurden § 826 BGB, § 823 Abs. 1 BGB, § 823 Abs. 2 BGB iVm § 95 AMG; § 823 Abs. 2 BGB iVm §§ 223, 224 StGB oder § 230 StGB) die geltend gemachten Schadenersatz- bzw. Schmerzensgeldansprüche gegen die Beklagte zustehen.

Betrag: – **Haftung: –**
immVorb: – **MdE: –**

LG Hagen 20.8.2025 – 4 O 432/24 = BeckRS 2025, 25050

7768

Corona-Impfschaden, behaupteter (hier: Schmerzen an beiden Beinen).

Frau. Kein Schmerzensgeldanspruch im Zusammenhang mit dem Impfstoff Comirnaty; der Impfstoff war der Klägerin insgesamt zweimal im Rahmen der Corona-Schutzimpfungen verabreicht worden; die Klägerin hatte mindestens 50.000 EUR gefordert und vor dem LG zunächst die Ansicht vertreten, „die Beklagte sei nicht wirksam vertreten, da den Beklagtenvertretern, welche in ihrem Briefkopf den Rechtsschein setzen würden, nur nach US-Recht zu haften und nur für ihr New Yorker Büro auftreten zu wollen, die Postulationsfähigkeit fehle und ihnen zudem seitens der Beklagten keine wirksame – nämlich nur mit Strichzeichen und nicht einem erkennbaren Namen unterschriebene – Vollmacht erteilt worden sei. Das LG stellte fest, eingangs seiner Urteilsbegründung fest, dass die Beklagte durch ihre Prozessbevollmächtigten wirksam gemäß § 78 ZPO vertreten wurde und kam sodann zum Ergebnis, "dass die Klage hinsichtlich des auf Zahlung eines angemessenen Schmerzensgeldes gerichteten Klageantrags zu 1) unbegründet,, ist, da es unter anderem "an hinreichend konkretem Vortrag zur Ursächlichkeit der Impfungen für die behaupteten gesundheitlichen Beschwerden,, fehlte. Zudem – so das LG – scheitere der Schadensersatzanspruch gemäß § 84 Abs. 1 AMG "jedenfalls daran, dass der streitgegenständliche Impfstoff Comirnaty bei bestimmungsgemäßem Gebrauch keine schädlichen Wirkungen hat, die über ein nach den Erkenntnissen der medizinischen Wissenschaft vertretbares Maß hinausgehen und der behauptete Gesundheitsschaden der Klägerin auch nicht auf einer unzureichenden bzw. falschen Kennzeichnung, Fachinformation oder Gebrauchsinformation beruht." Auch aus keiner weiteren Rechtsnorm (genannt wurden § 823 Abs. 1 und § 826 BGB) seien die von der Klägerin geltend gemachten Schadenersatz- bzw. Schmerzensgeldansprüche gegen die Beklagte begründet.

Betrag: – **Haftung: –**
immVorb: – **MdE: –**

LG Potsdam 14.8.2025 – 11 O 106/24 = BeckRS 2025, 21938

7738

Corona-Impfschaden, behaupteter.

71j. Frau (Rentnerin). Frau. Kein Schmerzensgeldanspruch im Zusammenhang mit bei ihr mit dem Impfstoff Omikron JN.1 einmal durchgeführter Corona-Schutzimpfungen. Die Kl. hatte mindestens 80.000 EUR gefordert. Das LG kam nach effizienter Prüfung zum Ergebnis, dass ein Anspruch der Klägerin auf Schmerzensgeld sich nicht aus § 84 Abs. 1 AMG ergibt, da dessen tatbestandliche Voraussetzungen nicht erfüllt sind und der Klägerin auch unter keinem weiteren erdenklichen Gesichtspunkt die geltend gemachten Schadenersatz- bzw. Schmerzensgeldansprüche gegen die Beklagte zustehen. Insofern verwies das LG auf Entscheidungen des OLG Koblenz → Nr. 7470, des OLG Frankfurt a.M → Nr. 7441 und des OLG Oldenburg → Nr. 7535.

Betrag: – **Haftung: –**
immVorb: – **MdE: –**

OVG Münster 7.8.2025 – 6 O 104/24 = BeckRS 2025, 21940

7739

Corona-Impfschaden, behaupteter (Hier: Guillan-Barré Syndrom sowie Nervenentzündung, Taubheitsgefühl an Beinen und Füßen, Schwindel, eine Gleichgewichtsstörung, starke Schmerzen und depressives Verhalten).

58j. Frau. Kein Schmerzensgeldanspruch. Die Kl. wurde insgesamt dreimal – zweimal mit dem Impfstoff Spikevax und einmal mit Comirnaty geimpft. Vor der ersten Impfung wurde ihr ein ärztliches Attest ausgestellt, welches bescheinigte, dass ihr eine Erkrankung (Depression / Schizophrenie) vorliegt und dass sie insofern seit 2019 die Medikamente Escitalopram und Risperidon erhält. Die Klägerin hatte mindestens 50.000 EUR gefordert. Das LG kam nach umfassender Prüfung zum Ergebnis, dass ein Anspruch der Klägerin auf Schmerzensgeld sich nicht aus § 84 Abs. 1 AMG ergibt, da dessen tatbestandliche Voraussetzungen nicht erfüllt sind und insbesondere die seitens der Klägerseite behauptete negative Nutzen-Risiko-Bilanz nicht bestehe. Dabei schloss sich die Kammer der herrschenden Rechtsprechung an und nannte insofern die Entscheidungen des OLG Koblenz → Nr. 7470, des OLG Frankfurt a.M → Nr. 7441 und des OLG Oldenburg → Nr. 7535 und OLG München → Nr. 7442. Auch ein Anspruch nach § 823 Abs. 2 BGB iVm §§ 95 Abs. 1 Nr. 3a, 96 Nr. 3 AMG iVm § 8 AMG oder aus § 823 Abs. 2 iVm §§ 223 ff. StGB scheide aus, so das LG.

Betrag: – **Haftung: –**
immVorb: – **MdE: –**

LG Aschaffenburg 29.7.2025 – 13 O 1/24 = BeckRS 2025, 21862

7721

Corona-Impfschaden, behaupteter (hier: Autoimmunerkrankungen und „schweres chronisches Fatigue-Syndrom").

26j. Mann (Müllwerker bei Stadtreinigung). Kein Schmerzensgeldanspruch im Zusammenhang mit dem Impfstoff Comirnaty; der Impfstoff war dem Kläger, der bereits als Vorerkrankung unter einer Multiple Sklerose-Erkrankung litt, insgesamt zweimal im Rahmen der Corona-Schutzimpfungen in einem Zeitraum von 2 Monaten verabreicht worden. Der Kläger hatte für seine Beschwerden mindestens 60.000 EUR Schmerzensgeld gefordert. Das LG hatte die Klage abgewiesen. Das OLG bestätigte diese Entscheidung: „Der Senat folgt der Auffassung des Landgerichts, dass der als Anspruchsteller darlegungspflichtige Kläger einen erstmals nach den Impfungen im Sommer 2021 eingetretenen Gesundheitsschaden nicht nachvollziehbar vortragen konnte (§ 138 Abs. 1 ZPO). Ein solcher Gesundheitsschaden ist sowohl für einen Auskunftsanspruch nach § 84a AMG als auch für alle in Betracht kommenden Schadensersatzansprüche notwendig. Diesbezüglich stellen sich weder europarechtliche noch verfassungsrechtliche Fragen. Etwaige vom Landgericht vor Erlass des Urteils versäumte Hinweispflichten nach § 139 ZPO wären nicht durchgreifend, da der Kläger aufgrund des angefochtenen Urteils hinreichend Anlass hatte, seinen Vortrag zu den behaupteten Gesundheitsschäden nachvollziehbar zu gestalten, was er aber unterlassen hat." Vielmehr habe der Kläger „mit der (impfunabhängigen) Multiple Sklerose-Erkrankung und der andauernden Cortisoneinnahme gewichtige alternative Ursachen für die von ihm unsubstantiiert beklagten gesundheitlichen Beeinträchtigungen vorgetragen", so das OLG.

Betrag: – **Haftung: –**
immVorb: – **MdE: –**

KG 26.6.2025 – 20 U 84/24 = BeckRS 2025, 14483

7720

Corona-Impfschaden, behaupteter hier: Fatigue-Syndrom, motorische Schwäche sowie Sehstörungen.

Frau (im Gesundheitswesen tätig). Kein Schmerzensgeldanspruch im Zusammenhang mit dem Impfstoff Comirnaty; der Impfstoff war der Klägerin insgesamt dreimal im Rahmen der Corona-Schutzimpfungen in einem Zeitraum von 10 Monaten verabreicht worden. Die Klägerin hatte für ihre Beschwerden mindestens 60.000 EUR Schmerzensgeld gefordert. Das LG kam nach umfassender Prüfung zum Ergebnis, dass ein Anspruch der Klägerin auf Schmerzensgeld sich nicht aus § 84 Abs. 1 AMG ergibt, da „der streitgegenständliche Impfstoff … kein negatives Nutzen-Risiko-Verhältnis i.S.d. § 84 Abs. 1 Satz 2 Nr. 1 AMG auf"weise und auch „Der Haftungstatbestand des § 84 Abs. 1 Satz 2 Nr. 2 AMG … ebenfalls nicht erfüllt" sei. Auch habe die Kl. insofern „das Beruhen ihrer behaupteten Gesundheitsverletzungen auf der angeblich falschen Packungsbeilage oder Fachinformation nicht hinreichend dargelegt oder gar bewiesen". Die Kl. habe zudem auch unter keinem weiteren erdenklichen Gesichtspunkt (§ 15 ProdHaftG, § 32 GenTG, § 823 Abs. 1 BGB, § 823 Abs. 2 BGB iVm § 5 AMG sowie § 826 BGB) die geltend gemachten Schadenersatz- bzw. Schmerzensgeldansprüche gegen die Beklagte.

Betrag: – **Haftung: –**
immVorb: – **MdE: –**

LG Verden 2.6.2025 – 3 O 132/23 = BeckRS 2025, 13227

7661

Corona-Impfschaden, behaupteter (hier: Schmerzen in der Leiste bzw. im Bauch, Rückenschmerzen, Taubheitsgefühlen und Sensibilitätsstörungen, Muskelschmerzen, Erschöpfungszuständen, Zittern, unregelmäßiger oder übermäßiger Menstruation, Schlafstörungen).

Frau. Kein Schmerzensgeldanspruch im Zusammenhang mit bei ihr durchgeführter Corona-Schutzimpfungen (zweimal mit „Comirnaty"). Die Kl. hatte mindestens 50.000 EUR gefordert. Das LG kam zum Ergebnis, dass ein Anspruch der Klägerin auf Schmerzensgeld sich nicht aus § 84 Abs. 1 AMG ergibt, da dessen tatbestandliche Voraussetzungen nicht erfüllt sind und der Klägerin auch unter keinem weiteren erdenklichen Gesichtspunkt die geltend gemachten Schadenersatz- bzw. Schmerzensgeldansprüche gegen die Beklagte zustehen.

Betrag: – **Haftung: –**
immVorb: – **MdE: –**

LG Freiburg 13.3.2025 – 11 O 8/24 = BeckRS 2025, 5311

7662

Corona-Impfschaden, behaupteter (hier: Migräne, Sehstörungen, Wahrnehmungsstörungen, Gedächtnisverlust / Erinnerungslücken, Beeinträchtigung der weiblichen Geschlechtsorgane, Schmerzen im Arm / Schulter-Oberarmprobleme, Hüftgelenkschmerzen, Knieschmerzen, Brustschmerzen und Herzrasen.)

Frau. Kein Schmerzensgeldanspruch im Zusammenhang mit bei ihr durchgeführten zwei Corona-Schutzimpfungen mit „Comirnaty", Die Kl. hatte mindestens 150.000 EUR gefordert. Das LG wis die Klage ab: „Die Klägerin hat keinen Schadensersatzanspruch gegen die Beklagte, weder aus § 84 Abs. 1 AMG noch aus § 1 ProdHaftG, aus § 32 Abs. 1 GenTG oder aus § 826 BGB, § 823 Abs. 2 BGB i.V.m. §§ 5 Abs. 1, 95 Abs. 1 Nr. 1 AMG, § 823 Abs. 2 BGB i.V.m. §§ 223 Abs. 1, 224 Abs. 1 Nr. 1 StGB, § 823 Abs. 1 BGB."

Betrag: – **Haftung: –**
immVorb: – **MdE: –**

LG Potsdam 5.3.2025 – 11 O 87/23 = BeckRS 2025, 6421

7663

Corona-Impfschaden, behaupteter (hier: Fatigue-Syndrom).

Frau. Kein Schmerzensgeldanspruch im Zusammenhang mit bei ihr durchgeführten zwei Corona-Schutzimpfungen mit „Comirnaty", Die Kl. hatte mindestens 150.000 EUR gefordert. Das LG wis die Klage ab: „Die Klägerin hat keinen Schadensersatzanspruch gegen die Beklagte, weder aus § 84 Abs. 1 AMG noch aus § 1 ProdHaftG, aus § 32 Abs. 1 GenTG oder aus § 826 BGB, § 823 Abs. 2 BGB iVm §§ 5 Abs. 1, 95 Abs. 1 Nr. 1 AMG, § 823 Abs. 2 BGB iVm §§ 223 Abs. 1, 224 Abs. 1 Nr. 1 StGB, § 823 Abs. 1 BGB."

Betrag: – **Haftung: –**
immVorb: – **MdE: –**

LG Potsdam 24.2.2025 – 11 O 61/23 = BeckRS 2025, 4212

7641

Corona-Impfschaden, behaupteter (hier: Post-VacSyndrom, akute Herzkrankheit, Bluthochdruck, starke Konzentrationsstörungen und vieles mehr).

Frau. Kein Schmerzensgeldanspruch im Zusammenhang mit bei ihr insgesamt dreimal durchgeführten Corona-Schutzimpfung mit Comirnaty; die Kl. hatte mindestens 150.000 EUR gefordert. Das OLG verwarf die Berufung der Klägerin, da ihr gegen die Beklagte weder aus § 84 Abs. 1 S. 1, S. 2 Nr. 1 AMG noch aus § 84 Abs. 1 S. 1, S. 2 Nr. 2 AMG noch aus anderen rechtlichen Gesichtspunkten (§§ 823 Abs. 2 BGB iVm §§ 223 ff. StGB, § 826 BGB, §§ 95 ff. AMG, § 15 ProdHaftG) ein Schmerzensgeldanspruch zusteht. Aus § 84 Abs. 1 Satz 1, Satz 2 Nr. 1 AMG nicht, da das Nutzen-Risiko-Verhältnis des Impfstoffs Comirnaty bereits aus der Tatbestandswirkung des Durchführungsbeschlusses der Europäischen Kommission vom 10.10.2022 (Beschluss zur unbedingten Zulassung des Impfstoffs) positiv zu bewerten. Aus § 84 Abs. 1 S. 1, S. 2 Nr. 2 AMG nicht, da weder eine nicht den Erkenntnissen der medizinischen Wissenschaft entsprechende Kennzeichnung, Fachinformation oder Gebrauchsinformation des Impfstoffs Comirnaty vorliegt. Die Klägerin hat zudem einen Kausalzusammenhang zwischen der Impfung und den geltend gemachten Gesundheitsschäden im Sinne des § 84 Abs. 1 S. 1 AMG nicht dargetan und insofern nicht ausreichend zu ihrem Gesundheitszustand vor und nach der Impfung vorgetragen. Die Klägerin kann sich deshalb auch nicht auf die Kausalitätsvermutung des § 84 Abs. 2 S. 1 AMG berufen. Die Kausalitätsvermutung setzt voraus, dass die Anwendung des Arzneimittels geeignet war, die eingetretene Rechtsgutverletzung zu verursachen. Vorliegend steht jedoch nur eine ungesicherte und damit unzureichende Hypothese für den ursächlichen Zusammenhang im Raum und dies obwohl im Arzneimittelhaftungsverfahren dem Geschädigten hinsichtlich des ihm entstandenen Gesundheitsschadens eine sogenannte erweiterte Darlegungslast obliegt. [vgl. dazu Wagner NJW 2002, 2049 (2051)].

Betrag: – **Haftung: –**
immVorb: – **MdE: –**

OLG Frankfurt a. M. 19.2.2025 – 23 U 13/24 = BeckRS 2025, 2209

7654

Corona-Impfschaden

37j. Mann. Der Kläger hatte insgesamt 5 Corona-Schutzimpfungen, davon 4 Impfungen mit Comirnaty und eine mit Moderna erhalten. Er begehrte ein Schmerzensgeld iHv 150.000 EUR. Das LG wies die Klage ab, da dem Kläger unter keinem rechtlichen Gesichtspunkt Ansprüche auf Zahlung von Schmerzensgeld und Feststellung der Haftung für Folgeschäden sowie Auskunft zustehe.

Betrag: – **Haftung: –**
immVorb: – **MdE: –**

LG Arnsberg 13.2.2025 – 1 O 328/23 = BeckRS 2025, 5310

7664

Corona-Impfschaden, behaupteter (hier: Konzentrationsschwäche, häufiger Migräne, Antriebslosigkeit, fehlender Belastbarkeit, schmerzhaften beulenartigen Schwellungen im Fersenbereich, Sehstörungen und Wortfindungsstörungen)

Frau. Kein Schmerzensgeldanspruch im Zusammenhang mit Corona-Schutzimpfungen, bei welchen der Klägerin insgesamt dreimal innerhalb von 6 Monaten der Impfstoff Comirnaty verabreicht worden war. Bei der Klägerin bestanden bereits vor den Impfungen zahlreiche Vorerkrankungen, wie Adipositas (BMI 49), Diabetes mellitus, Hypertonie, Depressionen, Schlafapnoesyndrom und Migräne. Die Kl. hatte mindestens 40.000 EUR gefordert. Das LG kam nach effizienter Prüfung zum Ergebnis, dass ein Anspruch der Klägerin auf Schmerzensgeld sich nicht aus § 84 Abs. 1 AMG ergibt, da dessen tatbestandliche Voraussetzungen nicht erfüllt sind und der Klägerin auch unter keinem weiteren erdenklichen Gesichtspunkt die geltend gemachten Schadenersatz- bzw. Schmerzensgeldansprüche gegen die Beklagte zustehen.

Betrag: – **Haftung: –**
immVorb: – **MdE: –**

LG Wiesbaden 13.2.2025 – 8 O 121/24 = BeckRS 2025, 4218

7665

Corona-Impfschaden, behaupteter (hier: Post-Vac-Syndrom mit akutem Herzkrankheit, Thrombose, Tachykardie, Belastungsdyspnoe, einem allgemeinen Kraftverlust, Gesichtsnervlähmung, Hirnleistungsminderung und Konzentrationsschwäche)

44j. Frau. Kein Schmerzensgeldanspruch im Zusammenhang mit Corona-Schutzimpfungen, bei welchen der Klägerin insgesamt dreimal innerhalb von 9 Monaten der Impfstoff Comirnaty verabreicht worden war. Die Kl. hatte mindestens 200.000 EUR gefordert. Das LG kam zum Ergebnis, dass ein Anspruch der Klägerin auf Schmerzensgeld sich nicht aus § 84 Abs. 1 AMG ergibt, da der „Impfstoff … bei bestimmungsgemäßem Gebrauch keine schädlichen Wirkungen auf[weist], die über ein nach den Erkenntnissen der medizinischen Wissenschaft vertretbares Maß hinausgehen, sodass die Voraussetzungen des § 84 Abs. 1 S. 2 Nr. 1 AMG nicht gegeben sind." Zudem weise der „Impfstoff der Beklagten aber auch ein positives Nutzen-Risiko-Profil auf." Da der Klägerin auch unter keinem weiteren erdenklichen Gesichtspunkt die geltend gemachten Schadenersatz- bzw. Schmerzensgeldansprüche gegen die Beklagte zustanden, wurde die Klage als unbegründet abgewiesen.

Betrag: – **Haftung: –**
immVorb: – **MdE: –**

LG Essen 13.2.2025 – 2 O 131/23 = BeckRS 2025, 4226

7666

Corona-Impfschaden, behaupteter (hier: Autoimmunerkrankung, einer Lähmung, einer Myelitis und einem Guillain-Barre-Syndrom).

Mann. Kein Schmerzensgeldanspruch im Zusammenhang mit Corona-Schutzimpfungen, bei welchen dem Kläger, der bereits unter zahlreichen Vorerkrankungen gelitten hatte, insgesamt zweimal innerhalb von 2 Monaten der Impfstoff Comirnaty verabreicht worden war und der sich innerhalb der folgenden 6 Monate zweimal mit dem Coronavirus infiziert hatte. Der Kl. hatte mindestens 150.000 EUR gefordert. „Ein Schadensersatzanspruch des Klägers gegen die Beklagte aus § 84 Abs. 1 AMG scheitert jedenfalls daran, dass der streitgegenständliche Impfstoff Comirnaty bei bestimmungsgemäßem Gebrauch keine schädlichen Wirkungen hat, die über ein nach den Erkenntnissen der medizinischen Wissenschaft vertretbares Maß hinausgehen und der behauptete Gesundheitsschaden des Klägers auch nicht auf einer unzureichenden bzw. falschen Kennzeichnung, Fachinformation oder Gebrauchsinformation beruht." Da dem Kl. auch aus den §§ 1 Abs. 1 ProdHaftG, 32 GenTG, 823 BGB, 826 BGB keine Schadenersatz- bzw. Schmerzensgeldansprüche gegen die Beklagte zustanden, wurde die Klage als unbegründet abgewiesen.

Betrag: – **Haftung: –**
immVorb: – **MdE: –**

LG Potsdam 12.2.2025 – 11 O 287/22 = BeckRS 2025, 5312

7667

Corona-Impfschaden, behaupteter (hier: Post-Vac-Syndrom mit Kopfschmerzen, Augenproblemen und Schwindelattacken).

Frau. Kein Schmerzensgeldanspruch im Zusammenhang mit Corona-Schutzimpfungen, bei welchen der bereits erheblich psychisch vorerkrankten Klägerin insgesamt dreimal innerhalb von 8 Monaten der Impfstoff Comirnaty verabreicht worden war. Die Kl. hatte mindestens 80.000 EUR gefordert. Das LG kam zum Ergebnis, dass für einen Anspruch der Klägerin auf Schmerzensgeld gemäß § 84 Abs. 1 AMG bereits „an hinreichend konkretem Vortrag zur Ursächlichkeit der Impfungen für die behaupteten gesundheitlichen Beschwerden [fehle]. Dabei schließt die Kammer nicht aus, dass der Impfstoff der Beklagten Nebenwirkungen auslösen kann. Die Kammer schließt zudem nicht aus, dass der Klägerin unter Nebenwirkungen des Impfstoffs der Beklagten leiden könnte. Vorliegend bestehen jedoch bereits Alternativursachen, welche die geschilderten gesundheitlichen Beeinträchtigungen der Klägerin unabhängig von den streitgegenständlichen Impfungen erklären können." Da der Klägerin auch aus den §§ 1 Abs. 1 ProdHaftG, 32 GenTG, 823 BGB, 826 BGB keine Schadenersatz- bzw. Schmerzensgeldansprüche gegen die Beklagte zustanden, wurde die Klage als unbegründet abgewiesen.

Betrag: – **Haftung: –**
immVorb: – **MdE: –**

LG Potsdam 12.2.2025 – 11 O 59/23 = BeckRS 2025, 4211

7741

Corona-Impfschaden, behaupteter.

Frau. Kein Schmerzensgeldanspruch im Zusammenhang mit dem Impfstoff Comirnaty; der Impfstoff war der Klägerin insgesamt zweimal im Rahmen der Corona-Schutzimpfungen verabreicht worden; die Klägerin hatte mindestens 80.000 EUR gefordert. Das LG Mainz → Nr. 7486 kam nach umfassender Prüfung zum Ergebnis, dass ein Anspruch der Klägerin auf Schmerzensgeld sich nicht aus § 84 Abs. 1 AMG ergibt, da dessen tatbestandliche Voraussetzungen nicht erfüllt sind und der Klägerin auch nach keiner weiteren Rechtsnorm die von ihr geltend gemachten Schadenersatz- bzw. Schmerzensgeldansprüche gegen die Beklagte zustehen. Das OLG bestätigte diese Entscheidung und betonte, dass der Impfstoff – entgegen der Ansicht der Klägerin – ein positives Nutzen-Risiko-Verhältnis aufweise, welches zudem durch die Zulassungsentscheidungen der Europäischen Kommission bestätigt worden sei. Auch habe die Klägerin keine konkreten Anhaltspunkte vorgetragen, durch welche ihre Zweifel an der Bewertung der Nutzen-Risiko-Bilanz durch die Europäische Arzneimittelagentur begründet wurden.

Betrag: – **Haftung: –**
immVorb: – **MdE: –**

OLG Koblenz 12.2.2025 – 5 U 738/24 = BeckRS 2025, 2026

7668

Corona-Impfschaden, behaupteter (hier: Post-Vac-Syndrom sowie ein „irreversibel" geschädigtes Immunsytem.)

22j. Mann. Mann. Kein Schmerzensgeldanspruch im Zusammenhang mit Corona-Schutzimpfungen, bei welchen dem Kläger, der bereits unter zahlreichen Vorerkrankungen gelitten hatte, insgesamt zweimal innerhalb von 2 Monaten der Impfstoff Comirnaty verabreicht worden war und der sich innerhalb der folgenden 6 Monate zweimal mit dem Coronavirus infiziert hatte. Der Kl. hatte mindestens 150.000 EUR gefordert. „Der streitgegenständliche Impfstoff hat aus Sicht der Kammer bei bestimmungsgemäßem Gebrauch keine schädliche Wirkung, die über ein nach den Erkenntnissen der medizinischen Wissenschaft vertretbares Maß hinausgeht (§ 84 Abs. 1 Satz 2 Nr. 1 AMG)", so das LG, dass sodann ausführte: "Jenseits vorstehender Ausführungen scheitern Ansprüche des Klägers aber auch daran, dass er die Voraussetzungen für die Kausalitätsvermutung des § 84 Abs. 2 AMG nicht dargelegt hat. … [Der Kl.] hat weder Krankheitsunterlagen von Untersuchungen vor der Impfung vorgelegt, noch zur zeitlichen Entwicklung der behaupteten Beschwerden vorgetragen oder hierzu aussagekräftige Unterlagen vorgelegt."

Betrag: – **Haftung: –**
immVorb: – **MdE: –**

LG Limburg 31.1.2025 – 4 O 377/22 = BeckRS 2025, 6422

7669

Corona-Impfschaden, behaupteter (hier: Fatigue-Syndrom).

Frau. Kein Schmerzensgeldanspruch im Zusammenhang mit dem Impfstoff Comirnaty; der Impfstoff war der Klägerin insgesamt zweimal im Rahmen der Corona-Schutzimpfungen verabreicht worden. Im darauffolgenden Jahr erkrankte sie zweimal an Corona. Die Klägerin hatte mindestens 150.000 EUR gefordert. Das LG kam nach umfassender Prüfung zum Ergebnis, dass ein Anspruch der Kl. auf Schmerzensgeld sich nicht aus § 84 Abs. 1 AMG ergibt, da dessen tatbestandliche Voraussetzungen nicht erfüllt sind und es an einem „hinreichend konkretem Vortrag zur Ursächlichkeit der Impfungen für die behaupteten gesundheitlichen Beschwerden" gefehlt habe. Auch aus keiner weiteren Rechtsnorm (genannt wurden §§ 1 Abs. 1 ProdHaftG, 32 GenTG, 823 BGB, 826 BGB) stünden der Kl. die von ihr geltend gemachten Schadenersatz- bzw. Schmerzensgeldansprüche gegen die Beklagte zu.

Betrag: – **Haftung: –**
immVorb: – **MdE: –**

LG Potsdam 31.1.2025 – 11 O 48/23 = BeckRS 2025, 4210

7572

Corona-Impfschaden, behaupteter (hier: Gelenk- und Gliederschmerzen, Muskel- und Knochenschmerzen, starken Rückenschmerzen, Schmerzen an den Lymphknoten, Kurzatmigkeit, Atemnot, Kreislaufproblemen, Schwindel, Fatigue (krankhafte Erschöpfung), Herzrasen, Schlafstörungen, ein die Brust betreffendes Druckgefühl, Konzentrations- und Gedächtnisstörungen, Haarausfall, Schluckbeschwerden, Fremdkörpergefühl, Verdauungsbeschwerden, Unwohlsein, Appetitlosigkeit sowie Krämpfe)

Frau. Kein Schmerzensgeldanspruch im Zusammenhang mit dem Impfstoff Comirnaty; der Impfstoff war der Klägerin insgesamt zweimal im Rahmen der Corona-Schutzimpfungen verabreicht worden; die Klägerin hatte mindestens 80.000 EUR gefordert. Das LG kam nach umfassender Prüfung zum Ergebnis, dass ein Anspruch der Klägerin auf Schmerzensgeld sich nicht aus § 84 Abs. 1 AMG ergibt, da dessen tatbestandliche Voraussetzungen nicht erfüllt sind und der Klägerin auch nach keiner weiteren Rechtsnorm (genannt wurden § 823 Abs. 1 und § 826 BGB) die von ihr geltend gemachten Schadenersatz- bzw. Schmerzensgeldansprüche gegen die Beklagte zustehen.

Betrag: – **Haftung: –**
immVorb: – **MdE: –**

LG München II 28.1.2025 – 1 O 3941/23 = BeckRS 2025, 853

7670

Corona-Impfschaden, behaupteter (hier: Post-Vac-Syndrom, dauerhaften Atemproblemen und erhöhten D-Dimeren sowie Lungenembolie).

Frau. Kein Schmerzensgeldanspruch im Zusammenhang mit dem Impfstoff Comirnaty; der Impfstoff war der Klägerin insgesamt zweimal innerhalb von vier Wochen im Rahmen der Corona-Schutzimpfungen verabreicht worden. Die Klägerin hatte mindestens 60.000 EUR gefordert. Das LG erwähnte eingangs seiner klagabweisenden Entscheidung eine Vielzahl ebensolcher Urteile ua. des OLG Koblenz → Nr. 7470, LG Würzburg → Nr. 7464, LG Bamberg → Nr. 7412 und des LG Mainz → Nr. 7469 und betonte sodann, „dass das Vorbringen der Klägerseite nicht [genüge], um die Annahme einer negativen Nutzen-Risiko-Bilanz zu tragen. Es ist vielmehr bezüglich des streitgegenständlichen Impfstoffes von einem positiven Nutzen-Risiko-Verhältnis auszugehen." Auch aus § 826 BGB stehe der Kl. kein Schmerzensgeldanspruch zu; ebenso wie auch aus § 823 BGB: „Eine deliktische Produkthaftung nach § 823 Abs. 1 BGB greift ebenfalls nicht ein. Aus § 15 Abs. 2 ProdHaftG und § 91 AMG folgt zwar, dass eine solche grundsätzlich möglich ist. Unabhängig davon, ob die Impfung die behaupteten gesundheitlichen Beeinträchtigungen der Klägerseite verursacht hat, fehlt es jedoch an einer Verkehrssicherungspflichtverletzung und dem notwendigen Verschulden der Beklagten", so das LG.

Betrag: – **Haftung: –**
immVorb: – **MdE: –**

LG Heilbronn 28.1.2025 – Bö 1 O 64/23 = BeckRS 2025, 4206

7574

Corona-Impfschaden, behaupteter. (hier: Post-Vac-Syndrom mit „Brain Fog", „was sich in Konzentrations- und Gedächtnissowie Wortfindungsstörungen äußere", zudem „Müdigkeit, Erschöpfung und allgemeine Schwäche … , intensive Traurigkeitsgefühle, anhaltenden Schlappheit" und zahlreiche weitere Symptome).

47j. Frau. Kein Schmerzensgeldanspruch im Zusammenhang mit dem Impfstoff Comirnaty; der Impfstoff war der Klägerin insgesamt zweimal im Rahmen der Corona-Schutzimpfungen verabreicht worden; die Klägerin hatte mindestens 110.000 EUR gefordert. Das LG kam nach umfassender Prüfung zum Ergebnis, dass ein Anspruch der Klägerin auf Schmerzensgeld sich nicht aus § 84 Abs. 1 AMG ergibt, da dessen tatbestandliche Voraussetzungen nicht erfüllt sind und der Klägerin auch nach keiner weiteren Rechtsnorm (genannt wurden § 823 Abs. 1 und § 826 BGB) die von ihr geltend gemachten Schadenersatz- bzw. Schmerzensgeldansprüche gegen die Beklagte zustehen.

Betrag: – **Haftung: –**
immVorb: – **MdE: –**

LG Münster 23.1.2025 – 111 O 23/23 = BeckRS 2025, 852

7671

Corona-Impfschaden, behaupteter (hier: „Symptome in Form einer Herpesassoziierten Erkrankung und Sensibilitätsstörungen an der Schulter, am Arm und in den Händen").

Frau. Kein Schmerzensgeldanspruch im Zusammenhang mit drei Corona-Schutzimpfungen innerhalb von 8 Monaten, bei der die Kl. zweimal mit dem Impfstoff Comirnaty und zuletzt mit Moderna geimpft worden war. Die Kl. hatte mindestens 150.000 EUR gefordert. Das LG kam zum Ergebnis, die Klägerin habe „nicht ausreichend substantiiert dargelegt, dass sie aufgrund der Impfung mit dem streitgegenständlichen Impfstoff einen nicht unerheblichen Gesundheitsschaden erlitten hat." Die Kl. hat somit „keine Ansprüche auf Zahlung von Schmerzensgeld und Schadensersatz aus §§ 84 Abs. 1 Satz 1, 87 AMG oder aus § 823 Abs. 2 BGB i.V.m. § 95 AMG, §§ 223, 224 oder 226 StGB, § 826 BGB und § 32 GenTG sowie auf Auskunft aus § 84a AMG."

Betrag: – **Haftung: –**
immVorb: – **MdE: –**

LG Berlin II 20.12.2024 – 36 O 140/22 = BeckRS 2024, 38566

7527

Corona-Impfschaden, behaupteter (hier: extreme Gleichgewichtsstörungen, starke Muskelschmerzen und Gelenkschmerzen, Herzrasen, Unruhezustände, Kopfschmerzen, Übelkeit, Müdigkeit, erhöhte Temperatur, Atembeschwerden, Schlafstörungen).

Frau. Kein Schmerzensgeldanspruch im Zusammenhang mit dem Impfstoff Comirnaty; der Impfstoff war der Klägerin insgesamt dreimal im Rahmen der Corona-Schutzimpfungen verabreicht worden; die Kl. hatte mindestens 150.000 EUR gefordert. Das LG kam nach umfassender Prüfung zum Ergebnis, dass ein Anspruch der Klägerin auf Schmerzensgeld sich nicht aus § 84 Abs. 1 AMG ergibt, da dessen tatbestandliche Voraussetzungen nicht erfüllt sind und der Klägerin auch unter keinem weiteren erdenklichen Gesichtspunkt die geltend gemachten Schadenersatz- bzw. Schmerzensgeldansprüche gegen die Beklagte zustehen.

Betrag: – **Haftung: –**
immVorb: – **MdE: –**

LG Hannover 19.12.2024 – 19 O 59/23 = BeckRS 2024, 37140

7619

Corona-Impfschaden, behaupteter. (hier: Post-Vac-Syndrom, an dem Fatigue-Syndrom, an einer Belastungsintoleranz, Tinnitus, Schmerzen im ganzen Körper, Schlafstörungen, kardiale Probleme und Konzentrationsschwierigkeiten.)

Frau. Kein Schmerzensgeldanspruch im Zusammenhang mit bei ihr einmal durchgeführter Corona-Schutzimpfung mit Comirnaty; die Kl. hatte mindestens 80.000 EUR gefordert. Das LG kam nach effizienter Prüfung zum Ergebnis, dass der Klägerin gegen die Beklagte keinen Anspruch auf Schadenersatz und Schmerzensgeld zustehe, weder aus § 1 ProdHaftG, noch aus § 84 Abs. 1 S. 1, Satz 2 Nr. 1 AMG, aus § 84 Abs. 1 S. 1, S. 2 Nr. 2 AMG oder §§ 823 Abs. 1, 826 BGB. Aus ProdHaftG bereits deshalb nicht, da dieses gemäß § 15 Abs. 1 ProdHaftG nicht für bei Menschen bestimmte Arzneimittel, die im Geltungsbereich des Arzneimittelgesetzes an den Verbraucher abgegeben werden und der Pflicht zur Zulassung unterliegen, anwendbar ist. Aus § 84 Abs. 1 Satz 1, Satz 2 Nr. 1 AMG nicht, da das Nutzen-Risiko-Verhältnis des Impfstoffs Comirnaty positiv zu bewerten. Aus § 84 Abs. 1 Satz 1, Satz 2 Nr. 2 AMG nicht, da weder eine nicht den Erkenntnissen der medizinischen Wissenschaft entsprechende Kennzeichnung, Fachinformation oder Gebrauchsinformation des Impfstoffs Comirnaty vorliegt, noch wäre der (unterstellte) Gesundheitsschaden der Klägerin eine Folge eines solchen Fehlers, so das LG. Aus §§ 823 Abs. 1, 826 BGB nicht, da es insofern bereits an einer Pflichtverletzung der Beklagten fehlt und im Übrigen „nicht ersichtlich, dass die Verantwortlichen der Beklagten mindestens fahrlässig im Hinblick auf eine Rechtsgutsverletzung der Klägerin gehandelt haben, also dass diese vorhersehbar und vermeidbar war."

Betrag: – **Haftung: –**
immVorb: – **MdE: –**

LG Baden-Baden 19.12.2024 – 3 O 329/23 = BeckRS 2024, 39975

7528

Corona-Impfschaden, behaupteter (hier: „Störung der Interferonkommunikation bei gleichzeitiger Überreaktion auf das Spike-Protein „Wuhan 1" erlitten. Es handele sich dabei um eine schwere Störung der menschlichen Immunabwehr, die mit dem Status eines HIV-Infizierten vergleichbar sei. Im Übrigen leide er unter Atemnot, Herzproblemen mit Herzrhythmusstörungen, einer Autoimmunerkrankung sowie den Folgen einer Thrombose.")

Frau. Kein Schmerzensgeldanspruch im Zusammenhang mit dem Impfstoff Comirnaty; der Impfstoff war der Klägerin insgesamt zweimal im Rahmen der Corona-Schutzimpfungen verabreicht worden; die Klägerin hatte mindestens 150.000 EUR gefordert. Das LG kam nach umfassender Prüfung zum Ergebnis, dass ein Anspruch der Klägerin auf Schmerzensgeld sich nicht aus § 84 Abs. 1 AMG ergibt, da dessen tatbestandliche Voraussetzungen nicht erfüllt sind und der Klägerin auch unter keinem weiteren erdenklichen Gesichtspunkt (genannt wurden § 826 BGB, § 823 Abs. 1 BGB, § 823 Abs. 2 BGB iVm § 95 AMG; § 823 Abs. 2 BGB iVm §§ 223, 224 StGB oder § 230 StGB) die geltend gemachten Schadenersatz- bzw. Schmerzensgeldansprüche gegen die Beklagte zustehen.

Betrag: – **Haftung: –**
immVorb: – **MdE: –**

LG Hagen 18.12.2024 – 2 O 132/23 = BeckRS 2024, 37122

7530

Corona-Impfschaden, behaupteter (hier: Interferonkommunikation und BrainFog sowie Schwindel, Muskelzuckungen, Verspannungen und Blockaden, Mitochondriopathie, Herzrasen, Kopfschmerzen, Konzentrationsstörungen, Belastungsintoleranz und Erschöpfung).

Frau. Kein Schmerzensgeldanspruch im Zusammenhang mit dem Impfstoff Comirnaty bei ihr zweifach durchgeführten Corona-Schutzimpfungen; die Kl. hatte mindestens 150.000 EUR gefordert. Das LG kam nach umfassender Prüfung zum Ergebnis, dass ein Anspruch der Klägerin auf Schmerzensgeld sich nicht aus § 84 Abs. 1 AMG ergibt, da dessen tatbestandliche Voraussetzungen nicht erfüllt sind und der Klägerin auch unter keinem weiteren erdenklichen Gesichtspunkt die geltend gemachten Schadenersatz- bzw. Schmerzensgeldansprüche gegen die Beklagte zustehen.

Betrag: – **Haftung: –**
immVorb: – **MdE: –**

LG Hagen 18.12.2024 – 2 O 352/23 = BeckRS 2024, 37134

7531

Corona-Impfschaden, behaupteter (hier: Die „Cardiofitness habe rapide abgenommen" und die bereits als Vorerkrankung vorhandenen „Depressionen seien schlimmer geworden").

Mann. Kein Schmerzensgeldanspruch im Zusammenhang mit Corona-Schutzimpfungen, bei welchen dem Kläger insgesamt dreimal der Impfstoff Comirnaty verabreicht worden war. Der Kläger hatte mindestens 100.000 EUR gefordert. Das LG kam nach umfassender Prüfung zum Ergebnis, dass ein Anspruch des Klägers auf Schmerzensgeld sich nicht aus § 84 Abs. 1 AMG ergibt, da dessen tatbestandliche Voraussetzungen nicht erfüllt sind und dem Kläger auch unter keinem weiteren erdenklichen Gesichtspunkt (genannt wurden § 826 BGB, § 823 Abs. 1 BGB, § 823 Abs. 2 BGB iVm § 95 AMG; § 823 Abs. 2 BGB iVm §§ 223, 224 StGB oder § 230 StGB) die geltend gemachten Schadenersatz- bzw. Schmerzensgeldansprüche gegen die Beklagte zustehen.

Betrag: – **Haftung: –**
immVorb: – **MdE: –**

LG Ellwangen 18.12.2024 – 5 O 232/23 = BeckRS 2024, 37128

7533

Corona-Impfschaden, behaupteter (hier: Post-Vac-Syndrom, sowie ME / CFS [= Myalgische Enzephalomyelitis / Chronisches Fatigue-Syndrom] und Linksherzinsuffizienz).

Mann. Kein Schmerzensgeldanspruch im Zusammenhang mit Corona-Schutzimpfungen, bei welchen dem Kläger insgesamt zweimal der Impfstoff Comirnaty verabreicht worden war. Der Kläger hatte mindestens 80.000 EUR gefordert. Das LG befasste sich zunächst mit der Anwendbarkeit des Arzneimittelgesetz und bejahte dies unter Verweis auf BVerwG BeckRS 2022, 15743 und kam sodann nach umfassender Prüfung zum Ergebnis, dass ein Anspruch des Klägers auf Schmerzensgeld sich nicht aus § 84 Abs. 1 AMG ergibt, da dessen tatbestandliche Voraussetzungen nicht erfüllt sind und dem Kläger auch unter keinem weiteren erdenklichen Gesichtspunkt (genannt wurden § 826 BGB, § 823 Abs. 1 BGB, § 823 Abs. 2 BGB iVm § 95 AMG; § 823 Abs. 2 BGB iVm §§ 223, 224 StGB oder § 230 StGB) die geltend gemachten Schadenersatz- bzw. Schmerzensgeldansprüche gegen die Beklagte zustehen.

Betrag: – **Haftung: –**
immVorb: – **MdE: –**

LG Hagen 18.12.2024 – 2 O 220/23 = BeckRS 2024, 37124

7534

Corona-Impfschaden, behaupteter (hier: Venenthrombose, Bakerzyste, Entzündung in der linken Schulter).

61j. Frau. Kein Schmerzensgeldanspruch im Zusammenhang mit dem Impfstoff Comirnaty; der Impfstoff war der Klägerin insgesamt zweimal im Rahmen der Corona-

Schutzimpfungen verabreicht worden; die Klägerin hatte mindestens 24.000 EUR gefordert. Das LG kam nach umfassender Prüfung zum Ergebnis, dass die Klägerin „keinen Anspruch auf Schadensersatz bzw. Schmerzensgeld gemäß § 84 Abs. 1 AMG bzw. gemäß §§ 823, 826, 253 Abs. 2 BGB" hat.

Betrag: – **Haftung: –**
immVorb: – **MdE: –**

LG Wiesbaden 18.12.2024 – 8 O 173/23 = BeckRS 2024, 37137

7535

Corona-Impfschaden, behaupteter, (hier: Autoimmunerkrankung, Gelenkentzündung / Gicht, grippeähnliche Erkrankung, Migräne. Der Kläger trug vor, er „habe Beschwerden in Gestalt von Schmerzen in verschiedenen Körperregionen, punktuelle Schmerzen, sein Immunsystem sei außer Kontrolle geraten, er leide an Schlaflosigkeit und Depressionen und durch die Impfung sei wieder ein Bandscheibenvorfall der HWS ausgelöst worden.")

Mann. Kein Schmerzensgeldanspruch im Zusammenhang mit Corona-Schutzimpfungen des Klägers, bei welchem aufgrund von Vorerkrankungen bereits einen „Grad der Behinderung von 50 %" vorlag und dem in 2021 insgesamt zweimal der Impfstoff Comirnaty verabreicht worden war. Der Kläger hatte mindestens 200.000 EUR gefordert. Das LG kam nach umfassender Prüfung zum Ergebnis, dass ein Anspruch des Klägers auf Schmerzensgeld sich nicht aus § 84 Abs. 1 AMG ergibt, da dessen tatbestandliche Voraussetzungen nicht erfüllt sind und dem Kläger auch unter keinem weiteren erdenklichen Gesichtspunkt (genannt wurden § 37 GenTG, ein Anspruch, der bereits am Vorrang des AMG scheiterte und §§ 823 II BGB, 96 AMG, ein Anspruch, der vorliegend ua daran scheiterte, dass auch der Vortrag des Klägers zur Kausalität fehlte) die geltend gemachten Ansprüche zustehen. Das OLG bestätigte das Urteil des LG Oldenburg vollumfänglich. Allerdings führte das OLG aus, dass zur Darlegung der hinreichenden Tatsachen iSd § 84a Abs. 1 AMG ein schlüssiger Sachvortrag zu einem begründeten Schadensverdacht, der dem Richter eine Plausibilitätsprüfung ermöglicht, ausreichend sei und dabei die besondere Schwierigkeiten der Sachverhaltsaufklärung für den Geschädigten angemessen zu berücksichtigen sind, weshalb es regelmäßig als ausreichend anzusehen sei, wenn der Geschädigte insoweit die begründete Annahme bzw. ernsthafte Möglichkeit eines Zusammenhangs darlege (vgl. dazu auch OLG Brandenburg BeckRS 2009, 86068). Zudem verwies das OLG darauf, dass bereits das Landgericht zutreffend ausgeführt habe, dass die Risiko-Nutzen-Abwägung positiv ausfällt und führte im Weiteren dazu aus: „Mit dem OLG Koblenz (Urteil vom 18.9.2024 – 5 U 1139/23, BeckRS 2024, 27414; zustimmend Gärditz JZ 2024, 1039, 1043) geht der Senat davon aus, dass die arzneimittelrechtliche Zulassungsentscheidung ein positives Abwägungsergebnis im vorliegenden Rechtsstreit indiziert (OLG Koblenz aaO Rn. 41 ff) und dass die Entscheidung der befassten sachverständigen Gremien eine sachverständige Begutachtung nach §§ 402 ff ZPO im einzelnen Zivilverfahren, soweit es die allgemeine Abwägung der Risiken angeht, ersetzen kann (OLG Koblenz aaO Rn. 67)." [Anmerkung: Siehe dazu auch im Handbuch unter → Rn. 339a sowie die Entscheidung des OLG Koblenz → Nr. 7536].

Betrag: – **Haftung: –**
immVorb: – **MdE: –**

OLG Oldenburg 18.12.2024 – 5 U 53/24 = BeckRS 2024, 36092

7537

Corona-Impfschaden, behaupteter (hier: Störung der Interferonkommunikation und irreparable Schädigung des Immunsystems).

Mann. Kein Schmerzensgeldanspruch im Zusammenhang mit Corona-Schutzimpfungen, bei welchen dem Kläger insgesamt dreimal der Impfstoff Comirnaty sowie einmal der Impfstoff Spikevax [ein nicht von der Beklagten hergestellter Impfstoff] verabreicht worden war. Der Kläger hatte mindestens 50.000 EUR gefordert. Das LG kam nach umfassender Prüfung zum Ergebnis, dass ein Anspruch des Klägers auf Schmerzensgeld sich nicht aus § 84 Abs. 1 AMG ergibt, da dessen tatbestandliche Voraussetzungen nicht erfüllt sind und dem Kläger auch unter keinem weiteren erdenklichen Gesichtspunkt (genannt wurden § 826 BGB, § 823 Abs. 1 BGB, § 823 Abs. 2 BGB i. V. m. § 95 AMG noch aus § 823 Abs. 2 BGB i. V. m. §§ 223, 224 StGB oder § 230 StGB) zustehe. Zum Vortrag, wonach der Impfstoff kein positives Risiko-Nutzen-Verhältnis aufweise und eine positive, die Corona-Infektion abmildernde Wirkung empirisch nicht nachzuweisen sei, sondern vielmehr „durch Studien dagegen belegt sei, dass eine Impfung mit dem von der Beklagten hergestellten Impfstoff genau die gegenteilige Wirkung habe", wies das LG zutreffend darauf hin, dass „sich dieses Vorbringen schon in sich als widersprüchlich dar"stelle und betonte, dass zudem „belastbare Anhaltspunkte, geschweige denn Belege für die Behauptung, dass der Impfstoff keinerlei Wirkung habe, nicht vorhanden" seien.

Betrag: – **Haftung: –**
immVorb: – **MdE: –**

LG Hagen 13.12.2024 – 4 O 208/24 = BeckRS 2024, 37126

7495

Corona Impfschaden, behaupteter (hier: Hirninfarkt sowie „hypertensive Krise bei arterieller Hypertonie").

Mann (Bauarbeiter). Der Kläger war zweimal mit dem Impfstoff „Comirnaty" geimpft worden. Das LG wies die Klage als unbegründet zurück. „Ersatzansprüche des Klägers ergeben sich insbesondere nicht aus der vom Kläger angeführten Anspruchsgrundlage des § 84 Abs. 1 S. 1 AMG", so das LG, das zudem darauf verwies, dass „Der Vortrag der klagenden Partei … sich im Ergebnis in abstrakten Ausführungen zur Funktionsweise von mRNA-Impfstoffen, ohne Bezug auf den zugrunde liegenden Sachverhalt" erschöpfe. Weitere Anspruchsgrundlagen, die die geltend gemachten Ansprüche ernsthaft zu tragen vermochten,,, seien, so das LG, "nicht ersichtlich. Insbesondere können die Ansprüche nicht auf §§ 823 iVm den Grundsätzen der Produzentenhaftung oder 826 BGB gestützt werden."

Betrag: – **Haftung: –**
immVorb: – **MdE: –**

LG Koblenz 12.12.2024 – 1 O 349/23 = BeckRS 2024, 35594

7496

Corona-Impfschaden, behaupteter (hier: Schmerzen, Schwellungen der Extremitären, Polyarthritis, Tinnitus und Gedächtnis- sowie Konzentrationsstörungen).

Mann. Der Kläger war dreifach mit dem Impfstoff Comirnaty des Herstellers BioNTech / Pfizer geimpft worden, wobei – so der Kläger – die Charge „verdächtig" gewesen sei, „mit Fremd-DNA verunreinigt gewesen zu sein." Das OLG bestätigte das insofern klagabweisende Urteil des LG Kempten (→ Nr. 7456). „Das transparent strukturierte und sorgfältig begründete Urteil des Landgerichts leidet nicht an Rechtsfehlern (§ 546 ZPO). Die zugrunde zu legenden Tatsachen (§ 529 ZPO) gebieten keine andere Entscheidung (§ 513 Abs. 1 ZPO).“ und führte dazu aus, dass der Kläger „bereits keine ausreichende Anfangswahrscheinlichkeit dafür dargelegt [habe], dass seine nach der Impfung existierenden Beschwerden durch Comirnaty zumindest mitverursacht seien.“ In Bezug auf den behaupteten Informationsfehler im Aufklärungsmerkblatt, dass der Kläger vorgelegt hatte, verwies das OLG darauf, dass „ein Ursachenzusammenhang zwischen einer fehlerhaften Information und der behaupteten Gesundheitsbeschädigung des Klägers … nur zu bejahen [gewesen wäre], wenn die Gesundheitsverletzung bei ordnungsgemäßer Information „mit an Sicherheit grenzender Wahrscheinlichkeit“ vermieden worden wäre. Der Kläger hätte daher das Landgericht zumindest davon überzeugen müssen, dass er vor den streitgegenständlichen Impfungen noch einmal überlegt hätte, ob er sich mit dem Impfstoff der Beklagten impfen lassen wollte oder nicht, also: „ins Zweifeln geraten wäre“. Diese Überlegung entspräche der des sog. Entscheidungskonflikts in Arzthaftungssachen (OLG Koblenz BeckRS 2014, 16169).“

Betrag: – **Haftung: –**
immVorb: – **MdE: –**

OLG München 12.12.2024 – 14 U 3110/24 e = BeckRS 2024, 36083

7538

Corona-Impfschaden, behaupteter (hier: Polyarthritis [= über viele Gelenke sich erstreckende Entzündungen], Tinnitus sowie Gedächtnisstörungen und Konzentrationsstörungen).

Mann. Kein Schmerzensgeldanspruch im Zusammenhang mit Corona-Schutzimpfungen, bei welchen dem Kläger, der bereits zahlreiche Vorerkrankungen ua Gelenkschmerzen, Osteochondrose und Arthritis hatte, insgesamt dreimal der Impfstoff Comirnaty verabreicht worden war. Das LG Kempten hatte die auf mindestens 80.000 EUR Schmerzensgeld gerichtete Klage abgewiesen. Die dagegen gerichtete Beruf des Klägers blieb erfolglos. Dazu führte das OLG aus: „Zutreffend versagt das Landgericht den Schadensersatzanspruch nach § 84 Abs. 1 S. 2 Nr. 1 AMG (BB S. 7 ff). Das Nutzen-Risiko-Verhältnis bleibt, bezogen auf die Gesamtheit der Patienten, positiv, wenn man – mit dem Landgericht und der Berufungsbegründung – auf die Erkenntnisse im Zeitpunkt der letzten mündlichen Verhandlung abstellt. Aus heutiger wie damaliger Sicht erscheint die Impfung vertretbar.“ Zudem waren die vorgebrachten Beschwerden des Klägers nicht eindeutig auf die Impfung zurückzuführen, sondern konnten auch durch dessen Vorerkrankungen erklärt werden, so das OLG. [Anmerkung: Vergleiche dazu auch im Handbuch unter → Rn. 339a sowie die Entscheidungen des OLG Koblenz → Nr. 7536 und des OLG Oldenburg → Nr. 7535].

Betrag: – **Haftung: –**
immVorb: – **MdE: –**

OLG München 12.12.2024 – 14 U 3100/24 e = BeckRS 2024, 36083

7539

Corona-Impfschaden, behaupteter (hier: ua Konzentrationsstörung, Sprachmotorikstörung bei V.a. Anpassungsstörung DD Post-Covid-Syndrom DD Fatigue-Syndrom, V.a. Spannungskopfschmerz, Myokarditis nach Covid-Infektion).

57j. Mann (Lehrer). Kein Schmerzensgeldanspruch im Zusammenhang mit Corona-Schutzimpfungen, bei welchen dem Kläger insgesamt dreimal der Impfstoff Comirnaty verabreicht worden war und der 10 Wochen nach der letzten Impfung zudem an Corona erkrankt war. Einige Wochen nach dieser Erkrankung unterzog sich der Kläger einer stationären Behandlung bei welcher die oben unter Verletzungen aufgeführten Beschwerden festgestellt worden waren. Der Kläger hatte mindestens 80.000 EUR gefordert. Das LG wies die Klage ab, da die tatbestandlichen Voraussetzungen von § 84 Abs. 1 Satz 2 Nr. 1 AMG sind nicht erfüllt seien. „Die Nutzen-Risiko-Abwägung hat abstrakt-generellen Charakter und findet unter Berücksichtigung sämtlicher schädlichen Wirkungen für die vollständige durch die Indikationsangabe des pharmazeutischen Unternehmers anvisierte Patientengruppe statt; sie wird hingegen nicht bezogen auf den individuell Geschädigten oder bezogen auf Untergruppen innerhalb der durch die Indikation angesprochenen Patientengruppe vorgenommen (Kügel / Müller / Hofmann / Brock, 3. Aufl. 2022, AMG § 84 Rn. 82; BeckOGK / Franzki, 1.6.2024, AMG § 84 Rn. 83; OLG Schleswig BeckRS 2014, 8210 mwN)“, so das LG.

Betrag: – **Haftung: –**
immVorb: – **MdE: –**

LG Leipzig 12.12.2024 – 04 O 2222/23 = BeckRS 2024, 37201

7742

Corona-Impfschaden, behaupteter (hier: Gelenkschmerzen, Kalkschulter [Tendinitis calcarea] sowie ua Schwellungen am „Unterarm (Radius, Ulna, Handgelenk).

Mann. Kein Schmerzensgeldanspruch: Der Kläger wurde 2021 dreimal jeweils mit Comirnaty geimpft. Das LG Kempten → Nr. 7456 kam nach umfassender Prüfung zum Ergebnis, dass ein Anspruch der Klägerin auf Schmerzensgeld sich nicht aus § 84 Abs. 1 AMG ergibt, da dessen tatbestandliche Voraussetzungen nicht erfüllt sind und der Klägerin auch nach keiner weiteren Rechtsnorm die von ihr geltend gemachten Schadenersatz- bzw. Schmerzensgeldansprüche gegen die Beklagte zustehen. Das OLG bestätigte diese Entscheidung und betonte, das Nutzen-Risiko-Verhältnis bleibe, „bezogen auf die Gesamtheit der Patienten, positiv, wenn man – mit dem Landgericht und der Berufungsbegründung – auf die Erkenntnisse im Zeitpunkt der letzten mündlichen Verhandlung abstellt. Aus heutiger wie damaliger Sicht erscheint die Impfung vertretbar.“ Sodann verwies das OLG darauf, dass die Haftung nach § 84 Abs. 1 S. 2 Nr. 2 AMG stets eine doppelte Kausalität voraussetze: Zum einen müsse die Rechtsgutverletzung auf der Anwendung des Arzneimittels beruhen und zum anderen auch infolge der unzureichenden Arzneimittelinformation eingetreten sein; dabei sei ein Ursachenzusammenhang zwischen der fehlerhaften Information und der Gesundheitsverletzung stets nur dann zu bejahen, wenn diese bei ordnungsgemäßer Information mit an Sicherheit grenzender Wahrscheinlichkeit vermieden worden wäre.

Betrag: – **Haftung: –**
immVorb: – **MdE: –**

OLG München 12.12.2024 – 14 U 3100/24e = BeckRS 2024, 36083

7500

Corona-Impfschaden, behaupteter (hier: „Verdacht auf Somatisierungsstörung nach Covid-Impfung“).

Frau. Die Kl. wurde zweimal mit dem Impfstoff Comirnaty und ein weiteres Mal mit dem Wirkstoff Moderna geimpft. Das LG wies die Klage ab, da der Kl. „unter keinem rechtlichen Gesichtspunkt ein Anspruch auf

Schmerzensgeld, Feststellung und Auskunft zu"stehe. In seiner weiteren Begründung folgte das LG dem Urteil des OLG Koblenz → Nr. 7470, weshalb an dieser Stelle ebenfalls auf diese Entscheidung verwiesen wird.

Betrag: – **Haftung: –**
immVorb: – **MdE: –**

LG Hannover 5.12.2024 – 19 O 21/24 = BeckRS 2024, 35680

7501

Corona-Impfschaden, behaupteter (hier: „Non-Hodgkin-Lymphom" [= eine Krebserkrankung, die von Zellen des lymphatischen Systems, sogenannten Lymphozyten, ausgeht.])

Mann. Der Kläger war insgesamt viermal mit dem Coronavirus-Impfstoff Comirnaty geimpft worden. Das LG Berlin II wies die Klage ab und betonte in Bezug auf § 84 Abs. 1 S. 2 Nr. 1 AMG und unter Verweis auf OLG Koblenz → Nr. 7470, es könne dahin stehen, ob der Kläger einen gesundheitlichen Schaden erlitten hat und ob der solcherart behauptete Schaden auf den Corona-Impfungen beruht. Denn jedenfalls scheitern Ansprüche des Klägers daran, dass der streitgegenständliche Impfstoff eine negative Nutzen-Risiko-Bilanz nicht aufweist. Zum Vortrag fehlender Langzeitstudien verwies das LG auf die Entscheidung des LG Mainz → Nr. 7469: „Allein der Umstand, dass bislang keine Langzeitstudien vorliegen, lässt erkennbar ebenfalls nicht den Rückschluss auf eine negative Nutzen-Risiko-Bilanz zu (sondern könnte allenfalls dazu führen, dass eine abschließende Bewertung derzeit noch nicht möglich ist, was aber zu Lasten der Klägerin als beweisbelasteter Partei ginge) und liegt außerdem bei einem neu entwickelten Impfstoff in der Natur der Sache." Auch aus den §§ 826, 823 Abs. 2 BGB iVm § 223 ff. StGB ließen sich keine die Klage begründenden Ansprüche herleiten, so das LG.

Betrag: – **Haftung: –**
immVorb: – **MdE: –**

LG Berlin II 5.12.2024 – 6 O 247/23 = BeckRS 2024, 36032

7502

Corona-Impfschaden, behaupteter (hier: hämorrhagische Diathese im Sinne einer erworbenen Hemmkörperhämophilie [= schwere seltene Blutungsneigung ohne bekannte Ursache).

Frau (Lehrerin). Die Klägerin, die unter „leichter Adipositas" litt, war in 2021 zweifach – zunächst mit Vaxzevria und anschließend mit Comirnaty – geimpft worden und erkrankte in 2022 an Corona. Sie leide, so ihr Vortrag, infolge der Corona-Schutzimpfung mit dem Impfstoff Comirnaty unter Schwindel, Kopfschmerzen (zum Teil Migräne), Wortfindungsstörungen, einem Brennen im Brustkorb, Schweißausbrüchen, Papilationen, Angst und depressiver Reaktion gemischt, Unwohlsein, Ermüdung, Adipositas, Skoliose, Asthma bronchiale und einer Hemmkörperhämophilie. Das LG wies die Klage als unbegründet ab. Der Klägerin stehe unter keinem rechtlichen Gesichtspunkt der geltend gemachte Schadensersatz- bzw. Schmerzensgeldanspruch (gefordert waren 110.000 EUR) zu; weder aus § 84 Abs. 1 AMG noch aus § 15 ProdHaftG und ebenso nicht aus § 823 BGB oder § 826 BGB zu. Zu § 826 BGB führte das LG aus: „Insbesondere liegt keine vorsätzliche, sittenwidrige Schädigung seitens der Beklagten vor. Da der streitgegenständliche Impfstoff – wie oben ausgeführt – ein positives Nutzen-Risiko-Verhältnis hat, ist bereits nicht ersichtlich, inwieweit die Beklagte die Klägerin vorsätzlich geschädigt haben soll. Jedenfalls aber ist das Inverkehrbringen eines Impfstoffs mit positivem Nutzen-Risiko-Verhältnis erkennbar nicht sittenwidrig."

Betrag: – **Haftung: –**
immVorb: – **MdE: –**

LG Mainz 3.12.2024 – 9 O 277/23 = BeckRS 2024, 35634

7503

Corona-Impfschaden, behaupteter (hier: Panikattacke, Nervenflattern, Herzrasen, Zittrigkeit und Berührungsempfindlichkeit sowie Herzrasen, starkes nächtliches Schwitzen, hoher Blutdruck und „das Gefühl, dass die Schilddrüse verrücktspiele").

Frau. Die ua an Borreliose vorerkrankte Klägerin war 2021 mit dem Impfstoff Comirnaty geimpft worden. Die in Folge der Impfung eingetretenen Gesundheitsschäden begründete sie ua damit, dass die verwendete Charge des Impfstoffes der Beklagten mit Fremd-DNA verunreinigt gewesen sei. Das LG wies die Klage ua mit Hinweis auf die – insbesondere in Bezug auf die DNA-Verunreinigungsthematik sehr ausführlich begründete klagabweisende – Entscheidung des OLG Koblenz → Nr. 7504 und die ebenfalls vom OLG Koblenz ergangene Entscheidung → Nr. 7470. Aus diesem Grunde wird hier auf die beiden Entscheidungen die unter BeckRS 2024, 25753 bzw. BeckRS 2024, 16169 nachgelesen werden können, verwiesen. [Anmerkung: Sie dazu auch im Handbuch unter → Rn. 339a].

Betrag: – **Haftung: –**
immVorb: – **MdE: –**

LG Heilbronn 3.12.2024 – Ri 1 O 189/23 = BeckRS 2024, 36084

7505

Corona-Impfschaden, behaupteter (hier: Herzkrankheit, Atemnot und Ateminsuffizienz, einer Autoimmunerkrankung, einer Beeinträchtigung der Geschlechtsorgane, einer Bewusstseinsstörung und Covid-19).

39j. Frau (Ärztin). Die Klägerin hatte drei Impfungen mit dem Impfstoff Comirnaty erhalten. Die Kl. trug vor, „dass es sich bei dem Vakzin um ein Gentherapeutikum handele, welches geeignet sei, das menschliche Erbgut zu verändern. Das Vakzin führe bewusst und gewollt zu einer Zerstörung des Immunsystems als Voraussetzung dafür, fremde mRNA einbringen zu können. Der Zustand des Immunsystems entspreche demjenigen eines Aids-Kranken. Das streitgegenständliche Vakzin enthalte toxische Substanzen; das Spike-Protein sei kardiotoxisch. Der Impfstoff sei für Menschen unter 55 Jahren seitens der Beklagten aus Gewinnstreben überdosiert worden." Das LG wies die Klage als unbegründet zurück und wies in seiner Urteilsbegründung ua darauf hin, dass „Das schlichte Einkopieren von Links zu Aufsätzen oder deren Zusammenfassung ohne eigene Auseinandersetzung der Klägerseite damit, was die in Bezug genommenen Aufsätze im Einzelnen belegen sollen und an welcher Stelle dies konkret nachzulesen wäre, … keinen Sachvortrag" ersetze.

Betrag: – **Haftung: –**
immVorb: – **MdE: –**

LG Hamburg 2.12.2024 – 335 O 117/22 = BeckRS 2024, 35636

7508

Corona-Impfschaden, behaupteter (hier: Herzproblemen, Lungenproblemen, Nervenproblemen, Taubheit im Gesicht und in den Fingern, Schwindel, Übelkeit, Konzentrationsprobleme, Kraftlosigkeit, Antriebslosigkeit, neurologischen Probleme und Kopfschmerzen).

Frau. Der Kl. war einmal der Impfstoff Comirnaty verabreicht worden. Sie begehrte wegen der vorgetragenen Impffolgeschäden 110.000 EUR sowie Auskunft über die bekannten Wirkungen und Nebenwirkungen, gemeldeten Verdachtsfälle sowie sämtliche weiteren Erkenntnisse, die für die Bewertung der Vertretbarkeit schädlicher Wirkungen des Impfstoffs „Comirnaty" der Beklagten von Bedeutung sein können. Das LG wies die Klage als unbegründet zurück. „Die Klagepartei hat keinen Anspruch gegen die Beklagte auf Zahlung von immateriellem oder materiellem Schadensersatz aus § 84 Abs. 1 AMG, §§ 823 Abs. 1 BGB, 823 Abs. 2 BGB iVm §§ 223, 224, 230 StGB, §§ 5, 95 AMG, § 826 BGB, § 32 GenTG. Daraus folgt auch die Unbegründetheit des mit dem Klageantrag zu 2. verfolgten Feststellungsantrags", so das LG. Auch der Auskunftsanspruch wurde zurückgewiesen: „Der Klägerin steht der geltend gemachte Auskunftsanspruch bereits deshalb nicht zu, weil sie nicht ausreichend Indiztatsachen dargelegt hat, welche die Annahme begründen, dass der Impfstoff der Beklagten ihre Beschwerden verursacht hat."

Betrag: – **Haftung: –**
immVorb: – **MdE: –**

LG Landshut 29.11.2024 – 13 O 1031/23 = BeckRS 2024, 35624

7522

Corona-Impfschaden, behaupteter (hier: chronische Schmerzstörung, Burnout, Post-Vac-Syndorm sowie Stress).

Frau. Kein Schmerzensgeld: Der Klägerin war im Mai und Juli 2021 jeweils der Impfstoff Comirnaty verabreicht worden. Nach dem Erhalt der zweiten Corona-Schutzimpfung seien, so die Klägerin, noch am gleichen Tag Muskel- und Gliederschmerzen, ein allgemeines Krankheitsgefühl, leichtes Fieber sowie Nacken- und Kopfschmerzen aufgetreten. Das LG wies die Klage als unbegründet zurück, da die Klägerin gegen die Beklagte keinen Anspruch auf Schadensersatz und Schmerzensgeld nach § 84 Abs. 1 Satz 2 Nr. 1, 2 AMG habe und verwies dabei ua auf das Urteil des OLG Koblenz → Nr. 7470.

Betrag: – **Haftung: –**
immVorb: – **MdE: –**

LG Limburg 15.11.2024 – 10 O 461/23 = BeckRS 2024, 32989

7621

Corona-Impfschaden, behaupteter. (hier: Verdacht auf protahierte Impfreaktion, inadäquate Sinustachykardie, gering- bis mitelgradige Mitralklappeninsuffizienz sowie ein Mitralklappenprolaps.)

Frau. Kein Schmerzensgeldanspruch im Zusammenhang mit bei ihr durchgeführter einmaliger Corona-Schutzimpfung mit Comirnaty. Die Kl. hatte mindestens 200.000 EUR gefordert. Das LG kam nach effizienter Prüfung zum Ergebnis, dass ein Anspruch der Klägerin auf Schmerzensgeld sich nicht aus § 84 Abs. 1 AMG ergibt, da dessen tatbestandliche Voraussetzungen nicht erfüllt sind und der Klägerin auch unter keinem weiteren erdenklichen Gesichtspunkt die geltend gemachten Schadenersatz- bzw. Schmerzensgeldansprüche gegen die Beklagte zustehen.

Betrag: – **Haftung: –**
immVorb: – **MdE: –**

LG Stuttgart 13.11.2024 – 15 O 173/23 = BeckRS 2024, 32987

7588

Corona-Impfschaden, behaupteter. (hier: Fatigue-Syndrom, Panikattacken, Kribbeln in Armen und Beinen, Herzstechen und Herzstolpern, Schwindelgefühle und weitere Beeinträchtigungen).

Mann. Kein Schmerzensgeldanspruch im Zusammenhang mit Corona-Schutzimpfungen, bei welchen dem Kläger insgesamt dreimal Impfstoff (zweimal mit dem Impfstoff Covid-19-Vaccine des Herstellers A und beim dritten Mal mit Comirnaty) verabreicht worden war. Der Kläger wurde im Zeitraum vom … 09.2022 bis zum … 12.2023 immer wieder arbeitsunfähig krankgeschrieben. Der Kläger hatte mindestens 100.000 EUR gefordert. Das LG Kempten (BeckRS 2024, 18813) wies die Klage ab, da der „Kläger hat gegen die Beklagte keinen Anspruch auf Schadensersatz und Schmerzensgeld nach § 84 Abs. 1 Satz 2 Nr. 1 AMG [hat]. Ein derartiger Anspruch des Klägers scheitert vorliegend daran, dass der Impfstoff Comirnaty der Beklagten kein unvertretbares Nutzen-Risiko-Verhältnis aufweist" und ein „ungünstiges Nutzen-Risiko-Verhältnis im Hinblick auf die mit dem Fatigue-Syndrom zusammenhängenden gesundheitlichen Einschränkungen … nicht festgestellt werden [kann]". Die dagegen gerichtete Berufung wurde vom OLG München zurückgewiesen und begründete dies ua damit, dass der Kläger die Kausalität zwischen der Impfung und seinen gesundheitlichen Beschwerden nicht hinreichend nachgewiesen habe, zumal er bereits vor der Impfung an ähnlichen Symptomen litt. Zudem verwies das OLG auf die positive Nutzen-Risiko-Bewertung des Impfstoffs durch die Europäische Arzneimittelagentur (EMA) und das PEI (PEI). Diese Bewertungen wurden als antizipierte Sachverständigengutachten anerkannt, die die Sicherheit und Wirksamkeit des Impfstoffs belegen. Auch der klägerischerseits beantragte Auskunftsanspruch nach § 84a AMG wurde – wie berits vom LG Kempten – verneint, da die Voraussetzungen für einen solchen Anspruch nicht vorlagen.

Betrag: – **Haftung: –**
immVorb: – **MdE: –**

OLG München 5.11.2024 – 14 U 2313/24e = BeckRS 2024, 31623

7589

Corona-Impfschaden, behaupteter. (hier: Post-Vac-Syndrom mit „Beschwerden in Form von starken anhaltenden Kopfschmerzen, Schlaflosigkeit und eine herabgesetzte Belastbarkeit erlitten. Hinzugetreten seien Schwindel, Faszikulationen am ganzen Körper und Tachykardien.").

Mann. Kein Schmerzensgeldanspruch im Zusammenhang mit Corona-Schutzimpfungen, bei welchen dem Kläger einmal der Impfstoff Comirnaty verabreicht worden war. Der Kläger hatte mindestens 80.000 EUR gefordert. Das LG kam nach umfassender Prüfung und mit Verweis auf 25 ebenfalls abgewiesene Klagen im Zeitraum Nov. 2023 – Nov. 2024 (ua OLG Koblenz → Nr. 7504 und → Nr. 7470) zum Ergebnis, dass ein Anspruch des Klägers auf Schmerzensgeld sich nicht aus § 84 Abs. 1 AMG ergibt, da dessen tatbestandliche Voraussetzungen nicht erfüllt sind und dem Kläger auch unter keinem weiteren erdenklichen Gesichtspunkt die geltend gemachten Schadenersatz- bzw. Schmerzensgeldansprüche gegen die Beklagte zustehen, zumal der „Kläger den Ursachenzusammenhang lediglich ins Blaue hinein bzw. auf gut Glück behauptet [hat], um eine Beweisaufnahme zu erreichen, deren Ausgang völlig ungewiss ist." so das LG.

Betrag: – **Haftung: –**
immVorb: – **MdE: –**

LG Heilbronn 5.11.2024 – Ri 1 O 170/23 = BeckRS 2024, 31612

7590

Corona-Impfschaden, behaupteter. (hier: Post-Vac-Syndrom mit „Bewusstseinsstörung und starken Konzentrationsproblemen, … Angststörung sowie Panikattacken").

Mann. Kein Schmerzensgeldanspruch im Zusammenhang mit Corona-Schutzimpfungen, bei welchen dem Kläger einmal der Impfstoff Comirnaty verabreicht worden war. Der Kläger hatte mindestens 80.000 EUR gefordert. Das LG kam nach umfassender Prüfung und mit Verweis auf 25 ebenfalls abgewiesene Klagen im Zeitraum Nov. 2023 – Nov. 2024 (ua OLG Koblenz → Nr. 7504 und → Nr. 7470) zum Ergebnis, dass ein Anspruch des Klägers auf Schmerzensgeld sich nicht aus § 84 Abs. 1 AMG ergibt, da dessen tatbestandliche Voraussetzungen nicht erfüllt sind und dem Kläger auch unter keinem weiteren erdenklichen Gesichtspunkt die geltend gemachten Schadenersatz- bzw. Schmerzensgeldansprüche gegen die Beklagte zustehen, zumal der „Kläger den Ursachenzusammenhang lediglich ins Blaue hinein bzw. auf gut Glück behauptet [hat], um eine Beweisaufnahme zu erreichen, deren Ausgang völlig ungewiss ist. Der Kläger trägt selbst vor, dass weder ausgeschlossen noch belegt werden könne, dass zwischen dem Verabreichen des Impfstoffs und dem Auftreten seiner behaupteten Erkrankung ein kausaler Zusammenhang bestehe." so das LG.

Betrag: – **Haftung: –**
immVorb: – **MdE: –**

LG Heilbronn 5.11.2024 – Ri 1 O 56/23 = BeckRS 2024, 31617

7523

Corona-Impfschaden, behaupteter (hier: Post-COVID-19 Syndrom mit Lähmung der linken Hand, Atemnot und schnelle Erschöpfung).

57j. Frau (Inhaberin eines Wollgeschäfts). Der Klägerin war im März und April 2021 jeweils der Impfstoff Comirnaty verabreicht worden. Bereits nach der ersten Impfung erlitt sie einen ischiämischen Schlaganfall mit linksseitiger Hemisymptomatik und einer rechtsseitigen Kopf- und Blickwendung. Nach einer langwierigen Rehabilitation nahm die Klägerin im Dezember 2022 wieder ihre selbstständige Tätigkeit als Inhaberin eines Wollgeschäfts auf, das sie am 30.6.2024 wegen der weiterhin andauernden gesundheitlichen Einschränken (insbesondere Lähmung der linken Hand, Atemnot und schnelle Erschöpfung) aufgeben musste. Zudem war die Klägerin am 5.9.2023 in der Long Covid & Post Vaccination Sprechstunde der Uniklinik vorstellig, wo ein „Post-COVID-19 Syndrom nach einer Impfung gegen SARSCoV-2" diagnostiziert wurde. Das LG wies die Klage als unbegründet zurück, da die Klägerin gegen die Beklagte keinen Anspruch auf Schadensersatz und Schmerzensgeld aus § 84 Abs. 1 AMG iVm § 87 AMG noch aus § 826 BGB, § 823 Abs. 1 BGB, § 823 Abs. 2 BGB iVm § 95 AMG sowie § 823 Abs. 2 BGB iVm § 223 StGB Ansprüche auf Schadensersatz oder Schmerzensgeld gegen die Beklagte habe [wird ausgeführt].

Betrag: – **Haftung: –**
immVorb: – **MdE: –**

LG Stuttgart 31.10.2024 – 56 O 214/23 = BeckRS 2024, 30939

7576

Corona-Impfschaden, behaupteter. (hier: „Dyspnoe, psychosozialer Stressinduktion der Dyspnoe sowie Diabetes").

28j. Mann. Kein Schmerzensgeldanspruch im Zusammenhang mit Corona-Schutzimpfungen, bei welchen dem Kläger insgesamt dreimal der Impfstoff Comirnaty verabreicht worden war. Der Kläger hatte mindestens 600.000 EUR gefordert. Das LG kam nach umfassender Prüfung zum Ergebnis, dass ein Anspruch des Klägers auf Schmerzensgeld sich nicht aus § 84 Abs. 1 AMG ergibt, da dessen tatbestandliche Voraussetzungen nicht erfüllt sind, insbesondere der Impfstoff Comirnaty kein unvertretbares Nutzen-Risiko-Verhältnis iSd § 84 Abs. 1 S. 2 Nr. 1 AMG aufweise und dem Kläger auch kein Anspruch aus den §§ 84 Abs. 1 S. 2 Nr. 2 AMG sowie § 826 BGB) gegen die Beklagte zustehe.

Betrag: – **Haftung: –**
immVorb: – **MdE: –**

LG Regensburg 30.10.2024 – 31 O 1363/23 = BeckRS 2024, 30729

7577

Corona-Impfschaden, behaupteter. (hier: Rechtsseitig betonte Parästhesien sowie Cephalgien. „Ferner habe die Klägerin das Gefühl von Nebel im Kopf").

Frau. Kein Schmerzensgeldanspruch im Zusammenhang mit dem Impfstoff Comirnaty; der Impfstoff war der Klägerin insgesamt zweimal im Rahmen der Corona-Schutzimpfungen verabreicht worden; die Klägerin hatte mindestens 90.000 EUR gefordert. Das LG kam nach umfassender Prüfung und mit Verweis auf 16 entsprechende Gerichtsentscheidungen zum Ergebnis, dass ein Anspruch der Klägerin auf Schmerzensgeld sich weder aus § 84 Abs. 1 AMG noch aus § 84 Abs. 1 Satz 2 Nr. 2 AMG ergibt, da die jeweiligen tatbestandliche Voraussetzungen nicht erfüllt sind und der Klägerin auch nach keiner weiteren Rechtsnorm (genannt wurden § 32 GenTG und § 823 Abs. 1) die von ihr geltend gemachten Schadenersatz- bzw. Schmerzensgeldansprüche gegen die Beklagte zustehen.

Betrag: – **Haftung: –**
immVorb: – **MdE: –**

LG Heilbronn 29.10.2024 – Bö 1 O 45/23 = BeckRS 2024, 36029

7583

Corona-Impfschaden, behaupteter. (hier: Schmerzen in den Händen, Füßen und Gelenken sowie Post-Vac-Syndrom).

Frau. Kein Schmerzensgeldanspruch im Zusammenhang mit dem Impfstoff Comirnaty; der Impfstoff war der Klägerin insgesamt zweimal im Rahmen der Corona-Schutzimpfungen verabreicht worden. Die Klägerin befand sich vier Jahre zuvor wegen einer Verletzung eines Fingers der linken Hand und Schmerzen in der Mittelphalanx in ärztlicher Behandlung. Die Klägerin hatte mindestens 150.000 EUR gefordert. Das LG kam nach umfassender Prüfung zum Ergebnis, dass ein Anspruch der Klägerin auf Schmerzensgeld sich nicht aus § 84 Abs. 1 AMG ergibt, da dessen tatbestandliche Voraussetzungen nicht erfüllt sind. Zum Nutzen-Risiko-Verhältnisses des Impfstoffes Cominarty führte das LG aus: „Maßgebend für die Bewertung der Nutzen-Risiko-Bilanz sind die allgemein anerkannten Erkenntnisse der medizinischen Wissenschaft, welche hier durch umfassende Untersuchungen erlangt wurden (s. oben) und nicht hiervon abweichende Einzelstimmen deren gegenteilige Auffassung der Kläger anführt. … Darüber hinaus steht das positive Risiko-Nutzen-Verhältnis auch aufgrund der Tatbestandswirkung des Durchführungsbeschlusses der Europäischen Kommission vom 10.10.2022 zur unbedingten Zulassung des Impfstoffs, der den Beschluss über die bedingte (außerordentliche) Zulassung bestätigt, fest."

Betrag: – **Haftung: –**
immVorb: – **MdE: –**

LG Hannover 22.10.2024 – 2 O 113/23 = BeckRS 2024, 31602

7504

Corona-Impfschaden, behaupteter (hier: Lungenembolie und Venenthrombose).

Mann. Der in vielerlei Hinsicht vorerkrankte (Morbus Forestier, Myokarditis, Leistenhernie etc.) Kläger war insgesamt dreifach mit dem Impfstoff Comirnaty geimpft worden. In der Vorinstanz hatte das LG Mainz (BeckRS 2024, 18811) die Klage vollumfänglich abgewiesen, auch – zumindest in weiten Teilen – hinsichtlich des Antrags, die Beklagte zu verurteilen, umfangreich Auskunft gemäß § 84a AMG über Zeitpunkt des Inverkehrbringens sowie der Chargen und der bekannten Nebenwirkungen etc. zu erteilen. Das OLG verwies in seiner Berufungsbegründung einleitend darauf, dass die Berufung entgegen der Ansicht der Beklagten „nicht zu verwerfen" sei, soweit der Kläger den Auskunftsanspruch nach § 84a AMG geltend macht. Die Berufung habe jedoch in der Sache keinen Erfolg, so das OLG. Der Kläger habe unter keinem rechtlichen Gesichtspunkt einen Anspruch auf Schmerzensgeld und die Feststellung der Einstandspflicht für Zukunftsschäden gegen die Beklagte und auch ein Anspruch auf Auskunft besteht nicht. „Die Schadensersatzpflicht des pharmazeutischen Unternehmers besteht nach § 84 Abs. 1 Satz 2 Nr. 1 AMG unter den vorgenannten Voraussetzungen nur, wenn „das Arzneimittel bei bestimmungsgemäßem Gebrauch schädliche Wirkungen hat, die über ein nach den Erkenntnissen der medizinischen Wissenschaft vertretbares Maß hinausgehen". Der Anspruch eines Geschädigten ist mithin begründet, wenn ein negatives Nutzen-Risiko-Verhältnis festgestellt wird. Das ist hier indes nicht der Fall." Soweit der Kläger behauptet, der Impfstoff werde in zwei unterschiedlichen Verfahren hergestellt, je nach dem, ob er für die klinische Prüfung („process 1") oder den Verkauf („process 2") produziert werde, es gebe zwischen beiden Prozessen einen wesentlichen Unterschied in der Herkunft der DNA, die als Vorlage für die enzymatische In-vitro-Herstellung der mRNA diene, gehe aus dem sogenannten Bewertungsbericht des Ausschusses für Humanarzneimittel der EMA, CHMP, „EMA707383/2020" in der Korrekturfassung vom 19.2.2021 nicht hervor, dass die beiden unterschiedlichen Herstellungsprozesse als bedenklich angesehen werden. Vielmehr wird beschrieben, dass die beiden unterschiedlichen Herstellungsprozesse, wie von dem Kläger beschrieben, bekannt sind (vgl. S. 27 des Bewertungsberichts „Entwicklung von Herstellungsverfahren", Anlage K27) und dass die Erklärung der Beklagten, woraus sich die Unterschiede zwischen Chargen aus den beiden Prozessen ergeben, als „angemessen" betrachtet wird. Darüberhinaus werde in diesem Bericht zu möglichen DNA-Verunreinigungen ausgeführt: „„„Restliches DNA-Template ist eine prozessbedingte Verunreinigung, die von dem linearisierten DNA-Template stammt, das der In-vitro-Transkriptionsreaktion zugesetzt wird. Das restliche DNA-Template wird wie in der Wirkstoffspezifikation definiert gemessen. Der Gehalt wird durch einen Spezifikationsgrenzwert kontrolliert, der als angemessen niedrig angesehen wird." Trotz der bekannten unterschiedlichen Herstellungsprozesse und der Verunreinigungen sei der CHMP zu dem Ergebnis gekommen, so das OLG, die bedingte Zulassung des streitgegenständlichen Impfstoffs wegen seines positiven Nutzen-Risiko-Verhältnisses zu empfehlen. "Diese Schlussfolgerung vermag der Kläger mit dem Verweis auf einen als Anlage K48 vorgelegten Artikel von McKernan et al. über die hohe Konzentration von DNA in einigen Impfdosen nicht in Zweifel zu ziehen." [Anmerkung: Im weiteren wird auf die ausführliche Urteilsbegründung des OLG Koblenz verwiesen].

Betrag: – **Haftung: –**
immVorb: – **MdE: –**

OLG Koblenz 25.9.2024 – 5 U 379/24 = BeckRS 2024, 25753

7536

Corona-Impfschaden, behaupteter (hier: Hörverlust, Tinnitus, Gangunsicherheit sowie „ein Druckgefühl bis zum Auge, ein Gefühl von „Watte im Ohr" und ein Taubheitsgefühl um das Ohr herum").

40j. Frau (Zahnärztin). Frau. Kein Schmerzensgeldanspruch im Zusammenhang mit dem Impfstoff von AstraZeneca; der Impfstoff war der Klägerin im Rahmen der Corona-Schutzimpfungen verabreicht worden. Das LG Mainz hatte die auf mindestens 150.000 EUR Schmerzensgeld gerichtete Klage abgewiesen. Die dagegen gerichtete Beruf der Klägerin blieb erfolglos. In Bezug auf den Vortrag der Klägerin, wonach die behaupteten Impfschadenfolgen, insbesondere der Hörverlust, bereits von der Berufsgenossenschaft bestätigt worden wären, wies das OLG darauf hin, dass die Klägerin selbst als Ursache hierfür eine bereits vor der Impfung vorhandene Thrombozytopenie vorgetragen habe und bereits deshalb diese – bereits vorliegende – Erkrankung nicht durch die Impfung hervorgerufen worden sein könne. „Darüber hinaus gilt die Vermutung des § 84 Abs. 2 Satz 1 AMG im vorliegenden Fall nicht, weil die Beklagte gemäß § 84 Abs. 2 Satz 3 AMG dargelegt hat, dass ein anderer Umstand nach den Gegebenheiten des Einzelfalls geeignet ist, den Schaden zu verursachen, und der Senat von der generellen Verursachungseignung der Alternativursache überzeugt ist (§ 286 ZPO) … Liegt aber keine bekannte Ursache für den Hörverlust vor, sondern steht fest, dass der Hörverlust bei der Klägerin idiopathisch eingetreten ist, liegt ein anderer Umstand im Sinne von § 84 Abs. 2 Satz 3 AMG vor, der geeignet ist, den Schaden zu verursachen (vgl. Kügel / Müller / Hofmann / Brock, 3. Aufl. 2022, AMG § 84 Rn. 124).", so das OLG, dass als 6. Amtlichen Leitsatz zudem betonte: „Eine Haftung des pharmazeutischen Unternehmers nach § 84 Abs. 1 Satz 2 Nr. 2 AMG setzt voraus, dass der Schaden auf der Anwendung des Arzneimittels beruht und zugleich infolge einer fehlerhaften Arzneimittelinformation eingetreten ist (doppelte Kausalität). Der Geschädigte hat darzulegen und zu beweisen, dass der Schaden nicht eingetreten wäre, wenn die Arzneimittelinformation erschöpfend und zutreffend gewesen wäre (Anschluss an BGH, Urteil vom 24.1.1989 – VI ZR 112/88)." [Anmerkung: Ebenso entschied das OLG Oldenburg → Nr. 7535. Das Urteil des OLG Koblenz wurde jedoch vom BGH (BGH Urteil vom 9.3.2026 – VI ZR 335/24 GRUR-RS 2026, 3617) aufgehoben und die Sache an das Berufungsgericht zurückverwiesen. Der Auskunftsanspruch setze nicht voraus, dass die Schadensverursachung durch das Arzneimittel überwiegend wahrscheinlich ist, so der BGH; vgl. dazu auch im Handbuch unter → Rn. 339a].

Betrag: – **Haftung: –**
immVorb: – **MdE: –**

OLG Koblenz 18.9.2024 – 5 U 1139/23 = BeckRS 2024, 27414

7440

Corona-Impfschaden, behaupteter.

45j. Frau (Altenpflegerin). Kein Schmerzensgeldanspruch im Zusammenhang mit bei ihr durchgeführter Corona-Schutzimpfungen. Die Klägerin, die an einer Vielzahl von

Vorerkrankungen (ua Entfernung der Gallenblase, chronische Entzündung der Magenschleimhaut und diverse, wiederkehrende Erkrankungen des Magen-Darm-Trakts sowie Refluxgastritis) litt, hatte „behauptet, sie sei vor den streitgegenständlichen Impfungen gesund gewesen, habe jedenfalls keine relevanten Vorerkrankungen gehabt. Direkt nach Erhalt der ersten Impfung seien bei ihr Schmerzen im Bauchraum, Übelkeit, Fieber und Durchfall aufgetreten." Zudem habe der Impfstoff (Präparat Comirnaty BNT162b2) kein positives „Nutzen-Risiko-Profil" aufgewiesen. Das LG wies die Klage ab und betonte, die Klägerin habe „damit bereits vor den Impfungen unter genau den Krankheitssymptomen im Bereich des Verdauungssystems gelitten, für die sie nunmehr die Impfung verantwortlich macht. Selbst wenn man dies anders beurteilen würde, wären etwaige Ansprüche der Klägerin gemäß § 84 Abs. 1 S. 2 Nr. 1 AMG ausgeschlossen, da der streitgegenständliche Impfstoff kein negatives Nutzen-Risiko-Verhältnis aufweist."

Betrag: – **Haftung: –**
immVorb: – **MdE: –**

LG Mönchengladbach 5.9.2024 – 10 O 73/23 = BeckRS 2024, 23946

7445

Corona-Impfschaden, behaupteter (hier: Chronisches Erschöpfungssyndrom bzw. Fatigue-Syndrom sowie Post-Covid-Syndrom sowie Mitochondrienunterfunktion, Hyperinflammation sowie Autoimmunreaktion mit neurologischen Ausfällen).

34j. Mann. Kein Schmerzensgeldanspruch im Zusammenhang mit Corona-Schutzimpfungen. Der Kläger hatte vorgetragen, er leide seit der Impfung und ausgelöst durch die Impfung an einem anhaltenden chronischen Erschöpfungssyndrom bzw. Fatigue-Syndrom. Auch bestünden eine Anpassungsstörung und Symptome eines Post-Covid-Syndroms. Der Kläger war der Auffassung, die Haftung der Beklagten ergebe sich aus § 84 AMG. Der Impfstoff habe bereits kein positives Nutzen-Risiko-Profil. Es fehle an den erforderlichen Langzeitstudien, weshalb es sich um ein bedenkliches Arzneimittel im Sinne von § 5 AMG handeln könne. Das LG wies die Klage als unbegründet ab, und wies darauf hin, dass es letztlich dahinstehen könne, „ob die vom Kläger vorgetragenen gesundheitlichen Schäden tatsächlich bestehen und ob diese auf die streitgegenständlichen Impfungen zurückzuführen sind. Denn unabhängig von der Frage der Kausalität der Impfung für die von dem Kläger vorgetragenen gesundheitlichen Beeinträchtigungen scheidet der Anspruch des Klägers schon deshalb aus, weil der streitgegenständliche Impfstoff kein negatives Nutzen-Risiko-Verhältnis im Sinne von § 84 Abs. 1 Satz 2 Nr. 1 AMG aufweist." Dem Kläger stehe, so das LG, unter keinem rechtlichen Gesichtspunkt ein Anspruch auf Schadensersatz und Schmerzensgeld zu.

Betrag: – **Haftung: –**
immVorb: – **MdE: –**

LG Krefeld 28.8.2024 – 2 O 69/23 = BeckRS 2024, 22303

7452

Corona-Impfschaden, behaupteter (hier: Post-Vac-Syndrom sowie Atemnot, Schüttelanfällen, Müdigkeit sowie Kontrollverlust der rechten Hand).

Frau. Kein Schmerzensgeldanspruch (die Kl. hatte mindestens 60.000 EUR gefordert) im Zusammenhang mit bei ihr durchgeführter Corona-Schutzimpfungen. Das LG kam nach sorgfältiger Prüfung zum Ergebnis, dass ein Anspruch der Klägerin auf Schmerzensgeld sich nicht aus § 84 Abs. 1 AMG ergibt, da dessen tatbestandliche Voraussetzungen nicht erfüllt sind und der Klägerin auch unter keinem weiteren erdenklichen Gesichtspunkt die geltend gemachten Schadenersatz- bzw. Auskunftsansprüche (insgesamt hatte die Klägerin 34 Auskunftsansprüche vorgebracht) gegen die Beklagte zustehen.

Betrag: – **Haftung: –**
immVorb: – **MdE: –**

LG Essen 22.8.2024 – 6 O 8/24 = BeckRS 2024, 22330

7453

Corona-Impfschaden, behaupteter (hier: Autoimmunerkrankung, Gefäßkrankheit, Hyperinflammationssyndrom, Urticaria, Pruritus sowie geringe Belastbarkeit und chronisches Erschöpfungssyndrom [vgl. auch Fatigue-Syndrom]).

Mann. Kein Schmerzensgeldanspruch (Der Kl. hatte mindestens 150.000 EUR gefordert) im Zusammenhang mit bei ihm durchgeführter Corona-Schutzimpfungen. Das LG kam nach sorgfältiger Prüfung zum Ergebnis, dass ein Anspruch des Klägers auf Schmerzensgeld sich nicht aus § 84 Abs. 1 AMG ergibt, da dessen tatbestandliche Voraussetzungen nicht erfüllt sind und dem Kläger auch unter keinem weiteren erdenklichen Gesichtspunkt die geltend gemachten Schadenersatz- bzw. Auskunftsansprüche (insgesamt hatte dre Kläger 31 Auskunftsansprüche vorgebracht) gegen die Beklagte zustehen. [Anmerkung: Vergleiche dazu auch die beiden Urteile des LG Memmingen → Nr. 7454 und → Nr. 7453 sowie des LG Würzburg → Nr. 7464 bei denen sich das LG Memmingen sowie das LG Würzburg mit ähnlichen – anwaltlich vorgetragenen – Absurditäten, wie ua, dass „bei der Immuntherapie auf RNA-Basis … die Teerbildung in Lunge oder Leber nachteilig sei" oder der Anzahl der „DNA Schnipsel … in den streitgegenständlichen [Impf]Chargen" etc. auseinanderzusetzen hatte].

Betrag: – **Haftung: –**
immVorb: – **MdE: –**

LG Memmingen 20.8.2024 – 21 O 83/23 = BeckRS 2024, 21547

7454

Corona-Impfschaden, behaupteter (hier: „Juckreiz, quaddelartigen Ausschläge, Pusteln, Papeln. Ein erholsamer Schlaf sei nicht mehr möglich. Das komplette Leben ändere sich bis hin zum Sexualleben").

Kein Schmerzensgeldanspruch (die Kl. hatte mindestens 150.000 EUR gefordert) im Zusammenhang mit bei ihr durchgeführter Corona-Schutzimpfungen. Die Klägerin hatte insofern ua vorgetragen, „dass in ganz Europa bereits über 40 Millionen Fälle von schweren Nebenwirkungen nach erfolgter Impfung aufgetreten seien" und eine auf den Impfstoff zurückzuführende „Übersterblichkeit mit mehr als 100.000 Toten vorliege." Das LG kam nach sorgfältiger Prüfung zum Ergebnis, dass ein Anspruch der Klägerin auf Schmerzensgeld sich nicht aus § 84 Abs. 1 AMG ergibt, da dessen tatbestandliche Voraussetzungen nicht erfüllt sind und der Klägerin auch unter keinem weiteren erdenklichen Gesichtspunkt die geltend gemachten Schadenersatz- bzw. Auskunftsansprüche (insgesamt hatte die Klägerin 29 Auskunftsansprüche vorgebracht) gegen die Beklagte zustehen. Abschließend führte das LG aus: „Überdies erlaubt sich die Kammer angesichts des grünen Merkzettels auf dem ärztlichen Bericht vom 26.4.2023 (Anlage K17 S. 1), wonach neben der Klägerin und ihrem Ehemann auch die Tochter und der Sohn einen Ausschlag nach der Impfung erlitten hätten, die Anmerkung, dass es doch sehr nahe liegt, dass den Hauptproblemen ein familiäres, genetisches oder infektiöses Geschehen zu Grunde liegt, als dass der Impfstoff der Beklagten diese Beschwerden hervorruft." [Anmerkung: Vergleiche dazu auch die beiden Urteile des LG Memmingen → Nr. 7455 und → Nr. 7453 bei denen sich das LG Memmingen mit ähnlichen – anwaltlich vorgetragenen – Absurditäten, wie ua der „Übersterblichkeit mit mehr als 100.000 Toten" oder, dass „bei der Immuntherapie auf RNA-Basis ... die Teerbildung in Lunge oder Leber nachteilig sei" etc. auseinanderzusetzen hatte].

Betrag: – **Haftung: –**
immVorb: – **MdE: –**

LG Memmingen 19.8.2024 – 35 O 348/23 = BeckRS 2024, 21548

7455

Corona-Impfschaden, behaupteter (hier: „Autoimmunerkrankung, Herzrhythmusstörungen, Lupus Erythematosus, Perikarditis, andrologische Beschwerden / Beschwerden an den Hoden, kognitive Störungen".)

22j. Mann. Kein Schmerzensgeldanspruch (Der Kl. hatte mindestens 340.000 EUR gefordert) im Zusammenhang mit bei ihm durchgeführter Corona-Schutzimpfungen. Das LG kam nach sorgfältiger Prüfung zum Ergebnis, dass ein Anspruch des Klägers auf Schmerzensgeld sich nicht aus § 84 Abs. 1 AMG ergibt, da dessen tatbestandliche Voraussetzungen nicht erfüllt sind und dem Kläger auch unter keinem weiteren erdenklichen Gesichtspunkt die geltend gemachten Schadenersatz- bzw. Auskunftsansprüche (insgesamt hatte der Kläger 34 Auskunftsansprüche vorgebracht) gegen die Beklagte zustehen. [Anmerkung: Vergleiche dazu auch die beiden Urteile des LG Memmingen → Nr. 7454 und → Nr. 7453 sowie des LG Würzburg → Nr. 7464 bei denen sich das LG Memmingen sowie das LG Würzburg mit ähnlichen – anwaltlich vorgetragenen – Absurditäten, wie ua, dass „bei der Immuntherapie auf RNA-Basis ... die Teerbildung in Lunge oder Leber nachteilig sei" oder der Anzahl der „DNA Schnipsel ... in den streitgegenständlichen [Impf]Chargen" etc. auseinanderzusetzen hatte].

Betrag: – **Haftung: –**
immVorb: – **MdE: –**

LG Memmingen 16.8.2024 – 33 O 638/23 = BeckRS 2024, 21549

7456

Corona-Impfschaden, behaupteter (hier: Polyarthritis, Tinnitus sowie Gedächtnis- und Konzentrationsprobleme und Schwellungen an „Knie, Füße, Ellenbogen und Finger").

Mann. Kein Schmerzensgeldanspruch (Der Kl. hatte mindestens 80.000 EUR gefordert) im Zusammenhang mit bei ihm durchgeführter Corona-Schutzimpfungen. Das LG kam nach sorgfältiger Prüfung zum Ergebnis, dass ein Anspruch des Klägers auf Schmerzensgeld sich nicht aus § 84 Abs. 1 AMG ergibt, da dessen tatbestandliche Voraussetzungen nicht erfüllt sind und dem Kläger auch unter keinem weiteren erdenklichen Gesichtspunkt die geltend gemachten Schadenersatz- bzw. Auskunftsansprüche (insgesamt hatte der Kläger fünf Auskunftsansprüche vorgebracht) gegen die Beklagte zustehen. Zu den Auskunftsansprüchen führte das LG aus: „Vorliegend fehlt es zudem bereits an der Erforderlichkeit der begehrten Auskunft, weil ein Anspruch gemäß § 84 Abs. 1 S. 2 Nr. 1 AMG nicht besteht, da der verwendete Impfstoff keine negative Nutzen-Risiko-Bilanz aufweist. Insofern wird zur Vermeidung von Wiederholungen auf die obigen Ausführungen verwiesen."

Betrag: – **Haftung: –**
immVorb: – **MdE: –**

LG Kempten 8.8.2024 – 31 O 957/23 = BeckRS 2024, 20824

7458

Corona-Impfschaden, behaupteter (hier: Post-Vac-Syndrom mit chronischem Fatigue-Syndrom (CFS) und Narkolepsie mit Kataplexien).

Mann. Kein Schmerzensgeldanspruch (Der Kl. hatte mindestens 150.000 EUR gefordert) im Zusammenhang mit bei ihm durchgeführter Corona-Schutzimpfungen. Das LG kam nach effizienter Prüfung zum Ergebnis, dass ein Schmerzensgeldanspruch nicht bestehe und dies „insbesondere nicht aus der vom Kläger allein angeführten Anspruchsgrundlage des § 84 Abs. 1 S. 1 AMG."

Betrag: – **Haftung: –**
immVorb: – **MdE: –**

LG Koblenz 1.8.2024 – 1 O 346/23 = BeckRS 2024, 20821

7460

Corona-Impfschaden, behaupteter (hier: „blitzartige Spastiken und Wadenkrämpfe" sowie Angststörung und Somatisierungsstörung sowie „eine mittelgradige depressive Episode").

Frau. Kein Schmerzensgeldanspruch im Zusammenhang mit bei ihr durchgeführter Corona-Schutzimpfungen; die Kl. hatte mindestens 80.000 EUR gefordert. Das LG kam nach effizienter Prüfung zum Ergebnis, dass ein Anspruch der Klägerin auf Schmerzensgeld sich nicht aus § 84 Abs. 1 AMG ergibt, da dessen tatbestandliche Voraussetzungen nicht erfüllt sind und der Klägerin auch unter keinem weiteren erdenklichen Gesichtspunkt die geltend gemachten Schadenersatz- bzw. Schmerzensgeldansprüche gegen die Beklagte zustehen.

Betrag: – **Haftung: –**
immVorb: – **MdE: –**

LG Leipzig 24.7.2024 – 07 O 824/23 = BeckRS 2024, 18818

7464

Corona-Impfschaden, behaupteter (hier: Autoimmunstörung, Atemnot und Ateminsuffizienz, Durchblutungsstörung, starker, trockener Husten bis zum Würgen, brennender, gereizter Hals (kann nicht mehr scharf essen und keine Zitrusfrüchte, brennt wie Feuer im Hals), Glossitis, Zungengrundhyperplasie, Reizhusten, Kopfschmerzen, Einschränkung der Lungenfunktion, Thrombose im März 2022 bei Rehamaßnahme, Herzrhythmusstörungen sowie Entzündungen und Schwellungen der Zunge und des Kehlkopfes sowie ein sog. Post-Vac-Syndrom.

Frau. Kein Schmerzensgeldanspruch im Zusammenhang mit bei ihr durchgeführter Corona-Schutzimpfungen; die Kl. hatte mindestens 100.000 EUR sowie mehr als 40 Auskunftsanträge (wie beispielsweise „Auskunft darüber, wieviel Nanogramm an DNA (alle DNA Schnipsel) sich in den streitgegenständlichen Chargen der Klagepartei befanden", gefordert. Das LG kam nach effizienter Prüfung zum Ergebnis, dass ein Anspruch der Klägerin auf Schmerzensgeld sich nicht aus § 84 Abs. 1 AMG ergibt, da dessen tatbestandliche Voraussetzungen nicht erfüllt sind und der Klägerin auch unter keinem weiteren erdenklichen Gesichtspunkt die geltend gemachten Schadenersatz- bzw. Schmerzensgeldansprüche gegen die Beklagte zustehen. [Anmerkung: Vergleiche dazu auch die beiden Urteile des LG Memmingen → Nr. 7454 und → Nr. 7453 bei denen sich das LG Memmingen sowie das LG Würzburg mit ähnlichen – anwaltlich vorgetragenen – Absurditäten, wie ua, dass „bei der Immuntherapie auf RNA-Basis … die Teerbildung in Lunge oder Leber nachteilig sei" etc. auseinanderzusetzen hatte].

Betrag: – **Haftung: –**
immVorb: – **MdE: –**

LG Würzburg 16.7.2024 – 14 O 1230/23 Hei = BeckRS 2024, 18985

7465

Corona-Impfschaden, behaupteter (hier: massiven Kopfschmerzen, Übelkeit und Kraftlosigkeit sowie Konzentrationsstörungen, geminderter Leistungsfähigkeit sowie Gelenkschmerzen an Handgelenk und Fingern).

41j. Frau (Altenpflegerin). Kein Schmerzensgeldanspruch (Die Kl. hatte mindestens 100.000 EUR gefordert) im Zusammenhang mit bei ihm durchgeführter Corona-Schutzimpfungen. Das LG kam nach sorgfältiger Prüfung zum Ergebnis, dass ein Anspruch der Klägerin auf Schmerzensgeld sich nicht aus § 84 Abs. 1 AMG ergibt, da dessen tatbestandliche Voraussetzungen ("1. das Arzneimittel bei bestimmungsgemäßem Gebrauch schädliche Wirkungen hat, die über ein nach den Erkenntnissen der medizinischen Wissenschaft vertretbares Maß hinausgehen oder 2. der Schaden infolge einer nicht den Erkenntnissen der medizinischen Wissenschaft entsprechenden Kennzeichnung, Fachinformation oder Gebrauchsinformation eingetreten ist„) nicht erfüllt sind und der Klägerin auch unter keinem weiteren Gesichtspunkt – "weder aus § 84 Abs. 1 AMG iVm § 87 AMG noch aus § 32 Abs. 1 GenTG, § 826 BGB, § 823 Abs. 1 BGB, § 823 Abs. 2 BGB iVm § 95 AMG sowie § 823 Abs. 2 BGB iVm §§ 223, 224 StGB oder § 230 StGB" – ein Schmerzensgeldanspruch gegen die Beklagte zustehen.

Betrag: – **Haftung: –**
immVorb: – **MdE: –**

LG Bielefeld 12.7.2024 – 4 O 296/22 = BeckRS 2024, 19424

7466

Corona-Impfschaden, behaupteter (hier: Otalgie beidseits, ein Tinnitus beidseits, Schwindel und Taumel als Nebenwirkung der Impfung).

60j. Frau. Kein Schmerzensgeldanspruch (die Kl. hatte mindestens 100.000 EUR gefordert) im Zusammenhang mit bei ihr durchgeführter Corona-Schutzimpfungen. Das LG kam nach sorgfältiger Prüfung zum Ergebnis, dass ein Anspruch der Klägerin auf Schmerzensgeld sich insbesondere nicht aus § 84 Abs. 1 AMG ergäbe, da dessen tatbestandliche Voraussetzungen – „negative Nutzen-Risiko-Bilanz aufweist, (§ 84 Abs. 1 S. 2 Nr. 1 AMG) oder der Schaden infolge einer nicht den Erkenntnissen der medizinischen Wissenschaft entsprechenden Kennzeichnung, Fachinformation oder Gebrauchsinformation eingetreten ist (§ 84 Abs. 1 S. 2 Nr. 2 AMG)" – nicht erfüllt seien und der Klägerin auch unter keinem weiteren Gesichtspunkt die von ihr geltend gemachten Schadenersatz- Schmerzensgeldansprüche gegen die Beklagte zustehe.

Betrag: – **Haftung: –**
immVorb: – **MdE: –**

LG Mainz 11.7.2024 – 2 O 218/23 = BeckRS 2024, 18810

7470

Corona-Impfschaden, behaupteter (hier: Schwindelgefühle, Muskelschmerzen, Gliederschmerzen, einem allgemeinen Krankheitsgefühl, Gesichtsschmerzen, Nackenschmerzen und Erschöpfung [vgl. Fatigue-Syndrom]).

Frau. Kein Schmerzensgeldanspruch (die Kl. hatte mindestens 100.000 EUR gefordert) im Zusammenhang mit bei ihr durchgeführter Corona-Schutzimpfungen. Das LG Mainz [→ Nr. 7469] war insofern zum Ergebnis gekommen, dass ein Anspruch der Klägerin auf Schmerzensgeld sich nicht aus § 84 Abs. 1 AMG ergebe, da dessen tatbestandliche Voraussetzungen nicht erfüllt sind und der Klägerin auch unter keinem weiteren Gesichtspunkt die geltend gemachten Schadenersatz- und Schmerzensgeldansprüche gegen die Beklagte zustehe. Insbesondere hatte das LG betont, dass „die EU-Kommission … unverändert von einer positiven Nutzen-Risiko-Bilanz ausgeht" und „Demgegenüber … die mit dem Impfstoff verbundenen Risiken bzw. Nebenwirkungen in der Gesamtbilanz nicht als unvertretbar hoch anzusehen" seien. Dabei verwies das LG darauf, dass „nach dem unbestritten Beklagtenvorbringen weltweit deutlich über 2,6 Milliarden Dosen des Impfstoffs verabreicht" und es „lediglich in 116 Fällen einen ursächlichen Zusammenhang mit der Impfung überhaupt als „konsistent" bewertet worden waren. Das OLG Koblenz bestätigte nun diese Entscheidung und gelangte nach sorgfältiger Auseinandersetzung mit den wissenschaftlichen Erkenntnissen und den von den Parteien vorgebrachten Argumenten "zu dem Ergebnis, dass schädliche Wirkungen des Impfstoffs bei bestimmungsgemäßem Gebrauch nicht über ein nach den Erkenntnissen der medizinischen Wissenschaft vertretbares Maß hinausgehen. Eine positive Nutzen-Risiko-Abwägung darf nicht dahin verstanden werden, dass es nicht auch Fälle geben darf und gibt, in denen sich ein Risiko verwirklicht. Der Betroffene erhält darauf die versicherte Heilfürsorge, aber eben keinen darüber hinausgehenden Schadensersatzanspruch; insoweit wird ein „Sozialopfer" für die Gemeinschaft der Anwender des Impfstoffs erbracht. Die in diesem Sinne verstandene Nutzen-Risiko-Abwägung fällt daher positiv aus. Dies gilt sowohl für den heutigen Zeitpunkt als auch für den Zeitpunkt der Anwendung am .08.2021 und .09.2021.", so das OLG.

Betrag: – **Haftung: –**
immVorb: – **MdE: –**

OLG Koblenz 10.7.2024 – 5 U 1375/23 = BeckRS 2024, 16169

7471

Corona-Impfschaden, behaupteter (hier: Borreliose, Mitochondrienschädigung, Mastzellaktivierungssyndrom, Leaky-Gut-Syndrom, Darmdysbiose mit Histaminüberschuss sowie eine sehr große Vielzahl weiterer Syndrome, Depression, Angst, Panikattacken und Hypertonus).

Mann. Kein Schmerzensgeldanspruch (Der Kl. hatte mindestens 150.000 EUR gefordert) im Zusammenhang mit bei ihm durchgeführter Corona-Schutzimpfungen. Das LG kam nach effizienter Prüfung zum Ergebnis, dass ein Anspruch des Klägers auf Schmerzensgeld sich nicht aus § 84 Abs. 1 AMG ergebe, da dessen tatbestandliche Voraussetzungen nicht erfüllt sind und eine Haftung der Beklagten auch an einem positiven Nutzen-Risiko-Verhältnis nach S. 84 Abs. 1 S. 2 Nr. 1 AMG scheitere [Anmerkung: Vgl. dazu auch OLG Koblenz → Nr. 7470].

Betrag: – **Haftung: –**
immVorb: – **MdE: –**

LG Zweibrücken 5.7.2024 – 1 O 293/23 = BeckRS 2024, 18991

7477

Corona-Impfschaden, behaupteter (hier: Gelenkschmerzen und neurologische Störung).

Mann. Kein Schmerzensgeldanspruch (Der Kl. hatte mindestens 80.000 EUR gefordert) im Zusammenhang mit bei ihm durchgeführter Corona-Schutzimpfungen. Das LG kam nach sorgfältiger Prüfung zum Ergebnis, dass ein Anspruch des Klägers auf Schmerzensgeld sich nicht aus § 84 Abs. 1 AMG ergibt, da dessen tatbestandliche Voraussetzungen nicht erfüllt sind und der Impfstoff Comirnaty kein unvertretbares Nutzen-RisikoVerhältnis iSd § 84 Abs. 1 S. 2 AMG aufweise und dem Kläger auch unter keinem weiteren erdenklichen Gesichtspunkt die geltend gemachten Schadenersatz- bzw. Schmerzensgeldansprüche gegen die Beklagte zustehen.

Betrag: – **Haftung: –**
immVorb: – **MdE: –**

LG Frankfurt a. M. 27.6.2024 – 2-32 O 553/23 = BeckRS 2024, 18807

7478

Corona-Impfschaden, behaupteter (hier: Post-Vac-Syndrom, Thrombose, Schwindel, Übelkeit, Hitze, Herzrasen, Vorhofflimmern, Druck im Kopf, Müdigkeit, Konzentrationsstörungen, Venenentzündung im Bein und weitere Verletzungen bzw. Beschwerden).

Kein Schmerzensgeldanspruch (die Kl. hatte mindestens 150.000 EUR gefordert) im Zusammenhang mit bei ihr durchgeführter Corona-Schutzimpfungen. Das LG betonte zunächst, dass der Anwendungsbereich des Arzneimittelgesetzes ist eröffnet sei, auch wenn die anwaltlich vertretene Klägerin vorgetragen hatte, dass der Impfstoff nicht unter den Begriff des Arzneimittels zu subsumieren sei, da es sich tatsächlich um ein „Mittel der Krankmachung" handele; sodann kam das LG nach sorgfältiger Prüfung zum Ergebnis, dass ein Anspruch der Klägerin auf Schmerzensgeld sich nicht aus § 84 Abs. 1 AMG ergibt, da dessen tatbestandliche Voraussetzungen nicht erfüllt sind und der Klägerin auch unter keinem weiteren erdenklichen Gesichtspunkt die geltend gemachten Schadenersatz- bzw. Auskunftsansprüche (insgesamt hatte die Klägerin 28 Auskunftsansprüche vorgebracht) gegen die Beklagte zustehen.

Betrag: – **Haftung: –**
immVorb: – **MdE: –**

LG Aachen 25.6.2024 – 12 O 136/23 = BeckRS 2024, 20822

7480

Corona-Impfschaden, behaupteter (hier: Lungenembolie linksseitig sowie eine tiefe Beinvenenthrombose linksseitig).

Mann. Kein Schmerzensgeldanspruch (Der Kl. hatte mindestens 40.000 EUR gefordert) im Zusammenhang mit bei ihm durchgeführter Corona-Schutzimpfungen. Das LG kam nach sorgfältiger Prüfung zum Ergebnis, dass ein Anspruch des Klägers auf Schmerzensgeld sich nicht aus § 84 Abs. 1 AMG ergibt, da dessen tatbestandliche Voraussetzungen nicht erfüllt sind, der Impfstoff insbesondere kein negatives Nutzen-Risiko-Verhältnis iSd § 84 Abs. 1 Satz 2 Nr. 1 AMG aufweise und auch kein Instruktionsfehler nach § 84 Abs. 1 Satz 2 Nr. 2 AMG vorgelegen habe (insofern zitierte das LG die Entscheidung des LG Wuppertal BeckRS 2024, 9667) sowie dem Kläger auch unter keinem weiteren Gesichtspunkt die geltend gemachten Schadenersatz- bzw. Schmerzensgeldanspruch gegen die Beklagte zustehen.

Betrag: – **Haftung: –**
immVorb: – **MdE: –**

LG Nürnberg-Fürth 25.6.2024 – 7 O 5263/23 = BeckRS 2024, 18821

7482

Corona-Impfschaden, behaupteter (hier: dezente linksseitige Hemisymptomatik).

Frau (Auszubildende zur Kranken- und Altenpflegerin). Kein Schmerzensgeldanspruch gegen einen Impfarzt, der im Rahmen der nationalen Impfstrategie Corona-Impfstoffe verabreicht hatte: Die Klage (ua auf Schmerzensgeld iHv mindestens 50.000 EUR gerichtet) richtetet sich, anders als in den meisten anderen inzwischen veröffentlichten Fällen, nicht gegen den Impfstoffhersteller sondern gegen die – von der kassenärztlichen Vereinigung als ehrenamtlich tätige Ärztin der Corona-Impfzentren des Landes Baden-Württemberg bestellte – Ärztin, die der Klägerin den Impfstoff verabreicht hatte. Das OLG bestätigte die Vorinstanz und verwies darauf, dass das Verimpfen von Corona-Impfstoffen im Rahmen der nationalen Impfstrategie durch hierzu beauftragte Ärzte ist als hoheitliche Tätigkeit zu qualifizieren sei. In Konsequenz hiervon führte das OLG aus, dass dann, wenn die Staatshaftung eingreift, „eine Eigenhaftung des hoheitlich Tätigen aber nicht denkbar [sei]. Allein Haftender ist der Staat, dessen Aufgabe durch die hoheitlich tätige Privatperson erfüllt wurde. Die Klage war somit bereits mangels Passivlegitimation abzuweisen", so das OLG mit Verweis auf BGH BeckRS 2014, 6127, der insofern zur Passivlegitimation nach Abschleppen verbotswidrig geparkter Fahrzeuge durch hoheitlich handelndes privates Unternehmen entschieden hatte. [vgl. dazu auch OLG Hamm BeckRS 2024, 16818, → Nr. 7489].

Betrag: – **Haftung: –**
immVorb: – **MdE: –**

OLG Stuttgart 25.6.2024 – 1 U 34/23 = BeckRS 2024, 14555

7483

Corona-Impfschaden, behaupteter (hier: Symptome in Form von chronischer Darmerkrankung).

7j. Kind. Kein Schmerzensgeldanspruch (die Kl. hatte mindestens 150.000 EUR gefordert) im Zusammenhang mit bei ihr durchgeführter Corona-Schutzimpfungen. Das LG kam nach effizienter Prüfung zum Ergebnis, dass ein Anspruch der Klägerin auf Schmerzensgeld sich weder aus § 32 Abs. 1 GenTG noch aus § 84 Abs. 1 AMG ergibt, da die tatbestandlichen Voraussetzungen insofern nicht erfüllt sind und der Klägerin auch unter keinem weiteren erdenklichen Gesichtspunkt die geltend gemachten Schadenersatz- bzw. Auskunftsansprüche (insgesamt hatte die Klägerin 34 Auskunftsansprüche vorgebracht) gegen die Beklagte zustehen.

Betrag: – **Haftung: –**
immVorb: – **MdE: –**

LG Aachen 25.6.2024 – 12 O 359/23 = BeckRS 2024, 20823

7486

Corona-Impfschaden, behaupteter (hier: Kurzatmigkeit und es mangele ihr an Konzentrations- und Ausdauervermögen sowie weitere Beeinträchtigungen).

38j. Frau. Kein Schmerzensgeldanspruch (die Kl. hatte mindestens 80.000 EUR gefordert) im Zusammenhang mit bei ihr durchgeführter Corona-Schutzimpfungen. Das LG kam nach sorgfältiger Prüfung zum Ergebnis, dass ein Anspruch der Klägerin auf Schmerzensgeld sich nicht aus § 84 Abs. 1 AMG ergibt – Insofern verweis das LG auf das Urteil des LG Mainz BeckRS 2023, 38489, → Nr. 7469 – da die tatbestandliche Voraussetzungen des § 84 Abs. 1 AMG nicht erfüllt sind und der Klägerin auch unter keinem weiteren Rechtsgrund der von ihr geltend gemachten Schmerzensgeldanspruch gegen die Beklagte zustehen. Das OLG Koblenz → Nr. 7741 bestätigte diese Entscheidung.

Betrag: – **Haftung: –**
immVorb: – **MdE: –**

LG Mainz 20.6.2024 – 2 O 75/23 = BeckRS 2024, 18812

7489

Corona-Impfschaden, behaupteter (hier: schwerwiegenden dilatativen Kardiomyopathie mit einer linksventrikulären Ejektionsfraktion).

32j. Mann. Kein Schmerzensgeldanspruch gegen einen Impfarzt, der im Rahmen der nationalen Impfstrategie Corona-Impfstoffe verabreicht hatte: Die Klage (ua auf Schmerzensgeld iHv mindestens 800.000 EUR gerichtet) richtetet sich, anders als in den meisten anderen inzwischen veröffentlichten Fällen, nicht gegen den Impfstoffhersteller sondern gegen die Ärztin, die der Klägerin den Impfstoff verabreicht hatte. Das OLG bestätigte die Vorinstanz und verwies darauf, dass das medizinische Personal in den staatlichen Impfzentren, aber auch in den später in die Impfkampagne einbezogenen Arztpraxen und Apotheken – vom Staat eingesetzt – in Erfüllung hoheitlichen Aufgaben mit der Folge handeln, dass die impfenden Ärzte und Mitarbeiter als Beamte im haftungsrechtlichen Sinne anzusehen waren. „Soweit abweichend hiervon die Auffassung vertreten wird, dass dies nur für die Schutzimpfungen in Impfzentren und mobilen Impfteams gelte und dass gegen niedergelassene Ärzte ein Schadensersatzanspruch aus dem Behandlungsvertrag in Betracht komme (MüKoBGB / Wagner § 823 Rn. 239; NK-MedR / Bergmann / Krekeler BGB § 839 Rn. 14; Bergmann / Krekeler ZMGR 2021, 88), kann dies nicht überzeugen. Wie eingangs dargestellt, kommt es bei der Haftung im Falle der Einbindung privater Akteure in hoheitliche Aufgaben lediglich auf die Zielsetzung der Tätigkeit und gerade nicht auf die Rechtsbeziehung zwischen dem Leistungserbringer und der öffentlich-rechtlichen Körperschaft an", so das OLG Hamm. [vgl. dazu auch OLG Stuttgart BeckRS 2024, 14555 → Nr. 7482, das ebenso entschieden hatte].

Betrag: – **Haftung: –**
immVorb: – **MdE: –**

OLG Hamm 19.6.2024 – 3 U 119/23 = BeckRS 2024, 16818

7660

Corona-Impfschaden, behaupteter (hier: gestörte Interferonkommunikation, V-Aids und als Post-Vac-Syndrom).

Mann. Kein Schmerzensgeldanspruch im Zusammenhang mit Corona-Schutzimpfungen, bei welchen dem Kläger insgesamt zweimal der Impfstoff Comirnaty verabreicht worden war. Der Kläger hatte mindestens 200.000 EUR gefordert und insgesamt weit über 30 Auskunftsanträge gestellt. Das LG kam nach effizienter Prüfung zum Ergebnis, dass ein Anspruch des Klägers auf Schmerzensgeld sich nicht aus § 84 Abs. 1 AMG ergibt, da dessen tatbestandliche Voraussetzungen nicht erfüllt sind und auch deliktische Schadensersatzansprüche ebenfalls ausscheiden und dem dem Kläger auch unter keinem weiteren erdenklichen Gesichtspunkt die geltend gemachten Schadenersatz- bzw. Schmerzensgeldansprüche gegen die Beklagte zustehen.

Betrag: – **Haftung: –**
immVorb: – **MdE: –**

LG Oldenburg 27.5.2024 – 16 O 1415/23 = BeckRS 2024, 18822

7598

Corona-Impfschaden, behaupteter. (hier: Verlust sämtlicher Körperbehaarung).

Frau. Kein Schmerzensgeldanspruch der geimpften Person gegenüber der Impfärztin im Zusammenhang mit bei ihr durchgeführter Corona-Schutzimpfung. Die Klägerin, die bereits vor der Impfung an Alopecia Areata litt, erhielt den Impfstoff Spikevax von Moderna und forderte für den von ihr behaupteten Impfschaden mindestens 80.000 EUR. Das LG kam nach effizienter Prüfung zum Ergebnis, dass die Klägerin gegen die Beklagte keine Ansprüche auf Zahlung von Sachschadensersatz und Schmerzensgeld oder Feststellung der weiteren Schadensersatzpflicht aus S. 839 BGB, Art. 34 GG habe, da sie als insofern handelnde Hausärztin nicht als Beamtin der Beklagten im haftungsrechtlichen Sinn anzusehen ist. Zudem begründete das LG dies wie folgt: „1. Grundsätzlich zählen Impfungen zu den ärztlichen Heilbehandlungen, die nicht der hoheitlichen Tätigkeit zuzurechnen sind (vgl. BGH 15.2.2000 – VI ZR 48/99). 2.Soweit in der Rechtsprechung des Bundesgerichtshofs eine Amtshaftung sogenannter Impfärzte angenommen wurde, handelte es sich regelmäßig um Impfungen, die durch Ärzte des Gesundheitsamtes durchgeführt wurden (vgl. BGH NJW 1990, 2311). Ein solcher Fall liegt hier ersichtlich nicht vor. Die Klägerin hat die Impfung gerade durch ihre niedergelassene Hausärztin durchführen lassen. 3. Eine Haftung der Beklagten ergibt sich auch nicht aus S. 3 der im maßgeblichen Zeitraum geltenden Verordnung zum Anspruch auf Schutzimpfung gegen das Coronavirus SARS-CoV-2 und auf weitere Schutzimpfungen (Coronalmpft/) vom 7.1.2022 (gültig vom 11.1.2022 bis 30.4.2022)."

Betrag: – **Haftung: –**
immVorb: – **MdE: –**

LG Detmold 11.4.2024 – 4 O 200/23 = BeckRS 2024, 19965

7408

Corona-Impfschaden, behaupteter Die Klägerin hatte vorgetragen eine beidseitige Lungenarterienembolie erlitten zu haben und zudem seit der Impfung unter einer Immunschwäche zu leiden sowie einem angeblichem „V-Aids" (Vakzin-Aids).

Frau. Die Klägerin macht gegen den Corona-Impfstoffhersteller Biontech Ansprüche auf ua Schmerzensgeld im Zusammenhang mit einer Corona-Impfung geltend. Die Klage wurde abgewiesen. Zur Begründung führte das LG aus, die Klägerin habe nicht bewiesen, dass die Corona-Impfung für die erlittene Lungenembolie ursächlich war und nicht durch andere Ursachen, wie etwa die Einnahme der Pille zurückzuführen sei, die bekanntermaßen einen Risikofaktor für Thrombosen und Embolien darstelle. Die behauptete Immunschwäche „V-Aids" sei zudem im wissenschaftlich-medizinischen Bereich nicht anerkannt. [Vgl. auch LG Frankfurt a.M. → Nr. 7409, LG Hannover → Nr. 7361 und LG Detmold → Nr. 7407].

Betrag: – **Haftung: –**
immVorb: – **MdE: –**

LG Frankenthal 20.2.2024 – 8 O 259/22 = BeckRS 2024, 2342

7409

Corona-Impfschaden, behaupteter. Die Klägerin hatte vorgetragen unmittelbar nach der ersten Impfung über einige Wochen starke Migräneattacken gehabt zu haben. Auch heute leide sie zudem an einer akuten Herzerkrankung sowie an Leistungseinbußen und Konzentrationsstörungen. [siehe auch unter Fatigue-Syndrom].

Frau. Die Klägerin macht gegen den Corona-Impfstoffhersteller Biontech Ansprüche auf ua Schmerzensgeld im Zusammenhang mit einer Corona-Impfung geltend. Die Klage wurde abgewiesen. Zur Begründung führte das LG aus, ein Schadensersatzanspruch gemäß § 84 AMG sei nicht gegeben, da der Impfstoff von Biontech kein unvertretbares Nutzen-Risiko-Verhältnis aufweise. Das LG stellte außerdem klar: „Schädliche Wirkungen müssen zwar nicht bewiesen werden. Bloße Spekulationen genügen aber nicht." [Vgl. auch LG Frankenthal → Nr. 74089, LG Hannover → Nr. 7361 und LG Detmold → Nr. 7407].

Betrag: – **Haftung: –**
immVorb: – **MdE: –**

LG Frankfurt a. M. 14.2.2024 – 2/12 O 264/22 = BeckRS 2024, 2004

7407

Corona-Impfschaden, behaupteter (hier: Kopfschmerzen, Migräne, Übelkeit, Erbrechen, Schwindel, Schwellung des linken Auges, Atemnot, Gehbehinderung, Konzentrationsschwäche, Schlafstörung und Gleichgewichtsstörungen als Folge der dritten Corona-Impfung). [vgl. auch unter Fatigue-Syndrom.]

Frau. Die Klägerin macht gegen die Beklagte, Herstellerin des Impfstoffs Comirnaty, Ansprüche auf ua Schmerzensgeld im Zusammenhang mit einer Corona-Impfung geltend. [Vgl. auch LG Frankfurt a.M. → Nr. 7409, LG Frankenthal → Nr. 7408 und LG Hannover → Nr. 7361].

Betrag: – **Haftung: –**
immVorb: – **MdE: –**

LG Detmold 13.2.2024 – 02 O 85/23 = BeckRS 2024, 1998

7411

Corona-Impfschaden, behaupteter.

Der Kläger begehrte von der Beklagten, der Fa. BioNTech als Herstellerin des Impfstoffes „C.", wegen von ihm behaupteter impfungsbedingter gesundheitlicher Beeinträchtigungen – ua einer Myokarditis und einem „Post-Vac-Syndrom" und weiterer Erkrankungen – Auskunft über Wirkungen, Nebenwirkungen, Wechselwirkungen sowie entsprechende Verdachtsfälle bezüglich des Impfstoffs Comirnaty. Das LG wies die Klage ab und führte dazu aus, dass – wegen des Fehlens eines arzneimittelrechtlicher Schadensersatzanspruchs – auch kein Anspruch nach § 84a AMG bestehe, denn § 84a AMG setze voraus, dass die begehrten Auskünfte zur Feststellung erforderlich seien, ob ein Schadensersatzanspruch aus dem Arzneimittelgesetz nach § 84 AMG bestehe. Die EU-Kommission habe Comirnaty auf Grundlage des Prüfungsverfahrens der Europäischen Arzneimittel-Agentur EMA, bei welchem auch die positive Nutzen-Risiko-Bilanz attestiert worden sei, zugelassen. Zudem verneinte das LG auch einen Schadensersatzanspruch wegen einer falschen Gebrauchsinformation.

Betrag: – **Haftung: –**
immVorb: – **MdE: –**

LG Mainz 30.1.2024 – 5 O 323/22 = BeckRS 2024, 1199

7412

Corona-Impfschaden, behaupteter

54j. Mann (Notfallsanitäter). Der Kläger nimmt die Beklagte als Herstellerin des Impfstoffes „Vaxzevria" wegen von ihr behaupteter impfungsbedingter gesundheitlicher Beeinträchtigungen – ua einer tumoröse Raumforderung im Bereich der Halswirbelsäule und Atemwegsinfektionen – auf die Zahlung von Schmerzensgeld in Höhe von 80.000 EUR in Anspruch. Das LG wies die Klage aus allen rechtlichen Gründen (§§ 823, 826 BGB, § 15 ProdHaftG, § 84 AMG zurück und wies darauf hin, dass es sich bei der "Behauptung [des Klägers, seine Erkrankungen seien auf die Impfung zurückzuführen] lediglich um eine ungesicherte Hypothese „ins Blaue hinein" handele.

Betrag: – **Haftung: –**
immVorb: – **MdE: –**

LG Bamberg 30.1.2024 – 45 O 183/23 = BeckRS 2024, 2000

7414

Corona-Impfschaden, behaupteter (hier: Müdigkeit, Erschöpfung, hoher Blutdruck, Schwindel, Erbrechen, Druck im Kopf sowie Lähmungserscheinungen). Vgl. auch unter Fatigue-Syndrom.

75j. Frau. Die Klägerin nimmt die Beklagte als Herstellerin des Impfstoffes „C." wegen von ihr behaupteter impfungsbedingter gesundheitlicher Beeinträchtigungen – ähnlich denen eines Fatigue-Syndroms – auf die Zahlung von Schmerzensgeld in Höhe von 150.000 EUR in Anspruch. Das LG wies die Klage mit der Begründung zurück, der geltend gemachte Schmerzensgeld- und Schadensersatzanspruch stehe der Klägerin unter keinem rechtlichen Gesichtspunkt zu, zumal sie nur „fragmentarisch" Unterlagen vorgelegt und „völlig unzureichend" vorgetragen habe.

Betrag: – **Haftung: –**
immVorb: – **MdE: –**

LG Koblenz 18.1.2024 – 1 O 258/22 = BeckRS 2024, 1981

6221

Corona-Impfschaden, behaupteter. (hier: Arbeitsunfähigkeit aufgrund von umfassender Krankheitssymptomatik – siehe unter Einzelheiten).

Mann (Soldat). Der Kläger erhielt insgesamt drei Impfungen, zunächst den Impfstoff des Herstellers J. & J., und später den Impfstoff Comirnaty. Ca. drei Tage nach der letzten Impfung – so der Kläger – „seien bei ihm erste Erkrankungssymptome aufgetreten. Zunächst habe er leichtes Fieber verspürt. Die erkältungsähnlichen Symptome hätten sich dann zunehmend verstärkt, sodass er unter starken Schlafstörungen gelitten habe. Er habe unter Belastung eine starke Atemnot verspürt, zudem Brustschmerzen, Herzrasen, Herzklopfen, Herzstolpern, Schwindelgefühle und Konzentrationsstörungen sowie Gedächtnisstörungen und Wortfindungsstörungen erlebt. Weiterhin habe er seinen Geruchssinn verloren und ein Taubheitsgefühl in den Händen entwickelt. Auch habe er unter Kopf- und Muskelschmerzen gelitten. … Seine gesundheitlichen Beschwerden seien auf die Impfung mit dem Impfstoff Comirnaty der Beklagten im Januar 2022 zurückzuführen. Vor der Impfung sei er ein gesunder Mensch ohne relevante Vorerkrankungen gewesen." Der Kläger forderte mindestens 80.000 EUR Schmerzensgeld. Das LG wies die Klage als unbegründet ab: „Ein solcher Anspruch ergibt sich nicht aus § 84 AMG (dazu unter 1.). Ein solcher Anspruch ergibt sich darüber hinaus auch weder aus § 823 Abs. 1 BGB noch aus § 826 BGB oder sonstigen Anspruchsgrundlagen (dazu unter 2.). Die Beweislast für das Vorliegen der Voraussetzungen von § 84 Abs. 1 S. 2 Nr. 1 und 2 AMG trägt der Kläger … Im vorliegenden Fall ist es dem Kläger nicht gelungen, das Vorliegen der Voraussetzungen dieser Normen substantiiert darzulegen und zu beweisen, sodass es auf eine Vielzahl der von den Parteien erörterten Streitfragen schon gar nicht ankommt. Bei der Vornahme der Nutzen-Risiko-Abwägung, die nach einhelliger Ansicht in Literatur und Rechtsprechung gemäß § 84 Abs. 1 S. 2 Nr. 1 AMG zur Ermittlung des Vorliegens schädlicher Wirkungen erforderlich ist, sei – so das LG – "maßgeblich zu beachten, dass es dabei nicht auf individuelle Nutzen oder Risiken, hier etwa des Klägers, ankommt. In die Abwägung einzustellen sind vielmehr Nutzen und Risiken im Hinblick auf den gesamten durch den Impfstoff angesprochenen Adressatenkreis."

Betrag: – **Haftung: –**
immVorb: Ja **MdE: –**

LG Saarbrücken 21.12.2023 – 16 O 33/23 = BeckRS 2023, 38490

7292

Corona-Impfschaden, behaupteter (hier: Augenverletzung – Diagnose des Verdachts auf anteriore ischämische Optikneuropathie, eines akuten Verschlusses einer den Sehnerven versorgenden Augenarterie [sogenannter Augeninfarkt] mit Verlust des totalen Sehfeldes am rechten Auge.

58j. Mann (Diplom-Ingenieur). Kein Schmerzensgeldanspruch für einen Augeninfarkt, den der Kläger auf eine Coronaschutzimpfung mit dem von der Beklagten hergestellten Impfstoff Comirnaty zurückgeführt hatte; der Kläger hatte 150.000 EUR gefordert. Zum Vortrag des Klägers, wonach der Impfstoff ein negatives Nutzen-Risiko-Verhältnis habe und sich dieses bereits daraus ergeben würde, dass für den Impfstoff keine Langzeitstudien existieren, betonte das LG aus, dass dies „für die rechtliche Beurteilung nach § 84 Abs. 1 S. 2 Nr. 1 AMG irrelevant sei. Der Kläger ist darlegungs- und beweisbelastet für die Anspruchsvoraussetzung des negativen Nutzen-Risiko-Verhältnisses.". Abschließend führte das LG aus: „Nachdem weder § 84 Abs. 1 S. 2 Nr. 1 noch Nr. 2 AMG erfüllt sind, kommt es auf die individuellen Umstände des Klägers, also ob der erlittene Augeninfarkt auf dem Impfstoff der Beklagten beruht, nicht an, wobei der Kläger den Vollbeweis der Kausalität hätte führen müssen. Die Beweisvermutung des § 84 Abs. 2 S. 1 AMG wäre durch § 84 Abs. 2 S. 3 AMG ausgeschlossen gewesen, da beim Kläger nach den von ihm vorgelegten Einschätzungen der ihn behandelnden Ärzte mehrere Risikofaktoren für einen Augeninfarkt bestanden. Die Voraussetzungen weiterer Anspruchsgrundlagen liegen ebenfalls nicht vor."

Betrag: – **Haftung: –**
immVorb: – **MdE: –**

LG Rottweil 6.12.2023 – 2 O 325/22 = BeckRS 2023, 34883

7361

Corona-Impfschaden, behaupteter (hier: Psychische Beeinträchtigungen in Form eines sog. Fatigue-Syndroms, einer Anpassungsstörung F 43.21 mit längerer depressiver Reaktion nach ICD-10".)

Frau (Studienrätin im Schuldienst). Die Klägerin nimmt die Beklagte als Herstellerin des Impfstoffes „C." wegen von ihr behaupteter impfungsbedingter gesundheitlicher Beeinträchtigungen – ua eines Fatigue-Syndroms – auf die Zahlung von Schmerzensgeld in Höhe von 120.000 EUR in Anspruch. Das LG sah weder einen Schmerzensgeldanspruch aus den §§ 84 Abs. 1 S. 1, 2 Nr. 1, 2, 87 S. 2 AMG noch aus §§ 32 Abs. 1, 5 S. 2 GenTG noch aus § 1 Abs. 1 ProdHaftG [Anmerkung: vgl. dazu § 15 ProdHaftG] und auch nicht aus § 823 BGB als gegeben an. Ansprüche aus § 823 Abs. 2 BGB iVm § 5 AMG kommen ebenfalls nicht in Betracht, ebenso wenig, wie aus § 826 BGB. [vgl. auch LG Frankfurt a.M. → Nr. 7409 und LG Detmold → Nr. 7407].

Betrag: – **Haftung: –**
immVorb: – **MdE: –**

LG Hannover 4.12.2023 – 2 O 76/23 = BeckRS 2023, 38485

7469

Corona-Impfschaden, behaupteter (hier: Schwindelgefühle, Muskelschmerzen, Gliederschmerzen, einem allgemeinen Krankheitsgefühl, Gesichtsschmerzen, Nackenschmerzen und Erschöpfung [vgl. Fatigue-Syndrom]).

Frau. Kein Schmerzensgeldanspruch (die Kl. hatte mindestens 100.000 EUR gefordert) im Zusammenhang mit bei ihr durchgeführter Corona-Schutzimpfungen. Das LG kam nach sorgfältiger Prüfung zum Ergebnis, dass ein Anspruch der Klägerin auf Schmerzensgeld sich nicht aus § 84 Abs. 1 AMG ergibt, da dessen tatbestandliche Voraussetzungen nicht erfüllt sind und der Klägerin auch unter keinem weiteren Gesichtspunkt die geltend gemachten Schadenersatz- und Schmerzensgeldansprüche gegen die Beklagte zustehen. Insbesondere betonte das LG, dass „die EU-Kommission … unverändert von einer positiven Nutzen-Risiko-Bilanz ausgeht" und „Demgegenüber … die mit dem Impfstoff verbundenen Risiken bzw. Nebenwirkungen in der Gesamtbilanz nicht als unvertretbar hoch anzusehen" seien. Dabei verwies das LG darauf, dass „nach dem unbestritten Beklagtenvorbringen weltweit deutlich über 2,6 Milliarden Dosen des Impfstoffs verabreicht" und es "lediglich in 116 Fällen einen ursächlichen Zusammenhang mit der Impfung überhaupt als „konsistent" bewertet worden waren. [Anmerkung: Das Urteil des LG Mainz wurde vom OLG Koblenz mit Urteil vom 10.7.2024 → Nr. 7470 bestätigt].

Betrag: – **Haftung: –**
immVorb: – **MdE: –**

LG Mainz 14.11.2023 – 9 O 37/23 = BeckRS 2023, 38489

7302

Corona-Impfschaden, behaupteter (hier: Hirninfarkt).

Mann. Der Kläger, der nach seinem Vortrag infolge einer Corona-Impfung mit dem Impfstoff „P." am 1.7.2021 einen Hirninfarkt mit gravierenden Folgeschäden erlitten haben will und insofern zur Erlangung eines Schmerzensgeldes bereits einen Zivilprozess vor dem zuständigen LG führt, wendet sich mit der hier vorgestellten Klage gegen die Rechtmäßigkeit des § 3 Abs. 4 der Verordnung zur Sicherstellung der Versorgung der Bevölkerung mit Produkten des medizinischen Bedarfs bei der durch das Coronavirus SARS-CoV-2 verursachten Epidemie (kurz: Medizinischer Bedarf-Versorgungssicherstellungsverordnung – MedBVSV) vom 25.5.2020. Insofern stellte sich zunächst die Frage der Wahl des richtigen Rechtsweges. Der Verwaltungsrechtsweg ist, so das VG, gemäß § 40 Abs. 1 Satz 1 VwGO eröffnet, denn es handelt sich um eine öffentlich-rechtliche Streitigkeit nichtverfassungsrechtlicher Art iSd Norm. Zwar habe die Beklagte zutreffend darauf hingewiesen, dass es für die rechtliche Einordnung maßgeblich auf den Rechtscharakter der streitentscheidenden Norm ankomme. § 3 Abs. 1 MedBVSV modifiziere § 84 AMG und beziehe sich damit seinerseits auf eine Norm des Zivilrechts. Gegenstand der vorliegenden Feststellungsklage ist jedoch, so das VG, nicht dieser Haftungstatbestand, sondern die Normsetzungstätigkeit des zuständigen Bundesministeriums. Diese ist unabhängig davon, ob die erlassene Norm dem öffentlichen oder dem privaten Recht zuzuordnen ist, öffentlich-rechtlicher Natur. Die Klage ist jedoch unzulässig, so das VG weiter, denn sie ist als Feststellungsklage unstatthaft. Insofern fällt aus Sicht der Kammer entscheidend ins Gewicht, dass der Feststellungsklage der Subsidiaritätsgrundsatz des § 43 Abs. 2 Satz 1 VwGO entgegensteht. Denn der Kläger kann sein Begehren ohne Weiteres durch die beim Landgericht D. erhobene Leistungsklage verfolgen. Das Bundesverwaltungsgericht hat hervorgehoben, dass der einem Kläger zustehende Rechtsschutz schon aus prozessökonomischen Gründen auf ein einziges Verfahren konzentriert wird, nämlich dasjenige, das seinem Anliegen am wirkungsvollsten gerecht wird. Dies hat zur Folge, dass ein Verfahren zur Überprüfung zusammenhängender Rechtsfragen nur dann angestrengt werden kann, wenn dies zur Gewährung eines effektiven Rechtsschutzes zwingend geboten ist. Dabei gilt der Subsidiaritätsgrundsatz „rechtswegübergreifend".

Betrag: – **Haftung: –**
immVorb: – **MdE: –**

VG Köln 10.10.2023 – 7 K 574/23 = BeckRS 2023, 35353

7212

Infektion mit dem Corona-Virus mit erheblichen Schmerzen, hohem Fieber und massiven, medizinisch relevanten (Todes-)Angstzuständen.

Mann. Kein Schmerzensgeldanspruch gegen den Staat wegen einer Corona-Erkrankung. Der Kläger, ein deutscher Tourist, war am 7.3.2020 in den Ski-Urlaubsort Ischgl (Österreich) gereist und hatte dort diverse Après-Ski-Lokale besucht. Dabei hatte er sich dort – wie eine Vielzahl anderer Gäste – mit dem Corona-Virus SARS-CoV-2 infiziert. Erste Symptome traten unmittelbar nach seiner Heimkehr am 13.3.2020 auf. Er wurde am 15.3.2020 positiv auf SARS-CoV-2 getestet, am 19.3.2020 stationär im Krankenhaus aufgenommen und bis 31.3.2020 dort behandelt. Er hatte erhebliche Schmerzen, hohes Fieber und massive, medizinisch relevante (Todes-)Angstzustände. Er verklagte daraufhin das Land Tirol mit der Begründung, er habe sich „infolge des katastrophalen Missmanagements der zuständigen Behörden" mit dem Coronavirus infiziert. Hätten die Behörden rechtmäßig und unverzüglich gehandelt, wäre er nicht erkrankt. Die Beklagte wendete dagegen ein, die Erkrankung des Klägers sei von ihren Organen keinesfalls „in Kauf genommen" oder „mitverursacht" worden oder sonst wie zu verantworten. Es fehle schon an einer Kausalität zwischen einem Organverhalten und der Erkrankung des Klägers. Insbesondere werde der Kläger nachzuweisen haben, dass er sich überhaupt in Ischgl angesteckt habe; ein Anscheinsbeweis dafür sei nicht erbracht. Das LG Wien (Wien, Urteil vom 24.1.2022 – 31 Cg 25/20d-18) hatte die Klage abgewiesen. Die Klageabweisung begründete es ua im Wesentlichen damit, dass die Rechtsgrundlage für behördliches Handeln im vorliegenden Fall das EpiG in der damaligen Fassung gewesen sei. Dieses bezwecke den Schutz der Allgemeinheit vor der Weiterverbreitung übertragbarer Krankheiten, nicht jedoch die Verhütung der Ansteckung Einzelner, auch wenn das Handeln der Behörden die Ansteckungsgefahr insgesamt und damit – im Sinn einer Reflexwirkung – ebenso für das Individuum reduziere. Das Berufungsgericht hob dieses Urteil zur Erweiterung der Sachverhaltsgrundlage auf, verwies den Kläger mit seinem Rekurs gegen die Abweisung seiner Anträge nach §§ 184, 303 ZPO auf diese Entscheidung, weil es den Rekurs der Mängelrüge in der Berufung zuordnete und dort abhandelte, und ließ den Rekurs an den Obersten Gerichtshof zu. Das dagegen eingelegte Rechtsmittel führte dazu, dass durch die Entscheidung des OGH nun das Urteil des Erstgerichts wiederhergestellt wurde. Zur Begründung führte der OGH aus, „sowohl die Materialien zur Stammfassung des EpiG als auch eine Analyse der vom Kläger in seinem Rechtsmittel herangezogenen Bestimmungen zeig[t]en, dass die der Behörde im II. Hauptstück des Epidemiegesetzes (§§ 6 ff EpiG) auferlegten Handlungspflichten den Schutz der Allgemeinheit bezwecken. Der Einzelne [sei] von den Wirkungen und damit dem Schutz solcher Maßnahmen nur indirekt in Form einer Reflexwirkung betroffen", somit könne „aus der behaupteten Unterlassung des nach Sicht des Klägers gebotenen Behördenverhaltens keine Amtshaftung abgeleitet werden." Zudem, so der OGH, könne auch „Mangels unmittelbarer Wirkung für die Verwaltung und damit für das konkrete behördliche Handeln können aus dem vom Kläger behaupteten Verstoß gegen Schutzpflichten nach Art. 2 und Art. 8 EMRK durch unzureichende Informationen keine Amtshaftungsansprüche abgeleitet werden." Im Weiteren befasste sich der OGH mit möglichen Anspruchsgrundlagen der Grundrechtecharta der EU (GrC) und lehnte auch diese im Zusammenhang mit der ihm vorgelegten Klage ab, da bereits keine Anwendbarkeit der GRC im konkreten Falle vorliege (wurde sehr sorgfältig, ausführlich und umfassend geprüft bzw. begründet). Schließlich prüfte der OGH noch die Haftung aufgrund behaupteter Verstöße gegen sonstiges Unionsrecht sowie auf der Grundlage von Bestimmungen des StGB und sah für beides keine Grundlagen.

Betrag: – **Haftung: –**
immVorb: – **MdE: –**

OGH Österreich 15.5.2023 – 1 Ob 199/22d = BeckRS 2023, 12007

7181

Einstechen der Spritzenkanüle und Einbringen des Impfstoffes und die damit verbundenen Beeinträchtigungen im Zusammenhang mit einer Corona-Impfung. (Impfung mittels Spritze als Bagatellverletzung).

89j. Mann (Kläger war der Sohn des inzwischen Verstorbenen). Kein Schmerzensgeldanspruch für eine Corona-Impfung als solche ohne besondere Folgebeschwerden / Impfung mittels Spritze als Bagatellverletzung. Der Kläger trug vor, bei der Injektionsnadel handele es sich um ein gefährliches Werkzeug, mit welchem sein Vater nicht unerheblich verletzt worden sei. Das LG wies die Klage ab und führte dazu aus: „Allein das Einstechen der Nadel und das Einbringen des Impfstoffs bewirken aber keinen immateriellen Schaden beim Patienten, bei dem (wenn sich die Injektion mangels ausreichender Aufklärung und wegen daher unwirksamer Einwilligung als rechtswidrig darstellen sollte) eine Entschädigung in Geld der Billigkeit entspräche; denn die damit verbundenen Beeinträchtigungen sind nach Art und Intensität so gering, dass sie das Wohlergehen des Patienten über den Augenblick hinaus nicht nachhaltig stören. Selbst die erwähnten typischen (kurzfristigen) Schwellungen und Spannungen begriffe die Kammer noch als Bagatelle im vorstehend umschriebenen Sinne, welche keinen Schmerzensgeldanspruch begründet."

Betrag: – **Haftung: –**
immVorb: – **MdE: –**

LG Ravensburg 16.3.2023 – 3 O 1/23 = BeckRS 2023, 4390

7151

Corona-Impfschaden, behaupteter (hier: Angeblicher neurologischer Impffolgeschaden nach COVID-19-Impfungen mit mRNA-Impfstoff).

Frau (Pflegeheim-Auszubildende). Kein Schmerzensgeld wegen behaupteten Corona-Impfschadens: Die Klägerin erhielt im Frühjahr 2021 mit dem damals neu zugelassenen mRNA-Impfstoff zweimal eine COVID-19-Impfung. In deren Folge musste Sie wegen Nebenwirkungen stationär behandelt werden und trug in ihrer Klage vor, von der Beklagten nicht über die Risiken dieser Impfungen aufgeklärt worden zu sein; sie habe einen neurologischen Folgeschaden bzw. Impfschaden erlitten. Das Landgericht wies die auf 50.000 Euro Schmerzensgeld gerichtete Klage ab, da die Klägerin von der Beklagten mittels eines Merkblatts ordnungsgemäß über die Risiken der beiden verabreichten COVID-19-Impfungen aufgeklärt worden sei und zudem auch noch während der beiden Impftermine Gelegenheit gehabt, Fragen an die Beklagte zu stellen. Die Aufklärung sei somit in rechtlicher Hinsicht als ausreichend anzusehen. Das LG wies vor diesem Hintergrund zudem darauf hin, dass die Klage selbst dann keinen Erfolg gehabt hätte, wenn die Klägerin den behaupteten Impfschaden tatsächlich erlitten hätte. [Anmerkung: vgl. auch LG Kleve → Nr. 7118; lesenswert zu dieser Thematik ist auch der Aufsatz von auf der Heiden NJW 2022, 3737].

Betrag: – **Haftung: –**
immVorb: – **MdE: –**

LG Heilbronn 14.2.2023 – 1 O 65/22 = BeckRS 2023, 1660

7162

Verdacht auf Impfreaktion bei unmittelbar vorausgehender Vakzinierung mit Comirnaty, COVID-19-mRNA-Impfstoff, klinisch mit geringradiger, sensomotorischer Hemiparese links und geringer Gangunsicherheit, vom Verteilungsmuster am ehesten einer Läsion des cervikalen Myelons zuzuordnen ohne Nachweis im MRT, therapeutisch über 3 Tage jeweils 1000 mg Methylprednisolon.

Frau (Auszubildende zur Kranken- und Altenpflegerin). Kein Schmerzensgeldanspruch wegen angeblicher Aufklärungspflichtverletzung seitens der Beklagten. Die Klägerin nahm die Beklagte auf Zahlung von Schmerzensgeld iHv mindestens 50.000 Euro und Schadensersatz wegen Komplikationen nach zwei COVID-19-Impfungen in Anspruch und behauptete, sie sei von der Beklagten in keiner Weise über die Risiken der Impfung aufgeklärt worden sei, weshalb ihre Einwilligung unwirksam sei. Das LG wies die Klage ab und begründete dies zum damit, dass die vor der Impfung erfolgte Aufklärung in ausreichender Form und Intensität und ordnungsgemäß erfolgt sei. „Bei der streitgegenständlichen Impfung wurde ein neuartiger mRNA-Impfstoff verabreicht, der vorläufig von der Europäischen Arzneimittelagentur (EMA) zugelassen wurde. Aus diesem Grunde handelte es sich nicht um eine Routineimpfung im Sinne der vorgenannten Rechtsprechung. Gleichwohl sind nach Auffassung der Kammer die dargelegten Grundsätze des BGH zu den sogenannten Routineimpfungen auf den vorliegenden Fall zu übertragen … Würde man verlangen, dass vor jeder Impfung ein persönliches ausführliches ärztliches Aufklärungsgespräch erforderlich ist, wäre dies logistisch kaum zu leisten gewesen und hätte die Impfkampagne erheblich verzögert. Dies bedeutet nicht, dass auf das grundsätzliche Erfordernis eines persönlichen ärztlichen Aufklärungsgesprächs verzichtet werden kann. Bei dieser Gemengelage erscheint es aber angemessen und ausreichend, dass nach vorheriger schriftlicher Aufklärung mittels Merkblatt jedem Impfling die Möglichkeit gegeben wird, im mündlichen Arztgespräch vor der Impfung Nachfragen zu stellen und weitere Informationen einzuholen“, so das LG.

Betrag: – **Haftung: –**
immVorb: – **MdE: –**

LG Heilbronn 14.2.2023 – Wo 1 O 65/22 = BeckRS 2023, 1660

7573

Corona-Impfschaden, behaupteter. (hier: „Depressionen, Luftnot, Schmerzen bei der Atmung, anhaltendem Husten, Schlafapnoe, fehlender körperlicher und psychischer Belastbarkeit, Herzrasen, Müdigkeit, Erschöpfung, verstopfter Nase, Beeinträchtigung des Geruchsinns, Druck im Kopf, Schmerzen am gesamten Körper, Taubheitsgefühl im Gesicht und Ohr, Hörproblemen, Abgeschlagenheit, Stimmungsschwankungen, Vergesslichkeit, Schlafstörung, Muskelschmerzen, Kraftlosigkeit, Hautveränderungen, Haarausfall, Taubheit in Gliedern, Appetitlosigkeit“).

Mann. Kein Schmerzensgeldanspruch im Zusammenhang mit Corona-Schutzimpfungen, bei welchen dem Kläger insgesamt dreimal der Impfstoff Comirnaty verabreicht worden war. Der Kläger hatte mindestens 150.000 EUR gefordert. Das LG kam nach umfassender Prüfung zum Ergebnis, dass ein Anspruch des Klägers auf Schmerzensgeld sich nicht aus § 84 Abs. 1 AMG ergibt, da dessen tatbestandliche Voraussetzungen nicht erfüllt sind und dem Kläger auch nach keiner weiteren Rechtsnorm (genannt wurden § 32 Abs. 1, Abs. 5 S. 2 GenTG oder §§ 823 Abs. 1, 253 Abs. 2 BGB oder § 826 BGB) die geltend gemachten Schadenersatz- bzw. Schmerzensgeldansprüche gegen die Beklagte zustehen.

Betrag: – **Haftung: –**
immVorb: – **MdE: –**

LG Bochum 23.1.2023 – 8 O 549/23 = BeckRS 2025, 851

7157

Corona-Impfschaden, behaupteter (hier: Darmvenenthrombose).

31j. Frau. Kein Schmerzensgeldanspruch für behaupteten Impfschaden: Die Parteien stritten um Schmerzensgeld und Schadensersatz aufgrund einer Dünndarmresektion wegen einer Darmvenenthrombose der Klägerin im zeitlichen Zusammenhang mit einer Impfung mit dem heutigen Sars-CoV-2-Impfstoff AstraZeneca der Beklagten. Die Beklagte behauptete in ihrer Klagerwiderung, die Klägerin habe zum Zeitpunkt der Impfung an Adipositas 3. Grades gelitten und habe ein individuell sehr hohes Risiko für einen schweren oder tödlichen Krankheitsverlauf bei einer Corona-Infektion aufgewiesen; ein Produktfehler oder ein Informationsfehler habe nicht vorgelegen. Das LG wies die Klage als unbegründet ab. Zum einen liege kein Produktfehler, § 84 Abs. 1 S. 2 Nr. 1 AMG vor. Des weiteren sei auch ein Informationsfehler, § 84 Abs. 1 S. 2 Nr. 2 AMG nicht gegeben und zwar (a) weder ein Informationsfehler im eigentlichen Sinne noch (b) ein Entscheidungskonflikt der Klägerin. Drittens komme auch ein Anspruch aus keiner sonstigen Anspruchsgrundlage in Betracht, insbesondere nicht aus § 823 Abs. 1 BGB, da weder eine Verkehrssicherungspflichtverletzung, noch ein Verschulden vorliegend ersichtlich sei, so das LG. [Anmerkung: vgl. auch LG Heilbronn → Nr. 7151 sowie LG Kleve → Nr. 7118; lesenswert zu dieser Thematik ist auch der Aufsatz von auf der Heiden NJW 2022, 3737].

Betrag: – **Haftung: –**
immVorb: – **MdE: –**

LG Hof 3.1.2023 – 15 O 22/21 = BeckRS 2023, 830

7584

Corona-Impfschaden, behaupteter. (hier: Autoimmunerkrankung, Durchfall, Herzrasen, Schweißausbrüche, Taubheitsgefühle, Erschöpfungszustände, Nervensystem-Funktionsstörungen sowie auch eine Staphylokokken-Infektion).

Frau. Kein Schmerzensgeldanspruch im Zusammenhang mit dem Impfstoff Comirnaty; der Impfstoff war der Klägerin insgesamt dreimal im Rahmen der Corona-Schutzimpfungen verabreicht worden. Die Klägerin hatte mindestens 50.000 EUR gefordert. Das LG kam nach umfassender Prüfung zum Ergebnis, dass ein Anspruch der Klägerin auf Schmerzensgeld sich nicht aus § 84 Abs. 1 AMG ergibt, da dessen tatbestandliche Voraussetzungen nicht erfüllt sind. Zum Nutzen-Risiko-Verhältnisses des Impfstoffes Cominarty führte das LG unter Hinweis auf OLG Koblenz BeckRS 2024, 16169 → Nr. 7470 aus: „Gem. § 84 Abs. 1 S. 2 Nr. 1 AMG haftet der pharmazeutische Unternehmer dann, wenn ein Arzneimittel bei bestimmungsgemäßem Gebrauch schädliche Wirkungen hat, die über ein nach den Erkenntnissen der medizinischen Wissenschaft vertretbares Maß hinausgehen. Maßgeblich ist die wissenschaftlich belegte Unvertretbarkeit der schädlichen Wirkungen des Arzneimittels bei dessen Einsatz. Es müssten demnach Anhaltspunkte dafür bestehen, dass eine negative NutzenRisiko-Abwägung für die Gesamtheit der potenziellen Anwender besteht. ... Maßgebend für die Bewertung der Nutzen-Risiko-Bilanz sind die allgemein anerkannten Erkenntnisse der medizinischen Wissenschaft, welche hier durch umfassende Untersuchungen erlangt wurden (s.o.) und nicht hiervon abweichende Einzelstimmen, deren gegenteilige Auffassung die Klägerin anführt."

Betrag: – **Haftung: –**
immVorb: – **MdE: –**

LG Hannover 22.10.2022 – 2 O 74/24 = BeckRS 2024, 31611

7053

Persönlichkeitsrechtsverletzung, behauptete (hier: Quarantäne / Absonderung im Rahmen der Corona-Pandemie nach einem fälschlicher Weise positiven PCR-Test nach welchem sich herausstelle, dass die positiv getestete Person gesund gewesen war.

Frau (insgesamt ging es um eine vierköpfige Familie). Kein Schmerzensgeldanspruch für Corona-Quarantäne. Die Klage der Familie aus Magdeburg auf Schmerzensgeld in Höhe von mindestens 3.700 Euro für jeden der vier Kläger scheiterte vor dem LG Magdeburg sowie dem OLG. Dieses führte dazu aus, dass sich die Beklagte auf die Ergebnisse des PCR-Tests verlassen durfte. Darüber hinaus habe sie ohne Verschulden gehandelt, da sie sich an die Empfehlungen des Robert Koch Instituts gehalten hatte. Dies gelte auch, wenn sich nach einem positiven PCR-Test herausstelle, dass die positiv getestete Person doch gesund gewesen sei.

Betrag: – **Haftung: –**
immVorb: – **MdE: –**

OLG Naumburg 8.6.2022 – 5 U 35/22 = BeckRS 2022, 16250

7037

Persönlichkeitsrechtsverletzung, behauptete – wegen Corona-Einschränkungen in Kindertageseinrichtung (KiTa) bzw. Corona-Quarantäne / Absonderung.

5j. Kind. Kein Schmerzensgeldanspruch eines Kindes, das wegen der Corona-Infektion eines anderen Kindes in seiner Kita-Gruppe insgesamt drei Mal jeweils für acht bis zehn Tage häusliche Quarantäne bzw. „Absonderung" gemäß § 30 IfSG zu absolvieren hatte. Die Klägerin begehrte pro Tag 250 EUR und somit insgesamt 7.000 EUR. Das LG wies die Klage ab. Die Dauer der angeordneten Quarantäne entspreche den im Frühjahr 2021 geltenden Empfehlungen des Robert-Koch-Instituts und sei nicht zu beanstanden. Insbesondere habe die beklagte Stadt Neuss bei der Dauer der Quarantäneanordnung verhältnismäßig gehandelt. [Vgl. dazu → Nr. 6828 sowie auch die Anmerkung von Slizyk COVuR 2022, 86]

Betrag: – **Haftung: –**
immVorb: – **MdE: –**

LG Düsseldorf 18.5.2022 – 2b O 100/21 = BeckRS 2022, 11059

7036

Infektion mit dem Corona-Virus mit schweren Krankheitssymptomen.

Frau (Krankenschwester). Kein Schmerzensgeldanspruch für Ansteckung mit dem Corona-Virus am Arbeitsplatz. „Steht ... nicht fest, wann sich die Klägerin bei wem genau angesteckt hat, lässt sich auch nicht feststellen, ob und inwieweit hierfür welche der verschiedensten von der Klägerin behaupteten Pflichtverletzungen der Beklagten, selbst wenn man eine solche einmal unterstellt, für ihre eigene Erkrankung ursächlich geworden ist.", so das ArbG. Die Klägerin war bei der Beklagten in deren Pflegeheim angestellt und im März 2020 in der Essensausgabe tätig. Von der Beklagten habe sie – so der Vortrag der Klägerin, die sich im April mit dem Corona-Virus infiziert hatte – keine Atemmaske erhalten und sei deshalb schwer erkrankt. Das ArbG wies die Klage ab, da die Klägerin nicht den Nachweis geführt habe, dass eine Pflichtverletzung ihres Arbeitgebers für ihre Erkrankung kausal war. Ein diesbezügliches ärztliches Attest akzeptierte das ArbG insofern nicht. [Anmerkung: Lesenswert dazu Eufinger, Zum Schadensersatzanspruch einer Krankenschwester aufgrund einer Corona-Erkrankung, ARP 2022, 381].

Betrag: – **Haftung: –**
immVorb: – **MdE: –**

ArbG Siegburg 30.3.2022 – 3 Ca 1848/21 = BeckRS 2022, 10314

7018

Psychische Beeinträchtigungen als vermeintliche Folgen einer fünftägigen Corona-Quarantäne. Die Kläger behaupteten, an Frustration, Ängsten und Depression gelitten und die häusliche Quarantäne als Stress-Situation empfunden zu haben.

Frau (sowie weitere Personen). Kein Schmerzensgeld für Corona-Quarantäne. Die Kläger befanden sich im Mai 2021 im Urlaub auf den Malediven, die zu diesem Zeitpunkt als Hochinzidenzgebiet eingestuft worden waren, weshalb sich die Kläger vom 1. bis zum 6. Juni 2021 in häusliche Quarantäne begaben, so das LG, das die Klage mit der Begründung abwies, es fehle „hier bereits an einem Verstoß gegen Unionsrecht", denn die „durch § 4 CoronaEinreiseV angeordnete Absonderungspflicht begründet keinen Verstoß gegen den unionsrechtlichen Grundsatz der Freizügigkeit nach Art. 21 AEUV". Auch Ansprüche nach dem allgemeinen Aufopferungsanspruch bzw. aufopferungsgleichen Anspruch bestünden nicht, so das LG, denn diese „scheitern bereits am Vorliegen eines Sonderopfers. Es realisierte sich in der häuslichen Quarantäne lediglich ein allgemeines Lebensrisiko". [vgl. auch → Nr. 6832].

Betrag: – **Haftung: –**
immVorb: – **MdE: –**

LG Berlin 15.3.2022 – 26 O 257/21 = BeckRS 2022, 5626

7118

Corona-Impfschaden, behaupteter.

Mann. Kein Schmerzensgeldanspruch für behaupteten Impfschaden mit Todesfolge: Der Mann wurde am 7. März

2021 gegen den SARS-CoV-2/COVID19-Erreger geimpft [Corona-Impfung], wurde am 20. März 2021 wegen eines epileptischen Anfalls notoperiert und verstarb im Jahr 2021. Die Kläger (Ehefrau und Kinder) klagten gegen den Hersteller des Vektor-Impfstoffes auf ein angemessenes Schmerzensgeld aus übergegangenem Recht zu und ferner Hinterbliebenengelder nach S. 844 Abs. 3 BGB. Das LG sah die zulässige Klage als unbegründet an. Gemäß Art. 7 Nr. 2 EuGVVO ist Deutschland international und das Landgericht Kleve sachlich und örtlich zuständig. Die Klage sei deshalb unbegründet, da weder aus dem ProdHaftG (siehe § 15 ProdHaftG) noch aus dem AMG (weder aus § 84 Abs. 1 S. 2 Nr. 1 AMG noch aus 84 Abs. 1 S. 2 Nr. 2 AMG) und auch nicht aus § 823 BGB eine Haftung bestehe, was das LG ausführlich darlegte. Somit erhielten die Kläger kein Schmerzensgeld oder Hinterbliebenengeld wegen des Todesfalls nach einer Impfung mit einem Corona-Impfstoff. [vgl. auch LG Heilbronn → Nr. 7151; lesenswert zu dieser Thematik ist auch der Aufsatz von auf der Heiden NJW 2022, 3737].

Betrag: – **Haftung: –**
immVorb: – **MdE: –**

LG Kleve 25.1.2022 – 2 O 83/22 = BeckRS 2023, 828

6836

Persönlichkeitsrechtsverletzung infolge behaupteter Freiheitsberaubung bzw. Freiheitsentziehung sowie psychischer Beeinträchtigungen, fehlendem Zugang zur Natur etc. wegen – Corona-Pandemie-bedingt – erfolgter Quarantäne auf Grund des Kontakts mit einer infizierten Schülerin.

Frau (Lehrerin). Kein Schmerzensgeldanspruch wegen coronabedingter 10-tägiger häuslicher Quarantäne. Die Klägerin forderte pro Tag der Quarantäne 250 EUR Schmerzensgeld. Das LG wies die Klage ab, da keine Amtspflichtverletzung aufgrund der Anordnung der häuslichen Absonderung bestand. Einen Verstoß gegen Art. 104 Abs. 2 S. 1, 2 GG sah das LG zutreffend mangels erfolgter Freiheitsentziehung (als qualifizierter bzw. schärfster Form der Freiheitsbeschränkung) durch die Absonderungsverfügung nicht; vielmehr handele es sich lediglich um „einfache" Freiheitsbeschränkung, so das LG. Überdies fehlte es auch an einem Verschulden des Beklagten, die im Rahmen der Covid-19-Pandemie und damit zur Gefahrenabwehr eine schnelle Entscheidungsfindung zur Eindämmung des Infektionsgeschehens vorzunehmen hatte.

Betrag: – **Haftung: –**
immVorb: – **MdE: –**

LG Oldenburg 23.12.2021 – 5 O 1371/21 = BeckRS 2021, 40416

6832

Psychische Beeinträchtigungen als vermeintliche Folgen einer sechstägigen bzw. zehntägigen Corona-Quarantäne. Die Kläger behaupteten, an Frustration, Ängsten, Schlafproblemen, Konzentrationsstörungen, emotionaler Erschöpfung, Depression, Reizbarkeit, Existenzängsten und der vereinsamten Situation gelitten zu haben.

Mann. Kein Schmerzensgeld für Corona-Quarantäne. Die Kläger, ein Ehepaar, fordert wegen Quarantäne nach Reiserückkehr aus Risikogebiet Schmerzensgeld; der Mann, der 10 Tage in Quarantäne war 2.500 EUR und seine Frau. die nur sechs Tage abgesondert wurde 1.250 EUR. Das LG wies die Klage ab. Die Kläger seien zu Recht als „Ansteckungsverdächtige" im Sinne des Infektionsschutzgesetzes eingestuft worden, denn sie seien aus einem internationalen Risikogebiet eingereist. Die sog. Absonderung sei auch verhältnismäßig und zumutbar gewesen. Die Kläger seien auch nicht an einem fremden Ort untergebracht worden, sondern hätten sich ohne Überwachung in ihrer eigenen Wohnung selbstbestimmt bewegen können. [vgl. auch → Nr. 7018].

Betrag: – **Haftung: –**
immVorb: – **MdE: –**

LG Frankfurt a. M. 16.12.2021 – 2-04 O 165/21 = BeckRS 2021, 40919

6828

Posttraumatische Belastungsstörungen und psychische Beeinträchtigungen wegen 12-tägiger Corona-Quarantäne im Elternhaus.

3j. Kind. Kein Schmerzensgeldanspruch eines Kindes, das wegen der Corona-Infektion eines anderen Kindes in seiner Kita-Gruppe eine 12-tägige häusliche Quarantäne bzw. „Absonderung" gemäß § 30 IfSG zu absolvieren hatte, wobei das Kind in seiner gewohnten Umgebung mit seinen Eltern als Vertrauenspersonen verblieb. „Auch wenn die Beschränkung, zwei Wochen nicht nach draußen zu dürfen und keinen Besuch zu empfangen, schwerwiegend ist, ist die Belastung angesichts des begrenzten Zeitraums noch angemessen" und rechtfertigt – abgesehen davon, dass es bereits an der erforderlichen Amtspflichtverletzung fehlte – kein Schmerzensgeld. [Vgl. dazu → Nr. 7037 sowie auch die Anmerkung von Slizyk COVuR 2022, 86]

Betrag: – **Haftung: –**
immVorb: – **MdE: –**

LG Köln 26.10.2021 – 5 O 117/21 = BeckRS 2021, 36053

6822

Persönlichkeitsrechtsverletzung, behauptete (hier: 14tägige Quarantäne / Absonderung im Rahmen der Corona-Pandemie nach einer Auslandsreise).

Frau. Kein Schmerzensgeldanspruch für Corona-Quarantäne; insofern führte das LG aus: „Ein Überschreiten der Geringfügigkeitsschwelle ergibt sich zunächst nicht bereits aus dem Umstand, dass die Kläger mehrere Tage in ihrer persönlichen Fortbewegungsfreiheit eingeschränkt waren. Eine feste zeitliche Grenze, ab der eine Freiheitseinschränkung als ausgleichspflichtig anzusehen wäre, gibt es nicht. Abzustellen ist vielmehr auf die konkrete Situation des Einzelfalls. … Die von den Klägern vorgetragenen Beeinträchtigungen durch die Quarantäne sind nicht geeignet, einen Schmerzensgeldanspruch unter dem Aspekt des Ausgleichsgedankens zu begründen. … Es erscheint schon sehr zweifelhaft, ob diese Umstände ausreichend sind, um ein Überschreiten der Geringfügigkeitsschwelle begründen zu können. Darauf kommt es jedoch nicht an, weil die Kläger durch ihr eigenes Verhalten gezeigt haben, dass die mit der Quarantäne für sie verbundenen Einschränkungen ihrer Lebensführung kein nennenswertes Gewicht für sie hatten. Denn die Kläger haben nach ihrem eigenen Vortrag darauf verzichtet, sich nach fünf Tagen mit einem negativen PCR-Test aus der Quarantäne freizutesten. Hätten sie die Einschränkungen durch die Quarantäne als belastend empfunden, so hätte – unabhängig von der Frage, ob die Kläger den PCR-Test für valide halten – nichts nähergelegen, als die Quarantäne möglichst schnell zu beenden. Im Umkehrschluss folgt hieraus, dass die Quarantäne für die Kläger keine nennenswerte Beeinträchtigung ihrer Lebensführung darstellte."

Betrag: – **Haftung: –**
immVorb: – **MdE: –**

LG Hannover 20.8.2021 – 8 O 1/21 = BeckRS 2021, 22869

6831

Psychische Beeinträchtigungen, behauptete. Der Kläger trug vor, es sei infolge der Corona-Quarantäne bei ihm zu Frustration, Ängsten, Schlafproblemen, Konzentrationsstörungen, emotionaler Erschöpfung, Depression, Reizbarkeit und Existenzängsten gekommen.

Mann (Polizeibeamter). Kein Schmerzensgeldanspruch wegen einer 6-tägigen Quarantäneanordnung im Zusammenhang mit der Corona-Infektion. „Dass mit einem krankheitsbedingt unfreiwilligen mehrtägigen Verweilen in der eigenen Wohnung zwangsläufig oder auch nur typischerweise depressive Verstimmungen, Appetitlosigkeit und Schlafstörungen einhergehen, ist der Kammer nicht bekannt. Dass dies beim Kläger der Fall war, hat er nicht überzeugend dargelegt, da er lediglich die Begriffe aufzählte, ohne sie in irgendeiner Weise näher auszufüllen" … „ziemlich schlechte Laune" während der angeordneten Quarantäne reichen jedoch nicht aus um einen Anspruch auf Schmerzensgeld zu begründen, so das LG.

Betrag: – **Haftung: –**
immVorb: – **MdE: –**

LG Hannover 20.8.2021 – 8 O 2/21 = BeckRS 2021, 23341

6833

Psychische Beeinträchtigungen in Form von Angst wegen des Tragens einer Corona-Schutzmaske.

73j. Frau. Kein Schmerzensgeldanspruch für entgangene Urlaubsfreuden durch Corona-Maskenpflicht an Bord eines Flugzeug auf dem Weg in den Urlaub. Die Klägerin litt unter Asthma und einer Herzerkrankung und weigerte sich mit Berufung hierauf, eine Maske zu tragen. Nachdem sie dies dann – auf mehrmalige Aufforderung hin – schließlich doch tat, kollabierte sie und wurde von einem zufällig an Bord anwesenden Arzt u.a. per Sauerstoffbeatmung medizinisch versorgt. Als Nachwirkung ihres Zusammenbruches sei sie so geschwächt gewesen, dass sie in ihrer ersten Reisewoche die Hotelanlage kein einziges Mal habe verlassen können und täglich mehrstündige Ruhepausen habe einlegen müssen. In der zweiten Woche sei sie noch auf die Unterstützungen ihrer Reisebegleiterin angewiesen gewesen und habe geplante längere Tagestouren nicht unternehmen können. Durchgängig sei sie psychisch geplagt gewesen aufgrund der Furcht vor dem Rückflug und einem erneuten traumatischen Notfall. Das AG wies die Klage ab. Zunächst liege kein „Unfall" im Sinne von Art. 17 Abs. 1 MÜ vor; ebenso beste kein Anspruch auf Grundlage von § 33 LuftVG oder § 45 LuftVG. Für einen Anspruch gem. der §§ 823, 831 BGB fehle es an der Rechtswidrigkeit. Was den gemäß § 651n Abs. 2 BGB möglichen Entschädigungsanspruch des Reisenden wegen entgangener Urlaubsfreuden betrifft, so ist insofern der Pauschalreiseveranstalter im Sinne von § 651a Abs. 1 BGB passivlegitimiert. Diese Eigenschaft kommt der Beklagten Fluggesellschaft, die nur Erfüllungsgehilfe des Pauschalreiseveranstalters der Klägerin war, unstreitig nicht zu. [Anmerkung: Das sehr lesenswerte Urteil geht sehr umfänglich auf die komplexe Rechtslage im Zusammenhang mit Ansprüchen der Fluggäste ein].

Betrag: – **Haftung: –**
immVorb: – **MdE: –**

AG Hannover 9.7.2021 – 510 C 270/21 = BeckRS 2021, 25056

6720

Persönlichkeitsrechtsverletzung wegen angeblicher Ungleichbehandlung bzw. Nichtbeachtung eines Attests eines Maskenverweigerers. Sogenannte Maskenverweigerer werden – so das AG Bremen – durch die privatrechtliche Durchsetzung der im Rahmen der Corona-Pandemie geltenden Corona-Regeln (hier: Tragen einer Mund-Nasen-Bedeckung innerhalb von Geschäftsräumen) nicht diskriminiert.

Mann. Kein Schmerzensgeldanspruch gemäß § 1 AGG. Der Kläger sah sich insofern deshalb diskriminiert, da er – trotz Vorlage eines Attestes, aus dem hervorging, dass er „aufgrund eines Machtmissbrauchs in der Kindheit" keine Corona-Schutzmaske tragen müsse, da bei ihm „durch Zwang und Willkür" Ängste ausgelöst würden. Eine „Behinderung" im Sinne des AGG sah das AG jedoch zutreffend als nicht vorliegend an und begründete dies wie folgt: „Auch scheint der Kläger primär auf die Thematik „Zwang" und „Willkür" zu reagieren. Zulässigen Zwängen sind Bürger in einer sozialen Gesellschaft aber in vielfältiger Weise ausgesetzt, weil ein geordnetes Zusammenleben andernfalls unmöglich wäre. Folglich liegt mangels Behinderung auch keine diskriminierende Handlung vor". Abschließend betonte das AG, das Maskengebot – bezogen auf die Corona- bzw. Covid19-Pandemie – habe seine explizite Rechtsgrundlage in § 28a Abs. 1 Nr. 2 IfSG nF; ein Diskriminierungsverbot oder Ausnahmeregelungen für sog. Maskenverweigerer wurden in dieser spezialgesetzlichen Regelung nicht verortet.

Betrag: – **Haftung: –**
immVorb: – **MdE: –**

AG Bremen 26.3.2021 – 9 C 493/20 = BeckRS 2021, 5720

6834

Persönlichkeitsrechtsverletzung infolge behaupteter Freiheitsberaubung wegen – Corona-Pandemie-bedingt – unterbliebener Landgänge während einer Kreuzfahrt.

Mann. Kein Schmerzensgeldanspruch und Reisepreisminderungsanspruch nach Kreuzfahrt, die aufgrund einer Warnung durch die Weltgesundheitsorganisation, bezogen insbesondere auf den Fernen Osten, auf einer Alternativroute durchgeführt wurde. Der Kläger machte einen Schmerzensgeldanspruch in Höhe von 25.000 EUR wegen behaupteter freiheitsentziehender Maßnahmen geltend. Er und der Drittwiderbeklagte seien der Freiheit beraubt worden, da seitens des Kapitäns keine Landgänge mehr gestattet worden seien, es sei ihnen ausdrücklich verboten worden, das Schiff in dieser Situation zu verlassen. Das LG wies die Klage ab. Dem Kläger steht gegen die Beklagte weder ein Entschädigungsanspruch wegen vertaner Urlaubszeit noch Schmerzensgeld wegen freiheitsentziehender Maßnahmen zu.

Betrag: – **Haftung: –**
immVorb: – **MdE: –**

LG Koblenz 19.3.2021 – 12 O 301/20 = BeckRS 2021, 33429

7155

Persönlichkeitsrechtsverletzung durch rechtswidrigen Datenschutzverstoß seitens eines Impfzentrums, durch den versehentlichen Versand einer Excel-Datei mit personenbezogenen Daten einer Vielzahl von Personen, die sich zur Impfung gegen das Coronavirus SARS-CoV-2 angemeldet hatten. Aufgrund dieses Datenschutzverstoßes erhielt der Kläger zumindest eine unerwünschte Werbe-E-Mail bzw. SPAM-Mail (am 18.8.2021), die zwar nicht auf das Hacken des Computers des Klägers abgezielte, jedoch darauf, den Kläger dafür zu gewinnen, vermeintliche Ansprüche gegen die Beklagte an die Firma B abzutreten.

Mann. Schmerzensgeld gemäß Art. 82 Abs. 1 DS-GVO wegen einer rechtswidrigen Verarbeitung personenbezogener Daten beim Betrieb eines Impfzentrums durch einen kommunalen Hoheitsträger. Das OLG stellte in seinem Urteil zunächst dar, dass der Senat die Ansicht (wie beispielsweise des LG Paderborn → Nr. 7087, LG Essen → Nr. 7100 und AG Strausberg → Nr. 7103) nicht teile, wonach für Bagatellverstoß ohne ernsthafte Beeinträchtigung bzw. für eine bloß individuell empfundene Unannehmlichkeit kein Schmerzensgeld zu gewähren sei. „Nach Überzeugung des Senats findet eine derartige Einschränkung des Anspruchs in der DS-GVO keine Grundlage und ist auch aus sonstigen Gründen nicht geboten. Es handelt sich auch hierbei letztlich ebenfalls um eine Erheblichkeitsschwelle, die weder in der DS-GVO noch in der Rechtsprechung des EuGH eine Stütze findet (vgl. Buchner / Wessels ZD 2022, 251 (254)“, so das OLG. Sodann betonte es, dass für die konkrete Bemessung der Höhe maßgebliche deutsche Recht keinen Strafschadensersatz kenne, so dass eine wie auch immer geartete Sanktionswirkung neben dem Ausgleich eines konkret entstandenen immateriellen Schadens daher bei der Bemessung der dem Kläger zustehenden Entschädigung nicht in Betracht zu ziehen sei. „Insoweit bestimmt Art. 83 DS-GVO, dass die zuständige Aufsichtsbehörde im Falle eines Verstoßes gegen die DS-GVO neben einem etwaigen individuellen Anspruch auf Schadenersatz nach Art. 82 Abs. 1 DS-GVO eine Geldbuße verhängen kann“. Die Höhe des vom LG mit 100 Euro festgesetzten Schmerzensgeldes sah das OLG als angemessen an, betonte jedoch in Bezug auf die Genugtuungsfunktion, dass im Rahmen der Genugtuungsfunktion des Ersatzanspruchs wegen immaterieller Schäden die an den Kläger versandte E-Mail vom 18.8.2021 von Bedeutung sei, da sich das in dem Datenschutzverstoß liegende Risiko hier bereits verwirklicht habe.

Betrag: 100 € **Haftung: 100 %**
immVorb: – **MdE: –**

OLG Hamm 20.1.2023 – 11 U 88/22 = BeckRS 2023, 1263

6566

Anhusten in Form von absichtlichem Anhusten in das Gesicht des Klägers während der Corona-Pandemie.

Mann (Angestellter der Stadt mit Zuständigkeit für die Sicherheit der Märkte). MdE 14 Tage wegen Corona-Quarantäne. Der Kläger hatte den Beklagten ermahnt, weil dieser in einer Warteschlange zum Einlass die Sicherheitsabstände nicht eingehalten hatte. Nach einer verbalen Auseinandersetzung war der Beklagte aus Verärgerung nah an den Kläger herangetreten und hatte diesem absichtlich ins Gesicht gehustet. Das AG sah darin zutreffend eine nicht mehr als Bagatellverletzung anzusehende Körperverletzung, da sich der Vorfall im April 2020 und somit in der ersten Hochphase der Corona-Pandemie ereignet hatte. Nach Auffassung des Gerichts habe eine hohe Gefahr einer Infektion mit einer möglicherweise schweren bis potenziell tödlich verlaufenden Krankheit (Corona) bestanden. Da nicht bekannt war, ob der „Anhuster“ auch tatsächlich mit Corona infiziert war, musste sich der Kläger 14 Tage in Quarantäne begeben.

Betrag: 250 € **Haftung: 100 %**
immVorb: – **MdE: –**

AG Braunschweig 29.10.2020 – 112 C 1262/20 = BeckRS 2020, 36895

7852

Persönlichkeitsverletzung (eines Bundespolizisten während der Corona-Pandemie) durch Beleidigung bzw. Bezeichnung als Faschist, der mit Nazimethoden arbeiten würde.

Mann (Polizeibeamter des Bundes). Schmerzensgeld wegen schwerwiegender Persönlichkeitsverletzung eines Polizisten: Der Kläger hatte den Beklagten, der als „selbständiger Triebwagenführer“ während der Corona-Pandemie nicht die damals vorgeschriebene Mund-/Nasen-Bedeckung getragen hatte, deshalb angesprochen und dazu aufgefordert, seinen Personalausweis vorzuzeigen. Der Beklagte kam dieser Aufforderung nicht nach, sondern bezeichnete den Kläger zunächst als Faschisten und unterstellte diesem, er würde Nazimethoden anwenden, „obwohl der Kläger nur ordnungsgemäß seinen Dienst versehen hat.“, so das AG, das sodann dazu weiter ausführte: „Und weil dies alleine nicht genügte, hat er auch nicht den Kläger direkt angesprochen, sondern das Ganze über ein Telefonat mit seiner Ehefrau „inszeniert“, aber so laut, dass der Kläger und die umstehenden Beamten dies hören mussten. Auch hierdurch wurde der Kläger zusätzlich als „Objekt“ herabgewürdigt.“ Das AG wertet die zutreffend als „eine schwerwiegende Persönlichkeitsverletzung“, die – entgegen der Auffassung der Beklagtenseite – auch nicht durch „Ahndung im Strafverfahren kompensiert„ werde. (Der Beklagte war mit Strafbefehl wegen Beleidigung mit einer Geldstrafe in Höhe von 40 Tagessätzen á 40,00 EUR verurteilt worden). Eine Entschuldigung des Klägers wertete das AG nicht als den Anspruch der Höhe nach mindernd und begründete dies wie folgt: "Die „schriftliche Entschuldigung datiert auf den 28.5.2021“, die der Beklagte 3 Tage vor der Strafverhandlung abgegeben hat, ist offensichtlich prozesstaktisch motiviert und stellt auch keine Entschuldigung dar, zumal sich der Beklagte auf den Standpunkt stellt, er habe die Worte ja auch nur an seine Ehefrau gerichtet und nicht an den Kläger persönlich."

Betrag: 1.500 € **Haftung: 100 %**
immVorb: – **MdE: –**

AG Dresden 24.10.2022 – 109 C 4718/21 = BeckRS 2022, 56423

3. Anfallsleiden und Epilepsie

Epilepsie (auch Anfallseiden genannt) infolge von Unfällen oder Arzthaftungsfällen zeigt sich durch spontan auftretende Anfälle und ein erkennbar hohes Wiederholungsrisiko, was sehr häufig ein hohes Maß an Intensivpflege zur Folge hat, wodurch sich Höhe und Ausmaß der verletzungsbedingten Lebensbeeinträchtigung erheblich steigern. Dies ist bei der Schmerzensgeldbemessung zu berücksichtigen.

4580

Schädelhirntrauma, schweres (hier: Schädelhirntrauma mit Gehirnblutung und nachfolgend epileptischen Anfällen sowie Angsstörungen und eine retrograde Amnesie und eine schwere Traumatisierung).

Frau. ca. 25 Tage stationäre Heilbehandlung; anschließend mehrwöchige Rehabilitationsmaßnahme. [Ursache: Fahrradunfall ohne Helm. Das hohe Mitverschulden sah das Gericht in der Tatsache begründet, dass die Kl. einen Gehweg und zudem auf der falschen Seite befahren.] Bei voller Haftung sah das LG ein Schmerzensgeld von 30.000 EUR für angemessen. Dies ist angesichts der ggf. auf Dauer bestehenden Unfallfolgen deutlich zu gering!

Betrag: 3.000 € **Haftung: 10 %**
immVorb: Ja **MdE: –**

LG Köln 8.5.2012 – 4 O 403/09 = BeckRS 2012, 16338

3087

Epilepsie / Gehirnschädigung (hier: Epilepsie; Schwindelgefühle und Konzentrationsschwäche; lebenslange Medikamenteneinnahme.)

Mann. Stationäre Heilbehandlung. Arzthaftung (Behandlungsfehler. Ein Gehirntumor wurde nicht vollständig entfernt. Es kam daher später zu Epilepsieanfälligkeit.). Das Gericht wies auf die Differenzierung der „Grunderkrankung" und der in jedem Fall notwendigen operativen Entfernung (nicht bewertbar) und den bewertbaren Zusatzfolgen hin.

Betrag: 10.000 € **Haftung: 100 %**
immVorb: Ja **MdE: –**

OLG Köln 16.12.2002 – 5 U 166/01 = BeckRS 2002, 30298515

3337

Anfalleiden / Kopfverletzung, schwere (hier: Dekompensation des Hydrocephalus mit Krampfanfällen, die jedoch erst 20 Jahre nach dem ursächlichen Motorradunfall eintraten).

Mann. Kein Schmerzensgeld wegen Abfindungsvergleich: Der Kl. forderte wegen „deutlicher Verschlechterung des Gesundheitszustandes" (Krampfanfälle etc) ein weiteres Schmerzensgeld, obwohl er im Jahr 1987 einen abschließenden Abfindungsvergleich unterzeichnet hatte, wonach „alle Ersatzansprüche … für … alle Zukunft abgegolten sind, auch wenn sich noch andere unerwartete und unvorhersehbare Folgen oder Ansprüche ergeben sollten". Da – so das LG – bereits bei Vergleichsabschluss „ausreichend wissenschaftliche Erkenntnisse" vorlagen, die die jetzt eingetretene Verschlechterung hätten erkennen lassen müssen. Somit – so das LG – war die aktuelle Verschlechterung bereits vom Abfindungsvergleich umfasst.

Betrag: 35.790 € **Haftung: 100 %**
immVorb: – **MdE: –**

LG Kaiserslautern 21.1.2005 – 2 O 233/02 = BeckRS 2005, 4087

2993

Schädelhirntrauma 1.Grades mit Durchgangssyndrom und posttraumatischen epileptischen Anfällen.

70j. Frau (US-Amerikanerin). 19 Tage stationär. Unfallbedingt kam es 6 Monate später zu epileptischen Anfällen. Wortfindungsstörungen und Paraphsien. [Anmerkung: Lesenswert zur Problematik ausländischen Rechts: Es bleibt bei der Schmerzensgeldbemessung unbeachtlich, dass der Verletzte Ausländer in seinem Heimatlande ein deutlich höheren Schadensausgleich erhalten würde, so das KG.]

Betrag: 38.347 € **Haftung: 100 %**
immVorb: – **MdE: –**

KG 23.4.2001 – 12 U 971/00 = BeckRS 2001, 30175806

5668

Gehirnschädigung nach Schädelhirntrauma mit epiduralem und subduralem Hämatom links fronto-temporal und einem epileptischen Anfall. In der Folge kam es zu dauerhaften Kopfschmerzen und Konzentrationsschwächen und Gedächtnisschwächen und hirnorganisch neuropsychologische Defiziten. Zum Anfalleiden führt das OLG aus: „Der Kläger steht zur Zeit unter Medikamentenschutz. Bei einem Absetzen der Medikamente besteht die massive Gefahr, dass es erneut zu einem epileptischen Anfall kommt. Wie lange die Einnahme der Medikamente erforderlich ist, lässt sich gegenwärtig nicht beurteilen. Das Risiko ist nach Angaben des Sachverständigen hoch".

17j. Mann (Auszubildender). 30 Tage stationär. Trepanationsoperation [Öffnung der Schädeldecke]. Dauerschaden: Gehirnleistungsschwäche, Konzentrationsschwäche und Gedächtnisschwäche. Die Gehirnleistung ist beim Kläger verletzungsbedingt erhebliche unterdurchschnittlich und pathologisch auffällig, was sich insbesondere durch Gedächtnisstörungen des verbalen Gedächtnisses (Wortfindungsstörung) und durch ein erheblich vermindertes Denkvermögen / vermindertes kognitives Verarbeitungstempo zeigt, so das OLG sinngemäß wiedergegeben. Der Kläger musste deshalb auch seine Ausbildung abbrechen. Bei der Bemessung berücksichtigte das OLG auch die „fehlende Aussicht auf eine Besserung" und „auch das hohe Risiko epileptischer Anfälle und die Ungewissheit darüber, wie lange der Kläger noch auf Medikamente angewiesen sein wird".

Betrag: 46.016 € **Haftung: 100 %**
immVorb: Ja **MdE: 45 %**

OLG Hamm 2.2.2000 – 13 U 115/99 = BeckRS 2000, 2632

5570

Schädelhirntrauma, schweres / Epilepsie (hier: Frontallapenepilepsie mit epileptischen Anfällen nach Schädelhirntrauma mit Substanzverlust am Schädeldach und mit akutem Subduralhämatom links, traumatischer Subarachnoidalblutung und Kontusionsblutungen links sowie ein Entlastungsepiduralhämatom rechts und Luxation des Gehörknöchelchens und daraus resultierender dauerhafter Verringerung des Hörvermögens um 60 dB gegenüber dem linken Ohr und eine unvollständige Halbseitenlähmung rechts mit fazialer Mundastschwäche, die sich in der Folge indes vollständig zurückgebildet hat. Zudem erlitt die Klägerin eine instabile Wirbelsäulenfraktur in Form einer Wirbelkörperfraktur BWK-12.

32j. Frau (Assistenzärztin). Insgesamt 45 Tage stationär. Zunächst zur Ertsbehandlung der Verletzungen 23 Tage stationär. Anschließend 15 Tage Reha. Danach weitere 14 Tage stationär zur Implantation einer künstlichen Schädelplatte mit nachfolgender weitere stationärer Nachbehandlung für die Dauer von 8 Tagen. Kognitive Einschränkungen (Wortfindungsstörungen, Konzentrations- und Aufmerksamkeitsstörungen sowie einer Dyslexie, also Schwierigkeiten beim Lesen und Verstehen von Wörtern), die aufgrund einer erhöhten Kompensationsleistung der Klägerin gering ausfielen sowie zudem sekundäre psychische Symptome wie eine depressive Stimmungslage und eine erhöhte Zwanghaftigkeit, ohne dass diese Symptome gegenwärtig Krankheitswert erreicht haben. Möglicher Dauerschaden: „Eine strukturelle Epilepsie, welche im Hinblick auf die fortbestehende Gefahr erneuter Anfallsleiden eine erhebliche Einschränkung in der Lebensführung in beruflicher und sozialer Hinsicht mit sich bringt und eine Minderung der Erwerbsfähigkeit von 40 vom Hundert zur Folge hat", so das LG, das – basierend auf der Aussage eines Sachverständigen – davon ausging, dass insofern eine Ausheilung nicht zu erwarten sei. Die Klägerin hat – so das LG weiter – „ihr Leben lang unter den Folgen des Unfallgeschehens zu leiden, was mit einer enormen Einschränkung in der Lebensführung und einem Verlust von Lebensfreude im Alltags- und Sozialleben einhergeht" und auch beruflich erhebliche Einschränkungen, da „ihre Erwerbsfähigkeit … ist massiv gemindert" ist. [Ursache: Kamelausritt auf einer Kamelfarm. Die Kamele erschraken durch das Verhalten von Hunden und vollführten wegen der vom Beklagten festgehaltenen Führungsleine eine abrupte Wendung nach links, wobei die Klägerin kopfüber auf den Boden fiel].

Betrag: 50.000 € **Haftung: 100 %**
immVorb: Ja **MdE: 40 %**

LG Hechingen 23.11.2017 – 2 O 193/13 = BeckRS 2017, 149956

3493

Schädelhirntrauma 2.Grades mit nachfolgender Epilepsie und Fußheberlähmung.

15j. Mann. 11 Monate stationär. Nach über einem Jahr waren erstmals mittels Gehhilfen erste Schritte möglich. Zwei Jahre später erlangte der Kl. – inzwischen wieder schulfähig – die mittlere Reife und erlernte den Beruf des Bauzeichners. Er kann seinen eigenen Hausstand weitgehend selbstständig führen. Dauerschaden: Epilepsie, die jedoch medikamentös eingestellt werden konnte. Leichte Gehbehinderung.

Betrag: 60.000 € **Haftung: 80 %**
immVorb: – **MdE: –**

OLG Hamm 25.9.2002 – 13 U 62/02 = BeckRS 2004, 11501

3664

Gehirnschädigung, schwere (hier: Schweres Schädelhirntrauma mit Subduralhämatom und Gehirnquetschung mit Contusionsblutung und nachfolgender Epilepsie); Schädelfraktur; Oberarmfraktur sowie Schnittwunden am Oberschenkel.

33j. Frau. Dauerschaden: Symptomatische Epilepsie mit großen und kleineren Anfällen mittleren Schweregrades nach Hirnsubstanzschädigung. Ausgeprägte Gangstörung / Gehbehinderung. [ohne Mitverschulden von 30 % hätte das LG „170.000 DM ... erforderlich“ erachtet].

Betrag: 61.355 € **Haftung: 70 %**
immVorb: – **MdE: 100 %**

LG Saarbrücken 21.10.2004 – 1 O 407/96 = BeckRS 2004, 153579

5788

Gehirnschädigung, schwerste (hier: hirnorganisches Psychosyndrom mit frontalbetonten posstraumatischen Substanzdefekten und deutlicher Erweiterung der Liquorräume, Strabismus mit Zerstörung der persönlichkeitsformenden Hirnstrukturen im Bereich des Großhirns verbunden mit mit einer Störung des Antriebs und Affekts, Wesensänderung, Epilepsie, Apraxie und Aphasie, hochgradige Sehschwäche beidseits, Schwerhörigkeit links und Trommelfellperforation).

Mann (Asylbewerber). Dauerschaden: Intensivpflegefall. Wesensveränderung bei Zustand nach SHT III, posttraumatischem Hydrozephalus internus mit Shunt-Anlage sowie posttraumatischer Epilepsie. [Lesenswert zur Frage der Aktivlegitimation des Klägers hinsichtlich des Schmerzensgeldanspruchs. Das OLG bejahte dies, denn insofern „wäre wegen des Grundsatzes des Nachranges der nach dem AsylbLG erbrachten Leistungen bei dem Kläger als Geschädigtem trotz Überganges seines Anspruchs auf die Stadt F auch weiterhin eine Ermächtigung verblieben, das Schmerzensgeld gerichtlich einzufordern. Dieser von dem Bundesgerichtshof wegen des Nachranges der Sozialhilfe entwickelte Grundsatz (BGH NJW 1996, 726 und BGH NJW 1996, 2509) gilt auch gegenüber Asylbewerbern. Wegen der Unklarheit darüber, ob die Schmerzensgeldforderungen letztlich dem Kläger oder der Stadt F zustehen, ist der Antrag des Klägers auf Hinterlegung der Forderungsbeträge sachgerecht“].

Betrag: 76.694 € **Haftung: 100 %**
immVorb: – **MdE: –**
Rente: 200 €

OLG Hamm 12.9.2003 – 9 U 50/99 = BeckRS 2008, 5175

2773

Epilepsie / Gehirnschädigung mit „mild ausgeprägter Körperbehinderung mit Einschränkungen der Grob- und Feinmotorik“, ... „kognitiven Einschränkungen, die sich im Rahmen einer Lernbehinderung bewegen“, ... Verhaltensauffälligkeiten: Distanzlos, impulsiv.

Kleinkind. Arzthaftung (hier: Grober Diagnosefehler und grober Behandlungsfehler bzgl. des Nichterkennens eines Wasserkopfes). Dauerschaden: Gehirnschädigung; Epilepsie.

Betrag: 81.807 € **Haftung: 100 %**
immVorb: Ja **MdE: –**

OLG Oldenburg 20.4.1999 – 5 U 188/98 = BeckRS 9998, 17711

3882

Epilepsie und massive Sehstörungen als Folge einer kunstfehlerhaft behandelten, erblichen FHL-Erkrankung (= Morbus Farquhar, eine stets tödliche Krankheit, in deren Folge alle Organe durch Histiozyten und Lymhozyten zerstört werden). Es kommt ca. zwei bis dreimal monatlich zu Epilepsie-Anfällen.

24j. Mann. (Medizinstudent). Dauerschaden: Epilepsieanfälle, die monatlich ca. zwei- bis dreimal auftreten. Massive Sehschwäche. Arzthaftung: Behandlungsfehler im Rahmen einer Erbkrankheit, die korrekter Weise mittels einer Knochenmarktransplantation hätte behandelt werden müssen; der Beklagte verabreichte stattdessen Cortison. Berufswunschvereitelung.

Betrag: 100.000 € **Haftung: 100 %**
immVorb: Ja **MdE: –**
Rente: 375 €

OLG Koblenz 12.12.2008 – 5 U 953/04 = VersR 2009, 1079

6548

Epilepsie im Zusammenhang mit einer Gehirnschädigung nach Gehirnblutung mit Entwicklungsstörungen.

Kind / Säugling. Arzthaftung wegen Aufklärungspflichtverletzung im Zusammenhang mit einer Herzoperation nach der Geburt. Hierdurch kam es zu einer Gehirnblutung mit Gehirnschädigung und infolgedessen zu einer Epilepsie. Dem Kläger wurde ein sogenannter VP-Shunt [= Ableitungssystem für überschüssige Gehirnflüssigkeit] eingesetzt. Dauerschaden: Epilepsie und Entwicklungsstörungen.

Betrag: 125.000 € **Haftung: 100 %**
immVorb: – **MdE: –**

OLG Frankfurt a. M. 24.2.2009 – 8 U 103/08 = BeckRS 2009, 10888

3164

Gehirnschädigung, schwere mit Anfallleiden, Krampfanfällen.

Kind (Säugling). Arzthaftung (Geburtshilfefehler / Arzthaftung: Überbeatmung nach Sauerstoffmangel durch Erdrosselung mittels der Nabelschnur). Dauerschaden: Krampfanfälle / hypoxische Hirnschädigung

Betrag: 153.388 € **Haftung: 100 %**
immVorb: Ja **MdE: 100 %**

OLG Stuttgart 11.6.2002 – 14 U 83/01 = BeckRS 2002, 7724

4595

Gehirnschädigung (hier: Tetraparese, spastisch-beinbetonte sowie geistige Behinderung und Epilepsie).

Kind / Säugling. Dauerschaden: Intensivpflegefall; Epilepsie bedingt durch zerebrale Krampfanfälle. Arzthaftung infolge Behandlungsfehler bei der Geburtshilfe. [Anmerkung: Das Schmerzensgeld ist bei Weitem zu gering. Die Kl. wird stets ein fremdbestimmtes Leben führen und die Tatsache, dass sie noch selbstständig Kontakt zu ihrer Umwelt aufnehmen kann, rechtfertigt nicht eine Reduzierung in der hier gegebenen Art und Weise].

Betrag: 200.000 € **Haftung: 100 %**
immVorb: Ja **MdE: 100 %**

OLG Düsseldorf 17.3.2011 – 8 U 108/09 = BeckRS 2014, 6886

4008

Apallisches Syndrom nach Gehirnschädigung, schwerster (hier: Gehirnstammquetschung mit Schädelbasisfraktur in Form einer „offenen temporo-paratialen Fraktur mit leichter Impremierung links und linkshemiphäriellem Ödem ohne Mittellinienverlagerung"; Apallisches Syndrom; Wachkoma) sowie Polytrauma mit zahlreichen Frakturen.

18j. Frau. Dauerschaden: Wachkoma; apallisches Syndrom. Nicht ansprechbar; keine Kommunikation. Kein Bewusstsein, „da das Großhirn die Verbindung zu den einzelnen Nerven zu Körperteilen verloren hat". Das LG sah diese Verletzungsfolge dann jedoch als schmerzensgeldmindernd an, da die Ausgleichsfunktion somit entfalle. [Vgl. hierzu ausführlich: Beck'sche Schmerzensgeldtabelle Kap. VII 4 „Teilweise oder völlige Zerstörung der Persönlichkeit"]

Betrag: 200.000 € **Haftung: 100 %**
immVorb: – **MdE: 100 %**

LG Schwerin 30.4.2010 – 4 O 161/06 = BeckRS 2010, 19177

5328

Gehirnschädigung, schwere und Epilepsie (hier: Nach straffer Nabelschnurumschlingung kam es zu folgenden schweren Schädigungen: „allgemeine Entwicklungsstörung, expressive Spracheentwicklungsstörung, ebenfalls motorische Koordinationsstörungen und mittlerweile auch eine Epilepsie", so das OLG).

7j. Kind. Arzthaftung / Geburtshilfefehler / sehr straffe Nabelschnurumschlingung (hier: Grober Behandlungsfehler durch Unterlassen einer gebotenen dauernden CTG-Überwachung und Überschreiten der sogen. EE-Zeit von 20 Minuten um fast das Doppelte). Dauerschaden (Zitat aus dem Urteil): „Die körperlichen Beeinträchtigungen zeigten sich als Beeinträchtigung der Mobilität im Bereich der Grob-und Feinmotorik, in der Notwendigkeit der Windelversorgung und in der Hilfe beim Anziehen, bei den Sprachfähigkeiten durch schwere Verständlichkeit und einen Entwicklungsrückstand um über die Hälfte des biologischen Alters und einer nunmehr diagnostizierten Epilepsie. Hinsichtlich der geistigen Behinderung seien Entwicklungsrückstände im Bereich der Kognition und sprachlichen Entwicklung festzustellen. Er habe einen lediglich eingeschränkten und auf elementare Begriffe beschränken Wortschatz. Er sei leicht ablenkbar und könne nicht im üblichen Sinne lesen und schreiben. Ihm fehle die Fähigkeit, logisch aufeinanderfolgende Arbeitsschritte zu planen und ausführen. Er werde niemals in der Lage sein, ein selbstständiges Leben zu führen". Vom Intellekt her – so das OLG – wird der Kläger „bei entsprechender Förderung allenfalls die Stufe eines 7 bis 8-jährigen Kindes erreichen können. … Im motorischen Bereich wird der Kläger nicht einmal die Stufe eines 7 bis 8-jährigen Kindes erreichen können". Der Kläger kann jedoch „Laufen und auch Fahrradfahren" ermüdet jedoch „schneller als andere Kinder". Eine Verschlechterungstendenz bzgl. der Epilepsie „erscheint möglich". Mit diesem Urteil bestätigte das OLG weitgehend die Entscheidung des LG Paderborn.

Betrag: 250.000 € **Haftung: 100 %**
immVorb: Ja **MdE: –**

OLG Hamm 4.4.2017 – 26 U 88/16 = BeckRS 2017, 108821

5174

Gehirnschädigung, schwerste (hier: Cerebralparese, schwere Wahrnehmungsverarbeitungsstörung sowie mentaler Retardierung im Sinne einer geistigen Behinderungsschwerer, deutlicher Visuseinschränkung, Gesichtsfeldeinschränkung rechts, Ataxie, Partialepilepsie) sowie rechtskonvexe Skoliose, Hüftverletzung (hier: Kontrakturen der Hüfte und endgradiger Beugekontraktur Hüfte beidseits) und Sprunggelenkverletzung (hier: endgradiger Beugekontraktur Hüfte beidseits Sprunggelenke).

Kind / Säugling. Arzthaftung (hier: Arzthaftung. Geburtshilfefehler, der einem Arzt schlechterdings nicht unterlaufen darf. „Er hat auf eindeutige Frühgeburtsbestrebungen nicht reagiert", so das OLG). Dauerschaden: Rollstuhlgebundenheit. Die Klägerin besucht eine Schule für Körperbehinderte. „Ihr ist kein Lesen und Schreiben möglich, Rechnen nur im Zahlenraum bis 10 und ihr Sprechen ist deutlicher verlangsamt. Eine Teilnahme am sozialen Leben ist der Klägerin unmöglich. Der gesamte Lebensweg der Klägerin ist und wird von ihrer Behinderung geprägt sein. Die individuellen Entfaltungsmöglichkeiten eines gesunden Menschen werden ihr verschlossen bleiben. Sie wird kein eigenständiges, selbstbestimmendes Leben führen können, einen Beruf erlernen oder eine Familie gründen können", so das OLG.

Betrag: 250.000 € **Haftung: 100 %**
immVorb: Ja **MdE: 100 %**

OLG Frankfurt a. M. 1.11.2011 – 8 U 184/09 = BeckRS 2013, 22733

4220

Epilepsie nach Gehirnschädigung, schwerster.

Säugling. Dauerschaden: Der Kläger kann nonverbal kommunizieren und beispielsweise Freude zu zeigen. Im Übrigen ist er jedoch auf das Schwerste behindert. Er kann sich nicht selbstständig bewegen, nicht sprechen und ist auf Dauer ein Intensivpflegefall. Arzthaftung (hier: Geburtshilfefehler; Sauerstoffmangel während der Geburt.)

Betrag: 250.000 € **Haftung: 100 %**
immVorb: Ja **MdE: 100 %**

LG Münster 22.1.2009 – 111 O 1067/06 = unveröffentlicht

2912

Epilepsie nach Schädelhirntrauma, schweres / Gehirnschädigung (hier: Schädelfraktur, Hirnstamm- und Kleinhirnquetschung, Hirnblutung, Balkenläsion und Hirnödem; spast. Tetraparese m. ausgeprägter Rumpfhypotonie u.w.Verletzungen).

17j. Mann. Dauerschaden: Lähmung, seelisch, geistig und körperlich „außerordentlich schwer" beeinträchtigt; Intensivpflegefall! (Kapitalisiert insgesamt: 725.264 DM = ca. 362.635 EUR)

Betrag: 255.646 € **Haftung: 100 %**
immVorb: Ja **MdE: 100 %**
Rente: 511 €

LG Würzburg 3.12.2001 – 22 O 713/99 = BeckRS 2001, 31154536

6977

Gehirnschädigung, schwere … nach Sauerstoffunterversorgung während der Geburt. Armbetonte infantile Zerebralparese mit motorischen Koordinationsstörungen. Erhebliche kognitive Einschränkung sowie Epilepsie; näheres siehe nachfolgend unter Einzelheiten.

1j. Kind. Hebammenhaftung im Zusammenhang mit der Geburt des Klägers. Behandlungsfehler in Form eines Befunderhebungsfehlers. Bereits in den ersten Stunden nach der Geburt des Klägers ist es zu Krampfanfällen gekommen, die unter medikamentöser Behandlung sistierten. Seit einem heftigen Krampfanfall Ende Januar 2010 erhält der Kläger eine Dauermedikation, die 2014 wegen erneuter epileptische Anfälle umgestellt worden sei. Dauerschaden: Epilepsie mit diesbezüglicher Dauermedikation. Motorischen Koordinationsstörungen. Betroffen ist vor allem die Feinmotorik, was beim Schreiben Probleme macht. Erhebliche kognitive Einschränkung mit einem MDI – Mental Developmental Index – von 66 und einem IQ von 73, was dem Niveau einer Lernbehinderung entspricht. Laut Einschätzung der Physiotherapeuten von April 2018 leidet der Kläger unter großen Einschränkungen in der visuellen und taktil-propriozeptiven Wahrnehmung, der Handgeschicklichkeit, der Balance und teilweise der vestibulär-propriozeptiven Wahrnehmung, was sich in fehlendem Raum-Zeit-Gefühl, fehlender Orientierung, Stolpergefahr und unzuverlässiger Wahrnehmung des Harndrangs äußert.

Betrag: 300.000 € **Haftung: 100 %**
immVorb: Ja **MdE: 70 %**

OLG Rostock 5.11.2021 – 5 U 119/13 = BeckRS 2021, 34755

4776

Gehirnschädigung, schwerste (hier: Lance-Adams-Syndrom mit taktil auslösbaren generalisierten Myoklonien / Epilepsie, Tetraparese, Dysarthrie, Schluckstörung, Visusminderung / Sehstörung, Apraxie, neuropsychologische Defizite mit Verlangsamung und Gedächtnisstörungen etc.)

34j. Frau. Lebensgefahr, Intensivstationär, 4 Monate im Koma; sehr langwierige Heilbehandlung – insgesamt war die Klägerin gut 2 Jahre in stationärer Behandlung und erfuhr während dieser Zeit durchgehend eine künstliche Ernährung. Arzthaftung (hier: Schilddrüsenoperation in deren Durchführung es zu einer langen Sauerstoffunterversorgung während der postoperativen Phase kam). Dauerschaden: Schwerste Girnschädigung; Myoklonien dh Epilepsie bzw. epileptischen Muskelzuckungen. Die Klägerin, die früher ein traumhaft schönes und sehr wohlhabendes Leben geführt hatte und unmittelbar vor ihrer Familiengründung stand, ist nun alleine und sozial fast vollständig isoliert und ein Intensivpflegefall. „Die langsamen Fortschritte in der REHA und die psychische Auseinandersetzung mit ihrem Zustand sowie die Akzeptanz ihres Schicksals sei weiterhin ein schmerzhafter und von tiefen Depressionen begleiteter Prozess. Die Nebenwirkungen der verabreichten Medikamente seien ebenfalls beträchtlich, sie habe alle Haare verloren und am ganzen Körper und im Gesicht Ekzeme bekommen", so das LG. Neben diesen Aspekten wertete das LG jedoch auch, dass „bei der Klägerin … glücklicherweise auch keine maximale Beeinträchtigung der physischen und psychischen Persönlichkeit vorliegt, denn diese hat sich, wovon sich die Kammer im Verhandlungstermin auch überzeugen konnte, in vielen Bereichen wieder erholt, mag dies auch auf ihrer hohen Eigenmotivation, ihrer Disziplin und ihrem festen Willen beruhen".

Betrag: 300.000 € **Haftung: 100 %**
immVorb: Ja **MdE: 100 %**

LG Bochum 4.7.2012 – 6 O 217/10 = BeckRS 2012, 16390

3865

Gehirnschädigung, schwerste mit der Folge einer ausgeprägten Tetraspastik mit Epilepsie und nahezu völliger Erblindung (Totalerblindung).

Säugling (Mädchen). Arzthaftung / Geburtshilfefehler. Der Säugling erlitt eine Sauerstoffunterversorgung. Dauerschaden: Tetraspastik; Epilepsie; Intensivpflegefall.

Betrag: 300.000 € **Haftung: 100 %**
immVorb: – **MdE: 100 %**
Rente: 300 €

OLG Düsseldorf 26.4.2007 – 8 U 37/05 = BeckRS 2008, 4420

3234

Gehirnschädigung (hier: Cerebralparese, extrapyramidale … in Form einer Tetraparese mit multifocaler Epilepsie).

Kind (Säugling). Arzthaftung (hier: Geburtshilfefehler; grober Behandlungsfehler durch Übersehen der Symptome eines Spannungspneumothorax). Dauerschaden: Schwere körperliche und geistige Behinderungen.

Betrag: 325.000 € **Haftung: 100 %**
immVorb: – **MdE: 100 %**

OLG Schleswig 28.2.2003 – 4 U 10/01 = BeckRS 2003, 9711

3255

Gehirnschädigung, schwerste (hier: spastische Tetraparese, Wasserkopf, hochgradiger Sehbehinderung, BNS-Epilepsie und ist mental massiv retardiert).

Kind (Säugling). Arzthaftung (hier: Geburtshilfefehler). Dauerschaden: Totalerblindung, nahezu; Intensivpflegefall; harn- und Stuhlinkontinenz; ohne Gleichgewichtskontrolle; Sprachlosigkeit; eine Rehabilitation ist ausgeschlossen. Wegen des Wasserkopfes musste ein Shunt-Implantat als Drainage gelegt werden. Nahezu völlige Persönlichkeitszerstörung! „Angesichts des hohen Wertes, den Art. 1 und 2 GG der Persönlichkeit und Menschenwürde einräumen, ist eine herausragende Entschädigung … gerechtfertigt", so das OLG zutreffend.

Betrag: 350.000 € **Haftung: 100 %**
immVorb: Ja **MdE: 100 %**

OLG Braunschweig 22.4.2004 – 1 U 55/03 = BeckRS 2004, 30341716

4087

Gehirnschädigung, schwerste (hier: schwerer hypotoxischer Gehirnschaden mit Epilepsie).

Kleinkind / Säugling. Arzthaftung in Form eines groben Behandlungsfehlers bei der Geburtshilfe. Sauerstoffunterversorgung. Dauerschaden: Intensivpflegefall. Nahezu Totalerblindung; nahezu Hörverlust; Geringe Kommunikationsmöglichkeit, kann jedoch bei Wohlbefinden lachen und Störgefühle äußern.

Betrag: 375.000 € **Haftung: 100 %**
immVorb: Ja **MdE: 100 %**

LG Dortmund 24.9.2008 – 4 O 159/04 = BeckRS 2009, 10118

5378

Gehirnschädigung, schwere (hier: Bewegungseinschränkungen: körperlich sehr eingeschränkt, völlig kraftlos. Gehen nur mit Orthese. Essen sei nur mit Hilfe möglich, – er erkennt nur seine Eltern / nahe Angehörige. Interaktion und Kommunikation mit Dritten ist aber nicht möglich. Epileptische Anfälle. Er werde nie Lesen, Rechnen oder Schreiben lernen können. Hörschädigung: Auf einem Ohr mittelschwerhörig und auf dem anderen Ohr schwersthörig.).

Kind / Neugeborenes. Dauerschaden: siehe oben. Gegen die epileptischen Anfälle erhält er Medikamente. Bei der Bemessung ging das OLG unzutreffender Weise von einer Obergrenze von 500.000 EUR aus, die für „allerschwerste Beeinträchtigungen" vorbehalten seien. Der Kläger müsse jedoch beispielsweise nicht über eine Sonde ernährt werden und könne „zumindest eingeschränkt am Leben teilnehmen", weshalb 400.000 EUR ausreichend seien. Arzthaftung: Grober Behandlungsfehler / Geburtshilfefehler mit daraus resultierender Sauerstoffunterversorgung. Ein im November 2008 in der Praxis des Beklagten erstelltes CTG ergab einen auf eine Sauerstoffunterversorgung des Kindes hinweisenden pathologischen Befund, so dass der Kläger schnellstmöglich hätte entbunden werden müssen. Der beklagte Arzt nahm das CTG allerdings erst nach circa 50 Minuten zur Kenntnis, führte zur Überprüfung des pathologischen Befundes – was nicht zu beanstanden war – eine Doppler-Ultraschalluntersuchung durch und veranlasste die Mutter sodann, zunächst mit dem eigenen Pkw nach Hause zu fahren, ihre Tasche zu holen und sodann eine Entbindungsklinik in Münster aufzusuchen. Aufgrund dieses grob fehlerhaften Behandlungsgeschehens sei der Kläger mit einer Verzögerung von jedenfalls 45 Minuten entbunden worden, was für den bei ihm eingetretenen Hirnschaden jedenfalls mitursächlich geworden sei. Der aufgrund der grob fehlerhaften Behandlung nunmehr dem Beklagten obliegende Beweis dafür, dass der Hirnschaden auch ohne Behandlungsfehler eingetreten wäre, sei nicht erbracht. Dauerschaden: Schwere körperliche und geistige Schäden. [Lesenswert zu den Fragen, wie ein niedergelassener Gynäkologe die Auswertung eines routinemäßig geschriebenen CTG einer Schwangeren organisieren muss und wie auf ein silentes CTG mit einem im Doppler-Ultraschall erkennbaren Reverse Flow in der Nabelschnurarterie zu reagieren ist.]

Betrag: 400.000 € **Haftung: 100 %**
immVorb: Ja **MdE: 100 %**

OLG Hamm 19.3.2018 – 3 U 63/15 = BeckRS 2018, 7534

6368

Gehirnschädigung, schwerste (hier: Ausgeprägte bilaterale Zerebralparese, schwere spastische Tetraparese, schwere Epilepsie, welche der medikamentösen Behandlung bedarf, und eine fehlende Willkürmotorik, Totalerblindung, eine psychoneurologische Weiterentwicklung ist nicht möglich).

Kind / Säugling. Arzthaftung bzw. Hebammenhaftung / Haftung einer Beleghebamme (hier: Grober Behandlungsfehler während der Geburt / Geburtshilfefehler / Geburtsschaden. Es kam zur Sauerstoffunterversorgung mit „einer schwersten Hirnschädigung“ und „einer schweren kombinierten körperliche und geistige Entwicklungsstörung“. Dauerschaden: „Die Klägerin kann nämlich selbstständig atmen, Nahrung zu sich nehmen und Reaktionen zeigen, die etwa auf Entspannung oder Aufmerksamkeit hindeuten, – mehr nicht! Sie ist Bewegungsunfähig, blind, psychoneurologisch nicht weiterentwicklungsfähig und leidet unter schwerer Epilepsie“. [Lesenswert zur Geburt mit einer Beleghebamme und zur Haftung einer Beleghebamme].

Betrag: 500.000 € **Haftung: 100 %**
immVorb: Ja **MdE: 100 %**

LG Dortmund 16.1.2020 – 4 O 430/16 = BeckRS 2020, 1350

6301

Gehirnschädigung, schwerste hier: Sauerstoffunterversorgung. Hypoxisch-ischämische Enzephalopathie, schwere peripartale Asphyxieund, zerebrale Krampfanfälle, Saugstörung, Schluckstörung, rezidivierende Apnoen und Kreislaufinsuffizienz. Intensivpflegefall.

Kind / Säugling. Arzthaftung: Grober Befunderhebungsfehler / Behandlungsfehler vor und während der Geburt [vorgeburtlicher Behandlungsfehler – Im Verlauf der Geburt fiel die Herzfrequenz des Kindes ab. Die behandelnden Ärzte verwechselten sodann im CTG den Herzschlag des Kindes mit dem der Mutter und reagierten daher trotz stark abgefallener Herzfrequenz des Kindes nicht]. Dauerschaden: Die Klägerin zu 1. ist tetraspastisch und aufgrund der massiven Hirnschädigung dauerhaft auf Hilfe und Pflege angewiesen (Intensivpflegefall). Ihre Ernährung erfolgt durch PEG-Sonde. Sie benötigt umfassende Therapien, insbesondere Physiotherapie und Ergotherapie aufgrund einer ausgeprägten Spastik der Extremitäten. Der Grad der Behinderung ist mit 100 festgestellt, daneben die Merkzeichen G, B, RF und H. [Anmerkung: Das OLG Oldenburg argumentiert und begründet bezüglich seiner Bemessung diese mit einem Urteil des OLG Celle (Urt. v. 22.10.2007 – 1 U 24/06) sowie einem Urteil des OLG Hamm (Urt. v. 16.1.2002 – 3 U 156/00) in denen jeweils in Fällen, die das OLG für vergleichbar erachtet hatte, jeweils ein Betrag in Höhe von 500.000 EUR zuerkannt worden waren. Eine eigene Auseinandersetzung mit der Frage der Angemessenheit und mit der aktuellen Diskussion in Rechtsprechung und Literatur (siehe →Rn. 268) findet nicht statt. Das OLG verharrt somit an der alten Schmerzensgeldgrenze von 500.000 EUR – die es jedoch nicht gibt! Vielmehr wäre bei derartigen Fällen, in denen das Opfer lebenslang extreme Verletzungsfolgen zu erleiden hat, nie ein selbstbestimmtes Leben wird führen können und stets rund um die Uhr intensiver Pflege bedarf, heute im Jahr 2020 durchaus ein Schmerzensgeld von 1.000.000 EUR angemessen.]

Betrag: 500.000 € **Haftung: 100 %**
immVorb: Ja **MdE: 100 %**

OLG Oldenburg 13.11.2019 – 5 U 108/18 = BeckRS 2019, 27994

5500

Gehirnschädigung, schwerste (hier: hypoglykämische Schädigung [Unterzuckerung] mit ausgeprägter statomotorischer Störung mit geistiger Behinderung sowie einer therapieresistenten symptomatischen Epilepsie und der Folge, dass das Kind wegen der schweren geistigen und körperlichen Beeinträchtigung niemals ein eigenständiges und selbstbestimmtes Leben führen werden kann.

Kind / Säugling. Arzthaftung (hier: Grober Behandlungsfehler durch unterlassene Blutzuckerbestimmung in einer lebensbedrohlichen Situation am ersten Lebenstag eines Kindes). Dauerschaden der für die Bemessung maßgeblich war: „Bei der Klägerin liegt eine kombinierte Entwicklungsstörung mit schwerer geistiger Behinderung vor. Sie versteht nach Angabe der Sachverständigen lediglich einfache Ansprachen und Aufforderungen und ist insoweit in der Lage, ihr Einverständnis durch Nicken zu verstehen zu geben. Zu einer aktiven Wortbildung und Sprache ist die Klägerin nicht in der Lage. Weiterhin besteht eine so gravierende Störung der Wahrnehmung akustischer und visueller Reize, dass diese einer funktionellen Hör- und Sehbehinderung gleichkommt. Sie geht mit kleinen Trippelschritten und produziert den Pinzettengriff. Die mittlerweile 12 Jahre alte Klägerin besucht in Begleitung einer Integrationshelferin eine Schule für geistig behinderte Kinder. Dabei ist als Ausdruck der Schwere der geistigen Behinderung allerdings keine aktive Kommunikation mit der Klägerin möglich. Bei der Klägerin wurde eine GdB von 100 festgestellt, daneben die gesundheitlichen Voraussetzungen der Merkzeichen „G" (erhebliche Gehbehinderung), „B" (Notwendigkeit ständiger Begleitung) und „H" (Hilflosigkeit). Hinzu kommt, dass bei der Klägerin weiterhin eine medikamentös nicht beherrschbare Epilepsie mit unvorhersehbaren großen Anfällen besteht, wobei es nach Angabe der Kindesmutter zuletzt noch im November 2018 zu einem schweren Krampfanfall gekommen ist. Neben der Schwere der geistigen Behinderung ist für die Höhe des Schmerzensgeldes bestimmend, dass die Klägerin ihr gesamtes Leben lang massiv durch die Epilepsie beeinträchtigt ist und ihr gesamtes weiteres Leben lang vollumfänglich auf fremde Hilfe angewiesen sein wird. Es fällt dabei insbesondere ins Gewicht, dass sie niemals in der Lage sein wird, ein selbstbestimmtes Leben zu führen und mit ihrer Umwelt – außer durch einfaches Nicken – aktiv zu kommunizieren", so das OLG Hamm.

Betrag: 500.000 € **Haftung: 100 %**
immVorb: Ja **MdE: 100 %**

OLG Hamm 4.12.2018 – 26 U 9/16 = BeckRS 2018, 33312

4086

Gehirnschädigung, schwerste (hier: schwerer hypotoxischer Gehirnschaden mit Epilepsie).

Säugling. Arzthaftung in Form eines groben Behandlungsfehlers bei der Geburtshilfe (Geburtshilfefehler). Sauerstoffunterversorgung. Dauerschaden: Intensivpflegefall. Nahezu Totalerblindung; nahezu Hörverlust; Geringe Kommunikationsmöglichkeit.

Betrag: 500.000 € **Haftung: 100 %**
immVorb: Ja **MdE: 100 %**

LG Marburg 11.2.2009 – 5 O 45/02 = unveröffentlicht

3949

Gehirnschädigung, schwerste … nach Geburtshilfefehler. Fast völlige Erblindung; Epilepsie; extreme Tetraspastik mit völliger Rumpfinstabilität; eine Kopf- oder Haltungskontrolle und ein Drehen und Fortbewegen ist nicht möglich; Greifen mit den Händen nicht möglich; künstliche Ernährung; Intensivpflegefall.

Säugling. MdE auf Dauer 100 %. Arzthaftung: Der inzwischen 12j. Kläger, der auf dem Entwicklungsstand eines Säuglings verblieben ist, erlitt während seiner Geburt eine Sauerstoffunterversorgung und wird als Intensivpflegefall in einem sozialpädagogischen heim versorgt. Dauerschaden: Kann weder gehen noch stehen; Totalerblindung, nahezu völlige. Er kann nur flüssige Nahrung zu sich nehmen und leidet permanent unter Epilepsie. [Anmerkung: Lesenswert auch zum Thema des Pflegemehraufwandes bzw. „Schadensersatzes wegen eines vermehrten Bedürfnisses für Pflege und Betreuung eines durch einen ärztlichen Behandlungsfehler bei der Geburt schwer geschädigten Kindes durch Eltern im Rahmen häuslicher Gemeinschaft sowie bei anderweitigem stationärem Aufenthalt, insbesondere zur Bewertung so genannter „Bereitschaftszeiten" der Eltern"].

Betrag: 500.000 € **Haftung: 100 %**
immVorb: – **MdE: 100 %**
Rente: 500 €

OLG Zweibrücken 22.4.2008 – 5 U 6/07 = BeckRS 2008, 11967

4083

Gehirnschädigung, schwerste (hier: Zerebralparese mit Epilepsie).

Kleinkind / Säugling. Arzthaftung durch groben Behandlungsfehler während der Schwangerschaft. Dauerschaden: Intensivpflegefall; Epilepsie; Sprache nicht erlernbar. Sehr eingeschränkte Kommunikation über Berührungen und Geräusche.

Betrag: 500.000 € **Haftung: 100 %**
immVorb: – **MdE: 100 %**

OLG Celle 22.10.2007 – 1 U 24/06 = BeckRS 2009, 11729

3335

Gehirnschädigung (hier: Geburtsfehlerbedingte schwerste Gehirnschädigung mit schwerster tetraspastischer dystoner Bewegungsstörung und Epilepsiesyndrom sowie den unten aufgeführten Dauerfolgen).

Säugling. Arzthaftung (hier: Geburtsfehler bzw. Geburtshilfefehler durch unzureichende Geburtsüberwachung).

Dauerschaden, schwerster: Schwerste tetraspastische dystone Bewegungsstörung. Der Kl. ist weder einer aktiven Kommunikation zugänglich, noch kann er sprechen oder sich gezielt äußern. Ebenso wenig kann er sich aktiv fortbewegen. Des weiteren leidet er unter einem Epilepsiesyndrom bei weiterhin pathologischem EEG, wobei dieses Syndrom allerdings derzeit medikamentös mit der Folge anfallsfreien Zustandes des Kl. eingestellt ist. In der Folge ist der Kläger auf Dauer ein Intensivpflegefall „rund um die Uhr" und kann keine motorischen Handlungen ausführen und somit weder greifen, sitzen, laufen noch sprechen.

Betrag: 500.000 € **Haftung: 100 %**
immVorb: Ja **MdE: 100 %**

OLG Köln 20.12.2006 – 5 U 130/01 = BeckRS 2007, 1708

4084

Gehirnschädigung, schwerste (hier: Zerebralparese)

Kleinkind / Säugling. Hebammenhaftung / Geburtshilfefehler (hier: Grober Behandlungsfehler). Dauerschaden: Intensivpflegefall. Künstliche Ernährung mittels einer Sonde. Lähmung aller vier Gliedmaßen; Apallisches Syndrom. Epilepsie.

Betrag: 500.000 € **Haftung: 100 %**
immVorb: Ja **MdE: 100 %**

LG Münster 7.8.2003 – 11 O 1004/03 = BeckRS 2016, 14758

5345

Gehirnschädigung, schwerste (hier: Totalerblindung, schwere Bewegungsstörungen mit Rollstuhlgebundenheit und Epilepsie)

8j. Kind. Arzthaftung (hier: Geburtshilfefehler; schwerer Behandlungsfehler bei einer Frühgeburt des Mädchens). Dauerschaden: Epilepsie, Blindheit und Bewegungsstörungen. Das Kind sitzt im Rollstuhl und kann weder sprechen noch sehen.

Betrag: 550.000 € **Haftung: 100 %**
immVorb: Ja **MdE: –**

LG Offenburg 1.9.2017 – 3 O 386/14 = BeckRS 2017, 157369

4. Posttraumatische Belastungsstörungen, Ängste und andere psychische Beeinträchtigungen

Vorbemerkung: Das Auftreten psychischer Erkrankungen gelangt immer mehr in das Bewusstsein unserer Gesellschaft und gewinnt insbesondere als Folge von Unfällen und Unglücksfällen – gleich welcher Art – immer mehr an Bedeutung; sprach man früher insofern von Ängsten als Ausprägung psychischer Beeinträchtigungen, so tritt heute die Abkürzung PTBS (=posttraumatische Belastungsstörung) in den Vordergrund. Einen guten Überblick hierzu liefern die Aufsätze von Balke, Posttraumatische Belastungsstörung (PTBS) und Verkehrsunfall, SVR 2022, 361; *Burmann* und *Quaisser,* Posttraumatische Belastungsstörung nach einem Verkehrsunfall, NJW-Spezial 2017, 329 sowie von *Schneider* und *Nugel,* „Psychische Folgen nach einem Verkehrsunfall und ihre rechtliche Bewertung", NJW 2014, 2977. Nachfolgend finden Sie insofern Entscheidungen, die sich mit dieser Thematik befassen. Darüber hinaus befasst sich das nachfolgende Unterkapitel C.8 mit den besonderen Ausprägungen bei Schock- und Fernwirkungsschäden.

7897

Todesangst infolge eines Hausbrandes. Der Kläger gab dazu an: „Als er des Brandes gewahr wurde, habe er versucht, über das Treppenhaus zur Wohnungstüre zu gelangen, die jedoch verschlossen gewesen sei; wo der Schlüssel gewesen sei, habe er in dieser Situation nicht erinnern können. Er sei gestürzt und nicht mehr in der Lage gewesen, lösungsorientiert zu denken. Er sei in Panik ausgebrochen und habe Todesangst erlitten."

Mann (Polizeibeamter). Der Kläger forderte wegen der erlittenen Todesangst und den psychischen Belastungen sowie seiner Dienstunfähigkeit als Polizeibeamter ein Schmerzensgeld von mindestens 40.000 EUR. Das LG sowie das OLG wiesen die Klage ab. [Anmerkung: Das Urteil – dessen amtliche Leitsätze 4. und 5. lauten „Die Regelung des § 830 Abs. 1 S. 2 BGB kann keine Zweifel der Störereigenschaft überwinden. Der Anspruch aus § 906 Abs. 2 S. 2 BGB beinhaltet keinen Ersatz für Gesundheitsschäden." – befasst sich ausführlich mit der Frage, ob ein in seiner Gesundheit Geschädigter gegenüber seinem Nachbarn einen Anspruch auf Schmerzensgeld hat, wenn es in der Silvesternacht zu einem Brand kam, der sich zwischen den beiden Häuser im Bereich eines dort befindlichen Carports ausgebreitet hatte, ohne dass sich die Brandursache ermitteln ließ. Der Kläger berief sich erstinstanzlich auf Ansprüche aus Delikt sowie auf einem nachbarrechtlichen Ausgleichsanspruch. Das LG und auch das OLG wiesen die Klage ab. Der Beklagte zu 1) sei zwar Eigentümer des Nachbargrundstücks gewesen, als solcher jedoch nicht „Störer". „ Die Störereigenschaft folgt jedoch nicht allein aus dem Eigentum an dem Grundstück, von dem die Einwirkung ausgeht. Erforderlich ist nach ständiger Rechtsprechung des BGH vielmehr, dass die Beeinträchtigung des Nachbargrundstücks wenigstens mittelbar auf den Willen des Eigentümers zurückgeht (vgl. nur: BGH 9.2.2018 – V ZR 311/16 Rn. 7; BGH 1.4.2011 – V ZR 193/10, NJW-RR 2011, 739 Rn. 12; BGH 14.11.2003 – V ZR 102/03, NJW 2004, 1037 (1039)." Auch in Bezug auf den Beklagten zu 1) wäre aber selbst dann eine Haftung nach § 906 Abs. 2 S. 2 BGB analog ausgeschlossen, wenn er durch das Ablagern der Feuerwerkskörper durch den Beklagten Ziff. 2 (= Mieter des Nachbarhauses) nachweisbar verursacht worden wäre. Schließlich betont das OLG noch, dass sich auch gemäß § 830 Abs. 1 S. 2 BGB kein anderes Ergebnis ergibt.]

Betrag: – **Haftung: –**
immVorb: – **MdE: –**

OLG Stuttgart 22.12.2025 – 12 U 117/25 = BeckRS 2025, 40368

7785

Posttraumatische Belastungsstörungen und Flashbacks, behauptete in Verbindung mit einem angeblich als Primärverletzung erlittenen HWS-Syndrom.

Frau. Kein Schmerzensgeld für angebliche körperliche oder psychische Beeinträchtigungen nach einer „Streifkollision" mit einer Differenzgeschwindigkeit von 1 km/h durch den von der Beklagten geführten PKW. Insofern fehle es bereits – der Äquivalenztheorie [vgl. dazu BGH BeckRS 2022, 23045] entsprechend – an dem erforderlichen Kausalzusammenhang zwischen Unfallereignis und Primärverletzung. Zudem fehle es auch – der Adäquanztheorie entsprechend [vgl. dazu BGH BeckRS 2020, 38702] daran, dass das Ereignis [hier: Die Streifkollsion] im Allgemeinen und nicht nur unter besonders eigenartigen, ganz unwahrscheinlichen und nach dem regelmäßigen Verlauf der Dinge außer Betracht zu lassenden Umständen zur Herbeiführung eines Erfolges der eingetretenen Art geeignet war. Dabei – so das OLG Hamm – „reicht an sich jede Mitursächlichkeit aus"; allerdings konnten vorliegend keine primären Unfallfolgen festgestellt werden, so dass „mithin auch schon keine Grundlage, eine an die Unfallfolgen anknüpfende psychische Sekundärschädigung festzustellen" bestand. [vgl. dazu im Handbuch unter → Rn. 65].

Betrag: – **Haftung: –**
immVorb: – **MdE: –**

OLG Hamm 14.11.2025 – I-7 U 19/25 = BeckRS 2025, 36392

7934

Psychische Verletzung und Folgeschäden sowie Schockschaden „aufgrund des eigenständigen Verhaltens des Beklagten", der im Strafverfahren zunächst gestanden hatte, den Leichnam ihrer Tochter Peggy in ein Waldstück verbracht zu haben und ihr den Tod nicht offenbart hatte.

Frau. Kein Anspruch auf immateriellen Schadensersatz für die Mutter im Fall Peggy. Aufgrund des nachträglichen Widerrufs seines Geständnisses zur Leichenverbringung konnte die Klägerin nicht beweisen, dass der Beklagte ein Verbrechen zum Nachteil des Kindes begangen hatte. Das Gericht sah den Beweiswert des widerrufenen Geständnisses (Leichenübernahme von einem Dritten) im Zivilprozess als erschüttert an. Eine Schmerzensgeldklage, die auf ein solches widerrufenes Geständnis gestützt wird, ist ohne weitere Beweise nicht erfolgreich, wenn der Beklagte die Aussage plausibel unter Verweis auf unzulässigen Druck widerruft; dazu verwies das OLG Bamberg daraufhin, dass es „gesicherten Erfahrungssätzen" entspreche, „dass Vernehmungsdruck – auch jenseits verbotener Vernehmungsmethoden (§ 136a StPO) – zu falschen Geständnissen führen kann, jedenfalls dann, wenn die Vernehmung für den Betroffenen eine belastende und spannungsgeladene Ausnahmesituation darstellt."

Betrag: – **Haftung: –**
immVorb: – **MdE: –**

OLG Bamberg 14.8.2025 – 12 U 80/24 e = BeckRS 2025, 24556

7513

Ängste und Sorgen „vor mindestens unangenehmen Rückfragen in Bezug auf die eigene Bonität, das allgemeine Verhalten im Wirtschaftsverkehr oder einer Verfälschung des Schufa-Score" nach – aus Sicht des Kläger unberechtigter – Übermittlung von Positivdaten an Wirtschaftsauskunfteien durch Telekommunikationsunternehmen.

Mann. Kein Schmerzensgeldanspruch: Der Kläger macht ua Ansprüche auf auch immateriellen Schadensersatz wegen seiner Ansicht nach unrechtmäßiger Weitergabe personenbezogener Daten seiner Person seitens der Beklagten im Zusammenhang mit dem Abschluss eines Mobilfunkvertrages geltend. Das LG wies die Klage ab, da die Weitergabe der streitgegenständlichen Positivdaten an die Schufa „der Wahrung berechtigter Interessen Dritter und ggf. auch des Klägers" diente und somit nach Art. 6 Abs. 1 S. 1 lit. f) DSGVO gerechtfertigt„ war. "… durch die Weitergabe der sogenannten Positivdaten [könne] erreicht werden kann, daß der Abschluß einer ungewöhnlich großen Zahl von Postpaid-Mobilfunkverträgen durch ein und dieselbe Person, die auf betrügerische Absichten desselben hindeuten kann, rechtzeitig aufgedeckt und dadurch Betrugsschäden gegebenenfalls abgewendet werden„. (vgl. dazu das in einem Parallelverfahren ergangene Urteil des LG Münster v. 25.11.2024 → Nr. 7512. Zu den vom Kläger behaupteten Ängsten infolge der Datenweitergabe an die Schufa führte das LG aus: "Im übrigen sind die seinerseits unglaubhafter Weise geschilderten angeblichen erheblichen Ängste und Sorgen bei Lichte betrachtet derartig abseitig, dass entweder – so scheint es der Gerichtshof der Europäischen Union möglicherweise zu sehen (EuGH 14.12.2023 – C-340/21 Rn. 85) – kein Schaden im Sinne des Art. 82 Datenschutzgrundverordnung vorliegt, weil die Befürchtungen in Wahrheit nicht begründet sind, oder – rechtsdogmatisch näherliegend und überzeugender – ihre Zurechnung zu dem – ohnehin nicht gegebenen – Datenschutzverstoß nicht möglich ist.„ [Anmerkung: Ein, wenn auch jeweils geringes Schmerzensgeld hatten insofern ua das OLG Koblenz → Nr. 7039, das OLG Frankfurt a.M. → Nr. 7239 und das OLG Hamburg → Nr. 7371 in Fällen zuerkannt, bei denen die sog. "Einmeldung" an die Schufa fehlerhaft bzw. rechtswidrig war].

Betrag: – **Haftung: –**
immVorb: – **MdE: –**

LG Duisburg 28.6.2024 – 1 O 9/24 = GRUR-RS 2024, 16550

7735

Psychische Beeinträchtigung der Mutter nach dem Tod ihrer Tochter (Peggy) und der über Jahre hinweg bestehenden Unklarheit über den Verbleib ihres Kinde. Peggy war 2001 auf dem Weg zur Schule spurlos verschwunden bis ihre Leiche 2016 – aufgrund des konkreten Hinweises des Beklagten – in einem Waldstück entdeckt worden war. Die Klägerin litt somit über 15 Jahre unter der quälenden Ungewissheit über den Verbleib ihres Kindes.

Frau. Die Klägerin (Mutter der seit 2001 verschwundenen Peggy) begehrte von dem ehemaligen Verdächtigen, insgesamt 75.000 EUR Schmerzensgeld – 5.000 EUR für jedes Jahr – für die ihr infolge der 15 Jahre andauernden Ungewissheit über den Verbleib ihrer Tochter. Der Beklagte hatte zunächst die Tötung des Mädchens gestanden und war deshalb 2004 wegen Mordes verurteilt worden, kam jedoch nach zehn Jahren wieder frei nachdem er sein Geständnis widerrufen und erfolgreich behauptet hatte, dieses sei nur unter dem polizeilich auf ihn ausgeübten Druck erfolgt. Das LG wies die Klage ab. Das LG Hof wies dabei darauf hin, dass trotz der in mehreren Punkten bestehenden Zweifel am Wahrheitsgehalt des Beklagten es der Klägerin im Zivilprozess oblegen hätte, selbst ausreichend Beweise für ihre Schmerzensgeldforderung vorzulegen, was ihr jedoch nicht gelungen sei. Das Urteil ist inzwischen rechtskräftig; das OLG Bamberg wies im August 2025 die Berufung der Frau als unbegründet zurück, da es aus Sicht der Kammer keinen ausreichenden Beweis für die Behauptung gegeben habe, der ehemalige Verdächtige habe die Leiche von Peggy in ein Waldstück in Thüringen gebracht und somit auch keine Grundlage für einen Schmerzensgeldanspruch vorliege.

Betrag: – **Haftung: –**
immVorb: – **MdE: –**

LG Hof 22.5.2024 – 24 O 346/22 = BeckRS 2024, 10812

7298

Posttraumatische Belastungsstörung (PTBS) und eine depressive Störung infolge des Mitansehenmüssens der mangelhaften Pflege ihrer Mutter in einem Pflegeheim.

Frau. Kein Schmerzensgeldanspruch. Die Klägerin ist Tochter der verstorbenen G. M. (im Folgenden: Patientin).

Die Patientin befand sich bis zu ihrem Tod in vollstationärer Pflege des Pflegeheims K. Domizil. Die Beklagte zu 1) ist Trägerin des von der Beklagten zu 2) geleiteten Heims. Mit der Behauptung, sie habe infolge des Mitansehenmüssens der mangelhaften Pflege ihrer Mutter eine posttraumatische Belastungsstörung (PTBS) und eine depressive Störung erlitten, begehrt die Klägerin ua Zahlung von Schmerzensgeld. Das OLG sah die von der Klägerin geltend gemachten Ansprüche aus § 823 Abs. 1 BGB auf Schmerzensgeld und Schadensersatz wegen der bei ihr originär infolge des Aufenthalts ihrer Mutter im Pflegeheim aufgetretenen psychischen Erkrankung als nicht begründet an, betonte jedoch, dass die zum „Schockschaden" entwickelten Grundsätze nicht nur bei Unfallereignissen, sondern auch in Fällen einer behandlungsfehlerhaften Pflege eines nahen Angehörigen anwendbar sind, wenn – wie hier behauptet – bei dem Anspruchsteller selbst eine psychische Gesundheitsverletzung eingetreten sei. „Um einer uferlosen Haftung des Schädigers zu begegnen, ist allerdings die Kausalität einer kritischen Überprüfung zu unterziehen. Danach muss mit dem strengen Beweismaßstab des § 286 ZPO feststehen, dass eine als pathologisch einzustufende, psychische Gesundheitsbeeinträchtigung gerade aufgrund des haftungsbegründenden Ereignisses eingetreten ist. Denkbare und mögliche Alternativursachen stehen der Feststellung des notwendigen mittelbaren Kausalzusammenhangs damit regelmäßig entgegen (vgl. BGH NJW 2023, 983 mAnm Scholten ZfSch 2023, 136 – 142). Beweiserleichterungen, die bei schweren Behandlungsfehlern eingreifen können, sind zu Gunsten des nur mittelbar Geschädigten nicht anwendbar."

Betrag: – **Haftung: –**
immVorb: – **MdE: –**

OLG Dresden 7.11.2023 – 4 U 1217/23 = BeckRS 2023, 33290

7416

Posttraumatische Belastungsstörung (PTBS) in Form einer akuten Belastungsreaktion (F43.0) mit anschließender Depression (F43.2) und schweren Schlafstörungen, depressiven Verstimmungen, Antriebslosigkeit, Kopfschmerzen, Appetitlosigkeit, Bauchschmerzen und körperlicher Schwäche.

Frau bzw. Eltern des schwer verletzten Sohnes. Die Parteien streiten über Schadensersatzansprüche der Kläger nach einem schweren Verkehrsunfall ihres 16j. Sohnes, der mit seinem Motorrad schwer verunglückt war und aufgrund seiner bestehenden gesundheitlichen Einschränkungen und seiner Schwerbehinderung 24 Stunden am Tag auf die Hilfe anderer angewiesen ist. Die Klägerin trug die oben unter Einzelheiten aufgeführten Verletzungen vor, war jedoch zu keinem Zeitpunkt in psychiatrischer oder psychotherapeutischer Behandlung, sondern betreute ihren Sohn mit „hohem Einsatz", so das LG. Dagegen begab sich der Ehemann zwei Monate nach dem Unfall in psychotherapeutische Einzeltherapie, wo er sich auch noch 2023 befand. Das LG wies die Klage ab und führte dazu aus: „Die Nachricht über den schweren Unfall ihres Sohnes hat die Kläger erschüttert und bei der Klägerin zu 1 möglicherweise zu einer auf die unmittelbare Zeit nach dem Unfall begrenzte Anpassungsstörung geführt. Diese habe aber nicht den Rahmen dessen überschritten, was an Beschwerden bei einem solchen Erlebnis normalerweise auftritt"; zudem betonte das LG, dass seelische Erschütterungen und depressive Verstimmungen nach der Übermittlung schwerwiegender Nachrichten nicht ausreichten, um eine schmerzensgeldbegründende Gesundheitsschädigung anzunehmen. „Zudem", so das LG weiter, „habe die Klägerin zu 1 am 1.2.2019 [Anmerkung: Der Unfall ereignete sich am 31.8.2018] ihre vorherige Arbeit wieder aufgenommen. Derzeit arbeite sie trotz all der organisatorischen und menschlichen Belastungen im Kontext ihres behinderten Sohnes nebenbei weiter in einem Hotel in der Betreuung der Kinder." In Bezug auf den Antrag des Ehemannes folgte das LG den Ausführungen des hinzugezogenen Sachverständigen; dieser schloss einen Schockschaden aus, „weil der Kläger zu 2 bereits während seiner Kindheit und Jugend mit seinem geistig und körperlich behinderten Bruder aufgewachsen ist und es daher (nach seiner eigenen Aussage) gelernt hat, mit schwerer geistiger und körperlicher Behinderung umzugehen." [Vgl. dazu auch den in solchen Fällen sehr hilfreichen Praxishinweis von Balke SVR 2023, 461 (463)].

Betrag: – **Haftung: –**
immVorb: – **MdE: –**

LG Potsdam 25.7.2023 – 12 O 282/20 = BeckRS 2023, 34890

7634

Psychische Beeinträchtigungen und „Gesundheitsschaden" (hier: Schlafstörungen, Herz-Rhythmus-Störungen, Spannungskopfschmerzen und somatoforme Störungen sowie ein Burn-Out-Zustand) durch vier angeblich unzutreffende und wahrheitswidrige arbeitsrechtliche Abmahnungen und eine angeblich bestehende und „vom Beklagten bewusst und gewollt geschaffene Arbeitsüberlastungssituation".

Mann. Kein Schmerzensgeld: „Auf § 826 BGB kann der Kläger seine Ansprüche von vornherein deshalb nicht stützen, weil die Vorschrift dem Ersatz von Vermögensschäden dient. Aber auch aus § 823 Abs. 1 BGB iVm § 253 Abs. 2 BGB kann der Kläger seine Forderung nicht stützen. Ihm ist es nicht gelungen, die Tatsachen, die danach einen Anspruch begründen könnten, darzulegen", so das ArbG.

Betrag: – **Haftung: –**
immVorb: – **MdE: –**

ArbG Mainz 11.5.2023 – 9 Ca 69/22 = BeckRS 2023, 54741

7201

Psychische Beeinträchtigung in Form von Ängsten und Albträumen nach Kenntnis der Verunreinigungen des über mehrere Jahre eingenommenen Arzneimittels mit einem „wahrscheinlich krebserregenden" Wirkstoff.

Frau. Kein Schmerzensgeldanspruch für psychische Belastung wegen verunreinigten Medikaments. Erhöht die Einnahme eines verunreinigten Arzneimittels das Risiko, an Krebs zu erkranken, nur um 0,02 %, ist es nicht generell geeignet, psychische Belastungen in Form von Ängsten und Albträumen zu verursachen, so das OLG. Die Klägerin erhielt über viele Jahre hinweg blutdrucksenkende Arzneimittel mit dem Wirkstoff Valsartan. Die Beklagte, die die Medikamente mit diesem Wirkstoff hergestellt, hatte alle Chargen des Medikaments zurückgerufen, da es beim Wirkstoff-Hersteller produktionsbedingt zu Verunreinigungen mit dem „wahrscheinlich krebserregenden" N-Nitrosodimethylamin (NDMA) gekommen war. Die Beklagte wies darauf hin, dass nach dem Beurteilungsbericht der Europäischen Arzneimittelagentur das theoretisch erhöhte Lebenszeit-Krebsrisiko aufgrund möglicher Verunreinigungen mit NDMA bei täglicher Einnahme der Höchstdosis über ein Zeitraum von 6 Jahren um 0,02 % lediglich erhöht sei und das allgemeine Lebenszeitrisiko für Frauen, an Krebs zu erkranken, für Deutschland mit 43,5 % angegeben werde. Das OLG sah eine Haftung der Beklagten nicht gegeben, da das Arzneimittel selbst für die behauptete Gesundheitsverletzung der Klägerin nicht kausal sei, sondern vielmehr die Kenntnis der Verunreinigung und der sich daraus ergebenden Risikoerhöhung an Krebs zu erkranken; diese verbleibe jedoch in einem Rahmen, „der nicht in relevanter Weise über dem allgemeinen Lebensrisiko liegt und damit generell bei objektiver Betrachtung nicht geeignet ist, die behaupteten psychischen und physischen Folgen auszulösen", so das OLG, dass zudem darauf hinwies, dass überzogene Reaktionen auf die Nachricht der Beklagten bzgl. der Verunreinigung der Beklagten nicht zugerechnet werden könnten, zumal die Klägerin selbst vorgetragen habe, dass ihre Ängste, an Krebs zu erkranken, dadurch verursacht wurden, dass ihre Mutter, ihr Bruder und auch die Cousine an Krebs verstorben sind.

Betrag: – **Haftung: –**
immVorb: – **MdE: –**

OLG Frankfurt a. M. 26.4.2023 – 13 U 69/22 = BeckRS 2023, 11501

7628

Posttraumatische Belastungsstörung mit Schlafstörungen, Unruhe, Nervosität und Reizbarkeit infolge des unmittelbaren Miterlebens des Suizids (= Selbstmord); der Selbstmörder warf sich vor den vom Kläger gesteuerten Zug.

Mann (Lokführer). Der Kläger begehrte von der Witwe des Selbstmörders Schmerzensgeld. Zwei Monate stationärer Aufenthalt in einer neurologischen Rehabilitationsklinik; seither ambulante psychologische Behandlung, die einmal monatlich stattfindet. MdE 7 Monate 100 %. Dauerschaden: Schwerbehinderung GdB 50 gleichgestellt wurde. Das LG wies die Klage als unbegründet ab, da „der Anspruch aufgrund von § 827 BGB aus[scheidet], weil der Verstorbene sich zum Zeitpunkt seines Suizids in einem die freie Willensbildung ausschließenden Zustandes krankhafter Störung der Geistestätigkeit befunden hat." [vgl. dazu auch vgl. OLG Frankfurt BeckRS 2020, 37633, OLG München BeckRS 2020, 7815 sowie im Handbuch unter → Rn. 304]. Ebenso sei, so das LG, auch aus § 829 BGB kein Anspruch gegeben. „§ 829 BGB setzt ua voraus, dass der Schädiger gemäß § 827 BGB nicht verantwortlich handelt und die Billigkeit nach den Umständen, insbesondere nach den Verhältnissen der Beteiligten, eine Schadloshaltung erfordert", wobei „die Voraussetzungen, unter denen eine Schadloshaltung des Geschädigten als billig anzusehen ist, hoch anzusetzen" ist. [vgl. dazu BGH Vereinigte Große Senate BeckRS 2016, 21466 und BGH BeckRS 2016, 111582]. Zu derartigen Suizidfällen vgl. auch OLG Hamm BeckRS 2001, 7460 → Nr. 2885 sowie im Handbuch unter → Rn. 304.

Betrag: – **Haftung: –**
immVorb: – **MdE: 50 %**

LG Oldenburg 18.1.2023 – 3 O 2827/21 = BeckRS 2023, 16065

7095

Posttraumatische Belastungsstörungen und psychische Beeinträchtigungen (hier: Schlaf- und Konzentrationsstörungen, Stimmungsschwankungen, plötzlichen Weinanfällen, starker Müdigkeit und Stottern).

Haftung der Fluglinien für psychische Folgen eines Unfalls. Dem Entscheid lag ein Sachverhalt zu Grunde, bei dem ein Fluggast auf einem Flug von London nach Wien wegen einer Triebwerksexplosion über eine Notrutsche das Flugzeug der Laudamotion GmbH verlassen musste und dabei durch den sog. Jetblast eines noch in Bewegung befindlichen Triebwerks zu Fall kam und infolge dessen psychische Beeinträchtigungen sowie eine posttraumatische Belastungsstörung (kurz: PTBS) erlitten hatte. Auf Vorlage des OGH (siehe → Nr. 7096), der Zweifel daran hatte, ob der Begriff „körperlich verletzt" iSv Art. 17 I des Übereinkommens von Montreal auch rein psychische Beeinträchtigungen erfasst, entschied der EuGH, dass dieser Artikel „dahin auszulegen [sei], dass für eine psychische Beeinträchtigung, die ein Fluggast durch einen „Unfall" im Sinne dieser Bestimmung erlitten hat und die keinen Zusammenhang mit einer „Körperverletzung" im Sinne dieser Bestimmung aufweist, in gleicher Weise Schadenersatz zu leisten ist wie für eine solche Körperverletzung, sofern der Fluggast eine Beeinträchtigung seiner psychischen Integrität nachweist, die von solcher Schwere oder Intensität ist, dass sie sich auf seinen allgemeinen Gesundheitszustand auswirkt und nicht ohne ärztliche Behandlung abklingen kann." [vgl. dazu auch Wienbracke GWR 2022, 376]

Betrag: – **Haftung: –**
immVorb: – **MdE: –**

EuGH 20.10.2022 – C-111/21 = BeckRS 2022, 28054

7018

Psychische Beeinträchtigungen als vermeintliche Folgen einer fünftägigen Corona-Quarantäne. Die Kläger behaupteten, an Frustration, Ängsten und Depression gelitten und die häusliche Quarantäne als Stress-Situation empfunden zu haben.

Frau (sowie weitere Personen). Kein Schmerzensgeld für Corona-Quarantäne. Die Kläger befanden sich im Mai 2021 im Urlaub auf den Malediven, die zu diesem Zeitpunkt als Hochinzidenzgebiet eingestuft worden waren, weshalb sich die Kläger vom 1. bis zum 6. Juni 2021 in häusliche Quarantäne begaben, so das LG, das die Klage mit der Begründung abwies, es fehle „hier bereits an einem Verstoß gegen Unionsrecht", denn die „durch § 4 CoronaEinreiseV angeordnete Absonderungspflicht begründet keinen Verstoß gegen den unionsrechtlichen Grundsatz der Freizügigkeit nach Art. 21 AEUV". Auch Ansprüche nach dem allgemeinen Aufopferungsanspruch bzw. aufopferungsgleichen Anspruch bestünden nicht, so das LG, denn diese „scheitern bereits am Vorliegen eines Sonderopfers. Es realisierte sich in der häuslichen Quarantäne lediglich ein allgemeines Lebensrisiko". [vgl. auch → Nr. 6832].

Betrag: – **Haftung: –**
immVorb: – **MdE: –**

LG Berlin 15.3.2022 – 26 O 257/21 = BeckRS 2022, 5626

7021

Psychische Beeinträchtigungen durch die Bearbeitung von Kindesmissbrauchsfällen im Bereich des Kölner Erzbischofs Rainer Maria Woelki.

Frau (Justiziarin und Leiterin der Stabsabteilung des Kölner Erzbischofs Rainer Maria Woelki). Kein Schmerzensgeld wegen der psychischen Überforderung der Bearbeitung von Kindesmissbrauchsfällen durch Priester über einen längeren Zeitraum ohne insofern eine Schulung oder Supervision erhalten zu haben. Das ArbG wies die Klage insofern mit der Begründung ab die Aufarbeitung der Missbrauchsfälle notwendig gewesen und die damit verbundenen Belastungen für die mit dieser Aufgabe betrauten Arbeitnehmer unvermeidbar. Der Klägerin als Leiterin der Stabsabteilung Recht sei es insofern zumutbar gewesen, selbst um für sie notwendige Unterstützung durch das Erzbistum nachzusuchen. Die Klägerin habe jedoch nie nach einer Schulung verlangt und hätte insofern selbst aktiv werden müssen, denn je höher eine Position sei, desto mehr Selbstverantwortung könne hier erwartet werden.

[Das Urteil ist nicht rechtskräftig. Siehe dazu Eckert, Blick ins Arbeitsrecht – Teil II, DStR 2022, 314 (318)].

Betrag: – **Haftung: –**
immVorb: – **MdE: –**

ArbG Köln 18.1.2022 – 16 Ca 4198/21 = BeckRS 2022, 275

6832

Psychische Beeinträchtigungen als vermeintliche Folgen einer sechstägigen bzw. zehntägigen Corona-Quarantäne. Die Kläger behaupteten, an Frustration, Ängsten, Schlafproblemen, Konzentrationsstörungen, emotionaler Erschöpfung, Depression, Reizbarkeit, Existenzängsten und der vereinsamten Situation gelitten zu haben.

Mann. Kein Schmerzensgeld für Corona-Quarantäne. Die Kläger, ein Ehepaar, fordert wegen Quarantäne nach Reiserückkehr aus Risikogebiet Schmerzensgeld; der Mann, der 10 Tage in Quarantäne war 2.500 EUR und seine Frau. die nur sechs Tage abgesondert wurde 1.250 EUR. Das LG wies die Klage ab. Die Kläger seien zu Recht als „Ansteckungsverdächtige" im Sinne des Infektionsschutzgesetzes eingestuft worden, denn sie seien aus einem internationalen Risikogebiet eingereist. Die sog. Absonderung sei auch verhältnismäßig und zumutbar gewesen. Die Kläger seien auch nicht an einem fremden Ort untergebracht worden, sondern hätten sich ohne Überwachung in ihrer eigenen Wohnung selbstbestimmt bewegen können. [vgl. auch → Nr. 7018].

Betrag: – **Haftung: –**
immVorb: – **MdE: –**

LG Frankfurt a. M. 16.12.2021 – 2-04 O 165/21 = BeckRS 2021, 40919

6828

Posttraumatische Belastungsstörungen und psychische Beeinträchtigungen wegen 12-tägiger Corona-Quarantäne im Elternhaus.

3j. Kind. Kein Schmerzensgeldanspruch eines Kindes, das wegen der Corona-Infektion eines anderen Kindes in seiner Kita-Gruppe eine 12-tägige häusliche Quarantäne bzw. „Absonderung" gemäß § 30 IfSG zu absolvieren hatte, wobei das Kind in seiner gewohnten Umgebung mit seinen Eltern als Vertrauenspersonen verblieb. „Auch wenn die Beschränkung, zwei Wochen nicht nach draußen zu dürfen und keinen Besuch zu empfangen, schwerwiegend ist, ist die Belastung angesichts des begrenzten Zeitraums noch angemessen" und rechtfertigt – abgesehen davon, dass es bereits an der erforderlichen Amtspflichtverletzung fehlte – kein Schmerzensgeld. [Vgl. dazu → Nr. 7037 sowie auch die Anmerkung von Slizyk COVuR 2022, 86]

Betrag: – **Haftung: –**
immVorb: – **MdE: –**

LG Köln 26.10.2021 – 5 O 117/21 = BeckRS 2021, 36053

6831

Psychische Beeinträchtigungen, behauptete. Der Kläger trug vor, es sei infolge der Corona-Quarantäne bei ihm zu Frustration, Ängsten, Schlafproblemen, Konzentrationsstörungen, emotionaler Erschöpfung, Depression, Reizbarkeit und Existenzängsten gekommen.

Mann (Polizeibeamter). Kein Schmerzensgeldanspruch wegen einer 6-tägigen Quarantäneanordnung im Zusammenhang mit der Corona-Infektion. „Dass mit einem krankheitsbedingt unfreiwilligen mehrtägigen Verweilen in der eigenen Wohnung zwangsläufig oder auch nur typischerweise depressive Verstimmungen, Appetitlosigkeit und Schlafstörungen einhergehen, ist der Kammer nicht bekannt. Dass dies beim Kläger der Fall war, hat er nicht überzeugend dargelegt, da er lediglich die Begriffe aufzählte, ohne sie in irgendeiner Weise näher auszufüllen"... „ziemlich schlechte Laune" während der angeordneten Quarantäne reichen jedoch nicht aus um einen Anspruch auf Schmerzensgeld zu begründen, so das LG.

Betrag: – **Haftung: –**
immVorb: – **MdE: –**

LG Hannover 20.8.2021 – 8 O 2/21 = BeckRS 2021, 23341

6833

Psychische Beeinträchtigungen in Form von Angst wegen des Tragens einer Corona-Schutzmaske.

73j. Frau. Kein Schmerzensgeldanspruch für entgangene Urlaubsfreuden durch Corona-Maskenpflicht an Bord eines Flugzeug auf dem Weg in den Urlaub. Die Klägerin litt unter Asthma und einer Herzerkrankung und weigerte sich mit Berufung hierauf, eine Maske zu tragen. Nachdem sie dies dann – auf mehrmalige Aufforderung hin – schließlich doch tat, kollabierte sie und wurde von einem zufällig an Bord anwesenden Arzt u.a. per Sauerstoffbeatmung medizinisch versorgt. Als Nachwirkung ihres Zusammenbruches sei sie so geschwächt gewesen, dass sie in ihrer ersten Reisewoche die Hotelanlage kein einziges Mal habe verlassen können und täglich mehrstündige Ruhepausen habe einlegen müssen. In der zweiten Woche sei sie noch auf die Unterstützungen ihrer Reisebegleiterin angewiesen gewesen und habe geplante längere Tagestouren nicht unternehmen können. Durchgängig sei sie psychisch geplagt gewesen aufgrund der Furcht vor dem Rückflug und einem erneuten traumatischen Notfall. Das AG wies die Klage ab. Zunächst liege kein „Unfall" im Sinne von Art. 17 Abs. 1 MÜ vor; ebenso beste kein Anspruch auf Grundlage von § 33 LuftVG oder § 45 LuftVG. Für einen Anspruch gem. der §§ 823, 831 BGB fehle es an der Rechtswidrigkeit. Was den gemäß § 651n Abs. 2 BGB möglichen Entschädigungsanspruch des Reisenden wegen entgangener Urlaubsfreuden betrifft, so ist insofern der Pauschalreiseveranstalter im Sinne von § 651a Abs. 1 BGB passivlegitimiert. Diese Eigenschaft kommt der Beklagten Fluggesellschaft, die nur Erfüllungsgehilfe des Pauschalreiseveranstalters der Klägerin war, unstreitig nicht zu. [Anmerkung: Das sehr lesenswerte Urteil geht sehr umfänglich auf die komplexe Rechtslage im Zusammenhang mit Ansprüchen der Fluggäste ein].

Betrag: – **Haftung: –**
immVorb: – **MdE: –**

AG Hannover 9.7.2021 – 510 C 270/21 = BeckRS 2021, 25056

6775

Psychische Beeinträchtigung in Form eines Nervenzusammenbruchs als Folge einer vermeintlich unberechtigten Kontenpfändung.

Frau (Antragsgegnerin und Mutter des volljährigen Antragstellers). Kein Schmerzensgeldanspruch wegen Zusammenbruchs infolge einer vermeintlich unberechtigten Kontenpfändung. Die Antragsgegnerin beanspruchte Schmerzensgeld mit der Begründung, dass – trotz Zahlung des Unterhaltsrückstandes – von den Bevollmächtigten ihres Sohnes weiter vollstreckt worden sei und dadurch „sogar ihr Konto stillgelegt worden" wäre. „Dies sei erfolgt, obwohl dem Antragsteller bekannt gewesen sei, dass sie seit Jahren an einer elektroralen Tachykardie leide und im Oktober 2015 sich einer mehrstündigen Herzoperationen habe unterziehen müssen. Sie sei zusammengebrochen, als sie am 24.10.2019 durch Einzug ihrer EC-Karte erfahren habe, dass ihr Konto gepfändet worden sei. Dies sei erfolgt, obwohl dem Antragsteller ab August 2019 kein Unterhalt mehr zugestanden habe". Das AG wies insofern darauf hin, dass der Unterhalt noch nicht vollständig bezahlt wurde und sah in dem Vorgang der Rechtsanwälte des Antragstellers keine schmerzensgeldbegründende Handlung.

Betrag: – **Haftung: –**
immVorb: – **MdE: –**

AG Düren 2.3.2020 – 23 F 214/19 = BeckRS 2020, 43643

6296

Psychische Beeinträchtigungen. Hier: Fetales Alkoholsyndrom (FAS).

14j. Kind (Jugendlicher). Der Kläger zu 1) wurde am ... 2005 von einer Minderjährigen mit einem „fetalen Alkoholsyndrom" (= FAS) geboren und wegen Vernachlässigung in die Pflege der Klägerin zu 2) gegeben. Die Beklagte – Kinder- und Jugendpsychiatrie der Stadt ... – zog trotz des beschriebenen Alkoholkonsums der leiblichen Mutter des Klägers zu 1) nicht die Verdachtsdiagnose FAS in Erwägung. Kein Schmerzensgeldanspruch des Klägers. Ein Schmerzensgeldanspruch – so bereits das LG, dem das OLG zustimmte – „des Klägers zu 1) sei ... nicht gegeben, weil jedenfalls aus im Einzelnen dargelegten Gründen auch nach dem Klägervorbringen nicht davon auszugehen sei, dass dem Kläger zu 1) eine frühere Verbesserung im Sinne einer Heilungsverzögerung entstanden sei." Auch sei kein Befunderhebungsfehler festzustellen, da ein fetales Alkoholsyndrom „nicht ohne weiteres durch eine Fachärztin für Kinder- und Jugendmedizin" zu erkennen sei.

Betrag: – **Haftung: –**
immVorb: – **MdE: –**

OLG Frankfurt a. M. 10.12.2019 – 8 U 86/18 = BeckRS 2019, 32760

6291

Depressionen im Zusammenhang mit den Folgen einer Oberschenkelfraktur in Form einer Schenkelhalsfraktur und Unterarmfraktur in Form einer distalen Radiusfraktur.

Frau. Stationäre Heilbehandlung. Anschließend langwierige Heilbehandlung: So musste die Klägerin für 6 Wochen mit Gehstützen gehen und durfte nur bis 30 kg belasten. Sechs Wochen nach der Operation sollte sie langsam beginnen, ohne die Gehstützen zu gehen und zu belasten. Dies gelang der Klägerin nur schwer. Die Radiusfraktur wurde durch Ruhigstellen über sechs Wochen behandelt. 18 Einheiten Krankengymnastik. Kein Schmerzensgeld wegen fehlender Verkehrssicherungspflichtverletzung des Saunabetreibers. [Ursache: Saunaunfall / Verkehrssicherungspflichten eines Saunabetreibers. Lesenswert zu den Anforderungen einer Verkehrssicherungspflichtverletzung insofern].

Betrag: – **Haftung: –**
immVorb: – **MdE: –**

LG Frankfurt a. M. 15.11.2019 – 2-30 O 214/18 = BeckRS 2019, 30135

6552

Psychische Beeinträchtigungen, wie Schlafstörungen im Zusammenhang mit dem sehr leidvollen und qualvollen Versterben ihres Ehemannes.

Frau. Ambulante psychiatrische Behandlung. Die Klägerin verlor ihren Ehemann aufgrund eines Befunderhebungsfehlers im Zusammenhang mit der verspäteten Diagnose von Blasen- und Prostatakarzinomen, an denen er schließlich unter schwersten Leiden verstarb. Die Kl. trug in Bezug auf ihre Schmerzensgeldvorstellung von 10.000 EUR vor, sie „habe den Leidensweg und insbesondere das enorm leidvolle Versterben ihres Ehemannes tagelang hilflos anschauen müssen. Das gehe bei weitem über das Maß hinaus, was ein Angehöriger bei dem Versterben eines geliebten Menschen ertragen müsse und was selbst einem „psychisch starken" Menschen zumutbar sei. Das qualvolle Versterben ihres Mannes mache ihr bis heute gesundheitlich zu schaffen." Das LG hat den Anspruch mit der Begründung zurückgewiesen, die von ihr vorgetragenen psychischen Beeinträchtigungen und Schlafstörungen seien „keine gesundheitliche Beeinträchtigung mit nach allgemeiner Verkehrsauffassung anzuerkennendem Krankheitswert". Das OLG kritisierte diese Begründung, vermochte der Klägerin jedoch auch nicht zu einem Schmerzensgeld zu verhelfen, da deren Ausführungen insofern deutlich zu „knapp" und „nicht konkretisiert" seien. Zudem sei „vollkommen unklar, für welchen Zeitraum sie unter den angegebenen Beeinträchtigungen gelitten hat und welches Ausmaß diese angenommen haben. Jegliche Schmerzensgeldfestsetzung hinge daher vollkommen in der Luft", so das OLG.

Betrag: – **Haftung: –**
immVorb: – **MdE: –**

OLG Frankfurt a. M. 16.7.2019 – 8 U 43/17 = BeckRS 2019, 26115

7218

Psychische Beeinträchtigungen in Form von depressiven Störungen mittelgradiger Ausprägung, die in ihrem Schweregrad einer majoren Depression entsprachen.

Frau. Kein Schmerzensgeldanspruch bzw. kein weiteres Schmerzensgeld wenn durch einen Vergleich in Verbindung mit einem Urteil ein uneingeschränktes Schmerzensgeld zugesprochen worden war und es der klagenden Partei nicht gelingt zu beweisen, dass die von ihr vorgetragenen weiteren Verletzungen zum Zeitpunkt des Vergleiches noch nicht eingetreten und objektiv erkennbar waren und deren Eintritt auch nicht vorhersehbar war, so das LG. Soweit die Klägerin vorgebracht hat, dass es durch die beständigen Schmerzen zu einer depressiven Entwicklung bei ihr gekommen sei und sie sich deswegen vom 22.4.2010 bis 25.5.2010 in stationärer Behandlung befunden habe und seit Juni 2010 in ambulanter Behandlung befinde, handelt es sich zwar um Unfallfolgen, die zum Zeitpunkt des Zuspruchs des Schmerzensgeldes von 6.000,00 EUR noch nicht eingetreten waren. Dies gilt auch für den Vortrag der Klägerin, es sei nunmehr eine unfallbedingte Inkontinenz eingetreten. Aufgrund der Ausführungen des vom LG zugezogenen Sachverständigen war das LG allerdings „nicht davon überzeugt, dass der Eintritt einer depressiven Störung am 8.5.2007 noch nicht erkennbar war. Vielmehr spricht die Tatsache, dass die Klägerin selbst von psychischen Problemen bereits im Jahr 2005 berichtet hat, dafür, dass bereits zu diesem Zeitpunkt unfallkausal psychische Probleme aufgetreten sind, die den späteren Eintritt einer depressiven Episode vorhersehbar gemacht haben".

Betrag: – **Haftung: –**
immVorb: – **MdE: –**

LG München II 16.7.2019 – 12 S 3449/17 = BeckRS 2019, 60876

5518

Posttraumatischen Belastungsstörung in Form einer schweren Belastungsstörung und eine mittelschweren depressive Episode.

Mann (Leiter der Freiwilligen Feuerwehr der Stadt …). Der Kläger erlebte aus nächster Nähe mit, wie – während eines von ihm geleiteten Rettungseinsatzes auf einer Autobahn – ein Lastzug nahezu ungebremst auf ein Stauende auffuhr wobei er (der Kläger) sich lediglich durch einen Sprung selbst retten konnte, während andere Rettungskräfte vor seinen Augen zum Teil schwer verletzt wurden. Das LG führte zur Frage, ob einem Feuerwehrmann in einer solchen Situation überhaupt ein Schmerzensgeldanspruch zustehen könne, aus: „Wer deshalb psychische Schäden erleidet, weil er vom Schädiger in die Rolle eines Unfallbeteiligten gezwungen wird, steht nach gefestigter Rechtsprechung unter dem Schutzbereich der Haftungsvorschrift des § 823 Abs. 1 BGB bzw. der §§ 7, 18 StVG, weil seine körperliche Integrität in gleicher Weise wie bei einer nur „äußeren" Einwirkung beeinträchtigt wird. Er ist nicht nur mittelbar geschädigter Dritter; vielmehr ist unmittelbar in sein eigenes absolutes Recht auf Gesundheit und körperliche Unversehrtheit eingegriffen worden. In einer solchen Situation umfasst die Ersatzpflicht des Schädigers regelmäßig auch die auf den psychischen Beeinträchtigungen beruhenden Schadensfolgen". Somit lautete der Tenor: „Es wird dem Grunde nach festgestellt, dass die Beklagten gesamtschuldnerisch verpflichtet sind, dem Kläger ein angemessenes Schmerzensgeld zu zahlen, welches von der vollen Haftung der Beklagten für den Verkehrsunfall vom … ausgeht". [Anmerkung: Vergleiche hierzu im Handbuch → Rn. 301 und insofern LG Duisburg BeckRS 2019, 5918].

Betrag: – **Haftung: 100 %**
immVorb: – **MdE: –**

LG Darmstadt 15.3.2019 – 8 O 132/18 = BeckRS 2019, 5918

6729

Psychische Beeinträchtigungen, behauptete – hier in Form von depressiven Verstimmungen, Antriebslosigkeit und Müdigkeit.

Frau. Kein Schmerzensgeldanspruch wegen eines behaupteten Produktfehlers bzw. Instruktionsfehlers bei einem Langzeitblutdruckmessgerät. Die Klägerin hatte deshalb – obwohl ihr Blutdruck in Ordnung war – Blutdruckmedikamente eingenommen und beklagte die mit verbundenen Nebenwirkungen in Form von Antriebslosigkeit, depressiven Verstimmungen und Müdigkeit. Das AG sah jedoch derartige Nebenwirkungen als nicht ausreichend bewiesen an und wies die Klage ab.

Betrag: – **Haftung: –**
immVorb: – **MdE: –**

AG Hechingen 13.3.2019 – 6 C 201/18 = BeckRS 2019, 13357

5301

Psychische Beeinträchtigung (hier: PTBS bzw. posttraumatische Belastungsstörung eines Lokführers, der bereits mehrere Selbstmorde auf der Schiene erleben musste und nun erneut – beinahe – einen weiteren derartigen Fall erlebt hatte).

Mann (Zugführer). Dieser begehrte vom Beklagten Schmerzensgeld, weil dieser vor dessen Zug sprang, jedoch – durch die Geistesgegenwart des Klägers – nicht unter den Zug geraten war; durch dieses Ereignis habe er (Kl.) ein PTBS erlitten. Kein Schmerzensgeldanspruch: Ein Schadensersatzanspruch aus § 829 BGB ist nicht schon dann zu gewähren, wenn die Billigkeit es erlaubt, sondern nur dann, wenn die gesamten Umstände des Falles eine Haftung des schuldlosen Schädigers aus Billigkeitsgründen geradezu erfordern. (amtlicher Leitsatz). Im Detail führte der BGH aus: „Indes kann vorliegend von einer Selbstaufopferung nicht ausgegangen werden. Eine solche liegt dann vor, wenn eine Person in einer Gefahrenlage durch eine Rettungshandlung einen anderen vor Schaden bewahrt und sich durch diese Handlung gleichzeitig selbst schädigt (vgl. Senatsurteil vom 27. November 1962 – VI ZR 217/61, BGHZ 38, 270; vom 26. Juni 1962 – VI ZR 152/61, NJW 1962, 2201, 2202). Vorliegend ist jedoch die Beeinträchtigung der psychischen Gesundheit des Klägers schon dadurch hervorgerufen worden, dass der Beklagte vor dem Zug ins Gleisbett gesprungen ist. Die nachfolgende Rettungshandlung des Klägers durch Anhalten des Zuges hat die Beeinträchtigung weder verursacht noch vergrößert; es ist eher anzunehmen, dass diese für den Kläger noch größer gewesen wäre, hätte er den Zug nicht gebremst, sondern den Beklagten überrollt. Der Kläger hat sich und seine Gesundheit demnach nicht für den Beklagten "geopfert„, vielmehr ist er aufgrund der vom Beklagten herbeigeführten Gefahrenlage geschädigt worden, auf die er geistesgegenwärtig und schnell reagiert hat".

Betrag: – **Haftung: –**
immVorb: – **MdE: –**

BGH 29.11.2016 – VI ZR 606/15 = BeckRS 2016, 111582

4369

Psychische Beeinträchtigung (hier: Unzulässige Information über schwere Erbkrankheit. Das OLG führte hierzu aus: „Dass die Ungewissheit über die Anlage einer unheilbaren und bei Ausbruch sicher zum Tode führenden Erbkrankheit im Gengut der Kinder bis zu deren Volljährigkeit psychische Erkrankungen verursachen kann, liegt für den Senat nahe.")

Frau. Arzthaftung (Das OLG, das über den PKH-Antrag der Kl. zu entscheiden hatte, und diesem stattgab, führte aus: „Stellt der Arzt eine meist im Erwachsenenalter ausbrechende schwere Nervenkrankheit mit hohem Vererbungsrisiko fest, darf er der Bitte des Patienten, dessen geschiedene Ehefrau wegen der bei dieser lebenden ehelichen Kinder zu informieren, nicht entsprechen, weil eine medizinische Sachaufklärung bei Minderjährigen in Deutschland nicht statthaft ist, sodass sich für die Mutter aus der belastenden Information keinerlei Handlungsoption ergibt.".)

Betrag: – **Haftung: 100 %**
immVorb: – **MdE: –**

OLG Koblenz 1.2.2012 – 5 W 63/12 = BeckRS 2012, 3419

4375

Psychische Beeinträchtigung / Angst (hier: infolge von Ängsten oder Leiden eines Hundes).

Kein Schmerzensgeldanspruch: „Ängste oder Leiden eines Hundes begründen keinen Schmerzensgeldanspruch des Hundeeigentümers.", so das AG zutreffend.

Betrag: – **Haftung: –**
immVorb: – **MdE: –**

AG Wiesbaden 18.8.2011 – 93 C 2691/11 = BeckRS 9998, 19708

4302

Psychische Beeinträchtigung, angebliche [Anmerkung: Der Kläger und seine Familie trugen vor, „sie hätten infolge der Durchsuchung psychische Traumata mit Krankheitswert erlitten und sich deshalb einer nervenärztliche Behandlung unterziehen müssen, die bei einigen von ihnen noch andauere. Teilweise wurde vorgetragen, die Familie sei durch den Vorfall zerfallen."].

Mann. Kein Schmerzensgeld. Das LG sah den SEK-Einsatz in den frühen Morgenstunden als gerechtfertigt und verhältnismäßig an, da der im Hause der Eltern lebende Sohn „zureichend verdächtig gewesen" sei „eine Schusswaffe mit sich geführt und damit andere Personen bedroht zu haben. Die Beamten hätten deshalb damit rechnen müssen, dass der Sohn noch im Besitz dieser Schusswaffe ist". [Nicht rechtskräftig; die Parallelverfahren des Sohnes und der Mutter sind unter 4 O 9068/10 und 4 O 9069/10 anhängig].

Betrag: – **Haftung: –**
immVorb: – **MdE: –**

LG Nürnberg-Fürth 11.8.2011 – 4 O 9039/10 = BeckRS 2011, 20567

4078

Angst (hier: Bergbau-Phobie).

Kein Schmerzensgeldanspruch. Der BGH begründete dies damit, ein solcher Anspruch könne nach § 253 Abs. 2 BGB nur gegeben sein, wenn Schadensersatz wegen der Verletzung unter anderem des Körpers oder der Gesundheit zu leisten sei. Daran fehle es jedoch vorliegend, denn § 114 BBergG stelle zwar eine Norm des Schadensersatzrechts dar, diese erfasse jedoch gesundheitliche Beeinträchtigungen nicht als Bergschaden. Auch könne der Anspruch nicht aus dem Nachbarrecht hergeleitet werden, denn nach § 906 Abs. 2 BGB stelle der zwischen Grundstückseigentümern für bergbaubedingte Schäden zu leistende Ausgleich keinen Schadensersatzanspruch dar.

Betrag: – **Haftung: –**
immVorb: – **MdE: –**

BGH 23.7.2010 – V ZR 142/09 = BeckRS 2010, 20019

4018

Psychische Beeinträchtigung (hier: Selbstmordversuch einer „bereits vor dem Unfall ... psychisch stark angeschlagenen" Schülerin).

16j. Schülerin. Kein Schmerzensgeldanspruch wegen Selbstmordversuch nach körperlich unbeschadet überstandenem Verkehrsunfall. Die Kl. rettete sich unverletzt durch einen Sprung von ihrem Motorroller um einer Kollision mit einem LKW zu entgehen. (vgl. auch unter „unangemessene Erlebnisverarbeitung"). [Anmerkung: Die Problematik wird in der Beck'schen Schmerzensgeldtabelle im Kap. IV 1g und Kap. VII 6. a kommentiert].

Betrag: – **Haftung: –**
immVorb: – **MdE: –**

AG Betzdorf 21.8.2009 – 33 C 136/09 = BeckRS 2011, 15653

4001

Psychische Beeinträchtigung mit Krankheitswert, die vermeintlich infolge einer anwaltlichen Falschberatung („fehlerhafte Beratung") erfolgt sein soll.

Kein Schmerzensgeldanspruch: „Die Schlechterfüllung eines Anwaltsvertrages, der nicht zum Schutz der Rechtsgüter des § 253 Abs. 2 BGB zum Gegenstand hat, begründet in der Regel keinen Schmerzensgeldanspruch", da es insofern „an dem notwendigen Zusammenhangzwischen dem Schutzzweck der verletzten Pflicht und dem eingetretenen Schaden" fehlt. [Anmerkung: Siehe dazu auch im Handbuch unter → Rn. 347].

Betrag: – **Haftung: –**
immVorb: – **MdE: –**

BGH 9.7.2009 – IX ZR 88/08 = BeckRS 2009, 22728

3918

Psychische Beeinträchtigung

Mann. Kein Schmerzensgeldanspruch. Der Kl. begehrte nach einem Poytrauma, für welches er insges. umgerechnet gut 20.000,- EUR Schmerzensgeld erhalten hatte ein weiteres Schmerzensgeld wegen posttraumatischer psychischer Beeinträchtigungen. Das OLG sah jedoch den Beweis insofern nicht erbracht [Anmerkung: Lesenswert zur Problematik der §§ 286 ZPO und 287 ZPO.

Betrag: – **Haftung: –**
immVorb: – **MdE: –**

OLG Saarbrücken 11.12.2007 – 4 U 362/07 = BeckRS 2008, 3538

3720

Psychische Beeinträchtigung, behauptete wegen einer unberechtigten Wohnungskündigung. Der Kläger trug vor mehere Tage unter Appetitlosigkeit und Ängsten sowie Schlaflosigkeit gelitten zu haben.

Mann. Kein Schmerzensgeldanspruch wegen „psychischem Streß" infolge einer unberechtigten Wohnungskündigung. Das AG verwies darauf, dass der Kl. keine „medizinisch relevanten Auswirkungen der durchlittenen Angst um die Wohnung" dargetan habe und auch „weiterhin arbeitsfähig" gewesen sei.

Betrag: – **Haftung: –**
immVorb: – **MdE: –**

AG Leipzig 26.6.2007 – 165 C 8909/06 = BeckRS 2007, 10982

3325

Psychische Beeinträchtigungen, schwere (hier: Schwere psychopathologische Erkrankung, die sich unter anderem in traumatischen Angstausbrüchen, Schlafstörungen und schweren Depressionen manifestiert).

Frau. Das LG Berlin hatte sich mit der Frage des immateriellen Schadensersatzes der Tochter eines jüdischen KZ-Opfers (der Vater der Kl. war vom 22.9.1940 bis 4.3.1942 im KZ Auschwitz und wurde dort auf das Brutalste gefoltert, gequält und misshandelt und verließ das Lager seelisch und körperlich gebrochen). Das LG wies die Klage als unbegründet zurück, da die Kl. „keine Ansprüche unter dem Gesichtspunkt der Funktionsnachfolge [vgl. BVerfGE 15, 126, 133 ff.] für eine Schuld des ... deutschen Reiches" habe.

Betrag: – **Haftung: –**
immVorb: – **MdE: –**

LG Berlin 13.4.2005 – 23 O 415/04 = BeckRS 2005, 5393

3334

Psychosyndrom, hirnorganisch bedingtes nach Schädelhirntrauma. Es kam zu einer umfassenden Persönlichkeitsveränderung. Der Kläger gilt als Pflegefall. Daneben erlitt er u.a. eine Beckenfraktur.

Mann. Dauerschaden: Pflegefall [Anmerkung: Lesenswerte Entscheidung zum Thema der Vorwegnahme der Entscheidung von Hauptsachefragen – hier: Bemessung der Schmerzensgeldhöhe – im Prozesskostenhilfeverfahren. Die Beantwortung dieser Rechtsfrage darf nicht im Verfahren über die Bewilligung von Prozesskostenhilfe ... vorweggenommen werden, so das OLG.]

Betrag: – **Haftung: –**
immVorb: – **MdE: –**

OLG Koblenz 17.2.2005 – 12 W 34/05 = BeckRS 2005, 5352

3237

HWS-Syndrom mit psychischer Fehlverarbeitung.

Mann. Besteht bei zwei voneinander unabhängigen Schadenfällen (HWS-Syndrom) der Verletzungsbeitrag des Erstunfalles zum endgültigen Schadenbild nur darin, dass eine anlagebedingte Neigung des Geschädigten zu psychischer Fehlverarbeitung geringfügig verstärkt wurde, so genügt dies nicht, um eine Haftung des Erstschädigers für die Folgen des Zweitunfalles zu begründen, so der BGH. Anderes gilt nur, „wenn der Erstunfall sich auf das endgültige Schadenbild in relevanter Weise auswirkt". [Anmerkung: Die Beklagte hatte für die Verletzungen durch den Erstunfall vorprozessual 2.000 DM bezahlt, das LG weitere 1.000 DM und das Berufungsgericht weitere 1.000 DM zuerkannt. Der Kl. behauptet, nachdem er bereits durch den Erstunfall ein HWS-Schleudertrauma mit einer Veränderung der Halswirbelsäule und psychischen Folgeschäden erlitten habe, sei es durch den gleichartigen Zweitunfall zu einer Verschlimmerung seines dauerhaften Leidens gekommen mit der Folge, dass alle Beschwerden und Funktionsstörungen über das übliche Maß eines Cervical-Syndroms hinausgingen und in vollem Umfang dem Erstunfall anzulasten seien].

Betrag: – **Haftung: –**
immVorb: – **MdE: –**

BGH 16.3.2004 – VI ZR 138/03 = BeckRS 2004, 4451

3165

Psychische Beeinträchtigung (hier: Posttraumatische Belastungsstörungen als Spätfolge des Miterlebens des Unglücks von Ramstein).

Das LG sah die Ansprüche der 5 Kläger als Verjährt an, da bei Allen die psychischen Störungen noch im Jahr der Flugschaukatastrophe von Ramstein (28.8.1988) eingetreten sei. Damit sei für Ärzte schon damals eine posttraumatische Belastungsstörung als möglich vorhersehbar gewesen, was für einen Verjährungseintritt nach herrschender Lehre und Rechtsprechung ausreichend sei.

Betrag: – **Haftung: –**
immVorb: – **MdE: –**

LG Koblenz 4.9.2003 – 6 O 622/00 = unveröffentlicht

3213

Keine näheren Angaben.

Mann. Lesenswerte Ausführungen zur Zurechnung einer psychischen Fehlverarbeitung [vgl. psychische Fehlverarbeitung]. „Steht ein psychisch vermittelter Gesundheitsschaden fest, ist ein Anspruch ausgeschlossen, wenn die neurotische Fehlhaltung in einem groben Missverhältnis zum schädigenden Ereignis steht, zu dem sie keinen inneren Bezug mehr hat, sondern Ausdruck einer offensichtlich unangemessenen Erlebnisverarbeitung ist", so das KG.

Betrag: – **Haftung: –**
immVorb: – **MdE: –**

KG 22.4.2002 – 12 U 7385/00 = BeckRS 2009, 16569

3136

Psychische Beeinträchtigungen, behauptete hier: „depressive Verstimmung, Antriebslosigkeit und chronische Müdigkeit" u.a. behauptete, jedoch gerichtlich als nicht hinreichend bewiesen, deklarierte Verletzungen.

Frau. Kein Schmerzensgeldanspruch wenn die vorgetragenen psychischen Beeinträchtigungen als Primärverletzung und nicht lediglich als schadenausfüllende Folgewirkungen geltend gemacht werden und es dem / der Betroffenen nicht gelingt gemäß § 286 ZPO den Strengbeweis darüber zu führen. Insoweit sei – so das OLG – eine „ärztliche Bescheinigung ... nicht generell als geeignet anzusehen, ein technisches KFZ-Gutachten zu erschüttern ...". [Vgl. auch unter Psychische Fehlverarbeitung sowie unter → Nr. 3143 OLG Hamm BeckRS 2003, 30308700]

Betrag: – **Haftung: –**
immVorb: – **MdE: –**

OLG München 8.2.2002 – 10 U 3448/99 = BeckRS 2009, 19012

3026

Psychische Beeinträchtigung mit Hyperventilationssymptomatik und Schockzusatnd nach behauptetem HWS-Syndrom. Dies – so das OLG – stehe im groben Missverhältnis zum Anlass (siehe unter Einzelheiten).

25j. Frau. Kein Schmerzensgeldanspruch, wenn die psychischen Beeinträchtigungen von krankheitswert zu dem eigentlichen Anlass (hier: Auffahrunfall mit Differenzgeschwindigkeit von 6 km/h und kaum sichtbarer Stoßstangeneinbeulung) und der behaupteten HWS-Verletzung in grobem Missverhältnis steht.). [Ausführliche Urteilsbesprechung in r+s 2003, 177].

Betrag: – **Haftung: –**
immVorb: – **MdE: –**

OLG Nürnberg 22.11.2001 – 8 U 214/00 = BeckRS 2010, 8428

2878

Psychische Beeinträchtigung, die jedoch ebenso wie das angebliche schwere HWS-Syndrom, nicht nachgewiesen werden konnte.

Kein Schmerzensgeld, solange der „psychisch vermittelte Kausalzusammenhang nicht festgestellt" werden kann und es an einem „inn. Zusammenhang" zwischen Unfall und Verletzung fehlt.

Betrag: – **Haftung: –**
immVorb: – **MdE: –**

OLG Hamm 30.10.2000 – 6 U 61/00 = BeckRS 2000, 12475

3571

Angst / psychische Beeinträchtigung (hier: Angst an BSE erkrankt zu sein).

Frau. Kein Schmerzensgeldanspruch trotz eindeutig vorliegender Körperverletzung und Persönlichkeitsrechtsverletzung. Der Vegetarierin wurde – entgegen ihrem erklärten Willen – eine Fleischlösung injiziert infolge der die Klägerin an Schlafstörungen und Angstzuständen litt, an BSE zu erkranken. Das AG sah den Beweis, dass diese Beeinträchtigungen auf die Injektion zurückzuführen seien, als nicht erbracht und wies die Klage zurück.

Betrag: – **Haftung: –**
immVorb: – **MdE: –**

AG Düren 13.10.1999 – 47 C 301/98 = BeckRS 9998, 54613

2741

Psychische Beeinträchtigung in Form „einer tiefgreifenden schizoaffektiven Psychose" nach einem ihre zuvor erfolgten schweren Gehirnverletzungen.

38j. Frau. [Abfindungsvergleich, Bestandskraft; Kein Wegfall der Geschäftsgrundlage bzgl. Abfindung, wenn das Spätfolgenrisiko Abfindungsgegenstand war.]

Betrag: – **Haftung: –**
immVorb: – **MdE: –**

OLG Hamm 5.8.1999 – 23 U 16/99 = BeckRS 2005, 3639

5478

Angst hier: Todesangst über mehrere Stunden mit permanenter Übelkeit und wiederholtem Erbrechen. Zudem war – so das LG – die Befindlichkeit des Klägers auch dadurch beeinträchtigt, dass sich – auf engstem Raum zusammengepfercht – in nächster Nähe des Klägers zahlreiche andere Personen erbrachen.

Mann. Ursache: In Seenot geratene Fähre zum Transfer von Urlaubern. Das Schiff – so das LG – habe im Sturm manövrierunfähig im Meer getrieben. Die Passagiere seien aufgefordert worden, Schwimmwesten anzulegen … der Kapitän (habe) einen Notruf abgesetzt. Zahlreiche Passagiere hätten sich an verschiedensten Stellen in der Kabine erbrochen; der Kläger und seine Ehefrau hätten Todesangst gelitten. Weil auch das Navigationssystem ausgefallen sei, habe man versucht, andere Schiffe mit Taschenlampen auf sich aufmerksam zu machen. Ein sich schließlich näherndes Boot der Küstenwache sei gegen das Transferschiff gekracht, was dazu geführt habe, das auf dem Fährschiff erneut Panik ausgebrochen sei. [vgl. auch → Nr. 5479]

Betrag: 500 € **Haftung: 100 %**
immVorb: – **MdE: –**

LG Köln 15.1.2019 – 3 O 305/17 = BeckRS 2019, 632

4636

Angst / psychische Beeinträchtigung wegen plötzlichem Blutverlust weil während einer ärztlichen Behandlung sich der Schlauch einer Kanüle gelöst hatte.

18j. Frau. Arzthaftung (hier: Behandlungsfehler im Zusammenhang mit einer lokalen Betäubung).

Betrag: 500 € **Haftung: 100 %**
immVorb: – **MdE: –**

OLG Koblenz 7.4.2011 – 5 U 1190/10 = BeckRS 2011, 23753

5730

Schock- und Unruhezustände sowie nächtliche Alpträume. Die Kläger hatten unmittelbar miterlebt, wie ihre Mutter von einem PKW angefahren und auf der Motorhaube zunächst „aufgeladen" und später zu Boden geworfen worden und verletzt worden war.

3j. Kinder. Zur Kausalität führte das OLG aus, dass die seelischen Belastungen der beiden Kleinkinder derart auf der Hand liegen würden, dass es zu deren Feststellung durch das LG keiner ärztlichen Attestierung bedurft hätte. Dagegen widerspreche das Bestreiten der Beklagten jeglicher Lebenserfahrungen. Anmerkung: Jedem der beiden Kinder wurden 500 EUR zuerkannt.

Betrag: 500 € **Haftung: 100 %**
immVorb: – **MdE: –**

OLG Köln 29.7.2005 – 19 U 96/05 = BeckRS 2006, 5417

6161

Psychische Beeinträchtigungen und Ängste nach dem Miterleben eines „Beinaheunfalls": Die Klägerin hatte beim Blick in den Rückspiegel Ihres PKW miterlebt, wie der Fahrer eines nachfolgenden Lkw diesen in eine Mauer lenkte, um ein Auffahren auf ihren PKW zu vermeiden. „Es ist ohne weiteres nachvollziehbar" – so das AG – „dass die Kl. die Gefahr eines schwerwiegenden Verkehrsunfalles mit schwerwiegenden Folgen für sie auf sich zukommen sah, wenn sich hinter ihr ein großer Lastzug näherte, der offensichtlich nicht rechtzeitig zum Stehen kam".

Frau. MdE „maximal knapp 3 Wochen" 100 %. Führt das Erlebnis eines Beinaheunfalls bei dem davon Betroffenen zu anhaltenden psychischen Störungen, die mit einer Arbeitsunfähigkeit verbunden sind, so steht dem Geschädigten ein Schmerzensgeldanspruch zu.

Betrag: 511 € **Haftung: 100 %**
immVorb: – **MdE: –**

AG Köln 10.1.2000 – 268 C 218/99 = BeckRS 9998, 18096

7857

Psychische Beeinträchtigungen nach Androhung von massiver Gewalt gegen die eigene Person und nachfolgende psychosomatische Reaktionen in Form von Panikattacken mit Beklemmungsgefühlen und Herzklopfen sowie Depression.

Frau. Stationäre Notfallbehandlung. Die Klägerin saß in ihrem PKW als der Beklagte nach einem Sprung auf die Motorhaube dessen Windschutzscheibe zerschlagen hatte. Nach dieser Gewaltdemonstration bedrohte er die Klägerin weiter und rief ihr zu, er werde auch sie „kaputtschlagen" und unter ihr Auto werfen.

Betrag: 600 € **Haftung: 100 %**
immVorb: – **MdE: –**

AG Düsseldorf 10.3.2009 – 29 C 12484/08 = BeckRS 2009, 148005

7426

Schock und posttraumatische Belastungsstörung (PTBS] aufgrund des Miterlebens des Verkehrsunfalles des eigenen dreijährigen Kindes. In dessen Folge kam es zu einer posttraumatischen Belastungsstörung, chronischen Kopfschmerzen und einer schweren depressive Episode ohne psychotische Symptome.

Mann. 37 Tage in teilstationärer Behandlung der Klinik für Psychiatrie und Psychotherapie. Im Anschluss befand sich der Kläger für ca. ein Jahr in einer ambulanten Psychotherapie. [Anmerkung: Sehr lesenswerte Entscheidung zur Anrechnung eigenen Mitverschuldens aufgrund unzureichender Aufsicht bzw. Beaufsichtigung des eigenen Kindes – Haftungsprivilegierung § 1664 BGB; vgl. dazu auch BGH BeckRS 2021, 1443 sowie im Handbuch unter → Rn. 336 und → Rn. 339].

Betrag: 750 € **Haftung: 25 %**
immVorb: – **MdE: –**

OLG Köln 30.1.2024 – 9 U 66/23 = BeckRS 2024, 4504

5175

Massive Angst / Todesangst nach Fehldiagnose „Aids": Infolgedessen akute Todesangst, Selbstmordabsichten, und isges. „erhebliche physischen und vor allem psychischen Belastungen". Die Kl. sei „nicht einmal in der Lage gewesen, Auto zu fahren, weil sie dauernd Weinkrämpfe gehabt habe. Nach den Worten der Zeugen … war die Klägerin sehr verstört, niedergeschlagen und habe nicht weiterleben wollen, nachdem sie die Mitteilung eines positiven HIV-Testes erhalten hatte".

Frau. MdE 17 Tage 100 %. 4 Wochen akute Todesangst. Arzthaftung (Diagnosefehler). Die Kl. beauftragte ihren Hausarzt, der sie seit 20 Jahren betreute, bei ihr einen HIV-Test vorzunehmen. Als die Klägerin am Tage nach der Blutentnahme in der Praxis des Beklagten eine Überweisung abholen wollte, eröffnete ihr dieser, dass sie HIV-positiv sei.Die Klägerin wurde anschließend für 2 Tage arbeitsunfähig krankgeschrieben. Nach zwei weiteren Wochen fand morgens um 8.00 Uhr ein weiterer Termin in der Uniklinik in X. statt. Bei diesem Termin wurde der Klägerin eröffnet, dass die durchgeführte Testreihe insgesamt sämtlich negativ gewesen sei. Der behandelnde Arzt erklärte der Klägerin daraufhin, dass ein dritter Test durchgeführt werden müsse. Die Klägerin brach daraufhin stressbedingt zusammen. Der dritte Test wurde noch am gleichen Tag durchgeführt. Gegen 14:00 Uhr stellte sich dann heraus, dass auch der erste Test dieser Testreihe negativ war. Die Kl. ließ zudem einen weiteren Test – unter ihrem Mädchennamen – durchführen, der jedoch auch negativ (dh kein HIV) verlief.

Betrag: 750 € **Haftung: 100 %**
immVorb: – **MdE: –**

AG Köln 19.11.2008 – 141 C 3/08 = BeckRS 2010, 22256

3854

Psychische Beeinträchtigung, die insgesamt 3 Monate andauerte.

Mann (Lokomotivführer). MdE 9 Tage 100 %. Der Kläger war als Lokführer mit einem PKW kollidiert und zunächst irrtümlich von einem Personenschaden ausgegangen. [Anmerkung: Vgl. zu Suizidfällen (Mensch wirft sich vor einen Zug) die insofern wichtigen Entscheidungen des LG Oldenburg BeckRS 2023, 16065 → Nr. 7628 und des OLG Hamm BeckRS 2001, 7460 → Nr. 2885 sowie im Handbuch unter → Rn. 304].

Betrag: 800 € **Haftung: 100 %**
immVorb: – **MdE: –**

AG Landstuhl 22.10.2004 – 2 C 53/04 = unveröffentlicht

3651

Behauptetes, aber nicht ausreichend nachgewiesenes (siehe unten) organisches Psychosyndrom nach HWS-Syndrom.

Kein weiter Schmerzensgeldanspruch: „§ 287 ZPO entbindet … nicht vollständig von der grds. Beweislastverteilung und erlaubt es nicht, zugunsten des Beweispflichtigen einen bestimmten Schadenverlauf zu bejahen, wenn nach den festgestellten Einzeltatsachen alles offen bleibt oder sich gar eine überwiegende Wahrscheinlichkeit für das Gegenteil ergibt. Dies gilt insbes. für neurologische Dauerfolgen, deren Eintritt oder Auslösung durch das Unfallgeschehen zunächst nicht zu erwarten war"

Betrag: 1.023 € **Haftung: 100 %**
immVorb: – **MdE: –**

OLG München 15.9.2006 – 10 U 3622/99 = BeckRS 2006, 11132

7604

Hundephobie mit Gesundheitsbeeinträchtigungen in Form von massive Angstzuständen, Schweißausbrüchen, Herzklopfen und Erstarren vor Angst nach Hundebiss (durch Jack-Russel-Terrierin) die rechte Hand.

Frau (Taxifahrerin). Als diese den Hund (Jack-Russel-Terrier), den ihr Fahrgast auf dem Schoß sitzen hatte, streicheln wollte, wurde sie in die rechte Hand gebissen. Dauerschaden: Hundephobie sowie Narben an der rechten Hand. Das AG ging von einem Schmerzensgeld iHv 1.700 EUR bei 100 %ger Haftung aus und kam unter Anrechnung des Mitverschuldens der Klägerin, die den ihr fremden Hund nicht hätte streicheln dürfen zu dem genannten Betrag.

Betrag: 1.190 € **Haftung: 70 %**
immVorb: – **MdE: –**

AG Rheine 1.7.2021 – 4 C 92/20 = BeckRS 2021, 21050

6945

Psychische Beeinträchtigungen / Ängste mit Schlafstörungen nach BWS-Syndrom infolge eines Auffahrunfalles, bei dem die Klägerin – mit ihrem Kleinkind im PKW – im Rückspiegel den LKW herankommen sah und erkannte, dass dieser nicht hinter ihr werde anhalten können.

Frau (Hausfrau). Erhöhend berücksichtigte das LG, die psychischen Beeinträchtigungen / Ängste, infolge des erlebten Auffahrunfalles, bei dem sie – mit ihrem Kleinkind im PKW – im Rückspiegel den LKW herankommen sah und erkannte, dass dieser nicht hinter ihr werde anhalten können. Das LG orientierte sich an den Urteilen des OLG Köln → Nr. 6596, AG Duisburg → Nr. 3598 und AG Köln → Nr. 6161.

Betrag: 1.200 € **Haftung: 100 %**
immVorb: – **MdE: –**

LG Osnabrück 28.1.2022 – 11 O 2887/20 = BeckRS 2022, 1822

5020

Psychische Beeinträchtigung / posttraumatische Belastungsstörung (hier: Erheblicher psychischer Schock wegen des Miterlebens des Suizidversuchs der Beklagten).

Frau (Zugführerin). MdE gut 4 Wochen 100 %. Die Beklagte beging am 14.2.2012 einen Suizidversuch. Sie warf sich … vor die von der Klägerin gesteuerte S-Bahn. Dadurch kam es zu einem Unfall, den die Beklagte überlebte. Die Klägerin leidet seitdem an einer posttraumatischen Belastungsstörung. Die psychische Fehlverarbeitung des Unfalls durch die Zugführerin sei – so das AG zutreffend – eine ganz typische Reaktion auf Unfälle dieser Art und durch das Ereignis ausgelöst.

Betrag: 1.500 € **Haftung: 100 %**
immVorb: – **MdE: –**

AG München 27.6.2014 – 122 C 4607/14 = BeckRS 2015, 7961

3748

Angst vor Hepatitisinfektion.

Mann (Rettungshelfer). Der Kläger lebte mehrere Wochen in der Ungewissheit einer Hepatitis C Infektion, nachdem er in einem spontanen Hilfseinsatz in Kontakt mit einem Hepatitis-C-Patienten gekommen war. Mitverschulden wegen Nichttragens von Schutzhandschuhen (wobei der Kläger ausführte, wegen der Eilbedürftigkeit keine Zeit für deren Tragen gehabt zu haben).

Betrag: 1.500 € **Haftung: 50 %**
immVorb: – **MdE: –**

AG Lüdenscheid 26.8.2004 – 92 C 110/04 = BeckRS 2016, 14824

6326

Psychische Beeinträchtigung / Schock / Angst (hier: Schock, der sich zu einer mittelgradigen posttraumatischen

Belastungsstörung kurz: PTBS mit Panikattacken (Angstzuständen) entwickelte. Mit der Folge von regelmäßigen Schlafstörungen, erhöhter Schreckhaftigkeit und einer Verschlechterung der bei ihr vorhandenen Neurodermitis an Händen und Hals).

Frau (Reinigungsfachfrau). Die Klägerin litt in den ersten 16 Monaten nach der vorsätzlich exhibitionistischen Handlung des Beklagten „unter zwei bis drei Panikattacken (Angstzuständen) pro Woche, regelmäßigen Schlafstörungen (nicht jede Nacht), erhöhter Schreckhaftigkeit und einer Verschlechterung der bei ihr vorhandenen Neurodermitis an Händen und Hals“. Ursache: Vorsätzlich exhibitionistische Handlungen des Beklagten, „der nackt und mit seinen Händen am Glied manipulierend am Fahrzeug der Klägerin lehnte“.

Betrag: 2.000 € **Haftung: 100 %**
immVorb: – **MdE: –**

AG Westerstede 27.1.2020 – 27 C 101/19 = BeckRS 2020, 846

5131

Verzögerte Krankenhauseinweisung und gewisse Verlängerung der allgemeinen Schwäche und der Müdigkeit sowie Ängste im Zusammenhang mit der „Rettungsaktion“.

85j. Frau. Arzthaftung. Behandlungsfehler / verzögerte Krankenhauseinweisung: Weil der Beklagte „bei bestehendem Verdacht auf eine gastrointestinale Blutung nicht mit hinreichender Dringlichkeit auf die gebotene Krankenhauseinweisung hingewirkt hat“, so das OLG. [Sachverhalt: Nach dem Hausbesuch des Beklagten beim Kläger – wegen ua Durchfall – nahmen die Schmerzen und der Durchfall zu. Die Klägerin fiel zu Boden und wurde nach einigen Stunden durch einen Nachbarn aufgefunden und in ein Krankenhaus verbracht, wo sie sich nur langsam erholte].

Betrag: 2.000 € **Haftung: 100 %**
immVorb: – **MdE: –**

OLG Köln 18.2.2015 – 5 U 128/13 = BeckRS 2015, 4366

6415

Posttraumatische Belastungsstörungen [PTBS] mit Albträumen und Einschränkung der Fahrfähigkeit nach HWS-Syndrom, LWS-Syndrom in Form einer LWS-Kontusion, Schädelhirntrauma sowie zahlreiche Prellungen (hier: Schulterprellungen links, Brustkorbprellung, Hüftprellung links, Oberschenkelprelllung links sowie Fußgelenkprellung rechts).

Mann. 6 Wochen stationär aufgrund der – nach dem Unfall aufgetretenen – posttraumatischen Belastungsstörung, einer Agoraphobie sowie einer Dystymie. Insgesamt „zwei bis drei Monate“ Schmerzen und Bewegungseinschränkungen.

Betrag: 2.000 € **Haftung: 100 %**
immVorb: – **MdE: –**

OLG Brandenburg 14.7.2008 – 12 W 15/07 = BeckRS 2008, 14680

6269

Psychische Beeinträchtigung bzw. – wie es das KG ausgedrückt hatte – „psychische Störung mit körperlichen Folgen“ (wegen entsprechender Prädisposition begrenzt auf ein Jahr) in Form von Verspannungen unterhalb der HWS mit starkem Dauerkopfschmerz, sporadisch auftretendem Schwindel sowie Nackenschmerzen und Schmerzen im gesamten Brustkorbbereich nach einer geringfügigen Ellenbogenprellung.

Frau. Die psychische Störung ist vorliegend als „seelische Primärverletzung“ zu werten, zu deren Ursache der vom KG beigezogene Sachverständige ausführte: "Durch das beschriebene Verhalten des Polizisten ist eine große Enttäuschung bei ihr eingetreten und auch eine narzißtische Kränkung auf dem Hintergrund ihrer Persönlichkeitsstruktur, weil sie sich schon immer mit Ungerechtigkeiten und solche Aspekten speziell gegenüber Nichtdeutschen beschäftigt und auch beruflich offenbar viel auseinandersetzt“. [Ursache: Polizeibeamter fährt mit Polizeifahrzeug sehenden Auges auf die in einer Engstelle auf der Fahrbahn neben ihrem in zweiter Reihe geparktes Pkw stehende Klägerin zu, verletzt diese körperlich jedenfalls am Ellenbogen und entfernt sich dann unerlaubt vom Unfallort]

Betrag: 2.000 € **Haftung: 100 %**
immVorb: – **MdE: –**

KG 15.3.2004 – 12 U 103/01 = BeckRS 9998, 40429

6416

Posttraumatische Belastungsstörungen [PTBS] mit innerer Unruhe, nächtlichen Schweißausbrüchen, Albträumen, Angstattacken und Schlafstörungen nach HWS-Distorsion mit akuten Schmerzen im Nackenbereich links und im Bereich der Lendenwirbelsäule sowie erhebliche Schmerzen in der Lendenwirbelsäule.

Frau. Psychologische Behandlung.

Betrag: 2.400 € **Haftung: 80 %**
immVorb: – **MdE: –**

OLG Brandenburg 2.4.2009 – 12 U 214/08 = BeckRS 2009, 10345

7096

Posttraumatische Belastungsstörungen und psychische Beeinträchtigungen (hier: Schlaf- und Konzentrationsstörungen, Stimmungsschwankungen, plötzlichen Weinanfällen, starker Müdigkeit und Stottern).

Frau. Dem Entscheid lag ein Sachverhalt zu Grunde, bei dem die Klägerin auf einem Flug von London nach Wien wegen einer Triebwerksexplosion über eine Notrutsche das Flugzeug der Laudamotion GmbH verlassen musste und dabei durch den sog. Jetblast eines noch in Bewegung befindlichen Triebwerks zu Fall kam und infolge dessen psychische Beeinträchtigungen sowie eine posttraumatische Belastungsstörung (kurz: PTBS) erlitten hatte. Das Berufungsgericht, LG Korneuburg, wies die Klage auf ua 2.500 Euro Schmerzensgeld ab. Art. 17 MÜ sehe für rein psychische Schäden keinen Schadenersatz vor. Insofern legte der OGH die Sache dem EuGH zur Auslegung des Art. 17 Abs. 1 MÜ bzw. zur Klärung diesbezüglichen Frage zu psychischen Schäden vor, die der EuGH dem Berufungsgericht entgegengesetzt beschied. Vor diesem Hintergrund urteilte der OGH, die „Revision ist zulässig und berechtigt“ und „auch die von ihr begehrten Schadenersatzbeträge (Schmerzensgeld und Ersatz der Heilungskosten) finden Deckung in ihrem schlüssigen Vorbringen“. [Anmerkung: Sie dazu auch → Nr. 7095 sowie weitere Ausführungen oben unter → Rn. 49].

Betrag: 2.500 € **Haftung: 100 %**
immVorb: – **MdE: –**

OGH Österreich 22.11.2022 – 2 Ob 210/22d = BeckRS 2022, 37445

7314

Psychische Beeinträchtigung, die dadurch ausgelöst wurde, dass die Klägerin vom fehlerhaften Bestattungsort ihres Ehemannes erfahren hat, der entgegen ihrem Willen in Form einer Seebestattung in der Ostsee und nicht, wie von ihr vorgegeben, in der Nordsee beigesetzt worden war. Deshalb kam es bei der Kl. zu Depressionen und Schlafstörungen.

Frau. Mit ihrer Klage hat die Klägerin ein Schmerzensgeld in Höhe von mindestens 10.00 EUR begehrt und hierzu behauptet, sie habe aufgrund des fehlerhaften Bestattungsortes (Ostsee statt Nordsee) ein Psychotrauma entwickelt. Sie leide seitdem an Schlafstörungen, Bluthochdruck und Depressionen. Das LG sprach ihr nur 2.500 EUR zu. Das Abwicklungsverhalten des Beklagten rechtfertige keine höhere Bemessung des Schmerzensgeldes. Die dagegen gerichtete Berufung war erfolglos. „Anspruchsmindernd war im Übrigen zu berücksichtigen, dass die Klägerin ungewöhnlich schwer auf die Nachricht über den Bestattungsort reagiert hat. Der Senat stellt insoweit klar, dass in keiner Weise beabsichtigt ist, die emotionale Belastung der Klägerin, die mit der Bestattung ihres verstorbenen Ehemannes in der Ostsee einherging, zu bagatellisieren. Aus dem Gutachten des Sachverständigen I folgt aber, dass bereits vor der Beerdigung des Ehemannes der Klägerin eine gewisse Prädisposition wegen der diversen früheren Belastungen (Tod ihrer Mutter, Aggressivität in der ersten Ehe, früher Tod ihres Sohnes, Krebserkrankung ihres verstorbenen Ehemannes) vorlag, ohne die die fehlerhafte Seebestattung nicht ausreichend gewesen wäre, um eine Depression auszulösen", so das OLG.

Betrag: 2.500 € **Haftung: 100 %**
immVorb: – **MdE: –**

OLG Hamm 15.3.2022 – 21 U 170/21 = BeckRS 2022, 10275

6900

Psychische Beeinträchtigung infolge einer vertragswidrig durchgeführten Seebestattung in Form eines typischen depressiven Syndrom mit verminderter emotionaler Reagibilität, Antriebsminderung und depressiver Einengung auf die Bestattungsproblematik sowie Schlafstörungen. Es sei für die Klägerin schwer erträglich, schuld daran zu sein, dass der letzte Wille ihres Mannes nicht erfüllt worden sei. Die fehlerhafte Bestattung sei – im umgangssprachlichen Sinne – traumatisierend.

Frau. Ambulante Behandlung. Zur Bemessung führte das LG aus: „Die von der Klägerin erlittenen Beeinträchtigungen bleiben erheblich hinter den Folgen aus den Urteilen des OLG Oldenburg [BeckRS 9998, 17239] und OLG Düsseldorf [BeckRS 2018, 24256] zurück. Die Klägerin hat weder kausale physische Beeinträchtigungen erlitten, noch waren die Folgen der Pflichtverletzungen derart erheblich, dass eine stationäre Aufnahme in einer psychiatrischen Klinik erforderlich war oder sich eine chronische Depression entwickelt hat. Der Sachverständige Dr. A. stellt indes eher die Prognose, dass die „Klärung der Schuldfrage" jedenfalls zu einer partiellen Remission der Symptomatik führen wird". [Lesenswert zum Thema der Seebestattung und Schmerzensgeld nach Veränderung des Bestattungsortes].

Betrag: 2.500 € **Haftung: 100 %**
immVorb: – **MdE: –**

LG Bielefeld 6.10.2021 – 5 O 170/17 = BeckRS 2021, 31245

6287

Psychische Beeinträchtigung / posttraumatischen Belastungsstörung PTBS (hier: „Traumafolgestörung erlitten hat, die in ihrer Qualität zwar einer posttraumatischen Belastungsstörung entspricht, aber nicht deren Vollbild erreicht hat und daher als Anpassungsstörung (ICD10-F43.2) zu klassifizieren ist").

Mann (Rettungsassistent / Rettungshelfer). MdE 83 Tage 100 %. [Ursache: Tankexplosion eines KFZs während eines Rettungseinsatzes, bei dem der Kläger als hauptamtlicher Rettungsassistent zwar nicht körperlich jedoch selbst psychisch verletzt wurde. Das OLG arbeitet heraus, dass zwar berufsspezifischen Risiken eines Rettungsassistenten gehöre (vgl. BGH NJW 2018, 3250), an Unfallstellen Schwerverletzte versorgen zu müssen, dass es jedoch nicht zu den berufsspezifischen Risiken eines Rettungsassistenten gehöre, an einer Unfallstelle einer Explosion ausgesetzt zu sein. „Dies und deren unmittelbare psychische Folgen beim Kläger vermögen sehr wohl Schadenersatzansprüche zu begründen", deren Höhe das OLG jedoch „im unteren Bereich" des ansonst üblichen bemaß].

Betrag: 2.500 € **Haftung: 100 %**
immVorb: – **MdE: –**

OLG Schleswig 1.8.2019 – 7 U 14/18 = BeckRS 2019, 18671

5229

Psychische Beeinträchtigungen (hier: Albträumen und Ängsten vor Autos und Fahrradfahrern sowie teilweise unter klinisch auffälligen Panikattacken) als kausale Folge von sturzbedingten Prellungen (hier: Schädelprellung und Beckenprellung).

7j. Kind (Schülerin). Ambulante Behandlungen. Langwierige, psychische Heilbehandlung, die sich über 6 Monate hinzog, denn neben den sehr schmerzhaften Prellungen litt die junge Klägerin auch unter psychischen Beeinträchtigungen, die ambulant behandelt werden mussten. (s.o.). [Ursache: Fahrradunfall – Kollision mit PKW im Parkhaus].

Betrag: 2.500 € **Haftung: 100 %**
immVorb: – **MdE: –**

AG Bad Homburg 26.8.2015 – 2 C 706/15 = BeckRS 2015, 118335

6253

Psychische Beeinträchtigungen (hier: Angst vor dem Fahrradfahren und Autofahren, Trennungsängsten und mit Albträumen einhergehenden Schlafstörungen) nach einer Kollision mit einem PKW, bei dem die Klägerin Prellungen (hier: Prellungen an Kopf und Becken mit Prellmarken an der rechten Beckenschaufel und an der rechten Augenbraue mit lokalem Druckschmerz) erlitten hatte.

6j. Kind (Mädchen). 7 ambulante Behandlungen durch einen Kinderpsychotherapeuten wegen psychischer Beeinträchtigungen. Insgesamt dauerten die Beschwerden ca. 6 Monate. [Ursache: Kollision als Fahrradfahrerin mit einem PKW].

Betrag: 2.500 € **Haftung: 100 %**
immVorb: – **MdE: –**

AG Bad Homburg 26.8.2015 – 2 C 706/15 (23) = BeckRS 2015, 118335

3874

Psychische Beeinträchtigungen, deren unfallbedingter Anteil gemäß einem Gutachten nur mit 20 % bemessen worden war sowie Prellungen (hier: Rückenprellung, Gesäßprellung, Unterarmprellung).

Frau. Ambulante Heilbehandlung. Das OLG wertete die Verletzungen als geringfügig mit Hinweis darauf, dass diese

„nach vier Wochen ausgeheilt" waren. „Darüber hinaus (so das OLG) waren für die Dauer von sechs Monaten die beschriebenen, durch die Anpassungsstörung ausgelösten psychischen Beeinträchtigungen in die Bewertung einzubeziehen".

Betrag: 2.500 € **Haftung: 50 %**
immVorb: – **MdE: –**

OLG Saarbrücken 21.10.2008 – 4 U 454/07 = BeckRS 2008, 22815

7165

Psychische Beeinträchtigungen in Form einer Hundephobie mit „Angstzuständen und Angstträumen …, welche über ein Jahr andauerten". Zudem erlitt die Klägerin eine Zahnverletzung.

Mädchen (Schülerin). Das Kind erlitt neben der Zahnverletzung auch eine Hundephobie, da es von dem Wachhund (hier: großer Schäferhund) des Beklagten angefallen worden war, nachdem der Beklagte es versäumt hatte, das Hoftor zu seinem Anwesen zu schließen.

Betrag: 2.500 € **Haftung: 100 %**
immVorb: Ja **MdE: –**

OLG Zweibrücken 4.1.2007 – 4 U 22/06 = BeckRS 2007, 153119

3224

Psychische Beeinträchtigung / Angst wegen Krebsfehldiagnose infolge Gewebeprobenverwechslung.

Mann. Arzthaftung (hier: Diagnosefehler. Ärztlicherseits wurde fehlerhaft der „dringende Verdacht" auf Hodenkrebs attestiert. Der Kläger litt daher über längere Zeit unter großer Angst und der aus der Diagnose folgenden starken Ungewissheit.) [vgl. auch unter dem Stichwort: Krebsfehldiagnose].

Betrag: 2.500 € **Haftung: 100 %**
immVorb: – **MdE: –**

OLG Bamberg 24.3.2003 – 4 U 172/02 = BeckRS 2003, 30312911

6549

Posttraumatische Belastungsstörung gemäß ICD-10: F43.1 mit nächtlichem Erwachen, erhöhter Reizbarkeit, Albträumen, Hören von Geräuschen im Sinne von Flashbacks sowie Konzentrationsstörungen und vorübergehend zudem zu einer erschwerten Blutzuckerregulation der mit Diabetes mellitus Typ 1 vorbelasteten Klägerin.

Frau. MdE 7 Tage 100 %. Anschließend ambulante Behandlung mit medikamentöser Beruhigungs- bzw. 50stündige Traumatherapie Das bei der Beklagten versicherte Fahrzeug war nachts in das Haus der Klägerin gefahren und hatte einen Schaden von ca. 60.000 EUR verursacht. Bereits einige Jahre zuvor war ein Fahrzeug an das insofern ungünstig in einer Kurve gelegenen Gebäudes gefahren. Bei der Bemessung berücksichtigte das LG „insbesondere die besondere Schwere des den Schock auslösenden Ereignisses, indem die Klägerin im Schlaf in ihrem eigenen Bett, mithin einem Raum besonderer Intimität und Geborgenheit, aus dem Schlaf gerissen worden ist und sich gleichsam aus dem Nichts heraus der Extremsituation ausgesetzt sah, dass Teile ihres Hauses, mithin des Kernbereichs ihres privaten Lebens, eingestürzt und derart beschädigt waren, dass das Haus vorübergehend nicht mehr bewohnbar war". Das LG orientierte sich insofern an einem Urteil des AG Hagen BeckRS 2013, 14319, → Nr. 4912. [Anmerkung: Lesenswert auch zur Thematik einer zulässigen, weil sachdienlichen Klageänderung wenn der klägerische Auskunftsantrag zunächst auf § 34 BDSG aF und später auf Art. 15 Abs. 3 DS-GVO gestützt wird. Die Klägerin hatte die Beklagte (KH-Versicherer in einer Verkehrsunfallsache, bei der das Haus der Kl. beschädigt worden war) zur Erteilung einer vollständigen Datenauskunft zu den personenbezogenen Daten der Klägerin gem. § 34 BDSG aufgefordert, die diese zunächst ablehnte und erst nach Rechtshängigkeit der Klage (nunmehr auf Art. 15 Abs. 3 DS-GVO gestützt) erteilt hatte. Vgl. insofern auch AG Pforzheim BeckRS 2020, 27380, → Nr. 6715. Das Urteil wurde von Dr. Martin Riemer, Rechtsanwalt, Fachanwalt im Versicherungsrecht und im Medizinrecht, 50321 Brühl, eingereicht].

Betrag: 3.000 € **Haftung: 100 %**
immVorb: – **MdE: –**

LG Wiesbaden 3.11.2020 – 8 O 14/19 = BeckRS 2020, 46394

6257

Posttraumatische Belastungsstörung als Folge einer etwa drei- bis vierwöchigen Heilungsverzögerung hinsichtlich eines Dekubitus. Wäre der notwendige Eingriff bereits im Haus der Beklagten durchgeführt worden, wären – so das OLG – „der Klägerin die während des Verzögerungszeitraums aufgetretenen Fieberschübe, die Übelkeit und die Schmerzen erspart geblieben".

36j. Frau. Arzthaftung (hier: Behandlungsfehler im Zusammenhang mit einer Dekubitusverletzung bei einer querschnittsgelähmten Frau). Es kam zu Fieberschüben und Überkeit sowie zu einer posttraumatischen Belastungsstörung [PTBS], zu der das OLG ausführte: „Die Klägerin leidet zudem nach den nicht angegriffenen Feststellungen der Sachverständigen B. und C. an einer seelischen Erschütterung mit Symptomen einer atypisch lang verlaufenden, posttraumatischen Belastungsstörung, die sich zwar im Laufe der Zeit abgeschwächt hat, sie aber auch heute noch sowohl im Privatals auch im Arbeitsleben beeinträchtigt. Die von der Klägerin problematisierte Frage, inwieweit es sich bei dieser posttraumatischen Belastungsstörung um einen Primär- oder einen Sekundärschaden handelt, bedarf keiner Entscheidung, da auch der Senat vom Bestehen der psychischen Beeinträchtigung und zumindest einer Mitursächlichkeit der fehlerhaften Behandlung ausgeht".

Betrag: 3.000 € **Haftung: –**
immVorb: Ja **MdE: –**

OLG Düsseldorf 5.11.2015 – 8 U 15/15 = BeckRS 2015, 122453

6579

Todesangst im Zusammenhang mit den unten unter Einzelheiten aufgeführten Einzelhandlungen im Kontext einer schweren räuberischen Erpressung in Tateinheit mit gefährlicher Körperverletzung.

Mann. Der Geschädigte wurde vom Täter / Angeklagten zunächst bespuckt und ins Gesicht geschlagen; anschließend zog der Angeklagte dem Geschädigten die Hose herunter und schlug ihm mit einem Teleskopschlagstock auf Beine, Rücken und Gesäß. Zudem drohte er unter fortwährenden Beleidigungen, ihm „den Schlagstock in den Hintern zu stecken,,; dann nahm er eine ungeladene Schreckschusspistole, lud sie demonstrativ durch und führte sie am Körper des Geschädigten vom Genitalbereich bis zwischen die Augen und äußerte, dass „es niemanden kümmern werde, wenn er ihn hier abknalle und in den Wald schmeiße". Im weiteren Verlauf würgte er den Geschädigten, so dass dieser keine Luft bekam und ihm schwindelig wurde. Zudem versetzte er ihm noch einen Kopfstoß. Während weiterer Beleidigungen und der vom Angeklagten erzwungenen Erklärung, seine Mutter sei eine Hure und sein Vater ein Bastard, forderte der Angeklagte, einem plötzlichen Einfall folgend, den Geschädigten auf, seine Taschen zu leeren, um Wertgegenstände wegzunehmen. Aus Todesangst kam dieser der Aufforderung nach und übergab dem Angeklagten mehrere Gegenstände, darunter ein Handy sowie eine Armbanduhr und ein Armband. [Adhäsionsverfahren].

Betrag: 3.000 € **Haftung: 100 %**
immVorb: – **MdE: –**

BGH 2.6.2015 – 5 StR 80/15 = BeckRS 2015, 11497

4716

Psychische Beeinträchtigung (hier: Posttraumatische Belastungsstörung über einen Zeitraum von ca. 30 Monaten).

Frau (Mutter des schwer verletzten Sohnes). Die Klägerin begehrte erfolgreich Schmerzensgeld für eine posttraumatische Belastungsstörung, die das Gericht als kausal angesehen hatte, obwohl die Störung erst gut 8 Jahre nach dem Unfall ihres Sohnes, den die Kl. bis dahin aufopfernd gepflegt hatte, „ausgebrochen" war.

Betrag: 3.000 € **Haftung: 100 %**
immVorb: Ja **MdE: –**

LG Dresden 5.9.2012 – 8 S 616/11 = BeckRS 2012, 214184

4300

Psychische Beeinträchtigung wegen Androhung von Schmerzen in einer polizeilichen Vernehmung. [Anmerkung: Der Kläger war zum Vernehmungszeitpunkt dringend tatverdächtigt, einen Jungen missbraucht und ggf. getötet zu haben. Wie sich erst später herausgestellt hatte, war der Junge vom Kläger zu diesem Zeitpunkt bereits ermordert worden.]

Mann (Inhaftierter Kindsmörder, Magnus Gäfgen). „Durch die Androhung der Schmerzzufügung [...] wurde planvoll, vorsätzlich und in Kenntnis der Rechtswidrigkeit dieses Tuns und der Gefahr der Unverwertbarkeit der Aussage in die Menschenwürde, die das höchste Verfassungsgut darstellt [...], eingegriffen", so das Gericht in seiner Urteilsbegründung. Allerdings berücksichtigte das LG auch, dass „das provozierende und skrupellose Aussageverhalten des Klägers ... die Nerven der Ermittler aufs Äußerste" strapaziert hatte und dass das Verhalten der Polizeibeamten bereits von verschiedenen Gerichten mehrfach missbilligt worden war. [Anmerkung: Gäfgen hatte mindestens 10.000 EUR gefordert].

Betrag: 3.000 € **Haftung: 100 %**
immVorb: – **MdE: –**

LG Frankfurt a. M. 4.8.2011 – 2-04 O 521/05 = BeckRS 2011, 21493

2913

Angst / Fußfrakturen; Angst, von der Mutter in fremder Umgebung zurückgelassen zu werden sowie beids.Fersenbeinfraktur mit Fußwurzelfraktur links.

8j. Kind. Wurde versehentlich in Behördenraum eingeschlossen, sprang aus 4 1/2 Metern in den Hof. Für „längere Zeit" Rollstuhl und Gehkrücken; geringes Verschulden der Beklagten.

Betrag: 3.579 € **Haftung: 100 %**
immVorb: Ja **MdE: –**

LG Hanau 29.6.2001 – 2 S 151/2001 = BeckRS 2001, 11218

5183

Psychische Beeinträchtigung / PTBS (wörtlich heißt es: „Der Kläger selbst erlitt leichtere körperliche Verletzungen, ist seit dem Unfall aber psychisch angegriffen". Anmerkung: Im Fahrzeug des Klägers starben zwei Insassen.)

Mann. [Anmerkung: Das überwiegende Mitverschulden sah das OLG darin, dass der Kläger „durch ein Verreißen des Lenkrades den überragenden Ursachenbeitrag für den nachfolgenden Unfall gesetzt" habe].

Betrag: 3.600 € **Haftung: 20 %**
immVorb: Ja **MdE: –**

OLG Schleswig 11.5.2012 – 7 U 58/12 = BeckRS 2015, 02671

3931

Angst / Todesangst (siehe unten unter Einzelheit); zahlreiche Prellungen (hier: Gesichtsprellung, Wirbelsäulenprellung, Hüftprellung, Ellenbogenprellung).

17j. Mann (Schüler). Todesangst / vorsätzliche Körperverletzung. der Kläger wurde von mehreren Personen am Boden liegend verprügelt. Das AG werte diese Todesangst und deren ca. 30 Minuten andauernde Zeit als erheblich schmerzensgelderhöhend.

Betrag: 4.000 € **Haftung: 100 %**
immVorb: – **MdE: –**

AG Berlin-Schöneberg 14.2.2005 – 16a C 129/04 = BeckRS 2005, 153697

5180

Psychische Beeinträchtigung (hier: Depressionen / depressive Angststörungen und depressive Anpassungsstörungen, die – latent konstitutionell bereits vor dem Unfall vorhanden – unfallbedingt in den ersten 3 Monaten zu 100 %, bis zum 6. Monate zu 50 % und bis zum 13. Monat zu 30 % sowie anschließend lediglich noch zu 20 % dem Unfall zugeordnet werden konnten). Auslöser war eine verkehrsunfallbedingte HWS-Distorsion mit Schädelprellung und Handverletzung.

Frau. 3 Tage stationär; anschließend ambulante Heilbehandlung. Im Vordergrund der Schmerzensgeldbemessung stand die als Vorschaden bereits bestehende psychische Beeinträchtigung, die – als sogenannte depressive Anpassungsstörung – durch den Unfall verstärkt oder mitverursacht wurde. Diese psychische Verletzung ist somit bei der Bemessung mit zu berücksichtigen [vgl. Beck'sche Schmerzensgeldtabelle, Kommentarteil Kapitel IV 1. g]. Allerdings sei – so das OLG – „zu berücksichtigen, dass nach dem Ergänzungsgutachten des Sachverständigen C die psychische Beeinträchtigung der Klägerin nur für die Dauer von drei Monaten zu 100 %, vom vierten bis sechsten Monat noch zu 50 % und vom sechsten bis zwölften nur zu 30 % unfallabhängig gewesen sei". Ab dem dreizehnten Monat habe sogar lediglich eine Unfallabhängigkeit der psychischen Erkrankung von nur noch 20 % bestanden. Letztlich – so das OLG – habe das Unfallereignis lediglich eine bereits vorhandene Schadenbereitschaft ausgelöst.

Betrag: 4.000 € **Haftung: 100 %**
immVorb: – **MdE: –**

OLG Frankfurt a. M. 3.6.2015 – 17 U 216/14 = BeckRS 2016, 4880

4912

Psychische Beeinträchtigung / posttraumatische Belastungsstörung mit starker psychischer Belastungssituation und erheblichen Kopfschmerzen und Übelkeit. Es kam zudem zu Schlafstörungen mit albtraumartigem Durchleben des Unfallereignisses, erhöhter Affektlabilität und Angstgefühlen bei der Teilnahme am Straßenverkehr.

Frau. Stationäre Behandlung. Anschließend psychotherapeutische Behandlungen. „Nach Einschätzung des erfahrenen Sachverständigen sind diese Beschwerden ganz erheblich und dauern auch noch an", so das AG bei seiner Urteilsbegründung. [Ursache: Die Kl. konnte sich nur mit einem Sprung zur Seite vor dem Beklagtenfahrzeug in Sicherheit bringen. Vgl. dazu auch LG Wiesbaden → 6549].

Betrag: 4.000 € **Haftung: 100 %**
immVorb: Ja **MdE: –**

AG Hagen 24.4.2013 – 19 C 296/11 = BeckRS 2013, 14319

4117

Psychische Beeinträchtigung, erhebliche / Angst (hier: Posttraumatische Belastungsstörung mit deutlichen psychosomatischen Störungen (Kopfschmerzen, Bauchschmerzen, Schlafstörungen); Angst verlassen zu werden und verzögerter Sprachentwicklung.

Kleinkind /Säugling. 3 Tage stationär. Die Klägerin wurde im Alter von nur 10 Monaten für insgesamt 4 Monate von ihrer Mutter, die unfallbedingt schwer verletzt worden war, getrennt. Möglicher Dauerschaden: Psychische Beeinträchtigung / posttraumatische Belastungsstörung.

Betrag: 4.000 € **Haftung: 100 %**
immVorb: Ja **MdE: –**

OLG Braunschweig 13.10.2009 – 7 U 77/08 = unveröffentlicht

4298

Psychische Beeinträchtigung (hier: Selbstmordversuch mit bereits eingetretener Bewusstlosigkeit nach Ablehnung eines Schwangerschaftsabbruchs. Die Vorraussetzungen einer medizinisch-sozialen Indikation lagen jedoch vor.)

Frau. Stationäre Heilbehandlung. Arzthaftung: Das KG sah es als erwiesen an, dass der Arzt durch seine unberechtigte Ablehnung des Schwangerschaftsabbruchs die Klägerin in ihrer körperlichen Integrität verletzt hat.

Betrag: 4.000 € **Haftung: 100 %**
immVorb: – **MdE: –**

KG 10.3.2008 – 20 U 224/04 = BeckRS 2008, 12345

6336

Psychische Beeinträchtigungen und Depressionen nachdem der Kläger erfahren hatte, dass ein enger Freund der Familie seine beiden Töchter sexuell missbraucht hatte, – eine der beiden Töchter sehr schwer und über einen längeren Zeitraum.

Mann (Vater der beiden vom Beklagten missbrauchten Mädchen). 55 medikamentöse und ambulante Behandlungen bei einer Psychotherapeutin. Bei der Bemessung berücksichtigte das LG „dass der Vater der Klägerin zu 1) [→ Nr. 6232] zwar aufgrund der vorsätzlich begangenen Straftaten des Beklagten in erheblicher Weise beeinträchtigt worden ist, es sich aber andererseits um eine mittelbare Beeinträchtigung handelte und er in der Folgezeit in der Lage war, sein Leben wieder zu ordnen und – nach Inanspruchnahme einer Therapie – einer geregelten Arbeit nachzugehen. So hat er selbst in der mündlichen Verhandlung dargelegt, er habe sich „gefangen" und könne den Dingen wieder ins Auge sehen".

Betrag: 4.000 € **Haftung: 100 %**
immVorb: – **MdE: –**

LG Bonn 29.1.2007 – 3 O 334/06 = BeckRS 2009, 28595

5779

Depressive Verstimmung und Angsterkrankung wegen täglicher Misshandlung durch Treten und Schlagen. Blutergüsse und Schürfwunden.

11j. Kind (Schüler). Der Kläger durch vier Mitschüler im Alter zwischen 11 und 13 Jahren fast täglich über einen Zeitraum von nahezu 8 Wochen am Rande des Schulgeländes misshandelt – hin und her geschubst, geschlagen und beschimpft – und musste sich deshalb in psychische Behandlung begeben.

Betrag: 4.000 € **Haftung: 100 %**
immVorb: Ja **MdE: –**

OLG Oldenburg 11.7.2006 – 6 U 51/06 = BeckRS 2008, 10465

7643

Depression in Form einer leichtgradigen depressiven Verarbeitungsstörung für die ersten zwei Jahre nach der Geburt ihrer Tochter. „Die Klägerin hatte infolge der Depression eine "potente antidepressive Medikation einnehmen müssen (…), unter dieser Medikation allerdings ein hohes Leistungsniveau im Alltags- und Erwerbsleben mit leicht vermehrter emotionaler Labilität gezeigt."

40j. Frau. Arzthaftung im Zusammenhang mit der Geburt des Kindes [vgl. dazu → Nr. 7642] der der adipösen und an Gestionsdiabetes erkrankten Klägerin, bei der infolge eines groben Behandlungsfehlers vor der Geburt durch eine fehlerhafte Ultraschalluntersuchung das voraussichtliche Geburtsgewicht (= Schätzgewicht) auf ca. 3.500 g geschätzt worden war, dann jedoch – weshalb es zu einer problematischen Geburt gekommen war – bei 5.210 g lag. Wäre das deutlich höheres Schätzgewicht festgestellt worden, so hätte eine Kaiserschnittentbindung erfolgen müssen. Das OLG sah deshalb „ein gesteigertes persönliches Verschulden im Sinne einer auch subjektiv schlechthin unentschuldbaren Pflichtverletzung" der Ärztin und berücksichtigte dies durch die Anhebung des Schmerzensgeldes um 500 EUR.

Betrag: 4.500 € **Haftung: 100 %**
immVorb: – **MdE: –**

OLG Köln 10.2.2025 – 5 U 33/23 = BeckRS 2025, 2014

4466

Psychische Beeinträchtigungen nach Schwangerschaftsabbruch (hier: Abbruch einer ungewollten Schwangerschaft, die durch einen – unterstellt – ärztlichen Behandlungsfehler verursacht wurde). Die Klägerin litt unter Gewichtsverlust, Nachtschweiß, Alpträumen, starken Schlafstörungen, Erschöpfungszuständen und Apathie.

Frau. Arzthaftung (hier: Behandlungsfehler). Vorschaden: Magersucht, Müdigkeit; deshalb seien, so das OLG die „jetzt von ihr beklagten Beschwerden nicht gänzlich der Beklagten anzulasten". [Anmerkung: Die Klägerin, die sich wegen ihrer psychischen Beeinträchtigungen nicht in ärztliche Behandlungen begeben und sich auch ihrer Hausärztin gegenüber nicht anvertraut hatte, begehrte 12.000,- EUR; insofern wurde die Klage abgewiesen].

Betrag: 4.500 € **Haftung: 100 %**
immVorb: Ja **MdE: –**

OLG Köln 18.4.2011 – 5 U 21/11 = BeckRS 2011, 18433

6121

Psychische Beeinträchtigungen infolge einer posttraumatischen Belastungsstörung [PTBS in der Ausprägung ICD10], „welche sich durch Symptome wie Schreckhaftigkeit, Schlafstörungen, Angst- und Depressionszustände sowie Intrusionen" äußerte.

Mann (Lokführer). Posttraumatische Belastungsstörung (PTBS) nach Zugkollision – diesmal jedoch ohne Personenschaden – vor dem Hintergrund, dass der Kläger bereits fünf Jahre zuvor während seiner Tätigkeit als Lokführer einen Gleissuizid sowie zwei Jahre zuvor eine unverschuldete Kollision aufgrund eines Stellwerkfehlers miterlebt hatte. Dauerschaden: Berufsunfähigkeit als Lokführer. [Anmerkung: Vgl. zu Suizidfällen die insofern wichtigen Entscheidungen des LG Oldenburg BeckRS 2023, 16065 → Nr. 7628 und des OLG Hamm BeckRS 2001, 7460 → Nr. 2885 sowie im Handbuch unter → Rn. 304].

Betrag: 5.000 € **Haftung: 100 %**
immVorb: Ja **MdE: 50 %**

LG Düsseldorf 30.6.2017 – 13 O 217/15 = BeckRS 2017, 140077

5260

Psychische Beeinträchtigung (hier: Todesangst durch plötzliches Vorhalten einer Schusswaffe durch einen Reisenden mit sich daraus entwickelnder PTBS bzw. posttraumatische Belastungsstörung mit längerer psychotherapeutischer Behandlung).

Mann (Zugbegleiter). MdE 10 Wochen 100 %. Der Kl. wurde vom Beklagten durch Bedrohung mit einer Schusswaffe in Todesangst versetzt. Er musste sich zweieinhalb Monate in psychotherapeutische Behandlung begeben. Es bestand eine erhebliche posttraumatische Belastungsstörung (PTBS). Das Lebensgefühl des Kl. und sein Verhalten gegenüber anderen Menschen sind auch heute noch in gewissem Umfang verändert.

Betrag: 5.000 € **Haftung: 100 %**
immVorb: – **MdE: –**

OLG Karlsruhe 3.5.2016 – 9 U 13/15 = BeckRS 2016, 16825

4917

Posttraumatische Belastungsstörung mit „psychotischen Phasen" nach „leichter bis mittlerer HWS-Distorsion … [und] Prellung im Übergang BWS zur LWS", so das OLG.

Frau. Posttraumatische Belastungsstörung für die Dauer von 6 Jahren! [Lesenswert zur Nachweisfrage § 287 ZPO: „Jedenfalls muss zumindest dargelegt werden, dass die Entstehung der Schmerzen aufgrund des Unfallereignisses als wesentlich wahrscheinlicher erscheint als eine Entstehung bei einem anderen Ereignis", so das OLG].

Betrag: 5.000 € **Haftung: 100 %**
immVorb: – **MdE: –**

OLG Celle 31.7.2013 – 14 U 74/12 = BeckRS 2013, 200480

6419

Posttraumatische Belastungsstörung [PTBS] und eine anhaltende somatoforme Schmerzstörung nach einer HWS-Distorsion. In Folge der PTBS – so das OLG mit Verweis auf ein nervenärztliches Gutachten – kam es „zu einer richtungsweisenden Änderung der gesamten Leistungsfähigkeit", die sich „nicht nur beruflich, sondern auch im übrigen Leben" niedergeschlagen hat.

Frau. Sie trug vor, unfallbedingt eine posttraumatische Belastungsstörung und eine anhaltende somatoforme Schmerzstörung mit Dauerkopfschmerz, einer muskulären Schwächung der rechten Körperseite, einem starken Erschöpfungsgefühl, erheblichen Konzentrationsstörungen, innerer Unruhe und Ängsten, Alpträumen, Einschlaf- und Durchschlafstörungen, erhöhter Reizempfindlichkeit, insbesondere durch Geräusche und Verlust des Geruchssinns erlitten zu haben. Das OLG gab dem Prozesskostenhilfeersuchen statt, da „die Ansprüche der Klägerin … hinreichend belegt" seien und auch „das geltend gemachte Schmerzensgeld von 5.000 Euro … in Anbetracht der diagnostizierten Einschränkungen und Beschwerden nicht von vornherein unverhältnismäßig" sei.

Betrag: 5.000 € **Haftung: 100 %**
immVorb: Ja **MdE: –**

OLG Celle 30.8.2007 – 14 W 19/07 = BeckRS 2008, 2079

3697

Psychische Beeinträchtigung infolge einer massiven über ein Jahr andauernden Erpressung und Erniedrigung.

Frau. Erhebliche psychische Beeinträchtigung mit therapeutischer Behandlung. Die Klägerin wurde von der Beklagten erpresst. Die Beklagte drohte mit der Veröffentlichung einer Liaison der Klägerin mit einem Mann. Die Klägerin musste bei der Beklagten putzen und überwies ihre gesamten Einkünfte an die Erpresserin.

Betrag: 5.113 € **Haftung: 100 %**
immVorb: – **MdE: –**

LG Trier 31.8.2001 – 4 O 386/99 = unveröffentlicht

2885

Psychische Beeinträchtigung (hier: „Psycho-Physische Erschöpfungszustände mit Angstzuständen" und nachfolgender Frühpensionierung nach wiederholter Kollision mit Personenschaden / Suizid).

40j. Mann (Lokführer). Der streitgegenständliche Unfall war der achte Unfall, wobei drei zuvor mit tödlichem Ausgang verliefen. Dass der letzte Unfall nicht so gravierend war, ändert nichts an der Verletzungskausalität! Berufsunfähigkeit; der Kl. wurde nach 18 Monaten wegen psychophysischen Erschöpfungszuständen pensioniert, da er zuvor bereits mehrere Suizidfälle im Führerstand erlebt hatte. [Anmerkung: Vgl. zu Suizidfällen die insofern aktuellere Entscheidung des LG Oldenburg BeckRS 2023, 16065 → Nr. 7628 sowie im Handbuch unter → Rn. 304].

Betrag: 5.113 € **Haftung: 100 %**
immVorb: Ja **MdE: 100 %**

OLG Hamm 2.4.2001 – 6 U 231/99 = BeckRS 2001, 7460

2507

Psychische Beeinträchtigung (hier: Fehldiagnose: Nierenkrebs bzw. Nierenkarzinom [vgl. auch Krebsfehldiagnose] mit dem Hinweis auf einen „baldigen Exitus" infolge ärztlicher Ungenauigkeit bei der Diagnosevermittlung.)

Mann. Arzthaftung (hier: Fehler der Radiologen bei der Diagnoseübermittlung gegenüber dem Urologen; es kam zu einer Krebsfehldiagnose); Todesangst.

Betrag: 5.113 € **Haftung: 100 %**
immVorb: – **MdE: –**

OLG Celle 23.3.1998 – 1 U 4/97 = BeckRS 1998, 153609

7562

Angst / Todesangst infolge des Herausfallens des Piloten während einer Fahrt mit einem Heißluftballon, – „der Kläger [hat] nach dem Herausfallen des Beklagten zu 2) und dem Wiederanstieg des Ballons den Piloten nur noch als kleiner werdenden Punkt auf der Erde gesehen" und blieb als „unerfahrener Ballonpassagier" im Korb des somit führerlosen Ballons zurück.

Mann. Das LG hatte in erster Instanz ein Schmerzensgeld von 2.500 EUR zuerkannt, den das OLG jedoch auf 5.500 EUR erhöht hatte. Die Beklagten hatten auch in der Berufung die Todesangst des Klägers bestritten und den Schmerzensgeldanspruch zudem wegen der allenfalls kurzen Zeit der Ängstigung zurückgewiesen. Dem folgte das OLG zutreffend nicht; zur Begründung führte das OLG aus, dass es „bereits nach der allgemeinen Lebenserfahrung nachvollziehbar" sei, dass „ein Passagier nach dem Überbordgehen des Piloten und dem plötzlichen Wiederaufstieg eines Freiluftballons in Todesangst gerät". Zur zeitlichen Komponente betonte das OLG mit Verweis auf OLG Düsseldorf → Nr. 5989: „Es ist vielmehr davon auszugehen, dass ein Mensch in einer Situation, in der ihm der Tod nachvollziehbar vor Augen steht, schon allein durch die psychischen Auswirkungen der Todesangst in seinem gesundheitlichen Befinden fühlbar beeinträchtigt wird (vgl. OLG Düsseldorf 12.10.2011 – 18 U 216/10), wie hier vom Kläger anlässlich seiner persönlichen Anhörung vor dem Landgericht geschildert. Auch eine solche psychische Gesundheitsschädigung begründet nach heute allgemeiner Auffassung einen Schmerzensgeldanspruch. Der weitere Geschehensablauf bis zur unkontrollierten Landung des Ballons hat zudem unstreitig mehrere Minuten gedauert, die dem Kläger im subjektiven Erleben eher länger erschienen sein werden." [Anmerkung: Parteien stritten über materielle und immaterielle Schadensersatzansprüche wegen eines Unfalls mit einem Heißluftballon. Während der Ballonfahrt fiel der Pilot aus dem Ballonkorb, worauf der Ballon stark an Höhe gewann. Der Kläger geriet daraufhin in Panik und in Todesangst – zumal der Pilot zuvor selbst bereits mehrere Landeversuche wegen der vor Ort herrschenden Windbedingungen erfolglos abgebrochen hatte. Zur Thematik der Flugunfälle siehe im Handbuch unter → Rn. 339b]

Betrag: 5.500 € **Haftung: 100 %**
immVorb: – **MdE: –**

OLG Brandenburg 15.10.2024 – 6 U 149/19 = BeckRS 2024, 28445

6802

Depression, schwere (hier: schwere Depression iSv ICD-10: F32.2 und eine mittelgradige akute Belastungsreaktion iSv ICD-10: F43.0 mit psychosomatischen Auswirkungen wie einer erhöhten Herzfrequenz und Mundtrockenheit.

Frau (Ehefrau des verstorbenen Unfallopfers). MdE 60 Tage 100 %; anschließend erfolgte eine zweimonatige Wiedereingliederungsmaßnahme. Der Psychiater bestätigt einen kausalen Zusammenhang zwischen dem Unglücksfall und der Erkrankung der Klägerin, die über die übliche Trauer eines Angehörigen nach einem Todesfall deutlich hinausgeht. Vorschaden in Form von „depressiven Verstimmungen". [Anmerkung: Zum Zeitpunkt des Unfalls war das neue Hinterbliebenengeld gemäß § 844 Abs. 3 BGB noch nicht in Kraft getreten. das Urteil befasst sich intensiv mit dem Haushaltsführungsschaden und insofern mit dem Aufwand für Tierhaltung im Rahmen des Naturalunterhalts, siehe dazu auch r+s 2020, 726].

Betrag: 5.500 € **Haftung: 100 %**
immVorb: – **MdE: –**

OLG Naumburg 1.10.2020 – 9 U 87/18 = BeckRS 2020, 29241

5479

Angst und psychische Beeinträchtigungen, hier: Todesangst über mehrere Stunden und daraus entstandene posttraumatische Belastungsstörung.

Frau. 14 Wochen stationäre psychiatrische Behandlung und sehr langwierige ambulante psychotherapeutische Behandlung. Die bei der Klägerin vorhandene Vorschädigung (Burnout) hindert – so das LG zutreffend – „nicht, die nunmehr bestehende posttraumatische Belastungsstörung dem – wie ausgeführt von der Beklagten zu verantwortenden – Seenoterlebnis zuzurechnen. Denn eine – etwa – zum Schaden neigende Konstitution des Geschädigten schließt – ohne Hinzutreten weiterer Umstände, für die hier nichts ersichtlich ist – den Zurechnungszusammenhang nicht aus." Ursache: In Seenot geratene Fähre zum Transfer von Urlaubern. Das Schiff – so das LG – habe im Sturm manövrierunfähig im Meer getrieben. Die Passagiere seien aufgefordert worden, Schwimmwesten anzulegen ... der Kapitän (habe) einen Notruf abgesetzt. Zahlreiche Passagiere hätten sich an verschiedensten Stellen in der Kabine erbrochen; der Kläger und seine Ehefrau hätten Todesangst gelitten. Weil auch das Navigationssystem ausgefallen sei, habe man versucht, andere Schiffe mit Taschenlampen auf sich aufmerksam zu machen. Ein sich schließlich näherndes Boot der Küstenwache sei gegen das Transferschiff gekracht, was dazu geführt habe, das auf dem Fährschiff erneut Panik ausgebrochen sei. [vgl. auch → Nr. 5478]

Betrag: 5.500 € **Haftung: 100 %**
immVorb: – **MdE: –**

LG Köln 15.1.2019 – 3 O 305/17 = BeckRS 2019, 632

7782

Psychische Beeinträchtigungen, schwere (hier: Seelischen Schmerzen – depressive Anwandlungen, Kontrollverlust, Schlafprobleme und Anpassungsstörungen, nicht zuletzt aber auch das deutlich selbstverletzendes Verhalten –, die dem jugendlichen Kläger, der ua an „Bindungsstörung des Kindesalters mit Enthemmung" (F94.2)" und Borderline-Persönlichkeitsstörungen gelitten hatte, durch eine erzwungene Rückkehr hervorgerufen worden waren, die nicht durch ein ausreichend aus den fachmedizinisch festgestellten Bedarf des Jugendlichen abgeleitetes Hilfesetting begleitet worden waren. Zu berücksichtigen waren die Folgen für den Jugendlichen aus dem ersatzlosen Verlust des ihn stabilisierenden sozialen Rahmens in der Familie und an der Schule in („Ort 03"). Der junge Mann hatte schließlich Selbstmord begangen.

18j. Mann. Schmerzensgeld für Amtspflichtverletzung des Jugendamts bei Abbruch von Jugendhilfemaßnahmen ohne Bedarfsermittlung und Hilfeplan. Das OLG Brandenburg sprach der Erbengemeinschaft (= Kläger) gegenüber der Personensorgeberechtigten Behörde (Jugendamt) auf Grundlage der „Amtshaftung (§ 839 Abs. 1 BGB in Verbindung mit Art. 34 GG) sowie auf Staatshaftung (§ 1 Abs. 1 des Staatshaftungsgesetzes vom 12. Mai 1969 in der Fassung des Gesetzes vom 3. September 1997 – StHG)" ein Schmerzensgeld iHv 6.000 EUR zu. Der Sohn der Klägerin hatte gemäß § 35a Abs. 1 SGB VIII Anspruch auf Eingliederungshilfe, die gemäß § 36 SGB VIII planvoll erbracht werden muss. Zudem traf den Beklagten zu Gunsten des Sohnes der Klägerin auch der Schutzauftrag bei Kindeswohlegerfährdung, § 8a SGB VIII. Voraussetzung für die Aktivierung des behördlichen Schutzauftrags ist das Bekanntwerden „gewichtiger Anhaltspunkte" für eine Kindeswohlgefährdung. Bei dieser besteht eine gegenwärtig in einem solchen Maß vorhandene Gefahr, dass sich bei einer weiteren Entwicklung eine erhebliche Schädigung mit ziemlicher Sicherheit voraussehen lässt (BVerfG BeckRS 2017, 102492). Das Jugendamt ist bei ihrem Vorliegen verpflichtet, weitere Informationen einzuholen, die ihm eine um eine qualifizierte Entscheidung über die Gefährdungslage und die Notwendigkeit und Geeignetheit unterstützender oder eingreifender ermöglichen. Ein Handlungsermessen kommt ihm hierbei nicht zu. Diesen Anforderungen ist der Beklagte nicht vollständig gerecht geworden. Indem das Jugendamt dem Sohn der Klägerin zunächst bis zum Sommer 2017 Eingliederungshilfe in Form einer Familienpflege bei einer geeigneten Pflegeperson gewährt hatte, jedoch diese Hilfe mit dem Bescheid vom 11. Mai 2017 wieder abgebrochen, ohne dass dem eine ausreichende Sachverhaltsermittlung zugrunde gelegen hätte, liegt insofern eine Amtspflichtverletzung vor, durch welche bei dem Sohn der Klägerin seelische Schmerzen und Leiden hervorgerufen worden waren, die ein Schmerzensgeld iHv 6.000 EUR mit Verweis auf ua OLG Frankfurt → Nr. 5180 rechtfertigen, so das OLG Brandenburg, das abschließend noch betonte, dass der Amtshaftungsanspruch nicht gemäß § 839 Abs. 3 BGB und der Staatshaftungsanspruch nicht wegen § 2 StHG bzw. nicht deshalb ausgeschlossen sei, weil der Sohn der Klägerin nicht fristgerecht ein Rechtsmittel gegen den Beschluss des Verwaltungsgerichts vom 30. Januar 2018 eingelegt hatte.

Betrag: 6.000 € **Haftung: 100 %**
immVorb: – **MdE: –**

OLG Brandenburg 1.12.2025 – 2 U 50/24 = BeckRS 2025, 35516

7774

Psychische Beeinträchtigungen in Form von erheblichen psychischen Belastungen mit „Stress, Angstzuständen und einem massiven Eingriff in ihre Privatsphäre" sowie Persönlichkeitsrechtsverletzung. Die Beklagte hatte über die Transfrau berichtet, nachdem diese – wegen der Zurückweisung ihres Antrags auf Mitgliedschaft in einem Fitnessstudio – die Antidiskriminierungsstelle des Bundes eingeschaltet hatte. Die Artikeln der Beklagten, dem Onlinemedium NiuS, waren in Onlinemedien und auf Social Media zum Teil unter Nennung des vollständigen Namens und mit Fotos der Frau, die zwar verpixelt waren, aber sie dennoch für mit ihr vertraute Personen erkennen ließen, veröffentlicht worden.

Frau / Transfrau. Das LG wertete es zutreffend als eine „Herabwürdigung und Kränkung", dass die Beklagte, das Medienportal NiuS, die Klägerin als Transfrau in ihren Onlineartikeln mehrfach als „Herr Transfrau", „Herrn in Damenkleidung" oder nur als „Mann" bezeichnet hatte und somit deren rechtlich anerkannte geschlechtliche Identität nicht nur nicht anerkannt, sondern sich insofern nicht auf die bloße Feststellung des biologischen Geschlechts beschränkt habe und damit auf „eine Herabwürdigung und Kränkung" abgezielt habe. Hinsichtlich der Fotos betonte das LG den Verstoß gegen §§ 22, 23 KUG, da diese ohne Zustimmung der Klägerin veröffentlicht worden waren und dabei die Verpixelung nicht ausreichend gewesen sei, um die Klägerin unkenntlich zu machen. Bei dieser so das LG – handele es sich zudem nicht um eine Person der Zeitgeschichte, sodass sie die Bebilderung nicht hinnehmen müsse. Zudem betonte das LG, dass es der Beklagten in deren Artikeln nicht abstrakt um Transpersonen und Transrechte im Allgemeinen gegangen sei; vielmehr habe sie „einer konkreten Person ihre geschlechtliche Identität abgesprochen". Schwerwiegend sei dabei auch die Tatsache, dass die Beklagte die Klägerin „weltweit abrufbar im Internet als Transperson geoutet und dies "zum Zwecke der persönlichen Anprangerung ausgeschlachtet habe. Bei der Schmerzensgeldbemessung bzw. der Bemessung des immateriellen Schadensersatzes berücksichtigte das LG dies sowie zudem die besondere „Hartnäckigkeit" der Berichterstattung in „nicht weniger als sieben Online-Veröffentlichungen".

Betrag: 6.000 € **Haftung: 100 %**
immVorb: – **MdE: –**

LG Frankfurt a. M. 10.7.2025 – 2-03 O 129/25 = BeckRS 2025, 38429

6345

Psychische Beeinträchtigungen infolge der unhygienischen und unwürdigen Zustände im serbischen Krankenhaus [für die Dauer von 4 Tagen] und des Todes seines Bruders, „der kurz nach dem Unfall verstorben ist, was ebenfalls eine beträchtliche psychische Beeinträchtigung darstellt, die nicht nur wenige Wochen angehalten hat". Die Körperlichen Verletzungen waren: HWS-Syndrom, LWS-Prellung und „Flankenprellung rechts".

Mann. 5 Tage stationär. Anschließend ambulante Behandlung mittels Physiotherapie. Vorschaden: HWS-Syndrom und BWS-Syndrom. Diese Verletzungen sind „unfallbedingt verschlimmert worden". Der Kläger forderte – insbesondere mit Verweis auf schwere PTBS – ein Schmerzensgeld in Höhe von 125.000 EUR. Dafür, dass der Bruder des Klägers Opfer einer sog. Organmafia geworden sein könnte, gibt es dagegen keinen objektiven Nachweis. Der Hausarzt hat dem Kläger … ärztlich attestiert, neben den körperlichen Verletzungen und Schmerzen sei von Anfang an eine schwere Depression aufgefallen, wegen der er … eine Überweisung zum Psychiater zur Mitbehandlung der Posttraumatischen Belastungsstörung erfolgt sei. Der vom OLG hierzu gehörte Sachverständige Prof. Dr. S – dem das OLG folgte – führte dazu aus, „der Kläger habe keine psychischen Auffälligkeiten durch das Unfallgeschehen erlitten, die ihn noch belasteten oder in Zukunft auftreten könnten. Natürlich gebe es eine Nachwirkung bzw. Trauerreaktion durch den Tod des Bruders; diese habe aber keine krankhafte oder behandlungsbedürftige Auswirkung". [Anmerkung: Lesenswert zu den Anforderungen an ein psychiatrisches Sachverständigengutachten zur Prüfung des Vorliegens einer unfallbedingten posttraumatischen Belastungsstörung].

Betrag: 6.000 € **Haftung: 100 %**
immVorb: – **MdE: –**

OLG Celle 22.1.2020 – 14 U 106/18 = BeckRS 2020, 422

6423

Brustkorbprellung mit noch drei Wochen später sichtbaren Blutergüssen sowie eine HWS und BWS Distorsion und psychische Beeinträchtigungen in Form von Angstgefühlen, die durch unfallbedingte Thoraxschmerzen im Hinblick auf den sechs Jahre zuvor erlittenen Herzinfarkt ausgelöst worden waren.

Mann. Die körperlichen Verletzungen waren nach drei Wochen vollständig ausgeheilt. Vorschaden: Herzinfarkt. Hierzu führte das OLG aus: „Bei der Bemessung des Schmerzensgeldes müssen auch bestehende erhebliche Vorschädigungen und die darauf beruhenden Risiken (hier: Herzinfarkt mit anschließenden Angstgefühlen) Berücksichtigung finden; sie mindern das zuzuerkennende Schmerzensgeld".

Betrag: 6.000 € **Haftung: 100 %**
immVorb: – **MdE: –**

OLG Celle 1.2.2011 – 14 W 47/10 = BeckRS 2011, 3335

6413

Eileiterverlust nach Eileiterrupur. Zudem erlitt die Klägerin einen seelischen Schock – ausgelöst durch das Erfordernis der Notoperation.

Frau. Intensivstationärer Aufenthalt mit Notoperation. Dauerschaden: Eileiterverlust sowie Narbe am Bauch. Arzthaftung (hier: Befunderhebungsfehler und Behandlungsfehler im Zusammenhang mit der Schwangerschaft der Klägerin. Zunächst wurden deren Anzeichen verkannt wodurch es nachfolgend zum Eileiterverlust kam).

Betrag: 6.000 € **Haftung: –**
immVorb: – **MdE: –**

OLG Nürnberg 8.1.2008 – 11 O 8426/05 = MedR 2009, 226

5752

Psychische Beeinträchtigungen und Belastung bzw. Depressionen der Klägerin durch den Tod ihres Mannes.

Frau. Tod des Ehemannes. Vorschaden: Depressive Verstimmung. „Die zu einem Krankenhausaufenthalt führende Depression mit psychotischen Symptomen eine Frau nach dem Unfalltod ihres Ehemannes, kann, auch wenn schon vorher eine ärztliche Behandlung wegen einer depressiven Verstimmung bestand, zu einem Schmerzensgeldanspruch von 6500 Euro führen", so der redaktionelle Leitsatz der angegebenen Fundstelle. [Ursache: Verkehrssicherungspflichtverletzung des Reiseveranstalters, wenn der Hotelgast wegen einer defekten bzw. mit 56 cm zu niedrigen Balkonbrüstung vom Balkon stürzt].

Betrag: 6.500 € **Haftung: 100 %**
immVorb: – **MdE: –**

OLG Köln 18.12.2006 – 16 U 40/06 = BeckRS 2007, 695

6389

Psychische Beeinträchtigungen in Form von berechtigter Angst vor dem Bruch einer bruchanfälligen Hütftprothese, die dem Kläger eingesetzt worden war.

Mann. Die Beklagte ist Herstellerin von Hüftprothesen bzw. Hüftendoprothesen-Schäften; ein dem Kläger eingesetztes Implantat wurde wegen Bruchgefahr bzw. Bruchanfälligkeit 2005 vom Markt genommen. Das LG gab der auf Schmerzensgeld gerichteten Klage wegen psychischer Beeinträchtigungen / Angst vor einem Prothesenbruch statt und führte dazu aus: „Eine Verletzung der Gesundheit ist nicht auf die Beeinträchtigung der Physis beschränkt, sondern schließt die Psyche ein. Die Verursachung eines seelischen Leidens stellt daher eine Gesundheitsverletzung dar, ohne dass es darauf ankommt, ob die psychische Störung ihrerseits auf physischen oder gar organischen Veränderungen beruht (MüKoBGB / Wagner § 823 Rn. 72, 75). Der Umstand, dass die Hüftprothese fehlerhaft ist und brechen kann, ist geeignet, die vom Kläger geltend gemachten psychischen Belastungen auszulösen. Der Kläger muss ständig mit der Angst leben, dass infolge eines möglichen Bruchs eine weitere Operation zum Zwecke des Wechsels des Hüftimplantats oder Teilen davon durchgeführt werden muss. Auch ist dem Kläger nachzufühlen, dass ihm die empfohlenen regelmäßigen Kontrolluntersuchungen und die hierdurch bedingten Strahlenbelastungen psychisch belasten. Der Kläger hat in der mündlichen Verhandlung seine Situation anschaulich dahin beschrieben, dass man sich vorstellen müsse, man sitze auf einem Stuhl mit angesägten Beinen. Ebenso wie man auf einem solchen Stuhl nicht unbesorgt Platz nehmen wolle, gehe es ihm beim Gehen, da er aus Angst vor einem Bruch nicht vage, unbeschwert aufzutreten". [Produkthaftung. Zu Urteilen, die sich mit dem tatsächlichen Bruch einer Hüftprothese dieser Herstellerin zu befassen hatten vgl. → Nr. 6284 und → Nr. 6315 und → 6316]. [Lesenswert dazu auch Nebe, Schmerzensgeld bei psychischen Belastungen wegen fehlerhafter Gesundheitsleistungen, VuR 2009, 459].

Betrag: 7.000 € **Haftung: 100 %**
immVorb: – **MdE: –**

LG Berlin 9.12.2008 – 5 O 467/07 = BeckRS 2009, 5604

6223

Psychische Beeinträchtigungen von erheblicher Intension, – das OLG spricht von einer „psychische Erkrankung" als Folge eines HWS-Syndroms und LWS-Syndroms (hier: HWS-Schleudertrauma 2. Grades mit Verdacht auf Riss eines der sogenannten Flügelbänder im Wirbelkörper [= Ligamenta alaria] und LWS-Distorsion) sowie multiple Prellungen (hier: Schädelprellung, Knieprellung des rechten Knies und Ellbogenprellung).

Frau. 27 Tage stationär. Neurologischerseits fanden sich bei Abschluss der stationären Heilbehandlung in der BG-Unfallklinik O2 keine objektivierbaren neurologischen Schädigungen mehr. Dauerschaden: Psychische Beeinträchtigungen, die – aufgrund häufiger Krankschreibungen – schließlich zum Verlust des Arbeitsplatzes geführt hatten. [Anmerkung: Das OLG hätte ggf. einen höheren Betrag zuerkannt, wenn der Anwalt der Klägerin nicht den Fehler begangen hätte, vor dem LG einen bestimmten bezifferten Antrag „ein Schmerzensgeld in Höhe von 20.000 DM" zu stellen und auch auch in der Berufungsinstanz lediglich ein bezifferter Zahlungsantrag in derselben Höhe gestellt hatte; eine Klageerweiterung nicht erfolgt. Dazu das OLG mit HInweis auf § 308 ZPO: „Die Zusprechung eines höheren Betrages kam nach § ZPO § 308 ZPO nicht in Betracht, weil die Kl. die Schmerzensgeldhöhe nicht in das Ermessen des Gerichts gestellt hatte, sondern einen bestimmten bezifferten Antrag gestellt hatte. Ausweislich der S. 3 der Klageschrift begehrte die Kl. „ein Schmerzensgeld in Höhe von 20.000 DM", ohne Einschränkung dahingehend, dass es sich dabei – wie etwa in der Entscheidung BGHZ 132, 341 – um eine vorgestellte Größenordnung oder um einen Mindestbetrag handeln solle"].

Betrag: 7.225 € **Haftung: 100 %**
immVorb: Ja **MdE: –**

OLG Frankfurt a. M. 1.10.2004 – 4 U 26/95 = BeckRS 2005, 5641

6791

Posttraumatische Belastungsstörung (PTBS) nach DSM-5 [= aktuelles Diagnosesystem der amerikanischen Fachgesellschaften (vgl. etwa LSG Bayern BeckRS 2016, 71507] und somit in Form einer „medizinisch fassbaren Gesundheitsbeschädigung des Klägers" nach einem Verkehrsunfall, bei dem ein Mensch getötet worden war.

50j. Mann. Langwierige Heilbehandlung durch psychologische Behandlung. MdE mindestens 6 Monate 100 %. Das LG ging davon aus, dass in dieser zeit „die Auswirkungen der posttraumatischen Belastungsstörung die Lebensführung des Klägers in erheblichem Maße beeinträchtigt haben". [Ursache: Pedelecunfall, bei dem der Kläger als PKW-Fahrer mit dem unfallbedingt verstorbenen Pedelecfahrer kollidiert war].

Betrag: 7.500 € **Haftung: 80 %**
immVorb: Ja **MdE: –**

LG Bonn 18.12.2020 – 1 O 334/18 = BeckRS 2020, 38284

6958

Psychische Beeinträchtigungen (hier: Posttraumatischen psychischen Beeinträchtigungen (psychosomatische Reaktionsbildung und verkehrsbezogene Panikstörungen) nach einem HWS-Syndrom mit Zervicocephalgie. Die Psychischen Schäden boten jedoch keine Anhaltspunkte für eine weitergehende psychiatrische Erkrankung – etwa eine somatoforme Schmerzstörung, eine depressive Erkrankung oder eine posttraumatische Belastungsstörung, so das LG.)

60j. Mann (Busfahrer). Dauerschaden: MdE 20 % wegen andauerndem Schwindel, verminderter Belastungsfähigkeit, psychosomatischer Reaktionsbildung und verkehrsbezogener Panikstörung. Insgesamt habe – so das LG – „der Sachverständige nur leichtere psychovegetative Störungen mit noch nicht wesentlichen Einschränkungen der Erlebnis- und Gestaltungsfähigkeit festgestellt". Berufsunfähigkeit als Busfahrer; der Kläger arbeitet deshalb zunächst als Altenbetreuer und später in einem Büro. Bei der Bemessung berücksichtigte das LG das Alter des Klägers schmerzensgeldmindernd und führte dazu aus: „Bleiben dauerhafte Beeinträchtigungen, mindert fortgeschrittenes Alter das Schmerzensgeld (vgl. Palandt / Grüneberg, 79. Aufl. 2020, BGB § 253 Rn. 16)".

Betrag: 7.500 € **Haftung: 100 %**
immVorb: – **MdE: 20 %**

LG Wuppertal 11.3.2020 – 3 O 86/18 = BeckRS 2020, 47758

5381

Psychische Beeinträchtigungen nach Insemination mit „falschem" Sperma bzw. Samen (hier: körperlich-psychische Belastungssituation mit Erschöpfungszuständen, depressiven Episoden und Schuldgefühlen gegenüber beiden – entgegen dem Wunsch der Klägerin nun nicht vom selben Vater abstammenden – Kindern).

Frau. Langwierige Heilbehandlung mit 100 psychotherapeutischen Sitzungen. Trägt eine – ärztlicherseits pflichtwidrig – mit „falschem" (entgegen dem Wunsch der – in gleichgeschlechtlicher Lebenspartnerschaft – lebenden Klägerin und der Zusage des beklagten Arztes nicht vom gleichen Samenspender, von dem bereits der Samen des ersten Kindes stammte) Sperma bzw. Samen durchgeführte Insemination zu einer körperlich-psychischen Belastung der Mutter bei, kann der Mutter ein Schmerzensgeld in Höhe von 7.500 Euro zustehen. [Zum Anspruch des durch anonyme Samenspende gezeugten Kindes auf Auskunft über Spender vgl. BGH BeckRS 2015, 1802].

Betrag: 7.500 € **Haftung: 100 %**
immVorb: Ja **MdE: –**

OLG Hamm 19.2.2018 – 3 U 66/16 = BeckRS 2018, 4594

4736

Psychische Beeinträchtigung nachSchulterverletzung mit Schulterluxation und Armlähmung, die jedoch nach dem Urteil des OLG sich „als ausschließlich psychogen dar"stellen und aus neurologischer Sicht „weder direkt noch indirekt (organisch) unfallbedingt" sind.

Frau. Die Kl. erlitt verkehrsunfallbedingt zunächst „nur" eine Schulterluxation. Nach einem sodann wegen der wiederholten Schulterluxaktionen durchgeführten operativen Eingriff trat eine vollständige Lähmung des linken Arms ein. Bei der Klägerin lag insofern jedoch eine „erbliche Vorbelastung" [vgl. auch Vorschaden] vor. Bei der Bemessung berücksichtigte das OLG „die monatelang erlittenen Luxaktionen und Schmerzen, die notwendigen Behandlungen sowie die erforderliche Operation und die Arbeitsunfähigkeit ". Den Feststellungsanspruch wies das OLG jedoch zurück, da sich vorliegend die Armlähmung der Klägerin als ausschließlich psychogen darstellt und „nach den überzeugenden und unbestritten gebliebenen Ausführungen im neurologischen Gutachten ... weder direkt noch indirekt (organisch) unfallbedingt" ist.

Betrag: 7.500 € **Haftung: 100 %**
immVorb: Ja **MdE: –**

OLG Frankfurt a. M. 19.6.2012 – 3 U 213/10 = BeckRS 2013, 7214

7655

Posttraumatische Belastungsreaktion nach ICD 10: F 43.0 (nicht zu Verwechseln mit einer Posttraumatischen Belastungsstörung nach ICD 10: F 43.1 bzw. ICD 11); zudem erlitt der Kläger eine nicht dislozierte Kniescheibenfraktur rechts, ein stumpfes Thoraxtrauma und eine HWS-Distorsion.

Mann. Bei dem Schmerzensgeldbegehren stand die von ihm behauptete posttraumatische Belastungsstörung (PTBS) nach ICD 10: F 43.1 bzw. ICD 11 im Vordergrund, weshalb er neben den außergerichtlichen 5.000 EUR Schmerzensgeld ein weiteres von 50.000 EUR gefordert hatte. Das OLG entsprach dem jedoch nur iHv weiteren 3.000 EUR, da nur eine posttraumatische Belastungsreaktion und kein PTBS vorgelegen habe und die beim Kläger eingetretene posttraumatische Belastungsreaktion spätestens nach ein bis zwei Tagen nach dem Unfall abgeklungen sei. [vgl. zu dieser Thematik im Handbuch unter → Rn. 290].

Betrag: 8.000 € **Haftung: 100 %**
immVorb: – **MdE: –**

OLG Brandenburg 19.12.2024 – 12 U 214/20 = BeckRS 2024, 40512

6960

Posttraumatische Belastungsstörung nach einer Hundebiss-Attacke mit fünf tiefen Bisswunden. Die Kl. leidet weiterhin unter Flashbacks und Alpträumen, die zu einer emotionalen Belastung führen. Sie zeigt deutliches Vermeidungsverhalten mit einer erhöhten Angst in der Öffentlichkeit auf Hunde zu treffen. Eine traumaspezifische Psychotherapie ist nötig, um eine langfristige Chronifizierung zu vermeiden, wobei die Prognose der Heilung in der Regel gut ist.

10j. Kind (Schülerin). Die Bissverletzungen sind unproblematisch verheilt. Jedoch ist eine langandauernde traumaspezifische Psychotherapie wegen des PTBS und die damit verbundenen emotionalen Belastungen in Form von Flashbacks, Alpträumen und ihrem deutlichen Vermeidungsverhalten mit einer erhöhten Angst in der Öffentlichkeit auf Hunde zu treffen, erforderlich. „Dieses Vermeidungsverhalten geht weit über einen gesunden Respekt vor großen Hunden hinaus", so das LG. Die Klägerin konnte zunächst nicht alleine im Bett schlafen und nicht alleine rausgehen. Sie vermied die Straße, in der sie gebissen wurde und die Umgebung des Wohnortes der Beklagten, sowie den Park, um nicht auf Hunde zu treffen. Wenn sie einen Hund sieht, reagiere sie mit Herzrasen und

Fluchttendenzen, wechselt die Straßenseite oder kehrt sogar um. Sie fährt nicht mehr mit den Inlinern und vermeidet das Fahrradfahren. Dauerschaden: diverse Narben im Bereich der Arme und auf dem Rücken, die alle in Bereichen, die bei sommerlicher Kleidung zu sehen sind sowie ggf. dauerhafte psychische Beeinträchtigungen, weshalb das LG dem Feststellungsantrag stattgab. Zur Schmerzensgeldbemessung führte das LG aus: „Angesichts dieser nunmehr schon zwei Jahre andauernden Folgen des Angriffes und der von der Sachverständigen festgestellten Notwendigkeit einer weiteren psychotherapeutischen Behandlung ist ein Schmerzensgeldanspruch von insgesamt 8.000 EUR angemessen". [Ursache: Tierhaltehaftung. Das Kind wurde von dem vom Beklagten ohne Sachkundenachweis geführten „Dobermann" von hinten angesprungen und mehrfach in den Nacken, die Schulter und die Oberarme gebissen. Das Kind war durch das Anspringen zu Boden gefallen, lag unter dem beißenden Hund und schrie. Der Beklagte … zog den Hund weg und ging mit diesem fort, ohne sich um das Kind zu kümmern].

Betrag: 8.000 € **Haftung: 100 %**
immVorb: Ja **MdE: –**

LG Bochum 15.10.2020 – 1 O 453/19 = BeckRS 2020, 44569

5322

Psychische Beeinträchtigung / Angst hier: Posttraumatische Belastungsstörung (kurz: PTBS) mit „Alpträumen und Angstzuständen" nach HWS Distorsion, Prellungen des rechten Daumens, eine Gehirnerschütterung, sowie weitere diverse Prellungen und Platzwunden. Zudem leidet der Kläger an Depressionen, die sich jedoch – so das OLG – „… nicht aus der Posttraumatischen Belastungsstörung heraus entwickelt" haben.

Mann (Straßenwärter). 3 Tage stationär. Die Verletzungen (Prellungen, Platzwunden etc) sind aus orthopädischer Sicht ohne Dauerfolgen ausgeheilt; nicht jedoch die PTBS. MdE 4 Monate 100 %, anschließend erfolgte eine Wiedereingliederungsmaßnahme, die der Kläger jedoch abbrechen musste, so dass die Gesamtzeit der MdE 5 Monate schließlich betrug. Zum Zeitpunkt der Urteilsverkündung war der Kläger pensioniert. Dauerschaden: Durch die zeitnahe und erfolgreiche Behandlung der PTBS wurde erreicht, dass sich diese Symptomatik weitstreckig zurückbildete. Dennoch sei, so das OLG nach Anhörung eines Sachverständigen, „… davon auszugehen, dass eine Belastungsstörung latent fortbesteht, die im Alltagsleben keine Auswirkungen zeigt, wohl aber durch triggernde Situationen im Arbeitsplatzbereich aktualisiert werden kann". [Ursache: Der Lastkraftwagen der Straßenmeisterei, in dem sich der Kläger zur Durchführung von Arbeiten auf der BAB 2 befand, wurde von einem LKW angefahren und drehte sich um 180 Grad und stürzte auf die Fahrerseite]. Siehe hierzu auch Slizyk, Schmerzensgeld bei PTBS und überlagernder Depression, NZV 2017, 284.

Betrag: 8.000 € **Haftung: 100 %**
immVorb: Ja **MdE: –**

OLG Hamm 26.7.2016 – 9 U 169/15 = BeckRS 2016, 113265

4431

Psychische Beeinträchtigung (hier: Mobbingähnliches Degradieren des Klägers durch dessen Arbeitgeber. Der Kl. wurde versetzt, erhielt ein geringeres Gehalt und musste schließlich im Rahmen einer Änderungskündigung einen neuen – zu seinen ungunsten geänderten – Arbeitsvertrag unterzeichnen).

Mann (Abteilungsleiter in einer Bank). [vgl. Beck'sche Schmerzensgeldtabelle Kapitel 7 1e – Mobbing].

Betrag: 8.000 € **Haftung: 100 %**
immVorb: – **MdE: –**

ArbG Magdeburg 14.2.2008 – 10 Ca 3008/06 = BeckRS 2008, 142010

6337

Psychische Beeinträchtigungen (hier: Schock und posttraumatische Belastungsstörungen [PTBS] nachdem die Klägerin erfahren hatte, dass ein enger Freund der Familie ihre beiden Töchter sexuell missbraucht hatte, – eine der beiden Töchter sehr schwer und über einen längeren Zeitraum. „Die Klägerin ist schwer traumatisiert, leidet unter Panikattacken und ist in ihrer gesamten Lebensführung erheblich beeinträchtigt, so dass sie nunmehr sogar stationär psychotherapeutisch behandelt werden muss", so das LG).

Frau (Mutter der beiden vom Beklagten missbrauchten Mädchen). Zunächst hausärztliche ambulante Behandlung; anschließend 50 medikamentöse und ambulante Behandlungen bei einer Psychotherapeutin. Seit dem … befindet sie sich in stationärer psychotherapeutischer Behandlung in der S-Klinik. Bei der Bemessung berücksichtigte das LG, dass die Klägerin „als in Folge der Missbrauchshandlungen des Beklagten an ihren Töchtern … schwer traumatisiert [ist und] unter Panikattacken [leidet] und in ihrer gesamten Lebensführung erheblich beeinträchtigt [wurde], so dass sie nunmehr sogar stationär psychotherapeutisch behandelt werden muss und nur am Wochenende zu Hause ist". [Anmerkung: Angesichts der massiven Missbrauchstaten, insbesondere an der älteren der beiden Töchter (siehe → Nr. 6232) aber auch an der erste achtjährigen Tochter, der psychischen Beeinträchtigungen ihres Ehemannes und der Tatsache, dass der Beklagte ein guter Freund der Familie war, erstaunt die Einschätzung des LG, wonach die seelischen Verletzungen der Mutter „erheblich über das erwartbare Maß hinaus" gingen. Diese Einschätzung ist ebenso inakzeptabel, wie das festgelegte Schmerzensgeld in Höhe von lediglich 8.000 EUR].

Betrag: 8.000 € **Haftung: 100 %**
immVorb: – **MdE: –**

LG Bonn 29.1.2007 – 3 O 334/06 = BeckRS 2009, 28595

6081

Psychische Beeinträchtigungen und Schock (hier: Angstzustände, Panikattacken und eine schwere posttraumatische Belastungsstörung [PTBS] mit Albträumen, Konzentrationsstörung, Kopfschmerzen und Schlafstörungen. Die körperlichen Verletzungen beschränktens sich auf Verstauchungen und Zerrung der Brustwirbelsäule und des Brustkobes.

Mann (Profi-Fußballspieler-Vermittler). Psychotherapeutische Behandlung. Dauerschaden: Posttraumatische Belastungsstörung [PTBS] und psychischen Beeinträchtigungen. Der Kläger leidet bis heute unfallbedingt unter regelmäßigen Panikattacken und Schlafstörungen. Die psychischen Belastungen würden sich zudem neben Problemen beim Autofahren auch auf seine berufliche Tätigkeit als Profi-Fußballspieler-Vermittler und -Betreuer und sein familiäres Umfeld auswirken. Er ist nicht in der Lage, seine Arbeit wieder vollumfänglich aufzunehmen. Auch dass sich die beiden Kinder des Klägers sowie ein Beifahrer in dem Auto befanden, kann sich für das Gericht nachvollziehbar auf die Verarbeitung des Unfalls negativ auswirken. [Ursache: Zugunglück – Kollision im Schrankenbereich mit PKW].

Betrag: 8.500 € **Haftung: 100 %**
immVorb: Ja **MdE: –**

LG Detmold 26.11.2014 – 12 O 244/12 = BeckRS 2015, 7319

7646

Psychische Erkrankung (hier: Vorübergehende Depression nach traumatischen Ereignissen im Zusammenhang mit dem Tod des einen und der schweren Behinderung des anderen Sohnes im Zusammenhang mit einer Hochrisikozwillingsschwangerschaft im Rahmen derer der eine Fötus verstarb und der andere mit schwersten Gehirnschäden zu Welt kam).

37j. Frau (Fachärztin für Frauenheilkunde). Zum Hintergrund der Entscheidung siehe → Nr. 7645. Sowohl die Mutter als auch deren Ehemann erhielten jeweils 10.000 EUR nachdem sie „durch Vorlage von Attesten eine vorübergehende psychische Erkrankung" nachgewiesen hatten. Bei der Haftungsfrage befasste sich das OLG – wie zuvor bereits das LG Frankfurt a.M. – mit der Frage des Mitverschuldens bzw. der „rechtlich relevanten Mitverursachung" (so das OLG) und der „Verlagerung der Beweislast auf die Behandlungsseite und führte dazu aus: "Die Weigerung einer Patientin, eine Behandlungsempfehlung zu befolgen, ist rechtlich nur beachtlich, wenn der Arzt sie zuvor umfassend und zutreffend über die medizinische Sachlage und die ihr und ihren Kindern drohenden Gefahren aufgeklärt hat. Das gilt auch, wenn es sich bei der Patientin um eine Fachärztin handelt.„ (Amtliche Leitsätze)."Anders als diese meinen, ist die Verlagerung der Beweislast auf die Behandlungsseite im Streitfall auch nicht ausnahmsweise deshalb ausgeschlossen, weil die frühere Klägerin durch ihr Verhalten, also etwa durch die Fortsetzung der Zusammenarbeit mit dem Beklagten oder durch das Verlassen des Krankenhauses über das Wochenende eine selbständige Komponente für den Heilungserfolg vereitelt hat und dadurch in gleicher Weise wie der grobe Behandlungsfehler der Beklagten dazu beigetragen hat, dass der Verlauf des Behandlungsgeschehens nicht mehr aufgeklärt werden kann ... Die Weigerung einer Patientin, eine Behandlungsempfehlung zu befolgen, ist rechtlich nämlich nur beachtlich, wenn der Arzt sie zuvor auf deren Notwendigkeit und Dringlichkeit hingewiesen hat (BGH 24.6.1997 – VI ZR 94/96 [ergänze = BeckRS 1997, 5785])." Vgl. dazu auch im Handbuch unter → Rn. 102b.

Betrag: 10.000 € **Haftung: 100 %**
immVorb: – **MdE: –**

OLG Frankfurt a. M. 18.2.2025 – 8 U 8/21 = BeckRS 2025, 2439

7853

Psychische Belastungen, erhebliche wegen vorsätzlich unterdosierter Zubereitung von Medikamenten zur palliativen Therapie bzw. Palliativtherapie: (Die dem Krebspatienten – Erblasser – insgesamt neun rechtswidriger Weise verabreichten Infusionen sowie die weiteren Umstände führten zu (Zitat aus dem Urteil Rn. 70) „erhebliche[n] psychische[n] Belastung für den Erblasser ..., da er neben Zubereitungen mit dem Wirkstoff „Nivolumab" noch weitere Zubereitungen mit anderen Wirkstoffen aus der Apotheke des Insolvenzschuldners bezogen hatte und er daher nachvollziehbarer Weise fürchten musste, die ihm verabreichten Medikamente seien insgesamt wirkungslos gewesen. Dass der Erblasser noch keine positive Kenntnis davon hatte, dass ihm unterdosierte Arzneimittel zur Behandlung seiner Krebserkrankung verabreicht worden sind, schließt die Zubilligung eines Schmerzensgeldes nicht aus. Ebenfalls schmerzensgelderhöhend zu berücksichtigen sind auch das im Strafurteil festgestellte planvolle und rücksichtslose Verhalten des Insolvenzschuldners und die hochgradige Verwerflichkeit des schieren Ausmaßes seiner Taten, mit denen er sich gerade auf Kosten besonders Schutzwürdiger bereichert hat."

Mann. Klägerin ist die Ehefrau und Alleinerbin ihres an Lungenkrebs verstorbenen Mannes (. Im Laufe der onkologischen Behandlung des Erblassers erhielt er verschiedene Medikamente, die teilweise in der Apotheke des Insolvenzschuldners individuell zubereitet worden waren. Der Apotheker hatte jedoch – in Abweichung der ärztlichen Vorgaben. Im Betrieb des Insolvenzschuldners wurden – im Zuge der Ermittlungen des gegen diesen durchgeführten Strafverfahrens, bei dem er zu einer Gesamtfreiheitsstrafe von 12 Jahren verurteilt worden war – „mindestens 14.498 unterdosierte Medikamentenzubereitungen hergestellt worden. Diese Zubereitungen enthielten weniger als 80 % des ärztlich verordneten und auf dem jeweiligen Etikett ausgewiesenen Wirkstoffs. Die ganz überwiegende Anzahl dieser unterdosierten Zubereitungen war durch den Insolvenzschuldner eigenhändig hergestellt worden." Zum Schmerzensgeldanspruch des zwei Jahre nach der Behandlung verstorbenen Erblassers führte das LG aus: "Der feststellbare Schaden besteht hier in einer rechtswidrigen Therapie durch die Gabe unterdosierter Arzneimittelzubereitungen mit dem Wirkstoff „Nivolumab" .... Einen weitergehenden Schaden in Form einer Verschlechterung des Gesundheitszustands des Erblassers und einer verschlechterten Prognose für seinen Krankheitsverlauf konnte die Kammer dagegen nicht feststellen ... Der spätere Tod des Erblassers kann bei der Zumessung des Schmerzensgeldes keine Berücksichtigung finden, da die Therapie mit „Nivolumab" nur palliativ erfolgte und zu diesem Zeitpunkt schon keine Heilungschance mehr für den Erblasser bestand. [Apothekerhaftung wegen unterdosierter Zubereitungen von Medikamenten zur palliativen Therapie bzw. Palliativtherapie. Lesenswert zur Frage, ob die bei der Arzthaftung aus § 630h Abs. 5 S. 1 BGB folgende Umkehr der Beweislast für den Kausalzusammenhang zwischen einem groben Behandlungsfehler und dem Schaden auch für die Haftung des Apothekers gilt (so OLG Köln BeckRS 2013, 14021)].

Betrag: 10.000 € **Haftung: 100 %**
immVorb: – **MdE: –**

LG Essen 28.1.2022 – 16 O 81/19 = BeckRS 2022, 56428

5485

Psychische Beeinträchtigung bzw. Belastung nach Bauchverletzung (hier: Zurücklassen einer Nadel im Bauchraum). Durch das Zurücklassen der Nadel sei die Klägerin psychisch belastet, – nicht nur wegen der regelmäßigen Lagekontrolluntersuchung sondern auch durch das Wissen um die Nadel im Körper und die Ungewissheit über die Erforderlichkeit einer Operation zu deren Entfernung.

30j. Frau. Behandlungsfehler durch Zurücklassen einer 19 mm langen Nadel nach einer urologischen Operation im Jahr 2014. Seither (!) muss sich die Klägerin zur Kontrolle des Verbleibs der Nadel im Körper regelmäßig röntgenologisch untersuchen lassen und befürchtet Folgeschäden sowie gegebenenfalls eine weitere Operation zur Entfernung der Nadel. [vgl. auch → Nr. 5474 und → Nr. 5473].

Betrag: 10.000 € **Haftung: 100 %**
immVorb: Ja **MdE: –**

OLG Stuttgart 20.12.2018 – 1 U 145/17 = BeckRS 2018, 44817

5523

Psychische Beeinträchtigung in Form einer einer schwerwiegenden Anpassungsstörung nachdem die Klägerin von einem PKW erfasst und verletzt worden war. Die Folge waren Angstsymptome mit einer fast kontinuierlichen Fokussierung auf das Unfallereignis, emotionale Anspannung, Verlust der Integrität und der psychischen Abwehr, häufigen Erinnerungen an das Unfallereignis (Flashbacks) und Schlafstörungen. Bei der Kollision mit dem PKW erlitt sie eine Handverletzung (hier: Handwurzelknochenblockierung und Handgelenkblockierung) und Prellungen, zahlreiche (hier: Hüftgelenksprellung, Sprunggelenksprellung, Mittelfußprellung, Daumenprellung sowie HWS-Syndrom (HWS-Zerrung). Ferner seien eine Blockierung der Tibio-Fibula-Gelenke, der Schultergelenke und der Hals- und Brustwirbelsäule sowie eine Zervikobrachialgie wie auch ein Triggerpunktschmerzsyndrom der Hals- und Nackenwurzelknochen vorhanden gewesen.

24j. Frau (Studentin). Ambulante Behandlung. Ihr wurden Unterarmgehstützen, Schmerzmittel, das Anlegen von Salbenverbänden und eine Thomboseprophylaxe verordnet. MdE 12 Tage 100 % und weitere 30 Tage 50 %. Während dieser Zeit erfolgte eine Behandlung mit Warmpackungen und eine manuelle Therapie. Zu den psychischen Beeinträchtigungen führte das OLG aus: „Nach den Ausführungen des Sachverständigen … hat die Klägerin im Zeitraum 2011 bis 2015 ihre Leistungsfähigkeit um 60 bis 100 % vermindert erlebt. Ab 2015/2016 habe sich dieses Empfinden auf eine Verminderung der Leistungsfähigkeit von 20 % reduziert. Es beständen Defizite durch Konzentrationsstörungen, ängstlichdepressive Vermeidungstendenzen, ein Rückzugsverhalten und eine deutlich reduzierte Stresstoleranz" und korrigierte das Urteil des LG mit der Begründung: „Der Schädiger haftet grundsätzlich auch dann für psychische Schäden des Geschädigten, wenn diese aus einer besonderen seelischen Labilität erwachsen und sich als seelische Fehlreaktion darstellen. Anderes kann gelten, wenn der Geschädigte den Unfall aufgrund seiner Persönlichkeitsstruktur lediglich zum Anlass nimmt, latente innere Konflikte zu kompensieren und sich in eine Neurose flüchtet, die keinen inneren Bezug zum Unfall mehr aufweist", so das OLG. Deutlich anspruchsmindernd muss sich die Klägerin entgegenhalten lassen, dass sie ihrer Obliegenheit zur Schadensgeringhaltung im Sinne des § 254 Abs. 2 BGB nicht nachgekommen ist. Denn sie hat sich kaum angestrengt, ihre psychischen … Belastungen zu reduzieren, obwohl ihr dies möglich gewesen wäre. Insbesondere hat sie keine ernsthaften Therapieversuche unternommen.

Betrag: 10.000 € **Haftung: 100 %**
immVorb: Ja **MdE: –**

OLG Düsseldorf 13.11.2018 – I-1 U 67/17 = BeckRS 2018, 38629

5534

Psychische Beeinträchtigungen / posttraumatische Belastungsstörung nach Kopfplatzwunde mit Gehirnerschütterung sowie HWS-Syndrom in Form einer Halswirbelsäulenverrenkung und Prellungen (hier: Unterschenkelprellung, Ellenbogenprellung und Brustkorbprellung).

52j. Frau. 6 Tage stationär. MdE 105 Tage 100 %. Bei der Schmerzensgeldbemessung setzte sich das OLG sorgfältig mit der bisherigen Rechtsprechung zu vergleichbaren Fällen auseinander und berücksichtigte zudem, dass der Beklagte Unfallflucht begangen hatte, was sich „negativ auf die seelische Verarbeitung des Unfalls durch den Geschädigten auswirkte".

Betrag: 10.000 € **Haftung: 100 %**
immVorb: Ja **MdE: –**

OLG Düsseldorf 6.2.2018 – 1 U 61/17 = BeckRS 2018, 24256

5333

Psychische Beeinträchtigungen / PTBS bzw. posttraumatisches Belastungssyndrom / posttraumatischen Belastungstrauma (Symptome: Flashbacks, partielle peritraumatische Amnesie, Ein- und Durchschlafstörungen, Alpträume, Hypervigilanz, erhöhte Schreckhaftigkeit, stark erhöhtes allgemeines Anspannungsniveau, verminderte Empfindungsfähigkeit, depressive Reaktion) sowie Schädelhirntrauma I. Grades, HWS-Distorsion und Zungenbissverletzung.

Frau. 22 Monate ambulante psychotherapeutische Behandlung wegen des PTBS. [Ursache Überholen einer Fahrzeugkolonne trotz Gegenverkehrs, lesenswertes Urteil zu dieser Thematik]. Das OLG berücksichtigte zudem, dass sich die Klägerin „auch heute noch wegen des Unfalls und der Beschwerden im Bereich der der Hals-Wirbelsäule. in osteopathischer Behandlung" befindet [Zitat aus der Urteilsbegründung]. Der Feststellungsantrag hatte Erfolg, da das OLG sowohl bezüglich der HWS-Verletzung als auch der psychischen Beeinträchtigungen Spätfolgen nicht auszuschließen vermochte.

Betrag: 10.000 € **Haftung: 100 %**
immVorb: Ja **MdE: –**

OLG Schleswig 24.3.2017 – 7 U 73/16 = BeckRS 2017, 114122

5194

Psychische Beeinträchtigung nach HWS-Distorsion 2.Grades. Es entwickelte sich beim Kläger ein „chronisch neuropathischen Schmerzsyndrom", so das OLG; zudem leide der Kläger „an unfallbedingten psychischen Beeinträchtigungen", insbesondere an „Angstzuständen und Depressionen". „Darüber hinaus sei es bei dem Kläger infolge des Unfalls zu einer Anpassungsstörung gekommen, die mittlerweile zu einer chronifizierten Depression geführt habe".

Mann. 3 Tage stationär. Mit Rücksicht auf den psychisch „desolaten Zustand" des Klägers hielt das OLG 10.000 EUR für angemessen. [Lesenswert zur Frage der Haftung bei derartigen psychischen Verletzungen: „Es spielt auch bei psychischen Fehlreaktionen, wie sie bei Konversionsneurosen und ähnlichen neurotischen Reaktionen mit psychosomatischen Folgeerscheinungen vorkommen, keine Rolle, dass der eigentliche Grund für die Beschwerden in der Persönlichkeit des Verletzten liegt und vom Schädiger nicht zu vertreten ist. Mag auch der Unfall in solchen Fällen nur der Auslöser für seelische Fehlreaktionen sein, so stellt das Unfallereignis doch eine Mitursache für die psychosomatischen Folgewirkungen dar, die wie jede andere Ursache zur vollen Haftung führt (BGH NJW 1996, 2425, 2427 mit Hinweis auf BGH NJW 1971, 1883; BGH VersR 1962, 351; BGH NJW 1992, 3298 und weiteren Rechtsprechungsnachweisen; vgl. auch Senat, Urteil vom 25.11.2014 – I-1 U 211/13)", so das OLG.

Betrag: 10.000 € **Haftung: 100 %**
immVorb: Ja **MdE: –**

OLG Düsseldorf 17.11.2015 – 1 U 159/14 = BeckRS 2016, 2329

5077

Psychische Beeinträchtigung / Todesangst (hier: posttraumatische Belastungsstörung [PTBS] und depressive Anpassungsstörung sowie Tinnitus mit Schlafstörungen und neurologisch depressiver Symptomatik).

Frau. Hintergrund des Falles war ein Verkehrsunfall auf einer an dieser Stelle vierspurigen Autobahn, wobei das Fahrzeug der Klägerin von einem LKW erfasst und über alle vier Spuren geschleudert wurde, wobei die Klägerin – die körperlich unverletzt blieb – Todesangst verspürte. Das Gericht berücksichtigte bei der Bemessung des Schmerzensgeldes, dass die Klägerin unter den oben geschilderten

„über Jahre fortbestehende Beschwerden" litt. [Lesenswert zum Thema PTBS: Die Anmerkung von Balke am Ende dieser Entscheidung].

Betrag: 10.000 € **Haftung: 100 %**
immVorb: – **MdE: –**

LG Darmstadt 6.11.2015 – 1 O 296/11 = BeckRS 2016, 4084

5197

Psychische Beeinträchtigung / PTBS. Eine PTBS als eine verzögerte oder protrahierte Reaktion auf ein belastendes Ereignis oder eine Situation kürzerer oder längerer Dauer mit außergewöhnlicher Bedrohung oder katastrophenartigem Ausmaß, die bei fast jedem eine tiefe Verzweiflung hervorrufen würde, so das OLG). Im konkreten Falle bestand dies im wiederholten Nacherleben des Unfallgeschehens sowie Vermeidung des Autofahrens und Angst, sofern sie dennoch in einem Auto fahren müsse zudem Übererregbarkeit, Schlafstörung, Medikamentenmissbrauch (Beruhigungsmittel), Interessenverlust, Gleichgültigkeit, Sozialrückzug, Abstumpfung sowie auch Gleichgültigkeit und Verlust der sexuellen Appetenz in Bezug auf ihren Ehemann. Im Weiteren erlitt die Klägerin ein stumpfes Bauchtrauma, Prellungen multipler Lokalisationen, Wirbelsäulendistorsion und eine HWS-Zerrung.

Frau (Verkäuferin). Mitverschulden wegen nicht durchgeführter Psychotherapie der PTBS obwohl diese als erfolgsversprechend deklariert wurde. „Die Haftpflicht endet aber, wenn die Geschädigte eine begonnene und auch für sie erkennbar erfolgversprechende Psychotherapie entgegen dem ärztlichen Rat nicht fortsetzt, zu dem Zeitpunkt, zu dem mit hinreichender Sicherheit davon ausgegangen werden kann, dass bei Fortsetzung der Therapie die volle Arbeitsfähigkeit wieder erreicht worden wäre", so das OLG. [Anmerkung: Zum Mitverschulden bei Therapieverweigerung oder Therapieabbruch siehe im Handbuchteil unter → Rn. 300 mit Hinweis auf BGH BeckRS 2015, 05264]

Betrag: 10.000 € **Haftung: 50 %**
immVorb: Ja **MdE: –**

OLG Frankfurt a. M. 29.1.2015 – 12 U 89/13 = BeckRS 2016, 9116

4690

Psychische Beeinträchtigung durch „Schmerzstörung, chronische" … mit „Schmerzausbreitung im Bereich von Leiste / Becken / ILG / unterer Rücken".

Mann. Langwierige Heilbehandlung. Dauerschaden: „Schmerzverarbeitungsstörung mit zunehmender Schmerzausbreitung im Bereich von Leiste / Becken / ILG / unterer Rücken". Das OLG hatte sich mit der Frage des Zurechnungszusammenhangs zwischen dem Verkehrsunfall und der psychischen Störung zu befassen und dazu ausgeführt: „Dass berufliche und private Stressfaktoren wie auch eine anlagebedingte Vulnerabilität ebenfalls mitauslösende und / aufrechterhaltende Faktoren sind, hindert den Zurechnungszusammenhang nicht".

Betrag: 10.000 € **Haftung: 100 %**
immVorb: – **MdE: –**

OLG München 3.5.2013 – 10 U 285/13 = BeckRS 2013, 8875

4546

Psychische Beeinträchtigung und Angst (hier: Depressionen, Ängste und Panikattaken als Folge einer vor 14 Jahren vorausgegangenen Unfallverletzung – Oberschenkelfraktur u.a.).

Mann. Der Kläger wurde unfallbedingt mittelschwer verletzt (3 Monate stationär, zwei Aufenthalte. Später folgte noch ein dritter Aufenthalt von 14 Tagen Dauer zur Rotationsfehlstellungkorrektur und ein Rehabilitationsaufenthalt von 5 Wochen.) und erhielt Schadensersatz und Schmerzensgeld inkl. einem Feststellungsanspruch. Nun beansprucht er hierauf gestützt ein weiteres Schmerzensgeld für die – zum damaligen Zeitpunkt „nicht erkennbar und voraussehbaren Leiden"und erhielt hierfür – neben dem bereits 14 Jahre zurückliegend erstrittenen Schmerzensgeld – weitere 10.000 EUR zuerkannt.

Betrag: 10.000 € **Haftung: 100 %**
immVorb: – **MdE: –**

OLG Saarbrücken 31.1.2013 – 4 U 349/11 = BeckRS 2013, 4132

4013

Psychische Beeinträchtigung (hier: Das OLG sah es als erwiesen an, dass die Klägerin auch „ohne den Eintritt einer organischen Primärverletzung eine (immer noch) anhaltende somatoforme Schmerzstörung erlitten hat, bei der die empfundenen Schmerzen, die organisch nicht begründbar sind, das Erleben und Verhalten der Kl. wesentlich beeinflussen.")

Frau. Die Ursache für die – durch den Unfall ausgelöste – psychische Erkrankung lag in „der gesundheitlichen Prädisposition der Kl. begründet, die zum Zeitpunkt des Unfallgeschehens aufgrund schwerwiegender Erkrankung ihres Ehemannes bereits anhaltend seelisch erschüttert und damit ganz besonders vulnerabel war", so das LG.

Betrag: 10.000 € **Haftung: 100 %**
immVorb: – **MdE: –**

LG Hamburg 9.7.2010 – 306 O 334/06 = BeckRS 2010, 27848

4126

Psychische Beeinträchtigung (hier: Posttraumatische Belastungsstörung mit Selbstmordgedanken und Depressionen sowie Appetitlosigkeit und Schlafstörungen nach dem Tod ihrer Tochter).

Frau. Arzthaftung (hier: Grober Behandlungsfehler des Anästhesisten bei einem Schwangerschaftsabbruch, dem sich die Tochter der Klägerin unterzogen hatte und 10 Tage später verstarb.). MdE 100 %: Die Klägerin war zur Zeit der Urteilsverkündung verletzungsbedingt noch immer erwerbsunfähig. [Anmerkung: Insgesamt wurden an die Erbengemeinschaft, bestehend aus dem Bruder und der Mutter der Verstorbenen 20.000,- zuerkannt sowie weitere 10.000,- an die Klägerin zu 1 (= Mutter der Verstorbenen).

Betrag: 10.000 € **Haftung: 100 %**
immVorb: Ja **MdE: –**

LG Bochum 27.1.2010 – 6 O 78/08 = BeckRS 2010, 6257

6329

Psychische Beeinträchtigungen, schwere (hier: „Die Klägerin ist bis heute nicht in der Lage, den Tod der Tochter adäquat zu verarbeiten. Entsprechend ärztlicher Atteste der Gemeinschaftspraxis S./M. wurde bei ihr eine posttraumatische Belastungsstörung festgestellt und eine psychiatrische Behandlung empfohlen. Die Klägerin zu 1) ist bis zum heutigen Tage erwerbsunfähig und psychisch erkrankt. Um ihrer tatsächlichen suizidären Gefährdung entgegen zu wirken, kann sich nicht allein gelassen werden. Sie hat sich zudem total zurückgezogen und ist sozial isoliert. Sie leidet unter Schmerzen am ganzen Körper, ausgeprägten Schlafstörungen und einer ständigen Erschöpfung und Appetitlosigkeit").

Frau. Arzthaftung. Die Klägerin ist die Mutter einer jungen Frau, die infolge eines Narkosefehler bzw. grober Behandlungsfehler im Zusammenhang mit einer Narkose nach 10 Tagen im Koma verstarb. Dauerschaden: MdE 100 % (jedenfalls bis zum Zeitpunkt der Urteilsverkündung), Selbstmordgefährdung, Schmerzen am ganzen Körper, ausgeprägten Schlafstörungen und einer ständigen Erschöpfung und Appetitlosigkeit. [Vergleiche insofern auch → Nr. 5904 = Schmerzensgeldurteil bzgl. des ererbten – §§ 1922, 823, 249 Abs. 2, 253 BGB – Anspruchs der Tochter].

Betrag: 10.000 € **Haftung: 100 %**
immVorb: – **MdE: 100 %**

LG Bochum 27.1.2010 – I 6 O 78/08 = BeckRS 2010, 6257

5844

Psychische Beeinträchtigung (hier: Posttraumatische Belastungsstörung [PTBS] nach tätlichem Angriff durch die Beklagten und dadurch bedingtem Schusswaffeneinsatz seitens des Kollegen des Klägers).

Mann (Polizeibeamter). Stationäre und anschließend ambulante Heilbehandlung. MdE ca. 8 Monate 100 %. Die Beklagten zu 1. bis 3. hatten den Kläger und seinen Kollegen umzingelt und dabei körperlich sowie verbal mit größter Aggressivität angegriffen. Es habe eine konkrete Gefahr für Leib und Leben der beiden Beamten bestanden. Infolge des Verhaltens der Beklagten und des durch ihre Vorgehensweise ausgelösten, gerechtfertigten Schusswaffengebrauchs durch den Kollegen des Klägers hatte der Kläger eine chronische posttraumatische Belastungsreaktion [PTBS] in Form eines sogenanntes Post-Shooting-Syndrom erlitten. erlitten. Bei der Bemessung des Schmerzensgeldes berücksichtigte das OLG dies sowie auch die „seit Anfang 2000 bestehende lange Zeit der massiven Beeinträchtigung des Klägers in seiner gesamten Lebenswelt". [Vgl. auch den Parallelfall unter → Nr. 5851].

Betrag: 10.226 € **Haftung: 100 %**
immVorb: Ja **MdE: –**

OLG Koblenz 8.3.2010 – 1 U 1161/06 = BeckRS 2010, 12231

6220

Psychische Beeinträchtigungen / Konversionsneurose – wenn auch ohne klinisch-diagnostische Befunde – mit somatoformen Schmerzzuständen nach Schädelprellung und HWS-Distorsion.

Mann. Sehr langwierige Heilbehandlung. Noch zur Urteilsverkündung – ca. vier Jahre nach dem Unfall – lagen noch „nicht unerheblichen Schmerzen, Beschwerden und Beeinträchtigungen" vor. Zum Vorliegen einer Konversionsneurose führte das OLG aus: „Dass der Sachverständige im Hinblick auf eine Konversionsneurose klinisch-diagnostische Befunde vermisst ("Ich muss noch einmal darauf hinweisen, dass beim Kläger kein entsprechender Befund ist; wir haben insoweit nur die subjektive Äußerung von Beschwerden,,), hindert den Senat nicht, im Rahmen der Wahrscheinlichkeitsbetrachtung nach § 287 ZPO die glaubhaften Angaben des Klägers zugrunde zu legen, zumal der Sachverständige auch ausgeführt hat, dass er glaube, dass der Kläger die geschilderten Beschwerden im Verlauf der Zeit empfinde".

Betrag: 10.226 € **Haftung: 100 %**
immVorb: – **MdE: –**

OLG Schleswig 19.12.2002 – 7 U 163/01 = BeckRS 2002, 30299422

3028

Psychische Beeinträchtigungen der Kl. (Mutter) wegen der ungewollte Schwangerschaft und nachfolgenden Geburt eines schwer behinderten Kindes (extrem rückgebildete und zum Teil fehlende Gliedmaßen; ohne Oberarme und ohne Wadenbeine etc.).

Frau (Mutter). Arzthaftung (hier: Behandlungsfehler im Zusammenhang mit der pränatalen Untersuchungspflicht und wegen unterbliebener Beratung über die Möglichkeit eines rechtmäßigen Schwangerschaftsabbruchs). [Anmerkung: Vgl. insofern auch → BGH VersR. 2002, 233 ff.].

Betrag: 10.226 € **Haftung: 100 %**
immVorb: – **MdE: –**

BGH 18.6.2002 – VI ZR 136/01 = BeckRS 2002, 6054

2796

Psychische Beeinträchtigung / Angst bzw. Ängste in Form „massiver Verlustängste"; Schlafstörungen. Die Kl. hat die schwere Krankheit und schließlich den Tod der Mutter im Kleinkindalter unmittelbar miterlebt.

Kind. Arzthaftung (hier: Fehldiagnose mit „entscheidender Verschlechterung in den Behandlungschancen". Das zum Todeszeitpunkt 6j. Kind hat den Tod der Mutter nicht verarbeitet.

Betrag: 10.226 € **Haftung: 100 %**
immVorb: – **MdE: –**

OLG Frankfurt a. M. 15.12.1998 – 8 U 137/98 = BeckRS 1998, 13097

4624

Psychische Beeinträchtigungen in Form eines posttraumatischen belastungssyndroms als Folge von zwei zeitlich hintereinanderliegenden Verkehrsunfällen, bei dem die Kl. jeweils ein HWS-Syndrom erlitten hatte).

40j. Frau. Es kam häufiger zu Schmerzattacken mit starken psychischen Belastungen. Dauerschaden: Berufsunfähigkeit und psychische Beeinträchtigung infolge eines posttraumatischen Belastungssyndroms. [Außergerichtlich zahlte die Beklagte 1.300 EUR; das OLG sah weitere 10.000 EUR für angemessen, sodass es zu dem vorbenannten „krummen" Betrag kam].

Betrag: 11.300 € **Haftung: 100 %**
immVorb: – **MdE: –**

OLG Stuttgart 9.6.2011 – 13 U 26/09 = BeckRS 2011, 141975

6448

Posttraumatische Belastungsstörung, die das OLG als erheblich bezeichnete (hier: PTBS gemäß DSM IV [SKID-II], eine mittelgradige Depression starken Vermeidungssymptomen sowie Angstträumen und Schlaflosigkeit sowie emotionaler Abstumpfung und Kraftlosigkeit).

47j. Frau (selbständige Unternehmerin). Die Klägerin ist seit dem Unfall auf den die PTBS zurückzuführen ist, nicht mehr in der Lage, ihr Unternehmen zu führen. Zur Schmerzensgeldbemessung führte das OLG aus: „Die bei der Klägerin bestehende posttraumatische Belastungsstörung rechtfertigt im vorliegenden Fall ein Schmerzensgeld im oberen Bereich vergleichbarer, in der Rechtsprechung entschiedener Fälle".

Betrag: 12.000 € **Haftung: 100 %**
immVorb: Ja **MdE: –**

OLG Brandenburg 6.6.2019 – 12 U 119/18 = BeckRS 2019, 12676

5243

Psychische Beeinträchtigung / PTBS (hier: schwere posttraumatische Belastungsstörung mit erheblichen Belastungen in der Lebensführung, insbesondere Berufsaufgabe, Depressionen, Gereiztheit, Kopfschmerzen und Ängste) nach HWS-Syndrom und Prellungen.

Mann (Straßenmeisterei-Arbeiter). Langwierige Heilbehandlung / Psychotherapie. Dauerschaden: Berufsaufgabe. Psychische Beeinträchtigungen. Der Kläger lebt – inzwischen arbeitslos – zurückgezogen und in der permanenten Angst der Wiederholung eines solchen Unfalles.

Betrag: 12.000 € **Haftung: 100 %**
immVorb: Ja **MdE: –**

OLG Koblenz 12.1.2015 – 12 U 390/12 = BeckRS 2015, 127916

5357

Schmerzstörung, somatoforme (= andauernde quälende Schmerzen über einen längeren Zeitraum, für die meist keine körperliche Ursache gefunden werden kann) nach einfachem HWS-Syndrom.

Frau (Rentnerin). 4 Wochen stationäre Reha. Langwierige, psychotherapeutische Behandlung und Reha-Aufenthalt. Dauerschaden: Chronifizierte Schmerzstörungen mit belastungsunabhängigen sowie belastungsabhängigen Schmerzempfindungen, die zum Teil einhergehen mit Muskelkontraktionen in den Beinen (Zucken), dem Empfinden starken Stuhl- und Harndrangs und Schlafstörungen. Das OLG berücksichtigte jedoch auch, dass trotz dieser Beeinträchtigungen eine dem Altersdurchschnitt entsprechende vitale Verfassung bei der Klägerin festzustellen sei.

Betrag: 12.000 € **Haftung: 100 %**
immVorb: – **MdE: –**

OLG Celle 6.10.2010 – 14 U 55/10 = BeckRS 2011, 6347

5900

Psychische Beeinträchtigungen bzw. posttraumatisches Belastungssyndrom infolge einer zwangsweisen Blutentnahme.

Frau. 2 Jahre währenden medikamentösen ambulante Behandlung. Dauerschaden: Psychische Beeinträchtigungen ohne Heilungsaussicht. Ursache: Die Klägerin wollte aus Polen nach Deutschland einreisen und wurde an der Grenze von den sie kontrollierenden Beamten im Rahmen einer eskalierenden Einreisekontrolle letztendlich zu einer Blutentnahme unter Anwendung von Gewalt gebracht. Zu den Voraussetzungen für die Annahme eines PTBS führte das OLG aus: „Auch nach ICD Nr. F43.1 ist die Voraussetzung für die Diagnose eines posttraumatischen Belastungssyndroms daher nicht ein Erlebnis von bestimmtem Schweregrad. Es ist ausreichend, dass das Erlebnis aus Sicht des konkreten Betroffenen ein erhebliches Gewicht hatte und die in der ICD beschriebenen Symptome auftreten. Die Sachverständige hat im Einklang hiermit in ihrem Gutachten auf Seite 16 f. darauf hingewiesen, dass eine posttraumatische Belastungsstörung von einer breiten Palette von Belastungen ausgelöst werden könne, die von der Belastung von Kriegsopfern bis hin zum Erleben (sexueller) Gewalt reichen könnten. Die Sachverständige selbst hat im Gutachten nachvollziehbar dargelegt, dass dies etwa im Zusammenhang mit Zwangsmaßnahmen zu beobachten sei, die gegen Psychiatriepatienten angewendet werden mussten. Hier führten objektiv ungefährliche Situationen, die bei dem Betroffenen ein Gefühl völliger Hilflosigkeit erzeugten, zu psychotraumatischen Zuständen. Die hier zugrunde liegende Situation, dass die sich heftig wehrende Klägerin von mehreren Beamten zur Entnahme der Blutprobe festgehalten wurde, erscheint damit ohne weiteres vergleichbar. Eine mögliche Prädisposition der Klägerin für die Entwicklung einer posttraumatischen Belastungsstörung schließt eine Haftung der Beklagten nicht aus".

Betrag: 12.500 € **Haftung: 100 %**
immVorb: – **MdE: –**

OLG Brandenburg 16.12.2010 – 2 U 24/09 = BeckRS 2010, 31095

864

Angstzustände / psychische Beeinträchtigungen (hier: Todesangst über drei Jahre hinweg. Das Opfer litt unter „andauerndem hohe psychischen Leidendruck" und wurde – trotz Umzuges – von einem Auftragsmörder aufgespürt und schließlich erschossen.

Mann. Er zog zweimal über große Strecken um, wurde jedes Mal aufgespürt, konnte – zunächst angeschossen – fliehen und wurde jedoch letztendlich erschossen und starb 4 Tage danach.

Betrag: 12.782 € **Haftung: 100 %**
immVorb: – **MdE: –**

OLG Koblenz 18.6.1998 – 5 U 1554/97 = BeckRS 9998, 16703

5356

Psychische Beeinträchtigung nach leichter HWS-Distorsion (hier: PTBS, das LG führte aus, „es bei der Klägerin aufgrund des erlittenen Unfalls zur Ausbildung einer reaktiv schweren depressiven Episode nach ICD 10 F 32.2 gekommen ... Auch seien mögliche Ohrgeräusche oder Migräneattacken möglicherweise auf die somatoforme Schmerzstörung zurückzuführen". Zudem litt die Klägerin unter Parästhesien (= Gefühlsstörungen, abnormale Empfindungen, zum Beispiel Kribbeln) im Bereich des linken Arms sowie unter Schmerzstörungen (Schmerzstörungen, somatoforme).

Frau (Coach & Unternehmensberaterin). MdE 25 Monate, die überwiegend (dem HWS-Syndrom wurden hiervon nur 7 Wochen zugerechnet) auf die schweren psychischen Beeinträchtigungen (PTBS) zurückzuführen war. Langwierige, psychotherapeutische Behandlung und Reha-Aufenthalt. Keine bleibenden Dauerfolgen. (Das LG Detmold orientierte sich bei der Höhe des Schmerzensgeldes an der Entscheiung des OLG Celle BeckRS 2011, 6347.)

Betrag: 13.000 € **Haftung: 100 %**
immVorb: – **MdE: –**

LG Detmold 4.7.2016 – 12 O 108/13 = BeckRS 2016, 112307

6005

Psychische Beeinträchtigungen (hier: Posttraumatische Belastungsstörungen [PTBS] gemäß ICD 10 F 43.1 unter anderem mit Hyperventilation, allgemeinen Erschöpfungszuständen, vermehrter Konzentrationsstörungen,

Hypervigilanz, depressiven Symptomen und anderen Symptomen wie Schlafstörungen und Albträumen).

Mann (Versicherungsangestellter). Arzthaftung (hier: Behandlungsfehler im Zusammenhang mit der Geburt des Kindes des Klägers. Der Kläger, der bei der Geburt mit anwesend war, musste miterleben, wie sein Kind infolge einer Sauerstoffunterversorgung schwer schwer asphyktisch und behindert zur Welt kam. Zu dieser Situation führte das LG sehr zutreffend aus: „Den bei einer normalen Geburt stattfindenden erheblichen Belastungen stehen Momente großen Glücks nach Vollendung des Geburtsvorgangs gegenüber. Demgegenüber ist im vorliegenden Fall gerade zu diesem Zeitpunkt, zu dem die Eltern üblicherweise aufatmen und sich über die Geburt des eigenen Kindes freuen können, eine erhebliche Dramatik entstanden. Der Sohn des Klägers musste reanimiert und intensivmedizinisch versorgt werden und wurde sodann in eine spezialisierte Kinderklinik verbracht. Dass es nur wenige Ereignisse im Leben eines Menschen geben kann, die stärker psychisch belastend sind als eine solche Situation, ist für die Kammer – nicht erst nach Lektüre des Gutachtens des Sachverständigen Dr. …, – absolut nachvollziehbar“). Dauerschaden: MdE 100 %.

Betrag: 13.000 € **Haftung: 100 %**
immVorb: – **MdE: 100 %**

LG Koblenz 28.5.2014 – 10 O 84/14 = BeckRS 2014, 122574

7487

Psychische Erkrankung in Form einer chronischen Depression nach verkehrsunfallbedingter Kniegelenksdistorsion.

51j. Mann (selbständiger Handwerker). Ambulante Heilbehandlung. MdE 5 Wochen 100 %. Bei der Bemessung des Schmerzensgeldes hat das LG in erster Instanz anspruchserhöhend insbesondere die Dauer der psychischen Erkrankung, die bisher bereits etwa zweieinhalb Jahre andauert, und deren Chronifizierung – mit der Erwartung des, jedenfalls ohne intensivere Behandlung, auch künftigen Fortbestehens der Erkrankung – berücksichtigt. Schmerzensgeldmindernd hat das Gericht berücksichtigt, dass – wenngleich unbewusst – das Verhalten des Klägers, etwa der erhöhte Alkoholkonsum zur Bekämpfung von Schlafstörungen, zur Entwicklung der psychischen Erkrankung beigetragen hat. Insofern stellte das OLG, das die Berufung des Klägers zurückwies, mit seinem 6. amtlichen Leitsatz fest: „Eine Begehrensneurose lässt den Kausalzusammenhang für einen unfallbedingten psychischen Dauerschaden entfallen.“ [Anmerkung: vgl. dazu auch die Zusammenfassung von Kääb FD-StrVR 2024, 814699 und dessen Praxishinweis zu § 252 BGB].

Betrag: 14.000 € **Haftung: 100 %**
immVorb: Ja **MdE: –**

OLG Schleswig 20.6.2024 – 7 U 10/24 = BeckRS 2024, 14619

7649

Psychische Beeinträchtigungen nach Motorradunfall mit Rippenfraktur und leichte Schädel-Hirn-Trauma 1. Grades sowie HWS-Schleudertrauma. Der Kläger hatte insofern eine „akute Belastungsreaktion erlitten, die dann in eine Anpassungsstörung übergegangen sei. Es bestehe die Diagnose einer chronischen Schmerzstörung mit seelischen und körperlichen Faktoren, die sich vor dem Hintergrund einer Störung in der Schmerzverarbeitung im Rahmen der strukturellen Störung im Persönlichkeitsaufbau mit narzisstischen Persönlichkeitsanteilen in dem jetzt festzustellenden Ausmaß habe entwickeln können“.

71j. Mann. Ursache: Motorradunfall. 11 Tage stationäre Behandlung und wegen der psychischen Beeinträchtigungen zudem noch „mehrere, zum Teil auch längere Klinikaufenthalte“. Insofern stellte das OLG erneut fest, bei einer psychischen Vorbelastung des Geschädigten gilt zunächst der Grundsatz, dass der Schädiger auch für eine psychische Fehlverarbeitung einzustehen hat, wenn eine hinreichende Gewissheit besteht, dass die psychisch bedingten Ausfälle ohne den Unfall nicht eingetreten wären. Eine unfallbedingte Mitverursachung reicht insoweit aus. Bei der Schmerzensgeldbemessung berücksichtigte das OLG die spezielle Schadensanfälligkeit oder eine unangemessene Erlebnisverarbeitung des Geschädigten anspruchskürzend und betonte in seinen amtlichen Leitsätzen, dass „Diese beschränkende Wirkung … auch im Fall einer psychischen Fehlverarbeitung des Unfallgeschehens durch den Geschädigten“ gelte. [vgl. dazu im Handbuch → Rn. 55].

Betrag: 15.000 € **Haftung: 100 %**
immVorb: – **MdE: –**

OLG Schleswig 19.3.2024 – 7 U 93/23 = BeckRS 2024, 5395

6530

Psychische Beeinträchtigungen in Form einer posttraumatischen Belastungsstörung [kurz: PTBS] in Verbindung mit Symptomen einer leichten depressiven Episode, infolge des unmittelbaren Miterlebens (als betroffener PKW-Fahrer) des Todes eines Menschen.

Mann. Der Kläger kollidierte unverschuldet mit einem Motorradfahrer, der mit seinem Kopf auf seine Windschutzscheibe aufgeschlagen und vor seinen Augen verstorben war. „Erleidet ein Kraftfahrer bei einem Zusammenstoß mit einem Motorrad, dessen Fahrer dabei tödlich verunglückt, lediglich psychische Schäden in Form einer pathologischen Verarbeitung des Geschehens, steht ihm ein Anspruch auf Schadensersatz und Schmerzensgeld zu“, so das OLG, das sodann weiter ausführte: „. Es ist allerdings zu berücksichtigen, dass allein die Teilnahme am motorisierten Straßenverkehr das Risiko in sich birgt, Zeuge eines Fremdunfalls zu werden, bei dem jeder Anwesende verpflichtet ist, Hilfe zu leisten, mithin Verletzungen oder sogar den Tod anderer Verkehrsteilnehmer unmittelbar wahrzunehmen und sich mit ihnen zu beschäftigen. In solchen Fällen wird allerdings eine Ersatzpflicht für psychische Folgeschäden generell verneint und nur in Ausnahmefällen zugelassen. Eine psychische Erkrankung durch das Miterleben eines schweren Unfalls, bei dem der Betroffene nur als Zuschauer anwesend, sonst aber nicht beteiligt war, ist grundsätzlich dem allgemeinen Lebensrisiko zuzuordnen“. [Zur Vorinstanz siehe → Nr. 6773].

Betrag: 15.000 € **Haftung: 100 %**
immVorb: Ja **MdE: –**

OLG Frankfurt a. M. 29.6.2020 – 22 U 128/19 = BeckRS 2020, 19453

6773

Psychische Beeinträchtigungen in Form einer posttraumatischen Belastungsstörung [kurz: PTBS] in Verbindung mit Symptomen einer leichten depressiven Episode, infolge des unmittelbaren Miterlebens (als betroffener PKW-Fahrer) des Todes eines Menschen.

Mann. Der Kläger erlebte unmittelbar, wie ein Motorradfahrer in einer Kurve von seiner Fahrbahn abkam und mit seinem PKW frontal kollidierte, wobei der Motorradfahrer mit dem Kopf auf die Windschutzscheibe des Fahrzeugs des Klägers aufschlug und wenig später – noch an der

Unfallstelle – verstarb. Nach dem Unfall begab sich der Kläger in psychologische Behandlung. Bei der Schmerzensgeldbemessung berücksichtigte das LG, dass der Kläger neben der PTBS auch „Symptome einer leichten depressiven Episode [zeigte]. Ferner liegt eine Minderung der Erwerbsfähigkeit von 20 von 100 vor. Der Kläger hat im Rahmen seiner persönlichen Anhörung eindrucksvoll geschildert, dass er noch heute an Schlafstörungen leide und sich aus dem sozialen Leben zurückgezogen habe. Diese glaubhaften Angaben hat auch der Sachverständige nach einer ausführlichen Exploration seinen Feststellungen zugrunde gelegt. Es ist weiterhin berücksichtigt worden, dass der Kläger weiterhin therapierbedürftig ist, nach den Feststellungen des Sachverständigen jedenfalls für weitere zwei bis drei Jahre, wohl aber nicht bis zum Lebensende", so das LG. Das Urteil wurde durch das OLG Frankfurt a.M. → Nr. 6530 bestätigt.

Betrag: 15.000 € **Haftung: 100 %**
immVorb: – **MdE: –**

LG Darmstadt 28.5.2019 – 4 O 445/16 = BeckRS 2019, 46730

4507

Psychische Beeinträchtigung (hier: Verlust der eigenen Tochter infolge eines Unfalles und daraus resultierende schwere posttraumatische Belastungsstörung mit Depressionen und anhaltenden somatoformen Schmerzstörungen).

Frau. Ihre Tochter wurde „infolge eines groben Verkehrsverstoßes des VN der Beklagten tödlich verletzt"; sie selbst erlitt daraufhin erhebliche psychische Beeinträchtigungen. Die Beklagte zahlte ein Schmerzensgeld von 5.000 EUR. Die Klägerin begehrte 35.000 EUR; das OLG sprach weitere 10.000 EUR zu und kommentierte dies mit der Begründung, „hierfür ist derzeit" eine Zahlung in der festgelegten Höhe erforderlich, aber auch ausreichend.

Betrag: 15.000 € **Haftung: 100 %**
immVorb: – **MdE: –**

OLG Frankfurt a. M. 19.7.2012 – 1 U 32/12 = BeckRS 2012, 16163

4131

Psychische Beeinträchtigung (hier: Depressionen; Ängste und posttraumatische Belastungsstörung eines lebensbedrohlichen Traumas im Zusammenhang mit einer ärztlichen Fehlbehandlung).

59j. Mann (Angestellter). Arzthaftung (hier Behandlungsfehler infolge Verwechslung einer Infusion; dem Kläger wurde versehentlich ein Desinfektionsmittel verabreicht.). Dauerschaden: Geringe posttraumatische Belastungsstörung mit leichten Depressionen.

Betrag: 15.000 € **Haftung: 100 %**
immVorb: Ja **MdE: –**

OLG Frankfurt a. M. 12.1.2010 – 8 U 6/09 = BeckRS 2013, 22843

5681

Psychische Beeinträchtigung (hier: Konversionsneurose: „das Unfallgeschehen, wird, unbewusst zum Anlass genommen, latente innere Konflikte zu kompensieren, wenn auch in anderer Weise als gerade im Hinblick auf den Wunsch, nicht mehr arbeiten zu müssen") nach HWS-Syndrom, Beckenquetschung und Brustkorbquetschung.

66j. Frau (Minijobberin in einem Kiosk). Dauerschaden: Konversionsneurose. Berufsaufgabe. „Die Kammer davon aus, dass die Klägerin ohne den Unfall noch bis zum vollendeten 70. Lebensjahr" gearbeitet hätte.

Betrag: 15.339 € **Haftung: 100 %**
immVorb: Ja **MdE: 40 %**

LG Dortmund 6.7.2000 – 15 O 10/98 = BeckRS 2000, 7380

5807

Psychische Beeinträchtigungen in Form einer Fehlverarbeitung des Unfallerlebens. Körperlich erlitt die Klägerin insofern „eine starke Hyperanteflexion der Halswirbelsäule" (HWS) auch eine Bänderdehnung und Weichgewebsverletzungen sowie Prellungen.

Frau. Zur haftungsrelevanten Zurechnung der Fehlverarbeitung seitens der Klägerin führte das OLG aus: „Die Haftungszurechnung scheitert schließlich auch nicht daran, dass – den Ausführungen des Sachverständigen … zufolge – die psychische Fehlverarbeitung als zum ganz maßgeblichen Anteil als iatrogen fixiert angesehen werden muss. Grundsätzlich wird ein Zurechnungszusammenhang nicht durch Fehlverhalten Dritter unterbrochen, sondern nur ausnahmsweise bei ungewöhnlich grobem Fehlverhalten (vgl. BGH NJW 1989, 768 mwN). Es ist aber keineswegs ganz ungewöhnlich, wenn persistierende Schmerzens nach einer unfallbedingten HWS-Verletzung zunächst in ihrem psychischen Zusammenhang von den behandelnden Ärzten nicht richtig erkannt werden mit der Folge, dass das Beschwerdebild als rein organisches Leiden gedeutet und behandelt wird, und dass deswegen – wie hier – die eigentlich notwendige frühe kombinierte schmerztherapeutische und psychotherapeutische Intervention, die zu einer zeitgerechten Rückbildung des Beschwerdekomplexes geführt hätte, unterbleibt".

Betrag: 15.339 € **Haftung: 100 %**
immVorb: Ja **MdE: –**

OLG Hamm 28.5.1998 – 6 U 97/93 = BeckRS 2008, 23287

4456

Psychische Fehlverarbeitung eiens schweren HWS-Syndroms (hier: chronisches posttraumatisches HWS-Syndrom mit noch nach sieben Jahren – vom Unfall gerechnet – anhaltenden erheblichen Beschwerden [siehe Einzelheiten] infolge einer psychischen Fehlverarbeitung. Weitere „geringfügige" [so das LG] Verletzungen waren: Diverse, teils schwere Prellungen, Schürfwunden und Stauchungen an Händen, Kniegelenken sowie Füßen).

25j. Mann. MdE ca. 6 Wochen 100 %; langwierige Heilbehandlung. Dauerschaden: Psychosomatische Persönlichkeitsveränderungen wie Belastungsbeeinträchtigung; erhöhte Intensität der Schmerzempfindlichkeit und Gereiztheit, die sich „spürbar im Alltag des Kl. auswirken". der zuvor sportliche junge Mann kann verletzungsbedingt keinen Sport mehr ausüben (… „jetzt nicht mehr möglich"). Erhöhend: Das junge Alter des Klägers und die Tatsache, dass der Bekl. Unfallflucht beging (Genugtuungsfunktion). Ursache: Motorradunfall

Betrag: 17.000 € **Haftung: 100 %**
immVorb: Ja **MdE: –**

LG Leipzig 30.9.2011 – 5 O 4189/06 = BeckRS 2012, 14343

5851

Psychische Beeinträchtigung (hier: Posttraumatische Belastungsstörung [PTBS] nach tätlichem Angriff durch die Beklagten und dadurch bedingtem Schusswaffeneinsatz des Klägers).

Mann (Polizeibeamter). Stationäre und anschließend ambulante Heilbehandlung. Die Beklagten zu 1. bis 3. hatten den Kläger und seinen Kollegen umzingelt und dabei körperlich sowie verbal mit größter Aggressivität angegriffen. Es habe eine konkrete Gefahr für Leib und Leben der beiden Beamten bestanden. Infolge des Verhaltens der Beklagten und des durch ihre Vorgehensweise ausgelösten, gerechtfertigten Schusswaffengebrauchs durch den Klägers hatte dieser eine chronische posttraumatische Belastungsreaktion [PTBS] in Form eines sogenanntes Post-Shooting-Syndrom erlitten. erlitten. Bei der Bemessung des Schmerzensgeldes berücksichtigte das OLG dies sowie auch die „die Schwere und auch die Dauer der erlittenen und noch andauernden Schädigung sowie das ganz massive Vorgehen der Beklagten bei ihren Angriffen auf die beiden Polizeibeamten, wobei der Senat hier von einem doch recht hohen Unwertgehalt ausgeht" sowie zudem die Berufsaufgabe des Klägers. [Vgl. auch den Parallelfall unter → Nr. 5844].

Betrag: 18.000 € **Haftung: 100 %**
immVorb: Ja **MdE: –**

OLG Koblenz 8.3.2010 – 1 U 1137/06 = BeckRS 2010, 12923

6671

Psychische Beeinträchtigungen in massiver Form verbunden mit Angst und Anpassungsstörungen, die sich in Deprimiertheit und Freudlosigkeit, Ängsten und Sorgen wegen der Krankheitssymptome des behinderten Kindes, einhergehend mit Schlafstörungen wegen vermehrter Angst um das Kind äußern.

Frau. Eltern eines schwer behinderten Kindes haben einen Anspruch auf Schadensersatz, wenn die behandelnden Ärzte über das im Rahmen einer pränatalen Diagnostik festgestellte Risiko der schweren Behinderung nicht aufgeklärt haben und erwiesen ist, dass die Mutter die Schwangerschaft abgebrochen hätte und dies gemäß § 218a StGB gerechtfertigt gewesen wäre. Das OLG sprach vor diesem Hintergrund der Klägerin 20.000 EUR zu und berücksichtigte dabei, dass das Kind unter einer Fehlbildung der Augen leide, nicht laufen, krabbeln, sprechen und greifen könne, der Schluckreflex schwer gestört sei und eine starke, therapieresistente Epilepsie eine erhöhte Fürsorge und dauernde Rufbereitschaft erfordere.

Betrag: 20.000 € **Haftung: 100 %**
immVorb: Ja **MdE: –**

OLG Karlsruhe 19.2.2020 – 7 U 139/16 = BeckRS 2020, 1916

6770

Psychische Beeinträchtigung in Form einer posttraumatischen, mittelschweren und belastungsabhängig sogar schwergradigen depressiven Störung (ICD 10 F32.1 und 32.2) des bereits vorbelasteten Klägers nach einem Fahrradsturz, bei dem der Kläger sich eine Schulterverletzung in Form einer sogenannten „Tossy I"-Verletzung des linken Schultereckgelenks, d.h. einer leichteren Band- oder Kapselverletzung im Schultergelenk verbunden mit Schürfwunden und Prellungen zugezogen hatte.

Mann (Leiter einer Agentur einer Versicherungsgesellschaft). Ohne die psychischen Beeinträchtigungen hätte das OLG „ein Schmerzensgeld in einer Größenordnung von lediglich bis zu 7500 Euro" zuerkannt. Infolge der hinzugekommenen psychischen Beeinträchtigungen sah das OLG jedoch einen Betrag von 20.000 EUR „für angemessen, aber auch bei weitem ausreichend" an. Hierzu führte das OLG aus: „Zieht ein Unfallereignis tatsächlich unfallbedingte, nachhaltige psychische Störungen nach sich, steht dem Betroffenen in der Regel auch insoweit ein Anspruch auf Schmerzensgeld zu. Bei der Schmerzensgeldbemessung wirkt sich eine spezielle Schadensanfälligkeit oder eine unangemessene Erlebnisverarbeitung des Geschädigten jedoch in der Regel anspruchskürzend (vgl. Halm / Staab DAR 2009, 677, 79) aus. Zur Legitimation einer Kürzung des Schmerzensgeldes für seelische Fehlreaktionen, die durch psychische Prädisposition mit verursacht worden sind, ist auf die „Billigkeit" als Bemessungsfaktor abzustellen (BGH Urt. v. 30.4.1996 – VI ZR 55/95, BGH NJW 1996, 2425 ff. (2427)). Deshalb gilt auch für die immateriellen Ansprüche des Klägers die vorgenannte beschränkende Wirkung der Fehlverarbeitung des Schadensgeschehens sowie der vorbestehenden psychischen Beeinträchtigung des Klägers."

Betrag: 20.000 € **Haftung: 100 %**
immVorb: – **MdE: –**

OLG Schleswig 10.1.2019 – 7 U 74/13 = BeckRS 2019, 20082

5251

Psychische Beeinträchtigungen durch die Geburt und das Aufziehen ihres schwer geistig und körperlich behinderten Kindes, welches mit einem sogenannten „Wasserkopf" [= Hydrocephalus] zur Welt kam.

Frau. Arzthaftung (hier: Unterbliebener Schwangerschaftsabbruch und Geburt eines schwerbehinderten Kindes [hier: mit Hydrocephalus] mit den daraus für die Frau resultierenden psychischen Beeinträchtigungen). [Siehe hierzu Beck'sche Schmerzensgeldtabelle, Kommentarteil, Kapitel VII. 9].

Betrag: 20.000 € **Haftung: 100 %**
immVorb: – **MdE: –**

OLG Karlsruhe 15.7.2015 – 13 U 90/13 = BeckRS 2015, 127868

5926

Psychische Beeinträchtigung (hier: Posttraumatische Belastungsstörung [PTBS] „erheblicher Schwere", mittelgradige depressive Episode bzw. depressive Symptomatik).

34j. Frau. 42 Tage stationär. Anschließend psychotherapeutische Behandlungen. Vorschaden: Es lag zuvor bereits eine posttraumatische Belastungsstörung vor. „Die Zurechenbarkeit kann auch nicht deshalb verneint werden, weil die Klägerin durch Gewalterfahrungen in der Ehe und weitere Umstände, etwa die arrangierte Ehe, für die Entwicklung einer posttraumatischen Belastungsstörung besonders anfällig gewesen sein mag. Die Vorschädigung des Geschädigten entlastet den Schädiger nicht. Wer einen gesundheitlich geschwächten Menschen schädigt, kann nicht verlangen, so gestellt zu werden, als wenn der Betroffene gesund gewesen wäre", so das LG zutreffend. [Ursache: SEK-Einsatz. Die Polizisten stürmten die Wohnung „mit einem Rammbock"].

Betrag: 20.000 € **Haftung: 100 %**
immVorb: – **MdE: –**

LG Wuppertal 10.3.2011 – 16 O 151/07 = BeckRS 2011, 19869

5750

Tod des sechzehnjährigen Sohnes mit anschließenden erheblichen psychischen Beeinträchtigungen und Depressionen.

37j. Frau. MdE 6 Monate 50 %, 3 Monate 30 %, 10 Monate 20 % sowie weitere 48 Monate 10 %. Infolge des Unfalltodes ihres Sohnes entwickelte sich bei der Klägerin eine Anpassungsstörung iS einer abnormen Trauerreaktion. Im weiteren Verlauf hatte sich formal eine leicht depressive Episode mit somatischen Beschwerden und depressiver Symptomatik, Angst und ausgeprägt vegetativfunktionellen körperlichen Beschwerden gebildet. Diese psychische Störung habe einen fluktuierenden Verlauf und sei noch im Rahmen der Untersuchung nachweisbar gewesen. Die depressive Episode mit somatischen Beschwerden sei weiter vorhanden; eine Verschlechterung stehe mit Wahrscheinlichkeit nicht zu erwarten. [Ursache des Unfalltodes des Sohnes: Motorradunfall]. Vgl. auch den Parallelfall unter → Nr. 5746.

Betrag: 20.452 € **Haftung: 100 %**
immVorb: – **MdE: –**

LG Dortmund 22.7.2004 – 15 O 150/99 = BeckRS 2007, 154

6219

Psychische Beeinträchtigungen (hier: Posttraumatische Belastungsstörungen [PTBS] und psychische Fehlverarbeitung nach einem Verkehrsunfall mit LWS-Syndrom 1. Grades einer Daumenfraktur.

40j. Mann (Berufsschullehrer). 3 Tage stationär. MdE 70 Tage 100 %. Dauerschaden: Psychische Fehlverarbeitung, Berufsunfähigkeit bzw. Versetzung in den Ruhestand. Der Kläger litt „unter schmerzbedingten Bewegungseinschränkungen im Bereich der Hals- und Lendenwirbelsäule sowie an Schwindel und Nystagmus bei schnellen Drehbewegungen des Kopfes leidet. Derartige anhaltende somatoforme Schmerzstörungen entsprächen im Zusammenhang mit einer mittelgradigen depressiven Episode mit somatischen Symptomen dem Bild einer Konversionsneurose". [Anmerkungen 1. Zur Fundstelle: Das Urteil findet sich auf der Seite des OLG Celle. Die hier BeckRS-Fundstelle bezieht sich auf den selben Fall, – jedoch auf den materiellrechtlichen Schaden nach Versterben des Klägers und insofern auf das nachfolgende Urteil vom 21.3.2002. 2. Zur Entscheidung: Die Besonderheit des Falles liegt darin, dass der Kläger nach dem ersten Unfall [mit LWS- und Daumenverletzung] noch einen zweiten Unfall erlitten hatte. „Die psychische Symptomatik des Klägers … sei durch den folgenden Unfall verstärkt und chronifiziert worden, sodass erst im Zusammenspiel der Folgen beider Unfälle das Leben des Klägers richtungsweisend verändert und eine psychiatrische Störung mit Krankheitswert hervorgerufen worden sei. Diese Störung wäre bei unbeeinträchtigter Entwicklung des Klägers, d. h. ohne die beiden Unfallereignisse, nicht aufgetreten", so das OLG].

Betrag: 20.452 € **Haftung: 100 %**
immVorb: Ja **MdE: 100 %**

OLG Celle 26.4.2001 – 14 U 164/99 = BeckRS 2001, 164139

4209

Psychische Beeinträchtigung (hier: Persönlichkeitsveränderung zum impulsiven und launischen Verhalten sowie Depressionen und chronisches Schmerzsyndrom) nach HWS-Syndrom.

37j. Frau. Sehr langwierige Heilbehandlung: Die Klägerin befindet sich auch nach 3 Jahren noch in Therapie wegen Schmerzen und Depressionen. Es bestehen konkrete Anzeichen einer Persönlichkeitsveränderung. Ursache: Fahrradunfall.

Betrag: 21.000 € **Haftung: 100 %**
immVorb: – **MdE: –**

LG Hannover 18.2.2009 – 12 O 201/07 = BeckRS 2009, 140110

5899

Psychische Beeinträchtigungen und Ängste. „Während des gesamten Überfalls habe sie unter Todesangst gelitten; bis heute leide sie wegen des Überfalls unter Angstzuständen und Schlafstörungen, begleitet von Kopfschmerzen, Schwindelattacken, Depressionen und Suizidgedanken". Nasenbeinfraktur und Mittelgesichtsprellung, Kleinfingerfraktur rechts sowie diverse Prellung (Brustkorbprellung), Schürfwunden und Schwellungen im gesamten Körperbereich

Frau. Dauerschaden: Psychische Beeinträchtigungen und Angstzustände. [Ursache: Vorsätzliche Körperverletzung – Raubüberfall in der eigenen Wohnung. Die Klägerin wurde von den Tätern bedroht und mit Fäusten geschlagen worden].

Betrag: 23.000 € **Haftung: 100 %**
immVorb: – **MdE: –**

OLG Brandenburg 2.9.2010 – 12 W 42/10 = BeckRS 2010, 22199

4428

Psychische Beeinträchtigung (hier: Mobbing in Form von Auftragsentziehung; Verbot des Kundenkontaktes; Ankündigung, ihm das Leben „zur Hölle" zu machen und Gehaltskürzung) sowie Beleidigungen (hier: Arschloch, Idiot, Pfeife etc.). Der Kläger erlitt Depressionen und einen Nervenzusammenbruch.

Mann (KFZ-Meister). MdE 30 Monate 100 %. Das LAG setzte als Schmerzensgeld für die Dauer der Erkrankung des Klägers (hier: 30 Monate) einen monatlichen Betrag von 800,- EUR an. [vgl. Mobbing]

Betrag: 24.000 € **Haftung: 100 %**
immVorb: – **MdE: –**

LAG Niedersachsen 12.10.2005 – 6 Sa 2131/03 = unveröffentlicht

7399

Posttraumatische Belastungsstörung nach der Klassifikation im ICD-10 und eine darüber hinausgehende depressive Symptomatik im Sinne einer depressiven Störung mittelgradiger Ausprägung, die sich im ICD-10 unter F 32.1,nachdem die Klägerin am Heiligabend durch einen umfallenden Weihnachtsbaum schwer verletzt worden war und eine Sprunggelenksfraktur, Außenknöchelfraktur und Innenknöchelfraktur erlitten hatte.

Frau (Kurierfahrerin). 10 Tage stationär. Operation mit Platten und Schrauben. Später OP zur Metallimplantatentfernung. In der Folgezeit unterzog sich die Klägerin einer Physiotherapie mit insgesamt 70 physiotherapeutische Behandlungen. Dauerschaden: chronische Schmerzsyndrom. Posttraumatische Belastungsstörung nach der Klassifikation im ICD-10, die sich, so das LG, „nur teilweise und auch nicht in ausreichender Form zurückgebildet habe." [Ursache und Anmerkung: Verkehrssicherungspflichtverletzung durch einen an Heiligabend umstürzenden Weihnachtsbaum im Innenhof einer Wohnanlage. Vgl. zu einem sehr ähnlichen Verletzungsbild auch LG Kiel → Nr. 7396 und zu ähnlicher Ursache, dort einem umgestürzten Maibaum, OLG Jena → Nr. 5211]

Betrag: 25.000 € **Haftung: 100 %**
immVorb: Ja **MdE: –**

LG Düsseldorf 30.1.2020 – 16 O 354/16 = BeckRS 2020, 61830

5565

Psychische Beeinträchtigungen: „Die Klägerin entwickelte zudem eine chronische Schmerzstörung mit psychischen und somatischen Folgen so z.B. Schmerzen im gesamten Körper sowie – als Folge der Schmerzstörung – eine rezidivierende Depression". Dem vorangegangen war eine Schienbeinfraktur in Form einer Schienbeinkopffraktur) und Prellungen.

Frau. Stationärer Aufenthalt mit zwei Operationen und Metallteileimplantat. 15 Tage 100 %, 5 Monate 50 %, 7 Monate 20 % sowie – infolge eines erneuten Sturzes (in ihrer Wohnung), den das LG auch als Folge des Unfalles ansah – abermals 4 Tage 100 %, 30 Tage 50 % und bis auf weiteres 15 %. Dauerschaden: Gebrauchsminderung / Gehbehinderung / Arthroserisikos. Dazu führte das LG aus: „Für das linke Bein besteht eine deutlich herabgesetzte Gebrauchsfähigkeit, schon kurze Strecken sind für die Klägerin nicht zu bewältigen. Die Klägerin bewegt sich nur noch mit dem Rollstuhl / Rollator oder einem Gehstock, sie ist insgesamt in ihrer Lebensführung stark eingeschränkt und kann vor dem Unfall betriebene Hobbys, sei es Yoga oder Radfahren, heute nicht mehr ausüben". [Ursache: Fahrradunfall]

Betrag: 25.000 € **Haftung: 66 %**
immVorb: Ja **MdE: 15 %**

LG Münster 4.5.2018 – 16 O 185/14 = BeckRS 2018, 39267

4427

Psychische Beeinträchtigung bzw. psychosomatische Beeinträchtigungen, wie Koliken, Bauchschmerzen und Belastungsstörungen) sowie Persönlichkeitrechtsverletzung [vgl. auch unter dem Suchbegriff: Mobbing].

41j. Mann (Dipl.Kaufmann). Das LAG sah in dem 2 Jahre andauernden Ausschluss des Klägers von seinem ursprünglichen Aufgabenbereich (Führungskraft in 2. Ebene) eine schwere Persönlichkeitsrechtsverletzung und hielt für notwendig, das Schmerzensgeld so hoch zu bemessen, dass hiervon ein „Hemmungseffekt" ausgeht. [vgl. Mobbing].

Betrag: 25.000 € **Haftung: 100 %**
immVorb: – **MdE: –**

LAG Baden-Württemberg 12.6.2006 – 4 Sa 68/05 = BeckRS 2011, 65832

3905

Psychische Beeinträchtigung basierend auf einer psychischen Prädisposition oder einer neurotischen Fehlverarbeitung mit folgenden vom Kläger vorgetragenen Beschwerden: Permanente Kopfschmerzen, Schwindel, Tinnitus, Sprachstörungen, Konzentrationsstörungen, Herzbeklemmung, Lichtempfindlichkeit, Brechreiz etc.; ausgelöst wurde dies durch ein HWS-Syndrom.

Mann. Dauerschaden: Erhebliche psychische sowie auch physische Beeinträchtigungen, die das OLG wie folgt beschreibt: „chronifizierte Schmerzsyndrom, ein neurasthenisches Syndrom mit Ermüdbarkeit, Reizbarkeit und Schwäche, eine stark eingeschränkte Beweglichkeit im Kopf-Halsbereich durch schmerzhafte muskuläre Verspannung, einer Commotio labyrinthi mit Hochtoninnenohrschwerhörigkeit und ständigem Tinnitus sowie Vertigo bei persistierender Schallempfindungsschwerhörigkeit, ein vegetatives Syndrom mit Schwindel, Übelkeit, Erbrechen und Obstipation und schließlich ein mittelgradiges gehemmt-depressiven Syndrom mit Rückzugstendenz und Interessenverlust". [Anmerkung: Lesenswert zur Problematik der §§ 286, 287 ZPO in Bezug auf unfallbedingte Primärverletzungen und psychisch bedingte Folgeschäden].

Betrag: 25.000 € **Haftung: 100 %**
immVorb: Ja **MdE: –**

OLG Saarbrücken 24.4.2006 – 4 U 326/03 = BeckRS 2006, 6659

6414

Posttraumatische Belastungsstörungen, nachdem der Kläger, durch Schüsse im Nebenzimmer aufgeweckt, dort seinen getöteten Vater fand.

8j. Kind (Schüler). „Am frühen Morgen des 15.8.2002 wurde der Vater des Kl. in seinem Bett zu Hause durch mindestens 16 Schüsse getötet. Der Kl. schlief zu diesem Zeitpunkt in einem Nebenzimmer", so das LG. Für die Höhe des Schmerzensgeldes war – so das LG – „ferner entscheidend, dass dem Kl. durch die Tat der Vater und im Ergebnis auch die Mutter genommen wurde. Der Kl. muss wegen der Tat ohne Eltern aufwachsen". Anmerkung: Täter waren die Mutter des Klägers und deren Liebhaber; beide wurden wegen Mordes zu lebenslanger Haft verurteilt. [Anmerkung: Vgl. dazu auch LG Ellwangen → Nr. 7890 und → Nr. 7891].

Betrag: 25.000 € **Haftung: 100 %**
immVorb: – **MdE: –**

LG Bonn 8.12.2005 – 8 O 506/05 = BeckRS 2006, 3439

2793

Psychose in Form einer posttraumatischen Belastungsstörung mit „sich anbahnendem Übergang in eine andauernde Persönlichkeitsänderung nach Extrembelastung"; Selbstmordversuch; Angst vor Aidsinfektion.

Mann. Vorsätzliche Körperverletzung. Berechtigte Angst vor Aids (HIV) nach Kampf mit einem Drogenabhängigen. Der Kl. wurde „nach Extrembelastung … völlig aus seiner bisher geordnet verlaufenden Lebensbahn geworfen". Zutreffend führte das OLG aus, „dass gerade vorsätzliche schwere Gewalttaten … hohe Schmerzensgelder erfordern"!

Betrag: 25.565 € **Haftung: 100 %**
immVorb: Ja **MdE: –**

OLG Hamm 23.3.2000 – 6 U 205/99 = BeckRS 2000, 5574

2756

Psychiche Beeinträchtigung wegen 22-monatiger Verkennung einer Halswirbelsäulenfraktur C2. Die Kl. lebte in dieser Zeit mit dem Risiko „einer Querschnittslähmung oder gar einer tödlich verlaufenden Atemlähmung".

19j. Frau. Dauerschaden: Narben (20 cm im Nacken; 7 cm an der Hüfte); HWS-Versteifung C1/C2. Stark schmerzensgelderhöhend: Die psychischen Beeinträchtigungen (Angst).

Betrag: 25.565 € **Haftung: 100 %**
immVorb: – **MdE: –**

OLG Nürnberg 25.1.2000 – 3 U 3596/99 = BeckRS 2000, 30092545

5830

Psychische Beeinträchtigungen / PTBS bzw. posttraumatische Belastungsstörung, depressive Störung, gegenwärtig mittelgradige Episode mit somatischem Syndrom und somatoforme Schmerzstörung.nach Fahrradunfall mit multiplen Prellungen der linken Körperseite, Beckenprellung, OSG-Distorsion und geringgradige Gehirnerschütterung.

48j. Frau (Musiklehrerin). Nahezu 3 Monate stationärerer Aufenthalt in einer Universitätsklinik für Psychiatrie und

Psychosomatik. Dauerschaden: Dienstunfähigkeit nach Verstärkung einer bereits bestehenden (Vorschaden) psychischen Erkrankung. Zur Bemessung führte das OLG aus: „Bei der Bemessung des Schmerzensgeldes ist zu berücksichtigen, dass die Klägerin bei dem Unfall nur relativ leichte Verletzungen erlitten hat, deren psychische und psychosomatische Folgen allerdings gravierend sind. Seelische Fehlreaktionen, die durch eine psychische Prädisposition des Verletzten mitbedingt sind, wirken sich bei der Bemessung des Schmerzensgeldes, die nach billigem Ermessen erfolgt, anspruchsmindernd aus (BGH BeckRS 1996, 4031)". [Anmerkung: der „krumme" Schmerzensgeldbetrag resultiert daraus, dass das OLG nach einer vorprozessualen Zahlung von 6.000 DM weitere 22.500 EUR zuerkannt hatte].

Betrag: 25.568 € **Haftung: 100 %**
immVorb: Ja **MdE: 100 %**

OLG Karlsruhe 19.6.2009 – 14 U 101/07 = BeckRS 2009, 139778

7890

Posttraumatische Belastungsstörung und Schockschaden infolge der vorsätzlichen Tötung bzw. Ermordung ihres Vaters, den sie „unmittelbar durch ein Fenster hindurch" mit ansehen musste. Zum Zeitpunkt der Beurteilung durch den Gerichtssachverständigen Dr. med. W. wurde jedoch festgestellt, dass die 15-Jährige „derzeit allerdings keine akute posttraumatische Belastungsstörung auf"wies und „dass die Klägerin zu Ziffer 5) die Tat besser verarbeitet hat als die Klägerin zu Ziffer 4) [Anmerkung: siehe dazu nachfolgend ? Nr. 7891], die ihrerseits aufgrund der von dem hiesigen Verfahren ausgehenden Belastung einen Rückfall erlitten hat."

15j. Mädchen. Zur Bemessung des Schmerzensgeldes verwies das LG Ellwangen auf die Entscheidungen des LG Bochum → Nr. 6414 und des LG Osnabrück → Nr. 7198, die es „als Referenzentscheidung grundsätzlich geeignet" ansah und führte zudem aus: „Das Gericht geht hierbei davon aus, dass zwar die unmittelbare Betrachtung der Tat durch die Klägerin zu Ziffer 5) schwerer wiegt. Da die Klägerin zu Ziffer 5) einerseits aber deutlich älter und reifer als die Klägerin zu Ziffer 4) war und andererseits anders als diese derzeit keine pathologischen psychischen Beeinträchtigungen mehr aufweist, erscheint es angemessen, beide Klägerinnen insofern gleich zu behandeln."

Betrag: 30.000 € **Haftung: 100 %**
immVorb: – **MdE: –**

LG Ellwangen 8.1.2026 – 6 O 56/24 = BeckRS 2026, 1093

7891

Posttraumatische Belastungsstörung gemäß ICD-10 (F43.1), Schockschaden und eine „diagnostizierte Anpassungsstörung mit längerer depressiver Reaktion gehört zu den klinischen „Reaktionen auf schwere Belastungen und Anpassungsstörungen" gemäß F43.- ICD-10" infolge der vorsätzlichen Tötung bzw. Ermordung ihres Vaters, den sie „durch die Öffnung eines Rolladens" insofern miterlebt hatte, dass sie den abgegebenen Schuss hörte und durch die Öffnung des Rollladens Blut sah.

9j. Mädchen. Zur Bemessung des Schmerzensgeldes verwies das LG Ellwangen auf die Entscheidungen des LG Bochum → Nr. 6414 und des LG Osnabrück → Nr. 7198, die es „als Referenzentscheidung grundsätzlich geeignet" ansah und führte zudem aus: „Der Klägerin zu Ziffer 4) steht vor diesem Hintergrund nach Auffassung des Gerichts ein immaterieller Schadensersatz in Höhe von 30.000 EUR zu. Insbesondere scheint es dem Gericht angesichts des in deren Person eingetretenen Schockschadens erforderlich, dass der der Klägerin zu Ziffer 4) zugesprochene Zahlungsbetrag über denjenigen hinausgeht, den die Klägerin zu Ziffer 1), die „lediglich" ein Hinterbliebenengeld geltend machen kann. Im Ausgangspunkt der Bemessung kann das Gericht auf die Ausführungen zu der Höhe des Hinterbliebenengeldes der Klägerin zu Ziffer 1) Bezug nehmen. Wäre auch der Klägerin zu Ziffer 4) lediglich ein solches zuzusprechen, so wäre auch diesbezüglich anspruchserhöhend zu berücksichtigen, dass in Gestalt der Ermordung des A.Y. durch den Beklagten ein besonders hoher Verschuldensgrad zu bejahen ist. Gerade bei noch minderjährigen Kindern wäre ebenfalls anspruchserhöhend mit einzubeziehen, dass diese regelmäßig stärker emotional an ihre Eltern gebunden sind als dies bei bereits volljährigen Personen der Fall ist."

Betrag: 30.000 € **Haftung: 100 %**
immVorb: – **MdE: –**

LG Ellwangen 8.1.2026 – 6 O 56/24 = BeckRS 2026, 1093

7808

Psychische Beeinträchtigungen nach bzw. im Zusammenhang mit Stichverletzung bzw. „Schnittverletzung" in Form einer 13 cm langen Schnittwunde; zu den psychischen Beeinträchtigungen führte das OLG aus: "Er [ergänze: der Nebenkläger] litt bis zu seiner Vernehmung vor dem Senat noch regelmäßig unter Albträumen und beabsichtigt daher, in Zukunft nochmal bei der KKK.-Klinik Q.-Stadt vorstellig zu werden, um erneut psychotherapeutische Hilfe in Anspruch nehmen zu können. Vorsatztat / Messerangriff nach „islamistisch-jihadistischem" Messerangriff / Vorsatztat mit einem „32 Zentimeter langen Tranchiermesser mit einer Klingenlänge von 19 Zentimetern", mit dem er „jeweils in Tötungsabsicht auf den Hals und Oberkörper von dreizehn Personen" und dabei auch den Nebenkläger eingestochen hatte.

Mann. Ambulante Behandlung im Krankenhaus. Nachdem die dreizehn Zentimeter lange Schnittverletzung genäht worden war, konnte er das Krankenhaus bereits in der Tatnacht wieder verlassen. Infolge der Schnittverletzungen klagte er über Nackenverspannungen und befand sich in physiotherapeutischer Behandlung. Zur Schmerzensgeldbemessung führte das OLG – neben den festgestellten körperlichen Verletzungen und psychischen Belastungen – hinsichtlich des besonderen Verschuldensgrades des Täters aus: „Sodann hat der Senat das Verschulden des Angeklagten als besonders hoch bewertet. Der Angeklagte hat vor dem Hintergrund seiner radikal-islamistischen Gesinnung ein Attentat auf friedlich feiernde Konzertbesucher verübt, die zu dem Angeklagten in keinerlei Nähebeziehung standen. Mit Ausnahme des Nebenklägers K. erfolgten die jeweiligen Angriffe unvermittelt auf arg- und wehrlose Opfer. Der Angeklagte handelte durchweg in Tötungsabsicht und brachte damit seine lebensverachtende Haltung gegenüber sämtlichen Nebenklägern zum Ausdruck. Vor diesem Hintergrund gaben die wirtschaftlichen Verhältnisse des Angeklagten sowie der Nebenkläger dem vorliegenden Fall kein besonderes Gepräge." [Anmerkung: Adhäsionsverfahren: Nebenkläger im Mordprozess gegenüber dem Täter nach dessen Terroranschlag vom 23.8.2024 auf dem Gelände des „Festivals der EE".]

Betrag: 30.000 € **Haftung: 100 %**
immVorb: – **MdE: –**

OLG Düsseldorf 10.9.2025 – 5 St 2/25 = BeckRS 2025, 23340

7289

Posttraumatische Belastungsstörung und psychische Beeinträchtigung, schwere (hier: Die Kl. wurde Opfer schwerer vorsätzlicher Straftaten durch den Beklagten, die sich über den erheblichen Zeitraum von etwa einem halben Tag hinzogen und musste zudem die massive Folter ihres Freundes mit ansehen und dessen Zustand nach der Verübung der Tathandlung betrachten).

Frau. Der Vorsatztat des Beklagten ging voraus, dass dieser die Trennung von der Klägerin zu1), mit der er sechs Jahre eine Beziehung eingegangen war, nicht akzeptierte und ihr im Alltag immer wieder auflauerte und sie sowohl verbal, als auch körperlich immer wieder bedroht hatte. In der Folge kam es zur vorsätzlichen Körperverletzung, zu der das LG ausgeführt hatte: „… dass die Klägerin zu 1) Opfer schwerer vorsätzlicher Straftaten durch den Beklagten geworden ist, die sich über den erheblichen Zeitraum von etwa einem halben Tag hinzogen. Die Klägerin zu 1) wurde hierbei von dem Beklagten zunächst verbal bedroht, dann aber auch durch das Vorhalten einer Waffe gezwungen, ihre Sache zu packen und sich mit auf den Rückweg nach A zu begeben. Dabei wurde die Klägerin zu 1) immer wieder gezwungen, auch die erheblichen Misshandlungen ihres Freundes, dem Kläger zu 2), mit anzusehen [Siehe dazu → Nr. 7288]. Insbesondere musste sie die Malträtierung mit dem Elektroschocker während der 20minütigen Fahrt zu dem H.platz miterleben, bangte dann dort im Pkw hilflos um das Leben des Klägers zu 2) und wurde schließlich gezwungen, den Zustand des Klägers zu 2) nach der Verübung der Tathandlung am H.platz zu betrachten. Nach Betrachtung des Zustands des von ihr geliebten Menschen wurde die Klägerin zu 1) sodann gezwungen, mit dem Beklagten und den beiden anderen Beteiligten die Rückfahrt nach A fortzusetzen, wobei sie mit anhören musste, wie sich der Beklagte mit den Beteiligten über den Kläger zu 2) belustigten und der Beklagte sogar eine weitere Todesdrohung dem Kläger zu 2) gegenüber aussprach. Auch nach der Ankunft in A setzte sich die Bemächtigungssituation zulasten der Klägerin zu 1) fort, indem sie gezwungen wurde, zunächst noch mit in das Zuhause des Beklagten zu kommen“, wo er sie weiterhin „schlug und an den Haaren zog.“ Dauerschaden: „Massive psychische Beeinträchtigungen davon getragen hat, deren Folgen bis heute andauern.“ Im Rahmen der Schmerzensgeldbemessung setzte sich das LG Bonn eingehend mit dem Urteil des LG Wuppertal → Nr. 4500 auseinander und führte dazu aus: „Der hier vorliegende Fall gleicht hinsichtlich der Klägerin zu 1) dem durch das Landgericht Wuppertal entschiedenen Fall gerade darin, dass sich der dortige Beklagte ebenso wie der hiesige Beklagte über einen längeren Zeitraum der Klägerin bemächtigte, Drohungen aussprach und das Opfer nicht nur um sein eigenes Leben fürchtete, sondern auch um das Leben geliebter Personen. Zudem war der Täter in beiden Fällen bewaffnet und brachte durch sein Verhalten zum Ausdruck, die Klägerin besitzen zu wollen und auch als Lustobjekt zu verstehen. Beide Klägerinnen erlitten durch die Tat zudem massive psychische Beeinträchtigungen, die auch lange nach der Tat fortdauern. Bei Heranziehung der Entscheidung des Landgerichts Wuppertal zur Bemessung des Schmerzensgeldes im hiesigen Fall ist indes zu berücksichtigen, dass wesentlicher Grund für den Zuspruch eines Schmerzensgeldes in einer Höhe von 100.000 EUR gerade auch die Vornahme von Vergewaltigungshandlungen zum Nachteil der jugendlichen und schwangeren Klägerin war. Zu insofern vergleichbaren Tathandlungen ist es vorliegend nicht gekommen. Zudem ist zu berücksichtigen, dass sich der durch Urteil des Landgerichts Wuppertal verurteilte Beklagte über einen wesentlich längeren Zeitraum des Opfers bemächtigte.“

Betrag: 30.000 € **Haftung: 100 %**
immVorb: Ja **MdE: –**

LG Bonn 2.12.2021 – 17 O 78/21 = BeckRS 2021, 51434

4009

Psychische Beeinträchtigung (hier: posttraumatische Belastungsstörung nach verkehrsunfallbedingten Frakturen und Prellungen u.a. Schädelhirntrauma, Nasenbeinfraktur etc.).

Frau (Arzthelferin). Möglicher Dauerschaden: Ängste, insbesondere im Straßenverkehr; kann alleine ihre Wohnung nicht verlassen; insgesamt sei die Kl. – so das OLG – Berufsaufgabe. Erhebliche Regulierungsverzögerung.

Betrag: 30.000 € **Haftung: 100 %**
immVorb: – **MdE: –**

OLG Schleswig 15.1.2009 – 7 U 76/07 = BeckRS 2009, 12557

5811

Psychische Beeinträchtigungen (hier: Posttraumatische Belastungsstörung [PTBS] und somatoforme Schmerzstörungen nach einem SEK-Einsatz, bei dem der Kläger gewaltsam aus seinem Auto gezerrt und zu Boden geworfen und fixiert worden war und dabei zwei Rippenfrakturen, multiple Prellungen und Hautabschürfungen unter anderem über dem linken Auge, ebenso am Nasenrücken, an der rechten Augenhöhle und im Bereich des Hinterhauptes.

Mann (Fliesenleger). Der Kläger wurde im Rahmen eines SEK-Einsatzes der Polizei verletzt. Dazu das LG: „Darüber hinaus haben die SEK-Beamten bei der Durchführung des Zugriffs auf den Kläger im Fahrzeug am 8.12.2000 schuldhaft ihre Amtspflicht zu verhältnismäßigem Handeln verletzt. … Die Bejahung eines Anfangsverdachts gegen den Kläger war unter den gegebenen Umständen noch vertretbar. Bei der Bewertung der Entscheidung der Staatsanwaltschaft ist allerdings wiederum die Schwere des Tatvorwurfs und die erhebliche potentielle Gefährlichkeit insbesondere von Handgranaten zu berücksichtigen. Daher ist die Beantragung des Durchsuchungsbeschlusses trotz der dünnen Tatsachengrundlage, auf der sie erfolgt ist, noch als vertretbar anzusehen. Für die Höhe des Schmerzensgeldes ist darüber hinaus der Umstand von Bedeutung, dass der Kläger an den vorgenannten psychischen und psychosomatischen Beeinträchtigungen mittlerweile seit mehr als sieben Jahren leidet und eine Besserung nicht abzusehen ist“.

Betrag: 30.000 € **Haftung: 100 %**
immVorb: – **MdE: –**

LG Bonn 15.2.2008 – 1 O 414/03 = BeckRS 2008, 7728

5746

Tod des sechzehnjährigen Sohnes mit anschließenden erheblichen psychischen Beeinträchtigungen und Depressionen.

40j. Mann. MdE 4 Monate 100 %, 9 Monate 50 % sowie weitere 6 Monate 20 % sowie auf Dauer weniger als 10 %. Vorschaden: Chronische psychische Störung. Der Unfalltod traf auf eine erhöht vulnerable, für depressive Reaktionen prädisponierte Persönlichkeitsstrukur. Der Tod ist wesentliche, nicht wegzudenkende Ursache für die sich Ende November 1997 entwickelnde schwere depressive Episode; dem Unfalltod kommt ursächlich eine überragende Bedeutung zu. Regulierungsverzögerung. [Ursache für den Tod des Sohnes: Motorradunfall]. Vgl. auch den Parallelfall unter → Nr. 5750.

Betrag: 30.678 € **Haftung: 100 %**
immVorb: – **MdE: –**

LG Dortmund 22.7.2004 – 15 O 154/99 = BeckRS 2006, 4942

7265

Posttraumatische Belastungsstörung kurz PTBS gemäß Diagnoseschlüssel ICD -10 (F43.1G) mitsamt Panikzuständen und Schlafstörungen als Folge eines Verkehrsunfalles, bei der die Kl. HWS-Syndrom des Schweregrades I-II erlitten hatte.

Frau. Als Verletzung überwog die Diagnose einer PTBS mit den Kriterien der ICD-10 (F43.1G), die durch die F. Klinik C. Fachklinik für Psychiatrie und Psychotherapie und die R.-Klinik, Fachklinik für psychosomatische Medizin und Psychotherapie zunächst bis August 2019 [der Verkehrsunfall war im April 2018] attestiert worden war. Ergänzend ist im Rahmen der Beweiswürdigung zur Plausibilisierung war, so das OLG, zu berücksichtigen, dass die Klägerin mittlerweile ausweislich der Akten Eingliederungshilfe im Rahmen des ambulant betreuten Wohnens erhält. „Auch diese Leistung würde nicht ohne hinreichenden Anlass gewährt werden", so das OLG weiter, dass insofern auch für eine Begehrensvorstellung der Klägerin oder ein der PTBS zu Grunde liegendes Bagatellereignis keinen Anlass sah. „Der Senat ist auch nicht der Auffassung, dass der Klägerin im Hinblick darauf ein Mitverschulden anzulasten ist, dass sie sich nicht in eine ihr angeratene Traumatherapie begeben hat. Die Gerichtssachverständige hat insoweit ausgeführt, dass eine Aufarbeitung der Klägerin aus psychischen Gründen (noch) nicht möglich war. Damit kommt ein Mitverschulden der Klägerin an der Entstehung oder Perpetuierung ihres gesundheitlichen Zustands nicht in Betracht." Das LG hatte der Kl. ein Schmerzensgeld iHv 40.000 EUR zuerkannt. Das OLG sah dies jedoch als zu hoch an und reduzierte auf 32.000 EUR, „weil nach der Aussage der Gerichtssachverständigen eine Traumatherapie noch eine Verbesserung des Zustandes der Klägerin mit sich bringen könnte und die Klägerin diese Traumatherapie bisher noch nicht angetreten hat."

Betrag: 32.000 € **Haftung: 100 %**
immVorb: Ja **MdE: –**

OLG Köln 18.8.2023 – 7 U 21/23 = BeckRS 2023, 22087

6905

Posttraumatische Belastungsstörung (PTBS) in Form einer anhaltenden Persönlichkeitsstörung und einer schweren Depression nach einem Motorradunfall mit Schulterverletzung in Form einer Rotatorenmanschettenruptur rechts, unvollständiger („angebrochen") Handgelenksfraktur links mit Kapselabriss sowie Schwellung der Nacken- und Halsmuskulatur und Knieprellung rechts.

Mann (Kraftfahrer). Ambulante Behandlung mit einer Operation. Im Anschluss an die Operationen begab sich der Kläger in physiotherapeutische Behandlung. Wegen andauernder Kopfschmerzen, Bewegungs- und Ruheschmerz in der Hals-Nacken-Muskulatur sowie Taubheit in beiden Unterarmen begab er sich in die weitere ärztliche Behandlung. Dauerschaden: Berufsunfähigkeit; anhaltenden Schmerzbeeinträchtigung sowie einer komplexen PTBS als anhaltende Persönlichkeitsstörung und einer schweren Depression. Infolge des Unfalltraumas hätten sich durch den Sachverständigen feststellbar ein Morbus Sudeck und Tourette Syndrom mit ständigen multiplen motorischen und vokalen Tics und motorischer Hyperaktivität entwickelt, so das LG. Bei der Schmerzensgeldbemessung berücksichtigte das LG, „dass nach den zugrunde zulegenden Ausführungen beider medizinischer Sachverständiger die Erwerbsfähigkeit des Klägers infolge des Unfalls dauerhaft aufgehoben ist und dieser vom 5.9. bis 31.12.2014 in der Haushaltsführung stark eingeschränkt war und Hilfe bei der körperlichen Pflege benötigte". [Ursache: Motorradunfall].

Betrag: 35.000 € **Haftung: 100 %**
immVorb: – **MdE: –**

LG Arnsberg 15.11.2019 – 1 O 25/15 = BeckRS 2019, 55718

6124

Psychische Beeinträchtigungen mit anhaltenden depressiven Verstimmungen als Dauerfolge nach Schädelfraktur (hier: Schädelbasisfraktur mit Schädelhirntrauma 2. Grades) und Brustkorbverletzung (hier: Rippenserienfraktur rechts, Pneumothorax und eine akute respiratorische Insuffizienz mit Antrum-Gastritis).

59j. Mann. 21 Tage Intensivstation mit Luftröhrenschnitt und künstlicher Beatmung und weitere 7 Tage stationär. Dauerschaden: Psychische Beeinträchtigungen.

Betrag: 35.000 € **Haftung: 100 %**
immVorb: Ja **MdE: –**

OLG Düsseldorf 7.11.2017 – 1 U 70/16 = BeckRS 2017, 152064

7807

Posttraumatische Belastungsstörung (PTBS) im Zusammenhang mit Unterschenkelverletzung in Form einer tiefen Stichwunde; zur PTBS führte das OLG aus: „Seit dem Anschlag lief das Tatgeschehen jeden Tag, vor allem aber abends, vor dem inneren Auge des Nebenklägers „wie ein Film" ab. Er grübelte dann darüber nach, was er anders, insbesondere besser hätte machen können. Der Nebenkläger erlebte in seiner Wohnung immer wieder Zustände, in denen er nur auf die Wand starrte und ihm dann die Atmung schwerfiel. Er brach wiederkehrend in Tränen aus, insbesondere im Rahmen der mit seiner Lebensgefährtin regelmäßig geführten Telefonate über die auf ihn verübten Angriffe. Ihm wurde dann bewusst, dass er während des Tatgeschehens sowohl um das Leben seiner Lebensgefährtin als auch sein eigenes gefürchtet hatte. Auch im Rahmen seiner vor dem Senat durchgeführten Vernehmung war deutlich bemerkbar, wie der Nebenkläger mit den Tränen kämpfte. Seit der Tat reagierte er vermehrt mit sozialem Rückzug." Vorsatztat / Messerangriff nach „islamistisch-jihadistischem" Messerangriff / Vorsatztat mit einem „32 Zentimeter langen Tranchiermesser mit einer Klingenlänge von 19 Zentimetern", mit dem er „jeweils in Tötungsabsicht auf den Hals und Oberkörper von dreizehn Personen" und dabei auch den Nebenkläger eingestochen hatte.

Mann. Stationäre Behandlung und Wundversorgung mit Einzelkopfnähten. Der Nebenkläger wurde für 3 Wochen krankgeschrieben. Zur Schmerzensgeldbemessung führte das OLG – neben den festgestellten körperlichen Verletzungen und psychischen Belastungen (PTBS) – hinsichtlich des besonderen Verschuldensgrades des Täters aus: „Sodann hat der Senat das Verschulden des Angeklagten als besonders hoch bewertet. Der Angeklagte hat vor dem Hintergrund seiner radikal-islamistischen Gesinnung ein Attentat auf friedlich feiernde Konzertbesucher verübt, die zu dem Angeklagten in keinerlei Nähebeziehung standen. Mit Ausnahme des Nebenklägers K. erfolgten die jeweiligen Angriffe unvermittelt auf arg- und wehrlose Opfer. Der Angeklagte handelte durchweg in Tötungsabsicht und brachte damit seine lebensverachtende Haltung gegenüber sämtlichen Nebenklägern zum Ausdruck. Vor diesem Hintergrund gaben die wirtschaftlichen Verhältnisse des Angeklagten sowie der Nebenkläger dem vorliegenden Fall kein besonderes Gepräge." [Anmerkung: Adhäsionsverfahren: Nebenkläger im Mordprozess gegenüber dem Täter nach dessen Terroranschlag vom 23.8.2024 auf dem Gelände des „Festivals der EE".]

Betrag: 40.000 € **Haftung: 100 %**
immVorb: – **MdE: –**

OLG Düsseldorf 10.9.2025 – 5 St 2/25 = BeckRS 2025, 23340

7560

Psychische Beeinträchtigungen der alleinerziehenden Mutter nach Tod des einzigen Kindes. Das LG sprach von einer „psychopathologischen Beeinträchtigung mit Krankheitswert" in Form einer ausgeprägten und über 32 Monate andauernden Anpassungsstörungen mit einer mittelgradigen depressiven Episode gemäß ICD 43.2 bzw. 32.1 mit depressiven Angstzuständen, wiederkehrenden Alpträumen und latenten Suizidabsichten. Zudem litt die Klägerin unter einer anhaltenden Trauerreaktion die auch sechs Jahre nach der Tat unvermindert bestand und – so das LG – „weiterhin noch nicht abgeschlossen ist".

Frau (Verkäuferin). Zwei stationäre Behandlungen (2017: 42 Tage sowie 2019: weitere 28 Tage) wegen Depressionen. Anschließend ambulante langwierige Heilbehandlung von mehr als sechs Jahren mit psychiatrisch-therapeutischer Behandlung und Dauermedikation. Bei der Bemessung des Schmerzensgeldes berücksichtigte das LG, dass der Täter vorsätzlich gehandelt hatte und dass die Klägerin als alleinerziehende Mutter eine „sehr enge, intensive Bindung" zu ihrem 22 Jahre alten Sohn gehabt hatte, der bei vollständiger Abwesenheit des Vaters allein bei der Klägerin aufgewachsen war und bis 2015 gemeinsam mit ihr in einer Wohnung gelebt hatte. Der durch diese vorsätzliche Tötung verursachte Verlust des einzigen Kindes und die daraus resultierende psychische Erkrankung der Mutter mit jahrelanger Behandlungsbedürftigkeit und darüber hinaus anhaltender Erwerbsunfähigkeit rechtfertige einen Betrag von 40.000 EUR, so das LG. [Anmerkung: Dem Urteil lag folgender Sachverhalt zugrunde: Der insofern wegen Mordes zu lebenslanger Haft verurteilte Täter kollidierte – mit einer Geschwindigkeit von 145 km/h – auf der Flucht vor der Polizei in der Innenstadt von Hamburg frontal mit einem Taxi, in welchem der Sohn der Klägerin gerade Platz genommen hatte; der Sohn erlitt schwerste Kopfverletzungen und verstarb noch am Unfallort. Das LG Hamburg nahm insofern auch den KH-Versicherer des Unfallfahrzeugs in die Pflicht und verwies darauf, dass sich dieser nicht auf den Risikoausschluss gemäß § 103 VVG berufen könne, da den Halter des gestohlenen Taxis kein Vorsatz treffe. Ebenso wies das LG den Mitverschuldenseinwand der Versicherung zurück, den diese erhoben hatte, da der Getötete sich im Taxi noch nicht angegurtet hatte. Dass der Getötete kurz nach dem Anfahren des erst auf 20 km/h beschleunigten Taxis seinen Sicherheitsgurt noch nicht angelegt hatte, trete – so das LG zutreffend – vollständig hinter den Verursachungsbeitrag des vorsätzlich handelnden Täters zurück.]

Betrag: 40.000 € **Haftung: 100 %**
immVorb: Ja **MdE: 100 %**

LG Hamburg 28.11.2024 – 323 O 330/20 = BeckRS 2024, 38998

5258

Psychische Beeinträchtigung / PTBS nach Auffahrunfall auf BAB. Es kam zu einem Verlust an Selbstvertrauen und zu einer akuten Verhaltensänderung bei der – vor dem Unfall völlig gesunden und belastbaren – Klägerin.

Frau (Tierärztin / allein erziehende Mutter). Das OLG befasste sich zunächst sorgfältig mit dem Nachweis eines PTBS und führte hierzu aus: „Der Obergutachter Dr. L ist nach Auswertung sämtlicher Vorbefunde zu dem Ergebnis gelangt, dass alle Kriterien (A-, B- und C-Kriterien) nach DSM IV und ICD X für die Diagnose einer posttraumatischen Belastungsstörung bei der Klägerin vollständig erfüllt sind. Hinweise auf eine Simulation der Erkrankung oder Aggravationstendenzen haben beide Gerichtssachverständige nicht feststellen können". Zum Feststellungsinteresse führte das OLG aus: „Es besteht die Möglichkeit, dass auch künftig weitere, unfallbedingte und bisher noch nicht erkannte Leiden auftreten und sich der Gesundheitszustand der Geschädigten weiter verschlechtert. Deshalb besteht auch ein entsprechendes Feststellungsinteresse". Sehr lesenswert ist auch der am Ende der Fundstelle aufgeführte Praxishinweis von Ass.jur. Rüdiger Balke, Koblenz.

Betrag: 40.000 € **Haftung: 100 %**
immVorb: Ja **MdE: –**

OLG Schleswig 9.8.2016 – 7 U 152/15 = BeckRS 2016, 114220

4785

Psychische Beeinträchtigung (hier: Somatische Schmerzstörung nach Polytrauma: Brustwirbelberstungsfraktur BWK 12 sowie Brustwirbelkompressionsfrakturen der BWK 8, 9 und 10 mit Vorderkantenbeteiligung, Schädelhirntrauma mit Hirnödem und eine schwere linksseitige Lungenkontusion sowie eine Kopfplatzwunde und eine Unterarmschnittwunde.).

Mann. 5 Monate stationäre Behandlung; in dieser Zeit erfolgte für 4 Tage eine künstliche Beatmung. Anschließend ambulante Heilbehandlung. Die Verletzungen außerhalb der Wirbelsäule sind alle folgenlos verheilt. „Die vom Kläger beklagten Beschwerden im Bereich der Lendenwirbel-, Halswirbel- und Brustwirbelsäule sind nach den insoweit gem. § 529 ZPO bindenden tatsächlichen Feststellungen des Landgerichts aus orthopädischer Sicht in der beklagten Intensität als Unfallfolge nur für den Zeitraum von maximal 6 Monaten nachvollziehbar", so das OLG. Dauerschaden: Somatische Schmerzstörung. Dies muss sich der Beklagte zurechnen lassen, denn „Der erforderliche Zurechnungszusammenhang zwischen Unfall und somatoformer Schmerzstörung ist auch nicht unter dem Gesichtspunkt des Bestehens einer Begehrensneurose unterbrochen", so das OLG.

Betrag: 40.000 € **Haftung: 100 %**
immVorb: Ja **MdE: –**

OLG Hamm 14.3.2014 – I-9 U 103/13 = BeckRS 2014, 10404

6874

Psychische Beeinträchtigungen in Form einer mittelgradigen Depression sowie einer posttraumatischen Belastungsstörung [PTBS]. Physisch erlitt der Kläger beidseitige Rippenfrakturen, eine Brustbeinfraktur sowie diverse Prellungen im Bereich der linken Hand.

55j. Mann. Stationäre sowie ambulante psychotherapeutische Behandlung mit dauerhafter Medikamenteneinnahme. Bei der Schmerzensgeldbemessung berücksichtigte das OLG sowohl die dadurch bedingte erhebliche Lebensqualitätsbeeinträchtigung sowie auch, dass der Kläger infolgedessen erwerbs- bzw. berufsunfähig wurde.

Betrag: 40.000 € **Haftung: 100 %**
immVorb: Ja **MdE: –**

OLG Stuttgart 19.1.2012 – 13 U 91/10 = BeckRS 2012, 215475

7878

Psychische Beeinträchtigungen in Form des Vorenthaltens der erforderlichen basalen Förderung und der dadurch verursachten Beraubung seiner elementarsten menschlichen Empfindungen.

6j. Kind. Amtshaftung; hohes Schmerzensgeld für unzureichender Bereitstellung stationärer Pflegeplätze für schwerstbehinderte Kinder: Der sechsjährige schwerbehinderte Kläger begehrte, gestützt auf den Titel der Amtshaftung, 48.000 EUR sA an Schmerzensgeld vom beklagten Land, da dieses es verabsäumt hatte, ihm einen adäquaten Pflegeplatz zu schaffen und er – durch das Vorenthalten der erforderlichen basalen Förderung – seiner „elementarsten menschlichen Empfindungen beraubt" worden war. Das Land (= „Stadt Wien") rügte zunächst seine fehlende Passivlegitimierung und verwies zudem darauf, dass die Eltern des Klägers die Rettungspflicht nach § 2 Abs. 2 AHG verletzt hätten, weil „sie nicht die Erlassung eines Bescheids beantragt hätten. Die angebotene häusliche Pflege und die vorgeschlagene Einrichtung in A… hätten die Eltern des Klägers abgelehnt. Eine gesetzliche Verpflichtung der Beklagten, im Rahmen der Sozialhilfe Einrichtungen in einer solchen Qualität bereitzustellen, dass sämtliche Eventualitäten wie die weitgehend unbekannte neurodegenerative Erkrankung des Klägers abgedeckt würden, bestehe nicht.". Doc das Erstgericht [LGZRS Wien 23.2.2025 – 68 Cg 35/22z] gab der Klage iHv 43.2000 EUR statt. Der OGH bestätigte insofern letztinstanzlich diese Entscheidung und führte dazu aus: „Zusammenfassend ist davon auszugehen, dass dem beklagten Land dadurch, dass es dem Umstand, dass es für Kinder und Jugendliche, die aufwändige 24-Stunde-Pflege benötigen und die auch bei entsprechenden Unterstützungsangeboten nicht zu Hause betreut werden können, über fünf Jahre lang nicht durch die Schaffung oder anderweitige Organisation einer Pflegeeinrichtung begegnete, die dem im § 3 WSHG angeordneten Prinzip angehörigengerechter Pflege entsprach, keine sachlich gerechtfertigte Ermessensübung mehr zugebilligt werden kann. Davon konnte die Vermittlung eines 120 Kilometer entfernten Betreuungsplatzes in einem anderen Bundesland im Hinblick auf die im Rahmen der Auslegung des WSHG unter Berücksichtigung der im Art. 6 BVG Kinderrechte gebotenen Bedachtnahme auf die besonderen Bedürfnisse des Klägers nichts ändern. Ein amtshaftungsbegründendes Fehlverhalten der Organe des beklagten Landes lag vor." [vgl. dazu Czech, Anm. zu OGH: Amtshaftung des Landes Wien wegen jahrelanger Unterlassung der Schaffung stationärer Einrichtungen für schwer pflegebedürftige Kinder, NLMR 2026, 88].

Betrag: 43.200 € **Haftung: 100 %**
immVorb: – **MdE: –**

OGH Österreich 27.1.2026 – 1 Ob 143/25y = BeckRS 2026, 1684

7491

Psychische Beeinträchtigungen, schwere (hier: Medikamentöse und psychotherapeutische Behandlung als Folge der Querschnittslähmung des Ehemannes, deren Endgültigkeit und der damit verbundenen Einschränkungen und Entbehrungen die Klägerin kaum ertragen kann).

59j. Frau. Das Ehepaar wurde bei einem schweren Verkehrsunfall in Italien verletzt, wobei der Ehemann eine Querschnittlähmung erlitten hatte. Nachvollziehbarerweise litt die Klägerin, die körperlich nur leichte Verletzungen (Prellungen und Blutergüsse) davongetragen hatte, schwer unter den Folgen für das weitere Eheleben und befindet sich seither in medikamentöser und psychotherapeutischer Behandlung. Auf den Fall war italienisches Recht anzuwenden. Außergerichtlich erhielt sie 44.000 EUR ohne konkrete Zuordnung. Da die Klägerin ihren Wohnsitz im Bezirk des LG Lübeck hatte, war dieses nach Art. 11 Abs. 1 lit. b) der Brüssel Ia-Verordnung zuständig. Die auf ein (weiteres) Schmerzensgeld gerichtete Klage wies das LG Lübeck jedoch als unbegründet ab, da ihr nach der insofern anzuwendenden Mailänder Tabelle („Tabella Unica di Milano") über die gezahlten 44.000 EUR hinaus kein Anspruch auf Zahlung eines weiteren Betrages für den erlittenen Nichtvermögensschaden zustehe. „Unter Anwendung der Mailänder Tabelle steht der Klägerin zunächst Ersatz eines Nichtvermögensschadens in Höhe von 44.247 Euro zu", so das LG. Abschließend führte das LG aus: „Ein bei einem Inlandsfall nach richterlichem Ermessen gemäß § 287 ZPO zu bezifferndes Schmerzensgeld überschritte im Falle der Klägerin, die der Einzelrichter ausführlich persönlich angehört hat, einen Betrag in Höhe von 44.000 Euro nicht."

Betrag: 44.000 € **Haftung: 100 %**
immVorb: – **MdE: –**

LG Lübeck 19.6.2024 – 10 O 201/23 = BeckRS 2024, 14962

7288

Psychische Beeinträchtigungen, schwere – nach Todesangst über einen längeren Zeitraum sowie Folter (hier: „Schlafstörungen und Angstzuständen, welche seine Lebensqualität stark mindern …, aufgrund der Erlebnisse, die – so das LG zutreffend "einer Folter gleichkamen„ – nicht arbeitsfähig und befindet sich in therapeutischer Behandlung."). An körperlichen Verletzungen erlitt der Kläger zu 2) „einen Bruch des Zeigefingergrundgliedes, diverse Einblutungen, Abschürfungen, Platzwunden, Prellmarken, Schwellungen und einen abgebrochenen Zahn. Des Weiteren führten die Misshandlungen zu Verbrennungen an Körper und Genital.", so das LG.

Mann. Der Vorsatztat des Beklagten ging voraus, dass dieser die Trennung von der Klägerin zu 1), mit der er sechs Jahre eine Beziehung eingegangen war, nicht akzeptierte und ihr im Alltag immer wieder auflauerte und sie sowohl verbal, als auch körperlich immer wieder bedroht hatte. In der Folge kam es zur vorsätzlichen Körperverletzung des neuen Freundes der Klägerin zu 1), des Klägers zu 2), zu der das LG ausgeführt hatte: „Der Beklagte setzte sodann den Elektroschocker auf der Höhe des Schambeins an und verpasste dem Kläger zu 2) mehrere Stromstöße. Hiernach bespritze er den Intimbereich des Klägers zu 2) mit Wasser, setzte den Elektroschocker auf dem nassen Genital des Klägers zu 2) an und löste den Elektroschocker mehrfach aus, bis das Gerät schließlich nicht mehr reagierte. Der Kläger zu 2) erlitt durch diese Folter erhebliche Schmerzen. Hiernach forderte der Beklagte den Beteiligten B auf, ihm ein Messer zu geben, um dem Kläger zu 2) den Schwanz abschneiden zu können. Stattdessen reichte B dem Beklagten jedoch einen stählernen Teleskopschlagstock, mit dem der Beklagte mehrfach auf den Kläger zu 2) in schneller Folge einschlug. Sodann schlug der Beklagte mit zwei Totholzstücken auf den Kopf des Klägers zu 2) ein, bis die Holzstücke zerbrachen. Der Kläger zu 2) erlitt erheblich blutende Platzwunden am Kopf." Dauerschaden: Schwere psychische Beeinträchtigungen mit der Folge von langanhaltender Arbeitsunfähigkeit, die vom Tatzeitpunkt im Dezember 2014 bis zur Urteilsverkündung andauerte. Zur Schmerzensgeldbemessung führte das LG aus: „Schmerzensgelderhöhend wirkt es sich auch hinsichtlich des Klägers zu 2) aus, dass der Beklagte vorsätzlich und planmäßig vorging, getragen von der Gesinnung, Besitzansprüche an der Klägerin zu 1) zu haben, die er unbedingt und absolut rücksichtlos unter Verletzung der Würde eines anderen Menschen durchsetzen wollte und durchgesetzt hat." Im Weiteren setzte sich das LG Bonn eingehend mit dem Urteil des LG Wuppertal → Nr. 4500 auseinander und führte dazu aus: „Zwar wurde der Kläger zu 2) nicht Opfer einer Vergewaltigung, indes musste er schwerste körperliche Misshandlungen, die auch sexuell erniedrigenden Charakter hatten und von einer hohen

Schmerzhaftigkeit geprägt waren, über sich ergehen lassen. Schmerzensgelderhöhend gegenüber dem Urteil des Landgerichts Wuppertal ist zu berücksichtigen, dass der Kläger zu 2) durch die Tat auch körperliche Verletzungen erlitten hat, wenngleich diese nicht besonders schwerwiegend waren. Eine deutliche Herabsetzung gegenüber dem durch Urteil des Landgerichts Wuppertal zugesprochenen Schmerzensgeldes erscheint indes insofern geboten, als dass die Tathandlungen, die dem Urteil des Landgerichts Wuppertal zugrunde lagen erheblich länger andauerten."

Betrag: 50.000 € **Haftung: 100 %**
immVorb: Ja **MdE: –**

LG Bonn 2.12.2021 – 17 O 78/21 = BeckRS 2021, 51434

4145

Psychische Beeinträchtigungen / posttraumatische Belastungsstörung und starke Angst nach Messerangriff mit o.Unterschenkelfrakturen (hier: Offene beids.Unterschenkelfarkturen mit starken Quetschwunden und zahlreichen tiefen Messerstichverletzungen / Schnittwunden im Bereich der Kniegelenke und Unterschenkel mit u.a. Unterschenkelsehnendurchtrennung).

36j. Frau. ca. 8 Wochen stationär. Sehr langwierige Heilbehandlung über einen Gesamtzeitraum von gut zwei Jahren mit insgesamt 8 Operationen. 2 Monate Rehaklinik. Dauerschaden: Psychische Beeinträchtigung; Gehbehinderung; zahlreiche Sportarten nicht möglich; kann kein Fahrzeug führen. Stützstrümpfe. Entstellende Narben von 20 cm Länge im Bereich beider Beine. Ursache: Vorsätzliche Körperverletzung. Der Beklagte misshandelte die Kl. grausam und sehr brutal mit stumpfer Gewalt und mit zahlreichen Messerstichen.

Betrag: 75.000 € **Haftung: 100 %**
immVorb: – **MdE: 100 %**

LG Düsseldorf 10.5.2010 – 11 O 334/07 = BeckRS 2010, 11876

7856

Schock und posttraumatische Belastungsstörung sowie eine schwere depressive Episode. Starke psychisch-emotionale Beeinträchtigung mit erheblichen sozial-kommunikativen Einbußen, massive Schlafstörungen, Albträume, häufige Erinnerungseinbrüche, Angstzustände und ausgeprägtem Vermeidungsverhalten infolge des unmittelbaren Miterlebens des Unfalltodes ihres Sohnes.

Frau (Mutter des Unfallopfers). 24 Tage stationär in einer Klinik für Psychosomatik. Bei der Schmerzensgeldbemessung berücksichtigte das LG unter Berufung auf das fachärztliche Gutachten, dass „die posttraumatische Belastungsstörung bislang nicht behandelt wurde, sie schiene auch aktuell nicht behandelbar. Die Klägerin meide mutmaßlich aus Angst psychotherapeutische Methoden, damit diese nicht die „mühsam gedeckten Verzweiflungsgefühle unkontrolliert zum Vorschein kommen" und damit auch die funktionelle Fassade der Klägerin zerbrechen lassen; die Klägerin sei überzeugt davon, auf eine solche Fassade angewiesen zu sein. Anders als es bei der Mehrzahl von Patienten mit einer posttraumatischen Belastungsstörung sei diese bei der Klägerin nicht spontan nach einigen Monaten ausgeheilt; ihre Störung sei als schwerer Fall anzusehen, gekennzeichnet durch massive Schlafstörungen, Albträume, häufige Erinnerungseinbrüche, Angstzustände und ausgeprägtem Vermeidungsverhalten. Ihr Krankheitsbild entspreche dem einer Minderung der Erwerbsfähigkeit von 50 % (im Rahmen der gesetzlichen Unfallversicherung). Die alltäglichen Beeinträchtigungen durch die Störung seien erheblich, ferner sei eine starke psychisch-emotionale Beeinträchtigung mit erheblichen sozial-kommunikativen Einbußen eingetreten. Sie lebe mit einer weitgehenden sozialen Isolierung – mit Ausnahme der Fortführung der ihr Halt gebende Arbeit -, habe bisherige Interessen und religiöse Glaubensüberzeugungen aufgegeben; unternehme ausgiebige Wanderungen zum Zweck der Herbeiführung von körperlicher Erschöpfung und Überwindung schwerer Schlafstörungen. Der Sachverständige hat bestätigt, dass bei der Klägerin noch nicht einmal eine Stabilität für eine traumatherapeutische Behandlung bestehe." Zudem ließ sich „die Kammer zum einen davon leiten lassen, dass es selten in der Rechtsprechung genau vergleichbare Fälle gibt und dass die Entwicklung in der Rechtsprechung in den letzten Jahrzehnten in Bezug auf Schmerzensgeldbemessungen eine begrüßenswerte Tendenz zu einer Steigerung zeigt." [Schmerzensgeld für Schockschaden eines miterlebenden Angehörigen: Ursache für die schweren psychischen Verletzungen war der Unfalltod des Sohnes der Klägerin. Die Klägerin war „ihrem Sohn ebenfalls auf dem Fahrrad in einem Abstand von ca. 2 m gefolgt, hat die von der Sattelzugmaschine ausgehende Lebensgefahr für ihren Sohn erkannt, ihm aufgrund der Umgebungsgeräusche erfolglos eine Warnung zugerufen, sodann verfolgen müssen, wie ihr Sohn von dem vorderen Bereich der Sattelzugmaschine gerammt wurde, dieser zu Fall kam und von dem rechten Vorderrad überrollt wurde, und schließlich noch versucht, ihren Sohn unter der Sattelzugmaschine herauszuziehen."]. Vgl. dazu auch OLG Frankfurt a.M. → Nr. 5409.

Betrag: 80.000 € **Haftung: 100 %**
immVorb: – **MdE: 50 %**

LG Hannover 10.1.2022 – 1 O 68/19 = BeckRS 2022, 19746

5859

Psychische Beeinträchtigungen (hier: PTBS – posttraumatische Belastungsstörungen durch den Unfalltod des Ehemannes und die unfallbedingt eigenen Verletzungen, zu denen eine Unterschenkelfraktur in Form einer Schienbeinkopffraktur und einer Wadenbeinkopffraktur sowie eine Fersenbeinfraktur zählte).

40j. Frau. Nahezu zwei Jahre stationäre Heilbehandlung mit zahlreichen Operationen; die Geschädigte hat die beiden ersten Jahre nach dem (Verkehrs-) Unfall weitgehend im Krankenhaus oder in Reha-Kliniken verbracht. Dauerschaden: Depressionen und PTBS – auch durch den Unfalltod des Ehemannes; hierzu führte das OLG aus: „Ergänzend sei auch auf das Ausmaß der aufgetretenen posttraumatischen Belastungsstörungen hinzuweisen", die zu aktuellen „Gesundheitsschäden psychischer und psychosomatischer Art, nämlich eine chronisch rezidivierende Depression, gegenwärtig mit starker Ausprägung, und einer unterschwelligen posttraumatischen Belastungsstörung„ geführt haben und die Leistungsfähigkeit der Klägerin "nach wie vor erheblich beeinträchtigen". Nach den Feststellungen des Sachverständigen wirkt sich dies vor allem in der Unfähigkeit zur Bewältigung des Unfallgeschehens, des Aufbaus einer neuen Lebenssituation und starken Angstzuständen aus. Verschlechterungstendenz: Es kommt mittelfristig zu posttraumatischen Arthrosen am Fersenbein, Schienbein und Tibiakopf

Betrag: 90.000 € **Haftung: 100 %**
immVorb: – **MdE: –**

OLG München 21.5.2010 – 10 U 1748/07 = BeckRS 2010, 14159

5409

Schock in Form einer Posttraumatischen Belastungsstörung gemäß ICD-10: F 43.1. nach dem Miterleben des Unfalltodes des Ehemannes. „Eine PTBS entsteht nach der Definition in ICD-10: F 43.1 als verzögerte oder protrahierte Reaktion auf ein belastendes Ereignis oder eine Situation außergewöhnlicher Bedrohung oder außergewöhnlichen Ausmaßes (kurz oder langanhaltend), die fast jedem eine tiefe Verstörung hervorrufen würde. Hierzu gehören u.a. eine von Menschen verursachte Katastrophe, ein schwerer Unfall oder die Tatsache, Zeuge eines gewaltsamen Todes anderer zu sein", so das OLG.

Frau (Ehefrau des Unfallopfers). Die Frau, Mutter von zwei Töchtern wurde durch das unmittelbare Miterleben der Kollision Ihres Mannes mit einem „Sprinter" auf der Autobahn und dem „Finden" des Sterbenden unter einem mit am Unfall beteiligten Sattelzuges völlig aus der Bahn geworfen: Suizidgedanken, fehlenden Empfindungen gegenüber ihren Töchtern, mangelnde soziale Kontakt, Verlassen der Familie, Leben in betreuter Einrichtung, zeitweises Arbeiten am sog. zweiten Arbeitsmarkt, Abbruch des Kontaktes zu ihren Schwestern und ihrer Mutter. Die Klägerin hat noch „fast täglich die Bilder von dem Unfall vor Augen ...(sog. ungewolltes Flashback). Sie träumt auch oft vom Tod und Sterben". Dauerschaden: Schweres Trauma, zu dem das OLG ausführt, die Klägerin müsse versuchen, damit „zu leben und sog. „Trigger"-Situationen, die zu einer Retraumatisierung führen können, zu vermeiden ... und ergänzt, sie habe "eine Angst vor dem Autofahren entwickelt. Früheren Hobbys wie der Gartenarbeit und dem Skilanglauf kann sie nicht mehr nachgehen„. Völlig zutreffend führt das OLG zur Begründung seiner Bemessung aus: "Unter Berücksichtigung dessen, dass die Gesundheitsbeeinträchtigung der Klägerin zu 1) auch künftig andauern und sie aufgrund ihrer psychischen Belastung voraussichtlich nie ein „normales Leben" führen können wird, ist ein Gesamtbetrag von 100.000,00 EUR zur Abgeltung ihres gesamten immateriellen Gesundheitsschadens nicht übersetzt". [Schmerzensgeld für Schockschaden eines miterlebenden Angehörigen: Vgl. dazu auch LG Hannover → Nr. 7856 sowie die One-Page-Besprechung des hier vorgestellten Urteils von Kleine-König in NZV 2018, 430].

Betrag: 100.000 € **Haftung: 100 %**
immVorb: – **MdE: –**

OLG Frankfurt a. M. 6.9.2017 – 6 U 216/16 = BeckRS 2017, 135880

3335

Gehirnschädigung (hier: Geburtsfehlerbedingte schwerste Gehirnschädigung mit Epilepsiesyndrom und schwerster tetraspastischer dystoner Bewegungsstörung sowie den unten aufgeführten Dauerfolgen).

Säugling. Arzthaftung (hier: Geburtsfehler bzw. Geburtshilfefehler durch unzureichende Geburtsüberwachung). Dauerschaden, schwerster: Schwerste tetraspastische dystone Bewegungsstörung. Der Kl. ist weder einer aktiven Kommunikation zugänglich, noch kann er sprechen oder sich gezielt äußern. Ebenso wenig kann er sich aktiv fortbewegen. Des weiteren leidet er unter einem Epilepsiesyndrom bei weiterhin pathologischem EEG, wobei dieses Syndrom allerdings derzeit medikamentös mit der Folge anfallsfreien Zustandes des Kl. eingestellt ist. In der Folge ist der Kläger auf Dauer ein Intensivpflegefall „rund um die Uhr" und kann keine motorischen Handlungen ausführen und somit weder greifen, sitzen, laufen noch sprechen.

Betrag: 500.000 € **Haftung: 100 %**
immVorb: Ja **MdE: 100 %**

OLG Köln 20.12.2006 – 5 U 130/01 = BeckRS 2007, 1708

5. Apallisches Syndrom / Verlust der Empfindungsfähigkeit

Vorbemerkung: Die Zusammenstellung der Gerichtsentscheidungen zum Apallischen Syndrom (= Funktionsausfall der Großhirnrinde – meist einhergehend mit Wachkoma) versteht sich vor dem Hintergrund der besonderen Rechtsprechung, die sich hierzu herausgebildet hat. Dass seit BGH IV ZR 201/91 in solchen Fällen und der dadurch bedingten Zerstörung der Persönlichkeit des Opfers nicht nur ein symbolisches Schmerzensgeld zuerkannt werden darf, ist heute selbstverständlich; in derartigen Fällen werden heute vielmehr höchste Schmerzensgeldbeträge zugesprochen. Mehr hierzu lesen Sie im Handbuch oben → Rn. 268 bis Rn. 272 und → Rn. 276.

5320

Gehirnschädigung, schwerste / apallisches Syndrom mit Verlust des Bewusstseins und der Empfindungsfähigkeit sowie der Zerstörung der Persönlichkeit. Das Unfallopfer verstarb etwa sechs Monate nach dem Unfall.

48j. Mann (inzw. verstorben, Kläger sind die Erben). Bei der Bemessung des Schmerzensgeldes setzte sich das OLG mit der Thematik der kurzen Überlebenszeit auseinander und führte dazu aus: „Insoweit ist zu beachten, dass bei der Bemessung des immateriellen Schadens nicht schmerzensgelderhöhend zu berücksichtigen ist, dass das Leben des Erblassers frühzeitig beendet worden ist. Der Schmerzensgeldanspruch soll dem Geschädigten selbst einen Ausgleich für die erlittenen immateriellen Beeinträchtigungen gewähren. Dementsprechend gibt es nach dem Gesetz auch lediglich im Falle der Verletzung des Körpers oder der Gesundheit, nicht aber im Falle der Tötung einen Anspruch auf eine billige Entschädigung. Tritt aber der Tod nicht unmittelbar mit dem Unglücksfall, sondern erst nach einiger Zeit ein, kann die Tatsache der Lebensverkürzung nicht schmerzensgeldrelevant werden; in diesen Fällen ist die Leidenszeit bis zum Tod zu entschädigen". Das OLG orientierte sich an der Entscheidung des OLG München (→ Nr. 5321).

Betrag: 60.000 € **Haftung: 100 %**
immVorb: – **MdE: –**

OLG Naumburg 26.3.2015 – 2 U 62/14 = BeckRS 2015, 10441

2619

Gehirnschädigung (hier: „... weitgehende Einbuße seiner Persönlichkeit". Bis zu seinem nach 22 Monaten eingetretenen Tod bestand „eine gewisse Erlebnis- und Empfindungsfähigkeit". Polytraumatische Verletzungen mit zahlreichen schweren Frakturen etc.).

Mann (Facharzt). „Langwierige Krankenhausaufenthalte". Persönlichkeitsverlust und Verlust der „personalen Qualität" für die Dauer von 21 Monaten, danach verstarb der Kläger. [weitere Fundstelle: VersR 1998, 1256)

Betrag: 76.694 € **Haftung: 100 %**
immVorb: – **MdE: –**

OLG Karlsruhe 11.7.1997 – 10 U 15/97 = BeckRS 9998, 39863

4770

Apallisches Syndrom nach Polytrauma (hier: schwers Schädelhirntrauma mit Gehinschädigung durch Gehirnquetschung und Schädigung der Faserverbindungen zwischen den beiden Gehirnhälften). Zudem erlitt der Kläger eine

Oberschenkelfraktur in Form einer Oberschenkeltrümmerfraktur und eine Lungenquetschung.

15j. Junge. Lebensgefahr. Intensivstation. 2 Wochen im Koma. Langwierige Heilbehandlung mit Rehabilitationsaufenthalten. Dauerschaden: Apallisches Syndrom. der Kläger ist in seiner privaten und beruflichen Entwicklung stark beeinträchtigt. Eine MdE auf dauer ist sehr wahrscheinlich.

Betrag: 80.000 € **Haftung: 66 %**
immVorb: Ja **MdE: –**

OLG Koblenz 20.6.2012 – 12 U 1474/10 = BeckRS 2012, 214071

5321

Gehirnschädigung, schwerste / Polytrauma (hier: schweres Schädel-Hirn-Trauma mit Gehirnblutungen und nachfolgendem Verlust der Empfindungsfähigkeit, Wachkoma; zudem erlitt der Kläger eine Kontusion des Herzens, eine Rippenserienfraktur, eine Lungenkontusion beidseitig, Scapulatrümmerfrakturen beidseitig sowie Thrombosen an verschiedenen Venen).

62j. Mann. Bei der Bemessung des Schmerzensgeldes setzte sich das OLG mit der Thematik der fehlenden Empfindungsfähigkeit und der Überlebenszeit auseinander und führte dazu aus: „Ein Schmerzensgeld steht auch dann einem Geschädigten zu, dessen Empfindungsfähigkeit durch das schadenstiftende Ereignis aufgehoben ist. Die Einbuße der Persönlichkeit und der Verlust an personaler Qualität infolge einer schweren Hirnschädigung stellt für sich einen auszugleichenden immateriellen Schaden dar, unabhängig davon, ob der Betroffene die Beeinträchtigung empfindet (BGH, VersR 1993, 585/586). Die völlige Zerstörung der geistigen Persönlichkeit stellt neben der Genugtuungs- und Ausgleichsfunktion des Schmerzensgelds eine eigenständige Fallgruppe dar. Bei der Bemessung ist zu berücksichtigen, dass der Kläger einerseits bereits mehr als 4 Jahre im Wachkoma liegt und seine Lebensdauer nicht absehbar ist, andererseits aber mit 62 Jahren im Unfallzeitpunkt nicht wie ein junger Mensch noch sein ganzes Leben vor sich hat". (vgl. auch OLG Naumburg → Nr. 5320). Ursache: Motorradunfall.

Betrag: 80.000 € **Haftung: 60 %**
immVorb: Ja **MdE: –**

OLG München 13.2.2004 – 10 U 5381/02 = BeckRS 2015, 13498

5727

Gehirnschädigung, schwerste (hier: Apallisches Syndrom).

Mann. Zum Dauerschaden un zum Umfang der Gehirnschädigung führt das LG aus: „Mit dieser Hirnschädigung geht eine vollständige Lähmung im Sinne eines appallischen Syndroms und damit ein Verlust der gesamten Persönlichkeit einher. Nach dem Ergebnis der Beweisaufnahme ist insbesondere davon auszugehen, dass dem Kläger auch die Erlebnisfähigkeit vollständig verlorengegangen ist. Wie der Sachverständige … in seinem überzeugenden Gutachten dargestellt hat, ist die Beantwortung der Frage, ob der Kläger noch äußere Reize wahrnehmen kann und ihm damit seine Situation bewusst ist, nicht einfach. Dies liegt insbesondere daran, dass der Kläger durch die Schwere seiner Hirnverletzung daran gehindert ist, sich in irgendeiner Weise zu äußern. Nach den Untersuchungsbefunden des Sachverständigen sind aber bei dem Kläger praktisch keine Zeichen erkennbar, dass er auf Sinnesreize unterschiedlicher Art in bedeutsamen Umfang reagiert. Angesichts der Tatsache, dass der Kläger sich seit sehr langem und in unveränderterweise in dem vorgenannten Zustand befindet, ist jedenfalls nach den nachvollziehbaren Ausführungen des Sachverständigen nicht davon auszugehen, dass er in wesentlichem Umfang Gefühlsregungen verspürt und sich seiner Situation bewusst ist". Schmerzensgeldmindernd bewertete das LG die geringere Lebenserwartung des Klägers.

Betrag: 100.000 € **Haftung: –**
immVorb: Ja **MdE: –**

LG Lüneburg 26.1.2005 – 5 O 302/03 = BeckRS 2005, 31162589

3063

Gehirnschädigung, schwerste (hier: Schädelhirntrauma, schweres; Apallisches Syndrom; Tetraspastik rechts mit Rollstuhlgebundenheit; die Kl. wird künstlich ernährt; Polytrauma; Epiduralhämatom; Intensivpflegefall).

11j. Kind (Mädchen). Dauerschaden: „Zustand nach apallischem Syndrom"! „Aus der vormals gesunden elfjährigen Kl., die das Gymnasium besuchte, ist … ein schwer geistig und körperlich behinderter Mensch geworden, ohne Zukunft", schreibt das OLG in seiner Urteilsbegründung! [Urteil noch nichts rechtskräftig]. Kapitalisiert ergeben sich bei voller Haftung 450.000 + rund 120.000 Rente = 570.000 DM bzw. 291.436 Euro.

Betrag: 115.041 € **Haftung: 50 %**
immVorb: – **MdE: 100 %**
Rente: 128 €

OLG Köln 5.3.2002 – 15 U 117/01 = BeckRS 2002, 162249

4971

Gehirnschädigung, schwerste (hier: Apallisches Syndrom).

Mann. Arzthaftung bzw. Krankenhaushaftung (hier: Der Kläger litt unter einer lebensbedrohlichen Kehldeckelentzündung für die Atemnot typisch ist, wurde jedoch ohne ausreichende Beaufsichtigung bzw. ärztlche Präsenz innerhalb der Klinik verlegt, sodass ein Atemstillstand nicht rechtzeitig erkannt wurde. Dadurch kam es zur Sauerstoffunterversorgung im Gehirn mit der Folge: Apallisches Syndrom). Dauerschaden: Apallisches Syndrom. [Anmerkung: Angesichts der Tatsache, dass es sich bei einem Apallischen Syndrom um eine der schwersten, denkbaren Verletzungen handelt, erscheint das Schmerzensgeld zu gering; siehe insofern im Handbuch Kapitel C.4 – entspricht → Nr. 3064, 3100, 3565, 3080, 4460 sowie 4084]

Betrag: 150.000 € **Haftung: 100 %**
immVorb: Ja **MdE: –**

OLG Celle 21.1.2013 – 1 U 36/12 = BeckRS 2013, 200501

3362

Gehirnschädigung, schwere (hier: Apallisches Syndrom und Tetraspastik nach hypoxischem Hirnschaden).

3j. Kind (Mädchen). Arzthaftung (Narkosefehlbehandlung). Dauerschaden: Sprachlosigkeit; muss auf Dauer gewickelt und gefüttert werden und kann weder gehen noch sitzen. Intensivpflegefall.

Betrag: 150.000 € **Haftung: 100 %**
immVorb: Ja **MdE: 100 %**
Rente: 325 €

OLG Schleswig 11.2.2002 – 4 U 62/00 = unveröffentlicht

5767

Apallisches Syndrom mit Verlust der Persönlichkeit nach Herzstillstand und anschließender Reanimation. Die Klägerin verstarb nach 3 Jahren.

Frau. Arzthaftung (hier: Grober Behandlungsfehler im Zusammenhang mit einer Gebärmuttersenkung. Während der Operation wurde die Klägerin „nur mit normaler Raumluft, nicht aber mit reinem Sauerstoff beatmet", wodurch ihr Gehirn unzureichend mit Sauerstoff versorgt worden war. Die Klägerin verstarb drei Jahre später.

Betrag: 153.388 € **Haftung: 100 %**
immVorb: – **MdE: 100 %**

LG Bochum 18.2.2002 – 6 O 321/97 = BeckRS 2007, 15945

2888

Gehirnschädigung, schwerste (hier: Apallisches Syndrom mit „fast vollständigem" Fortfall der Wahrnehmungs- und Empfindungsfähigkeit: Es blieb nur die Hirnstammtätigkeit erhalten! Nahezu keine Kommunikation möglich! Intensivpflegefall).

Baby (4 Monate alt). OLG sah die 300.000 DM als angemessen an und bewertete mindernd die geringere Lebenserwartung und die fehlende Empfindung der Persönlichkeitszerstörung.

Betrag: 153.388 € **Haftung: 100 %**
immVorb: – **MdE: 100 %**

OLG München 15.6.2000 – 8 U 147/99 = VersR 2001, 1384

3447

Schädelhirntrauma 3.Grades / Gehirnschädigung, schwerste (hier: Apallisches Syndrom [Enthirnung]; Wachkoma).

24j. Mann. Dauerschaden: Wachkoma; apallisches Syndrom, Intensivpflegefall. [Anmerkung: Angesichts der völligen Zerstörung des kl. Lebens erscheint das Schmerzensgeld zu gering.]

Betrag: 175.000 € **Haftung: 66 %**
immVorb: – **MdE: 100 %**

LG Landshut 3.2.2004 – 72 O 402/00 = BeckRS 2004, 153797

5721

Gehirnschädigung, schwerste (hier: Apallisches Syndrom und Intensivpflegefall als Folge einer Sauerstoffunterversorgung).

19j. Frau. Arzthaftung (hier: Grober Behandlungsfehler im Zusammenhang mit der künstlichen Ernährung der magersüchtigen Klägerin gegen ihren Willen. Die Kl. hatte einen Body-Maß-Index unter 13. Ein solcher stellt, wie einhellig anerkannt ist und der Sachverständige Prof. Dr. E. auch näher dargelegt hat, eine absolute Lebensgefahr dar). Regulierungsverzögerung. Zur Bemessung führte das OLG aus: „Bei der Schmerzensgeldbemessung war auch nicht entscheidend zu berücksichtigen, dass die Kl. auf Grund ihrer schweren Grunderkrankung auch ohne den gegenständlichen Vorfall mit einem lang dauernden und ungünstigen weiteren Verlauf ihrer Störung sowohl hinsichtlich der psychischen Probleme als auch der damit verbundenen körperlichen Risiken hätte rechnen müssen".

Betrag: 200.000 € **Haftung: 100 %**
immVorb: Ja **MdE: –**

OLG München 8.7.2004 – 1 U 3882/03 = BeckRS 2005, 12289

3174

Apallisches Syndrom nach hypoxischer Gehirnschädigung mit weitgehender Zerstörung der Persönlichkeit. Es können lediglich geringe akustische und optische Reize wahrgenommen werden. Eine Kommunikation ist nicht möglich.

14j. Mädchen. Arzthaftung (hier: Behandlungsfehler im Zusammenhang mit Magersucht. Angesichts des schlechten Zustandes der Patientin wäre der Arzt verpflichtet gewesen, regelmäßig Blutzucker, Puls und Blutdruck zu messen und trotz Weigerung der Patientin einen erneuten Antrag beim Vormundschaftsgericht auf Genehmigung einer künstlichen Ernährung zu stellen. Das LG verurteilte die Stadt München als Träger des Krankenhauses zur Schmerzensgeldzahlung.

Betrag: 200.000 € **Haftung: 100 %**
immVorb: – **MdE: 100 %**

LG München I 13.8.2003 – 9 O 5933/94 = beck-aktuell

3357

Gehirnschädigung, schwere (hier: Tetraparese; Persönlichkeitszerstörung; apallisches Syndrom).

21j. Mann (Mechaniker). Dauerschaden: Intensivpflegefall; Persönlichkeitszerstörung; apallisches Syndrom.

Betrag: 204.517 € **Haftung: 100 %**
immVorb: – **MdE: 100 %**
Rente: 256 €

OLG Brandenburg 13.10.1998 – 2 U 198/97 = BeckRS 1998, 153603

5643

Gehirnschädigung, schwerste / Apallisches Syndrom (hier: Persönlichkeitszerstörung, vollständige Lähmung, künstliche Ernährung über eine Sonde, Inkontinenz, Intensivpflegefall rund um die Uhr).

21. Mann (Industriemechaniker). Nachdem der Kläger zunächst in verschiedenen Kliniken behandelt wurde, befand er sich seit Januar 1996 [der Unfall war im Juni 1994] zur Pflege in der elterlichen Wohnung. Dauerschaden: Intensivpflegefall und Persönlichkeitszerstörung; zutreffend führte das LG aus, dass die weitgehende Zerstörung der Grundlagen für die Wahrnehmungs- und Empfindungsfähigkeit den Verletzten in seiner Wurzel treffe und für ihn deshalb existentielle Bedeutung habe und der Kläger nie wieder in der Lage sein werde, ein normales und eigenverantwortliches Leben ohne fremde Hilfe zu führen. Das Argument des KH-Versicherers wonach „wegen des … erheblichen Vorversterbensrisikos … die Höhe des Schmerzensgeldes im unteren Bereich anzusetzen sei und ein Rentenanspruch nicht bestehe", wies das LG zutreffend zurück. [Lesen Sie zu derartigen Fällen auch → Rn. 276]

Betrag: 204.517 € **Haftung: 100 %**
immVorb: – **MdE: 100 %**
Rente: 256 €

LG Frankfurt (Oder) 13.8.1997 – 13 O 440/96 = BeckRS 1997, 127026

2952

Schädelhirntrauma (Schädelkalottenfraktur; traumatische Subarachnoidalblutung, Stammhirnquetschung, Kleinhirnquetschung, Balkenläsion, ausgeprägtes Hirnödem); apallisches Syndrom, spastische Tetraparese u.a. Verletzungen.

17j. Mann. 4 Wochen Intensivstation. Anschließend mehrfach stationär und Reha. Dauerschaden: „Weitgehende Lähmung". Intensivpflegefall. Geistige Behinderung. [Kap.: 725.264 DM]

Betrag: 255.646 € **Haftung: 100 %**
immVorb: Ja **MdE: 100 %**
Rente: 1.000 €

LG Würzburg 3.12.2001 – 22 O 713/99 = BeckRS 2001, 31154536

3250

Gehirnschädigung, schwerste (hier: Schädel-Hirntrauma 3. Grades mit generalisiertem Hirnoedem, zahlreichen Gehirnblutungen und einer spastischen Tetraparese, apallisches Syndrom und Locked-in-Syndrom).

19j. Mann. Dauerschaden: Intensivpflegefall, apallisches Syndrom, Locked-in-Syndrom, künstliche Ernährung über eine Sonde; Harninkontinenz; Sprachlosigkeit, der Kl. kann weder schlucken noch sprechen; er kann nur mittels Zeichensprache zwischen „ja" und „nein" unterscheiden! Nahezu vollständige Persönlichkeitszerstörung! Der Kl. weiß um seine hilflose Lage sowie seine Beeinträchtigungen! [Anmerkung: Kapitalisiert beträgt das keineswegs überhöhte Schmerzensgeld 350.000 EUR.]

Betrag: 265.316 € **Haftung: 70 %**
immVorb: Ja **MdE: 100 %**
Rente: 410 €

LG Detmold 15.5.2003 – 9 O 265/98 = BeckRS 2005, 14383

3064

Gehirnschädigung, schwerste (hier: Apallisches Syndrom; der Kl. kann weder sprechen, noch sich bewegen, ist Muskelrefelexen ausgeliefert, selbst Mimik ist ihm nicht möglich! Er leidet an einem sogn. Locked-in-Syndrom.)

24j. Mann. Dauerschaden: apallisches Syndrom; Funktionsausfall der Großhirnrinde! Intensivpflegefall. „Der Unfall" – so bereits das LG – habe das „Leben des … Kl. für immer zerstört"! [Anmerkung: Das Urteil ist mit BGH Beschl. v. 17.9.2002 – VI ZR 426/01 rechtskräftig].

Betrag: 306.775 € **Haftung: 80 %**
immVorb: – **MdE: 100 %**
Rente: 383 €

OLG Naumburg 25.10.2001 – 3 U 24/01 = BeckRS 2001, 30214749

3100

Gehirnschädigung, schwerste (hier: Mittelhirnsyndrom 2.Grades. „Dieser Befund entspricht in seinen Auswirkungen dem Bild eines apallischen Syndroms", so das LG. Hochgradige Hinschädigung, Wachkoma. Gelenkstarre wegen Muskelverkürzung. Künstliche Ernährung. Intensivpflegefall. Verschlechterungstendenz.

24j. Mann. Dauerschaden: siehe oben. Der im Wachkoma liegende Kl. wird auf Dauer als Intensivpflegefall in Kliniken und Heimen verbringen. „Eine Besserung sei unwahrscheinlich", so das Gericht. [Kapitalisiert beläuft sich das Schmerzensgeld auf 764.574 DM bzw. 390.920 Euro, womit – so das LG – „der aus der bisherigen Rechtsprechung ersichtliche Rahmen … nicht gesprengt wird".

Betrag: 306.775 € **Haftung: 100 %**
immVorb: – **MdE: 100 %**
Rente: 383 €

LG Dessau 9.2.2001 – 2 O 1185/98 = unveröffentlicht

4840

Gehirnschädigung, schwerste (hier: Apallisches Syndrom zu dessen Ausprägung ausgeführt wird, es handele sich um einn „Mischbild aus apallischem Syndrom und einem sogenannten apallischen Durchgangssyndrom"; Tetraspastik; hochgradige spastische Tetrapharese bis Tetraplegie. Es besteht noch ein „gewisser Kontakt" zwischen der Kl. und ihrer Mutter der sich so darstellt, dass beim Sprechen der Mutter es zu Lippenbewegungen seitens der Kl. kommt.

19j. Frau. 20 Monate stationär oder in stationärer Pflege. Anschließend erfolgte die Pflege durch die Eltern der Klägerin. Dauerschaden: Intensivpflegefall; wach aber nicht ansprechbar (Coma Vigile), künstliche Ernährung durch die Bauchdecke, Tetraspastik. Das LG fasste die Situation der Kl. wie folgt zusammen: „Durch den Unfall wurde das Leben der damals 19-jährigen Klägerin total zerstört".

Betrag: 357.904 € **Haftung: 100 %**
immVorb: – **MdE: 100 %**

LG München I 16.1.2003 – 19 O 20638/01 = BeckRS 2003, 32611

3565

Gehirnschädigung, schwerste (hier: Zerebralparese mit ausgedehnter Krampfneigung. Weder Sitzen noch Fortbewegung möglich; kein Sprechen oder andersartiges verbales äußern möglich; Persönlichkeitszerstörung).

Kind (Säugling). Langwierige Heilbehandlung über mehrere Jahre! Dauerschaden: Intensivpflegefall; vita minima; Persönlichkeitszerstörung! Dem Kl. sind alle Möglichkeiten einer körperlichen oder geistigen Entwicklung vollständig genommen sodass sich das weitere Leben auf die Aufrechterhaltung der Grundfunktionen des Lebens beschränkt. Ursache: Arzthaftung / Geburtshilfefehler. Grob fahrlässiges Verhalten des Arztes!

Betrag: 400.000 € **Haftung: 100 %**
immVorb: – **MdE: 100 %**
Rente: 500 €

LG Kleve 9.2.2005 – 2 O 370/01 = BeckRS 2005, 2412

3080

Apallisches Syndrom / Gehirnschädigung, schwerste (hier: Strangulationstrauma mit postraumatischer Tetraspastik, Epilepsie. Schwerste denkbare Verletzungsfolgen mit völliger Wesenszerstörung, künstlicher Ernährung und „rund-um-die-Uhr-Intensivpflege").

6j. Kind (Junge). Lebensgefahr; Intensivstation. über 2 Monate stationär mit anschließendem Rehabilitationsaufenthalt. Dauerschaden: Persönlichkeitszerstörung. Intensivpflegefall. Der Kläger verfügt über nahezu keine Körperreaktionen mehr! Permanent künstliche Ernährung!.

Betrag: 409.034 € **Haftung: 100 %**
immVorb: Ja **MdE: 100 %**

LG Flensburg 1.2.1999 – 4 O 263/98 = BeckRS 2016, 14663

5981

Gehirnschädigung, allerschwerste (hier: „Weitgehenden Zerstörung der Grundlagen für die Wahrnehmungs- und

Empfindungsfähigkeit, die den Verletzten in seiner Wurzel trifft und für ihn deshalb existentielle Bedeutung … hypoxisch-ischämischen Enzephalopathie mit multiplen Hirnsubstanzdefekten rechts frontal, beidseits parietal sowie links temporal und vermutlich im Bereich des Kleinhirns, einem Hydrozephalus internus mit ventrikulo-peritonealer Shuntanlage, einer spastischen Tetraparese, einer symptomatisch multifokalen therapieresistenten Epilepsie mit häufigen, teils mehrfach täglich auftretenden tonisch-myoklonischen Anfällen und Absencen, schwersten motorischen Störungen mit einem motorischen Entwicklungsstand von ca. 3 Monaten, schwersten kognitiven Störungen mit einem kognitiven Entwicklungsstand von maximal 3 Monaten, schwersten Störungen der kommunikativen Entwicklung und des Sozialverhaltens mit lediglich rudimentären Interaktionsmöglichkeiten, schwerster Beeinträchtigung der Selbstständigkeitsentwicklung mit vollständiger Hilflosigkeit. Der Kläger kann nicht sprechen und hat keinerlei Eigenmobilität entwickelt. Es besteht keine Kopfkontrolle. Er reagiert lediglich auf Geräusche und Licht. Er ist bei allen Verrichtungen des täglichen Lebens dauerhaft und ausschließlich auf fremde Hilfe angewiesen“, so das LG.

1j. Kind. Arzthaftung (hier: Grober Behandlungsfehler: Blutverlust und Sauerstoffunterversorgung im Rahmen einer Operation. „Fehlerhaft sei im Aufwachraum die Kreislauffunktion nicht überwacht worden, obwohl sich der Kläger noch in einem kompensierten Schockzustand befunden habe. Auch der Blutdruck sei nicht gemessen worden und keine klinische Untersuchung durchgeführt worden. Grob fehlerhaft seien Laborwerte nicht bestimmt worden. Deren Ergebnisse hätten zwingend eine weitere Bluttransfusion nach sich ziehen müssen. Diese Versäumnisse seien unbegreiflich. Unfassbar sei weiter, dass ein so schwer beeinträchtigtes Kind mit einer Schwester ohne Arztbegleitung im Kinderwagen in die Kinderklinik transportiert worden sei“, so das LG). Dauerschaden: Intensivpflegefall, Inkontinenz, nahezu völlige Bewegungslosigkeit. „Innerhalb der letzten 5 Jahre hat der Kläger nur in sehr geringem Umfang Fähigkeiten wieder erlangt, bzw. Entwicklungsfortschritte gemacht. Er zeigt elementare motorische und kognitive Fähigkeiten, die etwa dem Entwicklungsstand eines Kindes von 3 Monaten entsprechen. Nach den Feststellungen des Sachverständigen C ist nicht zu erwarten, dass er zukünftig stehen oder laufen lernen könne oder selbstständig einen Rollstuhl bedienen könne. Er werde allenfalls einfache Greif- und Zeigefunktionen erlernen können, die bestenfalls für einfache Möglichkeiten der unterstützten Kommunikation genutzt werden könnten, der funktionelle Umgang mit Stiften werde nicht möglich sein. An- und Ausziehen, Körperpflege ebenfalls nicht. Es sei nicht zu erwarten, dass der Kläger elementare Kulturtechniken erlernen könne“, so das LG.

Betrag: 450.000 € **Haftung: 100 %**
immVorb: Ja **MdE: 100 %**

LG Köln 23.3.2011 – 25 O 65/08 = BeckRS 2013, 13670

4460

Gehirnschädigung; schwerste (hier: Apallisches Syndrom mit Tetraspastik und küsnstlicher Ernährung mittels PEG-Sonde).

4j. Kind. Arzthaftung (Hier: Behandlungsfehler bei Narkotisierung des Kindes, welches wegen einer Unterarmfraktur stationär behandelt werden musste). Dauerschaden: Apallisches Syndrom; Tetraspastik; Intensivpflegefall. Die Kl. hat jedoch noch emotionale Fähigkeiten und kann Freude, Unwohlsein und Angst empfinden und äußern; auch erkennt sie ihr nahestehende Personen. Das KG schließt daher nicht aus, „dass der Kl. … die Ausweglosigkeit der jetzigen Situation in gewisser Weise bewusst ist. … Das Alter der Geschädigten im Zeitpunkt des Schadensereignisses und die Möglichkeit, dass eine – wenn auch rudimentäre – Erinnerung besteht, rechtfertigen ein höheres Schmerzensgeld“, so das KG, welches daher den vom LG zuvor zuerkannten Schmerzensgeldbetrag – auf kapitalisiert insgesamt ca. 650.000 Euro – deutlich anhob. [Anmerkung: Weitere Fundstellen sind ua NJW-RR 2012, 920; NZV 2012, 445 und VersR 2012, 766].

Betrag: 500.000 € **Haftung: 100 %**
immVorb: – **MdE: 100 %**
Rente: 650 €

KG 16.2.2012 – 20 U 157/10 = BeckRS 2012, 6990

4084

Gehirnschädigung, schwerste (hier: Zerebralparese)

Kleinkind / Säugling. Hebammenhaftung / Geburtshilfefehler (hier: Grober Behandlungsfehler). Dauerschaden: Intensivpflegefall. Künstliche Ernährung mittels einer Sonde. Lähmung aller vier Gliedmaßen; Apallisches Syndrom. Epilepsie.

Betrag: 500.000 € **Haftung: 100 %**
immVorb: Ja **MdE: 100 %**

LG Münster 7.8.2003 – 11 O 1004/03 = BeckRS 2016, 14758

6. Beschmutzungen, Rauchbelästigung und Ruhestörung

Vorbemerkung: Die nachfolgenden Urteile befassen sich mit Beeinträchtigungen, die grundsätzlich nicht als schmerzensgeldrelevante Gesundheitsbeeinträchtigungen oder Körperverletzungen bezeichnet werden können. Zweifelhaft ist in solchen Fällen bereits das Vorliegen der Voraussetzungen der Anspruchsgrundlage des § 253 Abs. 2 BGB. In Ausnahmefällen (vgl. nachfolgend → Nr. 3192 oder → Nr. 4780) wurde jedoch zutreffend ein Schmerzensgeld zuerkannt.

Insofern sei auch auf den Aufsatz von Bönker, Lärmschutz auf Baustellen, NZBau 2026, 80 hingewiesen.

Mit der Frage, ob auch für Lichtimmissionen (nächtliche Beleuchtung) ein Schmerzensgeldanspruch besteht, hatte sich das OLG Karlsruhe mit Urteil vom 20.2.2018, → Nr. 5397 befasst und dies verneint.

a) Beschmutzung

3251

Beschmutzung / Bespritzung (hier: … mit Kaffee in einem Flugzeug).

Mann. Es kann zwar ein Schmerzensgeldanspruch gegeben sein, wenn ein Fluggast durch eine versehentlich von einem Servierwagen herabgestoßene Kaffeekanne verletzt wird (WarschAbk Art. 17); jedoch ist eine durch einen solchen Unfall ausgelöste „extreme Angst, mit heißem Wasser in Berührung zu kommen, … nicht schmerzensgelderhöhend zu berücksichtigen“, so das LG Düsseldorf.

Betrag: – **Haftung: –**
immVorb: – **MdE: –**

LG Düsseldorf 31.1.2003 – 22 S 266/03 = NJW-LSK 2003, 420756

3192

Bespucken in's Gesicht. Zudem Beschimpfungen und Drohungen wie „du blöder Scheißbulle", „blöde Scheißbullen", „Arschlöcher", „Dein Gesicht merke ich mir und dann kriege ich dich, du Arschloch".

Mann (Polizeibeamter). Das AG lehnte einen Schmerzensgeldanspruch des Beamten wegen der Beleidigungen und Beschimpfungen mit der wenig nachvollziehbaren Begründung ab, es sei „der Umstand zu berücksichtigen, dass der Bekl. angetrunken war und sich die Beschimpfungen im Wesentlichen nicht gegen den Kl. als Person, sondern in seiner Eigenschaft als Polizist gerichtet habe". Schmerzensgeld daher nur für das Bespucken.

Betrag: 250 € **Haftung: 100 %**
immVorb: – **MdE: –**

LG Münster 29.8.2002 – 8 S 210/02 = BeckRS 2002, 7634

6681

Bespucken in das Gesicht und Beleidigungen. Der Beklagte hatte dabei den Kläger absichtlich und unvermittelt mitten in das Gesicht gespuckt, „wodurch dieser ein erhebliches Ekelgefühl und körperliches Unwohlsein erlitt", so das AG in der, der VG Entscheidung zu Grunde liegenden Urteil. Zudem beleidigte er ihn mit den Worten "Arschlöcher, Dreckschweine, Scheiß Bullen".

Mann (Polizist). Die Entscheidung des VG befasste sich im Rahmen Anspruch auf Erfüllungsübernahme gemäß Art. 97 BayBG mit einem dem Kläger vom AG Augsburg zuerkannten Schmerzensgeldanspruch in Höhe von 800 EUR für die oben unter Verletzungen ausgeführten Beleidigungen und Handlungen. Insofern hatte der Kläger im Dienst dem teilweise unbekleidet im Schnee am Bahnhofsvorplatz in … liegenden Beklagten versucht, zu helfen und diesen zu einer ärztlichen Untersuchung zu bringen. [Anmerkung: Die gegen das Land Bayern gerichtete Klage vor dem VG Augsburg auf Erfüllungsübernahme wurde als unbegründet zurückgewiesen, da vorliegend „kein Angriff im physischen Sinne" gegen den Beamten vorlag].

Betrag: 800 € **Haftung: 100 %**
immVorb: – **MdE: –**

VG Augsburg 23.1.2020 – Au 2 K 19.872 = BeckRS 2020, 2418

b) Emissionsfolge- und insbes. Rauchbelästigungen

7737

Lärmbelästigung bzw. Lärmemissionen einer Eishalle.

Mann. Kein Schmerzensgeldanspruch. Der Kläger beantragte mit seiner Amtshaftungsklage als Miteigentümer aufgrund der vom angrenzenden Grundstück ausgehenden unzumutbaren Lärmbelästigungen der dort baurechtswidrig errichteten Eissporthalle, deren Baubewilligung die Beklagte (= Gemeinde auf deren Grundstück die Halle errichtet worden war) genehmigt hatte zum einen zunächst ein Schmerzensgeld sowie im weiteren die Erstattung seiner finanziellen Aufwendungen zur Abwehr der Beeinträchtigungen. Da der Kl. jedoch nicht nachweisen konnte, dass er aufgrund der von der Nutzung der Halle ausgehenden Lärmemissionen eine Gesundheitsschädigung in Form einer psychischen oder physischen Beeinträchtigung erlitt hatte wurde dieser Anspruch zurückgewiesen. Hinsichtlich des Anspruchs auf Ersatz seiner finanziellen Aufwendungen bzw. Anwaltskosten und Auslagen iHv 12.213 EUR gab der OGH dem Kl. jedoch Recht und verwies das Verfahren an das Prozessgericht dh das Gericht erster Instanz zurück und betonte, dass finanzielle Aufwendungen des Nachbarn zur Abwehr von Beeinträchtigungen seiner rechtlich geschützten Interessen, die gerade dadurch notwendig wurden, dass die Baubehörde zuvor aufgrund pflichtwidrigen Verhaltens die Benützung eines Bauwerks zugelassen hat, grundsätzlich vom Schutzzweck des § 38 Stmk BauG erfasst sein können. [Anmerkung: Das Urteil wird hier vorgestellt, da es klarstellt, dass auch die von einem betroffenen Nachbarn / Anrainer zur Gefahrenabwehr erforderlichen Ansprüche und der Verfahrenskostenaufwand Gegenstand des Amtshaftungsanspruchs sein können. Dass vorliegend kein Schmerzensgeld zuerkannt worden war, lag am insofern unzureichenden Vortrag bzw. dem insofern nicht erbrachten Beweis seitens des Klägers].

Betrag: – **Haftung: 10 %**
immVorb: – **MdE: –**

OGH Österreich 31.7.2025 – 1 Ob 68/25v = BeckRS 2025, 20347

7159

Staubbedingte Verletzungen – hier: behauptete Sarkoidose 3. Grades (Sarkoidose ist eine Multisystemerkrankung bei der die Lunge als Hauptmanifestationsort anzusehen ist) sowie psychische Beeinträchtigungen in Form einer posttraumatischen Belastungsstörung (PTBS), einem psychophysischen Überlastungssyndrom und einer schweren bis mittelgradigen Depression.

Frau (Ladeninhaberin). Kein Schmerzensgeldanspruch für angebliche Verletzungen infolge von Staubentwicklung. Die Beklagte hatte in den von der Klägerin gemieteten Räumen Fliesenarbeiten durchgeführt. Dabei kam es zu einer erheblichen Staubentwicklung, wobei der Beklagte keinerlei Staubschutzvorkehrungen getroffen hatte. Die Klägerin trug vor, sei es durch den Vorfall bei ihr zu psychischen Erkrankungen gekommen, nämlich einer posttraumatischen Belastungsstörung, einem psycho-physischen Überlastungssyndrom und einer schweren bis mittelgradigen Depression. Das LG wies die Klage ab, da die Klägerin den Nachweis, dass die von ihr behaupteten Verletzungen durch die Staubentwicklung in ihrem Ladengeschäft hervorgerufen worden waren, nicht führen konnte. Das Urteil wurde vom OLG Bamberg BeckRS 2021, 60096 bestätigt und ist somit rechtskräftig.

Betrag: – **Haftung: –**
immVorb: – **MdE: –**

LG Bamberg 23.9.2020 – 11 O 281/16 = BeckRS 2020, 61839

6771

Knall mit Unfallfolgen (hier: Verletzungen infolge eines Sturzes / Unfalls, den die Klägerin auf ihre Schreckreaktion / Erschrecken zurückgeführt hatte, die „durch die Geräuschentwicklung einer herunterfallenden Jalousie" entstanden war.)

Frau. Das OLG Nürnberg-Fürth (BeckRS 2018, 36410) bestätigte die klagabweisende Entscheidung des AG Schwabach und führte dazu aus: „Maßgeblich ist indes nicht der konkrete Klang des Geräusches, sondern vielmehr, ob das beim Herunterfallen einer Jalousie entstehende Geräusch in alltäglichen Situationen auftreten kann oder nicht und weiterhin, ob der Eintritt derartiger Verletzungsfolgen, wie im vorliegenden Fall, adäquat ist. Nur dies ist für die rechtliche Beurteilung maßgeblich. Fakt ist, dass durch das Herunterfallen ein lauter Knall entstanden ist, der dazu geführt hat, dass die Klägerin erschrocken ist. Der daraufhin entstandene Schaden ist aber, wie bereits ausgeführt, nicht mehr adäquat, da es fern jegliche Lebenserfahrung liegt, dass durch die Geräuschentwicklung einer herunterfallenden Jalousie eine derartige Aneinanderreihung verschiedener Handlungen erfolgt, die zu den vorgetragenen Verletzungen der Beklagten führten".

Betrag: – **Haftung: –**
immVorb: – **MdE: –**

AG Schwabach 14.8.2017 – 4 C 1343/16 = BeckRS 2018, 36410

6764

Rauchbelästigung: Nichtraucherschutz bei Gefangenentransport. Der Kläger wurde bei der Verlegung in eine andere JVA zusammen mit drei weiteren Gefangenen „auf engstem Raum" transportiert wobei diese rauchten und „er den Rauchenden nicht ausweichen" konnte.

Mann (Strafgefangener). Bei der Schmerzensgeldbemessung berücksichtigte das LG, zum einen, dass der „Bedeutung des Nichtraucherschutzes ... wegen der Gesundheitsgefährdung eine große Bedeutung zu[kommt]" und dass zudem „während der Fahrt nicht gelüftet ... [wurde] ... und der Transport eine gewisse Stresssituation darstellt".

Betrag: 50 € **Haftung: 100 %**
immVorb: – **MdE: –**

LG Aachen 16.3.2021 – 12 O 240/20 = BeckRS 2021, 9960

6388

Atemnot, Kopfschmerzen, Augenbrennen, Brechreiz und Schwindel als Folge des Einatmens der Dämpfe eines Ölfleckenentfernungsmittels.

Frau. Die Beschwerden dauerten 2 bis 3 Tage. Ursache: Diffusion von Dichlormethan. Zum Thema Bagatellverletzung führte das OLG aus: „Die erlittene Gesundheitsbeeinträchtigung der Klägerin rechtfertigt die Zuerkennung eines Schmerzensgeldes .... Wohl kann der in dieser Norm enthaltene Billigkeitsgrundsatz die Versagung eines Schmerzensgeldes für vorübergehende Beeinträchtigungen der Befindlichkeit solcher Art rechtfertigen, wie sie der Mensch auch sonst, vor allem im Zusammenleben mit anderen, vielfältig ertragen muss und daran gewöhnt wird, sich von ihnen möglichst nicht nachhaltig beeindrucken zu lassen (BGH NJW 1992, 1043). Diese Schwelle ist im vorliegenden Fall von der durch die Klägerin erlittenen Beeinträchtigung schon überschritten. Sie übertrifft in der Schwere und insbesondere dem Zusammentreffen mehrerer Symptome, darunter Atemnot, Kopfschmerzen, Augenbrennen, Brechreiz und Schwindel, eine Bagatellverletzung, wie sie im Alltagsleben typisch und häufig auch aus anderen Gründen als einem besonderen Schadensfall entsteht".

Betrag: 500 € **Haftung: 100 %**
immVorb: – **MdE: –**

OLG Hamm 6.9.2001 – 27 U 50/01 = BeckRS 2001, 30203489

4780

Allergische Reaktion wegen allergischer Reaktion auf Ausdünstungen so genannter „Saunatücher" während eines Fluges in einem Großraumflugzeug. Die Kl. hatte eine anaphylaktische Reaktion erlitten und eine erhebliche Atemnot verspürt.

Frau. In diesem Urteil ging es um Schadenersatz eines Fluggastes wegen allergischer Reaktion auf Ausdünstungen sog. „dampfender Saunatücher" während des Fluges. Die Klägerin, die auf die Inhaltsstoffe derartiger Tücher sehr allergisch reagiert, hatte die Flugbegleiter auf diese Disposition ausdrücklich hingewiesen. Dennoch wurden die Tücher verteilt. Dazu führte das OLG aus: „Zu Recht hat das Landgericht auch angenommen, dass die Klägerin nicht gehalten ist, die durch die Erfrischungstücher ausgelösten Beschwerden als Folge des allgemeinen Lebensrisikos hinzunehmen. Denn die an Bord befindlichen Mitarbeiter der Beklagten wussten von der Disposition der Klägerin, sodass sie gehalten gewesen wären, die Austeilung der feuchten Tücher zu unterlassen oder die Klägerin so zu separieren, dass es zu keiner allergischen Reaktion kommen konnte". Das OLG sah allerdings ein Mitverschulden der Kl. darin, dass diese nicht nochmals – unmittelbar beim Wahrnehmen der Verteilung der Tücher „Halt" gerufen hatte [ich halte dies allerdings für realitätsfern].

Betrag: 1.500 € **Haftung: 75 %**
immVorb: – **MdE: –**

OLG Frankfurt a. M. 16.4.2014 – 16 U 170/13 = BeckRS 2014, 9172

c) Ruhestörungen

5397

Einschränkung der Nachtruhe, der Lebensqualität und der körperlichen Unversehrtheit durch Lichtimmissionen, die von einem in der Nachbarschaft gelegenen Kirchturm ausgehen, der – ab Einsetzen der Dämmerung bis zum Anbruch des Tageslichts – mit 23 LED-Scheinwerfern angestrahlt wird.ein erholsamer Schlaf regelmäßig nicht mehr möglich sei. Aufgrund der ständigen Störung der Nachtruhe leide die Klägerin an Schlafstörungen, Herz- und Kreislaufproblemen sowie persistierenden Kopfschmerzen.

Frau. Kein Schmerzensgeldanspruch für Lichtimmissionen. „Ein nachbarrechtlicher Abwehranspruch gegen die nächtliche Beleuchtung benachbarter Gebäude besteht nicht, wenn die Lichtimmissionen die Benutzung des eigenen Grundstücks nur unwesentlich beeinträchtigen. Bei der Beurteilung der Wesentlichkeit können die "Hinweise zur Messung, Beurteilung und Minderung von Lichtimmissionen der Bund / Länder – Arbeitsgemeinschaft für Immissionsschutz (LAI)„ als Orientierungshilfe herangezogen werden. Das Maß der Schutzbedürftigkeit des von einer Immission betroffenen Nachbarn kann im Einzelfall davon abhängen, ob und inwieweit er ohne größeren Aufwand im Rahmen des ortsüblichen und sozialadäquaten zumutbare Abschirmmaßnahmen ergreifen kann", so das OLG.

Betrag: – **Haftung: –**
immVorb: – **MdE: –**

OLG Karlsruhe 20.2.2018 – 12 U 40/17 = BeckRS 2018, 1726

7526

Ruhestörung / Lärmbelästigung durch „Klopfattacken" und regelmäßigem Klopfen seitens der Beklagten an die Wohnungsdecke, wodurch die darüber wohnende Klägerin gestört und ua in ihrer Nachtruhe beeinträchtigt wurde.

Frau. Das AG München sprach der Klägerin 300 EUR Schmerzensgeld zu, da sie durch häufiges Klopfen ihrer Nachbarin erheblich in ihrer Ruhe gestört worden war. Den Vortrag der Beklagten, sie habe in Notwehr gehandelt, das sie sich ihrerseits von angeblichem Nähmaschinengeräusch der Klägerin belästigt gefühlt habe, wies das AG zurück: Wiederholtes Klopfen gegen die Decke ist keine Notwehr gegen behauptete Lärmbelästigung durch eine Nähmaschine.

Betrag: 300 € **Haftung: 100 %**
immVorb: – **MdE: –**

AG München 18.8.2023 – 173 C 11834/23 = BeckRS 2023, 54534

7. Entstellungen und entstellende Narben

Vorbemerkung: Art und Umfang eines Dauerschadens gehören zu den wichtigsten Faktoren der Schmerzensgeldbemessung. Die Entstellung zählt dabei zu den gravierenden Dauerfolgen, wird doch mit ihr das Opfer fortwährend als solches *gezeichnet*. Deshalb wurden nachfolgend die Urteile der vorstehenden Kapitel nochmals selektiert, bei denen entstellende Narben oder sonstige Entstellungen zu berücksichtigen waren.

3149

Narben. (ohne nähere Angaben)

Lesenswert: Zur Verjährung bei Spätschäden: Der BGH sah den streitrelevanten Abfindungsvergleich nicht als konstitutives Anerkenntnis (Verjährung 30 Jahre) an. Der Schuldgrund sei mit dem Hinweis auf die „Abgeltung“ der „Ansprüche aus dem … Schadenereignis“ hinreichend deutlich gemacht und „für jeden mit der Sache Befassten (sei) eine eindeutige Zuordnung der AE zu dem … Schadensfall hergestellt", sodass die Wertung der AE als „abstraktes Schuldversprechen“ fern liege, so der BGH.

Betrag: – **Haftung: –**
immVorb: – **MdE: –**

BGH 28.1.2003 – VI ZR 263/02 = BeckRS 2003, 2219

2930

Bauchverletzung in Form einer „stark entstellenden wulstartigen, schiefen Narbe“ [Entstellung] als Folge einer Blinddarmentfernung mit Pararektalschnitt (statt Wechselschnitt).

20j.Frau. Arzthaftung (hier: Aufklärungspflichtverletzung bzgl. unterschiedlicher Operationsmethoden bei Blinddarmoperation). Dauerschaden: Entstellende Bauchnarbe [Entstellung].

Betrag: 1.534 € **Haftung: 100 %**
immVorb: – **MdE: –**

AG Geilenkirchen 15.6.2000 – 2 C 136/98 = BeckRS 9998, 4055

2592

Gesichtverletzung / Wangenverletzung (hier: „5 cm lange Schnittwunde … der linken Wange …“ mit „deutlich sichtbarer“ Narbe!) [vgl. auch unter Wange.]

7j. Kind (Mädchen). „3 Operationen … mehrfach ärztlich versorgt“. Dauerschaden: Narbe, die „gerade für ein junges Mädchen … eine nicht unwesentliche Beeinträchtigung“ bedeutet.

Betrag: 1.534 € **Haftung: 100 %**
immVorb: – **MdE: –**

AG Weiden 17.11.1997 – 3 C 1342/97 = unveröffentlicht

5303

Entstellung, vorübergehende in Form von Gesichtsverletzung / Hautverletzungen (hier: „Die Klägerin litt in der Nacht nach der Anwendung unter einem Brennen und Schmerzen im Gesicht, es traten blutende Wunden auf, die in einem größeren Bereich um den Mund und das Kinn herum bis zur Wange zu entstellenden Hautausschlägen geführt haben. Zur Linderung der Schmerzen musste die Klägerin ihr Gesicht über einen längeren Zeitraum hinweg kühlen. Die Hautschäden sind an exponierter Stelle im Gesicht der Klägerin eingetreten, was sie nach ihrer glaubhaften Schilderung zunächst 17 Tage lang überhaupt gehindert hat, in die Öffentlichkeit zu gehen. Bis heute belastet sie ihr Aussehen und die Notwendigkeit, die Langzeitschäden durch mehrere Laserbehandlungen zu beseitigen. Andererseits hat sich die Gesichtshaut der Klägerin bis zur mündlichen Verhandlung am 7.4.2016 ersichtlich teilweise erholt, weshalb zumindest das geschminkte Gesicht keine besonders extremen Auffälligkeiten mehr aufweist.“).

Frau. Langwierige Beeinträchtigungen. Ursache: Produkthaftung „Besteht bei großflächiger Anwendung einer Gesichtshaarentfernungscreme nach erfolgreichem Vortest und Beachtung der Gebrauchshinweise die Gefahr starker Hautirritationen mit Langzeitschäden, so entspricht das Produkt nicht den Sicherheitserwartungen der Personen, die damit in Berührung kommen. (amtlicher Leitsatz)“.

Betrag: 2.000 € **Haftung: 100 %**
immVorb: – **MdE: –**

LG Heidelberg 25.11.2016 – 3 O 5/16 = BeckRS 2016, 20530

5284

Rückenverletzung (hier: 16 cm große Narbe im Bereich des linken oberen Rückens nach kunstfehlerhafter Muttermalentfernung.).

Mann. Dauerschaden: Große Narbe. Arzthaftung. [Lesenswert zur Kenntnis vom Schaden iSd § 199 Abs. 2 Nr. 2 BGB. Diese „kann nicht schon dann bejaht werden, wenn dem Patienten lediglich der negative Ausgang der ärztlichen Behandlung bekannt ist. Denn das Ausbleiben des Erfolgs ärztlicher Maßnahmen kann in der Eigenart der Erkrankung oder in der Unzulänglichkeit ärztlicher Bemühungen seinen Grund haben. Deshalb gehört zur Kenntnis der den Anspruch begründenden Tatsachen das Wissen, dass sich in dem Misslingen der ärztlichen Tätigkeit das Behandlungs- und nicht das Krankheitsrisiko verwirklicht, wobei es hierzu nicht schon genügt, dass der Patient Einzelheiten des ärztlichen Tuns oder Unterlassens kennt. Vielmehr muss ihm aus seiner Laiensicht der Stellenwert des ärztlichen Vorgehens für den Behandlungserfolg bewusst sein“. (Zitat nach LSK-Redaktion).

Betrag: 2.500 € **Haftung: 100 %**
immVorb: Ja **MdE: –**

OLG München 23.1.2014 – 1 U 2254/13 = BeckRS 2015, 2165

5714

Wangenverletzung (hier: „Hautveränderungen“ in Form von „ca. 5-D-Mark-Stück großen, gut sichtbaren Flecken im Bereich der Wangenknochen …“).

Frau (junge Frau). Heilpraktikerhaftung (hier: Behandlungsfehler bei Laserbehandlung zur Beseitigung von Schwangerschaftsflecken. Diese Hautveränderungen im

Gesicht der Klägerin hätte der Beklagte verhindern können, wenn er zunächst die gebotene Probebehandlung durchgeführt hätte). Die Klägerin nimmt die Flecken als Entstellung war. Hierzu führte das AG aus: „Die ungefähr 5-D-Mark-Stück großen roten Flecken im Bereich der Wangenknochen des Gesichts der Klägerin sind gut sichtbar und nur durch Schminken abzudecken. Die Vergrößerung der. Schwangerschaftsflecken belastet die Klägerin psychisch schwer. Nach Bekundungen der Zeugin … wird die Klägerin unter anderem auch auf der Straße auf die Flecken in ihrem Gesicht angesprochen. Eine operative Entfernung der Flecken ist der Klägerin aufgrund der Gefahr der Verschlimmerung durch Narbenbildung ebenfalls nicht zumutbar".

Betrag: 2.500 € **Haftung: 100 %**
immVorb: – **MdE: –**

AG Büdingen 22.1.2004 – 2 C 698/02 (21) = BeckRS 2004, 153089

4821

Tätowierungsverletzung (hier: Tattoo-Entfernung mit erheblicher Narbenbildung am Rücken).

Frau. Tattoo-Entfernung in einer Größe von etwa 12 × 12 cm mittels der sog. „OSC-Methode". Die Behandlung, die zunächst wegen großer Schmerzen abgebrochen wurde, „führte zu dem bis heute sichtbaren Ergebnis, bei dem zum einen noch dunkle Farbpartikel in der Haut sind und sich an der ehemaligen Tätowierungsstelle wulstiges Narbengewebe befindet". Dauerschaden: Entstellung durch Narben „an einer exponieren Stelle auf dem Rücken … und daher beim Tragen von luftiger Kleidung deutlich zu sehen".

Betrag: 4.000 € **Haftung: 100 %**
immVorb: – **MdE: –**

LG Essen 9.8.2013 – 19 O 233/11 = BeckRS 2013, 16103

4735

Misslungene Schönheitsoperation (hier: Fettabsaugung / Liposuktion an Bauch, Hüfte und Oberschenkeln mit der Folge von Entstellungen in Form von beibenden Dellenbildungen, Fettgewebsnekrosen, entstellenden Narben).

Frau. 4 Operationen. Dauerschaden: Beibende Dellenbildung, Fettgewebsnekrosen, entstellende Narben / Entstellung. Arzthaftung / Behandlungsfehler und Aufklärungspflichtverletzung im Zusammenhang mit der Durchführung einer Liposuktion [Fettabsaugung] im Bereich des Unterbauchs, der Hüfte und der Taille. Bei der Bemessung wurde insbesondere berücksichtigt, dass die Klägerin – über das zweifelhafte Endergebnis der Schönheitsoperation hinaus – „letztlich nutzlose Eingriffe durchgeführt [wurden], d. h. sie erlitt bei den insgesamt vier Eingriffen die mit solchen Eingriffen regelmäßig verbundenen Beeinträchtigungen und ist auch viermal den insoweit immer bestehenden Operationsrisiken ausgesetzt gewesen. Dies rechtfertigt nach Auffassung des Senats den zuerkannten Schmerzensgeldbetrag", so das OLG.

Betrag: 7.000 € **Haftung: 100 %**
immVorb: – **MdE: –**

OLG Zweibrücken 28.2.2012 – 5 U 8/08 = BeckRS 2012, 9870

3106

Ohrverletzung (hier: Keloidnarben / Wulstnarben an den Nahtstellen. Der Kl. war wegen abstehender Ohren operiert worden. Es kam zu einer „schüsselförmigen Ohrform …, die auch als Telefonohr bezeichnet wird". Nach einer zweiten Operation sind auch die Ohrmuscheln nun steif, unbeweglich und enganliegend.)

10j. Kind (Junge). Arzthaftung (hier: Behandlungsfehler bei Ohranlegeoperation / Anlegen von Segelohren). Der Junge wurde wegen seiner Telefonohren gehänselt und fiel in seinen schulischen Leistungen stark ab; zu Letzterem konnte jedoch keine schmerzensgeldrelevante Ursächlichkeit bejaht werden. Maßgeblich für das Schmerzensgeld war die zweite Operation sowie die letztlich enganliegenden und unbeweglichen Ohrmuscheln mit denen der Kl. auf Dauer leben muss.

Betrag: 7.500 € **Haftung: 100 %**
immVorb: Ja **MdE: –**

LG Aachen 18.6.2003 – 11 O 72/00 = BeckRS 2010, 15419

5732

Brustverletzung (hier: Erhebliche optische Beeinträchtigungen nach missglückter Brustvergrößerungsoperation. Es entwickelten sich postoperativ rund um die Brustwarzenvorhöfe breite Narben. Die Brustwarzenvorhöfe erscheinen vergrößert und sind asymmetrisch ausgebildet (rechts oval / links rund). Die Brustwarzenhöfe sind beidseitig so hoch oberhalb der natürlichen Position gelegen, dass sie aus einem Halbschalen – BH herausschauen. Zudem zeigt sich bei der Klägerin auch in normaler Körperhaltung das auf ein Implantat hinweisende sog. Double – Bubble – Phänomen.

36j. Frau. Arzthaftung (hier: Aufklärungspflichtverletzung und Behandlungsfehler mit Gesundheitsbeeinträchtigungen nach kosmetischer Brust-OP, die in Form einer sogenannten „subpectoralen Implantation" durchgeführt worden war). Zur Höhe des Schmerzensgeldes führte das OLG aus: „Auf dem Hintergrund dessen, dass die Kl. – wie sie während des gesamten Rechtsstreites bekräftigt hat – in jedem Fall die optischen und schmerzhaften Beeinträchtigungen des streitgegenständlichen Eingriffs operativ abmildern lassen möchte, ist ihr auf Grund der vorstehenden Gesundheitsbeeinträchtigungen allerdings lediglich ein „Teilschmerzensgeld" zuzusprechen, welches der Senat mit 10.000 EUR für angemessen erachtet". Dies sei angemessen, „um die Kl. für die genannten immateriellen Beeinträchtigungen in dem Zeitraum bis zur voraussichtlichen Nach-OP und hinsichtlich der verminderten Berührungsempfindlichkeit der Brüste auf Dauer zu entschädigen".

Betrag: 10.000 € **Haftung: 100 %**
immVorb: Ja **MdE: –**

OLG Hamm 29.3.2006 – 3 U 263/05 = BeckRS 2006, 9402

4377

Narbe, entstellende … auf dem rechten Oberschenkel, 25 cm lange und 1 bis 1,5 cm breite, wulstige und stark gerötete Narbe infolge einer behandlungsfehlerhaft verursachten Refraktur des Oberschenkels.

10j. Kind / Mädchen. Langwierige Heilbehandlung. Arzthaftung (hier: Behandlungsfehler bei Oberschenkelfraktur. Es wurde eine Refraktur durchgeführt. Dauerschaden: 25 lange und 1,5 cm breite wulstige Narbe am rechten Oberschenkel. Zur Schmerzensgeldbemessung bzgl. der Narbe führte das OLG aus: „In diesem Kontext gilt es zu berücksichtigen, dass sich bei jungen Mädchen ein durch die Medien geprägter – zu denken ist etwa an Fernsehsendungen wie „Germanys next topmodel" – Wertewandel vollzogen hat, sich zunehmend (nur) über ein möglichst makelloses Äußeres zu definieren, bzw. wertzuschätzen".

Betrag: 20.000 € **Haftung: 100 %**
immVorb: Ja **MdE: –**

OLG Jena 26.7.2011 – 4 U 13/11 = BeckRS 2011, 21362

6702

Gesichtsverletzung, schwere (hier: Hundebiss in das Gesicht mit der Folge von schweren Gesichtsnervverletzungen, Gesichtsnervlähmung in Form einer inkompletten Lähmung des Nervus fascialis. Die Klägerin ist dauerhaft entstellt und kann ein Auge nicht mehr schließen, so dass sie dauerhaft Augentropfen verwenden muss. Zudem kann sie einen Mundwinkel nicht mehr heben und somit auch nicht mehr richtig lachen.

2j. Kind. Stationäre Behandlung mit mehreren Operationen. Langwierige Heilbehandlung; das Gericht führte aus, dass die Kindheit der Klägerin im wesentlichen von Krankenhausaufenthalten, Arztbesuchen sowie dem Umgang mit den Verletzungsfolgen geprägt sei. Dauerschaden: Entstellung. [Ursache: Hundebiss / Tierhalterhaftungsfall mit grob fahrlässigem Verhalten der Hundehalterin, deren Hund zuvor bereits andere Kinder gebissen hatte].

Betrag: 90.000 € **Haftung: 100 %**
immVorb: Ja **MdE: –**

OLG München 16.12.2016 – 32 U 2167/16 = BeckRS 2016, 139940

8. Fernwirkungsschäden und Schock

Vorbemerkung: Auch wenn seit 22.7.2017 gemäß § 844 Abs. 3 BGB ein Anspruch auf Hinterbliebenengeld auch in Deutschland (vgl. im Handbuch → Rn. 340) besteht, gibt es auch weiterhin einen Anspruch des Primärverletzten auf Schmerzensgeld in den Fällen von Fernwirkungsschäden und Schockschäden. Um den Überblick innerhalb dieses Kapitels noch besser zu gestalten, wurde nachfolgend – soweit möglich – zwischen Fernwirkungsschäden (a), bei welchen Auslöser die Nachricht vom Unglücks- oder gar Todesfall war, und Schäden infolge des unmittelbaren Miterlebens desselben (b) unterschieden. Sonstige „Schockschäden" finden Sie unter (c).

Mehr zu diesem Thema und zur insofern wichtigen Entscheidung des BGH vom 6.12.2022 (BckRS 2022, 38714) finden siehe im Handbuch unter der → Rn. 301.

Nachfolgend eine aktuelle Übersicht über Entscheidungen zu dieser Thematik:

a) Fernwirkungsschäden

7117

Fernwirkungsschaden (hier: Tod der Ehefrau und die Kenntnis davon, dass ihr vom zuständigen Apotheker ein vorsätzlich zu gering dosiertes Medikament zubereitet worden war. Dies, so der Kläger, „würde eine Trauerarbeit und -bewältigung erheblich erschweren bzw. verzögern, wenn nicht gar unmöglich machen. Er sei durch diese psychisch höchst belastende Situation in seinem Alltag und seiner Lebensqualität eingeschränkt. Die Situation stelle sich für ihn als äußerst zermürbend dar.")

Mann. Kein Schmerzensgeldanspruch wegen des Todes der Ehefrau, die infolge vorsätzlich zu gering dosierter Medikamente (der Apotheker wurde wegen einer Vielzahl gleichgelagerter Fälle zu einer Freiheitsstrafe von 12 Jahren verurteilt) am Brustkrebs verstarb [vgl. dazu → Nr. 7176]. Der Kläger behauptet …, dass durch das Bekanntwerden des strafrechtlich relevanten Verhaltens des Insolvenzschuldners bei ihm erhebliche psychische Beeinträchtigungen ausgelöst worden seien. … Die Situation stelle sich für ihn als äußerst zermürbend dar.„ Das AG wies die Klage ab und führte dazu aus: "Auch wenn an die Darlegung eines psychisch vermittelten Schadens maßvolle Anforderungen zu stellen sind und eine übertriebene Strenge unangebracht ist (OLG Köln 16.9.2010 – 5 W 30/10, BeckRS 2010, 29879), genügt der klägerische Vortrag zur Begründung eines Schadens im vorgenannten Umfang nicht. … Sofern der Kläger behauptet hat, dass er durch diese psychisch höchst belastende Situation in seinem Alltag und seiner Lebensqualität eingeschränkt sei und die Situation sich für ihn als äußerst zermürbend darstelle, kann das Gericht dem noch keine pathologisch fassbare Schädigung entnehmen." [Anmerkung: vergleich dazu jedoch das erst kurz nach dem Urteil des AG verkündete Urteil des BGH BeckRS 2022, 38714].

Betrag: – **Haftung: –**
immVorb: – **MdE: –**

AG Essen 7.10.2022 – 12 C 2/22 = BeckRS 2022, 31258

7587

Mitteilung über den Tod eines nahen Angehörigen infolge eines vorsätzlich herbeigeführten Flugzeugabsturzes (Germanwings-Flug 4U9525 vom 24.3.2015).

Angehörige der Opfer des Germanwings-Flugs A-Flug 4U9525 von Barcelona nach Düsseldorf, bei dem alle 144 Passagiere durch den vom Kopiloten C im Rahmen eines sog. erweiterten Suizids bewusst herbeigeführten Absturz ums Leben kamen. Kein eigenes Schmerzensgeld für die Hinterbliebenen [Anmerkung: Hinterbliebenengeldansprüche gab es damals in Deutschland noch nicht. Der § 844 Abs. 3 BGB trat erst am 22.7.2017 in Kraft]: Die Beklagte (= Lufthansa) sei als Muttergesellschaft der Luftfrachtführerin (Germanwings) bereits „nicht passivlegitimiert, da die flugmedizinischen Sachverständigen hoheitlich gehandelt hätten und sich die Haftung daher nach den Grundsätzen der Amtshaftung gegen die Bundesrepublik Deutschland richte. … Selbst wenn man entgegen den vorstehenden Ausführungen von einer Haftung der Beklagten für die bei ihr angestellten flugmedizinischen Sachverständigen ausgehen und Pflichtverletzungen der flugmedizinischen Sachverständigen im Rahmen der gesetzlich vorgeschriebenen Tauglichkeitsuntersuchungen des Kopiloten unterstellen würde, seien Ansprüche der Kläger nicht gegeben, da sie nicht dargelegt hätten, dass eine fehlerbehaftete Untersuchung Ursache für den Flugzeugabsturz geworden sei. Die Behauptung, bei ordnungsgemäßer Untersuchung hätte dem Kopiloten nicht weiterhin die Tauglichkeit bescheinigt werden dürfen, sodass er das Flugzeug nicht zum Absturz hätten bringen können, reiche dafür nicht aus. Die Kläger hätten nicht vorgetragen, dass im maßgeblichen Zeitraum seit Ende des Jahres 2014 eine psychische oder sonstige Pathologie diagnostizierbar gewesen sei und vorgelegen habe.", so das OLG, dass sodann darauf verwies, dass „Nach ständiger höchstrichterlicher Rechtsprechung … die Mitteilung des Todes einer nahestehenden oder verwandten Person für sich gesehen nicht ausreichend [ist], um einen ersatzfähigen Schockschaden anzunehmen, sondern zusätzlich erforderlich [sei], dass sie gesundheitliche Beeinträchtigungen zur Folge hat, die pathologisch fassbar sind und über das hinausgehen, dem Hinterbliebene bei der Benachrichtigung von dem

Unfall eines nahen Angehörigen oder dem Miterleben eines solchen Unfalls erfahrungsgemäß ausgesetzt sind". Diesen Anforderungen genügt das Vorbringen der Kläger jedoch nicht, da sie nicht zu jedem dieser tragischen Einzelfälle näher vorgetragen hätten, so dass „es für das Landgericht und … für den Senat unmöglich [war], ein der Höhe nach im Einzelfall angemessenes Schmerzensgeld zuzuerkennen."

Betrag: – **Haftung: –**
immVorb: – **MdE: –**

OLG Hamm 14.9.2021 – 27 U 84/20 = BeckRS 2021, 26185

4273

Schock in Form einer „ausgeprägten reaktiven Depression …, die eine psychotherapeutische Behandlung unumgänglich gemacht" hat.

Frau. Das LG sprach der hinterbliebenen Ehefrau kein Schmerzensgeldanspruch zu und begründete dies mit dem „weit überwiegenden Verschulden des Getöteten an dem Verkehrsunfall …".

Betrag: – **Haftung: 30 %**
immVorb: – **MdE: –**

LG Fulda 7.1.2009 – 4 O 461/07 = BeckRS 2011, 10532

3332

Psychosyndrom (hier: Posttraumatische Belastungsstörung des Sohnes, weil er die in Todesangst ausgesprochenen Hilfsbitten des Vaters ignoriert und stattdessen den ärztlichen Beteuerungen vertraut hat).

Mann. Das Urteil befasst sich mit den Anforderungen an die Darlegung eines psychischen Schadens Dritter – hier von Angehörigen des verstorbenen Patienten – im Arzthaftungsprozess sowie mit der Zulässigkeit eines Teilurteiles. An die Darlegung eines psychischen Schadens naher Angehöriger eines Patienten, der durch ärztliche Versäumnisse zu Tode gekommen ist, dürfen nur maßvolle Anforderungen gestellt werden, so das OLG.

Betrag: – **Haftung: –**
immVorb: – **MdE: –**

OLG Koblenz 3.3.2005 – 5 U 12/05 = BeckRS 2005, 3257

3244

Fernwirkungsschaden (hier: Tod eines nahen Angehörigen, der bei einem Verkehrsunfall um's Leben kam).

Gesundheitliche Beeinträchtigungen, die nicht über diejenigen hinausgehen, die mit dem Tod eines nahen Angehörigen erfahrungsgemäß immer verbunden sind, rechtfertigen kein Schmerzensgeldanspruch, so das OLG in seiner Begründung.

Betrag: – **Haftung: –**
immVorb: – **MdE: –**

OLG Hamm 18.8.2003 – 6 U 198/02 = BeckRS 2008, 12144

3567

Fernwirkungsschaden / Schock wegen Unfalltod der eigenen Mutter.

Frau. Kein Schmerzensgeldanspruch. Im Einklang mit der herrschenden Rspr. (vgl. Becksche Schmerzensgeldtabelle 5. Auflage Kap. VII 7) sah auch das AG hier keine gewichtigen psycho-pathologischen Ausfälle von einiger Dauer.

Betrag: – **Haftung: –**
immVorb: – **MdE: –**

AG Bocholt 15.7.2002 – 13 C 303/01 = BeckRS 2002, 33436

3575

Psychische Beeinträchtigung / Fernwirkungsschaden / Schock (hier: Schweißausbrüche, vorübergehende Wehentätigkeit u.a.)

Frau. (schwangere Frau). Kein Schmerzensgeldanspruch für nur geringfügige, jedoch nicht nachhaltig traumatische Beeinträchtigungen infolge der Todesnachricht des Ehemannes.

Betrag: – **Haftung: –**
immVorb: – **MdE: –**

OLG Hamm 22.2.2001 – 6 U 29/00 = BeckRS 2007, 11056

2975

Verletzungen mit Todesfolge / Fernwirkungsschaden (hier: Tod des Kindes „unmittelbar" nach dem Unfall. Die Eltern beanspruchten aus vererbtem und eigenem Rechtsgrund ein Schmerzensgeld).

Kind. Kein vererbter Schmerzensgeldanspruch der Eltern wegen des sofortigen Todes. Auch kein eigener Anspruch bei Fehlen „gewichtiger psychopathologischer Ausfälle", so das OLG jeweils ablehnend.

Betrag: – **Haftung: –**
immVorb: – **MdE: –**

OLG Koblenz 22.11.2000 – 1 U 1645/97 = BeckRS 2000, 30144928

3983

Psychische Beeinträchtigung / Fernwirkungsschaden (hier: Schwere Traumatisierung infolge der Ermordung und Vergewaltigung ihrer Tochter. Die Mutter hat auch zehn Jahre nach der Tat das Geschehen nicht verarbeitet und ist infolgedessen psychisch und pysisch erkrankt. Sie leidet u.a. an Herzrythmusstörungen.

Frau. Fernwirkungsschaden mit Auswirkungen auf die gesamte gesundheitliche, soziale und berufliche Situation der hinterbliebenen Mutter.

Betrag: 2.500 € **Haftung: 100 %**
immVorb: – **MdE: –**

OLG München 9.12.2003 – 25 U 1538/03 = BeckRS 2003, 154471

4404

Schock / Fernwirkungschaden (hier: Durch die Nachricht vom Tode seiner Ehefrau erlitt der – zum Unfallzeitpunkt bereits längere Zeit von seiner Ehefrau getrennt lebende – Kl. „einen Schock im Sinne einer akuten Belastungsreaktion und zum anderen einne mittelgradige depressive Episode" [Depression]).

Mann. Das OLG wies – unter Verweis auf BGH NJW 1989, 2317 – erneut darauf hin, dass „eine Ersatzpflicht für psychisch vermittelte Beeinträchtigungen … nur da bejaht [werde], wo es zu gewichtigen psychopathologischen Ausfällen von einiger Dauer kommt, die die auch sonst nicht leichten Nachteile eines schmerzlich empfundenen Trauerfalls für das gesundheitliche Allgemeinbefinden erheblich übersteigen und die deshalb auch nach der allgemeinen Verkehrsauffassung als Verletzung des Körpers oder der Gesundheit betrachtet werden".

Betrag: 3.000 € **Haftung: 100 %**
immVorb: – **MdE: –**

OLG Karlsruhe 18.10.2011 – 1 U 28/11 = BeckRS 2011, 24981

4033

Vergewaltigungsversuch der Ehefrau des Klägers durch seinen Arbeitskollegen. Psychische Beeinträchtigung des Klägers, der seither an Depressionen leidet.

Mann. Wegen der Vergewaltigung befindet sich das Ehepaar in Partnertherapie.

Betrag: 5.000 € **Haftung: 100 %**
immVorb: Ja **MdE: –**

LG Düsseldorf 7.11.2001 – 5 O 210/99 = BeckRS 2009, 27615

6802

Depression, schwere (hier: schwere Depression iSv ICD-10: F32.2 und eine mittelgradige akute Belastungsreaktion iSv ICD-10: F43.0 mit psychosomatischen Auswirkungen wie einer erhöhten Herzfrequenz und Mundtrockenheit.

Frau (Ehefrau des verstorbenen Unfallopfers). MdE 60 Tage 100 %; anschließend erfolgte eine zweimonatige Wiedereingliederungsmaßnahme. Der Psychiater bestätigt einen kausalen Zusammenhang zwischen dem Unglücksfall und der Erkrankung der Klägerin, die über die übliche Trauer eines Angehörigen nach einem Todesfall deutlich hinausgeht. Vorschaden in Form von „depressiven Verstimmungen". [Anmerkung: Zum Zeitpunkt des Unfalls war das neue Hinterbliebenengeld gemäß § 844 Abs. 3 BGB noch nicht in Kraft getreten. das Urteil befasst sich intensiv mit dem Haushaltsführungsschaden und insofern mit dem Aufwand für Tierhaltung im Rahmen des Naturalunterhalts, siehe dazu auch r+s 2020, 726].

Betrag: 5.500 € **Haftung: 100 %**
immVorb: – **MdE: –**

OLG Naumburg 1.10.2020 – 9 U 87/18 = BeckRS 2020, 29241

2470

Fernwirkungsschaden (hier: „Posttraumatische Belastungsstörungen". Auch wenn die Neurose auf abnormer Erlebnisverarbeitung aufgrund spezieller Schadenanlage beruht,ist sie dem Schädiger grundsätzlich zuzurechnen.)

31j. Mann (Soldat). 28 Tage „eingeschränkt einsatzfähig"; danach Innendienst. Schmerzensgeldmindernd berücksichtigte das OLG die besondere Schadenanfälligkeit des Klägers. [Zur Ausgrenzung vgl. BGH NJW 86, 777].

Betrag: 7.669 € **Haftung: 100 %**
immVorb: Ja **MdE: –**

OLG Hamm 5.3.1998 – 27 U 59/97 = BeckRS 1998, 2818

5039

Fernwirkungsschaden (hier: Übermittlung und Folgen des Todes des 22-jährigen Sohnes, der durch einen Jet-Ski-Fahrer getötet worden war).

Frau (Mutter des durch einen Jet-Ski-Unfall auf der Ems getöteten Mannes). Sie war durch den Unfalltod ihres Sohnes über eine „normale" Trauerreaktion hinaus in eine schwere depressive Krise geraten, so das LG Oldenburg. Das OLG bestätigte das Urteil, setzte jedoch wegen des Mitverschuldens des Opfers in Höhe von 20 % das Schmerzensgeld auf 10.000 EUR herab.

Betrag: 10.000 € **Haftung: 80 %**
immVorb: – **MdE: –**

OLG Oldenburg 8.3.2016 – 13 U 69/15 = BeckRS 2016, 135439

2719

Fernwirkungsschaden / Schock aus Anlass der Übermittlung des Unfalltodes der 17j. Adoptivtochter des Klägers. [Zuvor war bereits dessen Ehefrau verstorben]. Chronische Depressionen.

Mann (Bauführer bei Telekom). Der Kläger trug vor, er habe Alpträume, Schweißausbrüche, sein Leben erscheine ihm sinnlos. Attestiert wurden „mittelschwere Depressionen".

Betrag: 10.256 € **Haftung: 100 %**
immVorb: – **MdE: –**

OLG Oldenburg 1.12.1998 – 5 U 127/98 = BeckRS 9998, 17239

5558

Fernwirkungsschaden (hier: Schwerwiegende depressive Episode / Depressionen, die „mit dem Zeitablauf – in eine „mittelgradige" depressive Episode (ICD F32.1.) übergegangen sein mag bzw. noch übergehen mag". Diese Verletzungen, so das OLG, stellen eine eigene psychische Gesundheitsbeeinträchtigungen bzw. -verletzungen dar, die sich als pathologisch fassbar darstelle und nach Art und Schwere deutlich über das hinausgehe, was Nahestehende als mittelbar Betroffene in derartigen Fällen erfahrungsgemäß an Beeinträchtigungen erleiden, so das OLG.

Frau / Mann (Eltern des vorsätzlich getöteten 36j. Mannes vgl. → Nr. 5557). Sehr deutlich in den Vordergrund der Schmerzensgeldbemessung stellte das OLG die Tatsache, dass zwischen dem Beklagten, den Klägern und ihrem Sohn bis zur Tat ein besonders enges familiäres Verhältnis und ein wechselseitiges Vertrauen zwischen diesen Familienmitgliedern bestand und das für die Kläger die vorsätzliche Tötung ihres einzigen Sohnes durch den Beklagten, zu dem sie – quasi – ebenfalls eine Eltern / Kind-Beziehung hatten, so unbegreiflich war, dass sie bis heute an den bewiesenen pathologischen Folgen in psychischer Hinsicht leiden. Bewertet wurde zudem, der mehraktige brutale Tathergang bei dem der Sohn der Kläger durch den ersten Schlag keineswegs sogleich getötet worden ist. Vielmehr ist – nach den o.a. Feststellungen im Strafverfahren – davon auszugehen, dass der Sohn der Kläger den ersten von vorne geführten Angriff durch seinen Vetter / Cousin mit Entsetzen und Todesängsten wahrgenommen und zunächst noch überlebt hat, bis er erst durch die weiteren vom Beklagten von hinten geführten wuchtigen und brutalen Schläge auf den Hinterkopf und das Einatmen von Blut gestorben ist und vom Beklagten in seinem Blute am Straßenrand zurückgelassen worden war. [Anmerkung: Das Schmerzensgeld in Höhe von 15.000 EUR wurde sowohl dem Vater als auch der Mutter des Getöteten zugesprochen].

Betrag: 15.000 € **Haftung: 100 %**
immVorb: – **MdE: –**

OLG Düsseldorf 20.8.2018 – I-22 U 224/17 = BeckRS 2018, 43147

4507

Fernwirkungsschaden / Psychische Beeinträchtigung (hier: Verlust der eigenen Tochter infolge eines Unfalles und daraus resultierende schwere posttraumatische Belastungsstörung mit Depressionen und anhaltenden somatoformen Schmerzstörungen).

Frau. Ihre Tochter wurde „infolge eines groben Verkehrsverstoßes des VN der Beklagten tödlich verletzt"; sie selbst erlitt daraufhin erhebliche psychische Beeinträchtigungen. Die Beklagte zahlte ein Schmerzensgeld von 5.000 EUR. Die Klägerin begehrte 35.000 EUR; das OLG sprach weitere 10.000 EUR zu und kommentierte dies mit der Begründung, „hierfür ist derzeit" eine Zahlung in der festgelegten Höhe erforderlich, aber auch ausreichend.

Betrag: 15.000 € **Haftung: 100 %**
immVorb: – **MdE: –**

OLG Frankfurt a. M. 19.7.2012 – 1 U 32/12 = BeckRS 2012, 16163

5568

Fernwirkungsschaden (hier: Anpassungsstörung sowie eine Trauerreaktion (ICD-10: F43.2 mit mittelgradiger depressiver Depression im Sinne einer intensiven Trauerreaktion ICD-10: F32.1). Die Nebenklägerin begab sich wenige Tage nach der Todesnachricht ihres einzigen Kindes wegen der erlittenen psychischen Beeinträchtigungen wie permanentem Weinen, Schlaflosigkeit, mangelndem Appetitanreiz, wirtschaftlichen Existenzängsten sowie zeitweiser Orientierungslosigkeit in fachärztliche Beratung. Sie zeigte auch während der Konsultationen des Neurologen und Psychiaters Dr. F., der eine Anpassungsstörung sowie eine Trauerreaktion (ICD-10 F43.2) diagnostizierte, ausgeprägt emotionale Reaktionen im Rahmen der nicht verarbeiteten Trauer, sie weinte anhaltend heftig. Die Nebenklägerin befand sich vom 26. Oktober bis 7. Dezember 2017 u.a. wegen einer mittelgradigen depressiven Depression im Sinne einer intensiven Trauerreaktion (ICD-10 F32.1) in stationärer Behandlung in der C. Klinik für Psychosomatische Medizin, aus der sie als arbeitsunfähig entlassen wurde. Trotz anschließender psychologischer bzw. psychiatrischer Begleitung und Teilnahme an einer Trauergruppe trat bei der Nebenklägerin bis zuletzt eine von ihr nicht zu kontrollierende emotionale Reaktion auf, die sich in anhaltendem Weinen mit begleitender seelischer Erschöpfung äußerte. Die Nebenklägerin verlor durch den Tod ihres Sohnes weitgehend den Lebensmut. Dies drückte sich auch in nachlassenden Leistungen in ihrem Beruf als Verkäuferin aus und führte schließlich zum Verlust ihres Arbeitsplatzes. Die Trauer hat sich so ausgeprägt in das Leben der Nebenklägerin eingearbeitet, dass eine in Aussicht gestellte Arbeitsstelle vor dem Hintergrund der emotionalen Überlastung nicht zustande gekommen ist. Die Nebenklägerin ist derzeit bis auf weiteres arbeitslos.

Frau (Verkäuferin). 6 Wochen stationär. Der Kläger raste – den Tod anderer ebenso wie den eigenen Tod billigend (so das LG) – mit bis zu 153 km/h durch die Innenstadt von Hamburg um sich dem Zugriff der Polizei zu entziehen. Es kam zur Kollision mit einem PKW, in dem mehrere Personen – unter anderem auch der noch an der Unfallstelle verstorbene Sohn der Klägerin – saßen. Es handelte sich um ihr einziges Kind, das Mutter-Sohn Verhältnis war besonders innig, zu dem leiblichen Vater bestand kein Kontakt. Ihren jetzigen seelischen Zustand bezeichnete sie selbst als „unerträglich". Möglicher Dauerschaden: Depressionen. Die Klägerin „hatte sogar den Eindruck, dass die Belastungen durch die therapeutischen Bemühungen immer mehr zunehmen, statt sich zu verringern. Ein Ende des Leidens ist nicht abzusehen, weitere intensive ärztliche und psychologische Bemühungen sind erforderlich .... Die Adhäsionsklägerin hat angesichts der fortbestehenden gesundheitlichen Beeinträchtigungen mit künftigen Schäden zu rechnen", so das LG. [Anmerkung: Zutreffend führte das LG zur Tatsache, dass der Sohn als Mitfahrer im PKW nicht angeschnallt war nicht schmerzensgeldmindernd an und führte dazu aus: „Ein in dem fehlenden Anschnallen liegendes Mitverschulden des Geschädigten B. tritt hinter das vorsätzliche Handeln des Angeklagten bei dem von ihm verwirklichten Tötungsdelikt zurück und war daher nicht zu Lasten der Adhäsionsklägerin in die Bewertung einzustellen"].

Betrag: 20.000 € **Haftung: 100 %**
immVorb: Ja **MdE: –**

LG Hamburg 19.2.2018 – 621 Ks 12/17 = BeckRS 2018, 39544

3329

Psychosyndrom Psychosyndrom (hier: Angst; Panikattacken; posttraumatische Belastungsstörung u.a.).

Mann / Kinder. Die Kläger (der Vater und die Brüder des in einem Hotelschwimmbad von der Pumpe einer Wasserrutsche unter Wasser angesaugten Jungen) mussten teilweise mit ansehen, wie das Kind – das schließlich nur durch zwei Erwachsene aus dem starken Sog. befreit werden konnte – versuchte, sich zu befreien und schließlich ertrank. Bei dem Vater bleibt ein Dauerschaden: Belastbarkeitseinschränkungen. Das LG sprach jedem der Kl. 20.000 EUR zu. [Nicht rechtskräftig!].

Betrag: 20.000 € **Haftung: 100 %**
immVorb: – **MdE: –**

LG Köln 17.3.2005 – 8 O 264/04 = BeckRS 2005, 3119

7560

Psychische Beeinträchtigungen der alleinerziehenden Mutter nach Tod des einzigen Kindes. Das LG sprach von einer „psychopathologischen Beeinträchtigung mit Krankheitswert" in Form einer ausgeprägten und über 32 Monate andauernden Anpassungsstörungen mit einer mittelgradigen depressiven Episode gemäß ICD 43.2 bzw. 32.1 mit depressiven Angstzuständen, wiederkehrenden Alpträumen und latenten Suizidabsichten. Zudem litt die Klägerin unter einer anhaltenden Trauerreaktion die auch sechs Jahre nach der Tat unvermindert bestand und – so das LG – „weiterhin noch nicht abgeschlossen ist".

Frau (Verkäuferin). Zwei stationäre Behandlungen (2017: 42 Tage sowie 2019: weitere 28 Tage) wegen Depressionen. Anschließend ambulante langwierige Heilbehandlung von mehr als sechs Jahren mit psychiatrisch-therapeutischer Behandlung und Dauermedikation. Bei der Bemessung des Schmerzensgeldes berücksichtigte das LG, dass der Täter vorsätzlich gehandelt hatte und dass die Klägerin als alleinerziehende Mutter eine „sehr enge, intensive Bindung" zu ihrem 22 Jahre alten Sohn gehabt hatte, der bei vollständiger Abwesenheit des Vaters allein bei der Klägerin aufgewachsen war und bis 2015 gemeinsam mit ihr in einer Wohnung gelebt hatte. Der durch diese vorsätzliche Tötung verursachte Verlust des einzigen Kindes und die daraus resultierende psychische Erkrankung der Mutter mit jahrelanger Behandlungsbedürftigkeit und darüber hinaus anhaltender Erwerbsunfähigkeit rechtfertige einen Betrag von 40.000 EUR, so das LG. [Anmerkung: Dem Urteil lag folgender Sachverhalt zugrunde: Der insofern wegen Mordes zu lebenslanger Haft verurteilte Täter kollidierte – mit einer Geschwindigkeit von 145 km/h – auf der Flucht vor der Polizei in der Innenstadt von Hamburg frontal mit einem Taxi, in welchem der Sohn der Klägerin gerade Platz genommen hatte; der Sohn erlitt schwerste Kopfverletzungen und verstarb noch am Unfallort. Das LG Hamburg nahm insofern auch den KH-Versicherer des Unfallfahrzeugs in die Pflicht und verwies darauf, dass sich dieser nicht auf den Risikoausschluss gemäß § 103 VVG berufen könne, da den Halter des gestohlenen Taxis kein Vorsatz treffe. Ebenso wies das LG den Mitverschuldenseinwand der Versicherung zurück, den diese erhoben hatte, da der Getötete sich im Taxi noch nicht angegurtet hatte. Dass der Getötete kurz nach dem Anfahren des erst auf 20 km/h beschleunigten Taxis seinen Sicherheitsgurt noch nicht angelegt hatte, trete – so das LG zutreffend – vollständig hinter den Verursachungsbeitrag des vorsätzlich handelnden Täters zurück.]

Betrag: 40.000 € **Haftung: 100 %**
immVorb: Ja **MdE: 100 %**

LG Hamburg 28.11.2024 – 323 O 330/20 = BeckRS 2024, 38998

b) Miterleben des Todes (eines nahen Angehörigen)

6843

Psychische Beeinträchtigungen des Ehemannes beim Tod der Ehefrau infolge eines Herzinfarktes.

Mann. Der Kläger verlor seine Ehefrau [Patientin] infolge eines groben Behandlungsfehlers; die Frau verstarb an „einem fulminanten Herzinfarkt mit begleitendem Blutverlust". Ansprüche auf Hinterbliebenengeld gem. § 844 Abs. 3 BGB kommen nicht in Betracht, da dessen Einführung zum 23.7.20217 nach der Behandlung der Patientin lag (Art. 229 § 43 EGBGB), so das LG. Die eigenen psychischen Beeinträchtigungen des hinterbliebenen Ehemannes sah das LG sehr wohl, wies aber dennoch den Schmerzensgeldanspruch zurück, da der Kläger nicht dargelegt hatte, dass diese über die gesundheitlichen Beeinträchtigungen hinausgehen, denen Betroffene beim Tod eines nahen Angehörigen in der Regel ausgesetzt sind. Auch aus übergegangenem Recht der Patientin bestehe kein Anspruch auf Schmerzensgeld, da die Patientin durch die fehlerhafte Behandlung keine wahrnehmbare Schmerzsteigerung erlebt hat, die aus Billigkeitsgründen eine Bemessung in Geld erforderte, weil „ab dem Zeitpunkt des ersten Kammerflimmerns bei der Patientin bis zu dem Eintritt des Todes eine durchgehende Empfindungslosigkeit vorlag, die ein weiteres Schmerzempfinden ausschloss".

Betrag: – **Haftung: –**
immVorb: – **MdE: –**

LG Flensburg 8.10.2021 – 3 O 188/18 = BeckRS 2021, 34576

4424

Schock / Miterleben des Todes der 19j. Tochter (Die Klägerin hatte – selbst am Straßenrand stehend – miterlebt, wie ihre 19jährige Tochter unter einen LKW geriet und getötet wurde).

Frau. „Da die rechtlich anerkannte psychisch vermittelte Schädigung nur auf einer besonderen persönlichen Bindung an den unmittelbar Verletzten (ergänze: oder Getöteten) beruht, muss sich der Angehörige (ergänze hier: die Mutter) das fremde Mitverschulden des unmittelbar Verletzten (ergänze: oder Getöteten) analog §§ 254, 242 BGB aus Billigkeitserwägungen anrechnen lassen", so das OLG. Die 19j. Tochter hatte den Unfall als Fußgängerin grob schuldhaft verursacht; der Kraftfahrer konnte ihn nicht vermeiden.

Betrag: – **Haftung: –**
immVorb: – **MdE: –**

OLG Düsseldorf 15.11.2011 – 1 U 255/10 = BeckRS 2012, 11205

3384

Psychische Beeinträchtigung; „Allein der ohne weiteres nachzuempfindende Umstand, dass die Kl. den sinnlosen Verlust ihres Sohnes als Folge der Tat seelisch noch nicht verarbeitet hat, rechtfertigt … kein Schmerzensgeld", so das OLG.

Frau. Kein Schmerzensgeld. „Für die Zubilligung eines eigenen Schmerzensgeldanspruchs an die Mutter reicht es nicht aus, dass sie vorträgt, sie habe der schweren Verletzung des nach einer brutalen Misshandlung bei ihr erschienenen und 36 Stunden später im Krankenhaus verstorbenen Sohnes hilflos gegenüber gestanden und dessen sinnlosen Tod seelisch noch nicht verarbeitet". (Leitsatz 2 der NZV-Redaktion) [vgl. Fernwirkungsschäden; Schock; Hinterbliebene].

Betrag: – **Haftung: –**
immVorb: – **MdE: –**

OLG Naumburg 7.3.2005 – 12 W 118/04 = BeckRS 2005, 5119

731

Miterleben des Todes eines Angehörigen (hier: Der Vater, der direkt nach dem Unfall an die Unfallstelle kam, musste mit ansehen, wie sein 10jähriger Sohn von einem LKW überrollt auf der Straße lag. Das Kind verstarb 3 Stunden später im Krankenhaus).

Mann (Vater des Unfallopfers). Beim Vater wurde eine „protrahierte" Trauerreaktion attestiert. Das Mitverschulden des Sohnes wurde angerechnet.

Betrag: 511 € **Haftung: 50 %**
immVorb: – **MdE: –**

KG 10.11.1997 – 12 U 5774/96 = BeckRS 2008, 14292

4868

Miterleben des Todes der Ehefrau/ Psychische Beeinträchtigungen (hier: „Schweißausbrüche, Ängste, Rückzug aus dem sozialen Umfeld und Schwierigkeiten bei der Bewältigung des Alltags … sind keine Beeinträchtigungen, die den natürlichen Prozess der Verarbeitung eines erheblichen negativen Ereignisses übersteigen" (so das LG Arnsberg in erster Instanz); dies verhalte sich jedoch anders bzgl. der vorliegenden Berufsbeeinträchtigung. [Anmerkung: Der BGH hebt insofern stärker auf die Tatsache des unmittelbaren Miterlebens des Todes der Ehefrau ab].

47j. Mann (LKW-Fahrer). Psychische Beeinträchtigungen infolge des Todes naher Angehöriger können nur dann als Gesundheitsverletzung im Sinne des § 823 Abs. 1 BGB angesehen werden, wenn sie pathologisch fassbar sind und über die gesundheitlichen Beeinträchtigungen hinausgehen, denen Hinterbliebene bei der Benachrichtigung vom tödlichen Unfall eines Angehörigen erfahrungsgemäß ausgesetzt sind, allerdings – und dies war ist die Besonderheit des Falles – ist von erheblicher Bedeutung, ob die geltend gemachten psychischen Beeinträchtigungen lediglich durch den Erhalt der Unfallnachricht (zB durch die Polizei) oder aber – wie vorliegend – infolge einer direkten Unfallbeteiligung bzw. dem Miterleben des Unfalls zurückzuführen sind, so sinngemäß der BGH, der deshalb das Urteil des OLG aufgrund der Revision des Klägers aufgehoben und die Sache zur erneuten Verhandlung und Entscheidung zurückverwiesen hatte. [Anmerkung: Das oa Schmerzensgeld basiert auf der erstinstanzlichen Entscheidung des LG Arnsberg BeckRS 2015, 3207. Es bleibt offen, wie das OLG insofern entscheiden wird]. Ursache: Motorradunfall. Siehe hierzu auch SVR 2015, III Vorbemerkung.

Betrag: 4.000 € **Haftung: 100 %**
immVorb: – **MdE: –**

BGH 27.1.2015 – VI ZR 548/12 = BeckRS 2015, 2887

7193

Miterleben des Todes der Ehefrau; der Kläger hatte im Rückspiegel seines Motorrades mit angesehen, wie seine Ehefrau, die mit ihrem Motorrad hinterherfuhr, mit voller Wucht von dem Fahrzeug erfasst wurde und hat sowohl akustisch als auch optisch miterlebt, wie seine Ehefrau bei einer sehr hohen Kollisionsgeschwindigkeit als Motoradfahrerin nahezu ungeschützt von einem Auto erfasst und getötet wurde.

Mann (LKW-Fahrer). Psychische Beeinträchtigungen. MdE 4 Wochen 100 %. Zudem war der Kläger drei bis vier Mal in ärztlicher Behandlung und hat über 1–2 Monate Beruhigungsmittel eingenommen. „Eine psychologische oder psychotherapeutische Behandlung zur Trauerbewältigung fand nicht statt. Angesichts dessen bewegen sich die Beeinträchtigungen des Klägers zu 2) ungeachtet der hausärztlich attestierten Diagnose einer akuten Belastungsreaktion nach ICD F 43.9G auch unter Berücksichtigung des Arbeitsplatzwechsels und des Auszuges aus der ehelichen Wohnung, zu denen sich der Kläger zu 2) infolge des Todesfalls veranlasst sah, noch im Rahmen dessen, was als sicher schmerzliche, gleichwohl übliche Trauerreaktion nach dem Unfalltod der Ehefrau zu erwarten ist", so das OLG Hamm, dass einen über die von der Beklagten vorgerichtlich geleisteten Betrag iHV 4.000 EUR hinaus den Anspruch des Klägers als unbegründet an, soweit er ein weiteres Schmerzensgeld beanspruchte. Dabei stützte sich das OLG auf die damals gültige aber heute vom BGH ausdrücklich (vgl. BGH BeckRS 2022, 38714) nicht mehr gültige Rechtsauffassung. [Anmerkung: Das Urteil wurde vom BGH aufgehoben – BGH BeckRS 2015, 2887, → Nr. 4868).

Betrag: 4.000 € **Haftung: 100 %**
immVorb: – **MdE: –**

OLG Hamm 23.11.2012 – 9 U 179/11 = BeckRS 2013, 2177

2467

Miterleben des Todes eines Angehörigen /Schock (hier: Tötung der Mutter durch insgesamt drei Schüsse aus einer Faustfeuerwaffe vor den Augen ihrer beiden Kinder [= Kläger]. Beide Kinder erlitten einen Schock, Angszustände, Alpträume etc.).

12 und 15j. Kinder. Die vom BGH [NJW 89, 2317] gezogene „Grenze ist nach Überzeugung des Senats bei beiden Klägern wesentlich überschritten". [Jedes Kind erhielt 10.000 DM]. Die Kinder saßen im Wohnzimmer beim Fernsehen, während sich ihre Mutter und der Beklagte auf dem Balkon befanden. Sie hörten zwei Schüsse und sahen, wie ihre Mutter blutüberströmt zusammenbrach, ehe noch der dritte Schuss fiel.

Betrag: 5.113 € **Haftung: 100 %**
immVorb: – **MdE: –**

OLG Nürnberg 27.2.1998 – 6 U 3913/97 = BeckRS 9998, 3103

5416

Miterleben des Todes / Schock, hier: Schwere depressive Episode ohne psychotische Symptome (ICD-10: F32.2) begleitet von einer akuten Belastungsreaktion (ICD-10: F43.0) nach Tod des eigenen Kindes, das die Klägerin dahinsiechen und versterben sah.

Frau (Mutter des im Falle → Nr. 5415 verstorbenen 15j. Mädchens). Arzthaftung (hier: Grober Behandlungsfehler im Zusammenhang mit der unterlassenen Auswertung der Laborwerten). Möglicher Dauerschaden: Mittelschweres depressives Syndrom.

Betrag: 10.000 € **Haftung: 100 %**
immVorb: – **MdE: –**

OLG Koblenz 25.9.2017 – 5 U 427/17 = BeckRS 2017, 127879

4126

Psychische Beeinträchtigung (hier: Posttraumatische Belastungsstörung mit Selbstmordgedanken und Depressionen sowie Appetitlosigkeit und Schlafstörungen nach dem Tod ihrer Tochter).

Frau. Arzthaftung (hier: Grober Behandlungsfehler des Anästhesisten bei einem Schwangerschaftsabbruch, dem sich die Tochter der Klägerin unterzogen hatte und 10 Tage später verstarb.). MdE 100 %: Die Klägerin war zur Zeit der Urteilsverkündung verletzungsbedingt noch immer erwerbsunfähig. [Anmerkung: Insgesamt wurden an die Erbengemeinschaft, bestehend aus dem Bruder und der Mutter der Verstorbenen 20.000,- zuerkannt sowie weitere 10.000,- an die Klägerin zu 1 (= Mutter der Verstorbenen).

Betrag: 10.000 € **Haftung: 100 %**
immVorb: Ja **MdE: –**

LG Bochum 27.1.2010 – 6 O 78/08 = BeckRS 2010, 6257

6329

Psychische Beeinträchtigungen, schwere (hier: „Die Klägerin ist bis heute nicht in der Lage, den Tod der Tochter adäquat zu verarbeiten. Entsprechend ärztlicher Atteste der Gemeinschaftspraxis S./M. wurde bei ihr eine posttraumatische Belastungsstörung festgestellt und eine psychiatrische Behandlung empfohlen. Die Klägerin zu 1) ist bis zum heutigen Tage erwerbsunfähig und psychisch erkrankt. Um ihrer tatsächlichen suizidären Gefährdung entgegen zu wirken, kann sich nicht allein gelassen werden. Sie hat sich zudem total zurückgezogen und ist sozial isoliert. Sie leidet unter Schmerzen am ganzen Körper, ausgeprägten Schlafstörungen und einer ständigen Erschöpfung und Appetitlosigkeit").

Frau. Arzthaftung. Die Klägerin ist die Mutter einer jungen Frau, die infolge eines Narkosefehler bzw. grober Behandlungsfehler im Zusammenhang mit einer Narkose nach 10 Tagen im Koma verstarb. Dauerschaden: MdE 100 % (jedenfalls bis zum Zeitpunkt der Urteilsverkündung), Selbstmordgefährdung, Schmerzen am ganzen Körper, ausgeprägten Schlafstörungen und einer ständigen Erschöpfung und Appetitlosigkeit. [Vergleiche insofern auch → Nr. 5904 = Schmerzensgeldurteil bzgl. des ererbten – §§ 1922, 823, 249 Abs. 2, 253 BGB – Anspruchs der Tochter].

Betrag: 10.000 € **Haftung: 100 %**
immVorb: – **MdE: 100 %**

LG Bochum 27.1.2010 – I 6 O 78/08 = BeckRS 2010, 6257

2548

Miterleben des Todes der Freundin / Schock (hier: Schock durch Miterleben des Todes der Freundin); Gesichtsschädelfraktur / Gesichtverletzung (hier: Jochbeinfraktur und

Orbitabodenfraktur links), Prellungen und Quetschungen des rechten Armes mit Funktionsstörung.

23j. Frau. 1 Operation. Länger anhaltende Bewegungseinschränkung des Armes. Gelegentlich Zuckungen in linker Gesichtshälfte sowie Schwellneigung. Psychotherapeutische Behandlung.

Betrag: 11.504 € **Haftung: 100 %**
immVorb: – **MdE: –**

OLG Hamm 23.3.1998 – 6 U 191/97 = BeckRS 9998, 15899

6530

Psychische Beeinträchtigungen in Form einer posttraumatischen Belastungsstörung [kurz: PTBS] in Verbindung mit Symptomen einer leichten depressiven Episode, infolge des unmittelbaren Miterlebens (als betroffener PKW-Fahrer) des Todes eines Menschen.

Mann. Der Kläger kollidierte unverschuldet mit einem Motorradfahrer, der mit seinem Kopf auf seine Windschutzscheibe aufgeschlagen und vor seinen Augen verstorben war. „Erleidet ein Kraftfahrer bei einem Zusammenstoß mit einem Motorrad, dessen Fahrer dabei tödlich verunglückt, lediglich psychische Schäden in Form einer pathologischen Verarbeitung des Geschehens, steht ihm ein Anspruch auf Schadensersatz und Schmerzensgeld zu“, so das OLG, das sodann weiter ausführte: „. Es ist allerdings zu berücksichtigen, dass allein die Teilnahme am motorisierten Straßenverkehr das Risiko in sich birgt, Zeuge eines Fremdunfalls zu werden, bei dem jeder Anwesende verpflichtet ist, Hilfe zu leisten, mithin Verletzungen oder sogar den Tod anderer Verkehrsteilnehmer unmittelbar wahrzunehmen und sich mit ihnen zu beschäftigen. In solchen Fällen wird allerdings eine Ersatzpflicht für psychische Folgeschäden generell verneint und nur in Ausnahmefällen zugelassen. Eine psychische Erkrankung durch das Miterleben eines schweren Unfalls, bei dem der Betroffene nur als Zuschauer anwesend, sonst aber nicht beteiligt war, ist grundsätzlich dem allgemeinen Lebensrisiko zuzuordnen“. [Zur Vorinstanz siehe → Nr. 6773].

Betrag: 15.000 € **Haftung: 100 %**
immVorb: Ja **MdE: –**

OLG Frankfurt a. M. 29.6.2020 – 22 U 128/19 = BeckRS 2020, 19453

6773

Psychische Beeinträchtigungen in Form einer posttraumatischen Belastungsstörung [kurz: PTBS] in Verbindung mit Symptomen einer leichten depressiven Episode, infolge des unmittelbaren Miterlebens (als betroffener PKW-Fahrer) des Todes eines Menschen.

Mann. Der Kläger erlebte unmittelbar, wie ein Motorradfahrer in einer Kurve von seiner Fahrbahn abkam und mit seinem PKW frontal kollidierte, wobei der Motorradfahrer mit dem Kopf auf die Windschutzscheibe des Fahrzeugs des Klägers aufschlug und wenig später – noch an der Unfallstelle – verstarb. Nach dem Unfall begab sich der Kläger in psychologische Behandlung. Bei der Schmerzensgeldbemessung berücksichtigte das LG, dass der Kläger neben der PTBS auch „Symptome einer leichten depressiven Episode [zeigte]. Ferner liegt eine Minderung der Erwerbsfähigkeit von 20 von 100 vor. Der Kläger hat im Rahmen seiner persönlichen Anhörung eindrucksvoll geschildert, dass er noch heute an Schlafstörungen leide und sich aus dem sozialen Leben zurückgezogen habe. Diese glaubhaften Angaben hat auch der Sachverständige nach einer ausführlichen Exploration seinen Feststellungen zugrunde gelegt. Es ist weiterhin berücksichtigt worden, dass der Kläger weiterhin therapierbedürftig ist, nach den Feststellungen des Sachverständigen jedenfalls für weitere zwei bis drei Jahre, wohl aber nicht bis zum Lebensende“, so das LG. Das Urteil wurde durch das OLG Frankfurt a.M. → Nr. 6530 bestätigt.

Betrag: 15.000 € **Haftung: 100 %**
immVorb: – **MdE: –**

LG Darmstadt 28.5.2019 – 4 O 445/16 = BeckRS 2019, 46730

3617

Miterleben des Todes der Ehefrau / Schockschaden (Der Kläger musste mit ansehen, wie seine Frau bei einem Zugunglück in zwei Teile zerissen wurde und verstarb).

Mann (amerikanischer Staatsbürger). Dauerschaden: Infolge des Fernwirkungsschadens litt der Kläger unter erheblichen psychischen Folgen, verlor seinen Arbeitsplatz und wurde alkoholabhängig. Das Gericht berücksichtigte auch die Verhältnisse im Heimatland des Klägers.

Betrag: 15.000 € **Haftung: 50 %**
immVorb: – **MdE: –**

OLG Frankfurt a. M. 11.3.2004 – 26 U 28/98 = BeckRS 2008, 16029

7342

Posttraumatische Belastungsstörungen durch das unmittelbare Miterleben, der tödlichen Messerattacke auf ihren Sohn bzw. Bruder. Es kam bei allen drei Klägern jeweils zu einer pathologisch fassbare Gesundheitsbeeinträchtigung von einigem Gewicht und einiger Dauer, die über den üblicherweise mit dem Tod eines nahen Angehörigen einhergehenden seelischen Schmerz hinausgeht.

Klägerinnen / Kläger sind die Eltern sowie die Schwester des Getöteten, der vom Beklagten mittels eines Butterfly-Messers in den Hals gestochen worden war und vier Tage später an seinen Verletzungen verstarb [vgl. dazu auch → Nr. 7341]. Alle drei Kläger leiden an einer posttraumatischen Belastungsstörung [PTBS]. Alle drei Kläger sind in ihrer Lebensführung und Lebensfreude durch Depressionen und Angststörungen beeinträchtigt. Sie mussten mit eigenen Augen erleben, wie ihr Sohn und Bruder nach den todbringenden Stichverletzungen, die ihm der Beklagte beigebracht hatte, nach fehlgeschlagener intensivmedizinischer Behandlung in einem Krankenhaus in Spanien verstarb. Das von den Klägern jeweils als Mindestbetrag geforderte Schmerzensgeld von 20.000 EUR ist für das Leid, welches der Beklagte den Klägern zugefügt hat, allemal angemessen", so das LG.

Betrag: 20.000 € **Haftung: 100 %**
immVorb: – **MdE: –**

LG Bochum 29.10.2015 – I-2 O 574/12 = BeckRS 2015, 18726

3658

Psychische Beeinträchtigung nach Tod des 11j. Sohnes / Bruders während eines Hotelurlaubes. Der Vater unternahm selbst noch Wiederbelebungsversuche.

Ehepaar und zwei Geschwister des in einem Hotelpool tödlich verunglückten Kindes. Das 11j. Kind war unter Wasser vor der Ansaugöffnung der Wasserrutsche festgesaugt worden und ertrank. Das OLG Köln sprach jedem der Hinterbliebenen ein Schmerzensgeld von 20.000 EUR zu (in der Summe somit 80.000,- EUR). „Die Verkehrssicherungspflicht des Reiseveranstalters erstreckt sich“ – so der BGH – „auch auf solche Einrichtungen des Vertragshotels, die er im Reisekatalog nicht erwähnt hat, sofern sie aus Sicht des Reisenden als Bestandteil der Hotelanlage erscheinen. Dies gilt auch, wenn der Hotelbetreiber für die Benutzung der Einrichtung ein gesondertes Entgelt erhebt". [vgl. auch → Nr. 3405].

Betrag: 20.000 € **Haftung: 100 %**
immVorb: – **MdE: –**

BGH 18.7.2006 – X ZR 142/05 = BeckRS 2006, 10716

3391

Fernwirkungsschaden (hier: Seelisches Leid über Jahre hinweg. Psychische Beeinträchtigung über das normale Maß an Trauerreaktion hinaus mit gewichtigen psychopathologischen Ausfällen von einiger Dauer).

Frau (Mutter des ertrunkenen 11j. Jungen). Im Hinblick darauf, dass seelisches Leid über Jahre hinweg einen Menschen in einem hohen Maße belastet, erfordert indes die Ausgleichsfunktion einen fühlbaren Betrag, jedenfalls die zuerkannten 20.000 Euro, so das OLG. Das OLG sprach ein ebenso hohes Schmerzensgeld auch dem Vater und den beiden überlebenden Brüdern des Getöteten zu. [vgl. auch Hinterbliebenenschmerzensgeld; Schock; Fernwirkungsschaden].

Betrag: 20.000 € **Haftung: 100 %**
immVorb: – **MdE: –**

OLG Köln 16.9.2005 – 16 U 25/05 = NJW 2005, 3074

3405

Miterleben des Todes des 15j. Sohnes. Schwere Depressionen. „Ihre Stimmung ist tief dysphorisch und affektiv eingeschränkt schwingungsfähig, geprägt von tiefer Resignation und Hoffnungslosigkeit. Ihre Aufmerksamkeit und ihre Konzentration ist deutlich gestört. Ihr Denken verlangsamt. Ihre Sozialkontakte sind gestört", so das OLG über die Krankheitssymptome der Eltern.

Eltern des 15j. Jungen, der qualvoll ertrank, indem er in ein Absaugrohr eines Freibades geriet, aus dem er sich weder mit eigener Kraft noch durch Hinzukommende Helfer befreien konnte. Das OLG sprach jeweils 10.000 EUR für den Vater und die Mutter zu. Auf das Schmerzensgeld des Verstorbenen, der über 10 Minuten seine Hoffnungslose Lage erleiden musste, zahlte die Versicherung ebenfalls 10.000 EUR was das OLG als ausreichend erachtete. [vgl. auch → Nr. 3658].

Betrag: 20.000 € **Haftung: 100 %**
immVorb: – **MdE: –**

LG Dortmund 24.6.2005 – 3 O 170/04 = BeckRS 2005, 12233

3329

Psychosyndrom (hier: Angst; Panikattacken; posttraumatische Belastungsstörung u.a.).

Mann / Kinder. Die Kläger (der Vater und die Brüder des in einem Hotelschwimmbad von der Pumpe einer Wasserrutsche unter Wasser angesaugten Jungen) mussten teilweise mit ansehen, wie das Kind – das schließlich nur durch zwei Erwachsene aus dem starken Sog. befreit werden konnte – versuchte, sich zu befreien und schließlich ertrank. Bei dem Vater bleibt ein Dauerschaden: Belastbarkeitseinschränkungen. Das LG sprach jedem der Kl. 20.000 EUR zu. [Nicht rechtskräftig!].

Betrag: 20.000 € **Haftung: 100 %**
immVorb: – **MdE: –**

LG Köln 17.3.2005 – 8 O 264/04 = BeckRS 2005, 3119

3191

Miterleben des Todes eines Angehörigen / Schock (hier: traumatische Schädigung der physischen oder psychischen Gesundheit, die über das normale Maß seelischer Erschütterung bei schweren Erlebnissen hinausgeht nach Tod des eigenen Kindes).

Eltern des verstorbenen Kindes. Das Kind kam bei einem Badeunfall im Urlaub zu Tode. [Anmerkung: Den Reiseveranstalter trifft eine Verkehrssicherungspflichtverletzung, wenn er sich nicht von der Sicherheit eines zu einem anderen Hotel gehörenden Spaßbades überzeugt, das im Rahmen eines von der gebuchten Reise umfassten Kinderbetreuungsprogramms von einer Kindergruppe benutzt wird.]

Betrag: 20.000 € **Haftung: 100 %**
immVorb: – **MdE: –**

LG Köln 28.8.2003 – 8 O 17/03 = NJW-LSK 2004, 040669

6414

Posttraumatische Belastungsstörungen, nachdem der Kläger, durch Schüsse im Nebenzimmer aufgeweckt, dort seinen getöteten Vater fand.

8j. Kind (Schüler). „Am frühen Morgen des 15.8.2002 wurde der Vater des Kl. in seinem Bett zu Hause durch mindestens 16 Schüsse getötet. Der Kl. schlief zu diesem Zeitpunkt in einem Nebenzimmer", so das LG. Für die Höhe des Schmerzensgeldes war – so das LG – „ferner entscheidend, dass dem Kl. durch die Tat der Vater und im Ergebnis auch die Mutter genommen wurde. Der Kl. muss wegen der Tat ohne Eltern aufwachsen". Anmerkung: Täter waren die Mutter des Klägers und deren Liebhaber; beide wurden wegen Mordes zu lebenslanger Haft verurteilt. [Anmerkung: Vgl. dazu auch LG Ellwangen → Nr. 7890 und → Nr. 7891].

Betrag: 25.000 € **Haftung: 100 %**
immVorb: – **MdE: –**

LG Bonn 8.12.2005 – 8 O 506/05 = BeckRS 2006, 3439

3156

Miterleben des Todes des Sohnes (hier: Geburtsschaden, infolgedessen der Sohn verstarb).

Die Kl. nehmen in Rechtsnachfolge ihres geburtsschadenbedingt verstorbenen Sohnes die Bekl. in Anspruch. Das LG sprach durch Teilurteil 55.000 Euro zu. Die Berufung führte zur Aufhebung, da das LG unzulässiger Weise die Frage des Schmerzensgeldes von der des materiellen Schaden getrennt hatte. Voraussetzung für die Zulässigkeit eines Teilurteils gemäß § 301 ZPO ist jedoch die Teilbarkeit des Streitgegenstandes. Zudem darf es nicht durch den weiteren Prozessverlauf beeinflusst werden können.

Betrag: 55.000 € **Haftung: 100 %**
immVorb: – **MdE: –**

OLG Koblenz 5.6.2003 – 5 U 219/03 = BeckRS 2003, 6293

7856

Miterleben des Unfalltodes des Sohnes: Schock und posttraumatische Belastungsstörung sowie eine schwere depressive Episode. Starke psychisch-emotionale Beeinträchtigung mit erheblichen sozial-kommunikativen Einbußen, massive Schlafstörungen, Albträume, häufige Erinnerungseinbrüche, Angstzustände und ausgeprägtem Vermeidungsverhalten.

Frau (Mutter des Unfallopfers). 24 Tage stationär in einer Klinik für Psychosomatik. Bei der Schmerzensgeldbemessung berücksichtigte das LG unter Berufung auf das fachärztliche Gutachten, dass „die posttraumatische Belastungsstörung bislang nicht behandelt wurde, sie schiene auch aktuell nicht behandelbar. Die Klägerin meide mutmaßlich aus Angst psychotherapeutische Methoden, damit diese nicht die „mühsam gedeckten Verzweiflungsgefühle unkontrolliert zum Vorschein kommen“ und damit auch die funktionelle Fassade der Klägerin zerbrechen lassen; die Klägerin sei überzeugt davon, auf eine solche Fassade angewiesen zu sein. Anders als es bei der Mehrzahl von Patienten mit einer posttraumatischen Belastungsstörung sei diese bei der Klägerin nicht spontan nach einigen Monaten ausgeheilt; ihre Störung sei als schwerer Fall anzusehen, gekennzeichnet durch massive Schlafstörungen, Albträume, häufige Erinnerungseinbrüche, Angstzustände und ausgeprägtem Vermeidungsverhalten. Ihr Krankheitsbild entspreche dem einer Minderung der Erwerbsfähigkeit von 50 % (im Rahmen der gesetzlichen Unfallversicherung). Die alltäglichen Beeinträchtigungen durch die Störung seien erheblich, ferner sei eine starke psychisch-emotionale Beeinträchtigung mit erheblichen sozial-kommunikativen Einbußen eingetreten. Sie lebe mit einer weitgehenden sozialen Isolierung – mit Ausnahme der Fortführung der ihr Halt gebende Arbeit -, habe bisherige Interessen und religiöse Glaubensüberzeugungen aufgegeben; unternehme ausgiebige Wanderungen zum Zweck der Herbeiführung von körperlicher Erschöpfung und Überwindung schwerer Schlafstörungen. Der Sachverständige hat bestätigt, dass bei der Klägerin noch nicht einmal eine Stabilität für eine traumatherapeutische Behandlung bestehe.“ Zudem ließ sich „die Kammer zum einen davon leiten lassen, dass es selten in der Rechtsprechung genau vergleichbare Fälle gibt und dass die Entwicklung in der Rechtsprechung in den letzten Jahrzehnten in Bezug auf Schmerzensgeldbemessungen eine begrüßenswerte Tendenz zu einer Steigerung zeigt.“ [Schmerzensgeld für Schockschaden eines miterlebenden Angehörigen: Ursache für die schweren psychischen Verletzungen war der Unfalltod des Sohnes der Klägerin. Die Klägerin war „ihrem Sohn ebenfalls auf dem Fahrrad in einem Abstand von ca. 2 m gefolgt, hat die von der Sattelzugmaschine ausgehende Lebensgefahr für ihren Sohn erkannt, ihm aufgrund der Umgebungsgeräusche erfolglos eine Warnung zugerufen, sodann verfolgen müssen, wie ihr Sohn von dem vorderen Bereich der Sattelzugmaschine gerammt wurde, dieser zu Fall kam und von dem rechten Vorderrad überrollt wurde, und schließlich noch versucht, ihren Sohn unter der Sattelzugmaschine herauszuziehen.“]. Vgl. dazu auch OLG Frankfurt a.M. → Nr. 5409.

Betrag: 80.000 € **Haftung: 100 %**
immVorb: – **MdE: 50 %**

LG Hannover 10.1.2022 – 1 O 68/19 = BeckRS 2022, 19746

5409

Miterleben des Unfalltodes des Ehemannes / Schock in Form einer Posttraumatischen Belastungsstörung gemäß ICD-10: F 43.1. „Eine PTBS entsteht nach der Definition in ICD-10: F 43.1 als verzögerte oder protrahierte Reaktion auf ein belastendes Ereignis oder eine Situation außergewöhnlicher Bedrohung oder außergewöhnlichen Ausmaßes (kurz oder langanhaltend), die fast jedem eine tiefe Verstörung hervorrufen würde. Hierzu gehören u.a. eine von Menschen verursachte Katastrophe, ein schwerer Unfall oder die Tatsache, Zeuge eines gewaltsamen Todes anderer zu sein“, so das OLG.

Frau (Ehefrau des Unfallopfers). Die Frau, Mutter von zwei Töchtern wurde durch das unmittelbare Miterleben der Kollision Ihres Mannes mit einem „Sprinter“ auf der Autobahn und dem „Finden“ des Sterbenden unter einem mit am Unfall beteiligten Sattelzuges völlig aus der Bahn geworfen: Suizidgedanken, fehlenden Empfindungen gegenüber ihren Töchtern, mangelnde soziale Kontakt, Verlassen der Familie, Leben in betreuter Einrichtung, zeitweises Arbeiten am sog. zweiten Arbeitsmarkt, Abbruch des Kontaktes zu ihren Schwestern und ihrer Mutter. Die Klägerin hat noch „fast täglich die Bilder von dem Unfall vor Augen …(sog. ungewolltes Flashback). Sie träumt auch oft vom Tod und Sterben“. Dauerschaden: Schweres Trauma, zu dem das OLG ausführt, die Klägerin müsse versuchen, damit „zu leben und sog. „Trigger“-Situationen, die zu einer Retraumatisierung führen können, zu vermeiden … und ergänzt, sie habe “eine Angst vor dem Autofahren entwickelt. Früheren Hobbys wie der Gartenarbeit und dem Skilanglauf kann sie nicht mehr nachgehen„. Völlig zutreffend führt das OLG zur Begründung seiner Bemessung aus: “Unter Berücksichtigung dessen, dass die Gesundheitsbeeinträchtigung der Klägerin zu 1) auch künftig andauern und sie aufgrund ihrer psychischen Belastung voraussichtlich nie ein „normales Leben“ führen können wird, ist ein Gesamtbetrag von 100.000,00 EUR zur Abgeltung ihres gesamten immateriellen Gesundheitsschadens nicht übersetzt". [Schmerzensgeld für Schockschaden eines miterlebenden Angehörigen: Vgl. dazu auch LG Hannover → Nr. 7856 sowie die One-Page-Besprechung des hier vorgestellten Urteils von Kleine-König in NZV 2018, 430].

Betrag: 100.000 € **Haftung: 100 %**
immVorb: – **MdE: –**

OLG Frankfurt a. M. 6.9.2017 – 6 U 216/16 = BeckRS 2017, 135880

c) Schock

7652

Schockschaden nach Mitteilung und – nach Rückkehr von einem Ausflug – Vergegenwärtigung der massiven Beschädigung des eigenen Einfamilienhauses infolge des Absturzes eines Kleinflugzeugs.

Frau / Mann (Ehepaar). Kein Schmerzensgeld für Schockschaden im Zusammenhang mit einer Sachbeschädigung. Hintergrund dieses dem OGH vom Berufungsgericht vorgelegten Sachverhalts, war der Absturz eines Kleinflugzeuges auf das Haus der beiden Kläger (Ehepaar), die zwar zum Unfallzeitpunkt nicht zu Hause waren, jedoch durch den Vorfall geschockt, da sie sich vorgestellt hatten, was passiert wäre, wenn sie zu Hause gewesen wären. Zudem hatten sie existenzielle Ängste wegen der Schäden an ihrem Haus. Diese Umstände führten bei beiden Klägern zu einer psychischen Beeinträchtigung von Krankheitswert. Der OGH führte dazu aus: „Eine von der Rechtsordnung zu schützende Sonderbeziehung zwischen Mensch und Sache, die der Beziehung zu einem nahen Angehörigen wertungsmäßig auch nur annähernd gleichzuhalten wäre, ist aber auch im Fall der Beschädigung eines Wohnhauses nicht anzunehmen. Wenngleich die hier vorliegende Sachbeschädigung aufgrund ihrer unvorhersehbaren Dramatik und der im höchstpersönlichen Lebensbereich der Kläger hinterlassenen Spuren keine alltägliche und ein daraus resultierender Schock auch nachvollziehbar ist, ist eine Ausweitung der Haftung eines Schädigers für Schockschäden aufgrund der Beschädigung einer Sache weiterhin abzulehnen.“

Betrag: – **Haftung: –**
immVorb: – **MdE: –**

OGH Österreich 25.3.2025 – 2 Ob 12/25s = BeckRS 2025, 5524

7298

Posttraumatische Belastungsstörung (PTBS) und eine depressive Störung infolge des Mitansehenmüssens der mangelhaften Pflege ihrer Mutter in einem Pflegeheim. [Anwendung der Rechtsprechung des BGH BeckRS 2022, 38714 – siehe dazu unter Einzelheiten sowie im Handbuch ? Rn. 301 ff].

Frau. Kein Schmerzensgeldanspruch. Die Klägerin ist Tochter der verstorbenen G. M. (im Folgenden: Patientin). Die Patientin befand sich bis zu ihrem Tod in vollstationärer Pflege des Pflegeheims K. Domizil. Die Beklagte zu 1) ist Trägerin des von der Beklagten zu 2) geleiteten Heims. Mit der Behauptung, sie habe infolge des Mitansehenmüssens der mangelhaften Pflege ihrer Mutter eine posttraumatische Belastungsstörung (PTBS) und eine depressive Störung erlitten, begehrt die Klägerin ua Zahlung von Schmerzensgeld. Das OLG sah die von der Klägerin geltend gemachten Ansprüche aus § 823 Abs. 1 BGB auf Schmerzensgeld und Schadensersatz wegen der bei ihr originär infolge des Aufenthalts ihrer Mutter im Pflegeheim aufgetretenen psychischen Erkrankung als nicht begründet an, betonte jedoch, dass die zum „Schockschaden" entwickelten Grundsätze nicht nur bei Unfallereignissen, sondern auch in Fällen einer behandlungsfehlerhaften Pflege eines nahen Angehörigen anwendbar sind, wenn – wie hier behauptet – bei dem Anspruchsteller selbst eine psychische Gesundheitsverletzung eingetreten sei. „Um einer uferlosen Haftung des Schädigers zu begegnen, ist allerdings die Kausalität einer kritischen Überprüfung zu unterziehen. Danach muss mit dem strengen Beweismaßstab des § 286 ZPO feststehen, dass eine als pathologisch einzustufende, psychische Gesundheitsbeeinträchtigung gerade aufgrund des haftungsbegründenden Ereignisses eingetreten ist. Denkbare und mögliche Alternativursachen stehen der Feststellung des notwendigen mittelbaren Kausalzusammenhangs damit regelmäßig entgegen (vgl. BGH NJW 2023, 983 mAnm Scholten ZfSch 2023, 136 – 142). Beweiserleichterungen, die bei schweren Behandlungsfehlern eingreifen können, sind zu Gunsten des nur mittelbar Geschädigten nicht anwendbar."

Betrag: – **Haftung: –**
immVorb: – **MdE: –**

OLG Dresden 7.11.2023 – 4 U 1217/23 = BeckRS 2023, 33290

7416

Posttraumatische Belastungsstörung (PTBS) in Form einer akuten Belastungsreaktion (F43.0) mit anschließender Depression (F43.2) und schweren Schlafstörungen, depressiven Verstimmungen, Antriebslosigkeit, Kopfschmerzen, Appetitlosigkeit, Bauchschmerzen und körperlicher Schwäche.

Frau bzw. Eltern des schwer verletzten Sohnes. Die Parteien streiten über Schadensersatzansprüche der Kläger nach einem schweren Verkehrsunfall ihres 16j. Sohnes, der mit seinem Motorrad schwer verunglückt war und aufgrund seiner bestehenden gesundheitlichen Einschränkungen und seiner Schwerbehinderung 24 Stunden am Tag auf die Hilfe anderer angewiesen ist. Die Klägerin trug die oben unter Einzelheiten aufgeführten Verletzungen vor, war jedoch zu keinem Zeitpunkt in psychiatrischer oder psychotherapeutischer Behandlung, sondern betreute ihren Sohn mit „hohem Einsatz", so das LG. Dagegen begab sich der Ehemann zwei Monate nach dem Unfall in psychotherapeutische Einzeltherapie, wo er sich auch noch 2023 befand. Das LG wies die Klage ab und führte dazu aus: „Die Nachricht über den schweren Unfall ihres Sohnes hat die Kläger erschüttert und bei der Klägerin zu 1 möglicherweise zu einer auf die unmittelbare Zeit nach dem Unfall begrenzte Anpassungsstörung geführt. Diese habe aber nicht den Rahmen dessen überschritten, was an Beschwerden bei einem solchen Erlebnis normalerweise auftritt"; zudem betonte das LG, dass seelische Erschütterungen und depressive Verstimmungen nach der Übermittlung schwerwiegender Nachrichten nicht ausreichten, um eine schmerzensgeldbegründende Gesundheitsschädigung anzunehmen. „Zudem", so das LG weiter, „habe die Klägerin zu 1 am 1.2.2019 [Anmerkung: Der Unfall ereignete sich am 31.8.2018] ihre vorherige Arbeit wieder aufgenommen. Derzeit arbeite sie trotz all der organisatorischen und menschlichen Belastungen im Kontext ihres behinderten Sohnes nebenbei weiter in einem Hotel in der Betreuung der Kinder." In Bezug auf den Antrag des Ehemannes folgte das LG den Ausführungen des hinzugezogenen Sachverständigen; dieser schloss einen Schockschaden aus, „weil der Kläger zu 2 bereits während seiner Kindheit und Jugend mit seinem geistig und körperlich behinderten Bruder aufgewachsen ist und es daher (nach seiner eigenen Aussage) gelernt hat, mit schwerer geistiger und körperlicher Behinderung umzugehen." [Vgl. dazu auch den in solchen Fällen sehr hilfreichen Praxishinweis von Balke SVR 2023, 461 (463)].

Betrag: – **Haftung: –**
immVorb: – **MdE: –**

LG Potsdam 25.7.2023 – 12 O 282/20 = BeckRS 2023, 34890

6793

Psychische Beeinträchtigungen in Form von Trauer jedoch ohne eine messbare pathologisch fassbare Gesundheitsbeeinträchtigung.

Frau (Witwe des unfallbedingt Verstorbenen). Kein Schmerzensgeldanspruch für psychische Beeinträchtigungen (Schock / Trauer) infolge des Verlustes eines nahen Angehörigen. „Auch nach Einführung des § 844 Abs. 3 BGB kann der Verlust eines nahen Angehörigen ein Schmerzensgeld des Hinterbliebenen nur dann begründen, wenn seine hierdurch hervorgerufene psychische Beeinträchtigung eine pathologisch fassbare Gesundheitsverletzung darstellt, welche über die gesundheitlichen Beeinträchtigungen hinausgeht, denen Hinterbliebene bei der Benachrichtigung vom tödlichen Unfall eines Angehörigen erfahrungsgemäß ausgesetzt sind", so das OLG mit Verweis auf BGH BeckRS 2015, 2887. [Sie dazu auch oben → Rn. 301].

Betrag: – **Haftung: –**
immVorb: – **MdE: –**

OLG Düsseldorf 15.12.2020 – I-1 U 35/20 = BeckRS 2020, 38671

6447

Schockschaden – hervorgerufen durch die schweren Verletzungen infolge des Behandlungsfehlers des Beklagten an ihrem Ehemann.

Frau (Klägerin ist die Ehefrau des verstorbenen Patienten). Arzthaftung (hier: Behandlungsfehler im Zusammenhang mit einer Darmspiegelung). Die Klägerin nimmt die Beklagte nach einer ärztlichen Behandlung ihres inzwischen verstorbenen Ehemannes aus originär eigenem Recht auf Schadensersatz in Anspruch. [Lesenswert bezüglich der vom BGH entwickelten Grundsätze zum sogenannten Schockschaden. „Die zum "Schockschaden„ entwickelten Grundsätze (vgl. nur Senatsurteile vom 10. Februar 2015 – BGH BECKRS Jahr 2019, 9; vom 27. Januar 2015 – BGH BECKRS 2019, 6) sind auch in dem Fall anzuwenden, in dem das haftungsbegründende Ereignis kein Unfallereignis im eigentlichen Sinne, sondern eine fehlerhafte ärztliche Behandlung ist. Eine Rechtfertigung dafür, die Ersatzfähigkeit von "Schockschäden„ im Falle ärztlicher Behandlungsfehler weiter einzuschränken als im Falle von Unfallereignissen, besteht grundsätzlich nicht", so der amtliche Leitsatz].

Betrag: – **Haftung: 100 %**
immVorb: – **MdE: –**

BGH 21.5.2019 – VI ZR 299/17 = BeckRS 2019, 12512

5021

Schock durch Überbringung der Todesnachricht (Tod des Ehegatten und Familienvaters) nach einem Flugzeugabsturz.

Mann. Hobbypilot. Ursache: Flugzeugkollision. „Die Ersatzpflicht des Luftfahrzeughalters kann … nach den Grundsätzen der sogenannten Schockschadenrechtsprechung auch die Zahlung eines Angehörigen-Schmerzensgeldes erfassen. Hierbei sind die Höchstgrenzen des § 37 LuftVG zu beachten", so der Leitsatz der Redaktion. Zu ergänzen ist jedoch, dass es auch insofern stets zu einer Körper- bzw. Gesundheitsverletzung des Anghörigen, zB infolge der Todesnachricht und eines daraus entstehenden krankheitsauslösenden Schocks kommen muss. Ein echtes Angehörigen-Schmerzensgeld kennt das deutsche Recht – anders in vielen europäischen Nachbarländern – bislang leider nicht.

Betrag: – **Haftung: 100 %**
immVorb: – **MdE: –**

OLG Bamberg 12.8.2014 – 5 U 62/13 = BeckRS 2015, 499

5013

Schock in Form einer hypertensiven Krise.

Frau. Kein Schmerzensgeldanspruch wegen Schock infolge des Miterlebens eines Verkehrsunfalles bei welchem die Nachbarin der Klägerin leicht verletzt worden war. Es könne dahinstehen, so das AG, ob sich die Kl. nur durch einen Sprung zur Seite vor dem Miterfasstwerden durch den PKW des Beklagten habe retten können. Ein Ersatz von Schockschäden komme „allenfalls bei nahen Angehörigen des Unfallopfers" in Betracht. [Anmerkung: Dies erscheint mir insofern nicht richtig zu sein, als im Fall einer psychischen Beeinträchtigung wegen der unmittelbar erlebten konkreten Gefahr um das eigene Leben, sehrwohl ein Schmerzensgeldanspruch möglich ist].

Betrag: – **Haftung: –**
immVorb: – **MdE: –**

AG Oberhausen 30.1.2014 – 37 C 2749/12 = BeckRS 2014, 14402

4455

Schock mit schweren depressiven Episoden nach Miterleben des Todes (durch Überrollen mittels des Traktors des Beklagten) der Labradorhündin, die die Klägerin spazieren geführt hatte.

Kein Schmerzensgeldanspruch für „Schockschaden" des Tierhalters nach Tötung seines Hundes. Eine „Ausdehnung dieser Rechtsprechung [ergänze: Rspr. zu Schmerzensgeldansprüchen bei Schockschäden bzw. Fernwirkung] auf psychisch vermittelte Gesundheitsbeeinträchtigungen bei der Verletzung oder Tötung von Tieren … [ergänze: kommt] nicht in Betracht. Dem entspricht es, dass der Gesetzgeber keinen Anlass für einen besonderen Schmerzensgeldanspruch des Tierhalters gesehen hat", so der BGH.

Betrag: – **Haftung: –**
immVorb: – **MdE: –**

BGH 20.3.2012 – XI ZR 114/11 = NZV 2012, 327

4017

Schockschaden / Fernwirkungsschaden (hier: Psychische Beeinträchtigung mit schwerer Depression und posttraumatischer Belastungsstörung).

Mann. Er leistete einem Unfallopfer erste Hilfe. Das ihm unbekannte Opfer verstarb jedoch in seinen Armen. Das LG lehnte deshalb seinen Schmerzensgeldanspruch ab: „… denn sogenannte Schockschäden … stehen nur nahen Angehörigen zu".

Betrag: – **Haftung: –**
immVorb: – **MdE: –**

LG Bochum 21.7.2009 – 8 O 775/08 = BeckRS 2009, 88635

4273

Schock in Form einer „ausgeprägten reaktiven Depression …, die eine psychotherapeutische Behandlung unumgänglich gemacht" hat.

Frau. Das LG sprach der hinterbliebenen Ehefrau kein Schmerzensgeldanspruch zu und begründete dies mit dem „weit überwiegenden Verschulden des Getöteten an dem Verkehrsunfall …".

Betrag: – **Haftung: 30 %**
immVorb: – **MdE: –**

LG Fulda 7.1.2009 – 4 O 461/07 = BeckRS 2011, 10532

3962

Schockschaden / Fernwirkungsschaden (hier: Psychische Beeinträchtigung infolge der Nachricht und Folgen des Todes des eigenen Sohnes. Die Kl. = Mutter eines der beiden getöteten Kinder erlitt Angsstörungen und litt unter Schlaflosigkeit).

Frau (Mutter des verstorbenen Kindes). Fernwirkungsschaden. Kein Schmerzensgeldanspruch, wenn die seelischen Beeinträchtigungen unter vom BGH angesetzten Grenze liegen und nicht die Annahme eines Krankheitsbildes begründen.

Betrag: – **Haftung: –**
immVorb: – **MdE: –**

LG Essen 5.12.2008 – 19 O 345/08 = BeckRS 2009, 24210

3506

Depressionen wegen Entäuschung über das Scheitern vermeintlich erfolgreicher Verhandlungen im Zusammenhang mit einer Abfindungserklärung.

Mann (Versicherungsagenturleiter). Kein Schmerzensgeld für den Gläubiger einer Abfindung, wenn er – auf der Basis einer Vorbesprechung – darauf vertraut hat, 480.000 EUR als Abfindung zu erhalten und diese Hoffnung später enttäuscht wird, weil die Versicherung als Schuldner der Abfindung lediglich 30.000 EUR zahlen will. Erleidet der Gläubiger (hier: Kläger) deshalb einen Zusammenbruch, so kann er von seinem Verhandlungspartner deshalb kein Schmerzensgeld verlangen. Weder gemäß § 311 Abs. 3 BGB noch aus § 823 Abs. 1 iVm 253 Abs. 2 BGB.

Betrag: – **Haftung: –**
immVorb: – **MdE: –**

OLG Hamm 24.6.2005 – 9 U 201/04 = BeckRS 2005, 14514

7653

Schock, behaupteter auf Grund der Zerstörung des Autos der Klägerin.

Frau. Kein Schmerzensgeld für Schockschaden: Das LG Wien hatte dem OGH den Fall vorgelegt. Das LG Wien war dabei zutreffend der Ansicht, dass auf Grund der Zerstörung ihres Autos der Klägerin kein Schmerzensgeld wegen eines angeblichen Schockschadens zustehe. „Es handle sich zwar nicht um einen mittelbaren, jedoch um einen inadäquaten Schaden, dh um einen atypischen ungewöhnlichen Geschehensablauf, der nicht als adäquate Schadensfolge aus dem Unfallgeschehen angesehen werden könne. Käme man bei Sachbeschädigungen von PKWs der vorliegenden Art zu einer Bejahung der Adäquanz für vom Eigentümer der Sache erlittene Schockschäden, würde dies zu einem unbegrenzten Ausufern von Schadenersatzpflichten führen. Eine von der Rechtsordnung anerkannte Sonderbeziehung zwischen Mensch und Auto sei nicht evident. Es stelle keine nach dem gewöhnlichen Lauf der Dinge auch nur einigermaßen zu erwartende Folge der Sachbeschädigung eines PKWs dar, wenn diese bei der Eigentümerin des PKWs zu einer psychischen Schädigung geführt habe", so das LG. Der OGH hatte die Revision wegen Fehlens einer erheblichen Rechtsfrage zurückgewiesen, wodurch die Entscheidung des LG Wien rechtskräftig wurde. [Anmerkung: Weitere Fundstellen dieses Beschlusses des OGH: Jus-Extra OGH-Z 3960 = MietSlg 57.188 = ZVR 2006/42 S 175 (Danzl, tabellarische Übersicht)]

Betrag: – **Haftung: –**
immVorb: – **MdE: –**

OGH Österreich 12.5.2005 – 2 Ob 100/05b = ZVR 2006, 175

3325

Schockschaden in Form einer schweren psychopathologischen Erkrankung, die sich unter anderem in traumatischen Angstausbrüchen, Schlafstörungen und schweren Depressionen manifestiert.

Frau. Das LG Berlin hatte sich mit der Frage des immateriellen Schadensersatzes der Tochter eines jüdischen KZ-Opfers (der Vater der Kl. war vom 22.9.1940 bis 4.3.1942 im KZ Auschwitz und wurde dort auf das Brutalste gefoltert, gequält und misshandelt und verließ das Lager seelisch und körperlich gebrochen). Das LG wies die Klage als unbegründet zurück, da die Kl. „keine Ansprüche unter dem Gesichtspunkt der Funktionsnachfolge [vgl. BVerfGE 15, 126, 133 ff.] für eine Schuld des … deutschen Reiches" habe.

Betrag: – **Haftung: –**
immVorb: – **MdE: –**

LG Berlin 13.4.2005 – 23 O 415/04 = BeckRS 2005, 5393

3300

Schock (hier: Einfacher Schock, dessen Auswirkungen „einige Tage" angedauert hatten.).

Frau. Kein Schmerzensgeldanspruch. Wer bei einem Verkehrsunfall einen einfachen Schock erleidet, dessen Auswirkungen einige Tage angedauert haben, hat keinen Anspruch auf Schmerzensgeld. Durch einen Schock verwirklicht sich lediglich das allgemeine Risiko, dem jeder Teilnehmer im Straßenverkehr täglich ausgesetzt ist, so das AG in seiner Urteilsbegründung.

Betrag: – **Haftung: –**
immVorb: – **MdE: –**

AG Hannover 4.9.1998 – 538 C 05654/98 = BeckRS 1998, 153660

3855

Schockzustand nach Miterleben der Tötung der eigenen Katze.

Frau. Die Klägerin erlebte aus unmittelbarer Nähe, wie der Hund des Nachbars ihre Katze tötet.

Betrag: 70 € **Haftung: 100 %**
immVorb: – **MdE: –**

AG Viersen 26.3.2008 – 34 C 175/07 = unveröffentlicht

4999

Schock, wegen des Miterlebens einer Unfallsituation, an der der Beklagte als PKW-Führer unverschuldet beteiligt war; er musste mit ansehen, wie eine Fahrradfahrerin – mit der er kollidierte – „gegen die Windschutzscheibe des Pkw des Klägers geschleudert und erheblich verletzt" wurde.

Mann. Es wurde, so das OLG ein „psychische Schocksituation" diagnostiziert und „dem Kläger eine Arbeitsunfähigkeitsbescheinigung für fünf Tage ausgestellt hat. Eine entsprechende psychische Schocksituation des Klägers ist nach dem Erlebnis der schweren Verletzung der Beklagten und der eigenen Unfallbeteiligung nachvollziehbar, nach der Lebenserfahrung unmittelbar plausibel und glaubhaft". 500 EUR, so das OLG lägen allerdings an der Obergrenze dessen, was insofern üblicher Weise zuzusprechen sei. [Weitere Fundstelle: SP 2015, 118 sowie DAR 2015, 94].

Betrag: 500 € **Haftung: 100 %**
immVorb: – **MdE: –**

OLG Oldenburg 31.7.2014 – 1 U 19/14 = BeckRS 2014, 18160

4157

Psychische Beeinträchtigung (hier: Schock sowie nachfolgende Depressionen und Panikattacken und weiteren psychosomatische Störungen) nach einem gewaltsamen Angriff.

Frau. Stationäre Erstbehandlung. Nachfolgend ambulante Behandlung der psychosomatischen Symptome. Vorsätzliche Körperverletzung (hier: Der Beklagte sprang auf das Auto der Klägerin und zerschlug die Windschutzscheibe und drohte damit, die Klägerin „kaputt" zu schlagen).

Betrag: 600 € **Haftung: 100 %**
immVorb: – **MdE: –**

AG Düsseldorf 10.3.2009 – 29 C 1248/08 = unveröffentlicht

7426

Posttraumatische Belastungsstörung (PTBS] / Schock aufgrund des Miterlebens des Verkehrsunfalles des eigenen dreijährigen Kindes. In dessen Folge kam es zu einer posttraumatischen Belastungsstörung, chronischen Kopfschmerzen und einer schweren depressive Episode ohne psychotische Symptome.

Mann. 37 Tage in teilstationärer Behandlung der Klinik für Psychiatrie und Psychotherapie. Im Anschluss befand sich der Kläger für ca. ein Jahr in einer ambulanten Psychotherapie. [Anmerkung: Sehr lesenswerte Entscheidung zur Anrechnung eigenen Mitverschuldens aufgrund unzureichender Aufsicht bzw. Beaufsichtigung des eigenen Kindes – Haftungsprivilegierung § 1664 BGB; vgl. dazu auch BGH BeckRS 2021, 1443 sowie im Handbuch unter → Rn. 336 und → Rn. 339].

Betrag: 750 € **Haftung: 25 %**
immVorb: – **MdE: –**

OLG Köln 30.1.2024 – 9 U 66/23 = BeckRS 2024, 4504

3672

Schock / Schockschaden und schwere psychische Beeinträchtigungen.

Mann. Sehr langwierige Auswirkungen. Der Kläger wurde mit einer Pistole, die im der Täter an die Schläfe hielt zur Herausgabe seines Fahrzeuges gezwungen und litt unter diesem Schockerlebnis noch drei Jahre nach der Tat. [vgl. auch unter Schock sowie unter dem Stichwort vorsätzliche Körperverletzung]

Betrag: 1.534 € **Haftung: 100 %**
immVorb: – **MdE: –**

LG Frankfurt (Oder) 2.1.2001 – 12 O 116/00 = BeckRS 2001, 161842

6326

Psychische Beeinträchtigung / Schock / Angst (hier: Schock, der sich zu einer mittelgradigen posttraumatischen Belastungsstörung kurz: PTBS mit Panikattacken (Angstzuständen) entwickelte. Mit der Folge von regelmäßigen Schlafstörungen, erhöhter Schreckhaftigkeit und einer Verschlechterung der bei ihr vorhandenen Neurodermitis an Händen und Hals).

Frau (Reinigungsfachfrau). Die Klägerin litt in den ersten 16 Monaten nach der vorsätzlich exhibitionistischen Handlung des Beklagten „unter zwei bis drei Panikattacken (Angstzuständen) pro Woche, regelmäßigen Schlafstörungen (nicht jede Nacht), erhöhter Schreckhaftigkeit und einer Verschlechterung der bei ihr vorhandenen Neurodermitis an Händen und Hals". Ursache: Vorsätzlich exhibitionistische Handlungen des Beklagten, „der nackt und mit seinen Händen am Glied manipulierend am Fahrzeug der Klägerin lehnte".

Betrag: 2.000 € **Haftung: 100 %**
immVorb: – **MdE: –**

AG Westerstede 27.1.2020 – 27 C 101/19 = BeckRS 2020, 846

4578

Schock / posttraumatiches Belastungssyndrom. der Kläger musste unmittelbar miterleben, wie ein anderer Fernfahrer, in seinem Führerhaus eingeklemmt verstarb, während er (der Käger) dessen Hand hielt. Zudem erlitt der Kläger selbst ein HWS-Syndrom.

Mann (Kraftfahrer). Da der Kläger selbst am Unfall beteiligt war, ist er – so hatte das AG zutreffend herausgearbeitet – kein zufällig am Unfallort Vorbeikommender sondern „ein unmittelbar durch den Fahrfehler des Unfallverursachers körperlich und psychisch Geschädigter".

Betrag: 2.900 € **Haftung: 100 %**
immVorb: – **MdE: –**

AG Berlin-Mitte 11.1.2012 – 112 C 3030/11 = BeckRS 2012, 21740

7376

Schock durch das unmittelbare Miterleben des Todes eines engen Freundes. Der Kläger „erlitt eine akute Belastungsreaktion, die in eine posttraumatische Belastungsstörung [= PTBS] überging. Die krankheitswerten psychischen Folgen entsprachen (gerafft) ein bis zwei Tagen mittelstarken und 22,5 bis 30 Tagen leichten Schmerzen. Beim Kläger stellte sich eine Persönlichkeitsveränderung ein, er leidet (nach wie vor) an Alpträumen und Flashbacks."

Mann (Aufbauhelfer). Der Kläger war nach dem Unfall zwei Wochen im Krankenstand. „Der Kläger suchte nach dem Unfall ein Krankenhaus auf und nahm (nur) zwei Wochen lang Antidepressiva. Eine regelmäßige Psychotherapie nahm er nicht in Anspruch. … Er fährt seit dem Vorfall nicht mehr Moped." Das Erstgericht sprach dem Kläger das oa Schmerzensgeld unter Berücksichtigung der hohen Inflation einerseits und die Verletzung der Schadensminderungsobliegenheit des Klägers durch Nichtvornahme einer Gesprächstherapie andererseits zu. Das Berufungsgericht ließ die ordentliche Revision zur Frage zu, ob bei Bestehen einer außergewöhnlich engen Nähebeziehung – wie sie üblicherweise zwischen engen Familienmitgliedern bestehe – auch bei formal fehlender Angehörigeneigenschaft ein Ersatz von Schockschäden zustehe. Dazu der OGH: „Nach Ansicht des Senats bedarf die Zuerkennung eines Schockschadenersatzes an Dritte, die nicht als nahe Angehörige anzusehen sind, eines der rechtlichen Sonderbeziehung gleichwertigen Zurechnungsgrundes. Dies setzt nach den überzeugenden Ausführungen Karners (Karner, Zur Ersatzfähigkeit von Schock- und Trauerschäden – eine Bilanz, FS Danzl, 2017, 87 (94 f.)) voraus, dass der Dritte der Erstschädigung „objektiv in gravierender Weise direkt ausgesetzt" war. Eine derart qualifizierte Unfallbeteiligung kann nicht nur bei ganz unmittelbarer Involviertheit etwa als Unfallgegner oder bei Gefährdung der eigenen körperlichen Sicherheit durch den Schädiger, sondern nach Ansicht des Senats auch in anderen, wertungsmäßig vergleichbaren Sachverhaltskonstellationen anzunehmen sein. … Umgelegt auf den vorliegenden Fall führt dies zur Bejahung der Haftung der Beklagten", so der OGH. [Anmerkung: Siehe dazu auch im Handbuch → Rn. 301]. [Ursache / Tathergang: Hineinfahren des Beklagten mit seinem PKW in eine Gruppe von Mopedfahrern, die – wegen eines Defekts an einem der Mopeds – gemeinsam am Straßenrand einer Bundesstraße angehalten hatten. Der Kläger hatte „den nicht nur aufgrund der Mehrzahl an Opfern, sondern auch der Wucht der Kollision (das Berufungsgericht erwähnt in diesem Zusammenhang das „Herumfliegen" der Körper durch die Luft) besonders schrecklichen Unfall aus räumlicher Nähe (45 bis 50 Meter von der Unfallstelle entfernt) zur Gänze mit angesehen, war in Sekunden am Unfallort, versuchte seinen besten Freund zu retten, musste aber dessen Versterben hautnah miterleben."]. Zitate aus der Entscheidung des OGH.

Betrag: 4.080 € **Haftung: 100 %**
immVorb: – **MdE: –**

OGH Österreich 14.12.2023 – 2 Ob 208/23m = BeckRS 2023, 38790

7339

Psychische Beeinträchtigungen / Schockschaden (hier: Miterleben der schwersten Schädigung des eigenen Kindes im Rahmen dessen Geburt).

Frau. Die Klägerin ist die Mutter des bei seiner Geburt infolge eines groben Behandlungsfehlers dauerhaft schwer geschädigten Kindes (siehe → Nr. 7338). Erleidet ein Kind – aufgrund ärztlicher Fehler – bei der Geburt schwerste Schäden, so stellt eine solche Situation für jede Familie eine extreme Belastung dar, so dass Erschöpfungserscheinungen und auch ein andauerndes Belastungsgefühl zu den üblichen Folgen eines solchen Schadensfalles gehören dürften. … Fällt ein Elternteil aufgrund des schicksalhaften Ereignisses in Depression und leidet er oder sie an behandlungsbedürftigen Angstzuständen – wie hier die Mutter des Klägers zu 1) –, so übersteigt dies jedoch das Maß der üblichen Beeinträchtigungen.", so das LG. [vgl. dazu auch BGH BeckRS 2019, 12512 sowie im Handbuch → Rn. 301a].

Betrag: 5.000 € **Haftung: 100 %**
immVorb: – **MdE: –**

LG Mönchengladbach 25.2.2022 – 6 O 347/12 = BeckRS 2022, 54878

5894

Schock infolge des Todes des Lebensgefährten.

Frau. Arzthaftung (hier: Tod des Lebensgefährten aufgrund eines ärztlichen Behandlungsfehlers). Ein Schmerzensgeldanspruch der Lebensgefährtin „kann nicht mit der Erwägung verneint werden, sie zähle nicht zu dem geschützten Personenkreis. Die in der Rechtsprechung entwickelten Grundsätze zum sogenannten Schockschaden beschränken sich auf nahe Angehörige, nicht aber auf Verwandte eines bestimmten Grades. Hierzu zählen ohne weiteres auch Lebensgefährten ... Auch hinsichtlich der Darlegung des psychisch vermittelten Schadens aufgrund des Todes eines nahen Angehörigen ist eine übertriebene Strenge unangebracht, vielmehr sind nur maßvolle Anforderungen zu stellen (OLG Koblenz NJW-RR 2005, 677). Die Darlegung einer posttraumatischen Belastungsstörung ist grundsätzlich ausreichend. Eine solche hat die Antragstellerin durch Vorlage eines ausführlichen Attestes ihres behandelnden Psychiaters vorgetragen und durch Sachverständigengutachten tauglich unter Beweis gestellt .... Die Grundsätze, wonach nahe Angehörige unter bestimmten Umständen eigene, psychisch vermittelte Schäden geltend machen können, sind grundsätzlich auch auf Lebensgefährten eines durch einen ärztlichen Kunstfehler verstorbenen Patienten anwendbar“, so der Leitsatz des Urteils.

Betrag: 5.000 € **Haftung: 100 %**
immVorb: – **MdE: –**

OLG Köln 16.9.2010 – 5 W 30/10 = BeckRS 2010, 29879

2467

Schock / Miterleben des Todes eines Angehörigen (hier: Tötung der Mutter durch insgesamt drei Schüsse aus einer Faustfeuerwaffe vor den Augen ihrer beiden Kinder [= Kläger]. Beide Kinder erlitten einen Schock, Angszustände, Alpträume etc.).

12 und 15j. Kinder. Die vom BGH [NJW 89, 2317] gezogene „Grenze ist nach Überzeugung des Senats bei beiden Klägern wesentlich überschritten“. [Jedes Kind erhielt 10.000 DM]. Die Kinder saßen im Wohnzimmer beim Fernsehen, während sich ihre Mutter und der Beklagte auf dem Balkon befanden. Sie hörten zwei Schüsse und sahen, wie ihre Mutter blutüberströmt zusammenbrach, ehe noch der dritte Schuss fiel.

Betrag: 5.113 € **Haftung: 100 %**
immVorb: – **MdE: –**

OLG Nürnberg 27.2.1998 – 6 U 3913/97 = BeckRS 9998, 3103

5752

Psychische Beeinträchtigungen und Belastung bzw. Depressionen der Klägerin durch den Tod ihres Mannes.

Frau. Tod des Ehemannes. Vorschaden: Depressive Verstimmung. „Die zu einem Krankenhausaufenthalt führende Depression mit psychotischen Symptomen eine Frau nach dem Unfalltod ihres Ehemannes, kann, auch wenn schon vorher eine ärztliche Behandlung wegen einer depressiven Verstimmung bestand, zu einem Schmerzensgeldanspruch von 6500 Euro führen“, so der redaktionelle Leitsatz der angegebenen Fundstelle. [Ursache: Verkehrssicherungspflichtverletzung des Reiseveranstalters, wenn der Hotelgast wegen einer defekten bzw. mit 56 cm zu niedrigen Balkonbrüstung vom Balkon stürzt].

Betrag: 6.500 € **Haftung: 100 %**
immVorb: – **MdE: –**

OLG Köln 18.12.2006 – 16 U 40/06 = BeckRS 2007, 695

4050

Schock, posttraumatischer ... und erhebliche, lang andauernde psychische Beeinträchtigungen. Knieverletzung in Form einer beids.Kniegelenkdistorsion sowie diverse Prellungen, Schürfwunden sowie Schnittverletzungen.

40j. Frau (Architektin). MdE 9 Monate 100 %. In dieser Zeit musste die Kl. an Krücken gehen. Langwierige Heilbehandlung bzgl. ihrer psychischen Beeinträchtigung infolge des erlittenen Schocks. Ursache: Verkehrssicherungspflichtverletzung. Dadurch stürzte die Kl. auf einer Baustelle in einen Schacht. Erhöhend berücksichtigte das OLG die unfallbedingte Urlaubsvereitelung.

Betrag: 8.000 € **Haftung: 100 %**
immVorb: – **MdE: –**

OLG München 21.11.2002 – 19 U 2515/02 = BeckRS 2002, 162259

7198

Schock und PTBS bzw. posttraumatische Belastungsstörung in Form einer Traumafolgestörung nach ICD-10 F43.1 und einer zeitweisen Alkoholabhängigkeit (ICD-10 F10.2) nach gewaltsamer Tötung ihres Sohnes durch Schütteln.

Frau. Die Klägerin begehrte vom Beklagten, ihrem ehemaligen Lebenspartner, Schmerzensgeld als Erbin und aus eigenem Recht sowie Schadensersatz und ein Hinterbliebenengeld wegen der Tötung ihres Sohnes, der nach einem vom Beklagten verschuldetes Schütteltrauma verstorben war. Sie wurde zunächst von ihrem Hausarzt behandelt, der eine leichte depressive Episode (ICD-10 F32.0) diagnostiziert hatte; anschließend befand sich die Klägerin in einer psychiatrischen Fachklinik in ambulanter Behandlung. Zum Dauerschaden der Klägerin führte das LG sinngemäß aus, dass es nach den Feststellungen des Sachverständigen wahrscheinlich sei, dass die gesundheitlichen Beeinträchtigungen verblieben oder sich temporär sogar verschlechtern könnten. [Anmerkung: Neben dem Schmerzensgeld für den Schockschaden sprach das LG zusätzlich kein Hinterbliebenengeld zu, da beide Anspruchsgrundlagen die gleiche Zielrichtung hätten und sich mit Verweis auf BGH BeckRS 2022, 38714 eine Addition eines Hinterbliebenengeldes mit einem Schmerzensgeld wegen eines Schockschadens verbiete. Vgl. dazu im Handbuch unter → Rn. 341].

Betrag: 25.000 € **Haftung: 100 %**
immVorb: Ja **MdE: –**

LG Osnabrück 5.5.2023 – 1 O 1857/21 = BeckRS 2023, 10077

7890

Schockschaden und Posttraumatische Belastungsstörung infolge der vorsätzlichen Tötung bzw. Ermordung ihres Vaters, den sie „unmittelbar durch ein Fenster hindurch“ mit ansehen musste. Zum Zeitpunkt der Beurteilung durch den Gerichtssachverständigen Dr. med. W. wurde jedoch festgestellt, dass die 15-Jährige „derzeit allerdings keine akute posttraumatische Belastungsstörung auf“wies und „dass die Klägerin zu Ziffer 5) die Tat besser verarbeitet hat als die Klägerin zu Ziffer 4) [Anmerkung: siehe dazu nachfolgend ? Nr. 7891], die ihrerseits aufgrund der von dem hiesigen Verfahren ausgehenden Belastung einen Rückfall erlitten hat.“

15j. Mädchen. Zur Bemessung des Schmerzensgeldes verwies das LG Ellwangen auf die Entscheidungen des LG Bochum → Nr. 6414 und des LG Osnabrück → Nr. 7198, die es „als Referenzentscheidung grundsätzlich geeignet" ansah und führte zudem aus: „Das Gericht geht hierbei davon aus, dass zwar die unmittelbare Betrachtung der Tat durch die Klägerin zu Ziffer 5) schwerer wiegt. Da die Klägerin zu Ziffer 5) einerseits aber deutlich älter und reifer als die Klägerin zu Ziffer 4) war und andererseits anders als diese derzeit keine pathologischen psychischen Beeinträchtigungen mehr aufweist, erscheint es angemessen, beide Klägerinnen insofern gleich zu behandeln."

Betrag: 30.000 € **Haftung: 100 %**
immVorb: – **MdE: –**

LG Ellwangen 8.1.2026 – 6 O 56/24 = BeckRS 2026, 1093

7891

Schockschaden und posttraumatische Belastungsstörung gemäß ICD-10 (F43.1) sowie eine „diagnostizierte Anpassungsstörung mit längerer depressiver Reaktion gehört zu den klinischen „Reaktionen auf schwere Belastungen und Anpassungsstörungen" gemäß F43.- ICD-10" infolge der vorsätzlichen Tötung bzw. Ermordung ihres Vaters, den sie „durch die Öffnung eines Rolladens" insofern miterlebt hatte, dass sie den abgegebenen Schuss hörte und durch die Öffnung des Rollladens Blut sah.

9j. Mädchen. Zur Bemessung des Schmerzensgeldes verwies das LG Ellwangen auf die Entscheidungen des LG Bochum → Nr. 6414 und des LG Osnabrück → Nr. 7198, die es „als Referenzentscheidung grundsätzlich geeignet" ansah und führte zudem aus: „Der Klägerin zu Ziffer 4) steht vor diesem Hintergrund nach Auffassung des Gerichts ein immaterieller Schadensersatz in Höhe von 30.000 EUR zu. Insbesondere scheint es dem Gericht angesichts des in deren Person eingetretenen Schockschadens erforderlich, dass der der Klägerin zu Ziffer 4) zugesprochene Zahlungsbetrag über denjenigen hinausgeht, den die Klägerin zu Ziffer 1), die „lediglich" ein Hinterbliebenengeld geltend machen kann. Im Ausgangspunkt der Bemessung kann das Gericht auf die Ausführungen zu der Höhe des Hinterbliebenengeldes der Klägerin zu Ziffer 1) Bezug nehmen. Wäre auch der Klägerin zu Ziffer 4) lediglich ein solches zuzusprechen, so wäre auch diesbezüglich anspruchserhöhend zu berücksichtigen, dass in Gestalt der Ermordung des A.Y. durch den Beklagten ein besonders hoher Verschuldensgrad zu bejahen ist. Gerade bei noch minderjährigen Kindern wäre ebenfalls anspruchserhöhend mit einzubeziehen, dass diese regelmäßig stärker emotional an ihre Eltern gebunden sind als dies bei bereits volljährigen Personen der Fall ist."

Betrag: 30.000 € **Haftung: 100 %**
immVorb: – **MdE: –**

LG Ellwangen 8.1.2026 – 6 O 56/24 = BeckRS 2026, 1093

7856

Schock und posttraumatische Belastungsstörung sowie eine schwere depressive Episode. Starke psychisch-emotionale Beeinträchtigung mit erheblichen sozial-kommunikativen Einbußen, massive Schlafstörungen, Albträume, häufige Erinnerungseinbrüche, Angstzustände und ausgeprägtem Vermeidungsverhalten infolge des unmittelbaren Miterlebens des Unfalltodes ihres Sohnes.

Frau (Mutter des Unfallopfers). 24 Tage stationär in einer Klinik für Psychosomatik. Bei der Schmerzensgeldbemessung berücksichtigte das LG unter Berufung auf das fachärztliche Gutachten, dass „die posttraumatische Belastungsstörung bislang nicht behandelt wurde, sie schiene auch aktuell nicht behandelbar. Die Klägerin meide mutmaßlich aus Angst psychotherapeutische Methoden, damit diese nicht die „mühsam gedeckten Verzweiflungsgefühle unkontrolliert zum Vorschein kommen" und damit auch die funktionelle Fassade der Klägerin zerbrechen lassen; die Klägerin sei überzeugt davon, auf eine solche Fassade angewiesen zu sein. Anders als es bei der Mehrzahl von Patienten mit einer posttraumatischen Belastungsstörung sei diese bei der Klägerin nicht spontan nach einigen Monaten ausgeheilt; ihre Störung sei als schwerer Fall anzusehen, gekennzeichnet durch massive Schlafstörungen, Albträume, häufige Erinnerungseinbrüche, Angstzustände und ausgeprägtem Vermeidungsverhalten. Ihr Krankheitsbild entspreche dem einer Minderung der Erwerbsfähigkeit von 50 % (im Rahmen der gesetzlichen Unfallversicherung). Die alltäglichen Beeinträchtigungen durch die Störung seien erheblich, ferner sei eine starke psychisch-emotionale Beeinträchtigung mit erheblichen sozial-kommunikativen Einbußen eingetreten. Sie lebe mit einer weitgehenden sozialen Isolierung – mit Ausnahme der Fortführung der ihr Halt gebende Arbeit –, habe bisherige Interessen und religiöse Glaubensüberzeugungen aufgegeben; unternehme ausgiebige Wanderungen zum Zweck der Herbeiführung von körperlicher Erschöpfung und Überwindung schwerer Schlafstörungen. Der Sachverständige hat bestätigt, dass bei der Klägerin noch nicht einmal eine Stabilität für eine traumatherapeutische Behandlung bestehe." Zudem ließ sich „die Kammer zum einen davon leiten lassen, dass es selten in der Rechtsprechung genau vergleichbare Fälle gibt und dass die Entwicklung in der Rechtsprechung in den letzten Jahrzehnten in Bezug auf Schmerzensgeldbemessungen eine begrüßenswerte Tendenz zu einer Steigerung zeigt." [Schmerzensgeld für Schockschaden eines miterlebenden Angehörigen: Ursache für die schweren psychischen Verletzungen war der Unfalltod des Sohnes der Klägerin. Die Klägerin war „ihrem Sohn ebenfalls auf dem Fahrrad in einem Abstand von ca. 2 m gefolgt, hat die von der Sattelzugmaschine ausgehende Lebensgefahr für ihren Sohn erkannt, ihm aufgrund der Umgebungsgeräusche erfolglos eine Warnung zugerufen, sodann verfolgen müssen, wie ihr Sohn von dem vorderen Bereich der Sattelzugmaschine gerammt wurde, dieser zu Fall kam und von dem rechten Vorderrad überrollt wurde, und schließlich noch versucht, ihren Sohn unter der Sattelzugmaschine herauszuziehen."]. Vgl. dazu auch OLG Frankfurt a.M. → Nr. 5409.

Betrag: 80.000 € **Haftung: 100 %**
immVorb: – **MdE: 50 %**

LG Hannover 10.1.2022 – 1 O 68/19 = BeckRS 2022, 19746

5409

Schock in Form einer Posttraumatischen Belastungsstörung gemäß ICD-10: F 43.1 nach dem Miterleben des Unfalltodes des Ehemannes. „Eine PTBS entsteht nach der Definition in ICD-10: F 43.1 als verzögerte oder protrahierte Reaktion auf ein belastendes Ereignis oder eine Situation außergewöhnlicher Bedrohung oder außergewöhnlichen Ausmaßes (kurz oder langanhaltend), die fast jedem eine tiefe Verstörung hervorrufen würde. Hierzu gehören u.a. eine von Menschen verursachte Katastrophe, ein schwerer Unfall oder die Tatsache, Zeuge eines gewaltsamen Todes anderer zu sein", so das OLG.

Frau (Ehefrau des Unfallopfers). Die Frau, Mutter von zwei Töchtern wurde durch das unmittelbare Miterleben der Kollision Ihres Mannes mit einem „Sprinter" auf der Autobahn und dem „Finden" des Sterbenden unter einem mit am Unfall beteiligten Sattelzuges völlig aus der Bahn geworfen: Suizidgedanken, fehlenden Empfindungen gegenüber ihren Töchtern, mangelnde soziale Kontakt, Verlassen der Familie, Leben in betreuter Einrichtung, zeitweises Arbeiten am sog. zweiten Arbeitsmarkt, Abbruch des Kontaktes zu ihren Schwestern und ihrer Mutter. Die Klägerin hat noch „fast täglich die Bilder von dem Unfall vor Augen …(sog. ungewolltes Flashback). Sie träumt auch oft vom Tod und Sterben". Dauerschaden: Schweres Trauma, zu dem das OLG ausführt, die Klägerin müsse versuchen, damit „zu leben und sog. „Trigger"-Situationen, die zu einer Retraumatisierung führen können, zu vermeiden … und ergänzt, sie habe "eine Angst vor dem Autofahren entwickelt. Früheren Hobbys wie der Gartenarbeit und dem Skilanglauf kann sie nicht mehr nachgehen„. Völlig zutreffend führt das OLG zur Begründung seiner Bemessung aus: "Unter Berücksichtigung dessen, dass die Gesundheitsbeeinträchtigung der Klägerin zu 1) auch künftig andauern und sie aufgrund ihrer psychischen Belastung voraussichtlich nie ein „normales Leben" führen können wird, ist ein Gesamtbetrag von 100.000,00 EUR zur Abgeltung ihres gesamten immateriellen Gesundheitsschadens nicht übersetzt". [Schmerzensgeld für Schockschaden eines miterlebenden Angehörigen: Vgl. dazu auch LG Hannover → Nr. 7856 sowie die One-Page-Besprechung des hier vorgestellten Urteils von Kleine-König in NZV 2018, 430].

Betrag: 100.000 € **Haftung: 100 %**
immVorb: – **MdE: –**

OLG Frankfurt a. M. 6.9.2017 – 6 U 216/16 = BeckRS 2017, 135880

9. Durch Tiere hervorgerufene Verletzungen

Vorbemerkung: Zu den häufigsten Tierverletzungen zählt der Hundebiss. Oftmals ist es hierbei für die Bemessung des Schmerzensgeldes von untergeordneter Bedeutung, wohin das Opfer gebissen wurde; der Biss in den Arm kann genauso schmerzhaft und folgenschwer sein wie der in das Bein. Häufig gestritten wird zwischen Hundehaltern und Opfern über deren Mitverschulden. Insofern seien beispielhaft die beiden Entscheidungen des OLG Oldenburg vom 8.11.2017 – 9 U 48/17, becklink 2009260 sowie des OGH Österreich Beschl. v. 16.12.2025 – 4 Ob 163/25m BeckRS 2025, 37450 sowie Danzl, Bemerkenswerte schadenersatzrechtliche Entscheidungen des OGH aus dem Jahr 2025, ZVR 2026, 151 (187) der Lektüre empfohlen.

Um eine schnelle Übersicht solcher Fälle zu bieten, wurden die tierbissbedingten Verletzungen nachfolgend zusammengestellt.

a) Tierbissverletzungen

5316

Katzenbissverletzung (hier: Bißverletzung in die Hand sowie Kratzwunden beim Herausholen aus einer Transportbox).

Mann (ebenso wurde auch dessen Frau gebissen). Einige Tage stationär. Kein Schmerzensgeldanspruch. Das Paar hatte argumentiert, das Tierheim – aus der es die Katze zur Probe mit nach Hause genommen hatte – hätte sie davor warnen müssen, dass sich die Katze gegen den Transport wehrt und sie ggf. beim Herauslassen beißt. Das sah das AG anders und führte aus: „Tierheime müssen nicht für Verletzungen haften, die Tiere möglichen Käufern während einer Probezeit zufügen", denn die Tierhalterhaftung (des Heims) solle vor allem unbeteiligte Dritte schützen und nicht Personen, die Tiere aus dem Heim mit nach Hause nehmen.

Betrag: – **Haftung: –**
immVorb: – **MdE: –**

AG Ansbach 9.1.2016 – 5 C 756/16 = becklink 2005441

4656

Fingerverletzung (hier: Mittelfingerendgliedverletzung; das letzte Glied des Fingers wurde durch eine Sau des Freilichtmuseums Detmold nahezu abgebissen [Schweinebissverletzung]).

8j. Kind (Schüler). Kein Schmerzensgeldanspruch gegen den Betreiber eines Tiergeheges, wenn ein Schüler seine Hand – trotz Verbotshinweisen – durch die Zaunmaschen streckt und dabei von einer Sau gebissen wird.

Betrag: – **Haftung: –**
immVorb: – **MdE: –**

LG Detmold 26.2.2013 – 10 S 129/12 = unveröffentlicht

7268

Hundebissverletzungen mit phlegmonösen Entzündung der linken Hand.

Mann. 3 Tage stationär. Der Lokalbefund hatte sich nach Antibiose und Ruhigstellung deutlich gebessert, so dass der Kläger „subjektiv beschwerdearm" drei Tage nach der Hunderauferei entlassen „mit dem Verweis auf weitere Antibiose und Ruhigstellung für drei bis fünf Tage" entlassen worden war. [Ursache: Tierhalterhaftung anlässlich einer Hundebegegnung mit Hunderauferei].

Betrag: 125 € **Haftung: 25 %**
immVorb: – **MdE: –**

LG Lübeck 9.8.2023 – 5 O 146/22 = BeckRS 2023, 21449

4874

Hundebissverletzung am Daumen (hier: Zweimalige einfache Bissverletzung im Bereich des Daumengrundglieds).

Kind. Ambulante Heilbehandlung. Folgenlose Verheilung. Ursache: Hundebiss (Das Kind streichelte den in der Öffentlichkeit freilaufenden Hund).

Betrag: 250 € **Haftung: 100 %**
immVorb: – **MdE: –**

AG Lübeck 7.3.2014 – 31 C 2343/13 = unveröffentlicht

3581

Oberschenkelverletzung durch Hundebiss.

Mann. Ambulante Heilbehandlung mit Tetanusprofilaxe und Wundverband. Schmerzensgelderhöhend wurde der Schreck aufgrund des überraschenden Angriffs des Tieres gewertet sowie die Festtagsbeeinträchtigung (hier: Ostern)

Betrag: 256 € **Haftung: 100 %**
immVorb: – **MdE: –**

AG Braunschweig 14.9.1999 – 116 C 2456/99 = unveröffentlicht

4820

Hundebiss (hier: Hundebiss durch Polizeihund mit 6 Zentimeter langer Fleischwunde, „bei der neben einer sorgfältigen Wundreinigung eine Adaption der Wundränder mit Steristrips durchgeführt wurde".)

Mann. Ambulante Heilbehandlung. [Anmerkung: Thema der Entscheidung war: Entschädigung für Demonstrationsteilnehmer wegen Biss durch Polizeihund. „Wird ein Demonstrationsteilnehmer wegen des Fehlverhaltens eines anderen Demonstrationsteilnehmers und einer unglücklichen Verkettung von Umständen von einem Polizeihund gebissen, so kommt wegen des immateriellen Schadens eine Entschädigung nach allgemeinen Aufopferungsgrundsätzen in Betracht" (amtlicher Leitsatz). „Die Verletzung war erheblich und musste ärztlich behandelt werden. Sie überschritt auch die allgemeine Opfergrenze, weil sie über das hinausging, was der einzelne nach dem Willen des Gesetzgebers hinzunehmen hat"].

Betrag: 300 € **Haftung: 100 %**
immVorb: – **MdE: –**

OLG Frankfurt a. M. 20.8.2013 – 1 U 69/13 = BeckRS 2013, 15214

4634

Hundebiss ohne offene Verletzung. Es kam lediglich zu einem Bluterguss.

Mann. [Ursache: Hundebiss].

Betrag: 300 € **Haftung: 100 %**
immVorb: – **MdE: –**

LG Krefeld 11.3.2011 – 1 S 110/10 = BeckRS 2011, 142523

3593

Hundebiss / Fingerverletzung (hier: Hundebiss in zwei Finger der linken Hand).

Frau. MdE 2 Wochen 100 %. Der Klägerin wurde, da sie in den Kampf ihres Hundes mit dem des Klägers eingegriffen hatte, ein Mitverschulden von 30 % angelastet.

Betrag: 300 € **Haftung: 70 %**
immVorb: – **MdE: –**

AG Lübeck 16.8.2004 – 29 C 1619/04 = unveröffentlicht

4877

Hundebiss; hier: (Sowohl Oberschenkelbissverletzung als auch Unterschenkelbissverletzung mit Bluterguss sowie Schürfungen am Ober- und Unterschenkel infolge mehrere Bisse).

Mann. Ambulante Heilbehandlung. 1 Woche nicht unerhebliche schmerzen und Beeinträchtigungen beim Sport. Folgenlose Verheilung.

Betrag: 400 € **Haftung: 100 %**
immVorb: – **MdE: –**

AG Aschaffenburg 30.9.2013 – 116 C 1232/13 = BeckRS 2013, 200488

3798

Hundebissverletzung / Handverletzung (hier: „drei kleine, offene Stellen am Handrücken". Das LG bezeichnete die Verletzungen daher auch als „eher geringfügiger Natur").

Mann. Es musste für 5 Tage eine Gipsschiene getragen werden. Ursache: Hundebiss / Tierhalterhaftung.

Betrag: 500 € **Haftung: 100 %**
immVorb: – **MdE: –**

LG Hanau 14.3.2008 – 2 S 172/07 = BeckRS 2008, 11008

2868

Hundebiss, ohne nähren Hinweis, in welche Gliedmaßen gebissen wurde. Vermutlich Armverletzung. Das AG spricht von einer „schmerzhaften Verletzung".

Frau. MdE 8 Wochen; während dieser Zeit ambulante Behandlung. Der Hundebiss erfolgte durch einen Schäferhund. Langwierige Heilbehandlung ua mit Thrombozylsalbe.

Betrag: 511 € **Haftung: 50 %**
immVorb: – **MdE: –**

AG Ribnitz-Damgarten 28.7.2001 – 1 C 691/00 = unveröffentlicht

4062

Hundebiss / Oberarmverletzung (hier: Bisswunde in den Oberarm mit fast quadratischem Hautdefekt von 5 x 5 Zentimeter und 1,5 Zentimeter langer Risswunde).

30j. Mann. Ambulante Behandlung mit Tetanol als Schutzimpfung. Dauerschaden: Narbe von einem Zentimeter Länge und vier Millimeter breite am linken Oberarm. Ursache: Hundebiss.

Betrag: 750 € **Haftung: 100 %**
immVorb: – **MdE: –**

AG Starnberg 10.5.2001 – 2 C 318/01 = BeckRS 2001, 161823

6722

Unterarmverletzungen durch mehrere blutende Bisswunden (durch den Hund der Beklagten) in den linken Unterarm.

Frau. Stationäre Heilbehandlung; die Bisswunde wurde genäht. Dauerschaden: Narbe am linken Unterarm. Ursache: Tierhalterhaftpflichtfall. Die Klägerin sowie die Beklagte hatten ihre Hunde ausgeführt; dabei kam es zu einer Auseinandersetzung wischen den Hunden. Die Klägerin wurde dabei, als sie versuchte, ihren Hund am Nackenfell wegzuziehen, vom Hund der Beklagten gebissen. Das AG wertete es in hohem Maße als fahrlässig, in eine Auseinandersetzung zwischen zwei aggressiven Hunden ohne Schutzvorrichtung einzugreifen. Deshalb beurteilte das AG die Haftungsquote 80:20 zu Lasten der Klägerin.

Betrag: 800 € **Haftung: 20 %**
immVorb: – **MdE: –**

OLG Oldenburg 4.10.2019 – 195 U 114/19 = BeckRS 2019, 54837

6924

Hundebiss in den Unterarm mit blutenden Hundebisswunden.

Frau. Ambulante Behandlung, bei der die Bisswunden genäht werden mussten. Dauerschaden: Narben am Unterarm. [Hundehalterhaftung / Tierhalterhaftung: Die Klägerin griff in eine Auseinandersetzung zwischen ihrem Hund und dem der Beklagten ein und versuchte die Tiere zu trennen; dabei wurde sie gebissen. Vergleiche dazu auch OLG Frankfurt a.M. BeckRS 2023, 1575, das am 18.1.2023 urteilte, dass "eine Haftung des Tierhalters … auch dann in Betracht (komme), wenn sich ein Mensch durch eine vom Tier herbeigeführte Gefahr für ein anderes Tier zu helfendem Eingreifen veranlasst sieht].

Betrag: 800 € **Haftung: 20 %**
immVorb: – **MdE: –**

OLG Oldenburg 4.10.2019 – 5 U 114/19 = BeckRS 2019, 54837

6625

Hundebiss in den Unterarm mit „zwei je 1 cm lange parallel zueinander verlaufenden frischen Bisswunden an der beugeseitigen Unterarmseite rechts".

Mann. Ambulante Heilbehandlung mittels einem Revanol-Verband und einer Unterarmgipsschiene zur Ruhigstellung; zudem wurde ein Antibiotikum verabreicht. MdE 14 Tage 100 %. Ursache: Hundebiss. [Anmerkung: Die hier angegebenen Daten wurden der Entscheidung des VG Minden entnommen, welche sich mit der erfolglosen Klage des Hundehalters gegen die Ordnungsverfügung (Maulkorbzwang) der Beklagten wandte].

Betrag: 800 € **Haftung: 100 %**
immVorb: – **MdE: –**

VG Minden 16.6.2010 – 11 K 835/10 = BeckRS 2010, 51897

7618

Hundebissverletzung an der rechten Hand mit Handrückenphlegmone sowie ein posttraumatisches CRPS (Mb. Sudeck).

Frau (Krankenschwester). 5 Tage stationär. Die Hand wurde zunächst in einer ambulanten Behandlung geröntgt und die Wunde mit Serasept gespült. Nachfolgend wurde die Klägerin stationär behandelt und im Rahmen einer Notoperation aufgrund der sich gebildeten Phlegmone behandelt. Anschließend erfolgte eine Antibiotikatherapie über 14 Tage, wodurch die Klägerin unter dieser Therapie unter starkem Durchfall litt. Danach unterzog sich die Klägerin einer ca. 10 Wochen dauernden Physiotherapie. Dauerschaden: Berufswechsel. „Da die bisherige Tätigkeit als Krankenschwester war der Klägerin nicht mehr möglich. Sie wurde daher … als Stationsassistentin beschäftigt. Zur Schmerzensgeldbemessung führte das LG aus: "Bestimmend für die Ansetzung dieser Summe war für die Kammer, dass die Verletzung optisch kaum wahrnehmbar ist, die akute Schmerzsituation durch den Biss selbst geringfügig, durch die nachfolgende Behandlung aber wiederum höher war und die Klägerin ausweislich der Feststellungen des Sachverständigen im Hinblick auf das CRPS-Syndrom jedenfalls geringfügig (15 %) bei der Nutzung der betroffenen Hand einschränkt ist. Hinzu kommt, dass der Klägerin die Mithaftungsquote im o.g. Umfang zuzurechnen ist." [Anmerkung: Lesenswert zur Tierhalterhaftung wenn eine Tierhalterin ihren kleinen Hund vor einem herannahenden großen Hund schützen will].

Betrag: 1.000 € **Haftung: 70 %**
immVorb: – **MdE: –**

LG Rostock 6.2.2024 – 3 O 878/21 = BeckRS 2024, 20740

6466

Tierbissverletzung (hier: Bettwanzenbissverletzungen in Form eines massiven Bettwanzenbissbefundes am ganzen Körper mit erheblichem Juckreiz aufgrund von Quaddeln und Bläschen auf der Haut sowie unerträglichem Juckreiz).

Mann. Bettwanzenbissverletzungen während einer Pauschalreise. Zur Bemessung äußerte das OLG, dass die vom LG zuerkannten 1.000 EUR „allemal angemessen" seien und auch „bei einer starken Beeinträchtigung durch die Bisse … nicht außer Acht bleiben [dürfe], dass es sich um eine absehbar vorübergehende Beeinträchtigung handelte". [Anmerkung: Vgl. auch OLG Celle BeckRS 2020, 14423].

Betrag: 1.000 € **Haftung: 100 %**
immVorb: – **MdE: –**

OLG Celle 12.3.2020 – 11 U 73/19 = BeckRS 2020, 3516

6467

Tierbissverletzung (hier: Bettwanzenbissverletzungen in Form eines massiven Bettwanzenbissbefundes am ganzen Körper mit erheblichem Juckreiz aufgrund von Quaddeln und Bläschen auf der Haut).

Frau. Beschwerdedauer ca. 14 Tage. Noch nach der Rückkehr aus dem Urlaub (8 Tage nach den ersten Bissverletzungen) attestierte der Hausarzt, dass die Klägerin und ihr Mann „in erheblichem Umfang unter den Bissen von Bettwanzen litten". Zur Bemessung äußerte das OLG, dass die vom LG zuerkannten 1.000 EUR „allemal angemessen" seien und auch „bei einer starken Beeinträchtigung durch die Bisse … nicht außer Acht bleiben [dürfe], dass es sich um eine absehbar vorübergehende Beeinträchtigung handelte". [Ursache: Bettwanzenbissverletzungen während einer Pauschalreise; vgl. dazu auch OLG Celle BeckRS 2020, 14423].

Betrag: 1.000 € **Haftung: 100 %**
immVorb: – **MdE: –**

OLG Celle 12.3.2020 – 11 U 73/19 = BeckRS 2020, 3516

4645

Hundebiss in den linken Unterschenkel und die linke Hand / Ringfinger.

Mann. 5 Tage stationär. Ambulante Nachbehandlung. MdE 4 Wochen 100 %. [Ursache: Hundebiss durch Eingreifen in den Kampf zweier Hunde, wovon einer sein eigener Hund war].

Betrag: 1.000 € **Haftung: 66 %**
immVorb: – **MdE: –**

AG Würzburg 2.11.2011 – 15 C 1877/11 = BeckRS 2011, 142326

4095

Hundebiss / Unterarmverletzung (hier: Unterarmverletzung, die genäht werden musste) sowie Unterschenkelbisswunde.

Frau (Verkäuferin). Ambulante Heilbehandlung, wobei die Unterarmbissverletzung genäht werden musste. MdE 10 Tage 100 %. Ursache: Hundebiss.

Betrag: 1.000 € **Haftung: 100 %**
immVorb: – **MdE: –**

AG Osnabrück 3.2.2010 – 15 C 181/09 = unveröffentlicht

7604

Hundebiss durch Jack-Russel-Terrierin in die rechte Hand mit nachfolgender Hundephobie mit Gesundheitsbeeinträchtigungen in Form von massive Angstzuständen, Schweißausbrüchen, Herzklopfen und Erstarren vor Angst.

Frau (Taxifahrerin). Als diese den Hund (Jack-Russel-Terrier), den ihr Fahrgast auf dem Schoß sitzen hatte, streicheln wollte, wurde sie in die rechte Hand gebissen. Dauerschaden: Hundephobie sowie Narben an der rechten Hand. Das AG ging von einem Schmerzensgeld iHv 1.700 EUR bei 100 %ger Haftung aus und kam unter Anrechnung des Mitverschuldens der Klägerin, die den ihr fremden Hund nicht hätte streicheln dürfen zu dem genannten Betrag.

Betrag: 1.190 € **Haftung: 70 %**
immVorb: – **MdE: –**

AG Rheine 1.7.2021 – 4 C 92/20 = BeckRS 2021, 21050

4646

Hundebiss in den Unterschenkel sowie an der Schulter.

Mann. MdE 2 Wochen 100 %. Folgenlose Verheilung. Dauerschaden: Narben, jedoch nicht entstellende Narben. Angst vor Hunden [Hundebissverletzung].

Betrag: 1.200 € **Haftung: 100 %**
immVorb: – **MdE: –**

AG Ravensburg 20.4.2011 – 13 C 1327/10 = unveröffentlicht

6598

Unterarmfraktur, hier: Hundebisswunden am linken Unterarm und sturzbedingte Ellenfraktur.

Frau. 6 Tage stationär mit 2 Operationen. Dauerschaden: Leichte Bewegungseinschränkung in Bezug auf die Rotation des linken Arms. [Ursache: Hundebiss nach Auseinandersetzung zwischen mehreren Hunden. Erhebliches Mitverschulden der Klägerin, da diese ihren Hund nicht angeleint hatte, obwohl ihr die Beißfreudigkeit ihres Hundes bekannt war.]

Betrag: 1.250 € **Haftung: 25 %**
immVorb: Ja **MdE: –**

OLG Hamm 10.5.2019 – 9 U 8/18 = BeckRS 2019, 33850

4478

Fingerverletzung (hier: Katzenbiss in den Zeigefinger der linken Hand; nachfolgend kam es zu einer „generalisierten Entzündungsreaktion“).

Frau (lt. Urteilsbegründung „zwischen 50 und 70“). Dauerschaden: Belastungseinschränkung und Sensibilitätsstörung der linken Hand. Gefahr eines Karpaltunnelsyndroms.

Betrag: 1.250 € **Haftung: 100 %**
immVorb: Ja **MdE: –**

LG Bielefeld 21.3.2012 – 21 S 38/11 = BeckRS 2012, 8718

3892

Hundebiss in die Wade / Unterschenkelverletzung mit nachfolgend starkem Fieber über einen Zeitraum von 2 Tagen.

6j. Kind. Ambulante Heilbehandlung. Es mussten zwei Impfungen gegen Tollwut durchgeführt werden, da der Hundehalter keine Angaben zur Impfung seines Tieres machen konnte. Das LG wertete dies zutreffend schmerzensgelderhöhend.

Betrag: 1.432 € **Haftung: 100 %**
immVorb: – **MdE: –**

LG Ellwangen 23.12.1998 – 1 S 278/98 = unveröffentlicht

7205

Hundebissverletzung (hier: „am Schädel eine kleine, ca. 5mm lange Wunde, am Oberschenkel eine ca. 1 cm oberflächige Risswunde und eine ca. 6 mm lange weitere Risswunde, am rechten Unterschenkel eine 1 cm lange Risswunde an der Wade, eine weitere 2 cm lange Risswunde und mehrere Hautquetschungen sowie am linken Unterschenkel oberflächige Schürfwunden“, so das LG.)

5j. Kind. Das Kind, das sich mit seiner Mutter am Strand aufhielt, wurde von einem Polizeihund angefallen und gebissen und befand sich im Anschluss hierdurch bedingt mehrere Wochen in ambulanter ärztlicher Behandlung. Zutreffend sah das LG das Verhalten des Hundeführers als grob fahrlässig an, da dieser den Hund von der Leine gelassen hatte, obwohl schutzlose Personen in Reichweite des Hundes am Strand waren.

Betrag: 1.500 € **Haftung: 100 %**
immVorb: – **MdE: –**

LG Lübeck 23.6.2023 – 15 O 81/22 = BeckRS 2023, 15459

4892

Hundebiss in die Wade / Unterschenkelverletzung in Form von zwei ca. 2 cm tiefen Wunden.

67j. Mann (Rentner). Ambulante Heilbehandlung von mehr als 10 Tagen mit starken Schmerzen, Schlafstörungen, die nach knapp 4 Wochen aufhörten. Zudem bestand vorübergehend die Gefahr von Wundbrand (Wundbrandgefahr), weshalb die Wunde zunächst nicht genäht werden konnte und er Kläger Antibiotika einnehmen musste. Das LG berücksichtigte zudem die 8 Wochen dauende Hobbybeeinträchtigung (hier: Tauchsport).

Betrag: 1.500 € **Haftung: 100 %**
immVorb: – **MdE: –**

LG Nürnberg-Fürth 22.11.2013 – 15 S 5611/13 = unveröffentlicht

3686

Hundebissverletzungen (hier: Unterarmverletzung, Rückenverletzung und seitliche Rumpfverletzung).

9j. Kind (Schüler). Das AG berücksichtigte erhöhend die psychische Beeinträchtigung / Verängstigung [Angst] des Jungen.

Betrag: 1.500 € **Haftung: 100 %**
immVorb: – **MdE: –**

AG Gera 7.7.2003 – 2 C 1171/02 = BeckRS 2003, 154518

4530

Hundebissverletzung / Daumenverletzung (hier: Hundebiss in den Daumenballen und die Daumenfalte der rechten Hand. Die Hand entzündete sich und schwoll stark an. Intraoperativ trat beim Kläger ein intermittierendes Vorhofflimmern ein. Es blieb ein Dauerschaden an der Hand – der Kl. ist Rechtshänder – zurück.)

64j. Mann (Hausmeister). 3 Tage stationärer Aufenthalt. MdE 30 Tage 100 % und weitere 20 Tage 50 %. Dauerschaden: Leichte Funktionsbeeinträchtigung der rechten Hand und eine Abduktion des Daumens mit verminderter Handspanne. [Anmerkung: Das Urteil befasst sich in enormer Ausführlichkeit mit der Frage des „Handelns auf eigene Gefahr“, denn der Kläger hatte – trotz Warnung durch den Halter – dem für ihn unbekannten, dösenden Hund unbedacht die rechte Hand direkt vor das Maul gehalten, worauf hin dieser zugebissen hatte. Das AG verneinte diese Frage. Es wies jedoch dem Kläger deshalb ein hälftiges Mitverschulden für den materiellen Schaden zu, schwächte dies jedoch angesichts der Schwere der Verletzung für das Schmerzensgeld auf 1/3 ab und gelangte am Ende – sofern man den grundlegenden Ausführungen folgt – zu einem für die Schwere der Verletzung dennoch sehr geringen Schmerzensgeld.

Betrag: 1.700 € **Haftung: 66 %**
immVorb: – **MdE: –**

AG Bad Segeberg 29.11.2012 – 17a C 94/10 = BeckRS 2012, 24372

6276

Hundebiss / Gesichtsverletzung (hier: Hundebiss in das Gesicht mit zwei Bissstellen. Die Bisswunde des Klägers am Ohr musste genäht, die Wunde unterhalb des Auges ärztlich versorgt werden).

Mann. Ambulante Heilbehandlung. Ein Tierhalter (hier: die Halterin eines Terriers / Beklagte) kann auch für die Bissverletzungen haften, die einem anderen Tierhalter (hier: dem Halter einer Bulldogge / Kläger) dadurch entstanden sind, dass sich beide Hunde balgten und insofern nicht geklärt werden konnte, ob dessen eigener Hund (Bulldogge) zugebissen hatte oder der (Terrier) des nun schadensersatzpflichtigen anderen Hundehalters. Der Terrier der Beklagten habe die Verletzung des Klägers jedenfalls verursacht, indem er auf den Kläger und dessen Hund knurrend und bellend zugestürmt sei und mit dem Hund des Klägers, den der Terrier nach Angaben seiner Halterin „nicht mochte", eine Rauferei begonnen habe. Der Hundehalterin sei in diesem Fall vorzuwerfen, dass ihr die Aggressivität ihres Terriers bekannt war, da dieser wenige Wochen vor dem Ereignis einen anderen Hund angegriffen und dessen Halterin in die Hand gebissen hatte. Zwar war nicht klar, ob dessen eigener Hund zugebissen hatte oder der des nun schadensersatzpflichtigen anderen Hundehalters. Doch sei das nicht maßgeblich, so die Richter, da die Aggression von dessen freilaufenden Hund ausgegangen sei, so das OLG. [Hundebiss durch eigenen Hund – vgl. hierzu auch OLG Karlsruhe, 18.9.2019 – 7 U 24/19]

Betrag: 2.000 € **Haftung: 100 %**
immVorb: – **MdE: –**

OLG Karlsruhe 10.10.2019 – 7 U 86/18 = BeckRS 2019, 34450

6961

Hundebissverletzung (hier: Bisswunden am Unterschenkel bzw. an der Wade sowie an der rechten Hand).

Frau. Ambulante Behandlung. Dauerschaden: Unterschenkelnarbe.

Betrag: 2.000 € **Haftung: 100 %**
immVorb: – **MdE: –**

LG Aschaffenburg 31.8.2017 – 22 S 54/17 = BeckRS 2017, 165036

5095

Unterarmverletzung (hier: 6 x 3 cm große Wunde durch einen Hundebiss).

Mann. Ambulante Heilbehandlung über die Dauer von ca. 10 Wochen. Der Kläger war – laut dem gerichtlich eingeholten Gutachten „in seiner Mobilität durch die Bissverletzung nicht wesentlich eingeschränkt". Ursache: Hundebiß. [HInweis: Gem. § 543 Abs. 2 Nr. 2 ZPO war vorliegend die Revision zur Sicherung einer einheitlichen Rspr. zuzulassen worden. Der Senat weicht nämlich mit seiner vorliegenden Entscheidung hinsichtlich der Frage der Anrechnung der Mitwirkung von Tiergefahr des eigenen Hundes von einem Urteil des OLG München BeckRS 2011, 10024 ab. Dort hat das OLG München die Anrechnung der Tiergefahr des eigenen Hundes analog § 254 BGB auch für den Fall bejaht, dass sich der eigene Hund passiv verhalten hat.]

Betrag: 2.000 € **Haftung: 100 %**
immVorb: – **MdE: –**

OLG Jena 16.7.2015 – 1 U 652/14 = R+S 2015, 625

5212

Hundebissverletzung (hier: „6 x 3 cm große Wunde … am rechten Ellenbogen des Kl.").

Mann. Ambulante Behandlung. [Tierhalterhaftung / Hundebiss: „Wird ein Hundehalter, der seinen Hund angeleint mit sich führt, von einem fremden frei laufenden Hund angegriffen und gebissen, muss er sich nicht allein deshalb eine Anspruchskürzung gefallen lassen, weil die Tiergefahr seines Hundes mitgewirkt hat", so das OLG].

Betrag: 2.000 € **Haftung: 100 %**
immVorb: – **MdE: –**

OLG Jena 16.7.2015 – 1 U 652/14 = BeckRS 2015, 15803

4315

Hundebiss (hier: Handverletzung mit nachfolgender Blutvergiftung sowie insofern Fieber und starke Schmerzen).

Frau. Langwierige Heilbehandlung. Die Kl. war erst nach drei Monaten wieder voll arbeitsfähig. Ursache: Hundebiss nach bzw. infolge des Eingreifens der Kl. in eine Hundebeißerei, bei der sie ihren Hund von dem der Beklagten weggezogen hatte und dadurch von deren Tier gebissen worden war. Wegen der Tiergefahr ihres eigenen Hundes, reduzierte das AG das Schmerzensgeld um 500,- EUR, ohne jedoch von einem Mitverschulden der Kl. zu sprechen, da diese in einer „Kampfpause" in das Geschehen eingegriffen habe.

Betrag: 2.000 € **Haftung: 100 %**
immVorb: – **MdE: –**

AG München 6.9.2011 – 261 C 32374/10 = BeckRS 2011, 22792

5210

Hundebissverletzungen (hier: Zahlreiche, dem Kläger durch einen scharfen Polizeihund zugefügte Bissverletzungen. Wörtlich heißt es hierzu im Urteil: „Die Lichtbilder zeigen deutlich, dass Arme, Beine und Rücken des Kl. von Bisswunden übersät waren. Der überwiegende Teil der Verletzungen war oberflächlich, es gab jedoch auch größere und tiefere Wunden".)

14j. Junge. Ambulante Heilbehandlung, langwierige Heilbehandlung. Hundebissverletzungen. [Lesenswert zum Einsatz von Polizeihunden: „Die Haftung des Landes begründete das OLG u.a. damit, dass der Einsatz des aggressiven Diensthundes im Hinblick auf die beim Kl. verursachten Verletzungen jedes vertretbare Maß überschritten habe.Der Hundeführer muss den Diensthund, gerade auch in einer Situation der Erregung des Hundes, soweit beherrschen und kontrollieren, dass ein willkürliches Verhalten des Hundes, insbesondere ein „überschießendes Beißen" ausgeschlossen ist (vgl. zur erforderlichen Kontrolle und Beherrschung des Diensthundes durch den Hundeführer OLG Düsseldorf, NJW-RR 1995, 661; OLG Hamm, NVwZ-RR 1997, 460 = VersR 1998, 495)", so das OLG].

Betrag: 2.450 € **Haftung: 100 %**
immVorb: – **MdE: –**

OLG Karlsruhe 18.6.2015 – 9 U 23/14 = BeckRS 2015, 16172

6925

Hundebissverletzung in Form einer Bisswunde an der Achillessehne.

Mann. Die Wunde musste genäht bzw. chirurgisch behandelt werden. Es kam zu einer verzögerten Wundheilung, weshalb die Bisswunde durch Spülung mit Desinfektionslösung und Einlage von Laschen behandelt wurde. MdE 42 Tage 100 %. [Ursache: Jagdunfall].

Betrag: 2.500 € **Haftung: 100 %**
immVorb: – **MdE: –**

OLG Zweibrücken 15.7.2020 – 2 U 82/12 = BeckRS 2016, 15066

6312

Hundebiss in die Hand. Der – wohl kleine Hund – hatte die Klägerin in die Hand „geschnappt". Es kam zu einer „Entzündung aufgrund einer durch die behandelnden Ärzte verzögert erfolgten Behandlung".

Frau. Stationäre Heilbehandlung. Die Entzündung infolge von Behandlungsverzögerung muss sich der Tierhalter zurechnen lassen, – sie unterbricht nicht den Kausalzusammenhang. [Lesenswert zu: Tierhalterhaftung / Mitverschulden: „Das Hochheben eines Hundes, der offenkundig entlaufen ist und sich in der Nähe des Straßenverkehrs bewegt, begründet kein Mitverschulden, wenn die hochhebende Person dabei von dem Hund gebissen wird."]

Betrag: 2.500 € **Haftung: 100 %**
immVorb: Ja **MdE: –**

OLG Brandenburg 16.8.2019 – 7 U 6/19 = BeckRS 2019, 19500

5522

Handverletzung (hier: Hundebiss in die rechte Hand. dadurch erlitt die Klägerin einen großen Weichteildefekt am dorsalen Handrücken, eine Fingerverletzung des Fingerstreckers D4 und eine Nervverletzung in Form einer Nervenläsion N9.

Frau. Fast zwei Wochen stationär. Zwei Operationen (Hauttransplantation). 6 Monate intensive Ergotherapie; auch musste die Kl. zur Vermeidung einer Verklebung der Narben einen Kompressionshandschuh tragen. Durch die Beeinträchtigung der rechten Hand kam es zu einer Überbeanspruchung des linken Armes und der linken Hand, weshalb eine Aktivbandage zur Kompression des Ellenbogens und eine Handgelenkbandage zur Ruhigstellung des Handgelenks erforderlich wurden. Bei der Schmerzensgeldbemessung berücksichtigte das Gericht, dass die Klägerin „stark und mehrere Monate in ihrer Lebensführung eingeschränkt war und mit der erforderlichen Hauttransplantation ein Eingriff am davor nicht betroffenen Oberschenkel vorgenommen werden musste, der zudem schlecht heilte. Ferner war zu bedenken, dass die Verletzung nach wie vor nicht ausgeheilt ist und die Kl. durch den Vorfall auch psychisch beeinträchtigt wurde". Dauerschaden: Belastungseinschränkung und Bewegungseinschränkungen der rechten Hand beispielsweise beim Öffnen von Schraubverschlüssen oder dem Schneiden mit einem Messer. Verhärtete Narbe am kleinen Finger. [Ursache: Tierhalterhaftung / Hundebeißerei bzw. Hunde-Rangelei – vgl. dazu auch OLG Frankfurt a. M., Urteil vom 18.1.2023 – 4 U 249/21, becklink 2025991 = → Nr. 7360].

Betrag: 2.500 € **Haftung: 25 %**
immVorb: Ja **MdE: –**

OLG München 12.12.2018 – 20 U 1474/18 = BeckRS 2018, 33058

5940

Fingerverlust (hier: Amputation des Endglieds des linken Zeigefingers und Entfernung des Nagelbetts).

Frau. 4 Tage stationär. MdE 90 Tage 100 %. Dauerschaden: Amputation des Endglieds des linken Zeigefingers. [Ursache: Tierhalterhaftung wegen Hundebissverletzung].

Betrag: 2.500 € **Haftung: 100 %**
immVorb: – **MdE: –**

OLG Hamm 17.10.2011 – 6 U 72/11 = BeckRS 2011, 26424

5298

Hundebissverletzung (hier: Unterarmverletzung in Form einer Riss-Quetschwunde am Unterarm links sowie eine Hyposensibilität im Bereich des Versorgungsgebietes des Nervus cutaneus antebrachii medialis).

23j. Frau (tiermedizinischen Fachangestellte). Der nachfolgende operative Eingriff verlief komplikationslos, intraoperativ konnte eine Verletzung des Nervus cutaneus antebrachii medialis ausgeschlossen werden. Unter einer intravenösen Antibiose mit Ampicillin, Sulbactam, waren die initiale Rötung und Schwellung der mit vier Stichen genähte Wunde rückläufig im weiteren Heilungsverlauf stellten sich, mittlerweile nicht mehr vorhandene, Gefühlsstörungen am linken Unterarm ein, es blieb eine deutlich sichtbare Narbe zurück. Die Beeinträchtigungen erstreckten sich über 3 Monate. Dauerschaden: Deutlich sichtbare Narbe.

Betrag: 2.700 € **Haftung: 100 %**
immVorb: – **MdE: –**

AG Frankenthal 7.7.2016 – 3a C 66/16 = BeckRS 2016, 16193

6735

Unterarmverletzung (hier: Hundebissverletzung im Bereich des rechten Unterarms mit Nervverletzung am Unterarm).

Frau. Ambulante Heilbehandlung, bei der die Bisswunde genäht wurde. MdE 30 Tage 100 %. Dauerschaden: Große Narbe – deutlich sichtbar – am rechten Unterarm sowie Sensibilitätsstörungen in diesem Bereich aufgrund der Nervverletzung. Ursache: Hundebiss durch einen Schäferhund.

Betrag: 3.000 € **Haftung: 100 %**
immVorb: Ja **MdE: –**

AG Saarlouis 17.6.2019 – 28 C 894/18 = BeckRS 2019, 54832

5204

Hundebiss / Gesichtverletzung (hier: Oberflächliche Schürfwunden im Unterkieferbereich; reiskorngroße offene Wunde unter dem linken Auge, diese blutete zwar kaum, war jedoch – so das OLG – tief. Im Bereich der linken Wange zeigte sich zudem eine Schwellung).

Frau. Drei ambulante Heilbehandlungen: Die Wunde wurde gespült und mit Hautkleber geklebt. Dauerschaden: Es verblieb „eine schwach rötliche halbmondförmige Narbe unter dem linken Auge". Zudem litt die Klägerin unter Ängsten, die sich jedoch immer mehr verringert hätten, so dass zuletzt nur noch ein deutliches Unbehagen in Gegenwart von fremden großen Hunden verblieben sei, das als solches aber eher als sozialadäquat denn als psychische Fehlverarbeitung zu qualifizieren sei, so das OLG. [Lesenswert zum Thema: Verkehrssicherungspflicht des Führers mehrerer Hunde aus Gefälligkeit – cane corso].

Betrag: 3.000 € **Haftung: 100 %**
immVorb: – **MdE: –**

OLG Hamm 3.2.2015 – I-9 U 91/14 = NJW-RR 2016, 97

4911

Hundebissverletzung / Unterarmverletzung mit erheblicher Wundinfektion.

Frau. Ambulante Heilbehandlung / langwierige Heilbehandlung mit Unterarmgipsverband sowie insgesamt 17 ambulanten Behandlungen. MdE 3 Wochen 100 %. Dauerschaden: Bewegungsbeeinträchtigung beim Faustschluss sowie Sensibilitätsstörung im Bereich des Mittel- und Ringfingers. Unterarmnarbe. [Ursache: Hundebiss].

Betrag: 4.000 € **Haftung: 100 %**
immVorb: – **MdE: –**

AG Cloppenburg 13.9.2013 – 21 C 876/12 = BeckRS 2013, 200714

3932

Hundebiss / Brustverletzung (hier: Busenverletzung in Form einer ca. 3 x 5 cm große Bissverletzung am rechten Busen. Weitere Bisswunden erlitt die Klägerin am rechten Unterarm, der rechten Schulter sowie an der linken Hand.

17j. Frau. MdE nahezu zwei Wochen 100 % und eine weitere Woche 80 %. Dauerschaden: Sichtbare Narbe am rechten Busen, die jedoch im bekleideten Zustand jedoch nicht erkennbar ist sowie Unterarmnarbe. Wörtlich heißt es hierzu im Urteil: „Dennoch sind jedenfalls die Narbe an der Hand und je nach Bekleidung auch die Narbe am Unterarm auch im bekleideten Zustand sichtbar und können daher das Erscheinungsbild der Klägerin beeinträchtigen". (LG Duisburg BeckRS 2011, 20427)

Betrag: 4.000 € **Haftung: 100 %**
immVorb: – **MdE: –**

LG Duisburg 8.6.2006 – 8 O 38/06 = BeckRS 2011, 20427

1717

Hundebiss / Beinverletzung (hier: Oberschenkelverletzung und Unterschenkelverletzung in Form von „herausgerissenem Fleisch" mit unansehnlichen Narben).

Frau („junge Frau"). Sie wurde von Kampfhund [Bullterrier] des Beklagten angefallen. Dauerschaden: Entstellende Narben [vgl. Entstellungen] am Bein. Bei der Bemessung berücksichtigte das AG zum einen die schlechten Vermögensverhältnisse des Beklagten und zum anderen „das verantwortungslose Verhalten des Bekl. als Tierhalter". [Hundebiss].

Betrag: 4.090 € **Haftung: 100 %**
immVorb: – **MdE: –**

AG Bad Liebenwerda 12.3.1999 – 11 C 502/98 = BeckRS 9998, 16624

7046

Hundebissverletzung mit Kieferverletzung und Gesichtsverletzung (hier: Zwei Wunden im Bereich der Wange und eine Wunde im Bereich des Halses, die genäht werden mussten. Zudem hatte sich der Kiefer der Klägerin durch den Biss verschoben und drei Keramikkronen der Klägerin brachen ab, so das LG).

Frau. Ambulante Heilbehandlung bei der die Bisswunden genäht wurden. Die Narbe im Bereich des Jochbeins auf der rechten Wange der Klägerin war auch neun Monate nach dem Vorfall „sichtbar und schmerzempfindlich". Darüber hinaus hatte sich durch den Biss der Kiefer der Klägerin verschoben und drei Kronen brachen ab, sodass sie sich in zahnmedizinische Behandlung begeben und sich in insgesamt neun Terminen einer Exzision eines blutreichen ausgedehnten Geschwulstes unterziehen musste. [Ursache: Hundebissverletzung / Tierhalterhaftung. Die Klägerin hatte sich zu dem neben ihr stehenden Hund, den sie aus vorangegangenen Besuchen bereits kannte, in Richtung seines Hinterteiles hinuntergebeugt worauf dieser sie plötzlich in das Gesicht gebissen hatte. Entgegen der Ansicht des Amtsgerichts muss sich die Klägerin deshalb jedoch kein Mitverschulden in Höhe von 1/3 anrechnen lassen. Das LG begründete dies zutreffend wie folgt: „Bei einem bekannten Hund, bei dem es zuvor nie zu Auffälligkeiten in Bezug auf aggressives oder ängstliches Verhalten gekommen ist, darf eine Person davon ausgehen, dass der Hund – sollte er sich bedroht fühlen – nicht sofort zubeißt, sondern zumindest vorher durch ein Knurren eine Warnung ausstößt, auf die die Person sodann angemessen reagieren kann".]

Betrag: 4.500 € **Haftung: 100 %**
immVorb: – **MdE: –**

LG Wiesbaden 24.3.2022 – 2 S 10/21 = BeckRS 2022, 23776

5948

Unterschenkelverletzung (hier: Wandenverletzung durch Hundebiss mit anschließender Wundinfektion. Wegen der Infektion erfolgte „ein Wunddébridement mit Ausschneidung abgestorbenen Weichgewebes und einer intensiven Weichteilbehandlung mit Spülung und Anlage eines Vakum-Vebandes. Nach Beherrschung der Infektion konnte dann … eine Hautverpflanzung in den Defekt am rechten Unterschenkel vorgenommen werden").

Frau (ältere Frau). 30 Tage stationär mit Ausschneidung abgestorbenen Weichgewebes und einer intensiven Weichteilbehandlung sowie einer Hauttransplantation / Hautverpflanzung in den Defekt am rechten Unterschenkel. Die Klägerin musste ca. 14 Tage an Krücken / Gehilfen gehen. [Tierhalterhaftung – Hundebiss].

Betrag: 4.500 € **Haftung: 66 %**
immVorb: – **MdE: –**

OLG Naumburg 5.8.2010 – 2 U 39/10 = BeckRS 2010, 23747

3428

Hundebiss / Kopfverletzung / Skalpierungsverletzung (hier: an der linken Kopfseite mit deutlicher Narbe).

10j. Kind (Mädchen). Lebensgefahr! Stationärer Aufenthalt. Dauerschaden: Deutlich tastbare Narbe am Kopf nach Skalpierungswunde. Regulierungsverzögerung wurde erhöhend berücksichtigt.

Betrag: 4.602 € **Haftung: 100 %**
immVorb: – **MdE: –**

LG Landau 5.7.2000 – 1 S 87/02 = unveröffentlicht

7322

Hundebissverletzung / Handverletzung (Hier: blutende Wunde an der rechten Hand mit Wundinfektion mit Verletzung der Strecksehne).

Frau. 8 Tage stationäre Behandlung aufgrund der Wundinfektion mit Operation der Strecksehne. Anschließend Physiotherapie. MdE 115 Tage 100 %. Dauerschaden: deutlich sichtbare Narbe an der Hand. Möglicher Dauerschaden zu welchem das OLG ausführt: „Die Verletzung ist bis heute nicht vollständig ausgeheilt, insbesondere kann die Kl., trotz der Krankengymnastik, die Hand aufgrund der Beeinträchtigung der Strecksehne nicht mehr richtig öffnen und schließen. Eine weitere Operation der Strecksehne ist nicht ausgeschlossen. Zudem erlitt die Kl. durch die Bissverletzung eine deutlich sichtbare Narbe an der rechten Hand. Bei Beanspruchung der Hand schwillt diese nach wie vor an." Zur Bemessung führte das OLG an: „Insgesamt hält der Senat in Würdigung und Wägung der vorstehend aufgezeigten erlittenen Verletzungen und daraus folgenden Beeinträchtigungen sowie der auf Seiten der Klägerin zu berücksichtigenden Tiergefahr von 20 % ebenso wie das Landgericht ein Schmerzensgeld in Höhe von 5.000,00 für angemessen." [Ursache: Tierhalterhaftung – Retriever vs. Bulldogge: Beißerei zwischen zwei Hunden und Versuch, die Hunde zu trennen. Das Urteil befasst sich auch ausführlich zur Frage, wer als Tierhalter iSv § 833 S. 1 BGB haftet, wenn Eigentümer und Unterhaltender nicht dieselbe Person sind und wie die Haftungsverteilung bei einer Hundebeißerei vorzunehmen ist, wenn ungeklärt bleibt, welcher der beiden Hunde den Geschädigten tatsächlich gebissen hatte.]

Betrag: 5.000 € **Haftung: 80 %**
immVorb: Ja **MdE: –**

OLG Hamm 19.12.2022 – 7 U 54/22 = BeckRS 2022, 47087

6993

Hundebissverletzung / Gesichtsverletzung (hier: „schwere Verletzungen" durch Biss in das Gesicht des Mädchens).

10j. Kind (Schülerin). Mehrere Tage stationär. Bei der Schmerzensgeldbemessung hat das Gericht berücksichtigt, dass die Tierhalterin „grob fahrlässig gehandelt habe, indem sich sie sich mit ihrem Hund auf den Kinderspielplatz begeben, den Hund nicht an die kurze Leine genommen und den Hund auch nicht ununterbrochen beaufsichtigt habe". [Anmerkung: Die Kl. nimmt die Bekl. auf Deckungsschutz aus einer Tierhalterhaftpflichtversicherung in Anspruch. Das Urteil ist insoweit lesenswert zur Frage der Rechtmäßigkeit des Pflichtwidrigkeitsausschluss in der Tierhalterhaftpflichtversicherung].

Betrag: 5.000 € **Haftung: 100 %**
immVorb: – **MdE: –**

OLG Frankfurt a. M. 15.7.2020 – 7 U 47/19 = BeckRS 2020, 21440

6738

Hundebissverletzung in Form einer 10 cm langen und 3 cm tiefen Bisswunde am rechten Oberschenkel sowie erhebliche und zum Teil große Schürfwunden am rechten Oberschenkel sowie im linken Beckenbereich.

10j. Kind (Schüler). 3 Tage stationäre Behandlung. Die Bisswunde wurde genäht. Dauerschaden: Narbe am rechten Oberschenkel. Ursache: Hundebiss durch den Rottweiler des Angeklagten [Adäsionsverfahren], der gegen die Maulkorbpflicht verstieß und seinen bissigen Hund zudem frei laufen gelassen hatte.

Betrag: 5.000 € **Haftung: 100 %**
immVorb: – **MdE: –**

AG Wesel 12.3.2019 – 8 Ds – 597 Js 93/18 – 161/18 = BeckRS 2019, 5746

4724

Hundebiss / Nasenverletzung (hier: tiefe, bis in die Unterhaut [= Subkutis] reichende Nasenrückenverletzung in Form einer ca. 4 cm langen Bisswunde die sich „triangelförmig" über den Nasenflügel erstreckte).

Frau. Ambulante Heilbehandlung, bei der die Bisswunde genäht wurde. Hundebissverletzung.

Betrag: 5.000 € **Haftung: 100 %**
immVorb: Ja **MdE: –**

LG Hamburg 26.3.2012 – 307 O 429/10 = BeckRS 2012, 214226

5958

Bauchverletzung infolge eines Hundebisses mit großflächigen schwere Quetsch-Bisswunden.

Mann. MdE 3 Wochen 100 %. Dauerschaden: Narben am Bauch, die Narben waren zum Zeitpunkt der mündlichen Verhandlung „Jahre nach dem Vorfall noch deutlich sichtbar und auffällig". [Ursache: Haftung für Hundebissverletzung gemäß §§ 839 Abs. S. 1, 253 Abs. 2 BGB, Art. 34 S. 1 GG im Rahmen des Polizeieinsatzes].

Betrag: 5.000 € **Haftung: 100 %**
immVorb: – **MdE: –**

LG Aachen 28.2.2012 – 12 O 3/11 = BeckRS 2012, 18102

4041

Pferdebiss: Fingerverlust (hier Zeigefingermittelgliedverlust).

Frau. 15 Tage stationär. weitere ca. 3 Wochen ambulante Heilbehandlung. 30 ergotherapeutische Behandlungen. Ursache: Pferdebiss.

Betrag: 5.000 € **Haftung: 100 %**
immVorb: – **MdE: –**

LG Gera 13.12.2005 – 6 O 762/05 = BeckRS 2005, 154616

3810

Hundebiss / Gesichtverletzung (hier: Zwei kleinere, aber gut sichtbare ca. 4 cm lange Narben an der Wange und unterhalb des linken Auges nach entsprechenden Bissverletzungen. Weitere Bisswunden am Arm und am Rücken).

2j. Kind. 4 Tage stationär. Zahlreiche ambulante Behandlungen. Dauerschaden: Narben im Gesicht. Ursache: Hundebiss.

Betrag: 6.136 € **Haftung: 100 %**
immVorb: Ja **MdE: –**

LG Ravensburg 25.7.2002 – 4 O 211/02 = BeckRS 2002, 162390

2984

Hundebiss / Unterschenkelverletzung und Oberschenkelverletzung in Form von tiefflächigen Hundebissverletzungen mit Schädigung der Nerevenstränge [Nervverletzung] und mit bleibenden Narben.

Mann. 16 Tage stationär. Komplizierte Heilung mit Spalthauttransplantationen und lang andauerndem Taubheitsgefühl sowie ausgeprägtem Knochenschwund. Dauerschaden: 2 deutlich sichtbare Narben an Oberschenkel und Unterschenkel. Ursache: Hundebiss.

Betrag: 6.136 € **Haftung: 100 %**
immVorb: – **MdE: –**

LG Aachen 21.7.1999 – 4 O 15/98 = BeckRS 1999, 14843

7106

Hundebiss in die Nase: Nasenverletzung (hier: multiple oberflächliche Bisspuren am Nasenbein sowie eine ca. 2x2 cm große Hautablederung der Nasenspitze mit verbleibender Narbe).

Frau. Ambulante Behandlung mit Lasertechnik. Dauerschaden: Narbe an der Nase. Hierzu führte das LG aus: „Diese wird sich wahrscheinlich nicht mehr vollständig zurückbilden. Eine solche Gesichtsverletzung beeinträchtigt das Erscheinungsbild und kann auch eine psychische

Belastung darstellen." [Ursache: Tierhalterhaftung – Hundebiss beim „Verabschieden" des Hundes].

Betrag: 7.000 € **Haftung: 70 %**
immVorb: – **MdE: –**

LG Köln 3.11.2022 – 14 O 304/21 = BeckRS 2022, 36160

4737

Handgelenkverletzung, schwere / Nervverletzung (hier: Bissverletzungen eines Wildschweinebers im Bereich des linken Armes wobei eine Läsion des Nervus radialis festgestellt wurde, was zu einer dauerhaften, massiv eingeschränkten Handgelenks- und Fingerbeweglichkeit mit Gefühlsstörung führte). Zudem erlitt der Kläger Bissverletzungen am rechten Mittelfinger, am Gesäß und am rechten Oberschenkel sowie an der rechten Brustwarze.

Mann (Tierpfleger / Wildparkbetreiber). Dauerschaden: Bewegungseinschränkungen in Form von massiv eingeschränkter Handgelenks- und Fingerbeweglichkeit mit Gefühlsstörung. Ursache: Unfall beim Verladen eines Wildschweinebers.

Betrag: 7.500 € **Haftung: 75 %**
immVorb: Ja **MdE: 35 %**

OLG München 8.8.2012 – 20 U 1121/12 = BeckRS 2012, 21967

6960

Hundebissverletzungen (hier: Mindestens fünf tiefe Bisswunden, bei welchen die Zähne in das Fleisch eindrangen. Zwei Bisswunden an der rechten Flanke, ca. 0,5 cm tief auf dem Rücken auf Höhe des rechten Schulterblattes drei tiefe Bisswunden, teilweise 1 cm lang eine tiefe Bisswunde am distalen Oberarm rechts, ca. 1 cm lang über dem proximalen Oberarm rechts drei mäßig tiefe Bisswunden tiefe Bisswunde am linken Oberarm. Hinzu kamen Schürfwunden. Durch den Hundeangriff hat die Klägerin eine posttraumatische Belastungsstörung mit Flashbacks und Alpträumen entwickelt, die zu einer emotionalen Belastung führen.

10j. Kind (Schülerin). Die Bissverletzungen sind unproblematisch verheilt. Jedoch ist eine langandauernde traumaspezifische Psychotherapie wegen des PTBS und die damit verbundenen emotionalen Belastungen in Form von Flashbacks, Alpträumen und ihrem deutlichen Vermeidungsverhalten mit einer erhöhten Angst in der Öffentlichkeit auf Hunde zu treffen, erforderlich. „Dieses Vermeidungsverhalten geht weit über einen gesunden Respekt vor großen Hunden hinaus", so das LG. Die Klägerin konnte zunächst nicht alleine im Bett schlafen und nicht alleine rausgehen. Sie vermied die Straße, in der sie gebissen wurde und die Umgebung des Wohnortes der Beklagten, sowie den Park, um nicht auf Hunde zu treffen. Wenn sie einen Hund sieht, reagiere sie mit Herzrasen und Fluchttendenzen, wechselt die Straßenseite oder kehrt sogar um. Sie fährt nicht mehr mit den Inlinern und vermeidet das Fahrradfahren. Dauerschaden: diverse Narben im Bereich der Arme und auf dem Rücken, die alle in Bereichen, die bei sommerlicher Kleidung zu sehen sind sowie ggf. dauerhafte psychische Beeinträchtigungen, weshalb das LG dem Feststellungsantrag stattgab. Zur Schmerzensgeldbemessung führte das LG aus: „Angesichts dieser nunmehr schon zwei Jahre andauernden Folgen des Angriffes und der von der Sachverständigen festgestellten Notwendigkeit einer weiteren psychotherapeutischen Behandlung ist ein Schmerzensgeldanspruch von insgesamt 8.000 EUR angemessen". [Ursache: Tierhaltehaftung. Das Kind wurde von dem vom Beklagten ohne Sachkundenachweis geführten „Dobermann" von hinten angesprungen und mehrfach in den Nacken, die Schulter und die Oberarme gebissen. Das Kind war durch das Anspringen zu Boden gefallen, lag unter dem beißenden Hund und schrie. Der Beklagte … zog den Hund weg und ging mit diesem fort, ohne sich um das Kind zu kümmern].

Betrag: 8.000 € **Haftung: 100 %**
immVorb: Ja **MdE: –**

LG Bochum 15.10.2020 – 1 O 453/19 = BeckRS 2020, 44569

5897

Gesichtsverletzung (hier: Hundebiss in das Gesicht).

Frau. [Tierhalterhaftung: Hundebiss. „Ein Tierhalter, der auf einer Gartenparty seinen Hund frei herumlaufen lässt, muss davon ausgehen, dass dieser von den Gästen als gänzlich ungefährlich angesehen wird und sich gegebenenfalls auch im Umgang mit Hunden nicht erfahrene Gäste dem Tier annähern. Eine schuldlose Mitverursachung durch den Geschädigten wird im Rahmen der Gefährdungshaftung nicht berücksichtigt. Für ein Mitverschulden muss der Geschädigte gegen Gebote des eigenen Interesses vorwerfbar verstoßen haben (hier verneint)", so der amtliche Leitsatz].

Betrag: 10.000 € **Haftung: 100 %**
immVorb: Ja **MdE: –**

OLG Naumburg 11.10.2010 – 10 U 25/09 = BeckRS 2010, 30184

5262

Handverletzung in Form einer sogenannten Morbus-Sudeck-Erkrankung der rechten Hand nach Hundebissverletzung.

Frau. Weitgehender Einschränkung der Arbeitsfähigkeit. Dauerschaden: „Der Morbus-Sudeck weist ein erhebliches Beschwerdebild mit einer fortwirkenden Beeinträchtigung der gesamten Lebensführung der Kl. aus, so das OLG, welches zudem zur Mithaftung ausführte: "Wer bei dem Versuch, zwei miteinander kämpfende große Rüden zu trennen, von dem fremden Hund in die Hand gebissen wird, trägt ein erhebliches Mitverschulden (hier: 60 %)".

Betrag: 12.000 € **Haftung: 40 %**
immVorb: – **MdE: –**

OLG Celle 17.3.2014 – 20 U 60/13 = BeckRS 2014, 9476

3425

Hundebiss Hundebiss / Nasenabriss / Gesichtsverletzung (hier: Durch Hundebiss wurde die Nasenspitze mit Knorpel abgerissen). Weitere Bisswunden am Ohr und Ellenbogen.

Frau (Tierärztin). Stationäre Behandlung. Mehrere Operationen zur Nasenrekonstruktion, die jedoch nicht vollständig möglich war. Dauerschaden: Entstellung infolge der sichtbaren Verletzungsfolgen / Narben von 3 mal 3 cm.

Betrag: 15.339 € **Haftung: 100 %**
immVorb: Ja **MdE: –**

OLG Hamm 26.9.2002 – 6 U 14/02 = BeckRS 2002, 9873

3670

Hundebiss / Oberschenkelverletzung (hier: Oberschenkelbissverletzung mit Verdacht auf HIV-Infektion und Hepatitisinfektin bzw. Gelbsuchtinfektion).

Mann (Polizeibeamter). MdE 10 Tage 100 %. Schmerzensgelderhöhend wurde die Angst vor Aids / Aidsgefahr berücksichtigt.

Betrag: 15.339 € **Haftung: 100 %**
immVorb: – **MdE: –**

LG Münster 16.3.2000 – 1 S 11/00 = unveröffentlicht

3386

Gesichtverletzung (hier: ausgedehnte Weichteilverletzungen im Gesicht mit verschiedenen klaffenden, tief in das Gewebe reichenden Riss- und Quetschwunden, ferner weitere kleinere, das Aussehen beeinträchtigende Riss-/Quetschwunden im linken Gesichtsbereich sowie Narben).

1j. Kind. 10 Tage stationär, zwei Operationen. Dauerschaden: Missempfindungen und Gefühlsstörungen im Bereich der linken Gesichtshälfte, Schmerzen besonders bei Kälte und Temperaturwechsel und eine Abschwächung der mimischen Gesichtsmotorik im Bereich des linken Mundwinkels. Ursache: Hundebiss in das Gesicht des Kindes.

Betrag: 18.000 € **Haftung: 100 %**
immVorb: Ja **MdE: –**

LG Essen 17.3.2005 – 12 O 307/03 = BeckRS 2005, 6978

5553

Hundebissverletzungen durch einen Rottweiler-Rüden (hier: Unterarmbissverletzung und Unterschenkebissverletzungen – wörtlich heisst es dazu: „Die Klägerin wurde … mehrfach in die Unterarme und den linken Unterschenkel gebissen"). Diese litt zudem seither unter psychischen Beeinträchtigungen.

63j. Frau. Bei der Bemessung des Schmerzensgeldes setzte sich das OLG sorgfältig mit der taggenauen Schmerzensgeldberechnung (vgl. hierzu im Handbuch unter → Rn. 30) auseinander und lehnte diese mit einer sehr treffenden Begründung ab: Diese Methode erwachse „dem Irrglauben, jegliche Art und Intensität körperlicher Einschränkungen sowie Schmerzen objektiviert bemessen zu können; es erscheint jedoch fehlsam anzunehmen, aus entsprechenden Vorgaben erwüchse eine größere Einzelfallgerechtigkeit", so das OLG. [Ursache: Hundebissverletzung / Tierhalterhaftung. Die Eigentümerin eines Hundes (hier: Rottweiler-Rüde) ist auch dann als Halterin eines Tieres im Sinne von § BGB § 833 BGB anzusehen, wenn das Tier aufgrund eines Tierpensionsvertrags anderweitig untergebracht ist, weil der Eigentümerin die Haltung des Tieres ordnungsrechtlich untersagt ist, sie aber für alle Kosten des Tieres aufkommt, für den Hund weiter verantwortlich ist und die uneingeschränkte Entscheidungshoheit über ihn hat.]

Betrag: 20.000 € **Haftung: 66 %**
immVorb: Ja **MdE: –**

OLG Brandenburg 16.4.2019 – 3 U 8/18 = BeckRS 2019, 9077

7749

Hundebiss / Beißattacke eines Hundes mit der Folge einer offenen Unterarmfraktur 2. Grades beider Unterarme in Verbindung mit knöchernen und Nerven zerfetzenden Handgelenksverletzungen / Nervverletzungen. Zudem erlitt die Kl. eine Unterschenkelfraktur.

63j. Frau. Stationäre Behandlung mit mehreren Operationen unter Weichteiltransplantation und Knochenspanentnahme. Langwierige Heilung. Dauerschaden: Erhebliche Bewegungseinschränkungen an beiden Unterarmen und Händen: Links: „Fast vollständige" Bewegungseinschränkung des Linken Unterarms für die Pro- und Supination. „Praktisch vollständiger Funktionsverlust der Langfinger sowie des linken Daumens der linken Hand, wobei die Finger in einer Pfötchenstellung gehalten werden und neben der Funktionsstörung auch eine Sensibilitätsstörung vorrangig im Bereich des linken Daumens, aber auch im Bereich der Langfinger II, III und IV vorliegt." Kosmetische Entstellung des linken Unterarmes nach Knochen- und Weichteiltransplantation. Rechts: „mittelgradige Bewegungseinschränkung des rechten Handgelenkes in allen Bewegungsebenen, endgradige Einschränkung der Einwärtsdrehbewegung des rechten Unterarms, endgradige Einschränkung der Streckung der Langfinger der rechten Hand. Hinzu kommen psychische Beeinträchtigungen in Form von "chronifizierten Agoraphobie mit Panikstörung, wobei auch klaustrophobe Aspekte sowie Elemente einer spezifischen Phobie in der Nähe größerer Hunde verbunden mit einer leicht depressiven Grundgestimmtheit." Haushaltsführungsschaden über einen Zeitraum von drei Jahren. [Das OLG Brandenburg bestätigte diese Entscheidung, vgl. dazu BeckRS 2019, 9077, → Nr. 5553. Das Urteil des LG ist ua lesenswert zur Thematik der Tierpensionshaftung sowie zur – vom LG zutreffend verneinten – Frage, ob die behördliche (öffentlich-rechtlich verfügte) Untersagung der Hundehaltung zur Beendigung der Eigenschaft als Tierhalter im Sinne des BGB führt]. Hinweis: Das insofern weitere Urteil des OLG Brandenburg BeckRS 2025, 28616 betrifft lediglich noch den Haushaltführungsschadenersatz.

Betrag: 20.000 € **Haftung: 66 %**
immVorb: Ja **MdE: –**

LG Neuruppin 22.12.2017 – 1 O 143/14 = BeckRS 2017, 156389

6279

Hundebiss / Handverletzung und Schlaganfall. Die Klägerin wurde im Rahmen einer Hunderauferei in die rechte Hand gebissen und erlitt eine offene Mittelhandfraktur [o.Mittelhandfraktur] sowie nachfolgend im Krankenhaus einen Bewusstseinsverlust. Es kam zu einer Lungenembolie und einem Schlaganfall [Schlaganfall nach Hundebiss].

Frau. Stationäre Heilbehandlung. Ein Tierhalter (hier: der Halter eines Schäferhundes / Beklagter) kann auch für die Bissverletzungen haften, die einem anderen Tierhalter (hier: der Halterin eines Retrievers / Klägerin) dadurch entstanden sind, dass sich beide Hunde balgten und insofern nicht geklärt werden konnte, ob dessen eigener Hund (Schäferhund) zugebissen hatte oder der (Retriever) des nun schadensersatzpflichtigen anderen Hundehalters. „Der Grund für die strenge Tierhalterhaftung des § 833 S. 1 BGB liegt in dem unberechenbaren oder aber auch instinktgemäßen selbsttätigen tierischen Verhalten und der dadurch hervorgerufenen Gefährdung von Leben, Gesundheit und Eigentum Dritter, also der verwirklichten Tiergefahr. Diese setzt grundsätzlich ein über die bloße physische Anwesenheit hinausgehendes Verhalten des Tieres voraus", so das OLG. Anders als im Falle zu → Nr. 6276 rechnete das OLG hier der Klägerin ein hälftiges Mitverschulden an, da die Hunderauferei von beiden Tieren ausgegangen sei und sich die Klägerin daher die Tiergefahr ihres Retrievers anrechnen lassen müsse. [Hundebiss durch eigenen Hund – vgl. hierzu auch OLG Karlsruhe, 10.10.2019 – 7 U 86/18]

Betrag: 25.000 € **Haftung: 50 %**
immVorb: Ja **MdE: –**

OLG Karlsruhe 18.9.2019 – 7 U 24/19 = BeckRS 2019, 21975

6702

Gesichtsverletzung, schwere (hier: Hundebiss in das Gesicht mit der Folge von schweren Gesichtsnervverletzungen, Gesichtsnervlähmung in Form einer inkompletten Lähmung des Nervus fascialis. Die Klägerin ist dauerhaft entstellt und kann ein Auge nicht mehr schließen, so dass sie dauerhaft Augentropfen verwenden muss. Zudem kann sie einen Mundwinkel nicht mehr heben und somit auch nicht mehr richtig lachen.

2j. Kind. Stationäre Behandlung mit mehreren Operationen. Langwierige Heilbehandlung; das Gericht führte aus, dass die Kindheit der Klägerin im wesentlichen von Krankenhausaufenthalten, Arztbesuchen sowie dem Umgang mit den Verletzungsfolgen geprägt sei. Dauerschaden: Entstellung. [Ursache: Hundebiss / Tierhalterhaftungsfall mit grob fahrlässigem Verhalten der Hundehalterin, deren Hund zuvor bereits andere Kinder gebissen hatte].

Betrag: 90.000 € **Haftung: 100 %**
immVorb: Ja **MdE: –**

OLG München 16.12.2016 – 32 U 2167/16 = BeckRS 2016, 139940

b) Sonstige durch Tiere hervorgerufene Verletzungen

7609

Schienbeinfraktur durch Anprall eines herbeirennenden fremden Hundes.

Frau. Kein Schmerzensgeld. Sachverhalt: Die Klägerin begehrte von der Beklagten – beides Hundehalterinnen – Schmerzensgeld für eine Schienbeinfraktur, die sie dadurch erlitten hatte, dass der Hund der Beklagten gegen ihr Bein gerannt war; die beiden Damen hatten ihre beiden Hunde, die sich bereits kannten, auf einem Feld- und Wanderweg frei herumtollen lassen. Die Hunde liefen dabei zunächst den beiden Damen voraus, um herumzutollen und kehrten dann zurück, wobei der Hund der Beklagten dem dem der Klägerin nachgelaufen war. Das LG wies die Klage ab: Zwar habe die Beklagte als Hundehalterin für die typische Tiergefahr einzustehen, die sich auch dann verwirklicht, wenn ein Hund einen Menschen umrennt (Grüneberg / Sprau BGB § 833, Rn. 7 mwN). Eine typische Tiergefahr äußert sich nach ständiger Rechtsprechung des BGH in einem der tierischen Natur entsprechenden unberechenbaren und selbständigen Verhalten (vgl. BGH BeckRS 2015, 5010 mit Verweis auf BGH Urt. v. 6.7.1976 – VI ZR 177/75). Jedoch – so das LG Köln – müsse sich die Klägerin anspruchsmindernd die Tiergefahr ihres eigenen Tieres (vgl. BGH BeckRS 2016, 12618) und zudem ihr eigenes Mitverschulden anrechnen lassen. „Nach dem Sinngehalt des § 840 Abs. 3 BGB ist die Klägerin daher im Innenverhältnis der Parteien allein verpflichtet, da sie ein Verschulden (gegen sich selbst) trifft, während die Beklagte nur aus Gefährdung haftet (BGH aaO Rn. 13)." [vgl. dazu auch OLG Celle BeckRS 2015, 16738, → Nr. 7610]

Betrag: – **Haftung: –**
immVorb: – **MdE: –**

LG Köln 10.7.2024 – 2 O 207/23 = BeckRS 2024, 33222

7620

Verletzungen durch ein in Panik geratenes Pferd (Rappe), der die Klägerin umgerannt hatte.

Frau (Dolmetscherin). Kein Schmerzensgeld für Verletzungen, die sich die Klägerin dadurch zugezogen hatte, dass sie das von ihr gehaltene Pferd von der Weide holen wollte, wo es zusammen anderen Jungtieren untergebracht war. Das Pferd der Klägerin hatte sich jedoch – nachdem die Klägerin ihrem Pferd den Halfter mit Strick angelegt hatte – losgerissen und rannte davon. Beim Versuch, ihr Pferd wieder einzufangen, lief ihr der ebenfalls auf der Weide untergebrachte Rappe entgegen und rannte sie um. Das LG Oldenburg wies die Klage als unbegründet ab: „Zwar liegen die Voraussetzungen der Tierhalterhaftung gemäß § 833 BGB als einzig in Betracht kommender Anspruchsgrundlage grundsätzlich vor. Allerdings entfällt die Schadensersatzverpflichtung der Beklagten aufgrund ihres überragenden Eigenverschuldens an dem Unfall und der ihr zuzurechnenden Tiergefahr des eigenen Pferdes.", so das LG. Denn zum einen musste sich die Klägerin nicht nur – entsprechend § 254 BGB – auch die Tiergefahr ihres eigenen Pferdes, das bei der Entstehung des Schadens mitgewirkt hatte, zurechnen lassen, sondern zum anderen auch ein ganz erhebliches eigenes Verschulden an dem Unfall: „Die Klägerin hat sich ohne Not bereits dadurch einer erhöhten Gefahr ausgesetzt, als sie über die Weide lief, um ihr Pferd einzufangen, obwohl sie wusste, dass die jungen, ihr nicht näher bekannten und unerfahrenen Hengste in Panik über die Weide galoppierten.", so das LG, dass dies sodann noch näher begründete: „Darüber hinaus hat die Klägerin weitere naheliegende Vorsichtsmaßnahmen unterlassen: Als die Gruppe der Pferde auf sie zu galoppierte, hat sie sich weder groß und breit aufgebaut und die Arme hochgerissen, noch hat sie beispielsweise ihr Mobiltelefon in die Luft geworden, um die nahenden Pferde zu verschrecken. Stattdessen hat sie zunächst ein Lichtbild angefertigt und sich dann seitwärts zu den Pferden hingestellt. Als erfahrende Pferdehalterin hätte ihr bekannt sein müssen, dass dieses Handeln die Gefahr erhöht, statt diese zu vermindern. Es ist schlechterdings nicht nachvollziehbar, warum die Klägerin die Zeit hatte, ein Lichtbild anzufertigen, aber nicht, naheliegende Schutzmaßnahmen zu treffen."

Betrag: – **Haftung: –**
immVorb: – **MdE: –**

LG Oldenburg 3.7.2024 – 3 O 2299/23 = BeckRS 2024, 29680

7360

Handverletzung in Form einer fissuralen Fraktur des Processus styloideus radii am rechten Handgelenk sowie eine Knieverletzung in Form einer Distorsion des linken Kniegelenks bzw. Kniegelenksdistorsion.

Frau. Die Klägerin war beim Versuch gestürzt, den Nachbarhund, der ihre Katze bzw. ihren Kater angegriffen und am Kopf gepackt hatte, mit ihrem Besen von der Katze zu trennen. Das OLG sah eine Tierhalterhaftung auch bei mittelbaren Verletzungen durch helfendes Eingreifen als gegeben an, denn die verschuldensunabhängige Haftung des Tierhalters bestehe bereits dann, wenn eine Verletzung adäquat kausal auf ein Tierverhalten zurückzuführen sei. Es komme nicht auf eine unmittelbar durch das Tier bewirkte Verletzung an. Ausreichend sei es, wenn sich ein Mensch durch die von dem Tier herbeigeführte Gefahr zu helfendem Eingreifen veranlasst sehe. Die Höhe des Schmerzensgeldes ließ das OLG noch offen, da über die erlittenen Verletzungen noch Beweis zu erheben sei. [vgl. dazu auch → Nr. 5522].

Betrag: – **Haftung: 100 %**
immVorb: – **MdE: –**

OLG Frankfurt a. M. 18.1.2023 – 4 U 249/21 = BeckRS 2023, 1575

7013

Wespenstich. Die Ehefrau des Klägers wurde während des gemeinsamen Urlaubs von einer Wespe gestochen und im Krankenzimmer des Hotels behandelt

Frau. Kein Schmerzensgeldanspruch gegenüber dem Reiseveranstalter für diverse Unannehmlichkeiten (Wespenstich, Zimmerbezug erst um 15 Uhr, verzögerte Zimmerreinigung nach zerbrochener Flasche sowie gerissener Kette des im Hotel geliehenen Fahrrades). „Grundsätzlich ist der Reiseveranstalter nicht verpflichtet, einen Reisenden vor jeder Gefahr zu schützen, der er während der Reisezeit ausgesetzt ist", so das LG Köln, das zum Wespenstich weiter ausführte: „In dem Wespenstich, den die Ehefrau des Klägers erleiden musste, verwirklichte sich lediglich das allgemeine Lebensrisiko. Das von dem Kläger erst in der Folge entdeckte Wespennest neben der Terrasse der hoteleigenen Brasserie wurde unstreitig später von dem Hotelpersonal entfernt. Zudem ist nicht vorgetragen, dass die Wespe, die stach, aus diesem Nest stammte".

Betrag: – **Haftung: –**
immVorb: – **MdE: –**

LG Köln 8.3.2022 – 32 O 334/20 = BeckRS 2022, 5865

6275

Keine Angabe zu den erlittenen Sturzverletzungen.

Frau. Kein Schmerzensgeldanspruch wegen Sturz, der dadurch verursacht wurde, dass der angeleinte Terrier der Klägerin beim Anblick des Rottweilers der Beklagten um die Klägerin herumgelaufen war. Dadurch wickelte sich die Leine um die Beine der Klägerin, die infolgedessen zu Fall kam. Um eine Haftung des Tierhalters des Rottweilers annehmen zu können, hätte laut LG aber mindestens feststellbar sein müssen, dass der Hund des Beklagten durch ein wie immer geartetes Verhalten den Hund der Klägerin zu diesem Verhalten provoziert hatte. Das sei nicht der Fall gewesen, so das LG.

Betrag: – **Haftung: –**
immVorb: – **MdE: –**

LG Osnabrück 23.9.2019 – 8 O 1022/19 = BeckRS 2019, 22814

6309

Kompensation von Schmerzen wegen des Verlustes von Tieren.

Frau. Kein Schmerzensgeldanspruch zur der „Kompensation der bei ihr infolge der Fortnahme der Leguane entstandenen Schmerzen". Die Klägerin hielt in Ihrer 24 qm großen Wohnung zwei Leguane, die ihr wegen nicht artgerechter Haltung von der Stadt C. weggenommen wurden.

Betrag: – **Haftung: –**
immVorb: – **MdE: –**

VG Köln 4.9.2019 – 21 K 6578/18 = BeckRS 2019, 21722

6317

Pferdetritt / Huftritt gegen den Kopf unterhalb der linken Augenbraue.

Frau. Kein Schmerzensgeldanspruch wenn der Geschädigte eine Situation erhöhter Verletzungsgefahr herbeiführt, obwohl er diese Gefahr erkennen und vermeiden kann. Eine Haftung für eine auf Seiten eines Pferdehaltes lediglich in Betracht kommende Tiergefahr tritt in vollem Umfang zurück, wenn ein erfahrener Reiter weiß, dass es bei einem erstmaligen Versuch, ein Pferd auf einen Anhänger zu verladen, zu erheblichen Problemen gekommen ist, und er sich trotz dieser Warnsignale bei einem zweiten Verladeversuch in dem Gefahrenbereich einen Meter hinter oder seitlich hinter dem Pferd aufhält und durch ein Austreten des Pferdes nach hinten verletzt wird.

Betrag: – **Haftung: –**
immVorb: – **MdE: –**

LG Münster 31.7.2019 – 4 O 534/16 = BeckRS 2019, 22834

5466

Bienenstiche in das Gesicht.

Mann. Kein Schmerzensgeldanspruch für Bienenstich sofern der Kläger nicht – gemäß § 286 ZPO – beweisen konnte, dass tatsächlich eine Biene des gemäß der §§ 833, 830, 253 II und 254 BGB in Anspruch genommenen Imkers in als Halter seiner Honigbienen ihn gestochen hat. [Anmerkung: Sehr lesenswert zur Haftung eines Imkers für seine Bienen].

Betrag: – **Haftung: –**
immVorb: – **MdE: –**

AG Brandenburg 28.11.2017 – 34 C 146/16 = BeckRS 2017, 132550

7610

Verletzung, die dadurch hervorgerufen wurde, dass die Klägerin von einem Hund umgerannt worden war.

Frau. Kein Schmerzensgeld. Sachverhalt: Die Klägerin befand sich mitten auf einem Hundespielplatz, auf dem ihr Hund mit einer „großen Zahl von Hunden unterschiedlicher Rassen" herumtollte und wurde dort vom Hund des Beklagten umgerannt und verletzte sich dabei. Das OLG Celle sah eine Haftung des Beklagten aus § 833 BGB als nicht gegeben an. „Nach höchstrichterlicher Rechtsprechung ist ein die Haftung des Tierhalters auf Null reduzierendes Mitverschulden des Geschädigten dann gegeben, wenn sich dieser bewusst einer besonderen Gefahr ausgesetzt hat, die über das normalerweise bestehende Maß hinausgeht, weil der Geschädigte sich mit dem Tier in eine gefahrerhöhende Situation begibt (BGH, NJW 1992, 907; NJW-RR 2006, 814). Diese Voraussetzungen sind nach den Feststellungen des Landgerichts gegeben. Wer sich auf einen extra dafür eingerichteten Hundespielplatz begibt, auf dem die Hunde sich frei bewegen können, muss davon ausgehen, dass die Tiere bei ihrem Spiel- und Raufverhalten ungestüm und wild agieren. Dies gebietet bereits die allgemeine Lebenserfahrung und gilt erst Recht, wenn – wie im gegebenen Fall – eine große Anzahl von Hunden unterschiedlichster Rassen aufeinandertreffen. Wer sich in einer solchen Situation mittig auf dem Spielplatz aufhält und seine Aufmerksamkeit darüber hinaus nicht dem Geschehen um sich herum widmet, der setzt sich Risiken aus, die über das Maß der gewöhnlich mit einem Tier verbundenen Gefahren deutlich hinausgehen.", so das OLG. [vgl. dazu auch LG Köln BeckRS 2024, 33222 → Nr. 7609]

Betrag: – **Haftung: –**
immVorb: – **MdE: –**

OLG Celle 8.7.2014 – 20 U 49/13 = BeckRS 2015, 16738

4455

Schock mit schweren depressiven Episoden nach Miterleben des Todes (durch Überrollen mittels des Traktors des Beklagten) der Labradorhündin, die die Klägerin spazieren geführt hatte.

Kein Schmerzensgeldanspruch für „Schockschaden" des Tierhalters nach Tötung seines Hundes. Eine „Ausdehnung dieser Rechtsprechung [ergänze: Rspr. zu Schmerzensgeldansprüchen bei Schockschäden bzw. Fernwirkung] auf psychisch vermittelte Gesundheitsbeeinträchtigungen bei der Verletzung oder Tötung von Tieren …

[ergänze: kommt] nicht in Betracht. Dem entspricht es, dass der Gesetzgeber keinen Anlass für einen besonderen Schmerzensgeldanspruch des Tierhalters gesehen hat", so der BGH.

Betrag: – **Haftung: –**
immVorb: – **MdE: –**

BGH 20.3.2012 – XI ZR 114/11 = NZV 2012, 327

4375

Psychische Beeinträchtigung / Angst (hier: infolge von Ängsten oder Leiden eines Hundes).

Kein Schmerzensgeldanspruch: „Ängste oder Leiden eines Hundes begründen keinen Schmerzensgeldanspruch des Hundeeigentümers.", so das AG zutreffend.

Betrag: – **Haftung: –**
immVorb: – **MdE: –**

AG Wiesbaden 18.8.2011 – 93 C 2691/11 = BeckRS 9998, 19708

3836

Pferdetritt / Daumentrümmerfraktur.

Mann (Tierarzt). Kein Schmerzensgeldanspruch, wenn ein Tierarzt während der Behandlung eines Pferdes von diesem getreten und hierdurch verletzt wird. Es geht insofern um „gerechte Zuweisung des Zufallsschadens" (BGH NJW 1974, 234; OLG Celle VersR 1990, 794), so das OLG. Der Tierarzt handelt insofern im Rahmen seiner beruflichen Tätigkeit und somit auf eigene Gefahr.

Betrag: – **Haftung: 100 %**
immVorb: – **MdE: –**

OLG Hamm 6.6.2008 – 9 U 229/07 = BeckRS 2008, 20346

7313

Unterarmfraktur (hier: Speichenfraktur in Form einer distale Radiusextensionsfraktur links sowie eine Ellenfraktur in Form einer Fraktur des Processus Coronoideus ulnae ebenfalls linksseitig) als Folge eines Reitunfalles.

Frau. 6 Tage stationär. Operation mit Metallimplantat, das vier Monate nach der OP wieder operativ entfernt wurde. MdE 120 Tage 100 % sowie nach der Metallimplantatentfernung erneut 53 Tage 100 %. [Ursache: Reitunfall – das Urteil befasst sich eingehend mit der Thematik „Sorgfaltspflicht der Pferdehalterin gegenüber Reitschülerin" und der (verneinten) Frage, ob im konkreten Fall die Reitschülerin Tieraufseher iSd § 834 BGB war].

Betrag: 2.000 € **Haftung: 50 %**
immVorb: Ja **MdE: –**

OLG Hamm 12.4.2022 – 7 U 55/21 = BeckRS 2022, 22602

5208

Kniebänderverletzung / Knieverletzung rechts (hier: Knieinnenbandriss – wörtlich heißt es: „subtotale Ruptur des Innenbandes an dem femoralseitigen Ursprung des Ligaments sowie Kapsel- und Venenanrisse" mit „erheblichen Schmerzen, so dass sie nicht mehr auftreten konnte".

Frau. MdE 14 Tage 90 %, weitere 14 Tage 60 % sowie weitere 14 Tage 10 %. Langwierige Heilbehandlung, die sich „über Wochen" hinzog. Dauerschaden: Muskelverschmächtigung am rechten Bein und Bewegungseinschränkung des rechten Kniegelenkes, welches die Kl. nicht mehr vollständig strecken kann. [Anmerkung: Lesenswert zum Thema Tierhalterhaftung / Spiel mit Hunden / Mitverschulden: Das LG ging von einem hälftigen Mitverschulden der Kl. aus. Diese wollte einem 40 KG schweren Hund einen Tannenzapfen zuwerfen, hob ihn hierzu auf – warf ihn aber dann doch nicht. „Die Klägerin merkte auch, dass der Hund sie fixierte .... Angesichts des Umstandes, dass sie einen Tannenzapfen in der Hand hielt, hätte sie daher damit rechnen müssen, dass der Hund nach diesem Tannenzapfen springen konnte", so das LG].

Betrag: 2.000 € **Haftung: 50 %**
immVorb: – **MdE: –**

LG München I 27.3.2015 – 20 O 10380/13 = BeckRS 2015, 11107

4576

Handverletzung (hier: Handprellung und Handschürfwunden mit Narbenbildung und Feinmotorikbeeinträchtigung an der linken Hand – die Kl. ist Linkshänderin!) sowie Knieprellung rechts und Ellenbogenprellung links.

Frau (Tierärztin). MdE 3 Tage 100 %. 24 ambulante Heilbehandlungen mittels Physiotherapie. Urlaubsbeeinträchtigung: Die von der Kl. geplanten Radtouren konnten verletzungsbedingt nicht durchgeführt werden. Dauerschaden: Bei Kälte verspürt die Klägerin eine geringfügige Störung der Feinmotorik der linken Hand / Feinmotorikbeeinträchtigung. [Ursache: Sturz, der durch den Hund des Beklagten verursacht worden war].

Betrag: 2.000 € **Haftung: 100 %**
immVorb: – **MdE: –**

AG Dresden 22.3.2012 – 103 C 5746/11 = BeckRS 2012, 214053

4814

Schulterverletzung (Hier: Schulterrotatorenmanschettenteilruptur) nach Sturz, der durch den Hund des Beklagten mitverursacht worden war.

74j. Mann. 5 Tage stationär. Weitere 5 Wochen ambulante Heilbehandlung. In dieser Zeit war „sein rechter Arm mit einem Abduktionskissen fest an den Oberkörper fixiert", so das OLG, welches bei der Bemessung auch berücksichtigte, „dass der Kläger durch die Unfallverletzung in seinem Freizeitverhalten, hier ein bis zweimaliges Rennkajakfahren in der Woche, eingeschränkt war".

Betrag: 2.500 € **Haftung: 60 %**
immVorb: Ja **MdE: –**

OLG Koblenz 5.11.2013 – 3 U 421/13 = BeckRS 2013, 19130

5207

Unterschenkelfraktur und Sprunggelenkverletzung.

11j. Mädchen. Möglicher Dauerschaden: Taubheitsgefühl im Bereich des verletzten Fußes. [Anmerkung: Das Mädchen wich vor einem plötzlich hinter einem Zaun hochspringenden Hundes auf die Fahrbahn, wo sie vom PKW erfasst wurde. „Wenn eine Fußgängerin, die plötzlich und unerwartet durch einen Hund erschreckt wird, in einem "Reflex„ einen Schritt zur Seite macht, und dabei in die Fahrbahn eines herannahenden Fahrzeugs tritt, liegt in der Regel eine Handlung im Rechtssinne vor, da auch ein "automatisiertes„ menschliches Verhalten grundsätzlich einer möglichen Bewusstseinskontrolle und Willenssteuerung unterliegt. Bei einer Schreckreaktion in einer plötzlichen Gefahrensituation kann es jedoch an einem Verschulden der Fußgängerin auch dann fehlen, wenn die konkrete Handlung – Schritt zur Seite – zur Abwendung der Gefahr objektiv nicht notwendig war", so die beiden Leitsätze des Senats].

Betrag: 3.000 € **Haftung: 100 %**
immVorb: Ja **MdE: –**

OLG Karlsruhe 7.1.2015 – 9 U 9/14 = BeckRS 2015, 7668

4281

Oberarmfraktur (hier: Oberarmhalsfraktur) nach Sturz wegen einem Wachhund, der auf den Kl. zu rannte.

72j. Mann. Stationäre Heilbehandlung. Operation mit Metallteileimplantat. Urlaubsvereitelung: Der Kl. wurde zur Operation nach Deutschland geflogen. Ursache: Tierhalterhaftung / Reiseveranstalterhaftung für Sturz infolge eines Hundeangriffs.

Betrag: 3.000 € **Haftung: 100 %**
immVorb: – **MdE: –**

OLG Koblenz 8.4.2011 – 5 U 1354/10 = BeckRS 2011, 8766

2964

Schulterverletzung (hier: Schulterluxation [„Auskugeln der Schulter"], links mit nachfolgender Nervverletzung [Nervus achsillaris] und demzufolge Armhebeeinschränkung nur „knapp 45 Grad".)

81j. Mann. Stationär. 6 Wochen sehr schmerzhaft. 13 krankengymnastische Behandlungen. Dauerschaden: „Erhebliche Bewegungseinschränkung im Schultergelenk" um 50 Grad; der Kläger ist Linkshänder. Ursache: Abwehr eines Hundes.

Betrag: 3.068 € **Haftung: 60 %**
immVorb: – **MdE: –**

LG Hamburg 7.6.2001 – 314 O 151/99 = BeckRS 2001, 161927

5941

Kniegelenkluxaktion mit Kniebänderverletzungen (hier: Kreuzbandrissverletzung bzw. vordere Kreuzbandruptur) sowie Meniskusverletzungen (hier: Innenmeniskusverletzung und Außenmeniskusverletzung – jeweils in Form eines Meniskushinterhornrisses im linken Kniegelenk).

Frau. Stationäre Behandlung mit drei Operationen und Durchführung einer Arthroskopie. Dauerschaden: Arthrose und Belastungsminderung des Kniegelenks. Bei der Bemessung berücksichtigte das OLG, dass „die Stabilität des Kniegelenks ist bis zum Schluss der mündlichen Verhandlung vor dem Landgericht nicht mehr wiederhergestellt worden [war]. Dieser Zustand dauert seit dem Schadensfall über vier Jahre an. Hinzu kommen umfangreiche ambulante Behandlungsmaßnahmen sowie eine bereits jetzt zu diagnostizierende Arthrose, deren weiterer Verlauf freilich nicht verlässlich vorhergesehen werden kann". [Ursache: Durch KFZ verschrecktes Pferd riss die Klägerin, die es an der Leine führte zu Boden].

Betrag: 3.300 € **Haftung: 33 %**
immVorb: Ja **MdE: –**

OLG Saarbrücken 15.11.2011 – 4 U 593/10-184 = BeckRS 2011, 26869

3879

Wirbelfraktur (hier: Brustwirbelsäulenfraktur in Form einer Fraktur des 9. Brustwirbelkörpers).

Frau. Stationär. Langwierige – „mehrere Monate" dauernde Heilbehandlung mit schmerzhafter Bewegungseinschränkung. Die Wirbelsäulenfraktur heilte jedoch vollständig und „ordnungsgemäß"; vier Monate nach dem Sturz waren alle Beschwerden abgeklungen. Ursache: Sturz, der durch den Hund des Beklagten verursacht wurde. Hierzu das OLG: „Begegnet auf öffentlicher Straße eine Radfahrerin einem Hund, der entgegen einer solchen Verordnung nicht angeleint ist, und kommt sie im unmittelbaren zeitlichen und örtlichen Zusammenhang damit zu Fall, so kann ein Anscheinsbeweis dafür sprechen, dass das Bewegungsverhalten des Hundes und damit die von ihm ausgehende Tiergefahr für ihren Sturz ursächlich waren."

Betrag: 3.500 € **Haftung: 100 %**
immVorb: Ja **MdE: –**

OLG Hamm 21.7.2008 – 6 U 60/08 = BeckRS 2009, 6020

4048

Unterschenkelfraktur in Form einer Schienbeinkopfimpressionsfraktur.

Frau. 4 Wochen stationär; später erneuter kurzer stationärer Aufenthalt. 12 Wochen ambulante Heilbehandlung. Ursache: Die Kl. wurde mit erheblichem eigenem Verschulden von dem Schäferhund der Bekl. „umgerannt".

Betrag: 4.000 € **Haftung: 50 %**
immVorb: – **MdE: –**

OLG Frankfurt a. M. 12.1.2007 – 9 U 217/06 = NJW-RR 2007, 748

6726

Unterarmfraktur in Form einer Speichenfraktur / Radiuskopffraktur rechts.

Frau. Ambulante Behandlung; die Klägerin musste für die Dauer von 3 Wochen eine Oberamgipsschiene tragen. MdE 50 Tage 100 %. Folgenlose Verheilung. Ursache: Tierhalterhaftungsfall. Sturz der Klägerin durch das von dem Hund des Beklagten zu 2. ausgelöste „Getümmel" zu welchem das OLG ausführte, dass das unkontrollierte Umherlaufen von Hunden als Reaktion auf das Zusammentreffen mit anderen Hunden eine typische tierische Verhaltensweise darstelle. Ist dabei auch der eigenen Hunde des Verletzten beteiligt und ist dieses „Getümmel" letztlich die Ursache für den Sturz des Verletzten, muss sich dieser die von seinem eigenen Hunden ausgehende mitursächliche Tiergefahr Anspruchs mindernd anrechnen lassen.

Betrag: 4.666 € **Haftung: 66 %**
immVorb: – **MdE: –**

OLG Koblenz 9.12.2019 – 12 U 249/18 = BeckRS 2019, 43483

4788

Handverletzung und Handfraktur (hier: Frakturen und Sehnenabriss an der linken Hand), verursacht durch ein Pferd.

Frau. Ambulante Heilbehandlung. Tierhalterhaftung. Ursache: Die Verletzung wurde durch das Pferd der Beklagten verursacht.

Betrag: 5.000 € **Haftung: 100 %**
immVorb: – **MdE: –**

OLG Saarbrücken 25.2.2014 – 4 W 9/14 = BeckRS 2014, 4662

4488

Handgelenkfraktur (hier: Speichengriffelfortsatzfraktur und Kahnbeinfraktur der linken Hand).

Mann. Ursache: Der Kläger stürzte beim Joggen über den von der Beklagten ausgeführten Dackel.

Betrag: 5.250 € **Haftung: 70 %**
immVorb: Ja **MdE: –**

OLG Koblenz 3.7.2003 – 5 U 27/03 = BeckRS 2003, 6294

4560

Unterschenkelfraktur (hier: Schienbeinkopffraktur, komplexe am linken Kniegelenkmit Impression lateralseitig und dorsomedialem Kantenabbruch und Beteiligung des Interkondylenhöckers); Ursache: Hund lief über die Straße].

Mann. 8 Tage stationär; 4 Wochen Rehabilitationsaufenthalt; insgesamt für die Dauer von 4 Monaten musste der Kläger an Unterarmkrücken gehen und eine Knieorthese tragen. Ersteres hatte zu einer Achillessehnenreizung geführt. 23 ambulante Heilbehandlungen. MdE 11 Wochen 100 %. Dauerschaden: Operationsnarbe am Knie. Skifahren und Bergwandern, die Hobbys des Klägers waren über ein halbes Jahr (Winterhalbjahr) nicht möglich.

Betrag: 6.000 € **Haftung: 100 %**
immVorb: Ja **MdE: –**

LG München I 20.7.2012 – 6 O 19662/10 = BeckRS 2013, 670

2980

Unterschenkelfraktur (hier: Schienbeinfraktur in Form einer Schienbeinkopffraktur) nach Pferdetritt.

54j. Frau. Komplikationsloser Heilungsverlauf. Dauerschaden: MdE 20 %. Ursache: Pferdetritt beim Überqueren einer Weide.

Betrag: 6.136 € **Haftung: 100 %**
immVorb: – **MdE: –**

OLG Düsseldorf 5.5.2000 – 22 U 148/99 = BeckRS 2000, 30110149

6003

Ellenbogenfraktur nach Sturz vom Pferd (hier: Offene Ellenbogenfraktur in Form einer offenen Ellenbogenluxationsfraktur). Zudem erlitt der Kläger noch eine Unterarmverletzung (hier: Compartment-Syndrom bzw. Kompartmentsyndrom am linken Unterarm. Darunter versteht man einen Zustand, in welchem bei geschlossenem Haut- und Weichteilmantel ein erhöhter Gewebedruck zur Verminderung der Gewebedurchblutung führt, woraus neuromuskuläre Störungen oder Gewebe- und Organschädigungen resultieren).

Mann (älterer Mann). Stationäre Heilbehandlung mit mehreren Operationen; anschließend musste der Kläger einen „externen Fixateur" tragen. Erhöhend wertete das OLG, „dass der Kläger infolge der erlittenen Verletzungen seine Arbeitsstelle verloren hat, was im Hinblick auf sein fortgeschrittenes Alter und die dadurch bedingt geringeren Chancen, noch eine Arbeitsstelle zu finden, als erhebliche Belastung des Klägers zu bewerten ist". [Ursache: Tierhalterhaftung beim Abwurf eines Reiters in Ritterbekleidung bei Fotoshooting. Die amtlichen Leitsätze des OLG lauten: „1. Die Tierhalterhaftung nach § 833 BGB kommt auch dem Reiter zugute, dem das Pferd aus Gefälligkeit überlassen wird. 2. Kein Ausschluss der Tierhalterhaftung unter dem Gesichtspunkt der menschlichen Leitung des Tieres, wenn ein Pferd, das von einer ihm vertrauten Person am Zügel gehalten wird, bockt und den Reiter abwirft. 3. Kein anspruchsmindernder Mitverursachungsbeitrag des Reiters, der zum Zwecke der Anfertigung von Fotos Ritterbekleidung auf ein Pferd aufsitzt, das von einer dem Pferd vertrauten Person am Zügel gehalten wird, bockt und den Reiter abwirft".]

Betrag: 10.000 € **Haftung: 100 %**
immVorb: Ja **MdE: –**

OLG Karlsruhe 14.12.2012 – 14 U 82/11 = BeckRS 2014, 8025

4128

Gehirnschädigung nach Schädelfraktur mit Gehirnblutung (hier: Gehirnschädigung mit dauerhafter Gehörschädigung und Tinnitus sowie Geruchsinnbeeinträchtigung).

Mann. 19 Tage stationär. Dauerschaden: Gehörschaden; Geruchsinnverminderung. Ursache: Der Kläger wurde von einem Pferd zu Boden gestoßen.

Betrag: 10.000 € **Haftung: 75 %**
immVorb: Ja **MdE: 15 %**

OLG Celle 10.5.2010 – 20 U 164/09 = BeckRS 2010, 144482

3105

Oberschenkelfraktur (hier: Oberschenkeltrümmerfraktur, sub- und pertrochantäre) sowie Handfraktur (hier: distale Radiusfraktur). Infolge der Oberschenkelverletzung kam es zu einer „deutlichen Abduktion und Adduktion" in der linken Hüfte.

Frau. 23 Tage stationär. Dauerschaden: Bewegungseinschränkung und Belastungseinschränkung bei alltäglichen Verrichtungen. Verletzungsursache: Hund; die Kl. wurde von einem Pitbullterrier angesprungen und stürzte dadurch.

Betrag: 10.000 € **Haftung: 100 %**
immVorb: – **MdE: –**

LG Hanau 16.1.2003 – 1 O 1130/02 = BeckRS 9998, 18932

4620

Gesichtsverletzung / Kieferfraktur (hier: Schwere Gesichtsverletzung mit Alveolarfraktur und zahnverlust von 5 Zähnen sowie erheblichen Gesichtsschwellungen nach Pferdetritt ins Gesicht.)

12j. Kind (Schülerin). Langwierige Heilbehandlung zahn- und kieferorthopädischer Art. Dauerschaden: Zahnschäden. [Ursache: Pferdetritt ins Gesicht]. Bei der Bemessung bezog sich das OLG auf eine Entscheidung des OLG Oldenburg [siehe unter → Nr. 4621].

Betrag: 12.000 € **Haftung: 100 %**
immVorb: – **MdE: –**

OLG Stuttgart 24.1.2011 – 5 U 114/10 = BeckRS 2011, 16754

4621

Schädelhirntrauma 2. und 3. Grades mit geringfügiger Gehirnblutung mit linksseitigem Halbseitensymptom und Gesichtverletzungen und Oberkieferfrontzahntrauma mit Alveolarfortsatzfraktur und Zahnverlust von 3 bleibenden Zähnen sowei einem weiteren Zahn.

9j. Kind (Schülerin). 3 Wochen stationär, davon 5 Tage Intensivstation. 18 Monate ambulante Nachbehandlung. Langwierige Heilbehandlung. Dauerschaden: Doppelbildsehen, weshalb die Kl. auf Dauer eine Brille tragen muss. [Ursache: Pferdetritt ins Gesicht der Kl.].

Betrag: 12.782 € **Haftung: 100 %**
immVorb: Ja **MdE: –**

OLG Oldenburg 9.11.2000 – 8 U 120/00 = BeckRS 2000, 9624

7784

Unterschenkelfraktur, schwere (hier: Schienbeinkopfmehrfragmentfraktur bzw. – so wörtlich „Tibiakopfmehrfragmentimpressionsfraktur").

Frau. Stationäre Behandlung mit insgesamt fünf Operationen. Langwierige Heilbehandlung mit ganz erheblicher und langfristiger Bewegungseinschränkung eingeschränkt und zeitweiser Nutzung eines Rollstuhls. Ihr Knie war auch mehr als 9 Monate nach dem Unfall und trotz einer Vielzahl von Arztbesuchen, Reha, Lymphdrainagen und Krankengymnastikterminen weiterhin geschwollen und warm, ohne dass absehbar ist, wie dieser Umstand in den Griff zu bekommen wäre, insbesondere ob und wie viele weiteren Operationen noch notwendig werden. Möglicher Dauerschaden: Knieschmerzen, regelmäßige Medikamenteneinnahme, erhebliche Bewegungseinschränkung und Belastungseinschränkung. Zudem ist die Kl. in ihren Hobbys und Sport- und Freizeitaktivitäten eingeschränkt und kann sich nicht in der ihr eigenen Agilität um ihre Enkelkinder kümmern. „Die psychische Belastung der ersichtlich um Linderung und nicht um finanzielle Kompensation bemühten Klägerin ist angesichts ihres Ausgangsstatus vor dem Unfall immens.", so das OLG Hamm in Rn. 78 der Fundstelle. [Anmerkung: Lesenswert zur Frage des Mitverschuldens bei Verletzung im Zusammenhang mit spielenden Hunden – hierzu führte das OLG Hamm in seinem 3. amtlichen Leitsatz aus: „Kommt es bei einem Aufenthalt auf einer Hundewiese zu einer Verletzung durch einen spielenden Hund, kann nur im Einzelfall – wie hier nicht – von einem den Anspruch aus § 833 Satz 1 BGB berührenden Mitverschulden im Sinne des § 254 Abs. 1 BGB ausgegangen werden, wenn die drohende Gefahr nicht nur vorhersehbar, sondern im konkreten Einzelfall auch vermeidbar war (in Abgrenzung zum Einzelfall des OLG Celle 8.7.2014 – 20 U 49/13, BeckRS 2015, 16738)"].

Betrag: 20.000 € **Haftung: 100 %**
immVorb: Ja **MdE: –**

OLG Hamm 21.11.2025 – 7 U 49/24 = BeckRS 2025, 36390

6302

Kollision einer Radfahrerin mit einem Hund auf einem gemeinsamen Geh- und Radweg: Ellenbogenfraktur (hier: Ellenbogenluxationsfraktur bzw. „komplexe dorsale Luxationsfraktur des Ellbogens Typ II nach Jupiter", d.h. rückwärtiger Ellenbogenbruch mit Ausrenkung). Unterarmfraktur / Speichenfraktur rechts (hier: Radiusköpfchenfraktur) sowie einem Abriss des Processus coronoideus (Knochenvorsprung der Elle). Handfraktur (hier: dislozierte Mittelhandknochenfraktur) und Daumenfraktur links. Sichtbare Narben, vor allem am rechten Arm.

Frau. 32 Tage stationär. 4 Aufenthalte. Komplizierte Heilbehandlung mit zahlreichen Operationen (6 OP am Ellenbogen und 3 OP am Daumen) mit mehreren Metallimplantaten. Die ersten beiden Phasen der stationären Behandlung waren zweifelsfrei mit erheblichen Schmerzen verbunden, die eine entsprechende medikamentöse Schmerztherapie erforderlich machten. Außerdem waren zahlreiche ambulante Behandlungen erforderlich. Dauerschaden: Bewegungseinschränkungen und Streckdefizit von 30 Grad und Beugedefizit von 20 Grad mit geringfügiger Handumwendebewegungseinschränkung. Taubheitsgefühl und Bewegungsbeeinträchtigung des linken Daumens allerdings ohne nennenswerte Einschränkung der Greif- und Gebrauchsfunktion der linken Hand. Verschlechterungsgefahr: Die Klägerin muss mit dem Gedanken leben, dass es auch in Zukunft zu Komplikationen mit der in ihrem rechten Ellbogen einliegenden Radiusköpfchenprothese kommen kann, so das OLG. [Ursache: Die Klägerin fuhr auf einem Geh- und Radweg mit geringem Abstand an einer Personengruppe mit einem Hund vorbei, ohne zuvor durch Klingelzeichen auf sich aufmerksam gemacht zu haben. Haftungsverteilung bei Kollision von Rad und Hund. Zur Grenze der Tierhalterhaftung führte das OLG aus: „Die Grenze der Tierhalterhaftung ist im Übrigen erst dann erreicht, wenn das Tier kein anderes Risiko repräsentiert als ein lebloser Gegenstand".]

Betrag: 20.000 € **Haftung: 66 %**
immVorb: Ja **MdE: 20 %**

OLG Hamburg 8.11.2019 – 1 U 155/18 = BeckRS 2019, 28888

6279

Schlaganfall nach Hundebiss. Die Klägerin wurde im Rahmen einer Hunderauferei in die rechte Hand gebissen und erlitt eine offene Mittelhandfraktur [o.Mittelhandfraktur] sowie nachfolgend im Krankenhaus einen Bewusstseinsverlust. Es kam zu einer Lungenembolie und einem Schlaganfall.

Frau. Stationäre Heilbehandlung. Ein Tierhalter (hier: der Halter eines Schäferhundes / Beklagter) kann auch für die Bissverletzungen haften, die einem anderen Tierhalter (hier: der Halterin eines Retrievers / Klägerin) dadurch entstanden sind, dass sich beide Hunde balgten und insofern nicht geklärt werden konnte, ob dessen eigener Hund (Schäferhund) zugebissen hatte oder der (Retriever) des nun schadensersatzpflichtigen anderen Hundehalters. „Der Grund für die strenge Tierhalterhaftung des § 833 S. 1 BGB liegt in dem unberechenbaren oder aber auch instinktgemäßen selbsttätigen tierischen Verhalten und der dadurch hervorgerufenen Gefährdung von Leben, Gesundheit und Eigentum Dritter, also der verwirklichten Tiergefahr. Diese setzt grundsätzlich ein über die bloße physische Anwesenheit hinausgehendes Verhalten des Tieres voraus", so das OLG. Anders als im Falle zu → Nr. 6276 rechnete das OLG hier der Klägerin ein hälftiges Mitverschulden an, da die Hunderauferei von beiden Tieren ausgegangen sei und sich die Klägerin daher die Tiergefahr ihres Retrievers anrechnen lassen müsse. [Hundebiss durch eigenen Hund – vgl. hierzu auch OLG Karlsruhe, 10.10.2019 – 7 U 86/18]

Betrag: 25.000 € **Haftung: 50 %**
immVorb: Ja **MdE: –**

OLG Karlsruhe 18.9.2019 – 7 U 24/19 = BeckRS 2019, 21975

4608

Tod nach schwerer Kopfverletzung bedingt durch den Zusammenstoß mit einem Pferd.

Frau. Kurze Überlebenszeit. Tod nach vorheriger Bewusstlosigkeit, ohne dass Bewusstsein zwischendurch wieder erlangt zu haben. [Ursache: Kollision mit einem Pferd].

Betrag: 30.000 € **Haftung: 100 %**
immVorb: – **MdE: –**

OLG Karlsruhe 18.3.2011 – 13 U 235/09 = BeckRS 2011, 142294

3159

Augenverletzung durch einen Pferdetritt (hier: Sehkraftminderung des linken Auges bei bereits seit Geburt bestehender Sehschwäche des rechten Auges).

6j. Kind (Mädchen). Dauerschaden: Sehschwäche; Sehkraftverminderung von vorher 1,0 auf nun 0,2 am linken Auge. Gefahr einer Netzhautablösung. Ursache (Tierhalterhaftung: Das Kind näherte sich dem Pferd von hinten, dieses trat das Kind gegen den Kopf).

Betrag: 30.678 € **Haftung: 100 %**
immVorb: Ja **MdE: –**

OLG München 23.10.2001 – 30 U 424/01 = BeckRS 2001, 15331

5404

Lendenwirbelfraktur nach Sturz infolge einer „Gockel-Attacke".

53j. Mann (Bauaufseher). Mehrere Wochen stationär. Langwierige Heilbehandlung mit Physiotherapie. Starke Schmerzen. Zudem musste der Kläger seine Arbeitszeit reduzieren und einen Nebenjob als Hausmeister einer Kirchengemeinde aufgeben. [Anmerkung: Das Verfahren endete mit einem Vergleich. Ursache: Tierhalterhaftpflicht; der Kläger war von einem Gockel bzw. Hahn angegriffen worden und stürzte über eine Bordsteinkante.]

Betrag: 37.000 € **Haftung: 100 %**
immVorb: Ja **MdE: –**

OLG München 31.1.2018 – 15 U 722/17 = becklink 2008979

5467

Kopfverletzungen, schwere (ohne nähere Angaben) nach Sturz vom Rücken eines Kamels.

27j. Frau (Ärztin). Stationäre Behandlung. Dauerschaden: „Erhebliche Einschränkungen in ihrer Erwerbstätigkeit". [Ursache: Tierhalterhaftung, Sturz vom Kamel, das wegen Hundegebells eine spontane Bewegung machte und die Klägerin abwarf. Kein Mitverschulden wegen des Nichttragens eines Helms – dies allerdings wohl nur deshalb, da – worauf das OLG hingewiesen hatte – der Beklagte davon quasi abgeraten und sich dadurch insbesondere sorgfaltswidrig verhalten habe!]

Betrag: 70.000 € **Haftung: 100 %**
immVorb: Ja **MdE: –**

OLG Stuttgart 7.6.2018 – 13 U 194/17 = BeckRS 2018, 16107

3363

Augenverletzung (hier: Totalerblindung).

23j. Frau (Bürokauffrau). Dauerschaden: Totalerblindung. Das Gericht befasste sich ausführlich und zutreffend mit den gravierenden Folgen einer totalen dauernden Erblindung unter der die Kl. psychisch dauerhaft leiden muss. [Ursache: Pferdetritt gegen den Kopf der Kl.]

Betrag: 153.388 € **Haftung: 66 %**
immVorb: – **MdE: 100 %**
Rente: 205 €

OLG Köln 26.5.1998 – 22 U 254/97 = BeckRS 1998, 10321

10. Persönlichkeitsrechtsverletzungen

Vorbemerkung: Die Rechtsprechung hierzu wurde ausführlich im ersten Teil des Buches (Handbuch) unter dem Kapitel V.1. a (→ Rn. 165) bis h (→ Rn. 250) dargestellt. Eine kurze Übersicht über die insofern aktuellen Entscheidungen finden Sie im Handbuchteil des Buches unter (→ Rn. 167).

Zur Thematik der **Persönlichkeitsrechtsverletzung wegen Verstößen gegen die DS-GVO** und anderen Datenschutzverstöße finden Sie im nachfolgenden **Unterkapitel C.10 a und dessen Unterpunkten (aa. bis ll.)** finden Sie dazu eine Vielzahl von aktuellen Entscheidungen. Zudem wird dieses Thema umfassend **auch im Handbuch unter → Rn. 244 – 249 auf mehr als 50 Seiten** behandelt, wobei auch die aktuelle Rechtsprechung des EuGH berücksichtigt wurde, der sich inzwischen mit einer Vielzahl von Entscheidungen mit den Voraussetzungen der immateriellen Schadensersatzansprüche nach Art. 82 DS-GVO und insbes. mit der Bemessung und Reichweite des immateriellen Schadensbegriffs befasst hatte und auch bei der hier vorliegenden 23. Auflage erneut zu einem erheblichen Überarbeitungsaufwand geführt hat.

Zur vertiefenden Lektüre sei an dieser Stelle zum einen auf die Dissertation von *Robert Faußner,* Der datenschutzrechtliche Schadensersatzanspruch nach Art. 82 DS-GVO sowie die regelmäßigen aktuell, akribisch und stets sehr übersichtlich aufbereiteten Übersichten hinsichtlich der aktuellen Rechtsprechung zu diesem Thema von *Kevin Leibold* in der ZD-Aktuell verwiesen.

Zum Thema widerrechtliche Freiheitsentziehung (nachfolgend Unterkapitel 10.d), wurde der Schmerzensgeldrahmen durch ein auch heute noch erwähnenswertes Urteil des LG Marburg (→ Nr. 1997) aus dem Jahre 1995 auf 255.645 EUR bereits damals hoch angesetzt. Aus jüngerer Zeit hierzu zu erwähnen sind die Entscheidungen des LG Saarbrücken, Urteil vom 29.1.2015 (→ Nr. 4863) sowie des OLG Frankfurt a.M., Urteil vom 2.10.2007 (→ Nr. 3803).

Hinzuweisen sei auch auf das Unterkapitel 10. f Mobbing und Cybermobbing (→ Rn. 226–241); sowie das Kapitel C.10.h zum Thema der Diskriminierung (AGG) und insofern auf die Entscheidungen des BGH Urt. v. 29.1.2026 – I ZR 129/25 BeckRS 2026, 774 und BGH Urt. v. 21.5.2026 – III ZR 56/25 BeckRS 2026, 10442 (→ Nr. 7933) sowie des BAG aus dem Jahr 2017 (→ Nr. 7945), des OLG Stuttgart aus dem Jahr 2011 (→ Nr. 4317) und des AG München aus dem Jahr 2014 (→ Nr. 4876 und → Nr. 4987).

a) Persönlichkeitsrechtsverletzung Datenschutz

Vorbemerkung: Um in den derzeit **mehr als 340** nachfolgend aufgeführten **Gerichtsentscheidungen** eine bessere Übersicht zu gewinnen, werden diese Entscheidungen nachfolgend in die selbe Untergliederungen eingruppiert, wie sie sich auch im Handbuchteil unter → Rn. 244 – 249 findet:

C. 10 a-aa	Datenerhebung
C. 10 a-bb	Datenverarbeitung
C. 10 a-cc	Datenweiterleitung und Datenverbreitung
C. 10 a-dd	Datenzugriff / Datenleck und Scraping
C. 10 a-ee	Datenlöschung und Recht auf Vergessenwerden
C. 10 a-ff	Datenauskunft
C. 10 a-gg	Datenschutzverstoß iVm Schufa ua Auskunfteien
C. 10 a-hh	Datenschutzverstoß iVm Sozial Media-Nutzerkonten
C. 10 a-ii	Datenschutzverstoß iVm SPAM-Mails / Werbe-Mails und Cold Calls
C. 10 a-jj	Datenschutzverstoß iVm beruflicher Schweigepflicht
C. 10 a-kk	Datenschutzverstoß durch heimliche Überwachung / Videoaufnahmen
C. 10 a-ll	sonstige Datenschutzverstöße

aa) Datenerhebung

7271

Datenerhebung (hier: wegen des Kopierens ihres Personalausweises in der Praxis der Beklagten, bei der die Klägerin hatte Eizellen entnehmen lassen, um diese über das sog. „Social Freezing" einfrieren zu lassen).

Kein Schmerzensgeldanspruch gemäß Art. 82 Abs. 1 DS-GVO. Die Klägerin hatte bei der Beklagten, die eine Kinderwunschpraxis betreibt, sich Eizellen entnehmen lassen, um diese über das sog. „Social Freezing" einfrieren zu lassen. Mit Schreiben vom 15.6.2021 teilte die B. GmbH, bei der die Eier gelagert wurden, der Klägerin mit, dass die kryokonservierten Eizellen aus versicherungsrechtlichen Gründen nicht weiter bei ihr eingelagert werden dürften und in einem anderen Unternehmen eingelagert werden könnten; dem stimmte die Kl. zu, warf jedoch der Beklagten vor, sie insofern nicht richtig aufgeklärt zu haben und zudem datenschutzrechtliche Vorschriften missachtet zu haben; dies deshalb, da die Beklagte die Klägerin nicht über den fehlenden Versicherungsschutz für die Einlagerung der kryokonservierten Eizellen bei der B. GmbH aufgeklärt habe. Zudem habe die Klägerin einen Schmerzensgeldanspruch nach Art. 82 DSG-VO, weil in der Praxis der Beklagten eine Kopie ihres Personalausweises angefertigt wurde. Das LG wies die Klage vollumfänglich ab. Zum Schmerzensgeld führte das LG aus: „Die in den Schriftsätzen formelhaft beschriebenen Ängste und Sorgen, das Unwohlsein sowie die Verunsicherung der Klägerin haben sich in der persönlichen Anhörung im Rahmen der mündlichen Verhandlung nicht bestätigt. Die Klägerin hat im Rahmen ihrer persönlichen Anhörung ausgeführt, dass sie im Wesentlichen die Unsicherheit, was mit ihren Eizellen passiert sei und / oder passieren könne, umtreibe." Insofern sei nicht zu erkennen, dass die Klägerin einen immateriellen Schaden tatsächlich erlitten habe, so das LG.

Betrag: – **Haftung: –**
immVorb: – **MdE: –**

LG Bielefeld 7.7.2023 – 4 O 275/22 = BeckRS 2023, 24198

4548

Persönlichkeitrechtsverletzung wegen unzulässiger Erhebung von Sozialdaten.

Mann. Der Kläger begehrte Schmerzensgeld wegen der unzulässigen Datenerhebung und Datenspeicherung, die das Jugendamt des beklagten Landkreises im Rahmen seiner Mitwirkung an einem Sorgerechtsverfahren betreffend das gemeinsame Kind des Klägers und dessen geschiedene Ehefrau durchgeführt hatte. Kein Schmerzensgeldanspruch, so das OLG mit der Begründung, dass die zwar unzulässige Datenerhebung keine schwere Persönlichkeitsrechtsverletzung dargestellt habe, die jedoch für einen begründeten Schmerzensgeldanspruch erforderlich sei.

Betrag: – **Haftung: –**
immVorb: – **MdE: –**

OLG Zweibrücken 21.2.2013 – 6 U 21/12 = BeckRS 2013, 3840

7777

Persönlichkeitsrechtsverletzung durch illegale Cookie-Setzungen bzw. Cookie-Setzungen ohne eine entsprechende Einwilligungs-Abfrage. Auch wenn im vorliegenden Fall nicht von einem „Gefühl des Kontrollverlusts" – wie vom BGH für den immateriellen Schadensersatz bei Datenschutzverstößen vorausgesetzt – ausgegangen werden konnte, sei – so das OLG – gehe gerade auch mit der Gefahr weiterer, bisher unbekannter Cookie-Setzungen ein gewisses „Gefühl des Überwachtwerdens" einher.

Mann. Wer Cookies auf einer Website platziert, wird rechtlich als Anbieter eingestuft und haftet für fehlende Einwilligungs-Abfragen; dies gilt auch für Drittunternehmen als „Cookie-Setzer im Hintergrund", die Cookies integriert haben und selbst für den Fall – wie hier – wenn der Nutzer bewusst illegale Cookie-Setzungen dadurch quasi provoziert hatte, indem er – ähnlich wie bei einem Testkauf – gezielt mehrere Websites in dem Verdacht besucht hatte, dass dabei ein bestimmtes Technologie- und Analyseunternehmen ohne seine Einwilligung Cookies auf seinem Gerät speichern würde, was dann tatsächlich auch der Fall war. Dies stellt einen Verstoß gegen § 25 I TDDDG dar, wonach das Setzen von Cookies ohne Einwilligung der Endnutzer grundsätzlich nicht zulässig ist. Neben der Unterlassung aus §§ 1004, 823 Abs. 2 BGB iVm § 25 I TDDDG sprach das OLG dem Kläger auch einen Anspruch auf immateriellen Schadensersatz gemäß Art. 82 DS-GVO zu. Bei der Bemessung des immateriellen Schadensersatzes reduzierte das OLG den zuvor vom LG Frankfurt a.M. zuerkannten Anspruch in Höhe von 1.500 EUR auf lediglich 100 EUR, da wegen der „Testkaufsituation" nur eine „sehr geringe" Beeinträchtigung des Kläger vorgelegen habe. [Anmerkung: Vgl. hierzu auch im Handbuch unter → Rn. 247a sowie den Praxishinweis dort unter → Rn. 246b. Wichtig ist in diesem Zusammenhang noch zu erwähnen, dass das OLG betont hatte, dass den Cookie-Setzer und auch den „Cookie-Setzer im Hintergrund" jeweils die Beweislast für die Einwilligung treffe. IT-technisch lassen sich derartige Verstöße dadurch beweissicher dokumentieren, indem man als Nutzer sog. HAR-Datei anfertigen lässt; mit deren Hilfe kann sodann der Netzwerkverkehr des eigenen Computers – mitsamt der gesetzten Cookies – dokumentiert und die Cookies schließlich mit dem jeweiligen Cookie-Setzer-Unternehmen in Verbindung gebracht werden. [Vgl. dazu auch OLG München → Nr. 7778 sowie Alacayir GRUR-Prax 2026, 98 und im Handbuchteil den Praxishinweis zu → Rn. 247a.]

Betrag: 100 € **Haftung: 100 %**
immVorb: – **MdE: –**

OLG Frankfurt a. M. 11.12.2025 – 6 U 81/23 = GRUR-RS 2025, 36049

7920

Persönlichkeitsrechtsverletzung durch Verarbeitung personenbezogener Daten durch Drittanbieter-Tools / Business-Tools ohne ausreichende Zweckbindung und Einwilligung sowie den Verstoß gegen den Grundsatz der Datenminimierung.

Mann. Der Kläger ist seit dem 1.1.2018 Nutzer der Plattform, deren Betreiberin die Beklagte ist. Als Gegenleistung für die kostenfreie Nutzung des Netzwerks wird den Nutzern Werbung angezeigt, die auf den Interessen des jeweiligen Nutzers basiert. Hierfür nutzt und verarbeitet sie eine Vielzahl von personenbezogenen Daten mit Hilfe von sog. Business-Tools, die der Nutzer der Beklagten auf … zur Verfügung stellt (verpflichtend Benutzernamen, Email Adresse, Telefonnummer und Alter) aber auch weitere Daten, wie Onsite-Daten, die als Ergebnis der Aktivitäten des Nutzers gesammelt werden etc. Vorrangiger Zweck dieser Business-Tools ist es, Drittunternehmen bei der Integration von Produkten zu unterstützen und zu erreichen, dass diese die ihre Produkte oder Dienstleistungen nutzen oder an diesen interessiert sein könnten. Bei den Daten, die die Drittunternehmen vom Nutzer unbemerkt erheben und an die Beklagte übermitteln handelt es sich um „event data" (Daten zur Aktivität auf der Webseite oder der App des Drittunternehmens) sowie weitere Daten. Zur Begründung führte das OLG aus: „Der Senat folgt der Auffassung des Bundesgerichtshofes (NJW 2025, 298 Rn. 96), wonach „eine auf Art. 82 DS-GVO gestützte Entschädigung in Geld als ‚vollständig und wirksam' anzusehen [ist], wenn sie es ermöglicht, den aufgrund des Verstoßes gegen diese Verordnung konkret erlittenen Schaden in vollem Umfang auszugleichen; eine Abschreckungs- oder Straffunktion soll der Anspruch aus Art. 82 I DS-GVO dagegen nicht erfüllen (vgl. EuGH […]). Folglich darf weder die Schwere des Verstoßes gegen die Datenschutz-Grundverordnung, durch den der betreffende Schaden entstanden ist, berücksichtigt werden, noch der Umstand, ob ein Verantwortlicher mehrere Verstöße gegenüber derselben Person begangen (EuGH […]) und ob er vorsätzlich gehandelt hat […]." Der Senat schätzt, dass vorliegend ein Betrag von 250,- EUR erforderlich, aber auch ausreichend ist, um den eingetretenen Kontrollverlust auszugleichen, § 287 ZPO."

Betrag: 250 € **Haftung: 100 %**
immVorb: – **MdE: –**

OLG München 18.12.2025 – 14 U 881/25 e = GRUR-RS 2025, 36464

6837

Persönlichkeitsrechtsverletzung durch die Datenerhebung von Vorstrafen des Betroffenen, die lediglich ausnahmsweise und nur unter den Voraussetzungen des Art. 10 DS-GVO zulässig ist.

Mann (Autohändler). Entgegen der Auffassung der Beklagten überschritt die Ausspähung des Klägers eindeutig die Bagatellschwelle, auch wenn es sich dabei lediglich um einen einmaligen Verstoß gehandelt hatte. Die Datenweitergabe mit den daraus resultierenden Folgen ging über die reine Privatsphäre oder das Privatverhältnis zwischen dem Kläger und dem Beklagten zu 2) weit hinaus, denn nachdem dieser die Weitergabe der erhobenen Daten angeordnet hatte, wurden die hieraus gewonnenen Ergebnisse den übrigen Vorstandsmitgliedern des Beklagten zu 1) bekannt gegeben. Amtliche Leitsätze: „Der Geschäftsführer einer GmbH ist neben der Gesellschaft "Verantwortlicher„ im Sinne der DS-VGO. Die Datenerhebung von Vorstrafen des Betroffenen ist nur unter den Voraussetzungen des Art. 10 DS-GVO zulässig. 4. Der immaterielle Schadensersatz nach den DS-GVO hat keinen Strafcharakter", sie kann aber, worauf das OLG ausdrücklich hingewiesen hat, „auf der Basis des Effektivitätsprinzips eine abschreckende Wirkung haben (vgl. EuGH Urt. v. 17.12.2015 – C 407/14 Rz. 44)".

Betrag: 5.000 € **Haftung: 100 %**
immVorb: – **MdE: –**

OLG Dresden 30.11.2021 – 4 U 1158/21 = BeckRS 2021, 39660

bb) Datenverarbeitung

7922

Persönlichkeitsrechtsverletzung, behauptete hier: wegen der Verarbeitung personenbezogener Daten durch Übermittlung von Positivdaten an die SCHUFA.

Mann. Die Parteien streiten um Ansprüche im Zusammenhang mit der Übermittlung von sog. Positivdaten an eine Wirtschaftsauskunftei. Der Kläger hatte bei der Beklagten, einem Telekommunikationsunternehmen mehrere Telekommunikationsdienstleistungsverträge abgeschlossen. In diesem Zusammenhang meldete die Beklaget personenbezogene Daten des Kläger an die SCHUFA. Dieser sah darin einen Verstoß gegen die DS-GVO und forderte 3.000 EUR immateriellen Schadensersatz. Das LG Hanau (GRUR-RS 2025, 29067) hatte hierzu ausgeführt, dass die sog. „Einmeldung von Positivdaten" durch Telekommunikationsunternehmen an Wirtschaftsauskunfteien zur Betrugsprävention erforderlich sei, weil kein milderes, gleich wirksames Mittel zur Verfügung stehe, um typische Gefährdungslagen des Postpaid-Geschäftsmodells, insbesondere den massenhaften Abschluss paralleler Mobilfunkverträge zur Erlangung von Mobilfunkgeräten, zuverlässig zu erkennen. In der Interessenabwägung würden vor diesem Hintergrund die Interessen des Klägers als Betroffener jedenfalls dann nicht überwiegen, wenn zutreffende, nicht sensible und nicht stigmatisierende Daten verarbeitet werden, die für diesen als sozialadäquate Folge eines marktüblichen Vertragsschlusses vorhersehbar seien, zumal wenn ihm zugleich tatsächliche und rechtliche Interventionsmöglichkeiten offenstehen. Das OLG Frankfurt a.M. bestätigte dieses Auffassung mit seinem Hinweisbeschluss. (Vgl. dazu auch im Handbuch unter → Rn. 246c)

Betrag: – **Haftung: –**
immVorb: – **MdE: –**

OLG Frankfurt a. M. 28.10.2025 – 6 U 95/25 = GRUR-RS 2025, 29066

7797

Persönlichkeitsrechtsverletzung, behauptete (hier: Durch Datenübermittlung in die USA verursachtes Gefühl von „Kontrollverlust über seine Daten" und einem „Zustand großen Unwohlseins und großer Sorge über möglichen Missbrauch seiner Daten" sowie der „Besorgnis, dass ihm infolge der Datenweitergabe in die USA und an Dritte materielle Schäden drohen".

Mann. Kein immaterieller Schadensersatz: Der Kläger hat einen F.- und I.-Account der Beklagten, die – als Tochtergesellschaft des Meta-Konzerns – ua die Online-Dienste F. und I. in Europa anbietet und insofern die Nutzerdaten europäischer Nutzer und damit auch des Klägers in die USA übermittelt. Mit seiner Klage begehrte der Kläger Auskunft, Unterlassung und 1.000 EUR immateriellen Schadensersatz. Das LG wies die Klage ab, da keine Haftung bei rechtmäßiger Drittlandübermittlung und fehlendem Schadensnachweis bestehe und dem Kläger kein Anspruch auf immateriellen Schadensersatz gemäß Art. 82 Abs. 1 DS-GVO zustehe. Dies begründete das LG wie folgt: „Die Plattformen F. und I. stammen wie die M … aus den USA. Sie sind als sog. Social Media zwangsläufig und ausweislich der Nutzungsbedingungen global konzipiert, denn die Suche nach anderen Nutzern kann nur funktionieren, wenn ein grenzüberschreitender Datenaustausch stattfindet. Um das weltweite Netzwerk unterhalten zu können, müssen Daten auch mit den USA ausgetauscht werden. Der Kläger hat keinen Anspruch darauf, dass sämtliche Daten nur in Europa gespeichert und verarbeitet werden (vgl. exemplarisch LG Bochum 15.5.2024 – I-5 O 334/23 Rn. 180, 181; LG Hof 29.1.2025 – 12 O 144/24, GRUR-RS 2025, 25350). Insoweit unterscheidet sich der vorliegende Fall auch von dem Fall, der dem von der Klägerseite unter Bl. 15 zitierten Urteil des OLG Köln 3.11.2023 – 6 U 58/23 zu Grunde lag. Im dortigen Fall diente die Übermittlung der Daten der Optimierung der Umsätze der Beklagten und der Feststellung von Verbesserungsmöglichkeiten bzw. des Nutzerverhaltens und besonders beliebter Interaktionen auf der Seite, also ihren eigenen wirtschaftlichen Zwecken (OLG Köln 3.11.2023 – 6 U 58/23 Rn. 67). Hier geht es jedoch um die Zurverfügungstellung des sozialen Netzwerkes als solchem. Diese ist gerade Gegenstand der vertraglichen Beziehungen der Parteien und die Datenübermittlung dient daher in erster Linie der Erfüllung eines zwischen den Parteien geschlossenen Vertrages im Sinne der Art. 6 Abs. 1 S. 1 lit. b), Art. 49 Abs. 1 S. 1 lit. b) DSGVO.". Ergänzend verwies das LG darauf, dass es dem Kläger nicht gelungen sei, konkrete Auswirkungen der Datenübermittlung in die USA darzulegen und „über die pauschale Behauptung eines erlittenen Kontrollverlusts hinaus … es an substantiiertem und nachvollziehbarem Vortrag" gefehlt habe. [vgl. dazu auch LG Ansbach → Nr. 7798 sowie im Handbuch → Rn. 244 bis → Rn. 247].

Betrag: – **Haftung: –**
immVorb: – **MdE: –**

LG Ellwangen 16.10.2025 – 3 O 480/24 = GRUR-RS 2025, 34729

7798

Persönlichkeitsrechtsverletzung, behauptete (hier: Durch Datenübermittlung in die USA verursachtes Gefühl von „Kontrollverlust über seine Daten" und einem „Zustand großen Unwohlseins und großer Sorge über möglichen Missbrauch seiner Daten" sowie der „Besorgnis, dass ihm infolge der Datenweitergabe in die USA und an Dritte materielle Schäden drohen".

Mann. Kein immaterieller Schadensersatz: Der Kläger hat einen F.- und I.-Account der Beklagten, die – als Tochtergesellschaft des Meta-Konzerns – ua die Online-Dienste F. und I. in Europa anbietet und insofern die Nutzerdaten europäischer Nutzer und damit auch des Klägers in die USA übermittelt. Mit seiner Klage begehrte der Kläger Auskunft, Unterlassung und 1.000 EUR immateriellen Schadensersatz. Das LG wies die Klage ab, da keine Haftung bei rechtmäßiger Drittlandübermittlung und fehlendem Schadensnachweis bestehe und dem Kläger kein Anspruch auf immateriellen Schadensersatz gemäß Art. 82 Abs. 1 DS-GVO zustehe. Dies begründete das LG wie folgt: „Die Plattformen F. und I. stammen wie die M … aus den USA. Sie sind als sog. Social Media zwangsläufig und ausweislich der Nutzungsbedingungen global konzipiert, denn die Suche nach anderen Nutzern kann nur funktionieren, wenn ein grenzüberschreitender Datenaustausch stattfindet. Um das weltweite Netzwerk unterhalten zu können, müssen Daten auch mit den USA ausgetauscht werden. Der Kläger hat keinen Anspruch darauf, dass sämtliche Daten nur in Europa gespeichert und verarbeitet werden (vgl. exemplarisch LG Bochum 15.5.2024 – I-5 O 334/23 Rn. 180, 181; LG Hof 29.1.2025 – 12 O 144/24, GRUR-RS 2025, 25350). Insoweit unterscheidet sich der vorliegende Fall auch von dem Fall, der dem von der Klägerseite unter Bl. 15 zitierten Urteil des OLG Köln 3.11.2023 – 6 U 58/23 zu Grunde lag. Im dortigen Fall diente die Übermittlung der Daten der Optimierung der Umsätze der Beklagten und der Feststellung von Verbesserungsmöglichkeiten bzw. des Nutzerverhaltens und besonders beliebter Interaktionen auf der Seite, also ihren eigenen wirtschaftlichen Zwecken (OLG Köln 3.11.2023 – 6 U 58/23 Rn. 67). Hier geht es jedoch um die Zurverfügungstellung des sozialen Netzwerkes als solchem. Diese ist gerade Gegenstand der vertraglichen Beziehungen der Parteien und die Datenübermittlung dient daher in erster Linie der Erfüllung eines zwischen den Parteien geschlossenen Vertrages im Sinne der Art. 6 Abs. 1 S. 1 lit. b), Art. 49 Abs. 1 S. 1 lit. b) DSGVO.". Ergänzend verwies das LG darauf, dass es dem Kläger nicht gelungen sei, konkrete Auswirkungen der Datenübermittlung in die USA darzulegen und „über die pauschale Behauptung eines erlittenen Kontrollverlusts hinaus … es an substantiiertem und nachvollziehbarem Vortrag" gefehlt habe. [vgl. dazu auch LG Ellwangen → Nr. 7797 sowie im Handbuch → Rn. 244 bis → Rn. 247].

Betrag: – **Haftung: –**
immVorb: – **MdE: –**

LG Ansbach 15.10.2025 – 3 O 560/24 = GRUR-RS 2025, 35075

7820

Persönlichkeitsrechtsverletzung wegen behauptetem Kontrollverlust im Zusammenhang mit einem Datenleck bei der Beklagten.

Mann. Kein Kontrollverlust bei bereits zuvor durch andere Vorfälle betroffene Daten: Der Kläger erhob gegen die Beklagte, die einen Streamingdienst im Internet betrieb, ua Ansprüche auf immateriellen Schadensersatz iHv mindestens 1.000 EUR. Das LG hatte die Klage abgewiesen. Mit seinem Hinweisbeschluss riet der Senat zur Rücknahme der Berufung, da der Kläger seine Betroffenheit von dem Datenleck „nicht ausreichend dargelegt" hatte. Zum Feststellungsantrag des Klägers führte das OLG aus: (amtl. Leitsatz): „Die Möglichkeit des Eintritts künftiger Schäden als Voraussetzung für ein Feststellungsinteresse ist auch nach einem Datenschutzverstoß eines Plattformbetreibers nur dann zu bejahen, wenn aufgrund eines eingetretenen und andauernden Kontrollverlusts eine solche Möglichkeit nicht nur rein theoretischer Natur ist." [Anmerkung: Vgl. dazu im Handbuch → Rn. 246 und → Rn. 247].

Betrag: – **Haftung: –**
immVorb: – **MdE: –**

OLG Dresden 14.4.2025 – 4 U 1498/24 = GRUR-RS 2025, 10718

7459

Persönlichkeitsrechtsverletzung, behauptete (hier: Informationspflicht der Beklagten über die erfolgte Einrichtung eines beA Postfachs für eine Rechtsanwaltskanzlei).

Mann (Rechtsanwalt). Kein Anspruch auf immateriellen Schadensersatz gemäß Art. 82 Abs. 1 DS-GVO – da kein Verstoß gegen die Datenschutz-Grundverordnung vorliegt –, wenn die Beklagte für den Kläger zwei sogenannte beA-Postfächer zu dessen Kanzleien eingerichtet hat, ohne dass der Kläger hierüber zuvor oder zumindest zeitgleich mit der Freischaltung der beA-Postfächer informiert worden war. Zutreffend habe, so der BGH, der in solchen Fällen zuständige Anwaltsgerichtshof schließlich erkannt, dass dem Kläger kein Anspruch auf immateriellen Schadensersatz gemäß Art. 82 Abs. 1 DS-GVO zusteht, da die Beklagte nicht gegen Vorschriften der Datenschutz-Grundverordnung verstoßen hat, weil der Kläger aufgrund seiner weiteren Kanzleien bereits über die betroffene Information verfügte und deshalb Art. 14 Abs. 1 Buchst. c DS-GVO gemäß Art. 14 Abs. 5 Buchst. a DS-GVO keine Anwendung findet, so der BGH.

Betrag: – **Haftung: –**
immVorb: – **MdE: –**

BGH 30.7.2024 – AnwZ (Brfg) 13/24 = BeckRS 2024, 23236

7468

Persönlichkeitsrechtsverletzung, vermeintliche (hier: Im Zusammenhang mit der Datenübermittlung von Positivdaten an Auskunfteien – im konkreten Falle an die Schufa – im Rahmen der Prüfung des berechtigten Interesses seitens eines Telekommunikationsunternehmens).

Mann. Kein Anspruch auf immateriellen Schadensersatz nach Art. 6 Abs. 1 DS-GVO. Der Kläger, der mit der Beklagten einen Vertrag über Telekommunikationsdienstleistungen abgeschlossen hatte, begehrte Schmerzensgeld (5.000 EUR) und Unterlassen von der Beklagten, da diese Daten des Klägers an die Schutzgemeinschaft für allgemeine Kreditsicherung (Schufa) geleitet hatte. Der Kläger behauptete, seit der erhaltenen Auskunft „lebe in ständiger Angst vor unangenehmen Rückfragen in Bezug auf die eigene Bonität." Er vertrat die Auffassung, die Datenübermittlung durch die Beklagte an die S. sei rechtswidrig, weshalb ihm sowohl ein Anspruch auf Schadensersatz und Schmerzensgeld als auch ein Unterlassungsanspruch, keine Positivdaten an die S. zu melden, gegen die Beklagte zustehe. Das LG wies die Klage ab und begründete dies damit, eine behauptete Verletzung des Datenschutzrechts als solche noch keinen Schadensersatzanspruch für betroffene Personen begründe; vielmehr müsse die Verletzungshandlung in jedem Fall auch zu einer konkreten Verletzung von Persönlichkeitsrechten der betroffenen Personen geführt haben. und es müsse dem Betroffenen ein spürbarer Nachteil entstanden sein und um eine objektiv nachvollziehbare, tatsächlich erfolgte Beeinträchtigung von persönlichkeitsbezogenen Belangen gehen. [Anmerkung: vgl. dazu auch LG Hagen → Nr. 7462 und → Nr. 7463 sowie LG Leipzig → Nr. 7467].

Betrag: – **Haftung: –**
immVorb: – **MdE: –**

LG Aachen 11.7.2024 – 1 O 388/23 = GRUR-RS 2024, 16535

7231

Persönlichkeitsrechtsverletzung, behauptete (hier: Verarbeitung personenbezogener Daten durch die zuständigen Behörden zum Zwecke der Verhütung, Ermittlung, Aufdeckung oder Verfolgung von Straftaten oder der Strafvollstreckung, einschließlich des Schutzes vor und der Abwehr von Gefahren für die öffentliche Sicherheit).

Kein Schmerzensgeldanspruch aus Art. 82 DS-GVO, „da die DS-GVO auf die Verarbeitung personenbezogener Daten durch die zuständigen Behörden zum Zwecke der Verhütung, Ermittlung, Aufdeckung oder Verfolgung von Straftaten oder der Strafvollstreckung, einschließlich des Schutzes vor und der Abwehr von Gefahren für die öffentliche Sicherheit, und mithin auf die streitgegenständliche Datenspeicherung nicht anwendbar ist (Art. 2 Abs. 2 lit. d DS-GVO)."

Betrag: – **Haftung: –**
immVorb: – **MdE: –**

OLG Köln 16.12.2022 – 7 U 184/21 = BeckRS 2022, 52120

7234

Persönlichkeitsrechtsverletzung durch die Bearbeitung der Personalakten der Bundesbediensteten – auch der Klägerin – durch Landesbedienstete und damit durch „Dritte" iSd von Art. 4 Nr. 10 DS-GVO.

Kein Schmerzensgeldanspruch gemäß Art. 82 Abs. 1 DS-GVO, selbst wenn – wie hier gegeben – die Bearbeitung der Personalakten durch Landesbedienstete unter Verstoß gegen die datenschutzrechtlichen Vorschriften erfolgte, denn – so das OLG – der bloße Verstoß gegen Bestimmungen der DS-GVO reiche für einen Schaden iSv Art. 82 Abs. 1 DS-GVO nicht aus, denn der Begriff des „Schadens" ist nicht mit der zu Grunde liegenden Rechtsgutsverletzung gleichzusetzen. Nach dem Wortlaut der Vorschrift muss der Schaden „erlitten" werden, woraus folgt, dass dieser tatsächlich entstanden sein muss und nicht lediglich befürchtet wird.

Betrag: – **Haftung: –**
immVorb: – **MdE: –**

OLG Celle 22.9.2022 – 11 U 107/21 = BeckRS 2022, 40938

7247

Persönlichkeitsrechtsverletzung, behauptete (hier: Physisches Zerstören einer – lt. Aussage der Beklagten – irreparablen Festplatte).

Kein Schmerzensgeldanspruch gemäß Art. 82 Abs. 1 DS-GVO. Der Kläger macht Schadensersatzansprüche wegen Verletzung seines Persönlichkeitsrechts sowie Herausgabeansprüche im Hinblick auf eine von der Beklagten nicht wieder herausgegebene Festplatte geltend. Vor Ablauf der Garantiefrist stellte der Kläger fest, dass die Festplatte seines Laptop, das er zuvor bei der Beklagten erworben hatte, defekt war. Um diesen Mangel zu beseitigen schickte der Kläger Ende März / Anfang April 2020 die defekte Festplatte der Beklagten zur Reparatur. Eine Sicherung der Daten auf der Festplatte nahm der Kläger nicht vor, da er darauf vertraute, dass ihm die Festplatte samt vorhandenen Daten zurückgesandt werde. Die Beklagte trug vor, die aus ihrer Sicht irreparable Festplatte sei von ihr inklusive aller Daten des Klägers vernichtet worden. Das LG Chemnitz sowie das OLG Dresden wies die Klage ab. Das OLG betonte jedoch, dass auch physisches Zerstören einer Festplatte eine Datenverarbeitung nach Art. 4 Nr. 2 DS-GVO darstelle. [Anmerkung: Vergleiche dazu auch AG Hildesheim → Nr. 6818].

Betrag: – **Haftung: –**
immVorb: – **MdE: –**

OLG Dresden 31.8.2021 – 4 U 324/21 = BeckRS 2021, 29290

7254

Persönlichkeitsrechtsverletzung wegen der Veröffentlichung ihres Klarnamens und der Darstellung von ihr berichteter Missbrauchserfahrungen in einem Gutachten der Bekl., das diese im Rahmen eines familienrechtlichen Verfahrens erstellt hatte.

Kein Schmerzensgeldanspruch gemäß Art. 82 Abs. 1 DS-GVO. „Der Kl. steht gegen die Bekl. kein Anspruch auf Zahlung eines angemessenen Schmerzensgelds wegen der Veröffentlichung ihres Klarnamens und der Darstellung von ihr berichteter Missbrauchserfahrungen im Gutachten der Bekl. v. 6.9.2018 in dem familienrechtlichen Verfahren … zu.", so das OLG. „Die Kl. wendet sich nicht gegen eine Pflicht zur Preisgabe von Daten oder gegen eine intransparente Nutzung ihrer Daten, sondern gegen die im Sachverständigengutachten enthaltene Darstellung. Vielmehr beanstandet sie das Ergebnis eines Kommunikationsprozesses, nämlich die Veröffentlichung und Verbreitung von Inhalten aus dem Sachverständigengutachten. … Betroffen ist vorliegend der Schutzbereich des allgemeinen Persönlichkeitsrechts mit der Folge, dass die Anwendung des Art. 82 DS-GVO nach dem Schutzzweck der Norm ausscheidet. Der Senat verkennt nicht, dass es i.R.d. äußerungsrechtlichen Ausprägung des allgemeinen Persönlichkeitsrechts auch auf die Art der Informationserlangung ankommen kann. Jedoch hat diese hier ihre Bedeutung nur als Vorfrage für die Beurteilung des weiteren Umgangs mit einer bestimmten Äußerung und des damit in die Öffentlichkeit gestellten Bilds einer Person selbst (vgl. BVerfG NJW 2020, 300 Rn. 91 [Recht auf Vergessen I]). Die nach den Maßstäben der DS-GVO zu beurteilende Frage, ob die die Kl. betreffenden Daten rechtswidrig erlangt worden waren, ist danach bei der Abwägung iRd allgemeinen Persönlichkeitsrechts zu berücksichtigen."

Betrag: – **Haftung: –**
immVorb: – **MdE: –**

OLG Düsseldorf 16.2.2021 – 16 U 269/20 = BeckRS 2021, 18726

7144

Persönlichkeitsrechtsverletzung, behauptete … durch rechtswidrige Verarbeitung und Übermittlung bzw. Veröffentlichung personenbezogener Daten.

Mann. Kein Schmerzensgeld bzw. kein immaterieller Schadensersatz für die rechtswidrige Datenverarbeitung von „Parteiaffinitäten". Das OLG führt zunächst grundsätzlich aus, dass nach § 1293 öABGB „Schaden" jeder Nachteil ist, welcher jemandem an Vermögen, Rechten oder seiner Person zugefügt wurde. Von einem „Nachteil an einer Person" spricht man dabei, „wenn Persönlichkeitsrechte verletzt werden. Diese haben keinen Vermögenswert, es entstehen daher nur immaterielle Schäden. Immaterielle Schäden zeigen sich als eine negative Gefühlsbeeinträchtigung. Zu den schützenswerten Persönlichkeitsrechten eines jeden Menschen wird als Ausfluss des Rechts auf Wahrung der Geheimsphäre auch das Datenschutzrecht gezählt", so das OLG. Sodann befasst sich das OLG mit der DS-GVO und führt aus: „Im Fall des Datenschutzes ist das geschützte Rechtsgut der Schutz der personenbezogenen Daten vor Verlust der Vertraulichkeit und Integrität (vgl. Art. 5 Abs. 1 lit. f DS-GVO). Bei immateriellen Schäden handelt es sich daher um nicht in Geld messbare Schäden, welche durch Persönlichkeitsbeeinträchtigungen eintreten. In Erwägungsgrund 75 DS-GVO werden einige Umstände angesprochen, die einen Schaden für die betroffenen Personen darstellen können, wie Diskriminierung, Identitätsdiebstahl, Rufschädigung, Verlust der Vertraulichkeit von dem Berufsgeheimnis unterliegenden personenbezogenen Daten, unbefugte Aufhebung der Pseudonymisierung, andere erhebliche wirtschaftliche oder gesellschaftliche Nachteile (Schweiger aaO Rz. 14 f.). Demnach sollen negative Beeinträchtigungen der Gefühlswelt durch einen immateriellen Schadenersatz ausgeglichen werden". Schließlich betont das OLG, dass es nach dem eindeutigen Wortlaut des Art. 82 DS-GVO zwar keiner schweren Verletzung des Persönlichkeitsrechtes bedarf, um einen immateriellen Schaden geltend machen zu können. Dennoch sei aber „die Annahme, dass jeder Verstoß gegen die DS-GVO allein aus generalpräventiven Gründen zu einer Ausgleichspflicht führt, unzutreffend." [Anmerkung: In der Vorinstanz hatte das LG Feldkirch BeckRS 2019, 18276 ein Schmerzensgeld iHv 800 Euro zugesprochen und diesen Betrag „nicht als besonders hoch" angesehen].

Betrag: – **Haftung: –**
immVorb: – **MdE: –**

OLG Innsbruck 13.2.2020 – 1 R 182/19b = ZD 2020, 304

7230

Persönlichkeitsrechtsverletzung, behauptete. Das Jobcenter in A hatte im Jahre 2018 Personen- und Adressdaten des Klägers gespeicherte, obwohl dieser keinen Antrag auf eine Leistung gestellt hatte. Die Löschung erfolgte dann erst, nachdem der Kläger diese bereits im März 2020 beantragt hatte, am 18.3.2021.

Das OLG hatte sich mit der Frage zu befassen, „ob das unzulässige Speichern personenbezogener Daten im Rahmen der Arbeitsverwaltung auch dann, wenn die Daten nicht weiter verarbeitet wurden, das Recht auf informationelle Selbstbestimmung in einem Umfang verletzt, der einen Schadensersatzanspruch aus einer Amtshaftung oder gem. Art. 82 DSGVO begründen kann", und dazu ausgeführt, dass die rechtswidrige Verarbeitung personenbezogener Daten im Bereich der öffentlich-rechtlich tätigen Arbeitsverwaltung grundsätzlich eine Amtspflichtverletzung darstellen könne. Soweit jedoch die Verletzung des Rechts auf informationelle Selbstbestimmung die Bagatellschwelle nicht überschreitet, rechtfertige dies keinen Anspruch auf Schmerzensgeld auf der Grundlage der Amtshaftung. Im konkreten Falle versagte das OLG die insofern beantragte Prozesskostenhilfe, da die beabsichtigte Klage „allenfalls in einem Umfang von bis zu 50 Euro hinreichende Aussicht auf Erfolg, § 114 Abs. 1 ZPO" habe. „Ob der Amtshaftungsanspruch in diesem Sinne tatbestandlich begründet ist, bedarf im vorliegenden Fall keiner weiteren Prüfung, weil die infrage stehende Verletzung des Rechts auf informationelle Selbstbestimmung jedenfalls die Bagatellschwelle nicht überschreitet und damit auf der Grundlage des Amtshaftungsanspruchs kein Schmerzensgeld rechtfertigt", so das OLG weiter.

Betrag: 50 € **Haftung: 100 %**
immVorb: – **MdE: –**

OLG Hamm 19.12.2022 – 11 W 69/22 = BeckRS 2022, 42035

7155

Persönlichkeitsrechtsverletzung durch den versehentlichen Versand einer Excel-Datei mit personenbezogenen Daten einer Vielzahl von Personen, die sich zur Impfung gegen das Coronavirus SARS-CoV-2 bei der Beklagten angemeldet hatten. Aufgrund dieses Datenschutzverstoßes erhielt der Kläger zumindest eine unerwünschte Werbe-E-Mail bzw. SPAM-Mail (am 18.8.2021), die zwar nicht auf das Hacken des Computers des Klägers abgezielte, jedoch darauf, den Kläger dafür zu gewinnen, vermeintliche Ansprüche gegen die Beklagte an die Firma B abzutreten.

Mann. Schmerzensgeld gemäß Art. 82 Abs. 1 DS-GVO wegen einer rechtswidrigen Verarbeitung personenbezogener Daten beim Betrieb eines Impfzentrums durch einen kommunalen Hoheitsträger. Das OLG stellte in seinem Urteil zunächst dar, dass der Senat die Ansicht (wie beispielsweise des LG Paderborn → Nr. 7087, LG Essen → Nr. 7100 und AG Strausberg → Nr. 7103) nicht teile, wonach für Bagatellverstoß ohne ernsthafte Beeinträchtigung bzw. für eine bloß individuell empfundene Unannehmlichkeit kein Schmerzensgeld zu gewähren sei. „Nach Überzeugung des Senats findet eine derartige Einschränkung des Anspruchs in der DS-GVO keine Grundlage und ist auch aus sonstigen Gründen nicht geboten. Es handelt sich auch hierbei letztlich ebenfalls um eine Erheblichkeitsschwelle, die weder in der DS-GVO noch in der Rechtsprechung des EuGH eine Stütze findet (vgl. Buchner / Wessels ZD 2022, 251 (254)", so das OLG. Sodann betonte es, dass für die konkrete Bemessung der Höhe maßgebliche deutsche Recht keinen Strafschadensersatz kenne, so dass eine wie auch immer geartete Sanktionswirkung neben dem Ausgleich eines konkret entstandenen immateriellen Schadens daher bei der Bemessung der dem Kläger zustehenden Entschädigung nicht in Betracht zu ziehen sei. „Insoweit bestimmt Art. 83 DS-GVO, dass die zuständige Aufsichtsbehörde im Falle eines Verstoßes gegen die DS-GVO neben einem etwaigen individuellen Anspruch auf Schadenersatz nach Art. 82 Abs. 1 DS-GVO eine Geldbuße verhängen kann". Die Höhe des vom LG mit 100 Euro festgesetzten Schmerzensgeldes sah das OLG als angemessen an, betonte jedoch in Bezug auf die Genugtuungsfunktion, dass im Rahmen der Genugtuungsfunktion des Ersatzanspruchs wegen immaterieller Schäden die an den Kläger versandte E-Mail vom 18.8.2021 von Bedeutung sei, da sich das in dem Datenschutzverstoß liegende Risiko hier bereits verwirklicht habe.

Betrag: 100 € **Haftung: 100 %**
immVorb: – **MdE: –**

OLG Hamm 20.1.2023 – 11 U 88/22 = BeckRS 2023, 1263

7778

Persönlichkeitsrechtsverletzung dadurch, dass die Beklagte mithilfe der … – Tracking-Tools eine potenziell unbegrenzte Menge an Daten der Klägerin verarbeitet hatte, indem sie die Aktivitäten der Klägerin auf Dritt-Webseiten und Dritt-Apps verfolgte und dadurch einen „Kontrollverlust" erlitten hatte.

Frau. Immaterieller Schadensersatz für die Verarbeitung personenbezogener Daten auf Dritt-Webseiten und -Apps. Die Klägerin nutzt das Netzwerk der Beklagten, die mittels sog. Cookies und spezieller Tracking-Tools eine Vielzahl von daten an sog. „Partner" weiterleitet, die diese Daten wiederum dafür benutzen, um die Klägerin mit ihrer Werbung etc. [Stichwort: SPAM] zu erreichen. Darin sah das OLG zutreffend einen Verstoß gegen den Grundsatz der Datenminimierung, wodurch der Klägerin ein immaterieller Schaden im weiten, autonom unionsrechtlichen Sinne des Art. 82 Abs. 1 DSGVO (vgl. hierzu EuGH NJW 2025, 3137 Rn. 55; BGH GRUR-RS 2025, 32135 Rn. 25 mwN) entstanden war. Auch wenn ein „schwerwiegender Eingriff" im Sinne der Rechtsprechung des BGH von der Klägerin nicht vorgetragen wurde, hat die Klägerin einen Anspruch immateriellen Schadensersatz iHv 500 EUR gemäß Art. 82 DS-GVO, der für Eingriffe in das Recht auf informationelle Selbstbestimmung einen Schadenersatzanspruch bereithält. Zur Bemessung des immateriellen Schadens führte das OLG aus: „Durch die ihr zugesprochene Entschädigung in Höhe von 500,- EUR für den erlittenen Kontrollverlust und durch das an die Beklagte gerichtete Verbot wird die von der Klägerin erlittene Beeinträchtigung befriedigend aufgefangen." [Anmerkung: Die Klägerin hatte „ein Schmerzensgeld in Höhe von 5.000,- EUR für behauptete Eingriffe in das Recht auf informationelle Selbstbestimmung" gefordert. Vgl. dazu auch OLG Frankfurt a.M. → Nr. 7777 und OLG München → Nr. 7778 und → Nr. 7779 sowie → Nr. 7780 und das Urteil des LG Gießen → Nr. 7810 mit 1.000 EUR, LG Lübeck → Nr. 7783, das insofern 5.000 EUR zusprach sowie das Urteil des LG Mainz → Nr. 7789, das insofern 10.000 EUR zusprach.]

Betrag: 500 € **Haftung: 100 %**
immVorb: – **MdE: –**

OLG München 18.12.2025 – 14 U 1314/25e = GRUR-RS 2025, 36455

7779

Persönlichkeitsrechtsverletzung dadurch, dass die Beklagte mithilfe der … – Tracking-Tools eine potenziell unbegrenzte Menge an Daten der Klägerin verarbeitet hatte, indem sie die Aktivitäten der Klägerin auf Dritt-Webseiten und Dritt-Apps verfolgte und dadurch einen „Kontrollverlust" erlitten hatte. „Für die Klägerin stellt die Tatsache, dass eine erhebliche Menge personenbezogener Daten, die ihrem Benutzerkonto zugeordnet sind oder die ihr – z.B. mittels eines Abgleiches von IP-Adressen – zugeordnet werden können, sich auf Servern der Beklagten in der ganzen Welt (s. Datenschutzrichtlinie in Anlage K1, S. 72) und bei bestimmten Dritten befinden, einen Kontrollverlust dar", so das OLG.

Frau. Immaterieller Schadensersatz für die Verarbeitung personenbezogener Daten auf Dritt-Webseiten und -Apps. Die Klägerin nutzt das Netzwerk der Beklagten, die mittels sog. Cookies und spezieller Tools eine Vielzahl von daten an sog. „Partner" weiterleitet, die diese Daten wiederum dafür benutzen, um die Klägerin mit ihrer Werbung etc. [Stichwort: SPAM] zu erreichen. „Die Beklagte ist" insofern, so das OLG München, „– gemeinsam mit dem jeweiligen Drittanbieter – auch für die Erhebung und Übermittlung verantwortlich (EuGH BeckRS 2019, 15831 Rn. 79, 96 – Fashion ID). Das liegt daran, dass durch die Einbettung der … … Tools in eine Webseite oder App quasi eine „dynamische Verweisung" auf die jeweils aktuelle Version des Tools entsteht. Die Kontrolle über die Programmierung und in der Folge über die Funktionalität des Tools verbleibt damit bei der Beklagten." Zutreffend sah das OLG München – ebenso wie bereits das OLG Frankfurt a.M. → Nr. 7777 – in dieser Vorgehensweise einen Verstoß der Beklagten gegen den Grundsatz der Datenminimierung, wodurch der Klägerin ein immaterieller Schaden im weiten, autonom unionsrechtlichen Sinne des Art. 82 Abs. 1 DSGVO (vgl. hierzu EuGH NJW 2025, 3137 Rn. 55; BGH GRUR-RS 2025, 32135 Rn. 25 mwN) entstanden war. Auch wenn ein „schwerwiegender Eingriff" im Sinne der Rechtsprechung des BGH von der Klägerin nicht vorgetragen wurde, hat die Klägerin einen Anspruch immateriellen Schadensersatz iHv 500 EUR gemäß Art. 82 DS-GVO, der für Eingriffe in das Recht auf informationelle Selbstbestimmung einen Schadenersatzanspruch bereithält. Zur Bemessung des immateriellen Schadens führte das OLG aus: „Durch die ihr zugesprochene Entschädigung in Höhe von 500,- EUR für den erlittenen Kontrollverlust und durch das an die Beklagte gerichtete Verbot wird die von der Klägerin erlittene Beeinträchtigung befriedigend aufgefangen." [Anmerkung: Die Klägerin hatte „ein Schmerzensgeld in Höhe von 5.000,- EUR für behauptete Eingriffe in das Recht auf informationelle Selbstbestimmung" gefordert. Vgl. dazu auch OLG Frankfurt a.M. → Nr. 7777 sowie OLG München → Nr. 7778 und → Nr. 7780].

Betrag: 500 € **Haftung: 100 %**
immVorb: – **MdE: –**

OLG München 18.12.2025 – 14 U 1068/25 e = GRUR-RS 2025, 36441

7921

Persönlichkeitsrechtsverletzung durch Verarbeitung personenbezogener Daten durch Drittanbieter-Tools / Business-Tools ohne ausreichende Zweckbindung und Einwilligung sowie den Verstoß gegen den Grundsatz der Datenminimierung.

Mann. Der Kläger ist seit dem 1.1.2018 Nutzer der Plattform, deren Betreiberin die Beklagte ist. Als Gegenleistung für die kostenfreie Nutzung des Netzwerks wird den Nutzern Werbung angezeigt, die auf den Interessen des jeweiligen Nutzers basiert. Hierfür nutzt und verarbeitet sie eine Vielzahl von personenbezogenen Daten mit Hilfe von sog. Business-Tools, die der Nutzer der Beklagten auf … zur Verfügung stellt (verpflichtend Benutzernamen, Email Adresse, Telefonnummer und Alter) aber auch weitere Daten, wie Onsite-Daten, die als Ergebnis der Aktivitäten des Nutzers gesammelt werden etc. Über ihre sog. Drittanbieter-Tools / Business-Tools leitet die Beklagte diese Daten an iher Partner weiter. Unter „Partnern" versteht die Beklagte „Personen, Unternehmen, Organisationen oder Einrichtungen, die unsere Produkte nutzen oder integrieren, um ihre Produkte und Dienstleistungen zu bewerben, zu vertreiben oder zu unterstützen" (Datenschutzrichtlinie, Anlage K 1, S. 10). Der Kläger hat ausweislich der „Nutzungsbedingungen für …-Tools„ insofern als Nutzer der Plattform die Wahl zwischen einer entgeltfreien Nutzung mit Werbung und Tracking oder aber einer entgeltlichen Weiternutzung, ohne dass seine Daten an Werbetreibende weitergegeben werden. Eine Kontrolle durch die Beklagte sehen die Nutzungsbedingungen nicht vor. Ausweislich der Datenschutzrichtlinie der Beklagten behält die Beklagte die Daten so lange, wie sie benötigt werden, um die Produkte der Beklagten bereitzustellen, rechtliche Verpflichtungen zu erfüllen oder bestimmte Interessen zu schützen. Dies wird am Beispiel einer Suche auf [einer Plattform] erläutert: Der Suchverlauf wird dabei gespeichert, bis der Nutzer ihn löscht, nur die Informationen zum verwendeten Gerät oder einem Standort werden nach sechs Monaten gelöscht. Das OLG München sah darin zutreffend einen "erheblichen Kontrollverlust„, – auch in zeitlicher Hinsicht. Zur Bemessung führte des OLG München aus: "Der Senat folgt der Auffassung des Bundesgerichtshofes (NJW 2025, 298 Rn. 96), wonach „eine auf Art. 82 DS-GVO gestützte Entschädigung in Geld als „vollständig und wirksam" anzusehen, wenn sie es ermöglicht, den aufgrund des Verstoßes gegen diese Verordnung konkret erlittenen Schaden in vollem Umfang auszugleichen; eine Abschreckungs- oder Straffunktion soll der Anspruch aus Art. 82 I DS-GVO dagegen nicht erfüllen (vgl. EuGH […]). Folglich darf weder die Schwere des Verstoßes gegen die Datenschutz-Grundverordnung, durch den der betreffende Schaden entstanden ist, berücksichtigt werden, noch der Umstand, ob ein Verantwortlicher mehrere Verstöße gegenüber derselben Person begangen (EuGH […]) und ob er vorsätzlich gehandelt hat […]." Der Senat schätzt, dass vorliegend ein Betrag von 500,- EUR erforderlich, aber auch ausreichend ist, um den eingetretenen Kontrollverlust auszugleichen, § 287 ZPO."

Betrag: 500 € **Haftung: 100 %**
immVorb: – **MdE: –**

OLG München 18.12.2025 – 14 U 1314/25 e = GRUR-RS 2025, 36455

7143

Persönlichkeitsrechtsverletzung durch die Verletzung der Auskunftspflicht gemäß Art. 15 DS-GVO, so dass der Kl. keinen Überblick mehr über sämtliche über ihn gespeicherten Daten hat und somit sein Recht auf Berichtigung nicht ausüben kann.

Mann (Jurist). Der Kläger hat einen Facebook-Account für private Zwecke; die Beklagte ist die Facebook Ireland Ltd. Der Kläger hatte der Funktion, wonach seine Ortsdaten (= Zugriff auf deinen GPS-Standort) von Facebook verarbeitet werden dürfen, zwar nicht zugestimmt. Er hatte aber Fotos mit seiner Kamera vom Typ Canon EOS gefertigt und auf dieser Kamera eine Einstellung vorgenommen, bei der die jeweiligen GPS-Daten des jew. Fotos gespeichert werden. Durch das Hochladen solcher Fotos gelangt Facebook dann – auch wenn man dem nicht zugestimmt hat – letztlich doch an die GPS-Daten des Klägers. [Anmerkung: Im Zuge des Hochladevorgangs (auf Facebook) muss man nicht ausdrücklich zustimmen, dass die GPS-Daten mitgeladen werden und kann dies auch nicht verbieten]. „Der Kl. ist auf Grund seiner privaten Nutzung nicht „Verantwortlicher" i.S.d. DS-GVO, weil diese auf ihn nicht anzuwenden ist", so das LGZ, das im Weiteren jedoch die Verletzung der Auskunftspflicht gem. Art. 15 DS-GVO als gegeben ansah, denn es ergäbe sich aus Art. 15 DS-GVO … die Verpflichtung in angemessenen Abständen über sämtliche personenbezogenen Daten, die Gegenstand der Verarbeitung sind, Auskunft zu erteilen und nicht nur über die, die die Bekl. für den Nutzer für relevant und interessant hält. „Aus Art. 82 DS-GVO … ergibt sich, dass dieser Verlust über die Kontrolle und die damit verbundene Unsicherheit berechtigt, Schadensersatz zu fordern, wobei 500,– EUR dafür angemessen sind", so das LGZ. [Anmerkung: Lesenswert zu diesem Fall, der unter dem Titel „Schrems vs. Facebook" geführt wird ist die Anmerkung von Messner / Mosing ZD 2021, 25 bzw. 32]

Betrag: 500 € **Haftung: 100 %**
immVorb: – **MdE: –**

LGZ Wien 30.6.2020 – 3 Cg 52/14k-91 = BeckRS 2020, 14910

7780

Persönlichkeitsrechtsverletzung dadurch, dass die Beklagte mithilfe der … – Tracking-Tools eine potenziell unbegrenzte Menge an Daten der Klägerin verarbeitet hatte, indem sie die Aktivitäten der Klägerin auf Dritt-Webseiten und Dritt-Apps verfolgte und dadurch einen „Kontrollverlust" erlitten hatte. „Für die Klägerin stellt die Tatsache, dass eine erhebliche Menge personenbezogener Daten, die ihrem Benutzerkonto zugeordnet sind oder die ihr – z.B. mittels eines Abgleiches von IP-Adressen – zugeordnet werden können, sich auf Servern der Beklagten in der ganzen Welt (s. Datenschutzrichtlinie in Anlage K1, S. 72) und bei bestimmten Dritten befinden, einen Kontrollverlust dar", so das OLG.

Die Klägerin nutzt das Netzwerk der Beklagten, die mittels sog. Cookies und spezieller Tools eine Vielzahl von daten an sog. „Partner" weiterleitet, die diese Daten wiederum dafür benutzen, um die Klägerin mit ihrer Werbung etc. [Stichwort: SPAM] zu erreichen. „Die Beklagte ist" insofern, so das OLG München, „– gemeinsam mit dem jeweiligen Drittanbieter – auch für die Erhebung und Übermittlung verantwortlich (EuGH BeckRS 2019, 15831 Rn. 79, 96 – Fashion ID). Das liegt daran, dass durch die Einbettung der … … Tools in eine Webseite oder App quasi eine „dynamische Verweisung" auf die jeweils aktuelle Version des Tools entsteht. Die Kontrolle über die Programmierung und in der Folge über die Funktionalität des Tools verbleibt damit bei der Beklagten." Zutreffend sah das OLG München – ebenso wie bereits das OLG Frankfurt a.M. → Nr. 7777 – in dieser Vorgehensweise einen Verstoß der Beklagten gegen den Grundsatz der Datenminimierung, wodurch der Klägerin ein immaterieller Schaden im weiten, autonom unionsrechtlichen Sinne des Art. 82 Abs. 1 DSGVO (vgl. hierzu EuGH NJW 2025, 3137 Rn. 55; BGH GRUR-RS 2025, 32135 Rn. 25 mwN) entstanden war. Auch wenn ein „schwerwiegender Eingriff" im Sinne der Rechtsprechung des BGH von der Klägerin nicht vorgetragen wurde, hat die Klägerin einen Anspruch immateriellen Schadensersatz iHv 500 EUR gemäß Art. 82 DS-GVO, der für Eingriffe in das Recht auf informationelle Selbstbestimmung einen Schadenersatzanspruch bereithält. Zur Bemessung des immateriellen Schadens führte das OLG aus: „Durch die ihr zugesprochene Entschädigung in Höhe von 500,- EUR für den erlittenen Kontrollverlust und durch das an die Beklagte gerichtete Verbot wird die von der Klägerin erlittene Beeinträchtigung befriedigend aufgefangen." [Anmerkung: Die Klägerin hatte „ein Schmerzensgeld in Höhe von 5.000,- EUR für behauptete Eingriffe in das Recht auf informationelle Selbstbestimmung" gefordert. Vgl. dazu auch OLG München GRUR-RS 2025, 36459 → Nr. 7779 = 750 EUR, GRUR-RS 2025, 36441 → Nr. 7779 = 500 EUR sowie GRUR-RS 2025, 36455 → Nr. 7778 = 500 EUR und OLG Frankfurt a.M. → Nr. 7777 = 100 EUR].

Betrag: 750 € **Haftung: 100 %**
immVorb: – **MdE: –**

OLG München 18.12.2025 – 14 U 2300/25 e = GRUR-RS 2025, 36459

7810

Persönlichkeitsrechtsverletzung durch Verletzung seines Rechts auf informationelle Selbstbestimmung dadurch, dass die Beklagte mithilfe der … – Tracking-Tools oder

„Business-Tools" eine potenziell unbegrenzte Menge an Daten des Klägers verarbeitet hatte, indem sie die Aktivitäten der Klägerin auf Dritt-Webseiten und Dritt-Apps verfolgte. „Die persönlichen Einschränkungen des Klägers durch die Datenschutzverstöße der Beklagten bewertet das Gericht aufgrund seiner Anhörung als eher gering. Größere Ängste, Sorgen oder Nöte schilderte er nicht. Ihn stört ersichtlich bloß der allgemeine und durchaus umfassende Kontrollverlust über seine Daten, weil er nicht wisse, welche Daten von ihm im Hintergrund erhoben werden würden."

Mann. Der Kläger begehrte ua immateriellen Schadensersatz aus behaupteten Datenschutzverstößen gegenüber der Beklagten als Betreiberin des Netzwerkes „ " und zugleich als Entwicklerin sog. „Meta Technologien" (wie zB Meta Pixel, Conversions API etc. (nachfolgend zusammenfassend genannt: „Business Tools"), die im Einvernehmen mit der Beklagten von zahlreichen Drittunternehmen auf deren Webseiten eingebunden werden und deren Nutznießer dabei insbesondere zahlreiche reichweitenstarke Webseiten und Apps in Deutschland, wie etwa zahlreiche große Nachrichtenseiten, Reiseportale, Seiten bzgl. Gesundheit und Medizin oder Dating- und Erotikseiten und -Apps sind. Für den durchschnittlichen Internetnutzer ist nicht erkennbar, ob die jeweilige Webseite mit einem Meta Business Tool ausgestattet worden, dessen Zweck es ist unter anderem, die Effektivität von Werbeanzeigen von Drittunternehmen auf den von der Beklagten angebotenen Plattformen wie I. oder F. zu erhöhen und zu messen. Zutreffend sah das LG darin einen erheblichen und rechtswidrigen Verstoß bzw. eine Verletzung des Rechts auf informationelle Selbstbestimmung und sah insofern einen immateriellen Schadensersatz iHv 1.000 EUR für ausreichend an, da es die persönlichen Einschränkungen des Klägers als „eher gering" bewertet hatte. Dabei war sich das LG Gießen sich bewusst, „dass andere Landgericht weitaus höhere Schmerzensgeldbeträge bei dieser Sachverhaltskonstellation ausgeurteilt haben", so das LG Gießen mit Verweis auf LG Ellwangen → Nr. 7791 und LG Leipzig → Nr. 7790. [Anmerkung: Vgl. dazu auch OLG Frankfurt a.M. → Nr. 7777 und OLG München → Nr. 7778 und → Nr. 7779 sowie → Nr. 7780 und das Urteil des LG Lübeck → Nr. 7783 das 5.000 EUR zuerkannt hatte sowie das Urteil des LG Mainz → Nr. 7789, dass 10.000 EUR zusprach. Vgl. dazu auch im Handbuch unter → Rn. 244b, → Rn. 245e und → Rn. 246].

Betrag: 1.000 € **Haftung: 100 %**
immVorb: – **MdE: –**

LG Gießen 20.8.2025 – 5 O 11/24 = BeckRS 2025, 37567

7875

Persönlichkeitsrechtsverletzung, Verletzung des Rechts auf informationelle Selbstbestimmung, Datensicherheit und -Datenminimierung dadurch, dass die Beklagte mithilfe der … – Tracking-Tools oder „Business-Tools" eine potenziell unbegrenzte Menge an Daten der Klägerin verarbeitet hatte, indem sie die Aktivitäten der Klägerin auf Dritt-Webseiten und Dritt-Apps verfolgte und dadurch beim Kläger zum einen einen „Kontrollverlust" und zum anderen ein „allgemeines Unsicherheitsgefühl der kontinuierlichen Überwachung" verursacht.

Mann. Der Kläger, der nicht über die Einstellung „Informationen von Werbepartnern über deine Aktivitäten" zur Datenverarbeitung zur Bereitstellung personalisierter Werbung eingewilligt hatte, begehrt im Zusammenhang mit der Verwendung von sog. Business-Tools als Nutzer des Netzwerks „i" immateriellen Schadensersatz wegen rechtswidriger Verarbeitung seiner personenbezogenen Daten durch die Beklagte, die dieses und andere Netzwerke betreibt und zugleich Entwicklerin sog. „Meta Business Tools" ist bzw. Meta-Technologien und sogenannte „Digital Fingerprinting" einsetzt. „Durch die Bereitstellung sog. Business-Tools, mit deren Hilfe offsite-Daten an den Netzwerkbetreiber übermittelt werden, wird dieser neben dem Webseitenbetreiber Mitverantwortlicher. Dieser Verantwortlichkeit kann er sich nicht durch die vertragliche Ausgestaltung im Verhältnis zum Webseitenbetreiber entziehen." (Amtl. Leitsatz). Das OLG verwies auf die „mittlerweile gefestigte Rechtsprechung des Bundesgerichtshofes" (BGH 18.11.2024 – VI ZR 10/24, NJW 2025, 298) und des EuGH (4.9.2025 – C-655/23, GRUR-RS 2025, 22639) wonach ein Kontrollverlust über personenbezogene Daten als Schaden bereits dann angesehen werden, wenn die betroffene Person nachweist, dass sie tatsächlich einen solchen Schaden – so geringfügig er auch sein mag – erlitten hat, ohne dass dieser Begriff des „immateriellen Schadens" den Nachweis zusätzlicher spürbarer negativer Folgen erfordert. „Ist dieser Nachweis erbracht, steht der Kontrollverlust also fest, stellt dieser selbst den immateriellen Schaden dar und es bedarf keiner sich daraus entwickelnden besonderen Befürchtungen oder Ängste der betroffenen Person; diese wären lediglich geeignet, den eingetretenen immateriellen Schaden noch zu vertiefen oder zu vergrößern." so der BGH NJW 2025, 298. Zur Bemessung des immateriellen Schadens führte das OLG aus: „Bei dieser Bemessung geht der Senat davon aus, dass die Klagepartei einen einheitlichen Anspruch auf immateriellen Schadensersatz aus Art. 82 Ziff. 1 DS-GVO geltend macht, der sich auf eine Vielzahl einzelner, nicht konkretisierter Datenschutzverstöße der Beklagten stützt, aber in einem einheitlichen Geschehen (dem fortlaufenden Einsatz der Business-Tools) wurzelt. Auf den von der Beklagten erhobenen Verjährungseinwand kam es hierfür nicht an, weil sie eine Kenntnis der Klagepartei vor Klageerhebung weder behauptet noch unter Beweis gestellt hat. Eine höhere immaterielle Entschädigung hätte die auf den Einzelfall bezogene Darlegung der Klagepartei erfordert, infolge der streitgegenständlichen Datenverarbeitung eine psychische Beeinträchtigung erlitten zu haben." [Anmerkung: Vgl. dazu auch OLG Dresden → Nr. 7876 (1.500 EUR), OLG Frankfurt a.M. → Nr. 7777 und OLG München → Nr. 7778 und → Nr. 7779 sowie → Nr. 7780 und das Urteil des LG Lübeck → Nr. 7783, das insofern 5.000 EUR zuerkannte sowie die Urteile des LG Mainz → Nr. 7789 und LG Ellwangen → Nr. 7791, die jeweils 10.000 EUR zuerkannt hatten sowie im Handbuch unter → Rn. 245e und → Rn. 246].

Betrag: 1.500 € **Haftung: 100 %**
immVorb: – **MdE: –**

OLG Dresden 3.2.2026 – 4 U 292/25 = BeckRS 2026, 1138

7876

Persönlichkeitsrechtsverletzung, Verletzung des Rechts auf informationelle Selbstbestimmung, Datensicherheit und -Datenminimierung dadurch, dass die Beklagte mithilfe der … – Tracking-Tools oder „Business-Tools" eine potenziell unbegrenzte Menge an Daten der Klägerin verarbeitet hatte, indem sie die Aktivitäten der Klägerin auf Dritt-Webseiten und Dritt-Apps verfolgte und dadurch beim Kläger zum einen einen „Kontrollverlust" und zum anderen ein „Gefühl ständiger Überwachung" verursacht.

Mann. Der Kläger, der nicht über die Einstellung „Informationen von Werbepartnern über deine Aktivitäten" zur Datenverarbeitung zur Bereitstellung personalisierter Werbung eingewilligt hatte, begehrt im Zusammenhang mit der Verwendung von sog. Business-Tools als Nutzer des Netzwerks „i" immateriellen Schadensersatz wegen rechtswidriger Verarbeitung seiner personenbezogenen

Daten durch die Beklagte, die dieses und andere Netzwerke betreibt und zugleich Entwicklerin sog. „Meta Business Tools" ist bzw. Meta-Technologien und sogenannte „Digital Fingerprinting" einsetzt. Dadurch, so das OLG zutreffend, habe die beklagte die Bildung individueller Nutzerprofile und damit zugleich ein Profiling der Nutzer im Sinne von Art. 4 Nr. 4 DSGVO geschaffen aus welchem sich ein „Gesamtbild der individuellen Persönlichkeit" abbilden lasse, „weil die mit der oa Verknüpfung verbundene Erstellung eines Profils einer Person durch Auswertung von Daten und Bewertungen aufgrund von Algorithmen zur Erstellung eines Persönlichkeits-, Verhaltens- oder Bewegungsprofils durch Sammlung von Daten, unter anderem durch (im Internet) hinterlassene (Cookies), getätigte und veröffentlichte Informationen z. B. zu sozialen Kontakten, politischer Einstellung, persönlichem Weltbild, persönlichen Vorlieben, finanziellen Verhältnissen, gesundheitlicher Situation und weiteren Angaben ein modellhaftes, auf Algorithmen beruhendes Gesamtbild der individuellen Persönlichkeit ergeben (vgl. auch insoweit Schaffland / Wiltfang EUV 2016/679 Art. 4 Rn. 125).", so das OLG. Indem die Beklagte Drittunternehmern ihre Business-Tools anbietet, mit deren Hilfe sie unstreitig möglichst viele Daten der Drittseitennutzer für ihre eigenen Zwecke erhalten möchte, wird sie auch für die Datenerhebung auf Drittseiten zur Mitverantwortlichen im Sinne des Art. 26 DS-GVO [Anmerkung: Das Urteil ist zudem lesenswert bzgl. der Löschung bzw. Löschpflicht nach Art. 17 DS-GVO, die das OLG auch dadurch umgesetzt sieht, dass die Daten anonymisiert werden. Zur Bemessung der Höhe des immateriellen Schadensersatzes vgl. auch OLG Dresden → Nr. 7875 (1.500 EUR), OLG Frankfurt a.M. → Nr. 7777 und OLG München → Nr. 7778 und → Nr. 7779 sowie → Nr. 7780 und das Urteil des LG Lübeck → Nr. 7783, das insofern 5.000 EUR zuerkannte sowie die Urteile des LG Mainz → Nr. 7789 und LG Ellwangen → Nr. 7791, die jeweils 10.000 EUR zuerkannt hatten sowie im Handbuch unter → Rn. 245e und → Rn. 246].

Betrag: 1.500 € **Haftung: 100 %**
immVorb: – **MdE: –**

OLG Dresden 3.2.2026 – 4 U 293/25 = BeckRS 2026, 1139

7246

Persönlichkeitsrechtsverletzung (hier: Erhebung von personenbezogene Daten, insbesondere auch des Jahresbruttogehalts sowie der Prämien und sonstige Leistungen der Klägerin durch die Arbeitgeberin der Klägerin, die diese sensiblen Daten sodann an die Beklagte weitergeleitet hatte, obwohl die Klägerin dieser Weiterleitung ausdrücklich iSd Art. 21 Abs. 1 DS-GVO widersprochen hatte. Zweck dieser Datenübermittlung war die Erhebung von Vergleichswerten für neue Verträge).

Die Klägerin begehrt die Löschung bestimmter personenbezogener Daten sowie Zahlung eines angemessenen Schmerzensgeldes. Die Arbeitgeberin der Klägerin gab im März 2019 bestimmte, im Tenor näher bezeichnete personenbezogene Daten, insbesondere das Jahresbruttogehalt sowie Prämien und sonstige Leistungen, an die Beklagte weiter. Zweck dieser Datenübermittlung war die Erhebung von Vergleichswerten für neue Verträge. Die Klägerin behauptet, in die Datenverarbeitung nicht eingewilligt zu haben. Der Datenweitergabe sei vielmehr ein heftiger Widerstand der Klägerin vorausgegangen. Allein wegen dieses Widerstandes greife der verschärfte Maßstab für die Datenverarbeitung des Art. 21 I DS-GVO ein. Das LG Bochum (BeckRS 2020, 58911) gab der Klage sowohl bzgl. der Löschung der Daten als auch des immateriellen Schadensersatz statt und verurteilte die Bekl. insofern zur Zahlung von 8.000 EUR und führte dazu aus: „Der Schmerzensgeldantrag zu 2) ist dem Grunde nach gegeben und ergibt sich aus Art. 82 DS-GVO. Bei der Höhe ist zu berücksichtigen, dass der immaterielle Schadensersatzanspruch aus Art. 82 DS-GVO gerade auch eine abschreckende Wirkung haben soll (Kühling / Buchner / Bergt, 2. Aufl. 2018, DS-GVO Art. 82 Rn. 18). Insoweit sind die ausgeurteilten 8.000,00 EUR erforderlich, aber auch ausreichend. Insoweit war zugunsten der Beklagten immerhin zu berücksichtigen, dass diese ein durchaus legitimes Informationsinteresse hat, auch wenn dieses nicht das zur Zweckerreichung erfolgte Vorgehen rechtfertigt." Diesen Betrag setzte das OLG Hamm auf 4.000 EUR herab und bestätigte im Übrigen das Urteil der Vorinstanz.

Betrag: 4.000 € **Haftung: 100 %**
immVorb: – **MdE: –**

OLG Hamm 31.8.2021 – 9 U 56/20 = BeckRS 2021, 46262

7783

Persönlichkeitsrechtsverletzung dadurch, dass die Beklagte mithilfe der … – Tracking-Tools eine potenziell unbegrenzte Menge an Daten der Klägerin verarbeitet hatte, indem sie die Aktivitäten der Klägerin auf Dritt-Webseiten und Dritt-Apps verfolgte und dadurch einen „Kontrollverlust" erlitten hatte.

Frau. Immaterieller Schadensersatz wegen unzulässiger, rechtswidriger und vorsätzlicher Verarbeitung personenbezogener Daten durch die von Meta bereitgestellten „Business Tools" (ua Meta Pixel) auf Drittseiten und -Apps. Dazu führte das LG (amtl. Leitsätze) aus: „Die Beklagte ist für die Datenerhebung über die von ihr konzipierten Business Tools verantwortlich. Die Verarbeitung auch individueller Daten der Klägerseite im Verantwortungsbereich jedenfalls auch der Beklagten über die streitgegenständlichen Business-Tools verletzt die Klägerseite in ihren absolut geschützten Rechten. Für die Speicherung der Daten der Klägerseite bei der Beklagten liegen keine Rechtfertigungsgründe vor. Eine auf den Drittseiten eingeholte Einwilligung ist nicht vorgetragen. Des Weiteren hat auch die Beklagte selbst keinerlei Einwilligung für die Speicherung der Daten in ihren Systemen eingeholt. Auch sonstige Rechtfertigungsgründe für die Speicherung der personenbezogenen Daten der Nutzerinnen und Nutzer, fehlen. Der Klägerseite steht auch ein Anspruch auf Schadensersatz in Höhe von 5.000 EUR zu.". Das LG begründet dies mit dem Kontrollverlust der Nutzerin über ihre personenbezogenen Daten und die daraus resultierende Verletzung des Rechts auf informationelle Selbstbestimmung. Wörtlich: „Es handelt sich bei dem festgestellten Datenschutzverstoß um eine schwere Verletzung des Rechts auf informationelle Selbstbestimmung, da das gesamte, höchstpersönliche Internetnutzungsverhalten betroffen ist (vgl. oben). Dabei handelt es sich auch nicht nur um eine punktuelle, zeitlich begrenzte rechtswidrige Maßnahme der Beklagten, sondern um einen sich über einen großen, mehrjährigen Dauerverstoß gegen grundlegende Rechte nach der DSGVO. Dieser Verstoß betraf auch Daten, die einen hohen Marktwert haben." [Anmerkung: Das LG Lübeck griff insofern die Kritik von Niekrenz, Anmerkung zu LG Lübeck vom 10.1.2025 in: ZD 2025, 228 an seiner bisherigen Rechtsprechung auf und nahm dabei auch Bezug auf die Entscheidungen des LG Mainz → Nr. 7790 sowie des BAG → Nr. 7790; vgl. auch LG Gießen → Nr. 7810]

Betrag: 5.000 € **Haftung: 100 %**
immVorb: – **MdE: –**

LG Lübeck 27.11.2025 – 15 O 15/24 = GRUR-RS 2025, 32563

7790

Persönlichkeitsrechtsverletzung, schwerwiegende … /Verletzung seines Rechts auf informationelle Selbstbestimmung dadurch, dass die Beklagte mithilfe der … – Tracking-Tools oder „Business-Tools“ eine potenziell unbegrenzte Menge an Daten der Klägerin verarbeitet hatte, indem sie die Aktivitäten der Klägerin auf Dritt-Webseiten und Dritt-Apps verfolgte und dadurch beim Kläger zum einen einen „erheblichen Kontrollverlust“ und zum anderen ein „Gefühl einer kontinuierlichen Überwachung“ verursacht.

Mann. Der Kläger begehrt im Zusammenhang mit der Verwendung von sog. Business-Tools als Nutzer des Netzwerks „f“ immateriellen Schadensersatz wegen rechtswidriger Verarbeitung seiner personenbezogenen Daten durch die Beklagte, die dieses und andere Netzwerke betreibt und zugleich Entwicklerin sog. „Meta Business Tools“ ist bzw. Meta-Technologien und sogenannte „Digital Fingerprinting“ [Anmerkung des Autors: Als „Digitalen Fingerabdruck“ bezeichnet man eine Verknüpfung einer Menge an im Browser oder vom Nutzergerat abrufbaren Daten, die es ermöglichen, den jeweiligen Nutzer allein anhand dieser Datenmenge zu identifizieren] einsetzt. Zur Höhe des immateriellen Schadensersatzes führte das LG aus: „Die Kammer konnte daher ohne auf das jeweilige subjektive Empfinden des konkreten Klägers abstellen zu müssen, eine durchschnittliche, aufgeklärte und verständige betroffene Person zu Grunde legen, und deren Betroffenheit als Maßstab für einen Mindestschaden zu nehmen. Die Mindestbeeinträchtigung ist ohne das Hinzutreten weiterer Umstände bereits besonders schwerwiegend und hebt sich maßgeblich von den sog. Scraping-Fällen ab, in denen ein Mindestschaden iHv 100 EUR für den bloßen Kotrollverlust für angemessen erachtet wird (siehe nur OLG Dresden ZD 2025, 221 Rn. 20 mwN). Anders als in den Scraping-Fällen ist die Quantität und Qualität der streitgegenständlichen Daten um ein Vielfaches größer, sodass der Mindestschaden weitaus höher einzustufen ist. Die Datenverarbeitung durch die Beklagte stellt nach der Rspr. des EuGHs per se einen schweren Eingriff in die durch Art. 7 und 8 GrCh gewährleisteten Rechte auf Achtung des Privatlebens und den Schutz personenbezogener Daten dar (EuGH NJW 2025, 207 Rn. 63), der nicht gerechtfertigt ist. Die Verletzung dieser Grundrechte wird auch durch den Durchschnittsbetroffenen iSd DSGVO als erhebliche Beeinträchtigung im og Sinne wahrgenommen.“ [Anmerkung: Vgl. dazu auch OLG Frankfurt a.M. → Nr. 7777 und OLG München → Nr. 7778 und → Nr. 7779 sowie → Nr. 7780 und das Urteil des LG Lübeck → Nr. 7783, das insofern 5.000 EUR zuerkannte sowie die Urteile des LG Mainz → Nr. 7789 und LG Ellwangen → Nr. 7791, die jeweils 10.000 EUR zuerkannt hatten sowie im Handbuch unter → Rn. 245e und → Rn. 246].

Betrag: 5.000 € **Haftung: 100 %**
immVorb: – **MdE: –**

LG Leipzig 4.7.2025 – 5 O 2351/23 = GRUR-RS 2025, 15264

7789

Persönlichkeitsrechtsverletzung, schwerwiegende … /Verletzung seines Rechts auf informationelle Selbstbestimmung dadurch, dass die Beklagte mithilfe der … – Tracking-Tools oder „Business-Tools“ eine potenziell unbegrenzte Menge an Daten der Klägerin verarbeitet hatte, indem sie die Aktivitäten der Klägerin auf Dritt-Webseiten und Dritt-Apps verfolgte und dadurch berechtigter Weise Ängste erlitten hat „und das aus dem Bewusstsein solcher Überwachungsmaßnahmen resultierende Gefühl der Einschränkung persönlicher Freiheit“ resultiert.

Mann. Der Kläger begehrte Auskunft und immateriellen Schadensersatz aus behaupteten Datenschutzverstößen gegenüber der Beklagten als Betreiberin des Netzwerkes „I.“ und zugleich als Entwicklerin sog. „Meta Business Tools“, namentlich „Meta Pixel“, „App Events über F. -SDK“ und „Conversions API“ sowie „App Events API“ (nachfolgend zusamenfassend genannt: „Business Tools“), die im Einvernehmen mit der Beklagten von zahlreichen Drittunternehmen auf deren Webseiten („Meta Pixel“, „Conversions API“) oder Apps („F. SDK“, „App Events API“) eingebunden werden. Nutznießer sind dabei insbesondere zahlreiche reichweitenstarke Webseiten und Apps in Deutschland, wie etwa zahlreiche große Nachrichtenseiten und -Apps und Seiten mit politischem Bezug (zB tagesschau.de, spiegel.de, bild.de, welt.de, faz.net, stern.de, wahl-o-mat.de), großen Seiten und Apps zu Reisen und Freizeitgestaltung (zB bahn.de, airbnb.de, tripadvisor.de, hrs.de, holidaycheck.de, momondo.de, booking.com, chefkoch.de), Seiten und Apps, die medizinische Hilfe bieten (zB apotheken.de, shop-apotheke.de, docmorris.de, ärzte.de, helios-gesundheit.de, jameda.de), Dating- und Erotikseiten (zB parship.de, amorelie.de, orion.de, lovescout24.de), aber auch Seiten mit Inhalten aus der innersten Intimsphäre (z.B. krebshilfe.de, fertility.com, nie-wieder-alkohol.de). Für den durchschnittlichen Internetnutzer ist nicht erkennbar, ob die jeweilige Webseite mit einem Meta Business Tool ausgestattet worden, dessen Zweck es ist „unter anderem, die Effektivität von Werbeanzeigen von Drittunternehmen auf den von der Beklagten angebotenen Plattformen wie I. oder F. zu erhöhen und zu messen.“. Zutreffend sah das LG darin einen schwerwiegenden Verstoß bzw. eine Verletzung des Rechts auf informationelle Selbstbestimmung: „Die generelle Praxis der Beklagten, immer und auch ohne Einwilligung jedenfalls solche technischen Standarddaten, die der Beklagten mit hoher Wahrscheinlichkeit eine Identifizierung des jeweiligen Nutzers innerhalb der Systeme der Beklagten erlaubt, sowie das Datum, dass und wann die fragliche Drittseite mit diesem technischen Parametern aufgesucht wurde, über die Business Apps zu erheben, beeinträchtigt den Kläger in gravierendem Maße in seinem Recht auf informationelle Selbstbestimmung. Wie die Beklagte selbst nicht in Abrede stellt, führt die Vielzahl von Daten, die ihr über ihre Business Tools zur Verfügung gestellt werden, im Wege eines „Digital Fingerprinting“ dazu, dass die Beklagte den Nutzer allein hierdurch identifizieren kann, und zwar unabhängig von etwaigen browserseitigen Einschränkungen hinsichtlich der Verwendung von Third Party Cookies, ohne dass der Nutzer dazu bei den Netzwerken der Beklagten eingeloggt sein müsste und ohne dass der durchschnittliche Internetnutzer die Übertragungen von Daten an die Beklagte und deren Zusammenführung bei der Beklagten feststellen oder verhindern könnte“, so das LG, dass zur Höhe des immateriellen Schadensersatzes ausführte: „Bei der Bemessung der Entschädigung war zu Lasten der Beklagten zu berücksichtigen, dass sich die zwei jüngeren der in Rede stehenden Business Tools, die „Conversion API“ und die „App Events API“, von dem „Meta Pixel“ bzw. der „F. SDK“ maßgeblich dadurch unterscheiden, dass sie darauf angelegt sind, unter Mitwirkung der Webseitenbetreiber und Appanbieter alle Schutzversuche der Nutzer und Browserhersteller zu umgehen und die Datensammlung auch dann weiterhin zu ermöglichen, wenn der Nutzer den Inkognito-Modus benutzt, Cookies von Drittseiten nicht zulässt und VPN benutzt.“, so das LG Mainz. [Anmerkung: Die Klägerin hatte „ein Schmerzensgeld in Höhe von 5.000,- EUR für behauptete Eingriffe in das Recht auf informationelle Selbstbestimmung“ gefordert. Vgl. dazu auch OLG Frankfurt a.M. → Nr. 7777 und OLG München → Nr. 7778 und → Nr. 7779 sowie → Nr. 7780 und die Urteile des LG Lübeck → Nr. 7783 und LG Leipzig → Nr. 7790, dies insofern 5.000 EUR zuerkannten sowie das Urteil des LG Mainz → Nr. 7789, dass ebenfalls 10.000 EUR zusprach und im Handbuch unter → Rn. 245e und → Rn. 246].

Betrag: 10.000 € **Haftung: 100 %**
immVorb: – **MdE: –**

LG Mainz 27.6.2025 – 3 O 29/24 = GRUR-RS 2025, 16871

7791

Persönlichkeitsrechtsverletzung, schwerwiegende … /Verletzung seines Rechts auf informationelle Selbstbestimmung dadurch, dass die Beklagte mithilfe der … – Tracking-Tools oder „Business-Tools" eine potenziell unbegrenzte Menge an Daten der Klägerin verarbeitet hatte, indem sie die Aktivitäten der Klägerin auf Dritt-Webseiten und Dritt-Apps verfolgte und dadurch beim Kläger zum einen einen „erheblichen Kontrollverlust" und zum anderen ein „Gefühl einer kontinuierlichen Überwachung" verursacht.

Mann. Der Kläger, der nicht über die Einstellung „Informationen von Werbepartnern über deine Aktivitäten" zur Datenverarbeitung zur Bereitstellung personalisierter Werbung eingewilligt hatte, begehrt im Zusammenhang mit der Verwendung von sog. Business-Tools als Nutzer des Netzwerks „i" immateriellen Schadensersatz wegen rechtswidriger Verarbeitung seiner personenbezogenen Daten durch die Beklagte, die dieses und andere Netzwerke betreibt und zugleich Entwicklerin sog. „Meta Business Tools" ist bzw. Meta-Technologien und sogenannte „Digital Fingerprinting" einsetzt. [Anmerkung des Autors: Als „Digitalen Fingerabdruck" bezeichnet man eine Verknüpfung einer Menge an im Browser oder vom Nutzergerat abrufbaren Daten, die es ermöglichen, den jeweiligen Nutzer allein anhand dieser Datenmenge zu identifizieren]. Zutreffend betonte das LG mit Verweis auf den Erwägungsgrund 75 [vgl. dazu → Rn. 244b im Handbuch], es sei bei der Beurteilung des Schadens – neben der Intensität – „insbesondere auch zu berücksichtigen, dass auch hoch sensible Daten, auch aus der Intimsphäre, und eine extrem große Menge personenbezogener Daten erhoben" wurden und dass „die Beklagte vorsätzlich mit Gewinnerzielungsabsicht, da rein aus ökonomischen Gesichtspunkten" gehandelt habe. Zur Höhe des immateriellen Schadensersatzes führte das LG sodann aus: „In Anbetracht der Schwere des Eingriffs – in Intensität und Umfang – in das Grundrecht auf informationelle Selbstbestimmung, des Verschuldensgrads, der technischen Umgehungsmöglichkeiten der Beklagten bei Unterlassungs- und Löschungsansprüchen sowie dem Präventivgedanken erscheint ein Betrag der Geldentschädigung in Höhe von 10.000,00 EUR nach Auffassung des Gerichts unter Abwägung sämtlicher erwähnter Umstände des Einzelfalls angemessen, aber auch ausreichend. Gerade in Abgrenzung zu Art. 82 DSGVO ist der Präventivgedanke des Geldentschädigungsanspruchs zu berücksichtigen, der einen echten bzw. effektiven Hemmungseffekt bewirken soll. Nur bei spürbaren Folgen wird die Beklagte bewegt werden können, ihr Geschäftsmodell umzustellen und den Datenschutz ihrer Nutzer zu achten. Dieser Geldentschädigungsbetrag umfasst auch den Betrag, der nach Art. 82 DSGVO als immaterieller Schadensersatz zu erstatten wäre (vgl. OLG Köln GRUR-RS 2020, 38050 Rn. 41)." [Anmerkung: Vgl. dazu auch OLG Frankfurt a.M. → Nr. 7777 und OLG München → Nr. 7778 und → Nr. 7779 sowie → Nr. 7780 und die Urteile des LG Lübeck → Nr. 7783 und LG Leipzig → Nr. 7790, die jeweils 5.000 EUR zuerkannt hatten sowie das Urteil des LG Mainz → Nr. 7789, dass ebenfalls 10.000 EUR zusprach und im Handbuch unter → Rn. 244b, → Rn. 245e und → Rn. 246 und ua das Urteil des LG Gießen → Nr. 7810 mit 1.000 EUR].

Betrag: 10.000 € **Haftung: 100 %**
immVorb: – **MdE: –**

LG Ellwangen 9.4.2025 – 2 O 266/24 = GRUR-RS 2025, 16870

cc) Datenweiterleitung oder Datenverbreitung

7797

Persönlichkeitsrechtsverletzung, behauptete (hier: Durch Datenübermittlung in die USA verursachtes Gefühl von „Kontrollverlust über seine Daten" und einem „Zustand großen Unwohlseins und großer Sorge über möglichen Missbrauch seiner Daten" sowie der „Besorgnis, dass ihm infolge der Datenweitergabe in die USA und an Dritte materielle Schäden drohen".

Mann. Kein immaterieller Schadensersatz: Der Kläger hat einen F.- und I.-Account der Beklagten, die – als Tochtergesellschaft des Meta-Konzerns – ua die Online-Dienste F. und I. in Europa anbietet und insofern die Nutzerdaten europäischer Nutzer und damit auch des Klägers in die USA übermittelt. Mit seiner Klage begehrte der Kläger Auskunft, Unterlassung und 1.000 EUR immateriellen Schadensersatz. Das LG wies die Klage ab, da keine Haftung bei rechtmäßiger Drittlandübermittlung und fehlendem Schadensnachweis bestehe und dem Kläger kein Anspruch auf immateriellen Schadensersatz gemäß Art. 82 Abs. 1 DS-GVO zustehe. Dies begründete das LG wie folgt: „Die Plattformen F. und I. stammen wie die M … aus den USA. Sie sind als sog. Social Media zwangsläufig und ausweislich der Nutzungsbedingungen global konzipiert, denn die Suche nach anderen Nutzern kann nur funktionieren, wenn ein grenzüberschreitender Datenaustausch stattfindet. Um das weltweite Netzwerk unterhalten zu können, müssen Daten auch mit den USA ausgetauscht werden. Der Kläger hat keinen Anspruch darauf, dass sämtliche Daten nur in Europa gespeichert und verarbeitet werden (vgl. exemplarisch LG Bochum 15.5.2024 – I-5 O 334/23 Rn. 180, 181; LG Hof 29.1.2025 – 12 O 144/24, GRUR-RS 2025, 25350). Insoweit unterscheidet sich der vorliegende Fall auch von dem Fall, der dem von der Klägerseite unter Bl. 15 zitierten Urteil des OLG Köln 3.11.2023 – 6 U 58/23 zu Grunde lag. Im dortigen Fall diente die Übermittlung der Daten der Optimierung der Umsätze der Beklagten und der Feststellung von Verbesserungsmöglichkeiten bzw. des Nutzerverhaltens und besonders beliebter Interaktionen auf der Seite, also ihren eigenen wirtschaftlichen Zwecken (OLG Köln 3.11.2023 – 6 U 58/23 Rn. 67). Hier geht es jedoch um die Zurverfügungstellung des sozialen Netzwerkes als solchem. Diese ist gerade Gegenstand der vertraglichen Beziehungen der Parteien und die Datenübermittlung dient daher in erster Linie der Erfüllung eines zwischen den Parteien geschlossenen Vertrages im Sinne der Art. 6 Abs. 1 S. 1 lit. b), Art. 49 Abs. 1 S. 1 lit. b) DSGVO.". Ergänzend verwies das LG darauf, dass es dem Kläger nicht gelungen sei, konkrete Auswirkungen der Datenübermittlung in die USA darzulegen und „über die pauschale Behauptung eines erlittenen Kontrollverlusts hinaus … es an substantiiertem und nachvollziehbarem Vortrag" gefehlt habe. [vgl. dazu auch LG Ansbach → Nr. 7798 sowie im Handbuch → Rn. 244 bis → Rn. 247].

Betrag: – **Haftung: –**
immVorb: – **MdE: –**

LG Ellwangen 16.10.2025 – 3 O 480/24 = GRUR-RS 2025, 34729

7798

Persönlichkeitsrechtsverletzung, behauptete (hier: Durch Datenübermittlung in die USA verursachtes Gefühl von „Kontrollverlust über seine Daten“ und einem „Zustand großen Unwohlseins und großer Sorge über möglichen Missbrauch seiner Daten“ sowie der „Besorgnis, dass ihm infolge der Datenweitergabe in die USA und an Dritte materielle Schäden drohen“.

Mann. Kein immaterieller Schadensersatz: Der Kläger hat einen F.- und I.-Account der Beklagten, die – als Tochtergesellschaft des Meta-Konzerns – ua die Online-Dienste F. und I. in Europa anbietet und insofern die Nutzerdaten europäischer Nutzer und damit auch des Klägers in die USA übermittelt. Mit seiner Klage begehrte der Kläger Auskunft, Unterlassung und 1.000 EUR immateriellen Schadensersatz. Das LG wies die Klage ab, da keine Haftung bei rechtmäßiger Drittlandübermittlung und fehlendem Schadensnachweis bestehe und dem Kläger kein Anspruch auf immateriellen Schadensersatz gemäß Art. 82 Abs. 1 DS-GVO zustehe. Dies begründete das LG wie folgt: „Die Plattformen F. und I. stammen wie die M … aus den USA. Sie sind als sog. Social Media zwangsläufig und ausweislich der Nutzungsbedingungen global konzipiert, denn die Suche nach anderen Nutzern kann nur funktionieren, wenn ein grenzüberschreitender Datenaustausch stattfindet. Um das weltweite Netzwerk unterhalten zu können, müssen Daten auch mit den USA ausgetauscht werden. Der Kläger hat keinen Anspruch darauf, dass sämtliche Daten nur in Europa gespeichert und verarbeitet werden (vgl. exemplarisch LG Bochum 15.5.2024 – I-5 O 334/23 Rn. 180, 181; LG Hof 29.1.2025 – 12 O 144/24, GRUR-RS 2025, 25350). Insoweit unterscheidet sich der vorliegende Fall auch von dem Fall, der dem von der Klägerseite unter Bl. 15 zitierten Urteil des OLG Köln 3.11.2023 – 6 U 58/23 zu Grunde lag. Im dortigen Fall diente die Übermittlung der Daten der Optimierung der Umsätze der Beklagten und der Feststellung von Verbesserungsmöglichkeiten bzw. des Nutzerverhaltens und besonders beliebter Interaktionen auf der Seite, also ihren eigenen wirtschaftlichen Zwecken (OLG Köln 3.11.2023 – 6 U 58/23 Rn. 67). Hier geht es jedoch um die Zurverfügungstellung des sozialen Netzwerkes als solchem. Diese ist gerade Gegenstand der vertraglichen Beziehungen der Parteien und die Datenübermittlung dient daher in erster Linie der Erfüllung eines zwischen den Parteien geschlossenen Vertrages im Sinne der Art. 6 Abs. 1 S. 1 lit. b), Art. 49 Abs. 1 S. 1 lit. b) DSGVO.“. Ergänzend verwies das LG darauf, dass es dem Kläger nicht gelungen sei, konkrete Auswirkungen der Datenübermittlung in die USA darzulegen und „über die pauschale Behauptung eines erlittenen Kontrollverlusts hinaus … es an substantiiertem und nachvollziehbarem Vortrag“ gefehlt habe. [vgl. dazu auch LG Ellwangen → Nr. 7797 sowie im Handbuch → Rn. 244 bis → Rn. 247].

Betrag: – **Haftung: –**
immVorb: – **MdE: –**

LG Ansbach 15.10.2025 – 3 O 560/24 = GRUR-RS 2025, 35075

7710

Persönlichkeitsrechtsverletzung durch die nicht anonymisierte Veröffentlichung eines gerichtlichen Beschlusses in der Rechtsprechungsdatenbank openJur durch die personenbezogenen Daten und privaten Lebensumstände des Klägers, wie dessen vorübergehende Arbeitslosigkeit und Zahlungsschwierigkeiten der Allgemeinheit zugänglich gemacht worden waren.

Mann (Rechtsanwalt). Kein Anspruch auf immateriellen Schadensersatz: Der Kläger war in einem einstweiligen Anordnungsverfahren, das sich gegen das Versorgungswerk der Rechtsanwälte richtete, aufgetreten. Dabei ging es ua um die Versorgungsbezüge, mit denen der Kläger in Verzug war, weswegen das Versorgungswerk gegen ihn die Zwangsvollstreckung betrieben hatte. Der Beschluss des VG in dieser Sache wurde sodann ohne Anonymisierung über die Rechtsprechungsdatenbank openJur veröffentlicht. Der Kläger forderte deshalb von den Betreiber dieser Datenbank Schmerzensgeld iHv 5.500 EUR. Das LG wies die Klage mit Verweis auf BGH GRUR 2022, 735 Rn. 18 ab, da ein Schadensersatzanspruch nach Art. 82 Abs. 1 DS-GVO aufgrund der Bereichsausnahme des Art. 85 DS-GVO für den vorliegenden Fall nicht anwendbar sei. Ein solcher Anspruch könne „nicht auf die Verletzung datenschutzrechtlicher Bestimmungen durch eine journalistische Tätigkeit gestützt werden“, zu der auch die Rechtsprechungsdatenbank openJur zu rechnen sei.

Betrag: – **Haftung: –**
immVorb: – **MdE: –**

LG Hamburg 9.5.2025 – 324 O 278/23 = GRUR-RS 2025, 10148

7825

Persönlichkeitsrechtsverletzung, behauptete (hier: Behaupteter Kontrollverlust wegen bzw. durch die Verarbeitung von Daten, die ein Familiengericht von einem von ihm selbst beauftragten Sachverständigen erlangt hat).

Frau. Kein immaterieller Schadensersatzanspruch im Zusammenhang mit der Weitergabe von Daten im Rahmen eines Familiengerichtsstreitigkeit. Die Klägerin hatte vorgetragen, sie habe einen Kontrollverlust ihrer Daten dadurch erlitten, dass das Familiengericht im Rahmen der Beauftragung eines Sachverständigen diese Daten, die dieser „für seine Begutachtung aber benötigt“ hatte, an einen Sachverständigen weitergab. „Die – rechtmäßige – Verarbeitung der Daten durch das Familiengericht, die zudem gerade nicht aufgrund eines Verstoßes gegen die DS-GVO erlangt wurden, stellt jedoch einen solchen Kontrollverlust nicht dar. Gleiches gilt für eine etwaige Verarbeitung der Daten durch die StA. …“, so das OLG, dass in seinem 2. Leitsatz betonte: „Die Vorschriften der ZPO über die Aufgaben eines gerichtlichen Sachverständigen können die Weitergabe von personenbezogenen Daten rechtfertigen, die der Sachverständige außerhalb des Verfahrens erlangt hat, für seine Begutachtung aber benötigt.“ [Vgl. im Handbuch unter → Rn. 245f].

Betrag: – **Haftung: –**
immVorb: – **MdE: –**

OLG Dresden 24.3.2025 – 4 U 1664/24 = ZD 2026, 43

7812

Persönlichkeitsrechtsverletzung durch die Überlassung der Personalakte einer Bundesbeamtin an Bedienstete des Landes und den dadurch verursachten „vorübergehenden Verlust der Kontrolle der Kl. über ihre in ihrer Personalakte enthaltenen personenbezogenen Daten“.

Frau (Bundesbeamtin bei der Bundesanstalt für Geowissenschaften und Rohstoffe in Hannover). Immaterieller Schadensersatz für die Verwaltung von Personalakten durch hierzu nicht befugte Dritte. Die Klägerin, eine Bundesbeamtin bei der Bundesanstalt für Geowissenschaften und Rohstoffe in Hannover, sah – indem die Personalaktenverwaltung der Bundesbehörde, bei der die Klägerin beschäftigt war, durch Bedienstete des Landes Niedersachsen übernommen worden waren – darin einen immateriellen Schadenersatz begründenden Verstoß gegen die DS-GVO und erhob insofern Feststellungsklage. Das LG hat die Klage insgesamt abgewiesen. Das OLG die Berufung der Kl. zurückgewiesen. Den mit der Revision noch weiterverfolgten Feststellungsantrag der Klägerin aus Art. 82 DS-GVO erachtete der BGH als zulässig und begründet und führte dazu aus: „Zu Unrecht hat das Berufungsgericht einen durch diesen Verstoß gegen die DS-GVO verursachten Schaden der Kl. verneint. Der Schaden liegt hier bereits in dem durch die Überlassung ihrer Personalakte an Bedienstete des Landes verursachten vorübergehenden Verlust der Kontrolle der Kl. über ihre in ihrer Personalakte enthaltenen personenbezogenen Daten. Schon der bloße Kontrollverlust kann, wie der Senat in Umsetzung der jüngeren Rspr. … entschieden hat, einen ersatzfähigen immateriellen Schaden iSd Art. 82 Abs. 1 DS-GVO darstellen (Senat Urt. v. 18.11.2024 – VI ZR 10/24 [= ZD 2025, 162 mAnm Horn] Rn. 30 mwN). Anders als das Berufungsgericht meint, muss der Verpflichtung zum Ausgleich keine über diesen Kontrollverlust hinausgehende „benennbare und insoweit tatsächliche Persönlichkeitsrechtsverletzung gegenüberstehen"; auch muss der Beeinträchtigung des Betroffenen kein besonderes „Gewicht" zukommen, das „über eine individuell empfundene Unannehmlichkeit hinausgeht oder das Selbstbild oder Ansehen ernsthaft beeinträchtigt" (vgl. Senat, aaO [= ZD 2025, 162 mAnm Horn] Rn. 29 mwN). Nach diesen Grundsätzen liegt der Schaden hier ohne Weiteres darin, dass die Bekl. auch nach dem 25.5.2018 die personenbezogenen, in deren Personalakte enthaltenen Daten der Kl. hierzu nicht berechtigten Dritten, nämlich Bediensteten des Landes Niedersachsen, zur Bearbeitung überlassen und diese Praxis erst mit Organisationsverfügung v. 22.8.2019 beendet hat. Der vom Berufungsgericht in diesem Zusammenhang angeführte Umstand, dass auch die mit Personalangelegenheiten betrauten Bediensteten des Landes Niedersachsen zur Verschwiegenheit verpflichtet waren, steht der Annahme eines Schadens insoweit dem Grunde nach nicht entgegen, sondern wird erst bei Bemessung der Höhe des zu leistenden Schadensersatzes (§ 287 ZPO) zu berücksichtigen sein (s. zu den Bemessungskriterien weiterführend Senat, aaO [= ZD 2025, 162 mAnm Horn] Rn. 92 ff., insb. Rn. 99)." [Anmerkung: Vgl. dazu im Handbuch unter → Rn. 245f].

Betrag: – **Haftung: –**
immVorb: – **MdE: –**

BGH 11.2.2025 – VI ZR 365/22 = NJW 2025, 1656

7644

Datenverbreitung (hier: Anfertigung und Verbreitung einer Videosequenz durch die lettische Verbraucherschutzbehörde PTAC, die diese – trotz des Widerspruchs des Klägers – online verfügbar blieb und in der eine Person zu sehen war, die den Kl. imitiert hatte. Zudem lehnte das PTAC seine ausdrücklichen Forderungen nach Beendigung der Verbreitung und Schadensersatz wegen Rufschädigung ab.)

Mann (Fachjournalist). Entschuldigung kann angemessener immaterieller Schadensersatz sein: Der Kl. des Ausgangsverfahrens ist in Lettland als Journalist mit Fachkenntnissen im Automobilbereich bekannt. Im Rahmen einer Kampagne zur Sensibilisierung der Verbraucher für die Risiken beim Kauf eines Gebrauchtwagens verbreitete das PTAC auf mehreren Websites eine Videosequenz, in der unter anderem eine Person zu sehen war, die den Kl. des Ausgangsverfahrens imitierte, ohne dass dieser dem zugestimmt hätte. Schadensersatz lediglich in Form einer Entschuldigung der Beklagten (PTAC) lehnte der Kläger ab; dies sei im Hinblick auf Art. 82 DS-GVO weder fair noch angemessen. Zum Ersatz eines immateriellen Schadens in Form einer Entschuldigung führte der EuGH aus, „dass Art. 82 I DS-GVO dahin auszulegen ist, dass eine Entschuldigung einen angemessenen Ersatz eines immateriellen Schadens auf der Grundlage dieser Bestimmung darstellen kann, insbesondere, wenn es nicht möglich ist, die Lage vor dem Eintritt des Schadens wiederherzustellen, sofern diese Form des Schadensersatzes geeignet ist, den der betroffenen Person entstandenen Schaden in vollem Umfang auszugleichen" und „dass Art. 82 I DS-GVO dahin auszulegen ist, dass er der Möglichkeit entgegensteht, die Haltung und die Beweggründe des Verantwortlichen zu berücksichtigen, um der betroffenen Person gegebenenfalls einen Schadensersatz zu gewähren, der geringer ist als der Schaden, der ihr konkret entstanden ist."

Betrag: – **Haftung: –**
immVorb: – **MdE: –**

EuGH 4.10.2024 – C-507/23 = NJW 2025, 141

7488

Persönlichkeitsrechtsverletzung (hier: Übermittlung der Personalakte des Beamten – im Rahmen eines beamtenrechtlichen Rechtsstreites – an die vom Dienstherren beauftragte Rechtsanwaltskanzlei).

Mann (Dipl. Verwaltungswirt). Kein Schmerzensgeldanspruch. Der Kläger, Beamter der Beklagten, begehrt Schadensersatz und Schmerzensgeld (20.000 EUR) für geltend gemachte Verstöße der Beklagten, die Stadt P., gegen die beamtenrechtliche Fürsorgepflicht sowie datenschutzrechtliche Vorschriften, da die Beklagte seine Personalakte der verfahrensbevollmächtigten Kanzlei übermittelt hatte. Das VG wies die Klage ab. „Der Versand von Unterlagen aus der Personalakte des Klägers am 14.3.2018 an die (späteren) Verfahrensbevollmächtigten der Beklagten begründet auch unter dem Gesichtspunkt des allgemeinen Persönlichkeitsrechtsschutzes und der beamtenrechtlichen Fürsorgepflicht keinen Schadensersatzanspruch des Klägers." Voraussetzung für das Bestehen eines beamtenrechtlichen Schadensersatzanspruchs wegen Verletzung der Fürsorgepflicht ist ein schwerwiegender Eingriff in das allgemeine Persönlichkeitsrecht, der so das VG nicht vorliegt. Bzgl. der DS-GVO als mögliche Anspruchsgrundlage führte das VG knapp aus: „Zudem fehlt es – ebenso wie im Rahmen von Art. 82 DS-GVO – auch nach den Maßstäben des § 253 BGB an einem Schaden, weil der Kläger bereits nicht plausibel vorgetragen hat, materielle oder immaterielle Nachteile durch den Aktenversand an die Verfahrensbevollmächtigten der Beklagten erlitten zu haben."

Betrag: – **Haftung: –**
immVorb: – **MdE: –**

VG Stuttgart 20.6.2024 – 14 K 870/22 = BeckRS 2024, 20271

7410

Datenweiterleitung / Datenweitergabe: Der Kläger begehrte von MediaMarktSaturn Hagen-Iserlohn GmbH Schmerzensgeld (im Weiteren „Saturn") wegen immateriellen Schadens nach der DS-GVO. Im Ausgangsverfahren hatte der Kläger bei Saturn ein Haushaltsgerät mittels eines Kauf- und Kreditvertrages erworben und dafür seine personenbezogenen Daten wie Name, Anschrift, Bankdaten etc. benannt. An der Warenausgabe drängte sich dann aber eine Dritte Person vor und erhielt sowohl das für den Kläger bestimmte Gerät als auch die Unterlagen dazu mit den personenbezogenen Daten. Innerhalb einer halben Stunde wurde der Täter jedoch ermittelt und der Kläger erhielt sowohl das Gerät, als auch seine Unterlagen. Das vorlegende Gericht wollte nun mit seiner dritten und seiner vierten Frage (von insgesamt sieben Fragen) wissen, ob die Art. 5, 24, 32 und 82 DSGVO zusammen betrachtet dahin auszulegen sind, dass im Rahmen einer auf Art. 82 gestützten Schadensersatzklage der Umstand, dass Mitarbeiter des für die Verarbeitung Verantwortlichen irrtümlich ein Dokument mit personenbezogenen Daten an einen unbefugten Dritten weitergegeben haben, für sich genommen ausreicht, um davon auszugehen, dass die technischen und organisatorischen Maßnahmen, die der für die betreffende Verarbeitung Verantwortliche getroffen hat, nicht „geeignet" im Sinne der Art. 24 und 32 waren.

Mann. Kein Anspruch auf immateriellen Schaden, wenn personenbezogene Daten versehentlich einem Dritten zugänglich gemacht werden, dieser Dritte jedoch davon keine Kenntnis genommen hat: Der EuGH beantwortet die beiden oben (siehe unter Verletzungen) an ihn gerichteten Fragen zu Ziffer 3 und 4 zusammengefasst wie folgt: „Nach alledem ist auf die dritte und die vierte Frage zu antworten, dass die Art. 5, 24, 32 und 82 DS-GVO zusammen betrachtet dahin auszulegen sind, dass im Rahmen einer auf Art. 82 gestützten Schadensersatzklage der Umstand, dass Mitarbeiter des für die Verarbeitung Verantwortlichen irrtümlich ein Dokument mit personenbezogenen Daten an einen unbefugten Dritten weitergegeben haben, für sich genommen nicht ausreicht, um davon auszugehen, dass die technischen und organisatorischen Maßnahmen, die der für die betreffende Verarbeitung Verantwortliche getroffen hat, nicht „geeignet" im Sinne der Art. 24 und 32 waren.". Zudem führte er (Auszug aus dem umfassenden Urteil) aus, dass ein Schadensersatzanspruch sowohl den Nachweis eines DS-GVO-Verstoßes, als auch den Nachweis eines entstandenen (im)materiellen Schadens erfordere. Die berechtigte Befürchtung einer missbräuchlichen Verwendung der Daten könne ein immaterieller Schaden sein. Der Betroffene müsse diesen Schaden aber nachweisen können. Ein immaterieller Schaden, so der EuGH trete aber nicht schon ein, wenn personenbezogene Daten versehentlich einem Dritten zugänglich gemacht werden, wenn dieser Dritte davon keine Kenntnis genommen hat. Die Tatsache, dass die Datenweitergabe überhaupt erfolgen konnte, reiche auch nicht aus, um festzustellen, dass die technischen und organisatorischen Maßnahmen iSv Art. 24, 32 DS-GVO nicht ausreichten. Diese Bewertung bedürfe einer Betrachtung der Gesamtumstände, ein einzelner Verstoß sei noch kein Beleg für eine insgesamt mangelhafte Situation.

Betrag: – **Haftung: –**
immVorb: – **MdE: –**

EuGH 25.1.2024 – C-687/21 = GRUR-RS 2024, 530

7223

Persönlichkeitsrechtsverletzung bei kommerzieller Veröffentlichung von Daten vor Inkrafttreten der DS-GVO.

Kein Schmerzensgeldanspruch, da die streitgegenständliche Veröffentlichung als Verletzungshandlung noch vor Inkrafttreten der DS-GVO stattfand [vgl. Art. 99 DS-GVO]. Anmerkung: Siehe dazu Leibold ZD-Aktuell 2023, 01376 mit dem Hinweis, dass es daher hier auch keiner Entscheidung bedurfte, ob die Regelung – die bei Veröffentlichungen zu „journalistischen Zwecken" iSd. Art. 85 DS-GVO nicht anwendbar sei – für die vorliegende kommerzielle Verwendung einschlägig wäre und ob man diese Ersatzregelung auch den Grundsätzen der sog. dreifachen Schadensberechnung unterwerfen könne.

Betrag: – **Haftung: –**
immVorb: – **MdE: –**

OLG Köln 8.11.2022 – 15 U 142/22 = BeckRS 2022, 52113

6932

Persönlichkeitsrechtsverletzung wegen erlittener „Schmach", die der Kläger darin sah, dass ein Mitarbeiter der Beklagten, bei der sich der Kläger über das Portal XING beworben hatte, versehentlich dessen Gehaltsvorstellung sowie die diesbezügliche Antwort der Beklagten an einen Dritten gemailt hatte. Bei dem Dritten handelte es sich um einen anderen Bewerber auf die ausgeschrieben Stelle. (Art. 82 Abs. 1 DS-GVO)

Mann. Kein Schmerzensgeldanspruch. Der Kläger befand sich bei der Beklagten, einer Privatbank, in einem Bewerbungsprozess. Dieser fand über das Online-Portal Xing statt. Das Netzwerk ermöglicht es, Personen und Unternehmen zu folgen, Reaktionen und Beiträge zu hinterlassen sowie mediale Inhalte im Text-, Bild- und Videoformat zu veröffentlichen. Der Kläger hat dort seine Kontaktdaten nebst Lebenslauf eingestellt. Im Zusammenhang mit dem Bewerbungsprozess versandte eine Mitarbeiterin der Beklagten über den dortigen Messenger-Dienst am 23.10.2018 eine Nachricht, die eigentlich für den Kläger bestimmt war, an eine dritte, nicht am Bewerbungsprozess beteiligte Person. Das OLG wies die Klage auf immateriellen Schadensersatz ab und führte aus (Amtlicher Leitsatz): „Voraussetzung für einen Schadensersatzanspruch gemäß Art. 82 Abs. 1 DS-GVO ist der Nachweis eines konkreten (auch immateriellen) Schadens". Insofern genüge der Vortrag des Klägers, er empfinde das „Unterliegen" in den Gehaltsverhandlungen als „Schmach", die er nicht an Dritte – vor allem nicht an potentiellen Konkurrenten – weitergegeben hätte, nicht. „Selbst bei Unterstellung einer „Schmach", vermag der Senat diese nicht als einen immateriellen Schaden zu bewerten", so das OLG.

Betrag: – **Haftung: –**
immVorb: – **MdE: –**

OLG Frankfurt a. M. 2.3.2022 – 13 U 206/20 = GRUR-RS 2022, 4491

6839

Versand des Vereinsbudgets an Vereinsmitglieder. Der Versand der Budgetplanung eines Vereins an Vereinsmitglieder per E-Mail stellt auch dann keinen Verstoß gegen die DS-GVO dar, wenn sich aus der Budgetplanung die Trainervergütung ergibt.

Mann (Trainer). Kein immaterieller Schadensersatz auf Grund der Fehladressierung einer Nachricht bzw. kein Anspruch auf Schmerzensgeld nach Art. 82 Abs. 1 DS-GVO, wenn vom Vereinsvorstand zur Schaffung einer Informationsgrundlage für eine anstehende Mitgliederversammlung eine Budgetplanung per E-Mail an die Vereinsmitglieder versandt wird und darin Vor- und Nachname des Klägers samt Höhe des Trainergehalts enthalten waren, so dass eine Identifizierung und Verknüpfung von Vergütung und Kläger ohne Weiteres möglich war. Zur Begründung führte das LG aus: „Bei Versendung der E-Mail mit der Budgetplanung an Vereinsmitglieder bestand auf Seiten des Beklagten und der Empfänger ein berechtigtes Interesse ([1]). Ein Verstoß gegen Gesetze, den Erforderlichkeitsgrundsatzes oder das Gebot von Treu und Glauben war nicht zu verzeichnen ([2]). Letztlich überwogen die klägerischen Interessen auch nicht die berechtigten Interessen des Beklagten bzw. der E-Mail-Empfänger ([3])." Soweit Vereinsfremde die E-Mail erhalten haben sollten, scheitert ein Anspruch des Klägers auf Schmerzensgeld an der ausreichenden Darlegung eines Schadens. „Vorliegend ist noch nicht einmal ein Bagatellschaden dargelegt." [Anmerkung: Vergleiche auch LG Köln → Nr. 7134 und LG Darmstadt → Nr. 7136].

Betrag: – **Haftung: –**
immVorb: – **MdE: –**

LG Frankfurt a. M. 1.11.2021 – 2-01 S 191/20 = GRUR-RS 2021, 33660

7244

Persönlichkeitsrechtsverletzung, behauptete (hier: Nennung von Eigentümern, in deren Wohnung ein Legionellenbefall festgestellt wurde, ggü. anderen Eigentümern einer Wohnungseigentümergemeinschaft).

Kein Schmerzensgeldanspruch gemäß Art. 82 Abs. 1 DS-GVO. Legionellenbefall und Datenschutz: Benennung der betroffenen Wohnungseigentümer, Weitergabe von E-Mail-Adressen. Angesichts eines akuten Legionellenbefalls in einer Wohnanlage ist es aus datenschutzrechtlicher Sicht unbedenklich, wenn ein Hausverwalter zur Eigentümerversammlung einlädt und dabei unter TOP 22 „Aussprache und Beschlussfassung über weitergehende Maßnahmen zum Legionellenbefall und deren Finanzierung" steht und der Verwalter bei der Einladung die Klarnamen (Nachnamen) der betroffener Wohnungseigentümer benennt. Denn, so das OLG, es lasse sich nur bei entsprechender Kenntnis und auch nur unter Berücksichtigung einer ggf. bestehenden Vermietungssituation die einzuleitenden Maßnahmen, ihre Überwachung und Folgen zuverlässig konkret diskutieren. Die bloße Angabe einer Wohnungsnummer lasse zudem keinen sicheren Rückschluss der übrigen Wohnungseigentümer auf den aktuellen Wohnungseigentümer zu. „Dass die Interessen des Kl. an der Nichtnennung seines Namens überwiegen würden, ist angesichts der vorstehenden Ausführungen nicht ersichtlich; die Bekl. zu 1 und die Wohnungseigentümergemeinschaft waren zum Vorteil des Kl. zur endgültigen Unterbindung des Legionellenbefalls in der klägerischen Wohnung tätig. Auch ist die Wohnungseigentümergemeinschaft keine anonyme Gemeinschaft. Die unsubstantiierte Behauptung des Kl., dass ein potenzieller Käufer abgesprungen sei, führt nicht zu einer anderen Beurteilung; im Gegenteil wäre ein erst kürzlich beseitigter Legionellenbefall im Verkaufsobjekt dem potenziellen Käufer gegenüber unzweifelhaft vom Kl. selbst zu offenbaren gewesen".

Betrag: – **Haftung: –**
immVorb: – **MdE: –**

OLG München 27.10.2021 – 20 U 7051/20 = BeckRS 2021, 32242

7009

Persönlichkeitsrechtsverletzung wegen nicht anonymisierter Daten (hier: Beschluss des Verwaltungsgerichts Köln) an Dritte.

Mann. Der Kläger begehrte von der Beklagten, der Stadt B. G., Schmerzensgeld, weil diese einen Beschluss des Verwaltungsgerichts Köln in einem Rechtsstreit ohne jede Anonymisierung einem größeren Kreis von Rechtsamtsleitern in NRW zur Verfügung gestellt hatte. Im Zuge der Corona-Pandemie erließ die Beklagte eine Allgemeinverfügung, wonach Spielhallen – so auch die Spielhallen der T GmbH & Co. KG, deren Gesellschafter-Geschäftsführer der Kläger ist – unter Anordnung des Sofortvollzugs vorerst nicht mehr betrieben werden durften. Der Kläger behauptet, er sei wegen Übersendung der verwaltungsgerichtlichen Entscheidung durch die Beklagte „ehrenrührigen, unzumutbaren und beängstigenden Anwürfen seitens anderer Spielhallenbetreiber und unbekannter Dritter" ausgesetzt gewesen. Der Beschluss des Verwaltungsgerichts Köln sei durch einen unbekannten Dritten aus dem beklagtenseits gewählten Adressatenkreis an den Branchenverband der Geldspielautomatenbetreiber gelangt. Das LG wies die Klage als unbegründet ab. Ein Anspruch auf Zahlung von Schmerzensgeld besteht nicht, da der Kläger nicht dargelegt hat, dass ihm infolge der streitgegenständlichen Datenschutzverletzung ein immaterieller Schaden entstanden ist. Nach § 82 Abs. 1 DS-GVO hat jede Person, der wegen eines Verstoßes gegen diese Verordnung ein materieller oder immaterieller Schaden entstanden ist, Anspruch auf Schadenersatz gegen den Verantwortlichen oder gegen den Auftragsverarbeiter. Die streitgegenständliche Übersendung des Beschlusses des Verwaltungsgerichts Köln an die Rechtsamtsleiterinnen und Rechtsamtsleiter anderer Kommunen stellt einen Verstoß gegen die Datenschutzgrundverordnung dar. Die Beklagte durfte den Beschluss zur Information und zur Sicherstellung einer einheitlichen Rechtsanwendung jedenfalls nicht unanonymisiert übersenden. Allerdings reicht ein Verstoß alleine zur Anspruchsbegründung nicht aus, es muss auch ein Schaden eingetreten sein (Paal / Pauly / Frenzel, 3. Aufl. 2021, DS-GVO Art. 82 Rn. 10). Der Schaden muss auf den Verstoß zurückzuführen sein, wobei eine Mitursächlichkeit genügt (BeckOK DatenschutzR / Quaas, 35. Ed. 1.11.2020, DS-GVO Art. 82 Rn. 26). Das habe der Kläger nicht bewiesen. Zudem – so das LG zutreffend – würde „das Zuerkennen von Schmerzensgeld in einem derartigen Bagatellfall die Gefahr einer nahezu uferlosen Häufung der Geltendmachung von Ansprüchen bergen, was nicht Sinn und Zweck von Art. 82 DS-GVO entsprechen" könne.

Betrag: – **Haftung: –**
immVorb: – **MdE: –**

LG Köln 3.8.2021 – 5 O 84/21 = BeckRS 2021, 28364

6848

Persönlichkeitsrechtsverletzung (hier: Übermittlung von Beschäftigtendaten in Drittstaaten).

Mann. Nicht jeder potenzielle Verstoß gegen die DS-GVO begründet einen Anspruch auf immateriellen Schadensersatz nach Art. 82 DS-GVO. Betroffene Personen müssen einen ihnen entstandenen Schaden konkret darlegen und beweisen. Zur Begründung für die Zurückweisung des Schmerzensgeldanspruchs führt das LAG aus (Amtl. Leitsatz): „Verlangt ein Beschäftigter wegen der überschießenden Datenverarbeitung durch die Konzernmutter in den USA vom verantwortlichen Arbeitgeber nach Art. 82 Abs. 1, 2 DS-GVO immateriellen Schadensersatz und macht er als immateriellen Schaden die Gefahr eines Missbrauchs der Daten durch Ermittlungsbehörden in den USA oder andere Konzerngesellschaften bzw. einen Kontrollverlust geltend, kommen diese Umstände grundsätzlich zur Begründung eines immateriellen Schadens iSv. Art. 82 DS-GVO in Betracht. Für eine Haftung des Arbeitgebers ist jedoch zusätzlich erforderlich, dass der Schaden "wegen eines Verstoßes„ gegen die DS-GVO entstanden ist, dh. einem Verordnungsverstoß zugeordnet werden kann (Kausalität). Daran fehlt es, wenn der Arbeitgeber weder gegen die Bestimmungen des V. Kapitels der DS-GVO noch gegen Art. 28 DS-GVO verstoßen hat. Der verbleibende Verstoß gegen § 26 Abs. 4 BDSG iVm. den Bestimmungen der Betriebsvereinbarung löst allein keinen Schadensersatzanspruch nach Art. 82 DS-GVO aus".

Betrag: – **Haftung: –**
immVorb: – **MdE: –**

LAG Baden-Württemberg 25.2.2021 – 17 Sa 37/20 = BeckRS 2021, 5529

7120

Persönlichkeitsrechtsverletzung, behauptete gemäß Art. 82 Abs. 1 DS-GVO im Zusammenhang mit Wort- und Bildberichterstattungen über die gewalttätigen Ausschreitungen im Umfeld des G20-Gipfels in Hamburg (Bildberichterstattung mit Fahndungsaufruf).

Frau. Kein Schmerzensgeldanspruch gemäß Art. 82 Abs. 1 DS-GVO im Zusammenhang mit einer – behaupteten – Rechtsverletzung durch Bildberichterstattungen. Dazu führte der BGH aus: Ein Anspruch aus Art. 82 Abs. 1 DS-GVO kann im vorliegenden Zusammenhang schon deshalb nicht bestehen, weil aufgrund der Öffnungsklausel des Art. 85 DS-GVO Datenverarbeitungen zu journalistischen Zwecken von den die Rechtmäßigkeit der Datenverarbeitung betreffenden Vorschriften in Art. 6 und Art. 7 DS-GVO durch nationale Regelungen ausgenommen worden sind (vgl. BGH 7.7.2020 – VI ZR 250/19 und vom BGH 29.9.2020 – VI ZR 445/19). Zur Bildberichterstattung führte der BGH aus: „Durch die erste Bildberichterstattung erfolgte bereits keine Rechtsverletzung (BGH 29.9.2020 – VI ZR 445/19 und VI ZR 449/19). Durch die zweite Bildberichterstattung erfolgte – falls sie überhaupt unzulässig sein sollte – jedenfalls keine schwerwiegende, eine Geldentschädigung rechtfertigende Rechtsverletzung, da die erstmalige Bildveröffentlichung rechtmäßig war und die im Zusammenhang mit der zweiten Bildveröffentlichung geäußerte Auffassung der Beklagten, die erstmalige Bildveröffentlichung sei zulässig, zutrifft." [Anmerkung: Ausführlich dazu OLG Köln Urt. v. 26.3.2020 – 15 U 193/19, GRUR-RS 2020, 42679, → Nr. 7257].

Betrag: – **Haftung: –**
immVorb: – **MdE: –**

BGH 16.2.2021 – VI ZA 6/20 = GRUR-RS 2021, 3377

7254

Persönlichkeitsrechtsverletzung wegen der Veröffentlichung ihres Klarnamens und der Darstellung von ihr berichteter Missbrauchserfahrungen in einem Gutachten der Bekl., das diese im Rahmen eines familienrechtlichen Verfahrens erstellt hatte.

Kein Schmerzensgeldanspruch gemäß Art. 82 Abs. 1 DS-GVO. „Der Kl. steht gegen die Bekl. kein Anspruch auf Zahlung eines angemessenen Schmerzensgelds wegen der Veröffentlichung ihres Klarnamens und der Darstellung von ihr berichteter Missbrauchserfahrungen im Gutachten der Bekl. v. 6.9.2018 in dem familienrechtlichen Verfahren … zu.", so das OLG. „Die Kl. wendet sich nicht gegen eine Pflicht zur Preisgabe von Daten oder gegen eine intransparente Nutzung ihrer Daten, sondern gegen die im Sachverständigengutachten enthaltene Darstellung. Vielmehr beanstandet sie das Ergebnis eines Kommunikationsprozesses, nämlich die Veröffentlichung und Verbreitung von Inhalten aus dem Sachverständigengutachten. … Betroffen ist vorliegend der Schutzbereich des allgemeinen Persönlichkeitsrechts mit der Folge, dass die Anwendung des Art. 82 DS-GVO nach dem Schutzzweck der Norm ausscheidet. Der Senat verkennt nicht, dass es i.R.d. äußerungsrechtlichen Ausprägung des allgemeinen Persönlichkeitsrechts auch auf die Art der Informationserlangung ankommen kann. Jedoch hat diese hier ihre Bedeutung nur als Vorfrage für die Beurteilung des weiteren Umgangs mit einer bestimmten Äußerung und des damit in die Öffentlichkeit gestellten Bilds einer Person selbst (vgl. BVerfG NJW 2020, 300 Rn. 91 [Recht auf Vergessen I]). Die nach den Maßstäben der DS-GVO zu beurteilende Frage, ob die die Kl. betreffenden Daten rechtswidrig erlangt worden waren, ist danach bei der Abwägung iRd allgemeinen Persönlichkeitsrechts zu berücksichtigen."

Betrag: – **Haftung: –**
immVorb: – **MdE: –**

OLG Düsseldorf 16.2.2021 – 16 U 269/20 = BeckRS 2021, 18726

7132

Persönlichkeitsrechtsverletzung, vermeintliche (hier: Offenbarung der Daten – Vor- und Nachname sowie Wohnungsnummer etc. – eines Sondereigentümers den übrigen Gemeinschaftsmitgliedern im Zusammenhang mit der Legionellen-Überprüfung innerhalb der Wohnanlage).

Mann. Kein Schmerzensgeldanspruch gemäß Art. 82 Abs. 1 DS-GVO: „Wegen eines Legionellen-Befalls, von dem auch die Wohnung des Klägers betroffen ist, lädt der Verwalter zu einer Eigentümerversammlung ein, um die zu ergreifenden Maßnahmen beschließen zu lassen. In der Einladung weist er darauf hin, welche Untergemeinschaften mit welchen Wohnungen betroffen sind. In der Versammlungsniederschrift werden später weder die Wohnung des Klägers noch sein Name genannt. Der Kläger macht vor dem LG Landshut erfolglos Schadensersatz geltend, weil sein Ruf geschädigt werde und der Verkauf seiner Wohnung gescheitert sei … Die Nennung seines Namens und die Kenntlichmachung seiner Wohnung stellen keinen Verstoß gegen datenschutzrechtliche Vorgaben dar. Andere Wohnungseigentümer haben nämlich nach §§ 13, 14 WEG aF Anspruch darauf zu erfahren, in welcher Wohnung eine Legionellen-Überprüfung vorgenommen sowie ob und in welchem Umfang jeweils ein Befall festgestellt wird. Denn nur in Kenntnis dieser Tatsachen ist es den Wohnungseigentümern möglich, sachkundig wie sie geworden sind, über die je einzuleitenden Maßnahmen zu entscheiden". [Zitat aus Drasdo NJW-Spezial 2021, 99].

Betrag: – **Haftung: –**
immVorb: – **MdE: –**

LG Landshut 6.11.2020 – 51 O 513/20 = BeckRS 2020, 33148

7134

Persönlichkeitsrechtsverletzung, vermeintliche (hier: Einmaliger versehentlicher Versand von Kontoauszügen durch eine Bank an den falschen Empfänger bzw. Adressaten, hier an einen Rechtsanwalt).

Frau. Kein immaterieller Schadensersatz auf Grund der Fehladressierung einer Nachricht bzw. kein Schmerzensgeldanspruch gemäß Art. 82 Abs. 1 DS-GVO: Die Klägerin ist Kundin der Beklagten und führt seit Jahren u.a. ein Girokonto bei der Bekl. Am 18.12.2019 erhielt die Kl. einen Brief der Rechtsanwaltskanzlei X, in dem sich Duplikate ihrer Kontoauszüge befanden. Es handelt sich um sechs Blätter, die einen Eingangsstempel der Rechtsanwaltskanzlei aufweisen und Kontobewegungen v. 14.10.2019 bis 29.11.2019 sowie ein Deckblatt umfassen. Die Bekl. hatte diese zuvor versehentlich postalisch adressiert an „Herrn RA …" übersandt, der Betreuer der Mutter der Kl. gewesen war. Nach dem Tod der Mutter im Jahr 2015 wurde deren Konto auf die Kl. umgeschrieben, die Versandanschrift jedoch im System der Bekl. nicht gelöscht. Das LG Köln sah in der einmaligen Übersendung eines Kontoauszugs an den falschen Empfänger einen Bagatellfall und führte dazu aus, dass für die Bemessung des Schadensersatzanspruchs nach Art. 82 Abs. 1 DS-GVO die Kriterien des Art. 83 Abs. 2 DS-GVO herangezogen werden können und somit die Art, Schwere und Dauer des Datenschutzverstoßes unter Berücksichtigung der Art, des Umfangs oder des Zwecks der betreffenden Verarbeitung und die betroffenen Kategorien personenbezogener Daten. Im konkreten Fall „handelt es sich vorliegend bei dem Datenschutzverstoß nach Art, Schwere, Dauer und Umfang des Verstoßes um einen Bagatellfall, der auch unter Berücksichtigung der weiteren Umstände des Einzelfalls die Zuerkennung eines Schmerzensgeldes nicht rechtfertigen kann", so das LG. [Anmerkung: Vergleiche auch LG Frankfurt (Oder) → Nr. 6839 sowie LG Darmstadt → Nr. 7136].

Betrag: – **Haftung: –**
immVorb: – **MdE: –**

LG Köln 7.10.2020 – 28 O 71/20 = BeckRS 2020, 27959

6514

Persönlichkeitrechtsverletzung hier: Rechtswidrige Verbreitung von Daten der Klägerin über das Internetportal Immonet.

Frau. Kein Schmerzensgeldanspruch. „Art. 82 Abs. 1 DS-GVO sehe zwar eine Erstattungspflicht für immaterielle Schäden vor. Diese Pflicht sei auch nicht nur auf schwere Schäden beschränkt. Allein die Verletzung des Datenschutzrechts als solche begründe allerdings nicht per se einen Schadensersatzanspruch für betroffene Personen. Die Verletzungshandlung müsse in jedem Fall auch zu einer konkreten, nicht nur unbedeutenden oder empfundenen Verletzung von Persönlichkeitsrechten der betroffenen Person geführt haben. Das sei hier aber nicht der Fall, da die Klägerin alleine den Eintritt von Nachteilen befürchte", so das LG. [vgl. auch AG Frankfurt a.M. BeckRS 2020, 22861 sowie OLG Koblenz → Nr. 7039].

Betrag: – **Haftung: –**
immVorb: – **MdE: –**

LG Hamburg 4.9.2020 – 324 S 9/19 = BeckRS 2020, 23277

6516

Persönlichkeitrechtsverletzung hier: Verbreitung von Daten des Klägers nach Systemfehler im IT-System der Beklagten.

Mann. Kein Schmerzensgeldanspruch eines Hotelgastes gegenüber dem Hotelbetreiber. „Der …gegebene bloße Verstoß gegen Art. 5 f) DS-GVO ist allein nicht ausreichend, einen Schadensersatzanspruch zu begründen (vgl. AG Hannover Urt. v. 9.3,2019, Az. 531 C 10952/19). Vielmehr bedarf es eines kausalen Schadens. Dieser fehlt hier"…. „Der Kläger hat einen solchen Schaden nicht hinreichend dargelegt. Ein Gefühl des Unbehagens ist für einen immateriellen Schaden nicht ausreichend. Es bedarf hierfür zumindest einer öffentlichen Bloßstellung (Paal MMR 2020, 17; Kohn ZD 2019, 500). Der Kläger hat aber nicht dargelegt, dass er durch die Verletzung des Datenschutzes in irgendeiner Weise gesellschaftliche oder persönliche Nachteile erlitten hat, Die bloße Tatsache der Übernachtung oder der Inhalt der Minibar oder genossenen Snacks ist hierzu nicht geeignet". [Anmerkung: Vergleiche auch LG Hamburg Urt. v. 4.9.2020 – 324 S 9/19].

Betrag: – **Haftung: –**
immVorb: – **MdE: –**

AG Frankfurt a. M. 10.7.2020 – 385 C 155/19 = BeckRS 2020, 22861

7257

Persönlichkeitsrechtsverletzung, behauptete gemäß Art. 82 Abs. 1 DS-GVO im Zusammenhang mit Wort- und Bildberichterstattungen über die gewalttätigen Ausschreitungen im Umfeld des G20-Gipfels in Hamburg (Bildberichterstattung mit Fahndungsaufruf).

Kein Schmerzensgeldanspruch gemäß Art. 82 Abs. 1 DS-GVO. Die Klägerin nimmt die Beklagte wegen zwei Bildberichterstattungen in der von dieser verlegte A-Zeitung vom 10.7.2017 („Zeugen gesucht! Bitte wenden Sie sich an die Polizei", vgl. Anlage K1) und vom 12.1.2018 („Gericht verbietet Bilder von G20-Plünderin", vgl. Anlage K6) auf Zahlung einer Geldentschädigung in Höhe von 30.000 Euro sowie auf Erstattung außergerichtlicher Anwaltskosten in Anspruch. Das OLG wies die Klage ab und führte – in Bezug auf die DS-GVO als (in diesem Falle vermeintliche) Anspruchsgrundlage aus: „Ein Anspruch auf Geldentschädigung wegen der Veröffentlichung eines Bildnisses kann nicht auf eine Verletzung der DSGVO gestützt werden, wenn die Veröffentlichung des Bildnisses eine „Verarbeitung zu journalistischen Zwecken" darstellt und damit das Medienprivileg (Art. 85 Abs. 2 DS-GVO iVm § 19 Abs. 1 BlnDSG) eingreift; die Schadensersatzpflicht zu Lasten der Medien ist bei einem Verstoß gegen Art. 6 Abs. 1 lit. f) DSGVO nicht anwendbar, weil mangels Geltung der Pflichten aus Art. 6 DS-GVO auch keine Verletzung dieser Vorschrift vorliegen kann. (Rn. 77 – 81)." [Anmerkung: Vgl. dazu BGH GRUR-RS 2021, 3377, → Nr. 7120].

Betrag: – **Haftung: –**
immVorb: – **MdE: –**

OLG Köln 26.3.2020 – 15 U 193/19 = GRUR-RS 2020, 42679

7146

Persönlichkeitsrechtsverletzung im Zusammenhang mit den Anforderungen an Datenschutz bei Einholung eines schriftlichen Gutachtens zur Arbeitsunfähigkeit.

43j. Mann (IT-Systemadministrator). Kein Schmerzensgeldanspruch gemäß Art. 82 Abs. 1 DS-GVO: Die Beklagte kündigte das Arbeitsverhältnis mit dem Kläger, einem schwerbehinderten Menschen mit GDB 60, nachdem sie zuvor zur Beseitigung von Zweifeln an dessen Arbeitsunfähigkeit eine gutachtliche Stellungnahme eingeholt und in einen geschützten Bereich abgespeichert hatte. Insgesamt erhielten 36 Personen Zugriff auf den geschützten Bereich. Es handelte sich dabei um ärztliche Mitarbeiter, Assistenzkräfte und Mitarbeiter der IT-Technik. Der Kläger begehrte ua Schmerzensgeld, da auch eine Kollegin aus der IT auf das Gutachten zugegriffen habe und somit jetzt wisse, welche Erkrankung er habe. Das LAG wies die Klage ab, da kein Verstoß gegen die DS-GVO vorliege, weil der Medizinische Dienst unter bestimmten Voraussetzungen Sozialdaten erheben, speichern, nutzen und verarbeiten dürfe und § 276 Abs. 2 S. 1 und 3 SGB V den Anforderungen des Art. 6 Abs. 3 S. 2 Alt. 2 und S. 4 DS-GVO genüge. „Dem Kl. steht weder ein Entschädigungsanspruch aus § 823 I BGB wegen der Verletzung seiner Gesundheit noch aus § 823 Abs. 1 BGB iVm Art. 2 Abs. 1, 1 Abs. 1 GG wegen Verletzung seines allgemeinen Persönlichkeitsrechts zu, weil es auch insoweit an einer dem Bekl. vorwerfbaren datenschutzrechtlichen Pflichtverletzung fehlt. Insoweit kann offenbleiben, ob die genannten Anspruchsgrundlagen überhaupt neben Art. 82 I DS-GVO zur Anwendung kommen." [Vorinstanz: ArbG Düsseldorf BeckRS 2019, 43176].

Betrag: – **Haftung: –**
immVorb: – **MdE: –**

LAG Düsseldorf 11.3.2020 – 12 Sa 186/19 = BeckRS 2020, 9941

7148

Persönlichkeitsrechtsverletzung durch Weiterleitung von personenbezogenen Daten an einen Dritten, wodurch jedoch eine bloß individuell empfundene Unannehmlichkeit und kein spürbarer Nachteil entstanden ist.

Mann. Kein Schmerzensgeldanspruch gemäß Art. 82 Abs. 1 DS-GVO: Der Kläger hatte für sich und seine Familie über das von der Beklagten betriebene Onlinebuchungsportal eine Pauschalreise gebucht und dabei für sich und seine Mitreisenden Vor- und Zuname, Adresse, Geburtsdatum, Kreditkartennummer und Handynummer angegeben. Diese Daten leitete die Beklagte an ein Reisebüro weiter, bei dem der Kläger in der Vergangenheit bereits zahlreiche Reisen gebucht hatte. Die Parteien streiten um Ansprüche des Klägers aus eigenem und abgetretenem

Recht seiner Ehefrau auf immateriellen Schadensersatz nach Art. 82 Abs. 1 DS-GVO. Das AG wies die Klage mit der Begründung zurück, dass zum einen mangels Übertragbarkeit dieses höchstpersönlichen Anspruchs – keine Aktivlegitimation in Bezug auf die etwaigen Ansprüche der Ehefrau bestehen. Zum anderen stelle nicht jede Datenschutzrechtsverletzung in Form einer nicht (vollständig) rechtskonformen Datenverarbeitung ist automatisch auch einen ersatzfähigen Schaden dar. Vielmehr sei für einen Bagatellverstoß ohne ernsthafte Beeinträchtigung bzw. für jede bloß individuell empfundene Unannehmlichkeit kein Schmerzensgeld zu gewähren; insofern müsse dem Betroffenen ein spürbarer Nachteil entstanden sein und es müsse sich zudem um eine objektiv nachvollziehbare, mit gewissem Gewicht erfolgte Beeinträchtigung von persönlichkeitsbezogenen Belangen handeln.

Betrag: – **Haftung: –**
immVorb: – **MdE: –**

AG Hannover 9.3.2020 – 531 C 10952/19 = BeckRS 2019, 43221

6465

Persönlichkeitrechtsverletzung – vermeintliche: Die Datenübermittlung des Psychotherapeuten an die Berufsgenossenschaft (BG) ohne schriftliche bzw. nachweisbare Einwilligung des Klägers ist keine schwerwiegende Verletzung des allgemeinen Persönlichkeitsrechts. Sie erfolgte ausschließlich gegenüber der im Rahmen ihrer Aufgaben handelnden zuständigen BG und nicht etwa gegenüber unbeteiligten oder unberechtigten Dritten. Die Datenübermittlung beschränkte sich auf den sachlichen Bericht des Erforderlichen zur Wahrnehmung der Aufgaben der BG, so das LAG.

Mann. Kein Schmerzensgeldanspruch: Der Kläger hat auch nicht dargelegt, dass er durch die beanstandete Datenübermittlung in seinem Krankheitsbild oder dem Behandlungserfolg beeinträchtigt ist. Das Vertrauen in die Absichten der BG war nach seinem Vorbringen bereits vorher gestört und die unterbliebene Fortführung der Psychotherapie beim Beklagten hat nach den eigenen Angaben des Klägers andere Gründe … Schließlich ist der Klage auch deshalb der Erfolg zu versagen, „weil sich die Weitergabe der Daten durch den Beklagten an die BG als derart geringfügige Rechtsverletzung darstellt, dass sie als bloße Bagatellverletzung nicht schmerzensgeldfähig ist … [analog solchen wie] kurzzeitige Schmerzen, blaue Flecken, leichte Prellungen, HWS-Syndrome uä“, so das LG.

Betrag: – **Haftung: –**
immVorb: – **MdE: –**

LG Lübeck 11.4.2019 – 12 O 270/18 = BeckRS 2019, 14957

7130

Persönlichkeitsrechtsverletzung, vermeintliche (hier: Weitergabe eines Sachverständigengutachtens zur KFZ-Reparatur durch den KFZ-Haftpflichtversicherer an einen Dienstleister zur Überprüfung).

Mann (KFZ-Sachverständiger). Kein Schmerzensgeldanspruch gemäß Art. 17, 82 DS-GVO; § 11 BDSG aF; §§ 35, 15, 17, 19a, 72, 97 UrhG: Der Kläger erstellte über sein eigenes verunfalltes KFZ ein Schadengutachten, in dem er sich mit seinem Namen und seiner Anschrift und den Fahrzeugdaten als Anspruchsteller benannte. Die Kraftfahrtversicherung (Beklagte) leitete dieses Gutachten zur Überprüfung der Schadenkalkulation an einen darauf spezialisierten Dienstleister weiter und zahlte später an den Kläger einen um 71,58 Euro gekürzten Betrag aus. Daraufhin klagte dieser ua auf immateriellen Schadensersatz für den (vermeintlichen) Verstoß gegen den Datenschutz sowie auf Unterlassen der Weitergabe der Fotos aus dem Gutachten und Feststellung der Verpflichtung der Beklagten, den Schaden zu ersetzen, der aus der Nutzung der Lichtbilder resultiert, die aus der Weitergabe entstanden sind. Das LG wies die Klage insofern ab. Das OLG bestätigte die Entscheidung des LG wonach zum einen kein Schadensersatzanspruch nach Art. 82 DS-GVO bestehe, da die Verwendung der streitgegenständlichen Daten durch die Bekl. zulässig war und dass zum anderen auch nach § 97 UrhG kein Anspruch vorliege, weil es an einer widerrechtlichen Verletzung der Lichtbildrechte des Klägers fehlt. [Anmerkung: Zum Thema Datenschutz- und urheberrechtliche Zulässigkeit der Weitergabe eines Sachverständigengutachtens vgl. oben → Rn. 246 sowie die Entscheidungen des LG Oldenburg → Nr. 5004 und → Nr. 5334 sowie das Urteil des OLG Frankfurt a.M. → Nr. 7130].

Betrag: – **Haftung: –**
immVorb: – **MdE: –**

OLG Frankfurt a. M. 12.2.2019 – 11 U 114/17 = BeckRS 2019, 5094

5334

Persönlichkeitsrechtsverletzung, vermeintliche (hier: Weitergabe von Daten an einen KFZ-Sachverständigen im Rahmen der KH-Schadenregulierung durch den KH-Versicherer).

Mann. Kein Schmerzensgeldanspruch aus Persönlichkeitsrechtsverletzung wegen Datenweitergabe des KH-Versicherers an einen KFZ-Sachverständigen. Entgegen der Ansicht des Klägers gewähre § 7 BDSG keinen Anspruch auf Ersatz immaterieller Schäden (BGH BeckRS 2016, 111129). Eine andere Sichtweise ergebe sich auch nicht unter der vom Kläger angeführten Auslegung des Art. 23 der EU-Datenschutzrichtlinie, zu welcher bereits das Oberlandesgericht Düsseldorf (OLG Düsseldorf BeckRS 2016, 3782) entsprechendes ausgeführt habe, so das LG in seiner Urteilsbegründung. Zutreffend kritisierte das LG abschließend den Kläger, denn dieser habe „für die Kammer bis heute nicht dargelegt …, warum und wie ihn die Datenweitergabe so schwerwiegend in seinen Rechten verletzt habe, dass allein eine Geldentschädigung als Genugtuung in Betracht kommt“, so das LG. [vgl. dazu auch oben → Rn. 246 und LG Oldenburg → Nr. 5004 sowie OLG Frankfurt a.M. → Nr. 7130].

Betrag: – **Haftung: 100 %**
immVorb: – **MdE: –**

LG Oldenburg 7.3.2017 – 5 O 1595/15 = BeckRS 2017, 142733

5004

Persönlichkeitsrechtsverletzung / Datenschutzverstoß – behaupteter. Hier: Weitergabe eines Kostenvoranschlages zur KFZ-Reparatur durch den KFZ-Haftpflichtversicherer an einen Dienstleister zur Überprüfung des Kostenvoranschlages.

Mann. Kein Schmerzensgeldanspruch. Grund: „Die Intensität der Persönlichkeitsrechtsverletzung des Klägers durch die Übermittlung freiwillig herausgegebener, wenig sensibler Daten, die einem vertraglich vereinbarten Schutz unterliegen, ist gering und tritt gegenüber einer der Versichertengemeinschaft zugute kommenden Weiterleitung von Daten zur Überprüfung von Haftungsfällen zurück.“, so das LG zutreffend. [vgl. dazu auch oben → Rn. 246 sowie das Urteil des OLG Frankfurt a.M. → Nr. 7130]

Betrag: – **Haftung: –**
immVorb: – **MdE: –**

LG Oldenburg 23.6.2014 – 5 O 2226/12 = BeckRS 2014, 20450

4899

Persönlichkeitrechtsverletzung, keine: „Werden Fotos von Wohnräumen ohne Einwilligung des Bewohners der Räume zu Werbezwecken ins Internet gestellt, stellt dies keine Persönlichkeitsrechtsverletzung dar, sofern aus den Fotos selbst oder ihrer Einbettung in die umgebende Homepage kein Rückschluss auf die Person des Bewohners gezogen werden kann.“, so das AG.

Frau. Kein Schmerzensgeldanspruch, da die Fotos „für einen unbefangenen neutralen Beobachter keinerlei Rückschluss von der jeweiligen Fotograffe des Badezimmers auf die Person gerade der Kl zu“lassen, so das AG.

Betrag: – **Haftung: –**
immVorb: – **MdE: –**

AG Donaueschingen 10.6.2010 – 11 C 81/10 = BeckRS 2010, 20248

3822

Persönlichkeitrechtsverletzung (hier: Übermittlung eines Angebotes, welches „zwar ein Indiz für eine nicht von den Bestimmungen des Bundesdatenschutzgesetzes gedeckte Übermittlung personenbezogener Daten“ begründe, jedoch keine ausreichenden Anhaltspunkte für eine schwerwiegende Persönlichkeitsrechtsverletzung).

Mann. Kein Schmerzensgeldanspruch wegen eines anwaltlichen Angebotsschreibens zur Beilegung eines Rechtsstreites. Das LG sah in dem Schreiben keine „schwerwiegende Verletzung des Persönlichkeitsrechtes“; auch die „unbefugte Datenübermittlung begründe in der Regel noch keinen Anspruch auf Schmerzensgeld“.

Betrag: – **Haftung: 100 %**
immVorb: – **MdE: –**

LG Erfurt 4.8.2008 – 1 T 352/08 = BeckRS 2008, 17214

7844

Persönlichkeitsrechtsverletzung durch die Aufnahme eines Verkehrsverstoßes und das Hochladen bzw. Weiterleiten eines diesbezüglichen Beweisfotos – auf dem neben dem Fahrer auch der Beifahrer (= Kläger) zu erkennen war – an die für die Verfolgung der Ordnungswidrigkeit zuständige Bußgeldbehörde. Hierdurch sei, beim Beifahrer ein „Kontrollverlust“ entstanden.

Mann. Der Beklagte hatte mit seinem Smartphone ein Foto eines verkehrsordnungswidrig an einer Bushaltestelle (Zeichen 224) abgestellten Pkw aufgenommen, dessen Fahrer ausgestiegen war. Das Foto leitete er über eine privat betriebene Plattform an die zuständige Bußgeldbehörde weiter. Diese strengte daraufhin ein entsprechendes Verfahren gegen den Fahrer ein. Auf dem Foto war jedoch nicht nur der PKW an der Bushaltestelle, sondern auch der auf dem Beifahrersitz wartende Kläger, der zugleich Halter des Fahrzeugs war, zu erkennen und sah sich hierdurch in seinen Persönlichkeitsrechten verletzt. Bei der Begründung für die Bemessung des immateriellen Schadensersatzes betonte das OLG, dass der Kläger (zugleich Halter des PKW) sich infolge der Weiterleitung des Fotos – und der damit verbundenen Verarbeitung seiner Daten durch den Beklagten – mit dem Bußgeldverfahren gegen den Fahrer auseinandersetzen und sich hierzu einlassen musste und dass damit ein gewisser Zeitaufwand verbunden gewesen sei. Dies sei von diesem als „negative Folge“ einzuordnen gewesen. Die biometrischen Daten des Klägers (Gesicht und Oberkörper) sowie Standort, Tag und Uhrzeit einschließlich Daten zum Fahrzeug, in dem sich der Kläger befand, seien – so das OLG – „über einen Zeitraum von zumindest rund eineinhalb Jahren im Internet zugänglich und dort abrufbar, wenn auch nicht allgemein öffentlich, sondern beschränkt auf einen mit dem Vorgang befassten, aber unbestimmten Personenkreis bei der Bußgeldbehörde sowie auf weitere Personen, die Zugang oder Kenntnis von der URL oder Zugang zum Mobiltelefon des Beklagten hatten bzw. haben.“ Vor diesem Hintergrund – so das OLG weiter – „ist ein Kontrollverlust über Daten des Klägers festzustellen, für den der Senat einen Betrag von 100 EUR als angemessenen, aber auch ausreichenden Ausgleich für gerechtfertigt erachtet.“ [Anmerkung: Zutreffend kritisiert Steinert – siehe SVR 2026, 64 – das Urteil und insbesondere die Begründung eines immateriellen Schadensersatzanspruchs und dessen Bemessung scharf und führt dazu aus: „Diese Argumentation offenbart, dass der Spruchkörper grundlegende Prinzipien des Strafprozessrechts nicht durchdrungen hat. Zeugen sind grundsätzlich dazu verpflichtet, zur Sache auszusagen (§ 46 Abs. 1 OWiG iVm § 163 Abs. 3 S. 1 StPO bzw. § 48 Abs. 1 StPO). Naturgemäß geht das mit einem Zeitopfer der betroffenen Personen einher. Dafür werden sie – und auch das ist gesetzlich verankert (§ 59 OWiG; § 71 StPO) – in Geld entschädigt. Den Zeitaufwand bei der Bezifferung des Schmerzensgeldes zu berücksichtigen, bedeutet eine doppelte Entschädigung der Beweisperson. Das ist schlicht und einfach Unsinn.“ Ergänzend ist anzumerken, dass bereits auch die Annahme eines Kontrollverlustes und der Hinweis des OLG Dresden auf Scraping-Fälle geradezu absurd ist, denn beim Scraping geht es darum, dass Hacker bzw. sog. Scraper auf illegale Weise sich die persönlichen Daten einer Vielzahl von Nutzern sozialer Medien / Internetnutzern verschaffen, um diese sodann zu weiteren illegalen Aktivitäten und zum eigenen wirtschaftlichen Nutzen zu verwenden. Da dies stets im großen Stil – im sog. Facebook-Datenleck im Jahr 2021 bei insgesamt rund 500 Millionen Personen – geschieht, geht die Rechtsprechung insofern bzgl. der Betroffenen häufig (vgl. im Handbuch unter → Rn. 246) von einem Kontrollverlust über die eigenen Daten aus. Im vorliegenden Sachverhalt diente das Foto lediglich dem Beweis einer Ordnungswidrigkeit, wobei der Zugang zu diesem Foto „beschränkt auf einen mit dem Vorgang befassten, aber unbestimmten Personenkreis bei der Bußgeldbehörde“ (so das OLG) war. Insofern bestand zu keinem Zeitpunkt ein Kontrollverlust und mit Scraping hat der Fall auch nicht im Geringsten eine Ähnlichkeit. Auch der Hinweis bzw. der – zum Nachteil des Beklagten – angewandte Grundsatz der „Datenminimierung“ wird vom OLG sinnentfremdet angewandt, wenn dieses darauf hinweist, der Beklagte hätte das Foto – vor dem Hochladen an die zuständige Behörde – dahingehend selbst bearbeiten müssen, dass der Kläger, der auf dem Beifahrersitz des PKW saß, unkenntlich gewesen wäre. Ein von privater Hand „bearbeitetes“ Foto wäre zum einen ggf. gar nicht mehr als Beweismittel zulässig gewesen und zum anderen kann eine solche Bearbeitung von einem Laien nicht verlangt werden, da hierfür nicht nur Spezialsoftware, sondern auch Spezialkenntnisse erforderlich sind. Ganz absurd ist auch der Hinweis des OLG Dresden, der Beklagte hätte – um eine Erkennbarkeit des Klägers zu vermeiden – den PKW „nur aus einer rückwärtigen Ansicht oder aus erheblicher Entfernung“ (so das OLG wörtlich) fotografieren müssen. Dann aber wäre das Foto ebenfalls kein (verwertbarer) Beweis für den nicht unerheblichen – weil an einer Bushaltestelle begangenen – Verkehrsverstoß gewesen. Datenschutz darf kein Täterschutz sein, vgl. dazu im Handbuch unter → Rn. 247c mit Hinweis auf Throm DriZ 2025, 190 sowie BAG NJW 2023, 3113 – Verwertung von Daten aus offener Videoüberwachung bei DS-GVO-Verstoß].]

Betrag: 100 € **Haftung: 100 %**
immVorb: – **MdE: –**

OLG Dresden 9.9.2025 – 4 U 464/25 = SVR 2026, 60

7102

Persönlichkeitsrechtsverletzung durch die automatische Weitergabe einer IP-Adresse an Google – Google Fonts. „Wird bei Aufruf einer Webseite die dynamischen IP-Adresse des Nutzers auf Grund der Nutzung von Google Fonts durch den Webseitenbetreiber automatisch an Google weitergeleitet, so stellt dies einen unzulässigen Eingriff in das allgemeine Persönlichkeitsrecht dar".

Mann. Der Kl. hat gegen die Bekl. einen Anspruch auf Unterlassung der Weitergabe von IP-Adressen des Kl. an Google aus § 823 Abs. 1 BGB iVm § 1004 BGB analog. Die automatische Weitergabe der IP-Adresse durch die Bekl. an Google stellt einen nach dem Datenschutzrecht unzulässigen Eingriff in das allgemeine Persönlichkeitsrecht des Kl. dar, da der Kl. unstreitig in diesem Eingriff nicht gem. § 13 Abs. 2 TMG aF, Art. 6 Abs. 1 lit. a DS-GVO eingewilligt hat. [Anmerkung: Siehe dazu die Anmerkung von Fischer ZD 2022, 290, den Beitrag von Skupin GRUR-Prax 2022, 264 und die Entscheidung des LG Baden-Baden ZD-Aktuell 2022, 01391].

Betrag: 100 € **Haftung: 100 %**
immVorb: – **MdE: –**

LG München I 20.1.2022 – 3 O 17493/20 = BeckRS 2022, 612

4900

Persönlichkeitrechtsverletzung, keine …, wegen Veröffentlichung in Wikipedia: „… Unterlassung der Berichterstattung, dass ihm [ergänze: Dem Kläger] Betrugstaten zum Nachteil von Herrn S zur Last gelegt würden" …. Die Beklagte hat „nicht von sich aus jede weitere Passage auf denkbare weitere Persönlichkeitsrechtsverletzungen hin überprüfen", es sei denn, es handelt sich „um offenkundige, «ins Auge springende» Persönlichkeitsrechtsverletzungen", so das LG.

Mann. Kein Schmerzensgeldanspruch. „An einer Online-Enzyklopädie wie „Wikipedia" besteht ein öffentliches Interesse auch an Artikeln über persönliche Verhältnisse bekannter Schauspieler.Es besteht keine umfassende Prüfpflicht hinsichtlich des gesamten Inhalts eines Artikels für ein Presseunternehmen, wenn sich eine Abmahnung nur auf einen Teil des Artikels bezieht", so die Leitsätze der NJW-RR-Redaktion.

Betrag: 100 € **Haftung: –**
immVorb: – **MdE: –**

LG Hamburg 16.5.2008 – 324 O 847/07 = BeckRS 2008, 10794

7913

Persönlichkeitsrechtsverletzung durch unautorisierte Datenweiterleitung (Datenübermittlung durch „Sign in with Facebook" auf EU-Webseiten) und damit einhergehendem Kontrollverlust bzw. der durch die rechtswidrige Übermittlung ausgelösten Unsicherheit des Klägers über die Verarbeitung seiner Daten.

Mann (IT-Fachmann). Ein datenschutzinteressierter deutscher Staatsbürger klagt gegen die Europäische Kommission auf 400 EUR immateriellen Schadensersatz. Das EuG gab dem Kläger Recht und sprach ihm 400 EUR und damit das Vierfache der vom BGH (NJW 2025, 298) für durch Dritte verursachten Kontrollverlust vorgeschlagenen Summe zu. Zur Begründung verwies das EuG auf die unzulässige Übermittlung der Daten des Klägers an Drittländer bei der Nutzung seines Facebook-Kontos auf einer Website der Kommission. Ein immaterieller Schaden, so das EuG, liege in der durch die rechtswidrige Übermittlung ausgelösten Unsicherheit des Klägers in Bezug auf die Verarbeitung seiner Daten (Datenübermittlung durch „Sign in with Facebook" auf EU-Webseiten). Eine Entschädigung für diesen „tatsächlichen und sicheren" immateriellen Schaden iHv 400 EUR sei – so das EuG – zum Ausgleich angemessen. Der Begriff der „Unsicherheit" steht dabei synonym mit dem vom BGH verwendeten Begriff des Kontrollverlusts, der vom BGH (vgl. BGH NJW 2025, 298 und BGH NJW 2025, 1060) per se zu den ersatzfähigen immateriellen Schäden zählt, womit der BGH jedoch im klaren widerspruch zum EuGH (NJW 2025, 3137) steht. [Anmerkung: Das Urteil ist noch nicht rechtskräftig. Berufung beim EuGH wurde eingelegt und unter den Az. C-211/25 P und C-206/25 P geführt). Vgl. zur Gesamtthematik im Handbuchteil unter → Rn. 244a, → Rn. 244b und → Rn. 247a.

Betrag: 400 € **Haftung: 100 %**
immVorb: – **MdE: –**

EuG 8.1.2025 – T-354/22 = ZD 2025,277

7740

Persönlichkeitsrechtsverletzung durch Weitergabe sensibler und persönlicher Daten, insbesondere Gesundheitsdaten und dem daraus resultierenden Gefühl der Stigmatisierung und Bloßstellung.

Die Kläger waren über mehrere Jahre Mandanten der Beklagten zu 1), einer Steuerberaterkanzlei. Obwohl sie dieser ihre Anschriftsänderung mitgeteilt hatten, versandte die Kanzlei persönliche Steuerunterlagen an die alte Anschrift, so dass diese den dort lebenden Personen zugänglich wurden. Die Kläger hätten sich wegen der Weitergabe der sensibelsten und persönlichsten Daten, insbesondere Gesundheitsdaten, exponiert, stigmatisiert und bloßgestellt gefühlt, zumal sie als Bewohner einer ländlichen Gegend, in der es „viel Gerede" gebe, sehr auf Diskretion bedacht seien. Das AG sprach jedem der Kläger 500 EUR zu, da die Kläger „bereits mit der Versendung der Unterlagen an ihre ehemalige Adresse und dem dortigen Zugang" einen „Kontrollverlust" erlitten hätten. Zur Bemessung führte das AG aus: „Die Sensibilität der Daten erfordert den zugesprochenen Ausgleich, ein Schmerzensgeld von mehr als 500,00 EUR ist aber nicht gerechtfertigt, da nicht festgestellt werden konnte, dass überhaupt ein Dritter von den Daten Kenntnis genommen hat." [Zur Fehladressierung von Steuerunterlagen vgl. auch FG Sachsen BeckRS 2026, 2995 → Nr. 7873 sowie im Handbuch → Rn. 245f].

Betrag: 500 € **Haftung: 100 %**
immVorb: – **MdE: –**

AG Wesel 23.7.2025 – 30 C 138/21 = GRUR-RS 2025, 20362

7873

Persönlichkeitsrechtsverletzung durch Weitergabe sensibler und persönlicher Daten des Klägers seitens des für diesen zuständigen Finanzamtes – hier Steuererklärungen und Steuerunterlagen – und dem daraus resultierenden „Kontrollverlust über seine in der Einkommensteuererklärung 2022 enthaltenen persönlichen Daten".

Mann. Das Finanzamt hatte aufgrund einer fehlerhafte Adressierung versehentlich Steuerunterlagen des Klägers, an unbeteiligte Dritte gesandt. Deshalb und weil das Paket zudem auch noch mangelhaft verschlossen worden war, sah das FG einen Kontrollverlust des Klägers über seine personenbezogenen Daten an und dies, obwohl die Beweisaufnahme ergeben hatte, dass weder der Zeuge K.

(irrtümlicher Adressat der Sendung) noch dessen Ehefrau oder Tochter die Steuererklärung des Klägers samt Anlagen zur Kenntnis genommen hatten. Hierbei verwies das FG zutreffend darauf, dass die Beweisaufnahme aber „auch zu Tage gebracht [hatte], dass entgegen dem bisherigen Gesamtbild der Verhältnisse nicht nur eine sondern zwei Postkisten fälschlicherweise an den Zeugen K. gesandt wurden und insbesondere, dass diese Kisten bei ihm geöffnet mit lose aufliegendem Lieferschein angekommen sind." Im Streitfall könne – so das FG Sachsen weiter – „deshalb nicht davon ausgegangen werden, dass kein Dritter die personenbezogenen Daten in der Steuererklärung des Klägers zur Kenntnis genommen hat, so dass kein rein hypothetisches Risiko, sondern die konkrete Gefahr einer missbräuchlichen Verwendung der Daten durch eine unbefugte Person besteht." [Zur Fehladressierung von Steuerunterlagen vgl. auch AG Wesel → Nr. 7740 sowie im Handbuch → Rn. 245f sowie zu weiteren, sich mit Fehladressierungen, wenn auch nicht bzgl. Steuerunterlagen, befassenden Entscheidungen des LG Frankfurt a.M. → Nr. 6839; LG Köln → Nr. 7134].

Betrag: 1.000 € **Haftung: 100 %**
immVorb: – **MdE: –**

FG Sachsen 4.2.2026 – 8 K 793/24 = BeckRS 2026, 2995

7136

Persönlichkeitsrechtsverletzung, vermeintliche (hier: Einmaliger versehentlicher Versand von Bewerbungsunterlagen durch eine Bank an den falschen Empfänger bzw. Adressaten über das Portal XING. Dabei wurden neben den personenbezogenen Daten, wie Name etc. auch die Gehaltsvorstellungen des Klägers dem versehentlichen Adressaten bekannt gemacht).

Mann. Immaterieller Schadensersatz auf Grund der Fehladressierung einer Nachricht: Wird im Rahmen eines Bewerbungsverfahrens eine Nachricht an einen falschen Empfänger versendet und werden dadurch gegen den Willen des Bewerbers personenbezogene Daten offenbart (hier: Name und Geschlecht des Betroffenen, Position, für die er sich beworben hat, sowie Gehaltsinformationen), kann der Bewerber Schadensersatz gem. Art. 82 Abs. 1 DS-GVO verlangen. Das gilt zumindest dann, wenn die Nachricht an einen unbeteiligten Dritten übermittelt wird und damit eine Außenwirkung der Rechtsverletzung eintritt. Zur Schmerzensgeldbemessung führte das LG aus: „Da die Informationen keiner weiteren Person neben W. zugänglich gemacht wurden und insb. der Kl. keine weiteren beruflichen oder persönlichen Beeinträchtigungen erlitten hat, wird ein Schmerzensgeld iHv 1.000,– EUR für angemessen erachtet. …". [Anmerkung: Vergleiche auch LG Frankfurt a.M. → Nr. 6839 und LG Köln → Nr. 7134 sowie LG Darmstadt → Nr. 7136].

Betrag: 1.000 € **Haftung: 100 %**
immVorb: – **MdE: –**

LG Darmstadt 26.5.2020 – 13 O 244/19 = BeckRS 2020, 25785

6621

Persönlichkeitrechtsverletzung wegen einem Verstoß gegen Art. 82 Abs. 1 DS-GVO infolge der Verbreitung eines Bewerbungsfotos über Facebook.

Mann (Pflegedienstleiter). Die (im PKH-Verfahren) Antragsgegnerin hatte – trotz gegenteiliger Aufforderung des Antragstellers – ein ehemaliges Bewerbungsfoto von ihm nicht von ihrer Facebookseite heruntergenommen. Insofern führte das ArbG aus: „Auch ist argumentativ gut vertretbar, den in Art. 82 DS-GVO normierten Anspruch auf Schadensersatz hinsichtlich des begehrten Ersatzes eines immateriellen Schadens nicht auf Fälle einer schwerwiegenden Persönlichkeitsverletzung zu beschränken … Hinsichtlich der Höhe der begehrten Entschädigung fehlen hinreichende Erfolgsaussichten für die beabsichtigte Rechtsverfolgung, soweit der begehrte Zahlbetrag 1.000 EUR übersteigt … Unter Berücksichtigung der vorstehend dargestellten Grundsätze und in anderen Fällen der Verletzung des Rechts am eigenen Bild wegen einer Persönlichkeitsrechtsverletzung ausgeurteilter Beträge erweist sich im vorliegenden Fall ein Betrag in Höhe von 1.000,00 EUR als Obergrenze für die Höhe der begehrten Entschädigung. Die mit der Veröffentlichung seines Fotos auf der Facebook-Seite der Antragsgegnerin für den Antragsteller einhergehende Beeinträchtigung seines Rechts am eigenen Bild ist – auch nicht im Zusammenhang mit der unzutreffenden Untertitelung – nicht derart schwerwiegend, dass auch unter Berücksichtigung des Ermessenspielraums des Gerichts im Hauptsacheverfahren eine Höhere Entschädigung in Betracht käme".

Betrag: 1.000 € **Haftung: 100 %**
immVorb: – **MdE: –**

ArbG Lübeck 20.6.2019 – 1 Ca 538/19 = BeckRS 2019, 36456

3818

Persönlichkeitsrechtsverletzung / Angst (hier: Die Angst vor Racheakten überführter Straftäter führte beim Kläger zu einem konkreten Krankheitsbild).

Mann (ehemaliger Polizeibeamter). Der Kläger erhielt von der Deutschen Telekom (Bekl.) 1.000 EUR Schmerzensgeld, da diese – entgegen der eindeutigen Anweisung durch den Kläger – dennoch dessen Namen und Telefonnummer in das örtliche Telefonbuch hatte eintragen lassen. Der Kläger, der wegen seiner Ängste umgezogen war, wollte an seinem neuen Wohnort weitmöglich unerkannt bleiben. Dies wurde durch den Eintrag durchkreuzt. Der Kläger musste sich deshalb erneut in psychologische Behandlung begeben.

Betrag: 1.000 € **Haftung: –**
immVorb: – **MdE: –**

OLG Jena 18.8.2004 – 2 U 1038/03 = unveröffentlicht

7076

Persönlichkeitsrechtsverletzung wegen behaupteten datenschutzwidrigen Verhaltens im Zusammenhang mit einer Datenauskunft bei Datenübermittlung in die USA zur strafrechtlichen Aufarbeitung der VW-Dieselthematik.

Mann (Leitender Angestellter bei VW). Im Rahmen der sog. Dieselaffäre und einem insofern von den US-Behörden angeordneten Beweissicherungsverfahren verlangte die Bekl. von dem Kl. eine datenschutzrechtliche Einwilligungserklärung, die Grundlage für die Übermittlung der personenbezogenen Daten in die USA an verschiedene Behördenstellen sein sollte. Ferner verlangte die Bekl. Anfang des Jahre 2016 eine datenschutzrechtliche Einwilligung für die Übermittlung von Daten in die USA. Der Kl. verweigerte die Erteilung der Einwilligung und machte einen Auskunftsanspruch bzgl. der zu übertragenden Daten nebst Ermittlungsergebnissen geltend, erlangte aber im Jahr 2018 Kenntnis davon, dass die Daten dennoch in die USA übertragen worden waren und klagte u.a. auf immateriellen Schadensersatz. Das LAG gab ihm insofern aus Art. 82 Abs. 1 DS-GVO begründet Recht und führte dazu aus, dass insofern „jeglicher Verstoß gegen eine Vorschrift der DS-GVO einschließlich der Formvorschriften ausreichend" sei (hM – vgl. EuArbRK / Franzen, 3. Aufl. 2020, DS-GVO Art. 82 Rn. 10; Kühling / Buchner / Bergt, 3. Aufl. 2020, DS-GVO Art. 82 Rn. 23; Paal /

Pauly / Frenzel, 3. Aufl. 2021, DS-GVO Art. 82 Rn. 8, jew. mwN) und die Kammer insofern der Meinung sei, dass sich der „Herausgabeanspruch nach Art. 15 Abs. 3 DS-GVO nur auf die Daten beziehe, auf die das Auskunftsrecht nach Art. 15 Abs. 1 DS-GVO gerichtet ist" und im Übrigen den Erwägungen folge, „wonach unabhängig von dem Erreichen einer Erheblichkeitsschwelle bei Verstößen gegen Regelungen der DS-GVO ein immaterieller Schadensersatz in Betracht kommt" und sprach insofern dem Kläger das obige Schmerzensgeld zu. [Anmerkung: Siehe dazu oben → Rn. 244 sowie Paal NJW 2022, 3673].

Betrag: 1.250 € **Haftung: 100 %**
immVorb: – **MdE: –**

LAG Niedersachsen 22.10.2021 – 16 Sa 761/20 = BeckRS 2021, 32008

7006

Persönlichkeitsrechtsverletzung durch unautorisierte Weitergabe des Namens und der Adresse des Klägers seitens des Beklagten (Logopäde der Tochter des Klägers) an ein Abrechnungszentrum.

Mann. Der Kläger ist von seiner Ehefrau geschieden. Die gemeinsame Tochter war in logopädischer Behandlung. Die geschiedene Ehefrau gab gegenüber dem Logopäden an, er möge die Rechnung an ihren Ehemann senden, da die Tochter mit in der privaten Krankenversicherung des Mannes versichert sei. Dementsprechend leitete der Logopäde diese Daten zur Abrechnung an das Abrechnungszentrum weiter, welches für ihn die Abrechnungen gegenüber seinen Patienten erstellte. „Durch die Weitergabe des Namens und der Adresse des Klägers ohne dessen Einwilligung an das Abrechnungszentrum … hat die Beklagte gegen Art. 6 Abs. 1 DS-GVO verstoßen und des weiteren pflichtwidrig den Kläger hierüber nicht nach Art. 14 Abs. 1 DS-GVO informiert", so das AG. Aufgrund dessen stehe dem Kläger ein Schadensersatzanspruch gem. Art. 82 Abs. 1 DS-GVO zu, wobei das Gericht einen Betrag in Höhe von 1.500 EUR (zuzüglich 4 EUR für Mahnkosten) für angemessen, aber auch ausreichend hält. Hierbei wurde zum einen berücksichtigt, dass sich der von der Beklagten begangene Verstoß nicht als besonders schwerwiegend darstellt, insbesondere keinerlei Anhaltspunkte für ein systematisches Vorgehen oder gar eine Schädigungs- oder Bereicherungsabsicht erkennen lassen. Andererseits sieht das Gesetz einen Ausschluss vermeintlicher Bagatellschäden nicht vor. [Das Urteil wurde eingereicht von Dr. Martin Riemer, Fachanwalt für Medizinrecht].

Betrag: 1.500 € **Haftung: –**
immVorb: – **MdE: –**

AG Pforzheim 27.1.2022 – 2 C 381/21 = BeckRS 2022, 4335

6847

Persönlichkeitsrechtsverletzung (hier: Weiterleitung von Gesundheitsdaten von der Arbeitgeberin des Klägers an die Ausländerbehörde sowie auch an die Agentur für Arbeit; letzteres, obwohl der Sächsische Datenschutzbeauftragte die Beklagte (= Arbeitgeberin) zuvor darauf hingewiesen hatte, dass es „sich hier … um Gesundheitsdaten nach Art. 4 Ziff. 15 DS-GVO handele und dass sie der Beklagten auf Grund des vorgenannten Verstoßes einen Hinweis nach Artikel 58 Abs. 1d DS-GVO erteilt habe, wonach personenbezogenen Daten, insbesondere Gesundheitsdaten von Mitarbeitern, vertraulich zu behandeln seien".

Mann. Zur Höhe des Schmerzensgeldes führte das ArbG aus: „Nach den Erwägungsgründen 146 der DS-GVO, die zur Auslegung der Vorschrift mit heranzuziehen sind, soll die betroffene Person einen vollständigen und wirksamen Schadensersatz für den erlittenen Schaden erhalten. Verstöße müssen effektiv sanktioniert werden. Schadenersatz bei Datenschutzverstößen sollen eine abschreckende Wirkung haben, um der Datenschutzgrundverordnung zum Durchbruch zu verhelfen (effet utile). Dabei können sich die nationalen Gerichte auch bei der Bemessung des immateriellen Schadensersatzes an Art. 83 Abs. 2 DS-GVO orientieren, sodass als Zumessungskriterien ua Art, Schwere, Dauer des Verstoßes, Grad des Verschuldend, Maßnahmen zur Minderung des den betroffenen Personen entstandenen Schadens, früher einschlägige Verstöße sowie die Kategorien betroffenen Personen bezogenen Daten betrachtet werden können".

Betrag: 1.500 € **Haftung: 100 %**
immVorb: – **MdE: –**

ArbG Dresden 26.8.2020 – 13 Ca 1046/20 = BeckRS 2020, 26940

6515

Persönlichkeitrechtsverletzung durch die von der Ärztin der Klägerin vorgenommene telefonische Information eines anderen Arbeitgebers darüber, dass die Klägerin von einer Psychotherapeutin bzw. einem Psychiater arbeitsunfähig krankgeschrieben worden ist.

Frau. Das LAG bestätigte das Erstinstanzliche Urteil und führte dazu aus: „Das Arbeitsgericht hat zutreffend erkannt, dass die Beklagte verpflichtet ist, der Klägerin wegen einer schweren Verletzung ihres allgemeinen Persönlichkeitsrechts gem. § 823 Abs. 1 BGB iVm Art. 1 Abs. 1, Art. 2 Abs. 1 GG, Art. 8 Abs. 1 EMRK. … Die Krankschreibung eines Arztes, in der mitgeteilt wird, dass ein Betroffener arbeitsunfähig ist, zählt zu den Gesundheitsdaten. Nach der Rechtsprechung des Gerichtshofs der Europäischen Union in der Rechtssache Lindqvist gehörte die Angabe, dass sich eine Person den Fuß verletzt hat und partiell krankgeschrieben ist, zu den personenbezogenen Daten über die Gesundheit", so das LAG.

Betrag: 1.500 € **Haftung: 100 %**
immVorb: – **MdE: –**

LAG Rheinland-Pfalz 13.6.2019 – 5 Sa 438/18 = BeckRS 2019, 20871

6936

Persönlichkeitsrechtsverletzung durch die telefonische Information eines anderen Arbeitgebers darüber, dass ein Arbeitnehmer von einer Psychotherapeutin bzw. einem Psychiater arbeitsunfähig krankgeschrieben worden ist. Dies – so das LAG – stellt hier einen schwerwiegenden Eingriff in das allgemeine Persönlichkeitsrecht dar.

36j. Frau (Arzthelferin). Die Klägerin hatte ihr Arbeitsverhältnis zum Jahresende gekündigt und sich ab dem 19.12. durch Vorlage einer Erstbescheinigung ihrer Hausärztin krankgemeldet, nachdem sie zuvor (vom 6.11. – 18.12.) bereits eine Krankmeldung einer Ärztin für Psychotherapie / Psychoanalyse vorgelegt hatte. Anfang Dezember wandte sich die Beklagte mehrfach telefonisch an die kinderärztliche Bereitschaftsdienstzentrale (KID), die am Krankenhaus St. E. in N. eingerichtet ist. Die Klägerin übte dort eine der Beklagten bekannte und auch nicht beanstandete Nebentätigkeit im Rahmen eines geringfügigen Beschäftigungsverhältnisses aus. Die Beklagte wollte in Erfahrung bringen, ob die Klägerin ihrer Nebentätigkeit trotz Krankschreibung nachging. Bereits das ArbG hatte in erster Instanz ein Schmerzensgeld iHv. eines halben Monatsgehalts und somit 1.500 EUR zuerkannt. Das LAG schloss sich dem an und führte zum Grund aus: „Das durch Art. 2 Abs. 1GG iVm. Art. 1 Abs. 1 GG und Art. 8 Abs. 1 EMRK (juris: MRK) gewährleistete allgemeine Persönlichkeitsrecht ist im Privatrechtsverkehr und insbesondere auch im Arbeitsverhältnis zu beachten. Voraussetzung eines Anspruchs aus § 823 Abs. 1 BGB ist, dass der Arbeitgeber das allgemeine Persönlichkeitsrecht schwerwiegend verletzt hat oder dem Arbeitgeber ein schwerwiegender Verschuldensvorwurf zu machen ist … Als Abwägungskriterium ist auf Seiten des Persönlichkeitsschutzes die abgestufte Schutzwürdigkeit bestimmter Sphären, in denen sich die Persönlichkeit verwirklicht, zu berücksichtigen. Danach genießen besonders hohen Schutz die sog. sensitiven Daten, die der Intim- und Geheimsphäre zuzuordnen sind. Zu den sensitiven Daten zählen Gesundheitsdaten".

Betrag: 1.500 € **Haftung: –**
immVorb: – **MdE: –**

LAG Rheinland-Pfalz 13.6.2019 – 5 Sa 438/19 = BeckRS 2019, 59396

7077

Persönlichkeitsrechtsverletzung wegen Verletzung des Auskunftsanspruchs gemäß Art. 15 DS-GVO durch mehrere unvollständig beantwortete Auskunftsverlangen.

Mann (Koch). Die Parteien streiten in der Berufungsinstanz noch über eine Entschädigung nach Art. 82 DS-GVO iVm Art. 15 DS-GVO im Zusammenhang mit einem abgemahnten „Vorfall" und anschließender „Versetzung". Die Beklagte hatte dem Kläger insofern weder mitgeteilt, ob und ggf. ggü. welchen Personen oder Stellen sie den Versetzungsvorgang offengelegt hat oder noch offenlegen werde noch wann bzw. nach welchen Kriterien eine Löschung der Daten erfolgen werde. Dazu führte das LAG aus: "Dem Kl. ist in Anbetracht der Pflichtverstöße der Bekl. nach richterlichem Ermessen gem. § 287 Abs. 1 ZPO ein immaterieller Schadensersatz iHv 2.000 Euro zuzusprechen. Die Schadensersatzansprüche sollen, worauf auch das LAG Niedersachsen … [siehe → Nr. 7076] hingewiesen hat, generell eine Abschreckungswirkung haben. Kommt der Arbeitgeber einem zulässigen Auskunftsverlangen des Arbeitnehmers nach Art. 15 DS-GVO nicht vollständig nach, so begründet dies – so das LAG – einen Anspruch auf Ersatz des immateriellen Schadens auf Grund des Kontrollverlusts über die Daten des Auskunftsberechtigten gemäß Art. 82 DS-GVO. Angemessen sei insofern ein Betrag von 1.000 Euro pro unvollständig beantwortetem Auskunftsverlagen. [Nicht rechtskräftig. Revision beim BAG unter Aktenzeichen 8 AZR 91/22].

Betrag: 2.000 € **Haftung: 100 %**
immVorb: – **MdE: –**

LAG Berlin-Brandenburg 18.11.2021 – 10 Sa 443/21 = BeckRS 2021, 47685

7083

Persönlichkeitsrechtsverletzung wegen des Versands einer mit rund 100 Seiten sehr umfangreichen Gesundheitsakte an falsches E-Mail-Postfach.

Frau. Die Kl. verlangt von der Bekl., einer gesetzlichen Krankenkasse, Schmerzensgeld iHv 15.000 Euro, da die Bekl. ihr einen Auszug aus ihrer Gesundheitsakte versehentlich an eine unzutreffende E-Mail-Adresse gesandt hatte. Die Kl. rief wiederholt bei der Bekl. an und teilte mit, wie sehr sie unter der Ungewissheit ob des Verbleibs ihrer Gesundheitsdaten leide und dass sie seit Tagen nicht mehr schlafen könne. Das OLG gab der Kl. Recht, kürzte jedoch das ihr in der Vorinstanz zuerkannte Schmerzensgeld um die Hälfte. Bei der Schmerzensgeldbemessung berücksichtigte das OLG ua, dass in dem Zeitraum, den die Gesundheitsakte umfasste, „die Kl., eine junge, noch nicht lange berufstätige Frau, wegen unterschiedlichster Beschwerden vielfach ärztliche Hilfe in Anspruch genommen [hatte]. Dies gilt auch für den gynäkologischen Bereich. In der Gesundheitsakte waren gleich mehrere gynäkologische Befundangaben verzeichnet, die Rückschlüsse auf das Sexualleben und die sexuelle Orientierung der Kl. zuließen, deren Name und Wohnanschrift in der Akte angegeben waren". Der Senat betonte jedoch, dass „er keinen Anlass [sehe], den Schadensersatzbetrag im Hinblick auf eine damit zu erzielende abschreckende Wirkung gesondert zu erhöhen". „Ob einem nach Art. 82 Abs. 1 DS-GVO zuzusprechenden Schadensersatzbetrag per se eine abschreckende Wirkung zukommen muss, wie teilweise vertreten wird, hält der Senat für zweifelhaft (wie hier Eichelberger WRP 2021, 159 (163)). Letztlich kann dies hier aber dahinstehen, weil dem der Kl. zugesprochenen Schadensersatzbetrag jedenfalls auch eine ausreichend präventive Wirkung zukommt", so das OLG.

Betrag: 2.000 € **Haftung: 100 %**
immVorb: – **MdE: –**

OLG Düsseldorf 28.10.2021 – 16 U 275/20 = BeckRS 2021, 38036

6627

Persönlichkeitrechtsverletzung durch die Übermittlung von personenbezogenen Daten und auch die fristlose Kündigung des Stammkunden-Kontos sowie des Vertragsverhältnisses mit der Folge schlechterer Score-Werte in Bezug auf die Kreditwürdigkeit. Die Beklagte hat die streitgegenständliche Einmeldung am … an die S1 Holding AG gemeldet, was einen Eingriff in das Recht auf informationelle Selbstbestimmung des Klägers und einen Verstoß gegen § 28a Absatz 1 Nr. 4 BDSG a.F. darstellt.

Mann. Der Kläger hatte bei der Beklagten ein Konto; hierbei räumte die Beklagte dem Kläger eine Überziehungsmöglichkeit ein, die dieser jedoch überschritten hatte. Daher wurde das Konto gekündigt und eine entsprechende Information an die S1 (vermutlich handelt es sich dabei um die Schufa) gegeben. „Die Übermittlung personenbezogener Daten an die S1 Holding AG hat wie bereits ausgeführt zur Folge, dass Dritte, die mit dem Kläger möglicherweise einen Vertrag schließen wollen, die Daten bei der S1 Holding AG einsehen, um die wirtschaftliche Leistungsfähigkeit des Klägers beurteilen zu können. Vorliegend wurde ein Negativeintrag an die S1 Holding AG übermittelt, der dazu führte, dass die wirtschaftliche Leistungsfähigkeit des Klägers schlechter dargestellt wurde. Infolge eines schlechteren Score-Werts besteht die Gefahr, dass Dritte, die die Daten des Klägers einsehen, mit dem Kläger keinen Vertrag schließen wollen, da sie aufgrund des schlechten Score-Werts befürchten müssen, dass der Kläger etwaige Leistungspflichten nicht erfüllen kann". Das Schmerzensgeld – so das LG – bewege sich jedoch „nur im unteren Rahmen". [Stichwort: Schufa-Eintragung].

Betrag: 2.000 € **Haftung: 100 %**
immVorb: – **MdE: –**

LG Darmstadt 19.11.2019 – 13 O 116/19 = BeckRS 2019, 38042

4898

Persönlichkeitrechtsverletzung (hier: Bericht über das Arzt-Patienten-Verhältnis mit dem Kläger, der an einem Prostata-Karzinom litt. „Die nicht genehmigte Veröffentlichung persönlicher Daten eines Patienten durch einen Arzt auf dessen Homepage, unter Mitteilung von

Patientendaten stellt eine schuldhafte und rechtswidrige Persönlichkeitsverletzung dar.", so das OLG.)

Mann. Arzthaftung (hier: Verstoß gegen die ärztliche Schweigepflicht. Das OLG berücksichtigte zudem, „dass der Bekl. … bei der Veröffentlichung von Patientendaten … die Intimsphäre des Kl. betraf und die Veröffentlichung im Internet erfolgt ist, somit einer unbegrenzten Anzahl von Personen zugänglich gemacht wurde. Andererseits führte Letzteres jedoch nicht dazu, dass auch eine unbegrenzte Anzahl von Personen den Kl. aufgrund der veröffentlichten Daten identifizieren konnte, denn eine Identifizierung war nur demjenigen Personenkreis möglich, der die näheren Lebensumstände des Kl. kannte, deshalb aus den veröffentlichten Daten auf den Kl. rückschließen konnte und der gleichzeitig die Internetseite des Bekl. zur Kenntnis genommen hat", so das OLG.)

Betrag: 2.000 € **Haftung: 100 %**
immVorb: – **MdE: –**

OLG Bamberg 10.4.2013 – 3 U 282/12 = BeckRS 2013, 7716

6538

Persönlichkeitrechtsverletzung (hier: Ehrverletzung und Datenschutzverletzung durch das Auslegen einer „Tisch-Information" im Beratungsraum der Beklagten; dabei wurde in diesem Informationsblatt, mit welchem der Umgang mit verspäteten Krankmeldungen geregelt werden sollte, der Name der Klägerin genannt. Es hieß darin: „Frau (namentliche Bezeichnung der Klägerin) wird durch uns aufgefordert, zukünftig ihren Pflichten nachzukommen.").

Frau (Sachbearbeiterin im Amt für Stadtentwicklung). Die Klägerin hatte 30.000 EUR ua wegen der „Tisch-Information" aber auch wegen Mobbinghandlungen, die das LAG jedoch nicht als gegeben ansah, gefordert.

Betrag: 2.500 € **Haftung: 100 %**
immVorb: – **MdE: –**

LAG Mecklenburg-Vorpommern 10.6.2020 – 3 Sa 219/19 = BeckRS 2020, 17863

5361

Persönlichkeitsrechtsverletzung (hier: Rechtliche Verantwortung und Haftung für Postings, die unter dem Facebook-Account des Beklagten auf einer – vom Kläger eingerichteten öffentlichen – Pinnwand von Dritten missbräuchlich genutzt worden waren.)

Die Parteien stritten um sogenannte Postings, die unter dem Facebook-Account des Beklagten auf einer – vom Kläger eingerichteten öffentlichen – Pinnwand bei Facebook zur Bewerbung der vom Kläger veranstalteten gewerblichen Veranstaltung veröffentlicht worden waren. Insoweit komme – so das OLG – vor allem dem Umstand besonderes Gewicht zu, dass der Kläger davon ausgehen muss, dass der Inhalt des Postings gerade Mitgliedern der persischen Gemeinde im … zur Kenntnis gelangt ist und zudem (hinsichtlich des Inhalts der Postings), dass dass Homosexualität im Iran gesellschaftlich tabuisiert und homosexuelle Handlungen strafbar sind. Hinsichtlich der Haftung des Beklagten verwies das OLG auf die sog. „Halzband-Entscheidung" des BGH (BGH ZUM-RD 2009, 310), in welcher der BGH festgestellt hatte, dass „der private Inhaber eines Mitgliedskontos bei eBay, der seine Zugangsdaten nicht hinreichend vor fremdem Zugriff gesichert hat, sich so behandeln lassen, als habe er selbst gehandelt, wenn ein Dritter an die Zugangsdaten dieses Mitgliedskontos gelangt ist und es zu Schutzrechtsverletzungen und Wettbewerbsverstößen benutzt, ohne dass der Kontoinhaber dies veranlasst oder geduldet hat". Entsprechend – so das OLG – verhalte es sich mit einem Mitgliedskonto bei Facebook.

Betrag: 3.000 € **Haftung: –**
immVorb: – **MdE: –**

OLG Frankfurt a. M. 21.7.2016 – 16 U 233/15 = BeckRS 2016, 14732

4901

Persönlichkeitrechtsverletzung (hier: Bezeichnung als „Herzlos-Vater" in einer Berichterstattung unter Namensnennung und Veröffentlichung eines Fotos über das problematische Verhältnis eines Vaters zu seinen Kindern. Durch die damit verbundenen Beeinträchtigungen im privaten und beruflichen Umfeld wertete dies das AG als „einen schwerwiegenden Eingriff in das Persönlichkeitsrecht des Vaters".)

Mann. „Bei der Zumessung des Schmerzensgelds ist zu berücksichtigen, dass durch die Veröffentlichung der Vater-Kind-Beziehung mit dem Zusatz „Herzlos-Vater" ein sehr negatives Bild vom Kl. gezeichnet worden ist. Die Veröffentlichung erfolgte in einer Zeitung [ergänze: Bild-Zeitung] mit einem großen Verbreitungsgrad. Die Größe des Artikels weist darauf hin, dass die zuständige Redaktion der Bekl. offenbar von einem großen Leserinteresse ausgegangen ist", so das AG. [vgl. ergänzend auch OLG Bremen NJW-RR 2011, 79].

Betrag: 3.000 € **Haftung: 100 %**
immVorb: – **MdE: –**

AG Bremen 13.12.2007 – 25 C 425/07 = BeckRS 2008, 3945

3774

Persönlichkeitrechtsverletzung (hier: Veröffentlichung einer E-Mail des Klägers durch den Beklagten im Internet. Das Gericht sah darin zutreffend eine schwere Persönlichkeitsrechtsverletzung, da die E-Mail [keine Massen-E-Mail] insofern einem verschlossenen Brief vergleichbar sei).

Mann. Der Eingriff in die Persönlichkeit und das Briefgeheimnis stellt im konkreten Falle keine Bagatelle dar, auch wenn die Zahl der Zugriffe auf die Internetseite des Bekl. gering war.

Betrag: 3.000 € **Haftung: 100 %**
immVorb: – **MdE: –**

LG Köln 5.10.2007 – 28 O 558/06 = BeckRS 2009, 25917

7246

Persönlichkeitsrechtsverletzung (hier: Erhebung von personenbezogene Daten, insbesondere auch des Jahresbruttogehalts sowie der Prämien und sonstige Leistungen der Klägerin durch die Arbeitgeberin der Klägerin, die diese sensiblen Daten sodann an die Beklagte weitergeleitet hatte, obwohl die Klägerin dieser Weiterleitung ausdrücklich iSd Art. 21 Abs. 1 DS-GVO widersprochen hatte. Zweck dieser Datenübermittlung war die Erhebung von Vergleichswerten für neue Verträge).

Die Klägerin begehrt die Löschung bestimmter personenbezogener Daten sowie Zahlung eines angemessenen Schmerzensgeldes. Die Arbeitgeberin der Klägerin gab im März 2019 bestimmte, im Tenor näher bezeichnete personenbezogene Daten, insbesondere das Jahresbruttogehalt sowie Prämien und sonstige Leistungen, an die Beklagte weiter. Zweck dieser Datenübermittlung war die Erhebung von Vergleichswerten für neue Verträge. Die Klägerin behauptet, in die Datenverarbeitung nicht eingewilligt zu haben. Der Datenweitergabe sei vielmehr ein heftiger Widerstand der Klägerin vorausgegangen. Allein wegen dieses Widerstandes greife der verschärfte Maßstab für die Datenverarbeitung des Art. 21 I DS-GVO ein. Das LG Bochum (BeckRS 2020, 58911) gab der Klage sowohl bzgl. der Löschung der Daten als auch des immateriellen Schadensersatz statt und verurteilte die Bekl. insofern zur Zahlung von 8.000 EUR und führte dazu aus: „Der Schmerzensgeldantrag zu 2) ist dem Grunde nach gegeben und ergibt sich aus Art. 82 DS-GVO. Bei der Höhe ist zu berücksichtigen, dass der immaterielle Schadensersatzanspruch aus Art. 82 DS-GVO gerade auch eine abschreckende Wirkung haben soll (Kühling / Buchner / Bergt, 2. Aufl. 2018, DS-GVO Art. 82 Rn. 18). Insoweit sind die ausgeurteilten 8.000,00 EUR erforderlich, aber auch ausreichend. Insoweit war zugunsten der Beklagten immerhin zu berücksichtigen, dass diese ein durchaus legitimes Informationsinteresse hat, auch wenn dieses nicht das zur Zweckerreichung erfolgte Vorgehen rechtfertigt." Diesen Betrag setzte das OLG Hamm auf 4.000 EUR herab und bestätigte im Übrigen das Urteil der Vorinstanz.

Betrag: 4.000 € **Haftung: 100 %**
immVorb: – **MdE: –**

OLG Hamm 31.8.2021 – 9 U 56/20 = BeckRS 2021, 46262

6715

Persönlichkeitrechtsverletzung / Datenschutzverstoß (hier: Ein Psychotherapeut hat unerlaubt ein Attest über den Ehemann seiner Patientin geschrieben und diesen in einer familienrechtlichen Auseinandersetzung an den Prozessbevollmächtigten der Ehefrau des Klägers weitergeleitet).

Mann. Der Kläger und seine Ehefrau waren beide Patienten des beklagten Psychotherapeuten. In der Folge kam es zur Trennung der Eheleute. Der Kläger leitete daraufhin ein Umgangsverfahren hinsichtlich der gemeinsamen Kinder vor dem Amtsgericht Pforzheim ein, in dessen Zusammenhang der Beklagte dem Rechtsanwalt der Ehefrau des Klägers ein Schreiben übermittelte, in dem er ua über dessen angebliche Drogen- und Alkoholkonsumprobleme berichtete und zudem ua ausführte „Der gesamte Gesprächsverlauf legt dar, dass Herr B. einzig und allein mit der Absicht herkam, Informationen über seine Frau zu erhalten, um diese nach Lage der Dinge als die Kranke darstellen zu können". Diese Stellungnahme, in der bzgl. des Klägers zudem die Diagnose ICD 10 F 60.8 und die diesbezügliche Notwendigkeit einer psychiatrischen Behandlung dargelegt worden war, wurde seitens des Prozessbevollmächtigten der Ehefrau des Klägers im Umgangsverfahren eingeführt, wodurch sämtliche dort Beteiligten Kenntnis von den Ausführungen erlangten. Zudem wurden diese Angaben auch seitens der Ehefrau des Klägers an die Eltern des Klägers und zudem an die von der Tochter besuchte Kinderbetreuungseinrichtung übermittelt. Das AG stützte seine Schmerzensgeldbemessung auf Art. 82 DS-GVO und sah in der Übermittlung der Angaben zur Diagnose ICD 10 F 60,8, zum Alkoholmissbrauch und zur Notwendigkeit einer psychiatrischen Behandlung an den Prozessbevollmächtigten der Ehefrau des Klägers zutreffend einen „schweren Verstoß" gegen die DS-GVO. 4.000 EUR seien insofern ausreichend, aber auch erforderlich, um eine Abschreckungswirkung (vgl. Gola, 2. Auflage, zu DS-GVO Art. 82 Rn. 13) zu erzielen und dem Kläger zugleich Genugtuung für das erlittene Unrecht zu gewährleisten. [Das Urteil wurde von Dr. Martin Riemer, Rechtsanwalt, Fachanwalt für Versicherungsrecht sowie für Medizinrecht, 50321 Brühl, eingereicht; es wurde jedoch hinsichtlich des Schmerzensgeldanspruchs vom LG Karlsruhe → Nr. 7066 aufgehoben; diese Entscheidung wurde insofern vom OLG Karlsruhe → Nr. 7262 bestätigt, so dass der Kläger letztlich kein Schmerzensgeld erhielt].

Betrag: 4.000 € **Haftung: 100 %**
immVorb: – **MdE: –**

AG Pforzheim 25.3.2020 – 13 C 160/19 = BeckRS 2020, 27380

3177

Persönlichkeitsrechtsverletzung. Der Kl. wurde über zwei Jahre hinweg immer wieder in seinem allgemeinen Persönlichkeitsrecht verletzt. Zunächst wurde durch die Vorabinformation der Spiegel-Journalisten am 6.3.2000, sodann durch die Bekanntgabe der Durchsuchungsabsicht in Verbindung mit dem internen LKA-Papier, anschließend durch die Äußerung zur Vermögenssicherung, weiterhin durch die Verbreitung des Artikels über die „Gangster in Nadelstreifen" im Internet-Portal des Landesjustizministeriums Nordrhein-Westfalen und schließlich durch die Äußerungen in der Pressekonferenz zur Anklageerhebung am 25.2.2003 unter Verwendung des Begriffs der „Käuflichkeit" sowie durch die Übernahme der diesbezüglichen Berichterstattung in das Internet-Portal des Landesjustizministeriums Nordrhein-Westfalen in sein Persönlichkeitsrecht eingegriffen.

Mann (ehem. Vorstandsvorsitzender der Mannesmann AG). Das LG führte aus: „... Eine schwerwiegende Persönlichkeitsverletzung ist zu bejahen aufgrund der zeitlichen Aufeinanderfolge einer Reihe von Verletzungen, aufgrund der Bedeutung der einzelnen Persönlichkeitsrechtsverletzungen und schließlich aufgrund des Umstands, dass hier die Justizbediensteten des bekl. Landes im Zusammenhang mit einem besonders öffentlichkeitswirksamen strafrechtlichen Ermittlungsverfahren die Persönlichkeitsrechtsverletzungen begingen".

Betrag: 10.000 € **Haftung: 100 %**
immVorb: – **MdE: –**

LG Düsseldorf 30.4.2003 – 2b O 182/02 = BeckRS 2003, 5631

7229

Persönlichkeitsrechtsverletzung ua durch die Mitteilungen über Suizidversuche und Alkoholfahrten des Klägers an die zuständige Führerscheinstelle und dies mit der Absicht, dem Kläger den Nachteil des Führerscheinverlustes zuzufügen und um sich dafür zu rächen, dass der Kläger seine Rechte aus dem mit der Bekl. bestandenen Arbeitsverhältnis in dem Arbeitsrechtsstreit vor dem Arbeitsgericht geltend gemacht hatte.

Mann. Zur Höhe des immateriellen Schadensersatzes führte das ArbG aus: „Die Verletzung des Persönlichkeitsrechts durch Weitergabe persönlicher Daten an die (...) erfolgte nicht im unmittelbaren zeitlichen Zusammenhang zu den dargestellten Suizidversuchen und Alkoholfahrten, sondern erst nach Anhängigkeit des Arbeitsrechtsstreits, also zu einem Zeitpunkt, als der Bekl. bereits bekannt war, dass sich der Kl. in ärztliche Behandlung begeben hatte, also eine unmittelbare Gefährdung nicht mehr bestand. Erschwerend ist zu berücksichtigen, dass die Bekl. das im Rahmen von Freundschaftsbeziehungen gewährte Vertrauen missbraucht hat. Die Bekl. hat in der Person des Geschäftsführers die persönlichen Umstände eines Alkoholmissbrauchs und Suizidneigung entweder direkt oder über seine Ehefrau auf Grund einer vormalig bestandenen Freundschaftsbeziehung der Ehefrau des Kl. mit der Ehefrau des Geschäftsführers der Bekl. erfahren. Auch gerade unter dem Aspekt des Sanktionscharakters des Art. 82 DS-GVO ist ein Schadensersatzanspruch von 15.000 EUR angemessen und die Bekl. dementsprechend zu verurteilen".

Betrag: 15.000 € **Haftung: 100 %**
immVorb: – **MdE: –**

ArbG Stuttgart 27.9.2022 – 12 Ca 359/21 = BeckRS 2022, 52119

dd) Datenzugriff, Datenleck, Scraping

7817

Persönlichkeitsrechtsverletzung, behauptete – durch unrechtmäßigen Zugriff in Form von sog. Scraping von Nutzerdaten bezüglich der personenbezogenen Daten der Nutzer einer Online-Plattform (hier: Facebook) und behaupteter Kontrollverlust.

Mann. Der Kläger erhob Ansprüche wegen Verstößen gegen die DS-GVO im Zusammenhang mit dem sog. „Datenleck" der Beklagten, wodurch Dritte mittels Scraping an die Daten (Mobilfunknummer, F.kID, Name, Vorname, Geschlecht und mitunter weitere Daten) des Klägers gelangten. Das OLG wies die Klage ab, wegen der zeitlichen Unaufklärbarkeit des behaupteten DS-GVO-Verstoßes ab, da diese zulasten des Anspruchstellers gehe. Ein immaterieller Schadensersatzanspruch nach Art. 82 Abs. 1 DS-GVO – so das OLG – setze voraus, dass der geltend gemachte Verstoß in den zeitlichen Anwendungsbereich der Verordnung fällt. Verstöße, die vor dem 25.5.2018 begangen wurden, begründen daher keine materiellen Ansprüche aus der DS-GVO.

Betrag: – **Haftung: –**
immVorb: – **MdE: –**

OLG Jena 21.5.2025 – 2 U 583/23 = GRUR-RS 2025, 10700

7819

Persönlichkeitsrechtsverletzung, behauptete – durch unrechtmäßigen Zugriff in Form von sog. Scraping von Nutzerdaten bezüglich der personenbezogenen Daten der Nutzer einer Online-Plattform (hier: Facebook) und behaupteter Kontrollverlust.

Mann. Kein Schadensersatz nach Datenschutzverstoß bei vorherigem Verlust der Kontrolle über die Daten: Man kann nur verlieren, was man zuvor bereits besaß [vgl. im Handbuch unter → Rn. 246]. Demnach konnte der Kläger, da seine Daten nachweislich bereits vor dem Vorfall öffentlich zugänglich waren und der Kläger keine weiteren nicht-öffentlichen Daten konkretisieren konnte, die betroffen gewesen wären, keinen Kontrollverlust über seine Daten durch den Scraping-Vorfall erleiden. Somit fehlte es an der Kausalität seiner negativen Gefühle und psychische Belastungen in Bezug auf den Scraping-Vorfall.

Betrag: – **Haftung: –**
immVorb: – **MdE: –**

OLG Koblenz 30.4.2025 – 6 U 44/24 = GRUR-RS 2025, 9573

7687

Persönlichkeitsrechtsverletzung durch Kontrollverlust nach rechtswidrigem Zugriff in Form von sog. Scraping von persönlichen Daten der Nutzer einer Online-Plattform.

Mann. Kein Anspruch auf immateriellen Schadensersatz, da der Kläger bereits vor dem Datenschutzverstoß die Kontrolle über seine Daten verloren hatte bzw. einen Kontrollverlust nicht nachweisen konnte: „Aus den aufgeführten Verstößen gegen die DSGVO ist der Klagepartei gleichwohl kein kausaler immaterieller Schaden gemäß Art. 82 DSGVO entstanden. Ihr obliegt die Darlegungs- und Beweislast für den bei ihr eingetretenen Schaden sowie den Kausalzusammenhang zwischen der rechtswidrigen Verarbeitung der Daten und dem Schaden. Im vorliegenden Fall hat die Klagepartei nicht nachgewiesen, dass durch das Scraping Ereignis ein Kontrollverlust eingetreten ist. Nach dem Vortrag der Klagepartei ist vielmehr davon auszugehen, dass der Kläger bereits vor diesem Ereignis die Kontrolle über seine Telefonnummer verloren hat (vgl. OLG Dresden 11.2.2025 – 4 U 1283/24). Der Kläger hat in seiner Anhörung vor dem Landgericht auf Nachfrage der Beklagtenseite bestätigt, dass er eine private Webseite seit „mindestens" 2018 betreibt auf der – für jedermann öffentlich einsehbar – die streitgegenständliche Telefonnummer hinterlegt war und ist. Damit kann auch auf diesem Wege der Kläger die Kontrolle über seine Telefonnummer verloren haben." so das OLG.

Betrag: – **Haftung: –**
immVorb: – **MdE: –**

OLG Dresden 29.4.2025 – 4 U 1385/24 = GRUR-RS 2025, 9386

7820

Persönlichkeitsrechtsverletzung wegen behauptetem Kontrollverlust im Zusammenhang mit einem Datenleck bei der Beklagten.

Mann. Kein Kontrollverlust bei bereits zuvor durch andere Vorfälle betroffene Daten: Der Kläger erhob gegen die Beklagte, die einen Streamingdienst im Internet betrieb, ua Ansprüche auf immateriellen Schadensersatz iHv mindestens 1.000 EUR. Das LG hatte die Klage abgewiesen. Mit seinem Hinweisbeschluss riet der Senat zur Rücknahme der Berufung, da der Kläger seine Betroffenheit von dem Datenleck „nicht ausreichend dargelegt" hatte. Zum Feststellungsantrag des Klägers führte das OLG aus: (amtl. Leitsatz): „Die Möglichkeit des Eintritts künftiger Schäden als Voraussetzung für ein Feststellungsinteresse ist auch nach einem Datenschutzverstoß eines Plattformbetreibers nur dann zu bejahen, wenn aufgrund eines eingetretenen und andauernden Kontrollverlusts eine solche Möglichkeit nicht nur rein theoretischer Natur ist." [Anmerkung: Vgl. dazu im Handbuch → Rn. 246 und → Rn. 247].

Betrag: – **Haftung: –**
immVorb: – **MdE: –**

OLG Dresden 14.4.2025 – 4 U 1498/24 = GRUR-RS 2025, 10718

7707

Persönlichkeitsrechtsverletzung durch unrechtmäßigen Zugriff in Form von sog. Scraping von Nutzerdaten bezüglich der personenbezogenen Daten der Nutzer einer Online-Plattform (hier: Facebook).

Kein Anspruch auf immateriellen Schadensersatz: Die klagende Person erhob Ansprüche wegen Verstöße gegen die DS-GVO im Zusammenhang mit dem sog. „Datenleck" der Beklagten, wodurch Dritte mittels Scraping an die Daten (Mobilfunknummer, F.kID, Name, Vorname, Geschlecht und mitunter weitere Daten) des Klägers gelangten. Das OLG wies die ua auch immateriellen Schadensersatz gerichtete Klage ab, da die klagende Person ihre Daten bereits zuvor bewusst der Öffentlichkeit preisgegeben hat und einen Kontrollverlust mit nachfolgenden Unannehmlichkeiten ebenso wenig nachgewiesen hatte wie weitergehende psychische Beeinträchtigungen. Ein Kontrollverlust ist damit durch den streitgegenständlichen Vorfall nicht mehr eingetreten, da die klägerische Partei die Kontrolle über ihre Daten bereits zuvor bewusst der Öffentlichkeit preisgegeben hatte, sodass sie jeder im Internet finden konnte. [Anmerkung: Vgl. dazu im Handbuch → Rn. 246 und → Rn. 247].

Betrag: – **Haftung: –**
immVorb: – **MdE: –**

OLG Schleswig 10.4.2025 – 5 U 99/23 = GRUR-RS 2025, 8890

7823

Persönlichkeitsrechtsverletzung, behauptete – hier: wegen Kontrollverlust und Missbrauchsbefürchtungen nach Datenscraping durch den sog. API-Bug im Jahr 2021, von welchem der Kläger auch betroffen war.

Mann. Kein Anspruch auf immateriellen Schadensersatz wegen behauptetem Kontrollverlust bei bereits zuvor bekannt gewordenen Daten. Der Kläger war durch den sog. API-Bug (bzgl. API-Schnittstelle) im Jahr 2021, durch den es den Tätern gelungen war, an eine Vielzahl von Daten der User der Beklagten zu gelangen, betroffen. „Es fehlt indes an einem Schaden infolge dieses Datenschutzvorfalls", so das OLG, dass insofern darauf verwiesen hatte, dass nach eigenen Angaben des Klägers das von ihm festgestellte erhöhte SPAM-Aufkommen bei E-Mails, Telefonanrufen und SMS gegen Ende des Jahres 2020 begonnen hatte und somit vor dem Scraping Vorfall. [vgl. dazu LG Stuttgart → Nr. 7413 und OLG Dresden → Nr. 7838 und → Nr. 7839 sowie im Handbuch unter → Rn. 246].

Betrag: – **Haftung: –**
immVorb: – **MdE: –**

OLG Dresden 3.4.2025 – 4 U 1273/24 = GRUR-RS 2025, 10704

7690

Persönlichkeitsrechtsverletzung durch unrechtmäßigen Zugriff in Form von sog. Scraping von Nutzerdaten bezüglich der personenbezogenen Daten der Nutzer einer Online-Plattform (hier: Facebook) und behaupteter Kontrollverlust.

Kein Anspruch auf immateriellen Schadensersatz. Der Kläger erhob Ansprüche wegen Verstößen gegen die DSGVO im Zusammenhang mit dem sog. „Datenleck" der Beklagten, wodurch Dritte mittels Scraping an die Daten (Mobilfunknummer, F.kID, Name, Vorname, Geschlecht und mitunter weitere Daten) des Klägers gelangten. Das OLG wies die ua auch immateriellen Schadensersatz gerichtete Klage ab, da er sich bei Facebook mit einem Pseudonym bzw. Fantasienamen (Nickname) angemeldet hatte. „Missbräuchlich nutzbar wäre diese Verknüpfung der Mobilfunknummer mit dem Fantasienamen nur dann, wenn der Fantasiename für einen größeren Kreis von Dritten einen Rückschluss auf die tatsächliche Identität des Klägers ermöglichen würde. Dazu … hat der Kläger nichts vorgetragen. … Somit ist vorliegend für einen Kontrollverlust des Klägers nichts ersichtlich. Es spricht nichts dafür, dass über die gescrapten Daten für Dritte eine Verbindung zwischen der Handynummer und dem wirklichen Namen des Klägers herstellbar war bzw. ist. Eine irgendwie geartete Nutzbarkeit des Wissens, dass eine Person, die ihr … profil unter dem Fantasienamen „…" führt, eine bestimmte Mobilfunknummer verwendet, ist nicht ersichtlich." [Anmerkung: Ebenso argumentierte auch das OLG Dresden → Nr. 7697].

Betrag: – **Haftung: –**
immVorb: – **MdE: –**

OLG München 17.3.2025 – 24 U 3020/24e = GRUR-RS 2025, 5371

7829

Persönlichkeitsrechtsverletzung, behauptete (hier: durch unrechtmäßigen Zugriff in Form von sog. Scraping von Nutzerdaten bezüglich der personenbezogenen Daten der Nutzer einer Online-Plattform (hier: Facebook) und daraus resultierender Kontrollverlust und „negative Gefühle wie Ängste und Befürchtungen sowie in der Auseinandersetzung mit dem Scraping-Vorfall und dem Schutz vor künftigem Datenmissbrauch aufgewandte Zeit und Mühe").

Mann. Kein Kontrollverlust wegen eines von dem Betroffenen bereits zuvor veröffentlichten Datensatzes und somit kein Anspruch auf immateriellen Schadensersatz wegen Scrapings wenn, wie hier – so das OLG – „schon nicht festgestellt werden kann, dass der Kläger durch den Scraping-Vorfall einen Kontrollverlust erlitten hat." Somit „stellt sich auch nicht die Frage, ob beim Kläger die vorgenannten Folgen eines Kontrollverlusts eingetreten sind, weil diese Folgen dann jedenfalls nicht kausal auf den Scraping-Vorfall zurückzuführen sind", so das OLG weiter.

Betrag: – **Haftung: –**
immVorb: – **MdE: –**

OLG Düsseldorf 14.3.2025 – 16 U 184/23 = GRUR-RS 2025, 5456

7834

Persönlichkeitsrechtsverletzung, behauptete wegen Kontrollverlust und Missbrauchsbefürchtungen nach Datenscraping.

Mann. Kein Anspruch auf immateriellen Schadensersatz wegen Kontrollverlust im Zusammenhang mit einem Scrapingvorfall. Das OLG führte dazu in seinem amtl. Leitsatz aus: „Die Betroffenheit von einem Datenschutzverstoß eines Plattformbetreibers unterliegt einer gestuften Darlegungslast: Auf der ersten Stufe genügt es, wenn der Betroffene sich auf einen Auszug der Seite www.haveibeenpwnd.com stützt, sofern der Datenschutzvorfall an sich sowie die Verwendung der zugrunde liegenden Daten bei der Plattformanmeldung unstreitig sind. Es obliegt dann dem Plattformbetreiber, substanziiert darzulegen, weshalb es gleichwohl an einer Betroffenheit des Nutzers fehlt (Festhaltung OLG Dresden 28.1.2025 – 4 U 157/24)." [Anmerkung: Vgl. dazu jedoch OLG Brandenburg → Nr. 7826, OLG Frankfurt a.M. → Nr. 7822 sowie im Handbuch unter → Rn. 246].

Betrag: – **Haftung: –**
immVorb: – **MdE: –**

OLG Dresden 3.3.2025 – 4 U 1229/24 = ZD 2025, 404

7693

Persönlichkeitsrechtsverletzung durch unrechtmäßigen Zugriff in Form von sog. Scraping von Nutzerdaten bezüglich der personenbezogenen Daten der Nutzer einer Online-Plattform (hier: Facebook).

Kein Anspruch auf immateriellen Schadensersatz. Das OLG wies die Berufung gegen das Urt. des LG Memmingen zurück. „Ebenfalls wurde bereits dargelegt, dass aktive Telefonnummern auch auf andere Weise ermittelt werden können. Im übrigen ist die entscheidende Information, die durch das Scraping erlangt werden konnte und die das Risiko eines Missbrauchs birgt, wie ebenfalls bereits dargelegt wurde, die Veröffentlichung des Namens des Betroffenen in Verbindung mit seiner Telefonnummer (so auch BGH 18.11.2024 – VI ZR 10/24 Rn. 49). Die Besonderheit im vorliegenden Fall ist aber, dass der Kläger sein Profil unter einem Fantasienamen führt. Deswegen ist durch das Scraping gerade keine Verknüpfung seiner

Telefonnummer mit seinem (richtigen) Namen erfolgt. Es ist weder ersichtlich, dass die Verknüpfung der Telefonnummer mit dem Fantasienamen Betrugsversuche ermöglichen würde, noch, dass ein Rückschluss auf den richtigen Namen des Klägers möglich wäre. Es ist daher bereits nicht ersichtlich, worin im vorliegenden Fall ein möglicher Kontrollverlust liegen soll."

Betrag: – **Haftung: –**
immVorb: – **MdE: –**

OLG München 13.2.2025 – 24 U 3020/24 e = GRUR-RS 2025, 3209

7836

Persönlichkeitsrechtsverletzung wegen Kontrollverlust und Missbrauchsbefürchtungen nach Datenscraping.

Frau. Kein immaterieller Schadensersatz trotz Datenschutzverstoß durch voreingestellte Telefonnummernsuche. „Indem die Beklagte die Voreinstellung der Suchbarkeitseinstellungen auf „alle" vorgenommen hat, hat sie gegen den in Art. 5 Abs. 1 lit. b und c., Art. 25 Abs. 2 Satz 1 und 3 DSGVO normierten Grundsatz der Datenminimierung verstoßen." so das OLG. Da die Klägerin jedoch auf ihrem Profil ua auch ihre Telefonnummer „öffentlich uneingeschränkt sichtbar" gemacht hatte und dies bereits bereits vor dem Scraping-Vorfall, gelang ihr nicht der erforderliche Nachweis, dass ihr aufgrund des Datenschutzverstoßes der Beklagten ein kausaler Schaden entstanden ist. „Die entsprechende Befürchtung und ihre negativen Folgen müssen indes von dem Kläger nachgewiesen werden; die bloße Behauptung einer Befürchtung ohne nachgewiesene Folgen oder ein rein hypothetisches Risiko der missbräuchlichen Verwendung durch unbefugte Dritte genügen nicht", so das OLG mit Verweis auf BGH NJW 2025, 261. [Anmerkung: Vgl. dazu OLG Hamm GRUR-RS 2024, 34277 Rn. 53, OLG Hamm GRUR-RS 2024, 45245 und OLG Dresden GRUR-RS 2025, 3236 → Nr. 7694 sowie im Handbuch unter → Rn. 246].

Betrag: – **Haftung: –**
immVorb: – **MdE: –**

OLG Zweibrücken 12.2.2025 – 7 U 20/24 = GRUR-RS 2025, 11994

7694

Persönlichkeitsrechtsverletzung durch unrechtmäßigen Zugriff in Form von sog. Scraping von Nutzerdaten bezüglich der personenbezogenen Daten der Nutzer einer Online-Plattform (hier: Facebook) und behaupteter Kontrollverlust.

Kein Anspruch auf immateriellen Schadensersatz. Die klagende Person erhob Ansprüche wegen Verstößen gegen die DS-GVO im Zusammenhang mit dem sog. „Datenleck" der Beklagten, wodurch Dritte mittels Scraping an die Daten (Mobilfunknummer, F.kID, Name, Vorname, Geschlecht und mitunter weitere Daten) der Klägerin gelangten. Das OLG wies die Klage ab. Amtlicher Leitsatz: „Ein Kontrollverlust infolge eines Datenschutzvorfalls bei einem Plattformbetreiber ist von dem Nutzer dazulegen und zu beweisen. Waren die betroffenen Daten bereits zuvor Gegenstand mehrfacher Datenabgriffe durch unbekannte Dritter und hatte der Nutzer diese Daten zudem selbst auf seiner Homepage veröffentlicht, fehlt es an einem Kontrollverlust." [Anmerkung: Vgl. dazu LG Stuttgart → Nr. 7413 und OLG Dresden → Nr. 7823, → Nr. 7838 und → Nr. 7839 sowie im Handbuch → Rn. 246 und → Rn. 247].

Betrag: – **Haftung: –**
immVorb: – **MdE: –**

OLG Dresden 11.2.2025 – 4 U 1283/24 = GRUR-RS 2025, 3236

7838

Persönlichkeitsrechtsverletzung, behauptete wegen Kontrollverlust und Missbrauchsbefürchtungen nach Datenscraping.

Frau. Kein Anspruch auf immateriellen Schadensersatz: Die Klägerin hatte zur Begründung ihres Kontrollverlustes vorgetragen, wegen eines Fehlers in der API Schnittstelle der Software der Beklagten hätten unbefugte Dritte persönliche Daten, wie E-Mail Adressen oder Handynummern in das System der Beklagten einspeisen und die Nutzer-IDs erlangen und damit das öffentlich einsehbare Profil des Nutzers sichten und entsprechend Daten erbeuten können. Das OLG wies den Anspruch auf immateriellen Schadensersatz wegen des behaupteten Kontrollverlustes jedoch zurück: „Ein solcher Kontrollverlust konnte hier indes nicht mehr eintreten. Die E-mail-Adresse der Klägerin ist nach dem von ihr selbst vorgelegten Ausdruck aus der Webseite www.h…com bereits mehrfach im Zeitraum zwischen 2008 und 2020, d.h. vor dem streitgegenständlichen Scraping-Ereignis, von einem Datenschutzvorfall betroffen gewesen (Anl. DB 1 I. Instanz).", so das OLG Dresden. [vgl. dazu LG Stuttgart → Nr. 7413 und OLG Dresden → Nr. 7694, → Nr. 7823 und → Nr. 7839 = ZD 2025, 464 sowie im Handbuch unter → Rn. 246 und → Rn. 247].

Betrag: – **Haftung: –**
immVorb: – **MdE: –**

OLG Dresden 28.1.2025 – 4 U 157/24 = GRUR-RS 2025, 3205

7695

Persönlichkeitsrechtsverletzung durch unrechtmäßigen Zugriff in Form von sog. Scraping von Nutzerdaten bezüglich der personenbezogenen Daten der Nutzer einer Online-Plattform (hier: Facebook) und behaupteter Kontrollverlust.

Kein Anspruch auf immateriellen Schadensersatz. Die klagende Person erhob Ansprüche wegen Verstößen gegen die DS-GVO im Zusammenhang mit dem sog. „Datenleck" der Beklagten, wodurch Dritte mittels Scraping an die Daten (Mobilfunknummer, F.kID, Name, Vorname, Geschlecht und mitunter weitere Daten) der Klägerin gelangten. Das OLG wies die Klage ab. Amtliche Leitsätze: „1.Immaterielle Schadensersatzansprüche nach der DSGVO können nicht auf die Verletzung von Benachrichtigungs- und Auskunftspflichten gestützt werden. 2.Ist das von einem Datenschutzverstoß betroffene Datum bereits in der Vergangenheit Gegenstand einer nicht datenschutzkonformen Verarbeitung gewesen, scheidet ein hierauf bezogener Kontrollverlust aus." [Anmerkung: Vgl. dazu im Handbuch → Rn. 246 und → Rn. 247].

Betrag: – **Haftung: –**
immVorb: – **MdE: –**

OLG Dresden 8.1.2025 – 4 U 812/24 = GRUR-RS 2025, 1215

7839

Persönlichkeitsrechtsverletzung, behauptete wegen Kontrollverlust und Missbrauchsbefürchtungen nach Datenscraping.

Mann. Kein Anspruch auf immateriellen Schadensersatz: Der Kläger hatte zur Begründung ihres Kontrollverlustes vorgetragen, wegen eines Fehlers in der API Schnittstelle der Software der Beklagten hätten unbefugte Dritte persönliche Daten, wie E-Mail Adressen oder Handynummern in das System der Beklagten einspeisen und die Nutzer-IDs erlangen und damit das öffentlich einsehbare Profil des Nutzers sichten und entsprechend Daten erbeuten können. Das OLG wies den Anspruch auf immateriellen Schadensersatz wegen des behaupteten Kontrollverlustes jedoch zurück: „Die Darlegung eines durch den API-Bug verursachten Kontrollverlusts fehlt auch hinsichtlich der E-Mail-Adresse „…@gmail.com“, zu der der Kl. einen Screenshot eines T.-Accounts vorgelegt hat. Zwar hat er sich als Nachweis seiner Betroffenheit auf einen Datenabgleich mittels Auskunft der Webseite „…com“ berufen. Diese weist aber – nach aktueller Abfrage des Senats – freilich eine weitere Betroffenheit von insgesamt 18 Datenlecks aus den Jahren 2013 bis 2024 aus, darunter u.a. A., N. Mods, B. Talk, b., 5…px, y., A., 1…RF, T., G., D. (aus den Jahren 2013–2022). Daher ist ein Kontrollverlust durch die Abfrage bei „…com“ nicht nachgewiesen oder auch nur hinreichend belegt, letztlich vermutet der Kl. lediglich einen solchen. Denn er hat nicht dargelegt, dass er vor dem API-Bug die Kontrolle über die streitgegenständlichen E-Mail-Adressen innehatte und diese erst durch den API-Bug verloren hat." [vgl. dazu LG Stuttgart → Nr. 7413 und OLG Dresden → Nr. 7694, → Nr. 7823 und → Nr. 7838 = GRUR-RS 2025, 3205 sowie im Handbuch unter → Rn. 246 und → Rn. 247].

Betrag: – **Haftung: –**
immVorb: – **MdE: –**

OLG Dresden 8.1.2025 – 4 U 1090/24 = ZD 2025, 464

7696

Persönlichkeitsrechtsverletzung durch unrechtmäßigen Zugriff in Form von sog. Scraping von Nutzerdaten bezüglich der personenbezogenen Daten der Nutzer einer Online-Plattform (hier: Facebook) und behaupteter Kontrollverlust.

Kein Anspruch auf immateriellen Schadensersatz. Die klagende Person erhob Ansprüche wegen Verstößen gegen die DS-GVO im Zusammenhang mit dem sog. „Datenleck“ der Beklagten, wodurch Dritte mittels Scraping an die Daten (Mobilfunknummer, F.kID, Name, Vorname, Geschlecht und mitunter weitere Daten) des Klägers gelangten. Das OLG wies die ua auch immateriellen Schadensersatz gerichtete Klage ab, da der Nachweis eiens kausalen Schadens nicht geführt wurde bzw. werden konnte, da die Daten bereits vor dem Vorfall öffentlich zugänglich waren und die klagende Person keine konkreten Befürchtungen oder Sorgen bezüglich eines Datenmissbrauchs beweisen konnte. [Anmerkung: Vgl. dazu im Handbuch → Rn. 246 und → Rn. 247].

Betrag: – **Haftung: –**
immVorb: – **MdE: –**

OLG Hamm 20.12.2024 – 11 U 52/24 = GRUR-RS 2024, 45245

7697

Persönlichkeitsrechtsverletzung durch unrechtmäßigen Zugriff in Form von sog. Scraping von Nutzerdaten bezüglich der personenbezogenen Daten der Nutzer einer Online-Plattform (hier: Facebook) und behaupteter Kontrollverlust.

Kein Anspruch auf immateriellen Schadensersatz. Die klagende Person erhob Ansprüche wegen Verstößen gegen die DS-GVO im Zusammenhang mit dem sog. „Datenleck“ der Beklagten, wodurch Dritte mittels Scraping an die Daten (Mobilfunknummer, F.kID, Name, Vorname, Geschlecht und mitunter weitere Daten) des Klägers gelangten. Das OLG wies die ua auch immateriellen Schadensersatz gerichtete Klage ab:„1.Ein Kontrollverlust an Daten, die infolge eines Datenschutzverstoßes von einem sozialen Netzwerk „gescraped“ wurden, liegt insoweit nicht vor, als diese Daten mit der Registrierung anzugeben und zwingend öffentlich für jedermann einsehbar waren. 2.Ein immaterieller Schaden aufgrund des Kontrollverlustes über ein bei der Registrierung verwendetes Pseudonym ist nicht ersatzfähig.“ Amtliche Leitsätze. [vgl. dazu auch OLG München → Nr. 7690].

Betrag: – **Haftung: –**
immVorb: – **MdE: –**

OLG Dresden 10.12.2024 – 4 U 815/24 = GRUR-RS 2024, 38639

7706

Persönlichkeitsrechtsverletzung durch unrechtmäßigen Zugriff in Form von sog. Scraping von Nutzerdaten bezüglich der personenbezogenen Daten der Nutzer einer Online-Plattform (hier: Facebook) und behaupteter Kontrollverlust.

Kein Anspruch auf immateriellen Schadensersatz. Der Kläger erhob Ansprüche wegen Verstößen gegen die DS-GVO im Zusammenhang mit dem sog. „Datenleck“ der Beklagten, wodurch Dritte mittels Scraping an die Daten (Mobilfunknummer, F.kID, Name, Vorname, Geschlecht und mitunter weitere Daten) des Klägers gelangt waren. Das OLG wies die ua auch auf immateriellen Schadensersatz gerichtete Klage ab, da der Nachweis eines einen Kontrollverlust nicht nachgewiesen hatte und auch keine konkreten Befürchtungen oder Sorgen bezüglich eines Datenmissbrauchs beweisen konnte. Somit „lässt sich ein immaterieller Schaden im vorgenannten Sinne, der zudem auf den streitgegenständlichen Scraping-Vorfall zurückzuführen ist, nicht feststellen.“[Anmerkung: Vgl. dazu im Handbuch → Rn. 246 und → Rn. 247].

Betrag: – **Haftung: –**
immVorb: – **MdE: –**

OLG Hamm 29.11.2024 – I-25 U 25/24 = GRUR-RS 2024, 34277

7923

Persönlichkeitsrechtsverletzung durch unrechtmäßigen Zugriff in Form von sog. Scraping von Nutzerdaten bezüglich der personenbezogenen Daten der Nutzer einer Online-Plattform (hier: Facebook).

Mann. Kein immaterieller Schadensersatz für „Kontrollverlust“ im streitgegenständlichen Scraping-Vorfall: „Wie bereits dem Wortlaut des Begriffs „Kontrollverlust“ zu entnehmen ist, setzt dieser voraus, dass die betroffene Person zunächst die Kontrolle über das konkrete personenbezogene Datum hatte und sie diese Kontrolle später gegen ihren Willen durch den (streitgegenständlichen) Datenschutzverstoß verloren hat. Folglich muss die betroffene Person, weil sie die Darlegungslast für durch den Verstoß gegen die Datenschutz-Grundverordnung erlittene negative Folgen trifft (so BGH, aaO., Rn. 33, 37), darlegen, dass sie die Hoheit über die Daten nicht schon zuvor verloren hatte.“, so das OLG Hamm, dass zuvor bereits mit seinen Entscheidungen OLG Hamm GRUR-RS 2024, 33918 → Nr. 7510 und OLG Hamm GRUR-RS 2024, 33926 → Nr. 7518. hierauf verwiesen hatte. Vgl. dazu auch im Handbuch → Rn. 246.

Betrag: – **Haftung: –**
immVorb: – **MdE: –**

OLG Hamm 29.11.2024 – 25 U 25/24 = GRUR-RS 2024, 34277

7510

Persönlichkeitsrechtsverletzung durch unrechtmäßigen Zugriff in Form von sog. Scraping von Nutzerdaten bezüglich der personenbezogenen Daten der Nutzer einer Online-Plattform (hier: Facebook).

Frau. Die Klägerin machte Ansprüche wegen behaupteter Verstöße gegen die Datenschutzgrundverordnung (DS-GVO) im Zusammenhang mit dem sog. „Datenleck" der Beklagten geltend, wodurch Dritte mittels Scraping an die Daten (Mobilfunknummer, F.kID, Name, Vorname, Geschlecht und mitunter weitere Daten) des Klägers gelangten. Das OLG wies die auf 3.000 Euro immateriellen Schadensersatz gerichtete Klage ab und führte dazu ua aus: „Ein Kontrollverlust über personenbezogene Daten begründet nur dann einen immateriellen Schaden i.S.v. Art. 82 DSGVO, wenn nachgewiesen wird, dass dieser zu einer persönlichen oder psychologischen Beeinträchtigung geführt hat. Der Betroffene muss zudem darlegen, dass er vor dem Datenschutzverstoß die Hoheit über die betroffenen Daten besaß und diese nicht bereits durch eigene Handlungen vor dem Datenschutzverstoß – etwa durch Veröffentlichungen auf Webseiten oder Visitenkarten – verloren hatte". [Anmerkung: Vgl. aber inzwischen BGH 18.11.2024 – VI ZR 10/24, GRUR 2024, 1910; → Nr. 7511]

Betrag: – **Haftung: –**
immVorb: – **MdE: –**

OLG Hamm 22.11.2024 – 25 U 33/24 = GRUR-RS 2024, 33918

7518

Persönlichkeitsrechtsverletzung in Form von behauptetem Kontrollverlust, Befürchtungen und Sorgen durch unrechtmäßigen Zugriff in Form von sog. Scraping von Nutzerdaten (= illegales Abschöpfen von Daten) bezüglich der personenbezogenen Daten der Nutzer einer Online-Plattform (hier: Facebook).

Frau. Die Klägerin erhob Ansprüche wegen behaupteter Verstöße gegen die Datenschutzgrundverordnung (DS-GVO) im Zusammenhang mit dem sog. „Datenleck" der Beklagten, wodurch Dritte mittels Scraping an die Daten (Mobilfunknummer, F.kID, Name, Vorname, Geschlecht und mitunter weitere Daten) der Klägerin gelangten. Hierzu führte das OLG aus: „Ein solcher Schaden ergibt sich vorliegend weder aus einem Kontrollverlust noch vertiefend oder allein aus sonstigen Befürchtungen, Sorgen oder ähnlichem oder aus Spam-Kontakten und ihren Folgen. Ein Schaden allein aufgrund eines Kontrollverlustes ist nicht feststellbar. Allerdings stellt der von der Klägerin geltend gemachte Kontrollverlust für sich gesehen einen immateriellen Schaden dar. Jedoch liegt ein Kontrollverlust bei der Klägerin nicht vor." Das OLG bezog sich dabei bereits auf BGH 18.11.2024 – VI ZR 10/24 und betonte, dass demnach selbst kurzzeitige Verlust der Kontrolle über Daten einen „immateriellen Schaden" im Sinne von Art. 82 Abs. 1 DS-GVO darstelle, ohne dass es sich daraus entwickelnder besonderer Befürchtungen oder Ängste der betroffenen Person bedarf; solche zusätzlichen spürbaren negativen Folgen wären lediglich geeignet, den eingetretenen immateriellen Schaden noch zu vertiefen oder zu vergrößern. Ebensowenig ist erforderlich, so das OLG, „dass es im konkreten Einzelfall zu einer missbräuchlichen Verwendung der betreffenden Daten gekommen ist (vgl. BGH 18.11.2024 – VI ZR 10/24 Rn. 30 mwN)." Dennoch wies das OLG die Berufung zurück: „Im vorliegenden Einzelfall scheitert ein Anspruch – im Hinblick auf den betroffenen Namen, das Geschlecht und die Mobilfunknummer – daran, dass die Klägerin einen Kontrollverlust – wenn auch pauschal – zwar ausreichend dargelegt, aber nicht bewiesen hat." Im Weiteren begründete das OLG dies damit, dass die Klägerin ihre Rufnummern (Festnetz und Mobilrufnummer) nach eigenen Angaben an eine Vielzahl von Adressaten im privaten und geschäftlichen Bereich sowie auch auf – neben Facebook – noch auf weiteren Social-Media-Portalen, Twitter und Instagram weitergegeben bzw. eingetragen hat und sich damit „Ein erst durch das Scraping und die dauerhafte Preisgabe der mit dem Namen der Klägerin verknüpften Telefonnummer im Internet behaupteter Kontrollverlust lässt sich vor diesem Gesamthintergrund damit im vorliegenden Einzelfall nicht feststellen. Das Risiko, dass Dritte die streitgegenständlichen Daten der Klägerin nicht datenschutzkonform behandelten, hat sich demnach vielmehr bereits vor dem Scraping-Vorfall verwirklicht – mit der Folge, dass es zur tatrichterlichen Überzeugung des Senats nicht erst durch den Scraping-Vorfall zu einem bloßen Kontrollverlust gekommen ist. Die Klägerin konnte diese Feststellung tragend trotz Nachfrage nicht hinreichend glaubhaft schildern, dass es zu Spam-Kontakten erst nach Veröffentlichung des Datensatzes gekommen ist oder diese nach diesem Zeitpunkt massiv angestiegen wären. … Demnach verbleibt in Würdigung der eigenen Angaben der Klägerin die bloße Behauptung einer Befürchtung ohne nachgewiesene negative Folgen, die aber ebenso wenig wie ein rein hypothetisches Risiko der missbräuchlichen Verwendung durch einen unbefugten Dritten einen immateriellen Schaden begründen kann (vgl. BGH 18.11.2024 – VI ZR 10/24 Rn. 32 mwN)." [Vgl. dazu auch OLG Schleswig GRUR-RS 2025, 8880, → Nr. 7686, dass insofern 300 EUR zuerkannt hatte].

Betrag: – **Haftung: –**
immVorb: – **MdE: –**

OLG Hamm 5.11.2024 – 7 U 52/24 = GRUR-RS 2024, 33926

7519

Persönlichkeitsrechtsverletzung in Form von behauptetem Kontrollverlust, Befürchtungen und Sorgen durch unrechtmäßigen Zugriff in Form von sog. Scraping von Nutzerdaten (= illegales Abschöpfen von Daten) bezüglich der personenbezogenen Daten der Nutzer einer Online-Plattform (hier: Facebook).

Frau. Die Klägerin erhob Ansprüche wegen behaupteter Verstöße gegen die Datenschutzgrundverordnung (DS-GVO) im Zusammenhang mit dem sog. „Datenleck" der Beklagten, wodurch Dritte mittels Scraping an die Daten (Mobilfunknummer, F.kID, Name, Vorname, Geschlecht und mitunter weitere Daten) der Klägerin gelangten. Hierzu führte das OLG unter Verweis der zu diesem Zeitpunkt aktuellen Entscheidung des BGH → Nr. 7511 zur Begründung seiner Berufungszurückweisung aus: „Der von der Klägerin geschilderte (übliche) Umgang mit der Telefonnummer zu Zwecken der Kontaktaufnahme / Erreichbarkeit zeigt, dass eine Kontrolle über die Verbreitung und Weitergabe bereits vor dem streitgegenständlichen Scraping-Vorfall gerade nicht behalten werden sollte und vor allem auch nicht konnte …" zudem „spricht der Umstand, dass die Klägerin trotz der vermeintlichen Sorge um einen Identitätsdiebstahl ihre Telefonnummer bislang behalten hat, indiziell gegen die Annahme von Furcht vor Datenmissbrauch. … Vor dem Hintergrund, dass eine Befürchtung schon nicht vorliegt, erklärt sich auch plausibel, dass die Klägerin – obwohl es erforderlich gewesen wäre (so EuGH 20.6.2024 – C-590/22, BeckRS 2024, 13978 Rn. 36 explizit) – keinerlei Angaben zu negativen Folgen einer vermeintlichen Befürchtung machen konnte." [Vgl. dazu auch BGH → Nr. 7511 und OLG Hamm → Nr. 7518].

Betrag: – **Haftung: –**
immVorb: – **MdE: –**

OLG Hamm 5.11.2024 – 7 U 83/24 = GRUR-RS 2024, 35443

7684

Persönlichkeitsrechtsverletzung durch unrechtmäßigen Zugriff in Form von sog. Scraping von Nutzerdaten (= illegales Abschöpfen von Daten) bezüglich der personenbezogenen Daten der Nutzer einer Online-Plattform.

Mann. Kein immaterieller Schadensersatz: Der Kläger erhob Ansprüche wegen Verstößen gegen die DS-GVO im Zusammenhang mit dem sog. „Datenleck" der Beklagten, wodurch Dritte mittels Scraping an die Daten (Mobilfunknummer, F.kID, Name, Vorname, Geschlecht und mitunter weitere Daten) des Klägers gelangten. Das OLG wies die ua auch immateriellen Schadensersatz gerichtete Klage ab. „Entgegen der Auffassung des Klägers liegt in dem Verlust der Kontrolle über personenbezogene Daten als solches noch kein ersatzfähiger Schaden.", so das OLG, dass weiter ausführte, zwar könne sich ein immaterieller Schaden auch aus dem nur kurzzeitigen Verlust der Kontrolle über personenbezogene Daten ergeben, daraus „folgt jedoch nicht, dass eine Person, die von einem Verstoß gegen Vorschriften der DS-GVO betroffen ist, der für sie negative Folgen gehabt hat, vom Nachweis befreit wäre, dass diese Folgen – zu denen der Senat nach seinem Verständnis dieser Rechtsprechung auch den Kontrollverlust zählt – einen immateriellen Schaden darstellen (EuGH 4.5.2023 – C-300/21...)". [Anmerkung: Siehe dazu jedoch BGH NJW 2025, 298 und auch im Handbuch unter → Rn. 244, → Rn. 244c und → Rn. 246].

Betrag: – **Haftung: –**
immVorb: – **MdE: –**

OLG Düsseldorf 31.10.2024 – 16 U 47/23 = GRUR-RS 2024, 30341

7524

Persönlichkeitsrechtsverletzung, behauptete (hier: Befürchtungen, belastende Gefühle und das Gefühl des Kontrollverlustes im Zusammenhang mit der Übermittlung sogenannter Positivdaten an eine Wirtschaftsauskunftei (Schufa-Eintrag) im Zusammenhang mit dem Abschluss eines Mobilfunkvertrages.)

Mann. Kein Schmerzensgeldanspruch: Der Kläger macht ua Ansprüche auf auch immateriellen Schadensersatz wegen seiner Ansicht nach unrechtmäßiger Weitergabe personenbezogener Daten seiner Person seitens der Beklagten im Zusammenhang mit dem Abschluss eines Mobilfunkvertrages geltend. Das LG wies die Klage als unbegründet ab, da bloße Befürchtungen, belastende Gefühle oder ein allgemeines Gefühl des Kontrollverlusts nicht als Schadensnachweis zur Geltendmachung eines immateriellen Schadensersatzanspruchs nach Art. 82 Abs. 1 DS-GVO ausreichen. Insoweit sei es erforderlich, so das LG, bei psychischen Folgen, die als solche nur von dem Betroffenen selbst wahrgenommen werden können, konkrete Indizien vorzutragen und unter Beweis zu stellen, die eine psychische Beeinträchtigung stützen können. Zudem lasse ein hoher Bonitätsscore keine negativen Rückschlüsse auf die wirtschaftliche Situation des Betroffenen zu, sodass die Behauptung negativer Gefühle aufgrund einer Übermittlung von Positivdaten an die den Score erstellende Auskunftei nicht nachvollziehbar seien; insbesondere auch, weil Positivdaten zu Dauerschuldverhältnisse regelmäßig für die Vertragstreue und Attraktivität des Betroffenen als potenziellen Geschäftspartner sprechen würden.

Betrag: – **Haftung: –**
immVorb: – **MdE: –**

LG Dortmund 30.10.2024 – 21 O 21/24 = GRUR-RS 2024, 31635

7578

Persönlichkeitsrechtsverletzung durch unrechtmäßigen Zugriff in Form von sog. Scraping von Nutzerdaten bezüglich der personenbezogenen Daten der Nutzer einer Online-Plattform (hier: Facebook).

Frau. Die Klägerin machte Ansprüche wegen behaupteter Verstöße gegen die Datenschutzgrundverordnung (DS-GVO) im Zusammenhang mit dem sog. „Datenleck" der Beklagten geltend, wodurch Dritte mittels Scraping an die Daten (Mobilfunknummer, F.kID, Name, Vorname, Geschlecht und mitunter weitere Daten) des Klägers gelangten. Das LG wies die auf 2.500 Euro immateriellen Schadensersatz gerichtete Klage ab und führte dazu ua aus: „Soweit die Kläger in den Schriftsätzen Sorgen, Unwohlsein und Ängste wegen der Spam SMS und unerwünschten Anrufe erlitten haben will, hat sie in der mündlichen Verhandlung vom 26.9.2024 lediglich die Sorge vor einem Missbrauch angegeben, der allgemein bei jeder Nutzung eines internetfähigen Mobiltelefons auftreten kann und alle Nutzer in ähnlicher Weise betrifft, ist aber nach Art. 82 DSGVO nicht ersatzfähig (OLG Dresden 30.1.2024 – 4 U 1168/23 [ergänze: = → Nr. 7579])." [Anmerkung: Vgl. aber inzwischen BGH 18.11.2024 – VI ZR 10/24, GRUR 2024, 1910; → Nr. 7511]

Betrag: – **Haftung: –**
immVorb: – **MdE: –**

LG Chemnitz 25.10.2024 – 1 O 511/24 = GRUR-RS 2024, 37227

7484

Persönlichkeitsrechtsverletzung durch unrechtmäßigen Zugriff in Form von sog. Scraping von Nutzerdaten (= illegales Abschöpfen von Daten) bezüglich der personenbezogenen Daten der Nutzer einer Online-Plattform.

Frau. Die Klägerin erhob Ansprüche wegen behaupteter Verstöße gegen die Datenschutzgrundverordnung (DS-GVO) im Zusammenhang mit dem sog. „Datenleck" der Beklagten. Durch dieses Leck seien Dritte mittels Scraping an die Daten (Mobilfunknummer, F.kID, Name, Vorname, Geschlecht und mitunter weitere Daten) der Klägerin gelangten. Das LG Detmold hatte erstinstanzlich die auf mindestens 1.000 Euro immateriellen Schadensersatz gerichtete Klage abgewiesen. Das OLG Hamm bestätigte nun diese Entscheidung und führte dazu aus: „Insbesondere zuletzt das Urteil des EuGH vom 20.6.2024 – C-590/22 (BeckRS 2023, 35786) bestärkt den Senat in seiner Rechtsauffassung ..., dass im Rahmen eines Anspruchs aus Art. 82 DSGVO ein mit einer unrechtmäßigen Datenverarbeitung als negative Folge einhergehender Kontrollverlust als solcher die Annahme eines immateriellen Schadens nicht trägt. Der Senat hält zudem weiter daran fest, dass es einer konkret individuellen Darlegung der über den Kontrollverlust hinausgehenden, kausal auf das Scraping zurückzuführenden persönlichen Beeinträchtigungen bedarf. Im Einzelfall kann es – wie hier – bereits an einem Kontrollverlust fehlen, wenn die gescrapte Handynummer vor dem Scrapingvorfall schon unmittelbar oder mittelbar an einen unbestimmten Kreis weitergegeben worden ist." [Vgl. dazu jedoch das Grundsatzurteil des BGH – BGH NJW 2025, 298 – sowie dazu im Handbuch unter → Rn. 246].

Betrag: – **Haftung: –**
immVorb: – **MdE: –**

OLG Hamm 21.6.2024 – 7 U 154/23 = GRUR-RS 2024, 16856

7490

Persönlichkeitsrechtsverletzung durch unrechtmäßigen Zugriff in Form von sog. Scraping von Nutzerdaten (= illegales Abschöpfen von Daten) bezüglich der personenbezogenen Daten der Nutzer einer Online-Plattform.

Mann. Kein Anspruch auf Schmerzensgeld. Der Klägerin erhob Ansprüche wegen behaupteter Verstöße gegen die Datenschutzgrundverordnung (DS-GVO) im Zusammenhang mit dem sog. „Datenleck" der Beklagten. Durch dieses Leck seien Dritte mittels Scraping an die Daten (Mobilfunknummer, F.kID, Name, Vorname, Geschlecht und mitunter weitere Daten) des Klägers gelangten. Das AG wies die auf mindestens 2.000 Euro immateriellen Schadensersatz gerichtete Klage ab und begründete dies damit, dass nach einem Scraping-Fall der für die betreffende Datenverarbeitung Verantwortliche die Beweislast dafür trage, dass die von ihm getroffenen Sicherheitsmaßnahmen iSv Art. 32 DS-GVO dem Grunde nach geeignet waren, um entsprechende Vorfälle zu verhindern. Allein die Tatsache, dass es zum Scraping-Vorfall gekommen ist, sei grundsätzlich kein Beweis dafür, dass die Beklagte im Vorfeld ungeeignete Maßnahmen zum Schutz der Daten ergriffen habe. Da Art. 32 DSGVO keine konkreten Vorgaben zu erforderlichen Maßnahmen enthalte, sei es eine Frage des konkreten und vom Gericht zu bearbeitenden Einzelfalls, ob die vom Verantwortlichen darzulegenden und zu beweisenden Maßnahmen das Risiko einer Datenverletzung Dritter – aus ex-ante-Sicht – hinreichend zu verhindern geeignet waren. [Vgl. dazu ua auch auch LG Paderborn → Nr. 7087, LG Essen → Nr. 7100 und AG Strausberg → Nr. 7103, LG Ellwangen → Nr. 7154, LG Münster → Nr. 7161, LG Bielefeld → Nr. 7169, LG Memmingen → Nr. 7170, LG Berlin → Nr. 7174, LG Deggendorf → Nr. 7206, LG Bamberg → Nr. 7208 sowie LG Köln → Nr. 7209 und OLG Hamm → Nr. 7484].

Betrag: – **Haftung: –**
immVorb: – **MdE: –**

AG Berlin-Lichtenberg 19.6.2024 – 14 C 108/23 = GRUR-RS 2024, 16753

7679

Persönlichkeitsrechtsverletzung durch unrechtmäßigen Zugriff in Form von sog. Scraping von Nutzerdaten (= illegales Abschöpfen von Daten) bezüglich der personenbezogenen Daten der Nutzer einer Online-Plattform.

Mann. Der Kläger erhob Ansprüche, ua auf immateriellen Schadensersatz, wegen behaupteter Verstöße gegen die DS-GVO im Zusammenhang mit dem sog. „Datenleck" der Beklagten. Durch dieses Leck seien Dritte mittels Scraping an die Daten (Mobilfunknummer, F.kID, Name, Vorname, Geschlecht und mitunter weitere Daten) des Klägers gelangt. Das OLG wies die Klage ab. „Alle hierzu [ergänze: zu einem möglichen Schaden]schriftsätzlich vorgetragenen vorgeblichen „Befürchtungen" des Klägers sind gänzlich theoretischer Natur". Sodann führte das OLG mit Verweis auf BGH BeckRS 2023, 1068 und BGH BeckRS 2023, 8418 aus: „Eine Klage auf Feststellung der Schadenersatzpflicht ist zulässig, wenn der Eintritt eines (weiteren) Schadens zumindest möglich ist. (…). Daran fehlt es, wenn aus Sicht des Klägers bei verständiger Würdigung kein Grund besteht, mit dem Eintritt eines (weiteren) Schadens wenigstens zu rechnen (…)." [Anmerkung: Siehe dazu jedoch BGH NJW 2025, 298 und auch im Handbuch unter → Rn. 244, → Rn. 244c und → Rn. 246].

Betrag: – **Haftung: –**
immVorb: – **MdE: –**

OLG Saarbrücken 3.5.2024 – 5 U 72/23 = GRUR-RS 2024, 10977

7677

Persönlichkeitsrechtsverletzung durch unrechtmäßigen Zugriff in Form von sog. Scraping von Nutzerdaten (= illegales Abschöpfen von Daten) bezüglich der personenbezogenen Daten der Nutzer einer Online-Plattform.

Mann. Kein Schmerzensgeldanspruch in „Scraping"-Fällen bei fehlender Darlegung eines konkreten Schadens, so das OLG München, das darauf hinwies, dass ein immaterieller Schaden nicht bereits in einem Kontrollverlust zu sehen sei, der durch das Scraping entstanden ist, sondern allenfalls Folge dieses Kontrollverlusts sein könne. Deshalb sei stets zu prüfen, ob (1) ein Verstoß gegen die DS-GVO vorliege und (2) eine negative Folge wie zB. ein Kontrollverlust bestehe und zudem (3) hierdurch ein Schaden entstanden sei. Siehe zu dieser Thematik auch im Handbuch → Rn. 244b und → Rn. 246].

Betrag: – **Haftung: –**
immVorb: – **MdE: –**

OLG München 24.4.2024 – 34 U 2306/23 e = ZD 2024, 530

7680

Persönlichkeitsrechtsverletzung durch unrechtmäßigen Zugriff in Form von sog. Scraping von Nutzerdaten (= illegales Abschöpfen von Daten) bezüglich der personenbezogenen DatenDer Kläger macht geltend, dass er durch den Scraping-Vorfall einen Kontrollverlust erlitten habe, dass er Angst, Unwohlsein, Misstrauen und Sorge empfinde sowie durch Anrufe, SMS und E-Mails belästigt werde der Nutzer einer Online-Plattform.

Mann. Der Kläger begehrte ua immateriellen Schadensersatz wegen eines Scraping-Vorfalles der Beklagten und begründete dies mit dem Kontrollverlust, Ängsten und unguten Gefühlen. Das LG sprach ihm 300 EUR „Schmerzensgeld" zu. Die dagegen von der Beklagten gerichtete Berufung war erfolgreich. Das OLG verwies darauf, dass die Prozessbevollmächtigten des Klägers insofern bislang mehr als 6.000 gleichgelagerte Fälle mittels Textbausteinen als Klagen eingereicht hätten und betonte insofern, dass „es … nach der Lebenserfahrung als ausgeschlossen [erscheine], dass sämtliche der mehr als 6000 Klageparteien (vgl. die Feststellung in Rn. 316 des Urteils des OLG Stuttgart vom 22.11.2023 – 4 U 20/23, auf die der Senat in seinem Hinweisbeschluss vom 9. Januar 2024 verwiesen hat), in Bezug auf den streitgegenständlichen Scraping-Vorfall dieselben „inneren Gefühle" gehabt haben." [Anmerkung: Siehe dazu jedoch BGH NJW 2025, 298 und auch im Handbuch unter → Rn. 244, → Rn. 244c und → Rn. 246].

Betrag: – **Haftung: –**
immVorb: – **MdE: –**

OLG Celle 4.4.2024 – 5 U 31/23 = GRUR-RS 2024, 6435

7429

Persönlichkeitsrechtsverletzung durch unrechtmäßigen Zugriff auf die personenbezogenen Daten des Nutzers in Form von sog. Scraping von Nutzerdaten (= illegales Abschöpfen von Daten)

Mann. Der Kläger begehrt von der Beklagten immateriellen Schadensersatz aus Art. 82 Abs. 1 DSGVO. Die Beklagte ist ein Wertpapierinstitut mit Sitz in M. und bietet ihren Kunden, zu denen auch der Kläger zählte, Konten für eine digitale Vermögensverwaltung bzw. Depots für den Aktienhandel an. Das Dokumentenarchiv der Beklagten, das diese in der Cloud eines Dienstleisters gespeichert hatte, wurde gehakt und die Daten kopiert und entwendet. Die Beklagte informierte den Kläger und wies dabei auf die Gefahr eines Identitätsmissbrauchs hin und empfahl besonders auf Phishing, ungewöhnliche Kontobewegungen und die Abfrage vertraulicher Zugangsdaten zu achten. Das LG München wies die Klage – mit Verweis auf OLG Hamm → Nr. 7295 – in diesem Punkt ab. Das Vorhandensein eines tatsächlichen Schadens sei durch die Klagepartei indes weder ausreichend dargetan, noch bewiesen. In den Schriftsätzen der Klagepartei werde lediglich berichtet, sie mache sich „Sorgen über den Verbleib" der Daten. „Das Gericht geht aufgrund der Aussage der Klagepartei nicht von einem eingetretenen immateriellen Schaden aus. Der Kläger berichtete von den Anrufen ganz sachlich. Den neuen Ausweis habe er nicht aus Furcht vor Identitätsklau ausstellen lassen, sondern weil er abgelaufen war. Sein Handy habe er so eingestellt, dass Anrufe mit unterdrückter Rufnummer nicht durchgestellt würden. Eine darüber hinausgehende subjektive Beeinträchtigung war der Aussage nicht zu entnehmen. Anhaltspunkte für das starke Gefühl eines Kontrollverlustes oder anderweitige psychische Beeinträchtigungen ergaben sich aus der Aussage nicht im Ansatz", so das LG in der angegebenen Fundstelle unter Rn. 35.

Betrag: – **Haftung: –**
immVorb: – **MdE: –**

LG München I 14.3.2024 – 44 O 3464/23 = BeckRS 2023, 5479

7579

Persönlichkeitsrechtsverletzung durch unrechtmäßigen Zugriff in Form von sog. Scraping von Nutzerdaten bezüglich der personenbezogenen Daten der Nutzer einer Online-Plattform (hier: Facebook).

Mann. Der Kläger machte Ansprüche wegen behaupteter Verstöße gegen die Datenschutzgrundverordnung (DS-GVO) im Zusammenhang mit dem sog. „Datenleck" der Beklagten geltend, wodurch Dritte mittels Scraping an die Daten (Mobilfunknummer, F.kID, Name, Vorname, Geschlecht und mitunter weitere Daten) des Klägers gelangten. Das LG Chemnitz hatte der Klage mit Urteil vom 5.6.2023 teilweise stattgegeben und die Beklagte zur Zahlung von Schadensersatz in Höhe von 500,00 EUR verurteilt; das OLG wies die auf immateriellen Schadensersatz gerichtete Klage jedoch ab und führte dazu ua aus: „Nach der Rechtsprechung des EuGH (14.12.2023 – C 340/21…) kann der Kontrollverlust grundsätzlich einen immateriellen Schaden begründen. Allerdings muss eine Person, die von einem Verstoß gegen die DS-GVO betroffen ist, der für sie negative Folgen gehabt hat, nachweisen, dass diese Folgen einen immateriellen Schaden im Sinne von Art. 82 DS-GVO darstellen. … Die betroffene Person muss die Tatsachen, die dazu führen können, dass ein „tatsächlich erlittener immaterieller Schaden" infolge der Verletzung des Schutzes personenbezogener Daten anerkannt werden kann, genau und nicht nur allgemein darlegen, auch wenn er nicht eine im Voraus festgelegte Schwelle von besonderer Schwere erreicht. Entscheidend ist, dass es sich nicht um eine bloße subjektive Wahrnehmung handelt, die veränderlich ist und auch vom Charakter und von persönlichen Faktoren abhängt, sondern um die Objektivierung einer, wenn auch geringfügigen aber nachweisbaren Beeinträchtigung der physischen oder psychischen Sphäre oder des Beziehungslebens einer Person". Im Weiteren begründete das OLG sodann, dass dies vorliegend nicht gegeben sei, da „im vorliegenden Fall … die Kontrolle nur über die Telefonnummer verloren" worden sei und „Eine darüber hinausgehende konkrete emotionale Beeinträchtigung der Klagepartei ist zur Überzeugung des Senates indes nicht eingetreten" sei. [Anmerkung: Vgl. aber inzwischen BGH 18.11.2024 – VI ZR 10/24, GRUR 2024, 1910; → Nr. 7511]

Betrag: – **Haftung: –**
immVorb: – **MdE: –**

OLG Dresden 30.1.2024 – 4 U 1168/23 = GRUR-RS 2024, 2991

7413

Persönlichkeitsrechtsverletzung, behauptete (hier: Betroffenheit eines individuellen Nutzerkontos durch Scraping bei Twitter)

Frau. Kein Anspruch auf immateriellen Schadensersatz: Die Klägerin macht gegen die Beklagte immaterielle Schadensersatzansprüche wegen der Verletzung der Datenschutzgrundverordnung im Zusammenhang mit einem sog. Scraping-Vorfall wegen einer offenen API-Schnittstelle beim Twitter-Dienst nach Einrichtung eines Twitter-Accounts (heute „X") geltend. Das LG wies die Klage ua deshalb ab, da der von der Klägerin mit dem Klageantrag Ziff. 1 geltend gemachte Schadensersatzanspruch gemäß Art. 82 DSGVO zunächst voraussetze, dass eine Verletzung des Schutzes personenbezogener Daten der Klägerin vorgelegen hat, was wiederum erfordere, dass der Twitter-Account der Klägerin von dem API-Bug betroffen gewesen sei, wobei diese Betroffenheit von der Klägerin zur vollen Überzeugung des Gerichts nachzuweisen ist (§ 286 ZPO). Diesen Nachweis – so das LG – habe die Klägerin nicht geführt. [Lesenswert zum „Nachweis der Betroffenheit eines individuellen Nutzerkontos von einer offenen API-Schnittstelle beim Anbieter einer Internetkommunikationsplattform"; vgl. dazu auch OLG Dresden → Nr. 7694, → Nr. 7823, OLG Dresden → Nr. 7838 und → Nr. 7839 sowie im Handbuch unter → Rn. 246] und → Rn. 247].

Betrag: – **Haftung: –**
immVorb: – **MdE: –**

LG Stuttgart 24.1.2024 – 27 O 92/23 = GRUR-RS 2024, 523

7681

Persönlichkeitsrechtsverletzung durch unrechtmäßigen Zugriff in Form von sog. Scraping von Nutzerdaten (= illegales Abschöpfen von Daten) bezüglich der personenbezogenen Daten der Nutzer einer Online-Plattform. Der Kläger macht geltend, dass er durch den Scraping-Vorfall einen Kontrollverlust erlitten habe, dass er Angst, Unwohlsein, Misstrauen und Sorge empfinde sowie durch Anrufe, SMS und E-Mails belästigt werde

Mann. Der Kläger erhob Ansprüche wegen behaupteter Verstöße gegen die DS-GVO im Zusammenhang mit dem sog. „Datenleck" der Beklagten, durch welches Dritte mittels Scraping an die Daten (Mobilfunknummer, F.kID, Name, Vorname, Geschlecht und mitunter weitere Daten) des Klägers gelangt seien. Das LG hatte die Klage abgewiesen. Die Berufung blieb erfolglos. „Selbst wenn man vorliegend zugunsten des Klägers unterstellt, dass er durch den Scraping-Vorfall tatsächlich einen Kontrollverlust über seine Telefonnummer erlitten hat, weil diese Nummer in Verbindung mit seinem Vornamen nunmehr durch die Veröffentlichung im sog. Darknet jedenfalls auch einem Personenkreis bekannt geworden ist, dem er sie selbst gerade so nicht mitteilen wollte, liegt damit noch kein immaterieller Schaden im Sinne von Art. 82 Abs. 1 DS-GVO vor." [Anmerkung: Siehe dazu jedoch BGH NJW 2025,

298 und auch im Handbuch unter → Rn. 244, → Rn. 244c und → Rn. 246].

Betrag: – **Haftung: –**
immVorb: – **MdE: –**

OLG Köln 7.12.2023 – 15 U 33/23 = GRUR-RS 2023, 36757

7685

Persönlichkeitsrechtsverletzung durch unrechtmäßigen Zugriff in Form von sog. Scraping von Nutzerdaten (= illegales Abschöpfen von Daten) bezüglich der personenbezogenen Daten der Nutzer einer Online-Plattform. Der Kläger macht geltend, dass er durch den Scraping-Vorfall einen Kontrollverlust erlitten habe, dass er Angst, Unwohlsein, Misstrauen und Sorge empfinde sowie durch Anrufe, SMS und E-Mails belästigt werde

Mann. Der Kläger erhob Ansprüche wegen behaupteter Verstöße gegen die DS-GVO) im Zusammenhang mit dem sog. „Datenleck" der Beklagten. Durch dieses Leck seien Dritte mittels Scraping an die Daten (Mobilfunknummer, F.kID, Name, Vorname, Geschlecht und mitunter weitere Daten) des Klägers gelangt. Das LG hatte dem Kläger 250 EUR Schmerzensgeld zuerkannt. Das OLG Köln wies die Klage ab, da ein bloßer Kontrollverlust nicht notwendigerweise zu einem immateriellen Schaden führe. Die Revision wurde zugelassen und hatte teilweise Erfolg. Der BGH (BGH NJW 2025, 298 siehe dazu auch im Handbuch unter → Rn. 244, → Rn. 244c und → Rn. 246) betonte, dass ein immaterieller Schaden im Sinne des Art. 82 I DS-GVO auch auch der bloße und kurzzeitige Verlust der Kontrolle über eigene personenbezogene Daten infolge eines Verstoßes gegen die Datenschutz-Grundverordnung sein könne und insofern weder eine konkrete missbräuchliche Verwendung dieser Daten zum Nachteil des Betroffenen erfolgt sein müsse noch bedürfe es sonstiger zusätzlicher spürbarer negativer Folgen.

Betrag: – **Haftung: –**
immVorb: – **MdE: –**

OLG Köln 7.12.2023 – 15 U 67/23 = GRUR-RS 2023, 37347

7294

Persönlichkeitsrechtsverletzung durch unrechtmäßigen Zugriff in Form von sog. Scraping von Nutzerdaten (= illegales Abschöpfen von Daten) bezüglich der personenbezogenen Daten der Nutzer einer Online-Plattform.

Mann. Der Kläger macht Ansprüche wegen behaupteter Verstöße gegen die Datenschutzgrundverordnung (DS-GVO) im Zusammenhang mit dem sog. „Datenleck" der Beklagten geltend, wodurch Dritte mittels Scraping an die Daten (Mobilfunknummer, F.kID, Name, Vorname, Geschlecht und mitunter weitere Daten) des Klägers gelangten. Das LG Heilbronn [ZD 2023, 280] wies die auf immateriellen Schadensersatz, die Feststellung einer weiteren Ersatzpflicht und Unterlassung wegen eines sogenannten Scraping gerichtete Klage ab. Das OLG Stuttgart sah dies in Bezug auf die Feststellung auch immateriellen künftigen Schadensersatzes anders und führt das zu aus: „Hinsichtlich der Frage einer Ersatzpflicht für künftige Schäden können die Grundsätze der höchstrichterlichen Rechtsprechung für Feststellungsanträge nach einem Gesundheitsschaden übertragen werden. Der Anspruch auf Feststellung beim Schmerzensgeld als immaterieller Schaden ist begründet, bei einer nicht eben entfernt liegenden Möglichkeit künftiger Verwirklichung der Schadensersatzpflicht durch das Auftreten weiterer, bisher noch nicht voraussehbarer und erkennbarer Leiden oder bei einer noch nicht abschließend überschaubaren weiteren Entwicklung des Krankheitsverlaufs. … Das ist der Fall, denn es besteht die evidente Möglichkeit, dass mit einer weiteren Verbreitung der Telefonnummer weitere materielle oder immaterielle Beeinträchtigungen beim Kläger eintreten können." [aA jedoch OLG Hamm GRUR-RS 2023, 22505 Rn. 189 – 202, das allerdings bereits ein Feststellungsinteresse verneint hat. Siehe zu dieser Thematik auch im Handbuch → Rn. 246].

Betrag: – **Haftung: 100 %**
immVorb: – **MdE: –**

OLG Stuttgart 22.11.2023 – 4 U 20/23 = GRUR-RS 2023, 32883

7295

Persönlichkeitsrechtsverletzung durch unrechtmäßigen Zugriff in Form von sog. Scraping von Nutzerdaten (= illegales Abschöpfen von Daten) bezüglich der personenbezogenen Daten der Nutzer einer Online-Plattform.

Frau. Kein Schmerzensgeldanspruch in „Scraping"-Fällen bei fehlender Darlegung eines konkreten Schadens. Das OLG sah auch den insofern geltend gemachten Antrag auf Feststellung als „bereits unzulässig" an, da es hierzu jedoch am notwendigen Feststellungsinteresse iSd § 256 Abs. 1 ZPO gefehlt habe. Zwar reiche dann, wenn es wie hier nicht um reine Vermögensschäden gehe, sondern um Schäden, die aus der behaupteten Verletzung des allgemeinen Persönlichkeitsrechts resultieren, also eines sonstigen absolut geschützten Rechtsguts im Sinne von § 823 Abs. 1 BGB, bereits die Möglichkeit materieller oder weiterer immaterieller Schäden für die Annahme eines Feststellungsinteresses aus. Doch diese Möglichkeit eines Schadenseintritts müsse von der Klägerseite hinreichend begründet werden. Dafür genüge es nicht, so das OLG, wenn die Klägerin meine, die Möglichkeit eines Schadenseintritts ergebe sich aus drohenden Spam-Anrufen, Spam-SMS oder Spam-Emails. Entsprechendes gelte auch für den immateriellen Schaden. „Ein solcher ist bislang nicht dargetan, und es ist mit Blick auf die vergangene Zeit auch nicht damit zu rechnen, dass ein solcher – ohne materiellen Schaden – noch eintritt", so das OLG Hamm. [aA jedoch OLG Stuttgart GRUR-RS 2023, 32883, das ein Feststellungsinteresse bejaht hat. Siehe zu dieser Thematik auch im Handbuch → Rn. 244b und → 246].

Betrag: – **Haftung: –**
immVorb: – **MdE: –**

OLG Hamm 15.8.2023 – 7 U 19/23 = GRUR-RS 2023, 22505

7206

Persönlichkeitsrechtsverletzung durch unrechtmäßigen Zugriff in Form von sog. Scraping von Nutzerdaten (= illegales Abschöpfen von Daten) bezüglich der personenbezogenen Daten der Nutzer einer Online-Plattform.

Frau. Die Klägerin macht Ansprüche wegen behaupteter Verstöße gegen die Datenschutzgrundverordnung (DS-GVO) im Zusammenhang mit dem sog. „Datenleck" der Beklagten geltend, wodurch Dritte mittels Scraping an die Daten (Mobilfunknummer, F.kID, Name, Vorname, Geschlecht und mitunter weitere Daten) des Klägers gelangten. Das LG wies die auf mindestens 1.000 Euro immateriellen Schadensersatz gerichtete Klage ab und führte dazu aus: „Es ist zwar keine schwere Verletzung des Persönlichkeitsrechts erforderlich. Andererseits ist aber auch weiterhin nicht für jede im Grunde nicht spürbare Beeinträchtigung bzw. für jede bloß individuelle empfundene Unannehmlichkeit ein Schmerzensgeld zu gewähren." [Vgl. dazu ua auch auch LG Paderborn → Nr. 7087, LG Essen → Nr. 7100 und AG Strausberg → Nr. 7103, LG Ellwangen → Nr. 7154, LG Münster → Nr. 7161, LG Bielefeld → Nr. 7169, LG Memmingen → Nr. 7170, LG Berlin → Nr. 7174 und LG Bamberg → Nr. 7208 sowie LG Aachen → Nr. 7210].

Betrag: – **Haftung:** –
immVorb: – **MdE:** –

LG Deggendorf 20.6.2023 – 33 O 461/22 = GRUR-RS 2023, 14586

7208

Persönlichkeitsrechtsverletzung durch unrechtmäßigen Zugriff in Form von sog. Scraping von Nutzerdaten (= illegales Abschöpfen von Daten) bezüglich der personenbezogenen Daten der Nutzer einer Online-Plattform.

Mann. Der Kläger macht Ansprüche wegen behaupteter Verstöße gegen die Datenschutzgrundverordnung (DS-GVO) im Zusammenhang mit dem sog. „Datenleck" der Beklagten geltend, wodurch Dritte mittels Scraping an die Daten (Mobilfunknummer, F.kID, Name, Vorname, Geschlecht und mitunter weitere Daten) des Klägers gelangten. Das LG wies die auf mindestens 1.000 Euro immateriellen Schadensersatz gerichtete Klage ab und führte dazu aus: „... Es ist zwar eine schwere Verletzung des Persönlichkeitsrechts nicht (mehr) erforderlich. Andererseits ist auch weiterhin nicht für einen Bagatellverstoß ohne ernsthafte Beeinträchtigung bzw. für jede bloß individuelle empfundene Unannehmlichkeit ein Schmerzensgeld zu gewähren; vielmehr muss dem Betroffenen ein spürbarer Nachteil entstanden sein und es muss um eine objektiv nachvollziehbare, mit gewissem Gewicht erfolgte Beeinträchtigung von persönlichkeitsbezogenen Belangen gehen" [wird ausgeführt. [Vgl. dazu ua auch auch LG Paderborn → Nr. 7087, LG Essen → Nr. 7100 und AG Strausberg → Nr. 7103, LG Ellwangen → Nr. 7154, LG Münster → Nr. 7161, LG Bielefeld → Nr. 7169, LG Memmingen → Nr. 7170, LG Berlin → Nr. 7174 sowie LG Deggendorf → Nr. 7206 und LG Aachen → Nr. 7210. Aa OLG Stuttgart → Nr. 7294].

Betrag: – **Haftung:** –
immVorb: – **MdE:** –

LG Bamberg 6.6.2023 – 42 O 782/22 = GRUR-RS 2023, 13792

7209

Persönlichkeitsrechtsverletzung durch unrechtmäßigen Zugriff in Form von sog. Scraping von Nutzerdaten (= illegales Abschöpfen von Daten) bezüglich der personenbezogenen Daten der Nutzer einer Online-Plattform.

Mann. Der Kläger macht Ansprüche wegen behaupteter Verstöße gegen die Datenschutzgrundverordnung (DS-GVO) im Zusammenhang mit dem sog. „Datenleck" der Beklagten geltend, wodurch Dritte mittels Scraping an die Daten (Mobilfunknummer, F.kID, Name, Vorname, Geschlecht und mitunter weitere Daten) des Klägers gelangten. Das LG wies die auf mindestens 1.000 Euro immateriellen Schadensersatz gerichtete Klage ab und führte dazu aus: "... Auf das Erfordernis eines tatsächlich entstandenen immateriellen Schadens kann daher nicht verzichtet werden. „Bloßer Ärger" oder „emotionales Ungemach", zu dem die Verletzung der Vorschriften der DSGVO bei der betroffenen Person geführt haben mag, reicht als solcher nicht bereits als immaterieller Schaden aus, so das LG. [Vgl. dazu ua auch auch LG Paderborn → Nr. 7087, LG Essen → Nr. 7100 und AG Strausberg → Nr. 7103, LG Ellwangen → Nr. 7154, LG Münster → Nr. 7161, LG Bielefeld → Nr. 7169, LG Memmingen → Nr. 7170, LG Berlin → Nr. 7174, LG Deggendorf → Nr. 7206, LG Bamberg → Nr. 7208 und LG Aachen → Nr. 7210].

Betrag: – **Haftung:** –
immVorb: – **MdE:** –

LG Köln 31.5.2023 – 28 O 138/22 = GRUR-RS 2023, 13967

7210

Persönlichkeitsrechtsverletzung durch unrechtmäßigen Zugriff in Form von sog. Scraping von Nutzerdaten (= illegales Abschöpfen von Daten) bezüglich der personenbezogenen Daten der Nutzer einer Online-Plattform.

Mann. Der Kläger macht Ansprüche wegen behaupteter Verstöße gegen die Datenschutzgrundverordnung (DS-GVO) im Zusammenhang mit dem sog. „Datenleck" der Beklagten geltend, wodurch Dritte mittels Scraping an die Daten (Mobilfunknummer, F.kID, Name, Vorname, Geschlecht und mitunter weitere Daten) des Klägers gelangten. Das LG wies die auf mindestens 1.000 Euro immateriellen Schadensersatz gerichtete Klage ab und führte dazu aus: „Es ist zwar keine schwere Verletzung des Persönlichkeitsrechts erforderlich. Andererseits ist aber auch weiterhin nicht für jede im Grunde nicht spürbare Beeinträchtigung bzw. für jede bloß individuelle empfundene Unannehmlichkeit ein Schmerzensgeld zu gewähren. Vielmehr muss dem Betroffenen ein spürbarer Nachteil entstanden sein und es muss um eine objektiv nachvollziehbare, tatsächlich erfolgte Beeinträchtigung von persönlichkeitsbezogenen Belangen gehen". [Vgl. dazu ua auch auch LG Paderborn → Nr. 7087, LG Essen → Nr. 7100 und AG Strausberg → Nr. 7103, LG Ellwangen → Nr. 7154, LG Münster → Nr. 7161, LG Bielefeld → Nr. 7169, LG Memmingen → Nr. 7170, LG Berlin → Nr. 7174, LG Deggendorf → Nr. 7206, LG Bamberg → Nr. 7208 sowie LG Köln → Nr. 7209].

Betrag: – **Haftung:** –
immVorb: – **MdE:** –

LG Aachen 26.5.2023 – 8 O 267/22 = GRUR-RS 2023, 13773

7213

Persönlichkeitsrechtsverletzung durch unrechtmäßigen Zugriff in Form von sog. Scraping von Nutzerdaten (= illegales Abschöpfen von Daten) bezüglich der personenbezogenen Daten der Nutzer einer Online-Plattform.

Mann. Der Kläger macht Ansprüche wegen behaupteter Verstöße gegen die Datenschutzgrundverordnung (DS-GVO) im Zusammenhang mit dem sog. „Datenleck" der Beklagten geltend, wodurch Dritte mittels Scraping an die Daten (Mobilfunknummer, F.kID, Name, Vorname, Geschlecht und mitunter weitere Daten) des Klägers gelangten. Das LG wies die auf mindestens 1.000 Euro immateriellen Schadensersatz gerichtete Klage ab und führte dazu aus: „... Die Verletzung der Vorschriften der DSGVO ist nicht mit einem Schadenseintritt gleichzusetzen. Es ist zwar keine schwere Verletzung des Persönlichkeitsrechts erforderlich. Andererseits ist aber auch weiterhin nicht für jede im Grunde nicht spürbare Beeinträchtigung bzw. für jede bloß individuelle empfundene Unannehmlichkeit ein Schmerzensgeld zu gewähren", so das LG. Vgl. dazu ua auch auch LG Paderborn → Nr. 7087, LG Essen → Nr. 7100 und AG Strausberg → Nr. 7103, LG Ellwangen → Nr. 7154, LG Münster → Nr. 7161, LG Bielefeld → Nr. 7169, LG Memmingen → Nr. 7170, LG Berlin → Nr. 7174, LG Deggendorf → Nr. 7206, LG Bamberg → Nr. 7208 sowie LG Köln → Nr. 7209].

Betrag: – **Haftung:** –
immVorb: – **MdE:** –

LG Regensburg 11.5.2023 – 72 O 1413/22 KOIN = GRUR-RS 2023, 13826

7214

Persönlichkeitsrechtsverletzung durch unrechtmäßigen Zugriff in Form von sog. Scraping von Nutzerdaten (= illegales Abschöpfen von Daten) bezüglich der personenbezogenen Daten der Nutzer einer Online-Plattform.

Mann. Der Kläger macht Ansprüche wegen behaupteter Verstöße gegen die Datenschutzgrundverordnung (DS-GVO) im Zusammenhang mit dem sog. „Datenleck" der Beklagten geltend, wodurch Dritte mittels Scraping an die Daten (Mobilfunknummer, F.kID, Name, Vorname, Geschlecht und mitunter weitere Daten) des Klägers gelangten. Das LG wies die auf mindestens 1.000 Euro immateriellen Schadensersatz gerichtete Klage ab und führte dazu aus: "… Für einen Bagatellverstoß ohne ernsthafte Beeinträchtigung oder für eine bloß individuell empfundene Unannehmlichkeit ist daher ein Schmerzensgeld nicht zu gewähren. Diese Handhabung läuft entgegen der Auffassung des Klägers auch der Präventionsfunktion des Art. 82 DSGVO und der hierfür erforderlichen Abschreckungswirkung nicht zuwider, da eine Sanktionierung entsprechender Datenschutzrechtsverstöße weiterhin im Wege des Art. 83 DSGVO möglich bleibt", so das LG. Vgl. dazu ua auch auch LG Paderborn → Nr. 7087, LG Essen → Nr. 7100 und AG Strausberg → Nr. 7103, LG Ellwangen → Nr. 7154, LG Münster → Nr. 7161, LG Bielefeld → Nr. 7169, LG Memmingen → Nr. 7170, LG Berlin → Nr. 7174, LG Deggendorf → Nr. 7206, LG Bamberg → Nr. 7208 sowie LG Köln → Nr. 7209].

Betrag: – **Haftung: –**
immVorb: – **MdE: –**

LG Bonn 10.5.2023 – 3 O 201/22 = GRUR-RS 2023, 13793

7169

Persönlichkeitsrechtsverletzung durch unrechtmäßigen Zugriff in Form von sog. Scraping von Nutzerdaten (= illegales Abschöpfen von Daten) bezüglich der personenbezogenen Daten der Nutzer einer Online-Plattform.

Mann. Der Kläger macht Ansprüche wegen behaupteter Verstöße gegen die Datenschutzgrundverordnung (DS-GVO) im Zusammenhang mit dem sog. „Datenleck" der Beklagten geltend, wodurch Dritte mittels Scraping an die Daten (Mobilfunknummer, F.kID, Name, Vorname, Geschlecht und mitunter weitere Daten) des Klägers gelangt seien. Das LG wies die Klage ab und führte dazu aus: „Der Schaden [ergänze: iSd Art. 82 Abs. 1 DS-GVO] ist zwar weit zu verstehen, er muss jedoch auch wirklich erlitten (Erwägungsgrund Nr. 146 S. 6), das heißt spürbar, objektiv nachvollziehbar, von gewissem Gewicht sein, um bloße Unannehmlichkeiten auszuschließen. Gemessen an diesen Grundsätzen hat der Kläger schon keine spürbare Beeinträchtigung – hervorgerufen durch Datenverlust – von persönlichen Belangen dargelegt". [vgl. dazu auch LG Münster → Nr. 7161, LG Bielefeld → Nr. 7169 und LG Memmingen → Nr. 7170].

Betrag: – **Haftung: –**
immVorb: – **MdE: –**

LG Bielefeld 10.3.2023 – 19 O 147/22 = GRUR-RS 2023, 3855

7170

Persönlichkeitsrechtsverletzung durch unrechtmäßigen Zugriff in Form von sog. Scraping von Nutzerdaten (= illegales Abschöpfen von Daten) bezüglich der personenbezogenen Daten der Nutzer einer Online-Plattform.

Mann. Der Kläger macht Ansprüche wegen behaupteter Verstöße gegen die Datenschutzgrundverordnung (DS-GVO) im Zusammenhang mit dem sog. „Datenleck" der Beklagten geltend, wodurch Dritte mittels Scraping an die Daten (Mobilfunknummer, F.kID, Name, Vorname, Geschlecht und mitunter weitere Daten) des Klägers gelangt seien. Das LG wies die Klage ab und führte dazu aus, dass sich der Anspruch bereits nicht aus Art. 82 DSGVO ergebe, da der Schutzbereich nicht eröffnet ist. Doch auch unabhängig von der Frage, ob der Schutzbereich eröffnet ist, scheitert der geltend gemachte Anspruch jedoch vorliegend an den entsprechenden Pflichtverletzungen der Beklagten. Abschließend führte das LG aus: „Insgesamt ist damit festzuhalten, dass es der Eingabe der Mobilfunknummer zur Nutzung der Plattform eigentlich nach nicht bedarf, dass jedoch, wenn der Nutzer sich für die Verwendung der Plattform mit seiner Mobilfunknummer entscheidet, er hinreichend verständlich und übersichtlich aufgeklärt wird, wie die Mobilfunknummer verwendet wird und wie eine solche Verwendung eingeschränkt werden kann. Letztlich ist dabei auch zu bedenken, dass die Plattform F. gerade dem Finden und dem Austausch von Informationen in der Form eines sozialen Netzwerks dient. In diesem Fall ist es dem Nutzer auch zuzumuten, sich mit den ihm gegebenen Informationen zum Schutz seiner Daten zu befassen". [vgl. dazu auch LG Münster → Nr. 7161, LG Bielefeld → Nr. 7169].

Betrag: – **Haftung: –**
immVorb: – **MdE: –**

LG Memmingen 9.3.2023 – 35 O 1036/22 = GRUR-RS 2023, 3856

7171

Persönlichkeitsrechtsverletzung durch unrechtmäßigen Zugriff in Form von sog. Scraping von Nutzerdaten (= illegales Abschöpfen von Daten) bezüglich der personenbezogenen Daten der Nutzer einer Online-Plattform.

Mann. Der Kläger macht Ansprüche wegen behaupteter Verstöße gegen die Datenschutzgrundverordnung (DS-GVO) im Zusammenhang mit dem sog. „Datenleck" der Beklagten geltend, wodurch Dritte mittels Scraping an die Daten (Mobilfunknummer, F.kID, Name, Vorname, Geschlecht und mitunter weitere Daten) des Klägers gelangten. Das LG wies die auf 1.000 Euro immateriellen Schadensersatz gerichtete Klage ab und führte dazu aus: „Der Anspruch ergibt sich unter keinem rechtlichen Gesichtspunkt, insbesondere nicht aus Art. 82 Abs. 1 DS-GVO. … Hier fehlt es an jedem Hinweis dafür, dass dem Kläger überhaupt ein immaterieller Schaden entstanden ist. … Das Merkmal des immateriellen Schadens ist autonom auszulegen (vgl. Kühling / Buchner / Bergt, 3. Aufl. 2020, DS-GVO Art. 82 Rn. 17 ff.). Erwägungsgrund 146 (und in diesem S. 3) zur DS-GVO sieht vor, dass der Begriff des Schadens im Lichte der Rechtsprechung des Gerichtshofs weit auf eine Art und Weise ausgelegt werden soll, die den Zielen dieser Verordnung in vollem Umfang entspricht. Erwägungsgrund 75 zur DS-GVO nennt etwa Identitätsdiebstahl, finanzielle Verluste, Rufschädigung oder den Verlust der Kontrolle personenbezogener Daten. Eine Erheblichkeitsschwelle für das Vorliegen eines Schadens ergibt sich zwar nicht aus der DS-GVO, Bagatellschäden sind daher nicht auszuschließen. Zu verlangen ist aber jedenfalls, dass ein konkreter immaterieller Schaden auch tatsächlich eingetreten (entstanden) ist (vgl. OLG Frankfurt → Nr. 6932 mwN; LG Bielefeld → Nr. 7178)." [Anmerkung: Die in der Klammer gesetzten Fundstellen wurden redaktionell an die Fundstellen in dieser Datenbank angepasst].

Betrag: – **Haftung: –**
immVorb: – **MdE: –**

LG Berlin 9.3.2023 – 65 O 92/22 = GRUR-RS 2023, 3860

7172

Persönlichkeitsrechtsverletzung durch unrechtmäßigen Zugriff in Form von sog. Scraping von Nutzerdaten (= illegales Abschöpfen von Daten) bezüglich der personenbezogenen Daten der Nutzer einer Online-Plattform.

Mann. Der Kläger macht Ansprüche wegen behaupteter Verstöße gegen die Datenschutzgrundverordnung (DS-GVO) im Zusammenhang mit dem sog. „Datenleck" der Beklagten geltend, wodurch Dritte mittels Scraping an die Daten (Mobilfunknummer, F.kID, Name, Vorname, Geschlecht und mitunter weitere Daten) des Klägers gelangten. Das LG wies die auf 1.000 Euro immateriellen Schadensersatz gerichtete Klage ab und führte dazu ua aus: „Nach dem Wortlaut von Art. 82 Abs. 1 DS-GVO (wegen) ist zudem ein Kausalzusammenhang zwischen der Verletzungshandlung bzw. dem Verstoß gegen die DSGVO und dem geltend gemachten Schaden erforderlich …, wobei eine Mitursächlichkeit ausreichend ist (OLG Hamm 20.1.2023 – 11 U 88/22, BeckRS 2023, 1263). An der schlüssigen Darlegung dieser Kausalität fehlt es. Unerwünschte E-Mails, SMS und Anrufe erhalten gerichtsbekannt auch Personen, die keinen F.-Account haben und die ihre Telefonnummer dort nicht hinterlegt haben, was bereits mit der Nutzung des Internets als solcher zusammenhängt. Es ist auch völlig unklar und unbekannt, ob und welche Daten die Klagepartei auch noch an anderer Stelle freigegeben hat und ob ausgeschlossen werden kann, dass die mit dem Screenshot Anlage KGR 6 vorgetragene Häufung von Spam-Nachrichten auf einer Freigabe der eigenen Daten an anderer Stelle beruht. Konkrete Umstände, die jedenfalls indiziell einen Rückschluss auf den im Streit stehenden Vorfall erlauben, sind von der Klagepartei nicht aufgezeigt und ergeben sich auch nicht aus dem vorgelegten Screenshot", so das LG. [Anmerkung: Vgl. OLG Hamm → Nr. 7155].

Betrag: – **Haftung: –**
immVorb: – **MdE: –**

LG Baden-Baden 9.3.2023 – 3 O 248/22 = GRUR-RS 2023, 3862

7177

Persönlichkeitsrechtsverletzung durch unrechtmäßigen Zugriff in Form von sog. Scraping von Nutzerdaten (= illegales Abschöpfen von Daten) bezüglich der personenbezogenen Daten der Nutzer einer Online-Plattform.

Mann. Der Kläger macht Ansprüche wegen behaupteter Verstöße gegen die Datenschutzgrundverordnung (DS-GVO) im Zusammenhang mit dem sog. „Datenleck" der Beklagten geltend, wodurch Dritte mittels Scraping an die Daten (Mobilfunknummer, F.kID, Name, Vorname, Geschlecht und mitunter weitere Daten) des Klägers gelangten. Das LG wies die Klage ab und führte dazu aus: „Die unterlassene Meldung an die Datenschutzbehörde führt nicht zu einem Erstattungsanspruch, denn insoweit fehlt es an der erforderlichen Kausalität zwischen Rechtsverstoß und Schaden. …. Ein bloßer Verstoß gegen die Verordnung, ohne dass eine Schadenfolge eintritt, führt nicht zur Haftung. Auf das Tatbestandsmerkmal eines kausalen Schadens verzichtet Art. 82 DS-GVO nicht, wie bereits aus dem Wortlaut (wegen) und aus dem Erwägungsgrund 146 DSGVO (auf Grund) folgt. Damit stellt nicht jede Datenschutzrechtsverletzung iSd DS-GVO automatisch einen ersatzfähigen Schaden dar (LG Frankfurt a.M. ZD 2020, 639; insoweit auch Generalanwalt Campos Sánchez-Bordona, Schlussanträge vom 6.10.2022, C-300/21)". [Anmerkung: Siehe dazu auch LG Paderborn → Nr. 7087, LG Essen → Nr. 7100 und AG Strausberg → Nr. 7103, LG Ellwangen → Nr. 7154, LG Münster → Nr. 7161, LG Bielefeld → Nr. 7169 und LG Memmingen → Nr. 7170].

Betrag: – **Haftung: –**
immVorb: – **MdE: –**

LG Itzehoe 9.3.2023 – 10 O 87/22 = GRUR-RS 2023, 3825

7173

Persönlichkeitsrechtsverletzung durch unrechtmäßigen Zugriff in Form von sog. Scraping von Nutzerdaten (= illegales Abschöpfen von Daten) bezüglich der personenbezogenen Daten der Nutzer einer Online-Plattform.

Mann. Der Kläger macht Ansprüche wegen behaupteter Verstöße gegen die Datenschutzgrundverordnung (DS-GVO) im Zusammenhang mit dem sog. „Datenleck" der Beklagten geltend, wodurch Dritte mittels Scraping an die Daten (Mobilfunknummer, F.kID, Name, Vorname, Geschlecht und mitunter weitere Daten) des Klägers gelangten. Das LG wies die auf mindestens 1.000 Euro immateriellen Schadensersatz gerichtete Klage ab und führte dazu aus, es fehle in hier bereits an einem ersatzfähigen Schaden des Klägers. Der Schadenbegriff sei nach dem Erwägungsgrund 146 S. 3 zwar weit auszulegen; allerdings reiche ein bloßer Datenschutzverstoß nicht aus, um einen Schadensersatzanspruch zu begründen. „Die Betroffenen sollen nach dem Erwägungsgrund 146 S. 6 einen vollständigen und wirksamen Schadensersatz für den erlittenen Schaden erhalten. Der Schaden muss daher spürbar, objektiv nachvollziehbar und von gewissem Gewicht sein, um bloße Unannehmlichkeiten oder Bagatellschäden auszuschließen (Paal / Pauly / Frenzel, 3. Auflage 2021, DS-GVO Art. 82 Rn. 10). Verletzung und Schaden sind nicht gleichzusetzen. Zwar ist eine schwere Verletzung des Persönlichkeitsrechts nicht erforderlich, andererseits ist für einen Bagatellverstoß ohne ernsthafte Beeinträchtigung oder für jede bloß individuelle empfundene Unannehmlichkeit ein Schmerzensgeld nicht zu gewähren", so das LG. [Anmerkung: Siehe dazu ua auch LG Paderborn → Nr. 7087, LG Essen → Nr. 7100 und AG Strausberg → Nr. 7103, LG Ellwangen → Nr. 7154, LG Münster → Nr. 7161, LG Bielefeld → Nr. 7169 und LG Memmingen → Nr. 7170].

Betrag: – **Haftung: –**
immVorb: – **MdE: –**

LG Bonn 8.3.2023 – 17 O 165/22 = GRUR-RS 2023, 3854

7174

Persönlichkeitsrechtsverletzung durch unrechtmäßigen Zugriff in Form von sog. Scraping von Nutzerdaten (= illegales Abschöpfen von Daten) bezüglich der personenbezogenen Daten der Nutzer einer Online-Plattform.

Frau. Die Klägerin macht Ansprüche wegen behaupteter Verstöße gegen die Datenschutzgrundverordnung (DS-GVO) im Zusammenhang mit dem sog. „Datenleck" der Beklagten geltend, wodurch Dritte mittels Scraping an die Daten (Mobilfunknummer, F.kID, Name, Vorname, Geschlecht und mitunter weitere Daten) der Klägerin gelangten. Das LG wies die auf mindestens 1.000 Euro immateriellen Schadensersatz gerichtete Klage ab und führte dazu aus, es fehle erstens an einem Verstoß der Beklagten gegen die Vorgaben des DS-GVO bezüglich der Sicherheitsmaßnahmen, Art. 32, 24 DS-GVO. Es fehle zweitens auch ein Verstoß gegen Transparenzpflichten Art. 5, 13, 14 DS-GVO. Drittens liege auch kein Verstoß gegen die Vorgaben der Art. 33 (Meldung an die Aufsichtsbehörde), Art. 34 (Information der Klägerin) sowie Art. 15 (Auskunftserteilung) DS-GVO vor. Viertens sei auch kein Verstoß gegen die Vorgaben des Art. 25 DSGVO („Privacy by Design" und „Privacy by Default") gegeben. Fünftens sei schließlich auch kein vertraglicher Anspruch gemäß §§ 280 Abs. 1, 241 Abs. 2 BGB gegeben, weil die Klägerin keine Verletzung von vertraglichen Pflichten durch die Beklagte dargelegt hat. Sechstens sei „schließlich … auch kein Anspruch nach § 823 Abs. 2 BGB iVm den Vorschriften der DS-GVO [gegeben]. Soweit die Vorschriften der Art. 32, 24, 5, 13 und 14 DS-GVO betroffen sind, fällt der Beklagten kein Verstoß gegen die DS-GVO zur Last. Bei Art. 25 DS-GVO handelt es sich um kein Schutzgesetz im Sinne des § 823 Abs. 2 BGB, weil die Norm von ihrem Schutzzweck her nicht die Klägerin vor dem Abgreifen ihrer öffentlichen personenbezogenen Daten durch Dritte schützen soll, sondern – wie vorstehend dargestellt – den Datenverarbeiter adressiert und im Vorfeld der Datenverarbeitung ansetzt", so das LG.

Betrag: – **Haftung: –**
immVorb: – **MdE: –**

LG Berlin 7.3.2023 – 13 O 79/22 = GRUR-RS 2023, 3826

7175

Persönlichkeitsrechtsverletzung durch unrechtmäßigen Zugriff in Form von sog. Scraping von Nutzerdaten (= illegales Abschöpfen von Daten) bezüglich der personenbezogenen Daten der Nutzer einer Online-Plattform.

Mann. Der Kläger macht Ansprüche wegen behaupteter Verstöße gegen die Datenschutzgrundverordnung (DS-GVO) im Zusammenhang mit dem sog. „Datenleck" der Beklagten geltend, wodurch Dritte mittels Scraping an die Daten (Mobilfunknummer, F.kID, Name, Vorname, Geschlecht und mitunter weitere Daten) des Klägers gelangten. Das LG wies die auf mindestens 1.000 Euro immateriellen Schadensersatz gerichtete Klage ab und führte dazu aus, ein etwaiger Schadensersatzanspruch des Klägers scheitere „auch am Fehlen eines Schadens iSv Art. 82 Abs. 1 DS-VO. Anders als der Kläger meint, genügt nicht allein der Verstoß gegen die DS-GVO, um einen Ausgleich / eine Kompensation verlangen zu können. Das widerspricht dem Schadensrecht, unabhängig vom Wortlaut des Art. 82 Abs. 1 DS-GVO. Ein Schadens- und auch Schmerzensgeldanspruch setzt stets einen immateriellen oder materiellen Schaden voraus. Dies lässt sich nach Auffassung der Kammer auch dem Wortlaut des Art. 82 Abs. 1 DS-GVO entnehmen, wonach (1) ein Verstoß gegen diese (DS-GVO) Verordnung nötig ist, der (2) zu einem materiellen oder immateriellen Schaden geführt haben muss", so das LG. [Anmerkung: Siehe dazu auch LG Paderborn → Nr. 7087, LG Essen → Nr. 7100 und AG Strausberg → Nr. 7103, LG Ellwangen → Nr. 7154, LG Münster → Nr. 7161, LG Bielefeld → Nr. 7169, LG Memmingen → Nr. 7170 und LG Berlin → Nr. 7174].

Betrag: – **Haftung: –**
immVorb: – **MdE: –**

LG Detmold 7.3.2023 – 02 O 67/22 = GRUR-RS 2023, 3823

7160

Persönlichkeitsrechtsverletzung durch unrechtmäßigen Zugriff in Form von sog. Scraping von Nutzerdaten (= illegales Abschöpfen von Daten) bezüglich der personenbezogenen Daten der Nutzer einer Online-Plattform.

Mann. Der Kläger macht Ansprüche wegen behaupteter Verstöße gegen die Datenschutzgrundverordnung (DS-GVO) im Zusammenhang mit dem sog. „Datenleck" der Beklagten geltend. Der Kläger ist Nutzer der Social Media Plattform Facebook und hatte beim Anlegen seines Profils zwar die öffentliche Anzeige seiner Telefonnummer untersagt; aktiviert war aber für den Nutzerkreis „alle" die Möglichkeit über das Facebook-Tool „Kontakt-Importer" nach der Telefonnummer zu suchen und damit über diese „gefunden" zu werden. Im Rahmen einer „Scraping-Attacke" gelang es den unbekannten Dritten, die Telefonnummern zu erlangen und den konkreten Facebook-Profilen zuzuordnen. Die Beklagte informierte über den Vorfall weder den Kläger noch die Irish Data Protection Commission als zuständige Datenschutzbehörde. Der Kläger begehrte insofern 500 Euro Schmerzensgeld. Das LG wies die Klage ab und führte dazu aus: „Der Kläger hat keinen Anspruch auf immateriellen Schadensersatz aus Art. 82 Abs. 1 DS-GVO. Unabhängig von einem etwaigen Verstoß gegen Vorschriften der DS-GVO, fehlt es jedenfalls am Eintritt eines immateriellen Schadens …. Die Kammer folgt der Auffassung, wonach über den festgestellten Verstoß gegen die Vorschriften des DSG-VO hinaus Voraussetzung für eine Entschädigung in Geld der Nachweis eines konkreten (auch immateriellen) Schadens ist. … Denn ausdrücklich muss der Schaden erlitten werden, woraus folgt, dass dieser tatsächlich entstanden sein muss und nicht lediglich befürchtet wird". Zur Frage eines generellen Ausschlusses von Bagatellschäden führte das LG aus, dass ein solcher Ausschluss nicht vertretbar sei, andererseits aber auch nicht jeder Verstoß ohne ernsthafte Beeinträchtigung bzw. für jede bloß individuelle empfundene Unannehmlichkeit ein Schmerzensgeld zu gewähren sei; vielmehr müsse dem Betroffenen ein spürbarer Nachteil entstanden sein und es müsse somit „um eine objektiv nachvollziehbare und mit gewissem Gewicht erfolgte Beeinträchtigung von persönlichkeitsbezogenen Belangen" gehen. [Anmerkung: Siehe dazu auch LG Paderborn → Nr. 7087, LG Essen → Nr. 7100 und AG Strausberg → Nr. 7103, LG Ellwangen → Nr. 7154, LG Münster → Nr. 7161, LG Bielefeld → Nr. 7169 und LG Memmingen → Nr. 7170].

Betrag: – **Haftung: –**
immVorb: – **MdE: –**

LG Osnabrück 3.3.2023 – 11 O 834/22 = GRUR-RS 2023, 3281

7176

Persönlichkeitsrechtsverletzung durch unrechtmäßigen Zugriff in Form von sog. Scraping von Nutzerdaten (= illegales Abschöpfen von Daten) bezüglich der personenbezogenen Daten der Nutzer einer Online-Plattform.

Mann. Der Kläger macht Ansprüche wegen behaupteter Verstöße gegen die Datenschutzgrundverordnung (DS-GVO) im Zusammenhang mit dem sog. „Datenleck" der Beklagten geltend, wodurch Dritte mittels Scraping an die Daten (Mobilfunknummer, F.kID, Name, Vorname, Geschlecht und mitunter weitere Daten) des Klägers gelangten. Das LG wies die Klage ab und führte dazu aus: „Dahinstehen kann, ob die Beklagte gegen Artt. 13, 14, 15, 33 und 34 DSGVO verstoßen hat. Verstöße gegen diese Vorschriften sind bereits nicht vom Schutzbereich des Art. 82 DS-GVO umfasst. Dies ergibt sich zwar nicht unmittelbar aus Art. 82 Abs. 1 DS-GVO, folgt aber aus dem Zusammenspiel dieser Norm mit Art. 82 Abs. 2 DSGVO. … Dahinstehen kann, ob der Kläger gegen die Beklagte als Verantwortliche hinsichtlich der im Rahmen des Scraping-Vorfalls erfolgten Datenverarbeitung durch Dritte grundsätzlich einen Anspruch auf Auskunftserteilung gemäß Art. 15 DS-GVO hat. Diesen Anspruch hat die Beklagte jedenfalls in dem Umfang, in dem es ihr möglich ist, gemäß § 362 Abs. 1 BGB erfüllt. Soweit der Beklagten eine Erfüllung unmöglich ist, ist sie von ihrer Leistungspflicht gemäß § 275 Abs. 1 Var. 1 BGB befreit". [Anmerkung: Siehe dazu ua auch LG Paderborn →

Nr. 7087, LG Essen → Nr. 7100 und AG Strausberg → Nr. 7103, LG Ellwangen → Nr. 7154, LG Münster → Nr. 7161, LG Bielefeld → Nr. 7169 und LG Memmingen → Nr. 7170 und LG Berlin → Nr. 7174].

Betrag: – **Haftung: –**
immVorb: – **MdE: –**

LG Heilbronn 3.3.2023 – Bö 1 O 78/22 = GRUR-RS 2023, 3278

7179

Persönlichkeitsrechtsverletzung durch unrechtmäßigen Zugriff in Form von sog. Scraping von Nutzerdaten (= illegales Abschöpfen von Daten) bezüglich der personenbezogenen Daten der Nutzer einer Online-Plattform.

Mann. Der Kläger macht Ansprüche wegen behaupteter Verstöße gegen die Datenschutzgrundverordnung (DS-GVO) im Zusammenhang mit dem sog. „Datenleck" der Beklagten geltend, wodurch Dritte mittels Scraping an die Daten (Mobilfunknummer, F.kID, Name, Vorname, Geschlecht und mitunter weitere Daten) des Klägers gelangten. Das LG wies die auf mindestens 1.000 Euro immateriellen Schadensersatz gerichtete Klage ab und führte dazu aus, es könne dahinstehen, ob die Pflichtverletzungen vorliegen, die der Kläger der Beklagten vorwirft, namentlich Verstöße gegen Art. 5 Abs. 1a DS-GVO, Art. 13, 14 DS-GVO, Art. 24, 32 DS-GVO sowie Art. 15 DS-GVO, denn ein Datenschutzverstoß als solcher reiche für das Entstehen eines Schadensersatzanspruchs nach Art. 82 Abs. 1 DS-GVO nicht aus. Das folge bereits aus dem Wortlaut der Vorschrift, die zwischen Verstoß und wegen des Verstoßes entstandenem Schaden differenziere, so das LG mit Verweis auf OLG Frankfurt a.M. → Nr. 6932.

Betrag: – **Haftung: –**
immVorb: – **MdE: –**

LG Hamburg 1.3.2023 – 316 O 188/22 = GRUR-RS 2023, 3283

7180

Persönlichkeitsrechtsverletzung durch unrechtmäßigen Zugriff in Form von sog. Scraping von Nutzerdaten (= illegales Abschöpfen von Daten) bezüglich der personenbezogenen Daten der Nutzer einer Online-Plattform.

Mann. Der Kläger macht Ansprüche wegen behaupteter Verstöße gegen die Datenschutzgrundverordnung (DS-GVO) im Zusammenhang mit dem sog. „Datenleck" der Beklagten geltend, wodurch Dritte mittels Scraping an die Daten (Mobilfunknummer, F.kID, Name, Vorname, Geschlecht und mitunter weitere Daten) des Klägers gelangten. Das LG wies die auf mindestens 1.000 Euro immateriellen Schadensersatz gerichtete Klage ab und führte dazu aus: „Der Kläger hat keinen Anspruch auf Zahlung eines immateriellen Schadensersatzes aus Art. 82 Abs. 1 DSGVO oder einer anderen denkbaren Anspruchsgrundlage. Unabhängig vom Vorliegen der Anspruchsvoraussetzungen im Übrigen, fehlt es jedenfalls am Eintritt eines immateriellen Schadens" [wird ausgeführt. Vgl. dazu ua auch auch LG Paderborn → Nr. 7087, LG Essen → Nr. 7100 und AG Strausberg → Nr. 7103, LG Ellwangen → Nr. 7154, LG Münster → Nr. 7161, LG Bielefeld → Nr. 7169, LG Memmingen → Nr. 7170 sowie LG Berlin → Nr. 7174].

Betrag: – **Haftung: –**
immVorb: – **MdE: –**

LG Offenburg 28.2.2023 – 2 O 98/22 = GRUR-RS 2023, 2654

7161

Persönlichkeitsrechtsverletzung durch unrechtmäßigen Zugriff in Form von sog. Scraping von Nutzerdaten (= illegales Abschöpfen von Daten) bezüglich der personenbezogenen Daten der Nutzer einer Online-Plattform.

Frau. Die Klägerin macht Ansprüche wegen behaupteter Verstöße gegen die Datenschutzgrundverordnung (DS-GVO) im Zusammenhang mit dem sog. „Datenleck" der Beklagten geltend. Die Klägerin ist Nutzerin der Social Media Plattform Facebook und hatte beim Anlegen seines Profils zwar die öffentliche Anzeige seiner Telefonnummer untersagt; aktiviert war aber für den Nutzerkreis „alle" die Möglichkeit über das Facebook-Tool „Kontakt-Importer" nach der Telefonnummer zu suchen und damit über diese „gefunden" zu werden. Im Rahmen einer „Scraping-Attacke" gelang es den unbekannten Dritten, die Telefonnummern zu erlangen und den konkreten Facebook-Profilen zuzuordnen. Die Beklagte informierte über den Vorfall weder die Klägerin noch die Irish Data Protection Commission als zuständige Datenschutzbehörde. Die Klägerin begehrte insofern 1.000 Euro Schmerzensgeld. Das LG wies die Klage ab und führte dazu aus, die Klägerin habe keinen Anspruch auf immateriellen Schadensersatz aus Art. 82 Abs. 1 DS-GVO; ihr Vortrag, aufgrund des erlittenen Kontrollverlusts über ihre Daten sei sie in einem Zustand großen Unwohlseins verblieben und in großer Sorge über möglichen Missbrauch ihrer sie betreffenden Daten, reiche für die Zuerkennung von Schadensersatz und Schmerzensgeld in der geltend gemachten Höhe nicht aus. [Anmerkung: Siehe dazu auch LG Paderborn → Nr. 7087, LG Essen → Nr. 7100 und AG Strausberg → Nr. 7103, LG Ellwangen → Nr. 7154 sowie auch LG Osnabrück → Nr. 7160].

Betrag: – **Haftung: –**
immVorb: – **MdE: –**

LG Münster 27.2.2023 – 017 O 344/22 = GRUR-RS 2023, 3282

7163

Persönlichkeitsrechtsverletzung durch unrechtmäßigen Zugriff in Form von sog. Scraping von Nutzerdaten (= illegales Abschöpfen von Daten) bezüglich der personenbezogenen Daten der Nutzer einer Online-Plattform.

Mann. Mann. Der Kläger macht Ansprüche wegen behaupteter Verstöße gegen die Datenschutzgrundverordnung (DS-GVO) im Zusammenhang mit dem sog. „Datenleck" der Beklagten geltend. Der Kläger ist Nutzer der Social Media Plattform Facebook und hatte beim Anlegen seines Profils zwar die öffentliche Anzeige seiner Telefonnummer untersagt; aktiviert war aber für den Nutzerkreis „alle" die Möglichkeit über das Facebook-Tool „Kontakt-Importer" nach der Telefonnummer zu suchen und damit über diese „gefunden" zu werden. Im Rahmen einer „Scraping-Attacke" gelang es den unbekannten Dritten, die Telefonnummern zu erlangen und den konkreten Facebook-Profilen zuzuordnen. Die Beklagte informierte über den Vorfall weder den Kläger noch die Irish Data Protection Commission als zuständige Datenschutzbehörde. Der Kläger begehrte insofern 1.000 Euro Schmerzensgeld. Das LG wies die Klage ab und führte dazu aus, ein Verstoß der Beklagten gegen die DSGVO sei nicht festzustellen, denn die Reichweite des Schutzes der DSGVO sei „im Lichte der jeweiligen konkreten Nutzung (beispielsweise des Internets) zu sehen". Mithin sei vorliegend zu berücksichtigen, dass es sich bei Facebook um ein soziales Netzwerk handelt, das u.a. auf Kommunikation, Finden von Personen und Teilen von Informationen angelegt ist. Zwar – so das LG weiter – sei die Pflicht zur Erstattung immaterieller Schäden … nicht auf schwere Schäden beschränkt, andererseits sei „aber auch weiterhin nicht für jede im Grunde nicht spürbare Beeinträchtigung bzw. für jede bloß individuelle empfundene Unannehmlichkeit ein Schmerzensgeld zu gewähren. Vielmehr muss dem Betroffenen ein spürbarer Nachteil entstanden sein und es muss um eine objektiv nachvollziehbare, tatsächlich erfolgte Beeinträchtigung von persönlichkeitsbezogenen Belangen gehen". [vgl. dazu auch LG Osnabrück → Nr. 7160 und LG Münster → Nr. 7161].

Betrag: – **Haftung: –**
immVorb: – **MdE: –**

LG Aachen 10.2.2023 – 8 O 177/22 = GRUR-RS 2023, 2621

7153

Persönlichkeitsrechtsverletzung durch unrechtmäßiger Zugriff in Form von sog. Scraping von Nutzerdaten (= illegales Abschöpfen von Daten) bezüglich der personenbezogenen Daten der Nutzer einer Online-Plattform.

Mann. Kein Schmerzensgeldanspruch gemäß Art. 82 Abs. 1 DS-GVO wegen Daten-Scrapings und dem dadurch bestehenden Verlust über die Datenkontrolle. Das LG wies die Klage ab, da dem Kläger „unter keinem rechtlichen Gesichtspunkt ein Anspruch auf immateriellen Schadenersatz in geltend gemachter Höhe von 1.000,00 EUR zu"stehe, denn es fehle an einer schadenersatzauslösenden Pflichtverletzung der Beklagten im Sinne der DS-GVO. „Nach Art. 82 DS-GVO muss ein solcher Schaden gerade durch die Datenverarbeitung eingetreten sein. Für das Vorliegen eines solchen Nachteils ist der Anspruchsteller – hier also der Kläger – darlegungs- und beweisbelastet. Es reicht dabei nicht aus, dass dargelegt und bewiesen wird, dass eine nicht über Art. 6 DS-GVO abgedeckte Datenverarbeitung erfolgt ist. Andernfalls würde mit jeder nicht gerechtfertigten Datenverarbeitung sogleich ein Anspruch entstehen und das selbst dann, wenn diese Verarbeitung für den Betroffenen keinerlei Nachteil mit sich gebracht haben sollte. Ein solches System würde die Grundprinzipien des Schadensrechtes völlig verkennen. Eine Schadensersatzpflicht soll nämlich vorrangig erlittenes Unrecht kompensieren und nicht als Bestrafung für den Handelnden fungieren. Bei der Höhe von Schmerzensgeld vermag dieser Bestrafungsaspekt zwar durchaus auch von Relevanz zu sein, nicht aber als Alleinstellungsmerkmal dienen. Andernfalls würde der Schadensersatzanspruch nach Art. 82 DSGVO zu einer Art Straftatbestand im privatrechtlichen Kontext konvertiert", so das LG. [Anmerkung: Siehe dazu auch LG Paderborn → Nr. 7087, LG Essen → Nr. 7100 und AG Strausberg → Nr. 7103 sowie LG Ellwangen → Nr. 7154].

Betrag: – **Haftung: –**
immVorb: – **MdE: –**

LG Görlitz 27.1.2023 – 1 O 101/22 = BeckRS 2023, 1148

7154

Persönlichkeitsrechtsverletzung durch unrechtmäßiger Zugriff in Form von sog. Scraping von Nutzerdaten (= illegales Abschöpfen von Daten) bezüglich der personenbezogenen Daten der Nutzer einer Online-Plattform.

Mann. Kein Schmerzensgeldanspruch gemäß Art. 82 Abs. 1 DS-GVO wegen der Verletzung von Benachrichtigungspflichten bzw. Informationsrechten über die Datenverarbeitung. Der Betreiber einer Social-Media-Plattform ist nicht verpflichtet, Schutzmaßnahmen gegen Daten-Scraping zu treffen, denn „es handelt sich bei den unstreitig gescrapten personenbezogenen Daten des Klägers, nämlich seinen Namen, sein Geschlecht und seinen Benutzernamen, um Daten, die für jedermann ohne Zugangskontrolle oder Überwindung technischer Zugangsbeschränkungen wie Logins oder ähnliches abrufbar sind, was dem Kläger bereits durch die Anmeldung bekannt war. Die Erhebung dieser Daten als solche erfolgte daher nicht unbefugt bzw. unrechtmäßig. Diese Verarbeitung in Form des Scrapens erfolgt auch durch Dritte und nicht durch die Beklagte", so das LG. [Anmerkung: Siehe dazu auch LG Paderborn → Nr. 7087, LG Essen → Nr. 7100 und AG Strausberg → Nr. 7103].

Betrag: – **Haftung: –**
immVorb: – **MdE: –**

LG Ellwangen 25.1.2023 – 2 O 198/22 = GRUR-RS 2023, 1146

7178

Persönlichkeitsrechtsverletzung durch unrechtmäßigen Zugriff in Form von sog. Scraping von Nutzerdaten (= illegales Abschöpfen von Daten) bezüglich der personenbezogenen Daten der Nutzer einer Online-Plattform.

Mann. Der Kläger macht Ansprüche wegen behaupteter Verstöße gegen die Datenschutzgrundverordnung (DS-GVO) im Zusammenhang mit dem sog. „Datenleck" der Beklagten geltend, wodurch Dritte mittels Scraping an die Daten (Mobilfunknummer, F.kID, Name, Vorname, Geschlecht und mitunter weitere Daten) des Klägers gelangten. Das LG wies die auf 1.000 Euro immateriellen Schadensersatz gerichtete Klage ab und führte dazu aus: „Auch und gerade unter Berücksichtigung eines weiten Verständnisses des immateriellen Schadens, das ausdrücklich auch Bagatellschäden einschließt, kann das Gericht nicht erkennen (§ 287 Abs. 1 ZPO), dass der Kläger einen solchen Schaden tatsächlich erlitten hat".

Betrag: – **Haftung: –**
immVorb: – **MdE: –**

LG Bielefeld 19.12.2022 – 8 O 182/22 = GRUR-RS 2022, 38375

7100

Persönlichkeitsrechtsverletzung durch unrechtmäßiger Zugriff in Form von sog. Scraping von Nutzerdaten (= illegales Abschöpfen von Daten) bezüglich der personenbezogenen Daten der Nutzer einer Online-Plattform.

Mann. Kein Schmerzensgeldanspruch gemäß Art. 82 DS-GVO) im Zusammenhang mit einem dem sog. „Datenleck" der Beklagten, durch welches ein sog. „Scraping" (= Abschöpfen) und damit böswilligen Akteuren eine weite Bandbreite an Möglichkeiten wie z.B. Identitätsdiebstahl, die Übernahme von Accounts oder gezielte Phishing-Nachrichten ermöglicht worden sei. Inhalt und Bedeutung des Scraping wurden von den Parteien unterschiedlich interpretiert. Das LG wies die Klage ab. Es fehlt an einer schadenersatzauslösenden Pflichtverletzung der Beklagten im Sinne der DS-GVO, denn das bei der Internetnutzung stets vorhandene Risiko, dass über technische Programme selbst gewählte Freigaben personenbezogener Daten ausgenutzt und missbraucht werden, ist vom Nutzer zu tragen, wenn sich dieser eigenverantwortlich zur Nutzung entschlossen hat und nach Zustimmung zur Datenschutzrichtlinie und nach Bereitstellung von Hilfestellungsmöglichkeiten selbst entscheiden konnte, wie weit er die Angebote nutzt. Der Betreiber einer Social-Media-Plattform muss zwar – aufgrund der Fülle an personenbezogener Daten – dafür sorgen, dass gerade sensiblere Daten wie Email-Adressen oder Telefonnummern nicht einfach und schnell durch Dritte zu erlangen sind. Er genügt dieser Anforderung jedoch sofern die Freigabe der Telefonnummer lediglich eine Komfortfunktion ist, damit ein Nutzer besser gefunden werden kann und der Nutzer bei Inanspruchnahme dieser Komfortfunktion auf die geringeren Schutzmöglichkeiten aufmerksam gemacht wird. [Anmerkung: Siehe dazu auch LG Paderborn → Nr. 7087, LG Essen → Nr. 7100 und AG Strausberg → Nr. 7103 sowie LG Ellwangen → Nr. 7154].

Betrag: – **Haftung: –**
immVorb: – **MdE: –**

LG Essen 10.11.2022 – 6 O 111/22 = GRUR-RS 2022, 34818

7103

Persönlichkeitsrechtsverletzung durch unrechtmäßiger Zugriff in Form von sog. Scraping (= illegales Abschöpfen von Daten) bezüglich der personenbezogenen Daten der Nutzer einer Online-Plattform.

Mann. Der Kläger begehrte Schmerzensgeld gemäß Art. 82 DS-GVO, da im April 2021 die gescrapten Datensätze von über 500 Mio. Facebook-Nutzern, zu denen der Kläger gehörte, sowie die mit diesen Datensätzen verknüpften Telefonnummern frei zum Download bereitgestellt worden waren. Hierzu gehörten auch die immer öffentlich zugänglichen Informationen des Profils des Klägers und die mit seinem Konto verknüpfte Telefonnummer. Das AG Strausberg entschied, dass sich eine Online-Plattform bei einem Scraping-Vorfall gegenüber ihren Nutzern nicht schadensersatzpflichtig macht. Die Online-Plattform trifft keine Verpflichtung öffentlich zugängliche Daten vor einer Verarbeitung durch Scraping zu schützen. [Anmerkung: Siehe dazu auch LG Paderborn → Nr. 7087, LG Essen → Nr. 7100 und AG Strausberg → Nr. 7103 sowie LG Ellwangen → Nr. 7154].

Betrag: – **Haftung: –**
immVorb: – **MdE: –**

AG Strausberg 13.10.2022 – 25 C 95/21 = ZD-Aktuell 2022, 01381

6982

Persönlichkeitsrechtsverletzung (hier: Unzulässiger Zugriff auf die eigenen Patientendaten).

Mann (Chefarzt). Kein Schmerzensgeldanspruch, denn „zwischen den Parteien bestand ein Behandlungsvertrag iSd § 630a BGB. Ein Behandlungsvertrag begründet ua die selbständige Nebenpflicht (§ 241 Abs. 2 BGB) des Behandelnden dafür Sorge zu tragen, dass die zur Behandlung und ihrer Dokumentation (§ 630f BGB) erhobenen personenbezogenen Daten des Patienten nur zu erlaubten Zwecken verarbeitet werden, sei es durch den Behandelnden selbst, sei es durch ihm unterstellte natürliche Personen oder Erfüllungsgehilfen, die Zugang zu den personenbezogenen Patientendaten haben“, so das LG. Zudem war der Anspruch verjährt, denn „die Anrufung des Unabhängigen Landeszentrums für Datenschutz Schleswig-Holstein (ULD) führt nicht zu einer Hemmung der Verjährung. Das ULD ist keine Streitbeilegungsstelle iSd § 204 Abs. 1 Nr. 4 BGB.“

Betrag: – **Haftung: –**
immVorb: – **MdE: –**

LG Flensburg 19.11.2021 – 3 O 227/19 = BeckRS 2021, 42767

7121

Persönlichkeitsrechtsverletzung, vermeintliche (hier: unrechtmäßiger Zugriff / Datenleck in Bezug auf Daten in Form eines Identitätsdiebstahls im Zusammenhang mit dem „Priceless Specials-Programm“ der Mastercard).

Frau. Die Kl. macht wegen eines Datenverlusts immaterielle Ansprüche geltend. Die Bekl. ist Herausgeberin der Kreditkarte „Mastercard“. Die Bekl. unterhielt ein Kundenbindungsprogramm, bei dem die Kunden Bonuspunkte sammeln konnten. Dabei gab es eine im Internet erreichbare Plattform, auf der Nutzer einer Kreditkarte der Bekl. sich registrieren konnten. In der Plattform waren personenbezogene Daten der Nutzer (wie etwa ihre Namen, Adressen und Kreditkartendaten) hinterlegt. Die Kl. war Nutzer dieser Plattform. Am 19.8.2019 wurden personenbezogene Daten der Kl. von Dritten abgegriffen und im Internet veröffentlicht. Das OLG wies die auf immateriellen Schadensersatzanspruch gerichtete Klage ab und führte dazu aus: „Der Anspruch aus Art. 82 DS-GVO setzt voraus, dass ein Verstoß gegen die DS-GVO für den Schaden des Betroffenen ursächlich geworden ist. Es genügt also nicht, dass ein etwaiger Schaden auf eine Verarbeitung personenbezogener Daten zurückzuführen ist, in deren Rahmen es zu einem Rechtsverstoß gekommen ist (zutr. Paal MMR 2020, 14 (17)). Das ergibt sich schon klar aus dem Wortlaut des Art. 82 Abs. 1 DS-GVO, wonach der Schaden „wegen“ eines Verstoßes eingetreten sein muss. Noch deutlicher wird dies in der englischen, schwedischen und dänischen Fassung der Verordnung mit dem Begriff „als Folge“ (as a result of an infringement of this Regulation, till följd av en överträdelse av denna förordning, som følge af en overtrædelse af denne forordning) sowohl in Art. 82 Abs. 1 DS-GVO als auch in dem Erwägungsgrund 146. Der eingetretene Schaden muss demnach gerade durch den geltend gemachten Rechtsverstoß eingetreten sein“, was vorliegend nicht der Fall war. [Anmerkung: vgl. auch LG Frankfurt a.M. → 7085, LG München I → Nr. 7080 und LG Köln → Nr. 7081 sowie LG Karlsruhe → Nr. 7082].

Betrag: – **Haftung: –**
immVorb: – **MdE: –**

OLG Stuttgart 31.3.2021 – 9 U 34/21 = BeckRS 2021, 6282

7082

Persönlichkeitsrechtsverletzung, vermeintliche (hier: Datenleck / unrechtmäßiger Zugriff auf Daten in Form eines Identitätsdiebstahls im Zusammenhang mit dem „Priceless Specials-Programm“ der Mastercard).

Mann. Der Kl. macht wegen eines Datenverlusts immaterielle Ansprüche geltend. Die Bekl. ist Herausgeberin der Kreditkarte „Mastercard“. Der Kl. ist ein in Karlsruhe lebender Verbraucher, der eine Kreditkarte der Bekl. nutzt. Die Bekl. unterhielt ein Kundenbindungsprogramm, welches sie unter dem Namen „Priceless Specials“ vermarktet. Dabei gab es eine im Internet erreichbare Plattform, auf der Nutzer einer Kreditkarte der Bekl. sich registrieren konnten. In der Plattform waren personenbezogene Daten der Nutzer (wie etwa ihre Namen, Adressen und Kreditkartendaten) hinterlegt. Der Kl. war Nutzer dieser Plattform „Priceless Specials“. Am 22.8.2019 informierte die Bekl. den Kl. darüber, dass es auf der „Priceless Specials“-Plattform einen Angriff gegeben habe, durch den möglicherweise verschiedene personenbezogene Daten des Kl. von Dritten entwendet werden konnten. Das LG wies den immateriellen Schadensersatzanspruch zurück und begründete dies damit, dass der Verstoß gegen Vorschriften der DS-GVO allein nicht unmittelbar zum Schadensersatz führe und eine über einen Bagatellschaden hinausgehende Schädigungen nur beispielsweise bei dem Verlust von Gesundheitsdaten, dem Verlust der Vertraulichkeit von anderen dem Berufsgeheimnis unterliegenden personenbezogenen Daten, dem Verlust von Daten mit sexuellem Bezug oder Daten, die gesellschaftlich kompromittierenden Inhalt haben, regelmäßig anzunehmen sein, nicht aber bei der Verbreitung von Name, Geburtsdatum, Geschlecht, E-Mail-Adresse und Telefonnummer einer Person. [Anmerkung: vgl. auch LG Frankfurt a.M. → 7085, LG München I → Nr. 7080 und LG Köln → Nr. 7081 sowie OLG Stuttgart → Nr. 7121].

Betrag: – **Haftung: –**
immVorb: – **MdE: –**

LG Karlsruhe 9.2.2021 – 4 O 67/20 = BeckRS 2021, 20347

7131

Persönlichkeitsrechtsverletzung, vermeintliche (hier: Datenleck / unrechtmäßiger Zugriff auf Daten in Form eines Identitätsdiebstahls im Zusammenhang mit dem „Priceless Specials-Programm" der Mastercard).

Der Anspruch aus Art. 82 Abs. 1 DS-GVO wurde vorliegend abgelehnt, da die Pflichtverletzung nicht schlüssig vorgetragen wurde. Ein bloßes Datenleck indiziert noch nicht, dass dieses auf einer Pflichtverletzung beruht. Es bestehe keine Beweislastumkehr bzgl. der Pflichtverletzung zu Lasten der Beklagten. Vielmehr muss der Kläger darlegen und beweisen, dass der Verstoß auf einer Pflichtverletzung der Beklagten beruht und ein Schaden besteht, denn die Beweislastumkehr in Art. 82 Abs. 3 DS-GVO betrifft nur die Frage des Verschuldens. Der Anspruchsteller muss zunächst darlegen und beweisen, dass das Datenleck durch eine nicht der DS-GVO entsprechende Verarbeitung verursacht wurde. [Anmerkung: vgl. auch LG Karlsruhe → 7082, LG Frankfurt a.M. → 7085, LG München I → Nr. 7080 und LG Köln → Nr. 7081 sowie OLG Stuttgart → Nr. 7121].

Betrag: – **Haftung: –**
immVorb: – **MdE: –**

LG Frankfurt a. M. 18.1.2021 – 2-30 O 147/20 = BeckRS 2021, 20351

7085

Persönlichkeitsrechtsverletzung, vermeintliche (hier: Datenleck / unrechtmäßiger Zugriff auf Daten in Form eines Identitätsdiebstahls im Zusammenhang mit dem „Priceless Specials-Programm" der Mastercard).

Mann. Der Kl. macht wegen eines Datenverlusts immaterielle Ansprüche geltend. Die Bekl. ist Herausgeberin der Kreditkarte „Mastercard". Der Kl. ist ein in Karlsruhe lebender Verbraucher, der eine Kreditkarte der Bekl. nutzt. Die Bekl. unterhielt ein Kundenbindungsprogramm, welches sie unter dem Namen „Priceless Specials" vermarktet. Dabei gab es eine im Internet erreichbare Plattform, auf der Nutzer einer Kreditkarte der Bekl. sich registrieren konnten. In der Plattform waren personenbezogene Daten der Nutzer (wie etwa ihre Namen, Adressen und Kreditkartendaten) hinterlegt. Der Kl. war Nutzer dieser Plattform „Priceless Specials". Am 22.8.2019 informierte die Bekl. den Kl. darüber, dass es auf der „Priceless Specials"-Plattform einen Angriff gegeben habe, durch den möglicherweise verschiedene personenbezogene Daten des Kl. von Dritten entwendet werden konnten. Das LG wies den immateriellen Schadensersatzanspruch zurück und begründete dies wie folgt: „Die Veröffentlichung der Daten … stellt an sich keinen Verstoß der Bekl. gegen die DS-GVO dar. Die Veröffentlichung könnte nur dann als Verstoß gegen Art. 5 Abs. 1 lit. a oder lit. f DS-GVO eingeordnet werden, wenn die Bekl. bzw. BB sie unberechtigt vorgenommen hätte. Dies lässt sich aber nicht feststellen und wird auch von dem Kl. nicht konkret vorgetragen". [Anmerkung: vgl. auch LG Karlsruhe → 7082, LG München I → Nr. 7080 und LG Köln → Nr. 7081].

Betrag: – **Haftung: –**
immVorb: – **MdE: –**

LG Frankfurt a. M. 18.9.2020 – 2-27 O 100/20 = GRUR-RS 2020, 24557

7815

Persönlichkeitsrechtsverletzung durch unrechtmäßigen Zugriff in Form von sog. Scraping von Nutzerdaten bezüglich der personenbezogenen Daten der Nutzer einer Online-Plattform (hier: Facebook) und behaupteter Kontrollverlust.

Frau. Die Klägerin erhob Ansprüche wegen Verstößen gegen die DS-GVO im Zusammenhang mit dem sog. „Datenleck" der Beklagten, wodurch Dritte mittels Scraping an die Daten (Mobilfunknummer, F.kID, Name, Vorname, Geschlecht und mitunter weitere Daten) der Klägerin gelangten. Das OLG sah darin einen Anspruch auf immaterieller Schaden iSv Art. 82 Abs. 1 DSGVO als gegeben an, da dieser bei einem Kontrollverlust über personenbezogene Daten vorliege. Dies gelte auch für einen nur kurzzeitigen Verlust der Kontrolle, etwa durch Scraping und Veröffentlichung im Internet, ohne dass es hierfür weiterer spürbarer negativer Folgen bedürfe, so das OLG. Zur Höhe sah das OLG 75 EUR als angemessen und ausreichend an, da bei der Ermittlung des zu ersetzenden Schadens zu berücksichtigen sei, dass Art. 82 DS-GVO nur einen Ausgleich des erlittenen Schadens bezwecke, jedoch keine Abschreckungs- oder Straffunktion inne besitze. Infolgedessen dürfe bei der Bemessung einer Geldentschädigung weder die Schwere des Verstoßes gegen die DS-GVO, durch den der betreffende Schaden entstanden ist, berücksichtigt werden, noch der Umstand, ob ein Verantwortlicher mehrere Verstöße gegenüber derselben Person begangen hat oder ob er vorsätzlich oder fahrlässig gehandelt hat.

Betrag: 75 € **Haftung: 100 %**
immVorb: – **MdE: –**

OLG Düsseldorf 22.5.2025 – 16 U 99/24 = GRUR-RS 2025, 10935

7831

Persönlichkeitsrechtsverletzung durch unrechtmäßigen Zugriff in Form von sog. Scraping von Nutzerdaten bezüglich der personenbezogenen Daten der Nutzer einer Online-Plattform (hier: Facebook) und daraus resultierender Kontrollverlust, verbunden mit negativen Gefühlen wie Ängste und Befürchtungen des Datenmissbrauchs.

Mann. Der Kläger begehrte ua immateriellen Schadensersatz aufgrund von Verstößen der Beklagten gegen die DS-GVO im Zusammenhang mit dem sog. „Datenleck" der Beklagten, wodurch Dritte mittels Scraping an die Daten (Mobilfunknummer, F.kID, Name, Vorname, Geschlecht und mitunter weitere Daten) des Klägers gelangten. Das OLG stellte einen Kontrollverlust fest und gab der Klage iHv 75 EUR statt und verwies insofern auf BGH 18.11.2024 – VI ZR 10/24. Die Herabsetzung von „sonst regelmäßig zugesprochenen Betrag von 100 EUR" begründete das OLG damit, dass „der Verlust der Kontrolle über die Mobilfunknummer durch einen Wechsel der Nummer anlässlich eines Vertragswechsels bereits im September 2021 sein Ende gefunden hat.". [Anmerkung: Vgl. dazu im Handbuch → Rn. 246 und → Rn. 247].

Betrag: 75 € **Haftung: 100 %**
immVorb: – **MdE: –**

OLG Düsseldorf 13.3.2025 – 16 U 173/23 = GRUR-RS 2025, 14378

7719

Persönlichkeitsrechtsverletzung durch unrechtmäßigen Zugriff in Form von sog. Scraping auf die Nutzerdaten des Klägers, als Nutzer einer Online-Plattform (hier: Facebook) und behaupteter Kontrollverlust sowie und psychische Beeinträchtigungen.

Mann. Kein – über 100 EUR für den bloßen Kontrollverlust hinausgehender – Anspruch auf immateriellen Schadensersatz in „Scraping"-Fällen bei fehlender Darlegung eines konkreten Schadens. „Die von der Klagepartei geschilderten psychischen Beeinträchtigungen sind darüber hinaus nicht glaubhaft. Wäre die Klagepartei im Hinblick auf ihre personenbezogenen Daten tatsächlich dermaßen sensibilisiert, dass ein Kontrollverlust zu echter Sorge führen würde, hätte sie nicht, wie im Rahmen der Anhörung geschildert, erst im Jahre 2023 eine Überprüfung ihrer eigenen Betroffenheit vorgenommen, sondern dies unmittelbar veranlasst, nachdem sie im Jahre 2019 von dem Datenleck bei der Beklagten aus der Presse erfahren hatte. Zudem ist die Klagepartei intensiv im Bereich der sozialen Medien engagiert … Dies spricht dafür, dass die unkontrollierte Zuordnung ihrer Mobilfunktelefonnummer keinen nachhaltigen Einfluss auf die Gemütslage der Klagepartei in Form der begründeten Befürchtung einer missbräuchlichen Verwendung und daraus resultierender psychischer Beeinträchtigungen gehabt haben kann", so das OLG mit verweis auf OLG Hamm → Nr. 7295. Das OLG sprach jedoch 100 EUR für den Kontrollverlust zu, der dem Kläger durch den Verstoß der Beklagten gegen die DS-GVO und insofern „gegen den Grundsatz der Datenminimierung" entstanden ist. Dazu führte das OLG aus, dass „die unter Verstoß gegen den Grundsatz der datenschutzfreundlichen Voreinstellungen vorgenommene, nicht von einer Einwilligung der Klagepartei gedeckte und von „allen" Nutzern für eine Datensuche verwendbare Verknüpfung der Mobilfunknummer der Klägerseite mit ihren immer öffentlichen Daten, die so für „alle" anhand der Mobilfunknummer auffindbar waren, … die das Scraping initiierenden Dritten die Daten der Klägerseite nicht [hätte] abschöpfen können." [Vgl. auch OLG Köln → 7814 sowie ausführlich zu dieser Thematik im Handbuch unter → Rn. 246 und → Rn. 247].

Betrag: 100 € **Haftung: 100 %**
immVorb: – **MdE: –**

OLG Braunschweig 5.6.2025 – 2 U 71/24 = GRUR-RS 2025, 13181

7816

Persönlichkeitsrechtsverletzung durch unrechtmäßigen Zugriff in Form von sog. Scraping von Nutzerdaten bezüglich der personenbezogenen Daten der Nutzer einer Online-Plattform (hier: Facebook) und behaupteter Kontrollverlust.

Mann. Der Kläger erhob Ansprüche wegen Verstößen gegen die DS-GVO im Zusammenhang mit dem sog. „Datenleck" der Beklagten, wodurch Dritte mittels Scraping an die Daten (Mobilfunknummer, F.kID, Name, Vorname, Geschlecht und mitunter weitere Daten) des Klägers gelangten. Das OLG sah darin einen Anspruch auf Ersatz immateriellen Schadens iSv Art. 82 Abs. 1 DSGVO als gegeben an, da dieser bei einem Kontrollverlust über personenbezogene Daten vorliege. Dies gelte auch für einen nur kurzzeitigen Verlust der Kontrolle, etwa durch Scraping und Veröffentlichung im Internet, ohne dass es hierfür weiterer spürbarer negativer Folgen bedürfe, so das OLG. ZUr Bemessung eines immateriellen Schadens in solchen Fällen betonte das OLG Düsseldorf, dass die „mit dem Kontrollverlust verbundenen negativen Gefühle wie Ängste und Befürchtungen sowie in der Auseinandersetzung mit dem Scraping-Vorfall und dem Schutz vor künftigem Datenmissbrauch aufgewandte Zeit und Mühe Umstände darstellen würden, die einen bereits mit dem reinen Kontrollverlust eingetretenen immateriellen Schaden im Sinne des Art. 82 Abs. 1 DSGVO vertiefen oder vergrößern können (vgl. BGH, Urteil vom 18. November 2024 – VI ZR 10/24, juris, Rn. 31, 35 und 45). Das gilt jedenfalls dann, wenn sie über die mit dem eingetretenen Kontrollverlust für jedermann unmittelbar zusammenhängenden Unannehmlichkeiten hinausgehen (BGH, Urteil vom 18. November 2024 – VI ZR 10/24, juris, Rn. 101). Auch eine etwaige psychische Belastung durch Spam-Anrufe und Spam-SMS, die auf den Kontrollverlust zurückzuführen sind, kann den immateriellen Schaden vergrößern.". Im konkreten Fall sah es 100 EUR für angemessen und ausreichend an, da der Schaden nur gering gewesen sei.

Betrag: 100 € **Haftung: 100 %**
immVorb: – **MdE: –**

OLG Düsseldorf 22.5.2025 – 16 U 185/24 = GRUR-RS 2025, 13834

7814

Persönlichkeitsrechtsverletzung durch unrechtmäßigen Zugriff in Form von sog. Scraping auf die Nutzerdaten des Klägers, als Nutzer einer Online-Plattform (hier: Facebook) und behaupteter Kontrollverlust verbunden mit „verstärkter Sorge„, jedoch ohne – von "Ärger und die Enttäuschung" abgesehen – weitere Beeinträchtigungen.

Mann. Kein – über 100 EUR für den bloßen Kontrollverlust hinausgehender – Anspruch auf immateriellen Schadensersatz in „Scraping"-Fällen bei fehlender Darlegung eines konkreten Schadens. Nach Anhörung des Klägers steht zur Überzeugung des Senats fest, dass dieser einen Kontrollverlust dergestalt erlitten hat, dass seine bei der Beklagten gespeicherte Mobilfunknummer zusammen mit seinem Namen im Internet veröffentlicht wurde und er somit Opfer eines sog. Datenlecks geworden ist. Bei der Bemessung des immateriellen Schadens hatte das OLG berücksichtigt, dass „der Kläger auf den Senat jedoch eher den Eindruck gemacht [hatte], dass bei ihm der Ärger und die Enttäuschung überwog, dass die Beklagte keine (hinreichenden) Vorkehrungen gegen den massenhaften Abgriff von Daten getroffen und dass man ihn seitens der Beklagten nicht über den Scraping-Vorfall informiert hatte. Eine kurzzeitige Verunsicherung des Klägers oder Sorge bei Auftreten der ersten Spam-SMS und -anrufe ist zwar nachvollziehbar, entspricht jedoch noch denjenigen Unannehmlichkeiten, die regelmäßig mit einem Kontrollverlust verbunden sind. Weitergehende Folgen konnten nicht festgestellt werden: Der Kläger hat mit den von ihm geschilderten insgesamt ca. 13 Anrufen und SMS in gut drei Jahren ein nur geringes Maß an Belästigung erfahren und auch sonst nicht erkennen lassen, dass ihn der Vorfall nachhaltig beeinträchtigt hätte. Er hat – weil es sich nach seinen Angaben um „meine vertraute Nummer" handelt – die Mobilfunknummer nicht gewechselt und ist auch Nutzer auf der Plattform der Beklagten geblieben. Weiter hat der Kläger auch nicht bekundet, dass er neben der Beauftragung eines Anwalts weitere Maßnahmen ergriffen hat, um sich mit dem Datenleck auseinanderzusetzen." „Zur Frage eines Mitverschuldens des Klägers führte das OLG aus: "Ein Mitverschulden des Klägers am Kontrollverlust seiner Mobilfunknummer kann nicht festgestellt werden. Soweit die Beklagte hier darauf abstellt, der Kläger habe seine Suchbarkeitseinstellungen nach dem Vorfall zunächst nicht geändert und auch seine Mobilfunknummer beibehalten, ändert dies nichts. Denn dieses Verhalten des Klägers hat unstreitig erst nach dem streitgegenständlichen Scraping stattgefunden und konnte damit auf den Kontrollverlust als solchen keine Auswirkung haben." [Vgl.

auch OLG Braunschweig → Nr. 7719 und ausführlich zu dieser Thematik im Handbuch unter → Rn. 246 und → Rn. 247].

Betrag: 100 € **Haftung: 100 %**
immVorb: – **MdE: –**

OLG Köln 3.4.2025 – 15 U 41/23 = GRUR-RS 2025, 7148

7824

Persönlichkeitsrechtsverletzung wegen Kontrollverlust und Missbrauchsbefürchtungen nach Datenscraping.

Mann. Der Kläger begehrte ua immateriellen Schadensersatz iHv 1.000 EUR aufgrund von Verstößen der Beklagten gegen die DS-GVO im Zusammenhang mit dem sog. „Datenleck" der Beklagten, wodurch Dritte mittels Scraping an die Daten (Mobilfunknummer, F.kID, Name, Vorname, Geschlecht und mitunter weitere Daten) des Klägers gelangten. Anders als zuvor das LG, stellte das OLG einen Kontrollverlust fest und gab der Klage iHv 100 EUR statt und verwies dabei darauf, dass „das nach Art. 82 Abs. 3 DSGVO zu vermutende Verschulden der Beklagten … nicht ausgeräumt worden [ist], weil die Beklagte nicht nachgewiesen hat, dass sie in keinerlei Hinsicht für den Umstand, durch den der Schaden eingetreten ist, verantwortlich ist." Das OLG sah insofern einen Kontrollverlust hinsichtlich der Mobilfunknummer des Klägers, nicht aber in Bezug auf weitere persönliche Daten, da der Kläger diese bereits zuvor selbst im Internet öffentlich gemacht hatte. Zur Höhe des immateriellen Schadensersatzes verweis das OLG auf die Leitentscheidung des BGH NJW 2025, 298 → Nr. 7511. [Anmerkungen dazu: vgl. dazu im Handbuch unter → Rn. 246 sowie auch das Urteil des EuGH v. 8.1.2025 – T-354/22 zum Schadensersatz für unzulässige Drittlanddatenübermittlung der EU-Kommission, in welchem das EuG 400 EUR wegen Verstößen eines EU-Organs gegen Datenschutzvorschriften immateriellen Schadensersatz an einen Unionsbürger für angemessen gehalten hatte. Diese Entscheidung ist jedoch nicht rechtskräftig. Die Berufung beim EuGH wird unter dem Az. C-211/25 P und C-206/25 P geführt].

Betrag: 100 € **Haftung: 100 %**
immVorb: – **MdE: –**

OLG Köln 3.4.2025 – 15 U 40/23 = GRUR-RS 2025, 7150

7827

Persönlichkeitsrechtsverletzung wegen Kontrollverlust und großer Unsicherheit und Sorge über den erlittenen Datenverlust nach Datenscraping.

Frau. Die Klägerin begehrte ua immateriellen Schadensersatz iHv 1.000 EUR aufgrund von Verstößen der Beklagten gegen die DS-GVO im Zusammenhang mit dem sog. „Datenleck" der Beklagten, wodurch Dritte mittels Scraping an die Daten (Mobilfunknummer, F.kID, Name, Vorname, Geschlecht und mitunter weitere Daten) des Klägers gelangten. Anders als zuvor das LG, sah das OLG im vermehrten Auftreten von Spam-Mails und „seltsamen Anrufen" einen Kontrollverlust und gab der Klage iHv 100 EUR statt. Bei der Bemessung der Höhe des immateriellen Schadensersatzes berücksichtigte das OLG, dass die Klägerin vorgetragen hatte, dass „inzwischen sei die Sorge über den erlittenen Datenverlust bei ihr nicht mehr groß [sei]" und sie auch „mitbekommen habe, dass viele Bekannte in ihrem Umfeld ebenso Spam-SMS und seltsame Anrufe erhalten. Ihr sei daher bewusst, dass die genaue Herkunft dieser Nachrichten und Anrufe nicht nachweisbar sei. Ihre Telefonnummer habe sie behalten." [Vgl. dazu auch OLG Brandenburg → Nr. 7826, OLG Frankfurt a.M. → Nr. 7822 sowie im Handbuch unter → Rn. 246].

Betrag: 100 € **Haftung: 100 %**
immVorb: – **MdE: –**

OLG Brandenburg 24.3.2025 – 1 U 18/23 = GRUR-RS 2025, 6621

7689

Persönlichkeitsrechtsverletzung durch unrechtmäßigen Zugriff in Form von sog. Scraping von Nutzerdaten bezüglich der personenbezogenen Daten der Nutzer einer Online-Plattform (hier: Facebook) und dem dadurch hervorgerufenen Zustand großen Unwohlseins und großer Sorge über möglichen Missbrauch der eigenen Daten.

Der Kläger, der bereits vor dem streitgegenständlichen Scraping-Vorfall Opfer eines Datenlecks geworden war, erhob Ansprüche wegen Verstößen gegen die DS-GVO im Zusammenhang mit dem „Datenleck" der Beklagten, wodurch Dritte mittels Scraping an die Daten (Mobilfunknummer, F.kID, Name, Vorname, Geschlecht und mitunter weitere Daten) des Klägers gelangten und klagte ua. auf immateriellen Schadensersatz (§ 82 Abs. 1 DS-GVO) iHv mind. 1.000 EUR. Das OLG gab der Klage iHv 100 EUR statt, da zwar ein Kontrollverlust bestand, psychische Beeinträchtigungen, die über die mit dem eingetretenen Kontrollverlust für jedermann unmittelbar zusammenhängenden Unannehmlichkeiten hinausgehen, indes nicht. [vgl. zu dieser Entscheidung auch im Handbuch → Rn. 246].

Betrag: 100 € **Haftung: 100 %**
immVorb: – **MdE: –**

OLG Schleswig 20.3.2025 – 5 U 101/23 = GRUR-RS 2025, 8884

7708

Persönlichkeitsrechtsverletzung durch unrechtmäßigen Zugriff in Form von sog. Scraping von Nutzerdaten bezüglich der personenbezogenen Daten der Nutzer einer Online-Plattform (hier: Facebook) und dem dadurch hervorgerufenen Zustand großen Unwohlseins und großer Sorge über möglichen Missbrauch der eigenen Daten.

Die klagende Person erhob Ansprüche wegen Verstöße gegen die DS-GVO im Zusammenhang mit dem sog. „Datenleck" der Beklagten, wodurch Dritte mittels Scraping an die Daten (Mobilfunknummer, F.kID, Name, Vorname, Geschlecht und mitunter weitere Daten) des Klägers gelangten und klagte ua. auf immateriellen Schadensersatz (§ 82 Abs. 1 DS-GVO) iHv mind. 1.000 EUR. Das OLG gab der Klage iHv 100 EUR statt, da zwar ein Kontrollverlust bestand, psychische Beeinträchtigungen, die über die mit dem eingetretenen Kontrollverlust für jedermann unmittelbar zusammenhängenden Unannehmlichkeiten hinausgehen, indes nicht.

Betrag: 100 € **Haftung: 100 %**
immVorb: – **MdE: –**

OLG Schleswig 20.3.2025 – 5 U 96/23 = GRUR-RS 2025, 8883

7828

Persönlichkeitsrechtsverletzung wegen Kontrollverlust verbunden mit Ängsten und Sorgen wegen der „Vielzahl von Spam-E-Mails und Spam-Anrufen" nach dem Datenscrapingvorfall.

Mann. Der Kläger begehrte ua immateriellen Schadensersatz iHv 1.000 EUR aufgrund von Verstößen der Beklagten gegen die DS-GVO im Zusammenhang mit dem sog. „Datenleck" der Beklagten, wodurch Dritte mittels Scraping an die Daten (Mobilfunknummer, F.kID, Name, Vorname, Geschlecht und mitunter weitere Daten) des Klägers gelangten. Das OLG betonte, dass die Voreinstellung eines Plattformbetreibers, wonach die Suchbarkeit nach der Telefonnummer der Nutzer auf „alle" voreingestellt wird, gegen den Grundsatz der Datenminimierung verstößt und stellte einen Kontrollverlust fest. Vor diesem Hintergrund hatte die Berufung des Klägers Erfolg; er erhielt 100 EUR. Hinsichtlich der Bemessung der Höhe des immateriellen Schadensersatzes verwies das OLG auf die Leitentscheidung des BGH NJW 2025, 298 → Nr. 7511. [Anmerkung: Vgl. dazu auch OLG Brandenburg → Nr. 7826, OLG Frankfurt a.M. → Nr. 7822 sowie im Handbuch unter → Rn. 246].

Betrag: 100 € **Haftung: 100 %**
immVorb: – **MdE: –**

OLG Hamburg 20.3.2025 – 5 U 93/24 = GRUR-RS 2025, 9945

7691

Persönlichkeitsrechtsverletzung durch unrechtmäßigen Zugriff in Form von sog. Scraping von Nutzerdaten – hier unter Verwendung eines Vor- und Nachnamen in Form eines Alias – bezüglich der personenbezogenen Daten der Nutzer einer Online-Plattform (hier: Facebook) und dem dadurch hervorgerufenen Zustand großen Unwohlseins und großer Sorge über möglichen Missbrauch der eigenen Daten sowie Umstände wegen der Auseinandersetzung mit dem Scraping-Vorfall und dem Schutz vor künftigem Datenmissbrauch und der dadurch aufgewandten Zeit und Mühe.

Mann. Der Kläger erhob Ansprüche wegen Verstößen gegen die DS-GVO im Zusammenhang mit dem sog. „Datenleck" der Beklagten, wodurch Dritte mittels Scraping an die Daten (Mobilfunknummer, F.kID, Name, Vorname – im konkreten Falle jedoch nur als Alias –, Geschlecht und mitunter weitere Daten) des Klägers gelangten und klagte ua. auf immateriellen Schadensersatz (§ 82 Abs. 1 DS-GVO). Das OLG gab der Klage iHv 100 EUR statt und verwies dabei auf die Leitentscheidung des BGH NJW 2025, 298 → Nr. 7511. [Vgl. dazu im Handbuch → Rn. 244 sowie → Rn. 246].

Betrag: 100 € **Haftung: 100 %**
immVorb: – **MdE: –**

OLG Düsseldorf 14.3.2025 – 16 U 94/24 = GRUR-RS 2025, 4597

7830

Persönlichkeitsrechtsverletzung durch unrechtmäßigen Zugriff in Form von sog. Scraping von Nutzerdaten bezüglich der personenbezogenen Daten der Nutzer einer Online-Plattform (hier: Facebook) und daraus resultierender Kontrollverlust, verbunden mit dem Gefühl von Unwohlsein wegen Datenmissbrauchs.

Mann. Der Kläger begehrte ua immateriellen Schadensersatz aufgrund von Verstößen der Beklagten gegen die DS-GVO im Zusammenhang mit dem sog. „Datenleck" der Beklagten, wodurch Dritte mittels Scraping an die Daten (Mobilfunknummer, F.kID, Name, Vorname, Geschlecht und mitunter weitere Daten) des Klägers gelangten. Das OLG stellte einen Kontrollverlust fest und gab der Klage iHv 100 EUR statt und verwies dabei auf BGH, Urt. v. 18.11.2024 – VI ZR 10/24. und betonte zudem als Amtlicher Leitsatz: „Rufnummerwechsel erst Jahre nach dem Vorfall steht Schadensersatz von 100 Euro für anfänglichen Kontrollverlust nicht entgegen, kein Rechtsschutzbedürfnis für Unterlassungsklage nach Rufnummernwechsel." [Anmerkung: Vgl. dazu OLG Düsseldorf → 7831 sowie auch im Handbuch → Rn. 246 und → Rn. 247].

Betrag: 100 € **Haftung: 100 %**
immVorb: – **MdE: –**

OLG Düsseldorf 14.3.2025 – 16 U 157/24 = GRUR-RS 2025, 5362

7692

Persönlichkeitsrechtsverletzung durch unrechtmäßigen Zugriff in Form von sog. Scraping von Nutzerdaten bezüglich der personenbezogenen Daten der Nutzer einer Online-Plattform (hier: Facebook) und dem dadurch hervorgerufenen Zustand großen Unwohlseins und großer Sorge über möglichen Missbrauch der eigenen Daten sowie Umstände wegen der Auseinandersetzung mit dem Scraping-Vorfall und dem Schutz vor künftigem Datenmissbrauch und der dadurch aufgewandten Zeit und Mühe.

Die klagende Person erhob Ansprüche wegen Verstößen gegen die DS-GVO im Zusammenhang mit dem sog. „Datenleck" der Beklagten, wodurch Dritte mittels Scraping an die Daten (Mobilfunknummer, F.kID, Name, Vorname, Geschlecht und mitunter weitere Daten) des Klägers gelangten und klagte ua. auf immateriellen Schadensersatz (§ 82 Abs. 1 DS-GVO). Das OLG stellte den Kontrollverlust fest und gab der Klage iHv 100 EUR statt und verwies dabei auf die Leitentscheidung des BGH NJW 2025, 298 → Nr. 7511. [VGl. dazu im Handbuch → Rn. 244].

Betrag: 100 € **Haftung: 100 %**
immVorb: – **MdE: –**

OLG Düsseldorf 13.3.2025 – 16 U 135/23 = GRUR-RS 2025, 4634

7832

Persönlichkeitsrechtsverletzung durch unrechtmäßigen Zugriff in Form von sog. Scraping von Nutzerdaten bezüglich der personenbezogenen Daten der Nutzer einer Online-Plattform (hier: Facebook) und daraus resultierender Kontrollverlust, verbunden mit dem Gefühl von Unwohlsein wegen Datenmissbrauchs.

Mann. Der Kläger begehrte ua immateriellen Schadensersatz aufgrund von Verstößen der Beklagten gegen die DS-GVO im Zusammenhang mit dem sog. „Datenleck" der Beklagten, wodurch Dritte mittels Scraping an die Daten (Mobilfunknummer, F.kID, Name, Vorname, Geschlecht und mitunter weitere Daten) des Klägers gelangten. Das OLG stellte einen Kontrollverlust fest und gab der Klage iHv 100 EUR statt und verwies dabei auf die Leitentscheidung des BGH NJW 2025, 298 (→ Nr. 7511) wonach bei der Bemessung der Höhe des immateriellen Schadensersatzes allein von der Ausgleichsfunktion des Schadensersatzanspruchs auszugehen ist und die Schwere des Verstoßes, durch den der Schaden entstanden ist und der Umstand, ob der Verantwortliche mehrere Verstöße gegenüber derselben Person begangen hat, für die Bemessung des Betrags ebenso unerheblich sind, wie die Frage, ob der Verantwortliche vorsätzlich gehandelt hat. Hinsichtlich des vom Kläger in seiner Anhörung vor dem Senat vorgetragenen „Unwohlsein" und der „Sorge wegen Datenmissbrauchs" wies der Senat darauf hin, dass er „nicht die Überzeugung zu gewinnen [vermochte], dass der Kl. über alltägliche Empfindungen hinaus von begründeten Befürchtungen, die mit einem realen, sicheren emotionalen Schaden einhergehen, betroffen war."

Betrag: 100 € **Haftung: 100 %**
immVorb: – **MdE: –**

OLG Koblenz 11.3.2025 – 3 U 950/24 = GRUR-RS 2025, 4337

7833

Persönlichkeitsrechtsverletzung durch unrechtmäßigen Zugriff in Form von sog. Scraping von Nutzerdaten bezüglich der personenbezogenen Daten der Nutzer einer Online-Plattform (hier: Facebook) und daraus resultierender Kontrollverlust, verbunden mit dem Gefühl von Unwohlsein wegen Datenmissbrauchs.

Mann. Objektiver Kontrollverlust über Daten kann auch ohne vorherige Offenlegung einen Schadensersatzanspruch begründen: Die klagende Person erhob Ansprüche wegen Verstöße gegen die DS-GVO im Zusammenhang mit dem sog. „Datenleck" der Beklagten, wodurch Dritte mittels Scraping an die Daten des Klägers gelangten. Das OLG ging von einer Pflichtverletzung der Beklagten aus, die es darin sah, dass die Beklagte gegen „den Grundsatz der Datenminimierung gemäß Art. 5 Abs. 1b und c, Art. 25 Abs. 2 Satz 1 und 3 DSGVO verstoßen hat.". Anders als beispielsweise das OLG Koblenz → Nr. 7819 und das OLG Hamm → Nr. 7510 und → Nr. 7518 sah es das OLG Celle als für den immateriellen Schadensersatz nicht hinderlich an, dass der Kläger der „Betroffene die jeweiligen Daten auch schon einmal anderweitig auf andere Art und Weise, beispielsweise auf anderen „Kanälen", Plattformen etc., freiwillig herausgegeben hat. Maßgeblich ist vielmehr allein das Verhältnis der jeweiligen Klage zu der jeweiligen Beklagtenpartei: Hat der Kläger dem Beklagten – bspw. im Rahmen eines Vertragsverhältnisses – persönliche Daten übergeben, hat und behält er im Rahmen dieses Verhältnisses die Kontrolle über seine Daten. Diese Kontrolle verliert die Klagepartei in der Regel dann, wenn innerhalb der Sphäre der Beklagtenpartei diese Daten einem Dritten zugänglich gemacht werden (vgl. dazu BGH 28.1.2025 – VI ZR 109/23 …). Ob es von diesem Grundsatz in Einzelfällen Ausnahmen geben kann, kann dahinstehen. Anhaltspunkte für eine solche Ausnahmefallgestaltung sind jedenfalls vorliegend nicht ersichtlich. Das steht nach dem Verständnis des Senats – neben der vorgenannten Entscheidung des Bundesgerichtshofs – auch im Einklang mit der Rechtsprechung des EuGH, der im Rahmen der Prüfung eines etwaigen „Kontrollverlustes" ebenfalls nur auf das konkrete Verhältnis zwischen Klage- und Beklagtenpartei abstellt und nicht die Frage aufwirft, ob die Klagepartei ihre Daten auch schon außerhalb dieses Beziehungsverhältnisses „aus der Hand gegeben" hatte." [Anmerkung: vgl. dazu im Handbuch unter → Rn. 246]

Betrag: 100 € **Haftung: 100 %**
immVorb: – **MdE: –**

OLG Celle 5.3.2025 – 5 U 129/24 = GRUR-RS 2025, 5402

7837

Persönlichkeitsrechtsverletzung wegen Kontrollverlust und Missbrauchsbefürchtungen nach Datenscraping.

Mann. Der Kläger begehrte ua immateriellen Schadensersatz iHv 1.000 EUR aufgrund von Verstößen der Beklagten gegen die DS-GVO im Zusammenhang mit dem sog. „Datenleck" der Beklagten, wodurch Dritte mittels Scraping an die Daten (Mobilfunknummer, FkID, Name, Vorname, Geschlecht und mitunter weitere Daten) des Klägers gelangten. Das OLG stellte einen Kontrollverlust fest und gab der Klage iHv 100 EUR statt. Bezüglich der Bemessung des Betrags berücksichtigte das OLG, dass „Weitere immaterielle Schäden in Form von sich aus dem Kontrollverlust entwickelnden besonderen begründeten Befürchtungen oder Ängsten, die über die mit dem Kontrollverlust einhergehende Lästigkeit hinausweisen" seitens der Klägerin nicht dargestellt worden waren.

Betrag: 100 € **Haftung: 100 %**
immVorb: – **MdE: –**

OLG Koblenz 11.2.2025 – 3 U 145/24 = GRUR-RS 2025, 2048

7840

Persönlichkeitsrechtsverletzung wegen Kontrollverlust über die eigene E-Mailadresse und „psychischen Beeinträchtigungen".

Mann. Der Kläger begehrte ua immateriellen Schadensersatz iHv 2.500 EUR aufgrund von Verstößen der Beklagten gegen die DS-GVO im Zusammenhang mit dem sog. „Datenleck" der Beklagten, wodurch Dritte mittels Scraping an die Daten (Mobilfunknummer, FkID, Name, Vorname, Geschlecht und mitunter weitere Daten) des Klägers gelangten. Das OLG stellte einen Kontrollverlust fest und gab der Klage iHv 100 EUR statt. Bei der Begründung der Höhe des immateriellen Schadensersatzes verwies das OLG ua darauf, „dass vorliegend nicht die Handy-Nummer, sondern die E-Mail-Anschrift der Klagepartei betroffen ist. Mit der E-Mail-Adresse und der Verknüpfung mit einem bestimmten Namen ist lediglich eine Kontaktaufnahme mit der betroffenen Person möglich. Ein Missbrauch drängt sich unter den gegebenen Umständen nicht auf. Eine besondere Sensibilität der konkret betroffenen Daten ist nicht erkennbar, Ihrer Funktion entsprechend dienen sie vielmehr zur Kontaktaufnahme mit Dritten und werden im alltäglichen und geschäftlichen Leben regelmäßig Dritten zugänglich gemacht" und verwies zudem auf die Leitentscheidung des BGH NJW 2025, 298 → Nr. 7511, wonach bei der Bemessung der Höhe des immateriellen Schadensersatzes allein von der Ausgleichsfunktion des Schadensersatzanspruchs auszugehen ist und die Schwere des Verstoßes, durch den der Schaden entstanden ist und der Umstand, ob der Verantwortliche mehrere Verstöße gegenüber derselben Person begangen hat, für die Bemessung des Betrags ebenso unerheblich sind.

Betrag: 100 € **Haftung: 100 %**
immVorb: – **MdE: –**

OLG Dresden 21.1.2025 – 4 U 738/24 = GRUR-RS 2025, 3222

7698

Persönlichkeitsrechtsverletzung durch unrechtmäßigen Zugriff in Form von sog. Scraping von Nutzerdaten bezüglich der personenbezogenen Daten der Nutzer einer Online-Plattform (hier: Facebook) und Kontrollverlust.

Die klagende Person erhob Ansprüche wegen Verstößen gegen die DS-GVO im Zusammenhang mit dem sog. „Datenleck" der Beklagten, wodurch Dritte mittels Scraping an die Daten (Mobilfunknummer, FkID, Name, Vorname, Geschlecht und mitunter weitere Daten) des Klägers gelangten und klagte ua. auf immateriellen Schadensersatz (§ 82 Abs. 1 DS-GVO) iHv mind. 3.000 EUR. Das OLG gab der Klage iHv 100 EUR statt, da zwar ein Kontrollverlust bestand, psychische Beeinträchtigungen, die über die mit dem eingetretenen Kontrollverlust für jedermann unmittelbar zusammenhängenden Unannehmlichkeiten hinausgehen, jedoch nicht. „Für einen den mit der Klage geltend gemachten Anspruch in Höhe von 3000,- EUR fehlt es hingegen an einem weitergehenden immateriellen Schaden."

Betrag: 100 € **Haftung: 100 %**
immVorb: – **MdE: –**

OLG Dresden 10.12.2024 – 4 U 842/24 = GRUR-RS 2024, 38521

7699

Persönlichkeitsrechtsverletzung durch unrechtmäßigen Zugriff in Form von sog. Scraping von Nutzerdaten bezüglich der personenbezogenen Daten der Nutzer einer Online-Plattform (hier: Facebook) und Kontrollverlust.

Die klagende Person erhob Ansprüche wegen Verstößen gegen die DS-GVO im Zusammenhang mit dem sog. „Datenleck" der Beklagten, wodurch Dritte mittels Scraping an die Daten (Mobilfunknummer, F.kID, Name, Vorname, Geschlecht und mitunter weitere Daten) des Klägers gelangten und klagte ua auf immateriellen Schadensersatz (§ 82 Abs. 1 DS-GVO) iHv mind. 3.000 EUR. Das OLG gab der Klage iHv 100 EUR statt, da zwar ein Kontrollverlust bestand, psychische Beeinträchtigungen, die über die mit dem eingetretenen Kontrollverlust für jedermann unmittelbar zusammenhängenden Unannehmlichkeiten hinausgehen, jedoch nicht. „Für einen den mit der Klage geltend gemachten Anspruch in Höhe von 3000 EUR fehlt es hingegen an einem weitergehenden immateriellen Schaden."

Betrag: 100 € **Haftung: 100 %**
immVorb: – **MdE: –**

OLG Dresden 10.12.2024 – 4 U 808/24 = GRUR-RS 2024, 35688

7700

Persönlichkeitsrechtsverletzung durch unrechtmäßigen Zugriff in Form von sog. Scraping von Nutzerdaten bezüglich der personenbezogenen Daten der Nutzer einer Online-Plattform (hier: Facebook) und Kontrollverlust.

Die klagende Person erhob Ansprüche wegen Verstößen gegen die DS-GVO im Zusammenhang mit dem sog. „Datenleck" der Beklagten, wodurch Dritte mittels Scraping an die Daten (Mobilfunknummer, F.kID, Name, Vorname, Geschlecht und mitunter weitere Daten) des Klägers gelangten und klagte ua. auf immateriellen Schadensersatz (§ 82 Abs. 1 DS-GVO) iHv mind. 3.000 EUR. Das OLG gab der Klage iHv 100 EUR statt, da zwar ein Kontrollverlust bestand, psychische Beeinträchtigungen, die über die mit dem eingetretenen Kontrollverlust für jedermann unmittelbar zusammenhängenden Unannehmlichkeiten hinausgehen, jedoch nicht.

Betrag: 100 € **Haftung: 100 %**
immVorb: – **MdE: –**

OLG Dresden 10.12.2024 – 4 U 813/24 = GRUR-RS 2024, 38519

7701

Persönlichkeitsrechtsverletzung durch unrechtmäßigen Zugriff in Form von sog. Scraping von Nutzerdaten bezüglich der personenbezogenen Daten der Nutzer einer Online-Plattform (hier: Facebook) und Kontrollverlust.

Die klagende Person erhob Ansprüche wegen Verstößen gegen die DS-GVO im Zusammenhang mit dem sog. „Datenleck" der Beklagten, wodurch Dritte mittels Scraping an die Daten (Mobilfunknummer, F.kID, Name, Vorname, Geschlecht und mitunter weitere Daten) des Klägers gelangten und klagte ua. auf immateriellen Schadensersatz (§ 82 Abs. 1 DS-GVO) iHv mind. 3.000 EUR. Das OLG gab der Klage iHv 100 EUR statt, da zwar ein Kontrollverlust bestand, psychische Beeinträchtigungen, die über die mit dem eingetretenen Kontrollverlust für jedermann unmittelbar zusammenhängenden Unannehmlichkeiten hinausgehen, jedoch nicht. „Für einen den mit der Klage geltend gemachten Anspruch in Höhe von 3000,- EUR fehlt es hingegen an einem weitergehenden immateriellen Schaden."

Betrag: 100 € **Haftung: 100 %**
immVorb: – **MdE: –**

OLG Dresden 10.12.2024 – 4 U 1200/24 = GRUR-RS 2024, 38509

7702

Persönlichkeitsrechtsverletzung durch unrechtmäßigen Zugriff in Form von sog. Scraping von Nutzerdaten bezüglich der personenbezogenen Daten der Nutzer einer Online-Plattform (hier: Facebook) und Kontrollverlust.

Die klagende Person erhob Ansprüche wegen Verstößen gegen die DS-GVO im Zusammenhang mit dem sog. „Datenleck" der Beklagten, wodurch Dritte mittels Scraping an die Daten (Mobilfunknummer, F.kID, Name, Vorname, Geschlecht und mitunter weitere Daten) des Klägers gelangten und klagte ua. auf immateriellen Schadensersatz (§ 82 Abs. 1 DS-GVO) iHv mind. 3.000 EUR. Das OLG gab der Klage iHv 100 EUR statt, da zwar ein Kontrollverlust bestand, psychische Beeinträchtigungen, die über die mit dem eingetretenen Kontrollverlust für jedermann unmittelbar zusammenhängenden Unannehmlichkeiten hinausgehen, jedoch nicht. „Für einen den mit der Klage geltend gemachten Anspruch in Höhe von 3000,- EUR fehlt es hingegen an einem weitergehenden immateriellen Schaden."

Betrag: 100 € **Haftung: 100 %**
immVorb: – **MdE: –**

OLG Dresden 10.12.2024 – 4 U 653/24 = GRUR-RS 2024, 38511

7703

Persönlichkeitsrechtsverletzung durch unrechtmäßigen Zugriff in Form von sog. Scraping von Nutzerdaten bezüglich der personenbezogenen Daten der Nutzer einer Online-Plattform (hier: Facebook) und Kontrollverlust.

Die klagende Person erhob Ansprüche wegen Verstöße gegen die DS-GVO im Zusammenhang mit dem sog. „Datenleck" der Beklagten, wodurch Dritte mittels Scraping an die Daten (Mobilfunknummer, F.kID, Name, Vorname, Geschlecht und mitunter weitere Daten) des Klägers gelangten und klagte ua. auf immateriellen Schadensersatz (§ 82 Abs. 1 DS-GVO) iHv mind. 3.000 EUR. Das OLG gab der Klage iHv 100 EUR statt, da zwar ein Kontrollverlust bestand, psychische Beeinträchtigungen, die über die mit dem eingetretenen Kontrollverlust für jedermann unmittelbar zusammenhängenden Unannehmlichkeiten hinausgehen, jedoch nicht. „Für einen den mit der Klage geltend gemachten Anspruch in Höhe von 3000,- EUR fehlt es hingegen an einem weitergehenden immateriellen Schaden."

Betrag: 100 € **Haftung: 100 %**
immVorb: – **MdE: –**

OLG Dresden 10.12.2024 – 4 U 751/24 = GRUR-RS 2024, 38514

7704

Persönlichkeitsrechtsverletzung durch unrechtmäßigen Zugriff in Form von sog. Scraping von Nutzerdaten bezüglich der personenbezogenen Daten der Nutzer einer Online-Plattform (hier: Facebook) und Kontrollverlust.

Die Klägerin erhob Ansprüche wegen Verstößen gegen die DS-GVO im Zusammenhang mit dem sog. „Datenleck" der Beklagten, wodurch Dritte mittels Scraping an die Daten (Mobilfunknummer, F.kID, Name, Vorname, Geschlecht und mitunter weitere Daten) des Klägers gelangten und klagte ua. auf immateriellen Schadensersatz (§ 82 Abs. 1 DS-GVO) iHv mind. 3.000 EUR. Das OLG gab der Klage iHv 100 EUR statt, da zwar ein Kontrollverlust bestand, psychische Beeinträchtigungen, die über die mit dem eingetretenen Kontrollverlust für jedermann unmittelbar zusammenhängenden Unannehmlichkeiten hinausgehen, jedoch nicht. „Für einen den mit der Klage geltend gemachten Anspruch in Höhe von 3000,- EUR fehlt es hingegen an einem weitergehenden immateriellen Schaden.“

Betrag: 100 € **Haftung: 100 %**
immVorb: – **MdE: –**

OLG Dresden 10.12.2024 – 4 U 598/24 = GRUR-RS 2024, 38505

7705

Persönlichkeitsrechtsverletzung durch unrechtmäßigen Zugriff in Form von sog. Scraping von Nutzerdaten bezüglich der personenbezogenen Daten der Nutzer einer Online-Plattform (hier: Facebook) und Kontrollverlust.

Die Klägerin erhob Ansprüche wegen Verstößen gegen die DS-GVO im Zusammenhang mit dem sog. „Datenleck“ der Beklagten, wodurch Dritte mittels Scraping an die Daten (Mobilfunknummer, FkID, Name, Vorname, Geschlecht und mitunter weitere Daten) des Klägers gelangten und klagte ua. auf immateriellen Schadensersatz (§ 82 Abs. 1 DS-GVO) iHv mind. 3.000 EUR. Das OLG gab der Klage iHv 100 EUR statt, da zwar ein Kontrollverlust bestand, psychische Beeinträchtigungen, die über die mit dem eingetretenen Kontrollverlust für jedermann unmittelbar zusammenhängenden Unannehmlichkeiten hinausgehen, jedoch nicht. „Für einen den mit der Klage geltend gemachten Anspruch in Höhe von 3000 EUR fehlt es hingegen an einem weitergehenden immateriellen Schaden.“

Betrag: 100 € **Haftung: 100 %**
immVorb: – **MdE: –**

OLG Dresden 10.12.2024 – 4 U 732/24 = GRUR-RS 2024, 38516

7511

Persönlichkeitsrechtsverletzung (hier: Kontrollverlust, Sorgen und Ängste) durch unrechtmäßigen Zugriff in Form von sog. Scraping von Nutzerdaten (= illegales Abschöpfen von Daten) bezüglich der personenbezogenen Daten der Nutzer einer Online-Plattform (hier: Facebook).

Der BGH stärkte mit diesem Grundsatzurteil – nach einem umfangreichen Scraping-Vorfall in 2021 bei Facebook und danach in großer Zahl eingereichter Klagen auf immateriellen Schadensersatz, die jedoch bislang ganz überwiegend zurückgewiesen worden waren – nun die Rechte der Betroffenen und betonte: „Immaterieller Schaden im Sinne des Art. 82 I DS-GVO kann auch der bloße und kurzzeitige Verlust der Kontrolle über eigene personenbezogene Daten infolge eines Verstoßes gegen die Datenschutz-Grundverordnung sein. Weder muss eine konkrete missbräuchliche Verwendung dieser Daten zum Nachteil des Betroffenen erfolgt sein noch bedarf es sonstiger zusätzlicher spürbarer negativer Folgen …. Ist nach den Feststellungen des Gerichts allein ein Schaden in Form eines Kontrollverlusts an personenbezogenen Daten gegeben, weil weitere Schäden nicht nachgewiesen sind, hat der Tatrichter bei der Schätzung des Schadens insbesondere die etwaige Sensibilität der konkret betroffenen personenbezogenen Daten (vgl. Art. 9 I DSGVO) und deren typischerweise zweckgemäße Verwendung zu berücksichtigen. Weiter hat er die Art des Kontrollverlusts (begrenzter / unbegrenzter Empfängerkreis), die Dauer des Kontrollverlusts und die Möglichkeit der Wiedererlangung der Kontrolle etwa durch Entfernung einer Veröffentlichung aus dem Internet (inkl. Archiven) oder Änderung des personenbezogenen Datums (zB Rufnummernwechsel; neue Kreditkartennummer) in den Blick zu nehmen. Als Anhalt für einen noch effektiven Ausgleich könnte in den Fällen, in denen die Wiedererlangung der Kontrolle mit verhältnismäßigem Aufwand möglich wäre, etwa der hypothetische Aufwand für die Wiedererlangung der Kontrolle (hier insbesondere eines Rufnummernwechsels) dienen“, so der BGH der sodann zur Bemessung des immateriellen Schadens ausführte: „Äußerst zweifelhaft erscheint daher, ob hier eine Festsetzung in „gegebenenfalls nur einstelliger Höhe“ mit dem Effektivitätsgrundsatz zu vereinbaren wäre (so aber obiter OLG Celle 4.4.2024 – 5 U 31/23, GRUR-RS 2024, 6435). Dagegen hätte der Senat von Rechts wegen keine Bedenken, den notwendigen Ausgleich für den eingetretenen Kontrollverlust als solchem in einem Fall wie dem streitgegenständlichen in einer Größenordnung von 100 EUR (so obiter OLG Hamm 21.6.2024 – 7 U 154/23, GRUR-RS 2024, 16856) zu bemessen.“ [Anmerkung: Vgl. dazu im Handbuch unter → Rn. 246 und die sehr gute Zusammenfassung und Übersicht von Leibold in ZD-Aktuell 2025, 01146. Vgl. auch OLG Hamm → Nr. 7518, dass trotz bzw. mit Verweis auf diese BGH-Entscheidung die in einem solchen Fall auf immateriellen Schadensersatz gerichtete Klage bzw. die diesbezügliche Berufung zurückgewiesen hatte]. ! Wichtiger Hinweis zum Schluss: Der Eintrag des Betrages iHv 100 EUR ist an dieser Stelle nur beispielhaft erfolgt, so wie dies auch vom BGH in der angegebenen Fundstelle unter Rn. 100 getan worden war, der die Sache insoweit an das Berufungsgericht zurückverwiesen hatte! [Anmerkung: Vgl. dazu auch BGH, Urt. v. 28.1.2025 – VI ZR 109/23 ZD 2025, 331 → Nr. 7813 sowie das zur BGH-Rspr. im Widerspruch stehende Urteil des EuGH NJW 2025, 3137 und die Ausführungen hierzu im Handbuch unter → Rn. 244a]

Betrag: 100 € **Haftung: 100 %**
immVorb: – **MdE: –**

BGH 18.11.2024 – VI ZR 10/24 = GRUR 2024, 1910

7822

Persönlichkeitsrechtsverletzung wegen Kontrollverlust und Missbrauchsbefürchtungen nach Datenscraping.

Mann. Der Kläger begehrte ua immateriellen Schadensersatz iHv 1.000 EUR aufgrund von Verstößen der Beklagten gegen die DS-GVO im Zusammenhang mit dem sog. „Datenleck“ der Beklagten, wodurch Dritte mittels Scraping an die Daten (Mobilfunknummer, FkID, Name, Vorname, Geschlecht und mitunter weitere Daten) des Klägers gelangten. Das OLG stellte einen Kontrollverlust fest und gab der Klage iHv 200 EUR statt und verwies dabei auf die Leitentscheidung des BGH NJW 2025, 298 → Nr. 7511 wonach bei der Bemessung der Höhe des immateriellen Schadensersatzes allein von der Ausgleichsfunktion des Schadensersatzanspruchs auszugehen ist und die Schwere des Verstoßes, durch den der Schaden entstanden ist und der Umstand, ob der Verantwortliche mehrere Verstöße gegenüber derselben Person begangen hat, für die Bemessung des Betrags ebenso unerheblich sind. [vgl. dazu auch OLG Brandenburg → Nr. 7826 sowie im Handbuch unter → Rn. 246c].

Betrag: 200 € **Haftung: 100 %**
immVorb: – **MdE: –**

OLG Frankfurt a. M. 8.4.2025 – 6 U 79/23 = GRUR-RS 2025, 10547

7826

Persönlichkeitsrechtsverletzung wegen Kontrollverlust und dadurch ausgelöstem Ärger und Genervtsein nach Datenscraping.

Der Kläger begehrte ua immateriellen Schadensersatz iHv 1.000 EUR aufgrund von Verstößen der Beklagten gegen die DS-GVO im Zusammenhang mit dem sog. „Datenleck" der Beklagten, wodurch Dritte mittels Scraping an die Daten (Mobilfunknummer, F.kID, Name, Vorname, Geschlecht und mitunter weitere Daten) des Klägers gelangten. Anders als zuvor das LG, sah das OLG im „vermehrten Auftreten von Phishing-Mails sowie betrügerischen SMS und Telefonanrufen verbunden mit dadurch ausgelöstem Ärger und Genervtsein" einen Kontrollverlust und gab der Klage iHv 200 EUR statt. [Vgl. dazu auch OLG Brandenburg → Nr. 7827, OLG Frankfurt a.M. → Nr. 7822 sowie im Handbuch unter → Rn. 246].

Betrag: 200 € **Haftung: 100 %**
immVorb: – **MdE: –**

OLG Brandenburg 24.3.2025 – 1 U 9/23 = GRUR-RS 2025, 6622

7841

Persönlichkeitsrechtsverletzung wegen Kontrollverlust über die Mobilrufnummer und „psychischen Belastungen" in Form von einem unguten („mulmiges") Gefühl und Besorgnis im Hinblick auf den Umgang mit seiner Telefonnummer.

Mann. Der Kläger begehrte ua immateriellen Schadensersatz aufgrund von Verstößen der Beklagten gegen die DS-GVO im Zusammenhang mit dem sog. „Datenleck" der Beklagten, wodurch es „bei ihm zu einem massiven Aufkommen an Spam-SMS und Spam-Anrufen über die von ihm genutzte, vom Datenleck betroffene Mobilfunknummer" kam nachdem Dritte mittels Scraping an die Daten (Mobilfunknummer, F.kID, Name, Vorname, Geschlecht und mitunter weitere Daten) des Klägers gelangt waren. Das OLG stellte insofern einen Kontrollverlust über die Mobilfunknummer des Klägers fest und gab der Klage iHv 200 EUR statt und verwies dabei auf die Leitentscheidung des BGH NJW 2025, 298 → Nr. 7511. [Anmerkung: Vgl. dazu im Handbuch → Rn. 246 und → Rn. 247].

Betrag: 200 € **Haftung: 100 %**
immVorb: – **MdE: –**

OLG Hamm 20.12.2024 – 11 U 44/24 = GRUR-RS 2024, 42575

7682

Persönlichkeitsrechtsverletzung durch unrechtmäßigen Zugriff in Form von sog. Scraping von Nutzerdaten (= illegales Abschöpfen von Daten) bezüglich der personenbezogenen Daten der Nutzer einer Online-Plattform.

Die Klägerin erhob Ansprüche wegen behaupteter Verstöße gegen die Datenschutzgrundverordnung (DS-GVO) im Zusammenhang mit dem sog. „Datenleck" der Beklagten. Durch dieses Leck seien Dritte mittels Scraping an die Daten (Mobilfunknummer, F.kID, Name, Vorname, Geschlecht und mitunter weitere Daten) der Klägerin gelangten. Das LG hatte ihr 250 EUR „Schmerzensgeld" zuerkannt. Die dagegen eingelegte Berufung mit der die Klägerin weitere 750 EUR begehrte, wurde abgewiesen. „Für den Anspruch auf einen höheren immateriellen Schadensersatz als er vom Landgericht zuerkannt wurde, gilt dies schon deshalb, weil auch insoweit kein kausaler Schaden ersichtlich ist." [Anmerkung: Siehe dazu jedoch BGH NJW 2025, 298 und auch im Handbuch unter → Rn. 244, → Rn. 244c und → Rn. 246].

Betrag: 250 € **Haftung: 100 %**
immVorb: – **MdE: –**

OLG Dresden 5.12.2023 – 4 U 1094/23 = GRUR-RS 2023, 36858

7683

Persönlichkeitsrechtsverletzung durch unrechtmäßigen Zugriff in Form von sog. Scraping von Nutzerdaten (= illegales Abschöpfen von Daten) bezüglich der personenbezogenen Daten der Nutzer einer Online-Plattform.

Frau. Die Klägerin erhob Ansprüche wegen behaupteter Verstöße gegen die Datenschutzgrundverordnung (DS-GVO) im Zusammenhang mit dem sog. „Datenleck" der Beklagten. Durch dieses Leck seien Dritte mittels Scraping an die Daten (Mobilfunknummer, F.kID, Name, Vorname, Geschlecht und mitunter weitere Daten) der Klägerin gelangten. Das LG Chemnitz sprach der Kl. 250 EUR „Schmerzensgeld" zu. „Der Begriff des Schadens sei nach Erwägungsgrund 146 der DSGVO weit zu verstehen und umfasse auch das mit dem Kontrollverlust über die Daten verbundene Unwohlsein und die damit einhergehende Angst sowie Stress und Zeitverlust.". Die von der Klägerin dagegen eingelegte Berufung wurde vom OLG Dresden abgewiesen, s. OLG Dresden → Nr. 7682.

Betrag: 250 € **Haftung: 100 %**
immVorb: – **MdE: –**

LG Chemnitz 16.5.2023 – 1 O 757/22 = GRUR-RS 2023, 36858

7686

Persönlichkeitsrechtsverletzung durch Kontrollverlust nach rechtswidrigem Zugriff in Form von sog. Scraping von persönlichen Daten der Nutzer einer Online-Plattform.

Die klagende Person erhob Ansprüche wegen Verstößen gegen die DS-GVO im Zusammenhang mit dem sog. „Datenleck" der Beklagten, wodurch Dritte mittels Scraping an die Daten (Mobilfunknummer, F.kID, Name, Vorname, Geschlecht und mitunter weitere Daten) des Klägers gelangten. Das OLG sprach insoweit 300 EUR zu. Zur Bemessung der Höhe des immateriellen Schadensersatzes führte das OLG unter Einbeziehung der jüngsten Leitentscheidung des BGH (BGH NJW 2025, 298) aus: „Es ist zwar ein Kontrollverlust anzunehmen, psychische Beeinträchtigungen, die über die mit dem eingetretenen Kontrollverlust für jedermann unmittelbar zusammenhängenden Unannehmlichkeiten hinausgehen, indes nicht. … Die klägerische Partei ist zur Überzeugung des Senats sensibel, was die Weitergabe ihrer Daten angeht. … Hinzu kommt allerdings, dass die Daten, insbesondere die Mobilfunknummer zur Überzeugung des Senats (§ 287 ZPO) dazu benutzt wurden, die klägerische Partei mit Spam-SMS und ungewollten Anrufen zu Werbe- oder Betrugszwecken zu belästigen." Der Kläger hatte mindestens 1.000 EUR gefordert. [Anmerkung: Vgl. dazu das Urteil des OLG Hamm GRUR-RS 2024, 33926, → Nr. 7518, dass beim gleichen Ausgangssachverhalt einen Anspruch auf immateriellen Schadensersatz abgelehnt hatte].

Betrag: 300 € **Haftung: 100 %**
immVorb: – **MdE: –**

OLG Schleswig 24.4.2025 – 5 U 59/23 = GRUR-RS 2025, 8880

7688

Persönlichkeitsrechtsverletzung durch ordnungsgemäß nachgewiesene Befürchtungen nach rechtswidrigem Zugriff in Form von sog. Scraping von persönlichen Daten der Nutzer einer Online-Plattform. Die Befürchtungen führten beim Kläger zu einem „Zustand großen Unwohlseins und großer Sorge über möglichen Missbrauch der sie betreffenden Daten verblieben zu sein. Dies manifestiere sich unter anderem in einem verstärkten Misstrauen bezüglich E-Mails und Anrufen von unbekannten Nummern und Adressen."

Das OLG sprach der klagenden Partei 300 EUR auch ohne nachgewiesenen Kontrollverlust zu. Mit Hinweis auf die Rspr. des EuGH (ua zu C-687/21, NJW 2024, 2009) „reicht die begründete Befürchtung einer Person, dass ihre personenbezogenen Daten aufgrund eines Verstoßes gegen die Verordnung von Dritten missbräuchlich verwendet werden, aus, um einen Schadensersatzanspruch zu begründen". Zur Bemessung führte das OLG aus: „Die klägerische Partei ist zur Überzeugung des Senats sensibel, was die Weitergabe ihrer Daten angeht. Das hat sie im Rahmen ihrer Anhörung deutlich gemacht. Sie nutzt die digitale Welt im üblichen Rahmen und bemüht sich, ihre Daten unter ihrer Kontrolle zu halten. Allerdings sind „nur" Mobiltelefonnummer, Name, Facebook-ID, Geschlecht, Beziehungsstatus und Arbeitgeber der klägerischen Partei erbeutet worden. All diese Daten, auch die Mobiltelefonnummer gehören nicht zu besonders sensiblen Daten. Vor diesem Hintergrund trifft sie der im Ausgangspunkt leichte Kontrollverlust in einem „mittleren" Ausmaß."

Betrag: 300 € **Haftung: 100 %**
immVorb: – **MdE: –**

OLG Schleswig 27.3.2025 – 5 U 61/23 = GRUR-RS 2025, 8882

7087

Persönlichkeitsrechtsverletzung durch unrechtmäßigen Zugriff in Form von sog. Scraping von Nutzerdaten (= illegales Abschöpfen von Daten) bezüglich der personenbezogenen Daten der Nutzer einer Online-Plattform.

Mann. Der Kläger macht Ansprüche wegen behaupteter Verstöße gegen die Datenschutzgrundverordnung (DS-GVO) im Zusammenhang mit dem sog. „Datenleck" der Beklagten geltend, durch welches ein sog. „Scraping" und damit böswilligen Akteuren eine weite Bandbreite an Möglichkeiten wie z.B. Identitätsdiebstahl, die Übernahme von Accounts oder gezielte Phishing-Nachrichten ermöglicht worden sei. Das LG gab dem Kläger Recht und führte zum Schmerzensgeld aus: „Die Kammer hält ein Schmerzensgeld von 500,00 Euro für angemessen, aber auch aus-reichend, um einerseits der Ausgleichs- und Genugtuungsfunktion zu genügen, und andererseits der generalpräventiven Funktion des immateriellen Schadensersatzes hinreichend Rechnung zu tragen. … Je intimer, finanziell bedrohlicher, potentiell ehrverletzender oder kränkender und persönlich wichtiger die abgeflossenen Daten sind, desto höher muss der immaterielle Schaden ausfallen (Dickmann r+s 2018, 345 (353)). Darüber hinaus ist zu berücksichtigen, dass dem Schadensersatzanspruch unter Berücksichtigung der Erwägungsgründe 75 und 85 eine abschreckende Wirkung zukommen und der Datenschutzgrundverordnung durch eine empfindliche Anspruchshöhe zu einer effektiven Geltung verhelfen soll", so das LG. [Anmerkung: Siehe dazu auch LG Paderborn → Nr. 7087, LG Essen → Nr. 7100 und AG Strausberg → Nr. 7103 sowie LG Ellwangen → Nr. 7154].

Betrag: 500 € **Haftung: 100 %**
immVorb: – **MdE: –**

LG Paderborn 13.12.2022 – 2 O 212/22 = BeckRS 2022, 41028

7081

Persönlichkeitsrechtsverletzung, vermeintliche (hier: Datenleck / unrechtmäßiger Zugriff auf Daten in Form eines Identitätsdiebstahls).

Mann. Der Kl. ist Kunde der Bekl. und hatte vor dem Eingehen der Geschäftsbeziehung der Bekl., einem Finanzdienstleistungsunternehmen, zahlreiche personenbezogene Daten zur Verfügung gestellt. In der Folgezeit nutzte der Kl. sein Kundenkonto für die Geldanlage in Aktien und Wertpapiere. Der Kl. wurde von der Bekl. darüber informiert, dass von unbefugten Dritten sog. Hackern unrechtmäßig auf einen Teilbestand der in ihrem Datenarchiv abgelegten Daten zugegriffen wurde. Für die Bemessung der Höhe des Schadensersatzes können, so das LG, die Kriterien des Art. 83 II DS-GVO herangezogen werden, wie etwa die Art, Schwere und Dauer des Verstoßes unter Berücksichtigung der Art, des Umfangs oder des Zwecks der betreffenden Verarbeitung, sowie die betroffenen Kategorien personenbezogener Daten, wobei die Ermittlung im Übrigen dem Gericht nach § 287 ZPO obliegt. Insofern berücksichtigte das LG verringernd, dass „ein Missbrauch der Daten zu Lasten des Klägers bislang nicht festgestellt werden musste, und es daher einstweilen bei einer Gefährdung geblieben ist". [Anmerkung: vgl. auch LG München I → Nr. 7080, LG Köln → Nr. 7081 und LG Karlsruhe → Nr. 7082 sowie OLG Stuttgart → Nr. 7121].

Betrag: 1.200 € **Haftung: 100 %**
immVorb: – **MdE: –**

LG Köln 18.5.2022 – 28 O 328/21 = BeckRS 2022, 11236

7940

Persönlichkeitsrechtsverletzung (hier: Kontrollverlust verbunden mit dem diffusen Gefühl des Datenverlusts und der Verunsicherung als Folge der Verarbeitung personenbezogener Daten über die Business Tools (Facebook und Instagram) des Meta-Konzerns.

Mann. Der Kläger forderte immateriellen Schadensersatz, da die Plattformbetreiberin (Meta) trotz fehlender Einwilligung mittels Business-Tools und Digital Fingerprinting ein rechtswidriges Profiling durchführte. Das OLG wertete dies als Verletzung der DSGVO, da die algorithmische Verknüpfung von Nutzerdaten ein umfassendes Persönlichkeitsprofil erstellte. [Vgl. zur Haftung des Meta-Konzerns für DS-GVO-Verletzungen durch Meta-Business-Tools auf Drittanbieter-Webseiten und rechtswidriger Off-Site-Datenverarbeitung auch die im Feb. 2026 ergangenen zwei Urteile des OLG Dresden BeckRS 2026, 1139 → Nr. 7876 und BeckRS 2026, 1138 → Nr. 7875 sowie umfassende Ausführungen im Handbuch unter → Rn. 247. Dort finden Sie sowohl Beispiele für klagabweisende Entscheidungen (ua LG Ellwangen GRUR-RS 2025, 37539 und GRUR-RS 2025, 34729; LG Hof GRUR-RS 2025, 25350; LG Bochum GRUR-RS 2024, 13734 sowie für Beispiele für klagstattgebende Entscheidungen (ua LG Leipzig GRUR-RS 2025, 15264 → Nr. 7724)].

Betrag: 1.500 € **Haftung: 100 %**
immVorb: – **MdE: –**

OLG Dresden 31.3.2026 – 4 U 834/25 = GRUR-RS 2026, 11016

7938

Persönlichkeitsrechtsverletzung (hier: Kontrollverlust verbunden mit dem diffusen Gefühl des Datenverlusts und der Verunsicherung als Folge der Verarbeitung personenbezogener Daten über die Business Tools (Facebook und Instagram) des Meta-Konzerns.

Anspruch auf immateriellen Schadensersatz infolge rechtswidriger Off-Site-Datenverarbeitung durch Business-Tools. Der Anspruch auf immateriellen Schadensersatz nach Art. 82 Abs. 1 DSGVO setzt keinen Nachweis besonderer Folgeschäden voraus. Bereits der Verlust der Kontrolle über personenbezogene Daten, etwa durch eine rechtswidrige Speicherung und Individualisierung der mittels eines Business-Tools übermittelten personenbezogenen Daten durch den verantwortlichen Datenempfänger, stellt einen eigenständigen ersatzfähigen immateriellen Schaden dar. Bei der Bemessung ist § 287 ZPO heranzuziehen, wobei insbesondere die Sensibilität der konkret betroffenen personenbezogenen Daten, deren typischerweise zweckgemäße Verwendung, die Art und Dauer des Kontrollverlusts und die Möglichkeit der Wiedererlangung der Kontrolle in den Blick zu nehmen sind. [Vgl. zur Haftung des Meta-Konzerns für DS-GVO-Verletzungen durch Meta-Business-Tools auf Drittanbieter-Webseiten und rechtswidriger Off-Site-Datenverarbeitung die im Frühjahr 2026 ergangenen Entscheidungen des OLG Dresden GRUR-RS 2026, 11016 → Nr. 7940; BeckRS 2026, 1139 →Nr. 7876 und BeckRS 2026, 1138 → Nr. 7875 sowie umfassende Ausführungen im Handbuch unter → Rn. 247. Dort finden Sie sowohl Beispiele für klagabweisende Entscheidungen (ua LG Ellwangen GRUR-RS 2025, 37539 und GRUR-RS 2025, 34729; LG Hof GRUR-RS 2025, 25350; LG Bochum GRUR-RS 2024, 13734 sowie für Beispiele für klagstattgebende Entscheidungen (ua LG Leipzig GRUR-RS 2025, 15264 → Nr. 7724)].

Betrag: 2.000 € **Haftung: 100 %**
immVorb: – **MdE: –**

LG Berlin II 4.4.2025 – 39 O 56/24 = GRUR-RS 2025, 6401

7080

Persönlichkeitsrechtsverletzung, vermeintliche (hier: Datenleck / unrechtmäßiger Zugriff auf Daten in Form eines Identitätsdiebstahls).

Mann. Der Kl. ist Kunde der Bekl. und hatte vor dem Eingehen der Geschäftsbeziehung der Bekl., einem Finanzdienstleistungsunternehmen, zahlreiche personenbezogene Daten zur Verfügung gestellt. In der Folgezeit nutzte der Kl. sein Kundenkonto für die Geldanlage in Aktien und Wertpapiere. Der Kl. wurde von der Bekl. darüber informiert, dass von unbefugten Dritten unrechtmäßig auf einen Teilbestand der in ihrem Datenarchiv abgelegten Daten zugegriffen wurde. Vom Kl. wurden die folgenden Daten entwendet: Vor- und Nachname, Anrede, Anschrift, E-Mail-Adresse, Handynummer, Geburtsdatum, -ort und -land, Staatsangehörigkeit, Familienstand, Steuerliche Ansässigkeit und Steuer-ID, IBAN, Ausweiskopie, Portraitfoto, welches im Post-Ident-Verfahren angefertigt wurde. Die Ursache hierfür lag darin, dass die Bekl. bei ihrem früheren Dienstleister die Zugangsinformationen zu ihrem vollständigen IT-System hinterlegt hatte und der „Angreifer" sich mithilfe dieser Zugangsdaten Zugriff auf einen Teil des Dokumentenarchivs und die darin befindlichen Kundendaten verschafft hatte. Der Kl. ist daher der Ansicht, dass ihm deshalb Ansprüche gem. § 82 Abs. 1 DS-GVO iVm § 253 BGB zustehen, da die Bekl. seine Daten unter Verstoß gegen Art. 32 DS-GVO verarbeitet habe. Das LG München I gab im Recht und sprach ihm immateriellen Schadensersatz in der o.a. Höhe zu und berücksichtigte dabei verringernd, dass „die streitgegenständlichen Daten offensichtlich bislang noch nicht, jedenfalls nicht zu Lasten des Kl. missbraucht worden sind". [Anmerkung: vgl. auch LG Karlsruhe → 7082, LG Frankfurt a.M. → 7085 und LG Köln → Nr. 7081 sowie OLG Stuttgart → Nr. 7121].

Betrag: 2.500 € **Haftung: 100 %**
immVorb: – **MdE: –**

LG München I 9.12.2021 – 31 O 16606/20 = BeckRS 2021, 41707

7724

Persönlichkeitsrechtsverletzung (hier: Kontrollverlust verbunden mit dem diffusen Gefühl des Datenverlusts und der Verunsicherung als Folge der Verarbeitung personenbezogener Daten über die Business Tools (Facebook und Instagram) des Meta-Konzerns.

Mann. Der Kläger begehrte im Zusammenhang mit der Verwendung von sog. Business Tools ua immateriellen Schadensersatz aufgrund behaupteter rechtswidriger Verarbeitung personenbezogener Daten. Durch die damit einhergehende Verarbeitung seiner personenbezogenen Daten habe er einen Kontrollverlust in Bezug auf diese Daten erlitten. Er fühle sich unwohl, überwacht und eingeschränkt. Obwohl der BGH in seiner Leitentscheidung (BGH 18.11.2024 – VI ZR 10/24, GRUR-RS 2024, 31967) in derartigen Fällen als „notwendigen Ausgleich für den eingetretenen Kontrollverlust … eine(r) Größenordnung von 100 EUR" dargelegt und abschließend betont hatte, dass dann, wenn „der Betroffene psychische Beeinträchtigungen geltend, die über die mit dem eingetretenen Kontrollverlust für jedermann unmittelbar zusammenhängenden Unannehmlichkeiten hinausgehen, … das Tatgericht gegebenenfalls gehalten (ist), den Betroffenen anzuhören, um die notwendigen Feststellungen hierzu treffen zu können. Ausgehend davon wird es gegebenenfalls einen Betrag als Ausgleich festzusetzen haben, der über dem im Falle eines bloßen Kontrollverlustes zuzusprechenden Betrag liegt", setzte sich das LG Leipzig insofern in zweifacher Weise darüber hinweg und führte hierzu aus: „Obwohl der BGH in seiner Rspr. (BGH 18.11.2024 – VI ZR 10/24, GRUR-RS 2024, 31967 Rn. 31) ausführt, dass die entwickelten besonderen Befürchtungen und Ängste der betroffenen Person als Grundlage für das Gericht dienen, wie groß der eingetretene Schaden ist, bedurfte es im hiesigen Fall keiner Anhörung des Klägers, da sich der Kläger jedenfalls auf die sich aus der o.g. Reichweite des Schadens ergebende Mindestbeeinträchtigung für den Durchschnittsbetroffenen iSd DSGVO im konkreten Fall berufen kann. Mit dem EuGH (zuletzt EuGH NJW 2025, 207 Rn. 62) hat die potenziell unbegrenzte Datenverarbeitung der Beklagten zur Folge, dass bei den Betroffenen ein Gefühl der kontinuierlichen Überwachung des Privatlebens eintreten kann. Ausgehend von einem Durchschnittsbetroffenen iSd DSGVO, der sich den og Verletzungshandlungen ausgesetzt sieht, ist es dem Gericht möglich, den hieraus erwachsenden Grad der individuellen Betroffenheit zu schätzen" und bemaß den immateriellen Schadensersatz gemäß Art. 82 DS-GVO, auf 5.000 EUR. [Vgl. zur Haftung des Meta-Konzerns für DS-GVO-Verletzungen durch Meta-Business-Tools auf Drittanbieter-Webseiten und rechtswidriger Off-Site-Datenverarbeitung die im Frühjahr 2026 ergangenen Entscheidungen des OLG Dresden GRUR-RS 2026, 11016 →Nr. 7940; BeckRS 2026, 1139 →Nr. 7876 und BeckRS 2026, 1138 → Nr. 7875 sowie umfassende Ausführungen im Handbuch unter → Rn. 247. Dort finden Sie sowohl Beispiele für klagabweisende Entscheidungen (ua LG Ellwangen GRUR-RS 2025, 37539 und GRUR-RS 2025, 34729; LG Hof GRUR-RS 2025, 25350; LG Bochum GRUR-RS 2024, 13734 sowie für Beispiele für klagstattgebende Entscheidungen (ua LG Berlin II LG Berlin II GRUR-RS 2025, 6401 → Nr. 7938; LG Berlin II GRUR-RS GRUR-RS 2025, 6402 → Nr. 7939)].

Betrag: 5.000 € **Haftung: 100 %**
immVorb: – **MdE: –**

LG Leipzig 4.7.2025 – 05 O 2351/23 = GRUR-RS 2025, 15264

6955

Persönlichkeitsrechtsverletzung durch das heimliche Ausspähen von E-Mails eines Geschäftspartners über längere Zeit (§§ 22, 23 KUG)

Mann. Der Kl. verlangte die Zahlung eines immateriellen Schadensersatzes, weil der Beklagte in einem Zeitraum von Januar 2013 bis Mai 2014 an den Kl. gerichtete E-Mails heimlich und ohne dessen Erlaubnis mitgelesen hatte. Zur Bemessung führte das OLG aus: „Die Abwägung der Umstände des Falls lassen eine Geldentschädigung von 5.000 Euro als erforderlich und angemessen erscheinen. Der Bekl. ging gezielt und vorsätzlich vor, indem er sich die Zugangsdaten zum Konto gg@…verschaffte. Die Überwachung zog sich über einen längeren Zeitraum hin und der Bekl. nutzte die Rechtsverletzung des Kl. eigensüchtig aus, indem er diesen in die kompromittierende Situation der Taschenpfändung brachte. Der Kl. konnte wegen der Einstellung des Strafverfahrens bislang auch keine anderweitige Genugtuung erfahren, ebenso wenig konnte dies ein (inzwischen wegen des Zeitablaufs und der Aufgabe der E-Mailadressen überholter) Unterlassungsanspruch. Bei der Bemessung der Geldentschädigung hat der Senat weiter die persönlichen und wirtschaftlichen Verhältnisse der Parteien berücksichtigt."

Betrag: 5.000 € **Haftung: 100 %**
immVorb: – **MdE: –**

OLG München 4.12.2019 – 15 U 3688/18 = BeckRS 2019, 34442

ee) Datenlöschung

7247

Persönlichkeitsrechtsverletzung, behauptete (hier: Physisches Zerstören einer – lt. Aussage der Beklagten – irreparablen Festplatte).

Kein Schmerzensgeldanspruch gemäß Art. 82 Abs. 1 DS-GVO. Der Kläger macht Schadensersatzansprüche wegen Verletzung seines Persönlichkeitsrechts sowie Herausgabeansprüche im Hinblick auf eine von der Beklagten nicht wieder herausgegebene Festplatte geltend. Vor Ablauf der Garantiefrist stellte der Kläger fest, dass die Festplatte seines Laptop, das er zuvor bei der Beklagten erworben hatte, defekt war. Um diesen Mangel zu beseitigen schickte der Kläger Ende März / Anfang April 2020 die defekte Festplatte der Beklagten zur Reparatur. Eine Sicherung der Daten auf der Festplatte nahm der Kläger nicht vor, da er darauf vertraute, dass ihm die Festplatte samt vorhandenen Daten zurückgesandt werde. Die Beklagte trug vor, die aus ihrer Sicht irreparable Festplatte sei von ihr inklusive aller Daten des Klägers vernichtet worden. Das LG Chemnitz sowie das OLG Dresden wies die Klage ab. Das OLG betonte jedoch, dass auch physisches Zerstören einer Festplatte eine Datenverarbeitung nach Art. 4 Nr. 2 DS-GVO darstelle. [Anmerkung: Vergleiche dazu auch AG Hildesheim → Nr. 6818].

Betrag: – **Haftung: –**
immVorb: – **MdE: –**

OLG Dresden 31.8.2021 – 4 U 324/21 = BeckRS 2021, 29290

7251

Persönlichkeitsrechtsverletzung, vermeintliche (hier: Bewertung einer namentlich genannten Bäckereifachverkäuferin / Servicekraft als „unfreundlich" auf einem Online-Bewertungsportal).

Kein Schmerzensgeldanspruch gemäß Art. 82 Abs. 1 DS-GVO. Zur Vorinstanz und dem genauen Sachverhalt siehe LG Essen → Nr. 7133. Das OLG bestätigte die klagabweisende Entscheidung des LG Essen. "Wenn sich Betroffene – wie hier – gegen die Wirkung hinsichtlich einzelner sie nachteilig betreffender Beiträge wenden, kommt es für die Gewichtung ihrer Grundrechtseinschränkung maßgeblich auf die Wirkung ihrer Verbreitung an. Bezugspunkte sind dabei die Wirkungen der Verbreitung des streitbefangenen Beitrags für die Persönlichkeitsentfaltung. Dabei ist auch die leichte und fortdauernde Zugänglichkeit der Informationen durch Bereitstellung auf der Hosting-Plattform in Rechnung zu stellen. Nach diesen Grundsätzen haben die Grundrechte der Kl. hinter den Grundrechten der Bekl. und den in deren Waagschale zu legenden Interessen ihrer Nutzer, der Öffentlichkeit und der für die Bewertung verantwortlichen Rezensentin zurückzutreten. … Der Rezensentin steht es nach Art. 11 GRCh zu, die Kl. als „unfreundlich" zu bewerten und dabei auch deren Nachnamen anzugeben. [Anmerkung: Lesenswert dazu auch die Anmerkung von Gulden ZD 2022, 44. Vgl. zudem auch LG Wuppertal → Nr. 7140].

Betrag: – **Haftung: –**
immVorb: – **MdE: –**

OLG Hamm 29.6.2021 – I-4 U 189/20 = GRUR-RS 2021, 20244

7255

Persönlichkeitsrechtsverletzung, behauptete (hier: Fraud-Pool-Eintrag bzw. Eintrag in eine Betrugsdatei die ua deshalb erfolgte, da zuvor beim AG Stockach ein Strafverfahren gegen den Kläger lief, welches gem. § 153a StPO eingestellt worden war.)

Kein Schmerzensgeldanspruch gemäß Art. 82 Abs. 1 DS-GVO. Der Kl. macht gegen die Bekl. Ansprüche geltend, die auf einer Meldung der Bekl. zu 1 (Kreditinstitut) an die Bekl. zu 2 (Betreibern eines sog. Fraud Pools = Betrugsdatenbank) wegen Auffälligkeiten bei einem gestellten Kreditantrag beruhen. Das LG hat die Klage abgewiesen. Das OLG bestätigte diese Entscheidung. „Da die DS-GVO nach Art. 99 Abs. 2 DS-GVO erst seit dem 25.5.2018 gilt, war die Rechtmäßigkeit der Meldung … noch auf der Grundlage des § 25h Abs. 3 S. 4 iVm § 47 Abs. 5 GwG zu beurteilen. § 25h KWG verpflichtet Kreditinstitute zur Durchführung bestimmter interner Sicherungsmaßnahmen. Gem. § 25h Abs. 3 S. 4 KWG ist § 47 Abs. 5 GwG für Informationen über konkrete Sachverhalte, die Auffälligkeiten oder Ungewöhnlichkeiten enthalten, die auf andere strafbare Handlungen als die im GwG genannten hindeuten, entsprechend anzuwenden. … Dem LG ist auch insofern zu folgen, als sich aus dem Ergebnis des Strafprozesses beim AG Stockach nicht der Schluss ergibt, dass das berechtigte Interesse auf Seiten der Bekl. entfiel.", so das OLG.

Betrag: – **Haftung: –**
immVorb: – **MdE: –**

OLG Karlsruhe 23.2.2021 – 14 U 3/19 = BeckRS 2021, 2940

7133

Persönlichkeitsrechtsverletzung, vermeintliche (hier: Bewertung einer namentlich genannten Bäckereifachverkäuferin / Servicekraft als „unfreundlich" auf einem Online-Bewertungsportal).

Frau (Bäckereifachverkäuferin). Kein Schmerzensgeldanspruch gemäß Art. 82 Abs. 1 DS-GVO: Die Parteien streiten über Ansprüche im Zusammenhang mit der Bewertung einer namentlich benannten Servicekraft einer Bäckerei mit Café als „unfreundlich" begründet keinen Löschungsanspruch der Servicemitarbeiterin gegen den Plattformbetreiber, auf dessen Plattform die Bewertung veröffentlicht wurde, denn die namentliche Nennung ist zur Ausübung des Rechts auf freie Meinungsäußerung erforderlich und somit gem. Art. 17 III DS-GVO zulässig, so das LG Essen. „Bei der gebotenen Abwägung überwögen die Meinungsfreiheit der Nutzerin und die Informationsinteressen des Arbeitgebers und der Kunden das informationelle Selbstbestimmungsrecht der Klägerin. Die Klägerin sei durch die Namensangabe nur in ihrem beruflichen Wirkungskreis betroffen. Ferner sei die Identifizierbarkeit der Klägerin auf Kollegen des Cafés beschränkt, die wüssten, dass nur die Klägerin den genannten Nachnamen trägt. Hingegen wären durch die Löschung des Nachnamens das Recht auf Meinungsäußerung sowie die Informationsinteressen der Kunden und des Arbeitgebers erheblich beeinträchtigt. Die Namensnennung sei wesentlicher Teil der Bewertung." [Zitat aus Stolz GRUR-Prax 2021, 32; Anmerkung: vgl. zur Entfernung von Links aus Suchergebnislisten auch BGH NJW 2020, 3436 sowie Engel RDI 2021,49]. Mangels Verstoßes gegen die DS-GVO besteht auch kein Schadensersatzanspruch gemäß Art. 82 Abs. 1 DS-GVO, so das LG abschließend. Der Rechtsstreit ging in die Berufung; das OLG Hamm bestätigte jedoch die Entscheidung des LG. Siehe dazu OLG Hamm ZD 2022, 42.

Betrag: – **Haftung: –**
immVorb: – **MdE: –**

LG Essen 29.10.2020 – 4 O 9/20 = GRUR-RS 2020, 33128

7140

Persönlichkeitsrechtsverletzung (hier: Persönlichkeitsrechtsverletzung durch negative Bewertungen von Patienten und Patientinnen in einem Ärztebewertungsportal).

Frau (Heilpraktikerin). Kein Schmerzensgeldanspruch gemäß Art. 82 Abs. 1 DS-GVO: Die Klägerin nimmt die Beklagte, die ein Portal für Ärzteempfehlungen betreibt, ua auf Löschung der zu ihrer Person gespeicherten Daten und Unterlassung der Veröffentlichung eines Profils zu ihrer Person auf der Website www.....de in Anspruch, nachdem sie viele sehr negative Beurteilungen von Patienten erhalten hatte. In dem Portal mit monatlich über 6 Millionen Nutzern sind alle in Deutschland tätigen Ärzte und Angehörige anderer Heilberufe zwangsverzeichnet. Zu jedem Arzt / Heilberufler wird ein sog. Basis-Profil veröffentlicht. In diesem Profil sind Name und Fachrichtung sowie Anschrift und Telefonnummer der Praxis aufgeführt. Daneben werden weitere Felder vorgehalten, in denen nur registrierte oder zahlende Kunden weitere Informationen hinterlegen können. Zur möglichen Persönlichkeitsrechtverletzung führet das LG aus: „Allerdings berühren die von der Beklagten erhobenen und gespeicherten Informationen die Klägerin nur in ihrer Sozialsphäre. Die Bewertungen betreffen die berufliche Tätigkeit der Klägerin, also einen Bereich, in dem sich die persönliche Entfaltung von vornherein im Kontakt mit der Umwelt vollzieht. Das allgemeine Persönlichkeitsrecht schützt das Recht auf Selbstbestimmung zwar auch im Bereich der Sozialsphäre. Der Schutz ist aber geringer als bei Daten, die etwa der Intim- oder Geheimsphäre zuzuordnen sind. Im Bereich der Sozialsphäre muss sich der Einzelne wegen der Wirkungen, die seine Tätigkeit hier für andere hat, von vornherein auf die Beobachtung seines Verhaltens durch eine breitere Öffentlichkeit und auf Kritik an seinen Leistungen einstellen. Dies gilt insbesondere auch bei freiberuflich tätigen Ärzten oder Heilpraktikern, die ihre Leistungen in Konkurrenz zu anderen Ärzten oder Heilpraktikern anbieten. Äußerungen im Rahmen der Sozialsphäre dürfen nur im Fall schwerwiegender Auswirkungen auf das Persönlichkeitsrecht mit negativen Sanktionen verknüpft werden, so etwa dann, wenn eine Stigmatisierung, soziale Ausgrenzung oder Prangerwirkung zu besorgen sind. Dies steht hier nicht in Rede". [Anmerkung: vgl. BeckRS 2018, 2226; BGH BeckRS 2014, 20426 und im Handbuch → Rn. 246a].

Betrag: – **Haftung: 100 %**
immVorb: – **MdE: –**

LG Wuppertal 29.3.2019 – 17 O 178/18 = BeckRS 2019, 13062

7230

Persönlichkeitsrechtsverletzung, behauptete. Das Jobcenter in A hatte im Jahre 2018 Personen- und Adressdaten des Klägers gespeicherte, obwohl dieser keinen Antrag auf eine Leistung gestellt hatte. Die Löschung erfolgte dann erst, nachdem der Kläger diese bereits im März 2020 beantragt hatte, am 18.3.2021.

Das OLG hatte sich mit der Frage zu befassen, „ob das unzulässige Speichern personenbezogener Daten im Rahmen der Arbeitsverwaltung auch dann, wenn die Daten nicht weiter verarbeitet wurden, das Recht auf informationelle Selbstbestimmung in einem Umfang verletzt, der einen Schadensersatzanspruch aus einer Amtshaftung oder gem. Art. 82 DSGVO begründen kann", und dazu ausgeführt, dass die rechtswidrige Verarbeitung personenbezogener Daten im Bereich der öffentlich-rechtlich tätigen Arbeitsverwaltung grundsätzlich eine Amtspflichtverletzung darstellen könne. Soweit jedoch die Verletzung des Rechts auf informationelle Selbstbestimmung die Bagatellschwelle nicht überschreitet, rechtfertige dies keinen Anspruch auf Schmerzensgeld auf der Grundlage der Amtshaftung. Im konkreten Falle versagte das OLG die insofern beantragte Prozesskostenhilfe, da die beabsichtigte Klage „allenfalls in einem Umfang von bis zu 50 Euro hinreichende Aussicht auf Erfolg, § 114 Abs. 1 ZPO" habe. „Ob der Amtshaftungsanspruch in diesem Sinne tatbestandlich begründet ist, bedarf im vorliegenden Fall keiner weiteren Prüfung, weil die infrage stehende Verletzung des Rechts auf informationelle Selbstbestimmung jedenfalls die Bagatellschwelle nicht überschreitet und damit auf der Grundlage des Amtshaftungsanspruchs kein Schmerzensgeld rechtfertigt", so das OLG weiter.

Betrag: 50 € **Haftung: 100 %**
immVorb: – **MdE: –**

OLG Hamm 19.12.2022 – 11 W 69/22 = BeckRS 2022, 42035

6935

Persönlichkeitsrechtsverletzung wegen versehentlich nicht vollständig gelöschtem Profil der Klägerin auf der Homepage der Beklagten.

Frau (Professorin für das Lehrgebiet Medien- und Eventmanagement). Schmerzensgeld bzw. immaterieller Schadensersatz gemäß Art. 82 Abs. 1 DS-GVO: Im Rahmen des Beschäftigungsverhältnisses speicherte die Beklagte das Profil der Klägerin und verlinkt dies auf ihrer Homepage. Dieses Profil war ursprünglich als PDF gefertigt worden. Im Jahr 2015 stellte die Beklagte ihre Homepage auf HTML um. Dabei wurde übersehen, dass das Profil der Klägerin als PDF weiterhin im Internet abrufbar blieb. Mit dem Ende des Arbeitsverhältnisses war von der Homepage der Beklagten aus ein Link zur Klägerin nicht mehr vorhanden. Auch das Intranet Profil war gelöscht. Es wurde übersehen, dass das isolierte PDF im Internet abrufbar blieb. Das AG hatte in erster Instanz der Klägerin ein geringes Schmerzensgeld zuerkannt, lehnte jedoch den Anspruch auf Übernahme der Anwaltskosten ab. Das LAG bestätigte dies mit folgender zutreffenden Begründung: „Vorliegend gilt für den Beseitigungsanspruch, dass die Klägerin auch nach dem Ende des Arbeitsverhältnisses eine minimale Rücksichtnahme auf die Interessen der Beklagten hätte nehmen müssen. Diese hätte darin bestanden, die Beklagte durch einen kurzen Anruf, ein E-Mail oder auch eine andere schriftliche Notiz darauf aufmerksam zu machen, dass das PDF mit dem Profil der Klägerin im Internet noch abrufbar war".

Betrag: 300 € **Haftung: –**
immVorb: – **MdE: –**

LAG Köln 14.9.2020 – 2 Sa 358/20 = BeckRS 2020, 31543

6844

Persönlichkeitsrechtsverletzung wegen versehentlich unterbliebener Löschung des Profils der Klägerin nebst deren Foto von der Website ihres Arbeitgebers nach Aufhebungsvertrag. Das Profil wurde erst nach ca. 6 Monaten von der Beklagten gelöscht, wobei sie dies „unmittelbar nach entsprechendem Hinweis der Klägerin" getan hatte.

Frau (Professorin für das Lehrgebiet Medien- und Eventmanagement). Zum Grunde des Schmerzensgeldanspruchs führte das ArbG aus: „Artikel 82 Absatz 1 DS-GVO verpflichtet auch zum Ersatz eines immateriellen Schadens. Damit kann eine betroffene Person durch Verarbeitung ihrer personenbezogenen Daten auch ein angemessenes Schmerzensgeld verlangen (Gola DS-GVO Art. 82 Rn. 12; Ehmann / Selmayr DS-GVO Art. 82 Rn. 13). … Die Beklagte hat gegen Artikel 17 DS-GVO verstoßen. Hiernach hat die betroffene Person das Recht, von einem Verantwortlichen zu verlangen, dass die betreffenden personenbezogenen Daten unverzüglich gelöscht werden, sofern diese nicht mehr notwendig sind". Zur Bemessung der Höhe führte das ArbG aus: „Zwar soll der Schadensersatz abschreckende Wirkung haben (EuGH Urt. v. 17.12.2015 – C-407/14). Die Schwere der Beeinträchtigung ist hierbei jedoch von erheblicher Bedeutung (Gola DS-GVO Art. 82 Rn. 13). Eine solche Schwere konnte das Gericht nicht erkennen. Darin liegt auch kein Widerspruch zu den vorherigen Ausführungen, nach denen es sich nicht um ein Bagatelldelikt handelt. Denn die Schwelle des bloßen Bagatelldelikts kann überschritten sein, ohne dass der Höhe nach ein hohes Schmerzensgeld gezahlten werden muss. Um einen solchen Fall handelte es sich vorliegend". [Anmerkung: Das LAG Köln BeckRS 2020, 31543 bestätigte die Entscheidung des ArbG.]

Betrag: 300 € **Haftung: 100 %**
immVorb: – **MdE: –**

ArbG Köln 12.3.2020 – 5 Ca 4806/19 = BeckRS 2020, 31544

6818

Persönlichkeitsrechtsverletzung gemäß Art. 82 DS-GVO durch die Veräußerung eines gebrauchten PC auf dessen Festplatte noch Daten des Klägers, der zuvor diesen PC bei der Beklagten erworben und genutzt, dann jedoch im Rahmen einer Mängelrüge zurückgegeben hatte. Die Beklagte hatte bei der Aufbereitung des PC vor dessen erneutem Verkauf übersehen, dass sich im Gerät zwei Festplatten befanden und deshalb nur eine formatiert während die andere unverändert blieb und dementsprechend noch Daten des Klägers enthielt, die auf diese Weise einem Dritten zugänglich gemacht wurden, was eine nicht rechtmäßige Verarbeitung (Art. 4 Nr. 2 DS-GVO) von Daten im Sinne des Art. 6 Abs. 1 Satz 1a DS-GVO darstellt.

Mann. Zur Haftung der Beklagten nach Art. 82 Abs. 1 DS-GVO führte das LG aus: „Die Beklagte konnte sich durch allgemeine Hinweise darauf, dass bei der Rückgabe von Geräten mit Speichermedien der Urzustand wieder herzustellen sei und die Löschung aufgespielter, vertraulicher und personenbezogener Daten in der Verantwortung des Käufers bzw. Einsenders liege, ihrer Verantwortung für eine rechtmäßige Datenverarbeitung nach der DS-GVO nicht entheben. Die Verlagerung für die Verantwortung mit dem Umgang von Daten käme in dem vorliegenden Fall einem pauschalen Haftungsausschluss gleich. Ein präventiver Haftungsausschluss widerspricht jedoch dem Schutzzweck der DS-GVO (vgl. Paal MMR 2020, 14 (18)). Die Beklagte ist auch nicht nach Art. 82 Abs. 3 DS-GVO von der Haftung befreit. Denn dies wäre nur dann der Fall, wenn der Beklagten auch nicht die geringste Fahrlässigkeit vorzuwerfen wäre, etwa dann, wenn der Schaden ausschließlich auf ein Verhalten des Klägers oder auf höhere Gewalt zurückzuführen ist (vgl. Paal MMR 2020, 14 (17)). Dies ist augenscheinlich nicht der Fall, da die Beklagte selbst vorbringt, die im Rahmen der Wiederaufbereitung unzureichend durchgeführte Datenlöschung beruhe auf einem menschlichen Versehen und der verantwortliche Mitarbeiter sei zur verstärkten Sorgsamkeit gemahnt worden." [Vgl. dazu auch OLG Dresden → Nr. 7247].

Betrag: 800 € **Haftung: 100 %**
immVorb: – **MdE: –**

AG Hildesheim 5.10.2020 – 43 C 145/19 = BeckRS 2020, 30109

ff) Datenauskunft

7656

Persönlichkeitsrechtsverletzung, behauptete … (hier: „negative Gefühle" wegen angeblich unzureichender und verspäteter Auskunft).

Mann. Der Kläger stand im Jahr 2016 für einen Monat bei der Rechtsvorgängerin der Beklagten in einem Arbeitsverhältnis. Er hatte auf seine Aufforderung hin im Jahr 2020 Auskunft bzgl. der Verarbeitung seiner personenbezogenen Daten verlangt und erhalten. in 2022 begehrte er abermals Auskunft und aufgrund der aus seiner Sicht unzureichenden und zudem verspäteten erneuten Auskunft hatte er sodann die Zahlung einer „Geldentschädigung" nach Art. 82 Abs. 1 DSGVO verlangt. Das ArbG gab der Klage statt und sprach ihm 10.000 EUR immateriellen Schadensersatz zu. Das LAG wies die Klage jedoch ab und das BAG sah die dagegen gerichtete Revision des Klägers als unbegründet an. Zur Begründung führte es aus, es könne „dahingestellt bleiben, ob hier eine Verletzung von Art. 15 iVm Art. 12 Abs. 3 DSGVO vorliegt. Gleiches gilt für die Frage, ob dies einen Verstoß iSv. Art. 82 Abs. 1 DSGVO darstellen würde (bejahend BSG 24.9.2024 – B 7 AS 15/23 R Rn. 20 ff.; offengelassen von BAG 5.5.2022 – 2 AZR 363/21 Rn. 11)", da der Kläger bereits keinen Schaden dargelegt habe. Dabei erläuterte das BAG unter Verweis auf die Rechtsprechung des EUGH, die drei Grundvoraussetzungen für einen derartigen Schmerzensgeldanspruch bzw. Anspruch auf immateriellen Schadensersatz: 1. Das Vorliegen eines Schadens. 2. Das Vorliegen eines Verstoßes gegen die DS-GVO und 3. das Vorhandensein eines Kausalzusammenhangs zwischen dem erlittenen Schaden und dem Verstoß und betonte nochmals, dass „diese drei Voraussetzungen kumulativ vorliegen müssen". Zur Argumentation des Klägers mit dessen „negativen Gefühlen" verwies das BAG darauf, dass der Verstoß in Form der Verzögerung immer eine hypothetische Befürchtung auslöse und daher die Voraussetzung des „Schadens" entfallen würde, wenn alleine die Berufung auf diese abstrakte Sorge für die Annahme eines Schadens ausreichen würde. Der immaterielle Schaden sei aber gerade keine dem Verstoß immanente Folge.

Betrag: – **Haftung: –**
immVorb: – **MdE: –**

BAG 20.2.2025 – 8 AZR 61/24 = BeckRS 2025, 6265

7597

Verweigerung der Erteilung einer Datenauskunft.

Mann (Rechtsanwalt und Lehrbeauftragter für Zivilrecht). Im Rahmen eines Streits über die Vergütung für die Lehrtätigkeit des Klägers begehrte dieser zunächst „außergerichtlich Auskunft nach der DS-GVO" und sodann „wegen der [ergänze: aus seiner Sicht] anhaltenden Verweigerung der Erteilung einer Datenauskunft ein angemessenes Schmerzensgeld" und klagte deshalb vor dem Arbeitsgericht. Das ArbG Köln sah jedoch bereits den Rechtsweg zu den Arbeitsgerichten als unzulässig an, da der Kläger steht als Lehrbeauftragter in einem öffentlich-rechtlichen Dienstverhältnis besonderer Art und nicht in einem Arbeitsverhältnis stand. „Eine Zuständigkeit der Arbeitsgerichte nach § 2 Abs. 1 Nr. 3a ArbGG ist daher nicht gegeben. Vielmehr sind die Verwaltungsgerichte zuständig", so das ArbG. „Von einem öffentlich-rechtlichen Dienstverhältnis ist nach der Rechtsprechung des Bundesarbeitsgerichtes [ergänze: ua BAG BeckRS 2007, 47135] hierbei auch dann auszugehen, wenn sich keine ausreichenden Anhaltspunkte für die Rechtsnatur des Lehrbeauftragtenverhältnisses ergeben. Das bedeutet: Im Zweifel handelt die Behörde, die mit dem Lehrauftrag öffentliche Aufgaben überträgt, in Form des öffentlichen Rechts und durch Verwaltungsakt", so das ArbG weiter.

Betrag: – **Haftung: –**
immVorb: – **MdE: –**

ArbG Köln 22.8.2023 – 4 Ca 2830/23 = BeckRS 2023, 33310

7266

Persönlichkeitsrechtsverletzung, behauptete (hier: Datenschutzrechtlicher Auskunftsanspruch und Überlassung von Datenkopien. Laut Vortrag des Klägers „vorsätzliche und langanhaltende Missachtung der Betroffenenrechte aus Art. 15 DS-GVO". Die Auskunftsansprüche wurden nur „scheibchenweise" erfüllt).

Kein Schmerzensgeldanspruch gemäß Art. 82 Abs. 1 DS-GVO. Das OLG begründete dies sehr ausführlich wie folgt: Zwar hat der Senat entschieden, dass Verstöße gegen Auskunftspflichten aus Art. 15 DS-GVO durchaus eine Grundlage für einen Ersatzanspruch gem. Art. 82 I DS-GVO sein können (Senat 14.7.2022 – 15 U 137/21, NJW-RR 2023, 564 Rn. 14). Das LG hat indes zutreffend ausgeführt, dass im Streitfall – anders als in dem Fall, der dem Senatsurteil zugrunde lag (vgl. Senat 14.7.2022 – 15 U 137/21, NJW-RR 2023, 564 Rn. 15) – jeglicher nachvollziehbare Vortrag dazu fehlt, dass und warum der Kl. ein immaterieller Schaden entstanden sein sollte. Ein solcher Vortrag ist auch nicht entbehrlich. Denn der EuGH hat mit Urteil vom 4.5.2023 (C-300/21, ECLI:EU:C:2023:370 = NZA-RR 2023, 336) entschieden, dass jedenfalls der bloße Verstoß gegen Bestimmungen der Datenschutz-Grundverordnung nicht ausreicht, um einen Schadensersatzanspruch zu begründen. Vielmehr muss die von einem Verstoß gegen die Datenschutz-Grundverordnung betroffene Person nachweisen, dass der Verstoß für sie negative Folgen gehabt hat und diese Folgen einen immateriellen Schaden darstellen (EuGH 4.5.2023 – C-300/21, ECLI:EU:C:2023:370 = NZA 2023, 621 Rn. 50), wobei es dann nicht auf eine Erheblichkeit ankommt. Diesen ihr obliegenden Nachweis hat die Kl. trotz des Hinweises des LG vom 12.8.2022 – auch bis zuletzt im Berufungsverfahren – nicht erbracht. Allein eine lange Verzögerung und ein unterstellter „böser Wille" machen keinen „Schaden" aus, so das OLG wörtlich. [Anmerkung: In diesem Fall ging es im Rahmen eines Arzthaftungsfalles dem Kläger darum, dass die Bekl. zu 1 Auskunft über die Daten geben solle, die sie mit der Haftpflichtversicherung ausgetauscht hatte. Tatsächlich – so die Klägerin – „habe die Bekl. zu 1 erstmals in der mündlichen Verhandlung vom 12.8.2022 auf die „ERGO" und die Helios Kliniken GmbH verwiesen und weder klargestellt, welche Daten zur „ERGO" übermittelt worden seien noch um wen es sich dabei konkret handelte, da „ERGO" eine Konzernmutter sei." Hinsichtlich des Auskunftsbegehrens gab das OLG der Klägerin Recht].

Betrag: – **Haftung: –**
immVorb: – **MdE: –**

OLG Köln 10.8.2023 – 15 U 184/22 = BeckRS 2023, 20138

7267

Persönlichkeitsrechtsverletzung, behauptete (hier: Nicht erteilte Auskunft von Seiten der behandelnden Klinik im Zusammenhang mit der Behandlung einer Fußfraktur der minderjährigen Tochter).

Kind. Kein Schmerzensgeldanspruch gemäß Art. 82 Abs. 1 DS-GVO. Nach einer Behandlung der minderjährigen Klägerin im Krankenhaus der Beklagten wurde den Eltern der Klägerin eine auf Röntgenaufnahmen erkennbare und auch im Röntgenbefundbericht dokumentierte mehrfache Fraktur des rechten Fußes nicht mitgeteilt. Aus diesem Grund erhob der Prozessbevollmächtigte der Klägerin in deren Namen mit Schreiben vom 16. Juli 2019 Haftungsvorwürfe gegen die Beklagte und bat um Überlassung einer vollständigen Datenauskunft gemäß Art. 15 DSGVO einschließlich einer Kopie der Behandlungsdokumentation. Die Beklagte kam dem nicht nach. Mit ihrer vorliegenden Klage hat die Klägerin die Verurteilung der Beklagten zur Erteilung einer Datenauskunft, zur Zahlung angemessener Schmerzensgelder wegen der angeblichen Fehlbehandlung einerseits und der Nichterteilung einer Datenauskunft andererseits und zur Zahlung vorgerichtlicher Anwaltskosten begehrt. Das LG gab der Klage lediglich im ersten Punkt (Auskunft) statt und wies sie im Übrigen ab. Das OLG gab der Kl. zudem in Bezug auf den Ersatz der vorgerichtlichen Anwaltskosten statt und bestätigte jedoch die Klagabweisung in Bezug auf das begehrte Schmerzensgeld.

Betrag: – **Haftung: –**
immVorb: – **MdE: –**

OLG Köln 10.8.2023 – 15 U 149/22 = BeckRS 2023, 20525

7233

Persönlichkeitsrechtsverletzung, behauptete (hier: Datenauskunft der Klägerin / Patientin im Rahmen eines Arzthaftungsfalles innerhalb des karitativen Betriebes des Krankenhauses der Beklagten).

Kein Schmerzensgeldanspruch gemäß Art. 82 Abs. 1 DS-GVO, da die DS-GVO dann nicht anwendbar ist, wenn – wie hier gegeben – eine Kirche oder eine religiöse Vereinigung oder Gemeinschaft in einem Mitgliedstaat zum Zeitpunkt des Inkrafttretens dieser Verordnung umfassende Regeln zum Schutz natürlicher Personen bei der Verarbeitung aufgestellt hat und diese Regeln weiterhin angewandt werden, sofern sie mit der DS-GVO in Einklang stehen (Art. 91 DS-GVO). „Der vorliegende karitative Betrieb des Krankenhauses der Beklagten unterliegt nicht dem Anwendungsbereich der DS-GVO", so das OLG.

Betrag: – **Haftung: –**
immVorb: – **MdE: –**

OLG Hamm 23.9.2022 – 26 W 6/22 = GRUR-RS 2022, 27828

7023

Persönlichkeitsrechtsverletzung, behauptete … wegen verzögerter Auskunftspflicht (Art. 82 Abs. 1 iVm Art. 12 Abs. 3 und 15 Abs. 1 DS-GVO).

Mann (Rechtsanwalt). Der Kläger unterhielt – neben seinem eigentlichen Kanzleisitz – einen weiteren virtuellen Kanzleisitz, indem er sich hierfür der Dienste der Beklagten bediente, die in verschiedenen Großstädten sog. virtuelle Offices betrieb. Aufgrund aufgetretener Probleme in der Postzustellung bat der Kläger die Beklagte um Erteilung einer vollständigen Datenauskunft zu sämtlichen über ihn vorhandenen personenbezogenen Daten. Als Grund nannte er ua, die Beklagte habe sich anhaltend als unzuverlässig für den Betrieb eines virtuellen Kanzleisitzes erwiesen. Wegen der verzögerten Datenauskunft sei ihm gemäß Art. 82 Abs. 1 DS-GVO ein Schmerzensgeld von mindestens 500 EUR pro Monat, mindestens aber 1.000 EUR zu zahlen. Die Auskunft sei unverzüglich zu erteilen, spätestens jedoch binnen Monatsfrist, was nicht erfolgt sei. Das LG wies die Klage insofern ab. Zwar liege ein Verstoß gegen die DS-GVO vor, da die Beklagte dem Kläger nicht innerhalb der Monatsfrist nach Art. 12 Abs. 3 DS-GVO Auskunft nach Art. 15 Abs. 1 DS-GVO erteilt habe; ein Anspruch scheitere aber daran, dass diesem kein Schaden entstanden sei, so das LG. [Anmerkung: vgl. dazu Leibold ZD-Aktuell 2022, 01092 sowie BAG → Nr. 7168].

Betrag: – **Haftung: –**
immVorb: – **MdE: –**

LG Köln 16.2.2022 – 28 O 303/20 = GRUR-RS 2022, 3541

7186

Persönlichkeitsrechtsverletzung gemäß Art. 82 DS-GVO wegen verspäteter Datenauskunft eines Rechtsanwaltes gegenüber seiner Mandantin.

Frau. Die Klägerin bzw. Widerklägerin begehrte von ihrem auf sein Honorar klagenden Rechtsanwalt, der sie in einem Scheidungsverfahren vertreten hatte, auf Schmerzensgeld iHv 1.800 Euro wegen Verweigerung der Erteilung einer vollständigen Datenauskunft. Das LG wies die Klage mit der Begründung ab, allein der Verstoß gegen die DS-GVO reiche für sich genommen nicht aus, einen Schadensersatzanspruch auszulösen, denn ohne einen Schaden gäbe es keinen Schadensersatzanspruch (vgl. hierzu Eichelberger WRP 2021, 159 ff.). Vielmehr müsse dem von einem Datenschutzverstoß Betroffenen ein spürbarer Nachteil entstanden sein. Es müsse eine objektiv nachvollziehbare, mit gewissem Gewicht erfolgte Beeinträchtigung von persönlichkeitsbezogenen Belangen vorliegen. Die Beeinträchtigung müsse von einer gewissen Erheblichkeit sein. Demzufolge könne die Mandantin bzw. Widerklägerin keine Entschädigung für eine verspätete Datenauskunft sowie für die bislang noch nicht vollständig erteilte Datenauskunft beanspruchen. Allein der Umstand, dass sie auf die (vollständige) Datenauskunft noch warten müsse, könne keinen ersatzfähigen Schaden begründen. [Anmerkung: Das Urteil ist rechtskräftig vgl. OLG Dresden BeckRS 2022, 25025].

Betrag: – **Haftung: –**
immVorb: – **MdE: –**

LG Leipzig 23.12.2021 – 03 O 1268/21 = BeckRS 2021, 42004

7050

Persönlichkeitsrechtsverletzung durch verspätete Datenauskunft (Art. 15 DS-GVO), die erst neun Monate nach deren Beantragung erfolgte und bei der Klägerin zu Stress und psychischen Belastungen geführt hatte.

Frau. Die ehemalige Mandantin eines Anwalts nahm diesen auf Zahlung von Ersatz immaterieller Schäden wegen verspäteter Datenauskunft zu den bei diesem über die Mandantin vorhandenen personenbezogenen Daten in Anspruch. Das LG wies die Klage insofern ab und begründete dies damit, dass die verzögerte Übermittlung der gewünschten Daten lediglich ein Formalverstoß sei, der nicht sanktioniert werden könne, solange kein echter Schaden eingetreten sei. Das OLG Köln gab dagegen der Klägerin Recht und erachtet den Anspruch auf Schmerzensgeld für die verzögerte Datenauskunft iHv 500 EUR nach Art. 82 I, II DS-GVO für begründet. Weiterhin führte das OLG dazu aus: „Insofern kommt es nicht auf die umstrittene Frage an, ob allein die Verletzung einer Vorschrift der DS-GVO für einen Anspruch aus Art. 82 I DS-GVO ausreicht oder ob es darüber hinaus der Darlegung und des Nachweises eines konkreten Schadens bedarf. Hier hat die Mandantin umfassend und vom Anwalt unwidersprochen dazu vorgetragen, welche immateriellen Folgen die verweigerte Datenauskunft des Anwalts für sie hatte. Sie beruft sich in erster Linie darauf, dass sie durch die verzögerte Datenauskunft psychisch belastet wurde. Sie habe Stress und Sorge im Hinblick auf die Regulierung ihrer Ansprüche aus dem Verkehrsunfallgeschehen empfunden“. [Anmerkung 1: Das OLG Köln hat die Revision – beschränkt auf den Anspruch der ehemaligen Mandantin auf Zahlung von Schadensersatz für immaterielle Schäden aus verzögerter Datenauskunft – zugelassen, – eine solche wurde jedoch nicht eingereicht. Anmerkung 2: Vgl. dazu auch Riemer, Der Datenauskunftsanspruch gem. Art. 15 DS-GVO als Tool zur Informationsgewinnung, DAR 2022, 127].

Betrag: 500 € **Haftung: 100 %**
immVorb: – **MdE: –**

OLG Köln 14.7.2022 – 15 U 137/21 = BeckRS 2022, 17897

7168

Persönlichkeitsrechtsverletzung wegen Verletzung des Auskunftsanspruchs im Arbeitsverhältnis wobei es „maßgeblich um die Arbeitszeitaufzeichnungen gegangen sei“. Der Beklagte hatte diese Aufzeichnungen erst gut 6 Monate nach dem außergerichtlichen Auskunftsbegehren übersandt.

Frau (Hauswirtschafterin). Die Klägerin war eine ehemalige Arbeitnehmerin des beklagten Unternehmens. Sie erhob vor dem ArbG Herne Klage auf Auskunft und Erhalt einer Kopie ihrer verarbeiteten personenbezogenen Daten (hier: Stundenzettel) nach Art. 15 DS-GVO. Hierauf hatte die Beklagte zunächst nicht reagiert. Das ArbG Herne (4.9.2020 – 5 Ca 178/20, BeckRS 2020, 49981) hat die Klage abgewiesen. Das LAG Hamm (11.5.2021 – 6 Sa 1260/20, BeckRS 2021, 21866) hat ihr unter Zurückweisung der weitergehenden Berufung iHv 1.000 Euro nebst Zinsen stattgegeben. Mit ihrer Revision verfolgte die Kl. ihr Begehren auf Zahlung eines höheren Schadensersatzes weiter. Das Rechtsmittel hatte keinen Erfolg. Das BAG formulierte insofern zur Bemessung der Höhe des Anspruchs auf immateriellen Schadensersatz bei Verstoß gegen DS-GVO folgende beiden „Orientierungssätze“: „1. Die Bestimmung eines der Höhe nach in das Ermessen des Gerichts gestellten Schadensersatzanspruchs gem. Art. 82 I DS-GVO richtet sich nach § 287 Abs. 1 S. 1 ZPO. 2. Es kann dahinstehen, ob eine nicht vollständige

Erfüllung der Auskunftspflicht gem. Art. 15 I DS-GVO für sich genommen einen Anspruch auf immateriellen Schadensersatz nach Art. 82 Abs. 1 DS-GVO begründet. Selbst wenn dies der Fall wäre, hätte das LAG im Streitfall die Anspruchshöhe mit 1.000 EUR nicht ermessensfehlerhaft zu niedrig festgesetzt". Den ersten Orientierungssatz begründete das BAG letztendlich damit, dass es zur Bemessung der Höhe keine einschlägigen unionsrechtlichen Vorschriften gäbe, weshalb insofern § 287 ZPO anwendbar sei. Zum zweiten Orientierungssatz führte das BAG aus, das LAG habe ohne Rechtsfehler in seine Würdigung einbezogen, dass die persönliche Betroffenheit der Kl. durch die nicht vollständige Erfüllung ihres Auskunftsanspruchs in Anbetracht des maßgeblichen Anliegens ihres Auskunftsbegehrens „überschaubar" gewesen seien und habe das Auskunftsbegehren dahin ausgelegt, dass es der Kl. maßgeblich um die Arbeitszeitaufzeichnungen gegangen sei. Diese habe ihr die Bekl. mit Schreiben vom 13.8.2020 aber übersandt. Damit – so das BAG – habe „das LAG eine Gewichtung des konkreten Ausmaßes der Beeinträchtigung der Kl. durch die nicht vollständige Erfüllung ihres Auskunftsanspruchs vorgenommen und dieser eine relativ geringere Bedeutung beigemessen, als wenn es der Kl. ebenso maßgeblich um Auskunft über ihre übrigen bei der Bekl. gespeicherten personenbezogenen Daten gegangen wäre". [Anmerkung: weitere Fundstelle NJW 2022, 2779, vgl. dazu auch Gola / Klug NJW 2023, 658; Fuhlrott ArbRAktuell 2022, 457 sowie oben → Rn. 244 und → Rn. 246b].

Betrag: 1.000 € **Haftung: 100 %**
immVorb: – **MdE: –**

BAG 5.5.2022 – 2 AZR 363/21 = BeckRS 2022, 20229

6846

Persönlichkeitsrechtsverletzung (hier: Verspätete Erteilung einer datenschutzrechtlichen Auskunft nach Art. 15 DS-GVO).

Frau. Zur Begründung führte das LAG Hamm aus: „Nach Auffassung des Gerichts hatte die Beklagte gegen Art. 12, 15 DS-GVO verstoßen, da sie keine vollständige Datenauskunft erteilt habe. Insbesondere habe die Beklagte nicht mitgeteilt, zu welchen Zwecken (Art. 15 I Buchst. a DS-GVO) und nach welchen Kategorien (Art. 15 I Buchst. b DS-GVO) sie Daten der Klägerin verarbeite. Hierdurch sei der Klägerin auch ein Schaden entstanden. Die DS-GVO sehe keine Erheblichkeitsschwelle im Rahmen von Art. 82 I DS-GVO vor, welche Bagatellfälle ausschließen würde. Nach Erwägungsgrund 146 S. 3 DS-GVO sei der Begriff des Schadens weit auszulegen .... Für die exakte Bezifferung der Schadenshöhe liege eine Orientierung an den Zumessungskriterien für Bußgelder aus Art. 83 II DS-GVO nahe". [Anmerkung: vgl. dazu jedoch BAG → Nr. 7168 sowie auch Fuhlrott ArbRAktuell 2022, 457 und zudem oben → Rn. 244 und → Rn. 248].

Betrag: 1.000 € **Haftung: 100 %**
immVorb: – **MdE: –**

LAG Hamm 11.5.2021 – 6 Sa 1260/20 = BeckRS 2021, 21866

6845

Persönlichkeitsrechtsverletzung (hier: Verspätete Erteilung einer datenschutzrechtlichen Auskunft nach Art. 15 DS-GVO).

Mann. Die verspätete Erteilung einer datenschutzrechtlichen Auskunft nach Art. 15 DS-GVO könne, so das ArbG Neumünster, einen Schadensersatzanspruch nach Art. 82 DS-GVO iHv 500 EUR pro Monat der Verzögerung auslösen. Gerichte können sich bei Bemessung des immateriellen Schadensersatzes auch an Art. 83 Abs. 2 DS-GVO orientieren, sodass als Zumessungskriterien u.a. Art, Schwere, Dauer des Verstoßes, Grad des Verschuldens, Maßnahmen zur Minderung des den betroffenen Personen entstandenen Schadens, frühere einschlägige Verstöße sowie die Kategorien der betroffenen personenbezogenen Daten betrachtet werden können. [Anmerkung: vgl. dazu BAG → Nr. 7168 sowie auch Fuhlrott ArbRAktuell 2022, 457 und zudem oben → Rn. 248].

Betrag: 1.500 € **Haftung: 100 %**
immVorb: – **MdE: –**

ArbG Neumünster 11.8.2020 – 1 Ca 247 c/20 = BeckRS 2020, 29998

7167

Persönlichkeitsrechtsverletzung wegen Verletzung des Auskunftsanspruchs im Arbeitsverhältnis wobei die Bekl. dem Kl. eineinhalb Jahre nach seinem Ausscheiden und acht Monate nach seiner Geltendmachung, keinerlei Auskünfte erteilt hatte.

Mann (Planungsingenieur). Die Parteien stritten im Rahmen einer Kündigung des Klägers seitens der Beklagten ua um Auskunfts- und Unterlassungsansprüche und eine Vielzahl von gegenseitigen Zahlungsansprüchen. Die Beklagte hatte in diesem Zusammenhang unzutreffender Weise behauptet, der Kl. habe schwerwiegende Pflichten verletzt, die zu einer fristlosen Kündigung geführt hätten; damit – so das ArbG – sei „die Gefahr gebunden, dass der Kl. auch bei anderen Unternehmen keine Anstellung findet", womit die Beklagte „das allgemeine Persönlichkeitsrecht des Kl. in besonders schwerwiegender Weise beeinträchtigt" habe. Vor diesem Hintergrund hatte der Kläger von der Beklagten auch Auskunft darüber verlangt, „an wen sie noch die das allgemeine Persönlichkeitsrecht des Kl. beeinträchtigenden Mitteilungen verschickt hat". Wegen der Nichterfüllung des Auskunftsanspruchs nach Art. 15 Abs. 1 DS-GVO besteht ein Entschädigungsanspruch des Kl. gem. Art. 82 DS-GVO wobei der Begriff des Schadens in Art. 82 DS-GVO insofern weit auszulegen ist. „Weder der DS-GVO noch ihren Erwägungsgründen lässt sich entnehmen, dass der Schadensersatzanspruch einen qualifizierten Verstoß gegen die DS-GVO voraussetzt. Für die Annahme einer Erheblichkeitsschwelle oder – andersherum formuliert – die Ausnahme von Bagatellfällen gibt es keinen Anhaltspunkt (so BVerfG 14.1.2021 – 1 BvR 2853/19, ZD 2021, 266 mAnm Blasek ZD 2021, 267])". Bei der Bemessung der Höhe „erscheint eine Orientierung an dem Kriterienkatalog für die Bemessung von Bußgeldern in Art. 83 Abs. 2 S. 2 DS-GVO naheliegend", so das ArbG Berlin mit Verweis auf ArbG Düsseldorf → Nr. 6716. [Anmerkung: vgl. dazu auch BAG → Nr. 7168 sowie LAG Hamm → Nr. 6846].

Betrag: 5.000 € **Haftung: 100 %**
immVorb: – **MdE: –**

ArbG Berlin 15.6.2022 – 55 Ca 5659/21 = BeckRS 2022, 20071

7191

Verletzung des DS-GVO-Auskunftsanspruchs nach Art. 15 Abs. 1 DS-GVO – Wartezeit 8 Monate.

Mann (Planungs- und Prüfingenieur). „Wegen der Nichterfüllung des Auskunftsanspruchs nach Art. 15 Abs. 1 DS-GVO besteht ein Entschädigungsanspruch des Kl. gem. Art. 82 DS-GVO", den das ArbG mit 5.000 EUR bemaß, da der Beklagte „dem Kl. bislang, also inzwischen eineinhalb Jahre nach seinem Ausscheiden und acht Monate nach seiner Geltendmachung, keinerlei Auskünfte erteilt" hatte. [Anmerkung: Vgl. auch → Nr. 7352: 100.000 EUR immateriellen Schadensersatz wegen einer besonderes schweren Persönlichkeitsrechtsverletzung des selben Klägers].

Betrag: 5.000 € **Haftung: 100 %**
immVorb: – **MdE: –**

ArbG Berlin 15.6.2022 – 55 Ca 456/21 = BeckRS 2022, 20071

6716

Persönlichkeitrechtsverletzung / Datenschutzverstoß (hier: Unvollständige und verspätete Auskunft seitens des Arbeitgebers gegenüber einem Arbeitnehmer über die arbeitgeberseitig verarbeiteten personenbezogenen Daten nach Art. 15 DS-GVO).

Mann (Arbeitnehmer). Der Kläger war ein ehemaliger Arbeitnehmer des beklagten Unternehmens. Er erhob vor dem Arbeitsgericht Düsseldorf Klage auf Auskunft und Erhalt einer Kopie seiner verarbeiteten personenbezogenen Daten nach Art. 15 DS-GVO. Hierauf hatte der Arbeitgeber zunächst nicht reagiert. Daher sprach das ArbG nun auf der Basis des – aus Sicht des ArbG – insofern sehr weit auszulegenden Art. 82 DS-GVO immateriellen Schadensersatz in Höhe von 5.000 EUR wegen der aus Sicht des ArbG verspäteten und unvollständigen Auskunft im Sinne von Art. 15 DS-GVO zu. Zur Begründung führte das ArbG aus, gemäß der Art. 75 und 146 DS-GVO sei der Begriff des Schadens vor dem Hintergrund der Rechtsprechung des EuGH weit ausgelegt werden. Demnach liege ein erstattungsfähiger immaterieller Schaden nicht nur dann vor, wenn ein Datenschutzverstoß zu einer Diskriminierung, einem Vertraulichkeitsverlust, einer Rufschädigung oder anderen gesellschaftlichen Nachteilen geführt habe sondern bereits dann, wenn die betroffene Person um ihre Rechte und Freiheiten gebracht oder daran gehindert werde, die sie betreffenden personenbezogenen Daten zu kontrollieren. Im konkreten Falle habe die verspätete und unvollständige Auskunft den Kläger über die Verarbeitung seiner personenbezogenen Daten im Ungewissen gelassen und zudem das Auskunftsrecht des Klägers als zentrales Betroffenenrecht gemäß Art. 12 und 15 DS-GVO verletzt. Die Höhe von 5.000 EUR begründete das ArbG damit, es sei insofern ua auf die in Art. 83 Abs. 2 DS-GVO geregelten Kriterien der für die Bemessung von Bußgeldern abzustellen. [Vgl. zu dieser Thematik auch oben → Rn. 264 sowie das Urteil des ArbG Berlin → Nr. 7167].

Betrag: 5.000 € **Haftung: 100 %**
immVorb: – **MdE: –**

ArbG Düsseldorf 5.3.2020 – 9 Ca 6557/18 = BeckRS 2020, 11910

7675

Verletzung des DS-GVO-Auskunftsanspruchs nach Art. 15 Abs. 1 DS-GVO – Wartezeit zwei Monate.

Mann. Der Kläger war bei der Rechtsvorgängerin der Beklagten am Standort Duisburg beschäftigt und verlangte sechs Jahre nach seinem Beschäftigungsende von seiner ehemaligen Arbeitgeberin Auskunft über die personenbezogenen Daten, die sie noch von ihm gespeichert hatte. Die Beklagte hatte die ihr gesetzte Frist zunächst verstreichen lassen und reagierte erst auf die erneute Aufforderung des Klägers. Aufgrund dieser Verzögerung verlangte er immateriellen Schadensersatz. Das ArbG Duisburg sprach ihm 10.000 EUR zu. „Die betroffene Person soll einen vollständigen und wirksamen Schadensersatz für den erlittenen Schaden erhalten. Verstöße müssen effektiv sanktioniert werden, damit die DS-GVO wirken kann, was vor allem durch Schadensersatz in abschreckender Höhe erreicht wird", so das ArbG. [Anmerkung: Die Entscheidung wurde jedoch vom LAG sowie nachfolgend bestätigt durch das BAG aufgehoben. „Die verspätete Erteilung der nach Art. 15 DSGVO geschuldeten Auskunft begründet für sich genommen keinen immateriellen Schaden iSv Art. 82 Abs. 1 DSGVO. Es handelt sich nur um einen zeitlichen Verzug.", so das BAG BeckRS 2025, 6265, → Nr. 7656].

Betrag: 10.000 € **Haftung: 100 %**
immVorb: – **MdE: –**

ArbG Duisburg 23.3.2023 – 3 Ca 44/23 = BeckRS 2023, 10513

7190

Verletzung des DS-GVO-Auskunftsanspruchs nach Art. 15 Abs. 1 DS-GVO – Wartezeit 20 Monate.

Mann (Vertriebsleiter). Der Kläger verlangte von seiner ehemaligen Arbeitgeberin, bei der er zunächst als Geschäftsführer und später als Vertriebsleiter angestellt war, Auskunft nach Art. 15 Abs. 1 DS-GVO über von der Firma verarbeitete, ihn betreffende personenbezogene Daten sowie eine Kopie der Daten gemäß Art. 15 Abs. 3 DS-GVO. Die Arbeitgeberin verweigerte dies und legte erst 20 Monate später im Prozess einzelne Unterlagen vor. Der Kläger forderte daher gemäß Art. 82 Abs. 1 DS-GVO einen Anspruch auf immateriellen Schadensersatz in Höhe von monatlich 500 Euro für den Zeitraum der Nichterfüllung der Auskunftspflicht. Das ArbG gab dem Kläger in vollem Umfang Recht und sprach ihm einen immateriellen Schadensersatz von 10.000 Euro (monatlich 500 Euro für die gesamte Wartezeit) zu und begründete dies mit der (umstrittenen und noch nicht abschließend geklärten) Ansicht, wonach der Schadenersatzanspruch nach Art. 82 Abs. 1 DS-GVO präventiven Charakter habe und der Abschreckung diene Wichtiger Hinweis: Die Entscheidung hat vor dem Hintergrund der aktuellen Rspr. des BAG BeckRS 2025, 6265 keinen Bestand! [vgl. dazu BAG → Nr. 7656 und ArbG Duisburg → Nr. 7675 und oben im Handbuch → Rn. 245).

Betrag: 10.000 € **Haftung: 100 %**
immVorb: – **MdE: –**

ArbG Oldenburg 9.2.2023 – 3 Ca 150/21 = BeckRS 2023, 3950

gg) Datenschutzverstoß iVm Schufa ua Auskunfteien

7872

Persönlichkeitsrechtsverletzung, behauptete im Zusammenhang mit der Übermittlung eines die Person des Klägers betreffenden Scorewertes an eine Bank mit der dieser eine Geschäftsbeziehung aufnehmen wollte.

Mann. Kein Schmerzensgeldanspruch: Der Kläger macht ua Ansprüche auf auch immateriellen Schadensersatz wegen Erstellung eines (negativen) Score-Wertes und der seiner Ansicht nach unrechtmäßigen Weitergabe personenbezogener Daten seiner Person seitens der Beklagten an die Bank, bei der der Kläger die Eröffnung eines Girokontos beantragt hatte, geltend. Das OLG sah darin jedoch keinen Verstoß gegen die DS-GVO und führte insofern insbesondere in Bezug auf Art. 22 Abs. 1 DS-GVO aus: „Ein Verstoß gegen Art. 22 Abs. 1 DS-GVO scheidet – wie bereits ausgeführt – mangels darauf beruhender Entscheidung aus. Es ist auch nicht erkennbar, dass sich aus dem Score ein Schaden ergeben haben soll. Die Beklagte hat gemäß der erteilten Anlage überhaupt nur ein einziges Mal einen Scorewert mitgeteilt. Anhaltspunkte dafür, dass dieser auf diskriminierenden Faktoren beruhte, liegen nicht vor. Es erscheint vielmehr naheliegend, dass ein Scorewert vor allem dann eine Rolle spielt, wenn gerade keine konkreten Erkenntnisse zum Zahlungsverhalten des potentiellen Kunden vorliegen. Liegen aber Erkenntnisse über (erhebliche) Zahlungsstörungen in der Vergangenheit vor oder – wie hier – ein Eintrag des Klägers im Schuldnerverzeichnis, wonach er seine Vermögensverhältnisse nicht offengelegt hat (vgl. § 882c Abs. 1 ZPO), dürfte oft allein diese Information ausreichen, um einen Kredit abzulehnen, ohne dass es auf den Scorewert noch maßgeblich ankommt".

Betrag: – **Haftung: –**
immVorb: – **MdE: –**

OLG Koblenz 12.2.2026 – 2 U 300/25 = GRUR-RS 2026, 1471

7879

Persönlichkeitsrechtsverletzung, behauptete (als immaterielle Schadenspositionen hatte der Kläger Ängste und Sorgen angegeben, die ihn im Zusammenhang mit dem Vorgehen der Beklagten geplagt hätten.) im Zusammenhang mit der automatisierten Scorewertermittlung durch eine Wirtschaftsauskunftei.

Mann. Kein immaterieller Schadensersatz aufgrund von automatisierter Scorewert-Ermittlung durch eine Wirtschaftsauskunftei (Beklagte). Zwar enthält Art. 22 Abs. 4 DSGVO ein Verbot, bei automatisierten Entscheidungen bestimmte Daten zu verwenden, die als besonders sensibel und schützenswert eingestuft werden und insofern zudem das Recht, nicht einer ausschließlich auf einer automatisierten Verarbeitung beruhenden Entscheidung unterworfen zu werden, die ihr gegenüber rechtliche Wirkung entfaltet oder sie in ähnlicher Weise erheblich beeinträchtigt [vgl. dazu EuGH 7.12.2023 – C-634/21, GRUR-RS 2023, 34905 sowie Kratz / Marsch NJW 2024, 392]. Allerdings, so das OLG, sei es „nicht von vornherein verboten", dass „die Beklagte bei der Ermittlung von Scorewerten das Geburtsdatum / Alter, das Geschlecht, die Anzahl der verwendeten Anschriften und Anschriftendaten in diskriminierender Weise" verwendet habe. „Dies für sich genommen stützt aber nicht den Vorwurf, die Beklagte verfahre dabei in diskriminierender Weise, und bedeutet auch nicht, dass diese Daten im Hinblick auf den Kläger Verwendung gefunden haben müssen." [Anmerkung: Vgl. dazu auch KG BeckRS 2026, 1297 → Nr. 7882 und OLG Hamm GRUR-RS 2025, 26383 → Nr. 7750].

Betrag: – **Haftung: –**
immVorb: – **MdE: –**

OLG Schleswig 22.1.2026 – 5 U 73/25 = GRUR-RS 2026, 1298

7882

Persönlichkeitsrechtsverletzung, behaupteter – hier: „kurzzeitige[r] Verlust der Kontrolle über die eigenen personenbezogenen Daten" im Zusammenhang mit der automatisierten Scorewertermittlung durch eine Wirtschaftsauskunftei.

Mann. Kein immaterieller Schadensersatz aufgrund von automatisierter Scorewert-Ermittlung durch eine Wirtschaftsauskunftei (Beklagte). Zwar enthält Art. 22 Abs. 4 DSGVO ein Verbot, bei automatisierten Entscheidungen bestimmte Daten zu verwenden, die als besonders sensibel und schützenswert eingestuft werden und insofern zudem das Recht, nicht einer ausschließlich auf einer automatisierten Verarbeitung beruhenden Entscheidung unterworfen zu werden, die ihr gegenüber rechtliche Wirkung entfaltet oder sie in ähnlicher Weise erheblich beeinträchtigt [vgl. dazu EuGH 7.12.2023 – C-634/21, GRUR-RS 2023, 34905 sowie Kratz / Marsch NJW 2024, 392]. Allerdings, so das OLG, habe der Kläger „einen Verstoß gegen Art. 22 Abs. 1 DSGV nicht substantiiert vorgetragen. Soweit sich der Kläger auf einen angeblichen Verstoß gegen die Auskunftspflichten nach Art. 15 DSGVO beruft, ist nicht ersichtlich und von ihm auch nicht dargetan, inwiefern ein Verstoß gegen die Auskunftspflichten ursächlich zu einem Schaden geführt haben soll. Die vom Kläger geschilderten Missempfindungen, insbesondere eine Stigmatisierung, Diskriminierung und Rufschädigung, stützt er nicht auf die Nichterfüllung einer Auskunftspflicht, sondern die pflichtwidrige Verwendung der Daten bzw. das Scoring und dessen Mitteilung an Dritte.", so das OLG. [Anmerkung: vgl. dazu auch OLG Schleswig GRUR-RS 2026, 1298 → Nr. 7879 und OLG Hamm GRUR-RS 2025, 26383 → Nr. 7750].

Betrag: – **Haftung: –**
immVorb: – **MdE: –**

KG 19.1.2026 – 27 U 80/25 = BeckRS 2026, 1297

7781

Persönlichkeitsrechtsverletzung, behauptete im Zusammenhang mit der Übermittlung von sog. Positivdaten an eine Wirtschaftsauskunftei (Schufa) im Zusammenhang mit dem Abschluss eines Mobilfunkvertrages.

Mann. Kein Schmerzensgeld. Das LG Offenburg, Urteil vom 31.7.2024 – 2 O 21/24 hatte in der Vorinstanz die Übermittlung der sog. Positivdaten seitens des Telekommunikationsunternehmens (Beklagte) an die Schufa bereits als legitim iSd Art. 6 Abs. 1 lit. f DS-GVO angesehen. In seinem Hinweisbeschluss bestätigte das OLG Karlsruhe diese Rechtsansicht und führte dazu aus: „Der Kläger hat gegen die Beklagte keinen Anspruch auf Zahlung von immateriellem Schadensersatz gem. Art. 82 DSGVO. Die Beklagte hat nicht gegen die DSGVO verstoßen, indem sie die Vertragsdaten des Klägers an die SCHUFA übermittelte (a und b). Zudem hat der Kläger auch nicht nachgewiesen, dass ein Verstoß gegen die DSGVO – unterstellt – ursächlich für einen Schaden geworden ist. Die Übermittlung der personenbezogenen Daten des Klägers durch die Beklagte als Verantwortliche an die SCHUFA stellt eine Verarbeitung personenbezogener Daten im Sinne von Art. 4 Nr. 2 DSGVO dar. Zwar liegt keine wirksame Einwilligung des Klägers vor, die Verarbeitung seiner personenbezogenen Daten ist aber gem. Art. 6 Abs. 1 UAbs. 1 lit. f DSGVO rechtmäßig." [Anmerkung: Vgl. dazu im Handbuch unter → Rn. 246c].

Betrag: – **Haftung: –**
immVorb: – **MdE: –**

OLG Karlsruhe 5.12.2025 – 13 U 180/24 = GRUR-RS 2025, 33983

7922

Persönlichkeitsrechtsverletzung, behauptete hier: wegen der Verarbeitung personenbezogener Daten durch Übermittlung von Positivdaten an die SCHUFA.

Mann. Die Parteien streiten um Ansprüche im Zusammenhang mit der Übermittlung von sog. Positivdaten an eine Wirtschaftsauskunftei. Der Kläger hatte bei der Beklagten, einem Telekommunikationsunternehmen mehrere Telekommunikationsdienstleistungsverträge abgeschlossen. In diesem Zusammenhang meldete die Beklaget personenbezogene Daten des Kläger an die SCHUFA. Dieser sah darin einen Verstoß gegen die DS-GVO und forderte 3.000 EUR immateriellen Schadensersatz. Das LG Hanau (GRUR-RS 2025, 29067) hatte hierzu ausgeführt, dass die sog. „Einmeldung von Positivdaten" durch Telekommunikationsunternehmen an Wirtschaftsauskunfteien zur Betrugsprävention erforderlich sei, weil kein milderes, gleich wirksames Mittel zur Verfügung stehe, um typische Gefährdungslagen des Postpaid-Geschäftsmodells, insbesondere den massenhaften Abschluss paralleler Mobilfunkverträge zur Erlangung von Mobilfunkgeräten, zuverlässig zu erkennen. In der Interessenabwägung würden vor diesem Hintergrund die Interessen des Klägers als Betroffener jedenfalls dann nicht überwiegen, wenn zutreffende, nicht sensible und nicht stigmatisierende Daten verarbeitet werden, die für diesen als sozialadäquate Folge eines marktüblichen Vertragsschlusses vorhersehbar seien, zumal wenn ihm zugleich tatsächliche und rechtliche Interventionsmöglichkeiten offenstehen. Das OLG Frankfurt a.M. bestätigte dieses Auffassung mit seinem Hinweisbeschluss. (Vgl. dazu auch im Handbuch unter → Rn. 246c)

Betrag: – **Haftung: –**
immVorb: – **MdE: –**

OLG Frankfurt a. M. 28.10.2025 – 6 U 95/25 = GRUR-RS 2025, 29066

7750

Persönlichkeitsrechtsverletzung mit pauschalen „Behauptungen bloßer Unruhe, Angst oder Rufschädigung" und des Gefühls eines Kontrollverlustes wegen der Erstellung und Weitergabe von Scorewerten sowie auch wegen der „diskriminierenden Stigmatisierung im Rahmen des von der Beklagten vorgenommenen Profiling" im Zusammenhang mit der automatisierten Scorewertermittlung durch eine Wirtschaftsauskunftei.

Mann. Kein immaterieller Schadensersatz aufgrund von automatisierter Scorewert-Ermittlung durch eine Wirtschaftsauskunftei (Beklagte) bzw. kein immaterieller Schadensersatz und keine Datenschutzrechtsverletzung durch bloße Scoreermittlung bzw. Score-Erstellung ohne Entscheidungswirkung: Das OLG wies in seinem Beschluss darauf hin, dass es beabsichtige, die Berufung des Kl. gegen das Urteil des LG Münster, Urteil vom 19.5.2025 – 2 O 193/24 GRUR-RS 2025, 26384 zurückzuweisen und führte dazu – auszugsweise widergegeben – aus, dass alleine die Erstellung eines Scores – ohne dass das Ergebnis dieser Erstellung einem Verwender zur Kenntnis gebracht wird – gegenüber dem Betroffenen keine rechtliche oder sonst geartete beeinträchtigende Wirkung entfalte. Es handele sich vielmehr um ein „bloßes Internum ohne Außenwirkung"; dabei verwies das OLG auch auf die Entscheidungen des OLG München GRUR-RS 2025 und OLG Stuttgart GRUR-RS 2015, 7249. Zudem führte das OLG aus: "Nach der Entscheidung des EuGH kann in der Weiterleitung des Scorewertes durch die Beklagte eine unzulässige automatisierte Entscheidung zu sehen sein (vgl. EuGH 7.12.2023 – C-634/21, NZA 2024, 45 Rn. 40, 50). Dies gilt jedoch nicht generell, sondern der mitgeteilte Wahrscheinlichkeitswert muss im jeweiligen Einzelfall eine maßgebliche Rolle bei der Entscheidung spielen, ob der Dritte, dem er übermittelt wird, ein Vertragsverhältnis mit der betroffenen Person begründet, durchführt oder beendet. … Eine Maßgeblichkeit in diesem Sinne hat der Kläger – wie das Landgericht zu Recht ausgeführt hat – vorliegend nicht dargetan. Es fehlt ein auf einen konkreten Sachverhalt bezogener Tatsachenvortrag insbesondere dazu, dass der Kläger einen Vertragsschluss angestrebt hat, dieser abgelehnt wurde und diese Ablehnung maßgeblich auf einem von der Beklagten übermittelten Scorewert beruhte. Der Kläger trägt lediglich pauschal vor, dass er durch ein rechtswidriges Scoring eine nachhaltige Stigmatisierung erfahren habe und ihm der Abschluss zahlreicher Verträge verwehrt worden sei (Bl. 218 d.eA.-I). Welche angestrebten Verträge dies konkret betroffen haben soll, legt er nicht dar. Nach der Rechtsprechung des EuGH erfordert ein Schadensersatzanspruch nach Art. 82 DSGVO einen Verstoß gegen die Datenschutzgrundverordnung, das Vorliegen eines materiellen oder immateriellen Schadens sowie einen Kausalzusammenhang zwischen Schaden und dem Verstoß, wobei diese Voraussetzungen kumulativ sind. Die Darlegungs- und Beweislast für das Vorliegen dieser Voraussetzungen trifft die Person, die auf Grundlage des Art. 82 DSGVO einen Schadensersatzanspruch geltend macht. Soweit sich der Kläger auf einen angeblichen Verstoß gegen die Auskunftspflichten nach Art. 15 DSGVO beruft, ist nicht ersichtlich und von ihm auch nicht dargetan, inwiefern ein Verstoß gegen die Auskunftspflichten ursächlich zu einem Schaden geführt haben soll. Die vom Kläger geschilderten Missempfindungen, insbesondere eine Stigmatisierung, Diskriminierung und Rufschädigung, stützt er nicht auf die Nichterfüllung einer Auskunftspflicht, sondern die pflichtwidrige Verwendung der Daten bzw. das Scoring und dessen Mitteilung an Dritte." [vgl. dazu auch KG BeckRS 2026, 1297 → Nr. 7882 und OLG Schleswig GRUR-RS 2026, 1298 → Nr. 7879].

Betrag: – **Haftung: –**
immVorb: – **MdE: –**

OLG Hamm 30.9.2025 – 17 U 50/25 = GRUR-RS 2025, 26383

7714

Persönlichkeitsrechtsverletzung, behauptete im Zusammenhang mit der Übermittlung von sog. Positivdaten an eine Wirtschaftsauskunftei (Schufa) im Zusammenhang mit dem Abschluss eines Mobilfunkvertrages.

Mann. Kein Schmerzensgeldanspruch. 1.„Die Übermittlung sog. „Positivdaten" durch ein Telekommunikationsunternehmen an die SCHUFA kann im Einzelfall gemäß Art. 6 Abs. 1 UAbs. 1 Lit. f) DS-GVO durch ein in der Abwägung überwiegendes, berechtigtes Interesse des Anbieters und Dritter an Betrugsprävention mittels Aufrechterhaltung eines zuverlässigen Scoring-Systems gerechtfertigt sein. 2. Einem Schaden iSd Art. 82 DS-GVO in Form eines Kontrollverlusts über die personenbezogenen Daten kann es entgegenstehen, wenn der informierte Kunde von einem Widerspruchsrecht gegen die Einmeldung seiner „Positivdaten" bei der SCHUFA keinen Gebrauch gemacht hat." (Amtliche Leitsätze). [vgl. dazu im Handbuch unter → Rn. 246c sowie → BGH, Urt. v. 14.10.2025 – VI ZR 431/24 und OLG Bamberg → 7818].

Betrag: – **Haftung: –**
immVorb: – **MdE: –**

OLG Koblenz 12.5.2025 – 11 U 1335/24 = GRUR-RS 2025, 10143

7709

Persönlichkeitsrechtsverletzung, behauptete im Zusammenhang mit der Übermittlung von sog. Positivdaten an eine Wirtschaftsauskunftei (Schufa) im Zusammenhang mit dem Abschluss eines Mobilfunkvertrages.

Mann. Kein Schmerzensgeldanspruch. Das LG sah die Übermittlung der sog. Positivdaten seitens des Telekommunikationsunternehmens (Beklagte) an die Schufa als legitim iSd Art. 6 Abs. 1 lit. f DS-GVO, da die „die streitgegenständliche Übermittlung der sog. Positivdaten diente der Wahrung berechtigter Interessen, sodass diese Interessen der Beklagten überwiegen und Vorrang genießen. Ein berechtigtes Interesse besteht im Falle von Mobilfunkanbietern wie der Beklagten in der Betrugsprävention."

Betrag: – **Haftung: –**
immVorb: – **MdE: –**

LG Potsdam 7.5.2025 – 2 O 278/23 = GRUR-RS 2025, 9398

7818

Persönlichkeitsrechtsverletzung, behauptete im Zusammenhang mit der Übermittlung von sog. Positivdaten an eine Wirtschaftsauskunftei (Schufa) im Zusammenhang mit dem Abschluss eines Mobilfunkvertrages.

Mann. Kein Schmerzensgeldanspruch. Die Übermittlung sog. „Positivdaten" durch ein Telekommunikationsunternehmen an die SCHUFA kann im Einzelfall gemäß Art. 6 Abs. 1 UAbs. 1 Lit. f) DS-GVO durch ein in der Abwägung überwiegendes, berechtigtes Interesse des Anbieters und Dritter an Betrugsprävention mittels Aufrechterhaltung eines zuverlässigen Scoring-Systems gerechtfertigt sein. Insofern führte das OLG aus: „Insoweit war zu berücksichtigten, dass die übermittelten Positivdaten keine sensiblen Daten darstellen, sondern solche, die auf einen nicht unerheblichen Teil der Bevölkerung zutreffen und die im Ergebnis lediglich die Information vermitteln, dass die Person XY einen Postpaid-Mobiltelefonvertrag abgeschlossen hat. Es ist auch nicht ersichtlich, dass die übermittelten Daten in irgendeiner Form eine negative Auswirkung auf den Kläger haben können; insbesondere ist kein negativer Einfluss auf dessen Kreditwürdigkeit zu befürchten. Vielmehr kann, wie oben dargestellt, das Vorhandensein von Positivdaten einen positiven Einfluss auf den die Kreditwürdigkeit darstellenden Score haben. Soweit der Kläger vorträgt, dass die nachfolgende Löschung von Positivdaten einen negativen Einfluss auf den Score haben könne, trifft dies zwar zu. Es ist jedoch nicht nachvollziehbar, weswegen der Score des Klägers dadurch im Ergebnis schlechter stehen sollte, als dieser ohne die zuvor erfolgte Übermittlung gestanden hätte." [vgl. dazu im Handbuch unter → Rn. 246c sowie → BGH 14.10.2025 – VI ZR 431/24, NJW 2026, 456].

Betrag: – **Haftung: –**
immVorb: – **MdE: –**

OLG Bamberg 5.5.2025 – 4 U 120/24 e = GRUR-RS 2025, 8805

7657

Persönlichkeitsrechtsverletzung wegen des Gefühls eines Kontrollverlustes und der großen Sorgenach Weitergabe von Daten an die Schufa.

Mann. Der Kläger begehrte von der Beklagten immateriellen Schadensersatz wegen deren Weitergabe von Daten im Zusammenhang mit einem Mobilfunkvertrag an eine Auskunftei und trug vor, bei ihm habe sich unmittelbar nach Auskunftserteilung ein Gefühl des Kontrollverlusts und der großen Sorge, insbesondere auch auf die eigene Bonität, eingestellt. Das LG wies die Klage mit Hinweis darauf ab, dass ein bloßer Verstoß gegen die DS-GVO per se noch keinen Schadensersatzanspruch nach Art. 82 Abs. 1 DS-GVO begründe. Vielmehr sei – unter Verweis auf die Rechtsprechung des EuGH (ua EuGH Urteil vom 20.6.2024 – C-590/22, ZD 2024, 519) – der Eintritt eines konkreten Schadens als „eigenständige Anspruchsvoraussetzung" erforderlich. Der bloße Kontrollverlust über personenbezogene Daten könne zwar grundsätzlich einen immateriellen Schaden darstellen, ohne dass eine zusätzliche spürbare negative Folge nachzuweisen sei, müsse jedoch im Einzelfall substantiiert dargelegt und nachgewiesen werden, was vorliegend nicht der Fall gewesen sei. [Anmerkung: Vgl. dazu im Handbuchteil unter → Rn. 244 ff sowie auch BAG Urt. v. 20.2.2025 → Nr. 7656].

Betrag: – **Haftung: –**
immVorb: – **MdE: –**

LG Stuttgart 28.3.2025 – 11 O 102/24 = GRUR-RS 2025, 6260

7676

Persönlichkeitsrechtsverletzung wegen des Gefühls eines Kontrollverlustes und der großen Sorgenach Weitergabe von Daten an die Schufa.

Mann. Kein Schmerzensgeld bzw. immaterieller Schadensersatz: Der Kläger begehrte von der Beklagten immateriellen Schadensersatz wegen deren Weitergabe von Daten im Zusammenhang mit einem Mobilfunkvertrag an eine Auskunftei und trug vor, bei ihm habe sich unmittelbar nach Auskunftserteilung ein Gefühl des Kontrollverlusts und der Sorge auf die eigene Bonität, eingestellt. Das LG wies die Klage mit Hinweis darauf ab, dass die Übermittlung von Positivdaten an Wirtschaftsauskunfteien durch Telekommunikationsunternehmen zur Wahrung berechtigter Interessen iSv Art. 6 Abs. 1 lit. f DS-GVO, namentlich der Aufrechterhaltung eines zuverlässigen Scoring-Systems und der Betrugsprävention, erforderlich sei. Dieses Interesse überwiege ggü. dem Interesse des Betroffenen an der Wahrung seiner Persönlichkeitsrechte. Letzteres folgt bereits daraus, dass es sich bei dem Abschluss eines Mobilfunkvertrags „heutzutage um ein gewöhnliches Verhalten handelt, das keinerlei Schlussfolgerungen auf persönliche Vorlieben oder Ähnliches zulässt." [Anmerkung: Vgl. dazu im Handbuchteil unter → Rn. 244 ff sowie auch BAG Urt. v. 20.2.2025 → Nr. 7656].

Betrag: – **Haftung: –**
immVorb: – **MdE: –**

LG Magdeburg 27.3.2025 – 10 O 67/24 = GRUR-RS 2025, 6267

7944

Persönlichkeitsrechtsverletzung wegen der Verwendung automatisiert Scorewerte (sog. Bonitätsscore) zur Beurteilung der Kreditwürdigkeit. Der Kläger trug insofern vor, dass die von der Beklagten Scorewerte für ihn „fatal" wären und generell negative Auswirkungen auf ihn und den Abschluss von Verträgen haben würden und er damit praktisch als kreditunwürdig gelte.

Mann. Der Kläger begehrte ua immateriellen Schadensersatz gemäß Art. 82 Abs. 1 DS-GVO infolge behaupteter datenschutzrechtlicher Verstöße der Beklagten. Das OLG wies die Klage, wie bereits die Vorinstanz ab und führte dazu aus, dass ein Anspruch auf immateriellen Schadensersatz nach Art. 82 DS-GVO nicht nur einen Datenschutzverstoß voraussetze, sondern auch die Darlegung eines konkreten immateriellen oder materiellen Schadens; rein pauschale Behauptungen wirtschaftlicher Nachteile oder allgemeiner Lebensbeeinträchtigungen genügen insoweit nicht. [Anmerkung: Die weitere Argumentation, wonach sich die SCHUFA (Bekl.) hinsichtlich der Auskunft über das Scoring-Verfahren auf ihr „Geschäftsgeheimnis" berufen könne, lässt sich vor dem Hintergrund der Entscheidung des EuGH NJW 2025, 1471 nicht mehr uneingeschränkt halten. Vgl. dazu im Handbuch unter → Rn. 246d und → Rn. 246e].

Betrag: – **Haftung: –**
immVorb: – **MdE: –**

OLG Stuttgart 18.3.2025 – 9 U 20/25 = GRUR-RS 2025, 7249

7943

Persönlichkeitsrechtsverletzung wegen der Verwendung automatisiert Scorewerte (sog. Bonitätsscore) zur Beurteilung der Kreditwürdigkeit.

Mann. Der Kläger sieht sich durch das Scoringverfahren der Beklagten in seinen Rechten verletzt. Das LG Memmingen und in der Berufung das OLG wiesen die Anspruche zurück, da es vorliegend die Voraussetzungen des Art. 22 Abs. 1 DS-GVO nicht als erfüllt ansah. Der Kläger hätte, so das OLG (Rn. 32), „also darzulegen und zu beweisen, dass in allen Fällen einer ihn betreffenden Kreditentscheidung diese „maßgeblich" bzw. allein von dem Scorewert geleitet wird bzw. geleitet werden wird." Darüber hinaus führte das OLG an: „Der Umstand, dass der Schadensbegriff nach der Rechtsprechung des EuGH weit auszulegen ist und keiner Erheblichkeitsschwelle unterliegt bzw. nicht einen bestimmten Schweregrad erreichen muss, entbindet den Kläger nicht davon, vorzutragen und zu beweisen, dass überhaupt ein Verstoß gegen die Datenschutzgrundverordnung vorliegt und gerade dieser Verstoß kausal den geltend gemachten Schaden verursacht hat. Auf die vom Kläger geschilderten empfundenen Beeinträchtigungen kommt es daher nicht mehr an.". [Vgl. dazu im Handbuch unter → Rn. 246f].

Betrag: – **Haftung: –**
immVorb: – **MdE: –**

OLG München 3.2.2025 – 24 U 3326/24 e = GRUR-RS 2025, 15992

7558

Persönlichkeitsrechtsverletzung wegen der, seitens der Beklagten (Schufa) verweigerten Übermittlung von Daten – insbesondere auch der ebenfalls verweigerten Mitteilung des aktuellen Scorewerts des Klägers – an Dritte gem. Artikel 20 DS-GVO.

Mann. Kein Schmerzensgeld aus Art. 20 Abs. 2 DS-GVO in Bezug auf das Unterlassen der Übermittlung von Scorewerten ua bonitätsrelevanten Informationen, da es sich im Rahmen von Art. 20 Abs. 1 und Abs. 2 DS-GVO um Daten handeln muss, die der Kläger der Beklagten zur Verfügung gestellt hat und nicht um solche Daten, die die Beklagte von Vertragspartnern übermittelt bekommen oder selbst erhoben hat: Der Kläger hatte gegen die Beklagte (Schufa) eine Strafanzeige wegen vermeintlich rechtswidriger Speicherung von Zahlungsstörungen und angeblich strafbaren Verhaltens ihrer Mitarbeitenden gestellt. Aus diesem Grunde stellte die Beklagte die Auskunftserteilung betreffend Daten des Klägers gegenüber Dritten vorübergehend ein, was sich im Geschäftsleben – selbstredend – negativ auf den Kläger ausgewirkt hatte, weshalb dieser sodann Klage auf „ein angemessenes Schmerzensgeld in Höhe von mindestens 2.500 EUR" erhob. Das LG wies die Klage als unbegründet ab, da zum einen kein Verstoß gegen Art. 82 Abs. 1 DS-GVO vorliege und zum anderen ein Schadensersatzanspruch – selbst wenn man entgegen der Rechtsansicht des LG eine Verletzung der DS-GVO und einen hieraus resultierenden Schadensersatz- oder Schmerzensgeldanspruch dem Grunde nach annehmen würde – dieser gleichwohl daran scheitern würde, dass ein anspruchsausschließendes überwiegendes Mitverschulden des Klägers an der Einstellung der Auskunftserteilung anzunehmen ist. „Das einen etwaigen Schadensersatzanspruch ausschließende Mitverschulden des Klägers ist darin zu sehen, dass dieser die Beklagte zum einen mit einem unberechtigten Strafverfahren überzogen hat, welches der Beklagten ein berechtigtes Interesse (sachlicher Grund) zur vorläufigen Auskunftseinstellung zur Vermeidung von etwaigen weiteren strafbaren Handlungen und zur Schadensvermeidung gab und zum anderen ist das Mitverschulden darin zu sehen, dass die Staatsanwaltschaft dem Kläger bereits am 7.8.2023 die Einstellung des Strafverfahrens gemäß § 170 Abs. 2 StPO mitteilte und der Kläger die Beklagte hierüber nicht in Kenntnis setzte, sondern vielmehr hierüber in Unkenntnis ließ und die hiesige Klage einreichte." (Zitat aus der Urteilsbegründung).

Betrag: – **Haftung: –**
immVorb: – **MdE: –**

LG Wiesbaden 15.1.2025 – 2 O 49/24 = GRUR-RS 2025, 208

7569

Persönlichkeitsrechtsverletzung, vermeintliche (hier: Im Zusammenhang mit der Datenübermittlung von Positivdaten an Auskunfteien – im konkreten Falle an die Schufa – im Rahmen der Prüfung des berechtigten Interesses seitens eines Telekommunikationsunternehmens).

Frau. Kein Schmerzensgeldanspruch: Die Klägerin macht ua Ansprüche auf auch immateriellen Schadensersatz wegen ihrer Ansicht nach unrechtmäßiger Weitergabe personenbezogener Daten ihrer Person seitens der Beklagten im Zusammenhang mit dem Abschluss eines Mobilfunkvertrages geltend. Das LG wies die Klage ab und führte aus, dass die Klägerin in der mündlichen Verhandlung nicht überzeugend dargelegt habe, „dass sie aufgrund der Einmeldung der Positivdaten durch die Beklagte unter echten immateriellen Beeinträchtigungen wie beispielsweise Angstgefühlen, seelischem Leid, seelischen Auswirkungen, psychischen Beeinträchtigungen oder anderen, irgendwie spürbaren seelischen Beeinträchtigungen leidet bzw. gelitten habe" und dass ein immaterieller Schaden „auch nicht im Sinne eines Kontrollverlustes entstanden, wie ihn die höchstrichterliche Rechtsprechung in den sog. F. -Fällen* nunmehr angenommen hat (BGH 18.11.2024 – ZR 10/24, Rn. 30 mwN)." [gemeint sind die gegen Facebook bzw. den Meta-Konzern eingereichten Klagen wie beispielsweise OLG Hamm → Nr. 7518].

Betrag: – **Haftung: –**
immVorb: – **MdE: –**

LG Konstanz 13.1.2025 – E 2 O 74/24 = GRUR-RS 2025, 260

7917

Persönlichkeitsrechtsverletzung, behauptete … durch das Einmelden von Positivdaten aus TK-Verträgen an eine Wirtschaftsauskunftei.

Mann. Der Kl. nimmt die Bekl., bei der er einen Mobilfunkvertrag abgeschlossen hatte, wegen des Vorwurfs rechtswidriger Datenverarbeitung ua auf immateriellen Schadensersatz in Anspruch. Übermittlung von Positivdaten durch Mobilfunkunternehmen an Wirtschaftsauskunfteien dient der Wahrnehmung berechtigter Interessen und begründet ohne nachgewiesene nachteilige Folgen für den Betroffenen keinen ersatzfähigen immaterieller Schadensersatz nach Art. 82 Abs. 1 DS-GVO; ein solcher setzt voraus, dass ein konkreter Schaden vorliegt wobei ein nur pauschales Vorbringen eines „Gefühls des Kontrollverlusts" oder abstrakter Sorgen nicht ausreichen.

Betrag: – **Haftung: –**
immVorb: – **MdE: –**

LG Frankfurt (Oder) 29.11.2024 – 11 O 9/24 = GRUR-RS 2024, 34164

7512

Persönlichkeitsrechtsverletzung, behauptete … hier im Zusammenhang mit der Übermittlung von Positivdaten an Wirtschaftsauskunfteien durch Telekommunikationsunternehmen.

Frau. Kein Schmerzensgeldanspruch: Die Parteien streiten um Zahlungsansprüche aus einem Mobilfunkvertrag sowie widerklagend über einen Schadensersatzanspruch aus Art. 82 DS-GVO, da die Klägerin, ein Telekommunikationsunternehmen, rechtswidrig eine SCHUFA-Eintragung zulasten der Beklagten veranlasst hatte. Das LG wies die Klage ab, da „die Weitergabe der streitgegenständlichen Positivdaten an Wirtschaftsauskunfteien, insbesondere an die SCH. Holding AG, durch die Beklagte, war nach Art. 6 Abs. 1 S. 1 lit. f) DS-GVO gerechtfertigt" war. „Durch die Weitergabe der sogenannten Positivdaten könne erreicht werden, dass der Abschluss einer ungewöhnlich großen Zahl von Postpaid-Mobilfunkverträgen durch ein und dieselbe Person, die auf betrügerische Absichten desselben hindeuten kann, rechtzeitig aufgedeckt und dadurch Betrugsschäden gegebenenfalls abgewendet werden könnten." (vgl. dazu das in einem Parallelverfahren ergangene Urteil des LG Duisburg v. 28.6.2024 → Nr. 7513. [Anmerkung: Ein, wenn auch jeweils geringes Schmerzensgeld hatten insofern ua das OLG Koblenz → Nr. 7039, das OLG Frankfurt a.M. → Nr. 7239 und das OLG Hamburg → Nr. 7371 in Fällen zuerkannt, bei denen die sog. „Einmeldung" an die Schufa fehlerhaft bzw. rechtswidrig war].

Betrag: – **Haftung: –**
immVorb: – **MdE: –**

LG Münster 25.11.2024 – 014 O 78/24 = GRUR-RS 2024, 33318

7514

Persönlichkeitsrechtsverletzung, behauptete im Zusammenhang mit der Einmeldung rückständiger Forderungen an eine Wirtschaftsauskunftei (hier: SCHUFA).

Mann. Kein Schmerzensgeldanspruch wegen der rechtswidrigen Einmeldung einer rückständigen Forderungen bei der Schufa. Als Rechtsgrundlage für die Übermittlung der Daten an die Schufa kommt mangels einer entsprechenden Einwilligung des Klägers lediglich Art. 6 Abs. 1 lit. f DS-GVO – einer zentralen Abwägungsnorm innerhalb der DS-GVO – in Betracht. „Nach dieser Vorschrift ist", so das OLG, „die Verarbeitung personenbezogener Daten – und um solche handelt es sich hier – rechtmäßig, wenn sie zur Wahrung der berechtigten Interessen des Verantwortlichen oder eines Dritten erforderlich ist, sofern nicht die Interessen oder Grundrechte und Grundfreiheiten der betroffenen Person, die den Schutz personenbezogener Daten erfordern, überwiegen." Die Beweislast für die Rechtsmäßigkeit obliegt dabei der Beklagten. „Selbst eine nach dem Maßstab des § 31 Abs. 2 S. 1 Nr. 5 BDSG bei Möglichkeit einer Kündigung des zugrunde liegende Vertragsverhältnisses im Grundsatz rechtmäßige Übermittlung von Daten an die Auskunftei darf nur solche fälligen und rückständigen Forderungen betreffen, wegen derer bei Zahlungsrückstand das zugrunde liegende Vertragsverhältnis fristlos gekündigt werden kann. Dies beinhaltet beim Rückstand mit Abschlagszahlungen auch den abgerechneten Saldo, da dieser nur eine umstands- und zeitbedingte Fortentwicklung der Entgeltforderung darstellt." (2. Amtlicher Leitsatz)

Betrag: – **Haftung: –**
immVorb: – **MdE: –**

OLG Schleswig 22.11.2024 – 17 U 2/24 = GRUR-RS 2024, 32502

7517

Persönlichkeitsrechtsverletzung, behauptete im Zusammenhang mit der Eintragung personenbezogener Daten im Register einer Wirtschaftsauskunftei (Schufa-Eintrag).

Mann. Die Parteien stritten über Ansprüche im Zusammenhang mit der Übermittlung von Daten über den Abschluss eines Mobilfunkvertrages an Wirtschaftsauskunfteien. Der Kläger erhob ua Ansprüche auf auch immateriellen Schadensersatz wegen seiner Ansicht nach unrechtmäßiger Weitergabe personenbezogener Daten seiner Person seitens der Beklagten im Zusammenhang mit dem Abschluss eines Mobilfunkvertrages. Das LG wies die Klage ab, da der Kläger einen erlittenen und spürbaren immateriellen Schaden nicht hinreichend dargelegt hatte. „Der Schaden ist demnach zwar weit zu verstehen, er muss jedoch auch wirklich erlitten, das heißt spürbar, objektiv nachvollziehbar und von gewissem Gewicht sein". Zwar, so das LG, gäbe es "im Lichte der Erwägungsgründe [ergänze: Erwägungsgrund 146 der DS-GVO] keinen generellen Ausschluss von Bagatellschäden, aber der bloße Verstoß gegen die Bestimmungen dieser Verordnung ist – mit Verweis auf EuGH NJW 2023, 1930 – nicht ausreicht, um einen Schadenersatzanspruch zu begründen. [Anmerkung: Vgl. dazu auch OLG Hamm GRUR-RS 2024, 33926, → Nr. 7518 sowie im Handbuch → Rn. 244a]

Betrag: – **Haftung: –**
immVorb: – **MdE: –**

LG Bamberg 6.11.2024 – 12 O 44/24 = GRUR-RS 2024, 30641

7520

Persönlichkeitsrechtsverletzung, behauptete im Zusammenhang mit der Übermittlung von sog. Positivdaten an eine Wirtschaftsauskunftei (Schufa) im Zusammenhang mit dem Abschluss eines Mobilfunkvertrages.

Mann. Kein Schmerzensgeldanspruch. Das LG sah die Übermittlung der sog. Positivdaten seitens des Telekommunikationsunternehmens an die Schufa als rechtsmäßig iSv Art. 6 DS-GVO an: „Ein berechtigtes Interesse [ergänze: iSd Art. 6 DS-GVO] ist in der Betrugsprävention und der Überschuldungsprävention zu sehen. Die Betrugsprävention ist in Erwägungsgrund 47 der DSGVO ausdrücklich als ein solches berechtigtes Interesse anerkannt. Die Übermittlung der im Tatbestand genannten Daten durch die Beklagte dient der Verhinderung von Betrugsstraftaten, soll hohe Kreditrisiken für die Beklagte und die Verbraucher vermeiden und weiterhin Verbraucher vor Identitätsdiebstahl durch missbräuchliche Bestellungen mittels betrügerisch erlangter Daten schützen. Hierbei ist zu beachten, dass Auskunfteien generell einem berechtigten wirtschaftlichen Interesse dienen. Unternehmen wie die Beklagte gehen mit Mobilfunkverträgen regelmäßig in Vorleistung, insbesondere, aber nicht nur, wenn mit dem Vertrag auch der Erwerb eines Telefons finanziert wird. Die hiermit verbundenen Risiken können durch Auskunfteien abgefedert werden, weil z.B. erkennbar ist, ob sich eine Person atypisch und damit verdächtig verhält, wenn in einem engen Zeitraum eine Vielzahl von Verträgen abgeschlossen werden sollen.", so das LG.

Betrag: – **Haftung: –**
immVorb: – **MdE: –**

LG Bochum 4.11.2024 – 1 O 157/24 = GRUR-RS 2024, 32478

7521

Persönlichkeitsrechtsverletzung, behauptete im Zusammenhang mit der Übermittlung von sog. Positivdaten an eine Wirtschaftsauskunftei (Schufa) im Zusammenhang mit dem Abschluss eines Mobilfunkvertrages.

Mann. Kein Schmerzensgeldanspruch. Das LG sah die Übermittlung der sog. Positivdaten seitens des Telekommunikationsunternehmens (Beklagte) an die Schufa als legitim iSd Art. 6 Abs. 1 lit. f DS-GVO, da die „streitgegenständliche Datenverarbeitung … zum Zweck der Betrugsprävention erforderlich [sei]. Ein milderes und gleich effizientes Mittel ist nicht ersichtlich. Insbesondere würde eine reine Beschränkung auf die Übermittlung von Negativdaten nicht ausreichen. Denn die Fälle der Erstbegegung, insbesondere bei Identitätstäuschung, können so nicht wirksam unterbunden werden (aA LG München GRUR-RS 2023, 10317)." Es könne aber letztlich dahinstehen, ob ein Verstoß der Beklagten gegen Art. 5 und 6 DS-GVO überhaupt vorliege, da die Klagepartei nicht bewiesen habe, dass ihr tatsächlich ein immaterieller Schaden entstanden ist. Der Schadensersatzanspruch nach Art. 82 Abs. 1 DSGVO setze zwar keine schwere Verletzung des Persönlichkeitsrechts voraus, jedoch sei nicht jede im Grunde nicht spürbare Beeinträchtigung bzw. jede bloß individuell empfundene Unannehmlichkeit geeignet, um ein Schmerzensgeld zu gewähren. Vielmehr müsse dem Betroffenen ein spürbarer Nachteil entstanden sein und es muss um eine objektiv nachvollziehbare, tatsächlich erfolgte Beeinträchtigung von persönlichkeitsbezogenen Belangen gehen. Als Schaden iSd DSGVO kann nicht gewertet werden, dass es grundsätzlich (technische) Systemfehler geben könne, ohne dass ein solcher im konkreten Fall dargelegt und nachgewiesen werden kann.

Betrag: – **Haftung: –**
immVorb: – **MdE: –**

LG Regensburg 4.11.2024 – 72 O 72/24 KOIN = GRUR-RS 2024, 30658

7592

Persönlichkeitsrechtsverletzung, behauptete im Zusammenhang mit der Übermittlung von sog. Positivdaten an eine Wirtschaftsauskunftei (Schufa) im Zusammenhang mit dem Abschluss eines Mobilfunkvertrages.

Mann. Kein Schmerzensgeldanspruch: Das LG sah die Übermittlung der sog. Positivdaten seitens des Telekommunikationsunternehmens (Beklagte) an die Schufa als rechtmäßig iSd Art. 6 Abs. 1 lit. f DS-GVO. „Hiernach ist die Verarbeitung rechtmäßig, wenn sie zur Wahrung der berechtigten Interessen des Verantwortlichen oder eines Dritten erforderlich ist, sofern nicht die Interessen oder Grundrechte und Grundfreiheiten der betroffenen Person, die den Schutz personenbezogener Daten erfordern, überwiegen, insbesondere dann, wenn es sich bei der betroffenen Person um ein Kind handelt. Ein berechtigtes Interesse ist in der Betrugsprävention und der Überschuldungsprävention zu sehen. Die Betrugsprävention ist in Erwägungsgrund 47 der DSGVO ausdrücklich als ein solches berechtigtes Interesse anerkannt", so das LG.

Betrag: – **Haftung: –**
immVorb: – **MdE: –**

LG Bochum 4.11.2024 – I-1 O 157/24 = GRUR-RS 2024, 32478

7563

Persönlichkeitsrechtsverletzung, vermeintliche (hier: Im Zusammenhang mit der Datenübermittlung von Positivdaten an Auskunfteien – im konkreten Falle an die Schufa – im Rahmen der Prüfung des berechtigten Interesses seitens eines Telekommunikationsunternehmens).

Mann. Kein Anspruch auf immateriellen Schadensersatz nach Art. 6 Abs. 1 DS-GVO. Der Kläger, der mit der Beklagten einen Vertrag über Telekommunikationsdienstleistungen abgeschlossen hatte, begehrte Schmerzensgeld (5.000 EUR) und Unterlassen von der Beklagten, da diese Daten des Klägers an die Schutzgemeinschaft für allgemeine Kreditsicherung (Schufa) geleitet hatte. Der Kläger behauptete, nach der erhaltenen Auskunft habe sich bei ihm das Gefühl des Kontrollverlustes geprägt von der „großer Sorge", einer unberechtigten Übermittlung seiner Daten an die Schufa eingestellt. Das LG wies die Klage unter Hinweis auf LG Gießen Urt. vom 3.4.2024 – 9 O 523/23, GRUR-RS 2024, 7986 ab und betonte im insofern, ein abstrakter „Kontrollverlust" allein reiche für einen immateriellen Schaden im Sinne des Art. 82 DS-GVO nicht aus; der Kläger habe jedoch nicht überzeugend dargelegt, dass er aufgrund der Einmeldung der Positivdaten durch die Beklagte unter echten immateriellen Beeinträchtigungen wie beispielsweise Angstgefühlen, seelischem Leid, seelischen Auswirkungen, psychischen Beeinträchtigungen oder anderen, irgendwie spürbaren seelischen Beeinträchtigungen bis hin zu einer „schieren Existenzsorge" (…) gelitten habe. [vgl. dazu auch ua LG Hagen → Nr. 7463 und LG Leipzig → Nr. 7467, LG Oldenburg → Nr. 7472 sowie LG Berlin II → Nr. 7475].

Betrag: – **Haftung: –**
immVorb: – **MdE: –**

LG Trier 11.10.2024 – 2 O 67/24 = GRUR-RS 2024, 27482

7564

Persönlichkeitsrechtsverletzung, vermeintliche (hier: Im Zusammenhang mit der Datenübermittlung von Positivdaten an Auskunfteien – im konkreten Falle an die Schufa – im Rahmen der Prüfung des berechtigten Interesses seitens eines Telekommunikationsunternehmens).

Mann. Kein Anspruch auf immateriellen Schadensersatz nach Art. 6 Abs. 1 DS-GVO. Der Kläger, der mit der Beklagten einen Vertrag über Telekommunikationsdienstleistungen abgeschlossen hatte, begehrte Schmerzensgeld (5.000 EUR) und Unterlassen von der Beklagten, da diese Daten des Klägers an die Schutzgemeinschaft für allgemeine Kreditsicherung (Schufa) geleitet hatte. Der Kläger behauptete, nach der erhaltenen Auskunft habe sich bei ihm das Gefühl des Kontrollverlustes geprägt von der „Sorge um die eigene Bonität" eingestellt. Das LG wies die Klage ab und wies darauf hin, dass der Kläger im Rahmen der Geltendmachung eines Schadensersatzanspruchs nach Art. 82 Abs. 1 DS-GVO sowohl einen Verstoß gegen Bestimmungen dieser Verordnung als auch einen Kausal auf diesen beruhenden Schaden nachweisen müsse. Die bloße Behauptung einer Befürchtung ohne nachgewiesene negative Folgen könne dagegen nicht zu einem Schadensersatz nach Art. 82 Abs. 1 DS-GVO führen. Eine bloße Verärgerung über die Weitergabe seiner Daten an sich, rechtfertige – so das LG – mangels des Vorliegens einer tatsächlich spürbaren immateriellen Beeinträchtigung keinen Schadensersatzanspruch nach Art. 82 Abs. 1 DS-GVO.

Betrag: – **Haftung: –**
immVorb: – **MdE: –**

LG Neuruppin 10.10.2024 – 2 O 13/24 = GRUR-RS 2024, 29093

7462

Persönlichkeitsrechtsverletzung, vermeintliche (hier: Im Zusammenhang mit der Datenübermittlung von Positivdaten an Auskunfteien – im konkreten Falle an die Schufa – im Rahmen der Prüfung des berechtigten Interesses seitens eines Telekommunikationsunternehmens).

Mann. Kein Anspruch auf immateriellen Schadensersatz nach Art. 6 Abs. 1 DS-GVO. Der Kläger, der mit der Beklagten einen Vertrag über Telekommunikationsdienstleistungen abgeschlossen hatte, begehrte Schmerzensgeld (5.000 EUR) und Unterlassen von der Beklagten, da diese Daten des Klägers an die Schutzgemeinschaft für allgemeine Kreditsicherung (Schufa) geleitet hatte. Der Kläger behauptete, nach der erhaltenen Auskunft habe sich bei ihm unmittelbar ein Gefühl des Kontrollverlustes und der großen Sorge, insbesondere auch wegen der eigenen Bonität, eingestellt. Er war der Ansicht, die Datenübermittlung sei unrechtmäßig erfolgt, da sie nicht auf ein berechtigtes Interesse gemäß Art. 6 Abs. 1 lit. f) DS-GVO gestützt werden könne und die Beklagte zur Betrugsprävention nicht auf die Schutzgemeinschaft für allgemeine Kreditsicherung angewiesen sei. Das LG wies die Klage ab und begründete dies damit, dass die Übermittlung der Positivdaten an Wirtschaftsauskunfteien im Anschluss an den Abschluss des Telekommunikationsvertrages der Wahrung berechtigter Interessen diene und somit nach Art. 6 Abs. 1 Satz 1 lit. f) DS-GVO rechtmäßig sei. Insofern überwiege das Interesse der Telekommunikationsunternehmen an die Übermittlung von Positivdaten an Auskunfteien gegenüber dem Interesse des Betroffenen auf Datenschutz; dessen Interesse seien zudem nur in leichtem Maß betroffen, da der bei den Auskunfteien gemeldete Datensatz lediglich offenlegt, dass ein Telekommunikationsvertrag abgeschlossen wurde und die insofern übermittelten Daten „sich in aller Regel nicht negativ für den Betroffenen aus"wirken würden. Zudem sei die Datenübermittlung zur Betrugs- und Überschuldungsprävention, zur Präzisierung der Ausfallprognosen sowie zur Funktion des Auskunfteiwesens erforderlich, weil mildere Maßnahmen dem hoch-automatisierten Massengeschäft der Telekommunikationsdienstleister nicht gerecht werden würden. [vgl. dazu auch LG Hagen → Nr. 7463, LG Leipzig → Nr. 7467 und LG Oldenburg → Nr. 7472].

Betrag: – **Haftung: –**
immVorb: – **MdE: –**

LG Hagen 22.7.2024 – 3 O 196/23 = GRUR-RS 2024, 20039

7463

Persönlichkeitsrechtsverletzung, vermeintliche (hier: Im Zusammenhang mit der Datenübermittlung von Positivdaten an Auskunfteien – im konkreten Falle an die Schufa – im Rahmen der Prüfung des berechtigten Interesses seitens eines Telekommunikationsunternehmens).

Mann. Kein Anspruch auf immateriellen Schadensersatz nach Art. 6 Abs. 1 DS-GVO. Der Kläger, der mit der Beklagten einen Vertrag über Telekommunikationsdienstleistungen abgeschlossen hatte, begehrte Schmerzensgeld (5.000 EUR) und Unterlassen von der Beklagten, da diese Daten des Klägers an die Schutzgemeinschaft für allgemeine Kreditsicherung (Schufa) geleitet hatte. Der Kläger behauptete, nach der erhaltenen Auskunft habe sich bei ihm unmittelbar ein Gefühl des Kontrollverlustes und der großen Sorge, insbesondere auch wegen der eigenen Bonität, eingestellt, zudem Stress, Unruhe und ein allgemeines Unwohlsein. Er war der Ansicht, die Datenübermittlung sei unrechtmäßig erfolgt, da sie nicht auf ein berechtigtes Interesse gemäß Art. 6 Abs. 1 lit. f) DS-GVO gestützt werden könne und die Beklagte zur Betrugsprävention nicht auf die Schutzgemeinschaft für allgemeine Kreditsicherung angewiesen sei. Das LG wies die Klage ab und begründete dies damit, dass die Übermittlung der Positivdaten an Wirtschaftsauskunfteien im Anschluss an den Abschluss des Telekommunikationsvertrages der Wahrung berechtigter Interessen diene und somit nach Art. 6 Abs. 1 Satz 1 lit. f) DS-GVO rechtmäßig sei. Insofern überwiege das Interesse der Telekommunikationsunternehmen an die Übermittlung von Positivdaten an Auskunfteien gegenüber dem Interesse des Betroffenen auf Datenschutz; dessen Interesse seien zudem nur in leichtem Maß betroffen, da der bei den Auskunfteien gemeldete Datensatz lediglich offenlegt, dass ein Telekommunikationsvertrag abgeschlossen wurde und die insofern übermittelten Daten „sich in aller Regel nicht negativ für den Betroffenen aus"wirken würden. Zudem sei die Datenübermittlung zur Verhinderung von Betrugsstraftaten bzw. zur Betrugs- und Überschuldungsprävention, zum Schutz von Opfern von Identitätsdiebstahl vor missbräuchlichen Bestellungen mittels deren Daten, zur Präzisierung der Ausfallrisikoprognosen sowie zur Gewährleistung der Funktionalität der Auskunfteien erforderlich. „Zur Wahrung der berechtigten Interessen käme keine ebenso wirksame und gleichzeitig mildere Verarbeitung als die Übermittlung der Positivdaten durch die Beklagte an die SCHUFA in Betracht", so das LG. [vgl. dazu auch LG Hagen → Nr. 7463, LG Leipzig → Nr. 7467 und LG Oldenburg → Nr. 7472].

Betrag: – **Haftung: –**
immVorb: – **MdE: –**

LG Hagen 17.7.2024 – 2 O 14/24 = GRUR-RS 2024, 20038

7467

Persönlichkeitsrechtsverletzung, vermeintliche (hier: Im Zusammenhang mit der Datenübermittlung von Positivdaten an Auskunfteien – im konkreten Falle an die Schufa – im Rahmen der Prüfung des berechtigten Interesses seitens eines Telekommunikationsunternehmens).

Mann. Kein Anspruch auf immateriellen Schadensersatz nach Art. 6 Abs. 1 DS-GVO. Der Kläger, der mit der Beklagten einen Vertrag über Telekommunikationsdienstleistungen abgeschlossen hatte, begehrte Schmerzensgeld (5.000 EUR) und Unterlassen von der Beklagten, da diese Daten des Klägers an die Schutzgemeinschaft für allgemeine Kreditsicherung (Schufa) geleitet hatte. Der Kläger behauptete, nach der erhaltenen Auskunft habe sich bei ihm unmittelbar danach „ein Gefühl des Kontrollverlustes und der großen Sorge, insbesondere auch wegen der eigenen Bonität, eingestellt." Er vertrat die Auffassung, die Datenübermittlung durch die Beklagte an die S. sei rechtswidrig, weshalb ihm sowohl ein Anspruch auf Schadensersatz und Schmerzensgeld als auch ein Unterlassungsanspruch, keine Positivdaten an die S. zu melden, gegen die Beklagte zustehe. Das LG wies die Klage ab und begründete dies unter Verweis auf die Entscheidung des EuGH vom 14.12.2023 – C-340/21 damit, dass der Begriff „immaterieller Schaden" im Sinne der DS-GVO auch Situation umfassen könne, in denen sich eine betroffene Person nur auf ihre Befürchtung berufe, ihre Daten würden künftig missbräuchlich verwendet werden. „ Allerdings,2 so das LG, "müsse eine Person, die von einem Verstoß gegen die DS-GVO betroffen ist, der für sie negative Folgen gehabt hat, nachweisen, dass diese Folgen einen immateriellen Schaden im Sinne von Art. 82 DSGVO darstellen. Vor diesem Hintergrund hat der Kläger vorliegend einen entsprechenden immateriellen Schaden schon nicht hinreichend substantiiert dargelegt, geschweige denn bewiesen" (wird weiter ausgeführt). [Anmerkung: vgl. dazu auch LG Hagen → Nr. 7462 und → Nr. 7463 sowie LF Leipzig → Nr. 7467 und LG Aachen → Nr. 7468].

Betrag: – **Haftung: –**
immVorb: – **MdE: –**

LG Leipzig 12.7.2024 – 04 O 40/24 = GRUR-RS 2024, 18337

7468

Persönlichkeitsrechtsverletzung, vermeintliche (hier: Im Zusammenhang mit der Datenübermittlung von Positivdaten an Auskunfteien – im konkreten Falle an die Schufa – im Rahmen der Prüfung des berechtigten Interesses seitens eines Telekommunikationsunternehmens).

Mann. Kein Anspruch auf immateriellen Schadensersatz nach Art. 6 Abs. 1 DS-GVO. Der Kläger, der mit der Beklagten einen Vertrag über Telekommunikationsdienstleistungen abgeschlossen hatte, begehrte Schmerzensgeld (5.000 EUR) und Unterlassen von der Beklagten, da diese

Daten des Klägers an die Schutzgemeinschaft für allgemeine Kreditsicherung (Schufa) geleitet hatte. Der Kläger behauptete, seit der erhaltenen Auskunft „lebe in ständiger Angst vor unangenehmen Rückfragen in Bezug auf die eigene Bonität." Er vertrat die Auffassung, die Datenübermittlung durch die Beklagte an die S. sei rechtswidrig, weshalb ihm sowohl ein Anspruch auf Schadensersatz und Schmerzensgeld als auch ein Unterlassungsanspruch, keine Positivdaten an die S. zu melden, gegen die Beklagte zustehe. Das LG wies die Klage ab und begründete dies damit, eine behauptete Verletzung des Datenschutzrechts als solche noch keinen Schadensersatzanspruch für betroffene Personen begründe; vielmehr müsse die Verletzungshandlung in jedem Fall auch zu einer konkreten Verletzung von Persönlichkeitsrechten der betroffenen Personen geführt haben. und es müsse dem Betroffenen ein spürbarer Nachteil entstanden sein und um eine objektiv nachvollziehbare, tatsächlich erfolgte Beeinträchtigung von persönlichkeitsbezogenen Belangen gehen. [Anmerkung: vgl. dazu auch LG Hagen → Nr. 7462 und → Nr. 7463 sowie LG Leipzig → Nr. 7467].

Betrag: – **Haftung: –**
immVorb: – **MdE: –**

LG Aachen 11.7.2024 – 1 O 388/23 = GRUR-RS 2024, 16535

7472

Persönlichkeitsrechtsverletzung, vermeintliche (hier: Im Zusammenhang mit der Datenübermittlung von Positivdaten an Auskunfteien – im konkreten Falle an die Schufa – im Rahmen der Prüfung des berechtigten Interesses seitens eines Telekommunikationsunternehmens).

Mann. Kein Anspruch auf immateriellen Schadensersatz nach Art. 6 Abs. 1 DS-GVO. Der Kläger, der mit der Beklagten einen Vertrag über Telekommunikationsdienstleistungen abgeschlossen hatte, begehrte Schmerzensgeld (5.000 EUR) und Unterlassen von der Beklagten, da diese Daten des Klägers an die Schutzgemeinschaft für allgemeine Kreditsicherung (Schufa) geleitet hatte. Der Kläger behauptete, nach der erhaltenen Auskunft habe sich bei ihm unmittelbar ein Gefühl des Kontrollverlustes und der großen Sorge, insbesondere auch wegen der eigenen Bonität, eingestellt. Er war der Ansicht, die Datenübermittlung sei unrechtmäßig erfolgt, da sie nicht auf ein berechtigtes Interesse gemäß Art. 6 Abs. 1 lit. f) DS-GVO gestützt werden könne und die Beklagte zur Betrugsprävention nicht auf die Schutzgemeinschaft für allgemeine Kreditsicherung angewiesen sei. Das LG wies die Klage ab und begründete dies damit, dass der Verlust der Kontrolle über personenbezogene Daten als solcher noch keinen ersatzfähigen Schaden iSd DS-GVO darstelle, auch wenn die durch einen Datenschutzrechtsverstoß hervorgerufene Befürchtung des Betroffenen, dass seine personenbezogenen Daten durch Dritte missbräuchlich verwendet werden könnten, einen immateriellen Schaden iSd Art. 82 Abs. 1 DS-GVO darstellen könne. Zudem betonte das LG Oldenburg (vgl. dazu auch LG Hagen → Nr. 7463 und LG Leipzig → Nr. 7467), dass die berechtigten Interessen der Telekommunikationsdienstleister an der Übermittlung von Positivdaten ihrer Kunden an eine Auskunftei – insbesondere die Betrugsprävention, Überschuldungsprävention, Präzision der Ausfallrisikoprognosen, Validierung der bei der Auskunftei vorhandenen Daten – grundsätzlich das Recht des jeweils Betroffenen auf informationelle Selbstbestimmung überwiegen würden.

Betrag: – **Haftung: –**
immVorb: – **MdE: –**

LG Oldenburg 3.7.2024 – 5 O 2960/23 = GRUR-RS 2024, 16757

7474

Persönlichkeitsrechtsverletzung, vermeintliche (hier: Im Zusammenhang mit der Datenübermittlung von Positivdaten an Auskunfteien – im konkreten Falle an die Schufa – im Rahmen der Prüfung des berechtigten Interesses seitens eines Telekommunikationsunternehmens).

Mann. Kein Anspruch auf immateriellen Schadensersatz nach Art. 6 Abs. 1 DS-GVO. Der Kläger, der mit der Beklagten einen Vertrag über Telekommunikationsdienstleistungen abgeschlossen hatte, begehrte Schmerzensgeld (5.000 EUR) und Unterlassen von der Beklagten, da diese Daten des Klägers an die Schutzgemeinschaft für allgemeine Kreditsicherung (Schufa) geleitet hatte. Der Kläger behauptete, nach der erhaltenen Auskunft habe sich bei ihm unmittelbar ein Gefühl des Kontrollverlustes und der großen Sorge, insbesondere auch wegen der eigenen Bonität, eingestellt. Er war der Ansicht, die Datenübermittlung sei unrechtmäßig erfolgt, da sie nicht auf ein berechtigtes Interesse gemäß Art. 6 Abs. 1 lit. f) DS-GVO gestützt werden könne und die Beklagte zur Betrugsprävention nicht auf die Schutzgemeinschaft für allgemeine Kreditsicherung angewiesen sei. Das LG wies die Klage ab und begründete dies damit, dass die Annahme eines Schadens nach Art. 82 Abs. 1 DS-GVO zwar nicht voraussetze, dass der Schaden eine gewisse Erheblichkeit überschreite, jedoch müsse er tatsächlich und sicher bestehen. Der bloße Verstoß gegen die DS-GVO reiche nicht aus, um einen Schadenersatzanspruch zu begründen, da das Vorliegen eines materiellen oder immateriellen „Schadens" eine der drei Voraussetzungen für den in Art. 82 Abs. 1 DS-GVO vorgesehenen Schadenersatzanspruch darstellt, ebenso wie das Vorliegen eines Verstoßes gegen die DS-GVO und eines Kausalzusammenhangs zwischen dem Schaden und dem Verstoß. Demnach reiche das nur pauschale und nicht substantiierte Vortragen abstrakter Befürchtungen, Ängste und Ohnmachtsgefühle wegen eines Kontrollverlustes nicht aus, um einen Schaden nach Art. 82 Abs. 1 DS-GVO darzulegen. [vgl. dazu auch LG Hagen → Nr. 7463 und LG Leipzig → Nr. 7467, LG Oldenburg → Nr. 7472].

Betrag: – **Haftung: –**
immVorb: – **MdE: –**

LG Offenburg 2.7.2024 – 3 O 387/23 = GRUR-RS 2024, 16179

7475

Persönlichkeitsrechtsverletzung, vermeintliche (hier: Im Zusammenhang mit der Datenübermittlung von Positivdaten an Auskunfteien – im konkreten Falle an die Schufa – im Rahmen der Prüfung des berechtigten Interesses seitens eines Telekommunikationsunternehmens).

Mann. Kein Anspruch auf immateriellen Schadensersatz nach Art. 6 Abs. 1 DS-GVO. Der Kläger, der mit der Beklagten einen Vertrag über Telekommunikationsdienstleistungen abgeschlossen hatte, begehrte Schmerzensgeld (5.000 EUR) und Unterlassen von der Beklagten, da diese Daten des Klägers an die Schutzgemeinschaft für allgemeine Kreditsicherung (Schufa) geleitet hatte. Der Kläger behauptete, nach der erhaltenen Auskunft habe sich bei ihm unmittelbar ein Gefühl des Kontrollverlustes und der großen Sorge, insbesondere auch wegen der eigenen Bonität, eingestellt. Er war der Ansicht, die Datenübermittlung sei unrechtmäßig erfolgt, da sie nicht auf ein berechtigtes Interesse gemäß Art. 6 Abs. 1 lit. f) DS-GVO gestützt werden könne und die Beklagte zur Betrugsprävention nicht auf die Schutzgemeinschaft für allgemeine Kreditsicherung angewiesen sei. Das LG wies die Klage ab und begründete dies pragmatisch und betonte insofern, zum einen sei es für die Kammer „nicht ersichtlich, inwieweit die Weitergabe von so genannten Positivdaten (oder nur Vertragsdaten?), nämlich dass der Kunde einen Mobilfunkvertrag abgeschlossen hat, zu einem immateriellen Schaden führen soll" und zum anderen sei „nicht nachvollziehbar, wie Sorge hinsichtlich der eigenen Bonität entstehen kann. Ein Problem könnte doch allenfalls dann entstehen, wenn entsprechende Negativdaten weitergeleitet würden. Es ist genauso wenig ersichtlich, wie eine ständige Angst vor – mindestens – unangenehmen Rückfragen überhaupt erklärbar sein soll. Es scheint maßlos übertrieben, wenn diesbezüglich von einer „ständigen Angst" gesprochen wird. Bei dem Begriff „Angst" handelt es sich um eine Steigerung zum Begriff der Befürchtung. Es ist aber schon nicht plausibel, inwieweit überhaupt eine Befürchtung bestehen könnte, dass unangenehme Rückfragen erfolgen, wenn die angegebene Information aus der SCHUFA Auskunft weitergeleitet werden. Auch ist nicht nachvollziehbar, inwieweit die freie Entscheidung des Klägers im Hinblick auf neue Vertragsabschlüsse und freie Entfaltungsmöglichkeiten bei der weiteren Gestaltung des eigenen Lebens untergraben werden. Im Übrigen ist gerichtsbekannt, dass Positivdaten – wie der Name schon sagt – sich positiv auf die Bonität auswirken, im Zweifel also zu einer besseren Bewertung der Bonität führt. Soweit der Kläger vorträgt, eine positive Bewertung sei für ihn negativ, weil er dann Kredite erhalten kann, obwohl er sie nicht bedienen kann, so ist sein Vortrag widersprüchlich und damit unbeachtlich." [vgl. dazu auch LG Hagen → Nr. 7463 und LG Leipzig → Nr. 7467, LG Oldenburg → Nr. 7472].

Betrag: – **Haftung: –**
immVorb: – **MdE: –**

LG Berlin II 28.6.2024 – 85 O 15/24 = GRUR-RS 2024, 16755

7513

Persönlichkeitsrechtsverletzung, behauptete … hier im Zusammenhang mit der Übermittlung von Positivdaten an Wirtschaftsauskunfteien durch Telekommunikationsunternehmen angeblich entstandener Ängste und Sorgen „vor mindestens unangenehmen Rückfragen in Bezug auf die eigene Bonität, das allgemeine Verhalten im Wirtschaftsverkehr oder einer Verfälschung des Schufa-Score."

Mann. Kein Schmerzensgeldanspruch: Der Kläger macht ua Ansprüche auf auch immateriellen Schadensersatz wegen seiner Ansicht nach unrechtmäßiger Weitergabe personenbezogener Daten seiner Person seitens der Beklagten im Zusammenhang mit dem Abschluss eines Mobilfunkvertrages geltend. Das LG wies die Klage ab, da die Weitergabe der streitgegenständlichen Positivdaten an die Schufa „der Wahrung berechtigter Interessen Dritter und ggf. auch des Klägers" diente und somit nach Art. 6 Abs. 1 S. 1 lit. f) DSGVO gerechtfertigt„ war. "… durch die Weitergabe der sogenannten Positivdaten [könne] erreicht werden kann, daß der Abschluß einer ungewöhnlich großen Zahl von Postpaid-Mobilfunkverträgen durch ein und dieselbe Person, die auf betrügerische Absichten desselben hindeuten kann, rechtzeitig aufgedeckt und dadurch Betrugsschäden gegebenenfalls abgewendet werden„. (vgl. dazu das in einem Parallelverfahren ergangene Urteil des LG Münster v. 25.11.2024 → Nr. 7512. Zu den vom Kläger behaupteten Ängsten infolge der Datenweitergabe an die Schufa führte das LG aus: "Im übrigen sind die seinerseits unglaubhafter Weise geschilderten angeblichen erheblichen Ängste und Sorgen bei Lichte betrachtet derartig abseitig, dass entweder – so scheint es der Gerichtshof der Europäischen Union möglicherweise zu sehen (EuGH 14.12.2023 – C-340/21 Rn. 85) – kein Schaden im Sinne des Art. 82 Datenschutzgrundverordnung vorliegt, weil die Befürchtungen in Wahrheit nicht begründet sind, oder – rechtsdogmatisch näherliegend und überzeugender – ihre Zurechnung zu dem – ohnehin nicht gegebenen – Datenschutzverstoß nicht möglich ist.„ [Anmerkung: Ein, wenn auch jeweils geringes Schmerzensgeld hatten insofern ua das OLG Koblenz → Nr. 7039, das OLG Frankfurt a.M. → Nr. 7239 und das OLG Hamburg → Nr. 7371 in Fällen zuerkannt, bei denen die sog. "Einmeldung" an die Schufa fehlerhaft bzw. rechtswidrig war].

Betrag: – **Haftung: –**
immVorb: – **MdE: –**

LG Duisburg 28.6.2024 – 1 O 9/24 = GRUR-RS 2024, 16550

7481

Persönlichkeitsrechtsverletzung, vermeintliche (hier: Im Zusammenhang mit der Datenübermittlung von Positivdaten an Auskunfteien – im konkreten Falle an die Schufa – im Rahmen der Prüfung des berechtigten Interesses seitens eines Telekommunikationsunternehmens).

Mann. Kein Anspruch auf immateriellen Schadensersatz nach Art. 6 Abs. 1 DS-GVO. Der Kläger, der mit der Beklagten einen Vertrag über Telekommunikationsdienstleistungen abgeschlossen hatte, begehrte Schmerzensgeld (5.000 EUR) und Unterlassen von der Beklagten, da diese Daten des Klägers an die Schutzgemeinschaft für allgemeine Kreditsicherung (Schufa) geleitet hatte. Der Kläger behauptete, nach der erhaltenen Auskunft habe sich bei ihm das Gefühl des Kontrollverlustes geprägt von der Angst, einer unberechtigten Übermittlung seiner Daten an die Schufa eingestellt. Das LG wies die Klage ab und betonte insofern, der Kläger müsse, wenn er keine Angaben zum Vorliegen seines immateriellen Schadens vorgetragen habe mit welchen der Schadenumfang bestimmt werden könne, zumindest nachweisen müsse, dass das von ihm gerügte Verhalten der Beklagten so schwerwiegend war, dass ihm dadurch ein derartiger Schaden entstehen konnte. Die Weitergabe der Information (sog. Positivdaten) über den Abschluss eines Mobilfunkvertrages an eine Auskunftei sei grundsätzlich nicht derart schwerwiegend, dass sie ein konkreter Schaden erwarten lässt, zumal eine „langjährige Beziehung (mehr als 5 Jahre) zu einem Telekommunikationsunternehmen" sich „positiv auf den Bonitätsscore aus"wirke. [vgl. dazu auch LG Hagen → Nr. 7463 und LG Leipzig → Nr. 7467, LG Oldenburg → Nr. 7472 sowie LG Berlin II → Nr. 7475].

Betrag: – **Haftung: –**
immVorb: – **MdE: –**

LG Erfurt 25.6.2024 – 8 O 1244/23 = GRUR-RS 2024, 16710

7485

Persönlichkeitsrechtsverletzung, vermeintliche (hier: Im Zusammenhang mit der Datenübermittlung von Positivdaten an Auskunfteien – im konkreten Falle an die Schufa – im Rahmen der Prüfung des berechtigten Interesses seitens eines Telekommunikationsunternehmens).

Mann. Kein Anspruch auf immateriellen Schadensersatz nach Art. 6 Abs. 1 DS-GVO. Der Kläger, der mit der Beklagten einen Vertrag über Telekommunikationsdienstleistungen abgeschlossen hatte, begehrte Schmerzensgeld (5.000 EUR) und Unterlassen von der Beklagten, da diese Daten des Klägers an die Schutzgemeinschaft für allgemeine Kreditsicherung (Schufa) geleitet hatte. Der Kläger behauptete, seit der erhaltenen Auskunft habe sich tagtäglich Stress, Unruhe und ein allgemeines Unwohlsein bei ihm eingestellt. Er war der Ansicht, die Datenübermittlung sei unrechtmäßig erfolgt, da sie nicht auf ein berechtigtes Interesse gemäß Art. 6 Abs. 1 lit. f) DS-GVO gestützt werden könne und die Beklagte zur Betrugsprävention nicht auf die Schutzgemeinschaft für allgemeine Kreditsicherung angewiesen sei. Das LG wies die Klage ab und führte dazu aus, es seit kein logischer Grund denkbar, warum Positivdaten über einzelne Vertragsschlüsse ohne nachfolgende Negativeintragungen nachteilige Auswirkungen auf einen Score, der die finanzielle Belastbarkeit einer Person und die Ausfallprognose bemessen soll, haben sollten. Vielmehr dürften diese Positivdaten, wenn überhaupt, insofern lediglich positive Auswirkungen dahingehend haben, dass ein zukünftiger Vertragspartner Anhaltspunkte dafür erlangt, dass eingegangene Verbindlichkeiten durch den potentiellen Vertragspartner regelmäßig bedient werden. Zudem seien „negative Gefühle wie Unmut, Unzufriedenheit, Sorge und Angst, die an sich Teil des allgemeinen Lebensrisikos und oft des täglichen Erlebens sind, … als Grundlage für einen Schadensersatzanspruch jedenfalls dann … nicht ausreichend, wenn – wie hier – kein Einfluss auf die Lebensführung ersichtlich und damit ein konkreter Rückschluss von äußeren Umständen auf diese inneren Tatsachen nicht möglich ist“, so das LG.

Betrag: – **Haftung: –**
immVorb: – **MdE: –**

LG Konstanz 21.6.2024 – D 2 O 269/23 = GRUR-RS 2024, 14360

7916

Persönlichkeitsrechtsverletzung, behauptete … durch das Einmelden von Positivdaten aus TK-Verträgen an die SCHUFA.

Mann. Der Kl. nimmt die Bekl., bei der er einen Mobilfunkvertrag abgeschlossen hatte, wegen des Vorwurfs rechtswidriger Datenverarbeitung ua auf immateriellen Schadensersatz in Anspruch.„Die Beweislast für das Vorliegen eines materiellen oder immateriellen Schadens trägt der Kläger als Anspruchsteller. Die von einem Verstoß gegen die DSGVO betroffene Person muss den Nachweis führen, dass die geltend gemachten Folgen einen immateriellen Schaden im Sinne der Verordnung darstellen. … Auch wenn keine Erheblichkeitsschwelle gilt, muss eine über das allgemeine Lebensrisiko, alltägliche Lästigkeiten, ausgelöste negative Gefühle wie Ärger, subjektiv empfundene Unannehmlichkeiten, unspezifische Unlustgefühle, Sorgen und Ängste hinausgehende spürbare Beeinträchtigung vorliegen, muss ein tatsächlich entstandener immaterieller Nachteil festgestellt werden. Dem entspricht, dass nach der Rechtsprechung des Europäischen Gerichtshofs ein zu ersetzender Schaden tatsächlich und sicher entstanden sein muss“, so das LG in der Begründung seiner Klagabweisung.

Betrag: – **Haftung: –**
immVorb: – **MdE: –**

LG Ellwangen 10.6.2024 – 6 O 17/24 = GRUR-RS 2024, 13560

7915

Persönlichkeitsrechtsverletzung, behauptete … durch das Einmelden von Positivdaten aus TK-Verträgen an die SCHUFA.

Mann. Der Kl. nimmt die Bekl., bei der er einen Mobilfunkvertrag abgeschlossen hatte, wegen des Vorwurfs rechtswidriger Datenverarbeitung ua auf immateriellen Schadensersatz in Anspruch. „Das Einmelden von Positivdaten aus TK-Verträgen an die SCHUFA stellt im konkreten Fall keine rechtswidrige Verarbeitung von Daten dar und begründet somit auch keinen Schadensersatzansprüche nach Art. 82 DS-GVO. Dazu führte das LG aus: "Auch unter Berücksichtigung eines weiten Verständnisses des immateriellen Schadens, das ausdrücklich auch Bagatellschäden einschließt, vermag der formelhafte nicht individuelle Vortrag, das Tatbestandsmerkmal des Schadens nicht schlüssig auszufüllen. Die Behauptung, beim Kl. habe sich nach Erhalt der 10 Seiten langen Auskunft der SCHUFA AG mit 29 Einträgen, davon diversen über Einträge in das Schuldnerverzeichnis, ein Gefühl des Kontrollverlusts und der großen Sorge, insb. auch in Bezug auf die Bonität, auf Grund der Positivmitteilung der Bekl. und nicht etwa auf Grund der anderen negativen Eintragungen eingestellt, ist darüber hinaus so offensichtlich falsch, dass es sich nur um eine intentionale Falschbehauptung handeln kann. Die Bonität des Kl. ist deshalb und zu Recht schlecht, weil er in der Vergangenheit seine Verbindlichkeiten nicht bedient hat. Die Meldung der Bekl. war im konkreten Fall sicher nicht geeignet, die Bonität des Kl. weiter zu verschlechtern." Vgl. dazu im Handbuch unter → Rn. 246c.

Betrag: – **Haftung: –**
immVorb: – **MdE: –**

LG Gießen 3.4.2024 – 9 O 523/23 = ZD 2024, 589

7581

Persönlichkeitsrechtsverletzung, behauptete im Zusammenhang mit der Übermittlung von sog. Positivdaten an eine Wirtschaftsauskunftei (Schufa) im Zusammenhang mit dem Abschluss eines Mobilfunkvertrages.

Mann. Kein Schmerzensgeldanspruch: Der Kläger macht ua Ansprüche auf auch immateriellen Schadensersatz wegen seiner Ansicht nach unrechtmäßiger Weitergabe personenbezogener Daten seiner Person seitens der Beklagten im Zusammenhang mit dem Abschluss eines Mobilfunkvertrages geltend. Das LG wies die Klage ab und führte dazu aus: „Weder in der Klageschrift noch in der Replik wurden die vorgetragenen Sorgen, Ängste und Zustände auf die konkrete Person des Klägers bezogen. Die Formulierungen bleiben pauschal und allgemein. Ausführungen dazu, wie sich die behaupteten Probleme beim Kläger konkret geäußert haben sollen, lassen die Schriftsätze der Klägerseite vermissen. Es ist für das Gericht auch nicht ersichtlich, dass der Kläger seine Lebensführung durch die Übermittlung der Positivdaten in irgendeiner Form anpassen musste. Vielmehr fällt auf, dass die Formulierungen aus der Klageschrift bezüglich des angeblich eingetretenen immateriellen Schadens in einer Vielzahl von weiteren Klagen benutzt wurden und benutzt werden (vgl. LG Aachen Urt. v. 21.5.2024 – 12 O 29/24, GRUR-RS 2024, 15122 Rn. 34, beck-online). Es ist nicht nachvollziehbar, wie die Übermittlung von Positivdaten bei mehreren Menschen identische Sorgen, Ängste und Zustände auslösen sollen, ohne dass wegen des jeweiligen Einzelfalles differenziert wird“. [Anmerkung 1: siehe zu letzterem auch OLG Hamm → Nr. 7518, OLG Hamm GRUR-RS 2024, 35443, → Nr. 7519 sowie BGH GRUR 2024, 1910 → Nr. 7511 Anmerkung 2: Bei Eingabe des Wortes „Positivdaten“ im Feld „Verletzungen“ finden Sie derzeit 17 weitere Entscheidungen zu behaupteten Persönlichkeitsrechtsverletzungen wegen der Übermittlung von sog. Positivdaten an eine Wirtschaftsauskunftei].

Betrag: – **Haftung: –**
immVorb: – **MdE: –**

LG Gera 23.10.2023 – 3 O 45/24 = GRUR-RS 2024, 29657

7067

Persönlichkeitsrechtsverletzung, behauptete im Zusammenhang mit dem Eintrag personenbezogener Daten im Register einer Wirtschaftsauskunftei (Schufa-Eintrag).

Frau. Die Klägerin begehrt gegenüber der Beklagten die Löschung einer SCHUFA-Eintragung sowie Zahlung eines Schmerzensgeldes, nachdem zuvor auf Antrag der H Krankenversicherung AG gegen den Inhaber der Klägerin ein Vollstreckungsbescheid wegen rückständiger Beitragszahlungen für eine Krankheitskostenversicherung erlassen worden war. Die Beklagte hatte geltend gemacht, ein Anspruch auf Löschung aus § 17 DS-GVO bestehe ebenso wenig, wie ein Schmerzensgeldanspruch. Dem folgte das OLG und führte aus, zum einen läge keiner der in Art. 17 Abs. 1 DS-GVO aufgeführten Gründe für eine Löschung vor; zudem bestehe „kein Anspruch auf Zahlung eines Schmerzensgeldes", da „nach Art. 82 Abs. 1 DS-GVO … zwar jede Person, der wegen eines Verstoßes gegen die DS-GVO ein materieller oder immaterieller Schaden entstanden ist, gegen den Verantwortlichen Anspruch auf Schadensersatz" habe. „Im vorliegenden Falle fehlt es jedoch an einem Verstoß gegen die DS-GVO, da nach obigen Ausführungen die Speicherung und Verarbeitung der streitgegenständlichen Daten rechtmäßig erfolgt ist. Aus den gleichen Gründen liegt auch eine Verletzung des Allgemeinen Persönlichkeitsrechts der Klägerin nicht vor, so dass die Frage, ob es sich überhaupt um einen schwerwiegenden Eingriff handelt, dahinstehen kann." [vgl. dazu auch LG Karlsruhe → Nr. 6592, OLG Koblenz → Nr. 7039 und LG Frankfurt a.M. → Nr. 7041 mwN].

Betrag: – **Haftung: –**
immVorb: – **MdE: –**

OLG Frankfurt a. M. 18.1.2023 – 7 U 100/22 = BeckRS 2023, 583

7094

Persönlichkeitsrechtsverletzung wegen nicht (rechtszeitig) erfolgter Löschung der Eintragung von Daten über eine erfolgte Restschuldbefreiung in der Datenbank einer Wirtschaftsauskunftei deren Geschäftszweck darin liegt, ihre Vertragspartner mit Informationen zur Kreditwürdigkeit von Dritten zu versorgen.

Mann (Soldat). Kein Schmerzensgeldanspruch: Der Kläger begehrt von der Beklagten, einer Wirtschaftsauskunftei (vgl. Urteile zu Schufa-Eintragung) gemäß Art. 82 DS-GVO die Zahlung eines Schmerzensgelds iHv 5.000 Euro, wegen von dieser vorgehaltener Daten über eine erfolgte Restschuldbefreiung und deren nicht oder aus seiner Sicht nicht schnell genug erfolgten Löschung. Das OLG wies die Klage ab, da zum einen kein Anspruch auf Löschung gemäß Art. 17 Abs. 1 d) DS-GVO bestand. Dem Kläger sei aber, so das OLG, insoweit Recht zu geben, dass sich die Rechtmäßigkeit insofern „nicht bereits aus den Verhaltensregeln für die Prüf- und Löschfristen von personenbezogenen Daten durch die deutschen Wirtschaftsauskunfteien vom 25.5.2018 (I Anlage B1; im Folgenden Code of Conduct) ergeben", denn „Der Code of Conduct gewährt als Verhaltensregel iSd Art. 40 Abs. 1 DS-GVO keine eigenen Rechte, sondern dient lediglich als Leitlinie für die ordnungsgemäße Anwendung der DS-GVO (vgl. OLG Stuttgart 28.7.2021 – 9 U 108/21 mwN) sowie zur Präzisierung der Interessen der Verantwortlichen (VG Wiesbaden 11.1.2021 – 6 K 1045/20). Aus dem bloßen Verweis auf Verhaltensregeln in Art. 40 DS-GVO ergibt sich aber keine gesetzliche Legitimation, da eine solche gem. Art. 40 Abs. 9 DS-GVO zumindest einen Beschluss der europäischen Kommission hinsichtlich der allgemeinen Gültigkeit erfordert, der aber nicht ersichtlich ist", so das OLG". Außerdem habe der Kläger, vorgab an psychischen Beeinträchtigungen zu leiden, deren Genesungsverlauf ausweislich seines behandelnden Arztes von der streitgegenständlichen Eintragung beeinflusst wird, nicht dargelegt, dass eine Löschung des Eintrags eine signifikante Besserung mit sich bringen würde, die in Abwägung mit den Interessen der Beklagten eine Löschung rechtfertigen würde.

Betrag: – **Haftung: –**
immVorb: – **MdE: –**

OLG Karlsruhe 30.11.2022 – 7 U 75/22 = GRUR-RS 2022, 35131

7232

Persönlichkeitsrechtsverletzung, behauptete. Der Kläger sah einen Datenschutzverstoß darin, dass die Beklagte Auskunftei auch nach Erlass eines Anerkenntnisurteils die bis dahin rechtmäßig gespeicherten Daten weiterhin gespeichert und nicht unverzüglich, sondern – auch unter Zubilligung einer Organisationsfrist – erst deutlich verspätet am 15. März 2021 gelöscht hatte.

Kein Schmerzensgeldanspruch gemäß Art. 82 Abs. 1 DS-GVO: Ein immaterieller Schaden in Form eines Eingriffs in das allgemeine Persönlichkeitsrecht des Betroffenen kann zwar auch darin liegen, dass für die Kreditwürdigkeit relevante Daten Dritten zur Verfügung gestellt und auf Anfrage potenziellen Kreditgebern übermittelt werden, jedoch begründet allein der Umstand, dass Daten überhaupt – rechtmäßig – gespeichert wurden, keinen solchen Schadensersatzanspruch, denn „es fehlt jedenfalls an dem für einen Schadensersatzanspruch aus Art. 82 Abs. 1 DSGVO vorausgesetzten materiellen oder immateriellen Schaden", so das OLG.

Betrag: – **Haftung: –**
immVorb: – **MdE: –**

OLG Celle 3.11.2022 – 5 U 31/22 = BeckRS 2022, 30961

7241

Persönlichkeitsrechtsverletzung, behauptete: Der Kl. verlangte von der Bekl., eine von dieser an eine Auskunftei gemeldete offene Forderung zu widerrufen, die Auskunftei zur Rücksetzung der darauf beruhenden Score-Werte aufzufordern, Einmeldungen in dieser Sache zukünftig zu unterlassen und die außergerichtlichen Anwaltskosten zu erstatten.

Kein Schmerzensgeldanspruch gemäß Art. 82 Abs. 1 DS-GVO, den der Einmeldung – deren Sinn und Zweck darin liegt, dass die Kreditwirtschaft die Risiken der Kreditvergabe realistisch einschätzen kann und nicht darin, gegenüber dem Schuldner den wirtschaftlichen Druck aufzubauen, zur Vermeidung von Nachteilen am Kreditmarkt die Forderung zu begleichen – einer offenen titulierten Forderung bei einer Auskunftei steht die Tatsache, dass die Titulierung der Forderung im Zeitpunkt der Einmeldung bereits 16 Jahre zurücklag, nicht entgegen, so das OLG sinngemäß. [Anmerkung: Lesenswert dazu sind die Anmerkungen von Abel in ZD 2022, 390].

Betrag: – **Haftung: –**
immVorb: – **MdE: –**

OLG Düsseldorf 11.1.2022 – 16 U 130/21 = GRUR-RS 2022, 7931

7245

Persönlichkeitsrechtsverletzung, behauptete (hier: wegen ungerechtfertigter Aufbewahrung bzw. Speicherung von Daten und dem somit begründeten Anspruch auf Löschung und Unterlassung deren Verarbeitung durch ein Inkassounternehmen).

Kein Schmerzensgeldanspruch gemäß Art. 82 Abs. 1 DS-GVO: Der Kl. begehrt die Bekl., ein Inkassounternehmen, zu verurteilen, alle ihn betreffenden personenbezogenen Daten zu löschen, deren Verarbeitung zu unterlassen, ihm einen immateriellen Schadensersatz iHv 10.002 EUR zu zahlen. Die Bekl. zu 2 erwirkte im Auftrag der K.-Bank gegen A. B. und C. einen Vollstreckungsbescheid. Der Schuldner konnte in der Folge nicht ermittelt werden, die Bekl. zu 2 beauftragte daher die Bekl. zu 1 mit einer Einwohnermeldeamtsanfrage. Diese teilte daraufhin mit, dass ein A. B., unter der Anschrift X (Wohnanschrift des Kl.) wohnhaft sei. IRd Beitreibungsbemühungen im Jahr 2017 stellte sich heraus, dass der Kl. nicht Schuldner der Forderung der K. Bank ist, sondern der gleichnamige Sohn des Kl., der unter der Anschrift C wohnhaft war. Das OLG wies – wie bereits zuvor das LG – die Klage bezüglich der Schmerzensgeldforderung ab. „Der Kl. hat den Eintritt eines kausal auf die Pflichtverletzung der Bekl. zurückzuführenden Schadens nicht schlüssig dargelegt. Der geltend gemachte Schadensersatzanspruch iHv 10.000 EUR findet im Vortrag überhaupt keine Stütze. …“, so das OLG, dass im weiteren ausführte, der Wortlaut von Art. 82 Abs. 1 DS-GVO setze stets zunächst den Eintritt eines Schadens voraus; erst wenn der Eintritt des Schadens feststehe, sei in einem zweiten Schritt zu entscheiden, ob ein erheblicher Schaden oder ein Bagatellschaden vorliegt. Auch aus den Ausführungen im Erwägungsgrund 75 DS-GVO lässt sich entnehmen, dass von dem Erfordernis des Eintritts eines Schadens nicht abgesehen wird. Lässt sich dem Vorbringen des Antragstellers bereits nicht entnehmen, dass er durch eine nicht rechtmäßige Datenverarbeitung in schutzwürdigen Interessen verletzt worden ist, kommt ein immaterieller Schadensersatz nicht in Betracht. [Die Entscheidung wurde auch in der ZD 2022, 235 und – wenn auch nur mit den Leitsätzen – auch in der NJ 2022, 122 veröffentlicht].

Betrag: – **Haftung: –**
immVorb: – **MdE: –**

OLG Dresden 14.10.2021 – 4 U 1278/21 = BeckRS 2021, 42153

7250

Persönlichkeitsrechtsverletzung durch unzulässig lange Speicherdauer für Einträge der Schufa zu Privatinsolvenzen.

Die Parteien streiten über einen Anspruch des Kl. auf Löschung personenbezogener Daten aus der Datenbank der Bekl. (= Schufa). Vorangegangen war, dass der Kläger auf eine Wohnungsanfrage von einem Vermieter die Antwort, dass man ihm keine Wohnung vermieten könne, da „Ihre Schufa“ gesperrt sei. In seiner Klage trug der Kl. vor, die Speicherung der Restschuldbefreiung im Datenbestand der Bekl. führe bei ihm zu erheblichen wirtschaftlichen und finanziellen Nachteilen. Eine uneingeschränkte Teilhabe am Wirtschaftsleben sei ihm nicht möglich. Das OLG gab dem Kläger „weit überwiegend“ Recht und führte aus: „Der Kl. hat gegen die Bekl. einen Anspruch auf Löschung der Information über seine Restschuldbefreiung im Privatinsolvenzverfahren aus Art. 17 I Buchst. d DSGVO, da die Datenverarbeitung durch die Bekl. nicht rechtmäßig erfolgt. Die Daten werden von der Bekl. spätestens mit Ablauf von sechs Monaten nach der Rechtskraft der Restschuldbefreiung nicht mehr rechtmäßig verarbeitet, da die Voraussetzungen für eine rechtmäßige Verarbeitung iSv § 6 DS-GVO spätestens ab diesem Zeitpunkt nicht mehr vorliegen.“ Der Kl. hat, so das OLG, deshalb gegen die Bekl. einen Anspruch auf Ersatz der von ihm geltend gemachten vorgerichtlichen Rechtsanwaltskosten iHv 887,03 EUR aus Art. 82 Abs. 1 DS-GVO, § 249 BGB. Vgl. dazu auch BGH 28.3.2023 – VI ZR 225/21, BeckRS 2023, 7082, der den Rechtstreit über die Löschung einer Eintragung der Erteilung einer Restschuldbefreiung aus einer Datenbank einer privaten Wirtschaftsauskunftei dem EuGH vorgelegt hatte, wo er unter dem Aktenzeichen C-64/22 und C-26/22 geführt wird. [Anmerkung: Vgl. dazu auch becklink 2026613 sowie die sehr lesenswerte Anmerkung von Gutowski NZI 2021, 798].

Betrag: – **Haftung: 100 %**
immVorb: – **MdE: –**

OLG Schleswig 2.7.2021 – 17 U 15/21 = BeckRS 2021, 16986

6490

Persönlichkeitrechtsverletzung, behauptet

Frau. Kein Schmerzensgeldanspruch für die vermeintlich (Die Klägerin behauptete, aufgrund eines zu schlechten Bonitätsscores keinen Kreditvertrag für die Anschaffung eines Kraftfahrzeugs erhalten zu haben) unzutreffende Berechnung des Bonitätsscores. Das LG wies den Anspruch zurück und wies darauf hin, dass „für Schadensersatzansprüche nach Art. 82 DS-GVO … es bei den allgemeinen Regeln zur Beweislastverteilung [bleibe], nach der im Grundsatz die betroffene Person den haftungsbegründenden Tatbestand beweisen muss“. „Dem Urteil ist zuzustimmen. Die weitreichenden Verpflichtungen Verantwortlicher unter Geltung der DS-GVO entbinden die betroffene Person nicht davon, im Schadensersatzprozess konkret zu der behaupteten Rechtsverletzung einerseits und einem hierdurch kausal verursachten Schaden andererseits vorzutragen. Weder die Verschuldensvermutung des Art. 82 Abs. III DS-GVO noch die Rechenschaftspflichten des Verantwortlichen aus Art. 5 Abs. II, 24 Abs. I DS-GVO lassen sich so verstehen, dass die bloße Behauptung eines Rechtsverstoßes den Verantwortlichen zum Gegenbeweis verpflichten oder auch nur eine sekundäre Darlegungslast auslösen würde“, so Tribess in seiner Urteilsbesprechung unter GWR 2019, 407.

Betrag: – **Haftung: –**
immVorb: – **MdE: –**

LG Karlsruhe 2.8.2019 – 8 O 26/19 = BeckRS 2019, 17459

7141

Persönlichkeitsrechtsverletzung, behauptete … Der Kläger sah sich in seinem Persönlichkeitsrecht verletzt, weil die Beklagte, eine Wirtschaftsauskunftei, Angaben über die Insolvenz des Klägers bzw. über die Beendigung des Verfahrens durch eine Restschuldbefreiung in der vom Kläger beantragten Bonitätsauskunft gemacht hatte.

Mann. Kein Schmerzensgeldanspruch gemäß Art. 82 Abs. 1 DS-GVO: Die Parteien streiten um die Löschung einer Eintragung über eine Restschuldbefreiung, die Wiederherstellung eines Scorewerts, insofern er sich aus dieser Eintragung ergeben hat, sowie über einen Schmerzensgeldanspruch. Der immaterielle Schaden läge – so das LG – in der potenziellen Stigmatisierung, die durch einen „–Eintrag“ bei einer Wirtschaftsauskunftei entstehen könne, was jedoch hier nicht der Fall gewesen sei, den „ein Verstoß gegen die DS-GVO i.S.d. Art. 82 DS-GVO kann vorliegend jedoch erst ab dem Moment vorliegen, ab dem die Bekl. angesichts des Widerspruchs des Kl. unter Verstoß gegen Art. 21 Abs. 1 Satz 2 DS-GVO nicht Abstand von der weiteren Verarbeitung und Weitergabe der gespeicherten Auskunft nimmt“, so das LG. [Anmerkung: Zur Löschung der Daten einer Wirtschaftsauskunftei über eine Restschuldbefreiung und SCHUFA-Eintrag über Restschuldbefreiung und Scorewert-Berechnung sowie zur Meinungsäußerung in Bonitätsbeurteilungen vgl. OLG Frankfurt a.M. BeckRS 2016, 547 und BGH BeckRS 2011, 7276].

Betrag: – **Haftung: –**
immVorb: – **MdE: –**

LG Frankfurt a. M. 20.12.2018 – 2-05 O 151/18 = BeckRS 2018, 37433

4836

Persönlichkeitsrechtsverletzung / Datenschutzverstoß (hier: fehlerhafter Eintragung der Insolvenz des Klägers in eine von der Beklagten betriebene Auskunftei).

Mann. Kein Anspruch auf Schmerzensgeld wegen fehlerhafter Eintragung der Insolvenz des Klägers in eine von der Beklagten betriebene Auskunftei. Zum einen weil die von der Bekl. gespeicherten Daten nicht frei zugänglich waren und zudem, da die Bekl. den Vertragspartnern, die die fehlehafte Information bereits abgerufen hatten, die Löschung der fehlerhaften Information mitgeteilt, sodass „ein Makel, der jetzt noch auszugleichen wäre, … für den Kl. nicht zurückbleibt".

Betrag: – **Haftung: –**
immVorb: – **MdE: –**

AG Westerstede 17.4.2013 – 27 C 1001/12 = BeckRS 2013, 200892

7914

Persönlichkeitsrechtsverletzung durch das Einmelden von Positivdaten aus TK-Verträgen an die SCHUFA.

Mann. Der Kl. nimmt die Bekl., bei der er einen Mobilfunkvertrag abgeschlossen hatte, wegen des Vorwurfs rechtswidriger Datenverarbeitung ua auf immateriellen Schadensersatz in Anspruch. „Das Einmelden von Positivdaten aus TK-Verträgen an die SCHUFA stellt sich als eine rechtswidrige Verarbeitung von Daten dar und begründet Schadensersatzansprüche nach Art. 82 DS-GVO. Jedenfalls iRd vorzunehmenden Interessenabwägung überwiegt das Recht der Betroffenen auf informationelle Selbstbestimmung. Es liegt ein überwiegend schutzwürdiges Interesse der betroffenen Personen jedenfalls dann vor, wenn Zweck der Datenübertragung die Erstellung eines Persönlichkeitsprofils ist, wenn eine große Reihe von Daten miteinander verkettet werden sollen oder wenn eine Datenverarbeitung besonders umfassend ist, sie potenziell unbegrenzte Daten betrifft und erhebliche Auswirkungen auf den Nutzer hat. Eine derartige Konstellation liegt im Fall der Einmeldung von Postivdaten durch TK-Unternehmen an die SCHUFA vor. Ein Schaden iSv Art. 82 DS-GVO liegt auch in der Verletzung des Rechts der Betroffenen auf informationelle Selbstbestimmung. Das Recht des Klägers auf informationelle Selbstbestimmung wurde durch die Einmeldung der Positivdaten durch die Beklagte verletzt." so das LG, das zur Bemessung der Schadenhöhe ausführte: „Die Höhe des Schadensersatzes beziffert das Gericht mit 400 EUR, wobei es diesen Betrag für angemessen, aber auch für ausreichend hält, um den immateriellen Schaden auszugleichen und gleichzeitig der erforderlichen Abschreckungswirkung Rechnung zu tragen sowie dabei die besonderen Umstände des Falles zu würdigen. Dem Gericht steht insoweit gem. § 287 ZPO ein Ermessen zu." [Anmerkung: Das LG Lübeck vertritt insofern eine Mindermeinung. Die überwiegende Rspr. sieht in einem solchen Sachverhalt keinen Anspruch für einen immateriellen Schadenersatzanspruch vgl. ua LG Konstanz → Nr. 7485; LG Gießen → Nr. 7915; LG Ellwangen → Nr. 7916; LG Frankfurt (Oder) → Nr. 7917 – vgl. dazu zudem ausführlich im Handbuch unter → Rn. 246c.

Betrag: 400 € **Haftung: 100 %**
immVorb: – **MdE: –**

LG Lübeck 23.1.2026 – 15 O 262/23 = ZD 2026, 171

7821

Persönlichkeitsrechtsverletzung, durch Übermittlung von sog. Positivdaten an eine Wirtschaftsauskunftei (Schufa) im Zusammenhang mit der nicht erfolgten Löschung von Negativdaten trotz Forderungserledigung durch den Kläger.

Mann. Der Kläger macht ua Ansprüche auf auch immateriellen Schadensersatz iHv 1.500 EUR geltend, da die Beklagte, eine Wirtschaftsauskunftei, weiterhin Daten des Klägers gespeichert und für iher Kunden zum Abruf bereitgehalten hatte, obwohl der Kläger die ihm gegenüber bestehenden Forderungen inzwischen beglichen hatte. Das LG hatte die Klage abgewiesen. Die Berufung des Klägers hatte teilweise Erfolg, da das OLG – gestützt auf Heranziehung des § 882e Abs. 3 Nr. 1 ZPO – die Ansicht vertritt, dass Wirtschaftsauskunfteien verpflichtet seien, Einträge über beglichene Forderungen unverzüglich zu löschen. „Die Bekl. hat gegen die DS-GVO verstoßen, indem sie die in den ursprünglichen Klageanträgen genannten Einträge über Zahlungsstörungen des Kl. auch nach dem Ausgleich der Forderungen am 2.12.2020, am 4.11.2021 bzw. im Dezember 2022 für drei bzw. gut zwei Jahre weiterhin gespeichert und für ihre Kunden zum Abruf bereitgehalten hat. Nach der Erfüllung der Forderungen war die fortdauernde Speicherung der – nunmehr zusätzlich mit einem Erledigungsvermerk versehenen – Einträge betreffend die zuvor aufgetretenen Zahlungsstörungen rechtswidrig, weil die in Art. 6 Abs. 1 DS-GVO genannten Bedingungen nicht länger erfüllt waren. (ZD 2025, 400 Rn. 11, beck-online)", so das OLG. Zur Bemessung der Höhe des immateriellen Schadensersatzanspruchs verwies das OLG darauf, dass nach „der neueren Rspr. des EuGH … der in Art. 82 Abs. 1 DS-GVO vorgesehene Schadensersatzanspruch ausschließlich eine Ausgleichsfunktion [erfülle], jedoch keine Abschreckungs- oder Straffunktion. Daraus folgt, dass sich die Schwere des Verstoßes gegen die DS-GVO nicht auf die Höhe des Schadensersatzes auswirken kann (vgl. EuGH Urt. v. 11.4.2024 – C-741/21 = ZD 2024, 381)." Anmerkung: Das Urteil ist nicht rechtskräftig, die Revision beim BGH anhängig. Siehe dazu auch die Entscheidungsbesprechung von Söbbing ZD 2025, 402. sowie im Handbuch unter → Rn. 246c.

Betrag: 500 € **Haftung: 100 %**
immVorb: – **MdE: –**

OLG Köln 10.4.2025 – 15 U 249/24 = ZD 2025, 400

7811

Persönlichkeitsrechtsverletzung durch eine rechtswidrige Eintragung bei einer Auskunftei über einen Zeitraum von fast zwei Jahren. In dieser Zeit wurde die Meldung nicht vollständig gelöscht; ein Zustand, der – so das OLG – „auch durch ein schuldhaft unrechtmäßiges Verhalten der Klägerin ausgelöst und jedenfalls durch sorgloses Verhalten nach dem Löschauftrag nicht vorzeitig beendet worden" war. „Dadurch", so das OLG weiter, „ist über einen Zeitraum von zumindest neun Monaten (März bis Dezember 2020) die Kreditwürdigkeit der Beklagten beeinträchtigt worden, da ihr ein Kredit zur Finanzierung der von ihr bewohnten Immobilie verwehrt worden ist."

Frau. Die Parteien stritten um Zahlungsansprüche aus einem Mobilfunkvertrag sowie widerklagend über einen Schadensersatzanspruch aus Art. 82 DS-GVO, da die Widerbeklagte, ein Telekommunikationsunternehmen, rechtswidrig eine SCHUFA-Eintragung zulasten der Widerklägerin veranlasst hatte. Das OLG gab der Widerklägerin insofern Recht und sprach ihr – wenn auch bei Weitem nicht in der geforderten Höhe von 6.000 EUR – einen immateriellen Schadensersatz von 500 EUR zu. Zur Höhe betonte das OLG, dass es „um den verschiedenen Funktionen des Schadensersatzanspruches im Einzelfall wie im Generellen Rechnung zu tragen, … nicht zwingend [erforderlich sei], die Beträge hoch anzusetzen, um die geforderte Wirksamkeit und abschreckende Wirkung zu erzielen. Eine solche Betrachtungsweise lässt die Summe der konkreten Umstände des Einzelfalles außer Betracht und fokussiert sich allein auf die generalpräventive Wirkung. Auch lässt dies außer Betracht, dass ein konkreter Anspruchsteller mit seiner Betroffenheit zu entschädigen ist, während das Allgemeininteresse im Schwerpunkt nach Art. 83 DS-GVO durch Bußgelder gewahrt wird. Am Ende wird mit einer solchen Sichtweise aber die Schwelle zu einer strafenden Funktion unangemessen überschritten. Art. 82 DS-GVO will aber keinen Strafanspruch verwirklichen, was ohnehin allein dem Staat und nicht einem Einzelnen zusteht -, sondern allein general-präventiv zu Sicherungsmaßnahmen motivieren." [Anmerkung: vgl. dazu OLG Koblenz → Nr. 7039 sowie im Handbuch unter → Rn. 246c].

Betrag: 500 € **Haftung: 100 %**
immVorb: – **MdE: –**

BGH 28.1.2025 – VI ZR 183/22 = NJW 2025, 1059

7039

Persönlichkeitsrechtsverletzung durch eine rechtswidrige Eintragung bei einer Auskunftei über einen Zeitraum von fast zwei Jahren. In dieser Zeit wurde die Meldung nicht vollständig gelöscht; ein Zustand, der – so das OLG – „auch durch ein schuldhaft unrechtmäßiges Verhalten der Klägerin ausgelöst und jedenfalls durch sorgloses Verhalten nach dem Löschauftrag nicht vorzeitig beendet worden" war. „Dadurch", so das OLG weiter, „ist über einen Zeitraum von zumindest neun Monaten (März bis Dezember 2020) die Kreditwürdigkeit der Beklagten beeinträchtigt worden, da ihr ein Kredit zur Finanzierung der von ihr bewohnten Immobilie verwehrt worden ist."

Frau. Die Parteien stritten um Zahlungsansprüche aus einem Mobilfunkvertrag sowie widerklagend über einen Schadensersatzanspruch aus Art. 82 DS-GVO, da die Widerbeklagte, ein Telekommunikationsunternehmen, rechtswidrig eine SCHUFA-Eintragung zulasten der Widerklägerin veranlasst hatte. Das OLG gab der Widerklägerin insofern Recht und sprach ihr – wenn auch bei Weitem nicht in der geforderten Höhe von 6.000 EUR – einen immateriellen Schadensersatz von 500 EUR zu. Zur Höhe des immateriellen Schadensersatzes betonte das OLG, dass es „um den verschiedenen Funktionen des Schadensersatzanspruches im Einzelfall wie im Generellen Rechnung zu tragen, ... nicht zwingend [erforderlich sei], die Beträge hoch anzusetzen, um die geforderte Wirksamkeit und abschreckende Wirkung zu erzielen. Eine solche Betrachtungsweise lässt die Summe der konkreten Umstände des Einzelfalles außer Betracht und fokussiert sich allein auf die generalpräventive Wirkung. Auch lässt dies außer Betracht, dass ein konkreter Anspruchsteller mit seiner Betroffenheit zu entschädigen ist, während das Allgemeininteresse im Schwerpunkt nach Art. 83 DS-GVO durch Bußgelder gewahrt wird. Am Ende wird mit einer solchen Sichtweise aber die Schwelle zu einer strafenden Funktion unangemessen überschritten. Art. 82 DS-GVO will aber keinen Strafanspruch verwirklichen, was ohnehin allein dem Staat und nicht einem Einzelnen zusteht -, sondern allein general-präventiv zu Sicherungsmaßnahmen motivieren." [Anmerkung: Die Entscheidung ist somit rechtskräftig. Die Revision hatte keinen Erfolg – vgl. dazu BGH NJW 2025, 1059 → Nr. 7811.].

Betrag: 500 € **Haftung: 100 %**
immVorb: – **MdE: –**

OLG Koblenz 18.5.2022 – 5 U 2141/21 = BeckRS 2022, 11126

7239

Persönlichkeitsrechtsverletzung wegen der rechtswidrigen Übersendung des Kontoabschlusses und der Meldung einer unzutreffenden „früheren Adresse" an die SCHUFA. Beim Kläger, so das OLG, läge dadurch „eine spürbare Beeinträchtigung seines durch die DS-GVO geschützten Rechts an den eigenen persönlichen Daten vor."

Mann. Zur Begründung führte das OLG aus, dass sich aus dem Wortlaut von Art. 82 Abs. 1 DS-GVO ergäbe, dass ein Anspruch auf Schadensersatz nur besteht, wenn ein materieller oder immaterieller Schaden entstanden ist. Der Schaden müsse erlitten sein, dh entstanden und nicht nur befürchtet werden. Dies führe jedoch nicht dazu, dass der Senat einen vom Kläger erlittenen Schaden nicht feststellen könnte, auch wenn dieser im Wesentlichen „immaterieller" Art ist. Zu beachten ist bei der Auslegung von Art. 82 Abs. 1 DS-GVO, dass nach Erwägungsgrund 146 S. 3 DS-GVO der Begriff des Schadens im Lichte der Rspr. des Gerichtshofs „weit und auf eine Art und Weise ausgelegt werden" soll, „die den Zielen dieser Verordnung entspricht".

Betrag: 500 € **Haftung: 100 %**
immVorb: – **MdE: –**

OLG Frankfurt a. M. 14.4.2022 – 3 U 21/20 = GRUR-RS 2022, 10537

6819

Persönlichkeitsrechtsverletzung gemäß §§ 1004 Abs. 1, 823 BGB analog iVm Art. 6 Abs. 1 DS-GVO durch eine fehlerhafte sogenannte „Einmeldung" an die Schufa für die die Beklagte kein berechtigtes Interesse an der Datenübermittlung an die Schufa hatte. [Anmerkung: Das LG Lüneburg thematisiert ua die Voraussetzungen, unter denen Unternehmen Positivmeldungen oder Negativmeldungen über Schuldner an Auskunfteien weitergeben dürfen].

Mann. Zur Haftung der Beklagten führt das LG aus: „Nach der Entscheidung des Landgerichts Bonn (BeckRS 2019, 31239), der sich die Kammer anschließt, werden die Voraussetzungen des berechtigten Interesses und der Abwägungskriterien für die widerstreitenden Interessen des Betroffenen durch § 31 Abs. 2 BDSG in gesetzlicher und praktisch handhabbarer Weise für die Datenübermittlung an die Schufa konkretisiert. Eine unmittelbare Anwendung der Norm als Konkretisierung zwar nicht einschlägig. § 31 Abs. 2 BDSG bezieht sich nach seinem Wortlaut auf die Verwendung eines von Auskunfteien ermittelten Wahrscheinlichkeitswerts über die Zahlungsfähig- und Zahlungswilligkeit einer natürlichen Person ... Die (Nicht-)Einhaltung der Voraussetzungen des § 31 Abs. 2 BSDG können in entsprechender Anwendung jedoch als Indiz für die Rechtmäßig- bzw. Rechtswidrigkeit der Datenübermittlung gewertet werden. Die Information über eine nicht vertragsgemäß abgewickelte fällige Forderung ist in ähnlicher Weise schutzbedürftig wie ein Scorewert. Bei Scorewerten handelt es sich ebenfalls um sensible Informationen über eine Person, die Auskunft über ihre Zahlungsfähig- bzw. Zahlungswilligkeit geben. Hier liegt kein Fall des § 31 Abs. 2 BDSG vor. Daraus folgt bereits ein Indiz für die Rechtswidrigkeit der Datenübermittlung an die Schufa." Zur Bemessung des immateriellen Schadensersatzes zog das LG die Kriterien des Art. 83 Abs. 2 DS-GVO heran und berücksichtigte „auch, dass die beabsichtigte abschreckende Wirkung nur durch für den Anspruchsverpflichtenden empfindliche Schmerzensgelder erreicht wird, insbesondere wenn eine Kommerzialisierung fehlt", so das LG. [Anmerkung: Vergleiche auch LG Lüneburg → Nr. 7079; Stichwort: Schufa-Eintragung sowie die Anmerkungen Wybitul / Wuermeling / Ganz in der ZD 2021, 277].

Betrag: 1.000 € **Haftung: 100 %**
immVorb: – **MdE: –**

LG Lüneburg 14.7.2020 – 9 O 145/19 = BeckRS 2020, 36932

7600

Persönlichkeitsrechtsverletzung, behauptete im Zusammenhang mit der Übermittlung von sog. Negativdaten an eine Wirtschaftsauskunftei (Schufa) im Zusammenhang mit einem Kreditkartenvertrag.

Mann. Schmerzensgeld wegen der Rechtsfolgen eines Negativeintrags in einer Auskunftei. Das LG gab der Klage statt: „Die Beklagte hat die sich aus Art. 5, 6 iVm Art. 4 Nr. 2 DSGVO ergebenden Pflichten schuldhaft verletzt, indem sie eine Datenmitteilung an die SCH. veranlasste, obwohl das Interesse des Klägers an einer Nichtveröffentlichung seiner Daten hinsichtlich der zwischen den Parteien in Streit stehenden Forderung dem Interesse der Beklagten an einer Mitteilung überwog. Es lag kein berechtigtes Interesse der Beklagten oder eines Dritten im Sinne von Art. 6 Abs. 1 lit. f) DSGVO vor. Die von der Beklagten geltend gemachte Forderung war zwischen den Parteien streitig und nicht tituliert, so dass eine Einmeldung an die SCH. nicht hätte erfolgen dürfen". … Unter Anwendung der Grundsätze des Schadensbegriff des Art. 82 Abs. 1 DSGVO, eines europarechtlichen Begriffs, war dem Kläger – so das LG weiter – vorliegend ein Schmerzensgeld in Höhe von 2.000,00 Euro zuzuerkennen. Beim Kläger liegt eine spürbare Beeinträchtigung seines durch die Datenschutzgrundverordnung geschützten Rechts an den eigenen persönlichen Daten vor. [Wichtige Anmerkung: Der Rechtsstreit wurde vor dem OLG Hamburg BeckRS 2024, 804 → Nr. 7371 fortgeführt, wobei das OLG das Schmerzensgeld auf 4.000 EUR anhob].

Betrag: 2.000 € **Haftung: 100 %**
immVorb: – **MdE: –**

LG Hamburg 19.4.2023 – 318 O 56/22 = BeckRS 2023, 41431

7835

Persönlichkeitsrechtsverletzung durch fälschlich veranlassten Schufa-Eintrag.

Mann. „Der Kl. hat gegen die Bekl. Anspruch auf Ersatz immateriellen Schadens gem. Art. 82 Abs. 1, Abs. S. DS-GVO iHv 2.500 EUR. Die Bekl. hat als „Verantwortlicher" iSd Art. 4 Nr. 7 DS-GVO gegen ihre Pflichten aus Art. 5, 6 iVm 4 Abs. 2 DS-GVO verstoßen, indem sie eine tatsächlich nicht bestehende Forderung gegen den Kl. iHv 4.405 EUR an die Schufa gemeldet hat." Zitat aus Leibold: Übersicht über den Schadensersatzanspruch nach Art. 82 DS-GVO ab dem Jahr 2024ZD-Aktuell 2025, 01360. [Anmerkung: Vgl. dazu auch BGH NJW 2025, 1059 sowie im Handbuch unter → Rn. 246c].

Betrag: 2.500 € **Haftung: 100 %**
immVorb: – **MdE: –**

OLG Hamburg 12.2.2025 – 13 U 11/24 = BeckRS 2025, 46787

7371

Persönlichkeitsrechtsverletzung durch zweifache unberechtigte Meldung an die Schufa und eine Beeinträchtigung seines sozialen Ansehens durch die Darstellung als unzuverlässiger Schuldner.

Mann. Die Beklagte hat als „Verantwortliche" iSd Art. 4 Nr. 7 DS-GVO gegen ihre Pflichten aus Art. 5, 6 iVm Art. 4 Abs. 2 DS-GVO verstoßen, indem sie ihre Forderungen gegen den Kläger zweimal an die Schufa gemeldet hat, obwohl die Voraussetzungen hierfür nicht vorlagen. Hierdurch, so das OLG, sei dem Kläger auch „ein ersatzfähiger immaterieller Schaden entstanden", den das OLG mit 4.000 EUR bestimmt hatte. „Unter Berücksichtigung der dargestellten Umstände und im Hinblick auf einen kürzlich vom Senat entschiedenen vergleichbaren Fall, wo es weder zu konkreten Auswirkungen durch die Schufa-Meldung gekommen war noch ein vorsätzliches Vorgehen der Beklagten festgestellt werden konnte (13 U 71/21) und vom Senat ein Schmerzensgeld in Höhe von 1.000 EUR je Meldung zuerkannt worden war, wird ein deutlich höherer Betrag in Höhe von 2.000 EUR je Meldung, mithin insgesamt 4.000 EUR als angemessen, aber auch als ausreichend erachtet". [vgl. dazu im Handbuch → Rn. 246c sowie EuGH NJW 2023, 1930].

Betrag: 4.000 € **Haftung: 100 %**
immVorb: – **MdE: –**

OLG Hamburg 10.1.2024 – 13 U 70/23 = BeckRS 2024, 804

7227

Persönlichkeitsrechtsverletzung durch rechtswidrige – weil nicht mit Art. 6 Abs. 1 S. 1 lit. f und Abs. 4 DS-GVO in Einklang stehende – Übermittlung von Daten des Klägers seitens der Beklagten, einer Auskunftei, an Dritte. Die negative Ersteinmeldung der Bekl. in den sogenannten Scorewert eingeflossen ist, mit welchem wiederum der finanzielle Ruf und das monetäres Ansehen des Klägers verbunden sind.

Mann. Die Beklagte betreibt eine Auskunftei. Sie Übermittelte als solche Daten über die Solvenz des Klägers an Dritte. und übersah dabei zudem, dass die von ihr gemeldete Forderung vom Kläger bereits getilgt worden war. „Bei einer Einmeldung einer bereits getilgten Forderung ist das Interesse des Datenverwenders regelmäßig auf Null reduziert. Das Versehen hatte die Bekl. auch unstreitig zu vertreten, § 276 Abs. 2 BGB. Die Bekl. hätte bei der gebotenen Sorgfalt erkennen können und müssen, dass die Forderung nicht mehr existent war. Der Kl. hat auch einen nach Art. 82 Abs. 1, 2 DS-GVO ersatzfähigen immateriellen Schaden erlitten. Voraussetzung für einen Schadenersatzanspruch für immaterielle Schäden nach Art. 82 Abs. 1, 2 DS-GVO ist eine benennbare und tatsächliche Persönlichkeitsverletzung". Zur Höhe des immateriellen Schadensersatzes führte das LG aus, dass für die Bemessung der Schadenshöhe die Kriterien des Art. 83 Abs. 2 DS-GVO herangezogen werden können und dass für die Kammer nach durchgeführter Beweisaufnahme zur Überzeugung feststehe, dass der Kl. die Eintragung als berufliche Last ansah, die ihn auch auf gesundheitlicher Ebene tangierte, § 286 ZPO. „Der nunmehr zuständige Einzelrichter hat sich nämlich von dem Kl. im Rahmen einer erneuten informatorischen Anhörung einen persönlichen und unmittelbaren Eindruck verschafft, §§ 128 Abs. 1, 355 Abs. 1 S. 1, 309 ZPO. Der Kl. konnte plausibel und eindrücklich darlegen, dass die Eintragung prinzipiell auf seine berufliche und private Situation und die subjektive Wahrnehmung dessen negativen Einfluss nahm. Dass sich die Umstände auch nachteilig auf die psychische Verfassung ausgewirkt haben, ist ebenfalls nachvollziehbar skizziert worden. Untermauert wird Letzteres durch die Aussagen der behandelnden Neurologin. Diese gab glaubhaft kund, dass die Schufa-Eintragung mit den damit verbundenen Problemen regelmäßig Gesprächsthema in den Sprechstunden war". [Zitat aus der Urteilszusammenfassung bei Leibold ZD-Aktuell 2023, 01376].

Betrag: 4.000 € **Haftung: 100 %**
immVorb: – **MdE: –**

LG Magdeburg 24.5.2022 – 9 O 1571/20 = BeckRS 2022, 52117

6838

Persönlichkeitsrechtsverletzung durch voreiligen Schufa-Eintrag, durch den der Kläger „massive Beeinträchtigung seines sozialen Ansehens im Sinne der Einschätzung seiner Kreditwürdigkeit durch Dritte" erlitten hatte.

Mann. Das LG sah in der voreiligen Schufa-Eintragung eine Persönlichkeitsrechtsverletzung, die nach Art. 82 DS-GVO zu einem Schmerzensgeldanspruch führt. „Voraussetzung für einen Schadenersatzanspruch für immaterielle Schäden nach § 82 Abs. 1 DS-GVO ist eine benennbare und tatsächliche Persönlichkeitsverletzung. Die in der bisherigen deutschen Rechtsprechung für Schmerzensgeld geforderte Voraussetzung einer schwerwiegenden Persönlichkeitsverletzung verträgt sich hingegen nicht mit Art. 82 Abs. 2 DS-GVO; sie ist weder vorgesehen noch von dessen Ziel und Entstehungsgeschichte gedeckt, der Anspruch ist hiervon grundsätzlich unabhängig", so das LG.

Betrag: 5.000 € **Haftung: 100 %**
immVorb: – **MdE: –**

LG Mainz 12.11.2021 – 3 O 12/20 = GRUR-RS 2021, 34695

hh) Datenschutzverstoß iVm Social Media-Nutzerkonten

7559

Persönlichkeitsrechtsverletzung, behauptete (hier: „ganz pauschal und weitgehend diffus irgendwie" subjektiv vorhandene Sorgen und Ängste in Bezug auf die Verwendung von Business Tools / Cookies).

Mann. Kein Schmerzensgeld für nur diffuse Sorgen und Ängste in Bezug auf die Verwendung von Business Tools / Cookies) der Meta Ltd. im Zusammenhang mit der Nutzung von Instagram „sofern diese nicht kausal auf die fragliche Rechtsgutverletzung rückführbar sind." Dazu führte das LG sinngemäß aus, dass als Anknüpfungspunkte für einen immateriellen Schaden im Sinne des Art. 82 DS-GVO nach höchstrichterlicher Rechtsprechung [EuGH Urt. v. 14.12.2023 – C-340/21) Ängste und Sorgen, sowie die Verletzung des Rechts auf informationelle Selbstbestimmung bzw. der damit einhergehende Kontrollverlust an sich denkbar sind; jedoch lediglich „diffuse Vorstellungen" der Klägerseite über das Geschäftsmodell der Beklagten nicht „unter dem Schlagwort der Ängste und Sorgen schadensbegründend herangezogen werden können.„ „Erforderlich ist vielmehr, dass die Klägerseite zumindest eine laienhaft näherungsweise präzise Vorstellung von den Verarbeitungsvorgängen der Beklagten bezüglich der allein die persönliche Betroffenheit begründenden technischen Standarddaten gebildet hat und diese Vorstellung zumindest mitursächlich für die geschilderten Ängste und Sorgen ist. … Aus der persönlichen Anhörung folgt vielmehr, dass sich die Klägerseite lediglich ganz pauschal und weitgehend diffus „irgendwie" Sorgen über die Verarbeitung diversester Daten bei der Beklagten macht – und dies maßgeblich in Bezug auf ihre Nutzung der gar nicht streitgegenständlichen Plattform „F.". Mehrere der exemplarisch von ihr benannten Datenerhebungsvorgänge (angebliches Abhören von Gesprächen, Spam-Emails, seltsame Anrufe, „Abfischen" von Suchbegriffen etc.) haben keinerlei Bezug weder zu den hier streitgegenständlichen Datenerhebungsvorgängen, geschweige denn zu der allein ihre persönliche Betroffenheit begründende Verarbeitung der technischen Standarddaten. Bei dieser völlig diffusen Gesamtlage ist es der Kammer unmöglich, festzustellen, inwieweit dieser allein klagebegründende Punkt überhaupt Einfluss auf die geschilderten Ängste und Sorgen hat und welcher Schadensersatzbetrag insoweit angemessen sein könnte", so das LG. [Anmerkung: Allerdings hat das LG zutreffend das Verhalten der Beklagten in Bezug auf die Datenerfassung und Datenübermittlung an „Partnerunternehmen" als rechtswidrig erachtet und die Beklagte verurteilt, es zu unterlassen, personenbezogenen Daten der Klagepartei mit Hilfe der Meta Business Tools zu erheben, an die Server der Beklagten weiterzugeben, die Daten dort zu speichern und anschließend zu verwenden: "Denn diese [ergänze: Business Tools / Cookies) werden von den Drittfirmen und der Beklagten – soweit aus dem weitschweifigem Vortrag der Beklagten irgendwie rekonstruierbar – grundsätzlich gerade nicht eingesetzt um irgendwelche Inhalte auf Drittseiten anzubieten, sondern ausschließlich um das Nutzungsverhalten der Nutzerinnen und Nutzer zu Werbezwecken zu erfassen. Würde die Beklagte diese Tools nicht anbieten, wären die angesteuerten Websites aus Nutzerinnen- und Nutzersicht völlig unverändert nutzbar. Nachteile ergäben sich ausschließlich für die Beklagte selbst, nämlich für ihr Bemühen, im eigenen geschäftlichen Interesse in massenhaftem Umfang Persönlichkeitsprofile zu erstellen um diese kommerziell für Werbezwecke einzusetzen.]

Betrag: – **Haftung: –**
immVorb: – **MdE: –**

LG Lübeck 10.1.2025 – 15 O 269/23 = GRUR-RS 2025, 81

7591

Persönlichkeitsrechtsverletzung durch bei der Nutzung von Facebook aufkommende „ungute Gefühl permanenter Überwachung" und das damit begründete Empfinden von „erheblichem Ärger".

Mann. Kein Schmerzensgeld: Der Kläger machte Ansprüche wegen behaupteter Verstöße gegen die Datenschutzgrundverordnung (DS-GVO) im Zusammenhang mit seiner Registrierung bei Facebook geltend, bei der der Kläger als angehender Nutzer Vornamen und Nachnamen, Geburtsdatum und Geschlecht, Handynummer und E-Mail-Adresse angab. Die Beklagte hatte auf ihrer Registrierungsmaske den Hinweis: „Indem du auf „Registrieren" klickst, stimmst du unseren Nutzungsbedingungen zu. In unserer Datenrichtlinie erfährst du, wie wir deine Daten erfassen, verwenden und teilen". Sowohl die Nutzungsbedingungen als auch die Datenrichtlinie waren auf der Registrierungsmaske verlinkt und einsehbar, bevor der Registrierungsvorgang abgeschlossen wurde. Der Kläger willigte am 7.11.2023 – auch im Rahmen einer Einführung des sog. „Einwilligungsmodells in Europa" – erneut ein, dass die Beklagte weiterhin Informationen des Klägers zu Werbezwecken verwenden darf. Anschließend begehrte er wegen angeblichem Kontrollverlust und einem „unguten Gefühl" über die von ihm benannten Daten Auskunft und Schmerzensgeld. Das AG wies die Klage zutreffend als unbegründet ab und verwies insofern zunächst auf die Rechtsprechung des EuGH (4.5.2023 – C-300/21, NJW 2023, 1930 – vgl. dazu auch im Handbuch unter → Rn. 244) wonach die reine Verletzung der Vorschriften der DS-GVO nicht mit einem Schadenseintritt gleichzusetzen ist, sondern es sich insofern um einen „wirklich „erlitten" (Erwägungsgrund Nr. 146), das heißt „spürbar", objektiv nachvollziehbar und tatsächlich eingetretenen" Schaden handeln muss. „Das ungute Gefühl des Klägers begründet wiederum für sich noch keinen Schaden", so das AG mit Verweis auf LG Regensburg → Nr. 7593. [Anmerkung: Vgl. dazu auch BGH 18.11.2024 – VI ZR 10/24, GRUR 2024, 1910; → Nr. 7511 sowie auch im Handbuch unter → Rn. 247]

Betrag: – **Haftung: –**
immVorb: – **MdE: –**

AG Gütersloh 4.11.2024 – 10 C 165/24 = GRUR-RS 2024, 39994

7476

Persönlichkeitsrechtsverletzung, behauptete (hier: Wegen Datenverarbeitung seitens Facebook zur Schaltung personenbezogener Werbung sowie des diesbezüglichen Informationsverhaltens von Facebook gegenüber dem Kläger als Nutzer der Plattform Facebook).

Mann. Der Kl. war Nutzer der Plattform Facebook und hatte im Jahr 2023 den neuen Nutzerbedingungen der Beklagten und der Verwendung seiner Daten für Werbeanzeigen auf Facebook / Instagram zugestimmt. Mit seiner Klage forderte er – ua als Ausgleich für Datenschutzverstöße – einen immateriellen Schadensersatz von mindestens 1.000 EUR. Das LG wies die Klage auch insofern ab und betonte zunächst mit Verweis auf EuGH Urteil vom 4.5.2023 – C-300/21 darauf, dass die Pflicht zur Erstattung immaterieller Schäden nicht auf schwere Schäden beschränkt und der Schadenbegriff weit auszulegen sei. „Allein eine etwaige Verletzung des Datenschutzrechts als solche begründete allerdings nicht bereits für sich gesehen einen Schadensersatzanspruch für betroffene Personen. Die Verletzungshandlung muss in jedem Fall auch zu einer konkreten Verletzung von Persönlichkeitsrechten der betroffenen Personen geführt haben".

Betrag: – **Haftung: –**
immVorb: – **MdE: –**

LG Oldenburg 28.6.2024 – 5 O 1433/23 = GRUR-RS 2024, 17978

7593

Persönlichkeitsrechtsverletzung durch bei der Nutzung von Facebook aufkommende Gefühl „beobachtet" zu werden und das Empfinden von „starkem Ärger über das von ihr nicht erwartete Verhalten der Bekl. zur eigenen Gewinnmaximierung".

Mann. Kein Schmerzensgeld für das „ungute Gefühl" und „Ärger" im Zusammenhang mit der Nutzung von Facebook nach zustimmender Registrierung. „Allein eine etwaige Verletzung des Datenschutzrechts als solche begründete allerdings nicht bereits für sich gesehen einen Schadensersatzanspruch für betroffene Personen. Die Verletzungshandlung muss in jedem Fall auch zu einer konkreten Verletzung von Persönlichkeitsrechten der betroffenen Personen geführt haben (LG Aachen 10.2.2023 – 8 O 177/22 Rn. 77). Die Verletzung der Vorschriften der DS-GVO ist nicht mit einem Schadenseintritt gleichzusetzen. Es ist zwar keine schwere Verletzung des Persönlichkeitsrechts erforderlich. Andererseits ist aber auch weiterhin nicht für jede im Grunde nicht spürbare Beeinträchtigung bzw. für jede bloß individuell empfundene Unannehmlichkeit ein Schmerzensgeld zu gewähren", so das LG. [Vgl. dazu auch im Handbuch unter → Rn. 247].

Betrag: – **Haftung: –**
immVorb: – **MdE: –**

LG Regensburg 15.4.2024 – 75 O 1040/23 = GRUR-RS 2024, 11690

7235

Persönlichkeitsrechtsverletzung, behauptete (hier: Sperrung des Nutzerkontos des Klägers).

Kein Schmerzensgeldanspruch gemäß Art. 82 Abs. 1 DS-GVO: Auch wenn keine Sperre eines Social-Media-Accounts bzw. keine Kontosperre ohne Begründung seitens des Netzwerkanbieters erfolgen darf, begründet die bloße Sperrung des klägerischen Nutzerkontos noch keinen Schaden.

Betrag: – **Haftung: –**
immVorb: – **MdE: –**

OLG München 20.9.2022 – 18 U 6314/20 = GRUR-RS 2022, 29943

7236

Persönlichkeitsrechtsverletzung, behauptete (hier: Sperrung des Nutzerkontos des Klägers).

Kein Schmerzensgeldanspruch gemäß Art. 82 Abs. 1 DS-GVO wegen der teilweisen Sperrung seines Nutzerkontos nach einer „Hassrede" und der Möglichkeit der Beklagten während die Sperrzeit die Daten des Klägers weiter nutzen zu können. Diese beruhte nämlich auf der vom Kl. vorab erteilten Zustimmung zu den Nutzungsbedingungen der Bekl. (Art. 6 Abs. 1 S. 1 lit. a DS-GVO), welche nicht daran geknüpft ist, dass auch die Bekl. ihren vertraglichen Verpflichtungen nachkommt, und daher auch Zeiträume umfasst, in denen das klägerische Konto gesperrt ist. Die zeitweise Teilsperrung des Nutzerkontos des Kl. stellt bereits keine Verarbeitung von dessen Daten iSv Art. 4 Ziff. 2 DS-GVO dar, so das OLG. [vgl. dazu auch BGH NJW 2021, 3179 sowie die kurze Zusammenfassung der Thematik bei becklink 2023776]. Anmerkung: Die Entscheidung ist nicht rechtskräftig. Das OLG hat wegen grundsätzlicher Bedeutung die Revision zum BGH unter anderem hinsichtlich des dargestellten Antrags auf Wiederherstellung des gelöschten Artikels zugelassen.

Betrag: – **Haftung: –**
immVorb: – **MdE: –**

OLG Frankfurt a. M. 30.6.2022 – 16 U 229/20 = GRUR-RS 2022, 15047

7237

Persönlichkeitsrechtsverletzung, behauptete (hier: Sperrung des Nutzerkontos des Klägers).

Kein Schmerzensgeldanspruch gemäß Art. 82 Abs. 1 DS-GVO: Erfüllt eine Äußerungen keinen Straftatbestand im Sinne von § 1 Abs. 3 NetzDG, bietet § 3 Abs. 2 Nr. 3 NetzDG keine Grundlage für eine Sperrung. Erfolgt die Sperrung, wie hier gegeben, dennoch, ist sie rechtswidrig. Aber ein Verstoß gegen die DS-GVO stellt nicht bereits den Eintritt eines – auch immateriellen – Schadens dar. Außerdem ist ein Verstoß nicht schlüssig vorgetragen worden, denn – so das OLG – fehlte es jedoch an einer Darlegung seitens des Klägers, inwiefern ein Verstoß der Beklagten gegen Vorschriften der DSGVO vorlag und auf welche Weise ein immaterieller Schaden verursacht worden sein soll. [ebenso OLG Dresden → Nr. 7019].

Betrag: – **Haftung: –**
immVorb: – **MdE: –**

OLG Karlsruhe 26.4.2022 – 14 U 270/20 = GRUR-RS 2022, 11300

7019

Persönlichkeitsrechtsverletzung, vermeintliche … wegen wegen Löschung von Beiträgen und Deaktivierung des Nutzerkontos bei einem sozialen Netzwerk.

Mann. Kein Schmerzensgeldanspruch bzw. kein Ausgleichsanspruch wegen Löschung von Beiträgen des Klägers und der darauf folgenden vollständigen Sperrung und Deaktivierung seines Nutzerkontos bei dem von der Beklagten bereitgestellten sozialen Netzwerk. Zum Ausgleichsanspruch aufgrund eines Eingriffs in das grundgesetzlich geschützte allgemeine Persönlichkeitsrecht führte das OLG aus: „Die Voraussetzungen für einen solchen Anspruch liegen nicht annähernd vor. Die entgangene Möglichkeit, Beiträge in einem sozialen Netzwerk zu veröffentlichen, stellt bereits keine Beeinträchtigung des Persönlichkeitsrechts dar, insbesondere wird weder in die Intim- noch in die Privatsphäre der Klägerin eingegriffen. Die Möglichkeiten der Klägerin, ihre Meinung kundzutun und am sozialen Leben teilzunehmen, sind auch ohne ein …-Konto vielfältig".

Betrag: – **Haftung: –**
immVorb: – **MdE: –**

OLG Dresden 8.3.2022 – 4 U 1050/21 = GRUR-RS 2022, 5106

7240

Persönlichkeitsrechtsverletzung, behauptete (hier: Sperrung des Nutzerkontos des Klägers).

Kein Schmerzensgeldanspruch gemäß Art. 82 Abs. 1 DS-GVO. Die Nutzung der Daten des Kl. erfolgte mit dessen Zustimmung. Daran ändert es nichts, dass sich die Bekl. (Facebook) bei der Löschung des Posts und der Sperrung pflichtwidrig verhalten hat. Die Leitsätze des OLG hierzu lauten: 1. Zu den Ansprüchen des Nutzers eines sozialen Netzwerks, wenn dessen Anbieter – auf der Grundlage unwirksamer Klauseln seiner AGB – einen Beitrag des Nutzers gelöscht und sein Nutzerkonto zeitweise gesperrt hat (im Anschluss an die Entscheidungen des BGH v. 29.7.2021 – III ZR 179/20 [= MMR 2021, 903 mAnm Bafteh / van Hattem = ZD 2021, 639 mAnm Hoeren / Pinelli] und III ZR 192/20). 2. Ist die Klausel der AGB eines Anbieters eines sozialen Netzwerks, die ihn zur Löschung von Nutzerbeiträgen berechtigt, unwirksam, ergibt sich ein Recht zur Löschung nicht rechtswidriger Beiträge auch nicht im Wege ergänzender Vertragsauslegung. 3. Dem Anspruch des Nutzers auf Freischaltung eines vertragswidrig gelöschten Beitrags kann der Anbieter auch nicht mit Erfolg entgegenhalten, die Geltendmachung des Anspruchs sei treuwidrig, weil der Beitrag gegen die Gemeinschaftsstandards des sozialen Netzwerks verstoße und der Nutzer daher seinerseits zur Löschung des wieder freigeschalteten Beitrags verpflichtet wäre (Rückgewähreinwand aus § 242 BGB – „Dolo-agit-Einwand").

Betrag: – **Haftung: –**
immVorb: – **MdE: –**

OLG Celle 20.1.2022 – 13 U 84/19 = GRUR-RS 2022, 1200

7242

Persönlichkeitsrechtsverletzung, behauptete (hier: Sperrung des Nutzerkontos der Klägerin).

Kein Schmerzensgeldanspruch gemäß Art. 82 Abs. 1 DS-GVO: Erfüllt eine Äußerungen keinen Straftatbestand im Sinne von § 1 Abs. 3 NetzDG, bietet § 3 Abs. 2 Nr. 3 NetzDG keine Grundlage für eine Sperrung. Erfolgt die Sperrung, wie im vorliegenden Fall, bei dem die Klägerin als „Nazi-Schlampe" bezeichnet worden war, dennoch, so ist sie rechtswidrig. Der Anbieter eines sozialen Netzwerks muss ungeachtet des Erfordernisses, oftmals schnell entscheiden zu müssen, Verfahrensrechte der Nutzer beachten. Bis zur Änderung seiner Nutzungsbedingungen und der Beachtung der verfahrensrechtlichen Erfordernisse ist es ihm zuzumuten, auf weitergehende Lösch- und Sperrbefugnisse zu verzichten. Im weiteren führte das OLG aus, die Klägerin habe dennoch keinen Anspruch auf Schadensersatz, weder materiell noch immateriell,. Entgegen der Ansicht der Klägerin kommt der zeitweiligen Einschränkung ihrer privaten Kommunikationsmöglichkeiten auf „F." und dem Verlust der Kontrolle über ihre personenbezogenen Daten – auch wenn ein solcher Verlust eingetreten sein sollte – für sich genommen kein Vermögenswert zu. Auch die tatbestandlichen Voraussetzungen eines Schmerzensgeldanspruchs aus § 253 Abs. 2 BGB liegen offensichtlich nicht vor. Die Klägerin ist nicht in einem der in dieser Vorschrift genannten Rechtsgüter verletzt worden. Der Klägerin steht auch kein Anspruch auf Geldentschädigung wegen Verletzung des allgemeinen Persönlichkeitsrechts (Art. 2 Abs. 1, Art. 1 Abs. 1 GG) zu. Schließlich, so das OLG, scheidet auch ein Anspruch auf Ersatz des immateriellen Schadens nach Art. 82 Abs. 1 DS-GVO aus, denn „die Verarbeitung der Daten der Klägerin durch die Beklagte verstieß aber nicht gegen die DS-GVO, denn sie beruhte auf der vorab erteilten Zustimmung zu den Nutzungsbedingungen der Beklagten im Sinne des Art. 6 Abs. 1 lit. a) DS-GVO und auf Art. 6 Abs. 1 lit. f) DS-GVO."

Betrag: – **Haftung: –**
immVorb: – **MdE: –**

OLG München 14.12.2021 – 18 U 6997/20 = GRUR-RS 2021, 53369

7243

Persönlichkeitsrechtsverletzung, behauptete (hier: Sperrung des Nutzerkontos des Klägers, der sich in unqualifizierter Weise mit einem Dritten über die Nürnberger Prozesse [= Prozess vor dem Internationalen Militärgerichtshof in der Zeit vom 20. November 1945 bis 1. Oktober 1946] geäußert hatte und die Aussagen des Dritten als „Stuss" und diesen selbst als „Stußindianer" bezeichnet hatte, worauf sein Facebook-Nutzerkonto gesperrt wurde).

Kein Schmerzensgeldanspruch gemäß Art. 82 Abs. 1 DS-GVO: Erfüllt eine Äußerungen keinen Straftatbestand im Sinne von § 1 Abs. 3 NetzDG, bietet § 3 Abs. 2 Nr. 3 NetzDG keine Grundlage für eine Sperrung. Erfolgt die Sperrung, wie hier gegeben, dennoch, ist sie rechtswidrig. Aber ein Verstoß gegen die DS-GVO stellt nicht bereits den Eintritt eines – auch immateriellen – Schadens dar. „Die bloße Sperrung der Daten stellt ebenso wie der Datenverlust zudem noch keinen Schaden im Sinne der DSGVO dar", so das OLG, dass insofern auf die Entscheidung des OLG Dresden → Nr. 6454 = BeckRS 2019, 12941 verwiesen hatte. [Anmerkung: ZU dieser Thematik liegen eine Vielzahl von Entscheidungen vor, die im Tabellenteil C unter C.10.a.hh (Datenschutzverstoß iVm Social Media-Nutzerkonten aufgeführt werden].

Betrag: – **Haftung: –**
immVorb: – **MdE: –**

OLG Stuttgart 24.11.2021 – 4 U 484/20 = GRUR-RS 2021, 57810

7253

Persönlichkeitsrechtsverletzung, behauptete (hier: Sperrung des Nutzerkontos des Klägers wegen Hassrede).

Die Parteien streiten im Wesentlichen darum, ob die Beklagte einen Beitrag des Klägers (Hassrede ua über das deutsche Parlaments-Pack) auf ihrer Social-Media-Plattform löschen und ihn deswegen mit einer Sperre belegen durfte. Das Landgericht hat die Klage abgewiesen. „Zur Begründung hat es im Wesentlichen ausgeführt, die aktuellen Nutzungsbedingungen und Gemeinschaftsstandards der Beklagten seien wirksam in das Vertragsverhältnis der Parteien einbezogen worden. Danach sei die Beklagte berechtigt gewesen, den streitgegenständlichen Beitrag des Klägers, der unter den Begriff der „Hassrede" in Teil III Nr. 12 der Gemeinschaftsstandards falle, zu löschen und das Konto des Klägers zeitweise zu sperren. … Die Berufung des Klägers hat offensichtlich keine Aussicht auf Erfolg im Sinne von § 522 Abs. 2 ZPO. … Der aus Art. 1, 2 Abs. 1 GG hergeleitete Anspruch auf eine immaterielle

Geldentschädigung liegt nicht bei jeder Verletzung des allgemeinen Persönlichkeitsrechts, schon gar nicht bei jeder Vertragsverletzung vor. Er setzt vielmehr voraus, dass ihm ein schwerwiegender Eingriff in das allgemeine Persönlichkeitsrecht zugrunde liegt und die hiervon ausgehende Beeinträchtigung nicht in anderer Weise befriedigend aufgefangen werden kann". ... Dass dem Kl. durch die Sperrung ein materieller oder immaterieller Schaden iSd Art. 82 DS-GVO entstanden wäre, ist weder dargetan noch ersichtlich. Die bloße Sperrung seiner Daten stellt ebenso wie ein etwaiger Datenverlust noch keinen Schaden iSd DS-GVO dar. Die behauptete Hemmung in der Persönlichkeitsentfaltung durch die (rechtmäßige) dreißigtägige Sperrung hat allenfalls Bagatellcharakter, was die Zuerkennung eines immateriellen Schadensersatzes ausschließt.", so das OLG.

Betrag: – **Haftung: –**
immVorb: – **MdE: –**

OLG Schleswig 1.3.2021 – 7 U 152/20 = GRUR-RS 2021, 53244

7128

Persönlichkeitsrechtsverletzung, behauptete ... Der Kläger sah sich in seinem Persönlichkeitsrecht verletzt, weil ihr vom Betreiber des sozialen Netzwerks das Nutzerkonto für 30 Tage in einen „Read-only-Modus" versetzt worden war, so dass er während dessen sein Konto nicht weiter nutzen konnte.

Mann. Kein Schmerzensgeldanspruch. Das LG führte dazu in der Vorinstanz aus, in der Löschung des Posts und der Sperrung des Nutzerkontos des Klägers liege kein Verstoß gegen zwingende Vorgaben der DS-GVO. Die Erhebung und Verarbeitung seiner Daten, einschließlich der möglichen Löschung der streitgegenständlichen Posts und Sperrung seines Kontos beruhten auf der vom Kläger vorab erteilten Zustimmung zu den Nutzungsbedingungen der Beklagten. Die Erhebung und Datenverarbeitung sei nicht daran geknüpft, dass die Beklagte ihren vertraglichen Verpflichtungen nachkomme, und umfasse deshalb auch Zeiträume, in denen das Nutzerkonto gesperrt sei. Im Übrigen stelle die bloße Sperrung seiner Daten ebenso wie der Datenverlust – für sich genommen – noch keinen Schaden im Sinne der DS-GVO dar. dem stimmte das OLG zu. [Anmerkung: vgl. dazu auch OLG Dresden → Nr. 7123, → Nr. 7125, → Nr. 7129 und → Nr. 6454; OLG München → Nr. 7124; OLG Bamberg → Nr. 7127 und Frankfurt a.M. → Nr. 713].

Betrag: – **Haftung: –**
immVorb: – **MdE: –**

OLG Braunschweig 5.2.2021 – 1 U 9/20 = GRUR-RS 2020, 41161

6787

Persönlichkeitrechtsverletzung, vermeintliche (hier: Sperrung des Facebook-Profils des Klägers und Löschung von Beiträgen. Der Kläger begehrte die Feststellung der Rechtswidrigkeit der Sperrungen und die Freischaltung der gelöschten Beiträge und Schmerzensgeld für die Löschungen und Sperrungen in Bezug auf seine inhaltlich zwar sehr gesellschaftskritischen aber nicht strafbaren Posts und Beiträge.

Mann. Kein Anspruch auf Schmerzensgeld im Falle einer wiederholten Kontosperrung oder Beitragslöschung von Facebook. Hierzu führte das LG im gegen die Rechtsschutzversicherung des Klägers gerichtete Deckungsklage aus: „Ein weitergehender Anspruch auf eine billige Entschädigung in Geld aus § 823 Abs. 1 BGB iVm Art. 1 Abs. 1, 2 Abs. 1 GG für die Verletzung des Persönlichkeitsrechts besteht seit der sog. Herrenreiter-Entscheidung aus dem Jahr 1958 nur im Falle eines schwerwiegenden Eingriffs und wenn die Beeinträchtigung nicht in anderer Weise befriedigend ausgeglichen werden kann (vgl. die Rechtsprechungsübersicht bei Brost / Hassel NJW 2020, 2214). Offen bleiben kann, inwiefern der Kläger in seinem Persönlichkeitsrecht verletzt ist, da es jedenfalls offensichtlich an den beiden weiteren Voraussetzungen für eine billige Entschädigung in Geld fehlt, sodass die Beklagte auch diesbezüglich nicht die Kosten der Berufung übernehmen muss" und verwies insofern auf die Entscheidungen des OLG Nürnberg GRUR-RS 2020, 23456 und LG Mannheim GRUR-RS 2020, 10334. Insofern hatte das OLG Nürnberg zutreffend festgestellt, „dass ... Art. 5 Abs. 1 GG (selbst in seiner unmittelbaren Wirkungsdimension gegen den Staat) keinen Anspruch auf Öffentlichkeit vermittelt, also kein Leistungsrecht gegenüber einem anderen beinhaltet, dass dieser seine Äußerungen zu verbreiten habe" und zum anderen darauf, dass „die Grundentscheidung, Maßnahmen zu ergreifen, damit sich andere Nutzer nicht wegen einer Verrohung von der Plattform der Beklagten abwenden, ... als unternehmerische Entscheidung in den Schutzbereich der Berufsfreiheit (Art. 12 Abs. 1 GG) falle".

Betrag: – **Haftung: –**
immVorb: – **MdE: –**

LG Offenburg 29.1.2021 – 2 O 68/20 = GRUR-RS 2021, 11291

7123

Persönlichkeitsrechtsverletzung, behauptete ... wegen der Löschung des sog. Postens eines Bilds mit Symbolen einer „Hassorganisation" in Form der sog. „Wirmer-Flagge", einem typischen Symbol von Anhängern der Rechten Szene. Das Bild wurde vom Betreiber des sozialen Netzwerks gelöscht und das Nutzerkonto für 30 Tage in einen „Read-only-Modus" versetzt, so dass der Kläger in dieser Zeit das Konto nicht weiter nutzen konnte.

Mann. Kein Schmerzensgeldanspruch: „Die Löschung des Posts und die 30-tägige Versetzung in den Read-only-Modus berührt den Kl. nur in seiner Sozialsphäre, sie wird nicht öffentlich mitgeteilt, zeitigt also keine Prangerwirkung und auch sonst ist eine erhebliche Beeinträchtigung des Kl. nicht ersichtlich Für einen Geldentschädigungsanspruch wird ein schwerwiegender Persönlichkeitseingriff verlangt", so das OLG, das im Übrigen auch klarstellte, dass „ein Klageantrag auf Feststellung, dass die Sperrung oder Löschung einzelner Posts auf einem sozialen Netzwerk rechtswidrig war, ist unzulässig" ist. [Anmerkung: Der Betreiber eines sozialen Netzwerkes ist zur Vermeidung rechtswidrigen Verhaltens seiner Benutzer berechtigt, die Verwendung von Klarnamen zu verlangen und bei Verstößen gegen diese Pflicht das Nutzerkonto zu sperren – OLG München GRUR 2021, 1099 → Nr. 7124 vgl. auch OLG Dresden → Nr. 7125, → Nr. 7129 und → Nr. 6454; OLG München → Nr. 7124; OLG Bamberg → Nr. 7127 und Frankfurt a.M. → Nr. 7130. Allerdings hat der BGH nun mit Urteil vom 27.1.2022 – III ZR 3/21 (ZUM 2022, 385) entschieden, dass die in den AGB von Facebook enthaltene Pflicht zur Verwendung von Klarnamen unwirksam ist. Die Diskussionen um die Klarnamenpflicht ist damit jedoch nicht vom Tisch, denn die vom BGH entschiedenen Fälle bezogen sich ausschließlich auf die Rechtslage vor Inkrafttreten der Datenschutz-Grundverordnung (DS-GVO) und stützten sich zudem auf die Regelung zur pseudonymen Nutzung in § 13 Abs. 6 Telemediengesetz alte Fassung (TMG aF), die aber mit Inkrafttreten des neuen Telekommunikation-Telemedien-Datenschutz-Gesetz (TTDSG) zum 1.12.2021 aufgehoben wurde.]

Betrag: – **Haftung: –**
immVorb: – **MdE: –**

OLG Dresden 12.1.2021 – 4 U 1600/20 = BeckRS 2021, 879

7139

Persönlichkeitsrechtsverletzung, behauptete … Der Kläger sah sich in seinem Persönlichkeitsrecht verletzt, weil sein ausländerfeindlicher Post gelöscht und ihm vom Betreiber der Social-Media-Plattform bzw. dem sozialen Netzwerk zudem sein Nutzerkonto / Nutzerprofil wegen seiner „Hassreden“ gesperrt worden war.

Mann. Der Betreiber einer Internetplattform nach dessen Nutzungsbedingungen Hassrede-Beiträge untersagt sind, ist berechtigt, die Äußerung „Täglich Mord, Vergewaltigung und Totschlag von Merkills Fachkräften …“ zu löschen und eine 30tägige Sperre (only read) zu verhängen. [Anmerkung: vgl. dazu in den Vorinstanzen: LG Coburg → Nr. 7129 und OLG Bamberg → Nr. 7127]. Die gegen das Urteil des OLG Bamberg gerichtete Beschwerde wies der BGH als unzulässig zurück, weil der Wert der mit der Revision geltend zu machenden Beschwer 20.000 EUR nicht übersteigt (§ 544 Abs. 2 Nr. 1 ZPO). Der BGH führte dazu aus, er bewerte die zeitlich begrenzte Sperre nur mit 2.500 Euro und die Gesamtbeschwerdesumme nur mit 6.500 Euro. „Die vorliegende Fallkonstellation kann nicht mit Unterlassungsansprüchen gegenüber einer ehrverletzenden Äußerung verglichen werden … Eine Ehrverletzung stellt einen wesentlich stärkeren Eingriff in das Persönlichkeitsrecht des Betroffenen dar als die ihm (vorübergehend) genommene Kommunikationsmöglichkeit auf einer Internetbasierten Plattform. Dass auf dieser Plattform im Hinblick auf den Kläger ehrverletzende Äußerungen erfolgt sind, gegen die er sich während der Sperre nicht hat zur Wehr setzen können, ist nicht geltend gemacht“, so der BGH.

Betrag: – **Haftung: –**
immVorb: – **MdE: –**

BGH 17.12.2020 – III ZR 114/20 = BeckRS 2020, 38475

7124

Persönlichkeitsrechtsverletzung, behauptete … Die Klägerin sah sich in ihrem Persönlichkeitsrecht schwer verletzt, weil ihr vom Betreiber des sozialen Netzwerks das Nutzerkonto für 30 Tage in einen „Read-only-Modus“ versetzt worden war, so dass die Klägerin während dessen ihr Konto nicht weiter nutzen konnte.

Frau. Die Klägerin machte gegen die Beklagte Ansprüche auf Freischaltung ihres unter dem Pseudonym »…« angelegten Nutzerkontos auf der von der Beklagten betriebenen Plattform »Facebook« sowie Ansprüche auf immateriellen Schadensersatz geltend. Sie sei „vor der Sperre jeden Tag online gewesen sei und weltweit Freunde und Bekannte habe, mit denen sie täglich über Facebook kommuniziere. Durch die unerwartete Sperre ohne Ankündigung sei es der Klägerin nicht mehr möglich gewesen, einen alternativen Zugriff auf ihre höchstpersönlichen Daten und Inhalte bzw. einen anderen Kommunikationsweg, insbesondere auch zu ihrer Familie einzurichten. Zudem bestehe keine Möglichkeit, die Verletzung des Persönlichkeitsrechts auf andere Weise auszugleichen“. Das OLG bestätigte die klagabweisende Entscheidung der Vorinstanz und führte dazu aus: „Schließlich scheidet auch ein Anspruch auf Ersatz des immateriellen Schadens nach Art. 82 Abs. 1 DS-GVO aus. Nach dieser Vorschrift hat jede Person, der wegen eines Verstoßes gegen diese Verordnung ein materieller oder immaterieller Schaden entstanden ist, Anspruch auf Schadensersatz gegen den Verantwortlichen. Die Verarbeitung der Daten der Klägerin durch die Beklagte verstieß aber nicht gegen die DS-GVO, denn sie beruhte auf der vorab erteilten Zustimmung zu den Nutzungsbedingungen der Beklagten im Sinne des Art. 6 Abs. 1 lit. a DS-GVO und auf Art. 6 Abs. 1 lit. f DS-GVO“ und weiter zur Klarnamenpflicht: „Der Betreiber eines sozialen Netzwerkes ist zur Vermeidung rechtswidrigen Verhaltens seiner Benutzer berechtigt, die Verwendung von Klarnamen zu verlangen und bei Verstößen gegen diese Pflicht das Nutzerkonto zu sperren. Der Entstehungsgeschichte der Datenschutz-Grundverordnung lässt sich entnehmen, dass der europäische Normgeber bewusst davon abgesehen hat, dem Anbieter von Telemedien die Verpflichtung aufzuerlegen, die Nutzung von Telemedien anonym oder unter einem Pseudonym zu ermöglichen“. (Leitsätze) [Anmerkung: vgl. dazu auch OLG Dresden → Nr. 7123, → Nr. 7125, → Nr. 7129 und → Nr. 6454; OLG Bamberg → Nr. 7127 und Frankfurt a.M. → Nr. 7130 – aber auch BGH ZUM 2022, 385, der, allerdings bezogen auf Fälle vor Inkrafttreten der DS-GVO, entschied, dass die in Facebooks AGB enthaltene Pflicht zur Verwendung von Klarnamen unwirksam ist.].

Betrag: – **Haftung: –**
immVorb: – **MdE: –**

OLG München 8.12.2020 – 18 U 5493/19 = GRUR 2021, 1099

7256

Persönlichkeitsrechtsverletzung, behauptete (hier: Sperrung des Nutzerkontos der Klägerin, die sich weigerte ihren Klarnamen zu verwenden).

Kein Schmerzensgeldanspruch gemäß Art. 82 Abs. 1 DS-GVO. Zulässige Klarnamenpflicht in sozialen Netzwerken. Die Klägerin macht gegen die Beklagte Ansprüche auf Freischaltung ihres unter dem Pseudonym »…« angelegten Nutzerkontos auf der von der Beklagten betriebenen Plattform »Facebook« sowie Ansprüche auf Schadensersatz und vorgerichtliche Rechtsanwaltskosten geltend. Das Nutzerkonto der Klägerin wurde von der Beklagten am 19.1.2018 gesperrt, nachdem die Klägerin der Aufforderung der Beklagten, ihren Profilnamen zu ändern, nicht nachgekommen war. […]. Das OLG gab in der Berufung der Beklagten (facebook) Recht. „Dem Internet ist zwar nach der bereits mehrfach zitierten höchstrichterlichen Rechtsprechung eine anonyme Nutzung grundsätzlich immanent (BGHZ 181, 328 = ZUM 2009, 753 Rn. 38). Aufgrund der dominierenden Stellung der Beklagten als Betreiberin von »Facebook«, der mit Abstand größten Social-Media-Plattform, wird die verkehrsübliche Gestaltung solcher Plattformen allerdings auch durch die von der Beklagten auf dieser Plattform verfolgte Klarnamenpolitik geprägt. Die Inanspruchnahme der von der Beklagten angebotenen spezifischen »Facebook«-Dienste ist auch nicht nur unter Verwendung eines Pseudonyms sinnvoll möglich.“, so das OLG. Zum Schmerzensgeldanspruch, den das OLG ebenfalls abwies, führte es aus: „Die Sperrung des Profils der Klägerin stellt insoweit nur eine einzelne Beeinträchtigung ihrer Privatautonomie dar, die ihre allgemeine Handlungsfreiheit berührt. Mit einer umfassenden Einschränkung ihrer personalen Entfaltung im vorgenannten Sinne ist die Sperrung hingegen nicht verbunden, ein Anspruch auf Nutzung bestimmter Kommunikationsmittel für den Kontakt zu Dritten oder für das Äußern von Meinungen besteht nicht. Unabhängig davon würde es auch an den weiteren Voraussetzungen für die Zubilligung einer Geldentschädigung, dass es sich um eine schwerwiegende Persönlichkeitsrechtsverletzung handelt und die Beeinträchtigung nicht in anderer Weise befriedigend aufgefangen werden kann, fehlen.“

Betrag: – **Haftung: –**
immVorb: – **MdE: –**

OLG München 8.12.2020 – 8 U 5493/19 Pre = GRUR-RS 2020, 34322

7135

Persönlichkeitsrechtsverletzung, vermeintliche … Der Kläger sah sich in seinem Persönlichkeitsrecht verletzt, weil sein von Facebook als Hassrede eingestufter Post gelöscht und ihm vom Betreiber des sozialen Netzwerks zudem das Nutzerkonto wegen seiner „Hassreden" für 30 Tage in einen „Read-only-Modus" versetzt worden war, so dass er während dieser Zeit sein Konto nicht weiter nutzen konnte.

Mann. Die Parteien streiten ua um die Zulässigkeit der Löschung eines Beitrags und der Sperrung des Kontos des Kl. sowie immateriellen Schadenersatz im Zusammenhang mit einem Beitrag des Kl. bei Facebook. Das LG wies die Klage ab und begründete dies damit, dass die bloße Löschung eines Beitrags durch einen Betreiber eines sozialen Netzwerks oder die Sperrung des Nutzerkontos keinen Schaden iSd DS-GVO darstellen und somit auch kein Anspruch auf Schmerzensgeld gemäß Art. 82 Abs. 1 DS-GVO besteht. Allerdings sah das LG in dem Post des Klägers keine Hassrede und somit auch dessen Löschung als rechtswidrig an.

Betrag: – **Haftung: –**
immVorb: – **MdE: –**

LG Frankfurt a. M. 3.9.2020 – 2-03 O 48/19 = GRUR-RS 2020, 25111

7125

Persönlichkeitsrechtsverletzung, behauptete … Der Kläger sah sich in seinem Persönlichkeitsrecht verletzt, weil sein ausländerfeindlicher Post gelöscht und ihm vom Betreiber des sozialen Netzwerks zudem das Nutzerkonto wegen seiner „Hassreden" für 30 Tage in einen „Read-only-Modus" versetzt worden war, so dass er während dieser Zeit sein Konto nicht weiter nutzen konnte.

Mann. Kein Schmerzensgeldanspruch wegen berechtigter Löschung eines Posts aus sozialem Netzwerk: „Die Löschung von Posts ist grundsätzlich einer Verarbeitung von Daten im Sinne der DS-GVO; sie stellt jedoch für sich genommen noch keinen ersatzfähigen Schaden dar (Festhaltung Senat NJW-RR 2020, 426)." Darüber hinaus führte das OLG aus: „Die behauptete Hemmung in der Persönlichkeitsentfaltung durch die dreißigtägige Sperrung hat allenfalls Bagatellcharakter, was die Zuerkennung eines immateriellen Schadensersatzes nicht rechtfertigt." [Anmerkung: vgl. dazu auch OLG Dresden → Nr. 7123, → Nr. 7129 und → Nr. 6454; OLG München → Nr. 7124; OLG Bamberg → Nr. 7127 und Frankfurt a.M. → Nr. 7130].

Betrag: – **Haftung: –**
immVorb: – **MdE: –**

OLG Dresden 20.8.2020 – 4 U 784/20 = GRUR-RS 2020, 22896

7187

Persönlichkeitsrechtsverletzung, behauptete … Der Kläger sah sich in seinem Persönlichkeitsrecht verletzt, weil sein ausländerfeindlicher Post gelöscht und ihm vom Betreiber der Social-Media-Plattform bzw. dem sozialen Netzwerk zudem sein Nutzerkonto / Nutzerprofil wegen seiner „Hassreden" gesperrt worden war.

Mann. Kein Anspruch auf Schmerzensgeld, wenn Facebook das Nutzerkonto wegen ausländerfeindlicher Äu0erungen bzw. Posts (»Was suchen diese Leute hier in unserem Rechtsstaat … kein Respekt … keine Achtung unserer Gesetze … keine Achtung gegenüber Frauen … DIE WERDEN SICH HIER NIE INTEGRIEREN UND WERDEN AUF EWIG DEM STEUERZAHLER AUF DER TASCHE LIEGEN … DIESE GOLDSTÜCKE KÖNNEN NUR EINES … MORDEN … KLAUEN … RANDALIEREN … UND GANZ WICHTIG … NIE ARBEITEN«) sperrt. Zum Schmerzensgeldanspruch führte das OLG aus, dieser bestehe „unter keinem denkbaren rechtlichen Gesichtspunkt", zumal „die zeitweiligen Sperrungen des Profils der Klagepartei … nicht mit einer umfassenden Einschränkung ihrer personalen Entfaltung im vorgenannten Sinne verbunden" waren. [vgl. dazu im Handbuch → Rn. 247 mit weiteren Ausführungen].

Betrag: – **Haftung: –**
immVorb: – **MdE: –**

OLG Nürnberg 4.8.2020 – 3 U 3641/19 = GRUR-RS 2020, 23456

7137

Persönlichkeitsrechtsverletzung, vermeintliche … Der Kläger sah sich in seinem Persönlichkeitsrecht verletzt, weil sein von Facebook als Hassrede eingestufter Post gelöscht und ihm vom Betreiber des sozialen Netzwerks zudem das Nutzerkonto wegen seiner „Hassreden" für 30 Tage in einen „Read-only-Modus" versetzt worden war, so dass er während dieser Zeit sein Konto nicht weiter nutzen konnte.

Mann. Kein Schmerzensgeldanspruch gemäß Art. 82 Abs. 1 DS-GVO, wenn ein Post bzw. Beitrag eines Nutzers zu Unrecht gelöscht und sein Facebook-Konto für einige Zeit gesperrt, steht dem Nutzer in der Regel weder eine Geldentschädigung noch ein Schadensersatzanspruch nach der Lizenzanalogie zu.

Betrag: – **Haftung: –**
immVorb: – **MdE: –**

LG Mannheim 13.5.2020 – 14 O 32/19 = GRUR-RS 2020, 10334

7126

Persönlichkeitsrechtsverletzung, behauptete … Der Kläger sah sich in seinem Persönlichkeitsrecht verletzt, weil sein ausländerfeindlicher Post gelöscht und ihm vom Betreiber der Social-Media-Plattform bzw. dem sozialen Netzwerk zudem sein Nutzerkonto / Nutzerprofil wegen seiner „Hassreden" gesperrt worden war.

Mann. Kein Schmerzensgeldanspruch für die Löschung eines Facebook-Eintrags: Im vorliegenden Fall hat die Bekl. durch die vorübergehende – teilweise (auf 30 Tage) – Sperrung seines Nutzerkontos nicht in das allgemeine Persönlichkeitsrecht des Kl. eingegriffen. Ein Anspruch auf Ersatz immateriellen Schadens nach Art. 82 Abs. 1 DS-GVO scheidet bereits deshalb aus, da die Verarbeitung der Daten des Kl. durch die Bekl. (= Facebook) nicht gegen die DS-GVO verstieß, denn sie beruhte auf der vorab erteilten Zustimmung zu den Nutzungsbedingungen der Bekl. (Art. 6 Abs. 1 lit. a DS-GVO). Diese Zustimmung gilt auch für die Sperrung des Nutzerkontos des Kl., zumal, wie oben ausgeführt, von deren Rechtmäßigkeit auszugehen ist, und umfasst auch den Zeitraum der Sperrung. „Die Voraussetzungen eines Anspruchs auf Geldentschädigung wegen Verletzung des allgemeinen Persönlichkeitsrechts (Art. 2 Abs. 1, 1 Abs. 1 GG) lägen auch dann nicht vor, wenn die zeitweilige Sperre rechtswidrig gewesen wäre", so das OLG. [Anmerkung: vgl. dazu auch OLG Dresden → Nr. 7123, → Nr. 7125, → Nr. 7129 und →

Nr. 6454; OLG Bamberg → Nr. 7127 und Frankfurt a.M. → Nr. 7130].

Betrag: – **Haftung: –**
immVorb: – **MdE: –**

OLG München 18.2.2020 – 18 U 3465/19 = GRUR-RS 2020, 9355

7127

Persönlichkeitsrechtsverletzung, behauptete ... Der Kläger sah sich in seinem Persönlichkeitsrecht verletzt, weil sein ausländerfeindlicher Post gelöscht und ihm vom Betreiber der Social-Media-Plattform bzw. dem sozialen Netzwerk zudem sein Nutzerkonto / Nutzerprofil wegen seiner „Hassreden" gesperrt worden war.

Mann. Kein Schmerzensgeldanspruch bei zulässiger Profilsperrung wegen Hassreden auf Internetplattform: Ein Anspruch wegen einer potentiellen Verletzung des allgemeinen Persönlichkeitsrechts ist nicht gegeben, so das OLG. Der aus Art. 1, 2 Abs. 1 GG hergeleitete Anspruch auf eine immaterielle Geldentschädigung liegt nicht bei jeder Verletzung des allgemeinen Persönlichkeitsrechts, schon gar nicht bei jeder Vertragsverletzung, vor. Er setzt vielmehr einen schwerwiegenden Eingriff in das allgemeine Persönlichkeitsrecht voraus, dessen Beeinträchtigung nicht in anderer Weise befriedigend aufgefangen werden kann. Dabei hängt die Entscheidung, ob eine hinreichend schwerwiegende Verletzung des Persönlichkeitsrechts vorliegt, vor allem von der Bedeutung und Tragweite des Eingriffs, ferner auch von Anlass und Beweggrund des Handelnden sowie von dem Grad seines Verschuldens ab (OLG Dresden 11.6.2019 – 4 U 760/19, ZD 2019, 567 (568)). Die Löschung des Hass-Kommentars (er postete ua „Kommentar "Täglich Mord, Vergewaltigung und Totschlag von Merkills Fachkräften") des Klägers sowie die zeitweise Sperrung von Nutzungsmöglichkeiten auf der Internetplattform der Beklagten stellen qualitativ keinen schwerwiegenden Eingriff dar. Die mit dem zeitweiligen Ausschluss von der aktiven Nutzung einhergehenden Beschränkungen berühren das Persönlichkeitsrecht allenfalls in der Ausprägung der Sozialsphäre. Da die Sperrung nicht öffentlich mitgeteilt wird und zudem nicht von einer staatlichen Stelle, sondern lediglich von einem Rechtssubjekt des Privatrechts ausgesprochen wurde, ist ernsthaft auch keine Prangerwirkung zu befürchten, so das OLG; das Urteil wurde vom BGH (BGH BeckRS 2020, 38475) bestätigt. [Anmerkung: vgl. dazu auch OLG Dresden → Nr. 7123, → Nr. 7125, → Nr. 7129 und → Nr. 6454; OLG München → Nr. 7124 und Frankfurt a.M. → Nr. 7130].

Betrag: – **Haftung: –**
immVorb: – **MdE: –**

OLG Bamberg 6.2.2020 – 8 U 246/19 = GRUR-RS 2020, 38642

7129

Persönlichkeitsrechtsverletzung, behauptete ... Der Kläger sah sich in seinem Persönlichkeitsrecht verletzt, weil sein rechtsradikaler Post gelöscht und ihm vom Betreiber des sozialen Netzwerks zudem das Nutzerkonto wegen seiner „Hassreden" für 30 Tage in einen „Read-only-Modus" versetzt worden war, so dass er während dieser Zeit sein Konto nicht weiter nutzen konnte.

Mann. Kein Schmerzensgeldanspruch wegen berechtigter Löschung eines Beitrags aus sozialem Netzwerk. Die Löschung von Posts ist grundsätzlich eine Verarbeitung von Daten im Sinne der Datenschutzgrundverordnung; sie stellt jedoch für sich genommen noch keinen ersatzfähigen Schaden dar. [Anmerkung: vgl. dazu auch OLG Dresden → Nr. 7123, → Nr. 7125 und → Nr. 6454; OLG München → Nr. 7124; OLG Bamberg → Nr. 7127 und Frankfurt a.M. → Nr. 7130].

Betrag: – **Haftung: –**
immVorb: – **MdE: –**

OLG Dresden 11.12.2019 – 4 U 1680/19 = BeckRS 2019, 36042

7138

Persönlichkeitsrechtsverletzung, behauptete ... Der Kläger sah sich in seinem Persönlichkeitsrecht verletzt, weil sein ausländerfeindlicher Post gelöscht und ihm vom Betreiber der Social-Media-Plattform bzw. dem sozialen Netzwerk zudem sein Nutzerkonto / Nutzerprofil wegen seiner „Hassreden" gesperrt worden war.

Mann. Kein Schmerzensgeldanspruch bei zulässiger Profilsperrung wegen Hassreden auf Internetplattform: Ein Anspruch wegen einer potentiellen Verletzung des allgemeinen Persönlichkeitsrechts ist nicht gegeben. Der Betreiber einer Internetplattform nach dessen Nutzungsbedingungen Hassrede-Beiträge untersagt sind, ist – so das LG – berechtigt, die Äußerung „Täglich Mord, Vergewaltigung und Totschlag von Merkills Fachkräften ..." zu löschen. [Anmerkung: vgl. dazu OLG Bamberg → Nr. 7127 und BGH BeckRS 2020, 38475].

Betrag: – **Haftung: –**
immVorb: – **MdE: –**

LG Coburg 31.7.2019 – 24 O 422/18 = GRUR-RS 2019, 52320

6454

Persönlichkeitsrechtsverletzung, vermeintliche (hier: Löschung eines auf einem sozialen Netzwerk veröffentlichten rassistischen Beitrags und die aus diesem Grunde erfolgte Sperrung des Nutzerkontos durch Versetzung in den „read-only Modus").

Mann. Kein Schmerzensgeldanspruch gemäß Art. 82 Abs. 1 DS-GVO: „Die Löschung eines auf einem sozialen Netzwerk veröffentlichten Beitrags und die Sperrung des Nutzerkontos stellt grundsätzlich weder eine vorsätzliche sittenwidrige Schädigung des Nutzers noch eine schwerwiegende Verletzung seines allgemeinen Persönlichkeitsrechts dar, die eine Geldentschädigung rechtfertigen könnte". Der Kläger hatte unter dem Titel „Nüscht wie Neger" und mit dem Kommentar „Das waren noch Zeiten, als das nunmehr zentral gesteuerte deutsche Staatsfernsehen noch neutral berichtete ...„ einen Artikel veröffentlicht, in dem von ihm mehrfach das Wort „Neger" verwendet wurde. Das OLG führte zur Forderung von Schmerzensgeld aus: "Zwar gehört die Kommerzialisierung von Nutzerdaten zum Geschäftsmodell der Beklagten; die Sperrung des klägerischen Accounts befördert jedoch diese Kommerzialisierung nicht, sondern behindert sie vielmehr, weil der Kläger in dieser Zeit keine Daten „produziert", die die Beklagte verwerten könnte. Gegen eine Ausdehnung des immateriellen Schadensersatzes auf Bagatellschäden spricht auch das erhebliche Missbrauchsrisiko, das mit der Schaffung eines auf Rechtsfolgenseite nahezu voraussetzungslosen Schmerzensgeldanspruchs gerade im Bereich des Datenschutzrechts einherginge. Angesichts dessen sowie der damit einhergehenden vollständigen Abkehr von der bisher geltenden Rechtslage wäre zu erwarten gewesen, dass eine solche Änderung im Verordnungstext oder in den Erwägungsgründen einen deutlichen Ausdruck gefunden hätte. Dies ist jedoch nicht der Fall". [Anmerkung: vgl. dazu auch OLG Dresden → Nr. 7123, → Nr. 7125 und → Nr. 7129; OLG München → Nr. 7124; OLG Bamberg → Nr. 7127, Frankfurt a.M. → Nr. 7130 sowie auch OLG Stuttgart → Nr. 7243].

Betrag: – **Haftung: –**
immVorb: – **MdE: –**

OLG Dresden 11.6.2019 – 4 U 760/19 = BeckRS 2019, 12941

7150

Persönlichkeitsrechtsverletzung, behauptete … Die Beklagte hatte den Account des Klägers wegen dessen ausländerfeindlicher Posts gesperrt [Stichwort: Hassrede].

Mann. Zur Zulässigkeit von Facebook-Sperren bei Hassrede: „Der Betreiber eines sozialen Netzwerks kann seine Verhaltensregeln grds. auch durch Entfernung eines rechtswidrigen Inhalts oder durch Sperrung eines Nutzer-Accounts durchsetzen". „Die Abwägung der Interessen der Betroffen führt, dass im Einzelfall auch Äußerungen gelöscht werden dürfen, die grds. durch die Meinungsfreiheit gem. Art. 5 Abs. 1 GG gedeckt sind. Das in den Bedingungen der Ag. niedergelegte Verbot von Hassrede und Gewaltaufrufen ist daher nicht von vornherein als unzulässig anzusehen. Bei der Abwägung hat die Kammer auch berücksichtigt, dass nach der Rechtsprechung des EGMR ein Verbot von Hassrede und Aufruf zur Gewalt zulässig sein kann". (1. und 3. amtl. Leitsatz).

Betrag: – **Haftung: –**
immVorb: – **MdE: –**

LG Frankfurt a. M. 10.9.2018 – 2-03 O 310/18 = BeckRS 2018, 21919

7920

Persönlichkeitsrechtsverletzung durch Verarbeitung personenbezogener Daten durch Drittanbieter-Tools / Business-Tools ohne ausreichende Zweckbindung und Einwilligung sowie den Verstoß gegen den Grundsatz der Datenminimierung.

Mann. Der Kläger ist seit dem 1.1.2018 Nutzer der Plattform, deren Betreiberin die Beklagte ist. Als Gegenleistung für die kostenfreie Nutzung des Netzwerks wird den Nutzern Werbung angezeigt, die auf den Interessen des jeweiligen Nutzers basiert. Hierfür nutzt und verarbeitet sie eine Vielzahl von personenbezogenen Daten mit Hilfe von sog. Business-Tools, die der Nutzer der Beklagten auf … zur Verfügung stellt (verpflichtend Benutzernamen, Email Adresse, Telefonnummer und Alter) aber auch weitere Daten, wie Onsite-Daten, die als Ergebnis der Aktivitäten des Nutzers gesammelt werden etc. Vorrangiger Zweck dieser Business-Tools ist es, Drittunternehmen bei der Integration von Produkten zu unterstützen und zu erreichen, dass diese die ihre Produkte oder Dienstleistungen nutzen oder an diesen interessiert sein könnten. Bei den Daten, die die Drittunternehmen vom Nutzer unbemerkt erheben und an die Beklagte übermitteln handelt es sich um „event data" (Daten zur Aktivität auf der Webseite oder der App des Drittunternehmens) sowie weitere Daten. Zur Begründung führte das OLG aus: „Der Senat folgt der Auffassung des Bundesgerichtshofes (NJW 2025, 298 Rn. 96), wonach „eine auf Art. 82 DS-GVO gestützte Entschädigung in Geld als ‚vollständig und wirksam' anzusehen [ist], wenn sie es ermöglicht, den aufgrund des Verstoßes gegen diese Verordnung konkret erlittenen Schaden in vollem Umfang auszugleichen; eine Abschreckungs- oder Straffunktion soll der Anspruch aus Art. 82 I DS-GVO dagegen nicht erfüllen (vgl. EuGH […]). Folglich darf weder die Schwere des Verstoßes gegen die Datenschutz-Grundverordnung, durch den der betreffende Schaden entstanden ist, berücksichtigt werden, noch der Umstand, ob ein Verantwortlicher mehrere Verstöße gegenüber derselben Person begangen (EuGH […]) und ob er vorsätzlich gehandelt hat […]." Der Senat schätzt, dass vorliegend ein Betrag von 250,- EUR erforderlich, aber auch ausreichend ist, um den eingetretenen Kontrollverlust auszugleichen, § 287 ZPO."

Betrag: 250 € **Haftung: 100 %**
immVorb: – **MdE: –**

OLG München 18.12.2025 – 14 U 881/25 e = GRUR-RS 2025, 36464

7921

Persönlichkeitsrechtsverletzung durch Verarbeitung personenbezogener Daten durch Drittanbieter-Tools / Business-Tools ohne ausreichende Zweckbindung und Einwilligung sowie den Verstoß gegen den Grundsatz der Datenminimierung.

Mann. Der Kläger ist seit dem 1.1.2018 Nutzer der Plattform, deren Betreiberin die Beklagte ist. Als Gegenleistung für die kostenfreie Nutzung des Netzwerks wird den Nutzern Werbung angezeigt, die auf den Interessen des jeweiligen Nutzers basiert. Hierfür nutzt und verarbeitet sie eine Vielzahl von personenbezogenen Daten mit Hilfe von sog. Business-Tools, die der Nutzer der Beklagten auf … zur Verfügung stellt (verpflichtend Benutzernamen, Email Adresse, Telefonnummer und Alter) aber auch weitere Daten, wie Onsite-Daten, die als Ergebnis der Aktivitäten des Nutzers gesammelt werden etc. Über ihre sog. Drittanbieter-Tools / Business-Tools leitet die Beklagte diese Daten an iher Partner weiter. Unter „Partnern" versteht die Beklagte „Personen, Unternehmen, Organisationen oder Einrichtungen, die unsere Produkte nutzen oder integrieren, um ihre Produkte und Dienstleistungen zu bewerben, zu vertreiben oder zu unterstützen" (Datenschutzrichtlinie, Anlage K 1, S. 10). Der Kläger hat ausweislich der „Nutzungsbedingungen für …-Tools„ insofern als Nutzer der Plattform die Wahl zwischen einer entgeltfreien Nutzung mit Werbung und Tracking oder aber einer entgeltlichen Weiternutzung, ohne dass seine Daten an Werbetreibende weitergegeben werden. Eine Kontrolle durch die Beklagte sehen die Nutzungsbedingungen nicht vor. Ausweislich der Datenschutzrichtlinie der Beklagten behält die Beklagte die Daten so lange, wie sie benötigt werden, um die Produkte der Beklagten bereitzustellen, rechtliche Verpflichtungen zu erfüllen oder bestimmte Interessen zu schützen. Dies wird am Beispiel einer Suche auf [einer Plattform] erläutert: Der Suchverlauf wird dabei gespeichert, bis der Nutzer ihn löscht, nur die Informationen zum verwendeten Gerät oder einem Standort werden nach sechs Monaten gelöscht. Das OLG München sah darin zutreffend einen "erheblichen Kontrollverlust„ – auch in zeitlicher Hinsicht. Zur Bemessung führte des OLG München aus: "Der Senat folgt der Auffassung des Bundesgerichtshofes (NJW 2025, 298 Rn. 96), wonach „eine auf Art. 82 DS-GVO gestützte Entschädigung in Geld als „vollständig und wirksam" anzusehen, wenn sie es ermöglicht, den aufgrund des Verstoßes gegen diese Verordnung konkret erlittenen Schaden in vollem Umfang auszugleichen; eine Abschreckungs- oder Straffunktion soll der Anspruch aus Art. 82 I DS-GVO dagegen nicht erfüllen (vgl. EuGH […]). Folglich darf weder die Schwere des Verstoßes gegen die Datenschutz-Grundverordnung, durch den der betreffende Schaden entstanden ist, berücksichtigt werden, noch der Umstand, ob ein Verantwortlicher mehrere Verstöße gegenüber derselben Person begangen (EuGH […]) und ob er vorsätzlich gehandelt hat […]." Der Senat schätzt, dass vorliegend ein Betrag von 500,- EUR erforderlich, aber auch ausreichend ist, um den eingetretenen Kontrollverlust auszugleichen, § 287 ZPO."

Betrag: 500 € **Haftung: 100 %**
immVorb: – **MdE: –**

OLG München 18.12.2025 – 14 U 1314/25 e = GRUR-RS 2025, 36455

7142

Persönlichkeitsrechtsverletzung (hier: „emotionales Ungemach" in „geringem Ausmaß" verursacht durch die Unsicherheit über die Verarbeitung seiner Daten seitens Facebook.

Mann. Schmerzensgeld bzw. immaterieller Schadensersatz gemäß Art. 82 Abs. 1 DS-GVO wegen Datenverarbeitung durch Facebook. „Art. 82 DS-GVO gewährt bei Verletzung der Auskunftspflicht einen Anspruch auf Ersatz immaterieller Schäden. Hierfür reicht aus, wenn die Unsicherheit des Betroffenen über die Verarbeitung seiner Daten ein emotionales Ungemach verursacht", so das OLG Wien. [Anmerkung: Lesenswert zum Hauptstreitpunkt in diesem Prozess, nämlich der datenschutzrechtlichen Rollenverteilung zwischen dem Kläger als Facebook-Nutzer und Facebook; vgl. dazu auch EuGH BeckRS 2018 zur Verantwortlichkeit von Facebook und des Betreibers einer Facebook-Fanpage für die Verarbeitung personenbezogener Daten].

Betrag: 500 € **Haftung: 100 %**
immVorb: – **MdE: –**

OLG Wien 7.12.2020 – 11 R 153/20f, 154/20b = BeckRS 2020, 49348

7940

Persönlichkeitsrechtsverletzung (hier: Kontrollverlust verbunden mit dem diffusen Gefühl des Datenverlusts und der Verunsicherung als Folge der Verarbeitung personenbezogener Daten über die Business Tools (Facebook und Instagram) des Meta-Konzerns.

Mann. Der Kläger forderte immateriellen Schadensersatz, da die Plattformbetreiberin (Meta) trotz fehlender Einwilligung mittels Business-Tools und Digital Fingerprinting ein rechtswidriges Profiling durchführte. Das OLG wertete dies als Verletzung der DSGVO, da die algorithmische Verknüpfung von Nutzerdaten ein umfassendes Persönlichkeitsprofil erstellte. [Vgl. zur Haftung des Meta-Konzerns für DS-GVO-Verletzungen durch Meta-Business-Tools auf Drittanbieter-Webseiten und rechtswidriger Off-Site-Datenverarbeitung auch die im Feb. 2026 ergangenen zwei Urteile des OLG Dresden BeckRS 2026, 1139 → Nr. 7876 und BeckRS 2026, 1138 → Nr. 7875 sowie umfassende Ausführungen im Handbuch unter → Rn. 247. Dort finden Sie sowohl Beispiele für klagabweisende Entscheidungen (ua LG Ellwangen GRUR-RS 2025, 37539 und GRUR-RS 2025, 34729; LG Hof GRUR-RS 2025, 25350; LG Bochum GRUR-RS 2024, 13734 sowie für Beispiele für klagstattgebende Entscheidungen (ua LG Leipzig GRUR-RS 2025, 15264 → Nr. 7724)].

Betrag: 1.500 € **Haftung: 100 %**
immVorb: – **MdE: –**

OLG Dresden 31.3.2026 – 4 U 834/25 = GRUR-RS 2026, 11016

7875

Persönlichkeitsrechtsverletzung, Verletzung des Rechts auf informationelle Selbstbestimmung, Datensicherheit und -Datenminimierung dadurch, dass die Beklagte mithilfe der … – Tracking-Tools oder „Business-Tools" eine potenziell unbegrenzte Menge an Daten der Klägerin verarbeitet hatte, indem sie die Aktivitäten der Klägerin auf Dritt-Webseiten und Dritt-Apps verfolgte und dadurch beim Kläger zum einen einen „Kontrollverlust" und zum anderen ein „allgemeines Unsicherheitsgefühl der kontinuierlichen Überwachung" verursacht.

Mann. Der Kläger, der nicht über die Einstellung „Informationen von Werbepartnern über deine Aktivitäten" zur Datenverarbeitung zur Bereitstellung personalisierter Werbung eingewilligt hatte, begehrt im Zusammenhang mit der Verwendung von sog. Business-Tools als Nutzer des Netzwerks „i" immateriellen Schadensersatz wegen rechtswidriger Verarbeitung seiner personenbezogenen Daten durch die Beklagte, die dieses und andere Netzwerke betreibt und zugleich Entwicklerin sog. „Meta Business Tools" ist bzw. Meta-Technologien und sogenannte „Digital Fingerprinting" einsetzt. „Durch die Bereitstellung sog. Business-Tools, mit deren Hilfe offsite-Daten an den Netzwerkbetreiber übermittelt werden, wird dieser neben dem Webseitenbetreiber Mitverantwortlicher. Dieser Verantwortlichkeit kann er sich nicht durch die vertragliche Ausgestaltung im Verhältnis zum Webseitenbetreiber entziehen." (Amtl. Leitsatz). Das OLG verwies auf die „mittlerweile gefestigte Rechtsprechung des Bundesgerichtshofes" (BGH 18.11.2024 – VI ZR 10/24, NJW 2025, 298) und des EuGH (4.9.2025 – C-655/23, GRUR-RS 2025, 22639) wonach ein Kontrollverlust über personenbezogene Daten als Schaden bereits dann angesehen werden, wenn die betroffene Person nachweist, dass sie tatsächlich einen solchen Schaden – so geringfügig er auch sein mag – erlitten hat, ohne dass dieser Begriff des „immateriellen Schadens" den Nachweis zusätzlicher spürbarer negativer Folgen erfordert. „Ist dieser Nachweis erbracht, steht der Kontrollverlust also fest, stellt dieser selbst den immateriellen Schaden dar und es bedarf keiner sich daraus entwickelnden besonderen Befürchtungen oder Ängste der betroffenen Person; diese wären lediglich geeignet, den eingetretenen immateriellen Schaden noch zu vertiefen oder zu vergrößern." so der BGH NJW 2025, 298. Zur Bemessung des immateriellen Schadens führte das OLG aus: „Bei dieser Bemessung geht der Senat davon aus, dass die Klagepartei einen einheitlichen Anspruch auf immateriellen Schadensersatz aus Art. 82 Ziff. 1 DS-GVO geltend macht, der sich auf eine Vielzahl einzelner, nicht konkretisierter Datenschutzverstöße der Beklagten stützt, aber in einem einheitlichen Geschehen (dem fortlaufenden Einsatz der Business-Tools) wurzelt. Auf den von der Beklagten erhobenen Verjährungseinwand kam es hierfür nicht an, weil sie eine Kenntnis der Klagepartei vor Klageerhebung weder behauptet noch unter Beweis gestellt hat. Eine höhere immaterielle Entschädigung hätte die auf den Einzelfall bezogene Darlegung der Klagepartei erfordert, infolge der streitgegenständlichen Datenverarbeitung eine psychische Beeinträchtigung erlitten zu haben." [Anmerkung: Vgl. dazu auch OLG Dresden → Nr. 7876 (1.500 EUR), OLG Frankfurt a.M. → Nr. 7777 und OLG München → Nr. 7778 und → Nr. 7779 sowie → Nr. 7780 und das Urteil des LG Lübeck → Nr. 7783, das insofern 5.000 EUR zuerkannte sowie die Urteile des LG Mainz → Nr. 7789 und LG Ellwangen → Nr. 7791, die jeweils 10.000 EUR zuerkannt hatten sowie im Handbuch unter → Rn. 245e und → Rn. 246].

Betrag: 1.500 € **Haftung: 100 %**
immVorb: – **MdE: –**

OLG Dresden 3.2.2026 – 4 U 292/25 = BeckRS 2026, 1138

7876

Persönlichkeitsrechtsverletzung, Verletzung des Rechts auf informationelle Selbstbestimmung, Datensicherheit und -Datenminimierung dadurch, dass die Beklagte mithilfe der … – Tracking-Tools oder „Business-Tools" eine potenziell unbegrenzte Menge an Daten der Klägerin verarbeitet hatte, indem sie die Aktivitäten der Klägerin auf Dritt-Webseiten und Dritt-Apps verfolgte und dadurch beim Kläger zum einen einen „Kontrollverlust" und zum anderen ein „Gefühl ständiger Überwachung" verursacht.

Mann. Der Kläger, der nicht über die Einstellung „Informationen von Werbepartnern über deine Aktivitäten" zur Datenverarbeitung zur Bereitstellung personalisierter Werbung eingewilligt hatte, begehrt im Zusammenhang mit der Verwendung von sog. Business-Tools als Nutzer des Netzwerks „i" immateriellen Schadensersatz wegen rechtswidriger Verarbeitung seiner personenbezogenen Daten durch die Beklagte, die dieses und andere Netzwerke betreibt und zugleich Entwicklerin sog. „Meta Business Tools" ist bzw. Meta-Technologien und sogenannte „Digital Fingerprinting" einsetzt. Dadurch, so das OLG zutreffend, habe die beklagte die Bildung individueller Nutzerprofile und damit zugleich ein Profiling der Nutzer im Sinne von Art. 4 Nr. 4 DSGVO geschaffen aus welchem sich ein „Gesamtbild der individuellen Persönlichkeit" abbilden lasse, „weil die mit der oa Verknüpfung verbundene Erstellung eines Profils einer Person durch Auswertung von Daten und Bewertungen aufgrund von Algorithmen zur Erstellung eines Persönlichkeits-, Verhaltens- oder Bewegungsprofils durch Sammlung von Daten, unter anderem durch (im Internet) hinterlassene (Cookies), getätigte und veröffentlichte Informationen z. B. zu sozialen Kontakten, politischer Einstellung, persönlichem Weltbild, persönlichen Vorlieben, finanziellen Verhältnissen, gesundheitlicher Situation und weiteren Angaben ein modellhaftes, auf Algorithmen beruhendes Gesamtbild der individuellen Persönlichkeit ergeben (vgl. auch insoweit Schaffland / Wiltfang EUV 2016/679 Art. 4 Rn. 125).", so das OLG. Indem die Beklagte Drittunternehmern ihre Business-Tools anbietet, mit deren Hilfe sie unstreitig möglichst viele Daten der Drittseitennutzer für ihre eigenen Zwecke erhalten möchte, wird sie auch für die Datenerhebung auf Drittseiten zur Mitverantwortlichen im Sinne des Art. 26 DS-GVO [Anmerkung: Das Urteil ist zudem lesenswert bzgl. der Löschung bzw. Löschpflicht nach Art. 17 DS-GVO, die das OLG auch dadurch umgesetzt sieht, dass die Daten anonymisiert werden. Zur Bemessung der Höhe des immateriellen Schadensersatzes vgl. auch OLG Dresden → Nr. 7875 (1.500 EUR), OLG Frankfurt a.M. → Nr. 7777 und OLG München → Nr. 7778 und → Nr. 7779 sowie → Nr. 7780 und das Urteil des LG Lübeck → Nr. 7783, das insofern 5.000 EUR zuerkannte sowie die Urteile des LG Mainz → Nr. 7789 und LG Ellwangen → Nr. 7791, die jeweils 10.000 EUR zuerkannt hatten sowie im Handbuch unter → Rn. 245e und → Rn. 246].

Betrag: 1.500 € **Haftung: 100 %**
immVorb: – **MdE: –**

OLG Dresden 3.2.2026 – 4 U 293/25 = BeckRS 2026, 1139

7938

Persönlichkeitsrechtsverletzung (hier: Kontrollverlust verbunden mit dem diffusen Gefühl des Datenverlusts und der Verunsicherung als Folge der Verarbeitung personenbezogener Daten über die Business Tools (Facebook und Instagram) des Meta-Konzerns.

Anspruch auf immateriellen Schadensersatz infolge rechtswidriger Off-Site-Datenverarbeitung durch Business-Tools. Der Anspruch auf immateriellen Schadensersatz nach Art. 82 Abs. 1 DSGVO setzt keinen Nachweis besonderer Folgeschäden voraus. Bereits der Verlust der Kontrolle über personenbezogene Daten, etwa durch eine rechtswidrige Speicherung und Individualisierung der mittels eines Business-Tools übermittelten personenbezogenen Daten durch den verantwortlichen Datenempfänger, stellt einen eigenständigen ersatzfähigen immateriellen Schaden dar. Bei der Bemessung ist § 287 ZPO heranzuziehen, wobei insbesondere die Sensibilität der konkret betroffenen personenbezogenen Daten, deren typischerweise zweckgemäße Verwendung, die Art und Dauer des Kontrollverlusts und die Möglichkeit der Wiedererlangung der Kontrolle in den Blick zu nehmen sind. [Vgl. zur Haftung des Meta-Konzerns für DS-GVO-Verletzungen durch Meta-Business-Tools auf Drittanbieter-Webseiten und rechtswidriger Off-Site-Datenverarbeitung die im Frühjahr 2026 ergangenen Entscheidungen des OLG Dresden GRUR-RS 2026, 11016 → Nr. 7940; BeckRS 2026, 1139 → Nr. 7876 und BeckRS 2026, 1138 → Nr. 7875 sowie umfassende Ausführungen im Handbuch unter → Rn. 247. Dort finden Sie sowohl Beispiele für klagabweisende Entscheidungen (ua LG Ellwangen GRUR-RS 2025, 37539 und GRUR-RS 2025, 34729; LG Hof GRUR-RS 2025, 25350; LG Bochum GRUR-RS 2024, 13734 sowie für Beispiele für klagstattgebende Entscheidungen (ua LG Leipzig GRUR-RS 2025, 15264 → Nr. 7724)].

Betrag: 2.000 € **Haftung: 100 %**
immVorb: – **MdE: –**

LG Berlin II 4.4.2025 – 39 O 56/24 = GRUR-RS 2025, 6401

7724

Persönlichkeitsrechtsverletzung (hier: Kontrollverlust verbunden mit dem diffusen Gefühl des Datenverlusts und der Verunsicherung als Folge der Verarbeitung personenbezogener Daten über die Business Tools (Facebook und Instagram) des Meta-Konzerns.

Mann. Der Kläger begehrte im Zusammenhang mit der Verwendung von sog. Business Tools ua immateriellen Schadensersatz aufgrund behaupteter rechtswidriger Verarbeitung personenbezogener Daten. Durch die damit einhergehende Verarbeitung seiner personenbezogenen Daten habe er einen Kontrollverlust in Bezug auf diese Daten erlitten. Er fühle sich unwohl, überwacht und eingeschränkt. Obwohl der BGH in seiner Leitentscheidung (BGH 18.11.2024 – VI ZR 10/24, GRUR-RS 2024, 31967) in derartigen Fällen als „notwendigen Ausgleich für den eingetretenen Kontrollverlust … eine(r) Größenordnung von 100 EUR" dargelegt und abschließend betont hatte, dass dann, wenn „der Betroffene psychische Beeinträchtigungen geltend, die über die mit dem eingetretenen Kontrollverlust für jedermann unmittelbar zusammenhängenden Unannehmlichkeiten hinausgehen, … das Tatgericht gegebenenfalls gehalten (ist), den Betroffenen anzuhören, um die notwendigen Feststellungen hierzu treffen zu können. Ausgehend davon wird es gegebenenfalls einen Betrag als Ausgleich festzusetzen haben, der über dem im Falle eines bloßen Kontrollverlustes zuzusprechenden Betrag liegt", setzte sich das LG Leipzig insofern in zweifacher Weise darüber hinweg und führte hierzu aus: „Obwohl der BGH in seiner Rspr. (BGH 18.11.2024 – VI ZR 10/24, GRUR-RS 2024, 31967 Rn. 31) ausführt, dass die entwickelten besonderen Befürchtungen und Ängste der betroffenen Person als Grundlage für das Gericht dienen, wie groß der eingetretene Schaden ist, bedurfte es im hiesigen Fall keiner Anhörung des Klägers, da sich der Kläger jedenfalls auf die sich aus der o.g. Reichweite des Schadens ergebende Mindestbeeinträchtigung für den Durchschnittsbetroffenen iSd DSGVO im konkreten Fall berufen kann. Mit dem EuGH (zuletzt EuGH NJW 2025, 207 Rn. 62) hat die potenziell unbegrenzte Datenverarbeitung der Beklagten zur Folge, dass bei den Betroffenen ein Gefühl der kontinuierlichen Überwachung des Privatlebens eintreten kann. Ausgehend von einem Durchschnittsbetroffenen iSd DSGVO, der sich den og Verletzungshandlungen ausgesetzt sieht, ist es dem Gericht möglich, den hieraus erwachsenden Grad der individuellen Betroffenheit zu schätzen" und bemaß den immateriellen Schadensersatz gemäß Art. 82 DS-GVO, auf

5.000 EUR. [Vgl. zur Haftung des Meta-Konzerns für DS-GVO-Verletzungen durch Meta-Business-Tools auf Drittanbieter-Webseiten und rechtswidriger Off-Site-Datenverarbeitung die im Frühjahr 2026 ergangenen Entscheidungen des OLG Dresden GRUR-RS 2026, 11016 →Nr. 7940; BeckRS 2026, 1139 →Nr. 7876 und BeckRS 2026, 1138 → Nr. 7875 sowie umfassende Ausführungen im Handbuch unter → Rn. 247. Dort finden Sie sowohl Beispiele für klagabweisende Entscheidungen (ua LG Ellwangen GRUR-RS 2025, 37539 und GRUR-RS 2025, 34729; LG Hof GRUR-RS 2025, 25350; LG Bochum GRUR-RS 2024, 13734 sowie für Beispiele für klagstattgebende Entscheidungen (ua LG Berlin II LG Berlin II GRUR-RS 2025, 6401 → Nr. 7938; LG Berlin II GRUR-RS GRUR-RS 2025, 6402 → Nr. 7939)].

Betrag: 5.000 € **Haftung: 100 %**
immVorb: – **MdE: –**

LG Leipzig 4.7.2025 – 05 O 2351/23 = GRUR-RS 2025, 15264

7790

Persönlichkeitsrechtsverletzung, schwerwiegende … /Verletzung seines Rechts auf informationelle Selbstbestimmung dadurch, dass die Beklagte mithilfe der … – Tracking-Tools oder „Business-Tools“ eine potenziell unbegrenzte Menge an Daten der Klägerin verarbeitet hatte, indem sie die Aktivitäten der Klägerin auf Dritt-Webseiten und Dritt-Apps verfolgte und dadurch beim Kläger zum einen einen „erheblichen Kontrollverlust“ und zum anderen ein „Gefühl einer kontinuierlichen Überwachung“ verursacht.

Mann. Der Kläger begehrt im Zusammenhang mit der Verwendung von sog. Business-Tools als Nutzer des Netzwerks „f“ immateriellen Schadensersatz wegen rechtswidriger Verarbeitung seiner personenbezogenen Daten durch die Beklagte, die dieses und andere Netzwerke betreibt und zugleich Entwicklerin sog. „Meta Business Tools“ ist bzw. Meta-Technologien und sogenannte „Digital Fingerprinting“ [Anmerkung des Autors: Als „Digitalen Fingerabdruck“ bezeichnet man eine Verknüpfung einer Menge an im Browser oder vom Nutzergerat abrufbaren Daten, die es ermöglichen, den jeweiligen Nutzer allein anhand dieser Datenmenge zu identifizieren] einsetzt. Zur Höhe des immateriellen Schadensersatzes führte das LG aus: „Die Kammer konnte daher ohne auf das jeweilige subjektive Empfinden des konkreten Klägers abstellen zu müssen, eine durchschnittliche, aufgeklärte und verständige betroffene Person zu Grunde legen, und deren Betroffenheit als Maßstab für einen Mindestschaden zu nehmen. Die Mindestbeeinträchtigung ist ohne das Hinzutreten weiterer Umstände bereits besonders schwerwiegend und hebt sich maßgeblich von den sog. Scraping-Fällen ab, in denen ein Mindestschaden iHv 100 EUR für den bloßen Kotrollverlust für angemessen erachtet wird (siehe nur OLG Dresden ZD 2025, 221 Rn. 20 mwN). Anders als in den Scraping-Fällen ist die Quantität und Qualität der streitgegenständlichen Daten um ein Vielfaches größer, sodass der Mindestschaden weitaus höher einzustufen ist. Die Datenverarbeitung durch die Beklagte stellt nach der Rspr. des EuGHs per se einen schweren Eingriff in die durch Art. 7 und 8 GrCh gewährleisteten Rechte auf Achtung des Privatlebens und den Schutz personenbezogener Daten dar (EuGH NJW 2025, 207 Rn. 63), der nicht gerechtfertigt ist. Die Verletzung dieser Grundrechte wird auch durch den Durchschnittsbetroffenen iSd DSGVO als erhebliche Beeinträchtigung im og Sinne wahrgenommen.“ [Anmerkung: Vgl. dazu auch OLG Frankfurt a.M. → Nr. 7777 und OLG München → Nr. 7778 und → Nr. 7779 sowie→ Nr. 7780 und das Urteil des LG Lübeck → Nr. 7783, das insofern 5.000 EUR zuerkannte sowie die Urteile des LG Mainz → Nr. 7789 und LG Ellwangen → Nr. 7791, die jeweils 10.000 EUR zuerkannt hatten sowie im Handbuch unter → Rn. 245e und → Rn. 246].

Betrag: 5.000 € **Haftung: 100 %**
immVorb: – **MdE: –**

LG Leipzig 4.7.2025 – 5 O 2351/23 = GRUR-RS 2025, 15264

ii) Datenschutzverstoß iVm SPAM-/ Werbemails und Cold Calls

7813

Persönlichkeitsrechtsverletzung, behauptete (hier: Zusendung von unerwünschter Werbung bzw. unverlangte Übersendung einer Werbe-E-Mail).

Mann. Kein immaterieller Schadensersatz für unverlangte Werbe-E-Mails. Der Kläger hatte vorgetragen, er sei bei ihm „durch Zusendungen der in Rede stehenden Art werde das ungute Gefühl erweckt [worden], dass personenbezogene Daten Unbefugten bekannt gemacht worden seien, eben weil die Daten unbefugt verwendet worden seien. Der Kl. habe sich mit der Abwehr der von ihm unerwünschten Werbung und der Herkunft der Daten auseinandersetzen müssen, was zu einem durchaus belastenden Eindruck des Kontrollverlusts geführt habe. Außerdem habe der Bekl. nach dem Verstoß zunächst einmal nicht reagiert; darin komme eine erneute Missachtung des Kl. zum Ausdruck.“ Der BGH bestätigte insofern das klagabweisende Urteil der Berufungsinstanz. Diese habe, so der BGH, einen Anspruch des Klägers zu Recht verneint, weil dieser einen immateriellen Schaden bereits nicht hinreichend dargelegt habe. "Die Ablehnung einer Erheblichkeitsschwelle durch den EuGH (EuGH 20.6.2024 – C-590/22) bedeutet nicht, dass eine Person, die von einem Verstoß gegen die DS-GVO betroffen ist, der für sie negative Folgen gehabt hat, vom Nachweis befreit wäre, dass diese Folgen einen immateriellen Schaden iSv Art. 82 DS-GVO darstellen. Der bloße Verstoß gegen die Bestimmungen der DS-GVO reicht nach der Rspr. des EuGH nicht aus, um einen Schadensersatzanspruch zu begründen, vielmehr ist darüber hinaus – iSe eigenständigen Anspruchsvoraussetzung – der Eintritt eines Schadens (durch diesen Verstoß) erforderlich. Das Berufungsgericht hat den Vortrag des Klägers … zu Recht als nicht hinreichend zur Darlegung eines immateriellen Schadens des Klägers angesehen, weshalb es auch keiner Entscheidung darüber bedurft hatte, ob überhaupt ein Verstoß gegen die DS-GVO vorlag, so der BGH. Der BGH wies allerdings darauf hin, dass die Rechtsansicht, wonach dem Kläger bereits deshalb kein Anspruch zugestanden habe, da eine Bagatellgrenze nicht überschritten sei, unzutreffend ist, da es eine solche in diesem Zusammenhang und mit Hinweis auf den Erwägungsgrund 146 S. 3 DS-GVO, nachdem der Begriff des Schadens weit auszulegen ist, nicht gibt. [Anmerkung: Vgl. dazu auch BGH, Urt. v. 18.11.2024 – VI ZR 10/24 ZD 2025, 162 → Nr. 7511 sowie das zur BGH-Rspr. im Widerspruch stehende Urteil des EuGH NJW 2025, 3137 und die Ausführungen hierzu im Handbuch unter → Rn. 244a]

Betrag: – **Haftung: –**
immVorb: – **MdE: –**

BGH 28.1.2025 – VI ZR 109/23 = NJW 2025, 1060

7678

Persönlichkeitsrechtsverletzung durch SPAM-Anrufe und SPAM-SMS nach einem Scraping-Vorfall bezüglich der personenbezogenen Daten des Klägers als Nutzer einer Online-Plattform.

Mann. Kein Schmerzensgeld bzw. immaterieller Schadensersatz infolge des Erhalts von Spam-Anrufen und Spam-SMS. Diese begründen keinen solchen Anspruch, zumal solche Anrufe / SMS im Internetzeitalter gewissermaßen zum allgemeinen Lebensrisiko zählen, stehe der ursächliche Zusammenhang zwischen dem Scraping-Vorfall und den Spam-Anrufen und -SMS nicht zur Überzeugung des Senats fest, so das OLG Oldenburg. „Da der Kläger bekundet hat, mit seiner Mobilfunknummer auch bei EE und FF registriert zu sein, sind für den Erhalt der Spam-Anrufe auch andere Ursachen als der Scraping-Vorfall bei DD denkbar."

Betrag: – **Haftung: –**
immVorb: – **MdE: –**

OLG Oldenburg 21.5.2024 – 13 U 100/23 = BeckRS 2024, 12013

7238

Persönlichkeitsrechtsverletzung, behauptete (hier: Erhalt von insgesamt 13 E-Mails nach vorheriger, jedoch bereits sieben Jahre zurückliegender Registrierung seitens des Klägers auf dem Online-Portal der Beklagten).

Mann. Kein Schmerzensgeldanspruch gemäß Art. 82 Abs. 1 DS-GVO. Der Kl. erhob einen Unterlassungs- und einen Schmerzensgeldanspruch wegen Zusendung von E-Mails seitens der Beklagten, die ein kostenfrei nutzbares Online-Portal für Reitsport-Informationen (= Reitsport-Plattform) betrieb, in welchem sich der Kläger sieben Jahre vor Erhalt der Mails mit seinen personenbezogenen Daten angemeldet hatte. Das LG hatte die Klage abgewiesen. Das OLG bestätigte diese Entscheidung. Die bereits sieben Jahre zurückliegende Registrierung eines Nutzers auf einer unentgeltlich nutzbaren Online-Plattform, die ihren Kunden Informationen über die Meldung von Teilnehmern und Ergebnissen an Reitsportveranstaltungen bietet, kann die Übersendung einer E-Mail rechtfertigen, in der die Nutzer über den kürzlichen Ausbruch einer Viruserkrankung bei Pferden und deren regulatorische Auswirkungen auf den Reitsportbetrieb benachrichtigt werden. Der Umstand, dass sich die Betreiberin mit ihren Benachrichtigungen bei den Nutzern wieder „in Erinnerung" gebracht hat, kann nicht dazu führen, die E-Mail als Werbung im Sinne von § 7 II Nr. 3 UWG zu qualifizieren. (Leitsätze der Redaktion der GRUR). [Anmerkung: Sehr lesenswerte Entscheidung zum Thema des erlaubten (SPAM) und unerlaubten E-Mailversands].

Betrag: – **Haftung: –**
immVorb: – **MdE: –**

OLG Hamm 19.5.2022 – 6 U 137/21 = GRUR-RS 2022, 42401

7147

Persönlichkeitsrechtsverletzung durch Verarbeitung der Email-Adresse des Klägers und Übersendung einer Werbe-Mail [sogenannte SPAM-Mail] an diesen.

Mann (Rechtsanwalt). Kein Schmerzensgeldanspruch nach Art. 82 DS-GVO für bloße Belästigung durch eine einmalige SPAM-Mail. [vgl. auch AG Pfaffenhofen → Nr. 6817].

Betrag: – **Haftung: –**
immVorb: – **MdE: –**

AG Hamburg-Bergedorf 7.12.2020 – 410 d C 197/20 = GRUR-RS 2020, 46246

7911

Persönlichkeitsrechtsverletzung durch Erhalt unerwünschter Werbemails (SPAM-Mails) an die berufliche E-Mailadresse trotz explizitem Widerspruch durch den Kläger gegenüber der Beklagten, die ihm dennoch weiterhin SPAM-Mails zugesandt hatte.

Mann (Rechtsanwalt). Das AG wies die Klage hinsichtlich der auf immateriellen Schadensersatz iHv. 500 EUR gerichteten Klage ab, da für eine „bloße Belästigung" durch eine SPAM-Mail kein Anspruch aus Art. 82 DS-GVO begründet werden könne. [Wichtige Anmerkung: Diese Entscheidung erging vor dem Urteil des BGH NJW 2025, 1060 und entsprach bereits damals im Kern dieser BGH-Entscheidung, in welcher der BGH ausgeführt hatte, dass bei unautorisierter Übersendung einer Werbe-E-Mail es nicht genüge, dass der Kläger sich „mit der Abwehr der von ihm unerwünschten Werbung und der Herkunft der Daten" habe auseinandersetzen müssen und dass dies zu einem durchaus „belastenden Eindruck des Kontrollverlusts" geführt habe. Die Übersendung einer Werbe-E-Mail begründe allenfalls den gerügten Verstoß gegen die DS-GVO. Der Verstoß reicht jedoch, so der BGH – „allein nicht aus, um zugleich einen immateriellen Schaden iSd Art. 82 I DS-GVO zu begründen", so der BGH. Vgl. dazu im Handbuchteil → Rn. 247a].

Betrag: – **Haftung: –**
immVorb: – **MdE: –**

AG Hamburg-Bergedorf 7.12.2020 – 410d C 197/20 = GRUR-RS 2020, 46246

7149

Persönlichkeitsrechtsverletzung durch Verarbeitung der Email-Adresse des Klägers und Übersendung von Werbe-Mails [sogenannte SPAM-Mails] an diesen.

Mann (Rechtsanwalt). Kein Schmerzensgeld bzw. immaterieller Schadensersatz gemäß Art. 82 Abs. 1 DS-GVO wegen unzulässiger E-Mail-Werbung bzw. SPAM-Mails, die der Kläger von dem Beklagten erhalten hatte, ohne dass dieser die hierfür gem. Art. 16 Abs. 1 ePrivacy-VO-E erforderliche wettbewerbsrechtliche Einwilligung des Empfänger bzw. Klägers erhalten hatte. Das AG wies die Klage auf Schmerzensgeld ab, und reflektierte zunächst die von der DS-GVO losgelöste Ansicht, wonach die rechtswidrige und schuldhafte Verletzung des allgemeinen Persönlichkeitsrechts nicht ausnahmslos die Zubilligung einer Geldentschädigung nach sich zieht, sondern nach der ständigen Rechtsprechung des BGH nur dann zu einem Anspruch auf Geldentschädigung, wenn es sich um einen schwerwiegenden Eingriff handelt und die Beeinträchtigung nicht in anderer Weise befriedigend ausgeglichen werden kann. Sodann ging das AG auf die besondere Rechtslage der DS-GVO ein und beurteilte es als „fraglich", dass diese Einschränkung des Anspruchs auf Geldentschädigung auch für Art. 82 DS-GVO gelte zumal „der Hinweis in Erwägungsgrund 146 S. 3, nach dem der Begriff des Schadens im Lichte der Rechtsprechung des EuGH weit und auf eine Art und Weise ausgelegt werden soll … eine abschreckende Sanktion verlangt". Allerdings müsse, so das AG, auch ein Schaden eingetreten sein, was vorliegend bei einer einzigen Werbe-E-Mail nicht der Fall sei. Gegen diese Entscheidung legte der Kläger Verfassungsbeschwerde beim BVerfG ein. Das BVerfG (B. v. 14.1.2021 – 1 BvR 2853/19 gab der Verfassungsbeschwerde des Beschwerdeführers statt, da die Frage, ob ein Bagatellverstoß zu einem Schadensersatzanspruch nach Art. 82 Abs. 1 DS-GVO führen könne, vorliegend noch nicht geklärt sei und das AG deshalb die Sache im Wege des Vorabentscheidungsersuchens nach Art. 267 Abs. 3 AEUV hätte vorlegen müssen [Anmerkung: vgl. dazu Toussaint FD-ZVR 2021, 437282]. Das Urteil wurde aus diesem Grunde aufgehoben und die Sache zur erneuten Verhandlung und Entscheidung an das AG Goslar zurückverwiesen. [Anmerkung: Diese Entscheidung erging vor dem Urteil des

BGH NJW 2025, 1060 und entsprach bereits damals im Kern dieser BGH-Entscheidung, in welcher der BGH ausgeführt hatte, dass bei unautorisierter Übersendung einer Werbe-E-Mail es nicht genüge, dass der Kläger sich „mit der Abwehr der von ihm unerwünschten Werbung und der Herkunft der Daten" habe auseinandersetzen müssen und dass dies zu einem durchaus „belastenden Eindruck des Kontrollverlusts" geführt habe. Die Übersendung einer Werbe-E-Mail begründe allenfalls den gerügten Verstoß gegen die DS-GVO. Der Verstoß reicht jedoch, so der BGH – „allein nicht aus, um zugleich einen immateriellen Schaden iSd Art. 82 I DS-GVO zu begründen", so der BGH. Vgl. dazu im Handbuchteil → Rn. 247a].

Betrag: – **Haftung: –**
immVorb: – **MdE: –**

AG Goslar 27.9.2019 – 28 C 7/19 = GRUR-RS 2019, 53276

7017

Persönlichkeitsrechtsverletzung durch Erhalt unerwünschter Werbemails (SPAM-Mails) an die berufliche E-Mailadresse trotz explizitem Widerspruch durch den Kläger gegenüber der Beklagten, die ihm dennoch weiterhin SPAM-Mails zugesandt hatte.

Mann. Zur Bemessung der Entschädigung gemäß Art. 82 Abs. 1 DS-GVO führt das LG aus: „Dem Kläger ist dadurch ein Schaden entstanden, dass er sich mit den unerwünschten Werbemails der Beklagten auseinandersetzen, deren Herkunft ermitteln, sich um eine Auskunft von der Beklagten mittels eines Schreibens bemühen und die unerwünschten E-Mails löschen musste. Eine den Kläger beeinträchtigende Außenwirkung des Verstoßes im Sinne einer Gefahr einer Schädigung des Ansehens oder Berufs oder einer diskriminierenden Wirkung gegenüber Dritten ist nicht ersichtlich. Zur Entschädigung der erlittenen Beeinträchtigungen erachtet die Kammer die Zahlung von 25 EUR, ähnlich der in Verkehrsunfällen für die Umstände und Aufwendungen im Zusammenhang mit der Schadensabwicklung üblichen Auslagenpauschale, für angemessen". [Wichtige Anmerkung: Diese Entscheidung erging vor dem Urteil des BGH NJW 2025, 1060 und wäre heute so nicht mehr möglich, da der BGH in dieser Entscheidung klar ausgeführt hat, dass bei unautorisierter Übersendung einer Werbe-E-Mail es nicht genüge, dass der Kläger sich „mit der Abwehr der von ihm unerwünschten Werbung und der Herkunft der Daten" habe auseinandersetzen müssen und dass dies zu einem durchaus „belastenden Eindruck des Kontrollverlusts" geführt habe. Die Übersendung einer Werbe-E-Mail begründe allenfalls den gerügten Verstoß gegen die DS-GVO. Der Verstoß reicht jedoch, so der BGH – „allein nicht aus, um zugleich einen immateriellen Schaden iSd Art. 82 I DS-GVO zu begründen", so der BGH. Vgl. dazu im Handbuchteil → Rn. 247a].

Betrag: 25 € **Haftung: 100 %**
immVorb: – **MdE: –**

LG Heidelberg 16.3.2022 – 4 S 1/21 = BeckRS 2022, 5913

7777

Persönlichkeitsrechtsverletzung durch illegale Cookie-Setzungen bzw. Cookie-Setzungen ohne eine entsprechende Einwilligungs-Abfrage. Auch wenn im vorliegenden Fall nicht von einem „Gefühl des Kontrollverlusts" – wie vom BGH für den immateriellen Schadensersatz bei Datenschutzverstößen vorausgesetzt – ausgegangen werden konnte, sei – so das OLG – gehe gerade auch mit der Gefahr weiterer, bisher unbekannter Cookie-Setzungen ein gewisses „Gefühl des Überwachtwerdens" einher.

Mann. Wer Cookies auf einer Website platziert, wird rechtlich als Anbieter eingestuft und haftet für fehlende Einwilligungs-Abfragen; dies gilt auch für Drittunternehmen als „Cookie-Setzer im Hintergrund", die Cookies integriert haben und selbst für den Fall – wie hier – wenn der Nutzer bewusst illegale Cookie-Setzungen dadurch quasi provoziert hatte, indem er – ähnlich wie bei einem Testkauf – gezielt mehrere Websites in dem Verdacht besucht hatte, dass dabei ein bestimmtes Technologie- und Analyseunternehmen ohne seine Einwilligung Cookies auf seinem Gerät speichern würde, was dann tatsächlich auch der Fall war. Dies stellt einen Verstoß gegen § 25 I TDDDG dar, wonach das Setzen von Cookies ohne Einwilligung der Endnutzer grundsätzlich nicht zulässig ist. Neben der Unterlassung aus §§ 1004, 823 Abs. 2 BGB iVm § 25 I TDDDG sprach das OLG dem Kläger auch einen Anspruch auf immateriellen Schadensersatz gemäß Art. 82 DS-GVO zu. Bei der Bemessung des immateriellen Schadensersatzes reduzierte das OLG den zuvor vom LG Frankfurt a.M. zuerkannten Anspruch in Höhe von 1.500 EUR auf lediglich 100 EUR, da wegen der „Testkaufsituation" nur eine „sehr geringe" Beeinträchtigung des Kläger vorgelegen habe. [Anmerkung: Vgl. hierzu auch im Handbuch unter → Rn. 247a sowie den Praxishinweis dort unter → Rn. 246b. Wichtig ist in diesem Zusammenhang noch zu erwähnen, dass das OLG betont hatte, dass den Cookie-Setzer und auch den „Cookie-Setzer im Hintergrund" jeweils die Beweislast für die Einwilligung treffe. IT-technisch lassen sich derartige Verstöße dadurch beweissicher dokumentieren, indem man als Nutzer sog. HAR-Datei anfertigen lässt; mit deren Hilfe kann sodann der Netzwerkverkehr des eigenen Computers – mitsamt der gesetzten Cookies – dokumentiert und die Cookies schließlich mit dem jeweiligen Cookie-Setzer-Unternehmen in Verbindung gebracht werden. [Vgl. dazu auch OLG München → Nr. 7778 sowie Alacayir GRUR-Prax 2026, 98 und im Handbuchteil den Praxishinweis zu → Rn. 247a.]

Betrag: 100 € **Haftung: 100 %**
immVorb: – **MdE: –**

OLG Frankfurt a. M. 11.12.2025 – 6 U 81/23 = GRUR-RS 2025, 36049

7920

Persönlichkeitsrechtsverletzung durch Verarbeitung personenbezogener Daten durch Drittanbieter-Tools / Business-Tools ohne ausreichende Zweckbindung und Einwilligung sowie den Verstoß gegen den Grundsatz der Datenminimierung.

Mann. Der Kläger ist seit dem 1.1.2018 Nutzer der Plattform, deren Betreiberin die Beklagte ist. Als Gegenleistung für die kostenfreie Nutzung des Netzwerks wird den Nutzern Werbung angezeigt, die auf den Interessen des jeweiligen Nutzers basiert. Hierfür nutzt und verarbeitet sie eine Vielzahl von personenbezogenen Daten mit Hilfe von sog. Business-Tools, die der Nutzer der Beklagten auf ... zur Verfügung stellt (verpflichtend Benutzernamen, Email Adresse, Telefonnummer und Alter) aber auch weitere Daten, wie Onsite-Daten, die als Ergebnis der Aktivitäten des Nutzers gesammelt werden etc. Vorrangiger Zweck dieser Business-Tools ist es, Drittunternehmen bei der Integration von Produkten zu unterstützen und zu erreichen, dass diese die ihre Produkte oder Dienstleistungen nutzen oder an diesen interessiert sein könnten. Bei den Daten, die die Drittunternehmen vom Nutzer unbemerkt erheben und an die Beklagte übermitteln handelt es sich um „event data" (Daten zur Aktivität auf der Webseite oder der App des Drittunternehmens) sowie weitere Daten. Zur Begründung führte das OLG aus: „Der Senat folgt der Auffassung des Bundesgerichtshofes (NJW 2025, 298 Rn. 96), wonach „eine auf Art. 82 DS-GVO gestützte Entschädigung in Geld als ‚vollständig und wirksam' anzusehen [ist], wenn sie es ermöglicht, den aufgrund des Verstoßes gegen diese Verordnung konkret erlittenen Schaden in vollem Umfang auszugleichen; eine Abschreckungs- oder Straffunktion soll der Anspruch aus Art. 82 I DS-GVO dagegen nicht erfüllen (vgl. EuGH […]). Folglich darf weder die Schwere des Verstoßes gegen die Datenschutz-Grundverordnung, durch den der betreffende Schaden entstanden ist, berücksichtigt werden, noch der Umstand, ob ein Verantwortlicher mehrere Verstöße gegenüber derselben Person begangen (EuGH […]) und ob er vorsätzlich gehandelt hat […]." Der Senat schätzt, dass vorliegend ein Betrag von 250,- EUR erforderlich, aber auch ausreichend ist, um den eingetretenen Kontrollverlust auszugleichen, § 287 ZPO."

Betrag: 250 € **Haftung: 100 %**
immVorb: – **MdE: –**

OLG München 18.12.2025 – 14 U 881/25 e = GRUR-RS 2025, 36464

6817

Persönlichkeitsrechtsverletzung durch Verarbeitung der Email-Adresse des Klägers und Übersendung von Werbe-Mails [sogenannte SPAM-Mails] an diesen.

Mann. Schmerzensgeld bzw. immaterieller Schadensersatz gemäß Art. 82 Abs. 1 DS-GVO wegen unzulässiger E-Mail-Werbung bzw. SPAM-Mails: Der Kläger erhielt von der Beklagten eine Mail mit dem Betreff „Ihre Anfrage zu Kinder FFP 2 NR Masken" obwohl er nie eine solche Anfrage getätigt hatte. Die Beklagte bestritt dies nicht und trug dazu vor die Email-Adresse des Klägers aus frei zugänglicher Quelle im Internet gefunden zu haben, bei der Suche nach einer Rechtsberatung. „Sie hat die Email-Adresse jedoch – selbst wenn die ursprüngliche Erfassung zu einem berechtigten Zweck erfolgt sein sollte, wie die Beklagte wohl behauptet – unstreitig nicht hierfür gespeichert und verwendet, sondern (als auch nach ihrem eigenen Vorbringen der ursprüngliche Zweck längst entfallen gewesen wäre) zum Zwecke der Werbung, die jedoch mangels vorheriger Einwilligung des Klägers gegen § 7 Abs. 2 Nr. 3 UWG und Art. 6 Abs. 1 S. 1 verstieß", so das AG. Bei der Höhe des immateriellen Schadensersatzes verwies das AG unter anderem zutreffend auch auf das Interesse einer effektiven Abschreckung derartiger SPAM-Versender und wertete die Rechtfertigung der Beklagten, sie habe die Mail nur „zur Versorgung ihrer Mitmenschen" (quasi altruistisch) vorgenommen zutreffend als „wenig lebensnah".

Betrag: 300 € **Haftung: 100 %**
immVorb: – **MdE: –**

AG Pfaffenhofen 9.9.2021 – 2 C 133/21 = BeckRS 2021, 27106

7918

Persönlichkeitsrechtsverletzung dadurch, dass der Kläger auf Webseiten war, die die Business Tools der Beklagten implementiert hatten, und dass hierbei personenbezogene Daten des Klägers erhoben und an die Beklagte übermittelt worden sind.

Mann. Zu Ansprüchen von Nutzern sozialer Netzwerke wegen der Verwendung von Business-Tools. Dem Kläger steht ein Anspruch auf immateriellen Schadensersatz in Höhe von 500 EUR gemäß Art. 82 DSGVO zu, da ihm durch die unrechtmäßige Verarbeitung ein Kontrollverlust über seine Daten entstanden ist. Insbesondre weil „der Kläger nicht ansatzweise überblicken kann, welche Dimension die Datenverarbeitung durch die Beklagte hat (vgl. OLG Naumburg, Urteil vom 5.2.2026, 9 U 44/25, juris, Rn. 341) und dass der Kläger keine Möglichkeit hat, durch eigenes Handeln die Kontrolle über die Daten zurückzuerlangen, da weder durch die Änderung der Datenschutzeinstellungen noch durch die Löschung seines Kontos eine vollumfängliche Löschung der bei der Beklagten gespeicherten Daten möglich wäre", so das OLG. Ein weitergehender Schadensersatzanspruch wegen Verletzung des allgemeinen Persönlichkeitsrechts besteht nicht, da kein schwerwiegender Eingriff vorliegt, der nicht durch die datenschutzrechtlichen Ansprüche kompensiert werden könnte. [Anmerkung: vgl. dazu auch OLG Köln GRUR-RS 2025, 7148 → Nr. 7814, des OLG Braunschweig GRUR-RS 2025, 13181 → Nr. 7719, des OLG Düsseldorf GRUR-RS 2025, 10935 → Nr. 7815 und GRUR-RS 2025, 13834 → Nr. 7816]

Betrag: 500 € **Haftung: 100 %**
immVorb: – **MdE: –**

OLG Stuttgart 29.4.2026 – 4 U 372/24 = GRUR-RS 2026, 8590

7919

Persönlichkeitsrechtsverletzung dadurch, dass der Kläger auf Webseiten war, die die Business Tools der Beklagten implementiert hatten, und dass hierbei personenbezogene Daten des Klägers erhoben und an die Beklagte übermittelt worden sind.

Mann. Zu Ansprüchen von Nutzern sozialer Netzwerke wegen der Verwendung von Business-Tools. Dem Kläger steht ein Anspruch auf immateriellen Schadensersatz in Höhe von 500 EUR gemäß Art. 82 DSGVO zu, da ihm durch die unrechtmäßige Verarbeitung ein Kontrollverlust über seine Daten entstanden ist. „Ein Schaden besteht hier in Form eines Kontrollverlusts. Hiergegen kann nicht eingewandt werden, dass die Daten nur an die Beklagte weitergegeben wurden, nicht an sonstige Dritte. Der Bundesgerichtshof hat einen Kontrollverlust auch in einem Fall bejaht, in dem die Personalaktenverwaltung von Bundesbeamten unzulässigerweise durch Bedienstete des Landes Niedersachsen vorgenommen wurde (BGH, NJW 2025, 1656, Rn. 14 f.)", so das OLG, dass im Übrigen darauf hinwies, dass „ein weitergehender Schadensersatzanspruch … der Klagepartei auch unter dem Gesichtspunkt der Verletzung ihres allgemeinen Persönlichkeitsrechts nicht zu"stehe.

Betrag: 500 € **Haftung: 100 %**
immVorb: – **MdE: –**

OLG Stuttgart 29.4.2026 – 4 U 353/24 = GRUR-RS 2026, 8589

7778

Persönlichkeitsrechtsverletzung dadurch, dass die Beklagte mithilfe der … – Tracking-Tools eine potenziell unbegrenzte Menge an Daten der Klägerin verarbeitet hatte, indem sie die Aktivitäten der Klägerin auf Dritt-Webseiten und Dritt-Apps verfolgte und dadurch einen „Kontrollverlust" erlitten hatte.

Frau. Immaterieller Schadensersatz für die Verarbeitung personenbezogener Daten auf Dritt-Webseiten und -Apps. Die Klägerin nutzt das Netzwerk der Beklagten, die mittels sog. Cookies und spezieller Tracking-Tools eine Vielzahl von daten an sog. „Partner" weiterleitet, die diese Daten wiederum dafür benutzen, um die Klägerin mit ihrer Werbung etc. [Stichwort: SPAM] zu erreichen. Darin sah das OLG zutreffend einen Verstoß gegen den Grundsatz der Datenminimierung, wodurch der Klägerin ein immaterieller Schaden im weiten, autonom unionsrechtlichen Sinne des Art. 82 Abs. 1 DSGVO (vgl. hierzu EuGH NJW

2025, 3137 Rn. 55; BGH GRUR-RS 2025, 32135 Rn. 25 mwN) entstanden war. Auch wenn ein „schwerwiegender Eingriff" im Sinne der Rechtsprechung des BGH von der Klägerin nicht vorgetragen wurde, hat die Klägerin einen Anspruch immateriellen Schadensersatz iHv 500 EUR gemäß Art. 82 DS-GVO, der für Eingriffe in das Recht auf informationelle Selbstbestimmung einen Schadenersatzanspruch bereithält. Zur Bemessung des immateriellen Schadens führte das OLG aus: „Durch die ihr zugesprochene Entschädigung in Höhe von 500,- EUR für den erlittenen Kontrollverlust und durch das an die Beklagte gerichtete Verbot wird die von der Klägerin erlittene Beeinträchtigung befriedigend aufgefangen." [Anmerkung: Die Klägerin hatte „ein Schmerzensgeld in Höhe von 5.000,- EUR für behauptete Eingriffe in das Recht auf informationelle Selbstbestimmung" gefordert. Vgl. dazu auch OLG Frankfurt a.M. → Nr. 7777 und OLG München → Nr. 7778 und → Nr. 7779 sowie → Nr. 7780 und das Urteil des LG Gießen → Nr. 7810 mit 1.000 EUR, LG Lübeck → Nr. 7783, das insofern 5.000 EUR zusprach sowie das Urteil des LG Mainz → Nr. 7789, das insofern 10.000 EUR zusprach.]

Betrag: 500 € **Haftung: 100 %**
immVorb: – **MdE: –**

OLG München 18.12.2025 – 14 U 1314/25e = GRUR-RS 2025, 36455

7779

Persönlichkeitsrechtsverletzung dadurch, dass die Beklagte mithilfe der … – Tracking-Tools eine potenziell unbegrenzte Menge an Daten der Klägerin verarbeitet hatte, indem sie die Aktivitäten der Klägerin auf Dritt-Webseiten und Dritt-Apps verfolgte und dadurch einen „Kontrollverlust" erlitten hatte. „Für die Klägerin stellt die Tatsache, dass eine erhebliche Menge personenbezogener Daten, die ihrem Benutzerkonto zugeordnet sind oder die ihr – z.B. mittels eines Abgleiches von IP-Adressen – zugeordnet werden können, sich auf Servern der Beklagten in der ganzen Welt (s. Datenschutzrichtlinie in Anlage K1, S. 72) und bei bestimmten Dritten befinden, einen Kontrollverlust dar", so das OLG.

Frau. Immaterieller Schadensersatz für die Verarbeitung personenbezogener Daten auf Dritt-Webseiten und -Apps. Die Klägerin nutzt das Netzwerk der Beklagten, die mittels sog. Cookies und spezieller Tools eine Vielzahl von daten an sog. „Partner" weiterleitet, die diese Daten wiederum dafür benutzen, um die Klägerin mit ihrer Werbung etc. [Stichwort: SPAM] zu erreichen. „Die Beklagte ist" insofern, so das OLG München, „– gemeinsam mit dem jeweiligen Drittanbieter – auch für die Erhebung und Übermittlung verantwortlich (EuGH BeckRS 2019, 15831 Rn. 79, 96 – Fashion ID). Das liegt daran, dass durch die Einbettung der … … Tools in eine Webseite oder App quasi eine „dynamische Verweisung" auf die jeweils aktuelle Version des Tools entsteht. Die Kontrolle über die Programmierung und in der Folge über die Funktionalität des Tools verbleibt damit bei der Beklagten." Zutreffend sah das OLG München – ebenso wie bereits das OLG Frankfurt a.M. → Nr. 7777 – in dieser Vorgehensweise einen Verstoß der Beklagten gegen den Grundsatz der Datenminimierung, wodurch der Klägerin ein immaterieller Schaden im weiten, autonom unionsrechtlichen Sinne des Art. 82 Abs. 1 DSGVO (vgl. hierzu EuGH NJW 2025, 3137 Rn. 55; BGH GRUR-RS 2025, 32135 Rn. 25 mwN) entstanden war. Auch wenn ein „schwerwiegender Eingriff" im Sinne der Rechtsprechung des BGH von der Klägerin nicht vorgetragen wurde, hat die Klägerin einen Anspruch immateriellen Schadensersatz iHv 500 EUR gemäß Art. 82 DS-GVO, der für Eingriffe in das Recht auf informationelle Selbstbestimmung einen Schadenersatzanspruch bereithält. Zur Bemessung des immateriellen Schadens führte das OLG aus: „Durch die ihr zugesprochene Entschädigung in Höhe von 500,- EUR für den erlittenen Kontrollverlust und durch das an die Beklagte gerichtete Verbot wird die von der Klägerin erlittene Beeinträchtigung befriedigend aufgefangen." [Anmerkung: Die Klägerin hatte „ein Schmerzensgeld in Höhe von 5.000,- EUR für behauptete Eingriffe in das Recht auf informationelle Selbstbestimmung" gefordert. Vgl. dazu auch OLG Frankfurt a.M. → Nr. 7777 sowie OLG München → Nr. 7778 und → Nr. 7780].

Betrag: 500 € **Haftung: 100 %**
immVorb: – **MdE: –**

OLG München 18.12.2025 – 14 U 1068/25 e = GRUR-RS 2025, 36441

7921

Persönlichkeitsrechtsverletzung durch Verarbeitung personenbezogener Daten durch Drittanbieter-Tools / Business-Tools ohne ausreichende Zweckbindung und Einwilligung sowie den Verstoß gegen den Grundsatz der Datenminimierung.

Mann. Der Kläger ist seit dem 1.1.2018 Nutzer der Plattform, deren Betreiberin die Beklagte ist. Als Gegenleistung für die kostenfreie Nutzung des Netzwerks wird den Nutzern Werbung angezeigt, die auf den Interessen des jeweiligen Nutzers basiert. Hierfür nutzt und verarbeitet sie eine Vielzahl von personenbezogenen Daten mit Hilfe von sog. Business-Tools, die der Nutzer der Beklagten auf … zur Verfügung stellt (verpflichtend Benutzernamen, Email Adresse, Telefonnummer und Alter) aber auch weitere Daten, wie Onsite-Daten, die als Ergebnis der Aktivitäten des Nutzers gesammelt werden etc. Über ihre sog. Drittanbieter-Tools / Business-Tools leitet die Beklagte diese Daten an iher Partner weiter. Unter „Partnern" versteht die Beklagte „Personen, Unternehmen, Organisationen oder Einrichtungen, die unsere Produkte nutzen oder integrieren, um ihre Produkte und Dienstleistungen zu bewerben, zu vertreiben oder zu unterstützen" (Datenschutzrichtlinie, Anlage K 1, S. 10). Der Kläger hat ausweislich der „Nutzungsbedingungen für …-Tools„ insofern als Nutzer der Plattform die Wahl zwischen einer entgeltfreien Nutzung mit Werbung und Tracking oder aber einer entgeltlichen Weiternutzung, ohne dass seine Daten an Werbetreibende weitergegeben werden. Eine Kontrolle durch die Beklagte sehen die Nutzungsbedingungen nicht vor. Ausweislich der Datenschutzrichtlinie der Beklagten behält die Beklagte die Daten so lange, wie sie benötigt werden, um die Produkte der Beklagten bereitzustellen, rechtliche Verpflichtungen zu erfüllen oder bestimmte Interessen zu schützen. Dies wird am Beispiel einer Suche auf [einer Plattform] erläutert: Der Suchverlauf wird dabei gespeichert, bis der Nutzer ihn löscht, nur die Informationen zum verwendeten Gerät oder einem Standort werden nach sechs Monaten gelöscht. Das OLG München sah darin zutreffend einen "erheblichen Kontrollverlust„, – auch in zeitlicher Hinsicht. Zur Bemessung führte des OLG München aus: "Der Senat folgt der Auffassung des Bundesgerichtshofes (NJW 2025, 298 Rn. 96), wonach „eine auf Art. 82 DS-GVO gestützte Entschädigung in Geld als „vollständig und wirksam" anzusehen, wenn sie es ermöglicht, den aufgrund des Verstoßes gegen diese Verordnung konkret erlittenen Schaden in vollem Umfang auszugleichen; eine Abschreckungs- oder Straffunktion soll der Anspruch aus Art. 82 I DS-GVO dagegen nicht erfüllen (vgl. EuGH […]). Folglich darf weder die Schwere des Verstoßes gegen die Datenschutz-Grundverordnung, durch den der betreffende Schaden entstanden ist, berücksichtigt werden, noch der Umstand, ob ein Verantwortlicher mehrere Verstöße gegenüber derselben Person begangen

(EuGH […]) und ob er vorsätzlich gehandelt hat […]." Der Senat schätzt, dass vorliegend ein Betrag von 500,- EUR erforderlich, aber auch ausreichend ist, um den eingetretenen Kontrollverlust auszugleichen, § 287 ZPO."

Betrag: 500 € **Haftung: 100 %**
immVorb: – **MdE: –**

OLG München 18.12.2025 – 14 U 1314/25 e = GRUR-RS 2025, 36455

7300

Persönlichkeitsrechtsverletzung durch unzulässige Telefonwerbung.

Frau. Die Klägerin macht einen Schadensersatzanspruch gestützt auf Art. 82 Abs. 1 DS-GVO geltend, wonach der Klägerin ein angemessenes Schmerzensgeld für die verschuldete (hier bewusste und damit vorsätzliche) unter Verstoß gegen Art. 6 DS-GVO genutzte und somit datenschutzwidrige Verwendung ihrer Telefonnummer und Nichtbeantwortung des Auskunftsanspruches zustehe. Das LG sah zutreffend in den Werbeanrufen einen Schaden iSd Art. 82 DS-GVO, da die Kl. konkret vorgetragen hatte, durch die Anrufe sowohl einen Kontrollverlust [vgl. Erwägungsgrund 75, der diesen Begriff ausdrücklich verwendet und als Schaden bezeichnet] als auch Zeiteinbußen erlitten zu haben, denn sie habe sich mit der Abwehr der von ihr unerwünschten Werbung und der Herkunft der Daten habe auseinandersetzen müssen und dadurch Zeit aufgewandt, während der sie eigentlich hätte arbeiten müssen. Zudem sah das LG auch eine rechtswidrige Störung eines durch § 823 BGB geschützten Rechtsguts (des allgemeinen Persönlichkeitsrechts) als gegeben an. Zur Frage der richtigen Beklagten (im konkreten Fall war dies ein Geflecht von verschiedenen Firmen und Personen im Bereich des Gewinnspiels und Abonnementwesens) führte das LG aus: „Die Beklagte ist Verantwortliche im Sinne der DS-GVO (vgl. dazu die Begriffsbestimmung in Art. 4 Nr. 7 DS-GVO). Ihr oblag die Entscheidung über Zwecke und Mittel der Verarbeitung von personenbezogenen Daten: Nach der von ihr im Schreiben vom 10.3.2022 erteilten Auskunft hat sie die personenbezogenen Daten der Klägerin an ihren Dienstleister und ihren Kooperationspartner übermittelt." [Anmerkung: Diese Entscheidung erging vor dem Urteil des BGH NJW 2025, 1060 und wäre heute so ggf. nicht mehr möglich, da der BGH in dieser Entscheidung – wenn auch nur bezüglich nicht autorisierter Werbe-E-Mails – klar ausgeführt hat, dass bei unautorisierter Übersendung einer Werbe-E-Mail es nicht genüge, dass der Kläger sich „mit der Abwehr der von ihm unerwünschten Werbung und der Herkunft der Daten" habe auseinandersetzen müssen und dass dies zu einem durchaus „belastenden Eindruck des Kontrollverlusts" geführt habe. Die Übersendung einer Werbe-E-Mail begründe allenfalls den gerügten Verstoß gegen die DS-GVO. Der Verstoß reicht jedoch, so der BGH – „allein nicht aus, um zugleich einen immateriellen Schaden iSd Art. 82 I DS-GVO zu begründen", so der BGH. Vgl. dazu im Handbuchteil → Rn. 247a].

Betrag: 500 € **Haftung: 100 %**
immVorb: – **MdE: –**

LG Mannheim 31.10.2023 – 10 O 80/23 = GRUR-RS 2023, 35373

7780

Persönlichkeitsrechtsverletzung dadurch, dass die Beklagte mithilfe der … – Tracking-Tools eine potenziell unbegrenzte Menge an Daten der Klägerin verarbeitet hatte, indem sie die Aktivitäten der Klägerin auf Dritt-Webseiten und Dritt-Apps verfolgte und dadurch einen „Kontrollverlust" erlitten hatte. „Für die Klägerin stellt die Tatsache, dass eine erhebliche Menge personenbezogener Daten, die ihrem Benutzerkonto zugeordnet sind oder die ihr – z.B. mittels eines Abgleiches von IP-Adressen – zugeordnet werden können, sich auf Servern der Beklagten in der ganzen Welt (s. Datenschutzrichtlinie in Anlage K1, S. 72) und bei bestimmten Dritten befinden, einen Kontrollverlust dar", so das OLG.

Die Klägerin nutzt das Netzwerk der Beklagten, die mittels sog. Cookies und spezieller Tools eine Vielzahl von daten an sog. „Partner" weiterleitet, die diese Daten wiederum dafür benutzen, um die Klägerin mit ihrer Werbung etc. [Stichwort: SPAM] zu erreichen. „Die Beklagte ist" insofern, so das OLG München, „– gemeinsam mit dem jeweiligen Drittanbieter – auch für die Erhebung und Übermittlung verantwortlich (EuGH BeckRS 2019, 15831 Rn. 79, 96 – Fashion ID). Das liegt daran, dass durch die Einbettung der … … Tools in eine Webseite oder App quasi eine „dynamische Verweisung" auf die jeweils aktuelle Version des Tools entsteht. Die Kontrolle über die Programmierung und in der Folge über die Funktionalität des Tools verbleibt damit bei der Beklagten." Zutreffend sah das OLG München – ebenso wie bereits das OLG Frankfurt a.M. → Nr. 7777 – in dieser Vorgehensweise einen Verstoß der Beklagten gegen den Grundsatz der Datenminimierung, wodurch der Klägerin ein immaterieller Schaden im weiten, autonom unionsrechtlichen Sinne des Art. 82 Abs. 1 DSGVO (vgl. hierzu EuGH NJW 2025, 3137 Rn. 55; BGH GRUR-RS 2025, 32135 Rn. 25 mwN) entstanden war. Auch wenn ein „schwerwiegender Eingriff" im Sinne der Rechtsprechung des BGH von der Klägerin nicht vorgetragen wurde, hat die Klägerin einen Anspruch immateriellen Schadensersatz iHv 500 EUR gemäß Art. 82 DS-GVO, der für Eingriffe in das Recht auf informationelle Selbstbestimmung einen Schadenersatzanspruch bereithält. Zur Bemessung des immateriellen Schadens führte das OLG aus: „Durch die ihr zugesprochene Entschädigung in Höhe von 500,- EUR für den erlittenen Kontrollverlust und durch das an die Beklagte gerichtete Verbot wird die von der Klägerin erlittene Beeinträchtigung befriedigend aufgefangen." [Anmerkung: Die Klägerin hatte „ein Schmerzensgeld in Höhe von 5.000,- EUR für behauptete Eingriffe in das Recht auf informationelle Selbstbestimmung" gefordert. Vgl. dazu auch OLG München GRUR-RS 2025, 36459 → Nr. 7779 = 750 EUR, GRUR-RS 2025, 36441 → Nr. 7779 = 500 EUR sowie GRUR-RS 2025, 36455 → Nr. 7778 = 500 EUR und OLG Frankfurt a.M. → Nr. 7777 = 100 EUR].

Betrag: 750 € **Haftung: 100 %**
immVorb: – **MdE: –**

OLG München 18.12.2025 – 14 U 2300/25 e = GRUR-RS 2025, 36459

7810

Persönlichkeitsrechtsverletzung durch Verletzung seines Rechts auf informationelle Selbstbestimmung dadurch, dass die Beklagte mithilfe der … – Tracking-Tools oder „Business-Tools" eine potenziell unbegrenzte Menge an Daten des Klägers verarbeitet hatte, indem sie die Aktivitäten der Klägerin auf Dritt-Webseiten und Dritt-Apps verfolgte. „Die persönlichen Einschränkungen des Klägers durch die Datenschutzverstöße der Beklagten bewertet das Gericht aufgrund seiner Anhörung als eher gering. Größere Ängste, Sorgen oder Nöte schilderte er nicht. Ihn stört ersichtlich bloß der allgemeine und durchaus umfassende Kontrollverlust über seine Daten, weil er nicht wisse, welche Daten von ihm im Hintergrund erhoben werden würden."

Mann. Der Kläger begehrte ua immateriellen Schadensersatz aus behaupteten Datenschutzverstößen gegenüber der

Beklagten als Betreiberin des Netzwerkes „ " und zugleich als Entwicklerin sog. „Meta Technologien" (wie zB Meta Pixel, Conversions API etc. (nachfolgend zusammenfassend genannt: „Business Tools"), die im Einvernehmen mit der Beklagten von zahlreichen Drittunternehmen auf deren Webseiten eingebunden werden und deren Nutznießer dabei insbesondere zahlreiche reichweitenstarke Webseiten und Apps in Deutschland, wie etwa zahlreiche große Nachrichtenseiten, Reiseportale, Seiten bzgl. Gesundheit und Medizin oder Dating- und Erotikseiten und -Apps sind. Für den durchschnittlichen Internetnutzer ist nicht erkennbar, ob die jeweilige Webseite mit einem Meta Business Tool ausgestattet worden, dessen Zweck es ist unter anderem, die Effektivität von Werbeanzeigen von Drittunternehmen auf den von der Beklagten angebotenen Plattformen wie I. oder F. zu erhöhen und zu messen. Zutreffend sah das LG darin einen erheblichen und rechtswidrigen Verstoß bzw. eine Verletzung des Rechts auf informationelle Selbstbestimmung und sah insofern einen immateriellen Schadensersatz iHv 1.000 EUR für ausreichend an, da es die persönlichen Einschränkungen des Klägers als „eher gering" bewertet hatte. Dabei war sich das LG Gießen sich bewusst, „dass andere Landgericht weitaus höhere Schmerzensgeldbeträge bei dieser Sachverhaltskonstellation ausgeurteilt haben", so das LG Gießen mit Verweis auf LG Ellwangen → Nr. 7791 und LG Leipzig → Nr. 7790. [Anmerkung: Vgl. dazu auch OLG Frankfurt a.M. → Nr. 7777 und OLG München → Nr. 7778 und → Nr. 7779 sowie → Nr. 7780 und das Urteil des LG Lübeck → Nr. 7783 das 5.000 EUR zuerkannt hatte sowie das Urteil des LG Mainz → Nr. 7789, dass 10.000 EUR zusprach. Vgl. dazu auch im Handbuch unter → Rn. 244b, → Rn. 245e und → Rn. 246].

Betrag: 1.000 € **Haftung: 100 %**
immVorb: – **MdE: –**

LG Gießen 20.8.2025 – 5 O 11/24 = BeckRS 2025, 37567

7875

Persönlichkeitsrechtsverletzung, Verletzung des Rechts auf informationelle Selbstbestimmung, Datensicherheit und -Datenminimierung dadurch, dass die Beklagte mithilfe der ... – Tracking-Tools oder „Business-Tools" eine potenziell unbegrenzte Menge an Daten der Klägerin verarbeitet hatte, indem sie die Aktivitäten der Klägerin auf Dritt-Webseiten und Dritt-Apps verfolgte und dadurch beim Kläger zum einen einen „Kontrollverlust" und zum anderen ein „allgemeines Unsicherheitsgefühl der kontinuierlichen Überwachung" verursacht.

Mann. Der Kläger, der nicht über die Einstellung „Informationen von Werbepartnern über deine Aktivitäten" zur Datenverarbeitung zur Bereitstellung personalisierter Werbung eingewilligt hatte, begehrt im Zusammenhang mit der Verwendung von sog. Business-Tools als Nutzer des Netzwerks „i" immateriellen Schadensersatz wegen rechtswidriger Verarbeitung seiner personenbezogenen Daten durch die Beklagte, die dieses und andere Netzwerke betreibt und zugleich Entwicklerin sog. „Meta Business Tools" ist bzw. Meta-Technologien und sogenannte „Digital Fingerprinting" einsetzt. „Durch die Bereitstellung sog. Business-Tools, mit deren Hilfe offsite-Daten an den Netzwerkbetreiber übermittelt werden, wird dieser neben dem Webseitenbetreiber Mitverantwortlicher. Dieser Verantwortlichkeit kann er sich nicht durch die vertragliche Ausgestaltung im Verhältnis zum Webseitenbetreiber entziehen." (Amtl. Leitsatz). Das OLG verwies auf die „mittlerweile gefestigte Rechtsprechung des Bundesgerichtshofes" (BGH 18.11.2024 – VI ZR 10/24, NJW 2025, 298) und des EuGH (4.9.2025 – C-655/23, GRUR-RS 2025, 22639) wonach ein Kontrollverlust über personenbezogene Daten als Schaden bereits dann angesehen werden, wenn die betroffene Person nachweist, dass sie tatsächlich einen solchen Schaden – so geringfügig er auch sein mag – erlitten hat, ohne dass dieser Begriff des „immateriellen Schadens" den Nachweis zusätzlicher spürbarer negativer Folgen erfordert. „Ist dieser Nachweis erbracht, steht der Kontrollverlust also fest, stellt dieser selbst den immateriellen Schaden dar und es bedarf keiner sich daraus entwickelnden besonderen Befürchtungen oder Ängste der betroffenen Person; diese wären lediglich geeignet, den eingetretenen immateriellen Schaden noch zu vertiefen oder zu vergrößern." so der BGH NJW 2025, 298. Zur Bemessung des immateriellen Schadens führte das OLG aus: „Bei dieser Bemessung geht der Senat davon aus, dass die Klagepartei einen einheitlichen Anspruch auf immateriellen Schadensersatz aus Art. 82 Ziff. 1 DS-GVO geltend macht, der sich auf eine Vielzahl einzelner, nicht konkretisierter Datenschutzverstöße der Beklagten stützt, aber in einem einheitlichen Geschehen (dem fortlaufenden Einsatz der Business-Tools) wurzelt. Auf den von der Beklagten erhobenen Verjährungseinwand kam es hierfür nicht an, weil sie eine Kenntnis der Klagepartei vor Klageerhebung weder behauptet noch unter Beweis gestellt hat. Eine höhere immaterielle Entschädigung hätte die auf den Einzelfall bezogene Darlegung der Klagepartei erfordert, infolge der streitgegenständlichen Datenverarbeitung eine psychische Beeinträchtigung erlitten zu haben." [Anmerkung: Vgl. dazu auch OLG Dresden → Nr. 7876 (1.500 EUR), OLG Frankfurt a.M. → Nr. 7777 und OLG München → Nr. 7778 und → Nr. 7779 sowie → Nr. 7780 und das Urteil des LG Lübeck → Nr. 7783, das insofern 5.000 EUR zuerkannte sowie die Urteile des LG Mainz → Nr. 7789 und LG Ellwangen → Nr. 7791, die jeweils 10.000 EUR zuerkannt hatten sowie im Handbuch unter → Rn. 245e und → Rn. 246].

Betrag: 1.500 € **Haftung: 100 %**
immVorb: – **MdE: –**

OLG Dresden 3.2.2026 – 4 U 292/25 = BeckRS 2026, 1138

7876

Persönlichkeitsrechtsverletzung, Verletzung des Rechts auf informationelle Selbstbestimmung, Datensicherheit und -Datenminimierung dadurch, dass die Beklagte mithilfe der ... – Tracking-Tools oder „Business-Tools" eine potenziell unbegrenzte Menge an Daten der Klägerin verarbeitet hatte, indem sie die Aktivitäten der Klägerin auf Dritt-Webseiten und Dritt-Apps verfolgte und dadurch beim Kläger zum einen einen „Kontrollverlust" und zum anderen ein „Gefühl ständiger Überwachung" verursacht.

Mann. Der Kläger, der nicht über die Einstellung „Informationen von Werbepartnern über deine Aktivitäten" zur Datenverarbeitung zur Bereitstellung personalisierter Werbung eingewilligt hatte, begehrt im Zusammenhang mit der Verwendung von sog. Business-Tools als Nutzer des Netzwerks „i" immateriellen Schadensersatz wegen rechtswidriger Verarbeitung seiner personenbezogenen Daten durch die Beklagte, die dieses und andere Netzwerke betreibt und zugleich Entwicklerin sog. „Meta Business Tools" ist bzw. Meta-Technologien und sogenannte „Digital Fingerprinting" einsetzt. Dadurch, so das OLG zutreffend, habe die beklagte die Bildung individueller Nutzerprofile und damit zugleich ein Profiling der Nutzer im Sinne von Art. 4 Nr. 4 DSGVO geschaffen aus welchem sich ein „Gesamtbild der individuellen Persönlichkeit" abbilden lasse, „weil die mit der oa Verknüpfung verbundene Erstellung eines Profils einer Person durch Auswertung von Daten und Bewertungen aufgrund von Algorithmen zur Erstellung eines Persönlichkeits-, Verhaltens- oder Bewegungsprofils durch Sammlung von Daten, unter anderem durch (im Internet) hinterlassene (Cookies), getätigte und veröffentlichte Informationen z. B. zu sozialen Kontakten, politischer Einstellung, persönlichem Weltbild, persönlichen Vorlieben, finanziellen Verhältnissen, gesundheitlicher Situation und weiteren Angaben ein modellhaftes, auf Algorithmen beruhendes Gesamtbild der individuellen Persönlichkeit ergeben (vgl. auch insoweit Schaffland / Wiltfang EUV 2016/679 Art. 4 Rn. 125).", so das OLG. Indem die Beklagte Drittunternehmern ihre Business-Tools anbietet, mit deren Hilfe sie unstreitig möglichst viele Daten der Drittseitennutzer für ihre eigenen Zwecke erhalten möchte, wird sie auch für die Datenerhebung auf Drittseiten zur Mitverantwortlichen im Sinne des Art. 26 DS-GVO [Anmerkung: Das Urteil ist zudem lesenswert bzgl. der Löschung bzw. Löschpflicht nach Art. 17 DS-GVO, die das OLG auch dadurch umgesetzt sieht, dass die Daten anonymisiert werden. Zur Bemessung der Höhe des immateriellen Schadensersatzes vgl. auch OLG Dresden → Nr. 7875 (1.500 EUR), OLG Frankfurt a.M. → Nr. 7777 und OLG München → Nr. 7778 und → Nr. 7779 sowie→ Nr. 7780 und das Urteil des LG Lübeck → Nr. 7783, das insofern 5.000 EUR zuerkannte sowie die Urteile des LG Mainz → Nr. 7789 und LG Ellwangen → Nr. 7791, die jeweils 10.000 EUR zuerkannt hatten sowie im Handbuch unter → Rn. 245e und → Rn. 246].

Betrag: 1.500 € **Haftung: 100 %**
immVorb: – **MdE: –**

OLG Dresden 3.2.2026 – 4 U 293/25 = BeckRS 2026, 1139

7783

Persönlichkeitsrechtsverletzung dadurch, dass die Beklagte mithilfe der … – Tracking-Tools eine potenziell unbegrenzte Menge an Daten der Klägerin verarbeitet hatte, indem sie die Aktivitäten der Klägerin auf Dritt-Webseiten und Dritt-Apps verfolgte und dadurch einen „Kontrollverlust" erlitten hatte.

Frau. Immaterieller Schadensersatz wegen unzulässiger, rechtswidriger und vorsätzlicher Verarbeitung personenbezogener Daten durch die von Meta bereitgestellten „Business Tools" (ua Meta Pixel) auf Drittseiten und -Apps. Dazu führte das LG (amtl. Leitsätze) aus: „Die Beklagte ist für die Datenerhebung über die von ihr konzipierten Business Tools verantwortlich. Die Verarbeitung auch individueller Daten der Klägerseite im Verantwortungsbereich jedenfalls auch der Beklagten über die streitgegenständlichen Business-Tools verletzt die Klägerseite in ihren absolut geschützten Rechten. Für die Speicherung der Daten der Klägerseite bei der Beklagten liegen keine Rechtfertigungsgründe vor. Eine auf den Drittseiten eingeholte Einwilligung ist nicht vorgetragen. Des Weiteren hat auch die Beklagte selbst keinerlei Einwilligung für die Speicherung der Daten in ihren Systemen eingeholt. Auch sonstige Rechtfertigungsgründe für die Speicherung der personenbezogenen Daten der Nutzerinnen und Nutzer, fehlen. Der Klägerseite steht auch ein Anspruch auf Schadensersatz in Höhe von 5.000 EUR zu.". Das LG begründet dies mit dem Kontrollverlust der Nutzerin über ihre personenbezogenen Daten und die daraus resultierende Verletzung des Rechts auf informationelle Selbstbestimmung. Wörtlich: „Es handelt sich bei dem festgestellten Datenschutzverstoß um eine schwere Verletzung des Rechts auf informationelle Selbstbestimmung, da das gesamte, höchstpersönliche Internetnutzungsverhalten betroffen ist (vgl. oben). Dabei handelt es sich auch nicht nur um eine punktuelle, zeitlich begrenzte rechtswidrige Maßnahme der Beklagten, sondern um einen sich über einen großen, mehrjährigen Dauerverstoß gegen grundlegende Rechte nach der DSGVO. Dieser Verstoß betraf auch Daten, die einen hohen Marktwert haben." [Anmerkung: Das LG Lübeck griff insofern die Kritik von Niekrenz, Anmerkung zu LG Lübeck vom 10.1.2025 in: ZD 2025, 228 an seiner bisherigen Rechtsprechung auf und nahm dabei auch Bezug auf die Entscheidungen des LG Mainz → Nr. 7790 sowie des BAG → Nr. 7790; vgl. auch LG Gießen → Nr. 7810]

Betrag: 5.000 € **Haftung: 100 %**
immVorb: – **MdE: –**

LG Lübeck 27.11.2025 – 15 O 15/24 = GRUR-RS 2025, 32563

7790

Persönlichkeitsrechtsverletzung, schwerwiegende … /Verletzung seines Rechts auf informationelle Selbstbestimmung dadurch, dass die Beklagte mithilfe der … – Tracking-Tools oder „Business-Tools" eine potenziell unbegrenzte Menge an Daten der Klägerin verarbeitet hatte, indem sie die Aktivitäten der Klägerin auf Dritt-Webseiten und Dritt-Apps verfolgte und dadurch beim Kläger zum einen einen „erheblichen Kontrollverlust" und zum anderen ein „Gefühl einer kontinuierlichen Überwachung" verursacht.

Mann. Der Kläger begehrt im Zusammenhang mit der Verwendung von sog. Business-Tools als Nutzer des Netzwerks „f" immateriellen Schadensersatz wegen rechtswidriger Verarbeitung seiner personenbezogenen Daten durch die Beklagte, die dieses und andere Netzwerke betreibt und zugleich Entwicklerin sog. „Meta Business Tools" ist bzw. Meta-Technologien und sogenannte „Digital Fingerprinting" [Anmerkung des Autors: Als „Digitalen Fingerabdruck" bezeichnet man eine Verknüpfung einer Menge an im Browser oder vom Nutzergerat abrufbaren Daten, die es ermöglichen, den jeweiligen Nutzer allein anhand dieser Datenmenge zu identifizieren] einsetzt. Zur Höhe des immateriellen Schadensersatzes führte das LG aus: „Die Kammer konnte daher ohne auf das jeweilige subjektive Empfinden des konkreten Klägers abstellen zu müssen, eine durchschnittliche, aufgeklärte und verständige betroffene Person zu Grunde legen, und deren Betroffenheit als Maßstab für einen Mindestschaden zu nehmen. Die Mindestbeeinträchtigung ist ohne das Hinzutreten weiterer Umstände bereits besonders schwerwiegend und hebt sich maßgeblich von den sog. Scraping-Fällen ab, in denen ein Mindestschaden iHv 100 EUR für den bloßen Kotrollverlust für angemessen erachtet wird (siehe nur OLG Dresden ZD 2025, 221 Rn. 20 mwN). Anders als in den Scraping-Fällen ist die Quantität und Qualität der streitgegenständlichen Daten um ein Vielfaches größer, sodass der Mindestschaden weitaus höher einzustufen ist. Die Datenverarbeitung durch die Beklagte stellt nach der Rspr. des EuGHs per se einen schweren Eingriff in die durch Art. 7 und 8 GrCh gewährleisteten Rechte auf Achtung des Privatlebens und den Schutz personenbezogener Daten dar (EuGH NJW 2025, 207 Rn. 63), der nicht gerechtfertigt ist. Die Verletzung dieser Grundrechte wird auch durch den Durchschnittsbetroffenen iSd DSGVO als erhebliche Beeinträchtigung im og Sinne wahrgenommen." [Anmerkung: Vgl. dazu auch OLG Frankfurt a.M. → Nr. 7777 und OLG München → Nr. 7778 und → Nr. 7779 sowie→ Nr. 7780 und das Urteil des LG Lübeck → Nr. 7783, das insofern 5.000 EUR zuerkannte sowie die Urteile des LG Mainz → Nr. 7789 und LG Ellwangen → Nr. 7791, die jeweils 10.000 EUR zuerkannt hatten sowie im Handbuch unter → Rn. 245e und → Rn. 246].

Betrag: 5.000 € **Haftung: 100 %**
immVorb: – **MdE: –**

LG Leipzig 4.7.2025 – 5 O 2351/23 = GRUR-RS 2025, 15264

7789

Persönlichkeitsrechtsverletzung, schwerwiegende ... /Verletzung seines Rechts auf informationelle Selbstbestimmung dadurch, dass die Beklagte mithilfe der ... – Tracking-Tools oder „Business-Tools“ eine potenziell unbegrenzte Menge an Daten der Klägerin verarbeitet hatte, indem sie die Aktivitäten der Klägerin auf Dritt-Webseiten und Dritt-Apps verfolgte und und dadurch berechtigter Weise Ängste erlitten hat „und das aus dem Bewusstsein solcher Überwachungsmaßnahmen resultierende Gefühl der Einschränkung persönlicher Freiheit“ resultiert.

Mann. Der Kläger begehrte Auskunft und immateriellen Schadensersatz aus behaupteten Datenschutzverstößen gegenüber der Beklagten als Betreiberin des Netzwerkes „I. “ und zugleich als Entwicklerin sog. „Meta Business Tools“, namentlich „Meta Pixel“, „App Events über F. -SDK“ und „Conversions API“ sowie „App Events API“ (nachfolgend zusamenfassend genannt: „Business Tools“), die im Einvernehmen mit der Beklagten von zahlreichen Drittunternehmen auf deren Webseiten („Meta Pixel“, „Conversions API“) oder Apps („F. SDK“, „App Events API“) eingebunden werden. Nutznießer sind dabei insbesondere zahlreiche reichweitenstarke Webseiten und Apps in Deutschland, wie etwa zahlreiche große Nachrichtenseiten und -Apps und Seiten mit politischem Bezug (zB tagesschau.de, spiegel.de, bild.de, welt.de, faz.net, stern.de, wahl-o-mat.de), großen Seiten und Apps zu Reisen und Freizeitgestaltung (zB bahn.de, airbnb.de, tripadvisor.de, hrs.de, holidaycheck.de, momondo.de, booking.com, chefkoch.de), Seiten und Apps, die medizinische Hilfe bieten (zB apotheken.de, shop-apotheke.de, docmorris.de, ärzte.de, helios-gesundheit.de, jameda.de), Dating- und Erotikseiten (zB parship.de, amorelie.de, orion.de, lovescout24.de), aber auch Seiten mit Inhalten aus der innersten Intimsphäre (z.B. krebshilfe.de, fertility.com, nie-wieder-alkohol.de). Für den durchschnittlichen Internetnutzer ist nicht erkennbar, ob die jeweilige Webseite mit einem Meta Business Tool ausgestattet worden, dessen Zweck es ist „unter anderem, die Effektivität von Werbeanzeigen von Drittunternehmen auf den von der Beklagten angebotenen Plattformen wie I. oder F. zu erhöhen und zu messen.“. Zutreffend sah das LG darin einen schwerwiegenden Verstoß bzw. eine Verletzung des Rechts auf informationelle Selbstbestimmung: „Die generelle Praxis der Beklagten, immer und auch ohne Einwilligung jedenfalls solche technischen Standarddaten, die der Beklagten mit hoher Wahrscheinlichkeit eine Identifizierung des jeweiligen Nutzers innerhalb der Systeme der Beklagten erlaubt, sowie das Datum, dass und wann die fragliche Drittseite mit diesem technischen Parametern aufgesucht wurde, über die Business Apps zu erheben, beeinträchtigt den Kläger in gravierendem Maße in seinem Recht auf informationelle Selbstbestimmung. Wie die Beklagte selbst nicht in Abrede stellt, führt die Vielzahl von Daten, die ihr über ihre Business Tools zur Verfügung gestellt werden, im Wege eines „Digital Fingerprinting“ dazu, dass die Beklagte den Nutzer allein hierdurch identifizieren kann, und zwar unabhängig von etwaigen browserseitigen Einschränkungen hinsichtlich der Verwendung von Third Party Cookies, ohne dass der Nutzer dazu bei den Netzwerken der Beklagten eingeloggt sein müsste und ohne dass der durchschnittliche Internetnutzer die Übertragungen von Daten an die Beklagte und deren Zusammenführung bei der Beklagten feststellen oder verhindern könnte“, so das LG, dass zur Höhe des immateriellen Schadensersatzes ausführte: „Bei der Bemessung der Entschädigung war zu Lasten der Beklagten zu berücksichtigen, dass sich die zwei jüngeren der in Rede stehenden Business Tools, die „Conversion API“ und die „App Events API“, von dem „Meta Pixel“ bzw. der „F. SDK“ maßgeblich dadurch unterscheiden, dass sie darauf angelegt sind, unter Mitwirkung der Webseitenbetreiber und Appanbieter alle Schutzversuche der Nutzer und Browserhersteller zu umgehen und die Datensammlung auch dann weiterhin zu ermöglichen, wenn der Nutzer den Inkognito-Modus benutzt, Cookies von Drittseiten nicht zulässt und VPN benutzt.“, so das LG Mainz. [Anmerkung: Die Klägerin hatte „ein Schmerzensgeld in Höhe von 5.000,- EUR für behauptete Eingriffe in das Recht auf informationelle Selbstbestimmung“ gefordert. Vgl. dazu auch OLG Frankfurt a.M. → Nr. 7777 und OLG München → Nr. 7778 und → Nr. 7779 sowie → Nr. 7780 und die Urteile des LG Lübeck → Nr. 7783 und LG Leipzig → Nr. 7790, dies insofern 5.000 EUR zuerkannten sowie das Urteil des LG Mainz → Nr. 7789, dass ebenfalls 10.000 EUR zusprach und im Handbuch unter → Rn. 245e und → Rn. 246].

Betrag: 10.000 € **Haftung: 100 %**
immVorb: – **MdE: –**

LG Mainz 27.6.2025 – 3 O 29/24 = GRUR-RS 2025, 16871

7791

Persönlichkeitsrechtsverletzung, schwerwiegende ... /Verletzung seines Rechts auf informationelle Selbstbestimmung dadurch, dass die Beklagte mithilfe der ... – Tracking-Tools oder „Business-Tools“ eine potenziell unbegrenzte Menge an Daten der Klägerin verarbeitet hatte, indem sie die Aktivitäten der Klägerin auf Dritt-Webseiten und Dritt-Apps verfolgte und dadurch beim Kläger zum einen einen „erheblichen Kontrollverlust“ und zum anderen ein „Gefühl einer kontinuierlichen Überwachung“ verursacht.

Mann. Der Kläger, der nicht über die Einstellung „Informationen von Werbepartnern über deine Aktivitäten“ zur Datenverarbeitung zur Bereitstellung personalisierter Werbung eingewilligt hatte, begehrt im Zusammenhang mit der Verwendung von sog. Business-Tools als Nutzer des Netzwerks „i“ immateriellen Schadensersatz wegen rechtswidriger Verarbeitung seiner personenbezogenen Daten durch die Beklagte, die dieses und andere Netzwerke betreibt und zugleich Entwicklerin sog. „Meta Business Tools“ ist bzw. Meta-Technologien und sogenannte „Digital Fingerprinting“ einsetzt. [Anmerkung des Autors: Als „Digitalen Fingerabdruck“ bezeichnet man eine Verknüpfung einer Menge an im Browser oder vom Nutzergerat abrufbaren Daten, die es ermöglichen, den jeweiligen Nutzer allein anhand dieser Datenmenge zu identifizieren]. Zutreffend betonte das LG mit Verweis auf den Erwägungsgrund 75 [vgl. dazu → Rn. 244b im Handbuch], es sei bei der Beurteilung des Schadens – neben der Intensität – „insbesondere auch zu berücksichtigen, dass auch hoch sensible Daten, auch aus der Intimsphäre, und eine extrem große Menge personenbezogener Daten erhoben“ wurden und dass „die Beklagte vorsätzlich mit Gewinnerzielungsabsicht, da rein aus ökonomischen Gesichtspunkten“ gehandelt habe. Zur Höhe des immateriellen Schadensersatzes führte das LG sodann aus: „In Anbetracht der Schwere des Eingriffs – in Intensität und Umfang – in das Grundrecht auf informationelle Selbstbestimmung, des Verschuldensgrads, der technischen Umgehungsmöglichkeiten der Beklagten bei Unterlassungs- und Löschungsansprüchen sowie dem Präventivgedanken erscheint ein Betrag der Geldentschädigung in Höhe von 10.000,00 EUR nach Auffassung des Gerichts unter Abwägung sämtlicher erwähnter Umstände des Einzelfalls angemessen, aber auch ausreichend. Gerade in Abgrenzung zu Art. 82 DSGVO ist der Präventivgedanke des Geldentschädigungsanspruchs zu berücksichtigten, der einen echten bzw. effektiven Hemmungseffekt bewirken soll. Nur bei spürbaren Folgen wird die Beklagte bewegt werden können, ihr Geschäftsmodell umzustellen und den Datenschutz ihrer Nutzer zu achten. Dieser Geldentschädigungsbetrag umfasst auch den Betrag, der nach Art. 82 DSGVO als immaterieller Schadensersatz zu erstatten wäre (vgl. OLG Köln GRUR-RS 2020, 38050 Rn. 41).“ [Anmerkung: Vgl. dazu auch OLG Frankfurt a.M. → Nr. 7777 und OLG München → Nr. 7778 und → Nr. 7779 sowie → Nr. 7780 und die Urteile des LG Lübeck → Nr. 7783 und LG Leipzig → Nr. 7790, die jeweils 5.000 EUR zuerkannt hatten sowie das Urteil des LG Mainz → Nr. 7789, dass ebenfalls 10.000 EUR zusprach und im Handbuch unter → Rn. 244b, → Rn. 245e und → Rn. 246 und ua das Urteil des LG Gießen → Nr. 7810 mit 1.000 EUR].

Betrag: 10.000 € **Haftung: 100 %**
immVorb: – **MdE: –**

LG Ellwangen 9.4.2025 – 2 O 266/24 = GRUR-RS 2025, 16870

jj) Datenschutzverstoß iVm beruflicher Schweigepflicht

7262

Persönlichkeitsrechtsverletzung / Datenschutzverstoß durch einen Psychotherapeut im Zusammenhang mit der Verarbeitung von Daten, der medizinischen Diagnostik bzgl. der Versorgung oder Behandlung im Gesundheits- oder Sozialbericht aufgrund eines Vertrags mit einem Angehörigen (Die Ehefrau des Klägers war Patientin des beklagten Psychotherapeuten).

Mann. Kein Schmerzensgeld wegen unzureichender bzw. unvollständiger Auskunft eines Psychotherapeuten (Beklagter). Zur Begründung führte das OLG aus: „Nach ständiger höchstrichterlicher Rechtsprechung begründet die schuldhafte Verletzung des allgemeinen Persönlichkeitsrechts einen Anspruch auf eine Geldentschädigung, wenn es sich um einen schwerwiegenden Eingriff handelt und die Beeinträchtigung nicht in anderer Weise befriedigend aufgefangen werden kann. … Nach diesen Maßstäben ist die Zahlung einer Geldentschädigung nicht erforderlich. Hinsichtlich der rechtswidrigen Äußerung ist insbesondere zu berücksichtigen, dass sie nur einmalig gegenüber dem Beklagten selbst sowie der Frau W…-B…, also einem sehr kleinen Personenkreis, erfolgt ist. Durch die Verbreitung der Urteile hat der Kläger zwar – wie ausgeführt – das Persönlichkeitsrecht des Beklagten verletzt, allerdings nicht durch die Verbreitung unwahrer, sondern wahrer Tatsachen, was im Rahmen der hier vorzunehmenden Gesamtwürdigung gegen die Zubilligung einer Geldentschädigung spricht. Hinzu kommt in Bezug auf beide Verletzungshandlungen, dass der Beklagte insoweit im vorliegenden Rechtsstreit einen Unterlassungstitel erwirkt hat.“ [Zu den beiden Vorinstanzen siehe AG Pforzheim → Nr. 6715 und LG Karlsruhe → Nr. 7066].

Betrag: – **Haftung: –**
immVorb: – **MdE: –**

OLG Karlsruhe 24.8.2023 – 19 U 28/23 = GRUR-RS 2023, 24249

7066

Persönlichkeitsrechtsverletzung / Datenschutzverstoß durch einen Psychotherapeut im Zusammenhang mit der Verarbeitung von Daten, der medizinischen Diagnostik bzgl. der Versorgung oder Behandlung im Gesundheits- oder Sozialbericht aufgrund eines Vertrags mit einem Angehörigen (Die Ehefrau des Klägers war Patientin des beklagten Psychotherapeuten).

Mann. Kein Schmerzensgeld wegen unzureichender bzw. unvollständiger Auskunft eines Psychotherapeuten (Beklagter), der zuvor bereits vom AG Pforzheim → Nr. 6715 zu einem Schmerzensgeld von 4.000 Euro verurteil worden war und nun weiteres Schmerzensgeld wegen der Verarbeitung der Daten begehrte. Zudem, so der Kläger, läge ein Verstoß darin begründet, dass Behandlungsgespräche des Beklagten mit der Ehefrau des Klägers im Juli 2018 stattgefunden haben, in denen die Ehefrau sowohl von vorgeschichtlichem Drogen- und Alkoholkonsum des Klägers als auch von ungewöhnlichen Verhaltensauffälligkeiten berichtet habe. Das LG wies die Klage in diesem Punkt ab und führte dazu aus: „Dieser vom Kläger vertretenen Ansicht kann indes nicht gefolgt werden. Soweit es sich bei der bloßen Entgegennahme solcher den Kläger betreffender Informationen im Rahmen eines vom Beklagten mit der Patientin geführten Behandlungsgesprächs überhaupt um eine Verarbeitung iSv Art. 4 Nr. 2 DS-GVO (iVm Art. 9 Abs. 1 DS-GVO) handelt, ist diese Verarbeitung jedenfalls gemäß Art. 9 Abs. 2h, Abs. 3 DS-GVO zulässig gewesen, da sie für die medizinische Diagnostik, die Versorgung oder Behandlung im Gesundheits- oder Sozialbericht … aufgrund eines Vertrags mit einem Angehörigen eines Gesundheitsberufs und vorbehaltlich der in Abs. 3 genannten Bedingungen und Garantien erforderlich war. Ein Verstoß gegen die Datenschutzgrundverordnung liegt somit nicht vor.“ [Die Entscheidung wurde in dem auf Schmerzensgeld bzw. immateriellen Schadensersatz gerichteten Punkt vom OLG Karlsruhe mit Urteil vom 24.8.2023 GRUR-RS 2023, 24249, → Nr. 7262 bestätigt.]

Betrag: – **Haftung: –**
immVorb: – **MdE: –**

LG Karlsruhe 24.1.2023 – 2 O 446/20 = GUR-RS 2023, 584

7145

Persönlichkeitsrechtsverletzung, behauptete … Der Kläger sah sich in seinem Persönlichkeitsrecht verletzt, weil die Beklagte, eine Wirtschaftsauskunftei, Angaben über ein angeblich anhängiges Insolvenzverfahren bzgl. des Klägers in der vom Kläger beantragten Bonitätsauskunft gemacht hatte.

Mann. Kein Schmerzensgeldanspruch gemäß Art. 82 Abs. 1 DS-GVO: Die Parteien streiten ua über einen Schmerzensgeldanspruch. [Anmerkung-1: 2019 hatte der OGH mit diesem Urteil wohl die erste obergerichtliche Entscheidung zum Thema „immaterieller Schadensersatz gemäß der DS-GVO“ gefällt. Dabei betonte der OGH, dass auch nach Art. 82 DS-GVO der Anspruchsteller stets die Beweislast für den Eintritt des Schadens und für die Kausalität habe und dass die Beweislastumkehr nur das Verschulden betreffe. Der akademische Streit, ob es sich bei dem Anspruch aus Art. 82 DS-GVO um eine Verschuldenshaftung mit Beweislastumkehr oder eine Art der Gefährdungshaftung handelt, könne insofern dahinstehen. Anmerkung-2: vgl. zu dieser Thematik auch LG Frankfurt a.M. → Nr. 7141 sowie OLG Frankfurt a.M. BeckRS 2016, 547 und BGH BeckRS 2011, 7276].

Betrag: – **Haftung: –**
immVorb: – **MdE: –**

OGH Österreich 27.11.2019 – 6 Ob 217/19h = BeckRS 2019, 36677

5317

Persönlichkeitrechtsverletzung, hier: Die Beklagte Krankenversicherung legte ein Gutachten, das die Krankengeschichte der Erblasserin im Detail darstellten, ohne deren Einwilligung in drei nicht die Erblasserin betreffenden anderen sozialgerichtlichen Verfahren als Argumentationshilfe vor. Dabei schwärzte sie zwar den eingangs genannten

Namen der Erblasserin und den Tag und Monat ihres Geburtsdatums, so dass nur noch das Geburtsjahr zu lesen war. In dem darunter befindlichen, auf der ersten Seite des Gutachtens wiedergegebenen Rubrum des sozialgerichtlichen Rechtsstreits blieben der Vor- und Nachname der Erblasserin aber lesbar.

Frau (Erbin der Patientin). Kein Schmerzensgeldanspruch 1. wegen Persönlichkeitrechtsverletzung wegen fehlender Vererblichkeit und 2. wegen fehlender Rechtsgrundlage in Bezug auf § 7 S. 1 BDSG. Hierzu führte der BGH aus: „Die Erbin einer gesetzlich krankenversicherten Patientin kann von der Krankenkasse keine immaterielle Entschädigung wegen einer Verletzung des allgemeinen Persönlichkeitsrechts der Patientin durch die Verwendung eines schriftlichen, die Patientin betreffenden, unzureichend anonymisierten sozialmedizinischen Gutachtens mit personenbezogenen Daten in anderen sozialgerichtlichen Verfahren verlangen. Der Anspruch auf Geldentschädigung wegen Persönlichkeitsrechtsverletzung ist grundsätzlich nicht vererblich“. Zudem könne – so der BGH – ein Anspruch auf immaterielle Entschädigung nicht auf § 7 S. 1 BDSG gestützt werden. „Auch bei richtlinienkonformer Auslegung gewährt § 7 S. 1 BDSG für diesen Fall nichtautomatisierter Datenverarbeitung keinen Anspruch auf immaterielle Entschädigung. Ein solches (einzelnes) Gutachten ist keine Datei im Sinne von Art. 3 I, 2 Buchst. c der RL 95/46/EG des Europäischen Parlaments und des Rates vom 24.10.1995 – Datenschutzrichtlinie –, so dass der Anwendungsbereich der Richtlinie insoweit nicht eröffnet ist“.

Betrag: – **Haftung: –**
immVorb: – **MdE: –**

BGH 29.11.2016 – VI ZR 530/15 = BeckRS 2016, 111129

7226

Persönlichkeitsrechtsverletzung (hier: Unzulässige, weil nicht vom Kläger autorisierte, Weiterleitung von Gesundheitsdaten in Form von Impfdaten durch die Beklagte).

Mann. Die Beklagte, die während der Corona-Pandemie ein Impfzentrum leitete, hatte – nach ihrem Vortrag durch ein Versehen eines ihrer Mitarbeitenden – die Impfdaten von insgesamt ca. 13.000 Personen, darunter auch des Klägers an Dritte in Form einer Mail mit angehängter Exceltabelle weitergeleitet. „Vor dem Hintergrund der Einordnung der Impfdaten des Kl. als Gesundheitsdaten liegt mangels Einwilligung in die Weiterleitung auch ein Verstoß gegen Art. 9 Abs. 1 DS-GVO vor. Ein Verschulden der Bekl. als Verantwortliche in diesem Sinne wird nach Art. 82 Abs. 3 DS-GVO vermutet. Es besteht mithin eine Exkulpationsmöglichkeit auf Seiten der Bekl. Der Bekl. ist eine Exkulpation nach Art. 82 Abs. 3 DS-GVO nicht gelungen … Der Anspruchsverpflichtete kann sich nach Rechtsauffassung der Kammer entlasten, indem er beweist, dass er die am Maßstab des Stands der Technik und im Verkehr, d.h. am allgemeinen Schutzinteresse orientierte erforderliche Sorgfalt iSv § 276 Abs. 2 BGB angewendet hat. Die Grundsätze des § 278 BGB und der Mitarbeiterhaftung gelten auch in diesem Zusammenhang. Eine Entlastung setzt daher auch voraus, dass die beteiligten Mitarbeiter keinerlei Verschulden trifft. Bei der Bewertung des erforderlichen und vermuteten Verschuldens ist ferner zu beachten, dass primärer Anknüpfungspunkt vorliegend nicht das Verhalten eines einzelnen Mitarbeiters der Bekl. in Form der Versendung der streitgegenständlichen E-Mails nebst Anhang ist, sondern vielmehr die – oben bereits hinsichtlich Art. 32 und Art. 5 DS-GVO herausgestellte – vorgelagerte Strukturschwäche in der Datenverwaltung des beklagtenseits geführten Impfzentrums“. [Zitat aus der Urteilszusammenfassung bei Leibold ZD-Aktuell 2023, 01376]. Zur Höhe des immateriellen Schadensersatzes führte das LG aus, dass bereits 100 Euro angesichts der hohen Anzahl an Geschädigten (ca. 13.000 Personen) in der Summe einen nicht unerheblichen Abschreckungseffekt ergäben.

Betrag: 100 € **Haftung: 100 %**
immVorb: – **MdE: –**

LG Essen 2.6.2022 – 1 O 272/21 = BeckRS 2022, 42351

6298

Persönlichkeitsrechtsverletzung hier: Verletzung des allgemeinen Persönlichkeitsrechts durch die Zustellung einer Mahnung für Botox-Behandlungskosten über den Arbeitsgeber der so Behandelten und die Verbreitung einer unwahren ehrenrührigen Tatsachenbehauptung.

Frau. Arzthaftung wegen Verstoß gegen die ärztliche Schweigepflicht. Die Beklagte und Widerklägerin hatte sich von der Klägerin und Widerbeklagten, die ein Kosmetikstudio betreibt zwei Botox-Spritzen geben lassen. Sie begehrte daraufhin Schmerzensgeld in Höhe „von mindestens 15.000 EUR, da sie nicht über eingetretene Risiken der Behandlungen aufgeklärt worden sei und die Klägerin bzw. ihr Ehemann gegen die ärztliche Schweigepflicht verstoßen hätten, indem die dritte Mahnung über eine Botox-Injektion per Fax über ihre Arbeitgeberin, die X Versicherung, an sie gesandt worden sei.“ Das LG – bestätigt durch das OLG Frankfurt a.M. sprach dagegen nur 1.200 EUR zu, „da die Verletzung des allgemeinen Persönlichkeitsrechts und die Verbreitung einer unwahren ehrenrührigen Tatsachenbehauptung nachweislich nur gegenüber der Mitarbeiterin B der X Versicherung erfolgt sei, die das eingegangene Fax an die Beklagte weitergeleitet habe.“. Dazu führte das OLG aus: „Zu bewerten ist ausschließlich, dass die Mitarbeiterin B der Arbeitgeberin der Beklagten die dritte Mahnung über eine Botox-Injektion per Fax erhalten hat. Die allein abstrakte Gefährlichkeit, dass zu schützende Daten einem weiteren Personenkreis zugänglich waren, ist mit dem zuerkannten Betrag angemessen berücksichtigt. Wegen der Verletzung des Selbstbestimmungsrechts aufgrund der unterlassenen Aufklärung ist kein höheres Schmerzensgeld gerechtfertigt. Die Verletzung des Selbstbestimmungsrechts hat per se kein solches Gewicht, dass die Zuerkennung eines Schmerzensgeldes geboten wäre“. Das OLG Frankfurt a.M. verwies dabei auf das OLG Naumburg, NJW 2010, 1758, welches bereits 2010 entschieden hatte: „Führt eine Behandlung, über die unzulänglich aufgeklärt wurde, nicht kausal zu einem Gesundheitsschaden, kann es auch keinen Schadensersatz geben. Der Aufklärungsmangel stellt sich zwar als Eingriff in das Selbstbestimmungsrecht des Patienten dar. Dieser Eingriff hat jedoch per se kein Gewicht, das die Zuerkennung eines Schmerzensgeldes rechtfertigt.“

Betrag: 1.200 € **Haftung: 100 %**
immVorb: – **MdE: –**

OLG Frankfurt a. M. 5.12.2019 – 8 U 164/19 = BeckRS 2019, 31778

4469

Persönlichkeitsrechtsverletzung (hier: Ein Fernsehsender strahlte im Jahr 2007 unter dem Titel „Jagd auf Schmuggler und Schuldner – Zollfahnder im Einsatz“ einen Beitrag aus, bei dem die Antragstellerin dabei gefilmt worden war, wie Vollziehungsbeamte ihre Wohnung durchsuchten und dabei ihr Steuergeheimnis und damit den Datenschutz in erheblichem Umfange verletzt hatten).

Frau. [Anmerkung: Vorliegend ging es um den Prozesskostenhilfeantrag der ASt, den das LG zurückgewiesen hatte.

Das KG gab dem Antrag der ASt jedoch statt und sah vorliegend eine realistische Aussicht, dass der Ast. in ihrer beabsichtigten Klage gegen die die Oberfinanzdirektion ein Schmerzensgeld von „bis zu … 10.000,- EUR" zuerkannt werden wird. Das KG sah in dem Verhalten der Beamten eine „Herabwürdigung des Steuerschuldners zum bloßen Objekt staatlichen Handelns" und sah darin zudem zutreffend „ein hohes Maß der Fahrlässigkeit"]

Betrag: 10.000 € **Haftung: 100 %**
immVorb: – **MdE: –**

KG 21.1.2011 – 9 W 76/10 = BeckRS 2011, 11177

kk) Datenschutzverstoß durch heimliche Überwachung / Videoaufnahmen

7252

Persönlichkeitsrechtsverletzung, behauptete (hier: unberechtigte Videoüberwachung in einem Lebensmittelgeschäft).

Kein Schmerzensgeldanspruch gemäß Art. 82 Abs. 1 DS-GVO. Dem Kläger steht – trotz der erwiesenermaßen rechtwidrigen – Videoüberwachung kein Schmerzensgeldanspruch zu, was das OLG so begründete: „Wie das Landgericht unter Bezug auf die dort zitierte höchstrichterliche Rechtsprechung zu Recht ausführt, bestimmt sich die Frage, ob eine hinreichende schwerwiegende Verletzung des Persönlichkeitsrechts vorliegt, nach der Bedeutung und der Tragweite des Eingriffs, dabei insbesondere nach Anlass und Beweggrund sowie dem Grad des Verschuldens des Handelnden. Als Nichtvermögensschaden durch Verstöße gegen das Datenschutzrecht kommen etwa die öffentliche Bloßstellung durch Zugänglichmachen personenbezogener Daten für Dritte, soziale Diskriminierung, Hemmung in der freien Persönlichkeitsentfaltung, Reduzierung des Menschen auf ein Datenverarbeitungsobjekt, psychische Auswirkungen bei der betroffenen Person infolge des Datenschutzverstoßes oder Identitätsdiebstahl bzw. -betrug in Betracht (vgl. Wythibul / Haß / Albrecht, Abwehr von Schadensersatzansprüchen nach DSGVO, NJW 2018, 113 (114) mwN). Bei Beachtung dessen ist vorliegend nicht ersichtlich, dass dem Kläger ein erheblicher oder gar schwerwiegender Schaden entstanden ist, der durch ein Schmerzensgeld auszugleichen wäre."

Betrag: – **Haftung: –**
immVorb: – **MdE: –**

OLG Stuttgart 18.5.2021 – 12 U 296/20 = BeckRS 2021, 26918

7078

Persönlichkeitsrechtsverletzung, erhebliche. Hier: Unzulässige Arbeitnehmerüberwachung im Homeoffice und Beweisverwertungsverbote. Die durchgehende Überwachung durch vier Mitarbeiter einer Detektei einschließlich der Überwachung der Ehefrau unter Erstellung zahlreicher Fotos ua beim Mittagessen stellt eine erhebliche Verletzung von Persönlichkeitsrechten dar.

58j. Mann (Vertriebsleiter). Die Beklagte lies den Kläger wegen angeblich nachlassender Produktivität von einer Detektei überwachen. Das Observieren eines Arbeitnehmers durch einen – bzw. mehrere – Detektive ist jedoch eine Form der Datenerhebung iSd DS-GVO (BAG BeckRS 2019, 9873). In einer solchen Datenerhebung liegt zugleich ein unzulässiger Eingriff in das allgemeine Persönlichkeitsrecht (BAG BeckRS 2019, 9873 Rn. 24), sofern er einer Abwägung der beiderseitigen Interessen nach dem Grundsatz der Verhältnismäßigkeit iRv § 26 Abs. 1 S. 1 BDSG nicht standhält, dh es dürfen keine anderen, zur Zielerreichung gleich wirksamen und das Persönlichkeitsrecht des Arbeitnehmers weniger einschränkenden Mittel zur Verfügung stehen. [vgl. zu dieser Thematik im Handbuch → Rn. 224 und Rn. 247d].

Betrag: – **Haftung: –**
immVorb: – **MdE: –**

LAG Berlin-Brandenburg 11.9.2020 – 9 Sa 584/20 = BeckRS 2020, 30034

7844

Persönlichkeitsrechtsverletzung durch die Aufnahme eines Verkehrsverstoßes und das Hochladen bzw. Weiterleiten eines diesbezüglichen Beweisfotos – auf dem neben dem Fahrer auch der Beifahrer (= Kläger) zu erkennen war – an die für die Verfolgung der Ordnungswidrigkeit zuständige Bußgeldbehörde. Hierdurch sei, beim Beifahrer ein „Kontrollverlust" entstanden.

Mann. Der Beklagte hatte mit seinem Smartphone ein Foto eines verkehrsordnungswidrig an einer Bushaltestelle (Zeichen 224) abgestellten Pkw aufgenommen, dessen Fahrer ausgestiegen war. Das Foto leitete er über eine privat betriebene Plattform an die zuständige Bußgeldbehörde weiter. Diese strengte daraufhin ein entsprechendes Verfahren gegen den Fahrer ein. Auf dem Foto war jedoch nicht nur der PKW an der Bushaltestelle, sondern auch der auf dem Beifahrersitz wartende Kläger, der zugleich Halter des Fahrzeugs war, zu erkennen und sah sich hierdurch in seinen Persönlichkeitsrechten verletzt. Bei der Begründung für die Bemessung des immateriellen Schadensersatzes betonte das OLG, dass der Kläger (zugleich Halter des PKW) sich infolge der Weiterleitung des Fotos – und der damit verbundenen Verarbeitung seiner Daten durch den Beklagten – mit dem Bußgeldverfahren gegen den Fahrer auseinandersetzen und sich hierzu einlassen musste und dass damit ein gewisser Zeitaufwand verbunden gewesen sei. Dies sei von diesem als „negative Folge" einzuordnen gewesen. Die biometrischen Daten des Klägers (Gesicht und Oberkörper) sowie Standort, Tag und Uhrzeit einschließlich Daten zum Fahrzeug, in dem sich der Kläger befand, seien – so das OLG – „über einen Zeitraum von zumindest rund eineinhalb Jahren im Internet zugänglich und dort abrufbar, wenn auch nicht allgemein öffentlich, sondern beschränkt auf einen mit dem Vorgang befassten, aber unbestimmten Personenkreis bei der Bußgeldbehörde sowie auf weitere Personen, die Zugang oder Kenntnis von der URL oder Zugang zum Mobiltelefon des Beklagten hatten bzw. haben." Vor diesem Hintergrund – so das OLG weiter – „ist ein Kontrollverlust über Daten des Klägers festzustellen, für den der Senat einen Betrag von 100 EUR als angemessenen, aber auch ausreichenden Ausgleich für gerechtfertigt erachtet." [Anmerkung: Zutreffend kritisiert Steinert – siehe SVR 2026, 64 – das Urteil und insbesondere die Begründung eines immateriellen Schadensersatzanspruchs und dessen Bemessung scharf und führt dazu aus: „Diese Argumentation offenbart, dass der Spruchkörper grundlegende Prinzipien des Strafprozessrechts nicht durchdrungen hat. Zeugen sind grundsätzlich dazu verpflichtet, zur Sache auszusagen (§ 46 Abs. 1 OWiG iVm § 163 Abs. 3 S. 1 StPO bzw. § 48 Abs. 1 StPO). Naturgemäß geht das mit einem Zeitopfer der betroffenen Personen einher. Dafür werden sie – und auch das ist gesetzlich verankert (§ 59 OWiG; § 71 StPO) – in Geld entschädigt. Den Zeitaufwand bei der Bezifferung des Schmerzensgeldes zu berücksichtigen, bedeutet eine doppelte Entschädigung der Beweisperson. Das ist schlicht und einfach Unsinn." Ergänzend ist anzumerken, dass bereits auch die Annahme eines Kontrollverlustes und der Hinweis des OLG Dresden auf Scraping-Fälle geradezu absurd ist, denn beim Scraping geht es darum, dass Hacker bzw. sog. Scraper auf illegale Weise sich die persönlichen

Daten einer Vielzahl von Nutzern sozialer Medien / Internetnutzern verschaffen, um diese sodann zu weiteren illegalen Aktivitäten und zum eigenen wirtschaftlichen Nutzen zu verwenden. Da dies stets im großen Stil – im sog. Facebook-Datenleck im Jahr 2021 bei insgesamt rund 500 Millionen Personen – geschieht, geht die Rechtsprechung insofern bzgl. der Betroffenen häufig (vgl. im Handbuch unter → Rn. 246) von einem Kontrollverlust über die eigenen Daten aus. Im vorliegenden Sachverhalt diente das Foto lediglich dem Beweis einer Ordnungswidrigkeit, wobei der Zugang zu diesem Foto „beschränkt auf einen mit dem Vorgang befassten, aber unbestimmten Personenkreis bei der Bußgeldbehörde" (so das OLG) war. Insofern bestand zu keinem Zeitpunkt ein Kontrollverlust und mit Scraping hat der Fall auch nicht im Geringsten eine Ähnlichkeit. Auch der Hinweis bzw. der – zum Nachteil des Beklagten – angewandte Grundsatz der „Datenminimierung" wird vom OLG sinnentfremdet angewandt, wenn dieses darauf hinweist, der Beklagte hätte das Foto – vor dem Hochladen an die zuständige Behörde – dahingehend selbst bearbeiten müssen, dass der Kläger, der auf dem Beifahrersitz des PKW saß, unkenntlich gewesen wäre. Ein von privater Hand „bearbeitetes" Foto wäre zum einen ggf. gar nicht mehr als Beweismittel zulässig gewesen und zum anderen kann eine solche Bearbeitung von einem Laien nicht verlangt werden, da hierfür nicht nur Spezialsoftware, sondern auch Spezialkenntnisse erforderlich sind. Ganz absurd ist auch der Hinweis des OLG Dresden, der Beklagte hätte – um eine Erkennbarkeit des Klägers zu vermeiden – den PKW „nur aus einer rückwärtigen Ansicht oder aus erheblicher Entfernung" (so das OLG wörtlich) fotografieren müssen. Dann aber wäre das Foto ebenfalls kein (verwertbarer) Beweis für den nicht unerheblichen – weil an einer Bushaltestelle begangenen – Verkehrsverstoß gewesen. Datenschutz darf kein Täterschutz sein, vgl. dazu im Handbuch unter → Rn. 247c mit Hinweis auf Throm DriZ 2025, 190 sowie BAG NJW 2023, 3113 – Verwertung von Daten aus offener Videoüberwachung bei DS-GVO-Verstoß].]

Betrag: 100 € **Haftung: 100 %**
immVorb: – **MdE: –**

OLG Dresden 9.9.2025 – 4 U 464/25 = SVR 2026, 60

7651

Persönlichkeitsrechtsverletzung wegen Überwachung durch eine Detektei vor dem Hintergrund des Verdachts einer vorgetäuschten Arbeitsunfähigkeit.

Mann (Account Manager). Die Beklagte hatte den Kläger wegen des Verdachts einer vorgetäuschten Arbeitsunfähigkeit während der Dauer von acht Tagen durch eine Detektei zumindest stichprobenartig überwachen lassen; im Zuge dieser Observation wurde auch die Hausarztpraxis des Klägers und das Wohnhaus seiner ehemaligen Lebensgefährtin aufgesucht und dabei der sichtbaren Gesundheitszustand des Klägers dokumentiert. Der Kläger verlangte deshalb ein Schmerzensgeld iHv mindestens 25.000 EUR. Das ArbG hatte die Klage abgewiesen. Das LAG gab ihr – bestätigt durch das BAG – iHv 1.500 EUR statt. Das BAG führte dazu aus: „Lässt ein Arbeitgeber einen Arbeitnehmer wegen des Verdachts einer vorgetäuschten Arbeitsunfähigkeit durch eine Detektei überwachen und dokumentiert diese dabei den sichtbaren Gesundheitszustand des Arbeitnehmers, handelt es sich um die Verarbeitung von Gesundheitsdaten im Sinne der Datenschutz-Grundverordnung (amtlicher Leitsatz)." Hege der Arbeitgeber Zweifel am Vorliegen einer ärztlich bescheinigten Arbeitsunfähigkeit und möchte er den Arbeitnehmer deshalb durch Detektive oder andere Personen beobachten lassen, so das BAG, „kann die daraus folgende Verarbeitung von Gesundheitsdaten nach Art. 9 Abs. 2 Buchst. b DSGVO iVm § 26 Abs. 3, § 22 Abs. 2 BDSG nur zulässig sein, wenn der Beweiswert einer vorgelegten ärztlichen Arbeitsunfähigkeitsbescheinigung erschüttert ist und eine Untersuchung durch den Medizinischen Dienst der Krankenkasse nach § 275 Abs. 1a S. 3 SGB V nicht möglich ist oder objektiv keine Klärung erwarten lässt. Anderenfalls ist die Ermittlung als Datenverarbeitung nicht erforderlich iSv Art. 9 Abs. 2 Buchst. b DSGVO iVm. § 26 Abs. 3 S. 1 BDSG." Das BAG bestätigte im Weiteren auch die Bemessung der Höhe des nach Art. 82 Abs. 1 DS-GVO geschuldeten Schadenersatzes des LAG, das zu Gunsten der Beklagten gewürdigt hatte, dass diese den Detektivbericht nicht an Dritte gegeben und der Kläger weitere psychische Belastungen nicht dargelegt hatte.

Betrag: 1.500 € **Haftung: 100 %**
immVorb: – **MdE: –**

BAG 25.7.2024 – 8 AZR 225/23 = BeckRS 2024, 29324

7084

Persönlichkeitsrechtsverletzung ua durch rechtswidrige Überwachung durch eine Detektei an insgesamt sechs Tagen. Der Detektiv beobachtete ihn an sechs Tagen in seinem Privatleben (auf dem Balkon seiner Wohnung und im Garten). Einmal lief er ihm sogar bis in den Park hinterher.

55j. Mann (Angestellter). Der Kläger wehrte sich erfolgreich gegen seine Kündigung und begehrte „ferner … die Zahlung eines angemessenen Schmerzensgeldes, wobei er sich einen Betrag in der Größenordnung von 5.000 Euro vorstellt, wegen der Detektivüberwachung und Mobbings seitens der Beklagten". Das LAG sprach für jeden Tag der Überwachung 250 Euro und somit insgesamt 1.500 Euro zu, da für diese Überwachung kein berechtigter Anlass bestanden habe und sie auch nur auf Grund einer vagen Vermutung basierte und letztlich rechtswidrig war. Die Höhe des immateriellen Schadensersatzes ergäbe sich, so das LAG, „aus dem Gesichtspunkt der Genugtuung des Opfers sowie der Prävention". Weiter führte das LAG aus: „Da der Begriff des Schadens in Art. 82 DS-GVO ein europarechtlicher ist, darf nicht auf nationale Erheblichkeitsschwellen oder andere Einschränkungen abgestellt werden. Einen Ausschluss vermeintlicher Bagatellschäden sieht das Gesetz nicht vor (Kühling / Buchner, 3. Aufl. 2020, DS-GVO Art. 82 Rn. 18a)".

Betrag: 1.500 € **Haftung: 100 %**
immVorb: – **MdE: –**

LAG Hessen 18.10.2010 – 16 Sa 380/20 = BeckRS 2021, 42405

7758

Persönlichkeitsrechtsverletzung durch die Installation einer Überwachungskamera, die zeitweise auf das Grundstück der Kläger gerichtet worden war. Die Kamera war auch schwenkbar und für einen nicht ganz unerheblichen Zeitraum von einem Monat so angebracht, dass dadurch der Eindruck erzeugt wurde, die Beklagten könnten jederzeit umfassend Einblicke in die Privatsphäre der Kläger – insbesondere in dessen Garten- und Schwimmbadbereich – bekommen.

Mann / Frau (mehrere Kläger). Nachbarschaftliche Videoüberwachung / Überwachungsdruck als eigenständiger Eingriff in das Persönlichkeitsrecht. Die Beklagten hatte, wie oben unter Einzelheiten beschrieben, ihr Haus mit Videokameras bestückt und unter anderem auch hiermit gewonnene Videos bzw. Fotos von einer privaten Feier der Kläger in deren Garten- und Poolbereich für eine Anzeige bei der örtlichen Polizei verwendet, obwohl sich die Nachbarn nach einer zuvor „langandauernden und offensichtlich erbittert geführten Auseinandersetzung" in einer gemeinsamen Vereinbarung auf die Untersagung des Filmens des Nachbargrundstücks mit stationären und mobilen Kameras und das Fotografierens des Nachbargrundstücks verständigt hatten. Das OLG sah insofern die Anspruchsgrundlage des Art. 82 Abs. 1 DS-GVO als nicht gegeben an, betonte jedoch in seinen drei Leitsätzen: „Unabhängig von einer nachgewiesenen Betroffenheit kann eine Videoüberwachung einen unzulässigen Eingriff in das allgemeine Persönlichkeitsrecht darstellen, wenn aufgrund konkreter Umstände die Befürchtung, überwacht zu werden, nachvollziehbar und verständlich erscheint (Überwachungsdruck). Der bloße Überwachungsdruck löst jedoch keinen datenschutzrechtlichen Schadensersatzanspruch aus. Er kann aber den Anspruch auf eine Geldentschädigung begründen, wenn die Kamera über einen längeren Zeitraum installiert ist und der Eindruck erweckt wird, auch der Privatsphärebereich werde von der Kamera erfasst." Zur Bemessung des immateriellen Schadens führte das OLG mit Hinweis auf OLG Dresden → Nr. 6996 weiterhin aus: „Da der von der installierten Videokamera ausgehende Überwachungsdruck auf einen überschaubaren Zeitraum beschränkt war, die Kläger gerade nicht nachweisen konnten, dass diese Kamera auch für Aufnahmen genutzt wurde und die mittels einer anderen Kamera gefertigten Bildaufnahmen die Kläger in ihren Persönlichkeitsrechten nicht schwerwiegend beeinträchtigten, rechtfertigt der Eingriff aber nur die Zuerkennung einer Geldentschädigung in Höhe des insoweit maßgeblichen Mindestbetrages. Diesen bemisst der Senat zwar in ständiger Rechtsprechung mit 2.500,- EUR. Ausnahmsweise ist der vom Landgericht den Klägern jeweils zuerkannte Betrag von jeweils 2.000,- EUR – und damit insgesamt 4.000,- EUR – aber mit Blick auf den eine Geldentschädigung allein rechtfertigenden Verstoß gegen die Nachbarschaftsvereinbarung und den Präventionsgedanken ausreichend, die Beklagten zukünftig zu einer Unterlassung einer Videokamerainstallation mit Überwachung des klägerischen Grundstücks anzuhalten, zumal zukünftige Verstöße dann ohne weiteres geahndet werden können."

Betrag: 2.000 € **Haftung: 100 %**
immVorb: – **MdE: –**

OLG Dresden 16.9.2025 – 4 U 634/25 = GRUR-RS 2025, 29327

6534

Persönlichkeitrechtsverletzung durch heimliche Videoüberwachung mit versteckten Kameras im Arbeitsbereich einer Tankstelle.

Mann. Die beklagte Arbeitgeberin betreibt eine Tankstelle mit Verkaufsraum, bei der der Kläger als Verkäufer bis August 2017 tätig war. Die Beklagte überwacht den Außenbereich, den öffentlich sowie den nicht-öffentlich zugänglichen Teil der Tankstelle mit Videokameras. Die Arbeitnehmer haben hiervon Kenntnis; zudem befanden sich im Verkaufsraum zwei weitere – versteckte – Videokameras von denen sie jedoch keine Kenntnis hatten. Dies wertete das LAG zutreffend als entschädigungsrelevante schwere Persönlichkeitsrechtsverletzung gemäß § 32 BDSG aF, da diese Kameras im nicht öffentlich-zugänglichen Bereich keine präventive Funktion iSd Schutzes vor Diebstahl hatten, sondern allein der Überwachung der Arbeitnehmer in Form einer dauerhaften und anlasslosen Kontrolle dienten. Zudem mache die ständige Überwachung den Menschen zum Objekt und erzeuge einen hohen Überwachungsdruck. [Anmerkung: Vgl. dazu im Handbuch unter → Rn. 247c sowie die Entscheidungsbesprechung von Hörtz in Newsdienst Compliance 2025, 320041 zu zu LAG Hamm → Nr. 7745].

Betrag: 2.000 € **Haftung: 100 %**
immVorb: – **MdE: –**

LAG Mecklenburg-Vorpommern 24.5.2019 – 2 Sa 214/18 = BeckRS 2019, 23355

6937

Persönlichkeitsrechtsverletzung durch den Einsatz eines GPS-Ortungssystem seitens des Arbeitgebers in das Dienstfahrzeug eines Mitarbeiters ohne diesbezügliche Betriebsvereinbarung bzw. einzelvertragliche Zustimmung des Arbeitnehmers.

Mann (Außendienstmitarbeiter). Das GPS-Ortungssystem, das die Beklagte in jedem Dienstfahrzeug des Vertriebs eingebaut hatte, konnte die GPS-Daten rund um die Uhr übertragen, wodurch diese Fahrzeuge von der Beklagten auch in der Freizeit ihrer Arbeitnehmer geortet wurden. Zudem konnte das GPS-System auch den Batteriepegel der Fahrzeuge überwachen und erkennen, wann die Zündung eingeschaltet wird. Diese Daten konnten vom Geschäftsführer der Beklagten, dem Vertriebsleiter, dem Produktionsleiter und einer Innendienstleiterin jederzeit über das Internet angesehen werden. Die Beklagte nutzte das GPS-Ortungssystem nicht zur strategischen Vertriebssteuerung. Eine Betriebsvereinbarung über diese GPS-Ortung gab es bei der Beklagten nicht, zumal im Betrieb kein Betriebsrat existierte. In dieser Maßnahme – insbesondere auch in Bezug auf Anrufe, des Arbeitgebers, weshalb er (der Mitarbeiter) so spät von zu Hause los gefahren sei – sah der OGH Wien zutreffend eine Verletzung der Menschenwürde. Diese „wird von einer Kontrollmaßnahme oder einem Kontrollsystem dann „berührt", wenn dadurch die vom Arbeitnehmer in den Betrieb miteingebrachte Privatsphäre kontrolliert wird. Von der Privatsphäre abgesehen, kann aber auch durch die Kontrollintensität der Arbeitsleistung und des arbeitsbezogenen Verhaltens des Arbeitnehmers eine Berührung der Menschenwürde bewirkt werden, und zwar vor allem dann, wenn diese Kontrolle in übersteigerter Intensität organisiert wird und jenes Maß überschreitet. … Ein immaterieller Schadenersatzanspruch nach § 1328a ABGB steht dem Verletzten nur bei „erheblichen" Verletzungen der Privatsphäre zu. Die „Erheblichkeitsschwelle" ist eine allgemeine Schranke für Ansprüche auf Ersatz immaterieller Schäden bei Eingriffen in die Persönlichkeitsrechte. Bei Beurteilung der Erheblichkeit eines Eingriffs kommt es auf die Umstände des Einzelfalls an: Je „privater" ein Umstand ist, in den eingegriffen oder der verwertet wird, je schwerwiegender das Verschulden des Störers ist und je gravierender die Folgen für den betroffenen Menschen sind, desto eher ist an immaterielle Schadenersatzansprüche zu denken, das für Arbeitsverhältnisse dieser Art typisch und geboten ist (9 ObA 109/06d mwN; 9 ObA 23/15w Pkt 5.)", so der OGH.

Betrag: 2.400 € **Haftung: –**
immVorb: – **MdE: –**

OGH Österreich 22.1.2020 – 9 ObA 120/19s = BeckRS 2020, 5418

7907

Persönlichkeitsrechtsverletzung durch Videoüberwachung am Arbeitsplatz über einen Zeitraum von 20 Monaten.

Mann. Der Beklagte hatte seine Arbeitnehmer und insofern den Kläger durch zwei Kameras für einen Zeitraum von 15 bis 20 Minuten je Arbeitstag überwacht. Bei der Bemessung berücksichtigte das Gericht erschwerend, dass die Bekl. auch nach Rechtskraft des sie zum Abbau der beiden Kameras verpflichtenden Urteils dieser Verpflichtung nicht nachkam, sondern sich noch im Zwangsvollstreckungsverfahren mit nicht durchgreifenden Äußerungen ihrer Pflicht zu entziehen suchte. Das LAG berücksichtigte jedoch auch, den Umstand, dass die Überwachung zwar nicht unerhebliche, aber doch bei Weitem nicht überwiegende Teile der Arbeitszeit des Kl. umfasste; dies habe dazu geführt, dass auch die mit der Berufung des Kl. verfolgte Erhöhung der Geldentschädigung nicht zu erfolgen hat. [Anmerkung: Vgl. dazu im Handbuch unter → Rn. 247c sowie die Entscheidungsbesprechung von Hörtz in Newsdienst Compliance 2025, 320041 zu zu LAG Hamm → Nr. 7745].

Betrag: 4.000 € **Haftung: 100 %**
immVorb: – **MdE: –**

LAG Hamm 30.10.2012 – 9 Sa 158/12 = BeckRS 2013, 66026

7908

Persönlichkeitsrechtsverletzung durch Videoüberwachung am Arbeitsplatz über mehrere Monate.

Frau (kaufmännische Angestellte). Der Arbeitgeber (Beklagter) hatte gegenüber der Eingangstür des Büros, in dem die Klägerin arbeitete eine Videokamera angebracht, die nicht nur auf den Eingangsbereich, sondern im Vordergrund auch auf den Arbeitsplatz der Klägerin gerichtet war. Der Arbeitgeber hatte diese Maßnahme damit gerechtfertigt, dass die Kamera zum einen nicht ständig in Funktion gewesen und zudem lediglich zur Sicherheit der Mitarbeiter angebracht worden sei, da es in der Vergangenheit zu Übergriffen auf Mitarbeiter gekommen sei. Das LAG akzeptierte diese Rechtfertigung nicht, sondern sah in der Überwachung eine schwere Persönlichkeitsrechtsverletzung, da die Mitarbeitenden sich bereits früh gegen die Installation der Videokamera gewandt und sich durch Unsicherheit darüber, ob die Kamera tatsächlich aufzeichne oder nicht, in einem unzumutbaren permanenten Anpassungs- und Überwachungsdruck befunden hätten.

Betrag: 7.000 € **Haftung: 100 %**
immVorb: – **MdE: –**

LAG Hessen 25.10.2010 – 7 Sa 1586/09 = BeckRS 2011, 68499

7745

Persönlichkeitsrechtsverletzung durch rechtswidrige Videoüberwachung durch den Arbeitgeber über einen Gesamtzeitraum von 22 Monaten; dieser hatte in seiner Produktionshalle, den angrenzenden Lagern und Büros rund um die Uhr mit insgesamt 34 HD-Kameras gefilmt, wobei der Arbeitgeber mit diesen Kameras auch kontrollieren konnte, ob und wann sich ein Arbeiter auf dem Weg zum Büro, zum Pausenraum oder zum WC befand. Durch „Zoomen" konnten so auch Gesichter und Mimik der Mitarbeiter deutlich erkennbar gemacht werden. Obwohl der Kläger, dem die Überwachungsanlage bekannt war, mit dieser sehr umfassenden Videoüberwachung ausdrücklich nicht einverstanden war, setzte der Arbeitgeber die Überwachung fort.

Mann (Industriefacharbeiter / Stahlarbeiter). Obwohl die Kameraüberwachung des Arbeitgebers bereits zuvor Gegenstand eines Rechtsstreits war, der mit einem Vergleich beendet worden war, setzte der Arbeitgeber die unzulässige Überwachung seiner Arbeitnehmer fort. Dazu führte das LAG aus, dass die Weder § 26 BDSG noch Art. 6 DS-GVO trügen die Maßnahme. Eine wirksame Einwilligung lag nicht vor; die flächendeckende Überwachung der gesamten Halle, einschließlich der Arbeitsplätze auch nicht durch eine im Arbeitsvertrag enthaltene pauschale Zustimmung wirksam gewesen sei, da es insofern an der „Freiwilligkeit und Transparenz" gefehlt habe (Art. 7 DS-GVO). Auch ein „berechtigtes Interesse" des Arbeitgebers – etwa zur Diebstahlsprävention oder Unfallaufklärung – rechtfertigte eine solche umfassende Videoüberwachung nicht. Vielmehr hätten gezielte und deshalb mildere Maßnahmen, wie beispielsweise die Überwachung der Ein- und Ausgänge zur Diebstahlprävention ausgereicht. [Anmerkung: Vgl. dazu im Handbuch unter → Rn. 247c sowie die Entscheidungsbesprechung von Hörtz in Newsdienst Compliance 2025, 320041].

Betrag: 15.000 € **Haftung: 100 %**
immVorb: – **MdE: –**

LAG Hamm 28.5.2025 – 18 SLa 959/24 = BeckRS 2025, 24895

ll) Datenschutzverletzung, sonstige

7224

Persönlichkeitsrechtsverletzung, vermeintliche wegen behaupteten Verstoßes gegen die DS-GVO.

Kein Schmerzensgeldanspruch wegen fehlen einer Pflichtverletzung des Beklagten. Auf Grund dessen besteht auch keine Veranlassung zu einer Vorlage gemäß Art. 267 AEUV.

Betrag: – **Haftung: –**
immVorb: – **MdE: –**

LG Kleve 28.9.2022 – 6 S 81/20 = GRUR-RS 2022, 29467

7225

Persönlichkeitsrechtsverletzung, vermeintliche wegen behaupteten Verstoßes gegen die DS-GVO.

Kein Schmerzensgeldanspruch nach Art. 82 DS-GVO, da der Kläger „weder einen materiellen Schaden dargelegt noch eine nennenswerte Beeinträchtigung persönlichkeitsbezogener Belange" (Zitat aus Leibold ZD-Aktuell 2023, 01376).

Betrag: – **Haftung: –**
immVorb: – **MdE: –**

LG Karlsruhe 4.8.2022 – 3 O 134/21 = GRUR-RS 2022, 48479

7228

Persönlichkeitsrechtsverletzung, vermeintliche wegen behaupteten Verstoßes gegen die DS-GVO.

Mann. Kein Schmerzensgeldanspruch, da vorliegend kein Schaden entstanden bzw. kein solcher vom Kläger bewiesen werden konnte. „Ob ein immaterieller Schaden eine gewisse Erheblichkeit einer Beeinträchtigung voraussetzt, muss hier nicht entschieden werden", so das AG.

Betrag: – **Haftung: –**
immVorb: – **MdE: –**

AG Köln 23.2.2022 – 127 C 133/21 = BeckRS 2022, 48810

7189

Persönlichkeitsrechtsverletzung (hier: Durch den Beschuldigten identifizierende Berichterstattungen über ein laufendes Strafverfahren, wodurch dieser zwangsläufig in seinem Recht auf Schutz seiner Persönlichkeit und seines guten Rufs beeinträchtigt wurde, weil sie sein mögliches Fehlverhalten öffentlich bekannt gemacht und seine Person in den Augen der Adressaten negativ qualifiziert worden war).

Mann (PR-Manager). Der Kl. wurde durch seine Teilnahme an fünf Staffeln der Sendung „Traumfrau gesucht" des

Fernsehsenders RTL II bekannt, ist PR-Manager und betreut Künstler. Der Bekl. zu 1 ist Redakteur bei der Bekl. zu 2, die für die Printausgabe der Bild-Zeitung und für die Internetseite www.bild.de verantwortlich ist. Die Beklagten veröffentlichten – vor dem Hintergrund eines gegen den Kläger wegen des Vorwurfs des gewerbsmäßigen Betrugs laufenden Strafverfahrens, das jedoch in der Hauptverhandlung nach § 153 Abs. 2 StPO eingestellt worden war – mehrere Artikel ua mit dem Titel „Betrugs-Anklage gegen den Rosen-Kavalier“ sowohl in den Printmedien als auch in Online-Ausgaben, wobei in letzteren sein voller Name genannt wurde. Mit seiner Klage verlangte der Kl. von den Bekl. als Gesamtschuldnern Zahlung einer angemessenen Geldentschädigung von mindestens 20.000 EUR nebst Zinsen. Das LG Köln (GRUR-RS 2019, 59853) hat die Klage abgewiesen, das OLG Köln (GRUR-RS 2020, 56319) hat die Berufung des Kl. zurückgewiesen. Die vom OLG zugelassene Revision des Kl. hatte in der Sache keinen Erfolg. „Es liegt auf der Hand, dass ein Schadensersatzanspruch gem. § 82 I DS-GVO nicht auf die Verletzung datenschutzrechtlicher Bestimmungen durch eine journalistische Tätigkeit gestützt werden kann, wenn die Bestimmungen für die Tätigkeit gar nicht gelten“, so der BGH mit Verweis auf die Öffnungsklausel des Art. 85 II DS-GVO wonach Datenverarbeitungen zu journalistischen Zwecken von den die Rechtmäßigkeit der Datenverarbeitung betreffenden Vorschriften in Art. 6 und Art. 7 DS-GVO durch Regelungen der Länder ausgenommen wurden. Allerdings, so der BGH liege eine Persönlichkeitsrechtsverletzung vor; jedoch keine so schwerwiegende Verletzung des Persönlichkeitsrechts des Kl., die die Zahlung einer Geldentschädigung erfordert habe, weil es ohne eine solche an einem befriedigenden Ausgleich für die erfolgte Persönlichkeitsrechtsverletzung fehlen würde. [Anmerkung: Zu den Anforderungen an eine zulässige Verdachtsberichterstattung und zu dieser Entscheidung vgl. oben im Handbuch unter → Rn. 178.]

Betrag: – **Haftung: –**
immVorb: – **MdE: –**

BGH 22.2.2022 – VI ZR 1175/20 = NJW 2022, 1751

7045

Persönlichkeitsrechtsverletzung wegen vermeintlichem DS-GVO-Verstoß des Finanzamtes, weil dieses angeblich persönliche Unterlagen versehentlich an einen Dritten versandt hatte.

Mann. Kein Schmerzensgeldanspruch vom Finanzamt wegen angeblichem DS-GVO-Verstoß. Der Kläger argumentierte, dass der Dritte ihm die Unterlagen zwar übergeben, jedoch Kenntnis von seiner Anschrift und persönlichen Daten erlangt hätte. Das Finanzamt lehnte eine Schmerzensgeldzahlung auf Grundlage von Art. 82 DS-GVO gleichwohl ab. Die Klage vor dem Finanzgericht blieb ebenfalls erfolglos. Die Klage sei zwar zulässig, da der Finanzrechtsweg für Klagen hinsichtlich der Verarbeitung personenbezogener Daten gegen Finanzbehörden oder gegen deren Auftragsverarbeiter wegen eines (möglichen) Verstoßes gegen datenschutzrechtliche Bestimmungen im Anwendungsbereich der DS-GVO gegeben sei. Sie sei jedoch unbegründet, so das Gericht, da der Kläger – wofür er beweispflichtig sei – eine Pflichtverletzung durch das beklagte Finanzamt sowie einen Schadenseintritt nicht habe nachweisen können. Die Beweislastumkehr des Art. 82 Abs. 3 DS-GVO beziehe sich insofern ausschließlich auf ein Verschulden der Behörde; demgegenüber habe jedoch der Kläger die haftungsbegründenden Voraussetzungen, also den Pflichtverstoß, darzulegen, so das FG.

Betrag: – **Haftung: –**
immVorb: – **MdE: –**

FG Baden-Württemberg 18.10.2021 – 10 K 759/21 = BeckRS 2021, 56079

7119

Persönlichkeitsrechtsverletzung durch Versendung eines USB-Sticks mit persönlichen Daten mittels einfacher Post.

Mann. Kein Schmerzensgeldanspruch: Der Kläger und seine Ehefrau fragten bei der Beklagten eine Immobilienfinanzierung an. Hierbei warfen sie ua einen nicht verschlüsselten USB-Stick mit umfassenden Angaben und Dokumenten zu ihrer Finanzsituation in den Briefkasten der Beklagten ein. Nachdem der beabsichtigte Vertrag nicht zustande kam, schickte die Beklagte den USB-Stick mit einfacher Post an den Kläger und seine Ehefrau zurück, doch der Brief kam aber – laut den Klägern – nicht bei ihnen an. Die nun vom Kläger, der sich die Ansprüche seiner Ehefrau abtreten ließ, erhobene Klage auf immateriellen Schadensersatz gemäß Art. 82 DS-GVO wies das LG ab. Zunächst befasste sich das LG mit der umstrittenen Frage, ob man den Anspruch gem. Art. 82 Abs. 1 DS-GVO nach § 398 BGB wirksam abtreten kann und bejahte dies. Sodann prüfte es einen Verstoß gegen Art. 33, 34 Abs. 2 DS-GVO. „Trotz eines möglichen Verstoßes gegen Art. 33, 34 Abs. 2 DS-GVO verneinte das Gericht jedoch einen Anspruch nach Art. 82 Abs. 1 DS-GVO. Denn der Kläger konnte nach Auffassung des LG Essen nicht hinreichend substanziiert darlegen, dass ihm oder seiner Ehefrau ein erheblicher Schaden entstanden sei“, so das LG.

Betrag: – **Haftung: –**
immVorb: – **MdE: –**

LG Essen 23.9.2021 – 6 O 190/21 = ZD-Aktuell 2021, 05520

7248

Persönlichkeitsrechtsverletzung, behauptete (hier: Verwendung seines Fotos und seines Namens auf der Internetseite der Klägerin*). * Anmerkung: im Rahmen einer Widerklage.

Kein Schmerzensgeldanspruch gemäß Art. 82 Abs. 1 DS-GVO. Für einen Entschädigungsanspruch nach Art. 82 Abs. 1 DS-GVO habe die anspruchstellende Partei das Vorliegen eines Schadens darzulegen und zu beweisen. Art. 82 Abs. 3 DS-GVO stelle keine Beweislastumkehr für das Vorliegen eines Schadens dar, so das OLG. Dem Bekl. könne nicht darin gefolgt werden, dass aus Art. 82 Abs. 3 DS-GVO iVm dem Erwägungsgrund 146 S. 2 DS-GVO eine Beweislastumkehr für das Vorliegen eines Schadens folge.

Betrag: – **Haftung: –**
immVorb: – **MdE: –**

OLG Brandenburg 11.8.2021 – 1 U 69/20 = BeckRS 2021, 24733

7249

Persönlichkeitsrechtsverletzung, behauptete. Insofern – so das OLG – „fehlt [es] bereits an jeglichem Vorbringen zu einem der Antragstellerin durch die geltend gemachte Rechtsverletzung entstandenen Schaden.“

Kein Schmerzensgeldanspruch gemäß Art. 82 Abs. 1 DS-GVO: „Ein Anspruch auf Schadensersatz nach Art. 82 DS-GVO setzt den Eintritt eines materiellen oder immateriellen Schadens voraus. Auch zur Geltendmachung eines Anspruchs auf Ersatz immaterieller Schäden genügt die Behauptung eines Verstoßes gegen die Vorschriften der DS-

GVO ohne Vorbringen zu einem hierdurch entstandenen immateriellen Schaden nicht" (amtl. Leitsatz).

Betrag: – **Haftung: –**
immVorb: – **MdE: –**

OLG Bremen 16.7.2021 – 1 W 18/21 = BeckRS 2021, 19934

7122

Persönlichkeitsrechtsverletzung wegen angeblicher Informationen an einen „bekannten Katzenschützer" wonach „gegen die Antragstellerin Ermittlungen vom Veterinäramt gelaufen seien, dass weitere Anzeigen gegen die Antragstellerin vorlägen, dass eine Hausdurchsuchung bei ihr durchgeführt worden sei und weitere Hausdurchsuchungen folgen würden und die Antragstellerin dem Sozialpsychiatrischen Dienst bekannt sei".

Frau. Kein Schmerzensgeldanspruch gemäß Art. 82 DS-GVO: „Einen Schmerzensgeldanspruch bzw. einen Anspruch auf Zahlung einer immateriellen Entschädigung könnte die Antragstellerin in rechtlicher Hinsicht lediglich auf Vorschriften stützen, die im Zeitpunkt der geltend gemachten Verletzungshandlungen galten. Insoweit scheiden beispielsweise Ansprüche aus den derzeit geltenden datenschutzrechtlichen Vorschriften gemäß § 82 Absatz 1 DS-GVO oder § 83 Absatz 2 BDSG oder § 69 Absatz 2 BlnDSG in den jeweils aktuellen Fassungen von vornherein aus, da diese Vorschriften auf die nach dem Vortrag der Antragstellerin in den Jahren 2016 und 2017 erfolgten Verletzungshandlungen nicht anwendbar sind. Die Datenschutz-Grundverordnung gilt gemäß Art. 99 Absatz 2 erst seit dem 25. Mai 2018", so das KG, dass sodann auch einen Anspruch auf eine Entschädigung wegen immaterieller Nachteile gemäß § 18 Absatz 1 Satz 3 BlnDSG 2008 abwies, da demnach stets ein schweren Fall einer durch die Datenverarbeitung verursachte Beeinträchtigung der schutzwürdigen Belange vorausgesetzt wird, wozu die Antragstellerin nicht ausreichend vorgetragen habe. Insgesamt wies das KG somit die sofortige Beschwerde der Antragstellerin gegen den Beschluss des Landgerichts Berlin, mit dem dies den Prozesskostenhilfeantrag abgewiesen hatte, zurück.

Betrag: – **Haftung: –**
immVorb: – **MdE: –**

KG 2.2.2021 – 9 W 1117/20 = BeckRS 2021, 2895

7188

Verstoß gegen die Regeln der DS-GVO, die zu peinlichen und mit erheblichen Unannehmlichkeiten verbunden Reaktionen geführt hatten, weil der Kläger sich – auch wegen der negativen Reaktion seines Vorgesetzten – genötigt fühlen konnte, sich ggü. seinem Arbeitgeber dafür rechtfertigen zu müssen, bei der Konkurrenz ein Auto gekauft zu haben.

Mann (Autoverkäufer). Der Kläger hatte einen PKW erworben, jedoch nicht bei seinem Arbeitgeber sondern bei einer anderen Firma. Im Rahmen der diesbezüglichen digitalen Korrespondenz, die über den dienstlichen E-Mail-Account des Klägers geführt wurde, erfuhr der Beklagte von diesem Deal und stellte den Kläger zur Rede, weshalb er den Wagen nicht bei seinem Arbeitgeber erworben habe. „Die Offenlegung der Vertragsverhältnisse zwischen der Bekl. zu 1) und dem Kl. an den Vorgesetzten des Kl. war auch rechtswidrig. Sie unterfällt keinem Rechtfertigungstatbestand nach Art. 6 Abs. 1 DS-GVO", so das LG Köln, das dem Kläger, der 100.000 EUR gefordert hatte, insofern 4.000 EUR zusprach.

Betrag: 4.000 € **Haftung: 100 %**
immVorb: – **MdE: –**

LG Köln 28.9.2022 – 28 O 21/22 = BeckRS 2022, 34110

b) Persönlichkeitsrechtsverletzung Ehe

5507

Persönlichkeitsrechtsverletzung (hier: Vermeintliche Verletzung der sexuellen Selbstbestimmung in der Ehe weil der Ehemann – mit dem die Klägerin nach eigenen Angaben zuvor ein „reges Sexualleben" pflegte – infolge eines ärztlichen Kunstfehlers beischlafunfähig wurde).

Frau. Kein Schmerzensgeldanspruch: Das Vorliegen etwaiger psychischer Beeinträchtigungen von Krankheitswert infolge der Gesundheitsschädigung ihres Ehemannes macht die Klägerin selbst nicht mehr geltend; sie räumt ferner ein, dass es bei ihr – trotz der Unmöglichkeit, mit ihrem Ehemann den Geschlechtsverkehr zu vollziehen – auch nicht zu einer körperlichen Schädigung gekommen ist. Soweit sie sich auf eine Verletzung ihrer sexuellen Selbstbestimmung beruft, vermag dieser Gesichtspunkt – so das OLG – die geltend gemachten Ansprüche nicht zu begründen. Das Recht auf sexuelle Selbstbestimmung wird nicht bereits dadurch eingeschränkt, dass bestimmte sexuelle Aktivitäten mit dem Ehepartner aufgrund tatsächlicher Umstände objektiv nicht mehr möglich sind. [Anmerkung: Die Klägerin wählte mit der Argumentation der Verletzung ihrer sexuellen Selbstbestimmung den falschen Weg. Sie hätte vortragen müssen – sofern dies der Fall war – dass sie selbst (so wie ihr Mann, dem ein Schmerzensgeld in Höhe von 50.000 EUR zuerkannt wurde – vgl. → Nr. 5294) infolge des nun zum Erliegen gekommen Sexuallebens psychisch verletzt bzw. geschädigt worden sei und die Art dieser Schädigung darlegen müssen. Dann wäre ggf. die Klage erfolgreich gewesen].

Betrag: – **Haftung: –**
immVorb: – **MdE: –**

OLG Düsseldorf 4.12.2014 – 8 U 50/14 = BeckRS 2014, 125629

2426

Persönlichkeitsrechtsverletzung im weitesten Sinne (Sexualbedürfnisse durch unfallbedingtes Zerbrechen einer eheähnl. Beziehung. „Die mögliche Beeinträchtigung bei der Sexualbedürfnisbefriedigung ist dem Bereich der Lebensfreude zuzuordnen",so das OLG)

Mann. Das OLG wies mit obenstehender Begründung die auf Ersatz von monatlich 200 DM Prostituiertenlohn gerichtete Klage ab. [Stichwort: Sexualbedürfnisse nach Partnerverlust].

Betrag: – **Haftung: –**
immVorb: – **MdE: –**

OLG Düsseldorf 29.9.1997 – 1 U 232/96 = BeckRS 1997, 10675

5306

Persönlichkeitrechtsverletzung (hier: Verletzung des eigenen Wertesystems wegen Rücktritt vom vermeintlichen „Verlöbnis")

77j. Frau. Sie hatte über das Internet einen noch älteren Herren kennengelernt. Dieser versprach ihr, sie zu heiraten und zog bei ihr ein. Tatsächlich war er jedoch zu dieser Zeit selbst noch verheiratet. Das OLG sah hierdurch die Anspruchstellerin „in ihrem persönlichen Wertesystem empfindlich" getroffen. Beim Schmerzensgeld berücksichtigte das OLG mindernd das geringe Einkommen des Anspruchsgegeners.

Betrag: 1.000 € **Haftung: 100 %**
immVorb: – **MdE: –**

OLG Oldenburg 28.7.2016 – 13 UF 35/16 = BeckRS 2016, 14629

c) Persönlichkeitsrechtsverletzung Ehre

7886

Persönlichkeitsrechtsverletzung / Ehrverletzung, behauptete (hier: wegen eines angeblichen – unternehmensbezogenen – „Boykottaufrufs".)

Frau. Kein „Schmerzensgeld", sondern allenfalls „Geldentschädigung", die jedoch (mit Verweis auf BGH BeckRS 2015, 10534) das OLG im Fall der Klägerin ebenfalls als nicht angemessen angesehen hatte, da eine Verletzung des allgemeinen Persönlichkeitsrechts einen Anspruch auf eine Geldentschädigung nur rechtfertige, wenn es sich um einen schwerwiegenden Eingriff handelt und die Beeinträchtigung nicht in anderer Weise befriedigend aufgefangen werden könne. „Für Verletzungen des allgemeinen Persönlichkeitsrechts kann eine Geldentschädigung und kein Schmerzensgeld geltend gemacht werden; Schmerzensgeld kommt nur im Falle des § 253 Abs. 2 BGB in Betracht." so das OLG (Amtlicher Leitsatz des Fachsenats für Ehrenschutzverfahren).

Betrag: – **Haftung: –**
immVorb: – **MdE: –**

OLG Celle 14.1.2026 – 5 U 240/25 = GRUR-RS 2026, 1505

7596

Beleidigung durch die Bezeichnung als „Arschloch" bzw. durch den Ausspruch „Ihr seid alle Arschlöcher."

Mann (Steward in der A-Lounge am Hauptbahnhof). Kein Schmerzensgeld: In der A-Lounge war es am 20. Juni 2022 während einer gemeinsamen Schicht zu einer Auseinandersetzung zwischen dem Kläger und den weiteren Kollegen C, D und E einerseits und dem Beklagten zu 1) andererseits gekommen, deren Ablauf im Einzelnen streitig war. Der Beklagte zu 1 hatte vorgetragen, der Kläger habe ihn im Zuge dieser Auseinandersetzung sexualisiert verbal beleidigt, ihm an den Po gegriffen und ohne sein Einverständnis seinen Unterarm gestreichelt. Daraufhin wurde dem Kläger gekündigt; die Berufung bzgl. der hiergegen von ihm mit Erfolg erhobenen Kündigungsschutzklage war zum Zeitpunkt der hiesigen Urteilsverkündung noch anhängig wobei die Kammer im dortigen Verfahren (14 Sa 692/23) einen Beweisbeschluss verkündet hatte, wonach Beweis über die behaupteten Äußerungen und das behauptete Verhalten des Klägers gegenüber dem Beklagten zu 1) in dem Konflikt am 20. Juni 2022 erhoben werden sollte. In hier vorgestellten Verfahren vor dem LAG begehrte der Kläger vom Beklagten zu 1) ein Schmerzensgeld von mindestens 10.000 EUR wegen Verletzung des Persönlichkeitsrechts. Das LAG wies die Klage in diesem Punkt als unzulässig ab, da es der „ausdrücklich auf eine einheitliche Verletzung des Persönlichkeitsrechts des Klägers gestützten Klage … am Rechtsschutzbedürfnis [fehle]. Die Klage ist damit insgesamt unzulässig. Der Kläger kann jedenfalls vor Abschluss des Verfahrens 14 Sa 692/23 keine Entschädigung wegen Verletzung des Persönlichkeitsrechts durch die vom Beklagten zu 1) aufgestellten Behauptungen verlangen." so das LAG mit Verweis auf BGH BeckRS 2012, 6625. Amtlicher Leitsatz:„1. Einer Klage, die auf Unterlassung, Widerruf und Schmerzensgeld bezogen auf eine Aussage des Beklagten gerichtet ist, die den Gegenstand eines noch anhängigen Kündigungsschutzprozesses des Klägers bildet, nämlich den dortigen Kündigungsgrund betrifft und in dem der Beklagte des Ehrschutzprozesses als Zeuge in Betracht kommt, fehlt idR das Rechtsschutzinteresse. Im Ehrschutzprozess ist kein Beweis darüber zu erheben, ob die angegriffenen Aussagen zutreffen. Dies gilt jedenfalls solange der Kündigungsschutzprozess nicht abgeschlossen ist. Soweit überhaupt Ausnahmen vom fehlenden Rechtsschutzinteresse in diesen Fällen in Betracht kommen, wenn die angegriffenen Aussagen offensichtlich falsch sind, muss sich deren Fehlerhaftigkeit jedenfalls bereits ohne Beweisaufnahme aus anderen Umständen ergeben."

Betrag: – **Haftung: –**
immVorb: – **MdE: –**

LAG Hessen 21.6.2024 – 14 Sa 549/23 = BeckRS 2024, 39109

7293

Persönlichkeitsrechtsverletzung, erhebliche: „Bezeichnung einer Politikerin als „dämliches Stück Hirn-Vakuum" war im konkreten Kontext von der Meinungsfreiheit gedeckt und von der Politikerin gerade auch im Zusammenhang mit von ihr selbst zuvor getätigten Äußerungen zu dulden". (Leitsatz der Vorinstanz / LG Heilbronn).

45 Frau (Politikerin) Kein Schmerzensgeldanspruch. Die Klägerin begehrte Unterlassung und Geldentschädigung wegen Beleidigung und übler Nachrede auf der Internetplattform Facebook, nachdem sie selbst dort gepostet hatte: „Immer wieder Dieter#Nuhr: so ignorant, dumm und uninformiert. Er nur Witze auf Kosten von Minderheiten machen. Wie lange will @ARDde das mitmachen? Unabhängig davon: Kauf das Buch von @alicehasters und bildet euch antirassistisch. Ich verschenke ein paar davon zu Weihnachten." Daraufhin postete der Beklagte, ebenfalls Politiker: „Selten so ein dämliches Stück Hirn-Vakuum in der Politik gesehen wie Sawsan Chebli. Soll einfach abtauchen und die Sozialschulden Ihrer Familie begleichen." Das LG hatte die Klage abgewiesen (siehe dort → Nr. 7202). Das OLG Stuttgart änderte die Entscheidung der Vorinstanz hinsichtlich der Zurückweisung des Unterlassungsanspruchs ab, bestätigte die Entscheidung jedoch in Bezug auf die Ablehnung des Schmerzensgeldanspruchs und begründete letzteres damit, „dass es trotz der eheblichen Persönlichkeitsrechtsverletzung an dem von der höchstrichterlichen Rechtsprechung vorausgesetzten unabwendbaren Bedürfnis für die Zubilligung einer Geldentschädigung fehle, zumal die Klägerin selbst starke Worte benutzt und den Diskurs damit erst veranlasst habe und der streitgegenständliche Beitrag zeitnah gelöscht worden sei. Vor diesem Hintergrund sei der zugesprochene Unterlassungstitel ausreichend." [vgl. dazu im Handbuch → Rn. 189].

Betrag: – **Haftung: –**
immVorb: – **MdE: –**

OLG Stuttgart 29.11.2023 – 4 U 58/23 = GRUR-RS 2023, 33952

7202

Persönlichkeitsrechtsverletzung, erhebliche: Bezeichnung einer Politikerin als „dämliches Stück Hirn-Vakuum" war im konkreten Kontext von der Meinungsfreiheit gedeckt und von der Politikerin gerade auch im Zusammenhang mit von ihr selbst zuvor getätigten Äußerungen zu dulden (Leitsatz).

45 Frau (Politikerin) Die Klägerin begehrte Unterlassung und Geldentschädigung wegen Beleidigung und übler

Nachrede auf der Internetplattform Facebook, nachdem sie selbst dort gepostet hatte: „Immer wieder Dieter#Nuhr: so ignorant, dumm und uninformiert. Er nur Witze auf Kosten von Minderheiten machen. Wie lange will @ARDde das mitmachen? Unabhängig davon: Kauf das Buch von @alicehasters und bildet euch antirassistisch. Ich verschenke ein paar davon zu Weihnachten.“ Daraufhin postete der Beklagte, ebenfalls Politiker: „Selten so ein dämliches Stück Hirn-Vakuum in der Politik gesehen wie Sawsan Chebli. Soll einfach abtauchen und die Sozialschulden Ihrer Familie begleichen.“ Das LG wies die Klage ab; der Anspruch scheitere unabhängig von der Frage der Urheberschaft jedenfalls an der Rechtswidrigkeit, da die Äußerung noch von der Meinungsfreiheit nach Art. 5 Abs. 1 GG umfasst sei, so das LG, das im Weiteren dazu ausführt. „Sie [ergänze: die Klägerin] hat vor diesem Hintergrund auch polemische, überspitzte Kritik hinzunehmen. Zudem ist bei der Einordnung des Kommentars des Beklagten auch die von den anderen Beteiligten geführte Kommunikation und das genutzte Vokabular zu berücksichtigen. So hat die Klägerin diese öffentlich geführt Diskussion selbst mit einem vergleichbaren Vokabular gestartet, weshalb sie mit entsprechenden Erwiderungen zu rechnen und diese auch auszuhalten hat. Hierdurch hat sie ihren Ehrschutz durch die Art und Weise der von ihr öffentlich geführten Diskussion in gewissem Maße Preis gegeben. Während sie die Worte „ignorant und dumm“ nutzte, änderte dies der Beklagte in „dämliches Stück Hirn-Vakuum“, was eine vergleichbare Bedeutung zu den Worten der Klägerin hat.“ Vgl. dazu in zweiter Instanz OLG Stuttgart GRUR-RS 2023, 33952 → Nr. 7293. [Anmerkung: Zu dem, was Politiker hinzunehmen haben sowie zur Thematik der unzulässigen Schmähkritik siehe → Rn. 180 und → Rn. 189].

Betrag: – **Haftung: –**
immVorb: – **MdE: –**

LG Heilbronn 22.3.2023 – Ko 8 O 85/22 = GRUR-RS 2023, 6472

7156

Persönlichkeitsrechtsverletzung (hier: Beleidigung eines Politikers als „Nazi“, der von der SPD zur AfD gewechselt war und dort die sog. „Resolution“ unterzeichnet hatte).

Mann (Rechtsanwalt und Politiker). Kein Schmerzensgeldanspruch: „Dem Kläger steht allerdings aufgrund der ehrverletzenden Äußerungen des Beklagten weder ein Anspruch auf Schmerzensgeld aus § 823 Abs. 1 BGB, Art. 1 Abs. 1, 2 Abs. 1 GG noch aus § 823 Abs. 2 BGB iVm §§ 185, 186 StGB gegen diesen zu … In Anwendung dieser Grundsätze [Anmerkung: Das LG verwies insofern auf BGH NJW 2014, 2029] ist im Hinblick auf Ausmaß, Nachhaltigkeit und Fortdauer der Interessenschädigung des Klägers durch die rechtswidrige Äußerung des Beklagten nicht von einer hinreichend schwerwiegenden Beeinträchtigung auszugehen. Vielmehr kann die entstandene Beeinträchtigung durch den Unterlassungstitel bereits angemessen abgefangen werden“, so das LG.

Betrag: – **Haftung: –**
immVorb: – **MdE: –**

LG Kassel 13.1.2023 – 5 O 5/22 = GRUR-RS 2023, 1473

6934

Persönlichkeitsrechtsverletzung / Beleidigung eines Polizisten als »Kasper«, »Wichser«, »Arschficker«.

Mann (Polizeibeamter). Kein Schmerzensgeldanspruch. Das LG begründete dies damit, dass die schwere Persönlichkeitsrechtsverletzung bereits strafrechtlich sanktioniert worden sei und daher kein Anspruch auf Geldentschädigung bestehe, weil dem Verletzten in einem solchen Fall bereits in ausreichendem Maße Genugtuung verschafft wurde, denn die Zubilligung einer Geldentschädigung im Falle einer schweren Persönlichkeitsrechtsverletzung soll den Schutzauftrag aus Art. 1 und Art. 2 Abs. 1 GG im Interesse des konkret Betroffenen gewährleisten und beruht auf dem Gedanken, dass ohne einen solchen Anspruch Verletzungen der Würde und Ehre des Menschen häufig ohne Sanktion blieben mit der Folge, dass der Rechtsschutz der Persönlichkeit verkümmern würde [BGH BeckRS 2004, 11964]. Dieser Schutzauftrag mündet jedoch – nachdem das allgemeine Persönlichkeitsrecht in § 253 BGB keine Erwähnung findet – nur dann in einen Anspruch auf Geldentschädigung, wenn dies »zwingend gefordert« erscheint [BVerfG BeckRS 9998, 152238 – Soraya], beziehungsweise, wenn dafür ein »unabwendbares Bedürfnis« besteht (BGH VersR 1971, 465 juris Rn. 14 f. – Pariser Liebestropfen). Diese Einschränkung des Geldentschädigungsanspruchs kommt darin zum Ausdruck, dass die Beeinträchtigung nicht nur schwerwiegend sein muss, sondern zudem nicht in anderer Weise befriedigend aufgefangen werden kann (etwa BGH BeckRS 2014, 2045 – Sächsische Korruptionsaffäre). Ob dies der Fall ist, ist aufgrund der gesamten Umstände des Einzelfalls, insbesondere der Bedeutung und Tragweite des Eingriffs, dem Anlass und dem Beweggrund des Handelnden sowie dem Grad seines Verschuldens zu beurteilen (etwa BGH BeckRS 2016, 11843 mwN). Diese Gesamtwürdigung ergibt im Streitfall, dass eine Geldentschädigung zu versagen war. Insoweit teilt das Gericht zwar nicht die Auffassung anderer Gerichte, dass Beleidigungen von Polizeibeamten, wie die streitgegenständlichen (»Kasper«, »Wichser«, »Arschficker«) grundsätzlich keine schwere Beeinträchtigung des Persönlichkeitsrechts bedeuteten, weil sie sich im Schwerpunkt gegen den Amtsträger und nicht gegen die Person richteten (so auch LG Oldenburg BeckRS 2013, 3572 → Nr. 4659).

Betrag: – **Haftung: –**
immVorb: – **MdE: –**

LG Stuttgart 4.12.2020 – 3 C 3973/20 = BeckRS 2020, 35598

6680

Persönlichkeitrechtsverletzung durch Beleidigung als „Stück Scheiße“, „Pädophilen-Trulla“ und „Geisteskranke“ nach einer verbalen Auseinandersetzung zum Thema Kindesmissbrauch.

Frau (Politikerin). Das LG Berlin (Beschl. v. 19.9.2019 – 27 AR 17/19) ging zunächst davon aus, dass trotz der massiven Beleidigungen und Schmähungen kein Schmerzensgeldanspruch bestehe, da die Äußerungen in einem angeblichen Kontext einer Sachauseinandersetzung gestanden hätten – „Von einer Schmähung kann nicht ausgegangen werden, wenn die Äußerung in dem Kontext einer Sachauseinandersetzung steht“, so das LG wörtlich. Zum Hintergrund der Entscheidung des LG Berlin: Laut „Berliner Morgenpost“ nahm der rechte Netzaktivist Sven Liebich in einem mittlerweile gelöschten Beitrag Bezug auf den Zwischenruf und postete eine Anmerkung der Politikerin im Berliner Landesparlament mit seiner eigenen Ergänzung: „Komma, wenn keine Gewalt im Spiel ist, ist Sex mit Kindern doch ganz ok. Ist mal gut jetzt“ worauf es auf seiner Seite zu einem massiven Shitstorm gegen Frau Künast kam. Künast verlangte daraufhin Klarnamen der Autoren dieser beleidigenden Posts. Nun (Beschl. v. 21.1.2020) hat das LG Berlin seine ursprüngliche Entscheidung abgeändert und die Herausgabe der Nutzerdaten von sechs Kommentatoren auf der Plattform für zulässig erachtet, weil sich diese sich nun nach revidierter Beurteilung des LG doch beleidigend über Künast geäußert hätten. Mehr dazu und zur Thematik der Schmähkritik finden Sie oben im Handbuch → Rn. 189. Die Entscheidung ist nicht rechtskräftig und liegt inzwischen dem KG vor.

Betrag: – **Haftung:** –
immVorb: – **MdE:** –

LG Berlin 21.1.2020 – 27 AR 17/19 = BeckRS 2020, 239

6304

Persönlichkeitsrechtsverletzung (hier: Äußerungen eines Rechtsanwalts, der Kläger trete seine richterlichen Aufgaben mit Füßen und sei der „überaus dämliche und stinkend faule Richter" am Sozialgericht sowie „zu faul zum Arbeiten" und „in der so eingesparten Arbeitszeit fögelt er lieber mit Praktikantinnen".)

Mann (Richter). Während das LG dem Kläger ein Schmerzensgeld von 5.000 EUR zuerkannte, verwarf das OLG dies mit der absurden Begründung, es liege hier eine noch von der Meinungsfreiheit nach Art. 5 Abs. 1 S. 1 GG gedeckte Meinungsäußerung und noch keine die Meinungsfreiheit verdrängende Schmähkritik vor, denn „… Das Recht, Maßnahmen der öffentlichen Gewalt ohne Furcht vor staatlichen Sanktionen auch scharf kritisieren zu können, gehört zum Kernbereich der Meinungsfreiheit, weshalb deren Gewicht insofern besonders hoch zu veranschlagen ist. Die Meinungsfreiheit erlaubt es insbesondere nicht, den Äußernden auf das zur Kritik am Rechtsstaat Erforderliche zu beschränken und ihm damit ein Recht auf polemische Zuspitzung abzusprechen". Zudem stünden die Äußerungen „in unmittelbarem Zusammenhang mit den seitens des Beklagten am Sozialgericht … geführten Verfahren und lassen sich nicht sinnerhaltend aus diesem Kontext lösen" und „im Übrigen beziehen sie sich ausschließlich auf die berufliche Tätigkeit des Klägers und lassen seine Privatsphäre unberührt". [Anmerkung: Dem ist scharf zu widersprechen, denn bei den in diesem Rechtsstreit unbestrittenen Äußerungen des Beklagten stand nicht mehr die Auseinandersetzung in der Sache, sondern eindeutig die Herabsetzung der Person und die Diffamierung des Klägers im Vordergrund, die – jenseits polemischer und überspitzter Kritik – den Kläger in erster Linie herabsetzen bzw. gleichsam an den Pranger stellen sollte, so dass eine solche Äußerung als Schmähung anzusehen und somit (vgl. BGH NJW 2009, 1872) als nicht mehr von der Meinungsfreiheit gedeckte, entschädigungslos hinzunehmende Meinungsäußerung zu werten ist.]

Betrag: – **Haftung:** –
immVorb: – **MdE:** –

OLG Brandenburg 28.10.2019 – 1 U 15/19 = BeckRS 2019, 28324

6558

Persönlichkeitrechtsverletzung (hier: Kommentare beleidigenden Inhalts im Internet mit überwiegend als Verletzung des allgemeinen Persönlichkeitsrechts einzustufender Intensität sowie mit einer „verstärkenden Wirkung" des besonderen Schutzes der Familie durch Art. GG Artikel 6 GG, insbes. im Falle des Kindes).

Frau und Kleinkind. Der Beklagte sowie die Klägerin betreiben beide YouTube-Kanäle; die Klägerin einen kommerziellen Kanal in dem sie ihre Follower an ihrem Privatleben teilhaben lässt. Auf diesem Kanal veröffentlichte sie ein Video („Baby-Update") mit der zuletzt geborenen Tochter A, die als Klägerin zu 2) auftrat. Der Beklagte kommentierte dieses Video mit sehr beleidigenden Äußerungen über diese und deren Tochter A. Unter anderem schrieb er, A sei wohl die Kurzform für „elastische Vagina" und aus dem Kind könne nur „eine Schlampe oder Nutte" werden. Zudem sei die Klägerin eine „komplett beschissene Mutter", der man das Kind wegnehmen müsse. Die beiden Klägerinnen – Mutter und Tochter – reichten 21 Monate später Klage ein. Das LG wies die Klage ab und führte dazu zutreffend aus: „Für eine Geldentschädigung aber müsse die Verletzung des Persönlichkeitsrechts so schwerwiegend sein, dass die Beeinträchtigung nicht in anderer Weise befriedigend ausgeglichen werden könne. Dabei seien die besonderen Funktionen der Geldentschädigung zu beachten: persönliche Genugtuung, effektiver Schutz der Persönlichkeit und Prävention. Die Klägerin zu 1) habe die eigene Privatsphäre und die ihres Kindes bewusst zu kommerziellen Zwecken in die Öffentlichkeit getragen. Darum müsse sie auch negative Reaktionen in Kauf nehmen. Außerdem hätten die Klägerinnen 21 Monate verstreichen lassen, bis sie Klage erhoben. Strafrechtliche Schritte hätten sie nicht unternommen. Deshalb könne bei Würdigung der Gesamtumstände keine schwerwiegende Verletzung angenommen werden. Der mit dem vorliegenden Urteil erwirkte Unterlassungstitel mit den Ordnungsmittelandrohungen reiche als Genugtuung und effektiver Rechtsschutz aus".

Betrag: – **Haftung:** –
immVorb: – **MdE:** –

LG Karlsruhe 23.11.2018 – 6 O 71/18 = BeckRS 2018, 43947

5308

Persönlichkeitrechtsverletzung / Beleidigung: Die Äußerung des ehemaligen DFB-Präsidenten Theo Zwanziger „Ich habe immer klar gesagt, dass Katar ein Krebsgeschwür des Weltfußballs ist", stellt eine Beleidigung im starfrechtlichen Sinne, so dass LG.

Quatar Football Association. „Katar ein Krebsgeschwür des Weltfußballs", – diese Äußerung sei jedoch – so das LG – durch die grundrechtlich geschützte Freiheit der Meinungsäußerung gemäß Art. 5 Abs. 1 S. 1 GG gerechtfertigt, denn der Beklagte habe die Aussage in Wahrnehmung des berechtigten Interesses getätigt, die öffentliche Debatte über die Vergabe der Fußball-WM nach Katar anzuregen und die Vergabeentscheidung zu kritisieren. Der Vergleich der Klägerin mit einem Krebsgeschwür übersteige noch nicht die Grenze der Erforderlichkeit und Angemessenheit und sei keine Schmähkritik. Wer Kritik an öffentlichen Missständen übe, sei nicht auf das mildeste Mittel zur Verdeutlichung seines Standpunktes beschränkt, so das LG.

Betrag: – **Haftung:** –
immVorb: – **MdE:** –

LG Düsseldorf 19.4.2016 – 6 O 226/15 = BeckRS 2016, 7311

4828

Persönlichkeitsrechtsverletzung / Beleidigung als „Wichser" und „Assi"

Mann (Polizeibeamter). Kein Schmerzensgeldanspruch. Das OLG argumentierte, dass der Polizist im Dienst eine Beleidigung zwar nicht dulden müsse, jedoch „in der Regel nicht auf die eigene Person, sondern vornehmlich auf seine hiervon zu trennende Amtsträgerschaft" beziehen müsse. [Anmerkung: Dem kann ich nicht zustimmen].

Betrag: – **Haftung:** –
immVorb: – **MdE:** –

OLG Stuttgart 22.5.2014 – 1 Ss 270/14 = BeckRS 2014, 11142

4674

Persönlichkeitrechtsverletzung (hier: Drogentest ohne konkreten Abhängigkeitshinweise. Das Jobcenter darf einen Hartz-IV-Empfänger zur Klärung seiner Erwerbsfähigkeit nur dann auffordern, sich einem Drogentest zu unterziehen, wenn konkrete Hinweise auf eine Abhängigkeit vorliegen)

Kein Schmerzensgeldanspruch wegen nur geringfügiger Persönlichkeitsrechtsverletzung. [Anmerkungen: Nachdem eine jahrelang arbeitslose Hartz-IV-Empfängerin wiederholt nicht zu Gesprächsterminen erschienen war, forderte das Jobcenter sie auf, sich einem Drogentest zu unterziehen, um eine mögliche Sucht zu klären und damit ihre Arbeitsfähigkeit zu beurteilen. Nach einem positiven Befund wurde die Klägerin unter anderem verpflichtet, eine Suchtberatungsstelle aufzusuchen. Die Klägerin sah in dem verdachtsunabhängigen Drogentest einen diskriminierenden und entwürdigenden Verstoß gegen ihr Persönlichkeitsrecht und forderte ein Schmerzensgeld von 1.000 Euro.]

Betrag: – **Haftung: –**
immVorb: – **MdE: –**

LG Heidelberg 22.8.2013 – 3 O 403/11 = BeckRS 2013, 15863

4659

Persönlichkeitrechtsverletzung (hier: Beleidigung des Polizeibeamten im Dienst als „Arschwichser", „Scheiß Bullenschwein" und „dummes Arschloch" etc.).

Mann (Polizeibeamter). Kein Schmerzensgeldanspruch. Das LG sah in den massiven Beleidigungen keinen, einen Schmerzensgeldanspruch auslösenden schwerwiegenden Eingriff in das allgemeine Persönlichkeitsrecht des Klägers und verwies insofern darauf, „dass sich Staatsbedienstete heftige, auch persönlich gemeinte Kritik gefallen lassen müssen, die sogar die Fähigkeit zum Beruf" abspreche. [Anmerkung: Wenn das LG zudem auch darauf abhebt, dass der Beklagte bereits strafrechtlich verurteilt worden sei, so kann dem weder insofern noch hinsichtlich seiner Einschätzung der vermeintlich hinnehmbaren „Kritik" zugestimmt werden, denn die Äußerungen des Beklagten war klar erkennbar nicht als Kritik sondern ausschließlich als Beleidigung zu verstehen].

Betrag: – **Haftung: –**
immVorb: – **MdE: –**

LG Oldenburg 7.2.2013 – 5 S 595/12 = BeckRS 2013, 3572

4977

Persönlichkeitrechtsverletzung, behauptete (hier: Die Bezeichnung eines Wohnungseigentümers als „Querulant" durch den WEG-Verwalter stellt keine schmerzensgeldrelevante Beleidigung dar).

Mann. Kein Schmerzensgeldanspruch wegen Beleidigung als Querulant. „Unabhängig von der Frage, ob der Beklagte den Kläger als „Querulant" bezeichnet oder geäußert hat, „dass sein Verhalten an Querulantentum grenze" stellt diese Äußerung keinen so schwerwiegenden Eingriff in das allgemeine Persönlichkeitsrecht des Klägers dar, dass dieser eine Entschädigung in Geld wegen des damit verbundenen immateriellen Schadens rechtfertigen würde", so das AG Tostedt.

Betrag: – **Haftung: –**
immVorb: – **MdE: –**

AG Tostedt 3.4.2012 – 5 C 316/11 = BeckRS 2012, 20005

4480

Persönlichkeitrechtsverletzung, behauptete (hier: Behauptung des Lebensversicherers der Ehefrau des Bekl., dass dieser seine Ehefrau wegen des Zugriffs auf die Versicherungssumme getötet habe, was sich letztlich nicht beweisen ließ.)

Kein Schmerzensgeldanspruch für „Klagen auf Zahlung einer Geldentschädigung, die auf ehrkränkende Äußerungen in einem anderen Gerichtsverfahren bzw. gegenüber den Strafverfolgungsbehörden gestützt werden, besteht in aller Regel kein Rechtsschutzbedürfnis, wenn die Äußerungen der Rechtsverfolgung oder Rechtsverteidigung dienten oder in Wahrnehmung staatsbürgerlicher Rechte oder Pflichten gemacht wurden", so der BGH, der weiterhin ausführte, es sei „mit dem Rechtsstaatsprinzip und dem Anspruch auf Gewährung rechtlichen Gehörs nicht vereinbar … wenn redliche Äußerungen in einem Zivilprozess oder die redliche Wahrnehmung staatsbürgerlicher Rechte und Pflichten im Straf(ermittlungs)verfahren aus Gründen des Ehrenschutzes zu rechtlichen Nachteilen führen, weil die Behauptung sich später im Prozess oder nach behördlicher Prüfung als unrichtig oder nicht aufklärbar erweist".

Betrag: – **Haftung: –**
immVorb: – **MdE: –**

BGH 28.2.2012 – VI ZR 79/11 = BeckRS 2012, 6625

4371

Persönlichkeitrechtsverletzung (hier: Ehrverletzung wegen Bezichtigung des Ladendiebstahls).

Mann. Kein Schmerzensgeldanspruch: „Deutet das äußere Geschehen auf einen Ladendiebstahl, sind der Geschäftsinhaber und seine Angestellten befugt, gegenüber dem Verdächtigen einen entsprechenden Vorwurf zu erheben und bis zur endgültigen Klärung zu wiederholen.", so das OLG in seiner Begründung.

Betrag: – **Haftung: –**
immVorb: – **MdE: –**

OLG Koblenz 22.12.2011 – 5 U 1348/11 = BeckRS 2012, 3039

4303

Persönlichkeitrechtsverletzung. Die Aussage des Torwarts Tim Wiese gegen seinen Exkollegen Lehmann, «Der Mann gehört auf die Couch. Vielleicht wird ihm da geholfen. Einweisen – am besten in die Geschlossene!» stellt lt. LG keine Persönlichkeitrechtsverletzung dar.

Mann (Torwart Jens Lehmann). Lehmann forderte 20.000 Euro. Kein Schmerzensgeldanspruch: Das LG begründete dies damit, dass „nach der Rspr. des BVerfG und des BGH im öffentlichen Meinungskampf der Grundsatz der Zulässigkeit der freien Rede gelte". „Die Meinungsfreiheit decke auch starke Formulierungen oder als unangemessen empfundene Kritik ab. Im Milieu des Profifußballs seien Schimpfwörter und die Austragung von Konflikten zwischen Sportlern über die Medien an der Tagesordnung. Hierbei dürfe auch nicht jede Aussage auf die Goldwaage gelegt werden." (Zitate siehe Fundstelle).

Betrag: – **Haftung: –**
immVorb: – **MdE: –**

LG München II 25.8.2011 – 8 O 127/11 = BeckRS 2011, 21566

4152

Persönlichkeitrechtsverletzung (hier: Betrugsunterstellung).

Kein Schmerzensgeld nach in einem Mahnschreiben dem Schuldner unterstellten Betrug. Der Beklagte hatte als Fliesenverkäufer dem Kläger (als Käufer der Fliesen) in einem Mahnschreiben unterstellt, er habe sich mit einem gefälschten Überweisungsträger die Ware erschlichen. Das AG sah darin eine Persönlichkeitsrechtsverletzung. Der Beklagte habe aber – einem Irrtum unterlegen – nicht widerrechtlich gehandelt.

Betrag: – **Haftung: –**
immVorb: – **MdE: –**

AG München 31.8.2010 – 133 C 10070/10 = BeckRS 2011, 6403

4000

Persönlichkeitrechtsverletzung (hier: Romanveröffentlichung mit nachfolgendem Verbreitungsverbot. Abgrenzung Kunstfreiheit versus allgemeines Persönlichkeitsrechts).

Kein Schmerzensgeldanspruch. Trotz des „objektiv schweren Eingriffs in das Persönlichkeitsrechts" ergibt sich bei „der gebotenen Abwägung zwischen dem allgemeinen Persönlichkeitsrecht der Kläger und dem Grundrecht der Kunstfreiheit" kein Schmerzensgeldanspruch, da der Beklagte (Autor) „die Kunstform seines Romans nicht zu einer persönlichen Abrechnung mit der Kl. missbraucht hat, um diese zu beleidigen oder herabzuwürdigen". Daran ändert auch die Widmung und Übersendung eines Exemplars an die Kl. nichts.

Betrag: – **Haftung: –**
immVorb: – **MdE: –**

BGH 24.11.2009 – VI ZR 219/08 = BeckRS 2009, 89336

4410

Persönlichkeitrechtsverletzung (hier: Kopftuchschelte mittels des gegenüber der Kl., einer türkischen Studentin geäußerten Vorwurfs: „Mann, mann, mann wir sind doch hier in Europa, nehmen Sie doch das Kopftuch ab").

Frau (Studentin). Kein Schmerzensgeldanspruch. Das LG sah in der Äußerung keine Beleidigung und keine Persönlichkeistrechtsverletzung.

Betrag: – **Haftung: –**
immVorb: – **MdE: –**

LG Aurich 11.5.2009 – 1 S 66/09 = BeckRS 2009, 14276

3816

Persönlichkeitrechtsverletzung (hier Beleidigung durch Schimpfworte wie „Abschaum", Klauerin„ und "blöde Kuh").

Frau. Kein Schmerzensgeldanspruch bei Beleidigungen, die im Rahmen eines eskalierenden Nachbarstreits begangen werden. Das LG sah – unabhängig von der strafrechtlichen Beurteilung – einen Anspruch auf Schmerzensgeld nur dann als gegeben an, wenn es zu erheblichen Beeinträchtigungen des Persönlichkeitsrechts gekommen sei, was jedoch vorliegend verneint wurde.

Betrag: – **Haftung: –**
immVorb: – **MdE: –**

LG Coburg 27.8.2008 – 33 S 60/07 = unveröffentlicht

4439

Persönlichkeitrechtsverletzung / Beleidigung (hier: Bezeichnung als „Ossi").

Mann (Disponent). Kein Schmerzensgeldanspruch: „Die Betitelung des Klägers als „Ossi" im Rahmen einer Auseinandersetzung überschreitet noch keineswegs die Grenzen eines sozial adäquaten schmerzensgeldirrelevanten Verhaltens. Es handelt sich vielmehr um eine bloße, noch nicht besonders schwerwiegende verbale Entgleisung, welche nicht geeignet ist, einen Schmerzensgeldanspruch auszulösen."

Betrag: – **Haftung: –**
immVorb: – **MdE: –**

LAG Baden-Württemberg 27.2.2008 – 8 Sa 558/07 = BeckRS 2008, 55445

3778

Persönlichkeitsrechtsverletzung (hier: Beleidigung im Rahmen eines Nachbarstreites zwischen zwei Frauen. Die Beklagte bezeichnete dabei die Kl. als „Abschaum", „blöde Kuh" und als „Klauerin".)

Frau. Kein Schmerzensgeldanspruch, sofern die Beleidigung keinen schweren Eingriff in den Eigenwert der Persönlichkeit darstelle. Ob dies der Fall sei, hänge ua von der Nachhaltigkeit und Fortdauer der Rufschädigung ab. Dies sei bei einem derartigen Nachbarstreit mit verbalem Scharmützel, den lediglich eine weitere Person mitbekommen habe, nicht gegeben. Das LG Coburg bestätigte das Urteil am 27.8.2007 – 33 S 60/07.

Betrag: – **Haftung: –**
immVorb: – **MdE: –**

AG Coburg 25.5.2007 – 12 C 1793/06 = BeckRS 2009, 8247

3290

Persönlichkeitsrechtsverletzung (hier: Wegen beeinträchtigender Äußerungen im Erinnerungsbuch „Hinter der Kulissen" seines früheren Gesangspartners Dieter Bohlen, in welchem dieser behauptet hatte, der Kläger, Thomas Anders habe ihn um Geld betrogen und sei faul.)

Thomas Anders; kein Schmerzensgeldanspruch wegen „PR-Gag". Das LG sah die Klage, die Anders am Tag einer neuen Single-Veröffentlichung gegen seinen ehemaligen Kollegen Dieter Bohlen eingereicht hatte, als reinen PR-Gag an; die Klage habe somit nicht dem Anspruch auf Schadenersatz und Genugtuung genügt sondern lediglich dazu gedient „Aufmerksamkeit zu erregen". Dies werde zudem durch die außergewöhnliche Höhe der Klagforderung (1 Mio. EUR Schmerzensgeld) noch unterstrichen. [Urteil nicht rechtskräftig!]

Betrag: – **Haftung: –**
immVorb: – **MdE: –**

LG Berlin 17.2.2005 – 27 O 877/04 = BeckRS 9998, 19584

3205

Persönlichkeitrechtsverletzung wegen der Äußerung in der Presse: „Als Modernisierer hat man ihn nach K. geholt. Doch jetzt stehen die Politiker belämmert vor einem verschuldeten Haus" (In dem Artikel ging es um die finanzielle Situation eines Krankenhauses und dessen Klinikdirektor, den Kläger).

Bei der Sinnesdeutung einer Äußerung hat die rechtliche Würdigung sich am „Verständnis eines unvoreingenommenen und verständigen Publikums" zu orientieren und bei mehreren sich nicht gegenseitig ausschließenden Deutungen, diejenige zugrunde zu legen, „die dem n Anspruch genommenen günstiger ist und den Betroffenen weniger beeinträchtigt".

Betrag: – **Haftung: –**
immVorb: – **MdE: –**

BGH 25.11.2003 – VI ZR 226/02 = BeckRS 2004, 558

2813

Persönlichkeitsrechtsverletzung (hier: Die Bekl. hatte die Kl. als „vierfache Mörderin" bezeichnet, da diese in einen Verkehrsunfall mit 2 Getöteten beteiligt war und sie [die Bekl.] bei einer Schwangerschaft Zwillinge verloren hatte.)

Kein Schmerzensgeldanspruch, da die Äußerung nur „im privaten Bereich" blieb [gegenüber einer Nachbarin] und das Bild der Kl. „nicht in der Öffentlichkeit verzerrt" habe.

Betrag: – **Haftung: –**
immVorb: – **MdE: –**

LG Hanau 30.6.2000 – 2 S 146/00 = BeckRS 2000, 12234

2783

Persönlichkeitrechtsverletzung (hier: „unerhebliche Ehrverletzung im Geschäftsverkehr" durch die Aussage: „Sie sind mir zu blöd" und „Sie betreiben eine Wucherfirma" in einem telefonischen Streitgespräch um einen Geschäftsvorgang.

Frau. Kein Schmerzensgeldanspruch da „eine über den Bagatellbereich hinausgehende Beeinträchtigung, die den Zuspruch eines Schmerzensgeldes rechtfertigen könnte", fehlte.

Betrag: – **Haftung: –**
immVorb: – **MdE: –**

AG Erkelenz 6.11.1998 – 8 C 6/98 = NJW-RR 1999, 322

719

Persönlichkeitrechtsverletzung (hier: Ehrverletzung; Die Unrechtmäßige Pfändung eines KFZ aufgrund einer Namensverwechslung begründet für den Halter, der nicht der richtige Schuldner war, keinen Anspruch auf Schmerzensgeld).

Mann. Kein Schmerzensgeldanspruch, selbst wenn – wie hier – die versehentliche Pfändung außenstehender Personen bekannt wurde. [vgl.: Pfändung, unrechtmäßige]

Betrag: – **Haftung: –**
immVorb: – **MdE: –**

LG Köln 9.6.1998 – 5 O 60/98 = DGVZ 1998, 189

5193

Beleidigung eines Polizisten in Gegenwart Dritter als „scheiß Bulle", wörtlich rief der Beklagte: „Ihr scheiß Bullen".

Polizeibeamter. Schmerzensgeldminderns wertete das AG das insoweit bereits erfolgte Strafverfahren gegen den Beklagten. [Anmerkung: Zu den insoweit vorliegenden Entscheidungen des OLG Stuttgart BeckRS 2014, 11142 und des LG Oldenburg BeckRS 2013, 03572 die jeweils der Ansicht waren, derartige Beleidigungen (dort: „Arschwichser" bzw. „Scheiß Bullenschwein") müssten sich Polizeibeamte „gefallen lassen" vgl. auch im Handbuch → Rn. 245]

Betrag: 100 € **Haftung: 100 %**
immVorb: – **MdE: –**

AG Maulbronn 14.1.2015 – 3 C 160/14 = BeckRS 2015, 128065

4477

Persönlichkeitrechtsverletzung (hier: Beleidigung. Der zuvor von der Klägerin massiv – unter anderem durch das Zeigen des „Stinkefingers" – provozierte Beklagte bezeichete die Klägerin als „Schlampe" und „Hure").

Frau. [Anmerkung: Das AG setzt sich in besonders sorgfältiger Weise mit der Problematik des Schmerzensgeldanspruchs im Fall von Beleidigungen auseinander und kommt ua zum Ergebnis, dass nicht jede Beleidigung iSd § 185 StGB automatisch zu einer schwerwiegenden Beeinträchtigung des Allgemeinen Persönlichkeitsrechts iSd Rspr. des BVerfG (BVerfG NJW 2004, 2371) führt. Im vorliegenden Fall berücksichtigte es jedoch, dass die Klägerin einerseits als Frau herabgewürdigt und in ihrer Menschenwürde verletzt wurde, jedoch andererseits die Tat im Affekt und nicht in der Öffentlichkeit geschehen war.

Betrag: 100 € **Haftung: 100 %**
immVorb: – **MdE: –**

AG Bremen 29.3.2012 – 9 C 306/11 = BeckRS 2012, 7583

4873

Beleidigung als „Schlampe" und „Hure" im Zusammenhang mit einem Verkehrsunfall.

Frau. Das LG berücksichtigte bei der Bemessung zu Ungunsten der Klägerin, dass die Beleidigung „im Affekt und nicht vor einer Öffentlichkeit" geäußeret worden waren und zugunsten der Klägerin, dass diese durch „die diffamierenden Äußerungen als Frau herabgewürdigt und in ihrer Menschenwürde verletzt (so: BVerfG, NJW 2004, 2371 für Bezeichnung „Hure" auf Anrufbeantworter)" worden war.

Betrag: 100 € **Haftung: 100 %**
immVorb: – **MdE: –**

LG Zweibrücken 29.3.2012 – 9 C 306/11 = BeckRS 2012, 7583

3856

Persönlichkeitrechtsverletzung / Ehrverletzung (hier: Der Beklagte bezeichnete den Kläger vor Dritten als unfähig bzw. in seinem Beruf als SV „nicht zu gebrauchen").

Mann (KFZ-Sachverständiger). Das AG sah den Kläger durch die Äußerungen des Beklagten in seiner (Berufs-)Ehre als – wenn auch geringfügig – verletzt.

Betrag: 100 € **Haftung: 100 %**
immVorb: – **MdE: –**

AG Siegen 26.9.2002 – 13 C 347/02 = unveröffentlicht

4572

Persönlichkeitrechtsverletzung (hier: Beleidigung durch das Zeigen der erhobenen Faust mit dem dort eintätowierten Ausspruch „All cops are Bastards" in der abgekürzten Version ACAB.).

Mann (Polizeibeamter). Zudem zeigte der Beklagte den Hitlergruß und rief „Sieg Heil", was jedoch in Bezug auf den Beamten nicht als Beleidigung sondern per se als Straftatbestand gilt.

Betrag: 150 € **Haftung: 100 %**
immVorb: – **MdE: –**

AG Wolfach 17.1.2012 – 1 CS 300 Js 15383/11 = BeckRS 2012, 214204

3839

Persönlichkeitrechtsverletzung / Beleidigung als „Scheiß Lesbe" und „Drecks Lesbe". Darin sah das AG zutreffend eine schmerzensgeldrelevante Schmähkritik.

Frau. In den Äußerungen des beklagten Taxifahrers gegenüber seiner Kundin sah das AG zutreffend eine schmerzensgeldrelevante Schmähkritik. Weitere 500,- EUR erhielt die Frau für den Schlag auf die Nase, den ihr der Kläger zudem zugefügt hatte (siehe → Nr. 3838).

Betrag: 250 € **Haftung: 100 %**
immVorb: – **MdE: –**

AG Düsseldorf 3.6.2008 – 43 C 2072/07 = BeckRS 2008, 12557

3192

Persönlichkeitrechtsverletzung durch Beschimpfungen und Drohungen wie „du blöder Scheißbulle", „blöde Scheißbullen", „Arschlöcher", „Dein Gesicht merke ich mir und dann kriege ich dich, du Arschloch" sowie „Körperverletzung" durch Bespucken.

Mann (Polizeibeamter). Das AG lehnte einen Schmerzensgeldanspruch des Beamten wegen der Beleidigungen und Beschimpfungen mit der wenig nachvollziehbaren Begründung ab, es sei „der Umstand zu berücksichtigen, dass der Bekl. angetrunken war und sich die Beschimpfungen im Wesentlichen nicht gegen den Kl. als Person, sondern in seiner Eigenschaft als Polizist gerichtet habe". Schmerzensgeld daher nur für das Bespucken.

Betrag: 250 € **Haftung: 100 %**
immVorb: – **MdE: –**

LG Münster 29.8.2002 – 8 S 210/02 = BeckRS 2002, 7634

4155

Persönlichkeitrechtsverletzung (hier: Zutrittsverweigerung in eine Diskothek wegen „nicht passender" Hautfarbe).

Mann. Bei der Bemessung berücksichtigte das AG: 1. dass die Beeinträchtigung für den Kläger gering war, da die Benachteiligung nur wenigen Personen bekannt geworden war. 2. dass das Verhalten des Bekl. auf die ihn begleitenden Personen hat das keinen nachteiligen Einfluss für den Kläger gehabt hatte, da sich seine Begleiter sich mit ihm solidarisiert hatten und 3. dass nur ein kurzer Aufenthalt in der Diskothek beabsichtigt war.

Betrag: 300 € **Haftung: 100 %**
immVorb: – **MdE: –**

AG Aachen 20.1.2011 – 25 C 278/10 = NJW-RR 2011, 675

4411

Persönlichkeitrechtsverletzung / Beleidigung als „Scheißbulle"

25j. Frau (Polizeibeamtin). Das AG führte aus: „Wiederholte, besonders vulgäre und ordinäre Beleidigungen einer jungen Polizistin während und nach einer Festnahme, die Ekel und Abscheu erregen, sind einer körperlichen Beleidigung durch Anspucken durchaus vergleichbar und rechtfertigen eine Geldentschädigung, auch wenn keine längerfristigen psychischen Folgen eintreten.".

Betrag: 300 € **Haftung: 100 %**
immVorb: – **MdE: –**

AG Böblingen 16.11.2006 – 3 C 1899/06 = BeckRS 2007, 4666

3595

Persönlichkeitrechtsverletzung / Ehrverletzung (hier: Beleidigung als „Alte Fotze").

Frau. Das AG berücksichtigte, dass die Beleidigung im Zusammenhang mit einem Fußballspiel fiel, welchem die Klägerin zugesehen hatte und wobei sie mehrmals mit „Pfui-Rufen" kommentierend provoziert hatte.

Betrag: 307 € **Haftung: 100 %**
immVorb: – **MdE: –**

AG Schwedt / Oder 23.10.2002 – 3 C 215/01 = unveröffentlicht

4698

Beleidigung duch die Beschimpfung als „Faschist" und „Nazi".

Mann (Polizist). Das AG wertete die Bezeichnung des Beamten als „Faschist" und „Nazi" vor dem Hintergrund der noch jungen deutschen Geschichte zutreffend als erhebliche Beleidigung.

Betrag: 350 € **Haftung: 100 %**
immVorb: – **MdE: –**

AG Zwickau 22.6.2012 – 2 C 1961/11 = BeckRS 2012, 18499

7930

Persönlichkeitsrechtsverletzung / Beleidigung durch Äußerungen wie „Verpiss Dich", „Glotz nicht so blöd", „So blöd anglotzen musst Du mich nicht", „Mach Deine Bude zu. Das stinkt hier wie blöd", „Geh in Dein verranztes Loch".

Frau. Die Parteien sind Miteigentümer in der Wohnungseigentumsanlage in der sie auch beide wohnen, wobei der Beklagte die Klägerin wiederholt beleidigt hatte. Bei der Bemessung des immateriellen Schadensersatzanspruchs berücksichtigte das LG, dass der Beklagte „die Äußerungen lautstark im Flur vor der Wohnung der Klägerin tätigte und so die Möglichkeit bestand, dass andere Hausbewohner dies mitbekommen." Zudem verwies das LG auch auf das Nachtatverhalten des Beklagten, der sich auch „nicht für die Beleidigungen entschuldigt, sondern sie zu Beginn des Rechtsstreits sogar bestritten."

Betrag: 400 € **Haftung: 100 %**
immVorb: – **MdE: –**

LG Heidelberg 5.8.2024 – 4 O 44/24 = GRUR-RS 2024, 20779

6943

Persönlichkeitsrechtsverletzung in Form von ehrverletzenden Äußerungen sowie Schmähkritik im Internet. Der Kläger wurde dort als „Schwein", „überflüssiger Mensch" und „Ar…lö…er" bezeichnet. Zudem wurde er und andere Personen mit von Gewaltandrohungen durchzogenen Beiträgen wie ua „so ein elender Typ gehört selbst erschossen inkl. Anwalt!", „Jagd diesen HURENSOHN, sucht ihn und Schlitz ihn und seine ganze Sippschaft von Kopf bis zur Sohle auf. Drecks Bastarde" überhäuft.

Mann (Rechtsanwalt). Der Kläger ist Jäger und Rechtsanwalt und war in einem Strafverfahren als Verteidiger mandatiert, das die Tötung eines Wolfes zum Gegenstand hatte. Im Zusammenhang mit diesem Strafverfahren veröffentlichte der Kläger, der auch als Autor in jagdlichen Magazinen tätig ist, am 30.1.2019 einen Gastbeitrag auf FOCUS Online. Dieser Beitrag war bereits zuvor in der Deutschen Jagdzeitung, Heft 1/2019 veröffentlicht worden. In dem Beitrag äußerte sich der Kläger unter anderem wie folgt: "Meinetwegen soll der Grauhund zur Hölle fahren! Darf ich das sagen? Ja, darf ich! Mein Beruf nimmt mir nicht das Recht auf freie Meinungsäußerung, und es ist vollkommen egal, ob mir PETA oder völlig verwirrte Wolfsschmuser die Pest an den Hals wünschen. Nein – immer wenn ich irgendwo lese, dass einer der Grauen auf der Autobahn zu Brei gefahren wurde, huscht ein Lächeln über mein Gesicht. Insofern gilt das „Erbtantenprinzip" – tief graben und ewig schweigen. Daraufhin erhielt der Kläger bei

Facebook einen Shitstorm seitens des Beklagten und anderer Personen aus dessen Facebook-Gruppe. Bei der Bemessung des Schmerzensgeldes (der Kläger begehrte 1.500 EUR) berücksichtigte das LG zutreffend schmerzensgeldmindernd die provokativen Äußerungen des Klägers in seinem Gastbeitrag auf FOCUS Online bzw. in der Deutschen Jagdzeitung; aus diesem Grund sprach es nur 500 EUR zu.

Betrag: 500 € **Haftung: –**
immVorb: – **MdE: –**

LG Hamburg 17.4.2020 – 324 S 3/19 = BeckRS 2020, 52432

6944

Persönlichkeitsrechtsverletzung / Schmähkritik im Internet mit Worten, wie „Schwein", „überflüssiger Mensch" oder „Ar…lö…er".

Mann (Rechtsanwalt). Der Kläger ist Jäger sowie Rechtsanwalt und war in einem Strafverfahren als Verteidiger mandatiert, das die Tötung eines Wolfes zum Gegenstand hatte. Im Zusammenhang mit diesem Strafverfahren veröffentlichte der Kläger, der auch als Autor in jagdlichen Magazinen tätig ist, einen Gastbeitrag auf FOCUS Online, in dem er sich emotional und negativ über Wölfe – „Meinetwegen soll der Grauhund zur Hölle fahren!" und Wolfsbefürworter – „völlig verwirrte Wolfsschmuser – äußerte. Daraufhin erhielt er einen Shitstorm an dem auch der Beklagte teilnahm und die streitgegenständlichen Äußerungen („… der selbstgerechte vor Eitelkeit und Überheblichkeit strotzende Rechtsanwalt des Wolfskillers von Brandenburg Herr Dr. G. aus HH", „Schwein", „überflüssiger Mensch" und „Ar…lö…er") im Internet postete. Das AG sah darin eine unzulässige Schmähkritik, für die seitens des Betroffenen ein Anspruch auf Geldentschädigung in Höhe von 500 EUR besteht.

Betrag: 500 € **Haftung: 100 %**
immVorb: – **MdE: –**

AG Hamburg-Wandsbek 13.8.2019 – 716b C 86/19 = GRUR-RS 2019, 57709

5029

Persönlichkeitsrechtsverletzung (hier: „tätliche Beleidigung". Der Beklagte Fahrgast hatte dem Kläger als Fahrgeld einen 100-Euro-Schein gewaltsam in den Mund gedrückt und ihn dabei zudem leicht verletzt, er erlitt eine kleine Schürfwunde unter dem rechten Auge sowie eine leichte Prellung im Gesicht.)

35j. Mann (Taxifahrer). Der Fahrgast (Bekl.) kritisierte die zu langsame Fahrweise des Taxifahrers und wollte schließlich aussteigen. Als der Kläger daraufhhin das Fahrtgeld verlangte, stopfte der Beklagte ihm dies in den Mund. Darin sah das AG zutreffen eine tätliche Beleidigung des Klägers der durch diese ihn entwürdigende Handlung in seiner Persönlichkeit verletzt wurde. Das AG folgte jedoch mit 500 EUR nicht der Forderung von 1.100 EUR.

Betrag: 500 € **Haftung: 100 %**
immVorb: – **MdE: –**

AG München 30.4.2015 – 213 C 26734/14 = unveröffentlicht

4573

Persönlichkeitrechtsverletzung (hier: Bezeichnung als „Bulle", die mehrfach wiederholt wurde sowie die Androhung seitens des Beklagten, dem Kläger „den Schwanz in den Mund zu stecken".

Mann (Polizeibeamter).

Betrag: 500 € **Haftung: 100 %**
immVorb: – **MdE: –**

AG Singen 22.5.2012 – 10 C 19/12 = unveröffentlicht

4412

Persönlichkeitrechtsverletzung / Beleidigung (hier: Im Rahmen einer begründeten Abmahnung wurde der Hausverwalter polemisch und titulierte den Kläger [Mieter] und dessen Familienangehörige als „Aszoziale").

Mann. Das Gericht sprach dem Kläger 250,- EUR an Schmerzensgeld, zu zahlen vom Hausverwalter sowie weitere 250,- EUR zu zahlen vom Eigentümer bzw. Vermieter zu.

Betrag: 500 € **Haftung: 100 %**
immVorb: – **MdE: –**

LG Berlin 6.10.2009 – 65 S 121/09 = BeckRS 2009, 87625

3762

Persönlichkeitrechtsverletzung durch Bespucken in das Gesicht der Klägerin.

Frau. Das AG sah das Bespucken zutreffend als eine schwerwiegende Verletzung der Persönlichkeit bzw. eine Missachtung der Person an und sah deshalb das oa Schmerzensgeld für angemessen.

Betrag: 500 € **Haftung: 100 %**
immVorb: – **MdE: –**

AG Meppen 25.2.2004 – 18 C 35/04 = unveröffentlicht

6721

Persönlichkeitrechtsverletzungen / Beleidigungen im Straßenverkehr mit den Schimpfwörtern „Wichser", „Scheißkerl" und „DummDapp" sowie durch Zeigen des „Stinkefingers".

Mann. Der Beklagte überzog den Kläger mit einer Reihe von Beleidigungen bzw. beleidigenden Äußerungen; als Motiv hierfür nannte er das aus seiner subjektiven Sichtweise vom Kläger ihm gegenüber begangene Fehlverhalten im Straßenverkehr. Das AG sah darin zutreffend keinen Grund für ein derartiges Verhalten.

Betrag: 600 € **Haftung: 100 %**
immVorb: – **MdE: –**

AG Dieburg 27.9.2019 – 20 C 420/17 = BeckRS 2019, 54838

4090

Persönlichkeitrechtsverletzung (hier: Ehrverletzung durch Beleidungen mit den Worten „Schlampe" und „Fotze").

Frau. Die Klägerin wurde im Straßenverkehr durch den Beklagten als Fotze und Schlampe bezeichnet. Das LG wertete dies zutreffend als schmerzensgeldrelevante Beleidigung.

Betrag: 600 € **Haftung: 100 %**
immVorb: – **MdE: –**

LG Essen 1.2.2010 – 13 S 164/09 = BeckRS 2010, 144754

4072

Persönlichkeitrechtsverletzung / Beleidigung mit den Worten: „Du Hund", „Schwule Sau", „Polizistenschwein" und zudem: Spucken in das Gesicht.

Mann (Polizeibeamter). Kurzfristige psychische Beeinträchtigung wegen Ekels infolge des Bespuckens. [Anmerkung: Das Schmerzensgeld erscheint wegen der nicht nur verbalen Beleidigung recht gering angesetzt worden zu sein. Bei tätlichen Angriffen gegen Personen sollte insofern ein höherer Betrag zuerkannt werden].

Betrag: 600 € **Haftung: 100 %**
immVorb: – **MdE: –**

AG Montabaur 11.9.2003 – 10 C 277/03 = BeckRS 2003, 154656

7158

Persönlichkeitsrechtsverletzung / Beleidigung durch die Bezeichnung als „rechte Laus" in einem Chat unter CSU-Politikern.

Mann (Politiker). Der CSU-Politiker wurde von einem seiner CSU-Kollegen, dem unterfränkischen Bezirkstagspräsidenten, im September 2021 in einem Gruppen-Chat des CSU-Ortsverbandes Wörth am Main als „rechte Laus" bezeichnet. Der so Beleidigte hatte ein Schmerzensgeld iHv 12.750 Euro gefordert. Das LG Aschaffenburg sah jedoch lediglich ein Schmerzensgeld iHV 750 Euro für angemessen aber auch ausreichend. [Anmerkung: Das Urteil ist rechtskräftig nachdem sowohl die Berufung des Klägers als auch die Anschlussberufung ohne Erfolg blieben].

Betrag: 750 € **Haftung: 100 %**
immVorb: – **MdE: –**

OLG Bamberg 20.1.2023 – 6 U 45/22 = BeckRS 2023, 9578

5516

Beleidigung: „Diese Türken, diese Ausländer! Früher hätte es das nicht gegeben; da wären die schon vergast worden".

Mann (Unternehmer). Das AG berücksichtige bei der Bemessung, dass die Beleidigung mit den Worten „diese Türken, diese Ausländer …" über die Verletzung der persönlichen Ehre des Klägers hinausging.

Betrag: 750 € **Haftung: 100 %**
immVorb: – **MdE: –**

AG Goslar 17.8.2017 – 14 C 54/15 = unveröffentlicht

4574

Persönlichkeitrechtsverletzung (hier: Ohrfeige und massive Beleidigungen mit Begriffen wie Arschlöcher, Wichser, dumme Hurensöhne etc.) sowie dem Zeigen des sogenannten „Stinkefingers").

Mann (Polizeibeamter). [Anmerkung: Angesichts der dem Beamten erteilten Ohrfeige in Verbindung mit den massiven Beleidigungen ist das Schmerzensgeld von lediglich 750 EUR absolut unangemessen und deutlich zu gering!]

Betrag: 750 € **Haftung: –**
immVorb: – **MdE: –**

LG Konstanz 21.5.2012 – 23 Js 18049/11 = unveröffentlicht

4061

Persönlichkeitrechtsverletzung / Beleidigung mit den Worten „Scheiß Bullenschwein, ich fick'Euch in den Arsch" und durch Spucken in das Gesicht des Klägers.

Mann (Polizeibeamter). Das AG berücksichtigte schmerzensgeldmindernd das jugendliche Alter und die Alkoholisierung des Beklagten sowie dessen schlechte wirtschaftliche Verhältnisse.

Betrag: 750 € **Haftung: 100 %**
immVorb: – **MdE: –**

AG Schwäbisch Hall 24.1.2006 – 5 C 954/05 = unveröffentlicht

6681

Persönlichkeitrechtsverletzung in Form von Bespucken und Beleidigungen. Der Beklagte hatte dabei den Kläger mit den Worten „Arschlöcher, Dreckschweine, Scheiß Bullen" beleidigt; "zudem spuckte er den Kläger absichtlich und unvermittelt mitten in das Gesicht, wodurch dieser ein erhebliches Ekelgefühl und körperliches Unwohlsein erlitt", so das AG in der, der VG Entscheidung zu Grunde liegenden Urteil.

Mann (Polizist). Die Entscheidung des VG befasste sich im Rahmen Anspruch auf Erfüllungsübernahme gemäß Art. 97 BayBG mit einem dem Kläger vom AG Augsburg zuerkannten Schmerzensgeldanspruch in Höhe von 800 EUR für die oben unter Verletzungen ausgeführten Beleidigungen und Handlungen. Insofern hatte der Kläger im Dienst dem teilweise unbekleidet im Schnee am Bahnhofsvorplatz in … liegenden Beklagten versucht, zu helfen und diesen zu einer ärztlichen Untersuchung zu bringen. [Anmerkung: Die gegen das Land Bayern gerichtete Klage vor dem VG Augsburg auf Erfüllungsübernahme wurde als unbegründet zurückgewiesen, da vorliegend „kein Angriff im physischen Sinne" gegen den Beamten vorlag].

Betrag: 800 € **Haftung: 100 %**
immVorb: – **MdE: –**

VG Augsburg 23.1.2020 – Au 2 K 19.872 = BeckRS 2020, 2418

4434

Persönlichkeitsrechtsverletzung (hier: Ohrfeige durch den Vorgesetzten; es kam zu keinen Verletzungsfolgen).

Mann (Arbeiter). Vorsätzliche Köperverletzung: „Versetzt ein vorgesetzter Schichtleiter im Rahmen einer verbalen Auseinandersetzung über Arbeitspflichten einen Mitarbeiter eine Ohrfeige, hat er an den Arbeitnehmer ein angemessenes Schmerzensgeld zu zahlen", so das LAG, das zur Bemessung noch folgendes ergänzte: „Führt die Ohrfeige zu keinerlei weiteren Verletzungsfolgen, ist ein Schmerzensgeld von 800,00 EUR als Mindestbetrag angemessen; muss sich der Geschlagene hingegen in ärztliche Behandlung begeben, ist ein mehrfach höheres Schmerzensgeld angemessen".

Betrag: 800 € **Haftung: 100 %**
immVorb: – **MdE: –**

LAG Köln 27.10.2008 – 5 Sa 827/08 = BeckRS 2009, 52079

7931

Persönlichkeitsrechtsverletzung durch rassistische Beleidigungen.

Mann (Opernsänger). Die Mitarbeiter des Sicherheitsunternehmens der Berliner Verkehrsbetriebe hatten den bekannten Opernsänger Jeremy Osborne im Rahmen einer Fahrscheinkontrollen in der Berliner U-Bahnen als „Schwarzkopf" bezeichnet und ihn aufgefordert, sich „in Deutschland zu benehmen". Der genaue Ablauf des Vorfalls blieb jedoch vor Gericht streitig.

Betrag: 1.000 € **Haftung: 100 %**
immVorb: – **MdE: –**

AG Berlin-Mitte 10.7.2023 – 10 O 218/22 = BeckRS 2023, 58799

4556

Persönlichkeitsrechtsverletzung (hier: Der beklagte Gynäkologe fertigte verdeckt insgesamt 35.000 Bilddateien von seinen Patientinnen. Von der Klägerin fertigte er 8–10 Bilddateien, auch kleine Filme, „die das Geschlechtsorgan der Klägerin" zeigen und zudem aufzeigen, wie der Beklagte seinen „Finger … in der Vagina der Klägerin" hat.).

Frau. Das AG bewertete schmerzensgelderhöhend, dass der Beklagte als Frauenarzt seine besondere und insofern gesteigerte Vertrauensstellung gegenüber seiner langjährigen Patientin vorsätzlich missbraucht hatte.

Betrag: 1.000 € **Haftung: 100 %**
immVorb: – **MdE: –**

AG Speyer 9.1.2012 – 31 C 75/11 = BeckRS 2013, 2043

4414

Persönlichkeitrechtsverletzung (hier: Unrichtige Anschuldigung / Beschuldigung randaliert zu haben).

Mann. Der geschiedene Mann wurde von seiner Ex-Ehefrau, der Beklagten zu Unrecht beschuldigt in deren Wohnung randaliert zu haben. Daraufhin wurde der Kläger als Randalierer in eine entsprechende Polizeidatei aufgenommen.

Betrag: 1.000 € **Haftung: 100 %**
immVorb: – **MdE: –**

LG Essen 17.12.2007 – 3 O 442/07 = BeckRS 2008, 1477

4435

Persönlichkeitrechtsverletzung / Beleidigung (mittels „Scheibenwischergeste").

Frau (Schulleiterin). Das OLG wertete die sogenannte „Scheibenwischergeste" mit der sich ein Konferenzteilnehmer in Abwesenheit der Klägerin über diese lustig gemacht bzw. diese herabgewürdigt hatte, als eine schwere Persönlichkeitsrechtsverletzung.

Betrag: 1.000 € **Haftung: 100 %**
immVorb: – **MdE: –**

OLG Koblenz 1.6.2005 – 1 U 1161/04 = BeckRS 2005, 19445

4413

Persönlichkeitrechtsverletzung (hier: Bezeichnung des im Kommunlawahlkampf stehenden Klägers als „kulturloser Bonze" und „Wendehals". Zudem wurde der Kl. mit dem Reim: … „ mal eben gewendet, hat der seine DDR-Karriere je beendet?"einer tatsächlich nicht bestehenden SED-Vergangenheit beschuldigt.

Mann (Kommunalpolitiker). Der Kläger forderte 10.000,- EUR. Das LG sah dies nicht angemessen zumal diese Forderung den wirtschaftlichen Verhältnissen der Gemeinde nicht gerecht werde. [vgl. dazu auch LG Flensburg → Nr. 7207].

Betrag: 1.000 € **Haftung: 100 %**
immVorb: – **MdE: –**

LG Frankfurt (Oder) 29.7.2004 – 17 O 540/03 = BeckRS 2004, 17904

7852

Persönlichkeitsverletzung (eines Bundespolizisten während der Corona-Pandemie) durch Beleidigung bzw. Bezeichnung als Faschist, der mit Nazimethoden arbeiten würde.

Mann (Polizeibeamter des Bundes). Schmerzensgeld wegen schwerwiegender Persönlichkeitsverletzung eines Polizisten: Der Kläger hatte den Beklagten, der als „selbständiger Triebwagenführer" während der Corona-Pandemie nicht die damals vorgeschriebene Mund-/Nasen-Bedeckung getragen hatte, deshalb angesprochen und dazu aufgefordert, seinen Personalausweis vorzuzeigen. Der Beklagte kam dieser Aufforderung nicht nach, sondern bezeichnete den Kläger zunächst als Faschisten und unterstellte diesem, er würde Nazimethoden anwenden, „obwohl der Kläger nur ordnungsgemäß seinen Dienst versehen hat.", so das AG, das sodann dazu weiter ausführte: „Und weil dies alleine nicht genügte, hat er auch nicht den Kläger direkt angesprochen, sondern das Ganze über ein Telefonat mit seiner Ehefrau „inszeniert", aber so laut, dass der Kläger und die umstehenden Beamten dies hören mussten. Auch hierdurch wurde der Kläger zusätzlich als „Objekt" herabgewürdigt." Das AG wertet die zutreffend als „eine schwerwiegende Persönlichkeitsverletzung", die – entgegen der Auffassung der Beklagtenseite – auch nicht durch „Ahndung im Strafverfahren kompensiert„ werde. (Der Beklagte war mit Strafbefehl wegen Beleidigung mit einer Geldstrafe in Höhe von 40 Tagessätzen á 40,00 EUR verurteilt worden). Eine Entschuldigung des Klägers wertete das AG nicht als den Anspruch der Höhe nach mindernd und begründete dies wie folgt: "Die „schriftliche Entschuldigung datiert auf den 28.5.2021", die der Beklagte 3 Tage vor der Strafverhandlung abgegeben hat, ist offensichtlich prozesstaktisch motiviert und stellt auch keine Entschuldigung dar, zumal sich der Beklagte auf den Standpunkt stellt, er habe die Worte ja auch nur an seine Ehefrau gerichtet und nicht an den Kläger persönlich."

Betrag: 1.500 € **Haftung: 100 %**
immVorb: – **MdE: –**

AG Dresden 24.10.2022 – 109 C 4718/21 = BeckRS 2022, 56423

5185

Persönlichkeitrechtsverletzung und Beleidigung / Mobbing im Internet / Internet-Mobbing / Cyber-Mobbing. Der Beklagte, ein 12j. Mitschüler, eröffnete unter dem Namen und mit Foto des Klägers ein Nutzer-Profil bei Facebook und versandte extreme Beleidigungen mit nachfolgenden Inhalten: „Fick dich du Wixxer du fetter Zwidder kill dich selber und am besten heute noch!" „Und du bis häßlich dass ich kptzen muss!!" „DU FETTSACK OHNE EIN GESCHLECHTSTEIL Fick dich!!!!!". Zudem postete der Beklagte, der Kläger habe die Grundschule „Opfergrundschule" besucht; habe den Kindergarten „Idiotenkindergarten" besucht und „dort Dummheit studiert"; habe „irgendwelche homosexuellen Orientierungen" und „vergewaltige kleine Kinder". Der Kläger wiege „100 Tonnen und ihm wüchsen Brüste" und zeige „seine Exkremente auf Facebook".

14.j. Junge (Schüler 6. Klasse Gymnasium). Internet-Mobbing / Cyber-Mobbing. Psychotherapiebehandlung. Zur Schmerzensgeldbemessung, des Höhe ich als zu gering bemessen erachte, stützte sich das LG zunächst auf das Genugtuungsinteresse des Klägers und führte sodann aus: Bei der Bemessung sei die „erhebliche gesundheitliche Beeinträchtigung des Klägers" zu berücksichtigen. Das LG hierzu wörtlich: Die Gesundheitsverletzung sei „durch das Verhalten des Beklagten zumindestens mit verursacht worden …" Es sei zudem zu berücksichtigen, „dass der Kläger sich nunmehr – und insbesondere auch nach der schulischen Trennung der Parteien – gesundheitlich wieder stabilisiert" habe und „dass Dauerfolgen aus Sicht der Kammer nicht zu erwarten" seien. „Weiter berücksichtigt die Kammer bei der Bemessung des Schmerzensgeldes die erhebliche Schwere der Verletzung des Persönlichkeitsrechtes des Beklagten durch den Inhalt der Äußerungen und die Art (Internet) ihrer Verbreitung. Zulasten des Schädigers ist weiterhin sein vorsätzliches Vorgehen in die Bemessung des Schmerzensgeldes einzubeziehen, zu seinen Gunsten ist aber sicherlich seine noch deutliche kindliche Unerfahrenheit zu berücksichtigen. Aus Sicht der Kammer ist es angesichts des Umstandes, dass der Beklagte noch Schüler ist ... auch gerechtfertigt, seine Schwierigkeiten bei der Aufbringung des Schmerzensgeldes in der Weise zu berücksichtigen, dass dessen Höhe gemindert wird".

Betrag: 1.500 € **Haftung: 100 %**
immVorb: – **MdE: –**

LG Memmingen 3.2.2015 – 21 O 1761/13 = BeckRS 2016, 2120

3859

Persönlichkeitrechtsverletzung / Ehrverletzung. Der Beklagte nannte den Kläger ein „Arschloch" sowie einen „Scheiß Ausländer".

Mann (Taxifahrer). MdE 1 Woche 100 %. 2 Monate psychologische Behandlung wegen Alpträumen und Angstzuständen.

Betrag: 1.500 € **Haftung: 100 %**
immVorb: – **MdE: –**

AG Berlin-Charlottenburg 17.1.2007 – 215 C 99/06 = BeckRS 2007, 145001

4108

Persönlichkeitrechtsverletzung (hier: Ehrverletzung. Die beklagte Psychotherapeutin äußerte gegenüber mehreren Personen den Verdacht, die Klägerin als Sozialpädagogin habe sich mit sexuellen Handlungen [vgl. Sexualmissbrauch] an Minderjährigen vergangen, was nicht zutreffend war).

Frau (Sozialpädagogin). Das OLG wies zutreffend darauf hin, die Beklagte habe insbesondere vor dem Hintergrund ihres Berufes die Grenzen ihres Äußerungsrechts kennen und insbesondere die negativen Folgen für die betroffene Klägerin erkennen müssen. Beides habe sie nicht getan.

Betrag: 2.000 € **Haftung: 100 %**
immVorb: – **MdE: –**

OLG Frankfurt a. M. 19.5.2010 – 1 U 49/09 = BeckRS 2010, 13467

2602

Persönlichkeitrechtsverletzung / Ehrverletzung (hier: Bezeichnung als „faulste Mitarbeiterin Deutschlands" durch den eigenen Arbeitgeber in dessen eigenem Anzeigenblatt / Hauszeitung).

Frau. Die Kl. war kurz nach der Einstellung schwanger geworden und fehlte demzufolge häufig.

Betrag: 2.045 € **Haftung: 100 %**
immVorb: – **MdE: –**

BAG 18.2.1999 – 8 AZR 735/97 = BeckRS 1999, 30047338

6538

Persönlichkeitrechtsverletzung (hier: Ehrverletzung und Datenschutzverletzung durch das Auslegen einer „Tisch-Information" im Beratungsraum der Beklagten; dabei wurde in diesem Informationsblatt, mit welchem der Umgang mit verspäteten Krankmeldungen geregelt werden sollte, der Name der Klägerin genannt. Es hieß darin: „Frau (namentliche Bezeichnung der Klägerin) wird durch uns aufgefordert, zukünftig ihren Pflichten nachzukommen.").

Frau (Sachbearbeiterin im Amt für Stadtentwicklung). Die Klägerin hatte 30.000 EUR ua wegen der „Tisch-Information" aber auch wegen Mobbinghandlungen, die das LAG jedoch nicht als gegeben ansah, gefordert.

Betrag: 2.500 € **Haftung: 100 %**
immVorb: – **MdE: –**

LAG Mecklenburg-Vorpommern 10.6.2020 – 3 Sa 219/19 = BeckRS 2020, 17863

7725

Persönlichkeitsrechtsverletzung: Hier Anfertigung und Veröffentlichung eines Fotos der Klägerin, das diese mit zum Teil unfreiwillig entblößter Brust auf dem Laufsteg einer Modenschau zeigte.

22j. Frau (Model). Das OLG betonte, dass die Frau nicht in die Veröffentlichung des Fotos eingewilligt habe. Die grundsätzliche Einwilligung in die Anfertigung und Veröffentlichung von Fotos im Rahmen der Modenschau umfasse nicht die Dokumentation der unfreiwilligen Busenentblößung. Der Fotograf hatte die Panne als Foto festgehalten und dieses an eine Boulevardzeitung verkauft, die es mit dem Text „Busenblitzer" sowohl in der Zeitung als auch online vermarktet hatte. Die Klägerin hatte insofern 10.000 EUR gefordert. Das LG Frankfurt a.M. erkannte auf 5.000 EUR; das OLG reduzierte diesen Betrag auf 3.000 EUR. Beide Instanzen werteten das verhalten der Boulevardzeitung als schwerwiegende Verletzung des allgemeinen Persönlichkeitsrechts, da die Klägerin „nicht nur in ihrem moralisch-sittlichen Gefühl gedemütigt" worden sei, sondern zudem auch weil sich die Beklagte „über ihren ausdrücklich erklärten Willen hinweggesetzt" habe. Bei der Bemessung berücksichtigte das OLG zudem die sehr große Auflagenstärke der Zeitung mit gut 1,1 Millionen Exemplaren und zudem die bundesweite Reichweite der Online-Version des Artikels sowie die Tatsache, dass sich der Vorfall beim ersten Laufstegauftritt der Klägerin ereignet hatte. Das OLG setzte sich sodann damit auseinander, dass die Klägerin auf ihren Auftritten auf Instagram sich bereits sehr freizügig gezeigt habe, betonte jedoch zutreffend, dass dies die Persönlichkeitsrechtsverletzung nicht rechtfertige, da es das alleinige Recht der Klägerin sei, selbst zu bestimmen, in welchem Zusammenhang und unter welchen Umständen sie einer Entblößung zustimme. Da die Klägerin jedoch keine konkreten nachhaltigen Nachteile, wie beispielsweise eine berufliche Benachteiligung vorgetragen hatte, sah das OLG ein Schmerzensgeld iHv 3.000 EUR für angemessen und ausreichend an.

Betrag: 3.000 € **Haftung: 100 %**
immVorb: – **MdE: –**

OLG Frankfurt a. M. 17.7.2025 – 16 U 7/24 = GRUR-RS 2025, 16829

7586

Beleidigung mit „immensen" psychischen Folgen sowie vorsätzliche Körperverletzung durch Schläge und Tritte mit Gehirnerschütterung / Schädel-Hirn-Trauma und Prellungen.

18j. Mann. Adhäsionsverfahren. Das LG sah es als erwiesen an, dass der zur Tatzeit 17j. Syrer mit Schlägen und „gezielten Tritten gegen den Kopf" verletzt und zudem „menschenverachtend" beleidigt worden war. Dass der junge Mann keine schwereren Verletzungen als ein Schädel-Hirn-Trauma und Prellungen erlitt, sei pures Glück gewesen – für beide, dh auch für den 41j. deutschen Angeklagten, der zur Tatzeit auf Bewährung war und wegen dieser erneuten Tat nun zu vier Jahren und neun Monaten Haftstrafe verurteilt wurde.

Betrag: 5.000 € **Haftung: 100 %**
immVorb: – **MdE: –**

LG Erfurt 26.10.2021 – 3 KLs 501 Js 13526/21 = BeckRS 2021, 62647

2545

Persönlichkeitsrechtsverletzung, schwerer … „und zwar in dessen Kernbereich" (hier: Ehrverletzung bzw. Verletzung des Rechts am eigenen Bild. Veröffentlichung von 3 Bildern, durch die der Kl. als „doofer lederbehoster Bayer" hingestellt wurde.)

Mann. Veröffentlichung erfolgte ganzseitig im „Stern" (mit entsprechend hoher Auflage!). Die „Satire" ging „auf Kosten eines unbeteiligten Dritten, nämlich des Kl.", so das OLG.

Betrag: 5.113 € **Haftung: 100 %**
immVorb: – **MdE: –**

OLG München 5.12.1997 – 21 U 3698/97 = BeckRS 9998, 15575

2544

Persönlichkeitrechtsverletzung, schwere (hier: Ehrverletzung durch Ausstrahlung von Fernsehaufnahmen („Brandenburg aktuell"), in denen der Kl. als „Neonazi" mit einschlägiger Vergangenheit dargestellt wurde.)

Mann. Berichterstattung nur auf vage Vermutung hin. 2 Richtigstellungen, die mindernd berücksichtigt wurden. Präventionsgedanke entfällt, da kein zielgerichteter Angriff auf Kl.

Betrag: 5.113 € **Haftung: 100 %**
immVorb: – **MdE: –**

LG Berlin 9.10.1997 – 27 O 349/97 = BeckRS 9998, 16109

7282

Persönlichkeitsrechtsverletzung, schwere (hier: Facebook-Post des rechtspopulistischen Autors Akif Pirincci zu einem Foto der Fridays-for-Future-Aktivistin Luisa Neubauer „… würde ich sofort ficken, auch wenn ich mir danach stundenlang das Klima-Zeug anhören müsste" und im weiteren Chatverlauf „Hat halt bäuerliche Oberweite. Lecker!").

28j. Frau (Klimaaktivistin und eine der Hauptorganisatorinnen der Klimabewegung). Zutreffend führte das LG aus: „Diese Meinungsäußerung überschreitet aber die Grenze zur Schmähkritik und ist damit unabhängig von einer Abwägung rechtswidrig. Selbst wenn man das Vorliegen von Schmähkritik verneinen würde, müsste die Meinungsfreiheit des Beklagten hinter das allgemeine Persönlichkeitsrecht der Klägerin zurücktreten" … denn „Die Klägerin wird öffentlich als bloßes Objekt der sexuellen Begierde dargestellt. Hierdurch wird die Klägerin in einer solchen Art und Weise diffamiert, dass nur noch die persönliche Schmähung im Vordergrund steht und eine etwaige sachbezogene Auseinandersetzung aus dem Blickfeld geraten ist. Bei einer solchen Diffamierung wird ungeachtet des Anlasses der Äußerung die weit gezogene Grenze zulässiger Meinungsäußerungen überschritten und der Ausnahmetatbestand einer nicht mehr legitimierbaren Schmähkritik erreicht." [Zur Definition von Schmähkritik siehe auch → Rn. 189 im Handbuch mit Verweis auf BVerfG NJW 2022, 680.]

Betrag: 6.000 € **Haftung: 100 %**
immVorb: – **MdE: –**

LG Frankfurt a. M. 2.12.2021 – 2-03 O 329/20 = GRUR-RS 2021, 37293

3559

Ehrverletzung (hier: „Du siehst ganz schön alt aus für dein Alter" äußerte Oliver Pocher in der Sendung „Wetten, dass" gegenüber der Kl. und fügte hinzu: „Ja, wir haben übrigens eine schöne Operationsshow bei Pro 7, da können wir Sie mal vorschlagen".)

Frau. Das LG wies zutreffend darauf hin, dass der sogenannte Komödiant Oliver Pocher die Klägerin aus seiner überlegenen Position als Moderator heraus grundlos und bewusst beleidigt habe um sich auf ihre Kosten vor einem Millionenpublikum zu profilieren (wie dies bei derartigen sogenannten Komödianten heute leider zum Alltag gehört, den sich glücklicher Weise nicht jeder klaglos gefallen lässt).

Betrag: 6.000 € **Haftung: 100 %**
immVorb: – **MdE: –**

LG Hannover 11.1.2006 – 6 O 73/05 = BeckRS 2011, 10793

3525

Persönlichkeitrechtsverletzung / Ehrverletzung (hier: Der beklagte Arzt sagte im OP zur Kl., sie „solle gefälligst ihre Schnautze halten" … „und ihr großes Maul halten".

Frau. Das Gericht hob darauf ab, dass vorliegend die Genugtuungsfunktion im Vordergrund stehe und bei Berücksichtigung der „Intensität der Verletzungshandlungen" des Bekl. das ausgeurteilte Schmerzensgeld erforderlich sei. [Lesenswerte Urteilsbegründung!].

Betrag: 6.900 € **Haftung: 100 %**
immVorb: – **MdE: –**

LAG Rheinland-Pfalz 4.10.2005 – 5 Sa 140/05 = BeckRS 2006, 40035

7389

Persönlichkeitsrechtsverletzung (hier: „schwerwiegende Verletzung des Persönlichkeitsrechts" durch wahrheitswidrige Behauptungen bei Wikipedia durch welche eine Person in ihrem geschäftlichen, künstlerischen und persönlichen Ansehen schwer beschädigt worden war).

Mann (Komponist, politischer Autor und Verfasser völkerrechtlicher Arbeiten). Der Kläger hatte einen Eintrag bei Wikipedia. Der Beklagte verfasst seit Jahren regelmäßig Beiträge für die Online-Enzyklopädie Wikipedia und ist maßgeblicher Editor des Wikipedia-Artikels des Klägers. Hierbei fiel der Beklagte in den letzten 15 Jahren durch tendenziöse Bearbeitungen von Einträgen zum Nahost-Konflikt auf, weshalb er auch schon vor dem Landgericht Hamburg verklagt wurde. Der Beklagte behauptete in dem Artikel, den er zu dem Kläger mitverfasst, dass der Kläger als „isländischer Hauptvertreter des Antizionismus bzw. als isländischer Hauptverfechter antiisraelischer und antiamerikanischer Theorien" gelte. Tatsächlich gilt der Kläger in keiner öffentlichen Meinung als ein „Hauptvertreter / Hauptverfechter". In Island gilt er in erster Linie als Komponist und Friedensaktivist. Auch behauptete der Beklagte wahrheitswidrig, dass ein bestimmtes Werk des Klägers für das Musiktheater nie aufgeführt worden sei. Des Weiteren behauptete der Beklagte wahrheitswidrig, der Kläger habe Verschwörungstheorien verbreitet und propagiere „False-Flag-Thesen". Das LG sah darin eine schwerwiegende Verletzung des Persönlichkeitsrechts und führte dazu aus: „Zwar ist grundsätzlich ein Artikel in Wikipedia hinzunehmen, wenn die betroffene Person, so wie der Kläger als Autor, selbst aktiv den Diskurs in der Öffentlichkeit sucht. Dann ist grundsätzlich auch hinzunehmen, dass Tatsachen erwähnt werden, die den Betroffenen in ein negatives Licht stellen. Vor allem gilt dies, wenn der Betroffene besonders kontroverse Positionen vertritt. … Nicht hinzunehmen von einem Betroffenen sind daher jedenfalls unzutreffende Tatsachenbehauptungen, wie dies hier zumindest teilweise der Fall war (Darstellung der Kläger habe die Komposition konzertanter Musik aufgegeben, ein bestimmtes Werk sei nie uraufgeführt worden und er habe den Anschlag auf den Berliner Weihnachtsmarkt als Fake bezeichnet). Weiterhin nicht hinzunehmen sind nach Auffassung des Gerichts auch bewusst einseitige und negativ verzerrende Darstellungen, die eine innere Logik und Nachvollziehbarkeit nicht erkennen lassen."

Betrag: 8.000 € **Haftung: 100 %**
immVorb: – **MdE: –**

LG Koblenz 14.1.2021 – 9 O 80/20 = GRUR-RS 2021, 420

6543

Persönlichkeitrechtsverletzung (hier: Schwerwiegenden Eingriff in das allgemeine Persönlichkeitsrecht: Der Beklagte, ein seiner Ex-Freundin „notorisch" nachstellender „Stalker" (so das OLG) hatte den Vater der Ex-Freundin in einem Internet-Chat angeschuldigt, er habe seine Tochter als Kind sexuell missbraucht. Zudem äußerte er in dem Chat, er werde gegen den Kläger wegen des Vorwurfs des Kindesmissbrauchs eine Strafanzeige fertigen und darüber auch die Presse informieren; dann werde der Kläger seine Stelle als Geschäftsführer eines Unternehmens für Spielwaren und Babyartikel verlieren.

Mann. Persönlichkeitrechtsverletzung. Das LG Trier hatte die Klage abgewiesen, da nach den Gesamtumständen keine derart schwerwiegende Persönlichkeitsrechtsverletzung vorliege, dass die Zubilligung einer Geldentschädigung gerechtfertigt sei. Das sah das OLG zutreffend anders und sprach dem Kläger unter Hinweis auf die Rechtsprechung des BGH (BGH BeckRS 2012, 8607 mwN) ein Schmerzensgeld in Höhe von 8.000 EUR zu. Zutreffend führte es dazu aus: „Der Vorwurf, die Tochter als Kind sexuell missbraucht zu haben, ist wie kaum ein anderer geeignet, den Kläger in der öffentlichen Meinung herabzusetzen und seine wirtschaftliche und bürgerliche Existenz zu vernichten. Vorliegend ist von besonderer Bedeutung, dass der Kläger Mitgeschäftsführer eines Handelsunternehmens für Spielwaren und Babyartikel ist, somit seiner Integrität gerade im Umgang mit Kindern eminente Bedeutung für seine berufliche Tätigkeit zukommt".

Betrag: 8.000 € **Haftung: 100 %**
immVorb: – **MdE: –**

OLG Koblenz 17.5.2013 – 10 U 860/12 = BeckRS 2014, 15928

4661

Persönlichkeitrechtsverletzung durch bewusst extrem bösartige Schmähkritik („Du Nutte", „du Kacke" etc.), verbreitet via Facebook, Twitter und MySpace-Internetseiten.

Frau (Model). Der Beklagte Bushido, ein Rapper, hatte auf Facebook, Twitter und auf Internetseiten sich abfällig und durch bewusst bösartig übertriebene Schmähkritik über die Klägerin, Ingrid Pavic, die Teilnehmerin in der TV-Container-Show „Big Brother" war, geäußert. Schmerzensgeldmindernd wertete das LG die Tatsache, dass sich die Kl. durch ihr Containerleben bewusst und gezielt deprivatisierend der Öffentlichkeit ausgeliefert habe und dass „Äußerungen von Rappern… mit ihrer teilweise unsachlichen und überzogenen Tendenz vom verständigen Bürger nicht für bare Münze genommen werden". Beidem kann nicht zugestimmt werden, jedenfalls nicht als schmerzensgeldmindernde Argumente.

Betrag: 8.000 € **Haftung: 100 %**
immVorb: – **MdE: –**

LG Berlin 13.8.2012 – 33 O 434/11 = BeckRS 2012, 18220

7264

Persönlichkeitsrechtsverletzung wegen Amtspflichtverletzung im Zusammenhang mit sensiblen Daten, die im Rahmen staatsanwaltlicher Ermittlungen gewonnen und später auf bislang ungeklärte Weise „aus der Sphäre des beklagten Landes" an die Medien durchgestochen bzw. weitergeleitet worden waren.

Mann (Bankier). Der Kläger, der als Mitgesellschafter der in den Cum-Ex-Skandal verwickelten Hamburger Warburg Bank und sich lt. dpa derzeit wegen des Vorwurfs der schweren Steuerhinterziehung in 14 Fällen mit einem auf ca. 280 Millionen EUR liegenden Schaden vor dem Landgericht Bonn verantworten muss, hatte über Jahre hinweg Tagebuch über seine privaten und beruflichen Dinge geführt. Die Tagebücher waren bei einer Razzia wegen der möglichen Verwicklung des Klägers in illegale Cum-Ex-Aktiengeschäfte im Jahr 2018 beschlagnahmt worden; später drangen jedoch Inhalte aus den Tagebüchern auch an die Medien [Lesenswert dazu Schröm / Hollstein, Die Akte Scholz – Der Kanzler, das Geld und die Macht]. Er klagte daher gegen das Land Nordrhein-Westfahlen auf Schmerzensgeld wegen Persönlichkeitsrechtsverletzung. Das LG gab dem Kläger Recht und führte zur Begründung aus, das beklagte Land treffe die Pflicht, sensible Daten so aufzubewahren, dass sie vor einem unbefugten Zugriff geschützt sind. Ob die Daten vorsätzlich an die unbefugten Dritten weitergegeben wurden, konnte die Kammer nicht feststellen. [Das Urteil ist noch nicht rechtskräftig].

Betrag: 10.000 € **Haftung: 100 %**
immVorb: – **MdE: –**

LG Köln 24.10.2023 – 5 O 195/22 = BeckRS 2023, 29475

7207

Persönlichkeitsrechtsverletzung, schwere (hier: Behauptung, der Kläger sei Mitglied – sogar „bis 1989 Offizier" – der Stasi gewesen und habe hierbei „viele Werftarbeiter persönlich über die Klinge springen [lassen] durch seine Spitzeltätigkeit"). Dadurch kam es beim Kläger zu einer „schweren emotionalen Krise".

Mann. Der Kläger verlangt von den Beklagten Unterlassung öffentlich gemachter Behauptungen über seine Person sowie Schmerzensgeld im Zusammenhang mit diesen (siehe oben) Behauptungen. Er befand sich deshalb während eines Zeitraums von „ca. 10 Jahren" in psychische Behandlung. „Nachdem er diese Krise überwunden hatte, sei die Thematik – aufgrund der Behauptungen des Beklagten zu 1 und dieses Prozesses – jetzt allerdings wieder hochgekommen. Er habe sich im Zusammenhang mit den Anschuldigungen sogar in stationäre Behandlung begeben müssen", so Schilderung des Klägers, die das LG glaubhaft zu Protokoll nahm. Bei der Bemessung der Schmerzensgeldhöhe hat das LG sich orientiert an OLG Hamm → Nr. 1679, LG Berlin → Nr. 2544, LG Frankfurt / Oder → Nr. 4413 sowie einer Entscheidung des OLG Bremen → Nr. 1679, das für die unzutreffende Bezeichnung als „Perspektiv-Agent des KGB" umgerechnet 15.338 EUR (damals 30.000 DM) zuerkannt hatte.

Betrag: 10.000 € **Haftung: 100 %**
immVorb: – **MdE: –**

LG Flensburg 14.6.2023 – 7 O 140/20 = BeckRS 2023, 15034

7034

Persönlichkeitsrechtsverletzungen in Form der hartnäckigen Weigerung Memes (Wort-Bild-Kombinationen) mit eindeutigen Falschzitaten zu löschen und Hassreaktionen und Hasskommentare somit zuzulassen und dies auch noch damit zu begründen, dass „aufgrund der politisch prominenten Rolle der Klägerin eine möglichst offene, öffentliche Debatte über sie, ihre Äußerungen und Positionen ermöglicht werden“ müsse.

Frau (Renate Künast – Politikerin / Bundestagsabgeordnete). Kern des Rechtsstreits war, ob die Beklagte als Host-Providerin dazu verpflichtet ist, nach Anzeige eines persönlichkeitsrechtsverletzenden Inhalts nur die vom Betroffenen konkret in der Anzeige benannte URL oder darüber hinaus auch sämtliche auf der Plattform befindlichen inhaltsgleichen rechtsverletzenden Inhalte zu sperren. Bei dem persönlichkeitsrechtsverletzenden Inhalt handelte es sich um eine – unstreitig von der Klägerin nie getroffenen Aussage – „Integration fängt damit an, dass Sie als Deutscher mal türkisch lernen!“. Das vermeintliche Zitat war frei erfunden worden und verbreitete sich durch hochladen und teilen im Internet. Daraufhin kam es zu Hassreaktionen und Hasskommentare mit wutschnaubenden Emojis und Bemerkungen wie „Die hat nicht alle Tassen im Schrank die piss Kuh“, „setzen wir uns zur Wehr“ oder „Ist das eine Frau???? ba“. Das LG sah die Beklagte für die aufgrund eines eigenen schuldhaften Verhaltens – nämlich der hartnäckige Weigerung, diese Hassreaktionen zu löschen bzw. die Memes mit den Falschzitaten zu sperren – für die mit den rechtswidrigen Äußerungen verbundene schweren Persönlichkeitsrechtsverletzungen der Klägerin für (mit-)verantwortlich und sprach die von dieser geforderten 10.000 EUR zu. Sehr zutreffend wies das LG dabei auch darauf hin: „Die Glaubwürdigkeit ist das Kapital eines jeden Menschen, besonders einer Politikerin. Diese Glaubwürdigkeit wird durch das Zuschreiben von Falschzitaten beschädigt. Dies ist ehrenrührig und beeinträchtigt die Persönlichkeit des oder der Falschzitierten. Falschzitate verzerren auch den Meinungskampf.“ [Anmerkung: Das Urteil wurde in Bezug auf den Schmerzensgeldanspruch vom OLG Frankfurt a.M. Urteil vom 25.1.2024, Az. 16 U 65/22 aufgehoben und der Anspruch auf immateriellen Schadensersatz abgewiesen. Mehr dazu finden Sie im Handbuch → Rn. 247].

Betrag: 10.000 € **Haftung: 100 %**
immVorb: – **MdE: –**

LG Frankfurt a. M. 8.4.2022 – 2-03 O 188/21 = GRUR-RS 2022, 7835

7347

Persönlichkeitsrechtsverletzung / Ehrverletzung: (hier: Unwahre Behauptung als Profifußballer handgreiflich geworden zu sein. Hintergrund des Falles war die Verlesung durch den Vorstandsvorsitzende des beklagten Vereins auf einer von ihm abgehaltenen Pressenkonferenz vor den dort anwesenden Journalisten folgenden Textes: „Der V. L. hat am heutigen Donnerstag den Spieler F. R. dauerhaft vom Spielbetrieb ausgeschlossen. Zuvor hatte der stellvertretende Aufsichtsratsvorsitzende T. N. die Information erhalten, dass R. am Samstag in der Halbzeitpause des Spiels gegen T. M. gegen Trainer R. L. handgreiflich geworden war. L., der diesen Vorfall zunächst mannschaftintern lösen wollte, bestätigte den Sachverhalt auf Nachfrage des Vorstands ebenso wie weitere Zeugen.“ Diesen Text veröffentlichte der beklagte Verein am 25.2.2021 auch auf seiner Homepage unter „Startseite Allgemein“ mit im Fettdruck hervorgehobener Überschrift „Handgreiflichkeit gegen den Trainer: R. vom Spielbetrieb ausgeschlossen.“

Mann (Profifußballspieler). Als Folge des oben unter Verletzungen aufgeführten Sachverhalts war das Spielerprofil des Klägers am selben Tag auf der Internetseite „Transfermarkt.de“, eine der größten Websites für Fußballnews in Deutschland, das meistgesuchte Profil aller 836.000 gelisteten Spieler weltweit. Am Folgetag war das Profil des Klägers das am zweithäufigsten aufgerufenen Spielerprofil. Über die Suchmaschine „google“ erfolgten unter den Stichworten „Handgreiflichkeit, Suspendierung, Rauswurf“ weit über 1 Mio. Suchanfragen. In der Pressenlandschaft erschienen am 25.2.2021 Berichterstattungen, wonach der Kläger seinen Trainer "attackiert", "geschlagen", „tätlich angegriffen“ habe. Der Eintrag des Klägers bei Wikipedia wurde bereits wenige Stunden nach der Pressekonferenz des beklagten Vereins um die erhobenen Vorwürfe ergänzt, welche dann beinahe die Hälfte der Zusammenfassung des beruflichen Werdegangs des Klägers ausmachten. Das ArbG Lübeck sah in der Aussage des Vorstandsvorsitzenden einen Eingriff in das Allgemeine Persönlichkeitsrecht des Klägers und wertete diesen als „als schwerwiegend und nicht auf andere Weise befriedigend ausgleichbar.“. „Durch die öffentlich aufgestellte und verbreitete unwahre Behauptung, ein Vertragsfußballspieler sei gegen seinen Trainer "handgreiflich„ geworden, greift der Arbeitgeber in schwerwiegender Weise in das aus Art. 2 I, 1 I GG folgende Allgemeine Persönlichkeitsrecht des Arbeitnehmers ein. Ist der Eingriff auf andere Weise nicht befriedigend ausgleichbar, ist der Arbeitgeber zum Ersatz des erlittenen immateriellen Schadens verpflichtet.“ (= 4. Amtlicher Leitsatz der Entscheidung).

Betrag: 10.000 € **Haftung: 100 %**
immVorb: – **MdE: –**

ArbG Lübeck 9.9.2021 – 1 Ca 442/21 = BeckRS 2021, 39859

6653

Persönlichkeitrechtsverletzung / Ehrverletzung / Internetpranger: Die Klägerin postete über den Beklagten, er sei „ein kleiner, ungevögelter Wichser“, ein „Arschloch“ „ein richtiges Schwein“, eine „Bitch“ und vieles mehr. Zudem forderte sie Ihre 628.000 Follower auf „ihn fertig zu machen“ [wörtlich postete sie: „Wenn ihr schlechte Laune habt, geht einfach zu M1 ins A, sucht den blonden Kerl und macht ihn fertig“] und sie wolle, „dass er seinen Job verliert“ und sie würde „ihn am liebsten von der Brücke runterschubsen“. Dabei stellte sie eine exakte Beschreibung des Beklagten in ihren Snapchat-Account.

Mann (Verkäufer in einem Modegeschäft). Die Beklagte, Jana Weiler – alias Bonnie Strange –, die als Influencerin arbeitet und insofern Accounts bei Snapchat und Instagram mit mehr als 600.000 Followern unterhält, besuchte das Modegeschäft, in dem der Kläger tätig war. Dort entbrannte ein verbaler Konflikt zwischen den Parteien. Im Rahmen dieses Konflikts übte der Kläger sein Hausrecht aus und verwies die Beklagte des Geschäfts. Sie wurde von einer Sicherheitsperson aus dem Geschäft begleitet. Am selben Tag veröffentlichte die Beklagte auf Snapchat ein Video, in dem sie den Konflikt mit dem Kläger beschrieb und postete die oben unter „Verletzungen“ aufgeführten Aussagen mit Bezug auf den Kläger. Bei der Schmerzensgeldbemessung berücksichtigte das LG zutreffend die Internetprangerwirkung der in einschlägigen Kreisen bekannten Influencerin bzw. des insofern bekannten It-Girls und führte dazu aus: „Der einseitigen Darstellung der Auseinandersetzung durch die Beklagte gegenüber tausenden von Followern ist eine Prangerwirkung nicht abzusprechen. Darüber hinaus steht durch die Wahl des Mediums Internet eine Perpetuierung der Rechtsgutsverletzung durch die Möglichkeit der Speicherung und Verlinkung der Äußerungen durch die Follower der Beklagten zu befürchten. Die Beklagte genießt im Internet einen gewissen „Prominenten-Status“, sodass ihre Äußerungen einen besonders großen Ausschnitt der Öffentlichkeit erreichen“.

Betrag: 10.000 € **Haftung: 100 %**
immVorb: – **MdE: –**

LG Düsseldorf 17.4.2019 – 12 O 168/18 = BeckRS 2019, 8491

6693

Persönlichkeitrechtsverletzung durch das ungeprüfte veröffentlichen von Dokumenten, durch deren Äußerungen der Kläger als in hohem Maße illoyal gegenüber seinem Arbeitgeber dargestellt worden war und die Beklagte nicht beweisen konnte, dass es sich hierbei um Falschzitate gehandelt hat.

Mann (Vorstandsvorsitzender bzw. CEO des Satellitenherstellers P AG der von der Europäischen Raumfahrtagentur ESA den Auftrag zur Entwicklung und zum Bau von 14 Satelliten für das europäische Satellitenavigationssystem „Galileo" erhalten hat.). Die Beklagte, eine norwegische Zeitung B, veröffentlichte in ihrer Online-Ausgabe zunächst einen Hinweis, wonach die „Internetplattform V sich zu mehr als 250.000 Dokumenten von amerikanischen Botschaften und Konsulaten auf der ganzen Welt Zugang verschafft [habe]. B hat zu allen Dokumenten ohne jegliche Beschränkung Zugang erhalten. Die Dokumente werden unter denselben redaktionellen Kriterien und ethischen Regeln beurteilt, die auch sonst in der Journalistik von B gelten". Nun veröffentlichte B an mehreren Tagen angeblich von V stammende Dokumente die unter anderem den Inhalt hatten: France is the evil empire stealing technology and Germany knows this", „... French IPR espionage is so bad that the total damage done to the German economy is greater the that inflicted by China or Russia" sowie Y, the CEO of Germanys top satelite manufacturer, P-System, called the EUs Galileo global navigation satellite system (GNSS) „a waste of EU tax payers money championed by French interests." „I think Galileo is a stupid idea that primarily serves French interests". Der Kläger führte aus, die ihm zugeschriebenen Äußerungen habe er nicht getätigt. Die Beklagte vermochte das Gegenteil nicht zu beweisen. Das LG sah in diesen – eine journalistische Sorgfaltspflicht außeracht lassenden – Veröffentlichungen eine massive Rufschädigung und schwere Persönlichkeitrechtsverletzung des Klägers als gegeben an, da die Äußerungen ihn als in hohem Maße illoyal gegenüber seinem Arbeitgeber darstellen. Da die Beklagte die V-Dokumente ungeprüft veröffentlicht hat, handelte sie auch schuldhaft, so das LG.

Betrag: 10.000 € **Haftung: 100 %**
immVorb: – **MdE: –**

LG Köln 13.3.2013 – 28 O 483/11 = BeckRS 2013, 196861

4629

Beleidigungen, schwere (hier: Beleidigung in öffentlichen Auftritten und im Internet mit u.a. folgenden Äußerungen: Arschloch, verfickter Bastard, Idiot, ich ficke Dich, das blöde Arschloch etc.).

Mann (Kachelmann – Wettermoderator und Autor). Der Beklagte, Kool Savas, ein bekannter Rapper verfasste ein „Lied" in dem er den bekannten Wettermoderator in übelster Form und auf insgesamt 24 „Konzerten" als Arschloch, verfickter Bastard, Idiot und mit der Aussage „ich ficke Dich", „das blöde Arschloch" beschimpfte und sich dabei – wie das LG zutreffend schmerzensgelderhöhend bewertete – auf dessen Kosten Sympathie beim Publikum erlangen wollte. Das Gericht arbeitet sorgfältig heraus, ob und inwieweit diese Art der „musikalischen Beleidigung" von der Kunstfreiheit gedeckt ist und verneinte dies zutreffend. [Anmerkung: Angesichts der Schwere der Beleidigungen und der Öffentlichkeit, die der Bekl. zum Vortrag derselben gesucht hatte sowie wegen der kommerziellen Verwertung derselben, hätte das Schmerzensgeld auch deutlich höher ausfallen dürfen].

Betrag: 10.000 € **Haftung: 100 %**
immVorb: – **MdE: –**

LG Berlin 15.11.2011 – 27 O 393/11 = BeckRS 2012, 4872

3773

Persönlichkeitrechtsverletzung (hier: Unzulässige Verdachtsberichtserstattung durch die Fernsehsenung „Akte 05", in welcher der Kläger als Kinderschänder einem Millionenpublikum vorgeführt worden war, obwohl dem Sender bekannt war, dass das Ermittlungsverfahren durch die StA eingestellt worden war.

60j. Mann (Rentner). Eine solche – lediglich auf Sensationen ausgerichtete – Fehldarstellung ist unzulässig und stellt eine schwerwiegende Persönlichkeitsrechtsverletzung dar.

Betrag: 10.000 € **Haftung: 100 %**
immVorb: – **MdE: –**

LG Köln 28.2.2007 – 28 O 96/06 = BeckRS 2007, 146428

3321

Persönlichkeitsrechtsverletzung wegen verfrühter Vorabinformation der Presse (SPIEGEL) durch die ermittelnde StA mit der Aussage gegenüber den Journalisten, gegen den Kläger werde wegen des Verdachtes des „erkauften Sinneswandels" ermittelt. Dies – und nicht die generelle Information der Presse – wertete das OLG als einen schwerwiegenden Eingriff in das Persönlichkeitsrecht des Kl.

Mann (Vorstandsvorsitzender der Mannesmann AG). Das OLG wies die auf 100.000 EUR gerichtete Berufung des Kl. zurück und führte ua aus: Der Generalstaatsanwalt habe das allgemeine Persönlichkeitsrecht des Kl. dadurch verletzt, dass er die Presse zeitlich vor dem Kl. bzw. dessen Verteidiger unterrichtet hat, dabei ausgeführt habe, „es werde auch wegen erkauften Sinneswandels" ermittelt und Einzelheiten an die Presse gegeben habe, die in diesem Ermittlungsstadium (noch) nicht hätten preis gegeben werden dürfen.

Betrag: 10.000 € **Haftung: 100 %**
immVorb: – **MdE: –**

OLG Düsseldorf 27.4.2005 – 15 U 98/03 = BeckRS 2005, 4982

3177

Persönlichkeitsrechtsverletzung. Der Kl. wurde über zwei Jahre hinweg immer wieder in seinem allgemeinen Persönlichkeitsrecht verletzt. Zunächst wurde durch die Vorabinformation der Spiegel-Journalisten am 6.3.2000, sodann durch die Bekanntgabe der Durchsuchungsabsicht in Verbindung mit dem internen LKA-Papier, anschließend durch die Äußerung zur Vermögenssicherung, weiterhin durch die Verbreitung des Artikels über die „Gangster in Nadelstreifen" im Internet-Portal des Landesjustizministeriums Nordrhein-Westfalen und schließlich durch die Äußerungen in der Pressekonferenz zur Anklageerhebung am 25.2.2003 unter Verwendung des Begriffs der „Käuflichkeit" sowie durch die Übernahme der diesbezüglichen Berichterstattung in das Internet-Portal des Landesjustizministeriums Nordrhein-Westfalen in sein Persönlichkeitsrecht eingegriffen.

Mann (ehem. Vorstandsvorsitzender der Mannesmann AG). Das LG führte aus: „... Eine schwerwiegende Persönlichkeitsverletzung ist zu bejahen aufgrund der zeitlichen Aufeinanderfolge einer Reihe von Verletzungen, aufgrund der Bedeutung der einzelnen Persönlichkeitsrechtsverletzungen und schließlich aufgrund des Umstands, dass hier die Justizbediensteten des bekl. Landes im Zusammenhang mit einem besonders öffentlichkeitswirksamen strafrechtlichen Ermittlungsverfahren die Persönlichkeitsrechtsverletzungen begingen".

Betrag: 10.000 € **Haftung: 100 %**
immVorb: – **MdE: –**

LG Düsseldorf 30.4.2003 – 2b O 182/02 = BeckRS 2003, 5631

5477

Beleidigung, rassistische (hier: Bezeichnung als „kleiner Halbneger".

Noah Becker (Künstler). Der älteste Sohn von Boris Becker war auf dem Twitter-Account des sächsischen AfD-Politikers Jens Maier Anfang Januar 2019 als „kleiner Halbneger" bezeichnet worden. Dies wertete das LG zutreffend als rassistische Beleidigung und schwere Persönlichkeitsrechtsverletzung. Bei der Höhe des Schmerzensgeldes orientierte sich das LG zutreffend auch an der enormen Außenwirkung des Tweets, den Einkommensverhältnissen Maiers und der – im konkreten Falle vermissten – Vorbildfunktion, die von einem Bundestagsabgeordneten erwartet werde. Vgl. hierzu auch im Handbuch → Rn. 244.

Betrag: 15.000 € **Haftung: 100 %**
immVorb: – **MdE: –**

LG Berlin 15.1.2019 – 27 O 265/18 = BeckRS 2019, 6320

5088

Persönlichkeitrechtsverletzung (hier: Einstellen von Fotomontagen der Klägerin – zum Teil mit vollständiger Namensangabe – ins Internet und zwar in insgesamt 11 Internetveröffentlichungen. Die manipulierten Bilddateien zeigten den Kopf- und Gesichtsbereich der Klägerin verbunden mit pornografischen Fotos in einer für den Betrachter nicht erkennbaren Weise).

Frau. Fotomontagen, pornographische: Die Fotomontagen waren so professionell gefertigt, dass „aus objektiver Sicht" man den Eindruck gewinnen musste, es handele „sich um eine Abbildung der Kl. Die Kl. muss den ihr Persönlichkeitsrecht verletzenden Eindruck hinnehmen, dass sie sich willentlich in der auf den Fotos ersichtlichen herabwürdigenden Art und Weise ablichten lässt und damit bereit ist, sich zum bloßen Objekt fremder Begehrlichkeiten machen zu lassen", so das OLG. Dabei zeigten die Bildmanipulationen die Kl. ua in pornografischen Posen, zum Teil auch, wie sie sich dem Anschein nach dem Geschlechtsverkehr hingibt – oral, anal und vaginal und teils mit mehreren Männern. [vgl. auch LG Kiel → Nr. 3653]

Betrag: 15.000 € **Haftung: 100 %**
immVorb: – **MdE: –**

OLG Oldenburg 11.8.2015 – 13 U 25/15 = BeckRS 2015, 15239

3625

Persönlichkeitrechtsverletzung (hier: Buchveröffentlichung mit dem Foto des Klägers und einem Begleittext, wonach dieser einer von zwei Terroristen gewesen sei, die 1985 eine TWA-Maschine entführt und den Piloten ermordet hatten.)

Mann (Angestellter). Das Buch wurde – allerdings nicht im Libanon, wo der Kläger lebt – in einer Auflage von 2.500 Exemplaren veröffentlicht. Der Kläger fühlte sich infolge der Veröffentlichung subjektiv bedroht.

Betrag: 17.895 € **Haftung: 100 %**
immVorb: – **MdE: –**

LG Stuttgart 31.8.2000 – 17 O 86/98 = BeckRS 2000, 168032

7261

Persönlichkeitsrechtsverletzung, schwere (hier: Verletzung des allgemeinen Persönlichkeitsrechts durch Aufdeckung der Identität eines Missbrauchsopfers.)

Frau (Kirchliche Angestellte). Die Klägerin hatte unter einem Pseudonym in zahlreichen Medien und auch in einem von ihr verfassten Buch über den an ihr von einem Priester des Bistums der Beklagten Missbrauch aus dem eine Schwangerschaft – die sie auf Druck des Priesters abgetrieben habe – hervorging, berichtet. Am 18.3.2022 fand eine durch das Bistum initiierte digitale Veranstaltung („Hearing") statt, die sich mit der Aufarbeitung von Missbrauchsfällen auseinandersetzte und zu der Priester, Diakone und Pastorale Mitarbeitende und auch die Klägerin eingeladen und bei der den übrigen Eingeladenen auch ihr wahrer Name mitgeteilt worden war. Die Kl. sah darin eine schwere Persönlichkeitsrechtsverletzung, da das Pseudonym der Kl. somit für sie wertlos geworden sei. Ihr sei es jedoch stets wichtig gewesen, dass bis auf einzelne ausgewählte Personen niemand ihre Leidensgeschichte mit ihrer wahren Identität in Verbindung bringen könne. Dem Teilnehmerkreis des Hearings sei der Name der Kl. zuvor nicht bekannt gewesen. Das ArbG gab der Klägerin Recht und sprach ein Schmerzensgeld von 20.000 EUR zu. „Das Recht auf informationelle Selbstbestimmung als Teilbereich des allgemeinen Persönlichkeitsrechts schützt die Entscheidung darüber, wann und innerhalb welcher Grenzen der Träger des Rechtspersönliche Lebenssachverhalte offenbaren möchte. In den Schutzbereich fällt die nicht genehmigte Weitergabe privater Informationen an Dritte. Hierunter fällt das Recht auf Selbstbestimmung bei der Offenbarung von persönlichen Lebenssachverhalten, die lediglich der Sozial- und Privatsphäre angehören." Zur Bemessung des Schmerzensgeldes führte das ArbG aus: „Die festgesetzte Höhe erklärt sich vielmehr daraus, dass die Informationen, die nunmehr mit der Kl. persönlich verknüpft werden können, in einem sehr hohen Maße die Privatsphäre tangieren. Sie betreffen den sexuellen Missbrauch und den Schwangerschaftsabbruch in der Vergangenheit. Außerdem betreffen sie die Art und Weise der Aufarbeitung dieser Ereignisse sowie die noch anhaltende psychische Belastung, die die Kl. selbst als fortbestehenden pathologischen Zustand beschreibt, der sich – nach ihren eigenen veröffentlichten Schilderungen auch aktuell auf ihr Sozialleben auswirkt. Es handelt sich um besonders sensible Inhalte, mit denen sorgsam umgegangen werden muss. Insofern ist nachvollziehbar, dass die Kl. diese Einblicke in ihre Vergangenheit und ihren aktuellen Gesundheitszustand nicht in ihrem Alltag mit ihr begegnenden Mitmenschen ohne ihr Einverständnis teilen möchte. Dies muss dem Bekl. zu 1) bewusst gewesen sein. Diese Verbindung zwischen der Kl. und dem Pseudonym ist nicht mehr rückgängig zu machen.", so das ArbG.

Betrag: 20.000 € **Haftung: 100 %**
immVorb: – **MdE: –**

ArbG Trier 6.9.2023 – 1 Ca 129/23 = BeckRS 2023, 22917

7401

Persönlichkeitsrechtsverletzung / Ehrverletzung (hier: anprangernder Verdachtsberichterstattung, die zu „einer erheblichen Beeinträchtigung des Kl. geführt, der durch die dreifache Darstellung des gegen ihn erhobenen Verdachts unter voller Namensnennung vor einer breiten Öffentlichkeit an den Pranger gestellt wurde. Dies wurde noch dadurch in besonderem Maße verstärkt, dass zwei der Berichte in den Schlagzeilen auf den Titelseiten der jeweiligen Ausgabe angekündigt wurden und dass sich auf den beiden Schlagzeilen und im Zusammenhang mit den jeweiligen Artikeln im Innenteil des Heftes Abbildungen des Kl. befanden.", so das OLG Hamburg

Mann (Präsident der Bogey-Golfer, Firmenchef der M – AG und Anwalt). Ein eine Geldentschädigung rechtfertigender schwerwiegender Eingriff in das Persönlichkeitsrecht ist gegeben, wenn mehrfach und unter Verwendung von Abbildungen anprangernd über eine Durchsuchung bei einem in der Öffentlichkeit bekannten Rechtsanwalt berichtet wird, ohne die Schwere des strafrechtlichen Vorwurfs und mögliche Zweifel an der Seriosität des Anzeigeerstatters zu berücksichtigen. Das OLG wertete einige der Berichterstattungen als „schwerwiegend" und betonte zudem, dass diese „unter grobem Verschulden erfolgten". Unter Berücksichtigung aller Umstände„ erschien dem Senat "zum Ausgleich für die von dem Kl. erlittene Verletzung seines öffentlichen Ansehens eine Entschädigung in Höhe von 20000 Euro angemessen." [vgl. auch KG → Nr. 7400, das bzgl. der Schmerzensgeldbemessung auf die Entscheidung des OLG Hamburg Bezug genommen hatte. Vgl. zudem insofern BVerfG BeckRS 2016, 50714.]

Betrag: 20.000 € **Haftung: 100 %**
immVorb: – **MdE: –**

OLG Hamburg 21.2.2006 – 7 U 64/05 = BeckRS 2006, 6626

3207

Persönlichkeitrechtsverletzung (hier: Fragestellung auf der Titelseite einer Tageszeitung: „Udo Jürgens im Bett mit Caroline?").

Die Auslegung einer Frage kann – vor dem Hintergrund von Kontext und Umfeld der Frage – auch eine unwahre Tatsachenbehauptung enthalten. [vgl. auch Tatsachenbehauptung, unwahre]; eine solche stellt im konkreten Falle eine erhebliche Persönlichkeitsrechtsverletzung dar.

Betrag: 20.000 € **Haftung: 100 %**
immVorb: – **MdE: –**

BGH 9.12.2003 – VI ZR 38/03 = BeckRS 2004, 1464

6550

Persönlichkeitrechtsverletzung. Hier äußerst schwere Ehrverletzung durch das Herabwürdigen und zur Schau stellen der Klägerin als reines Lustobjekt in erniedrigender und beleidigender Weise. „Dass der Beklagte nicht nur das Äußere der Klägerin für das niedere Zurschaustellen der Klägerin benutzt hat, was schon äußerst beeinträchtigend wäre, sondern zudem durch die Nennung ihres Namens einen Bezug zur konkreten Person hergestellt hat, vertieft die Persönlichkeitsrechtsverletzung", so das LG.

Frau. Die Klägerin – Nachbarin des Beklagten – nimmt den Beklagten in Anspruch, „weil dieser gezielt eine Vielzahl von Bildnissen der Klägerin und das Bildnis der Klägerin enthaltene Videos auf pornographischen Webseiten öffentlich zur Schau stellte. Das Bildmaterial bearbeitete der Beklagte zum Teil und versah es mit sexistischen, herabwürdigenden Kommentaren". So forderte er die User dieser Webseite auf, „sich Bilder der Klägerin auszudrucken („printed pics"), auf diese zu ejakulieren („cum on"), hiervon wiederum ein Foto oder Video anzufertigen und dieses ebenfalls auf der Webseite hoch zu laden". [Zitate aus dem Urteil]. Zur Bemessung führte das LG aus: „Hierbei war im Hinblick auf den Präventionsgedanken zu berücksichtigen, dass von der Geldentschädigung ein spürbarer Hemmungseffekt auszugehen hat, zukünftig persönlichkeitsrechtsverletzende Fotografien in entsprechender Weise zu verwenden. Zu berücksichtigen ist zwar auch, dass der Beklagte versucht hat, eine gewisse Wiedergutmachung zu erreichen. Die Bestrebungen, den eingetretenen Schaden zu beheben und die Folgen zu beseitigen, lassen aber nicht denselben Eifer erkennen, mit dem die Verletzungshandlungen vorgenommen worden sind".

Betrag: 25.000 € **Haftung: 100 %**
immVorb: – **MdE: –**

LG Köln 15.11.2017 – 28 O 216/17 = BeckRS 2017, 154941

6470

Persönlichkeitrechtsverletzung zu der das LG ausführte: „Die angegriffene Berichterstattung stellt einen schwerwiegenden Eingriff in das Persönlichkeitsrecht des Klägers dar. Durch die Berichterstattung wird dem Kläger ein Verhalten zugeschrieben, das geeignet ist, ihn in ein schlechtes Licht zu rücken, da ihm Verhaltensweisen und insbesondere Äußerungen zugeschrieben werden, die aus Sicht des Durchschnittslesers ein schwerwiegendes Fehlverhalten und eine erhebliche Amoralität darstellen. Auch die Vielzahl und Unterschiedlichkeit der Anwürfe wirken hier in erheblichem Umfang zu Lasten des Klägers. Dieser Eingriff wird verstärkt durch die Abbildung des Klägers in verschiedenen Situationen, da hierdurch beim Leser der Eindruck des Fehlverhaltens mit dem Bildnis des Klägers verbunden wird".

Mann (Personalchef in einer Stadtverwaltung und ehemaliger Bundesliga-Schiedsrichter). Die Beklagte, eine Zeitungsverlegerin, hatte über die skandalträchtige Stimmung im Rathaus der Stadt X in Print- und online-Medien berichtet und dabei über das Verhalten des Klägers unter anderem ausgeführt: „Gegen 10:30 Uhr brüllte er über den gesamten Flur, dass wir alle nichts taugen, saudumm sein und blöde Fotzen und Schlampen wären. Herr … rief mich in sein Büro 12:00 Uhr und sagte mir in Gegenwart von Frau H2, dass ich „saudumm" sei." Der Durchschnittsleser entnimmt der Äußerung – so das LG –, dass der Kläger die Zeugin E zu sich gerufen und konkret mit dem Wort „saudumm" bezeichnet habe„ und insofern "die ihr obliegenden journalistischen Sorgfaltspflichten, die besondere Rücksicht auf den Betroffenen verlangen und unsorgfältige Recherchen oder den leichtfertigen Umgang der Pflicht ausschließen, sich um wahrheitsgemäße Berichterstattung zu bemühen, nicht erfüllt hat".

Betrag: 30.000 € **Haftung: 100 %**
immVorb: – **MdE: –**

LG Frankfurt a. M. 16.5.2019 – 2-03 O 184/17 = BeckRS 2019, 15418

5325

Persönlichkeitsrechtsverletzung (hier: Hintergrund war ein Artikel in der Journaille „Die Aktuelle", auf deren Titelseite ein Foto des Ehepaares zu sehen war, verbunden mit der unwahren Behauptung, dass die beiden „vor der Trennung" stünden, wobei das Blatt sich auf einen anonymen Facebook-Post berief.)

Michael Schumacher. Klägerin war zudem die Ehefrau des prominenten Ex-Formel-1-Weltmeisters. Das OLG sah in dem Artikel eine „schwerwiegende Persönlichkeitsrechtsverletzung" und wertete zudem erschwerend, dass sich die Beklagte bei ihren Ausführungen ohne dies zu hinterfragen, lediglich auf eine anonyme Quelle eines Facebook-Nutzers gestützt habe sowie die Tatsache, dass die Beklagte dies auch noch gedruckt habe, nachdem bereits einstweilige Verfügungen und Unterlassungserklärungen vorlagen. Dies, sowie die Vielzahl der erfolgten Veröffentlichungen, rechtfertige eine hohe Geldentschädigung von insgesamt 60.000 Euro (Beide Kläger erhielten jeweils 30.000 EUR). [Mehr zu diesem Thema oben unter → Rn. 167].

Betrag: 30.000 € **Haftung: 100 %**
immVorb: – **MdE: –**

OLG Hamburg 17.1.2017 – 7 U 32/15 = BeckRS 2017, 109789

3554

Persönlichkeitrechtsverletzung/(hier: Heimliches Filmen des Geschlechtsverkehrs und Sexualhandlungen, den bzw. die der Beklagte mit einer Bekannten mehrfach [oral] ausübte. Anschließend stellte er Filmausschnitte ins Internet, sodass die Klägerin erheblich in der Öffentlichkeit, zuletzt sogar in der Nachbarschaft verunglimpft wurde).

Frau. Der Kläger wurde wegen Beleidigung nach § 185 StGB verurteilt und im Wege des Adhäsionsverfahrens zu 35.000 Euro Schmerzensgeld verurteilt. Erschwerend sah das AG zutreffend die Absicht des Bekl. „die Kl. als eine sexbesessene Frau, die man nur anzurufen brauche, um die abgebildeten sexuellen Kontakte zu erhalte", was entsprechend auch von vielen Personen so verstanden worden sei.

Betrag: 35.000 € **Haftung: 100 %**
immVorb: – **MdE: –**

AG Marburg 9.1.2006 – 51 Ls 2 Js 6842/04 = BeckRS 2006, 3649

6556

Persönlichkeitrechtsverletzung (hier: Unwahre Berichterstattung über eine angebliche Schwangerschaft der Klägerin).

Frau (Künstlerin). Die Beklagte, ein Hamburger Zeitschriftenverlag veröffentlichte – trotz von der Klägerin veranlasster Abmahnungen – mehrfach sowohl auf der Titelseite als auch im Innenteil einer ihrer Magazine über eine mögliche Schwangerschaft der Klägerin. Darin sah das LG zutreffend eine schwerwiegende Persönlichkeitsrechtsverletzung. Diese Berichterstattung betrifft die innerste Privatsphäre der Klägerin im Grenzbereich zur Intimsphäre (Art. 2 I 1 GG). Zudem war die Berichterstattung unwahr und ohne öffentliches Interesse.

Betrag: 47.000 € **Haftung: 100 %**
immVorb: – **MdE: –**

LG Hamburg 24.11.2017 – 324 O 802/16 = BeckRS 2017, 135298

7356

Persönlichkeitsrechtsverletzung, scherwiegende (hier: Unwahre Berichterstattung – „Hochzeit noch vor dem Baby?" – und haltlose Spekulationen in drei Artikeln mit Text und Fotounterschriften über eine nicht bestehende Schwangerschaft einer sehr prominenten Schlagersängerin. Die Berichterstattung über eine mögliche Schwangerschaft der Klägerin, H. F., betrifft schon thematisch ihre nach Art. 2 Abs. 1, Art. 1 Abs. 1 GG geschützte Privatsphäre, so das LG).

32j. Frau (sehr prominente Schlagersängerin). Die Parteien streiten über die Zahlung einer Geldentschädigung wegen drei Berichterstattungen der Beklagten, die ua die Zeitschrift „n.W." vertreibt und darin im Jahr 2015 in der Ausgabe Nr. 45 auf der Titelseite und im Innenteil eine Berichterstattung über die Klägerin (= H. F.) unter dem Titel „H. F. & F. S. Hochzeit noch vor dem Baby? Endlich wird es ernst" veröffentlicht hatte. Im dazugehörenden Text hieß es ua „Gönnt sich H. etwa pünktlich zu Weihnachten eine Baby-Auszeit?". Im Jahr 2017 und trotz bereits abgegebener Unterlassungsverpflichtungserklärung erschien ein weitere Artikel auf dessen Titelseite und Innenteil jeweils zu lesen war: „H. F. Baby-Pfunde oder Botox? Neue Fotos verraten es" bzw. „… verraten alles …. Die größte Hoffnung der Fans ist jedoch, dass H.s optische Veränderung einen ganz anderen, süßen Grund hat. Ist es vielleicht endlich so weit, dass H. und ihr Liebster, F. S., ihren Traum von einem gemeinsamen Kind wahr machen?". Der vom LG insgesamt bestimmte Schmerzensgeldbetrag setzt sich aus den Einzelbeträgen 12.000 EUR, 15.000 EUR und 20.000 EUR für die insgesamt drei Artikel zusammen. Erschwerend berücksichtigte das LG dabei, dass die Beklagte trotz Abmahnung und Unterlassungsverpflichtungserklärung sich nicht davon hatte abbringen lassen, ihre frei erfundenen und haltlosen Spekulationen über eine Schwangerschaft der Klägerin zu verbreiten.

Betrag: 47.000 € **Haftung: 100 %**
immVorb: – **MdE: –**

LG Hamburg 24.11.2017 – 324 O 802/16 = BeckRS 2017, 135298

7400

Persönlichkeitsrechtsverletzung / Ehrverletzung / Reputationsverlust. (hier: Anprangernde Verdachtsberichterstattung: Der Leitende Oberstaatsanwalt der Beklagten hatte auf einer Pressekonferenz – nach vorheriger Hausdurchsuchung im Bordell der Kläger – einen Vergleich mit „Al Capone" geäußert und zudem amtspflichtwidrig ua geäußert, „alles das, was wir in dem Bereich schwerpunktmäßig neben anderen gewalttätigen Straftaten hier ermittelt haben …" obwohl keine standhaltenden Ermittlungsergebnisse zu Gewaltaten vorlagen. Sachlich falsch, so das KG, war auch die Behauptung „… sind Prostituierte ausgebeutet worden, ist Gewalt ausgeübt worden…" Unzutreffend war auch die Behauptung, dass es nach den „Ermittlungen, die wir bisher geführt haben, ganz direkte Bezüge zu den hier in … ansässigen …, die dort auch ihr Geschäft weitergemacht haben…" gegeben habe.)

Mann (Bordellbetreiber). In den Jahren 1999 bis 2001 wurde gegen die beiden Kläger wegen des Betriebes illegalen Glücksspiels und der Steuerhinterziehung ermittelt. Es kam unter anderem zu dinglichen Arresten, einer Einstellung des Strafverfahrens gegen den Kläger zu 1) gegen Zahlung einer Geldbuße sowie einer Verurteilung des Klägers zu 2). Die Staatsanwaltschaft des Beklagten ermittelte gegen die Kläger zu 1) und 2) zunächst wegen Beihilfe zum schweren Menschenhandel zum Zwecke der sexuellen Ausbeutung. Durch die oben unter Verletzungen geschilderten – jedoch dort nur kurz zusammengefassten – Äußerungen, ua dem suggestiv in den Raum gestellte Vergleich mit „Al Capone" handelte der Leitende Oberstaatanwalt „in hohem Maße amtspflichtwidrig und rechtsstaatlich inakzeptabel", so das KG. Bei der Schmerzensgeldbemessung berücksichtigte das KG „insbesondere … auch die Folgen im Sinne nachhaltiger Störung des Privatlebens auf Seiten der Kläger zu 1) und 2) … und das Leid ihrer Familienangehörigen". Dazu weiter führte das KG aus: „Nicht außer Betracht bleibt auch, dass die Kläger zu 1) und 2) sich gänzlich frei von jedem Verdacht zeigten, aus der Situation wirtschaftlichen Gewinn ziehen zu wollen. So boten sie im Rahmen der – letztlich gescheiterten – Vergleichsverhandlungen an, auf eigene Leistungen zu verzichten, diese vielmehr an gemeinnützige Organisationen zum Schutz von Prostituierten oder der Unterstützung krebskranker Kinder zuleiten zu wollen. Andererseits ist bei der Bemessung der Geldentschädigung zu berücksichtigen, dass der Beklagte die Namen der Kläger zu 1) und 2) nicht ausdrücklich genannt hat. Allerdings würde eine Namensnennung regelmäßig schon für sich genommen einen besonders schweren Eingriff in das Persönlichkeitsrecht bedeuten (BVerfG 5. Juni 1973 – 1 BvR 536/72 …). Dessen haben sich die für den Beklagten handelnden Beamten enthalten. Andererseits waren die Kläger zu 1) und 2) als (damalige) Geschäftsführer der ausdrücklich genannten Klägerin zu 3) ohne Weiteres identifizierbar, so dass die Entlastung verhältnismäßig gering wirkt.". [Vgl. auch OLG Hamburg → Nr. 7401 sowie BVerfG BeckRS 2016, 50714.]

Betrag: 50.000 € **Haftung: 100 %**
immVorb: – **MdE: –**

KG 20.12.2022 – 9 U 21/21 = BeckRS 2022, 41532

6796

Persönlichkeitrechtsverletzung, schwere (hier: Üble Beleidigung der beiden Teenager in einem „Song", in dem es unter anderem heisst: „AH, J-I-G-Z, … Ich fick' deine Frau – Fuß-Schuhen-Fetisch, … am 18. Geburtstag der Tochter der Geissens, steh ich vor der Tür, hol mir die Kleine und hinterlasse Creampie in ihrer Scheide" und weiter man werde „Projektile und Leichen der Töchter der Geissens" hinterlassen und wenn ihr „Körper am Boden zerteilt ist, zieht die Spurensicherung Linien aus Kreise").

Frau (Shania G.). Das Landgericht Mannheim hatte den Rapper Felix Blume alias „Kollegah" sowie ein Unternehmen, das ein Musiklabel betreibt, über welches die „Songs" von Blume verbreitet werden, gesamtschuldnerisch zur Zahlung von jeweils 50.000 EUR Schmerzensgeld an die beiden minderjährigen, aus der Dokusoap „Die Geissens" bekannten Schwestern verurteilt. Das Gericht hatte die Persönlichkeitsrechte beider Klägerinnen durch auf sie bezogene, sexuell geprägte und extrem brutale Gewaltphantasien im Text des „Songs" mit dem Titel „Medusablick" zutreffend schwerwiegend verletzt gesehen. [Anmerkung: Den gleichen Betrag sprach das LG Mannheim auch der ebenfalls als Klägerin aufgetretenen Davina G. zu. Vor dem OLG wurde der Rechtsstreit, nachdem die Beklagten zunächst Berufung eingelegt hatten, für erledigt erklärt. Angesichts der Schwere der Persönlichkeitrechtsverletzungen und der konkreten Drohungen mit sexueller Gewalt und Tod liegt das Schmerzensgeld am untersten Rand des hier möglichen Ermessensspielraums].

Betrag: 50.000 € **Haftung: 100 %**
immVorb: – **MdE: –**

OLG Karlsruhe 19.5.2021 – 6 U 81/20 = becklink 2019835

5324

Persönlichkeitsrechtsverletzung (hier: Die „Bunte" hatte im Dezember 2015, zwei Jahre nach dem schweren Skiunfall des Ex-Formel-1-Weltmeisters, auf ihrer Titelseite wahrheitswidrig berichtet: „Es ist mehr als ein Weihnachtswunder – Michael Schumacher kann wieder gehen.").

Michael Schumacher. Bei der Bemessung – Schumacher hatte zunächst 100.000 EUR gefordert, wertete das Gericht anspruchsmindernd, dass die Redaktion der „Bunte" angeblich „recherchiert" habe, wenn auch falsch. Erhöhend wertet das Gericht dagegen, die Tatsache, dass die „Bunte" den Artikel bzw. die Ausgabe nahezu seitenumfassend in der „Bild"-Zeitung beworben und damit ihren unwahren Artikel hierüber massenhaft verbreitet hatte. [Mehr zu diesem Thema unter Beck'sche Schmerzensgeldtabelle Kapitel VII a. Persönlichkeitrechtsverletzungen].

Betrag: 50.000 € **Haftung: 100 %**
immVorb: – **MdE: –**

LG Hamburg 5.5.2017 – 324 O 189/16 = BeckRS 2017, 109454

6563

Persönlichkeitrechtsverletzung durch eine Veröffentlichung im Internet, bei der der Beklagte den Kläger – mit dem Ziel ihn als Kriminellen anzuprangern [vgl. auch unter virtueller Pranger / Internetpranger] – als „Wirtschaftskrimineller, Lügner, Betrüger und Kopf der Bande" bezeichnet hatte.

Mann (Geschäftsführer). Das OLG sah in der Internetprangerwirkung einen schwerwiegenden Eingriff in das Persönlichkeitsrecht des Klägers und führte dazu aus. „Die Internetseiten sind auf eine öffentliche Herabsetzung, Anprangerung und Brandmarkung des Klägers zu 3. als Krimineller gerichtet. Dahinter steht erkennbar die Absicht, den Kläger zu verletzen und in seiner Ehre zu kränken sowie ihm in seiner zukünftigen geschäftlichen Tätigkeit Schaden zuzufügen". Mit Verweis auch auf die Präventionswirkung bei derartigen Aussagen im Internet erachtete das Gericht einen Betrag in Höhe von 50.000 EUR für angemessen.

Betrag: 50.000 € **Haftung: 100 %**
immVorb: – **MdE: –**

OLG Koblenz 19.1.2017 – 6 U 135/16 = BeckRS 2017, 105693

6562

Persönlichkeitrechtsverletzung durch unwahre Behauptungen auf einer Internetplattform.

Mann (Rechtsabteilungsleiter). Die Beklagten hatten auf ihrer Internetplattform www.stern.de unter der Überschrift „Ein Krimi aus dem Leipziger Sumpf" ausgeführt, der Kläger habe ein sexuelles Verhältnis mit einem minderjährigen Mädchen gehabt, sei faul, korrupt und Teil eines kriminellen Leipziger Netzwerkes und habe seine Sekretärin (Bekl. zu 3) bedroht und eingeschüchtert. Die genannten Ausführungen wurden zwar zum Teil nur verdeckt behauptet. Aus dem Gesamtzusammenhang des Artikels konnten Leser*innen jedoch nur zur Ansicht gelangen, dass der Kläger pädophil veranlagt sei. All diese Aussagen über den Kläger waren jedoch falsch. Das OLG sah deshalb zu Recht darin – ebenso wie zuvor bereits das LG – eine schwerwiegende Persönlichkeitsrechtsverletzung und führte dazu in seinen Leitsätzen aus: „Richtet sich ein Anspruch auf Geldentschädigung gegen eine auf einer Internetplattform erschienene Veröffentlichung, kann die Subsidiarität dieses Anspruches nicht eingewandt werden, weil es aus tatsächlichen Gründen aussichtslos ist, eine Weiterverbreitung im Internet zu unterbinden. Damit von der Geldentschädigung eine echte Hemmungswirkung ausgeht, ist deren Höhe nicht an der Anzahl der Seitenaufrufe, auf denen sich der beanstandete Artikel befindet, sondern an der Anzahl der Nutzer des Portals im Zeitpunkt der Verletzungshandlung auszurichten".

Betrag: 50.000 € **Haftung: 100 %**
immVorb: – **MdE: –**

OLG Dresden 3.5.2012 – 4 U 1883/11 = BeckRS 2012, 11877

3782

Persönlichkeitrechtsverletzung (hier: Ehrverletzung wegen eines „herabwürdigenden Artikels" mit der folge psychischer Beeinträchtigungen)

Frau. In einer Münchener Journaille erschien 2005 ein Artikel mit der Überschrift: „Münchnerin heiratet eiskalten Killer". Die „Zeitung" veröffentlichte darin auch das Alter, den Beruf, sowie den „halbwegs vollständigen Namen" und beschrieb das Klingelschild an ihrer Wohnung. Weiter hieß es: „Mit 40 nochmal einen 10 Jahre jüngeren Mann abgreifen – für die Münchnerin … war's wie ein Hauptgewinn im Lotto". Das LG sah darin zutreffend eine Herabwürdigung und Verhöhnung der Klägerin.

Betrag: 50.000 € **Haftung: 100 %**
immVorb: – **MdE: –**

LG München I 11.6.2008 – 9 O 15086/06 = unveröffentlicht

3752

Persönlichkeitrechtsverletzung wegen der Schilderung von „Einzelheiten" aus dem Leben der ehemaligen Lebensgefährtin des Autors Maxim Biller, der diese in seinem Roman „Esra" verarbeitet hatte.

Frau. Das Gericht begründete seine Entscheidung ua damit, dass der im Grundgesetz garantierte Schutz des Persönlichkeitsrechts in diesem Fall gegenüber der Kunstfreiheit überwiege.

Betrag: 50.000 € **Haftung: 100 %**
immVorb: – **MdE: –**

LG München I 13.2.2008 – 9 O 7835/06 = BeckRS 2008, 12708

6570

Persönlichkeitrechtsverletzung durch 15 Berichterstattungen, die in einer von der Beklagten herausgegebenen „Frauenzeitschrift" unter Verwendung von nicht legitimierten Fotos der Klägerin – in 14 Fällen zudem mit Fotomontagen verfälscht – sowie von Falschzitaten und einem Bericht über eine (nicht bestehende) Schwangerschaft der Klägerin veröffentlicht worden waren.

Frau (Prinzessin eines Königshauses). Das LG sah durch die Bericht der Beklagten das Vorliegen einer schwerwiegenden Persönlichkeitsrechtsverletzung in mehrfacher Hinsicht als gegeben an. Zum einen bereits dadurch, dass zahlreiche Veröffentlichungen nicht nur in rechtswidriger Weise in das Privatleben der Klägerin eingriffen, sondern auch über unwahre Tatsachen und angebliche Liebesbeziehungen berichtet worden war und zum anderen auch deshalb, weil die Klägerin zudem auch in besonders abträglicher Weise – als Partygängerin mit einem ausschweifenden Lebensstil und Drogen – dargestellt wurde, ohne dass hierfür auch nur im Ansatz eine hinreichende Tatsachengrundlage vorgetragen worden wäre.

Betrag: 92.500 € **Haftung: 100 %**
immVorb: – **MdE: –**

LG Hamburg 3.5.2013 – 324 O 1192/07 = BeckRS 2013, 198337

7352

Persönlichkeitsrechtsverletzung / Ehrverletzung in besonders schwerer Weise (hier: Systematische Demontage der klägerischen Existenz; hierzu führte das ArbG aus: „Nachdem der Kläger seine Absicht bekundet hatte, das Arbeitsverhältnis mit der Beklagten zu einem späteren Zeitpunkt zu beenden, hat die Beklagte ihrerseits begonnen, die Persönlichkeitsrechte des Klägers systematisch regelrecht zu demontieren. Das gesamte Verhalten war von dem erklärten Ziel geleitet, den Kläger an der künftigen Ausübung seines bisherigen Berufs zu hindern und ihm maximalen Schaden zuzufügen. Das ergibt sich zudem auch objektiv aus den Handlungen der Beklagten selbst.").

Mann (Planungs- und Prüfingenieur). Die beklagte teilte gegenüber Dritten mit: „Mit Bedauern müssen wir ihnen mitteilen, dass Herr K. nach sehr schweren Verletzungen seiner arbeitsvertraglichen Pflichten, die zu einer fristlosen Kündigung unsererseits führen mussten und juristisch aufgearbeitet werden müssen, nicht mehr für Ihr Projekt tätig sein wird." Nachdem der Kläger einen neuen AG gefunden hatte und dieser die Umschreibung der Prüfungslizenz des Klägers beantragt hatte, verweigerte die Beklagte dies zunächst „aus gegebenem Anlass". Später wiederholt sie ihr Unverständnis über die Zulassung des „derart unzuverlässigen" Klägers als Prüfer, obwohl dieser seine Lizenz inzwischen erhalten hatte. Zudem erstatte die Beklagte Strafanzeige wegen angeblicher Unterschlagungen von Unterlagen. Das ArbG Berlin sprach dem Kläger insofern 100.000 EUR immateriellen Schadensersatz nach § 823 Abs. 1 BGB in Verbindung mit Art. 1 und 2 GG zu, da die Beklagte damit das Ziel verfolgt habe, den Kläger an der künftigen Ausübung seiner Prüftätigkeiten und damit der Ausübung seines Berufes zu hindern und ihm hierdurch die Existenzgrundlage zu entziehen. „Die Beklagte hat durch ihr Verhalten im Zusammenhang mit der Kündigung des Klägers dessen allgemeine Persönlichkeitsrechte in besonders schwerer Weise beeinträchtigt und sich dabei von unlauteren und niederen Motiven leiten lassen", so das ArbG zutreffend. [Anmerkung: Vgl. auch → Nr. 7191: 5.000 EUR immateriellen Schadensersatz wegen verspäteter Auskunft gegenüber dem selben Kläger].

Betrag: 100.000 € **Haftung: 100 %**
immVorb: – **MdE: –**

ArbG Berlin 15.6.2022 – 55 Ca 456/21 = BeckRS 2022, 20071

5400

Persönlichkeitsrechtsverletzung (hier: Todesnachricht, unwahre. Das Boulevardblatt „die aktuelle" (Funke Medien Gruppe) hatte die Titelseite der Ausgabe Nr. 7/2016 mit einem großen Foto des Rennfahrers und der Schlagzeile versehen: „Er ist nicht mehr unter uns! – Wann bricht die Familie ihr Schweigen?"

Michael Schumacher (Ex-Formel-1-Weltmeister). „Durch die – unwahre – Todesnachricht wird nicht lediglich die Privatsphäre des Klägers berührt, sondern in deren Kernbestand eingegriffen. Der Kläger wird von der Beklagten für tot erklärt…Hinzu kommt, dass die Titelseite suggeriert, der Kläger sei schon eine Zeitlang tot und die Familie verschweige dies, so dass der Kläger weitergehend auch dadurch beeinträchtigt wird, dass der Leser sich fragt, wie lange der Kläger schon nicht mehr „unter uns" ist und wie lange schon die Familie der Öffentlichkeit etwas vormache", so das LG Hamburg.

Betrag: 100.000 € **Haftung: 100 %**
immVorb: – **MdE: –**

LG Hamburg 2.6.2017 – 324 O 381/16 = BeckRS 2017, 116727

6565

Persönlichkeitrechtverletzungen, schwere (hier: Bildberichte in Frauenzeitungen über das Liebesleben der Klägerin mit frei erfundenen Zitaten und unter Einsatz von Fotomontagen).

Frau (Prinzessin und Thronfolgerin des schwedischen Königshauses). Die Beklagte – Herausgeberin zahlreicher sogenannter Frauenzeitschriften – hatte über einen Zeitraum von mehreren Monaten in insgesamt 24 Artikeln – von denen 18 Berichte unter Verwendung von Fotomontagen auf den Titelseiten beworben worden waren – über das Liebesleben der Prinzessin berichtet. Das LG sah darin eine schwerwiegende Persönlichkeitrechtsverletzung, da „ihr Liebesbeziehungen unterstellt und über diese spekuliert wird, die tatsächlich nicht bestanden hatten". Durch diese Berichterstattungen wird, so das LG, „nicht nur der Kernbereich der Privatsphäre der Klägerin verletzt, sondern aufgrund der gänzlichen Unwahrheit der Kernaussage der Berichterstattungen ein grundlegend falsches Bild von der Klägerin gezeichnet". Zudem erschwerten erfundene Zitate und Fotomontagen diese Verletzungen. Zur Höhe führte das LG aus: „Unter Gesamtabwägung aller Umstände erachtet die Kammer eine Verurteilung zur Zahlung einer Geldentschädigung in Höhe von 107.500 EUR für geboten, aber auch ausreichend. Beim Geldentschädigungsanspruch steht der Gesichtspunkt der Genugtuung des Opfers im Vordergrund, außerdem dient der Anspruch der Prävention; eine Gewinnabschöpfung findet nicht statt".

Betrag: 107.500 € **Haftung: 100 %**
immVorb: – **MdE: –**

LG Hamburg 3.5.2013 – 324 O 1193/07 = BeckRS 2013, 198338

5032

Persönlichkeitrechtsverletzung durch insgesamt (bezogen auf beide Verfahren) 20 Print- und 18 Onlineartikeln – so das LG Köln – die nicht dem Informationsinteresse am Strafprozess (der mit Freispruch für Kachelmann endete) sondern „alleine zur Befriedigung der Neugier der Öffentlichkeit" dienten.

Mann (Kachelmann – Wettermoderator und Autor). Dies vielfach medial verbreitete Ansicht, es handele sich hierbei um den bisher in Deutschland höchsten – für Persönlichkeitsrechtsverletzungen zuerkannten – Schmerzensgeldbetrag ist nicht korrekt, denn es handelte sich bei dem Betrag von 635.000 EUR um die Summe aus zwei Urteilen des LG Köln: Eine Klage war gegen die Axel Springer SE (BeckRS 2015, 16608) die andere gegen die Bild GmbH & Co KG (BeckRS 2015, 16609) gerichtet. Das LG sah in beiden Klagen in der für Kachelmann ruinösen Berichterstattung von „Bild", „Bild am Sonntag" und „bild.de" über das gegen ihn wegen des Vorwurfs der Vergewaltigung geführte Strafverfahren – welches 2011 mit einem Freispruch endete – zwar keine Schädigungsabsicht jedoch eine fahrlässige Verfehlung der Grenzziehung in Bezug auf die Abwägung der widerstreitenden Grundrechtspositionen. In insgesamt 20 Print- und 18 Onlineartikeln sah das LG Köln nicht nur eine außergewöhnliche Dimension sondern auch schwerwiegende Persönlichkeitsrechtsverletzungen, die das Gericht ua damit begründete, dass der zum Teil extrem intime Inhalt der Artikel „alleine zur Befriedigung der Neugier der Öffentlichkeit" und nicht aus berechtigtem Informationsinteresse heraus erfolgt seien. Das Urteil jedoch ist nicht rechtskräftig und wird es wohl auch nicht! Denn wie Anfang Oktober den Medien zu entnehmen war, wollen sowohl Springer als auch Kachelmann (der 2,25 Millionen EUR gefordert hatte) Berufung einlegen. Es ist somit damit auszugehen, dass die Causa Kachelmann gegen Springer schließlich auch vor dem BGH landen wird. [zum Parallelverfahren siehe → Nr. 5026]

Betrag: 300.000 € **Haftung: –**
immVorb: – **MdE: –**

LG Köln 30.9.2015 – 28 O 7/14 = BeckRS 2015, 16609

5026

Persönlichkeitrechtsverletzung durch insgesamt (bezogen auf beide Verfahren) 20 Print- und 18 Onlineartikeln – so das LG Köln – die nicht dem Informationsinteresse am Strafprozess (der mit Freispruch für Kachelmann endete) sondern „alleine zur Befriedigung der Neugier der Öffentlichkeit" dienten.

Mann (Kachelmann – Wettermoderator und Autor). Die vielfach medial verbreitete Ansicht, es handele sich hierbei um den bisher in Deutschland höchsten – für Persönlichkeitsrechtsverletzungen zuerkannten – Schmerzensgeldbetrag ist nicht korrekt, denn es handelte sich bei dem Betrag von 635.000 EUR um die Summe aus zwei Urteilen des LG Köln: Eine Klage war gegen die Axel Springer SE (BeckRS 2015, 16608), die andere gegen die Bild GmbH & Co KG (BeckRS 2015, 16609) gerichtet. Das LG sah in beiden Klagen in der für Kachelmann ruinösen Berichterstattung von „Bild", „Bild am Sonntag" und „bild.de" über das gegen ihn wegen des Vorwurfs der Vergewaltigung geführte Strafverfahren – welches 2011 mit einem Freispruch endete – zwar keine Schädigungsabsicht jedoch eine fahrlässige Verfehlung der Grenzziehung in Bezug auf die Abwägung der widerstreitenden Grundrechtspositionen. In insgesamt 20 Print- und 18 Onlineartikeln sah das LG Köln nicht nur eine außergewöhnliche Dimension sondern auch schwerwiegende Persönlichkeitsrechtsverletzungen, die das Gericht ua damit begründete, dass der zum Teil extrem intime Inhalt der Artikel „alleine zur Befriedigung der Neugier der Öffentlichkeit" und nicht aus berechtigtem Informationsinteresse heraus erfolgt seien. Das Urteil jedoch ist nicht rechtskräftig und wird es wohl auch nicht! Denn wie Anfang Oktober den Medien zu entnehmen war, wollen sowohl Springer als auch Kachelmann (der 2,25 Millionen EUR gefordert hatte) Berufung einlegen. Es ist somit damit auszugehen, dass die Causa Kachelmann gegen Springer schließlich auch vor dem BGH landen wird. [zum Parallelverfahren siehe → Nr. 5032]

Betrag: 335.000 € **Haftung: 100 %**
immVorb: – **MdE: –**

LG Köln 30.9.2015 – 28 O 2/14 = BeckRS 2015, 16608

5342

Persönlichkeitrechtsverletzung durch insgesamt (bezogen auf beide Verfahren) 20 Print- und 18 Onlineartikeln – so bereits in der Vorinstanz das LG Köln – die nicht dem Informationsinteresse am Strafprozess (der mit Freispruch für Kachelmann endete) sondern „alleine zur Befriedigung der Neugier der Öffentlichkeit" dienten.

Mann (Kachelmann – Wettermoderator und Autor). [Wichtige Anmerkung: Das oben genannte Schmerzensgeld ist der Gesamtbetrag aus den beiden Urteilen des OLG Köln mit den Aktenzeichen 15 U 175/15, BeckRS 2016, 12714 (= 180.000 Euro) und 15 U 176/15, BeckRS 2016, 16931 (= 215.000 Euro), mit denen das OLG die beiden Urteile des LG Köln BeckRS 2015, 16608 und BeckRS 2015, 16609) von insgesamt 635.000 EUR massiv herabgesetzt hatte. Zur Begründung für das nach wie vor hohe Schmerzensgeld verwies das OLG auf die große Prominenz und der Schwere des Verdachts im Fall Kachelmann und sah die Medien insofern grundsätzlich in der Pflicht hierüber zu berichten; wenn auch nicht in dieser Form. Insbesondere die Fotos, die Kachelmann im Innenhof der Kanzlei seiner Verteidigerin und als Häftling im Gefängnishof – zum Teil mit nacktem Oberkörper – zeigten, seien inakzeptabel; Kachelmann sei damit unter Missachtung seiner Würde zur bloßen Belustigung beziehungsweise Befriedigung der Neugier des Publikums vorgeführt worden.]

Betrag: 395.000 € **Haftung: 100 %**
immVorb: – **MdE: –**

OLG Köln 12.7.2016 – 15 U 175/15 = BeckRS 2016, 12714

4153

Persönlichkeitrechtsverletzung (hier: Insgesamt 86 unwahre Artikel mit zum Teil eingearbeiteten Fotomontagen und wiederholt falschen Behauptungen und unterstellten Liebesbeziehungen).

Frau (Schwedische Prinzessin). Das OLG (am 20.1.2011 bestätigt durch den BGH – VI ZR 253/09) stützte seine Bemessung auf die Tatsache, dass die Beklagte Zeitschriftenverlegerin „zahlreiche unwahre Berichte – 86 Beiträge, davon 77 Titelgeschichten und 52 Fotomontagen -" verfasst hatte, um „offensichtlich eine rücksichtslose Vermarktung der Persönlichkeitsrechte der Klägerin zum Zwecke der Auflagensteigerung und Gewinnerzielung" zu erreichen. Darin, sah das OLG zutreffend eine rücksichtslose Verletzung der Persönlichkeitsrechte der Prinzessin Madeleine.

Betrag: 400.000 € **Haftung: 100 %**
immVorb: – **MdE: –**

OLG Hamburg 30.7.2009 – 7 U 4/08 = BeckRS 2009, 21756

5326

Persönlichkeitrechtsverletzung (hier: Das LG sah eine schwere Persönlichkeitrechtsverletzung des Klägers Helmut Kohl durch die Beklagten darin, dass diese – als ehemalige Ghostwriter (sie sollten die Memoiren des Altkanzlers verfassen) eigenmächtig ein Buch mit nicht nur pikanten, sondern Kohl in seinen Persönlichkeitsrechten verletzenden Äußerungen geschrieben hatten, welches – beim mitverklagten Heyne-Verlag erschienen – unter dem Titel „Vermächtnis – Die Kohl-Protokolle" im Jahr 2014 ein Bestseller wurde).

Helmut Kohl. Neben den insgesamt 116 Textpassagen, deren Abdruck bereits in einem separaten Verfahren (LG Köln BeckRS 2014, 22680) verboten worden waren, sah das LG Köln die Tatsache als erschwerend an, „dass der Kläger sich kaum noch äußern" und somit nicht mehr selbst verteidigen könne (Zitat aus becklink 2006475). Zudem hätten sich die beiden Autoren noch zu seinen Lebzeiten die „Deutungshoheit über Kohl angemaßt", und dies mit teils verfälschten Zitaten. Dem müsse „eine spürbare Konsequenz" folgen, hob der Vorsitzende Richter des LG Köln, Martin Koepsel hervor (Zitat aus becklink 2006475). Anmerkung: Hinsichtlich der Schmerzensgeld- bzw. Schadensersatzhöhe wich das LG zwar erheblich von den fünf Millionen Euro, die Kohl gefordert hatte, ab, sprach jedoch mit 1.000.000 Euro dennoch den bislang höchsten in derartigen Fällen bislang von einem Deutschen Gericht zuerkannten Betrag zu. Das Urteil wurde jedoch vom OLG Köln BeckRS 2018, 17910 kassiert.

Betrag: 1.000.000 € **Haftung: 100 %**
immVorb: – **MdE: –**

LG Köln 27.4.2017 – 14 O 323/15 = BeckRS 2017, 125934

d) Persönlichkeitsrechtsverletzung Freiheit

7427

Freiheitsentziehung in Form einer Fixierung unter Beachtung der sich aus dem FamFG und PsychKG ergebenden Schutzpflichten.

Mann. Kein Schmerzensgeld aufgrund einer Fixierung im Rahmen einer Unterbringungsmaßnahme: Der Kläger macht gegenüber dem passivlegitimierten Bundesland Schadensersatz und Schmerzensgeld aufgrund einer Fixierung im Rahmen einer Unterbringung gemäß §§ 7 ff. PsychKG geltend nachdem bei ihm eine Psychose aus dem schizophrenen Formenkreis attestiert und er zuvor tätlich gegen seine Eltern worden war. Das LG wies die Klage als unbegründet ab, da ein Anspruch auf Schmerzensgeld oder Schadensersatz „insbesondere nicht aus § 839 BGB iVm Art. 34 GG" ergebe. Die Anordnung der Fixierung sei sowohl formal ordnungsgemäß als auch in materiell-rechtlicher Hinsicht (§ 16 Abs. 1 und 2 PsychKG) rechtmäßig gewesen.

Betrag: – **Haftung: –**
immVorb: – **MdE: –**

LG Lübeck 15.2.2024 – 5 O 219/22 = BeckRS 2024, 3019

7394

Freiheitsentziehung, behauptete – infolge des Wartens in einem überhitzten Linienflugzeug.

Frau, Mann und Kind. Kein Schmerzensgeld bei Hitze im Flugzeug: Die Kläger, eine dreiköpfige Familie mit zweijähriger Tochter, hatten bei der beklagten Fluggesellschaft für August 2018 einen Flug gebucht. Da im Flugzeug die Klimaanlage nicht angeschaltet wurde, war es heiß an Bord. Die Tochter der klagenden Familie erhielt Wasser, die Eltern nicht. Der Pilot teilte um 14:56 Uhr mit, man werde eine Viertelstunde später starten. Die Crew weigerte sich, die Türen zu öffnen. Nachdem einige Passagiere die Polizei informiert hatten, kehrte das Flugzeug zum Terminal zurück. Der erneute Abflug wurde für 16:30 Uhr angekündigt. Die Kläger bestiegen erneut das Flugzeug, doch es war es wieder sehr heiß. Um 17:20 Uhr startete die Maschine und landete um 19:22 Uhr, mehr als sechs Stunden später als vereinbart. Die beklagte Fluggesellschaft erkannte für jedes Familienmitglied 250 Euro Entschädigung nach Art. 12 Abs. 1 S. 2 der Fluggastrechteverordnung. Die Kläger begehrten darüber hinaus ein Schmerzensgeld von 650 Euro pro Person. Die Klage wurde in beiden Instanzen abgewiesen. Das LG begründete dies damit, dass die Kläger durch die Hitze im Flugzeug zwar unstreitig erheblich beeinträchtigt waren; dies reiche jedoch für einen Schmerzensgeldanspruch nicht aus. Ein Schmerzensgeld setze vielmehr eine Verletzung des Körpers oder der Gesundheit voraus. Eine Gefährdung reiche nach dem Gesetz dafür nicht. Die Kläger hätten im konkreten Fall nicht beweisen können, dass sie Kreislaufprobleme und Kopfschmerzen im Ausmaß einer Gesundheitsverletzung gehabt hätten. Ein Schmerzensgeld wegen eines Freiheitsentzuges scheitere schon daran, dass die Kläger erklärt hätten, gar nicht aussteigen, sondern losfliegen zu wollen und deswegen nach der Rückkehr zum Terminal erneut das Flugzeug bestiegen hätten.

Betrag: – **Haftung: –**
immVorb: – **MdE: –**

LG Frankfurt a. M. 5.5.2022 – 2-24 S 16/20 = BeckRS 2022, 53985

7033

Persönlichkeitsrechtsverletzung durch Fesselung und Ingewahrsamnahme im Zusammenhang mit einem Polizeieinsatz in der Wohnung des Klägers.

Mann. Kein Schmerzensgeld wegen behaupteter Amtspflichtverletzungen bei einem Polizeieinsatz in der klägerischen Wohnung. Das OLG begründete dies damit, dass die Maßnahme (Fesselung) aufgrund des erheblichen Widerstands des Klägers und seiner Aggressivität zum Zeitpunkt der Ingewahrsamnahme die Annahme gerechtfertigte, der Kläger würde, wenn er in der Wohnung zurückgelassen würde, ggf. Straftaten begehen.

Betrag: – **Haftung: –**
immVorb: – **MdE: –**

OLG Köln 14.4.2022 – 7 U 146/20 = BeckRS 2022, 8820

6836

Persönlichkeitsrechtsverletzung infolge behaupteter Freiheitsberaubung bzw. Freiheitsentziehung sowie psychischer Beeinträchtigungen, fehlendem Zugang zur Natur etc. wegen – Corona-Pandemie-bedingt – erfolgter Quarantäne auf Grund des Kontakts mit einer infizierten Schülerin.

Frau (Lehrerin). Kein Schmerzensgeldanspruch wegen coronabedingter 10-tägiger häuslicher Quarantäne. Die Klägerin forderte pro Tag der Quarantäne 250 EUR Schmerzensgeld. Das LG wies die Klage ab, da keine Amtspflichtverletzung aufgrund der Anordnung der häuslichen Absonderung bestand. Einen Verstoß gegen Art. 104 Abs. 2 S. 1, 2 GG sah das LG zutreffend mangels erfolgter Freiheitsentziehung (als qualifizierter bzw. schärfster Form der Freiheitsbeschränkung) durch die Absonderungsverfügung nicht; vielmehr handele es sich lediglich um „einfache" Freiheitsbeschränkung, so das LG. Überdies fehlte es auch an einem Verschulden des Beklagten, die im Rahmen der Covid-19-Pandemie und damit zur Gefahrenabwehr eine schnelle Entscheidungsfindung zur Eindämmung des Infektionsgeschehens vorzunehmen hatte.

Betrag: – **Haftung: –**
immVorb: – **MdE: –**

LG Oldenburg 23.12.2021 – 5 O 1371/21 = BeckRS 2021, 40416

6822

Persönlichkeitsrechtsverletzung, behauptete (hier: 14tägige Quarantäne / Absonderung im Rahmen der Corona-Pandemie nach einer Auslandsreise).

Frau. Kein Schmerzensgeldanspruch für Corona-Quarantäne; insofern führte das LG aus: „Ein Überschreiten der Geringfügigkeitsschwelle ergibt sich zunächst nicht bereits aus dem Umstand, dass die Kläger mehrere Tage in ihrer persönlichen Fortbewegungsfreiheit eingeschränkt waren. Eine feste zeitliche Grenze, ab der eine Freiheitseinschränkung als ausgleichspflichtig anzusehen wäre, gibt es nicht. Abzustellen ist vielmehr auf die konkrete Situation des Einzelfalls. … Die von den Klägern vorgetragenen Beeinträchtigungen durch die Quarantäne sind nicht geeignet, einen Schmerzensgeldanspruch unter dem Aspekt des Ausgleichsgedankens zu begründen. … Es erscheint schon sehr zweifelhaft, ob diese Umstände ausreichend sind, um ein Überschreiten der Geringfügigkeitsschwelle begründen zu können. Darauf kommt es jedoch nicht an, weil die Kläger durch ihr eigenes Verhalten gezeigt haben, dass die mit der Quarantäne für sie verbundenen Einschränkungen ihrer Lebensführung kein nennenswertes Gewicht für sie hatten. Denn die Kläger haben nach ihrem eigenen Vortrag darauf verzichtet, sich nach fünf Tagen mit einem negativen PCR-Test aus der Quarantäne freizutesten. Hätten sie die Einschränkungen durch die Quarantäne als belastend empfunden, so hätte – unabhängig von der Frage, ob die Kläger den PCR-Test für valide halten – nichts nähergelegen, als die Quarantäne möglichst schnell zu beenden. Im Umkehrschluss folgt hieraus, dass die Quarantäne für die Kläger keine nennenswerte Beeinträchtigung ihrer Lebensführung darstellte."

Betrag: – **Haftung: –**
immVorb: – **MdE: –**

LG Hannover 20.8.2021 – 8 O 1/21 = BeckRS 2021, 22869

6834

Persönlichkeitsrechtsverletzung infolge behaupteter Freiheitsberaubung wegen – Corona-Pandemie-bedingt – unterbliebener Landgänge während einer Kreuzfahrt.

Mann. Kein Schmerzensgeldanspruch und Reisepreisminderungsanspruch nach Kreuzfahrt, die aufgrund einer Warnung durch die Weltgesundheitsorganisation, bezogen insbesondere auf den Fernen Osten, auf einer Alternativroute durchgeführt wurde. Der Kläger machte einen Schmerzensgeldanspruch in Höhe von 25.000 EUR wegen behaupteter freiheitsentziehender Maßnahmen geltend. Er und der Drittwiderbeklagte seien der Freiheit beraubt worden, da seitens des Kapitäns keine Landgänge mehr gestattet worden seien, es sei ihnen ausdrücklich verboten worden, das Schiff in dieser Situation zu verlassen. Das LG wies die Klage ab. Dem Kläger steht gegen die Beklagte weder ein Entschädigungsanspruch wegen vertaner Urlaubszeit noch Schmerzensgeld wegen freiheitsentziehender Maßnahmen zu.

Betrag: – **Haftung: –**
immVorb: – **MdE: –**

LG Koblenz 19.3.2021 – 12 O 301/20 = BeckRS 2021, 33429

6568

Ausreiseuntersagung und Meldepflicht bei der Polizei im Zusammenhang mit der Einstufung als Fußball-Hooligan.

Mann (sogenannter Hooligan). Kein Schmerzensgeldanspruch für einen Fußballfan, der in der Vergangenheit im Rahmen von Fußballspielen erhebliche Gewaltdelikte begangen hatte und dem deshalb die Ausreise zu einem Spiel im Ausland untersagt worden war. Im November 2018 wollte der Kläger vom Flughafen Frankfurt nach Zypern fliegen, um sich dort am nächsten Tag ein Fußballspiel von Eintracht Frankfurt gegen Apollon FC anzusehen. Bei der Ausreisekontrolle wurde er aufgehalten. Bundesbeamte erließen eine Ausreiseuntersagung gegen den Kläger. Es wurde ihm gemäß § 10 Abs. 1 Passgesetz untersagt, bis 23:59 Uhr des Folgetages in die Republik Zypern zu reisen. Insofern begehrte er von der Bundesrepublik Deutschland 350 EUR Schmerzensgeld. Da die Maßnahme aufgrund seiner weiterhin bestehenden Gewaltbereitschaft begründet war, sah das LG keine Grundlage für ein Schmerzensgeld.

Betrag: – **Haftung: –**
immVorb: – **MdE: –**

LG Frankfurt a. M. 25.9.2019 – 2-04 O 219/19 = BeckRS 2019, 30139

6655

Freiheitsentziehung durch Abschiebehaft.

Mann (afghanischer Flüchtling). Gemäß Art. 5 V EMRK hat jede Person, die unter Verletzung dieses Artikels von Festnahme oder Freiheitsentziehung betroffen ist, hat Anspruch auf Schadensersatz bzw. Schmerzensgeld. Art. 5 V EMRK gewährt insoweit einen unmittelbaren Schadensersatzanspruch wegen rechtswidriger Freiheitsbeeinträchtigung durch staatliche Organe, der vom Verschulden der handelnden Amtsträger unabhängig ist und auch den Ersatz immateriellen Schadens umfasst (vgl. BGH BeckRS 2013, 13162 und BGH BeckRS 2013, 17640). Üblicherweise werden insofern – bei Vorliegen aller Voraussetzungen und Berücksichtigung des für diesen Anspruch zutreffend passivlegitimierten Hoheitsträgers – pro Tag der rechtswidrigen Inhaftierung (zB im Rahmen einer Zurückschiebungshaft oder Abschiebehaft) 25 – 30 EUR gewährt. Die Frage, wer der jeweils zuständige und somit ggf. zu verklagende Hoheitsträger ist, beantwortet sich aus Art. 34 GG. „Danach ist der Hoheitsträger (Bund, Land oder sonstige Gebietskörperschaft) verantwortlich, dessen Hoheitsgewalt bei der rechtswidrigen Freiheitsentziehung ausgeübt wurde", so der BGH. Da die entsprechenden

Voraussetzungen hier nicht vorlagen und zudem der Bund statt das Land Bayern verklagt worden war, wurde die Revision des Afghanen erfolglos. [Anmerkung: Das Urteil des BGH ist lesenswert zum Thema der Voraussetzungen eines Schadensersatzanspruchs wegen Abschiebehaft].

Betrag: – **Haftung: –**
immVorb: – **MdE: –**

BGH 18.4.2019 – III ZR 67/18 = BeckRS 2019, 8516

5281

Zeitweise Unterbringung der beiden Kleinkinder der Klägerin in Bereitschaftspflegefamilien wegen – fehlerhaften – gutachterlicher Annahme des hochgradigen Verdacht eines Schütteltraumas.

Kein Schmerzensgeldanspruch wegen fehlender Passivlegitimation: Schmerzensgeldklage gegen vom Jugendamt beauftragten Gutachter, denn eine persönliche Inanspruchnahme des Gutachters ist ausgeschlossen, da er in Ausübung eines ihm anvertrauten öffentlichen Amtes gehandelt hat und daher eine befreiende Haftungsübernahme durch den Landkreis als Träger des zuständigen Jugendamtes eingetreten ist (§ 839 Abs. 1 BGB iVm Art. 34 S. 1 GG). In seinem Anwendungsbereich verdrängt § 839 BGB als vorrangige Spezialregelung konkurrierende Ansprüche aus §§ 823 ff. BGB wie auch aus § 839a BGB (BGHZ 200, 253 = NJW 2014, 1665 = DS 2014, 155 Rn. 29). Weitere Fundstelle: NJW 2016, 2514.

Betrag: – **Haftung: –**
immVorb: – **MdE: –**

OLG Koblenz 18.3.2016 – 1 U 832/15 = BeckRS 2016, 5269

3206

Persönlichkeitrechtsverletzung / Freiheitsentziehung (hier: Unzulässige Abhörmaßnahmen über einen Zeitraum von 20 Monaten und anschließendem Haftbefehlantrag der Staatsanwaltschaft, wobei diese den dazu dem Haftrichter vorgelegten Akten u.a. eine entscheidende Zeugenaussage vorenthielt.)

Der BGH befasst sich mit der Geldentschädigung bei Amtspflichtverletzungen, ausgeübt durch einen unzulässigen Haftbefehl und ebenso unzulässige verdeckte Abhörmaßnahmen (vgl. Haftbefehl, unzulässiger sowie Abhörmaßnahmen, unzulässige). Lesenswert ist auch die auf Seite 336 der Fundstelle abgedruckte Anmerkung von L.Jaeger, Vors.Richter am OLG Köln, zur Abgrenzung der Begriffe Schmerzensgeld und Geldentschädigung bei schwerwiegenden Persönlichkeitsrechtsverletzungen.

Betrag: – **Haftung: 100 %**
immVorb: – **MdE: –**

BGH 23.10.2003 – III ZR 9/03 = BeckRS 2003, 9262

6332

Persönlichkeitrechtsverletzung infolge einer rechtswidrigen Freiheitsentziehung bzw. rechtswidrig verhängte Abschiebungshaft.

Mann. Art. 5 Abs. 5 EMRK gewährt dem Betroffenen einen unmittelbaren Anspruch, der an eine rechtswidrige Freiheitsentziehung anknüpft. Zur Bemessung in derartigen Fällen führte das OLG aus: „Vor diesem Hintergrund kann bei der Festlegung der Höhe des Entschädigungsanspruchs durchaus auch § 7 Abs. 3 StrEG vergleichend herangezogen werden, der 20 DM für jeden Tag einer Freiheitsentziehung als immateriellen Schadensersatz vorsieht. Allerdings ist – mit der Rechtsprechung des BGH zu Art. 5 Abs. 5 EMRK – zu berücksichtigen, dass der Schadensersatzanspruch nach dieser Norm nicht auf eine Entschädigung innerhalb der Grenzen des Gesetzes über die Entschädigung für Strafverfolgungsmaßnahmen beschränkt ist. Das Strafrechtsentschädigungsgesetz soll nämlich nur die üblichen Unzuträglichkeiten, die die Haft mit sich bringt, ausgleichen. Dagegen gewährt Artikel 5 Abs. 5 EMRK darüber hinaus Schadensersatz für alle weiteren immateriellen Folgen des Vollzuges, wobei insbesondere auch zu berücksichtigen und angemessen zu bewerten ist, dass es sich um eine rechtswidrige Anordnung der Haft gehandelt hat, weil ein unzuständiges Gericht tätig geworden ist (vgl. BGH NJW 1993, 2930)". [Anmerkung: Da in der Prozesskostenhilfeentscheidung nicht über das Schmerzensgeld insgesamt sondern nur sozusagen über die „Tagessatzhöhe" analog § 7 Abs. 3 StrEG entschieden wurde, wurde im Feld „Schmerzensgeld" lediglich dieser Betrag [20 DM] eingefügt]. Vergleiche hierzu auch OLG Karlsruhe BeckRS 2012, 24391 → Nr. 4657 und OLG Hamm BeckRS 2015, 245 → Nr. 6074 und OLG Naumburg BeckRS 2012, 5933 → Nr. 4484 sowie OLG München BeckRS 2013, 15717 → Nr. 6333].

Betrag: 10 € **Haftung: 100 %**
immVorb: – **MdE: –**

OLG Schleswig 26.11.2001 – 11 W 23/01 = BeckRS 2001, 30222506

1503

Persönlichkeitrechtsverletzung (hier: Freiheitsentziehung durch kurzzeitiges unberechtigtes Festhalten des Klägrs durch einen Kaufhausdetektiv).

Mann. Er wurde vom Kaufhausdetektiv „nur sehr kurz" aber unberechtigt und ohne „hinreichenden Anlass" festgehalten; das AG sah darin zu Recht eine Freiheitsentziehung.

Betrag: 51 € **Haftung: 100 %**
immVorb: – **MdE: –**

AG Regensburg 5.2.1999 – 9 C 2783/98 = BeckRS 9998, 78792

6485

Persönlichkeitrechtsverletzung (hier: Unterbringung als Nichtraucher in der Zelle einer JVA, die nur als Einzelzelle ausgelegt war, zusammen mit Raucher sowie mit einem weiteren Häftling).

Mann. Die Art der Unterbringung wertet das LG als menschenunwürdig und hob zudem das Schmerzensgeld von – laut LG Essen üblichen – 20 EUR pro Tag auf 30 EUR pro Tag an, da der Kläger als Nichtraucher durch das Zusammensein mit einem Raucher – neben der zu geringen Zellengröße – zusätzlich belastet worden war.

Betrag: 90 € **Haftung: 100 %**
immVorb: – **MdE: –**

LG Essen 31.7.2017 – 4 O 262/17 = BeckRS 2019, 17123

3166

Persönlichkeitrechtsverletzung (hier: Gemeinsame Unterbringung in einer nur 7,6 qm kleinen Einzelhaftzelle).

Mann. Das OLG sah sich mit der Frage konfrontiert, ob die Unterbringung eines Strafgefangenen zusammen mit einem weiteren Häftling in einer nur 7,6 qm kleinen Einzelhaftzelle einen Schmerzensgeldanspruch begründen könne. Dies sah das OLG als zutreffend an. Anspruchsgrundlagen seien § 847 BGB aF sowie Art. 5 Abs. 5 EMRK. [vgl. Inhaftierung, menschenunwürdige] Das OLG hielt grundsätzlich 100 Euro pro Tag als angemessenen Schmerzensgeldbetrag, hatte darüber jedoch nicht zu entscheiden. Der Kl. begehrte 1.000 Euro pro Tag.

Betrag: 100 € **Haftung: 100 %**
immVorb: – **MdE: –**

OLG Celle 16.9.2002 – 16 W 47/02 = BeckRS 9998, 54366

6334

Persönlichkeitrechtsverletzung (hier: Rechtswidrige Freiheitsentziehung bzw. rechtswidrig verbüßte Abschiebungshaft von 11 Tagen).

16j. Mann. Zu einer solchen Freiheitsentziehung führte das OLG aus: „Die Höhe des Entschädigungsanspruchs nach Art. 5 Abs. 5 EMRK ist der Höhe nach nicht auf eine Entschädigung innerhalb der Grenzen des Gesetzes über die Entschädigung für Strafverfolgungsmaßnahmen (StrEG) beschränkt (…). Die Entschädigung ist vielmehr nach Billigkeit zu bestimmen (§ 253 Abs. 2 BGB). Ob der in § 7 Absatz 3 StrEG geregelte Entschädigungssatz dabei eine Orientierung bieten kann, kann hier offenbleiben. Denn sowohl bei einer Orientierung an der dort vorgesehenen Höhe von 25 Euro je Tag als auch bei der Orientierung an der Rechtsprechung des EGMR ist die Wertung des Landgerichts, dass nach den vorgetragenen Umständen des vorliegenden Falls eine Entschädigung von 20 EUR je Tag noch angemessen war, nicht zu beanstanden" Zur Bemessung im vorliegenden Fall führte das OLG sodann aus: „Nach den Umständen des vorliegenden Falls war eine Entschädigung in Höhe von 20 EUR je Tag jedenfalls angemessen. Die erkennbare immaterielle Beeinträchtigung, die der Antragsteller durch die Freiheitsentziehung erlitten hat, blieb hinter dem typischen Fall zurück. Der Antragsteller wurde durch die Haft nicht aus einem Familienverband oder sonstigen sozialen Umfeld gerissen, denn er hatte sein bisheriges soziales Umfeld in Afghanistan verlassen und reiste nur in Begleitung eines Bekannten. Soweit er vortragen lässt, die Abschiebungshaft habe stigmatisierende Wirkung, ist dies in seinem Fall nicht ohne weiteres ersichtlich". [Vergleiche hierzu auch OLG Karlsruhe BeckRS 2012, 24391 → Nr. 4657 und OLG Hamm BeckRS 2015, 245 → Nr. 6074 und OLG Naumburg BeckRS 2012, 5933 → Nr. 4484].

Betrag: 220 € **Haftung: 100 %**
immVorb: – **MdE: –**

OLG Brandenburg 12.9.2013 – 2 W 2/13 = BeckRS 2013, 17121

3589

Freiheitsentziehung (hier: Der Kläger wurde ohne Ermächtigungsgrndlage in Polizeigewahrsam genommen und dort ca. 35 Minuten festgehalten.)

Mann (Tankstellenpächter). Erhöhend wurde bewertet, dass der Kläger durch die Freiheitsentziehung, die unter erheblichem Aufsehen erfolgt war in seiner dörflichen Umgebung „gebrandmarkt" worden war.

Betrag: 256 € **Haftung: 100 %**
immVorb: – **MdE: –**

LG Karlsruhe 31.10.2001 – 2 O 203/01 = unveröffentlicht

5383

Persönlichkeitrechtsverletzung (hier: Freiheitsentziehung durch rechtswidrige Unterbringung der Klägerin von max. 13 Stunden im Polizeigewahrsam).

Frau (Realschulleherin). Zur Bemessung führte das OLG aus: „Soweit das OLG Koblenz in dem Verfahren 1 U 611/03 [Anmerkung: → Nr. 5384] in seiner Entscheidung 5.11.2003 für eine bis zu 24 Stunden andauernde rechtswidrige Unterbringung der dortigen Klägerin in einer psychiatrischen Fachklinik ein Schmerzensgeld in Höhe von 500,00 EUR als angemessen erachtet habe, sei diese Entscheidung hier nicht maßgebend, da die Klägerin hier nur für ca. 13 Stunden in Polizeigewahrsam genommen worden sei und die unzulässige Unterbringung in einer psychiatrischen Einrichtung einen gravierenderen Eingriff in die Grundrechte des Betroffenen darstelle als hier die unzulässige Unterbringung der Klägerin auf der Polizeiwache für eine Nacht. Damit unterscheide sich die hier streitgegenständliche Ingewahrsamnahme der Klägerin nicht nur in zeitlicher, sondern auch in qualitativer Hinsicht von dem vorgenannten Fall des OLG Koblenz".

Betrag: 400 € **Haftung: 100 %**
immVorb: – **MdE: –**

OLG Koblenz 7.3.2018 – 1 U 1025/17 = BeckRS 2018, 5119

6486

Persönlichkeitrechtsverletzung (hier: Freiheitsberaubung bzw. menschenunwürdige Unterbringung durch rechtswidrige Ingewahrsamnahme für die Dauer von 5 Tagen wobei der Kläger – ein Nichtraucher – zusammen mit zwei starken Rauchern inhaftiert worden war, wofür es laut der JVA-Leitung keine Alternative gegeben habe).

Mann. Schmerzensgeld für Zwangsgemeinschaft mit Kettenrauchern in Haftzelle. „Der Kläger hat gem. §§ 839 Abs. 1, 253 Abs. 2 BGB iVm Art. 34 GG gegen das beklagte Land einen Anspruch auf Zahlung von Schmerzensgeld in Höhe von 500 EUR", so das LG, dass dabei auch die starken Kopfschmerzen, die der Kläger erlitten hatte, erhöhend berücksichtigte.

Betrag: 500 € **Haftung: 100 %**
immVorb: – **MdE: –**

LG Schwerin 4.5.2015 – 4 O 165/15 = BeckRS 2016, 49019

5384

Persönlichkeitrechtsverletzung (hier: Freiheitsentziehung durch rechtswidrige Unterbringung der Klägerin von max. 18 – 24 Stunden in einem psychatrischen Krankenhaus).

Frau. Freiheitsentziehung. (vgl. auch OLG Koblenz → Nr. 5383).

Betrag: 500 € **Haftung: 100 %**
immVorb: – **MdE: –**

OLG Koblenz 5.11.2003 – 1 U 611/03 = BeckRS 2003, 18061

6992

Persönlichkeitsrechtsverletzung / Freiheitsentziehung wegen monatelangen Ausfalls eines Aufzugs, der nach Auffassung des Gerichts die Erheblichkeitsschwelle – vor dem Hintergrund des Schwerbehindertenstatus des Klägers – überschreitet.

Mann. Der Kläger ist aufgrund verschiedener chronischer Erkrankungen, unter anderem Parkinson und Diabetes, schwerbehindert. Der Grad der Behinderung (GdB) des Klägers beträgt ausweislich seines Schwerbehindertenausweises 100. Durch die unterlassene Reparatur des Aufzugs konnte der Kläger seine Wohnung zumindest über einen Zeitraum vom 8.6.2013 bis zum 15.8.2013 nicht mehr verlassen und war somit gefangen in der eigenen Wohnung wegen defektem Aufzug. Zur Schmerzensgeldbemessung führte das AG Bonn aus: „Zu berücksichtigen ist jedoch auch, dass die Freiheitseinschränkung sich auf die ca. 76 m^2 große Wohnung des Klägers bezog und sich insofern im Vergleich mit bislang entschiedenen Fällen über die

Zwangsunterbringung in staatlichen Einrichtungen als weniger gravierend darstellt. Demgemäß ist insbesondere der Anspruch auf Schmerzensgeld unterhalb des in § 7 StrEG genannten Tagessatzes von 25,00 EUR zu verorten, da die Situation für zwangsuntergebrachte Personen als belastender zu bewerten ist. Im Hinblick auf die nach Auffassung des Gerichts viel zu niedrig angesetzte Entschädigung nach § 7 StrEG und unter Berücksichtigung eines bereits geminderten Mietzinses hält das Gericht im vorliegenden Fall einen Anspruch von 15,00 EUR pro Tag für angemessen".

Betrag: 780 € **Haftung: 100 %**
immVorb: – **MdE: –**

AG Bonn 11.3.2015 – 203 C 325/14 = BeckRS 2015, 131425

6333

Persönlichkeitrechtsverletzung (hier: Rechtswidrige Freiheitsentziehung bzw. rechtswidrig verbüßte Zurückschiebungshaft von rund einem Monat).

Mann. „Aus der Vorschrift des Art. 5 Abs. 5 EMRK, die in Deutschland als bundesgesetzliche Anspruchsnorm unmittelbare Rechtsgeltung hat, kann jeder, der entgegen Art. 5 Abs. 1–4 EMRK rechtswidrig inhaftiert wird, einen verschuldensunabhängigen Schadensersatzanspruch, der auch immaterielle Schäden umfasst, geltend machen (BGH NJW 1966, 726)". Bei Bemessung des Schmerzensgeldes sind, so das OLG, „ die Umstände des Einzelfalles maßgeblich". Als Orientierungspunkt kann § 7 Abs. 3 StrEG dienen, wonach jeder Tag Haft mit 25 EUR zu entschädigen ist. Es ist jedoch zu berücksichtigen, dass § 7 Absatz 3 StrEG eine Entschädigung für rechtmäßige Haft gewährt, während Art. 5 Abs. 5 EMRK eine Entschädigung für rechtswidrige Haft zubilligt. Deshalb erhöht der Senat den Entschädigungsbetrag auf 30 EUR. [Vergleiche hierzu auch OLG Karlsruhe BeckRS 2012, 24391 → Nr. 4657 und OLG Hamm BeckRS 2015, 245 → Nr. 6074 und OLG Naumburg BeckRS 2012, 5933 → Nr. 4484 sowie OLG Brandenburg BeckRS 2013, 17121 → Nr. 6334].

Betrag: 990 € **Haftung: 100 %**
immVorb: – **MdE: –**

OLG München 22.8.2013 – 1 U 1488/13 = BeckRS 2013, 15717

6917

Persönlichkeitsrechtsverletzung / Freiheitsentziehung für 15 Tage unrechtmäßig erlittene Haft.

Mann. Das OLG Hamm bemaß das Schmerzensgeld bei zu Unrecht erlittener Haft / Tag auf 100 EUR und führte dazu aus: „Der Senat berücksichtigt bei der Bemessung des in Betracht kommenden angemessenen Schmerzensgeldes außerdem die zum 8.10.2020 in Kraft getretene Änderung des § 7 III StrEG, wonach die Entschädigung für jeden angefangenen Tag einer (rechtmäßig) angeordneten Freiheitsentziehung nunmehr 75 EUR beträgt. Da die geänderte Vorschrift des § 7 III StrEG nach dem Willen des Gesetzgebers ab dem Tag ihres Inkrafttretens maßgeblich ist (BT-Drs. 19/17035, 7), orientiert sich der Senat bei der hier vorzunehmenden Bemessung des Schmerzensgeldbetrags an der nunmehr gültigen Fassung des StrEG. Entsprechend seiner bisherigen Rechtsprechung geht der Senat davon aus, dass der Betrag nach dem StrEG bei rechtswidriger und schuldhafter Anordnung der Haft angemessen zu erhöhen ist. Nach Abwägung der im vorliegenden Fall vorgetragenen Umstände des Einzelfalls bemisst der Senat das Schmerzensgeld für die in dem Zeitraum vom 13.11.2018 bis zum 27.11.2018 erlittene Haft mit einem Betrag von insgesamt 1.500 EUR".

Betrag: 1.500 € **Haftung: 100 %**
immVorb: – **MdE: –**

OLG Hamm 16.12.2020 – 11 W 67/20 = BeckRS 2020, 41668

5812

Persönlichkeitrechtsverletzung (hier: Unterbringung in einer zu kleinen Haftzelle. „Die Viererzelle hatte eine Größe von ca. 18–18,5 m² und eine lichte Höhe von 2,75 m. Eine Lüftungsmöglichkeit bestand durch ein Fenster an der linken Stirnseite der Außenwand mit einer Breite von ca. 80 cm und einer Höhe von ebenfalls ca. 80 cm. Auf der rechten Seite des Haftraumes befand sich eine Toilette, die mit einer ca. 1,5 m hohen Trennwand ohne separate Entlüftung versehen war. Die Doppelzellen hatten eine Größe von etwa 8 m² und eine Höhe von 2,75 m. Die Lüftungsmöglichkeit bestand in einem Fenster in einer Größe von 1,39 m x 1,11 m. Die Toilette war wiederum mit einer sogenannten Schamwand ohne separate Lüftungsmöglichkeit abgetrennt").

Mann (Häftling). Zum Grund und der Höhe des Schmerzensgeldes führte das LG aus: „Durch die beanstandete Unterbringung in der JVA E ist der Kläger in seinen Grundrechten verletzt worden. Die Hafträume (Doppel- und Viererzellen) waren für die Zahl der dort untergebrachten Gefangenen nicht groß genug. Sie boten keinen ausreichenden Platz für eine Privatsphäre. Insbesondere, war auch die Toilette nicht ausreichend von dem übrigen Haftraum abgetrennt und die vorhandenen Lüftungsmöglichkeiten waren nicht ausreichend. Bei der Bemessung des Schmerzensgeldes war zu berücksichtigen, dass der Kläger im Jahre 2002 insgesamt 129 Tage und im Jahre 2003 etwa 30 Tage gemeinschaftlich untergebracht war. Die zu kleinen Hafträume und die unzureichende sanitäre Situation (Toilette und Waschgelegenheit) stellten eine erhebliche Belästigung für die Gefangenen dar. Außerdem wurde im Falle des Klägers keine ausreichende Trennung zwischen Rauchern und Nichtrauchern vorgenommen. Die Kammer hält es nach den Angaben des Klägers im Termin für glaubhaft, dass er selbst Nichtraucher ist".

Betrag: 1.500 € **Haftung: 100 %**
immVorb: – **MdE: –**

LG Detmold 2.11.2006 – 9 O 163/05 = BeckRS 2008, 7917

3475

Persönlichkeitsrechtsverletzung / Freiheitsentziehung durch pflichtwidriges Festhalten eines Patienten in einer Psychatrischen Klinik für die Dauer von 3 tagen.

Mann. Der Kläger wurde pflichtwidrig über ein Wochenende festgehalten und medikamentös behandelt.

Betrag: 2.000 € **Haftung: 100 %**
immVorb: – **MdE: –**

OLG Stuttgart 30.11.2000 – 1 U 32/00 = BeckRS 2007, 16284

6481

Persönlichkeitsrechtsverletzung (hier: Unterbringung in einer nur 17,4 qm² kleinen Zelle mit weiteren drei Gefangenen bei der die Toilette zudem keinen ausreichende Geräuschschutz und auch keinen hinreichenden Sichtschutz bot).

Mann. Die Unterbringung eines Häftlings für die Dauer von 230 Tagen verstößt gegen die Menschenwürde, sofern einem Häftling weniger als 5m² in der Zelle zur Verfügung stehen. Wegen der – trotz der Geräusch- und Sichtschutzdefiziten – nicht zu beanstandenden Toilettensituation, wurde ein nur an der unteren Grenze liegende Entschädigung von nur 10 EUR / Tag als angemessen aber auch ausreichend angesehen.

Betrag: 2.300 € **Haftung: 100 %**
immVorb: – **MdE: –**

OLG Hamm 18.3.2009 – 11 U 88/08 = BeckRS 2009, 8493

6482

Persönlichkeitrechtsverletzung (hier: Verrichtung der Notdurft in gefesseltem Zustand und unter Beobachtung eines Polizeibeamten. Der Kläger war im Behandlungszimmer einer Klinik in der er auf Anweisung der JVA zur Behandlung gebracht worden war und musste dort auf einem Toilettenstuhl, der in das Zimmer gebracht worden war, an Händen und Füßen gefesselt seine Notdurft verrichten).

Mann. Verletzung der Menschenwürde des Strafgefangenen in der JVA. Das LG sah eine Fluchtgefahr des Klägers aufgrund der „zahlenmäßigen Übermacht" der Polizeibeamten als „nahezu" ausgeschlossen an und wertete die Fesselung in dieser Situation als Entwürdigung.

Betrag: 2.500 € **Haftung: 100 %**
immVorb: – **MdE: –**

LG Marburg 22.9.2015 – 7 O 112/11 = BeckRS 2016, 1538

4549

Persönlichkeitsrechtsverletzung (hier: Widerruf von Vollzugslockerungsmaßnahmen im Rahmen des Maßregelvollzugs).

Mann. Der Kläger war für 8 1/2 Monate in der besonders gesicherten Station der Forensik des A-Klinikums untergebracht und konnte somit seine bislang unbegleiteten Ausgänge auf dem Klinikgelände und seine Tätigkeit bei der klinikeigenen Poststelle nicht mehr wahrnehmen. Bei der Bemessung des Schmerzensgeldes ist das OLG „von einem Drittel der bei einem ungerechtfertigten vollständigen Freiheitsentzug nach dem Strafrechtsentschädigungsgesetz zu gewährenden Entschädigung ausgegangen".

Betrag: 2.500 € **Haftung: 100 %**
immVorb: – **MdE: –**

OLG Schleswig 29.1.2013 – 11 U 63/12 Wa = BeckRS 2013, 9053

3476

Persönlichkeitsrechtsverletzung / Freiheitsentziehung von 2 Monaten.

54j. Mann. Der Kläger wurde von seinem Rechtsanwalt – ohne entspr. Vollmachten bzw. Berechtigungen – in ein Landeskrankenhaus eingewiesen und dort für knapp 2 Monate gegen seinen Willen untergebracht.

Betrag: 2.500 € **Haftung: 100 %**
immVorb: – **MdE: –**

OLG Hamm 9.1.2001 – 29 U 56/00 = BeckRS 2001, 31380218

5932

Persönlichkeitrechtsverletzung durch menschenunwürdige Haftunterbringung.

Mann. Amtspflichtverletzung durch gemeinschaftliche Haftunterbringung des Klägers für die Dauer von insgesamt 369 Tagen mit jeweils einem oder mehreren weiteren Gefangenen in rechtswidriger Weise [Verstoß gegen Art. 1 und Art. 2 Abs. 1 GG, Art. 3 EMRK], „denn die Unterbringung des Klägers in diesen Zeiträumen war wegen der nur unzureichenden sanitären Ausstattung infolge … fehlender baulicher Abtrennung der installierten Toilette und zudem … wegen Unterschreitens einer Grundfläche von mindestens 5 m² pro Gefangenen menschenunwürdig". „Eine Erhöhung des Entschädigungsbetrages wegen des Umstands, dass der Kläger als Nichtraucher mit dem rauchenden Mitgefangenen, dem Zeugen T, gemeinschaftlich untergebracht gewesen ist, ist nicht angezeigt".

Betrag: 4.820 € **Haftung: 100 %**
immVorb: – **MdE: –**

OLG Hamm 23.2.2011 – 11 U 254/09 = BeckRS 2011, 21437

5224

Freiheitsberaubung / Fixierung (hier: 16stündige Fixierung mit einer medikamentösen Verabreichung von Neuroleptika mit den vom Kläger vorgetragenen erheblichen Nebenwirkungen (Übelkeit, Krämpfe, insbesondere an Armen und Händen, Antriebslosigkeit und Konzentrationsstörung).

Mann. Amtshaftung wegen einer nach Ansicht des Klägers erfolgten rechtswidrigen Fixierung und medikamentösen Behandlung während seiner zwangsweisen Unterbringung.Die Fixierung stellte ein amtspflichtwidriges Handeln der Ärzte dar, denn die Fixierung des Klägers wurde – nach § 29a des PsychKG und wie sich aus dem sogenannten „Fesselprotokoll" ergab – nicht befristet angeordnet. Zudem war auch nicht ersichtlich, dass diese besondere Sicherungsmaßnahme ärztlich überwacht worden war. Zudem stellte die Zwangsmedikation einen schweren Grundrechtseingriff dar.

Betrag: 5.000 € **Haftung: 100 %**
immVorb: – **MdE: –**

LG Berlin 28.1.2015 – 86 O 88/14 = BeckRS 2015, 19995

3339

Persönlichkeitrechtsverletzung wegen Freiheitsentziehung (hier: 76 Tage Haft).

Mann. Der Kl. ein ghanaischer Staatsbürger musste für 76 Tage in Haft, da sein Strafverteidiger einen Antrag auf Verlegung des Termins zur Hauptverhandlung (wg. eines Drogendeliktes) versäumt hatte und ihn nicht über das Risiko einer Verhaftung bei Terminversäumnis aufgeklärt hatte. Der Kl. hatte zudem dadurch seinen Hochzeitstermin versäumt, was jedoch nicht erhöhend gewertet wurde; mindernd wurde ein erhebliches Mitverschulden (ohne Quotenangabe) gewertet.

Betrag: 7.000 € **Haftung: 100 %**
immVorb: – **MdE: –**

KG 17.1.2005 – 12 U 302/03 = BeckRS 2005, 2222

3872

Freiheitsentziehung (für einige Stunden) sowie Platzwunden und Prellungen sowie psychische Beeinträchtigungen.

46j. Mann (Wachmann). Der Kläger wurde während seines Wachdienstes zunächst mit Waffengewalt bedroht, gefesselt und im Kofferraum seines PKW bei Frosttemperaturen gefangen. Posttraumatische Belastungsstörungen und Depressionen waren zunächst die Folgen. Vorsätzliche Körperverletzungen.

Betrag: 7.500 € **Haftung: 100 %**
immVorb: Ja **MdE: –**

LG Münster 8.6.2006 – 8 O 58/05 = BeckRS 2006, 12121

4625

Persönlichkeitrechtsverletzung (hier: Rechtsstaatswidrige Verfahrensverzögerung von 15 Monaten Dauer bis zum Freispruch des Klägers).

Mann (Insolvenzverwalter). [Anmerkung: Die Rechtsgrundlage für derartige Ansprüche basiert seit 3.12.2011 auf § 198 GVG. Das hier vorliegende Urteil basiert dagegen noch auf § 839 Abs. 2 BGB iVm Art. 34 GG und Art. 6 EMRK].

Betrag: 10.000 € **Haftung: 100 %**
immVorb: – **MdE: –**

OLG Celle 23.6.2011 – 16 U 130/10 = BeckRS 2012, 5949

6483

Persönlichkeitrechtsverletzung (hier: Fixierung über mehrere Tage ohne richterlichen Genehmigung).

Frau. Eine Patientin, die wegen einer nicht zutreffend als „ausgeprägten Wochenbettpsychose" diagnostizierten Störung in einer psychiatrischen Klinik ohne richterliche Genehmigung zwangsweise fixiert und medikamentös behandelt wird, hat einen Schmerzensgeldanspruch gem. § 839 Ab. 1 BGB iVm Art. 34 S. 1 GG. Beide Maßnahmen sind aufgrund der besonderen Eingriffsqualität von einer richterlichen Unterbringungsanordnung nicht gedeckt. Dies gelte auch, wenn – wie hier – im Rahmen der Unterbringung die Freiheit bereits entzogen wurde. Die Fixierung nehme der Betroffenen die noch verbliebene Freiheit, sich innerhalb der Station oder jedenfalls im Zimmer frei zu bewegen. Der Einweisung voraus ging ein Notruf des Ehemannes der Klägerin, der sinngemäß angegeben hatte, dass seine Frau „krankheitsbedingt in ihrer Wohnung gegenüber ihrer dort ebenfalls anwesenden Mutter tätlich zu werden drohe und die Situation von den Anwesenden nicht mehr zu bewältigen sei", so das OLG, das sich bei der Bemessung am Urteil des LG Berlin → Nr. 5224 orientierte.

Betrag: 12.000 € **Haftung: 100 %**
immVorb: Ja **MdE: –**

OLG Frankfurt a. M. 16.7.2019 – 8 U 59/18 = BeckRS 2019, 17013

6075

Persönlichkeitrechtsverletzung (hier: Konventionswidrige Sicherungsverwahrung „von rund 57 Monaten").

Mann. Mann. Zur Schmerzensgeldbemessung in solchen Fällen der Freiheitsentziehung führte das OLG aus: „Diese Entschädigungshöhe entspricht der Entschädigungspraxis des EGMR in vergleichbaren Fällen. Demgegenüber ist die von dem Kläger begehrte Entschädigung iHv 25 EUR pro Tag übersetzt. Ein Anspruch in dieser Höhe ergibt sich insbesondere nicht aus einer direkten oder analogen Anwendung von § 7 Absatz 3 StrEG. Eine direkte Anwendung von § 7 Absatz 3 StrEG scheitert schon daran, dass die Anspruchsvoraussetzungen von §§ 1, 2 StrEG nicht gegeben sind. Es handelt sich hier nicht gemäß § 1 StrEG um einen Fall einer strafgerichtlichen Verurteilung, die im Wiederaufnahmeverfahren oder sonst, nachdem sie rechtskräftig geworden ist, fortgefallen oder gemildert worden wäre. Die Voraussetzungen von § 2 StrEG liegen darüber hinaus ebenfalls nicht vor, weil der Kläger nicht freigesprochen worden ist und gegen ihn auch nicht ein Verfahren eingestellt, bzw. nicht eröffnet worden ist. Das OLG setzte die Entschädigung für die ca. 57 Monate auf 28.665 EUR fest, von denen die Beklagte bereits 12.000 EUR geleistet hatte, weshalb vorliegend 16.665 EUR angegeben wurden." [vgl. insofern OLG Hamm BeckRS 2015, 245 → Nr. 6074, OLG Karlsruhe BeckRS 2012, 24391 → Nr. 4657 und OLG Schleswig BeckRS 2001, 30222506 → Nr. 6332].

Betrag: 16.665 € **Haftung: 100 %**
immVorb: – **MdE: –**

OLG Hamm 14.11.2014 – 11 U 80/13 = BeckRS 2014, 126952

6083

Persönlichkeitrechtsverletzung infolge einer rechtswidrigen Sicherungsverwahrung bzw. rechtswidrig verhängte Unterbringung in der Sicherungsverwahrung, die der Kläger für die Dauer von 897 Tagen erdulden musste.

Mann. Art. 5 Abs. 5 EMRK gewährt dem Betroffenen einen unmittelbaren Anspruch, der an eine rechtswidrige Freiheitsentziehung anknüpft. Zur Bemessung in derartigen Fällen führte das LG aus: „Da nach § 7 Abs. 3 StrEG in der Fassung vom 1. Februar 2002 bis zum 4. August 2009 der Gesetzgeber wertentscheidend eine Entschädigung in Höhe von 11 EUR für jeden angefangenen Tag der Freiheitsentziehung und nach § 7 Abs. 3 StrEG in der Fassung vom 5. Februar 2009 einen Betrag von 25 EUR für angemessen erachtet hat, ergab sich unter Zugrundelegung der vorliegenden Zeiträume von 41 Tagen (25. Juni 2009 bis einschließlich 4. August 2009) und 856 Tagen (5. August 2009 bis einschließlich 8. Dezember 2011) ein Betrag in Höhe von insgesamt 21.851 EUR". [vergleiche hierzu auch OLG Karlsruhe BeckRS 2012, 24391 → Nr. 4657 und OLG Hamm BeckRS 2015, 245 → Nr. 6074 und OLG Naumburg BeckRS 2012, 5933 → Nr. 4484 sowie OLG München BeckRS 2013, 15717 → Nr. 6333].

Betrag: 21.851 € **Haftung: 100 %**
immVorb: – **MdE: –**

LG Marburg 8.7.2014 – 2 O 63/13 = BeckRS 2015, 7833

6487

Persönlichkeitrechtverletzung (hier: Rechtswidrige Verlängerung der Sicherungsverwahrung um nahezu 4 Jahre bzw. 1.430 Tage).

Mann. Sowohl zum Zeitpunkt der Begehung der Taten als auch zum Zeitpunkt der Verurteilung war nach der damals geltenden Fassung des § STGB § 67d StGB die Unterbringung in einer Sicherungsverwahrung nur für eine Höchstdauer von 10 Jahren zulässig. Diese Vorschrift wurde durch das Gesetz vom 26.1.1998 zur Bekämpfung von Sexualdelikten und anderen gefährlichen Straftaten, in Kraft getreten am 31. Januar 1998, geändert. Auf Grundlage des ab diesem Zeitpunkt geltenden § 67d Abs. 3 StGB war die Unterbringung in der Sicherungsverwahrung nach 10 Jahren Vollzug nur dann für erledigt zu erklären, wenn nicht die Gefahr bestand, dass der Untergebrachte infolge seines Hanges erhebliche Straftaten begehen würde, durch welche die Opfer seelisch oder körperlich schwer geschädigt würden. Entsprechend war der Kläger drei Jahre und elf Monate (1.430 Tage) länger untergebracht, als die in § 67d Abs. 2 StGB alter Fassung vorgesehene Höchstfrist währte. Bei der Bemessung sah das BAG einen Tagessatz von 25 EUR als überhöht an (anderer Ansicht OLG Hamm NStZ-RR 2013, 160 mit 25 EUR pro Tag) und ging vielmehr von 500 EUR pro Monat aus, woraus sich ein Gesamtbetrag in der oben angegebenen Höhe ergab.

Betrag: 23.500 € **Haftung: 100 %**
immVorb: – **MdE: –**

BAG 29.10.2013 – 25 o 37/13 = BeckRS 2015, 9374

5036

Persönlichkeitsrechtsverletzung (hier: Freiheitsentziehung durch Einlieferung in Psychatrie. Ärzte hatten zuvor fehlerhaft eine „Psychose mit Verfolgungswahn" attestiert.).

38j. Mann. Arzthaftung (hier: Diagnosefehler). Die Ärzte der beklagten Klnik gingen davaon aus, dass beim Kläger von einer Eigengefährdung sowie einer Fremdgefährdung auszugehen sei; deshalb erfolgte die 8 Wochen dauernde Freiheitsentziehung durch Unterbringung in Psychatrie inkl. medikamentöser Behandlung. Die Voraussetzungen für eine solche Unterbringung lagen jedoch nicht vor, so dass diese rechtswidrig war.

Betrag: 25.000 € **Haftung: 100 %**
immVorb: – **MdE: –**

OLG Karlsruhe 12.11.2015 – 9 U 78/11 = BeckRS 2015, 20407

6074

Persönlichkeitrechtsverletzung (hier: Konventionswidrige Sicherungsverwahrung „von rund 61 Monaten").

Mann. Zur Schmerzensgeldbemessung in solchen Fällen der Freiheitsentziehung führte das OLG aus: „Für eine konventionswidrige vollzogene Sicherungsverwahrung beträgt die gemäß Art. 5 Abs. 5 EMRK zu gewährende angemessene Entschädigung regelmäßig rund 500 EUR pro Monat. Die Regelung in § 7 Abs. 3 StrEG ist nicht entsprechend anwendbar". (amtlicher Leitsatz). „Diese Entschädigungshöhe entspricht der Entschädigungspraxis des EGMR in vergleichbaren Fällen. Demgegenüber ist die von dem Kläger begehrte Entschädigung iHv 25 EUR pro Tag übersetzt. Ein Anspruch in dieser Höhe ergibt sich insbesondere nicht aus einer direkten oder analogen Anwendung von § 7 Abs. 3 StrEG. Eine direkte Anwendung von § 7 Abs. 3 StrEG scheitert schon daran, dass die Anspruchsvoraussetzungen von §§ 1, 2 StrEG nicht gegeben sind. Es handelt sich hier nicht gemäß § 1 StrEG um eine strafgerichtliche Verurteilung, die im Wiederaufnahmeverfahren oder sonst, nachdem sie rechtskräftig geworden ist, fortgefallen oder gemildert worden wäre. Die Voraussetzungen von § 2 StrEG liegen darüber hinaus ebenfalls nicht vor, weil der Kläger nicht freigesprochen worden ist und gegen ihn auch nicht ein Verfahren eingestellt, bzw. nicht eröffnet worden ist", so das OLG weiter. [Vgl. insofern OLG Hamm BeckRS 2015, 246 → Nr. 6075, OLG Karlsruhe BeckRS 2012, 24391 → Nr. 4657 und OLG Schleswig BeckRS 2001, 30222506 → Nr. 6332].

Betrag: 30.500 € **Haftung: 100 %**
immVorb: – **MdE: –**

OLG Hamm 14.11.2014 – 11 U 16/14 = BeckRS 2015, 245

6488

Persönlichkeitrechtverletzung (hier: Rechtswidrige Verlängerung der Sicherungsverwahrung um nahezu 4,7 Jahre bzw. 1.744 Tage).

Mann. „Es sprechen gewichtige Gründe dagegen, die Höhe einer nach Art. 5 Abs. 5 EMRK zu gewährenden Entschädigung für eine koventionswidrig vollstreckte Sicherungsverwahrung unterhalb des nach § 7 Abs. 3 StrEG maßgeblichen Tagessatzes von 25 Euro zu bemessen", so das OLG. [Anmerkung: Siehe hierzu auch OLG Hamm → Nr. 6487, welches nur 500 EUR pro Monat ansetzte]

Betrag: 43.575 € **Haftung: 100 %**
immVorb: – **MdE: –**

OLG Hamm 28.11.2012 – 11 W 75/12 = BeckRS 2013, 471

6066

Persönlichkeitrechtsverletzung / Freiheitsberaubung (hier: 683 Tage rechtswidrige Inhaftierung wegen eines fehlerhaften Gutachtens der Beklagten in der Frage der Glaubwürdigkeit der … und der daraus folgenden rechtswidrigen Inhaftierung des Klägers wegen eines sexuellen Missbrauchs, den er nicht begangen hatte).

65j. Mann (Beamter). Falschbegutachtung: Aufgrund der fehlerhaften Verurteilung wurde der Kläger aus dem Beamtenverhältnis entfernt. Ursächlich hierfür war die „grob fahrlässig herbeigeführte fehlerhafte Kernaussage bezüglich des Gutachtens der Beklagten". „Maßgeblich bei der Bemessung des Schmerzensgeldes ist vorliegend neben dem eingetretenen Freiheitsentzug des Klägers auch die unstreitigen und zur Überzeugung des Gerichts nachvollziehbarerweise eingetretene psychische Belastung aufgrund des nicht dauerhaft zu verheimlichenden Haftgrundes und den mit Bekanntwerden einsetzenden Repressalien im Gefängnisalltag. Diese Abläufe der verbalen Angriffe und Einschüchterungsversuche hat der Kläger anschaulich im Rahmen seiner Anhörung geschildert und auch den dramatische Auswuchs in Form eines gezielten Angriffs auf seine körperliche Unversehrtheit emotional dargestellt. Ebenso hat der Kläger aber auch dargestellt, wie er schließlich einen Weg gefunden hat, um mit dieser Situation umgehen zu können, was ihm aus Sicht des Gerichts letztlich auch gelungen ist, ohne unter den Umständen völlig einzubrechen. Dass es gleichwohl auch nach seinem Freispruch zu traumatischen Episoden beim Kläger kommt, ist unstreitig. Weiterhin ist die unstreitige Tinnitus-Erkrankung, die ein dauerhaftes Rausches im Ohr hervorruft, als Dauerschaden zu berücksichtigen. Sowohl die erlittenen Einschränkungen, als auch der Zeitraum der Inhaftierung von 683 Tagen, mithin eines erheblichen Teils der ausgeurteilten Freiheitsstrafe, als auch die durch den Vorwurf des Kindesmissbrauchs bedingte gesellschaftliche Stigmatisierung, die selbst im Gefängnisalltag ihre Auswirkungen hat, verbunden mit den persönlichen finanziellen und familiären Folgen sind im Rahmen der Schmerzensgeldbemessung zu berücksichtigen", so das LG.

Betrag: 50.000 € **Haftung: 100 %**
immVorb: Ja **MdE: –**

LG Saarbrücken 29.1.2015 – 3 O 295/13 = BeckRS 2015, 1947

4863

Persönlichkeitrechtsverletzung / Freiheitsentziehung (hier: Der Kläger wurde aufgrund eines Fehlgutachtens, welches ihn als vermeintlichen Sexualstraftäter „identifizierte" 683 Tage zu Unrecht inhaftiert. Psychische Beeinträchtigungen, die sich u.a. in einem Tinnitus äußerten.)

74.j. Mann. Freiheitsentziehung wegen grob fahrlässiger Fehlbegutachtung. Das Gutachten der Beklagten war „falsch, weil methodisch fehlerhaft erstellt". Das OLG berücksichtigte auch die „psychische Belastung aufgrund des nicht dauerhaft zu verheimlichenden Haftgrundes und den mit Bekanntwerden einsetzenden Repressalien im Gefängnisalltag", dort stand er in der internen Sozialhierarchie jeweils auf unterster Stufe, sobald seine (irrtümliche) Verurteilung wegen Kindesmissbrauchs in der Anstalt bekannt war. Der Kläger war vielfachen verbalen Angriffen ausgesetzt. Es kam auch zu einer versuchten Körperverletzung, als ein anderer Häftling einen Holzklotz in Richtung des Kopfes des Klägers bei dessen Hofgang warf, diesen aber letztlich verfehlte. Der Kläger leidet auch heute noch unter Schlafstörungen und wird von Alpträumen heimgesucht. Er leidet zudem an einem Tinnitus, der zu einem dauerhaften Rauschen im Ohr führt. Dauerschaden: Tinnitus, weshalb auch der iV zuerkannt wurde. Das LG Saarbrücken hatte mit Urteil vom 29.1.2015 nur 50.000 EUR zuerkannt.

Betrag: 60.000 € **Haftung: 100 %**
immVorb: Ja **MdE: 100 %**

OLG Saarbrücken 23.11.2017 – 4 U 26/15 = BeckRS 2017, 133752

5351

Persönlichkeitsrechtsverletzung / Freiheitsentziehung (hier: Der Kläger saß 22 Monate zu Unrecht im Gefängnis, da die Gerichtspsychologin in wegen schweren sexuellen Missbrauchs seiner ehemaligen Pflegetochter für verantwortlich gehalten hatte.

74j. Mann (pensionierter Bundeswehrbeamter – zum Zeitpunkt seiner Verurteilung 61 Jahre alt). 683 Tage Freiheitsentziehung wegen Fehlbegutachtung. Bei der Erhöhung des erstinstanzlich zugesprochenen Schmerzensgeldes von ursprünglich 50.000 Euro auf jetzt 60.000 Euro fielen als besondere, den Kläger massiv belastende Umstände der mit der Verurteilung wegen sexuellen Missbrauchs der Pflegetochter verbundene Makel, die Umstände der Inhaftierung für insgesamt 683 Tage in verschiedenen Justizvollzugsanstalten und die erst Ende 2013 – dann allerdings umfassend – erfolgte Rehabilitierung ins Gewicht.

Betrag: 60.000 € **Haftung: 100 %**
immVorb: – **MdE: –**

OLG Saarbrücken 23.11.2017 – 4 U 26/15 = BeckRS 2017, 133752

4657

Freiheitsentziehung (hier: Unzulässige Sicherungsverwahrung von 1999 bis 2012, insges. 3.956 Tage).

Mann. Er wurde 1985 wegen diverser Sexualdelikte zu 5 Jahren Freiheitsentzug [Freiheitsentziehung] verurteilt und anschließend unter Verstoß gegen das Abstandsgebot in Sicherungsverwahrung genommen. der Anspruch beruht auf Art. 5 Abs. 5 EMRK (zuerkannt wurden 500,- EUR / Monat). [Vgl. insofern OLG Hamm BeckRS 2015, 245 → 6074 und OLG Schleswig BeckRS 2001, 30222506 → 6332].

Betrag: 65.000 € **Haftung: 100 %**
immVorb: – **MdE: –**

OLG Karlsruhe 29.11.2012 – 12 U 60/12 = BeckRS 2012, 24391

3768

Persönlichkeitsrechtsverletzung / Freiheitsentziehung (hier: Der Kl. wurde aufgrund eines Fehlgutachtens, welches ihn als vermeintlichen Bankräuber „identifizierte" zu einer mehrjährigen Freiheitsstrafe verurteilt und verbüßte diese, obwohl er nachträglich als unschuldig rehabilitiert wurde).

Mann. 1973 Tage Freiheitsentziehung wegen Fehlbegutachtung. Das OLG kam zum Ergebnis, dass das Gutachten grob fahrlässig erstellt wurde, da die Darstellung des Identifikationsergebnisses die erforderliche Differenzierung habe vermissen lassen. Wenn aber Zweifel angezeigt seien, so müsse der Gutachter diese Zweifel auch deutlich machen, so das OLG zutreffend.

Betrag: 150.000 € **Haftung: 100 %**
immVorb: – **MdE: –**

OLG Frankfurt a. M. 2.10.2007 – 19 U 8/2007 = unveröffentlicht

e) Persönlichkeitsrechtsverletzung Recht am eigenen Bild

6474

Persönlichkeitrechtsverletzung durch Videoüberwachung der Mietwohnung seitens des Vermieters zum Zweck des Nachweis unzulässiger Gebrauchsüberlassung der Mietsache.

Frau. Kein Schmerzensgeld: „Zwar hat die Klägerin das allgemeine Persönlichkeitsrecht der Beklagten zu 1) und der übrigen Beklagten nicht nur planvoll und über einen erheblichen Zeitraum, sondern darüber hinaus auch in seinem Kern verletzt. Es kommt erschwerend hinzu, dass es sich bei der Klägerin um ein landeseigenes Wohnungsunternehmen handelt, bei dem rechtswidrig entfaltete Überwachungsmaßnahmen jedenfalls geeignet sind, bei dem von der Ausspähung Betroffenen den Eindruck der staatlichen Billigung der veranlassten Maßnahmen zu vermitteln. … Der Gewährung eines Schmerzensgeldes stehen jedoch der Anlass und Beweggrund der Klägerin für ihr Handeln sowie der geringe Grad ihres Verschuldens entgegen: Die Klägerin hat die Überwachungsmaßnahmen nicht ohne sachlichen Grund eingeleitet. Sie durfte berechtigt eine Fortsetzung vertragswidriger Gebrauchsüberlassungen durch die Beklagte zu 1) besorgen, nachdem diese die streitgegenständlichen Wohnungen bereits in der Vergangenheit an Dritte überlassen hatte und ihre Äußerungen sowie ihr sonstiges Verhalten für die Klägerin den Rückschluss erlaubten, die Beklagte zu 1) sehe sich auch weiterhin zur Gebrauchsüberlassung an Dritte berechtigt, ohne zuvor die gemäß § 553 Absatz 1 BGB erforderliche Genehmigung des Vermieters einzuholen", so das LG.

Betrag: – **Haftung: –**
immVorb: – **MdE: –**

LG Berlin 13.2.2020 – 67 S 369/18 = BeckRS 2020, 2193

5388

Persönlichkeitsrechtsverletzung (hier: Veröffentlichung eines für jedermann ohne Einschränkung aufruf- und einsehbaren Facebook-Profilbildes – mit Foto der Klägerin – durch die Bild-Zeitung unter bild.de. unter dem Titel: „BILD stellt die Hetzer an den Pranger". Die Klägerin ist Nutzerin des sozialen Netzwerks Facebook und veröffentlichte dort am 16. Oktober 2015 im Rahmen der Diskussion über den Flüchtlingszustrom folgenden Eintrag: „Wie die Tiere und noch schlimmer, alles rennt zum gut gefüllten Futternapf, mal sehen wo Sie hin rennen, wenn unser Napf leer gefressen ist ????".

Frau. Konkret führte das OLG im Verfahren um eine einstweilige Verfügung aus, es sei der Presse „grundsätzlich auch nicht verwehrt, das von der Klägerin als Facebook-Profilbild eingestellte Foto, unter dem diese den streitgegenständlichen Eintrag auf Facebook veröffentlicht hat, in die Berichterstattung mit aufzunehmen. Insoweit handelt es sich nicht nur um ein kontextneutrales Portraitfoto der Klägerin. Vielmehr hat sie ihrem Beitrag zur Flüchtlingskrise auf Facebook durch die Wiedergabe ihres Profilbildes ein Gesicht gegeben und einen visuellen Bezug hergestellt". Dennoch sah das OLG die Fotoveröffentlichung aufgrund der von der Beklagten ausdrücklich bezweckten Prangerwirkung als rechtswidrig an; das Schutzinteresse der Klägerin überwiege hier die schutzwürdigen Belange der Beklagten. „Soweit im Rahmen einer medialen Berichterstattung die öffentliche Anprangerung einzelner Personen mit Foto und unter Namensnennung ausdrücklich bezweckt wird, können die Persönlichkeitsbelange der Angeprangerten auch dann überwiegen, wenn Medien im Rahmen ihrer Presse- und Informationsfreiheit auf Missstände in der Gesellschaft hinweisen und die Angeprangerten zuvor durch ihr Verhalten den Bereich der Privatsphäre verlassen haben und deren visuelles Selbstdarstellungsrecht dadurch erheblich an Gewicht verloren hat", so der Leitsatz des Urteils. [Bild hat in einer Stellungnahme angekündigt, die Entscheidung des OLG – durch Eröffnung eines Hauptsacheverfahrens durch Aufforderung der Gegenpartei zur Klage – nicht rechtskräftig werden und die Grundsatzfragen notfalls vor dem Bundesgerichtshof klären zu lassen].

Betrag: – **Haftung: 100 %**
immVorb: – **MdE: –**

OLG München 1.3.2018 – 29 U 1156/17 = BeckRS 2018, 8539

5329

POersönlichkeitsrechtsverletzung (hier: Fotos der Klägerin „auf dem diese – ein Paar Stiefel tragend und im Übrigen unbekleidet – seitlich auf einer Bühne sitzend abgebildet ist". „Das Gesicht der Klägerin ist dabei von ihren Haaren verdeckt. Weitere von dem Beklagten angefertigte Bilder zeigen die Klägerin in Rückansicht in einer Reihe mit anderen Teilnehmern mittig vor der Bühne stehend". „Geschlechtsmerkmale der Klägerin" sind auf den Fotos und einer Videosequenz „jedoch nicht zu erkennen".

17j. Frau. Kein Schmerzensgeldanspruch gegenüber dem Beklagten, einem Fotograf und Aktionskünstler, dere im Rahmen seines Kunstprojektes „M" anlässlich des „B" in E im Juni … Nacktaufnahmen von Personen, die sich zu der Teilnahme an dem Projekt bereit erklärten, angefertigt hatte. Das LG argumentierte: „Selbst eine schwerwiegende Verletzung des Allgemeinen Persönlichkeitsrechts -die hier unter objektiven Gesichtspunkten vorliegt – rechtfertigt für sich genommen noch keine Geldentschädigung für immaterielle Schäden aus § 823 BGB i.V.m. Art. 1 Abs. 1; 2 Abs. 1 GG. Vielmehr ist zusätzlich erforderlich, dass die Beeinträchtigung des Persönlichkeitsrechts nach Art der Verletzung nicht in anderer Weise befriedigend ausgeglichen werden kann, wobei die Frage, ob eine derartige Verletzung vorliegt, von einer Beurteilung der gesamten Umstände des Falles abhängt (vgl. Palandt / Sprau, 75. Aufl. 2016, § 823, Rn. 130, m.w.N)". Durch die Verurteilung der Unterlassung die streitgegenständlichen Fotos weiterhin zu verwenden und insbesondere zu zeigen, sei dieser Ausgleich erfolgt. Zudem habe die Klägerin selbst „über die bloße Teilnahme an dem Projekt hinaus dieses auch am Tag vor der Durchführung beworben und während der Durchführung dem Beklagten bei der Umsetzung seiner Regieanweisungen geholfen" und den Beklagten treffe allenfalls „ein leichtes Verschulden". [vgl. auch Parallelfundstelle in ZUM-RD 2018, 13].

Betrag: – **Haftung: 100 %**
immVorb: – **MdE: –**

LG Duisburg 27.3.2017 – 2 O 438/14 = BeckRS 2017, 106861

6711

Persönlichkeitrechtsverletzung, behauptete. Die Übertragung einer seltenen Operation im Rahmen einer Fortbildungsveranstaltung verschafft den Teilnehmenden einer solchen Schulung weitere Erkenntnisse über die Vornahme einer derartigen Operation und kommt einer Vielzahl künftiger Patienten zu Gute und liegt somit im allgemeinen Interesse. Hinter diesem Interesse müssen die Persönlichkeitsrechte des Patienten / der Patientin grundsätzlich zurücktreten.

Frau. Die Klägerin litt an einem Akustikusneurinom [= Kleinhirnbrückenwinkeltumor] in der rechten Gesichtshälfte, welches sie von der Beklagten zu 1) operativ entfernen ließ. Die Operation wurde im Rahmen einer Fortbildungsveranstaltung in ein Auditorium junger Ärzte live übertragen. Die Klägern sah darin ihr Persönlichkeitsrecht verletzt. Das OLG sah jedoch darin keinen rechtswidriger Eingriff in das allgemeine Persönlichkeitsrecht der Klägerin. „Die Live-Übertragung einer seltenen Operation zum Zweck der Aus- und Fortbildung stellt jedenfalls dann keinen erheblichen Eingriff in das allgemeine Persönlichkeitsrecht des Patienten dar, wenn auf dem Bildschirm nur das unmittelbare, außerhalb des Schambereichs liegende Operationsgebiet (hier: ein Ausschnitt der rechten Gesichtshälfte) zu erkennen und jede Möglichkeit einer Identifizierung des Patienten ausgeschlossen ist.", so der amtliche Leitsatz des OLG.

Betrag: – **Haftung: –**
immVorb: – **MdE: –**

OLG Bamberg 30.6.2016 – 4 U 103/16 = BeckRS 2016, 123970

4461

Persönlichkeitrechtsverletzung (hier: Veröffentlichung des Fotos der unfallbedingt getöteten Tochter der Kläger als deren Erben. Die Bild-Zeitung veröffentlichte – gegen den ausdrücklichen Willen der Kläger – das Foto ihrer Tochter im Zusammenhang mit einem ausführlichen Unfallbericht.)

Der BGH sah darin keine Persönlichkeitsrechtsverletzung, den eine solche „Verletzung des postmortalen Schutzbereichs Verstorbener verletze für sich genommen nicht die Würde der Angehörigen. … Selbst aus einer spezifischen Kränkung der Familie würde noch kein eigener Anspruch auf eine Geldentschädigung erwachsen. Erforderlich ist vielmehr, dass mit der Verletzung des Persönlichkeitsschutzes des Verstorbenen zugleich das Persönlichkeitsrecht des Angehörigen unmittelbar tangiert wird", so der BGH in seiner Begründung.

Betrag: – **Haftung: –**
immVorb: – **MdE: –**

BGH 20.3.2012 – VI ZR 123/11 = BeckRS 2012, 8607

6713

Persönlichkeitrechtsverletzung durch heimliche Filmaufnahmen und das verdeckte Aufnehmen eines Interviews durch Mitarbeitende bzw. Redakteure eines Fernsehsenders im Zusammenhang mit einer TV-Sendung bzw. Reportage zum Thema Drogen am Arbeitsplatz.

Mann (Arzt). Anders als in der Vorinstanz, sah das OLG keine schmerzensgeldrelevante Persönlichkeitrechtsverletzung des Klägers als gegeben an. „Die Verletzung des Persönlichkeitsrechtes führt nämlich nur in Ausnahmefällen zu einem Anspruch auf Entschädigung in Geld. Voraussetzung ist, dass es sich um einen schwerwiegenden Eingriff handelt und die Beeinträchtigung nicht in anderer Weise befriedigend aufgefangen werden kann (BGH NJW 1996, 1131, 1134; BGH GRUR 1996, 227 (229)). Es muss mit anderen Worten ein unabwendbares Bedürfnis für die Zuerkennung einer Geldentschädigung zu bejahen sein (BGH JZ 1979, 351; Burkhardt in Wenzel, Das Recht der Wort- und Bildberichterstattung, 6. Aufl. 2018, Kap. 14 Rn. 101). Ein solcher Ausnahmefall liegt nicht vor. Die Erkennbarkeit des Klägers unterstellt, ist jedenfalls nicht anzunehmen, dass er von einer fühlbaren Zahl von Personen, insbesondere aus dem Kreis seiner Patienten, erkannt worden ist. Die für einen nicht geringen Teil der Zuschauer schon vergleichsweise späte Sendezeit um … Uhr, im Fall der nur einmaligen Wiederholung sogar erst um … Uhr, und die geschilderten, von der Person des Klägers beziehungsweise seinen Praxisräumen in Teilen des Filmbeitrags gezielt ablenkenden Maßnahmen im Zuge der Ton- und Bildbearbeitung lassen bezweifeln, dass der Kläger tatsächlich von einer größeren Zahl von Menschen erkannt worden ist. So ist er denn auch nur in der Lage, einen einzigen Patienten zu benennen, der ihn nach seiner Darstellung erkannt haben will. Selbst wenn der Kläger darüber hinaus von wenigen weiteren Patienten erkannt worden sein sollte, dürfte jedenfalls denjenigen, die den Beitrag mit kritischen Augen angesehen haben, nicht verborgen geblieben sein, dass der Filmbeitrag ungeachtet seines Hinweises auf die angeblich nur kurze Dauer schwerlich das gesamte Patientengespräch mitgeteilt haben wird …", so das OLG.

Betrag: – **Haftung: –**
immVorb: – **MdE: –**

OLG Düsseldorf 26.11.2011 – I-15 U 101/11 = BeckRS 2011, 26029

4462

Persönlichkeitrechtsverletzung (hier: Keine Persönlichkeitrechtsverletzung bzgl. einer identifizierenden Wort- und Bildbereichterstattung eines Landtagspolitikers im Zusammenhang mit dessen Freundschaft zur Schauspielerin Inka Bause).

Keine Persönlichkeitsrechtsverletzung, da die Berichterstattung „vom öffentlichen Informationsinteresse gedeckt" war und nicht nur einen „Anlass für die Abbildung" des Prominenten [hier: Porträtfoto eines Politikers und Freundes der Schauspielerin Inka Bause] liefern sollte, ohne dass die Berichterstattung einen Beitrag zur öffentlichen Meinungsbildung erkennen lässt. Zudem – so der BGH – habe das veröffentlichte Foto auch keinen eigenständigen Verletzungsgehalt, da es sich um ein „kontextneutrales Porträtfoto" gehandelt habe.

Betrag: – **Haftung: –**
immVorb: – **MdE: –**

BGH 22.11.2011 – VI ZR 26/11 = BeckRS 2011, 29871

4463

Persönlichkeitrechtsverletzung (hier: keine Persönlichkeitrechtsverletzung bei Berichterstattung über die Mitwirkung als Pornodarsteller).

Keine Persönlichkeitsrechtsverletzung, sofern der Grundrechtsträger – ein bekannter Bildhauer – den grds. absolut geschützten Intimsphärenbereich „von sich aus öffnet" und „bestimmte, an sich dem unantastbaren Kernbereich zuzurechnende Angelegenheiten" der Öffentlichkeit zugänglich macht. Dies hatte der Kl. dadurch getan, indem er es zuließ, dass sein Bild auf dem Cover eines Pornofilms abgedruckt und er in diesem Film mehrfach deutlich erkennbar und nicht nur als „anonymer austauschbarer Körper" sichtbar geworden war.

Betrag: – **Haftung: –**
immVorb: – **MdE: –**

BGH 25.10.2011 – VI ZR 332/09 = BeckRS 2011, 27103

4276

Persönlichkeitrechtsverletzung / Rechts am eigenen Bild (hier: Keine Persönlichkeitrechtsverletung durch Filmen des Quad-Unfalles. Man sieht das Quad, dessen KFZ-Kennzeichen und Personen; mehr nicht. Der Film wurde vom Beklagten veröffentlicht.).

Mann. Kein Schmerzensgeldanspruch. Das AG begründet dies sehr sorgfältig und führt ua aus: „Für den vorliegenden Fall geht das Gericht (noch) davon aus, dass die Erkennbarkeit der Person des Klägers sich nicht in einem Rahmen bewegt, der dessen Einwilligung in die Veröffentlichung der Bilder notwendig macht. Der Kläger selbst ist auf dem beanstandeten Video in seiner Person nicht zu erkennen. Das Video zeigt weder das Gesicht des Klägers noch sonstige markante Umstände, aus denen sich nach Auffassung des Gerichts Rückschlüsse über seine Person ziehen lassen könnten. Das Filmmaterial zeigt zwar, wie eine Person auf einer Trage in einen Krankenwagen geladen wird; Einzelheiten dieser Person sind jedoch nicht zu bemerken. Auch soweit der Klägervertreter vorgetragen hat, dass sich aufgrund der besonderen Körpermasse des Klägers Erkennbarkeit herstellen lasse, ist dem nicht zu folgen".

Betrag: – **Haftung: –**
immVorb: – **MdE: –**

AG Kerpen 4.11.2010 – 102 C 108/10 = BeckRS 2011, 10636

3203

Persönlichkeitrechtsverletzung wegen Fertigung und Verkauf von Fotos von Gebäuden von Prominenten mittels Überwindung von bestehenden Hindernissen.

Frau. Leitsatz der BGH-Entscheidung: „Grundsätzlich stellt es einen Eingriff in die Privatsphäre dar, wenn jemand unter Überwindung bestehender Hindernisse oder mit geeigneten Hilfsmitteln (z.B. Teleobjektiv, Leiter, Flugzeug) den räumlichen Lebensbereich anderer ausspäht.". Der Beklagte verkaufte Luftbilder der Finca. der Klägerin, einer bekannten Fernsehmoderatorin. Die Fotoaufnahmen hatte er zuvor mittels Hubschrauber gefertigt. Käufer der Bilder war eine Fernsehzeitung.

Betrag: – **Haftung: 100 %**
immVorb: – **MdE: –**

BGH 9.12.2003 – VI ZR 373/02 = BeckRS 2004, 1345

3204

Persönlichkeitrechtsverletzung wegen Fertigung und Verkauf von Fotos von Gebäuden von Prominenten mittels Überwindung von bestehenden Hindernissen.

Frau. Leitsatz der Entscheidung: „Grundsätzlich stellt es einen Eingriff in die Privatsphäre dar, wenn jemand unter Überwindung bestehender Hindernisse oder mit geeigneten Hilfsmitteln (z.B. Teleobjektiv, Leiter, Flugzeug) den räumlichen Lebensbereich anderer ausspäht.". Der Beklagte verkaufte Luftbilder der Finca. der Klägerin, einer bekannten Fernsehmoderatorin. Die Fotoaufnahmen hatte er zuvor mittels Hubschrauber gefertigt. Käufer der Bilder war eine Fernsehzeitung.

Betrag: – **Haftung: 100 %**
immVorb: – **MdE: –**

BGH 9.12.2003 – VI ZR 404/02 = BeckRS 2004, 1465

3826

Persönlichkeitrechtsverletzung / Recht am eigenen Bild (hier: Unterlassung der Unterbindung weiterer Veröffentlichung – wie hier im Internet – einer nicht genehmigten Filmsequenz, die zuvor in unzulässiger Weise in einem privaten TV-Kanal veröffentlicht worden war).

Mann. Der TV-Sender erschien mit zwei Reportern, die sich – zumindest im Filmmitschnitt – nicht als solche zu erkennen gaben, vor der Haustüre des Klägers und beanstandeten dessen Weihnachtsdekoration in seinem Garten. Trotz Unterlassungsvereinbarung erschien der kurze Dialog später abermals im Internet.

Betrag: 150 € **Haftung: 100 %**
immVorb: – **MdE: –**

AG Bremen 9.7.2008 – 23 C 0189/07 = BeckRS 2008, 17066

3880

Persönlichkeitrechtsverletzung (hier: Veröffentlichung und Weiterverbreitung einer Filmsequenz ohne Einverständnis. Der Kurzbeitrag befasste sich mit der Weihnachtsdekoration der Klägerin, der von dem Reporter der Beklagten quasi „überrumpelt" an der Haustüre befragt und dabei gefilmt worden war.

Mann. Während des „Drehs" entspann sich folgender, von den Kameras des Fernsehsenders aufgenommener Dialog mit einer Länge von zehn Sekunden: Reporterin. „Wir haben etwas zu beanstanden. Und zwar ist Ihr Garten nicht so wirklich schön weihnachtlich dekoriert." Kl.: „Für mich ist er sehr schön. Schönen Abend noch. Tschüß." Hierzu das AG: „Die Rechtsverletzung ist auch als erheblich anzusehen. … Von Ausschlag gebendem Gewicht ist allerdings, dass der Sendebeitrag in ungekürzter Form bis nach der ersten mündlichen Verhandlung vom 19.9.2007 – und damit über einen Zeitraum von mehr als 1½ Jahren und noch nach Klageerhebung – über das Internet einer Tochterfirma der Bekl. Verbreitung fand."

Betrag: 150 € **Haftung: 100 %**
immVorb: – **MdE: –**

AG Bremen 9.7.2008 – 23 C 189/07 = BeckRS 2008, 17066

6731

Persönlichkeitrechtsverletzungen durch nicht begründbare Videoüberwachungsmaßnahmen im Betrieb der Beklagten.

Mann (Auszubildender). Der Arbeitgeber (Beklagter) hatte in seiner Werkstatt sowie auch im Lager mehrere Videokameras installiert, wobei er weder zu einer etwaigen Einwilligung des Klägers noch zu schützenswerten Interessen des Betriebs Angaben vortragen konnte.

Betrag: 350 € **Haftung: 100 %**
immVorb: – **MdE: –**

ArbG Aachen 26.11.2019 – 5 Ca 1237/19 = BeckRS 2019, 45033

6557

Persönlichkeitrechtverletzung (hier: Weiterverbreitung per WhatsApp erhaltener Nacktfotos).

Frau. Der Beklagte hatte von der Klägerin selbst gefertigte Nacktfotos von ihr über WhatsApp an einen Dritten versandt. Die Klägerin trug vor, dadurch Depressionen erlitten zu haben. Dies sah das OLG jedoch nicht als hinreichend beweisen an: „Insbesondere hätte sie erläutern müssen, wieso sie aufgrund des Anfang 2013 erfolgten Weiterleitens der Bilder erst seit Mai 2017 psychotherapeutische Sitzungen besucht und seit Anfang 2018 Antidepressiva einnimmt", so das OLG. Es blieb somit bei den vorinstanzlich zuerkannten 500 EUR.

Betrag: 500 € **Haftung: 100 %**
immVorb: – **MdE: –**

LG Karlsruhe 6.4.2018 – 13 U 70/17 = BeckRS 2018, 11488

5931

Persönlichkeitrechtsverletzung (hier: Fertigung von mindestens einem Foto in einer – von der Klägerin nicht mehr beherrschbaren – Situation, dass den operierten Brustbereich der Klägerin zeigt, also in die Intimsphäre der Klägerin eingedrungen ist).

Frau. Persönlichkeitrechtsverletzung: „Für das Gericht steht somit fest, dass – entgegen den Angaben des Beklagten – während der Operation vom 30.8.2010 zumindest ein Lichtbild von dem Brustbereich der Klägerin durch den Beklagten [Krankenpfleger der Klägerin] gefertigt wurde und dieses sich in der Folge auch auf dem Handy des Beklagten in gespeicherter Form befunden hat. Da der Beklagte selbst dieses eine Foto bestreitet und er während der Operation die Möglichkeit gehabt hätte, weitere Fotos zu fertigen, besteht ein berechtigtes Interesse darin, zu wissen, wie viele Fotos tatsächlich in dieser Situation gefertigt wurden. Die Klägerin wurde durch die Anfertigung und Speicherung dieses einen Lichtbildes und ggf. weiterer Lichtbilder in ihren allgemeinen Persönlichkeitsrecht verletzt".

Betrag: 500 € **Haftung: 100 %**
immVorb: – **MdE: –**

LG Aschaffenburg 31.10.2011 – 14 O 21/11 = BeckRS 2011, 26914

6159

Persönlichkeitrechtsverletzung durch unautorisierte Bildveröffentlichung in Unterhaltungsshow mit dem Titel „Fischers auf Mallorca", bei der der Kläger auf eine vom Filmteam provozierte verfängliche Situation gezeigt wird. „Ausgestrahlt wurde eine vier bis fünf Sekunden lange Sequenz, in dem eine Mitarbeiterin des Filmteams von hinten auf eine männliche Person zuläuft, ihr in das Gesäß zwickt und wieder wegläuft. Gefilmt wurden ferner die Reaktionen des Opfers. Dies wurde weder zuvor um Erlaubnis gefragt, noch nachher um Zustimmung zu einer bundesweiten Ausstrahlung gebeten. Der Kl. behauptet, er sei die gefilmte Person".

Mann. Zur Schmerzensgeldbemessung führte das AG aus:„Die erforderliche Schwere des Eingriffs in das Persönlichkeitsrecht ergibt sich aus dem vorsätzlichen Handeln der Bekl. und der bewussten Hinwegsetzung über rechtliche Interessen Dritter. Bei der Höhe des Schmerzensgeldes war zu berücksichtigen, dass es sich lediglich um eine wenige Sekunden dauernde Sequenz handelte und auch die Reaktion des Kl. keine war, die ihn in besonderem Maße der Lächerlichkeit preisgab. Andererseits war zu berücksichtigen, dass die Sequenz vor einem großen Publikum ausgestrahlt wurde und nach der Lebenserfahrung davon ausgegangen werden kann, dass auch Bekannte des Kl. sie sahen. Zu berücksichtigen war auch, dass das Schmerzensgeld nicht so niedrig sein durfte, dass die Bekl. als Verletzerin darin bei einer wirtschaftlichen Abwägung zwischen zu zahlenden Schmerzensgeldern und dem Aufwand für das Einholen von Einwilligungen derartige Verhaltensweisen wiederholt. In Anbetracht dieser Gesamtumstände erschien ein Schmerzensgeld in Höhe von 1.500 DM als angemessen".

Betrag: 767 € **Haftung: 100 %**
immVorb: – **MdE: –**

AG Wiesbaden 8.9.1999 – 92 C 2998/99 – 31 = BeckRS 9998, 17655

6000

Persönlichkeitrechtsverletzung (hier: Unzulässige, da unverhältnismäßige Videoüberwachung am Arbeitsplatz).

Mann (Arbeiter in einer Weberei). Zur Unzulässigkeit der Videoüberwachung im gesamten Produktionsbereich (Halleneingang, an den Maschinen sowie an den Arbeitsplätzen) führte das LAG zutreffend aus, „gemäß den zutreffenden Ausführungen des Arbeitsgerichts genügt die lediglich allgemein und ohne konkreten Anlass geäußerte Sorge von Diebstählen im Streitfall nicht zur Rechtfertigung der eingeführten Videoüberwachung". Der Kläger hatte mit Verweis auf erhebliche körperliche Folgeverletzungen wie reaktiven Depression ua ein Schmerzensgeld von 10.000 EUR gefordert, konnte die Kauslaität insofern jedoch nicht nachweisen, weshalb sein Vortrag unberücksichtigt blieb und das LAG lediglich „den „immateriellen" Eingriff in das allgemeine Persönlichkeitsrecht bewertet" hatte.

Betrag: 850 € **Haftung: 100 %**
immVorb: – **MdE: –**

LAG Rheinland-Pfalz 23.5.2013 – 2 Sa 12/13 = BeckRS 2013, 73083

4856

Persönlichkeitsrechtsverletzung (hier: Verletzung des Rechts am eigenen Bild und rechtswidrige Überwachung durch einen Detektiv im Auftrag des Arbeitgebers. Der Detektiv fertigte heimliche Bilder.)

Mann. Persönlichkeitrechtsverletzung. „Ein Arbeitgeber, der wegen des Verdachts einer vorgetäuschten Arbeitsunfähigkeit einem Detektiv die Überwachung eines Arbeitnehmers überträgt, handelt laut BAG rechtswidrig, wenn sein Verdacht nicht auf konkreten Tatsachen beruht. Für dabei heimlich hergestellte Abbildungen gelte dasselbe. Eine solche rechtswidrige Verletzung des allgemeinen Persönlichkeitsrechts könne einen Schmerzensgeldanspruch begründen" (so das BAG), … wenn – wie hier gegeben – der Arbeitgeber keinen berechtigten Anlass zur Überwachung hatte. Wie Videoaufnahmen zu beurteilen sind, wenn ein berechtigter Anlass zur Überwachung gegeben ist, konnte offenbleiben. Das LAG hatte 1.000 EUR zugesprochen; die Revisionen beider Parteien blieben ohne Erfolg.

Betrag: 1.000 € **Haftung: 100 %**
immVorb: – **MdE: –**

BAG 19.2.2015 – 8 AZR 1007/13 = BeckRS 2015, 66533

5061

Persönlichkeitrechtsverletzung, schwere (hier: Heimliche Videoaufnahmen als Ergebnis einer Observation durch einen Detektiv wegen Zweifeln an einer Krankschreibung). Hierdurch – so die Klägerin – habe sie erhebliche, eine psychotherapeutische Behandlung erfordernde psychische Beeinträchtigunge erlitten.

Frau (Sekretärin). „Ein Arbeitgeber, der wegen des Verdachts einer vorgetäuschten Arbeitsunfähigkeit einem Detektiv die Überwachung eines Arbeitnehmers überträgt, handelt rechtswidrig, wenn sein Verdacht nicht auf konkreten Tatsachen beruht", so das BAG. Das BAG wertete das Verhalten des Arbeitgebers (= Bekl.) als schwere Persönlichkeitsrechtsverletzung. [vgl. Beck'sche Schmerzensgeldtabelle Rn. 225]

Betrag: 1.000 € **Haftung: 100 %**
immVorb: – **MdE: –**

BAG 19.2.2015 – 8 AZR 1007/13 = BeckRS 2015, 66533

5027

Persönlichkeitsrechtsverletzung (hier: sogn. Sexting d.h. Weiterleitung von Bildern mit jugendpornografischem Inhalt, die zunächst mit Zustimmung der Fotografierten angefertigt, dann jedoch ohne Zustimmung an Dritte über WhatsApp, Facebook etc. verbreitet und zum Teil für Mobbingaktionen verwendet werden). Im konkreten Falle wurden derartige Fotos von der beklagten Mitschülerin verbreitet, so dass „ca. 80 % der Mitschüler – so die weitere Behauptung der Klägerin – die Bilder gesehen hätten".

Frau (junge Schülerin, Abiturientin). Sexting. Aus der Urteilsbegründung: „Vorliegend ist zu berücksichtigen, dass es sich bei jedenfalls einem weitergegebenen Bild um eine jugendpornografische Aufnahme handelt, was grundsätzlich für eine schwere Persönlichkeitsrechtsverletzung spricht. Auf der anderen Seite ist zu berücksichtigen, dass auf dem Bild nicht das Gesicht und der Oberkörper der Klägerin abgebildet sind, vielmehr nur das Gesicht ihres damaligen Freunds. Zu sehen ist des Weiteren, dass sie das Bild selbst aufgenommen hat. … Ferner ist zu berücksichtigen, dass die Beklagte die Weiterleitung der Bilder bedauert und sie jedenfalls in der mündlichen Verhandlung die Unterlassungsansprüche anerkannt hat. … Ebenso ist bei der Bemessung der Höhe des Geldentschädigungsanspruchs das jugendliche Alter der Beklagten und ihre finanzielle Leistungskraft als Jugendliche ohne fortlaufende Einkünfte zu berücksichtigen." [ebenfalls 1.000 EUR sprach das AG Berlin-Charlottenburg im September 2015 in einem ähnlich gelagerten Fall einer 13jährigen Schülerin zu].

Betrag: 1.000 € **Haftung: 100 %**
immVorb: – **MdE: –**

LG Frankfurt a. M. 20.5.2014 – 2-03 O 189/13 = BeckRS 2014, 19319

4838

Heimliche Videoüberwachung zur Krankenkontrolle. Die Sequenzen die der Detektiv im Auftrag der Beklagten „geschossen" hatte, zeigen die Arbeitnehmerin vor ihrer Wohnung und in einem Waschsalon.

Frau. Heimliche Videoüberwachung zur Krankenkontrolle [Anmerkung: Zu den Zulässigkeitsvoraussetzungen siehe BAG NZA 2012, 1025]

Betrag: 1.000 € **Haftung: 100 %**
immVorb: – **MdE: –**

LAG Hamm 11.7.2013 – 11 Sa 312/13 = BeckRS 2014, 65100

4678

Persönlichkeitsrechtsverletzung (hier: Heimlich gefertigte Nackfotos der Klägerin, die deren Frauenarzt während einer Behandlung aufgenommen hatte).

Frau. Persönlichkeitsrechtsverletzung durch insgesamt 23 Fotos, die der Beklagte – als Frauenarzt der Klägerin – heimlich von dieser gefertigt hatte. Die Aufnahmen zeigen den nackten Ober- und Unterkörper inkl. des Intimbereichs der Klägerin. Da der Beklagte, der sich gemäß § 201a StGB (= Verletzung des höchstpersönlichen Lebensbereichs durch Bildaufnahmen) wegen einer Vielzahl vergleichbarer Fälle strafbar gemacht hatte und entsprechend verurteilt worden war, nicht mehr als Arzt tätig ist, sah das OLG den Präventionsgedanken als zurückgestellt an. Das OLG orientierte sich an den übrigen – bereits ausgeurteilten – Vergleichfällen in denen den Opfern dieses Arztes jeweils 1.000 EUR zuerkannt worden waren.

Betrag: 1.000 € **Haftung: 100 %**
immVorb: – **MdE: –**

OLG Zweibrücken 21.2.2013 – 4 U 123/12 = BeckRS 2013, 3965

6578

Persönlichkeitrechtsverletzung durch einen gravierenden Vertrauensbruch sowie durch das heimliche Fertigen der Intimfotos.

Frau. Der Beklagte fertigte – im Rahmen einer gynäkologischen Untersuchung – heimlich Fotos vom Intimbereich der Klägerin sowie einer Vielzahl weiterer Patientinnen. Auf einigen der Fotos war die Klägerin zudem auch zu erkennen. [Anmerkung: Angesichts des ungeheuerlichen Vorgangs und des extrem Vertrauensbruchs zwischen Arzt und Patientin erscheint das Schmerzensgeld von nur 1.000 EUR als sehr gering bemessen.]

Betrag: 1.000 € **Haftung: 100 %**
immVorb: – **MdE: –**

LG Frankenthal 11.6.2012 – 4 O 89/12 = BeckRS 2012, 212584

4556

Persönlichkeitsrechtsverletzung (hier: Der beklagte Gynäkologe fertigte verdeckt insgesamt 35.000 Bilddateien von seinen Patientinnen. Von der Klägerin fertigte er 8–10 Bilddateien, auch kleine Filme, „die das Geschlechtsorgan der Klägerin" zeigen und zudem aufzeigen, wie der Beklagte seinen „Finger … in der Vagina der Klägerin" hat.).

Frau. Das AG bewertete schmerzensgelderhöhend, dass der Beklagte als Frauenarzt seine besondere und insofern gesteigerte Vertrauensstellung gegenüber seiner langjährigen Patientin vorsätzlich missbraucht hatte.

Betrag: 1.000 € **Haftung: 100 %**
immVorb: – **MdE: –**

AG Speyer 9.1.2012 – 31 C 75/11 = BeckRS 2013, 2043

3890

Persönlichkeitrechtsverletzung (hier: schwere Persönlichkeitrechtsverletzung durch die Veröffentlichung eines Berichts in der lokalen Zeitung mit Foto des Klägers und großer Aufmachung sowie der Überschrift: „4 Jahre dauert das Martyrium der … schon an". Der Artikel bezog sich auf die vermeintliche Behauptung, der Kläger habe seine Tochter sexuell belästigt.

Mann. Erschwerend wurde vom AG bewertet, dass der Vater als Bürger einer kleinen Gemeinde für seine nähere Umgebung erkennbar (als „Hans A" bezeichnet) wurde und dadurch erheblich in seiner Persönlichkeit verletzt worden war.

Betrag: 1.500 € **Haftung: 100 %**
immVorb: – **MdE: –**

AG Brakel 8.10.2003 – 7 C 297/03 = unveröffentlicht

7758

Persönlichkeitsrechtsverletzung durch die Installation einer Überwachungskamera, die zeitweise auf das Grundstück der Kläger gerichtet worden war. Die Kamera war auch schwenkbar und für einen nicht ganz unerheblichen Zeitraum von einem Monat so angebracht, dass dadurch der Eindruck erzeugt wurde, die Beklagten könnten jederzeit umfassend Einblicke in die Privatsphäre der Kläger – insbesondere in dessen Garten- und Schwimmbadbereich – bekommen.

Mann / Frau (mehrere Kläger). Nachbarschaftliche Videoüberwachung / Überwachungsdruck als eigenständiger Eingriff in das Persönlichkeitsrecht. Die Beklagten hatte, wie oben unter Einzelheiten beschrieben, ihr Haus mit Videokameras bestückt und unter anderem auch hiermit gewonnene Videos bzw. Fotos von einer privaten Feier der Kläger in deren Garten- und Poolbereich für eine Anzeige bei der örtlichen Polizei verwendet, obwohl sich die Nachbarn nach einer zuvor „langandauernden und offensichtlich erbittert geführten Auseinandersetzung" in einer gemeinsamen Vereinbarung auf die Untersagung des Filmens des Nachbargrundstücks mit stationären und mobilen Kameras und das Fotografierens des Nachbargrundstücks verständigt hatten. Das OLG sah insofern die Anspruchsgrundlage des Art. 82 Abs. 1 DS-GVO als nicht gegeben an, betonte jedoch in seinen drei Leitsätzen: „Unabhängig von einer nachgewiesenen Betroffenheit kann eine Videoüberwachung einen unzulässigen Eingriff in das allgemeine Persönlichkeitsrecht darstellen, wenn aufgrund konkreter Umstände die Befürchtung, überwacht zu werden, nachvollziehbar und verständlich erscheint (Überwachungsdruck). Der bloße Überwachungsdruck löst jedoch keinen datenschutzrechtlichen Schadensersatzanspruch aus. Er kann aber den Anspruch auf eine Geldentschädigung begründen, wenn die Kamera über einen längeren Zeitraum installiert ist und der Eindruck erweckt wird, auch der Privatsphärebereich werde von der Kamera erfasst." Zur Bemessung des immateriellen Schadens führte das OLG mit Hinweis auf OLG Dresden → Nr. 6996 weiterhin aus: „Da der von der installierten Videokamera ausgehende Überwachungsdruck auf einen überschaubaren Zeitraum beschränkt war, die Kläger gerade nicht nachweisen konnten, dass diese Kamera auch für Aufnahmen genutzt wurde und die mittels einer anderen Kamera gefertigten Bildaufnahmen die Kläger in ihren Persönlichkeitsrechten nicht schwerwiegend beeinträchtigten, rechtfertigt der Eingriff aber nur die Zuerkennung einer Geldentschädigung in Höhe des insoweit maßgeblichen Mindestbetrages. Diesen bemisst der Senat zwar in ständiger Rechtsprechung mit 2.500,- EUR. Ausnahmsweise ist der vom Landgericht den Klägern jeweils zuerkannte Betrag von jeweils 2.000,- EUR – und damit insgesamt 4.000,- EUR – aber mit Blick auf den eine Geldentschädigung allein rechtfertigenden Verstoß gegen die Nachbarschaftsvereinbarung und den Präventionsgedanken ausreichend, die Beklagten zukünftig zu einer Unterlassung einer Videokamerainstallation mit Überwachung des klägerischen Grundstücks anzuhalten, zumal zukünftige Verstöße dann ohne weiteres geahndet werden können."

Betrag: 2.000 € **Haftung: 100 %**
immVorb: – **MdE: –**

OLG Dresden 16.9.2025 – 4 U 634/25 = GRUR-RS 2025, 29327

6946

Persönlichkeitsrechtsverletzung: „Die zu reinen werbebeziehungsweise kommerziellen Zwecken nicht anlassbedingte – wenn auch nur kurze – und nicht nach § 23 KUG gerechtfertigte Bildaufnahme eines Polizeibeamten im Dienst verletzt dessen allgemeines Persönlichkeitsrecht nach Art. 1, 2 GG und rechtfertigt eine Geldentschädigung", so das OLG.

Frau (Polizeibeamtin). In Ausübung ihres Dienstes im Zusammenhang mit einer angekündigten Demonstration gegen einen Auftritt der Beklagten in der ÖVB-Arena in Bremen wurde die Polizeibeamtin ohne ihr Wissen und ohne ihre Einwilligung gefilmt. Diese Filmaufnahmen wurden später in einem Musikvideo zu Werbezwecken verwendet, dass auf YouTube veröffentlicht und über 150.000 Mal aufgerufen wurde. Die Klägerin war dort – in Zeitlupe – für einen Zeitraum von etwa zwei Sekunden zu sehen. Nach klägerischer Abmahnung ist sie in dem Musikvideo nur noch verpixelt zu sehen. Das Landgericht Darmstadt gab der Entschädigungsklage statt (BeckRS 2019, 21056). Das OLG bestätigte, dass die Klägerin wegen einer schwerwiegenden Verletzung ihres allgemeinen Persönlichkeitsrechts einen Anspruch auf eine Geldentschädigung habe. Die Verbreitung beziehungsweise Zurschaustellung der Bilder der Klägerin sei rechtswidrig erfolgt. Insbesondere sei die Klägerin durch ihren Einsatz als Polizeibeamtin nicht Teil eines zeitgeschichtlichen Ereignisses geworden, hinsichtlich dessen das Informationsinteresse der Öffentlichkeit ihr Schutzinteresse überwiegen würde. Es sei vielmehr „vorliegend kein Gesichtspunkt erkennbar, der im Rahmen einer öffentlichen Meinungsbildung im Zusammenhang mit dem streitgegenständlichen Polizeieinsatz auch nur ansatzweise die persönliche Identifizierbarkeit der Klägerin erforderlich machen könnte". [Text entnommen aus becklink 2019960]. Zur Bemessung der Entschädigung führte das OLG aus, die Höhe sei auf Basis der Bewertung der Gesamtumstände des Einzelfalls festzusetzen. Angemessen, aber auch ausreichend seien hier 2.000 EUR. Zu berücksichtigen sei einerseits, dass das Musikvideo auf der Plattform YouTube mehr als 150.000 Mal aufgerufen worden sei. Der Beweggrund zur Veröffentlichung sei zudem ausschließlich kommerziell begründet gewesen. Zu beachten sei andererseits, dass die Bildsequenz, in der die Klägerin zu sehen sei, nur gut zwei Sekunden andauerte und mit ihrer Bilddarstellung keine ehrenrührige oder gar verächtlichmachende Darstellung verbunden gewesen war.

Betrag: 2.000 € **Haftung: –**
immVorb: – **MdE: –**

OLG Frankfurt a. M. 19.5.2021 – 13 U 318/19 = BeckRS 2021, 13764

6534

Persönlichkeitrechtsverletzung durch heimliche Videoüberwachung mit versteckten Kameras im Arbeitsbereich einer Tankstelle.

Mann. Die beklagte Arbeitgeberin betreibt eine Tankstelle mit Verkaufsraum, bei der der Kläger als Verkäufer bis August 2017 tätig war. Die Beklagte überwacht den Außenbereich, den öffentlich sowie den nicht-öffentlich zugänglichen Teil der Tankstelle mit Videokameras. Die Arbeitnehmer haben hiervon Kenntnis; zudem befanden sich im Verkaufsraum zwei weitere – versteckte – Videokameras von denen sie jedoch keine Kenntnis hatten. Dies wertete das LAG zutreffend als entschädigungsrelevante schwere Persönlichkeitsrechtsverletzung gemäß § 32 BDSG aF, da diese Kameras im nicht öffentlich-zugänglichen Bereich keine präventive Funktion iSd Schutzes vor Diebstahl hatten, sondern allein der Überwachung der Arbeitnehmer in Form einer dauerhaften und anlasslosen Kontrolle dienten. Zudem mache die ständige Überwachung den Menschen zum Objekt und erzeuge einen hohen Überwachungsdruck. [Anmerkung: Vgl. dazu im Handbuch unter → Rn. 247c sowie die Entscheidungsbesprechung von Hörtz in Newsdienst Compliance 2025, 320041 zu zu LAG Hamm → Nr. 7745].

Betrag: 2.000 € **Haftung: 100 %**
immVorb: – **MdE: –**

LAG Mecklenburg-Vorpommern 24.5.2019 – 2 Sa 214/18 = BeckRS 2019, 23355

6947

Persönlichkeitsrechtsverletzung durch die Veröffentlichung von – bei einer internen Polizei-Abschlussfeier – erstellten Bildnissen, die die dargestellten Personen in einer erkennbar sexualisierten Kontext stellen (§§ 22, 23 KUG); insofern war das Bild der Klägerin in dem Artikel „Die frechen Polizei-Schülerinnen und das Huren-Lied" veröffentlicht worden.

Frau (Polizeianwärterin). Das Video der Polizeischülerinnen, das den Gegenstand dieser Berichterstattung bildet, fand im Rahmen einer Abschlussfeier auf dem geschlossenen Gelände des Fortbildungszentrums der Polizei der Fachhochschule Bautzen statt. Die Veranstaltung war nicht öffentlich und fand allein im geschlossenen Rahmen der beteiligten Polizeischülerinnen statt, Gäste waren nicht zugelassen, der Veranstaltungsort war für Außenstehende ohne Zugangsberechtigung nicht zugänglich. Ein irgendwie geartetes Interesse der Öffentlichkeit an einer Berichterstattung über diese Veranstaltung ist nicht ersichtlich und wird auch von der Beklagten nicht behauptet. Zur Bemessung führte das OLG aus: „Die streitgegenständliche Veröffentlichung weist allerdings lediglich eine Eingriffsschwere in Höhe der Mindestuntergrenze für eine Geldentschädigung auf, die der Senat in ständiger Rechtsprechung mit 2.500 EUR bemisst. Dies bedeutet allerdings nicht, dass jede Verletzung des Rechts am eigenen Bild automatisch eine Geldentschädigung nach sich zöge. Weil der Anspruch eine Lücke im Persönlichkeitsschutz schließen soll, ist er auch in diesem Fall nur zuzusprechen, wenn er das Persönlichkeitsrecht bedeutend und nachhaltig verletzt. Dies hat der Senat in dem auch vom Landgericht zitierten Beschluss vom 26. November 2018 (BeckRS 2018, 33046 und BeckRS 2018, 33047 → Nr. 6996) bei der Ablichtung einer teilentkleideten Tänzerin in einer geschlossenen Veranstaltung mit Fotografierverbot trotz der mit dem öffentlichen Auftritt einhergehenden Selbstöffnung der Privatsphäre bejaht und hierfür eine Geldentschädigung in Höhe von 3000,- EUR bejaht. Die hier eingetretene Verletzung des Persönlichkeitsrechts der Klägerin bleibt in der Gesamtabwägung geringfügig dahinter zurück".

Betrag: 2.500 € **Haftung: 100 %**
immVorb: – **MdE: –**

OLG Dresden 8.6.2021 – 4 U 2120/20 = GRUR-RS 2021, 17351

6996

Persönlichkeitsrechtsverletzung durch die Veröffentlichung von „Oben-ohne-Fotos" mit anzüglichen Textpassagen in einer Tageszeitung.

Frau (Striptease-Tänzerin). Die Klägerin wurde – im Auftrag der Beklagten – auf einer Veranstaltung fotografiert, bei der sie vor einer größeren Öffentlichkeit als »Oben-ohne-Tänzer« in stark sexualisierten Posen aufgetreten war. Die Beklagte veröffentlichte diese Bilder unter dem Titel „Der Sachsenring zeigt seine Kurven" und im weiteren mit Texten wie „Mal tanzen sie als Go-Go-Girls ..., mal geht es bei der Dildo-Show ... richtig zur Sache". Einer solchen Veröffentlichung hatte die Klägerin nicht zugestimmt. Das LG Dresden hatte mit Urt. v. 29.6.2018 – 1a O 2105/17 ausgeführt, die Klägerin könne sich infolge der Teilöffnung ihres Persönlichkeitsrechts die Klägerin nicht auf eine Verletzung ihrer Intimsphäre berufen und 2.500 EUR zuerkannt. Dem schloss sich das OLG an und führte aus: „Allerdings geht auch der Senat – insofern anders als das Landgericht – davon aus, dass die Klägerin durch die Veröffentlichung ihres Bildnisses hier lediglich in ihrer Sozialsphäre betroffen wurde, weil sie sich des absoluten Schutzes ihrer Intimsphäre dadurch begeben hat, dass sie bei der Veranstaltung »K. H.« freiwillig und vor einer größeren Öffentlichkeit nicht lediglich als »Oben-ohne-Tänzer« auftrat, sondern unstreitig auch stark sexualisierte Posen unter Einbeziehung der Zuschauer einnahm und sich damit bewusst der dort anwesenden Öffentlichkeit preisgegeben hat. Ebenso wenig wie derjenige, der sich als Darsteller in kommerziell zu verwertenden Pornofilmen dem Publikum präsentiert, sich gegenüber einer Berichterstattung über diesen Teil seines Wirkens auf den Schutz seiner Intimsphäre berufen kann (BGH ZUM-RD 2012, 12), auch wenn diese Filme einer Altersbeschränkung unterliegen und bezahlt werden müssen, kann die Klägerin allein deswegen, weil die Veranstaltung »K. H.« nicht dem gesamten Publikum des A. Festivals offen stand, es sich hierbei vielmehr, wie der Zeuge P. ausgesagt hat, um eine »P21-Veranstaltung mit entsprechend hohen Eintrittspreisen« handelte, diesen Schutz für sich in Anspruch nehmen. Denn allein der Umstand, dass das Persönlichkeitsrecht nur in der Ausprägung der Sozialsphäre betroffen wird, schließt den Anspruch auf eine Geldentschädigung nicht aus", so das OLG. Vgl. dazu auch OLG Dresden → Nr. 7758.

Betrag: 2.500 € **Haftung: 100 %**
immVorb: – **MdE: –**

OLG Dresden 11.10.2018 – 4 U 1197/18 = BeckRS 2018, 33046

5497

Persönlichkeitsrechtsverletzung (hier: Geringfügige Persönlichkeitsrechtsverletzung durch unverpixelte Abbildung auf einem veröffentlichten Pressefoto).

Mann. Die Parteien stritten um Schmerzensgeld aufgrund einer Bildveröffentlichung. Der Kl. war Mitglied der R. Er nahm an einer Beerdigung eines Mitglieds einer Rockerbande am teil, wobei er zusammen mit dem Chef der H und einer dritten Person fotografiert wurde. Die Bekl. veröffentlichte dieses Bild, auf dem der Kläger unverpixelt abgebildet worden war, unter der Schlagzeile: „Todesschüsse auf der E-Straße L. H-Chef aus der U-Haft entlassen". Das OLG setzte das Schmerzensgeld bzw. die Geldentschädigung für die Persönlichkeitsrechtsverletzung auf ein Mindestmaß von 2.500 EUR, da kein grobes Verschulden vorlag und der Kläger der Rockergruppe H nahe stand.

Betrag: 2.500 € **Haftung: 100 %**
immVorb: – **MdE: –**

OLG Dresden 30.1.2018 – 4 U 1110/17 = BeckRS 2018, 927

4415

Persönlichkeitsrechtsverletzung (hier: Unautorisiertes Filmen und Senden eines spontanen Erlebnisses auf einem Campingplatz, auf welchem die Kl. mit ihrer Tochter ihren Urlaub verbrachte. Die Ausstrahlung im TV erfolgte unter dem Titel: „... mit den kleinen Skurrilitäten des Alltags").

5j. Kind (Mädchen) und deren Mutter. Beiden Klägerinnen wurden jeweils 2.500,- EUR zuerkannt. „Denn eine durch Presseveröffentlichungen bewirkte Verletzung des Persönlichkeitsrechts könne zu einem Schmerzensgeldanspruch gemäß § 823 Abs. 1 BGB in Verbindung mit Art. 1 und Art. 2 GG führen, heißt es im Urteil. Voraussetzung sei, dass es sich um einen schwerwiegenden Eingriff handele, wobei die Verantwortlichen ein Verschulden treffen müsse und dass die Beeinträchtigung nicht in anderer Weise befriedigend ausgeglichen werden könne. Einen solchen Fall hat das OLG hier angenommen. Der TV-Sender habe durch die Ausstrahlung der Filmaufnahmen und des Interviews das Recht der Mutter am eigenen Bild und damit ihr allgemeines Persönlichkeitsrecht in gravierender Weise verletzt." (Zitat: becklink 182177).

Betrag: 2.500 € **Haftung: 100 %**
immVorb: – **MdE: –**

OLG Karlsruhe 26.5.2006 – 14 U 27/05 = BeckRS 2006, 6657

3249

Persönlichkeitsrechtsverletzung (hier: Verletzung des Rechts am eigenen Bild durch Veröffentlichung eines Fotos der Kl. in der Bild-Zeitung mit der Unterschrift: „Also wer hier keine ... abkriegt ..." und weiteren frei erfundenen Aussagen.)

20j. Frau (Azubi). Das LG wertete es zutreffend als einen „groben Verstoß gegen journalistische Sorgfaltspflichten", dass der Bild-Zeitungsreporter sich nicht um das Einverständnis der Kl. bemüht oder über deren Vorhandensein informiert hatte. Erschwerend wurde der Text zu dem Foto gewertet, der suggerierte, die mit falschem Namen bezeichnete Kl. sei leicht zu verführen; ebenso wurde erschwerend gewertet, dass die Kl. später in der Berufsschule „gehänselt wurde".

Betrag: 2.500 € **Haftung: 100 %**
immVorb: – **MdE: –**

LG Essen 17.2.2003 – 4 O 409/02 = BeckRS 2003, 2966

2786

Persönlichkeitrechtsverletzung (hier: Darstellung des Klägers in dem „vorwiegend an homosexuelles Publikum" gerichteten Reiseführers„Gay Guide". Der Kläger wurde dabei zudem „leicht bekleidet mit eindeutig erotischem, sexuellen Bezug" gezeigt.)

Mann (angehender Sportlehrer). „Der Verleger muss durch geeignete Maßnahmen sicherstellen, dass Anzeigenveröffentlichungen nicht in Rechte Dritter eingreifen".

Betrag: 2.556 € **Haftung: 100 %**
immVorb: – **MdE: –**

AG Berlin-Charlottenburg 16.6.1998 – 8 C 82/98 = BeckRS 9998, 16772

5028

Persönlichkeitsrechtsverletzung (hier: Weitergabe von „sechs kleinen Bilder mit voller Bekleidung" und „drei Bildern, die die Klägerin in größerer Abbildung in Reizwäsche und auf einem Bild mit entblößter Brust" zeigen an einen ausgewählten Personenkreis (siehe unter Einzelheiten).

Frau (arbeitslose Bürokauffrau). Im Rahmen der Vorbereitung der Mitarbeit in einem sogenannten „Escort-Service" ließ die Klägerin Intimfotos von sich anfertigen und vertraute ihre Idee, in diesen Beruf einzusteigen einem Bekannten. Dieser versandte daraufhin ein Schreiben an insgesamt fünf Personen, darunter die Mutter der Klägerin, in dem er die Pläne der Klägerin offenlegte und kritisierte, Fotos von der Internetseite des Escort-Services beifügte und Begriffe wie Prostituierte, Hure und Nutte verwandte. Für die Weitergabe der 6 kleinen Fotos sprach das LG insgesamt 1.200 EUR und für die drei Intimfotos 1.500 EUR zu, so dass es zur Summe von 2.700 EUR kam. Anschließend setzte sich das LG ausführlich mit den drei Begriffen (Prostituierte, Hure und Nutte) auseinander und wertete den Begriff „Nutte" zutreffend (auch für eine Prostituierte / Hure) als beleidigend, sprach aber dennoch im konkreten Fall deshalb kein höheres Schmerzensgeld zu.

Betrag: 2.700 € **Haftung: 100 %**
immVorb: – **MdE: –**

LG Frankfurt a. M. 30.7.2015 – 2-03 O 455/14 = BeckRS 2016, 1532

7725

Persönlichkeitsrechtsverletzung: Hier Anfertigung und Veröffentlichung eines Fotos der Klägerin, das diese mit zum Teil unfreiwillig entblößter Brust auf dem Laufsteg einer Modenschau zeigte.

22j. Frau (Model). Das OLG betonte, dass die Frau nicht in die Veröffentlichung des Fotos eingewilligt habe. Die grundsätzliche Einwilligung in die Anfertigung und Veröffentlichung von Fotos im Rahmen der Modenschau umfasse nicht die Dokumentation der unfreiwilligen Busenentblößung. Der Fotograf hatte die Panne als Foto festgehalten und dieses an eine Boulevardzeitung verkauft, die es mit dem Text „Busenblitzer" sowohl in der Zeitung als auch online vermarktet hatte. Die Klägerin hatte insofern 10.000 EUR gefordert. Das LG Frankfurt a.M. erkannte auf 5.000 EUR; das OLG reduzierte diesen Betrag auf 3.000 EUR. Beide Instanzen werteten das verhalten der Boulevardzeitung als schwerwiegende Verletzung des allgemeinen Persönlichkeitsrechts, da die Klägerin „nicht nur in ihrem moralisch-sittlichen Gefühl gedemütigt" worden sei, sondern zudem auch weil sich die Beklagte „über ihren ausdrücklich erklärten Willen hinweggesetzt" habe. Bei der Bemessung berücksichtigte das OLG zudem die sehr große Auflagenstärke der Zeitung mit gut 1,1 Millionen Exemplaren und zudem die bundesweite Reichweite der Online-Version des Artikels sowie die Tatsache, dass sich der Vorfall beim ersten Laufstegauftritt der Klägerin ereignet hatte. Das OLG setzte sich sodann damit auseinander, dass die Klägerin auf ihren Auftritten auf Instagram sich bereits sehr freizügig gezeigt habe, betonte jedoch zutreffend, dass dies die Persönlichkeitsrechtsverletzung nicht rechtfertige, da es das alleinige Recht der Klägerin sei, selbst zu bestimmen, in welchem Zusammenhang und unter welchen Umständen sie einer Entblößung zustimme. Da die Klägerin jedoch keine konkreten nachhaltigen Nachteile, wie beispielsweise eine berufliche Benachteiligung vorgetragen hatte, sah das OLG ein Schmerzensgeld iHv 3.000 EUR für angemessen und ausreichend an.

Betrag: 3.000 € **Haftung: 100 %**
immVorb: – **MdE: –**

OLG Frankfurt a. M. 17.7.2025 – 16 U 7/24 = GRUR-RS 2025, 16829

3195

Persönlichkeitrechtsverletzung durch Veröffentlichung eines Fernsehbeitrags zum Thema Nacktbaden, ohne Genehmigung des Klägers. In der Sendung wurde in einer sieben Sekunden lange Filmsequenz mit dem unbekleideten Kl. gezeigt, der auf einem FKK-Gelände lief. Das Gesicht des Kl. und seine primären Geschlechtsmerkmale waren erkennbar.

Mann (junger …). Der Grad des Eingriffs in die Persönlichkeitsrechte und der Grad des Verschuldens, der weit über einer einfachen Fahrlässigkeit liegt, macht die Zuerkennung eines immateriellen Schadensersatzes erforderlich, so das LG, welches die Filmaufnahmen und deren Ausstrahlung als schwerwiegenden Eingriff in Persönlichkeitsrechte des Kl. erachtete.

Betrag: 3.000 € **Haftung: 100 %**
immVorb: – **MdE: –**

LG München I 30.7.2003 – 21 O 4369/03 = BeckRS 9998, 54323

4112

Persönlichkeitrechtsverletzung (hier: Veröffentlichung eines Nacktfotos, das die Klägerin mit freiem Oberkörper zeigte. Eine Einwilligung der Kl. lag nicht vor).

Frau. Das Foto war 2 Tage im Internet veröffentlicht und wurde sodann gelöscht.

Betrag: 3.500 € **Haftung: 100 %**
immVorb: – **MdE: –**

AG Brilon 17.3.2010 – 8 C 358/09 = BeckRS 2010, 144650

3824

Persönlichkeitrechtsverletzung / Recht am eigenen Bild (Die nicht genehmigte, dreifache Veröffentlichung des Fotos der nierenkranken Klägerin bei der Dialyse „berührt … die Intimsphäre der Kl., nicht lediglich die Privatshpäre", so das AG.)

18j. Frau. Die Intimsphäre genießt absoluten Persönlichkeitsschutz, so das AG. Sie wurde durch die dreimalige Veröffentlichung schwer verletzt. Hintereinander wurde das Foto der Klägerin unrechtmäßig veröffentlicht. Einmal im Zusammenhang mit einem Artikel mit der Überschrift „Wie viel Sport der Mensch braucht" und zum anderen unter dem Titel „Schleichender Exitus" sowie abermals unter der Rubrik „Leserbriefe".

Betrag: 3.500 € **Haftung: 100 %**
immVorb: – **MdE: –**

AG Mannheim 11.7.2008 – 3 C 154/08 = BeckRS 2008, 13697

6950

Persönlichkeitsrechtsverletzung durch die Veröffentlichung von Bildern, die eine Frau nackt, teils mit Reizwäsche bekleidet und in erotischen bis hin zu pornografischen Posen zeigen.

Frau. Die Klägerin war mit dem Beklagten liiert. Der Beklagte hatte während dieser Zeit Intimfotos von der Klägerin gespeichert, die diese mit einem ihrer Ex-Freunde gefertigt hatte. Nach der Trennung warf er einen USB-Stick mit den Fotos in den Briefkasten der Eltern der Klägerin und fügte ein Schreiben bei, in dem er ihr mitgeteilt hatte, dass dies „alles, was er von ihr habe, sei und er alle Bilder bei sich gelöscht habe". Anschließend verteilte er jedoch die Intimbilder im Treppenhaus und stelle sie ins Internet bzw. versandte insgesamt 265 Fotos an die Arbeitgeberin der Klägerin. Der Beklagte tat dies, um die Klägerin in ihrem unmittelbaren Wohn- und Arbeitsumfeld sowie innerhalb ihrer Familie als eine Art Nymphomanin bloßzustellen. Letzteres wertete das LG, das an der Schwere der Persönlichkeitsrechtsverletzung keinen Zweifel aufkommen ließ, zutreffend als das Schmerzensgeld erhöhend. Mindernd wertete es dagegen, dass die Klägerin die Fotos selbst aufgenommen und sie keine psychischen Schäden oder berufliche Nachteile erlitten hatte.

Betrag: 5.000 € **Haftung: 100 %**
immVorb: – **MdE: –**

LG Offenburg 29.10.2020 – 2 O 177/20 = GRUR-RS 2020, 42261

6949

Persönlichkeitsrechtsverletzung durch das Erwecken eines unzutreffenden Eindrucks durch Kombination eines identifizierenden Bildes mit einem Text über Fussball-Hooligans bzw. die Hooligankrawalle während der Fußballweltmeisterschaft 2016, in deren Nähe sich der Kläger lediglich zufällig aufgehalten hatte, als das Foto, bei dem auch die Reichskriegsflagge die die Hooligans hielten, zu sehen war.

Mann. Das OLG berücksichtigte, „dass der Kläger schon durch seine recht stämmig und „mannhaft" wirkende und im Bild eher auffällige Statur – dies mit einem schaumgekrönten Getränk in der Hand, dem Betrachter als einziger der Abgebildeten frontal zugewandt und obendrein „mit breiten Schultern" vor der sog. Reichskriegsflagge stehend, mit eher spärlichem Haupthaar, schwarzem Shirt / Schuhen und Cargohose – zum einen rein optisch durchaus zu den anderen Abgebildeten und den eigentlichen Haltern der Flagge passte und sich so in das abgelichtete

Geschehen (vermeintlich) perfekt einfügte" … „Trotz des fraglos hohen öffentlichen Berichterstattungsinteresses an den Hooligan-Krawallen und dem tagesaktuellen Bezug der Berichterstattung ist kein überwiegendes Interesse zu erkennen, gerade den Kläger damit (zu Unrecht) inhaltlich in Verbindung zu bringen." Das OLG sah daher in der Bildberichterstattung eine schwerwiegende Persönlichkeitsrechtsverletzung des Klägers in Form der Verletzung von dessen Recht am eigenen Bild, denn sie erfolgte „in einem besonders auflagenstarken und weit verbreiteten Medium … und geht – ohne dass es auf die streitigen Details zu kritischen Ansprachen aus dem Kunden- und Bekanntenkreis ankommen würde – ersichtlich mit einer ausgesprochen hohen Prangerwirkung zu Lasten des Klägers einher", so das OLG, das im Weiteren ausführte: „Diese Schwere entfällt auch nicht dadurch, dass die Onlineberichterstattung zu einem recht frühen Zeitpunkt um das streitgegenständliche Lichtbild „bereinigt" worden ist, weil gerade in den ersten Tagen die Verbreitung erfahrungsgemäß besonders groß war; für die auflagen- und reichweitenstarke Printberichterstattung ist das ohnehin irrelevant".

Betrag: 5.000 € **Haftung: –**
immVorb: – **MdE: –**

OLG Köln 27.8.2020 – 15 U 185/19 = GRUR-RS 2020, 39214

4035

Persönlichkeitrechtsverletzung, schwere (hier: Nacktfotoveröffentlichung der Kl. in einer Werbezeitung; dort wurden Bilder veröffentlicht, die die unbekleidete Kl. in einer Sauna zeigt; die Fotos waren heimlich aufgenommen worden.)

Frau. Das LG bewertete das Verhalten der Bekl. als lediglich fahrlässig, da diese es offensichtlich versäumt hatte, zu prüfen, ob eine Veröffentlichung der Nacktfotos durch das Einverständnis der Kl. gedeckt war. Dies war allerdings nicht der Fall!

Betrag: 5.000 € **Haftung: 100 %**
immVorb: – **MdE: –**

LG Düsseldorf 13.12.2006 – 12 O 194/05 = BeckRS 2007, 648

4043

Persönlichkeitrechtsverletzung (hier: Veröffentlichung des Fotos der Mutter des Kindes, welches im Rahmen eines Familiendramas von ihrem Mann getötet worden war. Das Foto und der dazugehörige Zeitungsartikel diente lediglich dem Zweck die Leser emotional anzusprechen und nicht deren Information.)

28j. Frau.

Betrag: 5.000 € **Haftung: 100 %**
immVorb: – **MdE: –**

LG Münster 24.3.2004 – 10 O 626/03 = BeckRS 2005, 4109

7774

Persönlichkeitsrechtsverletzung und erhebliche psychische Belastungen in Form von „Stress, Angstzuständen und einem massiven Eingriff in ihre Privatsphäre". Die Beklagte hatte über die Transfrau berichtet, nachdem diese – wegen der Zurückweisung ihres Antrags auf Mitgliedschaft in einem Fitnessstudio – die Antidiskriminierungsstelle des Bundes eingeschaltet hatte. Die Artikeln der Beklagten, dem Onlinemedium NiuS, waren in Onlinemedien und auf Social Media zum Teil unter Nennung des vollständigen Namens und mit Fotos der Frau, die zwar verpixelt waren, aber sie dennoch für mit ihr vertraute Personen erkennen ließen, veröffentlicht worden.

Frau / Transfrau. Das LG wertete es zutreffend als eine „Herabwürdigung und Kränkung", dass die Beklagte, das Medienportal NiuS, die Klägerin als Transfrau in ihren Onlineartikeln mehrfach als „Herr Transfrau", „Herrn in Damenkleidung" oder nur als „Mann" bezeichnet hatte und somit deren rechtlich anerkannte geschlechtliche Identität nicht nur nicht anerkannt, sondern sich insofern nicht auf die bloße Feststellung des biologischen Geschlechts beschränkt habe und damit auf „eine Herabwürdigung und Kränkung" abgezielt habe. Hinsichtlich der Fotos betonte das LG den Verstoß gegen §§ 22, 23 KUG, da diese ohne Zustimmung der Klägerin veröffentlicht worden waren und dabei die Verpixelung nicht ausreichend gewesen sei, um die Klägerin unkenntlich zu machen. Bei dieser so das LG – handele es sich zudem nicht um eine Person der Zeitgeschichte, sodass sie die Bebilderung nicht hinnehmen müsse. Zudem betonte das LG, dass es der Beklagten in deren Artikeln nicht abstrakt um Transpersonen und Transrechte im Allgemeinen gegangen sei; vielmehr habe sie „einer konkreten Person ihre geschlechtliche Identität abgesprochen". Schwerwiegend sei dabei auch die Tatsache, dass die Beklagte die Klägerin „weltweit abrufbar im Internet als Transperson geoutet und dies "zum Zwecke der persönlichen Anprangerung ausgeschlachtet habe. Bei der Schmerzensgeldbemessung bzw. der Bemessung des immateriellen Schadensersatzes berücksichtigte das LG dies sowie zudem die besondere „Hartnäckigkeit" der Berichterstattung in „nicht weniger als sieben Online-Veröffentlichungen".

Betrag: 6.000 € **Haftung: 100 %**
immVorb: – **MdE: –**

LG Frankfurt a. M. 10.7.2025 – 2-03 O 129/25 = BeckRS 2025, 38429

4417

Persönlichkeitrechtsverletzung (hier: Abbildung des Klägers im Zusammenhang mit einem Zeitungsartikel, der sich mit Erpressungsvorwürfen einer Rockergruppe befasste. Es entstand der Eindruck, auch der Kläger sei insofern engagiert gewesen.)

Mann (Musiker). „Selbst wenn die unberechtigte Verwendung des Abbildes für sich noch keine schwerwiegende Rechtsverletzung darstellt, kann der Eingriff gleichwohl deshalb schwerwiegend sein, weil der Geschädigte durch die Bildveröffentlichung mit einem Ereignis in Verbindung gebracht wird, mit dem er tatsächlich nichts zu tun hatte", so das OLG.

Betrag: 6.000 € **Haftung: 100 %**
immVorb: – **MdE: –**

OLG Frankfurt a. M. 13.11.2007 – 11 U 16/07 = BeckRS 2008, 146

3760

Persönlichkeitrechtsverletzung durch Verletzung des Rechts am eigenen Bild und der Privatspähre nach Bildzeitungsartikel (mit Foto der Kl.) in der über die Beziehung / Trennungsgründe der Klägerin „berichtet" worden war.

Frau. In dem Artikel wurde ausgeführt, dass die Gründe für die Trennung „unüberbrückbare Unterschiede in der Bildung" der Kl. und deren Lebensgefährten gewesen sein sollen.

Betrag: 6.000 € **Haftung: 100 %**
immVorb: – **MdE: –**

LG Berlin 30.3.2004 – 27 O 826/03 = unveröffentlicht

5335

Persönlichkeitsrechtsverletzung (hier: Sexfotos im Internet / Sexting. Der ehemalige Freund der Klägerin veröffentlichte ein – gemäß der Urteilsbegründung ursprünglich einvernehmlich gefertigtes – Foto, das ihn mit einer Frau beim Oralverkehr zeigt, ohne Zustimmung der Frau im Internet nachdem die Beziehung zuvor beendet war. Die Klägerin erlitt deswegen einen gesundheitlichen Schaden in Form von „sich sukzessiv über mehrere Jahre erstreckenden, auch schweren psychische Erkrankungen", so das OLG in seiner Urteilsbegründung.)

18j. Frau. Bei der Bemessung berücksichtigte das OLG die von der Klägerin erlittenen psychischen Erkrankungen und die Auswirkungen auf ihre Lebensgestaltung. Die Klägerin habe sich längere Zeit zurückgezogen, die Öffentlichkeit gescheut und sich zunächst nicht in der Lage gesehen, eine Berufsausbildung zu beginnen. Hinzu komme, dass die Bildveröffentlichung zu einer massiven Bloßstellung der aufgrund ihres jungen Alters besonders verletzlichen Klägerin gegenüber einer unüberschaubaren Anzahl von Personen, unter anderem aus ihrem nahen Umfeld, geführt habe. Auch wenn der Beklagte das Foto schon nach kurzer Zeit von seinem Internetprofil gelöscht habe, hätten es (vorhersehbar) dritte Personen bereits entdeckt und heruntergeladen. Die Verbreitung des Fotos sei unkontrollierbar gewesen. (Zitat aus becklink). Das OLG setzte jedoch das zuvor vom LG Münster in der Vorinstanz noch mit 20.000 EUR zuerkannte Schmerzensgeld deutlich herab und begründete dies mit dem noch jungen Alter des Beklagten sowie der Tatsache, dass die Klägerin inzwischen ihren Schulabschluss erlangt und ihren Wohnort gewechselt habe, so dass eine künftige Konfrontation mit den Fotos, die ursprünglich einvernehmlich gefertigt worden waren, nicht zu erwarten sei. [vgl. auch unter dem Suchwort Sexting]

Betrag: 7.000 € **Haftung: 100 %**
immVorb: – **MdE: –**

OLG Hamm 20.2.2017 – 3 U 138/15 = BeckRS 2017, 111832

5255

Persönlichkeitsrechtsverletzung, einmalige aber vorsätzliche (hier: fertigen und Veröffentlichen von Fotos der Klägerin während der Dreharbeiten und dadurch gegebene Verletzung der Privatsphäre, da diese „sowohl eine räumliche als auch eine thematische Komponente" habe, so das OLG. „Da die Frage einer bestehenden und noch nicht eindeutig optisch wahrnehmbaren Schwangerschaft jedenfalls thematisch dem Kernbereich der Privatsphäre zuzuordnen ist und die Entscheidung über Äußerungen zu diesem Thema und / oder Veröffentlichung entsprechender Fotos allein den Eltern zusteht, kommt es bereits nicht mehr auf die Frage an, ob gleichzeitig auch die räumliche Komponente der Privatsphäre deshalb betroffen ist, weil der Trailerpark nicht als Raum der Berufsausübung, sondern als privater Rückzugsort einzustufen ist".

Frau (Schauspielerin). „Abweichend von der Ansicht der Bekl. ist vorliegend auch eine schwerwiegende Persönlichkeitsrechtsverletzung als notwendige Voraussetzung einer Geldentschädigung zu bejahen. Nach der Rechtsprechung des BGH besteht die Besonderheit einer Verletzung des Rechts am eigenen Bild darin, dass dem Verletzten gegen eine solche Rechtsverletzung keine anderen Abwehrmöglichkeiten als ein Anspruch auf eine Geldentschädigung zur Verfügung stehen. Daraus folgt, dass in einem solchen Fall an die Zubilligung eines Entschädigungsanspruchs geringere Anforderungen als in anderen Fällen einer Persönlichkeitsrechtsverletzung zu stellen sind", so das OLG. „Die Veröffentlichung von Fotos, die die Schwangerschaft einer Schauspielerin erkennen lassen, ohne dass der Bildberichterstattung (Abbildung der Klägerin mit „Babybäuchlein") oder der Wortberichterstattung zu entnehmen ist, dass eine Angelegenheit von öffentlichem Interesse ernsthaft und sachbezogen erörtert wird, betrifft allein deren Privatsphäre und ist unzulässig. Die Entscheidung über das Ob und Wann einer öffentlichen Mitteilung über eine Schwangerschaft haben allein die Eltern zu treffen und nicht ein Presseorgan.Ein Trailerpark ist bei Dreharbeiten nicht als Raum der Berufsausübung, sondern als privater Rückzugsort einzustufen". (Leitsätze der NJW Redaktion)

Betrag: 7.500 € **Haftung: 100 %**
immVorb: – **MdE: –**

OLG Köln 10.11.2015 – 15 U 97/15 = BeckRS 2015, 20148

6694

Persönlichkeitrechtverletzung durch die nicht autorisierte Veröffentlichung intimer Videos von geschlechtlichen Handlungen mit dem Beklagten, die die Klägerin während ihrer Liierung mit dem Beklagten einvernehmlich aufgenommen hatte. Nach der Trennung veröffentlichte der Beklagte jedoch diese Videos, die nie zur Veröffentlichung gedacht waren, im Internet, wo sie nachweislich auch von Dritten eingesehen wurden. Dadurch erlitt die Klägerin psychische Beeinträchtigungen von Krankheitswert.

Frau. Die Klägerin erlitt zunächst schwere psychische Schmerzen, die im Laufe eines Monats bis auf leichte Schmerzen abgeklungen waren; beschwerdefrei war die Klägerin jedoch erst nach 6 Monaten.

Betrag: 8.000 € **Haftung: 100 %**
immVorb: – **MdE: –**

OLG Wien 26.8.2015 – 11 R 119/15 = ZVR 2016, 131

6709

Persönlichkeitrechtsverletzung wegen heimlicher intensiver Detektivüberwachung / Observation. Die Beklagte hatte den Kläger während eines Rechtsstreits durch eine Detektei überwachen lassen, um ein eventuell vertragswidriges Verhalten des Klägers – der Verdacht eines Arbeitszeitbetruges aus einer Zweittätigkeit – zu untersuchen. Die Observation fand über einen Zeitraum von 20 Tagen während der Arbeitszeit des Klägers statt. Die Detektive fertigten dabei jedoch weder Fotoaufzeichnungen oder Videoaufnahmen noch Bewegungsprofile an und hörten den Kläger auch nicht ab.

Mann (Arbeiter und Betriebsratsvorsitzender). Bei der Bemessung der Geldentschädigung berücksichtigte das LAG „nicht nur …, dass die Observation ohne jeden konkreten Anfangsverdacht erfolgte, sondern auch die ungewöhnlich lange und intensive Bespitzelung." Zudem wirkte sich auch aus, dass die Beklagte fast 40.000 EUR für die Bespitzelung ausgab, – insofern müsse ein echter Hemmungseffekt spürbar werden.Weiter führte es aus: „Dass die Überwachung nur während der Arbeitszeit erfolgte, ändert nichts an der Schwere der Verfehlung, denn das allgemeine Persönlichkeitsrecht ist auch im Arbeitsverhältnis und während der Arbeitszeit zu beachten. Selbst wenn die Beklagte und / oder die Detektei durch die Observation des Klägers keine Straftaten begangen haben sollten (§ 119 BetrVG, §§ 201, 202 StGB), schließt dies das Vorliegen einer schweren Persönlichkeitsrechtsverletzung nicht aus. Für die heimliche Überwachung des Klägers parallel zum arbeitsgerichtlichen Beschlussverfahren, das bereits anhängig war, sah das LAG keine hinreichende Rechtfertigung. Die heimliche Überwachung des Klägers durch eine Detektei verstößt auch gegen betriebsverfassungsrechtliche Schutzbestimmungen (§ 78 I BetrVG)."

Betrag: 10.000 € **Haftung: 100 %**
immVorb: – **MdE: –**

LAG Rheinland-Pfalz 27.4.2017 – 5 Sa 449/16 = BeckRS 2017, 113813

3655

Persönlichkeitrechtsverletzung (hier: Ansprüche des Abgebildeten bei unberechtigter Verwendung des Bildnisses auf einem Wahlplakat).

Mann (Schornsteinfeger). Der Kläger und ein Kollege wurden auf einem Wahlplakat einer politischen Partei mit dem Slogan „für saubere Luft – auch ohne Monopol" gezeigt. Beide hatten jedoch hierfür keine Zustimmung erteilt. [Ungenehmigte Bilderverwendung im Wahlkampf].

Betrag: 10.000 € **Haftung: 100 %**
immVorb: – **MdE: –**

OLG Saarbrücken 13.9.2006 – 1 U 624/05 = BeckRS 2006, 11135

4421

Persönlichkeitrechtsverletzung (hier: Veröffentlichung eines Nacktfotos der Klägerin in der Zeitung der Beklagten. Das Foto wurde unter der Überschrift „Sexerlebnisse einer Nymphomanin" veröffentlicht).

Frau. Durch die unautorisierte Veröffentlichung des Nacktfotos wurde der Eindruck hervorgerufen, die Klägerin sei eine Nymphomanin und habe somit nur Sex im Sinn.

Betrag: 12.000 € **Haftung: 10 %**
immVorb: – **MdE: –**

LG Kaiserslautern 22.6.2007 – 2 O 970/05 = BeckRS 2009, 5625

5025

Persönlichkeitsrechtsverletzung (hier: Veröffentlichung von pornografischen Darstellungen der Person der Klägerin im Internet; es handelte sich um Fotomontagen, auf die das Gesicht der Klägerin mit den entbößten Körpern anderer Frauen in ponografischen Posen verbunden und zum Teil mit dem Namen und der Heimatregion der Klägerin veröffentlicht wurde.)

Frau. Das LG Oldenburg sah darin zutreffend eine schwerwiegende Verletzung des allgemeinen Persönlichkeitsrechts der Klägerin und sprach der Klägerin ein Schmerzensgeld von 22.000 EUR zu. Das OLG kürzte diesen Betrag auf 15.000 EUR mit der Begründung, dass ein höherer Betrag nur zuerkannt werden könne, wenn das Opfer zudem konkrete Beeinträchtigungen in Form von Telefonanrufen oder Klingeln an der haustüre etc erlitten habe, was im konkreten Sachverhalt nicht der Fall war. [siehe auch meine Kommentierung unter Rn. 219 der Beck'schen Schmerzensgeldtabelle]. Weitere Fundstelle: MMR 2016, 67.

Betrag: 15.000 € **Haftung: 100 %**
immVorb: – **MdE: –**

OLG Oldenburg 19.10.2015 – 13 U 25/15 = NJW 2016, 816

5088

Persönlichkeitrechtsverletzung (hier: Einstellen von Fotomontagen der Klägerin – zum Teil mit vollständiger Namensangabe – ins Internet und zwar in insgesamt 11 Internetveröffentlichungen. Die manipulierten Bilddateien zeigten den Kopf- und Gesichtsbereich der Klägerin verbunden mit pornografischen Fotos in einer für den Betrachter nicht erkennbaren Weise).

Frau. Fotomontagen, pornographische: Die Fotomontagen waren so professionell gefertigt, dass „aus objektiver Sicht" man den Eindruck gewinnen musste, es handele „sich um eine Abbildung der Kl. Die Kl. muss den ihr Persönlichkeitsrecht verletzenden Eindruck hinnehmen, dass sie sich willentlich in der auf den Fotos ersichtlichen herabwürdigenden Art und Weise ablichten lässt und damit bereit ist, sich zum bloßen Objekt fremder Begehrlichkeiten machen zu lassen", so das OLG. Dabei zeigten die Bildmanipulationen die Kl. ua in pornografischen Posen, zum Teil auch, wie sie sich dem Anschein nach dem Geschlechtsverkehr hingibt – oral, anal und vaginal und teils mit mehreren Männern. [vgl. auch LG Kiel → Nr. 3653]

Betrag: 15.000 € **Haftung: 100 %**
immVorb: – **MdE: –**

OLG Oldenburg 11.8.2015 – 13 U 25/15 = BeckRS 2015, 15239

4422

Persönlichkeitrechtsverletzung (hier: Paparazzifotos der Hochzeit der Klägerin. Vorliegend standen der Veröffentlichung des Bildes „überwiegende berechtigte Interessen der Klägerin im Sinne von § 23 Abs. 2 KUG entgegen, weil es sie in einem der Privatsphäre zuzuordnenden Rückzugsbereich zeigt.)", so das LG.

Frau (Ehefrau eines bekannten Fernsehmoderators). Die Einladung wurde nur an die konkret eingeladenen Gäste verschickt und nicht offiziell bekannt gegeben oder an die Medien verschickt. Die Örtlichkeiten wurden so ausgesucht, dass die Feierlichkeiten bzw. die Zeremonie selbst nicht oder nur von außen schwer einsehbar waren. Das LG sah hier einen Betrag von 15.000,- EUR für angemessen und führte zur Bemessung bzgl. der Paparazzifotos bzw. des Artikels der Beklagten aus, die Berücksichtigung aller Besonderheiten führe „… in Fällen vorsätzlicher, rücksichtsloser Zwangskommerzialisierung der Persönlichkeit bei der Bemessung der Geldentschädigung erhöhend zu berücksichtigende Präventionsaspekts (BVerfG NJW 2000, 2187) sowie der wirtschaftlichen Verhältnisse beider Parteien zur Bemessung des zuerkannten Betrages".

Betrag: 15.000 € **Haftung: 100 %**
immVorb: – **MdE: –**

LG Köln 30.7.2008 – 28 O 148/08 = BeckRS 2009, 27621

6160

Persönlichkeitrechtsverletzung durch Berichterstattung über einen Straftäter. Bei der Berichterstattung erfolgten mehrfache Veröffentlichungen von Porträtaufnahmen sowie eines Schattenrisses des mit der Wahrnehmung presserechtlicher Ansprüche des Straftäters betrauten Anwalts gegen dessen erklärten Willen. Dies geschah auch noch nach Verbot der Bildnisveröffentlichung durch eine einstweilige Verfügung des Gerichts.

Mann (Rechtsanwalt). Zur Schmerzensgeldbemessung führte das LG aus: „Eine Entschädigung in Höhe von 30.000 DM erscheint angemessen, aber auch ausreichend, um die erlittene Persönlichkeitsrechtsverletzung des Kl. auszugleichen. Dabei wurde berücksichtigt, dass die Bekl. besonders hartnäckig versucht hat, den Kl. bloßzustellen; sie hat sein Bildnis in Form eines Schattenrisses noch nach Verbot der Bildnisveröffentlichung durch eine einstweilige Verfügung des Gerichts veröffentlicht. Gewürdigt wurde auch, dass die Angriffe auf eine Verletzung des beruflichen Ansehens des Kl. abzielten und damit für ihn erhebliche Auswirkungen auf seine berufliche Existenz hätten haben können. Das Genugtuungsbedürfnis des Kl. ist auch deshalb hoch anzusetzen, weil er nach dem 17.9.1998 und damit infolge der Berichterstattung der Bekl. Morddrohungen erhalten hat. Letztlich gebietet der Gesichtspunkt der Prävention das Zusprechen einer erheblichen Geldentschädigung".

Betrag: 15.339 € **Haftung: 100 %**
immVorb: – **MdE: –**

LG Berlin 28.1.1999 – 27 O 605/98 = BeckRS 9998, 17780

6952

Persönlichkeitsrechtsverletzung durch unautorisierte Verwendung eines Fotos eines sehr prominenten TV-Moderators im Facebook-Profil einer TV-Programmzeitschrift (§§ 22, 23 KUG).

Mann (TV-Moderator Günther Jauch). Der Kläger ist ein in Deutschland sehr bekannter und beliebter Fernsehmoderator. Er hat öffentlich erklärt, für Werbung für Dritte nicht mehr zur Verfügung zu stehen. Die Bekl. bietet die Programmzeitschrift „TV Movie" an und unterhält neben der Internetseite www.tvmovie.de ein Facebook-Profil; sie hatte auf ihrem Facebook-Profil vier Bilder von Prominenten veröffentlicht, verbunden mit dem Text: „Einer dieser TV-Moderatoren muss sich wegen KREBSERKRANKUNG zurückziehen". Durch Anklicken der Meldung wurden die Leser auf die Internetseite der Zeitschrift weitergeleitet, wo wahrheitsgemäß über die Erkrankung eines der abgebildeten Moderatoren berichtet wurde. Informationen über den unstreitig hiervon nicht betroffenen Kläger fanden sich dort nicht. Das OLG sah darin eine unzulässige kommerzielle Bild-Verwendung, bei der es sich zudem um sogenanntes Clickbaiting bzw. einen „Klickköder" handele, bei dem die reißerische Überschrift in Verbindung mit Bildern Prominenter bei den Lesern insofern eine Neugierlücke eröffne, als die Nachricht zum einen genug Informationen aus einem emotionsbehafteten Bereich preisgebe, um die Leser neugierig zu machen, zum anderen jedoch durch einen solchen „Informationsschnipsel" nicht genug aussage, um diese Neugier der Leser vollends zu befriedigen. Das OLG führte dazu aus: „Unter Anwendung dieser höchstrichterlich anerkannten Grundsätze liegt auch im konkreten Fall eine solche unzulässige kommerzielle Nutzung des Bildnisses des Klägers vor, die mit dem Landgericht daher dem Grunde nach einen Anspruch des Klägers auf eine Lizenzanalogie trägt". Unter dem Gesichtspunkt der Lizenzanalogie sah das OLG 20.000 EUR für angemessen an; dabei sei insbesondere der überragende Markt- und Werbewert Jauchs sowie seine außergewöhnliche Beliebtheit zu berücksichtigen. Zudem habe es sich bei der in den Raum gestellten Krebserkrankung um ein sensibles Thema gehandelt. [Anmerkung: Das Urteil wurde vom BGH NJW 2021, 1303 bestätigt].

Betrag: 20.000 € **Haftung: 100 %**
immVorb: – **MdE: –**

OLG Köln 28.5.2019 – 15 U 160/18 = BeckRS 2019, 10200

5024

Persönlichkeitrechtsverletzung durch Herstellung von Fotomontagen, die die Klägerin nackt und „in pornografischen Posen, zum Teil auch bei Ausübung des Geschlechtsverkehrszeigen" zeigen und Einstellen dieser Fotos ins Internet.

Frau. Persönlichkeitrechtsverletzung durch Fotomontagen, die der Beklagte ins Internet „gestellt" hatte. „Die Abbildungen werden von der Klägerin zu Recht als erniedrigend, abstoßend und zutiefst verletzend empfunden. Sie wird auf ihnen zum bloßen Objekt sexueller Begierde herabgewürdigt. Auch ist nicht erkennbar, dass es sich um reine Bildmanipulationen, handelt, sodass der Eindruck vermittelt wird, auf den Darstellungen sei tatsächlich die Klägerin (und nicht lediglich deren Gesicht) abgebildet. Das Gericht geht auch von einer nicht unerheblichen Anzahl der im Internet veröffentlichten Abbildungen aus", so das LG. Schmerzensgelderhöhend wertete das LG zutreffend, dass ein vollständiges Löschen der Daten im Internet nahezu unmöglich ist und der Beklagte zudem „vollständigen Namen mit Herkunftsangabe" der Klägerin preisgab.

Betrag: 22.000 € **Haftung: –**
immVorb: Ja **MdE: –**

LG Oldenburg 2.3.2015 – 5 O 3400/13 = BeckRS 2015, 5087

6553

Persönlichkeitrechtsverletzung (hier: Bildberichterstattung und Wortberichterstattung über den Gesundheitszustand der Klägerin und damit – so das LG – über die „innerste Privatsphäre der Klägerin im Grenzbereich zur Intimsphäre").

38j. Frau (bekannte Sportmoderatorin). Die „Tageszeitung" (Beklagte) hatte auf der Titelseite einer ihrer Ausgaben berichtet, dass „Miss Sportschau" mit dem Tode ringe und nach einer Gehirn-OP nun im Koma liege. Am Folgetag berichtete die beklagte erneut und veröffentlichte zudem ein Interview mit einem Arzt, der den Lesern die Krankheit an der die Klägerin aus mutmaßlicher Sicht der Beklagten erkrankt war, zu erklären versucht hatte. Das LG sah in dieser Berichterstattung eine schwerwiegende Verletzung des allgemeinen Persönlichkeitsrechts der Klägerin, ohne dabei zu verkennen, „dass die Klägerin als bekannte Fernsehmoderatorin als Person des öffentlichen Interesses anzusehen ist, über die in größerem Umfang berichtet werden darf als über andere Personen", so das LG, das zur Bemessung weiter ausführte, „Der Beklagten fällt auch ein hinreichend schweres Maß an Verschulden zur Last. Als langjährig professionell am deutschen Markt tätigem Verlagsunternehmen sind ihr die journalistischen Sorgfaltspflichten nach den Landespressegesetzen umfänglich bekannt. Es hätte sich ihr daher aufdrängen müssen, dass durch die Veröffentlichung vom 27.2.2009 das Persönlichkeitsrecht der Klägerin in schwerwiegender Weise verletzt werden würde", weshalb eine Geldentschädigung in Höhe von 25.000 EUR angemessen seien.

Betrag: 25.000 € **Haftung: 100 %**
immVorb: – **MdE: –**

LG Hamburg 15.1.2010 – 324 O 391/09 = BeckRS 2010, 143350

5142

Persönlichkeitrechtsverletzung, schwerwiegende (hier: Videoüberwachung während der Arbeitszeit „stellt einen erheblichen Eingriff in das allgemeine Persönlichkeitsrecht der betroffenen Arbeitnehmer dar", so das LG, welches zutreffend weiter ausführte: „Das Recht, die Hälfte der nicht für den Schlaf verbrauchten Lebenszeit an Werktagen, unbeobachtet von elektronischen Videoüberwachungseinrichtungen seine Arbeit zu verrichten, ist ein Anliegen des Arbeitnehmers, das mit einer hohen verfassungsrechtlichen in Artikel 1 und 2 im Grundgesetz verankerten Absicherung versehen ist. Orwell'schen Zuständen, in Gestalt einer Überwachung durch Private will unsere Verfassung mit Sicherheit keinen Vorschub leisten. … In diesem nachhaltig verfassungsrechtlich verbürgten Lebensbereich hat die Beklagte mit ihrer permanenten Videoüberwachung in einer schon kaum noch überbietbaren Weise eingegriffen").

23j. Frau (Verwaltungsfachkraft). Die Klägerin wurde wie auch die übrigen Angestellten der Verwaltung der Beklagten durch eine im jeweiligen Arbeitszimmer angebrachte Videokamera über die gesamte Dauer der täglichen Arbeitszeit überwacht. Zur Bemessung führte das ArbG aus: „Unter Berücksichtigung aller Umstände, insbesondere Art, Bedeutung und Tragweite des Eingriffs, Anlass und Beweggrund der Beklagten sowie dem Grad des Verschuldens und unter besonderer Berücksichtigung der verfassungsrechtlichen Wertigkeit der Rechte in welche die Beklagten eingegriffen haben, hält das Gericht gerade auch unter dem Gesichtspunkt der Prävention ein Schmerzensgeld i. H. v. 25.000,00 EUR für angemessen". [Videoüberwachung am Arbeitsplatz – vgl. dazu im Handbuch unter → Rn. 247c sowie die Entscheidungsbesprechung von Hörtz in Newsdienst Compliance 2025, 320041 zu zu LAG Hamm → Nr. 7745].].

Betrag: 25.000 € **Haftung: 100 %**
immVorb: – **MdE: –**

ArbG Iserlohn 4.6.2008 – 3 Ca 2636/07 = BeckRS 2012, 68619

3653

Persönlichkeitrechtsverletzung (hier: Der Beklagte hatte von der Klägerin während seiner Beziehung zu dieser Nacktfotos gefertigt, „von denen zwei die Kl. lächelnd mit entblößter Brust auf dem Bett sitzend, zeiegn … während sie auf dem dritten Foto vollkommen entblößt schlafend zu sehen ist". Nach Beendigung der Beziehung stellte er diese Fotos und die Anschrift der Klägerin in eine Internettauschbörse. Der Beklagte wurde insofern strafrechtlich zu einer Geldstrafe verurteilt.)

Frau. Die Klägerin wechselte wegen der Ihr entstandenen negativen Folgen (Nächtliche Anrufe) zunächst den Wohnort. Das Gericht bewertete es als erschwerend, dass der Bekl. „bewusst den Eindruck erweckt [habe], die Klägerin betreibe auf diese Weise Werbung für sich und sei geneigt, den Geschlechtsverkehr mit jedem beliebigen unbekannten Mann durchzuführen" und dass „die Klägerin damit rechnen [muss], zeitlebens von Dritten auf diesen Fotos besichtigt zu werden …"; zudem bestehe auch die Gefahr, dass ihre Kinder im Internet auf diese Fotos stoßen. [vgl. auch OLG Oldenburg – → Nr. 5088].

Betrag: 25.000 € **Haftung: 100 %**
immVorb: Ja **MdE: –**

LG Kiel 27.6.2006 – 4 O 251/05 = NJW 2007, 1002

5360

Persönlichkeitrechtsverletzung (hier: Veröffentlichung von Paparazzifotos auf denen zu sehen ist, wie die Klägerin zusammen mit ihrem Vater an einem Berliner Flughafen in ein Taxi steigt).

Frau (alter nicht bekannt). Der Beklagte, Verlag einer Zeitschrift, veröffentlichte Paparazziaufnahmen der Klägerin – an der Seite Ihres Vaters – unter der Überschrift (der Titelstory) „Wer ist das junge Mädchen an seiner Seite?". Durch diese Aufnahmen (am Flughafen Berlin-Tegel und beim Einsteigen in ein Taxi) wurde das bis zu diesem Zeitpunkt unbekannte Aussehen der Klägerin publik, so dass sie auch in Zukunft damit zu rechnen hat, erkannt zu werden, was bislang erfolgreich vermieden worden war. Das OLG bestätigte das Urteil des LG, welches bei der Schmerzensgeldbemessung sorgfältig abgewogen hatte zwischen der schwere des Eingriffs in das Persönlichkeitsrechts der Klägerin und der Pressefreiheit. Es berücksichtigte dabei zum einen die aus der Rechtsverletzung gezogenen wirtschaftlichen Vorteile als auch das Ausmaß der mit 161.500 Zeitschriften weit verbreiteten Auflage, deren Steigerung – so bereits das LG – die Beklagte zumindest billigend in Kauf genommen und somit insofern vorsätzlich gehandelt hatte.

Betrag: 30.000 € **Haftung: 100 %**
immVorb: – **MdE: –**

OLG Celle 5.10.2016 – 13 U 78/16 = unveröffentlicht

6554

Persönlichkeitrechtsverletzung (hier: Grob fahrlässige Veröffentlichung unwahrer Behauptungen durch die Veröffentlichung im Innenteil des von der Beklagten verlegten Magazins unter der Überschrift „F – Alkohol Rückfall". Auf den vierseitigen Artikel wurden die Leser des Magazins bereits auf deren Titelseite hingewiesen. Ferner veröffentlichte die Beklagte zu 1 eine nahezu wortgleiche Berichterstattung auf der Internetseite www.anonym.de mit der Überschrift „Alkohol Rückfall – F trinkt wieder!".

Frau (Schauspielerin). In der Veröffentlichung sah das LG eine schwerwiegenden Persönlichkeitsrechtsverletzung, die die Beklagte auch verschuldet habe, „da sie zumindest grob fahrlässig ihre journalistische Sorgfalt missachtet" hatte. „Vor diesem Hintergrund und der erneuten Abwägung der zuvor dargestellten Umstände ist", so das LG, „eine Geldentschädigung in Höhe von 35.000 EUR angemessen, um die Klägerin für die erlittene Unbill zu entschädigen und die Beklagten anzuhalten, in vergleichbaren Fällen mehr Augenmaß und Zurückhaltung an den Tag zu legen".

Betrag: 35.000 € **Haftung: 100 %**
immVorb: – **MdE: –**

LG Köln 1.3.2017 – 28 O 41/16 = BeckRS 2017, 104661

3554

Persönlichkeitrechtsverletzung/(hier: Heimliches Filmen des Geschlechtsverkehrs und Sexualhandlungen, den bzw. die der Beklagte mit einer Bekannten mehrfach [oral] ausübte. Anschließend stellte er Filmausschnitte ins Internet, sodass die Klägerin erheblich in der Öffentlichkeit, zuletzt sogar in der Nachbarschaft verunglimpft wurde).

Frau. Der Kläger wurde wegen Beleidigung nach § 185 StGB verurteilt und im Wege des Adhäsionsverfahrens zu 35.000 Euro Schmerzensgeld verurteilt. Erschwerend sah das AG zutreffend die Absicht des Bekl. „die Kl. als eine sexbesessene Frau, die man nur anzurufen brauche, um die abgebildeten sexuellen Kontakte zu erhalte", was entsprechend auch von vielen Personen so verstanden worden sei.

Betrag: 35.000 € **Haftung: 100 %**
immVorb: – **MdE: –**

AG Marburg 9.1.2006 – 51 Ls 2 Js 6842/04 = BeckRS 2006, 3649

5399

Persönlichkeitsrechtsverletzung (hier: Recht am eigenen Bild: Die Beklagte hatte in der von ihr verlegten Zeitschriften insgesamt neunmal Bilder gezeigt, auf denen die Klägerin zu sehen war, wie sie das Krankenhaus betrat oder verließ).

Corinna Schumacher (Ehefrau des prominenten Ex-Formel-1-Weltmeisters). Bei der Schmerzensgeldbemessung berücksichtigte das OLG „dass die Beklagte immer wieder das Bildnisrecht der Klägerin verletzt hat, und dies auch zu einer Zeit, als ihr aufgrund der vorangegangenen rechtlichen Schritte der Klägerin gegen die Bildnisveröffentlichungen nicht nur bekannt war, dass die Klägerin die Veröffentlichung von Bildern, die sie am Krankenhaus zeigten, nicht wollte, sondern auch, dass diese Veröffentlichungen tatsächlich rechtswidrig waren. Es ist gerade diese bewusste und andauernde Missachtung des entgegenstehenden Willens der Klägerin und des Rechts, die eine solche besondere Schwere der Rechtsverletzung begründet, dass die Zuerkennung einer Geldentschädigung in nicht unbeträchtlicher Höhe geboten ist". [Mehr zu diesem Thema unter Beck'sche Schmerzensgeldtabelle Kapitel VII a. Persönlichkeitrechtsverletzungen].

Betrag: 60.000 € **Haftung: 100 %**
immVorb: – **MdE: –**

OLG Hamburg 31.1.2017 – 7 U 94/15 = BeckRS 2017, 113438

6564

Persönlichkeitrechtsverletzung, schwere (hier: Bildveröffentlichungen trotz des bekannten und eindeutig entgegenstehenden Willens der Klägerin).

Frau (Ehefrau von Michael Schumacher). Die Beklagte – Herausgeberin zahlreicher sogenannter Frauenzeitschriften – hatte „über einen Zeitraum von drei Monaten in insgesamt neun Heften, teilweise auf der Titelseite, teilweise großformatig im Innenteil, wieder und wieder das gleiche Motiv, das die Klägerin am 3.1.2014 vor der Klinik in G. zeigt, veröffentlicht, obwohl sie spätestens seit dem 17.1.2014 (erste Abmahnung, Anlagenkonvolut K 4) wusste, dass die Klägerin mit der Bildnisveröffentlichung nicht einverstanden ist". Zur Höhe der Entschädigung führte das LG aus: „Ausgehend von vier Veröffentlichungen nach Bekanntwerden des entgegenstehenden Willens der Klägerin und jedenfalls zwei Veröffentlichungen nach Zustellung der ersten einstweiligen Verfügungen sowie unter Berücksichtigung des nicht unerheblichen Verbreitungsgrades dieser Veröffentlichungen (Mediadaten Anlagenkonvolut K 24) hält die Kammer eine Geldentschädigung in Höhe von 60.000 Euro für geboten, aber auch ausreichend, um der eingetretenen schweren Persönlichkeitsrechtsverletzung gerecht zu werden. Dabei hat die Kammer einerseits das erhebliche Informationsinteresse der Öffentlichkeit und andererseits die einmalige Ausnahmesituation für die Klägerin berücksichtigt".

Betrag: 60.000 € **Haftung: 100 %**
immVorb: – **MdE: –**

LG Hamburg 25.9.2015 – 324 O 161/15 = BeckRS 2015, 17513

7012

Persönlichkeitsrechtsverletzung (hier: Veröffentlichung eines Videos, dass die Klägerin in einer herabsetzenden und sexuell übergriffigen Situation gezeigt).

16j. Frau. Die Klägerin war nach einem Konzert des Rappers Bushido in Münster in alkoholisiertem Zustand mit in die Hotelunterkunft von Bushido gegangen, indem sich dieser und andere Männer befanden. Über den weiteren Vorgang wurde ein Video gefertigt, das später auch auf dem Twitch-Kanal des Rappers verfügbar war. In diesem Video, das dem Gericht vorlag, konnte man wohl die auf dem Bett von Bushiodo und neben diesem, nur in Unterwäsche bekleidete, junge Frau liegen sehen; sie wurde dabei von den Männern bedrängt, in dem diese versuchen, sie zum Sex zu überreden. Dabei fallen Sätze wie „Willst Du Deine Hose ausziehen?" oder ob sie „etwas für die Kamera zeigen" und „ficken" möchte. Zudem redet Bushido auf die Klägerin, von der er selbst nicht sicher wusste, ob sie nicht noch minderjährig war, ein, sie solle sich überlegen, was sie wolle und Wörter wie „weiß ich nicht", wolle er dabei nicht hören. Zugleich stellt er in Aussicht, dass das Verlassen des Hotelzimmers für die Frau ungemütlich enden könnte indem er ihr gegenüber äußerte „Wohin willst Du denn jetzt gehen? Draußen in den Wald?". Die heute ca. 33-jährige Frau sah sich durch das Video trotz ihrer – unzureichenden – Verpixelung in ihren Persönlichkeitsrechten verletzt. Das sah das LG in der mündlichen Verhandlung vom 30.3.2022 ebenso und bemaß den Rahmen für ein angemessenes Schmerzensgeld wegen der schwerwiegenden Persönlichkeitsrechtsverletzung mit 50.000 bis 75.000 EUR woraufhin sich die Parteien auf 62.500 EUR im Rahmen eines Vergleichs einigten. [Anmerkung: Grundsätzlich werden in dieser Datenbank nur Gerichtsentscheidungen vorgestellt. Aufgrund des Sachverhalts und der vom LG Mannheim sehr präzisen Vorgabe des Rahmens in dem sich für diesen Fall ein angemessenes Schmerzensgeld bewegt, wird hiervon eine Ausnahme gemacht].

Betrag: 62.500 € **Haftung: 100 %**
immVorb: – **MdE: –**

LG Mannheim 30.3.2022 – 14 O 193/21 = unveröffentlicht

5712

Persönlichkeitrechtsverletzung durch Veröffentlichung von insgesamt neun Artikeln über, die alle ohne Zustimmung der Eltern, Caroline und Ernst August von Hannover, aus großer Distanz mit heimlich aufgenommenen Fotos der kurz vorher geborenen Klägerin illustriert worden waren. Unter anderem handelte es sich dabei um einen im August 1999 veröffentlichten Artikel, der unter der Schlagzeile „Caroline. Die ersten Fotos. Das heimliche Babyglück" auf der Titelseite und im Innenteil des Heftes Fotos enthielt, die ebenfalls wiederum heimlich aus großer Entfernung auf einem Anwesen der Eltern der Klägerin aufgenommen worden waren.

Kind (Kleinkind). Bildveröffentlichung eines Kleinkindes: Der BGH betonte, im vorliegenden Falle könne es „auf sich beruhen, ob und unter welchen Voraussetzungen die Kl. dadurch zu einer Person der Zeitgeschichte werden könnte, dass sie auf Fotos zusammen mit ihrer Mutter abgebildet wird. Dies sei nur dann der Fall, wenn sie als deren Angehörige in der Öffentlichkeit auftreten oder im Pflichtenkreis ihrer Eltern öffentliche Funktionen wahrnehmen, was jedoch vorliegend unzweifelhaft nicht gegeben war. Nach diesen Grundsätzen genießt im Streitfall das besondere Schutzbedürfnis der kindlichen Persönlichkeitsentwicklung der Kl. grundsätzlich den Vorrang vor der Berichterstattung in den Medien. Die beanstandeten Fotos zeigen die Kl. und deren Eltern im Alltagsleben, also bei rein privaten Tätigkeiten. Sie tragen in keiner Weise zu einer wichtigen öffentlichen Auseinandersetzung in einer demokratischen Gesellschaft bei, die den Schutz des Artikel 5 Absatz I GG in Anspruch nehmen könnte, sondern dienen nur dem Zweck, die Neugier eines bestimmten Publikums im Hinblick auf Einzelheiten aus dem Privatleben der Betroffenen zu befriedigen, wobei sich das Interesse an der Klägerin ausschließlich aus der Einstufung ihrer Eltern als sogenannte Prominente ableitet", so der BGH. „Eine wiederholte und hartnäckige Verletzung des Rechts am eigenen Bild, die um des wirtschaftlichen Vorteils willen erfolgt, kann sich als schwere, einen Anspruch auf Geldentschädigung rechtfertigende Verletzung des allgemeinen Persönlichkeitsrechts des Betroffenen darstellen, auch wenn die einzelne Bildveröffentlichung jeweils für sich betrachtet nicht als schwerwiegend einzustufen ist".

Betrag: 76.694 € **Haftung: 100 %**
immVorb: – **MdE: –**

BGH 5.10.2004 – VI ZR 255/03 = BeckRS 2004, 11964

6570

Persönlichkeitrechtsverletzung durch 15 Berichterstattungen, die in einer von der Beklagten herausgegebenen „Frauenzeitschrift" unter Verwendung von nicht legitimierten Fotos der Klägerin – in 14 Fällen zudem mit Fotomontagen verfälscht – sowie von Falschzitaten und einem Bericht über eine (nicht bestehende) Schwangerschaft der Klägerin veröffentlicht worden waren.

Frau (Prinzessin eines Königshauses). Das LG sah durch die Bericht der Beklagten das Vorliegen einer schwerwiegenden Persönlichkeitsrechtsverletzung in mehrfacher Hinsicht als gegeben an. Zum einen bereits dadurch, dass zahlreiche Veröffentlichungen nicht nur in rechtswidriger Weise in das Privatleben der Klägerin eingriffen, sondern auch über unwahre Tatsachen und angebliche Liebesbeziehungen berichtet worden war und zum anderen auch deshalb, weil die Klägerin zudem auch in besonders abträglicher Weise – als Partygängerin mit einem ausschweifenden Lebensstiel und Drogen – dargestellt wurde, ohne dass hierfür auch nur im Ansatz eine hinreichende Tatsachengrundlage vorgetragen worden wäre.

Betrag: 92.500 € **Haftung: 100 %**
immVorb: – **MdE: –**

LG Hamburg 3.5.2013 – 324 O 1192/07 = BeckRS 2013, 198337

6572

Persönlichkeitrechtsverletzungen (hier: Veröffentlichung von zahlreichen Paparazzi-Fotos, die den Kläger und seine Ehefrau in einer Art und Weise zur Schau stellen, die an Voyeurismus grenzt).

Mann (Ehemann von Prinzessin M. v. Schweden). Die Beklagte verlegt die „Frauenzeitschrift" „B" und hat über die Hochzeit des Klägers mit der Prinzessin und deren Flitterwochen auf einer kleinen Insel ausführlich berichtet. „Maßgeblich ist für die Annahme einer schwerwiegenden Verletzung zudem, ob sich der Kläger im Zeitpunkt der Aufnahmen in einer Situation der Abgeschiedenheit befand. Dieses Merkmal setzt nach der Rechtsprechung des Bundesverfassungsgerichts kein vollständiges Alleinsein voraus. Ausschlaggebend ist vielmehr, ob der Einzelne eine Situation vorfindet oder schafft, in der er begründetermaßen und somit auch für Dritte erkennbar davon ausgehen darf, den Blicken der Öffentlichkeit nicht ausgesetzt zu sein" (BVerfG Urt. v.15.12.1999 – 1 BvR 653/96 Rn. 79) … Eine solche Situation der absoluten Zurückgezogenheit und Abgeschiedenheit liegt hier vor … Es kommt hinzu, dass die Bildberichterstattung in erster Linie Strand- und Bikini- bzw. Badehosenbilder zeigt und damit den Kläger (und seine Ehefrau) in einer Art und Welse zur Schau stellt, die an Voyeurismus grenzt. Weiter kommt hinzu, dass die Aufnahmen eine für aus großer Entfernung geschossene Paparazzi-Bilder enorme Schärfe aufweisen, so dass tatsächlich kleinste Details – wie das Streifenmuster der Badehose und das Tattoo – erkennbar sind." Zur Höhe führte das LG aus: „Unter erneuter Würdigung sämtlicher Umstände erachtet die Kammer eine Geldentschädigung von 100.000 EUR für geboten, aber auch ausreichend. Die Verletzung der Rechte des Klägers hat, nicht zuletzt auch aufgrund des ganzseitigen Fotos auf der Titelseite und des doppelseitigen Fotos im Innenteil, ein ganz erhebliches Gewicht und erfolgte in keineswegs geringem Maße schuldhaft".

Betrag: 100.000 € **Haftung: 100 %**
immVorb: – **MdE: –**

LG Hamburg 22.10.2019 – 324 O 72/14 = BeckRS 2016, 7933

6565

Persönlichkeitrechtverletzungen, schwere (hier: Bildberichte in Frauenzeitungen über das Liebesleben der Klägerin mit frei erfundenen Zitaten und unter Einsatz von Fotomontagen).

Frau (Prinzessin und Thronfolgerin des schwedischen Königshauses). Die Beklagte – Herausgeberin zahlreicher sogenannter Frauenzeitschriften – hatte über einen Zeitraum von mehreren Monaten in insgesamt 24 Artikeln – von denen 18 Berichte unter Verwendung von Fotomontagen auf den Titelseiten beworben worden waren – über das Liebesleben der Prinzessin berichtet. Das LG sah darin eine schwerwiegende Persönlichkeitrechtsverletzung, da „ihr Liebesbeziehungen unterstellt und über diese spekuliert wird, die tatsächlich nicht bestanden hatten". Durch diese Berichterstattungen wird, so das LG, „nicht nur der Kernbereich der Privatsphäre der Klägerin verletzt, sondern aufgrund der gänzlichen Unwahrheit der Kernaussage der Berichterstattungen ein grundlegend falsches Bild von der Klägerin gezeichnet". Zudem erschwerten erfundene Zitate und Fotomontagen diese Verletzungen. Zur Höhe führte das LG aus: „Unter Gesamtabwägung aller Umstände erachtet die Kammer eine Verurteilung zur Zahlung einer Geldentschädigung in Höhe von 107.500 EUR für geboten, aber auch ausreichend. Beim Geldentschädigungsanspruch steht der Gesichtspunkt der Genugtuung des Opfers im Vordergrund, außerdem dient der Anspruch der Prävention; eine Gewinnabschöpfung findet nicht statt".

Betrag: 107.500 € **Haftung: 100 %**
immVorb: – **MdE: –**

LG Hamburg 3.5.2013 – 324 O 1193/07 = BeckRS 2013, 198338

f) Persönlichkeitsrechtsverletzung Mobbing

Vorbemerkung: Zu dieser Thematik finden Sie im Handbuch (→ Rn. 226–241) eine kurze Darstellung der Rechtslage sowie nachfolgend einige interessante Entscheidungen:

7936

Persönlichkeitsrechtsverletzung wegen vermeintlichem Mobbing: Behauptete anhaltende psychische Belastungen und Ausgrenzungen am Arbeitsplatz sowie geltend gemachte Benachteiligungen aufgrund einer Schwerbehinderung (ua im Kontext eines arbeitgeberseitigen Verbots zur Mitnahme eines Hundes an den Arbeitsplatz).

37j. Frau Sachbearbeiterin in der Zentralen Bußgeldstelle). Kein immaterieller Schadensersatz wegen (vermeintlichem) Mobbing bzw. behinderungsbedingter Benachteiligung. Das LAG betonte die Notwendigkeit einer konkreten, substantiierten Darlegung der angeblichen Mobbing-Handlungen. Die vom Arbeitgeber getroffenen personellen und organisatorischen Maßnahmen (wie das Hundemitnahmeverbot) hielten einer Überprüfung am Maßstab des Direktionsrechts (§ 106 GewO) stand und waren sachlich gerechtfertigt, weshalb weder Ansprüche aus § 15 Abs. 2 AGG noch aus §§ 823, 253 Abs. 2 BGB begründet waren. Zudem wies das LAG noch daraufhin, dass – soweit die Klägerin meint, angesichts medizinischer Grundlagen einen niederschwelligen Würdeschutz beanspruchen zu können- dies nicht dem mit § 3 Abs. 3 AGG normierten Rechtsrahmen entspräche.

Betrag: – **Haftung: –**
immVorb: – **MdE: –**

LAG Rheinland-Pfalz 8.1.2026 – 4 SLa 107/25 = BeckRS 2026, 10537

7868

Persönlichkeitsrechtsverletzung, behauptete (hier: Die Klägerin hatte behauptet, die Beklagte habe durch „systematisches Mobbing ihre psychische Gesundheit beschädigt, weshalb sie ihr Studium nicht ordnungsgemäß habe abschließen können").

30j. Frau (Modedesignerin). Kein Schmerzensgeld wegen behauptetem Mobbing: „Ein Schadensersatzanspruch wegen "Mobbing„ erfordert bei objektiver Betrachtung ein systematisches, unfaires, schikanöses oder gesundheitsschädliches Verhalten des Schädigers unter Verstoß gegen Rücksichtsnahmepflichten, wobei ein Fortsetzungszusammenhang zwischen mehreren Einzelhandlungen bestehen muss. Bei zeitlich weit auseinanderliegenden Handlungen ist in der Regel kein systematisches Vorgehen anzunehmen. Die Darlegungs- und Beweislast trägt der Anspruchsteller, Beweiserleichterungen kommen insoweit nicht in Betracht." (Amtliche Leitsätze). Das OLG verwies insofern auf zwei Entscheidungen des BAG vom 14.11.2013 – 8 AZR 813/12, BeckRS 2014, 66815 sowie vom 16.5.2007 – 8 AZR 709/06, BeckRS 2007, 47003. Vgl. dazu auch im Handbuch unter → Rn. 226].

Betrag: – **Haftung: –**
immVorb: – **MdE: –**

OLG Dresden 8.12.2025 – 4 U 862/25 = BeckRS 2025, 38762

7430

Persönlichkeitsrechtsverletzung wegen Mobbings durch von ihm behauptete Handlungen einer Schulleiterin und des Personals des zuständigen staatlichen Schulamtes.

54. Mann (Lehrer). Kein Schmerzensgeld wegen „Mobbings". Voraussetzung des beamtenrechtlichen Schadensersatzanspruchs ist, dass der Dienstherr eine dem Beamten gegenüber bestehende Pflicht (Fürsorgepflicht des Dienstherrn aus § 45 BeamtStG) schuldhaft verletzt hat, die Rechtsverletzung adäquat kausal für den Schadenseintritt war und der Beamte es nicht unterlassen hat, den Schaden durch Gebrauch eines ihm zumutbaren Rechtsmittels abzuwenden. Begehrt ein Beamter – wie hier – immateriellen Schadensersatz wegen „Mobbings" durch seine Schulleiterin hat er zunächst ein Verwaltungsverfahren durch einen beim beklagten Land zu stellenden Antrag auf Schadensersatz in Gang zu setzen. Erfolgt dies nicht, führt dies dazu, dass die Leistungsklage des Klägers auf immateriellen Schadensersatz wegen „Mobbings" bereits als unzulässig abgewiesen wird. Vgl. dazu im Handbuch → Rn. 407b.

Betrag: – **Haftung: –**
immVorb: – **MdE: –**

OVG Berlin-Brandenburg 29.2.2024 – OVG 4 B 5.19 = BeckRS 2024, 5934

7607

Persönlichkeitsrechtsverletzung, behauptete (hier: Mobbingvorwurf, der jedoch nicht ausreichend begründet werden konnte.)

62j. Frau (Amtsinspektorin). Kein Schmerzensgeld: Die Klägerin begehrt immateriellen Schadensersatz wegen einer Verletzung der beamtenrechtlichen Fürsorgepflicht. Sie war seit dem Jahr 2003 wiederholt dienstunfähig erkrankt, zum September 2021 wurde sie wegen dauernder Dienstunfähigkeit vorzeitig in den Ruhestand versetzt und begehrte ein Schmerzensgeld in Höhe von 40.000 EUR, da sie – seit Durchführung ihrer Geschlechtsangleichung in ihrem Arbeitsumfeld massivem Mobbing ausgesetzt gewesen sei; insbesondere habe die Beihilfestelle ihrer damaligen Ehefrau die bevorstehende Geschlechtsangleichung offengelegt; ihre hierauf bezogene Beschwerde sei „unter den Tisch gekehrt" worden. Zudem habe ihr Referatsleiter ihren Einsatz als „absolute Fehlbesetzung" bezeichnet. Im Dezember 2018 sei ihr Urlaubsantrag fehlerhaft und unter Bezugnahme auf vorangegangene Fehlzeiten abgelehnt worden. Schließlich sei sie nicht amtsangemessen beschäftigt worden. Das BVerwG wies die Klage als unbegründet ab, bestätigte jedoch, dass mit dem beamtenrechtlichen Schadensersatzanspruch wegen Verletzung der Fürsorgepflicht kann auch ein Ersatz für immaterielle Schäden geltend gemacht werden könne. „Voraussetzung hierfür ist, dass der Dienstherr die dem Beamten gegenüber bestehende Fürsorgepflicht schuldhaft verletzt hat, die Rechtsverletzung adäquat kausal für den Schadenseintritt war und der Beamte es nicht unterlassen hat, den Schaden durch Gebrauch eines ihm zumutbaren Rechtsmittels abzuwenden. Diese Anforderungen gelten grundsätzlich auch, wenn Schmerzensgeld wegen „Mobbings" geltend gemacht wird. Mit der Bezugnahme auf „Mobbing" wird in der Rechtsprechung aber insoweit eine Erleichterung gewährt, als ein bestimmtes Gesamtverhalten als Verletzungshandlung im Rechtssinne qualifiziert wird", so das BVerwG, dass jedoch keine „Anhaltspunkte für eine Verletzung der beamtenrechtlichen Fürsorgepflicht erkennen" konnte. [vgl. dazu auch im Handbuch → Rn. 227 und → Rn. 238].

Betrag: – **Haftung: –**
immVorb: – **MdE: –**

BVerwG 28.3.2023 – 2 A 12.21 = BeckRS 2023, 12962

7070

Persönlichkeitsrechtsverletzung wegen Mobbings eines Priesters durch ein Mitglied (hier: Bischof) seiner Kirche.

Mann (Priester). Der Kläger steht als Priester im Dienste einer der griechisch-orientalischen (orthodoxen) Kirchengemeinden in Österreich und ist in den Pfarrgemeinden W. und W. im Auftrag des Bischofs tätig. Mit seiner an das Arbeits-und Sozialgericht gerichteten Klage begehrt der Kläger von der Beklagten aus dem Titel Schmerzengeld wegen Mobbing durch den Bischof einen Betrag von 7.500 Euro. Dem von der Beklagten erhobenen Einwand der Unzulässigkeit des Rechtswegs hielt der Kläger entgegen, dass er mit seinem Begehren einen Anspruch aus dem zwischen den Parteien bestehenden Dienstverhältnis geltend mache, der nicht vom verfassungsrechtlichen Gebot der Freiheit der Religionsausübung umfasst sei. Mit dem angefochtenen Beschluss bestätigte der OGH als „Rekursgericht" die Zurückweisung der Klage wegen Unzulässigkeit des ordentlichen Rechtswegs durch das Erstgericht und betonte, es entspräche „der ständigen Rechtsprechung, dass der Staat und damit die weltlichen Gerichte in den innerkirchlichen Bereich nicht eingreifen dürfen, sodass der Rechtsweg in solchen Angelegenheiten unzulässig ist (Art. 15 StGG; RS0045553 [T3]). Der Gehalt des Begriffs der inneren Angelegenheiten ist unter Bedachtnahme auf das Wesen der jeweiligen gesetzlich anerkannten Kirche oder Religionsgesellschaft nach deren Selbstverständnis zu bestimmen (VfGH G 146/87; G 147/87; Neumayr in Neumayr / Reissner, ZellKomm3 § 132 ArbVG Rz. 55; 9 ObA 129/11b Pkt 2.)"; deshalb sei „der Rechtsweg vor den staatlichen Gerichten für das auf Mobbinghandlungen des Bischofs gegründete Schadenersatzbegehren nicht zulässig".

Betrag: – **Haftung: –**
immVorb: – **MdE: –**

OGH Österreich 19.12.2022 – 9 ObA 124/22h = BeckRS 2022, 40069

6527

Persönlichkeitrechtsverletzung / Mobbing, behauptetes… mit – aus Sicht des Klägers – daraus resultierenden psychischen Beeinträchtigungen in Form von depressiven Episoden, Schwierigkeiten bei der Lebensbewältigung, Spannungskopfschmerzen und beidseitigem Tinnitus.

29j. Mann (Prüfer). Kein Schmerzensgeldanspruch. Der Beklagte hatte den Kläger 14 mal in 8 Jahren abgemahnt und ihm gekündigt. Die Abmahnungen hatten „Arbeitszeitverstöße wegen (langer) Privattelefonate während der Arbeitszeit, wegen eigenmächtigen Fernbleibens von der Arbeit oder Zuspätkommens sowie Schlechtleistungen aufgrund mangelnder Kenntnisse, Verstöße gegen Arbeitsanweisungen, Bekleidungsrichtlinien oder die Meldepflichten im Zusammenhang mit Arbeitsunfähigkeit zum Gegenstand". Der Kläger forderte 53.000 EUR Schmerzensgeld wegen Mobbings und trug vor, er „würde sich ständig kritisiert fühlen und stünde unter einer starken Verunsicherung, da die Beklagten ihm suggerieren würden, er sei fachlich und persönlich ungeeignet bzw. minderwertig, was seine Würde verletzten würde". Das LAG sah jedoch weder die 14 Abmahnungen in acht Jahren, die Kündigung und die zwei Kündigungszustimmungsanträge, der Entgeltrechtsstreit noch die weiteren Maßnahmen weder einzeln noch in einer Gesamtschau als eine Persönlichkeitsrechtsverletzung im Rechtssinne an. „Mobbing" – so das LAG zutreffend – ist kein Rechtsbegriff und damit auch keine mit einer Rechtsnorm vergleichbare selbständige Anspruchsgrundlage für Ansprüche eines Arbeitnehmers gegen seinen Arbeitgeber oder gegen Vorgesetzte bzw. Arbeitskollegen. Nicht alles, was als „Mobbing" bezeichnet wird, ist von rechtlicher, insbesondere arbeitsrechtlicher oder schadensrechtlicher Relevanz.

Betrag: – **Haftung: –**
immVorb: – **MdE: –**

LAG Köln 10.7.2020 – 4 Sa 118/20 = BeckRS 2020, 22826

6300

Persönlichkeitsrechtsverletzung wegen behaupteter Diskriminierung (Verstoß gegen das AGG) und Mobbing.

Frau (Lehrerin / Studienrätin). Kein Schmerzensgeldanspruch wegen Diskriminierung und Mobbing: „Eine Versetzung in den Ruhestand wegen Dienstunfähigkeit oder Krankheit indiziert nicht die Vermutung einer Benachteiligung wegen einer Behinderung." Die Klägerin hatte mindestens 100.000 EUR gefordert und dies damit begründet, dass ein „Verstoß gegen das AGG … offenkundig [sei], da der Beklagte die Behinderung der Klägerin vollständig ignoriert und nach deutlichen Hinweisen auf die einzuhaltenden Schutzbestimmungen keinerlei Maßnahmen ergriffen habe, um Abhilfe zu schaffen. Im Gegenteil habe der Beklagte die Zwangspensionierung trotz anderslautender Atteste vorangetrieben und letztlich umgesetzt. Damit sei der Klägerin ohne Not ein Berufsverbot auferlegt und sie für sechs Jahre außer Gefecht gesetzt worden. Die Zwangspensionierung habe ihre Ursache in der Behinderung, da daraus auf die Dienstunfähigkeit geschlossen worden sei." Eine Diskriminierung sah das VG als nicht gegeben und führte zum Mobbingvorwurf zutreffend aus: „Nicht jede Auseinandersetzung, Meinungsverschiedenheit oder nicht gerechtfertigte Maßnahme des Dienstherrn stellt bereits eine rechtswidrige und vorwerfbare Verletzung der Rechtsgüter des Beamten und damit eine unerlaubte Handlung iSv Mobbing dar. Mobbing setzt ein systematisches Anfeinden, Schikanieren oder Diskriminieren von Beschäftigten untereinander oder durch Vorgesetzte voraus. Die Grenze zum nicht rechts- bzw. sozialadäquaten Verhalten ist erst dann überschritten, wenn Verhaltensweisen bezwecken oder bewirken, dass die Würde des Arbeitnehmers verletzt und ein durch Einschüchterungen, Anfeindungen, Erniedrigungen, Entwürdigungen oder Beleidigungen gekennzeichnetes Umfeld geschaffen wird".

Betrag: – **Haftung: –**
immVorb: – **MdE: –**

VG Würzburg 26.11.2019 – W 1 K 18.1029 = BeckRS 2019, 30279

6639

Persönlichkeitrechtsverletzung wegen behauptetem Mobbing.

Frau (Leiterin Qualitätsmanagement bei der Beklagten). Kein Schmerzensgeldanspruch wegen nicht erwiesenem Mobbing. Hierzu führte das LAG aus: „Dies folgt auch nicht aus dem von ihr vorgelegten „ärztlichen Attest" … . Die Ärztin referiert in diesem Attest lediglich die Angaben der Kl. ihr gegenüber. Das ergibt sich sowohl aus dem Wortlaut des Attestes „Sie gibt an" als auch daraus, dass das am … ausgestellte Attest Aussagen zur Zeit „seit April 2018" trifft, während die Klägerin sich erst seit dem 18. Juni 2018 in Behandlung bei der das Attest ausstellenden Ärztin befand. Beweiserleichterungen für die Klägerin sind nicht anzunehmen. Es gibt keine unwiderlegbare Vermutung für die Kausalität zwischen „mobbingtypischem" medizinischem Befund und den behaupteten Mobbinghandlungen."

Betrag: – **Haftung: –**
immVorb: – **MdE: –**

LAG Rheinland-Pfalz 11.9.2019 – 7 Sa 56/19 = BeckRS 2019, 39423

6277

Mobbing wegen ostdeutscher Herkunft.

Mann. Kein Schmerzensgeldanspruch aus § 1 AGG, wenn ein Mitarbeiter ostdeutscher Herkunft sich von seinen Vorgesetzten "wegen seiner ostdeutschen Herkunft stigmatisiert und gedemütigt" sieht. Die Herabwürdigung eines Mitarbeiters wegen seiner ostdeutschen Herkunft stellt keine Benachteiligung im Sinne des § 1 AGG wegen der ethnischen Herkunft oder Weltanschauung dar. Denn – so das ArbG Berlin – Menschen ostdeutscher Herkunft seien nicht Mitglieder einer ethnischen Gruppe oder Träger einer einheitlichen Weltanschauung. Das ArbG lehnte auch einen Schadensersatzanspruch wegen einer Persönlichkeits- oder Gesundheitsverletzung ab, weil der Kläger den Arbeitgeber nicht rechtzeitig auf das Verhalten seiner Vorgesetzten und die Gefahr eines ungewöhnlich hohen Schadens – circa 800.000 Euro – aufmerksam gemacht habe. Das Mitverschulden des Klägers an dem einmal angenommenen Schaden wiege derart schwer, dass eine Ersatzpflicht des Arbeitgebers entfalle. [Mobbing wegen ostdeutscher Herkunft]

Betrag: – **Haftung: –**
immVorb: – **MdE: –**

ArbG Berlin 15.8.2019 – 44 Ca 8580/18 = BeckRS 2019, 26654

6517

Persönlichkeitrechtsverletzung wegen behaupteten Mobbings nach Zurückweisung eines Höhergruppierungsantrages, mit dem die Klägerin das Ziel verfolgt hatte, „für ihre enorme Mehrarbeit eine Zulage zu erhalten". Die Klägerin „beschränkt sich darauf, zu behaupten, dass die „Mobbing- und Bossinghandlungen" ihre Arbeitsunfähigkeit bzw. ihre psychische Erkrankung und schließlich ihren Grad der Behinderung von 30 versucht hätten. Sie hat weder eine Bescheinigung des Psychotherapeuten vorgelegt, noch überhaupt eine ärztliche Diagnose dargelegt, die belegen würden, dass tatsächlich eine mobbingtypische Depression vorliegt", so das LAG.

39j. Frau (Sachbearbeiterin). Kein Schmerzensgeldanspruch wegen Mobbings bzw. Bossings. „Da der Arbeitnehmer, der Schadensersatz- oder Schmerzensgeldansprüche gegen seinen Arbeitgeber geltend macht, für das Vorliegen der behaupteten Pflichtverletzungen die Darlegungs- und Beweislast trägt, hat er im Rechtsstreit die einzelnen Handlungen oder Maßnahmen, aus denen er die angeblichen Pflichtverletzungen herleitet, konkret unter Angabe deren zeitlicher Lage zu bezeichnen", so das LAG. Demgegenüber habe das Vorbringen der Klägerin nur pauschale Behauptungen ohne Konkretisierung bestimmter Vorfälle, insbesondere in zeitlicher Hinsicht beinhaltet. Auch betrafen die von der Klägerin im Einzelnen dargestellten Vorfälle verschiedene Kollegen und Vorgesetzte, mit denen die Klägerin im Laufe ihres Arbeitsverhältnisses zeitlich aufeinanderfolgend in Konflikt geraten ist, ohne dass ein Zusammenwirken erkennbar wäre. Die von der Klägerin gerügte „Gesamtheit des Vorgehens der Beklagten" geht nicht über das übliche Maß von Konflikten im Arbeitsleben, die sich durchaus über einen längeren Zeitraum erstrecken können und mit Hilfe der Gerichte zu klären sind, hinaus. Daher hat das Arbeitsgericht das Gesamtbild entgegen der Auffassung der Klägerin zutreffend bewertet.

Betrag: – **Haftung: –**
immVorb: – **MdE: –**

LAG Rheinland-Pfalz 4.6.2019 – 8 Sa 365/18 = BeckRS 2019, 20978

6494

Persönlichkeitrechtsverletzung (hier: Mobbingvorwurf, der jedoch nicht ausreichend begründet werden konnte. „Der Mobbingvorwurf lässt sich nicht damit begründen, dass die Beklagte vom Kläger verlangt hat, an zwei Tagen pro Woche in N. zu arbeiten. Der Kläger hatte sich hierzu in § 1 Ziff. 3 des schriftlichen Arbeitsvertrags vom 1.7.2010 ausdrücklich verpflichtet. Die mit den zwei Dienstorten verbundenen Nachteile und Erschwernisse (lange Pendelzeiten, Einbußen bei den „üblichen Feierabendaktivitäten", Fahrt- und Hotelkosten) sind notwendige Folge der übernommenen vertraglichen Verpflichtung und keine „feindliche Maßnahme" oder „Ausdruck der Geringschätzung", wie der Kläger meint", so das LAG zutreffend.

Mann. Kein Anspruch wegen vermeintlichen Mobbings. Das LAG kam in der Berufung zum Ergebnis, dass die vom Kläger vorgetragenen Vorgänge und Einzelaspekte weder für sich betrachtet noch in ihrer Gesamtheit Verhaltensweisen darstellen, die den geltend gemachten Anspruch begründen könnten. „Bei der Zusammenarbeit im Rahmen von Arbeitsverhältnissen kommt es typischerweise zu Konflikten und Meinungsverschiedenheiten, ohne dass die dabei zutage tretenden Verhaltensweisen des Arbeitgebers oder der Vorgesetzten bzw. Kollegen des Arbeitnehmers zwangsläufig zu einer widerrechtlichen Beeinträchtigung der Rechtsgüter des Arbeitnehmers führen oder einen Verstoß gegen die arbeitsvertragliche Rücksichtnahmepflicht bedeuten. Die Grenze zum nicht rechts- bzw. sozialadäquaten Verhalten ist allerdings dann überschritten, wenn Verhaltensweisen bezwecken oder bewirken, dass die Würde des Arbeitnehmers verletzt und ein durch Einschüchterungen, Anfeindungen, Erniedrigungen, Entwürdigungen oder Beleidigungen gekennzeichnetes Umfeld geschaffen wird", so das LAG mit Verweis auf BAG BeckRS 2016, 113588.

Betrag: – **Haftung: –**
immVorb: – **MdE: –**

LAG Rheinland-Pfalz 4.4.2019 – 5 Sa 105/18 = BeckRS 2019, 18101

5311

Persönlichkeitrechtsverletzung / Mobbing, behauptetes … Die Klägerin behauptete, sie und ihr Ehemann seien durch ein vom Vermieter gedecktes Verhalten des Hausmeisters gemobbt worden und dadaurch erkrankt. Der Hausmeister habe Lärmprotokolle mit falschem Inhalt in ihren Briefkasten geworfen.

Frau. Kein Schmerzensgeldanspruch, denn das Anfertigen und Zustellen von Lärmprotokollen stelle „ein erlaubtes Tun dar und kann als solche nicht mit dem Vorwurf des "Mobbings„ belegt werden", so das AG, welches zudem ausführte: „Liegt ein vom Vermieter zu vertretender Mangel nicht vor, kann ihm die Verletzung einer vertraglichen Schutzpflicht nicht vorgeworfen werden und ein Mieter hat keinen Schmerzensgeldanspruch wegen des von ihm behaupteten Körperschadens infolge "Mobbings„ durch den Vermieter".

Betrag: – **Haftung: –**
immVorb: – **MdE: –**

AG Pforzheim 6.2.2017 – 6 C 260/16 = IMRRS 2017, 0295

4800

Mobbing, behauptetes (hier: Arbeiten von ihm seien „verissen" worden; er sei „degradiert" und „drangsaliert" worden. „Alle diese Umstände hätten sich auf ihn, den Kläger, ausgewirkt in der Gestalt von Schlaflosigkeit, innerer Unruhe, Angstzuständen, Unsicherheit und Depression. Er werde von früheren Mitarbeitern, Kollegen und Vorgesetzten gemieden, geschnitten und mitleidig belächelt. Infolgedessen sei er 2001 lebensgefährlich erkrankt. Zurück geblieben sei eine 60 %ige Schwerbehinderung, die sich in den schweren Folgejahren auf 70 % … erhöht habe."

Mann (Pensionär, vormals Regierungsdirektor). Kein Schmerzensgeldanspruch. Der Kläger begehrte von der Beklagten Schmerzensgeld wegen Mobbing durch fortgesetzte Verletzung seines allgemeinen Persönlichkeitsrechts, seiner Menschenwürde, seines Achtungsanspruchs innerhalb und außerhalb des Unternehmens als leitender Beamter und seines Anspruchs auf eine seinem Rang und seiner Besoldungsgruppe entsprechende Beschäftigung. Das OVG sah jedoch keine Verletzung der genannten Rechtsgüter und ebenfalls kein Mobbing.

Betrag: – **Haftung: –**
immVorb: – **MdE: –**

OVG Münster 12.12.2013 – 1 A 71/11 = BeckRS 2014, 46808

4499

Persönlichkeitrechtsverletzung / Mobbing. Mobbing ist das systematische Anfeinden, Schikanieren oder Diskriminieren durch Kollegen oder Vorgesetzte. Die Besonderheit liegt darin, dass nicht einzelne, sondern die Zusammenfassung mehrerer Einzelakte in einem Prozess zu einer Verletzung des Persönlichkeitsrechts oder der Gesundheit des AN führt. Hierfür ist dieser darlegungs- und beweispflichtig. Dies gelang der Klägerin vorliegend nicht.

Frau (Diplom-Ökonomin). Kein Schmerzensgeldanspruch. „Nicht jede berechtigte oder überzogene Kritik durch den Arbeitgeber stellt eine Persönlichkeitsrechtsverletzung dar, zumal die Klägerin selbst Kritik in heftiger Form übte". Grundsätzlich ist zu beachten, „dass auch länger dauernde Konfliktsituationen im Arbeitsleben vorkommen und der Arbeitgeber sein Direktionsrecht ausüben darf, solange er nicht eindeutig eine schikanöse Tendenz erkennen lässt", so das LAG, welches die auf 893.000 EUR gerichtete Schmerzensgeldklage zurückgewiesen hatte.

Betrag: – **Haftung: –**
immVorb: – **MdE: –**

LAG Düsseldorf 26.3.2013 – 17 Sa 602/12 = BeckRS 2013, 67558

4564

Persönlichkeitrechtsverletzung, angebliche – wegen angeblichem Mobbing.

Mann. Kein Schmerzensgeldanspruch. „Ein Eingriff in das Persönlichkeitsrecht ist nur dann rechtwidrig, wenn das Schutzinteresse des Betroffenen die schutzwürdigen Belange der anderen überwiegt, Wahre Tatsachenbehauptungen müssen in der Regel hingenommen werden, und zwar auch dann wenn sie sich nachteilig auf die betroffene Person auswirken können", so das LAG in seiner insgesamt sehr ausführlichen und sehr lesenswerten Urteilsbegründung.

Betrag: – **Haftung: –**
immVorb: – **MdE: –**

LAG Rheinland-Pfalz 7.9.2012 – 6 Sa 703/11 = BeckRS 2013, 66030

4542

Persönlichkeitrechtsverletzung, vermeintliche wegen angeblichen Mobbings

Frau. Kein Schmerzensgeldanspruch wegen des vermeintlichen Vorwurfs von Mobbing. Schreit ein Vorgesetzter entnervt, er habe „keine Lust auf Kindergarten" oder die Bitte an die Krankenkasse, den MDK um Überprüfung der AU zu ersuchen, wenn die Arbeitnehmerin während ihrer kranheitsbedingten Abwesenheit in ihrem Sportverein einen Spielmannszug betreute sowie eine große Anzahl von Abmahnungen – all dies erfüllt nicht den Tatbestand des Mobbings. Mobbing liegt nur dann vor, wenn der Arbeitnehmer „Verhalten ausgesetzt wird, das bezweckt oder bewirkt, dass seine Würde verletzt und ein von Einschüchterung, Anfeindungen, Erniedrigungen, Entwürdigungen und Beleidigungen gekennzeichnetes Umfeld geschaffen wird.", so das LAG

Betrag: – **Haftung: –**
immVorb: – **MdE: –**

LAG Sachsen-Anhalt 28.8.2012 – 7 Sa 348/10 = BeckRS 2013, 65934

4483

Persönlichkeitrechtsverletzung wegen Mobbing (hier: Abmahnungen; fehlende Einladung zur Produkteinführung; Vorlegen eines schlechteren Arbeitsvertrages; angebliche Herabsetzung des Gehalts etc.)

Mann (Autoverkäufer). Kein Schmerzensgeldanspruch, da bei einer Gesamtwürdigung aller behaupteten Vorkommnisse keine schwerwiegende Persönlichkeitsrechtsverletzung gegeben seien. „Auch insgesamt überwiegen die sachlichen Motive für die vom Kläger beanstandeten Anordnungen und Maßnahmen, ohne dass es einer Entscheidung bedarf, ob sie in jedem Einzelfall einer rechtlichen Überprüfung standgehalten hätten. Nicht schon jeder Irrtum über die einem Arbeitgeber zustehenden Rechte begründet eine Persönlichkeitsrechtsverletzung des betroffenen Arbeitnehmers. eitrechtsverletzung gegeben sei", so das LAG in seiner Begründung.

Betrag: – **Haftung: –**
immVorb: – **MdE: –**

LAG Rheinland-Pfalz 12.1.2012 – 10 Sa 419/11 = BeckRS 2012, 68087

4316

Mobbing, angebliches … sowie behauptete Diskriminierung.

Frau (Erzieherin). Kein Schmerzensgeldanspruch. Das OLG führte hierzu aus, dass „… die Verfahrensakte … es jedoch auch als plausibel erscheinen [lasse], dass die Klägerin, warum auch immer, mit Menschen, mit denen sie beruflich zu tun hat, häufig in kurzer Zeit in Konflikt gerät". Zudem sei, so das OLG, zu beachten, dass „es sich beim allgemeinen Persönlichkeitsrecht um einen offenen Tatbestand handelt", daher werde „die Rechtswidrigkeit nicht durch den Eingriff in die geschützte Rechtssphäre indiziert, vielmehr muss diese aufgrund einer Interessenabwägung jeweils positiv festgestellt werden."

Betrag: – **Haftung: –**
immVorb: – **MdE: –**

OLG München 14.12.2011 – 1 U 639/11 = BeckRS 2011, 28723

4374

Persönlichkeitrechtsverletzung, vermeintliche … wegen angeblichem Mobbing (hier: Nicht ausreichender Vortrag des Kl., wonach der Bekl. gesagt haben soll, er sei „doof", er „gefährde die Firma" und ihm sei wohl „alles egal".).

41j. Mann (Leiter Arbeitsvorbereitung). Kein Schmerzensgeldanspruch wegen „Mobbing". Hierzu führte das LAG aus: „Mobbing ist kein Rechtsbegriff und damit auch keine mit einer Rechtsnorm vergleichbare selbstständige Anspruchsgrundlage für Ansprüche eines Arbeitnehmers gegen seinen Arbeitgeber …. Macht ein Arbeitnehmer einen Schmerzensgeldanspruch aufgrund Mobbings geltend, setzt dieser voraus, dass der in Anspruch Genommene durch sein (Gesamt-)Verhalten eines der in § 253 Abs. 2 BGB benannten Rechtsgüter oder das allgemeine Persönlichkeitsrecht (Art. 2 Abs. 1 i. V. m. Art. 1 Abs. 1 GG) des Arbeitnehmers verletzt hat. Auch in sog Mobbing-Fällen trägt der Arbeitnehmer als Anspruchsteller die Darlegungs- und Beweislast für das Vorliegen einer solchen Verletzungshandlung."

Betrag: – **Haftung: –**
immVorb: – **MdE: –**

LAG Rheinland-Pfalz 23.8.2011 – 3 Sa 125/11 = BeckRS 2011, 78239

5146

Mobbing, vermeintliches (hier: Nach dem Vortrag der Klägerin hat die beklagte „nicht die gebotene Rücksicht auf ihre Gesundheit genommen und sie in diesem Zusammenhang auch insgesamt "respektlos„ behandelt").

Frau. Kein Schmerzensgeldanspruch wegen Mobbing. „Der Rechtsprechung des BAG folgend liegt das kennzeichnende Merkmal einer zum Schadensersatz / Schmerzensgeld verpflichtenden Mobbinghandlung darin, dass der oder die Schädiger das Opfer in systematischer Weise fortgesetzt, bewusst und zielgerichtet anfeinden oder schikanieren. Dabei ist das vom Opfer als "Mobbing„ empfundene Verhalten anderer abzugrenzen von Arbeitsplatzkonflikten, die den sozialadäquaten Rahmen (noch) nicht überschreiten", so das LAG.

Betrag: – **Haftung: –**
immVorb: – **MdE: –**

LAG Köln 25.10.2010 – 7 Sa 1127/09 =

4433

Persönlichkeitrechtsverletzung / Mobbing, angebliches …

Mann. Das Versetzen an eine andere Stelle innerhalb der Firma (hier: von der Hauptkasse zu einer anderen Kasse) liegt innerhalb des Direktionsrechts des Arbeitgebers und stellt – sofern es nicht eindeutig schikanös ist – kein Mobbingtatbestand. das LAG setzte sich zudem mit den Anforderungen an den Inhalt eines sog. Mobbingtagebuchs auseinander.

Betrag: – **Haftung: –**
immVorb: – **MdE: –**

LAG Rheinland-Pfalz 14.8.2009 – 9 Sa 199/09 = BeckRS 2009, 72976

4432

Persönlichkeitrechtsverletzung / Mobbing, angebliches …

Frau (Pflegerin). In den – wenn auch unhöflichen und zum Teil beleidigenden – Anweisungen und Vorhaltungen sah das LAG kein Mobbing oder Schikanieren; daher kein Schmerzensgeldanspruch.

Betrag: – **Haftung: –**
immVorb: – **MdE: –**

LAG Niedersachsen 9.3.2009 – 9 Sa 378/08 = BeckRS 2010, 66442

6468

Persönlichkeitrechtsverletzung wegen – vermeintlichem – Mobbing. Nach Lage der Dinge wäre das Verhalten des Beklagten zu 1), immer unterstellt, die Vorfälle hätten sich tatsächlich so abgespielt, wie vom Kläger behauptet, eher als Ausdruck partieller Überforderung in seiner Rolle als Vorgesetzter und Backstubenleiter zu werten als bewusster und systematischer Versuch, den Kläger als Persönlichkeit „fertig zu machen", so das LAG gegenüber dem Vortrag des Klägers der Beklagte zu 1) habe geäußert, er wolle ihn „fertig" machen, so dass er „von selber geht".

Mann (Bäckermeister). Kein Schmerzensgeldanspruch. „Ein "Mobbing„-Verhalten, das geeignet sein soll, Schadensersatzpflichten auszulösen, ist abzugrenzen von sozialadäquaten arbeitsalltäglichen Konfliktsituationen. Kennzeichen für ein schadensersatzbewehrtes "Mobbing„ ist dabei ein systematisches Verhalten des oder der Schädiger, bei dem eine bestimmte Person fortgesetzt, bewusst und zielgerichtet angefeindet oder schikaniert wird". (amtlicher Leitsatz).

Betrag: – **Haftung: –**
immVorb: – **MdE: –**

LAG Köln 20.11.2008 – 7 Sa 857/08 = BeckRS 2009, 67090

6464

Persönlichkeitrechtsverletzung wegen – vermeintlichem – Mobbing.

Mann (Verkäufer in einem Supermarkt). Kein Schmerzensgeldanspruch. Der Kläger behauptet fortgesetzt vom Marktleiter gemobbt worden zu sein und begründete dies dieser habe ihn im Zusammenhang mit mehreren Erkrankungen vorgeworfen, er würde nur „krankmachen" und dies gehe „so nicht weiter" sowie er stünde „auf der Abschussliste". Das LAG führte dazu aus: „Auch aus den anderen vom Kläger geschilderten streitigen Vorfällen, selbst wenn man sie als wahr unterstellt, lässt sich nicht der Schluss ziehen, er sei „systematisch" von seinen Vorgesetzten – dh vom Bezirksleiter, vom Marktleiter oder der stellvertretenden Marktleiterin – schikaniert worden" und merkte zudem an, dass – aufgrund einer vorgelegten ärztlichen Bescheinigung „F 121 Stör d THC:Gebrauch" – … „mehr als zweifelhaft [sei], ob die vom Kläger vorgetragenen Bemerkungen und Handlungsweisen seiner Vorgesetzten die Krankheitszeiten und Gesundheitsschäden … monokausal hervorgerufen haben".

Betrag: – **Haftung: –**
immVorb: – **MdE: –**

LAG Rheinland-Pfalz 30.10.2008 – 10 Sa 340/08 = BeckRS 2009, 53337

3815

Mobbing (der Kläger erlitt einen Nervenzusammenbruch am Arbeitsplatz. Als Ursache hierfür nannte er Mobbing durch seinen Vorgesetzten).

Mann (Gepäckabfertiger). Kein Schmerzensgeld wegen Mobbings. Das AG sah den Beweis für eine durch Mobbing verursachte Gesundheitsbeeinträchtigung nicht als ausreichend geführt an; so habe es beim Kläger auch bereits vor den Auseinandersetzungen Hinweise auf psychische Krankheiten gegeben, so das AG.

Betrag: – **Haftung: –**
immVorb: – **MdE: –**

ArbG Frankfurt a. M. 27.5.2008 – 15 Ca 787/08 = unveröffentlicht

4438

Persönlichkeitrechtsverletzung / Mobbing, angebliches … (hier: Sexuelle anzügliche Verhaltensweisen und Bemerkungen von Arbeitskollegen. Aufhängen eines Fotos der Kl. in der Herrentoilette etc.).

Frau. Kein Anspruch auf Schmerzensgeld wegen Mobbing. Hierfür fehle – so das LAG – der Fortsetzungszusammenhang im Sinne eines „roten Fadens" bzgl. der Belästigungshandlungen ihrer Arbeitskollegen. Weiterhin führte das LAG aus: „In einem Prozess auf Schmerzensgeld wegen Mobbings trägt nämlich die Kl. die Darlegungs- und Beweislast für die Rechtsgutverletzung und den eingetretenen Schaden. Das gilt sowohl hinsichtlich der behaupteten einzelnen Vorfälle als auch hinsichtlich des Vorliegens einer erheblichen Gesundheitsbeeinträchtigung oder Rechtsgutverletzung sowie des Kausalzusammenhangs zwischen den geschilderten Verhaltensweisen und der Rechtsgutverletzung".

Betrag: – **Haftung: –**
immVorb: – **MdE: –**

LAG Hamm 19.12.2006 – 9 Sa 836/06 = BeckRS 2007, 43977

6463

Persönlichkeitrechtsverletzung wegen – vermeintlichem – Mobbing, das die Klägerin darin begründet sah, dass Prokuristin der Beklagten ihr eine Alkoholabhängigkeit unterstellt habe.

Frau (Wachfrau und Telefonistin). Kein Schmerzensgeldanspruch. „Dem Arbeitsgericht ist auch darin zu folgen, dass, soweit die Prokuristin der Bekl. in diesem Personalgespräch die Vermutung geäußert habe, die Kl. trinke zuviel

Alkohol, hierin jedenfalls kein zielgerichteter systematischer Angriff gegen die Kl. zu sehen ist. … Eine solche Unterstellung findet weder im außergerichtlichen Schreiben vom … 2005 noch in der Email an die Mitarbeiterin … statt. … Eine Alkoholabhängigkeit hat die Bekl. der Kl. nicht unterstellt, sondern eine Besorgnis ihrerseits vorgetragen. Diese Besorgnis wiederum war nicht – zielgerichtet gegen die Kl. – aus der Luft gegriffen; vielmehr gab es sachliche Anhaltspunkte für diese Besorgnis der Bekl., da das Medikament [ergänze: ein Tranquilizer], das die Kl. zumindest seinerzeit einnahm, Nebenwirkungen haben kann, die den Wirkungen des Alkohols entsprechen", so das LAG.

Betrag: – **Haftung: –**
immVorb: – **MdE: –**

LAG Hamm 7.11.2006 – 9 Sa 444/06 = BeckRS 2006, 44997

6462

Persönlichkeitrechtsverletzung mit reaktiv psychischen Störungen als Folge von – vermeintlichem – Mobbing.

Mann (Zahnarzt im Dienstgrad Oberstabsarzt der Bundeswehr). Kein Schmerzensgeldanspruch wegen Mobbings wenn es zwischen seinem Vorgesetzten (Staffelchef der Luftwaffensanitätsstaffel) und dem Kläger über einen Zeitraum von ca. 8 Wochen hinweg „Meinungsverschiedenheiten grundsätzlicher Art" gab, ihm Informationen vorenthalten worden waren und man ihm ein Verhältnis mit einer Kollegin unterstellt und ihn nicht zu einer Feier eines Kollegen eingeladen habe. All dies, so das LG, sei noch kein systematisches und fortgesetztes Verhalten zumal der Gesamtzeitraum von zwei Monaten hierfür „zu kurz" sei.

Betrag: – **Haftung: –**
immVorb: – **MdE: –**

LG Düsseldorf 20.9.2006 – 2b O 229/04 = BeckRS 2006, 11643

6461

Persönlichkeitrechtsverletzung wegen – vermeintlichem – Mobbing.

Mann (LKW-Fahrer). Kein Schmerzensgeldanspruch. Verschiedentliche Äußerungen des Arbeitgebers [ergänze: den LKW nicht „wie ein Schwein" zu fahren, im LKW nicht zu rauchen, keine Privatgespräche mit seiner Ehefrau zu führen etc.], die die Arbeitsleistung kritisieren und dem Arbeitnehmer Sanktionen bei Fehlleistungen ankündigen, rechtfertigen noch keine Schmerzensgeldansprüche wegen Persönlichkeitsverletzung oder „Mobbing". (amtlicher Leitsatz).

Betrag: – **Haftung: –**
immVorb: – **MdE: –**

LAG Nürnberg 5.9.2006 – 6 Sa 537/04 = BeckRS 2009, 67617

6459

Persönlichkeitrechtsverletzung wegen – vermeintlichem – Mobbing.

Frau (leitende Angestellte). Kein Schmerzensgeldanspruch wegen Schmähkritik der Geschäftsleitung, die gegenüber der Klägerin angemerkt hatte, „der Fisch stinke vom Kopf her" und in Bezug auf die von ihr geleiteten Einheiten, diese seien „führungslos und in einem desolaten Zustand". In der auch auf eine Abfindung und ein qualifiziertes Zeugnis gerichteten und insoweit erfolgreichen Klage, wies das ArbG jedoch den Anspruch auf Schmerzensgeld deshalb zurück, da vorliegend kein „systematisch schikanierendes Verhalten" zu erkennen sei.

Betrag: – **Haftung: –**
immVorb: – **MdE: –**

ArbG Bremen-Bremerhaven 6.4.2006 – 7 Ca 7211/04 = BeckRS 2006, 139194

3400

Persönlichkeitrechtsverletzung / Mobbing.

Mann. Kein Schmerzensgeldanspruch wegen Mobbing. „Mobbing", so das LAG, „ist anerkannter Maßen (nur) das systematische Anfeinden, Schikanieren oder Diskriminieren von Arbeitnehmern untereinander oder durch Vorgesetze. Für die Bejahung eines Mobbingsachverhaltes, – der geeignet sein soll, Schadensersatz- und Schmerzensgeldansprüche der streitgegenständlichen Art auszulösen -, ist es grundsätzlich – von hier nicht gegebenen Ausnahmen abgesehen – erforderlich, dass sich den Vorfällen, aus denen sich „Mobbing" bzw. ein schikanöses Verhalten ableiten lassen soll, eine entsprechend systematisch angelegte Motivation des Täters (dh des „Mobbenden") entnehmen lässt". Diese Voraussetzungen lag hier nicht vor.

Betrag: – **Haftung: –**
immVorb: – **MdE: –**

LAG Rheinland-Pfalz 6.9.2005 – 5 Sa 323/05 = BeckRS 2005, 43448

3414

Persönlichkeitrechtsverletzung in Form von Mobbing

Mann. Kein Schmerzensgeldanspruch wegen „Mobbing". „Der Bekl. haftet für immaterielle Schäden aus den angeblichen Mobbing-Handlungen ihrer Verrichtungsgehilfen nur nach § 831 BGB, also nur dann, wenn sie bei der Auswahl und Überwachung der zur Ausführung der Verrichtung bestellten Personen, die im Verkehr erforderliche Sorgfalt außer Acht gelassen hat. Anhaltspunkte dafür, dass die Vorgesetzten des Kl. nicht sorgfältig ausgewählt wurden, sind nicht vorgetragen und nicht ersichtlich", so das ArbG.

Betrag: – **Haftung: –**
immVorb: – **MdE: –**

ArbG Gelsenkirchen 15.7.2005 – 1 Ca 1603/02 = BeckRS 2005, 42323

3390

Persönlichkeitsrechtsverletzung wegen Mobbings (hier: u.a. „depressive Verstimmung mit Schlafstörung als Reaktion auf die belastende Situation am Arbeitsplatz").

Mann. Kein Schmerzensgeld wegen Mobbing. Bei der Beurteilung, ob dem „gemobbten" Arbeitnehmer eine billige Entschädigung in Geld wegen eines immateriellen Schadens nach § 253 Abs. 2 BGB zu gewähren ist, kann auch eine bereits gezahlte, außergewöhnlich hohe Abfindung berücksichtigt werden (hier: Ausschluss einer weitergehenden Entschädigung), so urteilte das LAG.

Betrag: – **Haftung: –**
immVorb: – **MdE: –**

LAG Düsseldorf 13.1.2005 – 6 Sa 1154/04 = NZA-RR 2005, 575

3343

Persönlichkeitrechtsverletzung / Mobbing (hier: behauptetes Mobbing in Form von jahrelangem Schikanieren, Diskreditieren und Missachten).

61 Frau (Redakteurin). Kein Anspruch auf Schmerzensgeld wegen Mobbing, da es sich nicht feststellen lasse – so das LAG – dass durch Verletzungshandlungen aufseiten der

beiden Beklagten Rechtsgüter der Kl. … verletzt worden sind; die volle Beweislast läge jedoch bei der Klägerin [vgl. LAG Berlin NZA-RR 2005, 13; ArbG München NZA-RR 2002, 123].

Betrag: – **Haftung: –**
immVorb: – **MdE: –**

LAG Hamm 21.12.2004 – 13 Sa 659/04 = BeckRS 2005 41009

6458

Persönlichkeitrechtsverletzung wegen – vermeintlichem – Mobbing. Die Klägerin sah sich von ihren Arbeitskollegen durch eine entsprechende Anweisung ihres Ausbildungsleiters isoliert obwohl sie an einem Schreibtisch im Verkaufsraum saß, in welchem neben Arbeitskollegen und Vorgesetzten sich auch Kunden aufhielten, so dass- so das LAG „allein schon der Arbeitsplatz der Klägerin nicht isoliert war".

Frau (Auszubildende). Kein Schmerzensgeldanspruch wegen eines Gesprächsverbotes und Kontaktverbotes, das „von der Beklagten nicht rigoros durchgesetzt worden ist" und – so das LAG weiter – „lediglich vier Wochen [andauerte]", so dass „nach Auffassung der erkennenden Kammer unter Berücksichtigung der vorstehend geschilderten Einzelfallumstände zumindest eine systematische Schikanierung ausgeschlossen [ist], die von schwerwiegendem Gewicht sein könnte". Zum Vorwurf der Isolation führte das LAG aus: „Hinsichtlich des von der Klägerin behaupteten Gesprächs- und Kontaktverbotes ist vorweg zu berücksichtigen, dass im Rahmen eines Ausbildungsverhältnisses durchaus ein Interesse auf Seite des Ausbilders bestehen kann, dass der Auszubildende im Wesentlichen eine Bezugsperson hat, an welche er sich in allen Fragen wenden soll".

Betrag: – **Haftung: –**
immVorb: – **MdE: –**

LAG Rheinland-Pfalz 10.3.2004 – 9 Sa 1125/03 = BeckRS 2004, 30801601

3181

Persönlichkeitrechtsverletzung in Form von „Mobbing" kann zu einem Amtshaftungsanspruch führen, wenn Vorgesetzte eines Beamten im Rahmen der gemeinsamen Dienstausübung durch pflichtwidrige Handlungen das Persönlichkeitsrecht des Beamten oder dessen Gesundheit geschädigt haben.

Mann (Polizeibeamter). Keine Schmerzensgeld wegen Mobbing: „Der Vortrag des Kl. lässt lediglich deutlich werden, dass er sich von seinen Dienstvorgesetzten verfolgt und gezielt benachteiligt fühlt. Es ist aber weder erkennbar geworden, dass dieses Gefühl berechtigt ist, noch, dass das Verhalten seiner Dienstvorgesetzten systematisch, also in einer fortgesetzten, aufeinander aufbauenden und ineinander übergreifenden, der Anfeindung, Schikane oder Diskriminierung dienenden Verhaltensweise erfolgt wäre.", so das OLG.

Betrag: – **Haftung: –**
immVorb: – **MdE: –**

OLG Stuttgart 28.7.2003 – 4 U 51/03 = BeckRS 2003, 30324497

3186

Persönlichkeitsrechtsverletzung wegen Mobbing. Hierzu zählt das BAG solche Fälle, „in denen dem Arbeitgeber durch fortlaufende Handlungen den Arbeitnehmer kausal schädigende schuldhafte Ehr-, Gesundheits- und Pflichtverletzungen vorgeworfen werden, Ansprüche aus positiver Forderungsverletzung der Fürsorgepflicht des Arbeitgebers sowie aus §§ 823 I BGB, § 823 II BGB i.V. mit §§ 185, 223, 230 StGB …".

Frau (Sekretärin). Kein Schmerzensgeldanspruch wegen Mobbing. Voraussetzungen für einen Schmerzensgeldanspruch sei hierbei das Vorliegen von „Handlungen, die der Arbeitnehmer bei Bestreiten des Arbeitgebers konkret darlegen und beweisen muss, dadurch kausal verursachte Verletzungen der Rechtsgüter des Arbeitnehmers, ein zurechenbarer Schaden und ein Verschulden des Arbeitgebers, der insbesondere die psychischen Gesundheitsverletzungen des Arbeitnehmers voraussehen können muss", so das BAG.

Betrag: – **Haftung: –**
immVorb: – **MdE: –**

BAG 1.11.2002 – 19 Sa 940/02 = NZA-RR 2003, 232

5063

Persönlichkeitrechtsverletzung (hier: Schikanierung durch Isolation und offen zu Tage getretene Ausgrenzung und Herabwürdigung) [Anmerkung: Das LAG wertete die Verletzungshandlung nicht als Mobbing. Dennoch wurde – zur besseren Auffindbarkeit dieser Entscheidung – die Einordnung in das Kapitel C.09-f als vertretbar erachtet].

46j. Mann (Fertigungsleiter). Der Fertigungsleiter wurde völlig isoliert und ohne jede Beschäftigung in einem Konferenzraum untergebracht. Er durfte wochenlang den Produktionsbereich nicht mehr betreten, keine E-Mails empfangen und wurde erheblichen Schikanen ausgesetzt, um ihn dazu zu bewegen, einen Aufhebungsvertrag zu unterzeichnen. „Das durch Art. 2 Abs. 1 i.V.m. Art. GG Artikel 1 Abs. GG Artikel 1 Absatz 1 GG und Art. EMRK Artikel 8 Abs. EMRK Artikel 8 Absatz 1 EMRK gewährleistete allgemeine Persönlichkeitsrecht ist im Privatrechtsverkehr und insbesondere auch im Arbeitsverhältnis zu beachten", so das LAG, welches in dem Verhalten der Beklagten eine schwerwiegende Verletzung des Persönlichkeitsrechts des Klägers sah.

Betrag: 1.000 € **Haftung: 100 %**
immVorb: – **MdE: –**

LAG Rheinland-Pfalz 17.3.2016 – 5 Sa 313/15 = BeckRS 2016, 68560

5185

Persönlichkeitrechtsverletzung und Beleidigung / Mobbing im Internet / Internet-Mobbing / Cyber-Mobbing. Der Beklagte, ein 12j. Mitschüler, eröffnete unter dem Namen und mit Foto des Klägers ein Nutzer-Profil bei Facebook und versandte extreme Beleidigungen mit nachfolgenden Inhalten: „Fick dich du Wixxer du fetter Zwidder kill dich selber und am besten heute noch!" „Und du bis häßlich dass ich kptzen muss!!" „DU FETTSACK OHNE EIN GESCHLECHTSTEIL Fick dich!!!!!". Zudem postete der Beklagte, der Kläger habe die Grundschule „Opfergrundschule" besucht; habe den Kindergarten „Idiotenkindergarten" besucht und „dort Dummheit studiert"; habe „irgendwelche homosexuellen Orientierungen" und „vergewaltige kleine Kinder". Der Kläger wiege „100 Tonnen und ihm wüchsen Brüste" und zeige „seine Exkremente auf Facebook".

14.j. Junge (Schüler 6. Klasse Gymnasium). Internet-Mobbing / Cyber-Mobbing. Psychotherapiebehandlung. Zur Schmerzensgeldbemessung, des Höhe ich als zu gering bemessen erachte, stützte sich das LG zunächst auf das Genugtuungsinteresse des Klägers und führte sodann aus: Bei der Bemessung sei die „erhebliche gesundheitliche Beeinträchtigung des Klägers" zu berücksichtigen. Das LG hierzu wörtlich: Die Gesundheitsverletzung sei „durch das

Verhalten des Beklagten zumindestens mit verursacht worden …" Es sei zudem zu berücksichtigen, „dass der Kläger sich nunmehr – und insbesondere auch nach der schulischen Trennung der Parteien – gesundheitlich wieder stabilisiert" habe und „dass Dauerfolgen aus Sicht der Kammer nicht zu erwarten" seien. „Weiter berücksichtigt die Kammer bei der Bemessung des Schmerzensgeldes die erhebliche Schwere der Verletzung des Persönlichkeitsrechtes des Beklagten durch den Inhalt der Äußerungen und die Art (Internet) ihrer Verbreitung. Zulasten des Schädigers ist weiterhin sein vorsätzliches Vorgehen in die Bemessung des Schmerzensgeldes einzubeziehen, zu seinen Gunsten ist aber sicherlich seine noch deutliche kindliche Unerfahrenheit zu berücksichtigen. Aus Sicht der Kammer ist es angesichts des Umstandes, dass der Beklagte noch Schüler ist … auch gerechtfertigt, seine Schwierigkeiten bei der Aufbringung des Schmerzensgeldes in der Weise zu berücksichtigen, dass dessen Höhe gemindert wird".

Betrag: 1.500 € **Haftung: 100 %**
immVorb: – **MdE: –**

LG Memmingen 3.2.2015 – 21 O 1761/13 = BeckRS 2016, 2120

4441

Persönlichkeitrechtsverletzung / Mobbing (hier: Ausgrenzung aus dem Arbeitsprozess durch mehr als 16monatige Unterbeschäftigung und Degradierung).

Frau. „Ein Schmerzensgeldanspruch wegen Mobbing kann gegeben sein, wenn ein übergeordneter Vorgesetzter einem Arbeitnehmer sein bisheriges Aufgabengebiet de facto entzieht, obwohl für die Arbeitsleistung weiterhin Bedarf besteht und diese von dem unmittelbaren Vorgesetzen angefordert wird, und dem Arbeitnehmer keinerlei andere Arbeiten zuweist, sodass der Arbeitnehmer im Arbeitsprozess beschäftigungslos und isoliert ist." (Leitsatz des Gerichts)

Betrag: 3.000 € **Haftung: 100 %**
immVorb: – **MdE: –**

LAG Köln 12.7.2010 – 5 Sa 890/09 = BeckRS 2010, 74304

4442

Persönlichkeitrechtsverletzung / Mobbing (hier: Ausgrenzung aus dem Arbeitsprozess durch Unterbeschäftigung und Degradierung); die Kl. erlitt Depressionen und erhebliche Gesundheitsbeeinträchtigungen, wie Nervenzusammenbrüche, Schlafstörungen, Herzbeschwerden etc.

Frau (Bürokauffrau). Sie wurde – im Rahmen der Mobbinghandlungen – zunächst als Küchenhilfe und später auch als Putzhilfe etc eingesetzt.

Betrag: 3.000 € **Haftung: 100 %**
immVorb: – **MdE: –**

ArbG Oldenburg 26.3.2008 – 2 Ca 652/06 = BeckRS 2008, 142097

6931

Persönlichkeitsrechtverletzung (hier: Mobbing durch die Zuweisung unterqualifizierter Aufgaben, wie Internetrecherchen oder Erfassung von Fragebögen, zur Vermeidung der Kommunikation der Klägerin mit anderen Mitarbeitenden).

Frau (Unternehmenskommunikatorin). Nach mehreren Abmahnungen und einer Kündigung, die jedoch gerichtlich aufgehoben wurde, kehrte die Klägerin in das Unternehmen der Beklagten zurück. Die Rückkehr der Klägerin wurde im Betrieb nicht bekannt gegeben, obwohl sie als Referentin der Stabsstelle Unternehmenskommunikation eine herausgehobene Stellung im Betrieb hatte. Zum Zeitpunkt der Rückkehr in den Betrieb war von einer Wiederaufnahme der bisherigen Tätigkeit auszugehen. Es gehörte dabei zu den Aufgaben der Klägerin, alle Abteilungen zu internen und externen Kommunikationsfragen zu beraten. Dennoch wurde die Rückkehr der Klägerin verschwiegen und es wurde auch nicht gegenüber der Klägerin deutlich gemacht, dass sie in ihre bisherige Tätigkeit nicht mehr zurückkehren solle. Im Organigramm tauchte die Klägerin trotz der herausgehobenen Stellung nicht mehr auf. Ein Türschild, mit dem die Klägerin wieder im Betrieb „sichtbar" geworden wäre, hat die Beklagte erst mehrere Monate nach Wiederaufnahme der Tätigkeit der Klägerin angebracht. Zum Anspruch auf Schmerzensgeld und dessen Bemessung führte das LAG aus: „Die Entschädigung im Zusammenhang mit einer Verletzung des Persönlichkeitsrechts durch Mobbing stellt einen Wiedergutmachungsversuch dar, wobei neben der Intensität der Schmerzen im geistigen Bereich, dem Maß der Schuld und dem Anlass und der Begleitumstände der Verletzungshandlung deren Dauer und Nachwirkung sowie etwaige Wirkungen über das Arbeitsverhältnis hinaus zu berücksichtigen sind. Die von der Klägerin erstmals in der Berufungsverhandlung angeführten gesundheitlichen Beeinträchtigungen konnten nicht mehr bewertet werden, da sie einerseits im Rahmen von § 67 Abs. 4 ArbGG nicht mehr zu berücksichtigen gewesen wären und sie andererseits so allgemein vorgebracht wurden, dass eine Erheblichkeit oder Kausalität mit den Verhaltensweisen der Beklagten nicht angenommen werden konnten. Unter Berücksichtigung all dieser Umstände ging die Kammer davon aus, dass eine Entschädigung in Höhe von 7.000 EUR angemessen ist. Denn weder hat die Klägerin nachhaltige Folgen der Verletzung des Persönlichkeitsrechts noch Auswirkungen über das unmittelbare Arbeitsverhältnis hinaus dargelegt. Andererseits hat die Beklagte nach dem verlorenen Kündigungsschutzverfahren systematisch versucht, der Klägerin die Kommunikation innerhalb des Betriebes zu unterbinden. Sie hat nicht nur gegenüber der Klägerin agiert, sondern andere Bereichsleiter in ihre Strategie eingebunden".

Betrag: 7.000 € **Haftung: –**
immVorb: – **MdE: –**

LAG Berlin-Brandenburg 24.10.2019 – 10 Sa 704/19 = BeckRS 2019, 43319

4729

Persönlichkeitrechtsverletzung / Mobbing (hier: Schikanöse und entwürdigende Handlungen und Vorgaben des beklagten Vorgesetzten, die über einen langen Zeitraum von mehreren Monaten erfolgten und „mit der klaren Missachtung sogar eindeutiger gesetzlicher Ansprüche des Klägers und subtiler bis offener Herabwürdigung einherging"en. Der Kläger war deshalb arbeitsunfähig krankgeschrieben. Er nahm in dieser Zeit an einer vierwöchigen Rehabilitationsmaßnahme teil und wurde u. a. wegen einer mittelgradigen depressiven Episode behandelt.)

60j. Mann (Mitarbeiter in IT-Abteilung / Bereichsleiter). Schmerzensgeld wegen Persönlichkeitsverletzung / Mobbing. „Der Arbeitnehmer ist seit 1992 als Mitarbeiter in der IT-Abteilung beschäftigt und war bis 2003 Bereichsleiter IT-Softwareservice gewesen. Nachdem er sich über Unterbeschäftigung beklagt hatte, wurde er angewiesen, tägliche Arbeitsberichte zu verfassen und EDV-Schrott zu sortieren." (LSK 2013, 260043); weitere sehr schikanöse Verhaltensweisen des Vorgesetzten, wie Umsetzungen, Hinweis auf Umgang mit Toilettenspülung, Aufforderung, Berichte auf die rechte Schreibtischseite zu legen etc.

Betrag: 7.000 € **Haftung: 100 %**
immVorb: – **MdE: –**

ArbG Siegburg 11.10.2012 – 1 Ca 1310/12 = BeckRS 2012, 76216

2970

Persönlichkeitsrechtsverletzung / Mobbing (hier: Der Bekl. hat fortgesetzt und in schwerwiegender Weise das Persönlichkeitsrecht des Klägers verletzt; dies wertete das LAG zutreffend als schmerzensgeldrelevante „Herabwürdigung" und „Körperverletzung".)

(Bankdirektor). [Anmerkung: Erstmals Schmerzensgeld wg. Mobbing; unbedingt lesenswert: LAG Thüringen 10.4.2001 – 5 Sa 403/2000,vgl. auch LAG Baden-Württemberg BeckRS 2001, 30453042]

Betrag: 7.669 € **Haftung: 100 %**
immVorb: – **MdE: –**

LAG Rheinland-Pfalz 16.8.2001 – 6 Sa 415/01 = BeckRS 9998, 79834

4431

Persönlichkeitrechtsverletzung / Psychische Beeinträchtigung (hier: Mobbingähnliches Degradieren des Klägers durch dessen Arbeitgeber. Der Kl. wurde versetzt, erhielt ein geringeres Gehalt und musste schließlich im Rahmen einer Änderungskündigung einen neuen – zu seinen ungunsten geänderten – Arbeitsvertrag unterzeichnen).

Mann (Abteilungsleiter in einer Bank). [vgl. Beck'sche Schmerzensgeldtabelle Kapitel 7 1e – Mobbing].

Betrag: 8.000 € **Haftung: 100 %**
immVorb: – **MdE: –**

ArbG Magdeburg 14.2.2008 – 10 Ca 3008/06 = BeckRS 2008, 142010

6678

Persönlichkeitrechtsverletzung in Form von Mobbings. Insofern wurde der Klägerin auf verschiedene Weise unmissverständlich klar gemacht, dass sie im Betrieb der Beklagten unerwünscht sei. So wurde die Klägerin als einzige Mitarbeiterin ein Raum in einer zu renovierenden Etage der Betriebs zugewiesen und ihr erforderliche Arbeitsmittel wie Telefon oder Outlook nicht zur Verfügung gestellt. Zudem wurde ihr explizit der Kontakt mit anderen Mitarbeitenden untersagt. Ebenso wurde sie weder zur Weihnachtsfeier noch zu anderen gemeinsamen firmeninternen Veranstaltungen (gemeinsames Anschauen eines Fußballspiels im Jahr 2018) eingeladen.

Frau. In den oben aufgeführten Verhaltensweisen und Maßnahmen der Beklagten gegenüber der Klägerin sah das LAG zutreffend eine schwerwiegende Persönlichkeitsrechtsverletzung, die in diesem Falle als Mobbing bezeichnet werden kann.

Betrag: 10.000 € **Haftung: 100 %**
immVorb: – **MdE: –**

LAG Berlin-Brandenburg 30.1.2020 – 10 Sa 933/19 = BeckRS 2020, 11254

6469

Persönlichkeitrechtsverletzung (hier: Schwere Form der Persönlichkeitrechtsverletzung durch Morddrohung und massive Schikane).

48j. Mann (Tischler und im Betrieb der Beklagten Betriebsratsmitglied). Der Kläger wurde von seinem Vorgesetzten permanent schikaniert und massiv bedroht unter anderem mit dem Satz „wenn Du jetzt fällst und ich Dir die Kehle durchschneide, ist das ein Unfall" (wobei der Beklagte dabei mit einem Messer in der Hand vor dem Kläger stand) und musste unter anderem ohne Schutzkleidung und bei kaltem Wetter „ca. 4 Wochen Aufräum- und Reinigungsarbeiten in einer Halle tätigen" und dabei Glaswolle verräumen. Zur Bemessung führte das LAG aus: „Bei Berücksichtigung des Inhalts der Äußerung als Morddrohung und einer 1 ½ Jahr andauernden Arbeitsunfähigkeit erscheint die Festsetzung von 10.000 EUR durchaus als angemessen".

Betrag: 10.000 € **Haftung: 100 %**
immVorb: – **MdE: –**

LAG Niedersachsen 9.11.2009 – 9 Sa 1573/08 = BeckRS 2010, 68027

4430

Psychische Beeinträchtigung (hier: Mobbingähnliches Degradieren des Klägers durch dessen Arbeitgeber. der Kl. wurde versetzt, erhielt einen kleineren Dienstwagen und musste – anders als zuvor – Tagesberichte abliefern. Schließlich musste er einen neuen – zu seinen ungunsten geänderten – Arbeitsvertrag unterzeichnen.)

Mann. MdE 24 Monate 100 %. Langwierige Heilbehandlung durch einen Psychotherapeuten. [vgl. Mobbing]

Betrag: 10.000 € **Haftung: 100 %**
immVorb: – **MdE: –**

LAG Baden-Württemberg 28.6.2007 – 6 Sa 93/06 = BeckRS 2008, 50126

4429

Persönlichkeitrechtsverletzung (hier: Mobbing und systematische Persönlichkeitrechtsverletzungen in insgesamt 34 konkreten Fällen inerhalb von einem halben Jahr. In dieser Zeit kam es zu Beleidigungen, Anfeindungen und sexuellen, verbalen Angriffen), durch welche die Kl. psychische Erkrankungen erlitt.

45j. Frau (Buchhalterin). Anmerkung: Das ArbG gewährte der Kl. bzgl. der Kausalität zwischen den Mobbinghandlungen und ihrer Gesundheitsbeeinträchtigung eine Beweiserleichterung. Zudem bemaß es das Schmerzensgeld unter Berücksichtigung eines „Präventionsaspektes" auf 10.000 EUR. [vgl. auch Hemmungseffekt – LAG Baden-Württemberg BeckRS 2011, 65832]

Betrag: 17.500 € **Haftung: 100 %**
immVorb: – **MdE: –**

ArbG Eisenach 30.8.2005 – 3 Ca 1226/03 = BeckRS 2005, 31048395

5808

Mobbing und Geschlechtsdiskriminierung bei einer Beförderung auf einen Führungsposten bzw. geschlechtswidriger Benachteiligung bei der Beförderung und „schwerwiegender Verletzung ihres Persönlichkeitsrechts".

25j. Frau (Angestellte). Zur Schmerzensgeldbemessung führte das LAG aus: „Bei einem einjährigen schweren Mobbing hält er eine Geldentschädigung im Bereich von 20.000,00 EUR für angemessen. Hinsichtlich der Nichtberücksichtigung bei der Beförderung ist im vorliegenden Fall auch zu beachten, dass durch den materiellen Schadensersatzanspruch nach § 15 Abs. 1 die Klägerin einen hohen Ausgleich erhält, was auch dem Präventionsgedanken Rechnung trägt. Hinsichtlich der übrigen Handlungen bleibt festzustellen, dass sie sich über einen Zeitraum von mehr einem Jahr hingezogen haben. Andererseits kam es weder zu Gewaltandrohungen oder Gewaltanwendungen. Auch sind keine schwerwiegenden Beleidigungen ausgesprochen worden. Erschwerend ist jedoch zu berücksichtigen, dass die Herabwürdigungen und Einschüchterungen durch Organmitglieder des Beklagten erfolgten, sodass dem Präventionsgedanken größeres Gewicht zukommt. Bei dem Beklagten handelt es sich um ein Großunternehmen, sodass die finanzielle Leistungsfähigkeit als gut einzuschätzen ist". [Lesenswert zum Thema Geschlechterdiskriminierung gegenüber Frauen in Führungspositionen].

Betrag: 20.000 € **Haftung: 100 %**
immVorb: – **MdE: –**

LAG Berlin-Brandenburg 26.11.2008 – 15 Sa 517/08 = BeckRS 2008, 58124

6933

Persönlichkeitsrechtsverletzung durch Mobbing begangen durch die Umsetzung der Klägerin in ein „unwürdiges Büro" (das Büro lag in einem Bereich des Rathauses, der die arbeitsschutzrechtlichen Anforderungen nicht erfüllt. Weder die Treppe noch die Beleuchtung der Treppe noch der zweite Fluchtweg erfüllen die Mindestvoraussetzungen) sowie eine Vielzahl von weiteren Verhaltensweisen durch den Oberbürgermeister der Beklagten gegen die Klägerin. Zu der amtsunangemessenen Beschäftigung kommt noch die Beschäftigung mit unsinnigen Aufgaben hinzu. So wurde die Klägerin ua von dem Oberbürgermeister der Beklagten mit der Prüfung von Satzungsentwürfen beschäftigt, obwohl von vornherein klar war, dass das Prüfungsergebnis nicht mehr in die Beratung des Gemeinderates eingebracht werden konnte, was somit eine offensichtlich nutzlose Beschäftigung darstellte.

Frau (Stadtverwaltungsoberrätin). Infolge des massiven Mobbing war die Klägerin 19 Monate erkrankt. Zum Vorliegen des Mobbings – also dem systematisches Anfeinden, Schikanieren oder Diskriminieren von Beschäftigten untereinander oder durch Vorgesetzte (vgl. BVerwG BeckRS 2018, 32630) – führte das VG aus: „Ob ein Arbeitsplatz angemessen ist, bestimmt sich auch nach dem Dienstrang des jeweiligen Betroffenen. Die Klägerin, damals im Amt einer Stadtverwaltungsoberrätin, gehörte zu der Führungsebene der Stadt unterhalb des Oberbürgermeisters. Hieraus ergibt sich zwingend die Anforderung besser untergebracht zu sein als die normalen Sachbearbeiter. Die Zuweisung eines solchen abgelegenen und unansehlichen Büros ist zugleich der nach außen dargestellte Abstieg der Klägerin aus der Führungsebene. Das ist – neben der nicht amtsangemessenen Beschäftigung – sinnfälliger Ausdruck einer Degradierung ohne Beachtung des verliehenen Amtes. Aus dem Umstand, dass die Klägerin früher in demselben Dienstzimmer untergebracht war, ergibt sich nichts anderes. Damit werden die Mängel, der Eindruck und die Erschwernisse nicht abgeschwächt. Vielmehr verstärkt das sogar noch den Ausdruck der Degradierung, es wird ein Zustand wieder hergestellt, der vor Jahren durch den Aufstieg der Klägerin zur Fachbereichsleiterin beendet worden war.", so das VG.

Betrag: 23.000 € **Haftung: –**
immVorb: – **MdE: –**

VG Halle 27.3.2019 – 5 A 519/16 HAL = BeckRS 2019, 16033

4428

Beleidigungen (hier: Arschloch, Idiot, Pfeife etc.) sowie psychische Beeinträchtigung (hier: Mobbing in Form von Auftragsentziehung; Verbot des Kundenkontaktes; Ankündigung, ihm das Leben „zur Hölle" zu machen und Gehaltskürzung. Der Kläger erlitt Depressionen und einen Nervenzusammenbruch).

Mann (KFZ-Meister). MdE 30 Monate 100 %. Das LAG setzte als Schmerzensgeld für die Dauer der Erkrankung des Klägers (hier: 30 Monate) einen monatlichen Betrag von 800,- EUR an. [vgl. Mobbing]

Betrag: 24.000 € **Haftung: 100 %**
immVorb: – **MdE: –**

LAG Niedersachsen 12.10.2005 – 6 Sa 2131/03 = unveröffentlicht

4427

Persönlichkeitrechtsverletzung und psychische Beeinträchtigung bzw. psychosomatische Beeinträchtigungen, wie Koliken, Bauchschmerzen und Belastungsstörungen) [vgl. auch unter dem Suchbegriff: Mobbing].

41j. Mann (Dipl.Kaufmann). Das LAG sah in dem 2 Jahre andauernden Ausschluss des Klägers von seinem ursprünglichen Aufgabenbereich (Führungskraft in 2. Ebene) eine schwere Persönlichkeitsrechtsverletzung und hielt für notwendig, das Schmerzensgeld so hoch zu bemessen, dass hiervon ein „Hemmungseffekt" ausgeht. [vgl. Mobbing].

Betrag: 25.000 € **Haftung: 100 %**
immVorb: – **MdE: –**

LAG Baden-Württemberg 12.6.2006 – 4 Sa 68/05 = BeckRS 2011, 65832

2986

Persönlichkeitsrechtsverletzung / Mobbing (hier: Vielfältige persönliche Herabsetzung des Klägers; dies wertete das Arbeitsgericht zutreffend als schmerzensgeldrelevante Persönlichkeitsrechtsverletzung bzw. Körperverletzung.)

Mann (Prokurist). [Vgl. zum Mobbing: → Nr. 2970 = LAG Rheinland-Pfalz BeckRS 9998, 79834; LAG Thüringen BB 2001, 1358; LAG Baden-Württemberg BeckRS 2001, 30453042]

Betrag: 26.536 € **Haftung: 100 %**
immVorb: – **MdE: –**

ArbG Ludwigshafen 6.11.2000 – 1 Ca 2136/00 = BeckRS 2000, 30787857

4426

Psychische Beeinträchtigung wegen Mobbing. Der Vorgesetzte der Kl. hielt der Klägerin vor, Frauen würden immer nur „meckersn … und sind alle niederträchtig und boshaft und Sie gehören ja auch zu diesem Geschlecht". Die Klägerin wurde hierdurch und durch das weitere Verhalten Ihres Arbeitgebers längere Zeit psychisch krank. Es kam schließlich zur Auflösung des Arbeitsverhältnisses im Rahmen eines Vergleichs.

Frau (Pflegerin). Mobbing / Zerrüttung des Arbeitsverhältnisses. „Die Rechtsordnung verbietet es, ein Vertragsverhältnis absichtlich … zu torpedieren, bis dass der Vertragspartner … von seinem Ansinnen ablässt, die Fortsetzung des Vertragsverhältnisses weiter zu verfolgen. Das Arbeitsverhältnis … unterliegt in der modernen Arbeits- und Wirtschaftswelt schließlich vielfältigen sozialen und wirtschaftlichen Verknüpfungen. Es bildet die wirtschaftliche und die soziale Existenzgrundlage des Arbeitnehmers, sodass die unberechtigte willentliche und beabsichtigte Vertragsauflösung gegen den Willen des Arbeitnehmers ein von der Rechtsordnung in bes. Maße zu missbilligendes Ziel darstellt", so das ARbG.

Betrag: 30.000 € **Haftung: 100 %**
immVorb: – **MdE: –**

ArbG Cottbus 8.7.2009 – 7 Ca 1960/08 = BeckRS 2009, 139951

4767

Mobbing durch nicht gerechtfertigte Aufgabenentziehung, Schikanierung und Degradierung durch die der Kläger seine Anstellung quasi verloren hatte.

46j. Mann (Arzt bzw. Oberarzt). Mobbing durch den Chefarzt; hierdurch wurde der Ruf des Klägers zeitweise negativ beeinträchtigt. Bei der Bemessung orientierte sich das Arbeitsgericht – was grds. fragwürdig erscheint – an § 10 KSchG und bemaß das Schmerzensgeld mit dem 6,5fachen Monatsgehalt des Klägers.

Betrag: 53.000 € **Haftung: 100 %**
immVorb: – **MdE: –**

ArbG Leipzig 24.2.2012 – 9 Cs 3854/11 = unveröffentlicht

g) Persönlichkeitsrechtsverletzung Telefonterror und Stalking

3572

Psychische Beeinträchtigung / Telefonterror.

Frau. Die im 4. Monat schwangere Klägerin wurde nachweislich vom Beklagten mit nächtlichen Störanrufen [vgl. Telefonterror] belästigt. Den Nachweis, dass ihre Beschwerden hierauf basieren, konnte die Klägerin nicht erbringen. Daher kein Schmerzensgeldanspruch [vgl. jedoch → Nr. 2151, 2211, 2585 und 545, in denen jeweils Schmerzensgeld zuerkannt wurde.]

Betrag: – **Haftung: –**
immVorb: – **MdE: –**

AG Kitzingen 11.12.2002 – 3 C 493/02 = unveröffentlicht

3666

Persönlichkeitrechtsverletzung (hier: Telefonterror bei Tag und bei Nacht).

Frau. Das AG wertete den ca. 15 Monate andauernden Telefonterror zutreffend als Persönlichkeitsrechtsverletzung und berücksichtigte insofern lediglich, dass es sich dabei um einen familieninternen Streit gehandelt hatte [vgl. hierzu auch Beck'sche Schmerzensgeldtabelle 5. Auflage, 2006, Seite 64].

Betrag: 767 € **Haftung: 100 %**
immVorb: – **MdE: –**

AG München 19.7.2000 – 233 C 21482/98 = unveröffentlicht

5273

Stalking mit daraus resultierender psychischen Beeinträchtigung.

Frau. Die Klägerin war zunächst mit dem Beklagten befreundet. Nachdem die Beziehung gescheitert war, bedrängte der Beklagte die Klägerin zunehmend mit Briefen und Nachrichten, die als Stalking zu bezeichnen waren. Das OLG hob das Schmerzensgeld der Vorinstanz an, betonte jedoch, dass die vormals bestandene Beziehung zwischen den Parteien nicht [ergänze: schmerzensgeldmindernd] unberücksichtigt sein könne.

Betrag: 1.000 € **Haftung: 100 %**
immVorb: – **MdE: –**

OLG Karlsruhe 15.10.2014 – 7 U 96/14 = BeckRS 2016, 12211

4443

Persönlichkeitrechtsverletzung / Stalking („Die Tat vom 6.9.2003 ist in ein Gesamtgeschehen eingebettet, das man als fünf Jahre lang währendes Stalking-Verhalten des Angeklagten gegenüber der Nebenklägerin bezeichnen muss", so das LG).

Frau. Infolge des jahrelangen Stalkings bzw. des Verfolgens und Belästigens der Kl. durch den Beklagten erlitt diese schwere psychische Beeinträchtigungen und Gesundheitsbeschwerden in deren Folge sie ärztlicher Behandlung bedurfte.

Betrag: 4.600 € **Haftung: 100 %**
immVorb: – **MdE: –**

LG Bochum 23.3.2006 – 14 Ns 63 Js 885/03 = BeckRS 2006, 7139

4658

Persönlichkeitrechtsverletzung (hier: Nachstellen sowie in Auftraggeben von Bestellungen, Anzeigen etc. im Namen des Kläger) mit der Folge von „Verstimmung, Wut, innerer Unruhe, Anspannungen, Schlaflosigkeit, Fahrigkeit, Leistungseinbußen, Angst, Verzweiflung und Suizidalität".

Mann. Dem Kläger ist über einen Zeitraum von knapp 5 Monaten intensiv nachgestellt worden. Die Veröffentlichungen von Inseraten betreffend die Vermietung seiner Wohnung bzw. den Verkauf seiner Villa, die Veranlassung von Warenbestellungen im Namen des Klägers und das Anbieten erotischer Dienstleistungen seiner damaligen Lebensgefährtin unter Angabe der vollständigen Adresse und Telefonnummer, unter der auch der Kläger wohnhaft war, stellen "einen schwerwiegenden Eingriff in das Persönlichkeitsrecht des Klägers" dar.

Betrag: 20.000 € **Haftung: 100 %**
immVorb: – **MdE: –**

LG Kiel 3.7.2012 – 17 O 77/11 = BeckRS 2013, 8633

h) Persönlichkeitsrechtsverletzung AGG

Am 18.8.2006 trat das Allgemeinen Gleichbehandlungsgesetzes (AGG) in Kraft, dessen Ziel es gem. § 1 AGG ist, „Benachteiligungen aus Gründen der Rasse oder wegen der ethnischen Herkunft, des Geschlechts, der Religion oder Weltanschauung, einer Behinderung, des Alters oder der sexuellen Identität zu verhindern oder zu beseitigen". Seither gibt es hierzu eine Vielzahl von höchstrichterlichen Entscheidungen, wie ganz aktuell den beiden Urteilen des BGH (BGH Urt. v. 29.1.2026 – I ZR 129/25 BeckRS 2026, 774 und BGH Urt. v. 21.5.2026 – III ZR 56/25 BeckRS 2026, 10442 → Nr. 7933) sowie des BAG aus dem Jahr 2017 (→ Nr. 7945) und darüber hinaus mehr als 60 veröffentlichte Entscheidungen. Nachfolgend hierzu eine Urteilsübersicht:

7942

Persönlichkeitsrechtsverletzung, vorgetäuschte (sog. AGG-Hopping).

Non-binäre Person. Die klagende Person hatte sich in einem Bewerbungsverfahren, in dessen Rahmen sie sich auf eine ausgeschriebene Stelle als „Referent / in Vergaberecht und öffentliche Beschaffung" beworben hatte, durch die Anrede im Ablehnungsschreiben diskriminiert gefühlt. Zur Begründung ihrer klagabweisenden Entscheidung verwies das ArbG Berlin darauf, dass die Bewerbung rechtsmissbräuchlich und nur zu dem Zweck erfolgt sei, Ansprüche auf Entschädigung geltend zu machen. [Zum sog. AGG-Hopping bzw. der Klage von sog. AGG-Hoppern siehe im Handbuch unter → Rn. 245d, → Rn. 246b und → Rn. 258 und zur Diskriminierung nonbinärer bzw. nicht-binärer Personen siehe → Rn. 257f]

Betrag: – **Haftung: –**
immVorb: – **MdE: –**

ArbG Berlin 28.5.2026 – 42 Ca 3438/26 = BeckRS 2026, 11026

7933

Persönlichkeitsrechtsverletzung und Diskriminierung, behauptete hier: Abweisung einer blinden Patientin durch Rehaklinik.

69j. Frau. Kein immaterieller Schadensersatz wegen Zurückweisung bzw. Ablehnung einer zum Zeitpunkt des Vorfalles 69jährigen blinden Patientin, die nach einer Knieoperation von einer Reha-Klinik abgelehnt worden war, da sich die Reha-Klinik nicht auf blinde Menschen eingestellt sah. „§ 19 AGG begründet keinen Anspruch auf besondere Anpassungs- und Teilhabeleistungen. Diese Leistungen sind dem öffentlichen Recht vorbehalten, insbesondere dem Sozialrecht. § 19 AGG erfasst daher Fälle fehlender Teilhabemöglichkeiten von Menschen mit Behinderung nicht, sondern nur diejenigen Fälle, in denen die Verweigerung des Abschlusses oder der Durchführung eines Vertrags mit einem Menschen mit Behinderung ohne sachlichen oder rechtlichen Grund allein auf einer behindertenfeindlichen Einstellung beruht", so der BGH in seinem Amtlichen Leitsatz. [Anmerkung: Siehe dazu im Handbuch → Rn. 257b].

Betrag: – **Haftung: –**
immVorb: – **MdE: –**

BGH 21.5.2026 – III ZR 56/25 = BeckRS 2026, 10442

7946

Persönlichkeitsrechtsverletzung wegen angeblicher Altersdiskriminierung.

50j. Mann (Rechtsanwalt). Der Beklagte, ebenfalls Rechtsanwalt hatte für seine Kanzlei eine Stelle ausgeschrieben mit dem Text: „"Arbeitsrecht – Rechtsanwälte (m / w/d) mit erster Berufserfahrung.„ Es gehe um die Beratung und Vertretung im Arbeitsrecht, schrieb er weiter, "hierzu bringen Sie im besten Fall erste Berufserfahrung mit". Hieraus hatte sich der Kläger mit welchem „In Kreisen von Arbeitsrechtlern … der Begriff "AGG-Hopper„ mit ihm in Verbindung gebracht" wird (Quelle: LTO – Legal Tribune Online „Münchner Anwalt verliert AGG-Klage gegen Mainzer Anwalt" von Tanja Podolski vom 4.2.2025) beworben und nach Erhalt seiner Absage immateriellen Schadensersatz gefordert. Das ArbG hatte vor dem Hintergrund der fehlenden Ernsthaftigkeit und des Rechtsmissbrauchs die Klage abgewiesen. [Anmerkung: Vgl. dazu auch BAG BeckRS 2017, 109100 Rn. 32 sowie im Handbuch → Rn. 257.]

Betrag: – **Haftung: –**
immVorb: – **MdE: –**

ArbG Mainz 3.2.2025 – 8 CA 1266/24 = BeckRS 2025, 46806

7041

Persönlichkeitsrechtsverletzung wegen behaupteter Diskriminierung seitens der Berliner Behörde bzw. des Sicherheitsdienstes. Die 38-jährige fühlte sich diskriminiert, weil sie wegen ihres nackten Oberkörpers des Geländes verwiesen worden war.

38j. Frau. Kein Schmerzensgeldanspruch. Die Klägerin war 2021 zusammen mit ihrem fünfjährigen Sohn auf einem Wasserspielplatz in Berlin „oben ohne" auf einer Decke gesessen. Deshalb wurde sie von den Sicherheitskräften aufgefordert, ihre Brust zu bedecken oder den Platz zu verlassen. Als sie sich weigerte, wurde die Polizei gerufen, die sie ebenfalls aufforderten ein T-Shirt anzuziehen oder zu gehen. Die Klägerin forderte unter Berufung auf das Berliner Antidiskriminierungsgesetz, das Menschen vor Diskriminierung seitens der Behörden schützen und Ansprüche auf Schadenersatz ermöglichen soll, 10.000 EUR immateriellen Schadensersatz. Die Klägeranwältin kritisierte insofern die ungleiche Behandlung von Nacktheit der Geschlechter. Statt ihre Mandantin aufzufordern, die Brust zu bedecken, hätte man beispielsweise der „männlichen Nacktheit" begegnen können, indem sich die Männer bedeckten. Das sah das LG Berlin anders und wies die Klage ab. [Anmerkung: Das Urteil ist noch nicht rechtskräftig].

Betrag: – **Haftung: –**
immVorb: – **MdE: –**

LG Berlin 14.9.2022 – 26 O 80/22 = BeckRS 2022, 25904

6720

Persönlichkeitsrechtsverletzung wegen angeblicher Ungleichbehandlung bzw. Nichtbeachtung eines Attests eines Maskenverweigerers. Sogenannte Maskenverweigerer werden – so das AG Bremen – durch die privatrechtliche Durchsetzung der im Rahmen der Corona-Pandemie geltenden Corona-Regeln (hier: Tragen einer Mund-Nasen-Bedeckung innerhalb von Geschäftsräumen) nicht diskriminiert.

Mann. Kein Schmerzensgeldanspruch gemäß § 1 AGG. Der Kläger sah sich insofern deshalb diskriminiert, da er – trotz Vorlage eines Attestes, aus dem hervorging, dass er „aufgrund eines Machtmissbrauchs in der Kindheit" keine Corona-Schutzmaske tragen müsse, da bei ihm „durch Zwang und Willkür" Ängste ausgelöst würden. Eine „Behinderung" im Sinne des AGG sah das AG jedoch zutreffend als nicht vorliegend an und begründete dies wie folgt: „Auch scheint der Kläger primär auf die Thematik „Zwang" und „Willkür" zu reagieren. Zulässigen Zwängen sind Bürger in einer sozialen Gesellschaft aber in vielfältiger Weise ausgesetzt, weil ein geordnetes Zusammenleben andernfalls unmöglich wäre. Folglich liegt mangels Behinderung auch keine diskriminierende Handlung vor". Abschließend betonte das AG, das Maskengebot – bezogen auf die Corona- bzw. Covid19-Pandemie – habe seine explizite Rechtsgrundlage in § 28a Abs. 1 Nr. 2 IfSG nF; ein Diskriminierungsverbot oder Ausnahmeregelungen für sog. Maskenverweigerer wurden in dieser spezialgesetzlichen Regelung nicht verortet.

Betrag: – **Haftung: –**
immVorb: – **MdE: –**

AG Bremen 26.3.2021 – 9 C 493/20 = BeckRS 2021, 5720

7184

Persönlichkeitsrechtsverletzung, behauptete (hier: Nichtberücksichtigung der Bewerbung eines Schwerbehinderten, der sich jedoch bereits bei der Beklagten in einem Probearbeitsverhältnis befunden hatte).

Mann (Angestellter). Die Parteien stritten um Entschädigungsansprüche des schwerbehinderten Klägers, der bereits bei der Beklagten gearbeitet hatte, wegen Nichtberücksichtigung seiner Bewerbung auf die von der Beklagten ausgeschriebenen Stelle als Angestellter im Bauamt. Insofern begehrte der Kläger Schmerzensgeld gemäß § 15a Abs. 2 AGG in Höhe von 2 Monatsgehältern zu je 3.101,32 Euro. Das ArbG wies die Klage ab. Der Gesetzeszweck des § 165 S. 3 SGB IX gebietet es nicht, einen schwerbehinderten Bewerber zum Vorstellungsgespräch einzuladen, mit dem bereits ein Probearbeitsverhältnis bestand. Dazu führte das ArbG aus: „Der Arbeitgeber hat in der Wartezeit das Recht sich bei der Kündigungsentscheidung von seinem „Bauchgefühl" leiten zu lassen. Bis zum Ablauf der Wartezeit kann sich der Arbeitgeber daher – außerhalb von Missbrauchs-, insbesondere Diskriminierungsfällen – frei von solchen Arbeitnehmern trennen, bei denen er während der Wartezeit den Eindruck gewonnen hat, dass eine weitere Zusammenarbeit nicht sinnvoll ist (vgl. BAG 12.9.2013 – 6 AZR 121/12, NZA 2013, 1412 Rn. 39 = BeckRS 2013, 73530). Das gilt im Grundsatz auch gegenüber schwerbehinderten Arbeitnehmern, da deren Sonderkündigungsschutz gem. § 173 Abs. 1 S. 1 Nr. 1 SGB IX ebenfalls erst nach einer sechsmonatigen Wartezeit einsetzt."

Betrag: – **Haftung: –**
immVorb: – **MdE: –**

ArbG Bamberg 5.8.2020 – 2 Ca 554/19 = BeckRS 2020, 50856

6300

Persönlichkeitsrechtsverletzung wegen behaupteter Diskriminierung (Verstoß gegen das AGG) und Mobbing.

Frau (Lehrerin / Studienrätin). Kein Schmerzensgeldanspruch wegen Diskriminierung und Mobbing: „Eine Versetzung in den Ruhestand wegen Dienstunfähigkeit oder Krankheit indiziert nicht die Vermutung einer Benachteiligung wegen einer Behinderung." Die Klägerin hatte mindestens 100.000 EUR gefordert und dies damit begründet, dass ein „Verstoß gegen das AGG … offenkundig [sei], da der Beklagte die Behinderung der Klägerin vollständig ignoriert und nach deutlichen Hinweisen auf die einzuhaltenden Schutzbestimmungen keinerlei Maßnahmen ergriffen habe, um Abhilfe zu schaffen. Im Gegenteil habe der Beklagte die Zwangspensionierung trotz anderslautender Atteste vorangetrieben und letztlich umgesetzt. Damit sei der Klägerin ohne Not ein Berufsverbot auferlegt und sie für sechs Jahre außer Gefecht gesetzt worden. Die Zwangspensionierung habe ihre Ursache in der Behinderung, da daraus auf die Dienstunfähigkeit geschlossen worden sei." Eine Diskriminierung sah das VG als nicht gegeben und führte zum Mobbingvorwurf zutreffend aus: „Nicht jede Auseinandersetzung, Meinungsverschiedenheit oder nicht gerechtfertigte Maßnahme des Dienstherrn stellt bereits eine rechtswidrige und vorwerfbare Verletzung der Rechtsgüter des Beamten und damit eine unerlaubte Handlung iSv Mobbing dar. Mobbing setzt ein systematisches Anfeinden, Schikanieren oder Diskriminieren von Beschäftigten untereinander oder durch Vorgesetzte voraus. Die Grenze zum nicht rechts- bzw. sozialadäquaten Verhalten ist erst dann überschritten, wenn Verhaltensweisen bezwecken oder bewirken, dass die Würde des Arbeitnehmers verletzt und ein durch Einschüchterungen, Anfeindungen, Erniedrigungen, Entwürdigungen oder Beleidigungen gekennzeichnetes Umfeld geschaffen wird".

Betrag: – **Haftung: –**
immVorb: – **MdE: –**

VG Würzburg 26.11.2019 – W 1 K 18.1029 = BeckRS 2019, 30279

5468

Kein Verstoß gegen §/AGG: Die Klägerin russischer Herkunft sah sich durch eine Stellenanzeige der Beklagten sowohl wegen ihres Alters als auch ihrer ethnischen Herkunft diskriminiert und begehrte Schmerzensgeld. Die Beklagte (einer Softwarefirma) hatte darin die Anforderung geäußert „Für die Position sollten Sie ein Studium der Ingenieur-Wissenschaften oder technischen Informatik abgeschlossen haben oder kurz vor Ihrem Abschluss stehen" und zudem betont, dass man auf „sehr gute Deutsch- und Englischkenntnisse in Wort und Schrift" Wert lege.

Frau. Kein Schmerzensgeldanspruch wegen Verstoß gegen das Benachteiligungsverbot des § 7 Abs. 1 AGG: Das BAG bestätigte die bereits klagabweisende Entscheidung der Vorinstanz und wies nochmals grundsätzlich darauf hin, dass „das Benachteiligungsverbot des § 7 I AGG erfasst allerdings nicht jede Ungleichbehandlung, sondern nur eine Ungleichbehandlung wegen eines in § 1 AGG genannten Grundes. Zwischen der Benachteiligung und einem in § 1 AGG genannten Grund muss demnach ein Kausalzusammenhang bestehen", so das BAG.

Betrag: – **Haftung: –**
immVorb: – **MdE: –**

BAG 23.11.2017 – 8 AZR 372/16 = BeckRS 2017, 144848

7349

Persönlichkeitsrechtsverletzung, vermeintliche (hier: wegen behaupteter Altersdiskriminierung).

53j. Frau (Informatikerin). Die Beklagte hatte 2014 eine Stellenanzeige veröffentlicht, in der sie sich selbst als „ein junges und dynamisches Unternehmen" beschrieben hatte. Nachdem die Klägerin die Stelle nicht bekommen hatte, vertrat sie die Ansicht, die Beklagte habe sie entgegen den Vorgaben des AGG wegen ihres Alters, ihres Geschlechts und ihrer ethnischen Herkunft diskriminiert. Entsprechende Indizien ergäben sich bereits aus der Stellenausschreibung der Beklagten, insbesondere in deren Vorstellung als „junges und dynamisches Unternehmen". Hierin liege ein Indiz für eine Altersdiskriminierung. Die Klage wurde in allen drei Instanzen abgewiesen. Die Selbstbeschreibung eines Arbeitgebers in einer Stellenanzeige als „junges, dynamisches Unternehmen" ohne Bezug auf das vorhandene Team ist kein Indiz dafür, dass eine Altersdiskriminierung vorliegt, sondern kann als Beschreibung der Bestandszeit des Unternehmens und seiner Beweglichkeit in Bezug auf Technik und Markt verstanden werden, so das BAG. [Anmerkung: Anders, darauf wies das BAG BeckRS 2016, 112116 hin, sei der Fall jedoch, wenn für eine zu besetzende Stelle in einem „jungen dynamischen Team" geworben werde, da, so das BAG, mit dem Begriff „jung" unmittelbar an das Lebensalter angeknüpft werde; dies werde noch verstärkt durch die Verknüpfung des Lebensalters mit dem Begriff „dynamisch", der eine Eigenschaft beschreibt, die im Allgemeinen eher jüngeren als älteren Menschen zugeschrieben wird. Vgl. dazu auch im Handbuch unter → Rn. 257 und zudem auch BAG BeckRS 2016, 73607].

Betrag: – **Haftung: –**
immVorb: – **MdE: –**

BAG 23.11.2017 – 8 AZR 604/16 = BeckRS 2017, 144846

7945

Persönlichkeitsrechtsverletzung wegen angeblicher Altersdiskriminierung.

59j. Mann (Rechtsanwalt). Der Beklagte, ein Prüfungsverband im Sinne des Genossenschaftsgesetzes, der seinen Mitgliedern auch Dienstleistungen, so ua. Rechtsberatung anbietet, hatte für seine Kanzlei eine Stelle ausgeschrieben mit dem Text: Wir suchen „eine / n Volljuristin / en mit … ersten einschlägigen Berufserfahrungen". Hierauf hatte sich der Kläger beworben und nach Erhalt seiner Absage immateriellen Schadensersatz gefordert. Die Klage blieb in allen Instanzen ohne Erfolg. Das BAG stellte klar, dass die Begriffe „erste einschlägige Berufserfahrung" und „Berufsanfänger" in Stelleninseraten keine pauschale Altersdiskriminierung begründen. Da entsprechende Fachkenntnisse in jedem Lebensalter gesammelt werden könnten, handelt es sich um eine altersunabhängige Anforderung. Die gezielte Ansprache von Berufseinsteigern öffnet das Verfahren lediglich für jüngere Bewerbergruppen, schließt ältere Kandidaten dadurch aber nicht aus und stelle für diese keine Benachteiligung dar. [Anmerkung: Vgl. dazu auch BAG BeckRS 2017, 109100 Rn. 32 sowie im Handbuch → Rn. 257.]

Betrag: – **Haftung: –**
immVorb: – **MdE: –**

BAG 26.1.2017 – 8 AZR 73/16 = BeckRS 2017, 109100

7350

Persönlichkeitsrechtsverletzung / Altersdiskriminierung wegen der Stellenausschreibung, mit welcher die Beklagte einen „Junior-Consultant" für eine Tätigkeit „in einem professionellen Umfeld mit einem jungen dynamischen Team" gesucht hatte.

42j. Mann (Dipl. Betriebswirt). Die so (siehe oben) ausgeschriebene Stelle besetzte die Beklagte mit dem damals 28 Jahre alten Mitbewerber W. Das Arbeitsgericht hat der Klage – unter Klageabweisung im Übrigen – teilweise stattgegeben und die Beklagte zur Zahlung einer Entschädigung an den Kläger iHv. 6.000,00 EUR … verurteilt. Hiergegen haben die Beklagte Berufung und der Kläger Anschlussberufung eingelegt. Das Landesarbeitsgericht hat das erstinstanzliche Urteil auf die Berufung der Beklagten – unter Zurückweisung der Anschlussberufung des Klägers – abgeändert und die Klage insgesamt abgewiesen. Mit der Revision verfolgt der Kläger sein Klagebegehren weiter. Die zulässige Revision des Klägers ist begründet, so das BAG. Mit der vom Landesarbeitsgericht gegebenen Begründung habe die Klage nicht abgewiesen werden dürfen, denn mit dem Begriff „jung" werde unmittelbar an das Lebensalter angeknüpft. Verstärkt werde diese Bezugnahme auf das Lebensalter durch die Verbindung mit dem Begriff „dynamisch", der eine Eigenschaft beschreibe, die im Allgemeinen eher jüngeren als älteren Menschen zugeschrieben werde. „Wird in einer Stellenausschreibung – wie hier – darauf hingewiesen, dass eine Tätigkeit mit einem jungen dynamischen Team geboten wird, enthält dieser Hinweis regelmäßig nicht nur die Botschaft an potentielle Stellenbewerber / innen, dass die Mitglieder des Teams jung und deshalb dynamisch sind", so das BAG. [Vgl. dazu auch im Handbuch unter → Rn. 257].

Betrag: – **Haftung: –**
immVorb: – **MdE: –**

BAG 11.8.2016 – 8 AZR 406/14 = BeckRS 2016, 112116

6995

Persönlichkeitsrechtsverletzung / Diskriminierung wegen des Alters (52j.) in Bezug auf die Ausschreibung einer Anstellung in einem „jungen, hochmotivierten Team".

52j. Frau (Informatikerin). Kein Anspruch auf immaterielle Entschädigung wegen vermeintlicher Altersdiskriminierung. „Die Formulierung in einer Stellenanzeige, wonach ein Unternehmen ein "junges hochmotiviertes Team„ vorzuweisen habe und die Aufforderung, sich zu bewerben, wenn der oder die Bewerber / in "Teil eines jungen, hochmotivierten Teams„ werden wolle, ist nicht eindeutig. "Jung„ kann sich in diesem Zusammenhang auf den Zeitpunkt der Zusammensetzung des Teams genauso wie auf das Lebensalter der Teammitglieder beziehen. Da keines der möglichen Verständnisse überwiegend wahrscheinlich ist, fehlt auch eine überwiegende Wahrscheinlichkeit für eine Benachteiligung wegen des Lebensalters", so das LAG Baden-Württemberg. [vgl. dazu mit aA LAG Nürnberg → Nr. 6940].

Betrag: – **Haftung: –**
immVorb: – **MdE: –**

LAG Baden-Württemberg 15.1.2016 – 19 Sa 27/15 = BeckRS 2016, 67158

5469

Diskriminierung durch Vorgabe einer Mindestgröße für Pilotinnenanwärter der Lufthansa.

Frau. Kein Schmerzensgeldanspruch. Die Vorgabe einer Mindestgröße von 161 cm für Pilotenanwärtreinnen seitens der Lufthansa ist keine Diskriminierung im Sinne des § 7 AGG. Zur Diskrimierung durch Mindestgrößenvorgaben siehe jedoch EuGH NZA 2018, 418; ebenso zuvor bereits VG Schleswig NZA 2018, 418. Die Forderung einer geschlechtsunabhängigen Mindestkörpergröße kann gegen den Grundsatz der Gleichbehandlung von Männern und Frauen verstoßen, wenn diese Regelung viel mehr Frauen als Männer benachteiligt und sie für die Erreichung des rechtmäßigen Ziels nicht geeignet und erforderlich ist.

Betrag: – **Haftung: –**
immVorb: – **MdE: –**

LAG Köln 25.6.2014 – 5 Sa 75/14 = BeckRS 2014, 72115

7192

Persönlichkeitsrechtsverletzung wegen des Diskriminierungsvorwurfs aufgrund von Transsexualität.

Transsexuelle Person. Der Beklagte (Bekl. zu 2) hatte über eine Zeitarbeitsfirma (Bekl. zu 1) eine Mitarbeiterin für die bei ihm zu besetzende Stelle als Designerschmuckkommissionärin gesucht. Die Klägerin kam deshalb zum Bewerbungsgespräch in die Räume des Beklagten. Nachdem sie sich mit Vor- und Nachnamen vorgestellt und mitgeteilt hatte, Frau W. von der Zeitarbeitsfirma habe sie angekündigt, hatte der Mitarbeiter P. der Beklagten – nachdem er sie zunächst wortlos angeschaut hatte – erwidert, dass Frau W. (von der Zeitarbeitsfirma) aber doch eine Frau A. angekündigt habe. Daraufhin stellte die Klägerin klar, dass dies richtig und sie Frau A. sei. Nachdem sich die Beklagte später für eine andere Bewerberin entschieden hatte, begehrte die Klägerin immateriellen Schadenersatz nach § 15 Abs. 2 AGG wegen Verstoßes gegen das Benachteiligungsverbot nach § 7 AGG, da sie wegen ihres Geschlechts bzw. ihrer Transsexualität benachteiligt worden sei. Das LAG wies die Klage ua mit der Begründung ab, eine Benachteiligung könne nicht wegen der Transsexualität eines Bewerbers / einer Bewerberin erfolgen, wenn diese dem Arbeitgeber nicht bekannt sei, wie dies unbestrittener Maßen vorliegend der Fall war. [Anmerkung: Das LAG befasst sich sehr ausführlich mit dem Themenkomplex, der auch oben im Handbuch unter → Rn. 258 umfassend behandelt wird].

Betrag: – **Haftung: –**
immVorb: – **MdE: –**

LAG Rheinland-Pfalz 9.4.2014 – 7 Sa 501/13 = BeckRS 2014, 70013

4440

Persönlichkeitrechtsverletzung / Beleidigung (hier: Bezeichnung als „Ossi").

Mann (Koch). „Weder durch die behauptete Bezeichnung als „Ossi" noch durch die behaupteten Bemerkungen hinsichtlich seiner Herkunft „aus dem Osten" verbunden mit der Bemerkung Lusche bzw. der Bemerkung, dass „die aus dem Osten nichts taugen" wurden stellt eine Diskriminierung wegen ethnischer Herkunft im Sinn des § 1 AGG dar. Das Merkmal der ethnischen Herkunft bezieht sich auf nicht vererbliche Merkmale wie die Zugehörigkeit des Menschen zu einem bestimmten Kulturkreis, zu einer gemeinsamen Religion und Sprache. Kennzeichnend ist, dass die betreffenden Menschen aufgrund dieser Merkmale eine dauerhafte Einheit bilden (z. B. Kurden, Sorben, Sinti und Roma). Maßgeblich ist die Wahrnehmung als „andere Gruppe" in Gebräuchen, Herkunft und Erscheinung. Äußeres Erscheinungsbild, Sprache und Religion können hier wichtige Merkmale sein, den Typus der Ethnie zu beschreiben. Maßgeblich ist insgesamt die Wahrnehmung als „andere Gruppe" in Gebräuchen, Herkunft und Erscheinung. … Keine Ethnien sind demzufolge Ost- und Westdeutsche, Bayern und Schwaben, Düsseldorfer und Kölner. Wir sind ein Volk – auch diskriminierungsrechtlich", so das ArbG.

Betrag: – **Haftung: –**
immVorb: – **MdE: –**

ArbG Würzburg 23.1.2009 – 3 Ca 664/08 = BeckRS 2009, 62903

4155

Persönlichkeitrechtsverletzung (hier: Zutrittsverweigerung in eine Diskothek wegen „nicht passender" Hautfarbe).

Mann. Bei der Bemessung berücksichtigte das AG: 1. dass die Beeinträchtigung für den Kläger gering war, da die Benachteiligung nur wenigen Personen bekannt geworden war. 2. dass das Verhalten des Bekl. auf die ihn begleitenden Personen hat das keinen nachteiligen Einfluss für den Kläger gehabt hatte, da sich seine Begleiter sich mit ihm solidarisiert hatten und 3. dass nur ein kurzer Aufenthalt in der Diskothek beabsichtigt war.

Betrag: 300 € **Haftung: 100 %**
immVorb: – **MdE: –**

AG Aachen 20.1.2011 – 25 C 278/10 = NJW-RR 2011, 675

4494

Persönlichkeitrechtsverletzung (hier: Diskriminierung wegen Hautfarbe. Laut AG steht fest, „dass der Kläger wegen seiner Hautfarbe nicht in die von der Beklagten betriebene Diskothek „V" eingelassen worden ist").

Mann („junger Mann"). „Diese Zurückweisung ist gemäß § 1, 2 AGG unzulässig und begründet gemäß § 19 Abs. 3 AGG ein Anspruch auf Ersatz des immateriellen Schadens", so das AG. Da die Beeinträchtigung „gering" sei, setzte das AG das oa Schmerzensgeld fest.

Betrag: 300 € **Haftung: 100 %**
immVorb: – **MdE: –**

AG Bremen 20.1.2011 – 25 C 0278/10 = BeckRS 2011, 4873

7353

Persönlichkeitsrechtsverletzung / Diskriminierung wegen Religionszugehörigkeit und wegen des Tragens eines Kopftuchs.

Frau. Die junge Frau muslimischen Glaubens trug im Fitnessstudio des Beklagten ein Kopftuch. Aus diesem Grunde kündigte die Beklagte – Betreiberin des Studios – den bestehenden Fitnessstudiovertrag aus „Imagegründen". Es gehöre, so die Beklagte in einem weiteren Verfahren (siehe dazu LG Aachen BeckRS 2017, 156162, → Nr. 7354 und AG Aachen → Nr. 7355) „zur ständigen Geschäftspolitik der Beklagten mit solchen Personen keinen Vertrag abzuschließen, die nach Auffassung der Geschäftsführung aufgrund ihres Geschlechts, ihrer Religion oder ethnischen Herkunft nicht in das angestrebte Klientel passen oder bei denen aufgrund dieser Merkmale die Befürchtung einer schlechten Zahlungsmoral besteht." [vgl. auch im Handbuch → Rn. 257a].

Betrag: 500 € **Haftung: 100 %**
immVorb: – **MdE: –**

AG Aachen 14.1.2015 – 122 C 192/14 = unveröffentlicht

4876

Persönlichkeitrechtsverletzung (hier: Zutrittsverweigerung in Nachtclub wegen Hautfarbe).

Mann (Afrikaner aus Burkina Faso). Der Kläger wurde in 20 von insgesamt 25 von ihm im Auftrag des Münchner Ausländerbeirats getesteten Nachtclubs wegen seiner Hautfarbe nicht eingelassen. „Dieses weitere Urteil bestätigt, dass Alltagsrassismus u.a. im Nachtleben ein weit verbreitetes Problem darstellt. Das ist in einer Gesellschaft, die die Menschenwürde ernst nehmen will, nicht hinnehmbar", so der Vorsitzende des Beirats zutreffend. [Anmerkung: Das Urteil ist sehr begrüßenswert! Allerdings sollte in künftigen Fällen das Schmerzensgeld deutlich höher ausfallen, da ein derartiges rassistisches Verhalten nicht nur gegen geltendes Recht (Grundgesetz; AGG etc) verstößt, sondern auch ethisch-moralisch völlig inakzeptabel ist]. Das Urteil wurde mir dankenswerter Weise durch Frau Rechtsanwältin Susanne Gerhards (Kanzlei W.F.Weber & Kollegen) aus Ismaning zur Verfügung gestellt.

Betrag: 500 € **Haftung: 100 %**
immVorb: – **MdE: –**

AG München 17.12.2014 – 171 C 27856/13 = unveröffentlicht

4987

Persönlichkeitsrechtsverletzung (hier: Zutrittsverweigerung in Nachtclub wegen Hautfarbe. Mit dem Vorwand nur Mitglieder dürften in die Diskothek, wurde dem Kläger der Eintritt verweigert, anderen – hellhäutigen – Gästen, die nachweislich ebenfalls nicht Mitglied waren, wurde der Einlass gewährt.)

Mann (Afrikaner aus Burkina Faso). Der Kläger wurde in der Diskothek „Willenlos" in München wegen seiner Hautfarbe nicht eingelassen. „Andere plausible Gründe für die Einlassverweigerung des Kl. sind nicht ersichtlich, sodass das von den Zeugen geschilderte Geschehen eine Benachteiligung des Zeugen M. und des Klägers wegen deren Hautfarbe vermuten lässt. … Dem Kläger kommt damit die Beweislastverteilung des § 22 AGG zu Gute. … Die Zurückweisung war gem. § 19 Abs. 1 und 2 AGG unzulässig und begründet gem. § 21 Abs. 2 S. 3 AGG einen Anspruch auf Ersatz des immateriellen Schadens", so das AG. Schmerzensgeldmindernd wurde berücksichtigt, dass der Besuch als Test dienen sollte und der Kläger „sich also in gewissen Maßen auf die Diskriminierung vorbereiten [konnte], nachdem er sie ja förmlich erwartet hatte", so das AG weiter, welches aber zutreffend auch auf die „generalpräventive Funktion" des Schmerzensgeldes in derartigen Fällen hinwies. [Anmerkung: Das Urteil ist sehr begrüßenswert! Allerdings sollte in künftigen Fällen das Schmerzensgeld deutlich höher ausfallen, da ein derartiges rassistisches Verhalten nicht nur gegen geltendes Recht (Grundgesetz; AGG etc) verstößt, sondern auch ethischmoralisch völlig inakzeptabel ist]. Das Urteil wurde mir dankenswerter Weise durch Frau Rechtsanwältin Susanne Gerhards (Kanzlei W.F.Weber & Kollegen) aus Ismaning zur Verfügung gestellt.

Betrag: 500 € **Haftung: 100 %**
immVorb: – **MdE: –**

AG München 17.12.2014 – 159 C 27844/13 = unveröffentlicht

4881

Persönlichkeitrechtsverletzung infolge öffentlicher Diskriminierung eines Schwerbehinderten (AGG).

Mann. Verstoß gegen das AGG: Der Kläger, erhielt in einem Vergnügungspark unter Vorlage seines Schwerbehindertenausweises einen Preisnachlass. Er wurde wegen seiner Behinderung jedoch genötigt, ein rotes Armband gut sichtbar tragen; somit war er für das Personal der diversen Fahrgeschäfte als Behinderter gut zu erkennen, sodass ihm an einem Fahrgeschäft – vor anderen Gästen bzw. Besuchern – der Zutritt verweigert worden war. Das AG sah darin zutreffend einen Verstoß gegen das AGG. [Beispiel für „gut gemeint aber schlecht ausgeführt"]

Betrag: 500 € **Haftung: 100 %**
immVorb: – **MdE: –**

AG Neustadt a.d. Weinstraße 28.3.2013 – 6 C 256/12 = BeckRS 2013, 200885

4317

Persönlichkeitrechtsverletzung durch Diskriminierung. Dem Kläger wurde „wegen seiner dunklen Hautfarbe der Zutritt zur Diskotek … verwehrt", so das OLG, welches hierzu zutreffend feststellte: „Wird einer Person der Besuch einer Diskothek allein wegen ihrer Hautfarbe und ihres Geschlechts verweigert, kann dies einen Anspruch auf Zahlung einer angemessenen Entschädigung begründen."

Mann. „Die Höhe dieser Entschädigung wird auch durch generalpräventive Erwägungen beeinflusst, die aber nicht dazu führen dürfen, dass die übrigen Bemessungskriterien vernachlässigt werden und im Vergleich zu Schmerzensgeldansprüchen wegen einer Körperverletzung oder einer Verletzung des allgemeinen Persönlichkeitsrechts unverhältnismäßig hohe Entschädigungen zugesprochen werden", so das OLG.

Betrag: 900 € **Haftung: 100 %**
immVorb: – **MdE: –**

OLG Stuttgart 12.12.2011 – 10 U 106/11 = BeckRS 2011, 28749

7040

Psychische Belastungen durch sogenanntes „Misgendern". Dies bedeutet, dass eine Person einem falschen Geschlecht zugeordnet und / oder über sie mit dem falschen Pronomen geredet wird oder – wie im vorliegenden Fall – eine Person mit nicht-binärer Geschlechtsidentität sich mangels anderer Alternativvorgaben zB beim Abschluss eines Online-Vertrages für „männlich" oder „weiblich" entscheiden muss, obwohl beides für die Person nicht zutrifft. Das OLG folgte der klagenden Person, die in Letzterem einen Angriff auf die eigene Person sah, welcher zu deutlichen psychischen Belastungen geführt habe.

Person mit nicht-binärer Geschlechtsidentität (Diplom Psycholog_in). Die klagende Person, die sich René_ Rain Hornstein nennt und darauf hinweist, dass der „Unterstrich" zwischen den beiden Vornamen Hinweis auf die nicht-binäre Geschlechtsidentität sei, hatte eine Vertriebstochter der Deutschen Bahn AG auf Unterlassung und immateriellen Schadensersatz in Höhe von 5.000 Euro verklagt, da er sich dadurch weil es im Online-Ticket-System der DB lediglich die Anrede „Frau" und „Herr" zur Auswahl gibt. Daher müsse eine – aus Sicht der klagenden Person – falsche Angabe (in Fachkreisen „misgendern" genannt) getroffen werden. Das LG Frankfurt a.M gab den Unterlassungsansprüchen statt und wies den Entschädigungsanspruch ab. Auf die Berufungen der Parteien hat das OLG die Unterlassungsansprüche der klagenden Person bestätigt. Zudem sei der klagenden Person wegen der erlittenen Diskriminierung eine Entschädigung in Höhe von 1.000 Euro zu zahlen. Die klagende Person könne wegen einer unmittelbaren Benachteiligung im Sinne der §§ 3, 19 AGG aus Gründen des Geschlechts und der sexuellen Identität bei der Begründung und Durchführung von zivilrechtlichen Schuldverhältnissen im Massenverkehr Unterlassung verlangen. Das Merkmal der Begründung eines Schuldverhältnisses sei weit auszulegen und umfasse auch die Verhinderung geschäftlicher Kontakte, wenn Menschen mit nicht-binärer Geschlechtszugehörigkeit gezwungen würden, für einen Online-Vertragsschluss zwingend die Anrede „Herr" oder „Frau" auszuwählen. Wegen der Verletzung des Benachteiligungsverbots sei der klagenden Person eine Entschädigung in Höhe von 1.000 Euro zu zahlen, weil diese einen immateriellen Schaden erlitten habe. Sie erlebe „die Zuschreibung von Männlichkeit" seitens der Beklagten als Angriff auf die eigene Person, welche zu deutlichen psychischen Belastungen führe. Die Entschädigung in Geld sei angemessen, da sie der klagenden Person Genugtuung für die durch die Benachteiligung zugefügte Herabsetzung und Zurücksetzung verschaffe. Abzuwägen seien dabei die Bedeutung und Tragweite der Benachteiligung für die klagende Person einerseits und die Beweggründe der Beklagten andererseits. Die Benachteiligungen für die klagende Person seien hier als so massiv zu bewerten, dass sie nicht auf andere Weise als durch Geldzahlung befriedigend ausgeglichen werden könnten, so das OLG.

Betrag: 1.000 € **Haftung: 100 %**
immVorb: – **MdE: –**

OLG Frankfurt a. M. 21.6.2022 – 9 U 92/20 = BeckRS 2022, 13903

6953

Persönlichkeitsrechtsverletzung wegen Diskriminierung eines aus Afrika stammenden Mietinteressenten durch die Anzeige des Vermieters, wonach er nur „an Deutsche" vermiete (§§ 22, 23 AGG).

Mann. Der 81-jährige Beklagte vermietet mehr als 20 Wohnungen. Er hatte in der Augsburger Allgemeinen Zeitung eine Wohnung zur Miete angeboten mit dem Hinweis, er vermiete „nur an Deutsche". Der Kläger stammt Burkina Faso und war an der Wohnung interessiert. Die Vermietung an den Kläger lehnte der Beklagte ab. Das AG urteilte zutreffend, der Kläger habe einen Anspruch auf Entschädigung aus §§ 21 Abs. 2 S. 3 AGG, 253 Abs. 1 BGB, da der Beklagte den Kläger aufgrund seiner Rasse oder ethnischen Herkunft benachteiligte (§ 19 Abs. 2 AGG) habe, indem er sämtliche „Nicht-Deutsche" von der Eingehung eines Vertragsverhältnisses ausgeschlossen und daher den Kläger als Mieter abgelehnt hatte. Zur Überzeugung des Gerichts sei das AGG auf den vorliegenden Fall anwendbar, da der Beklagte durch die Internetanzeige aus dem rein privaten Bereich herausgetreten war. Die zugesprochene Entschädigung diene insofern der Genugtuung für die Verletzung des allgemeinen Persönlichkeitsrechts.

Betrag: 1.000 € **Haftung: –**
immVorb: – **MdE: –**

AG Augsburg 10.12.2019 – 20 C 2566/19 = BeckRS 2019, 42199

7355

Persönlichkeitsrechtsverletzung / Diskriminierung wegen Religionszugehörigkeit und wegen des Tragens eines Kopftuchs.

Frau. Die junge Frau muslimischen Glaubens trug im Fitnessstudio des Beklagten ein Kopftuch. Aus diesem Grunde kündigte die Beklagte – Betreiberin des Studios – den bestehenden Fitnessstudiovertrag aus „Imagegründen" und schrieb der Klägern: „Es ist selbstverständlich Ihre private Sache, wie sie ihren Kopf bedecken. Jedoch müssen Sie auch Verständnis haben, dass es für den Ablauf unseres Studios unerlässlich ist, das gewisse Regeln eingehalten werden. Hierzu gehören eben auch Bekleidungsvorschriften, die wir nicht zuletzt auch aus Image-Gründen erlassen. Hierzu gehört neben den Verbot von religiös begründeten Kopftüchern auch das Tragen von Muskelshirts." Es gehöre, so die Beklagte in weiteren Verfahren (siehe dazu LG Aachen BeckRS 2017, 156162, → Nr. 7354 und AG Aachen → Nr. 7353) „zur ständigen Geschäftspolitik der Beklagten mit solchen Personen keinen Vertrag abzuschließen, die nach Auffassung der Geschäftsführung aufgrund ihres Geschlechts, ihrer Religion oder ethnischen Herkunft nicht in das angestrebte Klientel passen oder bei denen aufgrund dieser Merkmale die Befürchtung einer schlechten Zahlungsmoral besteht." [vgl. auch im Handbuch → Rn. 257a].

Betrag: 1.000 € **Haftung: 100 %**
immVorb: – **MdE: –**

AG Aachen 21.8.2013 – 115 C 602/12 = BeckRS 2017, 156162

4437

Benachteiligung wegen Alters / Altersdiskriminierung. „In einem Einstellungsgespräch teilt ihr ein Personalmitarbeiter des Arbeitgebers mit, dass die Arbeitnehmerin für die ausgeschriebene Stelle aufgrund ihres Alters nicht in Betracht komme. Sie könne aber eine geringer vergütete anderweitige Tätigkeit ausüben." (Zitat – siehe Fundstelle).

48j. Frau. Das BAG führte aus, „der Arbeitnehmerin stehe nach § AGG § 15 AGG § 15 Absatz II AGG eine Geldentschädigung zu, weil sie der Arbeitgeber entgegen § AGG § 7 AGG § 7 Absatz I i.V. mit § AGG § 1 AGG wegen ihres Alters benachteiligt hat. Im vorliegenden Fall liegt eine unmittelbare Benachteiligung i.S. von § AGG § 3 AGG § 3 Absatz I AGG vor, da die Arbeitnehmerin wegen ihres Alters eine weniger günstige Behandlung erfahren hat als eine andere Person in einer vergleichbaren Situation." (Zitat – siehe Fundstelle).

Betrag: 1.000 € **Haftung: 100 %**
immVorb: – **MdE: –**

BAG 18.3.2010 – 8 AZR 1044/08 = BeckRS 2010, 72015

4436

Persönlichkeitsrechtsverletzung, schwerwiegende (hier: Benachteiligung wegen Alters / Altersdiskriminierung. „Eine bestehende Verwaltungsvorschrift sieht vor, dass lediglich Erzieherinnen ab dem vollendeten 40. Lebensjahr in den Stellenpool versetzt werden, sofern bestimmte weitere Voraussetzungen erfüllt sind. Die Arbeitnehmerin ist von einer Versetzung in den Stellenpool betroffen. Sie verlangt daraufhin Schmerzensgeld wegen Altersdiskriminierung nach den Vorschriften des AGG" – Zitat aus – siehe Fundstelle).

43j. Frau. Ein Anspruch auf Entschädigung setzt auch keine besondere „Herabwürdigung" des Beschäftigten oder die Feststellung einer (schwerwiegenden) Persönlichkeitsverletzung voraus. Die für allgemeine Persönlichkeitsrechtsverletzungen geltenden Grundsätze sind insoweit nicht anwendbar. Die §§ 1 AGG und 15 AGG gehen den §§ 823 und 253 BGB als spezialgesetzliche Regelung vor.

Betrag: 1.000 € **Haftung: 100 %**
immVorb: – **MdE: –**

BAG 22.1.2009 – 8 AZR 906/07 = BeckRS 2009, 69262

7926

Persönlichkeitsrechtsverletzung in Form der Herabwürdigung infolge der Diskriminierung wegen ethnischer Herkunft bei Auswahl von Mietinteressenten.

Frau. Die Klägerin mit einem „türkisch klingenden Namen" verlangt von der Beklagten die Zahlung von einer Entschädigung aufgrund einer Ungleichbehandlung wegen ihrer ethnischen Herkunft, nachdem ihr aufgrund ihrer ethnischen Herkunft die Teilnahme an einem Besichtigungstermin für eine Wohnung verweigert worden war. Die Vermieterin war die Beklagte. Das AG betonte dabei, das zivilrechtliche Benachteiligungsverbot gilt auch bereits im Vorfeld der Vermietung und ist verletzt, wenn eine Mietinteressentin allein aufgrund ihres türkische klingenden Namens, mithin ihrer ethnischen Herkunft, keine Einladung zu einem Besichtigungstermin für die Wohnung erhalten hat. Somit stehe der Klägerin gegenüber der Beklagten ein Anspruch auf Entschädigung nach § 21 Abs. 2 AGG zu, der sich nach der dreifachen Monatsmiete richte. (BGH 29.1.2026 – I ZR 129/25, BeckRS 2026, 774; vgl. zur Diskriminierung im Handbuch unter → Rn. 256).

Betrag: 1.008 € **Haftung: 100 %**
immVorb: – **MdE: –**

AG Hamburg-Barmbek 3.2.2017 – 811b C 273/15 = BeckRS 2017, 118019

7647

Persönlichkeitsrechtsverletzung wegen der Benachteiligung „wegen Behinderung" iSv § 19 AGG.

Frau. Die von Geburt an blinde Klägerin begehrte Schmerzensgeld gem. § 21 Abs. 2 S. 3 iVm § 19 Abs. 1 Nr. 1 AGG wegen diskriminierender Behandlung im Zusammenhang mit einem geplanten Ferienaufenthalt in der Pension der Beklagten. Die Klägerin hatte dort das einzig noch verfügbare Zimmer im Dachgeschoss für vier Nächte bei der Beklagten telefonisch gebucht, jedoch ohne Hinweis auf ihre Sehbehinderung bzw. Blindheit. Beim Einchecken fiel der Pensionsbetreiberin dies sowie eine vorhandene Fußverletzung jedoch auf, weshalb sie ihr den Zutritt mit der Begründung verweigert hatte, der Weg zum Zimmer sei viel zu gefährlich und beschwerlich, zumal es keinen Aufzug gebe. Die Beklagte hatte vor Gericht argumentiert, „das Objekt sei für blinde Personen völlig ungeeignet. Weder die allgemein zugänglichen Räumlichkeiten wie z.B. das Treppenhaus, noch die Zimmer selber seien in baulicher Hinsicht für blinde Personen geeignet. Die Verkehrssicherheit für blinde Personen sei nicht gegeben. Es sei der Beklagten daher nicht zuzumuten gewesen, ein solches Zimmer mit den erheblichen Gefahren an eine blinde Person wie die Klägerin zu überlassen, deren Fähigkeiten sie nicht kenne." Das LG sah „das Fürsorgeargument … vorgeschoben" und darin eine „Bevormundung". „Auch die Form der Absage – persönlich, vor Ort – wirkt zusätzlich herabsetzend, wobei zu berücksichtigen ist, dass die Beklagte von der Sehbehinderung bei Buchung noch nicht wusste und sie auch ihre Zurückweisung vor allem auf die Verhütung eines möglichen Unfalls und nicht allein die Tatsache der Sehbehinderung der Klägerin gestützt hat. Dieser scheinbar zugunsten der Beklagten zu wertende Umstand enthält aber in sich eine typische Diskriminierung von behinderten Personen in Form einer Bevormundung dahingehend, dass die nicht behinderte Person meint besser beurteilen zu können, ob sich gewisse Gefahren ergeben als die behinderte Person selbst." Die Kammer hielt deshalb eine Entschädigung nach § 21 Abs. 2 S. 1 und S. 3 AGG in Höhe von 1.200 EUR für angemessen. „Damit ist auch ein Abschreckungseffekt verbunden", so das LG.

Betrag: 1.200 € **Haftung: 100 %**
immVorb: – **MdE: –**

LG Meiningen 15.1.2025 – 4 S 72/24 = BeckRS 2025, 999

7935

Persönlichkeitsrechtsverletzung / Diskriminierung aufgrund der Stellenausschreibung als „Sekretärin Assistentin Schreibkraft".

Mann. Der Kläger hatte sich auf die Stelle beworben und war abgelehnt worden. Die Stelle wurde mit einer Frau besetzt. Das LAG entschied dazu, dass die geschlechtsspezifische Ausschreibung einer Stelle als „Sekretärin Assistentin Schreibkraft" die Vermutung einer unmittelbaren Benachteiligung wegen des Geschlechts im Sinne von §§ 3 Abs. 1, 7 Abs. 1, 11, 22 AGG begründet. Bei der Bemessung der immateriellen Entschädigung orientierte sich das LAG an der Schwere des Verstoßes und der wirtschaftlichen Leistungsfähigkeit des Arbeitgebers und wies dabei darauf hin, dass die Unkenntnis des Arbeitgebers in Bezug auf die rechtlichen Vorgaben, insofern unbeachtlich sei. „Der Beklagte beschäftigt lediglich acht Arbeitnehmer, so dass die Kammer von einer nur begrenzten wirtschaftlichen Leistungsfähigkeit ausgehen konnte. In Ansehung dieses Hintergrundes ist es angemessen, die Regelentschädigung von grundsätzlich zwei Monatsgehältern auf 1 1/2 Monatsgehälter zu kürzen." so das LAG.

Betrag: 1.500 € **Haftung: –**
immVorb: – **MdE: –**

LAG Nürnberg 23.1.2026 – 8 SLa 4/25 = BeckRS 2026, 7566

7648

Persönlichkeitsrechtsverletzung in Form einer Benachteiligung wegen des Geschlechts. Eine Bauinteressentin / potentielle Kundin wollte die ihr vom Bauunternehmen zugewiesene Architektin nicht als Beraterin und wurde daraufhin von einem Mann betreut.

Frau (Architektin). Die Klägerin war als Vertriebsmitarbeiterin eines Bauunternehmens (= Beklagte) tätig. Eine ihr zugewiesene Kundin des Bauunternehmens lehnte sie jedoch ab, da sie nicht von einer Frau, sondern einem Mann bedient werden wollte. Daraufhin änderte der Regionalleiter des Bauunternehmens die Zuordnung und übernahm die Betreuung der Bauinteressentin selbst. Hierdurch sah sich die Klägerin wegen ihres Geschlechts benachteiligt und verlangte eine AGG-Entschädigung in Höhe von 84.300 Euro. Das ArbG Freiburg wies die Klage ab. Das LAG Baden-Württemberg. Auch wenn die primäre Diskriminierung nicht von der Beklagten, sondern von der Kundin ausgegangen sei und die Beklagte hierauf habe reagieren müssen, hätte sie im Rahmen ihrer Reaktionsmöglichkeiten die Schutzpflichten aus § 12 Abs. 4 AGG beachten müssen und insofern versuchen können, die Kundin – selbst eine Frau – von der Eignung und Qualifikation der Klägerin zu überzeugen und sie umzustimmen. Stattdessen habe der Regionalleiter die zurückweisende Haltung der Kundin einfach hingenommen und diese auf sich überschrieben. Die Überschreibung der Kundin „ist – jedenfalls im vorliegenden Fall – gerade keine Maßnahme iSd § 12 Abs. 4 AGG gewesen. Der Klägerin ist vielmehr die Möglichkeit genommen worden, durch Betreuung der Bauinteressentin zum einen ihr berufliches Können unter Beweis zu stellen und zum anderen daraus eine nicht unerhebliche Provisionschance zu verwirklichen.", so das LAG, das in seinen amtlichen Leitsätzen klarstellt: „Will eine potentielle Kundin nicht von einer weiblichen Person (Arbeitnehmerin), sondern von einem männlichen Berater betreut werden, hat die Arbeitgeberin im Rahmen ihrer Reaktionsmöglichkeiten grundsätzlich den Schutzpflichten nach § 12 Abs. 4 AGG nachzukommen. Tut sie dies nicht, kann der Entzug der potentiellen Kundin aus der Betreuungszuständigkeit der Arbeitnehmerin eine unmittelbare Benachteiligung im Sinne des § 3 Abs. 1 AGG durch die Arbeitgeberin darstellen, die einen Entschädigungsanspruch auslöst." Bei der Bemessung des immateriellen Schadensersatzes betonte das LAG, dass in der, von der Klägerin vorgetragenen emotionalen Belastung keine besonders schwere Benachteiligung gesehen werden könne. „Das LAG hat die Revision zugelassen. "Das Abstellen auf ihr Geschlecht und nicht darauf, was sie leistet oder kann, greift ihre Persönlichkeit an. Das ist aber typischer Bestandteil des immateriellen Schadens und kann grundsätzlich nicht erhöhend berücksichtigt werden. Insbesondere der Präventionszweck der Entschädigung lässt im vorliegenden Fall einen Betrag von 1.500,00 Euro als vollkommen ausreichend erscheinen.", so das LAG.

Betrag: 1.500 € **Haftung: 100 %**
immVorb: – **MdE: –**

LAG Baden-Württemberg 20.11.2024 – 10 Sa 13/24 = BeckRS 2024, 38617

6509

Persönlichkeitrechtsverletzung (hier: Ablehnung einer muslimischen Bewerberin wegen eines Bewerbungsfotos mit Kopftuch).

Frau (Auszubildende). Die Klägerin, Muslima, hatte sich bei einer Steuerberatergesellschaft als Azubi beworben und ein Lichtbild beigefügt, dass sie mit Kopftuch zeigte. Der Geschäftsführer der Beklagten hatte ihr daraufhin geantwortet: „Ich gehe davon aus, dass Ihre Bewerbung wohl nicht ganz ernst gemeint war und Sie wohl nur ein Alibischreiben für ALG II verfasst haben„. Die Klägerin hat deshalb in der Tat gegen die Beklagte einen Anspruch auf Zahlung einer Entschädigung gemäß § 15 Abs. 2 AGG in Höhe von EUR 1.500. Bei dem Tragen eines Kopftuchs auf dem Bewerbungsfoto handele es sich auch um eine Betätigung der Religionsfreiheit, so das LAG. Erschwerend und schmerzensgelderhöhend wertete das Gericht, dass die Beklagte in ihrer Antwort an die Klägerin ironischer Weise von "Kopfschmuck" sprach.

Betrag: 1.500 € **Haftung: 100 %**
immVorb: – **MdE: –**

LAG Rheinland-Pfalz 16.12.2019 – 3 Sa 132/19 = BeckRS 2019, 43647

7343

Persönlichkeitsrechtsverletzung in Form von Altersdiskriminierung.

50j. Frau. Die Klägerin bewarb sich auf eine von der Beklagten – altersmäßig jedoch bereits eingegrenzt auf Bewerber zwischen 18 und 30 Jahren (wörtlich: „Ich suche ausschließlich weibliche Assistentinnen und ihr solltet am besten zwischen 18 und 30 Jahre alt sein" – ausgeschriebene Assistentenstelle. Die Klägerin wurde nicht eingestellt und erhielt die Mitteilung, die Stelle sei anderweitig vergeben worden. Das ArbG sah insofern gemäß § 15 Abs. 1 Satz 1 AGG einen immateriellen Schadensersatz von einem Monatsgehalt als angemessen an. „Der Begriff des Alters in § 1 AGG meint dabei jedes Lebensalter. Das heißt weder nur ein besonders hohes bzw. niedriges noch ein Alter nach Überschreiten einer bestimmten Schwelle. Entscheidend ist vielmehr, dass ein Arbeitgeber an ein bestimmtes Lebensalter eine andere Behandlung anknüpft bzw. dieses indiziert ist (vgl. Schlachter in ErfKomm, 19. Aufl. 2019, AGG § 1 Rn. 12)", so das ArbG. [Anmerkung: Vgl. dazu auch AG Kassel → Nr. 7332 sowie im Handbuch unter → Rn. 257].

Betrag: 1.770 € **Haftung: 100 %**
immVorb: – **MdE: –**

ArbG Köln 27.3.2019 – 20 Ca 7129/18 = BeckRS 2019, 58912

4826

Persönlichkeitrechtsverletzung durch Diskriminierung wegen des Tragens eines Kopftuches.

28j. Frau (IT-Systemkauffrau). Persönlichkeitrechtsverletzung wegen Zurückweisung der Klägerin durch eine private Arbeitsvermittlung, die der Klägerin mit Hinweis auf das von ihr getragene Kopftuch mitgeteilt hatte, dass sie deshalb nicht vermittelbar sei. Das LG Lüneburg hatte die Klage abgewiesen. Das OLG gab der Kl. Recht. [Anmerkung: Die Einordnung der Entscheidung in das Unterkap. C-09-h ist insofern nicht ganz korrekt, da das OLG darauf hingewiesen hatte, dass der Entschädigungsanspruch gegenüber der Arbeitsvermittlungsagentur nicht nach AGG erfolgen könne, da dieses nur im Verhältnis zu potentiellen Arbeitgebern greife].

Betrag: 1.850 € **Haftung: 100 %**
immVorb: – **MdE: –**

OLG Celle 13.2.2014 – 13 U 37/13 = BeckRS 2014, 125779

7068

Persönlichkeitsrechtsverletzung durch Diskriminierung einer transidenten Person in Bezug auf dessen kinderwunschbezogenen Leistungsantrag hinsichtlich einer Insemination. Dabei war zu berücksichtigen, dass die Benachteiligung in dem besonders sensiblen Rahmen der Familienplanung erfolgte und mit dem Verweis auf das vom Kläger nicht empfundene Geschlecht eine Bloßstellung verbunden war.

44j. Mann (Richter). Der transidente Kläger begehrt von seinem privaten Krankenversicherer (= Beklagte) die Kostenübernahme für eine Kinderwunschbehandlung im Wege der heterologen Insemination sowie die Zahlung einer Entschädigung nach dem Allgemeinen Gleichbehandlungsgesetz in Höhe von 5.000 EUR. Zur Verweigerung der Kostenübernahme einer Insemination führte das LG aus, dass die „Argumentation der Beklagten … weitestgehend losgelöst von ihren AVB [erfolge] und … sich in dem unbehilflichen Versuch [erschöpfe], außerhalb des Bedingungswerkes liegende Einschränkungskriterien erstmals zu konstruieren". Zum immateriellen Schadensersatz führte das LG aus, dem Kläger stehe „gegen die Beklagte ein Schmerzensgeldanspruch aus § 21 Abs. 2 Satz 3 AGG in Höhe von 2.000,00 Euro zu; ein weitergehender Anspruch besteht nicht". Zur Begründung insofern führte das LG aus: „Rechtlicher Ansatzpunkt ist die Vorschrift des § 19 Abs. 1 Nr. 2 AGG, welche bestimmt, dass eine Benachteiligung aus Gründen wie u. a. des Geschlechts oder der sexuellen Identität bei der Begründung, Durchführung und Beendigung zivilrechtlicher Schuldverhältnisse, die eine privatrechtliche Versicherung zum Gegenstand haben, unzulässig ist. Bei einer Verletzung des so normierten Benachteiligungsverbotes ist der Benachteiligende gemäß § 21 Abs. 2 Satz 1 AGG zum Ersatz des dadurch entstandenen Schadens verpflichtet. … Der Begriff der Benachteiligung in § 21 AGG knüpft an die in § 3 Abs. 1 Sätze 1 und 2 AGG enthaltenen Begriffsbestimmung an. Danach liegt eine unmittelbare Benachteiligung vor, wenn eine Person etwa aufgrund ihres Geschlechts eine weniger günstige Behandlung erfährt als eine andere Person in einer vergleichbaren Situation erführe. So liegt der Fall hier. Die Benachteiligung ist wie gezeigt anhand eines wertenden Vergleichs vorzunehmen. Dabei ist im vorliegenden Fall zu beachten, dass eine die auf die Transidentität einer Person zielende Diskriminierung an dem Merkmal des Geschlechts anknüpft. Denn der Begriff des Geschlechts umfasst auch die Inter- und Transsexualität (vgl. in BeckOGK / Baumgärtner, 1.9.2022, AGG § 1 Rn. 109; HK-ArbR / Turba / Klapp AGG § 1 Rn. 7). Der Vergleich ergibt, dass die von der Beklagten vorgenommene Differenzierung an der Transidentität anknüpft. Denn sie stützte die Ablehnung an den Umstand, dass der Kläger transident sei und deshalb eine biologisch und keine bedingungsgemäße organisch begründete Sterilität gegeben sei. Damit hat die Beklagte bei der ablehnenden Entscheidung in einer für den Kläger nachteiligen Weise an seine Geschlechtsorgane bei der Geburt angeknüpft, obwohl es darauf aus den dargelegten Gründen sachlich nicht ankam".

Betrag: 2.000 € **Haftung: 100 %**
immVorb: – **MdE: –**

LG Wuppertal 29.12.2022 – 4 O 373/21 = BeckRS 2022, 38083

7111

Persönlichkeitsrechtsverletzung in Form von „Diskriminierung" und „Stigmatisierung" infolge der Ablehnung der Bewerbung als Feuerwehrmitarbeiter wegen einem positiven HIV-Test.

25j. Mann. Der Kläger, der sich als Beamter für den feuerwehrtechnischen Dienst des beklagten Landes Berlin beworben und dort wegen HIV (HIV-positiv) abgelehnt wurde, machte daraufhin Schmerzensgeld in Höhe von mindestens 5.000 Euro geltend. Das VG Berlin hat dem Kläger einen Entschädigungsanspruch von 2.500 Euro nach dem Allgemeinen Gleichbehandlungsgesetz zugesprochen. Durch die Ablehnung der Einstellung allein wegen des positiven HIV-Status sei der Kläger diskriminiert worden. Die Benachteiligung sei nicht aus beruflichen Gründen gerechtfertigt, so das Gericht weiter. Bei der Bemessung berücksichtigte das VG die erfolgte Stigmatisierung berücksichtigt, aber auch, dass der Kläger im Zeitpunkt der Bewerbung nicht in HIV-Therapie war, sowie die neuere Praxis der Feuerwehr, wonach der positive HIV-Status keinen absoluten Ausschlussgrund bei Bewerbungen mehr darstelle.

Betrag: 2.500 € **Haftung: 100 %**
immVorb: – **MdE: –**

VG Berlin 23.9.2022 – 5 K 322/18 = BeckRS 2022, 27741

7354

Persönlichkeitsrechtsverletzung / Diskriminierung wegen Migrationshintergrund.

Mann. Die Beklagte betreibt ein Fitnessstudio in B. Ein mehrfaches Aufnahmebegehren des Klägers in der Zeit seit Dezember 2014 lehnte die Beklagte mit der Begründung ab, dass derzeit ein Aufnahmestopp bestehe. Zeitgleich wurde den Aufnahmebegehren deutscher Staatsangehöriger unproblematisch entsprochen. Beweggrund für dieses Vorgehen war unstreitig, dass die Beklagte mit dem Kläger, welcher sierraleonischer Staatsangehöriger ist, keinen Vertrag eingehen wollte, da dieser eine dunkle Hautfarbe hat und nicht deutscher Herkunft ist. Insoweit gehört es zur ständigen Geschäftspolitik der Beklagten mit solchen Personen keinen Vertrag abzuschließen, die nach Auffassung der Geschäftsführung aufgrund ihres Geschlechts, ihrer Religion oder ethnischen Herkunft nicht in das angestrebte Klientel passen oder bei denen aufgrund dieser Merkmale die Befürchtung einer schlechten Zahlungsmoral besteht. Das LG erhöhte das vom AG Aachen mit 500 EUR bemessene Schmerzensgeld auf 2.500 EUR und betonte dabei auch den generalpräventiven Charakter bei der Bemessung der angemessenen Entschädigung gemäß § 21 Abs. 2 S. 1 und 3 AGG sowie die Tatsache, dass „das diskriminierende Verhalten unmittelbar und vorsätzlich erfolgt ist und – wie vom Geschäftsführer der Beklagten im Rahmen der mündlichen Verhandlung vom 13.4.2017 eingeräumt – in der Geschäftspraxis der Beklagten systematisch erfolgt und der ständigen Geschäftspolitik entspricht."

Betrag: 2.500 € **Haftung: 100 %**
immVorb: – **MdE: –**

LG Aachen 11.5.2017 – 2 S 26/17 = BeckRS 2017, 156162

3996

Persönlichkeitrechtsverletzung / Beleidigung (hier: Ausländerfeindliche und rassistische Äußerung im Rahmen einer Wohnungsbesichtigung, bei der die Hausmeisterin den Klägern sagte: „Die Wohnung wird nicht an Neger, äh … Schwarzafrikaner und Türken vermietet".)

Mann / Frau (Anmerkung: Paar, dem jeweils der oa Schmerzensgeldbetrag zuerkannt wurde). Das OLG hob zutreffend das abweisende Urteil des AG Aachen auf und sprach den Klägern jeweils 2.500,- wegen der massiv diskriminierenden Äußerungen der Hausmeisterin zu. Das OLG sah zutreffend in dem rassistischen und ausländerfeindlichen Satz eine schwerwiegende Persönlichkeitsrechtsverletzung, deren Schwergrad auch nicht dadurch gemindert wird, dass die Beklagte durch ihren Anwalt ihr Bedauern übermitteln ließ. [vgl. dazu BGH Urt. v. 29.1.2026 – I ZR 129/25, BeckRS 2026, 774; vgl. zur Diskriminierung im Handbuch unter → Rn. 256].

Betrag: 2.500 € **Haftung: 100 %**
immVorb: – **MdE: –**

OLG Köln 19.1.2010 – 24 U 51/09 = BeckRS 2010, 1507

7925

Persönlichkeitsrechtsverletzung in Form der Herabwürdigung infolge der Diskriminierung wegen ethnischer Herkunft bei Auswahl von Mietinteressenten.

Frau. Die Klägerin, eine Mietinteressentin hatte sich 2022 unter Angabe ihres pakistanischen Vor- und Nachnamens mehrfach online um einen Besichtigungstermin für eine Mietwohnung beworben, jedoch ausnahmslos Absagen erhalten oder gar keine Reaktion. Ein von ihr initiiertes Testing-Verfahren mit identischen Angaben zu Einkommen und Beruf unter typisch deutschen Namen („Meier", „Müller", „Schmidt") war dagegen erfolgreich und führte direkt zu Besichtigungsterminen. Daraufhin forderte die Klägerin wegen Diskriminierung aufgrund ihrer ethnischen Herkunft eine angemessene Geldentschädigung vom betroffenen Maklerunternehmen. Das AG Groß-Gerau wies die Klage ab. Das LG Darmstadt gab der Klägerin jedoch Recht. Zur Bemessung der Entschädigung hatte das LG Darmstadt ausgeführt: „Für die Bemessung der Entschädigung nach § 21 Abs. 2 S. 3 AGG sind die Umstände des Einzelfalls maßgeblich. Insoweit sind insbesondere der Präventionsgedanke, die Genugtuungsfunktion der Entschädigung und die Intensität der Persönlichkeitsverletzung zu berücksichtigen. Als üblich wird bei Benachteiligungen im Bereich des Mietmarktes teilweise das Dreifache einer Monatsmiete erachtet, teilweise werden auch höhere Beträge von bis zu 15.000 EUR zuerkannt. … Ein Betrag von 3.000 EUR erscheint hier angemessen … Bei der Bemessung der Höhe war zu berücksichtigen, dass die Miete der vom Beklagten vermittelten und von der Klägerin angefragten Wohnungen in dem Gebäudekomplex im Bereich von ca. 1.009 EUR – 1.748 EURlag (vgl. Wohnungsinserate Anlage K11 zum Schriftsatz vom 15.6.2023). Der zuerkannte Betrag von 3.000 EUR entspricht – wenn man zu Gunsten des Beklagten den Mietzins einer der günstigeren Wohnungen zugrunde legt – in etwa der dreifachen Monatsmiete." Der BGH bestätigte diese Entscheidung (BGH 29.1.2026 – I ZR 129/25, BeckRS 2026, 774; vgl. zur Diskriminierung im Handbuch unter → Rn. 256).

Betrag: 3.000 € **Haftung: 100 %**
immVorb: – **MdE: –**

LG Darmstadt 11.4.2025 – 24 S 92/23 = BeckRS 2025, 37609

7332

Persönlichkeitsrechtsverletzung, schwerwiegende (hier: Benachteiligung wegen Alters / Altersdiskriminierung iSd § 1 AGG im Zusammenhang mit der Beantragung einer Kreditkarte: Der 88jährige Kläger hatte bei der Beklagten über deren Internetportal eine Kreditkarte mit einem Verfügungsrahmen von 2.500 EUR und unbefristeter Laufzeit beantragt. Die Beklagte wies das Begehren des Klägers mit der Begründung zurück, die Prognose der Rückzahlung eines über eine Kreditkarte gewährten Kredites sei im Hinblick auf das Alter des potentiellen Kreditnehmers ungünstig.)

88j. Mann (pensionierter Vorsitzender Richter am Bundesarbeitsgericht). Das AG sah den Anspruch auf eine angemessene Entschädigung gemäß § 21 Abs. 2 S. 3 AGG als gegeben an, da die Ablehnung des Abschlusses eines Kreditkartenvertrages mit dem Kläger durch die Beklagte gegen das Benachteiligungsverbot des § 1 AGG verstößt. Demnach, so das AG, „darf eine Benachteiligung wegen des Alters eine Person nicht stattfinden. Dieses Benachteiligungsverbot gilt nach § 2 Abs. 1 Nr. 8 AGG auch bezüglich zivilrechtlicher Verträge. Der in der Vorschrift genannte Tatbestand des Zugangs zu und der Versorgung mit Gütern und Dienstleistungen für die Öffentlichkeit ist jedenfalls dann erfüllt, wenn ein Unternehmer allgemein öffentlich – beispielsweise über das Internet wie hier – den Vertragsschluss anbietet (BeckOGK / Baumgärtner AGG § 2 Rn. 69 ff.; MüKoBGB / Thüsing AGG § 2 Rn. 27 ff.)." Die Beklagte könne sich auch nicht darauf berufen, ihre unternehmerische Freiheit berechtige sie dazu, mit Personen der Altersgruppe des Klägers keine Kreditkartenverträge abzuschließen … Denn, so das AG weiter, „Kreditkarten werden im Geschäftsverkehr als Bezahlungsmittel unabhängig vom Alter des Kreditkartennehmers eingesetzt bzw. gefordert." Bei der Bemessung berücksichtigte das AG, dass es sich bei der Weigerung der Beklagten um – so wörtlich – einen „erheblichen Affront" gegen das „soziale Renommee", welches dem Kläger als ehemaligem Richter im Bundesdienst zuzusprechen sei, handele. Zudem führe die Verweigerung eines Kreditkartenvertrages auch zu Einschränkungen in der alltäglichen Lebensführung, weil ein gängiges Bezahlmittel etwa für den Erwerb von Waren oder Dienstleistungen im Internet ausfällt und damit eine derartige Betätigung erschwert werde.

Betrag: 3.000 € **Haftung: 100 %**
immVorb: – **MdE: –**

AG Kassel 7.9.2023 – 435 C 777/23 = BeckRS 2023, 28823

6294

Persönlichkeitsrechtsverletzung durch Diskriminierung. Der Kläger bewarb sich bei der Beklagten, die in Berlin mehr als 100.000 Wohnungen vermietet um die Besichtigung einer von der Beklagten inserierten Wohnung in Berlin – zunächst mit seinem wahren türkischen Namen (worauf er eine Absage erhielt) und sodann am gleichen Tage erneut mit einem fiktiven „deutsch klingenden" Namen. Alle übrigen Angeben der beiden Bewerbungen waren exakt identisch. Auf die zweite Bewerbung erhielt er spontan eine Zusage.

Mann. Der Kläger hat – so das AG – gegen die Beklagte einen Anspruch auf Entschädigung gemäß § 21 Abs. 2 S. 3 AGG. „Ferner hat die Beklagte durch die Versendung von Absagen zur Wohnungsbesichtigung gegen das Verbot der Benachteiligung wegen ethnischer Herkunft aus § 19 Abs. 2 AGG verstoßen, da es hinreichende Indizien dafür gibt, dass die Ablehnung aufgrund des türkisch klingenden Namens des Klägers erfolgte und es der Beklagten nicht gelungen ist zu beweisen, dass kein Verstoß gegen die Bestimmung zum Schutz vor Benachteiligung vorgelegen hat. Dass ein Rechtfertigungsgrund gemäß § 19 Abs. 3 AGG vorliegt, kann nicht festgestellt werden". Das vom Kläger praktizierte sogenannte „Testing-Verfahren" bei der Bewerbung sei, so das AG, im Bereich der Wohnungsmiete "ausdrücklich zulässig [Anmerkung: vgl. Schmidt-Futterer / Blank BGB Vor § 535 Rn. 230; vgl. aktuell BGH Urt. v. 29.1.2026 – I ZR 129/25, BeckRS 2026, 774; vgl. zur Diskriminierung im Handbuch unter → Rn. 256].

Betrag: 3.000 € **Haftung: 100 %**
immVorb: – **MdE: –**

AG Berlin-Charlottenburg 14.1.2020 – 203 C 31/19 = BeckRS 2020, 48

6938

Persönlichkeitsrechtsverletzung / Diskriminierung durch Nichteinladung eines Schwerbehinderten zu einem Vorstellungsgespräch (siehe § 165 S. 3 SGB IX).

Frau. Mit E-Mail vom 26.11.2017 bewarb sich die schwerbehinderte Kl. auf eine im Amtsblatt der Landeshauptstad … von der Beklagten ausgeschriebene Stelle und teilte in dieser Mail mit, dass sie schwerbehindert ist und fügte hinzu „Bitte laden Sie mich nur dann zu einem Vorstellungsgespräch ein, wenn Sie mich in die engere Wahl nehmen, alles andere macht mE wenig Sinn". Ohne die Kl. zu einem Vorstellungsgespräch einzuladen, sagte ihr die Beklagte ab. Daraufhin klagte die Klägerin auf Zahlung einer Entschädigung. „Die auf Zahlung einer Entschädigung nach § 15 II AGG gerichtete Klage ist zulässig, insbesondere ist der Klageantrag hinreichend bestimmt iSv § 253 II Nr. 2 ZPO. Die Kl. durfte die Höhe der von ihr begehrten Entschädigung in das Ermessen des Gerichts stellen", so das BAG, dass der Klägerin eine immaterielle Entschädigung in Höhe von 3.581,79 EUR (= 1,5 des erzielbaren Bruttomonatsverdienstes der angestrebten Stelle) zusprach und dazu ausführte: „Die in § 82 S. 2 SGB IX aF bzw. § 165 S. 3 SGB IX nF bestimmte Verpflichtung des öffentlichen Arbeitgebers, schwerbehinderte Bewerber / innen zu einem Vorstellungsgespräch einzuladen, gehört zu den Arbeitgeberpflichten, denen kein individueller Anspruch bzw. kein individuelles Recht der Bewerber / innen auf eine Einladung gegenübersteht, auf den bzw. auf das diese wirksam verzichten könnten". [vgl. auch BAG → Nr. 6941].

Betrag: 3.582 € **Haftung: –**
immVorb: – **MdE: –**

BAG 26.11.2020 – 8 AZR 59/20 = BeckRS 2020, 44516

6939

Persönlichkeitsrechtsverletzung / Diskriminierung in Form einer Benachteiligung durch das sog Kopftuchverbot im niedersächsischen Schuldienst.

Frau (Grundschullehrerin). Die Klägerin, Muslima, bewarb sich bei der Beklagten um die Einstellung in den niedersächsischen Schuldienst und gab bekannt, sie würde ihr Kopftuch unter keinen Umständen während des Unterrichts ablegen, weil sie dann nicht „authentisch" wäre. Daraufhin teilte ihr die Direktorin der Schule mit, dass sie die Kl. „unter diesen Bedingungen" nicht beschäftigen könne. Zur Bemessung der Entschädigung gemäß § 15 Abs. 2 AGG führte das OVG aus: „Entschädigungsmildernd ist dabei zu berücksichtigen, dass die Kl. nicht in der Öffentlichkeit diskreditiert worden ist. Der Rücknahmebescheid vom 10.7.2013 ist nur ihr zugestellt worden. Auch die vorangegangenen persönlichen Gespräche am … 2013 mit der Direktorin der Grundschule D. und am… 2013 mit der Fachbereichsleiterin des Dezernats (Regionalabteilung C-Stadt) der Bekl. haben ohne Beteiligung Dritter stattgefunden. Ausweislich der Verwaltungsvorgänge ist die Art und Weise der von der Direktorin bzw. der Fachbereichsleiterin geäußerten mündlichen Ablehnung des Tragens eines Kopftuchs aus religiösen Gründen nach Wortwahl und Inhalt gegenüber der Kl. nicht besonders demütigend erfolgt. Es ist auch nicht ersichtlich, dass die beruflichen Fähigkeiten der Kl. und ihre Würde als Person gezielt herabgewürdigt worden sind. Vielmehr haben sich die vorgenannten Personen auf die für alle muslimischen Lehrerinnen geltende damalige Rechtslage bezogen und nicht speziell die Kl. gedemütigt. Eine spezifische Herabwürdigung ihrer Person in den Gesprächen hat die Kl. auch nicht behauptet. Sie hat vielmehr ausgeführt, das Gespräch mit der Direktorin der Grundschule D. sei für sie enttäuschend verlaufen. Sie habe die Direktorin als ihr gegenüber sehr ablehnend empfunden. Falls sie die Worte „die Nichteinstellung sei nicht so schlimm" gebraucht haben sollte, dann nur deshalb, weil sie sich gegenüber der Direktorin keine Blöße haben geben wollen. Für sie sei die Ablehnung aufgrund des Kopftuchs ein Schock gewesen, weil sie bei ihrer Bewerbung ein Foto mit Kopftuch eingereicht und dennoch ein Einstellungsangebot der Bekl. erhalten habe. … Entschädigungserhöhend zu berücksichtigen ist stattdessen, dass die Kl. im hypothetischen Fall der diskriminierungsfreien Auswahl im Jahr 2013 beste Chancen auf eine Einstellung in den niedersächsischen Schuldienst gehabt hätte", so das OVG. [Anmerkung: Zum Kopftuchverbot für Referendarinnen vgl. VGH München NVwZ-RR 2019, 254 Ls. = BeckRS 2018, 7009. Zum Tragen eines Kopftuches im Lichte des Neutralitätsgebots im Öffentlichen Dienst s. v. Schwanenflug / Szcerbak NVwZ 2018, 441 – vgl. auch → Nr. 6509 und → Nr. 4826].

Betrag: 4.129 € **Haftung: –**
immVorb: – **MdE: –**

OVG Lüneburg 24.4.2020 – 5 LB 129/18 = BeckRS 2020, 9658

6930

Persönlichkeitsrechtsverletzung (hier: Diskriminierung wegen des Geschlechts iSd. §§ 1, 3 Abs. 1 AGG).

Frau (Rechtsanwaltsfachangestellte). Die Klägerin erlitt wenige Monate nach ihrer Einstellung in der Kanzlei des Beklagten eine Fehlgeburt. Deshalb kündigte ihr der Beklagte und schrieb ihr: „Zunächst einmal halte ich fest, dass ich Ihnen im Einstellungsgespräch erläutert habe, dass ich eine Arbeitskraft für meinen wichtigsten Arbeitsplatz suche, der selbstverständlich voraussetzt, dass sich dieser Mitarbeiter intensiv in meine Kanzleiorganisation einarbeitet und dauerhaft zur Verfügung steht. Wenn Ihre Lebensplanung schon beim Einstellungsgespräch war, kurzfristig schwanger zu werden, hätten Sie mir dies offenbaren müssen, da Sie dann für die zu besetzende Stelle nicht in Frage gekommen wären„. Insofern hatte das Arbeitsgericht in erster Instanz festgestellt, dass "Die ordentliche Kündigung vom 13.2.2017 … gemäß § 134 BGB in Verbindung mit § 7 Abs. 1, §§ 1, 3 AGG unwirksam [ist]. Sie diskriminiert die Klägerin wegen ihres Geschlechts„. Das LAG führte insofern aus: "Ausgehend von der unter 1. getroffenen Feststellung, dass die Klägerin mit der Kündigung vom … wegen des Geschlechts benachteiligt wird, also ein Verstoß gegen das Benachteiligungsverbot vorliegt, ist grundsätzlich vom Vorliegen eines immateriellen Schadens im Sinne des § 15 Abs. 2 AGG auszugehen (vgl. BAG Urt. v. 19.12.2013 – 6 AZR 190/12, Rn. 37 juris [= BeckRS 2014, 66665])„. Zur Schmerzensgeldbemessung führte das LAG aus:" Vorliegend handelt es sich um eine nach Art und Schwere erhebliche Benachteiligung der Klägerin wegen des Geschlechts, die als unmittelbare Benachteiligung grundsätzlich schwerer als eine mittelbare Benachteiligung wiegt. Erschwerend kommt hinzu, dass der Beklagte als Rechtsanwalt tätig ist, und zwar auch im Bereich Arbeitsrecht, also gewisse Kenntnisse des Rechts als vorhanden unterstellt werden dürfen. Auch die mit der Entschädigungszahlung bezweckte abschreckende Wirkung verlangt vorliegend die Festsetzung einer erheblichen und für den Beklagten fühlbaren Entschädigung, die weit über einen symbolischen Betrag hinausgeht".

Betrag: 4.425 € **Haftung: 100 %**
immVorb: – **MdE: –**

LAG Köln 17.1.2020 – 4 Sa 862/17 = BeckRS 2020, 10709

6849

Persönlichkeitsrechtsverletzung durch Verwendung eines Fotos der Klägerin für eine Broschüre zur Dokumentation der Weltoffenheit und Unvoreingenommenheit gegenüber Menschen anderer Ethnien.

Frau (Wissenschaftlerin / Post Doc-Koordinatorin). Die Marketingabteilung der Beklagten hatte ua auch von der Klägerin als Arbeitnehmerin mehrere Fotos gefertigt und eines dieser Bilder in einer Broschüre verarbeitet, die als positive Botschaft die „bunte Gesellschaft" beschrieb und die Beschäftigung auch von Menschen verschiedener Ethnien seitens der Beklagten bewarb. da die Klägerin für eine solche Verwendung der Fotos ihre Zustimmung nicht erteilt hatte, sah sie sich hierdurch diskriminiert und erhob Anspruch auf Entschädigung nach § 15 AGG. Das ArbG Münster gab ihr Recht. „Die Klägerin hat Anspruch auf Zahlung von 5000 Euro. Der Anspruch ergibt sich als Entschädigung nach § 15 AGG oder als Schmerzensgeld nach Art. 82 I DS-GVO, § 823 BGB iVm § 22 KUG …. Die Beklagte hat unter Verstoß gegen die Datenschutzgrundverordnung (DS-GVO) und das KunstUrhebergesetz (KUG) ein Bild der Klägerin in einem auf ihre Hautfarbe bezogenen Zusammenhang verwendet, ohne eine schriftliche Einverständniserklärung der Klägerin. Die Ethnie der Klägerin ist auf dem Bild die zentrale Aussage, denn es wird geworben für die Internationalität der Universität. Nach Auffassung der Kammer ist die Aussage des Bildes: Bei uns unterrichten und lernen Menschen aus aller Herren Länder. Für dieses Bild wäre eine Person mit weißer Hautfarbe nicht herangezogen worden. Das Bild der Klägerin wurde vielmehr gerade wegen ihrer Hautfarbe verwendet", so das ArbG. [Lesenswert dazu auch die Entscheidungsbesprechung von Böhm in NZA-RR 2021, 395].

Betrag: 5.000 € **Haftung: 100 %**
immVorb: – **MdE: –**

ArbG Münster 25.3.2021 – 3 Ca 391/20 = BeckRS 2021, 13039

6739

Persönlichkeitrechtsverletzung wegen Diskriminierung durch Verstoß gegen das Benachteiligungsverbot des § 7 AGG im Zusammenhang mit einer Bewerbung und damit verbundenem Entschädigungsanspruch gemäß § 15 Abs. 2 AGG.

Mann (Diplom-Jurist). Der Kläger hatte sich auf eine von der Beklagten [Land Rheinland-Pfalz]ausgeschriebene Stelle unter Hinweis auf seinen Schwerbehindertenstatus (50 %) beworben; der Landesbeauftragte für den Datenschutz und die Informationsfreiheit lud den Kläger jedoch – trotz des Hinweises in der Bewerbung, wonach schwerbehinderte Bewerberinnen und Bewerber bei gleicher fachlicher und persönlicher Eignung bevorzugt berücksichtigt würden – nicht zu einem Vorstellungsgespräch ein, sondern übersandte ihm am … eine Absage. In der Vorinstanz hatte das ArbG Mainz mit Urteil vom 18.4.2019 – 3 Ca 1550/18 ausgeführt, dem Kläger stehe ein Entschädigungsanspruch nach § 15 Abs. 2 AGG zu, da der persönliche Anwendungsbereich des AGG eröffnet sei und der Kläger seinen Anspruch innerhalb der Fristen der §§ 15 Abs. 4 AGG, 61 b Abs. 1 ArbGG geltend gemacht habe. Der Verstoß gegen die Einladungspflicht des öffentlichen Arbeitgebers nach § 165 SGB IX indiziere die unmittelbare Benachteiligung wegen der Schwerbehinderung des Klägers. Dem beklagten Land sei es nicht gelungen, die Diskriminierung zu widerlegen. Die dagegen gerichtete Berufung wies das LAG zurück, „denn das Arbeitsgericht Mainz ist zu Recht davon ausgegangen, dass der festgesetzte Betrag, welcher knapp 1,5 Bruttomonatsentgelten der ausgeschriebenen Stelle entspricht, eine angemessene Entschädigung iSd § 15 Abs. 2 AGG für die vorliegende Diskriminierung darstellt".

Betrag: 5.000 € **Haftung: 100 %**
immVorb: – **MdE: –**

LAG Rheinland-Pfalz 18.4.2019 – 8 Sa 259/19 = BeckRS 2020, 8480

6008

Diskriminierung eines farbigen, HIV-kranken Ausländers in Form der Verweigerung der Behandlung durch ein Krankenhaus. „Der Kläger, ein schwarzer und homosexueller …, ist HIV-positiv. Er litt am 10.8.2011 an heftigen Schmerzen im Analbereich. Aufgrund einer Überweisung durch die Ärztin CC, die Analfissuren diagnostiziert hatte, stellte sich der Kläger in der Notfallambulanz der Beklagten vor. Dort erhielt er die Salbe Rectogesic und Tabletten verordnet. Unter Hinweis auf die HIV-Infektion verweigerte der Oberarzt DD eine eingehende Untersuchung. Er untersagte auch seiner Assistenzärztin EE eine Behandlung des Klägers. Nach fernmündlicher Befragung seines Hausarztes ließ sich der Kläger in ein Krankenhaus nach HH verbringen und dort behandeln. Hierdurch trat eine Verzögerung von etwa 2 bis 2 ½ Stunden ein", so das LG.

Mann. Zur Diskriminierung führt das LG aus: „Dabei steht zur Überzeugung der Kammer fest, dass der Abbruch der gebotenen Behandlung durch den Oberarzt der Beklagten wegen der Zugehörigkeit des Klägers zu mehreren gesellschaftlichen Randgruppen erfolgte, nämlich zu Ausländern, Schwarzen, Homosexuellen und HIV-Infizierten. Diese Feststellungen stützen sich auf die in § 22 AGG vorgesehene Beweislastverteilung. Stehen Indizien fest, die eine Benachteiligung aus Gründen der Rasse, der ethnischen Herkunft, des Geschlechts, der Religion oder Weltanschauung, einer Behinderung, des Alters oder der sexuellen Identität vermuten lassen, so trägt die andere Partei die Beweislast dafür, dass kein Verstoß gegen die Bestimmungen zum Schutz vor Benachteiligung vorgelegen hat. Hier drängt sich geradezu auf, dass eine ausreichende Behandlung des Klägers aus lediglich vorgeschobenen Gründen abgebrochen worden ist. Es ging dem Oberarzt Dr. DD ersichtlich nicht darum, eine Infizierung mit dem HIV-Virus zu vermeiden. Ein Oberarzt kennt die notwendigen Maßnahmen des Arbeitsschutzes. Dr. DD hätte daher – selbst bei Vorhandensein der (streitigen) oberflächlichen Abschürfungen an seinen Händen – Latex-Handschuhe überstreifen können. Schließlich ist er nach dem Vortrag der Beklagten auch in anderen Fällen so verfahren. Die Beklagte hat in der Klageerwiderung selbst eingeräumt, dass der Oberarzt die Patientenversorgung einschließlich Operation stets doppeltbehandschuht durchgeführt hat. Soweit der Oberarzt Dr. DD eine Gefährdung gewähnt haben sollte, hätte die Behandlung auch ohne Weiteres durch die Assistenzärztin EE erfolgen können. Ihr hat der Oberarzt Dr. DD ohne erkennbaren Grund indes untersagt, den Kläger zu behandeln. Damit wird die Diskriminierung des Klägers offenbar". Bei der Bemessung lastete das LG dem Kläger ein gewisses Mitverschulden an, da er nicht in das nur eine halbe Stunde entfernt gelegene „Uniklinikum GG" sondern nach Hamburg gefahren sei.

Betrag: 5.000 € **Haftung: 100 %**
immVorb: – **MdE: –**

LG Stendal 6.11.2013 – 21 O 240/12 = BeckRS 2014, 14047

7344

Persönlichkeitsrechtsverletzung wegen Aufforderung in einer Stellenanzeige, die Konfession anzugeben. Die Anforderung der Zugehörigkeit zu einer Konfession ist bei einer Sekretariatsstelle bei der evangelischen Kirche nicht gerechtfertigt. „Es handelt sich um sog. verkündigungsferne Tätigkeiten, die nicht geeignet sind, die Glaubwürdigkeit der Kirche und ihre Verkündigung zu beeinträchtigen. Allerdings rechtfertigt das Selbstbestimmungsrecht für sich allein – unabhängig von der ausgeübten Tätigkeit und dem Umstand der Erbringung der Tätigkeit – eine Benachteiligung nach § 9 Abs. 1 Alt. 2 AGG nicht. Die von der Beklagten berechtigterweise erwarteten Anforderungen an Diskretion, Loyalität und Zuverlässigkeit setzen nach Auffassung der Kammer nicht wesentlich voraus, dass der Bewerber und / oder die Bewerberin einer Konfession angehören", so das ArbG.

Frau. Die Klägerin hatte sich auf die vom evangelischen Oberkirchenrat in Karlsruhe ausgeschriebene Sekretariatsstelle beworben. Dabei sollte sie ihre Konfession angeben. Das ArbG sah darin zutreffend eine Diskriminierung und führte dazu (amtl. Leitsätze) aus:

1. Die Aufforderung in einer Stellenanzeige, die Konfession anzugeben, ist ein ausreichendes Indiz für eine unterschiedliche Behandlung wegen der Religion gem. § 22 AGG.
2. Die berufliche Anforderung – Angehörigkeit zu einer bestimmten Religionsgemeinschaft – ist nur dann gerechtfertigt, wenn sie angesichts des Ethos der Kirche und der Art der Tätigkeit oder der Umstände ihrer Erbringung eine wesentliche, rechtmäßige und gerechtfertigte berufliche Anforderung darstellt. Die Darlegungs- und Beweislast trägt der / die Arbeitgeber/-in. Die Behauptung, die Auswahlentscheidung sei allein nach dem Prinzip der Bestenauslese getroffen worden, ist nicht geeignet, eine Benachteiligung wegen der Religion zu widerlegen.
3. Allein die Angabe in einem Bewerbungsschreiben „Atheistin" vermag die erforderliche Bereicherungsabsicht dann nicht zu begründen, wenn die Angabe eine andere Erklärung haben kann als nur die Erlangung eines Entschädigungsanspruchs. Zur Bemessung führte das ArbG aus: „Die Klägerin hat gegen die Beklagte einen Anspruch auf Zahlung einer Entschädigung nach § 15 Abs. 2 AGG, die sich der Höhe nach auf 5.037,00 Euro, dies entspricht 1,5 Bruttomonatsgehälter, beläuft." und berücksichtigte zu Gunsten der Beklagten, dass diese die Klägerin immerhin zu einem Bewerbungsgespräch eingeladen und „nicht von vornherein ... die Chance verwehrt[e], sich für die ausgeschriebene Stelle zu empfehlen". [Anmerkung: Vgl. dazu auch im Handbuch unter → Rn. 257a].

Betrag: 5.037 € **Haftung: 100 %**
immVorb: – **MdE: –**

ArbG Karlsruhe 18.9.2020 – 1 Ca 171/19 = BeckRS 2020, 25516

7346

Persönlichkeitsrechtsverletzung wegen Diskriminierung transsexuelle Personen, die sich nicht mehr dem Geschlecht, dem sie im Zeitpunkt ihrer Geburt zugeordnet wurden, sondern einem anderen Geschlecht zugehörig fühlen.

Frau bzw. Transfrau (Elektrotechnikerin). Die Klägerin, ihrem biologischen Geschlecht nach ein Mann, bewarb sich auf eine von der Beklagten ausgeschriebene Stelle; in der Ausschreibung stand: „Wir suchen coole Typen – Anlagenmechaniker – Bauhelfer ...". Hierauf bewarb sich die Klägerin per E-Mail, wurde jedoch von der Beklagten mit dem Hinweis abgelehnt, dass sie ihre Anzeige ausschließlich an Männer gerichtet habe und Nichtmännern, also Personen weiblichen oder diversen Geschlechts, gegenüber ablehnend eingestellt sei. Die Klägerin sah sich deshalb zu Recht diskriminiert. Die Entschädigungshöhe nach § 15 Abs. 2 S: 1 AGG bemaß das ArbG auf 1 1/2 Monatsgehälter und rundete diese auf 5.000 EUR. Weitere 1.000 EUR sprach das ArbG der Klägerin zudem zu, da die Beklagte ihre Bewerbung Dritten zugänglich gemacht hatte.

Betrag: 6.000 € **Haftung: 100 %**
immVorb: – **MdE: –**

ArbG Koblenz 9.2.2022 – 7 Ca 2291/21 = BeckRS 2022, 9385

6940

Persönlichkeitsrechtsverletzung / Diskriminierung wegen des Alters (61j.) in Bezug auf die Ausschreibung einer Anstellung in einem „jungen, hochmotivierten Team".

61j. Mann. Die Beklagte hatte online eine Stellenanzeige geschaltet, mit der sie einen „Mitarbeiter SAP-Anwendungsbetreuung (m / w/d)" suchte. Bzgl. des Karrierelevels war „Berufseinsteiger" angegeben. Im Begleittext fand sich unter der Überschrift „Wir bieten Ihnen" folgender Text: „Zukunftsorientierte, kreative Mitarbeit in einem jungen, hoch motivierten Team in einem sehr interessanten und abwechslungsreichen Themenumfeld ..." Auf diese Stellenanzeige hin bewarb sich der 61-jährige Kläger, der über umfangreiche Berufserfahrung als SAP-Spezialist und diverse einschlägige SAP-Zertifikate verfügte. Die Beklagte lehnte die Bewerbung des Klägers nach Durchsicht seiner Unterlagen im Rahmen einer Vorauswahl per E-Mail mit der Begründung ab, sich für andere Bewerber entschieden zu haben, die das spezielle Anforderungsprofil noch besser erfüllten. Dies sah das LAG als Diskriminierung nach § 22 AGG an und sprach dem Kläger 6.710,98 EUR zu. [Anmerkung: Mit seiner Entscheidung folgt das LAG der Linie des BAG (ArbRAktuell 2016, 554). Insofern sei jedem Arbeitgeber dringend anzuraten, jede Andeutung auf das Lebensalter, auch in Gestalt von Anglizismen wie zB „Young Professionals" (vgl. dazu BAG ArbRAktuell 2013, 75) in seinen Stellenausschreibungen zu unterlassen. Vgl. dazu mit aA LAG Baden-Württemberg BeckRS 2016, 67158 → Nr. 6995]

Betrag: 6.711 € **Haftung: 100 %**
immVorb: – **MdE: –**

LAG Nürnberg 27.5.2020 – 2 Sa 1/20 = BeckRS 2020, 14774

7345

Persönlichkeitsrechtsverletzung durch Benachteiligung wegen Schwerbehinderung und Verstoß gegen Förderpflichten (§ 165 Satz 1 SGB IX) sowie Entschädigung.

Mann (Jurist). Im November 2017 veröffentlichte der Beklagte über die Jobbörse der Bundesagentur für Arbeit eine Stellenausschreibung, nach der im Rechts- und Kommunalamt des Beklagten zum nächstmöglichen Zeitpunkt die Stelle eines/ einer Amtsleiters / in zu besetzen war. Hierauf hatte sich der mit einem GdB von 50 schwerbehinderte Kläger beworben, wurde jedoch nicht zu einem Vorstellungsgespräch eingeladen. Darin sah das BAG – anders als die beiden Vorinstanzen – eine Diskriminierung, wegen der der Beklagte dem Kläger nach § 15 Abs. 2 AGG die Zahlung einer angemessenen Entschädigung schulde. Als „Orientierungssätze der Richterinnen und Richter des BAG" verwies das BAG darauf hin, dass der „Verstoß des Arbeitgebers gegen Vorschriften, die Verfahrens- und / oder Förderpflichten zugunsten schwerbehinderter Menschen enthalten (wie beispielsweise § 164 Abs. 1 S: 4 und § 165 S: 1 SGB IX), regelmäßig die Vermutung einer Benachteiligung wegen der (Schwer) Behinderung iSv § 22 AGG [begründe]. Diese Pflichtverletzungen sind nämlich grundsätzlich geeignet, den Anschein zu erwecken, an der Beschäftigung schwerbehinderter Menschen uninteressiert zu sein". Zur Höhe des immateriellen Schadensersatzes wies das BAG darauf hin, dass im Rahmen des ihm bei der Festsetzung der angemessenen Entschädigung iSv § 15 Abs. 2 AGG eröffneten Ermessensspielraums – der kein „Beurteilungsspielraum" ist – das Gericht nicht gehalten sei, stets die „exakte" Höhe des auf der ausgeschriebenen Stelle zu erwartenden Bruttomonatsentgelts zu ermitteln. Eine Anknüpfung an das auf der ausgeschriebenen Stelle ungefähr erzielbare Bruttomonatsentgelt reiche aus. Andernfalls würde die Durchsetzung eines Anspruchs auf Entschädigung nach § 15 Abs. 2 AGG in Fällen, in denen das auf der ausgeschriebenen Stelle zu erwartende Bruttomonatsentgelt nicht „exakt" feststeht, mit einem – inzidenter durchzuführenden – Eingruppierungsprozess oder vergleichbaren Rechtsstreit belastet, was mit den unionsrechtlichen Vorgaben (insbesondere dem Effektivitätsgrundsatz des Unionsrechts) nicht vereinbar wäre.

Betrag: 6.864 € **Haftung: 100 %**
immVorb: – **MdE: –**

BAG 25.11.2021 – 8 AZR 313/20 = BeckRS 2021, 37653

6310

Persönlichkeitsrechtsverletzung wegen Benachteiligung (Diskriminierung) als Schwerbehinderter bzw. wegen seiner Schwerbehinderung gemäß § 7 AGG. Keine Einladung zum Vorstellungsgespräch. Die Beklagte hat schematisch und ohne Rücksicht auf den Anspruch des Klägers auf ein Vorstellungsgespräch diesen in der Vorauswahl vom weiteren Bewerbungsverfahren ausgeschlossen, weil dieser vermeintlich die Anforderungen nicht erfüllte. Damit habe die Beklagte die Rechte des schwerbehinderten Klägers leichtfertig verletzt, so das LAG.

56j. Mann. „Eine Benachteiligung im Rahmen einer Auswahlentscheidung, insbesondere bei einer Einstellung oder Beförderung, liegt bereits dann vor, wenn der Beschäftigte / Bewerber nicht in die Auswahl einbezogen, sondern vorab ausgesondert wird. Die Benachteiligung liegt hier in der Versagung einer Chance. Sind bereits die Chancen eines Bewerbers durch ein diskriminierendes Verfahren beeinträchtigt worden, kommt es regelmäßig nicht mehr darauf an, ob eine nach § 1 AGG verbotene Anknüpfung bei der sich an das Auswahlverfahren anschließenden Einstellungsentscheidung noch eine nachweisbare Rolle gespielt hat. Deshalb ist es auch ohne Bedeutung, ob es später im Zuge des Auswahlverfahrens tatsächlich zu einer Einstellung oder Beschäftigung kommt, so das LAG. Zur Bemessung führte das LAG aus: "Gemäß § 15 Abs. 2 S. 1 AGG steht dem Kläger eine „angemessene" Entschädigung zu, die vorliegend gemäß § 15 Abs. 2 S. 2 Hs. 1 AGG drei Monatsgehälter nicht übersteigend darf. Der Kläger selbst behauptet nicht, dass er bei diskriminierungsfreien Auswahlverfahren von der Beklagten eingestellt worden wäre, sodass die Höhe der Entschädigung von vornherein auf drei Gehälter begrenzt ist. Bei der Festsetzung besteht für die Arbeitsgerichte ein Beurteilungsspielraum, innerhalb dessen sie die Besonderheiten jedes Einzelfalles zu berücksichtigen haben (BT-Dr 16/1780, 38). § 15 Abs. 2 AGG entspricht der Regelung zum Schmerzensgeld in § 253 BGB. Bei der Festsetzung einer angemessenen Entschädigung sind alle Umstände des Einzelfalles zu berücksichtigen. Zu diesen zählen etwa die Schwere und Art der Benachteiligung, ihre Dauer und Folgen, der Anlass und der Beweggrund des Handelns, der Grad der Verantwortlichkeit des Arbeitgebers, etwa geleistete Wiedergutmachung oder erhaltene Genugtuung und schließlich das Vorliegen eines Wiederholungsfalles. Ferner ist die Sanktionswirkung der Norm zu berücksichtigen, sodass die Höhe auch danach zu bemessen ist, was zur Erzielung einer abschreckenden Wirkung erforderlich ist".

Betrag: 7.000 € **Haftung: 100 %**
immVorb: – **MdE: –**

LAG Schleswig-Holstein 29.8.2019 – 5 Sa 375 öD/18 = BeckRS 2019, 23822

7112

Persönlichkeitsrechtsverletzung wegen Ablehnung einer – den Bewerbungserfordernissen in vollem Umfang genügenden – Bewerberin aus Gründen ihrer Schwerbehinderung.

Frau (selbstständige Parlamentsstenografin und Rechtsanwältin). Die Klägerin, die mit einem Grad der Behinderung von 60 schwerbehindert ist, bewarb sich mit Schreiben vom 24. Februar 2020 bei dem beklagten Land. Als Nachweis für die zwingenden stenografischen Fertigkeiten von 200 Silben pro Minute legte sie ihre Urkunde über eine stenografische Schreibleistung von 350 Silben pro Minute bei den Deutschen Meisterschaften vor und verwies auf Kenntnisse in englischer Kurzschrift von 80 Silben pro Minute, die sie während ihrer Ausbildung zur Fremdsprachensekretärin erworben hatte. Die Beklagte wies Ihre Bewerbung zurück. Die Kammer gab der auf immateriellen Schadensersatz klagenden Frau Recht, da sie [ergänze: Die Kammer] „davon ausgehen musste, dass die Klägerin auch wegen des Merkmals der (Schwer) behinderung nicht eingestellt worden ist ... § 22 AGG sieht für den Rechtsschutz bei Diskriminierungen im Hinblick auf den Kausalzusammenhang eine Erleichterung der Darlegungslast, eine Absenkung des Beweismaßes und eine Umkehr der Beweislast vor … Vorliegend hat die Beklagte entgegen § 165 SGB IX die Klägerin nicht zu einem Vorstellungsgespräch eingeladen", obwohl die Klägerin die zwingenden Qualifikationserfordernisse der Stellenausschreibung unstreitig erfüllt hatte. Gemäß § 15 Abs. 2 AGG steht der Klägerin somit, so das LAG, ein Anspruch auf Schadensersatz zu. Der Betrag iHv 7.236,90 EUR entspricht dabei 1 ½ Bruttomonatsgehältern der EG 13 TVöD Bund Stufe 3. aa.

Betrag: 7.237 € **Haftung: 100 %**
immVorb: – **MdE: –**

LAG Berlin-Brandenburg 19.10.2022 – 4 Sa 413/22 = BeckRS 2022, 34652

6941

Persönlichkeitsrechtsverletzung / Diskriminierung durch Nichteinladung eines Schwerbehinderten zu einem Vorstellungsgespräch (siehe § 165 S. 3 SGB IX).

Mann. Der Kläger bewarb sich mit Schreiben vom 21.11.2016 – unter Hinweis auf seine Schwerbehinderung – auf die vom Bau- und Liegenschaftsbetrieb des beklagten Landes ausgeschriebene Stelle einer „Fachbereichsleitung Marketing und Kommunikation in der Zentrale" und wurde zum Vorstellungsgespräch, jedoch nicht mehr zu dem sich anschließenden Potenzialanalyse-Termin eingeladen. Darin sah das BAG eine Diskriminierung da, der „Begriff „Vorstellungsgespräch" in § 82 S. 2 SGB IX aF ist dahin auszulegen, dass er – auch bei mehrstufigen Auswahlprozessen – grundsätzlich alle Instrumente des Verfahrens der Personalauswahl unabhängig von ihrer Bezeichnung, der angewandten Methode und der konkreten Durchführungsform erfasst, die nach der eigenen Konzeption des Arbeitgebers erforderlich sind, um sich ein umfassendes Bild von der fachlichen und persönlichen Eignung des Bewerbers zu machen". [Anmerkung: das Urteil befasst sich intensiv mit den Begriffen „Eignung" und „Vorstellungsgespräch" sowie mit der abschließenden Regelung des § 82 S. 3 SGB IX aF, wonach eine Einladung zum Vorstellungsgespräch nur entbehrlich, wenn die fachliche Eignung offensichtlich fehlt. Vgl. auch BAG → Nr. 6938]

Betrag: 7.674 € **Haftung: 100 %**
immVorb: – **MdE: –**

BAG 27.8.2020 – 8 AZR 45/19 = BeckRS 2020, 37420

7049

Persönlichkeitsrechtsverletzung wegen geschlechtsdiskriminierende Stellenausschreibung gemäß § 15 AGG bei „Ebay-Kleinanzeigen", in der die Beklagte, ein familiengeführter Kleinbetrieb, ihr Gesuch nach einer „Sekretärin" annonciert hatte.

Mann (Industriekaufmann). Dem Kläger, der aufgrund der Stellenzeige Kontakt mit der Beklagten aufgenommen und gefragt hatte, ob für die als „Sekretärin" ausgeschriebene Stelle nur eine Frau in Betracht komme, teilte die Beklagte mit: „Sehr geehrter Herr W, vielen Dank für Interesse in unserem Hause. Wir suchen eine Dame als Sekretärin. Wir wünschen Ihnen alles Gute Vielen Dank". Der Kläger vertrat die Auffassung, er sei als Bewerber wegen des Geschlechts diskriminiert worden und habe Anspruch auf eine Entschädigung iHv 7.800 EUR= (= 3 Monatsgehälter). Diese Auffassung teilte auch das LAG und urteilte, der Kläger habe Anspruch auf die Zahlung einer Entschädigung wegen Geschlechtsdiskriminierung nach § 15 AGG. „Bei einer Bewerbung über das Internetportal "Ebay-Kleinanzeigen„ auf eine Stellenausschreibung erfüllt der Interessent den Bewerberbegriff des § 6 II AGG. Die mehrfache Nachfrage des Interessenten, ob die Gegenseite wirklich nur eine Frau suche, ebenso wie die vorgerichtlich juristisch formulierte Geltendmachung eines Entschädigungsanspruchs und die Nutzung von „Formularschreiben" für die Geltendmachung eines Entschädigungsanspruchs führen nicht dazu, dass sich die Arbeitgeberseite auf den Einwand des Rechtsmissbrauchs berufen kann".

Betrag: 7.800 € **Haftung: 100 %**
immVorb: – **MdE: –**

LAG Schleswig-Holstein 21.6.2022 – 2 Sa 21/22 = BeckRS 2022, 17375

7203

Persönlichkeitsrechtsverletzung durch Diskriminierung wegen Schwerbehinderung (§ 15 Abs. 2 AGG).

Mann. Der Kläger, ein wegen einer Hörbehinderung gehandicapter Mann, hatte sich beim Landkreis Vechta (Niedersachsen) auf die Stelle eines Umwelttechnikers beworben. Obwohl er insofern über eine Berufserfahrung von mehr als 20 Jahren verfügte, vergab die Beklagte den Posten an einen Mitbewerber, der jedoch nur eine sehr geringe Berufserfahrung vorweisen konnte. Der Kläger obsiegte zunächst vor dem ArbG Oldenburg (BeckRS 2022, 48883) als auch vor dem LAG Niedersachsen (BeckRS 2022, 48884) mit seiner Forderung auf immateriellen Schadensersatz wegen Diskriminierung eines schwerbehinderten Bewerbers. Das LAG sprach ihm insofern 10.000 EUR zu. Die von der Beklagten dagegen erhobene Revision wurde vom BAG abgewiesen.

Betrag: 10.000 € **Haftung: 100 %**
immVorb: – **MdE: –**

BAG 28.3.2023 – 8 AZN 680/22 = BeckRS 2023, 15118

7348

Persönlichkeitsrechtsverletzung (hier: Altersdiskriminierung im Zusammenhang der Rekrutierung von „Juniorpositionen".)

27j. Mann (Dipl. Betriebswirt). Der Kläger hatte sich auf eine Stelle beworben, bei der die Ansprechpartnerin der Beklagten für die Bewerbungen als eine Person vorgestellt worden war, die sich „schwerpunktmäßig um die Rekrutierung junger Talente für den direkten Einstieg ins Berufsleben" kümmert, womit, so das LAG, unmittelbar an das Lebensalter angeknüpft wurde. „Die Argumentation der Beklagten, ihre interne Aufgabenverteilung könne nicht Ansatzpunkt für ein Diskriminierungsindiz sein, führt im vorliegenden Einzelfall nicht zu einem anderen Ergebnis. Wenn – wie vorliegend und worauf bereits das Arbeitsgericht zutreffend hingewiesen hat – ausschließlich die Mitarbeiterin C, die »schwerpunktmäßig« für »junge Talente« zuständig ist, sämtliche Bewerber eines Bewerbungsverfahrens betreut, ohne dass ein anderer Mitarbeiter für ältere Bewerber zuständig ist, lässt dies den Schluss zu, dass diese Stelle auch nur mit jungen Bewerbern besetzt werden sollte." so das LAG weiter. Zur Bemessung des immateriellen Schadensersatzes führte das LAG aus: „Insgesamt hält das Berufungsgericht unter Berücksichtigung aller Umstände des Einzelfalles eine Entschädigung i.H.v. der geforderten drei Bruttomonatsgehälter für angemessen. Dabei hat es einerseits berücksichtigt, dass keine Mehrfachdiskriminierung des Klägers vorliegt und ausschließlich ein Merkmal betroffen ist. Darüber hinaus liegt (auch) eine unmittelbare Benachteiligung vor, welche schwerer liegt, als eine mittelbare Benachteiligung." [vgl. dazu auch im Handbuch unter → Rn. 257 sowie BAG BeckRS 2017, 144846].

Betrag: 10.500 € **Haftung: 100 %**
immVorb: – **MdE: –**

LAG Hessen 16.4.2021 – 3 Sa 129/20 = BeckRS 2021, 30419

7712

Persönlichkeitsrechtsverletzung infolge der Vermutung, der Benachteiligung des Klägers wegen seiner Schwerbehinderung (§ 22 AGG).

Mann. Der Kläger erhielt eine Entschädigung iHv. drei Bruttomonatsgehältern zum Zeitpunkt seiner hypothetischen Einstellung nach dem AGG wegen eines diskriminierenden Bewerbungsverfahrens der beklagten Gemeinde. „Öffentliche Arbeitgeber sind gem. § 165 S. 3 SGB IX verpflichtet, schwerbehinderte Bewerber in einem beamtenrechtlichen Auswahlverfahren zu einer weiteren Auswahlrunde zur Vorstellung vor dem Gemeinderat einzuladen, wenn dieser allein über die Bewerberauswahl entscheidet. Ein Verstoß gegen diese Pflicht begründet nach § 22 AGG die Vermutung, dass der erfolglose Bewerber wegen seiner Schwerbehinderung benachteiligt wurde.", so das VG. Bei der Bemessung berücksichtigte das VG, dass der Verstoß gegen das AGG lediglich in einem Verfahrensfehler der Beklagten bestand, bei dem sich kein gesteigertes Maß des Verschuldens der Beklagten und insbesondere kein Anhaltspunkt für eine vorsätzliche Diskriminierung des Klägers feststellen ließ.

Betrag: 11.591 € **Haftung: –**
immVorb: – **MdE: –**

VG Sigmaringen 12.12.2024 – 7 K 2194/23 = BeckRS 2024, 43238

7351

Persönlichkeitsrechtsverletzung (hier: Diskriminierung wegen Transsexualität. Benachteiligung wegen diskriminierender Mitteilung des Arbeitgebers in Bezug auf eine von der Arbeitnehmerin geplante Geschlechtsumwandlungsoperation.)

Frau (Beraterin für akademische Berufe). Die transsexuelle Klägerin teilte ihrem Arbeitgeber, der der Beklagten, mit, dass sie sich zum Zweck der Durchführung eines geplanten chirurgischen Eingriffs zur Geschlechtsumwandlung für 4 Wochen im nichteuropäischen Ausland aufhalte und dies als Zeit einer Arbeitsunfähigkeit anzeige. Die Beklagte wies insofern darauf hin, dass eine geschlechtsangleichende Operationen nicht unter das vom Arbeitgeber mitzutragende Krankheitsrisiko falle und ein Anspruch auf Entgeltfortzahlung in diesem Fall nicht bestehe. Die Klägerin sah darin eine Benachteiligung wegen ihres Geschlechts. Das ArbG sprach ihr einen immateriellen Schadensersatz iHv zwei Monatsgehältern zu. Die dagegen von der Beklagten eingelegte Berufung wurde als unbegründet zurückgewiesen. Zur Begründung führte das LAG Berlin aus (amtliche Leitsätze): „Transsexualität gehört als solche nicht zu den in § 1 AGG genannten Gründen, an die das Benachteiligungsverbot in § 7 Abs. 1 AGG anknüpft. Transsexualität kann aber sowohl im Rahmen des in § 1 AGG angeführten Grundes „Geschlecht" als auch des Grundes „sexuelle Identität" iSv. § 1 AGG von Bedeutung sein. Das Schreiben eines Arbeitgebers, in dem dieser auf eine Anzeige nach § 5 Abs. 1 S: 1 EFZG wegen einer anstehenden geschlechtsangleichenden Operation dadurch reagiert, dass er darauf hinweist, dass im Falle eines chirurgischen Eingriffs, der die individuelle Lebensgestaltung des Arbeitnehmers betreffe, worunter zB auch geschlechtsangleichende Operationen fielen, nicht unter das vom Arbeitgeber mitzutragende Krankheitsrisiko falle, da dies der Verpflichtung des Arbeitnehmers entgegenstehe, seine Gesundheit zu erhalten und zur Arbeitsunfähigkeit führende Erkrankungen zu vermeiden, stellt einen Verstoß gegen das in § 7 Abs. 1 AGG geregelte Benachteiligungsverbot dar." Die Höhe bemaß das LAG mit 2 1/2 Monatsgehältern.

Betrag: 13.416 € **Haftung: 100 %**
immVorb: – **MdE: –**

LAG Berlin-Brandenburg 9.12.2021 – 26 Sa 339/21 = BeckRS 2021, 52328

7927

Persönlichkeitsrechtsverletzung wegen Diskriminierung bzw. wegen Verletzung des zivilrechtlichen Benachteiligungsverbots gem. § 19 Allgemeines Gleichbehandlungsgesetz (AGG).

Frau (sowie deren Ehemann). Kläger war ein türkischstämmiges Ehepaar, das mit drei bei ihnen lebenden Kindern in einer Sozialwohnung in Berlin lebte. Nach dem Wegfall der sog. Anschlussförderung erhöhte die Vermieterin gegenüber allen Mietparteien der Wohnanlage die Kaltmiete von 5,33 EUR / qm auf 7,04 EUR / qm. Zwei Monate später sprach die Vermieterin gegenüber den Klägern sowie gegenüber zwei arabischstämmigen und muslimischen Mietparteien eine weitere Mieterhöhung – und zwar auf 9,62 EUR / qm kalt – aus, nicht jedoch gegenüber den deutschstämmigen Mietern. In seiner Urteilsbegründung verwies das AG darauf, dass die Herkunft nicht – gewissermaßen als vorherrschender Beweggrund, Hauptmotiv oder „Triebfeder" des Verhaltens – handlungsleitend oder bewusstseinsdominant gewesen sein müsse, sondern „eine bloße Mitursächlichkeit genügt (BAG 12.12.2013 – 8 AZR 838/12, BeckRS 2014, 66001)" ausreiche. Zur Höhe des immateriellen Schadensersatzanspruchs verwies das AG darauf, dass „dieser nicht in erster Linie auf billigen Ausgleich für erlittenes Unrecht gerichtet ist. Bei dem Entschädigungsanspruch handelt es sich nicht im eigentlichen Sinn um einen Schmerzensgeldanspruch, sondern um ein Recht, das auf den Schutzauftrag aus Art. 1, 2 Abs. 1 GG zurückgeht. Der Entschädigungsanspruch soll damit nicht dem Ausgleich, sondern der Genugtuung der Opfer und der Prävention dienen (BGH NJW 1996, 985, 987). Dem Präventionsgedanken kommt im Rahmen einer schweren Verletzung besondere Bedeutung zu (BGH NJW 1996, 984). Hohe Entschädigungen sind In Ansehung dieser Rechtsprechung bei schweren und hartnäckigen Verstößen, die keinen Fall des § 15 Abs. 2 S. 2 AGG darstellen, nicht unüblich. … Der Anspruch war deswegen so zu bemessen, dass er geeignet erscheint, die Beklagte, deren Wohnanlage immerhin 44 Wohnungen umfasst, künftig von weiteren Diskriminierungen abzuhalten", so das AG, das jedem der Kläger 15.000 EUR zusprach.

Betrag: 15.000 € **Haftung: 100 %**
immVorb: – **MdE: –**

AG Berlin-Tempelhof-Kreuzberg 19.12.2014 – 25 C 357/14 = BeckRS 2015, 02609

5808

Mobbing und Geschlechtsdiskriminierung bei einer Beförderung auf einen Führungsposten bzw. geschlechtswidriger Benachteiligung bei der Beförderung und „schwerwiegender Verletzung ihres Persönlichkeitsrechts".

25j. Frau (Angestellte). Zur Schmerzensgeldbemessung führte das LAG aus: „Bei einem einjährigen schweren Mobbing hält er eine Geldentschädigung im Bereich von 20.000,00 EUR für angemessen. Hinsichtlich der Nichtberücksichtigung bei der Beförderung ist im vorliegenden Fall auch zu beachten, dass durch den materiellen Schadensersatzanspruch nach § 15 Abs. 1 die Klägerin einen hohen Ausgleich erhält, was auch dem Präventionsgedanken Rechnung trägt. Hinsichtlich der übrigen Handlungen bleibt festzustellen, dass sie sich über einen Zeitraum von mehr einem Jahr hingezogen haben. Andererseits kam es weder zu Gewaltandrohungen oder Gewaltanwendungen. Auch sind keine schwerwiegenden Beleidigungen ausgesprochen worden. Erschwerend ist jedoch zu berücksichtigen, dass die Herabwürdigungen und Einschüchterungen durch Organmitglieder des Beklagten erfolgten, sodass dem Präventionsgedanken größeres Gewicht zukommt. Bei dem Beklagten handelt es sich um ein Großunternehmen, sodass die finanzielle Leistungsfähigkeit als gut einzuschätzen ist". [Lesenswert zum Thema Geschlechterdiskriminierung gegenüber Frauen in Führungspositionen].

Betrag: 20.000 € **Haftung: 100 %**
immVorb: – **MdE: –**

LAG Berlin-Brandenburg 26.11.2008 – 15 Sa 517/08 = BeckRS 2008, 58124

7063

Persönlichkeitsrechtsverletzung wegen Altersdiskriminierung. Einem Schiedsrichter steht eine Entschädigung wegen Altersdiskriminierung zu, wenn er aufgrund des Erreichens der Altersgrenze von 47 Jahren nicht mehr in die Schiedsrichterliste des Deutschen Fußballbundes (DFB) aufgenommen wird.

47j. Fußballtrainer. Der bekannte Trainer Manuel Gräfe wurde, nachdem er 47 Jahre alt geworden war, vom DFB ab der Saison 2021/2022 nicht mehr in die DFB-Schiedsrichterliste aufgenommen. Daraufhin verlangte er vom DFB eine Entschädigung wegen Altersdiskriminierung. Das LG gab ihm Recht und sah die Altersgrenze als willkürlich und nach den Regeln des Antidiskriminierungsgesetzes nicht als gerechtfertigt an. Bei der Bemessung berücksichtigte das LG, dass das Antidiskriminierungsgesetz Sanktionscharakter habe und befand zudem: „Die Benachteiligung des Klägers wiegt grundsätzlich schwer, weil sie von dem wirtschaftsstarken und eine Monopolstellung innehabenden Beklagten bewusst, (.) und ohne Rechtfertigungsansatz erfolgte .... Hiervon ausgehend erscheint zum Ausgleich der erlittenen Beeinträchtigungen und zur Genugtuung des Klägers die zugesprochene Geldentschädigung in Höhe von 48.500 Euro notwendig, aber auch ausreichend. Weil der Betrag nach Maßgabe des vorstehend Ausgeführten nicht oberhalb der Grenze von drei Monatsgehältern liegt, ist eine Kürzung gemäß § 15 Abs. 2 Satz 2 AGG nicht vorzunehmen".

Betrag: 48.500 € **Haftung: 100 %**
immVorb: – **MdE: –**

LG Frankfurt a. M. 25.1.2023 – 2-16 O 22/21 = BeckRS 2023, 1168

i) Persönlichkeitsrechtsverletzung, sonstige

Vorbemerkung: Die nachfolgend aufgeführten Entscheidungen konnten nicht eindeutig einer der vorbenannten acht Untergliederungen zugeordnet werden und werden deshalb hier aufgeführt.

7901

Persönlichkeitsrechtsverletzung, behauptete (hier: „Demaskierung" bzw. Gefühl, „demaskiert" worden zu sein im Zusammenhang mit der Anfertigung und Veröffentlichung von Innenraumfotos der Mietwohnung im Rahmen eines Immobilienverkaufs).

Frau. Kein immaterieller Schadensersatz wegen von Mietern gegen eine Immobilienmaklerin im Zusammenhang mit der Anfertigung und Veröffentlichung von Innenraumfotos der Mietwohnung im Rahmen eines Immobilienverkaufs. „Ein Verstoß gegen Art. 6 Abs. 1 Unterabs. 1 lit. a) DS-GVO iVm Art. 7 Abs. 1 DS-GVO liege nicht vor, da die Kläger wirksam in die Verarbeitung von personenbezogenen Daten, namentlich die Fertigung von Lichtbildaufnahmen vom Inneren der von den Klägern bewohnten Immobilie eingewilligt hätten und der Verstoß gegen Art. 7 Abs. 3 S. 3 DSGVO rückwirkend nicht zur Unwirksamkeit der von den Klägern erteilten Einwilligung führe. Es fehle darüber hinaus an einem materiellen Schaden der Kläger. Die Kläger hätten nicht dargelegt, dass ihnen überhaupt ein materieller oder immaterieller Schaden entstanden sei. Ihre Angaben, sie seien durch die Veröffentlichung der Fotos sozusagen „demaskiert" worden, weshalb ein diffuses Gefühl des Beobachtetseins entstanden sei, reiche in dieser pauschalen Form zur Darlegung persönlich belastender Folgen der Datenschutzverletzung nicht aus, weil hiermit nicht genug Beweisanzeichen objektiver Art vorgetragen seien, in denen sich entsprechende Gefühle der Kläger, die zudem nicht einmal ansatzweise beschrieben seien, widerspiegeln würden.", so das erstinstanzliche Urteil, das vom OLG in diesem Punkt bestätigt worden war.,

Betrag: – **Haftung: –**
immVorb: – **MdE: –**

OLG Zweibrücken 9.12.2025 – 5 U 82/24 = BeckRS 2025, 34523

7442

Zur Entschädigung nach § 198 GVG wegen überlanger Verfahrensdauer / Verfahrensverzögerung (siehe dazu die unter „Einzelheiten" ausgeführten Anmerkungen).

31j. Frau. Kein Schmerzensgeld / keine Entschädigung wegen unangemessener Dauer eines Gerichtsverfahrens im Zusammenhang mit einem Einbürgerungsantrag [Entschädigungsklageverfahren]. Die Klägerin hatte vorgetragen, die Verzögerungsrüge sei fast zehn Monate nach Klageerhebung erfolgt und damit sieben Monate, nachdem die Sache spätestens entscheidungsreif gewesen sei. Die Entschädigung bemesse sich mit 100 EUR monatlich. Die Beklagte hatte darauf verwiesen, dass es bereits an einer wirksamen Verzögerungsrüge fehle, denn eine solche könne nach § 198 Abs. 3 Satz 2 GVG erst erhoben werden, wenn Anlass zu der Besorgnis bestehe, dass das Verfahren in einer angemessenen Zeit abgeschlossen werde; daran fehle es. Das OVG verwies zunächst darauf, gemäß § 198 Abs. 1 GVG derjenige angemessen entschädigt werde, der infolge unangemessener Dauer eines Gerichtsverfahrens als Verfahrensbeteiligter einen Nachteil erlitten habe wobei die Angemessenheit der Verfahrensdauer sich nach den Umständen des Einzelfalles, insbesondere nach der Schwierigkeit und Bedeutung des Verfahrens und nach dem Verhalten der Verfahrensbeteiligten und Dritter richte (BVerwG BeckRS 2013, 55758). Im vorliegenden Fall habe jedoch einer raschen Einbürgerung der Klägerin das Erfordernis der strafrechtlichen Unbescholtenheit entgegengestanden, da diese mit Vorstrafen von insgesamt 100 Tagesätzen belastet sei, deren Tilgungsreife noch nicht vorgelegen habe. Vor diesem Hintergrund hielt der Senat eine Wiedergutmachung durch die Feststellung nach § 198 Abs. 4 Satz 1 GVG für ausreichend, dass die Verfahrensdauer unangemessen war. Für eine Entschädigung in Geld sei, so das OVG, im vorliegenden Fall daneben kein Raum.

Betrag: – **Haftung: –**
immVorb: – **MdE: –**

OVG Lüneburg 3.9.2024 – 13 FEK 266/22 = BeckRS 2024, 23626

7086

Zur Entschädigung nach § 198 GVG wegen überlanger Verfahrensdauer / Verfahrensverzögerung (siehe dazu die unter „Einzelheiten“ ausgeführten Anmerkungen).

Mann. Der BGH führte zur Entschädigung nach § 198 GVG aus: „Ein Nachteil, der nicht Vermögensnachteil ist, wird nach § 198 Abs. 2 Satz 1 GVG widerleglich vermutet, wenn ein Gerichtsverfahren unangemessen lange gedauert hat. Das Oberlandesgericht hat zu Recht angenommen, dass das beklagte Land diese Vermutung nicht gemäß § 292 Satz 1 ZPO widerlegt hat. Als immaterielle Folgen eines überlangen Verfahrens kommen neben der „seelischen Unbill“ durch die lange Verfahrensdauer vor allem körperliche Beeinträchtigungen oder Rufschädigungen und – in Sorge- oder Umgangsrechtsstreitigkeiten – die Entfremdung eines Kindes von einem Elternteil in Betracht …. Die Vermutung des § 198 Abs. 2 Satz 1 GVG ist widerlegt, wenn das Entschädigungsgericht unter Berücksichtigung der von dem Kläger gegebenenfalls geltend gemachten Beeinträchtigungen nach einer Gesamtbewertung der Folgen, die die Verfahrensdauer mit sich gebracht hat, die Überzeugung gewinnt, dass die (unangemessene) Verfahrensdauer nicht zu einem Nachteil geführt hat. Die Darlegungs- und Beweislast für das Fehlen eines immateriellen Nachteils trägt der Beklagte, dem allerdings, da es sich um einen Negativbeweis handelt, die Grundsätze der sekundären Darlegungslast zugutekommen können. … § 198 Abs. 2 Satz 3 GVG sieht zur Bemessung der Höhe der Entschädigung für immaterielle Nachteile einen Regelsatz in Höhe von 1.200 EUR für jedes Jahr der Verzögerung vor. Ist dieser Betrag nach den Umständen des Einzelfalles unbillig, kann das Gericht gemäß § 198 Abs. 2 Satz 4 GVG einen höheren oder niedrigeren Betrag festsetzen. … Die Prüfung einer Abweichung vom gesetzlichen Pauschalsatz aufgrund der besonderen Umstände des Einzelfalles obliegt grundsätzlich dem Tatrichter, der über die Entschädigungsklage entscheidet“. Er hat dabei alle für die Bemessung der Entschädigung wesentlichen Umstände zu berücksichtigen und angemessen abzuwägen. „Auf der Grundlage einer Gesamtbetrachtung ist eine einheitliche Entschädigung für die aus der überlangen Verfahrensdauer erwachsenen immateriellen Nachteile festzusetzen, die sich aus dem höheren beziehungsweise niedrigeren Entschädigungssatz nach § 198 Abs. 2 Satz 4 GVG, der sich jedoch nicht streng rechnerisch ermitteln lässt, und der festgestellten Verzögerungsdauer ergibt“, so der 4. Leitsatz des BGH.

Betrag: – **Haftung: –**
immVorb: – **MdE: –**

BGH 15.12.2022 – III ZR 192/21 = BeckRS 2022, 41221

6525

Persönlichkeitrechtsverletzung (hier: Öffentliche Fahndung nach einem Bankräuber mittels eines Fotos des Klägers, der jedoch nicht der mutmaßliche Straftäter, sondern ein regulärer Bankkunde war).

Mann. Kein Schmerzensgeldanspruch, da die Ermittlung des Sachverhaltes bei Verdacht auf eine Straftat stets Sache der Strafverfolgungsbehörden und nicht der Bank als Anzeigeerstatter sei. Die Bank habe nicht damit rechnen müssen, dass die Polizei bei insgesamt zwölf auf den Videobildern zu sehenden Personen ohne weitere Rücksprache mit der Bank den Kläger als vermeintlichen Verdächtigen identifizieren und nach ihm fahnden werde. Die Verhinderung eines solchen Ablaufs sei nicht Aufgabe der Bank gewesen.

Betrag: – **Haftung: –**
immVorb: – **MdE: –**

LG Osnabrück 7.7.2020 – 4 O 3406/19 = BeckRS 2020, 21108

6592

Persönlichkeitrechtsverletzung, behauptete … wegen Zwangsvollstreckungsmaßnahmen und Gerichtsvollzieherbesuchen im Auftrag von Inkassofirmen sowie einem entsprechenden SCHUFA-Eintrag.

Mann. Kein Anspruch auf Schmerzensgeld wegen behaupteter Gesundheits- und Persönlichkeitsrechtsverletzungen im Zusammenhang mit Zwangsvollstreckungsmaßnahmen und Gerichtsvollzieherbesuchen im Auftrag von Inkassofirmen sowie einem entsprechenden SCHUFA-Eintrag. „Die SCHUFA-Eintragung, aus der der Antragsteller erhebliche Beeinträchtigungen in seiner Lebensführung ableitet, haben nicht die Karlsruher Gerichte zu verantworten, sondern der Antragsteller, der gegenüber seiner Gläubigerin säumig bleibt“, so das LG in seinem, die insofern beantragte Prozesskotenhilfe nicht bewilligenden Beschluss.

Betrag: – **Haftung: –**
immVorb: – **MdE: –**

LG Karlsruhe 28.8.2019 – 10 O 75/19 = BeckRS 2019, 32892

6520

Persönlichkeitrechtverletzung, behauptete … wegen des Abschaltens der private Webseite für Modelleisenbahnen des Klägers durch die Beklagte.

Mann. Kein Schmerzensgeldanspruch wegen behaupteter ideeller Nachteile infolge des Abschaltens der Homepage des Klägers durch die Beklagte.

Betrag: – **Haftung: –**
immVorb: – **MdE: –**

LG Berlin 17.4.2019 – 4 O 197/18 = BeckRS 2019, 21251

5499

Persönlichkeitsrechtsverletzung durch sinnlose Verlängerung des krankheitsbedingten Leidens infolge künstlicher Ernährung / Sondenernährung, die spätestens ab Anfang 2010 [der Patient verstarb schließlich im Alter von 82 Jahren im Oktober 2011] weder medizinisch indiziert noch durch einen feststellbaren Patientenwillen gerechtfertigt gewesen sei und vielmehr ausschließlich zu einer sinnlosen Verlängerung des krankheitsbedingten Leidens des Patienten ohne Aussicht auf Besserung des gesundheitlichen Zustands geführt habe.

82 j. Mann. Keine Arzthaftung und kein Schmerzensgeld wegen vermeintlich medizinisch nicht indizierter und im übrigen sinnloser Verlängerung des Lebens eines schwer an Demenz erkrankten und auch im übrigen schwer beeinträchtigten diverse Kontrakturen, spastische Tetraparese, Nackenrigor etc.) Patienten. Der BGH wies die Klage des Sohnes des inzwischen Verstorbenen zurück: „Das menschliche Leben ist ein höchstrangiges Rechtsgut und absolut erhaltungswürdig. Das Urteil über seinen Wert steht keinem Dritten zu. Deshalb verbietet es sich, das Leben – auch ein leidensbehaftetes Weiterleben – als Schaden anzusehen. Aus dem durch lebenserhaltende Maßnahmen ermöglichten Weiterleben eines Patienten lässt sich daher ein Anspruch auf Zahlung von Schmerzensgeld nicht herleiten“. Zudem wies der BGH darauf hin, dass „Die Pflicht, die medizinische Indikation für

lebenserhaltende Maßnahmen nicht fehlerhaft zu bejahen, den Zweck [habe], zu verhindern, dass der Sterbeprozess unnötig belastet wird. Zweck der genannten Pflichten ist es hingegen bei der gebotenen wertenden Betrachtung nicht, wirtschaftliche Belastungen, die mit dem Weiterleben und den dem Leben anhaftenden krankheitsbedingten Leiden verbunden sind, zu verhindern. Insbesondere dienen die Pflichten nicht dazu, den Erben das Vermögen des Patienten möglichst ungeschmälert zu erhalten. Damit sind die vom Kl. geltend gemachten finanziellen Belastungen nicht ersatzfähig".

Betrag: – **Haftung: –**
immVorb: – **MdE: –**

BGH 2.4.2019 – VI ZR 13/18 = BeckRS 2019, 6883

6782

Persönlichkeitrechtsverletzung (hier: Vermeintliche Persönlichkeitrechtsverletzung wegen Betroffenheit in seiner persönlichkeitsrechtlich geschützten Sozialsphäre im Zusammenhang mit der Kündigung eines Verlagsvertrages, der Jahre zuvor zwischen den Parteien geschlossen worden war. In dem Kündigungsschreiben warf der Verlag dem Juraprofessor vor, dass er Abgabefristen missachtet habe und führte darüber hinaus aus: „Zudem weist Ihre Kommentierung inhaltliche Mängel auf, die eine zu-künftige Neubearbeitung durch Sie unvertretbar machen. Die Kommentierung berücksichtigt das einschlägige Schrifttum jenseits kürzerer Kommentare zum BGB nicht ausreichend, führt die Literatur unter teilweiser längerer wörtlicher Zitierung lediglich auf und verfährt zur Rechtsentwicklung in vielen Teilen lediglich berichtend, nicht aber strukturierend und damit zur Meinungsbildung beitragend".

Mann (ordentlicher Universitätsprofessor und Inhaber eines Lehrstuhls für Bürgerliches Recht). Kein Schmerzensgeldanspruch: Die Beklagte, ein kleinerer Fachverlag mit einem namhaften Großkommentar zum BGB sprach im Jahr 2014 eine ordentliche Kündigung ihres Verlagsvertrags mit dem Kläger aus. Dieser zog deshalb vor Gericht und bis zum BGH, der ihm hinsichtlich der Frage des Fortbestehens des „zwischen den Parteien geschlossenen Verlagsvertrag auch für künftige Neuausgaben des Kommentars" zwar Recht gab, jedoch sein Schmerzensgeldbegehren in Höhe von mindestens 8.000 EUR wegen Verletzung des allgemeinen Persönlichkeitsrechts zurückwies und dazu ausführte, das Berufungsgericht habe rechtsfehlerfrei festgestellt, dass der Kläger „durch das Schreiben der Beklagten an die Bandredaktoren vom … zwar in seiner persönlichkeitsrechtlich geschützten Sozialsphäre betroffen [sei]. Es fehle aber an einer im Wege einer umfassenden Güter- und Interessenabwägung festzustellenden schwerwiegenden Verletzung des allgemeinen Persönlichkeitsrechts, so dass ein Anspruch auf immateriellen Schadensersatz ausscheide. Das streitgegenständliche Schreiben enthalte we-der unwahre Tatsachenbehauptungen noch sei die Grenze der Schmähkritik überschritten. Vielmehr setze sich das Schreiben mit der Arbeit des Klägers durch Anführung sachlicher Gesichtspunkte auseinander. Es gehe um eine Auseinandersetzung mit dem Wert und der Qualität der Arbeit des Klägers in der Sache und nicht um die Diffamierung des Klägers als Person. In Abwägung der beiderseits betroffenen Interessen überschritten derartige Bewertungen, selbst wenn sie teils auch die wissenschaftliche Integrität des Klägers berühren sollten, nicht den Rahmen der Kritik, die er sich als Mitautor eines rechtswissenschaftlichen Großkommentars – selbst in einer breiteren Fachöffentlichkeit als dem von der Beklagten adressierten Gremium der Bandredaktoren – stellen müsse. Fehle es bereits an einem schwerwiegenden Eingriff in das allgemeine Persönlichkeitsrecht, sei über die Frage der Unmöglichkeit eines anderweitigen Ausgleichs der erlittenen Beeinträchtigung als weiterer Voraussetzung einer Geldentschädigung nicht mehr zu befinden". Insofern betonte der BGH zudem, dass die „Gewährung einer Geldentschädigung … nicht nur von der Schwere des Eingriffs ab[hänge]; es kommt vielmehr auf die gesamten Umstände des Einzelfalls an, nach denen zu beurteilen ist, ob ein anderweitiger befriedigender Ausgleich für die Persönlichkeitsrechtsverletzung fehlt (BGH Urt. v. 16.4.2015 I ZR 225/12, GRUR 2015, 1189 Rn. 89 = WRP 2015, 1507 – Goldrapper, mwN)". [Anmerkung: Das Urteil wurde erst Ende 2020 veröffentlicht, da sich der Kläger nach der Urteilsverkündung gegen den BGH gewandt hatte und insofern vor die Verwaltungsgerichte zog, um die Veröffentlichung der BGH Entscheidung zu verhindern, da er der Meinung war, einzelne Angaben der BGH-Entscheidung – insbesondere aus dem vorgerichtlichen Schriftwechsel zwischen den Parteien – seien geeignet, seinen Ruf und seine Reputation erheblich und nachhaltig zu schädigen.

Betrag: – **Haftung: –**
immVorb: – **MdE: –**

BGH 20.12.2018 – I ZR 133/17 = BeckRS 2018, 55165

5331

Persönlichkeitsrechtsverletzung (hier: Verletzung des Totenfürsorgerechts durch Urnenumbettung).

Die Klägerin ist Tochter der Frau Z. und des am … 2014 verstorbenen Herrn Z. Dessen Ehefrau und Alleinerbin war die Beklagte, die auch die Beisetzung der Asche des Verstorbenen in ihrem sog. Familiengrab veranlasste. Im November 2015 erfuhr die Klägerin, dass die Urne ihres Vaters dem Grab entnommen worden und durch die Beklagte eine Flussbestattung in den Niederlanden veranlasst worden war. Mit der Klage begehrte die Klägerin ua die Zahlung eines „Schmerzensgeldes" wegen der ihr gegenüber vorliegenden Persönlichkeitsrechtsverletzung. Das LG wies die Klage ab. Kein Schmerzensgeldanspruch. Denn nach ständiger Rechtsprechung begründe nicht jede Verletzung des allgemeinen Persönlichkeitsrechts einen Anspruch auf Zahlung einer Geldentschädigung. Erforderlich sei vielmehr, dass es sich um einen schwerwiegenden Eingriff handelt und die Beeinträchtigung nicht in anderer Weise befriedigend aufgefangen werden könne (vgl. BGH BeckRS 2016, 11843), so das LG, welches sich anschließend sorgfältig mit der Frage auseinandersetzte, ob sich aus der Verletzung des Totenfürsorgerechts ein Schmerzensgeldanspruch ergeben könne und verneinte dies: „Das … Totenfürsorgerecht ist demgegenüber an erster Stelle eine Ausprägung des postmortalen Persönlichkeitsschutzes des Verstorbenen, dessen Wille über die Totenfürsorgeberechtigung entscheidet … [daher] … ist eine Verletzung des Totenfürsorgerechts für sich genommen ungeeignet, einen Anspruch auf Zahlung einer Geldentschädigung zu begründen. Denn dem Wahrnehmungsberechtigten stehen bei postmortalen Verletzungen (der ideellen Bestandteile) des allgemeinen Persönlichkeitsrechts grundsätzlich nur Abwehransprüche, nicht aber Schadensersatzansprüche zu", so das LG in seiner Urteilsbegründung. [vgl. auch LG Ulm → 4482].

Betrag: – **Haftung: –**
immVorb: – **MdE: –**

LG Krefeld 24.2.2017 – 1 S 68/16 = BeckRS 2017, 103473

5156

Persönlichkeitsrechtsverletzung wegen Strafanzeige. Leitsätze der Entscheidung: „1. Die Einleitung eines strafrechtlichen Ermittlungsverfahrens kann eine schadensersatzauslösende unerlaubte Handlung sein [§§ 242, 249 und 823 Abs. 2 BGB i.V. m. §§ 164, 186 und 193 StGB]. 2.Die bloße Anhörung einer Beschuldigten in einem Ermittlungsverfahren der Staatsanwaltschaft stellt aber noch keinen derartig schweren Eingriff in das Persönlichkeitsrecht dar, dass hierdurch einen Anspruch auf Geldentschädigung in Form von Schmerzensgeld begründet werden könnte [§ 253 BGB i.V. m. §§ 164, 186 und 193 StGB])".

Frau. Kein Schmerzensgeld. Es ist – so das AG in seiner ausführlichen Urteilsbegründung – „mit rechtsstaatlichen Geboten unvereinbar, wenn derjenige, der im guten Glauben eine Strafanzeige erstatte, Nachteile (z.B. in Form von Schadensersatzforderungen) dadurch erleidet, dass sich seine Behauptung nach behördlicher Prüfung als unrichtig oder nicht aufklärbar erweist (BVerfG, NJW 2008, Seiten 570 f.; BVerfG, NJW 1991, Seiten 1285 f.; BVerfG, NJW 1987, Seiten 1929 f.; BGH, Urteil vom 28.2.2012, Az.: VI ZR 79/11, u.a. in: NJW 2012, Seiten 1659 f.). Dies gilt auch dann, wenn sich das Begehren nachträglich als sachlich nicht gerechtfertigt erweist und dem anderen Teil Nachteile entstanden sind (BGH, BGHZ Band 74, Seiten 9 ff. = VersR 1979, Seiten 544 f.)" [Anmerkung: Vgl. dazu auch AG Brandenburg → Nr. 7072].

Betrag: – **Haftung: –**
immVorb: – **MdE: –**

AG Brandenburg 26.5.2016 – 34 C 40/15 = BeckRS 2016, 9705

5281

Zeitweise Unterbringung der beiden Kleinkinder der Klägerin in Bereitschaftspflegefamilien wegen – fehlerhaften – gutachterlicher Annahme des hochgradigen Verdacht eines Schütteltraumas.

Kein Schmerzensgeldanspruch wegen fehlender Passivlegitimation: Schmerzensgeldklage gegen vom Jugendamt beauftragten Gutachter, denn eine persönliche Inanspruchnahme des Gutachters ist ausgeschlossen, da er in Ausübung eines ihm anvertrauten öffentlichen Amtes gehandelt hat und daher eine befreiende Haftungsübernahme durch den Landkreis als Träger des zuständigen Jugendamtes eingetreten ist (§ 839 Abs. 1 BGB iVm Art. 34 S. 1 GG). In seinem Anwendungsbereich verdrängt § 839 BGB als vorrangige Spezialregelung konkurrierende Ansprüche aus §§ 823 ff. BGB wie auch aus § 839a BGB (BGHZ 200, 253 = NJW 2014, 1665 = DS 2014, 155 Rn. 29). Weitere Fundstelle: NJW 2016, 2514.

Betrag: – **Haftung: –**
immVorb: – **MdE: –**

OLG Koblenz 18.3.2016 – 1 U 832/15 = BeckRS 2016, 5269

5040

Persönlichkeitsrechtsverletzung (hier: Ausschluß vom Totenfürsorgerecht bzw. Versagung des Zugangs zum Leichnam zum Zwecke der persönlichen Verabschiedung).

Mann (Sohn des Verstorbenen). Kein Schmerzensgeld. Beklagte war die 2. Ehefrau des Verstorbenen. Der Sohn begehrte Schmerzensgeld wegen dessen Ausschluß vom Totenfürsorgerecht. Das LG lehnte den Anspruch ab. Zwar „käme ein Eingriff in das durch Art. 2 I i. V. m. Art. GG Artikel 1 GG Artikel 1 Absatz I GG geschützte Recht auf Selbstbewahrung, dass den Schutz der Privatheit enthält und auch die Familie umfasst, in Betracht. Jedoch auch hier ist der Vortrag des Klägers nicht geeignet, die Anspruchsvoraussetzungen darzulegen. Insbesondere auch deshalb nicht, weil die Berufung übersieht, dass das allgemeine Persönlichkeitsrechtsrecht nicht schrankenlos gewährt wird, sondern durch das vorbezeichnete Totenfürsorgerecht zulässig eingeschränkt wird. Einen besonders schweren, ein Schmerzensgeld rechtfertigenden Eingriff, vermochte die Kammer im vorliegenden Fall nicht zu erkennen", so das LG in seiner sorgfältigen Urteilsbegründung.

Betrag: – **Haftung: –**
immVorb: – **MdE: –**

LG Bielefeld 24.2.2016 – 21 S 10/15 = BeckRS 2016, 6649

5117

Persönlichkeitrechtsverletzung (hier: Hausfriedensbruch und insofern vermeintliche psychische Beeinträchtigung bzw. posttraumatische Belastungsstörung)

Frau. Kein Schmerzensgeldanspruch wegen posttraumatischen Belastungsstörungen wegen Hausfriedensbruchs in einem Nebengebäude und kurzzeitiger Besitzentziehung von Hunden, die von der Beklagten aufgrund der „desolaten" Haltungsbedingungen der Klägerin „befreit" wurden, was jedoch – wie das Kreisveterinäramt feststellte, nicht erforderlich und somit unzulässig war. Die Klägerin begehrte ein Schmerzensgeld von 15.000 EUR und gab an, durch den Vorfall 12 Monate arbeitsunfähig gewesen zu sein. Das OLG wies die Klage ab und führte in seiner sehr ausführlichen und sorgfältigen Begründung ua aus: „Die körperliche Integrität des Inhabers des Hausrechts kann jedoch nicht Schutzgut dieser Vorschrift [123 StGB] sein"... „gleiches gilt für die dem Schutz des Besitzrechts an den Hunden dienenden Vorschriften des BGB". Zudem – so das OLG weiter – liege hier kein „Ereignis von hinreichender Schwere und Intensität" vor, um daraus eine Haftung der Beklagten herzuleiten.

Betrag: – **Haftung: –**
immVorb: – **MdE: –**

OLG Hamm 24.4.2015 – 7 U 30/14 = BeckRS 2015, 10644

4524

Persönlichkeitrechtsverletzung (hier: Vorwurf der fehlerhaften, anwaltlichen Beratung durch den ehemaligen Mandanten des Klägers).

Mann (Rechtsanwalt). Kein Schmerzensgeldanspruch. Der Rechtsanwalt forderte von seinem ehemaligen Mandanten 50.000 EUR Schmerzensgeld, weil dieser ihm eine fehlerhafte Beratung vorgehalten und Regressforderungen angekündigt hatte, was bei ihm – ohne das insofern ein Kausalzusammenhang nachgewiesen worden wäre – zu einem Zusammenbruch und Aufnahme geführt hatte. Die Klage wurde zurückgewiesen.

Betrag: – **Haftung: –**
immVorb: – **MdE: –**

OLG Düsseldorf 13.3.2012 – I-24 U 171/11 = BeckRS 2012, 16051

7074

Persönlichkeitsrechtsverletzung, behauptete ... auf Grund einer Anzeige mit Hausverbot von Seiten der Beklagten aufgrund eines Ladendiebstahls, den der Kläger zwar zugegeben hatte, jedoch nicht als solchen gewertet haben wollte.

Mann. Der Kläger hatte ein Päckchen Büroklammern in seine Jacke gesteckt und an der Kasse des SB-Warenhauses, wo er ansonsten die übrige Ware (Pizza und Kalender) bezahlt hatte, nicht vorgelegt. Die Beklagte erstattete Strafanzeige für 12 Monate ein Hausverbot. Dadurch sah sich der Kläger, der angab, das Päckchen lediglich versehentlich nicht auf das Kassenband gelegt zu haben, in seiner Eher verletzt und begehrte Schmerzensgeld. Das LG wies die Klage ab, da der Kläger den objektiven Tatbestand des Diebstahls erfüllt habe.

Betrag: – **Haftung: –**
immVorb: – **MdE: –**

LG Bad Kreuznach 14.10.2011 – 2 O 198/10 = BeckRS 2016, 10469

6299

Persönlichkeitsrechtsverletzung hier: Aufklärungspflichtverletzung als Eingriff in das Selbstbestimmungsrecht des Patienten.

Mann. Arzthaftung wegen Aufklärungspflichtverletzung. Jedoch im konkreten Fall kein Schmerzensgeldanspruch; hierzu führte das OLG aus: „Über das Risiko eines Misserfolgs des beabsichtigten Eingriffs (hier: offene Operation am Fersenbein) ist nicht unter Angabe konkreter Prozentzahlen aufzuklären. Es reicht aus, wenn dem Patienten mitgeteilt wird, dass die Operation trotz aller ärztlichen Kunst fehlschlagen kann mit dem Ergebnis, dass die Leiden, Ausfälle und Beschwerden sich nicht bessern oder gar verschlimmern .... Führt eine Behandlung, über die unzulänglich aufgeklärt wurde, nicht kausal zu einem Gesundheitsschaden, kann es auch keinen Schadensersatz geben. Der Aufklärungsmangel stellt sich zwar als Eingriff in das Selbstbestimmungsrecht des Patienten dar. Dieser Eingriff hat jedoch per se kein Gewicht, das die Zuerkennung eines Schmerzensgeldes rechtfertigt."

Betrag: – **Haftung: –**
immVorb: – **MdE: –**

OLG Naumburg 12.11.2009 – 1 U 59/09 = BeckRS 2010, 1913

3829

Persönlichkeitrechtsverletzung / Haftverhältnisse (wegen Nichteinhaltung der Zusage eines JVA-Beamten, in einer Einzelzelle untergebracht zu werden).

Mann. Kein Schmerzensgeldanspruch. (Der Beschluss findet sich in BeckRS 2008, 17093 teilweise abgedruckt.) Anmerkung: Vergleiche zur Anspruchsgrundlage in ähnlichen Fällen (Stichworte: Gemeinschaftszelle, Menschenwürde / Haftunterbringung; rauchender Mitgefangener) ua auch OLG Hamm BeckRS 2008, 13784.

Betrag: – **Haftung: –**
immVorb: – **MdE: –**

OLG Düsseldorf 3.7.2008 – 18 U 96/08 = BeckRS 2008, 17093

3883

Persönlichkeitrechtsverletzung in Form einer rechtsunwirksamen Kündigung, die der Arbeitgeber jedoch im Laufe eines Kündigungsschutzprozesses zurückgenommen hatte. (Der Arbeitnehmer hatte sich jedoch inzwischen selbst getötet).

Frau (Ehefrau des Verstorbenen). Kein Schmerzensgeldanspruch: „Allein der Ausspruch einer rechtsunwirksamen betriebsbedingten Kündigung durch den Arbeitgeber verletzt den Arbeitnehmer nicht in seinem Persönlichkeitsrecht. Dies ist nur dann der Fall, wenn die Kündigung den Arbeitnehmer über den bloßen Kündigungsausspruch hinaus in seinem Persönlichkeitsrecht beeinträchtigt. Dafür trägt der Arbeitnehmer die Darlegungs- und Beweislast", so das BAG

Betrag: – **Haftung: –**
immVorb: – **MdE: –**

BAG 24.4.2008 – 8 AZR 347/07 = BeckRS 2008, 56896

7073

Persönlichkeitsrechtsverletzung, behaupteter ... auf Grund einer Anzeige von Seiten des Beklagten aufgrund derer dem Kläger die Fahrerlaubnis über einen längeren Zeitraum entzogen worden war.

Mann. „Wird dem Kläger auf Grund einer Anzeige von Seiten des Beklagten (wegen eines vermeintlichen groben und gefährlichen Fahrmanövers in einer Autobahnbaustelle) die Fahrerlaubnis vorläufig über einen längeren Zeitraum entzogen, kann er den beklagten Anzeigeerstatter deshalb nicht auf Schadensersatz in Anspruch nehmen, auch wenn dieser später zu dem Vorfall unterschiedliche Darstellungen gibt, die schließlich zur Einstellung des Strafverfahrens gegen den Kläger führen. Ein solches Aussageverhalten begründet nicht schon den Vorwurf der falschen Anschuldigung." (amtlicher Leitsatz) Damit abgewiesen wurde auch der auf 2.000 Euro gerichtete Schmerzensgeldanspruch. [Anmerkung: Zur zur Frage, unter welchen Umständen die Einleitung eines strafrechtlichen Ermittlungsverfahrens ein derart schwerwiegender Eingriff in das Persönlichkeitsrecht ist, dass dies einen Anspruch auf Zahlung von Schmerzensgeld begründet, vgl. AG Brandenburg → Nr. 7072 sowie LG Bad Kreuznach BeckRS 2006, 10469 → Nr. 7074].

Betrag: – **Haftung: –**
immVorb: – **MdE: –**

OLG Hamm 3.2.2006 – 9 U 117/05 = BeckRS 2006, 5522

3516

Persönlichkeitrechtsverletzung

Ob das aus Zahlungen einer Geldentschädigung wegen Verletzung des Persönlichkeitsrechts stammende Vermögen zur Deckung von Prozesskosten einzusetzen ist, ist unter Berücksichtigung der Umstände des Einzelfalles zu entscheiden.(so der Leitsatz). Jedenfalls sei – so der BGH – „dies nicht in jedem Fall unzumutbar ... [und stehe auch nicht] ... im Widerspruch zur Ansicht des Bundesverwaltungsgerichts 5 C 22/93 – NJW 1995, 3001 ff. ...". Der BGH wies allerdings darauf hin, dass man hier zwischen Schmerzensgeld und Entschädigung wegen Persönlichkeitsrechtsverletzungen unterscheiden müsse.

Betrag: – **Haftung: –**
immVorb: – **MdE: –**

BGH 10.1.2006 – VI ZB 26/05 = BeckRS 2006, 1879

3275

Persönlichkeitsrechtsverletzung, ohne nähere Angaben.

Verein. „Ein eingetragener Verein nimmt als Zweckschöpfung des Rechts nur in eingeschränktem Umfang an dem durch Art. 2 I GG geschützten Persönlichkeitsbereich teil". Es steht ihm insofern grundsätzlich kein Schmerzensgeldanspruch wegen einer Persönlichkeitsrechtsverletzung zu, so entschied zutreffend das OLG.

Betrag: – **Haftung: 100 %**
immVorb: – **MdE: –**

OLG München 28.5.2003 – 21 U 1529/03 = BeckRS 2003, 30319662

3775

Persönlichkeitsrechtsverletzung / Mobbing (hier: Nachhaltige über 3 Jahre andauernde Schikanierung und nachfolgende psychische Erkrankung).

Mann (Arzt). Arbeitgeber haften für dem Mobbing unterfallende Schikanierenden durch Vorgesetzte auch dann, wenn der Vorgesetzte behauptet, er habe nicht erkennen können, dass durch sein Verhalten psychische Erkrankungen beim Arbeitnehmer verursacht werden bzw. wurden. Die bisher häufig anzutreffende Rspr. (LAG Nürnberg – 6 Sa 154/01, LAG Köln BeckRS 1998, 30773353, LAG Hamm – 13 Sa 256/05, LAG Berlin – 16 Sa 2280/03 und LAG Berlin NZA-RR 2005, 13, wonach eine Haftung des Arbeitgebers nur besteht, sofern der Vorgesetzte das Risiko einer Erkrankung vorhersehen könne, ist mit dem Gesetz nicht vereinbar. Das BAG hob die ablehnende Vorentscheidung auf und verwies wegen der Festsetzung der Höhe des Schmerzensgeldes zurück [Wichtiger Hinweis: Die Höhe von 1,- EUR wurde nur als Platzhalter meinerseits eingefügt, da bei 100 %iger Haftung ein Schmerzensgeldbetrag größer Null einzugeben ist]

Betrag: 1 € **Haftung: 100 %**
immVorb: – **MdE: –**

BAG 25.10.2007 – 8 AZR 593/06 = BeckRS 2008, 50353

6559

Persönlichkeitrechtsverletzung (hier: Erhalt einer SPAM-Mail / Verstoß gegen die DS-GVO).

Mann. Der Kläger hatte von der Beklagten Ende Mai 2018 eine als unzulässig monierte E-Mail erhalten. Aus diesem Grunde begehrte er, gestützt auf Art. 82 Abs. 1 DS-GVO, 500 EUR Schmerzensgeld. Das AG lehnte dies – über die von der Beklagten anerkannten 50 EUR hinaus – zutreffend ab, da nicht jeder Verstoßes gegen die DS-GVO einen materiellen oder immateriellen Schaden nach sich ziehe und somit nicht jeder Verstoß zu Ansprüchen auf Schadensersatz gegen den oder die Verantwortlichen führe (Schaffland / Wiltfang DS-GVO Art. 82 Rn. 5; Plath DS-GVO Art. 82 Rn. 4d mwN). „Einerseits ist eine schwere Verletzung des Persönlichkeitsrechts nicht (mehr) erforderlich. Andererseits ist auch weiterhin nicht für einen Bagatellverstoß ohne ernsthafte Beeinträchtigung bzw. für jede bloß individuell empfundene Unannehmlichkeit ein Schmerzensgeld zu gewähren; vielmehr muss dem Betroffenen ein spürbarer Nachteil entstanden sein und es muss um eine objektiv nachvollziehbare, mit gewissem Gewicht erfolgte Beeinträchtigung von persönlichkeitsbezogenen Belangen gehen (Plath DS-GVO Art. 82 Rn. 4 c, d)". [Anmerkung: Diese Entscheidung erging vor dem Urteil des BGH NJW 2025, 1060 und entsprach bereits damals im Kern dieser BGH-Entscheidung, in welcher der BGH ausgeführt hatte, dass bei unautorisierter Übersendung einer Werbe-E-Mail es nicht genüge, dass der Kläger sich „mit der Abwehr der von ihm unerwünschten Werbung und der Herkunft der Daten" habe auseinandersetzen müssen und dass dies zu einem durchaus „belastenden Eindruck des Kontrollverlusts" geführt habe. Die Übersendung einer Werbe-E-Mail begründe allenfalls den gerügten Verstoß gegen die DS-GVO. Der Verstoß reicht jedoch, so der BGH – „allein nicht aus, um zugleich einen immateriellen Schaden iSd Art. 82 I DS-GVO zu begründen", so der BGH. Vgl. dazu im Handbuchteil → Rn. 247a].

Betrag: 50 € **Haftung: 100 %**
immVorb: – **MdE: –**

AG Diez 7.11.2018 – 8 C 130/18 = BeckRS 2018, 28667

6983

Persönlichkeitsrechtsverletzung (hier: Unberechtigter Vorwurf der Vergewaltigung und Verbreitung dieser schwerwiegenden Vorwürfe im Freundes- und Bekanntenkreis).

Mann. Die Beklagte zeigte den Kläger zunächst wegen einer angeblichen Vergewaltigung und einige Zeit später wegen einer angeblichen Bedrohung an. Der Kläger wehrte sich gegen die Vorwürfe und gab an, dass zwischen ihm und der Beklagten ausschließlich einvernehmlicher Geschlechtsverkehr stattgefunden habe. Die Ermittlungsverfahren wurden mangels hinreichenden Tatverdachts eingestellt. Die Beklagte hatte nämlich bereits die Unrichtigkeit der angeblichen Vergewaltigung vorab gegenüber Dritten in einer Chat-Nachricht eingeräumt. Vorliegend blieb zudem die Aussage eines Angehörigen unstreitig, dass die Beklagte bereits zuvor zahlreiche andere Männer fälschlich wegen Vergewaltigung anzeigen wollte.

Betrag: 200 € **Haftung: 100 %**
immVorb: – **MdE: –**

LG Koblenz 17.11.2021 – 13 S 25/21 = BeckRS 2021, 47978

4384

Persönlichkeitrechtsverletzung (hier: diskreditierende Äußerungen gegenüber einem Folge-Arbeitgeber).

Frau. Der Beklagte (ehemalige Arbeitgeber des Klägers) hatte nach den Feststellungen des Arbeitsgerichts in einem Telefonat mit seinem neuen Arbeitgeber sinngemäß geäußert, „sie könne vor der Klägerin nur warnen. Seit dem Weggang der Klägerin würde sie einige Dinge in ihrem Büro vermissen. Die Zeugin habe das Niveau der Klägerin nicht verdient.".

Betrag: 300 € **Haftung: 100 %**
immVorb: – **MdE: –**

LAG Rheinland-Pfalz 17.6.2011 – 7 Sa 2/11 = BeckRS 2011, 74578

7072

Persönlichkeitsrechtsverletzung durch falsche Anschuldigungen unbeteiligten Dritten gegenüber und einem zudem willkürlich, leichtfertig oder mit unlauteren Mitteln in Gang gebrachten Strafverfahren.

Frau. Die Klägerin hatte sich bei der Beklagten die Haare färben lassen und wurde dabei von dieser am Körper verletzt. In der Folge kam es zu verbalen Auseinandersetzungen und zu einer von der Beklagten veranlassten Strafanzeige und in deren Folge zunächst zu einem Strafbefehl gegenüber der Klägerin kam, gegen den diese sich jedoch erfolgreich verteidigen konnte, so dass sich letztlich – sozusagen al Bumerang ihres Verhaltens – die Beklagte insofern gemäß § 164 StGB der falschen Verdächtigung schuldig gemacht und diese unrichtigen Verdächtigungen zudem Dritten gegenüber berichtet hatte. Damit, so das AG zutreffend, sei jedoch das Maß dessen, was ggf. noch entschädigungslos hinzunehmen gewesen sei, überschritten worden und ein Schmerzensgeldanspruch gerechtfertigt. [Anmerkung-1: Das AG Brandenburg verurteilte die Beklagte zudem zur Zahlung eines weiteren Schmerzensgeldes von 2.000 Euro wegen Körperverletzung infolge mangelhafter Haarfärbung und dadurch verursachter schmerzhafter allergischer Reaktionen, siehe dazu → Nr. 7072. Anmerkung-2: Vgl. zur Thematik des Vorwurfs der falschen Anschuldigung und damit begründeter Schmerzensgeldforderungen auch OLG Hamm BeckRS 2006, 5522 → Nr. 7073 sowie AG Brandenburg → Nr. 5156].

Betrag: 500 € **Haftung: 100 %**
immVorb: – **MdE: –**

AG Brandenburg 19.12.2022 – 34 C 20/20 = BeckRS 2022, 36631

5104

Persönlichkeitsrechtsverletzung (hier: Störung der Totenruhe durch „Umbettung …, die zur Überzeugung des Gerichts nicht dem mutmaßlichen Willen der Verstorbenen entsprach").

Störung der Totenruhe durch „störende Umbettung der verstorbenen …, die ohne Zustimmung des Klägers".

Betrag: 500 € **Haftung: 100 %**
immVorb: – **MdE: –**

AG Rinteln 23.12.2015 – 2 C 183/14 = BeckRS 2016, 3428

4482

Persönlichkeitrechtsverletzung (hier: Umbettung der Urne der Eltern gegen den erklärten Willen der hinterbliebenen Tochter).

Frau. Das LG führte hierzu aus: Mit der Umbettung der Urne „trifft sie die Klägerinnen in ihrem allgemeinen Persönlichkeitsrecht, zu dem auch die Möglichkeit zum angemessenen Gedenken der verstorbenen Eltern gehört. Zwar kann die Beeinträchtigung des Totenfürsorgerechts selbst hier dadurch beseitigt werden, dass die Urnen der Eltern zurück nach U. gebettet werden. Damit wird aber kein angemessener Ausgleich für die Missachtung und die Seelenschmerzen der Klägerinnen geschaffen". [vgl. auch LG Krefeld → 5331].

Betrag: 500 € **Haftung: 100 %**
immVorb: – **MdE: –**

LG Ulm 20.1.2012 – 2 O 356/11 = BeckRS 2012, 6256

6710

Persönlichkeitrechtsverletzung durch Verletzung der informationellen Selbstbestimmung des Klägers, da dieser ausweislich der schriftlich niedergelegten Einwilligungserklärung zwar in eine Blutentnahme für bestimmte Testungen nicht jedoch in die Vornahme eines Aids-Tests eingewilligt hatte.

Mann. Das AG führte insofern (siehe oben) aus, dass das informationelle Selbstbestimmungsrecht des Menschen einen hohen, auch verfassungsrechtlich geschützten Rang habe und es deshalb im konkreten Falle auch unerheblich sei, ob nach dem damaligen Krankheitsbild des Klägers aus Sicht der Beklagten ein Aids-Test medizinisch indiziert war. Bei der Bemessung des Schmerzensgeldes der Höhe nach war zu berücksichtigen, „dass dem Kläger nicht der Nachweis einer vorsätzlichen Verletzung seines Selbstbestimmungsrechts gelungen ist. Denn die Beklagten haben eingewendet, der Kläger habe vor seiner schriftlich erklärten Verweigerung mündlich seine Einwilligung erteilt gehabt. Danach habe man die schriftliche Patientenerklärung lediglich entgegen genommen, aber nicht mehr überprüft, ob der Kläger auch bei seiner Einwilligung geblieben ist. Damit haben die Beklagten substanziiert eine vorsätzliche Verletzung des Persönlichkeitsrechts in Abrede gestellt. Angesichts dessen, dass das Gericht von einer fahrlässigen Verletzung des Persönlichkeitsrechts auszugehen hat, und das Testergebnis negativ ausgefallen ist, ist auf ein Schmerzensgeld von 600,00 EUR erkannt worden."

Betrag: 600 € **Haftung: 100 %**
immVorb: – **MdE: –**

AG Bremen 23.9.2010 – 5 C 135/10 = BeckRS 2010, 146048

6000

Persönlichkeitrechtsverletzung (hier: Unzulässige, da unverhältnismäßige Videoüberwachung am Arbeitsplatz).

Mann (Arbeiter in einer Weberei). Zur Unzulässigkeit der Videoüberwachung im gesamten Produktionsbereich (Halleneingang, an den Maschinen sowie an den Arbeitsplätzen) führte das LAG zutreffend aus, „gemäß den zutreffenden Ausführungen des Arbeitsgerichts genügt die lediglich allgemein und ohne konkreten Anlass geäußerte Sorge von Diebstählen im Streitfall nicht zur Rechtfertigung der eingeführten Videoüberwachung". Der Kläger hatte mit Verweis auf erhebliche körperliche Folgeverletzungen wie reaktiven Depression ua ein Schmerzensgeld von 10.000 EUR gefordert, konnte die Kauslaität insofern jedoch nicht nachweisen, weshalb sein Vortrag unberücksichtigt blieb und das LAG lediglich „den „immateriellen" Eingriff in das allgemeine Persönlichkeitsrecht bewertet" hatte.

Betrag: 850 € **Haftung: 100 %**
immVorb: – **MdE: –**

LAG Rheinland-Pfalz 23.5.2013 – 2 Sa 12/13 = BeckRS 2013, 73083

7026

Persönlichkeitsrechtsverletzung im Zusammenhang mit der Vorenthaltung der Verlängerung eines Jagdscheins.

Mann. Der Kläger beansprucht von dem beklagten Landkreis Schmerzensgeld wegen Vorenthaltung der Verlängerung eines Jagdscheins. Er ist Jäger und Eigentümer von bejagbaren Flächen in Werder und seit dem 6. Juni 2005 Inhaber eines Jahresjagdscheines. Mit der – aus Sicht des Klägers – zu Unrecht über drei Jahre nicht verlängerten Jagderlaubnis habe der Beklagte (Landkreis) in das Recht des Klägers auf Entfaltung seiner Persönlichkeit eingegriffen. Die Jagd sei mehr als ein Hobby, nämlich Berufung und Lebensphilosophie. Die Verwaltungsbehörde begründete die Verzögerung damit, dass nach Mitteilung der Staatsanwaltschaft ein Verfahren gegen den Kläger anhängig sei. Das LG ging von einer schwerwiegenden Verletzung des Persönlichkeitsrechts aus und sah ein Schmerzensgeld von 1.000 EUR für angemessen. Zur Begründung führte es dabei aus, dass nicht die Verzögerung als solche noch die Rechtswidrigkeit insofern ausschlaggebend gewesen sei, sondern „vor allem die mit der Verfahrensweise der unteren Jagdbehörde verbundene, die Persönlichkeit des Klägers verletzende Wirkung, denn der Kläger konnte nicht zuletzt wegen des im verwaltungsgerichtlichen Verfahren zutage getretenen Ermittlungsverfahrens auf der Grundlage des am 7.7.2015 gefertigten Aktenvermerks durchaus zu der Einschätzung gelangen, aus sachfremden Gesichtspunkten an der Ausübung des für seine Persönlichkeit wichtigen Jagdrechtes gehindert zu werden. Die Verfahrensweise möglicherweise beeinflussende Verhaltensweisen des Klägers und dessen Erleben des Hergangs auf der Grundlage seiner persönlichen Disposition sind nicht geeignet, den vom Kläger empfundenen Eingriff in sein Persönlichkeitsrecht als weniger schwerwiegend zu beurteilen".

Betrag: 1.000 € **Haftung: 100 %**
immVorb: – **MdE: –**

LG Potsdam 18.12.2020 – 4 O 462/18 = BeckRS 2020, 51323

5061

Persönlichkeitrechtsverletzung, schwere (hier: Heimliche Videoaufnahmen als Ergebnis einer Observation durch einen Detektiv wegen Zweifeln an einer Krankschreibung). Hierdurch – so die Klägerin – habe sie erhebliche, eine psychotherapeutische Behandlung erfordernde psychische Beeinträchtigunge erlitten.

Frau (Sekretärin). „Ein Arbeitgeber, der wegen des Verdachts einer vorgetäuschten Arbeitsunfähigkeit einem Detektiv die Überwachung eines Arbeitnehmers überträgt, handelt rechtswidrig, wenn sein Verdacht nicht auf konkreten Tatsachen beruht", so das BAG. Das BAG wertete das Verhalten des Arbeitgebers (= Bekl.) als schwere Persönlichkeitsrechtsverletzung. [vgl. Beck'sche Schmerzensgeldtabelle Rn. 225]

Betrag: 1.000 € **Haftung: 100 %**
immVorb: – **MdE: –**

BAG 19.2.2015 – 8 AZR 1007/13 = BeckRS 2015, 66533

5170

Persönlichkeitrechtsverletzung (hier: Inhaftierung in einer „ca. 5,3 Quadratmeter großen Einzelzelle inhaftiert, noch dazu ohne dass es für ihn transparent war, wie lange er unter solchen Umständen inhaftiert werden" würde; später war der Kläger dann in einer 9,51 qm² großen sogn. Begegnungszelle, d.h. einem aus vormals zwei Räumen geschaffener Raum mit offener Toilette untergebracht; emnach musste man seine Notdurft vor den Augen der Mitinsassen verrichten. Die ist ein Verstoß gegen die Menschenwürde.

Mann. Für den Zeitraum in der 5,3 qm² großen Zelle erhielt der Kläger 300 EUR und für die 31tägige Unterbringung in der Begegnungszelle 775 EUR. [Lesenswert: Auszug aus den amtlichen Leitsätzen und der Urteilsbegründung des KG: „Bei menschenunwürdigen Haftbedingungen, die dem der Entscheidung des Verfassungsgerichtshofes des Landes Berlin vom 3.112009 (VerfGH 184/07) zugrunde liegenden Fall vergleichbar sind, ist regelmäßig eine monatliche Entschädigung von 600,00 Euro angemessen, wenn keine konkreten Besonderheiten des Einzelfalles gegeben sind, die die Beeinträchtigung als besonders schwer oder aber weniger schwerwiegend erscheinen lassen" (3. Leitsatz). „Ob der Vollzug der Haft als menschenunwürdig und damit amtspflichtwidrig anzusehen ist, ist danach jeweils nach einer Gesamtschau der Umstände des Einzelfalls zu beurteilen. Als erhebliche Umstände kommen insbesondere die Anzahl der in einem Haftraum untergebrachten Gefangenen, die Größe der jedem Gefangenen zur Verfügung stehenden Haftraumfläche, die Ausgestaltung der sanitären Anlagen im Haftraum, die Gesamtdauer der Unterbringung sowie die täglichen Einschlusszeiten in Betracht (vgl. BGH BeckRS 2013, 13162). Können menschenwürdige Haftbedingungen auch unter Berücksichtigung aller zur Verfügung stehenden Möglichkeiten nicht sichergestellt werden, muss notfalls die Strafvollstreckung unterbrochen werden (BGH BeckRS 2010, 9293 – Menschenwürde / Haftunterbringung)."]

Betrag: 1.075 € **Haftung: 100 %**
immVorb: – **MdE: –**

KG 27.1.2015 – 9 U 232/12 = BeckRS 2015, 10010

7444

Zur Entschädigung nach § 198 GVG wegen überlanger Verfahrensdauer / Verfahrensverzögerung (siehe dazu die unter „Einzelheiten" ausgeführten Anmerkungen).

Frau (Polizeibeamtin). Die Beteiligten streiten um eine Entschädigung wegen überlanger Verfahrensdauer im Zusammenhang mit einem Verwaltungsprozess wegen des Vorwurfs der unrichtigen Abrechnung privater Telefonate. Das Oberwaltungsgericht hatte insofern, wie das BVerwG betonte, „zutreffend ausgeführt, dass das Verfahren … zusammengerechnet mehr als 12 Monate ohne rechtfertigenden Grund nicht gefördert worden" war. „Berücksichtigt man im Rahmen einer Gesamtabwägung den geringen Schwierigkeitsgrad des Verfahrens, die hohe subjektive Bedeutung, das zu keiner Verzögerung führende Verhalten der Klägerin und die gerichtliche Prozessleitung, dann erweist sich die Annahme des Oberverwaltungsgerichts als überzeugend, dass der Rechtsstreit in einem Jahr hätte erledigt werden müssen und die zweijährige Prozessdauer nicht angemessen war", so das BVerwG, dass dabei bereits berücksichtigt hatte, dass „eine unvorhersehbare Erkrankung des berichterstattenden Vorsitzenden als ein Fall höherer Gewalt anzusehen [sein könne], der grundsätzlich eine vorübergehende Terminverschiebung rechtfertigen kann."

Betrag: 1.200 € **Haftung: 100 %**
immVorb: – **MdE: –**

BVerwG 11.7.2013 – 5 C 27.12 = BeckRS 2013, 56027

3890

Persönlichkeitrechtsverletzung (hier: schwere Persönlichkeitrechtsverletzung durch die Veröffentlichung eines Berichts in der lokalen Zeitung mit Foto des Klägers und großer Aufmachung sowie der Überschrift: „4 Jahre dauert das Martyrium der … schon an". Der Artikel bezog sich auf die vermeintliche Behauptung, der Kläger habe seine Tochter sexuell belästigt.

Mann. Erschwerend wurde vom AG bewertet, dass der Vater als Bürger einer kleinen Gemeinde für seine nähere Umgebung erkennbar (als „Hans A" bezeichnet) wurde und dadurch erheblich in seiner Persönlichkeit verletzt worden war.

Betrag: 1.500 € **Haftung: 100 %**
immVorb: – **MdE: –**

AG Brakel 8.10.2003 – 7 C 297/03 = unveröffentlicht

4826

Persönlichkeitrechtsverletzung durch Diskriminierung wegen des Tragens eines Kopftuches.

28j. Frau (IT-Systemkauffrau). Persönlichkeitrechtsverletzung wegen Zurückweisung der Klägerin durch eine private Arbeitsvermittlung, die der Klägerin mit Hinweis auf das von ihr getragene Kopftuch mitgeteilt hatte, dass sie deshalb nicht vermittelbar sei. Das LG Lüneburg hatte die Klage abgewiesen. Das OLG gab der Kl. Recht. [Anmerkung: Die Einordnung der Entscheidung in das Unterkap. C-09-h ist insofern nicht ganz korrekt, da das OLG darauf hingewiesen hatte, dass der Entschädigungsanspruch gegenüber der Arbeitsvermittlungsagentur nicht nach AGG erfolgen könne, da dieses nur im Verhältnis zu potentiellen Arbeitgebern greife].

Betrag: 1.850 € **Haftung: 100 %**
immVorb: – **MdE: –**

OLG Celle 13.2.2014 – 13 U 37/13 = BeckRS 2014, 125779

3777

Persönlichkeitsrechtsverletzung und Körperverletzung infolge der Verweigerung eines Krankenrücktransports und dadurch bedingtes Erleiden körperlicher und psychischer Beeinträchtigungen und Strapazen.

Mann. Verweigerung eines Krankenrücktransports. Der kl. erkrankte während einer Reise an hohem Fieber und Husten. Seine Reisekrankenversicherung verwies ihn an das örtliche Krankenhaus, verweigerte jedoch den Krankenrücktransport und erlitt auf der somit selbst organisierten

Rückreise erhebliche Belastungen und Strapazen, die andernfalls vermeidbar gewesen wären. Das Urteil gegen die Reisekrankenversicherung ist rechtskräftig.

Betrag: 2.000 € **Haftung: 100 %**
immVorb: – **MdE: –**

LG München I 16.5.2007 – 6 S 20960/06 = BeckRS 2008, 13561

3383

Persönlichkeitrechtsverletzung (hier: Unterbringung in einer nur knapp 9 qm2 kleinen Zelle, zusammen mit einem weiteren Häftling. Der Kl. hiel sich dort 23 h / Tag an insges. 157 Tagen auf).

Mann (Häftling). Der Kl. befand sich 171 Tage in U-Haft, davon die angegebene Zeit in der zu kleinen Zelle. Er begehrte „als Ausgleich der Verletzung der Menschenwürde" und des aus Art. 1 und Art. 2 Abs. 1 GG hergeleiteten allgemeinen Persönlichkeitsrechts ein Schmerzensgeld. Das OLG sah hierfür 2.000 EUR angemessen und berücksichtigte mindernd, die Genugtuung durch die mit dem Rechtsstreit „verbundene Publizität" der Umstände in der JVA. (vgl. auch unter Haftraum).

Betrag: 2.000 € **Haftung: 100 %**
immVorb: – **MdE: –**

OLG Karlsruhe 19.7.2005 – 12 U 300/04 = BeckRS 2005, 8296

3169

Persöhnlichkeitrechtsverletzung (hier: Verleumdung durch unwahre Behauptungen gegenüber dem Arbeitgeber des Klägers. Der Beklagte behauptete, der Kläger habe ihn über 10 Jahre hin belästigt und während angeblicher Krankmeldezeiten in seinem Garten gearbeitet).

Mann (Rentner). Die wahrheitswidrige Behauptung seines Nachbarn, er habe Pflasterarbeiten im Garten durchgeführt und sich hierfür bei seinem Arbeitgeber krank gemeldet, brachte dem Kläger ein Schmerzensgeld von 2.000 EUR ein, da das LG darin zutreffend eine Persönlichkeitsrechtsverletzung sah.

Betrag: 2.000 € **Haftung: 100 %**
immVorb: – **MdE: –**

LG Osnabrück 2.12.2003 – 10 O 2137/03 = BeckRS 2003, 154648

6631

Zur Entschädigung nach § 198 GVG wegen überlanger Verfahrensdauer / Verfahrensverzögerung (siehe dazu die unter „Einzelheiten" ausgeführten Anmerkungen).

Frau. [Anmerkung: Bei der Entschädigungszahlung nach dem GVG handele es sich zwar nicht um die Erfüllung eines Schmerzensgeldanspruchs; dennoch wurde diese Entscheidung hier mit aufgeführt, um die nachfolgend dargestellte Besonderheit hervorheben zu können. Denn anders als Schmerzensgeldzahlungen bzw. Entschädigungen wegen eines Schadens der nicht Vermögensschaden ist, gemäß § 253 Absatz 2 BGBG, sind für Hartz IV-Empfänger Entschädigungen nach § 198 GVG für den immateriellen Schaden wegen überlanger Verfahrensdauer nicht anrechnungsfrei. Vielmehr sind solche Entschädigung – worauf das LSG Niedersachen-Bremen mit seinem Urteil herausgestellt hat – bei der Bedürftigkeitsprüfung nach dem Recht der Grundsicherung für Arbeitsuchende als Einkommen sehr wohl anzurechnen, da es sich bei § 11a Abs. 2 SGB II um eine abschließende und einer Analogie nicht zugängliche Regelung handelt. Zu dieser Thematik auch BGH BeckRS 2022, 41221].

Betrag: 2.100 € **Haftung: 100 %**
immVorb: – **MdE: –**

LSG Niedersachsen-Bremen 26.11.2019 – L 11 AS 1044/18 = BeckRS 2019, 38300

3833

Persönlichkeitrechtsverletzung / Haftverhältnisse (hier: Unterbringung in Hafträumen, die pro Gefangener 5 qm^2 unterschreiten).

Mann. Menschenwürde / Haftunterbringung. Das OLG berechnete: „… Entschädigung für 66 Tage zu je 15,- EUR = 990,00 EUR und für 143 Tage zu je 10,- EUR = 1.430,00 EUR also insgesamt 2.420,00 EUR …" und gab dem Antrag auf Prozesskostenhilfe insofern statt, da eine entsprechende Klage „Aussicht auf Erfolg" habe. Es verweist insofern auf KG (OLG Report 2005, 813; OLG Karlsruhe NJW-RR 2005, 1267; OLG HH in OLG Report 2005, 306 sowie OLG München NJW 2007, 1986 und OLG Celle NJW 2003, 2463 in denen Beträge zwischen 20,-/Tag bis zu 100,-EUR / Tag zuerkannt wurden.

Betrag: 2.420 € **Haftung: 100 %**
immVorb: – **MdE: –**

OLG Bamberg 24.4.2008 – 11 W 85/07 = unveröffentlicht

7568

Zur Entschädigung nach § 198 GVG wegen überlanger Verfahrensdauer / Verfahrensverzögerung (siehe dazu die unter „Einzelheiten" ausgeführten Anmerkungen).

Die Kläger begehren eine Entschädigung wegen überlanger Dauer eines am 18. Mai 2020 begonnenen Gerichtsverfahrens vor dem Verwaltungsgericht Oldenburg. Auf die Verzögerungsrüge teilte das Verwaltungsgericht am 27.6.2022 mit, dass „noch deutlich ältere, umfangreiche Klageverfahren und zahlreiche Eilverfahren aus dem Ausländer- und Asylrecht" anhängig seien, teils aus den Jahren 2017 bis 2019. Diese seien vorrangig zu bearbeiten, sodass noch kein Termin für eine mündliche Verhandlung mitgeteilt werden könne. Das OVG führte dazu aus, dass die „durch die überlange Verfahrensdauer entstandenen immateriellen Nachteile … nicht dadurch in relevantem Umfang kompensiert [wurden], dass die Verfahrensdauer für die Kläger aufgrund der Ungewissheit des Ausgangs des Rechtsstreits und der Streichung von § 12 StAG durch das Gesetz zur Modernisierung des Staatsangehörigkeitsrechts auch Vorteile mit sich brachte" und begründete die Höhe der immateriellen Entschädigung wie folgt: „Jeder der Kläger ist danach in Höhe von jeweils 2.500,00 EUR (= 25 volle Monate unangemessener Verfahrensdauer x 100 EUR / Monat) zu entschädigen. Die Bemessung des immateriellen Nachteils richtet sich nach § 198 Abs. 2 Satz 3 GVG. Danach ist der immaterielle Nachteil in der Regel in Höhe von 1.200,00 EUR für jedes Jahr der Verzögerung zu entschädigen. Für Zeiträume unter einem Jahr lässt diese Regelung eine zeitanteilige, aber höchstens monatliche Berechnung zu (vgl. Niedersächsisches OVG, Gerichtsbescheid v. 24.6.2016 – 21 F 1/16 … [ergänze: = BeckRS 2016, 48252]). Nach § 198 Abs. 2 Satz 4 GVG kann das Gericht einen höheren oder niedrigeren Betrag festsetzen, wenn der Betrag von hier 2.500 EUR nach den Umständen des Einzelfalles unbillig ist. Eine solche Unbilligkeit erachtet der Senat hier nicht für gegeben." [vgl. dazu → Nr. 7567 sowie im Handbuch → Rn. 370 und im Tabellenteil die weiteren Urteile der Nummern → Nr. 7444, → Nr. 7443, → Nr. 7442, → Nr. 7086 sowie → Nr. 6631 und → Nr. 4625].

Betrag: 2.500 € **Haftung: 100 %**
immVorb: – **MdE: –**

OVG Lüneburg 13.1.2025 – 13 FEK 309/22 = BeckRS 2025, 343

7211

Persönlichkeitsrechtsverletzung wegen 25 Monate unangemessener Verfahrensdauer.

Mann. Der Kläger begehrt eine Entschädigung wegen unangemessener Dauer eines Gerichtsverfahrens betr. seines Antrags auf Verlängerung seiner Aufenthaltserlaubnis sowie über seinen Antrag auf Erteilung eines Reiseausweises für Ausländer. Das LG sah die Klage als begründet an und führte aus, der Kläger habe gegen den Beklagten einen Anspruch auf Zahlung einer Entschädigung nach § 173 Satz 2 VwGO in Verbindung mit § 198 Abs. 1 GVG in Höhe von 2.500 EUR wegen einer unangemessenen Verfahrensdauer hinsichtlich des Zeitraums von Ende Februar 2021 bis Ende März 2023. Mit Verweis auf die Rspr. des BVerwG (NJW 2014, 96), ist die Verfahrensdauer unangemessen im Sinne von § 198 Abs. 1 Satz 1 GVG, „wenn eine insbesondere an den Merkmalen des § 198 Abs. 1 Satz 2 GVG ausgerichtete Gewichtung und Abwägung aller bedeutsamen Umstände des Einzelfalles ergibt, dass die aus konventions- und verfassungsrechtlichen Normen folgende Verpflichtung des Staates, Gerichtsverfahren in angemessener Zeit zum Abschluss zu bringen, verletzt ist“, so das OVG. Zur Bemessung des immateriellen Nachteils wies das OVG auf § 198 Abs. 2 Satz 3 GVG hin, wonach der immaterielle Nachteil in der Regel in Höhe von 1.200 EUR für jedes Jahr der Verzögerung zu entschädigen ist. Für Zeiträume unter einem Jahr lasse diese Regelung eine zeitanteilige, monatliche Berechnung zu und gemäß § 198 Abs. 2 Satz 4 GVG könne das Gericht auch einen höheren oder niedrigeren Betrag festsetzen, wenn der Betrag von 1.200 EUR nach den Umständen des Einzelfalles unbillig ist. Eine solche Unbilligkeit erachtet der Senat jedoch im konkreten Falle nicht für gegeben.

Betrag: 2.500 € **Haftung: 100 %**
immVorb: – **MdE: –**

OVG Lüneburg 25.5.2023 – 13 FEK 484/21 = BeckRS 2023, 12825

5361

Persönlichkeitsrechtsverletzung (hier: Rechtliche Verantwortung und Haftung für Postings, die unter dem Facebook-Account des Beklagten auf einer – vom Kläger eingerichteten öffentlichen – Pinnwand von Dritten missbräuchlich genutzt worden waren.)

Die Parteien stritten um sogenannte Postings, die unter dem Facebook-Account des Beklagten auf einer – vom Kläger eingerichteten öffentlichen – Pinnwand bei Facebook zur Bewerbung der vom Kläger veranstalteten gewerblichen Veranstaltung veröffentlicht worden waren. Insoweit komme – so das OLG – vor allem dem Umstand besonderes Gewicht zu, dass der Kläger davon ausgehen muss, dass der Inhalt des Postings gerade Mitgliedern der persischen Gemeinde im … zur Kenntnis gelangt ist und zudem (hinsichtlich des Inhalts der Postings), dass dass Homosexualität im Iran gesellschaftlich tabuisiert und homosexuelle Handlungen strafbar sind. Hinsichtlich der Haftung des Beklagten verwies das OLG auf die sog. „Halzband-Entscheidung“ des BGH (BGH ZUM-RD 2009, 310), in welcher der BGH festgestellt hatte, dass „der private Inhaber eines Mitgliedskontos bei eBay, der seine Zugangsdaten nicht hinreichend vor fremdem Zugriff gesichert hat, sich so behandeln lassen, als habe er selbst gehandelt, wenn ein Dritter an die Zugangsdaten dieses Mitgliedskontos gelangt ist und es zu Schutzrechtsverletzungen und Wettbewerbsverstößen benutzt, ohne dass der Kontoinhaber dies veranlasst oder geduldet hat“. Entsprechend – so das OLG – verhalte es sich mit einem Mitgliedskonto bei Facebook.

Betrag: 3.000 € **Haftung: –**
immVorb: – **MdE: –**

OLG Frankfurt a. M. 21.7.2016 – 16 U 233/15 = BeckRS 2016, 14732

4844

Verbot der Verteilung eines Flugblatts vor einer Bürgermeisterwahl.

Mann (Bürgermeisterkandidat). Der Kläger und Beschwerdeführer hatte nach Durchlaufen des Deutschen Instanzenwegs den EGMR angerufen und dort – wegen des Verstoßes gegen seine Meinungsfreiheit – Recht erhalten. Er hatte im Rahmen einer Bürgermeisterwahl im hessischen Amöneburg einen Gegenkandidaten auf Flugblättern in die Nähe von Neonazis gestellt, worauf die Dt. Justiz die Verteilung der Flugblätter untersagte. Dadurch sei er – so die Strassburger Richter – in seiner Meinungsfreiheit verletzt worden, denn die Grenzen der zulässigen Kritik gingen bei einem Politiker weiter als bei einer Privatperson und seien im konkreten Fall noch nicht überschritten.

Betrag: 3.000 € **Haftung: 100 %**
immVorb: – **MdE: –**

EGMR 17.4.2014 – 5709/09 = BeckRS 2014, 18034

4845

Persönlichkeitsrechtsverletzung / Verletzung der Meinungsfreiheit (Näheres siehe unter Einzelheiten).

Mann (Bürgermeisterkandidat). Der Kläger und Beschwerdeführer hatte nach Durchlaufen des Deutschen Instanzenwegs den EGMR angerufen und dort – wegen des Verstoßes gegen seine Meinungsfreiheit – Recht erhalten. Er hatte im Rahmen einer Bürgermeisterwahl im hessischen Amöneburg einen Gegenkandidaten auf Flugblättern in die Nähe von Neonazis gestellt, worauf die Dt. Justiz die Verteilung der Flugblätter untersagte. Dadurch sei er – so die Strassburger Richter – in seiner Meinungsfreiheit verletzt worden, denn die Grenzen der zulässigen Kritik gingen bei einem Politiker weiter als bei einer Privatperson und seien im konkreten Fall noch nicht überschritten.

Betrag: 3.000 € **Haftung: 100 %**
immVorb: – **MdE: –**

EGMR 17.4.2014 – 5709/09 = BeckRS 2014, 18034

4717

Persönlichkeitsrechtsverletzung / Verletzung der Menschenwürde durch Androhung „erheblicher Schmerzen“ durch Polizeibeamte, um den Aufenthaltsort eines entführten Kindes in Erfahrung zu bringen; hierdurch wurde die Erheblichkeitsschwelle des Art. EMRK Artikel 3 EMRK überschritten.

Mann (Strafgefangener). Unzulässige Vernehmungsmethoden. Laut Urteilsbegründung kam das Gericht zur Überzeugung, dass dem – inzwischen wegen Entführung und Tötung eines Kindes inhaftierten – Markus Gäfgen „bei seiner Vernehmung die Zufügung erheblicher Schmerzen angekündigt hat, falls er den Aufenthaltsort des entführten Jungen weiterhin verschweige“. Diese „Behandlung“ hat – so das OLG – „die Erheblichkeitsschwelle des Art. EMRK Artikel 3 EMRK überschritten … und durch die zwischenzeitlich ergangenen innerstaatlichen Entscheidungen keine genügende Kompensation erfahren“ weshalb die – vom OLG ausdrücklich als „gering“ bezeichnete – Entschädigung nicht zu beanstanden war.

Betrag: 3.000 € **Haftung: –**
immVorb: – **MdE: –**

OLG Frankfurt a. M. 10.10.2012 – 1 U 201/11 = BeckRS 2012, 21098

4416

Persönlichkeitrechtsverletzung (hier: Nicht autorisierte Gesprächsaufzeichnung und Ausstrahlung in einer Rundfunksendung. „Es handelte sich bei dem aufgezeichneten und schließlich von der Bekl. ausgestrahlten Gespräch um Äußerungen des Kl. über seine Person im Rahmen eines gruppentherapeutischen Anti-Aggressionstrainings. Die Teilnahme an einem solchen Übungsprogramm war dem als Jugendlichen straffällig gewordenen Kl. als Bewährungsauflage vom Jugendgericht aufgegeben worden", so das OLG.

Mann (junger Strafgefangener). „Für eine Persönlichkeitsrechtsverletzung kann nur dann eine Geldentschädigung zugebilligt werden, wenn die eigentlichen Rechtsbehelfe Gegendarstellung, Widerruf und Unterlassung die Verletzungsfolgen nicht auffangen, weil eine schwerwiegende Verletzung vorliegt. Dies ist regelmäßig der Fall, wenn über die Persönlichkeit an ihrer Basis verfügt wird, z.B. durch Ausstrahlung der Tonbandaufzeichnung einer gruppentherapeutischen Sitzung im Rundfunk", so das OLG.

Betrag: 3.000 € **Haftung: 100 %**
immVorb: – **MdE: –**

OLG Karlsruhe 11.2.2002 – 6 U 135/02 = NJW-RR 2003, 410

7567

Zur Entschädigung nach § 198 GVG wegen überlanger Verfahrensdauer / Verfahrensverzögerung (siehe dazu die unter „Einzelheiten" ausgeführten Anmerkungen).

Mann. Der Kläger begehrte eine immaterielle Entschädigung wegen überlanger Verfahrensdauer eines Gerichtsverfahrens vor dem Verwaltungsgericht Oldenburg in Bezug auf einen im Nov. 2018 von ihm gegenüber der Stadt Oldenburg gestellten Antrag auf Erteilung einer Aufenthaltserlaubnis. Insofern hatte das VG in der Verfügung seines Berichterstatters vom 14. Juli 2022 darauf verwiesen, gegenwärtig und in absehbarer Zeit stehe das Ausgangsverfahren nicht zur Entscheidung an, da in dem von ihm geführten Dezernat ältere Klageverfahren anhängig seien und die Kammer mit zahlreichen, oftmals abschiebungsrelevanten Eilverfahren im Asyl- und Ausländerrecht belastet sei. Das OVG führte dazu in seinem Beschluss aus: Nach § 198 Abs. 1 GVG wird angemessen entschädigt, wer infolge unangemessener Dauer eines Gerichtsverfahrens als Verfahrensbeteiligter einen Nachteil erleidet. ... Die Verfahrensdauer ist unangemessen im Sinne von § 198 Abs. 1 Satz 1 GVG, wenn eine insbesondere an den Merkmalen des § 198 Abs. 1 Satz 2 GVG ausgerichtete Gewichtung und Abwägung aller bedeutsamen Umstände des Einzelfalles ergibt, dass die aus konventions- und verfassungsrechtlichen Normen folgende Verpflichtung des Staates, Gerichtsverfahren in angemessener Zeit zum Abschluss zu bringen, verletzt ist. ... Der Verweis des Berichterstatters des VG auf die erhebliche Belastung des VG, führt – so das OVG – „für den hier zu beurteilenden Entschädigungsanspruch nach § 198 GVG nicht zu einer Rechtfertigung der Verfahrensverzögerung. Denn es wäre entweder Aufgabe des Präsidiums gewesen, die zuständige Kammer zu entlasten, oder – bei einer Überlastung des gesamten Gerichts – Aufgabe des Beklagten, zusätzliche Richter einzustellen. Derartige strukturelle Mängel muss sich, wie oben dargestellt, der Staat zurechnen lassen (vgl. Senatsurt. v. 14.4.2021 – 13 F 73/20 –, NJW 2021, 2525, 2529 ...)." Zur Bemessung führte das OVG aus: „Durch die Verzögerung von 35 Monaten hat der Kläger als Verfahrensbeteiligter des Ausgangsverfahrens vor dem Verwaltungsgericht Oldenburg einen immateriellen Nachteil erlitten, der durch eine Entschädigungszahlung in Höhe von 3.500 EUR wiedergutzumachen ist." [vgl. dazu auch im Handbuch → Rn. 370 sowie im Tabellenteil die Urteile der Nummern → Nr. 7444, → Nr. 7443, → Nr. 7442, → Nr. 7086 sowie → Nr. 6631 und → Nr. 4625].

Betrag: 3.500 € **Haftung: 100 %**
immVorb: – **MdE: –**

OVG Lüneburg 13.1.2025 – 13 FEK 154/22 = BeckRS 2025, 344

7902

Persönlichkeitsrechtsverletzung wegen „unangemessener Verfahrensverzögerung von 38 Monaten" eines Insolvenzanfechtungsprozesses.

Mann (Insolvenzverwalter). Das OLG Brandenburg betonte zunächst, dass der Insolvenzverwalter gemäß § 198 Abs. 6 Nr. 2 GVG „als Partei Kraft Amtes" aktivlegitimiert und die Klage somit zulässig ist. Hinsichtlich der Bemessung des immateriellen Schadensersatzes verwies das OLG auf die Regelung des § 198 Abs. 2 GVG wonach insofern grundsätzlich ein Betrag von 100 EUR / Monat unangemessener Verzögerung festzusetzen ist, sofern keine besonderen Umstände eine Abweichung rechtfertigen. Da im vorliegenden Fall eine unangemessene Verfahrensverzögerung von 38 Monaten festgestellt und eine Erhöhung dieses Pauschalsatzes mangels besonderer tatsächlicher oder rechtlicher Umstände – insofern erfolgte seitens des OLG eine sehr ausführliche Begründung – abgelehnt worden war, blieb es letztendlich bei einem Betrag von 3.800 EUR.

Betrag: 3.800 € **Haftung: 100 %**
immVorb: – **MdE: –**

OLG Brandenburg 18.3.2026 – 11 EK 11/25 = BeckRS 2026, 4348

7079

Persönlichkeitsrechtsverletzung wegen Datenverarbeitungen ohne Erlaubnistatbestand in Form von unberechtigt erfasstem negativen Schufa-Eintrag, durch welchen Beklagte den Kläger „bloßgestellt" hat.

Mann. Eine nicht von den Bestimmungen des zum Zeitpunkt des Negativeintrags (SCHUFA-Eintragung) insoweit noch maßgeblichen § 28a BDSG (Art. 6 Abs. 1 Buchst. f DS-GVO iVm § 31 BDSG nF gilt gemäß deren Art. 99 Abs. 2 ab dem 25.5.2018) gedeckte Übermittlung personenbezogener Daten stellt eine Verletzung des allgemeinen Persönlichkeitsrechts dar, das als sonstiges Recht im Sinne des § 823 Abs. 1 BGB Schutz genießt (BGH BeckRS 1983, 932). Soweit der Kläger mithin in seinem Persönlichkeitsrecht verletzt ist, bedarf es keiner Feststellung, dass es sich dabei um eine schwerwiegende handelt, denn anders – so das LG mit Verweis auf BeckOK DatenschutzR / Quaas, 38. Ed. 1.11.2021, DS-GVO Art. 82 Rn. 32 – als für die Zubilligung eines Schmerzensgeldes nach §§ 823 Abs. 1, 249, 253 BGB, Art. 1 und 2 GG wird eine solche von Art. 82 GG nicht vorausgesetzt. Bei der Bemessung berücksichtigte das LG den mit zwei Jahren langen Zeitraum der Einträge sowie die Besonderheit, dass die Einträge auch in einen Zeitraum fielen, „der aufgrund der Corona-Pandemie ohnehin für am Wirtschaftsleben Teilnehmende mit großen wirtschaftlichen Risiken und Probleme verbunden war, der Kläger war damit für die Folgen der Negativauskünfte in besonderem Maße anfällig". [Anmerkung: Vergleiche auch LG Lüneburg → Nr. 6819].

Betrag: 5.000 € **Haftung: 100 %**
immVorb: – **MdE: –**

LG Hannover 14.2.2022 – 13 O 129/21 = BeckRS 2022, 2763

6314

Persönlichkeitsrechtsverletzung durch ungerechtfertigte und eigenmächtige Räumung der vom Kläger bewohnten Wohnung durch den Vermieter.

Mann. Zwangsräumung. Hierdurch sei, so das AG, in rechtswidriger Weise in den höchstpersönlichen und besonders geschützten Lebensbereich des Klägers eingegriffen worden, zumal der Kläger „30 Jahre seines Lebens" in der Wohnung gelebt hatte.Schließlich schützt Art. 13 GG die Unverletzlichkeit der Wohnung. Zudem war dem Kläger nach wochenlanger schwerer Krankheit der Ort für seine Rekonvaleszenz genommen. Er hatte nicht einmal einen Schlafplatz und war zunächst obdachlos. Zudem sind ihm persönliche Gegenstände und Erinnerungsstücke abhandengekommen, die bei jedem Menschen einen Teil der Persönlichkeit und Vergangenheit ausmachen. Schließlich hat das Gericht bei der Bemessung des Schmerzensgeldes auch das Verhalten des Beklagten gegenüber dem Kläger nach der Schadenszufügung berücksichtigt. Der Beklagte bereut sein rechtswidriges Handeln erkennbar nicht und zeigt keinerlei Unrechtsbewusstsein.

Betrag: 5.000 € **Haftung: 100 %**
immVorb: – **MdE: –**

AG Berlin-Schöneberg 14.8.2019 – 6 C 276/18 = BeckRS 2019, 23603

6555

Persönlichkeitrechtsverletzung (hier: Fehlgutachten und falscher Tatvorwurf des sexuellen Missbrauchs der eigenen Kinder mit dem damit einhergehenden „potentiell existenzbedrohenden Charakter" und den insofern „fast zwangsläufig" bestehenden „dementsprechenden körperlichen und seelischen Leiden".)

Mann. Der Kläger wurde von seiner ehemaligen Ehefrau mit der er zwei Kinder im Alter von damals 9 und 7 Jahren hatte wegen des Vorwurfs des sexuellen Missbrauchs der beiden Kinder angezeigt und wurde drei Jahre später insofern vom LG Karlsruhe freigesprochen. Die Beklagte, eine Diplompsychologin, war insofern von der Staatsanwaltschaft Karlsruhe mit der Erstellung eines aussagepsychologischen Sachverständigengutachtens beauftragt worden. Damit sah das AG Heidelberg wegen des Fehlgutachtens zutreffend den Anwendungsbereich des § 839a BGB als eröffnet an und sprach dem Kläger 5.000 EUR Schmerzensgeld zu, da die Beklagte „grob fahrlässig ein unrichtiges Gutachten erstattet" habe. „Bei der Bemessung der Schmerzensgeldhöhe ist aus Sicht des Gerichts insbesondere die Dauer des Zeitraums der Beschwerden des Klägers von circa 1 Jahr zu berücksichtigen. Weiterhin muss insofern gesehen werden, dass der Kläger mit einem – auch in Bezug auf seine familiären und sozialen Auswirkungen – sehr schwerwiegenden Tatvorwurf konfrontiert war. Es liegt insofern für das Gericht auf der Hand, dass der falsche Tatvorwurf des sexuellen Missbrauchs des eigenen Kindes einen potentiell existenzbedrohenden Charakter haben kann und fast zwangsläufig mit dementsprechendem körperlichen und seelischen Leiden verbunden ist", so das AG. [Anmerkung: Das Urteil ist noch nicht rechtskräftig. Das LG Heidelberg hat die Klage abgewiesen. Die Revision des Klägers hatte Erfolg und führte zur Aufhebung und Zurückverweisung an das Berufungsgericht – siehe insofern BGH BeckRS 2019, 28298].

Betrag: 5.000 € **Haftung: 100 %**
immVorb: – **MdE: –**

AG Heidelberg 30.8.2017 – 28 C 79/15 = BeckRS 2017, 158773

3881

Persönlichkeitsrechtsverletzung (hier: Falsche Verdächtigung auf der Basis einer Fehldiagnose seitens eines Arztes, der im Auftrag des Jugendamtes München beauftragt worden war, über die Verletzungsursache eines Kleinkindes zu befinden. Er kam zu dem Ergebnis der Misshandlung des Kindes durch dessen Eltern. Das Kind wurde den Eltern deshalb entzogen und kehrte erst nach 4 Wochen zu diesen zurück. Die Eltern waren jedoch unschuldig.

Mann. Der Vater wurde irrtümlich verdächtigt, seine vierjährige Tochter misshandelt zu habe. Das LG sprach dem Kind 10.000,- EUR und den Eltern je 5.000,- EUR zu. Berücksichtigt wurde dabei nicht nur das Leiden des Kindes sondern auch die erheblichen psychischen Beeinträchtigungen der Eltern (der Vater drohte mit Suizid und wurde in die Psychiatrie eingewiesen). [Siehe auch → Nr. 6489].

Betrag: 5.000 € **Haftung: 100 %**
immVorb: – **MdE: –**

LG München I 7.1.2009 – 9 O 20622/06 = BeckRS 2009, 26049

3696

Persönlichkeitrechtsverletzung (hier: Offenlegung der eigenen Homosexualität gegen den Willen des Klägers durch die Veröffentlichung eines Fotos, welches den Kläger auf offener Straße in „inniger Umarmung" mit einem Mann zeigt. Das Foto trug die Überschrift: „So leben die Schwule und Lesben in …".

Mann. Das LG wertete die Bildveröffentlichung mit der die Homosexualität des Klägers sowohl dessen Eltern als auch in der gesamten Stadt bekannt wurde als einen schwerwiegenden Eingriff in das allgemeine Persönlichkeitsrecht des Klägers.

Betrag: 5.000 € **Haftung: 100 %**
immVorb: – **MdE: –**

LG München I 21.7.2005 – 7 O 4742/05 = unveröffentlicht

3253

Persönlichkeitsrechtsverletzung / Homepagepiraterie (hier: unzulässige Kopie von mindestens 17 vom Kl. verfassten juristischen Beiträgen. Der Beklagte kopierte diese daten inhaltlich und auch vom Layout her identisch in seine eigene Homepage).

Mann (Rechtsanwalt). Homepagepiraterie. „Für einen solch schwerwiegenden Eingriff ist ein Ausgleich durch Schmerzensgeld als Genugtuung zu schaffen, der durch Unterlassung, Gegendarstellung, Widerruf oder auf andere Weise nicht oder nicht in ausreichender Weise erreicht werden. Dies gilt insbesondere dann, wenn Beiträge aufgrund besonderer Sachkenntnis eine besondere Werbewirksamkeit als Rechtsanwalt enthalten."

Betrag: 5.100 € **Haftung: 100 %**
immVorb: – **MdE: –**

OLG Frankfurt a. M. 4.5.2004 – 11 U 11/03 = BeckRS 2004, 18485

7774

Persönlichkeitsrechtsverletzung und erhebliche psychische Belastungen in Form von „Stress, Angstzuständen und einem massiven Eingriff in ihre Privatsphäre". Die Beklagte hatte über die Transfrau berichtet, nachdem diese – wegen der Zurückweisung ihres Antrags auf Mitgliedschaft in einem Fitnessstudio – die Antidiskriminierungsstelle des Bundes eingeschaltet hatte. Die Artikeln der Beklagten, dem Onlinemedium NiuS, waren in Onlinemedien und auf Social Media zum Teil unter Nennung des vollständigen Namens und mit Fotos der Frau, die zwar verpixelt waren, aber sie dennoch für mit ihr vertraute Personen erkennen ließen, veröffentlicht worden.

Frau / Transfrau. Das LG wertete es zutreffend als eine „Herabwürdigung und Kränkung", dass die Beklagte, das Medienportal NiuS, die Klägerin als Transfrau in ihren Onlineartikeln mehrfach als „Herr Transfrau", „Herrn in Damenkleidung" oder nur als „Mann" bezeichnet hatte und somit deren rechtlich anerkannte geschlechtliche Identität nicht nur nicht anerkannt, sondern sich insofern nicht auf die bloße Feststellung des biologischen Geschlechts beschränkt habe und damit auf „eine Herabwürdigung und Kränkung" abgezielt habe. Hinsichtlich der Fotos betonte das LG den Verstoß gegen §§ 22, 23 KUG, da diese ohne Zustimmung der Klägerin veröffentlicht worden waren und dabei die Verpixelung nicht ausreichend gewesen sei, um die Klägerin unkenntlich zu machen. Bei dieser so das LG – handele es sich zudem nicht um eine Person der Zeitgeschichte, sodass sie die Bebilderung nicht hinnehmen müsse. Zudem betonte das LG, dass es der Beklagten in deren Artikeln nicht abstrakt um Transpersonen und Transrechte im Allgemeinen gegangen sei; vielmehr habe sie „einer konkreten Person ihre geschlechtliche Identität abgesprochen". Schwerwiegend sei dabei auch die Tatsache, dass die Beklagte die Klägerin „weltweit abrufbar im Internet als Transperson geoutet und dies "zum Zwecke der persönlichen Anprangerung ausgeschlachtet habe. Bei der Schmerzensgeldbemessung bzw. der Bemessung des immateriellen Schadensersatzes berücksichtigte das LG dies sowie zudem die besondere „Hartnäckigkeit" der Berichterstattung in „nicht weniger als sieben Online-Veröffentlichungen".

Betrag: 6.000 € **Haftung: 100 %**
immVorb: – **MdE: –**

LG Frankfurt a. M. 10.7.2025 – 2-03 O 129/25 = BeckRS 2025, 38429

7443

Zur Entschädigung nach § 198 GVG wegen überlanger Verfahrensdauer / Verfahrensverzögerung (siehe dazu die unter „Einzelheiten" ausgeführten Anmerkungen).

Der Kläger begehrte eine Entschädigung wegen unangemessener Dauer eines Gerichtsverfahrens im Zusammenhang mit der Rückerstattung der Ausbildungsförderung, die er für sein Studium erhalten hatte. Er habe über mehr als fünf Jahre mit der erheblichen Unsicherheit leben müssen, einer für seine Verhältnisse existenzbedrohlichen Forderung von über 17.000 EUR ausgesetzt zu sein. Das VG habe den Rechtsstreit ohne Weiteres innerhalb von ungefähr 20 Monaten entscheiden können. Das OVG Berlin-Brandenburg hatte dem Kläger insofern 4.000 EUR zuerkannt. Das BVerwG erhöhte diesen Betrag um 2.000 EUR auf insgesamt 6.000 EUR. Dabei betonte das BVerwG, dass der Gesetzgeber sich „mit der gesetzlichen Festlegung, dass sich die Angemessenheit der Verfahrensdauer nach den Umständen des Einzelfalls richtet (§ 198 I 2 GVG)" und dabei „bewusst von der Einführung bestimmter Grenzwerte für die Dauer unterschiedlicher Verfahrenstypen abgesehen" habe. Entscheidend seien vielmehr stets die Umstände des Einzelfalls unter Berücksichtigung der Komplexität des Falls, des Verhaltens des Beschwerdeführers und der zuständigen Behörden sowie der Bedeutung des Rechtsstreits für den Beschwerdeführenden. Im konkreten Falle sah das BVerwG eine nicht gerechtfertigte Verzögerung des Gerichtsverfahrens von etwa fünf Jahren als gegeben an, da das VG sich in diesem Zeitraum auf ein „Liegenlassen" der Akte beschränkt habe. Der Kl. habe dadurch einen immateriellen Nachteil in der von ihm geltend gemachten Höhe erlitten, der nicht auf andere Weise wieder gutgemacht werden kann. Die Bemessung der immateriellen Nachteile richtet sich nach § 198 II 3 GVG. Danach sind diese in der Regel in Höhe von 1200 Euro für jedes Jahr der Verzögerung zu entschädigen. [Anmerkung: Zur Verzögerung durch Erkrankung eines Richters siehe BVerwG BeckRS 2013, 56027].

Betrag: 6.000 € **Haftung: 100 %**
immVorb: – **MdE: –**

BVerwG 11.7.2013 – 5 C 23/12 D = BeckRS 2013, 55758

4418

Unterlassene Aufklärung über die Möglichkeit einer Samenspende: Chemotherapie wegen Hodentumor führte zur Zeugungsunfähigkeit. Es wurde allerdings keine prächemotherapeutische Samenspende abgegeben).

Mann. Arzthaftung (Aufklärungspflichtverletzung). „Vor Beginn der Chemotherapie bei einem männlichen Patienten wegen eines Hodentumors, welche die Unfruchtbarkeit des Patienten zur Folge haben kann, muss ärztlicherseits auf die Möglichkeit der Erhaltung der externen Zeugungsfähigkeit durch Abgabe einer Samenspende hingewiesen werden, die eingefroren und konserviert wird (so genannte Kryokonservierung)" Zitat: Beck-online LSK 2003, 020564).

Betrag: 7.500 € **Haftung: 100 %**
immVorb: – **MdE: –**

OLG Frankfurt a. M. 26.4.2002 – 25 U 120/01 = BeckRS 2002, 30256563

2564

Persönlichkeitrechtsverletzung (hier: Fehlende, jedoch wegen der notwendigen lebenserhaltenden Operation nicht kausale Aufklärung über Risiken und Folgen im Bezug auf „Ausräumung einer Fehlgeburt").

Frau. Arzthaftung. Die Aufklärungspflichtverletzung sei ein „Eingriff in [die] Persönlichkeit", auch wenn sie sich nicht kausal auswirkte!, so das OLG. [Lesenswert!]

Betrag: 7.669 € **Haftung: 100 %**
immVorb: – **MdE: –**

OLG Jena 3.12.1997 – 4 U 687/97 = BeckRS 1997, 11206

4632

Persönlichkeitrechtsverletzung wegen eines Presseartikels über den Selbstmord des Sohnes der Klägerin.

Frau. Das OLG wertete schmerzensgeldmindernd, dass die Beklagte in ihrer Presseberichterstattung kein Foto des Sohnes sondern nur ein älteres Foto von ihr aus der Zeit als Ministerin zeigte und sie nicht in einer konkreten Trauersituation, etwa am Grab des verstorbenen Sohnes gezeigt wurde und vorliegend nicht von einer rücksichtslosen Zwangskommerzialisierung ausgegangen werden könne, zumal die Klägerin zum Zeitpunkt der Herausgabe nicht mehr im Fokus des Zeitgeschehens stand, da sie keine Ministerin mehr war.

Betrag: 8.000 € **Haftung: 100 %**
immVorb: – **MdE: –**

OLG Dresden 12.7.2011 – 4 U 188/11 = BeckRS 2011, 28414

4420

Persönlichkeitrechtsverletzung (hier: Unberechtigter Verdacht von Straftaten und Dienstvergehen und deren unangemessene Kommunikation).

Mann (Polizeibeamter). „Es stellt eine Verletzung des allgemeinen Persönlichkeitsrecht eines Beamten dar, wenn bei dem Verdacht von Straftaten und Dienstvergehen dieser Verdacht den Mitarbeitern der Behörde gegenüber nicht sachlich und ausgewogen kommuniziert wird, sondern der Dienstvorgesetzte unter Verstoß gegen die Unschuldsvermutung zu erkennen gibt, dass die Vorwürfe seiner Meinung nach gerechtfertigt sind". (amtlicher Leitsatz)

Betrag: 8.000 € **Haftung: 100 %**
immVorb: – **MdE: –**

LG Frankfurt a. M. 7.3.2011 – 2-04 O 584/09 = BeckRS 2011, 6043

6951

Persönlichkeitsrechtsverletzung bei unzulässiger Verdachtsberichterstattung über Mord und andere schwerwiegende Kapitaldelikte.

Mann. Der Kläger forderte von der Beklagten Schmerzensgeld, da diese ihn – in einer Online- und Printausgabe über eine Mord und einen „Knieschuss" – mit diesen Taten in Zusammenhang gebracht hatte. Bei der Schmerzensgeldbemessung berücksichtigte das OLG, „dass der hier geäußerte Verdacht zumindest in Sachen des Knieschusses auf Herrn C zwar in gewissem Maß noch zum früheren Image des Klägers und seinem öffentlichen Selbstverständnis gepasst haben könnte, dies aber keinesfalls mehr für die ihn gleichsam als möglich unterstellte Beteiligung an der Erschießung des Herrn B gelten würde. Jedenfalls insofern liegt eine über das jedenfalls frühere „Kiez-Halbwelt-Image" des Klägers doch weit hinausreichende Beeinträchtigung vor. Selbst wenn man in Sachen des Knieschusses den vorstehend angesprochenen Aspekt noch zu Lasten des Klägers in der Abwägung durchgreifen lassen und so den Anspruch insofern etwas mindern würde, bleibt jedenfalls für die weiteren (schwereren) Vorwürfe ein Bedürfnis nach einer Geldentschädigung bestehen". Vor diesem Hintergrund sah das OLG 10.000 EUR als erforderlich, aber auch angemessen, die hier erlittene Beeinträchtigung des Klägers auszugleichen, an.

Betrag: 10.000 € **Haftung: 100 %**
immVorb: – **MdE: –**

OLG Köln 26.11.2020 – 15 U 39/20 = GRUR-RS 2020, 38050

6605

Persönlichkeitrechtsverletzung in Form der Verletzung der Urheberpersönlichkeitsrechte der Kläger wegen der Zerstörung eines Kunstwerkes in Form einer Entstellung einer von der Kl. zu 1 gestalteten Brunneninstallation und einer vom Kl. zu 2 gestalteten Sterninstallation in einer von der Bekl. zu 1 betriebenen Schwarzlicht-Minigolfanlage.

Frau (Künstlerin). Das KG sah eine – in der Vernichtung der Werke liegende – schwerwiegende Verletzung ihrer Urheberpersönlichkeitsrechte gegeben, die „nur durch Geldentschädigungen ausgeglichen werden" könne. „Durch die Zerstörung der nur in diesen beiden Werkoriginalen existenten Installationen wurden die geistigen und persönlichen Interessen der Kl., durch die Werke auf den kulturellen oder gesellschaftlichen Kommunikationsprozess einzuwirken und im Werk fortzuleben, beeinträchtigt; das geistige Band zwischen ihnen als Urhebern und ihrem jeweiligen Werk wurde durchschnitten". „Bei deren Bemessung hat der Senat berücksichtigt, dass die Kl. ihre enge Verbundenheit mit ihren Werken gegenüber den Bekl. zuvor (die Kl. zu 1 sogar durch einstweiliges Verfügungsverfahren gegen die Bekl. zu 1 deutlich zum Ausdruck gebracht hatten. Die Bekl. hatten daher Anlass, vor einer beabsichtigten Entfernung der Werke mit ihnen Kontakt aufzunehmen und ihnen Gelegenheit zu geben, diese selbst durchzuführen. Dies haben sie nach dem Ergebnis der vom Senat durchgeführten Beweisaufnahme jedoch bewusst nicht getan". Das KG sprach daher der Klägerin 14.000 EUR und ihrem Partner 10.000 EUR zu. Vgl. hierzu auch oben → Rn. 188.

Betrag: 10.000 € **Haftung: 100 %**
immVorb: – **MdE: –**

KG 16.12.2019 – 24 U 173/15 = BeckRS 2019, 34211

5953

Persönlichkeitrechtsverletzung (hier: Unterbringung eines Häftlings in Sicherheitszelle ohne Bekleidung).

Mann (Häftling). „Der Gerichtshof nimmt aber das Vorbringen der Regierung zur Kenntnis, es sei gängige Praxis gewesen, Häftlinge ohne Kleidung in dieser Art von Zellen unterzubringen, um sie vor Selbstverletzungen zu schützen, solange ihr Erregungszustand andauerte. Außerdem hat der Anstaltspfarrer, der den Bf. drei Tage nach seiner Unterbringung in der Sicherheitszelle kurz aufsuchte, in seiner Erklärung, die das LG Gießen in seiner Entscheidung vom 8.4.2004 wiedergegeben hat, berichtet, der Bf. sei in einem sehr erregten Zustand und nackt gewesen. … Angesichts all dessen mag die Unterbringung des Bf. in der Sicherheitszelle über sieben Tage unter den gegebenen Umständen gerechtfertigt gewesen sein. Doch hat die Regierung keine ausreichenden Gründe vorgetragen, die eine so harte Behandlung rechtfertigen könnten, wie es die Wegnahme der Kleider des Bf. während seines gesamten Aufenthalts in der Sicherheitszelle war. Der Bf. ist damit unter Verstoß gegen Artikel 3 EMRK unmenschlich und erniedrigend behandelt worden. Insofern ist Artikel 3 EMRK verletzt", so der EGMR.

Betrag: 10.000 € **Haftung: 100 %**
immVorb: – **MdE: –**

EGMR 7.7.2011 – 20999/05 = BeckRS 2012, 12049

6489

Persönlichkeitrechtsverletzung (hier: Falsche Verdächtigung des Kindesmissbrauchs der eigenen Tochter, die daraufhin für „knapp einen Monat" in einer Kinderklinik untergebracht wurde).

4j. Kind (Mädchen). Die Kläger trugen vor, die Diagnose „Verdacht auf Kindesmisshandlung" sei voreilig und falsch diagnostiziert worden. Es hätten hierfür keine Anhaltspunkte vorgelegen. Weder die Familienanamnese noch eine ärztlichen Befunde hätten eine solche Diagnose gestützt. Die Verletzungen seien mit der Unfallschilderung in Einklang zu bringen gewesen. Die gesamte Familie sei schwer traumatisiert worden. Zutreffend führte das LG aus: „In diesem Alter ist die zwangsweise Unterbringung und eine damit verbundene zwangsweise Trennung von den Eltern mit das Schlimmste, was einem Kind aus dessen Sicht widerfahren kann. Die Zeitdauer von knapp einem Monat war auch nicht unerheblich, so dass die Kammer zu dem ausgeurteilten Schmerzensgeldbetrag kommt". [Anmerkung: Zum Schmerzensgeld, das dem irrtümlich als Täter verdächtigten Vater zugesprochen worden war, siehe → Nr. 3381].

Betrag: 10.000 € **Haftung: 100 %**
immVorb: – **MdE: –**

LG München I 7.1.2009 – 9 O 20622/06 = BeckRS 2009, 26049

3776

Persönlichkeitsrechtsverletzung wegen rechtswidriger Beschneidung eines Jungen wegen einer Vorhautverengung (Phimose)

12j. Junge. Schmerzensgeld für Jungen wegen Beschneidung wegen einer Vorhautverengung (Phimose): Das OLG hatte als Prozesskostenhilfeinstanz dem PKH-Anspruch des zwölfjährigen Jungen muslimischer Religionszugehörigkeit auf 10.000 EUR Schmerzensgeldklage gegen den behandelnden Arzt (AG. zu 1) sowie auch gegen seinen Vater, einen „streng gläubigen Moslem“, (AG. zu 2) stattgegeben, weil ihm ein solcher Anspruch wegen der Persönlichkeitsrechtsverletzung infolge der unzulässigen Beschneidung (der Vater war nicht Inhaber des Sorgerechts!) zustehen könne. „Veranlasst der nicht sorgeberechtigte Vater ohne Zustimmung der sorgeberechtigten Mutter die Beschneidung eines noch nicht einwilligungsfähigen Kindes, so liegt darin eine Verletzung des allgemeinen Persönlichkeitsrechts des Kindes, die schon wegen der Genugtuungsfunktion einen Schmerzensgeldanspruch des Kindes begründet“, so das OLG. Bei der Schmerzensgeldbemessung, so das OLG weiter, können auch die durch die Beschneidung verursachte „Andersartigkeit“, unter der der Kläger leidet, erhöhend herangezogen werden, sofern dazu Näheres dargelegt bzw. vorgetragen werde.

Betrag: 10.000 € **Haftung: 100 %**
immVorb: – **MdE: –**

OLG Frankfurt a. M. 21.8.2007 – 4 W 12/07 = BeckRS 2007, 15027

7064

Persönlichkeitsrechtsverletzung wegen Verletzung des Rechts auf freie Meinungsäußerung im Zusammenhang mit der Herausgabe eines Kinderbuchs mit Geschichten über gleichgeschlechtliche Beziehungen.

Frau (Mutter der verstorbenen Kinderbuchautorin). Die inzwischen verstorbene Tochter der Klägerin hatte ein Märchenbuch für neun- bis zehnjährige Kinder geschrieben, bei dem – angelehnt an traditionelle Märchenbücher – ua Themen wie unterschiedliche Hautfarben, Behinderungen, Scheidung der Eltern oder Migration aber auch Geschichten von gleichgeschlechtlichen Beziehungen behandelt werden. Die litauische Aufsichtsbehörde entschied, dass diese beiden Märchen negative Auswirkungen auf Minderjährige hätten, stoppte den Verkauf und veranlasste, dass das Buch mit einem Warnhinweis versehen wurde, da es für unter 14-Jährige gefährlich sei. Dagegen klagte die Autorin und bekam vor dem EGMR Recht. Anders als die litauische Aufsichtsbehörde behauptete, würden – so der EGMR – in den Märchen lesbische oder homosexuelle Paare gegenüber anderen Paaren nicht herausgehoben dargestellt. Kindern dürfe zudem der Zugang zu Informationen über gleichgeschlechtliche Beziehungen nicht auf diese Weise verwehrt werden. (Anmerkung: Nach Angaben des EGMR ist dies der erste Fall vor dem EGMR, in welchem es um Beschränkungen für Kinderbücher über gleichgeschlechtliche Beziehungen geht.)

Betrag: 12.000 € **Haftung: 100 %**
immVorb: – **MdE: –**

EGMR 23.1.2023 – 61435/19 = BeckRS 2023, 342

4423

Persönlichkeitrechtsverletzung (Hier: Weitergabe eines ärztlichen Attests durch den Chefarzt einer Psychatrie an die Ehefrau des Klägers).

Mann. [Anmerkung: Das OLG führte aus: „Das Persönlichkeitsrecht schützt die Autonomie der Person und so auch das Recht eines jeden Patienten auf Bestimmung darüber, welche Informationen über persönliche Lebenssachverhalte Dritten offenbart werden dürfen. Die ohne Einwilligung und Auftrag des Patienten erfolgte Zusendung eines ärztlichen Attestes an Dritte, auch an die Ehefrau, verletzt den Patienten in seinem Recht auf Selbstbestimmung und dem Recht zu entscheiden, wer über seinen Gesundheitszustand informiert wird.“ (Zitat: Beck-online LSK 2010, 430683)

Betrag: 15.000 € **Haftung: 100 %**
immVorb: – **MdE: –**

OLG München 4.2.2010 – 1 U 4650/08 = BeckRS 2010, 8711

7261

Persönlichkeitsrechtsverletzung, schwere (hier: Verletzung des allgemeinen Persönlichkeitsrechts durch Aufdeckung der Identität eines Missbrauchsopfers.)

Frau (Kirchliche Angestellte). Die Klägerin hatte unter einem Pseudonym in zahlreichen Medien und auch in einem von ihr verfassten Buch über den an ihr von einem Priester des Bistums der Beklagten Missbrauch aus dem eine Schwangerschaft – die sie auf Druck des Priesters abgetrieben habe – hervorging, berichtet. Am 18.3.2022 fand eine durch das Bistum initiierte digitale Veranstaltung („Hearing“) statt, die sich mit der Aufarbeitung von Missbrauchsfällen auseinandersetzte und zu der Priester, Diakone und Pastorale Mitarbeitende und auch die Klägerin eingeladen und bei der den übrigen Eingeladenen auch ihr wahrer Name mitgeteilt worden war. Die Kl. sah darin eine schwere Persönlichkeitsrechtsverletzung, da das Pseudonym der Kl. somit für sie wertlos geworden sei. Ihr sei es jedoch stets wichtig gewesen, dass bis auf einzelne ausgewählte Personen niemand ihre Leidensgeschichte mit ihrer wahren Identität in Verbindung bringen könne. Dem Teilnehmerkreis des Hearings sei der Name der Kl. zuvor nicht bekannt gewesen. Das ArbG gab der Klägerin Recht und sprach ein Schmerzensgeld von 20.000 EUR zu. „Das Recht auf informationelle Selbstbestimmung als Teilbereich des allgemeinen Persönlichkeitsrechts schützt die Entscheidung darüber, wann und innerhalb welcher Grenzen der Träger des Rechtspersönliche Lebenssachverhalte offenbaren möchte. In den Schutzbereich fällt die nicht genehmigte Weitergabe privater Informationen an Dritte. Hierunter fällt das Recht auf Selbstbestimmung bei der Offenbarung von persönlichen Lebenssachverhalten, die lediglich der Sozial- und Privatsphäre angehören.“ Zur Bemessung des Schmerzensgeldes führte das ArbG aus: „Die festgesetzte Höhe erklärt sich vielmehr daraus, dass die Informationen, die nunmehr mit der Kl. persönlich verknüpft werden können, in einem sehr hohen Maße die Privatsphäre tangieren. Sie betreffen den sexuellen Missbrauch und den Schwangerschaftsabbruch in der Vergangenheit. Außerdem betreffen sie die Art und Weise der Aufarbeitung dieser Ereignisse sowie die noch anhaltende psychische Belastung, die die Kl. selbst als fortbestehenden pathologischen Zustand beschreibt, der sich – nach ihren eigenen veröffentlichten Schilderungen auch aktuell auf ihr Sozialleben auswirkt. Es handelt sich um besonders sensible Inhalte, mit denen sorgsam umgegangen werden muss. Insofern ist nachvollziehbar, dass die Kl. diese Einblicke in ihre Vergangenheit und ihren aktuellen Gesundheitszustand nicht in ihrem Alltag mit ihr begegnenden

Mitmenschen ohne ihr Einverständnis teilen möchte. Dies muss dem Bekl. zu 1) bewusst gewesen sein. Diese Verbindung zwischen der Kl. und dem Pseudonym ist nicht mehr rückgängig zu machen.", so das ArbG.

Betrag: 20.000 € **Haftung: 100 %**
immVorb: – **MdE: –**

ArbG Trier 6.9.2023 – 1 Ca 129/23 = BeckRS 2023, 22917

6942

Persönlichkeitsrechtsverletzung (hier: Schwere Persönlichkeitsrechtsverletzung durch Erarbeiten eines Strategiekonzeptes zur Entfernung unliebsamer Betriebsratsmitglieder mittels Fingieren von Kündigungsgründen und Bespitzelung nebst – zumindest – teilweiser Umsetzung).

Frau. Die Beklagte hatte zusammen mit einem Rechtsanwalt eine Strategie zur Entfernung ihr nicht genehmer Betriebsratsmitglieder entwickelt. Danach sollten in den Betrieb eingeschleuste Detektive die Betriebsratsmitglieder in Verruf bringen, Kündigungsgründe provozieren und erfinden. So wurde der Klägerin ein Verstoß gegen das betriebliche Alkoholverbot untergeschoben, um ihre außerordentliche Kündigung durchsetzen zu können. Zum Vorgehen gehörte außerdem, dass die Betriebsratsvorsitzende von zwei Detektiven durch Beschimpfen und Bespucken zu Tätlichkeiten provoziert werden sollte. Als diese nicht handgreiflich wurde, verletzte einer der Detektive den anderen und bezichtigte die Betriebsratsvorsitzende dieser Tätlichkeiten. Darin sah das ArbG zutreffend eine schwere Persönlichkeitsrechtsverletzung und sprach der Klägerin das oa Schmerzensgeld zu. damit folgte es der Rechtsprechung des BAG gefolgt, nach der das durch Art. 2 I iVm Art. 1 I GG und Art. 8 I EMRK gewährleistete allgemeine Persönlichkeitsrecht auch im Arbeitsverhältnis zu beachten ist.

Betrag: 20.000 € **Haftung: –**
immVorb: – **MdE: –**

ArbG Gießen 10.5.2019 – 3 Ca 433/17 = BeckRS 2019, 15428

5142

Persönlichkeitrechtsverletzung, schwerwiegende (hier: Videoüberwachung während der Arbeitszeit „stellt einen erheblichen Eingriff in das allgemeine Persönlichkeitsrecht der betroffenen Arbeitnehmer dar", so das Arbeitsgericht, welches zutreffend weiter ausführte: „Das Recht, die Hälfte der nicht für den Schlaf verbrauchten Lebenszeit an Werktagen, unbeobachtet von elektronischen Videoüberwachungseinrichtungen seine Arbeit zu verrichten, ist ein Anliegen des Arbeitnehmers, das mit einer hohen verfassungsrechtlichen in Artikel 1 und 2 im Grundgesetz verankerten Absicherung versehen ist. Orwell'schen Zuständen, in Gestalt einer Überwachung durch Private will unsere Verfassung mit Sicherheit keinen Vorschub leisten … In diesem nachhaltig verfassungsrechtlich verbürgten Lebensbereich hat die Beklagte mit ihrer permanenten Videoüberwachung in einer schon kaum noch überbietbaren Weise eingegriffen").

23j. Frau (Verwaltungsfachkraft). Die Klägerin wurde wie auch die übrigen Angestellten der Verwaltung der Beklagten durch eine im jeweiligen Arbeitszimmer angebrachte Videokamera über die gesamte Dauer der täglichen Arbeitszeit überwacht. Zur Bemessung führte das ArbG aus: „Unter Berücksichtigung aller Umstände, insbesondere Art, Bedeutung und Tragweite des Eingriffs, Anlass und Beweggrund der Beklagten sowie dem Grad des Verschuldens und unter besonderer Berücksichtigung der verfassungsrechtlichen Wertigkeit der Rechte in welche die Beklagten eingegriffen haben, hält das Gericht gerade auch unter dem Gesichtspunkt der Prävention ein Schmerzensgeld i. H. v. 25.000,00 EUR für angemessen". [Videoüberwachung am Arbeitsplatz – vgl. dazu im Handbuch unter → Rn. 247c sowie die Entscheidungsbesprechung von Hörtz in Newsdienst Compliance 2025, 320041 zu zu LAG Hamm → Nr. 7745].].

Betrag: 25.000 € **Haftung: 100 %**
immVorb: – **MdE: –**

ArbG Iserlohn 4.6.2008 – 3 Ca 2636/07 = BeckRS 2012, 68619

5402

Persönlichkeitsrechtsverletzung (hier: Urheberpersönlichkeitsrechtsverletzung durch erhebliche Veränderungen eines Fotos).

Mann (Fotograf). Der Kläger, der den ehemaligen Kanzler Gerhard Schröder bereits für diverse Wahlkämpfe fotografiert, sah sich – wie das LG festgestellt hatte zutreffend – durch die nachträgliche Bearbeitung eines seiner Fotos des Altbundeskanzlers in seinem Urheberpersönlichkeitsrecht verletzt. Die unberechtigte Veränderung eines Lichtbildwerkes durch die Beklagte stelle einen Eingriff in das Urheberpersönlichkeitsrecht des Urhebers dar. Handelt es sich dabei – wie vorliegend – um einen schwerwiegenden Eingriff, so steht dem Urheber ein Geldentschädigungsanspruch zu. Bei der Bemessung orientierte sich das LG an einer Entscheidung des OLG Frankfurt a. M. (GRUR 1989, 203) wonach das übliche Nutzungsentgelt zu Grunde gelegt und ein pauschaler Aufschlag von bis zu 100 % erhoben werde.

Betrag: 25.000 € **Haftung: 100 %**
immVorb: – **MdE: –**

LG Hamburg 5.1.2007 – 308 O 460/06 = BeckRS 2007, 32174

3262

Persönlichkeitrechtsverletzung, schwere … (hier: Die Kl. wurde in der Sendung „TV-Total" vom Moderator St. R. als für das Pornogeschäft geeignet angesehen, in dem er ihren Namen wiederholte und hinzufügte: „Toller Name, wenn man in's Pornogeschäft einsteigen will!".)

16j. Frau. Lesenswert zum Thema: Immaterielle Geldentschädigung bei überzogener satirischer Darstellung: Satire kann grds. einen beachtlichen Freiraum beanspruchen. Die Grenzen … sind allerdings … überschritten, wenn die von ihrer sat. Umkleidung freigelegte Aussage die Würde eines Betroffenen in ihrem Kernbereich trifft. Dies ist dann der Fall, wenn eine Minderjährige im Fernsehen nachhaltig in die Nähe der Pornobranche gerückt wird.

Betrag: 70.000 € **Haftung: 100 %**
immVorb: – **MdE: –**

OLG Hamm 4.2.2004 – 3 U 168/03 = BeckRS 9998, 19481

4841

Frei erfundene und somit unzutreffende Behauptung einer Vergewaltigung.

Mann. Die 49j. Beklagte hatte ihren inzwischen verstorbenen Kollegen der Vergewaltigung bezichtigt. Die „Geschichte" war frei erfunden. Der Kollege kam daraufhin in Haft und verstarb schließlich als gebrochener Mann. Das LG sprach nun 80.000 EUR im Wege eines Versäumnisurteils zu, gegen das die Beklagte jedoch Rechtsmittel eingelegt hat. Inzwischen wurde in der Presse gemeldet, dass die als Alleinerbin des inzwischen verstorbenen Klägers eingesetzte Tochter die Klage zurückgenommen hat.

Betrag: 80.000 € **Haftung: 100 %**
immVorb: – **MdE: –**

LG Osnabrück 11.10.2013 – 12 O 2885/12 = BeckRS 2013, 17487

11. Polytrauma

Vorbemerkung: Polytrauma ist ein medizinischer Sammelbegriff und bedeutet so viel wie „Mehrfachverletzung". Verwendung findet er meist bei gleichzeitig entstandenen Verletzungen mehrerer Körperregionen oder Organsysteme, wobei entweder eine der Verletzungen oder die Kombination mehrerer für den Betroffenen lebensbedrohlich ist. Aufgrund dieser Besonderheit war eine Zuordnung nach anatomischen Kriterien und damit eine zusammengefasste Darstellung im Kapitel A nicht möglich, weshalb diese Urteile nun hier aufgeführt werden.

6283

Polytrauma. Der Kläger lag eingeklemmt unter einem KFZ, bis Rettungskräfte eintrafen und ihn befreiten. Er erlitt einen Herzstillstand und musste reanimiert werden. Zudem erlitt er eine Oberschenkelfraktur, eine Rippenserienfraktur mit Pneumothorax sowie Verbrennungen und Ablederungen am Bauch.

25j. Mann. [Anmerkung: Versucht der Geschädigte, mit bloßen Händen ein wegrollendes Kraftfahrzeug aufzuhalten und verletzt sich dabei, steht § 8 Nr. 2 StVG Ansprüchen aus § 7 StVG entgegen. Ein deliktischer Anspruch gegen den Fahrzeughalter, der den Wagen nicht ausreichend gegen Wegrollen sicherte, bleibt jedoch möglich, wenn auch hier gekürzt um 70 % wegen Mitverschuldens. Vorliegend wurde zur Höhe des Schmerzensgeldes noch nicht entschieden, weshalb ein Betrag nicht eingetragen werden konnte. Die Forderung des Klägers lag – ohne Berücksichtigung eines Mitverschuldens – bei 70.000 EUR].

Betrag: – **Haftung: 30 %**
immVorb: – **MdE: –**

OLG Köln 5.7.2019 – 6 U 234/18 = BeckRS 2019, 14345

5539

Knieverletzung und Unterschenkelfraktur (hier: Massive Knieprellung mit Kreuzbandläsion und Schienbeinfraktur in Form einer Schienbeinkopffraktur). Zudem erlitt der Kläger noch eine Lungenquetschung, eine Nasenbeinfraktur, eine Daumenfraktur (Daumenendglied links mit Bänderverletzung) und eine Zungenquetschung.

Mann. 4 Tage stationär davon ein Tag auf Intensivstation (Der Kläger musste wegen der kurzzeitig lebensbedrohlichen Lungenquetschung vorübergehend künstlich beatmet werden). MdE 35 Tage 100 % und nahezu 9 Monate 20 %. Dauerschaden: Belastungsabhängig gelegentlich auftretende Schmerzen im Knie. [Ursache: Motorradunfall].

Betrag: 2.750 € **Haftung: 100 %**
immVorb: Ja **MdE: –**

LG Saarbrücken 1.3.2018 – 4 O 65/16 = unveröffentlicht

7415

Polytrauma (hier: Schädelhirntrauma, Hirnkontusion parietal., Gehirnblutung bzw. Subarachnoidalblutung, Verletzung der Arteria vertebralis, offene Unterschenkelfraktur, Beckenringfraktur, Halswirbelfraktur, Milzruptur, eine Platzwunde und Hautabschürfungen sowie Schwindel.)

Mann. 15 Tage stationär. Unmittelbar anschließend 41 Tage stationäre Reha-Behandlung. Anschließend musste der Kläger aufgrund von Komplikationen erneut operiert werden. 365 Tage MdE 100 %. Dauerschaden: Belastungsabhängige Schmerzen im linken Bein, Bewegungseinschränkung des linken Sprunggelenks, diskrete Halbseitenlähmung links, Schwindel, Kopfschmerzen, eine Antriebsstörung und eine starke Einschränkung der Konzentrationsfähigkeit. [Ursache: Verkehrsunfall – Kläger kollidierte als Fußgänger mit dem KFZ des Beklagten, als er eine sechsspurige Straße „an einer für die Querung von Fußgängern nicht vorgesehenen Stelle" zu überqueren versucht hatte. Die Bewertung des grob fahrlässigen Verschuldensbeitrags des Klägers mit 80 % seitens des des LG „begegnet keinen Bedenken", so das OLG. Anmerkung: Das Urteil ist für die Personenschadenpraxis zum Thema Haushaltsführungsschaden sehr relevant, da das OLG die Begrenzung des Haushaltsführungsschadens auf das 75. Lebensjahr ablehnt und dies damit begründet, dass sich die Lebensverhältnisse in den vergangenen Jahrzehnten geändert hätten. Senioren seien auch über das 75. Lebensjahr hinaus fit und würden den Haushalt selbst erledigen. Völlig unangemessen sei es daher, „zugunsten" eines Schädigers dessen Ersatzpflicht mit dem 75. Lebensjahr des Geschädigten enden zu lassen.]

Betrag: 6.000 € **Haftung: 20 %**
immVorb: Ja **MdE: –**

OLG Frankfurt a. M. 23.11.2023 – 26 U 61/22 = BeckRS 2023, 42364

4871

Schulterfraktur im Bereich des Acromions (= höchster Punkt der Schulter) mit Schlüsselbeinfarktur. Zudem erlitt der KLäger noch eine Mittelgesichtfraktur und zwei Rippenfrakturen.

Mann. 21 Tage stationär. Erhebliche Schmerzen. Folgenlose Verheilung.

Betrag: 7.000 € **Haftung: 75 %**
immVorb: – **MdE: –**

LG Schwerin 17.3.2011 – 5 O 115/10 = BeckRS 2011, 142371

3710

Polytrauma (hier: Brustbeinfraktur, nicht dislozierte Schlüsselbeinfraktur links; Gehirnerschütterung, Frontale Schädelprellung, Schulterprellung, HWS-Schleudertrauma; Verdacht auf Contusio cordis sowie Kniegelenkschürfwunde)

33j. Frau. 8 Tage stationär; nahezu weitere 4 Monate ambulante Heilbehandlung. MdE 4 1/2 Monate 100 % sowie weitere 10 % im Anschluss hieran für weitere ca. 10 Monate. Auch danach noch Beeinträchtigungen infolge rezidivierender Nacken-Kopfschmerzen, Bewegungs- und Belastungsschmerzen der linken Schulter und des linken Armes. Es lag ein verzögerter Heilverlauf mit residualem Beschwerdebild vor.

Betrag: 7.000 € **Haftung: 100 %**
immVorb: Ja **MdE: –**

LG Münster 27.3.2007 – 5 C 638/06 = unveröffentlicht

3632

Polytrauma (hier: Lungenverletzung / Hämatopneumothorax; Schädigung des Brustraumes; Rippenfrakturen 1-4 sowie 7 und 8; Brustbeinfraktur; Schlüsselbeinfraktur; Bänderverletzung am rechten Bein in Form einer Außenbandruptur; Unterarmverletzung mit Quetschungen und Risswunden).

Mann (Schüler). Stationärer Aufenthalt. Alle Verletzungen sind ausgeheilt. Als geringfügiger Dauerschaden blieb eine Minderung der Berührungsempfindlichkeit im Narbenbereich zurück.

Betrag: 9.000 € **Haftung: 100 %**
immVorb: – **MdE: –**

LG Kassel 15.3.2006 – 4 O 1331/03 = SP 2007, 11

3989

Polytrauma Polytrauma (hier: schwere Oberschenkelfraktur in Form einer o.Oberschenkelfraktur 3.Grades mit Zertrümmerung des sogenannten Conylenmassivs; komplexe beids.Knieinstabilität; o.Unterschenkelfraktur; Schädelhirntrauma 2.Grades mit Hirnödem; komplexe Mittelgesichtfraktur Le Fort III; Unterarmfraktur; Pneumothorax links; mehere Risswunden im Gesicht und am Hals).

Keine Angaben z.P.; 4 1/2 Monate stationär, davon gut 2 Wochen im Koma. Mehrere Operationen. 4 Wochen Rehabilitationsaufenthalt. Dauerschaden: Erhebliche Gehbehinderung; kann sich kurz mit mit Gehhilfen bewegen und ist ansonsten auf einen Rollstuhl angewiesen. Bewegungseinschränkung und Belastungseinschränkung des rechten Arms. Psychische Beeinträchtigungen, Depressionen; Konzentrationsstörungen; erhebliche Gedächtnisstörungen; Geschmacksinnverlust; Geruchsinnverlust; Hörverlust auf dem linken Ohr.)

Betrag: 9.203 € **Haftung: 100 %**
immVorb: – **MdE: 100 %**

OLG Celle 19.12.2002 – 14 U 73/02 = unveröffentlicht

5979

Unterschenkelfraktur, schwere (hier: Schienbeinetagenfraktur mit Wundheilungsstörung durch offene Wundbehandlung und mehrfache Nekrosenabtragung) Schädeldachfraktur mit epidurale Blutung und Skalpierungsverletzung und Schädelbasisfraktur sowie einer Gehirnerschütterung, Beckenfraktur (hier: Bilaterale Beckenringfraktur mit Rotationsinstabilität und vertikaler Verschiebung).

Frau. Lebensgefahr. Mehrere Monate stationäre Heilbehandlung mit mehreren Aufenthalten. Auch nach der Entlassung befand sich die Klägerin für das gesamte Jahr 2009 in ärztlicher Behandlung, wobei durch den Zeugen D. m. O. eine Behandlung der Wundheilungsstörung am rechten Unterschenkel durch offene Wundbehandlung und mehrfache Nekrosenabtragung, eine schrittweise Mobilisation unter physiotherapeutischer Anleitung sowie eine medikamentöse Schmerztherapie erfolgte. Im Anschluss erfolgte eine mehr als drei Monate dauernde ambulante Rehabilitation im Reha-Zentrum S. sowie weitere wöchentliche ambulante Physiotherapie und medikamentöse Schmerztherapie. Dauerschaden: MdE 40 %.

Betrag: 10.000 € **Haftung: 30 %**
immVorb: – **MdE: 40 %**

LG Schwerin 14.12.2012 – 1 O 8/12 = BeckRS 2013, 10671

5902

Polytrauma (hier: Oberarmfraktur, Unterarmfraktur, Ellenbogenfraktur, Schienbeinfraktur … wörtlich heisst es dazu „eine zweitgradig geschlossene Tibiakopffraktur links, AO-Klassifikation 41-B1, eine zweitgradig geschlossene laterale Calcaneusfraktur links, eine zweitgradig geschlossene Ellenbogenluxationsfraktur mit Abbruch des Proc. coronoideus ulnae und leicht dislozierter Fraktur im Bereich des Epicondylus humeru lateralis im Sinne eines knöchernden Bandabrisses links, eine Fraktur des Proc. styloideus ulnae links, eine zweitgradig geschlossene Os metatarsale III und IV Fraktur rechts und eine erstgradig geschlossene Innenknöchelfraktur mit knochennahem Innenbandabriss rechts“).

Mann. 19 Tage stationär. Anschließend 30 Tage Rehalbilitationsaufenthalt. Während der Behandlung musste der Kläger für die Dauer von 10 Wochen Gehilfen / Krücken benutzen und 6 Wochen lang einen sogenannten Vacuped-Schuh [moderne Alternative zu einem Gehgips] tragen. Dauerschaden: Bewegungseinschränkung des rechten Fußes. Gehbehinderung. Schmerzen im Bereich des Fußgelenks.

Betrag: 12.000 € **Haftung: 100 %**
immVorb: Ja **MdE: –**

LG Paderborn 21.2.2007 – 4 O 550/06 = BeckRS 2010, 3966

4941

Polytrauma (hier: „Polytrauma mit II.-gradig offener Calcaneusmehrfragmentfraktur links, eine Tibiaschaftfraktur links mit II.-gradigem Weichteilschaden und Peroneusparese, ein lateraler Tibiakopfimpressionsspaltbruch links, eine undislorzierte Innenknöchelfraktur links, eine ausgedehnte Decollementverletzung des linken Kniegelenks mit ausgedehntem Oberschenkelhämatom, eine Thoraxkontusion links, eine Schulterprellung links mit Armplexusläsion, eine Metacarpale II-Fraktur links, ein Schädelhirntrauma I. Grades, eine Nasenbeinfraktur mit Risswunde am Nasenrücken sowie eine Blutungsanämie“, so das OLG).

Mann (junger Mann / Auszubildender). 38 Tage stationär; 4 Operationen. 3 Wochen andauernder Rehabilitationsaufenthalt. Berufswunschvereitelung und Umschulung zum technischen Zeichner. Dauerschaden: Deutlich sichtbare Narben am linken Bein. Das OLG ging von 20.000 Euro bei voller Haftung aus und errechnete auf der Basis der Haftungsquote den oa Betrag. [Ursache: Motorradunfall: Ein 3,50 Meter breiter Mähdrescher fuhr ohne Begleitfahrzeug mit gelbem Rundumlicht und kollidierte mit dem Kraftrad des Klägers. Lesenswert zu den Sorgfaltspflichten des Mähdrescherfahrers in Bezug auf Gegenverkehr]. Weitere Fundstelle: NZV 2014, 213

Betrag: 13.333 € **Haftung: 66 %**
immVorb: Ja **MdE: –**

OLG Hamm 12.7.2013 – 9 U 17/13 = BeckRS 2013, 19337

7711

Polytrauma (hier: Schädelhirntrauma mit Gehirnblutung in Form eines Subduralhämatom links, Halswirbelfraktur des Gelenkfortsatzes C6 rechts und Querfortsatzes C7 rechts, Brustwirbelfraktur der Dornfortsätze TH 3 bis TH 6, hüftgelenksnahe Oberschenkelfraktur, instabile Beckenfraktur mit lateraler Kreuzbeinfraktur bzw. Sakrumfraktur und Sprengung des Kreuzdarmbeingelenkes, bilaterale vordere Beckenringfraktur, dislozierte Schlüsselbeinfraktur in Form einer dislozieren Schlüsselbeintrümmerfraktur rechts, Brustkorbverletzung mit Brustbeinfraktur und Rippenserienfraktur (Costae 1-3 und Costae 5).

77j. Frau. 11 Tage Intensivstation und anschließend weitere 11 Tage stationäre Krankenhausbehandlung. An diese schloss sich eine rund 2 Monate dauernde stationäre Reha-Behandlung an. Als Folge der vorbenannten Verletzungen (jedoch ohne dies ausdrücklich als Dauerschaden zu bezeichnen), führte das OLG aus, „dass bei der Klägerin anhaltende Schmerzen am Schlüsselbein, eine schmerzhafte Narbe oberhalb des linken Hüftgelenks sowie eine geringgradig eingeschränkte Drehfähigkeit an der linken Hüfte und eine mäßig bis geringgradige schmerzhafte Einschränkung im Bereich der Übergänge der Halswirbelsäule zur Brustwirbelsäule rechts gegeben sind." Bei der Bemessung berücksichtigte das OLG, „dass trotz der Vielzahl der Verletzungen, ... nur eine vergleichsweise geringe dauerhafte Beeinträchtigung durch das Unfallgeschehen verblieben ist." [Ursache: Unfall zwischen Fahrrad (Kl.) und Motorrad (Bekl.)].

Betrag: 15.000 € **Haftung: 33 %**
immVorb: Ja **MdE: –**

OLG Brandenburg 3.4.2025 – 12 U 5/24 = BeckRS 2025, 8668

6289

Polytrauma (hier: Knieverletzung und Sprunggelenkverletzung mit Innebandriss; neurologische Ausfallerscheinungen in Gestalt von Kribbelparästhesien am linken Unterschenkel und Taubheitsgefühlen im Bereich des Ring- und Kleinfingers der linken Hand, die sich jedoch im Bereich der Hand schnell wieder zurückgebildet hatten sowie zahlreiche Schürfungen (linke Schulter, linker Unterschenkel, unterhalb des Knies, linke Hand) und Prellungen (u.a. linke Schulter, linker Unterschenkel, unterhalb des Knies, linke Hand, Brustkorb beidseitig, linke Stirn).

27j. Frau. MdE 23 Tage 100 %. Die Klägerin musste sich aufgrund des Verkehrsunfalls zwei Knieoperationen (Arthroskopien) am 12.5.2015 und 13.3.2017 unterziehen. Sie hat physiotherapeutische Behandlungen, welche für sie schmerzhaft waren, und immer wieder Spritzeninjektionen auf sich genommen. Im Knie haben sich Vernarbungen gebildet, die sich immer wieder bilden werden. Dauerschaden: „... bis auf weiteres unter Belastungsschmerzen und Schwellneigung im linken Knie. Knieprobleme sind sehr unangenehm und schränken die Lebensführung stark ein. Insofern ist auch nicht mit einer Besserung zu rechnen", so das LG. Zutreffend wertete das LG bei seiner Bemessung gerade auch die Prellungen und Schürfungen als „äußerst schmerzhafte Verletzungen", wogegen derartige Verletzungen sonst häufig eher als geringfügig abgetan werden. „Der Vortrag dahingehend, dass die Klägerin in der ersten Woche aufgrund der anhaltenden Schmerzen am ganzen Körper unter erheblichen Schlafstörungen litt, da sie lediglich auf dem Rücken schlafen konnte und der linke Fuß ständig hochgelagert werden musste, ist ebenfalls plausibel und in die Betrachtung einzustellen", so das Gericht. [Anmerkung: Das LG befasst sich mit großem Fleiß und sehr umfassend mit der Bemessung des Schmerzensgeldes und betont, dass deutlicher „Anstieg des Schmerzensgeldgefüges ... sicherlich in einigen Fällen durchaus angebracht wäre", bleibt mit 15.000 EUR vor dem Hintergrund der lebenslangen Knieprobleme unter der die erst 27j. Klägerin fortan zu leiden hat, mit seinem Schmerzensgeld eher im unteren Berich. Hier hätte ich mir neben dem Fleiß etwas mehr Mut gut gewünscht, ohne den ein Vorstoß in höhere Regionen nicht realisierbar wird]. Ursache: Motorradunfall.

Betrag: 15.000 € **Haftung: 100 %**
immVorb: Ja **MdE: –**

LG Offenburg 30.7.2019 – 3 O 311/15 = BeckRS 2019, 16254

4486

Polytrauma (hier: Schädelhirntrauma 2.Grades; beids.Hämatopneumotorax; Brustkorbtrauma mit Rippenserienfraktur und Brustwirbelkörperfraktur an den BWK 2, 3 und 6; Schulterblattfraktur; Unterarmfraktur und Schürfwunden).

Mann. 24 Tage stationär, davon 12 Tage Intensivstation; es bestand wegen der Schwere der Brustkorbverletzungen zunächst Lebensgefahr. Der Kläger litt noch nach mehr als einem Jahr unter Atemschwierigkeiten; Blockaden an der Wirbelsäule und Belastungseinschränkungen am linken Unterarm und in der linken Hand; Wetterfühligkeit und unter reduzierter Merkfähigkeit.

Betrag: 15.000 € **Haftung: 100 %**
immVorb: Ja **MdE: –**

LG Lübeck 17.11.2011 – 12 O 148/10 = SP 2012, 148

4205

Polytrauma (hier: Oberschenkelfraktur mit Kniegelenkverletzung links; Unterschenkelfraktur recht. Beids.Unterarmfraktur, links mit Handgelenkverletzung und rechts mit Mittelhandknochenfraktur. Zahlreiche Prellungen am Brustkorb, Pneumothorax und Fuß sowie HWS-Syndrom).

Mann. Längere stationäre Behandlung mit insgesamt 4 Aufenthalten. Langwierige Heilbehandlung mit anschließender Reha. MdE nahezu 12 Monate 100 %. Dauerschaden: Umfassende Bewegungsbeeinträchtigung mit einer Behinderung von 30 %. Der Kläger kann daher auch seinen Hobbys (Motorradfahren und Sport) nicht mehr nachgehen. Ursache: Motorradunfall.

Betrag: 15.000 € **Haftung: 50 %**
immVorb: Ja **MdE: 30 %**

OLG Brandenburg 17.9.2009 – 12 U 26/09 = BeckRS 2009, 26178

7164

Polytrauma (hier: Schädelhirntrauma 3. Grades mit Gehirnblutungen und einer Gehirnschädigung in Form einer organischen Wesensveränderung mit Wortfindungsstörungen bzw. ausgeprägten Schwächen des Wortgedächtnisses und in der Wortflüssigkeit mit Aufmerksamkeitseinbußen, Herabsetzung in der Informationsverarbeitungsgeschwindigkeit sowie Doppelbildersehen nach Lähmung des 3. und 4. Hirnnervs und Schielstellung der Augen. ZUdem erlitt der Kläger folgende Verletzungen: Kniegelenkverletzung mit Bewegungseinschränkung im rechten Kniegelenk mit funktioneller Beinverkürzung rechts und unsicherem Gangbild mit rechts betontem Hinken, Schädigung des Wadenbeinnervs rechts, Sensibilitätsstörungen im Bereich des rechten Unterschenkels sowie am rechten Fußrücken und fortgeschrittenen Verschleißerscheinungen im rechten Kniegelenk nach Schienbeinkopftrümmerfraktur rechts und hoher Wadenbeinfraktur rechts mit Weichteilschäden und Hautdefekten.)

Mann (Elektromeister). 69 Tage stationär. Anschließend 3 Monate vollstationärer Aufenthalt in einer Rehabilitationsklinik und sodann eine teilstationäre Reha-Behandlung von weiteren 4 Monaten. Dauerschaden: MdE 70 % aufgrund von „erheblichen bleibenden psychischen und physischen Beeinträchtigungen". Schmerzensgeldmindernd wertete das OLG das extrem grob fahrlässige Verhalten des Klägers, der „in einer nicht mehr nachvollziehbar leichtfertigen Weise gehandelt und sich selbst einer offen zu Tage liegenden schwersten Gesundheits- und Lebensgefahr ausgesetzt" habe. [Ursache: Verkehrssicherungspflichtverletzung / Absturz mit einem defekten Lastenaufzug in den Aufzugsschacht].

Betrag: 15.000 € **Haftung: 33 %**
immVorb: Ja **MdE: 70 %**

OLG Frankfurt a. M. 16.4.2008 – 17 U 270/05 = BeckRS 2011, 22162

6224

Polytrauma (hier: Wirbelkörperfraktur in Form einer Wirbelkörperkompressionsfraktur des BWK 5, 6. und 9),

Brustkorbtrauma, Bauchtrauma, Schulterfraktur bzw. Schulterblattfraktur, beidseitige Handfrakturen, Unterschenkelfraktur links, Fußfraktur links sowie zahlreiche schwere Prellungen und Blutergüsse im Bereich der frakturierten Körperteile).

Mann (Polizeibeamter einer Motorradstaffel). Stationäre Behandlung, mehrere Operationen. [Alternativfundstelle NZV 2003, 481. Ursache: Motorradunfall – Vorrecht der Motorrad-Escorte bzw. Motorradeskorte bei Staatsbesuch. Kein Mitverschulden des Kradfahrers selbst wenn dieser als Mitglied der Eskorte mit 80 km/h, nur mit Blaulicht und ohne Martinshorn in der Stadt fährt. Zu weiteren Fällen mit Polizeimotorrädern vgl. KG BeckRS 2002, 30291288 sowie KG BeckRS 2001, 30174876].

Betrag: 15.339 € **Haftung: 100 %**
immVorb: Ja **MdE: –**

KG 20.3.2003 – 12 U 199/01 = BeckRS 2003, 30312474

5675

Oberschenkelfraktur rechts mit posttraumatischer Thrombose und Oberschenkelverletzungen links (hier: Platzwunde). Offene Ellenbogenfraktur links in Form einer offenen Ellenbogenluxationsfraktur. Handfraktur rechts. Großzehenfraktur links. Gesichtverletzung (hier: Unterkieferstauchung und Unterlippenrisswunde).

30j. Frau. 30 Tage stationär. Zwei Aufenthalte. Langwierige Heilbehandlung: Außerdem war die Klägerin drei Monate auf den Rollstuhl angewiesen und anschließend noch einen Monat auf Gehhilfen / Krücken. Weitere Krankenhausaufenthalte wegen der Thrombose sowie zur Metallimplantatentfernung. MdE 240 Tage 100 %. Dauerschaden: Leichte Funktionsdefizite im rechten Kniegelenk sowie im linken Ellenbogengelenk. Außerdem bedarf die Thrombosegefährdung des rechten Beines weiterhin einer Behandlung. Erhöhend wurde berücksichtigt, dass der Beklagte unter Alkoholbeinflussung fuhr sowie die Regulierungsverzögerung des KH-Versicherers.

Betrag: 15.339 € **Haftung: 100 %**
immVorb: Ja **MdE: –**

OLG Celle 30.3.2000 – 14 U 195/99 = BeckRS 2000, 30104392

2768

Polytrauma (hier: „Erhebliche Verletzungen" ohne nähere Angaben; die Kl. schlug mit nur teilweise geöffnetem Fallschirm auf dem Erdboden auf.)

22j. Frau (Studentin). Dauerschaden: Gehbehinderung und Bewegungsbeeinträchtigung; es besteht Rollstuhlgebundenheit „für längere Strecken". (Ursache: Fallschirmsprung).

Betrag: 15.339 € **Haftung: 100 %**
immVorb: Ja **MdE: –**

KG 22.9.1998 – 9 U 6908/95 = ZfS 2000, 196

4749

Polytrauma / Organverletzungen (hier: Leberverletzung 3.Grades in Form eines Leberlappenrisses, Nierenquetschung mit Nierenfunktionsstörung 3.Grades, Milzfunktionsstörung 1.Grades, Lungenquetschung mit geringem Pneumothorax, Beckenfraktur in Form einer Beckenschaufelfraktur rechts, Darmbeinfraktur in Form einer Darmbeinausrissfraktur rechts, Unterarmfraktur mit Unterarmgelenkverletzung und Mittelhandknochenfraktur.).

Mann (Mitarbeiter einer Medien- bzw. Filmfirma / der Unfall geschah während der Dreharbeiten an einem Film). Mehrere stationäre Aufenthalte mit zahlreichen Operationen. MdE nahezu 11 Monate 100 %. Dauerschaden: Berufsunfähigkeit. Funktionsbeeinträchtigung der linken Hand. Vorgerichtlich wurden bereits 5.000 EUR gezahlt. Das OLG sprach weitere 12.500 EUR zu. [Ursache: Motorradunfall].

Betrag: 17.500 € **Haftung: 50 %**
immVorb: Ja **MdE: –**

OLG Köln 12.7.2012 – 8 U 60/11 = BeckRS 2012, 18901

7108

Polytrauma mit folgenden zum Teil schweren Verletzungen: Wirbelsäulenfrakturen (hier: BWK 9 Kompressionsfraktur, BWK 2 – 8 Processus lateralis Fraktur, HWK 7 Processus spinosus Fraktur mit Beteiligung des Facettengelenkes, BWK 4 Deckplattenimpressionsfraktur); Rippenserienfraktur III-V links mit diskretem Pneumothorax und einer Lungenkontusion beidseitig, Schulterblattfraktur links, Mittelhandfraktur und Gehirnerschütterung).

47j. Frau. Mehrere Wochen stationär; komplexe Operationen mit Wirbelkörperersatz, Ventrofix Synthes BWK 8-10, Bülaudrainage, Spongiosaplastik und Wirbelsäulenversteifung. Die Fraktur des Processus spinosus HWK 7 wurde konservativ mit Schanzscher Krawatte vorgenommen. Ebenfalls konservativ behandelt wurde die Metacarpale 4 Basisfraktur mittels einer Intrinsic-Schiene. Die Schanzsche Krawatte musste der Kläger insgesamt sechs Wochen tragen. Bei der Metallentfernung an der Hand wurde eine Sehne in der Hand eingeschnitten. Der Kläger musste daraufhin für weitere sechs Wochen eine Unterarmschiene tragen. Dauerschaden: Nach der Wirbelsäulenversteifung kommt es zu Bewegungseinschränkungen; zudem besteht die Gefahr, dass „biomechanisch eine Überlastung der jeweils angrenzenden Segmente BWK 7/8 und BWK 10/11" auftritt. Zudem besteht eine Bewegungseinschränkung der linken Hand in Form einer Einschränkung der Dorsalextensionsfähigkeit der linken Hand auf 30 Grad (rechts 50 Grad). Bei der Bemessung des Schmerzensgeldes orientierte sich das LG an den Urteilen des OLG Hamm → Nr. 1941 und OLG Naumburg → Nr. 6016. [Ursache: Fahrradunfall mit Rennrad].

Betrag: 20.000 € **Haftung: 100 %**
immVorb: Ja **MdE: –**

LG Nürnberg-Fürth 27.10.2022 – 8 O 5432/18 = BeckRS 2022, 30136

5263

Polytrauma mit Gehirnhämatom (wörtlich: „traumatischem subduralem Hämatom rechts fronto-temporal, traumatische SAB, Kontusionen rechts temporal und parietal"), Schädelbasisfraktur mit Felsenbeinlängsfrakturen (= Schädelfraktur im Bereich der Schläfe), Kiefergelenkspfannenfraktur, Rippenserienfrakturen, Organverletzungen (hier: Lungenquetschung und Bauchverletzung in Form von interperitoneal traumatischen Blutungen und arterieller Hypertonie).

Frau. Insgesamt 17 Tage stationär mit Analgosedierung, Intubierung und Entlastungskraniektomie zudem wurde der eigene Knochendeckel rechtsfrontotemporal reimplantiert. 3 Monate Rehabilitationsaufenthalt. Möglicher Dauerschaden: Massive Aufmerksamkeitsstörungen, visuokonstruktive sowie sprachliche und mnestische Defizite. Zudem befindet sich die Kl. „wegen fortbestehender Depressionen und Angstzuständen weiterhin in ärztlicher Behandlung. Sie leidet nach wie vor an Schwindel und Konzentrationsschwierigkeiten. Sie kann sich nicht mehr alleine im Straßenverkehr bewegen und bedarf beim Verlassen des Hauses stets einer Begleitperson". [Ursache: Kollision mit Straßenbahn].

Betrag: 20.000 € **Haftung: 30 %**
immVorb: Ja **MdE: –**

OLG Saarbrücken 16.4.2015 – 4 U 15/14 = BeckRS 2015, 8629

5814

Polytrauma (hier: Wirbelsäulenfraktur in Form einer instabilen LWK-Fraktur im Bereich des 4. LWK und einer BWK-Fraktur im Bereich des 11. und 12. BWK, einer Oberschenkelfraktur, eine gering dislozierte Ellenbogenfraktur rechts, ein stumpfes Bauchtrauma mit Milzverletzung bzw. Milzkapseleinriss, sublinguale Bissverletzung und posttraumatische Belastungsstörung).

Mann. 49 Tage ststionär mit mehreren Krankenhausaufenthalten und Operationen. Dauerschaden: Bewegungseinschränkungen der Wirbelsäule und des rechten Ellenbogens sowie Belastungsminderung des linken Beins. Narbe am Bauch. Das Schmerzensgeld umfasst als Teilschmerzensgeld nur den Zeitraum der ersten 9 Monate nach dem Unfall. Hierzu führte das OLG aus: „Das Landgericht hat bei seiner Entscheidung die Begrenzung des Bemessungszeitraumes auf die ersten neun Monate nach dem Unfall nicht hinreichend berücksichtigt. Zwar erscheint der vom Landgericht für angemessen gehaltene Betrag von 30.000 EUR für den Fall eines Verzichts auf die zeitliche Beschränkung unter Berücksichtigung der in der amtsärztlichen Begutachtung von 2006 aufgestellten Zukunftsprognose durchaus angemessen. Die Auswirkungen der Dauerfolgen kommen angesichts des Alters des Klägers jedoch im Wesentlichen erst in der Folgezeit zum Tragen. Da andererseits ein Großteil der Beeinträchtigungen des Klägers in die erste Zeit nach dem Unfall fallen, ist es erforderlich, für den vergleichsweise kurzen geltend gemachten Zeitraum dennoch ein erhebliches Schmerzensgeld zuzusprechen".

Betrag: 20.000 € **Haftung: 100 %**
immVorb: Ja **MdE: –**

OLG Brandenburg 30.8.2007 – 12 U 55/07 = BeckRS 2008, 9570

3258

Polytrauma mit zahlreichen, lebensgefährlichen Verletzungen, die in der Entscheidung jedoch nicht näher dargelegt wurden.

16j. Mann (Schüler). 17 Tage Intensivstation; weitere 3 Wochen stationär. Lebensgefahr. Weitere 2 Jahre in orthopädischer Behandlung. Dauerschaden: Belastungseinschränkung; er kann seinem Hobby, dem Fußballspielen, nicht mehr nachkommen und ist in seinem beruflichen Weiterkommen beeinträchtigt. Gravierendes Verschulden des Beklagten, der durch eine auf 30km/h beschränkte Fußgängerzone mit ca. 80 km/h „gerast" war. kein Mitverschulden des Kl., der ohne Sicherheitsgurt auf dem Beifahrersitz saß. Regulierungsverzögerung.

Betrag: 20.000 € **Haftung: 100 %**
immVorb: Ja **MdE: 20 %**

LG Stuttgart 4.12.2003 – 27 O 388/03 = BeckRS 2004, 2682

5528

Beckenfraktur, schwere (hier: instabile Beckenringfraktur mit Ileosacralfugensprengung bzw. Sprengung der linken Ileosacralfuge, Schambeinfraktur, Darmbeinfraktur) sowie geschlossene Oberschenkelfraktur links, Unterschenkelfraktur links, distale Unterarmfraktur bzw. Radiusfraktur links, Schlüsselbeinfraktur rechts sowie ein stumpfes Thoraxtrauma mit Lungenquetschung, Leberquetschung, Nierenquetschung und Blasenkontusion sowie einem Schädelhirntrauma 1. Grades mit retrograder Amnesie.

Mann (lt. Urteilsbegründung „junger Mann"). 4 Monate stationär. MdE 2 Jahre 100 %. Dauerschaden: Es verbleibt ein Dauerschaden von 35 %, der sich insbesondere beim Heben von Lasten über 10 kg im rechten Arm zeigen. Hinzu kommen Schmerzen bei Laufbelastung, eine Beinverkürzung von 1 cm sowie erhebliche Narben. „Die Beeinträchtigungen können sich in Zukunft noch verstärken. Gerade für den noch jungen Kläger stellen diese Schäden eine erhebliche Beeinträchtigung in der Lebensführung dar", so das OLG.

Betrag: 20.000 € **Haftung: 50 %**
immVorb: Ja **MdE: 35 %**

OLG Brandenburg 28.10.2003 – 2 U 58/02 = BeckRS 2003, 30331698

5687

Polytrauma, eine offene Unterarmfraktur links mit aus dem Weichteilverband gelösten Knochenstücken, einen umfangreichen Kniebinnenschaden rechts, eine Fraktur des 5. Mittelhandknochens der linken Hand, Frakturen der 6. bis 8. Rippe und multiple Prellungen und Schürfungen.

36j. Mann. Ca. 80 Tage stationär davon einige Tage intensivstationär. Abschließend in einer Rehabilitationsklinik. MdE 275 Tage 100 %. Sehr langwierige Heilbehandlung. Dauerschaden: Entstellende Narben am linken Knie und am linken Unterarm. Verschlechterungstendenz: Erhebliches Arthroserisiko im rechten Knie mit der Gefahr einer Versteifung. [Ursache: Motorradunfall].

Betrag: 20.452 € **Haftung: 80 %**
immVorb: Ja **MdE: –**

LG Oldenburg 23.3.2001 – 2 O 514/00 = BeckRS 2001, 31155582

5215

Brustbeinfraktur, Organverletzung (hier: Lungenquetschung an beiden Lungenoberlappen linkslateral) sowie Rippenserienfrakturen (erste und vierte bis achte Rippe links sowie zweite Rippe rechts) thorakale Weichteilemphysem (= Lufteinschlüsse im Gewebe). [Anmerkung: Die Darstellung der Verletzungen in der angegebenen Fundstelle – Seite 37 (Rn. 48) – ist nicht schlüssig, denn im Weiteren – Seite 37 (Rn. 53) – wird aufgeführt, der Kläger habe sich insgesamt drei Operationen im Rückenbereich und zwei Operationen im Kniebereich unterziehen müssen].

44j. Mann (Beruf ohne Angaben; „früher kräftiger, durchtrainierter Mann mit sportlichen Hobbies"). Intensivstationär mit „insgesamt 3 Operationen im Rückenbereich und 2 Operationen im Kniebereich". Rehabilitationsaufenthalt. Dauerschaden: Bewegungsbeeinträchtigung beim längeren Gehen und Sitzen; wörtlich: „kann er doch weder acht Stunden durchgehend sitzen noch – was für berufliche Tätigkeit auch von Bedeutung ist – längere Zeit Auto fahren". MdE 80 %. Gefahr einer späteren Rückenversteifung. Insgesamt sei der Kläger – so das OLG – „in seinem ganzen Lebenszuschnitt durch den Unfall buchstäblich aus der Bahn geworfen worden". [Anmerkung-1: Warum angesichts der Verletzungen, der Dauerfolgen und der abschließenden Bemerkung des OLG zum Gesamtbild der Situation des Klägers das OLG dem Kläger nur 22.000 EUR zusprach, bleibt unerklärlich; dieser Betrag ist deutlich zu gering bemessen!]. [Anmerkung-2: Lesenswert zum Thema: Sorgfaltspflichten des Fahrlehrers bei Motorradunterricht]. Weitere Fundstelle: SVR 2016, III.

Betrag: 22.000 € **Haftung: 100 %**
immVorb: Ja **MdE: 80 %**

OLG Schleswig 11.3.2016 – 17 U 112/14 = BeckRS 2016, 9127

4957

Polytrauma (hier: Schädelfraktur mit Schädelhirntrauma und Gehirnerschütterung, Lungenquetschung mit Rippenserienfraktur, Beckenfraktur, Lendenwirbelkörperfraktur, Unterschenkelfraktur).

63j. Frau. 4 Monate stationär, davon 3 Monate Intensivstation. Langwierige Heilbehandlung. Dauerschaden: „Die Klägerin leidet … voraussichtlich dauerhaft unter erheblichen Einschränkungen ihres Lebens. Sie klagt ständig über erhebliche Kopfschmerzen und Schwindel, die sie nur mit Schmerzmedikamenten ertragen kann. Besonders schlimm sind die Kopfschmerzen und Schwindelanfälle, wenn die Sonne scheint und es warm ist. An diesen Tagen muss die Klägerin ihre Zeit in der Wohnung verbringen. Sie ist nicht mehr in der Lage Auto zu fahren und ist ständig bei Spaziergängen oder Verrichtungen des täglichen Lebens mit Schwindelanfällen konfrontiert. Fahrradfahren und viele Freizeitaktivitäten sind nicht mehr möglich. Besorgungen kann sie zum Teil nicht mehr erledigen, weil sie schwere Gegenstände nicht mehr tragen kann, und auf die Hilfe anderer angewiesen ist. Rückenschmerzen spielen eine Rolle, die den Schlaf der Klägerin beeinträchtigen“, so das OLG.

Betrag: 25.000 € **Haftung: 50 %**
immVorb: Ja **MdE: –**

OLG Karlsruhe 4.4.2013 – 9 U 118/12 = BeckRS 2013, 12649

6228

Polytrauma (hier: Nierenverlust durch Entfernung der rechten Niere im Zusammenhang mit einem stumpfen Bauchtrauma mit Leber- und Nierenruptur, ein retroperitoneales Hämatom, eine Lungenkontusion beidseitig, ein Schädelhirntrauma 2. Grades, einer Knieverletzung rechts und diverse Platzwunden).

Mann. Stationäre Behandlung. Dauerschaden: MdE 40 %. Nierenverlust bzw. Verlust einer Niere. „Als weitere Unfallfolgen bestehen eine Einschränkung der Merkfähigkeit, Verringerung des kognitiven Tempos, ein eingeschränktes Reaktionsvermögen“, so das KG. [Ursache: Kollision mit Zeitung lesendem Fußgänger am Mittelstreifen – grob fahrlässiges Verhalten des PKW-Fahrers, der „aufgrund dieses auffälligen Verhaltens des Klägers … verpflichtet gewesen [wäre], seine Fahrt … allenfalls mit Schrittgeschwindigkeit fortzusetzen“, so das KG zutreffend].

Betrag: 25.000 € **Haftung: 50 %**
immVorb: Ja **MdE: –**

KG 18.2.2008 – 12 U 86/07 = BeckRS 2008, 25252

3912

Gesichtsschädelfraktur sowie Schädelfraktur und Unterkieferfraktur. Zudem erlitt der Kl. eine Beckenfraktur sowie Verbrennungen am rechten Oberschenkel.

39j. Mann. Stationärer Aufenthalt. Mehrere Operationen. Hauttransplantationen. MdE 2 Monate 100 %; 2 Wochen 80 % sowie weitere 2 1/2 Monate 70 %. Bei der Schmerzensgeldbemessung berücksichtigte das OLG erhöhend, dass es in einem solchen Fall (siehe Anmerkung) der materiellen Gerechtigkeit entspicht, dem Unfallopfer eine Genugtuung für das erlittene Unrecht zukommen zu lassen, ebenso wie bei Fällen der schweren Körperverletzung, die sich außerhalb des Straßenverkehrs ereignen. Schmerzensgeldmindernd wurde jedoch berücksichtigt, dass der Kläger den Beklagten vor dem Unfall provoziert hatte, in dem er diesem den erhobenen Mittelfinger zeigte. [Anmerkung: Fahrradunfall, der vom Beklagten vorsätzlich herbeigeführt worden war; vorsätzliche Körperverletzung. Der Beklagte wurde wegen vorsätzlichem gefährlichen Eingriff in den Straßenverkehr in Tateinheit mit schwerer Körperverletzung zu einer Freiheitsstrafe von 18 Monaten verurteilt, deren Vollstreckung zur Bewährung ausgesetzt wurde].

Betrag: 25.000 € **Haftung: 100 %**
immVorb: – **MdE: –**

OLG Saarbrücken 27.11.2007 – 4 U 276/07 = BeckRS 2008, 1755

3029

Polytrauma; Beckenfraktur mit Hüftgelenkverletzung in Form einer Hüftgelenkluxsation; Fußfraktur (hier: Außenknöchelfraktur und Sprungbeinfraktur mit Dauerfolgen); Rippenserienfraktur; Organverletzung (hier: Schocklunge, Tracheostoma, Pneumothorax); Schock.

Frau. 3 Monate stationär. Mehrere Operationen. 3 Monate Rollstuhl. 9 Monate konnte sie sich nur an Krücken und mit ihrem Bürostuhl bewegen. Dauerschaden: Fußheberparese und Arthrosen im Fußgelenk und im Hüftgelenk. Schmerzen im Fuß; Bewegungsbeeinträchtigung.

Betrag: 25.565 € **Haftung: 66 %**
immVorb: – **MdE: 30 %**

OLG Frankfurt a. M. 16.8.2001 – 3 U 160/00 = BeckRS 2009, 18616

5774

Polytrauma (hier: Halswirbelfraktur mit Fraktur des 6. HW, Organverletzungen mit Zwerchfellriss und Rissverletzungen der Leber, Milzruptur und Niere links. Rippensereinfraktur 7.–12. Rippe links sowie 11. und 12. Rippe rechts mit traumatischem Pneumothorax). Die Milz musste operativ entfernt werden, ferner bestand Lebensgefahr wegen der schweren Lungenkontusion.

Frau (jüngere Frau, Abteilungsleiterin). Lebensgefahr. Insgesamt 31 Tage zunächst intensivststionär und dann stationär. Dauerschaden: Darmverwachsungen und mehrere gut sichtbare Narben am rechten Oberarm sowie vom Bauch abwärts senkrecht bis zum Schambein. Dauerschaden: Die Klägerin ist seit dem Unfall weder körperlich noch nervlich belastbar. Depressionen. Schlafstörungen und psychische Beeinträchtigungen wegen der Narben im gesamten Arm- und Thoraxbereich, „die vor allem für eine junge, attraktive Frau psychisch als besonders belastend empfunden werden muss“, so das LG. [Ursache: Die Klägerin wurde auf dem Gelände eines Segelflugplatzes vom Schleppseil mitgerissen, das nach dem Ausklinken des hochgezogenen Segelflugzeugs (mehr oder weniger) senkrecht von der Schleppmaschine nach unten hing. Kein Mitverschulden des geschädigten Fußgängers bei Unfall mit Schleppflugzeug trotz Kein Mitverschulden des geschädigten Fußgängers bei Unfall mit Schleppflugzeug trotz Hinweisschildes „Achtung! Flugschneise“].

Betrag: 30.000 € **Haftung: 100 %**
immVorb: – **MdE: –**

LG Dortmund 23.2.2007 – 21 O 323/06 = BeckRS 2007, 18248

3466

Polytrauma mit folgenden Unterleibsverletzungen: Beids.Beckenringfraktur (sog. Schmetterlingsfraktur): Kreuzbeinfraktur [= Sacrumfraktur]; Hüftfraktur in Form einer Hüftgelenkpfannenfraktur [= Acetabulumfraktur]; Schambeinfugenfraktur [= Symphysenfraktur]; stumpfes Lebertrauma; Wirbelsäulenfraktur in Form einer Lendenwirbelkörperfraktur; Gehirnerschütterung.

17j. Frau (Krankenschwester-Azubi). 2 Monate stationär. Zweimal gut jew. 3 Wochen Rehaklinik. Mehr als 200 ambulante und krankengymnastische Behandlungen. MdE knapp 4 Monate 100 %, 1 Monat 50 %. Dauerschaden: MdE 20 % in Bezug auf Haushalt und Beruf. Deutlich sichtbarer Beckenschiefstand nach in Fehlstellung zusammengewachsener Symphyse. Kein Sport und Tanz möglich. Sexualleben beeinträchtigt, ebenso „ihre allgemeine psychische Befindlichkeit". Regulierungsverzögerung. Motorradunfall.

Betrag: 30.000 € **Haftung: 100 %**
immVorb: – **MdE: 20 %**

LG Konstanz 11.5.2005 – 2 O 91/03 = unveröffentlicht

2751

Polytrauma in Form von Schädelhirntrauma 2.Grades mit posttraumatischem hirnorganischen Psychosyndrom; Oberschenkelfraktur, zweifache; Kniescheibentrümmerfraktur und Sprunggelenkfraktur in Form einer Sprunggelenktrümmerfraktur; Ellenbogenfraktur.

Mann. 2 Monate intensivstationär; Dauerschaden: Bewegungsbeeinträchtigungen, Fußlähmungserscheinungen; Gleichgewichtsstörungen; Schmerzen im Knie / Oberschenkel. [Lesenswert zum Thema Feststellungsklage / Feststellungsantrag und Teilschmerzensgeld; vgl. auch DAR 2000, 307 und NJW-RR 2000, 1623 zum Teilschmerzensgeld im Zusammenhang mit diesem Urteil]

Betrag: 30.678 € **Haftung: 100 %**
immVorb: – **MdE: –**

OLG Hamm 11.2.2000 – 9 U 204/99 = BeckRS 9998, 17558

2889

Polytrauma / schwere Sprunggelenktrümmerfraktur (hier: Kniescheibentrümmerfraktur, Sprunggelenktrümmerfraktur, zweifache Oberschenkelfraktur, Ellenbogenfraktur, Psychosyndrom, Schädelhirntrauma u.a.).

Mann. 57 Tage intensivstationär! Dauerschaden: Fußlähmung, Gehbehinderung, Schmerzen im Oberschenkel und Knie. Arthroserisiko. Kniescheibenentfernung.

Betrag: 30.678 € **Haftung: 100 %**
immVorb: – **MdE: 30 %**

OLG Hamm 11.2.2000 – 9 U 204/99 = BeckRS 9998, 17558

5664

Polytrauma (hier: Pneumothorax rechts, durch den zwei Tage Intensivstation mit künstlicher Beatmung notwendig wurden. Oberschenkelfraktur links in Form einer offenen Oberschenkelfraktur 2. Grades. Oberarmfraktur rechts. Radiustrümmerfraktur rechts. Gehirnerschütterung mit Amnesie bzw. Ausfall des Erinnerungsvermögens. Gesichtverletzung in Form von Weichteilverletzungen am rechten Augenlid und an der Lippe und Absplitterungsfraktur der oberen Frontzahnreihe. Multiple Prellungen).

34j. Mann (Lagerarbeiter). 2 Tage intensivstationär (künstliche Beatmung) und weitere 14 Tage stationär mit Metallimplantat. Ambulante Heilbehandlung mit intensiver Physiotherapiebehandlung. Nach Fraktur des Metallimplantats musste der Kläger erneut 10 Tage stationär behandelt werden. Langwierige Heilbehandlung, – erst nach drei Monaten war eine erste Teilbelastung des linken Beins möglich. MdE 11 Monate 100 % sowie weitere 8 Monate 80 %. Dauerschaden: MdE 50 % und Berufsaufgabe als Lagerarbeiter. Gehbehinderung (hinkendes Gangbild) und Belastungsminderung wegen deutlichem Muskeldefizit des linken Beins, Muskeldefizit und Kraftminderung am rechten Oberarm und Unterarm, Multiple belastungsabhängige Schmerzen im linken Oberschenkel, linken Kniegelenk sowie am rechten Arm und der rechten Hand. Depression, Einschränkung des Sexuallebens sowie Wetterfühligkeit. Zwei große Narben am Oberschenkel (12 cm) und Oberarm. Zum Einwand der Schadenminderungspflicht führte das OLG aus: „Die Beklagten können dem Kläger nicht entgegenhalten, er sei im Rahmen seiner Schadensminderungspflicht gem. § 254 BGB gehalten, das Muskelaufbautraining bei einem Heilgymnasten durchzuführen, da nur diese Kosten durch die Krankenversicherung erstattet würden. Der Geschädigte ist nämlich grundsätzlich berechtigt, die zur Schadensbeseitigung am besten geeigneten Maßnahmen zu ergreifen. Dies ist mangels entgegenstehender Anhaltspunkte in der Regel die von dem Arzt empfohlene Behandlungsmethode, hier das gezielte Muskelaufbautraining im Fitnessstudio. Darüber hinaus liegt es auf der Hand, dass ein mit Spezialgeräten besonders ausgestattetes Fitnessstudio i.V.m. einem Diplomsportlehrer andere und bessere Möglichkeiten zur Durchführung eines Muskelaufbautrainings hat, als der Krankengymnast". [Ursache: Verkehrsunfall; spontanes und grob fahrlässiges Wendemanöver des Beklagten]

Betrag: 30.678 € **Haftung: 100 %**
immVorb: – **MdE: 50 %**

OLG Köln 10.9.1999 – 19 U 202/98 = BeckRS 1999, 30072595

5662

Polytrauma (hier: Wirbelsäulenfraktur / Wirbelkörperfraktur in Form der Frakturen des 2. Lendenwirbelkörpers und des 7. Brustwirbelkörpers mit Verblockung des 2. und des 3. Halswirbelkörpers (Blockbildung) nach Bogenfraktur C2 mit lokaler und segmentaler Bewegungseinschränkung sowie mäßiger Keildeformierung fest knöchern verheilter Kompressionsfraktur des 7. Brustwirbelkörpers ohne wesentliche Funktionsminderung. Fußfraktur in Form einer Kahnbeinfraktur der linken Fußwurzel. Handgelenkfraktur in Form einer Kahnbeinfraktur rechts. Stumpfes Bauchtrauma mit Organverletzung in Form eines dreifachen Dünndarmrisses bzw. einer Dünndarmruptur und einer Zwerchfellrissverletzung bzw. Zwerchfellruptur, stumpfes Brustkorbtrauma sowie multiple Risswunden und Quetschungen. Zudem litt die Klägerin unter psychischen Beeinträchtigungen bzw. unter Todesangst Umstände ihrer Rettung aus dem brennenden Fahrzeug in Todesangst, da sie – bei vollem Bewusstsein – ihre eigene Rettung und die ihres Ehemanns, der erst im letzten Augenblick aus dem brennenden Fahrzeug habe gerettet werden können, miterleben musste).

42j. Frau (Apothekerin). Lebensgefahr. 18 Tage intensivstationär mit künstlicher Beatmung, weitere 18 Tage stationär. Nach der Entlassung musste die Klägerin eine Philadelphiakrawatte und eine Unterarmschiene tragen; ca. 2 1/2 Monate ambulante Heilbehandlung. MdE „fast" 3 1/2 Monate 100 %. Erst nach knapp 2 1/2 Jahren konnte die Klägerin wieder in Vollzeit arbeiten. Dauerschaden: Bewegungseinschränkung der HWS. Die HWS-Beweglichkeit ist deutlich eingeschränkt. Endgradige schmerzhafte Bewegungseinschränkung des rechten Handgelenks mit Verlust der groben Kraft, Belastungsminderung des linken Beins wegen der knöchern konsolidierten Fraktur des linken Fußes; Narbe („kosmetisch störende und druckschmerzhafte Narbe"); Beeinträchtigungen beim Sport (kann nicht mehr Tennis spielen und nicht mehr tanzen).

Als Spätfolge ist mit Arthrosebildung zu rechnen. Das OLG berücksichtigte diese Folgen sowie auch das erhebliche Verschulden des Versicherungsnehmers, der alkoholbedingt fahruntüchtig war und deshalb in besonderem Maße vorwerfbar gehandelt hatte.

Betrag: 30.678 € **Haftung: 100 %**
immVorb: Ja **MdE: –**

OLG Saarbrücken 4.2.1999 – 3 U 533/97-29 = BeckRS 1999, 17328

5822

Polytrauma (hier: Oberschenkelfraktur rechts, Kniefraktur (hier: Kniescheibenfraktur rechts), Unterschenkelfraktur rechts in Form einer Wadenbeinfraktur, Mittelhandfraktur des V. Mittelhandknochens (Boxer-Fraktur) links, Mittelfußläsion mit posttraumatischem Plattfuß, stumpfes Brustkorbtrauma links sowie Weichteilverletzungen und Schürfungen).

Mann (Kraftfahrer). 31 Tage stationär mit zwei Aufenthalten (der 2. erfolgte zur Metallimplantatentfernung). 3 Wochen Rehabilitationsaufenthalt. Dauerschaden: Berufsunfähigkeit / Umschulung. Gehbehinderung und Funktionsbeeinträchtigungen des rechten Hüftgelenks sowie Beinverkürzung von 1,5 cm und deshalb orthopädische Einlagen erforderlich. Wegen der Verletzungen kann der Kläger weder seinem erlernten Beruf als Landwirt und Gartenpfleger noch der zuletzt aufgenommenen Tätigkeit als Lkw-Fahrer nachgehen. Zu letzterer gehöre auch das Be- und Endladen des Lastkraftwagens. Schwere körperliche Arbeit kann er jedoch nicht mehr leisten, häufiges Knien, Bücken und Lastenheben sind ihm nicht mehr möglich. Selbst sportliche Betätigungen oder die Teilnahme an Tanzveranstaltungen sind nicht mehr möglich. Erhöhend wurde auch die Regulierungsverzögerung gewertet.

Betrag: 33.234 € **Haftung: 100 %**
immVorb: Ja **MdE: –**

OLG Rostock 14.6.2002 – 8 U 79/00 = BeckRS 2009, 17810

6213

Polytrauma (hier: „Schweres Thoraxtrauma mit Aortabogenruptur, Haemathorax beidseits, Rippenserienfraktur II-VI rechts, Pneumothorax rechts, Schädelhirntrauma 1. Grades, Unterschenkelprellung links, Oberschenkelprellung rechts, dislozierte Ulnafraktur rechts").

31j. Mann (Landmaschinenmechaniker). Lebensgefahr. „Relativ kurze" stationäre Behandlung mit notfallmäßiger Thoraxoperation und Metallimplantat. Dennoch langwierige Heilbehandlung, die „insbesondere infolge der Verletzungen und des operativen Eingriffs im Brustraum über Monate hinweg mit starken Schmerzen verbunden" war. MdE 180 Tage 100 %. Dauerschaden: MdE 20 %. Stimmbandlähmung, zu deren Folgen das LG ausführt: „ … leidet der Kläger an Heiserkeit und verminderter Stimmbelastbarkeit als Dauerschaden. Der Stimmeinsatz des Klägers ist gepreßt, seine Stimmlage erhöht und die Dynamikbreite deutlich vermindert".

Betrag: 33.234 € **Haftung: 100 %**
immVorb: Ja **MdE: 20 %**

LG Freiburg 6.10.1998 – 8 O 63/96 = BeckRS 1998, 31162678

4982

Beckenringfraktur links mit Lendenwirbelkörperfraktur / Hüftgelenkfraktur (hier: Fraktur der Massa lateralis d.h. des bauchseitigen Anteils des sogenannten Os sacrum und eine ventrale Hüftgelenkfraktur / Acetabulumfraktur links). Unterarmfraktur in Form einer distalen Ulnaschaftfraktur links mit Bewegungsminderung). Gesichtschädelfraktur / Gesichtsverletzung (hier: Orbitafraktur links mit Contusio bulbi links, Nasenbeinfraktur). Lungenquetschung. Schädelhirntrauma 2.Grades.

39j. Mann (Chemiker / Qualitätsmanager). 21 Tage stationär sowie weitere 2 Monate teilstationär in Reha-Klinik. Anschließend nahm der Kläger seine Arbeit wieder auf, wobei eine ambulante Heilbehandlung mittels Physiotherapie erfolgte. Der Kläger litt zudem noch längere Zeit an Anpassungsstörungen und depressiven Reaktionen. Erhöhend wertete das OLG zum einen das grob verkehrswidrige Verhalten des Beklagten und führte aus, es entspeche „… dem Gerechtigkeitsempfinden, vorsätzliche Begehungsweisen oder ein grob fahrlässiges (rücksichtsloses) Verhalten im Straßenverkehr schmerzensgelderhöhend zu berücksichtigen". Zum anderen wurde auch die Regulierungsverzögerung erhöhend gewürdigt.

Betrag: 35.000 € **Haftung: 100 %**
immVorb: Ja **MdE: –**

OLG Saarbrücken 26.2.2015 – 4 U 26/14 = BeckRS 2015, 6748

5753

Polytrauma (hier: Schädelhirntrauma mit Gehirnblutungen im Bereich des Kleinhirns, Orbitahämatom rechts mit Risswunde über rechtem Augenlid, Organverletzungen in Form einer Leberruptur und einer Bauchspeicheldrüsenruptur sowie einer Herzverletzung nach Herzquetschung mit Abriss eines Sehnenfadens am Herzklappenapparat zwischen dem Vorhof und der Kammer des Herzens, Schlüsselbeinfraktur rechts).

Mann. 29 Tage stationär mit drei Aufenthalten wobei beim dritten Aufenthalt die Herzklappe erneuert wurde. Dauerschaden: Beeinträchtigungen beim Sport, der Kläger kann sich nicht mehr im gleichen Maß wie vor dem Unfall sportlich betätigen. Auch muss er wegen des Herzfehlers nun bereits bei kleineren invasiven Eingriffen, etwa beim Zahnarzt, präventiv Antibiotika einnehmen. Grobes Verschulden des Beklagten, der einen unbeleuchteten Anhänger an Straßenrand abgestellt hatte. Regulierungsverzögerung: „Verzögert der Schädiger bzw. seine Haftpflichtversicherung die Schadensregulierung entgegen Treu und Glauben, so ist dem Geschädigten als Genugtuung ein deutlich erhöhtes Schmerzensgeld zuzusprechen", so das OLG in Fortführung seiner bisherigen Rechtsprechung. [Ursache: Motorradunfall – Kollision mit der Deichsel eines Anhängers].

Betrag: 35.000 € **Haftung: 70 %**
immVorb: – **MdE: –**

OLG Nürnberg 22.12.2006 – 5 U 1921/06 = BeckRS 2007, 824

6164

Polytrauma, schweres (hier: Oberschenkeltrümmerfraktur rechts, Hüftgelenkfraktur in Form einer Acetabulumfraktur rechts, Rippenserienfrakturen beidseitig, Organverletzung in Form einer Lungenquetschung mit Hämatothorax, stumpfes Bauchtrauma und einer dislozierte Unterarmfraktur links).

50j. Mann (US-Verwaltungsangestellter). 82 Tage stationär, davon 12 Tage intensivstationär, 8 Tage künstliche Beatmung, Metallimplantate, Mehrere Operationen. MdE 17 Monate 100 %. Dauerschaden: MdE 30 %. Belastungsminderung und Bewegungseinschränkungen im Bereich der rechten Schulter und des linken Handgelenks sowie auch im Bereich der Hüfte. [Anmerkung: Zur amerikanischen Staatsbürgerschaft führte das OLG aus: „Eine Schmerzensgeldaufstockung kann der im Inland lebende Geschädigte nicht mit dem Hinweis beanspruchen, er sei US-Amerikaner und ihm müsse das Gefühl erspart bleiben, durch das (im Vergleich zu dem in den USA weitaus höher liegenden Schmerzensgeldniveau) „rückständige" deutsche Rechtssystem benachteiligt zu werden".

Betrag: 38.347 € **Haftung: 100 %**
immVorb: Ja **MdE: 30 %**

OLG Koblenz 15.10.2001 – 12 U 2123/98 = BeckRS 9998, 18455

6701

Polytrauma (hier: Oberarmfraktur in Form einer Oberarmschaftfraktur links mit dramatischer Parese, eine Ellenbogenfraktur in Form einer undislozierte Olecranonfraktur links, eine Becken-B-Verletzung mit Sakrum-Fraktur SI beidseits sowie vorderer Beckenringfraktur links, eine Jochbodenfraktur rechts, eine laterale Orbitawand- und Bodenfraktur rechts, ein Schädelhirntrauma mit verbleibender leichter struktureller Gehirnschädigung, großflächige Schürfwunde an der rechten Wange und eine Schürfwunde am rechten Fuß).

Frau (Schülerin). Intensivstationär. Operation mit Metallimplantat. Die Finger 1 bis 3 links waren zunächst taub. Wegen der Kieferfraktur und einer Orbitafraktur wurden mehrere Chefärzte konsultiert. Die Klägerin hat nach dem Unfall etwa eine Woche lang Doppelbilder gesehen. Die Schürfwunde im Gesicht eiterte stark und wurde mit Infusionen behandelt. Die Beckenringfraktur wurde erst eine Woche nach dem Unfall diagnostiziert. Die Klägerin musste drei bis vier Wochen Opiate einnehmen. Zudem musste sie mehrere Wochen an Krücken gehen und sich regelmäßig physiotherapeutischer Behandlung unterziehen. Beim Schulbesuch hat die Klägerin wegen der Fallhand links eine Schiene getragen, weshalb sie im ersten halben Jahr eingeschränkt war. Zudem musste sie zur Entlastung des Beckens auf einem Sitzkissen sitzen. Langwierige Heilbehandlung mit regelmäßigen ambulanten Arztbesuchen. MdE 60 Tage 100 %, 135 Tage 80 %, 150 Tage 50 % 60 Tage 30 % und anschließend 20 %. Dauerschaden: MdE 20 %. Schmerzen bei längerem Sitzen oder Fahrradfahren und Schmerzen links beim Heben schwerer Lasten. Leichte posttraumatische kognitive Einschränkung mit Beeinträchtigungen der Sprachsemantik, leicht erhöhter Interferenzanfälligkeit, geringer exekutiver Funktionsstörung sowie eine leicht eingeschränkte Konzentrationsfähigkeit im Sinne eines pseudoneurasthenischen Syndroms als Folge einer kleinen diffusen axonalen Läsion an der Markrindengrenze rechts frontopular vor. Zudem ist als Dauerschaden eine gering ausgeprägte residuale Radialisparese links mit Sensibilitätsstörungen, autonomen Funktionsstörungen und leichten neuropathischen Schmerzen eingetreten. Bei der Schmerzensgeldbemessung berücksichtigte das LG das junge Alter der Klägerin ausdrücklich schmerzensgelderhöhend. Ebenso die Regulierungsverzögerung des KH-Versicherers [Anmerkung: Dass derartiges heute noch immer vorkommt, ist inakzeptabel und völlig unverständlich!]. Sie zu dieser Entscheidung auch nachfolgend OLG München BeckRS 2020, 4747.

Betrag: 40.000 € **Haftung: 50 %**
immVorb: – **MdE: 20 %**

LG Traunstein 17.10.2019 – 8 O 1313/16 = BeckRS 2019, 40417

4605

Polytrauma (hier: Schädelhirntrauma Sprachstörungen und mit vierwöchigen Sehstörungen und starken Kopfschmerzen; Oberschänkelfraktur links mit Muskelminderung; Unterarmfraktur rechts; Fingerverletzung in Form einer Fingerluxation des Mittelfingergelenks rechts. Gesichtsverletzung in Form einer knapp 100 mm langen Platzwunde mit späterer verbleibender Narbenbildung sowie eine vorübergehende Atmungsstörungen.)

Mann. 56 Tage stationär. 31 Tage Rehabilitationsaufenthalt. Dauerschaden: Motorische Beeinträchtigungen der rechten Hand, was sich beim Schreiben negativ auswirkt. Belastungsbeeinträchtigung am linken Bein. Hirnleistungsschwäche, was sich durch Konzentrationsstörungen und Vergesslichkeit bemerkbar macht. Insgesamt nicht unerhebliche Auswirkungen auf das alltägliche Leben des Klägers. Verbleibende Narben im Gesicht (s.o.) und Unterarm. Erhöhend wurde das erhebliche Verschulden des Beklagten (grobe Fahrlässigkeit) berücksichtigt.

Betrag: 40.000 € **Haftung: 100 %**
immVorb: – **MdE: –**

LG Ravensburg 18.3.2011 – 1 O 80/10 = BeckRS 2011, 142374

4138

Polytrauma (hier: Schlüsselbeinfraktur; Organverletzungen in Form von dreifachem Dünndarmriss, Dickdarmriss und beids.Lungenquetschung mit Pneumothorax); Rippenfraktur in Form einer Rippenserienfraktur und Brustbeinfarktur sowie posttraumatische Belastungsstörung.)

54j. Frau (Physiotherapeutin). 4 Wochen stationär; weitere 5 Wochen Rehabilitationsaufenthalt. MdE 7 Monate 100 %. Dauerschaden: Posttraumatische Belastungsstörung; Bewegungseinschränkungen im Schultergelenk. Das OLG hob zudem grobes Verschulden (Fahrfehler) des Beklagten hervor.

Betrag: 40.000 € **Haftung: 100 %**
immVorb: Ja **MdE: –**

OLG Hamm 19.3.2010 – 9 U 71/09 = BeckRS 2010, 142343

5861

Polytrauma (hier: „Dickdarmriss mit folgender Bauchfellentzündung, dreifachen Dünndarmriss, Rippenserienfraktur der 7., 8. und 9. Rippe links, Schlüsselbeinfraktur links, eine Brustbeinfraktur, eine beidseitige Lungenkontusion, einen Hämatopneumothorax, ein cervicales Wurzelreizsyndrom sowie diverse Körperprellungen").

54j. Frau (selbständige Physiotherapeutin). 30 Tage stationär. Anschließend 30 Tage Rehabilitationsaufenthalt. MdE 7 Monate 100 %. Dauerschaden: MdE 30 %. Bewegungseinschränkungen im Bereich des linken Schultergelenks wobei die Klägerin Bewegungen, die eine Haltung des Schultergelenks über 90 Grad erfordern, nur eingeschränkt vornehmen kann. Psychische Beeinträchtigung in Form von posttraumatischen Belastungsstörungen PTBS. Bei der Bemessung berücksichtigte das OLG, dass die „Lebensführung körperlich nicht einschneidend eingeschränkt war. Allerdings ergibt sich aufgrund der feststellbaren posttraumatischen Belastungsstörung in Verbindung mit der unfallbedingten depressiven Verstimmung eine eingeschränkte Lebensfreude. Zutreffend hat das Landgericht auch gewürdigt, dass die Klägerin auch nach Ende der vollständigen Arbeitsunfähigkeit noch gravierende Einschränkungen ihrer Arbeitskraft zeigt und der Unfall sich daher auch in erheblichem Umfang nachteilig auf ihr weiteres Berufsleben ausgewirkt hat und auch noch auswirkt".

Betrag: 40.000 € **Haftung: 100 %**
immVorb: Ja **MdE: 30 %**

OLG Hamm 19.3.2010 – I-9 U 71/09 = BeckRS 2010, 142343

5903

Polytrauma mit „proximaler Tibiakopfmehrfragmentfraktur sowie proximaler Tibiaschaftfraktur rechtsseitig mit Kompartementsyndrom rechter Unterschenkel, lateraler Femurcondylenfraktur links, multiplen Mittelgesichtsfrakturen unter Beteiligung der medialen Schädelbasis beiderseits, eine traumatische SAB (Subarachnoidalblutung), eine HWS-Distorsion I. Grades und eine Rhabdomyolyse".

Mann. Ca. 60 Tage stationär. Für die Dauer von ca. 4 Monaten Rollstuhlgebundenheit. Der rechte Unterschenkel verheilte in Fehlstellung. Dauerschaden: Gehbehinderung mit unregelmäßigem Gangbild und Fußfehlstellung.

Betrag: 40.000 € **Haftung: 50 %**
immVorb: – **MdE: –**

OLG Köln 26.1.2010 – 3 U 91/09 = BeckRS 2010, 5234

4139

Polytrauma (hier: o.Unterschenkelfraktur 3.Grades; Hüftgelenkfraktur in Form einer Hüftgelenkpfannenfraktur; Schambeinfraktur; Rippenfraktur in Form einer Rippenserienfraktur mit Hämatothorax und Herzinsuffizienz sowei Stirnplatzwunde).

80j. Frau. 6 Wochen stationär; Intensivstation und künstliche Beatmung; weitere 6 Wochen Rehabilitation. Dauerschaden: Schwere Gehbehinderung; Gehen nur mit Rollator möglich. Pflegefall. Das OLG berücksichtigte zudem, dass unfallbedingt der Ehemann der Kl. getötet wurde.

Betrag: 40.000 € **Haftung: 100 %**
immVorb: Ja **MdE: –**

OLG Karlsruhe 6.11.2009 – 14 U 42/08 = BeckRS 2010, 2056

5692

Polytrauma (hier: Gehirnschädigung bzw. Hirnverletzung in Form einer Gehirnquetschung mit dauerhafter Gehirnleistungsschwäche. Kieferfraktur mit Zahnschäden. Schulterverletzung Form einer Schultereckgelenksprengung rechts. Eine komplexe Handverletzung rechts und eine schwere Knieverletzung in Form einer Kniekontusion bzw. Kniegelenkquetschung mit Sehnenteildurchtrennung rechts).

Mann (Unfallchirurg /Arzt). Stationäre Heilbehandlung. Dauerschaden: Berufsaufgabe als Unfallchirurg. Erhebliche Auswirkungen auch auf das Privatleben. [Ursache: Motorradunfall].

Betrag: 40.903 € **Haftung: 50 %**
immVorb: – **MdE: –**

LG Bonn 13.3.2002 – 9 O 430/01 = BeckRS 2002, 16638

5796

Polytrauma mit Unterschenkelamputation (hier: offene Unterschenkelfraktur, offene Oberschenkelfraktur und offene Unterarmfraktur links, Brustwirbelsäulenfraktur bzw. BWK-7-Fraktur, Nierenkontusion und multiple Prellungen. Der linke Unterschenkel musste amputiert und der Stumpf später nochmals auf 10 cm verkürzt werden. Die Prothesenversorgung ist noch nicht abgeschlossen; die derzeitige Prothese verursacht noch schmerzhafte Scheuerstellen. Am Stumpf befinden sich noch zwei Druckgeschwüre mit entsprechenden Beschwerden. Am Unterarm ist es zur Ausbildung einer Pseudarthrose an beiden Knochen gekommen. Die beiden Implantate zeigen deutliche Lockerungszeichen. Eine Konsolidierung ist nicht zu erwarten).

Mann. Stationäre Behandlung. Langwierige Heilbehandlung. Problematische Prothesenversorgung. Dauerschaden: Verlust des linken Unterschenkels und daraus resultierender lebenslanger erheblicher Behinderung. [Ursache: Motorradunfall].

Betrag: 40.903 € **Haftung: 66 %**
immVorb: Ja **MdE: –**

OLG Hamm 12.3.2002 – 27 U 113/01 = BeckRS 9998, 40208

4964

Polytrauma (o.Oberschenkelfraktur mit Splitterung, Sprunggelenkverletzungen, Fußverletzung, Bänderverletzung, Knieverletzung links, Handfraktur rechts, Gesichtsverletzung [hier: Schnittwunde] sowie diverse Prellungen).

22j. Mann (Student der Forstwirtschaft). Sehr langwierige Heilbehandlung mit dreimonatigem Gipsverband am Arm und ebenso lange Rollstuhlgebundenheit. Das OLG berücksichtigte, dass es sich bei dem Kläger um einen jungen Mann unmittlbar vor dem Eintritt in das Berufsleben [Anmerkung: Unfallbedingt konnte der Kl. seine Referendarzeit nicht durchführen] handelte und er den von ihm angestrebten Beruf [hier: Forstbeamter] nicht ausüben kann. Vgl. unter: Berufswunschvereitelung. [Ursache: Motorradunfall].

Betrag: 42.000 € **Haftung: 100 %**
immVorb: Ja **MdE: –**

OLG Köln 9.8.2013 – 19 U 137/09 = BeckRS 2013, 17648

7635

Polytrauma mit schweren Verletzungen am Becken und am linken Unterschenkel: offene dislozierte Beckenfraktur mit Nervenbeteiligung – Oberschenkelnervverletzung, eine offene Unterschenkelfraktur in Form einer offenen Unterschenkelmehretagenfraktur des linken Unterschenkels. Zudem erlitt der Kl. eine Subarachnoidalblutung frontal, eine Brustbeinfraktur, einen Pneumothorax links und eine Lungenkontusion links.

21j. Mann (Student). 2 Tage Intensivstation mit 10stündiger Operation; anschließend 13 Tage stationär. Länger andauernde Einschränkungen in der Mobilität, die mit einer Nichtbelastbarkeit des linken Beines für 6 Wochen nach dem ersten Krankenhausaufenthalt und erneuter Einschränkung der Belastbarkeit des nach der jeweiligen Materialentfernung in den Jahren 2019 und 2021 und zusätzlichen starken Schmerzen einherging. Es bildeten sich Nekrosen. Insgesamt konnte sich der Kl. über mehrere Monate ausschließlich und danach zeitweilig nur unter Zuhilfenahme von Gehstützen fortbewegen und nach der zweiten Metallteilentfernungs-OP für drei Monate sein linkes Knie nicht vollständig beugen. In mentaler Hinsicht war es für den Kläger unangenehm, während des Aufenthalts im Klinikum im März und April 2019 für seine persönliche Reinigung und zum Wechseln der Windeln Hilfe in Anspruch nehmen zu müssen. Dies galt auch für die Pflegeleistung, die seine Eltern für ihn nach dem Krankenhausaufenthalt erbrachten. Dauerschaden: Bewegungseinschränkungen und Belastungseinschränkungen im Bereich der Beckenschaufel mit endgradiger Einschränkung der Hüftgelenkaußenrotation; ebenso im Unterschenkel links mit Schmerzen bei längerer und etwas stärkerer Belastung. Zudem Bewegungseinschränkungen im Bereich des linken Sprunggelenks. Schmerzen im linken Knie und eine endgradige Einschränkung der Kniegelenksbeugung und Streckung sowie eine Einschränkung der Fußhebung im linken oberen Sprunggelenk. Infolgedessen Wegfall motorisch anspruchsvollerer und physisch belastender sportlicher Aktivitäten wie Tennis, Tischtennis und Skifahren, Triathlon-Veranstaltungen und Wanderungen, aber auch sozialer Events wie Disco-Besuche, Konzerte, Freizeitpark und der Besuch von Fußballspielen.

Betrag: 43.000 € **Haftung: 100 %**
immVorb: – **MdE: –**

LG Darmstadt 29.8.2022 – 27 O 12/22 = BeckRS 2022, 59586

5550

Polytrauma / Hüftverletzung, schwere (hier: Hüftfraktur in Form einer Hüftpfannenfraktur mit Symphsensprengung rechts; Schambeinfraktur), Unterschenkelfraktur mit Nervverletzung in Form einer Verletzung des Nervus peroneus mit daraus resultierender Fußheberschwäche sowie Arterienabriss, Oberschenkelfraktur rechts, Knieverletzung (hier: Kreuzbandausriss rechts).

24j. Mann (Soldat). Intensivstation / Lebensgefahr. Mehrere Monate stationäre Behandlung. 7 Operationen. Langwierige Heilbehandlung mit Rehabilitationsaufenthalt und mehrjähriger ambulanter Heilbehandlung. Dauerschaden: Gehbehinderung wegen Fußheberschwäche. [Hinweis: Das Schmerzensgeld wurde in Höhe von 43.500,00 EUR ist „als Teilschmerzensgeld für alle Beeinträchtigungen zu bezahlen, die dem Kläger bis zum 3.2.2017 – der Unfall ereignete sich am 8.10.2011 – entstanden sind .... Dabei wurde insbesondere auch berücksichtigt, dass der Kläger zeitweise noch Schmerzen hat und zweimal wöchentlich ein Therapie (Lymphdrainage und Krankengymnastik) benötigt“, so das OLG].

Betrag: 43.500 € **Haftung: 60 %**
immVorb: Ja **MdE: –**

OLG Karlsruhe 10.3.2017 – 14 U 112/15 = unveröffentlicht

4603

Polytrauma (hier: Oberarmfraktur links mit Radialislähmung; Hüftfraktur in Form einer Hüftpfannenrandfraktur mit Hüftgelenkluxation; Mittelfußfraktur in Form einer Mittelfußmehrfragmentfraktur links; Kieferfraktur links mit Zungenbissverletzung sowie Gehirnerschütterung, HWS-Syndrom und BWS-Prellung sowie weitere Prellungen am gesamten Körper linksseitig betont.).

18j. Mann (Fahrzeugmechaniker). 75 Tage stationär, mehrere Operationen. Ambulante Nachversorgung. MdE 365 Tage 100 % Dauerschaden: MdE 60 %; Schmerzen. Berufsaufgabe / Umschulung zum Elektrotechniker. Regulierungsverzögerung. [Anmerkung: Der „krumme“ Betrag weist darauf hin, dass bei der Bemessung – wie leider häufig feststellbar – statt einer umfassenden Berücksichtigung aller maßgebenden Bemessungskriterien vielmehr der Taschenrechner in unzulässiger Weise im Spiel war].

Betrag: 43.500 € **Haftung: 100 %**
immVorb: Ja **MdE: 60 %**

LG Köln 8.7.2011 – 7 O 424/04 = BeckRS 2011, 140986

2932

Polytrauma / beids.Oberschenkelfraktur (hier: beids.Oberschenkeltrümmerfraktur, Fußverletzung links mit Fußfrakturen und Fußweichteilschaden, Lungenquetschung, stumpfes Bauchtrauma, Thoraxtrauma, Sprunggelenkfraktur).

70j.Frau. 1 Monat intensivstationär, 4 Monate stationär, 6 Wochen Reha.; Lebensgefahr, künstliches Koma, 4 Operationen. Dauerschaden: starke Gehbehinderung; Depressionen.

Betrag: 46.016 € **Haftung: 100 %**
immVorb: – **MdE: –**

OLG Hamm 12.2.2001 – 13 U 147/00 = BeckRS 2008, 16228

7368

Polytrauma: Schädelhirntrauma 3. Grades mit einer intrazerebralen Blutung, die allerdings nicht interventionspflichtig war und in einer Verlaufskontrolle 10 Tage nach ihrer Entdeckung nicht mehr nachweisbar war und eine posttraumatische Enzephalopathie mit anhaltenden leichtgradigen kognitiven Störungen). Zudem erlitt der Kläger schwere Organverletzungen (hier: eine Lungenkontusion mit akutem Lungenversagen / traumatischer Pneumothorax und lateral auslaufender Pleuraerguss, eine Milzruptur mit operativer Milzentfernung, und eine Rissverletzung der Leber), eine Rippenserienfraktur sowohl links als auch rechts, eine komplexe Schulterverletzung bzw. Schulterfraktur rechtsseitig in Form einer mehrfragmentären Scapulafraktur, eine Mittelgesichtsfraktur, Frakturen der Lendenwirbelkörper Nr. 1 bis 4 (Abrissfraktur) sowie multiple Prellungen und Abschürfungen.

Mann (Arbeiter). Intensivstation, künstliche Beatmung, Luftröhrenschnitt. Komplizierte Heilbehandlung mit Komplikationen; es kam zu einem Blutgerinsel im Herz (Endokarditis und kardialen Thrombusbildung) und einer beidseitigen Lungenarterienembolie mit dauerhafter Antikoagulationspflichtigkeit sowie auch zu einer Erkrankung des peripheren Nervensystems mit Lähmungserscheinungen (Critical-Illness Polioneuropathie). 51 Tage stationär und 110 Tage in stationärer neurologischer Rehabilitationsbehandlung. Auch nach seiner Krankenhausentlassung befand sich der Kläger unfallbedingt weiterhin in ambulanter Behandlung, die zahlreiche physiotherapeutische Behandlungen sowie Ergotherapie und Krankengymnastik in der Zeit bis Oktober 2014 (Unfalldatum: 20.3.2013) umfasste. Dauerschaden: 40 %ige Minderung der Erwerbsfähigkeit und eine 80 %ige Schwerbehinderung; Standunsicherheit, Gangunsicherheit, Bewegungseinschränkung insbesondere im Bereich der Lendenwirbelsäule und des rechten Schultergelenks, leichtgradige Belastungseinschränkung, Gedächtnisschwäche mit Beeinträchtigungen der Gedächtnisleistung, der Aufmerksamkeit und Reaktionsschnelligkeit und ein Psychosyndrom mit kognitiven Defiziten leichten bis mittleren Ausmaßes. Zudem bestehen auf Dauer belastungsabhängige Schmerzen an verschiedenen Körperregionen, insbesondere an den Beinen, Kribbelmissempfindungen an den Beinen sowie ein positionsabhängiger Narbenschmerz an der Bauchwand. Eine dauerhafte Medikamentenbehandlung wegen der Thrombusbildung im Herzen und der bilateralen Lungenarterienembolie ist erforderlich. [Ursache: Verkehrsunfall zwischen dem wendenden KFZ, in dem der Kläger als Beifahrer gesessen hatte und einem mit Blaulicht aber ohne Martinshorn herannahenden Notarztwagen. Lesenswert zur Thematik: §§ 104 ff. SGB VII / Arbeitsunfall / Versicherungsfall, den ein nach dem SGB VII Versicherter erleidet und der nicht allein von einem haftungsprivilegierten Arbeitgeber oder Arbeitskollegen des Geschädigten, sondern zugleich von einem außerhalb des Versicherungsverhältnisses stehenden Dritten verursacht wurde. Vgl. zudem OLG Schleswig BeckRS 2024, 1356 und OLG Oldenburg BeckRS 2021, 45084].

Betrag: 50.000 € **Haftung: 50 %**
immVorb: – **MdE: 40 %**

OLG Brandenburg 18.1.2024 – 12 U 116/22 = BeckRS 2024, 1568

6476

Polytrauma, schwerwiegendes (hier: schweres Schädelhirntrauma; Oberschenkelhalsknochenfraktur links, Hüftpfannenfraktur rechts, Rippenfrakturen, Ellenbogenfraktur, Kniescheibenfraktur, Nasenbeinfraktur sowie zahlreiche Schnittwunden und Schürfwunden).

Mann (Kläger waren die Hinterbliebenen als Erbengemeinschaft). 6 Tage intensivstationär mit künstlicher Beatmung und insgesamt 84 Tage stationär. Zwischen den stationären Aufenthalten befand sich der 93jährige auch 18 Tage in einer Reha-Klinik. Während des zweiten stationären Aufenthalts stürzte er und kam schließlich nach weiteren Stürzen in eine Kurzzeitpflege, wo er schließlich 6 Monate nach dem Unfall verstarb. Anmerkung: Das Urteil befasst sich mit der taggenauen Berechnung des Schmerzensgeldes und schließt sich dem Urteil des OLG Frankfurt BeckRS 2018, 27125 an. Vergleich dazu auch NZV 2019, 351 (mAnm Slizyk). Mitverschulden (ohne Angabe einer Quote) wegen Verstoß gegen die Gurtpflicht. „Das vor diesem Hintergrund der Entscheidung zu Grunde zu legende Mitverschulden des Erblassers wird auch nicht dadurch verdrängt, dass der Beklagte zu 1) vor dem Antritt der Fahrt nicht dafür sorgte, dass der Erblasser angeschnallt ist“, so das LG.

Betrag: 50.000 € **Haftung: 100 %**
immVorb: – **MdE: –**

LG Frankfurt a. M. 17.7.2019 – 2-24 O 246/16 = BeckRS 2019, 16016

5340

o.Unterschenkelfraktur, schwere (hier: Offene Unterschenkelfraktur links mit erheblichem Weichteilverlust 3. Grades und einem Kompartmentsyndrom, einer vollständigen Lähmung des Nervus peronealis und einer teilweisen Lähmung des Nervus tibialis (Nervverletzung), einer dauerhaften Instabilität des linken Knies und einer Beinverkürzung des linken Beines um 6 cm. Als Folge aus diesen Verletzungen verblieb eine verbleibende Gehbehinderung mit einem GdB von 100), desweiteren erlitt die Kl. eine Schulterblattfraktur mit Oberarmnervverletzung sowie eine Handgelenkfraktur links.

Frau. 9 Monate stationär mit insgesamt 14 Operationen. Dauerschaden: Gehbehinderung mit einem GdB von 100 wegen Beinverkürzung des linken Beines. [Ursache: Motorradunfall – hier: Haftung bei Kollision eines Linienbusses mit Motorradfahrer in Engstelle]. Anmerkung: Das Landgericht hatte (zutreffend) ein Schmerzensgeld von 100.000 EUR zugesprochen. Das OLG setzte diesen Betrag nun deutlich herab und begründete dies damit, höhere Beträge „in der Regel deutlich gravierendere Verletzungen … (z. B. Querschnittslähmung mit vollständiger Erwerbsunfähigkeit bis hin zum Pflegefall)“ vorbehalten. Diese Ansicht ist nicht zutreffend. Für eine – wie vorliegend – das Leben der Klägerin auf Dauer gravierend und stark beeinträchtigende Mehrfachverletzung kann nicht mit nur 50.000 EUR (auch bei hier bestehendem Mitverschulden, zumal dieses nicht mathematisch quotierend angesetzt werden darf) entschädigt werden.

Betrag: 50.000 € **Haftung: 60 %**
immVorb: Ja **MdE: –**

OLG Brandenburg 2.3.2017 – 12 U 18/16 = BeckRS 2017, 106058

5154

Polytrauma (hier: Oberschenkelfraktur in Form einer Oberschenkelschaftfraktur; Fußverletzungen und Fußfrakturen sowie Sprungbeinverletzungen und Sprungbeinfrakturen in Form von: o.Sprungbeintrümmerfraktur rechts, dreifache Fußwurzelnochenfraktur rechts; o.Sprungbeinluxation 3.Grades und schweres Hautdecollement; Gesichtsverletzungen in Form von Schnittwunden sowie Schnittwunden auch an der Schulter, rechtsseitig.

19j. Frau (Abiturientin / beginnende Ausbildung zur Sozialversicherungsfachangestellten). Lebensgefahr mit vorübergehender Bewusslosigkeit nach Kreislaufzusammenbruch. 7 Tage Intensivstationär und weitere 4 Wochen stationär mit insgesamt 6 Operationen mit – trotz schmerzstillender Medikamente – unerträglichen Schmerzen; langwierige Heilbehandlung von gut einem weiteren Jahr. Dauerschaden: Rechter Fuß – posttraumatische Arthrose mit Bewegungsbeeinträchtigung; ausgeprägte Narben im Fußbereich und noch sichtbare, wenn auch nicht entstellende Narbe an der rechten Schulter; Hobbyaufgabe: Tanzen nicht mehr möglich. [Motorradunfall: Linksabbieger kollidiert mit überholendem Krad – Kein Mitverschulden wegen fehlender Schutzkleidung!]. Lesenswert zum Thema: Teilschmerzensgeld!

Betrag: 50.000 € **Haftung: 100 %**
immVorb: Ja **MdE: –**

OLG Saarbrücken 12.3.2015 – 4 U 187/13 = BeckRS 2015, 8438

4965

Polytrauma (hier: Auszug aus der Urteilsbegründung: „Polytrauma mit ausgeprägter Kontusion der Leber, einen Pneumothorax rechts mit Rippenserienfraktur rechts und Lungenkontusion rechts, eine offene Sprunggelenksfraktur links, eine distale Radiusfraktur links, ein Unterschenkeldecollement rechts und eine Weichteilverletzung der linken Leiste, eine Fraktur der Transversalfortsätze LWK 1 bis 3 links, eine dislozierte Humerusschaftfraktur rechts mit Oberarmplexus-Läsion und weitere Verletzungen“).

Frau (Altenpflegerin). 2 Wochen Intensivstation und mehr als 12 Wochen stationär, währenddessen zahlreiche Operationen und später noch mehrere Nachoperationen Berufsaufgabe. Dauerschaden: „Die Verletzungen und deren Folgen werden die Klägerin ein Leben lang begleiten“, so das OLG ohne konkrete Angaben. [Motorradunfall – Kollision mit links abbiegendem PKW].

Betrag: 50.000 € **Haftung: 66 %**
immVorb: Ja **MdE: –**

OLG Schleswig 28.11.2013 – 7 U 158/12 = BeckRS 2014, 8212

4764

Beids.Oberschenkelfrakturen (hier: o.Oberschenkelfraktur links und Oberschenkelfraktur rechts in Form einer Oberschenkelhalsfraktur). Brustkorbprellungen mit Pneumothorax und Lungenquetschung. Oberarmverletzung in Form einer Oberarmgelenkkopfabsprengung sowie Zehennagelverletzung.

18j. Mann. 14 Tage Intensivstationär mit künstlicher Beatmung. Langwierige Heilbehandlung. Dauerschaden: Bewegungsbeeinträchtigung. Beeinträchtigungen beim Sport; Arthrosegefahr. Das OLG würdigte bei der Bemessung auch das junge Alter des Klägers.

Betrag: 50.000 € **Haftung: 100 %**
immVorb: Ja **MdE: 15 %**

OLG Celle 15.3.2012 – 5 U 207/11 = BeckRS 2012, 213990

3141

Gehirnschädigung im Zusammenhang mit Polytrauma (hier: Anfangs apallisches Syndrom, Schädelhirntrauma, schweres mit zahlreichen Einblutungen im Bereich beider Hirnhemispähren und Pankreasödem mit petechialen Blutungen, ZUstand nach Kapselspaltung und abdominellen Drainagen und spastische Halbseitenlähmung und Ataxie, Brutskorbtrauma mit Lungenquetschung, Bauchtrauma).

10j. Kind (Schüler – „10 Jahre und 7 Monate alte Kl."). 25 Tage Intensivstation mit komatöser Intubierung und künstlicher Beatmung, 245 Tage stationär, „seither ist eine ständige ambulante Behandlung erforderlich". Dauerschaden: Rollstuhlgebundenheit, spastische Halbseitenlähmung und Ataxie [Störung im geordneten Ablauf und in der Koordination von Muskelbewegungen], massive Sprachstörungen mit unverständlicher Sprache, Schluckstörungen, Sehstörungen, Beeinträchtigungen der intellektuellen Fähigkeiten, Intensivpflegefall. [Ursache: Straßenbahnunfall – Kollision mit Fahrradfahrer. Er wurde von dem Straßenbahnzug erfaßt, geriet unter das Führerhaus und wurde 17 m bis zum Stillstand des Straßenbahnzuges mitgeschleift]. Anmerkung: Das vollständige Urteil ist veröffentlicht in VersR 2003, 606. Kapitalisiert und ohne Mitverschulden ging das KG von 280.000 DM [= 143.161 Euro] aus.

Betrag: 51.129 € **Haftung: 75 %**
immVorb: Ja **MdE: 100 %**
Rente: 266 €

KG 2.9.2002 – 12 U 1969/00 = BeckRS 2002, 8343

3035

Polytrauma; beids.Oberschenkelfrakturen und beids.Unterschenkelfrakturen; Beckenfraktur; Unterarmfraktur rechts.

18j. Mann (KFZ-Mechaniker. Mehr als 6 Monate stationär. mehrere sehr lange Operationen mit über 30 Bluttransfusionen. Dauerschaden: Funktionsfähigkeit des rechten Armes und beider Beine erheblich gemindert! Hinkendes Gangbild! Erhebliche Narben und Weichteildefekte!

Betrag: 51.129 € **Haftung: 100 %**
immVorb: – **MdE: 70 %**

OLG Köln 11.7.2001 – 11 U 177/00 = BeckRS 2002, 5874

6007

Hüftfraktur (hier: Hüftgelenkfraktur in Form einer Hüftgelenkpfannenfraktur [=Acetabulumtrümmerfraktur] links, Ellenbogenfraktur (hier:offene Ellenbogentrümmerfraktur 1. Grades mit Bänderverletzung in Form eines Abrisses des sogenannten Epikondylus humeri radialis links, komplette Unterarmfraktur rechts, Fußfraktur (hier: Innenknöchelfraktur links), Nasenbeinfraktur sowie Rippenfrakturen (hier: Fraktur der 11. und 12. Rippe rechts).

46j. Mann (Außendienstmitarbeiter). 210 tage stationär mit insgesamt 7 Aufenthalten, künstliches Hüftgelenk. Dauerschaden: MdE 30 %, da „die Acetabulumtrümmerfraktur nicht folgenlos abgeheilt ist. Die Muskulatur im Bereich des linken Oberschenkels ist reduziert". Insofern wurden attestiert: „Mäßige Bewegungseinschränkung, mäßige Muskelminderung, geringe Mißempfindung". Bewegungseinschränkungen im Bereich des linken Ellenbogens. Verschlechterungstendenz: Gefahr, dass ein Wechsel des künstlichen Hüftgelenks erforderlich wird.

Betrag: 51.129 € **Haftung: 100 %**
immVorb: – **MdE: 30 %**

OLG Frankfurt a. M. 22.2.2001 – 3 U 13/00 = BeckRS 2014, 12957

7365

Polytrauma (derzeit noch keine weiteren Angaben – wird ergänzt).

Frau. Das OLG kam, anders als zuvor das LG Gießen (50 %), zu einer Haftungsquote von 75 % und begründete dies damit, dass Der Pkw-Fahrer gegen das allgemeine Rücksichtnahmegebot verstoßen habe, weil er nicht gebremst habe. Zudem sei er erheblich alkoholisiert gefahren. Auf ein verkehrsgerechtes Verhalten der Fußgängerin habe er nicht vertrauen dürfen – unter anderem wegen der eigenen regelwidrigen Trunkenheit. Die Fußgängerin müsse sich jedoch ein Mitverschulden in Höhe von 25 % anrechnen lassen. Der Fahrer sei für sie erkennbar gewesen, als sie die Fahrbahn betreten habe. Unter Berücksichtigung der Schwere der Verletzungen, des dadurch bedingten Leidens, des Grad des Verschuldens und der unfallbedingten Arbeitsunfähigkeit sei ein Schmerzensgeld von 70.000 Euro angemessen. [Die Entscheidung ist noch nicht rechtskräftig.]

Betrag: 52.500 € **Haftung: 75 %**
immVorb: – **MdE: –**

OLG Frankfurt a. M. 25.1.2024 – 26 U 11/23 = BeckRS 2024, 1397

4472

Polytrauma (hier: Beckenfraktur in Form einer Beckenringfraktur und einer Beckenschaufelfraktur links; Wirbelfraktur in Form einer Steißbeinfraktur sowie eine Unterschenkelfarktur bzw. außenseitige Schienbeinkopffraktur; Nervverletzungen in Form von Wadenbeinnervverletzung und Verletzung des Ischiasnervs sowie einen Leistenbruch bzw. eine Leistenfraktur.)

46j. Frau. Mehr als 7 Wochen stationär, 4 Aufenthalte. Mehrere Operationen. Langwierige Heilbehandlung. Dauerschaden: Gehbehinderung. Die Kl. muss auf Dauer eine Peronäus-Schiene tragen. Erhöhend berücksichtigte das LG, „dass die Klägerin in einem Alter von 46 Jahren von den Unfallfolgen betroffen war, als ihre beiden Kinder 10 bzw. 12 Jahre alt waren. Möglichkeiten, gerade mit den dann heranwachsenden und ins Erwachsenenalter eintretenden Kindern interessante und bereichernde Freizeitaktivitäten zu entfalten und Urlaubserlebnisse zu genießen, sind der Klägerin in erheblichem Umfang vorenthalten worden."

Betrag: 55.000 € **Haftung: 100 %**
immVorb: Ja **MdE: –**

LG Dortmund 1.8.2011 – 21 O 150/09 = BeckRS 2011, 23791

3180

Polytrauma mit schweren Verletzungen an Gliedmaßen, Organen und HNO-Bereich.

Mann (Fleischer). Lange stationär. Mehrere Operationen. MdE 2 Jahre 100 %. Anschließend 80 %. Komplizierte Heilbehandlung. Ein Jahr Rollstuhlgebunden mit künstlichem Darmausgang. Dauerschaden: Gehbehinderung, Diabetes, Schwächezustände, Schlafstörungen. Kann am Tag max. 3 Stunden arbeiten. [Anmerkung: Lesenswerte Ausführungen zur Frage der Regulierungsverzögerung].

Betrag: 55.790 € **Haftung: 70 %**
immVorb: – **MdE: 80 %**

OLG Frankfurt a. M. 2.9.2003 – 14 U 178/02 = BeckRS 9998, 40359

3118

Polytrauma / Unterschenkelamputation (hier: rechtsseitige Unterschenkelamputation, die später mit einer Prothese versorgt wurde. Im Laufe der weiteren Behandlung kam es zu einer Nervverletzung und Nervengewebeschädigung mit Gewebetrennung). Weitere Verletzungen: Oberschenkelfraktur, Beckenfraktur und folgenden Organverletzungen: Nierenverletzung mit Nierenentfernung und späterem Nieren- und Leberversagen, Herzverstopfung und Gehirnblutung.

Mann. Dauerschaden: Gehbehinderung, Pflegefall, Berufsunfähigkeit, der zufolge er zum Bürogehilfen umgeschult wurde. Motorradunfall!

Betrag: 56.242 € **Haftung: 50 %**
immVorb: – **MdE: –**

OLG Rostock 21.9.2001 – 8 U 105/00 = unveröffentlicht

2718

Polytrauma (hier: Beinverletzungen, Gesichtsverletzungen sowie Verletzungen der Augen und des Gehörs).

Frau. Dauerschaden: Gehbehinderung, Sehschwäche und Hörschaden und psychische Beeinträchtigung. [Lesenswert: Zum Mitverschulden bei Nichtanlegen des Sicherheitsgurtes].

Betrag: 56.242 € **Haftung: 80 %**
immVorb: Ja **MdE: –**

OLG München 13.1.1999 – 7 U 4576/98 = BeckRS 1999, 1643

6498

Polytrauma (hier: Frontale Schädelfraktur mit Orbitafraktur und ausgedehnte Gesichtschädelfrakturen in verbindung mit Gehirnblutungen in Form frontaler Kontusionsblutungen beidseitig, Organverletzungen in Form eines Milzrisses und einer Nierenquetschung sowie eine Vielzahl von Frakturen (offene Ellenbogentrümmerfraktur, Unterarmtrümmerfraktur, Handfraktur; beidseitige Beckenfraktur und Schambeinfraktur).

Mann. Keine weiteren Angaben zur Behandlungsdauer und den bleibenden Folgen des Arbeitsunfalles. [Anmerkung: Das Schmerzensgeld wurde – lediglich für den Regressanspruch der Berufsgenossenschaft – fiktiv bemessen].

Betrag: 56.250 € **Haftung: 75 %**
immVorb: – **MdE: –**

OLG Hamburg 19.6.2009 – 1 U 108/08 = BeckRS 2010, 29525

7152

Polytrauma mit gedecktem Schädelhirntrauma und multiplen Kontusionsblutungen rechts frontal und temporal, Rippenserienfraktur rechts, traumatischer Pneumohämatothorax rechts, eine ausgedehnte Rissquetschwunde am distalen Oberarm rechts, eine Radiusköpfchenfraktur mit Gelenkbeteiligung und knöcherner Absprengung am Olekranon rechts (Ellenbogenhöcker an der Spitze des Ellenbogens) und eine Milzkontusion sowie eine Großzehenverletzung, die sich später entzündet hatte sowie Verlust von drei Zähnen. Zudem erlitt die Klägerin einen Schock.

67j. Frau. 24 Tage stationär. Anschließend 22 Tage stationäre Reha. Dauerschaden: Immer wieder auftretenden erheblichen Kopfschmerzen. Zudem muss die Kl. infolge des Unfalls ein Gebiss tragen. „Auffallend waren dabei im Rahmen der Anhörung erkennbare sprachliche Beeinträchtigungen der Klägerin und ein zurückgebildeter Kieferbereich", so das OLG. Das Schmerzensgeld erhöhend berücksichtigte das OLG „das absolut nicht nachvollziehbare Regulierungsverhalten der Beklagten". [Ursache: Verkehrssicherungspflichtverletzung am Bahnübergang mit Zusammenstoß von Kfz und Bahn infolge wegen eines technischen Defekts geöffneter Schranken].

Betrag: 60.000 € **Haftung: 100 %**
immVorb: Ja **MdE: –**

OLG Celle 31.1.2023 – 14 U 133/22 = BeckRS 2023, 1276

6751

Polytrauma (hier: Schädelhirntrauma mit Gehirnblutung – hochfrontal links und Subarachnoidal-Blutung – und hirnorganischem Psychosyndrom. Tibiakopftrümmerfraktur links; Fußgelenkfraktur. Schwerste Prellungen mit Blutergüssen am gesamten Körper und insbesondere am linken Kniegelenk. Psychische Beeinträchtigungen in Form einer mittelschweren depressiven Episode.

42j. Frau. Intensivstation. 5 Tage stationäre Behandlung. Sowohl die Subarachnoidal-Blutung als auch die Fußgelenkfraktur wurden zunächst nicht erkannt. Die Tibiakopftrümmerfraktur wurde mit einer Plattenosteosynthese versehen. Anschließend war der Kläger zunächst an einen Rollstuhl gebunden und musste sich einer neurologischen Reha-Maßnahme von 4 Wochen sowie später noch einer ambulanten orthopädischen Reha-Behandlung unterziehen. Schmerzensgelderhöhend wurden die erheblichen Kopfschmerzen und Gesichtsschmerzen sowie die Schmerzen im Bereich der Frakturen sowie die Lähmungserscheinungen und Taubheitsgefühle im Gesichtsbereich gewertet. Zudem berücksichtigte das LG die Regulierungsverzögerung der Beklagten KH-Versicherung sowie die Tatsache, dass das Unfallereignis grob fahrlässig verursacht worden war. Dagegen konnten die von der Klägerin vorgetragenen Dauerfolgen (PTBS und Hirnschädigung) durch sie nicht nachwiesen werden.

Betrag: 60.000 € **Haftung: 100 %**
immVorb: Ja **MdE: –**

LG Saarbrücken 15.1.2019 – 4 O 412/13 = BeckRS 2019, 54828

4697

Beidseitige Beckenringfraktur (hier: Vordere und hintere Beckenringfraktur Typ C); Schambeinfraktur (rechter Schambeinast) sowie Zahnverletzungen und eine Kopfplatzwunde sowie diverse Blutergüsse.

20j. Frau (Studentin). 19 Tage stationär mit 2 Operationen; anschließend für die Dauer von 30 Tagen ambulante Heilbehandlung / Rehabilitation. Dauerschaden: Psychische Beeinträchtigung / posttraumatische Belastungsstörung. Schmerzensgelderhöhend wurde zum einen das erhebliche Verschuldendes Klägers, der trotz gegenteiliger Aufforderung seitens der Klägerin betrunken und zudem viel zu schnell fuhr. Zum anderen wurde auch die erhebliche Beeinträchtigung der Studienplanung und der Lebensplanung der jungen Studentin berücksichtigt.

Betrag: 60.000 € **Haftung: 100 %**
immVorb: – **MdE: 20 %**

KG 28.2.2013 – 22 U 209/12 = BeckRS 2013, 200843

4769

Polytrauma (hier: Pneumothorax und Nierenkontusion, diverse Frakturen, u.a. Schlüsselbeinfraktur, Nasenbeinfraktur, Rippenserienfraktur sowie eine Schulterverletzung in Form einer Schulterausrenkung und zahlreiche Prellungen sowie Schürf-, Riss- und Platzwunden).

Mann (dem Kontext nach junger Mann). Längere stationäre Behandlung; 2 Wochen auf Intensivstation mit ingesamt 4 Operationen. MdE 4 Wochen 100 %. [Anmerkung: Der

Fall behandelt das Thema der Haftung bei verbotenen Kraftfahrzeugrennen im öffentlichen Straßenverkehr. Hierzu führte das OLG ua aus: Die spontane Verabredung zu einem Beschleunigungsrennen genüge nicht für einen konkludent vereinbarten Haftungsverzicht. Entgegen der Auffassung der Bekl. ist ihre Haftung auch nicht deshalb ausgeschlossen, weil der Kl. sich bewusst auf das Beschleunigungsrennen und die damit verbundenen Gefahren eingelassen hat.]

Betrag: 60.000 € **Haftung: 60 %**
immVorb: – **MdE: –**

OLG Karlsruhe 23.2.2012 – 9 U 97/11 = BeckRS 2012, 15037

4020

Polytrauma (hier: diverse Armverletzungen; Knieverletzungen und Beinverletzungen mit Arthrosen im linken Ellenbogengelenk, im Kreuzdarmbeingelenk, im linken Kniegelenk sowie im Fußwurzelbereich sowie im rechten Sprunggelenk.).

48j. Mann (LW-Fahrer). Stationär. Dauerschaden: Erhebliche Bewegungseinschränkungen; muss sich zum Aufstehen mit beiden Händen abstützen; auch kann er keine PC-Tätigkeit durchführen und somit nicht in Berufe mit derartiger Tätigkeit umgeschult werden. Somit verbleibt ihm eine dauerhafte Erwerbsunfähigkeit und Berufsunfähigkeit.

Betrag: 60.000 € **Haftung: 100 %**
immVorb: Ja **MdE: –**

OLG Düsseldorf 19.1.2009 – 5 U 138/08 = SP 2009, 288

5828

Polytrauma mit massiven Oberarmverletzungen, Unterarmverletzungen sowie Beinverletzungen.

48j. Mann (Kraftfahrer). Stationäre Heilbehandlung. Dauerschaden: MdE 50 %. Bewegungseinschränkungen und Belastungsminderung im Bereich des linken Schultergelenks, des linken Oberarms, des linken Ellenbogen sowie „einer Muskelminderung am linken Unterarm, einer Bewegungseinschränkung am Handgelenk, wobei eine Narbenbildung am linken Unterarm besteht und sich eine Kraftminderung im Bereich der linken Hand befindet. Der Kläger hat ferner Druck- und Bewegungsschmerzen am lumbosakralen Übergang sowie eine Narbe im Bereich des Gesäßes links. Es besteht eine Bewegungseinschränkung im Bereich des linken Hüftgelenkes. Im Bereich des linken Oberschenkels befinden sich ausgeprägte Narben. Darüber hinaus besteht eine deutliche Bewegungseinschränkung im linken Kniegelenk und eine Instabilität im linken Kniegelenk (mit Orthesenversorgung). An beiden Unterschenkeln haben sich Narben gebildet. Eine endgradige Bewegungseinschränkung findet sich in den Sprunggelenken, den Fußwurzelgelenken und den Zehengelenken beidseits. Am linken Bein leidet der Kläger an Gefühlsstörungen. Am rechten Fuß befinden sich ebenfalls Narben. Arthrosen finden sich im linken Ellenbogengelenk, im Kreuzdarmbeingelenk links und im linken Kniegelenk sowie in der Fußwurzel und beginnend im rechten Sprunggelenk. Zudem ist der Oberschenkelbruch links in Fehlstellung verheilt, gleichfalls in Fehlstellung verheilt ist der linke Unterschenkel". Verschlechterungstendenz. Berufsunfähigkeit ohne Vermittelbarkeit auf dem Arbeitsmarkt.

Betrag: 60.000 € **Haftung: 100 %**
immVorb: Ja **MdE: 50 %**

OLG Düsseldorf 19.1.2009 – I-1 U 113/05 = BeckRS 2009, 25530

3876

Polytrauma (hier: Schädelhirntrauma, temporale Kalottenmehrfragmentfraktur rechts mit zentraler Impression, temporopolare Kalottenfraktur links mit Epiduralhämatom, multiple Mittelgesichtsfrakturen, Nasenbeinmehrfragmentfraktur, erstgradig offene Ellenbogenluxationsfraktur rechts, offene Grundgliedfraktur des rechten Kleinfingers, eingestauchte körpernahe Femurschaftfraktur rechts, isolierte proximale Figulafraktur rechts).

Mann. Stationäre Heilbehandlung. Langwierige Heilbehandlung. MdE 13 Monate 100 %. Dauerschaden: zentralvegetative Störungen in Form von Kopfschmerzen sowie Störungen des verbalen Gedächtnisses; Bewegungseinschränkung des re. Ellenbogengelenkes, Herabsetzung der groben Kraft des Armes und der Hand, Muskelminderung im Bereich des Ober- und Unterarmes, Taubheitsgefühl im Bereich des Ring- und kleinen Fingers sowie Bewegungseinschränkung des Hüftgelenks mit Außenrotations-Fehlstellung.

Betrag: 60.000 € **Haftung: 100 %**
immVorb: – **MdE: –**

OLG Rostock 26.9.2008 – 5 U 115/08 = BeckRS 2008, 20892

3960

Polytrauma (hier: Beckenverletzung; Hüftgelenkverletzung; Kniegelenkverletzungen sowie Schulterverletzung, Oberarmverletzung, Unterramverletzung u.a. verletzungen mit insges. erheblichen dauerfolgen).

48j. Mann (LKW-Fahrer). Dauerschaden: Berufsunfähigkeit. Bewegungseinschränkungen linksseitig an Schulter, Oberarm, Ellenbogen und Unterarm sowie Kraftminderung in der linken Hand. Zudem Bewegungsbeeinträchtigung der linken Hüfte. und eine deutliche Bewegungseinschränkung des linken Kniegelenks sowie am Sprunggelenk und den Fuß- und Zehengelenken. Der Kläger kann keine stehenden oder mit Gehen verbundenen Tätigkeiten mehr ausführen aber auch keine sitzenden (wegen der Beckenverletzung im Übergang zur Wirbelsäule).

Betrag: 60.000 € **Haftung: 100 %**
immVorb: Ja **MdE: 100 %**

OLG Düsseldorf 19.1.2009 – 1 U 113/05 = BeckRS 2009, 25530

6915

Polytrauma mit subtotaler Amputation Oberarm rechts mit großflächigen subkutanem Dekollement des gesamten Unterarmes und Ellenbogenbereich, drittgradig offene Unterarmtrümmerfraktur rechts, drittgradig offene Mittelhandtrümmerfraktur und Handgelenksluxationsfraktur rechts, drittgradig offen Kniegelenksluxation links mit Fraktur medialer Femurkondylus, Patellaspitzenfraktur, offene Patellaluxation, großflächigen Weichteildefekt Unterschenkel links, Pneumothorax links (Lungenzusammenfall), Kreuzbeinfraktur beidseitig bei einliegendem Fixateur, dislozierter Orbitabodenodenfraktur links, postoperatives Delir, persistierende Doppelbilder bei Hebungsdefizit Auge links.

73j. Frau (Rentnerin). 5 Monate stationär. Dauerschaden: Rollstuhlgebundenheit, Oberarmverlust. „Die Geschädigte war fortan auf den Rollstuhl angewiesen und konnte sich nur mit Hilfe aufrichten und aus dem Rollstuhl heraus bewegen. Es bestand eine ausgeprägte Stand- und Gangunsicherheit. Aufgrund von aufgetretenen Hautveränderungen im Bereich des Stumpfes und ungünstiger Weichteilvoraussetzungen wurde festgestellt, dass das Tragen einer Oberarmprothese aufgrund des Gewichtes dieser

Prothese nicht möglich war". Zur Schmerzensgeldbemessung führte das LG Nürnberg-Fürth aus: „Die Geschädigte war zum Zeitpunkt des Unfalles 73 Jahre alt und litt – auch wenn ihre Lendenwirbelbehandlung ausgeheilt war – an zahlreichen Vorerkrankungen. Zwischen dem Unfallereignis und dem Ableben von Frau W. lagen lediglich drei Jahre. Anders als in den zitierten Entscheidungen musste die Klägerin daher nur einen relativ kurzen Lebensabschnitt mit den Verletzungen zurechtkommen. Dass hierdurch ihre letzten Lebensjahre erheblich beeinträchtigt wurden, wird nicht in Abrede gestellt."

Betrag: 65.000 € **Haftung: 100 %**
immVorb: – **MdE: –**

LG Nürnberg-Fürth 24.2.2021 – 8 O 6262/20 = BeckRS 2021, 18137

4292

Polytrauma: Schulterverletzung, schwere (hier: Schultergelenkluxation links mit Mac Laughlin Defekt). Organverletzung (hier: Herzverletzung in Form einer Herzquetschung mit nachfolgenden Herzrhytmusstörungen); Ellenbogenverletzung, knöcherne links mit Algodystrophie [akute entzündliche Schwellung, hier: des linken Armes] Rippenserienfraktur sowie Wirbelsäulenverletzung und HWS-Syndrom.

35j. Mann. 97 Tage stationär; 6 Aufenthalte. Langwierige ambulante Heilbehandlung und Reha. Dauerschaden: Sehr erhebliche Bewegungseinschränkung und Belastungseinschränkung des linken Armes. Das OLG spricht von einer „Nichtgebrauchsfähigkeit". Erhebliche Regulierungsverzögerung.

Betrag: 65.000 € **Haftung: 100 %**
immVorb: Ja **MdE: –**

OLG Köln 7.12.2010 – 4 U 9/09 = BeckRS 2010, 30479

5249

Polytrauma mit Oberschenkelfraktur links, o.Unterschenkelfraktur 3.Grades rechts, großflächiger Hautverlust [sogn. Decollement oder Ablederung] mit Bauchwandmuskelabriss, Thoraxtrauma, Rippenfraktur, Harnwegsinfektion, Blutungsanämie, Knieverletzung / Weichteilverletzung rechts und Knieplatzwunde links, PTBS mit schweren Flashbacks und Todesangst.

33j. Frau (Hausfrau und Mutter von zwei Kleinkindern). 4 Wochen stationär, mehrere Operationen. MdE 45 Monate 100 %. Sehr langwierige Heilbehandlung mit Schmerztherapie und Psychotherapie. Drei Monate nach dem Unfall begann die Klägerin wieder – mit Gehhilfen – zu Laufen. Dauerschaden: Gehbehinderung; Bewegungsbeeinträchtigung der Hüfte. Chronische Schmerzen. Arthrose. Die taub-stumme Klägerin trägt seit dem Unfall kein Hörgerät mehr aus Angst, dadurch wieder an die Signalhörner des Krankenwagens erinnert zu werden.

Betrag: 70.000 € **Haftung: 100 %**
immVorb: Ja **MdE: –**

LG Stuttgart 5.2.2016 – 24 O 192/13 = BeckRS 2016, 137509

6027

Polytrauma (hier: Schädelhirntrauma mit Gehirnblutung bzw. epiduralem Hämatom), offene Oberschenkelfraktur 3. Grades mit Muskelquetschung und großflächigem Decollement, offene Unterschenkelfraktur 3. Grades links mit großflächigem Kompartmentsyndrom und Weichteilverletzung, Knieverletzung mit Verdacht auf Kreuzbandriss, Fußfrakturen in Form einer sogenannten OSG-Luxationsfraktur des Innenknöchels sowie Bandzerreißung des OSG sowie einer Sprungbeintrümmerfraktur links.

10j. Kind (Schüler). 148 Tage stationär mit insgesamt neun Aufenthalten. Anschließend langwierige Heilbehandlung mittels Physiotherapie und psychologischer Therapie. Neurologische Rehamaßnahmen. Dauerschaden: Kopfschmerzen und Konzentrationsstörungen. Arthrose im Sprunggelenk. Belastungsminderung beider Beine. Verschlechterungstendenz: Gefahr von Epilepsie. [Ursache: Verkehrssicherungspflichtverletzung – Einsturz eines Bauwerks].

Betrag: 70.000 € **Haftung: 100 %**
immVorb: Ja **MdE: –**

LG Arnsberg 25.11.2004 – 4 O 481/03 = BeckRS 2014, 6286

7615

Polytrauma, schweres (hier: Schädel-Hirn-Trauma mit Gehirnblutung und organischem Psychosyndrom mit kognitiven Einschränkungen, Halswirbelkörperfraktur mit einer Subluxation des Zwischenwirbelgelenkes HWK 6/7 und einer Fraktur des Wirbelbogens am 6. HWK sowie einem Weichteilhämatom ausgehend vom Segment C5 bis hinab zu C7, Lungenverletzung mit Hämatopneumothorax mit instabilem Thorax und deutlich dislozierter Rippenserienfraktur links, eine ausgeprägte Lungenkontusion beidseits, einen traumatischen Pneumonthorax rechts, ein medialstinales Emphysem, Unterarmfraktur in Form einer sekundär dislozierten Abrissfraktur des Prozessus styloideus radii rechts bzw. Abrissfraktur des Griffelfortsatzes der körperfernen Speiche sowie eine Schulterverletzung in Form eines Subacromialsyndroms der linken Schulter mit Bursitis subacromialis bei Hypermobilität. Zudem eine Skalpierungsverletzung und ein HWS-Syndrom.)

Mann. Stationäre Behandlung. Dauerschaden: MdE 35 %, unfallbedingten Beschwerden des Klägers auf dem lungenfachärztlichen Bereich in Form von einer eingeschränkten körperlichen Belastbarkeit sowie psychische Beeinträchtigungen. Bei der Schmerzensgeldbemessung berücksichtigte das OLG, dass „der Kläger die unfallbedingten schweren Thoraxverletzungen nicht erlitten hätte, wenn er angegurtet gewesen wäre. … und bei einem angegurteten Insassen mit sehr hoher Wahrscheinlichkeit nur Rippenfrakturen aufgetreten wären." Gleiches – so das OLG – gelte auch für das erlittene schwere Schädelhirntrauma mit Skalpierungsverletzungen. Allerdings rügte das OLG insofern die Vorgehensweise des LG, das bei der Bewertung der klägerischen Ansprüche sämtliche Verletzungen, die der Kläger nicht bzw. weniger schwer erlitten hätte, wenn er bei dem streitgegenständlichen Unfall angegurtet gewesen wäre, vollständig unbeachtet gelassen hatte. Dieser Gesichtspunkt, so das OLG, sei erst auf der Ebene des anspruchsmindernden Mitverschuldens des Geschädigten gemäß § 254 I BGB zu berücksichtigen. Erhöhend berücksichtigte das OLG schließlich noch die unverständliche Regulierungsverzögerung des Beklagten. [vgl. dazu im Handbuch → Rn. 105].

Betrag: 72.000 € **Haftung: 60 %**
immVorb: Ja **MdE: 35 %**

OLG München 19.1.2022 – 10 U 4672/13 = BeckRS 2022, 319

7909

Polytrauma (hier: schwere Beckenverletzung in Form einer instabilen Beckenringfraktur – sog. „Becken C Fraktur"; erstgradige offene Oberarmfraktur AO 12 A 3; drittgradige offene Unterarmfraktur in Form einer sog. Galeazzi-Fraktur mit kompletter Avulsion bzw. komplettem Ausreißen der sog. Ulan, einem länglichen Röhrenknochen am medialen Unterarm in Verbindung mit einer Radiustrümmerfraktur bzw. Speichentrümmerfarktur rechts, einer Wirbelsäulenfraktur in Form einer Berstungsfraktur BWK 1 – AOS A3 sowie Organverletzungen in Form einer Pankreaskontusion, einer Milzlazeration, einer Dünndamperforation iVm einem Mesenterialeinriss mit Ischämie im Bereich des letzten Abschnitts des Dünndarms bzw im sog. Illeum und zudem noch eine Rippenserienfraktur der 5. bis 7. Rippe rechts und der 10. und 11. Rippe rechts sowie schließlich noch eine Schnittwunde am rechten Unterschenkel

Mann. Drei stationäre Aufenthalte mit acht Operationen. Anschließend Reha-Aufenthalt. Der Kläger war ein Jahr zum Zwecke der Fortbewegung auf einen Rollator angewiesen. MdE 413 Tage 100 %. Langwierige Heilbehandlung auch mittels Ergotherapie und Physiotherapie. Dauerschaden: Gehbehinderung; Nervschädigungen im Bereich des rechten Beins. Eine Beugung der Kniegelenke ist lediglich noch bis zu einem Winkel von 100 Grad möglich. Es sind zudem Bewegungseinschränkungen des HWS und LWS mit "ausstrahlenden Schmerzen ins rechte Bein, eine Gangstörung des rechten Beins mit rascher Ermüdbarkeit / Belastungseinschränkungen sowie eine Kraftminderung der rechten Hand mit Störung der Feinmotorik der rechten Hand verblieben. Dies seien, so das LG, Dauerschäden und eine deutliche Verbesserung sei nicht zu erwarten. Entstellende Narben; 22 cm am Bauch 16 cm am Rücken sowie zahlreiche weitere kürzere Narben. Bei der Schmerzensgeldbemessung berücksichtigte das LG zunächst unter dem Gesichtspunkt der Genugtuungsfunktion, dass der Beklagte den Unfall grob fahrlässig verursacht hatte. Sodann berücksichtigte das LG, dass – so wörtlich – „der Kläger erhebliche multiple schwerste Verletzungen unfallbedingt erlitten hat" und dies „also quasi am gesamten Körper". [Ursache: Motorradunfall. Anmerkung: Das Urteil ist rechtskräftig; die zum OLG Hamm I-9 U 193/23 eingelegte Berufung wurde zurückgenommen].

Betrag: 75.000 € **Haftung: 100 %**
immVorb: – **MdE: –**

LG Münster 18.2.2025 – 012 O 123/20 = BeckRS 2025, 46804

4407

Polytrauma (hier: Schädelhirmtrauma 3.Grades mit Gehirnquetschung und frontaler subarachnoidaler Gehirnblutung und subduralem Hämatom und hirorganischen Psychosyndrom; Zudem erlitt der Kläger eine o.Oberschenkelfraktur mit Knochendefekt und Verdacht auf Osteomyelitis und Oberschenkelmuskelverletzungen; Unterschenkelfrakturen links mit Unterschenkelkompartmentsyndrom; Rippenfraktur; Kleinfingerteilamputation sowie stumpfe Hals- und Thoraxquetschungen.)

40j. Mann (Polizeibeamter). Fast 2 Monate stationär; 4 Operationen. Lebensgefahr. 4 Monate Reha. Dauerschaden: schlaffe Armlähmung links; fast vollständige Knieversteifung links; Pflegefall: Der Kläger bedarf ca. 2 Stunden täglich der externen Pflege; sein Haus musste behindertengerecht umgebaut werden. Berufsaufgabe. Ursache: Motorradunfall.

Betrag: 75.000 € **Haftung: 50 %**
immVorb: Ja **MdE: 100 %**

OLG Brandenburg 23.6.2011 – 12 U 263/08 = BeckRS 2011, 17727

5886

Polytrauma (hier: „Schädel-Hirn-Trauma mit Bewusstlosigkeit, eine Hirnkontusion mit frontaler subarachnoidaler Blutung und subduralem Hämatom, die zu einem hirnorganischen Psychosyndrom und einem versteckten Schielen (dekompensierte Exophorie) führten, eine Läsion des Plexus brachialis links mit Wurzelausriss, eine offene suprakondyläre Femurfraktur links mit Knochendefekt und Verdacht auf chronische Osteomyelitis, geschlossene multiple Frakturen des linken Unterschenkels, eine geschlossene multiple Patellafraktur links, eine offene distale Unterschenkelfraktur links, eine Teilamputation des kleinen Fingers der linken Hand, ein Unterschenkelkompartmentsyndrom, hochgradige Atrophien der Oberschenkelmuskulatur, eine Fraktur der 1. Rippe links sowie eine stumpfe Hals- und Thoraxkontusion", so das LG).

40j. Mann (Polizeibeamter). 1 Woche Intensivstation mit künstlicher Beatmung. 7 Wochen stationär sowie anschließend 4 Wochen Rehabilitationsaufenthalt. Im Anschluss hieran erfolgte eine dreimonatige ambulante Heilbehandlung. Dauerschaden: MdE 100 % wegen vollständiger Kniegelenkversteifung und vollständigem Funktionsverlust des linken Arms sowie wegen des verkürzten linkes Beines mit entsprechender Gehbehinderung. Erhebliche psychische Beeinträchtigungen wegen Versetzung in den Ruhestand, der ständigen Schmerzen und seines verkrüppelten Gesamterscheinungsbild. Schließlich belaste ihn, dass er nie wieder Motorrad fahren können werde und dass sein Intimleben gestört sei. [Ursache: Motorradunfall].

Betrag: 75.000 € **Haftung: 50 %**
immVorb: Ja **MdE: 100 %**

LG Neuruppin 19.11.2008 – 2 O 248/07 = BeckRS 2010, 25206

4343

Polytrauma: Teilerblindung (hier: Erblindung auf einem Auge) sowie Schädelfraktur, Mittelgesichtfraktur mit Unterkieferfraktur; Oberschenkelfraktur; Unterarmfraktur sowie beids.Handgelenkfraktur.

Mann. Stationärer Aufenthalt; langwierige Heilbehandlung. Dauerschaden: Teilerblindung und Beinverkürzung um 1,5 cm. Wegen schmerzhafter Arthrosen sind erneute Operationen wahrscheinlich.

Betrag: 75.000 € **Haftung: 100 %**
immVorb: – **MdE: –**
Rente: 200 €

OLG Celle 22.5.2003 – 14 U 221/02 = unveröffentlicht

7606

Polytrauma: Hüftfraktur, schwere (hier: Hüftpfannenfraktur mit späterer Hüftendoprothesenimplantation und Schambeinastfraktur bzw. „Fraktur am Übergang vom linken unteren Schambeinast zum Sitzbeinknochen"). Unterschenkelfraktur und Knieverletzung (hier: Schienbeinkopffraktur mit Beteiligung des Kniegelenks links mit Bewegungseinschränkung), Sprunggelenksverletzung durch Teilschädigung des Nervus ischiadicus links mit sensiblen und motorischen Ausfällen sowie hieraus resultierender Bewegungseinschränkung im linken oberen und unteren Sprunggelenk, Fußfraktur in Form einer Mittelfußknochenfraktur, Muskelminderung im linken Oberschenkel und Unterschenkel, folgenlos abgeklungene postoperative Beinvenenenthrombose links, Brustbeinfraktur, Rippenfrakturen der Rippen III – VI rechts sowie III – V und VII – VIII links und ein folgenlos geheiltes stumpfes Bauchtrauma.

54j. Mann. Stationäre Behandlung mit mehreren Operationen. Dauerschaden: Berufsunfähig und Bewegungsbeeinträchtigungen und „gestörtes Gangbild". Zur Schmerzensgeldbemessung führte das LG aus: „Ferner ist zu berücksichtigen, dass der Kläger aufgrund der schwerwiegenden Verletzungsfolgen am Hüftapparat und am linken Bein mit Kniebeeinträchtigung und Spitzfußausbildung des linken Fußes seit dem Unfalltag nicht mehr am Berufsleben teilnehmen konnte. Dies wirkt Schmerzensgeld erhöhend. Weiter Schmerzensgeld erhöhend wirkt sich auch die Tatsche aus, dass der Kläger seinen gewohnten Freizeitaktivitäten wie Fußball spielen nicht mehr nachkommen kann. Auch das Fahrrad fahren ist stark eingeschränkt. Die Verletzungsfolgen münden in einem Dauerschaden. Dieser beeinträchtigt das Berufsleben des Klägers und das Privatleben des Klägers grundlegend." Zudem wirkte die über 11 Jahre andauernde Regulierungsverzögerung schmerzensgelderhöhend.

Betrag: 80.000 € **Haftung: 50 %**
immVorb: Ja **MdE: –**

LG Chemnitz 29.1.2021 – 2 O 1169/17 = BeckRS 2021, 63357

6788

Polytrauma mit einem mittelgradigen hirnorganischen Psychosyndrom mit Beeinträchtigungen im Aufmerksamkeits-, im Gedächtnisbereich und im visuellen Bereich. Beeinträchtigungen der exekutiven Funktionen wie Ein- und Umstellfähigkeit des vorausschauenden Handelns und Planens, der Kritik- und Urteilsfähigkeit wurden dabei jedoch nicht attestiert.

Mann. Stationäre Behandlung mit – laut dem vom Gericht hinzugezogenen Sachverständigen – „gutem Heilungsverlauf". Dauerschaden: Beeinträchtigungen beim Sport. Das OLG bzw. auch bereits die Vorinstanz orientierten sich an den Entscheidungen des OLG München → Nr. 4799, des LG Weiden → Nr. 3663 sowie des LG Kleve → Nr. 3508. [Lesenswerte Ausführungen zur Thematik der (behaupteten) Regulierungsverzögerung. Sie dazu auch die Anmerkungen von Kääb FD-StrVR 2021, 438852 sowie meine Hinweise oben → Rn. 128].

Betrag: 80.000 € **Haftung: 100 %**
immVorb: Ja **MdE: 50 %**

OLG Hamm 22.1.2021 – 7 U 18/20 = BeckRS 2021, 9618

5288

Polytrauma mit Schädelfraktur (Augenhöhlenfraktur), Beckenringfraktur, o.Sprunggelenkfraktur in Form einer Sprunggelenktrümmerfraktur mit Knorpeldefekt, Steißbeinfraktur, Kreuzbeinfraktur, Organverletzung (hier: innere Blutungen im Bauch / Darmbereich, Zahnfrakturen (Zähne 11, 12, 13 und 21), Gesichtsverletzung (hier: Monokelhämatom, Risswunden und Quetschungen der rechten Gesichtshälfte),

17j. Frau. Stationäre Behandlung mit mehreren Operationen und zahlreichen Metallteilimplantaten (Kriechschrauben bzgl. Beckenringfraktur, Plattenosteosynthese zur Schambeinversorgung, Fixaktionsdrähte für Sprunggelenkfraktur). Langwierige Heilbehandlung mit mehreren stationären Aufenthalten und teils sehr schmerzhaften Behandlungen / Zahnbehandlungen. Dauerschaden: Gehbehinderung und Bewegungseinschränkungen sowie Arthrose im Sprunggelenk.

Betrag: 80.000 € **Haftung: 100 %**
immVorb: Ja **MdE: 40 %**

LG Ingolstadt 5.8.2014 – 34 O 1617/13 = unveröffentlicht

4799

Polytrauma (hier: Oberarmfraktur in Form einer proximalen Humerusfraktur links, eine Schlüsselbeinfraktur bzw. Schlüsselbeinschaftfraktur rechts, eine Handgelenfraktur bzw. Handgelenkkluxationsfraktur links mit erheblichen Nervverletzungen und Armnervengeflechtsschädigungen, eine Daumenendgliedfraktur links, eine beids.Rippenserienfraktur nach Thoraxtrauma und einen Pneumothorax rechts mit anhaltender Ventilationsstörung, eine Beckenringfraktur sowie eine Hüftgelenkfraktur links, eine Sprunggelenkverletzung mit Bewegungseinschränkungen des rechten oberen Sprunggelenks sowie eine Fußheberschwäche.)

44j. Mann. „Längere Zeit stationär im Krankenhaus" (so das OLG) und anschließende Rhea-Maßnahme. MdE 27 Monate 100 %. Dauerschaden: 1. Bewegungseinschränkung des linken Hüftgelenks auf Basis einer beginnenden, posttraumatischen Hüftgelenksarthrose. 2. Bewegungseinschränkung des rechten Sprunggelenks für Beugung und Streckung sowie eine Abschwächung der Fußhebung sowie 3. Verschmächtigung der Muskulatur im Bereich der linken Schulter und des Oberarms, 4. Schwäche für die Abspreizung des nach vorn und nach hinten führenden linken Arms im Schultergelenk, 5. Muskelkrämpfe am linken Oberarm, eine Hautgefühlsminderung an der linken Schulteraußenseite und an beiden Händen. 6. MdE 50 %, das Versorgungsamt Niederbayern stellte einen Grad der Behinderung von 70 % fest, doch hat der festgesetzte GdB nichts mit der unfallkausalen MdE zu tun, denn „bei der Bewertung des GdB durch das Versorgungsamt finden sämtliche gesundheitliche Schäden einen Niederschlag, somit auch unfallunabhängige", so das OLG zutreffend.

Betrag: 80.000 € **Haftung: 100 %**
immVorb: Ja **MdE: 50 %**

OLG München 13.12.2013 – 10 U 4926/12 = BeckRS 2013, 22617

4770

Apallisches Syndrom nach Polytrauma (hier: schwers Schädelhirntrauma mit Gehinschädigung durch Gehirnquetschung und Schädigung der Faserverbindungen zwischen den beiden Gehirnhälften). Zudem erlitt der Kläger eine Oberschenkelfraktur in Form einer Oberschenkeltrümmerfraktur und eine Lungenquetschung.

15j. Junge. Lebensgefahr. Intensivstation. 2 Wochen im Koma. Langwierige Heilbehandlung mit Rehabilitationsaufenthalten. Dauerschaden: Apallisches Syndrom. der Kläger ist in seiner privaten und beruflichen Entwicklung stark beeinträchtigt. Eine MdE auf dauer ist sehr wahrscheinlich.

Betrag: 80.000 € **Haftung: 66 %**
immVorb: Ja **MdE: –**

OLG Koblenz 20.6.2012 – 12 U 1474/10 = BeckRS 2012, 214071

3663

Polytrauma (Schweres Bauchtrauma; schweres Brustkorbtrauma mit Organverletzung wie Nierenversagen und Lungenquetschung. Zahlreiche, teils schwere Frakturen: o.Unterarmverrenkungsfraktur rechts, Gesichtschädelfraktur, o.Unterschenkelfraktur links mit Compartsyndrom sowie Intimalähmung und Peronaeuslähmung, Beckenfraktur mit Iliosacralfugensprengung, Syphysensprengung. Sepsis mit protrahiertem Schock u.a. Verletzungen.

29j. Mann (Großhandelskaufmann / Lagerist). 3 Monate stationär mit intensiven ambulanten Heilbehandlungen und 6 Monate Reha. Zahlreiche Operationen. Dauerschaden: Bewegungseinschränkungen im rechten Arm / rechte Hand und im rechten Knie und Hüftgelenk. Belastungsbeeinträchtigung im linken Bein und linken Fuß. Verschlechterungstendenz: Gefahr künstlicher Gelenke.

Betrag: 80.000 € **Haftung: 100 %**
immVorb: – **MdE: 40 %**

LG Weiden 6.6.2005 – 1 O 152/05 = BeckRS 2005, 153765

4969

Polytrauma (hier: „Luxationsfraktur des linken Ellenbogengelenkes, Abriss des Kronenfortsatzes der Elle, Radiusköpfchentrümmerfraktur; Bruch der Speiche und einiger Handwurzelknochen; am rechten Arm Speichenköpfchenbruch und proximale Fibulafraktur, offene Endgliedtrümmer- und Grundgliedfraktur des rechten Kleinfingers, Mittelhandknochen IV-Basisfraktur sowie knöcherner Strecksehnenausriss des rechten Daums; am rechten Bein Brüche des Waden- und Schienbeinkopfes; komplexe Beckenfraktur mit Acetabulumfraktur rechts, zentrale Hüftluxation rechts, Iliosacralfugensprengung rechts, Sitzbeinfraktur rechts, Fraktur des hinteren Pfeilers des linken Acetabulums; stumpfes Bauchtrauma mit Einriss des Dünndarm-Mesenteriums im Bereich des terminalen Ileums; Verlust zweier Schneidezähne; medikamenteninduzierter delirhafter Durchgang mit Alpträumen, Verwirrtheit und paranoid-halluzinatorische Symptomatik", so das OLG).

Mann. Stationäre Behandlung; mehrere Operationen. Langwierige Heilbehandlung. Dauerschaden: Gehbehinderung mit Schmerzen beim Treppensteigen, Bewegungsbeeinträchtigung beim Gehen, Stehen und Sitzen sowie am linken Handgelenk sowie der Finger der rechten Hand, Belastungseinschränkung, insbesondere am linken Arm und am rechten Ellenbogen und Taubheitsgefühle im Bereich des linken Fußes und des rechten Unterschenkels. Zudem Arthrose im linken Ellenbogen sowie Arthroseanzeichen im rechten Ellenbogen. [Ursache: Motorradunfall].

Betrag: 82.500 € **Haftung: 75 %**
immVorb: – **MdE: –**

OLG Frankfurt a. M. 1.2.2013 – 10 U 198/11 = BeckRS 2013, 12469

6328

Polytrauma (hier: Unterarmamputation links nach offene Unterarmfraktur 3. Grades links mit schwerstem Decollement im Handbereich und Radiusluxation links; Schädelkontusion mit frontaler Kopfplatzwunde und Verletzung der Ohrmuschel links; Organverletzung, stumpfes Bauchtrauma mit zentraler Milzruptur und kapsulärem, hilusseitgem Hämatom sowie subkapsulärem Nierenhämatom links; posttraumatische Belastungsreaktion (PTBS) und Anpassungsstörung bei bekannter Klaustrophobie, sekundäre Wundinfektion im lateralen Unterarmstumpf und chronisches Schmerzsyndrom).

66j. Frau. 27 Tage stationär in zwei Aufenthalten. 55 Tage Rehabilitationsaufenthalt. Die Klägerin war Linkshänderin! Dauerschaden: Unterarmamputation links. Der Stumpf kann nicht mit einer myoelektrischen Prothese versorgt werden; lediglich Schmuckprothese; weiterhin starke Schmerzen im Unterarmstumpf; schwere Depressionen. Beeinträchtigung der Arbeitsfähigkeit. Die Klägerin ist nicht in der Lage, den Haushalt zu organisieren und ständig auf fremde Hilfe angewiesen. Bei der Bemessung berücksichtigte die Vorinstanz zudem ein gewisses Maß an Entstellung. Dazu das OLG: „Beeinträchtigung des Erscheinungsbildes (Unterarmprothese; Narbe nach Stirn- und Kopfplatzwunde; narbig verheilte Ohrmuschelverletzung)". Die Klägerin begehrte ein höheres Schmerzensgeld, doch die Berufung der Klägerin gegen das Urteil des LG Gera wurde insofern vom OLG zurückgewiesen.

Betrag: 85.000 € **Haftung: 100 %**
immVorb: – **MdE: –**

OLG Jena 20.2.2008 – 4 U 903/06 = BeckRS 2008, 142459

3979

Polytrauma (hier: Stumpfes Bauchtrauma mit Milzriss; stumpfes Brustkorbtrauma mit Lungenquetschung und Hämatothorax; Handgelenkfraktur; Rippenfraturen; Schambeinfraktur; o.Kniefraktur mit Kniebänderverletzung).

16j. Mann. 8 Wochen stationär; Lebensgefahr! 7 Monate dauernde, langwierige Heilbehandlung. Dauerschaden: Erheblich eingeschränkte allgemeine Belastung in Freizeit und Beruf infolge eines Aneurysmas; deshalb muss jede blutdruckerhöhende Belastung vermieden werden.

Betrag: 85.678 € **Haftung: 100 %**
immVorb: Ja **MdE: –**

OLG Stuttgart 15.3.2003 – 3 U 120/03 = unveröffentlicht

3990

Polytrauma (hier: Schweres Schädelhirntrauma mit posstraumatischen Belastungsstörungen sowie Gleichgewichtsstörung und Geruchsinnverlust; skalpierende Kopfhautverletzung; umfassende Gesichtverletzungen mit zahlreichen Schnittwunden im Gesicht und Augenverletzung; Oberkieferfraktur mit Zahnverletzungen; Oberarmfraktur; Unterarmfraktur; Mittelhandfraktur; Brustkorbverletzung mit Organverletzungen / Lungenqetschung; Schulterfraktur).

43j. Frau. Intensivstationäre Heilbehandlung von mehreren Monaten Dauer. Während des Krankenhausaufenthaltes erfuhr die Kl. vom Unfalltod ihres Mannes sowie ihrer beiden Söhne. Dauerschaden: Depressionen / schwere psychische Beeinträchtigungen, die nicht therapierbar sind; Bewegungseinschränkungen des Fußes und der Hand.

Betrag: 86.920 € **Haftung: 100 %**
immVorb: – **MdE: 100 %**
Rente: 128 €

OLG Celle 2.10.2003 – 14 U 29/03 = BeckRS 2003, 154207

3988

Polytrauma (hier: Oberschenkelfraktur in Form einer Oberschenkelschaftfraktur links mit Beckenringfraktur; mehere beids.Unterarmbrüche mit Nervverletzung. Schädelhirntrauma 2.Grades mit Hirnödem. Gesichtverletzung mit Nasenbeinfraktur. Schlüsselbeinfraktur; großflächige Hautablederungsverletzungen, die Hauttransplantationen erforderlich machten).

41j. Frau (Hausfrau und Mutter von 3 noch im Haushalt lebenden Kindern). 230 Tage stationär mit insgesamt 5 Krankenhausaufenthalten und zahlreichen Operationen. Gesamtbehandlungsdauer: 3 Jahre. Die Kl. war zeitweise auf einen Rollstuhl angewiesen. Dauerschaden: Entstellungen, Narben; Bewegungsbeeinträchtigung der Arme; Belastungseinschränkung des linken Beins, sodass sie nur kürzere Strecken laufen kann.

Betrag: 90.000 € **Haftung: 100 %**
immVorb: – **MdE: –**

OLG Celle 12.3.2008 – 14 U 175/07 = unveröffentlicht

4970

Polytrauma, schweres (hier: Milzruptur mit Milzentfernung, Leberarterienriss – der Kl. verlor 5 Liter Blut –,

Beckenfraktur der gesamten linken Beckenschaufel bis zur Darmbeinspitze wobei das Acetabulum insgesamt auseinander gesprengt worden war und der Hüftkopf subluxiert stand. Schambeinfraktur, Iliosacralfugensprengung. Posttraumatisch kam es zu einer Coxarthrose im Hüftgelenkspalt und Hüftkopfnekrose sowie zu einer Verformung des kompletten Aufbaus des Hüftpfannengrundes; zudem erlitt der Kläger eine Fersenbeinfraktur, die in Fehlstellung verheilte, eine Innenknöchelfarktur sowie eine Rippenserienfraktur) sowie psychische Beeinträchtigungen in Form von Panikattaken und Depressionen.

38j. Mann (freiberuflicher Architekt). Lebensgefahr. Lange stationäre Behandlungen und ambulante, langwierige Heilbehandlung. Dauerschaden: Gehbehinderung, Bewegungseinschränkung, Belastungseinschränkung, Arthrose. Das OLG berücksichtigte erhöhend das grob fahrlässige Fahrverhalten des Beklagten und „die schweren und bereits seit Jahrzehnten andauernden und sich in Zukunft absehbar eher noch verstärkenden immateriellen Beeinträchtigungen des Klägers infolge seiner unfallbedingten Verletzungen“ sowie die psychischen Beeinträchtigungen in Form von Depressionen und Panikattaken.

Betrag: 90.580 € **Haftung: 100 %**
immVorb: Ja **MdE: 100 %**

OLG Celle 18.9.2013 – 14 U 167/12 = BeckRS 2014, 2432

7762

Oberarmfraktur, schwere (hier: komplizierte offene Oberarmschaftfraktur rechts mit postoperativem Schraubenbruch im proximalen Humerusbereich mit Dislokation und späterer erheblicher Armverkürzung des rechten Arms. Zudem erlitt der Kläger folgende Verletzungen: Schädelhirntrauma mit intrakranieller Subarachnoidalblutung, Brustwirbelkörperfrakturen (10., 11. und 12. Brustwirbel), eine beidseitige Rippenserienfraktur, einen Pneumothorax rechts, eine dislozierte Mittelhandfraktur rechts sowie Frakturen des Brustbeins.

41j. Mann (selbständiger Sportlehrer / Schwimmlehrer). 17 Tage stationär mit mehreren Klinikaufenthalten und anschließender ambulanter Weiterbehandlung. 22 Tage stationäre Reha. Langwierige Heilbehandlung und komplizierte Heilbehandlung wegen des Bruchs der operativ im Oberarm eingesetzten Schrauben: Nach temporärer Materialentfernung wegen der Schraubenauswechslung erfolgte noch eine Re-Osteosynthese (mit Fixateur interne BWK 9 – LWK 1) und später noch die operative Materialentfernung. Dauerschaden: Berufsaufgabe. Armverkürzung, der rechte Arm – so das OLG sei – weise eine „ohne weiteres erkennbare“ Verkürzung „um etliche Zentimeter im Vergleich zum linken Arm“ auf. Zudem verwies das OLG auf das beim Kläger bestehende „Risiko üblicher, vorzeitiger medizinischer Verschleißerscheinungen (z.B. wegen physiologischer Schon- und Ausgleichshaltungen)“ und berücksichtigte all dies bei der Schmerzensgeldbemessung. [Ursache: Motorradunfall. Kollision beim Überholen eines sich grob verkehrswidrig verhaltenden Kleintransporterfahrers. Amtl. Leitsatz des OLG: „Wer in mehrfacher grob verkehrswidriger Weise gegen die Sorgfaltspflichten aus § 9 StVO verstoßen hat (Abbiegen trotz durchgezogener weißer Linie; nicht geblinkt, Verstoß gegen doppelte Rückschaupflicht), haftet im Fall der Kollision mit einem nachfolgenden überholenden Motorrad in vollem Umfang. Die einfache Betriebsgefahr des Motorrades tritt hinter den mehrfachen, grob verkehrswidrigen Verkehrsverstoß des abbiegenden Fahrzeugs zurück“.].

Betrag: 95.000 € **Haftung: 100 %**
immVorb: Ja **MdE: –**

OLG Schleswig 10.9.2025 – 7 U 43/25 = BeckRS 2025, 29379

5126

Polytrauma: Schädelhirntrauma, Gehirquetschung mit Kontusionsblutung [Blutansammlung im Gehirn], Gehirnblutung, Atemwegsverletzung [Fremdkörper in den Atemwegen, Mediastinalemphysem bzw. Luftansammlung im Mittelfellraum], ein Hautemphysem Thorax (ausbreitende Luftansammlung im Brustkorb), Pneumothorax beidseits [Luftansammlung zwischen Schichten des Brustfells], Lungenentzündung sowie eine Knieverletzung (hier: Kreuzbandruptur und -zerrung des linken Kniegelenks, Kniescheibenfraktur) sowie Nasengerüstfraktur und Myoklonie [rasches unwillkürliches Muskelzucken]. Der Kläger wurde in ein künstliches Koma versetzt und künstlich ernährt.

Mann (geschätzt ca. 28 Jahre alt, Landschaftsgärtner, kurz vor der Meisterprüfung). Zusätzlich wurde dort ein Hygnom (Wassergeschwulst im Kopf) festgestellt, zudem wurden ein Wachkoma und Harn- und Stuhlinkontinenz diagnostiziert. Dauerschaden: ausgedehnte posttraumatische Hirnsubstanzschäden und leidet deshalb unter „reduzierten körperlichen und geistigen Belastbarkeit, Ungeschicklichkeit, Kraftminderung sowie Gefühls-, Riech- und Sehstörungen beiderseits“. Zudem psychische Beeinträchtigungen: „Seelisch leidet der Kläger an Depressionen mit glaubhafter Suizidplanung“. Berufsaufgabe: „Eine Berufsunfähigkeit ist festgestellt“; der Kläger wird „in Zukunft nur wenige Berufe – bedingt – ausüben können“. [Ursache: Motorradunfall: Der Kläger rutschte mit dem Kopf unter einen PKW]. Alle Zitate aus der Urteilsbegründung.

Betrag: 100.000 € **Haftung: 75 %**
immVorb: Ja **MdE: 100 %**

LG Bonn 25.3.2015 – 13 O 48/12 = BeckRS 2016, 4399

5150

Polyrtrauma (hier: Schädelbasisfraktur in Form einer Schädelhinterhauptfraktur mit subduralem Bluterguss; Organverletzung in Form einer beids.Lungenquetschung mit Hämatopneumothorax sowie einer Leberquetschung; Oberarmfraktur, beids. Schulterfraktur in Form von Schulterblattfrakturen; beids.Schlüsselbeinfraktur, Rippenfrakturen; Wirbelsäulenfrakturen [Lendenwirbelsäulenkörperfraktur und Brustwirbelkörperfraktur]; Beckenfraktur bzw. Beckenringfraktur Typ C; Sprunggelenkfraktur sowie zahlreiche erhebliche Prellungen).

21j. Frau. Lebensgefahr / Bewußtlosigkeit. 2 Wochen Intensivstation sowie weitere 3 Wochen stationäre Behandlung. Zahlreiche Operationen unter Vollnarkose. 8 Wochen Rehabilitationsaufenthalt. Dauerschaden: MdE 30 % (orthopädisch); 20 % (neurologisch) und Bewegungseinschränkungen. Schmerzensgelderhöhend wirkte sich das noch junge Alter der Klägerin und die sich daraus ergebende sehr lange Leidensdauer aus. Zudem würdigte das LG erhöhend auch das grob verkehrswidrige Verhalten des Beklagten, der stark alkoholisiert – während der Fahrt – hinter dem Steuer des PKWs eingeschlafen war.

Betrag: 100.000 € **Haftung: 100 %**
immVorb: Ja **MdE: 30 %**

LG Zweibrücken 20.2.2015 – 2 O 120/08 = BeckRS 2015, 127712

4268

Polytrauma (hier: u.a. eine beids.Oberschenkelfraktur in Form einer Oberschenkelschafttrümmerfraktur links und einer Oberschenkelschaftquerfraktur rechts, o.Kniescheibenfraktur 3.Grades, Lendenwirbelkörperfraktur, Organverletzung in Form von meherern Darmverletzungen mit

Dünndarmperforation und Darmrissverletzungen nach einem stumpfen Bauchtrauma; Fußfraktur).

45j. Frau. „Mehrfache und teils längerfristige stationäre Behandlung". Langwierige Heilbehandlung mit Schmerztherapie. Dauerschaden: Sehr erhebliche Gehbehinderung. Sie kann nur kurze Strecken mit Krücken laufen und ist ansonsten nur mittels Rollstuhl mobil. Die Kl. „ist in ihrer Lebensführung massiv beeinträchtigt … und leidet … unter ständigen erheblichen Schmerzen". Berufsaufgabe. Leicht entstellende Narben; Psychische Beeinträchtigungen mit Depressionen. Regulierungsverzögerung: Die Bekl. leistete vorprozessual nur 35.000 EUR trotz eindeutiger Sach- und Rechtlage ist dies „erkennbar deutlich zu gering". [Anmerkung: Das Schmerzensgeld ist viel zu gering! Von der Massivität der Lebensbeeinträchtigung ist der Sachverhalt durchaus mit dem des OLG Frankfurt a. M. BeckRS 2010, 25718 vergleichbar; dort wurde dem 32j. Kläger ein Schmerzensgeld von 250.000 EUR zuerkannt. Vgl. → Nr. 4262].

Betrag: 100.000 € **Haftung: 100 %**
immVorb: – **MdE: –**

OLG München 13.8.2010 – 10 U 3928/09 = BeckRS 2010, 20532

4354

Polytrauma (hier: Gehirnschädigung; schwere, komplexe Kieferfraktur mit dauerhafter Funktionsbeeinträchtigung; schwere Unterschenkelfraktur mit Wadenbeinnervlähmung; Organverletzungen in Form von Lungenquetschung sowie Bauchtrauma und Brustkorbtrauma).

Frau. 4 Wochen stationär und weitere 6 Wochen Reha. Dauerschaden: Kann wegen mangelnder Kieferöffnung von nur 15 mm keine feste Nahrung aufnehmen! Orthopädische Schuhe; Gehbehinderung infolge deutlicher Unterschenkelfehlstellung. Gedächtnisstörungen, Konzentrationsstörungen; Kopfschmerzen mit Migräne und daher stark erhöhtem Ruhebedarf.

Betrag: 100.000 € **Haftung: 100 %**
immVorb: – **MdE: 100 %**

OLG Jena 16.1.2008 – 4 U 318/06 = BeckRS 2008, 10299

6754

Polytrauma (hier: Brustkorbverletzungen, erhebliche … Rippenserienfraktur links, Zwerchfellruptur und beidseitiger Pneumothorax. Unterschenkelverletzungen, erhebliche … beidseitige Unterschenkelluxationen und Unterschenkelfrakturen an beiden Unterschenkeln. Psychische Beeinträchtigungen in Form einer posttraumatische Belastungsstörung [PTBS]).

40j. Mann. 5 Tage Intensivstation; der Kläger lag derweil im Koma. Weitere 88 Tage stationär mit insgesamt 10 Operationen. Für die Dauer von ca. 90 Tagen musste der Kläger eine PTS-Schiene tragen. 54 Tage Reha-Station. MdE 694 Tag zum Teil 100 %. Dauerschaden: Bewegungseinschränkungen im Bereich des Kniegelenks, insofern ist die Funktion des rechten Kniegelenkes aufgrund der komplexen Rekonstruktion auf 0-0-90° eingeschränkt, so dass sich der Kläger nicht hinknien/-hocken und somit nicht seinen Sportarten wie Fußballspielen, Snowboarden und Skifahren nachgehen kann. Kniegelenksarthrose mit vorzeitigem Gelenkverschleiß und Instabilität sowie Narben. Möglicher Weise wird sogar eine Knieprothese erforderlich.

Betrag: 110.000 € **Haftung: 100 %**
immVorb: Ja **MdE: –**

OLG Düsseldorf 11.6.2019 – 1 U 96/16 = BeckRS 2019, 55147

5222

Polytrauma mit Verletzung der Schulter sowie an Armen und Beinen (ohne dass diese näher bezeichnet wurden).

Dauerschaden: MdE 70 %, Gehbehinderung, teilweise auf Rollstuhl angewiesen und auf Pflege, deutliche Behinderung auf Dauer auch im Bereich von Schulter, Arm und Ellenbogen. [Lesenswert zum Thema Regulierungsverzögerung: „Es kann eine Erhöhung des Schmerzensgeldes unter dem Gesichtspunkt zögerlichen und kleinlichen Regulierungsverhaltens rechtfertigen, wenn der Pflichthaftpflichtversicherer des Schädigers über zwei Jahre etwa die Hälfte des insgesamt angemessenen Schmerzensgeldes ohne Begründung nicht leistet", so das OLG, welches mit dieser Begründung das ihm angemessen erscheinende Schmerzensgeld von 110.000 EUR auf 112.000 EUR und somit um 2.000 EUR anhob].

Betrag: 112.000 € **Haftung: 100 %**
immVorb: Ja **MdE: 70 %**

OLG München 24.7.2015 – 10 U 3313/13 = BeckRS 2015, 13775

7626

Polytrauma (hier: Schädelhirntrauma mit Gehirnblutung bzw. „traumatischer Subduralblutung und kleiner Subarachnoidalblutung rechts frontoparietal", ein Thoraxtrauma mit Sternumfraktur mit retrosternalem Hämatom, eine Rippenfraktur C12 rechts und Lungenkontusion mit Dystelekstasen rechts, ein Wirbelsäulentrauma mit Querfortsatzfrakturen Lendenwirbelkörper 1 bis 5, retroperitonealem Hämatom und Psoashämatom, ein Extremitätentrauma mit Hüftkopffraktur rechts, Peronäusparese rechts, Pilon-tibial-Fraktur links mit knöchernem vorderen Syndesmosenausriss und Verdacht auf Volkmann-Fraktur, eine komplexe Fußverletzung rechts mit Endgliedbasisfraktur D I Fuß, Wunde D III Fuß Luxation D IV / V, Mittelfußfraktur V Köpfchenfraktur, eine komplexe Handverletzung rechts mit distaler Radiusfraktur, eine Riss-Quetsch-Wunde D III, eine Riss-Quetsch-Wunde D I mit Gelenkkapseleröffnung und eine Riss-Quetsch-Wunde am Ellenbogen links.)

77j. Mann. 26 Tage stationär mit intensivmedizinischer Behandlung und anschließender stationärer Rehabilitation von 133 Tagen, zu dessen Beginn der Kläger noch beatmet und künstlich ernährt wurde und war harn- und stuhlinkontinent war. Ferner kam es bei dem Kläger zu einer Unruhephase mit Aggressionen, die mit dem Neuroleptikum Melperon behandelt wurden. Dauerschaden: Bewegungsbeeinträchtigung und starke Gebrauchsminderung der rechten Hand durch feinmotorische Einschränkungen und „krallenartiger" Fingerstellung sowie fehlendem Faustschluß; tippen, schreiben, Schlüssel umdrehen, Flasche aufschrauben etc. sind dem Kläger unmöglich (der Kläger ist Rechtshänder). Zudem verbleiben eine Einschränkung der Unterarmdrehung rechts, eine mäßige Bewegungseinschränkung des rechten Hüftgelenks, eine aktive und passive Bewegungseinschränkung des rechten oberen und unteren Sprunggelenks sowie Bewegungseinschränkungen mit Schmerzen im linken Fuß mit zeitweiser Taubheit; zum Aufrichten aus dem Sitzen oder Knieen muss der Kläger sich an einem festen Gegenstand hochziehen. Hobbys wie Gartenarbeit und Langstreckenlauf sind nicht mehr möglich. Neben diesen Dauerbeeinträchtigungen berücksichtigte das OLG zutreffend auch, dass bei dem Verkehrsunfall sowohl die Ehefrau des Klägers als auch zwei seiner besten Freunde um das Leben gekommen sind.

Betrag: 120.000 € **Haftung: 100 %**
immVorb: Ja **MdE: –**

OLG Oldenburg 30.3.2023 – 8 U 200/22 = BeckRS 2023, 10076

4395

Polytrauma mit Unterschenkelamputation. „Beckenring- und Acetabulumfraktur, eine drittgradig offene Unterschenkelfraktur rechts, erstgradig offene Oberschenkelfraktur rechts, schweres Weichteildekollement und distale Unterarmfraktur rechts, Weichteilverletzung des linken Unterschenkels, LWK1- und LWK 2-Fraktur, Fraktur des Processus transversus LWK 3, eine Einblutung ins Hinterhorn des linken zweiten Ventrikels, eine Thoraxkontusion, Schnittwunden im Gesicht, multiple Schürf- und Prellmarken, ein Monokelhämatom rechts, eine metacarpale Trümmerfraktur DIG I rechts, eine Durchtrennung des Nervus ulnaris beugeseitiger Handgelenksbereich.“ (Zitat aus LG Berlin).

Mann. 16 Tage in Lebensgefahr, 5 Wochen im Koma, künstliche Beatmung und nahezu 60 Tage stationär. Dauerschaden: GdB 90 % mit den Zusätzen „aG“ (außergewöhnlich) und „T“ (Begleitperson); Verlust des rechten Unterschenkels mit erheblicher Gehbehinderung zu der das LG ausführte:„ Nicht nur ist dem Kl. jeder Schritt erschwert, nicht nur ist ihm vieles verwehrt, die Situation belastet einen Menschen, der zuvor ohne solche Einschränkungen gelebt hat, auch seelisch außerordentlich. Es handelt sich um eine Schädigung, die wegen ihrer Schwere und weil sie auf Dauer bestehen bleibt, außergewöhnlich ist.“ Zudem Schädigung der rechten Hand, die sich – so das LG – „in ähnlicher Weise aus“wirkt. Ursache: Mitfahrt im PKW des für den Kläger erkennbar betrunkenen Beklagten. Dem Kläger wurde insofern ein Mitverschulden von 25 % angelastet wegen des Mitfahrens mit einem erkennbar alkoholisierten Fahrers angerechnet und ihm Prozesskostenhilfe für seine Schadensersatzklage (und insofern 120.000 EUR Schmerzensgeld) zuerkannt. [Anmerkung: Die genauen Verletzungen sowie weitere Informationen finden sich in der erstinstanzlichen Entscheidung: LG Berlin BeckRS 2006, 8495].

Betrag: 120.000 € **Haftung: 75 %**
immVorb: Ja **MdE: 90 %**

KG 12.1.2006 – 12 U 261/04 = BeckRS 2006, 8494

6988

Polytrauma (hier: offener Oberschenkelschaftquerfraktur rechts, Tibiakopffraktur rechts, instabiles Kniegelenk rechts mit Haemarthros, geschlossene Oberschenkelschaftfraktur links, Ulnarschaftfraktur rechts proximal, Pneumothorax rechts, Leberriß Übergang Segment II / III zu Segment IV im Bereich des Ligamentum falciforme von ventral nach dorsal ziehend, Scapulafraktur beidseits, Blutungsanaemie, ESBL enterobacter in der Blutkultur, Abzeß ZVK-Einstichstelle rechts infraclaviculär, aktule respiratorische Insuffizienz, Pharyngeale Blutung, systemisches inflamatorisches Response-Syndrom, Narbenhernie nach mercedessternförmiger Laparatomie, geringgradige Mitralklappeninsuffizienz, beidseitigen Pleuraerguß.)

Mann. Intensivstation, anschließend stationäre Behandlung auf der Normalstation. Die Behandlung dauerte insgesamt ca. 7 Monate. Dauerschaden: Bewegungseinschränkung des Klägers im Bereich des rechten Ellenbogengelenkes für die Streckung., Gehbehinderung mit deutlich rechtshinkendem Gangbild wegen Beinverkürzung von rd. 1–1,5 cm und einer Innenrotationsfehlstellung von 10–15° rechts zudem eine Muskelverschmächtigung und eine deutlich eingeschränkter Hockfähigkeit wegen der verminderten funktionellen Beugefähigkeit des rechten Kniegelenks. „Hinsichtlich der Sitzfähigkeit des Klägers bestätigt der Sachverständige, dass der kläger zwar Sitzen kann, allerdings unter zwei Stunden, wegen vorher eintretender Rückenschmerzen sowie Schmerzen im Gesäßbereich. Nach einer Zeitspanne von 20–30 min könne der Kläger mit Wechsel der Körperhaltung durch Aufstehen oder Gehen relativ gut begegnen. Geradeauslaufen kann der Kläger nach dem Gutachten. Wegen der posttraumatischen Gonarthrose rechts ist der Kläger beim Treppensteigen deutlich eingeschränkt“, so das LG. Zu den privaten und beruflichen Dauerfolgen führte das LG aus: „Eindeutig sei bei dem Kläger eine dauerhafte Einschränkung in der Lebensführung verblieben. Leichte Arbeiten seien dem Kläger wieder zuzumuten, mittelschwere körperliche Belastungen sind für kürzere Zeit unter entsprechender Brücksichtigung der Beschwerden im rechten Kniegelenk ebenfalls zu verrichten. Allerdings sei auch bei Bürotätigkeiten eine Einschränkung des Klägers verblieben“. [Ursache: Motorradunfall].

Betrag: 125.000 € **Haftung: 75 %**
immVorb: Ja **MdE: 50 %**

LG Essen 29.1.2015 – 3 O 145/10 = BeckRS 2015, 126844

4219

Polytrauma: Gehirnschädigung (hier: mehrfache Gehirnquetschung und Gehirnödem mit posttraumatischer, dauerhafter Gehirnleistungsschwäche); Organverletzungen (hier: Leberriss und Milzriss mit Bauchraumverwachsungen und Darmverletzung) sowie Frakturen (hier: Hüftfraktur und zeifache Unterkieferfraktur.)

15j. Mann (Schüler). Stationäre, langwierige Heilbehandlung mit zahlreichen Gehirnoperationen (ua Shuntrevisionen, Vertikalkatheder) und Bauchraumoperation wegen starker Verwachsungen. Therapeutische ambulante Heilbehandlung. Dauerschaden: MdE 60 % wegen motorischer, sprachlicher und kognitiver Gehirnleistungsschwäche. Verschlechterungstendenz.

Betrag: 130.000 € **Haftung: 100 %**
immVorb: Ja **MdE: 60 %**

OLG Celle 16.9.2009 – 14 U 71/06 = BeckRS 2009, 26933

7030

Polytrauma mit organischem Psychosyndrom sowie einer organischen Persönlichkeitsstörung als Folge eines Schädelhirntraumas 3. Grades. Zudem erlitt der Kläger ein stumpfes Thoraxtrauma mit einer Rippenserienfraktur rechts, eine Wirbelsäulenverletzung mit instabiler BWK 3 und 4 Fraktur mit inkomplettem Querschnittssyndrom, eine Beckenringfraktur, eine laterale Tibiakopffraktur sowie eine Läsion des Bandapparates des rechten Kniegelenkes.

53j. Kläger. Lebensgefahr. „Der … Kläger lag nach dem Unfallereignis 6–7 Wochen im Koma und wurde insg. 9 Monate stationär behandelt“. Zum Dauerschaden führt das LG aus: „Der Kläger hat nicht unerhebliche unfallbedingte Defizite, ist allerdings von der Teilhabe am Leben nicht vollständig ausgeschlossen. Er bedarf der eingeschränkten Unterstützung und hat eine Intelligenzminderung sowie eine Beeinträchtigung des Seh- und Hörvermögens nicht davongetragen. Er ist nicht bettlägerig.“ Bei der Schmerzensgeldbemessung berücksichtigte das LG insbesondere die Befunde eines organisches Psychosyndroms sowie einer organischen Persönlichkeitsstörung als Folge des Schädel-Hirn-Traumas 3. Grades sowie ergänzend die dauerhaften Auswirkungen der Unfallfolgen auf die Mobilität nach diversen Brüchen unter Berücksichtigung einer unfallunabhängigen Pereoneusschädigung. [Ursache: Motorradunfall].

Betrag: 155.000 € **Haftung: 100 %**
immVorb: – **MdE: 100 %**

LG Saarbrücken 27.7.2018 – 10 O 16/14 = BeckRS 2018, 56086

6675

Polytrauma (hier: Schädelhirntrauma 3. Grades, Beckenringfraktur mit lateraler Schienbeinfarktur und Bänderverletzung in Form einer Kniegelenkbänderlähmung was insgesamt zu einer schweren Gehbehinderung – GdB 90 % mit Kennzeichnung „B“ und „aG“ führte sowie stumpfes Bauchtrauma mit Rippenserienfraktur und Wirbelsäulenfrakturen mit instabiler Brustwirbelkörperfraktur des BWK 3 und BWK 4.

Mann. Ca. 40 Tage Intensivstationär im künstlichen Koma. Weitere ca. 270 Tage stationär. Anschließend weitere ambulante Nachbehandlungen. Dauerschaden: Schwere Gehbehinderung mit GdB 90 % mit Hinweis „B“ und „aG“. Der Kläger ist beim Ankleiden und beim Ausziehen seiner Kleidung auf fremde Hilfe angewiesen. Gehirnleistungsstörungen in Form von Affektinkontinenz mit erheblichen Affektstörungen und Defiziten hinsichtlich seines Urteilsvermögens sowie seiner Kritikfähigkeit. Erektile Dysfunktion sowie Geschmacksinnstörung und Geruchsinnstörung sowie Dysarthrie mit aphonalen Lautbildungen. Bei der Schmerzensgeldbemessung berücksichtigte das OLG zudem, dass der Unfallgegner den Unfall grob fahrlässig herbeiführte, in dem er ein Stoppschild missachtet hatte. Das OLG hob das zuvor vom LG zuerkannte Schmerzensgeld um 20.000 EUR an.

Betrag: 175.000 € **Haftung: 100 %**
immVorb: Ja **MdE: 90 %**

OLG Saarbrücken 5.3.2020 – 4 U 64/18 = BeckRS 2020, 46786

6584

Polytrauma (hier: Halswirbelkörperfraktur, Gehirnblutung, Organverletzungen in Form von Milzruptur bzw. Milzriss und beids.Lungenquetschungen, o.Oberarmfraktur, Schulterblattfraktur, Schlüsselbeinfraktur, zahlreiche Mittelhandknochenfrakturen, Rippenfrakturen sowie weitere Verletzungen). In der Folge kam es zu einer posttraumatischen Wundinfektion sowie zu zwei Schlaganfällen mit nachfolgender rechtsseitiger Hemiparese, Aphasie und einem organischen Psychosyndrom. Infolge der Schlaganfälle hatte sie weitgehend ihr Sprachvermögen verloren. Sie musste das Sprechen, Lesen, Schreiben und Rechnen praktisch völlig neu erlernen. Aufgrund einer Infektion mit einem multiresistenten Krankenhauskeim musste die Klägerin zudem für längere Zeit isoliert werden. Der linke Arm der Klägerin ist und bleibt unfallbedingt völlig unbrauchbar, möglicherweise muss er zukünftig noch amputiert werden. Die durch die Schlaganfälle verursachte halbseitige Lähmung (rechts) hat die Klägerin weitgehend überwunden.

22j. Frau (Studentin). [Ursache: Motorradunfall]. Dauerschaden: Hierzu führt das OLG aus: „Für die zum Unfallzeitpunkt 22 Jahre alte Klägerin war, ist und wird das Leben nie wieder so sein, wie es vor dem Unfall war. Ihr Leben ist durch den Unfall quasi auf den Kopf gestellt worden. Die Klägerin stand vor dem Ende ihres Studiums, wobei sie – wie sie in der persönlichen Anhörung vor dem Senat erklärt hat – auch heute noch das Ziel verfolgt, das Studium zu beenden, selbst wenn dies noch utopisch erscheinen mag … Derzeit ist die Klägerin auf die Einnahme von ca. 15 Tabletten täglich angewiesen, ihre Angaben hat sie durch Einreichung einer entsprechenden Medikamentenliste glaubhaft gemacht. Ebenso ist die Klägerin auf die Hilfe Dritter angewiesen, um ihren Alltag einigermaßen bewältigen zu können. Dieser Alltag ist dann ua auch dadurch geprägt, dass sie regelmäßig physiotherapeutische Behandlung (durchschnittlich zweimal wöchentlich), physikalische Therapie und Lymphdrainage (ebenfalls durchschnittlich zweimal wöchentlich) und neuropsychologische Behandlung in Anspruch nehmen muss. Auch damit wird sie voraussichtlich ihr Leben lang belastet sein. Der Klägerin ist seit dem und durch den Unfall praktisch all das unmöglich geworden, was das „normale“ Leben einer jungen Frau prägt. Ihr Leben ist durch die Unfallfolgen bestimmt“. Erhöhend berücksichtigte das OLG die eklatante Regulierungsverzögerung des KH-Versicherers des Traktors, mit dem sie mit ihrem Motorrad kollidiert war.

Betrag: 180.000 € **Haftung: 30 %**
immVorb: – **MdE: –**

OLG Schleswig 29.11.2018 – 7 U 22/18 = BeckRS 2018, 33570

6857

Polytrauma hier: offenes Schädelhirntrauma dritten Grades mit multiplen Kalottenfrakturen und Sprengung der großen Fontanelle mit Zerreißung der harten Hirnhaut (sog. Duraperforation), eine beiderseitige Lungenkontusion, eine Knieprellung links und eine Hemiparese (Lähmung) der rechten Körperhälfte.

1j. Kind. Stationäre Behandlung mittels Trepanation (operative Schädelöffnung) links und rechts; zudem wurde eine Spiegelbergsonde zur Messung des Hirndrucks und eine externe Ventrikeldrainage sowie zum Ausgleich erhöhten Hirndrucks und zur Ableitung erhöhter Hirnflüssigkeit ein subduroperitoneler Shunt angelegt. Am 29.11.2013 wurde der Klägerin in Rahmen einer weiteren Operation ein eigens angefertigtes, künstliches Schädeldeckenfragment implantiert. Danach musste die Klägerin zunächst rund um die Uhr einen Schutzhelm tragen. Die angestrebte Verwachsung mit dem natürlichen Schädelteil erfolgte jedoch nur teilweise, nämlich vorne am Schädel. Langwierige stationäre Behandlung in diversen Krankenhäusern. Dauerschaden: Hemiparese rechts mit MdE von 60 – 80 %. Dies ist „noch nicht sicher einzuschätzen und hängt von der kognitiven Weiterentwicklung der Klägerin ab, was dauerhaft erst im Zeitpunkt des Abschlusses der Pubertät sicher einzuschätzen sein wird“, so das OLG. Zudem bestehe „ein zehn Jahre lang erhöhtes Risiko posttraumatischer Epilepsie, wobei sie am 29.6.2017 bereits einen posttraumatischen Anfall erlitten habe. Ferner bestehe weiterhin eine einseitige Körperlähmung, die sich zwar gebessert habe, nach dessen Feststellungen aber lebenslang bestehen werde“. [Ursache: Flugzeugabsturz – hierzu lesenswert äußert sich das OLG ua wie folgt: „Es ist nicht zu beanstanden, einen Privatpiloten, der ein Hobby betreibt und – in seinem eigenen Interesse – zur (kostengünstigeren oder kostenfreien) Ausübung dieses Hobbies dritte Personen befördert, der Haftung als Luftfrachtführer nach den gesetzlichen Vorgaben des LuftVG zu unterwerfen. Auch in derartigen Sachverhalten greift regelmäßig der Gesichtspunkt, dass die Flugpassagiere sich hinsichtlich der technischen Bewältigung des Fluges in die Obhut derartiger Personen als Luftfrachtführer begeben haben, was es insbesondere als berechtigt erscheinen lässt, sie vom Nachweis des Verschuldens zu entlasten“.].

Betrag: 200.000 € **Haftung: 100 %**
immVorb: Ja **MdE: –**

OLG Hamm 18.3.2021 – 27 U 34/18 = BeckRS 2021, 9014

4592

Polytrauma, schweres (hier: Oberschenkelfraktur rechts mit Wundinfektion, o.Unterschenkelfraktur rechts, Fußheberschwäche, Kompartementsyndrom; Oberarmfraktur, rechts (hier: Oberarmkopffraktur und Oberarmschaftfraktur); Hämatopneumothorax; Brustbeinfraktur, Rippenserienfrakturen; Gefäßverletzungen; Nervenverletzungen (u.a. am Oberarm rechts) und weitere Verletzungen.

40j. Mann. gut 7 Monate stationär; 8 Operationen. Dauerschaden: Vollständige Gebrauchsunfähigkeit des rechten Arms ab dem Schultergelenk und vollständige Funktionsbeeinträchtigung des rechten Beins. Zudem permanente Schmerzen.

Betrag: 225.000 € **Haftung: 100 %**
immVorb: Ja **MdE: 100 %**

OLG Saarbrücken 5.4.2011 – 4 U 3091/10 = unveröffentlicht

5917

Polytrauma (hier: „Hämopneumothorax rechts, thorakaoscapuläre Dissoziation, AV-Gelenksprengung rechts, Instabilität Thorax bei Sternumfraktur, Rippenserienfraktur rechts, Abriss der Arteria subclavia rechts, Plexus brachialis Abriss rechts, leichte Anisokurie rechts geringer als links, leichte Hypästhesie der Zungenspitze bei Zustand nach Trauma, proximale Oberarmkopf- und Oberarmschaftfraktur rechts, geschlossene Fermurfraktur rechts, offene Unterschenkelfraktur rechts 1. bis 2. Grades, Fußheberschwäche rechts bei Peroneus betonter Ischiadicusläsion, Kompartementsyndrom Unterschenkel rechts bei offener Unterschenkelfraktur, posttraumatische Wundinfektion nach Oberschenkelbruch rechts mit WTS rechts, postoperative Wundinfektion nach Oberschenkelbruch rechts mit WTS rechts, posttraumatische Gerinnungsstörung und chronische Pansinuitis").

40j. Mann (Facharbeiter im Außendienst der bekannten Chemiefirma). 21 Tage Intensivstation, Lebensgefahr, insgesamt nahezu 196 Tage stationär mit insgesamt 8 Operationen. Wegen der hilflosen und verzweifelten Lage, in der sich der Kläger befinde, hatte sich nach dem Unfall eine erhebliche posttraumatische Belastungsstörung herausgebildet. Dauerschaden: MdE 100 %. Starke Gehbehinderung, Bewegungseinschränkungen bzw. Funktionsverlust des rechten Arms auf Höhe des Schultergelenks und des rechten Beins. Zudem sind als Folge der Operationen zahlreiche, zum Teil große Narben im Oberkörper-, Arm- und Beinbereich und eine Nervverletzung mit chronischen Schmerzen zurückgeblieben. Anmerkung: Beim festgelegten Schmerzensgeld handelt es sich um ein Teilschmerzensgeld; dieses ist – als Ausnahme vom Grundsatz der Einheitlichkeit des Schmerzensgeldes – bei Unfällen mit erheblichen Verletzungsfolgen zulässig, „bei denen der Umfang des derzeitigen Körperschadens zwar feststeht, die zukünftige Entwicklung aber noch ungewiss und nicht überschaubar ist", so das OLG mit Verweis auf BGH BeckRS 2001, 3692. [Ursache: Motorradunfall].

Betrag: 225.000 € **Haftung: 100 %**
immVorb: Ja **MdE: 100 %**

OLG Saarbrücken 5.4.2011 – 4 U 309/10-91 = BeckRS 2011, 142320

6858

Polytrauma (hier: Schädelhirntrauma, schweres … mit Subarachnoidalblutung und Tetraparese, schweres hirnorganisches Psychosyndrom mit Wachheit, fehlender Orientierung für alle Qualitäten, Kontaktaufnahme mit Blickwendung sowie hochgradige Störungen der Aufmerksamkeit und der Wahrnehmungen sowie Muskelkraftminderung und eine zunehmende Spitzfußstellung beidseitig. Zudem erlitt die Klägerin Organverletzungen in Form von Lungenkontusion mit Pneumothorax, Bauchtrauma mit Leber- und Milzkontusion, Rhabdomyolyse mit Nieren- und Harnwegsbeeinträchtigungen).

17j. Frau (Schülerin). 39 Tage Intensivstation und anschließend 15 Monate stationäre Behandlung in der neurologischen Rehabilitationsklinik Geesthacht. [Mitverschulden wegen Verstoß gegen die Anschnallpflicht]. Dauerschaden: Pflegefall. Der Klägerin steht eine „Assistentin … zur Unterstützung der täglichen Abläufe in den Bereichen Körperpflege, Nahrungsaufnahme, Haushaltsführung, Einkäufe und Teilhabe am gesellschaftlichen Leben" zur Seite. „Die Klägerin sei – so die Betreuerin – zwar körperlich imstande, diese Dinge durchzuführen. Durch das Schädel-Hirn-Trauma sei aber die zeitliche Orientierung gestört, weshalb sie im Alltag an einfachste Dinge (schlafengehen, aufstehen, Mahlzeiten einnehmen, trinken) erinnert werden müsse. Seit dem 10.11.2017 besucht die Klägerin die Tagesförderstätte „…" in Rostock; eine Einrichtung zur Förderung von behinderten Menschen, die nicht werkstattfähig sind. Der Besuch wurde bis August 2019 von zunächst drei auf fünf Tage je Woche gesteigert. Als langfristiges Ziel hat die Betreuerin die Aufnahme in den Berufsbildungsbereich und anschließender Tätigkeit in einer Werkstatt für behinderte Menschen angegeben. Die Beklagten haben diese Lebensumstände der Klägerin nicht in Frage gestellt", so das OLG.

Betrag: 240.000 € **Haftung: 66 %**
immVorb: Ja **MdE: –**

OLG Rostock 11.6.2021 – 5 U 55/17 = BeckRS 2021, 14788

4972

Polytrauma mit zahlreichen schwerwiegenden Verletzungen sowie Kreislaufstillstand, akutes Nierenversagen, Blutvergiftung sowie Infektion mit Multiorganversagen.

38j. Mann. Mehrere Wochen Lebensgefahr, Intensivstationär. Dauerschaden: Erwerbsunfähigkeit / Berufsunfähigkeit, 100 % Schwerbehinderung. Bei der Bemessung geht das OLG kapitalisiert als „Ausgangspunkt von EUR 400.000,00 ohne Berücksichtigung eines Mitverschuldens", so das OLG. [Weitere Fundstelle: NZV 2014, 404].

Betrag: 250.000 € **Haftung: 80 %**
immVorb: Ja **MdE: 100 %**
Rente: 250 €

OLG Karlsruhe 24.6.2013 – 1 U 136/12 = BeckRS 2013, 19271

3864

Polytrauma: Gesichtverletzung, schwerste. Teilerblindung. o.Oberschenkelfraktur; drittgradige o.Unterschenkelfraktur.; Mittelfußfraktur; Schlüsselbeinfraktur; Unterarmfraktur.

39j. Frau (Bankkauffrau). Mehrere Monate stationär. In den ersten 3 Monaten wurden die Frakturen versorgt. Später mussten die Tränenkanäle wiederhergestellt werden. Erheblicher Dauerschaden: Nahezu völlige Erblindung – „bis auf die Unterscheidung hell-dunkel sowie der gelegentlichen schattenhaften Wahrnehmung größerer Gegenstände". Geruchsinnverlust, Geschmacksinnverlust, Gesichtsentstellung. Erhebliche Bewegungseinschränkungen und Belastungseinschränkungen. Pflegefall. Rollstuhlgebundenheit. Kapitalisiert beträgt das Schmerzensgeld ca. 313.000 EUR.

Betrag: 255.000 € **Haftung: 100 %**
immVorb: – **MdE: 100 %**
Rente: 200 €

OLG Frankfurt a. M. 15.2.2007 – 16 U 70/06 = BeckRS 2008, 4229

3382

Polytrauma: Querschnittlähmung / Paraplegie unterhalb BWK 6/7 nach Brustwirbelkörperfraktur. Zudem: Herzverletzung / Herzbeutelquetschung; Stumpfes Bauchtrauma; Rippenserienfrakturen; Hämatopneumothorax; Oberarmfraktur; Mittelfußknochenfraktur u.a weitere Verletzungen.

31j. Mann. Langwierige Heilbehandlung. Lebensgefahr! Über 3 Monate stationär. Mehrere Operationen. Dauerschaden: Mastdarm- und Blasenlähmung; Zeugungsunfähigkeit. Komplikationsgefahr. Ein behindertengerechtes KFZ kann vom Kl. gesteuert werden. Rollstuhl.

Betrag: 255.646 € **Haftung: 100 %**
immVorb: Ja **MdE: 100 %**

LG Köln 12.12.2002 – 2 O 338/00 = BeckRS 2002, 162573

5203

Polytrauma: Querschnittlähmung (hier: Tetraplegie nach kompletter, hoher Halsmarklähmung infolge von Halswirbelkörperfrakturen im Bereich der Segmente 5 bis 7. Es verbleibt eine hochgradige Teillähmung beider Arme, eine ebenfalls hochgradige vollständige Lähmung beider Beine sowie eine Rumpfinstabilität); zudem erlitt der Kläger eine dauerhafte Lungeninsuffizienz nach Rippenfraktur und Lungenquetschung sowie eine schwere Augenverletzung (Glaskörpereinblutung), die zu einer Teilerblindung führte.

31j. Mann. Intensivstationärer Aufenthalt; Lebensgefahr; künstliches Koma, künstliche Beatmung, Dekubitus im Steißbeinbereich. Mehrerer Operationen; langwierige Heilbehandlung. Dauerschaden: Tetraplegie, Rollstuhlgebundenheit, rechtsseitig nahezu vollständige Erblindung, Lungeninsuffizienz. Intensivpflegefall. [Anmerkung: Angesichts der extrem schweren Verletzung und der zudem extrem unglücklichen Kombination von Tetraplegie und Teilerblindung und im Hinblick auf das noch junge Alter des Klägers wurde das Schmerzensgeld zu niedrig bemessen. Vorliegend hätte – trotz Mithaftung von 25 % – ein Schmerzensgeld von durchaus 500.000–550.000 EUR bzw. ohne Mithaftung von 700.000 EUR zuerkannt werden dürfen bzw. müssen].

Betrag: 300.000 € **Haftung: 75 %**
immVorb: Ja **MdE: 100 %**

OLG Frankfurt a. M. 26.6.2015 – 7 U 27/14 = BeckRS 2015, 127777

5138

Polytrauma mit Brustwirbelkörpertrümmerfraktur und weiteren Wirbelsäulenverletzungen im Bereich der Brustwirbelsäule ohne nähere Angaben zur Ausprägung der Querschnittlähmung. Zudem erlitt der Kläger beids.Schulterfrakturen mit Schlüsselbeinfraktur, eine Rippenfrakturen, eine Oberschenkelfraktur sowie eine Fußfraktur sowie zahlreiche Prellungen und Schürfwunden.

49j. Mann (Unternehmer). Stationäre Heilbehandlung, mehrere Aufenthalte und Operationen. Erschwerend kam hinzu, dass sich der Kläger beim ersten Krankenhaus mit einem sogenannten MRSA-Keim infizierte und dadurch die Heilung verzögert wurde. Dauerschaden: Querschnittlähmung, Rollstuhlgebundenheit [Ursache: Motorradunfall].

Betrag: 300.000 € **Haftung: 100 %**
immVorb: Ja **MdE: –**

OLG Nürnberg 29.4.2014 – 4 U 975/13 = BeckRS 2014, 125741

4867

Polytrauma mit schwerster Gehirnverletzung (hier: Wachkoma).

35j. Mann. Stationäre Heilbehandlung. Sehr langwierige Heilbehandlung. Dauerschaden: Wachkoma mit künstlicher Ernährung, Intensivpflegefall. Das OLG bestätigte das bereits vom LG zuerkannte Schmerzensgeld, mit der Begründung, „der Kläger, ein damals 35-jähriger, verheirateter Familienvater von drei Kindern im Alter von 3, 8 und 9 Jahren" liege seit vier Jahren im Wachkoma. Er sei nicht ansprechbar und könne sich nicht mitteilen. Ihm sei damit die Basis für eine eigene Persönlichkeit genommen und er sei nicht mehr in der Lage ein normales Leben zu führen. Zudem hatte der Beklagte, der bewusst auf den Kläger zufuhr, die Verletzungen zumindest grob fahrlässig herbeigeführt.

Betrag: 500.000 € **Haftung: 100 %**
immVorb: – **MdE: 100 %**

OLG Oldenburg 2.9.2014 – 12 U 50/14 = BeckRS 2014, 125376

12. Schuss- und Stichverletzungen

Vorbemerkung: Über die Genugtuungsfunktion des Schmerzensgeldanspruchs gewinnt im Einzelfall die Art einer Verletzungszufügung noch einen bemessungserheblichen Stellenwert. Waffenbedingte Verletzungen gehören hierzu, wobei der Begriff „Schussverletzung" unten (a) hier weit gefasst wurde und z.B. auch Pfeilverletzungen (vgl. → Nr. 1753) umfasst. Nachfolgend hierzu eine Urteilsübersicht:

a) Schussverletzungen

6798

Schussverletzung (hier: Schwere, jedoch nicht näher bezeichnete, Verletzungen durch einen versehentlich ausgelösten Schuss, der sich beim Bücken über einen zuvor mit der Pistole erschossenen Rinderbullen gelöst hatte).

Mann (Angestellter eines Landwirtschaftsbetriebes). 6 Tage stationär. Kein Schmerzensgeldanspruch weil vorliegend der Haftungsausschluss aus § 106 Abs. 3 3. Alt. SGB VII zugunsten des Bekl. Anwendung fand. [Anmerkungen: Lesenswert zum Thema des Vorliegen einer gemeinsamen Betriebsstätte nach § 106 Abs. 3 Alt. 3 SGB VII bei Verletzung durch eine Schusswaffe auf dem Gelände eines Landwirtschaftsbetriebes; siehe zum Haftungsprivileg gemäß der §§ 104 ff. SGB VII auch oben → Rn. 148].

Betrag: – **Haftung: –**
immVorb: – **MdE: –**

OLG Jena 13.11.2020 – 4 U 165/20 = BeckRS 2020, 33090

6656

Gesichtsschädelfraktur / Gesichtsverletzung / Augenverletzung (hier: Schussverletzungsbedingte Jochbeinfraktur, Nasenseptumfraktur, Querfortsatzfraktur HWK 1 links, Augenverletzung rechts mit Sehbehinderung und Tränenkanalverletzung sowie ausgedehntes Weichteiltrauma und Lufteinschüsse bis oberes Mediastinum). Zudem erlitt der Kläger die unten unter Einzelheiten aufgeführten psychischen Beeinträchtigungen (PTBS) und Dauerfolgen.

Mann (Soldat). 14 Tage stationär. MdE ca. 220 tage 100 %. Dauerschaden: Sehbehinderung in Form einer Visusminderung des rechten Auges von 50 % wobei der Kläger auf dem rechten Auge unten nur schwarz sieht. Psychische Beeinträchtigungen / Posttraumatische Belastungsstörungen (PTBS) mit Albträumen und Flashbacks sowie Sensibilitätsstörungen im Gesicht mit Spannungsschmerzen und Wetterfühligkeit. [Ursache: Versehentlich ausgelöster Pistolenschuss seitens des Kollegen in das Gesicht des Klägers wobei die Kugel den Kläger im Gesicht unterhalb des rechten Auges traf und Geschoss ca. 6 cm unterhalb des linken Ohres wieder austrat.] Lesenswert zur Überwindung des einem Schmerzensgeldanspruch zunächst entgegenstehenden § 91a Abs. 1 SVG (Sperrwirkung / Begrenzung der Ansprüche aus einer Wehrdienstbeschädigung).

Betrag: 2.500 € **Haftung: 100 %**
immVorb: Ja **MdE: –**

LG Bonn 18.3.2015 – 1 O 348/14 = BeckRS 2015, 18403

4030

Schussverletzung (hier: Oberschenkelverletzung in Form einer Schussverletzung.)

19.j. Mann (Arbeiter). 2 Wochen stationär. MdE mehrere Wochen 100 %. Dauerschaden: Belastungseinschränkung des linken Oberschenkels. Besonders zu berücksichtigen war, dass der Jugendliche bereits in seinem Alter keinen Sport mehr ausüben kann.

Betrag: 5.000 € **Haftung: 100 %**
immVorb: Ja **MdE: –**

AG Berlin-Tiergarten 14.2.2005 – 34 JS 2640/04 = BeckRS 2005, 153728

5724

Oberschenkelverletzung / Schussverletzung in den linken Oberschenkel. Das Projektil mit einem Durchmesser von 7,9 mm und einer Länge von 12,4 mm blieb im linken Oberschenkel knapp oberhalb der Kniescheibe stecken.

Mann (jugendlicher Arbeiter). 12 Tage stationär. MdE mehrere Wochen 100 %. Dauerschaden: Aufgrund der Schussverletzung hat der Kläger „noch heute bei Wetterumschwung Beschwerden und leidet unter einer Einschränkung der Belastbarkeit des linken Oberschenkels“. Vorsätzliche Körperverletzung.

Betrag: 5.000 € **Haftung: 100 %**
immVorb: Ja **MdE: –**

AG Berlin-Tiergarten 14.2.2005 – (232a) 34 Js 2640/04 Ls (13/04) = BeckRS 2005, 153728

4936

Schussverletzung der Wade und des Sprunggelenks mit dauernder Beeinträchtigung.

Mann. Keine Angaben zur Heilbehandlung. Dauerschaden: Bewegungsbeeinträchtigung des Sprunggelenks. [Ursache: Vorsätzliche Körperverletzung / Schussverletzung wegen Streit beim Kartenspiel].

Betrag: 10.000 € **Haftung: 100 %**
immVorb: Ja **MdE: –**

OLG Koblenz 19.8.2013 – 5 U 847/13 = BeckRS 2013, 17107

3976

Schussverletzung (hier: Schrotschussverletzung mit der Folge von Gesichtverletzung; Halsverletzung; Brustkorbverletzung; beids.Armverletzungen; Daumenverletzung mit regelrechter Zerfetzung des Daumens der rechten Hand).

Mann. 10 Tage stationär mit operativer Entfernung von 14 Kugeln; weitere 12 Kugeln konnten nicht entfernt werden. Vier Wochen nach der ersten Operation musste der Patient in weiteren handchirurgischen Operationen zweimal stationär behandelt werden. Sehr starke Schmerzen! Langwierige Heilbehandlung. Verschlechterungstendenz im Bereich des Ellenbogens (Versteifung) möglich. [Ursache: Jagdunfall, bei dem der Kläger versehentlich eine Schrotladung abbekommen hatte].

Betrag: 17.500 € **Haftung: 100 %**
immVorb: Ja **MdE: 20 %**

LG München I 21.9.2005 – 20 O 7772/04 = BeckRS 2009, 24385

2841

Augenverletzung (hier: schwere Augenverletzung nach Schussverletzung mit einer Gaspistole. Wird später „mit Sicherheit“ am grünen Star erkranken!

Jüngerer Mann. 16 Tage stationär, mehrere Operationen. Gesamtbehandlung 1 1/2 Jahre. Fixation mit „Cevelage“. Dauerschaden: Sehbehinderung. „Leichte Entstellung“. Schussverletzung.

Betrag: 17.895 € **Haftung: 100 %**
immVorb: Ja **MdE: –**

LG Köln 23.3.2001 – 16 O 555/00 = BeckRS 2001, 161958

6537

Schussverletzung (hier: Bauchverletzung nach Bauchschuss wobei der Schusskanal von oben nach links unten verlief).

Mann. 6 Wochen in stationärer Behandlung; vier Operationen. Dauerschaden: Große Narben im Bauchbereich. Zudem leidet der Kläger seit der Schussverletzung an rezidivierenden Narbenschmerzen und inneren Bauchbeschwerden mit erheblichen Abführschwierigkeiten und muss starke Schmerzmittel einnehmen. [Lesenswert zur Haftung des beklagten Landes für die – in einer Putativnotwehr erfolgte rechtswidrige, schuldhafte – Amtspflichtverletzung einer Polizeibeamtin].

Betrag: 22.500 € **Haftung: 75 %**
immVorb: – **MdE: –**

LG Kiel 12.6.2020 – 8 O 80/16 = BeckRS 2020, 14180

7379

Bauchschussverletzung, bei welcher der Schusskanal von oben links nach unten rechts verlief.

Mann. 42 Tage stationäre Behandlung mit vier Operationen. Anschließend Schmerztherapie und starke Schmerzmittel. Dauerschaden: Erhebliche Probleme beim Stuhlgang, Bauchschmerzen und große Narben im Bereich des Bauchs mit rezidivierenden Schmerzen. [Ursache: Der Kläger versuchte sich seiner Festnahme zu entziehen und wurde in diesem Zusammenhang von einem Polizeibeamten seitlich mittig im Bauchbereich angeschossen.]

Betrag: 22.500 € **Haftung: 75 %**
immVorb: – **MdE: –**

LG Kiel 12.6.2020 – 8 O 80/60 = BeckRS 2020, 64216

3795

Schussverletzung / Rückenverletzung (hier: Verletzung durch insgesamt 94 Schrotkörnern im Bereich des Rückens, Kopfes und Nackens, von denen 55 in einer zweistündigen Notoperation entfernt werden konnten. Die restlichen zu entfernen, war zu riskant, da diese im Rückenbereich und Organbereich festsitzen).

Mann. 13 Tage stationär. Gefahr einer schleichenden Bleivergiftung. Schussverletzung. Ursache: Jagdunfall

Betrag: 25.000 € **Haftung: 100 %**
immVorb: Ja **MdE: –**

OLG Hamm 2.4.2008 – 13 U 133/07 = BeckRS 2008, 10782

2625

Schussverletzung / Dickdarmverlust (hier: Bauchschuss mit nachfolgender operativer Dickdarmentfernung und zweimaliger Dickdarmausgangzurückverlegung. Erhebliche neurologische Beschwerden mit Schmerzen beim längeren Sitzen!

Mann (Metzger). 9 Tage Intensivstation; 36 Tage stationär; Dauerschaden; Dickdarmausgangzurückverlegung; 2 große Narben. [Bauchschussverletzung; vorsätzliche Körperverletzung].

Betrag: 35.790 € **Haftung: 100 %**
immVorb: – **MdE: –**

OLG Saarbrücken 9.9.1997 – 4 U 897/96 – 197 = BeckRS 1997, 12817

3023

Schussverletzung (hier: Augenverletzung in Form einer Teilerblindung wegen Verlust des linken Auges); zudem erlitt der Kläger eine Gehirnschädigung durch Liquorfistelverletzungen und offene Schädelfrakturen).

14j. Junge. Notoperation; stationär. Das linke Auge musste entfernt werden. Ursache: Versehentliches Auslösen einer Schreckschusspistole unmittelbar vor dem Gesicht des Jungen. [Anmerkung: Lesenswert zur Problematik der Verurteilung eines ebenfalls Minderjährigen – 14j. Jungen – zur Schmerzensgeldzahlung, wenn von dritter Seite Zahlungen nicht zu erwarten sind.]

Betrag: 38.347 € **Haftung: 100 %**
immVorb: – **MdE: –**

OLG Celle 17.10.2001 – 9 U 159/01 = BeckRS 2002, 1103

5160

Knieverletzungen, schwere / Schußverletzung (hier: beids.Knieverletzungen infolge des Durchschusses beider Kniegelenke mit einer Bockbüchsflinte (7 x 57 Kugel) aus einer Entfernung von ca. 80–90 Metern während einer Jagd); hoher Blutverlusts und schwerer Schock.

38j. Mann (zum Unfallzeitpunkt arbeitsloser – lt. Kontext noch jüngerer – Tischler). Lebensbedrohliche Verletzung. Intensivstation; stationärer Behandlung; langwierige Heilbehhandlung. Dauerschaden: Rollstuhlgebundenheit für längere Stecken; auf kürzeren Strecken kann sich der Kläger „nur beschwerlich auf Krücken fortbewegen". Hobbyverlust in Bezug auf Wandern und Jagen. [Jagdunfall / Verstoß gegen § 2 Abs. 3 UVV „Jagd" /Durchschuss von beiden Knien].

Betrag: 40.000 € **Haftung: 66 %**
immVorb: – **MdE: 85 %**

LG Erfurt 21.7.2006 – 3 O 1672/04 = BeckRS 2011, 10274

6972

Schussverletzungen (Auftragsmord). Das Opfer erlitt 4 Bauchschüsse, die jeweils am Rücken austraten. Ein Steckschuss führte zu einer Oberschenkelknochenzertrümmerung.

45j. Mann (Mechatroniker / Adhäsionskläger). 6 Wochen stationäre Behandlung; Lebensgefahr. Der Adhäsionskläger musste sich zudem für die Dauer von 6 Monaten in krankengymnastische Behandlung. Dauerschaden: Belastungsminderung des verletzten Beines mit Problemen beim Stehen. [Der Kläger wurde Opfer eines Auftragsmordes].

Betrag: 50.000 € **Haftung: 100 %**
immVorb: – **MdE: –**

LG Ulm 11.7.2014 – 6 KLs 11 Js 15749/13 = BeckRS 2014, 128465

6102

Schussverletzungen zu denen es im Urteil heißt: „Beide Projektile der Schusswaffe drangen im Bereich des Mund- und Rachenraumes in den Kopf ein und blieben, nachdem sie erhebliche Verletzungen an Knochen, Zähnen und Weichteilen angerichtet hatten, im Zellgewebe stecken". Rekonstruktion des Gaumendaches und Zahnersatz durch Implantate.

Mann. 10 Tage stationär mit Rekonstruktion des Gaumendaches durch eine Transplantation von Knochengewebe aus dem Hüftkamm. Anschließend 13 ambulante Behandlungen im Krankenhaus und 25 ambulante zahnärztliche Behandlungen. Dauerschaden: Dauerhafte Kopfschmerzen mit Schlafstörungen und Angstzuständen sowie ein Taubheitsgefühl im oberen Gaumenbereich. Bei der Schmerzensgeldbemessung berücksichtigte das LG zutreffend auch, dass „die Genugtuungsfunktion ins Gewicht [fällt], weil es sich um eine brutale Vorsatztat handelt und es nur glücklichen Umständen zu verdanken ist, dass der Kläger überhaupt mit dem Leben davon gekommen und nicht schwerbehindert ist". [Ursache: Vorsätzliche Körperverletzung / versuchter Mord. Der Beklagte schoss dem Kläger aus kurzer Distanz „von unter 1 m zweimal in Richtung Kopf"].

Betrag: 50.000 € **Haftung: 100 %**
immVorb: Ja **MdE: –**

LG Münster 29.8.2012 – 012 O 112/12 = BeckRS 2016, 18507

b) Stichverletzungen

6567

Stichverletzungen am Hals und am Kopf.

Mann (Häftling). Der wegen Mordversuchs zu 8 Jahren Haft Verurteilte – ebenfalls bereits Häftling im Jugendgefängnis Hameln – hatte aus einem Kugelschreiber ein Stichwerkzeug gefertigt und damit dem Kläger am Kopf und am Hals verletzt. Der Verurteilte habe vorsätzlich und heimtückisch gehandelt und die Wehrlosigkeit des Opfers ausgenutzt, so das LG.

Betrag: 2.000 € **Haftung: 100 %**
immVorb: – **MdE: –**

LG Hannover 26.11.2020 – 31 KLs 11/20 = BeckRS 2020, 37550

6903

Stichverletzung / vorsätzliche Körperverletzung (hier: 3 cm lange Stichverletzung an der linken Halsseite, die komplikationslos verheilt ist).

Mann. Vorsätzliche Körperverletzung. Der Täter „lief, das Messer mit 5 cm langer Klinge in der erhobenen Hand haltend, von hinten auf den Nebenkläger zu und stach gezielt in dessen linke Halsseite. Ihm war bewusst, dass der Stich tödliche Verletzungen zur Folge haben konnte; das war ihm egal", so der BGH.

Betrag: 3.500 € **Haftung: 100 %**
immVorb: – **MdE: –**

BGH 26.2.2019 – 4 StR 464/18 = BeckRS 2019, 6139

7283

Halsverletzung / ca. zehn Zentimeter lange und bis zu drei Zentimeter breite Halsschnittwunde an der vorderen linken Halsseite: „Der Schnitt habe zu einer vollständigen Durchtrennung der Haut, des Unterhautfettgewebes und des flächigen Halshautmuskels geführt. Darunter sei auch eine oberflächliche Vene durchtrennt und der linke Kopfdrehermuskel auf etwa 20 % der Stärke angeschnitten worden. Größere Blutgefäße und die Atemwege seien nicht betroffen gewesen". Die Halsschnittverletzung mit einer Länge von etwa zehn Zentimetern mit einer Verletzung der tiefen Halsfaszie und einem freiliegenden und teildurchtrennten linker Kopfdrehermuskels. Vorsätzliche Körperverletzung.

Mann. Stationäre Heilbehandlung, jedoch „kein längerer stationärer Aufenthalt …, keine lebensrelevanten Blut- und Nervenbahnen verletzt … und auch eine reizfreie und unauffällige Wundheilung", so das LG. Bei der Bemessung berücksichtigte das LG „auch die wirtschaftlichen Verhältnisse sowohl des Angeklagten als auch des Geschädigten – beide sind arbeitslos und verfügen über kein geregeltes Einkommen". Dauerschaden: Psychische Beeinträchtigungen in Form von Ängsten sowie – aufgrund der Narbe am Hals – Beschwerden beim Heben schwerer Gegenstände. [Adhäsionsverfahren]. Der Angeklagte wurde für diese Tat wegen versuchten Mordes in Tateinheit mit gefährlicher Körperverletzung zu einer Freiheitsstrafe von 8 Jahren und 9 Monaten verurteilt.

Betrag: 6.000 € **Haftung: 100 %**
immVorb: – **MdE: –**

LG Aschaffenburg 22.4.2021 – 104 Js 5331/17 = BeckRS 2021, 27071

5970

Stickverletzungen (hier: Stichverletzung an der Vorderseite des linken Oberschenkels, eine rd. 4 cm lange Stichverletzung an der Rückseite des linken Oberschenkels, die genäht werden musste, eine rd. 1 cm lange tiefe Stichverletzung an der Rückseite des rechten Oberschenkels, die ebenfalls genäht werden musste, eine Stichverletzung im Unterbauch links sowie eine rd. 2,5 cm lange Schnittverletzung an der linken Handfläche zwischen Daumen und Zeigefinger. Daneben erlitt der Kläger bei der Abwehr der Angriffe des I diverse Prellungen, Hautunterblutungen und Kratzer in allen Bereichen des Körpers.

Mann (Student). 7 Tage stationär. MdE ca. 4 Monate 100 %. Posttraumatische Belastungsstörung (PTBS), die einer psychotherapeutischen Behandlung bedurfte. Verletzungsbedingte Studiumsunterbrechnung für ein Semester. Dauerfolgen: „Zurzeit verspürt der Kläger noch – also rd. sieben Jahre nach der Tat – gelegentlich noch Narbenschmerzen aufgrund der an den Rückseiten der Oberschenkel erlittenen Verletzungen, insb. beim Hinsetzen", so das OLG. [Verkehrssicherungspflichtverletzung – Versuch des Hotelgastes gewaltsam in das Hotel zu gelangen, da der Hotelier versehentlich den Schlüssel an der Innenseite der Türe hatte stecken lassen, so dass der Gast sie nicht mit seinem Hotelschlüssel öffnen konnte. Eine Reinigungskraft des Hotels hielt den Gast für einen Einbrecher bzw. Eindringling und stach ihn nieder].

Betrag: 6.500 € **Haftung: 100 %**
immVorb: Ja **MdE: –**

OLG Hamm 7.11.2012 – I-30 U 80/11 = BeckRS 2012, 24375

7599

Schnittverletzung bzw. Schnittwunde am rechten Handgelenk ca. 3 cm mal 4 cm groß und Handsehnenverletzung in Form einer 40-prozentigen Handsehnendurchtrennung.

Mann (Polizeibeamter). Ambulante Behandlung mit einer Operation zur Sehnenregenerierung. MdE 45 Tage 100 %. Dauerschaden: Empfindungsstörungen mit Taubheitsgefühl durch die Nervenverletzung mit einer Schädigungsfolge lt. Dienstunfallbescheid des Landes Schleswig-Holstein von 10 %. Der Kläger nahm seinen Dienst eingeschränkt wieder auf und arbeitete ausschließlich im Innendienst. Bei der Schmerzensgeldbemessung berücksichtige das LG herabsetzend, dass der Kläger nur geringfügig in seiner Lebensführung beeinträchtigt war und weiterhin seinen Dienst ausüben und auch sportliche Aktivitäten vornehmen konnte und auch keine psychische Beeinträchtigungen verblieben sind. Betragserhöhend berücksichtigte das LG, dass der Beklagte vorsätzlich den Kläger mit der Whiskyflasche, also mit einem gefährlichen Werkzeug, angriff und hierdurch die Genugtuungsfunktion zum Tragen kommt. Das LG orientierte sich dabei an OLG Karlsruhe → Nr. 4192.

Betrag: 7.000 € **Haftung: 100 %**
immVorb: – **MdE: 10 %**

LG Lübeck 3.11.2023 – 3 O 277/21 = BeckRS 2023, 47668

5089

Tod nach Messerstich in den Mittelbauch. Das Opfer verblutete innerhalb von ca. 8 Minuten, da durch den Stich die linke Bauchschlagader und Vene durchstochen wurden.

22j. Mann. Tod nach vorsätzlicher Körperverletzung. Kläger waren die Eltern des 22-Jährigen als dessen Erben; sie begehrten 50.000 EUR. Das LG sprach ihnen 40.000 EUR zu. Die hiergegen eingelegte Berufung des Beklagten führte zu einer Reduzierung des Schmerzensgeldes auf 7.500 Euro. Zur Begründung führte das OLG aus: Da für den Tod an sich und den Verlust an Lebenserwartung gesetzlich keine Entschädigung vorgesehen sei, könnten nur die von dem Sohn der Kläger noch wahrgenommenen Verletzungen berücksichtigt werden. Der Sohn der Kläger habe nur kurz – maximal 8 Minuten – gelitten.

Betrag: 7.500 € **Haftung: 100 %**
immVorb: – **MdE: –**

OLG Oldenburg 9.6.2015 – 2 U 105/14 = BeckRS 2016, 10113

7637

Stichverletzung in der rechten Körperflanke. Vorsätzliche Körperverletzung.

Frau. Stationäre Behandlung. Die Klägerin, die am Tattag ihrer – vom Angeklagten ermordeten – Freundin zu Hilfe geeilt war, hatte ein Schmerzensgeld iHv 15.000 EUR gefordert. Das LG sah den Schmerzensgeldantrag der Geschädigten aufgrund des Anerkenntnisses des Angeklagten hinsichtlich des von der Adhäsionsklägerin genannten Mindestbetrages als begründet an.

Betrag: 15.000 € **Haftung: 100 %**
immVorb: – **MdE: –**

LG Mannheim 15.7.2020 – 1 Ks 400 Js 35919/19 = BeckRS 2020, 48564

7752

Stichverletzungen – insgesamt drei Stiche in Kopf und Nacken – mit einem großen Steakmesser (11 cm Klingenlänge). Hierdurch erlitt der Kläger folgende Verletzungen: Schädelhirntrauma / Gehirnschädigung (hier: penetrierendes Schädelhirntrauma und damit einhergehend eine mehrfragmentäre Impressionsfraktur des linken Schläfenbeines mit zarten streifigen Hämorrhagien im angrenzenden Hirnparenchym im Schläfen- und Scheitellappenbereich mit passagerer Wortfindungsstörung und eine Eröffnung der harten Hirnhaut mit Weichteilschaden, eine Einblutung unter die weiche Hirnhaut sowie eine Einblutung im betroffenen Hirngewebe mit umgebender, passagerer wässriger Schwellung. Zudem erlitt der Kläger eine Stichverletzung am Rücken bzw im Nackenbereich links der Körpermittellinie.

Mann (Restaurantinhaber). Lebensgefahr. Stationäre Behandlung. Der Kläger hatte ein bis zwei Tage schwere, zwei Tage mittelschwere und 29 Tage leichte Schmerzen zu erdulden gehabt. Zur Schmerzensgeldbemessung betonte der OGH einleitend, dass bei der Bemessung des Schmerzengeldes einerseits auf die Umstände des Einzelfalls abzustellen und andererseits zur Vermeidung einer völligen Ungleichmäßigkeit der Rechtsprechung ein objektiver Maßstab anzulegen sei wobei „der von der Judikatur ganz allgemein gezogene Rahmen für die Bemessung im Einzelfall nicht gesprengt werden (RS0031075)" dürfe. Sodann führte der OGH aus: „Der Kläger hat hier durch mehrere Stiche des Beklagten mit Lebensgefahr verbundene schwerste Verletzungen an Kopf und Gehirn erlitten, die eine – wenn auch vorübergehende – Wortfindungsstörung und eine noch andauernde posttraumatische Belastungsstörung mit Panikattacken sowie Schlafstörung zur Folge hatten. Aufgrund der besonderen Belastungen und Ängste, die derartig massive Verletzungen des Kopfes und des Gehirns sowie die konkret beim Kläger damit einhergegangenen Beeinträchtigungen nachvollziehbar auslösen, ist selbst unter Berücksichtigung des Umstands, dass der Kläger in Anbetracht der konkreten Verletzungen außergewöhnlich geringere Schmerzen bzw Schmerzperioden zu erdulden hatte, aufgrund der Schwere der Verletzungen und des Maßes der psychischen und physischen Beeinträchtigung (RS0031040) im Wege einer Globalbemessung ein Schmerzengeld von 18.000 EUR als angemessen anzusehen." Berücksichtigt wurde auch, dass der Kläger vorfallskausal an einer posttraumatischen Belastungsstörung leidet, welche sich etwa durch erhöhte Schreckhaftigkeit mit immer wieder auftretenden Angst- und Panikattacken sowie Schlafstörungen mit dem Auftreten von Albträumen äußert. Kein Mitverschulden des Klägers unter dem Stichwort der Provokation. [Ursache: Vorsätzliche Körperverletzung nach vorheriger verbaler Auseinandersetzung zwischen dem Kläger und dem, in seinem Restaurant beschäftigten Koch].

Betrag: 18.000 € **Haftung: 100 %**
immVorb: – **MdE: –**

OGH Österreich 25.9.2025 – 7 Ob 80/25b = BeckRS 2025, 27305

7764

Stichverletzung / vorsätzliche Körperverletzung (hier: Stich in den Hals, den rechten Oberschenkel und in die rechten Hand. Als Verletzungsfolgen erlitt die Nebenklägerin eine circa 2,2 Zentimeter lange Wunde an der linken Halsseite, eine circa 1,7 Zentimeter lange Wunde am rechten Oberschenkel und eine circa 1,3 Zentimeter lange Wunde an der rechten Handinnenfläche wobei die Schnitte und Stiche jedoch nur eine „geringe Tiefe" aufwiesen.

Frau. Adhäsionsverfahren. Das LG hatte den Anklagten wegen gefährlicher Körperverletzung zu einer Freiheitsstrafe von vier Jahren und sechs Monaten und dazu verurteilt, an die Adhäsionsklägerin ein Schmerzensgeld in Höhe von 25.000 EUR zu zahlen. Es hat ferner festgestellt, dass der Angeklagte verpflichtet ist, der Adhäsionsklägerin künftige aus der Tat entstehende materielle und nicht vorhersehbare immaterielle Schäden zu ersetzen. Diese Feststellung hob der BGH (siehe die hier angegebene Fundstelle BeckRS 2025, 26299) jedoch in seiner Revision auf, da im Urteil des LG hierfür keine konkreten Anhaltspunkte enthalten waren.

Betrag: 25.000 € **Haftung: 100 %**
immVorb: – **MdE: –**

LG Bonn 10.2.2025 – 24 Ks 14/24 = BeckRS 2025, 26299

4752

Augenverletzung, schwere (hier: Stichverletzung mit Wurfmesser im Gesicht und insbesondere am linken Auge mit erheblicher Sehstörung).

17j. junger Mann. 6 Tage stationär. Langwierige Heilbehandlung / ambulante Heilbehandlung durch den Augenarzt des Klägers von 7 Monaten Dauer. Dauerschaden: Schwere Sehbehinderung / schwere Sehstörung links; es ist auf dem linken Auge nur eine unscharfe Wahrnehmung mit eingeschränkter Farberkennung möglich. Gesichtsnarben an der Wange und zwischen Lid und Nase. [Anmerkung: Angesichts der Schwere der Verletzung und des Alters des Verletzten erscheint das Schmerzensgeld zu gering].

Betrag: 25.000 € **Haftung: 100 %**
immVorb: Ja **MdE: –**

LG Bochum 20.8.2012 – I-2 O 540/11 = BeckRS 2013, 13444

5748

Stichwunden mit Tötungsabsicht (hier: Organverletzungen durch Oberbauchstichwunde bzw. Stichwunde in das Epigastrium mit Verletzung des linken Leberlappens), multiple Stichwunden im Bereich der rechten Halsseite mit Verletzung der inneren Drosselvene, eine Schnittwunde im Bereich des linken Kniegelenks, multiple Schnittwunden im Bereich der linken Hand, multiple Schnittwunden im Bereich der rechten Hand und eine Kleinfingerendgliedbeugesehnendurchtrennung rechts.

Frau (junge Frau). 14 Tage stationär mit zwei Aufenthalten. Schmerzensgelderhöhend war zu berücksichtigen, dass der Bekl. vorgeplant und mit großer Brutalität versucht hat, der Klägerin das Leben zu nehmen, die Schädigungsabsicht also noch über die tatsächlich zugefügten Verletzungen hinaus ging. Die Vorgehensweise des Beklagten belegt …, dass es ihm absolut um die Vernichtung fremden Lebens ging, da er trotz Gegenwehr immer weiter versucht hat, auf sein Opfer einzustechen und ihm das Leben zu nehmen. Dauerschaden: Traumatisierung und psychische Beeinträchtigungen. „Die Kl. ist durch den Angriff auf ihr Leben psychisch nachhaltig traumatisiert. Dies steht auf Grund der in den Prozess eingeführten schriftlichen Stellungnahmen des die Kl. behandelnden Psychotherapeuten Dr. zur Überzeugung des Gerichts fest. Danach hat die Nachricht über die Entlassung des Bekl. aus der Haft bei der Kl. eine akute Belastungsstörung ausgelöst. Trotz psychotheraupeutischer Behandlung leidet die Kl. noch immer unter der Angst, dem Bekl. zu begegnen, hat schlechte Träume, in denen sie den Angriff erneut durchlebt und schweißgebadet in Angst erwacht. Im Umgang mit Männern ist die Kl. tatbedingt übervorsichtig und in ständiger Spannung. Im Gespräch vermutet sie hinter jeder Änderung des Stimmtimbres eine Form der Aggression, die sie gereizt und ungeduldig werden lässt. Die hierdurch hervorgerufenen körperlichen Belastungen führen zu einer erhöhten Ermüdbarkeit und Einschränkungen der Aktivität", so das LG. [Ursache: Massive Messerattacke in Tötungsabsicht nach verschmähter Liebe].

Betrag: 25.000 € **Haftung: 100 %**
immVorb: Ja **MdE: –**

LG Hechingen 13.3.2006 – 1 O 264/05 = BeckRS 2006, 6413

5666

Augenverletzung / Teilerblindung (hier: Nahezu vollständige Erblindung des rechten Auges nach Stichverletzung mit einem Küchenmesser).

5j. Kind (Junge). Stationäre Behandlung. Dauerschaden: Teilerblindung nach Stichverletzung mit einem Küchenmesser. [Ursache: Aufsichtspflichtverletzung: „Ein zum Kartoffelschälen benutztes Schälmesser darf auch bei nur kurzfristiger Abwesenheit nicht in der Nähe spielender fünfjähriger Kinder liegen bleiben, auch dann nicht, wenn zwar eine weitere aufsichtspflichtige Person anwesend ist, diese aber mit anderen Aufgaben beschäftigt ist und nichts von der Gefahrenlage weiß. Verletzt ihr Sohn in ihrer Abwesenheit einen gleichaltrigen Spielkameraden mit dem Messer, ist die Mutter zum Schadensersatz verpflichtet"]. Das OLG wertete schmerzensgelderhöhend, dass die Beklagte über einen Privathaftpflichtversicherungsschutz verfügte.

Betrag: 25.565 € **Haftung: 100 %**
immVorb: – **MdE: –**

OLG Hamm 1.10.1998 – 6 U 92/98 = BeckRS 9998, 17409

7808

Stichverletzung bzw. „Schnittverletzung" in Form einer 13 cm langen Schnittwunde. Zudem erlitt der Nebenkläger psychische Beeinträchtigungen zu denen das OLG ausführte: "Er [ergänze: der Nebenkläger] litt bis zu seiner Vernehmung vor dem Senat noch regelmäßig unter Albträumen und beabsichtigt daher, in Zukunft nochmal bei der KKK.-Klinik Q.-Stadt vorstellig zu werden, um erneut psychotherapeutische Hilfe in Anspruch nehmen zu können. Vorsatztat / Messerangriff nach „islamistisch-jihadistischem" Messerangriff / Vorsatztat mit einem „32 Zentimeter langen Tranchiermesser mit einer Klingenlänge von 19 Zentimetern", mit dem er „jeweils in Tötungsabsicht auf den Hals und Oberkörper von dreizehn Personen" und dabei auch den Nebenkläger eingestochen hatte.

Mann. Ambulante Behandlung im Krankenhaus. Nachdem die dreizehn Zentimeter lange Schnittverletzung genäht worden war, konnte er das Krankenhaus bereits in der Tatnacht wieder verlassen. Infolge der Schnittverletzungen klagte er über Nackenverspannungen und befand sich in physiotherapeutischer Behandlung. Zur Schmerzensgeldbemessung führte das OLG – neben den festgestellten körperlichen Verletzungen und psychischen Belastungen – hinsichtlich des besonderen Verschuldensgrades des Täters aus: „Sodann hat der Senat das Verschulden des Angeklagten als besonders hoch bewertet. Der Angeklagte hat vor dem Hintergrund seiner radikal-islamistischen Gesinnung ein Attentat auf friedlich feiernde Konzertbesucher verübt, die zu dem Angeklagten in keinerlei Nähebeziehung standen. Mit Ausnahme des Nebenklägers K. erfolgten die jeweiligen Angriffe unvermittelt auf arg- und wehrlose Opfer. Der Angeklagte handelte durchweg in Tötungsabsicht und brachte damit seine lebensverachtende Haltung gegenüber sämtlichen Nebenklägern zum Ausdruck. Vor diesem Hintergrund gaben die wirtschaftlichen Verhältnisse des Angeklagten sowie der Nebenkläger dem vorliegenden Fall kein besonderes Gepräge." [Anmerkung: Adhäsionsverfahren: Nebenkläger im Mordprozess gegenüber dem Täter nach dessen Terroranschlag vom 23.8.2024 auf dem Gelände des „Festivals der EE".]

Betrag: 30.000 € **Haftung: 100 %**
immVorb: – **MdE: –**

OLG Düsseldorf 10.9.2025 – 5 St 2/25 = BeckRS 2025, 23340

7809

Halsverletzung durch Stichverletzung auf der rechten Halsseite wobei der Stichkanal „circa fünf Zentimeter lang innerhalb des Kopfwendemuskels verlief mit ausgeprägter Schwellung der rechten Halsseite. Zudem erlitt der Nebenkläger vorübergehende psychische Beeinträchtigungen zu denen das OLG ausführte: "Psychisch ist der Nebenkläger inzwischen stabil. Er nahm nach der Tat wegen kurzzeitig aufgetretener Schlafstörungen sowie einer „Grübelneigung" lediglich drei Termine in der Ambulanz des KKK.-Klinikums MMM.-Stadt wahr." Vorsatztat / Messerangriff nach „islamistisch-jihadistischem" Messerangriff / Vorsatztat mit einem „32 Zentimeter langen Tranchiermesser mit einer Klingenlänge von 19 Zentimetern", mit dem er „jeweils in Tötungsabsicht auf den Hals und Oberkörper von dreizehn Personen" und dabei auch den Nebenkläger eingestochen hatte.

Mann. 5 Tage stationäre Behandlung mit Notoperation wegen „ausgeprägter Schwellung der rechten Halsseite,,. Krankschreibung für 14 Tage. 18 Tage nach dem Messerangriff verlor der Kläger im Rahmen einer Nachversorgung durch seinen Hausarzt "das Bewusstsein und war apnoeisch, so dass für 30 Sekunden eine kardiopulmonale Reanimation erfolgte"; es folgten erneut 2 Tage stationärer Behandlung. Zur Schmerzensgeldbemessung führte das OLG – neben den festgestellten körperlichen Verletzungen und psychischen Belastungen – hinsichtlich des besonderen Verschuldensgrades des Täters aus: „Sodann hat der Senat das Verschulden des Angeklagten als besonders hoch bewertet. Der Angeklagte hat vor dem Hintergrund seiner radikal-islamistischen Gesinnung ein Attentat auf friedlich feiernde Konzertbesucher verübt, die zu dem Angeklagten in keinerlei Nähebeziehung standen. Mit Ausnahme des Nebenklägers K. erfolgten die jeweiligen Angriffe unvermittelt auf arg- und wehrlose Opfer. Der Angeklagte handelte durchweg in Tötungsabsicht und brachte damit seine lebensverachtende Haltung gegenüber sämtlichen Nebenklägern zum Ausdruck. Vor diesem Hintergrund gaben die wirtschaftlichen Verhältnisse des Angeklagten sowie der Nebenkläger dem vorliegenden Fall kein besonderes Gepräge." [Anmerkung: Adhäsionsverfahren: Nebenkläger im Mordprozess gegenüber dem Täter nach dessen Terroranschlag vom 23.8.2024 auf dem Gelände des „Festivals der EE".]

Betrag: 30.000 € **Haftung: 100 %**
immVorb: – **MdE: –**

OLG Düsseldorf 10.9.2025 – 5 St 2/25 = BeckRS 2025, 23340

6881

Stichverletzungen / vorsätzliche Körperverletzung (hier: Wuchtvolle Stiche in vitale Körperregionen mit insgesamt 32 Stichwunden. Das LG führte dazu aus: „Die Geschädigte hatte insgesamt 32 Stich- oder Schnittverletzungen im Bereich des Brustkorbes, des Bauchraumes, am Hals sowie an den Armen erlitten, wobei zwei Stiche die rechte Brusthöhle und ein sog. „Wühlstich" die linke Brusthöhle eröffneten, wodurch Anteile der vorderen Brustwand zerfetzt wurden und auf beiden Seiten eine sog. Gasbrust (Pneumothorax) entstand. Der wühlartige Stich eröffnete einen Herzbeutel und verletzte Teile des Lungenoberlappens. Die Stichtiefe betrug hier mindestens 7 cm. Ein weiterer Stich durchschnitt die 6. Rippe bzw. brach diese auf und eröffnete in Höhe des 5. Zwischenrippenraumes ebenfalls die rechte Brusthöhle. Darüber hinaus kam es neben diversen Abwehrverletzungen an den Armen und Händen, wobei es auch zur Durchtrennung von Gefäßen und Nerven kam und ein Nerv nicht mehr rekonstruiert werden konnte, zu vier Verletzungen des Dickdarms, einer Verletzung des Dünndarms sowie zu einer Verletzung der um den Magen herum verlaufenden Schlagader. Die Geschädigte schwebte aufgrund des beidseitigen Pneumothoraxes, eines erheblichen Blutverlustes und der durch die Verletzung des Herzbeutels verursachten Herzschwäche in akuter Lebensgefahr, die nur durch notfallmedizinische Maßnahmen abgewehrt werden konnte."

93j. Frau (Rentnerin / Adhäsionsklägerin). Mehrwöchige stationäre Behandlung und Reha-Behandlungen. Die Klägerin schwebte zunächst in akuter Lebensgefahr. Dauerschaden: Dauerpflegefall. Die Klägerin, die trotz ihres hohen Alters von 93 Jahren ohne Betreuung selbständig in ihrer Wohnung im H… zum H… G… gelebt, noch selbst eingekauft und gekocht hatte, musste die von ihr wegen ihrer Eigenständigkeit geliebte Wohnung nach der Tat aufgeben, da sie infolge der Tat dauerhaft auf Pflege angewiesen ist. Vorsätzliche gefährliche Körperverletzung in Mordabsicht; die Angeklagte wurde deshalb zu einer lebenslangen Freiheitsstrafe verurteilt. [Anmerkung: Lesenswert zur Berücksichtigung wirtschaftlicher Verhältnisse des Schädigers; vgl. dazu auch bei Slizyk Schmerzensgeld 2022 → Rn. 139].

Betrag: 30.000 € **Haftung: 100 %**
immVorb: – **MdE: 100 %**

LG Hamburg 25.3.2019 – 602 Ks 9/18 = BeckRS 2019, 29176

4754

Bauchverletzung / Nierenverletzung (hier: Mehrere Stichwunden in die Bauchdecke, wodurch die Niere verletzt wurde und ein Teil des darms aus der Bauchdecke quoll. Psychische Beeinträchtigung).

Mann. Stationärer Aufenthalt. Langwierige ambulante Heilbehandlung. Psychische Beeinträchtigung. Dauerschaden: Verlust der Arbeitsstelle. Vorsätzliche Körperverletzung nach vorausgegangenem Streit. [Anmerkung: „Mitverschulden", ohne Quotierung wegen der, der tätlichen Auseinandersetzung vorausgegangenen verbalen Streitigkeit, ohne die das LG durchaus ein Schmerzensgeld von 50.000 EUR für angemessen erachtet hätte].

Betrag: 30.000 € **Haftung: 100 %**
immVorb: – **MdE: –**

LG Freiburg 31.7.2012 – 5 O 85/12 = BeckRS 2012, 214224

5709

Stichverletzungen und Schnittverletzungen, – jeweils sehr schwere. (Hier: Stichwunden im Unterleib mit multiplen Organverletzungen: Milzverletzung / Parenchymverletzung des rechten Lungenunterlappens, Teilabtrennung des rechten Zwerchfells, Leberprarenchymverletzung, Durchtrennung einer perirenalen Vene, Nierenverletzung mit Läsion einer perirenalen Vene, sekundäre Leberruptur bei Leberwühlblutung des rechten Leberlappes) sowie eine Schnittverletzung des Zeigefingermittelgliedes mit Durchtrennung des radialen Fingernervs.

42j. Frau (Putzhilfe). 69 Tage stationär, drei Aufenthalte mit insgesamt 6 Operationen und 50 Bluttransfusionen. Dauerschaden: Entstellende Narbe, zu der das LG ausführte: „Als Folge der zahlreichen Messerstiche, die der Bekl. ihr beigebracht hatte, behielt die Kl. eine entstellende 20 cm lange wulstige Narbe zurück sowie mehrere kleinere Narben; an einer Narbe trat ein Narbenbruch ein, der der Kl. erhebliche Beschwerden verursacht". Psychische Beeinträchtigungen / Ängste. Aufgrund der schweren Verletzungen der Kl. sowie der zahlreichen Bluttransfusionen, die sie erhalten hat, erscheinen künftige materielle wie immaterielle Folgeschäden nicht ausgeschlossen, so das LG. [Ursache: Vorsätzliche Körperverletzung durch den Ex-Ehemann].

Betrag: 30.678 € **Haftung: –**
immVorb: Ja **MdE: –**

LG Arnsberg 11.12.1998 – 2 O 73/98 = BeckRS 2004, 11100

7941

Ermordung mit mehr als 70 Messerstichen. Der Todeskampf dauerte ca. 30 Minuten bis das Kin schließlich an Blutverlust sowie einem Pneumothorax bzw. einer Luftansammlung im Brustraum, verstarb.

12j. Kind (Schülerin). Die zur Tatzeit zwölf Jahre alte Luise war von ihren beiden ebenfalls 12- und 13-jährigen Mitschülerinnen im Wald mit mehr als 70 Messerstichen „heimtückisch und aus niedrigen Beweggründen" getötet worden. Bei der Bemessung des nach dem Tod ihrer Tochter von den Eltern geerbten Schmerzensgeldanspruchs hatte sich das LG Koblenz – wie stets in solchen Fällen – mit der Frage zu befassen, wie lange der ermordete / getötete Mensch bis zu seinem Tod noch gelebt und wie sehr er gelitten hatte. Im konkreten Fall ging das LG davon aus, dass die 12jährige Luise mindestens einige Minuten mit extremer Panik und Todesangst erlebt und – aufgrund der festgestellten Spuren von Gegenwehr – dass ihr Todeskampf maximal ca. 30 Minuten gedauert hatte. [Anmerkung: Zur genauen Höhe des zudem den Eltern und der Schwester der Ermordeten zugesprochenen Hinterbliebenengeld lagen zur Zeit der Erfassung der Entscheidung des LG Koblenz noch keine verlässlichen Angaben vor. Das Urteil des LG ist zudem noch nicht rechtskräftig.]

Betrag: 40.000 € **Haftung: 100 %**
immVorb: – **MdE: –**

LG Koblenz 28.5.2026 – 1 O 410/23 = BeckRS 2026, 2040

7807

Unterschenkelverletzung in Form einer tiefen Stichwunde, jedoch ohne Verletzungen von Sehnen, Gefäßen oder Nervengewebe. Posttraumatische Belastungsstörung (PTBS). Vorsatztat / Messerangriff nach „islamistisch-jihadistischem" Messerangriff / Vorsatztat mit einem „32 Zentimeter langen Tranchiermesser mit einer Klingenlänge von 19 Zentimetern", mit dem er „jeweils in Tötungsabsicht auf den Hals und Oberkörper von dreizehn Personen" und dabei auch den Nebenkläger eingestochen hatte.

Mann. Stationäre Behandlung und Wundversorgung mit Einzelkopfnähten. Der Nebenkläger wurde für 3 Wochen krankgeschrieben. Zur Schmerzensgeldbemessung führte das OLG – neben den festgestellten körperlichen Verletzungen und psychischen Belastungen (PTBS) – hinsichtlich des besonderen Verschuldensgrades des Täters aus: „Sodann hat der Senat das Verschulden des Angeklagten als besonders hoch bewertet. Der Angeklagte hat vor dem Hintergrund seiner radikal-islamistischen Gesinnung ein Attentat auf friedlich feiernde Konzertbesucher verübt, die zu dem Angeklagten in keinerlei Nähebeziehung standen. Mit Ausnahme des Nebenklägers K. erfolgten die jeweiligen Angriffe unvermittelt auf arg- und wehrlose Opfer. Der Angeklagte handelte durchweg in Tötungsabsicht und brachte damit seine lebensverachtende Haltung gegenüber sämtlichen Nebenklägern zum Ausdruck. Vor diesem Hintergrund gaben die wirtschaftlichen Verhältnisse des Angeklagten sowie der Nebenkläger dem vorliegenden Fall kein besonderes Gepräge." [Anmerkung: Adhäsionsverfahren: Nebenkläger im Mordprozess gegenüber dem Täter nach dessen Terroranschlag vom 23.8.2024 auf dem Gelände des „Festivals der EE".]

Betrag: 40.000 € **Haftung: 100 %**
immVorb: – **MdE: –**

OLG Düsseldorf 10.9.2025 – 5 St 2/25 = BeckRS 2025, 23340

4393

Stichverletzung in die Rückseite des Oberschenkels mit Muskeldurchtrennung und Nervverletzung sowie starker Blutverlust und Todesangst des Klägers nach Messerstich mit einem 15 cm langen „Finn-Messer" Folge: Unterschenkelamputation!

Mann. Stationärer Aufenthalt; langwierige Heilbehandlung mit Nachamputation; 6 Wochen Rehabilitationsaufenthalt. Dauerschaden: Gehbehinderung. Vorsätzliche Körperverletzung durch tiefen Stich mit einem sogenannten Finn-Messer in den Oberschenkel des Klägers. [VorsätzlicheKörperverletzung, Messerstichangriff].

Betrag: 40.000 € **Haftung: 100 %**
immVorb: Ja **MdE: –**

LG Wiesbaden 15.4.2010 – 9 O 189/09 = BeckRS 2010, 19451

7341

Messerstich in den Hals. Der Stich führte „zu einer fast vollständigen Durchtrennung der arteria carotis communis links, einer vollständigen Durchtrennung der arteria vertebralis links, deren Äste für die Versorgung des Gehirns zuständig sind, und einer Beschädigung des linken Schilddrüsenlappens", so dass der Kläger einen hämorrhagischer Schock erlitt, der zum Hirntod nach vier Tagen führte.

Mann. Kläger sind die Eltern des Getöteten, der vom Beklagten mittels eines Butterfly-Messers in den Hals gestochen worden war und vier Tage später an seinen Verletzungen verstarb; sie haben gegen den Beklagten einen Anspruch auf Zahlung von Schmerzensgeld aus übergegangenem Recht ihres getöteten Sohnes. Bei der Bemessung des Schmerzensgeldes berücksichtigte das LG, dass der Kläger, „der fühlt, dass mit dem Blut auch das Leben aus ihm weicht, um sein Leben fürchtet und Todesängste ausstehen muss" sowie zudem auch, dass der Beklagte „vorsätzlich, aus einem gänzlich nichtigen Anlass heraus, das junge Leben seines Mitschülers M1 C zerstört" hat. „Dem erkennenden Richter fehlt jedoch jedes Verständnis dafür, dass der Beklagte seinen Kontrahenten mit gezogenem Messer zum Kampf aufgefordert hat, wohl wissend, dass M1 sich allenfalls mit bloßen Händen zur Wehr setzen konnte. Der Kampf zwischen dem Beklagten und M1 C war ein Kampf mit ungleichen Waffen, den M1 nur verlieren konnte". [Anmerkung: Erneut – vgl. LG Bochum BeckRS 2015, 18726 – macht das LG Bochum mit einer herausragenden Urteilsbegründung darauf aufmerksam, dass „Ohne Leben und körperliche Unversehrtheit … alle anderen Rechte nichts wert" sind und darauf, dass die höchstrichterliche Rechtsprechung und die Rechtsprechung der Instanzgerichte vielfach die überragende Bedeutung, die dem Schutz von Leben und körperlicher Unversehrtheit im Rahmen der Drittwirkung der Grundrecht zukommt, verkennen. „Der erkennende Richter ist der Auffassung, dass insbesondere bei vorsätzlichen Körperverletzungen die in der höchstrichterlichen Rechtsprechung angesetzten Schmerzensgeldbeträge viel zu niedrig bemessen sind und deutlich angehoben werden müssen". Vgl. dazu im Handbuch → Rn. 268].

Betrag: 50.000 € **Haftung: 100 %**
immVorb: – **MdE: –**

LG Bochum 29.10.2015 – I-2 O 574/12 = BeckRS 2015, 18726

7805

Halsverletzung in Form einer schweren und tiefen Halsstichwunde: „Aufgrund der Tiefe der Stichwunde wurde der Hals mittels eines circa fünf Zentimeter langen Hautschnitts im Bereich der Vorderkante des Kopfwendemuskels eröffnet. … Die Nebenklägerin verlor mindestens 2,2 Liter Blut, so dass ihr mehrere „Blutkonserven" transfundiert worden sind." Vorsatztat / Messerangriff aus „islamistisch-jihadistischem" Motiv mit einem „32 Zentimeter langen Tranchiermesser mit einer Klingenlänge von 19 Zentimetern", mit dem der Täter, ein „syrischer Asylsuchender", „jeweils in Tötungsabsicht auf den Hals und Oberkörper von dreizehn Personen" und dabei auch der Nebenklägerin eingestochen hatte.

Frau (Fachkraft für Veranstaltungstechnik). Intensivstationäre Behandlung mit Notoperation wegen Lebensgefahr. Anschließend weitere 5 Tage stationär. Die Heilung der körperlichen Verletzungen verlief weitgehend komplikationsfrei. Die im Halsbereich noch bestehenden Narben sind – so das OLG – inzwischen unscheinbar. Aufgrund einer durch die Stichverletzung hervorgerufenen Läsion des Plexus brachialis – dem den Arm versorgenden Nervengeflecht – litt die Nebenklägerin nach der Tat noch zeitweise unter Bewegungseinschränkungen des rechten Arms, die nunmehr aber weitestgehend abgeklungen sind. Allerdings leidet sie noch weiterhin unter leichten Empfindungsstörungen im rechten Arm. Psychotherapeutischer Behandlung. Dauerschaden: Wiederkehrende Gleichgewichtsstörungen mit negativer Auswirkung auf ihren Beruf. Zur Schmerzensgeldbemessung führte das OLG – neben den festgestellten körperlichen Verletzungen und psychischen Belastungen – hinsichtlich des besonderen Verschuldensgrades des Täters aus: „Sodann hat der Senat das Verschulden des Angeklagten als besonders hoch bewertet. Der Angeklagte hat vor dem Hintergrund seiner radikal-islamistischen Gesinnung ein Attentat auf friedlich feiernde Konzertbesucher verübt, die zu dem Angeklagten in keinerlei Nähebeziehung standen. Mit Ausnahme des Nebenklägers K. erfolgten die jeweiligen Angriffe unvermittelt auf arg- und wehrlose Opfer. Der Angeklagte handelte durchweg in Tötungsabsicht und brachte damit seine lebensverachtende Haltung gegenüber sämtlichen Nebenklägern zum Ausdruck. Vor diesem Hintergrund gaben die wirtschaftlichen Verhältnisse des Angeklagten sowie der Nebenkläger dem vorliegenden Fall kein besonderes Gepräge." [Anmerkung: Adhäsionsverfahren: Nebenklägerin im Mordprozess gegenüber dem Täter nach dessen Terroranschlag vom 23.8.2024 auf dem Gelände des „Festivals der EE".]

Betrag: 70.000 € **Haftung: 100 %**
immVorb: – **MdE: –**

OLG Düsseldorf 10.9.2025 – 5 St 2/25 = BeckRS 2025, 23340

7806

Oberarmverletzung und Halsverletzung (hier: „Sehr tiefe und massiv blutende" Stichverletzungen „im Bereich der linken Halsseite" mit linksseitiger Oberarmverletzung in Form einer „oberen Armplexusläsion". Vorsatztat / Messerangriff nach „islamistisch-jihadistischem" Messerangriff / Vorsatztat mit einem „32 Zentimeter langen Tranchiermesser mit einer Klingenlänge von 19 Zentimetern", mit dem er „jeweils in Tötungsabsicht auf den Hals und Oberkörper von dreizehn Personen“ und dabei auch den Nebenkläger eingestochen hatte.

Mann (Sportlehrer). 4 Tage Intensivstationäre Behandlung mit Notoperation wegen Lebensgefahr. Anschließend weitere 5 Tage stationär. Der Nebenkläger war [die Terrortat erfolgte am 23.8.2024] bis „Ende April 2025 krankgeschrieben“, so das OLG, das zur weiteren Heilung während dieser Zeit ausführte: „In den ersten fünf Monaten nach der Tat befand er sich an drei Tagen die Woche in ergotherapeutischer Behandlung. Nunmehr befindet sich der Nebenkläger an drei Tagen die Woche in physio- und an zwei Tagen die Woche in ergotherapeutischer Behandlung. Die Symptomatik ist rückläufig. Seit dem Frühjahr 2025 kann der Nebenkläger seinen Arm wieder über 90 Grad anheben. Probleme bereitet ihm noch das Heben von schwereren Lasten. Zudem klagt der Nebenkläger noch über Schmerzen im Armbereich.“. Krankschreibung für die Dauer von 8 Monaten. Anschließend stufenweise Wiedereingliederung. Möglicher Dauerschaden: „Probleme“ beim Heben schwerer Lasten sowie Schmerzen im Armbereich. Zur Schmerzensgeldbemessung führte das OLG – neben den festgestellten körperlichen Verletzungen und psychischen Belastungen – hinsichtlich des besonderen Verschuldensgrades des Täters aus: „Sodann hat der Senat das Verschulden des Angeklagten als besonders hoch bewertet. Der Angeklagte hat vor dem Hintergrund seiner radikal-islamistischen Gesinnung ein Attentat auf friedlich feiernde Konzertbesucher verübt, die zu dem Angeklagten in keinerlei Nähebeziehung standen. Mit Ausnahme des Nebenklägers K. erfolgten die jeweiligen Angriffe unvermittelt auf arg- und wehrlose Opfer. Der Angeklagte handelte durchweg in Tötungsabsicht und brachte damit seine lebensverachtende Haltung gegenüber sämtlichen Nebenklägern zum Ausdruck. Vor diesem Hintergrund gaben die wirtschaftlichen Verhältnisse des Angeklagten sowie der Nebenkläger dem vorliegenden Fall kein besonderes Gepräge.“ [Anmerkung: Adhäsionsverfahren: Nebenkläger im Mordprozess gegenüber dem Täter nach dessen Terroranschlag vom 23.8.2024 auf dem Gelände des „Festivals der EE".]

Betrag: 70.000 € **Haftung: 100 %**
immVorb: – **MdE: –**

OLG Düsseldorf 10.9.2025 – 5 St 2/25 = BeckRS 2025, 23340

4227

Totaloperation mit Entfernung der Geschlechtsorgane.

18j. Frau. Dauerschaden: Gebärunfähigkeit. [Anmerkung: Die Besonderheit dieses Falles liegt darin, dass die Klägerin ihrem als Kind und Jugendliche entsprechenden Erscheinungsbild als Junge aufwuchs. Sie entschied sich daher mit 18 Jahren für eine entsprechende Operation / Totaloperation, ohne dass man ihr jedoch das Ergebnis einer zuvor durchgeführten Chromosomenanalyse (wonach sie als Frau galt) mitgeteilt hatte. Zudem zeigten sich während der Operation durch das Vorhandensein weiblicher Geschlechtsorgane Zweifel, die den Beklagten zum OP-Abbruch hätten veranlassen müssen. Zum Zeitpunkt der Urteilsverkündung war die Kl. 49j. alt.]

Betrag: 100.000 € **Haftung: 100 %**
immVorb: – **MdE: –**

OLG Köln 3.9.2008 – 5 U 51/08 = BeckRS 2008, 19844

7804

Oberarmverletzung und Halsverletzung (hier: Schwerste Oberarmverletzung rechts mit Lähmung bzw. Läsionen des gesamten rechtsseitigen Plexus brachialis unter Beteiligung der Nervenwurzeln im Bereich des fünften Halswirbelkörpers bis zum ersten Brustwirbelkörper nach „islamistisch-jihadistischem“ Messerangriff / Vorsatztat mit einem „32 Zentimeter langen Tranchiermesser mit einer Klingenlänge von 19 Zentimetern“, mit dem der Täter, ein „syrischer Asylsuchender“, „jeweils in Tötungsabsicht auf den Hals und Oberkörper von dreizehn Personen“ und dabei auch der Nebenklägerin eingestochen hatte.)

Frau (Verkäuferin). 4 Tage Intensivstationäre Behandlung mit Notoperation wegen Lebensgefahr. Anschließend weitere 15 Tage stationär mit weiteren Operationen. Anschließend 42 Tage Reha-Maßnahmen. Dauerschaden: Funktionsverlust bzw. „weitgehende Unbrauchbarkeit“ des rechten Arms; der Klägerin ist – als Rechtshänderin – weder das seitliche Heben des Armes, das Heranführen des Armes an den Körper, die Beugung des Armes noch das Anheben des Armes nach vorne oder hinten möglich. "Befindet sich der Arm nicht in einem Gilchristverband oder hält ihn die Nebenklägerin nicht mit ihrer linken Hand fest, fällt dieser sofort an ihre rechte Körperseite herunter und „baumelt“ dort …. Zwar kann sie die Finger ihrer rechten Hand noch bewegen, wobei sie an ihrem Daumen und zwei weiteren Fingern noch immer unter Missempfindungen leidet, und damit in ihrer rechten Hand noch Gegenstände halten, aber mangels Beweglichkeit und Möglichkeit der Koordination des rechten Armes kann … [sie] beispielsweise ihre Haare nicht mehr fönen oder bürsten, da sie ihre rechte Hand nicht mehr in eine entsprechende Position bringen kann. Den rechten Arm kann sie – mit Ausnahme der Streckung – nur noch bewegen, in dem sie diesen mit ihrer linken Hand führt. Autofahren und Radfahren ist nicht mehr möglich. Zudem dauerhafte Stimmbandlähmung mit dauerhafter Heiserkeit. Regelmäßige Physiotherapie, Ergotherapie und Psychotherapie. Keine Besserung zu erwarten. Zur Schmerzensgeldbemessung führte das OLG – neben den festgestellten körperlichen Verletzungen und psychischen Belastungen – hinsichtlich des besonderen Verschuldensgrades des Täters aus: „Sodann hat der Senat das Verschulden des Angeklagten als besonders hoch bewertet. Der Angeklagte hat vor dem Hintergrund seiner radikal-islamistischen Gesinnung ein Attentat auf friedlich feiernde Konzertbesucher verübt, die zu dem Angeklagten in keinerlei Nähebeziehung standen. Mit Ausnahme des Nebenklägers K. erfolgten die jeweiligen Angriffe unvermittelt auf arg- und wehrlose Opfer. Der Angeklagte handelte durchweg in Tötungsabsicht und brachte damit seine lebensverachtende Haltung gegenüber sämtlichen Nebenklägern zum Ausdruck. Vor diesem Hintergrund gaben die wirtschaftlichen Verhältnisse des Angeklagten sowie der Nebenkläger dem vorliegenden Fall kein besonderes Gepräge.“ [Anmerkung: Adhäsionsverfahren: Nebenklägerin im Mordprozess gegenüber dem Täter nach dessen Terroranschlag vom 23.8.2024 auf dem Gelände des „Festivals der EE".]

Betrag: 120.000 € **Haftung: 100 %**
immVorb: – **MdE: –**

OLG Düsseldorf 10.9.2025 – 5 St 2/25 = BeckRS 2025, 23340

13. Verletzungen im Zusammenhang mit Schwangerschaft

Vorbemerkung: Hierbei handelt es sich überwiegend um „Arzthaftungsfälle“. Eine eigene Rubrik bilden die nachstehenden Urteile aber auch aufgrund der oftmals bestehenden Beziehungen zwischen den unmittelbaren Verletzungen und den seelischen Beeinträchtigungen der betroffenen Frauen.

Insofern sei an dieser Stelle auf den Beschluss des OGH Österreich (OGH Österreich, Beschluss vom 20.5.2026 – 8 Ob 52/26v BeckRS 2026, 10997) hingewiesen, der damit dem EuGH die Frage vorgelegt hat, ob der produktfehlerhafte Bruch einer Verhütungsspirale und die daraus folgende ungewollte Schwangerschaft sowie deren Abbruch eine „Körperverletzung" nach der Produkthaftungsrichtlinie darstellt und Schmerzensgeldansprüche begründen kann.

a) Ungewollte Schwangerschaft

6575

Ungewollte Schwangerschaft nach Einsatz einer Spirale.

Frau. Kein Schmerzensgeldanspruch für einen Diagnoseirrtum, wenn die Diagnose im Zeitpunkt der medizinischen Behandlung aus der Sicht eines gewissenhaften Arztes medizinisch vertretbar war. Der beklagte Gynäkologe aus Bad Oeynhausen setzte der Klägerin im Mai 2005 eine Spirale zur Empfängnisverhütung ein. Etwa 2 Jahre später wurde die Klägerin schwanger, Ende 2007 gebar sie eine gesunde Tochter. Bei der Klägerin lag die seltene Anomalie eines zweifachen Uterus vor. Die Anomalie der Klägerin sei extrem selten und wegen der in der Regel eng an der Seitenwand anliegenden trennenden Membran bei einer Spiegelung häufig nicht zu erkennen und die Bewertung als regelhafte Genitalie sei deswegen mangels anderweitiger Umstände nicht zu beanstanden gewesen, so das OLG, welches das zuvor ergangene Urteil des LG aufhob; das LG hatte der Klägerin 5.000 EUR zuerkannt.

Betrag: – **Haftung: –**
immVorb: – **MdE: –**

OLG Hamm 9.5.2019 – 26 U 2/13 = BeckRS 2015, 11986

3823

Sterilisation, erfolglose … mit nachfolgend erneuter Schwangerschaft.

Frau. Kein Schmerzensgeldanspruch; denn die Klägerin habe „nicht plausibel dargestellt, dass sie im Fall eines Hinweises auf das Versagerrisiko der Sterilisation nicht zugestimmt hätte.". Das OLG verweist insofern auf die Rechtsprechung des BGH (vgl. BGH NJW 2007, 2771 mwN).

Betrag: – **Haftung: –**
immVorb: – **MdE: –**

OLG München 24.7.2008 – 1 U 5073/07 = BeckRS 2008, 16998

2852

Ungewollte Schwangerschaft nach Wiederzusammenwachsen des zuvor durchtrennten Samenleiters des Ehemannes.

Kein Schmerzensgeld. Arzthaftung: Kein Fehler des behandelnden Arztes, der nach Ansicht des Gerichtssachverständigen die Sterilisation des Ehemannes kunstgerecht durchgeführt habe.

Betrag: – **Haftung: –**
immVorb: – **MdE: –**

LG Bochum 19.9.2000 – 6 O 28/99 = unveröffentlicht

3534

Ungewollte Schwangerschaft (hier: Die Kl. hatte wegen einer ärztlicherseits unterlassenen Fruchtwasseruntersuchung ihre Schwangerschaft nicht abbrechen. Sie erlitt jedoch dann eine Frühgeburt in der 31. Woche).

Frau. Arzthaftung (hier: Die Kl. wollte eigentlich die Schwangerschaft abbrechen lassen [s.o.]. Für die Beeinträchtigung vom Zeitpunkt des möglichen Abbruchs [hier: 18. Woche] bis zur Frühgeburt [31. Woche]. steht ihr das oa Schmerzensgeld zu, so das OLG.)

Betrag: 1.534 € **Haftung: 100 %**
immVorb: – **MdE: –**

OLG Bamberg 18.2.2002 – 4 U 126/01 = BeckRS 2002, 31162351

2776

Ungewollte Schwangerschaft / Fehlgeschlagene Sterilisation und nachfolgende Geburt von Zwillingen.

34j. Frau. Arzthaftung (hier: Behandlungsfehler bei Einsatz eines Elektrokauters.); „Für eine komplikationslos verlaufene Zwillingsschwangerschaft" sind „10.000 DM angemessen".

Betrag: 5.113 € **Haftung: 100 %**
immVorb: – **MdE: –**

OLG Hamm 21.1.1999 – 3 U 127/97 = VersR 1999, 1111

6577

Ungewollte Schwangerschaft.

17j. Frau. Arzthaftung im Zusammenhang mit der Implantation des Präparates Implanon zur Schwangerschaftsverhütung bei einer zum Zeitpunkt der Implantation erst 15jährigen Auszubildenden. 17 Monate später wurde die Klägerin schwanger. Das Handeln des Arztes wertete das LG als grob fehlerhaft, was eine Beweislastumkehr hinsichtlich der Kausalität des ärztlichen Fehlers für den Schaden der Patientin zur Folge hatte. Zur Schmerzensgeldhöhe führte das LG aus: „Im Fall der Klägerin ist zu würdigen, dass diese unter keinerlei Grunderkrankungen gelitten hatte. Erschwerend fällt ins Gewicht, dass sie sich bereits im Alter von 17 Jahren mit einer ungewollten Schwangerschaft und der damit im Zusammenhang stehenden Entscheidung über deren Abbruch konfrontiert sah, nachdem sie erst kurz zuvor eine Ausbildung begonnen hatte. Auch hat sich die Klägerin nach den Angaben ihrer Eltern seither im Wesen verändert, ist nicht mehr so unbeschwert und hat sich in sich zurückgezogen. Allerdings hat sie es gemeistert, trotz der seelischen Belastungen, die der Sachverständige Prof. Ebert E. über einen Zeitraum von sechs Monaten als krankheitswertig festgestellt hat, ihre Ausbildung zu beenden. Sie hat sich nie in ärztliche oder sonstige therapeutische Behandlung begeben. Allerdings ist es ihr bis heute nicht gelungen, die Ereignisse im Zusammenhang mit der ungewollten Schwangerschaft angemessen zu verarbeiten; zeitweise kommt es noch heute zum Auftreten von Ängsten, ohne dass der Sachverständige insoweit jedoch funktionelle Auswirkungen feststellen konnte. In Zukunft ist nach den Angaben des Sachverständigen Prof. Ebert E. eher mit einer Besserung zu rechnen, wobei für den Fall eines künftigen unerfüllten Kinderwunsches ein Zusammenhang etwaiger reaktiver Anpassungsstörungen mit dem früheren Schwangerschaftsabbruch angenommen werden könnte. All diese Erwägungen lassen im Vergleich mit der zitierten Rechtsprechung nach Auffassung der Kammer im Fall der Klägerin ein Schmerzensgeld in Höhe von 6.000 EUR angemessen und ausreichend zum Ausgleich des erlittenen immateriellen Schadens erscheinen".

Betrag: 6.000 € **Haftung: 100 %**
immVorb: – **MdE: –**

LG Heidelberg 24.9.2019 – 4 O 79/07 = BeckRS 2012, 18017

4842

Ungewollte Schwangerschaft und Austragen eines schwerbehinderten Kindes. Postnatale Depression.

Frau. Arzthaftung (hier: fehlgeschlagene Sterilisation). Körperliche und psychische Belastungen durch die Schwangerschaft und die Geburt des schwerbehinderten Kindes.

Betrag: 10.000 € **Haftung: 100 %**
immVorb: – **MdE: –**

OLG Saarbrücken 30.6.2004 – 1 U 386/02 = BeckRS 2005, 356

3028

Psychische Beeinträchtigungen der Kl. (Mutter) wegen der ungewollte Schwangerschaft und nachfolgenden Geburt eines schwer behinderten Kindes (extrem rückgebildete und zum Teil fehlende Gliedmaßen; ohne Oberarme und ohne Wadenbeine etc.).

Frau (Mutter). Arzthaftung (hier: Behandlungsfehler im Zusammenhang mit der pränatalen Untersuchungspflicht und wegen unterbliebener Beratung über die Möglichkeit eines rechtmäßigen Schwangerschaftsabbruchs). [Anmerkung: Vgl. insofern auch → BGH VersR. 2002, 233 ff.].

Betrag: 10.226 € **Haftung: 100 %**
immVorb: – **MdE: –**

BGH 18.6.2002 – VI ZR 136/01 = BeckRS 2002, 6054

7905

Ungewollte Schwangerschaft mit erheblichen psychischen Beeinträchtigungen (hier: Akute Belastungsreaktion (ICD-10: F43.0 und eine Anpassungsstörung (ICD-10: F43.2) als Folge der ungewollten Schwangerschaft und als Folge des Schwangerschaftsabbruchs.

32j. Frau. Ungewollte Schwangerschaft nach produktfehlerhaftem Bruch der Verhütungsspirale. Im Zusammenhang mit der Schwangerschaft war der Klägerin etwa einen Monat lang schwindlig und sie litt unter Übelkeit, „zudem entwickelte die Klägerin eine akute Belastungsreaktion (ICD-10: F43.0), aufgrund derer sie komprimiert einen Tag starke, zehn Tage mittelstarke und sieben Tage leichte psychische Schmerzen hatte. Da die Klägerin bereits einmal – im Alter von 18 Jahren – ungewollt schwanger geworden war und während ihrer Ausbildung ein Kind bekommen hatte und weil klar war, dass sie erneut, wie damals, alleinerziehend sein würde, entschloss sie sich zum Schwangerschaftsabbruch. Diese Entscheidung fiel der Klägerin jedoch sehr schwer. Am 17.7.2020 wurde der Eingriff mittels Saugcurettage ohne Komplikationen durchgeführt. Der Schwangerschaftsabbruch bereitete der Klägerin komprimiert zwei Tage leichte körperliche Schmerzen, löste aber bei ihr auch eine Anpassungsstörung (ICD-10: F43.2) aus, wegen der sie komprimiert zwei Tage starke, 14 Tage mittelstarke und 30 Tage leichte Schmerzen hatte, wobei sich diese Schmerzen nicht mit den Schmerzen der akuten Belastungsreaktion überschnitten" (Sachverhalt aus angegebener Fundstelle der OGH-Entscheidung). [Anmerkung: Das Urteil wurde erstinstanzlich vom Bezirksgericht Bezau mit dem hier angegebenen Schmerzengeld (in Österreich ohne „s" geschrieben) gesprochen. Die Berufung vor dem LG Feldkirch Urteil vom 16.12.2025 – 2 R 357/25b bestätigte dieses Urteil. In der Revision legte der OGH Österreich – unter der hier angegebenen Fundstelle BeckRS 2026, 10997 veröffentlicht – die Sache nun dem EuGH vor; vgl. dazu im Handbuch unter → Rn. 314 und → Rn. 355].

Betrag: 11.000 € **Haftung: 100 %**
immVorb: – **MdE: –**

OGH Österreich 20.5.2026 – GZ 5 C 223/22s-100.1 = BeckRS 2026, 10997

6671

Psychische Beeinträchtigungen in massiver Form verbunden mit Angst und Anpassungsstörungen, die sich in Deprimiertheit und Freudlosigkeit, Ängsten und Sorgen wegen der Krankheitssymptome des behinderten Kindes, einhergehend mit Schlafstörungen wegen vermehrter Angst um das Kind äußern.

Frau. Eltern eines schwer behinderten Kindes haben einen Anspruch auf Schadensersatz, wenn die behandelnden Ärzte über das im Rahmen einer pränatalen Diagnostik festgestellte Risiko der schweren Behinderung nicht aufgeklärt haben und erwiesen ist, dass die Mutter die Schwangerschaft abgebrochen hätte und dies gemäß § 218a StGB gerechtfertigt gewesen wäre. Das OLG sprach vor diesem Hintergrund der Klägerin 20.000 EUR zu und berücksichtigte dabei, dass das Kind unter einer Fehlbildung der Augen leide, nicht laufen, krabbeln, sprechen und greifen könne, der Schluckreflex schwer gestört sei und eine starke, therapieresistente Epilepsie eine erhöhte Fürsorge und dauernde Rufbereitschaft erfordere.

Betrag: 20.000 € **Haftung: 100 %**
immVorb: Ja **MdE: –**

OLG Karlsruhe 19.2.2020 – 7 U 139/16 = BeckRS 2020, 1916

b) Tod der Leibesfrucht

Zu dieser Verletzung liegen aktuell keine neuen Entscheidungen vor.

c) Kaiserschnitt

5960

Fehlende Aufklärung der Mutter über eine – das Verletzungsrisiko des Kindes bei der Geburt minimierende oder gar ausschließende – alternative Entbindungsmethode mittels Kaiserschnitt.

Frau. Arzthaftung (hier: Aufklärungspflichtverletzung hinsichtlich einer Entbindungsmethode; die Klägerin wurde nicht über die Alternative einer Kaiserschnittentbindung aufgeklärt). [Anmerkung: Zum Schmerzensgeldanspruch des ebenfalls bei der Geburt verletzten Kindes, das eine Armlähmung erlitten hatte, vergleiche → Nr. 5961].

Betrag: 7.000 € **Haftung: 100 %**
immVorb: Ja **MdE: –**

OLG Celle 8.4.2013 – 1 U 49/12 = BeckRS 2014, 9030

6254

Behandlungsverzögerung. Die Beklagte Gynäkologin hatte die Klägerin – trotz einer bereits diagnostizierten HPV-Infektion – nicht rechtzeitig wieder einbestellt, so dass es zu einer Behandlungsverzögerung des bei ihr bestehenden Plattenepithelkarzinoms der Gebärmutter von etwa 6 Monaten gekommen war. Die Klägerin hätte zwar auch bei früherer Befundung operiert werden müssen; allerdings wäre ihr die Trachelektomie [= Operationsverfahren zur operativen Therapie des Gebärmutterhalskrebses unter Erhalt der Fruchtbarkeit] erspart worden.

Frau (junge Frau). Arzthaftung (hier: Behandlungsfehler und unterlassene Befunderhebung im Zusammenhang mit einer erkannten HPV-Infektion. Zur Dauer der Behandlungsverzögerung heisst es im Urteil: „Nach den Ausführungen des Sachverständigen hätte die Klägerin dann etwa 6 Monate gewonnen". Dauerschaden: Bei der Klägerin muss nun bei Schwangerschaften, die bei der noch jungen Klägerin nicht ausgeschlossen sind, operativ der Muttermund bei Schwangerschaften verschlossen werden und die Entbindung sicher durch Kaiserschnitt erfolgen.

Betrag: 15.000 € **Haftung: 100 %**
immVorb: Ja **MdE: –**

KG 31.8.2015 – 20 U 314/12 = BeckRS 2015, 120217

3418

Gehirnschädigung, schwerste (hier: ischämische Hirnschädigung. Der Kl. kann nicht laufen, liegt viel und ist im Übrigen auf den Rollstuhl angewiesen. Eine gewisse Verständigung ist über Mimik möglich, wobei Lachen „ja" bedeutet und Verziehen des Mundes als „nein" zu deuten ist.)

Säugling. Dauerschaden: Rollstuhlgebundenheit. Intensivpflegefall. Nahezu keine Kommunikationsfähigkeit. Arzthaftung (hier: Geburtshilfefehler da der Arzt es unterlassen hatte einen Kaiserschnitt einzuleiten. Das Gericht sprach von einem groben ärztlichen Organisationsfehler).

Betrag: 204.517 € **Haftung: 100 %**
immVorb: Ja **MdE: 100 %**

OLG Hamm 30.5.2005 – 3 U 297/04 = BeckRS 2005, 8778

d) Schwangerschaftsbeeinträchtigung

2951

HWS-Syndrom sowie Prellungen (Schulterprellung und Ellenbogenprellung).

Frau, schwangere (Frühschwangerschaft). MdE 18 Tage 100 %, währenddessen wurde eine Schanz'sche Krawatte getragen. Keine Schmerzmittel wegen Schwangerschaft.

Betrag: 511 € **Haftung: 100 %**
immVorb: – **MdE: –**

KG 21.6.2001 – 12 U 1147 = NZV 2002, 79

2857

Schwangerschaftsbeeinträchtigung (hier: Schwangerschaftsabbruch nach „ganz erheblichen psychischen Belastungen"); Brustkorbprellung.

Frau; Kein Nachweis der übrigen Verletzungen. Der Abbruch war nicht unmittelbar kausal; dennoch wurde er schmerzensgelderhöhend bewertet.

Betrag: 1.176 € **Haftung: 100 %**
immVorb: – **MdE: –**

LG Neubrandenburg 22.6.2001 – 5 O 280/99 = BeckRS 2001, 31163064

5006

BWS-LWS-Syndrom mit paravertebralem Hartspann der Rückenmuskulatur vom Schulterblattbereich bis zur Steißregion, Blockierungen der Wirbelgelenke mit Schwerpunkt im extrem schmerzhaften Ilio-Sakral-Bereich L5/S1 mit Rückenschmerzen und Kopfschmerzen. Zudem Schwangerschaftsbeeinträchtigung, befürchtete …

Frau. 30 Tage ambulante Behandlung mit Elektrotherapie und Akupunktur. MdE 19 Tage 100 %. Insgesamt dauerten die verletzungsbedingten Beeinträchtigungen ca. 40 Tage. Die Klägerin war im 5. Monat schwanger. „Die Sorgen der Geschädigten um das ungeborene Kind begründen als psychische Unfallfolgen eine Erhöhung des Schmerzensgeldesbetrages", so das LG.

Betrag: 1.500 € **Haftung: 100 %**
immVorb: – **MdE: –**

LG Wuppertal 18.6.2014 – 17 O 428/12 = BeckRS 2014, 19506

4649

Prellungen (hier: Unterleibsprellung; Brustkorbprellung und Schädelprellung) sowie psychische Beeinträchtigungen / Angst.

Frau. 3 Tage stationär. MdE 4 Wochen 100 %. Folgenlose Verheilung. Bei der Bemessung wurde erhöhend berücksichtigt, dass die Kl. zum Unfallzeitpunkt schwanger war (5. Monat) und somit keine Schmerzmittel einnehmen durfte und bis zur Geburt psychische Beeinträchtigungen / Angst hatte.

Betrag: 1.700 € **Haftung: 100 %**
immVorb: – **MdE: –**

AG Köln 16.6.2011 – 274 C 19/11 = BeckRS 2011, 142384

2901

HWS-Syndrom bei bestehender Schwangerschaft. Beeinträchtigung des Hochzeittages [vgl. IMM-DAT Nummern 291 und 1518].

Frau. Die Schwangere verunglückte mit der Hochzeitskutsche. Der Hochzeitstag entfiel damit nahezu völlig. Bewertung mit 3.000 DM (für das verletzte Brautpaar insges.) zusätzlich.

Betrag: 2.301 € **Haftung: 100 %**
immVorb: – **MdE: –**

LG Görlitz 25.10.2000 – 4 O 116/00 = unveröffentlicht

3827

Schwangerschaftsbeeinträchtigung; es kam zu vorzeitigen Wehen und einem Zusammenkrampfen der Zwillinge im Mutterleib. Die Klägerin war zudem in Sorge und Angst um den Zustand ihrer ungeborenen Kinder. Es kam schließlich zu einer um drei Monate verfrühten Geburt.

38j. Frau. 2 Tage stationär. Es kam zur Frühgeburt, drei Monate vor dem eigentlichen Geburtstermin. Die Klägerin litt unter großer Angst wegen der Unfallfolgen für das ungeborene Kind.

Betrag: 2.625 € **Haftung: 75 %**
immVorb: – **MdE: –**

LG Köln 8.7.2008 – 8 O 15/08 = BeckRS 2008, 15840

2564

Persönlichkeitrechtsverletzung (hier: Fehlende, jedoch wegen der notwendigen lebenserhaltenden Operation nicht kausale Aufklärung über Risiken und Folgen im Bezug auf „Ausräumung einer Fehlgeburt").

Frau. Arzthaftung. Die Aufklärungspflichtverletzung sei ein „Eingriff in [die] Persönlichkeit", auch wenn sie sich nicht kausal auswirkte!, so das OLG. [Lesenswert!]

Betrag: 7.669 € **Haftung: 100 %**
immVorb: – **MdE: –**

OLG Jena 3.12.1997 – 4 U 687/97 = BeckRS 1997, 11206

4058

Schwangerschaftsabbruch.

Frau. Arzthaftung: Die die Kl. wegen einer vermeintlichen Harnweginfektion behandelnde Ärztin diagnostizierte die bestehende Schwangerschaft nicht und verschrieb der Kl. das Kontrazeptivum „Minisiston" sowie ein Antibiotikum. Die Kl. nahm diese Medikamente ein und befürchtete – nachdem ihr die Schwangerschaft bekannt wurde – Missbildungen des Fötus und traf aus diesem Grunde den Entschluss, die Schwangerschaft abzubrechen.

Betrag: 9.000 € **Haftung: 100 %**
immVorb: – **MdE: –**

OLG Braunschweig 26.6.2007 – 1 U 11/07 = BeckRS 2007, 19456

4541

Fehlgeburt mit Verlust der Leibesfrucht.

Frau. Arzthaftung wegen Behandlungsfehler (hier: Nicht erfolgte Behandlung eines vaginalen Pilzbefalls und daraus resultierender Fehlgeburt mit Verlust der Leibesfrucht. Das OLG bewertete dies – wie bereits das LG – als groben Behandlungsfehler). Erhöhend bewertete das OLG die deshalb bestehenden Schwierigkeiten, erneut schwanger zu werden.

Betrag: 10.000 € **Haftung: –**
immVorb: Ja **MdE: –**

OLG Hamm 4.9.2006 – 3 U 64/06 = BeckRS 2013, 4825

7843

Schwangerschaftsbeeinträchtigung, erhebliche (hier: Psychische bzw. seelische Belastungen, insbesondere wegen der frühzeitige Kaiserschnittoperation – Schwangerschaft der Kl. in der 35 Woche – und eine daran anschließende eingeschränkte Pflege des neugeborenen Kindes für die Zeit der Regenerierung unmittelbar nach dem Unfall der damit zusammenhängenden Operationen, die wegen der unfallbedingt erlittenen Kniefraktur und Bänderverletzung (hier: offene Kniescheibenfraktur bzw. Patella-Mehrfragmentfraktur mit gleichzeitigem Ausriss des medialen und auch des lateralen Seitenbandapparates) in Verbindung mit einer kniegelenksnahen Unterschenkelfraktur in Form einer sog. „offenen proximalen Tibiafraktur") erfoderlich waren.

42j. Frau. 28 Tage stationär. Frühzeitige Kaiserschnittoperation. Insgesamt drei Operationen. Knieprothese. Komplizierte Heilbehandlung: Aufgrund der Schwangerschaft in der 35. Woche, konnte keine sofortige Operation der Frakturen, sondern nur eine Frakturstabilisierung erfolgen. Dies wurde bis zur Kaiserschnittgeburt des Kindes verschoben, die jedoch erst zwei Wochen nach dem Unfall erfolgen konnte. Die operative Behandlung der Tibiakopf- und Patellafraktur, bei der der Klägerin eine Knieprothese eingesetzt wurde, erfolgte anschließend. Dabei erfolgte eine offene Patellareposition mit Schraubenosteosynthese und Draht-Cerclage sowie Naht der MPFL-Region und transossäre Refixation des femoralen vorderen Kreuzbandausrisses. Des Weiteren erfolgte eine Doppelplattenosteosynthese der Tibiakopffraktur. Die dritte Operation und weitere 18 Tage stationären Aufenthalts waren zur Metallteilentfernung nach über einem Jahr nach dem Unfall erforderlich. Dauerschaden: „Sehr deutliche Bewegungseinschränkung (Streck- und Beugehemmung) sowie ein Reizknie mit einer deutlichen Überwärmung des Kniegelenks" mit der Folge einer Gehbehinderung mit erheblichen Bewegungseinschränkungen und Belastungsminderung. Dadurch kann die Klägerin, die vor dem Unfall viel Sport wie Fahrradfahren, Laufen, Schwimmen und Reiten) getrieben hatte, solche Aktivitäten nach dem Unfall nicht mehr vornehmen. Eine wesentliche Veränderung kann – so das LG mit Verweis auf ein Gutachten – nicht mehr in Aussicht gestellt werden. Bei der Schmerzensgeldbemessung berücksichtigte das LG all dies sowie zum einen die erhebliche Regulierungsverzögerung durch den KH-Versicherer und sprach insofern von einem „nicht nachvollziehbaren" zögerlichen und kleinlichen Regulierungsverhalten. Zum anderen verwies das LG die „vielfältigen, erheblichen und nachhaltigen negativen (Dauer-)Auswirkungen auf das Leben der Klägerin und unter Berücksichtigung des zudem noch jüngeren bis mittleren Alters der Klägerin zum Unfallzeitpunkts".

Betrag: 75.000 € **Haftung: 100 %**
immVorb: Ja **MdE: 35 %**

LG Memmingen 17.12.2021 – 2 O 1007/20 = BeckRS 2021, 65671

4227

Totaloperation mit Entfernung der Geschlechtsorgane.

18j. Frau. Dauerschaden: Gebärunfähigkeit. [Anmerkung: Die Besonderheit dieses Falles liegt darin, dass die Klägerin ihrem als Kind und Jugendliche entsprechenden Erscheinungsbild als Junge aufwuchs. Sie entschied sich daher mit 18 Jahren für eine entsprechende Operation / Totaloperation, ohne dass man ihr jedoch das Ergebnis einer zuvor durchgeführten Chromosomenanalyse (wonach sie als Frau galt) mitgeteilt hatte. Zudem zeigten sich während der Operation durch das Vorhandensein weiblicher Geschlechtsorgane Zweifel, die den Beklagten zum OP-Abbruch hätten veranlassen müssen. Zum Zeitpunkt der Urteilsverkündung war die Kl. 49j. alt.]

Betrag: 100.000 € **Haftung: 100 %**
immVorb: – **MdE: –**

OLG Köln 3.9.2008 – 5 U 51/08 = BeckRS 2008, 19844

e) Sonstige Verletzungen im Zusammenhang mit Schwa.

6768

Schmerzen während der Geburt durch Einsatz des sogenannten „Kristeller"-Handgriffs sowie deshalb, weil die

die Geburt begleitenden Ärzte die Klägerin nicht auf die Möglichkeiten einer Kaiserschnitt-Geburt hingewiesen bzw. diesbezüglich aufgeklärt hatten.

32j. Frau. Kein Schmerzensgeldanspruch wegen vermeintlicher Aufklärungspflichtverletzung in Bezug auf die Möglichkeit einer Kaiserschnitt-Entbindung. Dazu führte das LG aus: „Nach der ständigen Rechtsprechung des Bundesgerichtshofes ist eine Aufklärung über eine alternative Behandlungsmöglichkeit dann erforderlich, wenn für eine medizinisch sinnvolle und indizierte Therapie mehrere gleichwertige Behandlungsmöglichkeiten zur Verfügung stehen, die zu jeweils unterschiedlichen Belastungen des Patienten führen oder unterschiedliche Risiken und Erfolgschancen bieten (vgl. BGH Urt. v. 22.9.1987 – VI ZR 238/86, BGHZ 102, 17 (22); BGH Urt. v. 13.6.2006 – VI ZR 323/04, BGHZ 168, 103 Rn. 13; BGH Urt. v. 17.5.2011 – VI ZR 69/10, VersR 2011, 1146 Rn. 10, jeweils mwN). Gemäß diesem allgemeinen Grundsatz braucht der geburtsleitende Arzt in einer normalen Entbindungssituation, in der die Schnittentbindung medizinisch nicht indiziert und deshalb keine echte Alternative zur vaginalen Geburt ist, ohne besondere Veranlassung die Möglichkeit einer Schnittentbindung nicht zur Sprache zu bringen".

Betrag: – **Haftung: –**
immVorb: – **MdE: –**

LG Hannover 21.1.2019 – 2 O 190/17 = BeckRS 2019, 54269

4466

Psychische Beeinträchtigungen nach Schwangerschaftsabbruch (hier: Abbruch einer ungewollten Schwangerschaft, die durch einen – unterstellt – ärztlichen Behandlungsfehler verursacht wurde). Die Klägerin litt unter Gewichtsverlust, Nachtschweiß, Alpträumen, starken Schlafstörungen, Erschöpfungszuständen und Apathie.

Frau. Arzthaftung (hier: Behandlungsfehler). Vorschaden: Magersucht, Müdigkeit; deshalb seien, so das OLG die „jetzt von ihr beklagten Beschwerden nicht gänzlich der Beklagten anzulasten". [Anmerkung: Die Klägerin, die sich wegen ihrer psychischen Beeinträchtigungen nicht in ärztliche Behandlungen begeben und sich auch ihrer Hausärztin gegenüber nicht anvertraut hatte, begehrte 12.000,- EUR; insofern wurde die Klage abgewiesen].

Betrag: 4.500 € **Haftung: 100 %**
immVorb: Ja **MdE: –**

OLG Köln 18.4.2011 – 5 U 21/11 = BeckRS 2011, 18433

5016

Totgeburt eines Kindes wegen verspätetem Kaiserschnitt.

Frau. Arzthaftung (hier: Organisationsfehler im Zusammenhang mit der Totgeburt ihres Kindes: „Haftungsrelevantes Organisationsverschulden im Notfallmanagemanagement anzulasten ist, das deswegen als grob eingeschätzt werden muss, weil im Fall der (risikoschwangeren) Klägerin eine zeitnahe Notsectio (Notschnittentbindung) mit Überlebenschancen für das Kind nicht gewährleistet war. Der grobe Organisationsfehler liegt darin, dass die (zu) weite Entfernung der Normalstation von dem – zwei Etagen höher gelegenen – Kreißsaal- und Operationstrakt nicht mit einem auf diese schlechten baulichen Voraussetzungen zugeschnittenen (besonderen) Notfallmanagement ausgeglichen wurde. Auf die im Fall der Klägerin eingetretene Notfallsituation konnte deshalb nur zeitlich verzögert reagiert werden. Die Entscheidung zur Notsectio (um 19.48 Uhr) fiel zu spät erst 13 Minuten nachdem die starke Blutung (um 19.35 Uhr) von der Stationsschwester bemerkt worden war; deshalb hat es bis zur Entbindung (um 20.09 Uhr) zu lange und nicht tolerierbare 34 Minuten gedauert; eine Überlebenschance für das Kind bestand bei dieser Sachlage nicht", so das OLG.

Betrag: 7.500 € **Haftung: 100 %**
immVorb: – **MdE: –**

OLG Jena 14.3.2011 – 4 U 523/09 = BeckRS 2011, 6701

3038

Sterilisation einer jungen Türkin ohne vorausgegangene Aufklärung.

Frau („junge Frau"). Arzthaftung. Hier: Körperverletzung wegen Sterilisation ohne ausreichende vorherige Beratung des Arztes. Äußert eine kurz vor der Entbindung stehende Ausländerin (hier: Türkin) mit nur rudimentären deutschen Sprachkenntnissen den Wunsch nach einer gleichzeitig mit der Geburt durchzuführenden Sterilisation, so muss eine sogfältige und verständliche Beratung erfolgen und über die Folgen des Eingriffs aufgeklärt werden. [lesenswert auch die kritischen Anmerkungen hierzu in VersR 2002, 719 f.].

Betrag: 7.669 € **Haftung: 100 %**
immVorb: – **MdE: –**

OLG München 14.2.2002 – 1 U 3495/01 = BeckRS 2002, 30239820

5256

Geburtstrauma nach Todgeburt.

41j. Frau (Ärztin). Es wurde eine Spekulumeinstellung in Intubationsnarkose durchgeführt. Arzhaftung. Die Klägerin – selbst als Internistin mit dem „Lesen" von Ultraschallaufnahmen vertraut – hatte während der Untersuchung durch die Beklagte zu 7 ein faustgroßes Gefäßkonvolut zwischen Kopf des Kindes und Zervix gesehen. Sie sei darüber erschrocken gewesen, die Beklagte zu 7 habe sie aber beruhigt und erläutert, es handele sich nur um ein Nabelschnurkonvolut und eine Momentaufnahme. Der Befund könne „schon in 30 Minuten wieder ein anderer sein". [Anmerkung: Das LG Hannover BeckRS 2015, 11302 und das OLG Celle BeckRS 2015, 11301 wiesen die Klage ab. Auf die Nichtzulassungsbeschwerde der Klägerin wird das Urteil des OLG Celle aufgehoben].

Betrag: 30.000 € **Haftung: 100 %**
immVorb: Ja **MdE: –**

BGH 21.4.2015 – VI ZR 294/14 = BeckRS 2015, 10326

4215

Gebärmutterverlust und damit verbundene psychische Beeinträchtigung sowie psychosomatische Darmbeschwerden, infolge derer die Klägerin übermäßige Anstrengungen vermeiden und ihre Ernährung insofern umstellen muss.

37j. Frau (Rechtsanwältin). 3 Wochen stationär. 2 Operationen. Arzthaftung: Grober Behandlungsfehler im Rahmen einer Gebärmutterentzündung. Dauerschaden:

Gebärunfähigkeit. Berufsbehinderung, dh, die Klägerin kann Ihren Beruf nicht mehr umfassend ausüben.

Betrag: 40.000 € **Haftung: 100 %**
immVorb: – **MdE: –**

OLG München 12.3.2009 – 1 U 2709/07 = BeckRS 2009, 8109

6556

Persönlichkeitrechtsverletzung (hier: Unwahre Berichterstattung über eine angebliche Schwangerschaft der Klägerin).

Frau (Künstlerin). Die Beklagte, ein Hamburger Zeitschriftenverlag veröffentlichte – trotz von der Klägerin veranlasster Abmahnungen – mehrfach sowohl auf der Titelseite als auch im Innenteil einer ihrer Magazine über eine mögliche Schwangerschaft der Klägerin. Darin sah das LG zutreffend eine schwerwiegende Persönlichkeitsrechtsverletzung. Diese Berichterstattung betrifft die innerste Privatsphäre der Klägerin im Grenzbereich zur Intimsphäre (Art. 2 I 1 GG). Zudem war die Berichterstattung unwahr und ohne öffentliches Interesse.

Betrag: 47.000 € **Haftung: 100 %**
immVorb: – **MdE: –**

LG Hamburg 24.11.2017 – 324 O 802/16 = BeckRS 2017, 135298

14. Urlaub, Festtage und Prüfungen

Vorbemerkung: In den nachfolgend aufgeführten Urteilen wurde bei der Bemessung des Schmerzensgeldes auch der Verletzungszeitpunkt bzw. Zeitraum (während des Urlaubes, unmittelbar vor der Hochzeit, an Weihnachten etc.) berücksichtigt.

a) Urlaubsvereitelung und Urlaubsbeeinträchtigung

5107

Urlaubsbeeinträchtigungen / Urlaubsstornierung.

Urlaubsstornierung: Kläger ist Reisekostenversicherer; er nimmt den KH-Versicherer (Versicherer des Unfallverursachers, bei dem die VN des Klägers verletzt wurde) wegen Stornokostenersatz in Regress. „Die Stornokosten", so das AG, „können daher allenfalls gemäß § 253 Abs. 2 BGB im Rahmen der Bemessung eines Schmerzensgeldes eine Rolle spielen …, das die Stornokosten im Ergebnis allgemeiner Billigkeitserwägungen in voller Höhe für ersatzfähig erachtet), bei dem auch die entgangene Urlaubfreude zu berücksichtigen ist". [vgl. hierzu auch LG Bremen BeckRS 2013, 8669, aA OLG Düsseldorf BeckRS 2014, 7940]

Betrag: – **Haftung: –**
immVorb: – **MdE: –**

AG Münster 23.6.2015 – 3 C 485/15 = BeckRS 2015, 128067

4565

Urlaubsbeeinträchtigung (hier: Entgangene Urlaubsfreuden wegen Vereitelung einer reise nach Djerba. Stattdessen erhielt der Kläger – und dessen mitreisende und ebenfalls klagenden Familienmitglieder – eine Ersatzreise an die Costa Brava).

Mann. Schmerzensgeldmindernd berücksichtigte das AG die angebotene und erfolgte Ersatzreise, denn dadurch habe der Kläger – wozu er nicht verpflichtet war – seinen Reisezweck nach Erholung und Urlaubsfreunden doch noch erreicht. Dies sei vergleichbar mit einer Körperverletzung deren Heilung positiv verläuft, was ebenfalls schmerzensgeldmindern zu berücksichtigen sei, so das AG in seiner sehr ausführlichen Urteilsbegründung [lesenswert!]. Die Gesamtentschädigung für alle Kläger (es klagen alle Familienmitglieder) belief sich auf 780 EUR.

Betrag: 140 € **Haftung: 100 %**
immVorb: – **MdE: –**

AG Köln 22.10.2012 – 142 C 210/12 = BeckRS 2013, 2213

5118

Stiche und Bisse von Bettwanzen und Flöhen und „juckende Quaddeln"

Mann: (Kläger zu 1): Urlaubsbeeinträchtigung. „Mangels näheren Vortrags kann der Senat hinsichtlich des Klägers zu 1 nur von denjenigen üblichen Beeinträchtigungen ausgehen, zu denen Bisse von Bettwanzen oder vergleichbaren Insekten bei den meisten Menschen führen: Juckende Quaddeln für etwa eine Woche. Diese Beeinträchtigung ist ohne Zweifel unangenehm. Sie kommt wirklichen Körperschäden und Krankheiten aber kaum gleich, sondern erreicht allenfalls die Qualität z. B. eines leichten HWS-Syndroms. Daher darf das Schmerzensgeld die für eine solche Beeinträchtigung üblicherweise zugesprochenen Beträge von bis zu 500 EUR auch nicht überschreiten.", so das OLG.

Betrag: 500 € **Haftung: 100 %**
immVorb: – **MdE: –**

OLG Celle 26.3.2015 – 11 U 249/14 = BeckRS 2015, 14320

5119

Stiche und Bisse von Bettwanzen und Flöhen und „juckende Quaddeln"

Frau (Klägerin zu 2). Urlaubsbeeinträchtigung. Beeinträchtigungsdauer: ca. 2 Wochen. Die Klägerin, die mit Ihrem Mann im Urlaub war, hatte „unter mehreren hundert Bissen zu leiden".

Betrag: 1.000 € **Haftung: 100 %**
immVorb: – **MdE: –**

OLG Celle 26.3.2015 – 11 U 249/14 = BeckRS 2015, 14320

b) Festtagsbeeinträchtigung

2901

HWS-Syndrom bei bestehender Schwangerschaft. Beeinträchtigung des Hochzeittages [vgl. IMM-DAT Nummern 291 und 1518].

Frau. Die Schwangere verunglückte mit der Hochzeitskutsche. Der Hochzeitstag entfiel damit nahezu völlig. Bewertung mit 3.000 DM (für das verletzte Brautpaar insges.) zusätzlich.

Betrag: 2.301 € **Haftung: 100 %**
immVorb: – **MdE: –**

LG Görlitz 25.10.2000 – 4 O 116/00 = unveröffentlicht

c) Prüfungsbeeinträchtigung

3642

Kniegelenkverletzung / Kniescheibenfraktur in Form einer Kniescheibenimpressionsfraktur, die mittels einer Metallplattenosteosynthese und einer Spongiosaplastik versorgt wurde.

Frau (Lehrerin / Studentin). 6 Wochen stationär, 2 Aufenthalte. MdE 2 1/2 Monate 100 %, 6 Wochen 75 %. Mehrere Monate 25 %. Langwierige Heilbehandlung. Mehrere Monate ambulante Rehabilitation mit regelmäßiger Krankengymnastik. Erhöhend wurde die Verschiebung der Diplomprüfung und die Urlaubsvereitelung bewertet.

Betrag: 2.000 € **Haftung: 66 %**
immVorb: – **MdE: –**

LG Gießen 23.2.2006 – 3 O 410/05 = BeckRS 2009, 16161

6369

Knieverletzung (hier: komplexe Kniegelenksverletzung rechts mit vorderer und hinterer Kreuzbandruptur, Bone bruise und Knorpel-Knochen-Kontusion medialer und lateraler Gelenkspalt sowie Trapezium- und Trapezoid-Fraktur rechts mit dauerhafter Instabilität des rechten Knies in mehreren Ebenen). Zudem erlitt der Kläger eine Schulterverletzung (hier: Dorsale Labrumläsion der Schulter links mit Instabilität des linken Schultergelenks).

19j. Mann (Gymnasiast). Intensivstation und stationäre Heilbehandlung mit drei Aufenthalten und zahlreichen Operationen. Langwierige Heilbehandlung, zu der das LG ausführt: „lange Genesungs- und Rekonvaleszenzzeit von mindestens einem Jahr". Dauerschaden: Instabilitäten des Knie- und des Schultergelenks. Berufswunschvereitelung. Verschlechterungstendenz: Arthrosebildung. Erhöhend berücksichtigte das LG, dass der Unfall bzw. die Verletzungen den Kläger „zu denkbar ungünstigstem Zeitpunkt, namentlich während des Abiturs und der sich hieran anschließenden Phase der Berufsfindung getroffen hat" und, dass der Kläger „zwecks muskulärer Stabilisierung der unfallbedingt irreversibel instabilen Gelenke wohl zeitlebens Muskelaufbautraining betreiben muss und hinsichtlich der unfallverletzten Gelenke von posttraumatischer Arthrose bedroht" ist. [Ursache: Motorradunfall. Lesenswert zur Erstattung von Kosten für Fitnessstudio nach Verkehrsunfall].

Betrag: 40.000 € **Haftung: 100 %**
immVorb: Ja **MdE: –**

LG Wiesbaden 22.10.2019 – 9 O 218/18 = BeckRS 2019, 35888

15. Verätzungen, Verbrennungen und Erfrierungen

Vorbemerkung: Bei Verbrennungen oder Verätzungen ist die Schwere der Verletzung (1., 2. oder 3. Grades) oftmals für die Bemessung des Schmerzensgeldes relevanter als die Betroffenheit einer speziellen Körperregion. Eine Zusammenfassung derartiger Gerichtsentscheidungen an dieser Stelle entspricht somit dem Praxisbezug dieses Buches.

a) Verätzungen

6737

Verätzungen 1. bis 2. Grades am Hinterkopf in Verbindung mit einer Haarverletzung (hier: Haarverlust bzw. dauerhaft kahle Stelle mit einem Ausmaß von ca. 3 cm x 5 cm, in der Haar nicht mehr wachsen) durch fehlerhafte Blondierung.

Frau. Ambulante Behandlung; die Akutphase nach dem umstrittenen Friseurbesuch war für die Klägerin mit zahlreichen Arztbesuchen und erheblichen Beeinträchtigungen verbunden. Insofern sind insbesondere Schmerzen, eine bakterielle Infektion und die mehrwöchige regelmäßige Einnahme von Schmerzmitteln, Antibiotika und Kortikoiden hervorzuheben. Dauerschaden: Irreversible Kahle Stelle am Kopf. Bei der Schmerzensgeldbemessung orientierte sich das OLG an den Urteilen des AG Erkelenz BeckRS 2011, 18743, des LG Coburg BeckRS 2010, 2039 sowie auch an des OLG Bremen BeckRS 2011, 24498, die ebenfalls in den hiesigen Tabellen unter A. 1. a) aufgeführt sind. Insofern berücksichtigte das OLG, dass die kahle Stelle zwar mit einer geeigneten Frisur – etwa mit dem Zusammenbinden der Haare zu einen Pferdeschwanz – durch das umliegende und von Natur aus dicke und jedenfalls zum Zeitpunkt des Friseurbesuchs lange Haar der Klägerin überdeckt werden kann; gleichwohl die Einschränkung in der Wahl der Frisur verbleibt, weil die Klägerin aus ästhetischen Gründen zum einen eine Kurzhaarfrisur wohl kaum tragen und sich zum anderen auch mit offenen Haaren nicht ungehindert bewegen kann, weil durch bestimmte Bewegungen des Kopfes die in der Umgebung der kahlen Stelle liegenden Haare zur Seite fallen und die Stelle freigeben. [Ursache: Fehlerhafte Blondierung bzw. missglückte Blondierung].

Betrag: 5.000 € **Haftung: 100 %**
immVorb: Ja **MdE: –**

OLG Köln 19.6.2020 – 20 U 287/19 = BeckRS 2020, 25640

3600

Verätzung (hier: 12 cm x 5 cm große tiefe Hautläsion, die einer zweit- bis drittgradigen Verbrennung mit massiver bakterieller Superinfektion entsprochen habe.)

11j. Kind (Schüler). 2 Monate dauernde regelmäßige Wundbehandlung mit Desinfektion und täglichem Verbandswechsel. Während dieser Zeit und für die Dauer weiterer 2 Monate litt der Kläger unter „massiven Dauerschmerzen, derentwegen er nicht sitzen und deshalb für mehrere Wochen die Schule nicht besuchen konnte". Ursache: Desinfektionsmitteleinsatz während einer Frakturoperation.

Betrag: 5.000 € **Haftung: 100 %**
immVorb: Ja **MdE: –**

LG Freiburg 9.10.2006 – 6 O 489/04 = BeckRS 2007, 1688

4496

Brustverletzung (hier: Verätzungen nach Wundspülung nach einer Brustoperation; dadurch Heilungsverzögerung).

43j. Frau. Heilungsverzögerung / Arzthaftung (hier: Grober Behandlungsfehler. Die behandelnde Ärztin hatte die Wunde der Klägerin versehentlich mit einem Putzmittel gespült, nachdem sie die entspr. Flaschen verwechselt hatte). Der Wundheilungsprozess wurde dadurch 6 Monate verzögert [vgl. auch unter Behandlungsverzögerung].

Betrag: 6.000 € **Haftung: 100 %**
immVorb: – **MdE: –**

OLG Köln 27.6.2012 – 5 U 38/10 = BeckRS 2012, 14534

4125

Verätzung, schwere (hier: Verätzung 3.Grades durchgehend bis auf das Muskelgewebe beider Beine im Bereich der Kniegelenke und Unterschenkel mit dauerhaft eingeschränkter Beweglichkeit).

Mann (Betriebswirt). 6 Wochen stationär und 7 Wochen Rehabilitation. Langwierige Heilbehandlung; sehr schmerzhaft! Mehrere Hauttransplantationen. Dauerschaden: Bewegungseinschränkungen bei Kniebeugen; Sensibilitätsstörungen an beiden Beinen; Erhebliche Narben. Ursache / Mitverschulden: Verarbeitung von Beton, den der Kläger ohne Schutzkleidung verarbeitete ohne dass er vom Beklagten auf dessen starke Verätzungsgefahr hingewiesen worden war.

Betrag: 6.000 € **Haftung: 66 %**
immVorb: – **MdE: –**

OLG Bamberg 26.10.2009 – 4 U 250/08 = BeckRS 2009, 29214

4528

Verätzung (hier: Kaliumpermanganatverätzung am Gesäß).

Kind / Säugling. 5 Tage stationär; starke Schmerzen. Arzthaftung (hier: Behandlungsfehler / fehlerhafte Medikamentenabgabe. Dem Kläger, einem Säugling wurde unverdünntes, kristallines Kaliumpermanganat auf das Gesäß aufgetragen. Das Mittel hätte jedoch vor dem Gebrauch stark mit Wasser verdünnt werden müssen, was nicht geschehen war.).

Betrag: 7.500 € **Haftung: 100 %**
immVorb: Ja **MdE: –**

LG Bochum 7.12.2011 – 6 O 284/10 = BeckRS 2013, 5142

6293

Verätzungen im Mundraum. Die Klägerin – ein Säugling – litt unter Schleimhautverätzungen und teilweiser Ablösung der Schleimhaut im Mund sowie unter Erbrechen.

Kind / Säugling. Arzthaftung – grober Behandlungsfehler in Gestalt des Befunderhebungsfehlers – im Zusammenhang mit einer Verätzung im Mundraum (Der Vater hatte dem Baby vorsätzlich säurehaltige Flüssigkeit gegeben). Die Klägerin litt unter Schleimhautverätzungen und teilweiser Ablösung der Schleimhaut im Mund sowie unter Erbrechen. Der Beklagten zu 1.) sind die mit den Schädigungshandlungen des Vaters der Klägerin verbundene Folgen auch objektiv zuzurechnen. Durch die nicht erfolgte Befunderhebung war die tatsächliche Möglichkeit für den Vater der Klägerin eröffnet, sie bis zu seiner vorläufigen Festnahme weiter an der Gesundheit zu schädigen und ihr Leben zu gefährden. Vorliegend hat sich bei der Bemessung des Schmerzensgeldes ausgewirkt, dass die Klägerin über die Dauer von etwas über zwei Monaten (Ende April bis Ende Juni 2014) eine stets wiederkehrenden und in gesteigertem Maße lebensbedrohlichen Behandlung durch ihren Vater ausgesetzt war, die im Zeitraum der Einwirkung auf ihre Gesundheit ein erhebliches Schmerzempfinden verursacht haben muss. Darüber hinaus hat sie durch die streitgegenständlichen Behandlung nach Anhörung ihrer sorgeberechtigten Mutter keine bleibenden Schäden erlitten und besucht nunmehr mit gleichaltrigen Kindern unbeschwert den Kindergarten. Weiter hat sich die Kammer bei der Bemessung des Schmerzensgeldes von der Erwägung leiten lassen, dass die primäre Schädigung nach den rechtskräftigen Feststellungen des Landgerichts Potsdam durch eine aktive und vorsätzliche Schädigung ihres nicht sorgeberechtigten Vaters verursacht wurden.

Betrag: 8.000 € **Haftung: 100 %**
immVorb: – **MdE: –**

LG Kiel 29.10.2019 – 8 O 254/16 = BeckRS 2019, 29117

7398

Verätzungen, schwere (hier: Schwere Verätzungen von Speiseröhre und Magen mit Schwellungen und Zersetzungen der Zellen der Speiseröhre und des Magens (ösophageale und gastrale Kolliquationsnekrosen) sowie ein ausgeprägtes diffuses Schleimhauterythem mit Ödem und Magengeschwür, entzündliche Veränderungen mit Geschwüren in der unteren Speiseröhre und eine Insuffizienz des Muskels am Übergang zwischen Magen und Speiseröhre. Psychische Beeinträchtigungen mit Niedergeschlagenheit und Albträumen.

29j. Mann (Fitnesstrainer). Lebensgefahr, künstliches Koma. 13 Tage stationäre Behandlung. Der Kläger wurde zunächst unter maschineller Beatmung in ein künstliches Koma versetzt und nach Extubation am dritten Behandlungstag in die Universitätsklinik Köln verlegt, wo er zunächst künstlich ernährt wurde. Ab dem 11 Behandlungstag begann eine Ernährung mit Brei- und Flüssigkost. Dauerschaden: Berufsaufgabe als Fitnesstrainer. Magenschmerzen bei Belastung und Aufregung. Mindestens einmal in der Woche Durchfälle und Magenkrämpfe mit teilweise sehr starken Schmerzen, in deren Folge er teilweise erbrechen muss. Wegen der Schwere der erlittenen Verletzungen muss der Kläger ab dem Jahr 2036 jährlich Routine-Biopsien vornehmen lassen, da es nach 20 Jahren zur Entstehung von Narben-Karzinomen kommen kann. [Ursache: Verkehrssicherungspflichtverletzung: Aufbewahrung von Reinigungsmittel (hier: Ammoniak) in einer Limonadenflasche im Kühlschrank. Die ihm obliegende Verkehrssicherungspflicht verletzt, wer Ammoniak bzw. einen gefährlichen, gesundheitsschädlichen Stoff in einer nicht besonders kenntlich gemachten Limonadenflasche und somit in gänzlich ungeeigneter Weise lagert und dabei für andere Personen, die sich in seinem Geschäftslokal aufhalten, zugänglich macht. Vgl. dazu auch BGH BeckRS 1968, 105470 – Hausfrau verwahrt Bierflasche mit Natronlauge im Bad].

Betrag: 18.750 € **Haftung: 75 %**
immVorb: Ja **MdE: –**

LG Köln 24.9.2021 – 12 O 459/19 = BeckRS 2021, 56260

5556

Verätzungen dritten Grades in der linken Gesichtshälfte, dem linken Halsbereich sowie dem Dekolleté. Alle Hautschichten in den vorgenannten Bereichen waren bis in die tiefen Übergänge zum Fettgewebe und im Bereich des Gesichts bis in die Muskulatur verätzt. Auch die Hände und Oberschenkel sind teilweise verätzt. Auch die Zunge hat Verätzungen erlitten. Teilerblindung. Ihr linkes Auge musste nach mehreren zur Erhaltung des Auges durchgeführten Operationen schließlich entfernt werden. Ihr Hörvermögen auf dem linken Ohr ist beeinträchtigt und die linke Ohrmuschel zum Großteil weg geätzt. Vorsätzliche Körperverletzung.

26j. Frau (Kosmetikerin). Intensivstation, künstliches Koma. Unzählige medizinische Eingriffe. Dauerschaden: Erblindung auf dem linken Auge. Extreme Entstellungen im Gesicht, am Hals sowie dem Dekolleté. Infolge der starken Narben ist die Mimik der Nebenklägerin stark eingeschränkt, dies ist irreversibel. Außerdem kann sie ihren Kopf nur wenig heben und nicht zur rechten Seite drehen. Das linke Nasenloch wächst infolge der Narben zu, sodass sie nur schwer Luft bekommt. Auch auf den Oberschenkeln und an den Händen hat die Nebenklägerin Narben durch die säurebedingten Verätzungen. Hörfähigkeitsverminderung. In den kommenden Jahren sind mehrfache Eingriffe durch die plastische Chirurgie und Operationen geplant. Bei der Bemessung berücksichtigte das LG dies alles sehr sorgfältig und und führte zudem zutreffend aus: „Gerade in unserer heutigen sehr extrovertierten Gesellschaft, in der das Aussehen zunehmend von größerer Bedeutung ist, sind neben dem Verlust von Sinnesorganen und dem Grad der Behinderung auch die irreversiblen Entstellungen bei der Bemessung des Schmerzensgeldes von besonderem Gewicht. Die Klägerin wird bei jeglicher Teilnahme am öffentlichen Leben neugierigen Blicken und Kommentaren ausgesetzt sein, was zu einer erheblichen Einschränkung der Lebensqualität führt. Es ist auch nicht möglich, die sich über die gesamte linke Gesichtshälfte hinziehenden Narben und Entstellungen zu verbergen". Vorsätzliche Körperverletzung in unvorstellbar brutaler Ausprägung: Der Beklagte schüttete der Klägerin, der er für die Tat frühmorgens aufgelauert hatte, aus nächster Nähe 96 %ige Schwefelsäure in das Gesicht. Er wurde zu einer Freiheitsstrafe von 12 Jahren verurteilt. [Anmerkung zur Höhe: Angesichts der extremen Verletzungen und der vom LG selbst hervorgehobenen Tatsache, dass durch diese Tat und deren Folgen das Leben der Klägerin von einem auf den anderen Tag komplett zerstört wurde, hätte das Schmerzensgeld noch deutlich höher ausfallen müssen; 500.000 EUR wären insofern durchaus angemessen].

Betrag: 250.000 € **Haftung: 100 %**
immVorb: Ja **MdE: 100 %**

LG Hannover 2.10.2018 – 20 O 288/17 = BeckRS 2018, 26758

b) Verbrennungen

7650

Verbrennungen 1. Grades und 2. Grades an den Füßen bzw. Fußsohlen.

Mann. Kein Schmerzensgeld für Verbrennungen an den Füßen aufgrund des längeren Stehens auf heißen Antirutschmatten vor dem Saunaofen. Das LG sah keine Verkehrssicherungspflichtverletzung des Saunabetreibers, der die Saunalandschaft nach den üblichen Sicherheitsstandards betrieben hatte und verwies darauf, dass die Matten vor dem Ofen nur der Rutschhemmung und nicht als Schutz vor der Hitze des ca. 55 bis 60 Grad Celsius heißen Bodens gedient hätten. Insofern sei der Saunabetreiber auch nicht verpflichtet gewesen, zusätzliche Schutzmaßnahmen zu treffen.

Betrag: – **Haftung: –**
immVorb: – **MdE: –**

LG Coburg 18.11.2024 – 52 O 439/23 = BeckRS 2024, 43732

6794

Verbrennungen 2. Grades im Brustbereich.

Frau. Kein Anspruch auf Schmerzensgeld, wenn sich eine Flugpassagierin heiße Suppe, die während eines Langstreckenfluges im Zusammenhang mit dem Essen gereicht wurde, versehentlich in Form einer Reflexbewegung wegen der wahrgenommen Hitze der Suppe in den Ausschnitt schüttet. Hierzu führte das LG aus: „Die aus Art. 21 iVm. Art. 17 des Montrealer Übereinkommens („MÜ") folgende, verschuldensunabhängige Haftung der Beklagten scheitert an einem gemäß Art. 20 S. 1 MÜ anzunehmenden Mitverschulden der Klägerin, welches das Gericht mit einer Quote von 100 % in Ansatz bringt" und begründete dies sinngemäß damit, dass eine Passagierin – aufgrund der besonderen Zubereitungsgegebenheiten in einem Flugzeug – damit rechnen müsse, dass Suppenschalen und deren Inhalt unter Umständen auch hohe Temperaturen aufweisen können; insofern bestehe die Verpflichtung eines Passagiers, die Temperatur der Speise und deren Teller oder Schale zu überprüfen [„Verschulden gegen sich selbst", dh Verletzung einer im eigenen Interesse bestehenden Obliegenheit].

Betrag: – **Haftung: –**
immVorb: – **MdE: –**

LG Köln 25.5.2021 – 21 O 299/20 = BeckRS 2021, 12031

6727

Verbrühungen im Bereich der Hüfte durch heißen Tee.

Mann. Kein Schmerzensgeldanspruch: Der Kläger befand sich in stationärer Behandlung im Krankenhaus der Beklagten und versuchte dabei sich – halbliegend und mit Fixierung eines Beines in ein Massagegerät – sich einen heißen Tee einzugießen und verbrühte sich dabei. Das AG sah insofern das alleinige Verschulden beim Kläger.

Betrag: – **Haftung: –**
immVorb: – **MdE: –**

AG München 30.1.2019 – 122 C 6558/18 = BeckRS 2019, 22069

5176

Verbrennungen 2.Grades (hier: Verbrennungen im Gesicht sowie im Bereich des Oberkörpers).

12j. Schüler. Kein Schmerzensgeldanspruch wegen schulunfallbedingter Verletzung. Der Schüler wurde während eines Experiments im Chemieunterricht dadurch verletzt, dass die Lehrerin Brennspiritus nachfüllte, wodurch es unerwartet zu einer Stichflamme kam. [Anmerkung: Mehr zu diesem Thema: Beck'sche Schmerzensgeldtabelle Kommentarteil Kapitel VI Das Haftungsprivileg gemäß §§ 104 ff. SGBVII und seine Auswirkungen auf den Schmerzensgeldanspruch]

Betrag: – **Haftung: –**
immVorb: – **MdE: –**

LG Osnabrück 16.1.2015 – 5 O 596/14 = BeckRS 2015, 128055

4525

Herzversagen / Verbrennungen (Näheres siehe unter Einzelheiten).

Frau. Kein Schmerzensgeldanspruch für Körperverletzung mit Todesfolge (hier: Herzversagen / schwere Verbrennungen), wenn ein Saunagast in der Sauna zusammenbricht. Es muss grundsätzlich dem Saunabenutzer überlassen bleiben, ob er sich der mit den körperlichen Belastungen verbundenen Gefahr aussetzt und das Gesundheitsrisiko eingehen will. Der Betreiber ist nicht verpflichtet, regelmäßige Kontrollen in engen Zeitabständen durchzuführen, um das körperliche Wohlbefinden der Saunabenutzer zu überwachen, so das OLG Hamm.

Betrag: – **Haftung: –**
immVorb: – **MdE: –**

OLG Hamm 29.8.2012 – I-12 U 52/12 = BeckRS 2012, 23501

6583

Verbrennungen 1. Grades am gesamten Körper nach „Übersonnung" in einem Sonnenstudio.

Frau. 2 Tage stationär. Die Klägerin hat sich im Sonnenstudio des Beklagten – nach ausdrücklichem Hinweis, dass sie erstmalig in diesem Sonnenstudio sei und dass sie ein heller Hauttyp sei und eine empfindliche Haut habe sowie einer entsprechenden Beratung durch einen Mitarbeitenden des Sonnenstudios und entgegen dessen ausdrücklichem Hinweis die schwächere Bank zu verwenden, dennoch eine mittelstarke Sonnenbank für 15 Minuten benutzt. Diese Sonnenbank hatte neue Röhren erhalten, worauf durch ein Schild hingewiesen worden war. Auch über den Hinweis, dass diese Bank deshalb für die Klägerin nicht geeignet sei, hatte sich die Klägerin hinweggesetzt. Am Folgetag begab sich die Klägerin wegen aufgetretener Verbrennungen ins Krankenhaus. Dort wurden Verbrennungen 1. Grades am gesamten Körper diagnostiziert. Kein Schmerzensgeldanspruch; aufgrund der Gesamtsituation sowie der Beweislast wurde der Schmerzensgeldanspruch zurückgewiesen.

Betrag: – **Haftung: –**
immVorb: – **MdE: –**

AG Bremen 1.10.2008 – 23 C 227/08 = BeckRS 2008, 26989

3527

Verbrennungen 3.Grades an ca. 40 % der Körperfläche.

Kind. Kein Schmerzensgeldanspruch, da die Beklagte (Reiseveranstalterin) „keinerlei Anlass zum Ausspruch konkreter Warnungen hatte", die Synagoge „La Ghriba" während einer Pauschalreise, an der der Kl. mit seinen Eltern teilnahm, nicht zu besuchen. Ein Verstoß gegen Verkehrssicherungspflichten bestand somit nicht.

Betrag: – **Haftung: –**
immVorb: – **MdE: –**

OLG Celle 22.9.2005 – 11 U 297/04 = BeckRS 2005, 11239

3583

Verbrennungen / Sonnenbrand (hier: Sonnenbrand am gesamten Körper nach unkorrekter Nutzung einer Sonnenbank).

Mann. Der Kläger legte sich – trotz Hinweis der Sonnenbankmitarbeiterin – zu lange unter die Sonnenbank.

Betrag: 51 € **Haftung: 20 %**
immVorb: – **MdE: –**

AG Kerpen 6.8.1999 – 24 C 88/99 = unveröffentlicht

5691

Verbrennungen am Rücken in Form einer „fünfmarkstückgroßen" [Anmerkung: dies entspricht knapp 3 cm im Durchmesser], schmerzhafte Brandverletzung am Rücken.

Kind (Mädchen). Sehr schmerzhafte Verletzung über mehrere Tage, insbesondere beim Sitzen und Liegen. Dauerschaden: Ca. 3 cm große Narbe am Rücken. [Ursache: Feuerwerkskörper].

Betrag: 205 € **Haftung: 75 %**
immVorb: – **MdE: –**

AG Berlin-Mitte 9.7.2002 – 25 C 177/01 = BeckRS 2002, 11851

4313

Gesichtverletzung (hier: Sehr leichte Verbrennungen und Schürfungen am Kinn bis zum Hals reichend sowie Gesichtprellung im Nasenbereich, an der Oberlippe und an der Unterlippe).

Frau. Ambulante Heilbehandlung mit Heilsalbe sowie Brandsalbe. MdE 7 Tage 100 %. Folgenlose Verheilung. [Ursache: Verletzungen im Gesicht durch Airbag].

Betrag: 250 € **Haftung: 50 %**
immVorb: – **MdE: –**

AG Minden 7.12.2007 – 26 C 215/06 = unveröffentlicht

6281

Verbrennungen 1. Grades „an dem Handgelenk beziehungsweise der Hand". Zudem erlitt die Klägerin eine Sprunggelenkverletzung in Form einer Sprunggelenksverstauchung des oberen Sprunggelenks sowie Prellungen.

Frau. Stationäre Behandlung. MdE 5 Tage 100 %. „Sie wurde per RTW in das V Klinikum eingeliefert … und war 5 Tage arbeitsunfähig". Bei der Schmerzensgeldbemessung berücksichtigte das LG neben den Verletzungen auch, dass „keine verbleibenden Dauerfolgen" bestanden.

Betrag: 300 € **Haftung: 66 %**
immVorb: – **MdE: –**

LG Bonn 25.1.2019 – 1 O 205/18 = BeckRS 2019, 12351

3788

Verbrennung, leichte (hier: Verbrennungen an Gesicht, Hals und Oberkörper infolge eines Pfeffersprayangriffs.)

Frau. 4 Tage starke Schmerzen; der Brennreiz sei – so die Kl. – erst nach 10 Tagen abgeklungen. Vorsätzliche Körperverletzung, die jedoch bereits strafrechtlich geahndet worden war.

Betrag: 400 € **Haftung: 100 %**
immVorb: – **MdE: –**

LG Stendal 25.4.2008 – 22 S 124/07 = BeckRS 2008, 11085

3597

Verbrennung (hier: Rückenverletzung durch eine etwa fünfmarkstückgroße Brandwunde).

Kind (Mädchen). Die Klägerin litt mehrere Tage unter starken Schmerzen beim Sitzen und Liegen. Ursache: Abbrennen eines Feuerwerkkörpers. Da die Klägerin sich trotz Gefahrerkennung unmittelbar in das Geschehen begab, wurde ihr ein hälftiges Mitverschulden angerechnet).

Betrag: 409 € **Haftung: 50 %**
immVorb: – **MdE: –**

AG Berlin-Mitte 9.7.2002 – 3 C 1190/01 = unveröffentlicht

6286

Verbrennungen 2. Grades … an beiden Wangen sowie im Kinnbereich im Rahmen einer Gesichtshaarentfernung in einem Kosmetikstudio.

Frau. Bei der Bemessung hat die Kammer berücksichtigt, dass die Verbrennungen der Klägerin zweiten Grades waren und sich im Gesicht – und damit in einem für jedermann sichtbaren Bereich – befanden, jedoch nach kurzer Zeit bereits wieder abgeklungen waren. [Ursache: IPL-Behandlung zum Zwecke der Entfernung von Gesichtshaaren im Kosmetikstudio der Beklagten].

Betrag: 500 € **Haftung: 100 %**
immVorb: – **MdE: –**

LG Köln 16.8.2019 – 25 O 117/16 = BeckRS 2019, 19290

3404

Verbrennungen 2.Grades (hier: 4 x 5 cm Hautfläche umfassende Verbrennung am linken Unterarm); HWS-Distorsion und eine Schultergelenkprellung links.

Mann. Mangels eines vernünftigen Klagvortrages – das OLG wies hierauf explizit hin – legte das Gericht „eine leichtere Verbrennung zu Grunde ..., die zusammen mit den anderen leichten Verletzungen (HWS-Distorsion, Prellungen) im Ganzen nur ein Schmerzensgeld von 500 Euro rechtfertigt".

Betrag: 500 € **Haftung: 100 %**
immVorb: – **MdE: –**

OLG Koblenz 11.7.2005 – 12 U 702/04 = BeckRS 2005, 8494

7390

Verbrennungen unter beiden Fußsohlen mit Blasenbildung. Es war an beiden Fußsohlen ca. 5 % der Körperoberfläche verbrannt.

1j. Kind. Ambulante Behandlung im Krankenhaus. Die Klägerin konnte in der ersten Woche nach dem Vorfall nicht gehen und schlief schlecht. Die Behandlung der Verbrennungen dauerte ca. drei Wochen. [Ursache: Amtspflichtverletzung / Verkehrssicherungspflichtverletzung eines Schwimmbadbetreibers: Die damals 17 Monate alte Klägerin besuchte mit ihrer Mutter das Schwimmbad der Beklagten. In Beckennähe befand sich dort auf einem Fußweg im Boden eine große Metallplatte, die nicht gekennzeichnet war und die sich durch intensive Sonneneinstrahlung stark erhitzt hatte. Die Klägerin lief barfuß vor ihrer Mutter her und betrat die Platte, wobei sie sich die Fußsohlen verbrannt hatte].

Betrag: 750 € **Haftung: 100 %**
immVorb: – **MdE: –**

LG Koblenz 30.11.2020 – 1 O 62/20 = BeckRS 2020, 64217

4063

Verbrennungen 2.Grades am Unterschenkel sowie Verbrennungen 1.Gradews an der rechten Hand.

Mann. 4 Wochen ambulante Heilbehandlung mit Entfernung der verbrannten Hautschichten am Unterschenkel. Schmerzhafte Verletzung. Ursache: Verkehrssicherungspflichtverletzung bzgl. einer Dampfaustrittsdüse in einer öffentlichen Sauna.

Betrag: 750 € **Haftung: 100 %**
immVorb: – **MdE: –**

AG Gelsenkirchen 4.5.2006 – 27 C 290/05 = unveröffentlicht

3522

Verbrennungen 1.Grades durch Sonnenbrand im Bereich des Oberkörpers.

Mann. Für die Dauer von „rund 3 bis 4 Wochen extreme Schmerzen, massivste Schlafstörungen". Der Kläger erlitt einen starken Sonnenbrand nach einem Sonnenstudiobesuch.

Betrag: 750 € **Haftung: 50 %**
immVorb: – **MdE: –**

AG Mannheim 21.10.2005 – 3 C 172/05 = BeckRS 2005, 12983

5544

Kopfverletzung (hier: Kopfhautverletzung – ähnlich einem Sonnenbrand; die Kopfhaut des Klägers war entzündet und schmerzhaft). Zudem waren Lymphknoten im Hals- und Nackenbereich geschwollen.

Mann. Arzthaftung (hier: Aufklärungspflichtverletzung in Bezug auf die Nebenwirkungen des Medikaments Advantanmilch bzw. den darin enthaltenen Wirkstoff Dithranol nicht ausreichend). Zur Schmerzensgeldbemessung führte das LG aus: „Bei der Bemessung des Schmerzensgeldes hat die Kammer berücksichtigt, dass die Wirkungen des Dithranols auch bei starken Nebenwirkungen mit denen eines Sonnenbrandes vergleichbar sind. Hingegen war auch zu sehen, dass schon die Grunderkrankung des Klägers, nämlich u.a. eine bakterielle Besiedlung der Kopfhaut mit entzündlichem Ekzem ihrerseits mit an Sicherheit grenzender Wahrscheinlichkeit zu Schmerzen und einer Lymphknotenschwellung geführt hat ... Die Kammer geht insoweit von zusätzlich verursachten anhaltenden und nicht unerheblichen Schmerzen sowie damit einhergehenden Schlafproblemen während eines Zeitraums von maximal 1–2 Wochen aus".

Betrag: 900 € **Haftung: 100 %**
immVorb: – **MdE: –**

LG Freiburg 23.2.2018 – 1 O 297/15 = BeckRS 2018, 32058

5982

Verbrennungen 2. Grades in Form eines Sonnenbrandes am ganzen Körper infolge zu hoher Strahlung mit erheblichen Schmerzen.

Mann. Beschwerden waren nicht unerheblich und von längerer Dauer – 14 Tage ambulante Behandlung mittels Cortisoncreme. [Ursache: Sonnenbrand nach Besuch eines Sonnenstudios: „Der Kläger hat jedoch deutlich gemacht, dass er nie zuvor im Sonnenstudio gewesen sei und daher beraten werden wolle. Bei dieser Sachlage musste das Personal der Beklagten den Kläger daraufhin weisen, dass auch nach Bemessung der Strahlung nach Einsatz des Sensors ein Sonnenbrand möglich sein würde. Dies ist unterblieben", so das AG].

Betrag: 900 € **Haftung: 100 %**
immVorb: – **MdE: –**

AG Warendorf 26.10.2009 – 5 C 675/09 = BeckRS 2013, 13970

6094

Verbrennungen 2. Grades an beiden Fußsohlen, insbesondere „an beiden Ballen der Fußsohlen mit großflächiger Blasenbildung".

Kind (noch minderjährig). Stationäre Behandlung. Anschließend ambulante Weiterbehandlung durch den Hausarzt. Die schmerzhaften Wunden verheilten erst nach 3 Wochen. Die Bewegungsfähigkeit der Klägerin sei während dieser Zeit eingeschränkt gewesen. [Ursache: Verkehrssicherungspflichtverletzung – „Betreibt die öffentliche Hand einen Badesee, bei dem ein Toilettencontainer aufgestellt ist, der über eine Metallrampe zu erreichen ist, so stellt es gegenüber Kindern, die altersgemäß noch nicht in der Lage sind, eine entsprechende Gefahr zu erkennen, eine Verkehrssicherungspflichtverletzung dar, wenn diese Metallrampe nicht gegen Sonneneinstrahlung geschützt ist, sodass sich ein die Metallrampe barfuß betretendes Kind die Fußsohlen verbrennen kann"].

Betrag: 1.000 € **Haftung: 100 %**
immVorb: – **MdE: –**

LG Coburg 13.12.2016 – 23 O 457/16 = BeckRS 2016, 135568

5906

Verbrennung, kleine (hier: kleine Brandwunde auf dem Handrücken mit bleibender Hautverfärbung), Knieprellung mit Hämatom am Kinn und HWS-Syndrom mit Bewegungseinschränkung und Druckschmerz an der Halswirbelsäule).

Mann. Ambulante Heilbehandlung. Dauerschaden: Hautverfärbung am Handrücken.

Betrag: 1.000 € **Haftung: 80 %**
immVorb: – **MdE: –**

OLG Hamm 25.11.2010 – I-6 U 71/10 = BeckRS 2011, 358

5773

Verbrennungen 2. Grades am linken Arm mit deutlich sichtbaren Narben.

Frau. 15 Tage ambulante Heilbehandlung mit täglichen Arztbesuchen. Schmerzhafte Verletzung während des Urlaubs. Anschließend dauerte die Behandlung zu Hause noch etwa drei Monate. Dauerschaden: Narbe am Unterarm, „die, sofern die Kl. nicht langärmlige Kleidung trägt, deutlich zu sehen ist". [Ursache: Verschütten des Kaffees während der Bahnfahrt durch den Zugbegleiter. „In dem unverschuldeten Verschütten des Kaffees während der Bahnfahrt durch den Zugbegleiter auf eine Bahnreisende ist ein Betriebsunfall iS des § 1 HaftpflG zu sehen. … Zudem darf es nicht vom Zufall abhängig sein, ob der Bahnbetreiber während der Zugfahrt für einen Unfall haftbar ist oder nicht. Wäre der Zugbegleiter auf Grund eines plötzlichen Abstoppens gestolpert und hätte den Kaffee verschüttet, hinge der Unfall jedenfalls mit dem Bahnbetrieb zusammen. Es erscheint unbillig, dass das Opfer ohne Haftungsschutz auskommen soll, nur weil ein anderer Fahrgast den Sturz ausgelöst hat. Überdies besteht auch in solchen Fällen ein innerer Zusammenhang, in denen ein schädigendes Ereignis von einem anderen Fahrgast ausgeht (BGH NJW 1987, 2445). Somit steht der Unfall hier in einem inneren und äußeren Zusammenhang mit den typischen Gefahren des Bahnbetriebs. Er hat sich bei dem Betrieb ereignet"].

Betrag: 1.000 € **Haftung: 100 %**
immVorb: – **MdE: –**

AG Berlin-Tiergarten 24.7.2007 – 6 C 381/06 = BeckRS 2007, 17988

4493

Verbrennungen, schwere (hier: „schwere Verbrennungen" am linken Oberschenkel).

Mann. Ambulante Heilbehandlung. Dauerschaden: Brandnarbe am linken Oberschenkel. [Der Leitsatz des OLG lautete: „Zu den Anforderungen an die Verkehrssicherungspflicht einer Gemeinde, wenn es in ihrem Gebiet am Strand zur Anspülung von Phosphorstücken kommt, die von Strandbesuchern mit Bernstein verwechselt werden können und geeignet sind, erhebliche Verbrennungen beim Hautkontakt zu bewirken".]

Betrag: 1.000 € **Haftung: 100 %**
immVorb: – **MdE: –**

OLG Rostock 11.1.2001 – 1 U 170/98 = OLG-NL 2001, 109

5391

Verbrennungen 2. Grades an beiden Hüften und an beiden Daumen mit einem Durchmesser von jeweils ca. 1 – 1,5 cm.

Mann. Arzthaftung (hier: Behandlungsfehler im Zusammenhang mit einer MRT Untersuchung. Nach Auffassung des Gerichts wäre die Beklagte vorliegend verpflichtet gewesen, Isolationsmaterial anzubringen, um den Kläger vor derartigen Verletzungen zu schützen).

Betrag: 1.500 € **Haftung: 100 %**
immVorb: Ja **MdE: –**

AG Köln 28.2.2018 – 144 C 143/15 = BeckRS 2018, 3454

4166

Verbrennungen 1.Grades und Verbrennungen 2.Grades im Schulter- und Oberarmbereich.

Mann. Sehr schmerzhafte Verletzung. Langwierige Heilung über die Dauer von 6 Wochen. Ursache: Behandlungsfehler bei lasergestützter Haarentfernung.

Betrag: 1.500 € **Haftung: 100 %**
immVorb: Ja **MdE: –**

AG Köln 5.5.2009 – 133 C 41/08 = BeckRS 2009, 139984

5394

Verbrennungen an den Händen nach indizierter und korrekt durchgeführter Bestrahlung der Hände.

81j. Frau. Arzthaftung (hier: Aufklärungspflichtverletzung im Rahmen einer Bestrahlungsmaßnahme wegen der Rheumaerkrankung der Klägerin).

Betrag: 1.500 € **Haftung: 100 %**
immVorb: – **MdE: –**

OLG Frankfurt a. M. 29.5.2007 – 8 U 10/07 = BeckRS 2011, 24346

3518

Verbrennungen 2.Grades (hier: Oberschenkelverletzung in Form von Verbrennung der Graduierung 2a).

Frau (Rentnerin). Der Kl. wurde versehentlich heißer Kaffee übergegossen. Erleidet ein Pauschalreisender während eines Fluges eine Körperverletzung – vom Flugpersonal verursacht – so gilt insofern das Recht des Hoheitszeichens des Flugzeuges (hier: Ägyptisches Recht). 500,- EUR wurden als „Ersatz der frustrierten Aufwendungen für die Urlaubsreise" anerkannt (gem. Art. 221 des ägyptischen ZGB). [Zur Annahme einer „luftfahrttypische Gefahr" i.S.v. Art. 17 I Montrealer Übereinkommen (MÜ), wenn anlässlich eines Fluges die Stewardess den von ihr durch den Gang geschobenen Service-Wagen gegen das Knie des Flugreisenden rammt, vergleiche OLG Celle BeckRS 2020].

Betrag: 1.500 € **Haftung: 100 %**
immVorb: – **MdE: –**

LG Frankfurt a. M. 16.12.2005 – 2/1 S 182/01 = BeckRS 2005, 14653

4107

Verbrennungen 2.Grades (hier: Verbrühung 2. Grades an der rechten Hand durch heißen Wasserdampf).

57j. Frau. Ambulante Heilbehandlung der sehr schmerzhaften Verletzung. Ursache: Verkehrssicherungspflichtverletzung in einer Dampfsauna. Mitverschulden wegen unvorsichtigem Verhalten der in ihrem Sehvermögen eingeschränkten Klägerin.

Betrag: 1.800 € **Haftung: 75 %**
immVorb: Ja **MdE: –**

OLG Celle 17.6.2010 – 8 U 25/10 = BeckRS 2010, 16904

5393

Verbrennung 2. Grades bzw. Verbrühung der Hand.

58j. Frau. MdE 4 Wochen 100 %. Bei der Bemessung berücksichtigte das OLG, dass die Verletzungen äußerst schmerzhaft waren und die Rehabilitationsmaßnahme, in deren Zusammenhang der Saunabesuch erfolgte, beeinträchtigte. [Ursache: Verkehrssicherungspflichtverletzung des Betreibers einer Dampfsauna].

Betrag: 1.800 € **Haftung: 75 %**
immVorb: – **MdE: –**

OLG Celle 17.6.2010 – 8 U 25/10 = BeckRS 2010, 16904

5105

Verbrennung (hier: Brandblase von 2 x 3 cm über dem rechten Sprunggelenk).

56j. Mann. Heilpraktikerhaftung im Zusammenhang mit einer chinesischen Ganzkörperwärmebehandlung [Moxabustion]. Aufklärungspflichtverletzung über Verbrennungsrisiko; zudem unterliefen dem Beklagten zwei grobe Behandlungsfehler. Bei der Bemessung berücksichtigte das LG zum einen, dass die „Brandblase mit einem schwierigen Heilungsverlauf" einher ging und zum anderen jedoch die verbliebene Narbe bei einem 56-jährigen mann und an der Stelle oberhalb des Fußes für das Erscheinungsbild „nicht prägend" ist.

Betrag: 2.500 € **Haftung: 100 %**
immVorb: – **MdE: –**

LG Bonn 19.6.2015 – 9 O 234/14 = BeckRS 2015, 12301

5392

Verbrennungen am Sprunggelenk.

Keine Angaben zur Person. Verbrennungen einfacherer Art.

Betrag: 2.500 € **Haftung: 100 %**
immVorb: – **MdE: –**

LG Bonn 19.6.2015 – 9 O 234/15 = unveröffentlicht

7263

Verbrennungen 2. Grades von insgesamt 4 % der Körperoberfläche im Bereich von Gesicht, Ohr, Hals, Schulter, Schlüsselbein und Dekolleté. Totaler Haarverlust: Aufgrund der Hitzeeinwirkung durch den Stromschlag mussten die miteinander verschmolzenen Kopfhaare vollständig abgenommen werden. Psychische Beeinträchtigungen infolge der erlittenen Brandverletzung.

Frau (Pflegerin). 2 Wochen stationär; anschließend mehrere Wochen Arbeitsunfähigkeit mit ambulanter ärztlicher Behandlung. In der ersten Zeit verletzungsbedingt erhebliche Schmerzen und darüber hinausgehend im Hinblick auf den durch die Verletzung betroffenen Körperbereich sowie den völligen Verlust des Kopfhaars zusätzlich erhebliche Beeinträchtigung in ihrem Wohlbefinden, „wobei eine besondere Empfindlichkeit der betroffenen Hautareale wie auch eine Verunsicherung in psychischer Hinsicht aufgrund des überfallartigen Unfallhergangs auch nachfolgend vorhanden war und, sich weiter abschwächend, noch bis in die Gegenwart vorhanden ist." Die Klägerin hielt ein Schmerzensgeld von 7.500 EUR für angemessen. Ursache: Verkehrssicherungspflichtverletzung im Zusammenhang mit einer freiwilligen Unterstützungshandlung im Rahmen eines engen familiären Verhältnisses; die Klägerin erhielt einen Starkstromschlag.

Betrag: 3.000 € **Haftung: 50 %**
immVorb: Ja **MdE: –**

LG Lübeck 23.8.2023 – 6 O 161/22 = BeckRS 2023, 29193

3744

Gesichtverletzung (hier: Gesichtbrandwunde nach Stichflamme aus einem Feuerzangenbowlenbrenner).

Mann (Apotheker). Ambulante Heilbehandlung der schmerzhaften Gesichtsbrandwunde, die der Kläger durch eine Stichflamme aus einem Feuerzangenbowlenbrenner erlitten hatte.

Betrag: 3.000 € **Haftung: 100 %**
immVorb: – **MdE: –**

AG Berlin-Charlottenburg 10.3.2004 – 231 C 701/03 = BeckRS 2004, 16559

3273

Sonnenbrand mit Rötung und Überwärmung des „fast gesamten Körpers bis auf Gesicht, Fußrücken, Unterarme und Hände". Er litt zudem unter Schüttelfrost, Jukreiz und Schmerzen.

Mann. 5 Tage stationär. Er war vom 27.5. bis 7.6. krankgeschrieben, nachdem er sich 25 Minuten unter eine Sonnenbank gelegt und dort einen schweren Sonnenbrand erlitten hatte. Das Sonnenstudio haftete wegen unterlassener Information hinsichtlich der Gesundheitsrisiken.

Betrag: 3.000 € **Haftung: 100 %**
immVorb: – **MdE: –**

AG Nürnberg 10.4.2003 – 20 C 10330/02 = BeckRS 9998, 4518

6896

Verbrennungen / vorsätzliche Körperverletzung und Vergewaltigung durch insgesamt 80 kleine Brandverletzungen im Brust- und Oberbauchbereich. Der Täter „fügte dann der Nebenklägerin mit diesem Gegenstand, den er zwischenzeitlich in den Mund genommen hatte und dann auf ihre Haut aufdrückte, an den oberen Brusthälften sowie an der Haut des Oberbauches mehr als 80 Brandverletzungen zu, die sich als oberflächliche, rundliche Hautläsionen darstellten und der Nebenklägerin erhebliche Schmerzen bereiteten. Infolge dieser Verletzungen sowie des Umstands, dass der Angeklagte zudem ihren Mund und teilweise die Nase zuhielt, verlor die Nebenklägerin, die sich innerlich bereits aufgegeben hatte, das Bewusstsein. In derselben Nacht fügte der Angeklagte der noch immer bewusstlosen Nebenklägerin mittels eines ebenfalls erhitzten rundlich-länglichen Gegenstands aus Metall – möglicherweise ein Messer mit abgerundeter Klingenspitze – an den Innenseiten der Oberschenkel weitere Brandverletzungen dritten Grades zu, indem er diesen erhitzten Gegenstand mehrfach auf ihre Haut drückte".

Frau. Der Angeklagte und die Nebenklägerin waren vormals verheiratet. Sie trug vor, ihr ehemaliger Ehemann habe sie zunächst gefesselt und vergewaltigt und anschließend mit Räucherstäbchen gequält und mit einem erhitzten rundlich-länglichen Gegenstand aus Metall versengt. Der Angeklagte bestreitet dies. [Anmerkung: Das Urteil ist nicht rechtskräftig; vgl. dazu und zu den Anforderungen an die Beweiswürdigung bei „Aussage gegen Aussage", BGH BeckRS 2020, 20680. Aus diesem BGH-Beschluss wurde auch das oben unter „Verletzungen" angeführte Zitat entnommen].

Betrag: 4.000 € **Haftung: 100 %**
immVorb: – **MdE: –**

LG Baden-Baden 17.10.2019 – 204 Js 15328/17 = BeckRS 2019, 47188

6306

Verbrennung bzw. Verätzung nach Blondierungsbehandlung (hier: Handtellergroße Verbrennungen bzw. Verätzungen 1. – 2. Grades am Hinterkopf mit Ausbildung einer mykotische Superinfektion und Haarverlust am Hinterkopf).

Frau (junge Frau). 7 ambulante Heilbehandlungen. Wegen starker Schmerzen hatte die Klägerin nach dem Friseurtermin am gleichen Tag den ärztlichen Notdienst des Krankenhauses G. aufgesucht. Drei Monate unter erheblichen Schmerzen. Schlafstörungen. Dauerschaden: Irreversibler Haarverlust am Hinterkopf, der jedoch ggf. operativ behoben werden kann. „Selbst wenn sich die Klägerin gegen eine derartige Operation entscheiden sollte, kann die Stelle bei Tragen ihres von Natur aus dicken und jedenfalls zum Zeitpunkt des Friseurbesuchs langen Haares, mit den umliegenden Haaren überdeckt werden. Das Gericht hat gleichwohl berücksichtigt, dass das Tragen einer Kurzhaarfrisur aus ästhetischen Gründen ohne die Durchführung der Operation kaum möglich sein wird", so das LG. Vgl. auch OLG Bremen, → Nr. 4379.

Betrag: 4.000 € **Haftung: 100 %**
immVorb: Ja **MdE: –**

LG Köln 11.10.2019 – 7 O 216/17 = BeckRS 2019, 26430

4115

Deutliche Verbrennungen im Schienbeinbereich beider Unterschenkel.

Frau. Ursache: Behandlungsfehler bei Schönheitsbehandlung mittels Impulslichthaarentferner. Dauerschaden: Sichtbare Hautveränderungen. Verschlechterungstendenz möglich.

Betrag: 4.000 € **Haftung: 100 %**
immVorb: Ja **MdE: –**

LG Bonn 8.2.2010 – 9 O 325/08 = BeckRS 2010, 5162

4805

Verbrennungen 2.Grades im Brust-/Bauchbereich (hier: 20 x 20 cm große Brandwunde 2.Grades am Bauch bzw. der Thoraxwand ventral und Verbrennungen am Bein, im Gesicht und am Ohr wobei auch Haare versengt wurden).

Mann. 3 Tage stationär. Produkthaftung / Produzentenhaftung (hier: Tischfeuerstelle aus der Gartenabteilung eines Großmarktes, die mit Ethanol befeuert wurde, verursachte durch Fehlgebrauch, auf dessen Folgen in der Produktbeschreibung jedoch hätte hingewiesen werden müssen, den Personenschaden). Die vom Kläger behauptete Traumatisierung vermochte das Gericht nicht nachzuvollziehen. Kein Dauerschaden.

Betrag: 4.500 € **Haftung: 100 %**
immVorb: – **MdE: –**

OLG Naumburg 21.11.2013 – 1 U 38/12 = BeckRS 2014, 5588

3895

Verbrennung (hier: Verbrennungen am Hals sowie der linken Schulter und des linken Oberarmes mit deutlicher Narbenbildung).

13j. Mädchen. Dauerschaden: Sichtbare Narben an Hals, Schulter und Oberarm. Ursache: Wurf eines Feuerwerkskörpers.

Betrag: 5.000 € **Haftung: 100 %**
immVorb: Ja **MdE: –**

OLG Nürnberg 14.3.2005 – 8 U 3212/04 = BeckRS 2005, 30352822

3604

Gesichtverletzung / Verbrennungen (hier: Verbrennungen 1.Grades und 2.Grades im Gesicht und am rechten Handgelenk sowie am Unterarm.) Zudem kam es zu einem Knalltrauma.

Mann (Arbeiter). Die Verletzungen verheilten folgenlos, wobei es infolge des Knalltraumas vorübergehend zu einem Tinnitus kam.

Betrag: 5.000 € **Haftung: 100 %**
immVorb: – **MdE: –**

LG Frankfurt a. M. 30.9.2002 – 23 O 129/02 = unveröffentlicht

3841

Verbrennungen 1.Grades an 60 % der Haut und Verbrennungen 2.Grades an 30 % der Haut mit anschließender erheblicher Hautblasenbildung; starke Schmerzen.

Frau (Schwangere Frau). 12 Tage stationär. Folgenlose Verheilung. Arzthaftung / Behandlungsfehler im Zusammenhang mit einer UVB-Bestrahlung. Die Klägerin war zum Zeitpunkt des Eingriffs im 7. Monat schwanger und hatte anschließend berechtigte Angst um ihr Ungeborenes.

Betrag: 6.000 € **Haftung: 100 %**
immVorb: – **MdE: –**

OLG Brandenburg 28.9.2004 – 1 U 14/04 = BeckRS 2005, 763

3806

Verbrennungen 2.Grades am gesamten Körper.

45j. Frau. MdE 14 Tage 100 %. Dauerschaden: Hyperpigmentierung, insofern werden regelmäßige Hautkontrolluntersuchungen erforderlich. Ursache: Unsachgemäß durchgeführte UV-Therapie. (Arzthaftung).

Betrag: 6.136 € **Haftung: 100 %**
immVorb: – **MdE: –**

AG Mönchengladbach 31.10.2001 – 35 C 178/01 = BeckRS 2001, 161600

3808

Verbrennungen 3.Grades (hier: ca. 45 % der Haut verbrannten. Das verletzte Kind fiel einige Stunden nach dem Unfall ins Koma und verstarb 3 Tage später.)

14j. Frau. Das Mädchen wurde Opfer eines Grillunfalles. Der Beklagte hatte den Grill mit Brennspiritus entflammt.

Dabei kam es zu einer Stichflamme. Das Mädchen erlitt extreme Schmerzen bevor es ins Koma fiel und verstarb. (vgl. unter': Kurze Überlebenszeit).

Betrag: 6.136 € **Haftung: 100 %**
immVorb: – **MdE: –**

LG Neuruppin 17.9.2001 – 1a O 49/01 = BeckRS 2001, 162477

4926

Verbrennung bzw. Verbrühung (hier: „2. bis 3.-gradige Verbrühungen am linken Unterschenkel und Sprunggelenk entsprechend einer verbrannten Körperfläche von 4 %", so das LG).

Mann (angestellter Objektleiter). 22 Tage stationär, 2 Operationen mit Nekrosenabtragung und temporärer Weichteildeckung und Hauttransplantation. MdE 83 Tage 100 %. Dauerschaden: „Deutlich erkennbare Verbrennungsnarbe im Bereich des linken Knöchels. Der Kläger leidet bis dato unter einem starken Juckreiz, Schmerzen der Narbe und im Bereich der Achillessehne sowie am Fußrücken sowie einer Schwellneigung. Hiergegen trägt er Kompressionsstrümpfe, außerdem erfordert das Narbengewebe eine mehrmalige tägliche Pflege. Die Haut, die sich nach Entnahme der transplantierten Haut neu gebildet hat, unterscheidet sich deutlich vom Umfeld; sie weist deutliche Dellen auf", so das LG. [Ursache: Defekt an mobiler Heizungsanlage].

Betrag: 7.000 € **Haftung: 100 %**
immVorb: Ja **MdE: –**

LG Düsseldorf 19.7.2013 – 22 O 128/12 = BeckRS 2014, 19429

4807

Verbrennungen 2. und 3.Grades (hier: Verbrennungen zweiten und dritten Grads im Bereich beider Oberschenkelinnenseiten, des Unterbauches und im Genitalbereich – insgesamt ca. 10 % der Körperoberfläche).

12j. Mädchen (Gymnasiastin). 6 Wochen stationär. Ambulante Heilbehandlung. Dauerschaden: Physische Beeinträchtigung und eine posttraumatische Belastungsstörung (PCBS) in Form einer traumatischen Neurose sowie erhebliche Narben am Venushügel bzw. Schamhügel [med. „mons pubis" genannt] sowie an den Innenseiten und Außenseiten der Oberschenkel. Haftung für abdriftenden Feuerwerkskörper – vom Typ „Bienchen" welches sich bestimmungsgemäß erst drehen, dann senkrecht aufsteigen und danach explodieren / versprühen sollte – bei fehlendem Sicherheitsabstand. 50 % Mitverschulden wegen Auswahl ungenügender Bekleidung aus synthetischem und damit leicht entzündlichen Material!

Betrag: 15.000 € **Haftung: 50 %**
immVorb: Ja **MdE: –**

OLG Jena 23.10.2007 – 5 U 146/06 = BeckRS 2008, 2136

2799

Hauttransplantation, „großflächige" an beiden Oberschenkeln; auch nach 5 Jahren sind noch „regelmäßige hautärztliche Behandlungen" notwendig. Narben- und Bläschenbildung sowie Brennen und Juckreiz etc. sind die Folgen.

Frau, „junge Frau". Hautspende zur Lebensrettung der schwer verbrannten eineiigen Zwillingsschwester. Dauerschaden: Narben, psychische Störung, starke Einschränkungen beim Sport.

Betrag: 16.361 € **Haftung: 40 %**
immVorb: – **MdE: 20 %**

LG Dortmund 17.5.2000 – 21 O 22/00 = ZfS 2000, 437

5985

Verbrennungen 2. Grades (hier: „Der Kläger erlitt 2a bis b-gradige Verbrennungen [insgesamt 20 % verbrannte Körperoberfläche] an den Armen beidseits sowie des ventralen Thorax").

10j. Kind (Schüler). Extrem schmerzhafte Verletzung! 3 Wochen intensivstationär, stationäre Behandlung mit mehreren Operationen und Hauttransplantation. Hierzu führte das OLG aus: „Als Therapie erfolgte eine tangentiale Nekretomie am linken Oberarm / Unterarm und eine Spalthauttransplantation (Entnahme Oberschenkel beidseits ventral) sowie eine Suprathelauflage am linken Handrücken und im Thoraxbereich und. … Weiterhin war er in der Kinder- und Jugendpsychiatrie zur Traumaaufarbeitung und war vom Schulbesuch befreit". Dauerschaden: Narben am linken Arm und an beiden Oberschenkeln. [Ursache: Unfall beim Hantieren mit einem Spiritusbrenner].

Betrag: 20.000 € **Haftung: 100 %**
immVorb: – **MdE: –**

OLG Koblenz 16.9.2013 – 3 W 511/13 = BeckRS 2013, 16571

4134

Verbrennungen 2.Grades (Es wurde eine Fläche von 31 % des Körpers beeinträchtigt).

Mann (Verkäufer). 4 Wochen stationär davon lag der Kl. fast 17 Tage auf einer Intensivstation. Neben seinen Verbrennungen musste der Kl. auch psychologisch behandelt werden. Es werden nachfolgend noch weitere Hauttransplantationen durchzuführen sein. Ursache: Der Beklagte verursachte nach zu intensivem Raumspraygebrauch eine Verpuffung. Er wurde dabei ebenfalls schwer verletzt und ist zudem arbeits- und mittellos, was das ArbG bei seiner Festlegung berücksichtigte. [Voraussetzungen des Haftungsausschlusses nach § 105 SGB VII wurden hier verneint].

Betrag: 20.000 € **Haftung: 100 %**
immVorb: Ja **MdE: –**

ArbG Oberhausen 17.2.2010 – 1 Ca 1181/09 = BeckRS 2010, 67916

5673

Verbrennungen, schwere (hier: Brandverletzungen 2. und 3. Grades von 28 % der Körperoberfläche, namentlich im Brustbereich, am linken Arm und der Hand sowie im Bereich der Oberschenkel).

Kind (Schüler). 12 Wochen stationär in einer Spezialklinik für Brandopfer in Offenbach. Anschließend weitere stationäre Aufenthalte und Nachbehandlungen. Insgesamt wurde der Kläger ca. 12 Monate stationär behandelt. Extrem starke Schmerzen und langwierige Heilbehandlung. Dauerschaden: MdE 20 %. Spätfolgen: Folgeoperationen und weitere Transplantationen. [Ursache: Unsachgemäße Handhabung eines Grillanzünders / einer Sicherheitsbrennpaste durch einen Zivildienstleistenden während eines Grillfestes. Zur Haftung der Bundesrepublik führte das OLG aus: „Da der Zeuge D dem Kläger die Brandverletzungen bei einer Betreuungstätigkeit in Ausübung seines Zivildienstes (§ 1 ZDG) zugefügt hat, löst dies Staatshaftungsansprüche gegen die beklagte Bundesrepublik aus (BGHZ 118, 304, BGHZ 118, 306). Dienstbezogene Schädigungen Dritter durch Zivildienstleistende sind nach

Amtshaftungsrecht (§ 839 BGB, Art. 34 GG) zu beurteilende hoheitliche Tätigkeit, unabhängig davon, ob die Kinderklinik, die diesen gemäß § 4 ZDG beschäftigte und die zur Verletzung des Klägers führende Grillveranstaltung privatrechtlich oder öffentlich-rechtlich organisiert waren (vgl. OLG Saarbrücken BeckRS 9998, 51046).“]

Betrag: 25.565 € **Haftung: 100 %**
immVorb: Ja **MdE: 20 %**

OLG Koblenz 11.1.2000 – 1 U 1452/97 = BeckRS 2000, 30089908

2791

Verbrennungen / Gesichtsverletzungen (hier: „schwere und entstellende Verbrennungen im Gesicht“ als Folge einer Sauerstoffentzündung während einer Augenoperation).

2j. Kind (Mädchen). Arzthaftung (gravierender Behandlungsfehler). Zahlreiche plastisch-chirurgische Eingriffe notwendig. Dauerschaden: Narben, Entstellungen.

Betrag: 30.678 € **Haftung: 100 %**
immVorb: Ja **MdE: –**

BGH 26.1.1999 – VI ZR 376/97 = BeckRS 1999, 30043994

4781

Verletzungen mit Todesfolge, Mord (hier: Tod infolge schwerster innerer und äußerer Verbrennungen, welche die Tochter der Kläger knapp 90 Minuten zuvor erlitten hatte. „Dabei war die Verstorbene jedenfalls bis zum Eintreffen des Notarztes um kurz nach 9.00 Uhr trotz der massiven Verletzungen ansprechbar und bei vollem Bewusstsein“, so das LG wörtlich.)

Junge Frau. Der Vater hatte seine Tochter mit Benzin übergossen und angezündet und anderen die Hilfe seiner Tochter verwehrt. Zur Schmerzensgeldbemessung bei alsbaldigem Tod des Geschädigten infolge eines vorsätzlichen Verbrechens (Mord). (amtlicher Leitsatz). Kläger sind die Erben der Tochter. Der Vater wurde wegen Mordes verurteilt. Das LG bewertete die extrem grausame und unbarmherzige Tatausführung sowie die extremen körperlichen und seelischen Qualen des Opfers. [vgl. auch OLG Hamburg 25.000 EUR, → Nr. 779; OLG Bremen 50.000 EUR, → Nr. 4474, OLG Oldenburg 7.500 EUR, → Nr. 5090] Suchwort: kurze Überlebenszeit.

Betrag: 50.000 € **Haftung: 100 %**
immVorb: – **MdE: –**

LG Frankenthal 9.4.2014 – 6 O 488/13 = BeckRS 2014, 11448

4468

Gesichtsverletzung, schwere (hier: Verbrennungen 2.Grades und Verbrennungen 3.Grades im Gesicht, „insbesondere in der rechten Gesichtshälfte, hinter dem rechten Ohr, an der rechtenb und linken Ohrmuschel“) und „am rechten Handgelenk“. Insgesamt waren 15 % der Körperoberfläche verbrannt.

1j. Kind. Stationäre, langwierige Heilbehandlung mit mehreren Eigen- und Fremdhauttransplantationen. Zwei Jahre musste eine Gesichtsmaske getragen werden! Dauerschaden: Entstellende Narben im Gesicht, die einer ständigen Pflege und Behandlung bedürfen. Die bislang nur „geringen“ psychischen Auswirkungen führt das Gericht auf „das kindliche Alter des Klägers zurück …“. Ursache: Produkthaftung bzgl. einer Flasche mit Grillbrennpaste. [Anmerkung: Das Schmerzensgeld ist mit nur 50.000 EUR deutlich zu gering bemessen! Hier wären, angesichts der Schwere unvorstellbaren Schmerzen (Verbrennung 3. Grades!), der Beeinträchtigung des Kindes (Gesichtsmaske!) und der lebenslangen gravierenden Folgen der Entstellung, gerade in unserer heutigen, sehr extrovertierten Einstellung mindestens 100.000 EUR oder mehr angemessen.]

Betrag: 50.000 € **Haftung: 100 %**
immVorb: Ja **MdE: –**

OLG Hamm 21.12.2010 – I-21 U 14/08 = BeckRS 2011, 1327

4806

Verbrennungen, schwere (hier: Verbrennungen 2.Grades und 3.Grades am Kopf und am rechten Unterarm, insbesondere in der rechten Gesichtshälfte, hinter dem rechten Ohr, an der rechten und linken Ohrmuschel und am rechten Handgelenk. Es wurden dabei 15 % der Körperoberfläche betroffen.).

1 1/2j. Kind. 32 Tage stationär. Wegen der extremen Schmerzen wurde der Junge in ein künstliches Koma versetzt. Mehrere Operationen, insbesondere Eigen- und Fremdhauttransplantationen erfolgt. Der Kläger hat über 2 Jahre eine Gesichtsmaske und eine Unterarmbandage zur Kompressionsbehandlung tragen müssen. Dauerschaden: Entstellungen durch entstellende Narben im Gesicht. Prognose / Verschlechterungstendenz: „Da sich der Kläger noch im Wachstum befindet, ist die Narbenbildung noch nicht vollständig abgeschlossen. Es ist nicht auszuschließen, dass es im Bereich der Verbrennungsnarben zu Bewegungseinschränkungen kommen wird, die weitere operative Eingriffe notwendig machen“, so das. Ursache: Produkthaftung bzgl. einer sogenannten „Grillpaste“. [Anmerkung: Das Schmerzensgeld erscheint mir mit 50.000 EUR deutlich zu gering bemessen zu sein! Hier wären, angesichts der Schwere der unvorstellbaren Schmerzen – Verbrennungen 3. Grades – sowie der massiven Beeinträchtigungen infolge der Gesichtsmaske und der lebenslangen, gravierenden Folgen der Entstellung, gerade in unserer heutigen, sehr extrovertierten Zeit, mindestens 100.000 EUR oder mehr angemessen].

Betrag: 50.000 € **Haftung: 100 %**
immVorb: Ja **MdE: –**

OLG Hamm 21.12.2010 – 21 U 14/08 = BeckRS 2011, 1327

3170

Verbrennungen, sehr schwere (hier: Verbrennungen 2. Grades und 3. Grades an 42 % der Hautoberfläche nach Starkstromschlag. Stark sichtbare Verbrennungsnarben auch im Gesicht und am Hals.)

9j. Junge. Langer stationärer Aufenthalt; zahlreiche Hauttransplantationen, extreme Schmerzen! Dauerschaden: Narben, Gefahr von Komplikationen bei späteren Verletzungen im Bereich der geschädigten Hautpartien, Berufswahleinschränkung. Nach der Berührung eines 1 KV-Kabels begann der gesamte Körper des Jungen zu brennen. 42 % der Hautoberfläche waren betroffen. Ursache: Verkehrssicherungspflichtverletzung durch ungesichert aus dem Boden einer Baustelle ragendes Starkstromkabel.

Betrag: 76.694 € **Haftung: 100 %**
immVorb: Ja **MdE: –**

OLG Bremen 29.4.2003 – 2 O 2196/00 = unveröffentlicht

5396

Verbrennungen 2. Grades und 3. Grades an 42 % der Körperoberfläche, insbesondere am Hals und am Oberkörper. Extreme Schmerzen und psychische Beeinträchtigungen.

9j. Kind. Dauerschaden: Entstellungen und starke Beeinträchtigungen der Hautoberfläche am Oberkörper einschließlich der Halspartie und bis in das Gesicht hinein durch Narben und Hautveränderungen. Der Kläger hat nicht nur auf Lebenszeit unter dadurch bedingten Beschwerden zu leiden, sondern muss mit weiteren Eingriffen rechnen. Er muss in der Berufswahl und bei seinen Freizeitaktivitäten auf die gesteigerte Anfälligkeit der brandgeschädigten Hautpartien Rücksicht nehmen. Über die damit verbundenen seelischen Beeinträchtigungen hinaus wird er für die Dauer seines Lebens unter seinen Entstellungen zu leiden haben. Ursache: Nicht ordnungsgemäß abgesichertes Stromkabel in einem Neubaugebiet. Als der Kläger an dem Kabelende mit einer Storchenschnabelzange herumspielte, erlitt er einen starken Stromschlag. Sein gesamter Körper begann zu brennen. Von den erlittenen Verbrennungen zweiten und dritten Grades waren ca. 42 % der Hautoberfläche vor allem im Oberkörperbereich einschließlich des Halses betroffen.

Betrag: 76.694 € **Haftung: 100 %**
immVorb: Ja **MdE: –**

OLG Bremen 29.4.2003 – 3 U 74/02 = BeckRS 2003, 16207

5395

Verbrennungen, sehr schwere bzw. extreme … (hier: Verbrennungen von 72 % – 73 % der Körperoberfläche, insbesondere im Bereich des Gesichts, der Brust, des Rückens, beider Arme, der Oberschenkel und am Gesäß. Fingeramputationen (hier: In der Folge der Verbrennungen mussten Amputationen am Daumenendglied links und am Zeigefinger links vorgenommen werden.). Zudem erhielt die Klägerin beidseits eine Unterlidplastik und erlitt eine Wadenbeinlähmung.

Frau („junge" Frau). Intensivstation, Lebensgefahr, künstliches Koma, 3 Monate stationär. Unzählige Hauttransplantationen, die durch ihre Zwillingsschwester möglich wurden und ohne die die Klägerin nicht überlebt hätte. Bei der Kl. handelte es sich – so das LG – „zum Unfallzeitpunkt um eine attraktive, junge Frau". Angesichts des Verbrennungsgrades von 72 bis 73 % haben viele Hauttransplantationen mit entsprechender Narbenbildung zahlreiche entstellende Spuren auf dem Körper der Kl. hinterlassen, weshalb die Kl., wie sie einprägsam vorgetragen hat, in der früheren Nachbarschaft gehänselt und beleidigt wurde. Dauerschaden: Entstellungen im Bereich des Gesichts, der Brust, des Rückens, beider Arme, der Oberschenkel und am Gesäß. Neben den Entstellungen berücksichtigte das LG bei der Bemessung, „dass die Kl. während der vergangenen zehn Jahre seit dem Unfallgeschehen unzählige Male operiert worden ist, wobei gerichtsbekannt ist, dass insbesondere Verbrennungswunden und -narben mit starken Schmerzen verbunden sind, die dazu führten und führen, dass die Kl. regelmäßig Schmerzmittel nehmen muss; diese sind ihrerseits wiederum mit Nebenwirkungen wie Herzbeschwerden, Schwindel und Magenbeschwerden verbunden. Ferner muss die Kl. bis heute regelmäßig möglichst oft eine Gesichtsmaske und einen Kompressionsanzug tragen, um eine Verschlechterung der Narbenbildung der Haut zu verhindern, was zusätzlich zu den Schmerzen eine erhebliche Beeinträchtigung des körperlichen Wohlbefindens mit sich bringt. Schmerzensgelderhöhend wirkt ferner der Umstand, dass die Kl. sich jeden Tag der Woche einer Physiotherapie unterziehen muss, um gegen die Folgen der unfallbedingt erlebten körperlichen Beeinträchtigung im Bereich der Lymphgefäße, der Hände und der Waden (rechts) entgegenzuwirken". Ursache: Motorradunfall, – die Klägerin rutschte unter ein brennendes Auto. [Hinweis: Unquotiert beträgt das Schmerzensgeld 300.000 EUR, mit Rücksicht auf das erhebliche Mitverschulden der Klägerin, bemaß das LG das Schmerzensgeld jedoch nur auf 120.000 EUR].

Betrag: 120.000 € **Haftung: 40 %**
immVorb: Ja **MdE: –**

LG Dortmund 21.12.2005 – 21 O 370/04 = BeckRS 2006, 2024

6810

Verbrennungen, schwere (hier: Verbrennungen 2. und 3. Grades an 30 % der Körperfläche im Bereich des Kopfes – jedoch nicht im Gesicht, des Halses, der Schultern sowie des Gesäßes und des Oberschenkelbereichs. Etwa 30?Prozent der Körperoberfläche der Kl. wurden durch die Verbrennungen zerstört. Sie erlitt zudem ein Inhalationstrauma. Zudem drohte zeitweise der Verlust der linken Hand.

20j. Frau. Stationäre Behandlung „von etwa acht einhalb Wochen". In diesem Zeitraum musste die Kl. zur Behandlung ihrer Verbrennungswunden 20 Mal operiert werden und wurde über einen Zeitraum von 41 Tagen künstlich beatmet. Die Kl. litt unter extremen Schmerzen. Daran schloss sich eine weitere Behandlung zu Rehabilitationszwecken vom 7.5.2013–11.6.2013 an. In dieser Zeit hatte die Kl. weiterhin erhebliche Schmerzen und die Wunden waren auch noch nicht vollständig verheilt. Die Kl. musste zusätzlich für einen Zeitraum von zwölf Monaten ganztägig Kompressionskleidung tragen. MdE gut 180 Tage 100 %. Dauerschaden: „Narben im Bereich der linken Hand bis zum Unterarm, im Halsbereich vermehrte, zum Teil starkförmig verlaufende Narbenbildung, im Bereich der rechten Hand und Unterarm, mittleren Unterarmbereich sowie im Ellbogengelenk links, im Bereich des Oberschenkels sowie im Unterschenkelbereich, im Bereich der Waden und des Schienbeins, entstanden durch die Hautverpflanzungen, im Unterschenkelbereich rechts im Bereich des Gesäßes. Diese Narben wird die Kl. ihr ganzes Leben behalten. Aufgrund dieser dauerhaften Auswirkungen auf ihr äußeres Erscheinungsbild hat die Kl. ihr Leben in vielen Bereichen stark verändert. Sie geht unter anderem ihrem Hobby des Schwimmens nicht mehr nach. Bei der Auswahl ihrer Kleidung ist sie stets darauf bedacht, die betroffenen Stellen möglichst abzudecken. Da sich die Narben auch auf den Halsbereich sowie den linken Arm bis zur Hand erstrecken, trägt die Kl. keine kurzen T-Shirts mehr", so das LG. [Ursache: Vorsätzliche Körperverletzung: Der Beklagte hatte seine ehemalige Freundin, nachdem diese sich von ihm trennen wollte, in den Keller gestoßen, mit Brennspiritus übergossen und angezündet].

Betrag: 150.000 € **Haftung: 100 %**
immVorb: – **MdE: –**

LG Bielefeld 8.6.2018 – 3 O 353/15 = BeckRS 2018, 26649

c) Erfrierungen

4185

Verbrennungsähnliche Erfrierungen am rechten Unterschenkel mit Hautnekrosen. Die schmerzhafte Verletzung war großflächig und erstreckte sich bis zum Kniegelenk.

56j. Frau. Ambulante, sehr langwierige Heilbehandlung. Die Klägerin wurde gut 9 Monate mit Verbänden behandelt, die täglich gewechselt werden mussten. Sehr schmerzhafte Verletzung, insbesondere bezüglich der Nekroseabtragungen. Arzthaftung: Aufklärungspflichtverletzung im Zusammenhang mit einer sogenannten Kryotherapie (Kältebehandlung).

Betrag: 5.500 € **Haftung: 100 %**
immVorb: – **MdE: –**

LG Berlin 27.1.2009 – 13 O 455/05 = BeckRS 2009, 140002

7359

Erfrierungen am Körper durch fehlerhafte Anwendung von Kühlpads bzw. Coolpacks.

Frau. Erfrierungen als Folge von Behandlungsfehlern bei der Pflege / Pflegefehlern (Einsatz von sog. Coolpacks). [Anmerkung: Da aktuell noch keine Rubrik für Erfrierungen vorliegt, wird das Urteil hier eingeordnet – zumal die Auswirkungen von Verbrennungen und Erfrierungen ähnlich sind und wie diese in verschiedene Schweregrade unterteilt werden].

Betrag: 10.000 € **Haftung: 100 %**
immVorb: – **MdE: –**

OLG Celle 26.9.2013 – 11 U 82/13 = BeckRS 2013, 206647

16. Vergewaltigung und Sexualmissbrauch

Vorbemerkung: Welche Verletzung der Persönlichkeit eines Menschen wirkt sich so allumfassend psychisch und physisch aus, wie die eines sexuellen Missbrauchs oder gar einer Vergewaltigung! Obwohl dies sowie die Tatsache, dass die allermeisten Opfer nach der Tat oder gar den Taten dauerhaft nicht nur massive psychische und zum Teil auch physische Beeinträchtigungen, sondern „eine vollständige Veränderung ihres Lebens" erleiden, bekannt ist, werden selbst für brutalste Vergewaltigungen meist nur Beträge zwischen 10.000 EUR und 50.000 EUR (vgl. nachfolgend LG Erfurt → Nr. 4665, OLG Hamm → Nr. 5152, LG Aachen → Nr. 2629, LG Bielefeld → Nr. 5113 oder LG Münster → Nr. 4230) zuerkannt. Lediglich in zwei – im ersten Teil des Buches (Handbuch) unter → Rn. 305 näher beleuchteten – Ausnahmefällen wurden in Zivilverfahren dem jeweiligen Opfer zum einen vor dem LG Wuppertal 100.000 EUR und nun aktuell (Urt. v. 23.6.2023) vor dem LG Köln 300.000 EUR zugesprochen; eine kurze Zusammenfassung der Urteilsbegründung und des Sachverhalts und insofern die unfassbare Perversität, mit welcher der Täter, ein katholischer Pastor, sein Opfer mehr als 300mal missbraucht und vergewaltigt hatte, finden Sie unter der → Nr. 7204. Zur Kritik an der Entscheidung des LG Köln sei im Handbuch auf die Ausführungen unter → Rn. 307a. hingewiesen sowie auf den Aufsatz von **Lothar Jaeger,** „Bemessung des Schmerzensgeldes nach Vergewaltigung und sexuellem Missbrauch Minderjähriger durch Kleriker", VersR 2023, 209 und dessen im Jahr 2024 neu erschienen Fachbuch zur Thematik der Missbrauchsfälle durch Kleriker mit dem Titel **„Sexueller Missbrauch und Gewalt – Wege zu hohen Anerkennungsleistungen und Entschädigungen".**

Alle – Rechtsanwälte, Richter und insbesondere auch die Verantwortlichen der katholischen Kirche (ebenso wie die aller übrigen Religionsgemeinschaften) – sind aufgefordert, die Schmerzensgelder für gravierende Fälle von Vergewaltigung und Sexualdelikten in Zukunft weiterhin **deutlich anzuheben.** Es sind in derartigen Fällen Schmerzensgeldbeträge zuzuerkennen, die denen von anderen Opfern schwerster Dauerfolgen (Gehirngeschädigte, Querschnittsgelähmte etc.) gleichkommen. Denn entscheidend ist in allen diesen Fällen, dass die Opfer – sei es nach einem Unfall oder einem Verbrechen – für ihr gesamtes weiteres Leben *aus der Bahn geworfen* wurden und lebenslang massiv leiden. Das ist zu entschädigen!

7723

Vergewaltigung und schwerster Missbrauch eines katholischen Klerikers an einem minderjährigen Mädchen im Zeitraum von 1979 bis 1985. Das Mädchen wurde dabei im Alter zwischen elf und 15 Jahren mindestens 300mal, zum Teil unter vorheriger Alkoholisierung, oral und vaginal vergewaltigt und auf vielfache und unbeschreiblich abartige Weise missbraucht. Eine Schwangerschaft wurde vom Kleriker in Zusammenarbeit mit einem Frauenarzt illegal abgetrieben; hierzu hatte der Kleriker das zuvor sedierte Mädchen unter dem Vorwand, ihm werde dort eine Verhütungsspirale eingesetzt, verbracht. Kurze Zeit nach dieser illegalen Abtreibung setzte der katholische Kleriker seine Taten unbeirrt fort. Aufgrund der Situation wurde die verzweifelte junge Frau magersüchtig und begann zudem regelmäßig Haschisch zu konsumieren. Zudem hasste ihren Körper, der für den Kleriker lediglich ein Befriedigungsobjekt darstellte und begann sich regelmäßig selbst zu verletzen [SSV = selbstverletzendes Verhalten].

Minderjähriges Mädchen. Die zu Beginn der an ihr begangenen Missbrauchstaten Elfjährige und heute 58jährige Klägerin begehrte Schmerzensgeld iHv mindestens 830.000 EUR vom Erzbistum in Köln. Sie war als minderjähriges Mädchen von einem katholischen Kleriker über Jahre regelmäßig vergewaltigt und schwer sexuell missbraucht worden. Dieser hatte sich der Klägerin, die damals als Waisenkind im katholischen Waisenhaus „Maria im Walde" in Bonn lebte, bereits während seiner Studienzeit als Erzieher in diesem Heim genähert und ihr Vertrauen durch Zuneigung und das Geschenk einer kleinen Katze gewonnen. Noch während ihres Heimaufenthaltes vergewaltigte und missbrauchte der Kleriker die damals Elfjährige. Sodann zog er mit ihr und einem ebenfalls minderjährigen Jungen in das Pfarrhaus der Gemeinde Alfter, in der er damals zunächst als Diakon tätig war. Die Übernahme der beiden Kinder als Pflegekinder wurde dem zu dieser Zeit 28jährigen Diakon bzw. Täter durch das Jugendamt Bonn und den damaligen Kardinal und Erzbischof von Köln, Joseph Höffner unter der [Zitat aus dem Urteil des LG] „Auflage, dass die Kinder katholisch getauft würden und B.H. [ergänze: der Täter] eine Haushälterin einstellen werde", genehmigt. Die Wohnung des Diakons befand sich im zweiten Stock des Pfarrhauses und bestand aus zwei Schlafzimmern mit je einem Bett. In einem Schlafzimmer übernachtete der Junge (der Zeuge G.). Das zweite Schlafzimmer teilte sich der Täter mit der Klägerin, die inzwischen 13 Jahre alt war. Im unteren Bereich des Pfarrhauses befand sich das Büro der Pfarrei und die Wohnung des Zeugen A. (damaliger Priester der Gemeinde), der damals der Vorgesetzte des Täters war; der Zeuge A gab vor dem LG Köln [Zitat aus dem Urteil des LG] an, "er sei zwar der Dienstvorgesetzte von B.U. gewesen, habe es aber nicht als seine Pflicht angesehen zu schauen, wie dieser mit den Kindern im Pfarrhaus gelebt habe." Der Auflage des Erzbischofs entsprechend wurde die Klägerin getauft, – eine Haushälterin wurde jedoch nie eingestellt. Der Kleriker lebte somit allein im Obergeschoss des Pfarrhauses mit den beiden Kindern und vergewaltigte und missbrauchte die Klägerin nunmehr regelmäßig. Der Kleriker wurde 2022 wegen dieser und einer großen Anzahl weiterer Missbrauchstaten an acht weiteren Mädchen, die er in einem Gesamtzeitraum von insgesamt ca. 40 Jahren begangen hatte, zu einer Freiheitsstrafe von 12 Jahren verurteilt. Die Schmerzensgeldklage gegen das Erzbistum Köln wurde jedoch vom LG Köln mit der Begründung abgewiesen, dass der Priester nicht als solcher, sondern als Privatmann gehandelt habe, weshalb das Kölner Erzbistum nicht für diese Taten hafte. Es bestünden weder Amtshaftungsansprüche noch eine Haftung des Erzbistums Köln wegen unterlassener Sorgfalts- und Fürsorgepflichten. Das Urteil ist noch nicht rechtskräftig. [Anmerkung: Zum sexuellen Missbrauch von Klerikern sowie zur Kritik an diesem Urteil siehe hierzu ausführlich im Handbuch → Rn. 307c].

Betrag: – **Haftung: –**
immVorb: – **MdE: –**

LG Köln 1.7.2025 – 5 O 220/23 = BeckRS 2025, 14822

3345

Vergewaltigung (hier: Mittels Bedrohung mit einem Messer).

16j. Frau. Vorsätzliche Körperverletzung / Vergewaltigung. Der Kläger wurde zu 3 Jahren und sechs Monaten Gesamtfreiheitsstrafe verurteilt sowie – im Adhäsionsverfahren zur Zahlung von Schmerzensgeld. Der BGH befasste sich unter Ziffer 3 seiner Begründung mit dem Adhäsionsverfahren. [Keine Angabe zur Schmerzensgeldhöhe!].

Betrag: – **Haftung: 100 %**
immVorb: – **MdE: –**

BGH 15.12.2004 – 3 StR 430/04 = BeckRS 2005, 801

3242

Sexualmissbrauch durch Vollzug des Beischlafes mit einem 13jährigen Kind.

13j. Kind (Schülerin). Der Geschlechtsverkehr mit einem Kind begründet auch dann einen Anspruch auf Schmerzensgeld wenn es offenbleibt, ob das Kind mit dem Geschlechtsverkehr einverstanden war oder nicht, denn die §§ 176 und 176a StGB sind Schutzgesetze. Die Einvernehmlichkeit des Beischlafs hindert weder die Tatbestandsmäßigkeit noch die Rechtswidrigkeit. [Anmerkung: Da dem OLG die „ausreichenden Grundlagen" für eine Bezifferung der Höhe fehlten, blieb dieser Punkt in dieser Entscheidung offen].

Betrag: – **Haftung: 100 %**
immVorb: – **MdE: –**

OLG Naumburg 20.8.2003 – 5 U 53/03 = BeckRS 2003, 10104

6445

Sexualmissbrauch (hier: Sexuelle Nötigung bei der der 19j. Angeklagte, der zusammen mit der Nebenklägerin in einem Internat wohnte und „mit der es in der Vergangenheit zum Austausch von Zärtlichkeiten, die in Streicheln und Küssen bestanden hatten, jedoch nicht zu weitergehenden Intimitäten gekommen war", nach Zurückweisung weiterer Intimitäten, die Nebenklägerin gewaltsam „zur Befriedigung seiner sexuellen Interessen mit kurzem, aber spürbarem Griff im Slip an die nackte Scheide" fasste. Zu weiteren Handlungen kam es nicht, da sich die Nebenklägerin erheblich zur Wehr setzte und schließlich ein weiterer Internatsbewohner in das Zimmer trat. Der Angeklagte entschuldigte sich später über den Internetkommunikationsdienst WhatsApp mit einer Textnachricht).

17j. Frau (Auszubildende). „Die Nebenklägerin ist durch den Vorfall traumatisiert und leidet bis heute [= 7 1/2 Monate nach der Tat] unter Schlafstörungen, weshalb sie beabsichtigt, sich zeitnah in psychologische Behandlung zu begeben", so das AG, das zur Tatausführung und Schuld ausführte, „der Eingriff in die weibliche Sexualsphäre wurde unüberlegt und aus einer Laune heraus begangen. Die intendierte sexuelle Handlung entsprang dem Wunsch des sexuell unerfahrenen Heranwachsenden, mit einem Partner sexuelle Kontakte zu haben. Sie beruhte erkennbar auf einem Mangel an Beherrschung und dem Leben im Augenblick unter Mißachtung möglicher Folgen, was für die Entwicklungsstufe des Jugendlichen charakteristisch ist" und verurteilte den Angeklagten zu einer Wiedergutmachungsleistung gemäß § 15 Abs. 1 Satz 1 Nr. 1 JGG bewehrt mit dem Druckmittel des Jugendarrestes gemäß § 15 Abs. 3 Satz 2 JGG.

Betrag: 1.000 € **Haftung: 100 %**
immVorb: – **MdE: –**

AG Rudolstadt 6.5.2019 – 462 Js 34108/18 = BeckRS 2019, 12041

7428

Sexueller Missbrauch, den die Nebenklägerin im Kerngeschehens stets in den wesentlichen Punkten so geschildert hatte, dass der Täter – zum Tatzeitpunkt Freund der Mutter – sie stets zunächst gebadet bzw. geduscht, dann abgetrocknet und eingecremt habe und sie sich „anschließend mit angewinkelten Beinen auf den Boden legen" musste und er dann seinen kleinen Finger vaginal eingeführt habe.

9j. Mädchen. Die Kammer ist im Ergebnis davon überzeugt, dass es in dem Tatzeitraum zu einer Vielzahl an Behandlungen durch den Angeklagten an der Nebenklägerin gekommen ist, jedoch ließen sich aufgrund der Aussage der Nebenklägerin nur die vier festgestellten Taten hinreichend konkretisieren. Der mittlerweile 50jährige Angeklagte – im 54. vorklinischen Semester des Medizinstudiums – sah in den Taten medizinische Behandlungen. Bei der konkreten Bemessung der Schmerzensgeldhöhe im Rahmen des Adhäsionsverfahrens hat die Kammer berücksichtigt, dass die Nebenklägerin Geschädigte von vier Taten des schweren sexuellen Missbrauchs von Kindern durch den Angeklagten wurde. Ebenso berücksichtigt hat die Kammer, dass die Taten über einen längeren Tatzeitraum erfolgt sind und die Nebenklägerin psychisch derart belasten, dass sie in der Ausübung ihrer eigenen Sexualität eingeschränkt ist. Ebenso war bei der konkreten Bemessung der Schmerzensgeldhöhe das zum Zeitpunkt der Taten noch kindliche Alter der Geschädigten zu berücksichtigen. Insofern hielt die Kammer einen Schmerzensgeldbetrag von insgesamt 1.400 Euro für angemessen (500 Euro für die erste Tat und jeweils 300 Euro für die drei weiteren Taten).

Betrag: 1.400 € **Haftung: 100 %**
immVorb: – **MdE: –**

LG Münster 6.11.2023 – 540 Js 745/23 = BeckRS 2023, 45047

6335

Sexualmissbrauch (hier: Griffe unter der Hose des Mädchens an deren Gesäß). Psychische Beeinträchtigungen.

8j. Kind (Schülerin). Zur Tatausführung des Beklagten, der parallel hierzu [siehe → Nr. 6232] begangenen Taten, bei denen er auch deren ältere Schwester – diese dabei sehr schwer und wiederholt – missbraucht hatte, führte das LG aus: „Ferner fasste der Beklagte der Klägerin zu 2), der jüngeren Schwester der Klägerin zu 1), bei einer Gelegenheit unter der Hose an das Gesäß, um sich hierdurch sexuell zu erregen". Das LG bezeichnete diese, an einer Achtjährigen ausgeführten Taten, inakzeptabler Weise verharmlosend als „Übergriffe". Die Klägerin zu 2) begab sich für 25 Termine in psychotherapeutische Behandlung bei der Kinder- und Jugendtherapeutin M… [und] für 28 Termine zum … Institut für neurolinguistisches Lernen in D und erfuhr dort eine lerntherapeutische Behandlung.

Betrag: 1.500 € **Haftung: 100 %**
immVorb: – **MdE: –**

LG Bonn 29.1.2007 – 3 O 334/06 = BeckRS 2009, 28595

5702

Sexueller Missbrauch. Hierzu heißt es im Urteil: „Der Beklagte streichelte die Klägerin unter ihrem T-Shirt am Bauch, führte dann seine Hand in die Unterhose der Klägerin und berührte auch ihre Scheide".

7j. Kind (Schülerin der 2. Klasse). Zur Schmerzensgeldbemessung führt das AG aus: „Zu berücksichtigen ist dabei, dass die sexuelle Handlung an der Klägerin im jungen Kindesalter begangen wurde. Die Handlungen selbst waren zwar nur kurzzeitig und auch nicht sehr schwerwiegend, es ist aber auch die Situation zu berücksichtigen, die für die Klägerin besonders belastend war. Der Beklagte hat ein Vertrauen missbraucht, das die Klägerin ihm als Vater einer Freundin entgegen gebracht hatte. Sie musste die Beziehung zu ihrer Freundin abbrechen, um ihm nicht wieder zu begegnen. Besonders fällt aber das Nachtatverhalten des Beklagten ins Gewicht, das erst zu einer erheblichen psychischen Belastung der Klägerin geführt hat. Der Beklagte hat versucht, die Beschuldigungen gegen ihn auszuräumen, indem er die Klägerin verunglimpfte. Er hat ihr außerdem auch in der Hauptverhandlung nicht erspart auszusagen und so das Geschehen erneut zu durchleben".

Betrag: 1.550 € **Haftung: 100 %**
immVorb: – **MdE: –**

AG Hamburg-Altona 25.3.2003 – 318 B C 155/02 = BeckRS 2003, 16443

6835

Sexueller Missbrauch gegenüber einer 12jährigen Frau. der Täter nahm an der jungen Frau, die er zuvor mit heimlich verabreichten Tabletten sediert hatte, Berührungen mit seiner Hand an der Vagina, Masturbationsbewegungen mit der Hand der Geschädigten, Berührungen der Lippen der Geschädigten mit seinem Glied, Ausführen von geschlechtsverkehrsähnlichen Bewegungen auf der Hand einer Geschädigte oder Kneten der Brüste der Geschädigten vor. „All diesen Taten ist gemein, dass sie nur flüchtige – teilweise sehr kurze, wenige Augenblicke andauerten", so das LG.

12j. Kind (Frau). Der Täter wurde wegen besonders schwerer Vergewaltigung in einer Vielzahl von Fällen, die er insgesamt gegenüber 9 Geschädigten – die jüngste war 11 Jahre alt – beging, zu einer Freiheitsstrafe von mehr als 11 Jahren mit anschließender Sicherungsverwahrung verurteilt. Hinsichtlich der perversen, sadistischen und brutalen Details sei auf das Urteil, nachzulesen unter der o.a. Fundstelle, verwiesen. Bei der Schmerzensgeldbemessung gegenüber der Klägerin, die eines der 9 Opfer des Täters wurde, berücksichtigte das LG, dass die Klägerin bei Vornahme der Tathandlungen erst zwölf Jahre alt war und dass der Täter – der gegenüber den anderen Opfern zum Teil äußerst brutal und sadistisch vorgegangen war – bei der Klägerin nur „flüchtige sexuelle Handlungen … im Rahmen eines relativ kurzen Zeitraums" vorgenommen und diese selbst nicht miterlebt hatte, da sie vom Täter zuvor heimlich betäubt worden war. „Es muss jedoch auch berücksichtigt werden, dass die Adhäsionsklägerin im späteren Verlauf von der an ihr verübten Tat durch die Polizei unterrichtet wurde. Insofern müssen die psychischen Folgen für die Adhäsionsklägerin, die aufgrund des Ohnmachtsgefühls und des Schocks, als erheblich anzusehen sind, in der Bemessung des Schmerzensgeldes ausreichend Würdigung finden", so das LG.

Betrag: 2.500 € **Haftung: 100 %**
immVorb: Ja **MdE: –**

LG Bochum 3.4.2020 – 8 KLs-36 Js 74/19-33 = BeckRS 2020, 38071

6504

Sexuelle Nötigung in einem minderschweren Fall. Der Beklagte, Gymnasiallehrer, hatte in stark alkoholisiertem Zustand in einer Bar einige Schülerinnen und Schüler angetroffen und ging mit diesen anschließend zu einer der Schülerinnen nach Hause. Dort versuchte er zunächst, den BH der Schülerin „G" zu öffnen um ihr an die Brust zu fassen, was beides jedoch misslang. Anschließend ging die Gruppe in ein Schlafzimmer, wo es zu weiteren Übergriffen (Küsse auf den nackten Bauch sowie im Bereich des Dekolletes und am Hals und Berührung im Bereich der Scheide, ohne dabei in diese einzudringen) seitens des Beklagten kam. Erschwerend war insofern, dass der Beklagte die unmissverständliche Zurückweisung der Schülerin nicht nur ignoriert hatte, sondern mit Gewalt (gewaltsames auf das Bett werfen) dennoch versucht hatte, diese zu sexuellen Handlungen zu bewegen bzw. solche an ihr vorzunehmen.

17j. Frau (Schülerin). Der Beklagte hat sich einer sexuellen Nötigung einer Schülerin in einem minder schweren Fall gemäß § 177 Abs. 1, Abs. 5 Nr. 1, Abs. 9, 21 StGB strafbar gemacht. Er wurde deshalb zu einer achtmonatigen Freiheitsstrafe verurteilt und aus dem Dienst entfernt.

Betrag: 2.500 € **Haftung: 100 %**
immVorb: – **MdE: –**

VG Regensburg 5.8.2019 – RO 10A DK 18.1743 = BeckRS 2019, 19857

6967

Sexueller Missbrauch und Entschädigung nach AGG bei sexueller Belästigung.

Frau. Der Beklagte – Vorgesetzte der Klägerin – hatte diese mehrfach sexuell am Arbeitsplatz belästigt. Dies geschah, indem er die Klägerin immer wieder auf die Couch in seinem Büro zitiert hat und dort nahe an sie herangerutscht ist. Bei einem Außentermin legte er ihr seine Hand um ihre Hüfte, wobei sie sich dem immer wieder entzogen hat, indem sie von ihm weggegangen ist. Auch während einer gemeinsamen Autofahrt hat der Beklagte versucht, ihre Hand zu ergreifen, wobei sie diese aber zurückgezogen hat. Dann hat er seine rechte Hand auf ihren Oberschenkel gelegt und ist mit dieser immer weiter Richtung Schritt gewandert. In einem weiteren Vorfall hatte er die Kl. im Büro plötzlich von hinten mit beiden Händen an die Brüste gefasst und sie dabei umklammert; „nach diesem Vorfall hat die Kl. geweint und gezittert. Sie ist heimgefahren, nicht mehr an ihren Arbeitsplatz zurückgekehrt, seitdem arbeitsunfähig krank und durch die Vorfälle schwer belastet, hat Angstzustände, Schlafstörungen und ist psychisch auf Grund der Vorfälle enorm belastet", so das ArbG. Zur Schmerzensgeldbemessung führte das ArbG aus: „Danach erscheinen die 2500 Euro angemessen. Der Bekl. zu 2 hat die Kl. wiederholt sexuell belästigt, zuletzt am 25.9.2014 auch massiv. Der Bekl. zu 2 ist uneinsichtig, was sich zB darin zeigt, dass er meint, das Recht zu haben, seine Mitarbeiterin zu verschiedenen Anlässen immer wieder anfassen zu dürfen und dies dann mit freundschaftlichem und vertrauensvollem Zusammenarbeiten rechtfertigt und verharmlost. Andererseits hat der Bekl. zu 2 der Kl. nach ihrer Aussage bei der Polizei nie gedroht. Auch hatte die Kammer den Eindruck, dass die Kl. durchaus selbstbewusst ist, sich grundsätzlich recht gut wehren kann und in der Lage zu sein erscheint, die Vorfälle zu verarbeiten und hinter sich zu lassen".

Betrag: 2.500 € **Haftung: –**
immVorb: – **MdE: –**

ArbG Weiden 16.9.2015 – 3 Ca 1739/14 = BeckRS 2016, 68177

6492

Sexueller Missbrauch (hier: Sog. Stealthing nach zunächst einvernehmlichem Geschlechtsverkehr). Erhebliche psychische Beeinträchtigungen in Form von Ängsten und erheblichen Schlafstörungen und zwar sowohl in Bezug auf das Einschlafen als auch das Durchschlafen und die Schlafdauer, zudem glaubte sie einmal im Halbschlaf kurz vor dem Aufwachen den Angeklagten zu sehen. „Auch scheut sie seit der Tat Kontakte zu Männern und den Besuch von Partys. Ferner litt sie nach der Tat eine Zeit lang unter Berührungsängsten“.

20j. Frau (Polizeimeisteranwärterin). Vorsatztat des Beklagten, den die Nebenklägerin über das Internet kennengelernt und mit dem sie sich beim ersten persönlichen Treffen in dessen Wohnung auf Geschlechtsverkehr mit Kondom eingelassen hatte, in Form des sog. Stealthings [= heimliches Entfernen des Kondoms während des Geschlechtsverkehr s gegen den ausdrücklichen Willen der Frau. Eine derartige Tat erfüllt sodann den Straftatbestand des des sexuellen Übergriffs nach § 177 Abs. 1 StGB zumindest dann, wenn – wie vorliegend gegeben – der Täter in den Körper des bzw. der Geschädigten ejakuliert, so das KG in der oben angegebenen Fundstelle]. Die Nebenklägerin war aufgrund des Geschehens psychisch sehr betroffen und empört. Zudem hatte sie große Angst vor Aids bzw. einer Infektion mit HIV oder einer anderen sexuell übertragbaren Krankheit und hatte auch – trotz anderweitiger Verhütungsmaßnahmen durch Einnahme der Pille angesichts der nicht hundertprozentigen Sicherheit dieser Verhütungsmethode – Sorge vor einer Schwangerschaft. [Anmerkung: Das angegebene Aktenzeichen betrifft das erstinstanzliche Urteil des AG Berlin-Tiergarten, welches der Revision beim KG = BeckRS 2020, 17857 standhielt. Das KG entschied am 27.7.2020 (vgl. becklink 2017156), dass die rechtliche Einordnung des AG Tiergarten in der Vorinstanz korrekt war].

Betrag: 3.000 € **Haftung: 100 %**
immVorb: – **MdE: –**

AG Berlin-Tiergarten 22.5.2019 – 284 Ls 14/18 = BeckRS 2020, 17857

3750

Vergewaltigung, versuchte … mit erheblichen andauernden psychischen Beeinträchtigungen.

Frau. 3 Monate ambulante medikamentöse Behandlung; therapeutische langwierige Heilbehandlung. Dauerschaden: Psychische Beeinträchtigung und Angst. [Hinweis: Das Urteil erging im Adhäsionsverfahren].

Betrag: 3.000 € **Haftung: 100 %**
immVorb: – **MdE: –**

AG Offenbach 8.3.2005 – 6 Ls 14 JS = unveröffentlicht

6966

Vergewaltigung und Körperverletzung.

Frau. Der Angeklagte und Antragsteller (im einstweiligen Rechtsschutzverfahren gg. seine Ausweisung nach Tunesien) beleidigte die Geschädigte zunächst, schlug sie sodann wiederholt, zerrte sie an den Haaren ins Schlafzimmer und schubste sie auf das Bett. Dort riss er ihre Kleider herunter, quetschte ihre Brüste mit seinen Händen, versetzte ihr weitere Schläge, griff ihr mit der Hand in den Mund, um sie am Schreien zu hindern, führte mindestens zwei Finger und anschließend eine Glühbirne, die er aus der Nachtischlampe herausgedreht hatte, in ihre Scheide ein, traf sie mit einem Staubsaugerrohr am Fuß, warf mit der Nachtischlampe nach ihr und drückte ihr ein Kissen ins Gesicht. [Anmerkung: Der Angeklagte, der bereits eine „kriminellen Karriere“ aufwies, so das OVG, wurde zu einer Bewährungsstrafe verurteilt].

Betrag: 4.000 € **Haftung: –**
immVorb: – **MdE: –**

OVG Bremen 22.2.2021 – 2 B 330/20 = BeckRS 2021, 2928

6965

Sexueller Missbrauch durch die Aufforderung gegenüber einer Zehnjährigen, Bilder oder Videos anzufertigen, auf denen sie sich unbekleidet zeigt, im Intimbereich berührt oder Gegenstände vaginal einführt. Um dies zu erreichen übersandte der Angeklagte nach einer kurzen Begrüßung sexualisierte Textnachrichten bzw. kinderpornographische Inhalte an die Geschädigte.

10j. Kind (Schülerin). Der 26j. Angeklagte installierte auf seinem Smartphone die App „M“, mit welcher Bilder und Videos geteilt werden können und die sich insbesondere bei Kindern und Jugendlichen großer Beliebtheit erfreuen, gab sich dabei als 13j. Mädchen aus und forderte die damals zehnjährige Nebenklägerin D auf, ihm Intimfotos zu senden; D kam dem nach und übersandte ein von ihr selbst gefertigtes kinderpornographisches Video. Zur Schmerzensgeldbemessung führte das LG aus: „Bei dessen Bemessung war maßgebend, dass der Angeklagte, wie festgestellt, fünf vorsätzliche sexuelle Missbräuche von Kindern im Sinne von § 176 Abs. 4 StGB zum Nachteil der Nebenklägerin begangen hat. Auch fielen die bereits oben unter V. ausgeführten Erschwernisgründe, insbesondere der Umstand, dass der Angeklagte sich der Nebenklägerin gegenüber als 13-jähriges Mädchen ausgab, um so deren Vertrauen zu gewinnen und seine Taten zu ermöglichen bzw. zu fördern, ins Gewicht. Weitere Umstände zulasten des Angeklagten waren jedoch bei der Bemessung des Schmerzensgeldes nicht beachtlich. Insbesondere hat die Kammer anhand des in der Hauptverhandlung verlesenen Chat-Verlaufs nicht feststellen können, dass dieser D bedroht oder Geld von ihr verlangt hätte. Ob und inwieweit bei D aufgrund der Taten tatsächlich bleibende, insbesondere psychischen Schäden eintreten werden, war zum Zeitpunkt der Hauptverhandlung nicht absehbar.“

Betrag: 4.000 € **Haftung: –**
immVorb: – **MdE: –**

LG Düsseldorf 8.12.2020 – 007 KLs 6/20 = BeckRS 2020, 44204

6896

Vergewaltigung und vorsätzliche Körperverletzung durch insgesamt 80 kleine Brandverletzungen im Brust- und Oberbauchbereich. Der Täter „fügte dann der Nebenklägerin mit diesem Gegenstand, den er zwischenzeitlich in den Mund genommen hatte und dann auf ihre Haut aufdrückte, an den oberen Brusthälften sowie an der Haut des Oberbauches mehr als 80 Brandverletzungen zu, die sich als oberflächliche, rundliche Hautläsionen darstellten und der Nebenklägerin erhebliche Schmerzen bereiteten. Infolge dieser Verletzungen sowie des Umstands, dass der Angeklagte zudem ihren Mund und teilweise die Nase zuhielt, verlor die Nebenklägerin, die sich innerlich bereits aufgegeben hatte, das Bewusstsein. In derselben Nacht fügte der Angeklagte der noch immer bewusstlosen Nebenklägerin mittels eines ebenfalls erhitzten rundlich-länglichen Gegenstands aus Metall – möglicherweise ein Messer mit abgerundeter Klingenspitze – an den Innenseiten der Oberschenkel weitere Brandverletzungen dritten Grades zu, indem er diesen erhitzten Gegenstand mehrfach auf ihre Haut drückte".

Frau. Der Angeklagte und die Nebenklägerin waren vormals verheiratet. Sie trug vor, ihr ehemaliger Ehemann habe sie zunächst gefesselt und vergewaltigt und anschließend mit Räucherstäbchen gequält und mit einem erhitzten rundlich-länglichen Gegenstand aus Metall versengt. Der Angeklagte bestreitet dies. [Anmerkung: Das Urteil ist nicht rechtskräftig; vgl. dazu und zu den Anforderungen an die Beweiswürdigung bei „Aussage gegen Aussage", BGH BeckRS 2020, 20680. Aus diesem BGH-Beschluss wurde auch das oben unter „Verletzungen" angeführte Zitat entnommen].

Betrag: 4.000 € **Haftung: 100 %**
immVorb: – **MdE: –**

LG Baden-Baden 17.10.2019 – 204 Js 15328/17 = BeckRS 2019, 47188

6999

Sexueller Missbrauch ohne nähere Angaben.

Mann. Der Kläger wurde Opfer eines sexuellen Missbrauchs im Rahmen bzw. im Zusammenhang mit einem „Mensch-ärgere-dich-nicht"-Spiel mit dem Ablegen von Bekleidungsstücken. Zu Art und Umfang des Missbrauchs sagt die Entscheidung des OLG nichts aus.

Betrag: 4.000 € **Haftung: 100 %**
immVorb: Ja **MdE: –**

OLG Hamm 3.5.2012 – 9 U 182/11 = BeckRS 2013, 723

4021

Sexualmissbrauch bzw. sexuelle Nötigung durch überfallartiges Festhalten von hinten wobei der Beklagte die Klägerin sowohl im Genitalbereich als auch an der Brust berührte. Seither: Psychische Beeinträchtigung und Angst.

17j. Frau. Mögliche Dauerschäden waren zum Zeitpunkt der Urteilsverkündung noch nicht absehbar. Die Klägerin litt zu diesem Zeitpunkt noch unter erheblichen Ängsten.

Betrag: 4.000 € **Haftung: 100 %**
immVorb: Ja **MdE: –**

LG München I 18.1.2006 – 23 O 17490/05 = unveröffentlicht

4023

Vergewaltigung (hier: Vergewaltigung mit zuvor erfolgter mehrstündiger Nötigung und Bedrohung des durch Tabletteneinnahme in seiner Steuerungsfähigkeit eingeschränkten Beklagten).

Frau. Schmerzensgeldmindernd wurde neben der eingeschränkten Steuerungsfähigkeit auch die Tatsache gewertet, dass der Bekl. vor der Tat eine längere intime Beziehung mit der Klägerin hatte und während dieser Zeit mit ihr in einer gemeinsamen Wohnung gelebt hatte. [Anmerkung: Andernfalls wäre der ausgeurteilte Betrag extrem zu niedrig!]

Betrag: 4.000 € **Haftung: 100 %**
immVorb: – **MdE: –**

KG 30.8.2004 – 12 U 54/03 = unveröffentlicht

6968

Sexueller Missbrauch, schwerer (hier: Analer und oraler Missbrauch an einem minderjährigen Jungen).

Kind (Schüler). Der ca. 36j. Angeklagte missbrauchte den Jungen mehrfach schwer sowohl anal wie oral, ua „manipulierte der Angeklagte mit der Hand an dem Glied des Nebenklägers. Als dieses steif geworden war, kniete er sich hin, nahm des Penis des Jungen in den Mund und befriedigte ihn oral, ohne dass der Nebenkläger zum Samenerguss kam", so das LG. Der Angeklagte zahlte im Strafverfahren 5.000 EUR Schmerzensgeld, was der Junge als Nebenkläger akzeptierte.

Betrag: 5.000 € **Haftung: –**
immVorb: – **MdE: –**

LG Bielefeld 30.11.2020 – 04 KLs 22/20 = BeckRS 2020, 47377

6602

Sexueller Missbrauch in 10 Fällen an dem meist schlafenden Jungen. Im Urteil heißt es dazu: „Nur einmal habe er bei diesen Gelegenheiten sexuelle Übergriffe des Angeklagten bemerkt. Dabei sei er im Bett des Angeklagten aus dem Schlaf erwacht, als sein Glied vom Angeklagten angefasst worden sei und der gerade damit herumgespielt habe. Daraufhin sei er vorübergehend aufgestanden und in die Küche gegangen".

10j. Kind (Junge). Der Angeklagte verging sich insgesamt zehn mal in verschiedener Weise an dem schlafenden Jungen, den er durch bewusste Kontaktaufnahme mit diesem und seinen Eltern und unter Ausnutzung der hierdurch erworbenen Vertrauensbildung zur jeweiligen Übernacht in seiner Wohnung veranlasst hatte. Von allen sexuellen Handlungen fertigte der Angeklagte zeitgleich digitale Fotoaufnahmen, die er über das Darknet in einer Tauschbörse für Kinderpornografie angeboten hatte. der Angeklagte wurde zu 3 Jahren Haft verurteilt und zahlte an den Jungen ein Schmerzensgeld von 5.000 EUR, das zunächst vom Vater des Geschädigten als angemessen akzeptiert worden war, wobei er dessen persönliche Entschuldigung in der Hauptverhandlung nicht als Grund angesehen hatte, ihm zu verzeihen.

Betrag: 5.000 € **Haftung: 100 %**
immVorb: – **MdE: –**

LG Leipzig 6.6.2019 – 2 KLs 437 Js 32598/15 jug = BeckRS 2019, 34085

5233

Sexualmissbrauch (hier: Sexueller Missbrauch im Rahmen einer physiotherapeutischen Behandlung durch Einführen eines Fingers in die Scheide der Frau) und posttraumatische Belastungsstörung (PTBS).

47j. Frau. Die Klägerin lag unbekleidet auf der Massageliege und war dem ehemaligen Mitarbeiter der Beklagten schutzlos ausgeliefert, was dieser ausgenutzt habe, so das OLG. Bezüglich der Bemessung verwies das OLG auf die Entscheidungen des OLG Frankfurt a. M. BeckRS 2015, 20637 [im Urteil des OLG München wird jedoch ein unzutreffendes Aktenzeichen, nämlich 4 U 393/11 benannt] und AG Landstuhl v. 10.7.2013 – 3 C 297/12, → Nr. 4916; zudem betonte das OLG, es habe keine Entscheidungen mit höherem Schmerzensgeld insofern finden können.

Betrag: 5.000 € **Haftung: 100 %**
immVorb: – **MdE: –**

OLG München 10.9.2015 – 8 U 1555/15 = BeckRS 2015, 17486

4995

Vergewaltigung, versuchte … sowie sexuelle Belästigung / Bedrängung und posttraumatisches Belastungssyndrom. Letzteres stellte sich als „komplexes Beschwerde- und Symptombild" dar, bestehend aus einer „ängstlichen

Grundstimmung, nervösen Unruhen, … Antriebslosigkeit" wobei Berührungen „selbst durch ihren Lebensgefährten … schwierig [seien] und sie … ungewöhnlich schreckhaft" [sei], so zitiert aus dem LG Urteil.

Frau (junge Frau / Auszubildende). Die Klägerin war Teilnehmerin einer Grillfeier, an der sie zusammen mit ihrer Lehrgangsgruppe teilgenommen hatte. Der Beklagte war ihr Ausbildungsleiter. Nach der Feier kam es, so das OLG – zu einer „Sexuelle Bedrängung" in Form von umfassenden „Berührungen" und „Küssen", verbunden mit der Drohung, die Klägerin „ficken zu wollen" und dem Versuch, die Hose der Klägerin zu öffnen. Zutreffend sah bereits das LG das Begleiten des Beklagten in dessen – nahe der Grillstelle gelegenes – Büro ebenso wenig als Mitverschulden der Klägerin an, wie die Tatsache, dass sich die Klägerin nicht gegen ihren Ausbildungsleiter zur Wehr gesetzt hatte. [Anmerkungen: 1. Der Bekl. wurde vom LG Frankfurt a. M. wegen versuchter Vergewaltigung und Nötigung zu einer Freiheitsstrafe Bewährungsstrafe von 18 Monaten verurteilt. 2. Zivilrechtlich wies das OLG die beklagtenseitig gegen das Urteil des LG Frankfurt a. M. eingelegte Berufung zurück. 3. Die Urteile wurden mir mit freundlicher Unterstützung der Rechtsanwältinnen und Rechtsanwälte Vester-Weber & Partner, Frankfurt a. M. zur Verfügung gestellt].

Betrag: 5.000 € **Haftung: 100 %**
immVorb: – **MdE: –**

OLG Frankfurt a. M. 15.11.2013 – 4 U 53/13 = BeckRS 2015, 20637

4916

Sexualmissbrauch (hier: Mehrfacher Griff des Beklagten an den Penis des Klägers, der deshalb eine posttraumatische Belastungsstörung erlitt.).

Mann. Posttraumatische Belastungsstörung mit Schuldgefühlen und Rachegedanken.

Betrag: 5.000 € **Haftung: 100 %**
immVorb: – **MdE: –**

AG Landstuhl 10.7.2013 – 3 C 297/12 = BeckRS 2013, 200874

4033

Vergewaltigungsversuch der Ehefrau des Klägers durch seinen Arbeitskollegen. Psychische Beeinträchtigung des Klägers, der seither an Depressionen leidet.

Mann. Wegen der Vergewaltigung befindet sich das Ehepaar in Partnertherapie.

Betrag: 5.000 € **Haftung: 100 %**
immVorb: Ja **MdE: –**

LG Düsseldorf 7.11.2001 – 5 O 210/99 = BeckRS 2009, 27615

4032

Sexualmissbrauch (hier: Über einen Zeitraum von 18 Moanten wiederholt durchgeführter, massiver Missbrauch mit Oralverkehr bis zum Samenerguss und wiederholter Griff in die Scheide der zum Beginn der Missbrauchserie erst Einjährigen!).

Säugling / Kleinkind. Infolge des massiven Sexualmissbrauchs zeigte die Kl. starke Verhaltensstörungen. Es war daher eine kinderpsychiatrische Therapie erforderlich. [Anmerkung: Es kann nicht oft genug darauf hingewiesen werden, dass Schmerzensgeldbeträge der genannten Höhe in keiner Weise angemessen sind. Für derartige vorsätzliche Körperverletzungen mit in aller Regel dauerhaften psychischen Folgeschäden sind mit weitaus höheren Schmerzensgeldern zu versehen.]

Betrag: 5.113 € **Haftung: 100 %**
immVorb: Ja **MdE: –**

LG Aachen 24.3.1998 – 1 O 421/97 = unveröffentlicht

3898

Vergewaltigung (hier: Brutale Vergewaltigung über einen Zeitraum von ca. 30 bis 60 Minuten mit schmerzhaften Eindringen in die Vagina und Drücken gegen den Hals des Opfers).

25j. Frau. MdE 4 Monate 100 %. In diesem Zeitraum erfolgte eine psychische Behandlung.

Betrag: 5.624 € **Haftung: 100 %**
immVorb: – **MdE: –**

LG Lübeck 13.11.2000 – 746 Js 19231/00 = unveröffentlicht

6759

Vergewaltigung, mehrfache im Zusammenhang mit häuslicher Gewalt gegenüber der Partnerin.

Frau. Der Beklagte, ein 48j. Polizeivollzugsbeamter, lebte mit seinem Opfer in einer zunächst freundschaftlichen Beziehung, in der es immer wieder und immer häufiger zu Auseinandersetzungen gekommen war. Insofern kam es wiederholt sowohl vor als auch nach den Vergewaltigungen zu einvernehmlichem Geschlechtsverkehr. Jedoch wurde der Beklagte dazwischen auch gewalttätig, schlug seine Partnerin und zwang diese zu weiterem Geschlechtsverkehr und vergewaltigte diese zumindest in zwei Fällen hinsichtlich derer er geständig war.

Betrag: 6.000 € **Haftung: 100 %**
immVorb: – **MdE: –**

VGH München 27.11.2013 – 16a D 12.545 = BeckRS 2014, 47161

5756

Sexueller Missbrauch in sieben Fällen.

11j. Kind (Schülerin). Ausgenommen des Hinweises des OLG, wonach der „Senat nicht die psychischen Schäden, die der Bekl. der Kl. insbesondere durch den Mißbrauch seiner Vertrauensstellung zugefügt hat" verkenne, liegen keine weiteren Informationen über Art und Ausmaß der Taten, die der Onkel der Klägerin in deren Alter zwischen 11 und 13 Jahren angetan hatte, vor.

Betrag: 6.136 € **Haftung: 100 %**
immVorb: – **MdE: –**

OLG Hamm 10.4.2000 – 13 U 194/99 = BeckRS 2007, 2176

3811

Vergewaltigung und Freiheitsberaubung (hier: Festhalten während der Abend- und Nachtstunden und Vergewaltigung).

Frau. Die Klägerin wurde von ihrem ehemaligen Freund mit einem Messer zum Beischlaf gezwungen. Das LG lehnte es zutreffend ab, die Tatsache, dass zwischen den Parteien in früheren Jahren einmal eine Beziehung bestand, schmerzensgeldmindernd zu berücksichtigen.

Betrag: 6.136 € **Haftung: 100 %**
immVorb: – **MdE: –**

LG Stade 5.2.1999 – 6 C 314/98 = unveröffentlicht

2727

Vergewaltigung (hier: besonders brutale Vergewaltigung, die bei der Klägerin nicht nur „körperliche Schmerzen" sondern auch „weitere seelische Wunden" verursachte. Die Klägerin erlitt erhebliche Prellungen, Hämatome, Haare wurden ausgerissen etc.).

Frau. [Mehrfache Tatausführung und brutale Vorgehensweise wurden vom Gericht berücksichtigt. Dennoch wurde nur auf 12.000 DM erkannt. Ein meiner Ansicht nach ein viel zu geringer Betrag!]

Betrag: 6.136 € **Haftung: 100 %**
immVorb: – **MdE: –**

LG Flensburg 29.1.1999 – 2 O 459/98 = BeckRS 1999, 3113

6073

Sexueller Missbrauch (hier: Zweifacher homosexueller Missbrauch eines bewusstlosen Mannes mit „traditionell-islamischer Herkunft", den der Beklagte zuvor mittels Benzodiazepin betäubt hatte. Der Beklagte hatt die Tat zudem per Video aufgenommen).

Mann. Bei der Schmerzensgeldbemessung berücksichtigte das OLG, dass „beim homosexuellen Missbrauch noch eine Erschütterung des Identitätsgefühls in Hinblick auf die sexuelle Orientierung hinzukommen. Dies wird sicherlich verschärft durch die grundsätzlich traditionell islamische Ausrichtung des Klägers, die auch der Beklagte als solche nicht bestreitet und lediglich mit der Behauptung vorangegangener intimer Kontakte in Frage stellt" … sowie „der Missbrauch des zwischen den Parteien bestehenden Vertrauens und die Perfidie, mit der der Beklagte unter Verbergung seiner wahren Absichten und Gefährdung der Gesundheit des Klägers vorgegangen ist. Der Umstand seiner Leugnung ist schmerzensgelderhöhend zu berücksichtigen …". Wohl eher als schmerzensgeldminderndes Kriterium führte das OLG zudem aus: „Zu berücksichtigen ist ferner, dass der Kläger während der Taten nicht bei Bewusstsein war bzw. daran zunächst keinerlei Erinnerungen hatte, die er als solche in sein Selbst- und Weltbild zu integrieren gezwungen wäre. Erst das vom Beklagten angefertigte Filmmaterial, das dem Kläger bei der Polizei vorgeführt wurde, vermittelte ihm ein plastisches Bild von den Geschehnissen. Er erlebte einerseits nicht bewusst eine Situation, in der Dinge gegen seinen Willen mit ihm geschehen, wurde jedoch sozusagen im Nachhinein vor vollendete Tatsachen gestellt und überdies objektiv vom Beklagten sozusagen wie eine Puppe statt wie eine Person behandelt. Gleichzeitig wurde ihm durch den Gesamtvorgang deutlich gemacht, dass seine Wahrnehmung seiner Existenz absolut nicht zuverlässig ist".

Betrag: 7.000 € **Haftung: 100 %**
immVorb: – **MdE: –**

OLG Hamm 21.11.2014 – 9 W 50/14 = BeckRS 2015, 2283

5015

Sexueller Missbrauch / sexueller Missbrauch (hier: Posttraumatische Belastungsstörung nach sexuellem Missbrauch. „Ferner steht fest, dass der Beklagte im Januar 1990 auf der Toilette eines Rohbaus einen nicht näher bestimmbaren Gegenstand in den Anus des Klägers einführte, vor den Kläger trat, sich hinkniete und den Oralverkehr an dem Kläger durchführte und danach den Kläger bestimmte, ihm in den Mund zu urinieren", so ein Auszug aus dem Urteil.

11j. Kind (Junge). Das OLG hatte gegen die Bemessung des LG, welches „insbesondere die teilweise mit einem Eindringen in den Körper verbundene Ausführung der Taten, das Alter des Klägers bei der Begehung der Taten, der Zeitablauf seit deren Begehung" berücksichtigt hatte, „keine Bedenken". [Anmerkung: Angesichts der extremen Tatausführung sowie der Wiederholungen im Zeitraum von 1988 bis 1990 ist das hier zuerkannte Schmerzensgeld völlig inakzeptabel! Einen ersten Ansatz in die richtige Richtung zeigt das LG Wuppertal BeckRS 2013, 3421, welches sich insofern wörtlich auf meine Argumentation im Handbuch → Rn. 309 ff. bezog und 100.000 EUR zuerkannte].

Betrag: 7.500 € **Haftung: 100 %**
immVorb: – **MdE: –**

OLG Oldenburg 12.7.2011 – 13 U 17/11 = BeckRS 2011, 18398

5803

Vergewaltigung: „Die geistig und körperlich schwer behinderte Klägerin ist durch den Beklagten, ihren Vater, sexuell missbraucht und geschwängert worden und hat eine Tochter zur Welt gebracht".

Frau. Der Beklagte wandte gegen die Schmerzensgeldforderung ein, dass die Kl. weder die Verletzung ihres Rechts auf sexuelle Selbstbestimmung noch die Austragung des dabei gezeugten Kindes als solche verstandesmäßig überhaupt wahrgenommen habe und aus dem Erhalt eines Schmerzensgeldes keine Genugtuung empfinden könne. Dem trat das OLG zutreffend entgegen und führte aus, ihr sei dennoch ein immaterieller Schaden entstanden, denn „ungeachtet ihrer massiven geistigen Behinderung blieb die Kl. Trägerin des aus ihrer Menschenwürde begründeten Selbstbestimmungsrechtes jedenfalls soweit, dass sie trotz ihrer Widerstandsunfähigkeit nicht als Objekt für sexuelle, noch weniger für inzestuöse Übergriffe zur Verfügung stand". Das OLG berücksichtigte auch, dass „die aus der Erfahrung bekannten allgemeinen körperlichen Beschwerlichkeiten einer Schwangerschaft … die Kl. ebenfalls empfinden müsse, selbst wenn sie die Schwangerschaft als deren Ursache nicht rational hat begreifen können. Auch die in Vollnarkose durchgeführte Schnittentbindung ist körperlich belastend und jedenfalls nach dem Ende der Betäubung eine Zeit lang schmerzhaft".

Betrag: 7.500 € **Haftung: 100 %**
immVorb: – **MdE: –**

OLG Hamm 27.5.2008 – 9 W 11/08 = BeckRS 2008, 20348

6784

Sexueller Missbrauch von Schutzbefohlenen in 22 Fällen, davon 14 Mal in Tateinheit mit sexuellem Missbrauch eines Kindes und 4 Mal in Tateinheit mit schwerem sexuellen Missbrauch von Kindern.

Kinder / junge Frauen (Tatzeitraum 12 bis 17 Jahre). Die beiden Stieftöchter wurden über einen Zeitraum von mehreren Jahren regelmäßig von ihrem Vater missbraucht. Es kam zu sexuellen Handlungen des Angeklagten an den Heranwachsenden sowie zur Vornehme von sexuellen Handlungen (Berührungen an der Vagina ua Handlungen) dieser am Penis des Angeklagten. Dabei nutzte der Angeklagte es aus, dass seine Stieftöchter aufgrund seiner sehr strengen Erziehung Angst vor ihm hatten und sich insofern – ohne das er insofern unmittelbare Gewalt anwenden musste – in die jeweiligen Tathandlungen fügten, die er – als Fernfahrer – zum Teil in seinem LKW und zum Teil im Haus der Familie durchgeführt hatte. Zur Bemessung des im Adhäsionsverfahren beiden Opfern jeweils zuerkannte Schmerzensgeld führte das LG aus, „ dass der Schadensersatz gem. § 253 StGB den jahrelangen Missbrauch ausgleichen musste und angemessen zu dem sein musste, was der Angeklagte den Kindern angetan hat. Sie wollte jedoch bei den beiden Kindern nicht weiter differenzieren, da die Tatausführungen im Wesentlichen identisch waren. Zu berücksichtigen waren die Genugtuungsfunktion des Schmerzensgeldes und die Einkommensverhältnisse des Angeklagten".

Betrag: 8.000 € **Haftung: 100 %**
immVorb: Ja **MdE: –**

LG Halle 23.3.2020 – 14 KLs 15/19 = BeckRS 2020, 21224

5173

Sexueller Mißbrauch (Der Täter, Musiklehrer einer Grundschule, betastete während des Unterrichts in insgesamt 76 Fällen das Kind an Brust, Bauch und Scheide wobei er in 24 Fällen seinen Mittelfinger in die Scheide einführte; in 5 Fällen legte er zudem die Hand des Kindes oberhalb seiner Kleidung auf seinen Penis.)

6j. Kind (Schülerin). [Anmerkung: Der Täter wurde wegen sexuellen Missbrauchs von Kindern und Schutzbefohlenen in 88 Fällen (die jedoch nicht alle, jedoch überwiegend die Klägerin betrafen), davon 26 Fällen (dto.), schweren sexuellen Missbrauchs zu 5 Jahren und 6 Monaten verurteilt. Das LG tat sich mit der Schmerzensgeldbemessung sehr schwer. Zitat aus dem Urteil: „Die veröffentlichten Entscheidungen, denen gravierendere Tatbegehungen zugrundelagen, haben – so das LG – die Kammer nicht bewegen können, im vorliegenden Fall ein niedrigeres Schmerzensgeld auszuurteilen. Die Entscheidungen haben aus Sicht der Kammer nämlich vielfach unangemessen niedrige Schmerzensgelder verhängt … Die Kammer hat sich im vorliegenden Fall daher … von den Maßstäben der veröffentlichten Rechtsprechung entfernt und höhere, angemessene Schmerzensgelder verhängt". Die Entscheidung zeigt, dass sich – wenn auch sehr langsam und verhalten – einige Gerichte intensiver mit der Bemessung von Schmerzensgeldern in Fällen sexuellen Missbrauchs befassen und sich von den zum Teil skandalös niedrigen Schmerzensgeldbeträgen abwenden. Mehr hierzu in Beck'sche Schmerzensgeldtabelle Kapitel VII 8. „Verletzung der sexuellen Selbstbestimmung / Vergewaltigung"].

Betrag: 8.000 € **Haftung: 100 %**
immVorb: – **MdE: –**

LG Münster 28.1.2011 – 14 O 817/10 = unveröffentlicht

4047

Vergewaltigung in zwei Fällen sowie Nötigung (hier: Der Bekl. belästigte die Klägerin mehrere Monate und drohte ihr. Hierdurch und durch die Vergewaltigungen erlitt sie schwere psychische Beeinträchtigungen, Alpträume, Angstgefühle. ZUdem kam es zu einem gestörten eigenen Sexualleben, sodass sie seither nicht mehr mit ihrem Freund intim sein konnte).

Frau. Möglicher Dauerschaden: anhaltende tiefgehende Störung des Sexuallebens. [Anmerkung: Schmerzensgeld viel zu gering!].

Betrag: 8.000 € **Haftung: 100 %**
immVorb: – **MdE: –**

LG Offenburg 29.12.2005 – 1 KLs 14 JS = unveröffentlicht

5017

Sexualmissbrauch (hier: Sexueller Missbrauch in insgesamt 88 Fällen. In rund einem Viertel der Fälle drang der Beklagte mit einem Finger in die Scheide der jungen Schülerin ein).

6j. Kind (Mädchen). [Anmerkung: Angesichts der extremen Tatausführung sowie der Wiederholungen über einen längeren Zeitraum ist das hier zuerkannte Schmerzensgeld völlig inakzeptabel! Einen ersten Ansatz in die richtige Richtung zeigt das LG Wuppertal LG Wuppertal BeckRS 2013, 3421, welches sich insofern wörtlich auf meine Argumentation im Handbuch → Rn. 309 ff. bezog und 100.000 EUR zuerkannte].

Betrag: 8.500 € **Haftung: 100 %**
immVorb: – **MdE: –**

LG Münster 28.1.2011 – 14 O 817/10 = unveröffentlicht

4630

Vergewaltigung (hier: Erzwungener Oralverkehr).

Frau. Sie wurde von dem Beklagten, einem Bekannten zum Oralverkehr gezwungen. MdE 2 Wochen 100 %. Psychotherapeutische Behandlungen in geringer Anzahl.

Betrag: 9.000 € **Haftung: 100 %**
immVorb: – **MdE: –**

LG Mainz 16.8.2011 – 113 Js 20626/10 = unveröffentlicht

4055

Sexualmissbrauch über den Zeitraum von fast 4 Jahren (!) durch den Großvater. Psychische Beeinträchtigungen.

17j. Frau. Das Gericht berücksichtigte im Rahmen der Auseinandersetzung mit dem Leben und Umfeld der Klägerin insbesondere das Tatgeschehen durch den Großvater, der diese innerhalb der desolaten Familienverhältnisse hätte schützen müssen. Ebenso wurde erhöhend das nachhaltige Bestreiten der taten durch den Bekl. bewertet. [Anmerkung: Auch bei dieser Entscheidung bestürzt das sehr geringe Schmerzensgeld].

Betrag: 9.000 € **Haftung: 100 %**
immVorb: Ja **MdE: –**

LG Köln 20.9.2005 – 21 O 184/05 = BeckRS 2011, 11330

3226

Sexueller Missbrauch / Sexualmissbrauch (hier: Der Beklagte zwang die damals Siebenjährige, ihn bis zum Samenerguss zu befriedigen. Dies geschah über einen Zeitraum von zwei Jahren in nachweislich mindestens sechs Fällen); erhebliche psychische Beeinträchtigung / Angst.)

7j. Kind (Mädchen). Die Klägerin ist – inzwischen 18 Jahre alt – noch immer in therapeutischer Behandlung und leidet unter erheblichen psychischen Beeinträchtigungen, Selbstmordversuchen, Isolationsgefühlen, Alpträumen und Schwierigkeiten in der Schule.

Betrag: 9.500 € **Haftung: 100 %**
immVorb: Ja **MdE: –**

LG Mainz 24.1.2003 – 2 O 454/02 = unveröffentlicht

4782

Sexualmissbrauch, schwerer (Einführen des Penis und der Finger in den After des 11jährigen Jungen. Erhebliche psychische Beeinträchtigungen. Der Kläger leidet „langfristig unter den psychischen Folgen der Tat", so das OLG. Es handelte sich dabei jedoch nicht nur um einen Tat sondern um mehrere Taten, zuletzt war der Kläger 14 jahre alt).

11j. Junge. Schwerer sexueller Missbrauch des Klägers durch den Beklagten. Der Beklagte bot sich an, den Kläger im Schwimmbad einzucremen. Dazu legte sich der Kläger in Badehose auf eine Schlafcouch im Wohnraum des Campingwagens auf den Bauch und der Beklagte zog ihm – ihn völlig überraschend – die Hose herunter und hielt ihn im Schulterbereich fest. Anschließend führte er seinen Penis unter erheblichen Schmerzen in den After ein. Die Schmerzen waren so groß, dass sich der Kläger in den Finger biss; es kam zu weiteren, jedoch weniger gravierenden Vorfällen, denen sich der Kläger zum Teil entziehen konnte. [Der Beklagte wurde zu 7 Jahren Freiheitsstrafe verurteilt, was das LG erstinstanzlich bei der Bemessung zutreffend nicht vermindernd bewertete. Das Schmerzensgeld ist jedoch viel zu gering!].

Betrag: 10.000 € **Haftung: 100 %**
immVorb: – **MdE: –**

OLG Hamm 28.3.2014 – 9 W 4/14 = BeckRS 2014, 8892

4783

Sexualmissbrauch, schwerer (Einführen des Penis und der Finger in den After des 8 jährigen Jungen. Erhebliche psychische Beeinträchtigungen. Der Kläger leidet „langfristig unter den psychischen Folgen der Tat", so das OLG. Es handelte sich dabei jedoch nicht nur um einen Tat sondern um mehrere Taten).

8j. Junge. Schwerer sexueller Missbrauch des Klägers durch den Beklagten (= Zeuge N). Auszugsweise schildert das OLG dies wie folgt: „Am Wochenende nach diesem Vorfall übernachtete der Zeuge N erneut in der Wohnung des Angeklagten in dem von diesem regelmäßig genutzten Zimmer im Keller. Erneut entkleidete er den Jungen und forderte ihn auf, sich auf den Bauch zu legen. Nachdem er ihn zunächst eingecremt hatte, führte er dem Kind zunächst einen Finger und sodann unter Schmerzen seinen Penis in den After ein". Es kam zu weiteren Vorfällen. [Der Beklagte wurde zu 7 Jahren Freiheitsstrafe verurteilt, was das LG erstinstanzlich bei der Bemessung zutreffend nicht vermindernd bewertete].

Betrag: 10.000 € **Haftung: 100 %**
immVorb: – **MdE: –**

OLG Hamm 28.3.2014 – 9 W 4/14 = BeckRS 2014, 8892

4444

Vergewaltigung (hier: Der Beklagte fuhr mit der Kl. in ein Waldstück und vergewaltigte diese dort in seinem PKW. Die Klägerin erlitt dadurch erhebliche psychische Beeinträchtigungen, deren Folgen zum Zeitpunkt der Urteilsverkündung medizinisch noch nicht abgeschlossen waren).

17j. Frau. Der Täter verbot der Kl. nach der Tat mit jemanden über die Tat zu sprechen und versuchte sie später schriftlich zu bescheinigen, dass der Geschlechtsverkehr von der Kl. freiwillig akzeptiert wurde. Beides wertete das LG zutreffend als schmerzensgelderhöhend; dennoch setzte es das Schmerzensgeld mit 10.000,- EUR zu niedrig an.

Betrag: 10.000 € **Haftung: 100 %**
immVorb: – **MdE: –**

LG Oldenburg 22.7.2002 – 5 O 278/02 = BeckRS 2007, 5758

5671

Sexualmissbrauch (hier: Schwerer sexueller Missbrauch an einem bereits erheblich in seiner Sexualentwicklung gestörten Pflegekind. „Im Laufe [der Beklagte hatte sich zuvor bereits mehrfach am Kläger vergangen] des folgenden Monats kam es fast täglich – mindestens aber in 20 weiteren Fällen – zu gleichgelagerten sexuellen Übergriffen. Jeweils in Abwesenheit von Frau B veranlasste der Beklagte den Kläger, Hose und Unterhose herunterzuziehen. Anschließend rieb der Beklagte am Glied des Klägers und nahm dessen Penis in den Mund", so ein Auszug aus der Urteilsbegründung.

15j. Kind (Schüler). Zur Schmerzensgeldbemessung führte das OLG aus: „Für die Kammer besonders beeindruckend sind in den Entwicklungsberichten die Kapitel über die Sexualentwicklung des Klägers, wo im Bericht vom 9.8.1995 von der tiefgreifend gestörten Sexualentwicklung des Klägers die Rede ist. Im Bericht vom 1.1.1996 wird dann vom Beklagten mitgeteilt, dass diese offenbar weit mehr gestört sei als zunächst bekannt. Sein Sexualverständnis sei gänzlich zerrüttet. Angesichts dieser Darstellungen und Erkenntnisse erscheint es der Kammer besonders verwerflich, derlei Taten an einem Jugendlichen zu begehen, von dem man selbst weiß, dass er diesbezüglich bereits vorgeschädigt ist und über den man diesbezüglich Berichte schreibt. Diese Einstellung des Beklagten setzt sich nahtlos in vorliegendem Rechtsstreit fort. So wird gerade mit der Vorschädigung begründet, dass beim Kläger durch die Taten keine weiteren psychischen Schäden eingetreten seien und deshalb ein Schmerzensgeldanspruch nicht bestünde. Dabei verkennt der Beklagte völlig, dass er auch ohne Eintritt von Dauerschäden für die Tat an sich ein Schmerzensgeld bezahlen muss. Der zusätzlichen Belastung, dass der Kläger, nun auch noch mittels des Zivilrechtsweges seinen Schmerzensgeldanspruch geltend machen muss und der Beklagte weder vorab etwas gezahlt hat noch im Wege eines Teilanerkenntnisses im Verfahren eine gewisse Einsicht und guten Willen gezeigt hätte, kommt hier nach Auffassung der Kammer ebenfalls erhöhender Charakter zu".

Betrag: 10.226 € **Haftung: 100 %**
immVorb: Ja **MdE: –**

LG Mainz 22.2.2000 – 1 O 269/99 = BeckRS 2000, 16242

2726

Vergewaltigung bzw. sexueller Missbrauch (hier: „Massive" Missbrauchshandlungen an einem Jungen, die zu „massiven Verhaltensauffälligkeiten" bei diesem führten!

Kind (Junge). Mögliche Dauerfolgen: Psychische Beeinträchtigung und Verhaltensstörungen.

Betrag: 10.256 € **Haftung: 100 %**
immVorb: – **MdE: –**

OLG Koblenz 23.3.1998 – 5 W 208/98 = BeckRS 9998, 54752

4445

Vergewaltigung (hier: Die türkischstämmige junge Frau wurde von ihrem Adoptivbruder mit dessen Bruder sie selbst verheiratet war, vergewaltigt. Zum Zeitpunkt der tat war sie noch Jungfrau).

20j. Frau. Die Klägerin erlitt in der Folge der Tat erhebliche psychische Beeinträchtigungen; sie nahm stark ab; musste sich häufig erbrechen und brach zudem infolge der psychischen Belastungen ihre Ausbildung ab. Dennoch sprach das LG nu 12.500,- EUR zu.

Betrag: 12.500 € **Haftung: 100 %**
immVorb: – **MdE: –**

LG Düsseldorf 20.3.2002 – 10 O 315/99 = BeckRS 2008, 7672

4748

Sexualmissbrauch (hier: Posttraumatische Belastungsstörung im Erwachsenenalter als Folge des jahrelang erlebten Missbrauch in der Kindheit).

Mädchen. Der Bekl. hat die Kl. zwischen ihrem 6. und 12. Lebensjahr (1978–1984) regelmäßig in der von ihr vorgetragenen Art und Weise sexuell missbraucht. Dauerschaden: Posttraumatische Belastungsstörung. Wörtlich heißt es hierzu im Urteil: „Durch die posttraumatische Belastungsstörung ist der Kl. weitgehend die Lebensfreude genommen worden. Immer wiederkehrende Erinnerungen an den Missbrauch führen zu Übelkeit und Erbrechen. Sexualität und Körperlichkeit kann sie nicht normal erleben und nur mit Einschränkungen Gefühle zulassen. Sie fühlt sich „emotional auf Sparflamme"". [Anmerkungen: 1. Lesenwert zur Frage der Verjährung in derartigen Fällen. 2. Erneut sei darauf hingewiesen, dass die Schmerzensgeldbeträge für derartige Taten bzw. deren – wie der vorliegende Fall anschaulich zeigt – lebenslange Folgen für die Opfer nach wie vor deutlich zu gering sind.].

Betrag: 15.000 € **Haftung: 100 %**
immVorb: – **MdE: –**

OLG Schleswig 20.12.2012 – 16 U 108/11 = BeckRS 2013, 4667

2976

Vergewaltigung und sexuelle Nötigung mit anhaltenden psychischen Schäden.

Mann. Der Vergewaltigte erlitt anhaltende psychische Schäden.

Betrag: 15.339 € **Haftung: 100 %**
immVorb: – **MdE: –**

OLG Bamberg 4.4.2001 – 8 U 141/00 = BeckRS 9998, 18069

5845

Sexueller Missbrauch / Vergewaltigung (hier: Über einen Zeitraum von vier Jahren regelmäßiger sexueller Missbrauch und Geschlechtsverkehr begangen durch den eigenen Vater, der insofern massiven Druck auf seine Tochter ausübte, diese isolierte und bedrohte).

12j. Kind (Mädchen). Zum Umfang des sexuellen Missbrauchs bzw. den Vergewaltigungen führte das LG aus: „Ab März 1993 beging der Beklagte sexuelle Handlungen an der Klägerin. In der daraufolgenden Zeit bis Juli 1994 kam es mindestens dreimal in der Woche zu sexuellen Handlungen zwischen den Parteien. In diesem Zeitraum beschränkten sich die sexuellen Handlungen auf manuelle Befriedigung des Beklagten durch die Klägerin. Damit die Klägerin den Missbrauch durch den Beklagten nicht offenbarte, kontrollierte der Beklagte das Privatleben der Klägerin und ihren Umgang außerhalb des Elternhauses. Freundschaften zu Klassenkameraden erlaubte er nicht. Insbesondere untersagte der Beklagte der Klägerin den Kontakt zu anderen Jungen aus Eifersucht. Dies führte zu einer Isolierung der Klägerin und dazu, dass diese ihre Freizeit weitestgehend zu Hause oder in Begleitung des Beklagten verbrachte. Sofern sich die Klägerin den sexuellen Wünschen des Beklagten widersetzte, wurde sie von diesem beschimpft und mit Missachtung gestraft. Zugleich drohte der Beklagte der Klägerin damit, dass, falls diese die sexuellen Übergriffe offenbaren würde, ihre Familie und damit ihr Zuhause verlieren würde. In der Zeit von August 1994 bis einschließlich Mai 1997 wuchsen sich die sexuellen Handlungen dreimal pro Woche zum Geschlechtsverkehr zwischen den Parteien aus". Dauerschaden: Keinen Schulabschluss, Kontaktschwierigkeiten gegenüber Menschen im allgemeinen und Männern im besonderen, Panik und Ängste, wenn viele Menschen um sie herum sind, Angst vor Zärtlichkeiten und Geschlechtsverkehr.

Betrag: 15.339 € **Haftung: 100 %**
immVorb: – **MdE: –**

LG Essen 8.10.1998 – 6 O 238/98 = BeckRS 2010, 12449

3624

Vergewaltigung, mehrfache über einen Zeitraum von nahezu 5 Monaten.

15j. Frau. Dauerschaden: Psychische Beeinträchtigungen in Form von Schuldgefühlen und Störungen des eigenen Sexuallebens in der Pubertät und ggf. auch auf Dauer. Die Verurteilung des Bekl. – unter deren Schutz die Kl. stand – zu 5 Jahren Freiheitsstrafe wirkt sich – darauf sei abermals hinzuweisen – nicht auf die Genugtuungsfunktion des Schmerzensgeldes aus.

Betrag: 17.895 € **Haftung: 100 %**
immVorb: Ja **MdE: –**

LG Mainz 1.3.2000 – 9 O 475/98 = unveröffentlicht

7929

Vergewaltigung in zwei Fällen. In einem der Fälle ejakulierte er im Körper der Nebenklägerin. Der Beklagte wendete zudem gegen die Klägerin mehrere Gewalthandlungen an und beschimpfte sie als „Schlampe" und „Hure".

Frau. Bei der Schmerzensgeldbemessung berücksichtigte das LG "zunächst den Tathergang selbst, der auf ein vorsätzliches Verhalten des Beklagten zurückgeht. Ins Gewicht fällt auch, dass die Parteien Eltern gemeinsamer Kinder sind und auch nach der erfolgten Trennung durch eine besondere persönliche Beziehung verbunden waren, der ein gewisses wechselseitiges Vertrauen immanent war, welches der Beklagte unzweifelhaft verletzt hat. Der Beklagte verwendete nach den strafgerichtlichen Feststellungen, denen das Gericht folgt, zudem in keinem Fall ein Kondom. In einem der Fälle ejakulierte er im Körper der Nebenklägerin. Der Beklagte wendete zudem gegen die Klägerin mehrere Gewalthandlungen an und beschimpfte sie als „Schlampe" und „Hure". Schließlich waren die gemeinsamen Kinder bei beiden Taten in den insoweit benutzten Wohnungen zugegen, was den Taten ein besonderes, die Klägerin nach ihren überzeugenden Angaben noch heute belastendes, Gepräge verleiht. Die Klägerin hat durch die beiden Vergewaltigungen zudem Lebensbeeinträchtigungen erlitten, die über die Tat als solche und ihre unmittelbaren Folgen hinausgehen. Sie hat aufgrund der Taten Änderungen in ihrer Lebensgestaltung (durch einen Umzug) vorgenommen und ist auch heute noch in ihrem allgemeinen Wohlbefinden durch die Taten beeinträchtigt. Dass ein Zustand mit Krankheitswert vorliegt, behauptet die Klägerin nicht ausdrücklich. Sie schildert aber Umstände, die ohne Weiteres als Lebensbeeinträchtigung zu berücksichtigen sind."

Betrag: 20.000 € **Haftung: –**
immVorb: – **MdE: –**

LG Düsseldorf 18.7.2025 – 14e O 181/22 = BeckRS 2025, 39644

7261

Persönlichkeitsrechtsverletzung, schwere (hier: Verletzung des allgemeinen Persönlichkeitsrechts durch Aufdeckung der Identität eines Missbrauchsopfers.)

Frau (Kirchliche Angestellte). Die Klägerin hatte unter einem Pseudonym in zahlreichen Medien und auch in einem von ihr verfassten Buch über den an ihr von einem Priester des Bistums der Beklagten Missbrauch aus dem eine Schwangerschaft – die sie auf Druck des Priesters abgetrieben habe – hervorging, berichtet. Am 18.3.2022 fand eine durch das Bistum initiierte digitale Veranstaltung („Hearing") statt, die sich mit der Aufarbeitung von Missbrauchsfällen auseinandersetzte und zu der Priester, Diakone und Pastorale Mitarbeitende und auch die Klägerin eingeladen und bei der den übrigen Eingeladenen auch ihr wahrer Name mitgeteilt worden war. Die Kl. sah darin eine schwere Persönlichkeitsrechtsverletzung, da das Pseudonym der Kl. somit für sie wertlos geworden sei. Ihr sei es jedoch stets wichtig gewesen, dass bis auf einzelne ausgewählte Personen niemand ihre Leidensgeschichte mit ihrer wahren Identität in Verbindung bringen könne. Dem Teilnehmerkreis des Hearings sei der Name der Kl. zuvor nicht bekannt gewesen. Das ArbG gab der Klägerin Recht und sprach ein Schmerzensgeld von 20.000 EUR zu. „Das Recht auf informationelle Selbstbestimmung als Teilbereich des allgemeinen Persönlichkeitsrechts schützt die Entscheidung darüber, wann und innerhalb welcher Grenzen der Träger des Rechtspersönliche Lebenssachverhalte offenbaren möchte. In den Schutzbereich fällt die nicht genehmigte Weitergabe privater Informationen an Dritte. Hierunter fällt das Recht auf Selbstbestimmung bei der Offenbarung von persönlichen Lebenssachverhalten, die lediglich der Sozial- und Privatsphäre angehören." Zur Bemessung des Schmerzensgeldes führte das ArbG aus: „Die festgesetzte Höhe erklärt sich vielmehr daraus, dass die Informationen, die nunmehr mit der Kl. persönlich verknüpft werden können, in einem sehr hohen Maße die Privatsphäre tangieren. Sie betreffen den sexuellen Missbrauch und den Schwangerschaftsabbruch in der Vergangenheit. Außerdem betreffen sie die Art und Weise der Aufarbeitung dieser Ereignisse sowie die noch anhaltende psychische Belastung, die die Kl. selbst als fortbestehenden pathologischen Zustand beschreibt, der sich – nach ihren eigenen veröffentlichten Schilderungen auch aktuell auf ihr Sozialleben auswirkt. Es handelt sich um besonders sensible Inhalte, mit denen sorgsam umgegangen werden muss. Insofern ist nachvollziehbar, dass die Kl. diese Einblicke in ihre Vergangenheit und ihren aktuellen Gesundheitszustand nicht in ihrem Alltag mit ihr begegnenden Mitmenschen ohne ihr Einverständnis teilen möchte. Dies muss dem Bekl. zu 1) bewusst gewesen sein. Diese Verbindung zwischen der Kl. und dem Pseudonym ist nicht mehr rückgängig zu machen.", so das ArbG.

Betrag: 20.000 € **Haftung: 100 %**
immVorb: – **MdE: –**

ArbG Trier 6.9.2023 – 1 Ca 129/23 = BeckRS 2023, 22917

5172

Vergewaltigung, schwere (Hier: Sadistische Vergewaltigung – das Gericht sprach von einem „unvorstellbaren Horrorszenario" – unter Todesangst und – so das Gericht – mit schwerster Traumatisierung).

Frau (Angestellte). Der Angeklagte hatte die in seinem Betrieb Angestellte gefesselt und geknebelt, ihr die Augen verbunden und ihr über einen Stimmenverzerrer Anweisungen gegeben, sie sodann betäubt und sadistisch vergewaltigt. Noch in der Haftanstalt versuchte er, wenn auch erfolglos, einen Killer anzuheuern, der die Angestellte und zudem seine – ebenfalls von ihm vergewaltigte – Ehefrau töten sollte. Als die Angestellte nach der Tat die Möglichkeit zur Flucht hatte, sprang sie in Panik aus dem Fenster und erlitt dabei eine Fußfraktur. Der Täter wurde im Adhäsionsverfahren zu 10 Jahren Haft und 20.000 EUR Schmerzensgeld verurteilt. Möglicher Dauerschaden: Schwerste Traumatisierung. [Anmerkung: Das Schmerzensgeld ist auch in dieser Entscheidung deutlich zu gering; siehe insofern LG Wuppertal BeckRS 2013, 3421].

Betrag: 20.000 € **Haftung: 100 %**
immVorb: – **MdE: –**

LG Oldenburg 24.4.2016 – 4 KLs 80/15 = unveröffentlicht

6237

Vergewaltigung (hier: Die Klägerin wurde über einen Zeitraum von 12 Tagen mehrfach vergewaltigt und gegen ihren Willen zur Prostitution gezwungen worden).

Frau. [Lesenswert zur Thematik der Bindungswirkung des Strafurteils für die Zivilgerichte: „Die in einem Strafurteil getroffenen Feststellungen können in einem späteren Zivilprozess durch Urkundenbeweis verwertet werden. Wegen der fehlenden Bindungswirkung des Strafurteils für die Zivilgerichte hat der Zivilrichter die vom Strafrichter getroffenen Feststellungen einer kritischen Überprüfung innerhalb der Beweiswürdigung zu unterziehen (§§ 415, 417, 286 ZPO)", so das OLG Zweibrücken].

Betrag: 20.000 € **Haftung: 100 %**
immVorb: – **MdE: –**

OLG Zweibrücken 1.7.2010 – 4 U 7/10 = BeckRS 2010, 21764

6244

Sexueller Missbrauch, schwerer (hier: Durch zwei Täter über einen längeren Zeitraum an dem Kind begangener massiver sexueller Missbrauch in 13 Fällen, davon in 11 Fällen schwerer sexueller Missbrauch mit Oralverkehr. Infolge des psychischen Drucks zeigte das Kind ein „aggressives Verhalten, massive Schlafstörungen und ein Abfallen in der Schule im Leistungsbereich").

10j. Kind (Schüler). Schwerer sexueller Missbrauch – begangen durch zwei Nachbarn – über einen Zeitraum von sieben Monaten. Er wirke traurig bis depressiv, ziehe sich in sich zurück und sei starken Stimmungsschwankungen unterworfen. Der Rechtsanwalt des Klägers trug vor, „es sei nicht auszuschließen, dass die diagnostizierten gesundheitlichen Beeinträchtigungen, nämlich die posttraumatische Belastungsstörung, dazu führen könnten, dass der Kläger in der Zukunft in das Erwerbsleben nicht eingegliedert werden könne". Das LG folgte dem geforderten Schmerzensgeldbetrag und führte dazu aus: „Verletzungen der sexuellen Selbstbestimmung nehmen im Bereich der Schmerzensgeldfälle insoweit eine Sonderstellung ein, als in der Regel der aus der Tat resultierende unmittelbare körperliche Schaden relativ gering ist im Vergleich zu den häufig gravierenden und zum Teil die Opfer ihr Leben lang begleitenden psychischen Beeinträchtigungen." Insoweit kommt der Genugtuungsfunktion eine entscheidende Rolle zu (→ Rn. 309 ff.).

Betrag: 20.000 € **Haftung: 100 %**
immVorb: Ja **MdE: –**

LG Münster 21.8.2008 – 012 O 181/08 = BeckRS 2012, 23110

3171

Vergewaltigung und Sexueller Missbrauch (hier: Zumindest eines der 23 Missbrauchten leidet an schweren Identitätsstörungen und Bulimie und kann keine eigenen sexuellen Erfahrungen mehr machen. 79facher sexueller Missbrauch von seinen beiden eigenen und anderen Kindern. Er zwang die Kinder zum Oralverkehr, wobei sie seinen Samen schlucken mussten.)

7j. Mädchen sowie 13j. Mädchen. Diese und weitere Mädchen wurden mehrfach sexuell extrem misshandelt, zum Oralverkehr gezwungen und an den Geschlechtsteilen berührt. Erschwerend kam der Ekel der Kinder beim Schlucken des Samens und die Tatsache hinzu, dass der Täter bis zu seiner Verurteilung leugnete. Er wurde im Rahmen des Strafverfahrens (Adhäsionsverfahren) zu einem Schmerzensgeld verurteilt.

Betrag: 20.000 € **Haftung: 100 %**
immVorb: – **MdE: –**

LG Wuppertal 24.1.2003 – 56/02 IV = unveröffentlicht

6061

Vergewaltigung (hier: Vergewaltigung mit erzwungenem Oralverkehr mit Verschleppung und Freiheitsberaubung sowie massiven psychischen Beeinträchtigungen bzw. massive posttraumatische Belastungsstörungen [PTBS] und Selbstmordgefahr).

16j. Frau. 54 Tage stationär in einer Psychiatrie mit insgesamt drei Aufenthalten. Suizidgefahr / Selbstmordgefahr. Dauerschaden: Die Klägerin steht unter Betreuung und leidet unter massiven posttraumatischen Belastungsstörungen [PTBS] aufgrund der brutalen Vergewaltigung, bei der sie gefesselt, geknebelt und für einen Tag verschleppt worden war. Ein Schulabschluss oder gar eine Ausbildung ist ihr nicht möglich. [Anmerkung: Erneut stellt sich die Frage, weshalb in solchen Fällen, bei denen durch die Tat das Leben des Opfers – vergleichbar mit einer schweren körperlichen Verletzung wie beispielsweise einer Querschnittlähmung – vollständig zerstört wurde, nicht ebenfalls Schmerzensgelder in Höhe von 300.000 bis 500.000 EUR oder mehr zuerkannt werden. Denn es kann keinen Unterschied machen, ob dem Opfer tatsächlich oder „nur" im übertragenen Wortsinne das Rückgrat gebrochen wurde, wie dies im hier vorliegenden Fall deutlich der Fall ist. Mehr dazu vorne unter → Rn. 305].

Betrag: 20.452 € **Haftung: 100 %**
immVorb: Ja **MdE: 100 %**

LG Marburg 10.10.2001 – 2 O 168/01 = BeckRS 2015, 18023

2725

Vergewaltigung (hier: brutalste, grausame, sadistische Gewaltanwendung über mehrer Stunden. Foltergleiche Traktierung der Brüste mit Heftklammern und einem Kartoffelmesser. Analverkehr, Oralverkehr, brutales Eindringen mit der Faust etc.).

17j. Frau. Ca. 6 Wochen stationär. Erhebliche psychische Folgen. Selbstmordgefahr. Foltergleiche brutale Verhaltensweise! [Schmerzensgeld erheblich zu gering! vgl. → Nr. 2538].

Betrag: 20.452 € **Haftung: 100 %**
immVorb: – **MdE: –**

OLG Koblenz 2.10.1998 – 8 U 1682/97 = BeckRS 9998, 54751

2601

Vergewaltigung, schwere („Tatausführung mittelschwer bis schwer … eher schwer". Die Tat wurde brutal und „über mehrere Stunden" durchgeführt).

Frau (junge). Erhöhend: Todesangst, Tat zur Zeit der Menstruation, Ekel wegen Oralverkehr. Die neuere Rspr. des BGH (NJW 96, 1591) wurde ebenfalls zutreffend erhöhend gewertet!

Betrag: 20.452 € **Haftung: 100 %**
immVorb: Ja **MdE: –**

LG Osnabrück 21.10.1997 – 7 O 137/97 = BeckRS 1997, 127078

5489

Vergewaltigung, schwere (hier: Mehrfache brutale Vergewaltigung. (hier ein kleiner Auszug zum Tathergang: „Der Angeklagte entkleidete die bewusstlose Nebenklägerin und fixierte sie mittels Kabelbindern am Heizungsrohr. Er verknotete einen Schal fest über ihrem Mund. Als die Nebenklägerin das Bewusstsein wiedererlangte, schlug er ihr mit der Metallgliederkette zweimal fest auf die rechte Gesäßhälfte, was ihr heftige Schmerzen verursachte. Auch schlug er ihr mit der Faust mehrmals in den Rücken und trat ihr mit dem nackten Fuß gegen den Oberschenkel. … entfernte die Kabelbinder … vollzog er mit ihr erneut den Geschlechts- und den Oralverkehr, wobei ihm bewusst war, dass die Nebenklägerin wegen der unmittelbar zuvor erlebten „Züchtigung" keine Gegenwehr mehr zeigte".)

Frau (Pflegekraft und Prostituierte). Anmerkung: Erneut gibt es ein Urteil – hier des LG Landau vom 1.12.2017 – zu beklagen, dass für eine schwere und mehrfach unter massiver Gewaltanwendung bestialisch durchgeführte Vergewaltigung mit nur 25.000 Euro ein geradezu lächerlich geringes Schmerzengeld zuerkennt. [Tenor des BGH: 1. Auf die Revision der Staatsanwaltschaft wird das Urteil des Landgerichts Landau in der Pfalz vom 1. Dezember 2017 mit den Feststellungen aufgehoben; jedoch bleibt die Adhäsionsentscheidung bestehen.].

Betrag: 25.000 € **Haftung: 100 %**
immVorb: – **MdE: –**

BGH 25.10.2018 – 4 STR 239/18 = BeckRS 2018, 30006

5569

Vergewaltigung, mehrfache (Die Klägerin wurde von zwei Tätern mehrfach vaginal und anal vergewaltigt wobei die Täter den stark alkoholisierten Zustand der Klägerin und deren Unfähigkeit, sich zu wehren, ausnutzten. Das Gericht sprach in seiner Urteilsbegründung vom „Durchleben dieser albtraumartigen Behandlungen". Die Klägerin erlitt – neben den unmittelbaren Verletzungen – posttraumatische psychoreaktive Störung.

Frau. Ein Jahr Therapie. Es wurde ein Grad der Schädigung bei der Klägerin von 40 bis zum 30.11.2015, von 30 bis zum 31.2.2016 und noch heute von 20 festgestellt. Bei der Bemessung des Schmerzensgeldes berücksichtigte das LG auch, dass die Klägerin aufgrund der Beweisanträge der Verteidiger „gezwungen" wurde, sich die ihr bis dahin noch nicht bekannten Audio- und Videoaufzeichnungen anzusehen. Diese Konfliktverteidigungsstrategie hat – so das LG – das Leiden der Klägerin in erheblicher Weise verlängert und auch wieder neu hervorgerufen.

Betrag: 25.000 € **Haftung: 100 %**
immVorb: Ja **MdE: –**

LG Münster 7.12.2017 – 02 O 229/17 = BeckRS 2017, 136653

6015

Sexueller Missbrauch (hier: Mehrfacher sexueller Missbrauch im Alter zwischen einem und drei Jahren mit nachfolgend psychischen Beeinträchtigungen und Verhaltensauffälligkeiten).

1 bis 3j. Kind (Junge). Sexueller Missbrauch. Dauerschaden: Psychische Beeinträchtigungen. dazu führte das OLG aus: „Steht fest, dass ein Geschädigter im Alter von einem bis rund drei Jahren mehrfach sexuell missbraucht worden ist und treten später erhebliche psychische Beeinträchtigungen des Tatopfers auf, kann nach der Lebenserfahrung der Schluss auf eine Ursächlichkeit der sexuellen Missbrauchshandlungen für die psychischen Schäden gezogen werden".

Betrag: 25.000 € **Haftung: 100 %**
immVorb: – **MdE: –**

OLG Naumburg 2.7.2014 – 10 W 16/14 (PKH) = BeckRS 2014, 19054

4665

Sexueller Missbrauch, schwerer (hier: In insgesamt 14 nachgewiesenen Fällen verging sich der Angeklagte an seiner Stieftochter und zwang diese sowohl zu analem, oralem und vaginalen Geschlechtsverkehr).

10j. Kind (Mädchen). Adhäsionsverfahren: Der Angeklagte wurde zu 9 Jahren Freiheitsstrafe verurteilt. Zudem zu einer Schmerzensgeldzahlung in der oa Höhe an die Nebenklägerin. Anspruchserhöhend bewertete das LG, dass der Angeklagte die Nebenklägern „nach Gutdünken entspr. der eigenen Bedürfnisse von der Schulausbildung fern gehalten hatte, mit den regelmäßigen sexuellen Übergriffen eine weitere Form der Demütigung und Herabsetzung seiner Stieftochter praktizierte" und diese als „jederzeit verfügbares, weitgehend wehrloses Sexualobjekt herangezogen" hatte. Weiterhin erhöhend werte das LG das Nachtatverhalten des Angeklagten und dass dieser weder Reue zeigte noch sich bei seinem Opfer entschuldigt habe. Schließlich bewertet das LG erhöhend das jugendliche Alter, die Möglichkeit psychischer Spätfolgen „sowie die bei dem Sexualverkehr regelmäßig erlittenen Schmerzen" … und den sehr großen Ekel.

Betrag: 25.000 € **Haftung: 100 %**
immVorb: – **MdE: –**

LG Erfurt 17.12.2010 – 190 JS 10741/10 = BeckRS 2010, 144753

4236

Sexualmissbrauch (hier: Sexueller Missbrauch in sieben nachgewiesenen Fällen innerhalb eines Tatzeitraumes von 9 Monaten).

10j. Junge (Schüler). Sehr langwierige psychiatrische Heilbehandlung! Der Kläger leidet unter einem erheblichen Psychosyndrom mit Depressionen, Selbstmordgedanken, Beziehungsstörungen und Belastungseinschränkung. Möglicher Dauerschaden wahrscheinlich! Vorsätzliche Körperverletzung. [Anmerkung: Das Schmerzensgeld ist deutlich zu gering! Vgl. hierzu meine Anmerkungen in Beck'sche Schmerzensgeldtabelle 7. Auflage Seite 102].

Betrag: 25.000 € **Haftung: 100 %**
immVorb: Ja **MdE: –**

LG München I 5.12.2008 – 3 O 14604/08 = unveröffentlicht

5742

Vergewaltigung, die das OLG als „brutale Vorsatztat" bezeichnet hatte.

Frau. Der Beklagte wurde wegen „Vergewaltigung in einem besonders schweren Fall zu einer Freiheitsstrafe von 7 Jahren und 9 Monaten verurteilt".

Betrag: 25.000 € **Haftung: 100 %**
immVorb: – **MdE: –**

OLG Hamm 29.12.2005 – 6 W 52/05 = BeckRS 2006, 1477

2988

Sexueller Missbrauch / Sexualmissbrauch / Sexuelle Nötigung in einem besonders schweren Fall in Tateinheit mit gefährlicher Körperverletzung. Die Tat wurde gemeinschaftlich begangen.

Frau. Der Schmerzensgeldanspruch besteht gegen alle Tatbeteiligten in gleicher Höhe, selbst wenn einem die Körperverletzung über § 830 BGB nicht zurechenbar ist, so das OLG.

Betrag: 25.568 € **Haftung: 100 %**
immVorb: – **MdE: –**

OLG Brandenburg 27.7.2000 – 12 W 29/99 = BeckRS 9998, 54704

7928

Schwerer Missbrauch und einfacher Missbrauch in Form von Oralverkehr und anschließender manueller Befriedigung durch das Kind in dessen Zuge der Angeklagte jeweils „auf den Körper der damals kindlichen Nebenklägerin ejakuliert hat, was für ein Kind besonders erniedrigend und verstörend ist" (so das LG in Rn. 156 der Fundstelle).

8j. Mädchen. Adhäsionsverfahren: „Der Angeklagte wurde für insgesamt vier Fälle des schweren sexuellen Missbrauchs und 17 weitere Fälle des sexuellen Missbrauchs von Kindern verurteilt. Die Nebenklägerin N1. empfindet wegen der Taten bis heute Scham gegenüber ihren Eltern, mit welchen sie über die Sache nicht reden kann, sowie gegenüber ihrem Partner, was deren Beziehung belastet. Sie hat eine Sozialangst entwickelt und geht nahezu nie alleine raus. Der Angeklagte taucht in ihren Träumen auf. Sie hat auch, bedingt durch die Taten, Angst vor Dunkelheit. Weiterhin hat die Nebenklägerin Aggressionen entwickelt, die sie auch gegenüber ihrem Partner auslässt. Vor kurzem hat sie ihre begonnene Ausbildung im Pflegebereich abgebrochen, weil sie tatbedingt Probleme mit männlichen Patienten hat, denen sie nicht alleine begegnen kann. Bislang hat die Nebenklägerin keine professionelle Traumatherapie in Angriff genommen, sondern nimmt lediglich durch den Hausarzt verschriebene Antidepressiva ein. Eine Therapie ist allerdings in Zukunft geplant.", so das LG. Zur Bemessung des Schmerzensgeldes führte das LG aus: „unter Berücksichtigung der Ausgleichs- und Genugtuungsfunktion des Schmerzensgeldes und unter Heranziehung sämtlicher gemäß § 287 ZPO maßgeblicher Bemessungskriterien – vor allem Anzahl, Frequenz und Schwere der begangenen Taten, das junge Alter der Nebenklägerin sowie die Schwere der bis heute andauernden Tatfolgen – einen Betrag von insgesamt 26.000 Euro für erforderlich, aber auch ausreichend, um die immateriellen Schäden der Nebenklägerin auszugleichen."

Betrag: 26.000 € **Haftung: –**
immVorb: – **MdE: –**

LG Münster 6.10.2025 – 8 KLs-540 Js 2436/23-19/25 = BeckRS 2025, 44273

5403

Vergewaltigung bzw. fehlender Schutz vor Vergewaltigung wegen verweigerter Heimunterbringung.

21j. Frau. Nicht nur der Opferschutz sondern auch die erforderliche Präventionsarbeit um erst gar nicht zu einem Opfer zu werden, sind Aufgaben des Staates. Bei Nichtbeachtung hat ein Betroffener auch einen Schmerzensgeldanspruch. So sprach der EGMR im Jahr 2018 einer jungen Italienerin, die Opfer einer Gruppenvergewaltigung wurde, ein Schmerzensgeld von 30.000 EUR – zu zahlen vom italienischen Staat – zu, da die talienische Behörden sie wegen Nichtaufnahme in ein Heim nicht ausreichend vor sexueller Ausbeutung und Kinderprostitution geschützt hatten.

Betrag: 30.000 € **Haftung: 100 %**
immVorb: – **MdE: –**

EGMR 1.2.2018 – 54227/14 = BeckRS 2018, 45648

5152

Sexualmissbrauch durch den eigenen Vater in 77 zwischen 1999 und 2006 an dem 1991 geborenen Opfer begangenen Fällen.

5j. (Kind) Junge. Keine weiteren Angaben. [Anmerkung: Bei dem Opfer / Kläger handelt es sich um den zwei Jahre jüngeren Bruder des Opfers des Falles → Nr. 5151:

Demnach liegt ein ähnliches Tätervorgehen – auch diesmal war der eigene Vater des Jungen der Täter – nahe. Mehr zu diesem Thema finden Sie ausführlich im Handbuch Kapitel VII.8. Verletzung der sexuellen Selbstbestimmung / Vergewaltigung]

Betrag: 30.000 € **Haftung: 100 %**
immVorb: Ja **MdE: –**

OLG Hamm 27.5.2015 – 9 W 68/14 = BeckRS 2015, 9882

6232

Sexueller Missbrauch (hier: Wiederholter sexueller Missbrauch über einen Zeitraum von ca. 6 Monaten, wobei die Taten von Berührungen im Genitalbereich bis zur Ausführung von Oralverkehr reichten. Es kam zu massiven psychischen Beeinträchtigungen zu denen das LG ausführt: „So habe sie nach Offenbarung der Taten unter Albträumen gelitten und zeitweilig nicht mehr Lesen, Schreiben und Basteln können. Dieser Zustand habe sich erst nach psychotherapeutischer Behandlung [insgesamt 115 Sitzungen] verbessert").

Kind (Schülerin). [Anmerkung: Das Schmerzensgeld dieses Falles ist – ebenso wie die Bezeichnung der parallel zu diesen Taten auch an der achtjährigen Schwester der Klägerin begangenen Taten als „Übergriff" – einmal mehr unverständlich! Nur 30.000 EUR für einen über ca. 6 Monate fortgesetzten schweren sexuellen Missbrauch mit erheblichen psychischen Folgen bei einem jungen Mädchen sind völlig inakzeptabel. Die Klägerin forderte 46.000 EUR, – ein Betrag der angesichts der Tatsache, dass der Beklagte die enge freundschaftliche Verbindung zur Familie der Klägerin ausgenutzt hatte, um diese bis zur Ausübung des Oralverkehrs zu missbrauchen, ebenfalls noch als weit zu gering angesetzt, zu werten ist. Vergleiche dazu oben → Rn. 306]. Zu den drei mit diesem Fall verbundenen Klagen (der achtjährigen Schwester sowie des Vaters und der Mutter) siehe → Nr. 6335, → Nr. 6336 und → Nr. 6337.

Betrag: 30.000 € **Haftung: 100 %**
immVorb: Ja **MdE: –**

LG Bonn 29.1.2007 – 3 O 334/06 = BeckRS 2009, 28595

5986

Vergewaltigung und sexueller Missbrauch in mehreren Fällen – einmal mittels Bedrohung mit einem Messer. Täter war für die Klägerin eine – einem Vater vergleichbare – Bezugsperson.

13j. Kind (Schülerin). Langwierige psychologische Therapie. Dauerschaden: Posttraumatische Belastungsstörung und psychische Belastung im Umgang mit Männern. Bei der Bemessung [Anmerkung: des viel zu geringen Schmerzensgeldes] berücksichtigte das LG, dass der Täter für die Klägerin eine – einem Vater vergleichbare – Bezugsperson war.

Betrag: 30.000 € **Haftung: 100 %**
immVorb: Ja **MdE: –**

LG Düsseldorf 18.9.2002 – 5 O 181/02 = BeckRS 2013, 17043

3437

Vergewaltigung

Frau. Das Gericht sprach vorliegend von einer „brutalen Vergewaltigung".

Betrag: 30.678 € **Haftung: 100 %**
immVorb: – **MdE: –**

OLG Köln 30.9.2002 – 19 W 38/02 = BeckRS 2003, 369

3438

Vergewaltigung (hier: wiederholte Vergewaltigung durch den eigenen Stiefvater).

Mädchen. Die Klägerin wurde über einen Zeitraum von 6 Jahren wiederholt von ihrem Stiefvater gequält und vergewaltigt. [Anmerkung: Die Höhe dieses Schmerzensgeldes ist angesichts der die Kl. ihr Leben lang verfolgenden psychischen Beeinträchtigungen unangemessen niedrig!].

Betrag: 30.678 € **Haftung: 100 %**
immVorb: Ja **MdE: –**

OLG Karlsruhe 12.6.2001 – 7 W 17/01 = BeckRS 2001, 30186093

2985

Sexueller Missbrauch / Sexualmissbrauch in 53 Fällen in Tateinheit mit Kindesentziehung von etwa einem Jahr.

9j Junge. [Anmerkung: Vergleichen Sie auch ähnlich gelagerte Fälle der → Nr. 1623, 2726 und 2629 mit allerdings zum Teil deutlich zu niedrigen Beträgen!]

Betrag: 30.678 € **Haftung: 100 %**
immVorb: – **MdE: –**

LG Hamburg 5.7.2000 – 326 O 9/00 = BeckRS 9998, 54601

4758

Sexualmissbrauch, sehr massiver

Mädchen. Sehr massiver sexueller Missbrauch des Kindes.

Betrag: 35.000 € **Haftung: 100 %**
immVorb: – **MdE: –**

OLG München 7.8.2012 – 24 U 2436/12 = BeckRS 2012, 214076

2629

Vergewaltigung (hier: Sexueller Missbrauch der Enkelin durch den Großvater über die Dauer von 2 Jahren. Wiederholter erzwungener Oralverkehr. Extremer Ekel wegen des Schluckens des Samens! Angst. Bedrohung mit einer Pistole.)

11j. Kind (Mädchen). Bezugnehmend auf BGH (NJW 96, 1591) wurde erhöhend gewertet: Ekel; mehrere Aussagen vor Gericht; Ausnutzung des kindlichen Vertrauens; Bedrohung mit Pistole!

Betrag: 35.790 € **Haftung: 100 %**
immVorb: Ja **MdE: –**

LG Aachen 9.12.1998 – 8 O 65/96 = unveröffentlicht

2479

Vergewaltigung (hier: Unvorstellbar brutale Vergewaltigung. Der Täter versuchte das Kind mit Tetrachlorkohlenstoff zu betäuben und verletzte es dabei schwer [Verätzungen, Leberentzündung, lebensbedrohliche]; Genitalverletzungen; psychische Schäden!

11j. Mädchen. Lebensgefahr (Leberentzündung). Erst nach knapp 6 Monaten war das Kind wieder „in einem ordentlichen Zustand". Unter Umständen bleibt ein Leberschaden ggf. gar Leberzirrhose.

Betrag: 35.790 € **Haftung: 100 %**
immVorb: – **MdE: –**

OLG Stuttgart 1.8.1997 – 2 U 75/97 = BeckRS 9998, 3022

5113

Vergewaltigung / psychische Beeinträchtigungen, erhebliche (hier: mehrfache brutale und ungeschützte Vergewaltigung sowohl vaginal wie auch anal mit inneren Verletzungen. Zudem erlitt die Nebenklägerin mehrfach Faustschläge ins Gesicht und an anderen Körperstellen und wurde permanent bedroht.).

Frau (Prostituierte). Die Nebenklägerin wird seit August 2013 von der Organisation für Opfer von Menschenhandel „KOBRA" betreut. Ihr Aufenthalt wird aufgrund der von ihr geschilderten Gefährdungslage geheim gehalten und ist lediglich der Betreuungsorganisation bekannt. Sie befindet sich fortlaufend in ärztlich-psychiatrischer Behandlung, da sie infolge der Taten in ihrer psychischen Verfassung stark beeinträchtigt ist. Der Täter wurde wegen ausbeuterischer Zuhälterei und mehrfacher Vergewaltigung zu einer Gesamtfreiheitsstrafe von 6 Jahren und 6 Monaten verurteilt. Bei der Schmerzensgeldbemessung setzte sich das LG zwar mit den Urteilen des LG Wuppertal BeckRS 2013, 3421, → Nr. 4500 und LG Stuttgart v. 16.4.2003 – 27 O 113/03, → Nr. 3374 auseinander und teilte meine Kritik an der zu niedrigen Bemessung ausdrücklich; die Kammer sei, so wörtlich, „der Ansicht ist, dass die Schmerzensgeldbeträge in den beiden letztgenannten Verfahren angesichts der Schwere der Taten auch deutlich zu niedrig bemessen worden sind". Dennoch bemaß es vorliegend das Schmerzensgeld mit nur 40.000 EUR, da es sich bei der Betroffenen nicht um ein Kind oder Jugendliche handelte und zudem das Element der Geiselnahme fehlte.

Betrag: 40.000 € **Haftung: 100 %**
immVorb: – **MdE: –**

LG Bielefeld 8.5.2015 – 9 KLs 16/14 = BeckRS 2015, 16661

4137

Sexualmissbrauch (hier: Vergewaltigung durch den eigenen Vater. Schwere psychische Beeinträchtigungen und Angst).

13j. Mädchen. Das Mädchen wurde in nachgewiesenen 15 Fällen von ihrem Vater zum Geschlechtsverkehr gezwungen und hierdurch schwer traumatisiert. Der Täter wurde zu einer Haftstrafe von 3 Jahren und 6 Monaten verurteilt. [Anmerkung: Schmerzensgeld zu gering].

Betrag: 40.000 € **Haftung: 100 %**
immVorb: Ja **MdE: –**

LG Ravensburg 22.12.2009 – 3 O 195/09 = BeckRS 2009, 139981

5341

Vergewaltigung (hier: Brutale, von mehreren Tätern durchgeführte Vergewaltigung) mit der Folge von erheblichen psychischen Beeinträchtigungen, die für die Klägerin „in der Zeit nach der Tat eine vollständige Veränderung ihres Lebens" bedeutete.

Junge Frau (Koch-Azubi). Die Kl. ist von dem Bekl. und seinem Mittäter in ein Rapsfeld „geschleppt" worden und dort nacheinander anal und vaginal vergewaltigt worden. In dem Tatgeschehen kommt eine unbarmherzige, menschen- und insbesondere frauenverachtende Gesinnung des Bekl. zum Ausdruck. Weiterhin ist zu berücksichtigen, dass die Kl. durch das Verhalten des Bekl. und seines Mittäters mehrfach in hochgradige Todesangst versetzt worden ist und letztlich in ihrer Vorstellung davon ausging, von dem Bekl. und seinem Mittäter nach dem Vergewaltigungsgeschehen getötet zu werden. Die von dem Bekl. und seinem Mittäter durchgeführten Vergewaltigungen erfassten einen längeren Zeitraum. Nach dem Ende des Vergewaltigungsgeschehens ließen der Bekl. und sein Mittäter die Kl. auf dem schmutzigen Rapsfeld zurück. … Die psychischen Tatfolgen für die Kl. waren erheblich. Es ist leicht nachvollziehbar, dass in der Familie der Kl. „nichts so wie früher" war. Besondere Berücksichtigung findet dabei, dass die Kl., bei der es sich um eine lebensfrohe junge Frau 747LG Bielefeld: Schmerzensgeld für brutale Vergewaltigung (NJW-RR 2006, 746) mit besonderer Freude an dem von ihr angestrebten und erlernten Beruf einer Köchin handelte, in der Zeit nach der Tat eine vollständige Veränderung ihres Lebens erfahren hat. Die Kl. kam nur mit Schlaftabletten in den Schlaf, litt unter Weinkrämpfen und äußerte wiederholt Suizidgedanken. Es war nach der Tat nicht möglich, auch nur einen Schritt allein vor die Haustür zu tun, sie hatte Schweißausbrüche, Angstzustände und Panikattacken. [Anmerkung: Weshalb das LG dennoch nur 40.000 EUR zuerkannte, bleibt rätselhaft. Derartige Schmerzensgeldbeträge verhöhnen die Opfer!]

Betrag: 40.000 € **Haftung: 100 %**
immVorb: – **MdE: –**

LG Bielefeld 14.9.2005 – 8 O 310/05 = BeckRS 2006, 2986

7716

Vergewaltigung / sexueller Missbrauch mit Oralverkehr mit Ejakulation in den Mund des Schülers (= Kl.) und nachfolgender posttraumatischer Belastungsstörung, Schlafstörungen mit nächtlichen Flashbacks, Angstzuständen, Anpassungsstörungen, einer Sexualstörung, Migräneattacken und Depressionen.

Kind (Schüler). Der Kläger war 1979 als Schüler vom damaligen Kaplan mittels einer List in das Pfarrhaus gelockt und dort schwer sexuell missbraucht worden. Der Kaplan hatte ihn zuvor mit Alkohol willens- und wehrlos gemacht, sodann die Zimmertüre verschlossen und ihn vergewaltigt. Das LG sah den Tathergang durch die Beweisaufnahme als bestätigt und die Darstellung des Klägers als glaubhaft und widerspruchsfrei an. Das zuständige Bistum Essen hatte vorgerichtlich 45.000 EUR als immaterielle Entschädigung an den Kläger gezahlt, der mit seiner Klage jedoch 300.000 EUR forderte; das LG wies die Klage ab und führte dazu aus: „Ein höheres Schmerzensgeld über 45.000,00 EUR erachtet die Kammer hingegen auch nach dem klägerischen Vortrag nicht für angemessen. Nach dem eigenen Vortrag des Klägers ist es diesem gelungen sich ein Leben aufzubauen. Er ist verheiratet und hat drei Kinder. Er hat sich, wenn auch unter Einschränkungen, wieder in das Berufsleben eingegliedert und konnte auch bezüglich einzelner psychischer Beeinträchtigungen eine Besserung beschreiben. Insoweit hat der Kläger mit Ausnahme der kurzzeitigen Therapie mit 10 Sitzungen im Jahr 2006 keine weitere Therapie begonnen und sieht offenkundig selbst keine Veranlassung eine weitere therapeutische Aufarbeitung vornehmen zu müssen. Zudem ist es dem Kläger selbst gelungen, sein als problematisch wahrgenommenes Trinkverhalten mit Unterstützung seiner Ehefrau im Griff zu behalten. Die beschrieben psychischen Beeinträchtigungen sowie die vorgetragenen emotionalen Belastungen als Opfer einer kirchlichen Missbrauchstat sind insoweit auch nicht geeignet ein höheres Schmerzensgeld zu begründen." Abschließend verwies das LG darauf, dass es sich im „Rahmen seines Ermessens … zudem, auch wenn diese keine Bindungswirkung entfalten, mit vergleichbaren Referenzentscheidungen auseinandergesetzt" habe. „Eine anderweitige Bemessung des Schmerzensgeldes war nach Sichtung dieser Referenzentscheidungen ebenfalls nicht angezeigt." Das LG ließ jedoch offen, um welche „Referenzentscheidungen" es sich dabei gehandelt haben soll. [Anmerkung: Dem Autor sind – trotz eigener

Urteilssammlung von mehr als 7.700 Gerichtsentscheidungen – keine Referenzentscheidungen deutscher Instanzgerichte zu vergleichbaren Missbrauchsfällen bekannt; vgl. dazu auch unter → Rn. 305 und → Rn. 307c. Auch Jaeger weist in seinem Buch „Sexueller Missbrauch und Gewalt" 1. Aufl. 2024 auf Seite 56 darauf hin, dass es bislang „keine einzige vergleichbare Entscheidung [gibt], die ein Schmerzensgeld nach einem sexuellen Missbrauch von Minderjährigen … durch Kleriker zuerkennt." Das Urteil des LG Essen ist noch nicht rechtskräftig.]

Betrag: 45.000 € **Haftung: 100 %**
immVorb: – **MdE: –**

LG Essen 25.4.2025 – 16 O 204/24 = BeckRS 2025, 9575

4230

Sexualmissbrauch, schwerster … / psychische Beeinträchtigung (hier: Brutale sexuelle Übergriffe mit Todesdrohung, Gewaltanwendung in Form von Schlägen mit Reitpeitsche und Gürtel sowie erzwungener Oralbefriedigung. Verletzungen am Gesäß sowie an Armen und Beinen.

11j. Junge. Vorsätzliche Körperverletzung, wie oben beschrieben. Höchstwahrscheinlicher Dauerschaden: Psychische Beeinträchtigung.

Betrag: 50.000 € **Haftung: 100 %**
immVorb: Ja **MdE: –**

LG Münster 16.7.2008 – 2 O 567/07 = BeckRS 2010, 14017

3374

Vergewaltigung. Der Junge wurde 3 x oral sowie weitere 3 x anal von seinem Stiefvater vergewaltigt und bedroht.

9j. Kind (Junge). Dauerschaden: Psychische Beeinträchtigung; Schlafstörungen mit Alpträumen.

Betrag: 50.000 € **Haftung: 100 %**
immVorb: – **MdE: –**
Rente: 75 €

LG Stuttgart 16.4.2003 – 27 O 113/03 = unveröffentlicht

2538

Vergewaltigung / Freiheitsentziehung (hier: mehrfache Vergewaltigung, lebensbedrohliche grausame, sadistische Gewaltanwendung über einen Zeitraum von 6 Monaten. Folgeverletzungen u.a.: Verlust von 2 Zähnen; Verbrennungen (Oberschenkel / Brust); Narben.

Frau. Schwere physische und psychische Folgen. Langzeittherapiebedürftig. Depressionen. Suizidgedanken. Besonders berücksichtigt: Foltergleiche brutale Verhaltensweise des Beklagten.

Betrag: 51.129 € **Haftung: 100 %**
immVorb: Ja **MdE: –**

LG Frankfurt a. M. 24.2.1998 – 2/26 O 564/96 = BeckRS 1998, 15499

6774

Sexueller Missbrauch einer heranwachsenden Schutzbefohlenen in mindestens 104 Fällen.

12j. Kind. Der Angeklagte wurde verurteilt wegen „sexuellen Missbrauchs einer Schutzbefohlenen in 104 Fällen, davon in 11 Fällen in Tateinheit mit schwerem sexuellen Missbrauch eines Kindes und in 33 Fällen in Tateinheit mit sexuellem Missbrauch eines Kindes". Bei dem Kind (Nebenklägerin / Adhäsionsklägerin) handelte es sich um die 12j. Pflegetochter des Angeklagten, mit der er in deren Altersphase von 12 bis 18 Jahren regelmäßig Geschlechtsverkehr hatte; es kam insofern auch zur Geburt eines Kindes. Zudem entwickelte sich hieraus eine oberflächlich einvernehmliche „intime Beziehung" (so das LG), in der die Nebenklägerin dem Angeklagten ua schrieb „wer von uns beiden braucht Sex? Du oder ich? Ich". Alle Übergriffe hatten „beim Ins-Bett-Bringen" (so das LG) der Heranwachsenden stattgefunden; diese – so ließ sich der Angeklagte ein – „habe auch nach den ersten Taten weiterhin ins Bett gebracht werden wollen und sich wartend auf die Treppe gesetzt. Über all die Jahre seien die Übergriffe, die sich im Obergeschoss befindlichen Zimmer der Nebenklägerin ereignet hätten, während ihre Mutter, die Zeugin I, sich unten im zugleich als Eltern-Schlafzimmer dienenden Wohnzimmer aufgehalten habe, unbemerkt geblieben. Ein Kondom habe er nie benutzt". Zu Lasten des Angeklagten hat die Kammer in den Blick genommen, dass der Angeklagte erst spät geständig war und seine Missbrauchstaten zum Nachteil der Nebenklägerin beging, obwohl er wusste, dass sie bereits zuvor Opfer von Kindesmissbrauch geworden und hierdurch sowie durch weitere Beeinträchtigungen in ihrer Kindheit belastet war sowie auch, dass er nur etwa ein halbes Jahr nach der Geburt des Sohnes seines Opfers den Missbrauch fortsetzte, wobei der Geschlechtsverkehr weiterhin ungeschützt erfolgte. Das Schmerzensgeld wurde im Rahmen des Adhäsionsverfahrens bestimmt.

Betrag: 60.000 € **Haftung: 100 %**
immVorb: – **MdE: –**

LG Köln 6.2.2020 – 102 KLs 24/19 = BeckRS 2020, 24066

5151

Vergewaltigung, schwere / Sexualmissbrauch, schwerer (hier: „mindestens" 31 Fälle, schweren Sexualmissbrauchs bzw. Vergewaltigung als „Analverkehr bis zum Samenerguss" mit dem zur Tatzeit 11jährigen Jungen, den der Beklagte jedoch auch bereits seit seinem 5. Lebensjahr zusätzlich insgesamt mindestens 66mal missbraucht hatte. Im Anschluss an diese Taten befand sich der Kläger etwa ein Jahr später „wegen seines auffällig aggressiven Verhaltens und wegen eines mit der Gabe von Ritalin und Flubtin therapierten Aufmerksamkeitsdefizits in der Kinder- und Jugendpsychiatrie in C".

5j. Kind (Junge). Stationärer Aufenthalt in Jugendpsychatrie. Bei der Bemessung berücksichtigte das OLG, dass der Beklagte [Vater!] „… das Schweigen des Klägers durch Drohungen mit Schlägen herbeigeführt [hatte], wodurch der Kläger, wie beabsichtigt, eingeschüchtert war. Der Beklagte hat den Analverkehr, wenn der Kläger dem Ansinnen des Beklagten nicht "freiwillig„ nachkam, durch Anwendung körperlicher Gewalt ermöglicht. Besonderes Gewicht kommt dem Umstand zu, dass die Taten von dem eigenen Vater begangen worden sind, was geeignet ist, das Vertrauen des missbrauchten Kindes in die unbedingte Zuverlässigkeit der eigenen Familie und für zukünftige Beziehungen zu erschüttern. Dem Kläger ist im Strafverfahren eine Aussage nicht erspart geblieben". [Anmerkung zum Sachverhalt: Im vorliegenden Beschluss des OLG Hamm ging es um die Übernahme der tatsächlichen Feststellungen eines Strafurteils im Zivilverfahren. Das OLG führte zur Höhe des Schmerzensgeldes (welches mit 65.000 EUR deutlich zu gering bemessen ist) immerhin aus: „Sollte die Beweisaufnahme in Anwendung des Beweismaßstabs des § ZPO § 287 ZPO mit überwiegender Wahrscheinlichkeit ergeben, dass die behaupteten psychischen Auffälligkeiten in der Vergangenheit vorgelegen haben und gegebenenfalls auch aktuell noch vorliegen, kommt eine Erhöhung des Schmerzensgeldes über den Betrag von 65.000,- EUR hinaus in Betracht. Die Bemessung hängt dann von dem Ausmaß der psychischen kausal verursachten Beeinträchtigungen und dem Umfang ab, in dem sich diese konkret auswirken"; vgl. hierzu ausführlich Beck'sche Schmerzensgeldtabelle, Kommentarteil Kapitel VII.8. Verletzung der sexuellen Selbstbestimmung / Vergewaltigung]

Betrag: 65.000 € **Haftung: 100 %**
immVorb: Ja **MdE: –**

OLG Hamm 27.5.2015 – 9 W 68/14 = BeckRS 2015, 9882

6970

Vergewaltigung und körperlich schwere Misshandlung und Siechtum.

74j. Frau. „Am Morgen des 23.12.2019 beschloss der Angekl., der Nebenkl. ihre EC-Karte wegzunehmen und mit der ihm bekannten PIN Geld abzuheben. Ausgerüstet mit Klebeband und Kabelbinder als Fesselungswerkzeugen klingelte er an ihrer Wohnungstür. Auf seinen Wunsch, mit ihr reden zu wollen, und in der Annahme, er würde Reue über die unberechtigt abgehobenen Gelder zeigen, ließ sie ihn in ihre Wohnung. Dort warf er sie im Wohnzimmer unvermittelt auf den Boden, klebte ihr mit dem Klebeband den Mund zu und zog ihr Oberteil und Unterhemd aus. Nachdem es ihr zunächst gelungen war, sich vom Klebeband und einem weiteren von ihm verwendeten Knebel zu befreien, fesselte er ihr zuerst die Hände mit den Kabelbindern, bevor er sie erneut mittels Klebeband knebelte. Nunmehr zog er ihr trotz ihrer Versuche, ihn mit den Beinen abzuwehren, Hose und Unterhose aus und berührte sie an den Brüsten sowie im Intimbereich. Dabei drang er mit einem Finger in ihre Scheide ein, wodurch sie Schmerzen erlitt. Sodann ließ er sich von ihr erklären, wo sich ihr Geldversteck und ihr Portemonnaie befanden. Anschließend hob der Angekl. die Gesch. ruckartig unter den Armen an und schleifte sie ins Schlafzimmer auf ihr Bett. Dadurch brach ihr ein Brustwirbel, was er im Wissen um ihre Erkrankung an Osteoporose als möglich erkannt und billigend in Kauf genommen hatte. Der Bruch des Brustwirbels, den die Gesch. neben weiteren Verletzungen erlitt, führte zu andauernden starken Schmerzen sowie Mobilitätseinschränkungen und wurde zunächst stationär im Krankenhaus behandelt. Da sie anschließend nicht mehr allein in ihrer Wohnung leben konnte, musste sie in einem Pflegeheim untergebracht werden", so der BGH. Im Strafverfahren vor dem LG hatte die Verletzte im Wege eines Vergleichs als Täter-Opfer-Ausgleich ein Schmerzensgeldes von 70.000 EUR akzeptiert. Dabei war sie sich der Überschuldung des Angekl. bewusst gewesen, da sie bereits eine Vollstreckungsmaßnahme gegen ihn eingeleitet gehabt habe. Darüber hinaus hatte der Angekl. sich schon zu Beginn der Hauptverhandlung zu einem Täter-Opfer-Ausgleich bereit gezeigt.

Betrag: 70.000 € **Haftung: 100 %**
immVorb: – **MdE: –**

BGH 29.4.2021 – 5 StR 498/20 = BeckRS 2021, 12710

4500

Vergewaltigung, schwere / Freiheitsberaubung (hier: Mehrfache Vergewaltigung einer schwangeren Schülerin, die über insgesamt 4 Tage eingesperrt, vergewaltigt und mit dem Tode bedroht worden war).

Frau (Schülerin). Die zum Tatzeitpunkt Schwangere wurde auf dem Schulweg entführt, 4 Tage lang gefangen gehalten und mehrfach – mindestens viermal – brutal vergewaltigt. Der Täter sei – so ein psychiatrischer Gutachter – ein schizoider Einzelgänger, der keine Reue zeige und sehr geplant vorgegangen sei und die Tat genossen und dies auch ausdrücklich kundgetan habe. Der 29j. Täter wurde zu 12 1/2 Jahren Freiheitsstrafe verurteilt. Auch wenn das LG mit 100.000 EUR das bislang höchste Schmerzensgeld in einem vor einem Zivilgericht entschiedenen Vergewaltigungsfall zuerkannt hatte (zum Adhäsionsverfahren des LG Verden, bei dem 150.000 EUR zuerkannt worden waren, siehe → Nr. 7196), so liegt der damit nach oben verschobene Schmerzensgeldrahmen dennoch noch immer weit unter dem – angesichts der stets lebenslang verbleibenden psychischen Schäden – Erforderlichen. [Anmerkung: Weitere Ausführungen hierzu finden Sie im Handbuch Kapitel VII.8 unter → Rn. 305 sowie im sehr lesenswerten aktuellen Aufsatz von Jaeger VersR 2023, 209.]

Betrag: 100.000 € **Haftung: 100 %**
immVorb: – **MdE: –**

LG Wuppertal 5.2.2013 – 16 O 95/12 = BeckRS 2013, 3421

7196

Vergewaltigung, brutalster Art und Weise. Die Nebenklägerin „wurde unter anderem in einen Metallkäfig gesperrt, musste gefesselt aus einem Hundenapf essen und wurde mit ihrem sowie dem Tode ihrer besten Freundin bedroht. In Einzelfällen kam die Nebenklägerin T. dem Ansinnen des Angeklagten Kl. nach, Fesselungen oder ähnliche Handlungen gegenüber der Nebenklägerin E. vorzunehmen. Die Nebenklägerin E. musste gegen ihren Willen auch den Geschlechtsverkehr mit dem Angeklagten K. ausführen, wann immer dieser es wollte. Daneben wurde sie gezwungen, der Prostitution nach- zugehen und gegenüber insgesamt 24 Freiern sexuelle Dienstleistungen vorzunehmen …" (Auszug aus dem Urteil des BGH).

Frau. Der Haupttäter und Angeklagte Kl., der in einem von dem Mitangeklagten K. errichteten Einfamilienhaus ein Bordell betreiben wollte und in diesem Zusammenhang die grausamen Straftaten begangen hatte, wurde im Zusammenhang mit der Verurteilung wegen Geiselnahme in Tateinheit mit schwerem Menschenhandel, mit besonders schwerer Vergewaltigung, mit schwerer Vergewaltigung in acht rechtlich zusammentreffenden Fällen, mit Vergewaltigung in sechs rechtlich zusammentreffenden Fällen und weiteren schweren Straftaten zu einer Gesamtfreiheitsstrafe von 14 Jahren mit anschließender Sicherungsverwahrung verurteilt. Zudem sprach das LG Verden in dem, dem BGH zur Revision vorgelegten Urteil der insofern auf das aller schwerste gepeinigten Frau 150.000 EUR Schmerzensgeld im Adhäsionsverfahren zu. Die Revision wurde vom BGH jedoch weitgehend zurückgewiesen und der Angeklagte insofern mit den gesamten durch sein Rechtsmittel entstandenen Kosten und Auslagen belastet. Ob jedoch auch gegen die Entscheidung des LG Verden im Adhäsionsverfahren Revision eingelegt worden war und bejahendenfalls mit welchem Ergebnis ist nicht bekannt. [Anmerkung: LG Verden Urt. v. 2.7.2008 – 101 Js 35958/09-1-6/07 sowie die des LG Wuppertal → Nr. 4500, bei dem dem Ofer in einem vergleichbaren Fall 100.000 EUR zuerkannt wurden, bilden bedauerlicher Weise hinsichtlich der Schmerzensgeldhöhe in selbst dermaßen brutalen Fällen eine absolute Ausnahme; ein Tatsache, die dringend der Änderung und Angleich an die Bemessung bei schwersten Körperverletzungen wie beispielsweise Querschnittslähmungen, Gehirnschädigungen und ähnlichen, das Leben der Opfer nachhaltig und auf Dauer grundlegend verändernden, Folgen bedarf. Weitere Ausführungen hierzu finden Sie im Handbuch Kapitel VII.8 unter → Rn. 305 sowie im sehr lesenswerten aktuellen Aufsatz von Jaeger VersR 2023, 209.]

Betrag: 150.000 € **Haftung: 100 %**
immVorb: – **MdE: –**

BGH 19.11.2009 – 3 StR 87/09 = BeckRS 2010, 4244

7204
Sexueller Missbrauch, Körperverletzung und Erniedrigung (hier: Der Kläger wurde vom katholischen Pfarrer Z. in der Zeit zwischen 1972 und 1979 regelmäßig missbraucht, vergewaltigt, erniedrigt und verletzt. Er wurde dabei unter anderem bis auf die Unterhose entkleidet an einen Pfahl gebunden, kalt abgeduscht, mit Schuhcreme oder Zahnpasta eingeschmiert und vom Pfarrer am Penis gerieben und penetriert. Später wurde der Kläger aufgefordert, den Pfarrer symbolisch zu fesseln, der sich vorher ausgezogen hatte, und seinen Penis bis zur Ejakulation zu masturbieren. Bei anderer Gelegenheit wurde der Kläger bis auf die Unterhose ausgezogen, bekam einen schwarzen Sack über den Kopf gezogen und wurde an den Händen nach oben aufgehangen. In diesem Zustand wurde er vom Pfarrer in den Leisten gekitzelt. Abends forderte Pfarrer Z. den Kläger regelmäßig auf, noch einmal zu ihm zu kommen, um ihm eine Gute Nacht zu wünschen. Dieses Ritual erfolgte in den Freizeiten in D./B. jeden Abend. Verbunden damit war, dass der Kläger sich ausziehen musste und Pfarrer Z. sich ebenfalls entkleidete. Er musste jedes Mal auf Aufforderung masturbieren und danach musste der Kläger das Gleiche bei ihm tun. Oft benutzte der Pfarrer auch einen Rasierapparat, um seinen und des Klägers Penis zu erigieren. Häufig schloss sich dann noch eine Vergewaltigung an. Anschließend wurde der Kläger dann zu Bett geschickt.

62j. Mann. Der zum Zeitpunkt der Urteilsverkündung 62-jährige ehemalige Messdiener war in den 70er Jahren viele Jahre lang von einem Priester sexuell missbraucht worden (siehe oben). Das Martyrium für den Kläger endete erst, nachdem der Stiefvater eines anderen Jungen, dem ähnliches widerfahren war, Anzeige wegen Missbrauchs gegen Pfarrer Z. erstattet hatte, der daraufhin aus der Gemeinde entfernt und in die Universitätsklinik T. als Krankenhausseelsorger versetzt wurde. Weitere Untersuchungen durch das beklagte Erzbistum, insbesondere ob es andere Missbrauchsopfer gab, fanden jedoch nicht statt. Dauerschaden: Infolge des Missbrauchs entwickelte sich bei dem Kläger eine schwere Neurodermitis, eine posttraumatische Belastungsstörung und mehrere weitere chronische Krankheiten, wie Migräne und Hypertonie. Er leidet körperlich zudem an schweren Migräneattacken mit Aura (Sehstörungen) und an einer Hypertonie und benötigt „seit über 30 Jahren ständig therapeutische Hilfe" … und „nahm an insgesamt fünf mehrwöchigen Rehabilitationsmaßnahmen teil", so das LG. Des Weiteren besteht bei ihm eine posttraumatische Belastungsstörung. Im Jahr 2004 wurde ein Grad der Behinderung von 50 % anerkannt. Neben erheblichen innerfamiliären Problemen, insbesondere mit seinen Geschwistern, leidet der Kläger „an Flashbacks. Bilder der sexuellen Übergriffe seien immer wieder im Kopf präsent und sprängen auf wie eine Schublade, die man nicht schließen könne. Sein Selbstwertgefühl sei eingebrochen. Er habe den Eindruck, dass seine Gefühle verwirrt seien: Es sei ein Gefühl, nicht vertrauen und sich nicht mehr freuen zu können und in einer wirren Gefühlswelt eingemauert zu sein", so das LG. Der Kläger, der außergerichtlich von der Unabhängigen Kommission für Anerkennungsleistungen (UKA) im Mai 2022 zunächst 25.000 EUR und auf seinen Widerspruch insofern weitere 20.000 EUR erhalten hatte, klagte schließlich auf Schmerzensgeld in Höhe von 750.000 EUR. Das LG sprach ihm jedoch nur 300.000 EUR zu und begründete dies damit, dass nicht unberücksichtigt bleiben könne, „dass der Kläger im vorliegenden Fall trotz der ganz erheblichen psychischen und physischen Folgeschäden nicht in einem den Fallkonstellationen der vorstehend zitierten Entscheidungen entsprechenden Maße beeinträchtigt ist. Seine Persönlichkeit wurde zweifellos massiv verletzt, aber nicht zerstört. Er konnte zumindest insofern ein normales Leben führen, als er eine Ausbildung ergriffen und abgeschlossen hat, eine Familie gegründet hat und lange Jahre in dem erlernten Beruf tätig war. Wie die durchgeführten Therapien zeigen, die für den Kläger zweifelsohne eine erhebliche zusätzliche Belastung darstellten, gab es auch immer einen Hoffnungsschimmer, dass er die furchtbaren Erlebnisse irgendwann würde verarbeiten können. Nach seinem eigenen Vortrag hat sich der Kläger dies auch noch von dem vorliegenden Verfahren und der gerichtlichen Entscheidung erhofft.", so das LG. [Anmerkung: Zum Thema der Verletzung der sexuellen Selbstbestimmung / Vergewaltigung und zur Kritik an der Entscheidung des LG Köln siehe im Handbuch → Rn. 305 sowie → Rn. 307a]

Betrag: 300.000 € **Haftung: 100 %**
immVorb: – **MdE: 50 %**

LG Köln 13.6.2023 – 5 O 197/22 = BeckRS 2023, 13315

17. Vergiftungen und Infektionen

Vorbemerkung: Die Vielzahl der Vergiftungs- und Infektionsarten (nachfolgend: Salmonellen, Hepatitis, HIV, Kohlenmonoxid u.a.) mit ihren unterschiedlichsten Auswirkungen rechtfertigt eine zusammengefasste Darstellung an dieser Stelle.

7612
Vergiftung durch eine „Exposition toxikologischer Stoffen" in der Kabinenluft eines Passagierflugzeuges (sog. „Fume Event"). Es kam für die Dauer eines Tages zu Kopfschmerzen und Schwindel.

Frau (Flugbegleiterin / Stewardess). Kein Schmerzensgeld für die Folgen von Kabinenluftzwischenfällen (sog. „fume-event") an Bord von Verkehrsflugzeugen. Das LAG wies die gegen die Fluggesellschaft gerichtete Klage ab und verwies auf die Haftungsprivilegierung nach § 104 Abs. 1 SGB VII [vgl. dazu im Handbuch → Rn. 148].

Betrag: – **Haftung: –**
immVorb: – **MdE: –**

LAG Köln 3.7.2024 – 2 Ca 7114/22 = BeckRS 2024, 31418

7036
Infektion mit dem Corona-Virus mit schweren Krankheitssymptomen.
Frau (Krankenschwester). Kein Schmerzensgeldanspruch für Ansteckung mit dem Corona-Virus am Arbeitsplatz. „Steht … nicht fest, wann sich die Klägerin bei wem genau angesteckt hat, lässt sich auch nicht feststellen, ob und inwieweit hierfür welche der verschiedensten von der Klägerin behaupteten Pflichtverletzungen der Beklagten, selbst wenn man eine solche einmal unterstellt, für ihre eigene Erkrankung ursächlich geworden ist.", so das ArbG. Die Klägerin war bei der Beklagten in deren Pflegeheim angestellt und im März 2020 in der Essensausgabe tätig. Von der Beklagten habe sie – so der Vortrag der Klägerin, die sich im April mit dem Corona-Virus infiziert hatte – keine Atemmaske erhalten und sei deshalb schwer erkrankt. Das ArbG wies die Klage ab, da die Klägerin nicht den Nachweis geführt habe, dass eine Pflichtverletzung ihres Arbeitgebers für ihre Erkrankung kausal war. Ein diesbezügliches ärztliches Attest akzeptierte das ArbG insofern nicht. [Anmerkung: Lesenswert dazu Eufinger, Zum Schadensersatzanspruch einer Krankenschwester aufgrund einer Corona-Erkrankung, ARP 2022, 381].

Betrag: – **Haftung: –**
immVorb: – **MdE: –**

ArbG Siegburg 30.3.2022 – 3 Ca 1848/21 = BeckRS 2022, 10314

6513

Infektion, behauptete… mit Krankenhauskeimen Staphylococcus epidermidis bzw. MRSE oder MRSA.

Mann. Kein Schmerzensgeldanspruch wegen angeblicher Infektion mit Staphylococcus epidermidis bzw. MRSE oder MRSA [= Krankenhauskeime]. Der Kläger habe, so das LG, auch keinen Anspruch gegen die Beklagte zu 1 auf die begehrte Auskunft, ob Ende 2013 bzw. Anfang 2014 andere Patienten auf der Station, auf welcher der Kläger behandelt wurde, an MRSA oder MRSE oder an einen nicht identifizierten „Krankenhausvirus" erkrankten und falls ja, welche Maßnahmen ergriffen wurden und ob das zuständige Gesundheitsamt informiert wurde.

Betrag: – **Haftung: –**
immVorb: – **MdE: –**

LG Flensburg 8.9.2020 – 3 O 375/14 = BeckRS 2020, 22423

4997

Lebensmittelvergiftung nach Verzehr eines Ciabatta-Brötchens in einem Flughafenrestaurant.

Mann. Kein Schmerzensgeldanspruch wegen Lebensmittelvergiftung, wenn der Kläger die Kausalität zwischen dem verzehrten Lebensmittel und der Vergiftung nicht nachweisen kann, „weil es an jeglichen Anknüpfungstatsachen fehlt". Der prima facie Beweis konnte dem Kläger hier auch nicht helfen; dafür hätte beispielsweise eine größere Anzahl von Gästen eines Flughafenrestaurants zur selben Zeit an denselben Krankheitssymptomen einer Lebensmittelvergiftung erkrankt sein müssen, was hier nicht gegeben war, so das AG mit Verweis auf OLG Düsseldorf BeckRS 2012, 8260).

Betrag: – **Haftung: –**
immVorb: – **MdE: –**

AG Düsseldorf 8.8.2014 – 26 C 11325/13 = BeckRS 2014, 20100

4837

Asbestkontamination, nicht nachgewiesene und zudem unwahrscheinliche …

Mann / Frau (Ehepaar; beide Klagen gemeinsam). Kein Schmerzensgeldanspruch wegen asbesthaltiger Fußbodenplatten – sog. Vinyl-Asbest-Platten – in ihrer Mietwohnung. Die – lt. AG „betagten" Kläger trugen vor, es sei „durchaus möglich", dass ihre diversen Erkrankungen in den Asbestplatten ihre Ursache hätten. Das AG sah dies als „nicht naheliegend" an, da „fest gebundene Asbestplatten … keine Belastung der Raumluft zur Folge" hätten.

Betrag: – **Haftung: –**
immVorb: – **MdE: –**

AG Berlin-Charlottenburg 10.3.2014 – 237 C 375/13 = BeckRS 2014, 7669

7507

Infektion mit Norovirus und auftretender Magen-Darm-Erkrankung

Mann. Kein Schmerzensgeld wegen Norovirus und Erkrankung mit Magen-Darm-Infektion während einer Kreuzfahrtschiffsreise. "Mit Magen-Darm-Erkrankungen bei anderen Passagieren sowie den Klägern auf einem Kreuzfahrtschiff realisierte sich ein allgemeines Lebensrisiko, wenn wie hier keine Hygienemängel vorhanden waren. Eine Voraussetzung für eine Pflicht zum Hinweis auf auftretende Magen-Darm-Erkrankungen vor Antritt der Reise wäre gewesen, dass die Beklagte mindestens Kenntnis von einer erheblichen Anzahl von Erkrankungen gehabt habe. (Amtliche Leitsätze). [Lesenswert dazu auch Stamer DAR 2024, 709].

Betrag: – **Haftung: –**
immVorb: – **MdE: –**

AG Rostock 10.2.2014 – 47 C 210/14 = BeckRS 2015, 8105

4566

Infektion mit sogn. Krankenhauskeimen (hier: Infektion mit einem multiresistenten Stahylococcus aureus – kurz: MRSA – wodurch die Klägerin schließlich an Multiorganversagen verstarb).

Frau. Kein Schmerzensgeldanspruch. (Der Kläger ist der Ehemann der aufgrund einer Sepsis nach einer Infektion die diese sich während eines stationären Klinikaufenthaltes zugezogen hatte, verstorben ist. Das OLG sah keine Haftung des Arztes / Krankenhauses und befasst sich sehr ausführlich – und sehr lesenswert – in seiner Urteilsbegründung mit dem Thema Krankenhauskeime. [Anmerkung: Die Einordung dieses Urteils unter diesen Gliederungspunkt ist med. nicht korrekt, dient jedoch der besseren Wiederauffindbarkeit der Entscheidung].

Betrag: – **Haftung: –**
immVorb: – **MdE: –**

OLG Naumburg 12.6.2012 – 1 U 119/11 = BeckRS 2012, 20179

3571

Angst / psychische Beeinträchtigung (hier: Angst an BSE erkrankt zu sein).

Frau. Kein Schmerzensgeldanspruch trotz eindeutig vorliegender Körperverletzung und Persönlichkeitsrechtsverletzung. Der Vegetarierin wurde – entgegen ihrem erklärten Willen – eine Fleischlösung injiziert infolge der die Klägerin an Schlafstörungen und Angstzuständen litt, an BSE zu erkranken. Das AG sah den Beweis, dass diese Beeinträchtigungen auf die Injektion zurückzuführen seien, als nicht erbracht und wies die Klage zurück.

Betrag: – **Haftung: –**
immVorb: – **MdE: –**

AG Düren 13.10.1999 – 47 C 301/98 = BeckRS 9998, 54613

6566

Infektionsgefahr durch absichtliches Anhusten in das Gesicht des Klägers während der Corona-Pandemie.

Mann (Angestellter der Stadt mit Zuständigkeit für die Sicherheit der Märkte). MdE 14 Tage wegen Corona-Quarantäne. Der Kläger hatte den Beklagten ermahnt, weil dieser in einer Warteschlange zum Einlass die Sicherheitsabstände nicht eingehalten hatte. Nach einer verbalen Auseinandersetzung war der Beklagte aus Verärgerung nah an den Kläger herangetreten und hatte diesem absichtlich ins Gesicht gehustet. Das AG sah darin zutreffend eine nicht mehr als Bagatellverletzung anzusehende Körperverletzung, da sich der Vorfall im April 2020 und somit in der ersten Hochphase der Corona-Pandemie ereignet hatte. Nach Auffassung des Gerichts habe eine hohe Gefahr einer Infektion mit einer möglicherweise schweren bis potenziell tödlich verlaufenden Krankheit (Corona) bestanden. Da nicht bekannt war, ob der „Anhuster“ auch tatsächlich mit Corona infiziert war, musste sich der Kläger 14 Tage in Quarantäne begeben.

Betrag: 250 € **Haftung: 100 %**
immVorb: – **MdE: –**

AG Braunschweig 29.10.2020 – 112 C 1262/20 = BeckRS 2020, 36895

3392

Infektion mit einer starken Entzündung des Zehs, verursacht durch den Biss des Beklagten in den Zeh der Klägerin, der dadurch stark blutete).

Frau (Kellnerin). MdE 10 Tage 100 %. „Hat der Biss eines Gastes in den Zeh einer Kellnerin zu einer entzündlichen Verletzung geführt, ist die Zahlung eines Schmerzensgeldes von 400 Euro angemessen“, so der Leitsatz der NJW-RR Redaktion. [vgl. im Übrigen zu Bisswunden unter Hundebiss]

Betrag: 400 € **Haftung: 100 %**
immVorb: – **MdE: –**

AG Gelsenkirchen 23.6.2005 – 32 C 672/04 = BeckRS 9998, 79019

6429

Infektion (hier: Infizierte operative Nagelbettentzündung mit dreiwöchiger Entzündungssymptomatik am Großzehengrundgelenk links).

Mann. 22 Tage stationär. Arzthaftung (hier: Behandlungsfehler während einer Zehennageloperation; es kam zu einer Infektion, die sich vorübergehend auch auf das Zehengelenk ausgeweitet hatte). Dauerschaden: Arthrose des Zehenendgelenks.

Betrag: 1.000 € **Haftung: 100 %**
immVorb: – **MdE: –**

OLG München 30.12.2004 – 1 U 2367/04 = BeckRS 2004, 30348394

4780

Allergische Reaktion wegen allergischer Reaktion auf Ausdünstungen so genannter „Saunatücher“ während eines Fluges in einem Großraumflugzeug. Die Kl. hatte eine anaphylaktische Reaktion erlitten und eine erhebliche Atemnot verspürt.

Frau. In diesem Urteil ging es um Schadenersatz eines Fluggastes wegen allergischer Reaktion auf Ausdünstungen sog. „dampfender Saunatücher“ während des Fluges. Die Klägerin, die auf die Inhaltsstoffe derartiger Tücher sehr allergisch reagiert, hatte die Flugbegleiter auf diese Disposition ausdrücklich hingewiesen. Dennoch wurden die Tücher verteilt. Dazu führte das OLG aus: „Zu Recht hat das Landgericht auch angenommen, dass die Klägerin nicht gehalten ist, die durch die Erfrischungstücher ausgelösten Beschwerden als Folge des allgemeinen Lebensrisikos hinzunehmen. Denn die an Bord befindlichen Mitarbeiter der Beklagten wussten von der Disposition der Klägerin, sodass sie gehalten gewesen wären, die Austeilung der feuchten Tücher zu unterlassen oder die Klägerin so zu separieren, dass es zu keiner allergischen Reaktion kommen konnte“. Das OLG sah allerdings ein Mitverschulden der Kl. darin, dass diese nicht nochmals – unmittelbar beim Wahrnehmen der Verteilung der Tücher „Halt“ gerufen hatte [ich halte dies allerdings für realitätsfern].

Betrag: 1.500 € **Haftung: 75 %**
immVorb: – **MdE: –**

OLG Frankfurt a. M. 16.4.2014 – 16 U 170/13 = BeckRS 2014, 9172

4388

Gesichtsverletzung (hier: starker allergischer Hautausschlag im Gesicht mit Rötungen und Pusteln und Schwellungen, die sich später auch auf andere Körperteile ausbreiteten).

Frau. Zahnarzthaftung (hier: Behandlungsfehler. Obwohl die Kl. unter einer, dem Arzt bekannten Penicillinallergie litt, behandelte er sie mit einem Penicilillinpräparat und verursachte dadurch die starken Hautreaktionen, die sich über mehrere Wochen hinzog).

Betrag: 1.500 € **Haftung: 100 %**
immVorb: – **MdE: –**

LG Stade 4.1.2007 – 4 O 328/04 = unveröffentlicht

2763

Infektionsverdacht / Aids-Verdacht bzw. HIV-Infektionsverdacht (hier: Bissverletzung durch einen Festgenommenen. Bei dem Kl., dem festnehmenden Polizisten bestand der Verdacht einer Infektion mit HIV I und HIV II und Hepatitis C infiziert worden zu sein).

Mann (Polizist / Polizeibeamter); 12 Tage dienstunfähig, 2 Wochen in ärztlicher Behandlung.

Betrag: 1.534 € **Haftung: 100 %**
immVorb: – **MdE: –**

AG Ibbenbüren 23.11.1999 – 13 C 258/98 = BeckRS 1999, 31252512

6431

Infektion mit Hepatitis A.

Mann. 7 Tage stationäre Behandlung. MdE 21 Tage 100 %; erst danach normalisierten sich die Leberwerte. Insgesamt hatte er 7 Tage starke Beschwerden sowie weitere 14 Tage leichte Beschwerden. Reisevertragsrecht / Haftung des Reiseveranstalters. Die Kläger reisten als Pauschalreisetouristen nach Hurghada in Ägypten. Im Reisekatalog, der Ihnen vom Reiseveranstalter überlassen worden war, fand sich ein Hinweis, wonach keine speziellen Impfungen für dieses Reiseziel vorgeschrieben waren, so dass sie auf eine Impfung gegen Hepatitis A verzichtet hatten, obwohl eine solche grundsätzlich für alle Reisen nach Ägypten allgemein empfohlen worden war. Nach dem Urlaub erkrankte die gesamte Familie an Hepatitis A. „Bei einer extrem hohen Hepatitis-A-Infektionsrate in einem einzelnen Hotel, die deutlich über der Infektionsrate außerhalb des Hotels liegt, ist davon auszugehen, dass die Quelle der Infektion sich in dem betreffenden Hotel befindet“, so der redaktionelle Leitsatz der Fundstelle. [Weitere Fundstelle zur Entscheidung in der Vorinstanz: RRa 2006, 190. Vgl. auch → Nr. 6432].

Betrag: 2.800 € **Haftung: 100 %**
immVorb: – **MdE: –**

BezG Innere Stadt Wien 2.2.2006 – 3 C 291/05y = 2006, 17560

5920

Infektion / Knieverletzung (hier: Infektion der Katheter-Einstichstelle mit Abszessbildung. Die Behandlung der Kniebeschwerden blieb ohne Erfolg. Es trat eine Versteifung des Kniegelenks auf, das die Beugungsfähigkeit verloren).

Mann (Wasserbauer). 11 Tage stationär mit Operation des Infektionsherdes. Arzthaftung (hier: Grober Behandlungsfehler bei Knieoperation mit Periduralanästhesie bei der es zu einer Infektion kam).

Betrag: 3.000 € **Haftung: 100 %**
immVorb: – **MdE: –**

OLG Oldenburg 30.3.2005 – 5 U 66/03 = BeckRS 2011, 16866

6432

Infektion mit Hepatitis A.

Frau. 8 Tage stationäre Behandlung. MdE 21 Tage 100 %; insgesamt hatte sie 8 Tage starke Beschwerden sowie 4 Tage mittlere und weitere 14 Tage leichte Beschwerden. Reisevertragsrecht / Haftung des Reiseveranstalters. Die Kläger reisten als Pauschalreisetouristen nach Hurghada in Ägypten. Im Reisekatalog, der Ihnen vom Reiseveranstalter überlassen worden war, fand sich ein Hinweis, wonach keine speziellen Impfungen für dieses Reiseziel vorgeschrieben waren, so dass sie auf eine Impfung gegen Hepatitis A verzichtet hatten, obwohl eine solche grundsätzlich für alle Reisen nach Ägypten allgemein empfohlen worden war. Nach dem Urlaub erkrankte die gesamte Familie an Hepatitis A. „Bei einer extrem hohen Hepatitis-A-Infektionsrate in einem einzelnen Hotel, die deutlich über der Infektionsrate außerhalb des Hotels liegt, ist davon auszugehen, dass die Quelle der Infektion sich in dem betreffenden Hotel befindet“, so der redaktionelle Leitsatz der Fundstelle. [Weitere Fundstelle zur Entscheidung in der Vorinstanz: ReiseRecht aktuell – RRa 2006, 190. Vgl. auch → Nr. 6431].

Betrag: 3.600 € **Haftung: 100 %**
immVorb: – **MdE: –**

BezG Innere Stadt Wien 2.2.2006 – 3 C 291/05y = 2006, 17560

5560

Malaria-Erkrankung (hier: Behandlungsverzögerung einer „letztlich erfolgreich ausgeheilt“en Malaria. Hierzu führte das Gericht aus: „Bei Durchführung der gebotenen weitergehenden Diagnostik und anschließender Reaktion auf die dann festgestellte Malaria-Erkrankung bereits am 10.1.2017 dem Kläger sowohl die zerebrale Manifestation mit Delir als auch der intensivstationäre Aufenthalt erspart geblieben wären, ebenso – mit wohl überwiegender Wahrscheinlichkeit – auch die Anlage von PICCO-Sonde, Dauerkatheter, Zentralem Venenkatheter und der arteriellen Blutdruckmessung. Auch wäre die Dauer der Behandlung insgesamt um ca. eine Woche verkürzt gewesen. Der Kläger hätte sich insgesamt gar nicht erst in einer so akut bedrohlichen Situation befunden – mit entsprechenden Ängsten und Belastungen“.

31j. Mann. 3 Tage intensivstationär. Weitere 3 Tage stationär. MdE 4 Wochen 100 %. Arzthaftung / Diagnosefehler / Befunderhebungsfehler (Unterlassene Blutabnahme zum Ausschluss einer Malaria) im Zusammenhang mit einer Malaria-Erkrankung nach einer Afrika-Reise trotz Malaria-Prophylaxe. Vorschaden / Vorerkrankung: angeborene Thalassämie (= chronische Erkrankung des roten Blutfarbstoffs / Hämoglobin)

Betrag: 4.000 € **Haftung: 100 %**
immVorb: – **MdE: –**

LG München I 25.6.2018 – 9 U 5656/17 = BeckRS 2018, 41102

7183

Malariainfektion (hier: Malaria-Erkrankung, die sich zu einem lebensbedrohlichen Ausmaß mit zerebraler Manifestation mit hohem Fieber und Schüttelfrost sowie Erbrechen weiterentwickelt hatte).

31j. Mann. Arzthaftung in Form eines Diagnosefehlers im Zusammenhang mit einer Malariainfektion und eines damit verbundenen groben Behandlungsfehlers, der – so das LG – auch ursächlich war für das Fortschreiten der Malaria-Erkrankung bis zu dem Ausmaß, wie es sich später dargestellt hatte. Intensivstation wegen der „akut bedrohlichen Situation“, in deren Folge einer PICCO-Sonde, ein Dauerkatheter und ein zentraler Venenkatheter angelegt werden sowie arterielle Blutdruckmessungen durchgeführt werden mussten. Bei korrekter Diagnose und Behandlung wäre die Dauer der Behandlung insgesamt um ca. eine Woche verkürzt gewesen. Der Kläger hätte sich insgesamt gar nicht erst in einer so akut bedrohlichen Situation befunden – mit entsprechenden Ängsten und Belastungen, so das LG.

Betrag: 4.000 € **Haftung: 100 %**
immVorb: – **MdE: –**

LG München I 25.6.2018 – 9 O 5656/17 = BeckRS 2018, 41102

4176

Rauchgasvergiftung / Rauchvergiftung mit nachfolgendem Schock und später noch auftretenden Angszuständen.

Mann. 2 Wochen stationär, davon eine Woche Intensivstation mit künstlicher Beatmung; während dieser Zeit war der Kläger infolge der schweren Rauchgasvergiftung / Rauchvergiftung 3 Tage bewusstlos. Ursache: Heizdecke, die von den Beklagten nicht korrekt verwendet worden war.

Betrag: 4.000 € **Haftung: 100 %**
immVorb: – **MdE: –**

AG Braunschweig 18.8.2009 – 116 C 967/09 = unveröffentlicht

7565

Harnwegsinfektion mit MRGN-Keimen sowie Fieber, Schüttelfrost und Schmerzen, einhergehend mit einem erhöhten CRP-Wert und einer zehntägigen Antibiose gegen die Infektion.

Mann. Arzthaftung im Zusammenhang mit dem „Ziehen des Katheters im Nachgang der Operation“, wobei es insofern versäumt worden war, eine Hülse „die quasi unter der Haut“ lag, zu entfernen. Infolgedessen musste der Kläger – während eines zusätzlichen 6 Tage dauernden stationären Aufenthalts – eine unter Vollnarkose, wenn auch lediglich 10 bis 12 Minuten andauernde Operation sowie eine Röntgenuntersuchung erdulden

Betrag: 5.000 € **Haftung: 100 %**
immVorb: – **MdE: –**

OLG Brandenburg 10.10.2024 – 12 U 39/24 = BeckRS 2024, 32129

4243

Infektion des rechten Fußes (hier: Fußverletzung in Form einer Knochenentzündung, die aus der Infektion des Fußes infolge der Operation eines sogenannten Hammerzehs entstanden ist).

Frau. Dauerschaden: Orthopädische Schuhe. Arzthaftung (hier: Aufklärungspflichtverletzung in Bezug auf die Infektionshäufigkeit und -schwere bei Fußoperationen. Der Beklagte hätte – so das OLG – die Klägerin darüber aufklären müssen, „dass Operationen am Fuß weit häufiger zu Infektionen und Wundheilungsstörungen führen als Eingriffe in andere Körperregionen, da einerseits der Fuß stärker keimbehaftet sei als andere Körperteile und andererseits das Gehen auf der Erde zu einer erheblichen Kontamination mit Keimen führe" … [und auch darüber], „dass Infektionen eintreten könnten, die bis hin zur Amputation des Fußes führen könnten").

Betrag: 5.000 € **Haftung: 100 %**
immVorb: – **MdE: –**

OLG Brandenburg 13.11.2008 – 12 U 104/08 = BeckRS 2008, 24164

2394

Vergiftung (hier: Medikamentenvergiftung nach „eklatanter Überdosierung" von „Dolcontral" bei Kleinkind. Es kam zu Atemdepressionen, Zyanose [=Blausucht] und Sauerstoffmangel, dessen mögliche Spätfolgen erst nach Jahren entstehen können. Todesangst!)

Kind (14 Monate!). Lebensgefahr nach Medikamentenvergiftung. Notbeatmung [Intubation], Venenöffnung zur Infusion. Arzthaftung (grob fahrlässiger, extremer Behandlungsfehler).

Betrag: 5.113 € **Haftung: 100 %**
immVorb: – **MdE: –**

AG Zwickau 1.10.1997 – 24 C 1219/97 = BeckRS 1997, 127059

7052

Vergiftung (hier: Kohlenmonoxidvergiftung durch ungeprüfte Abgabe einer Shisha an eine Minderjährige, die daraufhin starke Vergiftungserscheinungen und einen Krampfanfall, Atemnot und Schwindel erlitten hatte.

17j. Frau („noch Minderjährige"). Mehrere Tage stationär. Anschließend musste die Klägerin mindestens elf kardiologische Termine wahrnehmen. Sie war mehrere Monate zu keinerlei körperliche Aktivitäten in der Lage. Noch ein Jahr nach dem Vorfall konnte sie keine gesteigerten körperlichen Aktivitäten wie Sport oder weite Spaziergänge durchführen. Ob ihre vollständige Leistungsfähigkeit wiederhergestellt werden kann, ist „gegenwärtig unklar", so das OLG. [Ursache: Rauchen einer sog. Shisha. Vorausgehend LG Limburg, Urt. v. 28.6.2021 – 2 O 216/20].

Betrag: 6.400 € **Haftung: 100 %**
immVorb: Ja **MdE: –**

OLG Frankfurt a. M. 11.7.2022 – 6 U 148/21 = BeckRS 2022, 19208

5411

Borrelioseinfektion, mögliche (hier: bestehender Kopf- und Nackenschmerzen, Missempfindung in der rechten Gesichtshälfte und Angst vor Ausbruch der Borreliosekrankheit).

Mann (Rechtsanwalt). Langwierige Heilbehandlung mit „monatelangen … erheblichen Beschwerden". Arzthaftung (hier: Unterlassener Test auf Unterlassener Test auf Borreliose). Bei der Schmerzensgeldbemessung hat das OLG „Missempfindungen an Auge und Gesicht ebenso wie die plausibel geschilderten Zukunftsängste in Bezug auf ein erneutes Ausbrechen der Symptome einer Borreliose zugrunde gelegt. Auch hat er die durch den Behandlungsfehler verlängerte Dauer der Behandlung, den stationären Aufenthalt, den Freizeitverlust in Form der Unmöglichkeit eines Urlaubsantritts und der Unmöglichkeit oder Einschränkung, Sport zu treiben sowie die vorübergehend aufgetretene Facialisparese mit einbezogen".

Betrag: 7.000 € **Haftung: 100 %**
immVorb: Ja **MdE: –**

OLG Dresden 22.5.2018 – 4 U 1231/17 = BeckRS 2018, 9547

6981

Gürtelrose (auch Herpes Zoster genannt) nach gewalttätigem Angriff und ansonsten geringfügiger Verletzung an der linken Hand.

Mann (Justizvollzugsbeamter). Das Land muss den – zuvor vom LG Koblenz mit Versäumnisurteil iHv 7.500 EUR zuerkannten – Schmerzensgeldanspruch gegen einen schuldunfähigen Straftäter nicht erfüllen. Die Klage war daher unbegründet. Der Kläger hat somit keinen Anspruch gegen den Beklagten auf die begehrte Übernahme seines titulierten Schmerzensgeldanspruchs. Der dies ablehnende Bescheid des Beklagten vom 18. November 2020 und der Widerspruchsbescheid vom 11. Juni 2021 sind rechtmäßig und verletzen den Kläger nicht in seinen Rechten (§ 113 Abs. 5 Satz 1 VwGO), so das VG Koblenz. [Anmerkung: Da die Entscheidung des LG Koblenz, dass dem Kläger Schmerzensgeld iHv 7.500 EUR zuerkannt hatte, nicht veröffentlicht wurde, wird das Urteil des VG Koblenz insofern an hier vorgetragen].

Betrag: 7.500 € **Haftung: 100 %**
immVorb: – **MdE: –**

VG Koblenz 11.1.2022 – 5 K 707/21.KO = BeckRS 2022, 850

3452

Blutvergiftung [Sepsis] infolge welcher der Patient später verstarb.

84j. Mann. Lebensgefahr! Langwierige Heilbehandlung. Arzthaftung (hier: Grober Behandlungsfehler durch Einsatz eines suprapubische Katheters, dessen Verwendbarkeit wegen mehrjähriger Überschreitung des Verfalldatums unzulässig war. Der Kläger, der bereits schwer erkrankt war erlitt dadurch eine Blutvergiftung [= Sepsis] mit starken Schmerzen. Er wurde – nach Monaten stationärer Behandlung – wieder teilweise hergestellt, verstarb jedoch anschließend.

Betrag: 7.500 € **Haftung: 100 %**
immVorb: – **MdE: –**

OLG Köln 30.1.2002 – 5 U 106/01 = BeckRS 2002, 30236369

3714

Infektion (hier: Keiminfektion im Krankenhaus nach schwerer Unterschenkelfraktur).

16j. Mann (Schüler). 5 stationäre Aufenthalte mit insgesamt 10 Operationen. Metallteileimplantat. Komplikationen wegen Keiminfektion. Sehr langwierige Heilbehandlung über insgesamt 1 1/2 Jahre. Psychische Beeinträchtigungen wegen Ungewissheit bzgl. der Heilung. Schulische Leistungen gemindert. Lange Zeit kein Sport möglich (der Kl. hatte zuvor Leistungssport betrieben). [Bei voller Haftung läge das Schmerzensgeld bei 15.000 EUR worauf im Jahr 2014 das OLG München – vgl. → Nr. 4832 – hingewiesen hatte].

Betrag: 9.000 € **Haftung: 60 %**
immVorb: – **MdE: –**

OLG Saarbrücken 17.7.2007 – 4 U 338/06 = BeckRS 2007, 15073

4200

Blutvergiftung mit erheblichen Unterarmnekrosen / Hautnekrosen.

Mann. 16 Wochen stationär (inkl. eines etwa zehnwöchigen stationären Rehabilitationsaufenthalts). Intensivstation mit künstlichem Koma. Schmerzhafte Nekroseentfernung. Sehr langwierige Heilbehandlung. Noch nach 4 Jahren Schmerzen. Dauerschaden: Bewegungseinschränkungen wegen Verwachsungen an beiden Unterarmen. Arzthaftung: Grober Behandlungsfehler wegen fehlender Desinfektion vor einer Injektion.

Betrag: 10.000 € **Haftung: 100 %**
immVorb: Ja **MdE: –**

OLG Naumburg 20.8.2009 – 1 U 86/08 = BeckRS 2009, 29082

3821

Meningitis (hier: Leidensverlängerung infolge verspäteter medikamentöser Therapie. Der Kläger erlitt über einen Zeitraum von ca. 4 Wochen, bis zu seinem Tode, vermeidbare zusätzliche Schmerzen).

Mann. Arzthaftung in Form eines Behandlungsfehlers im Rahmen einer tuberkulösen Hirnhautentzündung. Leidensverlängerung um ca. 4 Wochen.

Betrag: 10.000 € **Haftung: 100 %**
immVorb: – **MdE: –**

OLG München 21.8.2008 – 1 U 1654/08 = BeckRS 2008, 19439

5318

Meningitis (hier: Mehrere Wochen anhaltende Meningitis mit lebensbedrohlichem Leiden und Bildung eines Hydrocephalus) als Folge der Behandlung eines Schädelhirntraumas und eines Hydrocephalus.

Mann (selbständiger Installateur). ca. 30 Tage intensivstationär, Lebensgefahr. Arzthaftung (hier: Behandlungsfehler nach Schädelhirntrauma wegen einer Liquorabflussstörung die ärztlicherseits übersehen wurde wodurch sodann Reste eines Vertikalkatheders verblieben, den sich der Geschädigte während eines Verwirrtheitszustandes selbst herausgezogen hatte). Erstursache: Sturz von Gerüst. Hierzu führte das OLG aus: „Auch wenn allein aufgrund des Unfalls eine schwerwiegende Verletzung vorlag, die ihrerseits Schmerzen verursachte, wurde in dieser Zeit das Leiden des Klägers durch die Meningitis in erheblichem Maße mitgeprägt … [zudem] haften die Beklagten wie oben dargelegt auch für die Liquorabflussstörungen, den damit verbundenen Hydrocephalus und die deshalb erforderliche Shunt-Anlage".

Betrag: 10.000 € **Haftung: 100 %**
immVorb: – **MdE: –**

OLG Karlsruhe 21.5.2008 – 7 U 158/07 = BeckRS 2009, 22911

3182

Infektion / Knieverletzung (hier: Eitrige Entzündung nach Infektion im Kniegelenk).

65j.Mann. 7 Wochen stationäre Behandlung; mehrfache schmerzhafte Operationen; zukünftig wird die Implantation einer Kniegelenksendoprothese und die Verwendung einer Gehhilfe erforderlich sein. Vorschaden: Verschleiß vorgeschädigter Gelenke. Arzthaftung (hier: Behandlungsfehler). Dauerschaden: Bewegungseinschränkung, Belastungs- und Bewegungsschmerz im rechten Kniegelenk sowie Muskeldefizit und Narben.

Betrag: 10.226 € **Haftung: 100 %**
immVorb: – **MdE: –**

OLG Düsseldorf 29.8.2002 – 8 U 190/01 = BeckRS 9998, 19233

6433

Infektion mit Staphylokokkus aureus und bedrohlicher „intraspinalen entzündlichen Reaktion", die ein notfallmäßiges Eingreifen erforderlich machte.

Frau. Arzthaftung (hier: Aufklärungspflichtverletzung bezüglich des erhöhten Infektionsrisikos im Zusammenhang mit einer Cortison-Spritzenbehandlung wegen eines Bandscheibenschadens).

Betrag: 12.250 € **Haftung: 100 %**
immVorb: Ja **MdE: –**

OLG Hamburg 23.1.2004 – 1 U 24/00 = BeckRS 2004, 18539

6532

Infektion mit staphylococcus aureus [Staphylokokken sind grampositive, aerobe Bakterien mit höchster Virulenz] bzw. Staphylokokkeninfektion infolge derer kam es an beiden Knien der Klägerin zu einer Ulcera [= tiefe Substanzdefekte], die mittels Hauttransplantationen und Kortison behandelt werden musste.

35j. Frau. Langwierige Behandlung über einen Zeitraum von ca. 7 bis 8 Monaten. Die beiden Abszesse bzw. Ulcera mussten mittels einer Spalthauttransplantation bzw. Hauttransplantation vom Oberschenkel und mittels Kortison behandelt werden. Vorübergehend kam es zu Haarausfall sowie zu nachvollziehbaren psychischen Beeinträchtigungen und einem Nervenzusammenbruch. Dauerschaden: Narben an beiden Kniegelenken. Arzthaftung (hier: Grober Behandlungsfehler im Zusammenhang mit einer, der Fettreduktion dienende kosmetische Behandlung an den Knien sowie der Nachbehandlung eines Infekts ohne ärztliche Approbation. Der Beklagte zu 1., der über keine Approbation als Arzt verfügte aber dennoch als Arzt in der Praxis eines approbierten Arztes arbeitete, setzte der Klägerin in seiner Privatwohnung auf der Innenseite des linken und des rechten Knies jeweils eine „Fett-weg-Spritze" mit einem ihr unbekannten Inhalt. An beiden Knien entwickelte sich eine großflächige Hautinfektion und Ulkusflächen von 4 x 2,5 cm rechts und 3 x 5,5 cm links. Anstatt die Klägerin sofort an einen Dermatologen zu überweisen, versuchte der Beklagte die vermeintliche „autoimmune Wundheilungsstörung" – so seine fehlerhafte Diagnose – selbst zu therapieren). Bei der Schmerzensgeldbemessung war in diesem Falle das Genugtuungsinteresse der Klägerin in besonderer Weise schmerzensgelderhöhend zu berücksichtigen. [Anmerkung: Das OLG würdigte die besondere Schwere der Pflichtverletzung (§ 5 HeilPrG) und verwies zudem darauf, dass eine Heilbehandlung oder eine invasive kosmetische Behandlung ohne ärztliche Approbation sich „per se als grob fehlerhaft" darstellt. Zur Frage des Mitverschuldens der Klägerin, führte das OLG aus, dass "ein etwaiges Mitverschulden der Klägerin, welches in der Nichtbeachtung von der Sicherungsaufklärung dienenden Hinweisen läge, gegenüber der Pflichtverletzung des Beklagten zu 1) im Rahmen einer Abwägung nach § 254 BGB nicht ins Gewicht fallen" würde. Lesenswert auch zur Rechtslage bei Insolvenz des Arztes und den Voraussetzungen der Forderungsanmeldung zur Insolvenztabelle.] Das Urteil wurde eingesandt von Ra. Dr. jur. Martin Riemer, 50321 Brühl.

Betrag: 15.000 € **Haftung: 100 %**
immVorb: Ja **MdE: –**

OLG Köln 13.5.2020 – 5 U 126/18 = BeckRS 2020, 8671

5248

Blutvergiftung nach Urosepsis [Urosepsis ist eine Infektionskrankheit mit Bakterien aus dem Urogenitaltrakt] mit daraus resultierender lebensbedrohlicher Blutvergiftung nach versäumter Antibiotikaverabreichung im Zusammenhang mit einer Prostatabehandlung.

Mann. Lebensgefahr. Intensivstation. Sehr langwierige Heilbehandlung mittels Psychotherapie, die einmal pro Monat bis auf Weiteres erfolgt. Dauerschaden. Schwerhörigkeit und Sensibilitätsstörungen der rechten Körperhälfte. Dies sowie die psychischen Beeinträchtigungen, insbesondere Todesangst, Wiedererleben der lebensbedrohenden Phase sowie die Regulierungsverzögerung berücksichtigte das OLG erhöhend.

Betrag: 15.000 € **Haftung: 100 %**
immVorb: Ja **MdE: –**

OLG Karlsruhe 2.12.2015 – 13 U 155/14 = BeckRS 2015, 127867

6434

Infektion, durch die der Kläger seinen sogenannten Neophallus [Penis nach Geschlechtsumwandlung] verlor.

Mann. Arzthaftung (hier: Aufklärungspflichtverletzung über das Infektionsrisiko im Zusammenhang mit einer Nekrose. Der Kläger, ein Transsexueller, hatte zuvor im Rahmen einer Geschlechtsumwandlung einen Penis entwickelt [sogn. Neopphallus], den er „auf keinen Fall verlieren wollte" und sich desshalb nicht vom Beklagten hätte operieren lassen, „wenn er über das Nekroserisiko aufgeklärt worden wäre").

Betrag: 15.000 € **Haftung: 100 %**
immVorb: – **MdE: –**

OLG München 12.7.2007 – 1 U 1616/07 = BeckRS 2007, 12190

6436

Infektion mit Staphylokokkus aureus im Kniegelenk nach arthroskopischen Knieoperation mit dauerhafter Knieversteifung).

54j. Frau (Familienpflegerin). MdE 51 Monate 100 %. Arzthaftung (hier: Grober Behandlungsfehler nach einer arthroskopischen Knieoperation, durch welche es zu einer Infektion kam. Behandlungsverzögerung: „Erst neun Tage nach den ersten Entzündungszeichen lagen die Laborwerte vor und war der spezifische Erreger bestimmt worden. Die Klägerin wurde am 23.5.2003 entlassen und die Antibiose beendet, ohne die Laborwerte abzuwarten und ohne zu erkennen, dass die Entzündung durch die antibiotische Behandlung nicht behoben worden war", so das OLG). Dauerschaden: Berufsunfähigkeit als Familienpflegerin. Schwere Arthrose im Kniegelenk. Gehbehinderung und Bewegungseinschränkungen wegen Knieversteifung, so dass „das Knie nicht mehr richtig beugen und strecken. Sie kann sich nicht mehr hinknien und keine Reinigungsarbeiten auf dem Boden durchführen. Auch schnelles Laufen, das Tragen schwererer Lasten oder Gehen einer längeren Strecke sind wegen der Schmerzen im Knie nicht möglich. Ebenso ist das Treppensteigen sehr mühsam".

Betrag: 20.000 € **Haftung: 100 %**
immVorb: – **MdE: –**

OLG München 30.4.2008 – 1 U 4679/07 = BeckRS 2008, 8280

6435

Infektion mit dem Staphylococcus aureus im Bereich der Schulter; infolgedessen kam es zu einer Schultergelenkhautverklebung mit nachfolgender Bewegungseinschränkung des Schultergelenks.

Frau. Umfangreiche Nachbehandlungen. Arzthaftung (hier: Behandlungsfehler im Zusammenhang mit einer Schulteroperation bei der der Beklagte zwei intraartikuläre Injektionen ohne Einhaltung der Hygienestandards durchgeführt hatte, wodurch es zur Infektion kam). Dauerschaden: Bewegungseinschränkung, die darin besteht, dass die Klägerin mit dem linken Arm nicht über die Horizontale hinwegzukommen kann. Zudem leidet sie – außerhalb des Ruhezustandes – unter erheblichen Schmerzen und nimmt deshalb Schmerzmittel. Berufsbeeinträchtigung, da die Klägerin nicht mehr vollzeitig arbeiten kann.

Betrag: 20.000 € **Haftung: 100 %**
immVorb: – **MdE: –**

LG Freiburg 30.10.2007 – 2 O 194/06 = BeckRS 2011, 10508

7002

Staphylokokkeninfektion bzw. Infektion mit Staphylococcus aureus Bakterien nach einer behandlungsfehlerhaft durchgeführten Injektion in den Ellebogen.

45j. Frau. 7 Tage stationär. Anschließend Reha. MdE 5 Monate 100 %. Langwierige Heilbehandlung, die sich zudem kompliziert gestaltete, ua mit einer Gelenkspülung und Einlage einer Redon-Drainage. Zudem musste die Klägerin nicht nur eine schmerzhafte Operation, sondern auch zahlreiche Folgebehandlungen und eine langwierige ambulante Rehabilitation über sich ergehen lassen. Arzthaftung (Behandlungsfehler und Aufklärungspflichtverletzung) im Zusammenhang mit der Behandlung bestehender Beschwerden im rechten Ellenbogengelenk (Tennisarmbeschwerden). Der Beklagte Arzt setzte eine subkutane Injektion, wobei er weder Handschuhe noch einen Mundschutz trug, die Injektionsstelle jedoch mehrfach mit Alkohol benetzte. Die Klägerin unterzeichnete vor der Injektion ein Aufklärungsblatt. In welchem Umfang zuvor ein Aufklärungsgespräch stattfand, war zwischen den Parteien streitig. Nachfolgend wurde eine Staphylococcus-aureus-Infektion attestiert, weshalb die Klägerin 7 Tage stationär behandelt werden musste. Dauerschaden: Sichtbare Narbe am rechte Ellenbogen. „Die Klägerin hat zudem für den Senat glaubhaft angegeben, auch jetzt noch gelegentlich unter Schmerzen im Ellenbogengelenk zu leiden und teilweise über Tage hinweg Schmerzmedikation einnehmen zu müssen", so das OLG.

Betrag: 25.000 € **Haftung: 100 %**
immVorb: Ja **MdE: –**

OLG Hamm 15.2.2022 – 26 U 21/21 = BeckRS 2022, 4053

6437

Infektion mit Staphylokokken und Entwicklung eines Spritzenabszesses mit Schüttelfrost und Schweißausbrüchen sowie erheblichen Schmerzen und psychischen Dauerfolgen.

Frau (Betriebsleiterin). 14 Tage stationär; in den beiden Folgejahren kam es zu erneuten Klinikaufenthalten, denen die Unterbringung in einer Rehabilitationseinrichtung nachfolgte. Arzthaftung (hier: Grober Behandlungsfehler wegen Injektion ohne Beachtung der Hygienevorschriften bzw. fehlern im Hygienemanagement; es kam zu einem Spritzenabszess). Dauerschaden: Psychische Beeinträchtigungen; anhaltende Schlafstörungen und Depressionen. Berufsunfähigkeit; Die Klägerin, die ursprünglich einen Catering-Betrieb geleitet hatte, übte ihren Beruf im Anschluss an die Spritzenbehandlung zunächst längerfristig nicht mehr aus, nahm dann nochmals ihre Arbeit auf, ehe sie ihre Tätigkeit dauerhaft einstellte. [Das Urteil wurde vom BGH bestätigt, vgl. → Nr. 3986].

Betrag: 25.000 € **Haftung: 100 %**
immVorb: – **MdE: –**

OLG Koblenz 22.6.2006 – 5 U 1711/05 = BeckRS 2006, 8874

3986

Spritzenabszeß mit hierdurch kausaler Staphylokokkeninfektion mit erheblichen psychischen Dauerfolgen.

Frau (Betriebsleiterin). 14 Tage stationär. Arzthaftung: Keimübertragung durch Fehler im Hygienemanagement. Dauerschaden: Psychische Beeinträchtigungen; anhaltende Schlafstörungen und Depressionen. [vgl. OLG Koblenz → Nr. 6437]

Betrag: 25.000 € **Haftung: 100 %**
immVorb: – **MdE: –**

BGH 20.3.2007 – VI ZR 158/06 = BeckRS 2007, 6632

5339

Malaria tropica mit Cerebralbeteiligung, Koma, einem Exanthem (entzündliche Hautveränderung) der oberen Thoraxhälfte, einem Hirnödem und cerebralen Krampfanfällen.

35j. Frau. Dauerschaden: Sehbehinderung in Form eingeschränkter Sehfähigkeit und eine Gedächtnisschwäche in Form einer Störung des Kurzzeitgedächtnisses. Arzthaftung (hier: Vorwerfbarer Diagnosefehler im Zusammenhang mit einer Malaria-Erkrankung; der zunächst behandelnde Arzt übersah – trotz Hinweis auf die zuvor erfolgte Afrikareise – die Malariaerkrankung.). Darüber hinaus ist dem Kläger auch ein Behandlungsfehler in Gestalt einer mangelnden therapeutischen Aufklärung unterlaufen indem er nicht dafür Sorge getragen hatte, dass die Klägerin einer sachgerechten weiterführenden Untersuchung zugeführt wird. [Lesenswert sind auch die zutreffenden Ausführungen des OLG zum Vortrag des beklagten Arztes, die Klägerin trage ein Mitverschulden, da sie es versäumt habe, sich gegen Malaria zu schützen. Hierzu das OLG: „Ein Arzt, der – wie hier – im Rahmen seiner normalen Berufstätigkeit in Anspruch genommen wurde, kann aus denjenigen Umständen, die zu der Behandlungsbedürftigkeit des Patienten geführt haben, keinen Anspruch auf Entlastung von seiner Verantwortlichkeit herleiten. Es macht für das Rechtsverhältnis zwischen Arzt und Patient nämlich keinen Unterschied, ob der Patient durch eigene Schuld behandlungsbedürftig geworden ist oder nicht".]

Betrag: 35.000 € **Haftung: 100 %**
immVorb: Ja **MdE: –**

OLG Frankfurt a. M. 21.3.2017 – 8 U 228/11 = BeckRS 2017, 107395

3175

Infektion mit Hepatitis C und damit verbundener „erheblicher Angst vor künftigem Eintritt und weiteren Folgen" sowie Einschränkungen des Lebensgefühls.

34j. Frau (Mitarbeiterin in einem Reinigungsunternehmen). Stationäre Aufnahme zur Untersuchung und Impfung. Dauerhaft regelmäßige ärztliche Behandlung. Alle drei Monate Blutuntersuchung und Leberwertkontrolle.

Betrag: 36.000 € **Haftung: 100 %**
immVorb: Ja **MdE: –**

OLG Hamm 2.12.2002 – 6 U 179/01 = BeckRS 9998, 18882

4813

Infektion mit MRSA-Keimen / MRSA-Infektion (multiresistenten Staphylokokken). Es kam zu einer Blutvergiftung (Sepsis) und der Entwicklung eines Abszesses im Bereich Lendenwirbelsäule, der lokal durch die Chirurgie versorgt werden musste. Der Kl. erlitt extremste Schmerzen!

Mann. Langwierige stationäre und ambulante Heilbehandlung. MRSA-Infektion. Heftige bzw. sehr starke Schmerzen musste durch die Gabe von Analgetika einschließlich Morphin behandelt werden. Arzthaftung bzw. hier Krankenhaushaftung wegen Infektion mit MRSA-Keimen (multiresistenten Staphylokokken). Wörtlich heißt es dazu: „Der Kläger befand sich … in stationärer Behandlung der Beklagten. Er erhielt während dieser Zeit zur Behandlung eines Tinnitus Infusionen über eine Venenverweilkanüle. Ab dem … zeigte sich eine zunehmende Schwellung und Rötung am linken Arm des Klägers. Am … wurde von der Beklagten eine Blutkultur durchgeführt, die ergab, dass der Kläger mit MRSA-Keimen infiziert war.". Zu den Voraussetzungen der Haftung des Krankenhausträgers und der Beweislage führte das OLG aus: „Allerdings trifft zu, dass die Infektion des Klägers mit einem multiresistenten Erreger weder per se eine Haftung der Klinik begründet noch ein Indiz für eine mangelhafte Behandlung darstellt. Eine Haftung für eine Infizierung durch Keime kommt vielmehr nur in Betracht, wenn der zu fordernde Qualitätsstandard unterschritten wird und dies auch ursächlich für eine Schädigung des Patienten war. Es muss mithin feststehen, dass die Infektion aus einem hygienisch beherrschbaren Bereich hervorgegangen ist (OLG Naumburg, NJW-RR 2012, NJW-RR Jahr 2012 Seite 1375). Das ist nach allgemeinen Regeln vom Kläger zu beweisen.", allerdings ist an die Beweisführung kein hoher Anspruch zu stellen,

„weil das Einhalten der Hygienebestimmungen an sich nirgendwo dokumentiert wird“. Im konkreten Falle genügte der Vortrag des Klägers bzw. dessen Behauptung dass ein Pfleger ohne Handschuhe zuvor an einem anderen Patienten tätig gewesen sei.

Betrag: 40.000 € **Haftung: 100 %**
immVorb: Ja **MdE: –**

OLG Hamm 8.11.2013 – 26 U 62/12 = BeckRS 2014, 2238

6891

Krankenhauskeim-Infektion / Staphylococcus-aureus-Infektion im Zusammenhang mit dem Klinikaufenthalt wegen einer Tibiakopffraktur.

47j. Frau. 360 Tage stationär. In dieser Zeit musste sich die Kl. insgesamt 30 Operationen unterziehen. Sehr langwierige Heilbehandlung aufgrund einer Krankenhauskeim-Infektion / Staphylococcus-aureus-Infektion. Dauerschaden: Gehbehinderung, Bewegungseinschränkungen im Bereich des Kniegelenks und Fußheberschwäche sowie erhebliche Narben / Nekrosen am Ober- und Unterschenkel. [Ursache: Fahrradunfall].

Betrag: 45.000 € **Haftung: 75 %**
immVorb: Ja **MdE: –**

LG Stade 13.2.2020 – 3 O 50/17 = BeckRS 2020, 54522

6441

Streptokokkeninfektion / Spritzenabszess: Es kam zu einem Multiorganversagen und weiteren schweren Komplikationen. Insofern erfolgten „großflächige Ausschneidungen der Haut, der Unterhaut, sowie des Muskelgewebes bis unmittelbar zum Gesäßknochen mit entsprechender körperlicher Entstellung“, eine „operative Verlegung des Darmausganges mit späterer Rückverlegung“, eine „Verlegung einer Vene des rechten Beines“, „urologische Behandlung infolge eines durch die Bauchdecke geführten Blasenkatheters“ sowie weitere Maßnahmen, die beim Kläger zu psychischen Beeinträchtigungen „in Form von Depressionen mit Schlaflosigkeit und Existenzangst“ führten.

44j. Mann (kaufm. Angestellter). 5 Wochen akute Lebensgefahr. 21 Tage in „ständiger Narkose“, 45 Tage intensivstationär und weitere 53 Tage stationär. Heilpraktikerhaftung (hier: Behandlungsfehler im Zusammenhang mit einer Behandlung wegen Appetit- und Antriebslosigkeit. Der Kläger erhielt eine „Aufbauspritze“ in die rechte Gesäßhälfte verabreicht und erlitt daraufhin eine massivste Weichteilinfektion). Dauerschaden: Hilfsbedürftigkeit sowohl im Berufsleben als auch im Privatleben. Insofern sei der Kläger „aufgrund der durch den Spritzenabszeß erlittenen gesundheitlichen Schädigungen körperlich und psychisch so erheblich beeinträchtigt, dass er weder seinen Beruf ausüben noch seinen Haushalt ohne fremde Hilfe eigenständig führen könne“.

Betrag: 51.129 € **Haftung: 100 %**
immVorb: Ja **MdE: –**

OLG Bamberg 27.11.2000 – 4 U 106/99 = BeckRS 2000, 31162343

6443

HIV-Infektion mit hohem Leidensdruck, auch wenn vorliegend die Krankheit noch nicht ausgebrochen war).

27j. Frau. Arzthaftung (hier: Infektion mit Aids bzw. HIV infolge einer Bluttransfusion des Ehemannes nach einem Motorradunfall). [Anmerkung: Das OLG Koblenz, dessen Urteil der BGH bestätigte, hatte sich hinsichtlich der Schmerzensgeldbemessung an der Entscheidung des LG Bonn → Nr. 2144 orientiert. Der BGH billigte in Bestätigung seiner bisherigen Rechtsprechung dem HIV-Infizierten einen Beweis des ersten Anscheins zu, dass Infektionsquelle die verabreichten Blutprodukte sind. Voraussetzung sei, dass der Infizierte beziehungsweise der von ihm angesteckte Ehepartner weder zu den HIV-gefährdeten Risikogruppen gehörten noch nach der Art ihrer Lebensführung einer gesteigerten Infektionsgefahr ausgesetzt waren. Außerdem müsse feststehen, dass zumindest eines der verabreichten Blutprodukte HIV-verseucht gewesen sei. Hiervon sei im Streitfall aus prozessualen Gründen auszugehen gewesen. Denn das behandelnde Krankenhaus habe die erforderlichen Angaben über Chargennummern und Hersteller nicht gemacht].

Betrag: 125.000 € **Haftung: 100 %**
immVorb: – **MdE: –**

BGH 5.6.2019 – VI ZR 179/04 = BeckRS 2005, 8735

5412

Vergiftung (hier: Hepatitis C und chronisch rheumatoiden Arthritis).

20j. Frau (Auszubildende in einer Arztpraxis). Die Kl. litt über ca. eineinhalb Jahre an der Hepatitis C. Um die Hepatitis C zu behandeln, musste sie sich zweimal einer Interferonmedikation unterziehen. Diese Behandlungsphase dauerte etwa 1 1/2 Jahre. Bereits darin liegt eine einschneidende Lebensbeeinträchtigung. Dauerschaden: Die Kl. ist zwischenzeitlich mit einem Grad von 80 % schwerbehindert, teilweise erwerbsunfähig und kann den Beruf einer Arzthelferin nicht ausüben –, sondern vor allem auch den Bereich Ehe und Familie. Rheumatoiden Arthritis. Damit verbunden sind laut Vortrag der Klägerin Bewegungseinschränkungen und Schmerzen in mehreren Gelenken sowie Schwindelattacken, Herzrasen und Konzentrationsstörungen als Folge von Durchschlafstörungen; ferner Kopfschmerzen und dadurch hervorgerufen Psychische Beeinträchtigungen wie schwere Traurigkeit bis hin zur Depression. Arzthaftung: Der beklagte Arzt stellte einer mit der Blutentnahme allein beauftragten Auszubildenden bewusst nicht die seit Jahren vorgeschriebenen Sicherheitskanülen zur Verfügung, obwohl er wusste, dass der Patient an Hepatitis C erkrankt ist. [Vorinstanz: ArbG Bamberg, Urt. v. 19.4.2016 – 4 Ca 718/15].

Betrag: 150.000 € **Haftung: 100 %**
immVorb: Ja **MdE: 80 %**

LAG Nürnberg 9.6.2017 – 7 Sa 231/16 = BeckRS 2017, 121662

5494

Schwerer septischer Schock nach Spritzenabszess. Dadurch multiples Organversagen und dauerhaft eine weitgehende Körperlähmung. Das septische Infektionsgeschehen war für die Ärzte im Krankenhaus nicht zu beherrschen. Es schloss sich ein mehr als ein Jahr andauernder dramatischer Leidensprozess an, während dessen der Patient ohne Aussicht auf eine Besserung dauerhaft künstlich beatmet werden musste und weitgehend gelähmt blieb. Am Ende dieses Leidensprozesses stand der ärztlich begleitete Freitod des Patienten, der seinen Sterbewunsch über Monate hinweg geäußert und diesen auch in Ethikgesprächen mit den behandelnden Ärzten bekräftigt hatte.

50j. Mann. Selbstmord nach einem Jahr nahezu völliger Körperlähmung. Arzthaftung (Grober Behandlungsfehler des Hausarztes, der dem Kläger zuvor binnen einer Woche viermal die Präparate Solu-Decortin und Diclofenac gleichzeitig in die Gesäßmuskulatur injiziert hatte. Einige Stunden nach Verabreichung der vierten Spritze kollabierte der Patient zu Hause. Er wurde mit Schüttelfrost, Atemschwierigkeiten und Schmerzen als Notfall im Krankenhaus aufgenommen, wo er sofort intensivmedizinisch behandelt wurde). Das OLG urteilte zutreffend, dass das „vom Landgericht zugesprochene Schmerzensgeld auch in der ausgeurteilten Höhe angemessen sei, denn es müsse insbesondere das extreme Leiden des verstorbenen Patienten berücksichtigt werden, der sich seiner Beeinträchtigungen bewusst gewesen sei und deshalb in besonderem Maße darunter gelitten habe. Dass sich dieser Leidensprozess über einen Zeitraum von etwas mehr als einem Jahr erstreckt und nicht länger gedauert habe, rechtfertige es nicht, ein geringeres Schmerzensgeld festzusetzen. Der Dauer des Leidens komme wegen der besonderen Umstände des Todes des Patienten bei der Bemessung des Schmerzensgeldes keine Bedeutung zu, denn dieser habe den Freitod nur gewählt hatte, um sein Leiden zu beenden". [Anmerkung: Durch Zurückweisung der Nichtzulassungsbeschwerde bzgl. der Revision ist das Urteil des OLG Celle seit 12.3.2019 rechtskräftig.]

Betrag: 500.000 € **Haftung: 100 %**
immVorb: – **MdE: –**

OLG Celle 10.8.2018 – 1 U 71/17 = BeckRS 2018, 43824

5494

Schwerer septischer Schock nach Spritzenabszess. Dadurch multiples Organversagen und dauerhaft eine weitgehende Körperlähmung. Das septische Infektionsgeschehen war für die Ärzte im Krankenhaus nicht zu beherrschen. Es schloss sich ein mehr als ein Jahr andauernder dramatischer Leidensprozess an, während dessen der Patient ohne Aussicht auf eine Besserung dauerhaft künstlich beatmet werden musste und weitgehend gelähmt blieb. Am Ende dieses Leidensprozesses stand der ärztlich begleitete Freitod des Patienten, der seinen Sterbewunsch über Monate hinweg geäußert und diesen auch in Ethikgesprächen mit den behandelnden Ärzten bekräftigt hatte.

50j. Mann. Selbstmord nach einem Jahr nahezu völliger Körperlähmung. Arzthaftung (Grober Behandlungsfehler des Hausarztes, der dem Kläger zuvor binnen einer Woche viermal die Präparate Solu-Decortin und Diclofenac gleichzeitig in die Gesäßmuskulatur injiziert hatte. Einige Stunden nach Verabreichung der vierten Spritze kollabierte der Patient zu Hause. Er wurde mit Schüttelfrost, Atemschwierigkeiten und Schmerzen als Notfall im Krankenhaus aufgenommen, wo er sofort intensivmedizinisch behandelt wurde). Das OLG urteilte zutreffend, dass das „vom Landgericht zugesprochene Schmerzensgeld auch in der ausgeurteilten Höhe angemessen sei, denn es müsse insbesondere das extreme Leiden des verstorbenen Patienten berücksichtigt werden, der sich seiner Beeinträchtigungen bewusst gewesen sei und deshalb in besonderem Maße darunter gelitten habe. Dass sich dieser Leidensprozess über einen Zeitraum von etwas mehr als einem Jahr erstreckt und nicht länger gedauert habe, rechtfertige es nicht, ein geringeres Schmerzensgeld festzusetzen. Der Dauer des Leidens komme wegen der besonderen Umstände des Todes des Patienten bei der Bemessung des Schmerzensgeldes keine Bedeutung zu, denn dieser habe den Freitod nur gewählt hatte, um sein Leiden zu beenden". [Anmerkung: Durch Zurückweisung der Nichtzulassungsbeschwerde bzgl. der Revision ist das Urteil des OLG Celle seit 12.3.2019 rechtskräftig.]

Betrag: 500.000 € **Haftung: 100 %**
immVorb: – **MdE: –**

OLG Celle 10.8.2018 – 1 U 71/17 = BeckRS 2018, 43824

6797

Vergiftung (hier: Vorsätzlich herbeigeführte Quecksilber- und Bleivergiftung, die nach massiven Qualen schließlich zum Tode führte).

26j. Mann (Angestellter). Der infolge der schweren Quecksilber- und Bleivergiftungen inzwischen Verstorbene litt unter extremen Qualen und starb nach einem regelrechten „Verfall" (so die Eltern des Opfers vor Gericht) und lag lange Zeit im Wachkoma. Der 57j. Täter, ein Kollege, der die Pausenbrote des Opfers sowie weiterer Mitarbeitender im Betrieb über einen längeren Zeitraum vergiftet hatte, wurde zu lebenslanger Haft mit anschließender Sicherheitsverwahrung verurteilt.

Betrag: 580.000 € **Haftung: 100 %**
immVorb: – **MdE: –**

ArbG Bielefeld 28.7.2020 – 5 Ca 1725/19 = BeckRS 2020, 47960

18. Verletzungen mit Todesfolge

Vorbemerkung: Die „Leidensverkürzung" durch den Tod wird in der Regel schmerzensgeldvermindernd berücksichtigt. Inwieweit dies mit der Würde des Menschen vereinbar ist, kann an dieser Stelle nicht erörtert werden. Hierzu haben sich zahlreiche Gerichte mit der Frage nach dem „Ob" und dem „Wie" des Schmerzensgeldes befasst. Insofern sei auch auf das jüngste Urteil des BGH vom 2.4.2019 verwiesen, der sich mit der – von ihm verneinten – Frage befasst hatte, ob sich ein Arzt durch die Erhaltung eines leidensbehafteten Lebens schadensersatzpflichtig macht und zur Schmerzensgeldzahlung verpflichtet ist.

Eine systematische Darstellung hierzu finden Sie im Handbuch im Kapitel V. 5. b. → Rn. 281 – 288.

7736

Verletzungen mit Todesfolge.

Frau (Witwe des Verstorbenen). Die Kläger sind die Witwe und der Sohn sowie zugleich gemeinschaftliche Erben des Verstorbenen / Erblassers und nahmen den beklagten Landkreis im Zusammenhang mit einer notfallmedizinischen Behandlung des Erblassers auf Schadensersatz und 5.000 EUR Schmerzensgeld in Anspruch, nachdem sich dieser nach einem Treppensturz schwer verletzt hatte. Die Kläger stützten ihre Klage auf Behandlungsfehler im Rahmen des notfallmedizinischen Noteinsatzes / Rettungsdienstes und beanstandeten, dass der Notarzt während der Erstversorgung den Kopf des Erblassers aus etwa 20 cm Höhe auf den Fliesenboden fallen gelassen habe und der Transport zum Krankenhaus nicht mittels Hubschrauber durchgeführt worden sei. Das Landgericht hatte jedoch keine Pflichtverletzung des Rettungsdienstes festgestellt. Das OLG bestätigte diese Entscheidung. [Anmerkung: Auch wenn ihr kein Schmerzensgeldanspruch begründet wurde, wird das Urteil hier vorgestellt, da die Thematik der Haftung des Rettungsdienstes, der im beklagten Bundesland Brandenburg öffentlich-rechtlich organisiert und dessen Wahrnehmung der rettungsdienstlichen Aufgaben sowohl im Ganzen wie im Einzelfall der hoheitlichen Betätigung zuzurechnen ist und somit auf der Basis des § 839 Abs. 1 BGB iVm Art. 34 GG erfolgt, hier anschaulich behandelt wird. Stichworte: Amtshaftung, Notfallmedizin, Behandlungsfehler, Rettungsdienst.

Betrag: – **Haftung: –**
immVorb: – **MdE: –**

OLG Brandenburg 12.8.2025 – 2 U 36/23 = BeckRS 2025, 21774

7299

Tod eines Dialysepatienten und nachfolgende Klage der hinterbliebenen Tochter wegen Behandlungsfehler und Aufklärungspflichtverletzung.

Frau. Kein Anspruch auf Schmerzensgeld wegen Aufklärungspflichtverletzung, sofern ein bestehendes Risiko dem aufklärenden Arzt nicht bekannt war und ihm auch nicht bekannt sein musste. Dazu führte das OLG aus: „… die Klägerin rügt eine Verletzung der therapeutischen Sicherungsaufklärung gemäß § 630c Abs. 2 BGB. Sie beanstandet, dass dem Patienten die Risiken des Shunts und die geeigneten Präventionsmaßnahmen hätten erklärt werden müssen. Die therapeutische Sicherungsaufklärung ist Bestandteil der fachgerechten ärztlichen Behandlung und soll den Erfolg der medizinischen Heilbehandlung durch begleitende Maßnahmen, insbesondere durch Information und Beratung des Patienten sicherstellen (vgl. OLG Dresden 25.7.2023 – 4 U 659/23, Rn. 16 …). Versäumnisse auf diesem Gebiet sind Behandlungsfehler und daher grundsätzlich vom Patienten zu beweisen (vgl. OLG Dresden 25.7.2023 – 4 U 659/23). Die Klägerin hat indes keinen Beweis für einen Pflichtverstoß angetreten."

Betrag: – **Haftung: –**
immVorb: – **MdE: –**

OLG Dresden 1.11.2023 – 4 U 1238/23 = BeckRS 2023, 33341

6843

Tod infolge eines Herzinfarktes. „Der gerichtliche Sachverständige hat insoweit ausgeführt, die Patientin sei schon in einem schwerst kompromittierten Zustand in der Zentralen Notaufnahme angekommen. Ihre Schmerzen seien mit 8 von 10 beschrieben worden. Die Patientin habe Morphin erhalten, sie habe also schon unter maximaler Schmerztherapie die Koronarangiographie erlebt. Die Einführung des Herzkatheters geschehe unter lokaler Betäubung, schmerzhaft sei grundsätzlich der Einstich, nicht die Einführung des Herzkatheters oder die Manipulation selbst. Der folgende Verschluss der Vorderwandarterie werde zusätzliche Luftnot und Schmerzen herbeigeführt haben, wie viel das in der Gesamtsituation aber ausgemacht hat, sei seriös nicht zu beantworten. Es sei davon auszugehen, dass die Patientin ab dem Zeitpunkt des ersten Kammerflimmerns das Bewusstsein verloren habe", so das LG.

Mann. Der Kläger verlor seine Ehefrau [Patientin] infolge eines groben Behandlungsfehlers; die Frau verstarb an „einem fulminanten Herzinfarkt mit begleitendem Blutverlust". Ansprüche auf Hinterbliebenengeld gem. § 844 Abs. 3 BGB kommen nicht in Betracht, da dessen Einführung zum 23.7.20217 nach der Behandlung der Patientin lag (Art. 229 § 43 EGBGB), so das LG. Die eigenen psychischen Beeinträchtigungen des hinterbliebenen Ehemannes sah das LG sehr wohl, wies aber dennoch den Schmerzensgeldanspruch zurück, da der Kläger nicht dargelegt hatte, dass diese über die gesundheitlichen Beeinträchtigungen hinausgehen, denen Betroffene beim Tod eines nahen Angehörigen in der Regel ausgesetzt sind. Auch aus übergegangenem Recht der Patientin bestehe kein Anspruch auf Schmerzensgeld, da die Patientin durch die fehlerhafte Behandlung keine wahrnehmbare Schmerzsteigerung erlebt hat, die aus Billigkeitsgründen eine Bemessung in Geld erforderte, weil „ab dem Zeitpunkt des ersten Kammerflimmerns bei der Patientin bis zu dem Eintritt des Todes eine durchgehende Empfindungslosigkeit vorlag, die ein weiteres Schmerzempfinden ausschloss".

Betrag: – **Haftung: –**
immVorb: – **MdE: –**

LG Flensburg 8.10.2021 – 3 O 188/18 = BeckRS 2021, 34576

6438

Tod durch Brandunglück in Pakistan.

Mann / Frau. Die Kläger nehmen die Beklagte auf Ersatz immateriellen, hilfsweise materiellen Schadens aufgrund eines schweren Brandunglücks in Anspruch, das sich am 11.9.2012 in der Textilfabrik B in L, Pakistan, ereignet hatte und bei dem 259 Menschen starben. Kein Schmerzensgeldanspruch wegen Verjährung nach pakistanischem Recht.

Betrag: – **Haftung: –**
immVorb: – **MdE: –**

OLG Hamm 21.5.2019 – I-9 U 44/19 = BeckRS 2019, 10073

4839

Verletzungen mit Todesfolge (hier: Versterben aus Wachkoma weil bis zu dessen Tod die erforderliche intensivmedizinische Behandlung „einige Stunden" unterblieben war).

Mann. Kein Schmerzensgeldanspruch. Begründung des OLG: Der Tod trat alsbald nach der Verletzung ein. Vor diesem Hintergrund müsse ein Schmerzensgeldanspruch schon deshalb ausscheiden, „da eine Abgrenzung zwischen der Grunderkrankung und den (möglichen) Verletzungsfolgen nicht möglich ist …. Schmerzensgeld wird nicht für den Tod an sich oder die Verkürzung des Lebens geschuldet, sondern fürt die zugefügten Leiden", so das OLG.

Betrag: – **Haftung: –**
immVorb: – **MdE: –**

OLG Naumburg 22.8.2013 – 1 U 118/11 = BeckRS 2013, 22072

4535

Verletzung mit Todesfolge (hier: Sofortiger Tod durch Herzinfarkt in Form eines sogn. Re-Infarkts im Krankenhaus).

Frau. Kein Schmerzensgeldanspruch. Das OLG führte dazu aus: „Eine vom Versterben abgrenzbare Beeinträchtigung der Gesundheit lässt sich im Fall eines plötzlichen Herztodes, wie er hier gegeben ist, nicht feststellen".

Betrag: – **Haftung: –**
immVorb: – **MdE: –**

OLG Köln 17.12.2012 – 5 U 68/12 = BeckRS 2013, 3957

6582

Vorsätzliche Tötung mit mehreren Messerstichen durch den Beklagten und dessen Mittäter, die das Opfer festhielten, während der Beklagte ihn mit mehreren Messerstichen tötete. Dass gesamte „Kerngeschehen" hatte sich „innerhalb von 50 bis 70 Sekunden" abgespielt.

Mann. Die Kl. macht, resultierend aus der vorsätzlichen Tötung ihres Ehemannes gegen den Beklagten Schadensersatz- und Schmerzensgeldansprüche geltend. Der Beklagte wurde durch Urteil des LG M. des Totschlags für schuldig befunden und zu einer langjährigen Freiheitsstrafen verurteilt. Das LG hatte zudem den Beklagten zu Zahlung eines Schmerzensgeldbetrages in Höhe von 30.000 EUR verurteilt. Der Senat bewilligte dem Beklagten daraufhin Prozesskostenhilfe in Bezug auf die Weiterverfolgung der Witwe hinsichtlich eines höheren Schmerzensgeldanspruchs.

Betrag: – **Haftung: –**
immVorb: – **MdE: –**

OLG Hamm 7.9.2012 – 9 W 4/12 = BeckRS 2012, 20593

4525

Herzversagen / Verbrennungen (Näheres siehe unter Einzelheiten).

Frau. Kein Schmerzensgeldanspruch für Körperverletzung mit Todesfolge (hier: Herzversagen / schwere Verbrennungen), wenn ein Saunagast in der Sauna zusammenbricht. Es muss grundsätzlich dem Saunabenutzer überlassen bleiben, ob er sich der mit den körperlichen Belastungen verbundenen Gefahr aussetzt und das Gesundheitsrisiko eingehen will. Der Betreiber ist nicht verpflichtet, regelmäßige Kontrollen in engen Zeitabständen durchzuführen, um das körperliche Wohlbefinden der Saunabenutzer zu überwachen, so das OLG Hamm.

Betrag: – **Haftung: –**
immVorb: – **MdE: –**

OLG Hamm 29.8.2012 – I-12 U 52/12 = BeckRS 2012, 23501

4660

Verletzungen mit Todesfolge (hier: schwerste Verletzungen, an denen der Sohn der Kläger nach „maximal 45 Minuten" (so das LG wörtlich) verstorben war, wobei das LG bereits wegen „der Qualität der festgestellten todesursächlichen Verletzungen" davon ausging, dass der Sohn ohne das Bewusstsein wiedererlangt zu haben, verstorben war.)

Kind (Sohn der Kläger). Kein Anspruch auf Schmerzensgeld. Das LG führte aus, dass „vor diesem ... Hintergrund ... bei Berücksichtigung der Wertung aus der gängigen höchstrichterlichen Rspr. ein Schmerzensgeld nicht mehr in Betracht" komme.

Betrag: – **Haftung: –**
immVorb: – **MdE: –**

LG Erfurt 7.6.2010 – 3 O 2066/09 = BeckRS 2010, 27019

3407

Verletzungen mit sofortiger Todesfolge.

Frau. Kein Schmerzensgeldanspruch bei sofortigem Todeseintritt. Es stehe fest, so das LG, „dass die Schwester der Kl. binnen kürzester Zeit nach dem Unfallereignis um 23.15 Uhr verstorben ist, ohne zuvor das Bewusstsein wiedererlangt zu haben ... Dementsprechend entfällt nach der Rechtsprechung des BGH der Anspruch auf Zahlung eines Schmerzensgeldes selbst bei schwersten Verletzungen dann, wenn diese bei durchgehender Empfindungslosigkeit des Verletzten alsbald den Tod zur Folge gehabt haben ...", so das LG.

Betrag: – **Haftung: –**
immVorb: – **MdE: –**

LG Duisburg 5.9.2005 – 2 O 143/03 = BeckRS 2005, 10392

2975

Verletzungen mit Todesfolge / Fernwirkungsschaden (hier: Tod des Kindes „unmittelbar" nach dem Unfall. Die Eltern beanspruchten aus vererbtem und eigenem Rechtsgrund ein Schmerzensgeld).

Kind. Kein vererbter Schmerzensgeldanspruch der Eltern wegen des sofortigen Todes. Auch kein eigener Anspruch bei Fehlen „gewichtiger psychopathologischer Ausfälle", so das OLG jeweils ablehnend.

Betrag: – **Haftung: –**
immVorb: – **MdE: –**

OLG Koblenz 22.11.2000 – 1 U 1645/97 = BeckRS 2000, 30144928

2948

Verletzungen mit Todesfolge (hier: Der Sohn der Kläger verstarb nach „maximal 11 Minuten" nach dem Zusammenprall mit einer Straßenbahn).

Mann. Kläger waren die Eltern des Verstorbenen. Kein Schmerzensgeldanspruch aus übergegangenem Recht bedingt durch die sehr kurze Überlebenszeit des Verletzten. [vgl. auch in ZfS 2002, 19].

Betrag: – **Haftung: –**
immVorb: – **MdE: –**

KG 30.10.2000 – 12 U 5120/99 = BeckRS 9998, 40212

2974

Verletzungen mit Todesfolge (hier: Plötzliches Herz-Kreislauf-Versagen – sogn. Badetod – nach Kollision eines Motorbootes. Der Passagier wurde zunächst gegen einen Dalben geschleudert, fiel dann in's Wasser und erlag sofort einem Herz-Versagen.)

Mann. Kein Schmerzensgeldanspruch da die Verletzung gegenüber dem sofortigen Tod „keine abgrenzbare immaterielle Beeinträchtigung" darstelle, so das OLG.

Betrag: – **Haftung: –**
immVorb: – **MdE: –**

OLG Karlsruhe 25.1.2000 – U 5/99Bsch = BeckRS 2000, 30092498

3576

Verletzungen mit Todesfolge (hier: Sofortiger Tod nach Sturz in's Wasser).

Frau. Sofortiger Tod nach unfallbedingt erfolgtem Sturz ins Wasser. Die Verstorbene wurde infolge einer Bootskollision über Bord geschleudert und verletzt. Für den Tod kausal war jedoch nicht die erlittene Verletzung sondern ein plötzliches herz-Kreislaufversagen infolge des Eintritts in das Wasser. Die Körperverletzung – so das OLG – sei vom sofortigen Tod nicht abgrenzbar sodass kein Schmerzensgeldanspruch bestehe.

Betrag: – **Haftung: –**
immVorb: – **MdE: –**

OLG Karlsruhe 25.1.2000 – U 5/99 = VersR 2001, 1123

5091

Verletzungen mit Todesfolge (hier: Die Klägerin, die keine Schwimmweste trug, fiel bei einer Bootsfahrt über Bord. Sofort eingeleitete Suchmaßnahmen blieben erfolglos. Am darauffolgenden Tag wurde im Seebereich vor F. die Leiche aufgefunden und geborgen).

Frau. Kläger sind die Hinterbliebenen volljährigen Kinder des Unfallopfers. Da der Tod selbst nicht zu einem Schmerzensgeldanspruch führen könne, – so das OLG – stehe auch einem Unfallopfer, das innerhalb kurzer Zeit [Suchwort: kurze Überlebenszeit] nach dem Unfall verstirbt, kein Schmerzensgeldanspruch zu, da es an einer auszugleichenden schmerzhaften Zeitspanne zwischen Verletzung und Tod fehlt. Anders sei dies zu beurteilen, wenn der Verletzte noch eine geraume Zeit gelebt und / oder Qualen und Todesangst erlebt hat. [Weitere Fundstelle: VersR 2001, 1123).

Betrag: – **Haftung: –**
immVorb: – **MdE: –**

OLG Karlsruhe 25.1.2000 – U 5/99 BSCH = BeckRS 2000, 30092498

3739

Verletzungen mit Todesfolge (hier: Schwere Schädelverletzung mit sofortiger Bewusstlosigkeit und Tod nach 30 Minuten).

Mann. Der Verletzte verstarb 30 Minuten nach dem Verkehrsunfall eingeklemmt in seinem PKW ohne das Bewusstsein wiedererlangt zu haben.

Betrag: 256 € **Haftung: 66 %**
immVorb: – **MdE: –**

OLG Hamm 22.2.2001 – 6 U 29/00 = BeckRS 2007, 11056

3157

Verletzungen mit Todesfolge (hier: Koma nach Polytrauma und Tod nach 18 Tagen.).

82j. Mann. Tod nach Polytrauma, 18 Tage nach dem Unfall. [Lesenswert: Abzustellen ist in derartigen Fällen auf den Zeitraum zwischen Verletzung und Todeseintritt. Das OLG führte aus: „Die gesamte Leidensphase ist einer Gesamtbetrachtung zu unterziehen, wobei nicht mindernd zu berücksichtigen ist, dass dem Geschädigten seine Verletzungen nicht zu Bewusstsein gekommen sind und das er deshalb nicht unter Schmerzen gelitten hat (vgl. BGHZ 138, 388 = VersR 1998, 1034 …)".]

Betrag: 383 € **Haftung: 75 %**
immVorb: – **MdE: –**

OLG Hamm 13.11.2001 – 27 U 88/01 = BeckRS 2002, 325

5038

Tod durch Ertrinken

22j. Mann. Tod durch Ertrinken. Der auf einer Luftmatratze treibende Mann wurde von einem JET-Skifahrer unter Wasser gedrückt bzw. überfahren und starb. Das OLG führte dazu aus: „Vielmehr war hier das Unfallopfer von dem Jetski getroffen und erheblich verletzt worden, so dass die Vermutung nahe liegt, dass …bereits bewusstlos war, als er unter Wasser geriet, und dadurch ertrunken ist." [vgl. auch → Nr. 5039].

Betrag: 800 € **Haftung: 80 %**
immVorb: – **MdE: –**

OLG Oldenburg 8.3.2016 – 13 U 69/15 = BeckRS 2016, 135439

2552

Verletzungen mit Todesfolge (hier: Die Verletzte verstarb „etwa eine Stunde nach dem Unfall, ohne das Bewusstsein wiedererlangt zu haben.")

Frau. [Lesenswerte Entscheidung zum Thema Schmerzensgeldbemessung bei kurzer Überlebenszeit (Stichwort: Überlebenszeit). Vergleiche dieselbe Entscheidung → Nr. 2551).

Betrag: 1.534 € **Haftung: 100 %**
immVorb: – **MdE: –**

BGH 12.5.1998 – VI ZR 182/97 = BeckRS 1998, 5101

2461

Verletzung mit Todesfolge / Lungenverletzung (hier: Behandlungsfehlerbedingtes Unterlassen einer operativen Entfernung von Lungenkrebs [„kleinzelliges Bronchialkarzinom … in ausgedehntem Tumorstadium"]. Der Patient verstarb im 2.Jahr nach der Diagnose.)

Mann. Arzthaftung. „Die Zweijahresüberlebensrate liege im Bereich unter 10 % …", daher schmerzensgeldrelevant nur „vermeidbare Schmerzen … von Februar bis Juni 94".

Betrag: 1.534 € **Haftung: 50 %**
immVorb: – **MdE: –**

LG Hamburg 27.11.1997 – 323 O 278/95 = unveröffentlicht

5387

Darmverletzung (hier: deutliche postoperative Dünndarmatonie, infolge derer der Patient nach ca. 4 Stunden verstarb)

Mann. Die Klägerin ist die Tochter und Erbin des verstorbenen Patienten. Grober Behandlungsfehler (vgl. BGH BeckRS 2011, 29798) im Zusammenhang mit einer Darmerkrankung (Darmatonie). Der Patient verstarb schließlich an einem Darmverschlusses und der sich wahrscheinlich entwickelnden Sepsis. „Für die Höhe des Schmerzensgeldes sind im Wesentlichen die vom Patienten zwischen 3.30 Uhr und seinem Tod vor 7.15 Uhr erlittenen Leiden maßgeblich", so das OLG, das das vom LG auf 4.000 EUR festgesetzte Schmerzensgeld auf 2.000 EUR reduzierte, da „nicht als sicher angenommen werden [konnte], dass die vom Patienten empfundenen Beschwerden zunahmen, sich besonders ausgeprägte Schmerzen einstellten, der Patient einen Todeskampf durchmachte oder den Sterbensprozess bewusst miterlebte", so das OLG.

Betrag: 2.000 € **Haftung: 100 %**
immVorb: – **MdE: –**

OLG Köln 5.3.2018 – 5 U 98/16 = BeckRS 2018, 6927

5768

Tod nach wenigen Stunden nach Sturz aus dem Fenster in ca. 10 m Höhe.

76j. Mann. Krankenhaushaftung (hier: Fehlende Behandlung des vorliegenden Durchgangssyndroms in der Zeit nach einer Operation. Ausgewirkt hat sich die Nichtbehandlung in dem Sturz aus dem Fenster. Zu entschädigen war damit die kurze Leidenszeit des Patienten bis zum Eintritt seines Todes.

Betrag: 2.000 € **Haftung: 100 %**
immVorb: – **MdE: –**

LG Köln 15.8.2007 – 25 O 141/04 = BeckRS 2007, 17210

3728

Verletzungen mit Todesfolge. Der Verletzte starb 4 Tage nach dem Angriff ohne das Bewusstsein wiedererlangt zu haben.

Mann. 4 Tage stationär. Komplizierte Operation. Vorsätzliche Körperverletzung in Form brutal ausgeführter Schläge auf den Schädel des Opfers.

Betrag: 2.556 € **Haftung: 100 %**
immVorb: – **MdE: –**

AG Berlin-Spandau 15.4.1999 – 9 C 613/98 = BeckRS 1999, 28117

2668

Verletzungen mit Todesfolge (hier: Schwerste Verletzungen, die das Opfer zunächst zwei Tage „bi vollem Bewusstsein" miterlebte und anschließend in ein künstliches Koma versetzt nach 12 Tagen starb.)

Mann. „Die Höhe des Schmerzensgeldes ist … vorrangig nach der Genugtuungsfunktion auszurichten", sodass LG. Unberücksichtigt habe zu bleiben, dass das Geld den Erben zufließt.

Betrag: 3.579 € **Haftung: 50 %**
immVorb: – **MdE: –**

LG Gera 29.5.1998 – 6 O 3003/97 = BeckRS 9998, 87363

7617

Tod nach groben Behandlungsfehlern: Überlebenszeit der Patientin von 24 Stunden während der an ihr zahlreiche Maßnahmen bei stetiger Verschlechterung ihres Zustandes durchgeführt worden waren, wobei die Patientin in dieser Zeit unter Einfluss einer Vollnarkose durchgehend empfindungsunfähig war.

49j. Frau. Die Kläger forderten von den Beklagten Schmerzensgeld aus ererbtem Recht aufgrund einer fehlerhaften medizinischen Behandlung im Zusammenhang mit einer Gebärmuttervergrößerung (sog. Uterus myomatosus) ihrer verstorbenen Ehefrau bzw. Mutter (= Patientin). Im Rahmen der unter Vollnarkose durchgeführten OP kam es bei der Patientin zu einer Asystolie, einem oberflächlichen Riss in der Leberkapsel und einer Luftembolie sowie einem Hirnödem. Die Patientin verstarb schließlich an einem protrahierten Schock und Multiorganversagen, ohne seit Einleitung der Narkose jemals wieder das Bewusstsein erlangt zu haben. Das OLG ging von einem objektiv unverständlichen und groben Behandlungsfehler aus. Zur Schmerzensgeldbemessung verwies das OLG zunächst darauf, dass die Zubilligung eines Schmerzensgeldes nicht stets voraussetze, dass der Geschädigte die ihm zugefügten Verletzungen empfunden hat und verwies insofern auf die Rspr. des BGH (BGH BeckRS 1998, 5101 → Nr. 2552), wonach es entscheidend ist, ob der das Bewusstsein des Verletzten auslöschenden Körperverletzung gegenüber dem alsbald und ohne zwischenzeitliche Wiedererlangung der Wahrnehmungsfähigkeit eintretenden Tod überhaupt noch die Bedeutung einer abgrenzbaren immateriellen Beeinträchtigung zukommt. Sodann führte das OLG aus: „Bei dem hier in Rede stehenden Fall ist nach den Ausführungen der Sachverständigen, insbesondere des Anästhesisten Dr. J., davon auszugehen, dass die Patientin vom Beginn der Operation an bis zu ihrem Tod, der am … 2016 um 11:53 Uhr und damit fast exakt 24 Stunden nach Eintritt des Kreislaufzusammenbruchs eintrat, durchgehend bewusstlos war. Sie konnte die Reanimation mit Rippenbrüchen und Leberriss, die folgende Operation und auch die späteren Verschlechterungen ihres Zustandes bis hin zum Tod nicht beweisbar wahrnehmen." Das OLG sah insofern 2.000 EUR für angemessen, erhöhte diesen Betrag jedoch um weitere 2.000 EUR aufgrund der „subjektiv schlechthin unentschuldbaren Pflichtverletzung" der behandelnden Ärzte (Assistenzarzt und Oberarzt). [Anmerkung: Lesenswert auch zur Remonstrationspflicht eines Arztes. Vgl. zur Thematik der Empfindungsfähigkeit des Verletzten im Handbuch → Rn. 278 und → Rn. 281]

Betrag: 4.000 € **Haftung: 100 %**
immVorb: – **MdE: –**

OLG Köln 27.1.2025 – 5 U 69/24 = BeckRS 2025, 1623

4914

Tod nach Oberschenkelfraktur in Form einer Oberschenkelhalsfraktur. „Die verletzungsbedingte Beeinträchtigung des Ehemanns der Klägerin dauerte bis zu dessen Tod", so das OLG.

Mann. Der Kläger verstarb wenige Wochen nach dem Unfall. [Ursache: Glatteisunfall. Mitverschulden: „Auch wenn der Verkehrssicherungspflichtige bei Schnee- und Eisglätte zum Räumen und Streuen verpflichtet ist, entbindet das Bestehen dieser Pflicht den Benutzer der Verkehrsfläche nicht von jeder eigenen Aufmerksamkeit", so das OLG].

Betrag: 4.000 € **Haftung: 50 %**
immVorb: – **MdE: –**

OLG Frankfurt a. M. 20.1.2014 – 1 U 245/12 = BeckRS 2014, 4638

4181

Verletzungen mit Todesfolge (hier: Tod zwei Stunden nach dem schweren Unfall, bei welchem der Kläger ein Polytrauma mit schwerem Schädelhirntrauma, Brustkorbtrauma, Oberschenkelfraktur etc. erlitten hatte).

Mann. Der noch junge Mann erlebte die schwere seiner Verletzungen bei vollem Bewusstsein, bevor er zwei Stunden nach dem Unfall vermutlich wegen einem – neben den oa Verletzungen – zusätzlich eingetretenen Herzbeutelriss verstarb.

Betrag: 4.000 € **Haftung: 80 %**
immVorb: – **MdE: –**

LG Karlsruhe 23.1.2009 – 3 O 172/08 = BeckRS 2009, 14947

4011

Verletzungen mit Todesfolge (hier: Tod 3 Stunden nach dem Verkehrsunfall).

Mann. Kurze Überlebenszeit. Das LG berücksichtigte erhöhend, dass die Verstorbene ihre letzten 3 Stunden bewusst miterlebt hat, sah jedoch von einer weiteren Erhöhung wegen behaupteter konkreter Todesangst ab, da der Kläger (Sohn der Verstorbenen) hierfür keinen Beweis angetreten hatte.

Betrag: 4.000 € **Haftung: 100 %**
immVorb: – **MdE: –**

LG Limburg 16.5.2007 – 2 O 368/06 = BeckRS 2008, 11506

6580

Vorsätzliche Körperverletzung mit Todesfolge.

Mann. Wegen der bis zu seinem Tode erlebten Verletzungen und Schmerzen wurde dem Geschädigten ein Schmerzensgeld von 5.000 EUR zugesprochen. Der BGH hatte sich mit den von den Hinterbliebenen insofern geltend gemachten Ansprüchen zu befassen, die als gesetzliche Erben die Zahlung von Schmerzensgeld begehrten. [Adhäsionsverfahren].

Betrag: 5.000 € **Haftung: 100 %**
immVorb: – **MdE: –**

BGH 2.10.2019 – 2 StR 328/15 = BeckRS 2016, 5825

5055

Tod nach behandlungsfehlerhafter Dialysebehandlung infolge einer Dislokation der Dialysenadel der völlig erblindeten Paptientin; die Patientin verblutete unbeaufsichtigter Weise.

67j. Frau (Kläger sind die Erben). Tod der Patientin. Arzthaftung (hier: Behandlungsfehler im Zusammenhang mit einer Dialysebehandlung. Bei einer Dialysebehandlung löste sich – für die blinde Patientin unbemerkt – eine der im linken Oberarm befestigten Dialysenadeln, so dass die Patientin verblutete. Die Patient wurde noch in der Praxis reanimiert und in ein Krankenhaus verbracht. Sie verstarb jedoch am Folgetag).

Betrag: 5.000 € **Haftung: 100 %**
immVorb: – **MdE: –**

OLG Hamm 16.2.2016 – 26 U 18/15 = BeckRS 2016, 4230

4919

Tod wegen Sauerstoffunterversorgung / Hypoxie nach Schlaganfall. Der Tod trat ca. 9 Stunden nach der Hypoxie ein.

Mann. Arzthaftung (hier: Behandlungsfehler in Form einer Sauerstoffunterversorgung / Hypoxie). Vorschaden: Der Kläger lag – als Komapatient bewusstlos – vor der Hypoxie wegen eines Schlaganfalls bereits im Krankenhaus und war auch während er 9 Stunden weiterhin ohne Bewusstsein.

Betrag: 5.000 € **Haftung: 100 %**
immVorb: – **MdE: –**

OLG Karlsruhe 26.2.2014 – 7 U 30/11 = BeckRS 2014, 125718

3161

Verletzungen mit Todesfolge (hier: Schwere Organverletzungen bei der Geburt. Tod nach 3 Tagen).

Kind (Säugling). Schwerste Geburtsschäden mit Persönlichkeitszerstörung. Das Kind verstarb 3 Tage nach seiner Geburt. Arzthaftung (hier: Geburtshilfefehler).

Betrag: 5.113 € **Haftung: 100 %**
immVorb: – **MdE: –**

OLG Bremen 26.3.2002 – 3 U 84/01 = BeckRS 2002, 30249540

3607

Verletzungen mit Todesfolge (hier: Tod nach 4 Monaten in welchen der Junge in einem komagleichen Zustand verfallen war.)

6j. Kind. 4 Monate stationär. Nach 4 Monaten verstarb der Junge, der nicht mehr ansprechbar war und auch keine Schmerzen empfand.

Betrag: 5.113 € **Haftung: 100 %**
immVorb: – **MdE: –**

LG München I 22.2.2001 – 19 O 11433/99 = unveröffentlicht

2937

Verletzungen mit Todesfolgen (hier: Vom Unfallzeitpunkt an war die Bewusstseinslage insgesamt getrübt, allerdings rief die nach 12 Tagen Verstorbene zunächst noch die Namen ihrer Kinder.).

Frau. Der Tod trat nach 12 Tagen ein. Die Verstorbene war zuletzt „komatös" und ohne Empfindung. Grobes Verschulden des Beklagten!

Betrag: 5.113 € **Haftung: 100 %**
immVorb: – **MdE: –**

LG Osnabrück 24.10.2000 – 2 O 1802/00 = BeckRS 2000, 168034

3605

Verletzungen mit Todesfolge (hier: Todesangst; Schläge auf den Kopf. Der Tod trat innerhalb „kürzester Zeit" ein).

41j. Frau. Das Schmerzensgeld wurde dem Kläger, einem 13j. behinderten Kind der Getöteten aus übergegangenem Recht zugesprochen, nachdem die Mutter mit mehreren Schlägen auf den Kopf getötet worden war. Berücksichtigt wurden dabei die zuvor erlittene Todesangst des Opfers und die Tatsache, dass es sich um eine Beziehungstat handelte.

Betrag: 5.113 € **Haftung: 100 %**
immVorb: – **MdE: –**

LG Hamburg 18.4.2000 – 330 O 21/98 = BeckRS 2000, 168119

3706

Verletzungen mit Todesfolge (hier: Tod nach 5 Tagen infolge eines Behandlungsfehlers).

65j. Mann. Das OLG beschäftigte sich ausführlich mit der Frage des Schmerzensgeldanspruchs bei weitgehender Zerstörung der Persönlichkeit und deren Wahrnehmbarkeit durch den Betroffenen und kam zum zutreffenden Ergebnis, dass der Kläger vorliegend – wenn auch ggf. nur mittelbar – seinen Zustand (schwerste Krampfleiden) wahrgenommen hatte und ihm somit ein Schmerzensgeldanspruch zuzuerkennen war.

Betrag: 5.113 € **Haftung: 100 %**
immVorb: – **MdE: –**

OLG Köln 28.4.1999 – 5 U 15/99 = BeckRS 2000, 2723

3608

Tod Verletzungen mit Todesfolge (hier: Der Tod trat 13 Tage nach dem Unfall ein, bei welchem der Junge u.a. eine schwere Gehirnverletzung / Gehirnschädigung erlitten hatte).

4j. Kind. 13 Tage stationär. Der Junge hatte nach dem Unfall das Bewusstsein verloren und blieb bis zum Tod bewusstlos.

Betrag: 5.113 € **Haftung: 100 %**
immVorb: – **MdE: –**

LG München I 4.3.1999 – 19 O 151/98 = unveröffentlicht

4044

Tod durch Ertrinken. Der Tod trat ca. 35 Stunden nach dem Badeunfall ein, ohne dass der Ertrunkene sein Bewußsein wiedererlangt hatte.

Kind. Das KG hielt ein Schmerzensgeld von umgerechnet gut 5.000,- EUR für angemessen und begründete dies mit der kurzen aber furchtbaren Phase des Ertrinkens und der mit damit verbundenen psychischen und physischen Situation (Verkrampfung, Todesangst) des Kindes. Ursache: Verkehrssicherungspflichtverletzung im Schwimmbad.: Das Nichtschwimmerbecken war vom Schwimmerbereich nicht abgetrennt.

Betrag: 5.113 € **Haftung: 100 %**
immVorb: – **MdE: –**

KG 20.11.1998 – 25 U 8244/97 = BeckRS 9998, 17643

2512

Verletzungen mit Todesfolge (hier: Polytrauma mit Hirnstammblutung etc. und sofortige Bewusstlosigkeit. Der Tod trat sieben Tage nach dem Motorradunfall ein, ohne das der Verletzte das Bewusstsein wiedererlangt hatte).

Mann. [Es ist hier „auf die Schwere der … Verletzungen und den Zeitraum zwischen Körperverletzung und Todeseintritt unter Einschluss der im Koma verbrachten Zeit" abzustellen].

Betrag: 5.113 € **Haftung: 100 %**
immVorb: – **MdE: –**

OLG Schleswig 14.5.1998 – 7 U 87/96 = BeckRS 9998, 15796

4666

Oberschenkelfraktur (hier: Oberschenkelhalsfraktur) und Schambeinfraktur sowie Blutergüsse am ganzen Körper. Im Verlauf der Heilbehandlung erlitt der Verletzte zudem eine Lungenentzündung und verstarb schließlich 9 Tage nach dem Unfall.

Mann. 9 Tage stationärer Aufenthalt („mit erheblichen Mobilitätseinschränkungen") an dessen Ende der Kläger verstarb, wobei das LG den die Verletzungen herbeiführenden Unfall (Fahrradunfall) letztlich als kausal für den Tod. Das LG befasste sich in diesem Zusammenhang mit der Frage, ob und inwieweit die Tatsache, dass die Heilbehandlungsdauer im Fall des Überlebens deutlich länger gedauert hätte, schmerzensgelderhöhend bewertet werden kann, lehnte dies jedoch ab: „Für die Bemessung des Schmerzensgeldes sind nur tatsächlich vom Geschädigten zu seinen Lebzeiten erlittene und wahrgenommene Unfallfolgen zu berücksichtigen". [Weitere Fundstelle: ADAJUR 102695].

Betrag: 5.600 € **Haftung: 70 %**
immVorb: – **MdE: –**

LG Wuppertal 4.1.2013 – 2 O 407/10 = BeckRS 2013, 12764

4190

Verletzungen mit Todesfolge (hier: Tod nach ca. 2 Stunden bei zunächst vollem Bewusstsein und starken Schmerzen.)

Mann. Der Kläger erlitt sehr starke bewusst wahrgenommene Schmerzen, bevor er nach ca. 2 Stunden verstarb. Ursache: Motorradunfall infolge von Verkehrssicherungspflichtverletzung wegen fehlerhaftem Straßenbelag.

Betrag: 6.000 € **Haftung: 100 %**
immVorb: – **MdE: –**

OLG Frankfurt a. M. 14.9.2009 – 1 U 309/08 = BeckRS 2009, 25516

3050

Verletzungen mit Todesfolge (hier: Schädelhirntrauma mit Gehirnblutung u.a. infolgedessen der Verletzte sofort das Bewusstsein verlor und es bis zum Tode nach 8 Tagen nicht wiedererlangte.)

Mann (junger Mann). Tod nach 8 Tagen ohne das Bewusstsein wiedererlangt zu haben. „Auch wenn das Schmerzensgeld für Fälle [dieser Art] … einer eigenständigen Bewertung unterliegt, darf es zur Wahrung des allgemeinen Schmerzensgeldniveaus nicht völlig außerhalb jeden Verhältnisses zu den Schmerzensgeldern stehen, die den zu Pflegefällen gewordenen … Opfern zugemessen werde", so das OLG.

Betrag: 6.136 € **Haftung: 100 %**
immVorb: – **MdE: –**

OLG Koblenz 18.11.2002 – 12 U 566/01 = BeckRS 2002, 9387

6779

Verletzungen mit Todesfolge. Der Tod trat – nach anfänglich vollem Bewusstsein – ca. 2 Stunden nach dem Überrollen durch einen abbiegenden LKW ein.

16j. Frau. Sie geriet als Radfahrerin unter einen verbotswidrig rechtsabbiegenden LKW, wo sie – so das LG – „zitternd unter dem Lkw [lag], wo sie noch versuchte sich zu bewegen, weshalb die Ersthelferin sie versuchte durch Streicheln zu beruhigen" und anschließend zwei Stunden später im Krankenhaus verstarb. [Zum Hinterbliebenengeld der Eltern siehe → Nr. 6778].

Betrag: 7.500 € **Haftung: 100 %**
immVorb: – **MdE: –**

LG Leipzig 8.11.2019 – 05 O 758/19 = BeckRS 2019, 50107

5089

Tod nach Messerstich in den Mittelbauch. Das Opfer verblutete innerhalb von ca. 8 Minuten, da durch den Stich die linke Bauchschlagader und Vene durchstochen wurden.

22j. Mann. Tod nach vorsätzlicher Körperverletzung. Kläger waren die Eltern des 22-Jährigen als dessen Erben; sie begehrten 50.000 EUR. Das LG sprach ihnen 40.000 EUR zu. Die hiergegen eingelegte Berufung des Beklagten führte zu einer Reduzierung des Schmerzensgeldes auf 7.500 Euro. Zur Begründung führte das OLG aus: Da für den Tod an sich und den Verlust an Lebenserwartung gesetzlich keine Entschädigung vorgesehen sei, könnten nur die von dem Sohn der Kläger noch wahrgenommenen Verletzungen berücksichtigt werden. Der Sohn der Kläger habe nur kurz – maximal 8 Minuten – gelitten.

Betrag: 7.500 € **Haftung: 100 %**
immVorb: – **MdE: –**

OLG Oldenburg 9.6.2015 – 2 U 105/14 = BeckRS 2016, 10113

5090

Verletzungen mit Todesfolge, vorsätzliche Körperverletzung mit Todesfolge (hier: Das Opfer wurde zunächst zusammengeschlagen und dann gezielt zunächst in den Rücken und anschließend in den Bauch gestochen. Wegen der 15 cm tiefen Bauchstichverletzung verblutete er und war bereits bewusstlos, als der Krankenwagen vorfuhr).

22j. Mann. Vorsätzliche Körperverletzung mit Todesfolge; kurze Überlebenszeit. Kläger waren die Eltern des 22-Jährigen als dessen Erben; sie begehrten 50.000 EUR. Das LG sprach ihnen 40.000 EUR zu. Die hiergegen eingelegte Berufung des Beklagten führte zu einer Reduzierung des Schmerzensgeldes auf 7.500 Euro. Zur Begründung führte das OLG aus: Da für den Tod an sich und den Verlust an Lebenserwartung gesetzlich keine Entschädigung vorgesehen sei, könnten nur die von dem Sohn der Kläger noch wahrgenommenen Verletzungen berücksichtigt werden. Der Sohn der Kläger habe nur kurz – maximal 8 Minuten – gelitten. [vgl. auch BGH 12.5.1998 – 0 EUR, → Nr. 2551; KG 30.10.2000 – 0 EUR, → Nr. 2948; OLG Karlsruhe 25.1.2000 – 0 EUR, → Nr. 5091; OLG Hamburg 8.12.1998 – 25.000 EUR, → Nr. 779; OLG Bremen 16.3.2012 – 50.000 EUR, → Nr. 4474, LG Frankenthal 9.4.2014 – 50.000 EUR, → Nr. 4781]

Betrag: 7.500 € **Haftung: 100 %**
immVorb: – **MdE: –**

OLG Oldenburg 9.6.2015 – 2 U 105/14 = BeckRS 2016, 10113

3452

Verletzungen mit Todesfolge (hier: Blutvergiftung / Sepsis).

84j. Mann. Lebensgefahr! Langwierige Heilbehandlung. Arzthaftung (hier: Grober Behandlungsfehler durch Einsatz eines suprapubische Katheters, dessen Verwendbarkeit wegen mehrjähriger Überschreitung des Verfalldatums unzulässig war. Der Kläger, der bereits schwer erkrankt war erlitt dadurch eine Blutvergiftung [= Sepsis] mit starken Schmerzen. Er wurde – nach Monaten stationärer Behandlung – wieder teilweise hergestellt, verstarb jedoch anschließend.

Betrag: 7.500 € **Haftung: 100 %**
immVorb: – **MdE: –**

OLG Köln 30.1.2002 – 5 U 106/01 = BeckRS 2002, 30236369

7199

Verletzung mit Todesfolge (hier: Schütteltrauma mit erheblichen Gehirnverletzungen und großflächigen Hämatomen. Das noch röchelnde Kleinkind wurde ins Krankenhaus verbracht und fiel dort ins Koma. Der Tod trat am 3. Tag nach der Tat ein.)

Kleinkind. Das Kind verstarb infolge des Schüttelns durch den Lebenspartner der Klägerin, die den Schmerzensgeldanspruch als Erbin geltend gemacht hatte, nicht sofort. Vielmehr atmete der Junge unmittelbar nach der Tat noch „schwer und röchelnd". Zur Schmerzensgeldbemessung führte das LG aus, es habe sich an der Entscheidung des OLG Braunschweig BeckRS 1999, 11338 orientiert und dies „unter Einbeziehung der hier zu berücksichtigenden Genugtuungsfunktion infolge der vom Beklagten begangenen Körperverletzung mit Todesfolge sowie der ebenfalls zu berücksichtigenden Entwicklung des Schmerzensgeldgefüges seit der Verkündung (27.5.1999) der benannten Entscheidung des OLG Braunschweig (vgl. Slizyk Schmerzensgeld 2023 Rn. 268)."

Betrag: 10.000 € **Haftung: 100 %**
immVorb: – **MdE: –**

LG Osnabrück 5.5.2023 – 1 O 1857/21 = BeckRS 2023, 10077

5557

Verletzungen mit Todesfolge (hier: Der Beklagte schlug dem Sohn der Kläger mit dem Tatwerkzeug eine Vielzahl von wuchtigen Schlägen auf den Hinterkopf, mit denen er eine großflächige Schädeltrümmerfraktur und letztlich den Tod des Sohnes der Kläger verursacht hatte. Dieser hatte – so das OLG – vor dem Eintritt seines Todes diesen unter Todesangst zumindest noch für einen kurzen Moment bei Bewusstsein erlebt). Vorsätzliche Körperverletzung / Totschlag.

36j. Mann. Zur Frage, ob in einem solchen Falle überhaupt ein (vererbbares) Schmerzensgeldanspruch entstehen kann, führte das OLG aus: „Ein eigenes Schmerzensgeld des Verletzten bzw. sodann Verstorbenen bzw. Getöteten darf dabei nicht mit der Begründung vollständig aberkannt bzw. und auch nicht geringer bemessen werden, dass es nicht (mehr) dem Verletzten bzw. sodann Verstorbenen bzw. Getöteten, sondern nach dessen Tod seinen Erben zugutekommt … Es ist vielmehr in der Höhe festzusetzen, wie es unter Würdigung aller Umstände des Einzelfalls in der Person des Geschädigten entstanden ist". Vorsätzliche Körperverletzung. Hierzu führte das OLG in Bezug auf die Schmerzensgeldbemessung aus: „Die Genugtuungsfunktion des Schmerzensgeldes steht bei vorsätzlichen und grausamen Verletzungstaten mit Todesfolge im Vordergrund, was auch in Fällen, in denen der Geschädigte die Verletzungshandlungen nur relativ kurze Zeit überlebt, den unausweichlichen Tod aber miterlebt hat, die Zuerkennung eines deutlichen Schmerzensgeldes rechtfertigt."

Betrag: 10.000 € **Haftung: 100 %**
immVorb: – **MdE: –**

OLG Düsseldorf 20.8.2018 – I-22 U 224/17 = BeckRS 2018, 43147

5950

Verletzungen mit Todesfolge.

Frau. Die Frau verstarb unmittelbar nach einer Frontalkollision an ihren schweren Verletzungen. Kläger war der Sohn als Erbe. [Anmerkung-1: Kein Mitverschulden wegen fehlendem Sicherheitsgurt. „Kommt es zu einem Frontalzusammenstoß zweier Pkw mit Todesfolge dadurch, dass der Fahrzeugführer bei einer Geschwindigkeit von ca. 60–70 km/h auf die Gegenfahrbahn gerät, weil er damit beschäftigt ist, seine Beifahrerin zu küssen, obwohl er bereits zuvor aus dem gleichen Grund eine Ampelschaltung zu spät beachtet hat und zudem fast einen Zusammenstoß mit einem anderen Fahrzeug herbeigeführt hätte, wiegt das Verschulden des Fahrzeugführers derart schwer, dass es ein etwaiges Mitverschulden des nicht angeschnallten Unfallopfers vollständig verdrängt", so das LG Anmerkung-2: Der o.a. Betrag von 10.000 EUR ist insofern ungenau, als dieser Betrag lt. Tatbestand nur in der vorgerichtlichen Korrespondenz erwähnt und dabei als allgemein zu verrechnende Vorschusspauschale deklariert worden war, jedoch in der Urteilsbegründung dazu keine Angaben gemacht wurden].

Betrag: 10.000 € **Haftung: 100 %**
immVorb: Ja **MdE: –**

LG Saarbrücken 15.2.2012 – 5 O 17/11 = BeckRS 2012, 4975

5989

Verletzungen mit sofortiger Todesfolge, dennoch berücksichtigte das OLG, dass der Verunglückte vor dem Aufprall auf dem Erdboden unter Todesangst gelitten habe, wodurch er psychisch an seiner Gesundheit geschädigt worden sei.

Mann. Tod nach Flugzeugabsturz. Kläger sind die Ehefrau und der Sohn des Verstorbenen. Zur Frage, ob in einem solchen Falle (sofortiger Tod infolge Flugzeugabsturzes) überhaupt ein – vererbbarer – Schmerzensgeldanspruch entstehen könne, führte das OLG aus: „Das Landgericht hat vom rechtlichen Ansatz her zutreffend darauf abgestellt, dass bei einem alsbald nach der Verletzungshandlung im

Sinne des § 253 Absatz 2 BGB eingetretenen Tod ein Anspruch auf Schmerzensgeld zu verneinen sein kann, wenn die Körper- oder Gesundheitsverletzung nach den Umständen des Falles gegenüber dem kurz darauf eingetretenen Tod keine abgrenzbare immaterielle Beeinträchtigung darstellt ... Eine solche Situation ist hier jedoch, wie das Landgericht zu Recht ausgeführt hat, nicht gegeben, weil davon auszugehen ist, dass Herr F. durch die während der mindestens 10 Sekunden dauernden Absturzphase durch die damit verbundene Todesangst eine psychische Gesundheitsschädigung erlitten hat. Diese Feststellung konnte das Landgericht aufgrund der allgemeinen Lebenserfahrung treffen, ohne hierzu sachverständiger Hilfe zu bedürfen. Dass einen Menschen in einer Situation, in der ihm der in Kürze eintretende Tod als unausweichlich erscheinen muss, erhebliche Todesangst befällt, die ihn durch ihre psychischen Auswirkungen in seinem gesundheitlichen Befinden stark beeinträchtigt, ist der Normalfall. Warum dies, wie der Beklagte in der Berufungsbegründung ausführt, wegen des mit einem Kunstflug verbundenen großen Stresses und wegen einer durch die Flugbewegungen eintretenden Störung der Gleichgewichtswahrnehmung nicht der Fall sein soll, ist nicht ersichtlich. Soweit der Beklagte in diesem Zusammenhang darauf hinweist, dass Herr F... den Haubennotabwurfhebel nicht betätigt habe, ist dem entgegen zu halten, dass unstreitig der Sicherheitsgurt des Passagiers gelöst war, was dafür spricht, dass dieser die Gefahr durchaus erkannt hat".

Betrag: 10.000 € **Haftung: 100 %**
immVorb: – **MdE: –**

OLG Düsseldorf 12.10.2011 – I-18 U 216/10 = BeckRS 2013, 18320

5741

Verletzungen mit Todesfolge nach Absturz am Berg. Der Tod trat nach 25 Tagen ein, wobei der Kläger noch Todesangst hatte bevor er später das Bewusstsein verlor.

Mann. Bei der Schmerzensgeldbemessung bewertet das OLG „erheblich die Todesangst, die Herr ... vor dem Verlust seines Bewusstseins empfunden haben muss und die Zeit, in der versucht wurde, sein Leben zu retten, die massiven Verletzungen mit der Folge von zehn Operationen und die Erfolglosigkeit des Aufwachversuches bei ansonsten bestehender Bewusstlosigkeit". [Ursache: Bergunfall / Verkehrssicherungspflichten beim Bergwandern: Die Beklagte ging auf dem gefährlichen Weg zwischen der Landsberger Hütte und dem Traualpsee schräg zum Tal hin versetzt hinter ihrer Tochter und hielt deren talseitige Hand, ohne sich dabei selbst an der dort zur Sicherung vorhandenen Stahlkette festzuhalten. Sie verlor den Halt, rutschte mit dem talseitigen Fuß weg und stürzte den an dieser Stelle steilen Hang hinunter und fiel im Rahmen ihres Sturzes von oben gegen den Ehemann der Kl., der dadurch das Gleichgewicht verlor und in die Tiefe stürzte. Dazu der redaktionelle Leitsatz der Fundstelle: „Ist der Weg feucht und rutschig, stellt das angegebene Verhalten eine Verkehrssicherungspflichtverletzung auch gegenüber anderen Wanderern dar"].

Betrag: 10.000 € **Haftung: 100 %**
immVorb: – **MdE: –**

OLG Stuttgart 26.7.2006 – 3 U 65/06 = BeckRS 2006, 14515

2817

Verletzungen mit Todesfolgen (hier: Das Opfer lag 23 Tage im künstlichen Koma bis es sodann verstarb.

Keine weiteren Angaben. [vgl. ausführlich zu diesem Thema: Beck'sche Schmerzensgeldtabelle 4. Auflage 2001 Kap. VII.5].

Betrag: 10.226 € **Haftung: 100 %**
immVorb: – **MdE: –**

OLG Braunschweig 27.5.1999 – 8 U 45/99 = BeckRS 1999, 11338

864

Angstzustände / psychische Beeinträchtigungen (hier: Todesangst über drei Jahre hinweg. Das Opfer litt unter „andauerndem hohe psychischen Leidendruck" und wurde – trotz Umzuges – von einem Auftragsmörder aufgespürt und schließlich erschossen.

Mann. Er zog zweimal über große Strecken um, wurde jedes Mal aufgespürt, konnte – zunächst angeschossen – fliehen und wurde jedoch letztendlich erschossen und starb 4 Tage danach.

Betrag: 12.782 € **Haftung: 100 %**
immVorb: – **MdE: –**

OLG Koblenz 18.6.1998 – 5 U 1554/97 = BeckRS 9998, 16703

2551

Verletzungen mit Todesfolge (hier: Der polytraumatisch Schwerverletzte starb 10 Tage nach dem Verkehrsunfall. 20 Minuten nach dem Unfall wurde ihm ein Schmerzmittel verabreicht. Weitere 15 Minuten später wurde er in ein künstliches Koma versetzt).

Mann. Der BGH begründete seine Entscheidung mit folgenden Leitsätzen: 1. Die Bemessung des Schmerzensgeldes bei einer Körperverletzung, an deren Folgen der Verletzte alsbald verstirbt, erfordert eine Gesamtbetrachtung der immateriellen Beeinträchtigung unter besonderer Berücksichtigung von Art und Schwere der Verletzungen, des hierdurch bewirkten Leidens und dessen Wahrnehmung durch den Verletzten wie auch des Zeitraums zwischen Verletzung und Eintritt des Todes. 2. Ein Anspruch auf Schmerzensgeld kann zu verneinen sein, wenn die Körperverletzung nach den Umständen des Falles gegenüber dem alsbald eintretenden Tod keine abgrenzbare immaterielle Beeinträchtigung darstellt, die aus Billigkeitsgesichtspunkten einen Ausgleich in Geld erforderlich macht. [Suchwort: kurze Überlebenszeit] NZV 1998, 370. Vgl. aus jüngerer Zeit auch OLG Oldenburg BeckRS 2016, 10113 (→ Nr. 5090) mit weiteren Fundstellen.

Betrag: 14.316 € **Haftung: 100 %**
immVorb: – **MdE: –**

BGH 12.5.1998 – VI ZR 182/97 = BeckRS 1998, 5101

4618

Verletzungen mit Todesfolge (hier: Tod drei Wochen nach operativem Eingriff).

63j. Frau. Der Tod trat 3 Wochen nach Einlieferung in das Krankenhaus ein. Erhebliche Leiden innerhalb dieser Zeit. Arzthaftung: Behandlungsfehler. Kausalität zwischen Behandlungsfehler und dem Tod ist gegeben.

Betrag: 15.000 € **Haftung: 100 %**
immVorb: – **MdE: –**

LG Mönchengladbach 14.9.2011 – 6 O 171/09 = unveröffentlicht

4619

Verletzungen mit Todesfolge (hier: Diagnosefehler bzgl. Krebserkrankung im Mundbodenbereich und Tod nach 4 Monaten).

51j. Mann. Arzthaftung: Diagnosefehler bzgl. Mundbodenkrebs. Infolge der deutlich verspäteten Behandlung verstarb der Mann. Der Tod wäre – so das LG – ebenso wie die erheblichen Leiden und Schmerzen innerhalb der viermonatigen grob fehlerhaften Behandlung vermeidbar gewesen.

Betrag: 15.000 € **Haftung: 100 %**
immVorb: – **MdE: –**

LG Dortmund 9.2.2011 – 4 O 124/08 = BeckRS 2012, 22285

5785

Tod nach sechs Tagen; in dieser Zeit litt der Kläger unter Todesangst, Erstickungsgefühlen und Luftnot.

73j. Mann. Arzthaftung (hier: Behandlungsfehler im Zusammenhang mit einer schweren koronaren Erkrankung). „Muss ein lebensbedrohlich erkrankter und letztlich verstorbener Krankenhauspatient neben der Verdächtigung, nur zu simulieren, sechs Tage lang Luftnot, Erstickungsgefühle und Todesangst erdulden, kann das ein Schmerzensgeld von 15000 Euro rechtfertigen", so das OLG.

Betrag: 15.000 € **Haftung: 100 %**
immVorb: – **MdE: –**

OLG Koblenz 10.1.2008 – 5 U 1508/07 = BeckRS 2008, 4015

2907

Verletzungen mit Todesfolge (hier: Tod nach 8 Tagen infolge schwerster Schädelhirnverletzungen. Phasenweise Schmerzempfinden.)

16j. Mann. Er war zeitweise ansprechbar, wurde mehrfach operiert. Ob er den Todeskampf bewusst erlebte oder Todesangst verspürte, blieb unaufklärbar.

Betrag: 15.339 € **Haftung: 100 %**
immVorb: – **MdE: –**

OLG Hamm 9.8.2000 – 13 U 58/00 = BeckRS 2000, 30126043

5754

Verletzungen mit Todesfolge (hier: Tod nach 32 Tagen – bei vollem Bewusstsein – infolge einer Rippenserienfraktur mit nachfolgender Lungenverletzung in Form massive Lungenentzündungen beidseitig).

Mann. 32 Tage intensivstationär. Der Kläger war während dieser Zeit ansprechbar und sich über seinen Zustand bewusst.

Betrag: 15.339 € **Haftung: 100 %**
immVorb: – **MdE: –**

OLG Hamm 20.3.2000 – 6 U 184/99 = BeckRS 2007, 1131

4127

Tod (hier: Die Klägerin verstarb 10 Tage nach einem Schwangerschaftsabbruch; es kam zum Kreislaufstillstand. Sie wurde dann zunächst wiederbelebt, kam auf eine Intensivstation und verstarb dennoch alsbald).

Die Verstorbene hat unter teilweisen Verlust ihrer Wahrnehmungs- und Empfindungsfähigkeit noch 10 Tage im Koma verbracht. Angesichts der Schwere … der Verletzungen und des genannten Zeitraums zwischen Körperverletzung und Todeseintritt, erachtete das LG 20.000,- als angemessen. [vgl. auch zum eigenen Schmerzensgeldanspruch der Mutter der Verstorbenen → Nr. 4126].

Betrag: 20.000 € **Haftung: 100 %**
immVorb: – **MdE: –**

LG Bochum 27.1.2010 – I-6 O 78/08 = BeckRS 2010, 6257

5904

Verletzungen mit Todesfolge (hier: Tod nach 10 Tagen im Koma).

Frau (junge Frau). Arzthaftung (hier: Narkosefehler bzw. grober Behandlungsfehler im Zusammenhang mit einer Narkose. Die Klägerin verstarb nach 10 Tagen im Koma. [Kläger waren die Eltern. §§ 1922, 823, 249 Abs. 2, 253 BGB. Vergleiche insofern auch → Nr. 6329 = Schmerzensgeldurteil bzgl. des Anspruchs der Mutter gemäß §§ 823 Abs. 1, 249 Abs. 2, 253 BGB].

Betrag: 20.000 € **Haftung: 100 %**
immVorb: – **MdE: –**

LG Bochum 27.1.2010 – I 6 O 78/08 = BeckRS 2010, 6257

5720

Verletzungen mit Todesfolge (hier: Tod nach 6 Wochen infolge einer mehrfachen Darmperforation und sich anschließender Bauchfellentzündung, an deren Folgen die Betroffene verstarb).

Frau. Arzthaftung (hier: Aufklärungspflichtverletzung. Hierzu führte das OLG aus: „Ihr Einwand, die Patientin und deren Ehemann hätten selbst auf den Eingriff gedrängt, verfängt nicht. Was ein Patient in einer momentanen Notsituation laienhaft wünscht, kann Gefahren bergen, die nur der Arzt als Fachmann umfassend durchschaut und sachgemäß einschätzt. Daher kann nur ein vom Arzt über die Risikolage und – dichte informierter Patient einem operativen Eingriff wirksam zustimmen"). Tod nach 6 Wochen bei vollem Bewusstsein, was sich – so das OLG – „schmerzensgelderhöhend" auswirkt.

Betrag: 20.000 € **Haftung: 100 %**
immVorb: – **MdE: –**

OLG Koblenz 14.4.2005 – 5 U 1610/04 = BeckRS 2005, 6618

779

Verletzungen mit Todesfolge. Der Sohn der Klägerin verstarb ca. 3 1/2 Stunden nach dem Unfall, ohne daß sich feststellen ließ, ob er im Rahmen seiner Bewußtlosigkeit (bzw. Koma) die Umstände seines Todes realisiert und bis zu seinem Tode Schmerzen gelitten hatte.

Mann. Kurze Überlebenszeit. Bei alsbaldigem Todeseintritt des Verletzten kommt ein hohes – den Betrag von 50.000 DM übersteigendes – Schmerzensgeld nicht in Betracht, urteilte das OLG Hamburg. [vgl. auch BGH 12.5.1998, – 0 EUR – → Nr. 2551; KG 30.10.2000, – 0 EUR – → Nr. 2948; OLG Karlsruhe 25.1.2000, – 0 EUR → Nr. 5091; OLG Bremen 16.3.2012, – 50.000 EUR → Nr. 4474, LG Frankenthal 9.4.2014, – 50.000 EUR → Nr. 4781]

Betrag: 25.565 € **Haftung: 100 %**
immVorb: – **MdE: –**

OLG Hamburg 8.12.1998 – 9 U 111/98 = BeckRS 1998, 12982

7362

Fehlerhafte Durchführung einer chemotherapeutischen Behandlung / Chemotherapie mit Xeloda im Zusammenhang mit einer Magenkrebsbehandlung; es kam zum Multiorganversagen als Folge der Nebenwirkungen der Chemotherapie und schließlich zum Tod der Patientin. Zwischen der notfallmäßigen Aufnahme der Patientin bis zu deren Tod lagen 49 Tage.

70j. Frau. Arzthaftung im Zusammenhang mit der Behandlung eines lokal fortgeschrittenen Magenkarzinoms durch eine Chemotherapie mit Xeloda und nachfolgend mit dem Antibiotikum Clont sowie mit dem Pilzmittel Fluconazol. Es kam zum Nierenversagen. Schließlich verstarb die Patientin. Der Kläger (= Ehemann) klagte als Rechtsnachfolger seiner verstorbenen Ehefrau auf Schmerzensgeld. Bei der Bemessung berücksichtigte das OLG die relativ kurze Leidenszeit und führte dazu aus: „Allerdings ist in Fällen, in denen wie hier die Patientin bereits wenige Wochen nach der Verletzungshandlung verstirbt, auch – was aus Sicht der Angehörigen nur schwer erträglich erscheinen mag – die nur kurze Leidenszeit bei der Bemessung des Schmerzensgeldes zu beachten. Denn das Schmerzensgeld stellt keinen Ausgleich für den Tod selbst dar und ein Leiden, von dem feststeht, dass es in einem klar überschaubaren Zeitraum sein Ende gefunden hat, ist schmerzensgeldmäßig anders zu behandeln als ein Leiden von unabsehbarer Dauer."

Betrag: 30.000 € **Haftung: 100 %**
immVorb: – **MdE: –**

OLG Rostock 24.11.2023 – 5 U 69/21 = BeckRS 2023, 42029

6762

Abbruch einer Strahlentherapie nach diesbezüglicher Beratung durch eine Heilpraktikerin, die alternativ zu einer Schlangengiftbehandlung geraten hatte. Aus Sicht des Gerichts hätte sie ihrer Patienten raten müssen, die Chemotherapie wieder aufzunehmen. „Dieses über Wochen hinweg fortgesetzte Unterlassen der Beklagten war unverantwortlich und aus Sicht eines verantwortungsbewussten Heilpraktikers schlechterdings unverständlich."

Frau (verstorben / Kläger ist der Sohn). Behandlungsfehler der Heilpraktikerin im Zusammenhang mit einer Krebserkrankung (Gebärmutterhalskrebs) der inzwischen verstorbenen Frau. Ohne die Behandlung mit Schlangengift bzw. bei einer der Schulmedizin entsprechenden Strahlentherapie hätte – so das sachverständig beratene OLG – die Frau sehr gute Heilungschancen gehabt. Zur Schmerzensgeldbemessung führte das OLG aus, dass insofern „nur die Zeit vom Abbruch der Strahlentherapie am 9.6.2015 bis zum Tod am 14.10.2015 Berücksichtigung finden kann und die Patientin auch bei Fortführung der Strahlentherapie und gegebener Grunderkrankung in dieser Zeit Schmerzen und Nebenwirkungen hätte erdulden müssen. Die in dem umschriebenen Zeitraum damit hypothetisch einhergehenden Schmerzen bleiben jedoch hinter dem Leid einer sterbenden Krebspatientin im finalen Stadium weit zurück. Dies ist allgemein bekannt und bedarf daher nicht des Beweises, insbesondere nicht des Beweises durch Sachverständigen. Zudem wirkt schwer, dass die Patientin in ihren letzten Wochen erleben musste, dass sie sterben und den Kläger, dessen Wohlergehen vom Beginn der Schwangerschaft an für sie so wichtig gewesen war, dass sie ihre eigene Behandlung hintanstellte, ohne Mutter zurücklassen würde. Sie musste erkennen, dass sie sich im Vertrauen auf die Beklagte für einen todbringenden Weg entschieden hatte und mit dieser Erkenntnis leben (und sterben). Unter Abwägung aller Gesichtspunkte, auch und gerade des eigenen Verhaltens, beträgt das angemessene Schmerzensgeld 30.000,00 EUR. Der Umstand, dass sich die Beklagte fahrlässig, möglicherweise auch ihre berufsrechtlichen Pflichten verletzend, nicht haftpflichtversichert hat, bleibt dabei außer Betracht".

Betrag: 30.000 € **Haftung: 66 %**
immVorb: – **MdE: –**

OLG München 25.3.2021 – 1 U 1831/18 = BeckRS 2021, 5395

6776

Schwere Kopfverletzungen mit anschließenden Hirninfarkten und nur wenigen Tagen, in denen die Verunglückte bei Bewusstsein und ansprechbar war. Tod nach ca. viereinhalb Monaten.

Frau (verstorben – Kläger sind die Erben – § 1922 BGB). Ca. 4 1/2 Monate stationär; sie war „mehrere Tage nach dem Unfall bei Bewusstsein und ansprechbar", jedoch infolge sich anschließender Hirninfarkten aber ein Schwerstpflegefall und konnte sich sodann „in keiner Weise mehr verständigen" kann und verstarb schließlich nach einem Zeitraum von rund vier Monaten. Das OLG setzte das vom LG zuvor mit 50.000 EUR bemessene Schmerzensgeld auf lediglich 30.000 EUR herab und verwies insofern auf Vergleichsfälle mit denen sich das LG nicht befasst hatte.

Betrag: 30.000 € **Haftung: 100 %**
immVorb: – **MdE: –**

OLG Celle 4.11.2020 – 14 U 81/20 = BeckRS 2020, 30103

6019

Brustamputation nach Befunderhebungsfehler im Rahmen einer Mammographieuntersuchung. Ein aggressives Mammakarzinom wurde zunächst nicht erkannt. Vier Jahre Todesangst. Nach vier Jahren verstarb die Klägerin schließlich an den Folgen des Brustkrebs. „Grundsätzlich führe eine Therapieverzögerung zu höheren Metastasierungsraten und niedrigeren Überlebensraten", so das LG.

41j. Frau. Arzthaftung (hier: Befunderhebungsfehler im Zusammenhang mit einer Brustkrebsdiagnose. Der Krebs wurde zunächst nicht erkannt. Aus diesem Grund kam es zu einer aggressiven Wucherung; die Brust musste abgenommen werden. Dennoch verstarb die Klägerin 4 Jahre nach der ersten Mammographieuntersuchung und litt in dieser Zeit ständig unter Todesangst).

Betrag: 30.000 € **Haftung: 100 %**
immVorb: – **MdE: –**

LG Bielefeld 6.10.2017 – 4 O 272/12 = BeckRS 2017, 133944

4608

Tod nach schwerer Kopfverletzung bedingt durch den Zusammenstoß mit einem Pferd.

Frau. Kurze Überlebenszeit. Tod nach vorheriger Bewusstlosigkeit, ohne dass Bewusstsein zwischendurch wieder erlangt zu haben. [Ursache: Kollision mit einem Pferd].

Betrag: 30.000 € **Haftung: 100 %**
immVorb: – **MdE: –**

OLG Karlsruhe 18.3.2011 – 13 U 235/09 = BeckRS 2011, 142294

7941

Ermordung mit mehr als 70 Messerstichen. Der Todeskampf dauerte ca. 30 Minuten bis das Kin schließlich an Blutverlust sowie einem Pneumothorax bzw. einer Luftansammlung im Brustraum, verstarb.

12j. Kind (Schülerin). Die zur Tatzeit zwölf Jahre alte Luise war von ihren beiden ebenfalls 12- und 13-jährigen Mitschülerinnen im Wald mit mehr als 70 Messerstichen „heimtückisch und aus niedrigen Beweggründen" getötet worden. Bei der Bemessung des nach dem Tod ihrer Tochter von den Eltern geerbten Schmerzensgeldanspruchs hatte sich das LG Koblenz – wie stets in solchen Fällen – mit der Frage zu befassen, wie lange der ermordete / getötete Mensch bis zu seinem Tod noch gelebt und wie sehr er gelitten hatte. Im konkreten Fall ging das LG davon aus, dass die 12jährige Luise mindestens einige Minuten mit extremer Panik und Todesangst erlebt und – aufgrund der festgestellten Spuren von Gegenwehr – dass ihr Todeskampf maximal ca. 30 Minuten gedauert hatte. [Anmerkung: Zur genauen Höhe des zudem den Eltern und der Schwester der Ermordeten zugesprochenen Hinterbliebenengeld lagen zur Zeit der Erfassung der Entscheidung des LG Koblenz noch keine verlässlichen Angaben vor. Das Urteil des LG ist zudem noch nicht rechtskräftig.]

Betrag: 40.000 € **Haftung: 100 %**
immVorb: – **MdE: –**

LG Koblenz 28.5.2026 – 1 O 410/23 = BeckRS 2026, 2040

6963

Verletzungen mit Todesfolge (hier: Die Erblasserin verstarb 10 Monate nach Beginn einer – mit alternativen Heilmethoden ua einer Traumatherapie durchgeführten – Krebstherapie.

55j. Frau. Arzthaftung im Zusammenhang mit einer Brustkrebsbehandlung. Die Kläger sind der Ehemann und die Kinder Erblasserin, die an den Folgen einer Brustkrebserkrankung verstorben ist. „Die Beklagte, Fachärztin für Gynäkologie, hat in Kenntnis des Verdachts auf eine Brustkrebserkrankung der Frau … dieser ab dem … von einer schulmedizinischen Therapie der Brustkrebserkrankung abgeraten und stattdessen im Ergebnis erfolglose alternativmedizinische Behandlungsmethoden angewendet. Die Vorgehensweise der Beklagten war grob fehlerhaft und sie hat es zu verantworten, dass Frau K erst verspätet in schulmedizinische Behandlung gekommen ist zu einem Zeitpunkt, als eine Heilung nicht mehr möglich war. Sie hat damit möglicherweise den Tod der Patientin und die bis dahin aufgetretenen Leiden verursacht", so das LG, das zur Schmerzensgeldbemessung ausführte: „Diese notwendigen schulmedizinischen Behandlungsmaßnahmen einschneidender Art wären keinesfalls vermeidbar gewesen. Sie müssen bei der Bemessung des Schmerzensgeldes sozusagen „gegengerechnet" werden. Gleichwohl erscheint der Kammer hier die Zuerkennung des verlangten Schmerzensgeldes in Höhe von 40.000,00 EUR nicht als übersetzt. Das OLG Hamm (26 U 172/17; Urteil vom 12.10.2018 [= BeckRS 2018, 26867]) hat ein solches Schmerzensgeld in einem vergleichbaren Fall zuerkannt – wobei sich im dortigen Fall die Leidenszeit der Patientin über 4 Jahre hin erstreckte, also deutlich länger andauerte als bei Frau K. Andererseits muss bei der Bemessung des Schmerzensgeldes auch Berücksichtigung finden, dass der Beklagten eine vorsätzliche Pflichtverletzung vorzuwerfen ist. Insofern muss auch die Genugtuungsfunktion des Schmerzensgeldes schmerzensgelderhöhend berücksichtigt werden. Die psychischen Leiden der Patientin in der Endphase ihres Lebens, als sie auf Heilung nicht mehr hoffen konnte und es ihr körperlich immer schlechter ging, müssen immens gewesen sein". [vgl. dazu auch OLG Hamm → Nr. 6998].

Betrag: 40.000 € **Haftung: –**
immVorb: – **MdE: –**

LG Kiel 29.3.2019 – 8 O 190/16 = BeckRS 2019, 27703

6998

Verletzungen mit Todesfolge (hier: Die Erblasserin verstarb 4 Jahre nach Beginn einer Brustkrebstherapie, die ggf. hätte vermieden werden können oder zumindest hätte erfolgreich verlaufen können, wenn die Beklagte nach Kenntnis des Befundes der Mammographie es nicht unterlassen, die medizinisch gebotene Stanzbiopsie umgehend zu veranlassen.

41j. Frau. Arzthaftung im Zusammenhang mit einer Brustkrebserkrankung bzw. Befunderhebungsfehler bei auffälligem Tast- und Sonographiebefund. Die Kl. nehmen die Bekl. wegen einer vermeintlich fehlerhaften ärztlichen Behandlung ihrer zwischenzeitlich verstorbenen Mutter in Anspruch. Aufgrund der Behandlungsfehler kam es zur Amputation der Brust, der Aussaat der Krebszellen im Lymphsystem sowie zur Metastasenbildung und schließlich nach vier Jahren zum Tod. Zur Schmerzensgeldbemessung führte das OLG, dass das Schmerzensgeld des LG um 10.000 EUR anhob, aus: „… dass die Patientin während dieses langen Zeitraums bis zu ihrem in jungem Alter von lediglich 45 Jahren erfolgten Tod unter ständiger Todesangst gelitten hat und nicht mehr in der Lage gewesen ist, ein erfülltes Leben zu führen. Der Senat hat daneben insbesondere berücksichtigt, dass der Bekl. zu 1 zuzurechnen ist, dass die zu erwartende Lebenszeit der Patientin verkürzt worden ist. Weiterhin sieht es der Senat als schwerwiegend an, dass sich die Leidenszeit der Patientin über mehr als vier Jahre erstreckt hat in dem überaus belastenden Wissen, dass ihre Brustkrebserkrankung zunächst nicht erkannt worden ist. Die Patientin hat in dieser Zeit vielfache Behandlungen über sich ergehen lassen müssen, die ihr letztlich deutlich gemacht haben, dass sie sich angesichts der weiter bestehenden Erkrankung auf ein letales Ende einstellen musste. Dieser Verlauf rechtfertigt nach der Bewertung des Senats ein Schmerzensgeld in der nunmehr von der Begehrensvorstellung der Kl. umfassten Höhe". [vgl. dazu auch LG Kiel → Nr. 6963].

Betrag: 40.000 € **Haftung: 100 %**
immVorb: – **MdE: –**

OLG Hamm 12.10.2018 – 26 U 172/17 = BeckRS 2018, 26867

4364

Tod nach 5-monatiger Leidenszeit mit erheblichen Schmerzen und dem Bewusstsein des bevorstehenden Todes.

Mann. Arzthaftung (hier: Grober Behandlungsfehler durch Verkennung eines tiefen Weichgewebe- und Gelenkinfekts mit septischem Verlauf; der Kl. erlitt einen septischen Schock und lag zunächst 5 Wochen im Koma. Unstreitig war, dass der Kl. anschließend „seine Krankheit einschließlich der zum Tode führenden nochmaligen Verschlechterung im Sommer 2006 bewusst erlebt hat".)

Betrag: 40.000 € **Haftung: 100 %**
immVorb: – **MdE: 100 %**

OLG Köln 21.9.2011 – 5 U 8/11 = BeckRS 2011, 26596

5690

Tod nach groben Versäumnissen bzw. der unterbliebenen Diagnostik im Zusammenhang mit einer Hepatitis-B-Infektion in deren Folge es zu einer Leberzirrhose und hepatischen Enzephalopathie kam, die letztlich zum Koma und dann zum Tode führte. Zur Dauer des Leidens führte das OLG aus: „Vorliegend hat der Verstorbene nachvollziehbar infolge eines rapiden Krankheitsverlaufs Schmerzen erlitten und letztlich den Tod erfahren".

Mann. Tod. Arzthaftung (hier: Grober Behandlungsfehler nach Feststellung von pathologischen Leberwerten). Zur Bemessung führte das OLG aus: „Schmerzensgelderhöhend war auch der Faktor zu beachten, dass der Verstorbene bewusst den nahen Tod und den Abschied von der Familie vor Augen hatte und den rapiden körperlichen Verfall bis zum Eintritt des Komas fühlte und zu ertragen hatte".

Betrag: 40.000 € **Haftung: 100 %**
immVorb: – **MdE: –**

OLG Hamm 6.11.2002 – 3 U 50/02 = BeckRS 2002, 9428

5051

Gehirnschädigung, schwerse (hier: schwere Nerven- und Gefäßverletzungen und litt bis zu ihrem Tod unter einer schweren Tetraplegie mit fast vollständiger Lähmung, Fehlstellungen der Hand- und Fußgelenke und einer Schluckstörung. Sie war blind und konnte nicht sprechen).

12j. Kind. Arzthaftung (hier: Operation, die über die von den Klägern erklärte Einwilligung weit hinausging und zudem zu den oben genannten, schweren Beeinträchtigungen führte; das Kind verstarb schließlich 11 Jahre nach dieser OP). [Leitsatz: Hat eine – mangels wirksamer Einwilligung – rechtswidrig ausgeführte Operation zu einer Gesundheitsbeschädigung des Patienten geführt, so ist es Sache der Behandlungsseite zu beweisen, dass der Patient ohne den rechtswidrig ausgeführten Eingriff dieselben Beschwerden haben würde, weil sich das Grundleiden in mindestens ähnlicher Weise ausgewirkt haben würde. – Stichwort: Beweislast bei – mangels wirksamer Einwilligung – rechtswidrig ausgeführte Operation.]

Betrag: 50.000 € **Haftung: 100 %**
immVorb: – **MdE: –**

BGH 22.3.2016 – VI ZR 467/14 = BeckRS 2016, 7597

5042

Verletzungen mit Todesfolge (hier: Vorsätzlich geführter Stich in den Oberschenkel sowie unmittelbar danach in den Hals, wobei die Arteria carotis communis und die das Gehirn mit Blut versorgende Arteria vertrebralis durchtrennt wurde und es zu einem hämorrhagischen Schock kam. Der Tod trat sodann vier Tage später aufgrund der drei zuletzt benannten Verletzungsdetails ein, was durch eine Obduktion festgestellt wurde. Das Opfer erlebte den eigenen Tod und versuchte anfänglich noch, sich mit der Hand die Wunde am Hals zuzuhalten, bevor er zusammenbrach).

17j. Mann (Schüler). Tod. Das Opfer starb – Helfer versuchten vergeblich durch Drückten auf die Halswunde die Blutung mit T-Shirts, die sie auszogen und auf den Hals pressten, zu stoppen. Nach etwa 20 Minuten erschien neben der hinzugerufenen Polizei ein Krankenwagen, der den Verletzten in das Krankenhaus H3 brachte. Von dort wurde dieser nach Erstversorgung in das Krankenhaus Hospital de Calella verbracht, wo er nach vier Tagen starb. „Infolge der Sauerstoffunterversorgung des Gehirns wird es … nicht lange bis zum Eintritt der Bewusstlosigkeit gedauert haben. Dennoch bleibt, dass [das Opfer] zunächst den Stich in den Oberschenkel und sodann den Stich in seinen Hals, der zwei Arterien – fast – durchtrennte und den Schilddrüsenlappen perforierte, bei vollem Bewusstsein gespürt und auch die dadurch hervorgerufenen Schmerzen erlitten hat. [Sehr lesenswertes Urteil – insbesondere auch wegen der berechtigten Kritik an den in solchen Fällen "viel zu niedrigen" (so das LG wörtlich) Schmerzensgeldbeträgen].

Betrag: 50.000 € **Haftung: 100 %**
immVorb: – **MdE: –**

LG Bochum 29.10.2015 – I-2 O 574/12 = BeckRS 2015, 18726

7341

Messerstich in den Hals. Der Stich führte „zu einer fast vollständigen Durchtrennung der arteria carotis communis links, einer vollständigen Durchtrennung der arteria vertebralis links, deren Äste für die Versorgung des Gehirns zuständig sind, und einer Beschädigung des linken Schilddrüsenlappens", so dass der Kläger einen hämorrhagischer Schock erlitt, der zum Hirntod nach vier Tagen führte.

Mann. Kläger sind die Eltern des Getöteten, der vom Beklagten mittels eines Butterfly-Messers in den Hals gestochen worden war und vier Tage später an seinen Verletzungen verstarb; sie haben gegen den Beklagten einen Anspruch auf Zahlung von Schmerzensgeld aus übergegangenem Recht ihres getöteten Sohnes. Bei der Bemessung des Schmerzensgeldes berücksichtigte das LG, dass der Kläger, „der fühlt, dass mit dem Blut auch das Leben aus ihm weicht, um sein Leben fürchtet und Todesängste ausstehen muss" sowie zudem auch, dass der Beklagte „vorsätzlich, aus einem gänzlich nichtigen Anlass heraus, das junge Leben seines Mitschülers M1 C zerstört" hat. „Dem erkennenden Richter fehlt jedoch jedes Verständnis dafür, dass der Beklagte seinen Kontrahenten mit gezogenem Messer zum Kampf aufgefordert hat, wohl wissend, dass M1 sich allenfalls mit bloßen Händen zur Wehr setzen konnte. Der Kampf zwischen dem Beklagten und M1 C war ein Kampf mit ungleichen Waffen, den M1 nur verlieren konnte". [Anmerkung: Erneut – vgl. LG Bochum BeckRS 2015, 18726 – macht das LG Bochum mit einer herausragenden Urteilsbegründung darauf aufmerksam, dass „Ohne Leben und körperliche Unversehrtheit … alle anderen Rechte nichts wert" sind und darauf, dass die höchstrichterliche Rechtsprechung und die Rechtsprechung der Instanzgerichte vielfach die überragende Bedeutung, die dem Schutz von Leben und körperlicher Unversehrtheit im Rahmen der Drittwirkung der Grundrecht zukommt, verkennen. „Der erkennende Richter ist der Auffassung, dass insbesondere bei vorsätzlichen Körperverletzungen die in der höchstrichterlichen Rechtsprechung angesetzten Schmerzensgeldbeträge viel zu niedrig bemessen sind und deutlich angehoben werden müssen". Vgl. dazu im Handbuch → Rn. 268].

Betrag: 50.000 € **Haftung: 100 %**
immVorb: – **MdE: –**

LG Bochum 29.10.2015 – I-2 O 574/12 = BeckRS 2015, 18726

4781

Verletzungen mit Todesfolge, Mord (hier: Tod infolge schwerster innerer und äußerer Verbrennungen, welche die Tochter der Kläger knapp 90 Minuten zuvor erlitten hatte. „Dabei war die Verstorbene jedenfalls bis zum Eintreffen des Notarztes um kurz nach 9.00 Uhr trotz der massiven Verletzungen ansprechbar und bei vollem Bewusstsein", so das LG wörtlich.)

Junge Frau. Der Vater hatte seine Tochter mit Benzin übergossen und angezündet und anderen die Hilfe seiner Tochter verwehrt. Zur Schmerzensgeldbemessung bei alsbaldigem Tod des Geschädigten infolge eines vorsätzlichen Verbrechens (Mord). (amtlicher Leitsatz). Kläger sind die Erben der Tochter. Der Vater wurde wegen Mordes verurteilt. Das LG bewertete die extrem grausame und unbarmherzige Tatausführung sowie die extremen körperlichen und seelischen Qualen des Opfers. [vgl. auch OLG Hamburg 25.000 EUR, → Nr. 779; OLG Bremen 50.000 EUR, → Nr. 4474, OLG Oldenburg 7.500 EUR, → Nr. 5090] Suchwort: kurze Überlebenszeit.

Betrag: 50.000 € **Haftung: 100 %**
immVorb: – **MdE: –**

LG Frankenthal 9.4.2014 – 6 O 488/13 = BeckRS 2014, 11448

4945

Tod nach behandlungsfehlerhaft versäumter Auswertung einer Computertomographie durch einen Neurologen und deswegen massivem Hirnstamminfarkt. Es bildete sich ein sogenanntes Locked-in-Sydroms als Folge eines – anfangs nicht erkannten – massiven Hirnstamminfarkts. Die Patientin war wach, konnte hören, sehen und riechen, sich aber bis auf Augenbewegungen nicht bewegen. Dieser Zustand änderte sich bis zum Tod der Patientin ... nicht mehr.

71j. Frau. Arzthaftung (hier: Fehlendes Hinzuziehen eines Facharztes für Neurologie zur Auswertung des Computertomographie [kurz: CT] mit daraus resultierendem Nichterkennen eines Arterienverschlusses in deren Folge die Klägerin, die wegen einer Halbseitenlähmung als Notfall in das beklagte Krankenhaus eingeliefert worden war, schließlich nach ca. 9 Monaten verstarb [Kläger ist der Sohn der Verstorbenen].

Betrag: 50.000 € **Haftung: 100 %**
immVorb: – **MdE: –**

OLG Hamm 12.8.2013 – 3 U 122/12 = BeckRS 2013, 16476

4474

Verletzungen mit Todesfolge, vorsätzliche Körperverletzung mit Todesfolge (hier: Tod nach 30 Minuten infolge schwerer Verletzungen, deren Schwere das Opfer ebenso wie die daraus resultierenden Schmerzen bewusst und in Todesangst wahrgenommen hat).

Frau. Vorsätzliche Körperverletzung mit Todesfolge. In einem solchen Fall trete die Ausgleichsfunktion hinter die Genugtuungsfunktion zurück, so das OLG zutreffend. Da das Opfer die Schwere der ihr vorsätzlich zugefügten Verletzungen sowie die Schmerzen „bewusst in Todesangst wahr" genommen habe, sei ein Schmerzensgeld von 50.000 EUR angemessen. [vgl. auch OLG Hamburg 25.000 EUR, → Nr. 776; LG Frankenthal 50.000 EUR, → Nr. 4781; OLG Oldenburg 7.500 EUR, → Nr. 5090]

Betrag: 50.000 € **Haftung: 100 %**
immVorb: – **MdE: –**

OLG Bremen 16.3.2012 – 3 U 6/12 = BeckRS 2012, 7689

4601

Tod nach grob fehlerhafter Behandlung einer Gefäßerkrankung. Der Tod trat ca. drei Wochen nach der stationären Aufnahme / Behandlung ein.

41j. Mann. 3 Wochen stationär. Arzthaftung (hier: Tod infolge des arzthaftungsbedingten groben Behandlungsfehlers im Zusammenhang mit einer Durchblutungsstörung im Bein, die – vermeidbar – zu einem Arterienverschluss und somit zum künstlichen Koma und sodann Tod geführt hatte.)

Betrag: 50.000 € **Haftung: 100 %**
immVorb: – **MdE: –**

LG Düsseldorf 22.12.2011 – 3 O 91/08 = unveröffentlicht

5663

Verletzungen mit Todesfolge (hier: Zweijähriges Martyrium bis zum Tod infolge einer groben Fehldiagnose – Verkennung eines Magenkarzinoms – des behandelnden Arztes).

34j. Frau. Arzthaftung (Hier: Grober Behandlungsfehler / Diagnosefehler, der darin bestand, dass ärztlicherseits ein fast tennisballgroßer Tumor übersehen bzw. nicht diagnostiziert wurde, weshalb die Klägerin, Mutter von drei Kindern, bis zu Ihrem Tod nach zwei Jahren ein Martyrium durchmachen musste, – dazu aus dem Urteil zitiert: „Die Ehefrau des Klägers mußte sich – ... – ab September 1996 mehrfach stationären Behandlungen und mehreren schweren Operationen unterziehen. ... Diese Behandlungen und Eingriffe waren mit Schmerzen und großen Beschwerden verbunden. Es traten erhebliche Wundheilungsstörungen auf, die auch nach der Entlassung aus der stationären Behandlung zeitweise täglich ambulant behandelt werden mussten. Seit der Operation am 2. Oktober 1996 musste die Ehefrau des Klägers mit einem künstlichen Darmausgang leben. Besonders belastend war ihre psychische Situation. Die Ärzte hatten die Ehefrau des Klägers spätestens im Oktober 1996 über die vorliegenden Befunde vollständig informiert. Sie wusste also, dass sie tödlich erkrankt war. Mit diesem Wissen, das zunehmend zur Gewissheit über den baldigen Tod wurde, musste die 34 Jahre junge Mutter von drei unmündigen Kindern im Alter von 5, 9 und 11 Jahren und von ihrem Ehemann Abschied nehmen .... Leid und Schmerzen der Ehefrau des Klägers sind materiell durch keine Summe zu entschädigen. Die gemäß § 847 BGB zuzusprechende billige Entschädigung in Geld muss aber der Höhe nach die schwere physische und psychische Beeinträchtigung widerspiegeln. Der Senat hält ein Schmerzensgeld von insgesamt 100.000,- DM für angemessen, auf das die gezahlten 10.000,- DM anzurechnen sind."

Betrag: 51.129 € **Haftung: 100 %**
immVorb: – **MdE: –**

OLG Hamm 24.2.1999 – 3 U 73/98 = BeckRS 1999, 30048512

3156

Verletzungen mit Todesfolge (hier: Geburtsschaden, infolgedessen der Sohn verstarb).

Die Kl. nehmen in Rechtsnachfolge ihres geburtsschadenbedingt verstorbenen Sohnes die Bekl. in Anspruch. Das LG sprach durch Teilurteil 55.000 Euro zu. Die Berufung führte zur Aufhebung, da das LG unzulässiger Weise die Frage des Schmerzensgeldes von der des materiellen Schaden getrennt hatte. Voraussetzung für die Zulässigkeit eines Teilurteils gemäß § 301 ZPO ist jedoch die Teilbarkeit des Streitgegenstandes. Zudem darf es nicht durch den weiteren Prozessverlauf beeinflusst werden können.

Betrag: 55.000 € **Haftung: 100 %**
immVorb: – **MdE: –**

OLG Koblenz 5.6.2003 – 5 U 219/03 = BeckRS 2003, 6293

6854

Tod nach ca. 6 Monaten nach der Operation wobei der Tod auch „wahrscheinlich unabhängig von der Operation" zum selben Zeitpunkt eingetreten wäre, allerdings ohne, dass der Verstorbene seine letzten Wochen – mit „deutlich eingeschränkter" Lebensqualität – im Krankenhaus hätte verbringen müssen.

81j. Mann. Klägerin ist die Ehefrau des Verstorbenen; dieser litt unter anderem an einer schweren Tumorerkrankung. Deren Behandlung erfolgte ohne die erforderliche Aufklärung sowie grob behandlungsfehlerhaft im Rahmen der nachoperativen Versorgung des Patienten. Bei der Schmerzensgeldbemessung berücksichtigte das OLG zum einen (mindernd), dass „… auch die gravierende Grunderkrankung des Patienten berücksichtigt werden [müsse]. Auch wenn der Patient im Zeitpunkt der Operation noch asymptomatisch war, wäre nach den ergänzenden Ausführungen des Sachverständigen der zeitliche Beginn des Tumorprogresses mit größter Wahrscheinlichkeit auch eingetreten, wenn die Operation nicht erfolgt wäre. Es wäre also etwa vier Monate nach der Operation auch ohne die Operation zu einem Tumorprogress gekommen mit einem vergleichbaren klinischen Verlauf". Andererseits berücksichtigte das OLG auch erhöhend, dass gerade wegen der aufgrund seiner Krebserkrankung nur noch geringen Lebenserwartung des Patienten von im Zeitpunkt der Operation etwa einem halben Jahr, … „dem Umstand, dass während der verbleibenden Lebenszeit durch die Folgen der Operation seine Lebensqualität deutlich eingeschränkt, wenn nicht gar aufgehoben war, eine besondere Bedeutung zu[kommt]. Von der Operation bis zu seinem Versterben hat der Patient nur etwa 3 Wochen außerhalb des Krankenhauses verbracht. Die Option, seine Angelegenheiten im Angesicht der Grunderkrankung selbstbestimmt zu regeln, sich zu verabschieden und sich selbst letzte Wünsche zu erfüllen, waren nachhaltig und schmerzensgeldbestimmend beeinträchtigt", so das OLG.

Betrag: 60.000 € **Haftung: 100 %**
immVorb: – **MdE: –**

OLG Koblenz 17.3.2021 – 5 U 1651/19 = BeckRS 2021, 17327

5320

Gehirnschädigung, schwerste / apallisches Syndrom mit Verlust des Bewusstseins und der Empfindungsfähigkeit sowie der Zerstörung der Persönlichkeit. Das Unfallopfer verstarb etwa sechs Monate nach dem Unfall.

48j. Mann (inzw. verstorben, Kläger sind die Erben). Bei der Bemessung des Schmerzensgeldes setzte sich das OLG mit der Thematik der kurzen Überlebenszeit auseinander und führte dazu aus: „Insoweit ist zu beachten, dass bei der Bemessung des immateriellen Schadens nicht schmerzensgelderhöhend zu berücksichtigen ist, dass das Leben des Erblassers frühzeitig beendet worden ist. Der Schmerzensgeldanspruch soll dem Geschädigten selbst einen Ausgleich für die erlittenen immateriellen Beeinträchtigungen gewähren. Dementsprechend gibt es nach dem Gesetz auch lediglich im Falle der Verletzung des Körpers oder der Gesundheit, nicht aber im Falle der Tötung einen Anspruch auf eine billige Entschädigung. Tritt aber der Tod nicht unmittelbar mit dem Unglücksfall, sondern erst nach einiger Zeit ein, kann die Tatsache der Lebensverkürzung nicht schmerzensgeldrelevant werden; in diesen Fällen ist die Leidenszeit bis zum Tod zu entschädigen". Das OLG orientierte sich an der Entscheidung des OLG München (→ Nr. 5321).

Betrag: 60.000 € **Haftung: 100 %**
immVorb: – **MdE: –**

OLG Naumburg 26.3.2015 – 2 U 62/14 = BeckRS 2015, 10441

6280

Verletzungen mit Todesfolge (hier: Schädelhirntrauma, schweres und damit einhergehende intrazerebrale Gehirnblutungen, die zu axonalen Schädigungen führten in Verbindung mit mehreren Gesichtsschädelfrakturen. Intensivpflegefall: Künstliche Ernährung, kein Kontakt mit der Außenwelt, nicht ansprechbar). Infolge der schweren Verletzungen verstarb der Kläger sechs Jahre nach dem Unfall.

Mann. 13 Wochen stationär. Anschließend wurde er in ein Pflegefachzentrum verlegt, wo er bis zu seinem Tode rund um die Uhr versorgt und gepflegt wurde, ohne dass sich sein Gesundheitszustand in dieser Zeit verändert hat [Intensivpflegefall]. Haftung eines Eisenbahninfrastrukturunternehmens nach § 1 Abs. 1 HPflG – Gestörter Gesamtschuldnerausgleich führt zur Herabsetzung des ansonsten mit 100.000 EUR angemessenen Schmerzensgeldes: Der Erblasser – Klägerinnen vor dem OLG waren die Hinterbliebenen – war bei der Rückwärtsfahrt der Lokomotive beim Hinausschauen mit seinem Kopf gegen eine ordnungswidrige und nicht eingeschaltete in dem Tunnel angebrachte Lampe gestoßen und hatte sich hierbei und / oder durch einen hierdurch verursachten weiteren Anprall gegen die Außenhaut oder sonstige Bestandteile der Lokomotive eine schwere Kopfverletzung zugezogen.

Betrag: 70.000 € **Haftung: 70 %**
immVorb: – **MdE: –**

OLG Hamm 28.8.2018 – 24 U 127/16 = BeckRS 2018, 45594

6297

Verletzungen mit Todesfolge. Der Verstorbene lag vom Unfalltag bis zu seinem Versterben und somit 22 Monate aufgrund der Schwere der bei dem Unfall erlittenen Hirnschädigung im Koma, ohne das Bewusstsein wiedererlangt zu haben.

Die Kläger sind die Erben des bei dem streitgegenständlichen Verkehrsunfall am 19.6.2014 gegen 11.30 Uhr schwer verletzten und am 8.4.2016 verstorbenen B. W. Zur Schmerzensgeldbemessung bei Koma vor Todeseintritt führte das OLG aus: „Bei der Bemessung des Schmerzensgeldes bei einem Unfall mit tödlichem Ausgang ist auf die Dauer der Beeinträchtigung vor dem Tod abzustellen. Dabei wirkt es schmerzensgeldmindernd, wenn sich der Verletzte bis zu seinem Tod durchgehend in einem Zustand der Empfindungsunfähigkeit oder Bewusstlosigkeit befunden hat." Das OLG verwies dabei ausdrücklich auf seine bereits 1997 getroffene Entscheidung – vgl. BeckRS 2008, 19152 – bei der es bereits darauf hingewiesen hatte, „dass der tatsächlichen Lebensdauer eine entscheidende Bedeutung bei der Bemessung des Schmerzensgeldes zukommt". Ursache: Motorradunfall. [vgl. zur Thematik „Schmerzensgeldhöhe bei Koma vor Todeseintritt" und „Wahrnehmungsfähigkeit" im Handbuch → Rn. 277 und → Rn. 278]

Betrag: 75.000 € **Haftung: 66 %**
immVorb: – **MdE: –**

OLG München 6.12.2019 – 10 U 2848/19 = BeckRS 2019, 31111

4016

Schädelhirntrauma 3.Grades mit der Folge eines Intensivpflegefalles sowie Tod 2 Jahre nach dem Unfall.

Frau. Intensivpflegefall. Kurze Überlebenszeit. Sie erlitt „ein fast zweijähriges Siechtum mit Bettlägerigkeit" das sie „als eine vollständige Zerstörung ihrer Persönlichkeit mit einem entsprechenden Leidensdruck empfinden musste", wobei davon auszugehen war, „dass (sie) jedenfalls in den ersten 1 1/2 bis 2 Monaten nach dem Unfallereignis sich ihres immer hoffnungsloser werdenden Zustandes ohne jede Besserungsaussicht bewusst war".

Betrag: 75.000 € **Haftung: 100 %**
immVorb: – **MdE: 100 %**

OLG Düsseldorf 25.5.2009 – 1 U 130/08 = BeckRS 2010, 3031

2619

Verletzungen mit Todesfolge (hier: „... weitgehende Einbuße seiner Persönlichkeit". Bis zu seinem nach 22 Monaten eingetretenen Tod bestand „eine gewisse Erlebnis- und Empfindungsfähigkeit". Polytrauma mit zahlreichen schweren Frakturen etc.).

Mann (Facharzt). „Langwierige Krankenhausaufenthalte". Persönlichkeitsverlust und Verlust der „personalen Qualität" für die Dauer von 21 Monaten, danach verstarb der Kläger. [weitere Fundstelle: VersR 1998, 1256)

Betrag: 76.694 € **Haftung: 100 %**
immVorb: – **MdE: –**

OLG Karlsruhe 11.7.1997 – 10 U 15/97 = BeckRS 9998, 39863

7756

Verletzung mit Todesfolge (hier: Ärztlicherseits nicht erkannter Herzinfarkt mit der Folge einer schweren Gehirnschädigung mit Tetraspastik und zerebraler Krampfneigung infolge derer der Patient intensivpflegebedürftig wurde und unter anderem künstlich ernährt und künstlich beatmet werden musste. Der Tod trat nach ca. 3 ½ Jahren ein.

Mann (Verstorbener / geklagt hatte die Erbengemeinschaft). Arzthaftung in Form eines groben Befunderhebungsfehlers durch die 42j., unterlassene vollständige Befunderhebung bei Verdacht auf ein Herzinfarktereignis durch Nichtbestimmung des Troponinwerts. Das OLG ging davon aus, dass „bei einer sachgerechten rechtzeitigen Behandlung nach den Ausführungen des Sachverständigen G. vollständig und ohne Einschränkung der Herzleistung wieder genesen" wäre. Bei der Schmerzensgeldbemessung berücksichtigte das OLG, die ca. 3,5 Jahre Leidenszeit bis zu seinem Tod und dass er -wegen des im Verlauf der Behandlung entwickelten hypoxischen Hirnschadens mit Tetraspastik und zerebraler Krampfneigung – künstlich beatmet und ernährt werden musste, weshalb eine Tracheotomie und eine endoskopische Gastrostomie-Anlage erforderlich wurden, so dass der Patient, der im Zeitpunkt der streitgegenständlichen Behandlung erst 42 Jahre alt war und ein normales Leben führte, nicht mehr in der Lage war, ein selbstbestimmtes Leben zu führen und somit umfassend hilfs- und pflegebedürftig war.

Betrag: 100.000 € **Haftung: 100 %**
immVorb: – **MdE: –**

OLG Düsseldorf 18.9.2025 – 8 U 112/22 = BeckRS 2025, 28455

6551

Harnblasenkarzinom bzw. Blasenkrebs sowie Prostatakarzinom bzw. Prostatakrebs, die verspätet diagnostiziert worden waren – mit sehr schweren Folgen und leidvollem Versterben.

Mann. Ärztlicher grober Behandlungsfehler in Form eines Befunderhebungsfehlers wegen des Nichterkennens eines bösartigen Blasenkarzinoms und Prostatakarzinoms, obwohl der Patient bei seinen Arztbesuchen über Blut im Urin geklagt hatte, ohne dass bis zur Entdeckung des Blasenkarzinoms im September 2009 die Ursache hierfür hatte festgestellt werden können. Der Patient ging in den Jahren 2005 bis 2009 regelmäßig zur jährlichen Vorsorgeuntersuchungen. Im Jahr 2009 wurden – allerdings nicht im Rahmen der Vorsorge sondern im Zusammenhang mit einer Hüftgelenkoperation / Hüftgelenkimplantat die bösartigen Tumore entdeckt, an denen der Patient schließlich nach schwerem Leiden und erfolgloser Chemotherapie verstarb. Bei frühzeitiger Erkennung hätte „eine reelle Chance bestanden, den Tumor durch die Harnröhre zu entfernen und die Blase zu erhalten", so das OLG. So aber kam es zur operative Entfernung der gesamten Blase, der Prostata und eines Stücks des Darms. Kläger sind die Hinterbliebenen als Erbengemeinschaft. Bei der Bemessung berücksichtigte das OLG die ca. zwei Jahre andauernden erheblichen Belastungen und Schmerzens (Blasentamponade, Koliken, Chemotherapie, Nierenversagen, Katheter etc.) sowie „das leidvolle Versterben". [Lesenswert zur Verjährung bzw. zum Beginn der Verjährung bei ärztlichen Behandlungsfehlern]. Zum Schmerzensgeldanspruch der hinterblieben Ehefrau des Patienten → Nr. 6552.

Betrag: 100.000 € **Haftung: 100 %**
immVorb: – **MdE: –**

OLG Frankfurt a. M. 10.9.2019 – 8 U 43/17 = BeckRS 2019, 26115

5130

Tod nach Hautkrebs (hier: Fehlerhafte histologische Abklärung eines Melanoms; die Patientin verstarb während des Rechtsstreits.)

59j. Frau. Arzhaftung (hier grober Behandlungsfehler weil – so das OLG – „die klinische Untersuchung ohne dermatologische Speziallupe einen haftungsbegründenden Diagnosefehler" im Zusammenhang mit einer Hautkrebsuntersuchung / histologische Befundung wegen eines möglichen Melanoms darstelle. Das OLG kommt somit zum Schluß, dass „Das weitere Geschehen mit der Verschlechterung des Gesundheitszustandes bis zum Tode ist den Beklagten zuzurechnen" ist. [Parallelfundstelle: RDG 2016, 30].

Betrag: 100.000 € **Haftung: 100 %**
immVorb: – **MdE: –**

OLG Hamm 27.10.2015 – 26 U 63/15 = BeckRS 2015, 19022

4228

Verletzungen mit Todesfolge 42 Monate nach einem Herzinfarkt und nachfolgender schwerster Gehirnschädigung.

45j. Mann. Intensivpflegefall; keine Verständigung möglich. Der Kläger verstarb 42 Monate nach der Verletzung. Arzthaftung (hier: Sauerstoffmangel wegen grobem Diagnosefehler und Behandlungsfehler im Zusammenhang mit einem Herzinfarkt des Klägers).

Betrag: 100.000 € **Haftung: 100 %**
immVorb: – **MdE: –**

OLG Hamm 1.9.2008 – 3 U 245/07 = BeckRS 2008, 22048

6225

Verletzungen mit Todesfolge (hier: Tod einer jungen Frau nach 5 Jahren als Folge eines nicht erkannten bösartigen Tumors in der linken Brust, der später als bösartiges Krebsgeschwür [= Karzinom] diagnostiziert worden war, dessen tödliche Folgen sich jedoch trotz mehrerer stationärer Chemotherapien nicht aufhalten ließ).

25j. Frau (nachfolgend „Frau B"). Arzthaftung (hier: Grober ärztlicher Behandlungsfehler im Zusammenhang mit der Untersuchung eines Knotens in der Brust und Durchführung einer Mammografie ohne Vornahme der nachfolgend erforderlichen histologischen Untersuchung). Bei der Schmerzensgeldbemessung berücksichtigte das OLG, „dass Frau B … sich mehreren stationären Chemotherapien mit erheblichen Nebenwirkungen – u.a. Infektionen im Mundbereich, Haarausfall – unterziehen [musste]. Diese Behandlungen waren zudem mit großen Schmerzen verbunden. Besonders belastend war ihre psychische Situation. Frau B war – wie sich aus ihrem Schreiben an die Schlichtungsstelle vom 12.2.2001 ergibt – vollständig über die vorliegenden Befunde informiert. Sie wusste also, dass sie tödlich erkrankt war. Mit diesem Wissen, dass zunehmend zur Gewissheit über den baldigen Tod wurde, musste sich die … Mutter von ihrem neunjährigen Sohn verabschieden". [Anmerkung: Kläger war der neunjährige Sohn der Verstorbenen]

Betrag: 100.000 € **Haftung: 100 %**
immVorb: – **MdE: –**

OLG Jena 23.5.2007 – 4 U 437/05 = BeckRS 2007, 13356

4353

Querschnittlähmung (hier: Vom 7. Halswirbel abwärts nach Rückenmarkoperation; die Kl. verstab 4 1/2 Jahre nach der Operation an den Verletzungsfolgen).

52j. Frau (Juristin / Angestellte). Arzthaftung (hier: Behandlungsfehler bei Rückenmarkoperation). Langwierige Heilbehandlung wegen erheblicher Wundheilungsstörungen; die Kl. verstarb letztlich ca. 4 1/2 Jahre nach dem Eingriff.

Betrag: 125.000 € **Haftung: 100 %**
immVorb: – **MdE: 100 %**

OLG Karlsruhe 9.10.2002 – 7 U 107/00 = BeckRS 2002, 30287205

6667

Verletzungen mit Todesfolge nach Behandlungsfehler im Zusammenhang mit einer Halswirbelfraktur im 2. HW. Der Tod trat nach einem Jahr ein. „Sie war sozusagen gefangen im eigenen Körper. Die physischen und psychischen Beeinträchtigungen waren massiv", so das LG.

76j. Frau. Arzthaftung wegen einer grob fehlerhaften Behandlung einer Halswirbelfraktur (sogenannte Densfraktur) bei der zwar der ventrale Zugang zur HWS und das Einbringen der ventralen transartikulären Schrauben lege artis erfolgte, nicht jedoch die Densverschraubung, die grob fehlerhaft durchgeführt worden war. Durch die Duraperforation und die Schraubenfehllage kam es zu einer Subarachnoidalblutung. Die Patientin entwickelte im Verlauf eine Liquorzirkulationsstörung, die durch die Anlage einer externen Ventrikel-Drainage behandelt wurde. Die eingebrachten Schrauben wurden am 7.6.2014 notfallmäßig entfernt. Die Patientin musste infolge des Behandlungsfehlers noch drei Mal operiert werden. Da sie keine Aufwachtendenz zeigte, war sie bis zum 23.6.2014 intubiert und beatmet. Um sie vom Respirator zu entwöhnen, wurde dann ein Tracheostoma angelegt, über das sie bis zu ihrem Tod überwiegend spontan atmete. Sie musste jedoch regelmäßig tracheal abgesaugt werden; der Einsatz einer Sprechkanüle war nicht möglich. Ab dem 12.6.2014 öffnete sie die Augen auf Stimulation, jedoch ohne Blickfixierung oder -folge. Im Verlauf gelang es ihr mit den Augen zu fixieren. Sie versuchte einzelne Worte zu verbalisieren, was ihr jedoch bis zum Tod (im Juli 2015) nicht gelang. [Anmerkung: Die Klägerin ist die Alleinerbin und Tochter der Verstorbenen; diese litt unter einer Osteoporose und war zuvor sehr schwer gestürzt und hatte sich eine Dens-Axis-Fraktur (= Halswirbelfraktur im 2. HW) zugezogen].

Betrag: 140.000 € **Haftung: 100 %**
immVorb: – **MdE: 100 %**

LG Köln 6.5.2020 – 25 O 72/18 = BeckRS 2020, 24059

5767

Verletzungen mit Todesfolge: Apallisches Syndrom mit Verlust der Persönlichkeit nach Herzstillstand und anschließender Reanimation. Die Klägerin verstarb nach 3 Jahren.

Frau. Arzthaftung (hier: Grober Behandlungsfehler im Zusammenhang mit einer Gebärmuttersenkung. Während der Operation wurde die Klägerin „nur mit normaler Raumluft, nicht aber mit reinem Sauerstoff beatmet", wodurch ihr Gehirn unzureichend mit Sauerstoff versorgt worden war. Die Klägerin verstarb drei Jahre später.

Betrag: 153.388 € **Haftung: 100 %**
immVorb: – **MdE: 100 %**

LG Bochum 18.2.2002 – 6 O 321/97 = BeckRS 2007, 15945

6576

Verletzungen mit Todesfolge. Der Verstorbene verstarb zwei Jahre nach dem Unfall bei dem er schwerste Gehirnschädigungen erlitten hatte, durch welche seine Persönlichkeit „quasi ausgelöscht worden" waren. Bis zu seinem Todestag lag er im Koma, ohne das Bewusstsein jeweils wieder zu erlangen.

Die vier Kläger bilden eine Erbengemeinschaft. Bei dem Verkehrsunfall am 19.6.2014 geriet der später verstorbene … mit Kopf und Oberkörper unter das Motorrad des Beklagten zu 1, der Sturzhelm platzte auf, dadurch erlitt … schwerste Kopfverletzungen. Er konnte noch reanimiert werden, lag aber bis zu seinem Todestag im Koma, ohne das Bewusstsein jeweils wieder zu erlangen; er hat den schweren Unfall noch zwei Jahre im Koma befindlich als reiner Intensivpflegefall überlebt. [Motorradunfall].

Betrag: 200.000 € **Haftung: 66 %**
immVorb: – **MdE: –**

LG Passau 6.5.2019 – 4 O 199/17 = BeckRS 2019, 31112

4593

Gehirnschädigung (hier: Schädelhirntrauma, schweres mit Tetraspastik). Der Kläger verstarb während des Rechtsstreits.

10j. Kind. Das Kind verstarb während des Rechtsstreites. Erhöhend wurde insofern die Regulierungsverzögerung bewertet; verringernd das frühe Versterben durch welches die Leidenszeit erheblich reduziert wurde. Ohne diesen Sachverhalt wäre das Schmerzensgeld auf 400.000 EUR als angemessen festgelegt worden. [Obwohl der Kläger zum Unfallzeitpunkt das 10. Lebensjahr bereits leicht überschritten hatte, wurde ihm aufgrund der durch einen Sachverständigen attestierten Entwicklungsretardierung / Reifeverzögerung kein Mitverschulden angerechnet.

Betrag: 200.000 € **Haftung: 100 %**
immVorb: – **MdE: –**

OLG Oldenburg 19.8.2011 – 6 U 26/11 = unveröffentlicht

4221

Verletzungen mit Todesfolge 19 Monate nach einer grob fehlerhaft erfolgten Operation. Es kam – wegen erheblicher Sauerstoffunterversorgung zu einer massiven Gehirnschädigung.

46j. Frau. Die Klägerin verstarb – im Koma liegend – 19 Monate nach dem Arzthaftungsfall (hier: Grober Behandlungsfehler im Rahmen einer Schilddrüsenoperation).

Betrag: 250.000 € **Haftung: 100 %**
immVorb: – **MdE: –**

LG Paderborn 12.12.2009 – 2 O 467/06 = BeckRS 2016, 20880

5494

Schwerer septischer Schock nach Spritzenabszess. Dadurch multiples Organversagen und dauerhaft eine weitgehende Körperlähmung. Das septische Infektionsgeschehen war für die Ärzte im Krankenhaus nicht zu beherrschen. Es schloss sich ein mehr als ein Jahr andauernder dramatischer Leidensprozess an, während dessen der Patient ohne Aussicht auf eine Besserung dauerhaft künstlich beatmet werden musste und weitgehend gelähmt blieb. Am Ende dieses Leidensprozesses stand der ärztlich begleitete Freitod des Patienten, der seinen Sterbewunsch über Monate hinweg geäußert und diesen auch in Ethikgesprächen mit den behandelnden Ärzten bekräftigt hatte.

50j. Mann. Selbstmord nach einem Jahr nahezu völliger Körperlähmung. Arzthaftung (Grober Behandlungsfehler des Hausarztes, der dem Kläger zuvor binnen einer Woche viermal die Präparate Solu-Decortin und Diclofenac gleichzeitig in die Gesäßmuskulatur injiziert hatte. Einige Stunden nach Verabreichung der vierten Spritze kollabierte der Patient zu Hause. Er wurde mit Schüttelfrost, Atemschwierigkeiten und Schmerzen als Notfall im Krankenhaus aufgenommen, wo er sofort intensivmedizinisch behandelt wurde). Das OLG urteilte zutreffend, dass das „vom Landgericht zugesprochene Schmerzensgeld auch in der ausgeurteilten Höhe angemessen sei, denn es müsse insbesondere das extreme Leiden des verstorbenen Patienten berücksichtigt werden, der sich seiner Beeinträchtigungen bewusst gewesen sei und deshalb in besonderem Maße darunter gelitten habe. Dass sich dieser Leidensprozess über einen Zeitraum von etwas mehr als einem Jahr erstreckt und nicht länger gedauert habe, rechtfertige es nicht, ein geringeres Schmerzensgeld festzusetzen. Der Dauer des Leidens komme wegen der besonderen Umstände des Todes des Patienten bei der Bemessung des Schmerzensgeldes keine Bedeutung zu, denn dieser habe den Freitod nur gewählt hatte, um sein Leiden zu beenden". [Anmerkung: Durch Zurückweisung der Nichtzulassungsbeschwerde bzgl. der Revision ist das Urteil des OLG Celle seit 12.3.2019 rechtskräftig.]

Betrag: 500.000 € **Haftung: 100 %**
immVorb: – **MdE: –**

OLG Celle 10.8.2018 – 1 U 71/17 = BeckRS 2018, 43824

4994

Tetraplegie (hier: Rückenmarksschädigung mit der Folge der irreparablen Lähmung des Rumpfes unterhalb des Kopfes, des Zwerchfells, der Extremitäten, der Blase und des Mastdarms).

12j. Kind (Mädchen). Intensivpflegefall. Das schwer verletzte Kind starb knapp 6 Jahre nach dem Unfall an dessen Folgen. [Lesenswert zum Thema „kleine Benzinklausel" im Zusammenhang mit dem diesem Rechtsstreit zugrunde liegenden Quad-Unfall].

Betrag: 500.000 € **Haftung: 100 %**
immVorb: Ja **MdE: 100 %**

OLG Brandenburg 3.9.2014 – 11 U 28/14 = BeckRS 2014, 17900

6797

Vergiftung (hier: Vorsätzlich herbeigeführte Quecksilber- und Bleivergiftung, die nach massiven Qualen schließlich zum Tode führte).

26j. Mann (Angestellter). Der infolge der schweren Quecksilber- und Bleivergiftungen inzwischen Verstorbene litt unter extremen Qualen und starb nach einem regelrechten „Verfall" (so die Eltern des Opfers vor Gericht) und lag lange Zeit im Wachkoma. Der 57j. Täter, ein Kollege, der die Pausenbrote des Opfers sowie weiterer Mitarbeitender im Betrieb über einen längeren Zeitraum vergiftet hatte, wurde zu lebenslanger Haft mit anschließender Sicherheitsverwahrung verurteilt.

Betrag: 580.000 € **Haftung: 100 %**
immVorb: – **MdE: –**

ArbG Bielefeld 28.7.2020 – 5 Ca 1725/19 = BeckRS 2020, 47960

19. Vorsätzliche Körperverletzungen

Vorbemerkung: Spätestens seit dem Beschluss des Großen Senats für Zivilsachen des Bundesgerichtshofes vom 6.7.1955 (BGHZ 18, 149, NJW 1955, 1675) steht fest, dass das Verschulden des Schädigers im Rahmen der Genugtuungsfunktion Berücksichtigung findet. Bestätigt wurde dies in 2016 durch die Entscheidung der Vereinigten Großen Senate (BGH (VGS) BeckRS 2016, 21466).

Vor diesem Hintergrund versteht sich die nachstehende Zusammenfassung vorsätzlicher Körperverletzungen. Wie der BGH BeckRS 1995, 640 ausgeführt hat, ist zudem eine Herabsetzung bzw. Verminderung des Schmerzensgeldes wegen strafrechtlicher Verurteilung des Schädigers nicht zulässig.

7624

Vorsätzliche Körperverletzung durch Biss in den linken Zeigefinger mit Bluterguss (Hämatom) und vorübergehendem Taubheitsgefühl als Folge der Bisswunde des Beklagten im Rahmen einer Polizeikontrolle.

Mann (Polizeibeamter). Kein Schmerzensgeld: „Ein Polizeibeamter kann Schmerzensgeld wegen einer Verletzung des Körpers im Einsatz nicht für unabsichtlich herbeigeführte Verletzungen verlangen, die sich im Rahmen eines durchschnittlichen typischen Einsatzrisikos bewegen." (Amtlicher Leitsatz). Zwar, so das AG, läge eine „dem Beklagten zurechenbare Verletzung des Körpers und der Gesundheit des Klägers gemäß § 823 Abs. 1 BGB … vor", jedoch komme im „Fall der Gegenwehr gegen einen Polizeieinsatz … als schmerzensgeldausschließendes Mitverschulden gemäß § 254 BGB insbesondere in Betracht, dass der Einsatz unzweckmäßig war, da die Eskalation durch zumutbares deeskalierendes Handeln hätte naheliegend verhindert werden können oder der Einsatz sogar rechtswidrig war. … Folge der Rechtswidrigkeit der Identitätsfeststellung ist, dass den Kläger ein Mitverschulden gemäß § 254 BGB an dem Verletzungserfolg trifft. Dies führt dann zu einem vollständigen Wegfall des Schmerzensgeldanspruchs, wenn bereits ohne ein Mitverschulden nur ein geringfügiger Schmerzensgeldbetrag gerechtfertigt gewesen wäre. So verhält es sich hier unstreitig, denn der Kläger begehrt lediglich einen Betrag von 650 Euro und damit im untersten Bereich üblicher Schmerzensgeldbeträge."

Betrag: – **Haftung: –**
immVorb: – **MdE: –**

AG Düsseldorf 26.2.2024 – 37 C 158/22 = BeckRS 2024, 6091

3142

Keine näheren Angaben zu den lediglich als „erheblich" bezeichneten Verletzungen infolge eines tätlichen Angriffs gegen den Kläger.

Mann. Vorsätzliche Körperverletzung. [Lesenswert: „Ein Teilschmerzensgeld kann nur zugesprochen werden, wenn die Schadensentwicklung noch nicht abgeschlossen ist und sich das Gericht deshalb außer Stande sieht, den Betrag in voller Höhe zu ermitteln"; das OLG lehnte die Teilschmerzensgeldklage ab. Über die Möglichkeiten der Abdeckung eines bereits erkennbaren aber noch offenen Risikos mittels eines Feststellungsantrages vgl. OLG Hamm NZV 2001, 40 = → Nr. 2816]

Betrag: – **Haftung: 80 %**
immVorb: – **MdE: –**

OLG Stuttgart 12.2.2003 – 3 U 176/02 = BeckRS 2003, 30306481

506

Schwere Verletzungen ohne Angaben; Täter wegen „gefährlicher Körperverletzung und versuchtem Totschlag" verurteilt. [Dieses Urteil wurde nur wegen der Aussage des BGH zum Adhäsionsverfahren aufgenommen].

BGH: Spricht das Tatger. dem Verletzten im Adhäsionsverfahren Schmerzensgeld zu, so kann das Revisionsger., wenn nur die Bemessung fehlerhaft war, das Urteil im Grunde erhalten. Lesenswertes BGH Urteil: Urteil wurde wegen der Aussage des BGH zum Schmerzensgeld – hier 35.000 DM – im Adhäsionsverfahren aufgenommen.

Betrag: – **Haftung: 100 %**
immVorb: – **MdE: –**

BGH 14.10.1998 – 2 StR 436//98 = BeckRS 1998, 30028091

5076

Vorsätzliche Körperverletzung. Nach zuvor erfolgter Provokation versetzte der Täter seinem Opfer, welchem er zudem zuvor in den Bauch geboxt hatte, „ohne Vorwarnung einen wuchtigen und zielgerichteten Fausthieb auf das linke Auge …, welches sofort deutlich sichtbar anschwoll. Ferner stieß er den Geschädigten zu Boden, kniete sich neben ihn, packte ihn mit beiden Händen am Hals und würgte ihn, bis dieser spürbare Atemnot bekam", so das AG.

17j. Mann (Auszubildender). Der mehrfach vorbestrafte 20j. Täter wurde wegen vorsätzlichen Körperverletzung in zwei Fällen zur viermonatigen Teilnahme an einem Leseprojekt des Jugendfördervereins Saalfeld-Rudolfstadt „bestraft" und dazu, „als Wiedergutmachungsleistung gemäß § 15 Abs. 1 S. 1 Nr. JGG …, an den Geschädigten ein Schmerzensgeld in Höhe von 150,00 Euro zur Wiedergutmachung des durch die Tat verursachten immateriellen Schadens zu zahlen." [Das Urteil erging durch das AG Saalfeld-Rudolfstadt].

Betrag: 150 € **Haftung: 100 %**
immVorb: – **MdE: –**

AG Rudolstadt 9.11.2015 – 312 Js 15119/15 = BeckRS 2015, 20608

2593

Prellungen / Handverletzung (hier: Handgelenkprellung, „schmerzhafte").

Mann. Die Verletzung war Folge einer Rangelei und wurde vom Gericht zutreffend als vorsätzliche Körperverletzung gewertet.

Betrag: 153 € **Haftung: 100 %**
immVorb: – **MdE: –**

AG Bad Neustadt 11.3.1998 – 1 C 510/97 = unveröffentlicht

3197

Prellung (hier: Schädelprellung / Kopfverletzung mit Verdacht auf Gehirnerschütterung).

16j. Mann (Schüler). 2 Tage stationär. Eine Woche krankgeschrieben. „Unkomplizierter stationärer Verlauf". Der Kl. gab an, keine großen Schmerzen gehabt zu haben. Erhöhend wurde gewertet, dass der Bekl. vorsätzlich gehandelt hatte (Vorsätzliche Körperverletzung durch Schlag mit einer Mini-Flasche „Jägermeister" auf den Hinterkopf, wobei die Flasche zerbrach).

Betrag: 250 € **Haftung: 100 %**
immVorb: – **MdE: –**

AG Menden 10.3.2004 – 4 C 224/03 = unveröffentlicht

6380

Gehirnerschütterung mit Commotio-Symptomatik in Form von Kopfschmerzen, Übelkeit und Schwindel und Kopfprellung.

Mann (Schüler). 2 Tage stationär „zur Überwachung". Der Kläger wurde eine Woche krankgeschrieben und besuchte in dieser Zeit die Schule nicht. Das AG betonte, dass es sich vorliegend um eine entschädigungslose Bagatellverletzung gehandelt habe und der Schmerzensgeldzuspruch nur deshalb erfolgen könne, weil es sich um eine vorsätzliche Körperverletzung [Schlag mit einer kleinen Flasche] gehandelt hatte.

Betrag: 250 € **Haftung: 100 %**
immVorb: – **MdE: –**

AG Menden 10.3.2004 – 4 C 229/03 = BeckRS 2004, 17127

6867

Schulterverletzung in Form einer Schulterzerrung; vorsätzliche Köperverletzung.

Mann. Ambulante Behandlung mit Schmerzmitteln. MdE 5 Tage 100 %. Vorsätzliche Körperverletzung in Verbindung mit Beleidigung (Arschloch) aus nichtigem Anlass.

Betrag: 350 € **Haftung: 100 %**
immVorb: – **MdE: –**

AG Aschaffenburg 22.4.2021 – 112 C 1415/20 = BeckRS 2021, 42853

4306

Ellenbogenschürfwunde und Oberarmschürfwunde.

Mann. Ambulante Heilbehandlung. MdE 14 Tage arbeitsunfähig. Während dieser Zeit kam es zu Bewegungseinschränkungen des rechten Arms. [Ursache: Vorsätzliche Körperverletzung].

Betrag: 350 € **Haftung: 100 %**
immVorb: – **MdE: –**

AG Schweinfurt 16.4.2007 – 1 C 1567/06 = unveröffentlicht

6406

Prellungen (hier: Schädelprellung, Brustkorbprellung, Rippenprellung links und Beckenprellung) zudem Schürfung am rechten Beckenkamm sowie HWS-Zerrung und Quetschung des Halses.

Mann. Komplikationslose Heilung. „Schmerzensgeldmindernd wirkt sich vor allem aus, dass die klägerseits erlittenen Verletzungen auf einer Provokation des Klägers gegenüber dem Beklagten beruhten. Der Beklagte verletzte den Kläger nicht ohne jede Veranlassung. Vielmehr kam es zu der Auseinandersetzung, weil der Kläger Prospekte auf der Heckscheibe des Messfahrzeugs [zur Geschwindigkeitsmessung im Auftrag der Stadt X] verteilt hatte. Damit vereitelte er vorübergehend die Durchführung der Messkontrollen. Erst anlässlich dieser Provokation kam es zu der Auseinandersetzung zwischen den Parteien“, so das AG. [Ursache: Tätlichen Auseinandersetzungen zwischen den Parteien].

Betrag: 400 € **Haftung: 100 %**
immVorb: – **MdE: –**

AG Nürnberg 10.9.2009 – 23 C 314/09 = BeckRS 2009, 44590

6405

Zahnfleischwunde, blutende … sowie Unterkieferschwellung nach Faustschlag in das Gesicht des Klägers.

Mann (Bauarbeiter). Zur Schmerzensgeldvorstellung des Klägers in Höhe von 4.000 EUR und dem Hinweis darauf, dass das vom LG zuerkannte Schmerzensgeld unangemessen niedrig sei, führte das OLG sinngemäß aus, dass die Bestimmung des angemessenen Schmerzensgeldes Aufgabe des Tatrichters und vom Berufungsgericht nur eingeschränkt überprüfbar sei und erachtete das Schmerzensgeld für zumindest ausreichend. Zudem wies es darauf hin, dass die Verletzungen sehr rasch verheilt sind. [Ursache: Vorsätzliche Körperverletzung durch Faustschlag unter Bauarbeitern. [Vergleiche dazu IBRNews 5271 „Kein Faustrecht auf dem Bau“].

Betrag: 400 € **Haftung: 100 %**
immVorb: – **MdE: –**

OLG Bamberg 12.8.2004 – 6 U 20/04 = unveröffentlicht

6491

Faustschlag in das Gesicht, in dessen Folge das Opfer folgende Gesichtverletzungen und Augenverletzung erlitten hatte: „Schwellung im Gesicht, Kopfschmerzen, einen Bluterguss am Auge sowie eine Augenblutung“.

Mann. Vorsätzliche Körperverletzung: Der Beklagte schlug, der betrunken war und unter dem Einfluss von Cannabis stand, schlug der Frau „unvermittelt und mit Absicht mit der Faust in das Gesicht“ (Zitat Rn. 8 in Fundstelle BeckRS 2019 17567); er wurde zu einer Freiheitsstrafe von acht Monaten, ausgesetzt zur Bewährung, wegen gefährlicher Körperverletzung, Beleidigung und Körperverletzung sowie zur Zahlung eines Schmerzensgeldes in Höhe von 500 EUR an das Opfer sowie zur Ableistung von 100 Sozialstunden verpflichtet. [Anmerkung: Das oben angegebene Aktenzeichen sowie das Verkündungsdatum betreffen das Urteil des VG Aachen, welches den vorstehenden Fall im Rahmen der Ausweisung des türkischen Beklagten umfassend erwähnt hatte; das Aktenzeichen des zuständigen AG lautet: 534 Ds 127/13].

Betrag: 500 € **Haftung: 100 %**
immVorb: – **MdE: –**

VG Aachen 22.7.2019 – 4 K 741/18 = BeckRS 2019, 17567

5492

HWS-Syndrom in Form einer HWS-Distorsion 1. Grades mit Kopfschmerzen und massivem paravertebralem Hartspann beidseitig nach Schubsen und Stoßen.

Frau (Krankenpflegerin). Ambulante Heilbehandlung. MdE „7 – 8 Tage“. Schmerzensgelderhöhend berücksichtigte das AG, „dass die Beklagte ohne Anlass der Klägerin im Rahmen ihrer beruflichen Tätigkeit als Krankenpflegerin im Krankenhaus geschubst / gestoßen“ und dadurch verletzt hat. Das AG orientierte sich dabei ua an der Entscheidung des LG Saarbrücken → Nr. 5448. Vorsätzliche Körperverletzung.

Betrag: 500 € **Haftung: 100 %**
immVorb: – **MdE: –**

AG Westerstede 29.3.2019 – 27 C 601/17 = unveröffentlicht

6611

Vorsätzliche Körperverletzung in Form einer Augenverletzung mittels Reizgas.

Mann (Pizzabote). Vorsätzliche Körperverletzung mittels eines Sprühstoßes aus einer Reizgassprühdose in das Gesicht des Klägers, um sich dadurch der Bezahlung der angelieferten Pizza zu entziehen. Der Sprühstoß traf den Geschädigten insbesondere in die Augen und in den Mund. Der Beklagte erlitt Schmerzen und Reizungen im Gesicht, die am nächsten Tag vollständig abgeklungen waren. [Lesenswert zur Frage des Täter-Opfer-Ausgleichs und der Schadenswiedergutmachung gem. § 46a StGB, wenn der Täter dem Opfer (hier: Pizzaboten) zwar ein Schmerzensgeld zukommen lässt, jedoch dem darüber hinaus geprellten und somit ebenfalls geschädigten Inhaber der Pizzaria nichts gibt. „Sind durch eine Straftat Rechtsgüter mehrerer Personen verletzt, muss nach st. Rspr. hinsichtlich jedes Geschädigten zumindest eine Variante des § 46a StGB erfüllt sein“, so der BGH.]

Betrag: 500 € **Haftung: 100 %**
immVorb: – **MdE: –**

LG Deggendorf 7.2.2018 – 5 StR 535/17 = BeckRS 2018, 1753

5431

Tritt gegen das Schienbein und daraus resultierender Unterschenkelverletzung / Knöchelverletzung (hier: Bluterguss am linken Schienbein und Schmerzens am linken Innenknöchel).

Mann (Polizeibeamter). MdE 7 Tage ohne Angabe der Intensität. Vorsätzliche Körperverletzung, zu der das AG zutreffend ausführte, dass jemand, der einem uniformierten Polizeibeamten im Einsatz ohne Anlass ein Bein stellt oder ihn gegen das Schienbein tritt, nicht nur vorsätzlich, sondern auch respektlos handelt. [Anmerkung: Das Schmerzensgeld erscheint angesichts der vorsätzlichen Körperverletzung als zu gering].

Betrag: 500 € **Haftung: 100 %**
immVorb: – **MdE: –**

AG Aschaffenburg 21.2.2017 – 122 C 1647/16 = unveröffentlicht

5103

Schlag in das Gesicht / Augapfelprellung und Kieferprellung (wörtlich: „… Schwellung der rechten Gesichtshälfte mit Prellung des Augapfels rechts und einer Kiefergelenksprellung mit Bewegungsschmerzen").

Mann. Das AG berücksichtigte bei der Bemessung neben der Verletzung auch die „zwischen den beiden Parteien bestehenden Anfeindungen" [Der Schlag wurde auf der Straße unmittelbar nach einer Gerichtsverhandlung geführt].

Betrag: 500 € **Haftung: –**
immVorb: – **MdE: –**

AG Pfaffenhofen 15.1.2016 – 1 C 291/15 = unveröffentlicht

4655

Augenverletzung, leichte (hier: Brennen und Juckreiz der Augen infolge eines Pfeffersprayangriffs).

Mann. Ambulante Heilbehandlung. Der Kläger hatte dem Beklagten „Pfefferspray ins Gesicht und in die Augen gesprüht … Die Augen mussten mehrfach gespült werden". Folgenlose Verheilung „nach einigen Tagen". Erhöhend bewertete das AG die vorsätzliche Körperverletzung, „ohne jeden Anlass".

Betrag: 500 € **Haftung: 100 %**
immVorb: – **MdE: –**

AG Menden 27.2.2013 – 4 C 363/12 = BeckRS 2013, 196865

3838

Vorsätzliche Körperverletzung / Nasenverletzung (hier Haarrissam Nasenbeinknochen mit Nasenschwellung nach Fausschlag in das Gesicht der Klägerin).

Frau. MdE 3 Tage 100 %. Anmerkung: Daneben wurde der Kl. ein Schmerzensgeld von 250,- EUR wegen Beleidigung als „Scheiß Lesbe" zuerkannt.

Betrag: 500 € **Haftung: 100 %**
immVorb: – **MdE: –**

AG Düsseldorf 3.6.2008 – 43 C 2072/07 = BeckRS 2008, 12557

4158

Zahnschäden (hier: Lockerung und nachfolgende Verblockung der Schneidezähne im Unterkiefer nach Faustschlag).

Mann. Ambulante Heilbehandlung. Schmerzhafte Verletzung. Vorsätzliche Körperverletzung, die der Beklagte zunächst hartnäckig bestritt.

Betrag: 600 € **Haftung: 100 %**
immVorb: – **MdE: –**

AG Düsseldorf 18.3.2009 – 37 C 3951/08 = BeckRS 2009, 139919

4157

Psychische Beeinträchtigung (hier: Schock sowie nachfolgende Depressionen und Panikattacken und weiteren psychosomatische Störungen) nach einem gewaltsamen Angriff.

Frau. Stationäre Erstbehandlung. Nachfolgend ambulante Behandlung der psychosomatischen Symptome. Vorsätzliche Körperverletzung (hier: Der Beklagte sprang auf das Auto der Klägerin und zerschlug die Windschutzscheibe und drohte damit, die Klägerin „kaputt" zu schlagen).

Betrag: 600 € **Haftung: 100 %**
immVorb: – **MdE: –**

AG Düsseldorf 10.3.2009 – 29 C 1248/08 = unveröffentlicht

6054

Faustschläge in das Gesicht mit Gehirnerschütterung mit starken Kopfschmerzen und Schwindelgefühlen sowie einer Augenprellung.

Mann. 3 Tage stationär. MdE 14 Tage 100 %. Ursache: Vorsätzliche Körperverletzung mittels mehrere wuchtiger Faustschläge ins Gesicht. [Zum Feststellungsinteresse führte das LG aus: „Ein Antrag auf Feststellung der Haftung für künftige Schäden ist bereits dann begründet, wenn künftige Schäden in Folge des schädigenden Ereignisses bloß möglich sind. Einer (gewissen) Wahrscheinlichkeit des künftigen Schadenseintritts bedarf es nicht. Nur so kann Art. 19 Abs. 4 GG im Hinblick auf die Rechtsprechung des Bundesgerichtshofs zum Beginn der Verjährung Rechnung getragen werden. (amtlicher Leitsatz)"].

Betrag: 650 € **Haftung: 100 %**
immVorb: Ja **MdE: –**

LG Fulda 21.10.2013 – 4 O 277/12 = BeckRS 2015, 13457

6986

Vorsätzliche Körperverletzung mittels zweier Faustschläge mit der Folge einer ca. 2 cm langen Gesichtsplatzwunde an der Nase und einer ca. einen cm lange Wunde im Bereich des Mundwinkels.

Mann. Ambulante Heilbehandlung. Bei der Bemessung berücksichtigte das LG schmerzensgeldmindernd, dass sich die Tat während des Kölner Karnevals in einer Gaststätte ereignet hatte.

Betrag: 700 € **Haftung: 100 %**
immVorb: – **MdE: –**

LG Köln 4.1.2018 – 2 S 261/16 = BeckRS 2018, 57960

5515

Gesichtsverletzung (hier: Ca. 2 cm lange Platzwunde an der Nasenwurzel des Klägers und eine 1 cm langen Wunde im Bereich des linken Mundwinkels) nach Schlägerei.

Mann. Vorsätzliche Körperverletzung: Der Beklagte schlug dem Kläger „nach sehr kurzer verbaler Auseinandersetzung mindestens zweimal ins Gesicht, wodurch dieser über der Nase und im Mundwinkel verletzt wurde".

Betrag: 700 € **Haftung: 100 %**
immVorb: – **MdE: –**

LG Köln 26.10.2016 – 1 S 261/16 = BeckRS 2018, 418

5722

Zahnverlust (hier: Verlust von zwei Schneidezähnen. Schneidezahn 21 ging sofort verloren und ein zweiter, nämlich der Zahn 22, musste ihr aufgrund massiver Beschädigungen – Querfraktur im mittleren Wurzeldrittel – entfernt werden).

Frau. Bedingt vorsätzliche Körperverletzung in Form einer sogenannten Kopfnuss. Dauerschaden: Zahnverlust. „Bei der Bemessung des Schmerzensgeldes hat das Gericht einerseits das vorstehend geschilderte Verletzungsbild gewürdigt. Andererseits geht das Gericht, wie ausgeführt, nicht von einem direkten Vorsatz der Beklagten aus. Auch eine durch Nachtblindheit und das große Gedränge entstandene Panikreaktion der Beklagten vermag nicht ausgeschlossen zu werden. Diese Umstände sprechen für eine zurückhaltende Schmerzensgeldbemessung. Hinzutritt, dass die Beklagte selbst verletzt worden ist …".

Betrag: 750 € **Haftung: 100 %**
immVorb: – **MdE: –**

AG Aachen 13.9.2005 – 10 C 285/04 = BeckRS 2005, 151214

5701

Kopfplatzwunde mit deutlich sichtbarer Narbe nach Faustschlag gegen den Kopf.

Mann. Bei der Bemessung berücksichtigte das AG zum einen die auf Dauer deutlich sichtbare Narbe an der Stirn. Zudem aber auch das Verhalten des Klägers, der die Freundin des Beklagten an das Gesäß gefasst und ihre Begleiterin, die Zeugin X, am Arm gezogen hatte.

Betrag: 750 € **Haftung: 100 %**
immVorb: – **MdE: –**

AG Aachen 9.9.2003 – 10 C 388/02 = BeckRS 2003, 152684

3198

Oberlippenverletzung / Gesichtverletzung (hier: Klaffende Oberlippenplatzwunde; Nackenschmerzen und Kopfschmerzen sowie kurze Bewusstlosigkeit).

40j. Mann. MdE 10 Tage (der Kläger ging dennoch seiner Arbeit nach). Erhöhend wurde gewertet: Vorsätzliche Körperverletzung durch Faustschläge gegen das Gesicht des Klägers.

Betrag: 750 € **Haftung: 100 %**
immVorb: – **MdE: –**

AG Bad Segeberg 29.5.2002 – 9 C 98/02 = unveröffentlicht

6841

Vorsätzliche Körperverletzung durch Stockschläge mit der Folge von Prellungen und Schürfungen: Prellungen an der rechten Hüfte und des linken Unterarms, Prellmarken an der rechten Stirn, der rechten Augenbraue, der rechten Wange, der rechten Unter- und Oberlippe und der Nase sowie Schürfungen in Form einer 3x3mm große Schürfwunden an der Stirn und eine Abschürfung am kleinen Finger der rechten Hand.

Mann (Rentner). Ambulante Behandlung in einer Klinik und anschließend nur geringe Behandlungsintensität durch Einnahme von Schmerzmitteln. Vorsätzliche Körperverletzung im Zusammenhang mit einem eskalierten Nachbarstreit. Bei der Bemessung berücksichtigte das AG, dass der Beklagte den Kläger vorsätzlich angegriffen und geschädigt hat, „so dass die Genugtuungsfunktion hier besonders zu berücksichtigen ist".

Betrag: 800 € **Haftung: 100 %**
immVorb: – **MdE: –**

AG Frankfurt a. M. 21.10.2021 – 32 C 105/21 (86) = BeckRS 2021, 34600

5314

Hüftprellung, mit einem großem Bluterguss und nicht unerheblichen Schmerzen. Zudem erlitt der Kläger zwei Schürfwunden an der linken Hand und eine Schürfwunde am linken Oberarm, die das AG jedoch nur als „leichte und oberflächliche Schürfungen" bewertete.

Mann. „Nicht unerhebliche Schmerzen über einen längeren Zeitraum" (ohne nähere Angaben). Wird jemand grundlos in die Flucht geschlagen und verletzt sich dabei, liegt ein sogenannter Herausforderungsfall vor, der einen Schmerzensgeldanspruch nach sich ziehen kann, so das AG, welches von einer Vorsatztat ausging. [Der Beklagte hatte den Kläger mit Pfefferspray gejagt].

Betrag: 800 € **Haftung: 100 %**
immVorb: – **MdE: –**

AG München 22.12.2016 – 173 C 15615/16 = BeckRS 2016, 117307

4434

Ohrfeige und Persönlichkeitsrechtsverletzung (hier: Ohrfeige durch den Vorgesetzten; es kam zu keinen Verletzungsfolgen).

Mann (Arbeiter). Vorsätzliche Köperverletzung: „Versetzt ein vorgesetzter Schichtleiter im Rahmen einer verbalen Auseinandersetzung über Arbeitspflichten einen Mitarbeiter eine Ohrfeige, hat er an den Arbeitnehmer ein angemessenes Schmerzensgeld zu zahlen", so das LAG, das zur Bemessung noch folgendes ergänzte: „Führt die Ohrfeige zu keinerlei weiteren Verletzungsfolgen, ist ein Schmerzensgeld von 800,00 EUR als Mindestbetrag angemessen; muss sich der Geschlagene hingegen in ärztliche Behandlung begeben, ist ein mehrfach höheres Schmerzensgeld angemessen".

Betrag: 800 € **Haftung: 100 %**
immVorb: – **MdE: –**

LAG Köln 27.10.2008 – 5 Sa 827/08 = BeckRS 2009, 52079

7594

Vorsätzliche Körperverletzung durch Schläge gegen den Körper des Klägers mit daraus resultierenden Prellungen und Hämatomen am Oberarm und Unterarm, Taubheitsgefühle bis in die Fingerspitzen und eine Hautirritation am linken Unterarm. Zudem Beleidigungen mit diversen Schimpfwörtern und Drohungen per E-Mail mit den Worten „„Falls Du weiter mich oder pp. mit Deinem Scheiß belästigt oder irgendwie doof wirst, wird die nächste Eskalationsstufe eingeleitet!!! ".

Mann. Die Parteien sind Brüder und Sondereigentümer von Wohnungen in einer von ihren Eltern gebauten Wohnungseigentumsanlage pp., wo sie mit ihren Familien und ihrer gemeinsamen Mutter wohnen. Im Rahmen einer zunächst verbalen („Armseliger Dummschwätzer", „Idiot") und sodann tätlichen Auseinandersetzung wurden beim Kläger die oben angegebenen Verletzungen attestiert und von ihm zudem vorgetragen, er habe „Angstzustände und Schlafstörungen" sowie „eine posttraumatische Belastungsstörung entwickelt". Bei der Schmerzensgeldbemessung berücksichtigte das AG erhöhend, „dass der Beklagte absichtlich gehandelt und die Auseinandersetzung begonnen hat, ohne dass der Kläger ihm hierzu einen Anlass gegeben hätte" und dass die Formulierung in der besagten E-Mail „in ihrer Aggressivität kaum steigerbar" gewesen sei.

Betrag: 1.000 € **Haftung: 100 %**
immVorb: – **MdE: –**

AG Büdingen 28.5.2021 – 2 C 493/20 = BeckRS 2021, 26695

6618

Augenverletzung durch Versprühen von Pfefferspray in das Gesicht des Opfers. Vorsätzliche Körperverletzung.

Mann (Hotelportier). Der Kläger wurde von den Tätern, die deshalb wegen besonders schweren Raubes in Tateinheit mit gefährlicher Körperverletzung verurteilt worden waren, überfallen und mit Pfefferspray besprüht. Erlitt dadurch Schmerzen in den Augen und Atemnot und konnte vorübergehend nichts sehen und war zwei Wochen krankgeschrieben.

Betrag: 1.000 € **Haftung: 100 %**
immVorb: – **MdE: –**

BGH 6.11.2019 – 2 StR 203/19 = BeckRS 2019, 35913

6648

Vorsätzliche Körperverletzung mit Faustschlägen und einigen Tritten gegen den Kopf mit der Folge einer Platzwunde an der Oberlippe, einer Kieferprellung, einer multiplen Kopfprellungen, einer Prellung am Auge, einer Schürfwunde am rechten Haaransatz und einer Halswirbeldistorsion. Zudem blutete das Opfer aus dem rechten Ohr.

Mann (Polizeibeamter). Ursache: Faustschläge in das Gesicht des Opfers und einige Tritten gegen den Kopf / gewaltsame Auseinandersetzung zwischen Polizeibeamten nach einer Party der Polizeigewerkschaft wobei die außerdienstlich begangene Straftat dennoch einen Bezug zum Amt eines Polizeibeamten aufwies. Vorsätzliche Körperverletzung.

Betrag: 1.000 € **Haftung: 100 %**
immVorb: – **MdE: –**

VG Düsseldorf 8.4.2019 – 35 K 8702/18.O = BeckRS 2019, 7052

7402

Ohrfeige mit einer kurzfristigen Hörminderung und unmittelbar durch den Schlag auf das linke Ohr verursachten Schmerzen. Zudem erlitt die Klägerin Schlafstörungen und Ängste in Verbindung mit einer mittelgradigen depressiven Episode als Reaktion auf eine schwere Belastung unter Berücksichtigung der besonderen „Kränkungsanfälligkeit" der dem türkischen Kulturkreis angehörenden Klägerin.

Frau. Bei der Schmerzensgeldbemessung hatte in der Vorinstanz das LG zum einen erhöhend die besondere „Kränkungsanfälligkeit" der dem türkischen Kulturkreis angehörenden Klägerin berücksichtigt sowie zum anderen auch den Umstand, dass der Beklagte – Ehemann der Klägerin – ihr körperlich überlegen gewesen sei. Schmerzensgeldmindernd hatte es angesehen, dass die Tat im Affekt und im Rahmen einer gegenseitig geführten zunächst verbalen Auseinandersetzung zwischen den Eheleuten geschah und, dass sich der Beklagte bei der Klägerin anschließend entschuldigt hatte. Das Urteil hatte auch vor dem OLG München Bestand. [Anmerkung: Das Schmerzensgeld ist vor dem Hintergrund der Entscheidungen des LG Konstanz → Nr. 4574, AG Menden → Nr. 4490 und LAG Köln → Nr. 4434 vergleichsweise hoch. Vgl. auch im Handbuch ab der 21. Auflage 2025 unter Kapitel II. 1. h)].

Betrag: 1.000 € **Haftung: 100 %**
immVorb: – **MdE: –**

OLG München 17.11.2016 – 3 U 3662/16 = unveröffentlicht

4812

Augenverletzung, schwere durch vorsätzlichen Faustschlag in Gesicht (hier: Orbitabodenfraktur, eine beids.Augapfelquetschung mit ausgeprägtem Bluterguss bzw. Hämatom am rechten Auge und Augenmuskelverletzung in Form eines eingeklemmten Augenmuskels); schwere Gehirnerschütterung.

14j. Junge (Hauptschüler). Stationäre Behandlung mit Operation am Augenmuskel. Ambulante Heilbehandlung. [Anmerkung: Zum Tema Schulunfall führte das OLG im konkreten Falle aus, dass es wegen der anzuwendenden Vorschriften der §§ SGB VII, § 104 SGB VII, § 105 SGB VII – um Ersatzansprüche zu begründen – ein doppelter Vorsatz erforderlich sei, „der nicht nur die vorsätzliche Handlung, sondern auch die vorsätzlich herbeigeführte Schadensfolge erfordert (BGH VersR 2003, VersR Jahr 2003 Seite 595f) ... Erleidet ein Schüler in der Schule durch zwei Schläge eines Mitschülers eine schwerwiegende Augenverletzung, kann der Geschädigte vom Schädiger ein Schmerzensgeld verlangen, das den vom Schädiger billigend in Kauf genommen Verletzungen Rechnung trägt. Weitergehende, vom Vorsatz des Schädigers nicht umfasste Verletzungsfolgen sind bei der Bemessung des Schmerzensgeldes nicht zu berücksichtigen". (amtlicher Leitsatz). Vor diesem Hintergrund sprach das OLG dem Kl. nur für die Verletzungen des „blauen Auges und der Gehirnerschütterung" ein geringes Schmerzensgeld zu, nicht aber für die übrigen, nicht vom Vorsatz umfassten Verletzungen bzw. Verletzungsfolgen]

Betrag: 1.000 € **Haftung: 100 %**
immVorb: – **MdE: –**

OLG Hamm 8.11.2013 – 26 U 31/13 = BeckRS 2013, 22201

6665

Vorsätzliche Körperverletzung (hier: Gesichtsverletzungen und weitere nicht näher bezeichnete Verletzungen in Folge von Schlägen und Fußtritten gegen die Körperseite, den Bauch und in das Gesicht).

Frau. Vorsätzliche Körperverletzung; Adhäsionsverfahren. Der Angeklagte schlug der Zeugin ohne Anlass mehrfach mit der flachen Hand in das Gesicht und schubste sie über mehrere Meter hinweg, bis sie mit ihrem Kopf heftig gegen die an der Rückseite eines Tankstellengebäudes befindliche Tür schlug. Nachdem die Zeugin S. hingefallen war, trat der Verurteilte ihr mindestens zwei bis drei Mal mit seinem beschuhten Fuß in die Seite ihres Körpers und in den Bauch und äußerte dabei: „Scheißzecken!" und „Ich bringe dich um!". [Anmerkung: Auch wenn in Adhäsionsverfahren meist geringere Schmerzensgeldbeträge zuerkannt werden, wurde das der Zeugin insofern zugesprochene Schmerzensgeld erheblich zu gering bemessen].

Betrag: 1.200 € **Haftung: 100 %**
immVorb: – **MdE: –**

OLG Brandenburg 27.1.2020 – 1 Ws 6/20 = BeckRS 2020, 1087

6065

Faustschlag ins Gesicht mit der Folge einer schweren Nasenbeinfraktur und Gesichtschädelfraktur (hier: Nasenbeinmehrfragmentfraktur mit Dislokation und Nasenscheidewandfraktur mit absteigender Fraktur von der Nasenwurzel in den Orbitalboden links im Sinne einer Mittelgesichtsfraktur), Monokelhämatom links sowie eine Sehstörung mit Doppelbildern bei Blick nach oben und nach unten.

Mann (Jugendlicher). 1 Tag stationär. 6 Tage ambulante Heilbehandlung mit Nasengipsverband, den der Kläger für weitere 14 Tage zu tragen hatte. [Ursache: Vorsätzliche Körperverletzung bei kurzer Rangelei – Faustschlag ins Gesicht].

Betrag: 1.250 € **Haftung: 100 %**
immVorb: Ja **MdE: –**

AG Aachen 18.11.2003 – 10 C 320/03 = BeckRS 2015, 18974

6748

Fußfraktur in Form einer Mittelfußfraktur im Bereich des 5. Mittelfußknochens. Zudem erlitt der Kläger einen Bluterguss am linken Oberarm sowie Schürfungen am linken Oberschenkel. Vorsätzliche Körperverletzung im Zusammenhang mit einer Rangelei zwischen dem Kläger und dem Beklagten.

31j. Mann. Ambulante Heilbehandlung. MdE ca. 90 Tage 100 %. Vorsätzliche Körperverletzung.

Betrag: 1.500 € **Haftung: 100 %**
immVorb: – **MdE: –**

OLG Saarbrücken 17.10.2019 – 4 U 10/17 = BeckRS 2020, 46789

6749

Zahnverletzung / Zahnverlust (hier: Lockerung der Eckzähne Nr. 13 und 23 im Oberkiefer mit anschließender Entfernung und Totalprothese), Oberlippenverletzung in Form einer Schwellung sowie Prellungen am Hinterkopf und am Brustbein mit Blutergüssen.

31j. Mann (LKW-Fahrer). Ambulante Heilbehandlung. MdE ca. 90 Tage 100 %. Vorsätzliche Körperverletzung durch mehrere Schläge ins Gesicht.

Betrag: 1.500 € **Haftung: 100 %**
immVorb: – **MdE: –**

AG Koblenz 16.1.2019 – 161 C 1044/16 = BeckRS 2019, 54829

5115

Zahnverletzung / Gesichtsverletzung (hier: Gezielter Fausschlag ins Gesicht mit Gesichtsprellung und Bluterguss im Gesicht [Hämatombildung] sowie Zahnlockerung); zudem erlitt die Klägerin eine HWS-Zerrung.

Frau. Möglicher Dauerschaden: Bezüglich des gelockerten Zahns werden „weitere konservierende Maßnahmen und gegebenenfalls eine prothetische Neuanfertigung erforderlich", so das AG. Ursache: Die Klägerin wurde beim Versuch einer Streitschlichtung während einer Karnevalveranstaltung verletzt. Vorsätzliche Körperverletzung: „gezielten Schlag in Richtung des Gesichts der Klägerin ausgeführt hat und dies noch unterstrich mit den Worten >Hier hast du noch einen<".

Betrag: 1.500 € **Haftung: 100 %**
immVorb: Ja **MdE: –**

AG Düren 28.4.2015 – 46 C 299/14 = BeckRS 2015, 17198

6502

Nasenbeinfraktur und Schürfungen.

Mann. Ambulante Heilbehandlung. Vorsätzliche Körperverletzung durch einen gezielten Faustschlag in das Gesicht des Klägers.

Betrag: 1.500 € **Haftung: 100 %**
immVorb: – **MdE: –**

AG Rudolstadt 7.2.2012 – 380 Js 10174/11 = BeckRS 2012, 4301

4165

Nasenbeinfraktur / Gesichtverletzung nach Schlag in's Gesicht.

Mann. Sehr schmerzhafte Verletzung. Langwierige Heilung. Vorsätzliche Körperverletzung.

Betrag: 1.500 € **Haftung: 100 %**
immVorb: – **MdE: –**

AG Brilon 24.7.2009 – 8 C 175/09 = BeckRS 2009, 139911

3344

Kieferfraktur (hier: Unterkieferfraktur, doppelseitige und Zahnfrakturen der Zähne 41 bis 43 mit anschließendem Zahnverlust der Zähne 41 und 42.)

Mann. Dem Kläger wurde wegen der Streitverursachung ein etwa hälftiges Mitverschulden angelastet. Er hatte die Beklagte, die ihm seine Verletzungen mittels Faustschlägen ins Gesicht beigebracht hatte, zuvor provoziert. Vorsätzliche Körperverletzung.

Betrag: 1.500 € **Haftung: 100 %**
immVorb: Ja **MdE: –**

OLG Düsseldorf 15.12.2004 – 15 U 239/02 = BeckRS 2005, 3543

4290

Trommelfellperforation.

12j. Kind (Schüler). Stationärer Aufenthalt. Eine Operation. Ob Dauerschäden zurück bleiben, blieb offen. Ursache: Vorsätzliche Körperverletzung durch Schlag in das Gesicht des Klägers.

Betrag: 1.790 € **Haftung: 100 %**
immVorb: – **MdE: –**

AG Fürstenwalde 29.7.1999 – 12 C 613/98 = unveröffentlicht

5974

Gesichtverletzung (hier: Blutende Schnittwunde an der Wange mit bleibender Narbe).

Mann. Ambulante Heilbehandlung. Die Wunde musste genäht werden. Dauerschaden: Gesichtsnarben. [Vorsätzliche Körperverletzung – Adhäsionsverfahren].

Betrag: 1.800 € **Haftung: 100 %**
immVorb: – **MdE: –**

AG Aachen 19.11.2007 – 43 Ds 806 Js 526/07 – 146/07 = BeckRS 2012, 25343

7311

Nasenbeinfraktur nach Schlag ins Gesicht.

Frau. Die Fraktur musste mittels eines operativen Eingriffs medizinisch behandelt werden. Gegenstand des Verfahrens sind Schmerzensgeldansprüche der Ast. einschließlich Nebenforderungen aufgrund eines Nasenbeinbruchs nach einer häuslichen Auseinandersetzung unter Ehegatten. [Anmerkung: Zur Verwirkung des Schmerzensgeldanspruchs eines Ehegatten bei Versöhnungsversuch vgl. auch die Urteilsbesprechung von Budzikiewicz NZFam 2022, 475 sowie im Handbuch ab Aufl. 21 unter → Rn. 439a]

Betrag: 1.900 € **Haftung: 100 %**
immVorb: – **MdE: –**

OLG Nürnberg 25.1.2022 – 11 UF 801/21 = BeckRS 2022, 1915

6567

Stichverletzungen am Hals und am Kopf.

Mann (Häftling). Der wegen Mordversuchs zu 8 Jahren Haft Verurteilte – ebenfalls bereits Häftling im Jugendgefängnis Hameln – hatte aus einem Kugelschreiber ein Stichwerkzeug gefertigt und damit dem Kläger am Kopf und am Hals verletzt. Der Verurteilte habe vorsätzlich und heimtückisch gehandelt und die Wehrlosigkeit des Opfers ausgenutzt, so das LG.

Betrag: 2.000 € **Haftung: 100 %**
immVorb: – **MdE: –**

LG Hannover 26.11.2020 – 31 KLs 11/20 = BeckRS 2020, 37550

6902

Nasenbeinfraktur / Gesichtsverletzungen (hier: Nasenbeinfraktur und Gesichtsverletzungen durch zwei massive Faustschläge in das Gesicht, wodurch die Adhäsionsklägerin in Ohnmacht fiel).

Frau. Einen Tag stationär. Anschließend ambulante Heilbehandlung durch ihren Hausarzt sowie Fachärzte. Sie litt unter Schmerzen, die medikamentös und physiotherapeutisch behandelt werden mussten. MdE 21 Tage 100 %. Schmerzensgeldmindernd berücksichtigte das LG die sehr schlechten finanzielle Situation des Angeklagten, der „kaum über finanzielle Mittel verfügt". [Vorsätzliche Körperverletzung].

Betrag: 2.000 € **Haftung: 100 %**
immVorb: – **MdE: –**

LG Detmold 20.3.2020 – 23 KLs-31 Js 457/19-2/20 = BeckRS 2020, 44452

5277

Kopfplatzwunde, die stark blutete sowie diverse weitere Verletzungen (hier: stumpfes Bauchtrauma, zahlreiche Schürfungen und Prellungen).

Mann. 4 Tage stationär. Ambulante Behandlung. MdE 9 Tage 100 %. Vorsätzliche Körperverletzung, bei der der Beklagte – im Rahmen einer Schlägerei, die er selbst mit ausgelöst hatte – vom Kläger mittels eines Fleischklopfers auf den Kopf geschlagen wurde. Erhöhend wertete das AG die brutale Vorgehensweise des Klägers.

Betrag: 2.000 € **Haftung: 100 %**
immVorb: – **MdE: –**

AG Dillenburg 14.10.2014 – 2 Js 57250/13 = unveröffentlicht

4897

Nasenbeinfraktur.

Mann. Ambulante Heilbehandlung mit Operation der Nase. Für eine Woche musste eine Schiene zum Schutz der Nase getragen werden. Folgenlose Verheilung. Vorsätzliche Körperverletzung.

Betrag: 2.000 € **Haftung: 100 %**
immVorb: – **MdE: –**

LG Itzehoe 26.3.2013 – 1 S 211/11 = BeckRS 2013, 7066

4707

Gesichtsverletzung (hier: Nasenbeinfraktur; Backenzahnfraktur mit Backenzahnverlust, Monokelhämatom bzw. Augapfelprellung) sowie zahlreiche Prellungen und Schürfungen am gesamten Körper.

Mann (Taxifahrer). Ambulante Heilbehandlung. Vorsätzliche Körperverletzung: der Beklagte schlug und trat den Kläger.

Betrag: 2.000 € **Haftung: 100 %**
immVorb: – **MdE: –**

AG Mannheim 19.4.2012 – 12 C 208/10 = BeckRS 2012, 214156

4291

Nasenbeinfraktur / Gesichtverletzung (hier: Nasenbeinfraktur und Mundplatzwunde nach massiven Faustschlägen in das Gesicht). Zudem Unterarmverletztung (Hier: Brandwunde durch am Arm ausgedrückte Zigarette).

Mann (Auszubildender). Ursache: Vorsätzliche Körperverletzung durch brutalen Überfall.

Betrag: 2.000 € **Haftung: 100 %**
immVorb: – **MdE: –**

AG Berlin-Köpenick 6.4.2006 – 2 C 469/05 = BeckRS 2006, 138016

5295

Nasenbeinfraktur und Nasenplatzwunde.

Mann. 7 Tage stationär, eine Operation. Dauerschaden: Deutliche Narbe im Bereich der Nase. [Ursache: Vorsatztat / Faustschlag]

Betrag: 2.500 € **Haftung: 100 %**
immVorb: – **MdE: –**

AG Koblenz 27.8.2014 – 161 C 3089/13 = unveröffentlicht

4902

Nasenbeinfraktur durch Faustschlag (hier: Nasengerüstfraktur in Form einer dislozierten Nasenbeinmehrfragmentfraktur).

25j. Mann. 2 Tage stationär. Anschließend ambulante Heilbehandlung. MdE ca. 2 Wochen 100 %. Infolge des für zwei Wochen zu tragenden Nasenstützverbandes litt der Kläger in dieser Zeit sowie weitere zwei Wochen an starken Atembeschwerden. Dauerschaden: Nasenschiefstand, der ggf. operativ korrigiert werden kann. Vorsätzliche Körperverletzung.

Betrag: 2.500 € **Haftung: 100 %**
immVorb: Ja **MdE: –**

AG Dülmen 16.7.2013 – 3 C 33/13 = unveröffentlicht

4173

Brustkorbverletzung / Brustverletzung (hier: 20 Blutergüsse im Bereich des Oberkörpers und der Brust); weitere Hämatome am Hals sowie Schädelprellung und Gesichtverletzung.

Frau (Rentnerin). Lebensgefahr. Vorsätzliche Körperverletzung: Der beklagte Altenpfleger würgte, drückte und schüttelte die Klägerin, sodass für diese Lebensgefahr bestand.

Betrag: 2.500 € **Haftung: 100 %**
immVorb: – **MdE: –**

AG Rudolstadt 20.2.2009 – 680 Js 25714/08 = unveröffentlicht

3877

Vorsätzliche Körperverletzung: Nasenbeinfraktur in Form einer Nasengerüstfraktur und einer Septumfraktur mit Dauerfolgen.

Mann. Zwei Operationen. Nasenatmung zeitweise nicht möglich. Mehrere Wochen starke Schmerzen. Vorsätzliche Körperverletzung: Faustschlag in das Gesicht. Das OLG, welches über den Prozesskostenhilfeantrag des Verletzten zu entscheiden hatte, sah vorliegend einen Schmerzensgeldrahmen von 2.000 bis „allenfalls 2.500,- EUR" als ausreichend an.

Betrag: 2.500 € **Haftung: 100 %**
immVorb: – **MdE: –**

OLG Schleswig 9.9.2008 – 14 W 54/08 = BeckRS 2008, 25338

3499

Gesichtverletzung / Wangenverletzung (hier: 15 cm lange Gesichtsnarbe vom rechten Unterkiefer, quer über die Wange bis zum rechten Ohr).

Mann. Dauerschaden: „Gut verheilte und erst bei genauem Hinsehen erkennbare" 15 cm lange Gesichtsnarbe, die „keinen entstellenden Eindruck vermittelt", so das OLG nach Inaugenscheinnahme des Klägers. Vorsätzliche Körperverletzung bei einer Wirtshausschlägerei, bei der der Bekl. den Kl. mit einem Bierglas in das Gesicht schlug.

Betrag: 2.500 € **Haftung: 100 %**
immVorb: – **MdE: –**

OLG Hamm 4.2.2003 – 9 U 155/02 = BeckRS 2003, 4156

3736

Gesichtverletzung in Form einer Nasenbeinfraktur und einer Platzwunde am Nasenrücken.

Mann (Schüler). Ambulante Behandlung ohne Operation; die Nase wurde jedoch mittels Nasentampon und Nasengipsverband fixiert. MdE 16 Tage 100 %. Vorsätzliche Körperverletzung.

Betrag: 2.556 € **Haftung: 100 %**
immVorb: – **MdE: –**

OLG München 9.8.2001 – 19 U 2623/01 = unveröffentlicht

3729

Schädelhirntrauma 1.Grades sowie Gesichtverletzungen in Form von Prellungen und Schürfwunden im Gesicht sowie einem Bluterguss im Bereich des linken Auges.

Mann. 3 Tage stationär. Vorsätzliche Körperverletzung. Der Beklagte schlug mit großer Brutalität auf das am Boden liegende Opfer ein; dies wurde zutreffend schmerzensgelderhöhend bewertet.

Betrag: 2.556 € **Haftung: 100 %**
immVorb: – **MdE: –**

AG Wildeshausen 22.5.2001 – 4 C 41/01 = BeckRS 2001, 161830

3733

Gesichtverletzung (hier: Wangenschnittwunde mit Entstellung infolge einer entstellenden Narbe an der linken Wange.)

30j. Mann. Ambulante Behandlung. Die Verletzung musste mit insgesamt 7 Stichen vernäht werden. Vorsätzliche Körperverletzung: Schlag mit einem Bierkrug in das Gesicht des Klägers. Dauerschaden: entstellende Narbe im Gesicht.

Betrag: 2.556 € **Haftung: 100 %**
immVorb: – **MdE: –**

LG München I 31.1.2000 – 2 C 320/99 = unveröffentlicht

3728

Verletzungen mit Todesfolge. Der Verletzte starb 4 Tage nach dem Angriff ohne das Bewusstsein wiedererlangt zu haben.

Mann. 4 Tage stationär. Komplizierte Operation. Vorsätzliche Körperverletzung in Form brutal ausgeführter Schläge auf den Schädel des Opfers.

Betrag: 2.556 € **Haftung: 100 %**
immVorb: – **MdE: –**

AG Berlin-Spandau 15.4.1999 – 9 C 613/98 = BeckRS 1999, 28117

3742

Lungenverletzung (hier: Pneumothorax) und Rippenfraktur.

Mann. 7 Tage stationär. Vorsätzliche Körperverletzung durch eine bereits bestehende Schlägerei, in die sich der Kläger selbst hineinbegeben hatte.

Betrag: 2.625 € **Haftung: 75 %**
immVorb: Ja **MdE: –**

LG Saarbrücken 2.7.2003 – 9 O 471/01 = BeckRS 2003, 154644

6718

Nasenbeinfraktur und Nasenseptumfraktur sowie Prellung im Stirnbereich nach vorsätzlicher Körperverletzung mittels einer „Kopfnuss".

Mann (keine Angaben zu Beruf und Alter). Ambulante Behandlung mit zwei ambulant durchgeführten Operationen, wobei die Nase um Nachgang zur ersten Operation aufgrund eines erneut eingetretenen Schiefstandes des Septums ein zweites Mal operiert werden musste. MdE 12 Tage 100 %. Vorschaden: Atemprobleme im Bereich der Nase. Bei der Schmerzensgeldhöhe orientierte sich das LG an den Urteilen des OLG München → Nr. 3736, OLG Schleswig → Nr. 3877 und AG Dülmen → Nr. 4902. Ursache: Vorsätzliche Körperverletzung im Rahmen einer Auseinandersetzung in einer Diskothek, im Rahmen derer der Kläger dem Beklagten eine „Kopfnuss" versetzt hatte.

Betrag: 3.000 € **Haftung: 100 %**
immVorb: Ja **MdE: –**

LG Osnabrück 18.12.2020 – 11 O 130/20 = BeckRS 2020, 48284

6624

Augenverletzung durch Sprühen von Pfefferspray direkt in das Gesicht, wodurch das Opfer eine Augenverätzung beider Augen erlitt. Zudem schlug der Angeklagte seinem Opfer noch mit einem harten Gegenstand, vermutlich mit der Pfeffersprаydose in der Größe einer Haarspraydose auf den Hinterkopf und fügte ihm dadurch eine Gehirnerschütterung und eine 2 cm große blutende Kopfplatzwunde zu. Vorsätzliche Körperverletzung im Zusammenhang mit einem Raubüberfall.

Mann (Versicherungsagenturmitarbeiter). Ambulante Heilbehandlung; die Kopfplatzwunde wurde genäht und die Augenverletzungen durch Spülen sowie Augentropfen behandelt. Am Folgetag wurde das Opfer nochmals bei seinem Hausarzt vorstellig. Über etwaige gesundheitliche Spätfolgen wurde nichts bekannt, so das LG. Bei der Bemessung der Schmerzensgeldhöhe im Rahmen des Adhäsionsverfahrens berücksichtigte das LG, „ dass der Verletzte entgegen ärztlichem Rat die stationäre Krankenhausaufnahme ablehnte. Außerdem wurde die eingeschränkte Leistungsfähigkeit des Schädigers berücksichtigt". Vorsätzliche Körperverletzung.

Betrag: 3.000 € **Haftung: 100 %**
immVorb: – **MdE: –**

LG Zwickau 4.6.2019 – 2 KLs 530 Js 1706/18 = BeckRS 2019, 37407

6579

Vorsätzliche Körperverletzung und Todesangst im Zusammenhang mit den unten unter Einzelheiten aufgeführten Einzelhandlungen im Kontext einer schweren räuberischen Erpressung in Tateinheit mit gefährlicher Körperverletzung.

Mann. Der Geschädigte wurde vom Täter / Angeklagten zunächst bespuckt und ins Gesicht geschlagen; anschließend zog der Angeklagte dem Geschädigten die Hose herunter und schlug ihm mit einem Teleskopschlagstock auf Beine, Rücken und Gesäß. Zudem drohte er unter fortwährenden Beleidigungen, ihm „den Schlagstock in den Hintern zu stecken„; dann nahm er eine ungeladene Schreckschusspistole, lud sie demonstrativ durch und führte sie am Körper des Geschädigten vom Genitalbereich bis zwischen die Augen und äußerte, dass „es niemanden kümmern werde, wenn er ihn hier abknalle und in den Wald schmeiße". Im weiteren Verlauf würgte er den Geschädigten, so dass dieser keine Luft bekam und ihm schwindelig wurde. Zudem versetzte er ihm noch einen Kopfstoß. Während weiterer Beleidigungen und der vom Angeklagten erzwungenen Erklärung, seine Mutter sei eine Hure und sein Vater ein Bastard, forderte der Angeklagte, einem plötzlichen Einfall folgend, den Geschädigten auf, seine Taschen zu leeren, um Wertgegenstände wegzunehmen. Aus Todesangst kam dieser der Aufforderung nach und übergab dem Angeklagten mehrere Gegenstände, darunter ein Handy sowie eine Armbanduhr und ein Armband. [Adhäsionsverfahren].

Betrag: 3.000 € **Haftung: 100 %**
immVorb: – **MdE: –**

BGH 2.6.2015 – 5 StR 80/15 = BeckRS 2015, 11497

4808

Vorsätzliche Körperverletzungen mittels Kopfstoßes: Gesichtsverletzung / Kopfverletzung (hier: großflächige Hämatome im Stirn- und Augenbereich und ein weiteres Hämatom am Hinterkopf) sowie Schürfwunden an den Händen.

Frau. Ambulante Heilbehandlung. Die Klägerin war Ehefrau des Beklagten. Am Tage der Trennung kam es zu einem Streit, in dessen Verlauf der Antragsgegner der Antragstellerin ua einen Kopfstoß gegen die Stirn versetzte. [Anmerkung: Derartige Urteile zu tätlichen Auseinandersetzung unter Ehegatten sind – verständlicher Weise – sehr selten. Weitere Fundstelle: BeckRS 2013, 17563].

Betrag: 3.000 € **Haftung: 100 %**
immVorb: – **MdE: –**

OLG Zweibrücken 2.8.2013 – 2 UF 30/13 = BeckRS 2013, 17563

3747

Gehirnerschütterung, schwere … mit Kopfplatzwunden, HWS-Distorsion und zahlreichen Prellungen.

Mann. Ambulante, langwierige Heilbehandlung. Der Kläger musste mehrere Wochen eine Schanz'sche Krawatte tragen und hatte währenddessen starke Kopfschmerzen, die auch 18 Monate nach dem Vorfall noch auftraten. Ursache: Vorsätzliche Körperverletzung durch Schlag mit einem schweren Aschenbecher.

Betrag: 3.000 € **Haftung: 100 %**
immVorb: – **MdE: –**

AG Laufen 12.4.2001 – 1 C 0418/00 = unveröffentlicht

6903

Vorsätzliche Körperverletzung (hier: 3 cm lange Stichverletzung an der linken Halsseite, die komplikationslos verheilt ist).

Mann. Vorsätzliche Körperverletzung. Der Täter „lief, das Messer mit 5 cm langer Klinge in der erhobenen Hand haltend, von hinten auf den Nebenkläger zu und stach gezielt in dessen linke Halsseite. Ihm war bewusst, dass der Stich tödliche Verletzungen zur Folge haben konnte; das war ihm egal", so der BGH.

Betrag: 3.500 € **Haftung: 100 %**
immVorb: – **MdE: –**

BGH 26.2.2019 – 4 StR 464/18 = BeckRS 2019, 6139

4909

Ellenbogenfraktur in Form einer Radiusköpfchenfraktur als Folge einer Schägerei.

Mann. Keine weiteren Angaben, denn das Urteil befasste sich lediglich mit der Deckungsklage des „Täters", der für die (aus Sicht seines PHV-Versicherers vorsätzliche) Tat (= Verletzungshandlung) Versicherungsschutz begehrte und mithilfe der Klage auch erhielt. [Lesenswert zur Frage des Versicherungsschutzes bei Meldung des Versicherungsfalles erst nach Rechtskraft des Versäumnisurteils im Haftpflichtprozess].

Betrag: 3.500 € **Haftung: 100 %**
immVorb: – **MdE: –**

LG Dortmund 28.3.2012 – 2 O 144/10 = BeckRS 2012, 12808

5873

Gehörschädigung (hier: Lärmtrauma bzw. Innenohrverletzungen und dauerhafter Tinnitus aufgrund von Pfiffen mit einer Trillerpfeife).

Mann (Schreiner). Ambulante Heilbehandlung mit vier Voruntersuchungen und Arztgespräche sowie anschließend acht Infusionen, drei Akkupunkturbehandlungen und neun Druckkammerbehandlungen. Dauerschaden: Tinnitus. Zur Schmerzensgeldbemessung führte das OLG aus, es sei zu berücksichtigen, dass „ein dauerhafter Tinnitus nicht mehr als leichte Hörschädigung einzuordnen ist, zumal der Kläger glaubhaft geschildert hat, dass ihn die ständigen Hörgeräusche erheblich belasten. Darüber hinaus liegt dieser Hörschädigung eine mindestens grobfahrlässige, wenn nicht bedingt vorsätzliche Körperverletzung zugrunde, so dass die Genugtuungsfunktion des Schmerzensgeldes zu berücksichtigen ist". [Ursache: Pfiffe mit einer Trillerpfeife].

Betrag: 3.500 € **Haftung: 100 %**
immVorb: – **MdE: –**

OLG Hamm 13.7.2010 – I-9 U 89/09 = BeckRS 2010, 17315

6896

Vorsätzliche Körperverletzung durch insgesamt 80 kleine Brandverletzungen im Brust- und Oberbauchbereich nach Vergewaltigung. Der Täter „fügte dann der Nebenklägerin mit diesem Gegenstand, den er zwischenzeitlich in den Mund genommen hatte und dann auf ihre Haut aufdrückte, an den oberen Brusthälften sowie an der Haut des Oberbauches mehr als 80 Brandverletzungen zu, die sich als oberflächliche, rundliche Hautläsionen darstellten und der Nebenklägerin erhebliche Schmerzen bereiteten. Infolge dieser Verletzungen sowie des Umstands, dass der Angeklagte zudem ihren Mund und teilweise die Nase zuhielt, verlor die Nebenklägerin, die sich innerlich bereits aufgegeben hatte, das Bewusstsein. In derselben Nacht fügte der Angeklagte der noch immer bewusstlosen Nebenklägerin mittels eines ebenfalls erhitzten rundlich-länglichen Gegenstands aus Metall – möglicherweise ein Messer mit abgerundeter Klingenspitze – an den Innenseiten der Oberschenkel weitere Brandverletzungen dritten Grades zu, indem er diesen erhitzten Gegenstand mehrfach auf ihre Haut drückte".

Frau. Der Angeklagte und die Nebenklägerin waren vormals verheiratet. Sie trug vor, ihr ehemaliger Ehemann habe sie zunächst gefesselt und vergewaltigt und anschließend mit Räucherstäbchen gequält und mit einem erhitzten rundlich-länglichen Gegenstand aus Metall versengt. Der Angeklagte bestreitet dies. [Anmerkung: Das Urteil ist nicht rechtskräftig; vgl. dazu und zu den Anforderungen an die Beweiswürdigung bei „Aussage gegen Aussage", BGH BeckRS 2020, 20680. Aus diesem BGH-Beschluss wurde auch das oben unter „Verletzungen" angeführte Zitat entnommen].

Betrag: 4.000 € **Haftung: 100 %**
immVorb: – **MdE: –**

LG Baden-Baden 17.10.2019 – 204 Js 15328/17 = BeckRS 2019, 47188

3781

Vorsätzliche Körperverletzungen (hier: Prellungen und Blutergüsse sowie Schürfwunden an Armen und Beinen.)

11j. Junge. Der Kläger wurde von seinen 11 bis 13j. Mitschülern in einer Ecke des Schulhofes systematisch misshandelt und mit Tritten und Schlägen verletzt. Das OLG sah keinen Zweifel, dass die Bekl. trotz ihres geringen Alters für die Verletzungen zivilrechtlich verantwortlich sind. Dies gelte auch – so das OLG zutreffend – für die die Haupttäter psychisch unterstützenden Schüler, die im Kreis um das Geschehen standen um die direkte Sicht auf die Tat zu verhindern. Vorsätzliche Körperverletzung.

Betrag: 4.000 € **Haftung: 100 %**
immVorb: – **MdE: –**

LG Oldenburg 20.2.2006 – 4 O 3620/04 = unveröffentlicht

5991

Kopfverletzung (hier: Erhebliche Kopfplatzwunde und nachfolgenden Schwindelattacken und rezidivierenden Kopfschmerzen).

Frau. 10 Tage stationär. MdE 70 Tage 100 %. Vorsätzliche Körperverletzung durch Schläge mit einem schweren Holzknüppel. Das LG berücksichtigte bei der Bemessung in Bezug auf die Tat und das Nachtatverhalten des Beklagten [Ehemann der Klägerin], „dass ihn ein hohes Maß an Verschulden an der Tat trifft. Er hat diese in feindlicher Absicht in besonders heftiger und gefährlicher Art und Weise gegenüber der Klägerin ausgeführt".

Betrag: 4.090 € **Haftung: 100 %**
immVorb: – **MdE: –**

LG Lüneburg 9.3.2001 – 8 S 127/00 = BeckRS 2013, 19591

6823

Handfraktur rechts (hier: Mittelhandfraktur mit Bewegungseinschränkung). Zudem erlitt der Kläger Schnittverletzungen am Unterarm sowie eine Gesichtsverletzung infolge eines Faustschlages ins Gesicht.

18j. Mann (Mechatroniker). Stationäre Heilbehandlung mit zwei Operationen. Dauerschaden: Leichte Bewegungseinschränkungen der rechten Hand, die den Kläger in seinem Beruf als Mechatroniker „massiv beeinträchtigt", so das AG. Zudem verblieben Narben infolge der Schnittverletzungen. [Ursache: Vorsätzliche Körperverletzung des Vaters gegenüber seinem Sohn.]

Betrag: 4.320 € **Haftung: 100 %**
immVorb: – **MdE: –**

AG München 6.9.2021 – 812 Ds 252 Js 139684/21 = BeckRS 2021, 29295

7586

Vorsätzliche Körperverletzung und massive Beleidigung mit „immensen" psychischen Folgen sowie vorsätzliche Körperverletzung durch Schläge und Tritte mit Gehirnerschütterung / Schädel-Hirn-Trauma und Prellungen.

18j. Mann. Adhäsionsverfahren. Das LG sah es als erwiesen an, dass der zur Tatzeit 17j. Syrer mit Schlägen und „gezielten Tritten gegen den Kopf" verletzt und zudem „menschenverachtend" beleidigt worden war. Dass der junge Mann keine schwereren Verletzungen als ein Schädel-Hirn-Trauma und Prellungen erlitt, sei pures Glück gewesen – für beide, dh auch für den 41j. deutschen Angeklagten, der zur Tatzeit auf Bewährung war und wegen dieser erneuten Tat nun zu vier Jahren und neun Monaten Haftstrafe verurteilt wurde.

Betrag: 5.000 € **Haftung: 100 %**
immVorb: – **MdE: –**

LG Erfurt 26.10.2021 – 3 KLs 501 Js 13526/21 = BeckRS 2021, 62647

7622

Vorsätzliche Körperverletzung durch Fußtritte mit der Folge einer Sprunggelenksfraktur und Bänderverletzungen (hier: Sprunggelenksluxationsfraktur des rechten oberen Sprunggelenks mit Außenknöchelfraktur und Bänderverletzung durch Riss des Deltabandes und Abriss des hinteren Volkmann'schen Dreiecks).

Mann. 22 Tage stationär; zunächst ambulante Behandlung im Klinikum E. und Operation mit Metallimplantat zur Stabilisierung der Fraktur, anschließend kam es zu einer Wundinfektion, die den stationären Aufenthalt erforderlich gemacht hatte. Bei der Schmerzensgeldbemessung berücksichtigte das LG die vorsätzliche Körperverletzung sowie, dass es „Bei sportlicher Betätigung ... es beim Kläger weiter zu Schmerzen und Schwellungserscheinungen im Fußgelenk" kam.

Betrag: 5.000 € **Haftung: 100 %**
immVorb: – **MdE: –**

LG Aurich 2.9.2020 – 5 O 1481/19 = BeckRS 2020, 24935

6677

Vorsätzliche Körperverletzung: Augenverletzung in Form einer Augapfelprellung, einer Bindehauteinblutung mit vorübergehend eingeschränkter Sehfähigkeit, einem Augenlidhämatom sowie Augenhöhlenprellungen und Schürfwunden am Auge). Zudem erlitt der Kläger eine Schädelprellung sowie zahlreiche Prellungen am Jochbein, an der Nase an der Schulter sowie eine HWS-Distorsion und Schürfungen und Kratzspuren u.a. im Bereich des Brustbeins.

Mann. Ambulante Behandlungen. Schmerzhafte Verletzungen als Folge einer brutalen vorsätzlichen Körperverletzung durch den Beklagten, der den Kläger beim Verlassen seines Hauses überfiel und zusammenschlug. Das OLG berücksichtigte bei der Schmerzensgeldbemessung die Verletzungen sowie die brutale Tatausführung. Unberücksichtigt blieb, dass der Beklagte wegen eines Formfehlers im Strafverfahren straffrei blieb.

Betrag: 5.000 € **Haftung: 100 %**
immVorb: – **MdE: –**

OLG Saarbrücken 5.2.2020 – 1 U 40/19 = BeckRS 2020, 46785

6580

Vorsätzliche Körperverletzung mit Todesfolge.

Mann. Wegen der bis zu seinem Tode erlebten Verletzungen und Schmerzen wurde dem Geschädigten ein Schmerzensgeld von 5.000 EUR zugesprochen. Der BGH hatte sich mit den von den Hinterbliebenen insofern geltend gemachten Ansprüchen zu befassen, die als gesetzliche Erben die Zahlung von Schmerzensgeld begehrten. [Adhäsionsverfahren].

Betrag: 5.000 € **Haftung: 100 %**
immVorb: – **MdE: –**

BGH 2.10.2019 – 2 StR 328/15 = BeckRS 2016, 5825

6480

Kopfverletzung durch mehrere Schläge mit einem Gummihammer auf den Kopf. Zudem wurde die Klägerin mehrfach durch Boxhiebe in den Magen verletzt und erlitt infolge des nächtlichen Überfalls in Ihrer Wohnung auch psychische Beeinträchtigungen (PTBS).

Frau. Auch 15 Monate nach der Tat leidet die Nebenklägerin noch unter den psychischen Auswirkungen der Tat, bei der der Kläger sie in ihrer Wohnung überfallen und mehrfach mit einem Gummihammer auf den Kopf geschlagen sowie in den Magen geboxt hatte. [Anmerkung: Der BGH befasst sich mit der Thematik der Bewertung eines Adhäsionsvergleichsabschlusses als „Täter-Opfer-Ausgleich" iSd § 46a Nr. 1 StGB].

Betrag: 5.000 € **Haftung: 100 %**
immVorb: – **MdE: –**

BGH 21.5.2019 – 1 StR 178/19 = BeckRS 2019, 16358

5123

Vorsätzliche Körperverletzung / Fingerverletzung (hier: blutende Platzwunde, darüber hinaus Prellungen und eine Strecksehnenverletzung in Form eines „Strecksehnenausriss am Kleinfingerendgelenk der rechten Hand".)

Mann. Ambulante Heilbehandlung. Die Fingerverletzung wurde durch eine Lengemann-Ausziehnaht operativ versorgt. Nach drei Monaten erfolgte die Metallentfernung. MdE 6 Monate 100 %. Dauerschaden: Bewegungsbeeinträchtigung des Fingers. Vorsätzliche Körperverletzung (Schlägerei).

Betrag: 5.000 € **Haftung: 100 %**
immVorb: – **MdE: –**

LG Köln 5.5.2015 – 25 O 199/12 = BeckRS 2016, 6019

5724

Oberschenkelverletzung / Schussverletzung in den linken Oberschenkel. Das Projektil mit einem Durchmesser von 7,9 mm und einer Länge von 12,4 mm blieb im linken Oberschenkel knapp oberhalb der Kniescheibe stecken.

Mann (jugendlicher Arbeiter). 12 Tage stationär. MdE mehrere Wochen 100 %. Dauerschaden: Aufgrund der Schussverletzung hat der Kläger „noch heute bei Wetterumschwung Beschwerden und leidet unter einer Einschränkung der Belastbarkeit des linken Oberschenkels". Vorsätzliche Körperverletzung.

Betrag: 5.000 € **Haftung: 100 %**
immVorb: Ja **MdE: –**

AG Berlin-Tiergarten 14.2.2005 – (232a) 34 Js 2640/04 Ls (13/04) = BeckRS 2005, 153728

3698

Gehörschädigung (hier: Posttraumatischer Tinnitus mit hochtonbetonter Schwerhörigkeit nach vorsätzlichem Schlag gegen den Hinterkopf des Klägers).

Mann (Arzt). Längere ambulante Behandlung. Vorsätzliche Körperverletzung. Verschlechterungstendenz.

Betrag: 5.000 € **Haftung: 100 %**
immVorb: Ja **MdE: –**

LG Ulm 25.6.2002 – 3 O 149/02 = BeckRS 2002, 162190

3602

Unterkieferfraktur Unterkieferfraktur, zweifache. Die Frakturen mussten operativ versorgt und verdrahtet werden.

Mann. 6 Wochen stationär, zwei Aufenthalte. MdE 3 Monate 100 %. Nachfolgeoperation erforderlich. Vorsätzliche Körperverletzung (hier: Faustschläge auf Fußballplatz).

Betrag: 5.000 € **Haftung: 100 %**
immVorb: Ja **MdE: –**

LG Arnsberg 13.3.2001 – 1 O 636/00 = BeckRS 2001, 161795

3701

Gesichtsverletzung / Jochbogenfraktur (hier: Jochbogenfraktur, zahlreiche Gesichtsplatzwunden, Schnittwunden an den Ohren.) sowie Gehirnerschütterung und Fingerverletzung.

Mann. 4 Tage stationär. Metallteileimplantat zur Stabilisierung der Jochbogenfraktur. Dauerschaden: Geringe Entstellung durch 5 cm lange Gesichtsnarbe. Vorsätzliche Körperverletzung durch Faustschläge.

Betrag: 5.000 € **Haftung: 100 %**
immVorb: Ja **MdE: –**

OLG Hamm 8.5.2000 – 13 U 7/00 = BeckRS 2007, 2179

7283

Halsverletzung / ca. zehn Zentimeter lange und bis zu drei Zentimeter breite Halsschnittwunde an der vorderen linken Halsseite: „Der Schnitt habe zu einer vollständigen Durchtrennung der Haut, des Unterhautfettgewebes und des flächigen Halshautmuskels geführt. Darunter sei auch eine oberflächliche Vene durchtrennt und der linke Kopfdrehermuskel auf etwa 20 % der Stärke angeschnitten worden. Größere Blutgefäße und die Atemwege seien nicht betroffen gewesen". Die Halsschnittverletzung mit einer Länge von etwa zehn Zentimetern mit einer Verletzung der tiefen Halsfaszie und einem freiliegenden und teildurchtrennten linker Kopfdrehermuskels. Vorsätzliche Körperverletzung.

Mann. Stationäre Heilbehandlung, jedoch „kein längerer stationärer Aufenthalt …, keine lebensrelevanten Blut- und Nervenbahnen verletzt … und auch eine reizfreie und unauffällige Wundheilung", so das LG. Bei der Bemessung berücksichtigte das LG „auch die wirtschaftlichen Verhältnisse sowohl des Angeklagten als auch des Geschädigten – beide sind arbeitslos und verfügen über kein geregeltes Einkommen". Dauerschaden: Psychische Beeinträchtigungen in Form von Ängsten sowie – aufgrund der Narbe am Hals – Beschwerden beim Heben schwerer Gegenstände. [Adhäsionsverfahren]. Der Angeklagte wurde für diese Tat wegen versuchten Mordes in Tateinheit mit gefährlicher Körperverletzung zu einer Freiheitsstrafe von 8 Jahren und 9 Monaten verurteilt.

Betrag: 6.000 € **Haftung: 100 %**
immVorb: – **MdE: –**

LG Aschaffenburg 22.4.2021 – 104 Js 5331/17 = BeckRS 2021, 27071

6909

Schädelfraktur (hier: Kalottenfraktur rechts temporal bis parietal und traumatische Kontusionsblutungen links frontal mit Schädelhirntrauma).

Mann (Fernfahrer). 5 Tage stationär. MdE ca. 4 Monate 100 %. Bei der Schmerzensgeldbemessung berücksichtigte das OLG die vorsätzliche Körperverletzung, deren Handlung „konkret lebensgefährlich" war sowie, dass dass der Kläger von Beruf Fernfahrer ist und ihm durch die behandelnden Ärzte ein vierwöchiges Fahrverbot ausgesprochen wurde.

Betrag: 6.000 € **Haftung: 100 %**
immVorb: Ja **MdE: –**

OLG Zweibrücken 27.2.2019 – 1 U 122/17 = BeckRS 2019, 45593

7770

Vorsätzliche Körperverletzung mittels eines Faustschlags in das Gesicht mit der Folge einer Gesichtsschädelfraktur und Gesichtsverletzung in Form einer Augenhöhlenfraktur mit Kieferfrakturbeteiligung (sog. Orbitabodenfraktur) mit Gesichtsschwellungen und einer Augenverletzung in Form eines sog. Monokelhämatoms.

Mann (junger Mann). Ambulante Behandlung mit zunächst einer Operation. Erhebliche Schmerzen. Im Rahmen einer nach der Abheilung erfolgten Operation wurde Narbengewebe entfernt, dass sich aufgrund der Orbitabodenfraktur gebildet hatte und auf den sog. Unteraugennerv, einen wichtigen Gesichtsnerv gedrückt hatte. Dauerschaden / Spätfolgen: Tote Zähne im Bereich des linken Oberkiefers (Zähne 21-24).

Betrag: 6.000 € **Haftung: 100 %**
immVorb: Ja **MdE: –**

LG Freiburg 22.12.2017 – 6 O 186/17 = BeckRS 2017, 169052

5355

Prellungen,starke: Nierenprellung in Form einer beidseitigen Nierenlagerprellung; Leistenprellung rechtsseitig. Zudem Prellungen beidseitig im Bereich der Brust und Prellungen des Rückens sowie am linken Handgelenk. Psychische Beeinträchtigung in Form von Angst. Vorsätzliche Körperverletzung.

Mann (Berufskraftfahrer). Sehr schmerzhafte Verletzungen. MdE 25 Tage 100& und weitere 91 Tage zu 80 %. Dauerschaden: Angst beim Herannahen von Jugendlichen in Gruppen, – eine Situation, die der Kläger als Busfahrer jedoch berufsbedingt häufig erlebt. Ursache: Vorsätzliche Körperverletzung. Der Kläger wurde von den beiden – zu Freiheitsstrafen auf Bewährung verurteilten – jugendlichen Beklagten tätlich angegriffen und zusammengeschlagen.

Betrag: 6.000 € **Haftung: 100 %**
immVorb: Ja **MdE: –**

LG Aschaffenburg 7.12.2016 – 12 O 141/13 = BeckRS 2016, 137493

4943

Vernähen ohne Betäubung (hier: Die wieder aufgeplatzte Wunde wurde ohne lokale Betäubung vernäht, worin das KG zutreffend eine vorsätzliche Körperverletzung sah).

Frau. Arzthaftung (hier: Grober Behandlungsfehler. Vernähen ohne Betäubung. Der Arzt konnte weder die örtliche Betäubung noch einen Eintrag des Betäubungsmittels in die Medikationsliste nachweisen).

Betrag: 6.000 € **Haftung: 100 %**
immVorb: – **MdE: –**

KG 13.10.2014 – 20 U 224/12 = BeckRS 2014, 20870

4921

Unterkieferfraktur, doppelte.

17j. Mann. 3 Tage stationär. MdE gut 2 Wochen 100 %, während dieser Zeit war für den Kläger nur flüssige Nahrung einnehmbar. Metallteileimplantat, welches bei Urteilsverkündung noch nicht entfernt worden war. Dauerschaden: Erhebliche Zahnlücke zwischen zwei Zähnen im sichtbaren Bereich. Vorsätzliche Körperverletzung: Faustschlag.

Betrag: 6.000 € **Haftung: 100 %**
immVorb: – **MdE: –**

LG München II 16.1.2014 – 14 O 4102/13 = unveröffentlicht

6698

Schädelhirntrauma Typ III mit Bewusstlosigkeit, schwerste Gesichtsverletzungen mit massivsten Hämatomen an beiden Augen und Nasenbeinfraktur sowie Trittverletzungen mit Hämatomen am Rücken, zahlreiche Prellungen und Schürfungen.

Mann. Bewusstlosigkeit. 8 Tage stationäre Behandlung. Vorsätzliche Körperverletzung: Die Ehefrau des Beklagten zu 2) schlug den Kläger mehrfach mit einem gläsernen Bierkrug ins Gesicht. Der Beklagte zu 1) schlug den Kläger sodann mit der Faust ins Gesicht. Nachdem der Kläger zu Boden gegangen war, tragen beide Beklagten abwechselnd auf den Kläger ein. Zur Bemessung führte das LG aus: „Bei der Bemessung des Schmerzensgeldes wiegt vorliegend zudem der Umstand, dass der Kläger von den Beklagten gemeinschaftlich und vorsätzlich angegriffen wurde, besonders schwer, ebenso wie die Tatsache, dass die Beklagte zu 2) mit einem Bierkrug, d. h. einem gefährlichen Werkzeug, gezielt auf den Kopf des Klägers eingeschlagen hat".

Betrag: 6.000 € **Haftung: 100 %**
immVorb: – **MdE: –**

LG Paderborn 8.2.2012 – 3 O 83/10 = BeckRS 2012, 21624

5740

Zahnverletzung / Zahnverlust nach Faustschlag in das Gesicht (hier: Verlust von zwei Schneidezähnen mit der Gefahr einer Wurzelentzündung sowie weiterer Bruchgefährdung).

9j. Kind (Schüler). Langwierige zahnärztliche Heilbehandlung. „Überdies hat der Kl. noch bis zum Abschluss seines Wachstums mit dem Provisorium zu leben, bis eine bleibende prothetische Versorgung möglich ist. Für den Kl. ist dies über einen langen Zeitraum mit Beeinträchtigungen verbunden", so das LG, das schmerzensgeldmindernd die Provokation auch des Klägers berücksichtigte. [Ursache: Faustschlag in das Gesicht während einer Rauferei].

Betrag: 6.000 € **Haftung: 100 %**
immVorb: – **MdE: –**

LG Köln 25.1.2006 – 16 O 479/04 = BeckRS 2006, 14232

5536

Gesichtsschädelfraktur in Form einer Mittelgesichtsfraktur (Jochbeinfraktur) mit Hämatombildungen der linken Gesichtshälfte nach vorsätzlicher Körperverletzung mittels Faustschlägen.

Mann. 3 Tage stationär. 2 Operationen. Dabei wurde zunächst das Jochbein durch Mikroplatten stabilisiert. Im Rahmen einer weiteren Operation wurden die Platten wieder entfernt. Vorsätzliche Körperverletzung. Dauerschaden: Fortdauernde Taubheit in der rechten Gesichtshälfte von der Schläfe bis zum Ohr sowie eine fortdauernde Gefühllosigkeit des Zahnfleisches des rechten Oberkiefers. Dies und die Tatsache, dass der Beklagte den Kläger körperlich angegriffen hat, ohne dass dieser ihm Anlass für diese Gewalttätigkeit gegeben hatte, führte – so das LG – zur festgesetzten Schmerzensgeldhöhe.

Betrag: 6.500 € **Haftung: 100 %**
immVorb: – **MdE: –**

LG Köln 27.4.2018 – 22 O 444/13 = BeckRS 2018, 9509

4529

Messerstichwunden mittels „diverser Messerstiche" (hier: Unterbauchstichwunde, 3 Oberschenkelstichwunden, Handverletzung) sowie Blutergüsse, Kratzer und Prellungen am ganzen Körper. Psychische Beeinträchtigung, die behandelt werden musste.

Mann (Student). 7 Tage stationär, die Stichwunden mussten genäht werden. Langwierige Heilbehandlung über die Dauer von 4 Monaten. Psychische Beeinträchtigungen. Psychotherapie. Dauerschaden: Noch sieben Jahre nach den Verletzungen noch zum Teil Schmerzen im Bereich der Narben. [Anmerkung: Näheres zu diesem auch hinsichtlich der Frage eines Schmerzensgeldanspruchs auf der Basis eines Beherbergungsvertrages und Zutrittsverschaffungsrechts sehr interessanten Urteil finden Sie in Beck'sche Schmerzensgeldtabelle Kapitel IV 1.g.aa. Rn. 55].

Betrag: 6.500 € **Haftung: 100 %**
immVorb: Ja **MdE: –**

OLG Hamm 7.11.2012 – 30 U 80/11 = BeckRS 2012, 24375

5970

Stickverletzungen (hier: Stichverletzung an der Vorderseite des linken Oberschenkels, eine rd. 4 cm lange Stichverletzung an der Rückseite des linken Oberschenkels, die genäht werden musste, eine rd. 1 cm lange tiefe Stichverletzung an der Rückseite des rechten Oberschenkels, die ebenfalls genäht werden musste, eine Stichverletzung im Unterbauch links sowie eine rd. 2,5 cm lange Schnittverletzung an der linken Handfläche zwischen Daumen und Zeigefinger. Daneben erlitt der Kläger bei der Abwehr der Angriffe des I diverse Prellungen, Hautunterblutungen und Kratzer in allen Bereichen des Körpers.

Mann (Student). 7 Tage stationär. MdE ca. 4 Monate 100 %. Posttraumatische Belastungsstörung (PTBS), die einer psychotherapeutischen Behandlung bedurfte. Verletzungsbedingte Studiumsunterbrechung für ein Semester. Dauerfolgen: „Zurzeit verspürt der Kläger noch – also rd. sieben Jahre nach der Tat – gelegentlich noch Narbenschmerzen aufgrund der an den Rückseiten der Oberschenkel erlittenen Verletzungen, insb. beim Hinsetzen", so das OLG. [Verkehrssicherungspflichtverletzung – Versuch des Hotelgastes gewaltsam in das Hotel zu gelangen, da der Hotelier versehentlich den Schlüssel an der Innenseite der Türe hatte stecken lassen, so dass der Gast sie nicht mit seinem Hotelschlüssel öffnen konnte. Eine Reinigungskraft des Hotels hielt den Gast für einen Einbrecher bzw. Eindringling und stach ihn nieder].

Betrag: 6.500 € **Haftung: 100 %**
immVorb: Ja **MdE: –**

OLG Hamm 7.11.2012 – I-30 U 80/11 = BeckRS 2012, 24375

5833

Zahnverletzung / zahnverlustähnliche Zahnverletzungen (Zahnfrakturen von insgesamt fünf Zähnen), Nasenbeinfraktur, Schädelprellung mit Gehirnerschütterung und Monokelhämatom. Erhebliche psychische Beeinträchtigung: „Durch die Kunstoffaufbauten an den Zähnen ist der Kläger in seiner Lebensqualität beeinträchtigt. Er ist dadurch weit über das normale Maß hinaus im Umgang mit Gleichaltrigen verunsichert, da er mit den Kunststoffaufbauten im für jedermann sichtbaren Zahnbereich zusätzliche Angst hat, auf Ablehnung zu stoßen, da die Aufbauten das äußere Erscheinungsbild nachhaltig verschlechtern", so das LG.

Kind (Jugendlicher / Schüler). 4 Tage stationär. Dauerschaden: Psychische Beeinträchtigung / Angst, wegen seiner Zahnprothesen bei anderen jungen Leuten auf Ablehnung zu stoßen. [Ursache: Schlägerei – Vorsätzliche Körperverletzung].

Betrag: 6.500 € **Haftung: 100 %**
immVorb: – **MdE: –**

LG Köln 28.2.2008 – 37 O 670/07 = BeckRS 2009, 8792

7599

Vorsätzliche Körperverletzung durch Schlag oder Stich mit einer Whiskyflasche und dadurch Handverletzung und Handsehnenverletzung (hier: Schnittverletzung bzw. Schnittwunde am rechten Handgelenk ca. 3 cm mal 4 cm groß und Handsehnenverletzung in Form einer 40-prozentigen Handsehnendurchtrennung.)

Mann (Polizeibeamter). Ambulante Behandlung mit einer Operation zur Sehnenregenerierung. MdE 45 Tage 100 %. Dauerschaden: Empfindungsstörungen mit Taubheitsgefühl durch die Nervenverletzung mit einer Schädigungsfolge lt. Dienstunfallbescheid des Landes Schleswig-Holstein von 10 %. Der Kläger nahm seinen Dienst eingeschränkt wieder auf und arbeitete ausschließlich im Innendienst. Bei der Schmerzensgeldbemessung berücksichtige das LG herabsetzend, dass der Kläger nur geringfügig in seiner Lebensführung beeinträchtigt war und weiterhin seinen Dienst ausüben und auch sportliche Aktivitäten vornehmen konnte und auch keine psychische Beeinträchtigungen verblieben sind. Betragserhöhend berücksichtigte das LG, dass der Beklagte vorsätzlich den Kläger mit der Whiskyflasche, also mit einem gefährlichen Werkzeug, angriff und hierdurch die Genugtuungsfunktion zum Tragen kommt. Das LG orientierte sich dabei an OLG Karlsruhe → Nr. 4192.

Betrag: 7.000 € **Haftung: 100 %**
immVorb: – **MdE: 10 %**

LG Lübeck 3.11.2023 – 3 O 277/21 = BeckRS 2023, 47668

5014

Unterkieferfraktur (hier: Unterkiefergelenkfraktur).

Mann. Stationärer Aufenthalt mit 2 Operationen. Kieferfrakturverdrahtung. Ambulante Heilbehandlung / langwierige Heilbehandlung mittels Krankengymnastik. Erhöhend wertete das OLG die Ohrgeräusche, die als Folgen der Verletzung auftraten sowie die verbliebenen Narben und die Regulierungsverzögerung. [Ursache: Vorsätzliche Körperverletzung durch Schlag während einer Schlägerei].

Betrag: 7.000 € **Haftung: 100 %**
immVorb: Ja **MdE: –**

OLG Saarbrücken 10.8.2011 – 5 U 56/10 = unveröffentlicht

7334

Faustschlag in das Gesicht mit der Folge einer dreifachen Jochbeinfraktur, einer Mehrfachfragmentfraktur am Jochbeinkörper (vgl. Jochbeintrümmerfraktur) sowie einer Fraktur der Augenhöhle. Vorsätzliche Körperverletzung.

Mann. Insgesamt zwei mehrtägige stationäre Behandlung mit mehreren Operationen unter Einsetzung von Metallimplantaten, von denen eine später wieder entfernt wurde. Nach den vorgelegten Attesten stellten sich beim Kläger Sehstörungen und Taubheitsgefühle ein, er hatte sechs Wochen lang flüssige bis weiche Kost zu sich zu nehmen und vier Wochen ein Schnäuzverbot. Dauerschaden: „ästhetischen Pupilleninfraposition links …, die auch sein äußeres Erscheinungsbild beeinträchtigt." Das OLG gewährte dem Beklagten Prozesskostenhilfe, der sich gegen ein Schmerzensgeld iHv 10.500 EUR, wie es der Kläger gefordert hatte, zur Wehr setzte. Das OLG führte dazu aus, die vom Beklagten offenbar nicht mehr infrage gestellten Verletzungen erfordere zwar einen deutlichen Ausgleich durch ein nennenswertes Schmerzensgeld wobei auch die Genugtuungsfunktion des Schmerzensgeldes einzubeziehen sei, die durch die strafrechtliche Verurteilung des Beklagten nicht entfalle; dennoch habe die vom Beklagten jetzt beabsichtigte Rechtsverteidigung „hinreichende Aussicht auf Erfolg, § 114 ZPO. Dem Kläger steht nicht zwingend ein Schmerzensgeld von mehr als 7.500 EUR zu.", so das OLG, das sich insofern ua an einem Urteil des LG Göttingen → Nr. 7335 orientierte.

Betrag: 7.500 € **Haftung: 100 %**
immVorb: – **MdE: –**

OLG Hamm 1.2.2023 – 11 W 1/23 = BeckRS 2023, 44862

3872

Freiheitsentziehung (für einige Stunden) sowie Platzwunden und Prellungen sowie psychische Beeinträchtigungen.

46j. Mann (Wachmann). Der Kläger wurde während seines Wachdienstes zunächst mit Waffengewalt bedroht, gefesselt und im Kofferraum seines PKW bei Frosttemperaturen gefangen. Posttraumatische Belastungsstörungen und Depressionen waren zunächst die Folgen. Vorsätzliche Körperverletzungen.

Betrag: 7.500 € **Haftung: 100 %**
immVorb: Ja **MdE: –**

LG Münster 8.6.2006 – 8 O 58/05 = BeckRS 2006, 12121

3482

Gesichtverletzung (hier: Abbruch des rechten oberen Schneidezahns, Nasenverletzung, Mundverletzung) sowie weitere Stichverletzungen in den Hinterkopf und oberflächlich am Hals.

Mann (Strafgefangener). Längere Heilbehandlung wegen der Zahnverletzung! Ursache: Der Kläger wurde von einem Mithäftling mit einem 12 cm langen Schraubenzieher in das Gesicht gestochen. Der Schraubenzieher durchbohrte den rechten Nasenflügel, die Mundhöhle und brach einen Schneidezahn ab. Der Kläger begehrte Schmerzensgeld vom Mithäftling und den Staat als Träger der JVA (§ 847 BGB aF, § 839 Abs. 1 BGB iVm Art. 34 GG). Vorsätzliche Körperverletzung. Die Rente wurde ihm wegen „der Fortdauer der Traumatisierung" zuerkannt.

Betrag: 7.700 € **Haftung: 100 %**
immVorb: – **MdE: –**
Rente: 128 €

OLG Dresden 27.2.2002 – 6 U 3073/01 = VersR 2003, 1041

7284

Schlüsselbeinfraktur rechts, eine Rippenfraktur sowie eine Kopfverletzung in Form einer 4 cm langen Risswunde an der Stirn, die bis auf die Schädelkalotte reichte und ein Schädelhirntrauma 2.Grades. Zudem erlitt der Geschädigte infolge der 20 Schläge, die ihm der Angeklagte mit einer Metallstange sowie den Fäusten auf den Rücken, die Schultern sowie den Nacken verabreicht hatte, mehrere Hämatome.

Mann. Stationäre Heilbehandlung. „Für eine Dauer von etwa drei Wochen musste der Geschädigte aufgrund der Verletzungen Schmerzmittel nehmen. Bis heute befindet sich ein in der damaligen Operation zur Stabilisierung eingesetztes Metallteil in der Schulter, das im Laufe des kommenden halben Jahres wieder operativ entfernt werden soll. Den rechten Arm kann der Geschädigte bislang nicht wieder vollständig nach oben bewegen. Ferner ist sein Sicherheitsgefühl, insbesondere wenn es dunkel ist, bis heute beeinträchtigt", so das LG, das für die Bemessung des Schmerzensgeldes „insbesondere die Schwere des Tatbildes der gefährlichen Körperverletzung," die oben geschilderten Verletzungen sowie „die bis heute vorhandene Einschränkung der Funktionsfähigkeit des rechten Armes, das verminderte Sicherheitsgefühl beim Geschädigten und das Verschulden des Angeklagten" berücksichtigt hatte. Zudem, so das LG, „ist nicht absehbar, ob und wann sich das Beschwerdebild des Geschädigten bessern wird." Vorsätzliche Körperverletzung. [Adhäsionsverfahren].

Betrag: 8.000 € **Haftung: 100 %**
immVorb: Ja **MdE: –**

LG Bielefeld 15.11.2021 – 2 KLs 7/21 = BeckRS 2021, 56006

5140

Gesichtsverletzung (hier: Wangenverletzung nach Faustschlag [vorsätzliche Körperverletzung] an die linke Wange; es bildete sich eine gerötete Stelle auf der linken Wange … und [eine] … kreisrunde Stelle über dem linken Jochbein bzw. um das linke Jochbein herum).

Mann. Ambulante Heilbehandlung. MdE 14 Monate 100 % („Arbeitsunfähigkeit von ca. 14 Monaten" (so das LG) wegen depressiver Reaktion des Beklagten und die in dieser Folge eingetretene Arbeitsunfähigkeit. Vorsätzliche Körperverletzung als Folge einer zunächst verbalen Auseinandersetzung.

Betrag: 8.000 € **Haftung: 100 %**
immVorb: – **MdE: –**

LAG Niedersachsen 20.5.2016 – 9 Sa 1914/08 = unveröffentlicht

5018

Nasenbeinfraktur, schwere / Gesichtverletzung (hier: Nasenbeinmehrfragmentfraktur / Dreifachfraktur mit Nasenscheidewandverschiebung und Nasenmuschelverletzung [ohne Angaben, ob es sich dabei um die obere, mittlere oder untere handelte] und massiven Nasenrückenschwellungen).

17j. Frau. 3 Tage stationär. MdE 5 Wochen 100 %. Dauerschaden: Sensibilitätsstörung in der linken Gesichtshälfte sowie psychische Beeinträchtigung, da das zuvor „ebenmäßige Gesicht" der Klägerin verletzungsbedingt erheblich negativ beeinträchtigt wurde. Um den ursprünglichen Zustand wieder zu erlangen, bedürfte es laut Aussage eines Sachverständigen einer weiteren Operation, wozu sich die Klägerin jedoch bislang nicht entschieden hat. Vorsätzliche Körperverletzung (Schlägerei).

Betrag: 8.000 € **Haftung: 100 %**
immVorb: Ja **MdE: –**

OLG Celle 24.11.2011 – 5 U 157/11 = BeckRS 2011, 142250

7099

Schulterverletzung rechts durch vorsätzliche Körperverletzung mittels eines Schlagstocks. Zudem erlitt der Kläger eine Rippenfraktur der 8. Rippe links, eine Refluxösophagitis und ein HWS-Syndrom.

Mann. Stationäre Behandlung mit zwei Operationen an der Schulter. Dauerschaden: mittelgradigen Einschränkung der Beweglichkeit der rechten Schulter bei mäßiggradigem Kraftverlust im Bereich des rechten Armes sowie weiterer subjektiver Beschwerden. [Ursache: körperlichen Auseinandersetzung unter Kraftfahren; Anmerkung: Das OLG befasst sich ausführlich mit den Fragen des Notwehrrechts sowie mit der Thematik der schlechten körperlichen Konstitution des Verletzten, der bereits zuvor an der Schulter operiert worden war und bestätigt insofern die herrschende Auffassung, wonach sich der Schädiger "nicht darauf berufen [könne], dass der Schaden nur deshalb eingetreten sei oder ein besonderes Ausmaß erlangt habe, weil der Verletzte wegen einer entsprechenden Disposition besonders anfällig gewesen sei. Wer einen gesundheitlich schon geschwächten Menschen verletzt, kann nicht verlangen, so gestellt zu werden, als wäre der Betroffene gesund gewesen (vgl. etwa BGH BeckRS 2012, 16258)].

Betrag: 10.000 € **Haftung: 100 %**
immVorb: Ja **MdE: –**

OLG Frankfurt a. M. 11.11.2022 – 26 U 71/21 = BeckRS 2022, 37024

5557

Verletzungen mit Todesfolge (hier: Der Beklagte schlug dem Sohn der Kläger mit dem Tatwerkzeug eine Vielzahl von wuchtigen Schlägen auf den Hinterkopf, mit denen er eine großflächige Schädeltrümmerfraktur und letztlich den Tod des Sohnes der Kläger verursacht hatte. Dieser hatte – so das OLG – vor dem Eintritt seines Todes diesen unter Todesangst zumindest noch für einen kurzen Moment bei Bewusstsein erlebt). Vorsätzliche Körperverletzung / Totschlag.

36j. Mann. Zur Frage, ob in einem solchen Falle überhaupt ein (vererbbares) Schmerzensgeldanspruch entstehen kann, führte das OLG aus: „Ein eigenes Schmerzensgeld des Verletzten bzw. sodann Verstorbenen bzw. Getöteten darf dabei nicht mit der Begründung vollständig aberkannt bzw. und auch nicht geringer bemessen werden, dass es nicht (mehr) dem Verletzten bzw. sodann Verstorbenen bzw. Getöteten, sondern nach dessen Tod seinen Erben zugutekommt … Es ist vielmehr in der Höhe festzusetzen, wie es unter Würdigung aller Umstände des Einzelfalls in der Person des Geschädigten entstanden ist". Vorsätzliche Körperverletzung. Hierzu führte das OLG in Bezug auf die Schmerzensgeldbemessung aus: „Die Genugtuungsfunktion des Schmerzensgeldes steht bei vorsätzlichen und grausamen Verletzungstaten mit Todesfolge im Vordergrund, was auch in Fällen, in denen der Geschädigte die Verletzungshandlungen nur relativ kurze Zeit überlebt, den unausweichlichen Tod aber miterlebt hat, die Zuerkennung eines deutlichen Schmerzensgeldes rechtfertigt."

Betrag: 10.000 € **Haftung: 100 %**
immVorb: – **MdE: –**

OLG Düsseldorf 20.8.2018 – I-22 U 224/17 = BeckRS 2018, 43147

5408

Schädelhirntrauma / Gehirnblutungen (hier: Schädelhirntrauma mit Kontusionen links fronto-basal und links temporal sowie kleine Kontusionen rechts temporopolar, persistierende Cephalgien sowie subdurales Hämatom links und dezente Subarachnoidalblutung links) sowie Schädelprellung und Unterlippenplatzwunde nach Faustschlag ins Gesicht.

Mann (Student). 17 Tage stationär. Möglicher Dauerschaden: Kopfschmerzen (hierzu führt das LG drei Jahre nach dem Vorfall aus: „Noch heute leidet der Nebenkläger an starken Kopfschmerzen, die er dem Vorfall zuschreibt".) Bei der Bemessung berücksichtigte das LG schmerzensgeldmindernd „die wirtschaftliche Situation der Parteien, denen Prozesskostenhilfe gewährt worden ist".

Betrag: 10.000 € **Haftung: 100 %**
immVorb: Ja **MdE: –**

LG Bonn 2.12.2016 – 1 O 154/15 = BeckRS 2016, 116629

6017

Bauchverletzung durch Messerstich in den Bauch. Es blieb „eine etwa 1,5 cm langen Einstichnarbe zwei vergleichbar große Operationsnarben zurück, die sich verschiedentlich stichelnd und juckend bemerkbar machen".

Mann. 5 Tage stationär mit einem sogenannten laparoskopischen Eingriff [= Eingriff in der Bauchhöhle mit Hilfe eines optischen Instruments und über Verlängerungen indirekt zu bedienenden Klemmen und Messern]. MdE ca. 21 Tage 100 %. Zum Feststellungsinteresse führte das OLG aus: „Ein Feststellungsverlangen ist zulässig und begründet, wenn die bloße Möglichkeit von Zukunftsschäden besteht. Eine Ausnahme ist nur in Fällen zu machen, in denen ein künftiger Schadenseintritt völlig fern liegt. Eine Messerstichverletzung in den Bauch zieht Verwachsungen nach sich, die zu chronischen abdominellen Beschwerden führen und Darmobstruktionen und Dünndarmverschlüsse bewirken können. Daher ist einem auf Feststellung der Ersatzpflicht für Zukunftsschäden gerichteter Antrag stattzugeben". [Ursache: Vorsätzliche Körperverletzung – Messerstich].

Betrag: 10.000 € **Haftung: 100 %**
immVorb: Ja **MdE: –**

OLG Koblenz 2.7.2014 – 5 U 221/14 = BeckRS 2014, 19690

4801

Hodenverlust (Verlust eines Hodens) nach Fußtritt in den Genitalbereich.

Mann. Dauerschaden: Verlust eines Hodens. Arzthaftung, da der Hoden nicht hätte entfernt werden müssen. Erstursache: Kniestoß in den Genitalbereich des Kl./vorsätzliche Körperverletzung. [Anmerkung: Das Urteil befasste sich mit dem Thema des objektiven Zurechnungszusammenhangs weiterer Ursachen – hier des ärztlichen

Fehlers – und führte hierzu aus: Die Zurechnung „wird nicht dadurch ausgeschlossen, dass außer dem zum Schadensersatz verpflichtenden Ereignis auch andere Ursachen zur Entstehung des Schadens beigetragen haben, auch im Rahmen der haftungsausfüllenden Kausalität reicht eine bloße Mitverursachung aus (Palandt / Grüneberg, BGB, 72. Aufl. 2013, vor § 249 Rn. 33). Dem Schädiger werden insoweit auch Fehler der Personen zugerechnet, die der Geschädigte zur Abwicklung oder Beseitigung des Schadens hinzuzieht, also auch Folgeschäden, die während der Behandlung durch ärztliche Kunstfehler entstehen".]

Betrag: 10.000 € **Haftung: 100 %**
immVorb: Ja **MdE: –**

OLG Hamm 3.12.2013 – 9 U 69/13 = BeckRS 2013, 22611

4936

Sprunggelenkverletzung und Unterschenkelverletzung infolge einer Schussverletzung.

Mann. Keine Angaben zur Heilbehandlung. Dauerschaden: Bewegungsbeeinträchtigung des Sprunggelenks. [Ursache: Vorsätzliche Körperverletzung / Schussverletzung wegen Streit beim Kartenspiel].

Betrag: 10.000 € **Haftung: 100 %**
immVorb: Ja **MdE: –**

OLG Koblenz 19.8.2013 – 5 U 847/13 = BeckRS 2013, 17107

4652

Schussverletzung aus nächster Nähe in den Oberkörper mit „schweren Verletzungen" des Klägers.

Mann (Gerichtsvollzieher). [Anmerkung: Der BGH befasste sich mit der Frage, ob § 323c StGB ein Schutzgesetz iSd § 823 Abs. 2 ist und bejahte dies]. Schmerzensgeldmindernd wurde die Tatsache gewertet, dass „es sich bei dem Beklagten nicht um den die Verletzung des Klägers unmittelbar verursachenden Straftäter handele, sondern dieser nur gegen die ihn im Rahmen des § StGB § 323c StGB treffende Pflicht zur Hilfeleistung verstoßen habe".

Betrag: 10.000 € **Haftung: 100 %**
immVorb: – **MdE: –**

BGH 14.5.2013 – VI ZR 255/11 = BeckRS 2013, 11098

4543

Unterkieferfraktur, doppelte paramedian, rechts und im Kieferwinkel links sowie „eine ausgeprägte Okklusionsstörung bei einer vorbestehenden Dysgnathie mit offenem Biss"

Mann. 3 Tage stationär; Metallteileimplantat, welches der Kläger für die Dauer von ca. 6 Monaten tragen musste wodurch es zu Beschwerden beim Schlucken kam. Vorsätzliche Körperverletzung mittels mehrerer Faustschläge, wobei sich der Beklagte – nach dem Vortrag des Klägers – bei ihm entschuldigt hatte, was das OLG offenbar in seine Bemessung einbezogen hatte. [Der Kl. begehrte 20.000 EUR].

Betrag: 10.000 € **Haftung: 100 %**
immVorb: Ja **MdE: –**

OLG München 23.1.2013 – 3 U 4056/12 = BeckRS 2013, 2789

864

Angstzustände / psychische Beeinträchtigungen (hier: Todesangst über drei Jahre hinweg. Das Opfer litt unter „andauerndem hohe psychischen Leidendruck" und wurde – trotz Umzuges – von einem Auftragsmörder aufgespürt und schließlich erschossen.

Mann. Er zog zweimal über große Strecken um, wurde jedes Mal aufgespürt, konnte – zunächst angeschossen – fliehen und wurde jedoch letztendlich erschossen und starb 4 Tage danach.

Betrag: 12.782 € **Haftung: 100 %**
immVorb: – **MdE: –**

OLG Koblenz 18.6.1998 – 5 U 1554/97 = BeckRS 9998, 16703

5439

Gesichtsschädelfraktur (hier: Stirnhöhlenvorderwandfraktur und Schädelprellungen).

15j. Mann. Stationärer Aufenthalt mit zwei Operationen. Dauerschaden: Rezidivierende Kopfschmerzen. [Vorsätzliche Körperverletzung in brutaler Ausführung. Die zuvor seitens des Klägers erfolgte Beleidigung des Beklagten wertete das OLG nicht als schmerzensgeldmindernd, da der Beklagte es nach der Beweisaufnahme ohnehin auf die körperliche Auseinandersetzung mit dem jungen Mann abgesehen hatte].

Betrag: 13.000 € **Haftung: 100 %**
immVorb: – **MdE: –**

OLG Hamm 4.11.2016 – 9 U 135/15 = BeckRS 2016, 113064

7637

Vorsätzliche Körperverletzung durch eine Stichverletzung in die rechte Körperflanke.

Frau. Stationäre Behandlung. Die Klägerin, die am Tattag ihrer – vom Angeklagten ermordeten – Freundin zu Hilfe geeilt war, hatte ein Schmerzensgeld iHv 15.000 EUR gefordert. Das LG sah den Schmerzensgeldantrag der Geschädigten aufgrund des Anerkenntnisses des Angeklagten hinsichtlich des von der Adhäsionsklägerin genannten Mindestbetrages als begründet an.

Betrag: 15.000 € **Haftung: 100 %**
immVorb: – **MdE: –**

LG Mannheim 15.7.2020 – 1 Ks 400 Js 35919/19 = BeckRS 2020, 48564

5005

Kopfverletzung, erhebliche („Der Kläger wurde … von dem ihm auf dem morgendlichen Weg zur Arbeitsstelle hinter einer dunklen Hausecke auflauernden … [A] mittels eines Schlagstocks, den dieser auf den Kopf des Klägers schlug, mit der Äußerung „Jetzt musst du bezahlen, ich schlage dich kaputt" erheblich verletzt", so das OLG).

Mann. Vorsätzliche Körperverletzung mittels Schlagstock. Möglicher Dauerschaden: Psychische Beeinträchtigung. [Lesenswert zum Umfang des Ausschlusses eines „ungewöhnlichen und gefährlichen Tuns" in den Versicherungsbedingungen einer Forderungsausfallversicherung].

Betrag: 15.000 € **Haftung: 100 %**
immVorb: – **MdE: –**

OLG Koblenz 20.6.2014 – 10 U 927/13 = BeckRS 2015, 2702

4532

Gesichtsschädelfraktur (hier: Augenhöhlenfraktur und Jochbeinfraktur rechts mit Einblutung in das Bindegewebe des rechten Auges); Schädelhirntrauma mit Gehirnerschütterung sowie Hämatome / Bluterguss bzw. Blutergüsse der rechten Gesichtshälfte

Mann. 2 Wochen stationär. Operation der Gesichtsschädelfraktur mittels Metallteilimplantat. Vorsätzliche Körperverletzung nach Diskothekenbesuch. Das LG berücksichtigte bei der Bemessung auch die Brutalität der Beklagten und die „Einbuße an persönlicher Würde" durch den Kläger.

Betrag: 15.000 € **Haftung: 100 %**
immVorb: – **MdE: –**

LG Bremen 22.3.2012 – 2 O 2044/08 = BeckRS 2013, 2766

6686

Gesichtsschädelfraktur in Form einer Jochbeintrümmerfraktur sowie einer Oberkieferfraktur und Unterkieferfraktur.

29j. Mann. Mehrere Wochen stationär. Langwierige Heilbehandlung. Vorsätzliche Körperverletzung; der Kläger wurde von den Beklagten zusammengeschlagen und am Boden liegend mehrfach ins Gesicht getreten.

Betrag: 15.000 € **Haftung: 100 %**
immVorb: – **MdE: –**

OLG Jena 4.5.2010 – 4 U 696/09 = BeckRS 2010, 145908

2979

Schädelfraktur mit dauerndem Geschmackverlust (vgl. auch Geschmacksinnbeeinträchtigung) und Anosmie (Geruchsinnverlust) mit häufigen Kopfschmerzen, Lichtempfindlichkeit und Konzentrationsschwäche nach Faustschlag.

33j. Mann. Dauerschaden: Geruchsinnverlust, Geschmacksinnverlust. Zudem häufige Kopfschmerzen. Vorsätzliche Körperverletzung durch Faustschlag ins Gesicht.

Betrag: 15.339 € **Haftung: 100 %**
immVorb: – **MdE: –**

OLG Düsseldorf 10.12.1999 – 22 U 98/99 = VersR 2001, 251

3623

Augenverletzung (hier: Netzverletzung am linken Auge) sowie Prellungen am gesamten Körper.

32j. Mann (Dachdecker). MdE 3 Wochen 100 %. Dauerschaden: Erhebliche Sehschwäche, links nur noch 10 %, die nicht – auch nicht mittels einer Brille – korrigiert werden kann. Spätfolgen in Form einer völligen Erblindung des linken Auges sind möglich.

Betrag: 17.500 € **Haftung: 100 %**
immVorb: Ja **MdE: 10 %**

LG Göttingen 30.12.2003 – 4 O 99/03 = BeckRS 2003, 154778

7752

Vorsätzliche Körperverletzung / Stichverletzungen – insgesamt drei Stiche in Kopf und Nacken – mit einem großen Steakmesser (11 cm Klingenlänge). Hierdurch erlitt der Kläger folgende Verletzungen: Schädelhirntrauma / Gehirnschädigung (hier: penetrierendes Schädelhirntrauma und damit einhergehend eine mehrfragmentäre Impressionsfraktur des linken Schläfenbeines mit zarten streifigen Hämorrhagien im angrenzenden Hirnparenchym im Schläfen- und Scheitellappenbereich mit passagerer Wortfindungsstörung und eine Eröffnung der harten Hirnhaut mit Weichteilschaden, eine Einblutung unter die weiche Hirnhaut sowie eine Einblutung im betroffenen Hirngewebe mit umgebender, passagerer wässriger Schwellung. Zudem erlitt der Kläger eine Stichverletzung am Rücken bzw im Nackenbereich links der Körpermittellinie.

Mann (Restaurantinhaber). Lebensgefahr. Stationäre Behandlung. Der Kläger hatte ein bis zwei Tage schwere, zwei Tage mittelschwere und 29 Tage leichte Schmerzen zu erdulden gehabt. Zur Schmerzensgeldbemessung betonte der OGH einleitend, dass bei der Bemessung des Schmerzensgeldes einerseits auf die Umstände des Einzelfalls abzustellen und andererseits zur Vermeidung einer völligen Ungleichmäßigkeit der Rechtsprechung ein objektiver Maßstab anzulegen sei wobei „der von der Judikatur ganz allgemein gezogene Rahmen für die Bemessung im Einzelfall nicht gesprengt werden (RS0031075)" dürfe. Sodann führte der OGH aus: „Der Kläger hat hier durch mehrere Stiche des Beklagten mit Lebensgefahr verbundene schwerste Verletzungen an Kopf und Gehirn erlitten, die eine – wenn auch vorübergehende – Wortfindungsstörung und eine noch andauernde posttraumatische Belastungsstörung mit Panikattacken sowie Schlafstörung zur Folge hatten. Aufgrund der besonderen Belastungen und Ängste, die derartig massive Verletzungen des Kopfes und des Gehirns sowie die konkret beim Kläger damit einhergegangenen Beeinträchtigungen nachvollziehbar auslösen, ist selbst unter Berücksichtigung des Umstands, dass der Kläger in Anbetracht der konkreten Verletzungen außergewöhnlich geringere Schmerzen bzw Schmerzperioden zu erdulden hatte, aufgrund der Schwere der Verletzungen und des Maßes der psychischen und physischen Beeinträchtigung (RS0031040) im Wege einer Globalbemessung ein Schmerzensgeld von 18.000 EUR als angemessen anzusehen." Berücksichtigt wurde auch, dass der Kläger vorfallskausal an einer posttraumatischen Belastungsstörung leidet, welche sich etwa durch erhöhte Schreckhaftigkeit mit immer wieder auftretenden Angst- und Panikattacken sowie Schlafstörungen mit dem Auftreten von Albträumen äußert. Kein Mitverschulden des Klägers unter dem Stichwort der Provokation. [Ursache: Vorsätzliche Körperverletzung nach vorheriger verbaler Auseinandersetzung zwischen dem Kläger und dem, in seinem Restaurant beschäftigten Koch].

Betrag: 18.000 € **Haftung: 100 %**
immVorb: – **MdE: –**

OGH Österreich 25.9.2025 – 7 Ob 80/25b = BeckRS 2025, 27305

6245

Gesichtverletzungen, schwerste (hier: Massive Zersplitterung des gesamten Gesichts mit Mittelgesichtsfraktur Le Fort II beidseitig sowie eine Orbitabodenfraktur beidseitig) und eine HWS-Distorsion mit Streckfehlhaltung und schweren Dauerfolgen.

Mann. Mehrere Wochen stationär mit zwei Aufenthalten und zwei Operationen, davon eine siebenstündige schweren Operation zur Wiederherstellung des Gesichts, von dem der Chirurg ausführte, dass das ganze Gesicht derart zersplittert gewesen sei, dass es äußerst schwierig gewesen sei, die Operation durchzuführen. Dauerschaden: Dyssymetrie des Gesichts, Kieferbewegungseinschränkung, so dass der Kläger seinen Mund nicht vollständig öffnen kann, beim Beugen nach vorne treten ziehende Schmerzen im Bereich des Gesichts auf. Zudem leidet der Kläger an unter Schmerzen im Bereich der Halswirbelsäule mit Bewegungsknacken über C5 sowie unter Knackgeräuschen im Kiefer, Knackgeräuschen am Nacken und ziehenden Schmerzen an der linken Wange bei Wetterumschwung und beim Heben von schweren Sachen. [Ursache: Vorsätzliche Körperverletzung durch zwei gezielte Faustschläge in das Gesicht des Klägers sowie einen nachfolgenden Tritt in das Gesicht].

Betrag: 18.000 € **Haftung: 100 %**
immVorb: Ja **MdE: –**

LG Frankenthal 16.5.2013 – 6 O 52/13 = BeckRS 2013, 198728

5094

Bauchverletzung / Organverletzung (hier: Magenwandverletzung und Bauchnetzverletzung [Omentumverletzung] sowie Venenverletzung; Angst, erhebliche … sowie psychische Beeinträchtigungen nach brutalem Überfall in der eigenen wohnung. Der Geschädigte wurde mit einem Teleskopschlagstock sowie einem Messer angegriffen bzw. massiv geschlagen und in den Bauch gestochen. „Die Wunde blutete sofort stark nach innen und außen". Als er sodann zu Boden ging, „schlug der stehende Angeklagte noch mit dem Schlagstock auf den am Boden liegenden, verletzten und aus der Bauchwunde blutenden Geschädigten ein". „Die dem Geschädigten mit dem Messerstich verursachten Verletzungen waren konkret lebensgefährlich, hätten ohne zeitnahe ärztliche Versorgung zu dessen Ableben geführt". [Zitate aus der Urteilsbegründung].

Mann. Vorsätzliche Körperverletzung in Form einer gefährlichen Körperverletzung. Adhäsionsverfahren. Lebensgefahr. Der Geschädigte wurde noch am Tattag notoperiert. Er war etwa eine Woche stationär im Krankenhaus, anschließend für 6 Wochen arbeitsunfähig krankgeschrieben. Er verspürte etwa 2–3 Monate lang Schmerzen an der Narbe und durfte in diesem Zeitraum nichts Schweres heben, was ihn bei seiner beruflichen Tätigkeit einschränkte. Dauerschaden: Psychische Beeinträchtigungen / Ängste sowie Schmerzen im Bereich der nicht komplikationslos verheilten Operationsnarbe: „Innere Wucherungen an der Narbe können nicht ausgeschlossen werden und gegebenenfalls zu späteren Komplikationen führen. Der insoweit bestehende Zustand der Ungewissheit belastet den Geschädigten sehr". [Schmerzensgeld deutlich zu gering! Weitere Randbemerkung: Das LG sah in der Tat keinen versuchten Totschlag und begründete dies – wenig nachvollziehbar – damit, dass „ der Angeklagte Rechtshänder ist", jedoch „das Messer mithin in seiner schwächeren Hand" gehalten habe].

Betrag: 20.000 € **Haftung: 100 %**
immVorb: Ja **MdE: –**

LG Würzburg 17.7.2015 – 1 Ks 801 Js = BeckRS 2015, 14759

5257

Teilerblindung / vorsätzliche Körperverletzung (hier: Völlige Erblindung des – vor der Vorsatztat – gesunden, linken Auges).

Mann. Vorsatztat. Der Beklagte schlug dem Kläger während einer Schlägerei, bei der beide Kontrahenten stark betrunken waren, dermaßen stark auf das linke Auge, dass dieses funktional zerstört wurde, jedoch nicht entfernt werden musst. Dauerschaden: Teilerblindung. [Angesichts der Schwere der Verletzung ist das Schmerzensgeld sehr gering].

Betrag: 20.000 € **Haftung: 100 %**
immVorb: Ja **MdE: –**

OLG Schleswig 8.4.2015 – 9 U 61/13 = unveröffentlicht

3626

Gesichtschädelfraktur (hier: Jochbeinfraktur, Kieferhöhlenfraktur und Orbitafraktur mit erheblicher Beeinträchtigung – Verkleinerung – des rechten Auges und geringer Beeinträchtigung der Empfindungsfähigkeit in der Oberlippe.)

Mann. Stationärer Aufenthalt. MdE 6 Wochen 100 %. Dauerschaden: Verkleinerung des rechten Auges. Spätere Folgeoperationen sind nicht auszuschließen.

Betrag: 20.000 € **Haftung: 100 %**
immVorb: Ja **MdE: –**

LG Göttingen 30.12.2003 – 4 O 98/03 = BeckRS 2003, 154777

5855

Gesichtschädelfraktur / Gehirnschädigung (hier: Gesichtschädelfraktur mit Kieferhöhlenvorderwandfraktur und Kieferhöhlenhinterwandfraktur links, Orbitaboden- und Orbitawandfraktur links sowie Jochbogenfraktur links und daraus resultierender beidseitiger komplett aromatischer Anosmie mit Gesichtssensibilitätsstörungen. Zudem erlitt der Kläger eine Gehirnquetschung bzw. eine rechtsbetonte bifrontale Hirnkontusion und ein rechtsbetontes Hirnödem sowie einen Hörstörung rechts).

Mann. 55 Tage stationär mit zwei Krankenhausaufenthalten. MdE 240 Tage 100 %. Dauerschaden: MdE 70 %, Depressionen, Geruchsinnverlust, Gehörschaden mit Hörminderung mit Tinnitusgeräuschen, Sensibilitätsstörung im Bereich der linken Wange sowie Kopfschmerzen mit Konzentrationsstörungen, Gleichgewichtsstörungen. [Ursache: Vorsätzliche Körperverletzung mittels Faustschlag in das Gesicht des Klägers, der dadurch rücklings zu Boden fiel und mit dem Hinterkopf auf die Straße aufschlug].

Betrag: 20.452 € **Haftung: 100 %**
immVorb: Ja **MdE: 70 %**

LG Dortmund 6.12.2002 – 3 O 323/02 = BeckRS 2010, 13051

5995

Schulterverletzung, schwere (hier: Schulterverletzung, die zum einen als Folge einer sogenannten HWS-Myalgie mit Ausstrahlung in die linke Schulter auftrat aber auch durch eine traumatische Schulterpfannenverletzung in Form einer sogenannten SLAP-Läsion [Verletzung der Knorpellippe an der Schulterpfanne], traumatischer Knorpeldefekte, einer hochgradige Synovitis (Gelenkkapselentzündung) und subacromiale Adhäsionen [Verwachsungen].

Mann. Stationäre Behandlung mit zwei Operationen an der Schulter. Anschließend sehr langwierige Heilbehandlung; der Kläger musste er bis zur Urteilsverkündung an 352 Tagen physiotherapeutische Behandlung absolvieren. Dauerschaden: MdE 75 %. Bewegungseinschränkung der Schulter. Seine Hobbys (Fußballspielen, Radfahren, Schwimmen und Bergwandern) kann er nur noch eingeschränkt betreiben. Verschlechterungstendenz: „Voraussichtlich muss er mindestens eine weitere Operation über sich ergehen lassen, nämlich die Implantation eines künstlichen Schultergelenks, welches möglicherweise im Hinblick auf das relativ junge Alter des Klägers auch noch ausgetauscht werden muss". [Ursache: Vorsätzliche Körperverletzung: Der Beklagte hatte dem Kläger die Fahrertür seines geöffneten Fahrzeugs so heftig gegen den Oberkörper gestoßen, dass dieser zu Boden stürzte].

Betrag: 23.000 € **Haftung: 100 %**
immVorb: – **MdE: 75 %**

OLG Frankfurt a. M. 19.8.2011 – 10 U 93/10 = BeckRS 2013, 22799

5899

Nasenbeinfraktur und Mittelgesichtsprellung, Kleinfingerfraktur rechts sowie diverse Prellung (Brustkorbprellung),

Schürfwunden und Schwellungen im gesamten Körperbereich sowie psychische Beeinträchtigungen und Ängste.

Frau. Dauerschaden: Psychische Beeinträchtigungen und Angstzustände. [Ursache: Vorsätzliche Körperverletzung – Raubüberfall in der eigenen Wohnung. Die Klägerin wurde von den Tätern bedroht und mit Fäusten geschlagen worden].

Betrag: 23.000 € **Haftung: 100 %**
immVorb: – **MdE: –**

OLG Brandenburg 2.9.2010 – 12 W 42/10 = BeckRS 2010, 22199

7764

Stichverletzung / vorsätzliche Körperverletzung (hier: Stich in den Hals, den rechten Oberschenkel und in die rechten Hand. Als Verletzungsfolgen erlitt die Nebenklägerin eine circa 2,2 Zentimeter lange Wunde an der linken Halsseite, eine circa 1,7 Zentimeter lange Wunde am rechten Oberschenkel und eine circa 1,3 Zentimeter lange Wunde an der rechten Handinnenfläche wobei die Schnitte und Stiche jedoch nur eine „geringe Tiefe" aufwiesen.

Frau. Adhäsionsverfahren. Das LG hatte den Anklagten wegen gefährlicher Körperverletzung zu einer Freiheitsstrafe von vier Jahren und sechs Monaten und dazu verurteilt, an die Adhäsionsklägerin ein Schmerzensgeld in Höhe von 25.000 EUR zu zahlen. Es hat ferner festgestellt, dass der Angeklagte verpflichtet ist, der Adhäsionsklägerin künftige aus der Tat entstehende materielle und nicht vorhersehbare immaterielle Schäden zu ersetzen. Diese Feststellung hob der BGH (siehe die hier angegebene Fundstelle BeckRS 2025, 26299) jedoch in seiner Revision auf, da im Urteil des LG hierfür keine konkreten Anhaltspunkte enthalten waren.

Betrag: 25.000 € **Haftung: 100 %**
immVorb: – **MdE: –**

LG Bonn 10.2.2025 – 24 Ks 14/24 = BeckRS 2025, 26299

5376

Augenverletzung, schwere (hier: Hornhautverletzung und Linsenverletzung des linken Auges infolge von Glassplittern. Die Funktion des Auges konnte durch Einfügen einer neuen Linse erhalten werden. Es verbleib jedoch eine Hornhautnarbe mit den sich daraus ergebenden Dauerfolgen – siehe unter Einzelheiten).

18j. Mann. Stationäre Heilbehandlung. Dauerschaden: Herabsetzung der Sehschärfe auf dem linken Auge von 1,0 auf 0,2 sowie Sehbehinderung und Sehfehler in Form fehlenden Stereosehens, einer Stabsichtigkeit sowie einer eingeschränkten Akkomodationsfähigkeit des linken Auges sowohl im Zusammenhang mit reduziertem Dämmerungssehvermögen als auch erhöhter Blendungsempfindlichkeit, was sich insbesondere beim Autofahren negativ bemerkbar macht. Ursache: Vorsätzliche Körperverletzung durch Wurf eines Glases in das Gesicht des Klägers.

Betrag: 25.000 € **Haftung: 100 %**
immVorb: Ja **MdE: –**

OLG Karlsruhe 23.3.2016 – 14 U 138/14 = BeckRS 2016, 137230

6700

Gesichtsschädelfraktur, schwere … und weitere Gesichtsverletzungen (hier: zentrale Mittelgesichtsfraktur in der Le Fort II-Ebene beidseits mit Impression des gesamten zentralen Mittelgesichtsfragmentes nach dorsal, verbunden mit einer Nasengerüstfraktur und Orbitabodenfraktur beidseits sowie multiplen Gesichtsverletzungen. Zahnfraktur der Zähne 12 und 21. Zerstörung der Tränenwege links und Gehirnerschütterung).

Mann (Polizist). 22 Tage stationäre Behandlung (3 Aufenthalte) mit aufwändiger Operation. Bei der OP wurde „zunächst das Mittelgesicht durch Herausziehen mit einem Haken in die richtige Lage gebracht, sodann eine Vielzahl von Knochenfragmenten mit beidseits infraorbital eingesetzten Osteosyntheseplatten fixiert und schließlich die zertrümmerte und dadurch extrem verbreiterte Nasenpyramide mit Gips außen und Tamponade innen in Form gebracht". Langwierige Heilbehandlung. MdE 91 Tage 100 %. Dauerschaden: Eine mäßig sichtbare Narbe am Nasenrücken, eine leichte Schiefstellung der Nase nach links sowie ein leichtes Herabhängen des rechten Unterlides davongetragen, ferner eine Hypästhesie (Taubheitsgefühl) des Nervus infraorbitalis links. Die Gesamt-MdE wurde auf 10 % beziffert. [Ursache: Vorsätzliche Körperverletzung durch einen aus dem Lauf heraus durchgeführten sehr heftiger Tritt gegen den ungeschützten Kopf des am Boden knieenden Beamten (Nebenkläger). Durch die Wucht des Trittes fiel der Nebenkläger sofort nach hinten über; er schrie vor Schmerz laut auf und blieb mit schwersten, ihn beinahe bis zur Unkenntlichkeit entstellenden Gesichtsverletzungen, aber bei vollem Bewusstsein am Boden liegen. Entsetzt stellte er fest, dass seine Nase nicht mehr zu tasten war und er auf dem rechten Auge nichts sehen konnte. Die Entscheidung über das Schmerzensgeld erging im Adhäsionsverfahren; der Angeklagte wurde wegen versuchten Totschlags mit gefährlicher Körperverletzung und anderen Straftaten verurteilt. Sowohl die Freiheitsstrafe (5 Jahre), die unter Einbeziehung von 4 weiteren, zum Teil schwerwiegenden Straftaten verhängt wurde, als auch das Schmerzensgeld sind angesichts der Tat, der Tatumstände sowie der schweren Verletzungen und Verletzungsfolgen unangemessen niedrig].

Betrag: 25.000 € **Haftung: 100 %**
immVorb: – **MdE: 10 %**

LG Düsseldorf 25.1.2013 – 7 Ks 12/12 = BeckRS 2013, 197347

4611

Gesichtsverletzungen, schwere (hier: Augenhöhlenbodenfraktur, Nasenbeinfraktur mit Nasenatmungsstörung und geringfügigem Nasenschiefstand, Oberkieferfraktur mit Oberlippenverletzung und daraus folgender sensibilitätsstörung, Unterkieferfraktur, Zahnverletzungen an 3 Zähnen).

Mann. 6 Monate stationär; 4 Operationen. Ambulante Heilbehandlung. MdE 24 Monate, gut 6 Monate 100 % später abfallend. Dauerschaden: Chronische Kopfschmerzen, kognitive und neurologische Beeinträchtigungen sowie Sensibilitätsirritationen im Bereich der Oberlippe, die als störend wahrgenommen wird. [Vorsätzliche Körperverletzung mit großer Brutalität].

Betrag: 25.000 € **Haftung: 100 %**
immVorb: Ja **MdE: –**

LG Bayreuth 10.5.2011 – 32 O 849/10 = BeckRS 2011, 142408

3805

Augenverletzung, schwere (hier: Verminderung der Sehfähigkeit des linken Auges auf 20 %).

Mann. Dauerschaden: Verlust der Sehfähigkeit eines Auges um 80 % mit möglicher weiterer Verschlechterungstendenz. Vorsätzliche Körperverletzung mittels eines Faustschlages in das Gesicht des Klägers.

Betrag: 25.000 € **Haftung: 100 %**
immVorb: – **MdE: –**

OLG Oldenburg 4.1.2007 – 15 W 51/06 = BeckRS 2007, 364

5748

Stichwunden mit Tötungsabsicht (hier: Organverletzungen durch Oberbauchstichwunde bzw. Stichwunde in das Epigastrium mit Verletzung des linken Leberlappens), multiple Stichwunden im Bereich der rechten Halsseite mit Verletzung der inneren Drosselvene, eine Schnittwunde im Bereich des linken Kniegelenks, multiple Schnittwunden im Bereich der linken Hand, multiple Schnittwunden im Bereich der rechten Hand und eine Kleinfingerendgliedbeugesehnendurchtrennung rechts.

Frau (junge Frau). 14 Tage stationär mit zwei Aufenthalten. Schmerzensgelderhöhend war zu berücksichtigen, dass der Bekl. vorgeplant und mit großer Brutalität versucht hat, der Klägerin das Leben zu nehmen, die Schädigungsabsicht also noch über die tatsächlich zugefügten Verletzungen hinaus ging. Die Vorgehensweise des Beklagten belegt …, dass es ihm absolut um die Vernichtung fremden Lebens ging, da er trotz Gegenwehr immer weiter versucht hat, auf sein Opfer einzustechen und ihm das Leben zu nehmen. Dauerschaden: Traumatisierung und psychische Beeinträchtigungen. „Die Kl. ist durch den Angriff auf ihr Leben psychisch nachhaltig traumatisiert. Dies steht auf Grund der in den Prozess eingeführten schriftlichen Stellungnahmen des die Kl. behandelnden Psychotherapeuten Dr. zur Überzeugung des Gerichts fest. Danach hat die Nachricht über die Entlassung des Bekl. aus der Haft bei der Kl. eine akute Belastungsstörung ausgelöst. Trotz psychotheraupeutischer Behandlung leidet die Kl. noch immer unter der Angst, dem Bekl. zu begegnen, hat schlechte Träume, in denen sie den Angriff erneut durchlebt und schweißgebadet in Angst erwacht. Im Umgang mit Männern ist die Kl. tatbedingt übervorsichtig und in ständiger Spannung. Im Gespräch vermutet sie hinter jeder Änderung des Stimmtimbres eine Form der Aggression, die sie gereizt und ungeduldig werden lässt. Die hierdurch hervorgerufenen körperlichen Belastungen führen zu einer erhöhten Ermüdbarkeit und Einschränkungen der Aktivität", so das LG. [Ursache: Massive Messerattacke in Tötungsabsicht nach verschmähter Liebe].

Betrag: 25.000 € **Haftung: 100 %**
immVorb: Ja **MdE: –**

LG Hechingen 13.3.2006 – 1 O 264/05 = BeckRS 2006, 6413

5704

Extreme Misshandlung / Quälen und Nahrungsverweigerung. Hierzu heißt es im gegen die Pflegeeltern gerichteten Strafurteils wegen Mordes in Tateinheit mit der Misshandlung Schutzbefohlener: „Während die Angeklagten die eigenen Kinder gut versorgten, quälten sie die Pflegekinder von Anfang an, um deren Willen zu brechen und sie gefügig zu machen, indem sie ihnen ihre Zuwendung vorenthielten und sie misshandelten. Dazu setzten sie vor allem auf das natürliche und elementare Bedürfnis nach Nahrung. Also gaben sie den Pflegekindern zu wenig, Minderwertiges oder zeitweise gar nichts zu essen. Daneben sperrten sie die Kinder aber auch ein und schlugen sie. Beide Angeklagten bemerkten und nahmen es hin, wie sie durch die chronische Vernachlässigung und den erlittenen Hunger die Kinder an der Gesundheit schädigten, so dass die drei in ihrer körperlichen und seelischen Entwicklung, insbesondere auch in ihrem Längenwachstum gestört wurden und psycho-sozialer Minderwuchs (Kleinwuchs) eintrat." Zu den weiteren Misshandlungen führte das OLG aus: „So befürchtete auch die Pflegemutter am 16.5.1991, bei einem Verbleib des Klägers im Krankenhaus würde er von der ihm widerfahrenen Misshandlung berichten, die zu einer Oberarmschaftspiralfraktur geführt hatte (S. 52 des Strafurteils). Im Sommer 1992 wimmerten der Kläger und ein anderes damaliges Pflegekind namens Florian in Anwesenheit der Nachbarin "Hunger, Hunger„ während sie dem Rest der Familie beim Vespern zuschauten. Allerdings schwieg der Kläger später beharrlich, als er in der Schule von der Lehrerin nach dem Grund gefragt wurde, warum er in den Abfallkörben des Schulhofs nach Essbarem stöberte und anderen Kindern die Pausenbrote stahl".

8j. Kind. Zur Bemessung des Schmerzensgeldes führte das OLG aus: „Im vorliegenden Fall ist bei der Höhe zu berücksichtigen, dass aufgrund des Zuständigkeitsgerangels der beteiligten Jugendämter und der Amtspflichtverletzungen der Mitarbeiter des Beklagten der Kläger über drei Jahre länger in der Pflegefamilie R. verblieben ist und sich in dieser Zeit aufgrund der Unterernährung sein körperlicher Zustand immer weiter verschlechtert hatte. Am Schluss hatte der Kläger lediglich noch 1,9 kg über der todbringenden 60-%-Prozent-Grenze des für ihn damals kritischen Werts von 9,9 kg. Zuvor war bereits bei Unterschreiten der 80-%-Grenze insoweit eine abstrakte Lebensgefahr eingetreten, als schon grippale Infekte tödlich enden konnten, weil das körpereigene Abwehrsystem geschwächt ist (S. 134 des Strafurteils). Neben der durch Aushungern bedingten körperlichen Entwicklung des Klägers während der letzten drei Jahre in der Pflegefamilie sind die daneben von den Pflegeeltern ausgeübten Repressalien, wie sie sich aus dem Strafurteil ergeben, erhöhend beim Schmerzensgeld zu berücksichtigen. Durch die Nachlässigkeiten des Jugendamtes musste der Kläger den Tod seines Pflegebruders Alexander miterleben". [Ursache: Amtspflichtverletzung des Trägers der Jugendhilfe. Die Pflegeeltern wurden wegen Mordes und Misshandlung Schutzbefohlener zu lebenslanger Haft verurteilt].

Betrag: 25.000 € **Haftung: 100 %**
immVorb: Ja **MdE: –**

OLG Stuttgart 23.7.2003 – 4 U 42/03 = BeckRS 2003, 30324081

2793

Psychose, die eine Persönlichkeitsänderung und den Verlust der Arbeitsfähigkeit zur Folge hatte; ausgelöst wurde dies durch einen Kampf des Kl. mit dem Bekl., nachdem der Kl. diesen bei einem Raubmord überrascht hatte.

Mann. Vorsätzliche Körperverletzung. Berechtigte Angst vor Aids (HIV) nach Kampf mit einem Drogenabhängigen. Der Kl. wurde „nach Extrembelastung … völlig aus seiner bisher geordnet verlaufenden Lebensbahn geworfen". Zutreffend führte das OLG aus, „dass gerade vorsätzliche schwere Gewalttaten … hohe Schmerzensgelder erfordern"!

Betrag: 25.565 € **Haftung: 100 %**
immVorb: Ja **MdE: –**

OLG Hamm 23.3.2000 – 6 U 205/99 = BeckRS 2000, 5574

5776

Teilerblindung durch völligen Verlust des rechten Auges nach einer Schlägerei, bei der der Beklagte dem Kläger ein Glas ins Gesicht gestoßen hatte.

25j. Mann. 4 Tage stationär mit mehreren Augenoperationen. Dauerschaden: Es besteht die Gefahr, dass durch die Erblindung des rechten Auges das linke Auge überbeansprucht wird und auch insoweit eine Schädigung eintreten kann. Auch hat die eingesetzte Augenprothese zur einer wahrnehmbaren ästhetischen Beeinträchtigung der optischen Erscheinung des Gesichts des (jungen) Klägers geführt.

Betrag: 25.565 € **Haftung: 100 %**
immVorb: Ja **MdE: –**

OLG Hamm 8.3.2000 – 13 U 195/99 = BeckRS 2007, 2177

7808

Stichverletzung in Form einer 13 cm langen Schnittwunde. Zudem erlitt der Nebenkläger psychische Beeinträchtigungen zu denen das OLG ausführte: "Er [ergänze: der Nebenkläger] litt bis zu seiner Vernehmung vor dem Senat noch regelmäßig unter Albträumen und beabsichtigt daher, in Zukunft nochmal bei der KKK.-Klinik Q.-Stadt vorstellig zu werden, um erneut psychotherapeutische Hilfe in Anspruch nehmen zu können. Vorsatztat / Messerangriff nach „islamistisch-jihadistischem" Messerangriff / Vorsatztat mit einem „32 Zentimeter langen Tranchiermesser mit einer Klingenlänge von 19 Zentimetern", mit dem er „jeweils in Tötungsabsicht auf den Hals und Oberkörper von dreizehn Personen" und dabei auch den Nebenkläger eingestochen hatte.

Mann. Ambulante Behandlung im Krankenhaus. Nachdem die dreizehn Zentimeter lange Schnittverletzung genäht worden war, konnte er das Krankenhaus bereits in der Tatnacht wieder verlassen. Infolge der Schnittverletzungen klagte er über Nackenverspannungen und befand sich in physiotherapeutischer Behandlung. Zur Schmerzensgeldbemessung führte das OLG – neben den festgestellten körperlichen Verletzungen und psychischen Belastungen – hinsichtlich des besonderen Verschuldensgrades des Täters aus: „Sodann hat der Senat das Verschulden des Angeklagten als besonders hoch bewertet. Der Angeklagte hat vor dem Hintergrund seiner radikal-islamistischen Gesinnung ein Attentat auf friedlich feiernde Konzertbesucher verübt, die zu dem Angeklagten in keinerlei Nähebeziehung standen. Mit Ausnahme des Nebenklägers K. erfolgten die jeweiligen Angriffe unvermittelt auf arg- und wehrlose Opfer. Der Angeklagte handelte durchweg in Tötungsabsicht und brachte damit seine lebensverachtende Haltung gegenüber sämtlichen Nebenklägern zum Ausdruck. Vor diesem Hintergrund gaben die wirtschaftlichen Verhältnisse des Angeklagten sowie der Nebenkläger dem vorliegenden Fall kein besonderes Gepräge." [Anmerkung: Adhäsionsverfahren: Nebenkläger im Mordprozess gegenüber dem Täter nach dessen Terroranschlag vom 23.8.2024 auf dem Gelände des „Festivals der EE".]

Betrag: 30.000 € **Haftung: 100 %**
immVorb: – **MdE: –**

OLG Düsseldorf 10.9.2025 – 5 St 2/25 = BeckRS 2025, 23340

7809

Halsverletzung durch Stichverletzung auf der rechten Halsseite wobei der Stichkanal „circa fünf Zentimeter lang innerhalb des Kopfwendemuskels verlief mit ausgeprägter Schwellung der rechten Halsseite. Zudem erlitt der Nebenkläger vorübergehende psychische Beeinträchtigungen zu denen das OLG ausführte: "Psychisch ist der Nebenkläger inzwischen stabil. Er nahm nach der Tat wegen kurzzeitig aufgetretener Schlafstörungen sowie einer „Grübelneigung" lediglich drei Termine in der Ambulanz des KKK.-Klinikums MMM.-Stadt wahr." Vorsatztat / Messerangriff nach „islamistisch-jihadistischem" Messerangriff / Vorsatztat mit einem „32 Zentimeter langen Tranchiermesser mit einer Klingenlänge von 19 Zentimetern", mit dem er „jeweils in Tötungsabsicht auf den Hals und Oberkörper von dreizehn Personen" und dabei auch den Nebenkläger eingestochen hatte.

Mann. 5 Tage stationäre Behandlung mit Notoperation wegen „ausgeprägter Schwellung der rechten Halsseite„. Krankschreibung für 14 Tage. 18 Tage nach dem Messerangriff verlor der Kläger im Rahmen einer Nachversorgung durch seinen Hausarzt "das Bewusstsein und war apnoeisch, so dass für 30 Sekunden eine kardiopulmonale Reanimation erfolgte"; es folgten erneut 2 Tage stationärer Behandlung. Zur Schmerzensgeldbemessung führte das OLG – neben den festgestellten körperlichen Verletzungen und psychischen Belastungen – hinsichtlich des besonderen Verschuldensgrades des Täters aus: „Sodann hat der Senat das Verschulden des Angeklagten als besonders hoch bewertet. Der Angeklagte hat vor dem Hintergrund seiner radikal-islamistischen Gesinnung ein Attentat auf friedlich feiernde Konzertbesucher verübt, die zu dem Angeklagten in keinerlei Nähebeziehung standen. Mit Ausnahme des Nebenklägers K. erfolgten die jeweiligen Angriffe unvermittelt auf arg- und wehrlose Opfer. Der Angeklagte handelte durchweg in Tötungsabsicht und brachte damit seine lebensverachtende Haltung gegenüber sämtlichen Nebenklägern zum Ausdruck. Vor diesem Hintergrund gaben die wirtschaftlichen Verhältnisse des Angeklagten sowie der Nebenkläger dem vorliegenden Fall kein besonderes Gepräge." [Anmerkung: Adhäsionsverfahren: Nebenkläger im Mordprozess gegenüber dem Täter nach dessen Terroranschlag vom 23.8.2024 auf dem Gelände des „Festivals der EE".]

Betrag: 30.000 € **Haftung: 100 %**
immVorb: – **MdE: –**

OLG Düsseldorf 10.9.2025 – 5 St 2/25 = BeckRS 2025, 23340

7289

Posttraumatische Belastungsstörung und psychische Beeinträchtigung, schwere (hier: Die Kl. wurde Opfer schwerer vorsätzlicher Straftaten durch den Beklagten, die sich über den erheblichen Zeitraum von etwa einem halben Tag hinzogen und musste zudem die massive Folter ihres Freundes mit ansehen und dessen Zustand nach der Verübung der Tathandlung betrachten).

Frau. Der Vorsatztat des Beklagten ging voraus, dass dieser die Trennung von der Klägerin zu1), mit der er sechs Jahre eine Beziehung eingegangen war, nicht akzeptierte und ihr im Alltag immer wieder auflauerte und sie sowohl verbal, als auch körperlich immer wieder bedroht hatte. In der Folge kam es zur vorsätzlichen Körperverletzung, zu der das LG ausgeführt hatte: „… dass die Klägerin zu 1) Opfer schwerer vorsätzlicher Straftaten durch den Beklagten geworden ist, die sich über den erheblichen Zeitraum von etwa einem halben Tag hinzogen. Die Klägerin zu 1) wurde hierbei von dem Beklagten zunächst verbal bedroht, dann aber auch durch das Vorhalten einer Waffe gezwungen, ihre Sache zu packen und sich mit auf den Rückweg nach A zu begeben. Dabei wurde die Klägerin zu 1) immer wieder gezwungen, auch die erheblichen Misshandlungen ihres Freundes, dem Kläger zu 2), mit anzusehen [Siehe dazu → Nr. 7288]. Insbesondere musste sie die Malträtierung mit dem Elektroschocker während der 20minütigen Fahrt zu dem H.platz miterleben, bangte dann dort im Pkw hilflos um das Leben des Klägers zu 2) und wurde schließlich gezwungen, den Zustand des Klägers zu 2) nach der Verübung der Tathandlung am H.platz zu betrachten. Nach Betrachtung des Zustands des von ihr geliebten Menschen wurde die Klägerin zu 1) sodann gezwungen, mit dem Beklagten und den beiden anderen Beteiligten die Rückfahrt nach A fortzusetzen, wobei sie mit anhören musste, wie sich der Beklagte mit den Beteiligten über den Kläger zu 2) belustigten und der Beklagte sogar eine weitere Todesdrohung dem Kläger zu 2) gegenüber aussprach. Auch nach der Ankunft in A setzte sich die Bemächtigungssituation zulasten der Klägerin zu 1) fort, indem sie gezwungen wurde, zunächst noch mit in das Zuhause des Beklagten zu kommen", wo er sie weiterhin „schlug und an den Haaren zog." Dauerschaden: „Massive psychische Beeinträchtigungen davon getragen hat, deren Folgen bis heute andauern." Im Rahmen der Schmerzensgeldbemessung setzte sich das LG Bonn eingehend mit dem Urteil des LG Wuppertal → Nr. 4500 auseinander und führte dazu aus: „Der hier vorliegende Fall gleicht hinsichtlich der Klägerin zu 1) dem durch das Landgericht Wuppertal entschiedenen Fall gerade darin, dass sich der dortige Beklagte ebenso wie der hiesige Beklagte über einen längeren Zeitraum der Klägerin bemächtigte, Drohungen aussprach und das Opfer nicht nur um sein eigenes Leben fürchtete, sondern auch um das Leben geliebter Personen. Zudem war der Täter in beiden Fällen bewaffnet und brachte durch sein Verhalten zum Ausdruck, die Klägerin besitzen zu wollen und auch als Lustobjekt zu verstehen. Beide Klägerinnen erlitten durch die Tat zudem massive psychische Beeinträchtigungen, die auch lange nach der Tat fortdauern. Bei Heranziehung der Entscheidung des Landgerichts Wuppertal zur Bemessung des Schmerzensgeldes im hiesigen Fall ist indes zu berücksichtigen, dass wesentlicher Grund für den Zuspruch eines Schmerzensgeldes in einer Höhe von 100.000 EUR gerade auch die Vornahme von Vergewaltigungshandlungen zum Nachteil der jugendlichen und schwangeren Klägerin war. Zu insofern vergleichbaren Tathandlungen ist es vorliegend nicht gekommen. Zudem ist zu berücksichtigen, dass sich der durch Urteil des Landgerichts Wuppertal verurteilte Beklagte über einen wesentlich längeren Zeitraum des Opfers bemächtigte."

Betrag: 30.000 € **Haftung: 100 %**
immVorb: Ja **MdE: –**

LG Bonn 2.12.2021 – 17 O 78/21 = BeckRS 2021, 51434

6881

Vorsätzliche Körperverletzung (hier: Wuchtvolle Stiche in vitale Körperregionen mit insgesamt 32 Stichwunden. Das LG führte dazu aus: „Die Geschädigte hatte insgesamt 32 Stich- oder Schnittverletzungen im Bereich des Brustkorbes, des Bauchraumes, am Hals sowie an den Armen erlitten, wobei zwei Stiche die rechte Brusthöhle und ein sog. „Wühlstich" die linke Brusthöhle eröffneten, wodurch Anteile der vorderen Brustwand zerfetzt wurden und auf beiden Seiten eine sog. Gasbrust (Pneumothorax) entstand. Der wühlartige Stich eröffnete einen Herzbeutel und verletzte Teile des Lungenoberlappens. Die Stichtiefe betrug hier mindestens 7 cm. Ein weiterer Stich durchschnitt die 6. Rippe bzw. brach diese auf und eröffnete in Höhe des 5. Zwischenrippenraumes ebenfalls die rechte Brusthöhle. Darüber hinaus kam es neben diversen Abwehrverletzungen an den Armen und Händen, wobei es auch zur Durchtrennung von Gefäßen und Nerven kam und ein Nerv nicht mehr rekonstruiert werden konnte, zu vier Verletzungen des Dickdarms, einer Verletzung des Dünndarms sowie zu einer Verletzung der um den Magen herum verlaufenden Schlagader. Die Geschädigte schwebte aufgrund des beidseitigen Pneumothoraxes, eines erheblichen Blutverlustes und der durch die Verletzung des Herzbeutels verursachten Herzschwäche in akuter Lebensgefahr, die nur durch notfallmedizinische Maßnahmen abgewehrt werden konnte."

93j. Frau (Rentnerin / Adhäsionsklägerin). Mehrwöchige stationäre Behandlung und Reha-Behandlungen. Die Klägerin schwebte zunächst in akuter Lebensgefahr. Dauerschaden: Dauerpflegefall. Die Klägerin, die trotz ihres hohen Alters von 93 Jahren ohne Betreuung selbständig in ihrer Wohnung im H... zum H... G... gelebt, noch selbst eingekauft und gekocht hatte, musste die von ihr wegen ihrer Eigenständigkeit geliebte Wohnung nach der Tat aufgeben, da sie infolge der Tat dauerhaft auf Pflege angewiesen ist. Vorsätzliche gefährliche Körperverletzung in Mordabsicht; die Angeklagte wurde deshalb zu einer lebenslangen Freiheitsstrafe verurteilt. [Anmerkung: Lesenswert zur Berücksichtigung wirtschaftlicher Verhältnisse des Schädigers; vgl. dazu auch bei Slizyk Schmerzensgeld 2022 → Rn. 139].

Betrag: 30.000 € **Haftung: 100 %**
immVorb: – **MdE: 100 %**

LG Hamburg 25.3.2019 – 602 Ks 9/18 = BeckRS 2019, 29176

4754

Bauchverletzung / Nierenverletzung (hier: Mehrere Stichwunden in die Bauchdecke, wodurch die Niere verletzt wurde und ein Teil des darms aus der Bauchdecke quoll. Psychische Beeinträchtigung).

Mann. Stationärer Aufenthalt. Langwierige ambulante Heilbehandlung. Psychische Beeinträchtigung. Dauerschaden: Verlust der Arbeitsstelle. Vorsätzliche Körperverletzung nach vorausgegangenem Streit. [Anmerkung: „Mitverschulden", ohne Quotierung wegen der, der tätlichen Auseinandersetzung vorausgegangenen verbalen Streitigkeit, ohne die das LG durchaus ein Schmerzensgeld von 50.000 EUR für angemessen erachtet hätte].

Betrag: 30.000 € **Haftung: 100 %**
immVorb: – **MdE: –**

LG Freiburg 31.7.2012 – 5 O 85/12 = BeckRS 2012, 214224

4755

Teilerblindung (hier: Sehnervverletzung links nach Schädelbasisfraktur infolge eines Fausschlages). Vorsätzliche Körperverletzung.

Mann. Dauerschaden: Teilerblindung dh nahezu vollständige Erblindung auf dem verletzten Auge. Vorsätzliche Körperverletzung nach vorausgegangenem Streit.

Betrag: 30.000 € **Haftung: 66 %**
immVorb: – **MdE: –**

OLG Bamberg 9.2.2012 – 1 U 100/11 = BeckRS 2012, 213907

4609

Unterarmfrakturen, schwere (hier: Linksseitige Unterarmfraktur und zudem rechtsseitige Unterarmfraktur in Form einer Speichenfraktur); erhebliche Unterschenkelverletzung in Form massiver Weichteilverletzungen. Zahnverlust (2 Zähne).

68j. Frau. 21 Tage stationär. Langwierige Heilbehandlung, insbesondere zur Wundbehandlung der Unterschenkelweichteilverletzung, die erst nach viermonatiger Pflege verheilt war; die Frakturverheilung dauerte noch weitere 7 Monate. Dauerschaden: Erhebliche Gebrauchsbeeinträchtigung des linken Arms von der Schulter bis zu den Fingern. Oberschenkelbelastungsverminderung infolge Muskelverkleinerung und Durchblutungsstörungen am linken Bein. Vorsätzliche Körperverletzung. Zudem hatte die Klägerin den Tod ihrer Tochter zu verkraften.

Betrag: 30.000 € **Haftung: 100 %**
immVorb: Ja **MdE: –**

OLG Brandenburg 21.7.2011 – 12 U 19/11 = BeckRS 2011, 20920

1580

Augenverletzung (hier: Teilerblindung durch Verlust des rechten Auges nach Schlägerei; Enstellung des Gesichts durch Glasauge).

Mann („junger Mann"). Dauerschaden: Teilerblindung; Gesichtsentstellung durch Glasauge. Der Bekl. handelte im Vollrausch, in den er sich schuldhaft versetzt hatte.

Betrag: 30.678 € **Haftung: 100 %**
immVorb: Ja **MdE: –**

OLG Zweibrücken 17.12.1998 – 4 U 66/98 = BeckRS 1998, 13633

5709

Stichverletzungen und Schnittverletzungen, – jeweils sehr schwere. (Hier: Stichwunden im Unterleib mit multiplen Organverletzungen: Milzverletzung / Parenchymverletzung des rechten Lungenunterlappens, Teilabtrennung des rechten Zwerchfells, Leberprarenchymverletzung, Durchtrennung einer perirenalen Vene, Nierenverletzung mit Läsion einer perirenalen Vene, sekundäre Leberruptur bei Leberwühlblutung des rechten Leberlappes) sowie eine Schnittverletzung des Zeigefingermittelgliedes mit Durchtrennung des radialen Fingernervs. Vorsätzliche Körperverletzung durch den früheren Ehemann.

42j. Frau (Putzhilfe). 69 Tage stationär, drei Aufenthalte mit insgesamt 6 Operationen und 50 Bluttransfusionen. Dauerschaden: Entstellende Narbe, zu der das LG ausführte: „Als Folge der zahlreichen Messerstiche, die der Bekl. ihr beigebracht hatte, behielt die Kl. eine entstellende 20 cm lange wulstige Narbe zurück sowie mehrere kleinere Narben; an einer Narbe trat ein Narbenbruch ein, der der Kl. erhebliche Beschwerden verursacht". Psychische Beeinträchtigungen / Ängste. Aufgrund der schweren Verletzungen der Kl. sowie der zahlreichen Bluttransfusionen, die sie erhalten hat, erscheinen künftige materielle wie immaterielle Folgeschäden nicht ausgeschlossen, so das LG. [Ursache: Vorsätzliche Körperverletzung durch den Ex-Ehemann].

Betrag: 30.678 € **Haftung: –**
immVorb: Ja **MdE: –**

LG Arnsberg 11.12.1998 – 2 O 73/98 = BeckRS 2004, 11100

7906

Vorsätzliche Körperverletzung durch Faustschlag in das Gesicht. Orbitabodenfraktur bzw. Augenhöhlenbodenfraktur rechts, Nasenbeinfraktur, Fraktur Sinus Maxillaris, neurologischen Verletzungsfolgen im Bereich der rechten Wange sowie Schädelhirntraum ersten Grades. Als sekundäre Folgeschäden kam es zur Entwicklung von psychischen Beeinträchtigungen in Form einer Anpassungsstörung hin zu einer Depression und Angststörung.

Mann. 12 Tage stationär, wobei eine Reposition und Verplattung der Jochbeinfraktur und der Nasenbeinfraktur nebst Schienung durchgeführt wurde. Nach „sechs bis acht Wochen" trat eine „vollständige Normalisierung des Zustands des Klägers aus unfallchirurgischer Sicht" ein. Dauerschaden: Neurologische Beeinträchtigungen in Form einer Hypästhesie (Sensibilitätsstörung) und Hypalgesie (Schmerzüberempfindlichkeit) im Versorgungsgebiet des Nervus maxillaris als 2. Ast des Nervus trigeminus.

Betrag: 35.000 € **Haftung: 100 %**
immVorb: – **MdE: –**

OLG Hamm 3.7.2025 – 7 U 96/23 = BeckRS 2025, 33711

7807

Unterschenkelverletzung in Form einer tiefen Stichwunde, jedoch ohne Verletzungen von Sehnen, Gefäßen oder Nervengewebe. Posttraumatische Belastungsstörung (PTBS). Vorsatztat / Messerangriff nach „islamistisch-jihadistischem" Messerangriff / Vorsatztat mit einem „32 Zentimeter langen Tranchiermesser mit einer Klingenlänge von 19 Zentimetern", mit dem er „jeweils in Tötungsabsicht auf den Hals und Oberkörper von dreizehn Personen" und dabei auch den Nebenkläger eingestochen hatte.

Mann. Stationäre Behandlung und Wundversorgung mit Einzelkopfnähten. Der Nebenkläger wurde für 3 Wochen krankgeschrieben. Zur Schmerzensgeldbemessung führte das OLG – neben den festgestellten körperlichen Verletzungen und psychischen Belastungen (PTBS) – hinsichtlich des besonderen Verschuldensgrades des Täters aus: „Sodann hat der Senat das Verschulden des Angeklagten als besonders hoch bewertet. Der Angeklagte hat vor dem Hintergrund seiner radikal-islamistischen Gesinnung ein Attentat auf friedlich feiernde Konzertbesucher verübt, die zu dem Angeklagten in keinerlei Nähebeziehung standen. Mit Ausnahme des Nebenklägers K. erfolgten die jeweiligen Angriffe unvermittelt auf arg- und wehrlose Opfer. Der Angeklagte handelte durchweg in Tötungsabsicht und brachte damit seine lebensverachtende Haltung gegenüber sämtlichen Nebenklägern zum Ausdruck. Vor diesem Hintergrund gaben die wirtschaftlichen Verhältnisse des Angeklagten sowie der Nebenkläger dem vorliegenden Fall kein besonderes Gepräge." [Anmerkung: Adhäsionsverfahren: Nebenkläger im Mordprozess gegenüber dem Täter nach dessen Terroranschlag vom 23.8.2024 auf dem Gelände des „Festivals der EE".]

Betrag: 40.000 € **Haftung: 100 %**
immVorb: – **MdE: –**

OLG Düsseldorf 10.9.2025 – 5 St 2/25 = BeckRS 2025, 23340

4393

Unterschenkelamputation infolge Stichverletzung in die Rückseite des Oberschenkels mit Muskeldurchtrennung und Nervverletzung, starker Blutverlust, Todesangst des Klägers nach Messerstich mit einem 15 cm langen „Finn-Messer". Folge: Unterschenkelamputation!

Mann. Stationärer Aufenthalt; langwierige Heilbehandlung mit Nachamputation; 6 Wochen Rehabilitationsaufenthalt. Dauerschaden: Gehbehinderung. Vorsätzliche Körperverletzung durch tiefen Stich mit einem sogenannten Finn-Messer in den Oberschenkel des Klägers. [VorsätzlicheKörperverletzung, Messerstichangriff].

Betrag: 40.000 € **Haftung: 100 %**
immVorb: Ja **MdE: –**

LG Wiesbaden 15.4.2010 – 9 O 189/09 = BeckRS 2010, 19451

7288

Psychische Beeinträchtigungen, schwere – nach Todesangst über einen längeren Zeitraum sowie Folter (hier: „Schlafstörungen und Angstzuständen, welche seine Lebensqualität stark mindern …, aufgrund der Erlebnisse – so das LG zutreffend "einer Folter gleichkamen„ – nicht arbeitsfähig und befindet sich in therapeutischer Behandlung."). An körperlichen Verletzungen erlitt der Kläger zu 2) „einen Bruch des Zeigefingergrundgliedes, diverse Einblutungen, Abschürfungen, Platzwunden, Prellmarken, Schwellungen und einen abgebrochenen Zahn. Des Weiteren führten die Misshandlungen zu Verbrennungen an Körper und Genital.", so das LG.

Mann. Der Vorsatztat des Beklagten ging voraus, dass dieser die Trennung von der Klägerin zu 1), mit der er sechs Jahre eine Beziehung eingegangen war, nicht akzeptierte und ihr im Alltag immer wieder auflauerte und sie sowohl verbal, als auch körperlich immer wieder bedroht hatte. In der Folge kam es zur vorsätzlichen Körperverletzung des neuen Freundes der Klägerin zu 1), des Klägers zu 2), zu der das LG ausgeführt hatte: „Der Beklagte setzte sodann den Elektroschocker auf der Höhe des Schambeins an und verpasste dem Kläger zu 2) mehrere Stromstöße. Hiernach bespritze er den Intimbereich des Klägers zu 2) mit Wasser, setzte den Elektroschocker auf dem nassen Genital des Klägers zu 2) an und löste den Elektroschocker mehrfach aus, bis das Gerät schließlich nicht mehr reagierte. Der Kläger zu 2) erlitt durch diese Folter erhebliche Schmerzen. Hiernach forderte der Beklagte den Beteiligten B auf, ihm ein Messer zu geben, um dem Kläger zu 2) den Schwanz abschneiden zu können. Stattdessen reichte B dem Beklagten jedoch einen stählernen Teleskopschlagstock, mit dem der Beklagte mehrfach auf den Kläger zu 2) in schneller Folge einschlug. Sodann schlug der Beklagte mit zwei Totholzstücken auf den Kopf des Klägers zu 2) ein, bis die Holzstücke zerbrachen. Der Kläger zu 2) erlitt erheblich blutende Platzwunden am Kopf.“ Dauerschaden: Schwere psychische Beeinträchtigungen mit der Folge von langanhaltender Arbeitsunfähigkeit, die vom Tatzeitpunkt im Dezember 2014 bis zur Urteilsverkündung andauerte. Zur Schmerzensgeldbemessung führte das LG aus: „Schmerzensgelderhöhend wirkt es sich auch hinsichtlich des Klägers zu 2) aus, dass der Beklagte vorsätzlich und planmäßig vorging, getragen von der Gesinnung, Besitzansprüche an der Klägerin zu 1) zu haben, die er unbedingt und absolut rücksichtlos unter Verletzung der Würde eines anderen Menschen durchsetzen wollte und durchgesetzt hat.“ Im Weiteren setzte sich das LG Bonn eingehend mit dem Urteil des LG Wuppertal → Nr. 4500 auseinander und führte dazu aus: „Zwar wurde der Kläger zu 2) nicht Opfer einer Vergewaltigung, indes musste er schwerste körperliche Misshandlungen, die auch sexuell erniedrigenden Charakter hatten und von einer hohen Schmerzhaftigkeit geprägt waren, über sich ergehen lassen. Schmerzensgelderhöhend gegenüber dem Urteil des Landgerichts Wuppertal ist zu berücksichtigen, dass der Kläger zu 2) durch die Tat auch körperliche Verletzungen erlitten hat, wenngleich diese nicht besonders schwerwiegend waren. Eine deutliche Herabsetzung gegenüber dem durch Urteil des Landgerichts Wuppertal zugesprochenen Schmerzensgeldes erscheint indes insofern geboten, als dass die Tathandlungen, die dem Urteil des Landgerichts Wuppertal zugrunde lagen erheblich länger andauerten.“

Betrag: 50.000 € **Haftung: 100 %**
immVorb: Ja **MdE: –**

LG Bonn 2.12.2021 – 17 O 78/21 = BeckRS 2021, 51434

7341

Messerstich in den Hals. Der Stich führte „zu einer fast vollständigen Durchtrennung der arteria carotis communis links, einer vollständigen Durchtrennung der arteria vertebralis links, deren Äste für die Versorgung des Gehirns zuständig sind, und einer Beschädigung des linken Schilddrüsenlappens“, so dass der Kläger einen hämorrhagischer Schock erlitt, der zum Hirntod nach vier Tagen führte.

Mann. Kläger sind die Eltern des Getöteten, der vom Beklagten mittels eines Butterfly-Messers in den Hals gestochen worden war und vier Tage später an seinen Verletzungen verstarb; sie haben gegen den Beklagten einen Anspruch auf Zahlung von Schmerzensgeld aus übergegangenem Recht ihres getöteten Sohnes. Bei der Bemessung des Schmerzensgeldes berücksichtigte das LG, dass der Kläger, „der fühlt, dass mit dem Blut auch das Leben aus ihm weicht, um sein Leben fürchtet und Todesängste ausstehen muss“ sowie zudem auch, dass der Beklagte „vorsätzlich, aus einem gänzlich nichtigen Anlass heraus, das junge Leben seines Mitschülers M1 C zerstört“ hat. „Dem erkennenden Richter fehlt jedoch jedes Verständnis dafür, dass der Beklagte seinen Kontrahenten mit gezogenem Messer zum Kampf aufgefordert hat, wohl wissend, dass M1 sich allenfalls mit bloßen Händen zur Wehr setzen konnte. Der Kampf zwischen dem Beklagten und M1 C war ein Kampf mit ungleichen Waffen, den M1 nur verlieren konnte“. [Anmerkung: Erneut – vgl. LG Bochum BeckRS 2015, 18726 – macht das LG Bochum mit einer herausragenden Urteilsbegründung darauf aufmerksam, dass „Ohne Leben und körperliche Unversehrtheit … alle anderen Rechte nichts wert“ sind und darauf, dass die höchstrichterliche Rechtsprechung und die Rechtsprechung der Instanzgerichte vielfach die überragende Bedeutung, die dem Schutz von Leben und körperlicher Unversehrtheit im Rahmen der Drittwirkung der Grundrecht zukommt, verkennen. „Der erkennende Richter ist der Auffassung, dass insbesondere bei vorsätzlichen Körperverletzungen die in der höchstrichterlichen Rechtsprechung angesetzten Schmerzensgeldbeträge viel zu niedrig bemessen sind und deutlich angehoben werden müssen“. Vgl. dazu im Handbuch → Rn. 268].

Betrag: 50.000 € **Haftung: 100 %**
immVorb: – **MdE: –**

LG Bochum 29.10.2015 – I-2 O 574/12 = BeckRS 2015, 18726

6972

Vorsätzliche Körperverletzung (Auftragsmord). Das Opfer erlitt 4 Bauchschüsse, die jeweils am Rücken austraten. Ein Steckschuss führte zu einer Oberschenkelknochenzertrümmerung.

45j. Mann (Mechatroniker / Adhäsionskläger). 6 Wochen stationäre Behandlung; Lebensgefahr. Der Adhäsionskläger musste sich zudem für die Dauer von 6 Monaten in krankengymnastische Behandlung. Dauerschaden: Belastungsminderung des verletzten Beines mit Problemen beim Stehen. [Der Kläger wurde Opfer eines Auftragsmordes].

Betrag: 50.000 € **Haftung: 100 %**
immVorb: – **MdE: –**

LG Ulm 11.7.2014 – 6 KLs 11 Js 15749/13 = BeckRS 2014, 128465

4763

Mundverletzung, schwere (hier: Zweifache Schussverletzung in den Mund mit erheblicher Oberkieferverletzung und Zahnverlust). Der Beklagte schoß aus allernächster Nähe dem Kläger zweimal in das Gesicht!

Mann. 10 Tage stationär mit einer Operation und nachfolgend knapp 40 ambulante Heilbehandlungen (Arzt / Zahnarzt). Dauerschaden: Schlafstörungen, Kopfschmerzen, Angstzustände sowie Taubheitsgefühl im Gaumen. Vorsätzliche Körperverletzung / Schussverletzung durch aus nächster Nähe abgefeuerter Waffe. Der Beklagte wurde wegen versuchtem Mord verurteilt.

Betrag: 50.000 € **Haftung: 100 %**
immVorb: Ja **MdE: –**

LG Münster 29.8.2012 – 12 O 112/12 = BeckRS 2016, 18507

6102

Schussverletzungen zu denen es im Urteil heißt: „Beide Projektile der Schusswaffe drangen im Bereich des Mund- und Rachenraumes in den Kopf ein und blieben, nachdem sie erhebliche Verletzungen an Knochen, Zähnen und Weichteilen angerichtet hatten, im Zellgewebe stecken". Rekonstruktion des Gaumendaches und Zahnersatz durch Implantate.

Mann. 10 Tage stationär mit Rekonstruktion des Gaumendaches durch eine Transplantation von Knochengewebe aus dem Hüftkamm. Anschließend 13 ambulante Behandlungen im Krankenhaus und 25 ambulante zahnärztliche Behandlungen. Dauerschaden: Dauerhafte Kopfschmerzen mit Schlafstörungen und Angstzuständen sowie ein Taubheitsgefühl im oberen Gaumenbereich. Bei der Schmerzensgeldbemessung berücksichtigte das LG zutreffend auch, dass „die Genugtuungsfunktion ins Gewicht [fällt], weil es sich um eine brutale Vorsatztat handelt und es nur glücklichen Umständen zu verdanken ist, dass der Kläger überhaupt mit dem Leben davon gekommen und nicht schwerbehindert ist". [Ursache: Vorsätzliche Körperverletzung / versuchter Mord. Der Beklagte schoss dem Kläger aus kurzer Distanz „von unter 1 m zweimal in Richtung Kopf"].

Betrag: 50.000 € **Haftung: 100 %**
immVorb: Ja **MdE: –**

LG Münster 29.8.2012 – 012 O 112/12 = BeckRS 2016, 18507

6617

Augenverletzung, schwere (hier: Fast völlige Erblindung auf dem rechten Auge mit „allenfalls noch 8 % der normalen Sehschärfe"). Zudem erlitt der Kläger schwere psychische Beeinträchtigungen in Form schwerer Depressionen. Vorsätzliche Körperverletzung.

Mann (Konstruktionsmechaniker). Der Ast. (PKH) wurde im Rahmen einer vorsätzlichen Körperverletzung schwer verletzt, „insbesondere konnte auch durch mehrere Operationen ein Sehverlust auf dem rechten Auge – allenfalls noch 8 % der normalen Sehschärfe – nicht vermieden werden und besteht die Gefahr einer Verschlechterung durch Überbeanspruchung des gesunden linken Auges". Der Kläger wurde auf Grund des Vorfalls wegen schwerer Depressionen nervenärztlich behandelt. Dauerschaden: Berufsaufgabe als Konstruktionsmechaniker. Zur Schmerzensgeldhöhe führte das OLG aus: „Zu Recht hält auch das LG bei fehlender Mitverursachung einen Betrag von 50 000 Euro der Höhe nach für noch angemessen. Dabei ist zu berücksichtigen, dass der Ast. hier offensichtlich nicht etwa eine so genannte offene Schmerzensgeldteilklage beabsichtigt, bei der sich die Bemessung des Schmerzensgeldes nach den bis zum Schluss der letzten mündlichen Verhandlung bekannten Auswirkungen des Schadens richtet, sondern eine so genannte uneingeschränkte Schmerzensgeldklage".

Betrag: 50.000 € **Haftung: 100 %**
immVorb: – **MdE: –**

OLG Karlsruhe 26.5.2011 – 7 W 8/11 = BeckRS 2011, 14155

5966

Teilerblindung durch völlige Erblindung des linken Auges nach Glassplitterverletzungen und schwerste Augapfelverletzung bzw. Augapfelquetschung.

Mann (selbstständiger Mineralölunternehmer). Vor Ort wurden dem Kläger Glassplitter aus dem linken Augapfel gezogen. Stationäre Behandlung mit mehreren Operationen am Auge. Dauerschaden: Teilerblindung infolge der völligen Erblindung des linken Auges. [Ursache: Vorsätzliche Körperverletzung durch einen Faustschlag gegen das Gesicht wobei der Kläger zudem ein Glas in der Schlaghand hielt].

Betrag: 65.000 € **Haftung: 100 %**
immVorb: Ja **MdE: –**

OLG Köln 13.8.2013 – 9 U 65/12 = BeckRS 2015, 14126

7805

Halsverletzung in Form einer schweren und tiefen Halsstichwunde: „Aufgrund der Tiefe der Stichwunde wurde der Hals mittels eines circa fünf Zentimeter langen Hautschnitts im Bereich der Vorderkante des Kopfwendemuskels eröffnet. … Die Nebenklägerin verlor mindestens 2,2 Liter Blut, so dass ihr mehrere „Blutkonserven" transfundiert worden sind." Vorsatztat / Messerangriff aus „islamistisch-jihadistischem" Motiv mit einem „32 Zentimeter langen Tranchiermesser mit einer Klingenlänge von 19 Zentimetern", mit dem der Täter, ein „syrischer Asylsuchender", „jeweils in Tötungsabsicht auf den Hals und Oberkörper von dreizehn Personen" und dabei auch der Nebenklägerin eingestochen hatte.

Frau (Fachkraft für Veranstaltungstechnik). Intensivstationäre Behandlung mit Notoperation wegen Lebensgefahr. Anschließend weitere 5 Tage stationär. Die Heilung der körperlichen Verletzungen verlief weitgehend komplikationsfrei. Die im Halsbereich noch bestehenden Narben sind – so das OLG – inzwischen unscheinbar. Aufgrund einer durch die Stichverletzung hervorgerufenen Läsion des Plexus brachialis – dem den Arm versorgenden Nervengeflecht – litt die Nebenklägerin nach der Tat noch zeitweise unter Bewegungseinschränkungen des rechten Arms, die nunmehr aber weitestgehend abgeklungen sind. Allerdings leidet sie noch weiterhin unter leichten Empfindungsstörungen im rechten Arm. Psychotherapeutischer Behandlung. Dauerschaden: Wiederkehrende Gleichgewichtsstörungen mit negativer Auswirkung auf ihren Beruf. Zur Schmerzensgeldbemessung führte das OLG – neben den festgestellten körperlichen Verletzungen und psychischen Belastungen – hinsichtlich des besonderen Verschuldensgrades des Täters aus: „Sodann hat der Senat das Verschulden des Angeklagten als besonders hoch bewertet. Der Angeklagte hat vor dem Hintergrund seiner radikal-islamistischen Gesinnung ein Attentat auf friedlich feiernde Konzertbesucher verübt, die zu dem Angeklagten in keinerlei Nähebeziehung standen. Mit Ausnahme des Nebenklägers K. erfolgten die jeweiligen Angriffe unvermittelt auf arg- und wehrlose Opfer. Der Angeklagte handelte durchweg in Tötungsabsicht und brachte damit seine lebensverachtende Haltung gegenüber sämtlichen Nebenklägern zum Ausdruck. Vor diesem Hintergrund gaben die wirtschaftlichen Verhältnisse des Angeklagten sowie der Nebenkläger dem vorliegenden Fall kein besonderes Gepräge." [Anmerkung: Adhäsionsverfahren: Nebenklägerin im Mordprozess gegenüber dem Täter nach dessen Terroranschlag vom 23.8.2024 auf dem Gelände des „Festivals der EE".]

Betrag: 70.000 € **Haftung: 100 %**
immVorb: – **MdE: –**

OLG Düsseldorf 10.9.2025 – 5 St 2/25 = BeckRS 2025, 23340

7806

Oberarmverletzung und Halsverletzung (hier: „Sehr tiefe und massiv blutende" Stichverletzungen „im Bereich der linken Halsseite" mit linksseitiger Oberarmverletzung in Form einer „oberen Armplexusläsion". Vorsatztat / Messerangriff nach „islamistisch-jihadistischem" Messerangriff / Vorsatztat mit einem „32 Zentimeter langen Tranchiermesser mit einer Klingenlänge von 19 Zentimetern", mit dem er „jeweils in Tötungsabsicht auf den Hals und Oberkörper von dreizehn Personen" und dabei auch den Nebenkläger eingestochen hatte.

Mann (Sportlehrer). 4 Tage Intensivstationäre Behandlung mit Notoperation wegen Lebensgefahr. Anschließend weitere 5 Tage stationär. Der Nebenkläger war [die Terrortat erfolgte am 23.8.2024] bis „Ende April 2025 krankgeschrieben", so das OLG, das zur weiteren Heilung während dieser Zeit ausführte: „In den ersten fünf Monaten nach der Tat befand er sich an drei Tagen die Woche in ergotherapeutischer Behandlung. Nunmehr befindet sich der Nebenkläger an drei Tagen die Woche in physio- und an zwei Tagen die Woche in ergotherapeutischer Behandlung. Die Symptomatik ist rückläufig. Seit dem Frühjahr 2025 kann der Nebenkläger seinen Arm wieder über 90 Grad anheben. Probleme bereitet ihm noch das Heben von schwereren Lasten. Zudem klagt der Nebenkläger noch über Schmerzen im Armbereich.". Krankschreibung für die Dauer von 8 Monaten. Anschließend stufenweise Wiedereingliederung. Möglicher Dauerschaden: „Probleme" beim Heben schwerer Lasten sowie Schmerzen im Armbereich. Zur Schmerzensgeldbemessung führte das OLG – neben den festgestellten körperlichen Verletzungen und psychischen Belastungen – hinsichtlich des besonderen Verschuldensgrades des Täters aus: „Sodann hat der Senat das Verschulden des Angeklagten als besonders hoch bewertet. Der Angeklagte hat vor dem Hintergrund seiner radikal-islamistischen Gesinnung ein Attentat auf friedlich feiernde Konzertbesucher verübt, die zu dem Angeklagten in keinerlei Nähebeziehung standen. Mit Ausnahme des Nebenklägers K. erfolgten die jeweiligen Angriffe unvermittelt auf arg- und wehrlose Opfer. Der Angeklagte handelte durchweg in Tötungsabsicht und brachte damit seine lebensverachtende Haltung gegenüber sämtlichen Nebenklägern zum Ausdruck. Vor diesem Hintergrund gaben die wirtschaftlichen Verhältnisse des Angeklagten sowie der Nebenkläger dem vorliegenden Fall kein besonderes Gepräge." [Anmerkung: Adhäsionsverfahren: Nebenkläger im Mordprozess gegenüber dem Täter nach dessen Terroranschlag vom 23.8.2024 auf dem Gelände des „Festivals der EE".]

Betrag: 70.000 € **Haftung: 100 %**
immVorb: – **MdE: –**

OLG Düsseldorf 10.9.2025 – 5 St 2/25 = BeckRS 2025, 23340

4145

o.Unterschenkelfrakturen (hier: Offene beids.Unterschenkelfarkturen mit starken Quetschwunden und zahlreichen tiefen Messerstichverletzungen / Schnittwunden im Bereich der Kniegelenke und Unterschenkel mit u.a. Unterschenkelsehnendurchtrennung. Psychische Beeinträchtigungen / posttraumatische Belastungsstörung und starke Angst).

36j. Frau. ca. 8 Wochen stationär. Sehr langwierige Heilbehandlung über einen Gesamtzeitraum von gut zwei Jahren mit insgesamt 8 Operationen. 2 Monate Rehaklinik. Dauerschaden: Psychische Beeinträchtigung; Gehbehinderung; zahlreiche Sportarten nicht möglich; kann kein Fahrzeug führen. Stützstrümpfe. Entstellende Narben von 20 cm Länge im Bereich beider Beine. Ursache: Vorsätzliche Körperverletzung. Der Beklagte misshandelte die Kl. grausam und sehr brutal mit stumpfer Gewalt und mit zahlreichen Messerstichen.

Betrag: 75.000 € **Haftung: 100 %**
immVorb: – **MdE: 100 %**

LG Düsseldorf 10.5.2010 – 11 O 334/07 = BeckRS 2010, 11876

4344

Teilerblindung (hier: völliger Verlust eines Auges infolge einer Schlägerei).

Mann. Der Kläger erlitt tagelang nahezu unerträgliche Schmerzen. Dauerschaden: Augenverlust mit Verlust des räumlichen Sehens und damit verbunden eine lebenslange Beeinträchtigung in Bezug auf die Berufswahl sowie das eigene Erscheinungsbild. Ursache: Vorsätzliche, brutale Körperverletzung, die das LG bei der Bemessung erhöhend berücksichtigte.

Betrag: 100.000 € **Haftung: 100 %**
immVorb: – **MdE: –**

LG Osnabrück 21.2.2005 – 1 O 2232/04 = unveröffentlicht

4142

Schädelhirntrauma 3.Grades mit Gesichtschädelfraktur und Monokelhämatom; Gehirnblutung; Gehirnödem; Gehirnleistungsminderung und posttraumatischer Epilepsie. Der Kl. lag mehrere Wochen im Koma.

45j. Mann. 45 Tage stationär / Intensivstation / Neurologie. Lebensgefahr. MdE auf Dauer 100 %. Dauerschaden: Geistige Leistungsschwäche; Sprachstörungen; Gehbehinderung. Ursache: Vorsätzliche Körperverletzung.

Betrag: 110.000 € **Haftung: 100 %**
immVorb: Ja **MdE: 80 %**

LG Köln 6.5.2010 – 29 O 4/09 = BeckRS 2011, 2435

7804

Oberarmverletzung und Halsverletzung (hier: Schwerste Oberarmverletzung rechts mit Lähmung bzw. Läsionen des gesamten rechtsseitigen Plexus brachialis unter Beteiligung der Nervenwurzeln im Bereich des fünften Halswirbelkörpers bis zum ersten Brustwirbelkörper nach „islamistisch-jihadistischem" Messerangriff / Vorsatztat mit einem „32 Zentimeter langen Tranchiermesser mit einer Klingenlänge von 19 Zentimetern", mit dem der Täter, ein „syrischer Asylsuchender", „jeweils in Tötungsabsicht auf den Hals und Oberkörper von dreizehn Personen" und dabei auch der Nebenklägerin eingestochen hatte.)

Frau (Verkäuferin). 4 Tage Intensivstationäre Behandlung mit Notoperation wegen Lebensgefahr. Anschließend weitere 15 Tage stationär mit weiteren Operationen. Anschließend 42 Tage Reha-Maßnahmen. Dauerschaden: Funktionsverlust bzw. „weitgehende Unbrauchbarkeit" des rechten Arms; der Klägerin ist – als Rechtshänderin – weder das seitliche Heben des Armes, das Heranführen des Armes an den Körper, die Beugung des Armes noch das Anheben des Armes nach vorne oder hinten möglich. "Befindet sich der Arm nicht in einem Gilchristverband oder hält ihn die Nebenklägerin nicht mit ihrer linken Hand fest, fällt dieser sofort an ihre rechte Körperseite herunter und „baumelt" dort .... Zwar kann sie die Finger ihrer rechten Hand noch bewegen, wobei sie an ihrem Daumen und zwei weiteren Fingern noch immer unter Missempfindungen leidet, und damit in ihrer rechten Hand noch Gegenstände halten, aber mangels Beweglichkeit und Möglichkeit der Koordination des rechten Armes kann … [sie] beispielsweise ihre Haare nicht mehr fönen oder bürsten, da sie ihre rechte Hand nicht mehr in eine entsprechende Position bringen kann. Den rechten Arm kann sie – mit Ausnahme der Streckung – nur noch bewegen, in dem sie diesen mit ihrer linken Hand führt. Autofahren und Radfahren ist nicht mehr möglich. Zudem dauerhafte Stimmbandlähmung mit dauerhafter Heiserkeit. Regelmäßige Physiotherapie, Ergotherapie und Psychotherapie. Keine Besserung zu erwarten. Zur Schmerzensgeldbemessung führte das OLG – neben den festgestellten körperlichen Verletzungen und psychischen Belastungen – hinsichtlich des besonderen Verschuldensgrades des Täters aus: „Sodann hat der Senat das Verschulden des Angeklagten als besonders hoch bewertet. Der Angeklagte hat vor dem Hintergrund seiner radikal-islamistischen Gesinnung ein Attentat auf friedlich feiernde Konzertbesucher verübt, die zu dem Angeklagten in keinerlei Nähebeziehung standen. Mit Ausnahme des Nebenklägers K. erfolgten die jeweiligen Angriffe unvermittelt auf arg- und wehrlose Opfer. Der Angeklagte handelte durchweg in Tötungsabsicht und brachte damit seine lebensverachtende Haltung gegenüber sämtlichen Nebenklägern zum Ausdruck. Vor diesem Hintergrund gaben die wirtschaftlichen Verhältnisse des Angeklagten sowie der Nebenkläger dem vorliegenden Fall kein besonderes Gepräge." [Anmerkung: Adhäsionsverfahren: Nebenklägerin im Mordprozess gegenüber dem Täter nach dessen Terroranschlag vom 23.8.2024 auf dem Gelände des „Festivals der EE".]

Betrag: 120.000 € **Haftung: 100 %**
immVorb: – **MdE: –**

OLG Düsseldorf 10.9.2025 – 5 St 2/25 = BeckRS 2025, 23340

5556

Verätzungen dritten Grades in der linken Gesichtshälfte, dem linken Halsbereich sowie dem Dekolleté. Alle Hautschichten in den vorgenannten Bereichen waren bis in die tiefen Übergänge zum Fettgewebe und im Bereich des Gesichts bis in die Muskulatur verätzt. Auch die Hände und Oberschenkel sind teilweise verätzt. Auch die Zunge hat Verätzungen erlitten. Teilerblindung. Ihr linkes Auge musste nach mehreren zur Erhaltung des Auges durchgeführten Operationen schließlich entfernt werden. Ihr Hörvermögen auf dem linken Ohr ist beeinträchtigt und die linke Ohrmuschel zum Großteil weg geätzt. Vorsätzliche Körperverletzung.

26j. Frau (Kosmetikerin). Intensivstation, künstliches Koma. Unzählige medizinische Eingriffe. Dauerschaden: Erblindung auf dem linken Auge. Extreme Entstellungen im Gesicht, am Hals sowie dem Dekolleté. Infolge der starken Narben ist die Mimik der Nebenklägerin stark eingeschränkt, dies ist irreversibel. Außerdem kann sie ihren Kopf nur wenig heben und nicht zur rechten Seite drehen. Das linke Nasenloch wächst infolge der Narben zu, sodass sie nur schwer Luft bekommt. Auch auf den Oberschenkeln und an den Händen hat die Nebenklägerin Narben durch die säurebedingten Verätzungen. Hörfähigkeitsverminderung. In den kommenden Jahren sind mehrfache Eingriffe durch die plastische Chirurgie und Operationen geplant. Bei der Bemessung berücksichtigte das LG dies alles sehr sorgfältig und und führte zudem zutreffend aus: „Gerade in unserer heutigen sehr extrovertierten Gesellschaft, in der das Aussehen zunehmend von größerer Bedeutung ist, sind neben dem Verlust von Sinnesorganen und dem Grad der Behinderung auch die irreversiblen Entstellungen bei der Bemessung des Schmerzensgeldes von besonderem Gewicht. Die Klägerin wird bei jeglicher Teilnahme am öffentlichen Leben neugierigen Blicken und Kommentaren ausgesetzt sein, was zu einer erheblichen Einschränkung der Lebensqualität führt. Es ist auch nicht möglich, die sich über die gesamte linke Gesichtshälfte hinziehenden Narben und Entstellungen zu verbergen". Vorsätzliche Körperverletzung in unvorstellbar brutaler Ausprägung: Der Beklagte schüttete der Klägerin, der er für die Tat frühmorgens aufgelauert hatte, aus nächster Nähe 96 %ige Schwefelsäure in das Gesicht. Er wurde zu einer Freiheitsstrafe von 12 Jahren verurteilt. [Anmerkung zur Höhe: Angesichts der extremen Verletzungen und der vom LG selbst hervorgehobenen Tatsache, dass durch diese Tat und deren Folgen das Leben der Klägerin von einem auf den anderen Tag komplett zerstört wurde, hätte das Schmerzensgeld noch deutlich höher ausfallen müssen; 500.000 EUR wären insofern durchaus angemessen].

Betrag: 250.000 € **Haftung: 100 %**
immVorb: Ja **MdE: 100 %**

LG Hannover 2.10.2018 – 20 O 288/17 = BeckRS 2018, 26758

3082

Tetraplegie nach zweifacher Halswirbelfraktur. Der Kl. ist von der HWS ab vollständig gelähmt und kann seinen Spezialrollstuhl nur mithilfe des Kopfes steuern. [Weitere Verletzungsfolgen s.u.]. [Vorsatztat: Der Beklagte warf aus Ausländerhass einen Stein in den fahrenden PKW des Klägers um diesen zu verletzen.]

Mann (Handwerker). Lebensgefahr. Intensivstationär. Langwierige Heilbehandlung mit künstlichem Koma. Dauerschaden: Rollstuhlgebundenheit an Spezialrollstuhl, an den er zum Sitzen angeschnallt werden muss! Spastische Zuckungen. Intensivpflegefall. Sehbehinderung, Geschmacksinnbeeinträchtigung. Psychische Beeinträchtigung, schwere Depressionen. Vorsätzliche Körperverletzung durch Steinwurf gegen den PKW des fahrenden Klägers!

Betrag: 255.646 € **Haftung: 100 %**
immVorb: Ja **MdE: 100 %**
Rente: 511 €

LG Potsdam 17.8.2000 – 10 O 252/99 = BeckRS 2000, 168036

6641

Vorsätzliche Körperverletzung mit der Folge einer schwersten Gehirnschädigung (hier: 95 % des Gehirns sind abgestorben. „Praktisch vollständiger Verlust ihrer Persönlichkeit, bevor sie die Vorstellung von einem eigenen Ich überhaupt jemals entwickeln konnte", so das LG. Vollständige Erblindung. Intensivpflege vergleichbar mit einer Wach-Koma-Patientin).

Kind (3 Wochen alt). Dauerschaden: Intensivpflegefall 7/24 und Reduzierung der Lebenserwartung auf maximal 25 Jahre. Das LG Gießen (Adhäsionsverfahren) verurteilte den Angeklagten zu einer Jugendstrafe von 6 Jahren und 3 Monaten und führte in seiner Urteilsbegründung zur Bemessung des Schmerzensgeldes zutreffend aus, dass der Betrag praktisch den wirtschaftlichen Ruin für den Angeklagten bedeute, aber dennoch so zu entscheiden sei, da sich die Berücksichtigung der wirtschaftlichen Leistungsfähigkeit in Fällen, wie dem vorliegenden, verbiete, da hier der Schädiger keinen fahrlässig begangenen Kleinschaden verursacht habe, sondern vielmehr einen vorsätzlich herbeigeführten Maximalschaden, der die Geschädigte bereits im Alter von nur 3 Wochen faktisch um ihr gesamtes Leben gebracht habe. [Ursache: Vorsätzliche Körperverletzung: Der 19jährige Angeklagte schüttelte die Nebenklägerin massiv und schlug ihren Kopf mehrfach gegen den Türrahmen.]

Betrag: 500.000 € **Haftung: 100 %**
immVorb: Ja **MdE: –**

LG Gießen 7.5.2015 – 1 KLs – 604 Js 29856/14 = BeckRS 2016, 5044

6797

Vergiftung (hier: Vorsätzlich herbeigeführte Quecksilber- und Bleivergiftung, die nach massiven Qualen schließlich zum Tode führte).

26j. Mann (Angestellter). Der infolge der schweren Quecksilber- und Bleivergiftungen inzwischen Verstorbene litt unter extremen Qualen und starb nach einem regelrechten „Verfall" (so die Eltern des Opfers vor Gericht) und lag lange Zeit im Wachkoma. Der 57j. Täter, ein

Kollege, der die Pausenbrote des Opfers sowie weiterer Mitarbeitender im Betrieb über einen längeren Zeitraum vergiftet hatte, wurde zu lebenslanger Haft mit anschließender Sicherheitsverwahrung verurteilt.

Betrag: 580.000 € **Haftung: 100 %**
immVorb: – **MdE: –**

ArbG Bielefeld 28.7.2020 – 5 Ca 1725/19 = BeckRS 2020, 47960

20. Elektrotraumata und Strahlungsschäden

Vorbemerkung: Die nachfolgenden Entscheidungen hätten möglicherweise auch unter die Rubrik „Verbrennungen" eingeordnet werden können. Die besonderen (meist verheerenden) Auswirkungen von Elektrizität und/oder Strahlung auf den gesamten menschlichen Körper gehen jedoch oft über das Maß „äußerlicher" Verbrennungen hinaus und rechtfertigen somit eine eigene Rubrik.

6728

Röntgenbehandlung, die aus Sicht des Klägers nicht indiziert war.

Mann (Arzt / Unfallchirurg). Kein Schmerzensgeldanspruch: Der Kläger, der sich wegen einer Halswirbelsäulenverletzung in Behandlung befand, macht gegen die Beklagten Ansprüche aus einer Röntgenbehandlung – in Form einer sogenannten Dens-Ziel-Aufnahme – geltend und behauptete, diese Art der Röntgenaufnahme sei unnötig und nicht indiziert gewesen. Das AG sah darin jedoch keine Pflichtverletzung und führte zur Strahlenbelastung aus: „ Auch absolut gesehen handelt es sich hierbei um eine zu vernachlässigende Strahlendosis. Diese zusätzliche Aufnahme führt zu einer Belastung von ca. 0,05 mSV. Dies führt in Relation zu der jährlichen Strahlenbelastung in Deutschland aus natürlichen und zivilisatorischen Faktoren von ca. 4 mSV pro Jahr zu einer derart geringen Zusatzbelastung, dass diese den Mehrwert der erhöhten Qualität der Röntgenaufnahmen auf jeden Fall rechtfertigt".

Betrag: – **Haftung: –**
immVorb: – **MdE: –**

AG Paderborn 15.3.2019 – 58a C 155/17 = BeckRS 2019, 3890

2989

Laserschäden (hier: Flecken am Arm und zahlreiche kleiner Narben) als Folge einer medizinisch nicht – sondern allenfalls kosmetisch – indizierten Laserbehandlung / Laserbestrahlung. [Weitere Strahlungsschäden in der Beck'schen Schmerzensgeldtabelle im Kapitel C.19]

Frau. Arzthaftung: Aufklärungspflichtverletzung vor Laserbestrahlung. Laserschäden. Dauerschaden: Vielzahl kleiner Flecken und Narben am Arm.

Betrag: 4.090 € **Haftung: 100 %**
immVorb: – **MdE: –**

LG Köln 11.10.2000 – 25 O 63/00 = BeckRS 2000, 14088

3841

Verbrennungen 1.Grades an 60 % der Haut und Verbrennungen 2.Grades an 30 % der Haut mit anschließender erheblicher Hautblasenbildung; starke Schmerzen.

Frau (Schwangere Frau). 12 Tage stationär. Folgenlose Verheilung. Arzthaftung / Behandlungsfehler im Zusammenhang mit einer UVB-Bestrahlung. Die Klägerin war zum Zeitpunkt des Eingriffs im 7. Monat schwanger und hatte anschließend berechtigte Angst um ihr Ungeborenes.

Betrag: 6.000 € **Haftung: 100 %**
immVorb: – **MdE: –**

OLG Brandenburg 28.9.2004 – 1 U 14/04 = BeckRS 2005, 763

3170

Verbrennungen, sehr schwere (hier: Verbrennungen 2. Grades und 3. Grades an 42 % der Hautoberfläche nach Starkstromschlag. Stark sichtbare Verbrennungsnarben auch im Gesicht und am Hals.)

9j. Junge. Langer stationärer Aufenthalt; zahlreiche Hauttransplantationen, extreme Schmerzen! Dauerschaden: Narben, Gefahr von Komplikationen bei späteren Verletzungen im Bereich der geschädigten Hautpartien, Berufswahleinschränkung. Nach der Berührung eines 1 KV-Kabels begann der gesamte Körper des Jungen zu brennen. 42 % der Hautoberfläche waren betroffen. Ursache: Verkehrssicherungspflichtverletzung durch ungesichert aus dem Boden einer Baustelle ragendes Starkstromkabel.

Betrag: 76.694 € **Haftung: 100 %**
immVorb: Ja **MdE: –**

OLG Bremen 29.4.2003 – 2 O 2196/00 = unveröffentlicht

21. Dekubitus

Vorbemerkung: Dekubitus (lat. decumbere = sich niederlegen) entsteht durch längere Druckeinwirkung mit Kompression der Gefäße und wird landläufig auch als „sich wund liegen" bezeichnet. Die Verletzung wird in vier Schweregrade eingeteilt und tritt insbesondere an Körperstellen auf, an denen die Knochen unmittelbar unter der Haut anliegen. Zu diesen Stellen gehören vorrangig der Rücken im Bereich der Schulterblätter und der Wirbelvorsprünge, das Kreuzbein, der Trochanter (= Knochenvorsprung am Oberschenkelknochen im Bereich der Hüfte), die Ellenbogen, der Kniebereich und der Knöchelbereich.

In Extremfällen bilden sich tiefe sehr schmerzhafte Fleischwunden mit großen Hautdefekten.

Gerade bei Altenheimbewohnern kommt schmerzensgelderhöhend hinzu – worauf anwaltlich zu achten ist – dass die Betroffenen sich häufig nicht gegen die, ihre Verletzungen erst hervorrufende schlechte oder fehlende Behandlung zur Wehr setzen können, sondern oftmals hilflos ihrem Schicksal ausgeliefert sind. Liegt ein solcher – entwürdigender und somit inakzeptabler – Sachverhalt vor, ist über den Weg der Genugtuung dieser Aspekt schmerzensgelderhöhend zu würdigen.

3419

Herzschrittmacherbezogene Verletzungen inform von Entzündungsschmerzen (Dekubitus; Staphylokokkus Epidermis) und unnötigen Operationen.

62j. Mann. Arzthaftung im Zusammenhang mit dem Austausch eines Herzschrittmachers. Der Kl. musste „zwei unnötige operative Eingriffe über sich ergehen lassen …“. Das LG hat bei seiner Entscheidung auch zutreffend berücksichtigt, dass die operativen Eingriffe und vor allem die wiederholten Entzündungen (Dekubitus und Infektion in der „Schrittmacher-Tasche“) mit Schmerzen und Beeinträchtigungen des Kl. verbunden waren.

Betrag: 2.556 € **Haftung: 100 %**
immVorb: – **MdE: –**

OLG Düsseldorf 10.10.2002 – 8 U 3/02 = BeckRS 2003, 6553

4554

Dekubitusverletzungen sowie weitere massive Beeinträchtigungen. Sie sei, so das Gericht „der Verwahrlosung preisgegeben“ worden und habe eine „entwürdigende Behandlung“ erfahren, gegen den sie sich „aufgrund ihres Gesundheitszustandes nicht mehr zur wehr setzen konnte“.

Frau (wohnte vor ihrem Tod im Pflegeheim). Das Gericht berücksichtigte schmerzensgeldmindernd das „hohe Alter“ und – aus meiner Sicht nicht nachvollziehbar -die Tatsache, dass die alte Dame „bereits zwei Monate nach dem Verlassen der Einrichtung der Beklagten verstarb“ und erwog wohl sogar ein nur symbolisches Schmerzensgeld zuzusprechen, wich jedoch sodann selbst vor diesem Schritt zurück, da dies „in höchstem Maße unbefriedigend“ sei. [Anmerkung: Die Höhe des Schmerzensgeldes ist unbefriedigend, weil deutlich zu gering; die Begründung insofern mehr als fragwürdig]

Betrag: 7.500 € **Haftung: 100 %**
immVorb: – **MdE: –**

LG Nürnberg-Fürth 25.5.2012 – 12 O 589/12 = BeckRS 2012, 100022

2772

Decubitus Rückenverletzung (hier: „Großer präsakraler Decubitus 4.Grades“, der „chirurgisch abgetragen“ werden musste; nachfolgend „fortlaufende Versorgung mit Varidase“. Der Decubitus hatte einen Durchmesser von 17 cm und war 6 cm tief. Wirbelsäule war sichtbar!)

70j. Mann. Arzthaftung. Schwerer Behandlungsfehler: Die Ärzte hatten den Kl. bereits „abgeschrieben“ (Tod „in den nächsten 2–3 Tagen“). Dekubitus: 17 cm Durchmesser, 6 cm Tiefe, Wirbelsäule teilweise freiliegend. [Anmerkung: Dekubitus / Decubitus sehr schmerzhaft!]

Betrag: 12.782 € **Haftung: 100 %**
immVorb: – **MdE: –**

OLG Köln 4.8.1999 – 5 U 19/99 = BeckRS 9998, 17433

4204

Dekubitus (hier: Druckgeschwüre im Lendenwirbelbereich und in der linken Kniekehle).

69j. Frau. Behandlungsfehler bei der Pflege der bettlägerigen Klägerin wegen fehlender Dekubitusprophylaxe. [Anmerkung: Der Klägerin wurde später der linke Oberschenkel wegen eines weiteren Dekubitus amputiert. Diese Verletzung bzw. Verletzungsfolge stand jedoch laut vorliegendem Urteil des LG nicht im kausalen Zusammenhang mit dem oben aufgeführten Verstoß des Pflegepersonals und fand somit bei der Bemessung dieses Schmerzensgeldes hier keine Berücksichtigung.]

Betrag: 15.000 € **Haftung: 100 %**
immVorb: – **MdE: –**

LG München I 14.1.2009 – 9 O 10239/04 = unveröffentlicht

3799

Dekubitus 4.Grades, der mittels Ausschabungen „bis auf den Knochen des Steißbeines“ beseitigt werden musste. Es besatnd kurze Zeit Lebensgefahr!

20j. Mann. (Der Kl., der mit einer Spina bifida geboren wurde, ist querschnittgelähmt und wiegt bei einer Körpergröße von 153 etwa 120 KG.). Längerer stationärer Aufenthalt. Langwierige Heilbehandlung. Der Beklagte lieferte ihm einen Rollstuhl mit einer für den Kl. ungeeigneten und der Bestellung zuwiderlaufenden Sitzfläche; dies war ursächlich für die Verletzungen.

Betrag: 17.500 € **Haftung: 100 %**
immVorb: Ja **MdE: –**

LG Köln 12.3.2008 – 25 O 303/06 = BeckRS 2008, 6818

3799

Dekubitus 4.Grades, der mittels Ausschabungen „bis auf den Knochen des Steißbeines“ beseitigt werden musste. Es besatnd kurze Zeit Lebensgefahr!

20j. Mann. (Der Kl., der mit einer Spina bifida geboren wurde, ist querschnittgelähmt und wiegt bei einer Körpergröße von 153 etwa 120 KG.). Längerer stationärer Aufenthalt. Langwierige Heilbehandlung. Der Beklagte lieferte ihm einen Rollstuhl mit einer für den Kl. ungeeigneten und der Bestellung zuwiderlaufenden Sitzfläche; dies war ursächlich für die Verletzungen.

Betrag: 17.500 € **Haftung: 100 %**
immVorb: Ja **MdE: –**

LG Köln 12.3.2008 – 25 O 303/06 = BeckRS 2008, 6818

4386

Decubitus 3.Grades mit dauerhaft minderbelastbarem Gewebe.

Mann. Langwierige Heilbehandlung von 5 Monaten Dauer. Arzthaftung (hier: Behandlungsfehler bei der Pflege und Lagerung des wegen einer Querschnittlähmung stationär behandelten Klägers). Dauerschaden: Gewebeminderbelastung, die sich negativ auf das Sitzen im Rollstuhl auswirkt!).

Betrag: 17.500 € **Haftung: 100 %**
immVorb: – **MdE: –**

LG Köln 6.12.2006 – 25 U 403/01 = unveröffentlicht

3420

Dekubitus, schwerster (hier: Decubitus des 4. Grades mit Nekrosen zur Größe von 10 cm mal 5 cm am Steiß festgestellt. Aus dem Operationsbericht … „ergibt sich, dass die bei der Kl. vorhandenen Nekrosen aus der Tiefe mit einem scharfen Löffel sowie einer Schere entfernt worden sind, wobei sich ein Teil des Steißbeins, welches sich bereits in Destruktion befand, mit entfernt werden musste. Außerdem wurde bei der Kl. ein Anus praeter angelegt, um zu verhindern, dass die Analausscheidungen die Wunde des Dekubitus verschmutzten und sie sich entzündete“.

65j. Frau. „Die Kl., die an Morbus Alzheimer erkrankt ist, nimmt den Bekl. wegen unzureichender Pflege in dessen Pflegeheim auf Zahlung eines Schmerzensgeldes in Anspruch. … [sie] konnte sich wegen ihres Zustandes weder wehren noch Hilfe verlangen. Dadurch ist das entgegengebrachte Vertrauen missbraucht und enttäuscht worden. Das

Fehlverhalten wiegt vor diesem Hintergrund besonders schwer und bedarf einer deutlichen Genugtuung". Dauerschaden: Künstlicher Darmausgang.

Betrag: 17.895 € **Haftung: 100 %**
immVorb: – **MdE: –**

OLG Oldenburg 14.10.1999 – 1 U 121/98 = BeckRS 1999, 30077171

4368

Decubitus 4.Grades (hier: sogn. Sakraldekubitus im Bereich des Steißbeins, welches sich in ein fortgeschrittenes Stadium bis hin zu einem schweren Dekubitus IV. Grades entwickelte, sodass es der operativen Versorgung im Rahmen längerer stationärer Behandlungen bedurfte).

Mann. Stationärer Aufenthalt und sehr langwierige Heilbehandlung von mehr als 2 Jahren Dauer! Arzthaftung (hier: Behandlungsfehler; dazu führte das LG zutreffend aus, dass „allein schon die Entstehung von Durchliege-Geschwüren ausnahmslos auf falsche oder unzureichende Vorbeugemaßnahmen …" zurückzuführen ist und es „erfahrungsgemäß … ein schwerer Dekubitus (Druckgeschwür) auf groben Pflege- und Lagerungsmängel bzw. unzureichenden ärztlichen Anordnungen und Überwachungen …" beruht.)

Betrag: 20.000 € **Haftung: 100 %**
immVorb: Ja **MdE: –**

LG Bonn 23.12.2011 – 9 O 364/08 = BeckRS 2012, 1646

3188

Querschnittlähmung (Paraplegie) unterhalb BWK12/LWK 1 mit Lähmung beider Beine; Mastdarm- und Blasenlähmung. Infolge ständiger Bettlägerigkeit kam es beim Kl. zu schweren Dekubituswunden, welche Hauttransplantationen erforderlich machten. Aufgrund seines schlechten körperlichen Zustands wurde er depressiv und äußerte Suizidabsichten

75j. Mann. Arzthaftung (Behandlungsfehler mit gravierenden Folgen, an denen der Kl. nach 18 Monaten verstarb). Das OLG begründete das extrem niedrige Schmerzensgeld mit dem hohen Alter des Klägers beim Verletzungseintritt und fügte dem hinzu: „Hat der Geschädigte … nach dem Schadensfall nur noch eine relativ geringe Zeit gelebt und steht somit bei Schluss der mündlichen Verhandlung fest, dass er nicht weiter leiden muss, so wirkt sich dies nach der Rechtsprechung des BGH schmerzensgeldmindernd aus".

Betrag: 20.000 € **Haftung: 100 %**
immVorb: – **MdE: 100 %**

OLG Koblenz 26.8.2003 – 3 U 1840/00 = BeckRS 9998, 19269

22. Schmerzensgeld aufgrund von Amtspflichtverletzungen

Vorbemerkung: In diesem – auf Wunsch mehrerer Kollegen (vgl. Niebling, Buchbesprechung NZV 2011, 331 (332)] – eingefügten Unterkapitel sind die wenigen Entscheidungen, bei denen den psychischen und/oder psychischen Verletzungen der Betroffenen der Tatbestand der Amtspflichtverletzung oder ein ähnlicher Rechtsgrund zugrunde lag.

3248

Persönlichkeitsrechtsverletzung (hier: Keine schmerzensgeldrelevante Freiheitsentziehung / Verletzung der Menschenwürde durch Unterbringung eines Häftlings in einer 16 qm großen Zelle zusammen mit 4 weiteren Insassen, wenn Toilette und Waschbecken nur mit einem Sichtschutz abgetrennt sind).

Mann (Häftling in einer JVA). Eine nur zwei Tage dauernde Unterbringung … in einem gemeinschaftlichen, nur 16 qm großen Haftraum zusammen mit 4 anderen Häftlingen begründet auch dann keinen Schmerzensgeldanspruch, wenn die Unterbringung unzumutbar war und gegen die Menschenwürde verstieß; so das OLG in seiner Begründung (vgl. Haftbedingungen).

Betrag: – **Haftung: –**
immVorb: – **MdE: –**

OLG Celle 2.12.2003 – 16 U 116/03 = BeckRS 2004, 400

3206

Persönlichkeitrechtsverletzung (hier: Unzulässige Abhörmaßnahmen über einen Zeitraum von 20 Monaten und anschließendem Haftbefehlantrag der Staatsanwaltschaft, wobei diese den dazu dem Haftrichter vorgelegten Akten u.a. eine entscheidende Zeugenaussage vorenthielt.)

Der BGH befasst sich mit der Geldentschädigung bei Amtspflichtverletzungen, ausgeübt durch einen unzulässigen Haftbefehl und ebenso unzulässige verdeckte Abhörmaßnahmen (vgl. Haftbefehl, unzulässiger sowie Abhörmaßnahmen, unzulässige). Lesenswert ist auch die auf Seite 336 der Fundstelle abgedruckte Anmerkung von L.Jaeger, Vors.Richter am OLG Köln, zur Abgrenzung der Begriffe Schmerzensgeld und Geldentschädigung bei schwerwiegenden Persönlichkeitsrechtsverletzungen.

Betrag: – **Haftung: 100 %**
immVorb: – **MdE: –**

BGH 23.10.2003 – III ZR 9/03 = BeckRS 2003, 9262

4820

Hundebiss (hier: Hundebiss durch Polizeihund mit 6 Zentimeter langer Fleischwunde, „bei der neben einer sorgfältigen Wundreinigung eine Adaption der Wundränder mit Steristrips durchgeführt wurde".)

Mann. Ambulante Heilbehandlung. [Anmerkung: Thema der Entscheidung war: Entschädigung für Demonstrationsteilnehmer wegen Biss durch Polizeihund. „Wird ein Demonstrationsteilnehmer wegen des Fehlverhaltens eines anderen Demonstrationsteilnehmers und einer unglücklichen Verkettung von Umständen von einem Polizeihund gebissen, so kommt wegen des immateriellen Schadens eine Entschädigung nach allgemeinen Aufopferungsgrundsätzen in Betracht" (amtlicher Leitsatz). „Die Verletzung war erheblich und musste ärztlich behandelt werden. Sie überschritt auch die allgemeine Opfergrenze, weil sie über das hinausging, was der einzelne nach dem Willen des Gesetzgebers hinzunehmen hat"].

Betrag: 300 € **Haftung: 100 %**
immVorb: – **MdE: –**

OLG Frankfurt a. M. 20.8.2013 – 1 U 69/13 = BeckRS 2013, 15214

4493

Verbrennungen, schwere (hier: „schwere Verbrennungen" am linken Oberschenkel).

Mann. Ambulante Heilbehandlung. Dauerschaden: Brandnarbe am linken Oberschenkel. [Der Leitsatz des

OLG lautete: „Zu den Anforderungen an die Verkehrssicherungspflicht einer Gemeinde, wenn es in ihrem Gebiet am Strand zur Anspülung von Phosphorstücken kommt, die von Strandbesuchern mit Bernstein verwechselt werden können und geeignet sind, erhebliche Verbrennungen beim Hautkontakt zu bewirken".]

Betrag: 1.000 € **Haftung: 100 %**
immVorb: – **MdE: –**

OLG Rostock 11.1.2001 – 1 U 170/98 = OLG-NL 2001, 109

4484

Freiheitsentziehung / Persönlichkeitrechtsverletzung (hier: zu Unrecht erlittene Abschiebehaft).

Mann. Das OLG sprach dem Anspruchsteller – im Fall seiner zu Unrecht erlittenen Abschiebehaft – Prozesskostenhilfe für eine Schmerzensgeldklage zu und führte zur Höhe aus: „Um die konventionswidrige Freiheitsentziehung in dem Haftzeitraum vom 17.11.2007 bis zum 6.1.2008 sachgerecht zu kompensieren und dem Kl. insoweit Genugtuung für das zugefügte Unrecht zu verschaffen, ist nach alledem von einem immateriellen Schadenersatzanspruch i. H. v. täglich 40 EUR – mithin insgesamt i. H. v. 2.040 EUR – als angemessen und ausreichend auszugehen".

Betrag: 2.040 € **Haftung: 100 %**
immVorb: – **MdE: –**

OLG Naumburg 27.12.2011 – 10 W 14/11 = BeckRS 2012, 5933

4419

Persönlichkeitrechtsverletzung (Hier: Einrichtung und Aufrechterhaltung eines Internetforums durch Strafverfolgungsbehörde mit der Wirkung eines virtuellen Prangers [virtueller Pranger]. „Durch die amtspflichtwidrige Eröffnung des Forums wurde der Kl. in seinem Persönlichkeitsrecht verletzt. Zum Zeitpunkt der Eröffnung des Forums gab es nur eine verdächtige Person, worauf die Polizei in ihrem Internetaufruf öffentlich sowie der Kriminalbeamte A in seinem Beitrag vom 2.8.2001 hingewiesen hat. Dies war der Kl., der am 20.6.2001 erstmals als Beschuldigter vernommen worden ist. Aufgrund von Presseberichten und Gerüchten im Ort war bekannt, dass der Sohn des Pastors der Tat verdächtigt wurde.", so das OLG.

Mann. „Durch die amtspflichtwidrige Eröffnung des Diskussionsforums haben die Strafverfolgungsbehörden das angeschlagene Ansehen des Kl. in der Öffentlichkeit über das Internet einer unbeschränkten Öffentlichkeit zugänglich gemacht und die Diskussion um seine mögliche Täterschaft mindestens aufrechterhalten, ohne dass dies für eine sachgerechte Ermittlungsarbeit erforderlich gewesen wäre. Der Senat stimmt dem Kl. darin zu, man habe ihn an einen „virtuellen Pranger" gestellt" [Pranger, virtueller].

Betrag: 8.000 € **Haftung: 100 %**
immVorb: – **MdE: –**

LG Frankfurt a. M. 19.6.2007 – 16 U 2/07 = BeckRS 2008, 2600

4284

Beids.Unterschenkelfrakturen, schwere (hier: „an beiden Beinen offene Unterschenkelbrüche" [vgl. auch unter o.Unterschenkelfraktur und beids.o.Unterschenkelfrakturen].

38j. Frau (Richterin). Stationärer Aufenthalt. Mehrere Operationen. Es bestand zunächst Amputationsgefahr. Dauerschaden: Gehbehinderung und Entstellungen bzw. entstellende Narben an beiden Unterschenkeln. Die Kl. ist jedoch als Richterin wieder „voll berufsfähig". Erhöhung wegen Regulierungsverzögerung. (vgl. auch Beck'sche Schmerzensgeldtabelle, Kap. VIII 4 Schmerzensgeld auf der Basis öffentlich-rechtlicher Vorschriften)

Betrag: 70.000 € **Haftung: 100 %**
immVorb: Ja **MdE: –**

OLG Schleswig 23.2.2011 – 7 U 106/09 = BeckRS 2011, 13674

3803

Persönlichkeitrechtsverletzung / Freiheitsentziehung (der Kläger wurde aufgrund eines unrichtigen antropologischen Gutachtens irrtümlich als Bankräuber zu einer Freiheitsstrafe von 9 Jahren verurteilt. Er verbüsste hiervon insgesamt 2186 Tage.)

Mann. Bei der Bemessung wertete das OLG zunächst nur die 1.973 Tage der Haftverbüßung ohne den Untersuchungshaftzeitraum, da insoweit eine Verantwortlichkeit des bekl. Gutachters nicht festzustellen war. Der Senat stellte dabei nicht auf einen Tagessatz ab sondern auf eine Gesamtbetrachtung, bei der er die psychischen und physischen Belastungen während der Inhaftierung berücksichtigte.

Betrag: 150.000 € **Haftung: 100 %**
immVorb: – **MdE: –**

OLG Frankfurt a. M. 2.10.2007 – 19 U 8/07 = BeckRS 2007, 16702

23. Verletzungen infolge von Tätowierungen und Piercing

Vorbemerkung: Spätestens seit dem Bekanntwerden des Tattoos der ehemaligen First-Lady Bettina Wulff sind Tätowierungen allgemein akzeptiert und gehören zum selbstverständlichen Körperschmuck von inzwischen 25% der bundesdeutschen Bevölkerung. Ähnlich etabliert hat sich inzwischen auch das Piercing, mit dem sich bereits ca. 10% der Frauen sowie 3% der Männer schmücken. Da wundert es nicht, dass sich auch immer häufiger die Gerichte mit diesem Bereich und den juristischen Folgen missglückter Tattoos oder Piercings befassen müssen. Insofern – so entschied zutreffend das OLG Hamm (siehe nachfolgend → Nr. 4693), dass *„das Stechen einer Tätowierung… tatbestandlich eine Körperverletzung darstellt"* und sich die Einwilligung insofern *„lediglich auf die technisch und gestalterisch mangelfreie Herstellung eines der zuvor gebilligten Skizze entsprechenden Tattoos"* erstreckt. Zum Umfang der Aufklärungspflicht hinsichtlich der Ausführung eines Tattoos hatte 2022 das LG Osnabrück BeckRS 2022, 4752 ausgeführt, dass die Aufklärung so auszuführen ist, *"dass der Kunde einen zutreffenden Eindruck von der Art oder der vorzunehmenden Leistungserbringung sowie von den wahrscheinlich bzw. vorhersehbaren Folgen erlangen kann."* Beides gilt ebenso für ein Piercing.

Nachfolgend finden Sie eine Reihe von Urteilen hierzu:

7042

Tätowierungsverletzung bzw. Verletzung durch Pigmentierung künstlicher Augenbrauen (sog. Permanent Make-up) in einem Kosmetikstudio.

Mann. Kein Schmerzensgeldanspruch wegen Geschmacksabweichungen eines Permanent Make-ups in Form künstlicher Augenbrauen. Der Kläger ließ sich in einem Kosmetikstudio für die Augenbrauen pigmentieren und bemängelte anschließend – trotz schriftlicher Abnahmeerklärung wonach die Behandlung „einwandfrei und ordnungsgemäß" durchgeführt worden sei – die Farbgebung als zu dunkel. Deshalb ließ er die künstlichen Augenbrauen mittels einer Laserbehandlung wieder entfernen und verlangte von der Beklagte Schmerzensgeld in Höhe von 3.500 Euro sowie Erstattung der Kosten für die Korrekturbehandlung. Das LG wies die Klage ab. Dagegen legte der Kläger Berufung ein. „Das OLG hat in seinem Beschluss darauf hingewiesen, dass die Berufung ohne Erfolg bleiben wird. Der Kläger habe weder Anspruch auf Zahlung der Kosten der Laserbehandlung noch auf Entrichtung eines Schmerzensgeldes. Der Kläger habe sich ausdrücklich mit einem Permanent Make-up einverstanden erklärt. Er habe nicht dargelegt, dass die Behandlung fehlerhaft durchgeführt worden sei. Das Werk der Beklagten sei auch nicht wegen etwaiger optischer Abweichungen mangelhaft. Da bei einer Augenbrauenpigmentierung neben der reinen handwerklichen Leistung auch künstlerische Aspekte betroffen seien, habe der Besteller grundsätzlich einen künstlerischen Gestaltungsspielraum des Unternehmers hinzunehmen, sodass Geschmacksabweichungen nicht geeignet seien, einen Mangel zu begründen", zitiert nach becklink 2024458. [Anmerkung: Vgl. auch OLG Köln → Nr. 6118 sowie LG Augsburg → Nr. 7043 und auch LG Osnabrück → Nr. 6989].

Betrag: – **Haftung: –**
immVorb: – **MdE: –**

OLG Frankfurt a. M. 5.7.2022 – 17 U 116/21 = BeckRS 2022, 21576

6975

Tätowierungsverletzung / Hautverletzung (hier: Allergische Reaktionen). Zudem gab der Kläger an, er habe wegen der „völlig missratenen Tätowierungen … ernsthafte psychische Probleme erlitten".

Mann. Der Kläger ließ sich ursprünglich auf den rechten Oberarm ein sogenanntes „Tribal", einen Pantherkopf und einzelne Buchstaben tätowieren. Das Tattoo wollte er anschließend durch 3D-Effekte aufwerten lassen. Die diesbezügliche Behandlung brach der Kläger jedoch nach zwei Sitzungen ab und wechselte zu einem anderen Tattoo-Studio. Von der Beklagten verlangte er Schmerzensgeld (1.750 EUR) wegen allergische Reaktion und ernsthafter psychische Probleme. Das LG wies die Klage als unbegründet ab und führte aus, die Arbeit könne nicht als mangelhaft iSd § 633 BGB bezeichnet werden. Auch könne kein fachlicher Mangel darin gesehen werden, dass der Tätowierer ohne Schablone, im sogenannten „Freestyle" arbeitet. In der Folge scheitert auch ein Schmerzensgeldanspruch. Unter keinem rechtlichen Gesichtspunkt sei ein solcher gegeben. Eine Pflichtverletzung oder eine Körperverletzung sei nicht existent. Soweit es um die allergische Reaktion geht, so liegt jedenfalls ein Einverständnis in die Tätowierung und den damit einhergehenden Substanzeingriff in den Körper vor.

Betrag: – **Haftung: –**
immVorb: – **MdE: –**

LG Köln 22.12.2021 – 4 O 94/19 = BeckRS 2021, 44515

4792

Tätowierungsverletzung.

Frau. Kein Schmerzensgeld für Tätowierungsverletzung. „Tätowierungen sind grundsätzlich Geschmacksfragen. Dass bei ihrer Durchführung von der Parteivereinbarung abgewichen oder handwerklich mangelhaft bzw. unter Verstoß gegen medizinische Standards gearbeitet wurde, ist substantiiert darzulegen", so das LG. Es lehnte einen Schmerzensgeldanspruch ab, da bekannt sei „dass ein Tätowieren mit Schmerzen verbunden ist, … hierin hat die Antragstellerin eingewilligt. Ein Verstoß gegen medizinische Standards, der zusätzliche Schmerzen verursacht haben könnte, wird nicht im Ansatz dargelegt." Zudem fehle „jeder Vortrag dazu, dass und gegebenenfalls inwieweit die durchgeführte Tätowierung von der Vereinbarung der Parteien abweicht und inwieweit handwerkliche Mängel vorliegen". [Anmerkung: Siehe aber aA OLG Hamm → Nr. 4693]

Betrag: – **Haftung: –**
immVorb: – **MdE: –**

LG Flensburg 13.2.2014 – 1 T 7/14 = BeckRS 2014, 5727

4692

Tätowierungsverletzung / Hautverletzung (hier: „Entzündliche Hautveränderungen" im Bereich eines 45 x 17 cm großen Tattoos am rechten Unterschenkel, welche entfernt und mittels Hauttransplantationen stationär versorgt werden mussten).

Junge Frau (Friseurin). Stationäre Behandlung mit Hauttransplantationen im Bereich der 45 x 17 cm großen Tätowierung. Tätowiererhaftung. Tätowierer vor dem Inkrafttreten der Tätowiermittelverordnung am 1.5.2009. „Eine umfassende, nähere Aufklärungsverpflichtung des Bekl. als Tätowierer, insbesondere vergleichbar mit der Verpflichtung eines Arztes vor Durchführung eines ärztlichen Heileingriffs, besteht vorliegend nicht. Auch waren dem Bekl. besondere gesundheitsgefährdende Risiken für die Kl. im Zusammenhang mit der durchzuführenden Tätowierung nicht bekannt und hätten ihm, wie bereits ausgeführt, aufgrund der vorliegenden Herstellerinformationen zu den verwendeten Tätowierfarben auch nicht bekannt sein müssen."

Betrag: – **Haftung: –**
immVorb: – **MdE: –**

LG Coburg 14.2.2012 – 11 O 567/10 = BeckRS 2012, 16067

7043

Tätowierungsverletzung bzw. Verletzung durch Pigmentierung der Lippen (sog. Permanent Make-up) in einem Kosmetikstudio.

Frau. Kein Schmerzensgeldanspruch wegen der vermeintlich mangelhaften Durchführung eines Permanent-Make-Ups der Lippen. Die Klägerin bemängelte, dass man bei ihren Lippen fast keine Farbe und überhaupt keine Konturen sehe und das bisschen Farbe, das man sehe, einen störenden Blaustich habe und begehrte Schmerzensgeld. Das LG wies die Klage ab, da der Klägerin weder aus Vertrag noch aus Delikt die geltend gemachten Schadensersatz- und Schmerzensgeldansprüche gegen die Beklagten zustehen. Zwar – so das LG – stellt die Lippenpigmentierung, die durch Einstechen von Farbe in die Haut durchgeführt wird, grundsätzlich eine Körperverletzung dar. In eine solche habe die Klägerin aber wirksam eingewilligt. [Anmerkung: Vgl. auch OLG Köln → Nr. 6118 sowie OLG Frankfurt a.M. → Nr. 7042 undauch LG Osnabrück → Nr. 6989].

Betrag: – **Haftung: –**
immVorb: – **MdE: –**

LG Augsburg 21.12.2011 – 072 O 3386/10 = BeckRS 2012, 13131

4694

Tätowierungsverletzung / Hautverletzung (hier: Schief ausgeführtes Tattoo am Unterarm).

17j. Frau. Tätowiererhaftung. Kein Schmerzensgeld für ein „schief" tätowiertes „koptisches Kreuz" auf der Innenseite des Handgelenks der Klägerin, da die Anbringung der Tätowierung an einer 17-Jährigen keine rechtswidrige Körperverletzung darstellt, „wenn keine greifbaren Anhaltspunkte dafür vorliegen, dass ihr die hierfür notwendige Einsichts- und Urteilsfähigkeit fehlt". (Leitsätze der NJW-Redaktion). [Nach der neueren Rspr. des OLG Hamm → Nr. 4693 wäre der Kl. jedoch ein Schmerzensgeld zuerkannt worden, denn ein Recht zur Nachbesserung besteht in derartigen Fällen nicht].

Betrag: – **Haftung: –**
immVorb: – **MdE: –**

AG München 17.3.2011 – 213 C 917/11 = BeckRS 2012, 8824

4695

Tätowierungsverletzung / Hautverletzung (hier: Fehlerhaft ausgeführtes, circa 15 cm x 4 cm großes, Löwenkopf-Tattoo an der Innenseite des rechten Beins unterhalb der Wade.)

Mann. Tätowiererhaftung. Kein Schmerzensgeld. „Eine Tätowierung, die nicht als nach den Regeln der Tätowierungskunst fehlerhaft angesehen werden kann, ist auch bei Nichtgefallen noch von der ursprünglich erteilten Einwilligung gedeckt und lässt die Handlungen des Tätowierers nicht als rechtswidrige Körperverletzung erscheinen." (Leitsatz der NJW-Redaktion).

Betrag: – **Haftung: –**
immVorb: – **MdE: –**

LG Kassel 13.5.2009 – 1 S 34/09 = BeckRS 2009, 17232

5269

Vollständige Nachpigmentierung nach mangelhaftem Permanent-Make-up. Die Klägerin muss sich insgesamt 10 Sitzungen zur Nachbehandlung unterziehen.

Frau. Mangelhaften Permanent-Make-Up-Behandlung. Siehe insofern auch das Urteil des AG München → Nr. 5227. [vgl. auch unter Tattoo / Tätowierungsverletzung].

Betrag: 300 € **Haftung: 100 %**
immVorb: – **MdE: –**

AG Wuppertal 21.8.2014 – 34 C 265/12 = BeckRS 2015, 9986

5513

Tätowierungsverletzung im Zusammenhang mit einer Pigmentierung der oberen Lidstriche sowie der äußeren Enden der Lidstriche (Lidschwänzchen) hier: Minimal sichtbarer Farbauslauf oberhalb der Lidstriche. Unterhalb der Lidschwänzchen seien – so das LG – die Farbausläufe teilweise noch vorhanden, wobei der Farbauslauf am rechten Auge nur noch minimal sichtbar sei und der am linken Auge noch einen grünlich-weißen Farbfleck aufweise.

Frau. Behandlungsfehler bei der Pigmentierung der oberen Lidstriche und Lidschwänzchen. Die Klägerin trug vor, die Oberlider seien schief und ungleichmäßig tätowiert. Auch sei es zu einer Narbenbildung gekommen, welche sie seitdem zu überschminken versuche. Sie forderte 8.000 Euro Schmerzensgeld. Das LG ging jedoch – nach Einholung eines Gutachtens – nur von einer „minimalen" Fehlerhaftigkeit aus und konnte auch die psychischen Beeinträchtigungen, die die Klägerin behauptet aber nicht bewiesen hatte, nicht berücksichtigen und erkannte deshalb nur auf 600 Euro.

Betrag: 600 € **Haftung: 100 %**
immVorb: – **MdE: –**

LG Aachen 2.3.2017 – 1 O 309/15 = BeckRS 2017, 131646

4693

Tätowierungsverletzung / Hautverletzung (hier: Körperverletzung infolge von Schlechterfüllung der Durchführung eines Tattoos).

Frau. Tätowiererhaftung. Die Tätowierung einer farbigen Blüte auf dem rechten Schulterblatt der Klägerin entsprach in farbe und Linienverlauf nicht dem vereinbarten Entwurf. Das OLG bestätigte das erstinstanzliche Urteil und führte aus: „Das Stechen einer Tätowierung stellt tatbestandlich eine Körperverletzung dar. Die rechtfertigende Einwilligung des Auftraggebers bezieht sich auf eine technisch und gestalterisch mangelfreie Herstellung". Da diese nicht gegeben war, fehlte es an der Einwilligung.

Betrag: 750 € **Haftung: 100 %**
immVorb: – **MdE: –**

OLG Hamm 5.3.2014 – I-12 U 151/13 = BeckRS 2014, 6215

4886

Tätowierungsverletzung: „Nach einem Entwurf tätowierte der Bekl. daraufhin auf dem rechten Schulterblatt der Kl. eine farbige Blüte nebst Ranken. Dabei brachte er die Farbe in zu tiefe Hautschichten ein. Die Tätowierung entsprach nicht mehr dem Entwurf, es kam zu Verkantungen, unregelmäßig dick ausgeführten Linien und Farbverläufen", so das OLG.

Frau. Dauerschaden: Narben im Schulterbereich und missratenes Tattoo. „1. Das Stechen einer Tätowierung stellt tatbestandlich eine Körperverletzung dar. Die rechtfertigende Einwilligung des Auftraggebers bezieht sich auf eine technisch und gestalterisch mangelfreie Herstellung. 2.Da es um Arbeiten geht, deren Duldung für den Auftraggeber mit körperlichen Schmerzen verbunden ist und deren Schlechterfüllung gesundheitliche Beeinträchtigungen nach sich ziehen kann, kommt dem Vertrauen in die Leistungsfähigkeit des Auftragnehmers eine besondere Bedeutung zu", so die Leitsätze des OLG. Der immaterielle Vorbehalt wurde zuerkannt, da die Klägerin die Entfernung mittels Laserbehandlung durchführen lassen will und insofern weitere Schäden nicht auszuschließen sind.

Betrag: 750 € **Haftung: 100 %**
immVorb: Ja **MdE: –**

OLG Hamm 5.3.2014 – I-12 U 151/13 = BeckRS 2014, 6215

5272

Tätowierungsverletzung (hier: „Nach einem Entwurf tätowierte der Bekl. daraufhin auf dem rechten Schulterblatt der Kl. eine farbige Blüte nebst Ranken. Dabei brachte er die Farbe in zu tiefe Hautschichten ein. Die Tätowierung entsprach nicht mehr dem Entwurf, es kam zu Verkantungen, unregelmäßig dick ausgeführten Linien und Farbverläufen" zudem war das „Stechen in zu tiefe Hautschichten" fehlerhaft).

Frau. Fehlerhaftes Tattoo / Tätowierungsverletzung. „Das Stechen einer Tätowierung stellt tatbestandlich eine Körperverletzung dar. Die rechtfertigende Einwilligung des Auftraggebers bezieht sich auf eine technisch und gestalterisch mangelfreie Herstellung. Da es um Arbeiten geht, deren Duldung für den Auftraggeber mit körperlichen Schmerzen verbunden ist und deren Schlechterfüllung gesundheitliche Beeinträchtigungen nach sich ziehen kann, kommt dem Vertrauen in die Leistungsfähigkeit des Auftragnehmers eine besondere Bedeutung zu", so das OLG.

Betrag: 750 € **Haftung: 100 %**
immVorb: – **MdE: –**

OLG Hamm 5.3.2014 – 12 U 151/13 = BeckRS 2014, 6215

6037

Tätowierungsverletzung (hier: Tätowierungsfehler durch zu tiefes Einstechen und dadurch ausgelöstes Verlaufen der Farbe. Dadurch waren die zu tätowierenden Blütenranken „unregelmäßig, wiesen Verkantungen auf" und sind „an den Rändern verlaufen").

Frau. Zur Schmerzensgeldbemessung führte das LG aus: „Neben den bei der Tätowierung erlittenen Schmerzen sind im Rahmen des Schmerzensgeldes des Weiteren die bis dato entstandenen Beeinträchtigungen aufgrund der körperlichen Entstellung zu berücksichtigen. Insoweit hat das Gericht der erheblichen Größe der Tätowierung, der auf den Lichtbildern erkennbaren Gestalt und Ausführung sowie der Lage der Tätowierung an einer in der Regel von Kleidung bedecken Stelle besonderes Gewicht beigemessen".

Betrag: 750 € **Haftung: 100 %**
immVorb: Ja **MdE: –**

LG Bochum 14.10.2013 – 2 O 530/11 = BeckRS 2014, 9265

6989

Tätowierungsverletzung im Zusammenhang mit dem Anbringen eines – anschließend wieder zu entfernenden – Tattoos einer „farbigen Pfauenfeder" in der linken Ohrmuschel. Zur Entfernung musste sich die Klägerin „mehrerer Laserbehandlungen" unterziehen. „Dabei ist nach 6 Laserbehandlungen … immer noch ein deutlich sichtbarer, nunmehr jedoch blauer bogenförmiger Strich mit Ausfransungen am Ohr der Klägerin zu erkennen, der … als optischer Makel zu bewerten ist", so das LG.

Frau. Ambulante Behandlung / Laserbehandlung zur Tattoo-Entfernung am linken Ohr. Die Klägerin hatte der Beklagten insofern eine Vorlage für ein Tattoo „Farbige Pfauenfeder" vorgelegt und diesen beauftragt, das Tattoo an der Innenseite ihrer linken Ohrmuschel anzubringen. Obwohl laut dem vom LG hinzugezogenen Sachverständigen ein solches Tattoo „für die gewünschte Körperstelle vollkommen unrealistisch und nahezu unmöglich durchzuführen sei", führte die Beklagte den Auftrag aus, der allerdings „ästhetisch weit von der Vorlage" abwich aber dennoch technisch „als ordnungsgemäß bewertet" wurde, so dass „nicht per se auf eine Mangelhaftigkeit der Tätowierung geschlossen" werden konnte. Da die Beklagte jedoch die Klägerin in erforderlichem Maß aufgeklärt hatte, insbesondere die Aufklärung nicht so ausgeführt hatte, „dass der Kunde einen zutreffenden Eindruck von der Art oder der vorzunehmenden Leistungserbringung sowie von den wahrscheinlich bzw. vorhersehbaren Folgen erlangen kann …, hat die Beklagte den sich aus der Pflichtverletzung resultierenden Schaden der Klägerin zu ersetzen", so das LG. Bei der Schmerzensgeldbemessung orientierte sich das LG an den Entscheidungen des AG München → Nr. 6628 und OLG Hamm → Nr. 5272.

Betrag: 1.000 € **Haftung: 100 %**
immVorb: – **MdE: –**

LG Osnabrück 18.3.2022 – 7 O 2619/21 = BeckRS 2022, 4752

6628

Tätowierungsverletzung infolge einer mangelhaften Tätowierungsarbeit – Worte verwaschen, unleserlich und in uneinheitlicher Größe sowie schief.

Frau. Die Kl. ließ bei der beklagten Tätowiererin … auf den linken Unterarm folgende Schriftzüge tätowieren: „Je t'aime mon amour, Tu es ma vie, Nous Ensemble Pour Toujours." und behauptete, dass die Arbeit mangelhaft und sie dadurch in ihrer körperlichen Unversehrtheit verletzt worden sei. Das AG gab der Kl. Recht. Sachverständig beraten kam das AG zum Ergebnis, dass ein professioneller Tätowierer – worunter die Beklagte nach ihren eigenen Angaben falle – derartige Fehler nicht mache. Zudem entspreche das Tattoo entspreche nicht der Qualität, die die Klägerin erwarten durfte. Die entsprechenden Mängel sind angesichts der deutlichen Angaben des SV auch nicht durch die mangelhafte Pflege der Klägerin, sondern allein durch die Beklagte begründet, so das AG.

Betrag: 1.000 € **Haftung: 100 %**
immVorb: – **MdE: –**

AG München 5.11.2019 – 132 C 17280/16 = unveröffentlicht

3966

Tätowierungsverletzung / Hautverletzung (hier: Oberarmnarben bestehend aus insgesamt fünf jeweils ca 4 cm langen Linien nach einer nicht fachgerecht durchgeführten Tätowierung, durch die auch tiefere hautschichten entzündlich verletzt worden waren).

Frau. Tätowierungsverletzung. 12 ambulante, schmerzhafte Heilbehandlungen mittels Laser. Dauerschaden: Narben (s.o.). Tätowiererhaftung.

Betrag: 1.500 € **Haftung: 100 %**
immVorb: – **MdE: –**

AG Bocholt 24.2.2006 – 4 C 121/04 = BeckRS 2006, 11410

6637

Tätowierungsverletzung in Form von allergischen Hautreizungen sowie eine lebenslange Sensibilisierung für PPD.

Frau (Ehefrau des in der Parallel-Entscheidung verletzten Mannes). Tätowierungsverletzung in Form von Rötungen und allergischen Hautreaktionen nach einer Hennatätowierung. Zur Bemessung führte das LG aus, dass „ihre Beeinträchtigungen durch die Bemalung ihres Unterarmes nicht so gravierend waren, wie bei dem Kläger zu 4" [vgl. → Nr. 6635]. „Das vorgelegte Lichtbild zeigt zwar Rötungen, aber keine gravierenden Ekzeme. Auch die Behandlung der Klägerin zu 3. war ca. ein Monat nach dem schädigenden Ereignis abgeklungen". [Vgl. auch LG Frankfurt a.M. → Nr. 6635 und → Nr. 6636].

Betrag: 2.000 € **Haftung: 100 %**
immVorb: – **MdE: –**

LG Frankfurt a. M. 12.7.2018 – 2-24 O 238/16 = BeckRS 2018, 16570

6430

Piercingverletzung (hier: Entzündungen infolge von Piercing mit dauerhafter Veränderung der Ohrmuschel in Form von Ohrmuschelverwachsungen).

Frau. Die Klägerin hat dem Piercing zwar zugestimmt, diese Zustimmung entlastet die Beklagten jedoch nicht, denn es steht nicht fest, dass die Klägerin wirksam in die Verletzung eingewilligt hat. Aufklärungspflichtverletzung im Zusammenhang mit Piercing. „Mangels Aufklärung durch die Beklagten war der Klägerin jedoch nicht bewusst, dass die Entzündung nicht nur vorübergehend schmerzlich ist, sondern zu dauerhaften Veränderungen an der Ohrmuschel führen kann. Gerade die unterbliebene Aufklärung hat maßgeblich mitverursacht, dass die Klägerin den Verlauf der Entzündung nicht richtig einschätzen konnte", so das OLG.

Betrag: 2.000 € **Haftung: 100 %**
immVorb: Ja **MdE: –**

OLG Nürnberg 9.11.2006 – 2 U 1145/06 = BeckRS 2011, 18293

5227

Tätowierungsverletzung / hier: Permanent-Make-Up-Behandlung, die jedoch nicht den vereinbarten Vorgaben der Klägerin entsprochen hatte.

Frau. Mangelhaften Permanent-Make-Up-Behandlung. Die Korrektur eines Permanent-Lidstrichs hatte aufgrund des Einsatzes falscher Farben zu einer weißen Verfärbung sowie zu asymmetrischen Lidstrichen geführt. [vgl. auch Urteile zu: Tätowierung – Handbuch Kapitel C.22]. Laut AG willige derjenige, der sich einer solchen Prozedur unterziehe, zwar in die Körperverletzung ein. Die Einwilligung sei dabei aber darauf bezogen, dass die Behandlung mangelfrei und nach den Regeln der Kunst erbracht wird. Bei der Höhe des Schmerzensgeldes sei vor allem berücksichtigt worden, dass die Folgen der fehlerhaften Behandlung im Alltag stets sichtbar sind. Allerdings betrachtete das Gericht die weiße Verfärbung und die Asymmetrie hier nicht als grob entstellend. [vgl. auch das Urteil des AG Wuppertal → Nr. 5269]

Betrag: 2.500 € **Haftung: 100 %**
immVorb: – **MdE: –**

AG München 26.10.2016 – 132 C 16894/13 = BeckRS 2016, 114549

6635

Tätowierungsverletzung in Form von nässenden Ekzemen, die zum Teil aufplatzten sowie von Juckreiz und Rötungen.

Mann (Vater des in der Parallel-Entscheidung verletzten 9j. Sohnes). Tätowierungsverletzung in Form von Rötungen und allergischen Hautreaktionen nach einer Hennatätowierung. Dauerschaden: Sensibilisierung für PPD [= para-Phenylendiamin – vorkommend u.a. in schwarzer Hennafarbe. Bei einer solchen Tätowierung wird ein Farbstoff auf die Haut aufgebracht]. Das LG sah insofern die Haftung des Reiseveranstalters gegeben, da die Tätowierung im Programm des Reiseveranstalters mit enthalten war. Dieser, so das LG, läge „in diesem Fall darin begründet, dass die Beklagte durch entsprechende Überwachungsmaßnahmen nicht sicher gestellt hat, dass der in dem Beauty Salon verwendete Farbstoff nicht mit einer Überdosis p-Phenylendiamin (PPD) belastet ist. Jedenfalls hätte die Beklagte ihre Reisekunden darauf hinweisen müssen, dass das Aufbringen einer HennaTätowierung mit Gesundheitsgefahren verbunden sein können, weil in dem für solche Tätowierungen verwendeten Farbstoff PPD in einer größeren Dosierung enthalten sein kann". [Vgl. auch LG Frankfurt a.M. → Nr. 6636].

Betrag: 3.000 € **Haftung: 100 %**
immVorb: – **MdE: –**

LG Frankfurt a. M. 12.7.2018 – 2-24 O 238/16 = BeckRS 2018, 16570

6636

Tätowierungsverletzung in Form von allergischen Hautreizungen sowie vorübergehenden psychischen Beeinträchtigungen.

9j. Kind (Sohn des in der Parallel-Entscheidung verletzten Mannes). Tätowierungsverletzung in Form von Rötungen und allergischen Hautreaktionen nach einer Hennatätowierung. Durch die Hautverletzungen sei der Kläger traumatisiert worden. Er habe schlecht geschlafen und Angst gehabt, dass die durch die Hautverletzungen verursachten Narben verbleiben könnten. Zur Bemessung führte das LG aus: „Die von den Klägern vorgetragenen psychischen Beeinträchtigungen des damals 9-jährigen Klägers zu 4. erscheinen nachvollziehbar und plausibel. Es dürfte für ein 9-jähriges Kind eine außergewöhnliche Situation dargestellt haben, dass aus einer eher harmlosen Hautbemalung solche körperlichen Beeinträchtigungen hervorgehen, deren Folgen nicht absehbar waren. Auch wenn die Hautreaktionen nach ca. einem Monat wieder abgeklungen waren, was daraus folgt, dass … keine ärztlichen Behandlungen mehr erfolgten, ist bei der Bemessung des Schmerzensgeldes zu berücksichtigen, dass eine dauerhafte Sensibilisierung für PPD besteht und der Kläger zu 4. in Zukunft darauf achten muss, mit diesem Stoff nicht in Berührung zu geraten". [Vgl. auch LG Frankfurt a.M. → Nr. 6635].

Betrag: 3.000 € **Haftung: 100 %**
immVorb: – **MdE: –**

LG Frankfurt a. M. 12.7.2018 – 2-24 O 238/16 = BeckRS 2018, 16570

4821

Tätowierungsverletzung (hier: Tattoo-Entfernung mit erheblicher Narbenbildung am Rücken).

Frau. Tattoo-Entfernung in einer Größe von etwa 12 × 12 cm mittels der sog. „OSC-Methode". Die Behandlung, die zunächst wegen großer Schmerzen abgebrochen wurde, „führte zu dem bis heute sichtbaren Ergebnis, bei dem zum einen noch dunkle Farbpartikel in der Haut sind und sich an der ehemaligen Tätowierungsstelle wulstiges Narbengewebe befindet". Dauerschaden: Entstellung durch Narben „an einer exponieren Stelle auf dem Rücken … und daher beim Tragen von luftiger Kleidung deutlich zu sehen".

Betrag: 4.000 € **Haftung: 100 %**
immVorb: – **MdE: –**

LG Essen 9.8.2013 – 19 O 233/11 = BeckRS 2013, 16103

5784

Piercingverletzung / Brustverletzung (hier: Brustentzündung bzw. Mastitis, „rezidivierender therapieressistenter Mamma-Abszess links nach Brustwarzenpiercing").

Frau (junge Frau). 4 stationäre Behandlungen innerhalb von 18 Monaten. [Ursache: Ein ohne entsprechende Aufklärung vorgenommenes Brustwarzenpiercing. Ca. 8 Wochen nach diesem Eingriff stellte die Klägerin Knötchen in der linken Brust fest, die sich später als zwei Abszesse herausstellten. Sie begab sich in die Behandlung des Gynäkologen … der einen Mamma-Abszess in der linken Brust diagnostizierte und das Piercing entfernte. Die histologische Untersuchung des dabei hinter der Brustwarze entnommenen Gewebes ergab eine unspezifische Mastitis (Brustentzündung). Die Klägerin litt nach dem Eingriff über einen längeren Zeitraum unter erheblichen Schmerzen. Es waren vier stationäre Aufenthalte im Krankenhaus erforderlich mit entsprechenden operativen Eingriffen. Bei der Schmerzensgeldbemessung berücksichtigte das LG mindern, dass „sich die Klägerin vorliegend freiwillig einem Eingriff unterworfen hat, der allein der Mode, aber nicht der Heilung dient".

Betrag: 10.000 € **Haftung: 100 %**
immVorb: Ja **MdE: –**

LG Koblenz 24.1.2006 – 10 O 176/04 = BeckRS 2008, 1943

24. Behandlungsverzögerungen und Heilungsverzögerungen

Wichtig bei der Vorbereitung zur Klage auf Schmerzensgeld wegen Behandlungsverzögerung und Heilungsverzögerung ist stets der Beweis für die Kausalität der Verzögerung der Behandlung für den eingetretenen Schaden. Selbst bei eindeutigen Diagnoseirrtümern oder Behandlungsfehlern muss der Kläger stets hierzu sorgfältig und umfassend vortragen, worauf beispielsweise das OLG Dresden BeckRS 2023, 27965 hingewiesen hatte.

7297

Behandlungsverzögerung, behauptete (hier: von etwa 6 bis 7 Monaten bei bereits eingetretenen erheblichen Beeinträchtigungen im Zusammenhang mit der Erkrankung „Morbus Cushing").

Frau. Kein Schmerzensgeld für Behandlungsverzögerung im Falle der Überweisung an einen Facharzt, wenn der überweisende Hausarzt davon ausgehen durfte, dass dieser die weitere Behandlung übernommen hat und keine Zweifel an der Richtigkeit dessen Behandlung bestehen: Eine Hausärztin (= Beklagte zu 1.), die eine Patientin (= Klägerin) an einen Facharzt (Beklagter zu 2.) überweist, haftet nicht für einen Behandlungsfehler oder eine Behandlungsverzögerung, wenn sie nach dem Arztbrief des Facharztes davon ausgehen durfte, dass dieser die weitere Behandlung übernommen hatte und die Patientin zur Wiedervorstellung erwartete und ein CT veranlassen wollte. Damit war die Beklagte zu 1. aus der entsprechenden eigenen Behandlung entlassen und durfte sich – jedenfalls im allgemeinen – darauf verlassen, dass der Beklagte zu 2. die Klägerin weiter richtig behandelt und berät. Allerdings, dies betonte das OLG, sei dies anders, „wenn die Beklagte zu 1. ohne besondere weitere Untersuchungen aufgrund der bei ihr vorauszusetzenden Kenntnisse und Erfahrungen erkennt oder erkennen muss, dass ernste Zweifel an der Richtigkeit der Behandlung bestehen. Dasselbe muss gelten, wenn sie nach den bei ihr vorauszusetzenden Erkenntnissen und Erfahrungen jedenfalls gewichtige Zweifel und Bedenken hat, ob die Behandlung richtig ist. Auch diese hat sie, ggf. nach Rücksprache mit dem Kollegen, mit der Patientin zu erörtern. Kein Arzt, der es besser weiß, darf sehenden Auges eine Gefährdung seines Patienten hinnehmen, wenn ein anderer Arzt seiner Ansicht nach etwas falsch gemacht hat oder er jedenfalls den dringenden Verdacht haben muss, es könne ein Fehler vorgekommen sein. Das gebietet der Schutz des dem Arzt anvertrauten Patienten (BGH BeckRS 1988, 3253; BGH NJW 1991, 1539; BGH NJW 1999, 1779). Eine gegenseitige Überwachungspflicht besteht insoweit nicht (BGH NJW 2020, 2467)."

Betrag: – **Haftung: –**
immVorb: – **MdE: –**

OLG Brandenburg 9.11.2023 – 12 U 147/22 = BeckRS 2023, 35519

5058

Behandlungsverzögerung / Heilungsverzögerung einer Regenbogenhautentzündung von nur einem Tag.

Frau. Kein Schmerzensgeldanspruch bei Heilungsverzögerung von nur einem Tag und der „aufgrund der Behandlungsverzögerung um einen Tag eingetretenen Verschleppung des Schmerzzustandes" (so das OLG). Es kann – so das OLG weiter – „daher … im Einzelfall gerechtfertigt sein, ein Schmerzensgeld zu versagen, wenn die erlittene Beeinträchtigung derart geringfügig ist, dass ein Ausgleich des sich aus ihr ergebenden immateriellen Schadens in Geld nicht mehr billig erscheint". Die Klägerin hatte sich zuvor telefonisch an den augenärztlichen Notdienst gewandt wobei es jedoch nicht zu einer Untersuchung gekommen war; diese fand erst am Folgetag statt. Dabei wurde eine beidseitige Regenbogenhautentzündung attestiert und die diesbezügliche Behandlung vorgenommen. Die Klägerin begehrte ein Schmerzensgeld von „mindestens 75.000 EUR".

Betrag: – **Haftung: –**
immVorb: – **MdE: –**

OLG Koblenz 13.1.2016 – 5 U 290/15 = BeckRS 2016, 11143

6493

Behandlungsverzögerung von ca. 8 Tagen infolge eines zunächst verkannten Befalls mit Genitalherpes.

Frau. Kein Schmerzensgeldanspruch aus Arzthaftung (hier: Diagnosefehler hinsichtlich eines Befalls mit Gentialherpes. Hierdurch kam es zu einer Behandlungsverzögerung von ca. 8 Tagen. Das LG Bonn (Urt. v. 14.2.2011 – 9 O 189/10) sprach der Klägerin deshalb ein Schmerzensgeld in Höhe von 3.000 EUR zu. Das OLG Köln wies in der Berufung jedoch die Klage zurück, da sich der durch die Verzögerung ergebene Schaden aufgrund der wenigen Tage, dieser Behandlungsverzögerung „nicht greifen lasse".

Betrag: – **Haftung: –**
immVorb: – **MdE: –**

OLG Köln 15.12.2011 – 5 U 53/11 = BeckRS 2012, 3407

4151

Behandlungsverzögerungsbedingte Kopfschmerzen (hier: 2 1/2 Tage andauernde Beeinträchtigungen durch sehr starke, postspinalen Kopfschmerz); Schmerzverlängerung.

Frau. Arzthaftung (hier: Schmerzverlängerung und Heilungsverzögerung / Behandlungsverzögerung bzw. Verzögerung der Operation der Klägerin um einen Zeitraum von zweieinhalb Tagen mit entsprechenden Beeinträchtigungen durch den postspinalen Kopfschmerz).

Betrag: 200 € **Haftung: 100 %**
immVorb: – **MdE: –**

OLG Brandenburg 24.3.2011 – 12 U 75/08 = BeckRS 2011, 6915

6012

Behandlungsverzögerung (hier: Nach einer Fußfraktur wurde die Schmerzmittelverabreichung um ca. 2 Stunden verzögert, so dass die Klägerin in dieser Zeit erhebliche Schmerzen erleiden musste).

Frau. Bei der Bemessung berücksichtigte das LG in der Vorinstanz, dass die Klägerin auch bei rechtzeitiger Verabreichung eines Schmerzmittels nicht völlig schmerzfrei gewesen wäre.

Betrag: 250 € **Haftung: 100 %**
immVorb: – **MdE: –**

OLG Hamm 13.6.2012 – 3 U 55/12 = BeckRS 2014, 17230

5512

Behandlungsverzögerung durch Abbruch der ersten Operation einer Handgelenksfraktur. Zwischen dieser und der erforderlichen zweiten Operation lagen 7 Tage.

Frau. Arzthaftung (hier: Unterlassen des Verweises an eine Spezialklinik, in der der Eingriff (Behandlung einer distalen Radiusfraktur des rechten Handgelenks) mit erheblich vermindertem Komplikationsrisiko vorgenommen werden kann. Dies ist zumindest dann ein Behandlungsfehler, wenn ein sorgfältiger und gewissenhafter Arzt die Behandlung hätte ablehnen müssen, weil sich seine Ausstattung in der unteren Bandbreite des ärztlichen Behandlungsstandards bewegt, so das OLG). Durch den Fehler musste die erste OP abgebrochen werden und es wurde für die Patientin eine weitere OP notwendig. Das OLG berücksichtigte bei seiner Schmerzensgeldbemessung, „dass es einerseits eine Belastung darstellt, sich einem weiteren Eingriff unterziehen zu müssen, dieser andererseits aber auch zeitnah, ambulant und in Lokalanästhesie durchgeführt werden konnte sowie komplikationslos verlief".

Betrag: 500 € **Haftung: 100 %**
immVorb: Ja **MdE: –**

OLG Karlsruhe 13.12.2017 – 7 U 90/15 = BeckRS 2017, 136105

4883

Behandlungsverzögerung (hier: Verspätete Kieferfrakturdiagnose. „Da sich die … konservative Therapie durch den Behandlungsfehler der Beklagten um zwei Tage verzögert hat, steht dem Kläger für die in diesem Zeitraum erlittenen, durch frühere Ruhigstellung des Kiefers jedenfalls teilweise vermeidbaren Schmerzen ein geringes Schmerzensgeld zu, das mit 500 EUR angemessen bewertet ist", so das OLG).

37j. Mann. Arzthaftung (hier: Diagnosefehler und Behandlungsfehler, wodurch es zur Behandlungsverzögerung und insofern „im fraglichen Zeitraum" … (zu) „Schmerzen gerade im Bereich des Unterkiefers" kam, die bei vorheriger Ruhigstellung vermieden worden wären, so das OLG.

Betrag: 500 € **Haftung: 100 %**
immVorb: – **MdE: –**

OLG Köln 22.1.2014 – 5 U 86/13 = BeckRS 2014, 2156

4635

Behandlungsverzögerung im Zusammenhang mit einer Herzoperation.

Mann. Arzthaftung (hier: Diagnosefehler und dadurch Behandlungungsverzögerung um einen halben Tag).

Betrag: 500 € **Haftung: 100 %**
immVorb: – **MdE: –**

OLG Koblenz 24.3.2011 – 5 U 167/09 = BeckRS 2012, 8975

6542

Behandlungsverzögerung von vier Tagen in Bezug auf die Vorstellung bei einem HNO-Arzt. Infolge dieser Verzögerung litt die Klägerin nach der zuvor erfolgten Schilddrüsenentfernungsoperation und damit verbundener Stimmbandverletzung länger als erforderlich unter Atembeschwerden und Heiserkeit.

Frau. Arzthaftung (hier: Behandlungsverzögerung und geringfügiger Behandlungsfehler durch Verletzung der Stimmbänder). Die Klägerin forderte 30.000 EUR. Das LG sah jedoch die weiteren insofern von der Klägerin behaupteten Behandlungsfehler als nicht erwiesen an und sprach somit nur wegen der viertägigen Behandlungsverzögerung bzw. der um diese Tage verspäteten Vorstellung bei einem HNO-Facharzt 600 EUR zu.

Betrag: 600 € **Haftung: 100 %**
immVorb: – **MdE: –**

LG Dortmund 3.5.2012 – 4 O 195/09 = BeckRS 2012, 17332

5876

Behandlungsverzögerung wegen fehlerhaft diagnostizierter Radiusfraktur bzw. Radiusköpfchenfraktur.

6j. Kind (Mädchen). Arzthaftung (hier: fehlerhaften Auswertung einer Röntgenaufnahme. „Die Erstdiagnose laut Durchgangsarztbericht lautete "Prellung rechter Unterarm„. Unter Röntgenergebnis wurde notiert: "Kein Hinweis auf knöcherne Verletzung„. Der Beklagte zu 3) ordnete die ambulante besondere Heilbehandlung an, die er selbst übernahm. Wegen starker Schmerzen veranlasste er das Anlegen einer dorsalen Gipsschiene und ordnete die erneute Vorstellung am nächsten Tag an. Es erfolgten weitere Vorstellungen in der chirurgischen Ambulanz der Beklagten zu 1). Erst am 19.6.2007 wurde bei der Klägerin nach weiteren Röntgenaufnahmen eine Radiusköpfchenluxation diagnostiziert, woraufhin sie in das Marienhospital in Osnabrück überwiesen wurde. Der Versuch die Radiusköpfchenluxation geschlossen zu reponieren (einzurenken) misslang aufgrund des Zeitablaufes. Die Klägerin wurde daraufhin operiert. Aufgrund einer Re-Luxation war eine zweite Operation erforderlich. Anlässlich eines weiteren Eingriffs … wurde sodann der eingebrachte Fixateur entfernt").

Betrag: 750 € **Haftung: 100 %**
immVorb: – **MdE: –**

OLG Oldenburg 30.6.2010 – 5 U 15/10 = BeckRS 2010, 17933

6163

Zahnschmerzen, die bei richtiger Behandlung nicht so lange gedauert hätten.

Frau. Operation unter Vollnarkose. Zahnarzthaftung (hier: Behandlungsfehler im Zusammenhang mit einer Notfallbehandlung, bei der der Zahnarzt den Bruch des Instruments, dessen Spitze in der Wurzel des Zahns 26 stecken geblieben war, nicht bemerkt hatte. Dazu das OLG: „Ein Zahnarzt ist verpflichtet, die Vollständigkeit und Unversehrtheit seiner Instrumente nach der Behandlung eines Patienten zu kontrollieren, um sicherzustellen, dass keine Teile im Körper des Patienten zurückgeblieben sind". Zur Bemessung führte das OLG aus: „Hätte der Bekl. seiner Verpflichtung zur sorgfältigen Überprüfung des benutzten Instrumentes genügt, hätte er den Bruch bemerkt und die Kl. entsprechend unterrichten können. Dann wäre die – als solche hier nicht zu vermeidende – Extraktion des Zahnes 26 früher vorgenommen worden, weil die Kl. einen Hinweis des Bekl. auf ein im Wurzelkanal zurückgebliebenes Instrumententeil mit Sicherheit zum Anlass genommen hätte, ihren Hauszahnarzt früher aufzusuchen. Dann wären ihr Schmerzen erspart geblieben".

Betrag: 767 € **Haftung: 100 %**
immVorb: – **MdE: –**

OLG Köln 16.6.1999 – 5 U 160/97 = BeckRS 9998, 18411

5375

Behandlungsverzögerung mit starken Schmerzen während der viertätigen Verzögerungsdauer.

Mann. Arzthaftung (hier: Behandlungsverzögerung im Zusammenhang mit der Operation an der rechten Hand mit erheblichen bzw. starken Schmerzen für die Dauer von 4 Tagen).

Betrag: 800 € **Haftung: 100 %**
immVorb: – **MdE: –**

OLG Karlsruhe 30.6.2016 – 13 U 122/14 = unveröffentlicht

5374

Behandlungsverzögerung mit starken Schmerzen während der dreitätigen Verzögerungsdauer.

79j. Mann. Arzthaftung (hier: Behandlungsverzögerung, durch welche der Kläger während der Dauer von 3 Tagen starke Schmerzen zu erleiden hatte).

Betrag: 1.000 € **Haftung: 100 %**
immVorb: – **MdE: –**

KG 30.6.2016 – 20 U 104/15 = unveröffentlicht

4378

Behandlungsverzögerung (hier: Verzögerung „der Sanierung der extrauterinen Schwangerschaft" von 6 Tagen mit Bauchschmerzen.)

31j. Frau. Arzthaftung (hier: Behandlungsverzögerung / Verzögerung der Heilbehandlung in Form einer behandlungsfehlerhaften Verzögerung der operativen Sanierung der extrauterinen Schwangerschaft von 6 Tagen, während der die Klägerin unter Unterbauchschmerzen litt).

Betrag: 1.000 € **Haftung: 100 %**
immVorb: – **MdE: –**

OLG Köln 20.7.2011 – 5 U 206/07 = BeckRS 2011, 23322

5728

Heilungsverzögerung über 7 Wochen im Zusammenhang mit Schnittverletzungen an der rechten Hand nach Sturz in eine Glasscherbe).

Mann. Arzthaftung (hier: Unentdecktbleiben von Glassplittern in der Hand wegen versäumter Röntgenaufnahme und Unklarheit des weiteren Kausalverlaufs). Heilungsverzögerung. Eine operative Abhilfe fand erst am 24.7.2000 [der Unfall ereignete sich bereits am 17.10.1999] statt, nachdem sich im Bereich der Handfläche bereits eine eitrige Wunde gebildet hatte.

Betrag: 1.000 € **Haftung: 100 %**
immVorb: – **MdE: –**

OLG Koblenz 20.10.2005 – 5 U 1330/04 = BeckRS 2006, 686

910

Fingerverletzung (hier: Fingergelenkentzündung; wegen diagnosefehlerhafter Verkennung einer Infektion des Fingergelenkes, Heilungsverzögerung, – die Heilung verzögerte sich um 10 bis 12 Tage) [vgl. auch Behandlungsverzögerung].

Frau. Arzthaftung (hier: Diagnosefehler. Trotz längerer Fingerverletzung erfolgte keine Röntgenuntersuchung des Gelenkes). Heilungsverzögerung.

Betrag: 1.534 € **Haftung: 100 %**
immVorb: – **MdE: –**

OLG Stuttgart 3.2.1998 – 14 U 40/96 = BeckRS 1999, 2031

7629

Behandlungsverzögerung: Nach gutachterlicher Einschätzung wäre der Patient bei behandlungsfehlerfreiem Verhalten um 13:00 Uhr klinisch zu untersuchen gewesen. In der Folge wäre die Perforation entdeckt worden und es wäre innerhalb von circa anderthalb Stunden die erforderliche Operation eingeleitet worden.

Mann. Arzthaftung im Zusammenhang mit der grob fehlerhaften Behandlung einer akuten Bauchfellreizung bei Perforation des Magenkarzinoms infolge derer der Patient schließlich verstarb. Die Kläger begehrten insofern ua Schmerzensgeld aus übergegangenem Recht sowie Hinterbliebenengeld. Bei der Bemessung des Schmerzensgeldes berücksichtigte das LG dabei ein Zeitraum von circa 8 Stunden, in dem der Patient „unter starken Schmerzen litt, die ihm bei fehlerfreier Behandlung in diesem Ausmaß erspart geblieben wären." [vgl. zur Genugtuungsfunktion des Schmerzensgelds im Arzthaftungsrecht auch BGH BeckRS 2022, 5498 sowie zum Hinterbliebenengeld in diesem Falle die → Nr. 7630 für die Witwe, → Nr. 7631 für die erwachsenen Kinder, → Nr. 7632 für den Schwiegersohn sowie → Nr. 7633 für die Enkel]

Betrag: 2.000 € **Haftung: 100 %**
immVorb: – **MdE: –**

LG Köln 17.4.2024 – 25 O 156/21 = BeckRS 2024, 36202

6750

Behandlungsverzögerung mit daraus resultierenden unnötigen Schmerzen in einem Zeitraum von 20 Tagen.

Mann. Arzthaftung im Zusammenhang mit einer orthopädischen Behandlung des Handgelenks, bei welcher der Beklagte dem Kläger behandlungsfehlerhaft einen ungespaltenen Rundgipsverband trotz einer einer nicht dislozierten Fraktur des rechten Handgelenks angelegt hatte. Zur Schmerzensgeldbemessung führte das OLG aus: „Vor diesem Hintergrund stellt das Schmerzensgeld hier in erster Linie einen Ausgleich für die auf den Behandlungsfehler zurückgehenden Schmerzen des Klägers im Zeitraum vom 19. Mai 2010 bis zum 9. Juni 2010 dar".

Betrag: 2.000 € **Haftung: 100 %**
immVorb: – **MdE: –**

OLG Frankfurt a. M. 26.3.2019 – 8 U 148/13 = BeckRS 2019, 5730

5390

Heilungsverzögerung / Verlängerung der Leidenszeit (hier: qualvollen Erlebens des eitrigen Austritts eines SCS-Neuromodulationssystem / Generators mit erheblichen Schmerzen während der Dauer von 16 Tagen infolge einer Wundheilungsstörung im Bereich des hiatus sacralis bzw. Kreuzbeinkanals.)

60j. Mann. Zum Ausgleich einer um 16 Tage verlängerten Leidenszeit, in der der Patient ganz erhebliche Schmerzen aushalten musste, und zum Ausgleich des sehr schmerzhaften und qualvollen Erlebens des eitrigen Austritts eines Generators ist ein Schmerzensgeld von 2.000 EUR angemessen.

Betrag: 2.000 € **Haftung: 100 %**
immVorb: – **MdE: –**

OLG Köln 28.2.2018 – 5 U 47-17 = BeckRS 2018, 6001

5541

Behandlungsverzögerung und Leidensverlängerung mit „sehr schmerzhaftem und qualvollen Erleben des eitrigen Austritts eines Generators".

59j. Mann. Arzthaftung (hier Grober Behandlungsfehler im Zusammenhang mit einem zuvor implantierten „Generator" nach Bandscheibenvorfall). Leidensverlängerung um 16 Tage und Behandlungsverzögerung. Hierzu führte das OLG aus: „Die Argumentation der Beklagten, es sei zum einen nicht sicher, ob bei einer um 16 Tage früheren Explantation die infektionsbedingten Schmerzen auch früher aufgehört hätten, und zum anderen hätten sich dann stattdessen die wesentlich heftigeren neuropathischen Schmerzen eingestellt, überzeugt nicht. Die Ungewissheit, wann die infektionsbedingten Schmerzen bei früherer Explantation des Neuromodulationssystems beherrscht worden wären, muss aufgrund der Beweislastumkehr zulasten der Beklagten gehen. Dass sich bei früherer Explantation die neuropathischen Schmerzen früher eingestellt hätten, ist für die Frage des Schadensumfangs unerheblich, denn die auch durch das Auftreten der neuropathischen Schmerzen verursachte Leidenszeit wäre durch eine frühere Re-Implantation entsprechend kürzer gewesen. Soweit die Beklagten dagegen argumentieren, es stehe nicht feststehe, ob eine Re-Implantation mit dem gleichen zeitlichen Abstand (8.2.2014 bis 20.10.2014 = 8 Monate und 12 Tage) erfolgt wäre, geht auch diese Unsicherheit zulasten der Beklagten".

Betrag: 2.000 € **Haftung: 100 %**
immVorb: – **MdE: –**

OLG Köln 28.2.2018 – 5 U 47/17 = BeckRS 2018, 6001

6827

Zahnschmerzen, Zahnnervschädigung und Behandlungsverzögerung im Zusammenhang mit einer behandlungsfehlerhaften Zahnkronenbehandlung. Infolge einer behandlungsfehlerhaft festen Einzementieren der Krone des Zahns Nr. 17 kam es zu einem „Mehr an Schmerzen (insbesondere durch die hierdurch verursachte Nervschädigung und Entzündung) von etwa 3 Monaten", so das LG.

Frau. Zahnarzthaftung in Form zweier Behandlungsfehler. Zum einen hatte der Beklagte bei der Klägerin eine Krone bei Zahn 17 fest eingegliedert, obwohl dieser Zahn noch kurz zuvor wegen einer erhöhten Schmerzempfindlichkeit von ihm selbst behandelt worden war. Des Weiteren hatte der Beklagte trotz festgestellter Verkürzung des mesialen Wurzelkanals es unterlassen, eine Röntgenaufnahme zu fertigen. Zudem lag infolge der zunächst nicht bzw. erst mit ca. zwei Monaten Verspätung vorgenommenen Röntgenaufnahme auch eine Behandlungsverzögerung von „knapp 2 Monaten" vor, die ebenfalls bei der Schmerzensgeldbemessung berücksichtigt wurde. Insgesamt ging die Kammer „von einem durch das behandlungsfehlerhafte feste Einzementieren der Krone verursachten Mehr an Schmerzen (insbesondere durch die hierdurch verursachte Nervschädigung und Entzündung) von etwa 3 Monaten aus, die jedenfalls zuletzt auch derart erheblich waren, dass eine nahezu tägliche Schmerzmitteleinnahme erforderlich war", so das LG. [Anmerkung: In erster Instanz hatte das AG Eschweiler (Urt. v. 10.1.2017 – 27 C 167/16) 3.500 EUR zuerkannt.] Das Urteil wurde eingereicht von Ra., Fachanwalt für Medizinrecht, Rudolf Günter, Aachen.

Betrag: 2.000 € **Haftung: 100 %**
immVorb: Ja **MdE: –**

LG Aachen 21.11.2017 – 3 S 22/17 = BeckRS 2017, 164668

5217

Behandlungsverzögerung (hier: Unterbliebener Hinweis auf Krebsnachuntersuchung wegen des Verdachts auf Prostatakrebs).

47j. Mann. Arzthaftung: Behandlungsverzögerung durch unterbliebene Befunderhebung im Rahmen der Krebsvorsorge. Hierzu führte das OLG aus: „Entgegen der Auffassung des Beklagten ist die von ihm durchgeführte Behandlung an den fachurologischen Gutachten zu messen, obwohl er selbst kein Urologe, sondern Facharzt für Allgemeinmedizin ist. Indem der Beklagte es pflichtwidrig unterlassen hat, den vormaligen Kläger im Dezember 2006 zu empfehlen, spätestens nach 6 Monaten eine weitere PSA-Untersuchung durchführen zu lassen, hat er sich gegenüber seinem Patienten gemäß §§ 280 Abs. 1, 823 Abs. 1, 253 Abs. 2 BGB schadensersatzpflichtig gemacht. Die Beweislast dafür, dass aufgrund dieser Sorgfaltswidrigkeit einen gesundheitlichen Schaden eingetreten ist, trifft unter den konkreten Umständen den Beklagten". Zur Schmerzensgeldbemessung führte das OLG, welches den vom LG mit 8.000 EUR festgesetzten Betrag auf 2.000 EUR herabgesetzt hatte, aus: „Dem Beklagten kann also lediglich vorgeworfen werden, durch sein pflichtwidriges Unterlassen eine noch bessere Prognose verhindert zu haben. Außerdem kann nicht gänzlich unberücksichtigt bleiben, dass Herr O. infolge der verzögerten Diagnose einige Zeit länger in dem Glauben sein durfte, nicht an Krebs erkrankt zu sein (vgl. OLG München, NJW 1995, S. 2422). Abgesehen davon hat sich seit Erlass des erstinstanzlichen Urteils insofern eine erhebliche Veränderung der Bemessungsfaktoren ergeben, als Herr O. verstorben ist und sich die von der Kammer unterstellte Leidenszeit dadurch erheblich verkürzt hat. Im Zeitpunkt der letzten mündlichen Verhandlung vor dem Landgericht am 30. Oktober 2013 ist der Kläger 57 Jahre alt gewesen. Anschließend hat er nur noch rund 1 Jahr und 7 Monate gelebt. Wie der Bevollmächtigte der Klägerinnen in der Sitzung vor dem

Senat erklärt hat, besteht zwischen dem Tod des Herrn O. und dem Prostatakarzinom kein Zusammenhang."

Betrag: 2.000 € **Haftung: 100 %**
immVorb: – **MdE: –**

OLG Oldenburg 18.5.2016 – 5 U 1/14 = BeckRS 2016, 10889

5206

Behandlungsverzögerung (hier: Zahnbehandlung, verzögerte. Der Kläger musste für die Dauer von zwei Jahren mit der Schiefstellungen seiner Zähne leben und daneben einen Bionator tragen.)

14j. Junge. Zahnarzthaftung (hier: Behandlungsverzögerung, die dazu führte, dass der Kläger längerfristig mit Schiefstellungen seiner Zähne leben und daneben einen sogenannten Bionator tragen musste, den die Beklagten therapeutisch einsetzten.). Der Bionator besteht aus einem Kunststoffgestell, einem Lippen-Wangen-Bogen und einem Zungenbügel aus Edelstahl und ist dementsprechend unangenehm zu tragen.)

Betrag: 2.000 € **Haftung: 100 %**
immVorb: – **MdE: –**

OLG Koblenz 27.1.2016 – 5 U 811/15 = BeckRS 2016, 5004

6603

Heilungsverzögerung „in einer Größenordnung von 6 Wochen" infolge einer rechtswidrigen Operationserweiterung.

49j. Frau (selbstständige Physiotherapeutin und Osteopathin). Arzthaftung im Zusammenhang mit einer Schulterverletzung; dabei wurde eine arthroskopische Dekompression sowie darüber hinaus eine Rotatorenmanschetten-Rekonstruktion vorgenommen. Wegen dieser rechtswidrigen Operationserweiterung, die nicht von einer wirksamen Einwilligung der Klägerin nach vorangegangener ordnungsgemäßer Aufklärung getragen war, erkannte das LG auf 2.000 EUR Schmerzensgeld. „Bei der Bemessung hat die Kammer berücksichtigt, dass zwar nicht der arthroskopische Eingriff als solcher, wohl aber die im mini-open-Verfahren erfolgte Naht der Rotatorenmanschette als kausale Folge der nicht ordnungsgemäßen Aufklärung zu werten und im Rahmen der Schmerzensgeldbemessung zu berücksichtigen ist. Kausale Folge der Operationserweiterung ist des weiteren eine circa 5 cm große Narbe auf der Schulter der Klägerin, die dauerhaft verbleiben wird. Es ist außerdem nach den Feststellungen des gerichtlichen Sachverständigen von einer Heilungsverzögerung in einer Größenordnung von 6 Wochen infolge der Operationserweiterung auszugehen", so das LG.

Betrag: 2.000 € **Haftung: 100 %**
immVorb: – **MdE: –**

LG Köln 11.2.2015 – 25 O 350/11 = BeckRS 2015, 123659

6022

Heilungsverzögerung im Zusammenhang mit einer Hüftoperation, bei der „die Anwendung der CASPAR-Operationsmethode [Fräsrobotereinsatz] präoperativ und intraoperativ zu körperlichen Belastungen geführt hat, die ihm bei Anwendung der herkömmlichen Operationsmethode erspart geblieben wären und in die er so nicht eingewilligt hatte". Hüftgelenkverletzung nach fehlerhafter Hüftoperation mit Muskelverletzungen (hier: Verletzung des Musculus gluteus medius und maximus, quadratus femoris, vastus lateralis, gemellus inferior und superior sowie der Sehne des Musculus Psoas major und der Fascia lata sowie auch des mittleren Gesäßmuskels.

41j. Mann. Arzthaftung (hier: Aufklärungspflichtverletzung über unbekannte Risiken einer Neulandmethode im Zusammenhang mit einer Hüftoperation, bei der ein Fräsroboter zum Einsatz kam). Zur Bemessung führte das OLG aus: „Berücksichtigt man, dass den Beklagten nur die leicht fahrlässige Verletzung einer bis dahin in der Rechtsprechung noch nicht ausdrücklich postulierten Aufklärungspflicht über unbekannte Risiken einer Neulandmethode zur Last fällt, weshalb der Genugtuungsfunktion des Schmerzensgeldes im vorliegenden Fall keine erhebliche Bedeutung zukommt, ist es zum Ausgleich der immateriellen Schäden des Klägers ausreichend, aber auch erforderlich, dass ihm die Beklagten einen Betrag in Höhe von 2.000 EUR zahlen". „Da durch die Anwendung der CASPAR-Operationsmethode keine Verschlechterung des gesundheitlichen Zustands des Klägers verursacht worden ist, müssen die Beklagten auch nicht für die angeblichen materiellen und immateriellen Folgen der vom Kläger behaupteten körperlichen Beschwerden und Beeinträchtigungen einstehen".

Betrag: 2.000 € **Haftung: 100 %**
immVorb: – **MdE: –**

OLG Frankfurt a. M. 8.11.2013 – 25 U 79/12 = BeckRS 2014, 2428

2909

Heilbehandlungsverzögerung von 6 Monaten nach Oberschenkelfraktur (hier: Oberschenkelhalsfraktur; später – nach nicht erkannter Pseudoarthrose – künstliches Hüftgelenk.).

Mann. Arzthaftung (Diagnosefehler bei Pseudoarthrose. 6monatige Heilungsverzögerung / Behandlungsverzögerung. Künstliches Hüftgelenk.

Betrag: 2.045 € **Haftung: 100 %**
immVorb: – **MdE: –**

LG Aachen 27.6.2001 – 11 O 257/00 = BeckRS 2001, 161794

6734

Heilungsverzögerung bzw. hier vorliegend eine Leidensverzögerung in Form von vermeidbaren Schmerzen bei einer schwer erkrankten 90jährigen stationär aufgenommenen Patientin.

90j. Frau (da die Frau verstarb, klagten die Erbinnen). Arzthaftung wegen mehrerer Behandlungsfehler im Zusammenhang mit einem stationären Aufenthalt der inzwischen verstorbenen Diabetikerin bei der zuvor eine Blutzuckermessung hätte durchgeführt werden müssen, die jedoch unterblieben war. Zudem lag eine zu niedrige Dosierung des verabreichten Antibiotikums und eine nicht indizierte Verabreichung von Kortison vor. Die Patientin verstarb später an einer starken Blutvergiftung. Bei der Schmerzensgeldbemessung berücksichtigte das OLG, dass „die Patientin bis zu ihrem Tod am Abend des xx.xx.2011 Leiden in Form von starken Schmerzen am gesamten Körper zu erdulden hatte, die ihr bei einer sachgerechten Behandlung möglicherweise (diese Möglichkeit ist zugrunde zu legen) erspart geblieben wären. Letztlich kommt es dabei vor allem auf die Zeit ab dem

15.9. an, also insgesamt auf drei Tage, in denen sich der Zustand der Patientin zunehmend verschlimmerte. Neben den Schmerzen berücksichtigt der Senat maßgeblich den psychischen Umstand, dass mit zunehmender Verschlimmerung sich ein Gefühl der Ausweglosigkeit und des nahenden Todes eingestellt haben wird".

Betrag: 2.500 € **Haftung: 100 %**
immVorb: – **MdE: –**

OLG Köln 26.6.2019 – 5 U 75/17 = BeckRS 2019, 42016

6446

Behandlungsverzögerung (hier: „Verzögerte Rückverlegung auf die Intensivstation für einen Zeitraum von 2 Tagen").

Mann. Arzthaftung (hier: Behandlungsfehler im Zusammenhang mit einer Subarachnoidalblutung, die zu spät erkannt worden war). Der Kläger litt „über einen Zeitraum von nahezu 2 Tagen an der Ausprägung neurologischer Defizite in Form von Sprachstörungen und Lähmungserscheinungen … hat, ohne dass diese erkannt und angemessen behandelt worden sind. Nach der Rückverlegung auf die Intensivstation hat sich das Beschwerdebild des Klägers in der Folgezeit gebessert und die neurologischen Defizite sind abgeklungen. Dass sich in Folge der unterlassenen Zurückverlegung des Klägers auf die Intensivstation über einen Zeitraum von 2 Tagen der Heilungsverlauf des Klägers messbar verlängert hat, hat der Sachverständige nicht feststellen können. Ferner ist zu berücksichtigen, dass der Heilungsverlauf beim Kläger nach der erlittenen Subarachnoidalblutung insgesamt zufrieden stellend verlaufen ist, nach Abschluss der Behandlung neurologische Defizite beim Kläger nicht mehr nachgewiesen werden konnten und Dauerschäden, die auf eine verzögerte Rückverlegung auf die Intensivstation für einen Zeitraum von 2 Tagen zurückgeführt werden könnten, nicht verblieben sind".

Betrag: 2.500 € **Haftung: 100 %**
immVorb: – **MdE: –**

OLG Brandenburg 17.4.2019 – 12 U 81/06 = BeckRS 2008, 13146

5199

Behandlungsverzögerung infolge derer es über einen Zeitraum von acht Wochen zu einer Einschränkung der Gehfähigkeit sowie Schmerzen und Gehbeschwerden kam.

Frau. Arzthaftung (hier: Achtwöchige Behandlungsverzögerung im Zusammenhang mit einer unfallbedingten Kniegelenksverletzung). [Anmerkung: Lesenswert zum Kausalzusammenhang: „Ist auf der Grundlage überzeugender Feststellungen eines Sachverständigen der Schadenseintritt mit mehr als 95 %iger Sicherheit nicht auf den Befunderhebungsmangel zurückzuführen, so ist der Kausalzusammenhang „äußerst unwahrscheinlich" und eine Beweislastumkehr hinsichtlich der Kausalität kommt nicht in Betracht". (amtlicher Leitsatz)

Betrag: 2.500 € **Haftung: 100 %**
immVorb: Ja **MdE: –**

OLG Köln 27.5.2015 – 5 U 194/14 = BeckRS 2015, 14414

5770

Heilungsverzögerung (hier: Mehrmonatige Schmerzen im Bereich der Fußwurzel infolge einer fehlerhaft eingesetzten Klammer anlässlich einer Sprunggelenksoperation).

50j. Mann. Ambulante Heilbehandlung mit mehrmonatigen Schmerzen. Arzthaftung (hier: Behandlungsfehler, den das LG als „relativ begrenzten Behandlungsfehler (Fehllage der Blount-Klammern)" bezeichnet hatte).

Betrag: 2.500 € **Haftung: 100 %**
immVorb: – **MdE: –**

LG Köln 22.8.2007 – 25 O 402/05 = BeckRS 2007, 17212

6736

Behandlungsverzögerung im Zusammenhang mit einer Peritonitis, bei der die erforderliche Revisionsoperation um ca. 20 Stunden verspätet durchgeführt worden war, wodurch die Klägerin Todesangst und sehr starke Schmerzen unnötig lange erleiden musste. Zudem wurde eine nicht indizierte Magen-Darm-Passage vorgenommen, was zu weiteren erheblichen Schmerzen geführt hatte. Dadurch wiederum wurde eine zusätzliche Lavage sowie längere Beatmungszeit erforderlich.

Frau. Arzthaftung im Zusammenhang mit einer lebensbedrohlichen Bauchfellentzündung [Peritonitis]. Bei der Schmerzensgeldbemessung berücksichtigte das OLG die Dauer der Behandlungsverzögerung, die erheblichen Schmerzen sowie die Todesängste aber auch, dass zusätzliche Schäden durch die Behandlungsverzögerung nicht verursacht worden waren, da zum Zeitpunkt des die Verzögerung mitverursachenden Befunderhebungsfehlers bereits eine so schwere Bauchfellentzündung vorgelegen hatte, dass sich der zuvor schon sehr negative Gesundheitszustand der Klägerin nicht mehr spürbar verschlechtern konnte.

Betrag: 3.000 € **Haftung: 100 %**
immVorb: – **MdE: –**

OLG Schleswig 30.1.2019 – 4 U 42/17 = BeckRS 2019, 54831

6257

Posttraumatische Belastungsstörung als Folge einer etwa drei- bis vierwöchigen Heilungsverzögerung hinsichtlich eines Dekubitus. Wäre der notwendige Eingriff bereits im Haus der Beklagten durchgeführt worden, wären – so das OLG – „der Klägerin die während des Verzögerungszeitraums aufgetretenen Fieberschübe, die Übelkeit und die Schmerzen erspart geblieben".

36j. Frau. Arzthaftung (hier: Behandlungsfehler im Zusammenhang mit einer Dekubitusverletzung bei einer querschnittsgelähmten Frau). Es kam zu Fieberschüben und Überkeit sowie zu einer posttraumatischen Belastungsstörung [PTBS], zu der das OLG ausführte: „Die Klägerin leidet zudem nach den nicht angegriffenen Feststellungen der Sachverständigen B. und C. an einer seelischen Erschütterung mit Symptomen einer atypisch lang verlaufenden, posttraumatischen Belastungsstörung, die sich zwar im Laufe der Zeit abgeschwächt hat, sie aber auch heute noch sowohl im Privatals auch im Arbeitsleben beeinträchtigt. Die von der Klägerin problematisierte Frage, inwieweit es sich bei dieser posttraumatischen Belastungsstörung um einen Primär- oder einen Sekundärschaden handelt, bedarf keiner Entscheidung, da auch der Senat vom Bestehen der psychischen Beeinträchtigung und zumindest einer Mitursächlichkeit der fehlerhaften Behandlung ausgeht".

Betrag: 3.000 € **Haftung: –**
immVorb: Ja **MdE: –**

OLG Düsseldorf 5.11.2015 – 8 U 15/15 = BeckRS 2015, 122453

5735

Behandlungsverzögerung (hier: „annähernd viermonatige Verzögerung einer gebotenen Fingeroperation" des nach einem Sturz im Bereich der „Basiskante im Mittelglied des Ringfingers abgesprengten" Knochens).

Frau. Arzthaftung (hier: Diagnosefehler. Statt eine Operation zur Korrektur der Fehlstellung in den Gelenkflächen zu veranlassen, legte er eine Fingerschiene an, verordnete Ruhigstellung und nachfolgend Krankengymnastik). Dauerschaden: Bewegungseinschränkung des Ringfingers, von der das OLG jedoch meinte, „dass auch eine sofortige Operation des Ringfingers eine Bewegungseinschränkung, wie sie heute gegeben ist, nicht zwingend verhindert und nicht mit Gewissheit etwas an der nach den Angaben der Kl. dauerhaft vorhandenen Schmerzsymptomatik geändert hätte".

Betrag: 3.000 € **Haftung: 100 %**
immVorb: – **MdE: –**

OLG Koblenz 31.8.2006 – 5 U 588/06 = BeckRS 2006, 10944

5560

Malaria-Erkrankung (hier: Behandlungsverzögerung einer „letztlich erfolgreich ausgeheilt"en Malaria. Hierzu führte das Gericht aus: „Bei Durchführung der gebotenen weitergehenden Diagnostik und anschließender Reaktion auf die dann festgestellte Malaria-Erkrankung bereits am 10.1.2017 dem Kläger sowohl die zerebrale Manifestation mit Delir als auch der intensivstationäre Aufenthalt erspart geblieben wären, ebenso – mit wohl überwiegender Wahrscheinlichkeit – auch die Anlage von PICCO-Sonde, Dauerkatheter, Zentralem Venenkatheter und der arteriellen Blutdruckmessung. Auch wäre die Dauer der Behandlung insgesamt um ca. eine Woche verkürzt gewesen. Der Kläger hätte sich insgesamt gar nicht erst in einer so akut bedrohlichen Situation befunden – mit entsprechenden Ängsten und Belastungen".

31j. Mann. 3 Tage intensivstationär. Weitere 3 Tage stationär. MdE 4 Wochen 100 %. Arzthaftung / Diagnosefehler / Befunderhebungsfehler (Unterlassene Blutabnahme zum Ausschluss einer Malaria) im Zusammenhang mit einer Malaria-Erkrankung nach einer Afrika-Reise trotz Malaria-Prophylaxe. Vorschaden / Vorerkrankung: angeborene Thalassämie (= chronische Erkrankung des roten Blutfarbstoffs / Hämoglobin)

Betrag: 4.000 € **Haftung: 100 %**
immVorb: – **MdE: –**

LG München I 25.6.2018 – 9 U 5656/17 = BeckRS 2018, 41102

7183

Malaria-Erkrankung, die sich zu einem lebensbedrohlichen Ausmaß mit zerebraler Manifestation mit hohem Fieber und Schüttelfrost sowie Erbrechen weiterentwickelt hatte und deren „Dauer der Behandlung insgesamt um ca. eine Woche verkürzt gewesen" wäre, wenn der Kläger rechtzeitig und richtig behandelt worden wäre.

31j. Mann. Arzthaftung in Form eines Diagnosefehlers im Zusammenhang mit einer Malariainfektion und eines damit verbundenen groben Behandlungsfehlers, der – so das LG – auch ursächlich war für das Fortschreiten der Malaria-Erkrankung bis zu dem Ausmaß, wie es sich später dargestellt hatte. Intensivstation wegen der „akut bedrohlichen Situation", in deren Folge einer PICCO-Sonde, ein Dauerkatheter und ein zentraler Venenkatheter angelegt werden sowie arterielle Blutdruckmessungen durchgeführt werden mussten. Bei korrekter Diagnose und Behandlung wäre die Dauer der Behandlung insgesamt um ca. eine Woche verkürzt gewesen. Der Kläger hätte sich insgesamt gar nicht erst in einer so akut bedrohlichen Situation befunden – mit entsprechenden Ängsten und Belastungen, so das LG.

Betrag: 4.000 € **Haftung: 100 %**
immVorb: – **MdE: –**

LG München I 25.6.2018 – 9 O 5656/17 = BeckRS 2018, 41102

4722

Drei Monate dauernde Heilungsverzögerung / Behandlungsverzögerung im Zusammenhang mit dem Eindringen eines größeren Holzstücks dirket unterhalb des Knies.

Mann. 26 Tage stationär (2 Aufenthalte) und Heilungsverzögerung / Behandlungsverzögerung von insgesamt 3 monatiger Dauer. Bei korrekter Behandlung wäre die Verletzung nach 2 bis 3 Wochen verheilt. Arzthaftung / Behandlungsfehler: „Beschränkt sich der Arzt bei einer Verletzung des Beins durch Eindringen eines größeren Holzstücks dirket unterhalb des Knies auf eine Sondierung der Wunde und unterlässt es eine gebotene explorative Revision der Wunde, so haftet er für die geltend gemachte Heilungsverzögerung, die durch das Verbleiben von Holzsplittern eingetreten ist, nach den Grundsätzen über den Befunderhebungsmangel." Erhöhend wirkte sich die Amputationsangst des Klägers und die erhebliche Sorge um seine Gesundheit aus.

Betrag: 4.000 € **Haftung: 100 %**
immVorb: – **MdE: –**

OLG Köln 13.6.2012 – 5 U 18/11 = BeckRS 2012, 14532

5338

Behandlungsverzögerung wegen nicht gewährter Mutter-Kind-Kur: „Infolge der Ablehnung der an sich gerechtfertigten Kurmaßnahme hat sich der Kurantritt für sie um ca. 1 ½ Jahre von Oktober 2005 auf Mai 2007 verzögert. Dadurch haben sich ihre bestehenden Beschwerden, insbesondere das im Vorgrund stehende psychophysische Erschöpfungssyndrom mit erheblicher depressiver Komponente, das Wirbelsäulenleiden und die damit verbundenen Schmerzen sowie der Bluthochdruck deutlich verschlechtert", so das LG.

75j. Frau. Die Klägerin, Mutter eines schwerbehinderten Kindes beantragte bei der Beklagten, ihrer Krankenversicherung, eine Muter-Kind-Kur, die ihr die Beklagte jedoch verweigerte. Die Klägerin verklagte letztendlich ihre Krankenversicherung und führte aus, sie habe aufgrund der durch die Ablehnung der Beklagten eingetretenen Verzögerung … im Zeitraum von Oktober 2005 bis Mai 2007 eine deutliche Steigerung des psychosomatischen Erschöpfungssyndroms mit erheblicher depressiver Komponente, eine Verschlimmerung des Wirbelsäulenleidens mit Verstärkung von Schmerzen in Beinen, Rücken und Schultern mit der Folge der Notwendigkeit der Einnahme von morphinähnlichen Schmerzmitteln und eine Steigerung bzw. erhebliche Fixierung ihres Bluthochdrucks erlitten. Das LG kam zum Ergebnis, dass die Klägerin gemäß §§ 839 Abs. 1, 253 Abs. 2 BGB iVm Art. 34 GG Anspruch auf Zahlung eines Schmerzensgeldes in Höhe von 4.000,00 EUR hat. Schmerzensgeldmindernd berücksichtigte das LG im Rahmen der Schadenminderungspflicht gemäß § 254 Abs. 2 S. 1 Alt. 2 BGB, dass die Klägerin den Schaden hätte mindern können, wenn sie von den von der Beklagten angebotenen ambulanten Maßnahmen Gebrauch gemacht hätte.

Betrag: 4.000 € **Haftung: 100 %**
immVorb: – **MdE: –**

LG Lübeck 26.6.2009 – 4 O 226/06 = BeckRS 2009, 20318

7393

Behandlungsverzögerung im Zusammenhang mit einer Oberschenkelhalsfraktur. Etwas über zwei Monaten zunehmende Schmerzen, die bei rechtzeitig korrekter Diagnose nicht für diese Dauer aufgetreten wären.

Mann (Lagerarbeiter). Arzthaftung in Form eines „vermeidbaren Diagnoseirrtums" im Zusammenhang mit einer Oberschenkelfrakturoperation. „Der beklagte Arzt erstellte weitere 1 ½ Monate später – nach durchgeführter Röntgenuntersuchung – einen Wiedereingliederungsplan für den Kläger, der auf der ersten Stufe eine Arbeitszeit von 4 Stunden täglich bei einer Maximalbelastung von 40 kg vorsah. Die Wiedereingliederungsmaßnahme brach der Kläger nach kurzer Zeit aufgrund von Schmerzen im Frakturbereich ab. Eine Untersuchung ergab, dass sich der Bruch verschoben hatte und der Hüftkopf geschädigt worden war. Dem Kläger musste ein künstliches Hüftgelenk eingesetzt werden." Im Zusammenhang mit der Schmerzensgeldbemessung führte das LG aus, dass dem Kläger auch ohne den Diagnoseirrtum ein künstliches Hüftgelenk habe eingesetzt werden müssen, „die Implantation sei nämlich auch bei richtiger Diagnose nicht zu verhindern gewesen. Der Beklagte habe den Kläger aber nicht sofort, wie es erforderlich gewesen wäre, in das Krankenhaus zurückverwiesen, so dass der Kläger in einem Zeitraum von etwas mehr als zwei Monaten – vom Beginn der Behandlung durch den Beklagten bis zur Implantierung der künstlichen Hüfte – unter zunehmenden Schmerzen gelitten habe." [Zitate aus dem Urteil].

Betrag: 5.000 € **Haftung: 100 %**
immVorb: – **MdE: –**

LG Koblenz 25.1.2018 – 1 O 359/16 = BeckRS 2018, 63574

4496

Heilungsverzögerung im Zusammenhang mit Brustverletzung (hier: Verätzungen nach Wundspülung nach einer Brustoperation; dadurch Heilungsverzögerung). [vgl. auch unter Behandlungsverzögerung].

43j. Frau. Heilungsverzögerung / Arzthaftung (hier: Grober Behandlungsfehler. Die behandelnde Ärztin hatte die Wunde der Klägerin versehentlich mit einem Putzmittel gespült, nachdem sie die entspr. Flaschen verwechselt hatte). Der Wundheilungsprozess wurde dadurch 6 Monate verzögert [vgl. auch unter Behandlungsverzögerung].

Betrag: 6.000 € **Haftung: 100 %**
immVorb: – **MdE: –**

OLG Köln 27.6.2012 – 5 U 38/10 = BeckRS 2012, 14534

5366

Erhebliche Heilungsverzögerung nach Kniescheibenentfernung und einem – während der Rehabilitationsbehandlung aufgetretenen – Sehnenriss, der eine Sehnenrekonstruktion erforderlich machte.

Frau. Arzthaftung (hier: Heilungsverzögerung und Aufklärungspflichtverletzung: „Steht im Falle einer Knieoperation, die der Erhaltung und Wiederherstellung der Beweglichkeit dienen soll (Arthrolyse und Prothesenwechsel), ernsthaft im Raum, dass eine Entfernung der Kniescheibe notwendig werden könnte, muss dies konkret angesprochen werden", so das OLG). Langwierige Heilbehandlung: Die Klägerin war ein Jahr auf einen Rollstuhl angewiesen, „was" – so das OLG – „vor der Operation vom 18.4.2011 unstreitig nicht notwendig war". Dauerschaden: Kniegelenkversteifung, die jedoch nicht auf den Eingriff zurückzuführen war, weshalb das OLG das vom LG auf 10.000 EUR festgesetzte Schmerzensgeld herabsetzte.

Betrag: 7.000 € **Haftung: 100 %**
immVorb: – **MdE: –**

OLG Köln 11.1.2017 – 5 U 46/16 = BeckRS 2017, 106461

5987

Heilungsverzögerung. Die Heilung der Außenknöchel Fraktur wurde um fast 210 Tage verzögert.

53j. Mann. Heilungsverzögerung von insgesamt etwa 210 Tagen und damit verbundenen Schmerzen. Arzthaftung (hier: Grober Behandlungsfehler und Befunderhebungsfehler im Zusammenhang mit einer Außenköchelfraktur, die ärztlicherseits nicht erkannt worden war. Erst später „wurde ein eindeutig abgrenzbarer Frakturspalt ohne kortikalen Durchbruch, mithin eine deutlich verzögerte knöcherne Heilung festgestellt", so das LG].

Betrag: 7.000 € **Haftung: 100 %**
immVorb: – **MdE: –**

LG Düsseldorf 23.5.2013 – 3 O 312/09 = BeckRS 2013, 17250

5935

Zahnschmerzen (hier: „Die Klägerin ist seit nunmehr knapp fünf Jahren ohne eine fachgerechte Versorgung, so dass der Beklagte für die Verlängerung ihrer Leidenszeit einstehen muss", so das OLG).

Frau. Heilungsverzögerung für die Dauer von „knapp fünf Jahren". Zahnarzthaftung (hier: Behandlungsfehler – die „Behandlung mit Freiendbrücken war von vornherein unbrauchbar und auch durch Nachbesserungsarbeiten nicht funktionstüchtig zu machen").

Betrag: 7.000 € **Haftung: 100 %**
immVorb: – **MdE: –**

OLG Frankfurt a. M. 23.1.2007 – 8 U 199/05 = BeckRS 2011, 24432

7372

Behandlungsverzögerung infolge der unzureichenden psychiatrischen Behandlung. Durch die „schadensbedingt langsameren Besserung seines Zustands [musste der Kläger] entsprechend länger unter der zum Zeitpunkt seiner Aufnahme bei der Beklagten bestehenden Intensität der Beeinträchtigungen seiner psychischen Gesundheit leiden."

Mann. Arzthaftung im Zusammenhang mit der Behandlung einer akut exazerbierten paranoiden Schizophrenie. Eine insofern rein medikamentöse Behandlung ist als grober Behandlungsfehler zu werten. Zur Schmerzensgeldbemessung führte das OLG aus: „Ausgehend von der Kontrollüberlegung, dass gemäß § 7 Abs. 3 StrEG für eine Freiheitsentziehung durch eine rechtmäßig angeordnete und vollzogene Untersuchungshaft im Falle eines späteren Freispruchs ein Entschädigungsbetrag von EUR 75,00 pro Tag zu zahlen ist, was bei 46 Tagen eine Summe von EUR 3.450,00 ausmacht, muss das Schmerzensgeld im vorliegenden Fall einer pflichtwidrig und schuldhaft verursachten Freiheitsentziehung deutlich höher ausfallen. Der Betrag, den sich der Kläger vorstellt, nämlich mindestens EUR 10.000,00, erscheint allerdings zu hoch". Zum Feststellungsausspruch (immVorb) führte das OLG aus: „Wie bereits erwähnt, ergibt sich aus den Ausführungen des Klägers, dass die emotionale Belastung, die durch die nicht standardgemäße Behandlung ausgelöst worden war, bis heute anhält. Es kann daher nicht von vornherein ausgeschlossen werden, dass sich daraus in Zukunft zumindest mit ursächliche Auswirkungen auf seinen gesundheitlichen Zustand" ergeben.

Betrag: 7.500 € **Haftung: 100 %**
immVorb: Ja **MdE: –**

OLG Hamburg 3.8.2023 – 1 U 78/22 = BeckRS 2023, 15715

5114

Schulterverletzung / Schulterprellung sowie Hüftprellung, die den Heilungsverlauf einer – aus einem früheren Unfall – noch bestehenden Schulterverletzung für die Dauer eines Jahres aus psychischen Ursachen verzögerte. Dieser verzögerte Heilverlauf ist ... – so das OLG – „verständlich".

Frau (Ältere Frau / Reinigungsmitarbeiterin). Vorschädigung. Heilungsverzögerung, „aus psychischen Gründen", so das OLG – deshalb litt die Klägerin 1 Jahr unter nicht unerheblichen Beschwerden, war „ab diesem Zeitpunkt aber wieder arbeitsfähig und haushaltsführungsfähig", so das OLG.

Betrag: 7.500 € **Haftung: 75 %**
immVorb: – **MdE: –**

OLG München 8.5.2015 – 10 U 4543/13 = BeckRS 2015, 9712

6116

Behandlungsverzögerung von nahezu 2 Monaten wegen einer zunächst nicht erkannten Handfraktur.

Mann. Arzthaftung (hier: Diagnosefehler im Zusammenhang mit einer Untersuchung nach Sturz von einer Leiter. Eine Handwurzelverletzung und Dislokation der Handwurzelknochen wurde nicht festgestellt, war aber gegeben. Erst 59 Tage später wurden diese Verletzungen im Rahmen einer CT-Untersuchung festgestellt und behandelt). Dauerschaden: Bewegungseinschränkung der linken Hand, die im Alltag zahlreiche Erschwernisse mit sich bringt.

Betrag: 8.000 € **Haftung: 100 %**
immVorb: Ja **MdE: –**

OLG Koblenz 17.8.2017 – 5 U 491/17 = BeckRS 2017, 123188

4791

Heilungsverzögerung im Zusammenhang mit Schulterverletzung in Form einer Schultereckgelenksprengung Tossy III links, die wie unten unter Einzelheiten näher dargestellt, kunstfehlerhaft operiert wurde). [vgl. auch unter Behandlungsverzögerung].

Junger Mann (genaues Alter nicht bekannt). Heilungsverzögerung. Arzthaftung (hier: Behandlungsfehler mit fehlerhaftem Schraubensitz, da das Gewinde mit der Schraube zu nahe am Gelenk gelegen hat. Eine solche Lage ist – so das OLG „nicht zu tolerieren, insbesondere nicht bei einem jungen Menschen"). [vgl. auch unter Behandlungsverzögerung].

Betrag: 8.000 € **Haftung: 100 %**
immVorb: Ja **MdE: –**

OLG Hamm 18.2.2014 – 26 U 152/13 = BeckRS 2014, 8879

6897

Behandlungsverzögerung infolge eines Befunderhebungsfehlers im Zusammenhang mit Brustkrebs bzw. einem insofern fehlerhaften Mammographie-Screenings. Es kam zu „schwerwiegenden Armödemen ..., die das Tragen von Kompressionshandschuhen und Lymphdrainagen erfordern ... als Folgeschaden der Axilladisektion", so das LG in der Vorinstanz. Infolge der erforderlichen Chemotherapie litt die Klägerin unter Haarausfall, Verhornungen, Magen-Darm-Beschwerden, häufige Infekte, tränende Augen, reduzierter Allgemeinzustand, Ödeme, Wasseransammlungen und Gefühlstörungen.

66j. Frau. Arzthaftung wegen Befunderhebungsfehler beim Mammographie-Screening. Dies hatte die Notwendigkeit einer radikalen Tumoroperation mit Entfernung der Lymph- und Wächterdrüsen und einer Behandlung mit einen viermaligen Chemo-Zyklus verursacht. „Bei korrektem Vorgehen, wäre der Brustkrebs in einem Stadium entdeckt und behandelt worden, in dem noch keine Lymphknoten befallen gewesen wären. Einer Chemotherapie hätte es nicht bedurft und die Anzahl der Bestrahlungen wäre geringer gewesen – deutlich unter 30" ... „Der Diagnose- und Behandlungsverzug ist geeignet, zum Lymphknotenbefall, zum Größenwachstum des Tumors und damit auch zur Axilladissektion und einer Chemotherapie zu führen. Es ist auch nicht gänzlich unwahrscheinlich, dass der Diagnoseverzug zum Befall der Lymphknoten sowie zum Größenwachstum beigetragen hat", so das OLG. [Das Urteil ist rechtskräftig nachdem die Revision erfolglos war, vgl. BGH BeckRS 2020, 12560].

Betrag: 10.000 € **Haftung: 100 %**
immVorb: – **MdE: –**

OLG Stuttgart 7.5.2019 – VI ZR 213/19 = BeckRS 2019, 44323

5313

Herzverletzung / Herzinfarkt. Die verspätete Einlieferung des Klägers habe zu einem teilweisen Herzinfarkt, der jedoch nicht erkannt worden war, wodurch es zum Absterben von Herzmuskelgewebe sowie im Weiteren zur Herausbildung einer Herzinsuffizienz kam. Die damit verbundenen Folgen seien letztlich auch für eine Verstärkung einer chronisch depressiven Verstimmung des Klägers ursächlich, so das KG.

Mann. Arzthaftung / Rettungsassistentenhaftung (hier: Nichterkennen der Symptome – Atemnot und Schmerzen im Bereich des Brustkorbes sowie des Rückens – eines Herzinfarktes).

Betrag: 10.000 € **Haftung: 100 %**
immVorb: – **MdE: –**

KG 19.5.2016 – 20 U 122/15 = BeckRS 2016, 10425

5008

Behandlungsverzögerung bzgl. Schleimbeutelentzündung / Bursitis im Ellenbogen; „der protrahierte Heilungs- und Genesungsprozess …, war von erheblichen Belastungen und Einschränkungen geprägt, zu denen es nicht gekommen wäre, wenn der Beklagte … unverzüglich operiert hätte", so das OLG.

53j. Mann. Arzthaftung (hier: Befunderhebungsfehler im Zusammenhang mit einer Ellenbogenverletzung. „Bleiben einem Arzt infolge seiner Befunderhebungsversäumnisse die Leitsymptome einer floriden Bursitis mit sofortiger operativer Interventionspflicht verborgen, führt das zu einer Beweislastumkehr", so das OLG).

Betrag: 10.000 € **Haftung: 100 %**
immVorb: – **MdE: –**

OLG Koblenz 28.5.2014 – 5 U 1244/13 = BeckRS 2014, 15914

3793

Behandlungsverzögerung und Leidensverzögerung wegen Fehldiagnose wegen des Nichterkennens einer Wirbelsäulenfraktur.

56j. Mann. Arzthaftung: Fehldiagnose nach Wirbelsäulenfraktur. Der Beklagte hatte diese Fraktur nicht erkannt und den Kl., der nach einem Fahrradsturz zur Untersuchung kam, zunächst „entlassen". Dauerschaden: Schmerzen beim Gehen und Sitzen. Die Dauerfolge ist zu 50 % auf einen degenerativen Vorschaden zurückzuführen; jedoch auch zu 10 % auf die Behandlungsverzögerung des Arztes.

Betrag: 10.000 € **Haftung: 100 %**
immVorb: – **MdE: 30 %**

LG Köln 9.4.2008 – 25 O 526/05 = BeckRS 2008, 9191

5781

Heilungsverzögerung um insgesamt ca. 21 Monate im Bezug auf eine Unterschenkelschafttrümmerfraktur. Es wurden zusätzliche ärztliche Behandlungen notwendig. Der Kläger erlitt zudem psychische Beeinträchtigungen. Er musste infolge der medizinischen Falschbehandlung hinnehmen, dass sich der Heilungsprozess seines unfallbedingten Körperschadens nicht sechs bis neun Monate, sondern etwa zweieinhalb Jahre ausdehnte mit entsprechenden Begleiterscheinungen, wie zusätzlicher ärztlicher Behandlungen, Schmerzen und psychischen Beeinträchtigungen, wie das Gefühl der Hilflosigkeit und der Ohnmacht gegenüber dem viel zu langsam verlaufenden Heilungsprozess.

Mann. Arzthaftung (hier: Behandlungsfehler bei der Frakturbehandlung). Folgenlose Verheilung.

Betrag: 10.000 € **Haftung: 100 %**
immVorb: – **MdE: –**

OLG Naumburg 1.11.2007 – 1 U 59/07 = BeckRS 2007, 19560

7846

Schulterverletzung (hier: Schulterrotatorenmanschettenruptur bzw. Rotatorenmanschettenruptur), – infolge eines Diagnosefehlers erfolgte die Behandlung erst nach vier Monaten.

46j. Mann. Arzthaftung im Zusammenhang mit der Diagnose und Behandlung einer Schulterverletzung. Ärztlicherseits wurde dabei infolge eines Diagnosefehlers bzw. einer nicht ausreichend erhobenen Diagnose die Rotatorenmanschettenruptur zunächst nicht erkannt, sondern erst nach vier Monaten. Durch diese Behandlungsverzögerung war jedoch eine erfolgversprechende Behandlung der Sehnen, die am Oberarmkopf im Schultergelenk fixiert ist, nicht mehr möglich. Dauerschaden: Drehbewegungsbeeinträchtigung und Funktionsbeeinträchtigung im Bereich der rechten Schulter und es Oberarms. Dadurch sind sportliche Aktivitäten und körperliche Arbeiten, beispielsweise im Garten nur eingeschränkt möglich. Verschlechterungstendenz nicht ausgeschlossen. [Ursache: Skiunfall].

Betrag: 10.000 € **Haftung: 100 %**
immVorb: Ja **MdE: 30 %**

LG Karlsruhe 18.10.2004 – 10 O 99/03 = BeckRS 2004, 162159

253

Behandlungsverzögerung „von vier Monaten" und „vermeidbare Schmerzen" nach Wirbelkörperfrakturen (im Lendenwirbelbereich), die ärztlicherseits zunächst „übersehen" wurden.

Frau. Arzthaftung (Diagnosefehler bei Lendenwirbelfraktur). Regulierungsverzögerung („in hohem Maße tadelnswerter Weise" verweigerte Regulierung!), deshalb Verdoppelung!

Betrag: 10.226 € **Haftung: 100 %**
immVorb: – **MdE: –**

OLG Frankfurt a. M. 7.1.1999 – 12 U 7/98 = BeckRS 9998, 23592

6254

Behandlungsverzögerung. Die Beklagte Gynäkologin hatte die Klägerin – trotz einer bereits diagnostizierten HPV-Infektion – nicht rechtzeitig wieder einbestellt, so dass es zu einer Behandlungsverzögerung des bei ihr bestehenden Plattenepithelkarzinoms der Gebärmutter von etwa 6 Monaten gekommen war. Die Klägerin hätte zwar auch bei früherer Befundung operiert werden müssen; allerdings wäre ihr die Trachelektomie [= Operationsverfahren zur operativen Therapie des Gebärmutterhalskrebses unter Erhalt der Fruchtbarkeit] erspart worden.

Frau (junge Frau). Arzthaftung (hier: Behandlungsfehler und unterlassene Befunderhebung im Zusammenhang mit einer erkannten HPV-Infektion. Zur Dauer der Behandlungsverzögerung heisst es im Urteil: „Nach den Ausführungen des Sachverständigen hätte die Klägerin dann etwa 6 Monate gewonnen". Dauerschaden: Bei der Klägerin muss nun bei Schwangerschaften, die bei der noch jungen Klägerin nicht ausgeschlossen sind, operativ der Muttermund bei Schwangerschaften verschlossen werden und die Entbindung sicher durch Kaiserschnitt erfolgen.

Betrag: 15.000 € **Haftung: 100 %**
immVorb: Ja **MdE: –**

KG 31.8.2015 – 20 U 314/12 = BeckRS 2015, 120217

5022

Behandlungsverzögerung eines Synovialsarkoms im Unterschenkel.Die Klägerin suchte in den Jahren 2009 und 2010 mehrfach den beklagten Orthopäden auf, der sie stets ohne Erfolg behandelte. Erst im Januar 2011 wurde die wahre Ursache (Tumorerkrankung im Bein) festgestellt und operiert.

23j. Frau (Studentin). Arzthaftung (Hier: Grober Befunderhebungsfehler im Rahmen einer Behandlung eines Synovialsarkoms im Unterschenkel. Der beklagte Arzt „diagnostizierte einen Kiefergelenkschaden, einen Kopfschmerz, eine Fibulaköpfchenblockierung und ein HWS-Syndrom. Er veranlasste entsprechende Behandlungen, die die Beschwerden der Klägerin nicht beseitigen konnten. Erst eine im Januar 2011 durchgeführte kernspintomografische Untersuchung ergab Anhaltspunkte für eine Tumorerkrankung, die sich nach ihrer operativen Versorgung im März 2011 als Synovialsarkom bestätigte") zitiert aus becklink. Dauerschaden: Bewegungseinschränkung des rechten Fußes in Form einer Fußheberschwäche und Großzehenheberschwäche.

Betrag: 15.000 € **Haftung: 100 %**
immVorb: Ja **MdE: –**

OLG Hamm 18.2.2015 – 3 U 166/13 = BeckRS 2015, 10693

4789

Heilungsverzögerung / Durchführung einer nicht erforderlichen zweiten Operation im Gesicht mit Hautreizungen die bei fachgerechter Behandlung vermieden worden wären. [vgl. auch unter Behandlungsverzögerung].

Mann. Arzthaftung (hier: Grober Behandlungsfehler im Zusammenhang mit der Behandlung eines Basalzellkarzinoms; für die vom Arzt gewählte fotodynamische Therapie bestand keine medizinische Indikation. Es bildete sich ein Rezidiv, sodass sich „der Kläger Folgeoperationen habe unterziehen müssen" mit mehrtägigen Krankenhausaufenthalten den damit zwangsläufig einhergehenden Unannehmlichkeiten. „Er hat sich den mit den Operationen verbundenen Risiken für seine Gesundheit, wie etwa Wundheilungsstörungen etc. aussetzen müssen", so das OLG. Dauerschaden: Narbe, die jedoch auch bei der ersten OP bereits verursacht wurde.

Betrag: 15.000 € **Haftung: 100 %**
immVorb: Ja **MdE: –**

OLG Hamm 25.2.2014 – 26 U 157/12 = BeckRS 2014, 6218

4815

Heilungsverzögerung im Zusammenhang mit Handgelenkverletzung in Form von Handgelenkfehlstellung, Handgelenkarthrose, persistierenden Ruhe- und Belastungsschmerz nach Behandlungsfehler. [vgl. auch unter Behandlungsverzögerung].

Mann. MdE über 2 Monate 100 %. Heilungsverzögerung. Arzthaftung (Hier: Behandlungsfehler im Zusammenhang mit der Behandlung einer Handgelenkfraktur rechts als dessen „kausale Folgen … zunächst eine erhebliche Fehlstellung im Gelenk in Form einer Stufenbildung zu berücksichtigen und weiterhin persistierende Ruhe- und Belastungsschmerzen" festzustellen waren.). Dauerschaden: Artrhose mit der Gefahr der Handversteifung; Berufsaufgabe; Umschulung. [vgl. auch unter Behandlungsverzögerung].

Betrag: 15.000 € **Haftung: 100 %**
immVorb: Ja **MdE: –**

OLG Hamm 5.11.2013 – 26 U 145/12 = BeckRS 2014, 2148

4745

Heilungsverzögerung im Zusammenhang mit Wirbelsäulenverletzung (hier: Grob behandlungsfehlerhaftes Unterlassen einer alsbaldigen Entfernung des eingebrachten Fixateurs mit Taubheitsgefühl im linken Bein als Dauerschaden). [vgl. auch unter Behandlungsverzögerung].

56j. Mann. Arzthaftung (hier: Aufklärungspflichtverletzung und Behandlungsfehler im Zusammenhang mit einer Wirbelsäulenoperation. Es musste erneut operiert werden, um die zunächst fehlerhaft eingesetzten Verschraubungen – das OLG sprach von einer „erheblichen Fehlpositionierung einiger Pedikelschrauben" – zu korrigieren. Zudem musste das „Fixateur-interne-System" ausgetauscht werden. Heilungsverzögerung / Behandlungsverzögerung. Dauerschaden: Taubheitsgefühl im linken Bein als Folge der eingebrachten Schrauben).

Betrag: 15.000 € **Haftung: 100 %**
immVorb: Ja **MdE: –**

OLG Köln 12.9.2012 – 5 U 152/11 = BeckRS 2013, 1560

6055

Behandlungsverzögerung um ca. 75 Tage, in denen „die Klägerin hat in der Zeit bis zur Stellung der korrekten Diagnose eines Fersenbeinbruchs erhebliche Beschwerden erlitten" hatte.

Frau. Arzthaftung (hier: Diagnosefehler im Zusammenhang mit einer Fersenbeinfraktur, die nicht erkannt wurde. Dazu das OLG: „Bei dieser gebotenen und der Klinikorganisation entsprechenden Überprüfung der in der Notaufnahme erstellten Diagnose hätte der Bruch des Fersenbeins jedenfalls erkannt werden müssen, ohne dass andererseits das Versäumnis des Chirurgen B als grober Behandlungsfehler im Sinne einer gänzlich unverständlichen und unter keinem Gesichtspunkt mehr vertretbaren ärztlichen Fehlleistung angesehen werden könnte").

Betrag: 15.000 € **Haftung: 100 %**
immVorb: Ja **MdE: –**

OLG Frankfurt a. M. 28.6.2012 – 22 U 91/09 = BeckRS 2015, 14237

4615

Heilungsverzögerung / Behandlungsverzögerung Wirbelsäulenverletzung (hier: Wirbelsäulenversteifung im Bereich des 5. Lendenwirbels.)

43j. Mann. Stationärer Aufenthalt mit 3 Operationen an der Wirbelsäule; ambulante Nachbehandlung. MdE 8 Monate 100 %. Heilungsverzögerung durch unbemerkt gebliebene Implantatlockerung. Dauerschaden: Wirbelsäulenversteifung und dadurch Bewegungsbeeinträchtigung. Schmerzensgeldmindernd bewertete das Gericht, dass die bestehenden Beschwerden auch ohne die kunstfehlerhafte Bandscheibenoperation hätte entstehen können. Arzthaftung. [vgl. auch unter Behandlungsverzögerung].

Betrag: 15.000 € **Haftung: 100 %**
immVorb: Ja **MdE: –**

OLG Karlsruhe 12.1.2011 – 7 U 149/08 = BeckRS 2011, 142295

5654

Knieverletzung, schwere (hier: Behandlungsverzögerungsbedingte Infektion im Kniegelenk mit dauerhaft deutlicher Bewegungseinschränkung, – wörtlich: „Die Möglichkeit der Fortbewegung ist deutlich eingeschränkt").

26j. Frau. Arzthaftung (hier: Behandlungsfehler bzw. Behandlungsverzögerung im Zusammenhang mit einer Knieoperation bei der eine Arthroskopie des rechten Kniegelenks mit Resektion des Vorderhorns des Innenmeniskus durchgeführt worden war. Die Behandlungsverzögerung von 2–3 Tagen oder rund 62 Stunden war für den Ausgang einer Infektion durchaus von ausschlaggebender Bedeutung, so die Aussage des vom OLG beigezogenen Gutachters). Es waren zwei Folgeoperationen notwendig. Bei einer dieser Operationen „erwies sich das rechte Kniegelenk als vollkommen verlötet. Es musste durch Lösen starker Verwachsungen im Gelenk beweglich gemacht werden". Langwierige Heilbehandlung mit Krankengymnastik und Massagen. Dauerschaden: Bewegungseinschränkung und Belastungsminderung des rechten Kniegelenks. Spätschäden / Verschlechterungstendenz: Versteifungsoperation. [Ausgangsursache: Motorradunfall].

Betrag: 15.339 € **Haftung: 100 %**
immVorb: Ja **MdE: –**

OLG Stuttgart 29.7.1997 – 14 U 20/96 = BeckRS 1999, 2024

5415

Tod nach unterlassenen Auswertung der Laborwerte (hier: Diagnose einer unreifen akuten biologischen Leukämie); es kam dadurch zu einem ausgedehnten Hirninfarkt, an der die Klägrin starb.

15j. Frau (Schülerin). Arzthaftung (hier: Grober Behandlungsfehler im Zusammenhang mit der unterlassenen Auswertung der Laborwerten). Bereits das LG, hatte zutreffend ausgeführt, dass eine Kenntnisnahme der Laborwerte zu einer Überweisung an einen Hämatologen geführt hätte. In der entsprechenden Unterlassung liege die Ursache für den späteren Todeseintritt. Die Heilungschancen im August 2009 seien deutlich besser gewesen als bei Diagnosestellung im Februar 2010. Ihre Tochter habe infolge der unterlassenen Auswertung der Laborwerte monatelang unter starken Beschwerden (Abgeschlagenheit, Muskelschmerzen und Gliederschmerzen) gelitten, weshalb ihr schließlich Opiate verabreicht wurden.

Betrag: 20.000 € **Haftung: –**
immVorb: – **MdE: –**

OLG Koblenz 25.9.2017 – 5 U 427/17 = BeckRS 2017, 127879

7357

Behandlungsverzögerung / verspätete Diagnose / Befunderhebungsfehler bezüglich einer Brustkrebserkrankung.

Frau. Arzthaftung wegen Behandlungsverzögerung nach verspäteter Brustkrebsdiagnose.

Betrag: 20.000 € **Haftung: 100 %**
immVorb: – **MdE: –**

LG Stade 22.12.2015 – 4 O 83/14 = 2015, 134339

2915

Behandlungsverzögerung im Zusammenhang mit Darmverletzung / Peritonitis [Bauchfellentzündung] (hier: Durch Verwendung eines Thermokauters verursachter Hitzeschadens mit Eröffnung der Darmwand in Form einer Dünndarmperforation).

Mann. Arzthaftung (hier: Mehrfach Behandlungsfehlerhaft herbeigeführte und verspätet therapierte Peritonitis); Lebensgefahr! Erhebliche Heilungsverzögerung.

Betrag: 20.452 € **Haftung: 100 %**
immVorb: – **MdE: –**

LG Nürnberg-Fürth 29.3.2001 – 4 O 4382/99 = BeckRS 2001, 12846

6879

Heilungsverzögerung durch Nervverletzung.

39j. Mann. Arzthaftung im Zusammenhang mit der Behandlung des Klägers nach einem Verkehrsunfall. Bei der insofern erforderlichen ärztlichen Behandlung wurde ein Nerv durchtrennt, so dass eine weitere zusätzliche Operation durchgeführt werden musste. Dadurch wurde die Dauer des stationären Aufenthalts um 14 Tage verlängert. Schmerzensgelderhöhend berücksichtigte das OLG die Regulierungsverzögerung seitens des KH-Versicherers.

Betrag: 22.500 € **Haftung: 75 %**
immVorb: – **MdE: –**

OLG Düsseldorf 21.2.2019 – 1 U 191/15 = BeckRS 2019, 59512

6060

Brustverletzung (hier: Fehlerhafte Brustoperation mit Lymphdrüsenentfernung und Behandlungsverzögerung bzw. Therapieverzögerung um gut 5 Monate).

Frau. Arzthaftung (hier: Grober Behandlungsfehler im Zusammenhang mit einer Brustoperation. Ein Präparateradiogramm der bei der Operation am 24.6.2003 entnommenen Gewebsteile war grob fehlerhaft ausgewertet worden und deshalb war die zu entfernende Gruppe der Kalkpartikel auf der Röntgenaufnahme des entfernten Gewebes definitiv nicht enthalten gewesen. Sie wurde deshalb auch zunächst nicht entfernt, weshalb sich die Klägerin einer zweiten Operation mit Lymphdrüsenentfernung unterziehen musste. Diese Behandlungsverzögerung führte – was gerade bei derartigen Operationen leicht nachvollziehbar ist – zu erheblichen Ängsten und psychischen Beeinträchtigungen,„ denn die vollständige Entfernung des suspekten Kalkherdes bereits im Juni 2003 hätte unabhängig von seinem Entwicklungsgrad in jedem Falle eine Behandlung in einem früheren Stadium und damit für die Klägerin eine geringere Krebsangst bedeutet", so das OLG.

Betrag: 25.000 € **Haftung: 100 %**
immVorb: Ja **MdE: –**

OLG Frankfurt a. M. 14.4.2014 – 5 U 32/08 = BeckRS 2009, 8973

4562

Behandlungsverzögerung / Lungenkrebs (hier: infolge eines Befunderhebungsfehler kam es zu einer Behandlungsverzögerung. Die Patientin verstarb 2 Jahre und 7 Monate nach Durchführung der Lungenresektion. Sie lebte bis zu ihrem Tode mit dem Gedanken, dass die Ausbreitung bei einer früheren Erkennung und entsprechender Behandlung ggf. hätte verhindert werden können.

Frau. Der Kläger mach als Alleinerbe seiner Frau arzthaftungsbedingte Schadensersatz- und Schmerzensgeldansprüche mit der Begründung geltend, der behandelnde Arzt hätte eine Krebserkrankung früher erkennen müssen wodurch die Heilungschancen größer gewesen wären. Das OLG gab der Klage statt, da der Beklagte den „Lungenrundherd durch weitere differential-diagnostische Maßnahmen abzuklären" gehabt hätte; dies so das OLG sei ein vorwerfbarer Befunderhebungsfehler und somit ein Behandlungsfehler, der auch „ursächlich für den weiteren Behandlungsverlauf bis hin zum Tode der Ehefrau des Klägers geworden" war.

Betrag: 25.000 € **Haftung: 100 %**
immVorb: – **MdE: –**

OLG Brandenburg 27.8.2009 – 12 U 233/08 = BeckRS 2009, 25226

6019

Brustamputation nach Befunderhebungsfehler im Rahmen einer Mammographieuntersuchung. Ein aggressives Mammakarzinom wurde zunächst nicht erkannt. Vier Jahre Todesangst. Nach vier Jahren verstarb die Klägerin schließlich an den Folgen des Brustkrebs. „Grundsätzlich führe eine Therapieverzögerung zu höheren Metastasierungsraten und niedrigeren Überlebensraten", so das LG.

41j. Frau. Arzthaftung (hier: Befunderhebungsfehler im Zusammenhang mit einer Brustkrebsdiagnose. Der Krebs wurde zunächst nicht erkannt. Aus diesem Grund kam es zu einer aggressiven Wucherung; die Brust musste abgenommen werden. Dennoch verstarb die Klägerin 4 Jahre nach der ersten Mammographieuntersuchung und litt in dieser Zeit ständig unter Todesangst).

Betrag: 30.000 € **Haftung: 100 %**
immVorb: – **MdE: –**

LG Bielefeld 6.10.2017 – 4 O 272/12 = BeckRS 2017, 133944

4534

Behandlungsverzögerung im Zusammenhang mit Wirbelsäulenverletzung durch verspätet diagnostizierten Tumor im Bereich des HWK 4 mit sich daraus ergebender Heilbehandlungsverzögerung bzw. -verlängerung.

18j. Frau. 2 Wochen stationäre Aufenthaltsverlängerung wegen einer – bei korrekter Behandlung vermeidbaren – dritten Operation. Arzthaftung (hier: Befunderhebungsfehler bei Unterlassung einer Röntgenaufnahme im Zusammenhang mit einer Halswirbelsäulenverletzung; Behandlungsverzögerung / Leidensverzögerung. Grober Behandlungsfehler, – so zutreffend die Bezeichnung durch das OLG).

Betrag: 30.000 € **Haftung: 100 %**
immVorb: Ja **MdE: –**

OLG Schleswig 4.4.2008 – 4 U 172/07 = BeckRS 2009, 4242

6591

Behandlungsverzögerung mit „erheblichen gesundheitlichen Beeinträchtigungen", so das OLG, und langandauernder Schonhaltung des Schulterbereichs sowie des Oberarms.

19j. Frau. Arzthaftung im Zusammenhang mit der Behandlung einer Oberarmfraktur bei der es – so das OLG – zu einer „Behandlungsverzögerung von mindestens vier Monaten" gekommen war, da die behandelnden Ärzte eine „beginnende Epiphysenlösung verkannt und die gebotene Behandlung monatelang nicht in Angriff genommen" hatten.

Betrag: 40.000 € **Haftung: 100 %**
immVorb: Ja **MdE: –**

OLG Köln 14.3.2016 – 5 U 69/15 = BeckRS 2016, 16887

6767

Krebserkrankung, die zu spät diagnostiziert wurde, so dass die Patientin nach einer Leidenszeit von 18 Monaten verstarb. „Der Tumor hätte gemäß den Angaben des Sachverständigen bereits Ende Oktober erkannt werden können. Bei einer um einen Monat früheren Diagnose wäre die statistische Prognose der Patientin um 10–20 % besser gewesen", so das OLG.

70j. Frau. Bei der Bemessung berücksichtigte das OLG vorrangig die Leiden der Klägerin in ihrem letzten Lebensabschnitt „mit schrecklichen Schmerzen, Verzweiflung und Todesangst. Alle anderen Aspekte des Falles sind – so das OLG – für die Schmerzensgeldzumessung von deutlich geringerer Bedeutung. Dies gelte insbesondere für die erlittene Lebensbeeinträchtigung, die "bei einer 70 Jahre alten Person typischerweise unterdurchschnittlich [sei], da man in diesem Alter die zentralen erfüllenden Momente des Lebens wie etwa Jugend, Liebe, Hochzeit, Mutterschaft und beruflichen Erfolg – anders als eine im Kindesalter Geschädigte – noch erleben konnte„. Sie entspricht den allgemein bekannten furchtbaren Erlebnissen von Menschen mit einer Krebserkrankung im Endstadium". [Lesenswert zum Thema der Abgrenzung von Diagnosefehlern und Befunderhebungsfehlern. Amtliche Leitsätze dazu: 1. Bei der Abgrenzung von Diagnose- und Befunderhebungsfehlern spielen die Plausibilität und die Eindeutigkeit einzelner Befunde sowie die Häufigkeit und die Gefährlichkeit der in Betracht zu ziehenden Erkrankungen eine Rolle. 2. Wäre die Prognose einer Patientin bei fachgerechter Behandlung um 10–21 % besser gewesen, ist der haftungsbegründende Ursachenzusammenhang nicht äußerst unwahrscheinlich. Von einem äußerst unwahrscheinlichen Ereignis kann erst ab einer Quote von etwa 5 % und darunter gesprochen werden.]

Betrag: 50.000 € **Haftung: 100 %**
immVorb: – **MdE: –**

OLG Frankfurt a. M. 22.12.2020 – 8 U 142/18 = BeckRS 2020, 42609

6753

Behandlungsverzögerung bzw. -unterlassung wegen des Unterlassens einer Darmspiegelung und der somit nicht erkannten Darmkrebserkrankung mit der Folge von zahlreichen – ansonsten nicht notwendigen – Behandlungen und Therapien über einen Zeitraum von 4,5 Jahren, wobei insbesondere die mehrfachen Chemotherapien und die operative Entfernung der Eileiter, Eierstöcke sowie des Blinddarms hervorzuheben sind.

47j. Frau. Arzthaftung im Zusammenhang mit einer Darmkrebsbefunderhebung. Durch schuldhaftes Unterlassen des Beklagten in Bezug auf die gebotene Befunderhebung [unterlassene Darmspiegelung] – was das OLG als groben Behandlungsfehler wertete – wurde der an Darmkrebs erkrankten Patientin, die nach viereinhalb Jahren Überlebenszeit mit zahlreichen belastenden Therapien und Operationen verstorben ist, die Chance auf eine zeitgerechte, weniger invasive Behandlung von 4–5 Monaten mit vollständiger Genesung genommen. Das Schmerzensgeld wurde vor diesem Hintergrund für die „Verschlimmerung der Krebserkrankung" und die „hervorgerufenen Folgen und Belastungen" zuerkannt. [Anmerkung: Lesenswert auch zum Thema „Mitverschulden eines Patienten bei Arzthaftung"].

Betrag: 70.000 € **Haftung: 100 %**
immVorb: – **MdE: –**

OLG Braunschweig 28.2.2019 – 9 U 129/15 = BeckRS 2019, 14187

7035

Behandlungsverzögerung, massive (hier: In „unverantwortlich großem Maße verzögerte Behandlung" eines Säuglings wodurch „die Beschwerden der Klägerin unnötig verlängert" worden waren).

Kind / Säugling. 4 Monate stationär. Arzthaftung im Zusammenhang mit der Behandlung nach Verdacht auf eine Neugeborenen-Infektion und Pneumonie in deren weiterem Verlauf insgesamt fünf Behandlungsfehler festgestellt wurden. Der vom Gericht beauftragte Sachverständige stellte insofern fest, dass initial eindeutige Hinweise auf eine sog. Passagestörung im obere Magen-Darm-Trakt unverständlicherweise in der Kinderklinik der Beklagten nicht die erforderliche Beachtung gefunden hätten, sondern es sei vielmehr zunächst ausschließlich eine vermeintliche Neugeboreneninfektion behandelt worden. Weiter, eindeutig Befunde seien unvollständig oder verspätet erhoben worden. Zudem erscheine es völlig unverständlich, dass erst nach sechs Tagen stationärer Behandlung die erste Ultraschalluntersuchung erfolgt sei. Dadurch wurde die Heilung „in unverantwortlich großem Maße verzögert … und die Beschwerden der Klägerin unnötig verlängert", so das LG. Dauerschaden: Reflux nach Geschwüren (Ulcera) und Speiseröhrenentzündung (Ösophagitis) sowie Ernährungsstörung mit Mangelernährung (Dystrophie). Bei der Bemessung berücksichtigte das LG dies alles sowie, dass die Klägerin Zeit ihres Lebens immer wieder auf Kontrolluntersuchungen angewiesen sein wird; zudem die Tatsache, dass die erst wenige Monate alte Klägerin auf Grund der Behandlungsfehler allein bis zum Zeitpunkt der Klageerhebung drei weitere Krankenhausaufenthalte und zwei weitere Gastroskopien absolvieren musste. Dazu sowie in Bezug auf die insgesamt lange stationäre Behandlungsdauer führte das LG aus: „Dies stellte sich für die Klägerin als neugeborenes Kind besonders gravierend dar, weil sie nicht in der elterlichen Obhut versorgt werden konnte, sondern dem Geschehen im Hause der Beklagten in einem sehr jungen Alter auch in besonderem Maße ausgesetzt war. Zugleich war sie hierdurch von der gewohnten und vertrauten häuslichen Umgebung getrennt, was eine erhebliche Beeinträchtigung darstellte".

Betrag: 75.000 € **Haftung: 100 %**
immVorb: Ja **MdE: –**

LG Bielefeld 1.4.2022 – 4 O 172/18 = BeckRS 2022, 8681

6551

Harnblasenkarzinom bzw. Blasenkrebs sowie Prostatakarzinom bzw. Prostatakrebs, die verspätet diagnostiziert worden waren – mit sehr schweren Folgen und leidvollem Versterben.

Mann. Ärztlicher grober Behandlungsfehler in Form eines Befunderhebungsfehlers wegen des Nichterkennens eines bösartigen Blasenkarzinoms und Prostatakarzinoms, obwohl der Patient bei seinen Arztbesuchen über Blut im Urin geklagt hatte, ohne dass bis zur Entdeckung des Blasenkarzinoms im September 2009 die Ursache hierfür hatte festgestellt werden können. Der Patient ging in den Jahren 2005 bis 2009 regelmäßig zur jährlichen Vorsorgeuntersuchungen. Im Jahr 2009 wurden – allerdings nicht im Rahmen der Vorsorge sondern im Zusammenhang mit einer Hüftgelenkoperation / Hüftgelenkimplantat die bösartigen Tumore entdeckt, an denen der Patient schließlich nach schwerem Leiden und erfolgloser Chemotherapie verstarb. Bei frühzeitiger Erkennung hätte „eine reelle Chance bestanden, den Tumor durch die Harnröhre zu entfernen und die Blase zu erhalten", so das OLG. So aber kam es zur operative Entfernung der gesamten Blase, der Prostata und eines Stücks des Darms. Kläger sind die Hinterbliebenen als Erbengemeinschaft. Bei der Bemessung berücksichtigte das OLG die ca. zwei Jahre andauernden erheblichen Belastungen und Schmerzens (Blasentamponade, Koliken, Chemotherapie, Nierenversagen, Katheter etc.) sowie „das leidvolle Versterben". [Lesenswert zur Verjährung bzw. zum Beginn der Verjährung bei ärztlichen Behandlungsfehlern]. Zum Schmerzensgeldanspruch der hinterblieben Ehefrau des Patienten → Nr. 6552.

Betrag: 100.000 € **Haftung: 100 %**
immVorb: – **MdE: –**

OLG Frankfurt a. M. 10.9.2019 – 8 U 43/17 = BeckRS 2019, 26115

5373

Brustamputation rechts und teilweise Mastektomie links nachdem ärztlicherseits ein aggressiver Tumor nicht erkannt worden war.

Frau. Arzthaftung (hier: Grober Behandlungsfehler im Zusammenhang mit der Brustkrebsvorsorge. Hierzu führte das LG aus: „Die Krankenakte enthalte für den 13.1.2009 die Eintragung „Mammographie dringend empfohlen", jedoch sei nicht dokumentiert, inwiefern dies mit der Klägerin ausreichend besprochen wurde, insbesondere ob die Alternative einer Mamma-Magnetresonanztherapie sowie die Konsequenzen und Risiken einer Unterlassung der Mammographie erläutert wurden". Obwohl fundamentaler Bestandteil einer vollständigen sonographischen Untersuchung (= Mammographie) sei auch eine Beurteilung der Lymphabflussgebiete (= Axillen) unterblieben. „Die Prognose für Überleben und rezidivfreies Überleben sowie die Lebensqualität der Klägerin sei durch die Diagnose- und die damit einhergehende Therapieverzögerung einschneidend verschlechtert worden. Die Behandlung der Klägerin mit beidseitiger Mastektomie, Entfernung der Achsellymphknoten, Frequenzablation und Operation der Lebermetastasen sei ohne die Verzögerung mit an Sicherheit grenzender Wahrscheinlichkeit eingeschränkter bzw. in Teilen überhaupt nicht notwendig geworden. Ohne Fernmetastasierung – hierfür lag die Wahrscheinlichkeit im Januar 2009 auf der Grundlage der mündlichen Ausführungen des Sachverständlichen Prof. Q bei etwa 90 % – habe man eine brusterhaltende Therapie durchführen können“, so das LG. Dauerschaden: Psychische Beeinträchtigungen und physische Beeinträchtigungen aufgrund der eingetretenen Metastasierung und Entfernung der rechten Brust.

Betrag: 100.000 € **Haftung: 100 %**
immVorb: Ja **MdE: –**

LG Köln 29.6.2017 – 25 O 326/13 = BeckRS 2017, 121953

5034

Fehldiagnose. Statt die Kreuzbeinfraktur zu erkennen, diagnostizierte der Arzt eine „Knochenhautreizzustand an der Steißbeinspitze“; infolge der Behandlung kam es zudem zu einer Infektion mit einem Staphylococcus aureus Bakterium. Durch die Infektion erlitt die Klägerinn dann multiple Abszesse, ein multiples Organversagen mit zeitweilig lebensgefährlichem Verlauf und musste sich mehrfach Revisionsoperationen unterziehen.

62j. Frau (Geschäftsfrau). Arzthaftung (Grobe Behandlungsfehler): Die Kl. wurde wegen einer Knochenhautreizzustand an der Steißbeinspitze mit schmerzstillenden Infiltrationen behandelt obwohl – was der Arzt nicht erkannte – eine Kreuzbeinfraktur bestand. Zudem hatte sich die Klägerin durch die Infiltrationen mit dem Staphylococcus aureus Bakterium infiziert. Durch die Infektion kam es zu zeitweilig lebensgefährlichem Verlauf und mehrfachen Revisionsoperationen. Mehrmonatiger stationärer Aufenthalt. Möglicher Dauerschaden: Narbenschmerzen, Mobilisations- und Bewegungseinschränkungen. [Urteil nicht rechtkräftig]

Betrag: 100.000 € **Haftung: 100 %**
immVorb: – **MdE: –**

OLG Hamm 4.12.2015 – 26 U 33/14 = BeckRS 2016, 49

25. Sonstige Verletzungen

Vorbemerkung: Trotz bestem Bemühen lassen sich nicht alle Entscheidungen in eine „Schublade“ einfügen. Aus diesem Grunde entwickelte ich bereits vor 40 Jahren die Schmerzensgelddatenbank IMM-DAT. Anders als in der IT-Aufbereitung der Thematik bleibt in der Buchform stets ein Rest von Urteilen, die in keine Einzelrubrik passen und deshalb hier unter „Sonstiges“ abgelegt werden. Auch wenn dies auf den ersten Blick wenig sinnvoll erscheint, so mag diese Rubrik beim *Durchstöbern* ggf. doch im einen oder anderen Falle dem Rechtssuchenden helfen.

Ansonsten sei empfohlen, die auf der Innenseite des Buchdeckels abgedruckte **persönliche Freischaltnummer** zu verwenden und somit die Recherche über die damit zugängliche Datenbank beck-online.SCHMERZENS GELD fortzuführen.

7431

Diverse Frakturen und Prellungen ohne nähere Angaben.

Mann. Kein Schmerzensgeld bei Skiunfall im „neuralgischen“ Pistenbereich. Bereits das Berufungsgericht (OLG Innsbruck) teilte die Ansicht des Erstgerichts (LG Innsbruck), wonach der Beklagten bloß ein geringes Mitverschulden in Form eines minimaler Reaktionsverzugs zur Last gelegt werden könne, der jedoch gegenüber der riskanten Fahrlinie des Klägers und seinem groben Aufmerksamkeitsfehler ganz in den Hintergrund trete. Das Berufungsgericht habe zutreffend erkannt, – so der OGH – dass in „neuralgischen“ Pistenbereichen die Verpflichtung zur besonderen Vorsicht und Aufmerksamkeit besteht.

Betrag: – **Haftung: –**
immVorb: – **MdE: –**

OGH Österreich 16.4.2024 – 10 Ob 37/23y = BeckRS 2024, 10770

7364

Missbildungen, schwere (hier: Contergangeschädigte Kinder, deren Mütter in der Schwangerschaft thalidomidhaltige Schlaf- und Beruhigungsmittel der Chemie Grünenthal GmbH eingenommen hatten).

Contergan II: Zur Verfassungskonformität des § 15 Abs. 2 S. 2 ContStifG und der Vereinbarkeit der Vorschrift mit Art. 14 Abs. 1 GG und mit Art. 3 Abs. 1 GG. auch bei Ausdehnung über den Bereich zivilrechtlicher Schmerzensgeldansprüche hinaus auf sozialrechtliche Ansprüche mit haftungsrechtlichem Hintergrund. Die vom Gesetzgeber in Erfüllung dieser Aufgabe vorgenommene Schadensregulierung nahm ihren Ausgangspunkt zwar in der Verteilung der durch den Vergleich bereitgestellten Mittel (vgl. BVerfGE 42, 263 <303>). Sie ging aber darüber hinaus und erhielt durch die Stiftungslösung ein ganz eigenes Gepräge. So wird die Rente unabhängig von der Teilnahme am zivilrechtlichen Vergleich gewährt (Rn. 3) und die Anspruchshöhe nach einem vom Gesetzgeber entwickelten Verfahren und nicht nach den Grundsätzen zur Bemessung von Schmerzensgeld festgesetzt (vgl. BTDrucks VI/926 S. 8). [Hintergrund: In den Jahren 1958 bis 1962 kamen weltweit etwa 10.000 Kinder von Müttern, die während der Schwangerschaft thalidomidhaltige Schlaf- und Beruhigungsmittel der Chemie Grünenthal GmbH (nachfolgend: Grünenthal) eingenommen hatten, mit schweren Fehlbildungen ihrer Gliedmaßen und anderen Körperschäden zur Welt, ungefähr die Hälfte davon in Deutschland. Die Eltern der contergangeschädigten Kinder machten deswegen Schadensersatzforderungen gegen Grünenthal geltend. Am 10. April 1970 schlossen Grünenthal und der Rechtsanwalt, der in dem damals anhängigen Strafverfahren gegen Führungskräfte von Grünenthal contergangeschädigte Kinder als Nebenkläger vertrat, einen Vergleichsvertrag. Mit Blick auf die erwarteten Schwierigkeiten … einer Vergleichsumsetzung (vgl. BTDrucks VI/926, S. 6) wurde das Stiftungsgesetz (kurz: StHG) vom 17. Dezember 1971 (BGBl I S. 2018) verabschiedet. Die Leistungen waren abhängig von der Schwere des Körperschadens und der hierdurch hervorgerufenen Körperfunktionsstörungen und bestanden in einer einmaligen Kapitalentschädigung in Höhe von mindestens 1.000 DM und höchstens 25.000 DM sowie einer monatlichen Rente von mindestens 100 DM und höchstens 450 DM (§ 14 Abs. 2 Sätze 1 und 2 StHG). Das Stiftungsgesetz wurde durch das Conterganstiftungsgesetz – (kurz: ContStifG) vom 13. Oktober 2005 (BGBl I S. 2967) abgelöst, das seither vier Mal geändert wurde. Die hier zur Überprüfung gestellte Vorschrift des § 15 Abs. 2 Satz 2 ContStifG wurde 2013 mit dem 3. Änderungsgesetz eingeführt; durch das 4. Änderungsgesetz wurde die amtliche Überschrift des sonst unveränderten § 15 ContStifG in „Verzicht, Anrechnung von Zahlungen Dritter“ geändert. Die Vorschrift trifft Sonderregelungen für Auslandsfälle, die immerhin ca. 10 % der derzeit noch lebenden rund 2.700 Leistungsempfänger betrifft. Durch die Sonderregelung soll vermieden werden, dass infolge von staatlichen Doppelleistungen ausländische Betroffene besser gestellt werden, als die deutschen Geschädigten und die Geschädigten in anderen Ländern ohne staatliche Leistungen.

Betrag: – **Haftung: –**
immVorb: – **MdE: –**

BVerfG 21.11.2023 – 1 BvL 6/21 = BeckRS 2023, 38765

7296

Oberschenkelfraktur in Form einer Oberschenkelhalsfraktur.

Mann. Kein Schmerzensgeldanspruch wegen fehlender Haftung des Vermieters von E-Rollern beim Sturz eines Fußgängers über abgestellte E-Roller: Der – blinde – Mann hatte vorgetragen, er sei in einem gemäßigten Gehtempo und sich im Pendelgang mit seinem weißen Langstock an der „inneren Leitlinie" entlang der Hauswand orientierend, auf dem Gehweg gelaufen und habe dabei mit dem Langstock den ersten Roller noch als Hindernis wahrgenommen. Beim Übersteigen des ersten E-Rollers sei er sodann auf den zweiten Roller getreten, den er nicht erkannt habe, und dabei gestolpert und infolgedessen schwer gestürzt. Er forderte ein Schmerzensgeld iHv 20.000 EUR. Das LG hat die Klage abgewiesen. Die dagegen eingelegte Berufung blieb erfolglos. Das OLG Bremen führte dazu aus, der Vermieter von E-Rollern hafte nicht aus Gefährdungshaftung als Halter, da E-Roller als Elektrokleinstfahrzeuge von der Anwendung des § 7 StVG ausgeschlossen sind. Auch eine Haftung aus einer Verkehrssicherungspflichtverletzung scheide bezüglich der Art und Weise des Aufstellens der E-Roller dann aus, wenn er sich insofern nach der behördlichen Sondernutzungserlaubnis gerichtet habe. Zudem müsse er die E-Roller nicht so aufstellen, dass jedes erdenkliche Schadensszenario ausgeschlossen werde, denn das käme im Ergebnis einer Gefährdungshaftung gleich, die nach § 8 Nr. 1 StVG ausgeschlossen ist. Der Unfallort selbst habe keine Besonderheiten aufgewiesen. Insbesondere waren die E-Roller auch nicht in unmittelbarer Nähe einer weiteren GefahrenSeite quelle, wie einem Treppenaufgang oder eines besonders hochfrequentierten Ortes aufgestellt. Weil das Platzieren der E-Roller in diesem konkreten Fall entgegen der Auffassung des Klägers nicht sorgfaltswidrig war, sind die Beklagten für die Verletzung des Klägers nicht haftbar zu machen. [Zur Thematik der Verkehrssicherungspflichtverletzungen siehe im Handbuch → Rn. 365].

Betrag: – **Haftung: –**
immVorb: – **MdE: –**

OLG Bremen 15.11.2023 – 1 U 15/23 = BeckRS 2023, 31723

7299

Tod eines Dialysepatienten und nachfolgende Klage der hinterbliebenen Tochter wegen Behandlungsfehler und Aufklärungspflichtverletzung.

Frau. Kein Anspruch auf Schmerzensgeld wegen Aufklärungspflichtverletzung, sofern ein bestehendes Risiko dem aufklärenden Arzt nicht bekannt war und ihm auch nicht bekannt sein musste. Dazu führte das OLG aus: „… die Klägerin rügt eine Verletzung der therapeutischen Sicherungsaufklärung gemäß § 630c Abs. 2 BGB. Sie beanstandet, dass dem Patienten die Risiken des Shunts und die geeigneten Präventionsmaßnahmen hätten erklärt werden müssen. Die therapeutische Sicherungsaufklärung ist Bestandteil der fachgerechten ärztlichen Behandlung und soll den Erfolg der medizinischen Heilbehandlung durch begleitende Maßnahmen, insbesondere durch Information und Beratung des Patienten sicherstellen (vgl. OLG Dresden 25.7.2023 – 4 U 659/23, Rn. 16 …). Versäumnisse auf diesem Gebiet sind Behandlungsfehler und daher grundsätzlich vom Patienten zu beweisen (vgl. OLG Dresden 25.7.2023 – 4 U 659/23). Die Klägerin hat indes keinen Beweis für einen Pflichtverstoß angetreten."

Betrag: – **Haftung: –**
immVorb: – **MdE: –**

OLG Dresden 1.11.2023 – 4 U 1238/23 = BeckRS 2023, 33341

7215

Sturzbedingte Verletzungen ohne nähere Angaben.

Mann. Der Kläger stürzte auf einer mit löchrigem Malervlies ausgelegten Treppe und verletzte sich dabei. Kein Schmerzensgeldanspruch. „Bei einem Sturzgeschehen kann die Gewichtung und Abwägung der jeweiligen Verursachungsanteile ausnahmsweise dazu führen, dass kein Schmerzensgeldanspruch besteht, wenn der Geschädigte sehenden Auges ein für jedermann erkennbares Risiko eingegangen und die Sorgfaltspflichtverletzung des Verkehrssicherungspflichtigen als gering einzustufen ist. (Rn. 32)", so der Leitsatz des Hinweisbeschlusses des OLG.

Betrag: – **Haftung: –**
immVorb: – **MdE: –**

OLG Nürnberg 10.3.2023 – 3 U 3080/22 = BeckRS 2023, 5953

7114

Endoskopie ohne Vergabe von Schmerzmitteln bzw. ohne, aus subjektiver Sicht, ausreichende Sedierung mit „Unwohlsein und alltagstypische Ängste"n im Zusammenhang.

14j. Kind. Kein Schmerzensgeldanspruch: Arzthaftung im Zusammenhang mit einer gastroenterologischen Endoskopie. Das LG hatte die Klage abgewiesen, da weder eine Vereinbarung über eine Vollnarkose und Schmerzmittelgabe zwischen der Mutter des damals noch minderjährigen Kl. und den Bekl. getroffen worden sei noch sei die Sedierung fehlerhaft gewesen. Das OLG bestätigte dies und führte aus: „Unwohlsein und alltagstypische Ängste im Zusammenhang mit einer diagnostischen Untersuchung rechtfertigen regelmäßig kein Schmerzensgeld." (amtlicher Leitsatz). „Die vom Kl. geschilderten stechenden und drückenden Schmerzen im Bauchbereich während der lediglich höchstens zwanzig Minuten andauernden Koloskopie rechtfertigen ein Schmerzensgeld selbst dann nicht, wenn man entgegen den zutreffenden Annahmen des LG einen Behandlungsfehler unterstellen würde. Sie stellen sich vielmehr als Bagatellverletzungen dar, die nach dem die Vorschrift des § 253 Abs. 2 BGB bestimmenden Billigkeitsgrundsatz keinen ein Schmerzensgeld rechtfertigenden Schaden darstellen."

Betrag: – **Haftung: –**
immVorb: – **MdE: –**

OLG Dresden 16.10.2022 – 4 U 1258/22 = BeckRS 2022, 35654

7394

Hitze im Flugzeug infolge von Ausfall der Klimaanlage mit der Folge von Kreislaufproblemen, Kopfschmerzen oder Durst.

Frau, Mann und Kind. Kein Schmerzensgeld bei Hitze im Flugzeug: Die Kläger, eine dreiköpfige Familie mit zweijähriger Tochter, hatten bei der beklagten Fluggesellschaft für August 2018 einen Flug gebucht. Da im Flugzeug die Klimaanlage nicht angeschaltet wurde, war es heiß an Bord. Die Tochter der klagenden Familie erhielt Wasser, die Eltern nicht. Der Pilot teilte um 14:56 Uhr mit, man werde eine Viertelstunde später starten. Die Crew weigerte sich, die Türen zu öffnen. Nachdem einige Passagiere die Polizei informiert hatten, kehrte das Flugzeug zum Terminal zurück. Der erneute Abflug wurde für 16:30 Uhr angekündigt. Die Kläger bestiegen erneut das Flugzeug, doch es war es wieder sehr heiß. Um 17:20 Uhr startete die Maschine und landete um 19:22 Uhr, mehr als sechs Stunden später als vereinbart. Die beklagte Fluggesellschaft erkannte für jedes Familienmitglied 250 Euro Entschädigung nach Art. 12 Abs. 1 S. 2 der Fluggastrechteverordnung. Die Kläger begehrten darüber hinaus ein Schmerzensgeld von 650 Euro pro Person. Die Klage wurde in beiden Instanzen abgewiesen. Das LG begründete dies damit, dass die Kläger durch die Hitze im Flugzeug zwar unstreitig erheblich beeinträchtigt waren; dies reiche jedoch für einen Schmerzensgeldanspruch nicht aus. Ein Schmerzensgeld setze vielmehr eine Verletzung des Körpers oder der Gesundheit voraus. Eine Gefährdung reiche nach dem Gesetz dafür nicht. Die Kläger hätten im konkreten Fall nicht beweisen können, dass sie Kreislaufprobleme und Kopfschmerzen im Ausmaß einer Gesundheitsverletzung gehabt hätten. Ein Schmerzensgeld wegen eines Freiheitsentzuges scheitere schon daran, dass die Kläger erklärt hätten, gar nicht aussteigen, sondern losfliegen zu wollen und deswegen nach der Rückkehr zum Terminal erneut das Flugzeug bestiegen hätten.

Betrag: – **Haftung: –**
immVorb: – **MdE: –**

LG Frankfurt a. M. 5.5.2022 – 2-24 S 16/20 = BeckRS 2022, 53985

6830

Pfählungsverletzung als schwere Verletzungsfolge eines Verkehrsunfalles.

Mann. Kein Schmerzensgeldanspruch wegen fehlendem Feststellungsinteresse (§ 256 Abs. 1 ZPO) bzw. Vorrang der Leistungsklage sowie wegen Verjährung gem. § 3 Nr. 3 S. 3 PflVG aF, 14 StVG, 852 BGB a.F. nach Abfindungsvergleich mit Verschlimmerungsvorbehalt bzw. immateriellem Vorbehalt im Fall einer Verschlechterung der Verletzungsfolgen. [vgl. dazu auch unter Slizyk, Schmerzensgeld 2022 Rn. 454].

Betrag: – **Haftung: –**
immVorb: – **MdE: –**

LG Münster 10.12.2021 – 016 O 81/21 = BeckRS 2021, 39910

7004

Exsikkose (= Flüssigkeitsdefizit) in dessen Folge es zu einem Kreislaufversagen, einer Hyperkaliämie, einem Kompartmentsyndrom beider Oberschenkel und einer Einschränkung der Nierenfunktion mit Notwendigkeit zur Nierenersatztherapie kam.

Mann (Soldat / Hauptfeldwebel). Kein Schmerzensgeldanspruch wegen eines während einer Bundeswehrübung (Eignungstest des Einzelkämpferlehrgangs III „Führer eines Jagdkommandos") erlittenen Kreislaufkollapses. Der Test sollte der Leistungsfeststellung der aus unterschiedlichen Truppengattungen stammenden Teilnehmer dienen. Im Laufe des Tages des Lehrgangs betrug die Außentemperatur über 30 °C. Nach etwa der Hälfte des Rückmarsches erlitt er einen ersten Krafteinbruch, woraufhin er angehalten wurde, den Anschluss zur Truppe zu finden. Dieser Aufforderung folgte der Kläger zunächst, brach jedoch sodann nach etwa 3,5 km des Rückmarsches aufgrund eines Kreislaufzusammenbruchs infolge eines Flüssigkeitsdefizits (Exsikkose) zusammen. [Anmerkung: Ein solcher Anspruch eines Soldaten ist bereits aufgrund der Regelung des § 91a Abs. 1 SVG ausgeschlossen. Danach haben die nach dem Soldatenversorgungsgesetz versorgungsberechtigten Personen gegen den Bund aus Anlass einer Wehrdienstbeschädigung oder einer gesundheitlichen Schädigung nur die auf diesem Gesetz beruhenden Ansprüche. Anders ist dies, sofern die Wehrdienstbeschädigung gemäß § 91a Abs. 1 S. 2 SVG durch eine vorsätzliche unerlaubte Handlung einer im Dienst der Beklagten stehenden Person verursacht worden ist, wofür der klagende Soldat beweispflichtig ist].

Betrag: – **Haftung: –**
immVorb: – **MdE: –**

LG Bonn 27.10.2021 – 1 O 433/19 = BeckRS 2021, 32019

7860

Folgeverletzungen nach Oberschenkelhalsfraktur; die weiteren sturzbedingten Verletzungen hatten zur Rollstuhlgebundenheit geführt.

79j. Mann. Kein Schmerzensgeldanspruch nach Sturz im Krankenhaus – keine Pflicht zur Fixierung und permanenten Überwachung eines Patienten bei fehlenden konkreten Hinweisen auf Sturzgefährdung: Der Kläger war wegen des Verdachts einer Schenkelhalsfraktur stationär aufgenommen worden: im Aufnahmeprotokoll des Krankenhauses war auf die „Sturzgefahr" des Klägers hingewiesen worden. Deshalb war er zunächst in einem Dreibettzimmer und hatte dort ein Bettgitter; sodann wurde er jedoch in ein ein Einzelzimmer verlegt, wobei das dortige Bett kein Bettgitter besaß. Der Kläger stürzte in diesem Zimmer im Zustand der Verwirrtheit und zog sich weitere Verletzungen zu. Nach der damit verbundenen Operation wurde er erneut in ein Bett ohne Bettgitter verlegt und stürzte erneut und anschließend abermals. Infolgedessen hatte er „seine Gehfähigkeiten nicht wieder gewonnen. Es ist auf die Nutzung eines Rollstuhls angewiesen." Das LG und das OLG waren übereinstimmend zur Ansicht gelangt, dass die Bekl. weder ihre aus dem Krankenhausaufnahmevertrag resultierende dienstvertragliche Obhutspflicht, noch ihre aus § 823 Abs. 1 BGB folgende (inhaltsgleiche) Pflicht zum Schutze der körperlichen Unversehrtheit des Kl. verletzt hat. Dazu führte das OLG aus: „Eine konkrete Gefahrenlage, die weitergehende Sicherungsmaßnahmen verlangt hätte, lag auch nach dem ersten Sturz vom 5.4.2008 nicht vor. Ein permanenter Zustand hoher unmittelbar bevorstehender Selbstgefährdung ist nicht feststellbar. Zwar impliziert der erste Sturz vom 5.4.2008, dass die Bekl. nunmehr auf eine situative Sturzgefahr angemessen reagieren musste; dies bedeutet aber nicht, dass ab sofort die lückenlose Überwachung und Fixierung des Kl. gefordert war. Maßstab sind auch insoweit das für den Patienten Erforderliche sowie das für Patient und Pflegepersonal Zumutbare (vgl. OLG Düsseldorf NJOZ 2011, 1042). Insbesondere ist zu berücksichtigen, dass sich der zweite Sturz am 6.4.2008 zur Nachtzeit, nämlich gegen 22.30 Uhr ereignet hat. Vorherige Anzeichen für eine erhöhte Gefahrenlage, zum Beispiel Anzeichen einer nächtlichen Unruhe des Patienten, einer willentlichen Bettflucht oder Ähnliches sind vor diesem Ereignis in dem Pflegebericht und Pflegedokumentation durchweg nicht zu entnehmen, so dass sich auch das rein prophylaktische nächtliche Aufziehen eines Bettgitters zur Verhinderung einer bis dahin lediglich latent bestehenden Gefahr als freiheitsentziehende Maßnahme iSv § 1906 IV BGB nicht rechtfertigen ließe. Auch kann der Senat nicht ersehen, dass die pflegerische Betreuung und Überwachung des Kl. allgemein unzureichend gewesen wäre. So sind für den Zeitraum 4.4.2008/5.4.2008 jeweils Beobachtungsintervalle von 2 Stunden dokumentiert; ausweislich der Pflegedokumentation vom 6.4.2008 war der Kl. letztmalig um 21 Uhr von der Stationsschwester aufgesucht, gepflegt und gewaschen worden, ohne dass Auffälligkeiten im Verhalten des Kl. dokumentiert worden wären, welche eine besondere pflegerische Überwachung erfordert hätten. Ein Rückschluss auf indizierte weitere Sicherungsmaßnahmen ergibt sich schließlich für den hier relevanten Zeitraum auch nicht daraus, dass ab dem 9.4.2008 ärztlicherseits eine Fixierung des Kl. zur Verhinderung des Abreißens von Flexylen angeordnet werden musste. Abgesehen davon, dass ein solcher Rückschluss bereits auf Grund der hier allein maßgeblichen ex-ante-Sicht rechtlich verfehlt wäre, so ist festzustellen, dass die ärztliche Anordnung in keinem Zusammenhang mit einer Sturzgefahr beim Gehen stand und keiner solchen Gefahrenlage begegnen sollte."

Betrag: – **Haftung: –**
immVorb: – **MdE: –**

OLG Jena 5.6.2021 – 4 U 488/11 = BeckRS 2012, 13249

6343

Gesundheitlichen Beschwerden aufgrund der Ausdünstungen von Möbelstücken, die mit Formaldehyd behandelt worden waren.

54j. Mann. Kein Schmerzensgeldanspruch für Inverkehrbringung eines schadstoffbelasteten bzw. mit einer Formaldehydbelastung versehenen Möbelstücks: „Der Kläger kann von der Beklagten die Zahlung von Schadenersatz, auch in Form des vom Kläger begehrten immateriellen Schadens gemäß § 8 Satz 2 ProdHaftG bzw. § 253 Absatz 2 BGB, nicht verlangen. Dem Kläger steht kein Anspruch auf Zahlung von Schadenersatz aus § 1 Absatz 1 Satz 1 ProdHaftG sowie aus § 823 Absatz 1 BGB gegen die Beklagte zu. Die Voraussetzungen eines Fehlers im Sinne von § 3 ProdHaftG oder einer Verkehrssicherungspflichtverletzung für das In-Verkehr-Bringen eines fehlerhaften Produktes liegen nicht vor … Der vom Sachverständigen N festgestellte Wert ergibt keine Richtwert- bzw. Grenzwertüberschreitung", so das LG.

Betrag: – **Haftung: –**
immVorb: – **MdE: –**

LG Essen 25.2.2020 – 4 O 108/19 = BeckRS 2020, 4536

6344

Körperverletzungen ohne nähere Angaben.

Frau. Kein Schmerzensgeldanspruch wegen Sturz im Bereich einer Sitzgruppe eines Krankenhauses. Zwei Sitzgruppen waren mit einem grauen Verbindungsholm verbunden. Auf dem Verbindungsholm befand sich ein nicht mittig zwischen den beiden Sitzgruppen befindlicher und auf dem Verbindungsholm angebrachter runder schwarzer Tisch. Die Klägerin stürzte über diesen Verbindungsholm und verletzte sich. Dazu führte das LG aus, „von einem Krankenhausbesucher zu erwarten, dass er sich auf die für ein Krankenhaus typischen und von Betreibern nie völlig auszuräumenden Risiken einstellt und durch entsprechende Aufmerksamkeit auch selbst für die eigene Sicherheit sorgt. Neben Krankenbetten und medizinischem Gerät zählen auch in den öffentlichen Bereichen des Krankenhauses aufgestellte Sitzgruppen für Besucher und Patienten zu den Hindernissen, auf die ein Besucher beim Betreten des Krankenhauses erwartbar treffen kann. Grundsätzlich ist von dem Besucher zu erwarten, dass er diese Hindernisse erkennt und um dieser herumgeht".

Betrag: – **Haftung: –**
immVorb: – **MdE: –**

LG Köln 23.1.2020 – 2 O 93/19 = BeckRS 2020, 1364

6546

Verletzung der der Fürsorgepflicht gegenüber einem verbeamteten Lehrer.

54j. Mann (Lehrer). Kein Schmerzensgeldanspruch wegen Verletzung der Fürsorgepflicht gegenüber einem verbeamteten Lehrer. „Eine Verletzung der Fürsorgepflicht liegt im Hinblick auf eine später eingetretene Dienstunfähigkeit nur dann vor, wenn der Dienstherr auf einer objektiven Tatsachengrundlage hätte erkennen können und müssen, dass der Beamte aus gesundheitlichen Gründen nicht mehr in der Lage ist, bestimmte Dienstaufgaben (hier: Erstellung von Stunden- und Vertretungsplänen) zu erfüllen. Die Einleitung eines Disziplinarverfahrens stellt keine Amtspflichtverletzung dar, wenn der Lehrer die Fortführung einer konkreten Dienstaufgabe von der Zuweisung eines Familienmitglieds als Lehramtsanwärter an seine Schule abhängig macht". Der Kläger hatte vorgetragen, wegen der fehlenden Rücksichtnahme seiner Vorgesetzten auf seinen Gesundheitszustand habe sich dieser in einer Weise verschlechtert, die letztlich zu seiner Dienstunfähigkeit geführt habe. Deswegen sei auch das disziplinarische Vorgehen amtspflichtwidrig gewesen. Dazu führte das OLG aus: „Die Fürsorgepflicht fordert vom Dienstherrn, dass er Schutzmaßnahmen ergreift, um die Gesundheit des Beamten, soweit mit den dienstlichen Belangen vereinbar, vor Gefahren zu bewahren, die mit der Dienstverrichtung verbunden sind (Schnellenbach / Bodanowitz § 10 Rn. 32). Das bedeutet aber nicht zwingend, dass der Beamte sich ohne Weiteres mit Erfolg gegen die Wahrnehmung von Dienstaufgaben mit der Begründung wenden kann, diese würden eine psychische Belastung bedeuten, an der er erkrankt sei oder zu erkranken drohe (vgl. Schnellenbach / Bodanowitz § 10 Rn. 30)".

Betrag: – **Haftung: –**
immVorb: – **MdE: –**

OLG Jena 13.9.2019 – 4 U 846/18 = BeckRS 2019, 25154

6309

Kompensation von Schmerzen wegen des Verlustes von Tieren.

Frau. Kein Schmerzensgeldanspruch zur der „Kompensation der bei ihr infolge der Fortnahme der Leguane entstandenen Schmerzen". Die Klägerin hielt in Ihrer 24 qm großen Wohnung zwei Leguane, die ihr wegen nicht artgerechter Haltung von der Stadt C. weggenommen wurden.

Betrag: – **Haftung: –**
immVorb: – **MdE: –**

VG Köln 4.9.2019 – 21 K 6578/18 = BeckRS 2019, 21722

6497

Gehirntumor, der – so die Beklagten – auf Wunsch des Klägers operativ behandelt worden war, was der Kläger jedoch (erfolglos) bestritten hatte, da aus seiner Sicht die Operation nicht oder jedenfalls nicht zu diesem Zeitpunkt indiziert gewesen sei.

Mann. Keine Arzthaftung wegen behaupteter Aufklärungspflichtverletzung im Zusammenhang mit der Operation eines Gehirntumors. Der Kläger hat dazu vorgebracht, dass die Aufklärung deswegen unvollständig gewesen sei, weil ihm die Möglichkeit der Strahlentherapie nicht aufgezeigt worden sei und dass eine zur Vorbereitung der Strahlentherapie durchgeführte histopathologische Untersuchung die gutartige Natur des Tumors offengelegt hätte. Des Weiteren sei ihm die tatsächlich gewählte Operationsmethode (minimalinvasives Vorgehen mit Zugang über der Augenbraue) erst kurz vor dem Eingriff und ohne Hinweis auf die vermeintlich fehlende Routine im Hause der Beklagten zu 1) mitgeteilt worden. Zudem lägen mehrere Behandlungsfehler vor und schließlich sei er davon ausgegangen, als Privatpatient selbstverständlich vom Chefarzt operiert zu werden. Alle Argumente verfingen jedoch nicht, weshalb die Berufung gegen das Urteil des LG Halle (BeckRS 2018, 46767) als nicht begründet zurückgewiesen wurde.

Betrag: – **Haftung: –**
immVorb: – **MdE: –**

OLG Naumburg 14.5.2019 – 1 U 48/18 = BeckRS 2019, 19031

6526

Sturzbedingte Verletzungen, erhebliche ... ohne nähere Angaben.

Frau. Kein Anspruch auf Schmerzensgeld. Ein Segway-Fahrer muss auf einem kombinierten Geh-/Radweg den Fußgängern Vorrang gewähren. Stößt eine Segway-Fahrerin auf einem Gehweg mit einem Fußgänger zusammen, der – um Fotos zu machen – einen Schritt rückwärts gemacht hatte und verletzt sich die Segway-Fahrerin dabei schwer, so trifft sie dennoch das alleinige Verschulden und sie hat keinen Anspruch auf Schadensersatz und Schmerzensgeld. Denn das Gesetz verpflichtet den Führer einer elektronischen Mobilitätshilfe, der sein Fahrzeug auf einem kombinierten Geh-/Radweg bewegt, ausdrücklich zu einem Fahrverhalten, dass jede Gefährdung oder Behinderung von Fußgängern ausschließt. Da es sich bei elektronischen Mobilitätshilfen um Kraftfahrzeuge handelt, finden auf einen Segway-Fahrer grundsätzlich die für Kraftfahrzeugführer geltenden Verhaltensanforderungen Anwendung. [Vgl. dazu auch Balke, Segway-Fahrer muss auf einem kombinierten Geh-/Radweg den Fußgängern Vorrang gewähren, SVR 2019, 454 mit weiteren Fundstellen auch zu E-Scootern].

Betrag: – **Haftung: –**
immVorb: – **MdE: –**

OLG Koblenz 16.4.2019 – 12 U 692/18 = BeckRS 2019, 22711

6342

Kein Anspruch auf Hinterbliebenengeld unter Schwippschwägerinnen [= Ehefrauen zweier Geschwister] ohne besonderes persönliches Näheverhältnis.

Frau. Kein Anspruch auf Hinterbliebenengeld. Zum Sachverhalt: Die Klägerin begehrte Schmerzensgeld. Sie querte zusammen mit der Verstorbenen bei Dunkelheit eine Landstraße. dabei wurde die Verstorbene von einem PKW erfasst. Die Klägerin blieb unverletzt. Die Getötete ist die Ehefrau des Bruders des Ehemanns der Klägerin. Zum Urteil: Das LG Limburg wies die Klage ab und führte aus: „Da die Klägerin nicht selbst unmittelbar an dem Unfall beteiligt war, sondern eine psychisch vermittelte Beeinträchtigung durch den Unfall der Getöteten erlitten haben will, ist sie "mittelbar„ Geschädigte ... Sie könnte Schadensersatz daher nur nach den Grundsätzen der sogenannten Schockschäden ersetzt verlangen", die jedoch vorliegend nicht gegeben waren. Somit – so das LG mit Verweis auf § 10 Abs. 3 StVG – ist der Weg zu einem Anspruch auf Hinterbliebenengeld frei, zumal sich der Unfall nach dem 22.7.2017 [das LG sprach wohl versehentlich vom 31.7.2020] ereignet hatte. Einen solchen Anspruch wies das LG jedoch mit der Begründung zurück, dass es an hier einem besonderen persönlichen Näheverhältnisses gefehlt habe: „Sofern die Klägerin behauptet, mit der Getöteten nicht nur freundschaftlich, sondern auch durch den besonders engen Familienverbund verbunden gewesen zu sein und mit dieser viel gemeinsame Zeit verbracht und große Teile der Freizeitgestaltung und des familiären Alltags gemeinsam begangen zu haben, so genügt dies auch im Rahmen von § 10 Abs. 3 StVG nicht, um das erforderliche Näheverhältnis zu begründen. Die Klägerin und die Getötete sind weder verwandt noch verschwägert, sie lebten nicht in einem gemeinsamen Haushalt und unterstützten einander nicht finanziell ... Die vorgetragene gemeinsame Freizeitgestaltung hebt die Beziehung nicht auf die Intensität des Verhältnisses von Ehegatten, der Lebenspartnern. Elternteilen oder Kindern", so das LG. [Anmerkung: Diese Ansicht des LG ist aus meiner Sicht nicht zutreffend. Entscheidend ist nämlich weder das Verwandschaftsverhältnis bzw. ein gewisser Verwandschaftsgrad oder anderer „harter Fakten" (wie Alter etc.) sondern lediglich die Ausprägung des tatsächlich gelebten besonderen Näheverhältnisses. Vergleich dazu oben → Rn. 340].

Betrag: – **Haftung: –**
immVorb: – **MdE: –**

LG Limburg 22.3.2019 – 2 O 177/18 = BeckRS 2019, 22666

5564

Wortfindungsstörungen, Zittern, Unkonzentriertheit, die der Kläger auf eine fehlerhafte Medikamentengabe bzw. die – von ihm behauptete – Aufklärungspflichtverletzung über Nebenwirkungen eines verschriebenen Medikaments zurückführte.

13j. Junge. Der Kläger behauptete, die Ärzte hätten einen Bandscheibenvorfall übersehen und durch die Beklagte zu 2. im Hause der Beklagten zu 1. geleitete Schmerzmedikation sei in zu hohen Dosen und mit nicht für Kinder zugelassenen Medikamenten verabreicht worden, obendrein sei hierüber nicht ordnungsgemäß aufgeklärt worden [Aufklärungspflichtverletzung über Nebenwirkungen]. Infolge der verzögerten operativen Versorgung des Bandscheibenvorfalls und infolge der durch die Beklagte zu 2. veranlassten behandlungsfehlerhaften Schmerzmedikation seien bei ihm irreparable Folgeschäden aufgetreten. Er begehrte insofern mindestens 50.000 EUR. Das OLG wies die Klage ab und führte aus: „Die Beweislast für eine ordnungsgemäße Aufklärung trägt die Behandlerseite. Zwar soll dem Arzt im Falle fehlender Dokumentation, sei es über eine konkrete Behandlungsmaßnahme, sei es über die Aufklärung, in der Regel geglaubt werden, weil es auch darum geht, das Vertrauensverhältnis zwischen Arzt und Patient nicht unnötig zu belasten. Es kann daher u.U. auch genügen, wenn der Arzt ausführt, die eine oder andere ärztliche Handlung führe er immer so aus. Vorliegend jedoch ist die Erinnerung des Zeugen Dr. S. derart fragmentarisch, dass erhebliche Zweifel verbleiben, ob der Zeuge die Mutter des Klägers über aufklärungspflichtige Details, wie den „off-label-use" des Medikamentes Lyrica aufgeklärt hat. Dies hat sich indes nicht ausgewirkt. Liegt nämlich die Beweislast für die Durchführung der ordnungsgemäßen Aufklärung auf Behandlungsseite, so muss der Patient darlegen und beweisen, dass der von ihm behauptete Gesundheitsschaden gerade auf der Behandlung beruht, die mangels ordnungsgemäßer Aufklärung rechtswidrig war – hier also auf der Medikamentengabe. Dieser Nachweis" – so das OLG – „ist dem Kläger hinsichtlich der behaupteten Dauerschäden nicht gelungen".

Betrag: – **Haftung: –**
immVorb: – **MdE: –**

OLG Dresden 15.5.2018 – 4 U 248/16 = BeckRS 2018, 10791

5397

Einschränkung der Nachtruhe, der Lebensqualität und der körperlichen Unversehrtheit durch Lichtimmissionen, die von einem in der Nachbarschaft gelegenen Kirchturm ausgehen, der – ab Einsetzen der Dämmerung bis zum Anbruch des Tageslichts – mit 23 LED-Scheinwerfern angestrahlt wird.ein erholsamer Schlaf regelmäßig nicht mehr möglich sei. Aufgrund der ständigen Störung der Nachtruhe leide die Klägerin an Schlafstörungen, Herz- und Kreislaufproblemen sowie persistierenden Kopfschmerzen.

Frau. Kein Schmerzensgeldanspruch für Lichtimmissionen. „Ein nachbarrechtlicher Abwehranspruch gegen die nächtliche Beleuchtung benachbarter Gebäude besteht nicht, wenn die Lichtimmissionen die Benutzung des eigenen Grundstücks nur unwesentlich beeinträchtigen. Bei der Beurteilung der Wesentlichkeit können die "Hinweise zur Messung, Beurteilung und Minderung von Lichtimmissionen der Bund / Länder – Arbeitsgemeinschaft für Immissionsschutz (LAI)„ als Orientierungshilfe herangezogen werden. Das Maß der Schutzbedürftigkeit des von einer Immission betroffenen Nachbarn kann im Einzelfall davon abhängen, ob und inwieweit er ohne größeren Aufwand im Rahmen des ortsüblichen und sozialadäquaten zumutbare Abschirmmaßnahmen ergreifen kann", so das OLG.

Betrag: – **Haftung: –**
immVorb: – **MdE: –**

OLG Karlsruhe 20.2.2018 – 12 U 40/17 = BeckRS 2018, 1726

5466

Bienenstiche in das Gesicht.

Mann. Kein Schmerzensgeldanspruch für Bienenstich sofern der Kläger nicht – gemäß § 286 ZPO – beweisen konnte, dass tatsächlich eine Biene des gemäß der §§ 833, 830, 253 II und 254 BGB in Anspruch genommenen Imkers in als Halter seiner Honigbienen ihn gestochen hat. [Anmerkung: Sehr lesenswert zur Haftung eines Imkers für seine Bienen].

Betrag: – **Haftung: –**
immVorb: – **MdE: –**

AG Brandenburg 28.11.2017 – 34 C 146/16 = BeckRS 2017, 132550

7008

Impotenz. Kein Schmerzensgeld für Ehefrau wegen Impotenz ihres Mannes.

Frau. Arzthaftung im Zusammenhang mit der Behandlung bzw. Operationen der Wirbelsäule ihres Ehemannes. Dadurch, so die Klägerin, habe ihr Mann einen Nervenschaden erlitten und seither impotent. Deshalb forderte sie Schmerzensgeld. Das LG Hagen (Urt. v. 26.1.2017 – 4 O 339/14) wies die Klage ab. Einer Ehefrau steh aufgrund einer fehlerhaften ärztlichen Behandlung ihres Ehemannes, durch die dieser impotent geworden sei, kein Schmerzensgeld zu. Das OLG wies in seinem Beschluss die Klägerin, die daraufhin ihre Berufung zurückgenommen hatte, darauf hin, dass der von ihr vorgetragene (teilweise) Verlust ihrer ehelichen Sexualität keine Verletzung ihres Köpers, ihrer Gesundheit oder ihres Rechts auf sexuelle Selbstbestimmung darstelle sondern sich lediglich um eine Auswirkung auf ihr Leben und nicht um einen Eingriff in ihre Rechtsstellung. Folge man der Rechtsauffassung der Klägerin, könne grundsätzlich in allen Fällen einer rechtswidrig und schuldhaft verursachten Einschränkung der Fähigkeit zur sexuellen Betätigung – denkbar beispielsweise als Folge eines schweren Verkehrsunfalls – auch der Ehepartner des Geschädigten eigene Ansprüche geltend machen. Gerichtsentscheidungen, die derartige Ansprüche eines Ehepartners bejahten, seien dem OLG nicht bekannt. [vgl. auch OLG Köln BeckRS 2016, 6006 sowie oben im Handbuch unter → Rn. 319a].

Betrag: – **Haftung: –**
immVorb: – **MdE: –**

OLG Hamm 7.6.2017 – 3 U 42/17 = BeckRS 2017, 119218

7047

Verletzung ohne nähere Angaben.

Frau. Kein Schmerzensgeldanspruch wegen Hängenbleibens mit High Heels an Gitterrost. Die Klägerin blieb vor einem Privathaus mit Stöckelschuhen bzw. High Heels in einem Fußabtreter-Gitterost hängen; sie stürzte und verletzte sich erheblich am Bein. Das LG gab der Klage auf Schmerzensgeld dem Grunde nach statt. Die dagegen gerichtete Berufung der Beklagten hatte jedoch Erfolg; das OLG begründete dies damit, dass Fußabtreter-Gitteroste vor älteren Wohnhäusern durchaus üblich seien und der Verkehrssicherungspflichtige darauf vertrauen dürfe, dass Bewohner und Besucher dort mit dem Vorhandensein solcher Fußabtreter rechnen. Deshalb dürfe der Verkehrssicherungspflichtige auch darauf vertrauen, dass Trägerinnen von Schuhen mit hohen Absätzen angemessen auf diese erkennbare Gefahr reagieren, indem sie auf Gitterroste solcher Art besonders achten und entweder seitlich daran vorbei gehen oder aber den Schritt auf das Gitterrost nicht mit dem Absatz, sondern mit dem Ballen setzen.

Betrag: – **Haftung: –**
immVorb: – **MdE: –**

OLG Schleswig 6.4.2017 – 11 U 65/15 = BeckRS 2017, 109993

6714

Keine Angaben zur Verletzung.

Frau. Kein Schmerzensgeldanspruch nach Sturz von einer Bierbank: Die Klägerin tanzte – während des Cannstatter Wasen [= größtes Volksfest in Baden-Württemberg] – nach ihren eigenen Angaben „heftig" mit einem Mann auf einer Bierbank. Dabei fielen beide von der Bierbank herunter wobei die Klägerin verletzt wurde. Zur Begründung führte das OLG aus: „... es sei bei Besuchern eines Festzeltes, wie dem vorliegenden, durchaus üblich, dass diese kollektiv auf die Bierbänke steigen und dort zur Musik tanzen. Das Verhalten des Beklagten wie auch der Klägerin entspreche dem einer Vielzahl der übrigen Gäste im Zelt, so auch dem aller Zeugen und Begleiter der Beteiligten. Daher könne im Besteigen der Bierbank zum Tanzen keine Pflichtwidrigkeit gesehen werden. Die Gefahr, dass die Bierbank, wenn Personen sie besteigen und auf ihr tanzen, wackelt und hierdurch Personen das Gleichgewicht verlieren und stürzen können, habe von Anfang an bestanden und sei für alle Personen – die Klägerin eingeschlossen – erkennbar gewesen". [vgl. auch AG München → Nr. 3779].

Betrag: – **Haftung: –**
immVorb: – **MdE: –**

OLG Stuttgart 16.3.2017 – 13 U 165/16 = BeckRS 2017, 105057

5280

Leidensverlängerung durch nicht indizierte künstliche Ernährung. Der Patient war von 2006 an per Magensonde ernährt worden und starb 2011. Spätestens ein Jahr vor dem Tod war dies nicht mehr fachärztlich angemessen.

Mann. Arzthaftung: Das LG sah es als einen Behandlungsfehler an, dass der Arzt 2010 den Sohn und vor allem den Betreuer nicht darüber informiert habe, dass ein über die reine Lebenserhaltung hinausgehendes Ziel nicht mehr erreichbar gewesen sei. Ein Schmerzensgeldanspruch bestehe dennoch nicht, da unklar geblieben und nachträglich nicht herauszufinden sei, ob ein solches Informationsgespräch wirklich zu einer Beendigung der künstlichen Ernährung geführt hätte. [Das Urteil ist nicht rechtskräftig! Der Kläger – Sohn des inzwischen verstorbenen Patienten – hat bereits angekündigt, den Rechtsweg auszuschöpfen].

Betrag: – **Haftung: –**
immVorb: – **MdE: –**

LG München I 18.1.2017 – 9 O 5246/14 = BeckRS 2017, 112362

5031

Körperverletzung wegen fehlender Toiletten in einer Regionalbahn. Das AG hatte in der Vorinstanz ausführt, der Beklagten falle ein Organisationsverschulden zur Last, da in der Regionalbahn keine funktionierende Toilette vorhanden gewesen sei, worauf es „zu einem relevanten körperlichen Unwohlsein der Klägerin" gekommen sei. Das LG sah dies anders Ein derartiger Pflichtverstoß begründe jedoch nicht als solches einen Schmerzensgeldanspruch und betonte, „Es müsse vielmehr in jedem Einzelfall abgewogen werden, ob bei Berücksichtigung der besonderen Umstände eine solche Entschädigung zum Ausgleich für erlittenen Schmerzen und Leiden angemessen ist", dies sei hier nicht der Fall.

Frau. Kein Schmerzensgeld wegen defekter Zugtoilette. Die Klägerin hatte wegen Verspätung des IC vor dem Umsteigen in die Regionalbahn nicht am Bahnhof zur Toilette gehen können und konnte dies im Regionazug auch nicht, da die Toilette defekt war. In Ihrer Not nässte die Klägerin schließlich in ihre Kleidung. „Die Verletzung unterfällt nicht der Geringfügigkeitsgrenze, denn der Eingriff auf das Wohlbefinden der Klägerin war nicht nur kurzfristig, sondern währte über die Dauer von 1 h und war im Übrigen durch das Erscheinungsbild in der Öffentlichkeit am Trierer Hauptbahnhof psychisch belastend", so begründete das AG zutreffend seine Entscheidung. Das LG Trier sah dies anders und verwies darauf, praxisfremd (denn es ist nicht sicher, ob an der nächsten Haltestelle eine funktionierende Toilette vorhanden ist) darauf, dass es den Reisenden zugemutet werden könne, den Zug zu verlassen und die Reise nach einem Toilettengang mit der nachfolgenden Bahn fortzusetzen. [weitere Urteile hierzu finden Sie unter der Nr. 3183 sowie 5030 – Lesenswert hierzu: Prof. Rudolf, „Müsse muss mer könne derfe", ZRP 2016, 96]

Betrag: – **Haftung: –**
immVorb: – **MdE: –**

LG Trier 19.2.2016 – 1 S 131/15 = BeckRS 2016, 3530

7861

Verletzungen infolge des Sturzes aus dem Fenster eines Fachkrankenhaus für Psychiatrie und Neurologie.

Frau. Zur Schadensersatzpflicht des Heimbetreibers bei Sturzgefährdung: Keine Haftung des Träger und Betreibers einer Pflegeeinrichtung für den Fenstersturz einer behinderten Person bei fehlenden Anhaltspunkten zur Selbstgefährdung. Zur Begründung führte das OLG aus, dass bei der Ergreifung von Sicherheitsmaßnahmen stets das Recht der behinderten Menschen auf weitestmöglicher Autonomie beachtet werden müsse und das Interesse des Betroffenen an größtmöglicher Autonomie zu achten sei. [Zur Fixierung vgl. auch OLG Jena → Nr. 7860].

Betrag: – **Haftung: –**
immVorb: – **MdE: –**

OLG Jena 27.8.2015 – 1 U 558/14 = BeckRS 2015, 15802

5507

Persönlichkeitsrechtsverletzung (hier: Vermeintliche Verletzung der sexuellen Selbstbestimmung in der Ehe weil der Ehemann – mit dem die Klägerin nach eigenen Angaben zuvor ein „reges Sexualleben" pflegte – infolge eines ärztlichen Kunstfehlers beischlafunfähig wurde).

Frau. Kein Schmerzensgeldanspruch: Das Vorliegen etwaiger psychischer Beeinträchtigungen von Krankheitswert infolge der Gesundheitsschädigung ihres Ehemannes macht die Klägerin selbst nicht mehr geltend; sie räumt ferner ein, dass es bei ihr – trotz der Unmöglichkeit, mit ihrem Ehemann den Geschlechtsverkehr zu vollziehen – auch nicht zu einer körperlichen Schädigung gekommen ist. Soweit sie sich auf eine Verletzung ihrer sexuellen Selbstbestimmung beruft, vermag dieser Gesichtspunkt – so das OLG – die geltend gemachten Ansprüche nicht zu begründen. Das Recht auf sexuelle Selbstbestimmung wird nicht bereits dadurch eingeschränkt, dass bestimmte sexuelle Aktivitäten mit dem Ehepartner aufgrund tatsächlicher Umstände objektiv nicht mehr möglich sind. [Anmerkung: Die Klägerin wählte mit der Argumentation der Verletzung ihrer sexuellen Selbstbestimmung den falschen Weg. Sie hätte vortragen müssen – sofern dies der Fall war – dass sie selbst (so wie ihr Mann, dem ein Schmerzensgeld in Höhe von 50.000 EUR zuerkannt wurde – vgl. → Nr. 5294) infolge des nun zum Erliegen gekommen Sexuallebens psychisch verletzt bzw. geschädigt worden sei und die Art dieser Schädigung darlegen müssen. Dann wäre ggf. die Klage erfolgreich gewesen].

Betrag: – **Haftung: –**
immVorb: – **MdE: –**

OLG Düsseldorf 4.12.2014 – 8 U 50/14 = BeckRS 2014, 125629

4786

Keine Angaben.

Die Klägerin nimmt den Beklagten auf Schadensersatz und Schmerzensgeld wegen einer Körperverletzung in Anspruch, die laut ihrem Vorbringen auf einem Verstoß des Beklagten gegen Verkehrssicherungspflichten beruhen soll. Über das Vermögen der Klägerin ist nach Klageerhebung das Insolvenzverfahren eröffnet worden. Die Klägerin vertritt die Auffassung, die Insolvenzeröffnung berühre den Rechtsstreit nicht. Bei ihren Forderungen handele es sich um höchstpersönliche Ansprüche, die nicht in die Insolvenzmasse fielen. „Anders als im Zivilprozess über ein Schmerzensgeld aus Anlass einer Verletzung des allgemeinen Persönlichkeitsrechts oder wegen Verletzung von Menschenrechten wird ein Prozess über ein Schmerzensgeld wegen Körperverletzung durch die Eröffnung des Insolvenzverfahrens unterbrochen. "(amtlicher Leitsatz)

Betrag: – **Haftung: –**
immVorb: – **MdE: –**

AG Kassel 6.3.2014 – 40 C 509/11 = BeckRS 2014, 10630

4664

Beckenfraktur wegen Sturz auf Kreuzfahrtschiff

Frau. Kein Schmerzensgeldanspruch. Das AG hatte den Anspruch der Klägerin, die auf einem auf hoher See fahrenden Kreuzfahrtschiff auf dem Weg von der Toilette in die Kabine gestürzt war und wegen der Schwankungen des Schiffes eine Haftung des Reeders als gegeben ansah, mit dem Hinweis zurückgewiesen, dass jedem Passagier klar sein müsse, dass das Schiff schwanken könne.

Betrag: – **Haftung: –**
immVorb: – **MdE: –**

AG Rostock 9.3.2012 – 47 C 406/11 = BeckRS 2012, 17515

5219

Hausfriedensbruch / Zurückstoßen einer Person, die – trotz ihr bekanntem Hausverbot – sich Zutritt zum Haus zu verschaffen versuchte.

Frau. Kein Schmerzensgeldanspruch: Das Zurückstoßen einer in das Haus eindringenden Person begründet keinen Schmerzensgeldanspruch, wenn diese sich in verbotener Eigenmacht über ein Hausverbot hinwegsetzt. Der Beklagte (Bruder der Klägerin) hatte, als die Klägerin im Begriff war, über die Türschwelle zu treten, durch Einsatz körperlicher Gewalt dies verhinderte, indem er sie mit den Händen zurückstieß. Die Klägerin stürzte dadurch und zog sich Verletzungen zu.

Betrag: – **Haftung: –**
immVorb: – **MdE: –**

OLG Nürnberg 13.2.2012 – 4 U 2003/11 = BeckRS 2012, 17933

5934

Kein Schmerzensgeld für den Eigentümer eines Hundes für die entstandenen Ängste und Leiden des Hundes.

Mann. Kein Schmerzensgeldanspruch des Hundeeigentümers wegen Ängsten oder Leiden seines Hundes. „Ein Schmerzensgeld für Leiden von Tieren ist im deutschen Zivilrecht jedoch nicht vorgesehen und wesensfremd. Zwar hat das Bürgerliche Gesetzbuch in § 90a BGB anerkannt, dass Tiere als Lebewesen keine Sachen und durch besondere Gesetze geschützt sind. Das bedeutet aber nicht, dass Tiere damit dem Menschen gleich gestellt wären. Soweit nichts anderes bestimmt ist, sind auf Tiere die für Sachen geltenden Vorschriften anzuwenden, § 90a S. 3 BGB".

Betrag: – **Haftung: –**
immVorb: – **MdE: –**

AG Wiesbaden 18.8.2011 – 93 C 2691/11 (34) = BeckRS 2011, 24224

6390

Ungewöhnlich lange Operationsdauer und ungewöhnlich lange Operationsnarben.

Frau. Keine Arzthaftung für Implantation einer Hüftprothese bzw. Hüfttotalendoprothese. Kein Schmerzensgeld: „Die nach den Ausführungen des Sachverständige ungewöhnlich lange Operationsdauer stellt als solche keinen Behandlungsfehler dar. Die Dauer der Operation vermag auch weder eine Komplikation noch einen Behandlungsfehler zu indizieren", so das OLG. Gleiches gilt auch für „ungewöhnlich lange" Operationsnarben.

Betrag: – **Haftung: –**
immVorb: – **MdE: –**

OLG München 15.7.2010 – 1 U 5309/09 = BeckRS 2010, 17362

3914

Anmerkung: In Fortführung des BGH-Urteils vom 28.1.2003 – VI ZR 139/02 erteilt der BGH erneut der sogn. Harmlosigkeitsgrenze eine Abfuhr. Vielmehr komme es bei der Frage der Kausalität einer HWS-Verletzung stets auf die Umstände des Einzelfalles an; gem. § 286 ZPO genügt insofern ein für das praktische Leben brauchbarer Grad von Gewissheit, der Zweifeln Schweigen gebietet, so der BGH.

Anmerkung: In Fortführung vonBGH BeckRS 2003, 2123 erteilt der BGH erneut der sog. Harmlosigkeitsgrenze eine Abfuhr. Vielmehr komme es bei der Frage der Kausalität einer HWS-Verletzung stets auf die Umstände des Einzelfalles an; gem. § 286 ZPO genügt insofern ein für das praktische Leben brauchbarer Grad von Gewissheit, der Zweifeln Schweigen gebietet, so der BGH.

Betrag: – **Haftung: –**
immVorb: – **MdE: –**

BGH 8.7.2008 – VI ZR 274/07 = BeckRS 2008, 14743

3630

Polytrauma ohne nähere Angaben.

Ein Sozialversicherungsträger kann wegen der von ihm erbrachten Aufwendungen beim Regress gemäß § 110 SGB VII auch auf den fiktiven Schmerzensgeldanspruch des Geschädigten gegen den gemäß §§ 104 ff. SGB VII haftungsprivilegierten Schädiger zurückgreifen.

Betrag: – **Haftung: –**
immVorb: – **MdE: –**

BGH 27.6.2006 – VI ZR 143/05 = BeckRS 2006, 10235

3542

Verletzungen nicht bekannt.

Mann. Der Kl. machte Schmerzensgeldansprüche aus Verletzung durch eine Kuh, bei deren Einfangen er mithalf, geltend. Das AG gab der Klage dem Grunde nach statt, das LG änderte ab und wies die Klage ab. Der BGH hob die LG Entscheidung auf und kam zum Ergebnis, dass die Haftungsbeschränkung des § 104 Abs. 1 SGB VII nicht gegenüber einem Nothelfer gilt. (siehe hierzu auch Slizyk, Becksche Schmerzensgeldtabelle 5. Auflage Seite 45 ff.).

Betrag: – **Haftung: 100 %**
immVorb: – **MdE: –**

BGH 24.1.2006 – VI ZR 290/04 = BeckRS 2006, 3431

3645

Keine Angaben

Kein Schmerzensgeldanspruch: Eine Fahrt zu einem Exkursionsort ist in der Regel Privatsache und weist nicht den für einen Zusammenhang mit der Haftungsprivilegierung nach §§ 105 SGB VII, 106 SGB VII notwendigen engen schulischen Bezug auf. Dies gilt aber nicht in Fällen, in denen der Transport in den Schulbereich eingegliedert und damit integrierter Bestandteil der Organisation des Schulbetriebes ist.

Betrag: – **Haftung: –**
immVorb: – **MdE: –**

LG Kassel 17.1.2006 – 5 O 2198/05 = BeckRS 9998, 65748

3516

Persönlichkeitrechtsverletzung

Ob das aus Zahlungen einer Geldentschädigung wegen Verletzung des Persönlichkeitsrechts stammende Vermögen zur Deckung von Prozesskosten einzusetzen ist, ist unter Berücksichtigung der Umstände des Einzelfalles zu entscheiden.(so der Leitsatz). Jedenfalls sei – so der BGH – „dies nicht in jedem Fall unzumutbar … [und stehe auch nicht] … im Widerspruch zur Ansicht des Bundesverwaltungsgerichts 5 C 22/93 – NJW 1995, 3001 ff. …“. Der BGH wies allerdings darauf hin, dass man hier zwischen Schmerzensgeld und Entschädigung wegen Persönlichkeitsrechtsverletzungen unterscheiden müsse.

Betrag: – **Haftung: –**
immVorb: – **MdE: –**

BGH 10.1.2006 – VI ZB 26/05 = BeckRS 2006, 1879

3637

Handverletzung, ohne nähere Angaben.

Mann. Sittenwidrige Abfindungserklärung: Eine Abfindungserklärung ist nicht allein deshalb unwirksam, weil der Unterzeichner aus Gründen fehlender Sprachkenntnis, deren Inhalt nicht verstanden hat. Wird jedoch dem Geschädigten, dessen Verletzungen noch nicht ausgeheilt sind und bei dem noch Dauerschäden im Raum stehen, eine Abfindungserklärung vorgelegt und von diesem unterzeichnet, so verstößt dies gegen die guten Sitten im Sinne von § 138 BGB, so zutreffend das LG.

Betrag: – **Haftung: –**
immVorb: – **MdE: –**

LG Limburg 21.12.2005 – 1 O 160/03 = SP 2006, 313

3526

Schienbeinverletzung, schwere

Mann. Kein weiteres Schmerzensgeld. Auf die dauerhafte Verjährungshemmung des § 852 BGB alte Fassung durch Anmeldung seiner Ansprüche beim Haftpflichtversicherer des Verursachers kann der Geschädigte sich nach Treu und Glauben nicht mehr berufen, wenn er, nachdem der Versicherer die letzte Zahlung geleistet hat, 15 Jahre lang nicht mehr auf die Angelegenheit zurückgekommen ist, so das OLG in seiner Begründung.

Betrag: – **Haftung: –**
immVorb: – **MdE: –**

OLG Celle 27.9.2005 – 14 U 59/05 = BeckRS 2005, 12504

3413

Diabetes mellitus Typ 2.

Mann. Kein Schmerzensgeldanspruch wegen Dauerverzehr von Schokoriegeln und Coca.-Cola. „Die Bekl. ist nicht aus dem Gesichtspunkt der Produzentenhaftung gem. §§ 823 I, 847 BGB a. F. zur Zahlung von Schmerzensgeld verpflichtet. Es kann dahinstehen, ob der im Jahr 1998 beim Kl. festgestellte Diabetes mellitus Typ 2 durch den vorgetragenen Konsum von „Coca.-Cola“ in den Jahren 1994 bis 1998 (zumindest mit-)verursacht wurde. Denn auch wenn der Dauerkonsum von „Coca.-Cola“ generell geeignet sein sollte, beim Konsumenten Diabetes herbeizuführen, hätte die Bekl. durch das Inverkehrbringen dieses Produkts nicht gegen die ihr obliegenden Verkehrssicherungspflichten verstoßen“.

Betrag: – **Haftung: –**
immVorb: – **MdE: –**

LG Essen 12.5.2005 – 16 O 265/01 = BeckRS 2005, 8753

3282

HWS-Syndrom.

Auch bei weder medizinisch noch technisch erklärbarer Beschwerdesymptomatik, „kann sich ein Gericht gleichwohl aufgrund der gesamten Umstände des Falles einschließlich der Angaben des Verletzten von der Ursächlichkeit der … Beschwerden überzeugen (vgl. BGH, Urteil vom 28.1.2003, VI ZR 139/02 NZV 2003, 167)“, so das OLG Stuttgart. [vgl. auch unter den Stichworten: Harmlosigkeitsgrenze; geringe Differenzgeschwindigkeit]. Das OLG sah die Berufung als begründet an. Die Höhe des Schmerzensgeldes blieb offen.

Betrag: – **Haftung: –**
immVorb: – **MdE: –**

OLG Stuttgart 5.10.2004 – 1 U 59/04 = BeckRS 2004, 9551

3272

Bei Bombardierung einer Brücke in Varvarin während des Kriegs in Jugoslawien wurden 30 Personen zum Teil schwer verletzt; 10 Menschen starben. Der Kläger forderte u.a. Schmerzensgeld.

Kein Schmerzensgeldanspruch bei Kriegsschäden. „Ansprüche jugoslawischer Staatsangehöriger auf Schadensersatz und Schmerzensgeld für die Folgen einer während des Krieges in Jugoslawien durchgeführten NATO-Luftoperation finden weder im Völkerrecht noch im deutschen Staatshaftungsrecht eine rechtl. Grundlage“ [Leitsatz der NJW-Redakteure]. Siehe hierzu inzwischen OLG Köln NJW 2005, 2860 und BGHZ 169, 348 sowie BVerfG BeckRS 2013, 55213, die beide bei der, die Ansprüche zurückweisenden Rechtsansicht blieben.

Betrag: – **Haftung: –**
immVorb: – **MdE: –**

LG Bonn 10.12.2003 – 1 O 361/02 = BeckRS 2003, 10766

3210

Keine Angaben.

Bei Unfällen von Betriebsangehörigen ist gemäß §§ 104, 105 SGB VII zwischen Betriebswegen und anderen (gem. § 8 Abs. 2 Nr. 1–4 SGB VII) Wegen zu unterscheiden. Zur Unterscheidung lehnt man sich an die RSP zur „Teilnahme am allgemeinen Verkehr“ des früheren §§ 636, 637 RVO. Fährt demnach ein AN mit einem Sammeltransport (= KFZ, das der AG hierfür zur Verfügung gestellt hat) in einem betriebseigenen KFZ mit einem anderen AN des Betriebs, handelt es sich bei der Fahrt um einen gemäß § 8 SGB VII versicherten Betriebsweg. Kein Anspruch auf Schmerzensgeld! (vgl. auch unter: Betriebliche Tätigkeit)

Betrag: – **Haftung: –**
immVorb: – **MdE: –**

BGH 2.12.2003 – VI ZR 349/02 = BeckRS 2004, 921

3184

Keine Angaben.

[Lesenswertes Urteil zur Beschwer bzw. zum Beschwerdegegenstand bei einer Schmerzensgeldklage: „Verlangt der Kl. ein angemessenes Schmerzensgeld, so ist für seine Beschwer als Rechtsmittelkläger nicht der angemessene Schmerzensgeldbetrag, sondern die vom Kl. geäußerte Größenvorstellung maßgebend (vgl. Senat, BGHZ 140, 335 [340f.] = NZV 1999, 204 mit Anm. Born = NJW 1999, 1339 m.w. Nachw.). Gibt der Kl. – wie hier – einen Mindestbetrag an, so ist die Beschwer danach zu bestimmen, inwieweit der Urteilsausspruch der Vorinstanz dahinter zurückbleibt", so der BGH.]

Betrag: – **Haftung: –**
immVorb: – **MdE: –**

BGH 30.9.2003 – VI ZR 78/03 = BeckRS 2003, 9268

3277

Knieverletzung.

Mann (Paketdienstfahrer). Verschlechterungen des Gesundheitszustandes nach Knieverletzung (hier: Verwachsungen und Knorpelablösungen). Kein Anspruch auf Schmerzensgeld nach einem diesbezüglichen Abfindungsvergleich. Dieser umfasst auch vorhersehbare nachträgliche Beeinträchtigungen. Dem Festhalten am Vergleich steht der Einwand der unzulässigen Rechtsausübung nicht entgegen, solange nicht eine erhebliche Opfergrenze überschritten wird.

Betrag: – **Haftung: –**
immVorb: – **MdE: –**

OLG Koblenz 29.9.2003 – 12 U 854/02 = BeckRS 2003, 10299

3228

Keine Angaben

Hat der Kläger ein angemessenes Schmerzensgeld unter Benennung seiner Betragsvorstellungen verlangt und wurde ihm gerichtsseitig ein Schmerzensgeld in dieser Höhe zuerkannt, so fehlt insofern die Beschwer und der Kläger kann das Urteil nicht alleine wegen eines höheren Schmerzensgeldes anfechten (Bestätigung der BGH-Urteile BGHZ 132, 341 und BGHZ 140, 335, 340 f.). [Das Urteil wurde auch ua in der ZfS 2004, 354 veröffentlicht].

Betrag: – **Haftung: –**
immVorb: – **MdE: –**

BGH 30.3.2003 – VI ZR 25/03 = NVZ 2004, 347

3154

Thrombose.

Mann. Der Kl. konnte den kausalen Zusammenhang zwischen dem (geringen) Sitzabstand und seiner Verletzung ebenso wenig nachweisen, wie einen Kausalzusammenhang zwischen der von ihm postulierten Warn- und Hinweispflicht und der Verletzung. Kein Schmerzensgeldanspruch wegen Thrombose während eines Langstreckenfluges. [sehr lesenswert!].

Betrag: – **Haftung: –**
immVorb: – **MdE: –**

OLG Frankfurt a. M. 2.10.2002 – 23 U 243/01 = BeckRS 9998, 40261

3030

Schwere Verletzungen mit Dauerfolgen ohne nähere Angaben.

Mann. [Anmerkung: Lesenswert! Zur Schmerzensgeldnachforderung nach Urteil wegen Anpassung einer Schmerzensgeldrente. Eine gravierende Veränderung der Lebenshaltungskosten kann eine Abänderungsklage begründen. Ist aber der bei der Bemessung der Kapitalisierungsbetrag errechnet und inzwischen vollständig ausbezahlt worden, scheidet wegen Erfüllung des Anspruchs eine Abänderungsklage aus; so das LG. Der Kl. erhielt 1960 Zuspruch von 5.000 DM und 40 DM Schmerzensgeldrente und somit kapit. 8.070 DM.] Das Urteil wurde auch abgedruckt in der VersR 2004, 528.

Betrag: – **Haftung: –**
immVorb: – **MdE: –**

LG Hannover 3.7.2002 – 7 S 1820/01 = BeckRS 2002, 6084

2990

Kniebeschwerden (hier: starke Bewegungseinschränkung des rechten Knies, unsicherer Gang etc.) als Spätfolge einer Unfallverletzung; ohne weitere nähere Angaben.

Frau. Keine Verjährung gem. § 3 Nr. 3 S. 3 PflVG nach Abfindungsvergleich mit Vorbehalt, sofern „die Möglichkeit eines Zukunftsschadens einigermaßen konkret im Raum steht".

Betrag: – **Haftung: –**
immVorb: – **MdE: –**

OLG Frankfurt a. M. 20.2.2002 – 17 U 15/01 = BeckRS 2002, 30241283

2972

Epilepsieverdacht als Spätfolge eines Schädelhirntraumas.

Mann. Kein Schmerzensgeldanspruch wegen Verjährung gem. § 3 Nr. 3 S. 3 PflVG nach Abfindungsvergleich mit eindeutigem Abschlusscharakter. [Vgl. aus jüngerer Zeit dazu auch LG Münster BeckRS 2021, 39910].

Betrag: – **Haftung: –**
immVorb: – **MdE: –**

BGH 29.1.2002 – VI ZR 230/01 = BeckRS 2002, 2167

3027

Keine Angaben.

[Anmerkung: Zur Zeitlichen Aufspaltung des Schmerzensgeldanspruchs und Rechtskraft des Schmerzensgeldurteil. „Absehbare künftige Gesundheitsbeeinträchtigungen sind … in die Schmerzensgeldbewertung unbeschadet der Begrenzung des Schmerzensgeldes auf den Zeitpunkt der letzten mündlichen Verhandlung einzubeziehen, rechtfertigen damit nicht bei ihrer Verwirklichung Nachforderungsklagen", so das LG.

Betrag: – **Haftung: 100 %**
immVorb: – **MdE: –**

LG Darmstadt 2.11.2001 – 9 O 543/00 = ZfS 2002, 526

2996

Lungenverletzung (hier: Lungenembolie infolge Thrombose nach Langstreckenflug; sogn. Economy-Class-Syndrom nach Flug von Frankfurt nach Kapstadt in einer Boing 747-400 mit 81 cm Sitzabstand.)

54j. Mann. Kein Schmerzensgeldanspruch wegen Economy-Class-Syndrom, da lt. LG (nicht rechtskräftig!) das „Thromboserisiko nicht höher (sei), als bei jeder anderen sitzenden Tätigkeit".

Betrag: – **Haftung: –**
immVorb: – **MdE: 10 %**

LG Frankfurt a. M. 29.10.2001 = NZV 2002, 181

3285

Oberschenkelfraktur, schwere.

Mann. MdE 4 Monate 100 %. [Lesenswert! Die besonderen Voraussetzungen eines Anspruchs gegen den Verkehrsopferhilfe eV Hamburg gemäß § 12 Abs. 3 PflichtVersG sind bei den oa Verletzungen nicht erfüllt. Danach wäre es erforderlich gewesen, dass „für ihn schwerstes Leid und eine dauernde und nachhaltige gesundheitliche Beeinträchtigung" vorgelegen hätte, „wie etwa bei dem Verlust von Gliedmaßen oder ähnlich gravierenden Einschnitten". Da der Kl. seine „nicht unübliche Verletzung" im Wesentlichen überwunden hatte und seinem Beruf weiter nachgehen kann, fehlt es an den Voraussetzungen des § 12 Abs. 3.]; der Unfallverursacher konnte nie festgestellt werden.

Betrag: – **Haftung: –**
immVorb: – **MdE: 30 %**

LG Verden 10.4.2001 – 4 O 530/00 = BeckRS 2001, 31154811

2872

Armfraktur.

Kind (Schüler). Eine Verletzung durch einen Mitschüler „nach Schulschluss beim Warten auf den Bus …, ist in der Regel schulbezogen", kein Schmerzensgeld!

Betrag: – **Haftung: –**
immVorb: – **MdE: –**

LG Leipzig 23.6.2000 – 14 S 1502/00 = BeckRS 9998, 17560

2973

Keine Angaben.

[Lesenswerte OLG-Entscheidung zum immer wieder aufkommenden Thema des Teilschmerzensgeldes, welches das OLG hier grundsätzlich ablehnt. Eine „Bemessung in Zeitabschnitten … (sei) unzulässig".]

Betrag: – **Haftung: –**
immVorb: – **MdE: –**

OLG Düsseldorf 5.5.2000 – 22 U 148/99 = BeckRS 2000, 30110149

776

Beeinträchtigung der Ausübung eines Hobbys (hier: Reitsport). Der Kl. verletzte sich an der Schulter (Schulterzerrung mit Verspannung).

Mann. Ambulante Heilbehandlung. Der Kläger war infolge der Verletzung für die Dauer von 2 Monaten „beeinträchtigt". Das AG ließ – angesichts dieser Dauer – unberücksichtigt, dass der Kläger während dieser Zeit dem Reitsport als Hobby nicht nachgehen konnte.

Betrag: – **Haftung: –**
immVorb: – **MdE: –**

AG Viersen 10.12.1998 – 3 C 317/98 = BeckRS 1998, 12035

2426

Persönlichkeitsrechtsverletzung im weitesten Sinne (Sexualbedürfnisse durch unfallbedingtes Zerbrechen einer eheähnl. Beziehung. „Die mögliche Beeinträchtigung bei der Sexualbedürfnisbefriedigung ist dem Bereich der Lebensfreude zuzuordnen",so das OLG)

Mann. Das OLG wies mit obenstehender Begründung die auf Ersatz von monatlich 200 DM Prostituiertenlohn gerichtete Klage ab. [Stichwort: Sexualbedürfnisse nach Partnerverlust].

Betrag: – **Haftung: –**
immVorb: – **MdE: –**

OLG Düsseldorf 29.9.1997 – 1 U 232/96 = BeckRS 1997, 10675

7627

Hitze, Kopfschmerzen, Durst, Hunger, Herzrasen und Kreislaufbeschwerden als Folge des Wartens bzw. des Aufenthalts am Flughafen in Madrid bei 38 Grad Lufttemperatur im Gebäude.

Frau. Schmerzensgeld nach der Fluggastrechteverordnung: „Durch das erzwungene Ausharren über 4,5 Stunden ohne Wasser ist der Klägerin und den anderen Flugreisenden ein immaterieller Schaden in Form einer Gesundheitsbeeinträchtigung entstanden. Unter eine solche fällt jedes Hervorrufen eines von den normalen körperlichen Funktionen nachteilig abweichenden Zustands (BGH NJW 2005, 2614 mwN) Die Klägerin hat vorgetragen, dass es über 38 Grad Außentemperatur hatte. Bei diesen Temperaturen ist erfahrungsgemäß auch in den ansonsten klimatisierten Gebäuden des Flughafens mit hohen Temperaturen zu rechnen. Die Klägerin konnte sich auch nicht selbst mit Getränken versorgen, da dort, wo der Schalterbereich war, keine Möglichkeit der Getränkeversorgung gegeben war. Dass die Klägerin zuvor sich mit Getränken versorgen konnte, ist insoweit unerheblich, da die Klägerin ja nicht wissen konnte, dass die Beklagte sie und ihre Mitreisenden über 4,5 Stunden hinweg warten lassen würde", so das LG.

Betrag: 100 € **Haftung: 100 %**
immVorb: – **MdE: –**

LG Landshut 1.12.2023 – 13 O 2383/22 = BeckRS 2023, 49466

5030

Körperverletzung wegen fehlender Toiletten in einer Regionalbahn. Das Gericht führte aus: „Der Beklagten fällt ein Organisationsverschulden zur Last. Unstreitig war am Sonntag den 5. Oktober 2014 in der Regionalbahn 12232 Abfahrt 16:40 Uhr ab Koblenz Hauptbahnhof Richtung Trier keine funktionierende Toilette vorhanden. Dies führte zu einem relevanten körperlichen Unwohlsein der Klägerin."

Frau. Schmerzensgeld wegen defekter Zugtoilette. Die Klägerin hatte wegen Verspätung des IC vor dem Umsteigen in die Regionalbahn nicht am Bahnhof zur Toilette gehen können und konnte dies im Regionazug auch nicht, da die Toilette defekt war. In Ihrer Not nässte die Klägerin schließlich in ihre Kleidung. „Die Verletzung unterfällt nicht der Geringfügigkeitsgrenze, denn der Eingriff auf das Wohlbefinden der Klägerin war nicht nur kurzfristig, sondern währte über die Dauer von 1 h und war im Übrigen durch das Erscheinungsbild in der Öffentlichkeit am Trierer Hauptbahnhof psychisch belastend", so begründete das AG zutreffend seine Entscheidung. [Urteil wurde vom LG Trier aufgehoben – siehe → Nr. 5031]

Betrag: 200 € **Haftung: –**
immVorb: – **MdE: –**

AG Trier 14.7.2015 – 6 C 62/15 = BeckRS 2015, 15041

3590

Unterarmverletzung (hier: Reposition einer Unterarmfraktur ohne Betäubung).

55j. Frau. Arzthaftung (hier: Behandlungsfehler bei der Versorgung der Radiusbasisfraktur der Klägerin, die dadurch – wenn auch nur kurzzeitig – unnötig erhebliche Schmerzen erlitt).

Betrag: 250 € **Haftung: 100 %**
immVorb: – **MdE: –**

OLG Düsseldorf 13.2.2003 – 8 U 41/02 = BeckRS 2004, 5391

3585

Hautverletzungen (hier: Hautrötungen und Hautanspannungen).

Frau (im Pflegeheim). Arzthaftung (hier: Behandlungsfehler wegen Verabreichung eines Medikamentes auf welches die Klägerin bekanntermaßen allergische Reaktionen zeigte).

Betrag: 256 € **Haftung: 100 %**
immVorb: – **MdE: –**

AG Neubrandenburg 16.1.2001 – 18 C 739/00 = BeckRS 9998, 94499

3183

Körperverletzung wegen fehlender Toiletten in einem ICE. Das Gericht führte aus: „Die Bekl. hat damit tatbestandsmäßig, rechtswidrig und schuldhaft die Gesundheit des Kl. beschädigt, indem dieser während zwei Stunden seinem dringenden Bedürfnis, auf die Toilette zu gehen, nicht nachkommen konnte."

Schmerzensgeld wegen defekter Zugtoilette. Die Deutsche Bahn AG ist zur Zahlung eines Schmerzensgelds wegen einer Körperverletzung verpflichtet, wenn sie nicht dafür Sorge trägt, dass auf einer längeren ICE-Fahrt Toiletten im Zug zur Benutzung geöffnet sind. Das Schmerzensgeld basiert dabei auf dem Organisationsverschulden der Bahn [fehlende Toiletten im ICE]. Vergleiche auch → Nr. 5030 und 5031.

Betrag: 402 € **Haftung: 100 %**
immVorb: – **MdE: –**

AG Frankfurt a. M. 25.4.2002 – 32 C 261/01 = BeckRS 9998, 54442

7877

Verunsicherung und Unbehagen sowie Frustration – des Käufers eines vom sog. Dieselskandal betroffenen PKW – über die ungewisse Nutzbarkeit und Verkehrsfähigkeit seines Fahrzeugs.

Mann. Der Kläger aus Spanien, der 2013 in Spanien von der Beklagten einen Audi mit dem VW-Dieselmotor des Typs EA189 erworben hatte, begehrte immateriellen Schadensersatz, für „die Besorgnis, die Ungewissheit und das Unbehagen" im Zusammenhang mit den offenen Fragen im Zusammenhang mit der Fahrzeugnutzung und insbesondere der „Unsicherheit über die Auswirkungen der am Fahrzeug vorzunehmenden Eingriffe, insbesondere der Möglichkeit der Entziehung der Betriebserlaubnis, die mit dem durch das Update aufgespielten Thermofenster nicht gebannt sei." Das OLG München bestätigte insofern die Entscheidung des Landgericht, das dem Kläger einen immateriellen Schadensersatz nach Art. 1101 Codigo Civil (Spanisches Zivilgesetzbuch; im Folgenden: CC) in Höhe von 500,00 EUR zuerkannt. hatte und sah einen „Schaden in Höhe von pauschal 500,00 EUR für jeden Käufer eines betroffenen Fahrzeugs" als angemessen an; dieser erfülle die Maßgaben des EuGH, wobei das OLG auf EuGH 21.3.2023 – C-100/21, NJW 2023, 1111 verwies.

Betrag: 500 € **Haftung: 100 %**
immVorb: – **MdE: –**

OLG München 30.1.2026 – 36 U 4799/23e = BeckRS 2026, 1323

5104

Störung der Totenruhe durch „Umbettung ..., die zur Überzeugung des Gerichts nicht dem mutmaßlichen Willen der Verstorbenen entsprach".

Störung der Totenruhe durch „störende Umbettung der verstorbenen ..., die ohne Zustimmung des Klägers".

Betrag: 500 € **Haftung: 100 %**
immVorb: – **MdE: –**

AG Rinteln 23.12.2015 – 2 C 183/14 = BeckRS 2016, 3428

5124

Schmerzverlängerung, die dadurch vorlag, „dass der Beklagte trotz der fortbestehenden Schmerzen der Klägerin und der damit zum Ausdruck kommenden unzureichenden Wirkung des Prednisolon kein zusätzliches Schmerzmittel verschrieben zu hat.", so das OLG.

Frau. Arzthaftung. Hier: Schmerzverlängerung durch Behandlungsfehler im Zusammenhang mit einer Oberarmverletzung durch nicht ausreichende Behandlung mit Schmerzmitteln im Zeitraum von 9 Tagen.

Betrag: 500 € **Haftung: 100 %**
immVorb: – **MdE: –**

OLG Brandenburg 30.4.2015 – 12 U 165/13 = BeckRS 2015, 8566

5118

Stiche und Bisse von Bettwanzen und Flöhen und „juckende Quaddeln"

Mann: (Kläger zu 1): Urlaubsbeeinträchtigung. „Mangels näheren Vortrags kann der Senat hinsichtlich des Klägers zu 1 nur von denjenigen üblichen Beeinträchtigungen ausgehen, zu denen Bisse von Bettwanzen oder vergleichbaren Insekten bei den meisten Menschen führen: Juckende Quaddeln für etwa eine Woche. Diese Beeinträchtigung ist ohne Zweifel unangenehm. Sie kommt wirklichen Körperschäden und Krankheiten aber kaum gleich, sondern erreicht allenfalls die Qualität z. B. eines leichten HWS-Syndroms. Daher darf das Schmerzensgeld die für eine solche Beeinträchtigung üblicherweise zugesprochenen Beträge von bis zu 500 EUR auch nicht überschreiten.", so das OLG.

Betrag: 500 € **Haftung: 100 %**
immVorb: – **MdE: –**

OLG Celle 26.3.2015 – 11 U 249/14 = BeckRS 2015, 14320

6622

Diverse – motorradsturzbedingte – Verletzungen ohne nähere Angaben.

59j. Mann. MdE 33 Tage 100 %. Keine Dauerfolgen. [Lesenswert wegen der besonderen Rechtslage bei einem Verkehrsunfall mit deutsch / italienischer Beteiligung in Italien. „Das von dem Kl. weiterhin noch geltend gemachte „Schmerzensgeld" kann" – da bei einem Verkehrsunfall in Südtirol zwischen zwischen einem deutschen überholenden Motorradfahrer und einem links abbiegenden italienischen Motorrollerfahrer italienisches Recht anzuwenden ist – „nur in Höhe von 760,65 EUR (der Kläger begehrte

28.000 EUR) zugesprochen werden. Ein Schmerzensgeld im engeren Sinne, nämlich als Nichtvermögensschaden („danno non patrimoniale" bzw. „danno morale") steht dem Kl. nicht zu. Denn ein Nichtvermögensschaden ist im italienischen Recht gem. Art. 2059 c.c. („Der immaterielle Schaden muss nur in den vom Gesetz bestimmten Fällen ersetzt werden.", Übersetzung wie oben) allein in den durch Gesetz gesondert bestimmten Fällen ersatzfähig. Insoweit reicht also nicht bereits die Haftung aus Art. 2054 c.c. aus, sondern es müsste für den Schaden eine Straftat („reato") ursächlich sein, Art. 185 Codice penale ... Zudem bedürfte es nach italienischem Recht für eine ersatzfähige dauerhafte Behinderung („invalidità permanente") einer hier nicht erfolgten Feststellung einer Minderung der körperlichen Integrität („capacità fisica") nach Prozentpunkten durch einen spezialisierten Arzt", so das – gemäß Art. 11 Abs. 2, Art. 9 Abs. 1 Buchst. b der Verordnung Nr. 44/2001 des Rates vom 22.12.2000 – zuständige LG Hannover, an dessen Ort der Kläger seinen Wohnsitz hatte. [Motorradunfall].

Betrag: 760 € **Haftung: 50 %**
immVorb: – **MdE: –**

LG Hannover 1.7.2019 – 18 O 49/17 = BeckRS 2019, 36957

6614

Leichte Verletzungen (Knieschürfung und Augenreizung durch Pfefferspray) im Zusammenhang mit einem Polizeieinsatz gegen Hooligans.

Mann (Polizeibeamter). Der Kläger begehrt gemäß Art. 97 BayBG die Erfüllung eines gegen einen im Ausland wohnenden Dritten gerichteten und mit Vollstreckungsbescheid rechtskräftig festgestellten Anspruchs auf Schmerzensgeld aufgrund einer im Dienst erlittenen Schädigung. Das VG wies die zulässige Klage als nicht begründet ab, da der Kläger keinen Anspruch auf Erfüllungsübernahme nach Art. 97 BayBG hat. Zum einen stelle ein durch Vollstreckungsbescheid iSv § 699 ZPO zivilrechtlich vollstreckbarer Anspruch auf Schmerzensgeld stellt keinen „rechtskräftig festgestellten Anspruch" iSv Art. 97 Abs. 1 Satz 1 BayBG dar und zum anderen könne sich der Kläger auch deswegen nicht auf Art. 97 BayBG berufen, weil hier keine „unbillige Härte" i.S.v. Art. 97 Abs. 1 S. 1 BayBG gegeben sei, so das VG.

Betrag: 1.000 € **Haftung: 100 %**
immVorb: – **MdE: –**

VG Augsburg 5.12.2019 – Au 2 K 18.1445 = BeckRS 2019, 35131

5432

Prellungen und Schürfwunden ohne nähere Angaben zu deren Intensität.

Frau. [Ursache: Fahrradunfall. Erhebliches Mitverschulden, da sie „den Geh- und Radweg entgegen der vorgeschriebenen Fahrtrichtung benutzt und von ihm (ergänze: PKW-Fahrer) kommend auf die Straße auffährt, ohne eine Gefährdung des fließenden Verkehrs auszuschließen", so das OLG)

Betrag: 1.000 € **Haftung: 25 %**
immVorb: – **MdE: –**

OLG München 5.8.2016 – 10 U 4616/15 = BeckRS 2016, 14139

5119

Stiche und Bisse von Bettwanzen und Flöhen und „juckende Quaddeln"

Frau (Klägerin zu 2). Urlaubsbeeinträchtigung. Beeinträchtigungsdauer: ca. 2 Wochen. Die Klägerin, die mit Ihrem Mann im Urlaub war, hatte „unter mehreren hundert Bissen zu leiden".

Betrag: 1.000 € **Haftung: 100 %**
immVorb: – **MdE: –**

OLG Celle 26.3.2015 – 11 U 249/14 = BeckRS 2015, 14320

4454

Übelkeit wegen Narkosemittelunverträglichkeit.

46j. Frau. Arzthaftung (hier: Grober Behandlungsfehler des Anästhesisten. Das OLG betonte, Ärzte müssten sich regelmäßig fortbilden und aktuelle wissenschaftliche Erkenntnisse zeitnah umsetzen. Im konkreten Falle hätte der Arzt der Klägerin ein seit 2004 bekanntes Medikament gegen die Begleiterscheinungen des Narkosemittels verabreichen müssen. Dies hatte er unterlassen). Die Beschwerden in Form heftiger Übelkeit dauerten 3 Tage.

Betrag: 1.000 € **Haftung: 100 %**
immVorb: – **MdE: –**

OLG Koblenz 20.6.2012 – 5 U 1450/11 = BeckRS 2012, 13117

3715

Zahnbehandlungsbedingt ausgelöste allergische Lokalreaktion nach grob behandlungsfehlerhaft implantiertem Palladiumimplantat trotz entsp. bekannter Allergie.

Frau. Arzthaftung; hier grober Behandlungsfehler. „Ist einem Zahnarzt bekannt, dass eine Patientin unter Palladiumallergie leidet und setzt er geleichwohl Brücken mit einer Edelmetalllegierung ein, die 36 % Palladium enthält, so liegt ein grober Behandlungsfehler vor", so das Gericht. Die Klägerin begehrte allerdings 45.000 Euro. Das Gericht sah den Großteil der Beschwerden als nicht kausal und wertete lediglich eine 14tägige „Lokalreaktion" mit insgesamt 1.000 Euro

Betrag: 1.000 € **Haftung: 100 %**
immVorb: – **MdE: –**

OLG Oldenburg 4.7.2007 – 5 U 31/05 = BeckRS 2007, 12674

2460

Spritzenabszess mit schmerzahften „Rötungen und Schwellungen an der Einstichstelle".

Frau. 4 ambulante Behandlungen. Starke Schmerzen in der ersten Woche. Ausheilung nach insges. 3 Wochen. Arzthaftung; Spritzenabszess nach Behandlungsfehler beim Injizieren.

Betrag: 1.278 € **Haftung: 100 %**
immVorb: – **MdE: –**

LG Aachen 10.9.1997 – 7 S 124/97 = unveröffentlicht

2505

Spritzenabszeß mit Rötungen und Schwellungen. „Eine knotige Alteration bildete sich erst ca. 1 Jahr nach dem Behandlungsfehler zurück".

Frau. MdE 10 Tage 100 %. Ambulante Behandlung mit Verband. Arzthaftung (hier: Behandlungsfehler – fehlerhafte Injektion – mit der Folge eines sog. Spritzenabszesses).

Betrag: 1.278 € **Haftung: 100 %**
immVorb: – **MdE: –**

LG Aachen 10.9.1997 – 7 S 124/97 = unveröffentlicht

5368

Lymphkontenentfernung (hier: Enfernung von 13 Lymphknoten).

Frau. Arzthaftung (hier: Aufklärungspflichtverletzung im Zusammenhang mit einer Lymphknotenentfernung). Das KG berücksichtigte bei der Bemessung, dass die Lymphknotenentfernung dauerhaft und zudem mit dem Risiko einer Stauung von Lymphflüssigkeit behaftet ist. Andererseits stellten jedoch 13 Lymphknoten nur einen Bruchteil der im menschlichen Körper vorhandenen Lymphknoten dar, weshalb im konkreten Falle auf der Entfernung beruhende Schäden nicht festgestellt oder bewiesen werden konnten.

Betrag: 2.000 € **Haftung: 100 %**
immVorb: – **MdE: –**

KG 15.1.2016 – 20 U 72/15 = BeckRS 2016, 137476

5131

Verzögerte Krankenhauseinweisung und gewisse Verlängerung der allgemeinen Schwäche und der Müdigkeit sowie Ängste im Zusammenhang mit der „Rettungsaktion".

85j. Frau. Arzthaftung. Behandlungsfehler / verzögerte Krankenhauseinweisung: Weil der Beklagte „bei bestehendem Verdacht auf eine gastrointestinale Blutung nicht mit hinreichender Dringlichkeit auf die gebotene Krankenhauseinweisung hingewirkt hat", so das OLG. [Sachverhalt: Nach dem Hausbesuch des Beklagten beim Kläger – wegen ua Durchfall – nahmen die Schmerzen und der Durchfall zu. Die Klägerin fiel zu Boden und wurde nach einigen Stunden durch einen Nachbarn aufgefunden und in ein Krankenhaus verbracht, wo sie sich nur langsam erholte].

Betrag: 2.000 € **Haftung: 100 %**
immVorb: – **MdE: –**

OLG Köln 18.2.2015 – 5 U 128/13 = BeckRS 2015, 4366

4895

Operationsverzögerung um einen Tag wegen des Fehlens des richtigen Operationswerkzeugs im Zusammenhang mit einer Hüftgelenksoperation. „Denn angesichts vier abgebrochener Bohrnadeln und in Anbetracht der Tatsache, dass die Operation mit dem hochtourigen Bohrer unproblematisch beendet werden konnte, spricht ein Beweis des ersten Anscheins dafür, dass die hauseigene Bohrmaschine nicht ausreichend war", so das KG.

37j. Mann. Arzthaftung (hier: Operationsverzögerung, da „die Operation erst am nächsten Tage beendet werden konnte"). [Lesenswert zur Abgrenzung zwischen Risikoaufklärung und Sicherungsaufklärung. „Eine Pflicht zur Risikoaufklärung über einen bereits vorgenommen Eingriff gibt es grundsätzlich nicht (keine nachträgliche Risikoaufklärung). Allenfalls kann sich die Pflicht zur Risikoaufklärung in eine Pflicht zur nachträglichen Sicherungsaufklärung fortsetzen. (amtlicher Leitsatz)"].

Betrag: 2.000 € **Haftung: –**
immVorb: – **MdE: –**

KG 25.11.2013 – 20 U 49/12 = BeckRS 2014, 6104

3777

Persönlichkeitsrechtsverletzung und Körperverletzung infolge der Verweigerung eines Krankenrücktransports und dadurch bedingtes Erleiden körperlicher und psychischer Beeinträchtigungen und Strapazen.

Mann. Verweigerung eines Krankenrücktransports. Der kl. erkrankte während einer Reise an hohem Fieber und Husten. Seine Reisekrankenversicherung verwies ihn an das örtliche Krankenhaus, verweigerte jedoch den Krankenrücktransport und erlitt auf der somit selbst organisierten Rückreise erhebliche Belastungen und Strapazen, die andernfalls vermeidbar gewesen wären. Das Urteil gegen die Reisekrankenversicherung ist rechtskräftig.

Betrag: 2.000 € **Haftung: 100 %**
immVorb: – **MdE: –**

LG München I 16.5.2007 – 6 S 20960/06 = BeckRS 2008, 13561

3341

Keine Verletzungen mitgeteilt.

Mann. [Ursache: Verkehrssicherungspflichtverletzung bei einem sogenannten „Seifenkistenrennen"; vgl. auch NJW-RR 1994, 413]

Betrag: 2.000 € **Haftung: 100 %**
immVorb: – **MdE: –**

LG Offenburg 23.12.2004 – 1 S 65/04 = BeckRS 2005, 573

3036

Abgebrochene Metallbohrerspitze im Tibiaknochen.

Mann. Arzthaftung. Auch wenn das Abbrechen alleine nicht notwendig ein Kunstfehler ist, so haftet der Arzt hier wegen Aufklärungspflichtverletzung; dafür sind die Röntgenbilder „sorgsam auszuwerten".

Betrag: 2.000 € **Haftung: 100 %**
immVorb: – **MdE: –**

OLG München 10.1.2002 – 1 U 2373/01 = BeckRS 2002, 30231440

2728

Persönlichkeitsrechtsverletzung durch „im Rechtssinne … nicht gerechtfertigten schuldhaften Eingriff in die körperliche Integrität" durch fehlende Risikoaufklärung und entsprechend fehlende Einwilligung einer ansonsten korrekten Operation.

Frau. Entfernung eines Knotens an der Schilddrüse. Erhebliche Beeinträchtigung während 6 Tagen.

Betrag: 2.045 € **Haftung: 100 %**
immVorb: – **MdE: –**

OLG Köln 9.12.1998 – 5 U 147/97 = BeckRS 9998, 17152

3387

Urlaubszeit, nutzlos aufgewandte. „Kann der Reiseveranstalter infolge einer Überbuchung den Kunden nicht an dem gebuchten Urlaubsort unterbringen und tritt der Kunde deshalb die Reise nicht an, so steht dem Kunden wegen Vereitelung der Reise ein Entschädigungsanspruch nach § 651f II BGB zu."

Keine Angaben. „Für die Höhe der Entschädigung wegen nutzlos aufgewendeter Urlaubszeit darf das Arbeitseinkommen nicht zum Maßstab genommen werden, wohl aber der Reisepreis (Aufgabe von BGHZ 63, 98 [101] =

NJW 1975, 40; BGHZ 77, 116 [120] = NJW 1980, 1947)", so der BGH, der 75 Euro pro Tag und Person für 14 Urlaubstage, insgesamt also 2.100 Euro nicht beanstandete. [vgl. Urlaubszeit, nutzlos aufgewandte]

Betrag: 2.100 € **Haftung: 100 %**
immVorb: – **MdE: –**

BGH 11.1.2005 – X ZR 118/03 = BeckRS 2005, 1766

6460

Spritzentherapie die gerichtsseitig als „unsinnig" bezeichnet worden war und durch die damit verbundenen Injektionen mit „Schmerzen und Unannehmlichkeiten" verbunden war.

Frau. Arzthaftung (hier: Behandlungsfehler im Zusammenhang mit einer Spritzentherapie, die „nicht indiziert und damit behandlungsfehlerhaft gewesen sei". Hinsichtlich der ersten präsakralen Injektion liege ein einfacher Behandlungsfehler vor. Die weiteren Injektionen seien grob behandlungsfehlerhaft, weil die Fortsetzung dieser Therapie „unsinnig" gewesen sei. [Anmerkung: Hinsichtlich eines Schmerzensgeldes wegen der durch die Injektionen entstandenen bzw. aufgetretenen Myoklonien wies bereits das LG sowie auch das OLG die Klage ab; der BGH – vgl. BGH BeckRS 2019, 13441 sah dies jedoch anders und gab der Revision der Klägerin statt und wies die Sache an das OLG zurück].

Betrag: 2.500 € **Haftung: 100 %**
immVorb: – **MdE: –**

OLG Celle 5.12.2016 – 1 U 19/16 = BeckRS 2016, 134742

4904

Exsikkose (= Austrocknung) und daraus resultierende Verschlimmerung ihres Leidens für eine „relativ kurze Zeit".

Frau (Rentnerin / Altenheimbewohnerin). Pflegeheimhaftung (hier: „Verabreichung … Abführmittels Lactulose sowie … Medikament Elotrans zur Verbesserung der Elektrolytzufuhr nicht in der verordneten Dosis", so das OLG, welches bei der Bemessung berücksichtigte: „… die nicht unerheblichen Beeinträchtigungen der Mutter der Klägerin aufgrund von Vorerkrankungen und die relativ kurze Zeitdauer des infolge der Exsikkose eingetretenen bzw. verschlimmerten Leidens".

Betrag: 2.500 € **Haftung: 100 %**
immVorb: – **MdE: –**

OLG Hamm 25.6.2013 – 26 U 90/09 = BeckRS 2013, 16227

3817

Persönlichkeitrechtsverletzung (hier: Verletzung des Besitzrechtes an der Wohnung).

Die eigenmächtige Räumung einer Mietwohnung durch deren Vermieter verstößt – so das AG – bei fehlendem Einverständnis des Mieters gegen das Besitzrecht und rechtfertigt einen Schmerzensgeldanspruch.

Betrag: 2.500 € **Haftung: –**
immVorb: – **MdE: –**

AG Reinbek 20.5.2008 – 5 C 624/06 = BeckRS 2008, 12225

865

Leidensverstärkung / Unterlassung einer Behandlung. Die Leidensintensität wäre – bei alsbaldiger Behandlung – geringer ausgefallen.

Keine Angaben. Leidensverstärkung wegen Unterlassung einer Behandlung kann ein Schmerzensgeld in Höhe von 5.000 DM rechtfertigen, auch wenn spätere Dauerfolgen unabwendbar waren.

Betrag: 2.556 € **Haftung: 100 %**
immVorb: – **MdE: –**

OLG Köln 26.11.1997 – 5 U 226/96 = BeckRS 1997, 13240

3924

Fußverletzung ohne nähere Angaben.

Das OLG erhöhte das vom LG Ingolstadt zuerkannte Schmerzensgeld wegen der sehr lange (hier: 5 Jahre) andauernden Belastung infolge der Verletzung mit folgender Begründung: „Der Senat ist der Auffassung, dass insbesondere die lange Dauer der zwar nicht übermäßig schmerzhaften, aber doch das Gesamtbefinden des Klägers deutlich beeinträchtigten Gesundheitszustandes eine deutlich höhere Bewertung erfahren muss". [Stichwort: ?].

Betrag: 3.000 € **Haftung: 100 %**
immVorb: – **MdE: –**

OLG München 19.6.2009 – 10 U 5757/08 = BeckRS 2009, 16640

3789

Leidensverzögerung infolge eines Befunderhebungsversäumnisses und einer verzögerten Operation nach einem Verkehrsunfall.

Mann. Arzthaftung: Erhebliches Versäumnis des Arztes mit der Folge einer erheblichen Leidensverzögerung, um mehr als 2 Monate. Kein Dauerfolgeschaden. [Anmerkung: Wird der Verletzte eines Verkehrsunfalles ärztlich fehlerhaft behandelt, ist das haftungsrechtlich auch dem Unfallverursacher zuzuordnen, es sei denn, der Arzt hätte seine Sorgfaltspflichten in außergewöhnliche hohem Maß sozusagen gröblichst verletzt. Weitere Fundstellen: NZV 2009, 39 sowei NJW-Spezial 2008, 649 sowie ausführlich hierzu auch Beck'sche Schmerzensgeldtabelle Rn. 60 mit weiteren Entscheidungen.]

Betrag: 3.000 € **Haftung: 100 %**
immVorb: – **MdE: –**

OLG Koblenz 24.4.2008 – 5 U 1236/07 = BeckRS 2008, 8275

3709

Schädelfraktur / Palacosplastik (hier: „Subjektive Missempfindung" infolge des Einsetzens einer Schädeldeckenersatzplastiks nach unsachgemäßer Lagerung des körpereigenen Implantatsückes).

Mann. Arzthaftung: Dem unfallbedingt Verletzten musste ein Stück künstliche Schädeldecke (sog. Palacosplastik) implantiert werden, nachdem wegen eines Kühltruhendefektes das körpereigene Implantat verdorben war. Die Palacosplastik wuchs jedoch fest und stabil ein.

Betrag: 3.000 € **Haftung: 100 %**
immVorb: – **MdE: –**

LG Koblenz 22.8.2007 – 10 O 50/05 = BeckRS 2007, 15361

4247

Rückenschmerzen nach Zurücklassen eiens 1,2 mm starken sowie 150 mm langen sogenannten Kirchnerdrahtstücks (= rotierender Bohrdraht zur geschlossenen Reposition und Fixierung einer Fraktur), sodass es zur Rückengeschwulstbildung mit deutlichen Schmerzen im Rücken und Oberschenkel kam).

Mann. Arzthaftung (hier: Behandlungsfehler im Rahmen einer Operation).

Betrag: 4.000 € **Haftung: 100 %**
immVorb: – **MdE: –**

OLG Zweibrücken 16.9.2008 – 5 U 3/07 = BeckRS 2008, 24329

3800

Oberarmfraktur

5j. Kind. Arzthaftung: Fehldiagnose bzw. Nichterkennen einer Oberarmfraktur.

Betrag: 4.000 € **Haftung: 100 %**
immVorb: – **MdE: –**

LG Köln 12.3.2008 – 25 O 123/05 = BeckRS 2008, 7362

3257

Oberarmverletzung / Schulterverletzung

Mann. Dauerschaden. Verschlechterungstendenz: Humeruskopfnekrose, Schulterprothese, Handgelenkarthrose. Vorsätzliche Körperverletzung; [Anmerkung: Lesenswert zum Teilschmerzensgeld: „Lässt sich nicht endgültig sagen, welche Änderungen des gesundheitlichen Zustandes noch eintreten können, so ist es zulässig, den Betrag des Schmerzensgeldes zuzusprechen, der dem Verletzten zum Zeitpunkt der Entscheidung mindestens zusteht", so der 2. Leitsatz der Redaktion der NZV].

Betrag: 4.000 € **Haftung: 80 %**
immVorb: – **MdE: –**

BGH 20.1.2004 – VI ZR 70/03 = BeckRS 2004, 2240

4683

Unterlassene Wundtoilette – auch Debridement oder Shaving genannt – welches dazu dient, infiziertes, geschädigtes oder abgestorbenes Gewebe aus Wunden zu entfernen. Im Fall einer Unterlassung insofern können Komplikationen auftreten.

Frau. Arzthaftung [hier: Behandlungsfehler / fehlerhafte, weil verspätet erfolgte Operationsdokumentation. „Eine richtige und vollständige Dokumentation einer OP gelingt, … nur, wenn diese zeitnah erfasst und von dem Erinnerungsvermögen des Operateurs noch getragen ist. Dies trifft jedenfalls zu, wenn das Protokoll – was ideal wäre – während der OP diktiert, jedenfalls jedoch unmittelbar danach erstellt wird", so das KG in seiner Begründung. Der beklagte Arzt konnte jedoch „nicht einmal ansatzweise darlegen", wann er den Bericht verfasst hatte und somit auch nicht beweisen, dass während der Operation die erforderliche Wundtoilette durchgeführt worden war, was das KG als Behandlungsfehler ansah]. Weitere Fundstelle: MedR 2013, 786.

Betrag: 4.500 € **Haftung: –**
immVorb: – **MdE: –**

KG 10.1.2013 – 20 U 225/10 = BeckRS 2013, 3450

6322

Hinterbliebenengeld des Sohnes; die Verunfallte war seine Mutter.

Mann (Sohn) der Verstorbenen. Zur Bemessung führte das LG aus, es gehe vom Vortrag des Klägers aus, der vorgetragen hatte, er „habe ein sehr enges und besonderes Verhältnis zu seiner Mutter gehabt. Er habe sich für sie verantwortlich gefühlt. Er habe sie häufig besucht und viele Dinge des täglichen Lebens für sie erledigt. So habe auch die Mutter die beiden Kläger zusammen mit ihren beiden Kindern häufiger besucht. Man habe gemeinsam gekocht und gegessen. Aufgrund des Unfalltodes der Mutter habe der Kläger zu 1) 12 Kilogramm an Gewicht verloren. Beide Kläger befänden sich noch immer in ärztlicher Behandlung wegen des Unfalltodes". [1. Anmerkung: Tödlicher Verkehrsunfall: Bemessung der Höhe von Hinterbliebenengeld: Dass die Gesetzesbegründung davon ausgeht, dass die durchschnittliche Schockschadenshöhe 10.000 EUR beträgt, gibt ein gewisses Maß vor, das auch beim Hinterbliebenengeld nicht unberücksichtigt bleiben kann, so das LG. 2. Anmerkung: Vergleiche dazu auch → Nr. 6321 und → Nr. 6341]

Betrag: 5.000 € **Haftung: 100 %**
immVorb: – **MdE: –**

LG München II 17.5.2019 – 12 O 4540/18 = BeckRS 2019, 24127

5353

Erhebliche Verletzungen nach Sturz vom Bahnsteig ins Gleisbett. Das Urteil enthält keine Angaben zu Art und Umfang der „erheblichen" Verletzungen.

Mann. Der Kläger stürzte vom Bahnsteig ins darunter liegende Gleisbett. Anmerkung: Lesenswert zur Haftung des Flüchtenden für Schäden eines ihn stoppenden Dritten. Hierzu führte das OLG aus: „Der Kläger hatte sich an der Verfolgung eines flüchtenden Schwarzfahrers durch Polizeibeamte beteiligt. Das Mitverschulden des Kl. beurteilt sich … nach der Abwägung, ob es angemessen war, sich wegen des konkreten Vorfalls, der Schwarzfahrt, dem Risiko einer nicht unerheblichen Körperverletzung auszusetzen. Dabei ist dem Kl. zugute zu halten, dass er spontan reagierte und kaum Überlegungszeit hatte, die Schwere des verfolgten Delikts und den genauen Umfang des Risikos gegeneinander abzuwägen. Wenn er dies auch nicht ausschließen konnten, so drängte es sich aus der persönlichen Sicht des Kl. trotz der erheblichen Körpermasse des Bekl. und dessen Laufgeschwindigkeit auch nicht auf, dass er (Kl.) durch den Aufprall in das Gleisbett gestoßen werden und erhebliche Verletzungen erleiden würde. Andererseits musste der Kl. vor seinem Handeln erkennen, dass er die Risiken in der Kürze der Zeit nur unzureichend beurteilen konnte und sein Eingreifen nicht zwingend notwendig war, da sich bereits Polizeibeamte um die Verfolgung des Bekl. kümmerten". (vgl. zu dieser Thematik auch: BGH NJW 2012, 1951 sowie AG Bremen NJW-RR 2015, 983.)

Betrag: 5.000 € **Haftung: 33 %**
immVorb: Ja **MdE: –**

OLG Frankfurt a. M. 25.4.2017 – 10 U 173/15 = BeckRS 2017, 111140

3881

Persönlichkeitsrechtsverletzung (hier: Falsche Verdächtigung auf der Basis einer Fehldiagnose seitens eines Arztes, der im Auftrag des Jugendamtes München beauftragt worden war, über die Verletzungsursache eines Kleinkindes zu befinden. Er kam zu dem Ergebnis der Misshandlung des Kindes durch dessen Eltern. Das Kind wurde den Eltern deshalb entzogen und kehrte erst nach 4 Wochen zu diesen zurück. Die Eltern waren jedoch unschuldig.

Mann. Der Vater wurde irrtümlich verdächtigt, seine vierjährige Tochter misshandelt zu habe. Das LG sprach dem Kind 10.000,- EUR und den Eltern je 5.000,- EUR zu. Berücksichtigt wurde dabei nicht nur das Leiden des Kindes sondern auch die erheblichen psychischen Beeinträchtigungen der Eltern (der Vater drohte mit Suizid und wurde in die Psychiatrie eingewiesen). [Siehe auch → Nr. 6489].

Betrag: 5.000 € **Haftung: 100 %**
immVorb: – **MdE: –**

LG München I 7.1.2009 – 9 O 20622/06 = BeckRS 2009, 26049

3700

Augenverletzung (hier: Postoperativ vergessener Faden am Oberlid mit der Folge von Schwellungen und Schmerzen des dadurch bedingt meist tränenden Auges).

Frau (Rentnerin). Sehr schmerzhafte Beeinträchtigung des Sehvermögens infolge des postoperativ vergessenen Fadens. Dieser wurde erst 10 Wochen nach der ansonsten korrekten OP entfernt.

Betrag: 5.000 € **Haftung: 100 %**
immVorb: – **MdE: –**

OLG Frankfurt a. M. 13.8.2002 – 8 U 84/02 = BeckRS 2002, 162157

3601

Leberbefund, der sich jedoch im Rahmen der unnötigen Operation als gutartig herausgestellt hatte.

Mann (Notar). 12 Tage stationär; MdE 4 Monate 100 %. Arzthaftung (hier: Diagnosefehler im Zusammenhang mit einer Leberdiagnose. Es kam dadurch zu einer nicht notwendigen Zweitoperation).

Betrag: 5.000 € **Haftung: 100 %**
immVorb: – **MdE: –**

LG Freiburg 31.5.2002 – 23 O 129/02 = unveröffentlicht

4040

Leberverletzung (hier: Gutartige Blutschwämme in der Leber, die in einer unnötigen Zweitoperation zugleich mit der vorangegangenen Nieren-OP hätten behandelt werden können).

Mann (Rechtsanwalt und Notar). Arzthaftung: Diagnosefehler sowie Behandlungsfehler bzgl. der Operationsplanung: Bei korrekter Planung wäre die erfolgte Zweitoperation nicht notwendig und somit ein erneuter stationärer Aufenthalt überflüssig gewesen. [Das Urteil wurde vom OLG Karlsruhe BeckRS 2003, 154393 → Nr. 3116 bestätigt].

Betrag: 5.000 € **Haftung: 100 %**
immVorb: – **MdE: –**

LG Freiburg 31.5.2002 – 1 O 523/00 = unveröffentlicht

3897

Austrocknung (Exikkose) mit drohender Ablagerung von Harnsalzen und einer dauerhaften Wachsamkeitsstörung (Viglianzminderung).

71j. Frau. Längerer stationärer Aufenthalt; danach 3 Jahre Pflegeheimaufenthalt. Arzthaftung: Grober Behandlungsfehler. Dauerschaden: Bewusstseinsverminderung in Form einer Verminderung der Wachsamkeit.

Betrag: 5.100 € **Haftung: 100 %**
immVorb: – **MdE: –**

LG Paderborn 21.11.2005 – 3 O 25/05 = BeckRS 2010, 13886

3116

Heilungsverzögerung (hier: Bei korrektem ärztlichen Handeln nicht notwendige Zweitoperation).

Mann (Notar). Der Kl. stellte sich in der Klinik wegen eines Nierenzellkarzinoms vor. Die Nierenentfernung wurde vereinbart. Hierzu wurde zuvor ein Thorax-CT durchgeführt, bei der ein „abklärungsbedürftiger Leberbefund" attestiert wurde; dies nahm der nachfolgend operierende Arzt nicht zur Kenntnis. Arzthaftung: Der Vorwurf des Kl., die Unterlassung der Leberuntersuchung habe zur zweiten Operation geführt, weil sonst die Leber nicht hätte geprüft werden können, wurde vom LG und OLG bestätigt. Die Schuld des Arztes wurde als „nicht übermäßig schwerwiegend" angesehen. [vgl. auch OLG München VersR 1994, 54: Dort wurden insoweit nur 7.000 DM zuerkannt!]

Betrag: 5.113 € **Haftung: 100 %**
immVorb: – **MdE: –**

OLG Karlsruhe 5.3.2003 – 13 U 74/02 = BeckRS 2003, 154393

2747

Austrocknung [= Exsikkose]. Diese, infolge unzureichender Ernährung und Flüssigkeitsversorgung – ggf. per Infusion – eintretende Abnahme des Gesamtkörperwassers, ist ggf. lebensgefährlich. Auch hier verstarb der Patient, jedoch nicht fehlerkausal!

22j. Mann. Stationäre Behandlung. Pflegerhaftung (hier: Das Personal des Pflegeheims, in welchem der geistig schwerbehinderte Kl. untergebracht war, hatte die Exsikose verkannt!)

Betrag: 5.113 € **Haftung: 100 %**
immVorb: – **MdE: –**

OLG Hamm 11.8.1999 – 3 U 155/98 = BeckRS 2006, 13161

2507

Psychische Beeinträchtigung (hier: Fehldiagnose: Nierenkrebs bzw. Nierenkarzinom [vgl. auch Krebsfehldiagnose] mit dem Hinweis auf einen „baldigen Exitus" infolge ärztlicher Ungenauigkeit bei der Diagnosevermittlung.)

Mann. Arzthaftung (hier: Fehler der Radiologen bei der Diagnoseübermittlung gegenüber dem Urologen; es kam zu einer Krebsfehldiagnose); Todesangst.

Betrag: 5.113 € **Haftung: 100 %**
immVorb: – **MdE: –**

OLG Celle 23.3.1998 – 1 U 4/97 = BeckRS 1998, 153609

2503

Unfallbedingtes Auslösen der Schmerzsymptomatik und damit verbundener Beschwerden -Taubheitsgefühl der Arme und Beine – bei angeborener Spondylolisthesis. HWS-Syndrom und Prellungen (Brustkorb- und Brustbeinprellung).

Frau. 3 Tage stationär. Zahlreiche ambulante Behandlungen. 4 Wochen Reha. Vorschädigung: Sog. „Wirbelgleiten". Gute Besserungschance durch Wirbelversteifungsoperation.

Betrag: 5.113 € **Haftung: 100 %**
immVorb: Ja **MdE: –**

LG Kempten 27.10.1997 – 2 O 2773/96 = unveröffentlicht

4943

Vernähen ohne Betäubung (hier: Die wieder aufgeplatzte Wunde wurde ohne lokale Betäubung vernäht).

Frau. Arzthaftung (hier: Grober Behandlungsfehler. Vernähen ohne Betäubung. Der Arzt konnte weder die örtliche Betäubung noch einen Eintrag des Betäubungsmittels in die Medikationsliste nachweisen).

Betrag: 6.000 € **Haftung: 100 %**
immVorb: – **MdE: –**

KG 13.10.2014 – 20 U 224/12 = BeckRS 2014, 20870

4191

Kreislaufstörung sowie weitere Beeinträchtigungen, wie Übelkeit, Erbrechen, Schwindel und Schweißausbrüche.

Frau. 26 Tage stationär, zeitweise Intensivstation. Arzthaftung: Behandlungsfehler beim Umgang mit einer Schmerzmittelpumpe.

Betrag: 6.000 € **Haftung: 100 %**
immVorb: – **MdE: –**

OLG Frankfurt a. M. 10.3.2009 – 8 U 253/07 = BeckRS 2009, 11207

3254

Keine Angaben zur Verletzung des Antragstellers. Der Beschluss wurde lediglich aus Gründen der Aktualität der aufgeworfenen Rechtsfrage aufgenommen (siehe unter Einzelheiten).

Mann. „Wegen der in Verkehrsunfallsachen im Vordergrund stehenden Ausgleichsfunktion … ist das Schmerzensgeld, das nur auf Gefährdungshaftung gestützt werden kann, nicht niedriger zu bemessen, als bei einer Haftung aus (einfach) fahrlässigem Verhalten.", so der Leitsatz der angegebenen Fundstelle. (vgl. hierzu auch die in die gleiche Richtung tendierende Empfehlung Nr. 3 des Arbeitskreises des 42 Dt.Verkehrsgerichtstages 2004 in der NZV 2004, 122).

Betrag: 6.000 € **Haftung: 100 %**
immVorb: – **MdE: –**

OLG Celle 23.1.2004 – 14 W 51/03 = BeckRS 2004, 1260

5960

Fehlende Aufklärung der Mutter über eine – das Verletzungsrisiko des Kindes bei der Geburt minimierende oder gar ausschließende – alternative Entbindungsmethode mittels Kaiserschnitt.

Frau. Arzthaftung (hier: Aufklärungspflichtverletzung hinsichtlich einer Entbindungsmethode; die Klägerin wurde nicht über die Alternative einer Kaiserschnittentbindung aufgeklärt). [Anmerkung: Zum Schmerzensgeldanspruch des ebenfalls bei der Geburt verletzten Kindes, das eine Armlähmung erlitten hatte, vergleiche → Nr. 5961].

Betrag: 7.000 € **Haftung: 100 %**
immVorb: Ja **MdE: –**

OLG Celle 8.4.2013 – 1 U 49/12 = BeckRS 2014, 9030

4735

Misslungene Schönheitsoperation (hier: Fettabsaugung / Liposuktion an Bauch, Hüfte und Oberschenkeln mit der Folge von Entstellungen in Form von beibenden Dellenbildungen, Fettgewebsnekrosen, entstellenden Narben).

Frau. 4 Operationen. Dauerschaden: Beibende Dellenbildung, Fettgewebsnekrosen, entstellende Narben / Entstellung. Arzthaftung / Behandlungsfehler und Aufklärungspflichtverletzung im Zusammenhang mit der Durchführung einer Liposuktion [Fettabsaugung] im Bereich des Unterbauchs, der Hüfte und der Taille. Bei der Bemessung wurde insbesondere berücksichtigt, dass die Klägerin – über das zweifelhafte Endergebnis der Schönheitsoperation hinaus – „letztlich nutzlose Eingriffe durchgeführt [wurden], d. h. sie erlitt bei den insgesamt vier Eingriffen die mit solchen Eingriffen regelmäßig verbundenen Beeinträchtigungen und ist auch viermal den insoweit immer bestehenden Operationsrisiken ausgesetzt gewesen. Dies rechtfertigt nach Auffassung des Senats den zuerkannten Schmerzensgeldbetrag", so das OLG.

Betrag: 7.000 € **Haftung: 100 %**
immVorb: – **MdE: –**

OLG Zweibrücken 28.2.2012 – 5 U 8/08 = BeckRS 2012, 9870

5382

Keine Angaben – siehe jedoch unter Einzelheiten den besonderen Hinweis des OLG.

Frau. Verletzungen und Verletzungsfallen sind nicht bekannt. Das Urteil wird jedoch hier aufgenommen, da das OLG – bislang einmalig – darauf hinweist, dass die Haushaltsführung der zum Unfallzeitpunkt 98 Jahre alten Mutter durch die Klägerin zwar nicht als eigener Haushaltsführungsanspruch der Klägerin, wohl aber „im Rahmen des Schmerzensgeldes berücksichtigt werden" könne. Dass es für Verletzte sehr belastend sein könne, wenn sie die eigenen pflegebedürftigen Eltern nicht durch Hilfe im Haushalt und Alltag unterstützen könne, liege auf der Hand.

Betrag: 7.500 € **Haftung: 100 %**
immVorb: – **MdE: –**

OLG Schleswig 3.4.2018 – 11 U 93/17 = BeckRS 2018, 8381

5942

Akuten Schub der Grunderkrankung „Lupus Erytematodes" [= entzündliche Autoimmunerkrankung des Bindegewebes, bei der Gelenke, Nieren, Haut, Schleimhäute und die Wände der Blutgefäße betroffen sein können].

21j. Frau. Nahezu 90 Tage stationärer und der Rehabilitation dienender Heilbehandlung. Arzthaftung bzw. Haftung einer „Wunderheilerin"/„Geisterheilerin". Hierzu das OLG: „Wer als Patient auf Empfehlung einer "Geistheilerin„ notwendige und ärztlich verordnete Medikamente zur Abwehr eines neuen Schubs einer schweren Autoimmunerkrankung (Lupus Erythematodes) unter Missachtung der Warnungen Dritter absetzt, wirkt an der Entstehung des daraus folgenden Schadens in gleichem Maße wie die "Geistheilerin„ mit". Dauerschaden:

Narbe am Hals nach Luftröhrenschnitt. Voraussichtlich dauerhafte Atembeschwerden.

Betrag: 7.500 € **Haftung: 50 %**
immVorb: Ja **MdE: –**

OLG Frankfurt a. M. 14.12.2010 – 8 U 108/07 = BeckRS 2011, 353

3052

Kopfverletzung mit Epilepsiefolge, deren kausalität nicht bewiesen wurde. [Anmerkung: Das Urteil wurde wegen seiner Wichtigkeit im Bezug auf das unten zu „Einzelheiten" Aufgeführte in die Datenbank aufgenommen]

Stellt der Kläger in 1. Instanz einen unbezifferten Schmerzensgeldantrag („angemessenes Schmerzensgeld" unter Angabe einer Größenordnung von 15.000 DM), so ist dies iSd § 253 Abs. 2 Nr. 2 ZPO ausreichend. Erhält er diesen Betrag nicht, ist er „beschwert". Er kann dann in 2. Instanz auch einen deutlich höheren Betrag im Einklang mit § 308 ZPO begehren, ohne das dies als Streitgegenstandsänderung anzusehen und zur Verjährung führen würde, so sinngemäß der BGH.

Betrag: 7.669 € **Haftung: 100 %**
immVorb: – **MdE: –**

BGH 10.10.2002 – III ZR 205 = ZfS 2003, 14

2981

Brustverletzung / Verzögerung der Heilbehandlung (hier: Die erforderliche Brustkrebstherapie wurde erst mit einer 18monatigen Verspätung eingesetzt wodurch sich die Zukunftsprognosen „deutlich" verschlechterten.)

Frau. Verzögerung der Heilbehandlung bei einer Brustkrebstherapie mit dadurch bedingten deutlichen Verschlechterungen der Heilungsaussichten.

Betrag: 7.669 € **Haftung: 100 %**
immVorb: – **MdE: –**

OLG Köln 4.8.1999 – 5 U 9/98 = BeckRS 9998, 18418

2748

Fehldiagnose (hier: Unterbleiben der Durchführung einer Nervenleitgeschwindigkeitsmessung. Die zunehmend auftretende Unfähigkeit, zu gehen, wackeliger Gang, starke Muskelschmerzen etc. hätte den Arzt auf ein Guillain-Barre-Syndrom hinweisen müssen).

8j. Mädchen. Arzthaftung (Diagnosefehler wegen eines „nicht erkannten" Guillain-Barre-Syndroms). Leidensverlängerung; zudem wären die Gelenkkontrakturen sicher verhindert worden.

Betrag: 7.669 € **Haftung: 100 %**
immVorb: – **MdE: –**

OLG Köln 4.11.1998 – 5 U 67/98 = BeckRS 1999, 2100

2470

Psychische Beeinträchtigung / Fernwirkungsschaden (hier: „Posttraumatische Belastungsstörungen". Auch wenn die Neurose auf abnormer Erlebnisverarbeitung aufgrund spezieller Schadenanlage beruht,ist sie dem Schädiger grundsätzlich zuzurechnen.)

31j. Mann (Soldat). 28 Tage „eingeschränkt einsatzfähig"; danach Innendienst. Schmerzensgeldmindernd berücksichtigte das OLG die besondere Schadenanfälligkeit des Klägers. [Zur Ausgrenzung vgl. BGH NJW 86, 777].

Betrag: 7.669 € **Haftung: 100 %**
immVorb: Ja **MdE: –**

OLG Hamm 5.3.1998 – 27 U 59/97 = BeckRS 1998, 2818

4260

Oberschenkelverletzung (hier: Schwerer Behandlungsfehler bei Oberschenkelmuskelverletzung).

Mann (Profifußballspieler). Arzthaftung (hier: Diagnosefehler mit daraus resultierender Operation am gesunden hinteren Oberschenkelmuskel an Stelle des verletzten vorderen Muskels. Der Kläger wurde daher erneut operiert. Das LG wertete dies zutreffend als schweren Behandlungsfehler. Der stationäre Aufenthalt wurde um 4 Tage verlängert).

Betrag: 8.000 € **Haftung: 100 %**
immVorb: – **MdE: –**

LG Osnabrück 15.4.2011 – 2 O 1265/10 = BeckRS 2011, 8199

4241

Beinverletzung (hier: Fehlstellung infolge fehlerhafter Operation).

36j. Frau (Hausfrau). Dauerschaden: Gehbehinderung und Belastungseinschränkung. Die Klägerin ist zudem in ihrer Haushaltsführung zu 20 % beeinträchtigt. Arzthaftung: Behandlungsfehler im Rahmen einer Oberschenkeloperation. Es kam zu einer Fehlstellung des linken Beines.

Betrag: 8.000 € **Haftung: 100 %**
immVorb: – **MdE: –**

OLG Frankfurt a. M. 23.12.2008 – 8 U 93/05 = BeckRS 2011, 14426

7051

Schmerzsyndrom in Form eines „chronisch regionalen Schmerzsyndroms" nach ärztlicherseits verkannter und dementsprechend nicht fachgerecht behandelter Fußfraktur. Dadurch kam es zu Verschiebung von Knochenteilen zueinander durch Mikrobewegungen und zur Schmerzförderung. „Bei unzureichender Schmerztherapie besteht dann das Risiko, dass sich die Schmerzwahrnehmung im Gehirn verselbständigt, es zu Schmerzkreisläufen im Gehirn kommt und auch nach Ausheilung der Fraktur durchaus noch ein Schmerz übrig bleiben kann", so das LG.

11j. Kind (Schülerin). Arzthaftung in Form eines Diagnosefehlers bzw. Verkennens einer Fußmehrfachfraktur. Die Fraktur verheilte, ohne dass ein operativer Eingriff erforderlich wurde oder frakturbedingte Wachstumsstörungen aufgetreten sind. Zur Schmerzensgeldbemessung führte das LG aus: „Für die zusätzlich zu den eigentlichen frakturbedingten Beschwerden, nämlich die infolge der Belastung eingetretenen zusätzlichen Schmerzen und, dies vor allem, die durch das chronifizierte Schmerzsyndrom weiter bestehenden Schmerzen ist die Klägerin zu entschädigen. Ausweislich der Feststellungen des Sachverständigen leidet die Klägerin unter täglichen, besonders belastungsabhängigen Schmerzen nach längerem Laufen bzw. sportlicher Belastung, es vergeht kein Tag ohne Schmerzen, sie braucht beim Laufen Pausen nach längeren Strecken, auch nachts bestehen Schmerzen .... Dafür erachtet die Kammer, anders als die Parteien, ein Schmerzensgeld von 10.000 EUR für angemessen. Insbesondere hat die Kammer dabei berücksichtigt, dass die zum Unfallzeitpunkt 11-jährige, inzwischen 14-jährige Klägerin täglich schmerzbedingt in ihrem Alltag beeinträchtigt ist – sie hat beispielsweise das Tanzen aufgegeben – und weiterhin beeinträchtigt sein wird. Es besteht die Möglichkeit, das Syndrom durch eine spezielle schmerztherapeutische Behandlung erfolgreich zu kurieren (...), was die Kammer bei der Bemessung der Schmerzensgeldhöhe mit bedacht hat".

Betrag: 10.000 € **Haftung: 100 %**
immVorb: Ja **MdE: –**

LG Köln 22.6.2022 – 25 O 9/22 = BeckRS 2022, 18444

6260

Unterlassen einer präoperativen Bestrahlung vor einer Krebstumoroperation mit der Folge, „dass der Kläger mit einem erhöhten Todesfallrisiko leben mußte. Die von dem Sachverständigen angegebene koreanische Studie belegt, daß die Gruppe der neoadjuvant, also präoperativ bestrahlten Patienten um 15 % besser als die entsprechende Gruppe der postoperativ bestrahlten Patienten lag. 63 % dieser Patienten waren nach fünf Jahren tumorfrei, während dies bei jener Gruppe zu 78,8 % zutraf. Der Unterschied ist signifikant und belegt, daß die präoperative Bestrahlung zu wesentlich besseren Ergebnissen führt", so das KG.

Mann. Arzthaftung (hier: Behandlungsfehler im Zusammenhang mit einer Krebstumoroperation, vor deren Durchführung eine Bestrahlung hätte durchgeführt werden müssen. Die Bestrahlung war zwingender Bestandteil und notwendige Vorbereitung der OP. Darauf konnte der Kläger nicht verzichten. Dazu führte das KG aus: „Ist ein unselbständiger Teil einer Behandlungsmaßnahme indiziert und zwingender Bestandteil derselben, darf der Arzt den Patienten nicht vor die Wahl stellen, sich für oder gegen diese Einzelmaßnahme entscheiden zu können. Abgesehen davon, dass der Patient mit einer solchen Wahlmöglichkeit mangels medizinischer Kenntnisse überfordert wäre, ist eine Einwilligung in nicht dem medizinischen Standard entsprechende Eingriffe grundsätzlich wirkungslos. Einen solchen Eingriff darf der Arzt schlicht nicht durchführen, ohne eine rechtswidrige Körperverletzung zu begehen".

Betrag: 10.000 € **Haftung: 100 %**
immVorb: – **MdE: –**

KG 26.1.2017 – 20 U 18/16 = BeckRS 2017, 113293

4240

Arthroseoperation, die kunstfehlerhaft durchgeführt worden war.

Frau (Altenpflegerin). Arzthaftung (hier Behandlungsfehler im Zusammenhang mit einer Morbus Köhler Erkrankung, bei der der beklagte Arzt es unterlassen hatte, eine sogenannte Spongiosaplastik zur Gelenkversteifung einzubringen. Die Klägerin litt infolgedessen gut 1 Jahr unter massiven Schmerzen und musste eine weitere Operation erleiden.

Betrag: 10.000 € **Haftung: 100 %**
immVorb: – **MdE: –**

LG Mönchengladbach 17.9.2008 – 6 O 425/06 = unveröffentlicht

2796

Psychische Beeinträchtigung von Krankheitswert; Ängste in Form „massiver Verlustängste"; Schlafstörungen. Die Kl. hat die schwere Krankheit und schließlich den Tod der Mutter im Kleinkindalter unmittelbar miterlebt.

Kind. Arzthaftung (hier: Fehldiagnose mit „entscheidender Verschlechterung in den Behandlungschancen". Das zum Todeszeitpunkt 6j. Kind hat den Tod der Mutter nicht verarbeitet.

Betrag: 10.226 € **Haftung: 100 %**
immVorb: – **MdE: –**

OLG Frankfurt a. M. 15.12.1998 – 8 U 137/98 = BeckRS 1998, 13097

2731

Aufklärungspflichtverletzung (hier: „alkoholtoxische" Nervverletzung bzw. Nervschädigung als Folge einer kunstgerechten – aber bzgl. der Risiken nicht hinreichend zuvor Erläuterten – Sympathikusblockadeoperation.)

Frau. „Vor einer Sympathicusblockade ... muss über das Risiko einer Dauerschädigung des ... Nervengeflechtes aufgeklärt werden". Arzthaftung: Aufklärungspflichtverletzung.

Betrag: 10.256 € **Haftung: 100 %**
immVorb: Ja **MdE: –**

OLG Oldenburg 4.8.1998 – 5 U 66/98 = BeckRS 9998, 16994

5068

Beinverlängerungsoperation, erfolglose (hier: Beinverletzung in Form einer nicht erfolgreich verlaufenden Beinverlängerungsoperation. Infolgedessen verblieb es bei dem Zustand vor der Operation. Der Kläger litt jedoch während der ca. 3 1/2 Monate dauernden Behandlung unter starken Schmerzen und wurde deshalb zudem zunächst als Simulant bezeichnet).

26j. Mann. Arzthaftung / Aufklärungspflichtverletzung im Zusammenhang mit einer Beinverlängerungsoperation. Der unter einem sog. „Asperger-Syndrom", einer tiefgreifenden Entwicklungsstörung innerhalb des Autismusspektrums leidende Kläger wurde nicht über das aufklärungspflichtige Risiko einer Achsfehlstellung aufgeklärt. In der Folge wurde eine Zweitoperation erforderlich, die den ursprünglichen, vor der ersten Operation bestehenden Zustand wieder hergestellte. Dies ging jedoch mit einer Schmerzsymptomatik einher, „hinsichtlich derer objektivierbare Anhaltspunkte nicht bestehen", so das OLG. Bei der Bemessung argumentierte das OLG, dass der Kläger die – ursprünglich vorhandene und nun weiterhin bestehende – Beinlängendifferenz nicht schmerzensgelderhöhend heranziehen könne, da er selbst vortrug, er hätte die OP bei korrekter Aufklärung nicht durchführen lassen. [vgl. auch den ähnlichen Fall des OLG Hamburg unter der → Nr. 5069, auf welchen das OLG Brandenburg ausdrücklich Bezug genommen hatte.]

Betrag: 13.000 € **Haftung: 100 %**
immVorb: Ja **MdE: –**

OLG Brandenburg 26.11.2015 – 12 U 182/14 = BeckRS 2015, 19989

5069

Beinverlängerung links um 4,5 cm nach Hüftoperation mit Nervverletzung in Form einer schweren Schädigung des Nervus ischiadicus links.

39j. Mann. Arzthaftung in Form einer Aufklärungspflichtverletzung im Zusammenhang mit Hüftoperation (Implantation einer Druckscheibenendoprothese mit Schädigung des Nervus ischiadicus links). Es kam postoperativ zu Gefühllosigkeit im linken Fuß und zu Bewegungseinschränkung des linken Fußes. Dauerschaden: Beinverkürzung. ZUr Schmerzensgeldbemessung führte das OLG aus: „Zutreffend ist auch, dass bei der Bemessung des Schmerzensgeldes nicht außer Acht gelassen werden kann, dass der Kläger auch im Falle eines Abwartens mit der Operation starken körperlichen Einschränkungen und Beschwerden ausgesetzt gewesen wäre. Andererseits kann aber nicht außer Betracht bleiben, dass der Kläger durch einen zu einem späteren Zeitpunkt durchgeführten Eingriff mit eingeschränktem Beinlängenausgleich eine nennenswerte Verbesserung seines gesundheitlichen Zustandes hätte erreichen können, ohne dass mit diesem Eingriff eine Nervverletzung einhergegangen wäre“ und bestätigte den bereits vom LG zuerkannten Betrag. [vgl. auch den ähnlichen Fall des OLG Brandenburg unter der → Nr. 5068]

Betrag: 15.000 € **Haftung: 100 %**
immVorb: Ja **MdE: –**

OLG Hamburg 5.8.2005 – 1 U 184/04 = BeckRS 2011, 17207

3385

Keine Angaben

Frau. Bei der Bemessung der Höhe des Erstattungsanspruchs aus § 110 SGB VII ist das fiktive Schmerzensgeld zu berücksichtigen. Insoweit stehen sich zwei Meinungen gegenüber. Während die eine (vgl. zB Stern-Krieger, VersR 1997, 408 ff., 414), der die Vorinstanz gefolgt ist, den Rückgriff auf das Schmerzensgeld ablehnt (so auch Peck, SP 2005, 123 f.), bezieht die andere (vgl. zum Beispiel Kornes, r+s 2002, 309 ff., 312 f.), dieses ein. Letzterer Ansicht folgt das OLG.

Betrag: 15.000 € **Haftung: 100 %**
immVorb: – **MdE: –**

OLG Köln 30.5.2005 – 21 U 22/04 = BeckRS 2005, 7586

2936

Polytrauma / Gesichtschädelfraktur (hier: Schädelhirntrauma 2. Grades mit Stirnhöhlenvorderwandfraktur, Stirnhöhlenhinterwandfraktur; Nasenbeinfraktur mit dauerhafter Geruchsinnbeeinträchtigung); Lungenquetschung Schnittwunden und Prellungen.

Mann (Kraftfahrer, Tauchlehrer). 14 Tage stationär. Metallimplantate. Dauerschaden: Anosmie / Geruchsinnbeeinträchtigung, unvollständige; Kopfschmerzsyndrom.

Betrag: 15.339 € **Haftung: 100 %**
immVorb: – **MdE: 10 %**

LG Hamburg 17.8.2000 – 306 O 333/97 = BeckRS 2000, 168118

2799

Hauttransplantation, „großflächige“ an beiden Oberschenkeln; auch nach 5 Jahren sind noch „regelmäßige hautärztliche Behandlungen“ notwendig. Narben- und Bläschenbildung sowie Brennen und Juckreiz etc. sind die Folgen.

Frau, „junge Frau“. Hautspende zur Lebensrettung der schwer verbrannten eineiigen Zwillingsschwester. Dauerschaden: Narben, psychische Störung, starke Einschränkungen beim Sport.

Betrag: 16.361 € **Haftung: 40 %**
immVorb: – **MdE: 20 %**

LG Dortmund 17.5.2000 – 21 O 22/00 = ZfS 2000, 437

7031

Diverse Frakturen ohne nähere Angaben.

Frau. Dauerschaden: MdE 20 %. Schmerzensgelderhöhend berücksichtigte das OLG wie bereits zuvor das LG die Regulierungsverzögerung bzw. ein „zögerliches / kleinliches Regulierungsverhalten“ der Beklagten, die seit dem Unfall und somit über einen Zeitraum von fast vier Jahren lediglich einen Schmerzensgeldbetrag in Höhe von 3.000 EUR geleistet hatte. [Anmerkung: Die Angaben zu den Verletzungen finden sich nur in der vorinstanzlichen Entscheidung des LG München I BeckRS 2020, 55554].

Betrag: 20.000 € **Haftung: 50 %**
immVorb: Ja **MdE: 20 %**

OLG München 16.2.2022 – 10 U 6245/20 = BeckRS 2022, 3890

6004

Sprachentwicklungsstörungen (hier: … „Nicht näher bezeichnete Entwicklungsstörung des Sprechens oder der Sprache und ein Fehlen der altersgemäßen Sprache“).

Embryo bzw. Fötus / Säugling. Nach der Geburt bereits mehrere stationäre Aufenthalte mit vier Bluttransfusionen sowie eine langwierige ambulante Behandlung und Therapien bei zahlreichen Ärzten. Arzthaftung (hier: Grober Behandlungsfehler im Rahmen der Schwangerschaftsvorsorge). Dauerschaden: Sprachentwicklungsstörungen.

Betrag: 20.000 € **Haftung: 100 %**
immVorb: Ja **MdE: –**

LG Berlin 10.1.2013 – 6 O 34/08 = BeckRS 2014, 11254

5358

Keine Angaben zu den Verletzungen des Soldaten, der im Tarnanzug von einem PKW-Fahrer übersehen worden war.

Mann (Soldat). 20 Tage stationär. Anschließend 6 Wochen Reha. [Lesenswert zur Zur Haftungsverteilung bei der Kollision eines Kfz mit einem tarngekleideten Soldaten, der bei Dunkelheit einen Fußgängerüberweg überquert: Haftungsquote 3/4 zu 1/4 zu Lasten des Fahrzeugführers – siehe hierzu auch NJW-Spezial 2017, 43].

Betrag: 22.500 € **Haftung: 75 %**
immVorb: Ja **MdE: –**

OLG München 16.9.2016 – 10 U 750/13 = BeckRS 2016, 16604

5336

Keine genaue Angabe zu den vorliegenden Verletzungen; aus dem Kontext ergibt sich jedoch, dass es sich um Beinverletzungen und / oder Fußverletzungen gehandelt haben muss.

Mann. Dauerschaden: Geh- und Stehfähigkeit nur gering eingeschränkt. Kein Mitverschulden wegen fehlender

Schutzkleidung! [Anmerkung: Das OLG befasste sich ausführlich mit dieser Frage und verneinte ein Mitverschulden des Motorradfahrers]. Motorradunfall].

Betrag: 25.000 € **Haftung: 50 %**
immVorb: – **MdE: 30 %**

OLG München 19.5.2017 – 10 U 4256/16 = BeckRS 2017, 112372

5085

Mittelschwere Verletzungen ohne nähere Angaben zu Art und Umfang.

Mann. Bei der Bemessung berücksichtigte das OLG, „dass der Kl. seit nunmehr fast sechs Jahren unter dem Unfall leidet, die Behebung der Unfallfolgen trotz zahlreicher Behandlungen und Krankenhausaufenthalte noch nicht abgeschlossen ist und eine langdauernde und schwerwiegende Beeinträchtigung der Erwerbsfähigkeit und Lebensqualität eingetreten ist.“ [Weitere Fundstelle: DAR 2016, 137]. Ursache: Unfall zwischen abbiegendem Pedelec und überholendem Elektroroller.

Betrag: 25.000 € **Haftung: 100 %**
immVorb: – **MdE: –**

OLG München 11.9.2015 – 10 U 1455/13 = BeckRS 2015, 15806

4235

Krebsfehldiagnose (hier: Nichterkennung einer sich anbahndenden Krebserkrankung im Rahmen einer Krebsvorsorgeuntersuchung).

48j. Frau (Krankenschwester). Arzthaftung (hier: Fehldiagnose bzw. verspätete Diagnose einer Krebserkrankung. Bei rechtzeitiger und zutreffender Diagnose wäre die Krebsgefahr verhindert oder zumindest verringert worden. Nun aber lebt die Klägerin mit der Angst vor den Folgen und Behandlungsmethoden einer Krebserkrankung.

Betrag: 25.000 € **Haftung: 100 %**
immVorb: – **MdE: 60 %**

OLG Frankfurt a. M. 2.9.2008 – 8 U 102/07 = BeckRS 2011, 22177

2745

Schweres Krebsleiden mit Todesfolge (hier: „metastasierendes Nierenkarzinom mit Tumorlokalisation im Bereich der linken Beckenschaufel“. Die Verletzung wurde bei einer 1995 stattgefundenen Behandlung übersehen. 1997 verstarb der Patient.

Keine Angaben zur Person. Arzthaftung (Diagnosefehler / Fehldiagnose: „Übersehen eines Nierentumors“. Tod nach starken Schmerzen, durch Morphinpräparate betäubt; der Patient verstarb infolge der Krankheit unter starken Schmerzen, durch Morphinpräparate betäubt). [Vergleich].

Betrag: 33.234 € **Haftung: 100 %**
immVorb: – **MdE: –**

LG Hanau 5.3.1998 – 7 O 1579/97 = n / a

5405

Lebensverlängerung durch künstliche Ernährung bei einem Patienten, der infolge schwerer und irreversibler Gehirnschäden keine Nahrung mehr zu sich nehmen kann; dies so – das OLG – stelle im konkreten Falle einen „widernatürlichen Eingriff in den normalen Verlauf des Lebens dar, zu dem auch das Sterben gehört“.

Nach Auffassung des OLG kann die aus der Pflichtverletzung resultierende Lebensverlängerung (durch künstliche Ernährung mittels PEG-Sonde) eines Patienten einen Schaden im Rechtssinn darstellen. Die Verletzung des Integritätsinteresses eines Patienten, dem über einen längeren Zeitraum ohne wirksame Einwilligung mittels einer Magensonde Nahrung und Flüssigkeit verabreicht wird, könne für sich betrachtet bereits ein Schmerzensgeld rechtfertigen. Im konkreten Fall sei zu berücksichtigen, dass der Vater des Klägers über fast zwei Jahre hinweg an Dekubiti und anderen schweren Erkrankungen gelitten habe. Dabei hat das OLG eigenen Angaben zufolge auch bedacht, dass der Patient infolge der degenerativen Gehirnerkrankung in seiner Wahrnehmungs- und Empfindungsfähigkeit eingeschränkt war.

Betrag: 40.000 € **Haftung: 100 %**
immVorb: – **MdE: –**

OLG München 21.12.2017 – 1 U 454/17 = BeckRS 2017, 146433

4827

Minderwuchs. Die Kl. misst als erwachsene Person lediglich 1,44 Meter und hätte bei korrekter Diagnose und Behandlung ca. 1,56 Meter groß werden können.

8j. Kind. Arzthaftung bzw. Krankenhaushaftung (hier: Diagnosefehler in Form eines nicht rechtzeitig erkannten Minderwuchses. Das OLG warf dem Krankenhaus vor, der behandelnde Arzt habe bei dem Mädchen Feststellungen einer zu frühen Pubertätsentwicklung mit erkennbarer Beschleunigung der Skelettalterung bei gleichzeitiger Einschränkung der Wachstumsprognose treffen müssen.

Betrag: 40.000 € **Haftung: 100 %**
immVorb: – **MdE: –**

OLG Oldenburg 21.5.2014 – 5 U 216/11 = BeckRS 2014, 13945

5401

Folter mit Schlägen, Tritten und anderen Maßnahmen (siehe unter Einzelheiten).

Mann. Der Kläger wurde im Polizeigewahrsam mehrfach teils stundenlang getreten und geschlagen. Auch hatten ihn Polizisten mit Seilen in eine schmerzhafte Position gezwungen und ihn mit einem Tuch über Mund und Nase am Atmen gehindert. Nur aufgrund dieser Folter hatte er schließlich ein Geständnis abgelegt, das in einem Straf-Prozess gegen ihn verwendet worden sei. Zudem sei er auch – so der Kläger – in einem Gefangenenlager Opfer von Polizeigewalt geworden. Russland habe damit gegen das Folterverbot in der Europäischen Menschenrechtskonvention verstoßen, urteilten die Straßburger Richter. [Mehr zu den Verhältnissen in russischen Gefängnissen → BeckRS 2013, 02134; mehr zum EGMR und wie man eine Beschwerde einreicht → www.humanrights.ch].

Betrag: 50.000 € **Haftung: 100 %**
immVorb: – **MdE: –**

EGMR 15.5.2018 – 14416/06 = BeckRS 2018, 8371

2777

Diagnosefehler / Osteomyelitis, deren Folgeschmerzen zunächst verkannt und als „Durstfieber“ und „starke Blähungen“ abgetan wurden. Später kam es dann zu

„Wachstumsstörung im Oberschenkelbereich" mit Beinverkürzung von 4 cm und Muskelverschmächtigung.

Kleinkind. Mehrere Operationen. Arzthaftung (hier: gravierender Diagnosefehler). Dauerschaden: Gehbehinderung und kein Sport. Erhöhend: Lebensqualitätsverlust der Eltern wegen der Behinderung des Kindes bewertet! Hierzu führte das OLG aus: „Einbußen an ihrer Freizeit, die die Eltern eines gesundheitlich dauerhaft geschädigten Kindes deshalb erleiden, weil das Kind laufend ärztlich und krankengymnastisch betreut werden muss, sind nicht als Vermögensschäden zu ersetzen. Wohl aber ist der mit derartigen Einbußen zwangsläufig verbundene Verlust an Normalität des Familienlebens, insbesondere an fruchtbarer elterlicher Zuwendung, in der Bemessung des Schmerzensgeldes zugunsten des geschädigten Kindes zu berücksichtigen".

Betrag: 76.694 € **Haftung: 100 %**
immVorb: Ja **MdE: –**

OLG Frankfurt a. M. 21.5.1999 – 24 U 150/97 = VersR 2000, 607

5130

Hautkrebs (hier: Fehlerhafte histologische Abklärung eines Melanoms; die Patientin verstarb während des Rechtsstreits.)

59j. Frau. Arzhaftung (hier grober Behandlunsgfehler weil – so das OLG – „die klinische Untersuchung ohne dermatologische Speziallupe einen haftungsbegründenden Diagnosefehler" im Zusammenhang mit einer Hautkrebsuntersuchung / histologische Befundung wegen eines möglichen Melanoms darstelle. Das OLG kommt somit zum Schluß, dass „Das weitere Geschehen mit der Verschlechterung des Gesundheitszustandes bis zum Tode ist den Beklagten zuzurechnen" ist. [Parallelfundstelle: RDG 2016, 30].

Betrag: 100.000 € **Haftung: 100 %**
immVorb: – **MdE: –**

OLG Hamm 27.10.2015 – 26 U 63/15 = BeckRS 2015, 19022

3882

Epilepsie und massive Sehstörungen als Folge einer kunstfehlerhaft behandelten, erblichen FHL-Erkrankung (= Morbus Farquhar, eine stets tödliche Krankheit, in deren Folge alle Organe durch Histiozyten und Lymhozyten zerstört werden). Es kommt ca. zwei bis dreimal monatlich zu Epilepsie-Anfällen.

24j. Mann. (Medizinstudent). Dauerschaden: Epilepsieanfälle, die monatlich ca. zwei- bis dreimal auftreten. Massive Sehschwäche. Arzthaftung: Behandlungsfehler im Rahmen einer Erbkrankheit, die korrekter Weise mittels einer Knochenmarktransplantation hätte behandelt werden müssen; der Beklagte verabreichte stattdessen Cortison. Berufswunschvereitelung.

Betrag: 100.000 € **Haftung: 100 %**
immVorb: Ja **MdE: –**
Rente: 375 €

OLG Koblenz 12.12.2008 – 5 U 953/04 = VersR 2009, 1079

3417

Krebsleiden mit Todesfolge (hier: Hautkrebs).

Mann. Arzthaftung wegen grob fehlerhafter Diagnose von Hautkrebs [Fehldiagnose]. Aufgrund dieser Diagnose des Bekl. wurde eine weitergehende Diagnostik und Behandlung der Hautveränderung nicht eingeleitet. Der Kl. verstarb da der Hautkrebs in die inneren Organe wucherte. Bei korrekter Diagnose hätte der Hautkrebs erfolgreich behandelt werden können. Kl. war die Witwe, die aus dem auf sie übergegangenen Schmerzensgeldanspruch klagte.

Betrag: 102.258 € **Haftung: 100 %**
immVorb: – **MdE: –**

LG Köln 2.3.2005 – 25 O 115/00 = BeckRS 2005, 7888

7340

Nicht verhinderter Suizidversuch mit schweren Folgen: Inkomplette Querschnittslähmung, diverse Frakturen an Armen und Beinen einschließlich der Gelenkbereiche mit irreversiblen Nervenverletzung des rechten Arms und motorischen Einschränkungen der rechten Hand sowie zudem Verletzungen verschiedener Weichteile / Weichteilschäden ua einer Blasenverletzung in Form einer neurogenen Blase die zweimal täglich katheterisiert werden muss. Zudem erlitt der Kläger eine dauerhafte Gehörseinschränkung im linken Ohr sowie eine Sehbehinderung in Form eines sog. blinden Flecken im linken Auge, wobei das OLG es insofern „im Hinblick auf die schwerwiegenden Einschränkungen, die bei dem Kläger verbleiben", offenließ, ob auch diese beiden Verletzungsfolgen schadenursächlich entstanden sind.

25j. Mann. Nahezu ein Jahr stationär. Langwierige Heilbehandlung. Dauerschaden: Rollstuhlgebundenheit wegen Querschnittslähmung und irreversibler Schädigung beider Fußgelenke. Ursache: Nicht verhinderter Suizidversuch. Arzthaftung wegen grobem Behandlungsfehler: „Wird die Diagnose einer akuten Suizidalität vorschnell aufgegeben, kann darin ein grober ärztlicher Behandlungsfehler liegen. Die akute Suizidgefahr [= Selbstmordgefahr] begründet eine gesteigerte Sicherungspflicht des Behandlers", so das OLG, dass sich zu dem medizinischen Standard bei der Behandlung eines als akut suizidal eingeschätzten Patienten mit den von dem Kläger gezeigten Symptomen beraten ließ und zum Ergebnis kam, dass „der medizinische Standard hier in nicht mehr verständlicher Weise verlassen worden" war. Der Kläger, bei dem der Verdacht auf eine schizophrene Störung (ICD 10 F20) attestiert worden war, wurde er auf der allgemeinpsychiatrischen, fakultativ geschlossenen Station der Beklagten aufgenommen. Der Kläger verblieb bei schwankender Stimmungslage über die Weihnachtsfeiertage auf der Station. Am 28. Dezember 2018 dokumentierte der diensthabende Arzt: „Pat. läuft ziellos auf dem Flur, fordert Gespräch wegen RBE über Feiertagen. Sagt, dass ihm allgemein besser geht, sei mit seiner aktuellen Medikation einverstanden, verneint Stimmenhören. (…) Pat. fordert RBE, will Silvester zu Hause verbringen. Suizidgedanken wurden verneint. (…) laut Bezugspflege spricht nichts dagegen." Dem Kläger wurde deshalb Ausgang in die häusliche Obhut zunächst vom 29. auf den 30. Dezember 2018 genehmigt. Zu Hause begab sich der Kläger mit seinem Fahrrad allein zu einer in der Nähe gelegenen Brücke über eine Bundesstraße und stürzte sich etwa 20 Meter hinunter, wobei er sich schwere Verletzungen zuzog.

Betrag: 120.000 € **Haftung: 100 %**
immVorb: – **MdE: –**

OLG Hamm 20.12.2022 – 26 U 15/22 = BeckRS 2022, 54879

5133

Krebs / Tod (hier: Darmkrebserkrankung wegen unterbliebener Koloskopie [Darmspiegelung] im Rahmen einer Krebsvorsorgeuntersuchung. Der Patient verstarb unter den für eine Darmkrebserkrankung typischen, sehr schweren Qualen – siehe unter Einzelheiten).

57j. Mann. Arzthaftung: „Es stellt einen groben Behandlungsfehler in Form fehlerhafter therapeutischer Aufklärung dar, wenn bei einem wegen familiärer Vorbelastung als Risikopatienten geltenden Patienten im Rahmen einer Krebsvorsorgeuntersuchung der Hinweis unterbleibt, dass eine Koloskopie nach den entsprechenden Leitlinien dringend empfohlen werde". „Ein Schmerzensgeld von 150.000.- EUR ist gerechtfertigt, wenn in Folge eines Darmkrebses mit immer wieder neu auftretenden Metastasen in weiteren Organen mehre-re schwerwiegende Operationen und Chemotherapien sowie die Entfernung we-sentlicher Teile von Darm, Lunge, Leber und Galle notwendig werden, der Patient seine Erwerbsfähigkeit sowie die Fähigkeit verliert, seinen bisherigen Freizeitgestaltungen nachzugehen, und der Patient in ständiger Todesangst leben muss". (Leitsätze 1 und 4 des OLG).

Betrag: 150.000 € **Haftung: 100 %**
immVorb: Ja **MdE: –**

OLG Köln 6.8.2014 – 5 U 137/13 = BeckRS 2014, 17782

4226

Beids.Fußamputation oberhalb der Sprunggelenke; Fingeramputation (hier: Teilamputation von insgesamt 6 Fingern). Septischer Schock mit nachfolgenden Herz- und Nierenproblemen.

47j. Frau. Intensivstationäre Heilbehandlung. Zahlreiche Operationen / Amputationen. Dauerschaden: Gehbehinderung; Bauchraumprobleme etc Arzthaftung (hier: Diagnosefehler in Form der Verkennung einer Bauchfellentzündung).

Betrag: 175.000 € **Haftung: 100 %**
immVorb: Ja **MdE: 100 %**

OLG Hamm 10.9.2008 – 3 U 199/07 = BeckRS 2008, 24152

2880

Gehirnschädigung, schwere ... nach Thrombose und Lungenembolie infolge einer Schönheitsoperation [hier: Fettabsaugung an Bauch und Schenkeln].

26j. Frau. Arzthaftung (Aufklärungspflichtverletzung. Übergewichtsbedingt hätte auf das erhöhte Thromboserisiko während der Schönheitsoperation hingewiesen werden müssen).

Betrag: 204.517 € **Haftung: 100 %**
immVorb: Ja **MdE: 100 %**

OLG München 1.10.2000 – 5 U 218/99 = unveröffentlicht

D. Hinterbliebenengeld

Vorbemerkung: Am 22.7.2017 trat das Gesetz zur Einführung eines Anspruchs auf Hinterbliebenengeld in Kraft. Kommen bei Unfällen Menschen zu Tode, so können seitdem die Angehörigen des Opfers Schadensersatz in Geld wegen des ihnen entstandenen immateriellen Schadens verlangen. Dieser liegt dabei jedoch nicht im Wert des getöteten Lebens, sondern alleine in der Anerkennung des seelischen Leids der anspruchsberechtigten Hinterbliebenen. Mit der Entschädigung soll der Hinterbliebene in die Lage versetzt werden, seine durch den Verlust eines besonders nahestehenden Menschen verursachte Trauer und sein seelisches Leid zu lindern. Der Gesetzgeber unterscheidet in den §§ 844 Abs. 3 BGB und 10 Abs. 3 StVG

1. zwischen den **privilegierten Hinterbliebenen** (Ehegatte, Lebenspartner, Elternteil oder Kind), bei denen ein „besonderes persönliches Näheverhältnis" vermutet wird und
2. allen anderen ggf. anspruchsberechtigten **nicht privilegierten Hinterbliebenen,** die ein solches Verhältnis darlegen und ggf. beweisen müssen.

Vor diesem Hintergrund wurde der Tabellenbereich D auch entsprechend untergliedert wobei die **Sortierung** innerhalb der beiden Rubriken (1. Privilegierte und 2. nicht Privilegierte) stets **nach den Anspruchsberechtigten** erfolgt.

Beispiele:

Hinterbliebenengeld für die Tochter infolge des Unfalltodes ihres Vaters = in **D.1.c)**

Hinterbliebenengeld für die Enkel, deren Großvater auf Grund eines groben Behandlungsfehlers im Rahmen Klinikaufenthaltes verstorben ist = in **D.2.e)**

1. Privilegierte Hinterbliebene (Ehegatte, Lebenspartner, Elternteil oder Kind des Getöteten)

a) Ehegatte, Lebenspartner

7552

Hinterbliebenengeld für den Verlust der Ehefrau, die in der von der Antragsgegnerin geführten Klinik für Psychiatrie und Psychosomatik Selbstmord begangen hatte.

Mann (Ehemann der Toten). Amtlicher Leitsatz: „Die (eingeschränkte) Darlegungslast in Arzthaftungsprozessen gilt auch für den Dritten, der einen Anspruch auf Hinterbliebenengeld verlangt." Das OLG wies jedoch darauf hin, dass „Eine Haftung der Antragsgegnerin … nur in Betracht [komme], wenn ihr der Tod der Ehefrau des Antragstellers zuzurechnen ist, was anzunehmen wäre, wenn die Nichtverhinderung der Selbsttötung sich als pflichtwidrig erweist, wobei der haftungsausfüllende Zusammenhang zwischen dem behaupteten pflichtwidrigen Verhalten der Bediensteten der Antragsgegnerin und der damit einhergehenden Rechtsgutverletzung grundsätzlich dem Beweismaß des § 286 ZPO unterliegt."

Betrag: – **Haftung: 100 %**
immVorb: – **MdE: –**

OLG Frankfurt a. M. 22.4.2025 – 17 W 17/24 = BeckRS 2021, 54607

7457

Hinterbliebenengeld für die Ehefrau nach Selbstmord des Ehemannes bei unbeaufsichtigtem Duschen im Krankenhaus.

Frau. Kein Hinterbliebenengeld für die Ehefrau und die Kinder, im Falle des Selbstmordes des Ehemanns / Vaters in der (unbeaufsichtigten) Dusche der Beklagten, einer Fachklinik für Psychiatrie. Die Kläger hatten argumentiert, „auf einer geschlossenen psychiatrischen Station, auf der Patienten mit akuter Suizidgefahr behandelt würden, dürfe es keine Duschen mit Duschschlauch geben". Das OLG führte dazu aus, eine Haftung der Beklagten wegen der dem Patienten … fehlerhaft erteilten Erlaubnis des unbeaufsichtigten Duschens ohne vorherige psychiatrische Exploration scheide aus, weil die Kläger nicht bewiesen haben, dass der Fehler ursächlich für den Suizid des Patienten gewesen sei. Das OLG betonte zudem: „Entgegen der Annahme der Kläger ist es Pflegekräften auf einer psychiatrischen Akutstation nicht grundsätzlich untersagt [sei], von der ärztlichen Anordnung einer dauerhaften Überwachung abzuweichen und einem Patienten unbeaufsichtigte Phasen, wie etwa hier zur Durchführung der Körperpflege, zu gestatten."

Betrag: – **Haftung: –**
immVorb: – **MdE: –**

OLG Köln 21.8.2024 – 5 U 127/23 = BeckRS 2024, 22025

7630

Hinterbliebenengeld für die Witwe, deren Ehemann auf Grund eines groben Behandlungsfehlers im Rahmen eines stationären Klinikaufenthaltes verstorben ist.

Frau. Bei der Bemessung der Höhe des Hinterbliebenengeldes hat das Gericht berücksichtigt, dass die Klägerin als Ehegattin der Verstorbenen eine langjährige und nachvollziehbar intensive soziale Beziehung zu dem Verstobenen hatte. Die Trauer und Erschütterung der Klägerin ist auch im Rahmen der mündlichen Verhandlung sichtbar geworden. Dennoch waren wiederum auch die Grunderkrankung und das hohe Lebensalter des Patienten – unabhängig von der fehlerhaften Behandlung – zu berücksichtigen. [Vgl. dazu → Nr. 7631 sowie im Handbuch → Rn. 340 und → Rn. 340b].

Betrag: 5.000 € **Haftung: 100 %**
immVorb: – **MdE: –**

LG Köln 17.4.2024 – 25 O 156/21 = BeckRS 2024, 36202

7194

Hinterbliebenengeld für den Partner / Liebhaber nach Tod der Lebenspartnerin / Geliebten, mit der der Kläger eine rund dreimonatige Beziehung geführt hatte.

Mann. Der Kläger habe glaubhaft und mit Details untermauert eine Liebesbeziehung zwischen ihm und der Getöteten dargestellt; die Beklagte stelle ein solches auch nicht in Abrede. Die Dauer des persönlichen Näheverhältnisses ist für den Anspruch auf Hinterbliebenengeld nach § 844 Abs. 3 BGB irrelevant, sie wirkt sich aber gegebenenfalls bei der Höhe der angemessenen Entschädigung aus, so das OLG.

Betrag: 5.000 € **Haftung: 100 %**
immVorb: – **MdE: –**

OLG Celle 21.9.2022 – 5 U 97/22 = BeckRS 2022, 26489

7540

Hinterbliebenengeld für den durch einen Verkehrsunfall verursachten Verlust der Ehefrau, mit der der Kläger über 25 Jahre zusammengelebt und gemeinsame Kinder hatte.

Mann. Bei der Bemessung des Hinterbliebenengeldes berücksichtigte das LG die „besonders enge Bindung und emotionale Verbundenheit zwischen dem Kläger und der Getöteten" und betonte, dass die Tatsache, dass „der Sohn des Klägers das Fahrzeug führte und den Verkehrsunfall verursachte, wirkt sich nicht anspruchsmindernd aus. Bei dem Hinterbliebenengeld steht der Verlust des geliebten Menschen selbst im Vordergrund und weniger die Umstände des Todes. Das seelische Leid des Klägers dürfte sogar gerade aufgrund des Umstandes, dass sein eigener Sohn den Tod seiner Ehefrau verursachte, größer sein."

Betrag: 10.000 € **Haftung: 100 %**
immVorb: – **MdE: –**

LG Köln 13.2.2024 – 30 O 411/22 = BeckRS 2024, 10511

6780

Hinterbliebenengeld für den Ehemann, der – nach 40-jähriger Ehe – seine Frau durch einen Unfall verloren hatte.

Mann. Das LG gab dem Antrag des Klägers auf Prozesskostenhilfe, der bereits außergerichtlich ein Hinterbliebenengeld in Höhe von 6.000 EUR erhalten hatte, lediglich in Höhe von 4.000 EUR Recht und führte dazu aus, dass es in der Gesetzesbegründung zu § 844 Abs. 3 BGB heißt: „Die Höhe des Schmerzensgeldes bei Schockschäden und die insoweit von der Rechtsprechung entwickelten Grundsätze können eine gewisse Orientierung geben. Dabei ist allerdings zu berücksichtigen, dass der Anspruch auf Hinterbliebenengeld keine außergewöhnliche gesundheitliche Beeinträchtigung voraussetzt." Diese Ausführungen seien – so das LG – so zu verstehen, dass die bisher in der Rechtsprechung entwickelten Beträge bei der Bemessung eines angemessenen Schmerzensgeldes für Schockschäden bei dem Unfalltod nahestehender Personen sowohl einen Orientierungspunkt als auch die denkbare Obergrenze für eine Entschädigung als Hinterbliebenengeld darstellen. [Anmerkung: Vgl. dazu auch Balke SVR 2020, 142].

Betrag: 10.000 € **Haftung: 100 %**
immVorb: – **MdE: –**

LG Wiesbaden 23.10.2018 – 3 O 219/18 = BeckRS 2018, 51562

7638

Hinterbliebenengeld für die Lebenspartnerin wegen des Todes ihres – mit der Adhäsionsklägerin (noch) nicht verheirateten – Lebenspartners.; dieser wurde vor den Augen der Adhäsionsklägerin ermordet.

Frau. Das LG sprach im Adhäsionsverfahren der Adhäsionsklägerin J. B. für den Verlust des Lebenspartners bzw. „Lebensgefährten" ein Hinterbliebenengeld von 10.000 EUR zu. Hierzu führte das LG aus: „Das Näheverhältnis zu A. R. [= Lebensgefährte] ergibt sich daraus, dass in diesem Verhältnis eine tatsächlich gelebte soziale Beziehung bestand, deren Intensität derjenigen entsprach, die in den nach § 844 Abs. 3 Satz 2 BGB vermuteten Fällen typischerweise besteht (vgl. Wilhelmi, in: Ermann, BGB, 15. Auflage, § 844 Rn. 20). Die Adhäsionskläger und der Verstorbene führten einen gemeinsamen Haushalt. Zwar konnten sich beide noch nicht verloben, da A.R. noch verheiratet war; jedoch bestand zwischen beiden das ernstgemeinte Versprechen, nach der Scheidung von A. R. zu heiraten. Zudem war J. B. von A. R. schwanger."

Betrag: 10.000 € **Haftung: 100 %**
immVorb: – **MdE: –**

LG Rottweil 26.6.2018 – 1 Ks 10 Js 10802/17 = BeckRS 2018, 59026

6338

Hinterbliebenengeld für eine Ehefrau (sowie die gemeinsamen Kinder), deren 60j. Ehemann nach dreißigjähriger Ehe mit geregelter Aufgabenteilung, geprägt von gegenseitigem Vertrauen und wohl auch einer finanziellen Abhängigkeit der Ehefrau, bei einem Motorradunfall getötet wurde.

60j. Frau. Die Klägerin war seit „über 30 Jahren" mit dem Verstorbenen verheiratet. „Zur Höhe des Hinterbliebenengeldes, bei dem das LG von einem Betrag von 10.000 EUR als "Richtschnur„ ausging, führt das LG aus: "Dieser Betrag [12.000 EUR] wird nach der vorangegangenen Analyse den Vorstellungen des Gesetzgebers gerecht, liegt international im unteren, aber noch vertretbaren Bereich und fügt sich in die Rechtsprechung zum Schockschaden ein". [Anmerkungen: Das Urteil des LG Tübingen war meiner Kenntnis nach das erste veröffentlichte Urteil bei dem ein Hinterbliebenengeld zugesprochen wurde; das LG sprach den hinterbliebenen Kindern jeweils ein Hinterbliebenengeld von 7.500 EUR zu. Ursache: Motorradunfall. In 2. Instanz befasste sich das OLG Stuttgart BeckRS 2020, 42388 mit dem Fall wobei das Hinterbliebenengeld von der Berufung nicht angegriffen worden war. Vgl. zur Thematik des Hinterbliebenengeldes ausführlich im Handbuch unter → Rn. 340].

Betrag: 12.000 € **Haftung: 100 %**
immVorb: – **MdE: –**

LG Tübingen 17.5.2019 – 3 O 108/18 = BeckRS 2019, 10953

7541

Hinterbliebenengeld für die Ehefrau wegen des Verlustes ihres Ehemannes infolge dessen Ermordung mit einer Pistole.

Frau. Bei der Bemessung des im Adhäsionsverfahren festgelegten Hinterbliebenengeldes berücksichtigte das LG, dass „der Getötete für seine Witwe, die Adhäsionsklägerin I. A., der zentrale Lebensmittelpunkt war, und auch der Adhäsionskläger G. A. eine enge Beziehung zu seinem Vater pflegte, welche sich mit der Geburt seiner Kinder und der Rolle des K. A. als Großvater noch weiter intensiviert hatte. Die Kammer hat schließlich berücksichtigt, dass der Angeklagte K. A. absichtlich getötet hat und ihn daher anders als bei fahrlässigen Tötungen, beispielsweise im Straßenverkehr, ein höherer Verschuldensgrad trifft" … und das dies „einen zusätzlichen Umstand darstellt, der den empfundenen Verlust und die damit einhergehenden seelischen Leiden noch weiter verschlimmert." [Anmerkung: Vgl. auch → Nr. 7552]

Betrag: 20.000 € **Haftung: 100 %**
immVorb: – **MdE: –**

LG Nürnberg-Fürth 9.12.2021 – 5 Ks 103 Js 2698/20 = BeckRS 2021, 54607

7543

Hinterbliebenengeld für die Ehefrau wegen des Verlustes ihres Ehemannes infolge dessen vorsätzlicher Tötung mit einer sog. Pumpgun.

Frau. Bei der Bemessung des Hinterbliebenengeldes berücksichtigte das LG neben der vorsätzlichen Tötung auch, dass „dass der Angeklagte den Leichnam anschließend in entwürdigender Weise wie ein Paket verschnürt und auf einer Sackkarre festgeschnallt hat. In besonderer Weise hat sich auf das seelische Leid der Nebenklägerin neben der Kenntnis dieser Tatumstände die Tatsache ausgewirkt, dass der Angeklagte sie auf skrupellose Weise über den Verbleib ihres vermissten Ehemannes belogen und ihr zudem noch zu suggerieren versucht hat, der Vermisste habe vor ihr ein Geheimnis und sei deshalb nicht nach Hause zurückgekehrt."

Betrag: 20.000 € **Haftung: 100 %**
immVorb: – **MdE: –**

LG Potsdam 18.12.2020 – 21 Ks 7/20 = BeckRS 2020, 53088

7889

Hinterbliebenengeld für die Ehefrau infolge der vorsätzlichen Tötung bzw. Ermordung ihres Ehegatten.

Frau (Ehefrau des Ermordeten). Zur Bemessung des Hinterbliebenengeldbetrags der Ehefrau betonte das LG zunächst zutreffend, dass der in der Gesetzesbegründung benannte Betrag von 10.000 EUR ein Durchschnittswert sei und lediglich als Orientierungshilfe und nicht als Obergrenze für die Bemessung der Hinterbliebenenentschädigung anzusehen sei. Sodann begründete es seine Abweichung nach oben auf 25.000 EUR und führte dazu aus: „Hierbei hat das Gericht anspruchserhöhend gewürdigt, dass es nach den Ergebnissen der empirischen Glücksforschung für den Einzelnen nichts Schlimmeres gibt, als den Ehe- oder Lebenspartner zu verlieren (vgl. MüKoBGB / Wagner, 9. Aufl. 2024, BGB § 844 Rn. 107). Anders als beispielsweise Kinder verbringen Ehegatten jedenfalls nach dem Idealtypus einer harmonisch verlaufenden Ehe ihr gesamtes zukünftiges Leben gemeinsam, wohingegen Kinder regelmäßig spätestens nach Erreichen der Volljährigkeit beginnen, ein eigenes Familienleben aufzubauen. Zwar bleibt eine emotionale Verbindung zu den Eltern typischerweise bestehen, sie dürfte indes weniger intensiv als zwischen den Ehegatten sein. Auch wenn es geradezu typisch ist, dass sich ein Ehegatte im Verlauf seines Lebens mit dem Tod des anderen Ehegatten konfrontiert sieht, so musste jedenfalls die Klägerin zu Ziffer 1) angesichts des Alters des A.Y. – jüngerer Bruder des am .1970 geborenen Beklagten – auf absehbare Zeit noch nicht mit dessen Tod rechnen."

Betrag: 25.000 € **Haftung: 100 %**
immVorb: – **MdE: –**

LG Ellwangen 8.1.2026 – 6 O 56/24 = BeckRS 2026, 1093

b) Elternteil (Mutter, Vater)

7788

Kein Hinterbliebenengeld für die Mutter nach Selbstmord des Sohnes.

Frau. Die Klägerin begehrte Hinterbliebenengeld für das ihr als Hinterbliebene zugefügte seelische Leid infolge des Selbstmordes ihres Sohnes, der sich nach dem vom Jugendamt zu verantworteten Abbruch von Jugendhilfemaßnahmen das Leben genommen hatte. Das OLG wies die Klage insofern ab, da der Haftungstatbestand des § 839 BGB nicht erfüllt war; dieser – so das OLG – setze voraus, dass eine Amtspflicht gegenüber einem Dritten verletzt worden ist. Es reicht nicht aus, dass jemand infolge eines Amtspflichtverstoßes nachteilig in seinen Belangen betroffen ist. „Der Klägerin ist aber durch den Abbruch der Maßnahme kein eigener Schaden entstanden. Sie führt ihr eigenes Leid auf die unzureichende Betreuung des Jugendlichen nach dem Abbruch der Maßnahme, seinen Drogengebrauch und den hierdurch hervorgerufenen Tod zurück. Diese Folgen sind aber, wie oben dargelegt, nicht adäquat kausal auf den Abbruch der Maßnahme zurückzuführen." [Anmerkung: Zum – geerbten – Schmerzensgeldanspruch des Sohnes siehe OLG Brandenburg → Nr. 7782].

Betrag: – **Haftung: –**
immVorb: – **MdE: –**

OLG Brandenburg 1.12.2025 – 2 U 50/24 = BeckRS 2025, 35516

7713

Hinterbliebenengeld bzw. – da nach Österreichischem Recht entschieden – Trauerschmerzensgeld der Eltern nach Unfalltod des Sohnes.

Den hinterbliebenen Eltern wurde vom OLG Wien kein Trauerschmerzensgeld zuerkannt; der OGH bestätigte diese Entscheidung: „Der Ersatz des Seelenschmerzes über den Verlust naher Angehöriger, der zu keiner eigenen Gesundheitsbeeinträchtigung geführt hat, gebührt nach der Rechtsprechung nur bei Vorsatz oder grober Fahrlässigkeit des Schädigers (RS0115189).", so der OGH. [Anmerkung: Siehe dazu auch OGH 16.5.2001 – 2 Ob 84/01v, BeckRS 2001, 168050].

Betrag: – **Haftung: –**
immVorb: – **MdE: –**

OGH Österreich 29.4.2025 – 2 Ob 30/25p = BeckRS 2025, 10872

7200

Hinterbliebenengeld nach Tötung des eigenen Kindes nach Schütteltrauma.

Frau. Die Klägerin begehrte vom Beklagten, ihrem ehemaligen Lebenspartner, Schmerzensgeld als Erbin und aus eigenem Recht sowie Schadensersatz und ein Hinterbliebenengeld wegen der Tötung ihres Sohnes, der nach einem vom Beklagten verschuldetes Schütteltrauma verstorben war. Das LG Osnabrück sprach ihr ein Schmerzensgeld wegen des erlittenen Schockschadens zu und anerkannte auch den Anspruch auf ein Hinterbliebenengeld, dessen Betrag jedoch nicht zusätzlich zum Schockschadenschmerzensgeld zuerkannt werde, da beide Anspruchsgrundlagen die gleiche Zielrichtung hätten und sich mit Verweis auf BGH BeckRS 2022, 38714 eine Addition eines Hinterbliebenengeldes mit einem Schmerzensgeld wegen eines Schockschadens verbiete. Vgl. dazu im Handbuch unter → Rn. 341.

Betrag: – **Haftung: 100 %**
immVorb: – **MdE: –**

LG Osnabrück 5.5.2023 – 1 O 1857/21 = BeckRS 2023, 10077

6805

Hinterbliebenengeld für die Eltern, des bei einem Arbeitsunfall verstorbenen erwachsenen Sohnes;(hier: Kein Anspruch auf Hinterbliebenengeld nach Arbeitsunfall).

Frau / Mann (Eltern des arbeitsunfallbedingt Verstorbenen). Kein Anspruch auf Hinterbliebenengeld gemäß § 844 Abs. 3 BGB, sofern der Verstorbene durch einen Arbeitsunfall ums Leben kam und somit die Haftungsbeschränkung gemäß den §§ 104, 105 SGB VII greift. [Anmerkung: Ebenso entschied fünf Monate zuvor bereits das LG Koblenz BeckRS 2020, 11607, → Nr. 6805, das jedoch vom OLG Koblenz → Nr. 6789 zu Gunsten der Klägerin entschieden wurde, welches in dieser Sache, die eine Grundsatzfrage nach der Geltung der Haftungsausschlüsse gemäß der §§ 104, 105 SGB VII auch für den Bereich des Hinterbliebenengeldes betrifft, die Revision zugelassen hatte. Insofern beleibt derzeit abzuwarten, wie diese Rechtsfrage letztendlich entschieden werden wird].

Betrag: – **Haftung: –**
immVorb: – **MdE: –**

LG Mainz 2.9.2020 – 5 O 249/19 = BeckRS 2020, 47492

7551

Hinterbliebenengeld für den Vater, dessen Sohn ermordet worden war.

Mann. „Bei der Bemessung der Höhe des Hinterbliebenengeldes von 2.000 EUR hat die Kammer berücksichtigt, dass sich der Adhäsionskläger bereits von der Mutter seines zu Tode gekommenen Sohnes getrennt hat, als dieser zwei Jahre alt war. Eine gelebte Vater-Sohn-Beziehung gab es seit dieser Zeit nicht mehr. Ab 2006 bestand ein Umgangskontakt zum Sohn nur noch während der Ferienzeit, bis dieser schließlich ganz abbrach. Erst ab 2012 lebte der Umgangskontakt wieder auf und es gab zunächst einmal wöchentlich telefonischen Kontakt, ab dem Jahr 2013 auch wieder persönlichen Kontakt in Form von monatlichen Umgangswochenenden und einige Besuchen des Sohnes während der Ferien. Zum Tatzeitpunkt bestand lediglich noch ein fernmündlicher Kontakt via WhatsApp".

Betrag: 2.000 € **Haftung: 100 %**
immVorb: – **MdE: –**

LG Osnabrück 9.1.2019 – 3 KLs 4/18 = SVR 2020, 139

7532

Hinterbliebenengeld nach Unfalltod des Sohnes der Klägerin, der bei Dämmerung (im Juli gegen 04:30 Uhr) mit einer BAK von über 2,0 Promille und mit kontrastarmer Kleidung auf einer Landesstraße außerhalb geschlossener Ortschaften beim Überqueren der Straße von einem PKW-Führer angefahren und infolgedessen tödlich verletzt worden war.

Frau (Mutter des Verstorbenen). Das OLG bestätigte die zuvor bereits vom LG festgelegte Haftungsquote von 1/3 zu 2/3 zu Lasten der Klägerin vor dem Hintergrund des Mitverschuldens des Verstorbenen gemäß § 9 StVG iVm § 254 Abs. 1 BGB. „Trifft das Primäropfer ein Mitverschulden an dem für den Tod ursächlichen Unfall, ist das Hinterbliebenengeld gemäß § 846 BGB zu mindern (MüKoBGB / Wagner, 9. Aufl. 2024, BGB § 844 Rn. 110)." Im Weiteren befasst sich das OLG ausführlich mit der Bemessung des Hinterbliebenengeldes unter Berücksichtigung der Rechtsprechung des BGH (BeckRS 2022, 40243) und betont mit Verweis auf BT-Drs. 18/11615, 6, dass die Einführung des Hinterbliebengeldanspruchs gerade dem Zweck diene, den Hinterbliebenen auch für Beeinträchtigungen unterhalb der Schwelle einer eigenen Gesundheitsverletzung einen Anspruch auf angemessene Entschädigung einzuräumen. „Dementsprechend knüpft das Hinterbliebenengeld auf der Ebene der Haftungsbegründung an die Verletzung eines fremden Rechtsguts, des in § 7 Abs. 1 StVG, § 823 Abs. 1 BGB geschützten Lebens des Getöteten, an und sucht erst auf der Ebene der Haftungsausfüllung den eigenen Gefühlsschaden der Hinterbliebenen zu entschädigen. Dass in beiden Fällen dem Erstverletzten nahestehende Personen eine finanzielle Entschädigung für eigene immaterielle Beeinträchtigungen erhalten, ändert nichts an ihrer unterschiedlichen dogmatischen Herleitung", so das OLG, dass sodann betonte, dass die Bemessung des Schmerzensgeldes in den sog. Schockschadensfällen daher nur eingeschränkt als Vergleichsgröße heranziehbar sei. Abschließend wies das OLG darauf hin, dass es dem Senat vollkommen bewusst sei, „dass es für die Klägerin schwer nachvollziehbar und angesichts des Ausmaßes des Verlusts schmerzlich sein kann, dass der eigene Anspruch niedriger bewertet wird als sie es selbst als angemessen empfindet. Gleichwohl ist zu bedenken, dass den Gerichten die vom Gesetzgeber ausdrücklich zugewiesene schwierige Aufgabe zukommt, innerhalb der sich teils erheblich, teils nur in Nuancen unterscheidenden Fallgestaltungen einen angemessenen Ausgleich zu finden." [Anmerkung: Zur gesamten Thematik vgl. auch → Rn. 340 ff im Handbuch].

Betrag: 3.333 € **Haftung: 66 %**
immVorb: – **MdE: –**

OLG Celle 18.12.2024 – 14 U 119/24 = BeckRS 2024, 37160

6777

Hinterbliebenengeld für den Verlust des 20-jährigen, bei der geschiedenen Ehefrau lebenden Sohnes durch fahrlässig verursachten Verkehrsunfall (Radfahren ohne Beleuchtung auf einer Landstraße im nächtlichen Berufsverkehr).

Mann (Vater des verstorbenen 20j. Mannes). Das Hinterbliebenengeld werde – so das OLG – grundsätzlich nicht die Höhe eines Schmerzensgeldes erreichen, auch wenn es sich bei beidem jeweils um eine Entschädigung für seelisches Leid handele, denn der Anspruch auf Hinterbliebenengeld sei insofern „nachrangig" und decke gerade jene Fälle ab, in denen nach dem Tod eines nahen Angehörigen der seelische Schmerz des Hinterbliebenen noch nicht den Grad einer gesundheitlichen Beeinträchtigung erlangt habe, für welche ein eigener Schmerzensgeldanspruch gegeben wäre. Grundsätzlich orientiere man sich – so das OLG – hilfsweise an der „im Gesetzgebungsverfahren vorgenommene Kostenschätzung, bei der ein durchschnittlicher Entschädigungsbetrag von 10.000 Euro zugrunde gelegt worden sei".

Betrag: 4.500 € **Haftung: 50 %**
immVorb: – **MdE: –**

OLG Koblenz 31.8.2020 – 12 U 870/20 = BeckRS 2020, 26206

7550

Hinterbliebenengeld für den Vater, dessen erwachsener Sohn bei einem zur Hälfte selbst verschuldeten Verkehrsunfalles getötet worden war.

Mann. Zur Bemessung des Hinterbliebenengeldes führte das LG aus: „Im vorliegenden Fall tritt die Genugtuungsfunktion in den Hintergrund, da es sich um einen fahrlässig herbeigeführten Unfall handelt, an dem den Geschädigten zudem ein erhebliches Mitverschulden trifft, das die Parteien übereinstimmend mit 50 % bewerten. Zu berücksichtigen ist außerdem, dass der Sohn des Klägers zum Zeitpunkt des Unfalls bereits erwachsen war und nicht mehr im Haushalt des Klägers lebte. Der Kläger hat weder das Unfallereignis noch den Tod seines Sohnes selbst miterlebt, und der Tod trat ohne eine lange Leidensphase innerhalb einer Stunde nach dem Unfall noch am Unfallort ein."

Betrag: 4.500 € **Haftung: 50 %**
immVorb: – **MdE: –**

LG Trier 26.5.2020 – 4 O 255/19 = BeckRS 2020, 37036

7546

Hinterbliebenengeld für die Tochter, deren 82-jährige Mutter infolge eines Verkehrsunfalles getötet worden war.

52j. Frau. Das LG – bestätigt durch das OLG Brandenburg – berücksichtigte bei der Bemessung des Hinterbliebenengeldes mindernd das hohe Alter der Verstorbenen. „Allerdings liegt der Fall einer, wie hier, 52-jährigen Tochter im Verhältnis zu ihrer 82-jährigen Mutter anders als bei dem Verlust eines Elternteils von minderjährigen Kindern, die auf deren Fürsorge angewiesen waren. Dies wirkt sich mindernd auf die Höhe des Hinterbliebenengeldes aus." [Vgl. dazu auch OLG Brandenburg BeckRS 2022, 32137; aA OLG München → Nr. 7545].

Betrag: 7.500 € **Haftung: 100 %**
immVorb: – **MdE: –**

LG Neuruppin 10.2.2022 – 1 O 110/21 = BeckRS 2022, 32138

7418

Hinterbliebenengeld für die Eltern des unfallbedingt verstorbenen erwachsenen Sohnes, der bereits vor seinem Tod aus dem Elternhaus ausgezogen war, jedoch drei- bis viermal pro Woche sein Elternhaus aufgesucht hatte; auch, um seine Schwester zu besuchen und zu verschiedenen Therapien zu begleiten.

Frau (Mutter des verstorbenen Sohnes). Das OLG betonte die Voraussetzungen für den Anspruch auf Hinterbliebenengeld sei „eine tatsächlich gelebte soziale Beziehung", die – sofern sie vorliege – „indiziere ..., dass der Hinterbliebene infolge der Tötung seelisches Leid empfunden hat". Zur Höhe des Hinterbliebenengeldes führte das OLG aus, dass insofern „die ebenso für das Schmerzensgeld relevanten Ausgleichs- und Genugtuungsfunktionen bestimmende Gesichtspunkte" sind. „Der in der Gesetzesbegründung genannte Betrag von 10.000 EUR können insoweit als Orientierungshilfe dienen, von der allerdings unter Berücksichtigung der den jeweiligen Einzelfall prägenden Umständen nach unten oder oben abgewichen werden könne. Ebenso sei ferner ein etwaiges Mitverschulden des Getöteten oder eine von seinem KFZ ausgegangene Betriebsgefahr zu berücksichtigen, so das OLG, dass insofern "das für die Entstehung des Unfalles mit ursächliche Verhalten des Verstorbenen, der bei unklarer überholt habe, betragsmindernd berücksichtigte. Das OLG sprach zudem auch dem Vater des Verstorbenen einen identischen Betrag zu. [Ursache: Motorradunfall: Links abbiegender Traktor kollidiert mit dem überholenden Motorrad des Verstorbenen]

Betrag: 8.000 € **Haftung: 75 %**
immVorb: – **MdE: –**

OLG Celle 18.1.2024 – 5 U 172/21 = BeckRS 2024, 12617

7555

Hinterbliebenengeld für die Eltern, deren 55-jähriger Sohn unfallbedingt getötet worden war.

Frau und Mann (Eltern des Verstorbenen). Das LG hat den Eltern ihres verstorbenen 55-jährigen Sohnes jeweils ein Hinterbliebenengeld von 8.000 EUR zuerkannt.

Betrag: 8.000 € **Haftung: 100 %**
immVorb: – **MdE: –**

LG Paderborn 31.1.2020 – 4 O 372/19 = BeckRS 2020, 67899

6918

Hinterbliebenengeld für die Mutter der Ermordeten.

Frau. Die Klägerin war die Mutter der Ermordeten. Das LG Mannheim sprach ihr (und ebenso der Schwester der Ermordeten) im Adhäsionsverfahren 10.000 EUR Hinterbliebenengeld zu, nachdem der Beklagte die Tochter mit einem Hammer sowie mit 27 Messerstichen ermordet hatte. [Bzgl. der Schwester siehe → Nr. 7948].

Betrag: 10.000 € **Haftung: –**
immVorb: – **MdE: –**

LG Mannheim 15.7.2020 – 1 KLs 400 Js 35919/19 = BeckRS 2020, 48564

7557

Hinterbliebenengeld für die Mutter und zudem auch für die Schwester der vom Beklagten Ermordeten.

Frau(en), Mutter und Schwester der Getöteten. Das LG bemaß das Hinterbliebenengeld für die Mutter und ebenso im selben Adhäsionsverfahren auch für die Schwester auf jeweils 10.000 EUR und verwies dabei darauf, dass dieser Betrag „auch vom Gesetzgeber als eine Art Regelbetrag des Hinterbliebenengeldes angedacht worden war (vgl. BT-Drs. 18/11397, 11 VII Ziffer 5)", so das LG.

Betrag: 10.000 € **Haftung: 100 %**
immVorb: – **MdE: –**

LG Mannheim 15.7.2020 – 1 Ks 400 Js 35919/19 = BeckRS 2020, 48564

7556

Hinterbliebenengeld für den Vater, dessen Sohn bei einer Körperverletzung mit Todesfolge verstorben war.

Mann. Mit der Entscheidung des LG hatte sich nachfolgend der BGH aufgrund der Revision des Angeklagten zu befassen und dazu ua ausgeführt: „Das Landgericht hat den geltend gemachten Anspruch rechtsfehlerfrei dem Grunde nach für gerechtfertigt erklärt. Allerdings hat die in der Urteilsformel des angefochtenen Urteils aufgenommene Einschränkung, dass der Angeklagte die nach § 844 Abs. 3 BGB geschuldete Entschädigung „bis zu einer Höhe von 10.000 EUR zu zahlen" hat, aus Gründen der Klarstellung zu entfallen. Feststellungen über die Höhe des Anspruchs sind im Grundurteil grundsätzlich unzulässig; sie vermögen das mit dem Betragsverfahren gemäß § 406 Abs. 3 Satz 4 StPO befasste Zivilgericht nicht zu binden."

Betrag: 10.000 € **Haftung: 100 %**
immVorb: – **MdE: –**

LG Bochum 13.11.2018 – 7 Ks 5/18 = BeckRS 2019, 23114

7055

Hinterbliebenengeld für den Vater dessen 12j. Sohn von einer Sattelzugmaschine während eines Abbiegevorgangs tödlich verletzt worden war.

Mann. Während die Ehefrau des Klägers den Unfall aus unmittelbarer Nähe mit ansehen musste, traf der Kläger selbst kurz nach dem Unfall an der Unfallstelle ein. Dabei sah er auch den Körper seines verstorbenen Sohnes. Der Kläger bedurfte vor Ort angebotener Hilfe der Notfallseelsorge. Er begab sich zusammen mit seiner unfallbedingt psychisch schwer erkrankten Frau in psychologische Behandlung. Der Kläger hat – so das OLG – einen Anspruch auf Hinterbliebenengeld gemäß §§ 7, 10 Abs. 3 Satz 1 StVG, § 844 Abs. 3 BGB, das den Betrag der bereits geleisteten 15.000 EURO jedoch nicht übersteigt. Über die insofern vorgerichtlich gezahlten 15.000 EURO hinaus sah das OLG keinen weiteren Anspruch des Klägers auf Schmerzensgeld. Dazu führte das OLG aus (Amtliche Leitsätze): „Ohne eine pathologisch fassbare Auswirkung sind auch Depressionen, Schlafstörungen, Alpträume, Seelenschmerzen, Weinkrämpfe, Gefühle des Aus-der-Bahn-geworfen-seins und vorübergehende Kreislaufstörungen bis hin zu Kollaps-Belastungen, in denen sich nach der Wertung des Gesetzes lediglich das normale Lebensrisiko der Teilnahme an den Ereignissen der Umwelt verwirklicht, nicht ausreichend für die Annahme eines sogenannten Schockschadens. Alleine die von ärztlicher Seite für notwendig erachtete Behandlung, weil der Tod des Sohnes nicht verarbeitet werden kann, belegt noch keine nach der allgemeinen Verkehrsauffassung bestehende Gesundheitsverletzung“. Zudem sah das OLG auch den Feststellungsantrag als „zulässig“ und insbesondere das nach § 256 ZPO erforderliche Feststellungsinteresse gegeben an. „Auch wenn ein Anspruch nach Schockschadensgrundsätzen nach den obigen Ausführungen nicht besteht, liegt trotzdem bereits ein feststellungsfähiges gegenwärtiges Rechtsverhältnis vor.“, so das OLG, das dazu weiter ausgeführt hatte: „Vorliegend liegt eine Gesundheitsverletzung vor, die auch zu weiterem Leiden (immaterieller Schaden) führen kann, was aufgrund der schädigenden Handlung bereits angelegt ist. Die Rechtsprechung lässt genügen, dass das Substrat einer Rechtsbeziehung, aus der sich die festzustellende Rechtsfolge ableiten lässt, gegenwärtig schon vorhanden ist (MüKoZPO / Becker-Eberhard, 6. Aufl. 2020, ZPO § 256 Rn. 31). Es ist nur erforderlich, dass für die Entstehung eines Anspruchs der Grund in der Art gelegt ist, dass schon eine Rechtsbeziehung besteht, dagegen nicht, dass alle Umstände, von denen die Entstehung des Anspruchs abhängt, bereits eingetreten sind (BGH NJW 1988, 774; NJW 1952, 539)“, so das OLG. [Zum Verhältnis Schockschaden – Hinterbliebenengeld vgl. auch im Handbuch unter → Rn. 341].

Betrag: 15.000 € **Haftung: 100 %**
immVorb: Ja **MdE: –**

OLG Celle 24.8.2022 – 14 U 22/22 = BeckRS 2022, 21824

7602

Hinterbliebenengeld für den Vater, dessen 12-jähriger Sohn durch eine abbiegende Sattelzugmaschine an diesem Tag so schwer verletzt, dass er noch an der Unfallstelle verstarb.

Mann. Das LG wies darauf hin, dass es sich beim Hinterbliebenengeld „um eine – naturgemäß nie das Leid aufwiegende – Leistung zur Anerkennung von seelischem Leid beim Verlust besonders nahestehender Personen handele und dass nach dem Willen des Gesetzgebers der Hinterbliebene mit der Entschädigung in die Lage versetzt werden solle, seine durch den Verlust verursachte Trauer und sein seelisches Leid zu lindern. Zudem müsse sich, so das LG, “die Bemessung des Hinterbliebenengeldes in das stimmige Gesamtgefüge der deutschen und europäischen Rechtsprechung zum Schmerzens-/ Hinterbliebenengeld einfügen.* Das europäische Entschädigungsniveau liegt in vergleichbaren Fällen deutlich höher (...). Im Nachbarland Österreich werden zB nach der Rechtsprechung des OGH zwischen 10.000,00 EUR und 25.000,00 EUR Hinterbliebenengeld gezahlt. In der Schweiz bewegen sich die Entschädigungssummen vielfach im Bereich zwischen 20.000 und 40.000 sFr. In England ist der Betrag gesetzlich auf 12.980 Pfund für alle Angehörigen gesetzlich festgeschrieben (...).“ (Schlesw.-HolstOLG a.a.O. mwN). Unter Zugrundelegung dieser Erwägungen hält die Kammer den mit 15.000 EUR oberhalb von 10.000 EUR liegenden Betrag für angemessen, aber auch für ausreichend, da er sowohl die „Orientierungshilfe“ um immerhin 50 % übersteigt, als auch er sich im Rahmen der bundesdeutschen Rechtsprechung bewegt (vgl. bspw. OLG Koblenz 31.8.2020 – 12 U 870/20 -, NJW 2021, 168-170, mwN)." [* Anmerkung: Vgl. dazu das Urteil des BGH vom 6.12.2022 BeckRS 2022, 40243 (mit einer Anmerkung von Wagner in NJW 2023, 1438), mit dem der BGH einer Orientierung des Hinterbliebenengeldes an der Entschädigungspraxis anderer europäischer Länder eine sehr klare Absage erteilt hat – mehr dazu im Handbuch → Rn. 340 ff und insbesondere → Rn. 340b].

Betrag: 15.000 € **Haftung: 100 %**
immVorb: – **MdE: –**

LG Hannover 10.1.2022 – 1 O 67/19 = BeckRS 2022, 23879

6778

Hinterbliebenengeld für die Eltern wegen des Verlustes ihrer 16-jährigen Tochter, die noch bei ihren Eltern gelebt hatte und als Radfahrerin durch einen fahrlässig verursachten LKW-Verkehrsunfall getötet worden war. Die Tragik des schrecklichen Unfalles war, dass die Radfahrerin nach der Kollision mit dem LKW „zitternd unter dem Lkw [lag], wo sie noch versuchte sich zu bewegen, weshalb die Ersthelferin sie versuchte durch Streicheln zu beruhigen“ (Zitat aus dem Urteil) und anschließend zwei Stunden später im Krankenhaus verstarb.

Frau und Mann (Eltern der verstorbenen 16j. Frau). Bei der Bemessung des Hinterbliebenengeldes berücksichtigte das LG, dass „die Kl. ihre Tochter verloren haben durch einen Verkehrsunfall, den der Fahrer des Lkw schuldhaft verursachte, diese dabei von dem Lkw überrollt wurde und schwere Verletzungen erlitt, noch kurze Zeit bei Bewusstsein war und gerichtsmedizinisch untersucht wurde und die Kl. um diese Umstände und das, wenn auch kurze Leiden ihrer minderjährigen Tochter wissen. Berücksichtigt ist auch, dass sie ihr einziges Kind, ein spätes Wunschkind war und für die Eheleute, die 1997 von Kasachstan nach Deutschland umsiedelten, einen wesentlichen Lebensinhalt und Bezugspunkt zu einem sozialen Umfeld war“, so das LG, das insofern beiden Elternteilen jeweils 15.000 EUR zuerkannte. [Zum Schmerzensgeld der Verstorbenen siehe → Nr. 6779].

Betrag: 15.000 € **Haftung: 100 %**
immVorb: – **MdE: –**

LG Leipzig 8.11.2019 – 05 O 758/19 = BeckRS 2019, 50107

7516

Hinterbliebenengeld für Tötung des 30j. Sohnes, der vom Beklagten erschlagen worden war und durch den Faustschlag und den dadurch verursachten Fall auf den Hinterkopf zunächst ein schweres Schädel-Hirn-Trauma mit massiven Hirnblutungen erlitten hatte und noch am Tattag an diesen Verletzungen verstarb.

Mann (Vater des Getöteten). Zur Bemessung führte das LG aus: „Anspruchserhöhend wirkt dabei zunächst, dass der Kläger als Vater seines verstorbenen Sohnes zum allerengsten Angehörigenkreis gehörte und es für Eltern nichts Schlimmeres gibt, als ihr eigenes Kind zu begraben und diese Konstellation daher nach der Rechtsprechung die Obergrenze des Hinterbliebenengeldes markiert. Der Getötete war auch das einzige Kind des Klägers. … hatte mit seinen 30 Jahren, als er verstarb, noch das Leben vor sich. Nach den glaubhaften Angaben des Klägers in seiner persönlichen Anhörung vom 28.4.2021 war … gerade dabei, seine Wohnung mit seiner Freundin umzubauen und ein Familienleben zu gründen. Der Kläger hatte auch – wie bereits dargetan – trotz des Erwachsenenalters seines verstorbenen Sohnes und dessen eigenem Haushalt bis zuletzt ein sehr enges inniges Vater-Sohn-Verhältnis und regelmäßigen persönlichen Kontakt zu seinem Sohn gehabt, wie die Zeugin … es glaubhaft bekundete. Erschwerend wirkt auch, dass der Kläger seinen Sohn durch eine Straftat, hier eine vorsätzliche Gewalttat, verloren hat, indem der Beklagte eine vorsätzliche Körperverletzung verwirklichte, gleichwohl der Tod von … vom Vorsatz des Beklagten hinsichtlich der Körperverletzung nicht umfasst war." [Anmerkung: Vgl. auch LG Rotweil → Nr. 7195, OLG Celle → Nr. 7055 und OLG Koblenz → Nr. 6789 sowie zur gesamten Thematik des Hinterbliebenengeldes die Ausführungen im Handbuch → Rn. 340 ff]

Betrag: 20.000 € **Haftung: 100 %**
immVorb: – **MdE: –**

LG Dessau-Roßlau 22.10.2021 – 4 O 220/20 = BeckRS 2021, 50025

c) Kind

7571

Hinterbliebenengeld für die Tochter infolge des Unfalltodes ihres Vaters.

Frau. Zum Zeitpunkt des Unfalls lebte die Klägerin noch bei ihren Eltern. Vorgerichtlich zahlte die Bekl. zu 2 der Kl. ein Hinterbliebenengeld iHv 7.500 EUR. Mit ihrer Klage begehrt die Kl. von den Bekl. als Gesamtschuldnern die Zahlung eines weiteren Hinterbliebenengeldes von mindestens 22.500 EUR. Das LG Aachen hat die Bekl. zur Zahlung von weiteren 4.500 EUR nebst Zinsen verurteilt. Die Berufung der Kl. ist vor dem OLG Köln (BeckRS 2022, 10167, → Nr. 7570) ohne Erfolg geblieben. Die Revision der Kl. hatte hinsichtlich der Bemessung der Hinterbliebenenentschädigung durch das BerGer. Erfolg und führte zur Aufhebung und Zurückverweisung der Sache, da das BerGer. bei der Bemessung den Vortrag der Kl. nicht berücksichtigt habe, dass für sie auch deshalb eine besondere Beeinträchtigung durch den Tod ihres Vaters bestanden habe, da der Unfalltodes ihres Vaters auf ihren autistischen Bruder und damit verstärkt auch für sie eine zusätzliche Beeinträchtigungen darstelle, die das OLG jedoch bei der Bemessung der Hinterbliebenenentschädigung außer Betracht gelassen habe. [Anmerkung: Sie auch unter dem Stichwort: Wirtschaftliche Verhältnisse und Bemessung des Hinterbliebenengelds im Handbuch unter → Rn. 139 und → Rn. 340/→ Rn. 341].

Betrag: – **Haftung: –**
immVorb: – **MdE: –**

BGH 23.5.2023 – VI ZR 161/22 = BeckRS 2023, 16328

7672

Hinterbliebenengeld des noch ungeborenen Kindes (Nasciturus) nach Tod der Vaters.

Nasciturus. Die Klägerin war zum Unfallzeitpunkt und des Todes ihrer Vaters noch nicht geboren. Ihren Anspruch auf Hinterbliebenengeld wies das OLG München mit der Begründung ab, dass „Ein Nasciturus … keinen Anspruch auf Hinterbliebenengeld" hat. Vgl. hierzu jedoch im Handbuch → Rn. 342 sowie die Ansicht des OLG München ablehnend – Huber SVR 2025, 4 [11], Wagner NJW 2017, 2641 (2644) und in MüKoBGB § 844 Rn. 101, sowie Greger / Zwickel, Haftungsrecht des Straßenverkehrs, 6. Aufl. 2021, Tötung Rn. 31.195.

Betrag: – **Haftung: 100 %**
immVorb: – **MdE: –**

OLG München 5.8.2021 – 24 U 5354/20 = BeckRS 2021, 21112

6781

Hinterbliebenengeld für den Verlust der Mutter.

Mann (Sohn der Verstorbenen – siehe → Nr. 6762). Kein Anspruch auf Hinterbliebenengeld: „Eigene immaterielle Ansprüche des Klägers wegen des vorzeitigen Versterbens seiner Mutter stehen nicht im Raum, insbesondere kommt ein Anspruch auf Hinterbliebenengeld gemäß § 844 Abs. 3 BGB von vornherein nicht in Betracht. Diese Vorschrift ist in zeitlicher Hinsicht nur anwendbar, wenn die zum Tode führende Verletzung nach dem 22.7.2017 eingetreten ist, Art. 229 § 34 EGBGB", so das OLG.

Betrag: – **Haftung: –**
immVorb: – **MdE: –**

OLG München 25.3.2021 – 1 U 1831/18 = BeckRS 2021, 5395

7673

Hinterbliebenengeld für den Tod der Mutter aufgrund eines groben Pflegefehlers.

Frau. Die Klägerin begehrte Hinterbliebenengeld für ihre verstorbene Mutter, welche im Haus der Beklagten wohnte. Bei der Bemessung berücksichtigte das LG zum einen, dass es sich um einen groben Pflegefehler der Beklagten handelt und zum anderen, dass ass die Verstorbene bereits 94 Jahre alt war und die Sachverständige Prof. Dr. Z. ausführte, dass im Alter von 94 praktisch jederzeit ein Ableben möglich ist.

Betrag: 2.000 € **Haftung: 100 %**
immVorb: – **MdE: –**

LG Landshut 2.3.2023 – 42 O 2378/19 = BeckRS 2023, 55447

7631

Hinterbliebenengeld für die volljährigen Kinder, deren Vater auf Grund eines groben Behandlungsfehlers im Rahmen eines stationären Klinikaufenthaltes verstorben ist.

Frau / Mann. Zur Bemessung des Hinterbliebenengeldes von jeweils 3.000 EUR für die beiden erwachsenen Kinder führte das LG aus, dass zu berücksichtigen sei, „dass der Verstorbene bereits vor dem schädigenden Ereignis schwer erkrankt war und laut sachverständiger Einschätzung auch bei fehlerfreier Behandlung eine Lebenserwartung von lediglich 6–12 Monaten gehabt hätte. Das Ableben des Patienten zeichnete sich insoweit bereits aufgrund der schweren Erkrankung und des hohen Lebensalters des Verstorbenen ab. Der Patient wurde nicht vollkommen unerwartet mitten aus dem Leben gerissen. Insoweit verursacht das Ableben eines schwer erkrankten Elternteils in hohem Alter, wenn auch unzweifelhaft mit erheblichem Leiden verbunden, nicht im selben Maße seelisches Leid, wie z.B. der Verlust eines jungen Angehörigen, weshalb volljährigen Kindern grundsätzlich ein ermäßigtes Hinterbliebenengeld zukommt. Die Kläger haben zwar einen um 6–12 Monate vorgezogenen Verlust ihres Vaters erlitten, der Verlust an sich ist jedoch als „Teil der conditio humana" einzuordnen, mit dem jeder Mensch früher oder später konfrontiert wird." [Vgl. dazu im Handbuch → Rn. 340 und → Rn. 340b sowie auch das Urteil des LG Tübingen → Nr. 6339].

Betrag: 3.000 € **Haftung: 100 %**
immVorb: – **MdE: –**

LG Köln 17.4.2024 – 25 O 156/21 = BeckRS 2024, 36202

7892

Hinterbliebenengeld für die elf Monate alte Tochter infolge der vorsätzlichen Tötung bzw. Ermordung ihres Vaters.

1j. Mädchen (es handelte sich konkret um zwei knapp einjährige Mädchen). Zur Bemessung des Hinterbliebenengeldbetrags der beiden gleichaltrigen Mädchen betonte das LG zunächst zutreffend, dass der in der Gesetzesbegründung benannte Betrag von 10.000 EUR ein Durchschnittswert darstelle und lediglich als Orientierungshilfe und nicht als Obergrenze für die Bemessung der Hinterbliebenenentschädigung anzusehen sei. Sodann begründete es seine Abweichung nach unten auf jeweils 5.000 EUR und führte dazu aus: „Ausgehend von dem Durchschnittsbetrag war insofern anspruchsmindernd zu berücksichtigen, dass, wenngleich den Klägerinnen zu den Ziffern 2) und 3) das Vorliegen eines besonderen persönlichen Näheverhältnisses zu deren ermordeten Vater nicht abzusprechen war, dieses angesichts des geringen Alters derselben zum Zeitpunkt der Tat jedenfalls im Verhältnis weniger intensiv ausgeprägt war. Kleinkinder mögen zwar auf Veränderungen in ihrer Umgebung reagieren. Diese Reaktion ist jedoch weniger persönlich, da Kindern in diesem Alter noch nicht begreiflich sein kann, was ein Vater ist. Die Klägerinnen zu den Ziffern 2) und 3) konnten im Alter von knapp 11 Monaten den Tod des A.Y. nicht als die Ermordung ihres Vaters wahrnehmen, sondern lediglich als die dauerhafte Abwesenheit einer Person, die zuvor häufiger anwesend war." Und weiter: „Damit stellt das Gericht nicht in Abrede, dass den Klägerinnen zu den Ziffern 2) und 3) das Fehlen ihres Vaters zwischenzeitlich sicherlich auch als solches schmerzlich bewusst geworden ist. Das Leid, das durch den Verlust einer geliebten Person entsteht, geht indes nach Auffassung des Gerichts über dasjenige hinaus, das dadurch entsteht, dass eine solche Person überhaupt nicht kennengelernt werden kann. Anders formuliert wiegt es aus Sicht des Gerichts schwerer, bewusst zu verlieren, was man einst kannte und hatte, als dies zu keinem Zeitpunkt überhaupt gekannt und gehabt zu haben. Weiter geht das Gericht davon aus, dass die Bemessung der Dauer und der Intensität des erlittenen Leids prognostisch unter Berücksichtigung der Situation des Anspruchsberechtigten zum Zeitpunkt des Eintritts der den Tod bedingenden Verletzungshandlung erfolgen muss, weshalb gerade die Reife der Klägerinnen zu den Ziffern 2) und 3) zum Zeitpunkt der Tat ausschlaggebend ist. Dies folgt daraus, dass das Vorliegen eines persönlichen Näheverhältnisses ebenfalls zum Zeitpunkt der Verletzung beurteilt wird (vgl. OLG München 5.8.2021 – 24 U 5354/20 Rn. 28; auch BGH 18.5.2020 – 6 StR 48/20 Rn. 4; BGH 28.10.Oktober 2021 – 4 StR 300/21 Rn. 4 …). Ein sich erst zwischen der Verletzung und dem Tod entwickelndes Näheverhältnis wird von der Norm nicht umfasst."

Betrag: 5.000 € **Haftung: 100 %**
immVorb: – **MdE: –**

LG Ellwangen 8.1.2026 – 6 O 56/24 = BeckRS 2026, 1093

7438

Hinterbliebenengeld. Unfalltod der Mutter des Klägers, die zugleich die Oma seines dreijährigen Sohnes war.

Mann, Sohn der Getöteten. Bei der Bemessung des Schmerzensgeldes berücksichtigte das OLG das der Kl. eine enge Beziehung zu seiner Mutter gehabt hatte, die durch regelmäßigen persönlichen Kontakt, gemeinsame Feiern und Urlaube geprägt wurde; ebenso. dass der Unfall „in erheblichen Maße" durch die Verstorbene mitverursacht worden war. Eine Quote wurde insofern jedoch nicht benannt. [Anmerkung: Zum – abgewiesenen – Hinterbliebenengeldanspruch der Lebensgefährtin des Klägers siehe → Nr. 7439].

Betrag: 5.000 € **Haftung: 100 %**
immVorb: – **MdE: –**

OLG Brandenburg 16.5.2024 – 12 U 173/23 = BeckRS 2024, 15054

7547

Hinterbliebenengeld für die Tochter, deren 89-jährige Mutter infolge eines Verkehrsunfalles getötet worden war.

57j. Frau. Zur Bemessung des Hinterbliebenengeldes führte das LG aus: „Das Näheverhältnis ergibt sich hier bereits aus dem – unstreitig auch gelebten – Mutter-Tochter-Verhältnis. Allerdings soll im Fall des Todes eines Elternteils im vorgerückten Alter dem erwachsenen Kind generell nur ein ermäßigter Betrag zustehen, weil sich der natürliche Verlust der Eltern zumindest abgezeichnet hat und außerdem das Kind meist schon aus dem Elternhaus ausgezogen ist und selbst eine Familie gegründet hat. Danach ist in der hiesigen Konstellation der zum Todeszeitpunkt 57-jährigen, im eigenen Hausstand lebende Klägerin und ihrer damals bereits 89-jährigen, erheblich vorerkrankten Mutter ein sehr weitgehender Abschlag von dem Richtwert vorzunehmen." [Vgl. ebenso LG Neuruppin → Nr. 7546 und OLG Brandenburg BeckRS 2022, 32137; aA OLG München → Nr. 7545].

Betrag: 5.000 € **Haftung: 100 %**
immVorb: – **MdE: –**

LG Heidelberg 19.1.2023 – 5 O 93/21 = BeckRS 2023, 11772

6341

Hinterbliebenengeld für den ältesten Sohnes der Verstorbenen, die – auch wegen ihrer tunesischen Herkunft – „letztlich das Oberhaupt der Familie" war. Der Kläger hatte ein sehr enges und besonderes Verhältnis zu seiner Mutter gehabt und sich für sie verantwortlich gefühlt, sie häufig besucht und viele Dinge des täglichen Lebens für sie erledigt. Auch die Verstorbene hatte den Kläger zusammen mit seinen beiden Kindern häufiger besucht. Es bestand somit ein enges Verhältnis zwischen Mutter, Sohn und Enkeln.

Mann. Der Kläger ist der älteste Sohn des Verstorbenen. Bei der Festlegung der Höhe des Hinterbliebenengeldes orientiert sich das LG an den Vorstellungen des Gesetzgebers dazu [BT-Drs. 18/11397, 11] und führt dazu aus: „Unter Berücksichtigung aller vorgetragenen Umstände, aber auch des Umstandes, dass ein Schockschaden beim Kläger … nicht vorlag, hält das Gericht 5.000,00 EUR für angemessen. Insofern wird auf die … Gesetzesbegründung Bezug genommen, die davon ausgeht] aus, dass die durchschnittliche Schockschadenshöhe 10.000,00 EUR beträgt. Unabhängig davon, dass die Frage der Relevanz eines arithmetischen Mittels bezogen auf den Einzelfall völlig unerheblich ist, gibt es doch ein gewisses Maß vor, das auch beim Hinterbliebenengeld nicht unberücksichtigt bleiben kann". [1. Anmerkung: Tödlicher Verkehrsunfall: Bemessung der Höhe von Hinterbliebenengeld: Dass die Gesetzesbegründung davon ausgeht, dass die durchschnittliche Schockschadenshöhe 10.000 EUR beträgt, gibt ein gewisses Maß vor, das auch beim Hinterbliebenengeld nicht unberücksichtigt bleiben kann, so das LG. 2. Anmerkung: Vergleiche dazu auch → Nr. 6321 und → Nr. 6322.]

Betrag: 5.000 € **Haftung: –**
immVorb: – **MdE: –**

LG München II 17.5.2019 – 12 O 4540/18 = BeckRS 2019, 24127

7553

Hinterbliebenengeld für die Tochter ihres bei einem Verkehrsunfall getöteten Vaters.

Frau. „Außerhalb des Kernbereichs persönlicher Nähebeziehungen ist ein Hinterbliebenengeld von 5.000 – 10.000 EUR angemessen." (amtlicher Leitsatz). „Unter Anwendung dieser Grundsätze hält die Kammer ein weiteres [Anmerkung: außergerichtlich waren bereits 3.000 EUR gezahlt worden] Hinterbliebenengeld in Höhe von 3.500,- EUR für angemessen. Die Kammer hat dabei die Angaben der Klägerin im Termin vom 2.7.2020 zugrunde gelegt. Hieraus ergeben sich aber zunächst keine besonderen Umstände, die über eine normale Vater-Tochter-Beziehung hinausgehen. Die von der Klägerin geschilderten Kontakte halten sich im Rahmen des Üblichen", so das LG.

Betrag: 6.500 € **Haftung: 100 %**
immVorb: – **MdE: –**

LG Flensburg 9.7.2020 – 7 O 108/19 = BeckRS 2020, 61754

7603

Hinterbliebenengeld für die Tochter, deren 81j. Vater bei einem Verkehrsunfall noch an der Unfallstelle verstorben war.

Frau. Die Klägerin hatte eine enge emotionale Verbundenheit mit seinem Vater und verfügte über sämtliche Vollmachten ihres Vaters, außerdem war sie die erste Ansprechpartnerin, wenn es für ihren Vater „etwas zu regeln" gab. Vorgerichtlich hatte die Beklagte 3.000 EUR als Hinterbliebenengeld gezahlt. Die Kl. hatte mindestens 7.000 EUR gefordert. Das LG Flensburg hat die Bekl. zur Zahlung von 3.500 EUR verurteilt. Auf die Berufung der Kl. hatte das OLG Schleswig (BeckRS 2021, 2588 → Nr. 6786) die Bekl. zur Zahlung von weiteren 3.500 EUR und somit 7.000 EUR verurteilt und sich zur Begründung für diese Anhebung ua auf die Anpassung an das Gesamtgefüge der europäischen Rechtsprechung zum Schmerzens- und Hinterbliebenengeld berufen. Dem widersprach der BGH und betonte, dass die Bemessung des einem Geschädigten gem. § 253 II BGB zustehenden Schmerzensgeldes und im Einklang hiermit auch die Höhe des Hinterbliebenengeldes „nur in Ansehung der in Deutschland geltenden Lebensverhältnisse und der deutschen Gesamtrechtsordnung beantwortet" werden darf. [Mehr dazu finden Sie im Handbuch → Rn. 340 ff und insbesondere → Rn. 340b / Hinweis: Das oben angegebene Schmerzensgeld iHv 7.000 EUR basiert auf der vom BGH aufgehobenen Entscheidung des Berufungsgerichts BeckRS 2021, 2588 → Nr. 6786].

Betrag: 7.000 € **Haftung: 100 %**
immVorb: – **MdE: –**

BGH 6.12.2022 – VI ZR 73/21 = BeckRS 2022, 40243

7325

Hinterbliebenengeld für die 52j. Tochter nach Tod der 82j. Mutter infolge eines Verkehrsunfalles mit Frontalzusammenstoß.

Frau. Das LG Neuruppin hat der Klägerin ein Hinterbliebenengeld von 7.500 EUR zugesprochen. Mit der Berufung verfolgt die Klägerin ihre Forderung auf Zahlung eines weiteren Hinterbliebenengeldes weiter; jedoch ohne Erfolg: Zur Bemessung und insofern zur Begründung für die Unterschreitung des vom OLG als „Richtschnur" genannten Durchschnittsbetrag von 10.000 EUR führte das OLG aus: „Zu berücksichtigen ist einerseits, dass die Mutter der Klägerin bereits 82 Jahre und damit in einem Alter war, in dem die verbliebene Lebenserwartung und damit die Aussicht auf weitere gemeinsam verbrachte Jahre naturgemäß geringer war als etwa in dem vom LG Tübingen zu beurteilenden Fall, in dem der bei einem Verkehrsunfall getötete Vater erst 60 Jahre alt war, so dass durchaus davon auszugehen war, dass der Vater ohne den Unfall – anders als hier – noch mindestens 10 – 15 Jahre gelebt hätte. Die Klägerin wiederum war zum Unfallzeitpunkt bereits 52 Jahre alt und hatte sich vom Elternhaus gelöst und ihre eigene Familie gegründet, so dass sich ihr Verlust – bei aller Tragik – angesichts des fortgeschrittenen Alters der Mutter weniger drastisch und einschneidend ausgewirkt hat als bei minderjährigen oder auch volljährigen Kindern, die noch im elterlichen Haushalt leben oder noch auf die Fürsorge der Eltern angewiesen sind, oder bei Ehegatten, die mit dem Getöteten – möglicherweise über viele Jahre hinweg – in einem Haushalt zusammengelebt haben und für die der Verlust daher besonders schwerwiegend wirkt. Zu berücksichtigen ist einerseits, dass die Mutter der Klägerin bereits 82 Jahre und damit in einem Alter war, in dem die verbliebene Lebenserwartung und damit die Aussicht auf weitere gemeinsam verbrachte Jahre naturgemäß geringer war als etwa in dem vom LG Tübingen zu beurteilenden Fall, in dem der bei einem Verkehrsunfall getötete Vater erst 60 Jahre alt war, so dass durchaus davon auszugehen war, dass der Vater ohne den Unfall – anders als hier – noch mindestens 10 – 15 Jahre gelebt hätte. Die Klägerin wiederum war zum Unfallzeitpunkt bereits 52 Jahre alt und hatte sich vom Elternhaus gelöst und ihre eigene Familie gegründet, so dass sich ihr Verlust – bei aller Tragik – angesichts des fortgeschrittenen Alters der Mutter weniger drastisch und einschneidend ausgewirkt hat als bei minderjährigen oder auch volljährigen Kindern, die noch im elterlichen Haushalt leben oder noch auf die Fürsorge der Eltern angewiesen sind, oder bei Ehegatten, die mit dem Getöteten – möglicherweise über viele Jahre hinweg – in einem Haushalt zusammengelebt haben und für die der Verlust daher besonders schwerwiegend wirkt."

Betrag: 7.500 € **Haftung: 100 %**
immVorb: – **MdE: –**

OLG Brandenburg 18.10.2022 – 12 U 30/22 = BeckRS 2022, 32137

6668

Hinterbliebenengeld für die Töchter nach Tod der Mutter durch einen Unfall.

Frau. Die Klägerin ist verheiratet und lebt im eigenen Hausstand; sie ist eine von drei Töchtern der Verstorbenen. Sie hatte aufgrund der räumlichen Nähe regelmäßig persönlichen Kontakt mit ihrer Mutter und telefonierte zudem regelmäßig mit dieser. Bei der Bemessung des Hinterbliebenengeldes stützte sich das LG auf den im Gesetzesentwurf mit 10.000 EUR angegebenen Richtwert und berücksichtigte mindernd, dass die Tochter bereits erwachsen war und im eigenen Hausstand lebend ihre eigene Familie gegründet hatte und somit im Falle des Todes eines

Elternteils sich deren natürlicher Verlust zumindest nicht als ganz unwahrscheinlich dargestellt bzw. bereits abgezeichnet hatte. Zudem berücksichtigte das LG mindernd, dass die Klägerin den Unfall ihrer Mutter nicht miterlebt hatte. Positiv berücksichtigte es dagegen den regelmäßigen Kontakt mit der Mutter.

Betrag: 7.500 € **Haftung: 100 %**
immVorb: – **MdE: –**

LG Trier 5.5.2020 – 6 O 376/19 = BeckRS 2020, 1805

7554

Hinterbliebenengeld für die Söhne des verstorbenen Vaters.

Mann bzw. Männer (Söhne des Verstorbenen). Zur Bemessung des Hinterbliebenengeldes iHv jeweils 7.500 EUR setzte sich das LG mit der Frage auseinander, ob das Hinterbliebenengeld für Kinder in derselben Höhe auszufallen habe, wie für die Ehefrau des Getöteten und beantwortete diese dahingehend, dass das Hinterbliebenengeld geringer zu bemessen sei, da die Kinder nicht genauso lange mit dem Getöteten zusammengelebt haben wie die Ehefrau.

Betrag: 7.500 € **Haftung: 100 %**
immVorb: – **MdE: –**

LG Mosbach 15.8.2019 – 1 O 65/19 = BeckRS 2019, 69561

6339

Hinterbliebenengeld für die vier volljährigen Kinder – alle über 20 Jahre alt – des Verstorbenen, die mit diesem, da jünger, nicht genauso lange mit dem Getöteten zusammengelebt haben wie die Ehefrau und die nicht mehr auf die Fürsorge des Vaters angewiesen waren.

Kinder. Das LG sprach jedem der vier erwachsenen Kinder ein Hinterbliebenengeld von 7.500 EUR zu. Zur Höhe des Hinterbliebenengeldes führte das LG aus: „ Die Zeit, in der die Kinder auf die Fürsorge des Vaters angewiesen waren und mit ihm üblicherweise in einem gemeinsamen Haushalt leben, sind vorbei. Tatsächlich lebten auch die Kläger zu 2 und 4 auch schon vor dem Tod in eigenem Haushalt. Aus diesen Umständen kommt das Gericht zur Auffassung, das Hinterbliebenengeld für die volljährigen Kinder niedriger zu bewerten als für die Ehefrau. Das Gericht hat weiter erwogen, zwischen den Kindern zu differieren. Hierbei könnte ihr Lebensalter berücksichtigt werden. Insbesondere hat das Gericht auch erwogen, den Klägern zu 3 und 5 ein gegenüber den Klägern zu 2 und 4 erhöhtes Hinterbliebenengeld zuzusprechen, weil diese noch mit dem Verstorbenen im gemeinsamen Haushalt wohnten. Das Gericht konnte jedoch nicht feststellen, dass diese Entscheidung auf einem besonderen Näheverhältnis gerade dieser beiden Geschwister zum Getöteten beruht". Ursache: Motorradunfall [vgl. aber auch LG Köln → Nr. 7631].

Betrag: 7.500 € **Haftung: 100 %**
immVorb: – **MdE: –**

LG Tübingen 17.5.2019 – 3 O 108/18 = BeckRS 2019, 10953

7755

Hinterbliebenengeld des Sohnes für den Tod der Mutter infolge eines Verkehrsunfalles (Mutter und Sohn saßen gemeinsam im PKW, der vom Sohn gesteuert worden war).

Mann. Der Sohn wendete mit einem PKW in dem seine Mutter als Beifahrerin saß, als der vom Bekl. gesteuerte Bus mit überhöhter Geschwindigkeit und unter Missachtung des Rotlichts in den PKW fuhr; dabei wurde die Mutter getötet und der Kläger verletzt. Bei der Bemessung des Hinterbliebenengeldes berücksichtigte das OLG das, wenn auch geringe, Mitverschulden des Klägers am Tod seiner Mutter und kürzte dieses von 10.000 EUR auf 8.000 EUR. Zudem betonte das OLG hinsichtlich der abwegigen Argumentation der KFZ-Haftpflichtversicherung des Busses, das Hinterbliebenengeld weiter zu kürzen: „Der Hinweis der Beklagten auf den fast zeitgleich zu dem Unfall erfolgten Tod des Vaters des Klägers infolge einer Krebserkrankung verfängt nicht. Die von den Beklagten hieraus abgeleitete Annahme, der Tod des Vaters habe einen Großteil der Beeinträchtigungen und des seelischen Leids des Klägers verursacht und den Unfalltod der Mutter gleichsam überlagert, ist spekulativ und neben der Sache liegend."

Betrag: 8.000 € **Haftung: 80 %**
immVorb: – **MdE: –**

OLG Frankfurt a. M. 23.9.2025 – 10 U 213/22 = BeckRS 2025, 27827

7549

Hinterbliebenengeld für die beiden Töchter wegen des Verlustes ihrer Mutter infolge deren Ermordung durch Erwürgen.

Frau. Die beiden Nebenklägerinnen (D1 und D2) im Adhäsionsverfahren waren die Töchter der Ermordeten (C4). „Über die gesetzliche Vermutung für das Bestehen eines besonderen Näheverhältnisses, die für Kinder einer getöteten Person gilt, hat die Beweisaufnahme auch Umstände ergeben, aus denen ein gelebtes Näheverhältnis zum Zeitpunkt der Tötung von C4 folgt. D1 stand, trotz der räumlichen Distanz seit ihrem Umzug nach Italien, in enger emotionaler Verbindung zu C4, die sich in häufigen Telefonaten, vielen Textnachrichten und regelmäßigen Besuchen zeigte. Die enge Verbindung zwischen C4 und der Nebenklägerin D2 zeigte sich trotz verschiedener Streitigkeiten und vorübergehenden Kontaktabbrüchen darin, dass C4 ihre mütterliche Sorge um die Nebenklägerin, die aufgrund einer psychischen Erkrankung Hilfe in vielen Lebensbereichen brauchte, nie einstellte und der Nebenklägerin beistand, was sich unter anderem in finanziellen Zuwendungen, der Durchführung von Einkäufen sowie dem häufigen Austausch über Probleme der Nebenklägerin zeigte", so das LG, dass beiden Töchtern je 8.000 EUR zuerkannt hatte.

Betrag: 8.000 € **Haftung: 100 %**
immVorb: – **MdE: –**

LG Münster 16.7.2020 – 2 Ks-30 Js 206/19-23/19 = BeckRS 2020, 39226

7515

Hinterbliebenengeld für den Sohn, nach gewaltsamer Tötung / Ermordung der eigenen Mutter durch den Stiefvater.

Mann. Der Kläger begehrte als Insolvenzverwalter des B (= Sohn der Ermordeten und Insolvenzschuldner) die Zahlung eines Hinterbliebenengeldes wegen der Ermordung der Mutter des B, die der Beklagte (Stiefvater des B) erschossen hatte. Der Kläger hatte vorgetragen, B habe durch die gewaltsame Tötung seiner Mutter eine massive Anpassungsstörung erlitten, die länger als sechs Monate angedauert habe. Da sich der Insolvenzschuldner mit dem Beklagten zuvor gut verstanden habe, seien die gesundheitlichen Konsequenzen für ihn wegen des mit der Tat verübten Vertrauensbruchs noch gravierender gewesen als bei einer Tat eines ihm fremden Dritten. In erster Instanz wurde die Klage abgewiesen. Das OLG Frankfurt a.M. hat dem Kläger als Insolvenzverwalter nun jedoch Prozesskostenhilfe für das Berufungsverfahren in Bezug auf seine Forderung nach einem angemessenen Hinterbliebenengeld gewährt, „soweit sie auf eine angemessene Entschädigung in Geld in Höhe von EUR 10.000 nebst Zinsen in Höhe von fünf Prozentpunkten über dem Basiszinssatz seit Rechtshängigkeit gerichtet ist." Im Weiteren befasste sich das OLG sodann mit der Begründung der Bemessung, nicht ohne zutreffend darauf hinzuweisen, dass „aufgrund der erheblichen Unterschiede der Einzelfälle eine schematische Einordnung nicht möglich ist" und führte sodann aus: „Bei der Abwägung der einerseits nur oberflächlich und holzschnittartig dargestellten Leidenssituation des Insolvenzschuldners und des Verschuldensgrades des Beklagten andererseits erscheint nach dem klägerischen Vortrag danach ein Hinterbliebenengeld in Höhe von EUR 10.000 angemessen, vor allem da der Komponente des seelischen Leids schon aufgrund ihrer Nennung im gesetzlichen Tatbestand mehr Gewicht zukommt als der Genugtuungsfunktion."

Betrag: 10.000 € **Haftung: 100 %**
immVorb: – **MdE: –**

OLG Frankfurt a. M. 21.11.2024 – 3 U 103/24 = BeckRS 2024, 34401

7548

Hinterbliebenengeld für die Tochter wegen des Verlustes der Mutter infolge deren vorsätzlicher Tötung durch den Vater.

Frau (Tochter der Getöteten). Bei der Bemessung des Hinterbliebenengeldes berücksichtigte das LG das zunächst angespannte und belastete Tochter-Mutter-Verhältnis und insofern dass das Verhältnis zwar weitgehend normalisiert, aber möglicherweise noch nicht vollkommen belastungsfrei war, jedoch andererseits, dass der Adhäsionsklägerin durch den Verlust der Mutter die Gelegenheit genommen wurde, die begonnene Wideranäherung zu vollenden.

Betrag: 10.000 € **Haftung: 100 %**
immVorb: – **MdE: –**

LG Wuppertal 5.5.2022 – 25 Ks 10/21 = BeckRS 2022, 57404

6786

Hinterbliebenengeld für die Tochter, deren 81j. Vater bei einem Verkehrsunfall noch an der Unfallstelle verstorben war.

Frau (Einkaufsleiterin). Zum Verhältnis der Tochter zu ihrem unfallbedingt verstorbenen Vater führte das OLG aus: „Zu ihrem Vater bestand ein gutes Verhältnis. Die Klägerin verfügte über sämtliche Vollmachten ihres Vaters (Patientenverfügung, Vorsorgevollmacht und Generalvollmacht), außerdem war sie erste Ansprechpartnerin, wenn es für ihren Vater „etwas zu regeln" gab." Zur Höhe des Hinterbliebenengeldes verwies das OLG zunächst, dass eine „lediglich schematische Bemessung z.B. nach der Art des Verwandtschaftsverhältnisses oder ähnlichen objektiven Kriterien" abzulehnen sei und führte zudem aus: „Wie beim Schmerzensgeld handelt es sich im Übrigen auch beim Hinterbliebenengeld um einen Anspruch wegen einer immateriellen Einbuße. In beiden Fällen sind sowohl die Ausgleichs- als auch die Genugtuungsfunktion … zu berücksichtigen. … Zudem muss sich die Bemessung des Hinterbliebenengeldes – worauf der Senat bereits … hingewiesen hat – in das stimmige Gesamtgefüge der deutschen und europäischen Rechtsprechung zum Schmerzens-/Hinterbliebenengeld einfügen. Das europäische Entschädigungsniveau liegt in vergleichbaren Fällen deutlich höher … Im Nachbarland Österreich werden z.B. nach der Rechtsprechung des OGH zwischen 10.000,00 EUR und 25.000,00 EUR Hinterbliebenengeld gezahlt. In der Schweiz bewegen sich die Entschädigungssummen vielfach im Bereich zwischen 20.000 und 40.000 sFr." Anschließend resümiert das OLG zutreffend, „dass der Betrag von 10.000,00 EUR nicht Obergrenze, sondern Ausgangspunkt, Richtschnur und Anker für die Bemessung des Hinterbliebenengeldes ist. Bei der konkreten Bemessung der Anspruchshöhe ist § 287 ZPO anwendbar". [Anmerkung: Das Urteil wurde vom BGH Urt. v. 6.12.2022 – VI ZR 73/21 BeckRS 2022, 40243 aufgehoben. Siehe dazu oben → Rn. 340b. Lesenswert sind auch die Anmerkungen von Kääb FD-StrVR 2021, 437268 und von Wagner NJW 2023, 1441 sowie Balke SVR 2021, 416].

Betrag: 10.000 € **Haftung: 100 %**
immVorb: – **MdE: –**

OLG Schleswig 23.2.2021 – 7 U 149/20 = BeckRS 2021, 2588

7545

Hinterbliebenengeld für die Tochter, deren 77-jährige Mutter infolge eines Verkehrsunfalles getötet worden war.

Frau. Die Beklagte war der Ansicht, in Hinblick auf das Alter der Verstorbenen (77 Jahre) und verschiedener weiterer Umstände sowie einem Mitverschulden der Verstorbenen sei ein Hinterbliebenengeld von maximal 5.000 EUR angemessen. Das LG sah dies anders und sprach der Klägerin 12.000 EUR zu. Das OLG bestätigte dies mit seinem Hinweisbeschluss und betonte, dass bei der Bemessung des Hinterbliebenengeldes stets das besondere persönliche Näheverhältnis – hier zwischen der Tochter und ihrer getöteten Mutter – zu berücksichtigen sei; das Näheverhältnis habe sich im vorliegenden Fall auch darin gezeigt, „dass die Verstorbene die inzwischen 23 und 17 Jahre alten Kinder der Kl. betreut hatte, als diese noch im Kindergartenalter waren." Zudem betonte das OLG, dass das mit 77 Jahren „hohe Alter der Verstorbenen allein … keinen Grund zur Reduzierung des Hinterbliebenengelds dar"stelle, da die Mutter „fit" war und es keine Anhaltspunkte dafür gegeben habe, „dass auch ohne den Unfall mit einem baldigen Ableben zu rechnen gewesen wäre." [vgl. dazu auch LG Neuruppin → Nr. 7546 und OLG Brandenburg BeckRS 2022, 32137 sowie LG Heidelberg → Nr. 7547].

Betrag: 12.000 € **Haftung: 100 %**
immVorb: – **MdE: –**

OLG München 19.3.2024 – 24 U 541/24 = BeckRS 2024, 6647

7570

Hinterbliebenengeld für die Tochter infolge des Unfalltodes ihres Vaters.

Frau. Grundsätzlich zur Bemessung des Hinterbliebenengeldes betonte das OLG zunächst, dass der im Regierungsentwurf (BT-Drucks. 18/11397, 11) genannte Betrag von 10.000 EUR als Orientierungshilfe anzusehen sei und insofern einen greifbaren und praktikablen Ausgangspunkt bei der den Gerichten zugewiesene Einzelfallprüfung biete, wobei – unter Berücksichtigung der den jeweiligen Einzelfall prägenden Umstände – eine flexible Handhabung durch Anpassung des Hinterbliebenengeldes nach unten oder nach oben möglich sei. Im konkreten Fall bestätigte das OLG Köln das Urteil des LG Aachen und dessen Berücksichtigung der „seinerzeit noch bestehenden Hausgemeinschaft" zwischen Tochter und Vater sowie der „prägenden Rolle ihres Vaters …" und dass sie zusammen mit ihrem Vater als gemeinsames Projekt den Motorradführerschein gemacht habe, „um später das Vorhaben einer gemeinsamen Motorradtour über die Alpen nach Italien zu verwirklichen." Ursache: Motorradunfall. [Anmerkungen: Die Entscheidung wurde vom BGH BeckRS 2023, 16328 → Nr. 7571 aufgehoben und zurückverwiesen. Zum Hinterbliebenengeld sei auch auf die Ausführungen im Handbuch unter → Rn. 340 verwiesen.]

Betrag: 12.000 € **Haftung: 100 %**
immVorb: – **MdE: –**

OLG Köln 5.5.2022 – 18 U 168/21 = BeckRS 2022, 10167

7542

Hinterbliebenengeld des Sohnes für den Verlust des Vaters infolge dessen Ermordung mit einer Pistole.

Mann. Bei der Bemessung des im Adhäsionsverfahren festgelegten Hinterbliebenengeldes berücksichtigte das LG, dass „auch der Adhäsionskläger G. A. eine enge Beziehung zu seinem Vater pflegte, welche sich mit der Geburt seiner Kinder und der Rolle des K. A. als Großvater noch weiter intensiviert hatte. Die Kammer hat schließlich berücksichtigt, dass der Angeklagte K. A. absichtlich getötet hat und ihn daher anders als bei fahrlässigen Tötungen, beispielsweise im Straßenverkehr, ein höherer Verschuldensgrad trifft" ... und das dies „einen zusätzlichen Umstand darstellt, der den empfundenen Verlust und die damit einhergehenden seelischen Leiden noch weiter verschlimmert."

Betrag: 15.000 € **Haftung: 100 %**
immVorb: – **MdE: –**

LG Nürnberg-Fürth 9.12.2021 – 5 Ks 103 Js 2698/20 = BeckRS 2021, 54607

6920

Hinterbliebenengeld für die Tochter nach vorsätzlicher Tötung ihrer Mutter.

Frau. Zur Bemessung des Hinterbliebenengeldes führte das LG aus: „Der Adhäsionsklägerin D. G... steht gegen den Angeklagten ein Anspruch auf Zahlung von Hinterbliebenengeld in Höhe von 15.000,00 EUR gemäß § 844 Abs. 3 BGB zu. Die Adhäsionsklägerin ist aufgrund ihres besonderen persönlichen Näheverhältnisses zu der Getöteten anspruchsberechtigt. Bei der Adhäsionsklägerin handelt es sich um die Tochter der Getöteten. Ausgehend von einer vom Gesetzgeber offenbar für angemessen erachteten durchschnittlichen Höhe von 10.000,00 EUR (Grüneberg BGB § 844 BGB Rn. 21 und 25; BT-Drs. 18/11397) war zu berücksichtigen, dass sich mit dem Tod ihrer Mutter in der Wahrnehmung der Adhäsionsklägerin nicht etwa nur ein allgemeines Lebensrisiko, wie etwa im Fall eines fahrlässig verursachten Verkehrsunfalls oder infolge der Verletzung von Verkehrssicherungspflichten, realisiert hat. Vielmehr hat – so hat sie es in der Hauptverhandlung formuliert – der Angeklagte ihr, die wie er wusste, sonst keine näheren Verwandten in Deutschland hat, willentlich ihre Mutter genommen. Zwar ist sich die Kammer bewusst, dass solche Überlegungen vom Tatvorsatz des Angeklagten nicht umfasst gewesen sein dürften. Die subjektive Schilderung der Adhäsionsklägerin beschreibt aber die besonderen, mit einer vorsätzlichen Tötung verbundenen Auswirkungen auf die Hinterbliebene".

Betrag: 15.000 € **Haftung: 100 %**
immVorb: – **MdE: –**

LG Regensburg 16.12.2020 – Ks 103 Js 28875/19 = BeckRS 2020, 54519

7195

Hinterbliebenengeld für die Ermordung des Sohnes vor den Augen der Mutter (Adhäsionsklägerin).

Frau. Das LG sprach im Adhäsionsverfahren der Adhäsionsklägerin für den Verlust des Sohnes D... ein Hinterbliebenengeld von 20.000 EUR zu. Zur Bemessung führte das LG aus: „Typisierend ist davon auszugehen, dass der Verlust des eigenen Kindes für einen Elternteil den potentiell schlimmsten Verlust darstellt. Im konkreten Fall kommt erschwerend hinzu, dass die Adhäsionsklägerin die Tat in weiten Teilen selbst mit anschauen musste. Die letzten Augenblicke, die letzten Worte ihres Lebensgefährten und der letzte Anblick ihres Sohnes, der mit zitternden Beinen am Fenster stand; diese Bilder haben sich bei der Adhäsionsklägerin tief in das Gedächtnis eingebrannt. Überhaupt waren die Auswirkungen für die Adhäsionsklägerin enorm; sie leidet bis heute sehr unter dem Verlust insbesondere ihres Sohnes. Aufgrund ihrer Schwangerschaft hat sie bislang noch keine Therapie durchgeführt, da sie meinte, für das ungeborene Kind stark sein zu müssen". [Anmerkung: Zum Verhältnis des Hinterbliebenengeldes zum Schmerzensgeld wegen Schockschadens vgl. im Handbuch unter → Rn. 341].

Betrag: 20.000 € **Haftung: 100 %**
immVorb: – **MdE: –**

LG Rottweil 26.8.2018 – 1 Ks 10 Js 10802/17 = BeckRS 2018, 59026

7544

Hinterbliebenengeld für drei Kinder nach der Ermordung ihres Vaters.

Kinder (Kinder des Ermordeten). Bei der Bemessung des Hinterbliebenengeldes berücksichtigte das LG die besondere Situation der drei minderjährigen Kinder, die nach der Trennung der Eltern auch weiterhin gerne bei ihrem Vater waren und altersbedingt (ein Sohn) teilweise gar nicht in der Lage waren, zu begreifen, dass der Vater nicht mehr kommt. Ein Kind (Tochter) wurde völlig aus der Bahn geworfen und hatte über einen langen Zeitraum viel geweint. Es kam zu einem Leistungsabfall in der Schule; möglicherweise muss sie die Klasse wiederholen. Der andere Sohn habe, so das LG, seinen Vater kurz nach dem Streit verloren, ohne die Möglichkeit, sich mit ihm auszusöhnen. Demnach hielt die Kammer für alle drei Adhäsionskläger jeweils einen Betrag von 20.000 EUR für angemessen. [Anmerkung: Vgl. dazu auch → Nr. 7195].

Betrag: 20.000 € **Haftung: 100 %**
immVorb: – **MdE: –**

LG Rottweil 26.6.2018 – 1 Ks 10 Js 10802/17 = BeckRS 2018, 59026

2. Nicht privilegierte Hinterbliebene

a) Schwester, Bruder

6340

Hinterbliebenengeld für den Bruder des Verstorbenen, der den Unfall hautnah miterlebt hat und der etwa einmal in der Woche über Telefon oder Kurznachrichten Kontakt zu ihm gehabt und mehrfach mit ihm Motorradfahrten unternommen hatte.

Mann (Bruder des Verstorbenen). Bei der Festlegung der Höhe des Hinterbliebenengeldes berücksichtigte das LG, dass „ der Kläger ... zum Zeitpunkt der Verletzungshandlung Kontakt zu seinem Bruder [hatte]. Er war mit dem Getöteten gemeinsam unterwegs und musste den Tod seines Bruders an der Unfallstelle miterleben. Gegenüber der Polizei hat der Kläger ... angegeben, mit seinem Bruder eine Jubiläumsveranstaltung eines Motorradclubs besucht zu haben. In der mündlichen Verhandlung erklärte er, regelmäßig mit seinem Bruder Motorradausflüge, auch bis nach Ungarn, gemacht zu haben. Angesichts des Unfallgeschehens kann das Gericht dieser Behauptung auch inhaltlich folgen. Der Kläger … gab weiter an, wöchentlich in Kontakt mit dem Verstorbenen gestanden zu haben und ihn regelmäßig auf Familienfeiern gesehen zu haben". Insgesamt, so der Kläger, seien sie sieben Geschwister gewesen, der Verstorbene aber sein „Lieblingsbruder". [Ursache: Motorradunfall].

Betrag: 5.000 € **Haftung: 100 %**
immVorb: – **MdE: –**

LG Tübingen 17.5.2019 – 3 O 108/18 = BeckRS 2019, 10953

7419

Hinterbliebenengeld für die schwerbehinderte Schwester des unfallbedingt verstorbenen erwachsenen Bruders, der bereits vor seinem Tod aus dem Elternhaus ausgezogen war, jedoch drei- bis viermal pro Woche sein Elternhaus aufgesucht hatte, um seine dort wohnende Schwester zu besuchen und zu verschiedenen Therapien zu begleiten.

Frau (Schwester des verstorbenen Sohnes). Das OLG betonte die Voraussetzungen für den Anspruch auf Hinterbliebenengeld sei „eine tatsächlich gelebte soziale Beziehung", die – sofern sie vorliege – „indiziere …, dass der Hinterbliebene infolge der Tötung seelisches Leid empfunden hat". Zur Höhe des Hinterbliebenengeldes führte das OLG aus, dass insofern „die ebenso für das Schmerzensgeld relevanten Ausgleichs- und Genugtuungsfunktionen bestimmende Gesichtspunkte" sind. „Der in der Gesetzesbegründung genannte Betrag von 10.000 EUR können insoweit als Orientierungshilfe dienen, von der allerdings unter Berücksichtigung der den jeweiligen Einzelfall prägenden Umständen nach unten oder oben abgewichen werden könne. Insofern berücksichtigte das OLG bei der Bemessung, dass die Schwester "mit dem Verstorbenen eine wichtige Bezugsperson verlor, die ihr bei alltäglichen Verrichtungen wie der Physio- und Reittherapie ihr Unterstützung und Halt„ geboten habe. Ebenso sei jedoch, so das OLG, ein etwaiges Mitverschulden des Getöteten oder eine von seinem KFZ ausgegangene Betriebsgefahr zu berücksichtigen, so das OLG, dass insofern "das für die Entstehung des Unfalles mit ursächliche Verhalten des Verstorbenen, der bei unklarer überholt habe, betragsmindernd berücksichtigte. Anmerkung: Das OLG sprach zudem auch den Eltern des Verstorbenen ein Hinterbliebenengeld in Höhe von jeweils 8.000 EUR zu. [Ursache: Motorradunfall: Links abbiegender Traktor kollidiert mit dem überholenden Motorrad des Verstorbenen]

Betrag: 6.500 € **Haftung: 100 %**
immVorb: – **MdE: –**

OLG Celle 18.1.2024 – 5 U 172/21 = BeckRS 2024, 12617

b) Verschwägerte gem. § 1590 BGB (Schwägerin, Schwager etc.)

7003

Kein Anspruch auf Hinterbliebenengeld für die Schwiegermutter nach dem Tod ihrer Schwiegertochter, die bei einem Arbeitsunfall ums Leben gekommen war.

Frau. Die Klägerin, Schwiegermutter der Verstorbenen, begehrt die Zahlung von Hinterbliebenengeld wegen eines tödlichen Arbeitsunfalls ihrer Schwiegertochter, die auf dem elterlichen Hof bei Pfahlsetzungsarbeiten tödlich verunglückte. Das LG hat die Klage abgewiesen. Auf die Berufung der Klägerin hat das OLG das Urteil abgeändert und die Beklagten antragsgemäß verurteilt. Mit ihrer vom Berufungsgericht zugelassenen Revision begehren die Beklagten die Wiederherstellung des landgerichtlichen Urteils; mit Erfolg. Entgegen der Auffassung des Berufungsgerichts steht der Klägerin kein Anspruch auf Zahlung von Hinterbliebenengeld nach § 844 Abs. 3 BGB zu, so der BGH: „Der Haftungsausschluss gemäß § 104 Abs. 1 SGB VII und § 105 Abs. 1 SGB VII erfasst auch die Ansprüche der Hinterbliebenen auf Hinterbliebenengeld gemäß § 844 Abs. 3 BGB". Siehe dazu im Handbuch unter → Rn. 341 und → Rn. 342.

Betrag: – **Haftung: –**
immVorb: – **MdE: –**

BGH 8.2.2022 – VI ZR 3/21 = BeckRS 2022, 4972

6803

Kein Anspruch auf Hinterbliebenengeld für die Schwiegermutter nach dem Tod ihrer Schwiegertochter, die bei einem Arbeitsunfall ums Leben gekommen war.

Frau (Schwiegermutter der bei einem Arbeitsunfall Verstorbenen). Kein Anspruch auf Hinterbliebenengeld gemäß § 844 Abs. 3 BGB, sofern der Verstorbene durch einen Arbeitsunfall ums Leben kam und somit die Haftungsbeschränkung gemäß den §§ 104, 105 SGB VII greift. [Anmerkung: Nach meiner Kenntnis handelt es sich bei diesem Urteil um die erste Gerichtsentscheidung, die sich mit dieser Frage zu befassen und hierzu entschieden hatte. Das LG führte zur Begründung an, „die Haftungsbegrenzungen diene[n] … vordergründig dem Schutz des Betriebsfriedens. Sie binden allerdings auch die Hinterbliebenen hierin mit ein. Der vom Gesetzgeber bezweckte Schutz vor Auseinandersetzungen und Konflikten hat den Hintergrund, dass neben der Frage des Verschuldens des Schädigers auch ein Mitverschulden des Getöteten diskutiert werden muss. Diese belastende Auseinandersetzung mit dem Mitverschulden des Geschädigten hat der Gesetzgeber offensichtlich sowohl für den Fall, dass eine Verletzung vorliegt als auch bei tödlichen Unfällen vermeiden wollen. Die ausdrückliche Einbeziehung der Hinterbliebenen manifestiert den Wunsch des Gesetzgebers, auch diesen die Befassung mit dem Mitverschulden des Verstorbenen zu ersparen"; ebenso entschied fünf Monate später auch das LG Mainz → Nr. 6805]. Das Urteil des LG Koblenz wurde vom OLG Koblenz BeckRS 2020, 37505, → Nr. 6789 zu Gunsten der Klägerin entschieden und wegen seiner grundsätzlichen Bedeutung zur Revision zugelassen. [Anmerkung: vgl. dazu auch BGH BeckRS 2022, 4972, → Nr. 7003.]

Betrag: – **Haftung: –**
immVorb: – **MdE: –**

LG Koblenz 24.4.2020 – 12 O 137/19 = BeckRS 2020, 11607

7632

Hinterbliebenengeld für den Schwiegersohn, dessen Schwiegervater auf Grund eines groben Behandlungsfehlers im Rahmen eines stationären Klinikaufenthaltes verstorben war.

Mann (Schwiegersohn des Verstorbenen). Das LG sah ging aufgrund der persönlichen Anhörung des Klägers davon aus, dass zwischen dem Verstorbenen und dem Kläger ein besonderes persönliches Näheverhältnis im Sinne des § 844 Abs. 3 S. 1 BGB bestand. [Anmerkung: Greift die Vermutung des § 844 Abs. 3 S. 2 BGB nicht, ist das besondere persönliche Näheverhältnis gesondert festzustellen. Vgl. dazu im Handbuch → Rn. 340 und → Rn. 340b].

Betrag: 3.000 € **Haftung: 100 %**
immVorb: – **MdE: –**

LG Köln 17.4.2024 – 25 O 156/21 = BeckRS 2024, 36202

6321

Hinterbliebenengeld für die Schwiegertochter nach Unfalltod ihre Schwiegermutter, die für sie „wie eine eigene Mutter oder wie eine Freundin" gewesen war. Es gab fast täglich Kontakt zwischen beiden. Pro Woche hatten sich beide mehrfach und regelmäßig getroffen.

Frau (Schwiegertochter der Verstorbenen). Zur Bemessung führte das LG aus: „Die psychische Beeinträchtigung der Klägerin zu 2) und der besondere Verlust einer Kommunikationspartnerin, mit der sie in derselben Sprache [ergänze: Arabisch] kommunizieren konnte, wiegen zwar erheblich. Allerdings sind auch bei der Klägerin zu 2) die Voraussetzungen für die Zuerkennung eines Schockschadens nach deutscher Rechtsprechung nicht gegeben. Auch unter Berücksichtigung der Gesetzesbegründung und der vorgebrachten tatsächlichen Umstände, auch des Inhalts des ärztlichen Attestes vom 30.10.2018, hält das Gericht 3.000 EUR für angemessen. Damit steht auch der Klägerin zu 2) kein Zahlungsanspruch mehr zu." [1. Anmerkung: Tödlicher Verkehrsunfall: Bemessung der Höhe von Hinterbliebenengeld: Dass die Gesetzesbegründung davon ausgeht, dass die durchschnittliche Schockschadenshöhe 10.000 EUR beträgt, gibt ein gewisses Maß vor, das auch beim Hinterbliebenengeld nicht unberücksichtigt bleiben kann, so das LG. 2. Anmerkung: Vergleiche dazu auch → Nr. 6322 und → Nr. 6341]

Betrag: 3.000 € **Haftung: 100 %**
immVorb: – **MdE: –**

LG München II 17.5.2019 – 12 O 4540/18 = BeckRS 2019, 24127

6789

Hinterbliebenengeld für die Schwiegermutter wegen des Verlustes der Schwiegertochter nach einem Arbeitsunfall.

Frau (Schwiegermutter der bei einem Arbeitsunfall Verstorbenen). Die Klägerin verlor bei einem Arbeitsunfall ihre Schwiegertochter. Das LG Koblenz → Nr. 6003 (und in einer anderen Sache fünf Monate später auch das LG Mainz → Nr. 6005) hatte die Klage vor dem Hintergrund der Regelungen zum Arbeitsunfall (§§ 104, 105 SGB VII) abgewiesen. Das OLG gab der Klägerin nun Recht und führte dazu aus: „Das LG hat zutreffend ausgeführt, dass die Verstorbene den tödlichen Arbeitsunfall als „Wie-Beschäftigte" iSd § 2 Abs. 2 S. 1 SGB VII im Unternehmen des Bekl. zu 1. erlitten habe. Der Anwendungsbereich der haftungsbeschränkenden Regelungen der §§ 104, 105 SGB VII wäre somit grundsätzlich eröffnet. Anders als das LG ist der Senat aber der Überzeugung, dass die sich aus den Regelungen der §§ 104, 105 SGB VII ergebende Haftungsbeschränkung (Sperrwirkung) auf Ansprüche auf Hinterbliebenengeld iSd § 844 Abs. 3 BGB nicht anwendbar ist". [Anmerkung: Da die Sache die Grundsatzfrage nach der Geltung der Haftungsausschlüsse gemäß der §§ 104, 105 SGB VII auch für den Bereich des Hinterbliebenengeldes betrifft, wurde die Revision zugelassen].

Betrag: 8.000 € **Haftung: 100 %**
immVorb: – **MdE: –**

OLG Koblenz 21.12.2020 – 12 U 711/20 = BeckRS 2020, 37505

c) Stiefverwandte (Stiefmutter, Stiefvater, Stiefgeschwister, Stiefkinder etc.)

7636

Hinterbliebenengeld für die Tochter, deren Stiefvater auf Grund eines Verkehrsunfalles verstorben war.

Frau. Zur Bemessung des Hinterbliebenengeldes bei nicht privilegierten Hinterbliebenen betonte das LG, dass „das Verhältnis der Kl. zu ihrem Stiefvater im Sinne der Norm des § 844 III 1 BGB mit der Beziehung einer leiblichen Tochter zu ihrem leiblichen Vater gleichzustellen" sei und berücksichtigte dabei, dass die Klägerin „während ihrer Anhörung … mehrfach [betont habe], dass es das Wort „Stiefvater" in ihrer Familie nicht gegeben habe, sondern dass es sich bei dem Getöteten von Beginn der Beziehung zu ihrer leiblichen Mutter an um ihren „Vater" oder um „Papa" gehandelt habe. Weiter berichtete die Kl. über den bereits schriftlich erfolgten Vortrag hinausgehend, dass ihr Stiefvater nach dem plötzlichen Kindstod ihres dritten Sohnes aus erster Ehe sie täglich unterstützte. … Man habe sich ungefähr drei Mal die Woche gesehen. Spontan erklärte die Kl. hierzu, dass ihre Eltern immer sehr anhänglich gewesen seien. … Die Kl. beschrieb ihren Stiefvater als „ganz lieb" und „hilfsbereit" und schilderte dazu spontan die Eigenheit ihres Stiefvaters, in der Stadt immer jeden anzusprechen. Ferner sei ihr Stiefvater gemeinsam mit ihrer leiblichen Mutter ihr und ihrem Ehemann immer zur Hand gegangen, wenn sie wegen ihrer Arbeit tagsüber nicht zu Hause waren. … Dies genügt den Anforderungen des persönlichen Näheverhältnisses im Sinne einer tatsächlich gelebten sozialen Beziehung und ist nach Maß der Intensität und Verbundenheit mit der Beziehung einer leiblichen Tochter zu ihrem leiblichen Vater vergleichbar. Es muss sogar festgestellt werden – wenn man auf die Bezeichnung der „typischen" Beziehung zwischen leiblichen Eltern und Kindern zurückkommen möchte – dass es sich wohl um eine überdurchschnittlich positive Beziehung gehandelt hat, selbst gemessen an einem „typischen" Verhältnis leiblich Verwandter."

Betrag: 10.000 € **Haftung: 100 %**
immVorb: – **MdE: –**

LG Itzehoe 17.3.2023 – 7 O 269/22 = BeckRS 2023, 19913

d) Großeltern

Derzeit liegen dazu noch keine Urteile vor.

e) Enkelkind

6919

Kein Hinterbliebenengeld für die Enkelkinder nach dem Unfalltod ihrer Großeltern.

Kinder (Enkelkinder). Kein Hinterbliebenengeldanspruch. Dazu führte das OLG Schleswig aus: (Amtliche Leitsätze):

1. Hinterbliebenengeld: Ein besonderes persönliches Näheverhältnis wird vermutet, wenn der Hinterbliebene der Ehegatte, der Lebenspartner, ein Elternteil oder ein Kind des Getöteten war. Enkel- bzw. Stiefenkelkinder gehören nicht zu diesem besonders privilegierten Personenkreis.
2. Eine „besondere Nähebeziehung" zu dem Getöteten ist vom Geschädigten in umso stärkerem Umfang darzulegen, je entfernter der Verwandtschaftsgrad zu dem Getöteten ist.

3. Für Enkelkinder kommt aufgrund der gesetzgeberischen Wertung ein Anspruch auf Hinterbliebenengeld nur ausnahmsweise bei einer gesteigerten Nähe zu dem Getöteten in Betracht, die über eine normale – typischerweise gute – Großeltern-Enkel-Beziehung hinausgeht.

Betrag: – **Haftung: –**
immVorb: – **MdE: –**

OLG Schleswig 10.2.2026 – 7 U 81/25 = BeckRS 2026, 2591

7633

Hinterbliebenengeld für die Enkel, deren Großvater auf Grund eines groben Behandlungsfehlers im Rahmen eines stationären Klinikaufenthaltes verstorben ist.

Kind(er). Kein Hinterbliebenengeld für die beiden Enkel nach dem Tod Ihres Großvaters: Zur Begründung führte das LG aus: „Ein besonderes persönliches Näheverhältnis im Sinne des § 844 Abs. 3 S. 1 BGB liegt nicht vor. Da die Vermutung des § 844 Abs. 3 S. 2 BGB nicht greift, ist das besondere persönliche Näheverhältnis gesondert festzustellen. Es ist stets eine Betrachtung des Einzelfalls vorzunehmen. Von hervorgehobener Bedeutung ist dabei, ob das Verhältnis mit der Verbindung zwischen den in § 844 Abs. 3 S. 2 BGB genannten Familienangehörigen vergleichbar ist (BT-Drs. 18/11397, 13; Staudinger / Röthel / Croon-Gestefeld (2023) BGB § 844 Rn. 269). Grundsätzlich kann auch ein besonderes persönliches Näheverhältnis zwischen Großeltern und Enkeln bestehen. In diesen Konstellationen müssen aber weitere Indizien hinzutreten, wie das Leben in einer häuslichen Gemeinschaft oder die Gewähr einer finanziellen Unterstützung (Staudinger / Röthel / Croon-Gestefeld (2023) BGB § 844 Rn. 272) … Insoweit berücksichtigt das Gericht die gesetzgeberische Grundentscheidung, wonach ein Hinterbliebenengeld anderen als den in Satz 2 genannten Personen nur im Ausnahmefall und unter besonderen Voraussetzungen zustehen soll. Für die Bejahung eines solchen wäre daher erforderlich, dass eine über ein „gewöhnliches" Großeltern-Enkel-Verhältnis hinausgehende Beziehung vorliegt". (zitiert aus dem Urteil). [vgl. dazu im Handbuch → Rn. 340 und → Rn. 340b].

Betrag: – **Haftung: –**
immVorb: – **MdE: –**

LG Köln 17.4.2024 – 25 O 156/21 = BeckRS 2024, 36202

7640

Hinterbliebenengeld für den 13-monatigen Enkel nach dem Unfalltod der Großmutter.

1j. Kind (Enkel des Verstorbenen). Kein Hinterbliebenengeld bzw. Klageabweisung bzgl. der Forderung eines weiteren Hinterbliebenengeldes bei außergerichtlicher Zahlung von 5.000 EUR bei einem 13-monatigen Enkel – siehe dazu Balke SVR 2024, 451 (456). [vgl. dazu auch im Handbuch → Rn. 340].

Betrag: 5.000 € **Haftung: 100 %**
immVorb: – **MdE: –**

LG Passau 5.5.2020 – 3 S 3/20 = BeckRS 2020, 68393

7639

Hinterbliebenengeld für den fünfjährigen Enkel der infolge eines Verkehrsunfalles verstorbenen Großmutter.

5j. Kind (Enkel der Verstorbenen). Kein Hinterbliebenengeld bzw. Klageabweisung bzgl. der Forderung eines weiteren Hinterbliebenengeldes bei außergerichtlicher Zahlung von 5.000 EUR bei einem 5-jährigen Enkel, seitens des AG Passau Urt. v. 22.11.2019 – 16 C 722/19. Das LG Passau hatte dazu mit dem vorliegenden Hinweisbeschluss vom 24.4.2020 darauf hingewiesen, dass es beabsichtigt, die Berufung gegen das Urteil des AG Passau zurückzuweisen. Der Kläger hatte die vorgerichtlich gezahlten 5.000 EUR nicht für angemessen erachtet, da er zu seiner noch relativ jungen und noch berufstätigen Großmutter ein besonderes persönliches Näheverhältnis gehabt habe, auch weil sie täglich zur Familie gekommen sei und ihn und seine Schwester beaufsichtigt habe, sie zu Besorgungsfahrten mitgenommen habe und mit ihnen gespielt habe. Auch bei Ausflügen sei die Großmutter dabei gewesen und habe häufig mit der Familie gegessen, da sie der Mittelpunkt der Großfamilie gewesen sei. Daher seien jedenfalls 7.500 EUR zu zahlen. Das LG sah dies anders und schloss sich den erstinstanzlichen Erwägungen vollumfänglich an und führte dazu aus: „Auch nach eigener Ermessensausübung ist die Kammer aber von der Angemessenheit der bereits gezahlten 5.000 EUR überzeugt und erachtet den Betrag als ausreichend. Insoweit wird Bezug genommen, auf die umfassende Abwägung des Amtsgerichts. … Es ist aber dennoch zu berücksichtigen, dass dem Tatbestand des § 844 Abs. 3 BGB nur intensive und enge Beziehungen eines Enkels zu seiner Großmutter unterfallen, eine über die Mindestbeträgen – ob diese bei 2.500 EUR oder 5.000 EUR zu sehen sind (vgl. Pardey, in: Geigel Haftpflichtprozess, Kap. 7, Rn. 26) – hinausgehende Zahlung bedarf daher eines besonders ausgeprägten und intensiven Näheverhältnisses." (zitiert aus dem Hinweisbeschluss). [vgl. dazu Balke, SVR 2024, 451 (456 – dort wird versehentlich von einem Urteil des LG Passau gesprochen) sowie auch im Handbuch → Rn. 340].

Betrag: 5.000 € **Haftung: 100 %**
immVorb: – **MdE: –**

LG Passau 24.4.2020 – 3 S 99/19 = BeckRS 2020, 68392

f) Freundin, Freund

Derzeit liegen dazu noch keine Urteile vor.

g) Sonstige Personen

6473

Hinterbliebenengeld für den Ex-Ehemann nach dem Unfalltod seiner Ex-Ehefrau – vier Jahre nach Trennung und ein Jahr nach Scheidung.

Mann. Kein Hinterbliebenengeld, da die Ehe zwischen dem Kläger und der unfallbedingt Verstorbenen bereits ein Jahr vor dem Unfall geschieden worden war und das ehemalige Paar bereits seit mehr als vier Jahren getrennt gelebt hatte und der Kläger bereits mit seiner neuen Lebenspartnerin zusammenlebte. Ein dennoch bestehendes „Näheverhältnis" und die Zahlung der Miete für die Ex-Ehefrau genügt für den Anspruch auf Hinterbliebenengeld nicht.

Betrag: – **Haftung: –**
immVorb: – **MdE: –**

LG Traunstein 9.7.2019 – 1 O 1047/19 = BeckRS 2020, 7861

7439

Hinterbliebenengeld für die Lebensgefährtin des Sohnes, dessen Mutter bei einem Verkehrsunfall tödlich verunglückt war, wobei zu keinem Zeitpunkt eine häusliche

Gemeinschaft der Lebensgefährtin und der Verstorbenen begründet worden war.

Frau (Lebensgefährtin des Sohnes, deren Mutter verstorben war). Das LG hatte der Frau erstinstanzlich 2.500 EUR zuerkannt. Das OLG hielt es jedoch bereits für zweifelhaft, ob an sie überhaupt etwas hätte gezahlt werden müssen, musste dazu aber nicht entscheiden. Das OLG begründete jedoch seine abweisende Entscheidung sehr sorgfältig damit, dass nicht jede, wenn auch gute persönliche Beziehung zwischen Schwiegertochter und Schwiegermutter ausreichend sei, um ein Verhältnis zu begründen, wie es auch zwischen dem Kind und seinen Eltern bzw. engen Lebenspartnern untereinander prägend ist. Hierzu führte das OLG aus: „Die Beziehung zum Sohn der Getöteten bestand zwar seit sieben Jahren. Zu keinem Zeitpunkt wurde jedoch eine häusliche Gemeinschaft der Klägerin zu 2 und der Verstorbenen begründet. Beschrieben wird ein gutes Verhältnis zueinander, das im Wesentlichen durch die Teilnahme an Feierlichkeiten und nicht näher beschriebenen Urlauben sowie regelmäßigen Besuchen charakterisiert wird, wie sie in intakten Familien üblich sind. Eine besondere, darüber hinausgehende Nähe oder Vertraulichkeit wird nicht beschrieben. Die Betreuung des Sohnes der Kläger durch Frau (Name) beruht nicht auf der Beziehung zur Klägerin zu 2, sondern vielmehr auf der zu ihrem Enkelkind. Mithin ist davon auszugehen, dass zwar ein sehr gutes persönliches Verhältnis bestand, das jedoch nicht den Grad erreicht, wie er für ein besonderes Näheverhältnis im Sinne des § 844 Abs. 3 BGB bzw. § 10 Abs. 3 StVG prägend ist.“ [Anmerkung: Das OLG wies jedoch am Ende seiner oben zitierten Ausführungen darauf hin, dass es „hierauf nicht entscheidend an“komme, denn das LG habe „insoweit unangefochten ein Hinterbliebenengeld von 2.500 EUR zugesprochen.“ [Anmerkung: vgl. dazu auch Kääb FD-StrVR 2024, 814708 sowie auch OLG Celle → Nr. 7194].

Betrag: 2.500 € **Haftung: 100 %**
immVorb: – **MdE: –**

OLG Brandenburg 16.5.2024 – 12 U 173/23 = BeckRS 2024, 15054